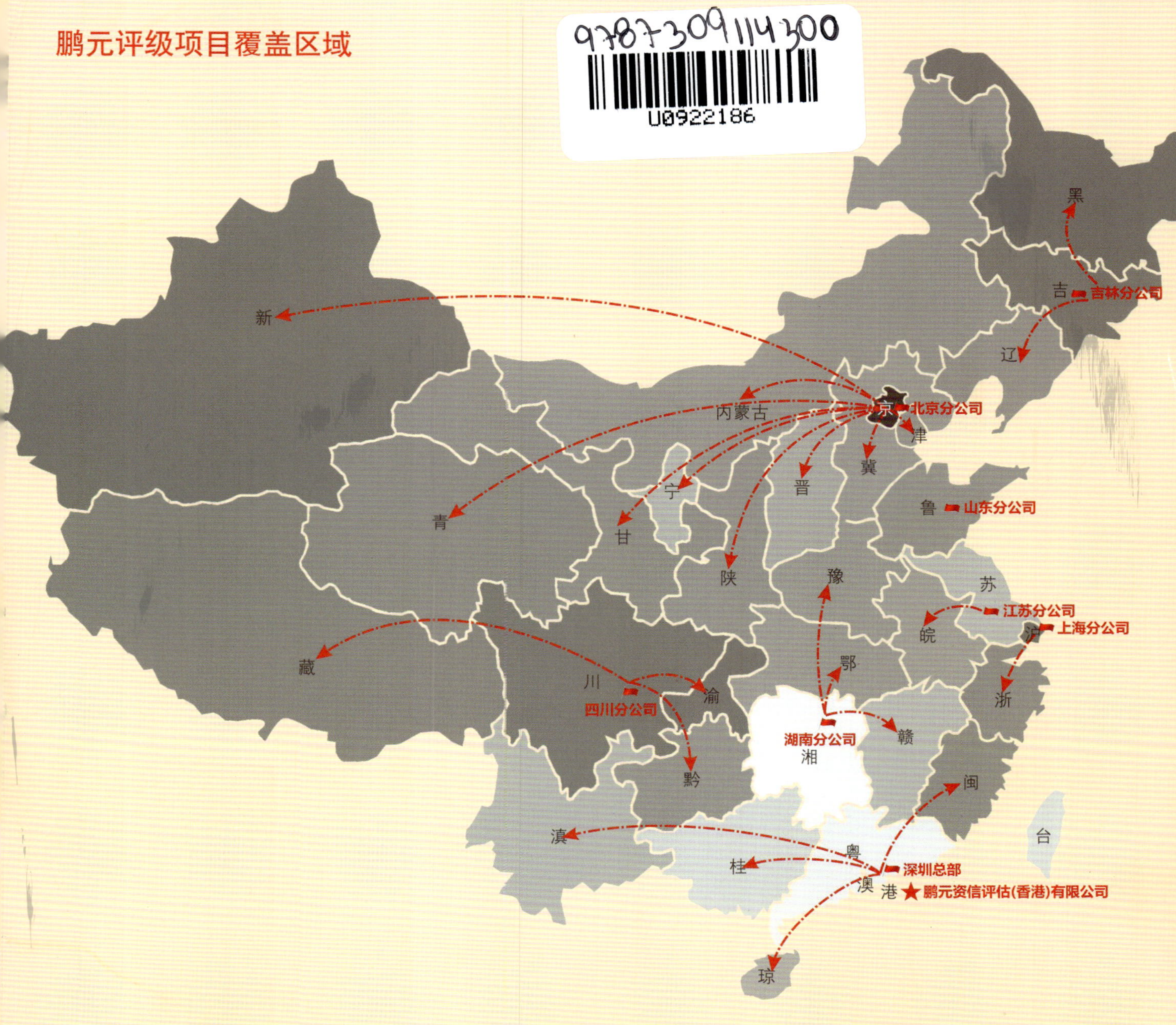

深圳总部
深圳市深南大道7008号阳光高尔夫大厦三楼
电话：0755-8287 2333　传真：0755-8287 2090

北京分公司
东城区建国门内大街26号新闻大厦8层806
电话：010-6621 6006　传真：010-6621 2002

上海分公司
上海市浦东新区东方路818号众城大厦13楼
电话：021-5103 5670　传真：021-5191 7360

湖南分公司
湖南省长沙市雨花区万家丽中段36号喜盈门范城2号栋14007室
电话：0731-8428 5466　传真：0731-8428 5455

郑州办事处
郑州市金水路288号曼哈顿14号楼(兴业大厦)1103室
电话：0371-6030 8673　传真：0371-6030 8673

江苏分公司
江苏省南京市建邺区江东中路108号万达西地贰街区商务区15幢610室
电话：025-8778 1291　传真：025-8778 1295

四川分公司
四川省成都市高新区天府大道三街19号新希望国际大厦A座1701室
电话：028-8200 0210　传真：028-8522 8932

吉林分公司
吉林省长春市南关区人民大街7088号伟峰国际大厦2005室
电话：0431-8596 2598　传真：0431-8596 2596

山东分公司
济南市高新区舜华路2000号舜泰广场8号楼1-2604B室
电话：0531-5556 8891　传真：0531-5556 8892

鹏元资信评估(香港)有限公司
香港新界荃湾白田坝街36-44号信义工业大厦9楼5室
电话：(852)2487 7066　传真：(852)2487 7866

www.pyrating.cn

THE SEMINAR OF THE SUNSHINE WEALTH MANAGEMENT OF CEB

阳光理财·创新十年

庆祝中国光大银行阳光理财推出十周年

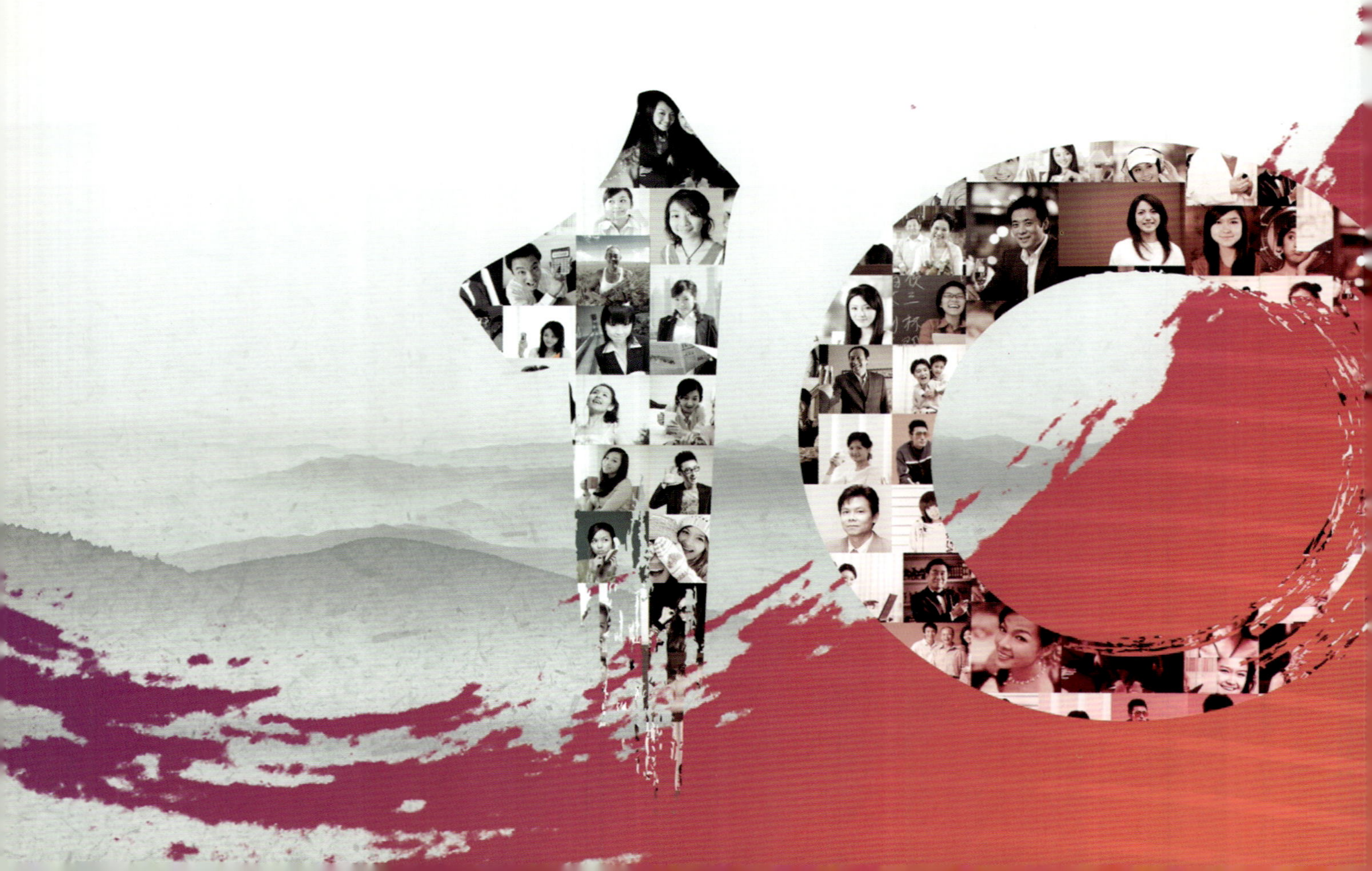

2014
中國證券業年鑒
CHINA SECURITIES YEAR BOOK

总第二十二期

图书在版编目(CIP)数据

中国证券业年鉴. 2014/ 中国证券业年鉴编辑委员会 编.
上海:复旦大学出版社, 2015.5
ISBN 978-7-309-11430-0

Ⅰ.①中… Ⅱ.①中… Ⅲ.①证券业—中国—2014—年鉴 Ⅳ.①F832.91-54

中国版本图书馆 CIP 数据核字(2015)第 089689 号

中国证券业年鉴(2014 · 总第二十二期)
中国证券业年鉴编辑委员会 编

责任编辑　岑品杰　宋朝阳　王雅楠　姜作达　方毅超　戚雅斯
封面设计　上海众证文化传播有限公司
出版发行　复旦大学出版社有限公司出版发行
　　　　　上海市国权路 579 号　　邮编 200433
经　　销　新华书店
印　　刷　上海汉迪彩色印刷有限公司
开　　本　850mm×1168mm　1/16
印　　张　189
插　　页　230
字　　数　5006 千字
版　　次　2015 年 5 月第 1 版　2015 年 5 月第 1 次印刷

定　　价　人民币 1980 元　港币 2680 元　美元 400 元

编 辑 说 明

《中国证券业年鉴》秉承客观、公正、全面的原则，忠实记录我国证券市场的发展轨迹，向海内外各界人士宣传、展现我国证券市场的发展成就，并给后人查阅、研究我国证券市场历史年度的动态，提供权威资料。做好中国证券业历史的编辑整理工作，保证中国证券业历史记录的有序延续，是我们的历史使命。自1993年创刊以来，《中国证券业年鉴》已经逐渐成长为一个展示公司业绩、总结市场成就、记录中国证券业历史、向海内外各界人士展现和推介中国证券市场形象的权威窗口。《中国证券业年鉴》每年出版一次，分上、中、下三册向国内外公开发行。

《中国证券业年鉴》（2014·总第二十二期）主要反映本年度中国金融、证券、基金、期货、债券市场及企业制度建设和发展方面的情况和最新动态，供海内外有关机关、社团、学校、研究部门、企事业单位及社会各界人士做进一步研究参考使用，为推动中国证券业的规范化和国际化、建设中国特色社会主义市场经济服务。

《中国证券业年鉴（2014）》内容设置专论、中国金融市场、中国证券市场、中国基金市场、中国期货市场、中国区域性股权交易市场专辑、中小企业板十周年暨创业板五周年专辑、全国中小企业股份转让系统专辑、中国证券业年度人物、优秀企业选介等部分，另有彩色图片1260幅。

《中国证券业年鉴（2014）》的资料直接来源于公司的公告和报告，国务院有关部委及各省、市相关单位提供的材料，保证了年鉴的权威性和准确性。《中国证券业年鉴（2014）》基本保持上一期的内容和体例，同时新增了全国性场外交易市场的详细资料，进一步展现了我国构建多层次资本体系的阶段性成果。但由于中国证券业仍处于快速发展阶段，加上各地区的发展不平衡以及我们的水平有限，难免出现一些疏漏，敬请读者谅解和指正。

《中国证券业年鉴》由上海、深圳证券交易所和中国证券业年鉴编辑委员会共同主办，总编辑由张育军、宋丽萍、杨晓嘉担任。在编辑出版过程中得到了国务院有关部门，中国证券监督管理委员会及各省、直辖市、自治区证监局，上海证券交易所，深圳证券交易所，香港交易所，中国证券报社，全国中小企业股份转让系统，齐鲁股权交易中心及证券界有关领导、专家的指导和支持，在此我们表示最诚挚的感谢。

中国证券业年鉴编辑部

中国证券业年鉴理事会

（以下排名不分先后）

石维国	中天城投集团股份有限公司副	董事长
李晓安	华龙证券有限责任公司	董事长
杨光裕	长城基金管理有限公司	董事长
郭本恒	光明乳业股份有限公司	总裁
王文京	用友软件股份有限公司	董事长、总裁
任志强	华远地产股份有限公司	董事长
张近东	苏宁云商集团股份有限公司	董事长
杨　剑	泰豪科技股份有限公司	总裁
王义芳	财达证券有限责任公司	董事长
赵学军	嘉实基金管理有限公司	总经理
刘平春	深圳华侨城股份有限公司	董事长
张相军	山东金岭矿业股份有限公司	董事长
陆　涛	金元证券股份有限公司	总裁
刘青山	泰达宏利基金管理有限公司	总经理
张　伟	鹏元资信评估有限公司	总裁助理
袁　泽	新疆新鑫矿业股份有限公司	董事局主席
焦　云	七台河宝泰隆煤化工股份有限公司	董事长
张永年	四川成渝高速公路股份有限公司	董事会秘书
李春宏	江苏连云港港口股份有限公司	董事长
吕庆胜	云南盐化股份有限公司	董事长
张洪起	天津鹏翎胶管股份有限公司	董事长
赵亚萍	渤海银行股份有限公司托管业务部	总经理
尹庆军	国金通用基金管理有限公司	总经理
张恺颙	陕西延长石油化建股份有限公司	董事长
刘世春	金融街控股股份有限公司	董事长
张增光	唐山冀东水泥股份有限公司	董事长
郑思敏	山东得利斯食品股份有限公司	董事长
曾昭秦	山东天业恒基股份有限公司	董事长
邱　卫	湖南新五丰股份有限公司	董事长
王龙雏	福建省厦门象屿股份有限公司	董事长
谢长军	龙源电力股份有限公司	总经理

中国证券业年鉴编辑委员会

地　　址：上海浦东桃林路 18 号环球广场 B 座 2809 室
邮　　编：200135
电　　话：021－38820912
传　　真：021－51302839
邮　　箱：shcwq@vip.163.com

上册目录

第一编　专　论

第二编　中国金融市场

第三编 中国证券市场

第四编　中国基金市场

第五编　中国期货市场

第六编 中国区域性股权交易市场专辑

■公司综合信息展示

插页目录

- 封　面　大同煤业股份有限公司
- 封　底　泰豪科技股份有限公司
- 封　二　陕西省国际信托股份有限公司
- 封　三　张家界旅游集团股份有限公司
- 前环衬　北京北辰实业股份有限公司

扉页

- 西南证券股份有限公司
- 大同煤业股份有限公司
- 上海证券交易所
- 中国北车股份有限公司
- 广深铁路股份有限公司
- 营口港务股份有限公司
- 鲁银投资集团股份有限公司
- 西部矿业股份有限公司
- 光明乳业股份有限公司
- 日照港股份有限公司
- 中国农业银行
- 中国建设银行
- 国元证券股份有限公司
- 齐鲁股权交易中心
- 北京国枫律师事务所
- 鹏元资信评估有限公司
- 中国光大银行股份有限公司

综合版

- 中国证券市场新闻图片展
- 大同煤业股份有限公司
- 天士力制药集团股份有限公司
- 大连圣亚旅游控股股份有限公司
- 广西五洲交通股份有限公司
- 江苏宁沪高速公路股份有限公司
- 马应龙药业集团股份有限公司
- 安徽山鹰纸业股份有限公司
- 中节能风力发电股份有限公司
- 重庆川仪自动化股份有限公司
- 宁波东方电缆股份有限公司
- 广东依顿电子科技股份有限公司
- 浙江莎普爱思药业股份有限公司
- 江苏今世缘酒业股份有限公司
- 丽珠医药集团股份有限公司

中国证券业年度人物

2014 中国证券业年度人物

- 崔殿国先生　中国北车股份有限公司董事长
- 杜传志先生　日照港股份有限公司董事长
- 梁海山先生　青岛海尔股份有限公司董事长
- 张建台先生　天津市房地产发展(集团)股份有限公司董事长
- 张有喜先生　大同煤业股份有限公司董事长
- 何国纯先生　广西五洲交通股份有限公司董事长
- 刘建武先生　西部证券股份有限公司董事长
- 汪海涛先生　西部矿业股份有限公司董事长
- 李　雪女士　齐鲁股权交易中心总裁
- 多吉罗布先生　西藏天路股份有限公司董事长
- 郭本恒先生　光明乳业股份有限公司总裁
- 陈　平先生　马应龙药业集团股份有限公司董事长
- 李　玮先生　齐鲁证券有限公司董事长
- 谢永林先生　平安证券有限责任公司董事长
- 夏崇耀先生　宁波东方电缆股份有限公司董事长兼总经理
- 陈德康先生　浙江莎普爱思药业股份有限公司董事长
- 薛季民先生　陕西省国际信托股份有限公司董事长
- 杨华辉先生　兴业国际信托有限公司董事长
- 赵　欢先生　中国光大银行行长
- 翟建强先生　财达证券有限责任公司总经理
- 薛道成先生　山西西山煤电股份有限公司董事长
- 谢洪先先生　四川川投能源股份有限公司副总、董秘
- 蔡　咏先生　国元证券股份有限公司董事长、党委书记
- 张利国先生　北京国枫律师事务所首席合伙人
- 吴　朋先生　重庆川仪自动化股份有限公司董事长
- 李永强先生　广东依顿电子科技股份有限公司董事长

2014中国证券市场新闻图片展

华宝证券 ▼

华宝证券总部前台

华宝证券自成立以来已获得多项荣誉

证券简称: 山西证券　证券代码: 002500 ▼

公司保荐项目—博林特上市仪式

合资公司员工集体照

信达证券股份有限公司 ▼

2010年9月28日，公司保荐项目—江海股份上市

2014年9月30日，公司保荐项目—九强生物上市

NEWS PHOTOS

新闻图片

证券简称：西南证券 证券代码：600369

重庆市政府、华夏银行与西南证券子公司重庆股份转让中心正式签署《中小企业金融服务战略合作协议》

西南证券股份有限公司参展第五届重庆金融博览会

北京国枫律师事务所

北京国枫律师事务所业务培训

“国枫奖”优秀班干获奖学生合影

北京金诚同达律师事务所

为西部材料发行上市提供法律服务

金诚同达20周年系列活动之上市融资

齐鲁股权交易中心

郭树清省长视察齐鲁股权交易中心

国家发改委
徐绍史主任视察
齐鲁股权交易中心

夏耕副省长视察齐鲁股权交易中心

齐鲁股权交易中心

10月29日，齐鲁股权交易中心首批挂牌全国中小企业股份转让系统仪式在北京举行

挂牌企业敲响开市锣

齐鲁股权交易中心第一单短融宝落地青岛

齐鲁股权交易中心金融服务创新工作会议

挂牌企业接受
央视记者采访

孙伟副省长主持召开全省
加快齐鲁股权交易中心发展座谈会

大同煤業股份有限公司

Datong Coal Industry Co.,Ltd.

COMPANY INTRODUCTION

证券简称：大同煤业
证券代码：601001

www.dtmy.com.cn

大同煤业股份有限公司（简称“大同煤业”，英文全称：Datong Coal Industry Co.,Ltd）是由大同煤矿集团作为主发起人，联合中煤能源、秦皇岛港、华能集团、宝钢国贸、煤科总院等其他7家发起人共同发起设立，并于2001年7月25日在山西省工商行政管理局注册成立的股份有限公司。

大同煤业于2006年6月23日成功登陆A股市场，成为股改后沪市首家全流通的上市公司，公司先后荣获“2007、08年度中国主板上市公司价值百强”、“2008年度上市公司100强绩优公司榜前10强”、“2008年度中国上市公司百强金牛奖”、“2009年度上市公司市值管理百佳榜”、“中国20家最具活力新锐上市公司奖”等多项荣誉。

大同煤业上市以来通过募集资金建成了年设计生产能力1500万吨的国内最大井工矿井—同煤塔山煤矿，并以塔山煤矿为龙头，建设配套的洗煤厂、电厂、建材厂、铁路等“一矿八厂一条路”，形成了我国第一个完整产业链的煤炭循环经济园区——塔山循环经济园区。提升了煤炭产能，增强了公司煤炭主业经营规模和盈利能力，同时在进一步完善公司治理的基础上，积极与投资者沟通，加强形象塑造，提升公司价值，提高在资本市场的竞争力，为公司稳定和可持续发展奠定了坚实的基础。

地址：山西省大同市矿区新平旺　邮编：037003
电话：0352-7010476　传真：0352-7011070
E-mail：public@dtmy.com.cn

驰骋大市场　运营大资本 成就大事业

董事长：张有喜先生

副董事长、总经理：武望国先生

企业精神
勇于奉献，争创一流

企业目标
做强同煤，造福员工；建设新型能源集团，跻身世界煤炭“十强”，实现“五个同煤”目标。

企业发展战略
走现代化、集团化、洁净化、多元化、国际化道路，建设商品煤基地、出口煤基地、煤炭深加工基地和市场投资主体，成为具有核心竞争力的特大型煤电化能源集团。

企业作风
不干则已，干就干好

企业发展理念
发展慢了就是退步。

企业经营理念
人人精打细算，个个当家理财。
不花该省的钱，不省该花的钱。

企业管理理念
从宏观处着眼，从细微处着手。

中国驰名商标

SUNASIA 圣亚®

大连圣亚旅游控股股份有限公司（以下简称“大连圣亚”）成立于 1994 年 1 月，是国内第三代水族馆的开创者，海洋极地主题乐园的领跑者，东北旅游业唯一一家上市公司。现有 7 家控股子公司，4 家参股公司，员工 400 余人，资产总值 7 亿元，年营业收入超过 2 亿元。

圣亚自成立以来，始终专注于旅游服务业，目前建成运营的景区景点有：

1. 大连：圣亚海洋世界景区（AAAA 级景区，包括圣亚海洋世界、极地世界、珊瑚世界、深海传奇四个场馆）、恐龙传奇（多媒体互动体验项目）、恐龙世界（户外儿童主题乐园）。

2. 哈尔滨：哈尔滨极地馆（AAAA 级景区，大连圣亚全资子公司）。

经过多年的积累，目前，在水族馆行业，大连圣亚拥有独特的人才培养模式和健康的技术人才梯队，在企鹅繁育、斑海豹繁育等多个领域拥有毋庸置疑的技术领先优势，是唯一国家级南极企鹅种源繁育基地，以及国内首家进行斑海豹卫星标记放流科研的水族馆。

此外，大连圣亚在人造景观、海洋生物展示、动物表演等各个方面始终坚持文化内涵与娱乐价值的融合，让游客在游览体验的过程中感受、了解海洋文化，这已经成为大连圣亚旅游产品的鲜明特征与核心竞争力。

股票简称：大连圣亚　股票代码：600593

www.sunasia.com

大连圣亚的动物表演在业内树立了新标杆。大连本部项目拥有三大主打表演：浪漫唯美的《海豚湾之恋》（海豚、白鲸主演），幽默搞笑的《功夫海象》（海象、海狮主演），震撼的《白鲸传奇》（白鲸水下表演）；哈尔滨极地馆则拥有《海洋之心》（白鲸水下表演）、《疯狂海狮总动员》、《鳐鱼的冰海世界》等七大主题表演。这些表演都具有鲜明的共同特征：景观式表演；原创剧情；动物角色化演出，并与人的表演巧妙结合；融汇多种艺术形式；采用专业舞美设备；注重与游客的互动。其中大连本部的《功夫海象》打造了国内唯一"功夫海象"，并创意开发了海象模仿迈克尔·杰克逊跳舞的全国独一无二的表演行为。哈尔滨极地馆的《海洋之心》与大连本部的《白鲸传奇》则打破了国内外鲸豚表演中白鲸充当配角的传统，率先将白鲸表演从水上"移植"到水下，策划了浪漫动人的剧本，并创意开发了多个全新行为，带给游客美的享受与爱的震撼，至今仍是国内外白鲸表演不可逾越的经典。

未来，公司将加速推进海洋文化旅游产业建设，开发一系列具有自主知识产权的原创角色衍生品，包括图书、动漫、游戏、玩具等，并进军影视业，形成集出版物和音像制品市场、动漫作品的影视播出市场、主题公园及动漫形象衍生品的开发营销这三大市场为一体的完整产业链。通过各产业之间的相互影响，大连圣亚将积极培育相关高端人才，增强企业原创能力和竞争力，努力成为东北乃至全国重要的海洋文化旅游产业基地。

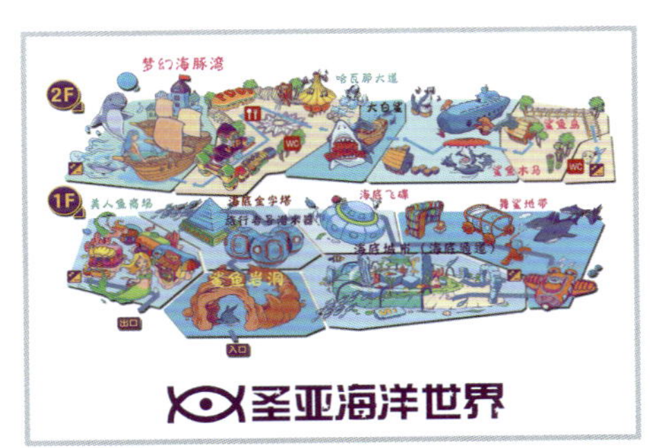

董事长：何国纯先生

Company introduction

广西五洲交通股份有限公司（以下简称“公司”）是广西唯一一家经营收费公路的上市公司，股票简称：五洲交通，股票代码：600368。公司于1992年12月成立，2000年12月股票在上海证券交易所上市。公司于2008年3月发行5.4亿元可转债，2009年7月，其中538,596,000元按4.71元每股转为公司股票。目前公司总股本833,801,532股，全部为无限售条件的流通股。公司主要股东为广西交通投资集团有限公司、华建交通经济开发中心、广西国宏经济发展集团有限公司。

公司经营范围为：经营收费公路、桥梁；对公路、桥梁、站场、港口、码头等交通基础设施投资、经营；房地产开发；建材、建筑设备、施工机械设备、五金交电、百货购销。

公司目前直接经营的三条收费公路为平王路、金宜路和南梧路部分路段。平王路是广西南宁至柳州高速公路小平阳至王灵段，全长29.44公里；金宜路起于广西宜州市城西收费站，终于广西河池市东面的百旺村，全长为67.73公里；南梧路全长384公里，公司拥有南梧路的五塘至新桥路段、黎塘绕城路、贵港绕城路。

公司积极开拓进取，充分利用资金优势，发挥资本市场的融资作用，加强主营业务，拓展多元经营，激活新的利润增长点，采取合资合作的形式，当前对高速公路、物流和地产及其他业务进行投资。

全资拥有广西南宁（坛洛）至百色高速公路：该公路全长187.62公里，总投资51.53亿元（其中资本金18.04亿元），已于2007年12月28日建成通车。公司原参股32%投资该路段，2010年公司以自有资金收购该路段运营公司广西坛百高速公路有限公司（以下简称“坛百公司”）68%股权，坛百公司成为本公司全资子公司。

学习吴天来先进事迹

现金分红说明会

堂汉公司三级安全教育

防暴培训

控股广西筋竹至岑溪高速公路：经中国证监会批准，公司于 2008 年 3 月发行 5.4 亿元的可转换公司债券，所募集的资金扣除承销费用后全部投资建设筋竹（粤桂界）至岑溪高速公路项目。该项目总投资 19.16 亿元，其中项目资本金约 8.2 亿元，公司出资 70.74%。筋竹至岑溪高速公路于 2007 年 10 月动工建设，于 2010 年 4 月 13 日正式通车运营。

控股中国 – 东盟自由贸易区凭祥国际物流园：公司投资控股广西万通国际物流有限公司（以下简称“万通公司”）70%股权。中国东盟自由贸易区凭祥国际物流园是万通公司通过其合资子公司广西凭祥万通国际物流有限公司建设和经营的项目，目前公司已投入 1.75 亿元建设经营中国 – 东盟自由贸易区凭祥国际物流园项目，该项目一期工程已于 2006 年 11 月投入使用。

开发现代国际和五洲国际等房地产项目：公司投资 5,000 万元与广西龙基置业有限公司合作建设现代国际项目，已于 2007 年末竣工交付使用。五洲国际项目由公司独资开发，位于南宁市中国东盟国际商务区的主轴线上，项目计划总投资 2.9 亿元，总建筑面积 9,4000 平方米，住宅将于 2011 年 12 月交付使用。

控股南宁市金桥农产品批发市场：该项目由公司与南宁威宁资产经营有限责任公司联合投资，项目公司注册资本金 30,000 万元，公司出资 21,000 万元，占项目公司注册资本总额的 70%。南宁金桥农产品批发市场项目位于南宁市昆仑大道旁，该项目一期工程于 2011 年 7 月 10 日开园试业。

全资设立五洲房地产有限公司：该公司成立于 2009 年 11 月 9 日，注册资本 5000 万元，为公司全资设立。该公司主营房地产开发和物业服务，目前主要经营钦州市政基础设施代建项目及受公司委托代建自治区政府机关事务管理局大板一区和新竹小区两个危旧房改造项目。

以上项目投资效益的显现，将使公司持续盈利、稳步发展，从而为公司全体股东带来更好的投资回报。

中国一东盟自由贸易区凭祥物流园

坛百高速公路观景台

筋竹至岑溪高速公路岑溪收费站

金桥农产品批发市场全景图

广西五洲交通股份有限公司 www.gxjttzjt.com

地址：中国广西南宁市金浦路22号 邮编：530028 电话：0771-5811901 E-mail:gxjttzjt@163.com

江苏宁沪高速公路股份有限公司

Jiangsu Expressway Company Limited

董事长:杨根林先生

总经理:钱永祥先生

江苏宁沪高速公路股份有限公司成立于1992年8月，注册资本人民币50.38亿元，是目前江苏省唯一在沪、港、美两地上市三地交易的交通基础设施类公司。公司主要业务是收费路桥的投资、建设、营运和管理，公司核心资产是沪宁高速公路江苏段，另外还拥有312国道沪宁段、锡澄高速公路、广靖高速公路、宁连公路南京段、苏嘉杭高速公路江苏段以及江阴长江公路大桥等位于江苏省内的收费路桥全部或部分权益。目前公司管理的公路里程已超过700公里，总资产达到249亿元，是我国公路行业境内上市公司中资产规模最大的公司之一。

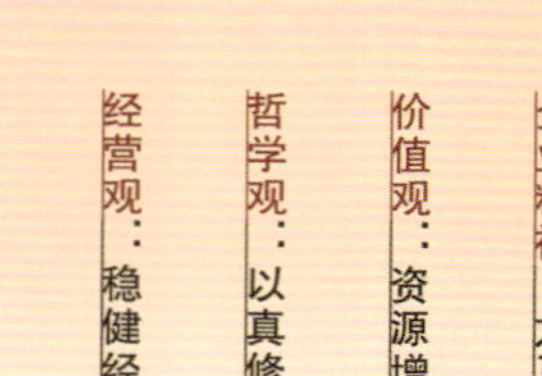

企业精神：龙马精神

价值观：资源增值

哲学观：以真修心，以勤修为

经营观：稳健经营，协调发展

经营宗旨：为顾客创造健康，为股东创造财富，为员工创造机会，为社会创造效益。

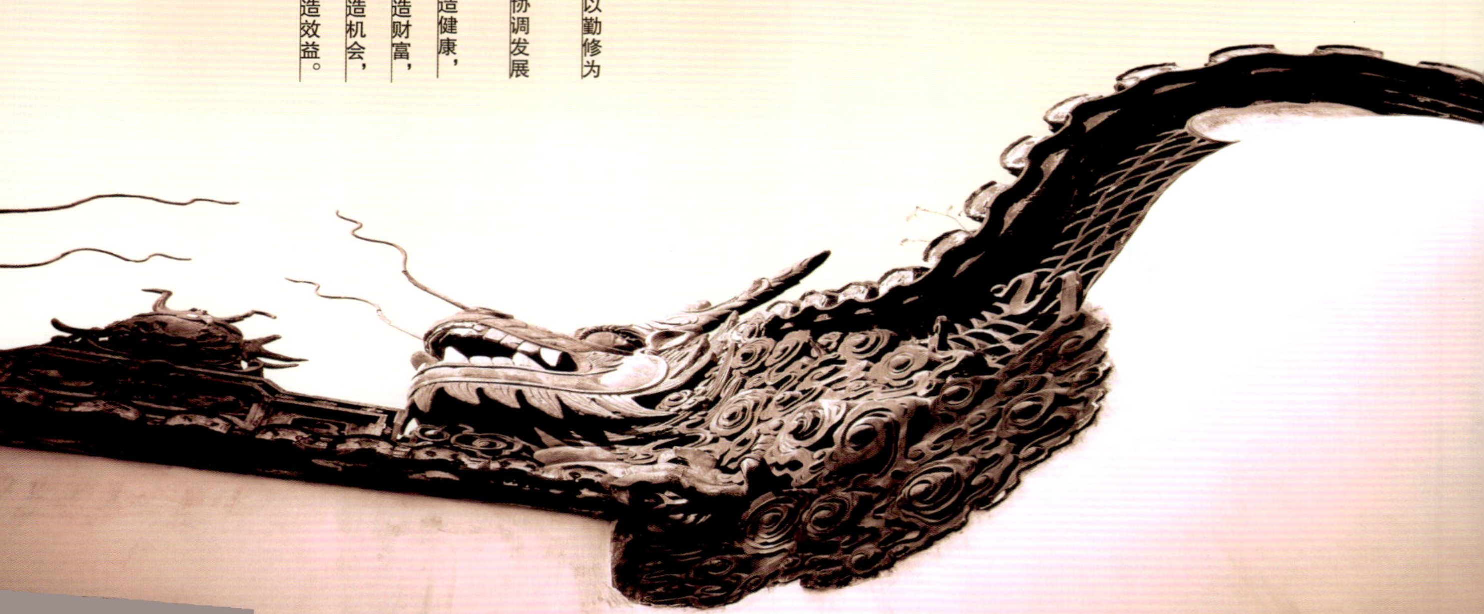

证券简称：马 应 龙　证券代码：600993

马应龙（600993.SH）是一家经商务部首批认定的中华老字号企业，创始于公元1582年，于1995年引入第一大股东中国宝安集团。经过多年持续快速健康发展，如今已成长为一家专业化医药类上市公司。

马应龙以肛肠及下消化道领域为核心定位，深化实施品牌经营战略，推行"目标客户一元化，功能服务多元化"的思路，集药品经营、诊疗技术、医疗服务于一体，为肛肠病患者提供整合解决方案。

马应龙生产功能齐全，可生产剂型超过30种，拥有马应龙麝香痔疮膏、麝香痔疮栓、龙珠软膏等20多个品种的独家药品，可供生产的国药准字号药品超过300种。各类软膏年生产能力近亿支，栓剂生产能力过亿粒。生产设施先进，主要品种生产流水线及配套设施的技术水平已处于国内领先水平。

中国驰名商标
中华老字号

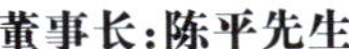

董事长:陈平先生

总经理:苏光祥先生

马应龙现有一支人员配备齐整、结构合理、优势互补的技术团队，并有一批从事药物合成、中药提取、制药工程和药理毒理及临床试验评价等方面研究的学科带头人。公司与北京大学药学院、中国药科大学等多家科研机构建立了长期的战略合作关系。经国家人事部核准公司与北京大学、中国军事医学科学院共同组建了博士后工作站。2009 年，马应龙药业集团股份有限公司技术中心被国家发改委、科技部等五部委认定为国家级企业技术中心，马应龙创新药物研发团队被湖北省委组织部认定为首批“湖北省重点产业创新团队”。2013 年，马应龙主导参与中华中医学会肛肠分会组织的全国肛肠流行病学调研，普及肛肠疾病知识，提升公司品牌影响力，在肛肠领域的学术地位得到进一步认可，这也是马应龙积极承担行业和社会责任的重要举措。

选品质 马应龙

四百年精于品质 马应龙一脉相承

据南方医药经济研究所研究数据表明，马应龙在痔疮药品零售市场的份额超过 40%，成为治痔领域的第一品牌。在世界品牌实验室、世界经理人周刊联合评估的 2013 年“中国最具价值品牌 500 强”排行榜中，马应龙名列第 188 位，品牌价值达到了 95.55 亿元。2011 年，马应龙八宝古方及眼药制作技艺被国务院认定为国家级非物质文化遗产。同年，马应龙荣获湖北省人民政府颁发的“长江质量奖”。

传承四百多年的历史文化，马应龙逐步形成了独特的企业文化体系。公司秉承“为顾客创造健康，为股东创造财富，为员工创造机会，为社会创造效益”的经营宗旨，倡导“以真修心，以勤修为”的哲学观，倡导“稳健经营、协调发展”的经营观，倡导“资源增值”的价值观，弘扬“龙马精神”的企业精神。马应龙将以实现中药现代化为己任，在品牌经营战略的指引下与时俱进，继往开来。

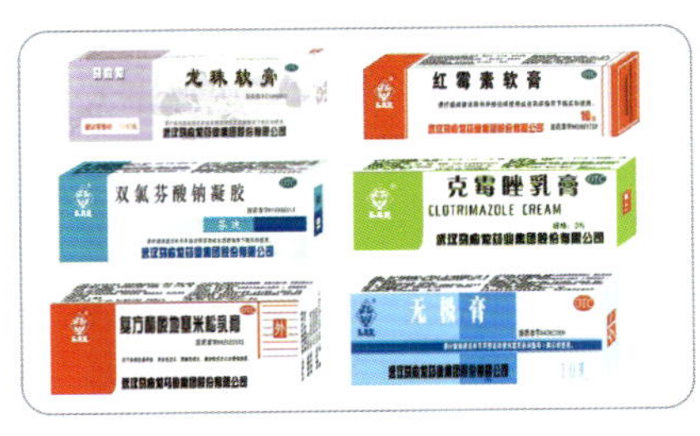

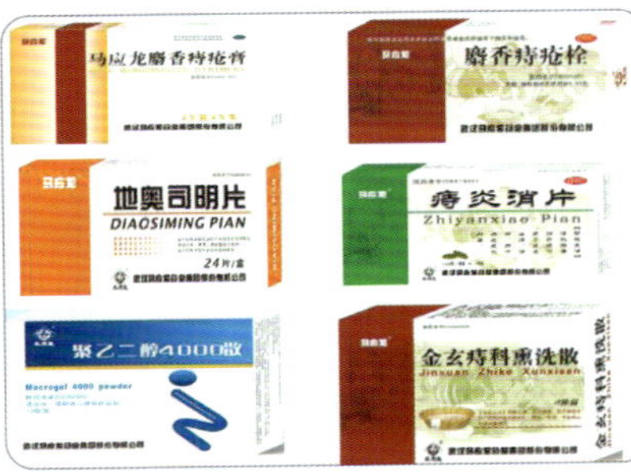

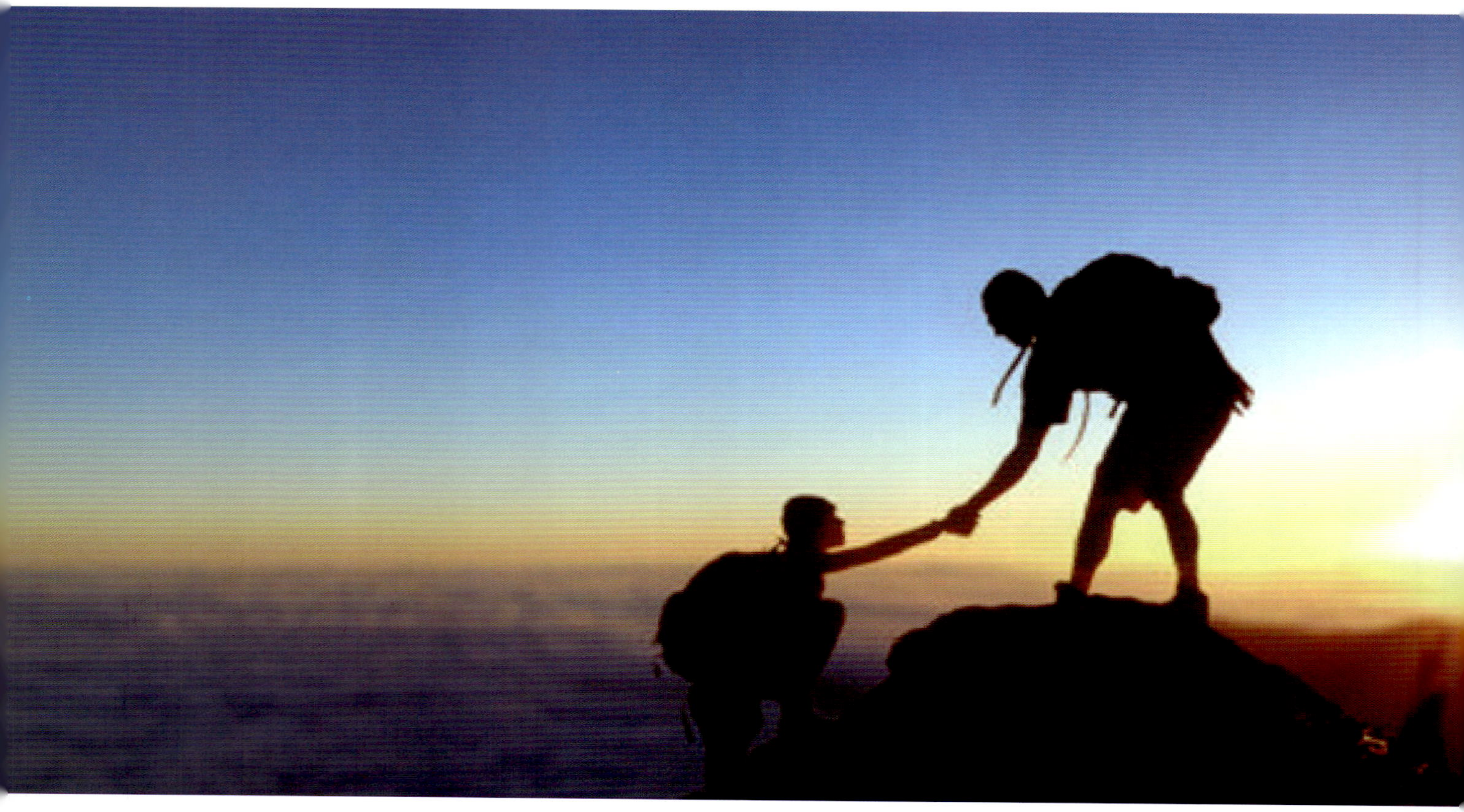

公司介绍
Company introduction

安徽山鹰纸业股份有限公司是国家大型造纸工业企业和国内最大包装纸板生产企业，同时是高新技术企业。公司于 2001 年 12 月 18 日在上海证券交易所挂牌上市，股票简称“山鹰纸业”，股票代码“600567”。借助资本市场融资平台，公司主业持续做大做强。目前，公司已形成超过三百零五万吨造纸年生产能力和 10 亿平方米纸板纸箱年生产能力，规模排名行业前列。近年来，公司持续扩大经营规模，先后在浙江、安徽、江苏、福建、湖北、天津等地成立了多家子公司，并在美国、英国、德国、荷兰、日本、澳大利亚等国设立了全资子公司，并且建立了国内外原料回收网络、水运专用码头及自备电站等一系列配套设施体系，为公司进一步发展奠定了良好基础。

Ⓐ 安徽省马鞍山市勤检路3号
Ⓣ 0555-2826275 Ⓕ 0555-2826369 Ⓜ stock@shanyingpaper.com
Ⓦ www.shanyingpaper.com

诚信、激情、责任、团队、关爱

Integrity, passion, responsibility, teamwork, caring

股票简称：山鹰纸业 股票代码：600567

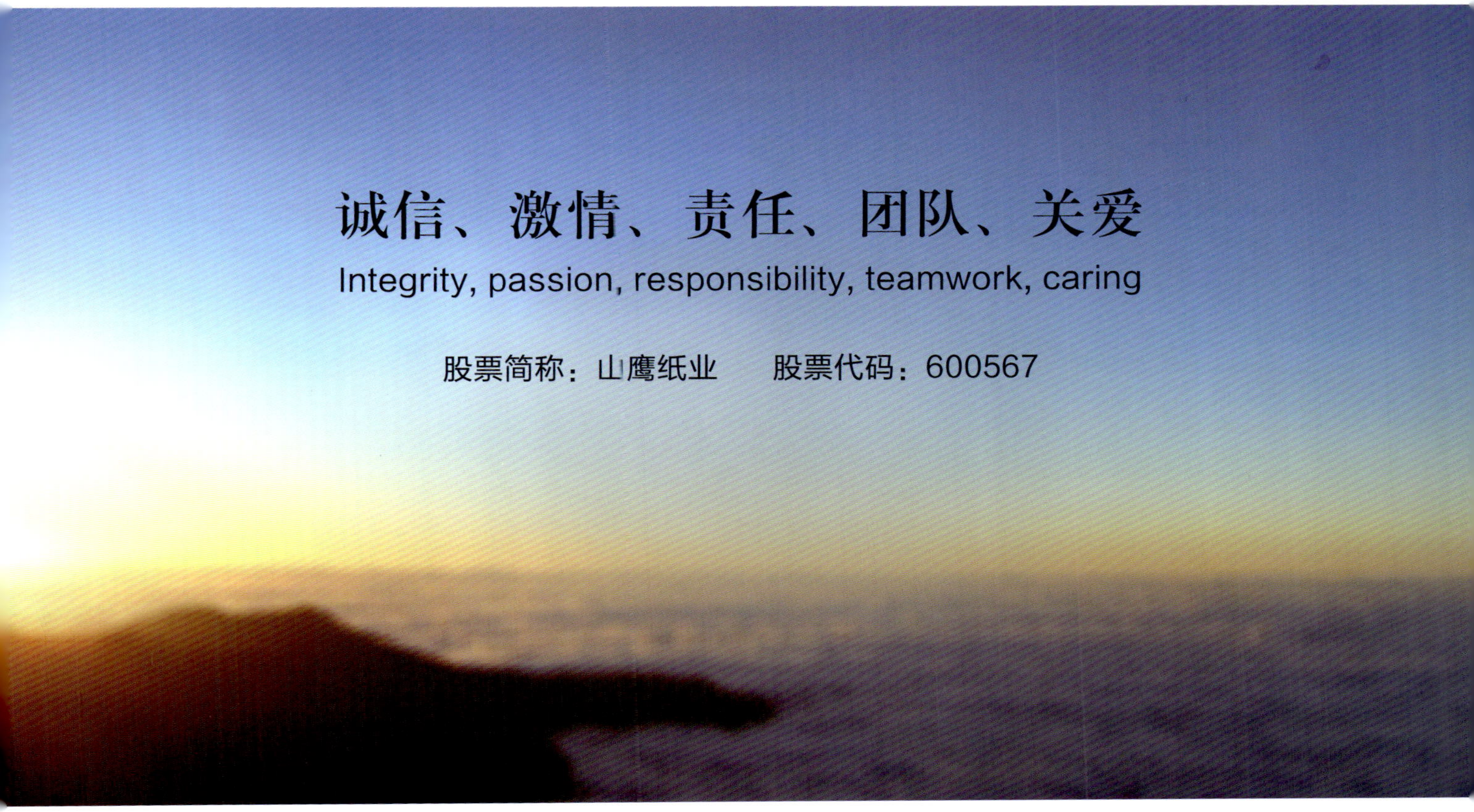

公司将充分利用比较优势，发展规模经济，实现跨越式发展；坚持以市场为导向，以经济效益为中心，以产品质量为保证，以技术创新为重点，以强化管理为手段，实现全面发展；坚持发展循环经济，走可持续发展的道路，努力把公司建设成为具有国际竞争能力的，现代化环保型的造纸和包装企业。

董事长：李书升先生

2014年9月29日“节能风电”在上交所隆重挂牌上市

签约仪式

荣誉

风电基地

风机吊装

风电场

中节能风力发电股份有限公司是国内资本市场唯一以风电运营为主业的上市公司。自2006年创立以来，节能风电紧跟国家可再生能源发展政策，坚持以“效益为中心、管理为手段、规模为基础、创新为动力”的经营理念，发扬“开拓创新、无私奉献、严格管理、争创一流”的企业精神，秉承“节约能源，献人类清洁绿电；保护环境，还自然碧水蓝天”的企业愿景，以打造一流的绿色电力供应商为目标，坚守主业，砥砺前行。

作为最早介入风电领域的中央企业——中国节能环保集团公司的唯一风电开发运营平台，承继了中国节能在风电领域多年积累的行业经验、技术优势及从事风电行业的优秀管理团队，是国内风电行业的先行者和革新者。公司先后成功中标并示范建设了国家第一个百万千瓦级和第一个千万千瓦级风电基地启动项目，也是国内大型风电基地的示范者和引领者。

未来，公司将持之以恒的积极进取、开拓创新，不断完善治理结构、严格规范运作、精心经营企业，做大、做强、做优主业，实现业绩的持续增长，成为风电行业一流的上市公司，谱写出节能风电在资本市场的新篇章，为我国可再生能源发展做出贡献。

中节能风力发电股份有限公司

地址：北京市海淀区西直门北大街42号节能大厦A座12层　邮编：100082
电话：+86-010-62248707　传真：+86-010-62248700
E-mail：cecwpc@cecwpc.cn　网址：www.cecwpc.cn

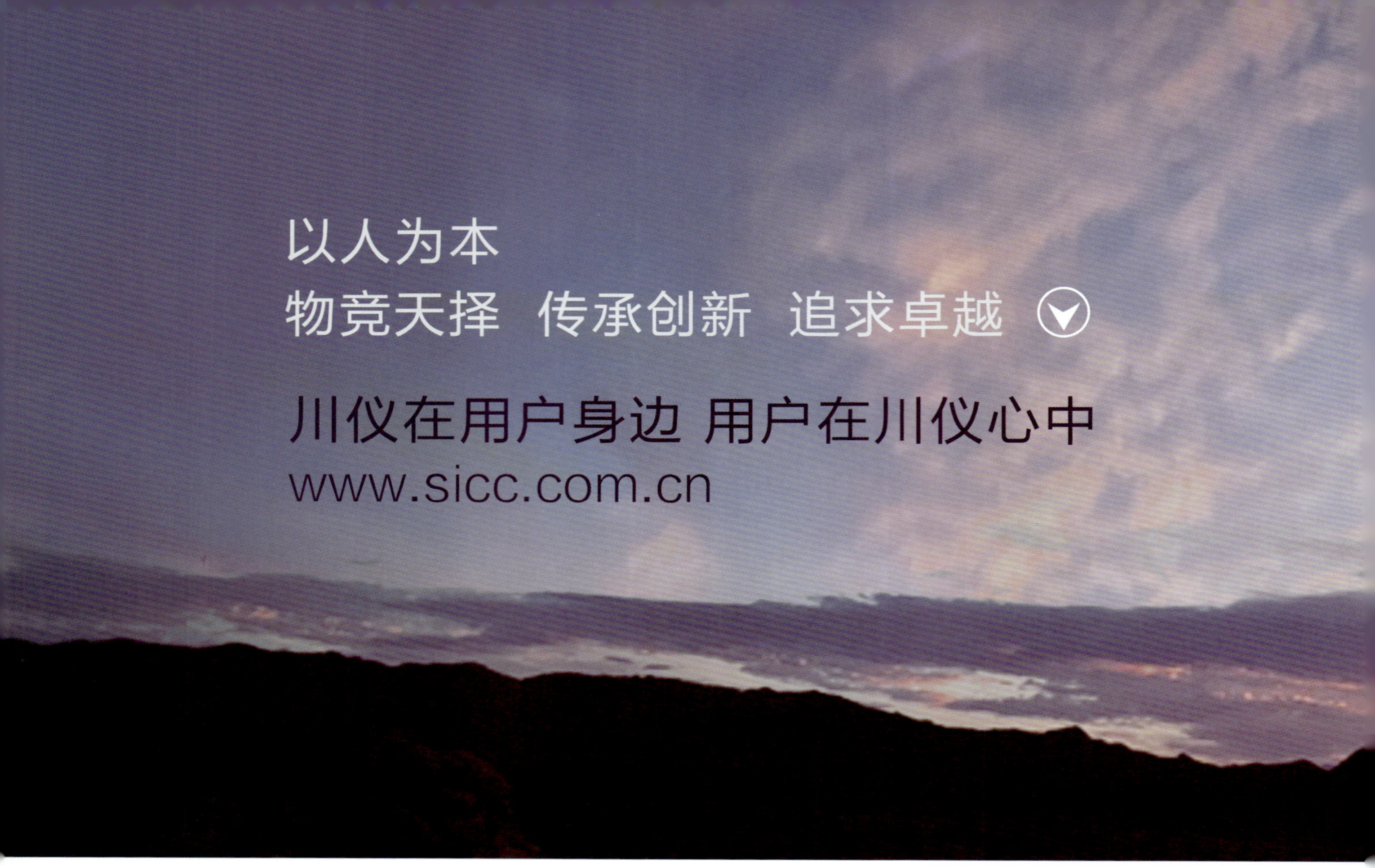
以人为本
物竞天择 传承创新 追求卓越
川仪在用户身边 用户在川仪心中
www.sicc.com.cn

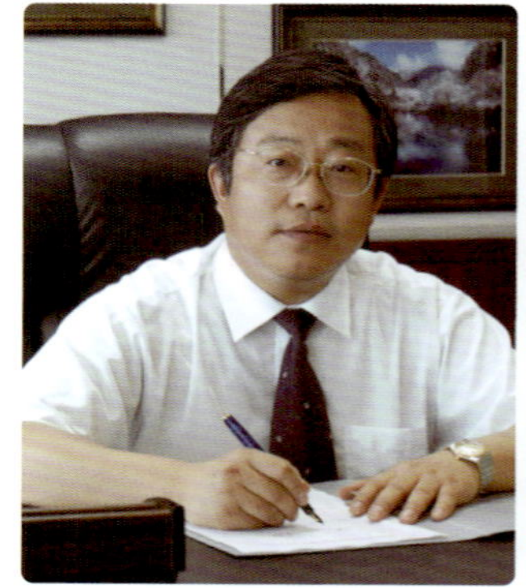

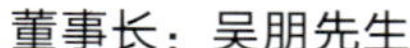

董事长：吴朋先生

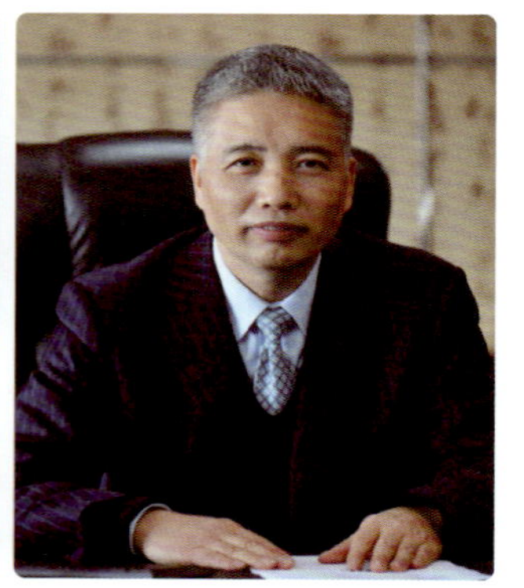

总经理：刘长明先生

公司简介 company introduction

重庆川仪自动化股份有限公司（以下简称“公司”）主要从事工业自动控制系统装置及工程成套的研发、生产、销售、技术咨询、服务等业务，经过多年的发展，现已成为工业自动控制系统装置制造业国内综合实力排名第一的企业。

川仪股份603100

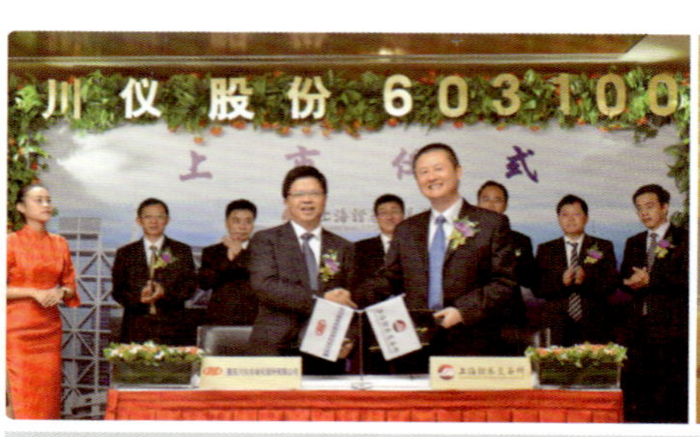

签协议

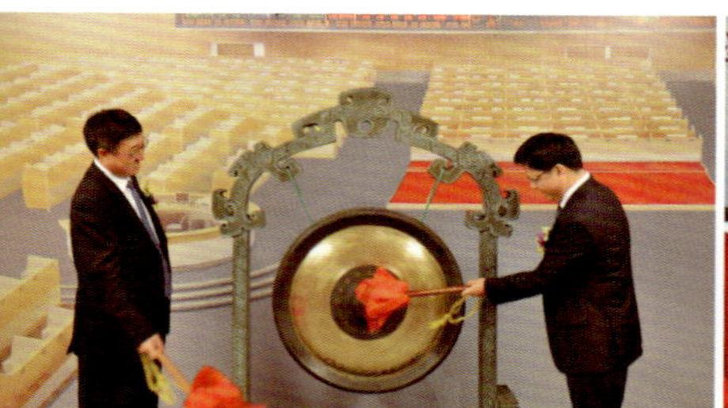

敲钟仪式

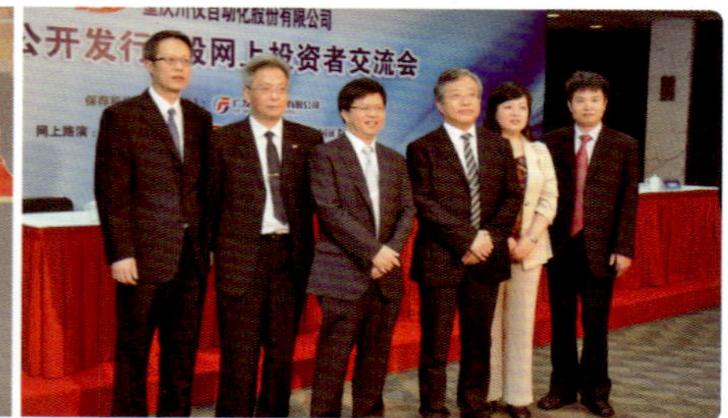

重庆川仪自动化股份有限公司嘉宾合影

1、产品优势

公司产品覆盖智能执行机构、智能变送器、智能调节阀、智能流量仪表、温度仪表、控制设备及装置和分析仪器 7 类单项产品，以及系统集成及总包服务。公司各主要单项产品在行业中排名前列，具有较强竞争优势。

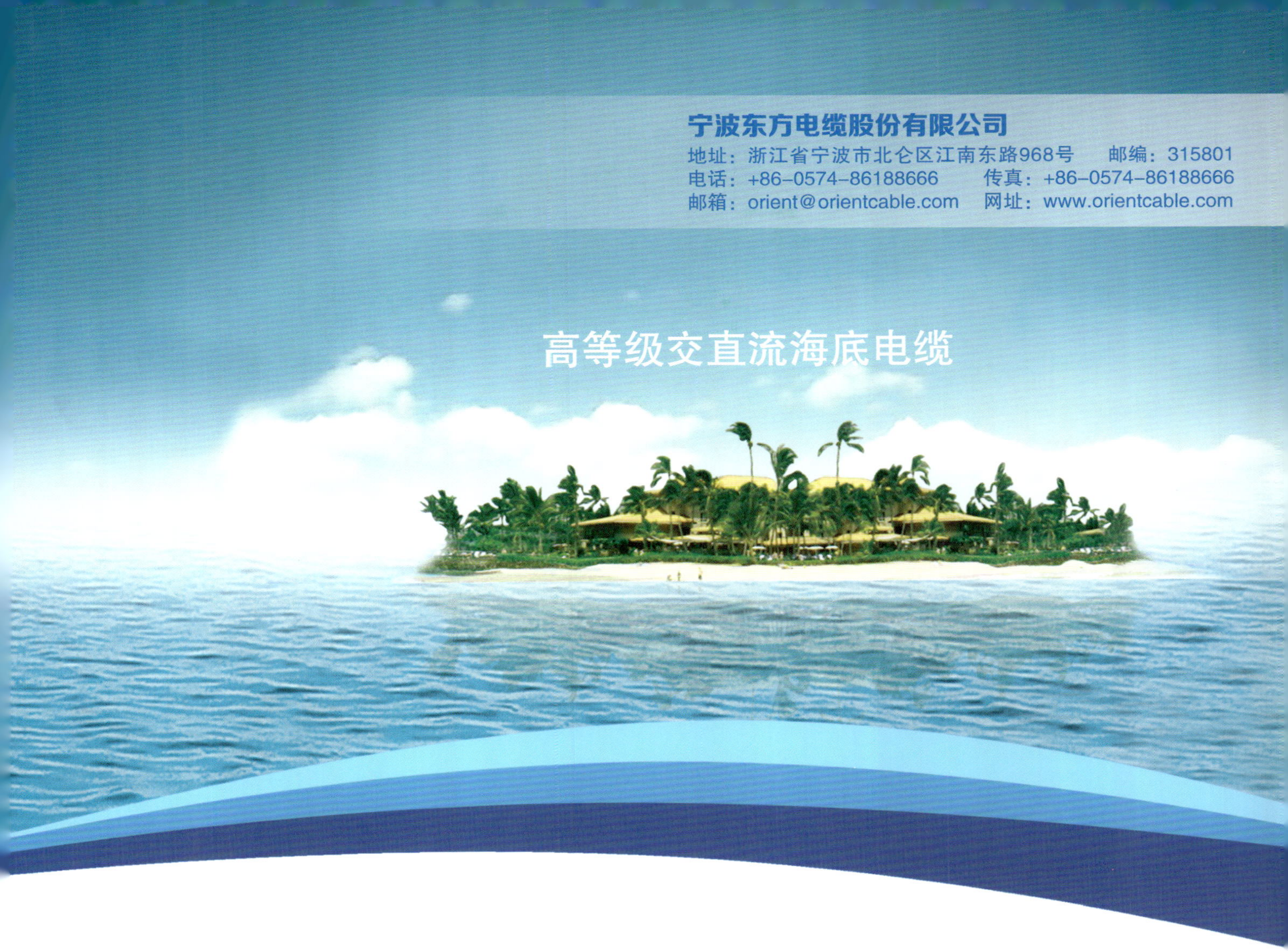
宁波东方电缆股份有限公司
地址：浙江省宁波市北仑区江南东路968号 邮编：315801
电话：+86-0574-86188666 传真：+86-0574-86188666
邮箱：orient@orientcable.com 网址：www.orientcable.com
高等级交直流海底电缆

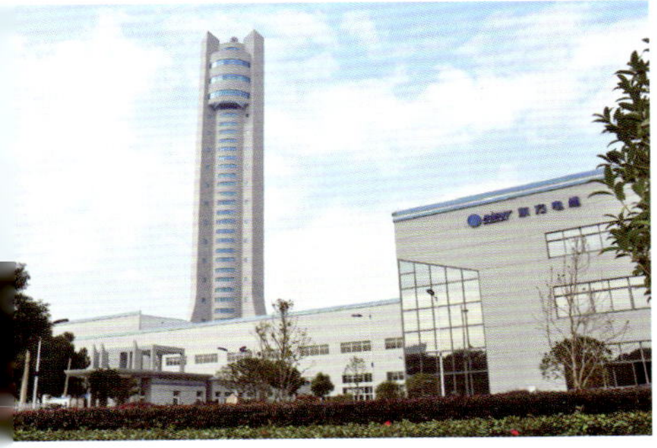
工厂

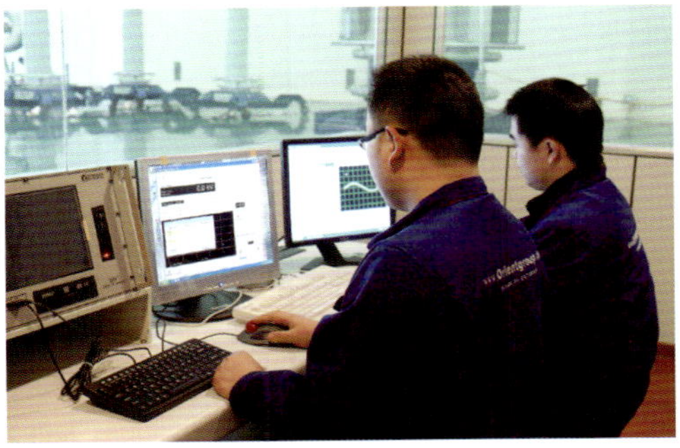
实验室

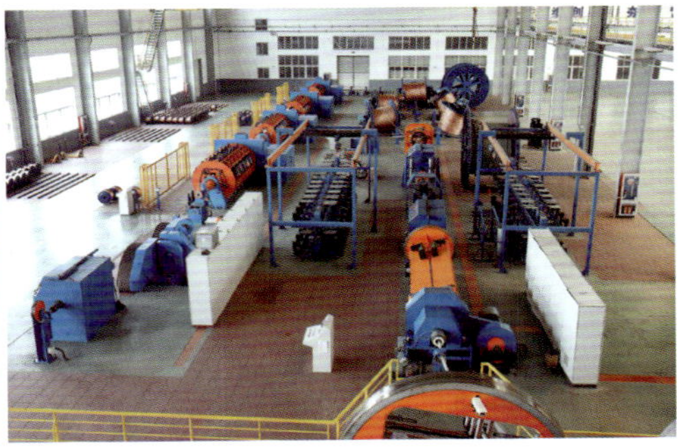
车间

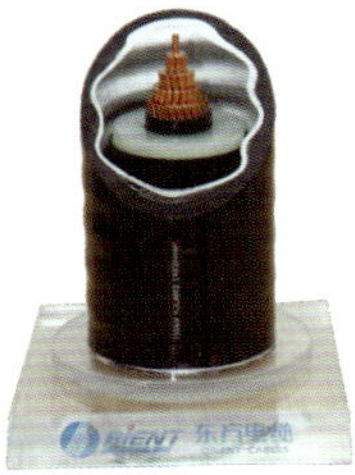
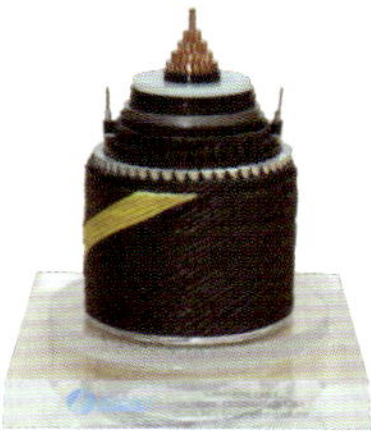
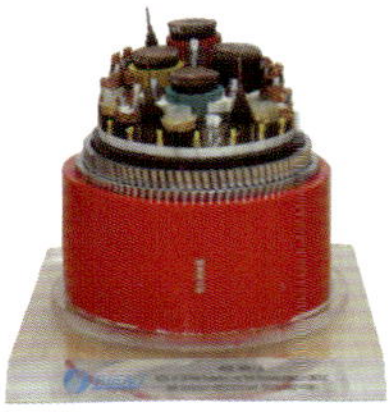
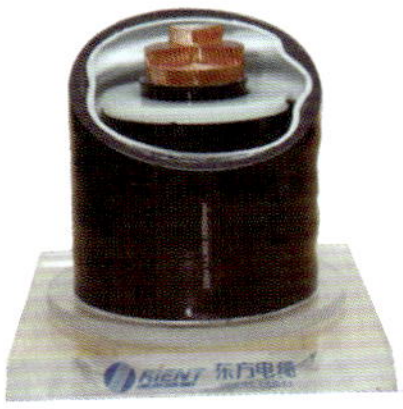
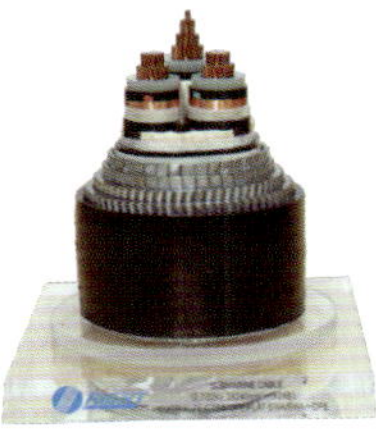
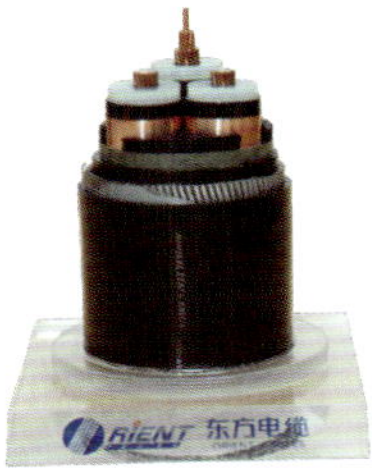

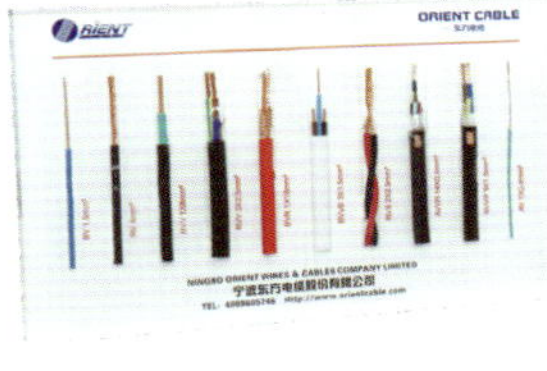
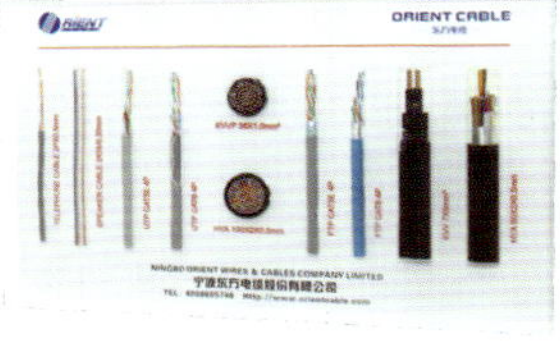
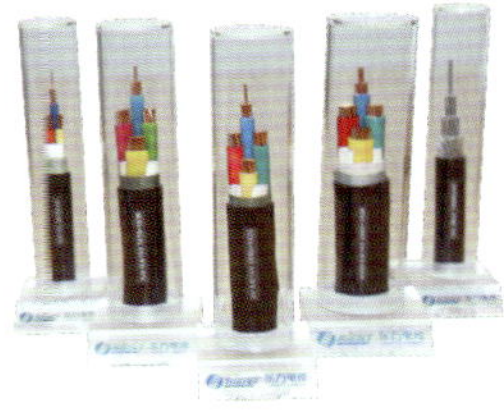
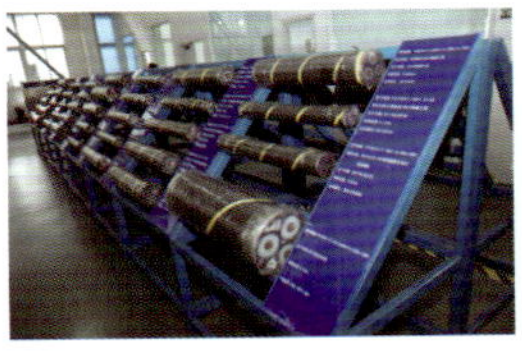
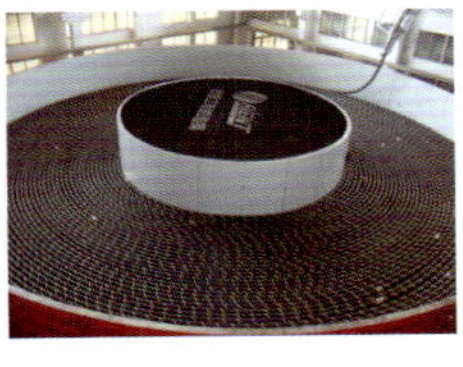

质量至上
成本领先　技术领先

www.ellingtonpcb.com

董事长：李永强先生

广东依顿电子科技股份有限公司（以下简称“公司”）前身依顿有限设立于2000年3月2日，于2007年11月19日经国家商务部批准，由依顿有限整体变更设立的股份有限公司。自设立以来，公司一直专注于高精度、高密度双层及多层印刷线路板的制造和销售，是国内印刷线路板行业的领先者之一。根据N.T.Information发布的统计数据，2012年全球PCB制造产值超过1亿美元的企业共106家，以当年产值而言，公司在全球PCB厂商中排名第33位。

对外重要活动——捐赠2000万依顿教育金

首次公开发行股票并在主板上市路演推介会

公司深耕印刷线路板行业多年，积累了一定管理优势、技术优势、客户优势、团队优势，并且地处珠江三角洲腹地，毗邻港澳，陆路、水路运输发达，有利于公司降低运输成本及开拓市场。目前，公司产品广泛应用于计算机及相关设备、电子消费品、通信产品、工业控制、汽车电子、医疗仪器等下游行业产品上。

公司一贯重视产品质量管理和技术自主创新，先后通过了 QS9000 质量体系认证、ISO9002 质量体系认证、ISO14001 环境体系认证、ISO/TS16949 质量管理体系认证，公司产品已通过美国 UL 认证，性能达到 IPC 标准。由于公司产品质量可靠，行业知名度较高，因此大客户的认可度较高。经过多年的积累，目前公司客户群分布广泛，境内外优质客户众多，均为各自行业的领先者。

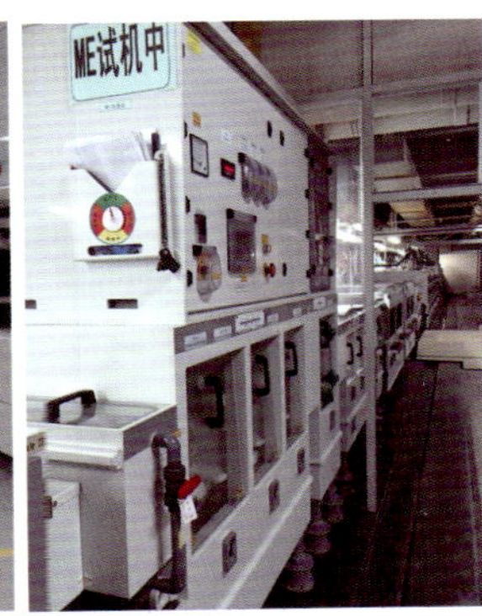

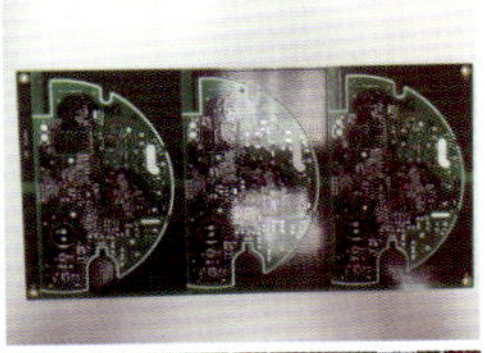

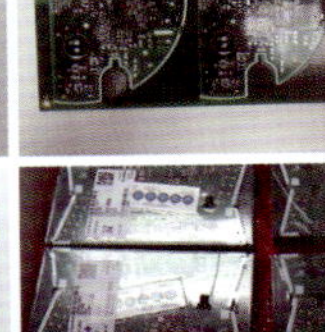

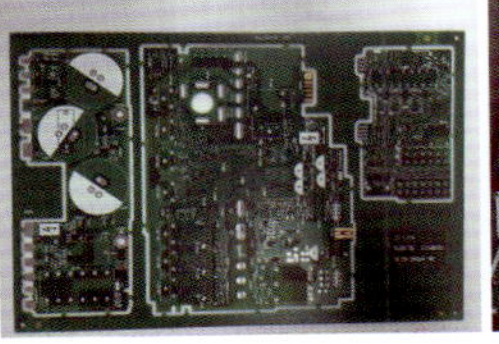

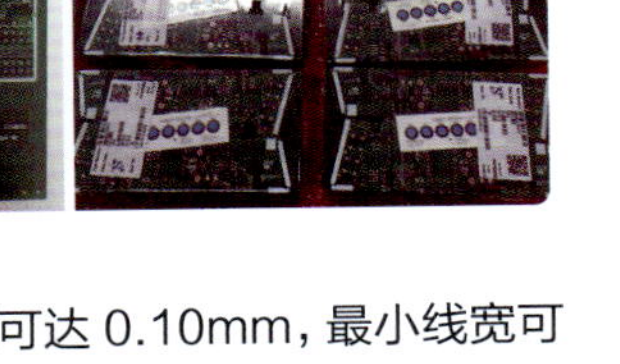

公司具备全面的生产技术，具备各类刚性印刷线路板的生产能力，公司生产的印刷线路板产品最小孔径可达 0.10mm，最小线宽可达 0.05mm，最高层数可达 24 层。公司拥有多项自主研发的核心技术，包括盲孔深度控制的钻孔技术、超低阻抗 25 欧姆 +/-5% 的线路板控制技术、RoHS 环保材料的开发技术、高密度板内层树脂塞孔技术、硬板替代软板技术等。公司可为客户提供“一站式”生产服务，即由印刷线路板线路设计优化、小批量样板生产、批量生产和售后服务等构成的综合服务体系。

未来，公司将继续立足印刷线路板行业，充分利用公司已经积累的各种优势，在“质量至上、成本领先、技术领先”的战略指引下，从品质、交期、价格、技术能力、服务等方面满足客户需求。在巩固及扩大多层板市场占有率的同时，扩大 HDI 板等高端产品的市场。充分利用资本市场的融资功能，加快新产品的开发进度，拓展现有产品的生产能力，为国内外客户提供各种类型的高质量印刷线路板产品，实现公司的跨越式发展。加强与全球大型电子产品及设备制造企业的业务合作关系，力争用 3－5 年的时间成为印刷线路板行业的国内龙头企业和世界一流企业。

地址：广东省中山市三角镇高平工业区88号　邮编：528445

电话：0760-22813684　传真：0760-85401052

邮箱：ellington@ellingtonpcb.com

网址：http://www.ellingtonpcb.com

依顿电子

地址：浙江省平湖市城北路角棉巾桥
电话：0573-85013183　传真：0573-85025397
邮箱：zjspas@zjspas.co 微信：shapuaisiyaoye

董事长：陈德康先生

总经理：王友昆先生

公司自 1978 年建厂以来，在三十多年的发展过程中，经历了从“国营浙江平湖制药厂”转制成“浙江平湖莎普爱思制药有限公司”，并于 2008 年 12 月 15 日完成股份制改造，整体变更为“浙江莎普爱思药业股份有限公司”。公司于 2014 年 7 月 2 日成功在上海证券交易所 A 股主板上市，股票简称：莎普爱思，股票代码：603168，目前注册资金为 6535 万元人民币。

公司是一家以药品研发、生产、经营为一体的综合性制药企业，以眼科特色药物为支柱，涵盖眼科类、体液平衡类、抗感染类等多类产品。先后被评为“国家高新技术企业”、“浙江省标准创新型企业”、“浙江省百家最具投资价值企业”、“浙江省绿色企业”、“嘉兴市重点企业技术创新团队”，还先后获得“2013 中国化学制药行业成长型优秀企业品牌”、“2014 中国化学制药行业工业企业综合实力百强”、“2014 中国化学制药行业 OTC 优秀产品品牌”荣誉称号。公司下设药物研发机构—浙江莎普爱思药业股份有限公司药物研究所，被评为“莎普爱思眼用药物省级高新技术企业研究开发中心”、“浙江省级企业技术中心”。公司另设有“院士专家工作站”。

上市仪式照片 -- 董事长（左）敲锣

莎普爱思新厂区揭牌仪式

2012 年 12 月，“莎普爱思”商标被国家工商行政管理局商标局认定为“中国驰名商标”。

公司共拥有 58 个药品品种的 97 个药品注册批件。公司医药产品主要包括苄达赖氨酸滴眼液、葡萄糖注射液、氯化钠注射液、乳酸左氧氟沙星氯化钠注射液、甲磺酸帕珠沙星氯化钠注射液、头孢克肟分散片、肌苷口服溶液等品种，按剂型可分为滴眼液、大输液、口服溶液剂、片剂、栓剂、胶囊剂等类别，按功能主治可分为眼科类、体液平衡类、全身抗感染类等类别。公司已经推出抗白内障、抗感染、治疗青光眼的系列眼科药品，其中核心产品抗白内障新药“莎普爱思”滴眼液被列入国家火炬计划项目；“莎普爱思”滴眼液 1997 年获得国家二类新药证书，还荣获国家重点科技攻关项目、国家重点新产品、浙江省名牌产品等多个称号，是国内第一个国家二类眼科新药。

莎普爱思秉持“精诚济世，祛翳复明”的宗旨，在多年的发展过程中，始终坚持自主创新与产学研合作相结合的研发模式，已取得多项成果。公司已经获得 13 个新药证书，并已获得 5 个发明专利。公司正在研发包括 2 个一类新药在内的多种新产品。

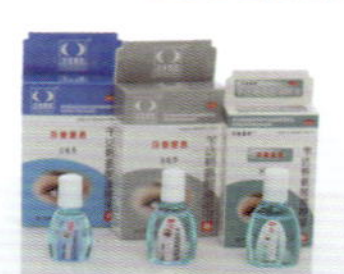

莎普爱思
滴眼液

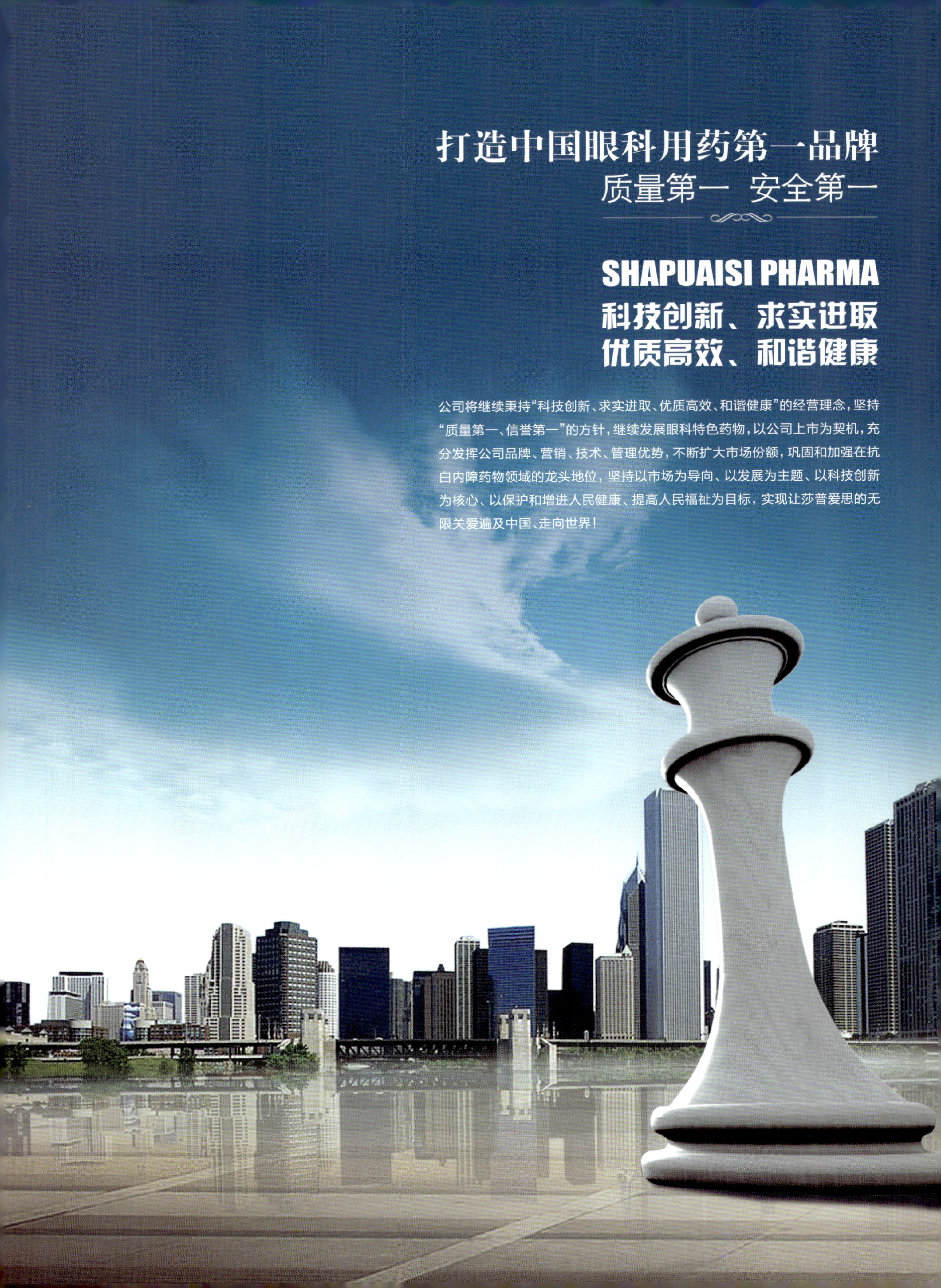
打造中国眼科用药第一品牌
质量第一 安全第一
SHAPUAISI PHARMA
科技创新、求实进取
优质高效、和谐健康
公司将继续秉持“科技创新、求实进取、优质高效、和谐健康”的经营理念，坚持“质量第一、信誉第一”的方针，继续发展眼科特色药物，以公司上市为契机，充分发挥公司品牌、营销、技术、管理优势，不断扩大市场份额，巩固和加强在抗白内障药物领域的龙头地位，坚持以市场为导向、以发展为主题、以科技创新为核心、以保护和增进人民健康、提高人民福祉为目标，实现让莎普爱思的无限关爱遍及中国、走向世界！

>> 秉承**“讲善惜缘，和谐发展”**的企业核心价值观

>> 把“缘”作为品牌的生命与灵魂，挖掘传播缘文化，致力于品牌深厚文化底蕴的传播，致力于产品高质量的追求。

>> 今世缘人以让今世缘成为“最具影响力的文化品牌，最具竞争力的创新企业，最具吸引力的精神家园”为愿景

>> 今世缘人弘扬“追求卓越，缘结天下”的企业精神

江苏今世缘酒业股份有限公司坐落在开国总理周恩来的故乡淮安，地处名酒之乡、全国文明乡镇高沟。是全国“五一”劳动奖状获得者、全国“守合同，重信用”企业、全国企业文化建设先进单位、全国模范劳动关系和谐企业、全国模范职工之家、全国实施卓越绩效模式先进企业、全国轻工行业先进集体、中国食品工业科技进步优秀企业、推动中国酒业发展优秀企业、全国工业旅游示范点。

公司年产“国缘”、“今世缘”、“高沟”系列白酒3万余吨。“国缘”是中国外交部和驻外使领馆接待用酒、中国2010年上海世博会联合国馆专用白酒 、“中国十大高端商务用酒”；“今世缘”是 “中国十大文化名酒”、“中华婚宴首选品牌”。2008年以来，企业的综合经济效益位列中国白酒业“十强”。

新世纪以来，今世缘人扎实推进“打造品牌、以质取胜、文化营销、人才强企”的战略，秉承“讲善惜缘，和谐发展”的企业核心价值观，以发展为第一要务，以市场为第一车间，综合实力得到了大幅提升。

把“缘”作为品牌的生命与灵魂，挖掘传播缘文化，以品牌文化意蕴的彰显提升品牌对顾客的价值，以高附加值品牌提升企业的盈利能力。在今世缘品牌升级的同时，成功塑造了高端白酒品牌国缘。

依靠创新驱动，不断提升产品科技含量，企业的研发实力一直处于行业前列。整合江苏省（今世缘）酿酒技术研究院、江苏省博士后科研工作站、江苏省企业技术中心等科研平台，参与全国白酒业层次最高的“169计划”9个科研协作单位之一，科技创新进入“国家队”。

追求卓越绩效。导入卓越绩效管理模式，把卓越绩效管理同科学发展、进位争先有机结合，同新时期“三创三先”的新江苏精神有机结合，同“追求卓越、缘结天下”的今世缘精神有机结合，把企业带入了跨越发展的快车道。2006年以全省总分第一的成绩荣获“江苏省质量管理奖”，2009年获得“全国实施卓越绩效管理模式先进企业”称号，2011年成为“江苏省卓越绩效管理孵化基地”，并获得了淮安市首届市长质量奖。

在奋进的阶梯上，今世缘人以让今世缘成为“最具影响力的文化品牌，最具竞争力的创新企业，最具吸引力的精神家园”为愿景，以缘载道，以缘立誉，以文化酒，以品味人，以人为本，用智慧和汗水酿造醇香的事业，把工厂做精做美，市场做强做大，管理做优做实，谱写今世缘永续发展的新篇章！

丽珠医药集团股份有限公司

丽珠A股代码：000513　丽珠H股代码：01513

公司概况

丽珠医药集团股份有限公司是集医药研发、生产、销售为一体的综合性企业集团，创建于1985年1月，集团所属全资子公司18个，控股企业11个，现有员工5000余人，大中专以上文化程度的员工占集团总人数的80%；博士及海归人才10余人。

集团总资产66亿元，净资产36亿元，年营业额46亿元，累计纳税37亿，中国医药50强，国家技术创新示范企业，广东省最具投资价值上市公司50强，参芪扶正注射液获2009年度广东省科技进步一等奖，朱保国董事长当选2009年广东省十大经济风云人物，中国最具竞争力医药上市公司20强，2012年最佳上市企业治理10强，2014年荣获“最佳股东回报上市公司”奖。

集团所属生产企业9个，分别设立在珠海、韶关、清远、福州、成都、上海、宁夏等地。

集团的产品涵盖制剂产品、原料药和中间体及诊断试剂及设备，主要产品包括参芪扶正注射剂、丽珠得乐系列产品、抗病毒颗粒、艾普拉唑肠溶片（壹丽安）、注射用醋酸亮丙瑞林微球（贝依）、等中医药制剂；美伐他丁、苯丙氨酸、头孢曲松钠、头孢地嗪钠等原料药和中间体；HIV抗体诊断试剂、肺炎支原体抗体诊断试剂及梅霉螺旋体抗体诊断试剂等诊断试剂产品。

集团通过商业整合，与国药控股深度合作，建立了覆盖全国的庞大商业网络，拥有超过8000家县级以上医院销售流向，超过100000家药店销售渠道。

集团十分注重研发创新，推行三高机制，即高投入：2013年研发经费投入2.3亿元；高素质：研发技术团队418人，其中博士11人，本科以上学历占83%；高起点：主持和制定药品标准10余项，拥有有效发明专利20余项。

丽珠精神

- **丽珠使命**
  丽珠世界　生命常青
- **丽珠精神**
  务实　创新　高效
- **丽珠目标**
  以人为本　以精立业　以质取胜

主要产品

抗病毒颗粒

丽珠得乐

www.livzon.com.cn

第一编
专论

专　论

2013 年国民经济和社会发展统计公报[1]

中华人民共和国国家统计局　2014 年 2 月 22 日

2013 年，面对错综复杂的国内外形势，党中央、国务院团结带领全国各族人民深入贯彻落实党的十八大精神，坚持稳中求进工作总基调，坚持宏观政策要稳、微观政策要活、社会政策要托底的思路，统筹稳增长、调结构、促改革，探索创新宏观调控方式，经济社会发展稳中有进、稳中向好，实现了良好开局。

一、综合

年末全国大陆总人口为 136072 万人，比上年末增加 668 万人，其中城镇常住人口为 73111 万人，占总人口比重为 53.73%，比上年末提高 1.16 个百分点。全年出生人口 1640 万人，出生率为 12.08‰；死亡人口 972 万人，死亡率为 7.16‰；自然增长率为 4.92‰。全国人户分离的人口[2]为 2.89 亿人，其中流动人口[3]为 2.45 亿人。

表 1　2013 年年末人口数及其构成

单位：万人

指　标	年末数	比重%
全国总人口	136072	100.0
其中：城镇	73111	53.73
乡村	62961	46.27
其中：男性	69728	51.2
女性	66344	48.8
其中：0－15 岁[4]（含不满 16 周岁）	23875	17.5
16－59 岁（含不满 60 周岁）	91954	67.6
60 周岁及以上	20243	14.9
其中：65 周岁及以上	13161	9.7

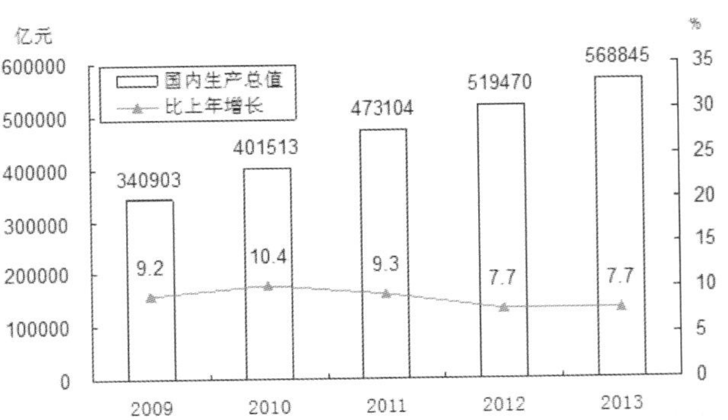

图 1 2009—2013 年国内生产总值及其增长速度

国民经济平稳较快增长。初步核算，全年国内生产总值[5]568845 亿元，比上年增长 7.7%。其中，第一产业增加值 56957 亿元，增长 4.0%；第二产业增加值 249684 亿元，增长 7.8%；第三产业增加值 262204 亿元，增长 8.3%。第一产业增加值占国内生产总值的比重为 10.0%，第二产业增加值比重为 43.9%，第三产业增加值比重为 46.1%，第三产业增加值占比首次超过第二产业。

就业持续增加。年末全国就业人员 76977 万人，其中城镇就业人员 38240 万人。全年城镇新增就业 1310 万人。年末城镇登记失业率为 4.05%，略低于上年末的 4.09%。全国农民工[6]总量为 26894 万人，比上年增长 2.4%。其中，外出农民工 16610 万人，增长 1.7%；本地农民工 10284 万人，增长 3.6%。

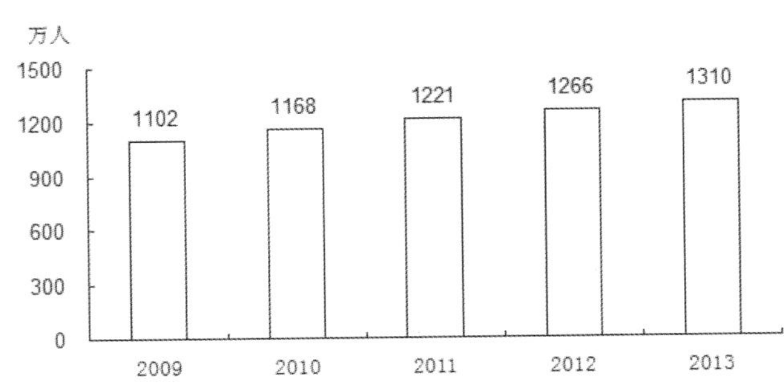

图 2　2009—2013 年城镇新增就业人数

劳动生产率稳步提高。全年国内生产总值与全部就业人员的比率为 66199 元/人（以 2010 年不变价格计算），比上年提高 7.3%。

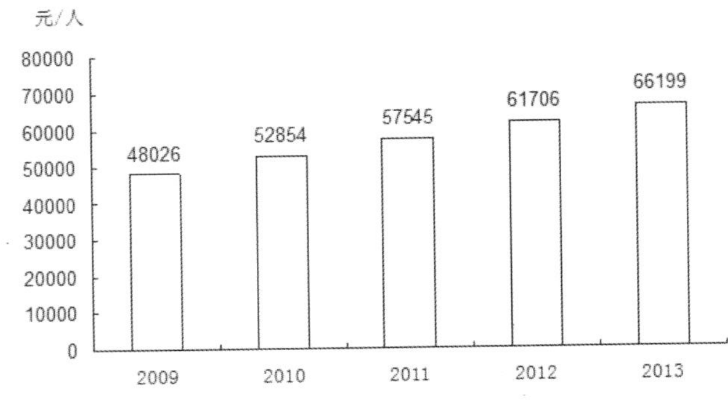

图 3　2009—2013 年国内生产总值与全部就业人员比率（2010 年不变价格）

居民消费价格基本稳定。全年居民消费价格比上年上涨 2.6%，其中食品价格上涨 4.7%。固定资产投资价格上涨 0.3%。工业生产者出厂价格下降 1.9%。工业生产者购进价格下降 2.0%。农产品生产者价格[7]上涨 3.2%。

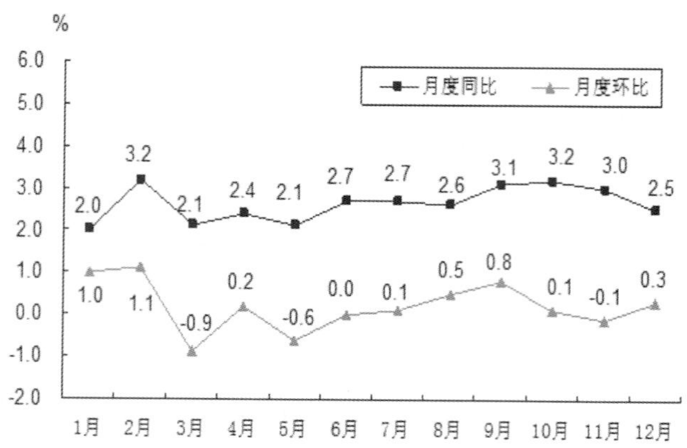

图 4　2013 年居民消费价格月度涨跌幅度

表 2　2013 年居民消费价格比上年涨跌幅度

单位:%

指　　标	全国	城市	农村
居民消费价格	2.6	2.6	2.8
其中:食　品	4.7	4.6	4.9
烟酒及用品	0.3	0.1	0.8
衣　着	2.3	2.2	2.5
家庭设备用品及维修服务	1.5	1.5	1.3
医疗保健和个人用品	1.3	1.2	1.8
交通和通信	-0.4	-0.5	0.1
娱乐教育文化用品及服务	1.8	1.7	1.8
居　住	2.8	3.0	2.3

70 个大中城市新建商品住宅销售价格月环比上涨的城市个数年末为 65 个。

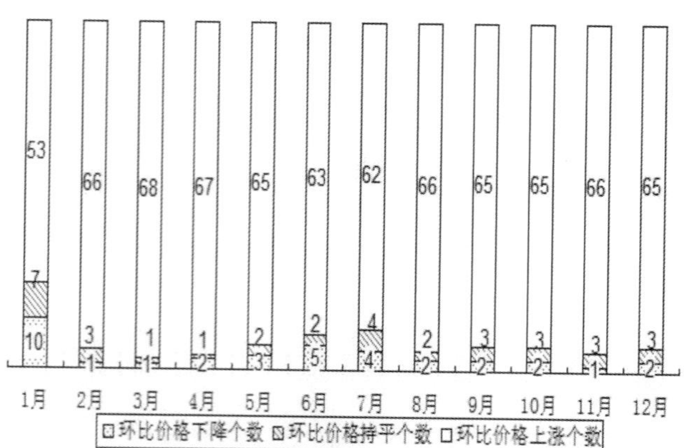

图 5　2013 年新建新品住宅月环比价格下降、持平、上涨城市个数变化情况

财政收入稳定增长。全年全国公共财政收入[8] 129143 亿元,比上年增加 11889 亿元,增长 10.1%;其中税收收入 110497 亿元,增加 9883 亿元,增长 9.8%。

外汇储备继续增加。年末国家外汇储备 38213 亿美元,比上年末增加 5097 亿美元。年末人民币汇率为 1 美元兑 6.0969元人民币,比上年末升值 3.1%。

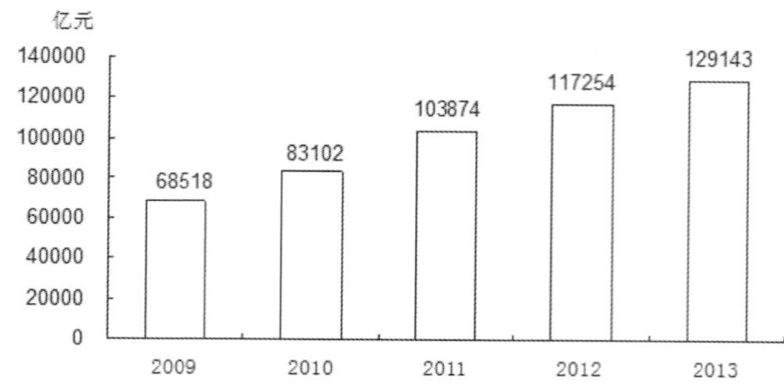

图 6 2009 - 2013 年公共财政收入[9]

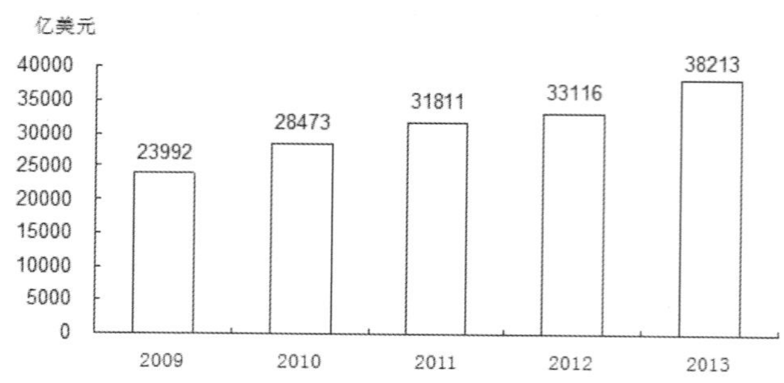

图 7　2009 - 2013 年年末国家外汇储备

二、农业

全年粮食种植面积 11195 万公顷,比上年增加 75 万公顷;棉花种植面积 435 万公顷,减少 34 万公顷;油料种植面积 1408 万公顷,增加 15 万公顷;糖料种植面积 199 万公顷,减少 4 万公顷。

粮食再获丰收。全年粮食产量 60194 万吨,比上年增加 1236 万吨,增产 2.1%。其中,夏粮产量 13189 万吨,增产 1.5%;早稻产量 3407 万吨,增产 2.4%;秋粮产量 43597 万吨,增产 2.3%。其中,主要粮食品种中,稻谷产量 20329 万吨,减产0.5%;小麦产量 12172 万吨,增产 0.6%;玉米产量 21773 万吨,增产 5.9%。

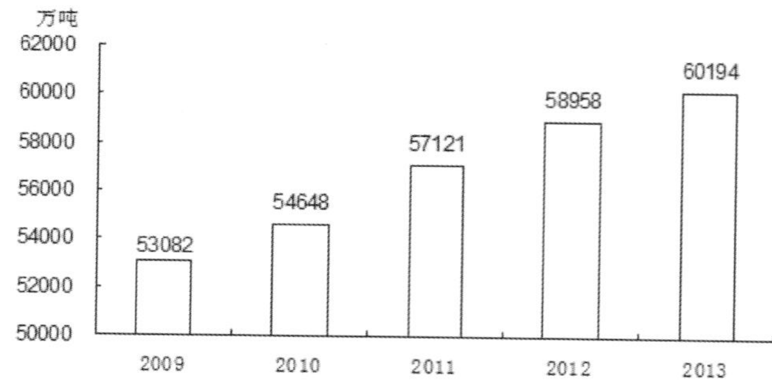

图 8　2009 - 2013 年粮食产量

全年棉花产量 631 万吨,比上年减产 7.7%。油料产量 3531 万吨,增产 2.8%。糖料产量 13759 万吨,增产 2.0%。茶叶产量 193 万吨,增产 7.9%。

全年肉类总产量 8536 万吨,比上年增长 1.8%。其中,猪肉产量 5493 万吨,增长 2.8%;牛肉产量 673 万吨,增长 1.7%;羊肉产量 408 万吨,增长 1.8%;禽肉产量 1798 万吨,下降 1.3%。年末生猪存栏 47411 万头,下降 0.4%;生猪出栏71557万头，增长2.5%。禽蛋产量2876万吨，增长0.5%。牛奶产量3531万吨，下降5.7%。

全年水产品产量6172万吨，比上年增长4.5%。其中，养殖水产品产量4547万吨，增长6.0%；捕捞水产品产量1625万吨，增长3.5%。

全年木材产量8367万立方米，比上年增长2.3%。

全年新增有效灌溉面积129万公顷，新增节水灌溉面积211万公顷。

三、工业和建筑业

工业生产稳定增长。全年全部工业增加值210689亿元，比上年增长7.6%。规模以上工业增加值增长9.7%。在规模以上工业中，分经济类型看，国有及国有控股企业增长6.9%；集体企业增长4.3%，股份制企业增长11.0%，外商及港澳台商投资企业增长8.3%；私营企业增长12.4%。分门类看，采矿业[10]增长6.4%，制造业增长10.5%，电力、热力、燃气及水生产和供应业增长6.8%。

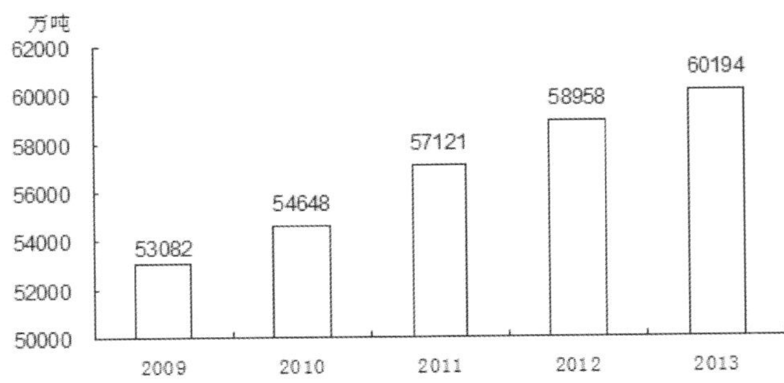

图9 2013年规模以上工业增加值增速（月底同比）

全年规模以上工业中，农副食品加工业增加值比上年增长9.4%，纺织业增长8.7%，通用设备制造业增长9.2%，专用设备制造业增长8.5%，汽车制造业增长14.9%，计算机、通信和其他电子设备制造业增长11.3%，电气机械和器材制造业增长10.9%。六大高耗能行业[11]增加值比上年增长10.1%，其中，非金属矿物制品业增长11.5%，化学原料和化学制品制造业增长12.1%，有色金属冶炼和压延加工业增长14.6%，黑色金属冶炼和压延加工业增长9.9%，电力、热力生产和供应业增长6.2%，石油加工、炼焦和核燃料加工业增长6.1%。高技术制造业增加值比上年增长11.8%。

表3 2013年主要工业产品产量及其增长速度

产品名称	单位	产量	比上年增长%
纱	万吨	3200.0	7.2
布	亿米	882.7	4.0
化学纤维	万吨	4121.9	7.4
成品糖	万吨	1589.7	12.8
卷 烟	亿支	25604.0	1.8
彩色电视机	万台	12776.1	-0.4
其中：液晶电视机	万台	12290.3	4.5
家用电冰箱	万台	9261.0	9.9
房间空气调节器	万台	13057.2	5.3
一次能源生产总量	亿吨标准煤	34.0	2.4
原 煤	亿吨	36.8	0.8
原 油	亿吨	2.09	1.8
天然气[12]	亿立方米	1170.5	9.4
发电量	亿千瓦小时	53975.9	7.5
其中：火电	亿千瓦小时	42358.7	7.0
水电	亿千瓦小时	9116.4	5.6
核电	亿千瓦小时	1106.3	13.6
粗钢	万吨	77904.1	7.6
钢材[13]	万吨	106762.2	11.7
十种有色金属	万吨	4054.9	9.7
其中：精炼铜（电解铜）	万吨	649.0	12.7
原铝（电解铝）	万吨	2205.9	9.2
氧化铝	万吨	4437.2	17.7
水 泥	亿吨	24.2	9.3
硫 酸（折100%）	万吨	8122.6	3.1
纯 碱	万吨	2434.9	1.6
烧 碱（折100%）	万吨	2859.0	6.0
乙 烯	万吨	1622.6	9.1
化 肥（折100%）	万吨	7037.0	3.0
发电机组（发电设备）	万千瓦	12572.8	-3.3
汽 车	万辆	2211.7	14.7
其中：基本型乘用车（轿车）	万辆	1210.4	12.4
大中型拖拉机	万台	58.7	11.4
集成电路	亿块	866.5	11.2
程控交换机	万线	3115.7	10.1
移动通信手持机	万台	145561.0	23.2
微型计算机设备	万台	33661.0	5.8

年末全国发电装机容量124738万千瓦，比上年末增长9.3%。其中，火电装机容量86238万千瓦，增长5.7%；水电装机容量28002万千瓦，增长12.3%；核电装机容量1461万千瓦，增长16.2%；并网风电装机容量7548万千瓦，增长24.5%；并网太阳能发电装机容量1479万千瓦，增长3.4倍。

全年规模以上工业企业实现利润62831亿元，比上年增长12.2%，其中国有及国有控股企业15194亿元，增长6.4%；集体企业825亿元，增长2.1%，股份制企业37285亿元，增长11.0%，外商及港澳台商投资企业14599亿元，增长15.5%；私营企业20876亿元，增长14.8%。

全年全社会建筑业增加值38995亿元，比上年增长9.5%。全国具有资质等级的总承包和专业承包建筑业企业实现利润5575亿元，增长16.7%，其中国有及国有控股企业1363亿元，增长20.1%。

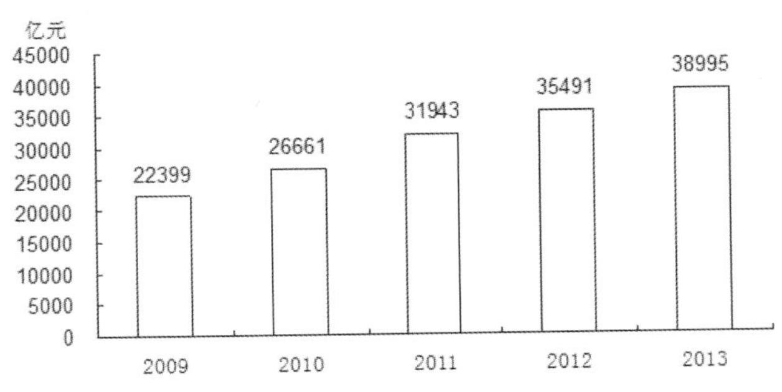

图10 2009—2013年建筑业增加值

四、固定资产投资

固定资产投资较快增长。全年全社会固定资产投资447074亿元,比上年增长19.3%,扣除价格因素,实际增长18.9%。其中,固定资产投资(不含农户)436528亿元,增长19.6%;农户投资10547亿元,增长7.2%。东部地区投资[14]179092亿元,比上年增长17.9%;中部地区投资105894亿元,增长22.2%;西部地区投资109228亿元,增长22.8%;东北地区投资47367亿元,增长18.4%。

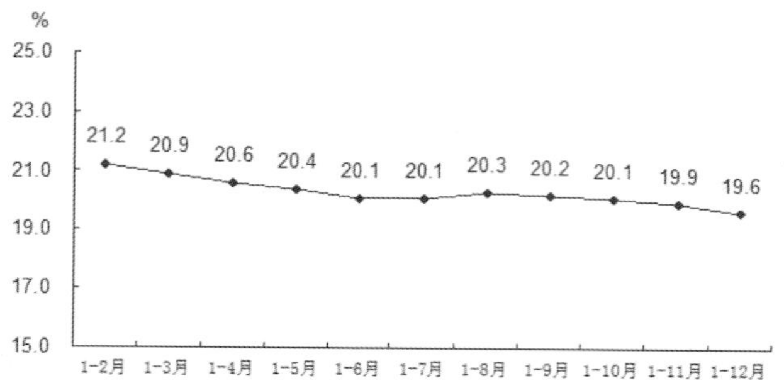

图11　2013年固定资产投资(不含农户)增速(累计同比)

表4　2013年分行业固定资产投资(不含农户)及其增长速度

单位:亿元

行业	投资额	比上年增长%
总计	436528	19.6
农、林、牧、渔业	11611	32.4
采矿业	14750	10.9
制造业	147370	18.5
电力、热力、燃气及水生产和供应业	19744	18.4
建筑业	3737	1.4
批发和零售业	12695	30.0
交通运输、仓储和邮政业	36194	17.2
住宿和餐饮业	6001	17.5
信息传输、软件和信息技术服务业	3216	19.5
金融业	1250	35.3
房地产业[15]	111424	20.3
租赁和商务服务业	5922	26.1
科学研究和技术服务业	3149	27.2
水利、环境和公共设施管理业	37598	26.9
居民服务、修理和其他服务业	2037	20.8
教育	5486	19.1
卫生和社会工作	3184	21.7
文化、体育和娱乐业	5251	23.0
公共管理、社会保障和社会组织	5908	-2.3

在固定资产投资(不含农户)中,第一产业[16]投资9241亿元,比上年增长32.5%;第二产业投资184804亿元,增长17.4%;第三产业投资242482亿元,增长21.0%。

表5　2013年固定资产投资新增主要生产能力

指　　标	单　位	绝对数
新增220千伏及以上变电设备	万千伏安	19631
新建铁路投产里程	公里	5586
其中:高速铁路[17]	公里	1672
增建铁路复线投产里程	公里	4180
电气化铁路投产里程	公里	4810
新建公路里程	公里	70274
其中:高速公路	公里	8260
港口万吨级码头泊位新增吞吐能力	万吨	33119
新增光缆线路长度	万公里	266

全年房地产开发投资86013亿元,比上年增长19.8%。其中,住宅投资58951亿元,增长19.4%;办公楼投资4652亿元,增长38.2%;商业营业用房投资11945亿元,增长28.3%。

全年新开工建设城镇保障性安居工程住房666万套(户),基本建成城镇保障性安居工程住房544万套。

表6　2013年房地产开发和销售主要指标完成情况及其增长速度

指　　标	单　位	绝对数	比上年增长%
投资额	亿元	86013	19.8
其中:住宅	亿元	58951	19.4
其中:90平方米及以下	亿元	19446	15.8
房屋施工面积	万平方米	665572	16.1
其中:住宅	万平方米	486347	13.4
房屋新开工面积	万平方米	201208	13.5
其中:住宅	万平方米	145845	11.6
房屋竣工面积	万平方米	101435	2.0
其中:住宅	万平方米	78741	-0.4
商品房销售面积	万平方米	130551	17.3
其中:住宅	万平方米	115723	17.5
本年到位资金	亿元	122122	26.5
其中:国内贷款	亿元	19673	33.1
其中:个人按揭贷款	亿元	14033	33.3

五、国内贸易

市场销售平稳较快增长。全年社会消费品零售总额237810亿元,比上年增长13.1%,扣除价格因素,实际增长11.5%。按经营地统计,城镇消费品零售额205858亿元,增长12.9%;乡村消费品零售额31952亿元,增长14.6%。按消费形态统计,商品零售额212241亿元,增长13.6%;餐饮收入额25569亿元,增长9.0%。

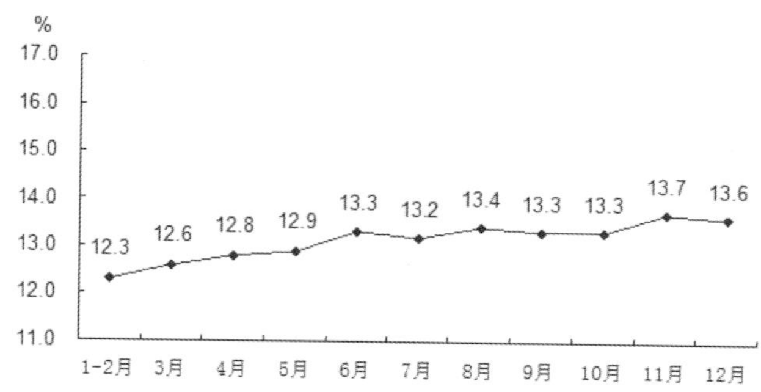

图12　2013年社会消费品零售总额增速(月度同比)

在限额以上企业商品零售额中，粮油、食品、饮料、烟酒类零售额比上年增长13.9%，服装、鞋帽、针纺织品类增长11.6%，化妆品类增长13.3%，金银珠宝类增长25.8%，日用品类增长14.1%，家用电器和音像器材类增长14.5%，中西药品类增长17.7%，文化办公用品类增长11.8%，家具类增长21.0%，通讯器材类增长20.4%，石油及制品类增长9.9%，汽车类增长10.4%，建筑及装潢材料类增长22.1%。

六、对外经济

进出口稳中有升。全年货物进出口总额258267亿元人民币，以美元计价为41600亿美元，比上年增长7.6%。其中，出口137170亿元人民币，以美元计价为22096亿美元，增长7.9%；进口121097亿元人民币，以美元计价为19504亿美元，增长7.3%。进出口差额（出口减进口）16072亿元人民币，比上年增加1514亿元人民币，以美元计价为2592亿美元，增加289亿美元。

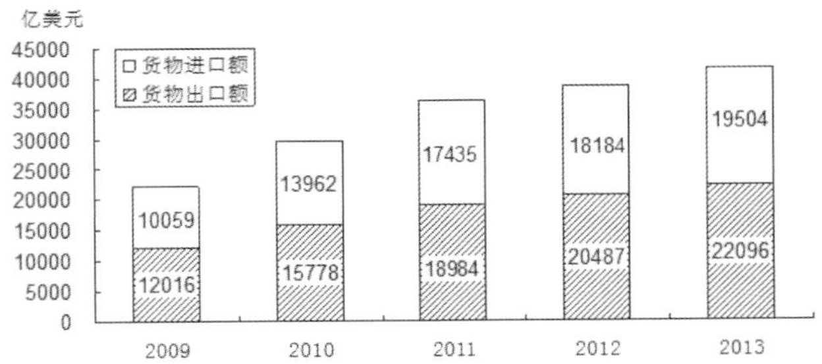

图13　2009—2013年货物进出口总额

表7　2013年货物进出口总额及其增长速度

单位：亿美元

指　　标	绝对数	比上年增长%
货物进出口总额	41600	7.6
货物出口额	22096	7.9
其中：一般贸易	10875	10.1
加工贸易	8605	-0.3
其中：机电产品	12652	7.3
高新技术产品	6603	9.8
货物进口额	19504	7.3
其中：一般贸易	11099	8.6
加工贸易	4970	3.3
其中：机电产品	8400	7.3
高新技术产品	5582	10.1
进出口差额（出口减进口）	2592	—

表8　2013年主要商品出口数量、金额及其增长速

商品名称	单位	数量	比上年增长%	金额（亿美元）	比上年增长%
煤（包括褐煤）	万吨	751	-19.1	11	-33.1
钢材	万吨	6234	11.9	532	3.4
纺织纱线、织物及制品	—	—	—	1069	11.7
服装及衣着附件	—	—	—	1770	11.3
鞋类	—	—	—	508	8.4
家具及其零件	—	—	—	518	6.2
自动数据处理设备及其部件	万台	187050	2.0	1822	-1.7
手持或车载无线电话	万台	118582	16.9	951	17.3
集装箱	万个	270	8.8	79	-6.4
液晶显示板	万个	326577	3.1	359	-1.0
汽车（包括整套散件）	万辆	92	-6.7	120	-5.3

表9　2013年主要商品进口数量、金额及其增长速度

商品名称	数量（万吨）	比上年增长%	金额（亿美元）	比上年增长%
谷物及谷物粉	1458	4.3	51	6.6
大豆	6338	8.6	380	8.6
食用植物油	810	-4.2	81	-16.7
铁矿砂及其精矿	81931	10.2	1059	10.4
氧化铝	383	-23.7	14	-22.7
煤（包括褐煤）	32708	13.4	290	1.1
原油	28192	4.0	2196	-0.5
成品油	3959	-0.6	320	-3.2
初级形状的塑料	2462	3.9	491	6.3
纸浆	1685	2.4	114	3.7
钢材	1408	3.1	170	-4.3
未锻造的铜及铜材	453	-2.5	353	-8.5

表10　2013年对主要国家和地区货物进出口额及其增长速度

单位：亿美元

国家和地区	出口额	比上年增长%	进口额	比上年增长%
欧盟	3390	1.1	2200	3.7
美国	3684	4.7	1525	14.8
东盟	2441	19.5	1996	1.9
中国香港	3848	19.0	162	-9.3
日本	1503	-0.9	1623	-8.7
韩国	912	4.0	1831	8.5
中国台湾	406	10.5	1566	18.5
俄罗斯	496	12.6	396	-10.2
印度	484	1.6	170	-9.6

全年服务进出口（按国际收支口径统计，不含政府服务，下同）总额5396亿美元，比上年增长14.7%。其中，服务出口2106亿美元，增长10.6%；服务进口3291亿美元，增长17.5%。服务进出口逆差1185亿美元。

全年非金融领域新批外商直接投资企业22773家，比上年下降8.6%。实际使用外商直接投资金额1176亿美元，增长5.3%。

表11　2013年非金融领域外商直接投资及其增长速度

行　业	企业数（家）	比上年增长%	实际使用金额（亿美元）	比上年增长%
总计	22773	-8.6	1175.9	5.3
其中：农、林、牧、渔业	757	-14.2	18.0	-12.7
制造业	6504	-27.5	455.5	-6.8

行　业	企业数（家）	比上年增长%	实际使用金额（亿美元）	比上年增长%
电力、燃气及水的生产和供应业	200	7.0	24.3	48.2
交通运输、仓储和邮政业	401	1.0	42.2	21.4
信息传输、计算机服务和软件业	796	-14.0	28.8	-14.2
批发和零售业	7349	4.6	115.1	21.7
房地产业	530	12.3	288.0	19.4
租赁和商务服务业	3359	4.0	103.6	26.2
居民服务和其他服务业	166	-13.5	6.6	-43.6

全年非金融领域对外直接投资额 902 亿美元，比上年增长 16.8%。

全年对外承包工程业务完成营业额 1371 亿美元，比上年增长 17.6%；对外劳务合作派出各类劳务人员 52.7 万人，增长 2.9%。

七、交通、邮电和旅游

交通运输平稳较快增长。全年货物运输总量 451 亿吨，比上年增长 9.9%。货物运输周转量 186478 亿吨公里，增长 7.3%。全年规模以上港口完成货物吞吐量 106.1亿吨，比上年增长 8.5%，其中外贸货物吞吐量 33.1 亿吨，增长 9.2%。规模以上港口集装箱吞吐量 18878 万标准箱，增长 6.7%。

表 12　2013 年各种运输方式完成货物运输量及其增长速度

指　标	单　位	绝对数	比上年增长%
货物运输总量	亿吨	450.6	9.9
铁路	亿吨	39.7	1.6
公路	亿吨	355.0	11.3
水运	亿吨	49.3	7.5
民航	万吨	557.6	2.3
管道[18]	亿吨	6.6	6.3
货物运输周转量	亿吨公里	186478.4	7.3
铁路	亿吨公里	29173.9	0.0
公路	亿吨公里	67114.5	12.7
水运	亿吨公里	86520.6	5.9
民航	亿吨公里	168.6	2.9
管道	亿吨公里	3500.9	9.0

全年旅客运输总量 402 亿人次，比上年增长 5.6%。旅客运输周转量 36036 亿人公里，增长 7.9%。

表 13　2013 年各种运输方式完成旅客运输量及其增长速度

指　标	单　位	绝对数	比上年增长%
旅客运输总量	亿人次	401.9	5.6
铁路	亿人次	21.1	10.8
公路	亿人次	374.7	5.3
水运	亿人次	2.6	1.8
民航	亿人次	3.5	10.9
旅客运输周转量	亿人公里	36036.0	7.9
铁路	亿人公里	10595.6	8.0
公路	亿人公里	19705.6	6.7
水运	亿人公里	76.3	-1.6
民航	亿人公里	5658.5	12.6

年末全国民用汽车保有量达到 13741 万辆（包括三轮汽车和低速货车 1058 万辆），比上年末增长 13.7%，其中私人汽车保有量 10892 万辆，增长 17.0%。民用轿车保有量 7126 万辆，增长 19.0%，其中私人轿车 6410 万辆，增长 20.8%。

全年完成邮电业务总量[19] 16679 亿元，比上年增长 11.1%。其中，邮政业务总量 2725 亿元，增长 33.8%；电信业务总量 13954 亿元，增长 7.5%。邮政业全年完成邮政函件业务 63.20 亿件，包裹业务 0.69 亿件，快递业务量 91.9 亿件；快递业务收入 1442 亿元。电信业全年局用交换机容量减少 2697 万门，总容量 41052 万门；新增移动电话交换机容量[20] 12522 万户，达到 196545 万户。年末固定电话用户 26699 万户。新增移动电话用户 11696 万户，年末达到 122911 万户，其中 3G 移动电话用户[21] 40161 万户。电话普及率达到 110.5 部/百人。互联网上网人数 6.18 亿人，其中手机上网人数[22] 5.0 亿人。互联网普及率达到 45.8%。

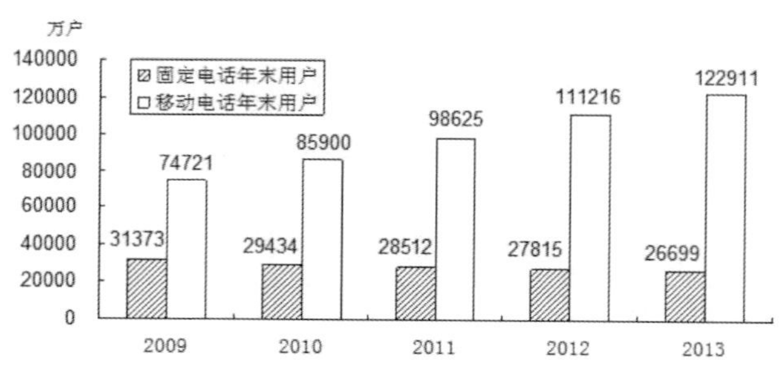

图 14　2009－2013 年年末电话用户数

全年国内游客[23] 32.6 亿人次，比上年增长 10.3%；国内旅游收入 26276 亿元，增长 15.7%。入境游客 12908 万人次，下降 2.5%。其中，外国人 2629 万人次，下降 3.3%；香港、澳门和台湾同胞 10279 万人次，下降 2.3%。在入境游客中，过夜游客 5569 万人次，下降 3.5%。国际旅游外汇收入 517 亿美元，增长 3.3%。国内居民出境 9819 万人次，增长 18.0%。其中因私出境 9197 万人次，增长 19.3%。

八、金融

金融市场运行总体平稳。年末广义货币供应量（M2）余额为 110.7 万亿元，比上年末增长 13.6%；狭义货币供应量（M1）余额为 33.7 万亿元，增长 9.3%；流通中现金（M0）余额为 5.9 万亿元，增长 7.2%。

全年社会融资规模[24] 为 17.3 万亿元，按可比口径计算，比上年多 1.5 万亿元。年末全部金融机构本外币各项存款余额 107.1 万亿元，比年初增加 12.7 万亿元，其中人民币各项存款余额 104.4 万亿元，增加 12.6 万亿元。全部金融机构本外币各项贷款余额 76.6 万亿元，增加 9.3 万亿元，其中人民币各项贷款余额 71.9 万亿元，增加 8.9 万亿元。

表 14 2013 年年末全部金融机构本外币存贷款余额及其增长速度

单位:亿元

指 标	年末数	比上年末增长%
各项存款余额	1070588	13.5
其中:住户存款	465437	13.5
其中:人民币	461370	13.6
非金融企业存款	380070	10.1
各项贷款余额	766327	13.9
其中:境内短期贷款	311772	16.3
境内中长期贷款	410346	12.8

年末主要农村金融机构(农村信用社、农村合作银行、农村商业银行)人民币贷款余额 91644 亿元,比年初增加 13324 亿元。全部金融机构人民币消费贷款余额 129721 亿元,增加 25401 亿元。其中,个人短期消费贷款余额 26558 亿元,增加 7198 亿元;个人中长期消费贷款余额 103163 亿元,增加 18203 亿元。

全年上市公司通过境内市场累计筹资[25]6885 亿元,比上年增加 1044 亿元。其中,A 股再筹资(包括配股、公开增发、非公开增发[26]、认股权证)2803 亿元,增加 710 亿元;上市公司通过发行可转债、可分离债、公司债筹资 4082 亿元,增加 1369 亿元。

全年发行公司信用类债券[27]3.67 万亿元,比上年减少 667 亿元。

全年保险公司原保险保费收入[28]17222 亿元,比上年增长 11.2%,其中寿险业务原保险保费收入 9425 亿元;健康险和意外伤害险业务原保险保费收入 1585 亿元;财产险业务原保险保费收入 6212 亿元。支付各类赔款及给付 6213 亿元,其中寿险业务给付 2253 亿元;健康险和意外伤害险赔款及给付 521 亿元;财产险业务赔款 3439 亿元。

九、人民生活和社会保障

城乡居民收入继续增加。全年农村居民人均纯收入 8896 元,比上年增长 12.4%,扣除价格因素,实际增长 9.3%;农村居民人均纯收入中位数[29]为 7907 元,增长 12.7%。城镇居民人均可支配收入 26955 元,比上年增长 9.7%,扣除价格因素,实际增长 7.0%;城镇居民人均可支配收入中位数为 24200 元,增长 10.1%。根据从 2012 年四季度起实施的城乡一体化住户调查[30],全国居民人均可支配收入 18311 元,比上年增长 10.9%,扣除价格因素,实际增长 8.1%。农村居民食品消费支出占消费总支出的比重为 37.7%,比上年下降 1.6个百分点;城镇为 35.0%,下降 1.2 个百分点。

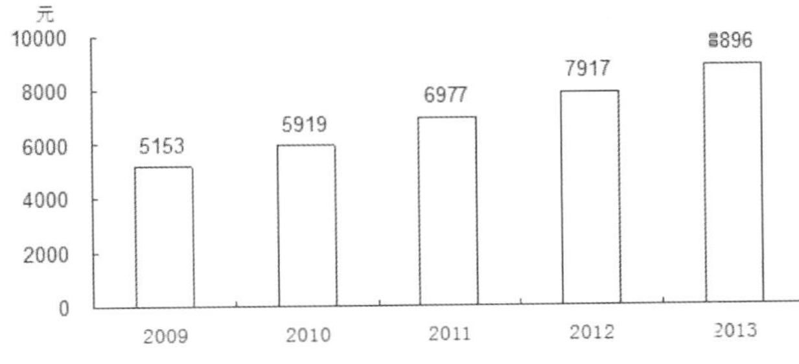

图 15 2009—2013 年农村居民人均纯收入

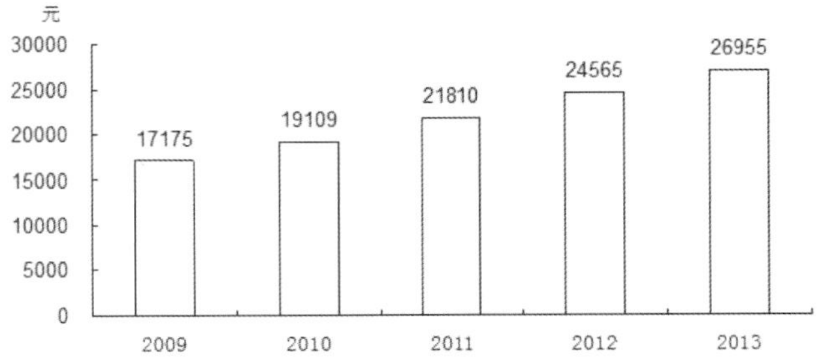

图 16 2009—2013 年城镇居民人均可支配收入

年末全国参加城镇职工基本养老保险人数 32212 万人,比上年末增加 1785 万人。参加城乡居民基本养老保险人数 49750 万人,增加 1381 万人。参加基本医疗保险人数 57322 万人,增加 3680 万人。其中,参加职工基本医疗保险人数 27416 万人,增加 930 万人;参加居民基本医疗保险人数 29906 万人,增加 2750 万人。参加失业保险人数 16417 万人,增加 1192 万人。年末全国领取失业保险金人数 197 万人。参加工伤保险人数 19897 万人,增加 887 万人,其中参加工伤保险的农民工 7266 万人,增加 86 万人。参加生育保险人数 16397 万人,增加 968 万人。年末,2489 个县(市、区)实施了新型农村合作医疗制度,新型农村合作医疗参合率99.0%;1－9 月新型农村合作医疗基金支出总额[31]为 2067 亿元。按照年人均纯收入 2300 元(2010 年不变价)的农村扶贫标准计算,2013 年农村贫困人口为 8249 万人,比上年减少 1650 万人。

十、教育、科学技术和文化

教育科技文化事业持续发展。全年研究生招生 61.1 万人,在学研究生 179.4 万人,毕业生 51.4 万人。普通本专科招生 699.8 万人,在校生 2468.1 万人,毕业生 638.7 万人。中等职业教育[32]招生 698.3 万人,在校生 1960.2 万人,毕业生 678.1 万人。普通高中招生 822.7 万人,在校生 2435.9 万人,毕业生 799.0 万人。初中招生 1496.1 万人,在校生 4440.1万人,毕业生 1561.5 万人。普通小学招生 1695.4 万人,在校生 9360.5 万人,毕业生 1581.1 万人。特殊教育招生 6.6 万人,在校生 36.8 万人,毕业生 5.1 万人。幼儿园在园幼儿 3894.7 万人。

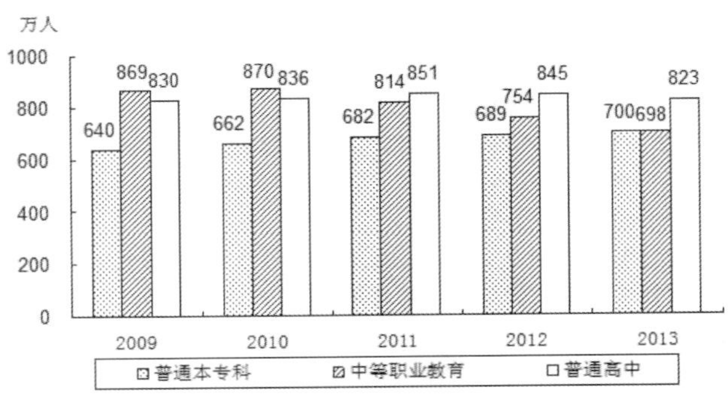

图 17 2009 年—2013 年高等教育、中等职业教育及普通高中招生人数

全年研究与试验发展(R&D)经费支出 11906 亿元,比上年增长 15.6%,占国内生产总值的 2.09%,其中基础研究经费 569 亿元。全年国家安排了 3543 项科技支撑计划课题,2118 项"863"计划课题。累计建设国家工程研究中心 132

个，国家工程实验室143个，国家认定企业技术中心达到1002家。全年国家新兴产业创投计划[33]累计支持设立141家创业投资企业，资金总规模近390亿元，投资了创业企业422家。全年受理境内外专利申请237.7万件，其中境内申请221.0万件，占93.0%。受理境内外发明专利申请82.5万件，其中境内申请69.3万件，占84.0%。全年授予专利权131.3万件，其中境内授权121.0万件，占92.2%。授予发明专利权20.8万件，其中境内授权13.8万件，占66.6%。截至年底，有效专利419.5万件，其中境内有效专利352.5万件，占84.0%；有效发明专利103.4万件，其中境内有效发明专利54.5万件，占52.7%。全年共签订技术合同29.5万项，技术合同成交金额7469.0亿元，比上年增长16.0%。

全年成功发射卫星14次。神舟十号载人飞船与天宫一号目标飞行器成功实施首次绕飞交会试验，嫦娥三号探测器顺利实现首次在地外天体软着陆和巡视勘查，“蛟龙号”载人潜水器实现从深潜海试到科学应用的跨越。

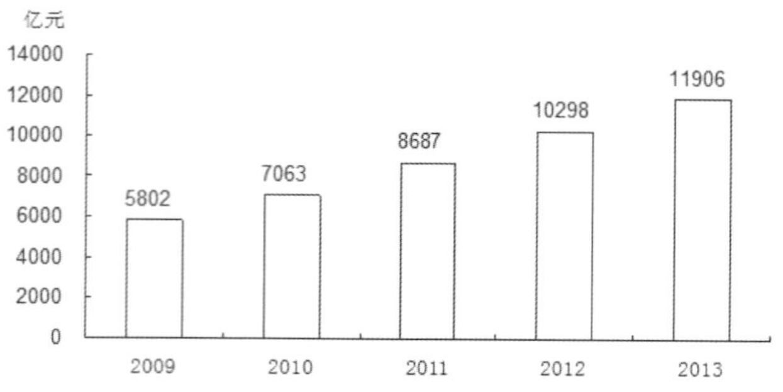

图18　2009—2013年研究与试验发展（R&D）经费支出

年末全国共有产品检测实验室30098个，其中国家检测中心556个。全国现有产品质量、体系认证机构174个，已累计完成对110949个企业的产品认证。全年制定、修订国家标准1870项，其中新制定1161项。全国共有地震台站1687个，区域地震台网32个。全国共有海洋观测站79个。测绘地理信息部门公开出版地图1585种。

年末全国文化系统共有艺术表演团体2055个，博物馆2638个。全国共有公共图书馆3073个，文化馆3298个。有线电视用户2.24亿户，有线数字电视用户1.69亿户。年末广播节目综合人口覆盖率为97.8%；电视节目综合人口覆盖率为98.4%。全年生产电视剧441部15783集，电视动画片199132分钟。全年生产故事影片638部，科教、纪录、动画和特种影片[34]186部。出版各类报纸478亿份，各类期刊34亿册，图书83亿册（张）。年末全国共有档案馆4122个，已开放各类档案12059万卷（件）。

全年我国运动员在22个运动大项中获得124个世界冠军，共创13项世界纪录。全年我国残疾人运动员在28项国际赛事中获得306个世界冠军。

十一、卫生和社会服务

卫生和社会服务事业不断进步。年末全国共有医疗卫生机构973597个，其中医院24720个，乡镇卫生院36978个，社区卫生服务中心（站）33976个，诊所（卫生所、医务室）184058个，村卫生室649080个，疾病预防控制中心3519个，卫生监督所（中心）2994个。卫生技术人员718万人，其中执业医师和执业助理医师279万人，注册护士278万人。医疗卫生机构床位618万张，其中医院458万张，乡镇卫生院113万张。

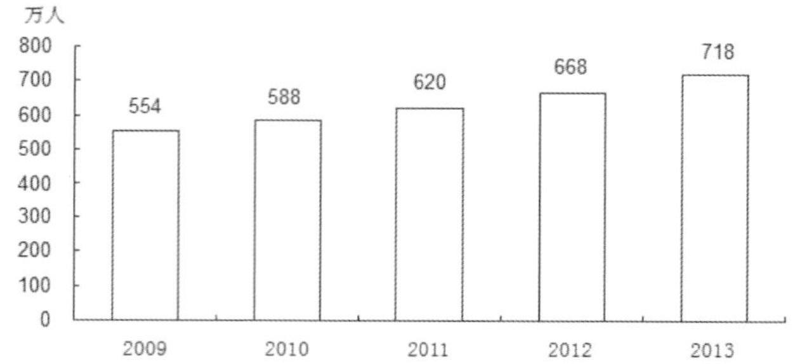

图19　2009—2013年卫生技术人员人数

年末全国各类提供住宿的社会服务机构[35]4.7万个，床位509.4万张，收养救助各类人员310.0万人。其中，养老服务机构4.3万个，床位474.6万张，收留抚养各类人员294.3万人。年末共有社区服务中心1.9万个，社区服务站10.3万个。年末全国共有2061.3万人享受城市居民最低生活保障，5382.1万人享受农村居民最低生活保障，农村五保供养[36]538.2万人。全年资助1229.3万城市困难群众参加医疗保险，资助4132.5万农村困难群众参加新型农村合作医疗。

十二、资源、环境和安全生产

全年全国国有建设用地供应总量[37]73万公顷，比上年增长5.8%。其中，工矿仓储用地21万公顷，增长3.2%；房地产用地[38]20万公顷，增长26.8%；基础设施等其他用地32万公顷，下降2.9%。

全年水资源总量27860亿立方米。全年平均降水量665毫米。年末全国613座大型水库蓄水总量3488亿立方米，比上年末蓄水量减少5%。全年总用水量6170亿立方米，比上年增长0.6%。其中，生活用水增长2.7%，工业用水增长1.4%，农业用水下降0.1%，生态补水增长1.6%。万元国内生产总值用水量[39]121立方米，比上年下降6.5%。万元工业增加值用水量68立方米，下降5.7%。人均用水量453立方米，与上年基本持平。

全年完成造林面积609万公顷，其中人工造林418万公顷。林业重点工程完成造林面积249万公顷，占全部造林面积的40.9%。截至年底，自然保护区达到2697个，其中国家级自然保护区407个。新增水土流失治理面积5.7万平方公里，新增实施水土流失地区封育保护面积2.0万平方公里。

全年平均气温为10.2℃，共有9个台风登陆。

初步核算，全年能源消费总量37.5亿吨标准煤，比上年增长3.7%。煤炭消费量增长3.7%；原油消费量增长3.4%；天然气消费量增长13.0%；电力消费量增长7.5%。全国万元国内生产总值能耗下降3.7%。

十大流域[40]的704个水质监测断面中，Ⅰ－Ⅲ类水质断面比例占71.7%，劣Ⅴ类水质断面比例占8.9%。十大流域水质总体为轻度污染，水质保持基本稳定。

近岸海域301个海水水质监测点中，达到国家一、二类海水水质标准的监测点占66.4%，三类海水占8.0%，四类、劣四类海水占25.6%。

年末城市污水处理厂日处理能力达12246万立方米，比上年末增长4.4%；城市污水处理率达到87.9%，提高0.6个百分点。城市集中供热面积54.1亿平方米，增长4.5%。建成区绿地率达到36.0%，提高0.3个百分点。

全年农作物受灾面积3135万公顷，其中绝收384万公顷。全年因洪涝地质灾害造成直接经济损失1884亿元，因旱灾造成直接经济损失905亿元,因低温冷冻和雪灾造成直接经济损失260亿元,因海洋灾害造成直接经济损失165亿元。全年大陆地区共发生5级以上地震41次,成灾14次,造成直接经济损失995亿元。全年共发生森林火灾3929起,森林火灾受害森林面积1.4万公顷。

全年各类生产安全事故共死亡69434人。亿元国内生产总值生产安全事故死亡人数为0.124人,比上年下降12.7%;工矿商贸企业就业人员10万人生产安全事故死亡人数为1.52人,下降7.3%;道路交通万车死亡人数为2.3人,下降8.0%;煤矿百万吨死亡人数为0.288人,下降23.0%。

注释:

[1]本公报中数据均为初步统计数。各项统计数据均未包括香港特别行政区、澳门特别行政区和台湾省。部分数据因四舍五入的原因,存在着与分项合计不等的情况。

[2]人户分离的人口是指居住地与户口登记地所在的乡镇街道不一致且离开户口登记地半年以上的人口。

[3]流动人口是指人户分离人口中扣除市辖区内人户分离的人口。市辖区内人户分离的人口是指一个直辖市或地级市所辖区内和区与区之间,居住地和户口登记地不在同一乡镇街道的人口。

[4]考虑到我国劳动年龄下限为16周岁,从2013年开始公布16－59岁(含不满60周岁)人口数据。按照往年公报公布口径,2013年末,0－14岁(含不满15周岁)人口为22329万人,15－59岁(含不满60周岁)人口为93500万人。

[5]国内生产总值、各产业增加值绝对数按现价计算,增长速度按不变价格计算。

[6]年度农民工数量包括年内在本乡镇以外从业6个月以上的外出农民工和在本乡镇内从事非农产业6个月以上的本地农民工两部分。

[7]农产品生产者价格是指农产品生产者直接出售其产品时的价格。

[8]公共财政收入是指政府凭借国家政治权力,以社会管理者身份筹集以税收为主体的收入。

[9]图中2009年至2012年数据为公共财政收入决算数,2013年为执行数。

[10]根据《国民经济行业分类》(GB/T4754－2011),从2013年开始工业行业不再使用"轻工业"、"重工业"分类,而以采矿业、制造业、电力热力燃气及水生产和供应业的标准行业分类代替。

[11]六大高耗能行业分别为:化学原料和化学制品制造业、非金属矿物制品业、黑色金属冶炼和压延加工业、有色金属冶炼和压延加工业、石油加工炼焦和核燃料加工业、电力热力生产和供应业。

[12]天然气包括气田天然气、油田天然气(分为油田气层气、油田中伴生的溶解气)和煤田天然气(即与煤共生的瓦斯气)。

[13]钢材产量数据中含使用钢材加工成其他钢材的重复计算因素。

[14]固定资产投资按东部、中部、西部和东北地区计算的合计数据小于全国数据,是因为有部分跨地区的投资未计算在地区数据中。其中,东部地区是指北京、天津、河北、上海、江苏、浙江、福建、山东、广东和海南10省(市);中部地区是指山西、安徽、江西、河南、湖北和湖南6省;西部地区是指内蒙古、广西、重庆、四川、贵州、云南、西藏、陕西、甘肃、青海、宁夏和新疆12省(区、市);东北地区是指辽宁、吉林和黑龙江3省。

[15]房地产业投资除房地产开发投资外,还包括建设单位自建房屋以及物业管理、中介服务和其他房地产投资。

[16]根据《国民经济行业分类》(GB/T4754－2011),2013年对三次产业划分进行了修订,将"农、林、牧、渔业"中的"农、林、牧、渔服务业","采矿业"中的"开采辅助活动","制造业"中的"金属制品、机械和设备修理业"等三个大类调入第三产业。

[17]高速铁路是指最高营运速度达到200公里/小时及以上的铁路。

[18]2013年,管道运输统计口径在原中国石油天然气集团公司、中国石油化工集团公司基础上增加中国海洋石油总公司。

[19]邮电业务总量按2010年不变价格计算。

[20]移动电话交换机容量是指移动电话交换机根据一定话务模型和交换机处理能力计算出来的最大同时服务用户的数量。

[21]3G是指第三代蜂窝移动通信系统(3rd－generation,简称3G),3G移动电话用户是指报告期末在计费系统拥有使用信息、占用3G网络资源的在网用户。

[22]手机上网人数是指过去半年通过手机接入并使用互联网的6周岁及以上中国居民数量。

[23]为规范指标名称,将往年公报中的出游人数、旅游人数、旅游者统一为游客。

[24]社会融资规模是指一定时期内实体经济从金融体系获得的资金总额,是增量概念。

[25]2013年没有首次公开发行股票。

[26]非公开增发又叫定向增发,不含资产认购部分。

[27]公司信用类债券包括非金融企业债务融资工具、企业债券以及公司债、可转债等。

[28]原保险保费收入是指保险企业确认的原保险合同保费收入。

[29]人均收入中位数是指将所有调查户按人均收入水平从低到高(或从高到低)顺序排列,处于最中间位置的调查户的人均收入。

[30]2012年四季度,国家统计局实施了城乡一体化住户调查改革,统一了城乡居民收入名称、分类和统计标准,在全国统一抽选了16万户城乡居民家庭,直接开展调查。在此基础上,计算了城乡可比的新口径全国居民人均可支配收入。同时,为保持年度可比,继续按老口径调查和计算农村居民人均纯收入、城镇居民人均可支配收入。

[31]按卫生计生委统计制度规定,新型农村合作医疗基金支出总额目前仅统计到1－9月份。

[32]中等职业教育包括普通中专、成人中专、职业高中和技工学校,其中技工学校数据为2012年数据。

[33]新兴产业创投计划是指中央财政专项资金通过与地方政府资金、社会资本共同发起设立创业投资企业,或以股权投资模式直接投资创业企业等方式,培育和促进新兴产业发展的活动。

[34]特种影片是指那些采用与常规影院放映在技术、设备、节目方面不同的电影展示方式,如巨幕电影、立体电影、立体特效(4D)电影、动感电影、球幕电影等。

[35]提供住宿的社会服务机构除收养性机构外,还包括救助类机构、社区类机构以及军休所、军供站等机构。

[36]农村五保供养是指老年、残疾和未满16周岁的村民,无劳动能力、无生活来源又无法定赡养、抚养、扶养义务人,或者其法定赡养、抚养、扶养义务人无赡养、抚养、扶养能力的村民,在吃、穿、住、医、葬方面得到的生活照顾和物质帮助。

[37]国有建设用地供应总量是指报告期内市、县人民政府根据年度土地供应计划依法以出让、划拨、租赁等方式将土地使用权提供给单位或个人使用的国有建设用地总量。

[38]房地产用地是指商服用地和住宅用地的总和。

[39]万元国内生产总值用水量、万元工业增加值用水量和万元国内生产总值能耗按2010年不变价格计算。

[40]十大流域包括原七大水系(包括长江、黄河、珠江、松花江、淮河、海河、辽河)和浙闽片河流、西北诸河和西南诸河。

[41]国家于2013年实施了新的空气质量标准。由于全年数据正在汇总分析之中,新标准下的2013年空气质量数据暂缺。国家相关部门将于2014年3月正式发布2013年汇总数据。

资料来源:本公报中城镇新增就业、登记失业率、社会保障数据来自人力资源社会保障部;财政数据来自财政部;外汇储备和汇率数据来自外汇局;水产品产量数据来自农业部;木材产量、林业、森林火灾数据来自林业局;灌溉面积、水资源数据来自水利部;发电装机容量、新增220千伏及以上变电设备数据来自中电联;新建铁路投产里程、增建铁路复线投产里程、电气化铁路投产里程、铁路运输数据来自铁路局;新建公路里程、港口万吨级码头泊位新增吞吐能力、公路运输、水运、港口货物吞吐量数据来自交通运输部;新增光缆线路长度、电话交换机容量、电话用户、上网人数等通信数据来自工业和信息化部;保障性住房、城市污水处理、城市集中供热面积、建成区绿地率数据来自住房城乡建设部;货物进出口数据来自海关总署;服务进出口、外商直接投资、对外直接投资、对外承包工程、对外劳务合作等数据来自商务部;民航数据来自民航局;管道数据来自中石油、中石化、中海油;民用汽车、交通事故数据来自公安部;邮政业务数据来自邮政局;旅游数据来自旅游局、公安部;货币金融、公司信用类债券数据来自人民银行;上市公司数据来自证监会;保险业数据来自保监会;新农合、卫生数据来自卫生计生委;教育数据来自教育部;安排科技计划课题、技术合同等数据来自科技部;国家工程研究中心、企业技术中心、新兴产业创投等数据来自发展改革委;专利数据来自知识产权局;发射卫星数据来自国防科工局;质量检验、国家标准制定修订数据来自质检总局;地震数据来自地震局;海洋观测站、海洋灾害造成直接经济损失数据来自海洋局;测绘数据来自测绘地信局;艺术表演团体、博物馆、公共图书馆、文化馆数据来自文化部;广播电视、电影、报纸、期刊、图书数据来自新闻出版广电总局;档案数据来自档案局;体育数据来自体育总局;残疾人运动员数据来自中国残联;社会服务、低保和五保供养数据、农作物受灾面积、洪涝地质灾害造成直接经济损失、旱灾造成直接经济损失、低温冷冻和雪灾造成直接经济损失来自民政部;国有建设用地供应数据来自国土资源部;自然保护区、环境监测数据来自环境保护部;平均气温、登陆台风数据来自气象局;安全生产数据来自安全监管总局;其他数据均来自国家统计局。

国务院关于今年以来国民经济和社会发展计划执行情况的报告

——2014年8月27日在第十二届全国人民代表大会常务委员会第十次会议上

国家发展和改革委员会主任　徐绍史

全国人民代表大会常务委员会:

受国务院委托,我向全国人大常委会报告今年以来国民经济和社会发展计划执行情况,请审议。

今年以来,各地区、各部门深入贯彻落实党的十八大、十八届三中全会和中央经济工作会议精神,按照十二届全国人大二次会议审议通过的政府工作报告的各项部署,坚持稳中求进,统筹推进深化改革和扩大开放,加快推进结构调整和发展方式转变,着力解决经济运行中的突出矛盾和深层次问题,保持了经济社会发展总体平稳与和谐稳定。

一、创新方式稳增长,经济运行保持在合理区间。

面对结构性变化和周期性调整带来的经济下行压力,不断完善和创新宏观调控的思路和方式,在区间管理的基础上,创新推出定向调控,预调微调、精准发力,出台了一系列既利当前、更惠长远的政策措施,经济运行总体平稳。

着力扩大有效需求。在努力增强居民消费能力的同时,积极培育新的消费热点,细化落实鼓励信息、养老、健康等消费的各项政策,出台了支持文化、旅游发展的具体措施,居民消费潜力继续得到释放,前7个月社会消费品零售总额增长12.1%,比一季度有所提高。积极拓宽投融资渠道、创新投融资方式,运用开发性金融支持棚户区改造,设立铁路发展基金支持中西部铁路建设,在信息、能源等领域推出了80个鼓励社会资本参与建设运营的示范项目,努力促进投资平稳增长,前7个月固定资产投资增长17%，其中基础设施投资增长25%，民间投资增长19.6%。颁布实施了促进外贸稳定增长的若干意见，优化外贸结构、提高贸易便利化水平等增强出口竞争力的措施陆续出台，外贸形势有所好转，前7个月以美元计价的外贸进出口总额同比增长2%，其中出口由一季度下降3.4%转为增长3%。

大力支持实体经济发展。加大财税支持力度，将小型微利企业减半征收所得税政策延长到2016年底，并将实施范围的上限由年应纳税所得额6万元提高到10万元；简化合并增值税征收率，每年可减轻企业税负240亿元；继续加大涉企收费清理，取消了一批不合理的收费项目。完善金融支持政策，制定出台缓解企业融资贵的具体措施，实施"定向降准"，两次下调与小微企业、"三农"关系更为密切的中小金融机构存款准备金率，扩大支持小微企业再贷款和专项金融债规模，调整商业银行存贷比计算口径，引导商业银行将更多的信贷资源用于支持实体经济。7月末，广义货币M2余额同比增长13.5%，增速比3月末提高1.4个百分点，前7个月社会融资总规模10.81万亿元，其中新增人民币贷款6.12万亿元，同比多增3445亿元，上半年对小微企业的银行贷款增速为15.7%，高于全部贷款增速。

努力保持就业和价格稳定。进一步加大促进重点群体就业创业的政策扶持力度，强化职业技能培训，在社保补贴、财政贴息、税收优惠等方面加强对高校毕业生就业创业的扶持。继续加强重点农产品产运销衔接和储备吞吐，强化市场价格监管，加大反价格垄断工作力度，保持市场价格平稳运行。

从目前情况看，各项政策措施正在发挥积极作用，经济运行保持在合理区间，一些主要指标情况二季度好于一季度。上半年，国内生产总值同比增长7.4%，其中一季度为7.4%，二季度为7.5%；城镇登记失业率为4.08%，控制在4.6%的预期目标以内；前7个月，城镇新增就业858万人，同比多增14万人；居民消费价格上涨2.3%，低于全年3.5%左右的预期目标；全国财政收入增长8.5%；上半年规模以上工业企业利润增长11.4%。

二、改革开放力度加大，体制机制建设取得新突破。

按照中央全面深化改革的总体部署，围绕激发市场主体活力，充分发挥市场在资源配置中的决定性作用，重大改革举措陆续出台，对外开放水平进一步提高。

重点领域和关键环节改革深入推进。简政放权步伐加快，去年3月份以来取消和下放了632项行政审批等事项，投资项目核准和备案管理制度不断完善，企业投资自主权进一步落实；工商登记制度改革效果显著，3－6月全国新登记注册内资企业约126万户，同比增长68%。财税金融改革不断深化，制定了财税体制改革总体方案，专项转移支付项目由上年的220个压缩到今年的150个左右，地方政府债券自发自还试点顺利开展，"营改增"范围继续扩大，累计减轻企业税负2600多亿元，其中上半年减轻企业税负851亿元；金融机构市场准入进一步放宽，3家民营银行开始筹建，有100多家中小银行民间资本股权占比超过50%，中小企业股份转让系统挂牌企业超过1000家。价格改革稳步推进，居民生活用水、用气阶梯价格制度和海上风电标杆电价政策出台实施；农产品目标价格制度启动试点，棉花、大豆目标价格改革试点方案公布实施；放开了工业用盐、房地产咨询服务、电信资费、民营医疗收费等一批商品和服务价格。

对外开放进一步扩大。服务贸易和服务外包快速发展，前7个月服务贸易进出口增长14.3%，其中出口增长16.7%；承接国际服务外包合同执行金额同比增长29.5%。人民币汇率形成机制进一步完善，对美元浮动区间由1%扩大至2%，今年以来汇率有贬有升、双向浮动，弹性明显增强；人民币对新西兰元、英镑开始直接交易。利用外资和对外投资保持基本稳定，前7个月实际利用外资711亿美元，其中服务业利用外资增长11.4%；非金融类对外直接投资526亿美元。中国上海自由贸易试验区外商投资负面清单、商事登记、海关税务质检便利化等制度安排基本建立。多双边经贸合作积极开展，与相关国家自贸区和区域全面经济伙伴关系协定等谈判有序推进，与俄罗斯能源合作取得新进展。丝绸之路经济带和21世纪海上丝绸之路战略构想稳步推进实施。

三、有扶有控推进结构调整，转型升级迈出新步伐。

围绕促进提质增效升级，通过政策引领和发挥市场机制作用，因势利导推进产业优化升级，加强创新驱动，促进区域城乡协调发展。

农业基础进一步巩固。各项农业扶持政策不断完善，全国新增千亿斤粮食生产能力规划、高标准农田建设总体规划等加快实施，重点粮食品种最低收购价继续提高，在关键农时及时拨付资金支持春耕生产，有效调动了农民生产积极性。夏季粮油再获丰收，夏粮总产量达到2732亿斤，增产95亿斤；夏收油菜籽产量1376万吨，增产34万吨；早稻再获丰收，产量680亿斤；秋粮面积稳中有增、长势总体较好，为全年粮食丰收奠定了基础。肉禽蛋奶和蔬菜等"菜篮子"产品生产稳定发展，市场供应充足。农业的好形势，为保障经济平稳运行提供了有力支撑。

产业结构调整积极推进。在市场倒逼和政策引导的共同作用下，工业结构加快调整，前7个月规模以上工业增加值增长8.8%，产能严重过剩的高耗能行业增加值增长8%，比规模以上工业增速低0.8个百分点，钢铁、水泥、有色等行业生产和投资明显放缓，其中钢铁行业投资同比下降8.3%。与此同时，高技术产业、装备制造业增加值分别增长12.3%和11.3%，航空航天、医药制造、电子信息等产业增长更快。服务业发展势头良好，上半年第三产业增加值增长8%，增速比第二产业快0.6个百分点；占国内生产总值的比重继续高于第二产业，达到46.6%，同比提高1.3个百分点。服务业新兴业态发展迅猛，电子商务交易额超过6.4万亿元，同比增长26.7%，其中网络零售额增长33.4%；软件和信息技术服务业业务收入增长21%，实现利润增长22%。

科技创新的支撑作用不断增强。移动互联、智能装备等科技产业化工程深入实施，培育了一批潜力较大的新增长点。第四代移动通信网络建设和应用大规模展开，带动了相关产品和服务的快速增长，前7个月移动通信基站设备产量2.2亿信道，是上年同期的2.6倍，上半年信息消费规模达到1.34万亿元，增长20%；工业机器人应用领域从汽车、电子等高端行业向建材、金属加工等传统行业扩大，我国已成为全球第一大机器人市场。国家科技重大专项、863计划、科技支撑计划等取得一批重大创新成果，重型燃气轮机、海洋工程装备和基因工程、生命科学等领域取得重大突破，28纳米集成电路芯片开始量产，有源OLED显示屏、超高纯钛熔炼等技术研发应用取得重大进展，打破了国外技术和价格的垄断。

促进区域城乡协调发展政策进一步完善。在深入实施区域发展总体战略和主体功能区战略的基础上，大力推动京津冀、环渤海、长江经济带等区域协同发展，着力加强长三角、珠三角区域内一体化建设。东部地区经济结构调整、产业转型升级步伐加快，经济增速总体趋于稳定；中西部地区积极承接东部地区产业转移,工业、投资等主要指标增速继续快于东部地区。国家新型城镇化规划发布实施,各项重点工作正抓紧落实。支持西藏、新疆等边疆少数民族地区发展的政策不断完善,集中连片特困地区扶贫开发扎实推进,群众基本生产生活条件不断改善。

四、补短兜底惠民生,公共服务体系建设取得新成绩。

统筹推进基本公共服务体系建设,把更多的公共资源用于民生保障薄弱环节,健全改善民生政策体系,人民群众生活水平进一步提高。

居民收入继续保持较快增长。上半年,农村居民人均现金收入、城镇居民人均可支配收入同比分别增长12%和9.6%,扣除价格因素实际分别增长9.8%和7.1%,增速同比均提高0.6个百分点;二季度,农村外出务工劳动力月均收入达到2733元,同比增长10.3%。城乡居民收入差距继续缩小,上半年城镇居民与农村居民的收入倍差为2.77,比上年同期缩小0.06,同比连续5年缩小。根据城乡一体化住户调查,全国居民人均可支配收入实际增长8.3%,高于经济增速0.9个百分点。

社会保障制度不断健全。建立了统一的城乡居民基本养老保险制度,并与职工基本养老保险制度实现衔接。医保体系进一步健全,27个省份建立了省内城镇基本医保异地就医即时结算系统,新农合在90%的统筹地区实现了省内异地就医即时结算,30个省份启动城乡居民大病保险试点。社会救助暂行办法发布实施,救助制度进一步完善。前不久,超强台风"威马逊"正面登陆海南等省,云南鲁甸发生6.5级浅源地震,各级政府及时启动抗灾救灾应急机制,努力帮助群众减少灾害造成的损失,灾区群众基本生活得到妥善安置。城镇保障性安居工程建设进展顺利,截至7月底基本建成340万套,新开工590万套,分别完成目标任务的70%和84%。

教育、文化、卫生等各项社会事业全面发展。大力促进教育公平,义务教育经费保障机制进一步完善,国家再次提高了农村中小学公用经费基准定额;贫困地区义务教育薄弱学校建设得到加强,教室、宿舍、食堂等基本办学条件不断改善;有28个省份5.6万名农民工随迁子女参加异地高考。公共文化服务体系建设继续加强,广播电视村村通、国家文化和自然遗产保护、地市级公共文化建设等专项规划稳步实施,公共文化设施免费开放取得良好社会效益。医药卫生改革深入推进,县级公立医院综合改革试点扩大到1011个县,在建和年内开工、床位数在500张以上的非政府办医疗机构重大项目超过120个,基本公共卫生、计生服务水平进一步提升,计划生育改革扎实推进。

节能减排和生态文明建设继续加强。生态环境问题直接关系人民群众切身利益,今年以来相关政策措施进一步强化。启动实施能耗总量和能耗强度"双控",监管执法、运用差别电价和能耗环保技术标准的力度加大;抓紧落实大气污染防治行动计划,区域协作机制和部际协调机制全面建立。上半年,单位国内生产总值能耗同比下降4.2%,化学需氧量、二氧化硫、氨氮、氮氧化物排放量继续下降;京津冀、长三角、珠三角等74个城市空气质量有所改善,细颗粒物(PM2.5)同比下降7.9%,可吸入颗粒物(PM10)下降6.5%。重点流域水环境综合整治、土壤污染治理继续加强,草原资源保护和京津风沙源、岩溶石漠化、黄土高原、青藏高原等重点区域综合治理加快实施。

总的来看,今年以来国民经济和社会发展计划执行情况是好的。面对经济下行压力,在保持政策总体稳定的同时,适时进行局部调整,有针对性地解决突出矛盾和问题,实现了稳增长与促改革、调结构、惠民生的有机结合,经济运行保持平稳,改革开放活力增强,发展质量稳步提升,民生保障扎实有力,将为经济持续健康发展创造良好条件。

与此同时也要看到,当前国内外环境相当复杂,不稳定不确定因素依然较多,经济稳定发展仍面临多重困难和挑战。从外部环境看,今年以来世界经济有所好转,但复苏的内生动力较弱,短期内难以实现强劲增长。从国内看,我国经济发展长期向好的基本面没有发生变化,但正在经历阶段性调整,一些影响经济平稳运行的矛盾和问题较为突出,经济企稳的基础还不牢固,经济运行稳中有忧。

下半年,要全面贯彻落实党的十八大和十八届三中全会精神,全面落实中央经济工作会议决策部署和《政府工作报告》确定的各项任务,准确把握改革发展稳定的平衡点,准确把握近期目标和长期发展的平衡点,准确把握经济社会发展和人民生活改善的结合点,坚持稳中求进工作总基调,坚持宏观政策要稳、微观政策要活、社会政策要托底的基本思路,坚持完善宏观调控的思路和方式,统筹稳增长、促改革、调结构、惠民生、防风险,在保持宏观政策基本取向稳定的同时,更加注重定向调控、精准发力,灵活前瞻、预调微调。着力激发市场活力,加快改革举措落地;努力增加公共产品有效供给,持续加强民生保障;综合施策支持实体经济做强,积极培育新增长点。发挥好政策协同效应,着力改善实体经济发展环境,增强市场信心,促进经济持续平稳健康发展,质量效益稳步提高,努力实现全年经济社会发展各项预期目标。重点做好以下几方面工作:

一是加快推进重点领域和关键环节改革。抓紧落实今年深化经济体制改革重点工作的意见。再取消和下放一批行政审批等事项,全面清理非行政许可审批事项,重点清理取消不必要的生产经营准入限制、行业管理规定,规范企业投资前置审批及中介服务环节;加强纵横联动协管,确保已取消下放的审批事项落到实处。实施深化财税体制改革总体方案,加快推进预算管理制度改革,完善规范转移支付制度,落实支持中小企业特别是小微企业发展的税收优惠政策。深化金融体制改革,积极推进试点民营银行筹建工作,有序推进利率市场化改革,大力发展多层次资本市场,扎实开展信贷资产证券化试点,实施好缓解企业融资成本高的各项政策,进一步健全金融机构风险处置机制。继续深化农业农村、国有企业、科技体制、文化教育和资源性产品价格等重点领域改革。

二是积极扩大国内有效需求。顺应居民消费结构升级趋势,完善消费政策,改善消费环境,培育扩大消费新增长点,不断释放消费潜力。鼓励民间资本投资兴办养老、健康、文化等各类商业服务机构,实施好促进旅游消费的政策措施,抓紧制定发展体育产业、促进体育消费的若干政策,加强农村特别是中西部地区农村宽带基础设施建设。围绕努力增加公共产品有效供给,加大经济社会发展薄弱环节的投资力度,加快棚户区改造,加强中西部地区铁路、城市地下管线、节能环保等重点领域建设,创新投融资渠道和方式,积极吸引社会资金特别是民间资本参与。加强预期引导,促进房地产市场平稳健康发展。

三是努力夺取全年农业丰收。加强秋粮田间管理,突出技术指导和服务,强化防灾减灾、病虫害防控,确保秋粮再获丰收,认真做好秋冬种各项准备工作。落实好粮食最低收购价和临时收储政策,加强粮食仓储设施建设,督促地方充实粮食储备,鼓励用粮企业多购多存,解决好粮食丰收后的卖难问题;积极稳妥推进大豆、棉花目标价格改革试点,完善相关预案,促进农民增产增收。推进蔬菜标准化种植和畜禽规模化养殖,保障"菜篮子"产品安全有效供给。加快构建新型农业经营体系,发展多种形式的适度规模经营。做好雨情水情险情的预报预警,确保重要堤防、水库安全度汛。

四是加快推进经济结构调整。进一步放开服务业市场准入,落实完善支持服务业发展的财税金融、土地供应等政策,深入推进服务业综合改革试点,启动国家服务业发展示范区建设,落实加快发展生产性服务业促进产业结构调整升级的指导意见。积极推进传统产业调整改造,大力化解过剩产能,细化落实支持企业兼并重组各项政策,促进重点产业布局调整和产业转移;加强对地方保护、限制竞争等行为的查处,营造公平公正的市场竞争环境。完善创新驱动政策,开展科研成果使用、处置、收益权改革试点,加快发展技术市场,落实好企业研发费用加计扣除等普惠性措施,大力发展战略性新兴产业。强化节能减排目标责任,合理控制能源消耗总量,减少污染物排放,积极推进生态文明建设。深入实施区域发展总体战略,落实国家新型城镇化规划,开展新型城镇化综合试点,促进城乡区域协调发展。

五是不断提高对外开放水平。落实促进外贸稳定增长的各项政策。着力推动外贸转型升级,做强一般贸易,稳定传统优势产品出口;创新加工贸易模式,促进加工贸易梯度有序转移;大力发展服务贸易,鼓励政策性金融机构支持服务贸易发展。积极发展新兴贸易方式,简化跨境电子商务出口监管程序。加大信用保险支持和融资服务。全面推进贸易便利化,清理和规范进出口环节收费。实施积极的进口战略,促进贸易平衡发展。继续积极有效利用外资,提高利用外资质量和效益。加强多双边开放合作,发布实施丝绸之路经济带和21世纪海上丝绸之路建设战略规划,推进基础设施互联互通。

六是进一步保障和改善民生。健全完善促进就业创业的政策体系和服务体系,加强全国公共就业信息服务平台建设;继续把高校毕业生就业放在首位,抓好相关政策的全面落实;做好化解产能过剩涉及的人员安置和就业,研究使用失业保险基金稳定职工队伍的政策措施。实施好进一步推进户籍制度改革的意见,支持农业转移人口市民化。加强保障性安居工程及配套设施建设,强化工程质量监管,做好公平分配和入住管理。进一步改善贫困地区义务教育薄弱学校基本办学条件,确保新增教学用具和生活设备在秋季开学前全部到位。支持社会资本举办妇幼专科医院,支持优质医院在中小城市设立分支机构,积极推进政府购买公共卫生服务。加大食品药品安全监管力度,深入推进质量安全可追溯体系建设;继续强化安全生产,加强大气、水、土壤等突出环境污染问题综合治理。做好受灾地区灾后重建工作,帮助灾区群众恢复正常生产生活秩序。

委员长、各位副委员长、秘书长、各位委员,今年下半年经济社会发展任务十分繁重,我们将更加紧密地团结在以习近平同志为总书记的党中央周围,高举中国特色社会主义伟大旗帜,按照中央决策部署和十二届全国人大二次会议的有关决议,开拓创新、主动作为、迎难而上、真抓实干,努力实现全年经济社会发展预期目标,促进经济发展向中高端水平迈进。

继续实施稳健的货币政策
改进创新小微企业金融服务

——在全国小微企业金融服务经验交流电视电话会议上的发言

中国人民银行行长 周小川

党中央、国务院高度重视小微企业的持续健康发展,先后出台了一系列支持小微企业发展的财税金融政策,特别是最近国办印发了《关于金融支持经济结构调整和转型升级的指导意见》,金融系统也不断加大小微企业金融服务,取得了积极成效。我结合工作实际,就落实中央和国务院的要求和部署,讲几点意见。

一、充分认识金融支持小微企业发展在"稳增长、调结构、促改革"中的重大意义。小微企业是我国经济社会发展的重要力量,在繁荣市场、扩大就业、建设社会主义新农村、促进和谐社会建设等方面起着非常重要的作用。特别是在当前国内外经济形势异常复杂,不稳定、不确定性因素较多,经济下行压力较大的情况下,金融支持小微企业发展,有利于保持经济平稳较快发展、推动经济结构调整、增强经济发展的内在活力。

二、继续实施稳健的货币政策,保持合理的货币信贷总量,为小微企业发展创造良好的金融环境。按照中央的要求,把稳健的货币政策坚持住、发挥好,增强政策的前瞻性、针对性和灵活性,适时适度预调微调。统筹兼顾稳增长、调结构、控通胀、防风险的关系,综合运用数量、价格等多种货币政策工具,充分发挥再贷款、再贴现和差别准备金动态调整机制的引导作用,对中小金融机构继续实施较低的存款准备金率,盘活存量,用好增量,增加小微企业的信贷资金来源。稳步推进利率市场化改革,更大程度发挥市场在资源配置中的基础性作用,提高小微企业的信贷可获得性。

三、加强宏观信贷政策指导,鼓励和引导金融机构加大对小微企业的信贷投入,实现"两个不低于"目标。改进信贷政策实施方式,完善中小企业信贷政策导向效果评估,引导金融机构按照"有扶有控、有保有压"的要求,优化信贷结构,进一步扩大对小微企业的信贷投放。积极鼓励金融创新,推动商业银行开展应收账款质押、动产质押等适合小微企业融资特点的金融产品和服务;支持符合条件的商业银行发行专项用于小微企业贷款的金融债券,努力实现全年小微企业贷款增速不低于当年各项贷款平均增速、贷款增量不低于上年同期水平的目标。

四、积极发展与小微企业金融服务需求相适应的小型金融机构。与大型金融机构相比,小型金融机构服务小微企业具有信息、成本等方面的优势。要认真落实党的十八大关于加快发展民营金融机构的决策部署，放宽对民间资本设立金融机构的准入。推进存款保险制度建设，为小型金融机构创造公平竞争的环境。

五、大力发展多种融资方式，拓宽小微企业多元化融资渠道。近年来，我国资本市场发展取得显著成效，但小微企业资本金还比较薄弱。要加快发展多层次资本市场体系，健全支持小微企业多元化融资的渠道和机制。鼓励风险投资和私募股权基金等投资处于初创期的小微企业。在风险可控的前提下推动信贷资产证券化常规化发展，引导金融机构将盘活的资金向小微企业倾斜。加快银行间债券市场发展，支持符合条件的小微企业发行债务融资工具。同时，进一步促进民间融资规范发展，发挥好民间资本在扩大小微企业融资中的作用。

六、要大力推动金融工具、金融产品和机制创新，不断满足小微企业多层次、多样性的金融服务需求。小微企业点多面广、千差万别，不同类型、不同发展阶段的小微企业的金融服务需求是多层次、多样性的。金融机构要做好对小微企业账户开立、支付结算、存款和存款类产品、外汇兑换、支付性质的垫款等基础型金融服务。鼓励金融机构采用网络银行、手机银行等新型支付工具和手段，扩大对小微企业金融服务的范围和覆盖面。进一步改善银行卡受理环境。支持地方政府加强对小额贷款公司的监管，强化小额贷款公司为小微企业服务能力。配合有关部门规范发展网络信贷平台等中介机构，为小微企业开辟新的融资来源。

七、推进小微企业信用体系建设，进一步优化小微企业金融服务生态环境。小微企业融资难的一个重要原因是，有些小微企业会计信息不规范、不充分，有的缺乏信用记录，银行难以用常规方法评估其还款能力。要抓紧建立覆盖全社会的征信体系，加快建立金融业统一征信平台，建立健全适合小微企业特点的信用征集体系、信用评级制度和信息共享机制，营造良好的小微企业金融服务生态环境。

加强和改进小微企业金融服务是一项系统性工程，既需要不断创新金融组织、产品和服务，也需要有关部门在产权保护、财税支持、行业准入等方面提供更宽松的体制机制和更健全的公共服务。下一步，要认真落实党中央、国务院的统一部署，按照马凯副总理的重要讲话精神，进一步加大工作力度，积极探索创新，为小微企业持续健康发展创造良好的金融环境。

积极探索监管执法的行政和解新模式

中国证监会主席　肖　钢

（2014 年 2 月 19 日）

有效保护投资者合法权益，一方面，需要通过严格执法，严肃查处和惩治各类市场违法失信行为，实现对全体投资者利益的整体保护；另一方面，需要及时弥补因违法违规行为给投资者造成的经济损失，实现对单一投资者的个体保护。按照现有执法体制，上述法律目标主要是通过行政执法的公权制裁方式以及民事赔偿的私权救济方式实现的。由于公权制裁与私权救济是两种不同的法律程序，行政执法无法解决投资者最为关心的赔偿问题，而民事诉讼实践中投资者往往面临维权成本高、举证难等问题，获得救济的效果也不理想。面对投资者保护的现实难题，境外很多国家和地区采取的行政和解执法模式，较好地兼顾了监管机构行政执法和投资者损失赔偿两方面的需要。这一制度的特殊机制在于，监管机构在执法过程中可以按照法律规定的条件与程序，通过与案件当事人协商达成和解，使其主动交出不当所得甚至付出更大代价，并将该资金直接用于补偿投资者所受损失。

一、行政和解制度符合现代行政法治的基本价值取向

基于行政职权法定、行政权力不得自由处分的原理，行政法的理论和实践一直对行政和解制度秉持较为审慎的态度。事实上，由于法律无法对所有的细节作出具体规定，行政机关在权力运行过程中的自由裁量广泛存在，反映出行政执法并不能完全排除对于行政权力的自由处分。特别是随着市场经济和科技的发展，现代行政法治的价值追求，出现了从规范和限制行政权力这一相对单一的目标，向效率行政、民主行政、程序行政、和谐行政等多元目标转变的趋势。与此相适应，除了“命令—服从”的强制行政管理方式，现代行政开始出现了行政合同、行政指导、行政协商等多样化行政管理方式。行政和解执法模式体现了自由裁量行政和行政法治价值追求的变化趋势，逐渐成为许多国家和地区行政法治的重要制度安排和实践形式。现代证券监管正由传统的消极行政拓展为积极行政，从对抗行政转向合作行政。证券监管执法方式的单一性、强制性等特征正在向多样性、互动性、协商性转换，并与日益兴起的多元化纠纷解决机制相配套。在资本市场监管执法领域，行政和解执法模式的应用更为广泛。无论是英美法系的美国、英国及我国香港地区，还是大陆法系的德国及我国台湾地区，均在其行政程序法律中，对行政和解制度作出了统一、明确的规定。一些国家和地区的监管机构以行政和解方式处理的案件，甚至已占其全部执法案件的 80% 以上，其中不乏数额高、影响广的重大案件。可见，资本市场监管执法更多采用行政和解执法模式，不仅符合现代行政法治的基本价值取向，而且更加适应资本市场监管的特殊规律要求。

（一）有利于及时弥补投资者所受经济损失

按照传统的行政执法模式，对于侵害投资者权益的违法违规行为，监管机构只能采取罚款等行政处罚措施了事。这对于保护投资者的目标来说，充其量只是实现了一半，即让侵害者承担了法律上的不利后果，付出了必要的代价，但却未能让受害者得到补偿。2006 年至 2012 年间，证监会正式处理的虚假陈述案件 122 起，但据不完全统计，这期间，仅有部分受到损害的投资者对 46 家上市公司提起虚假陈述民事赔偿诉讼，涉及索赔金额约 3.84 亿元人民币，最终获赔约 6700 万人民币。至于投资者因内幕交易、操纵市场提起民事损害赔偿诉讼并获得相应赔偿的，至今尚无案例。如果能够使用和解金及其他罚没款补偿受损投资者，就可以开辟行政监管直接为投资者提供有效救济的渠道。行政和解制度一方面使涉案当事人以交纳“和解金”的形式，在实质上承担财产处罚的法律后果，另一方面使受害投资者通过涉案当事人所交纳的“和解金”及时获得实实在在的经济补偿，兼顾了行政执法的惩治功能与救济功能，更加有利于保护投资者尤其是中小投资者的合法权益。

（二）有利于尽快明确和稳定市场预期

一定意义上，资本市场是基于预期判断进行交易的市场。对于各种可能影响证券价格的事实和事件信息，都需要依法尽快予以明确和公开，行政效率在资本市场具有不同于其他社会领域的特殊重要性。虚假陈述、内幕交易或者操纵市场等违法违规行为，对相关证券交易的价格具有重要影响，一旦发现涉案线索，投资者基于自身利益考虑，普遍对监管机构查明事实、依法处理的执法活动的时效性具有强烈的期待和关注。如果不能及时作出处理，市场风险可能蔓延扩大，不仅不利于及时稳定市场预期，而且最终会影响到投资者对于市场的信心，影响资本市场功能作用的正常发挥。

资本市场对于案件“查处快”的要求，始终面临着“查处难”的现实矛盾。由于资本市场交易关系复杂，涉及利益巨大，违法违规行为多呈现高智能、涉众广、跨区域的特点，取证难度大，查办案件需要较长时间。如果向公安机关移送案件，经过检察机关审查起诉，到法院作出一审判决，需要的时间就更长。还有一些特殊案件，违法嫌疑很大，但由于案情复杂，难以获取关键证据，致使案件长期不能查清。而实行行政和解制度，调查处理结案的时间则相对要短得多。这也是境外监管机构大量适用行政和解程序的原因之一。按照行政和解制度的做法，对于存在事实状态不明确，且这种不明确的状态在客观上难以排除，或者彻底查清需要大量资源，短期内难以及时作出处罚决定的，监管机构即可以与当事人进行协商，双方各做适当让步，以当事人支付必要数额和解金为代价，以和解金补偿受损投资者为条件，达成监管机构不再另行作出处罚决定的和解协议。可以看出，这种执法模式能够在特定情形下，更加快速有效地实现惩治违法、保护受害投资者、及时恢复市场秩序的监管执法目的，更为符合资本市场的特点要求。

（三）有利于根本减少和平息行政争议

资本市场监管执法是监管机构实施的一种单方行为，但执法的结果却涉及到包括行政相对人、投资者等在内的双边乃至多边关系。现代行政要求行政机关在履行行政职能时，既要实现法律规范的目标，也要追求定纷止争、化解矛盾、实现和谐的效果。简单秉持传统单方行政、强制行政的方式，拒绝与行政相对人协商，忽视行政相对人的过程参与，所散的行政决定往往得不到行政相对人的内心认同，转而通过行政复议或行政诉讼寻求法律救济。为了从根本上减少行政争议，需要更加强调民主协商、过程参与。

行政和解制度通过当事人过程参与的协商机制，尽可能地听取当事人及投资者等利害关系人的意见，将原来监管机构的单方行为，转变为双方乃至多方的共同行为；将原来一方意思对另一方的强制，转变为双方甚至多方意思在自愿基础上的共识，使相应执法决定更容易为当事人接受，从而更有利于做到案结事了，化解矛盾，迅速恢复市场秩序，促进社会和谐。

（四）有利于破解制度供给不足或缺陷的现实难题

金融创新是资本市场永恒的主题。同时，为了获取不法利益，违法主体往往想方设法，翻新手法，变化手段，逃避监管，特别是我国资本市场处于新兴加转轨的发展阶段，法律制度正在逐步完善的过程中，实践变动性与法律稳定性的矛盾在资本市场显得尤为突出。以操纵市场为例，现行《证券法》仅规定了联合买卖、连续买卖、自买自卖、串通交易等几种典型手法，但实践中已经出现了“抢帽子”、蛊惑交易、虚假申报等多种新型手法，虽然法律规定了兜底条款，但适用缺乏明确标准，在行政执法及司法审判中对上述新型违法行为的认定难度很大。监管机构在处理新型的涉嫌违法违规行为时，经常会遇到法律规定不明、违法性判断模糊、执法依据不足等困难，因而陷于两难的尴尬境地。一方面，如果不及时进行执法处理，可能会招致行政不作为的诟病，面临很大的市场和社会压力；另一方面，如果进行执法处理，又会面临职权依据不足的质疑，引发越权行政的不当行为。

面对市场发展变化的新情况、新问题，为了维护执法的严肃性和有效性，必须更新执法理念，创新执法机制。采取行政和解，在缺少专门法律规定，或者法律规定不明确，客观上确实难以认定当事人行为法律性质的情况下，可以不必强行作出当事人行为是合法或违法的明确认定结论，但可以根据当事人行为的社会危害后果，通过协商，以当事人交纳相应数额的和解金的形式进行结案处理。应当说，这是一种比较实事求是的做法，既破解了现实的执法难题，顺应了市场的发展变化，同时也从另一个方面体现了以法律为准绳的依法行政原则，实现了监管执法的目的。

二、证券期货行政和解制度核心在于投资者救济及和解权力制约

行政和解执法模式在制度设计、执法机制和工作方法等方面，与以行政处罚为主的传统执法模式有很大差别。在制度设计上，不仅关注对涉嫌违法违规的相对人的经济制裁，还要尽可能兼顾对利益受损投资者的补偿，力争实现行政处罚执法和民事赔偿的有效融合。在机制上，和解采用协商行政的执法机制，监管机构及其工作人员在案件裁量方面，当事人在表达意见、诉求利益方面，都有较大空间，容易引发道德风险和利益冲突。因此，在证券期货监管中实行行政和解制度，必须对监管机构严格执法的能力水平、权力运行的制约监督、案件处理的公平公正等提出更高的要求。

（一）严格限定适用范围，切实防止滥用行政和解

监管机构实施行政和解必须符合特定的条件，并非所有的涉嫌违法违规案件都可以适用行政和解。在德国和我国台湾地区，只有案件事实基础或法律依据在客观上不够明确，这种不明确状态不能排除或者需要花费巨大的行政成本才可能排除的情况，才能适用行政和解制度。在美国，行政和解程序不适用于可能涉及行政先例的确立、公共政策、信息公开的必要性等因素的行政争议案件。行政和解制度适用范围的有限性，一方面强调了监管机构不能随心所欲的使用和解制度，必须按照法律规定的条件范围确定适合的案件。另一方面要求行政和解的行使必须基于立法本意，有正当的动机，有利于实现执法资源的合理配置、执法效率的提高和投资者权益的维护等和解制度追求的价值目标。

从我国的市场环境和社会条件出发，推行行政和解制度，更要从严掌握适用案件的条件，从严控制适用案件的范围。一方面，可以行政和解的案件应当具有明确的社会危害性，但由于违法手法翻新、手段隐蔽，行为构成和因果关系等认定缺少明确具体规定，或者案件关键证据难以获取，案件的调查处理存在实际困难。另一方面，可以行政和解的应当是当事人能够通过交纳和解金对投资者遭受损失做出有效补偿，并且

能够主动纠正涉嫌违法违规行为，积极消除、减轻涉嫌违法违规行为危害后果的案件。对于能够查清认定的案件，或者仅是违反行政管理秩序而并不涉及投资者补偿的案件，或者当事人不对补偿投资者损失作出承诺的案件，一律不能纳入行政和解案件范围。基于上述考虑，可以从以下两类案件入手，尝试采取行政和解的处理方式：一是市场机构涉嫌内幕交易、操纵市场的案件；二是证券公司、基金公司、期货公司涉嫌欺诈销售、误导投资者的案件。

（二）严格管理和解金，最大限度弥补投资者损失

和解金是行政和解制度的核心，不同国家和地区对于和解金收取和使用安排不尽相同。有的将和解金直接归入国库，有的将和解金专门用于补偿受损投资者以及投资者教育等公益目的。由于我国现阶段投资者通过民事诉讼求偿存在着时间长、举证难、成本高等情况，相关诉讼制度处在逐步完善的过程之中，将和解金直接用于补偿投资者受损权益，既可提高投资者获得补偿的效率，又可降低投资者求偿的难度，具有很强的现实意义。

具体说来，可以从和解金收取、管理、补偿机制等方面对和解金制度作出整体安排。一是在依法合规，充分协商的基础上，综合考虑涉嫌违法违规行为所造成的投资者损失，涉嫌违法违规行为一旦查实所对应的处罚金额、处罚种类，相对人因涉嫌违法违规所获收益等因素，合理确定和解金的额度，尽可能强化和解金的补偿能力。二是将和解金交由独立的第三方公益机构实行专户管理，专门用于补偿投资者损失、开展投资者教育等目的，不得挪作他用。三是合理安排投资者申请补偿的制度机制，发挥证券交易所、证券登记结算机构等的专业优势，降低适格投资者申请补偿的举证义务，简化申请程序，缩短申请时间。四是通过听取利害关系人意见、公示分配方案等制度，加强投资者对和解金分配的监督，确保和解金补偿分配方案公开、公平、公正。五是做好和解赔偿与相关民事损害赔偿诉讼的衔接，一方面不因行政和解程序的启动而影响投资者民事诉讼的提起；另一方面要防止出现利用行政和解与民事诉讼获得优于其他投资者的重复救济、显失公平问题。

（三）严格规范和解程序，确保和解执法的严肃与公正

行政和解在程序上虽然需要监管机构和案件当事人进行双方乃至多方的协商，并签署和解协议，但不等同于纯粹的经济合同等民事法律行为，仍然是一种涉及公权力行使的行政执法行为，在程序上必须作到公平公正、严谨规范。行政和解的程序包括监管机构与当事人之间的直接协商谈判、必要时的公开听证、利害关系人等第三方的参与等。这样做，可以避免和解过程中监管机构利用职权压制或强制当事人的意愿，有效保护当事人的合法权益，也可以使受害者等第三方的权益在和解中得到较为充分的体现与维护，从而使行政和解建立在兼顾各方利益、更为公平合理的基础之上。

在我国资本市场实施行政和解制度的程序上，一是明确监管机构不能主动提出和解，只有在对案件进行了一定的调查，且当事人主动提出和解的情况下，才可以进行行政和解。二是要求监管机构受理当事人的和解申请后，应当继续进行调查，相应的证据收集工作不能停止，防止因启动和解而丧失调查取证的时机或者证据被毁损、灭失、转移、隐匿，直至双方达成和解协议方可中止调查。三是对行政和解的期限要有明确规定，对超过期限而仍未达成和解协议的，要终止和解程序，不能"久和不结"，以免出现有损投资者权益的不良变故。四是在涉及各方的意见表达和利益诉求方面，要建立包括受害投资者投诉、听证、专家咨询等在内的程序机制，保证广泛听取各方意见。

（四）严格坚持公益目的，务必保持监管强度和效果

行政和解协议虽然是监管机构与案件当事人所达成的，但监管机构进行行政和解的目的却并非是为了案件当事人的个体利益或者监管机构自身的利益，而是从维护投资者权益等市场的整体利益出发的一项公益行为。因此，无论在是否同意和解、收取多大数额的和解金，还是在和解协议的履行、和解金的管理使用等问题上，都应当坚持公益性的原则，不得利用行政和解为监管机构放松执法提供空间，甚至"花钱买平安"，更不能使行政和解成为相对人降低违法成本的渠道。

由于和解成功后行政调查终止，相对人不会再因涉嫌违法违规行为受到处罚，因此，必须通过有效的机制安排防止监管机构和相对人滥用这种制度空间。一是采用行政和解方式结案要有利于及时纠正涉嫌违法违规行为，减少涉案行为对资本市场的不良影响，并不得损害社会公共利益和他人合法权益。对于当事人的涉嫌违法行为情节严重、影响恶劣，或者当事人对监管机构的调查、检查拒不配合的，不得进行和解。二是行政和解中当事人必须承诺对涉嫌违法违规行为进行整改，主动消除、减轻涉嫌违法违规行为危害后果，并承诺不以行政和解作为其涉嫌违法违规行为所涉民事赔偿诉讼的免责或抗辩理由。三是行政和解具有行政处罚的替代功能，当事人交纳和解金在一定程度上也是为其涉嫌违法违规行为付出的成本与代价，当事人不得就其所交纳和解金寻求保险赔偿、税款抵扣或者其他补偿，不能将其自身应承担的法律后果转嫁给他人或社会。四是对于当事人未按照行政和解协议约定履行承诺的，监管机构应当继续进行调查，依法决定是否进行行政处罚，并将当事人对和解协议的履行情况记入诚信档案。

三、稳妥推进证券期货行政和解试点工作

目前我国法律没有明确规定统一的行政和解制度，但行政和解在许多方面已经得到了关注和认同。2006 年，中央办公厅、国务院办公厅联合发布的《关于预防和化解行政争议健全行政争议解决机制的意见》明确提出要"增强运用协商、调解的办法解决行政争议的意识"，"积极探索和完善行政和解制度"。近年来，有关法律也从各自的角度对行政机关在一定条件下与当事人进行协商处理的制度，作出了相应的具体规定。如《行政强制法》规定了执行和解制度，《反垄断法》规定了涉嫌垄断经营者承诺放弃垄断制度，《反倾销条例》规定了境外出口商作出改变价格或者停止以倾销价格出口的价格承诺制度，《行政复议法实施条例》则规定了复议过程中被申请复议的行政机关可以与申请人达成和解协议等。这些制度规定虽然与典型、完备的行政和解制度相比还存在差异，但体现了行政和解制度内在的法治精神和理念。立足我国证券期货监管所面临的现实，借鉴境外市场的经验，在证券期货监管领域引入行政和解制度，既符合中央的政策要求，也有相关的实践参考，符合现代行政执法改革的方向。考虑到我国现阶段的立法基础、执法环境和公众的接受程度，可以抓紧研究论证行政和解的相关制度安排，在条件成熟的时候，本着务实审慎、稳健周密、逐步推进、不断完善的原则，稳妥推进相关试点工作。

（一）积极推动完善行政和解执法模式的法律基础

目前，《证券法》的修订和《期货法》的制定已经纳入十二届全国人大的立法工作规划。在缺乏统一的行政和解法律制度规定情况下，可以借此机会，争取在《证券法》和《期货法》中先行确立我国证券期货执法中的行政和解制度，为在资本市场

监管领域实施行政和解执法模式提供充分的法律依据，并为今后制定统一而完备的行政和解法律制度提供立法经验。

（二）稳妥推进行政和解执法模式的试点工作

考虑到行政和解制度比较集中地体现了资本市场的特点要求，对于维护广大中小投资者的合法权益具有重要意义，同时也有比较丰富的国际市场经验可供借鉴，因此，在有关行政和解制度的法律规定正式出台之前，可以经过必要的批准程序，先行试点。要制定在证券期货行政执法工作中试行行政和解的专门规定，立足于行政和解的功能定位，系统规范适用行政和解案件范围、工作程序、和解赔偿、和解协议、和解效力以及和解监督等内容，作为监管机构开展行政和解试点工作的基本依据。

（三）切实加强对行政和解试点工作的监督和制约

监管机构开展行政和解，是一项新型执法活动，必须切实加强监督，保障各项工作的平稳推进。一是要强化公开监督。监管机构与当事人达成的和解协议，在不涉及国家秘密、商业秘密、个人隐私和不影响执法工作的情况下，原则上应当向社会公开，接受投资者、市场、社会和新闻舆论的监督。二是要强化内部制约。负责实施行政和解的部门要保持相对独立，与案件的调查处罚部门之间实行分工负责，既相互配合，又相互制约，加强制衡。要建立专门的决策制度，防止和减少对和解决策的不当干扰与影响。三是要建立行政和解执法试点报告制度，对于试点期间的情况和问题，及时总结报告，适当作出调整，确保行政和解试点顺利进行。

大力推进监管转型

——中国证监会主席肖钢在2014年全国证券期货监管工作会议上的讲话

（2014年1月21日）

这次会议的主题是，深入贯彻落实党的十八大、十八届二中、三中全会和中央经济工作会议精神，研究部署2014年证券期货监管工作。关于2013年的工作总结和2014年的工作要点，已印发给大家讨论，我就不再重复讲了。下面，我重点围绕监管转型问题，谈几点意见，供大家讨论。

一、为什么要推进监管转型

加快转变政府职能，深化行政体制改革，是党中央、国务院作出的重大决策，是推动上层建筑适应经济基础的必然要求。转变政府职能，就是要处理好政府与市场、政府与社会的关系，通过简政放权，发挥市场在资源配置中的决定性作用和更好发挥政府作用，激发市场主体活力，增强经济社会发展内生动力，创造良好发展环境，提供优质公共服务，维护社会公平正义。推进监管转型是证监会贯彻落实党中央、国务院部署必须要完成的任务，是资本市场改革创新的内在要求，是顺应时代发展潮流的必由之路。

监管转型是指监管理念、监管模式和监管方法的革新和转变过程，是对社会主义市场经济条件下现代证券期货监管规律的新探索。大力推进监管转型的重要意义主要体现在以下几个方面。

第一，推进监管转型是进一步发挥资本市场功能，激发经济活力的迫切需要。资本市场是市场化配置资源的重要平台，主要功能是促进资本形成、资本集聚和资本流转，在激发民间活力、鼓励创新创业、完善市场体系、健全公司治理、推动经济转型、服务财富管理和促进社会和谐方面具有不可替代的作用。20多年来，我国资本市场发挥后发优势，取得了巨大成就，促进了经济社会持续快速发展。但是，市场总体处在“新兴加转轨”阶段，服务经济社会发展的能力不足，现有监管模式不适应新形势的要求。因此，要推进监管转型，让更多市场主体有机会公平参与资本市场，提高市场效率和活力，使市场更加规范有序、公平公正，从而助推经济社会发展。

第二，推进监管转型是促进资本市场长期稳定健康发展的内在要求。我国资本市场在创造奇迹的同时，也经历了诸多曲折、矛盾和困难，有一些久攻不破、久解不决的难题，市场结构和市场功能存在缺陷，市场效率和公信力不足，新老问题相互交织，决策面临“多难”窘境。由于资本市场处在改革前沿，参与者众多，利益关系复杂，市场化、法治化、透明化程度的要求比较高，因此，推进监管转型有利于解决我们遇到的种种困难和症结，为资本市场创造有益于长期稳定健康发展的环境。

第三，推进监管转型是全面增强证券期货服务业竞争力的重要举措。强大的证券期货服务业与充满活力的资本市场是相辅相成的。加快培育和发展功能齐备、服务优质、竞争力强的证券期货服务业是资本市场发展的重要任务。推进监管转型，就是要进一步简政放权，放宽准入，扩大开放，鼓励竞争，加大创新，允许更多机构从事证券期货服务业，支持其围绕经济社会发展的实际需要自主创新，依法合规稳健经营。通过活力充分释放、促进归位尽责、制约激励有效的监管安排，引导有条件的证券期货经营机构提升综合实力，促进形成一批具有国际竞争力的现代投资银行和现代资产管理机构，切实服务实体经济的投融资和风险管理需要。

第四，推进监管转型是提升监管效能、切实履行核心职责的现实选择。长期以来，我们对监管工作倾注了大量心血，付出了艰苦努力，取得了很大成效，但在实际工作中，监管越位、缺位、不到位情况确实客观存在，一些政策前瞻性、整体性、坚定性不够，“堵窟窿、补漏洞”的现象时有发生，有些监管职责交叉，规则不一，力量分散，效能不高。随着市场规模快速扩大，市场主体日益增加，上述问题会越来越突出，有限的监管资源越来越难以适应繁重的监管任务，“人盯人”、“当保姆”的模式难以为继。因此，我们要坚持有所为、有所不为，加快推进监管转型，形成集中统一、优势互补、功能配套、信息共享、协同高效的监管体系，切实把该管的事情管住管好，努力建设市场、社会和群众满意的监管机构。

推进监管转型要实现“六个转变”：

一是监管取向从注重融资，向注重投融资和风险管理功能均衡、更好保护中小投资者转变。保护投资者就是保护资本市场，保护小投资者就是保护全体投资者。要把维护中小投资者合法权益贯穿监管工作始终，落实到制度建设、日常监管、稽查执法的各个环节。

二是监管重心从偏重市场规模发展，向强化监管执法，规模、结构和质量并重转变。正确处理市场发展与监管执法的关系，既要加快发展、改善结构、提高质量，更要加大监管执法力度，维护市场公平正义。

三是监管方法从过多的事前审批，向加强事中事后、实施全程监管转变。减少前端审批，不是一放了之，必须加强事中事后监管，尽快形成放而不乱、活而有序的新手段、新规则和新机制。

四是监管模式从碎片化、分割式监管，向共享式、功能型监管转变。切实改变条块分割、各自为战的现状，强化监管信息共享和功能协作，整合监管资源，提高监管效能。

五是监管手段从单一性、强制性、封闭性，向多样性、协商性、开放性转变。要开展积极行政监管，丰富监管工具，综合运用各种手段，广泛动员各方力量参与市场、建设市场、维护市场，构建伙伴共赢、开放多元、有序互动的监管格局。

六是监管运行从透明度不够、稳定性不强，向公正、透明、严谨、高效转变。坚持平等对待各类市场主体，实行政务公开，提高决策科学化水平，增强快速反应能力，稳定监管预期。

长期以来，证监会系统各级领导和广大干部职工在加强和改进监管工作中做出了坚持不懈的努力，特别是长期处在市场监管一线的部门、单位和派出机构工作卓有成效，作出了重要贡献，保障了资本市场的快速稳定健康发展，也积累了很多有益的经验，奠定了良好的基础。去年以来，结合群众路线教育实践活动，全系统充分动员，开动脑筋，集思广益，对当前监管工作面临的形势进行了分析研判，对推进监管转型的必要性和紧迫性形成了普遍共识。要顺应新形势新任务的要求，在过去工作的基础上，充分利用多种有利条件，抓住机遇，解放思想，加快改革。客观地讲，推进监管转型面临不少困难和风险，也有不确定性，有些问题现在可以想到，有些问题还预料不到，特别是我国资本市场处在“新兴加转轨”阶段，各方面不健全不配套，外部环境制约很多，对监管转型有疑虑有担心是正常的。面对现实，我们必须抉择。不改革，没出路；要转型，有风险。但是，只有转型和改革，才有解决问题的机会，才是希望所在。因此，我们必须坚定不移地推进监管转型，把问题想在前面，把困难和风险估计得更充分一些，把措施想得更周全一些，把工作做得更扎实一些。

二、监管转型的主要任务

（一）进一步精简行政审批备案登记等事项

2002 年以来，我会分批次共清理取消了 138 项行政审批事项。总体来看，改革力度很大，但目前审批事项还是偏多。

行政审批制度改革是推动监管转型的基本前提。目前，我会已经确定未来 3 年将继续取消 21 项行政审批事项，有些今年就要取消。下一步，会机关要继续研究进一步取消和下放审批事项，规范审批事项管理。对派出机构、交易所、协会和会管单位的审批备案等事项，按业务条线列出清单，由会机关业务部门商相关单位进行甄别清理，在今年 6 月底前完成。

总的原则：一是会机关及派出机构凡法律法规没有规定的行政许可审批事项，一律取消；二是会机关及派出机构非行政许可审批事项清理规范后该取消的取消，该调整的调整，逐步废止非行政许可审批事项；三是会机关及派出机构在其他行政管理行为中，不得以任何名义或任何方式实施或变相实施行政审批；四是系统各单位凡没有法律规定的各类事前备案、报告等事项，一律取消，确有必要的，改为事后备案；五是系统各单位对审批事项以外的登记、考试、验收等事项以及要求市场主体报送的数据表格、资料等文件进行全面清理，提出废除、整合、简化的意见并予以公告；六是系统各单位所有审批备案事项，都必须公布标准、流程、期限和方式，不公布的不得实施。

对于清理后继续保留的行政许可事项，要做好评价工作，提出“去、留、改、并”的建议和意见，为深入推进行政审批制度改革提供决策依据。会机关和派出机构要开展许可事项自我评价，协会、交易所、投资者保护基金要组织开展社会评价，提出每个项目的保留、取消、调整、合并、下放的具体意见，并抓紧研究制定工作方案，认真组织落实。

（二）推进股票发行注册制改革

注册制改革是推进监管转型的重要突破口，牵一发而动全身，必将带动和促进其他方面的改革。目前对于注册制的内涵，大家的看法不尽相同，不同国家和地区的做法也不完全一致。但都有一个共同特点，就是股票发行审核以信息披露为中心，监管部门不对发行人进行价值判断，发行人和中介机构对信息披露的真实性和准确性负责，发行时机、价格由发行人和中介机构根据市场情况决定。

当前，我国已具备了向注册制过渡的基本条件。但实施还需要一个过程，并且要以《证券法》修改为前提。要抓紧制定过渡期安排，做好今年的新股发行审核工作。

初步设想，注册制改革总的思路是：证监会依法设定和核准股票发行及上市条件，统一注册审核规则。发行人是信息披露第一责任人，其言行必须与信息披露的内容相一致。发行人、中介机构对信息披露的真实性、准确性、完整性、充分性和及时性承担法律责任。投资者自行判断发行人的盈利能力和投资价值，自担投资风险。证券监管部门依法对发行和上市全程进行监管，严厉查处违法违规行为。

在过渡期内，要全面落实《关于进一步推进新股发行体制改革的意见》，在现有法律框架内做好审核工作，提高发行审核效率。优化发行审核流程，清理发行审核中的备案、登记、验收等不必要的环节或前置程序。增强发行审核透明度，梳理现有的信息披露要求和审核标准并及时向社会公布，公开审核流程及审核意见，发审会过程向公众公开。

（三）确立以信息披露为中心的监管理念

由于证券产品的复杂性、虚拟性和交易方式的特殊性，信息不对称问题特别突出，决定了信息披露在整个资本市场运行过程中处于中心和基础地位。只有确保信息真实、准确、完整、及时，才能形成合理的市场定价，发挥资本市场有效配置资源的作用；才能引导市场预期，促进理性的投融资决策和股权文化；才能及时充分地揭示和评估市场风险，提高市场运行的稳定性。因此，必须加强信息披露监管，重点打击虚假信息披露、欺诈发行、价格操纵等违法违规行为，确保市场机制有效发挥作用。

强化市场主体信息披露的法律责任。信息披露是向社会公众作出的承诺，信息披露义务人必须严格履行法律义务，其言行必须与所披露信息一致。如信息发生变化，应当及时按规定进行持续公开披露。市场主体要强化公司治理及内控体系建设，建立健全规范化运作流程并有效执行，从源头上确保信息披露质量。保荐机构、财务顾问、会计师和律师事务所、资产评估机构要勤勉尽责，发挥好信息披露把关作用。证券交易所全面负责上市公司定期报告、临时公告等信息披露的一线监管，树立信息披露监管权威，加强自律管理。

坚持以投资者需求为导向，使信息披露更好地为投资者服务，而不是以监管自身需求为中心。信息披露规则是否科学，不仅对投资者决策有重大影响，也直接影响信息披露监管的质量。要把满足投资者的需求作为出发点和落脚点，建立发行上市、日常监管等各个环节有机衔接的信息披露规则体系。在股票发行环节，要完善招股说明书的格式、语言和内容，针对不同行业制定适应其特点的差异化信息披露要求，增强信息披露的有效性。在日常监管环节，要把现行对同业竞争、关联交易、并购重组、再融资、公司治理、财务会计等方面的监管要求纳入信息披露监管。要根据日常监管中发现的问题，充实和调整信息披露要求，完善信息披露规范制定机制。

在加强市场主体信息披露监管的同时，要加快建设透明证监会。秘密是公正的天敌，阳光是最好的消毒剂。证监会要维护"三公"，必须增强透明度。政府信息要以公开为原则，以不公开为例外，做到规则公开、过程公开、结果公开。要加大新闻宣传和舆论引导工作力度，强化沟通交流互动，及时解疑释惑，让市场各方充分理解和支持监管工作。

(四)理顺监管与执法的关系

监管与执法既紧密相连，又有所区别。执法有广义与狭义之分。广义执法是会机关及派出机构执行法律、法规和规章履行监管职责的行政行为，从这个意义上讲，日常监管属于广义执法范畴，所有监管人员都是执法人员。狭义执法是指对涉嫌违法违规行为进行专门调查，并对其作出行政处罚或移交公安司法机关的行为。我们通常说的执法，是指狭义执法，即稽查执法。推进监管转型，需要进一步厘清和处理好日常监管与稽查执法的关系，证监会行政监管与交易所、协会自律管理的关系，监管措施、行政处罚措施与自律措施的关系。

厘清日常监管与稽查执法的关系。日常监管有两方面，一个是对市场主体进行合规性与审慎性监管，主要目的是促进市场主体依法合规、稳健运营，防范机构风险和市场风险。另一个是及时制止违法不当行为，或者发现有关线索后及时移送稽查执法部门。可见，日常监管和稽查执法不是割裂的，不能两张皮。日常监管要按照稽查执法的程序、证据标准和认定条件开展检查、核查工作，提高发现违法违规线索的能力。符合立案条件的，及时立案调查或移送稽查执法部门，并采取相应监管措施，监管措施的实施要与立案调查、行政处罚有效衔接。制定日常监管和稽查执法协调工作规则，促进派出机构、稽查执法部门、日常监管部门在现场检查、适用各种措施、对外发布信息等方面的及时沟通、有序衔接和协作配合。

厘清证监会与交易所、协会的关系。行政监管和自律管理都是市场监管的重要方式。交易所和协会既负有法定职责，也具有自律管理权限，必须严格依照法律法规和自律规则，积极主动、全面及时履行职责，不能以任何理由疏于履责，也不能回避矛盾或上交难题。证监会要大力支持交易所和协会开展工作，对于依法确需由证监会批准的事项，要明确标准、流程和期限，提高透明度。积极研究进一步增强交易所、协会权责的政策措施，激发交易所、协会活力。

厘清监管措施与行政处罚措施、自律管理措施的关系。三类措施在表现形式上存在交叉，但其性质、功能有所不同。监管措施是对市场主体合规性和审慎性监管过程中实施的矫正性措施，主要作用是防止风险蔓延和危害后果扩散，对时效性要求较高。依据我会有关规定，监管措施包括责令整改、出具警示函、公开谴责等18种。行政处罚措施是对违法违规行为实施的惩罚性措施，具有实体性、结论性等特点，主要作用是惩戒。根据《行政处罚法》，行政处罚措施包括警告、罚款、没收违法所得、责令停业等6种。这两类措施的依据在于法律、法规和规章授权，具有国家公权力和强制性。自律管理措施是自律组织基于行业整体利益、依据自律规则对其成员实施的纪律惩戒性措施，具有自治性的特点，其依据主要是自律组织成员的权利让渡。当自律管理能够发挥作用时，行政监管一般不宜介入；但当行业利益与公众利益发生冲突、自律管理失效时，行政监管必须介入，以维护公共利益。会机关及派出机构、交易所、协会要根据自身不同性质和职能定位，严格规范实施监管措施、行政处罚措施或自律管理措施。需要强调的是，这三类措施各有所适用，并行不悖，可以相互补充但不能互相替代。要认真梳理现有监管措施，符合适用条件的，要坚决适用；同时符合立案条件的，还要及时立案或移送稽查执法部门立案调查；日常监管部门不能因为移送了稽查执法部门，就不及时采取监管措施。交易所、协会对违反自律规则的行为要采取自律措施，违法违规的要及时移交证监会，不能以自律管理代替行政监管。同时，要注意解决好同一事项多头监管、同一违规多头查处的问题，建立健全事前沟通会商机制。对市场主体行为有较大影响的监管措施的实施，要审慎评估，健全审批程序。

(五)强化派出机构职责

派出机构是所在辖区事中事后监管主力军，主要职责是按照证监会的统一部署和要求，做好辖区内一线监管工作，完成全系统协作监管任务。修订《派出机构监管工作职责》，及时将非上市公众公司、私募业务等纳入监管范围，加强投资者保护、打击非法证券期货活动等职能。针对不同辖区的市场情况，建立科学的派出机构资源配置和评价体系。

派出机构要重点开展辖区内上市公司、挂牌公司和拟上市公司、证券期货经营机构的监管执法工作，对各类违法违规行为和风险苗头要及时查处、及时制止。加强与地方党委政府和有关部门沟通交流和监管协调，完善在公司上市、退市、多层次市场建设、稽查执法、相关风险处置等方面的协作机制。深化与公安机关的协作，探索快捷有效的平行移送模式。派出机构要依法行使监管权力，提高监管执法水平，及时向会机关报告辖区重大事项，积极建言献策。同时，增强大局意识和责任意识，自觉维护整个证券期货监管系统的统一性、权威性和公信力。

会管单位是承担公共服务职能的监管支持平台。要进一步明确定位，把职责之内的事情做好，切实把市场运行保障、投资者服务、风险监测监控、市场教育培训及研究等职能落实到位，努力提高服务水准和运行效率。

会机关要进一步加强与派出机构、交易所、会管单位的沟通交流，从实际出发、合理可行地部署工作。重大决策要会商派出机构、交易所和会管单位，制定监管规则要充分征求他们的意见，意见不一致的要如实作出说明。加大业务指导和政策培训力度，精简考核评估、报告报送等事项，为他们履行职责创造良好条件。

(六)促进证券期货服务业提升竞争力

建立机构业务牌照管理体系。适应综合经营趋势，实施公开透明、进退有序的证券期货业务牌照管理制度。公开各类业务的牌照准入标准、条件，制定并公示相应业务规范，向符合条件的机构开放，逐步解决大市场与小行业的矛盾。打破证券、期货、基金等机构业务相互割裂的局面，允许相关机构交叉申请业务牌照。区分公募和私募，探索建立与私募业务相适应的业务牌照管理方式，明确投资者适当性要求，加强监管协作,支持私募业务创新发展。

放宽证券期货经营机构准入。扩大行业对内对外开放,支持符合条件的主体设立证券期货经营机构,形成国有、民营、内资、外资并存的多元化竞争格局和优胜劣汰机制。大力发展专业证券投资机构,支持社会保险资金、养老金、企业年金等长期资金委托专业机构投资运营,拓宽资金进入资本市场的渠道。按照准入前国民待遇加负面清单的管理模式,推动相关法律法规修改,并在此基础上逐步放宽证券期货业外资准入限制,取消外资金融机构持股比例限制,允许外资证券期货经营机构设立独资子公司或分公司,取消合资公司业务牌照限制。支持境内证券期货经营机构通过跨境并购和开展跨境业务做强做大。

促进中介机构创新发展。逐步推进原则监管,增强监管规则的弹性和包容性,最大限度减少对证券期货经营机构具体业务活动和内部事务的管理。支持证券期货经营机构围绕实体经济和客户需求,依法自主开展业务与产品创新,扩大业务范围、丰富产品种类、提升服务质量和经营效益。丰富证券期货经营机构组织形式,鼓励特色化经营、差异化发展。规范发展证券期货经营机构柜台业务,稳步发展机构间市场。促进会计审计评估机构、评级增信机构、法律服务机构提升执业质量和公信力。促进证券投资基金管理公司向现代资产管理机构转型。支持引导证券期货服务业利用网络信息技术创新产品和服务,规范发展互联网金融业务。

(七)提高稽查执法效能

深入落实我会《关于进一步加强稽查执法工作的意见》,全面深化执法体制机制改革,加大执法力度,严厉打击违法违规行为。

优化线索处理、案件快速反应和移送机制。在线索处理方面,组建线索分析处理中心,建立异动、异常、举报线索快速检查制度,完善交易所线索直接报送标准和机制,建立有奖举报制度。在立案调查方面,建立快速反应机制,线索基本清晰的直接转立案调查;线索需要核实的,尽量缩短核查时间。要切实做好上市公司立案调查、执法处罚的信息披露工作,对案件复杂、调查期限长的,应分阶段持续披露,最大限度让投资者公平及时得到事关投资决策的基本信息,经检查和调查没有发现问题的,也要及时公告。稽查局不再对拟移送处罚事项进行复核,对于拟处罚的案件,调查部门在移送审理的同时,应报稽查局备案。涉嫌犯罪案件及线索需要移送公安部门的,原则上报送稽查局统一移送;确有必要的,经稽查局同意后可由派出机构就地平行移送。对于重大、敏感、复杂的涉嫌犯罪线索,探索行政调查与刑事侦办同步立案、联合取证机制。

继续深化查审分离体制改革。建立主任委员负责、审理委员定案的行政处罚工作机制,将案件审理主审合议制度和全体委员参加的审理会制度,调整为5名委员组成的主审合议定案制度,切实提高案件审理效率、质量和权威。提高行政处罚的独立性,取消案件会签机制,会领导只可以依法对案件提出予以处罚或加重处罚的意见,不允许提出不予处罚或减轻处罚的意见。各派出机构领导也要比照办理。建立案件审理监督问责机制,继续推进审理公开,在案件数量较多的地方建立案件巡回审理工作机制。合理配置全系统行政处罚的执法资源,处罚委负责办理大案要案、复杂疑难案件等重大案件,以及个别派出机构难以审理的案件。处罚委对派出机构行政处罚工作进行指导、服务、支持和监督。派出机构案件审理的程序可以适当简化。

(八)推进资本市场中央监管信息平台建设

建设集中统一、信息共享的中央监管信息平台,是推进监管转型的重要措施。长期以来,全系统信息分散,部门单位之间沟通交流文来文往,函来函去,信息处理方式落后,效率低下。建设这个平台,既是对全系统数据和资源的统一整合,更是监管业务和流程的集中再造。要改变会机关、派出机构、交易所、行业协会和会管单位不同信息系统各自为战、重复建设、信息采集不规范、口径和时点不统一的现状,适应"大数据"时代监管工作对信息分类、整合、挖掘的需求,全面提高监管信息化水平。

今年要全面启动中央监管信息平台建设,作为各单位"一把手"工程。中央监管信息平台由基础设施模块和业务功能模块两部分组成。基础设施模块包括统一数据报送系统、中央数据库、外部数据交换系统、公众信息发布反馈系统等;业务功能模块用于支持证监会行政许可、稽查办案、日常监管、宏观监管以及内部管理工作等,各功能模块根据使用层级和权限,为系统各单位、各部门工作提供信息支持。

全力推进业务监管系统逻辑集中,实现监管数据信息的统一、全面、共享。推进逻辑集中是金融业发展的趋势,是信息科技发展的内在规律,是一条被国内外同业实践所检验的成功道路,也是符合我会实际、促进我会监管转型的必然选择。逻辑集中即通过统一规划、统一业务需求、统一数据标准、统一数据采集和处理、统一管理信息运行维护,形成一套涵盖数据信息全、服务功能全、数据信息充分共享的应用系统。

坚持统一规划、分工协作、分步实施的原则,正确处理好集中统一与差异化需求之间的关系。中央监管信息平台是证监会系统各单位、各部门的应用平台,是按照各单位、各部门的需求建设的平台,是我会的最高监管信息平台。平台建设工作启动后,原则上不再单独建设新的监管系统,新开发的业务监管系统应纳入中央监管信息平台统筹考虑。已有业务监管系统可照常运行,但数据须全部纳入中央数据库,待系统升级改造时纳入平台。根据业务需求,按急用先行原则,逐步推进实施。平台建设将适当考虑监管单位的差异化需求,给部分单位一定自由开发空间。

加强组织领导,力争用3年左右时间全面完成系统建设,时间服从质量。信息系统建设是一项打基础、利长远的工作,工程复杂庞大。系统各单位、各部门负责人要亲自抓信息系统需求管理,安排骨干人员参与建设。2014年底前,完成全系统业务需求的调研,制定平台建设的总体规划、实施方案、管理制度和各项标准;基本完成统一数据报送系统、中央数据库等基础模块以及公司监管、稽查办案系统等第一批监管系统建设。2015年底前,以满足行政许可、风险监测、律师监管、行政复议和舆情监测等急用需求为出发点,整合并建成外部数据交换系统、公众信息发布反馈系统等,搭建监管信息平台的基础框架,完成部分新业务监管系统的开发工作,原则上全系统不再以函件往来形式通报情况。2016年底前,进一步推进业务系统整合,继续开展相关数据收集工作,完善中央监管信息平台数据模型建设;根据业务发展需要完成各部门新增的业务功能开发;对数据模型、应用功能进行评估与优化;实现在新增需求建设的同时,完成老系统的升级改造工作,以及老系统历史数据的导入与整合,并同时开展大数据处理及应用建设。

(九)建设法律实施规范体系

资本市场法律体系建设规划主要有两方面内容:一是进

一步完善法律、行政法规和司法解释，这项工作主要依靠立法机关和司法机关，证监会主要是推动和配合。关于证券法修改、期货法制定，现在已经全面启动，这是全系统的一件大事，会机关具体牵头部门要担负起统筹协调、综合判断的职责，系统各单位要积极行动起来，按照各自分工，切实负起责任，提高工作效率。二是集中开展证监会规章和规范性文件的清理和整合工作，这项工作要靠我们来完成，主要任务是构建由融资与并购、市场交易、产品业务、市场与机构主体、投资者保护、监管执法、对外开放、审慎监管等 8 个子体系组成的法律实施规范体系。今后，证监会出台的制度规则，只要涉及规范行政相对人权利义务内容的，原则上一律采用规章的形式，规范性文件只能用来规定一些解释性、指引性、操作性的事项。为做好这项工作，要把握好以下方面：

明确工作责任。总的考虑是，按照功能监管的原则，明确一个职能部门牵头负责一个子体系的清理整合工作。牵头部门必须切实负起责任，制定实施方案，明确工作要求。其他相关部门和单位要按照牵头部门的要求，全力配合做好立法研究、制度论证、条文起草完善等方面的工作，共同完成好清理整合任务。

明确工作步骤。清理整合工作要以法律、行政法规等上位法为依据，但相关子体系的建设工作也不能被动等待，要主动关注、统筹协调相关立法工作的进程，同步考虑规章、规范性文件的制定工作。要结合法律制度建设的总体方向和要求，在向立法机关提出法律修改或者制定建议的同时，形成对我会规章、规范性文件的思路和建议，为相关法律修改或者制定后及时出台相应的配套制度规则创造条件。对于私募基金、场外市场、投资者保护以及监管执法等不涉及法律修改或者近期国务院明确政策措施的相关领域，则要抓紧推进相关工作，争取年内完成规章、规范性文件的清理整合工作。

明确工作要求。清理整合工作，要尊重立法工作规律、遵循立法工作程序，运用科学的立法方法，确保质量和效果。要针对实践中亟待解决的问题，提出有效的监管制度安排和保障其实施的有力制裁措施，确保制度规范能管用、有效果，真正做到“法意”准确，“法条”严谨。要广泛征求意见，尤其是要采取有效方式直接听取市场主体特别是中小投资者的意见，今后立法征求意见采纳或者不采纳情况和理由都要向社会公开。立法起草部门要认真研究不同意见，该吸收的吸收，不能吸收的要主动做好沟通协调工作。要严格规章、规范性文件的审议要求，重点围绕体制、职责、重大制度安排以及存在重大分歧意见的事项讨论决策，提高审议决策效率。

三、监管转型关键在人

为政之要，唯在得人；监管转型，关键在人。面对繁重的转型任务，必须切实加强系统各级领导班子和干部队伍建设，以监管转型带动自身建设，以自身建设保障监管转型。

（一）加强作风建设

总体上看，证券期货监管系统干部队伍的主流是好的，但也存在一些问题。在党的群众路线教育实践活动中，会党委针对“四风”问题提出了八个方面的整改措施，我们要狠抓落实。要密切联系群众，深入市场一线，了解情况、发现问题、听取意见。要完善决策制度，建立健全重大政策公开征求意见、实施效果评估反馈机制，提高决策的科学性和透明度。要继续贯彻中央“八项规定”，切实加强内部管理，厉行勤俭节约，压缩会议数量，精简文件简报，把各级干部的时间和精力更多地用在监管工作上。

（二）完善干部选拔任用和考核机制

要认真贯彻修订后的《党政领导干部选拔任用条例》，结合资本市场监管转型，完善干部考核评价与激励约束机制，让想干事的人有机会、能干事的人有舞台、干成事的人受激励，让坚持原则、敢于碰硬、秉公办事的人受尊重、受爱护、受重用，打造一支与监管转型要求相适应的高素质干部队伍。要按照注重实绩、群众公认的选人标准，优化公开选拔、竞争上岗、民主推荐、民主测评的具体办法，使真正有能力、有业绩、有担当的干部脱颖而出。要坚持五湖四海、任人唯贤的用人导向，只要符合干部任用标准的，都要一视同仁，做到唯贤是举、选贤任能。各单位、各部门要严肃工作纪律，明确责任要求，建立健全有效管用的督办、考核、反馈、问责机制。严格执行“三定”方案，依法和按规定实行领导班子成员任期制。各级领导干部特别是一把手必须树立大局意识、责任意识，对不在状态、无所作为、不敢担当、能力不适应的领导干部要坚决调整。

（三）优化机构设置

会党委经认真研究，拟适当调整会机关的一些部门。有关方案还有待中央编办和国务院领导批准。在获批后的实施过程中，会涉及一些部门和人员的调整，有关部门的领导要切实负起责任，各级领导和干部职工要正确处理部门与全局、个人意愿与组织需要的关系，自觉服从组织安排，积极支持机构调整。各部门要切实做好职能划转、人员定岗和工作交接等工作，派出机构也要结合实际，相应调整内设处室。要精心组织和实施这次机构调整，确保队伍稳定、工作不断、秩序不乱、平稳过渡。

（四）加强干部队伍能力建设

面对新任务、新要求，能力不足的问题不同程度地存在，有些同志专业素质和知识储备跟不上，习惯于一成不变的工作方式，对事前审批轻车熟路，对事中事后监管缺乏办法和经验。系统各级领导班子和广大干部职工要有本领不够、能力不足的危机感，紧紧围绕监管转型的要求，提高统筹兼顾、开拓创新、破解难题的能力。要大兴学习之风，注重实践锻炼，加大干部轮岗交流力度，提高干部队伍素质。

（五）严格规范权力运行

各级领导班子要严格执行民主集中制，按照领导班子议事规则和程序作出决策，坚决防止“一言堂”、一个人说了算。进一步健全“三重一大”决策程序。建立稽查执法和行政许可说情备案制度，减少和规范监管执法自由裁量权。严格执行廉洁自律的各项规定，加强和改进纪检监察工作，切实做到反腐倡廉常抓不懈、拒腐防变警钟长鸣。

四、监管转型重在落实

监管转型是一项长期任务和系统工程，不可能一蹴而就。落实监管转型工作，要注意处理好几个关系：

一是要处理好推进监管转型和促进市场发展的关系。要自觉地把推进监管转型与促进资本市场稳定健康发展、服务实体经济紧密联系起来，不能“为转而转”，更不能自娱自乐。检验监管转型成功与否的关键，要看是否有利于“两维护、一促进”。

二是要处理好全面转型和重点推进的关系。监管转型要做好通盘筹划、全面推进，也要在关键领域、关键项目上力争取得重点突破。要集中精力、全力以赴做好党中央国务院关于资本市场改革发展部署的重点项目，各单位要紧紧围绕这些项目开展工作，不要另出新题目。确有需要新增的，要深思熟虑、科学论证，在充分协商后提出。

三是要处理好推进监管转型和维护市场稳定的关系。推进监管转型,胆子要大,步子要稳,要统筹考虑改革、发展和市场稳定,守住不发生系统性、区域性风险的底线。做好突发事件应对准备,不能掉以轻心。

四是要处理好推进转型坚定性和政策措施灵活性的关系。坚持转型方向不动摇,立足市场实际,及时研究新情况、解决新问题,不僵化、不蛮干,讲究策略,稳扎稳打,积小胜为大胜。

五是要处理好转型统一性和创新性的关系。注重监管转型顶层设计,加强统筹协调,同时摸着石头过河,鼓励系统各单位结合实际,大胆创新,勇于探索,积累经验。

一分部署,九分落实。监管转型要达到预期目标,归根到底要以咬定青山不放松的毅力,扎扎实实做好各项工作。

第一,思想要统一。各单位、各部门要认真抓好学习宣传,充分认识监管转型的重要意义。各级领导班子特别是一把手要带头转变观念,做好表率。要强化机遇意识和责任担当,以钉钉子精神打好转型攻坚战。

第二,责任要落实。要按照监管转型的要求,做好任务分解,确定各项任务的牵头部门和单位,明确责任。各单位、各部门要按照任务分工和时间表,不折不扣地做好所承担的工作。会机关、派出机构、交易所、协会、会管单位要加强统筹协调,形成监管转型合力。

第三,工作要衔接。要加强日常工作和监管转型的有序衔接,强化补位意识,确保市场监管不断档、不空档。要稳妥调整监管资源配置,做到有序地“放”、有效地“接”、有重点地“管”,实现放开事前管制与加强事中事后监管同步推进。要严肃组织纪律,对于在监管转型过程中,推诿扯皮、敷衍塞责、贻误工作的单位和个人,要严肃处理。

第四,督查评估要有效。各单位、各部门要根据分工建立专项督办机制,定期报告进展情况。加强对转型工作中新情况、新问题的分析研究,及时总结交流经验,做好形势预判与综合评估,及时完善相关政策措施,确保监管转型平稳进行。

把维护中小投资者合法权益贯穿监管工作始终

——中国证监会主席肖钢在证监会加强中小投资者保护工作会议上的讲话

(2014 年 1 月 6 日)

同志们:

这次会议的主要任务是,认真学习贯彻国务院办公厅《关于进一步加强资本市场中小投资者合法权益保护工作的意见》,部署加强中小投资者保护工作。下面,我讲几点意见。

一、认真学习领会国办文件,提高思想认识

长期以来,党中央、国务院对保护中小投资者工作一直高度重视。证监会一直把它作为监管工作的重中之重,采取了一系列政策措施,取得了积极成效。但中小投资者仍处于弱势地位,风险意识和自我保护能力不强,容易受到侵害。资本市场是公众化投资场所,我国拥有全球数量最多、最活跃的个人投资者群体,股票、债券、期货投资者 9000 万人,公募基金投资者 6000 多万人,其中 99% 以上是投资金额少于 50 万元的中小投资者,占我国城镇人口的 14%。新一届政府成立之初,李克强总理在回答中外记者提问时就提出要保护投资者,尤其是中小投资者的合法权益。2013 年 5 月,他在国务院第七次常务会议上提出,要制定中小投资者权益保护相关政策。此后,国务院批转的《关于 2013 年深化经济体制改革重点工作的意见》,明确提出健全投资者尤其是中小投资者权益保护政策体系。2013 年 11 月十八届三中全会决定明确要求,“优化上市公司投资者回报机制,保护投资者尤其是中小投资者合法权益”。国办《意见》是落实十八届三中全会《决定》精神和国务院一系列部署的重要举措,在我国资本市场发展历程中首次全面构建了保护中小投资者合法权益的政策体系,是指导资本市场中小投资者保护工作的一个纲领性文件。高度重视和切实加强中小投资者保护,既是维护社会公平正义和关系亿万人民群众切身利益的大事,也是资本市场自身改革创新和健康发展的重要前提,同时也有利于促进证券期货监管转型。因此,证监会系统各级领导班子和干部职工要认真学习领会国办文件精神,充分认识维护中小投资者合法权益的重大意义,紧密联系实际,认真抓好贯彻落实。为进一步统一思想认识,需要正确理解和把握保护中小投资者的本质与内容,处理好几个重要关系。

一是正确认识“同股同权”原则与中小投资者保护的关系

“同股同权”、“资本多数决”,是现代公司治理的基本原则。我国《公司法》第 127 和第 104 条规定了“同股同权”和“资本多数决”原则。股份或股权的本意就包含了份额平等、权力公平、参与机会均等和利益分享等内涵。“同股同权”是指同一类型的股份享有相同的权利。

在早期公司实践中,同股同权的实现采用了“一致同意”的表决机制,小股东享有任意的否决权,同股同权原则被简单、机械、绝对地实现。随着工业化推进,公司资本规模扩大,股东人数增多,这种方式很不适应社会化大生产的需要,为此,逐渐确立资本多数决机制,持有多数表决权的股东能够决定公司事务,即所谓“控制权溢价”,“制度红利”。这就为控制股东凭借其优势地位,滥用控制权侵害小股东的正当利益提供了条件和可能。因此,为了实现股东之间的实质平等,一些国家和地区的公司法纷纷确立防范控股股东滥用控制权的制度。赋予控股股东特殊的诚信义务,限制他们的权利,约束他们的行为。所谓诚信义务,源于信托法中受托人对委托人应当承担的责任,通常指公司高管人员掌握广泛权利,要对经营公司财产负责。随着中小股东权利被控股股东损害的情形不断出现,大陆法系和英美法系都将诚信义务承担者扩展到控股股东。就是说,控股股东除了自身利益外,负有维护其他股东利益和公司利益的义务与责任。同时,实践中形成了一些机制,如累积投票制、投票权代理和征集投票权制度、异议股东股份回购请求权、代表诉讼制度。

可见,对中小投资者保护,是矫正资本多数决的滥用,实现股东实质平等的共同做法，并不损害股东平等原则，恰恰是真正实现同股同权。

二是正确认识"买者自慎"原则与中小投资者保护的关系

"买者自慎"(buyer beware)是自古罗马沿袭至今的商品交易原则，反映到资本市场就是"投资风险自负"。

在商品结构较为简单、买卖双方面对面、对商品质量和用途等认知的力量基本对等的情形下，为防止交易中的不诚信或悔约等现象频繁发生，买者自负原则成为维护交易秩序稳定的重要法律工具。随着工业革命发展，新型通讯手段使远距离交易成为可能，交易内容不再限于现货交易，新技术运用使得商品的专业化、复杂化程度越来越高，大大增加了买方检验商品品质和正确判断交易风险的难度，买卖双方对交易标的认识的落差也越来越大，买方越来越难以全面了解有关交易信息。在这种情况下，一味强调买者自负，客观上变成了只有买方承担交易不利后果，是不公平的，对社会和经济发展是不利的。因此，卖方有责的观念逐步发展起来。

19世纪60年代，英国司法判例开始转向强调"卖者注意"原则，如果买方没有机会检验货物，那就不应当适用买者自负原则。19世纪90年代，美国也开始不再片面强调买者自负，在大批质量无法保证的居民住房引发大量不动产纠纷中，法院开始将购房者放在值得同情的地位上，出现了不按买者自负原则的判例。认为如果卖方知道重大信息一旦披露将修正买方对商品的错误认识，且不披露构成未达善意以及未及公平交易的合理标准，那么拒不披露信息等同于欺诈性不实陈述，理应承担同样的法律后果。

证券交易不同于一般商品交易，在公众化集中交易的条件下，交易双方信息不对称，一对多，多对多，因此证券市场在强调买者自负的同时，必须强调卖者有责。正如1932年美国总统罗斯福就证券法议案所作说明一样，"该议案为买者自负的古老交易规则增添了新的内容——卖者有责，这样一来，充分揭示事实的义务就落到了销售者的身上"。美国证监会以所谓"招牌理论"为依据保护中小投资者。所谓招牌理论，即只要打出证券经纪自营商的招牌并开始营业，那么该机构及其人员就负有默示自己将公正对待顾客的义务。如果出现不公平交易，即违反这种默示义务，也就违反了反欺诈规定。1985年，英国政府发布题为《英国金融服务：投资者保护新框架》的白皮书，鲜明地提出："本白皮书描绘的监管框架适当突出历史悠久的买者自负原则。但它认识到只强调买者自负原则并不够。为增强投资者对市场投资的信心，必须采取措施减少欺诈，并鼓励投资行业按尽可能高的标准行事"。

从各国证券法的制定与实施看，基本的经验是，对投资者盈亏自担、风险自负的买者自负原则，适用的前提是卖方履行了信息披露、销售适当性等强制义务，以及不存在虚假陈述、内幕交易和操纵市场等欺诈行为。两者相辅相成，不可分割。

总之，保护中小投资者与买者自负原则并不矛盾。在强调买者自负原则的同时，必须强化卖者有责。必须明确，保护中小投资者绝不是保证投资者不赔钱。而且保护中小投资者是一个政策体系，首要的是适当性管理制度，这也是政府监管的责任。加强投资者教育本身也是保护措施，有利于增强自我保护的能力。

三是正确认识交易自愿原则与中小投资者保护的关系

交易自愿原则源于罗马法。谚语说，合同是当事人之间的枷锁。"合同胜于法律"，自愿签订的合同效力高于法律。随着商品经济发展和市场交易的复杂化，交易自愿原则开始受到限制。《德国民法典》规定，"违反法律禁止的交易，无效；违反善良风俗的，无效；……以悖于善良风俗的方法故意损害他人者，应当向他人负损害赔偿义务"。如果买方没有机会检验货物，那就不应当适用交易自愿原则。如果买方基于对卖方的信赖而订购货物，那么该货物应当合理地满足买方购买货物的目的。可见，法律越来越倾向于保护合同正义，而不仅仅是合同自由。

市场上不少观点认为，投资交易是"一个愿打一个愿挨"、"两厢情愿"的事情，投资亏损是投资者"愿赌服输"或"自作自受"的结果。这些观点貌似有理，实则漠视投资者，是政府监管不作为的表现，也是股权文化不健康的反映，有违正义原则和契约精神。

资本市场崇尚契约精神。所谓契约精神包括契约自由、契约平等、契约信守和契约救济，核心是诚信无欺、契约正义。证券期货契约往往是标准化的，专业性强，结构复杂。因此，对交易自愿原则必须加以限制，对投资者尤其是中小投资者实施保护。主要方式有：一是交易前实施投资者适当性管理，对于不具备专业投资能力和风险承受能力的投资者，即使自愿，也不允许从事交易。二是交易中要求卖方承担充分的说明义务，有关中介机构勤勉尽责，承担忠实代理义务。三是交易后建立风险补偿制度。

四是正确认识效率原则与中小投资者保护的关系

有些人担心，过多强调中小投资者利益保护，给上市公司及大股东、实际控制人规定大量限制性条款，会大幅增加上市公司运行成本，增加市场机构的合规成本，会影响市场运行效率，甚至最终产生市场对上市公司的"挤出效应"，出现更多公司选择境外上市。这些看法其实是误解。一些国家或地区证券市场研究表明，投资者保护机制对上市公司、控股股东的行为有显著影响，有利于抑制其不良行为，有利于帮助公司提高治理水平。这是因为控股股东行为如果损害中小投资者利益，一般也会伤害整个公司的利益。一些研究还认为，对关联销售和关联采购没有限制的公司，其业绩显著低于有限制的公司。

从许多国家或地区实践情况看，投资者保护越好，市场创新越多，行政管制越少，市场运行效率越高，股票市场也越发达。相反，忽视投资者保护，将给市场带来更高的运行成本，甚至可能影响市场信心和诚信基础，降低整个市场效率。美国安然事件后，2004年出台《萨班斯法》，对上市公司提出了更高的要求，成本高了，反而激发了市场创新活力，促进了整个市场的快速发展。

二、狠抓落实，将中小投资者保护贯穿监管始终

出台一个好文件不容易，贯彻落实好就更不容易，关键要狠抓落实。

（一）以中小投资者需求和权益保护为导向，全面梳理部门规章制度

要抓住落实《意见》的契机，结合行政许可的清理工作，对证监会系统现行的规章制度、规范性文件、内部工作指引等进行全面清理。对照《意见》的要求，进行修改、补充、整合、完善。在证券期货市场改革发展和监管工作的各环节、各方面，都要全面嵌入中小投资者保护的具体要求。要大力推动证券期货交易所、有关协会和相关会管单位，结合各自的职能和特点，相应修改完善自律规则、业务规则和服务流程，进一步做好中小投资者保护工作。

（二）健全投资者适当性制度，严格投资者适当性管理

适当性管理是投资者进入资本市场的第一道保护。目前

国际上没有对中小投资者做专门的定义，对投资者的划分主要是出于分类监管和市场分类风险管理的需要。我国投资者结构呈现多元化，客观上出现了多种分类，在一些领域、一些产品已经有适当性管理，但标准不统一且比较分散。如何针对复杂的投资者构成进行科学的分类管理，建立统一的投资者适当性管理规定，是当前的一项紧迫工作。

美国的投资者适当性制度很大程度上与注册豁免关联。以针对证券发行豁免问题的"认可投资者"为例，根据美国1933年证券法下的D条例规定，发行人向"认可投资者"定向发行，无论人数多少，都可以豁免注册，不承担信息披露义务。发行人不得向其他中小投资者发行，否则将承担责任。八类认可投资者的评判标准保持动态调整。

我国资本市场实行合格投资者管理的时间不长，标准门槛差异大，相关配套考虑不够。应当认真总结经验，建立规范的投资者分类标准，并建立统一的投资者适当性管理规范，将适合的产品和服务提供给适当的投资者。同时，明确市场经营服务机构的适当性管理责任，健全各类自律规则的要求。

（三）优化投资回报机制，提升投资价值

获得投资回报是中小投资者参与投资的正当权利。目前我国上市公司现金分红占净利润比例大体25%，显著低于成熟市场的40%，平均年化股息率低于2%。针对当前资本市场综合回报低、回报方式单一、回报意识不强，《意见》提出了优化回报机制的系统性制度安排，要求建立现金分红、股份回购、以股代息等综合回报体系，全面优化投资回报环境。督促上市公司及中介服务机构牢固树立回报股东的意识，改变整体回报低和分配制度不规范不透明的状况。

要督促公司修改章程，强化分红承诺和披露，发挥诚信监管系统的作用。全面落实IPO、再融资和并购重组中的股权摊薄和承诺要求。形成落实公司在股价低于每股净资产时回购股份的监管安排。完善各项审核与信息披露制度，落实对现金分红回报稳定公司的监管扶持政策措施。发挥基金等专业机构参与公司治理、改善投资者回报的作用。大力发展定期支付、绝对收益类产品，支持货币基金创新。进一步发挥托管人作用，督促基金管理人履行分红承诺。

（四）保障投资者参与权和知情权，便利中小投资者行权

《意见》提出了便利投资者行权的一系列"组合拳"安排，对全面落实投资者知情权、参与权和监督权，提升公司治理，将形成有力支持。要全面评估完善证券发行、公司持续经营、并购重组以及各类产品的信息披露标准，制定并实施自愿性和简明化信息披露规则，提升信息披露质量和细化披露、承诺责任。围绕再融资、并购重组、股东权益变动等对投资者权益敏感的事项，细化披露和追责的标准和监管措施。建立统一的信息披露平台，便利中小投资者获取信息，并及时曝光异常披露和失信行为。对异常信息、衍生信息、承诺事项、股价异动及市场关切的事项，加强事中监测检查，实时作出监管反应。推动公募基金统一账户体系建设，方便投资者查询。

尽快出台实施中小股东单独计票、全面网络投票、推行累积投票制和征集投票权的统一监管要求。制定股东大会投票表决第三方见证的规范指引。制定中小投资者提出罢免董事提案的规范程序。健全公司利益冲突回避机制的要求。加大公司治理责任，明确控股股东、实际控制人及董事、高管义务，强化对股东会、董事会及公司重大决策事项的程序合规性监管和公告义务。依托行业基础平台建设，为基金持有人投票表决提供设施支持。

（五）强化中小投资者赔偿救助，积极推动权益维护

要致力于构建和谐的投资者关系，建立各类权益纠纷解决机制。支持市场主体开展纠纷和解与专业调解，支持公益诉讼、风险代理等服务。建立统一明确的投诉处理规范要求，督促市场经营主体承担投诉处理的首要责任，健全客户投诉与纠纷处理机制。重视发挥自律组织作用，为中小投资者权益保护提供专业服务、咨询和救济援助。完善证券、基金、期货公司风险准备金制度，推动建立上市公司违规风险准备金，研究建立证券发行保荐质保金制度，鼓励推行中介机构职业保险以及退市保险，全面提升执业规范水平和责任意识。

健全督促侵权行为人主动赔偿投资者制度，推动建立监管机构责令购回制度和承诺违约强制履行制度。严格查处各种形式的信息披露违法违规，打击各类侵权行为。加快完善诚信数据库建设。建立违法案件举报制度。制定实施行政和解试点方案。

（六）强化中小投资者教育和完善保护组织体系，建立长效工作机制

要制定投资者教育总体规划，加大对中小投资者教育力度，普及投资知识，开展警示宣传，帮助他们提高风险意识和自我保护能力，经常告诫他们不要听信流言，不要盲目跟风，不要炒新、炒小、炒差。督促证券期货经营机构将投资者教育纳入开户、交易、营销及客户服务等各个环节。

中小投资者权益保护是一项长期任务和系统工程，要统筹协调，充分调动各方资源和力量，形成保护合力，加快形成法律保护、监管保护、自律保护、市场保护、自我保护的综合体系。要加强与国务院相关部委和地方政府的沟通和信息共享，共同推进维护投资者权益。依托上市公司规范运作和打击非法证券期货活动两个部际联席会议机制，探索建立中小投资者权益维护的综合沟通协调机制。完善有利于中小投资者行权、维权和救济服务的环境，推动相关各方加大资源投入。加强投资者保护的国际交流与合作。

三、加强组织领导，落实工作责任

（一）要抓好学习和组织宣传

证监会系统各单位、各部门要认真组织学习，充分认识《意见》的重要意义和精神实质，掌握各项工作要求。要采取宣讲、专项培训等有效方式，组织系统干部、市场主体认真学习，将思想和行动统一到《意见》要求上来。同时，采取多种形式向投资者宣传、解读，使投资者了解自身权利，依法行权。

（二）要抓好任务分解和责任落实

会机关相关部门要建立投资者保护的标准，优化制度政策，投资者保护局要加强统筹协调。各监管部门和稽查处罚部门要将中小投资者保护嵌入到日常监管运行、稽查执法的各个环节。各派出机构要继续深化辖区责任制建设，结合辖区投资者特点和工作实际落实《意见》要求，创新工作内容和工作方式。交易所和行业协会要完善投资者权益保障和服务的自律规则，提升会员单位的投保意识和工作水平。各会管机构要按《意见》要求和我会统一部署，完善业务规则和服务流程，丰富服务内容。系统各单位要及时发现和反映中小投资者权益保护工作中的新情况、新问题，提出改进监管意见和建议。市场经营服务机构和中介机构要对投资者、对客户切实履行勤勉忠实的义务，增强责任意识，提升专业服务水平。中小投资者要加强自身学习，强化风险意识，树立理性投资理念。

（三）要抓好统筹协调和检查评估

落实《意见》是一项需要常抓不懈的工作，要抓好统筹协调，做到远近结合，突出重点，及时总结完善。各单位、各部门

要制定落实方案，明确时间表，强化监管合作，形成全系统、全行业的投资者保护协同功能。投保局要发挥自身作用，动态跟进《意见》的落实状况，建立督办机制。要围绕《意见》的落实，建立监督检查和评估评价机制，组织开展对中小投资者权益保护满意度调查和评估，对于检查发现的侵害投资者合法权益的行为，依法及时采取监管措施。将投资者保护工作情况纳入证券期货经营服务机构分类评价，建立投资者保护权益监测、巡查、抽查机制。要组织好对派出机构和会管机构投资者保护工作的评价，把维护中小投资者合法权益的职责履行情况作为衡量监管工作成效的重要依据。

服务市场　服务经济　全面开创行业发展新局面

财政部部长　楼继伟

今天，中国总会计师协会召开第五次全国会员代表大会，我谨代表财政部，对本次大会表示热烈的祝贺！向长期关心支持财政会计工作的同志们表示衷心的感谢！向协会全体会员，并通过你们向全国会计工作者表示诚挚的问候！

2012年以来，第四届理事会在财政部领导下，围绕会计工作中心，服务会计改革大局，团结带领广大会员，在推动总会计师事业发展、助力财政会计改革、服务国家经济建设等方面，做出了积极贡献，成绩值得肯定。下面，我重点围绕协会工作和管理会计问题谈几点意见：

一、快速反映市场对会计行业的需求，为经济建设和社会发展服务

当前，我国已进入全面建成小康社会的决定性阶段，面临前所未有的发展机遇和风险挑战。市场化、国际化继续深入发展，世界经济进入增速减缓、结构转型、竞争加剧的时期。国际金融危机的倒逼机制等因素，使我国进入只有加快发展方式转变才能实现可持续发展的阶段。在此背景下，党的十八届三中全会做出了全面深化改革的重大决定，必将进一步解放思想，增强社会活力，开创中国特色社会主义事业更加广阔的前景。

财政是国家治理的基础和重要支柱。会计工作是财政工作的重要组成部分。财政部历来高度重视会计工作。改革开放以来，特别是市场经济体制建立以来，我国会计工作围绕服务经济和财政工作大局，不断完善会计管理体制和机制，健全会计法规制度，加强会计人才培养，推进注册会计师行业建设，探索构建中国特色的会计理论体系，有力支持了经济和社会蓬勃发展。但是，我国在会计标准的建设、会计学术研究和会计实务方面，考虑外部投资者、社会公众和外部审计较多，而对服务单位内部管理考虑不够。长期以来，我国经济增长在低产出、低效率、低效益、低科技含量、高能耗层面徘徊，除了体制、机制、结构、增长方式等方面的问题外，会计工作管理滞后也是问题之一。粗放式管理，粗放式核算，一些企业和单位的会计工作多年来停留在记账、报账层面原地踏步，仅一个“不做假账”就需要很多年努力，会计工作在及时按照市场经济需求和经济发展需要改革和升级，在对企业和行政事业单位经营情况和支出效益进行深入分析，在制定企业和单位战略规划、经营决策、过程控制和业绩评价中，尚未发挥其应有的作用。

从目前看，我国会计工作与全面深化改革的总精神相比，与建立现代财政制度总部署相比，与建立现代企业制度、推进预算单位绩效管理和加强事业单位治理的新期待相比，仍有广阔的提升空间，打造中国经济“升级版”也迫切要求尽快改革和加强会计工作。

党的十八届三中全会明确提出“市场在资源配置中起决定性作用”，“要加快完善现代市场体系”。总会计师协会作为全国会计人员自愿结成的社会组织，是现代市场体系的一个组成部分。全国1400万会计人员，总会计师起着高端引领作用。总会计师协会作为行业自律性社会组织，要做好协会的工作，必须目光紧盯市场，快速反映市场对会计行业的需求；在目标确定前提下，强调问题导向，调动广大会计人员的积极性，面对企业和单位发展中的诸多问题，找准关键，有效解决，让会计工作在全面深化改革中、在经济和社会发展中发挥重要支撑和有力的促进作用。

二、加快培育我国管理会计人才，为打造中国经济“升级版”服务

加快推进管理会计改革，是财政部门贯彻落实全面深化改革重大决定、推进国家治理体系和治理能力现代化的重要举措，对于推动企业完善现代企业制度、推进行政事业单位预算绩效管理、决算评价和加强事业单位治理具有重要作用，是深化财税体制改革、建立现代财政制度的重要内容，也是深化会计改革，推动会计人才上水平、工作上层次、事业上台阶的重要方向。

管理会计是从传统会计中分离出来与财务会计并列的、着重为企业改善经营管理、提高经济效益服务的一个会计分支。美国管理会计师协会为其定义为：管理会计是一门专门学科，在制定和执行组织战略中发挥综合作用。二十世纪五十年代初，美国会计学会年会上就正式通过了“管理会计”这个名词，标志着管理会计正式形成，传统会计被称为“财务会计”。

按照目前管理会计学理论，与财务会计相比，管理会计具有以下几个特点：一是在服务对象方面，管理会计主要是为企业内部管理人员提供有效经营和最优化决策的各种财务与管理信息，为强化企业内部经营管理、提高经济效益服务，属于“对内报告会计”；而财务会计虽然对内、对外都能提供有关企业基本的会计信息，但主要侧重于对企业外部相关单位和人员提供财务信息，属于“对外报告会计”。二是在工作重点方面，管理会计的工作重点是面向未来，能动地利用有关信息预测前景、参与决策、规划未来、控制和评价经济活动，属于“经营管理型会计”；而财务会计工作重点是面向过去，提供并解释历史信息，属于“报账型会计”。三是在程序与方法方面，管理会计对企业自身服务，采用的程序与方法灵活多样，具有较大的可选择性；而财务会计填制凭证、登记账簿、编制报表等有较固定的程序与方法，并受会计规范的约束。总之，管理会计的职能作用，从财务会计单纯的核算扩展到解析过去、控制现在与筹划未来的有机结合。

建立现代财政制度，要在预算管理制度、税收管理制度和财税体制方面进行一系列改革，会计改革也是其中一项重要内容。全国有828.7万个各类企业法人单位，有96.5万个行政事业单位，还有一大批小微企业和民间非营利组织，这些企业和单位的基础核算、管理升级、效益提高都离不开会计工作。会计工作在社会经济发展中起着重要的、不可替代的、支撑、支持和促进作用，必须随着经济发展和市场需求及时进行改革和升级。如果说打造中国经济“升级版”关键在于推动经济转型，那么，打造中国会计工作“升级版”的重点就在于大力培育和发展管理会计。

管理会计主要服务于内部管理需要，通过利用相关信息，有机融合财务与业务活动，在规划、决策、控制和评价等方面发挥重要作用，包括成本管理、预算管理、风险控制、绩效评价等多个方面。通过强化管理会计应用，有助于提振企业管理，增强企业核心竞争力和价值创造力，进而促进企业转型升级；有助于更加科学、全面地衡量企业和单位的绩效，加强市场资源的合理有效配置，进而促进市场在资源配置中发挥决定性作用；有助于行政事业单位加强内部管理，建立完善、规范、透明、高效的现代政府预算管理制度，进而促进建立现代财政制度。

在国际上，美、英等西方国家的管理会计应用广泛，成效明显，积累了一些经验。民间组织在其中发挥了重要作用，一是通过发布管理会计公告等方式，建立管理会计指引体系，引导各单位开展管理会计工作；二是通过推行管理会计师资格认证制度等方式，建立管理会计人才评价体系，引导各单位加强管理会计人才培养；三是通过加强管理会计理论研究、总结提炼管理会计案例示范等方式，促进管理会计人才素质提升。据了解，在这些国家，具备管理会计师资格的人员往往更受到企业青睐，越来越成为聘任CEO（首席执行官）、CFO（首席财务官）的重要参考。

在我国，管理会计也有不少成功探索和有益尝试。理论界和实务界对发展管理会计的呼声很迫切。但是，我国管理会计现存在理论体系缺乏、工具方法应用不广、专业人才匮乏、信息化支撑不足等问题，影响了管理会计的发展，尤其是管理会计人才匮乏，成为制约管理会计发展的瓶颈。

立足国情、借鉴国际，我国管理会计改革必须坚持以邓小平理论、“三个代表”重要思想、科学发展观和习近平总书记系列讲话精神为指导，按照市场经济要求，全力推进管理会计体系建设研究；构建中国特色的管理会计理论体系；加强管理会计人才培养和管理会计信息化建设。争取在3－5年内，在全国培养出一批管理会计师，为全面提升企业和行政事业单位经济效益和资金使用效益服务。力争通过5—10年的努力，使我国管理会计跻身于世界先进水平行列。

三、主动作为，实现行业发展新跨越

《中华人民共和国会计法》和《总会计师条例》对总会计师的设置、职责和权限都做出了明确规定。《总会计师条例》规定，“总会计师组织领导本单位的财务管理、成本管理、预算管理、会计核算和会计监督等方面的工作，参与本单位重要经济问题的分析和决策”，“负责对本单位财会机构的设置和会计人员的配备、会计专业职务的设置和聘任提出方案”等。从目前的情况看，总会计师在履行职责和发挥作用方面，到位、缺位、没位三种情况并存，还有很大的提升空间。总会计师协会要加大协会工作力度，鼓励到位的，督促缺位的，依法支持没位的，促使总会计师履行其法定职责，维护其合法权益。

中国总会计师协会是全国企业、行政事业单位总会计师自愿结成的全国性组织，是行业自律组织。协会是总会计师与政府、社会联系沟通的桥梁；总会计师是单位领导班子重要成员，是加强企业和单位财务管理的重要领导者，在管理会计体系建设中起着高端引领作用；管理会计师和会计师是总会计师的左膀右臂；1400万会计人员是总会计师完成工作任务的坚实基础。全国梯次配备的会计人员，形成了一个牢固的金字塔，为中国经济发展提供基础性服务和强有力的专业支持。

党的十八届三中全会明确提出，“要激发社会组织活力，推进社会组织明确权责、依法自治、发挥作用。适合由社会组织提供的公共服务和解决的事项，交由社会组织承担。”中央关于社会组织发展的新要求和各界对于管理会计改革的新期盼，为协会发展带来了明媚春天，协会工作大有可为、大有作为！协会要紧紧抓住当前有利时机，主动作为。

我对协会工作提几点希望：

一是紧紧围绕全面深化改革，加强行业建设。要创新工作思路，将总会计师行业建设与中央全面深化改革的战略部署紧密结合，着眼于坚持和完善基本经济制度、加快完善现代市场体系、加快转变政府职能、深化财税体制改革等，进一步推动现代总会计师制度建设。要加强行业自律，坚持以社会主义核心价值体系为引领，着力构建行业诚信体系，不断加强会员职业道德建设，推动会计人员职业道德水准整体提升，推动各单位贯彻落实财经法规、执行财经纪律，维护财经秩序。要加强会员服务，增强协会的凝聚力、会员归属感和行业公信力。

二是紧紧围绕管理会计发展，创新行业服务。要主动融入管理会计改革，积极发挥智库、宣传和推动作用。要研究加强管理会计人才培养，探索继续教育的新途径、新方式；研究构建中国自己的管理会计标准体系，研究管理会计资格认证制度等。通过发展和培养管理会计人才，推动会计工作由核算向理财、管理和决策转变，推动会计人员从单纯的记账者向理财者、管理者、决策参与者提升，促进会计人员社会公信力、社会影响力和社会地位的提高。

三是紧紧围绕增强国际影响力，深化对外交流。中国的发展离不开世界，世界的繁荣需要中国。我们要以更加开放的姿态，加强与国际同业组织之间的联系和互动，拓宽交流领域，深化交流层次，吸收借鉴其在会员管理、行业发展等方面的经验做法，提高我国总会计师队伍的国际视野和水平，促进我国管理会计事业的加速发展。要更加积极地参与会计国际事务和国际规则的制定，提升我国会计的国际影响力和话语权。通过以上工作，使协会成为国际国内的“金字招牌”。

同志们！财政部历来高度重视总会计师事业。2012年部党组理顺了协会管理体制，体现了对协会工作的认可和期待。希望各级财政部门也要重视支持协会工作，健全体制机制，加强组织领导，强化政府服务，为总会计师事业发展、为管理会计事业发展、为财政事业发展提供强大组织保障。希望大家抓住当前全面深化改革的机遇，坚定信心，齐心协力，融入改革大潮，积极探索，勇于实践，进一步提高会计行业发展水平，为全面建成小康社会、不断夺取中国特色社会主义新胜利、实现中华民族伟大复兴的中国梦而奋斗！

（本文系财政部党组书记、部长楼继伟2014年2月20日在中国总会计师协会第五次全国会员代表大会上的讲话）

在第十届中国(深圳)国际期货大会上的讲话

中国证监会主席 肖 钢

(2014年12月8日)

各位嘉宾、各位朋友,女士们、先生们:

大家上午好!

很荣幸参加第十届中国(深圳)国际期货大会。经过十年的辛勤耕耘,期货大会已经成为国际、国内,现货、期货,政府、市场之间交流合作、共谋发展的一个重要平台和品牌。首先我谨代表中国证监会对本届大会的成功召开表示热烈的祝贺!对来自海内外的各位嘉宾表示热烈的欢迎!对长期以来关心、支持中国期货市场改革发展的各界朋友表示衷心的感谢!

经过20多年的探索,我国期货市场在市场规模、产品创新、法规制度和国际影响力等方面取得了很大成就,与中国经济发展和金融改革日益紧密地联系在一起。目前,我国共上市了45个期货品种,覆盖农产品、金属、能源和金融等各个领域,成交量、成交金额、客户保证金、投资者开户数等主要指标分别较十年前增长了数十倍。商品期货市场成交量已连续五年居世界前列。以成交金额计,沪深300股指期货已成为全球第二大股指期货合约。

在价格发现和风险管理方面,期货市场越来越重要。期现相关性在0.9以上的期货品种超过60%,80%以上的期货品种存在期货价格引导现货价格或期现价格相互引导的关系。铜、棉花、大豆等成熟品种期货价格正逐步成为产业链企业的定价基准。大部分商品期货品种法人客户持仓比重超过45%,金融机构股指期货和国债期货的持仓比重分别达到50%和60%。据统计,沪深两市上市公司中有300多家利用期货衍生品进行风险管理,覆盖20多个行业。越来越多的涉农主体利用期货市场来管理生产经营,探索诸如"保底价订单+场外期权+期货"、"订单+保单+期货+信贷"等业务模式,通过金融机构专业化服务,实现风险剥离,从而稳定农民收益,助推订单农业、土地流转等农业产业化经营发展。

应当看到,我国期货市场仍有巨大的发展潜力和空间。当前迫切需要从理论上和实践上回答期货市场对经济发展到底有何重要意义。美国在上世纪80年代,曾经历过一次关于金融衍生品经济价值的大讨论,美国证监会、美联储、财政部和商品期货交易委员会历时3年,完成了期货期权对经济影响的研究报告,很大程度上统一了思想,推动了美国期货衍生品市场的蓬勃发展。我认为,目前我国期货市场的发展也到了类似的阶段,我们正在组织力量积极推动此项工作。下面我想就期货市场的经济功能谈几点认识,请大家参考和指正。

一、发展期货市场有利于形成市场化的价格形成机制,引导资源合理配置。

发现价格是期货市场的一项基础功能。由于期货交易集中、公开、透明的特点,期货价格能够充分反映现货商品供求关系、宏观产业变化以及各种预期信息,引导社会资源有序流动和合理配置,成为大宗商品的重要定价基准。参考这一价格基准,同时考虑商品的多样性、可替代性,品质的差异性以及税收、运输成本等因素,进行升贴水处理后,就形成了我们日常生活中接触到的现货价格。期货价格要成为基准价格,必须具备一定的市场条件,比如充分发育的现货市场、衔接顺畅的远期市场和运转高效的期货市场,只有这样才能形成以期货价格为核心,即期价格、远期价格为补充的多层次的大宗商品定价体系。在现代经济社会中,期货价格已为企业、政府、媒体等各方广泛关注、传播和使用。在美国期货市场有一个特别有趣的利用期货市场预测天气的案例。由于天气变化是影响橙汁价格的重要因素,敏锐的投资者迅速发现天气与橙汁期货价格之间存在稳定的对应关系,通过预测天气变化能够准确把握橙汁期货价格走势,同时也发现反过来通过橙汁期货价格可以准确预测天气变化。对此,有美国媒体笑称"投资者有自己的气候学家,因为他们比气象局更有动力去预测天气变化"。

在我国期货市场上,一些成熟品种的期货价格越来越多的成为生产、贸易、消费的定价参考,这对于完善相关产业现货流通体系、优化微观主体经济管理活动以及在国际贸易中维护国家经济利益具有重要促进作用。在国际铜贸易中,长期以来主要采用"期货+升贴水"定价模式,购销合同几乎都是"开口合同",即只规定购销数量,价格主要参考LME的期货价格。近年来,随着我国铜期货市场的发展成熟,目前越来越多的企业开始参考上海铜期货价格。以上海铜期货为价格参考的铜注册品牌已有57个,总产量约1180万吨,约占全球铜总量的55%。

二、通过期货市场套期保值、管理风险,能够帮助企业实现稳健经营和可持续发展。

套期保值是期货市场的另一个基本功能。根据风险偏好理论和现代金融工程理论,在市场经济条件下,期货成为了企业低成本、高效率进行风险管理的重要工具。企业通过期现联动、套期保值的主要目的不是为了盈利,而是为企业锁定成本和收益,实现生产销售活动的稳健发展。对套期保值效果的评价也不能只看一个市场的盈亏,而是要进行综合评估。从一些大型跨国企业发展历程看,期货市场在规模化经营、产业化发展过程中,发挥了不可替代的保障作用。在大大小小的经济危机中,一大批企业因为没有掌握或很好地运用期货来管理风险,最终被市场所淘汰。难怪一些跨国企业负责人明确表示,对于没有开展期货交易的产业领域,由于无法进行套期保值管理风险,即使再大的利润诱惑,企业也不会轻易涉足。

我国企业是在计划经济向市场经济转轨的过程中发展起来的。在发展初期,风险管理的迫切性不是很强。但是随着企业体量的不断壮大,以及价格波动的日益频繁和剧烈,利用期货市场套期保值已经成为一种必然选择。在这方面,企业是有深刻教训的。以前,国内大豆压榨企业普遍不会运用期货管理风险,2004年下半年大豆价格半年内暴跌36%的"大豆地震"发生后,国内压榨行业整体严重亏损,50%的企业破产,许多企业被外资低价收购。近年来,压榨行业形成了集团化规模生产的格局，参与期货市场管理风险的压榨企业占行业的90%以上。通过合理利用期货的套期保值功能，2008年金融危机造成大豆价格跌幅高达38%，但全行业的损失不及2004年的1/4，也没有出现企业破产潮。

三、期货市场有利于改善产业链运行机制，促进产业结构调整和经济发展方式转变。

一个商品期货品种的背后就是一个商品的现货产业。上市期货产品虽然不会直接增加固定资产投资和消费，但是通过在期货合约标的、交割制度设计中体现国家产业政策的导向，有利于促进产业升级，淘汰落后产能。比如，为顺应国家节约钢材用量、鼓励三级螺纹钢的产业政策，螺纹钢期货以三级螺纹钢作为标准品，二级螺纹钢作为替代品实行130元贴水交割，一定程度上促进了企业产品升级、提高质量。目前，螺纹钢品牌注册企业的三级螺纹钢总产量自期货品种2009年上市时的2047万吨上升至2013年的8010万吨，增长了近3倍。三级螺纹钢产量占注册企业螺纹钢总产量的比例也从2009年的35.3%上升至2013年的86.9%。再如，在期货品种上市前，作为产能过剩行业的玻璃，产能一直持续增长。玻璃期货上市以来，价格逐渐围绕着850元/吨的行业直接生产成本线小幅波动，产能过剩的情况通过期货价格得到充分反映。今年，已经有十余条生产线在传统的销售旺季关停，继续向产能过剩行业投资的冲动得到了有效遏制。

同时，通过期货市场的平台，一些农业企业实现了产业链资源整合，提升了市场化资源配置效率，探索出了产业化发展的新模式。比如，以前油脂加工企业数量多、规模小、竞争力弱，菜籽油期货上市后，湖北一家企业短短几年，借助期货市场对产业上中下游进行了有效链接，形成了依托区域物流中心、实现全产业链的联动发展。上游端通过“农民经纪人+农户”和“期货+定单”的模式，发展集约化、规模化种植；下游端通过期货点价稳定供销关系，拓展销售网络；中游端充分利用期货价格信息和作为期货交割仓库的优势，加快对同一产业链油脂加工企业的整合，形成了“龙头公司+中小油厂”的共赢的合作模式。

四、发展金融期货有利于促进金融市场化改革，切实增强市场稳定性。

从境外市场经验看，股指期货是成熟的风险管理工具，对于改善股市运行机制、提供保值避险工具、完善投资产品体系和促进市场稳定发展具有重要意义。但对股指期货这些经济功能的认识也经历过质疑和反复的过程。例如，日经225股指期货曾被认为是日本股市90年代初期下跌的主因，使得日本从1992年开始对股指期货市场发展采取许多限制性措施。后来事实证明，这些措施非但没有取得预想效果，反而对日本金融市场造成了很大负面影响。后来这些政策得以修正，日经225股指期货才逐渐成为全球交易较为活跃的股指期货之一。

我国股市20年来一直处于单边运行，沪深300股指期货上市、融资融券的推出引入了做空机制，改变了这种历史，为市场稳定运行注入了双向均衡的力量。股指期货上市4年多来，对于提升我国股市的内在稳定性、优化市场结构起到了积极作用。具体表现在：一是降低了股市波动性。我们将股指期货上市前与沪深300成分股波动率、盈利能力、所属行业等相似的非沪深300上市公司构成一个参照系，然后对比股指期货上市后其波动率与沪深300成分股的波动率，发现股市波动率下降了11%。二是增强了投资者持股信心。股指期货上市以来，虽然股市持续震荡下跌，但证券公司权益类证券投资规模始终稳定在1300亿左右。三是吸引了增量资金入市。挂钩沪深300的指数产品目前有40多只，基金规模近1500亿；投资股指期货的理财产品近800只，资产规模1150多亿。四是弘扬了价值投资的理念。沪深300指数换手率由股指期货上市前一年的609.2%下降到最近一年的93.5%，降幅达到84.7%。

从股指期货运行以来的实际情况看，沪深300股指期货到期交割合约持仓平均占比不足3%，现货市场运行与一般交易日没有明显差别，市场涨跌、波动和成交情况如常，没有出现“到期日效应”，跨市场投资者的交易行为相对非交割日没有明显变化，交割日指数涨跌幅绝对值的波动率为0.85%，小于非交割日周五和一般交易日的波动率。

同时，国债期货推出一年多来，在提升国债发行效率、管理利率波动风险方面的积极作用已逐步得到认可。一方面国债发行投标有了一个重要的定价参考，国债期货上市以来，财政部15次发行7年期国债，期货价格与中标价格基本吻合，有效降低了流标风险，促进了国债市场化发行。另一方面也为国债承销商提供了对冲利率风险的工具，提升了承销意愿和能力。

总之，期货产品是现货市场发展到一定阶段后产生和发展起来的，只有真正满足了产业客户套期保值需求，产业链企业在广泛使用和参与的期货品种，才能存活并保持持续发展的生命力。一旦现货行业的情况发生变化，开展期货交易的市场基础不再具备，或者合约规则适应不了新的产业实际，相关期货品种就会被市场淘汰或者自然消亡。因此，衡量一个期货产品是否成功，关键要看其是否与基础市场紧密结合，是否能真正满足产业客户的套保需求，以及在多大范围和多大程度被产业链企业所利用。

实现经济的可持续发展，不仅需要学会如何创造财富，同时还要善于管理风险、保护财富。据统计，全球500强企业中，有94%通过期货及其他各类衍生品管理风险。我国已是世界第二大经济体、第一大货物贸易国，也是众多大宗商品最大的生产国和消费国，与世界经济日益深度融合。我们抽样了期货市场有代表性的17个大宗商品品种，其年消费总额共约8.5万亿元，若以年均价格波幅20%计算，每年就有1.7万亿元的大宗商品面临风险损失的可能。因此，发展好、利用好期货及衍生品市场，对于促进企业稳健经营、保障我国经济平稳较快增长、推动实现制造业强国和贸易强国战略具有重要意义。

期货及衍生品市场是现代金融市场体系中创新最为活跃的领域之一，但这次国际金融危机带给我们一个重要的启示：期货及衍生品不能为创新而创新，不能超越现货市场的发展阶段和发育程度。期货及衍生品是一把“双刃剑”，既能管理风险，使用不当也会引发风险。因此，期货市场不能“自娱自乐”，更不能“脱实向虚”。要始终坚持发展的速度与监管的能力相适应，创新的步伐与风险控制的水平相匹配。

我们要坚持监管从产品设计开始。新上市期货产品必须适应实体经济的真实需要，满足开展期货交易的必要条件，同时合约规则设计以及交易、结算、交割等环节必须有相应监管安排以确保不被操纵。要坚持效率和风险的平衡。进一步降低市场成本，提升效率，方便更多的产业企业进行风险管理；同时兼顾好风险防控，强化以“看得见、说得清、管得住”为核心的风险监测监控能力建设，牢牢守住不发生系统性、区域性风险的底线。要坚持维护市场“三公”，保护投资者合法权益。以打击市场操纵为重点加强市场运行监管，创新监管模式，丰富监管手段，切实增强市场透明度和公信力。

谢谢大家！

加快发展中国特色管理会计　促进我国经济转型升级

财政部部长　楼继伟

财政部历来高度重视会计工作。改革开放以来，我国不断完善会计管理体制和机制，健全会计法规制度，推进注册会计师行业建设和准则国际趋同，探索构建中国特色的会计理论体系，加强会计人才培养，会计工作服务经济社会发展取得了显著成效。但总体上看，我国在会计标准建设、会计理论研究和会计实务方面，主要侧重于鉴证类会计和记账类会计，两者都是为外部相关单位和人员提供并解释历史信息的财务会计，考虑外部投资者、社会公众和外部审计较多，而利用有关信息参与内部经营决策、加强管理方面的作用发挥不够充分，行政事业单位基本上也是记账类会计，会计信息的价值创造作用未能得到充分挖掘。

管理会计主要是利用有关信息预测前景、参与决策、规划未来、控制和评价经济活动，为企业和行政事业单位（以下简称单位）内部管理服务。与美英等发达国家相比，我国管理会计发展相对滞后。美国具备一定规模的企业，其经营部门（如生产和销售）都设有管理会计师岗位；90% 的会计人员从事管理会计工作，75% 的工作时间用于决策支持。在西方公共管理领域，管理会计也得到了广泛应用。但在我国，无论是管理会计的实践应用还是理论研究都不适应当前经济社会发展的需要。加快发展中国特色的管理会计，无论对公共部门还是对企业都非常必要，不仅有利于增强市场主体的活力和创新能力，促进经济转型和产业升级，也有利于单位在保证经济社会效益的前提下，最大限度地提高资金使用效益，为深化财税体制改革、建立现代财政制度提供基础保障。

一、管理会计的发展历程、特点及展望

（一）西方管理会计的简要发展脉络。

相对于财务会计，管理会计是着重为企业改善经营管理、提高经济效益服务的一个会计分支。从发展历程看，西方管理会计是随着经济社会环境、企业生产经营模式以及管理科学和科技水平的不断发展而逐步发展起来的，大致经历了三个阶段：

一是成本决策与财务控制阶段（20 世纪 20 年代 – 50 年代）。管理会计萌芽于 20 世纪初，由于生产专业化、社会化程度的提高以及竞争日益激烈，企业的生存和发展不仅取决于产量的增加，更重要的是成本的降低，管理效率的重要性日益凸显。20 世纪 20 年代，泰罗提出的以提高劳动生产率、标准化生产和专业化管理为核心的科学管理学说在美国许多企业中受到重视，"标准成本控制"、"预算控制"和"差异分析"等旨在提高企业生产效率和经济效益的管理方法被引入企业内部的会计实务中。但由于泰罗的科学管理学说重局部、轻整体，二战后期逐步被现代管理科学所取代，形成了主要致力于加强企业内部生产经营与管理，尤其是对企业的未来进行科学预测与决策、对生产经营活动进行事前事中规划的相对独立的理论与方法体系。在此基础上，以杜邦公司为代表的大型企业倡导并发展了以投资净利率指标为核心的杜邦财务指标体系，用来衡量各个部门的效率和整个企业的业绩。管理会计形成了以预算体系和成本会计系统为基础的成本决策和财务控制体系。1952 年，国际会计师联合会年会正式采用"管理会计"来统称企业内部会计体系，标志着管理会计正式形成，自此现代会计分为财务会计和管理会计两大分支。

二是管理控制与决策阶段（20 世纪 50 年代 – 80 年代）。随着信息经济学、交易成本理论和不确定性理论被广泛引进到管理会计领域，加上新技术如电子计算机大量应用于企业流程管理，管理会计向着精密的数量化技术方法方向发展。投入产出法、线性规划、存货控制和方差分析等计划决策模型在这一时期发展起来，建立了有关流程分析、战略成本管理等理论与方法体系，极大推动了管理会计在企业的有效应用，管理会计职能转向为内部管理人员提供企业计划和控制信息。但由于管理会计对高新技术发展重视不足，且依旧局限于传统责任范围并主要强调会计方面，其发展不仅落后于技术革命，而且落后于新的企业经营管理理论。为了改变这一状况，管理会计学者对新的企业经营环境下管理会计发展进行了探索，质量成本管理、作业成本法、价值链分析以及战略成本管理等创新的管理会计方法层出不穷，初步形成了一套新的成本管理控制体系。管理会计完成了从"为产品定价提供信息"到"为企业经营管理决策提供信息"的转变，由成本计算、标准成本制度、预算控制发展到管理控制与决策阶段。

三是强调企业价值创造阶段（20 世纪 90 年代以后）。随着经济全球化和知识经济的发展，生产要素跨国跨地区流动不断加快，世界各国经济联系和依赖程度日益增强，技术进步导致产品寿命缩短，企业之间因产品、产业链的分工合作日趋频繁，准确把握市场定位、客户需求等尤为重要。在这样的背景下，管理会计越来越容易受到外部信息以及非财务信息对决策相关性的冲击，企业内部组织结构的变化也迫使管理会计在管理控制方面要有新的突破，需要从战略、经营决策、商业运营等各个层面掌握并有效利用所需的管理信息，为此管理会计发展了一系列新的决策工具和管理工具。主要包括两个方面：一是宏观性的决策工具和管理工具。比如，阿里巴巴的阿里云，可以通过云计算对客户的所有信息进行全面分析，从而判断客户的信用情况、供货或消费倾向、是否可以放贷等。这是管理会计未来的一个发展方向。二是精细化的决策工具和管理工具。主要是在企业内部管理方面更加精细。比如，运用平衡计分卡将企业战略目标逐层分解，不但克服了信息的庞杂性和不对称性的干扰，也为企业提供了有效运作所需的可量化、可测度、可评估的各种信息，有利于推动企业战略目标的实现。

管理会计在西方公共管理中得到广泛应用。随着管理会计越来越广泛地应用于企业管理，基于管理具有相通性这一认识，一些国家也尝试将管理会计引入公共部门管理之中，并随着新公共管理运动的兴起在全世界范围推广。20 世纪 70 年代以前，政府管理会计主要运用于对公共服务领域进行成本控制、加强预算管理等。20 世纪 70 – 80 年代，通过预算、成本、绩效等实践推动了政府管理会计的发展，但仍主要局限于预算编制和控制。20 世纪 90 年代之后，新公共管理思想使政府组织和第三部门领域管理理念发生了根本性变革，倡导建立“以市场为基础的公共管理，最大限度地重视国家资源的使用效率”。在西方公共管理改革实践中，企业管理会计方法被广泛应用，其内容和范围也不断拓宽，促进了各国政府实现由注重投入(input)向注重产出(output)和结果(outcome)转变，进一步发挥绩效与战略管理的重要作用，推动了“5E”(Economy 经济、Efficiency 效率、Effectiveness 效果、Environment 环境和 Equity 公平)目标的实现。但由于企业具有自主经营决策权，而公共部门受较多制度规定约束，管理会计在公共部门的发展总体上滞后于企业。

(二)管理会计在我国的发展。

管理会计作为会计的一个分支，虽然在理论上引入我国较晚，但实践中早已有之。新中国成立之初，在计划经济体制下，国营企业的生产计划由国家统一确定下达，企业的产品由国家统一定价，成本计划及其完成情况成为考核国营企业的重要手段。为此，以成本为核心的内部责任会计得到应用和推广，起到了降低成本、提高资源使用效率的作用。这一时期的内部责任会计实际上就属于管理会计的范畴。改革开放之后，我国企业改革围绕放权让利不断深化，企业成为独立的生产者和经营者，一批能够适应市场变化的国有企业将目光转向市场和企业内部管理。与之相适应，管理会计由之前的执行性管理会计转变为决策性管理会计。70 年代末期，企业在建立、完善和深化各种形式的经济责任制的同时，将厂内经济核算制纳入经济责任制，形成了以企业内部经济责任制为基础的责任会计体系。80 年代末，与经济责任制配套，许多企业实行了责任会计、厂内银行，责任会计发展进入一个高潮期。进入 20 世纪 90 年代后，随着社会主义市场经济体制目标的确立，在市场经济条件下，企业必须依靠质量、成本以及管理方面的优势在市场中竞争，西方管理会计理论和方法在我国会计界引起了广泛讨论，成本性态分析、盈亏临界点与本量利依存关系、经营决策经济效益的分析评价等管理会计理念和方法，在我国许多企业中运用并取得了一定效果。21 世纪以来，随着我国加入 WTO，在经济全球化以及互联网技术快速发展的背景下，向管理要效益、着力挖掘财务信息中价值创造的潜力成为我国企业的迫切任务，逐步形成了以价值管理为核心的管理会计理念。

同时，管理会计也广泛应用于我国行政事业单位财务管理实践之中。比如，从上到下编制的绩效预算，预算执行中的有效控制、制定效益目标、明确责任制、制定绩效考核清单，建立适应单位内部财务和业务部门畅通联系的信息平台，及时掌控预算执行和项目进度，深入开展决算分析与评价，及时发现预算执行中存在的问题并提出改进意见和建议。通过管理会计工作，财政财务管理水平和行政事业单位资金使用效益不断提高。

尽管我国对管理会计做了不少成功探索和有益尝试，但总体上发展滞后。目前，我国单位运用管理会计大致有四种状态：第一种是“不知未做”。即既不知道管理会计这件事，也没有在实践中运用有关技术方法。随着管理的重要性日益凸显，这种状况相对较少。第二种是“不知在做”。即不知道管理会计是什么，但在实践中运用了管理会计的技术方法，这种状态在我国单位中比较普遍。比如，铁道部从 1989 年起开始搞本量利分析，将年度经营指标的预测决策分解下达给各铁路局的负责人，并从计划年度上一年的头两三个月开始进行有关收入、成本费用、利润及整个收支盘子的预测。1998 年推动清算办法改革，即在国家批准的统一运价下，在铁道部和铁路局之间实行模拟区域运价，运用作业成本法和标准成本法进行测算，对不同铁路局实行不同的单价。2002 年，按照财政部的要求开展全面预算管理实践，从年初收支利盘子的预测到确定各铁路局经营目标，再到实行资产经营责任制考核，也都是管理会计的内容。再比如，国家邮政局的资费标准由国家确定，但不同省份的业务量、成本等方面存在较大差异，为此制定了一套内部控制体系，这也是管理会计的一个方面。我国很多单位都与铁道部、国家邮政局情况类似，尽管已经做了很多年管理会计方面的工作，却不知道这些就是管理会计。第三种是“已知未做”。即知道什么是管理会计，但在实践中没有加以运用。这部分单位主观上对管理会计重要性认识不足，特别是主要领导不够重视，再加上管理会计不像财务会计有对外公开等需要，也缺乏运用管理会计提高企业管理水平的外在动力。第四种是“已知在做”。即既知道什么是管理会计，也在实践中不断探索运用。这部分单位最有活力和创新意识，走在了我国管理会计实践的最前沿，但它们目前也只是运用了管理会计的部分职能，系统性、针对性和有效性还有待进一步提升。

总体上看，我国管理会计在服务经济社会发展，对单位经营情况和支出效益进行深入分析，制定战略规划、经营决策、过程控制和业绩评价等方面，尚未发挥其应有的作用。目前，我国培养了大量的注册会计师(CPA)，但是既懂往后看、会记账，又懂往前看、能为决策服务的管理会计人才严重不足。按照当前全面深化改革的部署，结合建立现代企业制度和现代财政制度的要求，必须根据经济社会发展需要和市场需求，加快发展中国特色管理会计，培养我们自己认证的管理会计师，促进经济社会持续健康发展。

(三)管理会计的特点及展望

从管理会计的发展历程可以看出，管理会计作为从传统会计中分离出来与财务会计并列的一个会计分支，其职能作用从财务会计单纯的记账、报账和核算扩展到解析过去、控制现在与筹划未来的有机结合。管理会计人员深度参与管理决策、制定计划与绩效管理，帮助管理者制定并实施组织战略。加快管理会计发展有助于企业效益和经济绩效的提升，有助于政府部门资源利用效率和管理效能的提升。

与财务会计相比，管理会计有以下几个特点：一是在服务对象方面，管理会计主要是为单位内部管理人员提供有效经营和最优化决策的各种财务与管理信息，为强化单位内部经营管理、提高经济效益服务，属于“对内报告会计”。而财务会计虽然对内、对外都能提供基本的会计信息，但主要侧重于对外部相关单位和人员提供财务信息，属于“对外报告会计”。二是在职能定位方面，管理会计重在“创造价值”，它渗透于单位管理的全过程，既有助于解析过去，通过对财务会计所提供的资料作进一步的加工，使之更好地适应控制现在和筹划未来的需要；又有助于控制现在，通过及时修正执行过程中出现的偏差，使单位的经济活动严格按照决策预定的轨道进行；还有助于筹划未来，充分利用所掌握的资料进行定量分析，帮助管理部门客观地掌握情况，从而提高预测与决策的科学性，属于“经营管理型会计”。而财务会计则是“记录价值”，通过确认、计量、记录和报告等程序对单位已经发生的交易或事项进行加工处理，提供并解释历史信息，属于“报账型会计”。三是在程序与方法方面，管理会计为单位自身服务，采用的程序与方法灵活多样，具有较大的可选择性。而财务会计有填制凭证、登记账簿、编制报表等较固定的程序与方法，并受会计规范的约束。

随着经济全球化和知识经济的不断发展，以计算机技术和现代网络技术为代表的信息革命向社会生活的深度和广度渗透，科技在经济发展中的贡献大幅提高，管理会计作为单位管理中决策支持的一个重要组成部分，要不断拓展应用的深度与广度，进一步适应信息技术飞速发展、管理模式不断变革、外部环境不确定性增加的现实，在集成数据处理、长期与短期决策平衡、不确定性风险识别与规避等方面发挥作用，为单位提供更多财务信息系统所不能提供的、更高层次的信息支持，更好地发挥价值创造的作用。同时，随着新公共管理运动在世界范围内蓬勃发展，各国政府及非政府部门在管理过程中也要进一步运用管理会计的理念、技术与方法，提高管理效能。

二、企业适应国内外环境的发展变化、提高管理水平和创新能力要求加快发展管理会计

（一）全球化竞争时代要求企业有效运用管理会计、提高管理水平和创新能力

随着经济全球化和信息技术的迅猛发展，所有企业不再是在一个稳定的国内竞争市场中运行，都需要面对国际竞争国内化、国内竞争国际化的竞争格局。当前，我国劳动力的低成本优势逐渐削弱，大量消耗资源、不计环境成本的发展模式也难以为继，企业传统的发展优势不断缩水。一方面，我国人口红利消失的拐点已经出现，开始进入老龄化社会，再加上人力资源结构不合理，导致劳动力成本不断上升。另一方面，面对资源约束趋紧、环境污染严重、生态系统退化的严峻形势，我国正在加快推进经济结构调整和发展方式转变，低资源环境成本的时代一去不复返。与此同时，发达国家纷纷提出“再工业化”战略，以及新兴市场国家加快产业升级、加紧与我国在传统国际市场展开竞争，使我国面临着发达国家抢占战略制高点和发展中国家抢占传统市场的双重压力。

在成本优势不复存在、国际国内市场需求回落的新形势下，要与国际上一些优秀企业竞争，必须向管理和科技创新要效益。当前，我国企业的管理水平和创新能力仍是参与国际竞争的短板，企业的管理效率、管理人员经验、适应市场变化的能力都有待提高，依靠创新和技术升级提升国际竞争力方面也有很大的提升空间。要在激烈的国际竞争中不断发展壮大，必须通过有效运用管理会计，不断提高企业的管理水平和创新能力，提升企业的核心竞争力。

（二）转变经济发展方式要求企业有效运用管理会计、提高管理水平和创新能力

虽然我国GDP总量已居世界第二位，但长期以来，我国经济增长呈现典型的“四高四低”特征，即“高投入、高消耗、高污染、高速度”与“低产出、低效率、低效益、低科技含量”，发展中不平衡、不协调、不可持续问题突出。未来几年，我国经济增长速度将保持在7% －8%之间，在资源环境压力、产能严重过剩的双向挤压下，增长速度换挡期、结构调整阵痛期和前期刺激政策消化期“三期”叠加成为当前我国经济的阶段性特征。按照7%左右的GDP增速，到第一个100年也就是2020年的时候，我国人均GDP约为11000美元，达到高收入国家的门槛。国外大量实践表明，国家发展矛盾最多的时候就是由中等收入国家迈进高收入国家初级阶段的时候。如果一个国家没有随着发展阶段的转换及时转变经济发展方式，就很可能落入中等收入陷阱，使经济社会发展陷入长期停滞状态。为了实现经济可持续发展，必须切换经济发展的主引擎，摆脱对物质生产要素的过度依赖，转入管理创新驱动的轨道。

作为经济活动参与各方中最具活力的部分，企业要实现新的发展，必须有效运用管理会计，不断提高管理水平和创新能力，实现从投资拉动型向创新驱动型转型、从粗放增长型向集约发展型转型、从重规模速度向重质量效益转型、从立足国内发展向提升国际竞争力转型、从低成本优势领先向综合实力提升转型，着力提高企业的资源利用效率，改变产品低附加值、产能过剩、高端产品供给不足的现状，提升产业整体素质，促进经济结构调整和产业结构升级。

（三）国内外经济形势的发展变化要求企业有效运用管理会计、提高管理水平和创新能力

从国际上看，世界经济总体上还处在危机后的修复阶段和发展方式的转换阶段，深层次结构矛盾依然制约全球经济发展，短期内难以实现强劲复苏，仍将保持周期性温和复苏态势。贸易投资保护主义日趋强化。地缘政治风险成为影响世界经济复苏的重大变数。这些将通过贸易、投资、价格、汇率等多种渠道对我国经济产生影响。从国内看，我国经济运行总体平稳，上半年GDP同比增长7.4%，连续10个季度运行在7% －8%的区间，主要经济指标也都处于预期合理区间。但一些影响经济平稳运行的矛盾和问题仍较突出，经济下行压力依然存在。扣除营改增收入，上半年增值税同比仅增长1.4%，PPI连续下降，融资难、融资贵问题突出，企业投资意愿不强，生产经营较为困难；地方政府性债务压力较大，债务违约风险不容忽视。

总的看，外部环境的不确定性以及国内经济增速的回落和结构调整的阵痛，都会对企业生产经营产生一定压力。一方面，要加强和改善宏观调控，保持调控定力，适时适度预调微调，同时简政放权，充分发挥市场活力。另一方面，企业要向管理要效益，发挥首席执行官（CEO）、首席财务官（CFO）、首席运营官（COO）等管理高层的作用，不断提高管理水平和创新能力，提升企业的核心竞争力。而管理会计作为企业管理的重要工具，能够渗透到企业的各个层面，为企业管理提供基础信息、管控手段、评价方法等，从而为企业决策、改进管理和提高效益服务。一是有助于提升管理水平。强化管理会计应用，有助于全面推动企业从粗放式到集约式发展，从粗放型管理转向精细化管理，合理使用企业资源，加强内部管理，提升价值创造力。二是有助于辅助经营决策。管理会计通过采用会计、数学、统计等各种技术方法，可以简单明了地阐释复杂的经济活动，并揭示其内在联系以及最优的数量关系，有助于管理者有目的地对企业未来的销售成本、利润甚至企业资金的变动等趋势做出预测，帮助企业管理者进行经营决策。三是有助于优化资源配置。在产品的开发过程中，管理会计可以通过估计产品在生命周期各环节中的成本与进入市场后产品成本的转换情况，测算、评价产品的经济效益，最终选择出合适的开发投资计划，并充分考虑市场的变化趋势，及时为设计研发人员提供成本、回报方面的信息，帮助管理者随时调整资源配置，提高经济效益。四是有助于强化绩效考评。运用管理会计衡量企业绩效，可以使企业从价值链分析着手，在财务和非财务指标之间有效平衡，将财务指标如投资报酬率，与生产质量周期控制、顾客满意度等非财务信息相结合，更加全面客观地反映企业绩效，为企业提高经济效益和选拔人才提供基础信息支撑。不难看出，管理会计在企业战略、投资风险、价值创造、绩效评估、财务职能再造等方面发挥着重要作用。企业CEO、CFO等高层管理人员，深入学习并有效运用管理会计理论和技术方法，尤其是如果具有中国管理会计师职业资格，有助于其更出色地进行企业经营管理决策。

三、建立现代财政制度、推进国家治理体系和治理能力现代化要求加快发展管理会计

（一）加快管理会计发展有助于提高财政管理效率和水平

财政是国家治理的基础和重要支柱。高效有序的财政管理，是推进国家治理体系和治理能力现代化的重要内容。运用管理会计是加强财政管理的一项基础性工作，我国在这方面刚刚起步，要坚持问题导向逐步推动。比如，很多地方政府融资平台基础工作较差，没有基本的风险控制，所缺乏的就是最基础的管理会计。治理地方政府融资平台，要开前门、堵后门，修明渠、堵暗道，依法建立以政府债券为主体的地方政府举债融资机制。政府发债就要建立以权责发生制为基础的财务报告制度，清晰地分析判断政府的资产、负债等情况。要对融资平台公司分类处置：经营性项目要与政府脱钩，完全推向市场；难以吸引社会资本参与、确需政府举债的公益性项目，由政府发行债券融资；可以吸引社会资本参与的公益性项目，要积极推广 PPP 模式。实行 PPP 模式的项目，要识别政府和市场分别应该或善于管控哪些风险，制订合同并建立定期调整机制，既适当降低政府补贴、定价承诺等方面的风险，同时让市场主体能够进入基本建设领域，以及医院管理、养老社区管理等公共服务领域，运用市场杠杆推动经济社会发展，这些都是管理会计的内容。运用管理会计可以推动预算执行的科学化、精细化，这是一项长期工作，要逐步推进。

同时，加快发展管理会计，还有助于提高政府管理效能。比如，财政部门加强内控机制建设，要认真识别评估业务及管理中的内外部风险，采取不相容职责岗位分离控制、授权控制、流程控制等手段，将风险控制在可承诺范围内。其中关键是流程再造和信息系统建设，这是一项复杂的系统工程，需要全盘考虑，管理会计中内部控制与风险管理等方面的理念和技术方法可以借鉴。

（二）加快管理会计发展有助于行政事业单位降低行政成本、提高支出效率

与西方国家不同，在公共管理领域，除了政府部门外，我国还有大量财政供养的事业单位。无论从行政事业单位的机构、人员数量，还是收支规模看，都是一个庞大的数字。要降低行政成本，必须高度重视行政事业单位资金使用的有效性。从对行政事业单位的决算分析来看，其支出效益亟待提高。比如，不少单位预算与决算差异较大，我们要深入分析预决算差异较大的原因，以及如何使预算、决算更加紧密结合，增强预算执行约束力。再比如，有的单位还有不少资金沉淀，严重影响了资金的使用效益，这也从一个方面充分说明资金使用各个环节的管理还比较粗放。造成行政事业单位预决算差异较大以及资金沉淀问题，既有制度方面的原因，比如重点支出同财政收支增幅或生产总值挂钩机制，导致部分领域出现了“钱等项目”、“敞口花钱”等问题；也有管理方面的原因，特别是预算编制的科学性、完整性和准确性，以及预算执行刚性等有待进一步提高。

管理会计重在利用有关信息预测前景、参与决策、规划未来、控制和评价经济活动，可以广泛运用于财政预算编制和执行过程中，通过深入分析，对预算、决算多环节、多流程的信息进行综合考量、比照分析、发现问题、规范管理等，有助于提高预算编制水平，增强预算执行约束力，切实提高财政资金使用效益。因此，要彻底改变预算管理中“重预算、轻决算，重分配、轻管理”的现状，提高行政事业单位资金的使用效益，必须在行政事业单位预决算管理中大力发展和应用管理会计，提高行政事业单位财务管理水平、降低行政成本。

（三）加快管理会计发展有助于维护国家经济信息安全

信息安全战略是国家重要战略，经济信息安全是其中的重要组成部分。单位数据信息安全主要是指与管理会计有关的信息安全。单位财务会计有关数据很多都是按制度规定要求对外公开的，而管理会计所有数据都是“对内”的，不但对单位加强管理起着至关重要的作用，也蕴含着企业战略投资、行政事业单位涉密信息等相关的大量数据，一旦发生泄密，将造成不可估量的损失。当前，我国的管理会计实践，特别是管理会计师资格认证和人才管理工作发展滞后，为我国经济信息安全带来了一定的隐患。管理会计人员，特别是具有管理会计职能的国有企业的 CFO、总会计师等管理高层，掌握的不仅是企业的财务数据，更掌握了企业的发展战略、投资决策、风险管理等涉及商业机密的大量核心经济信息，更要增强信息安全意识。因此，当务之急是加快我国管理会计人才培养体系建设，特别是加快中国管理会计人才资格认证制度和评价体系建设，尽快培养出一批我国自己的管理会计师，促进中国特色管理会计发展。

四、发展中国特色管理会计，推动中国会计升级转型

近年来，会计工作在制度建设、人才队伍建设以及国际趋同等方面取得了显著成效，但在更好地发挥服务经济发展、促进经济转型方面，需要进一步加大力度。推动中国会计工作升级转型，重点就在于大力培育和发展管理会计。

（一）我国管理会计存在的主要问题

当前，理论体系缺乏、技术方法应用不广、专业人才匮乏、信息化支撑不足等问题，影响了我国管理会计的发展。

一是理论体系建设滞后。我国管理会计理论研究起步较晚，由于管理会计理论研究、技术方法远比财务会计复杂，又与其他管理学科理论交叉重复，国内学术界的主要工作仍集中在介绍和引进西方最新理论体系和研究成果上。但西方管理会计理论体系基本上基于各国企业实践，相关理论与我国单位内部管理实际存在脱节现象，实际应用效果并不理想。目前，与我国国情相适应的管理会计理论体系尚未形成，我国管理会计理论体系建设尚有较大的提升和发展空间。

二是实践处于自发无序状态。我国企业的管理水平相对于发达国家仍然比较落后，企业向西方学习引进的重点在于技术、设备等方面，虽然也引进了先进管理模式，但结合我国实际的开拓创新不够，较多企业的管理还停留在经验管理阶段。另外，从国际上看，管理会计之所以在美、英等西方国家广泛应用，管理会计协会等民间组织发挥了重要作用。这些民间组织通过发布管理会计研究报告、建立人才培养评价体系、应用案例示范等方面，为理论界和实务界搭建交流平台，推动市场对管理会计的认可和关注。我国单位运用管理会计大多是自发而为，尚未形成完整的管理会计人才资格认证制度和评价体系对管理会计进行规范化管理，也没有专门的行业协会推动其发展，阻碍了管理会计的发展。

三是人才匮乏。会计人才作为维护市场经济秩序、推动科学发展、促进社会和谐的重要力量，是国家人才体系的重要组成部分。我国虽然是一个会计人才大国，但还不是会计人才强国，高端会计人才相对缺乏，通晓中外会计规则和财经法规的人才更是凤毛麟角。长期以来，单位管理者对管理会计重视不足，财务人员的工作重点始终在财务会计方面，局限于记账、报账，不能较好地为单位管理高层提供有效经营和最优化决策的各种财务与管理信息，财务人员对决策者的信息要求不了解，对非财务信息的掌握不充分，不利于管理会计人才的成长。大部分科研院校的会计专业主要侧重于财务会计领

域，管理会计课程体系和师资队伍建设尚未完善，管理会计人才培养力量比较薄弱。

四是信息化支撑不足。我国管理会计信息化仍处于低水平状态，会计核算效率较低，管理信息系统建设亟待完善。目前，国内企业采用的会计软件仅有部分管理功能，即便如此，大部分企业也只应用了会计软件中的核算功能，系统资源浪费严重。同时，由于各单位战略、投资、价值、绩效千差万别，管理会计的应用小同大异，因此管理会计信息系统建设花费较大、人才培养难度较高，单位对建立和完善管理信息系统的主动性不强。

（二）发展中国特色管理会计的主要目标

当前和今后一个时期，要着力建立起与我国社会主义市场经济体制相适应的管理会计体系。争取在3－5年内，在全国培养出一批管理会计师，推动加快管理会计人才能力框架、资格认证制度和评价体系等方面建设，为全面提升单位经济效益和资金使用效益服务。力争通过5－10年左右的努力，中国特色管理会计理论体系基本形成，管理会计指引体系基本建成。同时，结合预算管理制度改革，坚持问题导向，逐步加强行政事业单位管理会计工作。目前，这几项工作财政部有关司局、中国总会计师协会和中国会计学会等都分头在做，要加快工作进度，使中国管理会计师队伍尽快建立起来，为推动中国经济转型升级服务，为提高单位资金使用效益服务，实现我国管理会计跨越式发展并在较短时间内接近或进入世界先进水平行列。

（三）下一步重点任务

要将管理会计改革作为建立现代企业制度和现代财政制度的一项基础性工作抓紧抓实抓好。

一是发展中国特色管理会计理论体系。要整合科研院校、协会、学会和企业等优势资源，结合我国会计发展实际和企业管理实践，加强管理会计基本理论、能力框架和工具方法研究，对新的经济现象、新的问题、新的观点视角，探本求源、去伪存真，形成中国特色管理会计理论体系。

二是研究建立中国管理会计人才能力框架。加强国际、国内的学习、交流与合作，在吸收借鉴西方先进理论成果和实践经验的基础上，总结提炼出符合我国国情的管理会计人才能力框架、资格认证制度和评价体系。加强管理会计行业自律，实行规范化管理。

三是研究建立管理会计公告制度。发布管理会计的定义、目标、基本概念、要素、基本内容、主要方法及案例说明等，建立起一套系统的、切实可行的概念与方法体系，做到理论上有支持，实践上有案例，指导和协调实务工作，并推动管理会计理论和实践随着经济发展的需要不断向前发展。

四是积极推进管理会计实践。管理会计的发展归根结底需要单位积极运用，在实践中积累经验，提升管理水平。要推动管理会计产学研有机结合，鼓励单位通过与科研院校合作等方式，及时总结、梳理提升管理会计实践经验，形成管理会计的应用案例，为管理会计的推广应用提供示范。

五是加强管理会计人才队伍建设。要改变会计就是记账这一观念，探索和优化管理会计人才的培养模式，鼓励高等院校、中国总会计师协会等加强管理会计专业方向建设和管理会计高端人才培养及后续教育，为我国管理会计发展建立人才储备。

六是加强信息系统建设。鼓励企业建立管理会计信息系统，实现会计与业务活动的有机融合，从源头上防止“信息孤岛”。支持会计软件、中介机构向管理会计服务领域拓展，加快会计职能从会计核算到理财、管理和决策转变。

（四）几点要求

结合我国管理会计理论与实践经验，大力推广运用管理会计并取得实效，是企业管理者、相关政府部门、学术界、行业协会、学会等各方面的共同使命，大家要各司其职、各负其责，推动我国管理会计事业加快发展。

一是财政部要与中央有关部门通力合作，共同倡导管理会计强化预算绩效和价值创造的功能，在各单位掀起学习和应用管理会计的热潮。各级财政部门要加强宏观指导，建立信息交流机制，将管理会计工作纳入会计改革与发展规划，支持我国的管理会计人员切实发挥作用。要研究推动建立我国管理会计培训、资格认证及后续教育体系。推进管理会计指引体系建设。加强与有关监管部门的协作，建立联合工作机制，推动管理会计工作有效开展。积极培育管理会计咨询服务市场，探索将其纳入现代会计服务市场体系整体推进。

二是中国总会计师协会要发挥好桥梁和纽带作用，通过在杂志开辟专栏、组织会员交流等多种途径，主动融入管理会计改革实践。总会计师协会是我国高端会计人才最集中的全国性社会组织。要加强理论研究，组织管理会计经验交流和示范推广，促进理论和实务共同推进；要研究构建我国自己的管理会计标准体系，积极稳妥开展培训、资格认证及咨询服务，打造我国的管理会计人才队伍；要通过发展和培养管理会计人才，推动会计工作由核算向理财、管理和决策转变，推动会计人员从单纯的记账者向理财者、管理者、决策参与者提升，促进会计人员社会公信力、社会影响力和社会地位的提高。

三是企业和行政事业单位要切实加强基础建设，把管理会计嵌入自身管理和发展中，增强实施管理会计的自信心和内动力。要加快培养和发展管理会计人才，紧密结合工作实际，加强本单位会计人员对管理会计知识的学习和应用，推动本单位管理会计工作的发展。要加快建立财务业务一体化信息平台，整合人、财、物等信息，以管理会计理念和技术方法为基础，为管理者持续提供有效并集成化的理财决策信息。

四是专家学者要对实务界中的典型案例进行具体分析、深入调研，将西方管理会计理论与我国实际相结合，形成符合我国国情的管理会计理论，增强管理会计理论与实践的相融性、系统性、针对性和有效性。高等院校要加强管理会计课程体系和师资队伍建设，加强管理会计专业方向建设和高端人才培养，与企业合作建立管理会计人才实践培训基地，不断优化管理会计人才培养模式。

五是广大会计从业人员特别是总会计师、CFO等高级会计人才要加强学习，提高素质，将现有的业务专长向纵深发展，积极拓展国际化视野，不断增强适应力和竞争力。发挥好引导带动作用，为身边有潜力、有发展前途的年轻同事创造机会，有计划、有目的地安排他们进行各种理论和实践应用的学习和锻炼，从企业内部培养接地气的中国管理会计人才。

六是加强国际交流与合作，以开放的胸襟和国际视野，学习借鉴国际先进理念和方法，拓展管理会计对外交流的平台和载体，积极参与会计国际事务和国际规则的制定，提升我国管理会计的国际影响力和话语权。

加快发展中国特色管理会计任重道远。当前和今后一个时期，要结合我国实际，充分借鉴和吸收国际先进经验，构建中国的管理会计体系，促进企业提高管理水平和经济效益，促进行政事业单位提高理财水平和预算绩效，推动经济转型和产业升级，为实现国家治理体系和治理能力现代化做出积极贡献。

（本文系楼继伟部长2014年7月31日为中国总会计师协会组织的“中国管理会计系列讲座”所作首场报告）

深化经贸合作　共创新的辉煌

商务部部长　高虎城

（2014 年 7 月 2 日）

2013 年，习近平主席在访问中亚和东盟期间先后提出共建丝绸之路经济带和 21 世纪海上丝绸之路的战略构想（简称“一带一路”），为古丝绸之路赋予了新的时代内涵，为泛亚和亚欧区域合作注入了新的活力，在国际社会得到广泛关注和积极反响。建设“一带一路”，是以习近平同志为总书记的党中央主动应对全球形势深刻变化、统筹国内国际两个大局作出的重大战略决策。我们要准确把握“一带一路”的时代背景、深刻内涵和战略意义，与各国各方凝聚共识、共商共建、共襄盛举。在建设过程中要充分发挥经贸合作的基础和先导作用，不断扩大与沿线国家的贸易投资往来，促进区域经济融合和共同繁荣。

建设“一带一路”对推进我国新一轮对外开放和沿线国家共同发展意义重大

当前，经济全球化深入发展，区域经济一体化加快推进，全球增长和贸易、投资格局正在酝酿深刻调整，亚欧国家都处于经济转型升级的关键阶段，需要进一步激发域内发展活力与合作潜力。“一带一路”战略构想的提出，契合沿线国家的共同需求，为沿线国家优势互补、开放发展开启了新的机遇之窗。

建设“一带一路”有利于我国构建全方位开放新格局。30 多年来，我国对外开放取得了举世瞩目的伟大成就，但受地理区位、资源禀赋、发展基础等因素影响，对外开放总体呈现东快西慢、海强陆弱格局。“一带一路”将构筑新一轮对外开放的“一体两翼”，在提升向东开放水平的同时加快向西开放步伐，助推内陆沿边地区由对外开放的边缘迈向前沿。“一带一路”沿线大多是新兴经济体和发展中国家，总人口约 44 亿，经济总量约 21 万亿美元，分别约占全球的 63% 和 29%。这些国家普遍处于经济发展的上升期，开展互利合作的前景广阔。深挖我国与沿线国家合作潜力，必将提升新兴经济体和发展中国家在我国对外开放格局中的地位，促进我国中西部地区和沿边地区对外开放，推动东部沿海地区开放型经济率先转型升级，进而形成海陆统筹、东西互济、面向全球的开放新格局。

建设“一带一路”有利于沿线国家优势互补和互利共赢。沿线国家要素禀赋各异，发展水平不一，比较优势差异明显，互补性很强。我国市场规模居全球第二，外汇储备居全球第一，具备技术优势的产业越来越多，交通运输装备制造业快速发展，基础设施建设经验丰富，对外投资合作进入快速发展阶段。未来 5 年，我国将进口超过 10 万亿美元的商品，对外直接投资将超过 5000 亿美元，出境游客将超过 5 亿人次。建设“一带一路”有利于我国与沿线国家进一步发挥各自比较优势，创造新的比较优势和竞争优势，促进区域内要素有序自由流动、资源高效配置、市场深度融合，把经济互补性转化为发展推动力，产生“一加一大于二”的叠加效应，做大共同利益的蛋糕，形成互补互利互惠的良好局面。

建设“一带一路”有利于打造区域利益共同体和命运共同体。“一带一路”贯通中亚、南亚、东南亚、西亚等区域，连接亚太和欧洲两大经济圈，是世界上跨度最大、最具发展潜力的经济合作带。沿线国家面临转变发展模式、增强发展动力的共同任务，具有密切经贸联系、扩大经贸合作的共同愿望。建设“一带一路”将促进区域内基础设施更加完善，贸易投资自由化、便利化水平进一步提高，供应链、产业链、价值链深度融合，人文交流更加顺畅，使泛亚和亚欧区域合作迈上一个新台阶。建设“一带一路”还将促进沿线国家各界交流沟通，增进理解互信，拉紧友谊纽带，为各国各方携手应对各种传统和非传统安全威胁创造有利条件，促进沿线国家和平发展、区域和谐稳定。

经贸合作是“一带一路”建设的基础和先导

古丝绸之路首先是通商合作之路。在交通极为不便的条件下，各国商人排除艰难险阻，跨越万水千山，形成商品贸易走廊，推动了不同文明交流互鉴。古丝绸之路历久弥新，今天仍然具有强大的凝聚力和感召力。当前，沿线国家经贸合作基础更加坚实，在“一带一路”建设中要着力发挥好经贸合作的先导作用，推动沿线国家形成宽领域、深层次、高水平、全方位的合作格局。

我国与沿线国家经贸合作具备坚实基础。我国与“一带一路”沿线国家的经贸交流与日俱增，经济融合不断加深。目前，我国是不少沿线国家的最大贸易伙伴、最大出口市场和主要投资来源地。过去 10 年，我国与沿线国家贸易额年均增长 19%，对沿线国家直接投资年均增长 46%，均明显高于同期我国对外贸易、对外直接投资总体年均增速。2013 年，我国与沿线国家贸易占我国对外贸易总额的 1/4，对沿线国家直接投资占我国对外直接投资总额的 16%，在沿线国家承包工程营业额占我国对外承包工程总额的一半。同时，我国与沿线国家的区域、次区域合作基础较好，交通和基础设施互联互通稳步发展。

沿线国家与我国发展经贸合作意愿强烈。当前，区域经济合作方兴未艾，沿线国家普遍希望扩大与我国经贸往来、搭乘我国经济发展快车，合作愿望日益增强。我国坚持正确义利观的价值导向，践行亲、诚、惠、容的周边外交理念，努力使自身发展惠及发展中国家特别是周边国家。“一带一路”战略构想提出后，沿线国家反响强烈，一些国家正在着手将本国发展战略与“一带一路”建设进行有效对接，有的合作项目正陆续“开花结果”。在近期召开的亚信峰会上，多个与会国家表示愿意积极支持和参与“一带一路”建设，有的国家还与我国在油气、物流等方面达成了一些重大合作项目，早期收获成果正在加紧落实。

经贸合作将为实现“五通”注入强大动力。“一带一路”建设的主要内容是政策沟通、道路联通、贸易畅通、货币流通、民心相通，“五通”之间紧密联系、相互促进，关联性和耦合性强。通过消除贸易和投资壁垒，扩大贸易投资规模，提高贸易投资水平，使沿线国家在贸易投资领域的合作潜力充分释放，可以为互联互通建设、金融合作等创造条件、奠定基础，也可以促进沿线国家政策对接和人文交流，政府和民间往来更加密切，促进“五通”最终实现。

秉承丝路精神，把“一带一路”经贸合作落到实处

“一带一路”是开放包容的经济合作倡议，不限国别范围，不是一个实体，不搞封闭机制，有意愿的国家和经济体均可参与进来，成为“一带一路”的支持者、建设者和受益者。我们将同各国各方一道相向而行，秉承和弘扬团结互信、平等互利、包容互鉴、合作共赢的丝路精神，紧密结合各国各方发展实际，推动实施一批有需求和共识、影响力大、带动性强的重大合作项目，以点带面、从线到片，共同打造沿线区域合作的贸易流、产业带、联通网、人文圈，以更广范围、更高水平的经贸合作加快推动“一带一路”建设。

挖掘区域贸易新增长点。相互扩大市场开放，深化海关、质检、电子商务、过境运输等全方位合作，提高沿线国家贸易便利化水平。积极开展面向沿线国家的贸易促进活动，优化会展布局，搭建更多更有效的贸易促进平台。稳定劳动密集型产品等优势产品对沿线国家出口，扩大机电产品和高新技术产品出口，通过对外投资和工程承包带动大型成套设备出口。在增加自沿线国家能源资源和农产品进口的同时，加大非资源类产品进口力度，促进贸易平衡发展。大力发展国际营销和跨境电子商务，推动企业在沿线交通枢纽和节点建立仓储物流基地和分拨中心，完善区域营销网络。坚持货物贸易和服务贸易协同发展，扩大运输、建筑等传统服务贸易，培育具有丝绸之路特色的国际精品旅游线路和旅游产品，积极推进特色服务贸易，发展现代服务贸易。

扩大双向投资合作。推动沿线国家经贸合作由简单商品贸易向更高级的相互投资转变，形成贸易与投资良性互动、齐头并进的良好局面。引导我国轻工、纺织、建材等传统优势产业和装备制造业走出去投资设厂，在更加贴近市场加工制造的同时，带动沿线国家产业升级和工业化水平提升。加强与沿线国家能源资源开发合作，鼓励重化工产业加大对矿产资源富集和基础设施建设需求较旺的沿线国家投资，实现开采、冶炼、加工一体化发展，推动上下游产业链融合。深化与农业资源丰富的沿线国家农业种植和畜牧业养殖合作。鼓励企业到沿线国家扩大对外工程承包业务，积极参与沿线国家基础设施建设。在“一带一路”主要交通节点和港口共建一批经贸合作园区，吸引各国企业入园投资，形成产业示范区和特色产业园，带动沿线国家增加就业、改善民生。同时，提升国家级经济技术开发区发展水平，推进中外合作产业园区建设，稳步推进边境经济合作区和跨境经济合作区建设，改善投资环境，吸引沿线国家企业来华投资兴业。

推进区域基础设施互联互通。抓住关键通道、关键节点和重点工程，加快构建紧密衔接、畅通便捷、安全高效的互联互通网络。统筹谋划陆上、海上、航空基础设施互联互通，积极推进亚欧大陆桥、新亚欧大陆桥、孟中印缅经济走廊、中巴经济走廊等骨干通道建设，努力打通缺失路段、畅通瓶颈路段，加强海上港口建设及运营管理，增加海上航线和班次，畅通陆水联运通道，拓展建立民航全面合作的平台和机制。加强各国各方之间交通规划、技术标准体系的对接，推进建立统一的全程运输协调机制，降低国际货物运输成本，提高运输效率。

提高区域经济一体化水平。推进区域全面经济伙伴关系协定、中国—巴基斯坦第二阶段自贸谈判，尽快实施亚太贸易协定第四轮关税减让成果，推动重启中国—海合会自贸谈判，打造中国—东盟自贸区升级版，推进与斯里兰卡等国家的自贸进程，积极与沿线有关国家和地区发展新的自贸关系，逐步形成立足周边、辐射“一带一路”、面向全球的高标准自贸区网络。同时，注重发挥现有区域次区域合作组织及双边磋商机制作用，加强政策沟通，及时协商解决项目执行过程中遇到的问题，积极推动将“一带一路”建设相关内容和重大合作项目纳入现有多双边合作机制。

蓝图已经绘就，实干托起梦想。建设“一带一路”是提高我国开放水平、促进区域协调发展和增进沿线国家人民福祉的一项伟大事业。我们要坚持共商、共建、共享原则，勇于进取，群策群力，扎实做好经贸合作这篇大文章，全面提升“一带一路”经贸合作水平，共创丝绸之路新辉煌，为实现中华民族伟大复兴的中国梦、推动沿线国家共同发展、促进世界和平稳定繁荣作出新的更大的贡献。

进一步深化改革开放　促进中小企业创新发展

工业和信息化部部长　苗　圩

（2014 年 9 月 4 日）

9 月 5 日，工业和信息化部将举办第二十一次 APEC 中小企业部长会议。这次会议将围绕“创新与可持续发展”的主题，就“增强中小企业创新能力”“改善中小企业创新政策环境”“推动中小企业创新发展”三个议题进行探讨交流。这对于促进亚太中小企业务实合作与长远发展具有重要意义。我们要以此为契机，坚持改革创新，积极务实行动，不断提升国际交流合作的广度和深度，加快推动我国中小企业创新发展，为我国以及亚太地区经济繁荣发展做出不懈努力。

促进中小企业发展始终是世界各国面临的共同任务

促进中小企业发展是世界性的问题。一方面，中小企业在世界各经济体经济社会发展中占据着重要地位，具有不可替代的作用。比如，美国把中小企业作为“美国经济的脊梁”，认为只有充分发挥中小企业的实际和潜在能力，才能保障国家安全和经济繁荣。欧盟将中小企业视为“欧盟经济的核心力量”，是确保经济活力和竞争力的经济主体。另一方面，中小企业量大面广，在数量上占有绝对优势，但总体素质较低，由于企业规模小、抗风险能力低，获取市场资源能力弱，在市场竞争中处于弱势地位，在创业和发展过程中面对比大企业更多的困难和问题，需要政府给予大力支持。

为此，亚太地区以至世界多数国家和地区都把促进中小企业发展作为政府的一项重要任务，注重加强支持中小企业发展的法律体系建设，建立高效的政府管理体制和服务体系，并从财税、金融、技术、创业辅导、国际化经营等多个方面，对中小企业发展给予大力支持。比如，美国于 1953 年颁布了《小企业法》，联邦政府成立了专门负责中小企业事务的小企业署，参众两院还分别设立小企业委员会。韩国在 1966 年颁布《中小企业基本法》，并专门设置了中小企业厅。印度成立了微型和中小企业部，颁布了《印度微型、中小企业发展法案》。

同时，各国高度重视中小企业的国际交流与合作，长期以来中小企业都是双边、多边以及国际组织交流合作的一个重要议题。从亚太地区来看，中小企业国际交流合作一直备受关注。作为 APEC 框架下为数不多的、每年都举办的专业部长会之一，APEC 中小企业部长会议始终致力于寻找影响亚太地区中小企业发展的领域，协调政策措施并讨论如何加强合作，推动各成员经济体中小企业共同发展。其中，1998 年 APEC 领导人通过的“加强中小企业发展综合行动计划”（SPAN），提出应通过一系列措施帮助中小企业提升技术能力和加强技术共享；2005 年在韩国第十二次 APEC 中小企业部长会议上通过的“大邱倡议”，提出了促进亚太中小企业创新的七大方面措施；2013—2016 中小企业工作组战略行动计划，围绕中小企业发展的核心议题绘制了路线图。APEC 中小企业部长会议从 1994 年首次举办以来，迄今已举办了 20 次，通过交流成功经验、加强能力建设、强化政策协调，积极创造有利于中小企业发展的环境，为促进亚太地区中小企业的共同成长与繁荣，做出了重要贡献。

加快完善我国中小企业创新发展环境

在我国，党中央、国务院高度重视中小企业发展，先后出台了系列政策措施，不断加大财税政策、结构调整、技术创新、创业兴业、服务体系建设等支持力度，推动中小企业发展取得了显著成就。中小企业已成为我国企业中数量最大、最具内生活力和动力的企业群体，在经济增长、技术创新、增加税收、吸纳就业、改善民生等方面发挥了不可替代的作用。目前，我国中小企业数量占企业总数的比重超过 99%，创造了 60% 以上的国内生产总值，为 3 亿以上的城镇就业人员提供了主要的工资性收入，成为国民经济和社会发展的重要力量。

我国已进入全面建成小康社会、加快推进现代化建设的关键时期，巨大的国内市场需求，工业化、信息化、城镇化、农业现代化同步推进，新的改革红利持续释放，结构调整深入推进等等，都为中小企业发展提供了广阔空间和有利条件。但同时，国际国内经济形势依然错综复杂，世界经济复苏面临诸多不稳定不确定因素，我国资源环境约束加大、部分行业产能严重过剩、生产成本持续上升等问题仍然突出。中小企业创新能力不强、整体素质和水平不高、税费负担重、融资贵融资难等问题尚未有效解决。中小企业既要面对国内外经济大环境带来的压力，又要承受自身发展存在的问题，促进中小企业发展还需要付出艰苦的努力。

当前，新一轮科技革命和产业变革正在孕育兴起，科技创新和技术进步对行业、企业发展的支撑引领作用日益凸显。推动中小企业发展，既要强化政策扶持、改善发展环境，更要在提升创新能力和整体素质、激发中小企业发展动力和活力上下功夫。我们要站在全局和战略高度，顺应时代发展趋势和潮流，深化改革开放，完善政策措施，大力推动中小企业创新发展、转型升级。在优化中小企业发展政策环境方面，要扎实落实支持小微企业发展、加强涉企收费管理减轻企业负担等政策文件，及时推动出台新的政策措施，同时更大力度简政放权，清理废除对非公有制经济各种形式的不合理规定，扩大民间资本市场准入。在加大财税金融政策支持方面，要创新财政资金使用方式，抓好已有税收优惠政策的落实，逐步建立支持中小企业发展的税收优惠长效机制；特别是要针对融资难、融资贵等问题，推动金融体制改革，加快融资担保、第三方征信等服务机构发展，健全多层次资本市场体系，大力发展创业投资、风险投资等直接融资工具。在促进中小企业结构调整和技术创新方面，要支持鼓励中小企业加强技术改造，加大创新投入，推进两化深度融合，加快科技成果转化和产业化，引导和支持有条件的中小企业建立技术中心，参与产业技术创新联盟，建立完善产学研合作机制。在完善中小企业公共服务体系方面，要以平台网络建设和示范平台为重点，通过“政府支持中介，中介服务企业”的形式，创新服务机制，推广购买服务，支持引导各类服务机构为中小企业特别是小微企业提供政策咨询、创业创新、人才培训、市场开拓等公共服务。

进一步深化中小企业领域的国际交流与合作

长期以来，我国高度重视中小企业参与国际交流与合作，通过设立专项资金以及提供出口退税、出口优惠信贷以及出口信用保险等政策扶持，促进中小企业对外出口规模和质量稳步提高。同时，建立了与美国、韩国、日本、欧盟、APEC、东盟等在中小企业领域的双边和多边合作机制，与有关国家和国际组织签署系列中小企业领域的合作交流协议，并通过举办中国国际中小企业博览会搭建了一个中小企业展示、交易的平台，通过 APEC 中小企业技术交流暨展览会搭建了一个中小企业技术交流的平台。其中，APEC 技展会已举办 8 届，其中 7 届在我国举行，已成为 APEC 经贸活动中规模最大、参与人数最多的活动之一，在推动亚太地区中小企业技术交流与经贸合作中发挥了重要作用。

当前，经济全球化和区域经济一体化已是大势所趋，在生产要素跨区域流动与配置加速，新产品、新技术、新模式不断涌现的新形势下，各经济体加强中小企业领域的交流合作更为迫切。我们要深入实施更加积极主动的开放战略，按照国家完善全方位的对外开放新格局要求，推动引资、引技、引智有机结合，加快企业走出去步伐。当前，要更加注重支持中小企业稳定和开拓国际市场，鼓励和支持龙头企业“走出去”，带动中小配套企业“走出去”，到境外建立原材料基地、加工制造基地、研发设计基地和营销渠道，稳步扩大投资规模，拓宽投资渠道，深化在能源、资源、高新技术和先进制造业等领域的互利合作；鼓励和支持中小企业通过企业并购、技术转让、人才引进、职业培训等方式，积极引进国外先进技术、设备和管理经验。这方面，要进一步健全贸易、产业、财税、金融、知识产权等政策，并加强政策协调与合作，完善政策对话、合作论坛、双边培训、联合办展等合作平台，用好多边、双边中小企业合作机制，继续深化与世界各国和亚太经济合作组织等的务实合作。同时，利用各类经贸活动帮助中小企业参加投资推介会、合作论坛、洽谈会、博览会等，为中小企业提供增进信息交流、寻找拓展商机的渠道。支持协会建设发展，提升服务能力和水平，指导和帮助中小企业开拓市场，推进行业自律，引导企业合理规避风险，积极履行社会责任。

依法减轻企业负担 改善企业发展环境

工业和信息化部部长 苗 圩

（2014年11月18日）

党中央、国务院高度重视减轻企业负担工作。本届政府以来，大力推进简政放权，释放改革红利，激发市场活力，切实减轻企业负担。国务院减轻企业负担部际联席会议各成员单位和各级地方政府认真落实党中央、国务院重大决策，先后取消和下放593项行政审批事项，取消和免征348项行政事业性收费和政府基金，简化企业工商登记程序，建立企业负担举报机制并公布举报电话，开展减轻企业负担政策宣传周活动，针对企业反映强烈的商业银行乱收费等问题开展专项治理，整顿规范进出口环节经营性服务和收费，维护了企业合法权益，改善了企业发展环境，推动了经济稳定增长，得到了广大企业的拥护和认可。

一、提高认识，准确把握新常态下企业负担新变化

当前，我国经济发展正处于增长速度换挡期、结构调整阵痛期和前期刺激政策消化期叠加的新阶段。今年以来，我国经济发展开局平稳，总体运行继续保持在合理区间。但要看到，国内外环境不确定因素增多，内外需增长动力不足，经济下行压力很大。前3季度，我国GDP增长7.4%，规模以上工业增加值增长8.5%，同比放缓1.1个百分点；固定资产投资增长16.1%，同比放缓4.1个百分点；工业企业利润总额同比增长7.9%，同比放缓4.1个百分点；工业品出厂价格连续31个月回落，企业负担很重。随着行政审批制度改革步伐加快，一批行政事业性收费和政府基金被取消或减免，企业承担的合法费用正在不断减少。但在部分地区和行业向企业乱伸手、乱收费、乱摊派、乱罚款等问题有所抬头，不合理经营服务性收费特别是与行政职能挂钩的各种中介服务收费，逐步成为企业反映的重点。

针对最近企业出现的负担情况，国务院领导多次做出重要批示，要求查清问题并加大整治力度。要认真落实国务院领导批示精神，深刻认识新常态下加强减轻企业负担工作的重要性，坚决把减轻企业负担作为稳定经济增长、推动政府职能转变和服务企业发展的重要举措，加大工作力度，深入调查研究，帮助企业缓解困难，调动企业加快发展和社会兴业创业的积极性，推动经济平稳增长。

二、改革创新，加快建立涉企收费目录清单制度

清单制度，是一种国际通行的以法律法规为依据，最大限度减少和规范政府管理的行政管理方式。建立涉企收费目录清单制度，是转变管理职能、发挥好市场在资源配置中起决定性作用和更好发挥政府作用的体现，把该放的权力放掉，该管的事务管好，真正看住向企业乱伸的手，筑牢法治“篱笆”，遏制权力“越线”。目前，财政、发展改革（物价）等部门定期公布收费目录，取得了一定效果，但还有进一步完善的空间。按照国务院30号文件部署，10月29日，财政部公布了最新全国涉企行政事业性收费和政府性基金目录清单。根据工作安排，各地区相应的目录清单要于年底前公布。今年将对落实建立涉企收费清单制度开展督查。

建立涉企收费目录清单制度，就是将现行涉企行政事业性收费、政府性基金和实施政府定价或指导价的经营服务性收费项目以目录清单形式，通过政府网站和公共媒体实时对外公开，主动接受社会监督。涉企收费目录清单应纳入各地区、各部门政务公开范畴，形成常态化的公示机制。目录清单发布后，要严格执行涉企收费目录清单，清单之外的涉企收费，一律不得执行，企业有权拒绝缴费，并可以举报和投诉。清单之内的涉企收费，按照“正税清费”原则，逐步减少项目数量，特别是最大限度减少行政审批前置服务项目及收费，坚决取消没有法律法规依据前置服务项目，同时应尽量降低收费标准。要做好涉企收费目录清单制度和行政审批改革的衔接配合，在公开行政审批事项清单的同时，公开前置服务收费项目。要加强涉企收费目录清单制度监督，进一步健全举报和反馈机制，完善第三方评估制度，强化社会舆论影响，对目录清单之外乱收费行为和各种侵害企业权益的违规行为，一经发现要予以曝光。

三、依法减负，切实做到“法无授权不可为”

党的十八届四中全会指出，要建立权责统一、权威高效的依法行政体制，加快建设职能科学、权责法定、执法严明、公开公正、廉洁高效、守法诚信的法治政府。减轻企业负担法律法规体系经过多年探索，财政、发展改革（物价）部门制定了行政事业性收费、政府性基金等管理办法，湖北、江西等地方出台了企业负担监督条例，推动和支撑了减轻企业负担工作开展。但与减轻企业负担对法律法规的需求相比，现有工作依据还只是部门规章或地方法规，与“法无授权不可为”的目标还有差距。

要加快减轻企业负担立法工作，推进减轻企业负担政府事权规范化、法律化，完善不同层级政府特别是中央和地方政府事权法律制度，研究起草中央本级企业负担监督法规，推动有关部门完善现有相关涉企收费管理办法，督促没有制定地方性法规尽快出台，使所有减负行政行为在法治轨道上依法办事、程序正当。要严格依法设立涉企收费项目，新设立涉企行政事业性收费和政府性基金项目必须要有法律法规规定，对没有法律、行政法规依据但按国际惯例或对等原则确需设立的要严格履行报批程序，对个别确需实行政府定价、指导价的行政审批前置服务项目要严格核定服务成本和制定服务价格。要依法严肃查处各种乱收费问题，要严格行政收费执法程序，建立执法全过程记录制度。对各种侵害企业权益的违规收费行为，一经发现，要坚决按照有关法律法规及党中央、国务院关于治理乱收费的有关规定严肃处理，追究有关人员的法律责任。今后，要适时通报和查处一批违规收费典型案例。

减轻企业负担工作是一项系统工程，政策性强，涉及面宽，任务艰巨。各级减轻企业负担机构要认真学习党的十八届四中全会精神，牢固树立依法减负理念，坚持服务企业发展，围绕推动经济稳定增长，大胆创新工作思路，共同开创减轻企业负担工作新局面。

开创银行业改革开放新局面

中国银监会主席　尚福林

（2014 年 4 月 2 日）

党的十八届三中全会对全面深化改革作出总体部署，标志着我国改革开放事业进入了新的阶段。金融是现代经济的核心。深化金融改革、完善现代市场体系是发展社会主义市场经济的重要内容。完善金融市场体系，核心是实现“三个市场化”：一是机构主体市场化。重点是扩大银行业对内对外开放，允许具备条件的民间资本依法发起设立中小型银行等金融机构，推进政策性金融机构改革，加快银行业治理能力现代化建设。通过丰富竞争主体、完善治理体系、打破垄断，使各类市场主体成为真正自负盈亏的竞争主体，提升市场竞争活力，通过竞争改善服务。二是资金价格市场化。重点是完善人民币汇率市场化形成机制，加快推进利率市场化，加快实现人民币资本项目可兑换。汇率、利率是金融市场最基本的要素价格，也是金融市场化改革的核心。资金价格市场化步伐加快将倒逼银行业加大创新力度，加快转型步伐。金融市场层次和产品将进一步丰富。三是机构退出市场化。重点是建立存款保险制度，完善金融机构市场化退出机制。这既是优化金融资源配置、提升金融市场效率的要求，也是防范道德风险、维护金融市场稳定的基础。这些改革必将会更加充分地发挥金融在资源配置中的作用，更加充分地发挥市场在资源配置中的决定性作用。

近年来，我们银行业改革开放步伐加快，股份制改革取得重要突破，公司治理改革取得明显进展，股权合作、战略合作得到加强，对外开放成效显著，初步形成较为完整的银行业体系，银行业抗风险能力、服务能力、国际竞争能力显著增强，为支持实体经济持续健康发展做出了积极贡献。当前，国内外经济形势复杂多变，产业结构调整和经济转型升级步伐加快，金融业竞争加剧，我国银行业发展内外部条件发生很大变化。银行业要顺势而为，坚持改革不停顿、开放不止步，以改革创新的精神、思路、办法把握机遇，迎接挑战，破解制约发展的羁绊和难题，进一步释放和发展银行业生产力。

深化银行业改革要统筹兼顾、远近结合。既要有长远目标，又要有具体行动措施。统筹考虑内外环境，我们确立银行业改革发展的总体目标是建立“五大体系”，即广覆盖、差异化、高效率的银行业机构体系；贴近市场需求、根植实体经济的银行业服务体系；风控到位、运行高效的银行业经营管理体系；稳健审慎、协作良好的银行业监管体系；分工合作、协调发展的金融市场体系，建成适应社会主义市场经济、有效支持实体经济发展的现代银行业体系。围绕上述目标，重点推进五项改革。

一、推进银行业治理体系改革

通过完善公司治理、业务治理、风险治理和行业治理体系建设，实现银行业治理能力现代化。

一是公司治理体系改革。重点是在巩固近十年来股份制改革成果的基础上，进一步完善三会一层的治理结构和制衡有效、激励兼容的运行机制，促进各治理主体规范、充分、高效行使权利履行义务。注重发挥绩效考核的指挥棒作用，树立正确的发展观，改进绩效考评体系，抑制盲目冲动，加快扭转以规模、排名论英雄的粗放发展模式。

二是业务治理体系改革。适应银行集团化发展要求，根据不同业务特点，分别实行子公司制、条线事业部制、专营部门制和分支机构制改革，规范业务经营行为。信贷、存款等业务继续实行分支机构经营制，重点推进柜面服务模式转型；信用卡、理财、私人银行等业务推行条线事业部制，由总行事业部统一设计产品，其他部门和分支行只负责产品销售；同业、投资等业务实行专营部门制，由总行专营部门单独经营，其他部门和分支机构不再经营；信托、租赁、基金等非银行金融业务，实行子公司制，独立经营，建立“防火墙”。

三是风险治理体系改革。在巩固信贷风险管控机制的基础上，推进表内外、境内外、本外币和母子公司的集团并表全面风险管理，合理确定风险偏好，控制整体杠杆水平和风险水平。按照实质重于形式的原则，建立覆盖非信贷和表外资产的全口径分层次的资本占用和风险拨备等制度。强化银行集团在风险管理中的主体责任和监管机构的监督责任。

四是行业治理体系改革。巩固行业协会自律机制建设，强化服务和救助功能。建设小额贷款公司、金融租赁公司等协会组织，加强行业自律。推进同业、信贷资产转让等交易信息和理财、信托、租赁等产品信息登记系统建设，完善市场基础设施。探索设立信托稳定基金和中小银行流动性互助基金，增强行业自我救助能力。

二、鼓励银行业务产品机制创新

加快金融创新，是丰富金融产品、改进金融服务的需要。必须大力鼓励金融创新。在有效控制风险的前提下，积极开展业务产品机制创新，服务实体经济和自身转型发展。

一是按照“栅栏”原则，分类推进业务产品创新。明确银行各类业务本质，科学设置发展原则和风险底线，鼓励在“栅栏”内积极创新，防止不同性质业务过度交叉，加剧风险隐匿和传染。如，按照风险承受能力开展信贷业务创新，按照资金供需双方直接对接原则开展理财业务创新，在明晰责任的前提下开展代理业务创新，在严格设限前提下开展有价证券投资业务创新。在确立“栅栏”的基础上，以满足客户需求和提高自身管理能力为目标，以增利和避险为动力，加大业务产品机制创新力度，开发新的业务增长点。

二是按照“普惠”原则，扩大金融服务的覆盖面、公平性和可获得性。发展普惠金融是实现社会公平正义的需要。银行业将以“三农”、小微企业和城乡中低收入居民为重点，不断提高金融服务的深度和广度。深化农村金融体制机制改革，建立服务可得、价格合理、竞争适度、发展持续、惠及广大农民群众的农村普惠金融体系；深化小微企业金融服务机制建设，创新金融产品，加大信贷倾斜，提高金融服务能力；利用技术手段和便捷方式解决好银行基础服务、特殊群体服务；发展消费金融，促进城乡居民消费升级；注重保护消费者合法权益。

三是按照“驱动”原则，支持其他改革，释放改革红利。围绕开展“三权”（林权、土地承包经营权和农房使用权）抵质押贷款试点，推进城乡一体化建设。围绕支持农业规模化生产和集约化经营，改进金融支农服务。围绕践行绿色信贷，支持“四个一批”化解过剩产能，推动实现经济结构调整。

三、扩大银行业对内对外开放

开放也是改革。必须坚定不移地推进银行业对内对外开放。

一是扩大对外开放。近年来，银行业对外开放成效显著，外资银行营业性机构已达930家，资产年化增速平均达20%左右，对母行的资产和利润贡献度不断增加。当前的改革重点是鼓励股权合作，通过外资参股中资银行以及中资参股外资银行，实现战略合作。探索逐步放宽外资银行进入门槛、经营人民币业务资格条件以及分行营运资金要求，提高外资银行开展业务的便利性。同时，进一步支持上海自贸区和金融改革试验区建设，支持丝绸之路经济带和21世纪海上丝绸之路建设。

二是扩大对内开放。主要是拓宽民间资本进入银行业的渠道和方式。民间资本进入银行业本身没有法律障碍，不存在歧视性规定。近年来，银行业进行了许多有益的探索，目前民资占比超过50%的中小银行已有100多家，其中100%民资的银行有3家，全国农村中小金融机构民资占比已超过90%，村镇银行民资占比达到73%。国有银行上市后，也有民营机构和公众持股。当前改革重点是，一方面，引导民间资本参与现有银行业金融机构的重组改制，让投资入股的民资具有更多的话语权，引入更灵活的民营机制。另一方面，在加强监管的前提下，允许民资发起设立中小型银行等金融机构。

三是科学设计民营银行准入制度。银行业是高风险行业，任何一家新设银行都面临风险如何管控，特别是经营失败后风险由谁承担、存款人利益怎样保护的问题。试办民营银行要尊重规律，试点先行，探索经验，稳妥推进，切实做好试点制度设计，确保试点银行有一个新机制新面貌。第一，强调发起人的资质条件。发起人公司治理完善，核心主业突出，现金流充裕，能够有效控制关联交易风险，能够承担经营失败风险。第二，实行有限牌照。鼓励在特定业务领域做专做精。第三，坚持审慎监管标准。对试点银行资本充足率、拨备等关键监管指标，设置量化触发标准，一旦达到触发值，立即启动风险对冲、资本补充和机构重组等措施。第四，做好风险处置安排。明确经营失败后的风险化解、债务清算和机构处置等安排，防止风险传染和转嫁，保护存款人的合法权益。

四、推动政策性银行改革

当前，政策性银行改革的总体思路是，在明确职能定位前提下，实行政策性业务、市场化运作、标准化监管。政策性业务，是指按照职能定位划定一块符合国家战略、粮食安全和社会民生的专业金融业务；市场化运作，是指政策性业务按市场化、商业化原则运作，核算成本收益，通过事前明确损失承担机制或补贴机制等方式给予支持，其他经营风险由银行自担；标准化监管，是指参照商业银行的标准，加强审慎监管和行为监管，逐步建立既符合银行运行一般规律，又体现政策性银行特点的监管标准，推进政策性银行稳健发展。

五、推进银行业监管改革

着眼于转变职能，简政放权，建立公开公平、开放透明的市场规则，当前银行业监管改革的重点是，优化市场准入，推进分类管理，完善监管规则，改进监管方式，加强消费者保护，增强监管有效性。

一是优化市场准入。继续简政放权，还权于市场，让权于社会，放权于基层。还权于市场，就是银行业金融机构能够管理好的事项，监管就要把权力交给市场主体。让权于社会，就是把社团组织管理更有效率的事项，让给行业协会来管理。放权于基层，就是基层监管机构能做的事，按照权责对等原则，交给基层机构去管理。

二是推进分类管理。近年来银行业金融机构竞争发展同质化问题比较突出，这既不利于提高市场竞争效率，也不利于机构提升核心竞争力，还可能引发风险共振。当前要改革完善银行业分类分级管理，探索按照资产规模、业务复杂程度、系统重要性、管理能力等因素，综合设计分类标准，实行有限牌照制度，推动银行业金融机构差异化定位，特色化发展。

三是完善监管规则。坚持微观审慎与宏观审慎监管相结合，完善监管制度，维护银行体系稳定。推动资本管理和流动性风险管理办法的落地实施。加强功能监管，促进各类机构在统一规则下的公平竞争。制定统一的不良资产处置办法，规范银行呆账核销行为，防止道德风险。加强监管法规清理，强化部门规章的规划立项、审查备案、评估检查工作，促进依法监管。

四是改进监管方式。充分利用非现场监管系统、风险预警系统，完善监管评级标准，提高数据质量，精准定位风险，加强系统性风险监测，提高非现场监管的水平。科学立项，突出重点，提高专项检查比重，探索通过整合集中等方式组建专业检查队伍，充分运用现场检查分析系统，加强处罚问责，提高现场检查的有效性。

五是加强金融消费者保护。把金融消费者保护作为重要监管目标放在突出地位，通过完善制度机制，加强宣传教育，做好督办考评，加快建立健全金融消费者保护长效机制，强化银行业金融机构的主体责任。

着力培育经济增长新动力

国务院发展研究中心主任　李　伟

（2014 年 7 月 1 日）

今年以来，经济发展开局总体平稳，经济运行处在年度预期目标范围。但经济增长面临着较大的下行压力，房地产市场出现趋势性分化，部分金融产品风险开始显露。当前要继续坚持稳中求进，统筹处理好稳增长、促改革、调结构、惠民生、防风险的关系，着力培育增长新动力，构筑经济运行新平台。

一、全年经济增长能够处于预期目标范围

今年一季度，国内生产总值（GDP）同比增长 7.4%，比上年同期和全年增速回落 0.3 个百分点。1－4 月份，规模以上工业增加值同比增长 8.7%，比去年同期回落 0.7 个百分点。从全年走势看，出口环境将有所改善，增速比前 4 个月回升的可能性加大；消费增长稳中有升；在政府加大在铁路建设和棚户区改造等领域的政策力度后，投资增速降幅有限。总体看，需求侧的冲击温和可控，多项指标增速出现回升、企稳或降幅收窄的情况。如果能在调结构、换机制的前提下“稳投资”，则全年经济增长能够处在预期目标范围。

出口环境有所好转。世界经济仍处于危机后的恢复期，总体态势趋于稳定。美国经济调整取得进展，就业状况逐步改善，美联储温和退出量化宽松货币政策，对其经济复苏的负面影响有限。4 月份，欧元区制造业和服务业的采购经理指数（PMI）均在荣枯线上方，如果乌克兰危机处于可控范围，今年有望走出债务危机引发的经济衰退，并推动全球市场信心改善。受新经济政策刺激，日本经济一度增长势头趋强，但目前政策效应开始减弱，消费税率提高等也将影响复苏进程。发达经济体的好转将增加对新兴经济体的出口需求，进而拉动其经济增长，但新兴经济体相对减速格局仍将维持。总体上看，2014 年全球经济增速将略高于 2013 年，我国外部经济环境和外需状况有望小幅改善。去年我国综合有效汇率升值 7%，对出口形成较大压力。今年从单边升值转为双向浮动，近期人民币兑美元贬值接近 3%，再加上国内工业生产者出厂价格（PPI）持续下行，有利于出口企业降低成本，提高竞争力。4 月份，出口增长 0.9%，扭转了年初以来持续负增长态势。预计在非正常基数效应消失以后出口增长将明显回升，全年增速有望达到预期目标。

消费增速将略有提高。2013 年餐饮收入同比增幅下降 4.5 个百分点，影响社会消费品零售总额增长 0.4 个百分点。今年 1－4 月份，消费实际增速与上年同期基本持平，如果剔除房地产销售下降的相关影响，一般性消费回升明显。信息、文化、教育、健康等服务业消费热点进一步扩展，消费结构逐步改善。从居民消费价格指数（CPI）分类数据看，4 月份服务类价格涨幅高于消费品类 1.3 个百分点。预计 2014 年消费品零售总额增幅略高于去年，对经济增长的贡献有所上升。

投资增长面临一定下降压力。2013 年，新开工项目和施工项目计划投资总额分别增长 14.2% 和 16.2%，比 2012 年回落 13.9 个百分点和 1.3 个百分点，可以结转到今年的投资项目规模收缩。1－4 月份，固定资产投资同比增长 17.3%，比去年同期回落 3.3 个百分点，投资增长面临较大下降压力。

在当前的投资结构中，制造业占 34%，房地产占 25%，基础设施占 21%，其他服务业占 14%，农业和采矿业占 6% 左右。受终端需求不振、产能过剩、成本上升和利润偏低等因素影响，制造业投资尤其是重化工业投资可能进一步收缩。房地产区域格局日趋分化，二、三线及三线以下城市供给相对过剩，库存明显增加。预计全年房地产投资增速可能进一步回落。地方融资平台负债率较高、税收收入下滑、土地收入增速下降，今年是地方政府性债务还款高峰，地方政府基础设施投资能力不足，会在一定程度上影响基础设施投资增长；简政放权、放宽准入，将提高民间资本参与基础设施建设的积极性，但体制、机制障碍较多，短期替代作用有限。

二、实体经济压力进一步向金融体系传递

当前，我国经济正处于向中高速增长阶段转换的关键期。在寻找新平衡点的过程中，由于市场预期不稳，经济运行具有不稳定性、脆弱性等特点，长期积累的潜在风险会逐步释放，经济增长出现波动难以避免。年初以来，尽管经济增速回落超出预期，但供给侧出现积极变化，经济发展速度、质量、效益关系基本合理；劳动力需求较旺，就业压力趋弱；居民消费价格指数（CPI）运行正常，没有出现通缩迹象。这说明经济运行与基本面所能支撑的潜在增速基本吻合，中长期经济增长的基础并未改变，不宜因短期增速变化而对整个经济运行状态做出过于消极的估计。值得注意的是，随着房地产市场趋势性分化和调整过剩产能等，实体经济压力进一步向金融体系传递，局部风险开始暴露。

在高速增长阶段，由于潜在需求旺盛、资产价格持续上涨，局部风险容易被掩盖和吸收。而进入增长阶段转换期，并伴随周期性经济下行时，潜在增长率明显下降，常态的风险消化机制难以继续生效，但市场主体行为并未及时调整。地方政府土地财政难以为继，企业接受沉没成本主动化解过剩产能的意愿不足，银行为规避风险，贷款更多流向有政府背景的项目，实体经济难以获得资金支持，金融资源配置效率下降，经济活力不足。

经济增长如出现超预期回落，实体经济压力将向金融体系传递，与房地产市场分化和产能过剩相关联的金融产品风险开始暴露。近期出现的“超日债”违约，中诚信托、吉林信托等部分信托产品支付困难，一些公司被资信机构列入观察名单或降低评级，杭州、南京等部分地区的房地产商出现资不抵债情况，部分担保公司退出市场，民间借贷风险事件增多，个别金融机构出现挤兑情况，银行的不良贷款有所上升等案例，虽在少数，但“风起于青蘋之末”，应引起足够重视，正确引导市场预期，有效防范系统性风险发生。

从宏观看，前几年货币供应量增速明显高于国内生产总值名义增速，社会融资规模快速扩张，流动性总体充裕。2013

年末，我国广义货币（M2）占国内生产总值比重达到194%，高居全球主要经济体前列。与此同时，货币市场流动性偏紧，实体经济资金成本高企，“融资难”、“融资贵”普遍存在，且日趋严重。其根源在于，金融系统资源错配、期限错配等，资金链条不断加长，对央行的流动性政策较为敏感，资金价格上升。对于难以直接获得银行信贷支持的企业而言，融资渠道收窄，资金压力加大，在影响经济增速的同时，触发更多风险点的可能性加大。

三、结构调整取得进展，积极因素增多

阶段的转换表面上看是增长速度的换挡与调整，但本质则是增长动力的转换与接续。我国经济能否在一个新的增长平台上良好运行，规模与质量、速度与效益的关系达到一种新的平衡，关键在于切实转变发展方式和着力培育经济增长新动力。年初以来，在经济下行压力加大、局部风险开始显露的同时，结构调整取得积极进展。表现为服务业发展势头良好，消费对经济增长的贡献提高，就业状况不断改善。供给结构调整将对经济稳定增长提供一定支撑，这些积极变化标志着我国经济正在向新的增长平台平稳过渡。

首先，服务业保持稳定发展的良好势头。2013年，第三产业增加值占国内生产总值比重及其对经济增长的贡献均超过第二产业。今年一季度，第三产业增加值同比增长7.8%，比第二产业增幅高0.5个百分点；占国内生产总值比重达到49%，高于第二产业4.1个百分点。服务业接替制造业，成为经济运行中最具活力的部分和新的增长动力，说明我国经济结构发生了历史性重大变化。4月份，非制造业商务活动指数为54.8%，比上月提升0.3个百分点。其中，邮政业、生态保护环境治理及公共设施管理业、仓储业和航空运输业位于60%以上的较高景气区间，企业业务量增长明显。年初以来，剔除房地产和部分基础设施之后的服务业投资增速明显高于投资平均增速。其中，信息软件、金融、商务、科技研发、文体等现代服务业投资增长强劲。在城镇化水平提高、居民消费升级、制造业转型发展的背景下，生产性和生活性服务需求扩张潜力巨大，服务业将保持快速发展态势。

其次，消费对经济增长的贡献明显提高。2013年，最终消费对国内生产总值增长的贡献率比上年下降5个百分点，资本形成的贡献率则上升7.3个百分点，经济增长对投资的依赖程度明显提高。今年以来，出口、投资增幅出现较大幅度下降，消费实际增速与上年同期基本持平，对经济增长的贡献明显提高。一季度，最终消费支出占国内生产总值比重为64.9%，比上年同期提高1.1个百分点。

第三，就业对经济增速下降的适应性提高。随着2012年劳动年龄人口出现减少，新增就业压力亦相应趋缓；经济规模不断扩大和服务业比重上升，经济增长对就业的吸纳能力提高。2000年国内生产总值增长一个百分点需要980亿的名义增加值，到2013年，增加到接近5300亿，是前者的5.4倍；2013年的经济增量相当于2000年经济总量的42%。同时，每亿元国内生产总值，第二产业容纳的就业量约为1058人，第三产业为1348人，后者超过前者约30%。2013年国内生产总值增长7.7%，城镇新增就业达到1310万人，国内生产总值增长1个百分点带动城镇新增就业170万人。如不考虑产业结构变化，仅就经济增长与就业的关系计算，国内生产总值增长只要达到7%，按现有统计口径就可以完成今年城镇新增就业的预期目标。

第四，制造业转型升级取得积极进展。面对生产要素价格上涨和传统市场萎缩，不少企业积极探索“腾笼换鸟”、“机器换人”、“空间换地”、“电商换市”等多种措施，努力降低成本、提高效益。今年前三个月，在规模以上工业企业中，制造业企业利润增长13.9%，超出工业企业平均水平3.8个百分点。其中，电力、热力生产和供应业增长32.3%，汽车制造业增长29.8%，电气机械和器材制造业增长28.2%，非金属矿物制品业增长26.7%，计算机、通信和其他电子设备制造业增长21.5%。随着简政放权、小微企业减税、工商登记等重点领域改革的推进，新注册企业快速增长，企业创新、创业活力增强。

第五，城乡居民收入增幅提高，收入差距缩小。近年来，粮食连年丰收，农产品价格温和上涨，农民工外出务工人数增加，农村居民收入增长高于城镇，城乡居民收入差距不断缩小。今年一季度，农村居民人均收入和城镇居民人均可支配收入实际增长达到10.1%和7.2%，分别比上年同期提高0.8个百分点和0.5个百分点，城乡居民收入比进一步下降到1:2.53。

四、抓改革、稳投资、控风险，培育经济增长新动力

当前经济增长面临的下行压力主要表现为投资增速回落，“稳投资”是实现全年预期目标的关键所在。为此，需要特别关注并处理好稳增长与控风险、调结构以及需求管理与推进改革之间的关系。就稳增长与控风险、调结构的关系而言，在潜在增速明显下降之后，要维持较高的经济增长，必然要求信贷规模进一步扩张，增加地方政府债务，加大资产泡沫和财政金融风险；经济增速过低，尤其是短期增速过快下滑，将导致产能过剩进一步恶化，银行的不良率明显上升，则可能触发系统性风险。因此，将经济增速稳定在一个并不宽裕的正常区间，对控风险至关重要。就需求管理与推进改革而言，针对经济短期波动，特别是大幅波动，采取适宜的促进需求的政策措施是有必要的，但若没有调结构、换机制的配合，这类措施有可能会加重结构失衡，强化原有的增长方式。因此，要向经济体制改革要红利。

实践表明，经济体制改革的核心是处理好市场在资源配置中起决定性作用和更好发挥政府作用的关系。把市场机制能有效调节的经济活动交给市场，推动资源配置实现更高效率，让企业和个人有更多活力和更大空间创造财富。同时，要更好地发挥政府作用，健全科学的宏观调控，创新管理方式，使市场与政府有机统一起来。当前，改革措施有供给侧和需求侧之分，有见效慢和见效快之别。在抓好相对慢变量的重大改革的同时，优先启动见效快的改革措施，可以在短期内起到扩需求、稳增长，与促进需求政策形成合力效应，同时通过换机制、调结构，更有助于培育中长期增长新动力。

我国仍处在后发追赶进程中，具有良好经济效益或社会效益的投资项目较多，可投资空间依然较大。制造业的转型升级，提供了巨大的生产设备更新改造空间；高端制造业、战略性新兴产业和现代服务业发展方兴未艾，需要大量新增投资；城市地下管网等亟待更新改造，基础设施质量需要全面提升；中西部地区和广大农村发展明显滞后，历史欠账多。从中长期看，提高人均资产占有水平仍是我国经济增长的主要动力之一，也是激发近期经济活力的重点方向。针对当前经济运行中存在的问题和面临的挑战，需要突出强调抓改革、稳投资、控风险的重要性，并在三者间取得平衡。应坚持稳中求进、以稳促进的工作总基调，继续实施积极财政政策和稳健货币政策。在货币政策保持基本稳定的同时，高度关注美国量化宽松（QE）退出后短期资本流动的冲击，保持社会融资规模适度增长；密切监控局部金融风险暴露的影响，防止风险加快显露和增速下降相互叠加;理顺投融资渠道,加大对实体经济的支持力度,提高资金配置效率。进一步发挥财政政策在扩张需求、增强供给侧活力等方面的作用,在适度增加支出、扩大减税范围的同时,与改革措施密切结合,放大综合效应,积极推进相关重点领域的改革,着力培育经济增长新动力。

近期,以调整投资结构、稳定投资增速、化解金融风险为重点,积极推进相关重点领域改革和政策调整。如清理规范地方融资平台,推进地方政府合规融资;发挥政策性金融机构对住房和基础设施建设的支持作用;推动资产证券化,盘活存量;做好舆论引导、风险隔离、社会保障等配套工作,积极化解局部风险;与结构性减税政策相结合,积极推进加速折旧;治理产能过剩,推动产业结构调整等等。

从中长期考虑,应把有利于稳增长、调结构、促转型的重大改革放在优先位置。推动以破除行政性垄断、促进竞争为重点的基础产业领域改革,提高非贸易部门的效率;围绕降低企业综合成本,推动土地、金融、流通、知识产权保护等领域改革,增强企业盈利能力,促进企业转型升级;加快服务业的对内对外开放,形成平等进入、公平竞争的市场环境;要利用中央政府的负债潜力,加大社会公共服务设施建设,缓解地方政府和企业现实的债务压力。

抓改革机遇,促企业转型

国务院发展研究中心主任 李 伟

(2014 年 8 月 4 日)

在新一届中央领导集体的领导下,中国成功应对了错综复杂的国内外形势,保持了经济运行稳中有升、稳中向好的发展态势。作为市场经济核心主体的企业,在当前的国内外形势和我国经济发展阶段转换的大背景下,如何抓住当前全面深化改革的机遇,加快转型升级,进一步焕发生机与活力,是一个值得研究的重大课题。

企业转型的特定内涵和成功案例

我们提企业转型已经好多年,什么叫企业转型? 学术界、经济界目前还没有一个统一的定义。一种解释,认为“企业转型是指企业长期经营方向、运营模式及其相应的组织方式、资源配置方式的整体性转变,是企业重塑竞争优势、提升社会价值,达到新的企业形态的过程”。而对于企业转型的分类,有学者将其分为两大类,即外生型转型和内生型转型。近两年,国务院发展研究中心企业研究所在企业转型发展方面做了大量的问卷调查和实地调研,其间发现不少成功案例。

企业的外生型转型主要指行业转型,具体而言,就是指企业由原来的单一行业转向相关行业或跨行业经营,或者由原来处于产业链的某一个或某几个环节向产业链上下游延伸,其最大的好处就是分散风险,“不要把鸡蛋都放在一个篮子里”,这方面的例子很多。以北京首钢集团为例,过去首钢是北京环境污染的重要源头,同时钢铁行业饱受产能过剩之苦,利润薄得“卖一吨钢材的利润只够买一根冰棍”,亏损的钢铁企业比比皆是,怎么办? 发展非钢产业来分散风险成为一个较好的选择。

企业的内生型转型则包括较多方面,如产品与市场转型、管理转型、品牌转型、商业模式转型等等。产品与市场转型如推出新产品、市场由外销转向内销等等;管理转型如由原来的粗放式管理,转到引入 ERP(企业资源计划)、引入 TQM(全面质量管理)、引入 LP(精益生产)或 JIT(准时生产)等等。

如在品牌转型方面,众所周知,我国沿海地区有着大量以加工贸易起家的出口型企业,主要从事代工生产,没有自己的品牌,受国际市场以及汇率波动、劳动率成本等因素影响巨大,长期处于微利或亏损边缘。调研发现,目前东部区域的加工贸易企业,最主要的转型模式就是从无品牌 OEM(代工生产)向有品牌的 OBM(代工厂经营自主品牌)发展。从无品牌迈向自主品牌的过程肯定是艰辛而痛苦的,尤其在初期,但这一步必须要迈出去,才可能有凤凰涅槃、浴火重生。

在商业模式转型方面,这几年影响巨大的莫过于互联网对传统生产与销售模式的巨大冲击。当中国的互联网基础设施发展到一定阶段,网民增长到一定数量,互联网的威力就开始爆发。企业尤其是实体企业,一定不要小看互联网尤其是近年来发展迅猛的移动互联网的威力。要高度重视、密切注意、积极应对新的技术浪潮所带来的各种变化和挑战。

三中全会后我国企业转型发展面临巨大机遇

党的十八届三中全会审议通过了《中共中央关于全面深化改革若干重大问题的决定》(以下简称《决定》),标志着中国已经进入了“全面深化改革”的历史新阶段。《决定》内容丰富、亮点很多,对于广大企业和企业家而言,我觉得有四点内容意义尤为深远,为广大企业的转型发展提供了良好的机遇期。

第一,《决定》指出要进一步“处理好政府和市场的关系,使市场在资源配置中起决定性作用和更好发挥政府作用”,这是中国全面深化改革、完善社会主义市场经济体制重大而关键的一步。从 2013 年初本届政府上任以来,就把“简政放权”、转变政府职能作为第一件大事,截至 2013 年 11 月 1 日,累计已取消下放了 334 项行政审批等事项。企业注册登记门槛降低、上海自贸区的负面清单管理、逐步推进股票发行由核准制过渡到注册制等一系列进一步激发企业活力的改革措施受到社会广泛好评。今年 1 月 8 日李克强总理主持召开国务院常务会议提出,继续把简政放权作为“当头炮”,作为新年伊始国务院的第一件事。简政放权、转变政府职能既是深化行政体制改革的核心,也是发展市场经济、法治经济和进一步解放和增强社会活力的保障,国务院的新年第一个重大举措让所有人感受到了中央改革攻坚的决心。

第二,《决定》提出,“公有制经济和非公有制经济都是社会主义市场经济的重要组成部分,都是我国经济社会发展的重要基础”,这既是对我国基本经济制度内涵的丰富和发展,也是对社会主义市场经济发展实践中非公有制经济地位与作用的高度肯定。

《决定》在指导思想中强调的“三个进一步解放”,即“进一步解放思想、解放和发展社会生产力、解放和增强社会活力”，对非公有制经济的发展有很强的针对性。据统计，目前我国非公有制经济税收贡献超过50%，在GDP中所占的比重超过60%，解决了城镇就业的80%和新增就业的90%。为此，《决定》强调，“公有制经济财产权不可侵犯，非公有制经济财产权同样不可侵犯”；要“坚持权利平等、机会平等、规则平等，废除对非公有制经济各种形式的不合理规定，消除各种隐性壁垒，制定非公有制企业进入特许经营领域具体办法”；“鼓励非公有制企业参与国有企业改革，鼓励发展非公有资本控股的混合所有制企业”等等。这些重大政策必将进一步推动我国非公有制经济的健康发展。

第三，《决定》在发展公有制经济思路方面有重大突破，不仅提出“国有资本、集体资本、非公有资本等交叉持股、相互融合的混合所有制经济，是基本经济制度的重要实现形式”，混合所有制将“有利于各种所有制资本取长补短、相互促进、共同发展”；而且将国有经济改革从管企业进一步深化到“完善国有资产管理体制，以管资本为主加强国有资产监管”，从而更好地实现国有经济布局的动态调整，“准确界定不同国有企业功能”，“国有资本加大对公益性企业的投入，在提供公共服务方面做出更大贡献”；此外，还明确提出了国有企业自身的以建立现代企业制度为方向的市场化改革，如市场化选聘职业经理人等等。可以预期，以混合所有制、国资资本化、市场化等为标志的新一轮国有经济改革的大潮即将来临。

第四，《决定》指出要“深化科技体制改革”，“发挥市场对技术研发方向、路线选择、要素价格、各类创新要素配置的导向作用”，而企业作为市场经济的基本主体，要“强化企业在技术创新中的主体地位”，既要“发挥大型企业创新骨干作用”，同时也要“激发中小企业创新活力”。可以预见，随着改革的不断深入，企业作为创新的主体地位将进一步加强，创新的政策和法治环境将进一步改善，大、中、小各类企业必将进一步焕发出勃勃生机。

总之，《决定》给了各类企业明确的改革发展预期，为广大企业的转型发展开启了一个千载难逢的机遇期。

国内外环境的深刻变化倒逼企业必须加快转型

一是，全国普遍的产能过剩凸显我国过剩经济的阶段性特征，买方市场作用力要求企业必须加快转型以实现差异化竞争。在“十五”和“十一五”期间，我国各行各业基本上都获得了较高速度的发展，其主要原因是高速工业化阶段井喷式爆发的巨大需求，当时过猛的需求使较多产品供不应求、大家都大干快上新建产能，而近年来国际经济复苏艰难和我国经济增长速度从高速转向中高速增长，需求减缓使得产能过剩问题就凸显了出来。从传统行业的钢铁、电解铝、水泥、玻璃到战略性新兴产业的光伏等等，从沿海省份到中西部内陆地区，可以说基本上没有行业不过剩，同质化竞争非常严重甚至“惨烈”。大家看到，去年以来，中央和国务院花大力气出台了许多政策去化解产能过剩，但这是一个较长的过程，而且要坚持以市场机制为主化解产能过剩，坚持解决当前问题与构建长效机制相结合。那么企业怎么办？可以毫不夸张地说，转型升级是唯一的生存之道、发展之路。

二是，我国人口年龄结构正在经历转折性变化，劳动力短缺和劳动力成本上涨将成为常态，这将给广大企业尤其是劳动密集型企业带来巨大压力。近几年来，中国正逐步迎来人口年龄结构的重大转变，劳动年龄人口总量开始下降。数据显示，我国劳动年龄人口总量2012年第一次出现354万的绝对下降，2013年继续下降了244万人，预测至2020年都将呈逐年下降趋势。随着劳动年龄人口的绝对下降，以及城市生活成本的大幅提升，劳动力成本近年来持续上升。统计数据显示，2013年全国共有26个省份调高了最低工资标准，月最低工资标准平均增幅18%。另外一个数据显示，我国的劳动力成本已经是越南、缅甸的三倍。2011年，中国和印度的月平均工资分别为456美元和107美元，中国是印度的4.3倍。

三是，资源、能源的国际竞争将更加激烈，国内的环境污染已经逼近人民群众可承受的底限，建设生态文明、推进企业绿色发展刻不容缓。经过三十多年的高强度开采，国内部分资源和能源已经接近枯竭，我国的资源能源的对外依存度已经非常之高，2013年我国石油的表观消费量为4.85亿吨，对外依存度达57.5%，铁矿石的对外依存度超过65%。与此同时，随着越来越多的国家进入快速工业化和城镇化阶段，国际资源能源的争夺将日趋激烈，资源、能源等大宗商品的低价时代将很难再现。资源、能源高消耗的背后是生态环境的持续破坏。当前水、土壤、空气的污染亦已到了十分严重的状况，资源环境问题越来越成为制约我国经济发展的重要因素。而且，随着发展进入新阶段和居民收入水平的提高，人民群众对生态环境的要求也越来越高，对环境污染的容忍程度也越来越低。

四是，长期以来高度依靠外需的时代难以再现，而我国逐步由上中等收入社会向高收入社会过渡亦对内需提出了更高的要求，企业转型是大势所趋。我国改革开放后三十多年的高速增长，在很大程度上是外需出口拉动，但全球金融危机之后的世界经济复苏缓慢，本就造成了需求减少；再加上在中高端制造业方面欧美发达国家纷纷提出“再工业化”，部分行业企业已经开始回流，在低端制造业方面，由于我国劳动力、土地等要素成本的日益上升，将会有越来越多的劳动密集型产业转移到越南、缅甸等成本更低的地方；而且，随着中国的日益崛起，国际上对中国的遏制必将随之加强，贸易投资摩擦也将越来越多。因此，未来我国出口高速增长的风光时代恐怕难以再现。此外，近年来中国已成功跨过上中等收入社会门槛，正在向高收入社会迈进，而国际经验表明，这一阶段往往伴随着消费结构的重大升级，对传统消费品的需求将下降，而对高质量消费品和服务的需求将快速攀升。

五是，面对不可逆转的全球化趋势和新技术革命如互联网、3D打印等浪潮，企业之间的全球化竞争日益激烈，我国企业自身存在的一些问题也迫使企业早日转型。当今时代，中国已经深度融入全球化，在收获全球化红利的同时，我们的广大企业也不得不直面全球企业的竞争，挑战与冲击不可避免，太阳能、光伏电池就是典型案例，而新技术革命浪潮如互联网、3D打印等往往又带来了颠覆性的破坏与重构。“物竞天择，适者生存”。面对全球竞争，我国企业自身存在的一些不足，如技术与管理水平相对落后、研发与创新不够、品牌缺失、核心竞争力缺乏、诚信状况不佳等等，都亟待解决。

促进企业转型需要政府和企业的共同努力

要打造“中国经济升级版”，全面建成小康社会，早日实现中华民族伟大复兴的“中国梦”，在微观层面必须大力促进中国企业的转型升级，而这需要政府和企业的共同努力。

就政府而言，关键在于营造一个公平公正的市场环境，更加注重发挥市场在资源配置中的决定性作用，要下决心切实消除各种隐性壁垒，兑现市场准入政策，确保无论是国有企业还是民营企业、无论是外资企业还是内资企业，各类市场主体应依法平等参与市场竞争；要加快转变政府职能，下大力气解决政府在经济管理工作中“越位”、“错位”和“缺位”的问题，着力营造优质高效的“亲商”环境；要积极引导鼓励创业、尊重企业家的社会舆论，进一步完善扶持创业的政策措施，并积极加强包括技工在内的多层次人才的教育培养工作；在支持企业发展、促进企业创新方面，要尽量改变过去“撒胡椒面”式的“特惠制”的财政政策，而转向“普惠制”的税收政策，切实降低企业的税费负担，使之树立转型发展的长期信心。

对企业而言，转型关键还得靠企业家的行动。我认为，中国的企业家从来都不缺乏爱国心和历史使命感，如中国近代状元实业家张謇掀起的“实业救国”浪潮。在国运艰危时前人尚且如此，身处盛世的中国当代企业家更要“志存高远”，为中国之崛起而做企业，为中华民族的伟大复兴而做企业。但光有远大的目标和美好的梦想不行，关键还要行动，要“奋发图强”，一定要有战略眼光，要看到企业 3 - 5 年甚至更长时间内发展的机遇和挑战。要努力打造自己的核心竞争力，可以目前做低端，但绝不能永远做低端；中国企业现在还处于先进技术的追赶阶段，但一定要成为先进技术的引领主体。要加大创新和研发力度，掌握核心技术，培养高端人才，打造国际知名品牌。这方面，我觉得中国企业外可学韩国三星，内可学海尔、华为、中兴、联想等优秀企业，从生产“大路货”开始，通过几十年的艰辛努力脱胎换骨成长为国际著名品牌。我想，“他们的昨天，正是许多中国企业的今天；而他们的今天，必将是许多中国企业的明天”。

改善金融服务　促进实体经济发展

财政部副部长　王保安

女士们、先生们：

大家上午好！

很高兴与大家相聚在这充满生机的季节，相聚在这充满活力的城市，在此，我谨代表中国财政部，欢迎各位代表来到深圳，出席 2014 年 APEC“改善金融服务，促进区域实体经济发展”研讨会。在此，对为本次研讨会提供大力支持的深圳市政府表示诚挚感谢！深圳是中国改革开放的窗口，是中国设立的第一个经济特区。可以说，深圳具有与生俱来的改革创新基因和蓬勃的发展活力。30 多年的改革开放，深圳创造了举世瞩目的“深圳速度”与“深圳模式”。今天，我们齐聚在这块改革开放的“前沿阵地”，共同探讨交流“改善、改革和创新金融服务”话题，相信更能深化改革认识，碰撞智慧火花，谋划好区域经济发展这篇文章。

环顾当今世界，促进区域实体经济发展，加快世界经济复苏进程，是我们共同面临的全球性议题。当前，世界经济延续缓慢复苏态势，对未来经济走势的预测判断，不同角度、不同方法得出不同结论，观点纷纭。部分观点认为，全球经济正步入新一轮复苏周期和创新周期；而也有观点认为，当前的回暖更多是短期需求政策的结果，经济复苏面临的结构性问题远未得到根本解决，世界经济仍充满变数。国际货币基金组织预计今年世界经济增长 3.6%，略快于去年的 3%。但综合判断，发达经济体经济走势持续分化，新兴经济体巩固和扩大外部市场空间的难度加大，全球经济复苏的基础还很不稳固，面临较多的不稳定、不确定因素。

在世界经济格局加速调整大背景下，近年来，APEC 区域经济发展则迈出了实质性步伐，合作共赢、协调发展，成效令人振奋，成为促进全球经济复苏发展的一道亮丽风景。目前，APEC 的 21 个经济体，拥有全球 40% 左右的人口，创造了世界 47% 的贸易总额和 57% 的 GDP 总量，是当今世界最具经济活力的地区之一。这一活力，既来自各经济体的发展创新，更来自相互间的互利共赢。有关数据显示，2012 年，区域内贸易额占 APEC 贸易总额的比重达 66%；截至 2013 年 6 月，APEC 成员间签署的自由贸易协定达 51 个。这些年来的区域经济发展历程表明，APEC 经济体之间的互补性已经远远大于竞争性，并逐步勾勒出“一荣俱荣、一损俱损”、“手拉手、心连心”的紧密伙伴关系。

APEC 是亚太地区重要的经济合作论坛，也是亚太地区最高级别的政府间经济合作机制，对促进区域经济合作发展发挥着十分重要的作用。今年中国担任 APEC 东道主，中国财政部将在 APEC 财长会机制下主办一系列会议，对促进经济发展的相关议题进行系统的、深入的研讨。根据总体的规划安排，2 月份在博鳌举办的财政副手会上，与会各方就“金融支持区域经济发展”的议题进行了初步讨论，这次会议继续围绕改善金融服务展开讨论，重点研讨“普惠金融”等相关内容。

金融是现代经济的核心和“血液”，科学的金融制度设计是优化金融资源配置、促进实体经济繁荣的基本保障。我们从实体经济出发，谈改善金融服务，正是“正本清源”的做法，目的是通过修复、重构和完善本国金融体系，使之在“更有效率”服务本国经济的基础上，服务和促进区域经济发展。实际上，回顾 APEC 经济体近年来的实践，各国都已着手推动建立符合自身实际的金融体系，中国作为 APEC 成员国，也在围绕服务实体经济，积极推动金融体制机制改革。比如，推进利率和汇率市场化改革，深化大型金融机构改革，支持民间资本设立中小型银行，推动发展小微金融，等等。通过这些改革，旨在发挥市场在资源配置中的决定性作用，促使资金流向“更有效率”的经济领域。但市场不是万能的，为保障全体公民特别是弱势群体公平享有“金融服务”，我们研究实施了一系列财政奖补、税收优惠政策，在发展“普惠金融”方面进行了一些有益探索。下面，我简要介绍一下有关情况。

首先，研究建立多层次金融服务体系，确保普惠金融“有机构办事”。理论和实践都表明，大中型金融机构倾向于价值较高、风险较低的“大客户”，缺乏服务小微企业、农户等“小客户”的动力，尤其是在金融市场化程度不够、大中型企业需求“尚未满足”的情况下，这个现象更加突出，这就是研讨会要探讨的“中小企业融资难”问题，也是一个世界性难题。从我国的应对措施看，主要从两个方面着手：一是以“市场化改革”为导向，稳步推进利率市场化，通过市场竞争推动金融机构更好服务小微企业；二是以“政府引导”为手段，积极培育中小金融机构发展，致力于消除金融服务空白，让金融服务惠及更多地区、更多人群，特别是薄弱地区和弱势群体。例如，2008年以来，中央财政针对村镇银行等新型农村金融机构设立初期经营成本高、财务压力大等困难，通过给予一定费用补贴的方式，支持其可持续经营。从政策效果看，截至2013年末，全国共设立新型农村金融机构1134家，较2008年末增长1024家。

其次，研究实施财政奖补政策，确保普惠金融“有资金办事”。普惠金融的“高成本、低收益”，与金融机构追求“低成本、高收益”目标之间，天然存在冲突，需要政府通过必要的政策手段予以扶持。为此，我们从“供”、“需”两个方面入手，引导金融资源流向弱势群体。在“供给”方面，实施了财政奖励政策，对发放涉农贷款增量超过一定比例的县域金融机构给予适当奖励，以引导金融资源为“三农”和“小微企业”服务。从税收政策上，对金融机构“支农支小”业务予以税收优惠，包括对小额农户贷款、农业保险等业务的营业税、所得税给予一定税收优惠等。在政策激励下，近年来试点地区金融机构涉农贷款增速持续高于全国平均水平。在“需求”方面，研究实施了贴息担保政策，对下岗失业人员、农村妇女等就业困难群体，以及劳动密集型小企业申领的贷款提供贴息和担保支持，自2002年实施该项政策以来，共支持4200亿元贷款发放，惠及800多万人，有力促进了弱势群体就业和小微企业发展。

第三，构建农业风险防范体系，确保普惠金融“有条件办事”。农业是弱质产业，针对涉农业务风险大、突发事件多等问题，近年来，我们研究建立应对农业风险的长效机制，以解除农村金融面临的“后顾之忧”。从2007年开始，中央财政联合地方财政部门开展了农业保险保费补贴工作，并不断加大保费补贴力度。自政策实施以来，中央财政累计投入保费补贴资金488.2亿元，带动为“三农”提供风险保障约4万亿元。

第四，研究设计正向激励的制度政策，确保普惠金融“有意愿办事”。要发挥好政府这只“有形之手”弥补“市场失灵”的作用，只靠财政资金是不够的，政策设计也很重要。为此，我们从财务制度等方面入手，研究建立了激励相容的政策机制。例如，将中小企业和涉农贷款等指标作为加分因素，纳入金融机构绩效考核体系，通过影响金融机构绩效得分和高管人员薪酬水平，促使金融机构积极开发农村金融和小微企业金融市场。

在这里，我想向大家说明的是，我们在构建上述“有机构、有资金、有条件、有意愿办事”等政策框架的过程中，始终尊重市场的主体地位，遵循市场经济的运行规则，致力于发挥市场在资源配置中的决定性作用。同时，辅以相应的政策引导手段，在切实处理好“政府与市场”关系的基础上，尽可能实现“市场化”和“普惠性”相统一，最大限度激发金融服务实体经济的内在动力。对此，我的同事们还将在研讨会发言中做更为详细、全面的介绍。

女士们、先生们！分享国际经验、促进区域经济金融发展，是这次研讨会的主题。在APEC的21个经济体中，虽然各自的发展阶段不同，金融文化背景不同，经济运行模式也各具特色，但我相信，立足实体经济，坚持“市场化”和提高“普惠性”，是各国改善金融服务、促进经济发展的一致目标。在接下来两天的研讨中，希望各位代表在“改善金融服务、促进区域经济发展”方面，交流和分享各方经验，既为APEC财长会做好铺垫，也为共同推动亚太地区的金融发展与经济繁荣做出贡献。

最后，衷心预祝研讨会圆满成功！谢谢大家！

（此文系王保安副部长4月22日在APEC“改善金融服务，促进区域实体经济发展”研讨会上的致辞）

法治是资本市场善治的根基

——中国证监会副主席庄心一在第五届“上证法治论坛”上的演讲

（2014年12月29日）

尊敬的各位领导，各位专家、学者，各位来宾：

大家上午好！

本届“上证法治论坛”以“依法治市：中国资本市场的现实选择与推进路径”为主题，探讨资本市场改革与立法、创新与法治、发展与监管等重大问题，具有十分重要的意义。我代表中国证监会，对此次论坛的成果表示期待，并借此机会，向长期以来始终关心支持资本市场改革发展和法治建设的法律界、法学界的各位领导、同志、专家学者表示衷心的感谢。

市场经济本质上是法治经济。市场配置资源功能的发挥，本质上是通过市场交易关系实现的，公平有效的交易关系必须以产权清晰、契约自由、地位平等、公平竞争为基础和前提，这都需要通过具体的民商事法律制度、行政法律制度和刑事法律制度来体现和保障。因此，市场经济天然依赖规则，市场化客观上要求法治化，只有法治的思维和手段，才能保障市场长远的发展和繁荣。

我国资本市场是伴随着社会主义市场经济体制的建立完善逐步发展起来的。资本市场财富高度集中、信息高度透明、参与主体多元，市场活动表现出明显的趋利性、博弈性、公开性、对抗性、对等性等特点。在这样的市场中，妥善平衡各方利益，保障交易公平，实现有效监管，离开法治的方法和手段是难以想象的。与其他领域相比，资本市场更加需要形成共同规则，更加强调普遍遵守规则，更加难以容忍不按规则办事。离开了规则导向，就无法形成市场预期，离开了规则约束，就无从保障交易结果，也就不可能真正形成公平高效的市场机制。

实践经验表明，法治是资本市场善治的根基。

一方面，法治引领、推动和保障了资本市场发展。资本市场改革和发展始终遵循了法治先导的路径选择。没有21年前的股票条例，就不会有股票市场试点工作全面推开；没有16年前的证券法，就不可能有资本市场这么多年的快速发展；没有法律对公司治理的严格要求，就不可能确立上市公司作为现代企业制度典范的重要地位；没有法律对监管机构的充分授权，资本市场的违法违规行为就得不到及时打击，公开、公平、公正的原则就得不到维护，投资者特别是中小投资者的合法权益就得不到保护；没有法治的不断完善，我国资本市场就难以在新兴加转轨条件下，排除干扰，攻坚克难，取得一个又一个新的发展和进步。

另一方面，资本市场的法治实践也推动了我国法治的进步与发展。资本市场的实践推动了一批重要法律制度的建立和完善，比如公司治理、独立董事、金融机构风险处置、背信行为制裁、市场禁入措施等，这些法律制度创新，在有效解决资本市场实践问题的同时，客观上推动了国家民商事、行政、刑事法律制度的进步。

我们有理由认为，资本市场的内在属性和运行规律，客观上与法治的价值具有天然的一致性，资本市场改革和发展必须更加重视法治作用，全面实现资本市场法治化。

党的十八届四中全会对深入推进依法治国作了全面部署，为依法治市创造了前所未有的良好环境，资本市场改革发展面临重大机遇：

——完善以宪法为核心的中国特色社会主义法律体系，深入推进科学立法、民主立法，加强重点领域立法，有利于敞开资本市场法律制度供给渠道，更好地、更及时地、更充分地为资本市场改革、创新、可持续发展提供制度保障；

——深入推进依法行政，加快建设法治政府，有利于正确处理政府与市场的关系，规范政府行为，有利于各级政府对资本市场各类主体和各项业务活动，提供稳定、规范、高效、便利的服务和支持；

——保证公正司法，提高司法公信力，充分发挥司法的监督和保障作用，有利于进一步完善证券民事赔偿机制，健全行政执法和刑事司法衔接机制，切实提升证券市场民事和刑事案件的效率和效果，进一步形成行政和司法保护投资者合法权益的工作合力；

——增强全民法治观念，推进法治社会建设，有利于使资本市场参与主体成为法治的自觉遵守者、坚定捍卫者，为依法治市创造良好社会氛围。

党的十八届三中、四中全会和国务院关于资本市场稳定发展的“新国九条”，明确赋予资本市场新的战略定位，提出了更高的工作要求、更重的工作任务。资本市场的改革发展和监管执法，面临良好的历史机遇。我们必须顺应时代的要求和市场需要，认真贯彻中央精神，以法治的思维和法治的方式，扎实做好资本市场的改革发展和监管执法的各项工作。

一要以股票发行注册制改革为核心，推动修改完善证券法等市场基础性法律制度。我们理解，市场广泛关注的股票发行注册制改革，绝不仅仅是股票发行方式的简单变化，而是事关市场运行机制和监管理念的基础性重大变革。考察不同国家和地区注册制的做法，一致的要求是，以信息披露为中心，监管者关注的是信息披露的质量，并不负责对发行人及其证券进行价值判断，发行时机、价格也完全由发行人和中介机构根据市场情况决定。证券法修改是注册制正式实施的前提，我们要积极配合全国人大对证券法的修改工作，通过对现行证券法关于证券发行核准制的制度调整，明确厘定注册主体、注册要求以及注册程序等安排，特别是要从法律上清楚界定信息披露的要求和不同主体对信息披露的职责边界，严格落实发行人的诚信责任和中介机构的把关责任。同时，要丰富和强化监管机关的执法措施和执法手段，完善民事、行政和刑事法律责任制度，为坚决惩治注册信息虚假行为，切实保障投资者合法权益，提供完备的法律制度保障。

二要以监管转型为重点，进一步提高行政执法效能。证监会从本质上说是监管执法机关，要从过去过多的事前审批，向加强事中事后监管转变，把工作重点切实转到加强监管执法，保护投资者特别是中小投资者合法权益上来。一方面，要继续按照国务院的部署，把该放的审批项目放开、放到位，最大限度激发市场活力；对确需保留的审批项目，也要本着降低门槛、优化程序、公开透明的原则，简化审批方式，方便当事人。另一方面，要学会并敢于运用事中事后监管的手段和方式，通过业务规范、行为标准、监管措施、行政处罚等方式，引导和规范市场主体的活动。特别是要进一步整合监管资源，完善执法体制，加强执法力量，着力打击欺诈发行、内幕交易、操纵市场等违法行为，切实维护公开、公平、公正的市场秩序。

三要以解决投资者经济利益救济难题为目标，健全多元化的纠纷解决和利益补偿机制。欺诈发行、虚假陈述、内幕交易、操纵市场等违法行为发生时，投资者最关切的往往是经济损失能不能挽回，而这恰恰是目前投资者保护的薄弱环节，也是下一步必须加强的重点工作。要进一步完善证券侵权民事赔偿司法解释，有效解决民事赔偿诉讼面临的实际问题，支持投资者通过民事诉讼维护自身权益；要积极稳妥推进行政和解试点工作，对于符合行政和解条件的特定案件，可以通过与案件当事人达成和解协议，由当事人交纳和解金的方式补偿投资者；要不断提升行业调解专业化水平，推动专业化调解组织建设，推进诉调对接、仲调对接，不断拓宽证券期货市场矛盾纠纷解决渠道。

四要以公开透明为原则，积极营造诚信守法的市场环境。信息披露是公开原则的核心内容，要以信息披露为中心，以投资者需求为导向，立足于区分财务信息与非财务信息的不同特征，建立差异化的披露要求，进一步加强首发信息披露与持续信息披露在披露事项、标准上的衔接，不断总结信息披露实践，有针对性完善信息披露规则体系。在强制性信息披露基础上，鼓励自愿性、差异化信息披露。同时，要全面推进政务公开，坚持以公开为常态、不公开为例外原则，推进决策公开、执行公开、管理公开、服务公开、结果公开，以切实规范和约束市场主体及监管机关双方的行为。

五要以构建创新与法治的良性互动关系为手段，形成法治引领和保障改革创新、改革创新在法治轨道上进行的新常态。创新是资本市场持续发展的动力源泉，没有创新就没有资本市场的长足发展。推进资本市场的改革和创新，需要准确认识和把握改革创新与法治的关系，实现二者的动态平衡，良性互动：一方面，市场所有改革创新都必须于法有据，改革创新应当尊重法律权威、在法治轨道上进行；另一方面，立法要主动适应改革和经济社会发展需要，主动引领和保障改革创新。实践证明行之有效的，要及时上升为法律；实践条件还不成熟、需要先行先试的，要按照法定程序作出授权；对不适应改革要求的法律法规，要及时修改和废止。

各位来宾，资本市场说到底是一个法治市场。法治强，则市场兴。证监会将一如既往地用法治思维和方式推进资本市场改革发展，也希望法学界、法律界和实务界的各方朋友继续关心和支持资本市场法治化建设，紧紧抓住十八届四中全会全面推进依法治国这一重要战略契机，积极推动理论创新和实践探索，努力为资本市场法治进步贡献智慧和力量。

预祝论坛圆满成功！

在2014凤凰财经峰会圆桌论坛上的演讲

中国证监会副主席　庄心一

（2014年11月19日）

尊敬的各位嘉宾：

很高兴参加2014凤凰财经峰会，首先我代表肖钢主席和中国证监会对本次峰会的召开表示祝贺。

“金融创新边界与监管挑战”这个主题具有很强的现实性和针对性。在国家全面深化改革，经济转型升级不断加速的背景下，创新已经成为我们这个时代的鲜明主题，只有具备创新意识和能力，才能占有进取先机，才能赢得改革发展的主动权。对金融业而言，也是如此。境内外金融发展史充分表明，创新是金融发展的动力之源和活力之本。过去30多年来，我国通过金融创新不断消除金融抑制，促进了金融深化；通过金融创新促进了国有银行的商业化改革和国企改革，逐步形成了与市场经济相一致的投融资机制和约束机制；通过金融创新实现了在经济转轨条件下建立和发展资本市场的创举，丰富和完善了我国金融市场体系和金融产品体系。富有中国特色的金融创新，不仅推动了金融市场自身的发展和壮大，更为优化资源配置、促进国民经济发展作出了积极贡献。

近年来，金融创新在持续深化的同时也出现了一些新的特点。一是创新步伐不断加快，各种新机制、新业务、新产品层出不穷、数不胜数，让人目不暇接。二是创新不再局限于某一市场和行业，跨市场、跨行业的交叉性金融产品越来越多，加大了不同市场、行业间的互联互通。三是金融工具的复合型、复杂性日益提高，各种“量身定做”的结构化金融产品为实体经济提供了更为个性化、更有针对性的金融服务。同时，以移动互联网和“大数据”为代表的信息技术变革，也对金融创新产生了重要而深刻的影响，高频交易、程序化交易、互联网理财产品、股权众筹等交易方式和投融资工具，都是信息技术与金融相结合而形成的新模式、新工具。这些创新在进一步提高金融市场活力和效率、增强金融服务实体经济和居民财富管理能力的同时，也给监管工作提出了新的课题和挑战。监管工作既要坚定不移地支持金融创新，为金融创新营造有利环境，又要维护金融基本秩序，维护“三公”原则，守住不发生系统性、区域性风险的底线。下面，我就此谈几点体会，与大家交流。

一、市场创新要牢牢坚持服务实体经济的宗旨

服务实体经济，既是资本市场的根本价值所在，也是市场自身创新发展的坚实基础。离开了实体经济这个“土壤”，市场创新就会失去根基。当前，市场创新如何适应和服务好新常态下的经济增长，这是需要我们高度重视的命题。比如，随着创新驱动发展战略的实施，创新创业型中小微企业日益成为推动经济发展的“生力军”，但现有金融体系和格局总体上仍偏向于服务大型企业和成熟型企业，在促进科技金融对接、推动中小微企业发展方面存在明显“短板”。再如，目前在我国金融体系中直接金融占比过低，资本形成效率和质量难以适应经济结构优化调整的需要，加快健全多层次资本市场体系、显著提高直接金融比重的任务显得更为重要和紧迫。又如，随着“一带一路”战略的稳步推进，跨境投融资活动的规模将不断扩大，我国资本市场在全球范围内配置资源的功能如何跟进。可以说，目前我国资本市场尚不能完全满足新常态下经济增长对金融服务的需求。促进资本市场创新，就是要围绕化解这一问题，在继续发展场内市场、公募市场的同时，大力发展场外市场、私募市场，进一步拓宽对接投融资需求的渠道和平台，显著提高直接金融比重；积极稳妥扩大市场对外开放，进一步便利跨境投融资，更好地利用境内外两个市场、两种资源，为实体经济特别是中小微企业多方提供“源头活水”。

二、市场创新要为投资者创造实实在在的价值

投资功能与融资功能、风险管理功能一样，都是资本市场的基础功能。满足企业多元化融资需求必须要通过创新业务和产品、优化投资回报机制等，强化市场投资功能，满足居民多元化的投资理财需求。强调市场创新必须为投资者创造价值这一点，具有重要的现实意义。比如，对于市值管理这一概念，以往认识上不太清晰，配套制度和成熟实践更为缺乏，“新国九条”提出鼓励上市公司建立市值管理制度，就是推动市场创新的举措之一。其主要目的应是鼓励上市公司通过制定正确发展战略、完善公司治理、改进经营管理、培育核心竞争力实实在在地、可持续地创造公司价值，以及通过再融资、分拆分立、股权激励、股份回购、大股东减持增持等资本运作工具，实现公司市值与内在价值的动态均衡。其根本宗旨是实现公司长期发展，为股东创造真实价值。这不是短期的、碎片式的行为，更不是通过概念包装、题材炒作等方法影响股价短期涨跌。市值管理应遵循公司自治、充分披露和合法合规的原则，求真去伪、兴利除弊。其最基本的底线是维护“三公”原则，决不能损害上市公司整体利益、侵害其他投资者特别是中小投资者权益。

近年来，资本市场许多重大基础性改革有序推进，为市值管理创造了一定条件，正在推进的混合所有制改革也将为市值管理提供新动力。希望上市公司和相关市场机构正确把握市值管理的核心理念，把推动公司长期发展和为投资者创造真实价值作为市值管理的根本出发点和落脚点，在建立市值管理制度，特别是运用市值管理工具时，统筹研判、审慎论证、依法决策、合规操作，绝不触碰虚假披露、内幕交易、市场操纵等“高压线”。监管部门将根据公司自治、依法合规、充分信息披露等基本原则，支持上市公司开展市值管理，通过简政放权、完善规则为上市公司创造有利于长期价值提升的制度环境；同时坚决依法打击那些以“市值管理”为名进行的违法违规行为，维护公开公平公正的市场秩序。

三、市场主体是坚持创新发展与风控合规动态均衡的主力军

脱离了风险控制，金融创新一定会遭遇挫折，甚至导致灾难性后果，这是境内外金融市场一个重要而普遍的深刻教训。

我国资本市场仍处于"新兴加转轨"阶段,一旦市场创新过程中发生重大风险,极易形成"冲击波"效应,危及整个经济金融体系的稳定。因此,必须坚持市场创新与风险防控"两手都要抓、两手都要硬",努力保持市场创新发展水平与风险防控能力的均衡匹配。

在加强监管、完善系统风险管理体系以及强化社会监督、市场化约束机制的同时,要更加重视和充分发挥市场主体、自律机构的自我管理作用。如此,才能真正实现市场创新与内控管理"两个轮子"协调并进,才能做到符合实际、体现差异、权责对称、绩效持久。各市场主体最清楚如何以风控能力为拓展业务的边界,把风险控制融入业务方案、管理流程内;最有条件针对新业务新产品所具有的不同于传统业务和产品的风险特征,创新风险管理的方法和技术,使风险可测、可控、可承受;最有理由高度重视合规管理,把合规管理作为自身创新发展的内生要求和基本保障。因此,在金融风控体系的进化中,必须给各类市场主体、自律机构提供越来越大的空间。

四、监管工作要跟上市场创新发展的步伐

近年来,证监会按照简政放权的要求,大力推进监管转型,减少和简化行政审批事项,努力为市场创新发展营造良好环境。但从国内外监管实践看,放松事前监管必须同步加强事中事后监管。转变政府职能的核心要义是要切实做好"放管"结合,"放"是放活,而不是放任;"管"要管好,而不是管死。在市场创新步伐不断加快的形势下,要防止"一放就乱、一管就死"的怪圈,监管部门必须适应市场创新发展的新形势、新特点和新要求,在强化科学监管、提高监管技术含量和实际能力上下功夫。比如,在当今信息技术高度发达的互联网时代,监管部门要善于运用"大数据"、云计算等现代信息技术,创新市场监测手段和丰富监管手段。金融创新客观上要求监管部门综合提高监管效率,避免因为监管滞后而加大创新成本和风险。这是一个我们必须迎接的挑战。

进一步加强对市场运行的集中监测和监控,是当前全球金融监管改革的一个重要趋势。比如,近年来 G20 国家纷纷推进标准化场外衍生品的场内清算,就是为了实现对场外衍生品市场交易信息的集中监测,提高市场运行的透明度,切实防范系统性风险。就我国资本市场而言,在这方面也做了大量工作,如建立了证券市场交易、结算监控系统和统一的证券账户平台,在发现市场操纵、内幕交易等违法违规行为等方面发挥了重要作用。目前,正在进一步推进全市场交易数据的集中存储,这将为监管部门通过数据比对和分析及时排查风险隐患、查处违法违规行为提供更为有力的技术支持。总之,面对市场创新的快速发展和不断深化,监管工作必须紧紧跟进,对阻碍市场创新发展的规则要求要及时废止或调整,对符合实际行之有效的监管措施和工具要不断完善强化,对市场创新中出现的监管空白要准确填补到位。放松管制和有效监管有机结合,良性互动,是创造良好市场环境,推动市场持续创新的应有之义和必由之举。

各位嘉宾:

当前,我国正处于经济转型升级的关键时期,无论是全面深化改革,还是不断扩大开放,都给资本市场创新发展提供了难得机遇和巨大空间。我们有理由期待,中国资本市场按照市场化、法治化的取向,在持续改革创新中不断拓展市场广度和深度,提升市场活力和效率,更好地服务于实体经济发展和居民财富管理。为全面实现小康社会的宏伟目标作出积极贡献。谢谢大家!

在上证 50ETF 期权上市仪式上的致辞

中国证监会副主席　姚　刚

今天,上证 50ETF 期权在上海证券交易所正式上市交易,开启了我国期权市场发展的序幕,这是我国资本市场的第一个上市期权产品,填补了我国证券交易所的产品空白,标志着上交所创新发展取得新突破,多层次资本市场建设取得新进展,也为上海国际金融中心建设注入了新的活力。

在证券交易所开展股票 ETF 期权交易试点,是贯彻落实"新国九条"的重要举措,有助于丰富投资者的交易策略和风险管理手段;有助于完善资本市场的价格发现机制;有助于提升标的股票的流动性,也有助于推动证券期货经营机构创新发展。作为第一只 ETF 产品,上证 50ETF 规模较大、流动性较好、抗操纵性较强,具备开展期权交易的现货基础,再加上严格的风控安排,相信试点可以做到风险可控、稳步推进。

股票 ETF 期权是国际资本市场成熟的衍生工具,在我国却是全新的产品,其组合应用十分复杂,既是管理风险的工具,也可能造成新的风险,是把双刃剑,如何趋利避害,用好这把双刃剑,发挥好其独特的作用,需要市场参与各方共同努力。

一要抓好投资者教育和服务。证券公司、期货公司开展股票 ETF 期权业务,要向投资者把产品的特点讲清、规则讲透、风险讲够,严格落实投资者适当性管理要求。各类投资者要认真掌握了解股票 ETF 期权产品的知识,遵守相关规定,审慎评估风险,理性参与交易。

二要抓好风险管理和控制。没有严格到位的风险管理,就不会有衍生品市场的健康发展。股票 ETF 期权是第一个在证券交易所上市的标准化衍生产品,对长期开展证券现货交易的市场组织者和参与者都是新事物,期权做市也是新业务,上交所和中国结算要转变现货思维,准确把握衍生品交易的特点,牢固树立风险意识,建立健全风险控制措施,加强风险管理,切实防范系统性风险,维护市场平稳运行。

三要抓好市场监管。股票 ETF 期权是第一个在结算日以股票 ETF 现货交割了结的跨期现市场的衍生产品,这对我们传统的期、现货市场分别监测监控的监管模式提出了新的挑战。上交所、中国结算、投保基金公司、期保监控中心和行业协会等机构要切实承担起一线监管职责,加强信息共享和监管联动,发现违法违规线索,及时采取自律监管措施。中国证监会将加强对股票 ETF 期权市场运行各环节的监管,严厉打击市场操纵和内幕交易等违法行为,切实保护投资者合法权益。同时,及时总结经验,完善制度规则,促进市场健康发展。

最后,我衷心祝愿上证 50ETF 期权平稳起步、健康发展!谢谢大家!

沪港通共享“天时、地利、人和”

——桂敏杰理事长在沪港通开通仪式上的致辞

上海证券交易所党委书记、理事长 桂敏杰

（2014 年 11 月 17 日）

尊敬的韩正书记，肖钢主席，杨雄市长，各位领导，各位嘉宾，女士们，先生们，朋友们：

热烈欢迎大家来到上交所交易大厅，参加并见证沪港通开通仪式，分享这一激动人心时刻的喜悦与欢乐。

两年前，上交所与港交所高层讨论了利用信息技术手段实现两地市场股票联通交易的可行性，并商定了交易封闭运行、人民币交易结算、不改变投资者交易习惯以及在控制风险的基础上试点起步的原则框架，这次讨论成为沪港通建设的缘起。其后，在证监会、人民银行等监管部门的悉心指导和大力支持下，完成了项目论证、规则制定、技术开发、市场动员等一系列准备工作。

今天，两年的努力结出硕果，作为当事人和见证者，不免要多些感触。如此一项重大的对外开放举措能够顺利推出，这究竟凭的是什么？我想，这凭的就是“天时、地利、人和”。

党的十八大做出了全面深化改革开放的重大部署，三中全会明确了推动资本市场双向开放和加快人民币资本项目下可兑换的任务目标，同时又恰逢上海自贸区建设深入推进的重要契机，为沪港通建设指明了目标和方向。望之俨然，即之也温，这就是天时。

长期以来，上交所和港交所一直保持着密切的关系，各个层面走动频繁。同时，两个市场同属一个时区，规则、文化、习惯相互熟悉、彼此影响，为沪港通奠定了坚实的合作基础。同宗同源，声气相投，这就是地利。

沪港通提出后，得到了国务院的关注和重视，得到了国家有关部门、上海市的有力支持和指导，得到了证券业广大机构的积极响应和热烈参与，更有市场参与各方的广泛共识和热切期望。对此，我们深怀感激和敬意。人心所向，众望所归，这就是人和。

各位来宾，沪港通是国家开放战略的一部分，也是我国资本市场新一轮高水平双向开放的升级版，对上交所来说，则是朝着国际化目标迈出了重要一步。但这还仅仅是一小步，距离国家和人民的要求还有差距。我们坚信，这一小步必然会开启巨大的可能性，只要沿着正确的道路前进，持之以恒，艰苦奋斗，上交所成为国际一流交易所的目标就一定能够实现。

祝愿沪港通连通财富，连通机遇，连通人心，连通未来。

在“两会”媒体见面会上答记者问

深圳证券交易所理事长 陈东征

（2014 年 3 月 10 日）

21 世纪网记者：陈理事长您好，您在之前的采访中提到了创业板规则的修改。想请您介绍一下创业板规则的修改主要涉及哪几方面的内容，预期要达到怎样的效果？您预期什么时候会实施？

陈东征理事长：看来还是对创业板感兴趣。创业板现在规则的修改，修改什么内容实际上都在广泛议论，其实这也不是什么秘密。深交所的想法，第一是扩大范围，第二是降低门槛，就是能够吸引更多真正成长中的高新技术、具有良好成长性的企业。为什么说要进一步扩大范围呢？创业板在初期的时候，有人提出你们只涉及六个行业还提了一堆标准，其实它是个历史的发展过程。

为什么呢？创业板十年磨一剑，当初要推出的时候争论还是很大的。所以这个事情在发展过程中必然是从起步到完善，这是一个过程。那具体修改什么？这方面认识也不完全一致。大家都得清楚资本市场推进改革的难点，就是要取得相当程度的共识，没有共识就没有办法干事。

共识是靠凝聚，凝聚就有一个过程。再问具体时间和具体规则，其实想的也不用太完美。我可能自己有一个方案，觉得这样是最好的。实际上最好的东西往往在现实中不一定可行，我们总是从不完美走向完美。资本市场的发展都是一个过程，而且是一个渐进的过程，是一个凝聚共识的过程。

中国证券报记者：陈理事长，现在如何深化多层次资本市场的建设，为中小企业服务方面有一些什么样的新方向，会不会有一些新产品出现？谢谢。

陈东征理事长：中小企业私募债其实对中小企业发展是一个非常重要的渠道。因为现在直接通过 IPO，从目前来看，市场的要求比较高。在这个过程中，真正能够受惠的企业并不是很多。中小企业现在债券包括私募，可以通过交易所挂牌转让。现在大概大家最关心的问题是超日，超日现在出现了兑付的问题。但是怎么看这个违约？我是接触了一些方方面面，特别是经济界的和金融界的朋友们，更多的意见就说这个具体的事件是头一单，但是打破了债券的刚性兑付，是债券市场发展中的一个进步。

从深交所的角度来讲，最担心的是如何妥善处理这个超日债风险的处理问题。债券发展是一条广阔的道路，但是发展中也必然会碰到这样那样的问题。如果处理得不好，使这条路、这条发展方向受到了影响，从整个经济社会发展来看，对于中小企业发展是不利的。

通过这件事，应该说使市场，特别是广大投资者可以认识到，任何金融产品都客观存在着风险。如何防范和化解风险？是监管层也是深交所都在努力探索的。在这个探索过程中，代价是必然要付的，但是我们能不能做到这个代价是在可承受的范围内？而且不重复去付同样的代价？所以在这个过程中，我觉得交易所也应该有一个态度，在发展过程中应该尽职尽责。如果真是出现了由于交易所没有尽职尽责导致的风险出现，那也应该和所有的主体一样，承担相应的责任。

新华网记者：您有一个提案是关于大力发展中小企业提升为国家战略，能否结合深交所中小板、创业板谈一谈。昨天上交所理事长谈到了新兴战略产业板，可能会和创业板有所重合，您怎么看待这个问题？第二是现在国家大力发展混合所有制，将给资本市场带来什么样的机遇？

陈东征理事长：我看提的这两个问题还真是好。

先说一下昨天桂敏杰理事长给你们介绍的上交所战略新兴产业板。中国的多层次资本市场建设是在党中央、国务院、中国证监会的领导下，社会各方面咱们都参与，当然深交所和上交所是两个重要的参与单位，现在还有股权交易，有新三板、四板等都在发展，会越来越多。所以这里我想先回顾一下历史，就是深交所在打造中小板、创业板的过程中，确实得到了上交所的大力支持。

不知道你们了解过去上市的划分标准没有，中小板、创业板的推出过程中，上交所、全社会大家都做了努力，都做了工作。现在上交所提出战略新兴产业板块，这个板块是怎么样的，可能大家还需要有共识。大家记得创业板咱们是十年磨一剑是不是？我想我们现在的环境会比较好，可能用不了十年，但是必须论证清楚。

从我个人来讲是支持的，是赞许的，因为市场就是在创新中发展。上交所现在可能多少会有一点压力，特别是去年以来主要体现在成交量上。其实现在观念的转变，从大的角度讲叫不唯 GDP。成交量的起伏实际上虽然有一定必然性，但是也有很多偶然性。真正把大蓝筹做好，应该怎么做？这个大家可以见仁见智。我对这种探索精神表示赞赏，但是我认为探索和实现共识，包括符合中国资本市场的现状和实际，最重要的是要看什么呢？第一要看全局。不能就局部论局部，要从全局看。第二要看长远，不能仅看眼前。如果用交易量来说，深圳历史上曾经是上海的 1/10。所以唯交易量来判断两个交易所，是不太切合实际的。而且，深交所的指数，主板的指数跟上海主板是一样的，涨幅最突出应该是创业板，其次是中小板，这里面也有很多必然性，也不见得说是涨得高就好，涨得高其实是有隐忧的。

所以，真正要想打造成中国的多层次市场，不断完善，真正加大对中小企业，对创业企业的支持力度，绝不能只看眼前，也不能只看一时，一定要有一个可持续的长期的发展。这一点是我个人意见，我的态度是支持的，特别支持这种探索。但是这是需要一个过程的，不能太急。

第二个问题，谈到了混合所有制。我觉得这是一个非常关键的问题，这一方面我感觉好像证券媒体对混合所有制关注度不够。

这届“两会”我不知道你们注意没有，对混合所有制最关注的，谈的最多的，据我所了解的，一个是桂敏杰理事长谈到过，一个是我们工信部前部长李毅中，现在也是政协委员。4号那天，李克强总理到经济组和农业组去听汇报，李毅中部长第一个发言，他谈的就是混合所有制。我当时跟桂敏杰理事长坐在一起。

十八届三中全会公报征求意见的时候，我当时就说这个混合所有制作为基本经济制度写进了中央文件，对中国的资本市场是一个重大的利好。为什么？大家可以想一想，我们现在的混合所有制，形式将来一定会多样，但是现实最可行、最稳妥的政策是通过资本市场实现。资本市场是有这样、那样的问题，但是资本市场是一个相对公开、透明的市场。在这个市场中，不是绝对的，国有资产和民营资产双方面的顾虑，在这个市场上，出现状况的概率和可能性相对比较低。

因为这个市场经过二十几年的运行，我们付出了很大的代价，但是为混合所有制经济成为中国的基本经济制度，进行了非常有益的探索。混合所有制对中国经济未来所发挥的作用，我希望大家多多关注，共同努力，以较小的代价，能够尽快走出一条成功之路。

中央人民广播电台记者：我昨天听桂敏杰理事长说 T+0 的模式已经成熟，不知道您怎么看？两年前您对记者说过 T+0对中小投资者而言，更多的不是利好，您现在是不是还坚持这样的看法呢？

陈东征理事长：我两年前确实说过这个话，而且到现在为止，这种观点我并没有放弃。但是，我并不反对在大蓝筹实行 T+0。作为搞活大蓝筹的一项探索，我同样赞成。疑虑也同样存在，我们现在强调保护中小投资者，无论是从研究能力，从软件、硬件方方面面相比，中小投资者跟机构投资者比肯定是弱势。那么 T+0，我也知道很多中小投资者赞成 T+0，我只是说我的一种观点。这个市场总是要发展的，全世界大部分都是 T+0 吧，T+0 作为措施来讲，相应的有没有配套措施？比如我们一直按原来的规则打篮球，突然改成 NBA 的规则是不是公平？那在这种规则下我们只能输啊。但是不排除中国的 CBA 现在在逐步引进，在完善，在提高。所以这个市场的发育度不一样，采取的规则应该是怎样的？我觉得大家可以见仁见智。上海认为是适合的，特别是在大蓝筹进行试点，我是赞同的。

中央电视台财经频道记者：我的问题是去年以来上海主板市场和创业板市场是冰火两重天，创业板涨得很高，有一定的隐忧是刚才您说的，不知道这个隐忧是什么。我的问题就是很多创业板上市之后很多情况就变了，您是怎么看的？谢谢。

陈东征理事长：是什么隐忧你都替我说了，我是希望大家能够冷静地看待创业板市场。现在创业板市场的市盈率应该是全球最高的，而且跟中小板的差距非常大。这个一时的火不是火，我们的市场不需要火山爆发式的这种发展，需要的是一种循序渐进、持续稳定的发展。但是市场就是市场，交易所不可能左右这个指数。我希望包括这次新股恢复发行以后，包括在创业板，能不能够在总结经验不断反思的基础上，创造出一个稳定可持续发展的这么一条路。

短期内说高，其实创业板也有起落，创业板指数最低的时候跌到多少了？创业板现在最大的问题，就是业绩能不能支撑未来的发展。不能因为几家公司、少数公司断送了整个市场发展的前途。这个市场应该有一个合理定价，包括允许有一定的想象空间，但是不应该出现盲目性。我们这个市场所以说现在还是新兴加转轨，创业板现在其实机构持股的比例已经到了60%以上，按道理说机构应该比散户理智一点吧？可是现实中好像没有显示出来，好像同样在搏。这样的话，反映出市场的成熟是一个过程，就像一个孩子要长大要经过一个过程的，中间少不了要跌跟头，也少不了磕得浑身是疤。但是有了孩子不愁长，我们无非是希望这个孩子能在更好的环境中，更顺利地成长。当然这个是主观愿望，跟现实生活并不一样。

第一财经日报记者：之前新三板提出来要跟创业板或者中小板建立机制，就是这种各个市场的打通趋势越来越显现，想请您谈一下各个板块的互通和联动是怎样的发展趋势。另外就是认购深市新股必须持有深市的市值，您对这个问题怎么看？谢谢。

陈东征理事长：互联互通肯定是趋势。至于市值认购的问题，这是个技术上实现的难点，因为现在技术上没有实现两个市场完全打通。包括登记结算正在努力进行这方面的工作。我相信在未来打通是一个必然趋势，当然具体什么时间也没法说，趋势是这样。

经济日报、中国经济网记者：政府工作报告中提出发展多层次资本市场，加快股票发行注册制改革，我的问题是现在有一种观点将审核权交给交易所，您是怎么看待这个问题的？除此之外如何推行注册制改革，是否在新三板或者哪些领域推进此改革，面临着哪些瓶颈和问题？谢谢。

陈东征理事长：注册制将来不管什么形式，交易所承担的责任会越来越大。我们整个资本市场发展过程中，交易所的位置、责任、担子，这二十几年来是在逐步成熟、逐步完善的。但是随着注册制的改革，交易所的职责一定会发生比较大的变化。交易所能不能适应这种变化？我认为这是深交所要注意的隐忧之一。

说到放在哪儿审的问题，其实2000年的时候要设立创业板，当时我还在证监会，大家的思想非常统一，派了二十几个发行部的人到深交所，开始审什么？再融资。目的是什么？就是为了下一步创业板推出以后。当然等到创业板真推出来的时候，我是在交易所了，我就深感交易所没有能力承担这个职责。所以我的态度呢，是坚决反对放到交易所去。为什么？因为交易所没有这个能力。

那么今后的注册制究竟放在哪儿？我相信随着注册制改革的推进，就会越来越清晰了。这个市场大家会有各种各样的认识，我希望能达成一个基本的共识，这就好办了。所以，放在哪儿的可能性都有，但是要真放到交易所，对交易所是巨大的压力和挑战。

大众证券报记者：对创业板存在的隐忧，深交所会否采取一些措施？

陈东征理事长：解决创业板的问题，要靠全市场的努力，靠交易所上下，靠证监会，靠方方面面，大家一块来想办法。

市场的问题就要用市场的方法，靠提高市场自身的约束力，由市场来解决。行政手段只是暂时的，这是一个趋势。但也不能说完全不用行政手段，为什么？不是说靠市场自身不能解决问题，可能代价太大，因为市场很多时候是不理性的，是盲目的。但是市场就是市场，过分依赖行政的手段最终也要付出很大的代价。所以这里面就有个怎么平衡，怎么把握的问题。

和讯网记者：第一批新股上市当天普遍遭到爆炒，有的甚至涨了两三倍，证监会的政策不是抑制股价的爆炒吗？这种涨幅对这一政策是否会有所影响？

陈东征理事长：据我了解证监会正在研究这个问题。前年3月8日深交所出台了一个限制上市首日炒新的类似规定，半年后又做了一些微调。当时也是在媒体交流的时候，我说监管层确实是用心良苦。是不是能起到抑制首日炒新的作用？现在的现实情况并不理想，不是说限制首日之后就达到了预期的目的。

《财经》杂志记者：在注册制过渡的过程中，深交所未来扮演着一个什么样的角色？

陈东征理事长：不是想扮演什么角色，深交所不是可以挑角色的大腕，而是认认真真地干好分配给自己的角色。

路透社记者：陈理事长，我根据您刚才说的再问一下，如果大蓝筹可以实现T+0，其他股票还是T+1的话，在交易制度上会不会造成一些不公平？

陈东征理事长：这个问题客观上讲是存在的。但是所谓的公平都是相对的。NBA那个规则，三分球的界限越拉越远，区域越来越大，因为什么呢？他水平太高了，所以就扩大了，全世界现在跟着他。过去我们打球是上下半场，现在也跟着他是四节。据我所知，现在证监会也在研究这个东西，希望力求做到公平，初衷也是对中小投资者要保护，所以在具体实施过程中，我想在证监会征求意见的过程中，希望大家可以集思广益。T+0实行不实行？交易制度的制定还是在监管部门，这也是一个过程。某种程度上没有绝对的公平，比如真要设置投资者门槛，包括创业板那时也设置了投资者门槛，现在新三板的门槛最明显。但是只要是公开的，大家公开征求过意见，就可以试点，尽可能做到公平。公平很重要的一点，就是公开、透明。规则放在那儿，大家都知道，而且所有人都必须按规则来办。

腾讯网记者：您认为城商行的上市目前存在哪些困难，您是否担心城商行的一些坏账问题会影响资产的质量？

陈东征：我支持的不光是城商行上市，还有农商行，去年就这个我专门提了一个提案。今年总理报告里有一条，要把金融变成一池活水，来浇灌小微企业和三农，从这个意义上讲，支持一家小型的金融机构上市的意义，远远大于支持一家一般企业的上市。因为我们国家真正符合上市标准，能通过资本市场直接得到支持的企业，比例还是相当小的。广大的小微企业主要还是靠间接融资。真正要想使广大的中小微企业、三农企业得到实质性的支持，金融支持要搞活，支持中小城商行、农商行通过资本市场做大做强，是一个非常重要的方向。

从美国到日本，中小金融机构上市的比例非常高。我们最有代表性的是北京的城商行，现在北京银行的资产过了一万亿。现在的中小金融机构其实种类挺多的，有担保、小贷，还有典当等等，相对来讲比较成熟的还是城商行和农商行。城商行、农商行上市不是没有风险，但是上市以后实际上对于金融风险的控制是提高了。我们上市的南京、宁波、北京、浦发，还有在香港上市的重庆银行，上市对其提高风险控制水平有很大帮助。所以要把金融这池水搞活，真正支持中国经济发展，这是一个突破口，是值得做的，而且利大于弊，是风险可控的一种选择。

与会记者关注提案内容，陈东征理事长做了简要介绍。

陈东征理事长：我今年的提案是将大力发展中小企业提升为国家战略。里面讲了三点，第一个讲重要性，为什么要提升到国家战略。我觉得这次三中全会关于全面深化改革这个决定里，核心是什么？大家都可以有各种解读。我的解读是要最大限度地调动和发挥民间积极性，各方面的措施，总理的政府工作报告里强调是要靠改革的红利，要调动最广大群众，要解决群众最关心的问题。中小企业各项经济指标实际上已经全面占了半壁江山以上，自主创新的这些中小企业，包括从创业板，从中小板来看，第一讲重要性。第二讲紧迫性，具体就不说了。

第三讲具体建议。第一修法，中小板为什么能够推出？咱们有一个《中小企业促进法》，已经实施 12 年了，现在需要进行修改和完善。第二，现在开始制定十三五规划了，要把这个放到十三五规划里去。第三，加快完善中小企业的金融服务支持体系。里面有几条：一是大型商业银行进一步强化对中小企业的专项信贷支持。二是推进农商行、城商行等中小金融机构差异发展，使其专注服务本地中小微企业通过上市平台支持其做大做强，以直接融资促间接融资。三是加快发展多层次市场，中小板、创业板、三、四板按照各自定位，突出特色，按照党中央总体规划积极稳妥推进注册制改革。四是建议设立一个中小企业发展的部际联席会议制度，加强对于中小企业支持的进一步落实。

谢谢大家。

大力推进期货经营机构创新发展

——在“2014 年期货经营机构创新发展研讨会”上的讲话

中国证监会主席助理　张育军

各位嘉宾，期货经营机构创新发展研讨会，到现在已经开六个小时，先后有十五位嘉宾，发表了演讲。我也想借这个机会，就期货经营机构的创新发展，再谈几点意见，供今天与会嘉宾参考。

第一，要充分认识期货经营机构创新发展的重要意义。大家知道，期货市场发展二十多年，经历了曲折、复杂、艰辛的过程，期货行业或者期货公司也走过了一条同样的路。今天各位嘉宾在总结讲话中都强调，能提出创新发展，能在这里开这么一个研讨会，本身就来之不易。之所以来之不易，是因为在中国发展期货，是没有经过完整试验的，可以说是前无古人的事情。期货行业经历了两次清理整顿，交易所由上百家压缩到现在的 3 + 1，期货公司也是数百家压缩到今天 150 家，积累经验教训。通过多年整顿规范，我们终于逐步尝试新的业务了。我们对这一情况要倍加珍惜，大家需要从三个角度提高认识。

一是从党的十八大三中全会的角度，现在要全面推进深化改革，特别是要更好地认识“发挥市场在资源配置当中的决定性作用”的意义。

二是从四个多月前颁布的新“国九条”来看，里面讲到建立多层次的资本市场，讲到了提高证券期货行业竞争能力等等一系列问题。我希望大家可以从这个角度进一步提高认识，贯彻落实新“国九条”。

三是从证监会昨天颁布的《关于推动期货经营机构创新发展的意见》角度来看，我希望全行业要认真地学习，认真地把握，根据《意见》去做好公司发展的筹划规划。希望我们与会同志，下来以后要认真思考。上午尹主任讲过，我们把期货公司改为期货经营机构，本身就是一个重大的飞跃；还有期货行业问题之一就是机构单一，业务单一。姜主席、尹主任、施建军的讲话和发言，特点不同，有从监管的角度，有从立法者的角度，有从行业角度，很好地阐释了关于期货经营机构创新发展的主要路径的思考，我希望各位加大对期货经营机构创新发展重要性的认识。

上午交易所同志发言，有的把当前叫做战略机遇期，有的叫做黄金机遇期，你们可以领会一下他们四位老总关于对创新发展的把握。

第二，希望期货经营机构牢牢抓住创新发展的基本主线。

施建军期待今后三五年创新发展是我们的主线，牢牢把握这个主线。刚才王林同志从监管者角度讲了期货经营机构下一步监管，讲了五个方面十几条。施建军讲了几种情况，几条路径，在座各位怎么创新发展，怎么定位，配什么资源，投入什么能力，建什么框架，要认真思考。可以以施总的思路为基础，再好好讨论讨论，下来以后协会和相关机构还可以组织更专业、更具体的讨论。

当前和今后一段时期的创新发展，期货经营机构要重点抓好的几个工作。

一是扎实推进风险管理公司的业务创新。2012 年底，我们开展了风险管理业务试点，20 家公司，20 多亿资产，取得了一定成绩。下一步协会还是要牵头，加快推进这个工作。协会最近颁布了《指引》，希望期货经营机构消化学习协会的最新指引和 2012 年的办法，准备充分。风险管理公司是我们面向实体经济服务的重要手段，要扩大一批有意愿够条件的，把这个做好。

二是加快发展期货行业的资产管理业务。2012 年启动，到现在 36 家，我们很快可以放开。整个私募资产大家都可以做，我们会把办法统一起来，证券公司也好，期货公司也好，按照统一标准大家开展私募业务，要看行业的准备情况继续扩大。今天下午我们专门请了两家私募资产管理机构，讲了怎么做好私募基金，对冲基金的情况，行业这方面既缺人才，也缺经验，还要继续加强资管专业能力的培养和学习，这是非常重要的。

三是积极探索发展场外衍生品业务，这方面怎么做，还没有头绪。今天与会的券商做起来一部分，把股票场外衍生品做起来了，大概两三千亿，互换的做了一些，期权也做了一些，但是期货行业怎么做，还没有破题，还需要继续探讨。希望协会以及相关有条件的机构，抓紧探讨，怎么样能够做好这件事。

四是加快探索培育专业的交易商队伍。这次作为证监会意见的重要举措提出来，这是文件的主要亮点之一。

五是进一步推进期货行业双向开放，有对内，有对外的。核心就是走出去，引进来，我们希望这个年内要启动。

围绕这些重点内容，我希望咱们期货经营机构，把精力、专业能力落实到创新发展意见的实施上来，紧紧把创新发展、转型升级作为公司进一步发展的重要手段和路径。

第三，强调一下遵守职业底线，加强合规风控管理。

我们搞市场经济，是在社会诚信基础很差、大家专业能力较弱的情况下起步的，所以违纪违规现象屡禁不止。我要强调期货经营机构一定要守住自己的职业底线，加强合规风控管理。我们走过太多的不必要的弯路，很多违规非常让人痛心。今天的会议是今年开过的第三个创新大会：5 月 8 日，证券公司创新发展大会，6 月 16 日基金公司创新发展大会，今天期货经营机构创新发展大会。每次开会我都讲，大家要珍惜来之不易的局面，底线都守不住，让人实在不太放心。底线很简单，诚实守信，提高对客户忠诚度；不去骗人，不搞利益输送；自己也别上当受骗，提高点专业能力。

下一步咱们要加大资产管理业务的力度，同样也要守住底线。在守住底线基础上加强专业能力培养，要有合规、要有风控。今天有人讲到，如果要转型发展，原来的风控合规肯定是不够的。我希望在合规风控上，大家一定要先跟上。这次全球金融危机已经证明，谁能活到最后，不取决于你的赚钱能力，而是取决于你不赔钱的能力，所以合规风控的事还是要给行业提个醒。

另外还要加强客户管理，保护客户权益，客户是我们的上帝，今天不管你想做什么业务，都要考虑你的客户在哪里，你的客户赚钱没有。你给客户赚多少钱，是不是赚到平均收益率曲线以上，怎么样让你的客户有更好的服务，能有更好的风险识别能力、风险承担能力。

第四，在创新发展当中，尤其需要加大人才培养，为创新发展提供人力资源保障。

过去由于我们期货市场业务相对简单，大家主要从事一种业务，从业人员专业水平、专业管理能力还不是太高。近几年有了一些发展，已经有了一批经验较丰富的专业人才，但是还不够。在创新发展条件下，各个期货公司、期货经营机构，都需要加强业务培训，加强专业学习。在这一点上，捷径之一就是向发达市场的期货经营机构学习。今天我们请海外机构来给我们做介绍，就是随着我们业务的多样化，对金融业务的学习，显得十分必要。行业要形成一种学习的文化，学习的氛围十分重要。加强人才储备，希望协会这方面能够发挥更独特的作用，也希望我们各个公司要有人才培养的系统规划。大家都在讲场外衍生品，咱们有多少人都做过，有多少人懂？今天很多专家已经讲到，场外衍生品当中 90% 是金融衍生品，是外汇，是利率，是股票，这些咱们都需要有培训。我觉得每个公司要花相当的时间来加强队伍培养，加强人才引进，包括海外人才引进。在这方面，尤其要把职业素质比较高的人才引进到公司里来，同时要加强激励与约束机制建设。现在我们国内也搞激励，有些激励过于短视化，资产管理不能搞项目一对一当期激励，做完以后就跑，把风险转给公司，自己去跳槽，这是不行的。一定要激励机制长期化，跟约束机制一样，没有约束激励机制，你的公司难保没有损失，你要有人才评价和认证机制，我们协会要进一步完善考试制度、培训制度、选拔制度和监管制度，一定要把害群之马曝光在光天化日之下。从业人员资格管理，这块我们还没有放开，监管机构部门审批从四十多项减到了五到六项，没有减的就是人员，尤其是高管人员资格审查和管理，今后我们会进一步加强这方面的力度，进一步把行业人才状况建立得更好，把不合格、不尽职，甚至从事违法违规的人员，牢牢打进黑名单，从黑名单当中清理。在这方面，确实如施建军讲到的一样，我希望所有从业人员珍惜来之不易的机会，在创新发展当中，守好自己的底线。真正能够使期货衍生品成为我们国家风险管理的基本工具，真正能够实现通过期货及衍生品行业风险管理能力的提升，为我们国家实体经济发展，为老百姓财富增长，做些有益的工作。

坦率地讲，在全球就是否需要发展衍生品行业，直到今天争论还没有结束。衍生品就是一个管理工具，利用得好，还是利用得坏，取决于我们今天在座各位期货及衍生品行业的从业人员。今天的创新大会，我相信各位一定能够按照党中央、国务院关于服务实体经济的本质要求，按照证监会发布的创新发展意见，在自己的所在单位、所在岗位，为我们国际金融中心，为我们国民经济发展，为我们中国梦的实现，为我们风险管理工具在国民经济更广泛的应用，做出更大的贡献。

谢谢大家！

在 2015 年亚洲金融论坛“沪港通专场”上的发言

上海证券交易所总经理　黄红元

（2015 年 1 月 20 日）

“其实，沪港通可能就像我们熟悉的京沪高铁一样——2011 年京沪高铁刚刚开通的时候，车厢里经常空空荡荡，很多人怀疑，建这样一条高速铁路是否太超前了，浪费了宝贵的建设资源。可就在短短一两年内，京沪高铁的客流量稳步增长，到现在，高峰期竟然会一票难求。所以，我坚信沪港通会像京沪高铁一样，以高效、便捷的特点吸引越来越多的客流，直至成为资本市场上的一种‘生活方式’。”

各位来宾，女士们，先生们：

大家下午好！

时值沪港通开通两个月，很高兴能参加今天的沪港通专题论坛。昨天开幕式上，梁特首和多位主讲嘉宾都将沪港通视为 2014 年的重大事件，对其评价很高，中国证监会主席肖钢对市场关注的沪港通相关问题专门做了回应。我们经历了筹备阶段的兴奋、激动，方案设计阶段的紧张、担心和沪港通成功推出后的从容、淡定，今天，我们很欣喜地看到，沪港通正面效应正逐步显现、发酵。沪港通无疑是亚洲金融市场融合发展的生动案例。借此机会，我想向大家介绍沪港通的运行情况、近期变化和下一步优化沪港通机制的思考以及上交所对于未来发展的展望。

一、沪港通总体运行情况

沪港通开通以来，交易平稳有序，总体上符合预期，得到了方方面面的积极评价。可以说，沪港通已成功架起了两地市场互联互通的桥梁。

从交易额看，沪股通累计交易 2161 亿元，日均 54 亿元，港股通累计交易 339 亿元，日均 9 亿元。从额度使用看，沪股通累计实际使用额度 814 亿元，占初始总额度 27%；港股通累计实际使用额度 181 亿元，占初始总额度 7%。从资金流向来看，北上资金偏好蓝筹，南下资金偏好中型股。北上交易中，上证 180 指数成分股的交易占比达 94%。南下交易中，中型股的交易量占比达 71%。从资金流入的行业来看，北上资金流入金融、地产、可选消费等行业，南下的资金流入了金融、工业和能源等行业。值得一提的是，由于过去一段时间上交所大盘蓝筹股表现良好，给沪股通投资者带来了丰厚的回报。

同时，开通两月来，沪港通业务与技术系统运行顺畅，安全高效。有人告诉我，包括外资投行在内的很多专业机构，都认为沪港通的机制设计和技术安排相当复杂，但开通后没有出现任何偏差，普遍认为能取得这样的结果是非常了不起的，也说明沪港通这座连接内地市场的桥梁是结实的。

二、沪港通的新变化

元旦前，有媒体说沪港通“北温南冷”，桥上北上人多，南下人少。我们也注意到了这样的现象在一定程度确实存在，但是，我们也同样注意到最近半个月来，出现了三个新变化：

第一个新变化是港股通交易规模稳步放大。虽然北向交易量和南向交易量相比总体上是 6:1，北上多一点，但是元旦前南北交易比是 8:1，元旦后变为了 3:1，港股通日均从 7.3 亿元成交上升到 13.4 亿元人民币，升幅达到了 82%。

第二个新变化是南下资金逐步放大。元旦前，日均资金流入约为 3.7 亿元，但是元旦后，日均资金流入达到 7.6 亿元，增长了一倍。

第三个新变化是港股通投资者开户数量持续上升。我们统计过，在沪港通开通时，前三个月开户数 38 万，但是元旦后半个月内，新增开户就达到了 12 万户，目前总开户数已经超过 50 万户。

通过以上三个新变化，我们可以看到南下交易逐渐升温了，越来越多的内地投资者开始关注香港市场，沪港通未来发展越来越值得期待。

三、市场关心问题的解读

沪港通从宣布到推出，媒体大众都很关注，部分人士认为交易没有预期活跃略显失望，这里我想谈一下个人理解。其实，沪港通就像我们熟悉的京沪高铁一样，2011 年京沪高铁刚刚开通的时候，车厢里经常空空荡荡，很多人怀疑，建这样一条高速铁路是否太超前了，浪费了宝贵的建设资源。可就在短短一两年内，京沪高铁的客流量稳步增长，到现在，高峰期竟然会一票难求。所以，我坚信沪港通会像京沪高铁一样，以高效、便捷的特点吸引越来越多的客流，直至成为资本市场上的一种“生活方式”。

我们很早就强调过，投资者对沪港通的理解需要一个过程，对两地市场的差异也需要一段时间来适应。最近，我们对内地和香港地区的投资者做了一些调研，大多数的问题我相信大家已经通过媒体和研究报告有所了解。

沪股通方面，长线基金都还没有开始参与。香港地区投资者还不适应 A 股的前端检查机制，香港基金注册在欧洲的，需要得到欧洲监管当局的批准。

港股通方面，内地机构投资者由于交易的准备工作尚未完成，也没有参与港股通。内地的符合 50 万资产条件的个人投资者其实不少，大约有 300 万，其中已经开通业务的超过 50 万，但是真正参与交易的只有不到 4 万户，不到 8%，对于香港市场交易规则、上市公司、市场运行机制不了解是内地投资者参与港股通还比较谨慎的重要原因。这里我想再举几个例子。

以交易制度为例，前段时间一个内地在港上市的知名企业，股价一天跌了 40%，内地投资者很震惊，因为这与内地投资者习惯的有涨跌停板是有很大不同的。我听说一些内地机构设计出的通过商业银行发售的港股通的产品，由于港股没有跌停板，难以通过内地商业银行的风控审核。

还比如在近期完成的港股“人和商业”供股过程中，内地投资者通过沪港通获得 9000 多万股供股权，其中有 44% 的供股权既未行权也未卖出。究其原因，是内地交易性投资者以为供股权当权证看，会涨起来的，但是到最后截止并没有涨起来，供股权交易价格只剩下 1 分，卖了还不够手续费，所以就没卖。

再如，在行情获得方面，香港和国际上的投资者都付费使用交易所行情，但内地投资者在过去的 25 年里一直习惯了免费行情，所以他们很难接受行情费用。根据目前的安排，内地投资者可以获得两所互换的一档免费行情，但是对于交易而言，一档行情是不够的。港交所对于内地投资者提供了一个特别的行情促销活动，在 2 月底之前向内地投资者提供免费的十档行情，但是券商考虑到以后要收费的，所以并没有把港股的免费十档行情嵌套在自己的交易软件上，投资者如果要根据免费行情进行交易的话，需要登录单独的十档行情终端，实时切换，投资者普遍反映很难接受。

再例如，内地机构投资者普遍反映，很难获得合法合规的研究报告，就算获得了，买方和卖方的服务网络也没建立起来，对于报告的深度解读没有跟上去。

以上这些例子所涉及的问题，其实不是不能解决，但是需要时间，投资者熟悉一个新的市场是需要过程的。沪港通作为一座架设在两个法律框架、制度规则、交易习惯互相独立的市场间的桥梁，其建设过程固然不易，但是要更多人来使用这座桥，也还需要有关各方共同努力。沪港通是两个独立市场之间互联互通的典范，也是一国两制下资本市场合作的巨大创新，是两地资本市场各界人士共同努力的成果，克服了很多困难，得到了党和国家领导人前所未有的支持，来之不易。沪港通才开通两月，其成交量就已经与发展了 12 年的 QFII 成交量相当。我认为沪港通潜力非常大，远未发挥出来，我们要高度珍惜，脚踏实地地进一步挖掘沪港通的潜能。

四、沪港通下一步的改进

沪港通一定会逐步改进和完善，但是怎么做，我们还需要认真观察，深入分析，全面评估。昨天肖主席在讲话中也指出，2 个月时间很短，一些场景已经顺利通过市场的检验，但是还有些业务场景需要接受时间的考验。一个月前，沪港两所就如何优化沪港通机制有专门讨论，双方都提出了很多设想，在现有框架下就有很多举措近期就可以推进。

一是加大宣传和推广，特别是重点推动机构投资者参与。对于内地机构，首先是尽快落实公募基金参与港股通。目前，内地基金投资股票的资金存量有 1.5 万亿。其次，要推动基金公司研发以沪港通为标的 ETF 产品。近期，华夏和南方基金发行的两只基金首募超过 10 亿元人民币，表明投资者有一定热情。

二是研究港股通下建立融资融券制度的方案，沪港通管理办法对融资融券是留有口子的，一旦我们完成了规则修订并建立好业务流程，港股的融资融券很快就能开出来，港股通的交易也会更加活跃。

三是我们将配合证监会组织券商共同探讨研究报告的推送方式，提高两地互推研究报告的可操作性和效率。

四是配合港交所进一步研究符合内地投资者习惯的行情收费政策，为投资者获取港股行情数据提供便利。

以上任务是短期可以完成的，但是有些任务是需要长期不懈努力的，需要克服很多困难，比如：名义持有人的问题，比较复杂，又是影响境外机构参与的重大障碍，我们也在研究通过看穿式账户或让外资机构直接在中国结算香港公司开户等方式来解决。

还比如对扩大标的范围，扩大到ETF、RIITs、债券、额度控制机制、交易日历等，需要沪港通运行半年到1年后再进行全面评估。

我相信，经过大家共同的努力，沪港通的潜力一定会充分发挥出来。

五、上交所对于未来发展的展望

昨天，中国证监会肖钢主席在论坛主题演讲中指出，“抓住机遇发展亚洲财富管理行业，推动亚洲储蓄向亚洲投资转变。”下一步上交所将以国际化和改革创新为动力，推进股票、债券、基金和衍生品四个市场建设，满足财富管理对定价和资产配置、风险管理的巨大需求。

在股票市场方面，借注册制改革契机，上交所将积极拓展优质上市资源，夯实蓝筹股市场发展基础，优化上市公司行业结构，吸引新兴产业企业上市，增强市场吸引力。

在债券市场方面，上交所将大力整合市场资源，完善市场机制，抓住机构间债券市场、公司债扩大试点、资产证券化业务良机，控风险，扩规模。

在基金市场方面，上交所将持续开发基于全球主要市场指数和大类商品的ETF产品，实现“一市联百业、一所跨全球”，为投资者提供便捷、高效的全球资产配置服务。

在衍生品市场方面，上交所将确保上证50ETF期权2月9日如期上市。考虑到期权产品内地没有先例，风险较大，我们采取了严格的风险管控措施，预计初期交易不会活跃。随着市场培育逐步深入，我们期冀期权产品能有效发挥风险管理的功能，吸引社保等长期资金入市。

朋友们，当前中国经济呈现新常态，“一带一路”、京津冀协同发展和长江经济带协同推进，以互联互通引领不同区域优势互补、要素联动和共同发展。同时，法制建设、国有企业改革、金融改革等红利加速释放，为中国资本市场发展提供了新动能。我期望在新的一年里，大家继续关注、参与中国资本市场，继续支持上交所事业发展！

谢谢大家。

金融服务经济　财富创造未来

——在青岛“金融服务经济，财富创造未来”财富管理论坛上的发言

深圳证券交易所总经理　宋丽萍

（2014年6月21日）

中国的财富管理市场正在大规模兴起，快速发展。证券业和资本市场延伸、强化财富管理功能，参与、融入到财富管理市场的发展中，已成必然，也是必须。新国九条提出了要求，指明了方向。在财富管理市场，交易所是一个已有一定经验的实践者，更是一个需要与时俱进的学习者。借此机会，我谈几点体会。

第一，我们是一个发展中大国，金融业立足服务好实体经济这一根本，有特别重要的意义；财富管理与财富创造是共生关系，发展财富管理市场的出发点、着眼点，要更多地放在通过财富管理去激发财富创造、促进财富形成上

财富管理市场的繁荣和可持续发展，是以财富创造为前提的。正是有了前面30多年的财富创造、财富积累，我们成为了世界上人口最多的中等收入国家，这才内生出了旺盛的财富管理需要，为财富管理市场形成打下了基础。一切都是水到渠成。

财富管理市场的出现，它的基础是我们已经成为一个中等收入国家；财富管理市场的发展，它的前景取决于经济转型升级。今后，我们靠什么完成经济转型升级，继续去创造和积累更多的国民财富？答案只能是创新，实施创新驱动发展战略，依靠创新的力量去创造新的国民财富。

在6月9日的两院院士大会上，习总书记再次系统、深刻、生动地阐述了创新，尤其是科技创新的重大意义。正如总书记所指出的，“中华民族是富有创新精神的民族”，而“我们比以往任何时候都更加需要强大的科技创新力量”，我们要“把创新驱动的新引擎全速发动起来”，“让一切创新源泉充分涌流”。

为创新领域聚集财富的力量，为全速发动“创新驱动的新引擎”加油，即使不是我们发展财富管理市场的全部内容，也应成为一条主线和核心内容。

站在财富管理行业的商业利益角度，我们也应该看到，过去支撑了高速增长和财富创造的那些传统比较优势，难以支撑新一轮的大规模财富创造，而“知识型人力资源”等各类支持创新的资源储备日益雄厚，正在形成新的比较优势，当前各方面的创新、创业激情也空前高涨。在这样一个新时期，创新有条件成为，也一定会成为未来国民财富创造的主要源泉、国民财富形成的富矿区。问题是，如何将创新领域的金融服务需求，转变为可供投资者选择的理财产品工具，在财富创造过程中实现各方的共赢。

加快创业板改革，一个重要目的就是让更多有创新能力，也能够为投资者创造财富的企业进入资本市场。在这

些年的调研中,我们也发现一批优秀的科技成果、科研力量还没有完全转化为现实的财富创造能力。打通科技成果出资入股等渠道,盘活那些宝贵的智力财富,实现创新链、产业链、金融链在财富管理市场上的有机融合,财富管理市场是大有可为的。

第二,财富管理市场的发展应该建立在坚实、宽广的社会基础上,需要向下延伸覆盖更多的人群

一些机构统计,按保守估计,目前我国千万富豪人数已达到 105 万人。这个颇具规模的"高净值人士"群体,是财富管理市场的"高端客户"。重视高净值人士,无可厚非。过度关注,并不可取。

如果优质的财富管理服务主要提供给高净值人士,而普通人只能得到性价比相对较低的财富管理服务,这在客观上会进一步加大已经较为严重的收入分配差距,不利于社会公平,也会让财富管理市场发展的社会基础变得脆弱。

覆盖面狭窄,也不利于财富管理市场拓宽发展空间。在高净值人士群体之外,财富管理是否有商机,这个问题实际上已经有了答案。去年 6 月,支付宝推出"余额宝",仅用半年时间就拥有了 8100 万用户,资金累计将近 5000 亿。对余额宝这个产品的看法目前有分歧,但它对财富管理市场发展是很有启发的:它让我们看到,在高净值人士群之外,存在一个人数众多、潜力巨大、需求旺盛的客户群,"全民理财"的大门并没有想象的那么远。随着城镇化以及居民收入水平的提高,这一客户群还会扩大。

财富管理市场向下延伸扩大覆盖面,投资者权益保护、投资者教育需要及时跟上,如何把合适的产品卖给合适的投资者,类似问题也要有专业化的解决方案。对于资本市场来说,投资者适当性管理、创新产品的风险评估和分类这两项基础设施性的制度建设,就需要加快推进。这对于一个还缺乏深厚财富管理文化积淀的市场,尤其重要。

第三,财富管理业务很大程度上是靠高质量的主动服务驱动的,券商营业部要发挥好作用

受制于相对简单的通道业务,产品是标准化的,客户是无差异的,风险由监管机构来判断,营业部的功能在过去没有发挥出来。加之受互联网冲击,115 家证券公司现有的 6000 余间营业部,近年来的发展空间在萎缩。调研中,我们看到不少业内人士对营业部的发展前景比较悲观和困惑。随着财富管理市场发展和券商转型,营业部的价值需要被重新认识,一些新的功能也有必要发展起来。

一是出于提供增值服务的需要,或者是出于认识投资者的职责所在,营业部都是一个不可替代的窗口。营业部直接面对投资者,是证券公司全方位的客户终端,又处于投资者服务保护的一线,多层次资本市场的产品服务最终都是通过营业部向客户呈现,投资者的需求、风险承受力也是通过营业部来挖掘和甄别。目前,已经有部分证券公司在对营业部的组织功能架构进行重整,以客户为中心,重视塑造营业部的客户管理职能。我们相信,在多层次资本市场未来的发展中,营业部的作用将越来越重要,也会成为财富管理向下延伸的关键支点。

二是服务区域经济和社会发展的需要。国际化、全国统一大市场的发展,都可以为财富管理提供机遇和广阔的平台,但是,我们不能忽视区域性财富管理市场的意义。对于中国这样一个市场容量巨大,区域差异明显的国家来说,更有其必要性和可行性。我们需要"高大上"的财富管理,也需要草根的财富管理实践。营业部如何渗透到区域经济社会发展中,推动财富管理市场的区域化发展,是今后值得思考的一个课题。

也正是因为看到了营业部的意义,为加快行业转型,强化营业部的支点功能,深交所希望发展好市场公益平台作用,打造"会员营业部之家",并从人才培训、资料软件、产品开发等方面推进这项工作。

第四,中国财富管理市场兴起于互联网时代,互联网已经深刻改变了很多行业,财富管理行业和财富市场的发展也需要有互联网时代的思维

互联网发展日新月异,财富管理市场也在快速发展,预测二者在融合中的发展,是非常困难的一件事。也许正是因为有这样的困难,当前关于互联网金融等问题的看法才会出现较大分歧。

尽管有分歧,但有一点是可以达成共识的:互联网和大数据技术,为金融业创新发展提供了强大的技术实现手段,低成本地满足庞大客户群的多元化财富管理需求,已经成为可能。

在交易所,大数据技术在以前主要被应用于市场监察中。现在,我们也在探索如何用这项技术来支撑财富管理市场的发展。

第五,财富管理市场的发展,有可能重新塑造金融业的产业链、价值链,协同与合作有了更多的可能性和空间

在财富管理的语境下,直接金融与间接金融之间,证券业与银行业、保险业、信托业之间,可以看到更多的共通点而不是差异。不同金融业态之间的协同与合作,有了更大的空间、更多的机会。

早在 2007 年,深交所就开始思考如何构建一体化交易平台,打造金融超市。回过头看,这项工作取得了一些成绩,但整体进展并不明显。

随着大财富管理时代的到来,面向一个高度综合的财富管理市场,我们愿意与各方面共同探索,为财富管理市场发展打造一个高效率的交易所交易平台。

加快《期货法》立法　促进金融期货市场大发展

中国金融期货交易所董事长　张慎峰

国务院发布的"新国九条"吹响了全面深化资本市场改革、推进资本市场法治化的号角。金融期货市场是最典型的规则导向型市场,进一步发展和繁荣,迫切需要期货法治水平的"提档升级"。

一、我国金融期货市场的发展,得益于过去多年期货市场法治水平的提升和保障

一是以《期货交易管理条例》为核心的期货市场法规体系开启了金融期货的新时代。2007 年《条例》将期货交易的适用范围从商品期货扩大至金融期货，强化了交易所整体抗风险能力，为股指期货等金融期货品种的顺利上市和规范运行奠定了良好的法制基础。2012年《条例》修订，进一步拓展了金融期货市场未来进一步发展空间。

二是期货市场20多年形成的法规体系和监管框架，保障了金融期货市场的健康发展。我国期货市场形成了由"一个条例"、"两个司法解释"、"若干办法"和相关自律规则组成的期货市场法规、规则体系，保障了期货市场的发展运行。市场监管中形成的一系列基础性制度，为金融期货的健康规范运行奠定了坚实基础。

三是在《条例》等法规制度的保障下，产品功能发挥充分，为资本市场的健康发展贡献了力量。沪深300股指期货上市4年多来，股指期货服务资本市场发展全局的积极作用日益显现，成为股市波动的"平衡器"，成为财富管理的"保险单"，成为提升股市核心竞争力的"助推器"，起到股市投资文化"催化剂"的作用。国债期货运行平稳，成功实现预期目标。

二、我国金融期货市场的进一步发展，需要更高层次的法律规范保驾护航

市场要发展，法治需先行。金融期货进一步成长需要尽快出台《期货法》。

第一，实体经济需求强烈，金融期货市场发展潜力巨大，市场大发展需要《期货法》这一"尚方宝剑"。从实体经济需求来看，我国金融期货发展还很不够。2013年底股票市值24万多亿元，债券市场余额30万亿元，对外贸易进出口总值4万多亿美元。作为全球第二大经济体，我国实体经济存在规模巨大的风险管理需求。对金融期货的避险功能提出了更高要求。金融期货大发展、大繁荣需要《期货法》提供更高层级的法律支持。

第二，金融期货市场涉及面广，监管协调任务重，需要期货法予以统筹协调。金融期货市场基础资产多元，参与主体众多，交易机制复杂。《条例》由于法律位阶较低，规范的主要是场内期货交易，对于证券衍生品和期货衍生品的界定、场外金融衍生品交易的规范、基本民事法律制度等问题尚不明确。《期货法》需要厘清界限，合理划分相关法律的分工。同时，金融期货市场的基础资产监管部门众多，协调工作层次高、难度大。为了实现市场互联互通，形成市场发展合力，需要在《期货法》层面进行协调。

第三，金融期货市场的对外开放战略安排、国际竞争力的提高和国际定价权的保护，需要《期货法》提供法律保障。随着期货市场对外开放的推进，金融期货市场也面临着严峻的竞争态势。境外市场纷纷推出了基于中国金融资产的金融期货产品，国际定价权的争夺和国家金融主权的维护形势日益严峻。为促进双向开放，保障对外开放于法有据，保护跨境交易者合法权益，需要《期货法》提供制度依据。

第四，金融期货市场的风险防范机制需要《期货法》予以规范。金融期货对风险防范要求格外高，对交易所自律监管时效性要求格外强，需要在法律层面夯实中央对手方和自律监管的法制基础，需要在法律层面对公司制交易所组织形式、分级结算制度和交易者适当性制度等重大制度进行明确规定。

三、关于期货立法的几点思考

结合金融期货市场实际，谈谈关于期货法立法的几点思考：

一是《期货法》应当确立金融期货市场服务并服从于实体经济的基本原则。金融期货市场是专业的风险管理市场，市场发展不能自娱自乐，需要谨防金融创新演变为"脱实向虚、自我循环、自我膨胀"的"空转"。金融期货市场建设必须从服务于现货市场，满足实体经济和广大参与者避险的需求出发，树立"社会责任至上"的基本理念。金融期货要为经济社会发展"多帮忙，不添乱"，满足实体经济多层面风险管理需求，形成相互依存、相互促进、互动双赢的良好局面。

二是《期货法》应当定位为一部期货及衍生品市场基本法，与证券法合理分工，将场外衍生品纳入调整范围。从法理来看，相同法律关系应当纳入同一部法律调整，这样可以避免监管套利，防范监管漏洞和真空。对于证券衍生品，应当根据产品功能、风险特征和法律关系分别纳入证券法和期货法调整。建议将具有发行环节、采用现货交易机制的权证等证券衍生品纳入证券法调整范围；将采用标准化合约交易方式的期货期权等证券衍生品纳入期货法调整范围。

从境外立法来看，期货法调整范围不仅包含期货期权合约，也涵盖场外交易。将场外衍生品纳入期货法调整范围，符合国际市场发展和监管趋势，也是履行我国国际承诺的举措。因此，有必要将与期货交易风险管理特征类似的场外衍生品纳入《期货法》调整，为场外衍生品市场的健康发展提供法制保障。

三是应当夯实公司制期货交易所自律监管的法治基础，促进金融期货市场规范健康发展。中国金融期货交易所是国内第一家公司制交易所，承担着金融期货市场创新与发展的重任。《期货法》应当明确认公司制交易所业务规则法律效力，确立公司制交易所的基本制度安排，规定交易所民事责任豁免制度，建立交易所诉讼阻隔机制，增强自律监管的法律保障。

四是《期货法》应当确立期货结算机构在风险控制中的"中流砥柱"作用，引入中央对手方制度，增强防范系统性风险的能力。从境外经验来看，期货结算机构存在水平（独立）和垂直（内设）模式。随着市场发展，对于独立结算机构有需求，期货法应当为其预留空间。在结算环节，结算机构是市场风险控制的核心，必须敢于担当，通过中央对手方制度防范系统性风险。在《期货法》中确立期货结算中央对手方制度，是顺应国际期货市场发展趋势，推动我国期货法律与国际接轨的必然要求。同时，应强化以保证金为核心的风险预防制度、以结算财产保护为核心的风险隔离制度配套。

五是《期货法》应当立足于保护各方尤其是交易者合法权益，建立高效、多元化的期货纠纷解决机制，引入行政和解制度，提高执法效率。从国际经验看，在多元化利益格局下，通过建立多元化纠纷解决机制，可以合理利用各种资源，充分发挥市场主体、社会组织和当事人的自主性，促进纠纷解决机制的生态平衡，为当事人提供获得救济、实现公正的多元途径，《期货法》急需确立多元化纠纷解决机制。同时，维护市场参与者合法权益需要提高执法效率，而行政和解就是符合国际执法潮流的制度选择。引入行政和解制度可以快速释放期货市场风险，防范违规行为引发系统性风险，率先在我国期货监管执法中引入行政和解制度非常必要。

六是《期货法》应当促进期货市场监管转型，促进市场创新和发展。期货市场是发挥市场在资源配置中起决定性作用的重要环节。《期货法》应当立足于市场化的取向，体现"促进法"的定位，减少事前行政审批、加强事中和事后监管。就交易所而言，建议对设立交易所、设立结算机构、期货品种上市、业务规则制定修改等重大事项进行审批，同时明确审批核准原则和时限，为市场创新提供明确预期。

七是《期货法》应当促进期货市场国际化。《期货法》应当确立双向开放机制。就“引进来”而言，建议明确境外参与者境内开展期货业务的原则规定，建立境外参与者的准入机制；明确期货市场对外开放的法律基础。就“走出去”而言，明确境内参与者境外从事期货业务的相关规定，允许境内个人和机构在境外从事期货业务。

新时期　新挑战　新使命

——银监会副主席王兆星在第四届财经高峰论坛上的讲话

各位朋友，女士们，先生们：

大家好！今天会议的主题是“两岸及香港金融和合作新机遇”，突出了一个“新”字。国际金融危机后，全球金融形势发生了深刻改变，表现出了许多不同于以往的新特点，对“两岸三地”的金融发展和合作来说，机遇与挑战并存。今天，我主要从金融监管的角度，谈谈在新的历史时期，面临的新挑战，和应当承担的新使命。

一、新时期

目前我们所处的新时期，有九个鲜明的时代特征：

一是后金融危机时期。肇始于2007年的国际金融危机，是大萧条以来最严重的全球性金融危机，也是全球经济发展中的一个重要转折点。目前全球已经从危机全面爆发阶段进入了改革重整和复苏阶段，危机的最终解决机制将深刻影响今后一段时期世界的整体经济和政治框架。

二是治理危机与经济复苏并重的重要时期。过去几年来，治理危机和促进经济复苏是全球经济金融领域的主旋律。各国综合运用金融、财政、货币、贸易及产业政策，稳定市场信心、恢复金融体系的正常运转，刺激经济全面复苏。同时，整固财政，强化财政纪律和预算约束，推动金融监管改革，规范金融机构行为，加强危机治理。

三是财政货币政策的重大调整时期。危机后美联储综合运用常规和非常规货币政策，先后10次大规模降息，并使用了流动性工具创新、信贷宽松和量化宽松等新的政策工具。各国政府实施了大规模刺激性财政政策。这些措施奠定了全球经济以较快速度复苏的基础，但也存在政府资产负债表大幅扩张，流动性过度宽松等副作用。

四是金融监管制度、规则的重大变革时期。国际金融危机后，国际监管规则密集调整。第三版巴塞尔协议构建了资本和流动性监管同步强化、宏观审慎和微观审慎相结合的银行监管框架。各国金融监管的深度和广度进一步扩展。影子银行被纳入监管范围，金融产品创新和金融消费者保护要求进一步提高。

五是金融结构的重大变化时期。一些国家长期以来的金融混业经营结构在危机中表现出了脆弱性。美国“沃尔克规则”、英国“栅栏原则”以及欧盟的利卡宁方案等，力图将各类风险不同、对金融稳定和实体经济的影响不同的金融行为，以隔离的方式区分开来，施以不同程度的监管。这是一条既不同于完全混业，也不是严格分业的中间路线。

六是金融发展模式的重要转型时期。危机证明，金融业脱离实体经济自我循环、自我膨胀的发展模式不可持续。危机后各国对于复杂金融衍生品的监管强化，表明了对过度金融投机的限制态度。近年来欧洲强调“再工业化”，美国出台“出口倍增计划”，也体现了以实体经济发展为根本的思路。

七是金融全球化的重大演变时期。此次国际金融危机在全球范围内快速传导，危机中各国在金融稳定理事会、G20以及巴塞尔委员会等层面开展协作。从金融的全球化、金融规则的全球化、金融风险的全球化、金融危机的全球化到危机应对的全球化，我们面临着一个更开放的世界。

八是金融创新的重要完善时期。国际金融危机前，金融创新产品蓬勃发展，但是其风险被掩盖于繁荣之下。规范并引导金融创新产品的发展是危机后监管改革的重点之一，金融创新将可能在风险得到良好控制的条件下，实现更为稳健的发展。

九是金融风险的复杂性和系统性进一步强化的时期。当前，金融业既面临传统的信用风险、基础性的业务合规风险，也面临着业务多元化、复杂化带来的新风险；既面临单体机构的风险，也面临跨业、跨市场的系统性风险。

二、新挑战

盘点新时期国际国内经济金融态势，以下七大挑战应当引起我们的重视。

一是各国经济发展复苏不平衡的挑战。当前，美国经济增长有所加快，就业好转、消费和企业投资逐步回暖；日本出现短期复苏；欧元区进入弱复苏状态；新兴市场国家增长趋缓且存在潜在滞胀风险。这种发展复苏不平衡的态势，使得各国在应对危机时所建立的协调机制更多地被国内经济目标所取代。

二是发达国家宽松刺激政策退出的挑战。美联储自2013年12月起逐步退出量化宽松政策，促使全球经济逐步进入流动性缩减和利率回升的通道，并使得资本从新兴经济体向发达经济体回流，影响全球经济的整体性复苏。

三是新兴市场经济国家货币贬值、资本外流和金融市场波动的挑战。今年以来，阿根廷、印度、巴西、南非等国均出现了货币贬值、股市下跌、债券遭受严重抛压等现象。新兴市场国家金融市场的动荡，既与美国量化宽松政策退出等外部因素有关，也与自身经济结构仍然存在失衡等内部因素有关。

四是影子银行及监管套利的挑战。危机后备受诟病的影子银行，在很大程度上是为了监管套利。正规金融体系监管越严格，也就越有可能将原本在传统银行体系开展的业务挤到影子银行中去。影子银行对金融安全的潜在和现实威胁将是长期的，对金融监管的挑战也是长期的。

五是金融风险跨国家、跨地区、跨系统、跨市场传染的挑战。随着全球金融一体化的不断深化，使金融风险跨国家、跨系统传染的可能性上升。很多新的金融产品拉长了业务链条，涉及多个市场中介和交易环节，具有跨市场、跨行业的特征，一旦一个环节出现问题会迅速波及多家机构。

六是提高资本和流动性监管标准与加强支持实体经济发

展的挑战。第三版巴塞尔协议提高了资本和流动性的监管标准，增强了单体金融机构和整个金融体系的抗冲击能力。但是更高的资本和流动性要求必然会增加银行的放贷成本，并可能因此减弱对实体经济的信用支持规模。如何在提高资本水平的同时保障实体经济的长期增长是监管者面临的国际难题。

七是中国面临的特殊挑战：经济增长放缓，产能过剩，结构调整，利率市场化。我国经济发展正处于结构调整阵痛期、增长速度换挡期，产能过剩等深层次矛盾凸显。同时，利率市场化等金融改革处于关键阶段，将对银行业经营模式和盈利能力造成直接冲击，并对经济社会造成多方面的影响。

三、新使命

在新的时期，金融监管者肩负着维护金融安全，防止新金融危机发生的重要使命。为此，我们需要重点处理好六个关系。

一是处理好增强银行体系安全性、稳健性和支持实体经济的关系。金融体系与实体经济同存共荣。银行业的发展必须以更好地满足实体经济的有效需求作为出发点与落脚点，才能从根本上实现自身的安全稳健。实体经济的发展也有赖于金融体系的安全稳健运行。

二是处理好支持金融创新与维护金融安全的关系。金融创新是提高资源配置效率、实现价格发现功能、满足金融消费者需求和金融机构发展转型的现实需要，但是也容易带来新的金融风险。监管者必须把握好金融创新与防控风险的平衡，做到鼓励与规范并举，培育与防险并重。

三是处理好放松金融管制与加强金融监管的关系。扩大金融业对内对外开放有利于提高金融体系的服务效率，也可能增加金融体系的脆弱性。因此，金融市场化改革与加强金融监管需要携手同行，稳步推进金融市场化改革，同时强化监管治理，为市场化改革保驾护航。

四是处理好发挥市场功能与强化市场纪律的关系。让市场在资源配置中发挥决定性作用是促进金融资源高效配置的必要途径。但是，自由市场并不是万能的，应进一步强化市场纪律，完善金融机构市场退出机制，避免市场恶性竞争和风险积累。

五是处理好维护存款人、金融消费者权益与防范金融道德风险的关系。维护国家的金融安全，维护金融消费者和存款人的切身利益是金融监管的职责所在。此次国际金融监管改革非常重视消费者权益保护，目前我国“一行三会”均成立了消费者保护机构。应当注意的是，金融消费者保护应当遵循“买者自负，卖者有责”的原则，避免引致金融机构道德风险。

六是处理好处置个体性风险与防范金融系统性风险的关系。金融监管应当构建宏观审慎和微观审慎相结合的政策框架。进一步提升对单家银行机构的风险监管能力，改进监管工具方法，强化监管执行力和行为纠偏。同时提高对系统性风险的识别、监测、应对能力，不断增强监管的前瞻性。

女士们，先生们！在新的历史起点上，面对新的挑战，我们要以更大的智慧和勇气，在更高层次上实现金融体系改革发展稳定的平衡，支持经济持续健康发展！

谢谢大家！

资本市场国际化亟需法律制度创新

上海证券交易所副总经理　徐　明

国际化和市场化、法治化是中国资本市场未来发展的基本方向。当前，伴随着我国经济金融改革的深化、对外开放的不断扩大以及沪港通的正式运营，我国资本市场的国际化正进入一个“黄金窗口期”。资本市场的国际化，不仅仅是单纯的市场开放，更为重要的是资本市场的投融资行为、交易所体制、监管机制等一系列有法律制度支撑的规则体系的国际化。从规则体系国际化的角度出发，在我国资本市场国际化的进程中，我们将面临各种各样的问题与挑战，亟需法律制度的创新支持、引领和规范。为此，我提出以下三个方面的粗浅看法。

首先，改善市场运行机制，提高市场规则的透明性和有效性。

资本市场的国际化进程在很大程度上受制于资本市场的规模和效率、监管水平、投资者的素质等多种因素。多年来持续的资本市场的制度建设，与资本市场相配套的各项法律制度以及行业规则的机构健全，市场组织制度和市场结构不断完善，基本适应了国际化的发展，但还存在一些急需解决的问题。我国资本市场的国际化首先要改善资本市场的运行机制，提高相关规则的透明度和有效性。

就发行制度而言。要积极推进股票发行注册制改革，强化以投资者需求为导向，以信息披露为核心、推动各相关市场主体归位尽责、提高市场的透明度和效率。在国际化的进程中，要充分考虑境内外企业和发行制度的差异性，在遵循证券法原则的基础上，对跨境发行做出差异化的制度设计：一是要合理设置发行条件和程序，强化信息披露和风险揭示，明确会计准则适用事项，确立信息披露和投资者保护的公平性原则，对已在境外交易所上市的公司，可借鉴美国“知名成熟发行人”制度，进一步简化发行申请文件和审核程序。二是要积极研究解决红筹公司“可变权益实体（VIE）架构”的法律问题。充分考虑VIE架构，与现行发行制度有关发行人需在境内、业务与财务须独立等要求可能存在的冲突，针对VIE架构的特殊性，尽快出台适应其特点的证券发行、外汇、外资准入和会计政策。三是要积极探讨“双重股权架构”的合法性问题。我们认为，我国《公司法》第131条“国务院可以对公司发行本法规定以外的其他种类的股份，另行作出规定”，为“双重股权架构”留出了空间，证券发行制度应就双重表决权等新型股权结构下的信息披露、投票权安排、董事提名规范等问题作出回应。

就市场准入制度而言。要适时评估QFII、QDII、RQFII、战略投资者、合资券商、合资基金公司等市场准入制度，资格管理、额度控制以及资金进出限制等问题，逐步开放证券市场投资交易的准入准出。分阶段进一步放松管制，第一步降低资格条件、增加额度或比例、放宽资金进出限制；第二步全面取消参与主体、额度、资金等限制。具体推进步骤,可结合金融对外开放特别是人民币可自由兑换进程,做出委托的安排。

就信息披露制度而言。要针对信息披露制度与国际做法不匹配的问题,增加披露时段,制定更加细致的分行业信息披露要求,减少不必要的停牌,提升信息披露的及时性、有效性、公平性,以更好地满足国际投资者需求,避免在国际化中出现因信息披露水平差异而导致的跨市场失衡。

其次,加强资本市场监管,增强国际证券监管合作。

资本市场国际化的有效推进,离不开监管。我们在推进资本市场国际化进程中,应更新监管理念和方式,加强资本市场的监管,更应该包括加强国际证券的监管合作与协调,尤其是与各国金融监管机构以及国际金融组织的合作。

就与境外监管机构合作而言。伴随着我国证券法律的不断完善、市场环境的不断改善、市场国际化的程度逐步提高,与境外监管机构的合作要逐步将形式大于实质改变为实质大于形式。一是重点加强跨境违法行为监管,就跨境案件调查、信息通报、送达以及协助执行等事项做出可行的规则和制度安排。二是尽快完善跨境投资保护机制。要与美国、欧盟等主要经济体达成双边投资保护协定。减少我国企业海外并购所遇到的包括法律在内的各种障碍。加快推进双边投资保护协定的签订,纳入跨境证券投资保护内容,为中国企业境外发行上市、收购兼并等活动,提供有力的法律支持。

就与国际证券监管多边合作而言。要积极推动国际证监会组织、世界交易所联合会等国际组织制定国际公约、协定,解决各国和地区在资本市场国际化进程中所遇到的发行、上市、交易、结算,上市公司、中介机构、投资者,股票市场、债券市场、基金市场、衍生品市场,监管机构、自律管理机构等方方面面的差异性和法律、规则的冲突,促进国际多变合作,推动各国证券法律和监管规则的逐步统一。

最后,重视证券法律冲突,解决法律适用问题。

资本市场的国际化,必然会涉及到不同国家和地区、不同法域,由于各国法律对资本市场的规定不尽相同,如何解决法律冲突和法律适用问题,需要我们深入研究。这里主要涉及两个问题。

一是实体法如何适用。在证券发行、上市、交易、结算等各个环节,应该适用哪个法域的实体性规范亟需解决。我国现行《证券法》中,并未规定冲突法规范。虽然《涉外民事关系法律适用法》对此有所涉及,比如第三十九条规定"有价证券,适用有价证券权利实现地法律或者其他与该有价证券有最密切联系的法律",为证券法律冲突进行了规范,似乎解决了法律适用问题,但在实践中,对于"有价证券权利实现地"以及"与该有价证券有最密切联系的法律",不同的人往往有不同的认识。以跨境交易为例,如果投资者、委托、成交、结算分别在不同的国家,"权利实现地"、"最密切联系地"究竟是哪一个国家,就可能存在争议,最终可能需要法官进行主观判断。这对于专业性、时效性、复杂性很强的跨境证券活动来说,就很难操作。因此,进一步细化法律适用,解决法律冲突,使其具有可操作性是非常必要的。

我们认为,应根据最密切联系原则,结合跨境证券活动的不同类型和不同情况,直接规定适用的冲突规范。具体来说,其一:发行人发行证券,适用投资人所在地的法律、规则;其二:交易、结算活动,适用成交地、结算地发生的法律、法规;其三:上市公司的日常监管,适用挂牌上市地的法律、规则;其四:证券公司或经纪商的日常监管,适用注册地(牌照发放地)的法律、规则。

二是管辖权如何适用。违规行为发生后,应当由哪个国家或地区的司法机构、仲裁机关和监管机构处理,涉及到证券法的域外效力问题。从国际实践来看,对于证券法的域外效力和管辖权问题,有"效果标准"和"行为标准"之争,即分别依据证券活动的效果产生地、依据行为发生地作为管辖依据。我们认为,"效果标准"的确定性更强,与当事人利益的相关性更高,已逐渐取得包括美国在内的主要成熟市场国家的接受,也更符合我国的实际。

就我国的实践情况来看,《证券法》规定:"在中华人民共和国境内,股票、公司债券和国务院依法认定的其他证券的发行和交易,适用本法。"这一规定虽然可以在"境内"的"发行和交易"上做一定的扩大解释,从而部分囊括跨境证券活动,例如境外企业面向境外投资者的发行,但终究不是一个明确的法律规定,缺乏一定的操作性。我们认为,我国的证券法律应依据"效果标准"明确证券法的域外效力和管辖权问题,即规定境外证券发行和交易行为,如果损害到我国国家利益、社会公共利益或者投资者利益的,将适用我国证券法的规定,我国司法机构、仲裁机构和监管机构都有权管辖。

中国资本市场国际化的步伐正在加快,中国资本市场国际化的法制建设任重道远,有关各方还需共同努力,为推动我国资本市场国际化法制建设作出贡献。

在 2014 年证券经营机构创新发展研讨会上的总结

中国证券业协会会长　陈共炎

各位嘉宾、各位代表:

为期一天的 2014 年证券行业创新发展研讨会即将结束。利用一天的时间,来自行业内和行业外的领导、专家和朋友们,通过主会场和六个分论坛,就如何落实新国九条和证监会证券经营机构创新十五条,围绕行业创新发展中的重点和热点问题,充分交流、深入研讨,汇聚了行业创新的经验与智慧,为下一步发展提出了不少好的意见和建议,会议达到了预期效果。我结合近几年通过创新大会推动行业创新发展的实践,谈几点体会。

一、2014 年证券行业创新发展研讨会的两个特点

与前两届创新大会相比,2014 年创新大会有两个特点:

第一个特点是更重实效。会前,为落实新国九条,证监会发布了《关于进一步推进证券经营机构创新发展的意见》,三个方面十五条具体措施,支持行业创新,推动建设现代投资银行;会中,通过主会场和六个分论坛,业内外专家围绕推动行业创新发展、建设现代投资银行畅所欲言,主题鲜明,成效显著;会后,将进一步明确行业创新发展的任务分解和工作分工,有效落实,扎实推进。

第二个特点是更具开放性。一是参会代表不再仅限于证券公司。投资咨询公司作为一个整体首次参加,评级机构、私募基金、基金公司、期货公司也都有代表参加。二是研讨不再是行业自说自话,演讲和对话嘉宾不仅有来自监管部门和行业的代表,还包括来自银行、信托、高校、海外机构、实体企业等行业外的专家,研讨的主题也更具多元性和前瞻性。三是加强了行业与外部机构的对接,会议形式更为灵活,交流互动更充分。

二、2012 年证券行业创新发展研讨会以来行业发生的变化

2012 年创新大会后,证监会发布了《关于推进证券公司改革开放、创新发展的思路与措施》,并将任务细化分解为 11 条措施 36 项具体工作任务。在各方的共同努力下,近两年的行业创新发展成效显著,主要体现在以下方面:

一是事关行业长远发展的根本性问题正在逐步解决。一方面,行业发展的顶层设计不断完善。《关于进一步促进资本市场健康发展的若干意见》的发布明确了资本市场在促进国民经济转型发展中的战略地位,《证券法》修改进程的加速也将为资本市场的改革发展奠定坚实的法律基础。另一方面,证监会加快推进监管转型,进一步简政放权,促使各市场主体归位尽责,为激活市场主体活力放开了空间。

二是行业与实体经济的结合更为紧密。证券经营机构业务范围从局限于场内股票市场向参与多层次资本市场转变;从服务于上市企业到非上市企业、以及中小微企业转变;从服务于"股民"向服务有理财需求的更广泛的群体转变。

三是行业更加开放多元。证券、基金、期货经营机构的业务日益融合,与银行、证券、信托等行业的交叉更加明显。行业准入正在放宽,竞争更为激烈。依靠垄断和牌照生存的同质化发展模式难以为继,各市场主体开始追求差异化、特色化、集团化发展道路。

四是行业自主创新能力不断加强。业务和收入结构发生明显变化,各种产品创新、业务模式创新不断涌现。随着业务范围不断扩大,收入结构逐步优化,过度依赖传统通道业务、盈利模式单一、同质化严重的情况初步得到改善,盈利能力有所提升。同时,公司基础功能得到一定恢复和加强,组织架构、人才队伍、系统建设等方面不断强化,合规和风险管理的意识和能力明显提升,从被动执行监管要求转变为主动的管理风险,从风险及合规管理部门主导转变为全员参与、全程管理。风险管理的制度和机制初步形成,为创新发展奠定了良好的基础。

三、进一步完善证券行业创新发展的组织机制

创新发展的过程就是改革的过程。没有改革很难创新,在某些领域甚至不可能创新。推动行业创新发展涉及一系列法律法规、行政规章和政策的调整。创新开局阶段,在证监会指导下,由行业协会等自律组织引导创新,推动制度建设和规则变革,为行业创新发展创造宽松的环境,是非常必要的。经过三年的努力,目前行业创新发展的目标和路径已经明确,行业创新发展的空间正逐步拓宽。下一步创新的组织应当从监管机构、自律组织推动创新向证券经营机构自主创新转变。充分发挥证券经营机构的作用,是市场在资源配置中起决定性作用的保障,是行业创新发展的持久动力。各证券经营机构的自主创新应成为今后行业创新的主旋律!

在证监会指导下,以证券业协会和证监会系统内其他相关单位一起发起召开创新大会已经有三年了。今年的创新大会组织形式有所变化,设立了六个专项论坛,各专业委员会在专项论坛的组织上发挥了重要作用,行业的参与更广泛、更深入。在创新大会的组织上已初步体现了从系统相关单位主导向行业主导的转变。2014 年是创新组织的转折年。今后,创新大会的组织形式应当创新,应当根据行业发展需要,由会员发起各种专项论坛,形式可以更加灵活多样,时间地点可以不受限制,研讨主题和参与主体可以更加开放多元,以便证券行业更好地融入实体经济,融入社会。以后专项论坛应当成为组织、引导行业创新发展的主要形式,协会专业委员会在专项论坛的组织上应发挥主导作用。

下一阶段,推动行业创新发展的任务依然很重,协会将在证监会的指导下,认真贯彻落实新国九条和证监会《关于进一步推进证券经营机构创新发展的意见》,持续推动行业围绕实体经济的需求创新发展。对于行业在创新发展方面的新想法、新情况、新问题和新建议,协会将及时做好研究和沟通工作,提高服务水平和传导效率,更好地发挥桥梁、纽带和平台作用。

各位来宾、各位代表:

本次会议的顺利召开,得到了中国证监会及各地证监局、系统内相关单位、会员单位、协会专业委员会及相关新闻媒体的大力支持和热情参与。在此,我代表六家主办单位,再次向各位领导、各位嘉宾,向长期以来关注资本市场发展的新闻媒体和社会各界朋友,表示衷心的感谢!

2014 年证券经营机构创新发展研讨会圆满闭幕!

谢谢大家!

在"财富的风险管理——期货及衍生品分论坛"上的讲话

中国期货业协会会长 刘志超

尊敬的梅拉梅德先生,各位来宾、女士们、先生们:

大家下午好!首先我代表中国期货协会向莅临"财富的风险管理——期货及衍生品分论坛"的参会代表表示衷心的感谢。这是一个很热门的话题,财富管理可以说是对财富进行总体优化,从而实现财富的保值增值,从这个意义上讲,创造财富是很重要的,但是同时保证财富预期的收益,同样应该是非常重要的。我们的分论坛是以财富的风险管理为主题,我认为我们这个主题的选题非常切合实际,也具有很强的现实意义,下面我谈几个问题供大家参考。

首先,新常态经济发展结构使矛盾和风险逐步凸显。从广义上来讲,对财富进行风险管理应该包括对国家、企业和个人的财富进行风险管理。而从国家层面上看,当前我国经济发展已经进入新常态，今天上午李扬副院长进行了深刻的分析，我们从高速增长进入了中高速增长，里面诸多的隐性矛盾随着结构的调整而逐渐凸显出来，而经济面临问题的复杂性和不确定性继续增加，防范风险已经成为新常态的一个重要问题，从而使对冲风险、实现资产保值增值，维护国家经济金融安全的需求日益迫切。

随着国家改革的进一步深入和我国市场化改革的推进，各类大宗商品、基础资产价格形成的市场化程度日益提高，也使得企业的定价管理和风险管理的需求大幅度增加。如果从个人层面上讲，改革开放30多年，我们积累了大量的财富，今天上午我们也看到了一些分析和讲话，到去年，中国的私人财富大幅度地增长了40%，达到了22万亿美元，中国的百万美元资产家庭总数已经从2012年150万增长至240万，增长非常快。面对未来经济不确定性担忧的加剧，规模巨大的私人财富和数量庞大的高净值家庭为我国财富管理业务的开展奠定了良好的市场基础，同时也创造了巨大的财富风险管理的需求。

期货及衍生品市场进行风险管理，基本原理是通过风险的转移、分散等功能的发挥，将空间和时间两个维度的风险分散到市场中那些愿意承担风险的经济体当中去，使风险在全世界进行优化再进行分配，从而达到管理风险的作用。期货及衍生品市场的另一个重要的基础作用，就是通过价格发现，引导资源有序的流动和合理的配置，从而达到产业结构的优化和经济发展方式的转变。因此作为任何一个国家，在他的发展过程中，特别是在资本市场的发展中，应该有一个包括品种丰富、功能齐全的期货及衍生品市场。

我们通过价格发现和管理风险，也可以保证我们的顺利发展，规避可能出现的风险，使我们的经济在转型过程中可持续发展。目前，大家都很清楚，在全球500强中，绝大部分都在利用期货及衍生品市场进行风险管理，在大大小小的金融危机过程中，很多企业由于没有很好地掌握利用期货及衍生品遭到了重创，最后被市场淘汰。

当然，期货及衍生品作为一种投资工具，在丰富财富管理的投资策略与选择上，使它可能根据客户的承受能力设计不同的方案，满足客户的需要，从而达到财产性的收益，因此满足新常态下的需求。经过20多年的发展，我国期货及衍生品的市场已经初具规模，行业业态逐渐多样化，风险管理和防范机制也在逐步地完善，但是我们应看到，相对于其他的一些在资本市场上功能作用的发挥，比如说资源配置的功能、风险管理功能，我们还远没有达到令人满意的程度，还不是能与我们这么大一个经济体相匹配的市场。但是不足就是机遇，差距就是空间，为此我想谈几点建议供大家参考：

一是要加快推动场外衍生品市场建设，满足实体企业个性化财富风险管理需求。与高度标准化的场内市场相比，场外衍生品市场能弥补场内市场交易标的过于单一、缺乏灵活性的缺陷，一方面可以更有效地满足实体企业个性化的风险管理需求，提升期货及衍生品市场服务实体经济的能力；另一方面可以为财富管理机构管理财富风险提供多样化的对冲工具，更好地满足客户个性化的财富管理需求。我国场外衍生品市场特别是商品场外衍生品市场尚处于起步阶段。数据显示，截至2014年6月，全球场外衍生品名义持仓总额达691万亿美元，约为场内持仓金额的9.5倍。总的来看，我国场外衍生品市场规模远小于境外市场，也远小于我国场内市场规模。因此，下一步应加快推动场外衍生品市场建设，支持期货经营机构开展场外期权、远期、互换等场外衍生品交易，规范发展期货经营机构柜台业务，支持期货经营机构自主创设场外衍生品合约，并进一步完善相关配套机制。

二是进一步完善品种体系和交易规则，增加市场的广度和深度。完善的品种体系和科学的交易机制是期货及衍生品市场功能发挥的基础条件。美国的衍生品市场中，上市商品期货品种1100多个，金融期货品种400多个。而目前，我国期货及衍生品市场仅上市48个商品期货品种、3个金融期货品种，品种的数量和结构尚远远不能满足各类经济体对财富进行风险管理的需求。下一阶段，应进一步拓展市场广度，继续推出大宗资源性产品期货品种，发展商品期权、商品指数、碳排放权等交易工具，逐步丰富金融期货及衍生品品种体系。同时，应进一步提升市场深度，不断优化市场套期保值和套利交易等相关制度，加大机构投资者引进力度，完善期货及衍生品市场参与者构成，促进市场风险管理功能的发挥。令人欣喜的是，这一进程正在加快推进。去年12月，原油期货获批；今年2月，上证50ETF期权正式试点；而就在我们论坛召开的前几天，10年期国债期货正式挂牌交易。而这些，都为期货及衍生品市场的财富风险管理功能发挥提供了更大的舞台。

三是进一步提升专业服务能力，加快培育财富风险管理的期货和衍生品中介机构。为更好地满足各类主体的风险需求，一是要积极营造中介服务体系，目前来讲，我们的市场存在大市场、小行业，这个矛盾非常突出，我们的金融机构不能满足需求，因此应该鼓励更多的机构开展风险管理。二是中介机构应该提升专业化水平。应该看到，我们国家的中介机构的专业水平还有不小的差异，因此各类中介机构应该提升，特别是人才的培养。三是期货经营机构更加注重自身管理方面的优势，进一步加快发展风险管理业务、期货资产管理业务，这些都是为实体企业服务，在财富风险管理中发挥我们应有的作用。

今年我们中国期货行业很重要的工作，"一个中心两条底线"，就是要以落实推动行业创新发展为中心，守住合规风控和保护投资者的合法权益两条底线。在这个基础上，我们将进一步推进风险管理的试点，并全面评估风险业务开展情况，同时我们将进一步修改《风险管理公司内部控制指引》，引导风险管理公司进一步加强内部风险的控制，进一步加强市场的风险管理，进一步加强对投资者的教育和保护，进一步开展试点，解决我们的风险管理业务过程中遇到的问题。

各位来宾，我们今天的分论坛给我们一个非常好的机会，大家之间互相交流，通过我们开展财富的风险业务，守住我们的底线，保证不发生系统性区域性风险，在这个过程中，还要恪守职业道德，把我们的专业水平真正体现在财富风险管理上。最后预祝本期的论坛取得圆满成功，谢谢大家！

第二编
中国金融市场

第三章

第一章　中国金融市场概况

2013年金融市场运行情况

2013年，金融市场各项改革和发展政策措施稳步推进，产品创新不断深化，规范管理进一步加强，金融市场对促进经济结构调整和转型升级的基础性作用进一步发挥。2013年，债券发行规模同比增加，公司信用类债券增速有所放缓；银行间市场成交量同比减少，银行间市场债券指数下降；货币市场利率中枢上移明显，国债收益率曲线整体平坦化上移；机构投资者类型更加多元化；商业银行柜台交易量和开户量有所增加；利率衍生产品交易活跃度有所下降；股票市场指数总体下行，市场交易量有所增加。

一、债券发行规模同比增加①

2013年，债券市场共发行人民币债券9.0万亿元，同比增加12.5%。其中银行间债券市场累计发行人民币债券8.2万亿元，同比增加9.9%。截至2013年末，债券市场债券托管②总额达29.6万亿元，同比增加13.0%。其中，银行间市场债券托管余额为27.7万亿元，同比增加10.7%。2013年，财政部通过银行间债券市场发行债券1.3万亿元，代发地方政府债券2848亿元，地方政府自行发债652亿元；央行票据发行5362亿元；国家开发银行和中国进出口银行、中国农业发展银行在银行间债券市场发行债券2.1万亿元；政府支持机构债券1900亿元；商业银行等金融机构发行金融债券1321亿元；证券公司短期融资券发行2996亿元；信贷资产支持证券发行158亿元。公司信用类债券发行3.7万亿元③，同比增加4.0%。其中，超短期融资券7535.0亿元，短期融资券8324.4亿元，中期票据6716.0亿元，中小企业集合票据5.2亿元，中小企业集合票据（含中小企业区域集优票据61亿元）66.1亿元，非公开定向债务融资工具5668.1亿元，企业债券4752.3亿元，非金融企业资产支持票据48.0亿元，公司债券4081.4亿元（见图1）。

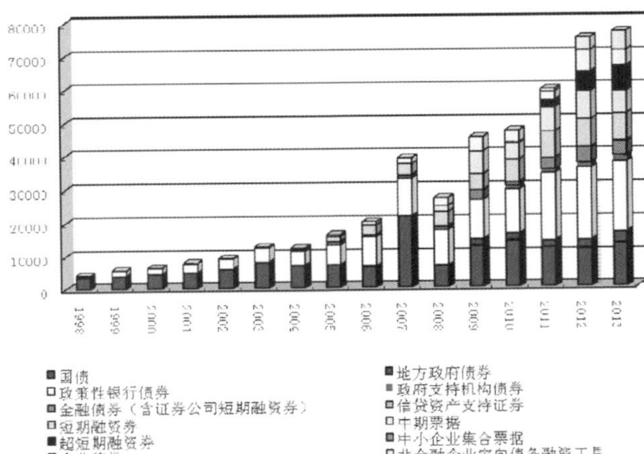

图1　近年来银行间债券市场主要债券品种发行量变化情况

数据来源：中央国债登记结算有限责任公司、上海清算所

二、银行间市场成交量同比减少，银行间市场债券指数下降

2013年，银行间市场拆借、现券和债券回购累计成交235.3万亿元，同比减少10.7%。其中，银行间市场同业拆借成交35.5万亿元，同比减少24.0%；债券回购成交158.2万亿元，同比增加11.6%；现券成交41.6万亿元，同比减少44.7%（见图2）。

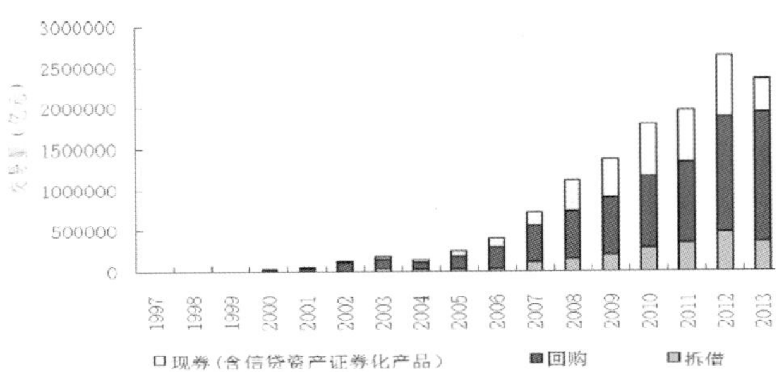

图2　近年来银行间市场成交量变化情况

数据来源：全国银行间同业拆借中心

2013年，银行间市场债券指数有所下降，交易所市场指数上升。银行间债券总指数由年初的144.65点下降至年末的143.93点，下降0.72点，降幅0.49%；交易所市场国债指数由年初的135.84点升至年末的139.52点，上升3.68点，升幅2.71%。

三、货币市场利率中枢上移明显，国债收益率曲线平坦化上移

2013年，货币市场利率波动幅度加大，利率中枢上移明显。2013年12月，质押式回购加权平均利率为4.28%，较去年同期上升166个基点；同业拆借加权平均利率为4.16%，较去年同期上升155个基点。年内货币市场利率共发生两次较大波动：6月20日，7天质押式回购加权平均利率上升至11.62%，达到历史最高点；12月23日，7天质押式回购加权平均利率上升至8.94%，创下半年利率新高。

2013年银行间市场国债收益率曲线整体平坦化大幅上移。12月末，国债收益率曲线1年、3年、5年、7年、10年的收益率平均比去年年底高131、132、124、112、98个基点。全年大致分为两个阶段：第一阶段为年初至5月份，国债收益率缓慢下降，收益率曲线整体震荡下行；第二阶段为2013年6月份至12月份，国债收益率持续攀升，收益率曲线平坦化特征明显（见图3）。

四、境外投资者类型多元化

随着银行间市场创新产品的推出和基础设施的完善，市场层次更加丰富，运行效率进一步提高，银行间市场的影响日益扩大，正在吸引越来越多境内外机构积极参与市场活动。

① 仅指我国债券市场发行的人民币债券情况（含央行票据）。

② 包含央行票据托管量。

③ 仅包括非金融企业发行的公司信用类债券。

截至 2013 年底，已有 138 家包括境外央行、国际金融机构、主权财富基金、港澳清算行、境外参加行、境外保险机构、RQFII 和 QFII 等境外机构获准进入银行间债券市场，银行间市场投资者类型进一步丰富。

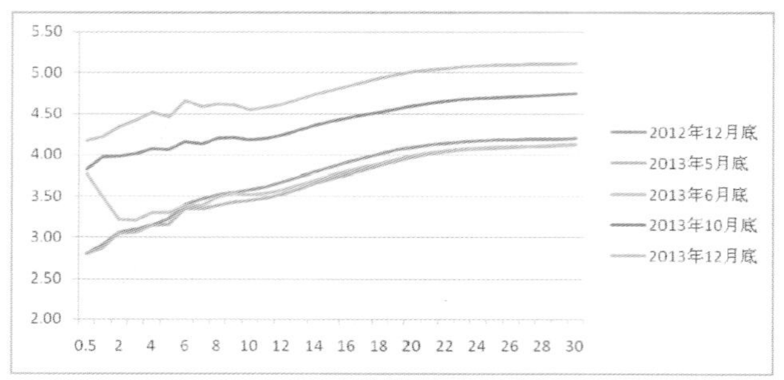

图 3　2012 年银行间市场国债收益率曲线变化情况

数据来源：中央国债登记结算有限责任公司

五、商业银行柜台交易量和开户数量有所增加

2013 年，商业银行柜台业务运行平稳。2013 年商业银行柜台新增记账式国债 16 只，包括 1 年期 4 只，3 年期 2 只，5 年期 3 只，7 年期 4 只，10 年期 3 只。截至 2013 年末，柜台交易的国债券种包含 1 年、3 年、5 年、7 年、10 年和 15 年期六个品种，柜台交易的国债数量达到 102 只。2013 年商业银行柜台记账式国累计成交 18.7 亿元，同比增加 24.7%。截至 2013 年 12 月底，商业银行柜台开户数量达到 1357 万户，较上年增加 197 万户，增长 17.0%（见图 4）。

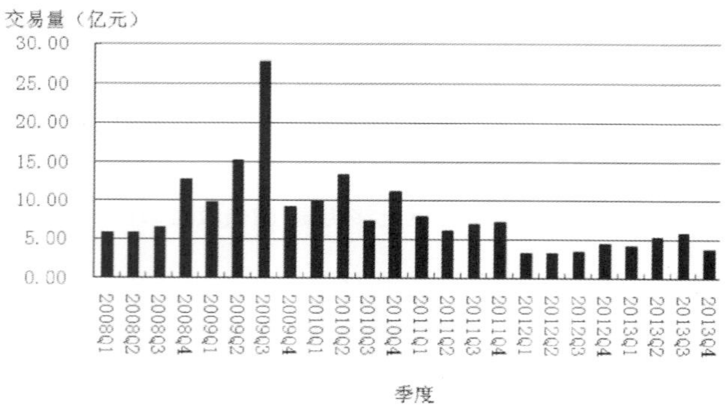

图 4　2008 年 -2013 年记账式国债柜台交易情况

数据来源：中央国债登记结算有限责任公司

六、利率衍生品交易活跃度有所下降

2013 年，人民币利率互换交易共发生 2.4 万笔，名义本金总额 2.7 万亿元，同比减少 6.0%。从期限结构来看，1 年及 1 年期以下交易最为活跃，其名义本金总额 2.1 万亿元，占总量的 75.6%。从参考利率来看，2013 年人民币利率互换交易的浮动端参考利率包括 7 天回购定盘利率、Shibor 以及人民银行公布的基准利率，与之挂钩的利率互换交易名义本金占比分别为 65.3%、33.3%、1.4%。债券远期和远期利率协议交易较为清淡，全年各发生 1 笔交易。

七、股票指数总体下行，成交量有所增加

2013 年，股票指数总体下行，成交量有所增加。年终，上证综指收于 2115.98 点，较去年末下降 153.15 点，跌幅 6.75%。上证综指最高为 2434.48 点，最低为 1950.01 点，波幅为 484.5 点。市场全年累计成交金额 22.9 万亿元，日均成交金额 960.92 亿元，同比增加 41.9%（见图 5）。

图 5　2013 年上证综综指走势图

数据来源：上海证券交易所

2013 年货币信贷概况

2013 年，银行体系流动性总量合理适度，社会融资结构多元发展，信用总量继续较快增长，货币金融环境基本稳定。

一、货币供应量向预期目标逐步回归

2013 年末，广义货币供应量 M2 余额为 110.7 万亿元，同比增长 13.6%，增速比上年末略低 0.2 个百分点，与年初确定的调控目标较为接近。M2 同比增速 1-5 月较高，6 月后稳步回落，年末较当年最高点回落 2.5 个百分点。狭义货币供应量 M1 余额为 33.7 万亿元，同比增长 9.3%，增速比上年末高 2.8 个百分点。流通中货币 M0 余额为 5.9 万亿元，同比增长 7.1%。全年现金净投放 3899 亿元，与上年基本持平。受 2013 年初货币总量扩张较快的影响，2014 年初 M2 同比增速可能出现一定回落。

2013 年末，基础货币余额为 27.1 万亿元，同比增长 7.4%，比年初增加 1.9 万亿元。货币乘数为 4.08，比上年末高 0.22。金融机构超额准备金率为 2.3%，其中，农村信用社为 7.3%。

二、金融机构存款增长总体平稳

2013 年末，金融机构本外币各项存款余额为 107.1 万亿元，同比增长 13.5%，增速比上年末低 0.6 个百分点，比年初增加 12.7 万亿元，同比多增 1.0 万亿元。人民币各项存款余额为 104.4 万亿元，同比增长 13.8%，增速比上年末高 0.4 个百分点，比年初增加 12.6 万亿元，同比多增 1.7 万亿元。外币存款余额为 4386 亿美元，同比增长 7.9%，比年初增加 284 亿美元，同比少增 1030 亿美元。

从人民币存款部门分布看，住户存款增长有所放缓，非金融企业存款增速总体回升。年末金融机构住户存款余额为 46.1 万亿元，同比增长 13.6%，增速比上年末低 3.1 个百分点，比年初增加 5.5 万亿元，同比少增 2160 亿元。非金融企业人民币存款余额为 36.2 万亿元，同比增长 10.4%，增速比上年末高 2.5 个百分点，比年初增加 3.5 万亿元，同比多增 7563 亿元。财政存款余额为 3.0 万亿元，比年初增加 5768 亿元，同比多增 7550 亿元。

三、金融机构贷款保持较快增长

2013 年末，金融机构本外币贷款余额为 76.6 万亿元，同比增长 13.9%，比年初增加 9.3 万亿元，同比多增 2249 亿元。人民币贷款平稳较快增长。年末人民币贷款余额为 71.9 万亿元，同比增长 14.1%，增速与 6 月末和 9 月末基本持平，比年初增加 8.89 万亿元，同比多增 6879 亿元，信贷投放总量仍处于较高水平。

从贷款结构看，住户贷款增长较快，非金融企业及其他部门贷款相对平稳；新增中长期贷款占比上升。年末，人民币住户贷款同比增长23.1%，增速比上年末高4.5个百分点，比年初增加3.7万亿元，同比多增1.2万亿元。其中，个人住房贷款比年初增加1.6万亿元，同比多增7204亿元。非金融企业及其他部门贷款同比增长11.1%，增速与6月末和9月末均持平，比年初增加5.2万亿元，同比少增4835亿元。从期限看，中长期贷款比年初增加4.6万亿元，同比多增1.7万亿元，在新增人民币贷款中占比达51.6%，比2012年高16.5个百分点。包含票据融资在内的短期贷款平稳增长，比年初增加4.1万亿元。分机构看，中资全国性大型银行、中资全国性中小型银行与小型农村金融机构贷款同比多增较多。

外币贷款增速高位逐步放缓。2013年末，金融机构外币贷款余额为7769亿美元，同比增长13.7%，比6月末和9月末分别回落19.5个和9.2个百分点，比年初增加935亿美元，同比少增517亿美元。从投向看，进出口贸易融资增加214亿美元，同比少增710亿美元；境外贷款与境内中长期贷款增加555亿美元，同比多增38亿美元。

四、社会融资规模有所扩大，融资结构多元发展

初步统计，2013年全年社会融资规模为17.29万亿元，比上年多1.53万亿元。其中，上半年为10.15万亿元，比上年同期多2.38万亿元；下半年为7.14万亿元，比上年同期少8497亿元。从结构上看，主要有四个特点：一是人民币贷款占全年社会融资规模的51.4%，为历史最低水平，比上年低0.6个百分点。二是外币贷款比上年少增较多，主要是下半年同比少增6340亿元。三是企业债券融资少于上年，股票融资继续处于较低水平。四是委托贷款和信托贷款增加较多，拉动表外融资占比大幅上升。全年实体经济以委托贷款、信托贷款和未贴现银行承兑汇票方式合计融资占全年社会融资规模的29.9%，占比较上年高7.0个百分点。

五、金融机构存贷款利率小幅波动

12月份，非金融企业及其他部门贷款加权平均利率为7.20%，比年初上升0.42个百分点。其中，一般贷款加权平均利率为7.14%，比年初上升0.07个百分点；票据融资加权平均利率为7.54%，比年初上升1.90个百分点，票据利率上升主要受金融机构调整资产负债结构、压缩票据业务影响，也是贷款加权平均利率上行的主要因素。个人住房贷款利率小幅走高，12月份加权平均利率为6.53%，比年初上升0.31个百分点。

从利率浮动情况看，执行下浮、基准利率的贷款占比有所下降，执行上浮利率的贷款占比上升。12月份，一般贷款中执行下浮、基准利率的贷款占比分别为12.48%和24.12%，比年初分别下降1.68个和1.98个百分点；执行上浮利率的贷款占比为63.40%，比年初上升3.66个百分点。

外币存贷款利率在国际金融市场利率波动、境内外币资金供求变化等因素的综合作用下，总体较年初有所上升。12月份，活期、3个月以内大额美元存款加权平均利率分别为0.18%和1.99%，比年初分别上升0.01个和1.48个百分点；3个月以内、3（含）-6个月美元贷款加权平均利率分别为2.66%和2.82%，比年初分别上升0.64个和0.86个百分点。

六、人民币汇率呈现升值走势

2013年，人民币小幅升值，双向浮动特征明显，汇率弹性明显增强，人民币汇率预期总体平稳。2013年末，人民币对美元汇率中间价为6.0969元，比上年末升值1886个基点，升值幅度为3.09%。

2005年人民币汇率形成机制改革以来至2013年末，人民币对美元汇率累计升值35.75%。根据国际清算银行的计算，2013年，人民币名义有效汇率升值7.18%，实际有效汇率升值7.89%；2005年人民币汇率形成机制改革以来至2013年12月，人民币名义有效汇率升值32.05%，实际有效汇率升值42.21%。

2013年货币政策操作

2013年以来，面对复杂多变的国内外经济金融形势，中国人民银行根据党中央、国务院统一部署，坚持稳中求进的总基调，继续实施稳健货币政策，创新调控思路和方式，保持定力，精准发力，既不放松也不收紧银根，适时适度进行预调微调。改善和优化融资结构和信贷结构，更有力地支持经济结构调整和转型升级。金融改革取得阶段性进展，利率市场化改革迈出新步伐，人民币跨境使用进一步扩大。

一、灵活开展公开市场操作

2013年银行体系流动性管理面临的形势较为复杂。这一方面与主要经济体政策预期变化、资本流动方向多变的环境有关，另一方面则是随着金融发展和金融创新加快，银行体系流动性水平在引导货币信贷和社会融资总量合理增长方面的作用更为重要。2013年年初，受主要发达经济体加码量化宽松政策（QE）影响，外汇流入大幅增加，银行体系流动性较为宽裕，货币信贷扩张压力较大。5、6月份，市场对美联储退出QE预期有所增强，国内经济亦面临一定下行压力，外汇流入有所放缓，加之节日现金投放、税收清缴入库等短期因素叠加，流动性供应暂时有所减少。8、9月份以后，在美联储延迟退出QE以及中国推进改革释放增长潜力效果逐步显现的共同影响下，外汇流入再度显著增多。同时，财政收支变化及库款波动等也加大了流动性管理的复杂性。而另一方面，银行资产扩张及表外诸多金融产品创新又加大了对流动性的需求。金融机构在利润压力、监管套利等因素作用下，利用同业、理财等短借长贷，资产负债结构对利率风险敞口十分灵敏，对货币市场高度依赖，也是加大市场流动性波动的主要原因。在流动性影响因素复杂、流向反复变化的环境下，中国人民银行加强对银行体系流动性的分析监测，灵活把握公开市场操作的方向、力度和节奏，合理调节流动性水平。上半年，根据银行体系流动性变化，灵活开展公开市场双向操作，保持流动性水平合理适度；下半年以来，针对流动性供求波动有所加大的新情况，综合运用公开市场逆回购操作、短期流动性调节工具（SLO）等有效熨平多种因素引起的短期流动性波动，同时对部分到期的3年期中央银行票据开展了续做操作。全年累计开展正回购操作7650亿元，开展逆回购操作约2.2万亿元，发行央行票据5362亿元。

结合市场环境和各阶段市场利率走势变化，中国人民银行合理把握公开市场操作利率弹性，有效引导市场预期。在外部环境复杂多变的情况下，前三季度保持公开市场操作利率总体稳定；四季度以来，结合物价走势和市场利率变化，公开市场逆回购操作利率略有上行，这有利于管理通胀预期，并发挥市场利率调节资金供求的作用。截至2013年末，7天期和14天期逆回购操作利率分别为4.1%和4.3%。适时开展中央国库现金管理操作。2013年共开展10期中央国库现金管理商业银行定期存款业务，操作规模共计4300亿元，其中3个月期2600亿元，6个月期1700亿元；年末余额为 1100 亿元。

二、适时开展常备借贷便利操作

2013 年以来，中国人民银行创新流动性管理工具，积极发挥常备借贷便利的流动性供给功能。春节前即开始通过常备借贷便利解决部分商业银行因现金大量投放产生的资金缺口，6 月份在货币市场受多种因素叠加影响出现波动时，对部分金融机构开展了常备借贷便利操作，6 月末常备借贷便利余额为 4160 亿元。9 月份以来，根据外汇流入等形势变化，为保持货币市场流动性合理适度，中国人民银行在继续向符合宏观审慎要求的金融机构开展常备借贷便利的同时，根据金融机构具体情况适度有序减量操作，引导商业银行调整资产负债管理模式。随着金融机构贷款过快投放、同业业务加速扩张和期限错配等问题有所改善，6 月份通过常备借贷便利提供的流动性在年末前已大部分收回。2013 年末，常备借贷便利余额 1000 亿元，比 6 月末下降 3160 亿元；当年累计发放常备借贷便利 23650 亿元。

为进一步加强和改善银行体系流动性管理，2014 年 1 月，中国人民银行在北京、江苏、山东、广东、河北、山西、浙江、吉林、河南、深圳开展分支机构常备借贷便利操作试点。这是中央银行短期流动性调节方式的创新尝试，主要解决符合宏观审慎要求的地方法人金融机构流动性需求，完善中央银行对中小金融机构提供正常流动性供给的渠道。春节前，人民银行总行通过常备借贷便利向符合条件的大型商业银行提供了短期流动性支持，试点地区人民银行分支机构向符合条件的中小金融机构提供了短期流动性支持，稳定了市场预期，促进了货币市场平稳运行。

三、加强宏观审慎管理，继续发挥差别准备金动态调整机制的逆周期调节作用

2013 年，中国人民银行继续运用差别准备金动态调整机制加强宏观审慎管理。根据国内外经济金融形势变化、金融机构稳健性状况和信贷政策执行情况，对差别准备金动态调整机制的有关参数进行调整，引导信贷平稳适度增长，增强金融机构抗风险能力。年初时，注意引导农村金融机构充分考虑农时和农业生产经营特点，及时安排春耕备耕贷款资金，切实满足“三农”信贷需求。第三季度以来，适当加大了对有关政策参数的调整力度，以进一步鼓励和引导金融机构增加小微企业、“三农”及中西部欠发达地区的信贷投入。

四、多措并举促进信贷结构优化，提高金融服务实体经济的效率

中国人民银行认真贯彻中央经济工作会议和国务院关于金融支持实体经济发展指导意见的有关精神，继续发挥支农再贷款、再贴现、存款准备金率在引导信贷结构优化方面的作用，加强货币信贷政策与产业、区域等政策的协调配合，增强金融服务实体经济的水平。整合金融资源支持小微企业发展，继续支持商业银行发行金融债券专项用于小微企业贷款，2013 年共有 21 家商业银行发行金融债券 1100 亿元专项用于支持小微企业。大力推进农村金融产品和服务方式创新，加大对“三农”领域的信贷投入，服务现代农业发展。引导金融机构加强对国家重点在建续建项目、现代服务业、科技创新、战略性新兴产业等经济社会发展重要领域的金融支持，加大对就业、助学等民生领域的金融支持和服务。严格实施差别化住房信贷政策。发挥人民银行连片特困地区扶贫开发金融服务联动协调机制的作用，扎实做好扶贫开发金融服务。严格控制对“两高一剩”行业的贷款，促进产能过剩矛盾化解。扎实推进扩大信贷资产证券化试点，发挥其盘活存量信贷资产的作用。积极改进完善信贷政策导向效果评估，发挥评估工作的导向力和积极作用。

从实施效果看，信贷结构变化更好地支持了经济结构调整和转型升级。一是对小微企业和“三农”的信贷支持保持了较强力度。2013 年末，金融机构小微企业人民币贷款余额同比增长 14.2%，比同期各项贷款增速高 0.1 个百分点；全年新增小微企业贷款 2 万亿元，同比多增 3576 亿元。2013 年末，本外币涉农贷款余额同比增长 18.4%，比同期各项贷款增速高 4.5 个百分点；全年新增涉农贷款 3.39 万亿元，同比多增 3806 亿元。二是服务业贷款增长明显加快。2013 年末，服务业（第三产业剔除基础设施和房地产业）中长期贷款同比增长 13.7%，增速较上年末上升 11.5 个百分点。三是部分两高一剩限制行业的贷款增速放缓。2013 年末，钢铁业中长期贷款同比下降 10.7%，建材业中长期贷款同比下降 3.3%。

五、加快推进利率市场化改革

按照国务院的统一部署，2013 年以来，中国人民银行加快推进利率市场化改革，全面放开贷款利率管制，建立健全市场利率定价自律机制，构建贷款基础利率集中报价和发布机制，推动同业存单发行交易，利率市场化改革迈出新的步伐。

六、进一步完善人民币汇率形成机制

继续按主动性、可控性和渐进性原则，进一步完善人民币汇率形成机制，重在坚持以市场供求为基础，参考一篮子货币进行调节，增强人民币汇率弹性，保持人民币汇率在合理均衡水平上的基本稳定。中国人民银行继续支持人民币对新兴市场货币直接交易市场的发展，2013 年 4 月 10 日在银行间外汇市场推出人民币对澳大利亚元直接交易。2013 年，人民币对美元汇率中间价最高为 6.0969 元，最低为 6.2898 元，238 个交易日中 126 个交易日升值、112 个交易日贬值，最大单日升值幅度为 0.20%（126 点），最大单日贬值幅度为 0.15%（91 点）。人民币对欧元、日元等其他国际主要货币汇率双向波动。2013 年末，人民币对欧元、日元汇率中间价分别为 1 欧元兑 8.4189 元人民币、100 日元兑 5.7771 元人民币，分别较上年末贬值 1.20% 和升值 26.45%。2005 年人民币汇率形成机制改革以来至 2013 年末，人民币对欧元汇率累计升值 18.95%，对日元汇率累计升值 26.46%。银行间外汇市场人民币直接交易成交活跃，流动性明显提升。

2013 年，在中国人民银行与境外货币当局签署的双边本币互换协议下，境外货币当局共开展交易 1.03 万亿元人民币，对促进双边贸易投资发挥了积极作用。

七、推动跨境人民币业务平稳发展

2013 年 7 月，中国人民银行发布《关于简化跨境人民币业务流程和完善有关政策的通知》（银发[2013]168 号），简化了经常项下跨境人民币业务办理流程，对银行卡人民币账户跨境清算业务进行了梳理，明确了境内非金融机构可开展人民币境外放款业务、境外参加行人民币账户之间资金划转等相关内容，调整了境外参加行人民币账户融资期限和限额，切实满足了银行和企业业务办理需求，进一步促进了跨境贸易和投资便利化。

2013 年，跨境贸易和投资人民币结算业务保持平稳有序增长。初步统计，全年银行累计办理跨境贸易人民币结算业务 4.63 万亿元，同比增长 57%。其中，货物贸易结算金额3.02万亿元，服务贸易及其他经常项目结算金额 1.61 万亿元。2013 年，跨境贸易人民币结算业务实收 1.88 万亿元，实付 2.75 万亿元，收付比为 1∶1.46。直接投资方面，

2013 年全年银行累计办理人民币跨境直接投资结算业务 5337.4 亿元，其中，对外直接投资结算金额 856.1 亿元，同比增长 1.8 倍；外商直接投资结算金额 4481.3 亿元，同比增长 76.7%（见图 1）。

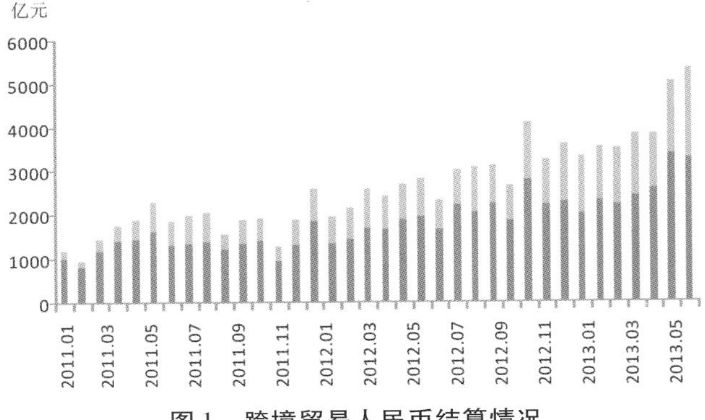

图 1　跨境贸易人民币结算情况

数据来源：中国人民银行

2013 年，中国人民银行与欧洲中央银行、英格兰银行等五家境外货币当局签署了双边本币互换协议，新签署协议总规模为 7520 亿元人民币；与新加坡金融管理局等三家境外货币当局续签双边本币互换协议，续签协议总规模为 4035 亿元人民币。双边本币互换协议的目的一方面是维护金融稳定，另一方面是便利中国与其他国家或经济体的双边贸易和投资。

八、深入推进金融机构改革

中国农业银行"三农金融事业部"改革扎实推进。2013 年 10 月，经国务院批准，将中国农业银行江苏、浙江、湖南、云南、江西、陕西、广东 7 个省、538 个县的县域支行纳入到深化"三农金融事业部"改革试点范围，并延续差别化存款准备金率、监管费减免和营业税减免等扶持政策。改革试点范围扩大后，试点行的业务量及利润额占农业银行整体县域支行的比例从 40% 提升至 80% 左右，对试点地区"三农"和县域经济发展起到了重要的推动作用。

资产管理公司转型改制工作稳步推进。中国信达资产管理股份有限公司于 2013 年 12 月在香港成功上市，是第一家实现上市的全国性金融资产管理公司，标志着金融资产管理公司股份制改革和商业化转型取得阶段性成果。

农村信用社改革成果显现。一是可持续发展能力显著增强。按贷款五级分类口径统计，2013 年末，全国农村信用社不良贷款比例为 4.1%，比上年末下降 0.4 个百分点；资本充足率为 12.5%，比上年末提高 0.7 个百分点；2013 年实现利润 1962 亿元。二是农村金融服务水平明显提升。2013 年末，全国农村信用社的各项存贷款余额分别为 14.3 万亿元和 9.2 万亿元，占同期全部金融机构各项存贷款余额的比例分别为 13.7% 和 12.7%，比上年末分别提高 0.5 个和 0.3 个百分点。全国农村信用社涉农贷款余额和农户贷款余额分别为 6.2 万亿元和 3 万亿元，比上年末分别增长 16.4% 和 14.5%。三是产权制度改革稳步推进。截至 2013 年末，全国共组建以县（市）为单位的统一法人农村信用社 1690 家，农村商业银行 468 家，农村合作银行 122 家。

九、深化外汇管理体制改革

推进外汇管理便利化改革，支持实体经济健康发展。一是深入推进贸易领域外汇管理制度改革，提升贸易便利化程度。开展服务贸易外汇管理改革，缩短企业办理服务贸易资金收付时间。二是改进跨境担保管理，优化投融资政策环境。将中资企业"外保内贷"政策试点推广至全国，开展小额外保内贷业务试点，缓解中小企业"融资难、融资贵"问题。三是支持跨境电子商务和互联网金融发展，在 5 个地区开展跨境电子商务外汇支付业务试点。稳步推进人民币资本项目可兑换，提升资金跨境配置效率。一是在前期试点基础上将跨国公司外汇资金集中使用试点范围进一步扩大到广东等 7 省（市）的 32 家国有、民营和外资企业，为资本项目可兑换改革探索外汇监管经验。二是加大外债和资本市场管理简政放权，初步建立以登记管理为核心、以统计监测为手段、以主体监管和事后核查为重点的管理框架。三是稳步实施合格境外机构投资者（QFII）、人民币合格境外机构投资者（RQFII）和合格境内机构投资者（QDII）制度。截至 2013 年末，共批准 QFII 投资额度 497 亿美元，RQFII 投资额度 1575 亿元人民币，QDII 投资额度 842 亿美元。积极探索资本金境外运用渠道，研究扩大境内金融机构对外投资和合格境内有限合伙人制度试点，有序引导资本流出。

不断完善跨境资金流动监管，促进国际收支趋向平衡。实施新修订的《国际收支统计申报办法》，增强全社会统计申报意识，进一步完善宏观决策支撑体系。在必要时果断启动跨境资金异常流入应对预案。进一步完善贸易融资外汇管理，防范异常外汇资金跨境流入。加强外汇管理信息综合利用，密切跟踪外汇形势变化，及时关注构造贸易套利、虚假转口贸易等新问题。

2013 年宏观经济分析

一、世界经济金融形势

2013 年，世界经济缓慢曲折复苏。美国经济增长动能持续增强，但面临若干政策风险。欧元区经济走出衰退，但复苏态势不稳。日本经济受政策刺激强劲反弹，长期内挑战仍存。部分新兴市场经济体增长放缓，金融市场动荡，面临的风险上升。

（一）主要经济体经济形势

美国经济增长动能持续增强。2013 年全年 GDP 增长 1.9%，其中前三季度增速逐季回升，第三季度实际 GDP 增长率（环比折年率）达到 4.1%，创 2012 年一季度以来的新高。美国房地产市场继续复苏，股指屡创历史新高，受房地产市场和股市财富效应推动，个人消费支出增长较快。除 5 月外，2013 年美国供应管理协会（ISM）公布的制造业 PMI 均位于 50 荣枯线以上。贸易赤字大幅收窄，全年贸易赤字 4715 亿美元，同比下降了 11.8%。失业率从 1 月的 7.9% 降至 12 月的 6.7%，创 2008 年 11 月以来的新低。全年通胀水平持续处于低位。12 月 18 日，美联储将 2014 年经济增长预期从 2.9% –3.1% 调整至 2.8% –3.2%。

欧元区经济微弱复苏。2013 年以来，欧债危机暂时进入相对平静期，欧元区经济再次进入复苏通道。衡量消费者和企业信心的欧元区经济景气指数自 4 月份以来逐步上行，12 月升至 100，达到自 2011 年 8 月以来最高水平。欧元区物价全年维持低位，12 月综合物价指数（HICP）同比仅增长 0.8%。但失业率仍居高不下，四季度以来欧元区失业率维持在 12.0% 的高位。12 月 5 日，欧央行将欧元区 2013 年经济增长率预测值继续维持在 –0.4%，将 2014 年预测值从 9 月的 1.0% 上调至 1.5%。

日本经济强劲反弹后增速有所放缓。受日元汇率大幅贬值和大规模财政刺激等因素影响，2013 年前两个季度日本经济增速大幅反弹，但第三季度增速明显回落，实际 GDP 增长率（环比折年率）为 1.1%。

6 月以来核心 CPI 同比转为正值，12 月上升至 1.3%，触及 5 年来新高；就业市场平稳，全年失业率基本维持在 4.0% 左右。受进口成本上升等因素影响，2013 年日本贸易逆差为 11.47 万亿日元，同比增长 65.3%，创历史新高。

部分新兴市场经济体增长放缓，面临的风险上升。由于外部需求疲弱、美国货币政策带来的金融市场压力及部分新兴经济体自身等因素影响，2013 年部分新兴市场经济体国际收支恶化，外汇储备减少，财政和债务状况严峻，经济增长放缓。5 月美联储向市场释放 QE 退出信号后，国际资本流动逆转，导致一些新兴经济体金融市场一度大幅动荡。总的来看，新兴市场经济体基本面较为脆弱，考虑到美联储 QE 退出等不确定性因素，个别经济体短期内风险可能上升。

（二）国际金融市场概况

2013 年以来，受全球经济缓慢复苏和主要经济体政策预期变动等因素影响，全球金融市场波动较大。其中，发达经济体股市大幅上涨，多次创历史新高。一些新兴市场经济体金融市场一度出现动荡，汇率大幅贬值。

欧元对美元汇率小幅升值，日元和多数新兴市场经济体货币对美元贬值。2013 年末，欧元对美元汇率收于 1.3745 美元/欧元，较上年末升值 4.2%；日元对美元汇率收于 105.30日元/美元，较上年末贬值 17.6%。同期，新兴市场货币多数贬值，其中印尼卢比和阿根廷比索较上年末贬值超过 20%，印度卢比、巴西雷亚尔和南非兰特贬值幅度超过 10%。

伦敦同业拆借市场美元 Libor 低位波动。截至 12 月 31 日，1 年期 Libor 为 0.5831%，比上年末下降 26 个基点。欧元区同业拆借利率 Euribor 受欧央行降息等因素影响继续低位运行。截至 12 月 31 日，1 年期 Euribor 为 0.5560%，比上年末上升 1 个基点。美、德国债收益率上扬，日本国债收益率小幅下降，部分新兴市场经济体国债收益率大幅攀升。2013 年末，美国和德国 10 年期国债收益率分别收于 3.04% 和 2.11%，较上年末分别上升了 126 个和 73 个基点；日本 10 年期国债收益率收于 0.736%，较上年末下降了近 6 个基点。部分新兴市场经济体 10 年期国债收益率持续上升，其中巴西、土耳其、印尼、南非和俄罗斯升幅较大，2013 年末分别较上年末上升了 403 个、372 个、327 个、153 个和 86 个基点。

主要发达经济体股市大幅上涨，多数新兴市场经济体股市波动性加大。2013 年末，道琼斯工业平均指数、欧元区 STOXX50 指数、日经 225 指数分别收于 16577 点、2919 点和 16291 点，较上年末分别上涨 26.5%、13.3% 和 56.7%。一些新兴市场经济体股市波动性加大。其中印尼、土耳其和印度 6 - 9 月股指波幅较大，分别达到 20.4%、23.0% 和 15.3%。

（三）主要经济体货币政策

主要发达经济体央行继续实施量化宽松货币政策。美联储在 12 月例会后宣布自 2014 年 1 月起，每月资产购买规模缩减至 750 亿美元，其中抵押贷款支持证券和长期国债各缩减 50 亿美元。同时，美联储也调整了前瞻性指引，称即使失业率跌破 6.5%，若预期通胀率仍继续在 2% 以下水平运行，联邦基金利率在较长一段时间内维持在目前的超低水平可能也还是适当的。欧央行于 5 月下调主要再融资利率 25 个基点至 0.5%，并将边际贷款便利利率从 1.5% 下调至 1%。11 月，欧央行再次下调了主要再融资利率 25 个基点至 0.25%，边际贷款便利利率下调 25 个基点至 0.75%。欧央行多次强调，宽松货币政策将可能保持更长时间，以继续推动欧元区经济复苏。日本银行于 1 月 22 日与日本政府发布联合声明，决定引入 2% 的通胀目标，自 2014 年起执行无限期的资产购买计划，每月购入 13 万亿日元的资产，直至通胀目标实现。4 月初，日本银行决定实施"量化和质化宽松货币政策"，将货币政策操作目标从无担保隔夜拆借利率改为基础货币，并将基础货币、长期国债购买数量和平均持有期限翻倍，以期在两年内实现 2% 的通胀目标。英格兰银行全年继续维持 0.5% 的基准利率和 3750 亿英镑的资产购买规模不变，并于 8 月 7 日推出"前瞻性货币政策指引"，宣布在失业率降至 7% 之前不会考虑加息。

2013 年初，新兴市场经济体经济普遍面临下行压力，货币政策趋于宽松。进入二、三季度以来，新兴市场经济体货币政策出现分化，部分国家收紧货币政策以应对通胀压力、资本流出和货币贬值的压力，也有一些国家为提振经济继续放松货币政策。其中，印度储备银行上半年连续 3 次下调基准利率至 7.25%，此后为应对通胀压力，又于 9 月 20 日和 10 月 28 日两次上调基准利率至 7.75%。印度尼西亚央行 6 月以来 5 次上调基准利率至 7.5%。巴西央行全年 6 次上调基准利率至 10.0%。泰国中央银行 2 次将政策利率各下调 25 个基点至 2.25%，以进一步提振经济。匈牙利央行 12 次下调基准利率共 275 个基点至 3.0%。智利央行 2 次降低基准利率各 25 个基点至 4.5%，成为自 2011 年 4 月以来的最低水平。

（四）国际经济展望及面临的主要风险

IMF 在 2014 年 1 月更新的《世界经济展望》中，将 2013 年和 2014 年全球经济增速预测值分别上调 0.1 个百分点至 3% 和 3.7%。其中，美国经济增速分别为 1.9% 和 2.8%，较上次预测值上调 0.3 个和 0.2 个百分点；欧元区经济增速分别为 -0.4% 和 1.0%，与上次预测值持平；日本经济增速均为 1.7%，较上次预测值分别下调 0.3 个和上调 0.5 个百分点；新兴市场和发展中经济体经济增速分别为 4.7% 和 5.1%，较上次预测值上调 0.2 个百分点和持平。展望 2014 年，全球经济整体复苏步伐有望加快，美国两党政治经过激烈博弈后进入缓和期，财政政策前景的不确定性有所下降；WTO 多哈回合取得突破性进展，降低了贸易和投资保护主义风险；中东地区紧张局势有所缓解，地缘政治风险减弱。但全球经济仍可能面临以下风险：

一是美国量化宽松货币政策退出的进度和影响仍存较大不确定性，跨境资本流动、全球汇市、资产价格、大宗商品价格走势有待进一步观察。

二是欧元区经济复苏前景不明。欧元区出口预计会成为增长的推动力。但整体仍面临诸多长期性、结构性问题，如防火墙建设、银行部门风险控制、银行业去杠杆、财政联盟建设、欧元区内部结构性失衡及高失业率等。欧央行第二轮长期再融资操作（LTRO）结束后是否会采取新的措施补充市场流动性仍存在较大不确定性。

三是日本经济内在增长动力不足。日本政府拟推出的 5.5 万亿日元经济刺激措施短期内可能增加债务压力。短期财政和货币政策刺激的效果能否持续具有较大不确定性。暂时的财政刺激应该可以部分抵消 2014 年 4 月开始上调消费税的负面影响，但如果日本企业不能实质性提高工资水平，个人消费仍可能受到抑制。一旦消费税率提高对日本经济的负面影响超过预期，日本央行可能再次加码宽松货币政策，进而影响全球外汇市场。

四是部分新兴市场仍面临资本外流风险。一方面，新兴市场经济体的外部需求可能有所好转，但仍面临美联储QE退出带来的潜在负面冲击。另一方面，部分新兴市场经济体经济基本面短期内难以取得根本性改善，财政和货币政策空间在缩小，一些长期制约经济发展的结构性问题短期内也难以得到实质性解决。在内外因素作用下，个别基本面较弱、外部经常账户赤字的经济体更容易受到影响。

二、中国宏观经济运行

2013年，中国经济发展呈现稳中向好的良好态势。农业生产形势良好，工业生产增速企稳回升，投资、消费稳定增长，消费价格涨幅和就业基本平稳。全年实现国内生产总值(GDP)56.9万亿元，同比增长7.7%，增速与上年持平。居民消费价格(CPI)同比上涨2.6%，涨幅与上年持平。贸易顺差为2597.5亿美元。

（一）消费需求平稳增长，投资增速稳中有降，进出口结构优化，城乡居民收入继续增加，消费需求平稳增长

2013年，城镇居民人均可支配收入26955元，比上年增长9.7%，扣除价格因素实际增长7%；农村居民人均纯收入8896元，比上年增长12.4%，扣除价格因素实际增长9.3%。第四季度城镇储户问卷调查结果显示，居民当期收入感受指数为50.3%，较上季提高0.4个百分点。社会消费品零售总额23.4万亿元，比上年增长13.1%，扣除价格因素，实际增长11.5%。分城乡看，城镇消费品零售额20.2万亿元，比上年增长12.9%；乡村消费品零售额3.2万亿元，增长14.6%。固定资产投资增速稳中有降，民间投资占比上升。2013年，固定资产投资(不含农户)完成43.7万亿元，比上年增长19.6%，扣除价格因素，实际增长19.2%。其中，民间投资27.5万亿元，增长23.1%，占全部投资的比重为63%，占比较上年提高1.8个百分点。分地区看，中西部投资增速继续快于东部，东、中、西部地区固定资产投资比上年分别增长17.9%、22.8%和23.0%。分产业看，第一、二、三次产业投资比上年分别增长32.5%、17.4%和21.0%。

进出口增速回升，结构优化。2013年，进出口总额4.2万亿美元，比上年增长7.6%；其中，出口2.2万亿美元，增长7.9%，增速与上年持平；进口2.0万亿美元，增长7.3%，增速比上年高3个百分点；贸易顺差2597.5亿美元。从区域结构看，欧美日传统市场份额下滑，东盟等新兴市场成为新增长点。2013年，对欧美日双边贸易额占33.5%，比上年下滑1.7个百分点。对东盟、南非和中亚五国等新兴市场国家双边贸易额分别增长10.9%、8.6%和9.4%。民营企业进出口所占比重提升，对外资企业依赖减轻。2013年，民营企业进出口额增长20.6%，占进出口总值的比重为33.3%，提升了3.6个百分点。外商投资企业进出口额增长1.3%，占46.1%，下滑2.9个百分点。从产品结构看，机电产品以及劳动密集型产品出口稳步增长，消费品、部分资源产品等进口增长较快。对外贸易自主发展能力不断增强，一般贸易比重增加，加工贸易比重减少。2013年实际使用外商直接投资1175.9亿美元；境内投资者共对全球156个国家和地区的5090家境外企业进行了直接投资，累计实现非金融类直接投资901.7亿美元。

（二）农业生产形势良好，工业生产增速企稳回升第三产业比重首次超过第二产业

2013年，第一产业增加值5.7万亿元，比上年增长4.0%；第二产业增加值25.0万亿元，增长7.8%；第三产业增加值26.2万亿元，增长8.3%。三次产业占GDP比重分别为10.0%、43.9%和46.1%。

农业生产再获丰收。2013年，全国粮食产量达到60194万吨，增长2.1%。猪牛羊禽肉产量8373万吨，增长1.8%，其中猪肉产量5493万吨，增长2.8%。

工业生产形势稳定。2013年，全国规模以上工业增加值按可比价格计算同比增长9.7%。分季度看，各季度分别增长9.5%、9.1%、10.1%和10.0%。全国规模以上工业企业实现利润6.3万亿元，同比增长12.2%，增速比上年高6.9个百分点。其中，主营活动利润6.2万亿元，比上年增长4.0%。全年规模以上工业企业产销率为97.8%，比上年低0.2个百分点。第四季度中国人民银行5000户工业企业调查显示，企业经营景气状况略有回升。企业经营景气指数为58.1%，较上季回升1.8个百分点；企业盈利指数为57.6%，较上季上升2.5个百分点。

（三）消费价格涨幅基本稳定

2013年以来，受国内经济增长变化影响，主要价格指标呈现前低后稳走势，价格形势总体稳定。具体看，上半年，消费价格涨幅基本稳定，工业生产价格降幅加深；下半年，随着经济景气回升，消费价格涨幅扩大，工业生产价格降幅收窄。

居民消费价格涨幅与上年持平。2013年CPI同比上涨2.6%，各季度分别上涨2.4%、2.4%、2.8%和2.9%。从食品和非食品分类看，食品价格涨幅略有回落，非食品价格涨幅基本稳定。食品价格上涨4.7%，涨幅比上年回落0.1个百分点；非食品价格上涨1.6%，涨幅与上年持平。从消费品和服务分类看，消费价格涨幅回落，服务价格涨幅扩大。消费品价格上涨2.5%，涨幅比上年回落0.4个百分点；服务价格上涨2.9%，涨幅比上年扩大0.9个百分点。

工业生产价格降幅略有扩大。2013年，工业生产者出厂价格同比下降1.9%，降幅比上年扩大0.2个百分点，其中各季度分别下降1.7%、2.7%、1.7%和1.4%。工业生产者购进价格同比下降2.0%，降幅比上年扩大0.2个百分点，其中各季度分别下降1.9%、2.8%、1.8%和1.5%。企业商品价格(CGPI)同比下降1.2%，各季度同比降幅分别为1.3%、2.1%、0.7%和0.5%。农产品生产价格涨幅高于农业生产资料价格涨幅。2013年，农产品生产价格上涨3.2%，农业生产资料价格上涨1.4%。

受国际大宗商品价格总体下降等因素影响，进口价格继续下降。2013年各季度，洲际交易所布伦特原油期货当季平均价格分别环比上涨2.3%、-8.2%、6.1%和-0.3%，累计下降0.7%；伦敦金属交易所铜当季平均价格分别环比上涨0.3%、-9.9%、-1.0%和1.1%，累计下降9.5%；伦敦金属交易所铝当季平均价格分别环比上涨0.3%、-8.4%、-2.9%和-0.7%，累计下降11.5%。2013年，进口价格同比下降1.8%，其中各季度分别下降1.8%、2.9%、1.1%和1.5%。出口价格同比下降0.6%，其中各季度分别下降0.1%、0.6%、1.2%和0.7%。

GDP缩减指数有所回落。2013年GDP缩减指数(按当年价格计算的GDP与按固定价格计算的GDP的比率)变动率为1.7%，比上年低0.3个百分点。资源性产品价格改革继续推进。一是进一步完善成品油价格形成机制，并对油品质量升级实行优质优价政策。二是在总结广东、广西天然气价格形成机制试点改革经验基础上，出台了天然气价格调整方案。三是进一步完善居民阶梯电价制度，对相关制度规定进行了补充和完善。四是发布加快建立完善城镇居民阶梯水价制度的指导意见，要求2015年底前，设市城市原则上要全

面实行居民阶梯水价制度，具备实施条件的建制镇也要积极推进居民阶梯水价制度。

（四）财政收入增长放缓，财政支出结构改善

2013 年，全国公共财政收入 12.9 万亿元，增长 10.1%，增速比上年低 2.8 个百分点；全国公共财政支出 14.0 万亿元，增长 10.9%，增速比上年低 4.4 个百分点。收支相抵，财政支大于收 10601 亿元。从财政收入结构看，2013 年，税收收入 11.0 万亿元，增长 9.8%，增速比上年低 2.3 个百分点。收入增幅明显回落，主要是受经济增长趋缓，实施结构性减税，一般贸易进口增长放缓等因素影响。分税种看，国内增值税增长 9.0%，国内消费税增长 4.5%，营业税增长 9.3%，企业所得税增长 14.0%，进口货物增值税和消费税下降 5.4%，个人所得税增长 12.2%。

从支出结构看，全国财政支出较多的有教育、社会保障和就业、农林水事务，分别占财政支出的 15.7%、10.3% 和 9.5%。民生等重点支出得到保障，增速较快的项目有城乡社区事务、社会保障和就业、节能环保支出，分别比上年增长 21.9%、14.6% 和 14.2%。

（五）就业形势基本稳定

2013 年末，全国就业人员为 76977 万人，比上年末增加 273 万人，其中城镇就业人员 38240 万人，比上年末增加 1138 万人。

第四季度，中国人力资源市场信息监测中心对全国 104 个城市的公共就业服务机构市场供求信息进行的统计分析显示，劳动力市场供求总体平衡，需求略大于供给，求人倍率为 1.10，较上季度和上年同期均上升 0.02。分行业看，教育、采矿业、金融业、房地产业等行业的用人需求有较大幅度增长，而制造业、住宿和餐饮业、居民服务和其他服务业等的用人需求有所减少。与上年同期相比，新成长失业青年的求职比重有所上升，就业转失业人员、本市农村人员和外埠人员的求职比重下降。57.6% 的用人需求对技术等级或职称有明确要求，中、高级技能人员及高级专业人员需求缺口依然较大。

（六）国际收支双顺差

国际收支保持经常项目与资本和金融项目双顺差。据国家外汇管理局初步统计，2013 年经常项目顺差 1886 亿美元，与同期 GDP 之比为 2.1%，较上年下降 0.2 个百分点，继续处于国际公认的可持续区间。资本和金融项目顺差 2427 亿美元，上年为逆差 168 亿美元。国际储备资产增加 4314 亿美元。

外债总规模继续上升。截至 2013 年 9 月末，外债余额为 8229 亿美元，较上年末增长 11.7%。其中，登记外债余额为 4961 亿美元，较上年末增长 11.4%，占外债余额的 60.3%；短期外债余额为 6329 亿美元，较上年末增长 17%，占外债余额的 76.9%。

（七）行业分析

工业企业利润较快增长。2013 年，在 41 个工业大类行业中，31 个行业主营活动利润比上年增长，9 个行业主营活动利润比上年减少，1 个行业主营活动亏损比上年减少。35 个行业利润总额比上年增加，电力热力生产和供应业、汽车制造业、非金属矿物制品业、计算机通信和其他电子设备制造业利润增加较多，5 个行业新增利润占全部规模以上工业企业新增利润的 55.3%。但也有部分行业因需求不振、产品价格下降等原因利润比上年减少。

1. 房地产行业

2013 年，全国商品房成交量增速逐月回落，但仍高于 2012 年全年水平，房价同比上涨的城市个数较年初明显增加，不同城市间房价变动差异较大，房地产开发投资稳定增长，房地产贷款增速回升。

商品房销售增速逐月回落。2013 年，全国商品房销售面积为 13.1 亿平方米，同比增长 17.3%，增幅逐月收窄，但仍比上年高 15.5 个百分点。商品房销售额为 8.1 万亿元，同比增长 26.3%，增速比上年高 16.3 个百分点。其中，商品住宅的销售面积和销售额分别占商品房销售面积和销售额的 88.6% 和 83.1%，自 6 月份开始办公楼销售增幅超过商品住宅销售增幅。

房价同比上涨的城市个数较年初明显增加。2013 年 12 月，全国 70 个大中城市中，新建商品住宅价格同比上涨的城市有 69 个，比 1 月份增加 16 个，同比价格变动中，最高涨幅为 21.9%，最低为下降 2.8%；二手住宅价格同比上涨的城市有 69 个，比 1 月份增加 33 个，同比价格变动中，最高涨幅为 19.7%，最低为下降 7.2%。

房地产开发投资稳定增长。2013 年，全国完成房地产开发投资 86013 亿元，同比增长 19.8%，增速比上年高 3.6 个百分点。其中，住宅投资 58951 亿元，同比增长 19.4%，增速比上年高 8 个百分点，住宅投资占房地产开发投资的 68.5%。全国房屋新开工面积为 20.1 亿平方米，同比增长 13.5%，而 2012 年为同比下降 7.3%。全国房屋施工面积为 66.6 亿平方米，同比增长 16.1%，增速比上年高 2.9 个百分点。全国房屋竣工面积为 10.1 亿平方米，同比增长 2.0%，增速比上年回落 5.3 个百分点。

房地产贷款增速回升。2013 年末，全国主要金融机构（含外资）房地产贷款余额 14.6 万亿元，同比增长 19.1%，增速比上年末高 6.3 个百分点。房地产贷款余额占各项贷款余额的 21%，比上年末高 1.2 个百分点。其中，个人住房贷款余额为 9 万亿元，同比增长 21%，比上年末高 8.1 个百分点；房产开发贷款余额为 3.5 万亿元，同比增长 16.3%，比上年末高 6.1 个百分点；地产开发贷款余额为 1.1 万亿元，同比增长 9.8%，比上年末低 3.8 个百分点。2013 年，新增房地产贷款 2.3 万亿元，同比多增 9987 亿元。房地产贷款新增额占各项贷款新增额的 28.1%，比上年末高 10.7 个百分点。

保障房信贷支持力度继续加大。截至 2013 年末，全国保障性住房开发贷款余额为 7260 亿元，同比增长 26.7%，增速比住房开发贷款高 10.9 个百分点，占全部住房开发贷款余额的 27.7%。此外，利用住房公积金贷款支持保障性住房建设试点工作稳步推进，截至 2013 年末，已按进度发放住房公积金贷款 634 亿元，支持了 75 个城市 301 个保障房建设项目，收回贷款本金 142 亿元。

2. 健康服务业

健康服务业以维护和促进人民群众身心健康为目标，主要包括医疗服务、健康管理与促进、健康保险以及相关服务，涉及药品、医疗器械、保健用品、保健食品、健身产品等支撑产业，覆盖面广，产业链长，是现代服务业的新兴行业和重要内容。随着中国居民收入和消费水平的提高，且老龄人口不断增多，健康服务市场的需求日益增大，迫切需要加快发展内容丰富、层次多样的健康服务业。这既是深化医改、改善民生、提升全民健康素质的必然要求，也是进一步扩大内需、促进就业、转变经济发展方式的重要举措。新一轮医药卫生体制改革实施以来，全民医保基本实现，基本医疗卫生制度初步建立，为加快发展健康服务业创造了良好条件。截至 2012 年末，参加城镇基本医疗保险的人数 53589 万人；2566 个县（市、区）开展新型农村合作医疗工作，新型农村合作医疗参

合率98.1%。随着国民对健康发展的日益重视和市场需求的不断涌现,健康服务业发展较快,服务能力和效率有所提升,健康服务相关支撑产业规模不断扩大。2012 年,医药制造业、体育用品制造业、保健食品制造业以及家用美容、保健电器具制造业的工业销售产值分别为 16628 亿元、1017 亿元、857 亿元和 271 亿元,同比分别增长 20.9%、13.1%、41.8%和 12.8%。但也要看到,目前健康服务业发展尚处于初级阶段,与人民群众健康需求及经济社会协调发展要求之间还存在较大差距。

一是医疗服务投资主体较为单一,服务能力和利用效率有待进一步提升。目前,民营医院在医保定点、医师执业资格、药品器械等方面尚有很多瓶颈,医疗服务利用效率不高。截至2013 年 11 月末,公立医院 13441 个,民营医院 11029 个,民营医院数量占医院总数的 45.1%。2013 年 1－11 月,公立医院诊疗 21.7 亿人次,民营医院诊疗 2.4 亿人次.民营医院诊疗人数仅占医院总诊疗人数的 10.0%。

二是医疗资源、商业健康保险、养老服务等滞后于经济与社会发展的需要。2012 年,每千人医疗卫生机构床位数为 4.24张,每千人执业(助理)医师仅为 1.94 人;商业健康险保费收入占人寿保险保费收入的比例为 7.9%,而成熟的保险市场一般比例为 30%左右。2013 年末,65 周岁及以上人口 1.32亿人。但截至 2012 年末,全国各类养老服务机构 44304 个,拥有床位 416.5 万张,每千名老年人拥有养老床位 21.5 张,仍远低于“全国社会养老床位数达到每千名老年人 35－40张”的目标。

三是支持健康服务业发展的市场准入、土地使用、财税、投融资等各类政策措施还不系统、不完善,与健康服务相关的法律、行政法规还不健全,服务质量和市场日常监督机制亟待强化。

要多措并举发展健康服务业。充分调动社会力量的积极性和创造性,完善市场准入,更充分地发挥市场作用,逐步建立覆盖全生命周期、内涵丰富、结构合理的健康服务业体系。创新业务模式,加快发展健康养老服务,丰富商业健康保险产品,完善财税价格政策,优化投融资引导政策,完善健康服务法规标准和监管,加强健康服务业市场监管,壮大健康服务人才队伍。

2013 年金融机构贷款投向统计报告

(2014 年 1 月 24 日)

人民银行初步统计,2013 年 12 月末金融机构人民币各项贷款余额 71.9 万亿元,同比增长 14.1%,增速比上年末低 0.9 个百分点;全年增加 8.89 万亿元,同比多增 6879 亿元。贷款投向呈现以下特点:

一、企业中长期贷款平稳增长,短期贷款和票据融资增速继续回落

12 月末,全部金融机构本外币企业及其他部门贷款余额 55.18 万亿元,同比增长 10.9%,增速比上季末低 0.7 个百分点;全年增加 5.39 万亿元,同比少增 9302 亿元。

从期限看,12 月末,金融机构本外币企业及其他部门短期贷款及票据融资余额 26.12 万亿元,同比增长 12.1%,增速比上季末低 1.9 个百分点;全年增加 2.81 万亿元,同比少增 1.66 万亿元。金融机构本外币企业及其他部门中长期贷款余额 28.2 万亿元,同比增长 9.2%,增速比上季末高 0.2 个百分点;全年增加 2.38 万亿元,同比多增 7526 亿元。

从用途看,全部金融机构本外币企业及其他部门固定资产贷款余额 23.09 万亿元,同比增长 10.2%,增速比上季末低 0.1 个百分点;经营性贷款余额 25.2 万亿元,同比增长 12.7%,增速比上季末高 0.1 个百分点。

二、小微企业贷款增速回升

12 月末,主要金融机构①及小型农村金融机构②、外资银行人民币小微企业贷款余额 13.21 万亿元,同比增长14.2%,增速比上季末高 0.6 个百分点,比同期大型和中型企业贷款增速分别高 3.9 个和 4 个百分点,比同期全部企业贷款增速高 2.8 个百分点。

12 月末,小微企业贷款余额占企业贷款余额的 29.4%,比 9 月末占比高 0.3 个百分点;全年小微企业新增贷款占同期全部企业新增贷款的 43.5%,比 1－9 月增量占比高 0.1 个百分点。

三、工业和服务业中长期贷款增长平稳

12 月末,主要金融机构本外币工业中长期贷款余额 6.6 万亿元,同比增长 4.2%,增速比上季末高 0.1 个百分点;全年增加 2683 亿元,同比多增 333 亿元。其中,重工业中长期贷款余额 5.88 万亿元,同比增长 3.3%,增速比上季末低 0.1 个百分点;轻工业中长期贷款余额 7285 亿元,同比增长 11.5%,增速比上季末高 1 个百分点。

12 月末,服务业中长期贷款余额 17.66 万亿元,同比增长 11%,增速比上季末高 0.2 个百分点。其中,占比较大的交通运输、仓储和邮政业月末余额同比增长 10.9%;增长较快的文化、体育和娱乐业同比增长 36.3%。

四、农户贷款和农村(县及县以下)贷款快速增长,农业贷款增速基本稳定

12 月末,主要金融机构及小型农村金融机构、村镇银行、财务公司本外币农村(县及县以下)贷款③余额 17.29 万亿元,同比增长 18.9%,增速比上季末高 0.3 个百分点,全年增加 2.89 万亿元,同比多增 4891 亿元;农户贷款余额 4.5 万亿元,同比增长 24.4%,增速比上季末高 1.9 个百分点,全年增加 8873 亿元,同比多增 3871 亿元;农业贷款余额 3.04 万亿元,同比增长 11.6%,增速比上季末低 0.3 个百分点,全年增加 3479 亿元,同比多增 377 亿元。

五、房地产贷款平稳较快增长

12 月末,主要金融机构及小型农村金融机构、外资银行人民币房地产贷款余额 14.61 万亿元,同比增长 19.1%,增速比上季末高 0.1 个百分点;全年增加 2.34 万亿元,同比多增 9987 亿元,增量占同期各项贷款增量的 28.1%,比 1－9 月增量占比高 0.5 个百分点。

12 月末,地产开发贷款余额 1.07 万亿元,同比增长 9.8%,增速比上季末低 3.3 个百分点。房产开发贷款余额 3.52 万亿元,同比增长 16.3%,比上季末高 1.4 个百分点。个人购房贷款余额 9.8 万亿元,同比增长 21%,增速比上季末低 0.2 个百分点;全年增加 1.7 万亿元,同比多增 7389 亿元。

---

① 主要金融机构指中资银行(不含农村商业银行、农村合作银行和村镇银行),全报告同。

② 小型农村金融机构包括农村商业银行、农村合作银行和农村信用社,全报告同。

③ 2013 年起,原农村贷款改称农村(县及县以下)贷款,统计内容保持不变。农村(县及县以下)贷款包括金融机构发放给注册地位于县及县以下的企业及各类组织的所有贷款和农户贷款。

12 月末，保障性住房开发贷款余额 7260 亿元，同比增长 26.7%，增速比上季末低 4.6 个百分点；全年增加 1530 亿元，占同期房产开发贷款增量的 31%，比 1－9 月增量占比高 2.9 个百分点。

六、住户贷款同比多增较多

12 月末，全部金融机构本外币住户贷款余额 19.86 万亿元，同比增长 23.1%，增速比上季末低 0.6 个百分点；全年增加 3.71 万亿元，同比多增 1.19 万亿元。

12 月末，住户消费性贷款余额 12.98 万亿元，同比增长 24.3%，增速比上季末低 0.4 个百分点，全年增加 2.54 万亿元，同比多增 9730 亿元；住户经营性贷款余额 6.88 万亿元，同比增长 20.8%，增速比上季末低 1 个百分点，全年增加 1.17万亿元，同比多增 2146 亿元。

2013 年金融统计数据报告

一、年末广义货币增长 13.6%，狭义货币增长 9.3%

2013 年年末，广义货币（M2）余额 110.65 万亿元，同比增长13.6%，分别比 11 月末和上年末低 0.6 个和 0.2 个百分点；狭义货币（M1）余额 33.73 万亿元，同比增长 9.3%，比 11 月末低 0.1 个百分点，比上年末高 2.8 个百分点；流通中货币（M0）余额 5.86 万亿元，同比增长 7.1%。全年净投放现金 3899 亿元。

二、全年人民币贷款增加 8.89 万亿元，外币贷款增加 935 亿美元

2013 年年末，本外币贷款余额 76.63 万亿元，同比增长 13.9%。人民币贷款余额 71.90 万亿元，同比增长 14.1%，分别比 11 月末和上年末低 0.1 个和 0.9 个百分点。全年人民币贷款增加 8.89 万亿元，同比多增 6879 亿元。分部门看，住户贷款增加 3.71 万亿元，其中，短期贷款增加 1.46 万亿元，中长期贷款增加 2.25 万亿元；非金融企业及其他部门贷款增加 5.17 万亿元，其中，短期贷款增加 2.73 万亿元，中长期贷款增加 2.34 万亿元，票据融资减少 896 亿元。12 月份，人民币贷款增加 4825 亿元，同比多增 279 亿元。年末外币贷款余额 7769 亿美元，同比增长 13.7%，全年外币贷款增加 935 亿美元。

三、全年人民币存款增加 12.56 万亿元，外币存款增加 284 亿美元

2013 年年末，本外币存款余额 107.06 万亿元，同比增长 13.5%。人民币存款余额 104.38 万亿元，同比增长 13.8%，比 11 月末低 0.7 个百分点，比上年末高 0.4 个百分点。全年人民币存款增加 12.56 万亿元，同比多增 1.74 万亿元。其中，住户存款增加 5.49 万亿元，非金融企业存款增加 3.50 万亿元，财政性存款增加 5768 亿元。12 月份，人民币存款增加 1.15 万亿元，同比少增 4458 亿元。年末外币存款余额 4386 亿美元，同比增长 7.9%，全年外币存款增加 284 亿美元。

四、12 月银行间人民币市场同业拆借月加权平均利率 4.16%，质押式债券回购月加权平均利率 4.28%

全年银行间人民币市场以拆借、现券和债券回购方式合计成交 235.29 万亿元，日均成交 9412 亿元，日均成交同比减少 11.1%。

12 月份银行间人民币市场同业拆借月加权平均利率为 4.16%，分别比 11 月和上年同期高 0.04 个和 1.55 个百分点；质押式债券回购月加权平均利率为 4.28%，分别比上月和上年同期高 0.16 个和 1.66 个百分点。

五、年末国家外汇储备余额 3.82 万亿美元

2013 年年末，国家外汇储备余额为 3.82 万亿美元。年末，人民币汇率为 1 美元兑 6.0969 元人民币。

六、全年跨境贸易人民币结算业务累计发生 4.63 万亿元，直接投资人民币结算业务累计发生 5337 亿元

2013 年以人民币进行结算的跨境货物贸易、服务贸易及其他经常项目、对外直接投资、外商直接投资分别累计发生 3.02 万亿元、1.61 万亿元、856 亿元、4481 亿元。

注 1：当期数据为初步数。

注 2：2011 年 10 月起，货币供应量已包括住房公积金中心存款和非存款类金融机构在存款类金融机构的存款。

2013 年社会融资规模统计数据报告

初步统计，2013 年全年社会融资规模为 17.29 万亿元，比上年多 1.53 万亿元。其中，人民币贷款增加 8.89 万亿元，同比多增 6879 亿元；外币贷款折合人民币增加 5848 亿元，同比少增 3315 亿元；委托贷款增加 2.55 万亿元，同比多增 1.26 万亿元；信托贷款增加 1.84 万亿元，同比多增 5603 亿元；未贴现的银行承兑汇票增加 7751 亿元，同比少增 2748 亿元；企业债券净融资 1.80 万亿元，同比少 4530 亿元；非金融企业境内股票融资 2219 亿元，同比少 289 亿元。12 月份社会融资规模为 1.23 万亿元，比上年同期少 3960 亿元。

从结构看，全年人民币贷款占同期社会融资规模的 51.4%，同比低 0.6 个百分点；外币贷款占比 3.4%，同比低 2.4 个百分点；委托贷款占比 14.7%，同比高 6.6 个百分点；信托贷款占比 10.7%，同比高 2.6 个百分点；未贴现的银行承兑汇票占比 4.5%，同比低 2.2 个百分点；企业债券占比 10.4%，同比低 3.9 个百分点；非金融企业境内股票融资占比 1.3%，同比低 0.3 个百分点。

注 1：社会融资规模统计数据来源于人民银行、发改委、证监会、保监会、中央国债登记结算有限责任公司和银行间市场交易商协会等部门。

注 2：当期数据为初步统计数，同比增减数额均用可比口径数据计算得到。

2013 年支付体系运行总体情况

2013 年支付业务统计数据显示，支付体系安全、稳定运行，社会资金交易规模进一步扩大，支付业务和工具不断创新，零售支付服务市场持续改善，对提高资金使用效率，夯实支付服务实体经济基础，满足社会公众日益增长的支付服务需求发挥了积极作用。

一、非现金支付工具

2013 年，全国共办理非现金支付业务 501.58 亿笔，金额 1607.56 万亿元，同比分别增长 21.92% 和 24.97%，笔数、金额增速同比分别加快 0.32 个百分点和 8.47 个百分点。

（一）票据

票据业务量同比下降，实际结算商业汇票业务量同比上升。2013 年，全国共发生票据业务 6.93 亿笔，金额 287.70 万亿元，同比分别下降 11.61% 和 2.93%。其中，支票业务 6.67 亿笔，金额 259.56 万亿元，同比分别下降 11.77% 和 3.43%；实际结算商业汇票业务 1630.67 万笔，金额 18.24 万亿元，同比分别增长 4.98% 和 13.57%；银行汇票业务 377.13 万笔，金额 2.16 万亿元，同比分别下降 19.63% 和 20.14%；银行本票业务626.17万笔，金额6.03万亿元，同比分别下降12.90%和15.14%。

电子商业汇票业务保持增长态势。截至2013年末，电子商业汇票系统参与者共计359家，较上年末增加18家。2013年，电子商业汇票系统出票52.09万笔，金额15864.34亿元，同比分别增长70.93%和69.06%；承兑53.47万笔，金额16257.71亿元，同比分别增长71.45%和68.87%；贴现13.43万笔，金额6404.73亿元，同比分别增长42.39%和64.91%；转贴现25.09万笔，金额19509.65亿元，同比分别增长119.14%和199.27%。

（二）银行卡

银行卡发卡量平稳增长，北京、上海信用卡人均拥有量远高于全国平均水平。截至2013年末，全国累计发行银行卡42.14亿张，较上年末增长19.23%，增速放缓0.57个百分点。其中，借记卡累计发卡38.23亿张，较上年末增长19.36%，增速放缓0.94个百分点；信用卡累计发卡3.91亿张，较上年末增长18.03%，增速加快2.03个百分点。借记卡累计发卡量与信用卡累计发卡量之间的比例约为9.78:1，较上年末略有上升。截至2013年末，全国人均拥有银行卡3.11张，较上年末增长17.80%，其中，信用卡人均拥有0.29张，较上年末增长16.00%。北京、上海信用卡人均拥有量远高于全国平均水平，分别达到1.63张和1.30张。

市场受理环境逐步改善。截至2013年末，银行卡跨行支付系统联网商户763.47万户，联网POS机具1063.21万台，ATM52.00万台，较上年末分别增加280.20万户、351.43万台和10.44万台。截至2013年末，每台ATM对应的银行卡数量为8104张，较上年末减少4.71%；每台POS对应的银行卡数量为396张，较上年末减少20.25%。

银行卡交易额增速大幅提升。2013年，全国共发生银行卡业务475.96亿笔，同比增长22.31%，增速放缓0.09个百分点，金额423.36万亿元，同比增长22.28%，增速加快15.38个百分点。日均13039.88万笔，金额11598.91亿元。其中，银行卡存现79.42亿笔，金额66.61万亿元，同比分别增长17.01%和15.42%；取现181.17亿笔，金额70.80万亿元，同比分别增长12.29%和15.37%；消费129.71亿笔，金额31.83万亿元，同比分别增长43.98%和52.85%；转账85.66亿笔，金额254.12万亿元，同比分别增长22.65%和23.17%。

银行卡消费持续快速增长。2013年，全国银行卡卡均消费金额为7554元，笔均消费金额为2454元，同比分别增长28.16%和6.14%。银行卡跨行消费业务67.97亿笔，金额23.75万亿元，同比分别增长22.54%和44.08%，分别占银行卡消费业务量的52.40%和74.61%。全年银行卡渗透率达到47.45%，比上年提高3.95个百分点。

信用卡期末应偿信贷总额增速放缓，授信使用率①进一步上升。截至2013年末，信用卡授信总额为4.57万亿元，同比增长31.17%；信用卡期末应偿信贷总额为1.84万亿元，同比增长61.80%；信用卡卡均授信额度1.17万元，授信使用率达40.29%，较上年末增加7.63个百分点；信用卡逾期半年未偿信贷总额251.92亿元，较上年末增加105.34亿元，增长71.86%；信用卡逾期半年未偿信贷总额占期末应偿信贷总额的1.37%，占比较上年末上升0.08个百分点。

（三）汇兑等其他业务

汇兑业务继续保持快速增长。2013年，全国共发生汇兑、委托收款、托收承付等结算业务18.69亿笔，金额895.50万亿元，同比分别增长29.52%和39.27%，增速分别加快9.62个百分点和4.97个百分点。其中，汇兑业务18.37亿笔，金额880.42万亿元，分别占汇兑、委托收款、托收承付总业务量的98.28%和98.21%，同比分别增长30.28%和39.97%，增速分别加快10.08个百分点和4.97个百分点。

（四）电子支付

电子支付业务增长较快，移动支付业务保持高位增长。2013年，全国共发生电子支付②业务257.83亿笔，金额1075.16万亿元，同比分别增长27.40%和29.46%。其中，网上支付业务236.74亿笔，金额1060.78万亿元，同比分别增长23.06%和28.89%；电话支付业务4.35亿笔，金额4.74万亿元，同比分别下降6.59%和8.92%；移动支付业务16.74亿笔，金额9.64万亿元，同比分别增长212.86%和317.56%。2013年，支付机构累计发生互联网支付业务153.38亿笔，金额9.22万亿元，同比分别增长56.06%和48.57%。

二、支付系统

2013年，支付系统③共处理支付业务235.80亿笔，金额2939.57万亿元，同比分别增长23.38%和17.19%，业务金额是2013年全国GDP总量的51.68倍。

从支付系统资金往来情况④看，全国共14个省（市、自治区）的辖内资金流动量占本省（市、自治区）资金流动总量的比例超过50%。2013年，处理资金总量居前三位的地区分别为北京、上海、广东⑤，其资金流动总量分别占全国资金流动总量的28.62%、14.36%和11.14%。

（一）人民银行支付系统

2013年，人民银行支付系统⑥共处理支付业务25.43亿笔，金额2159.34万亿元，同比分别增长34.98%和15.85%，分别占支付系统业务笔数和金额的10.78%和73.46%。日均处理业务840.15万笔，金额85416.95亿元⑦。

大额实时支付系统业务持续增长。2013年，大额实时支付系统处理业务5.95亿笔，金额2060.76万亿元，同比分别增长26.33%和16.30%。日均处理业务236.30万笔，金额81776.26亿元。小额批量支付系统业务稳步上升。2013年，小额批量支付系统处理业务10.40亿笔，金额20.32万亿元，同比分别增长37.78%和9.52%。日均处理业务295.53万笔，金额577.14亿元。

网上支付跨行清算系统业务大幅增长。截至2013年末，共有132家机构接入网上支付跨行清算系统。2013年，网上支付跨行清算系统处理业务4.76亿笔，金额6.45万亿元，同比分别增长79.02%和81.30%。日均处理业务136.45万

---

① 期末信用卡应偿信贷总额与期末信用卡授信总额之比。

② 本文所称电子支付是指客户通过网上银行、电话银行和手机银行等电子渠道发起的支付业务，包括网上支付、电话支付和移动支付三种业务类型。

③ 包含大额实时支付系统、小额批量支付系统、网上支付跨行清算系统、同城票据清算系统、境内外币支付系统、全国支票影像交换系统、银行业金融机构行内支付系统、银行卡跨行支付系统、城市商业银行资金清算系统和农信银支付清算系统。

④ 包含大额实时支付系统、小额批量支付系统和银行业金融机构行内支付系统处理的资金交易。

⑤ 含深圳市

⑥ 包含大额实时支付系统、小额批量支付系统、网上支付跨行清算系统、同城票据清算系统、境内外币支付系统和全国支票影像交换系统。

⑦ 2013年大额实时支付系统实际运行252个工作日，小额批量支付系统实际运行352个工作日，网上支付跨行清算系统实际运行349个工作日，同城票据清算系统实际运行249个工作日，境内外币支付系统实际运行250个工作日，全国支票影像交换系统实际运行349个工作日，此处按实际运行工作日计算，下同。

笔,金额 184.94 亿元。

同城票据清算系统业务保持稳定。2013 年,同城票据清算系统处理业务 4.19 亿笔,金额 68.29 万亿元,同比分别增长 7.09% 和 2.66%。日均处理业务 168.16 万笔,金额 2742.54亿元。

境内外币支付系统业务笔数持续增长。2013 年,境内外币支付系统处理业务 139.44 万笔,同比增长 25.57%,处理业务金额 5008.28 亿美元(折合人民币约为 31142.81 亿元),同比下降 5.99%;日均处理业务 5577.60 笔,金额 20.03 亿美元(折合人民币约为 124.57 亿元)。

全国支票影像交换系统业务有所下降。2013 年,全国支票影像交换系统处理业务 1099.60 万笔,金额 4015.01 亿元,同比分别下降 5.59% 和 2.16%。日均处理业务 3.15 万笔,金额 11.50 亿元。

（二）其他机构支付系统

银行业金融机构行内支付系统业务继续保持较快增长。2013 年,银行业金融机构行内支付系统处理业务 107.58 亿笔,金额 745.23 万亿元,同比分别增长 20.13% 和 19.32%,分别占支付系统业务笔数和金额的 45.62% 和 25.35%。日均处理业务 2947.40 万笔,金额 20417.05 亿元。

银行卡跨行支付系统业务继续保持增长。2013 年,银行卡跨行支付系统处理业务 99.14 亿笔,金额 27.81 万亿元,同比分别增长 19.84% 和 40.88%,分别占支付系统业务笔数和金额的 42.04% 和 0.95%。日均处理业务 2716.16 万笔,金额 761.92 亿元。城市商业银行支付清算系统业务稳健增长。2013 年,城市商业银行支付清算系统处理业务 83.58 万笔,金额 2806.58 亿元,同比分别增长 85.16% 和 21.82%。日均处理业务 0.23 万笔,金额 7.69 亿元。农信银支付清算系统业务继续稳步增长。农信银支付清算系统处理业务 1.20 亿笔,金额 2.34 万亿元,同比分别增长 38.10% 和 16.33%,分别占支付系统业务量的 0.51% 和 0.08%。日均处理业务 32.79万笔,金额 64.13 亿元。

三、人民币银行结算账户

截至 2013 年末,全国共有人民币银行结算账户 56.43 亿户①,较上年末增长 14.93%,增速放缓4.53个百分点。其中,单位银行结算账户 3558.06 万户,占银行结算账户的0.63%,较上年末增长 12.26%,增速与上年基本持平;个人银行结算账户 56.07 亿户,占银行结算账户的 99.37%,较上年末增长 14.95%,增速放缓 4.56 个百分点。

（一）单位银行结算账户

单位银行结算账户数量平稳增长,基本存款账户数量在单位银行结算账户中的占比小幅上升,临时存款账户数量呈现持续减少趋势。截至 2013 年末,全国共有单位银行结算账户 3558.06 万户,较上年末增长 12.26%。其中,基本存款账户 2162.35 万户,一般存款账户 1099.47 万户,专用存款账户 274.28万户,临时存款账户 21.96 万户,分别占单位银行结算账户总量的 60.77%、30.90%、7.71% 和 0.62%。基本存款账户、一般存款账户、专用存款账户分别较上年末增长13.54%、11.82% 和 5.91%,临时存款账户较上年末减少3.85%。

（二）个人银行结算账户

个人银行结算账户数量延续增长态势,人均拥有个人银行结算账户量稳步上升。截至 2013 年末,全国共开立个人银行结算账户 56.07 亿户,占银行结算账户的 99.37%,较上年末增长 14.95%。个人银行结算账户人均拥有量达到 4.13 户,较上年末增长 0.49 户。

2013 年中国金融市场发展的宏观环境分析

一、国际经济与金融形势

（一）发达经济体温和复苏,新兴市场经济体增速放缓

1. 发达经济体温和复苏

美国经济复苏动能增强,失业率逐渐下行。2013 年美国四个季度的经济增长环比折年率分别为 1.1%、2.5%、2.8% 和 3.2%。经济复苏的动能来源于房地产市场的复苏、私人部门投资的增长以及工业生产状况的改善。从 5 月开始,美国制造业采购经理人指数(PMI)不断上行,到 12 月升至 59.1。就业状况持续改善,12 月美国失业率降至 6.7%,为 2008 年 11 月以来的最低水平。此外,2013 年美国 CPI 每月同比增幅均低于美联储 2% 的目标区间,通胀压力较小。

欧元区经济信心有所恢复。2013 年,欧洲银行业联盟取得积极进展。债务危机出现阶段性缓和,爱尔兰成为首个正式脱离国际金融救助项目的欧元区国家。经济信心不断恢复,12 月消费者信心指数由年初的 -23.9 持续上升至 -13.6。第二、三季度欧元区实际 GDP 环比增速分别为 0.3% 和 0.1%,结束了此前连续 6 个季度的负增长。但 2013 年欧元区 CPI 水平低于 2012 年,其中 7 月 CPI 同比增速降至 0.7%,创下近四年的最低水平。尤其是,失业率依然高企,2013 年全年维持在 12% 以上,经济下行风险依然存在。

日本经济出现反弹。在积极的财政政策、宽松的货币政策以及日元大幅贬值的刺激下,日本经济出现反弹,第一、二季度日本实际 GDP 环比折年率增速分别为 4.1% 和 3.8%。6 月日本 CPI 同比增速转正,改变了自 2012 年 4 月以来持续的通缩状态。10 月,日本政府宣布自 2014 年 4 月起上调消费税,并同时出台 5 万亿日元经济刺激计划以减轻消费税带来的负面影响,但预计消费税提高仍可能对日本经济产生负面影响;国内其他声音对现政府政策效果的可持续性也不断提出疑问,其经济反弹能否持续有待观察。国际货币基金组织(IMF)预计,2014 年日本经济增速将由 2013 年的 2% 下降至 1.25%。

2. 大部分新兴市场国家经济增速放缓

因外部需求不足以及内部结构失衡等问题未得到根本性改善,2013 年新兴市场经济体增速继续放缓。国际货币基金组织(IMF)将 2013 年全年新兴市场经济体增速下调为 4.5%,与 2010 年相比,下滑了 3 个百分点。印度、印度尼西亚、南非、土耳其等部分重要新兴市场经济体经常项目赤字有所扩大。

3. 全球贸易和跨国直接投资增速疲软

受欧元区经济复苏乏力以及新兴市场经济体增速放缓等因素的影响,全球贸易和跨国直接投资增速依然疲软。世界贸易组织(WTO)预计,2013 年全年全球贸易量增长 2.5%,略高于 2012 年的水平,其中发达国家出口增长 1.5%,与 2012 年持平,进口下降0.1%,低于去年同期的 0.4%;发展中国家出口增长3.6%,略高于去年同期的 3.5%,进口增长 5.8%,高于去年同期的 5.4%。此外,联合国贸发会议(UNCTAD)预计,2013 年全球跨国直接投资额的上限为 1.45 万亿美元,较 2012 年的 1.35 万亿美元增长 7.41%,扭转了 2012 年的负增长局面,但仍低于 1980 年底

① 银行结算账户数据来源于中国人民银行人民币银行结算账户管理系统,下同。

以来至本轮金融危机前年均10%以上的增速。

（二）2013年国际金融市场运行情况

在宽松的货币环境下，欧洲美元和欧元拆借利率处于较低水平。美国量化宽松（QE）政策退出预期使得各国国债收益率上扬，新兴市场国家收益率全年涨幅高于发达国家。主要储备货币走势分化，部分新兴市场货币对美元大幅贬值。发达经济体股市上行，新兴市场经济体股市表现较差。农产品价格走势分化、贵金属价格全面下跌。

1. 欧洲美元和欧元拆借利率一路走低

美联储在2012年底完成"扭转操作"之后，在每月购买400亿美元抵押贷款支持证券的基础上，每月额外购买约450亿美元长期国债，即维持每月850亿美元的资产购买力度，并将利率调整与通胀率和失业率等经济指标挂钩，保持联邦基金利率在0至0.25%之间。第一季度，欧洲中央银行继续将主要再融资利率、贷款便利利率和存款便利利率维持在0.75%、1.5%和0的历史最低水平。随后，欧洲中央银行分别在5月和11月两次降低主要再融资利率和边际贷款便利利率，使它们分别降至0.25%和0.75%。基于宽松的货币环境，欧洲美元和欧元拆借利率维持在较低水平，美元LIBOR三个月由年初的0.30%降至年末的0.246%，欧元LIBOR在9月之前一直低于0.15%，9月之后有所上升，年末收于0.266%。

2. 各国国债收益率上扬，新兴市场国家收益率全年涨幅高于发达国家

2013年6月19日，美联储主席伯南克（Bernake）提出量化宽松政策退出计划，全球各国国债收益率大幅上扬。从6月19日至9月19日美联储宣布推迟退出量化宽松政策之间，美国、德国、法国和英国5年期国债收益率分别上扬2686个、2323个、2013个和4695个基点，虽然在第四季度有所回调，但都未能恢复到年初水平。日本则因其宽松货币政策的推出以及经济的反弹，5年期国债收益率未受美国量化宽松政策退出的负面影响，基本维持在0.35%的水平。与发达国家相比，美国量化宽松政策退出对新兴市场国家的溢出效应更加明显。同样在6月19日至9月19日期间，印度、印度尼西亚、土耳其、泰国、越南、马来西亚5年期国债收益率分别攀升10840个、13780个、13600个、5500个、7240个、2520个基点，上升幅度远高于发达国家。

欧元区重债国方面，虽然也一度受美国量化宽松政策退出的影响，5年期国债收益率出现上扬，但由于债务危机的缓和、经济信心的恢复以及货币政策的宽松，西班牙、意大利、葡萄牙、爱尔兰等国家的5年期国债收益率大体上呈下行趋势。尤其是欧元区首个正式脱离国际金融救助项目的爱尔兰，5年期国债收益率已从年初的3.6%下降到12月末的2.09%。

3. 主要储备货币走势分化，新兴市场货币对美元贬值

2013年，美元指数先升后贬，年初美元指数为74.756，后持续升值至5月达到最高点84.259，之后震荡贬值，年末贬至80.338。从各国货币对美元的汇率来看，第一季度，欧元、英镑对美元贬值，较上年末分别贬值2.8%和6.5%，而第二季度，欧元、英镑对美元汇率水平震荡，较3月末仅分别升值1.5%和0.1%。到下半年，欧元、英镑对美元汇率升值加速，截至12月末，欧元、英镑对美元汇率分别收报于1.38美元/欧元、1.66美元/英镑。由于日本实行量化宽松货币政策，日元从2013年初开始对美元不断贬值，仅在半年间即贬值了12.9%。下半年，日元对美元汇率水平出现震荡，基本维持在97美元/日元至100美元/日元之间。

第二季度，美国量化宽松政策退出预期使全球资产配置出现逆转，国际资本大规模流出新兴市场国家，使得主要新兴市场国家货币对美元大幅贬值。截至12月末，印度尼西亚盾、印度卢比、土耳其里拉、俄罗斯卢布、巴西雷亚尔对美元汇率较年初分别贬值23.15%、12.47%、17.95%、6.67%和12.12%。

4. 发达经济体股市上行，新兴市场经济体股市表现较差

2013年，基于复苏的经济基本面以及宽松的货币环境，主要发达国家股市不断上行。截至12月末，日本TOPIX指数涨幅在发达经济体中最高，为41.52%。美国道琼斯指数、英国富时100指数、德国DAX30指数和法国CAC40指数涨幅分别为23.51%、13.48%、22.70%和16.54%。而新兴市场经济体股市表现普遍差于发达经济体，尤其是在第二季度，受美国量化宽松政策退出预期影响，新兴市场经济体股市大幅下挫。5月至8月末，印度尼西亚和泰国股市分别下跌9%和17%。9月19日，美联储宣布推迟退出量化宽松政策，新兴市场经济体股市随之低点反弹，但全年涨幅仍低于发达国家。

5. 大部分农产品价格下行、贵金属价格全面下跌

因全球橡胶供应超过市场需求，2013年橡胶价格跌幅明显，从2月开始一路下行，截至12月末，全年跌幅为24.35%。同样，因为丰收增加了供给量，小麦、大豆价格在2013年呈下跌趋势，全年跌幅分别为18.23%和8.60%。棉花并未出现2012年的大幅下跌，而是先涨后跌，最终全年上涨14.16%。因气候变化和植物疾病，全球可可持续多年出现生产缺口，2013年可可价格继续走高，全年涨幅为19.43%。2013年，伦敦LME交易的铝、铜、铅、镍、锡、锌等金属价格全面下跌，截至12月末，全年跌幅分别为15.11%、9.96%、5.59%、20.61%、4.57%、0.17%。英国布伦特原油价格全年涨跌剧烈，每桶从年初的110.07美元涨至2月初的119.12美元，接着暴跌至4月中旬的96.97美元，之后反弹，最终年底基本恢复到年初水平。贵金属价格不断下行，12月末黄金和白银现货价格分别为1207.85美元/盎司和19.50美元/盎司，全年跌幅分别为31.94%和42.91%。

二、国内宏观经济与金融环境

2013年，面对错综复杂多变的国内外环境，我国坚持稳中求进的工作总基调，以提高经济增长质量和效益为中心，继续实施积极的财政政策和稳健的货币政策，着力深化改革开放，加快推进转型升级，努力保障和改善民生，国民经济呈现稳中有进的发展态势，为金融市场发展提供了稳定的宏观环境。

（一）经济运行稳中有进

2013年，在工业化、城镇化以及区域协调发展的大背景下，实现经济持续健康发展的积极因素依然较多，中国经济稳中有进，经济增长处于合理区间。

1. 经济增长总体平稳

一是国内生产总值增速稳中有升。2013年，我国国内生产总值同比增长7.7%。在经济结构调整和改革各项措施的推动下，中国经济发展的潜能正在释放。

二是物价涨幅基本稳定。2013年，全国夏粮总产量为1.32亿吨，比上年增产196万吨，增长1.5%；猪牛羊禽肉产量8373万吨，同比增长1.8%，农业生产形势较好，农产品价格保持平稳。2013年全年，工业生产者出厂价格指数（PPI）下跌1.9%，跌幅比上年扩大0.2个百分点；居民消费价格指数（CPI）上涨2.6%，涨幅与上年持平。

三是总需求保持平稳增长。从三大需求看，投资依然是

拉动经济增长的主要动力。

2013 年,全国固定资产投资(不含农户)43.7 万亿元,同比增长 19.6%,涨幅比 2012 年全年回落 1 个百分点。随着全球经济环境好转,出口增速有所回升。2013 年,出口总额超 2.2 万亿美元,比上年增长 7.9%,涨幅与 2012 年全年持平。消费需求平稳增长,2013 年,社会消费品零售总额为 23.8 万亿元,比上年增长 13.1%。

2. 经济结构调整取得积极进展

2013 年,随着各项改革措施逐步落实,我国经济结构调整和转型升级取得积极进展。

一是产业结构加快升级。2013 年,第三产业增加值占国内生产总值(GDP)的比重为46.1%,比上年全年提高 0.8 个百分点,首次超过第二产业。现代服务业、高技术产业及一些新型业态发展势头较好,尤其是一些积极推进转型升级和自主创新的产业和企业呈现出较强的抗风险能力和发展活力。

二是地区发展更趋平衡。2013 年,东、中、西部地区投资同比分别增长 17.9%、22.2%和 22.8%,区域发展协调性逐步增强,中西部地区与东部地区差距进一步缩小。

三是城乡发展更加合理。2013 年,城镇居民人均可支配收入实际增长 7%,农村居民人均纯收入实际增长 12.7%。在农村居民收入较快增长的推动下,乡村消费品零售额同比增长 14.6%,增速比城镇消费品零售额高 1.7 个百分点。

(二)金融环境总体平稳

2013 年,中国人民银行按照国务院的统一部署,继续实施稳健的货币政策,增强调控的针对性、协调性,适时适度预调微调,把握好稳增长、调结构、促改革、防风险的平衡点,创造稳定的货币金融环境。2013 年,中国人民银行丰富了货币政策调控方法,新增了常备借贷便利(SLF)和短期流动性调节工具(SLO)等,调控时机也更为灵活,促使市场主体形成合理和稳定的预期,推动结构调整和转型升级。

1. 货币环境松紧适度

2013 年,银行体系流动性合理适度,信用总量总体增长较快,贷款结构有所优化。一是货币供应量较快增长。12 月末,广义货币供应量 M2 余额为 110.65 万亿元,同比增长 13.6%;狭义货币供应量 M1 余额为 33.73 万亿元,同比增长 9.3%;流通中的货币 M0 余额为 5.86 万亿元,同比增长 7.1%。二是金融机构贷款平稳增长。12 月末,全部金融机构本外币贷款余额为 76.63 万亿元,同比增长 13.9%。人民币贷款余额为 71.90 万亿元,同比增长 14.1%;外币贷款余额为 7769 亿美元,同比增长 13.7%。三是金融机构存款稳步增长。12 月末,全部金融机构(含外资金融机构,下同)本外币各项存款余额为 107.05 万亿元,同比增长 13.5%。人民币各项存款余额为 104.38 万亿元,同比增长 13.8%;外币存款余额为 4386 亿美元,同比增长 7.9%。四是社会融资规模继续扩大。初步统计,2013 年全年社会融资规模为 17.29 万亿元,比上年同期多 1.53 万亿元。

2. 金融改革继续深化

建立金融监管协调部际联席会议制度。为进一步加强金融监管协调,保障金融业稳健运行,2013 年 8 月 15 日,国务院同意建立由人民银行牵头的金融监管协调部际联席会议制度。联席会议成员单位包括银监会、证监会、保监会、外汇局,必要时可邀请发展改革委、财政部等有关部门参加。联席会议办公室设在人民银行,承担金融监管协调日常工作。这一制度的正式建立标志着我国金融监管协调工作走上了制度化、规范化、日常化的轨道。

稳步推进利率市场化改革。第一,全面放开金融机构贷款利率管制。7 月 20 日,取消金融机构除商业性个人住房贷款以外的贷款利率下限,放开票据贴现利率管制,同时对农村信用社贷款利率不再设立上限。第二,建立金融机构市场利率定价自律机制。9 月 24 日,市场利率定价自律机制成立会议召开。市场利率定价自律机制旨在符合国家有关利率管理规定的前提下,对金融机构自主确定的货币市场、信贷市场等金融市场利率进行自律管理,维护正当竞争秩序,促进金融市场规范健康发展。第三,建立贷款基础利率集中报价和发布机制。10 月 25 日,贷款基础利率集中报价和发布机制正式运行,在报价行自主报出本行贷款基础利率的基础上,指定发布人对报价进行加权平均计算,形成报价行的贷款基础利率报价平均利率并对予以公布。这一机制的建立,有利于促进定价基准由中央银行确定向市场决定的平稳过渡,提高金融机构自主定价能力,维护信贷市场公平有序的定价秩序,完善中央银行利率调控机制,为进一步推进利率市场化改革奠定制度基础。

进一步完善人民币汇率形成机制。2013 年,中国人民银行继续按照主动性、可控性和渐进性原则,进一步完善人民币汇率形成机制,重在坚持以市场供给为基础,参考一篮子货币进行调节,增强人民币汇率弹性,保持人民币汇率在合理均衡水平上的基本稳定。

继续深化外汇管理体制改革。第一,稳步推进人民币资本项目可兑换。推进外债管理简政放权,建立以外债登记为核心的外债管理框架。稳步实施合格境外机构投资者(QFII)、人民币合格境外机构投资者(RQFII)和合格境内机构投资者(QDII)制度,同时完善 RQFII 额度管理相关制度。全面推广资本项目信息系统,推动小额外保内贷业务试点工作,推进跨境担保外汇管理改革,简化并明确相关外汇管理手续。第二,进一步提升贸易投资便利化水平。加快推进服务贸易外汇管理改革。7 月,发布服务贸易外汇管理改革法规,宣布自 2013 年 9 月 1 日起实施服务贸易外汇管理改革。出台海关特殊监管区便利化政策,大幅简化区内经常项目外汇管理流程。在北京等五个地区开展跨境电子商务外汇支付业务试点。调增 2013 年金融机构短期外债和融资性对外担保指标 15%左右,并优先向中西部地区和中小企业倾斜。规范并推动个人本外币兑换特许业务发展,支持个人本外币特许兑换公司试点开办外币旅行支票代售业务。

加快金融开放创新。9 月,国务院下发了《中国(上海)自由贸易试验区总体方案》,明确在风险可控的前提下,可在试验区内对人民币资本项目可兑换、金融市场利率市场化、人民币跨境使用等方面创造条件先行先试等。12 月,中国人民银行下发了《中国人民银行关于金融支持中国(上海)自由贸易试验区建设的意见》,坚持以"风险可控、稳步推进、适时有序组织试点"为原则,对于具体的改革条款"成熟一项、推动一项",确保改革试点工作有序进行。

3. 金融业稳健发展

金融行业整体平稳健康发展。银行业金融机构资产规模稳步增长,盈利能力持续提升。2013 年末,我国银行业金融机构的本外币资产总额达 151.4 万亿元,同比增长 13.3%;本外币负债总额为 141.2 万亿元,同比增长 13.0%。商业银行全年累计实现净利润达 1.42 万亿元,同比增长 14.5%;不良贷款余额为 5921 亿元,不良贷款率为 1.0%;商业银行(不含外国银行分行)加权平均核心一级资本充足率达 9.95%,加权平均资本充足率达 12.19%。证券期货经营机构整体规模保持稳健,盈利水平提高。根据中国证券业协会公布的数据，截至2013年末，115家证券公司总资产为2.08万亿元，净资产为7538.55亿元，净资本为5204.58亿元。全年实现营业收入1592.41亿元，实现净利润440.21亿元，其中104家公司实现盈利，占证券公司总数的90.43%。保险业总资产和保费收入继续稳步增长。2013年，保险业累计实现原保费收入1.72万亿元，同比增长11.2%；累计原保险赔付支出6212.9亿元，同比增长31.7%；保险业总资产达8.29万亿元，较年初增长12.7%；净资产达8474.65亿元，较年初增长7%。

2013年中国金融市场分析

2013年，金融市场继续健康发展，各项改革和发展的政策措施稳步推进，金融市场对促进经济转型和结构调整的作用进一步发挥。货币市场交易增速放缓，市场利率总体上升；债券发行总量有所增加，银行间债券收益率曲线整体平坦化上移；股票市场成交量大幅上升。

一、金融市场运行

（一）货币市场交易增速放缓，市场利率总体上升

银行间回购交易量增速放缓，拆借交易量同比下降。2013年，银行间市场债券回购累计成交158.2万亿元，日均成交6327亿元，同比增长11.2%，增速比上年同期下降31.9个百分点；同业拆借累计成交35.5万亿元，日均成交1421亿元，同比下降24.3%。从期限结构看，市场交易仍主要集中于隔夜品种，2013年回购和拆借隔夜品种的成交量分别占各自总量的78.4%和81.5%，占比较上年分别下降2.3个和4.8个百分点。交易所债券回购累计成交66万亿元，同比增长68.2%。

从融资主体结构看，主要呈现以下三大特点。一是大型银行仍是市场资金的主要供给方，但资金融出量同比明显减少。2013年大型银行累计净融出47万亿元，同比少融出15.4万亿元，主要是二、三季度同比少融出较多。二是中小型银行资金融入量同比大幅减少。2013年中小型银行累计净融入12.7万亿元，同比少融入12.1万亿元，其中在同业拆借市场上，中小型银行由上年的资金净融入转为净融出，与大型银行同为拆借市场的资金提供方。三是证券及基金公司资金融入同比增加3.2万亿元，保险公司融资需求基本稳定，其他金融机构及产品的资金需求同比大幅减少。

2013年，货币市场利率前5个月基本平稳，6月份较快上涨后迅速回落，之后平稳运行，四季度有所上升。12月，质押式债券回购和同业拆借月加权平均利率分别为4.28%和4.16%。2013年末，隔夜、1周Shibor分别为3.15%和5.25%，分别较年初下降72个和上升67个基点；3个月和1年期Shibor为5.56%和4.96%，分别上升166个和56个基点。

人民币利率互换交易活跃度有所下降，债券远期和远期利率协议交易较少。2013年，人民币利率互换市场交易名义本金总额为2.7万亿元，同比减少6.0%。从期限结构来看，1年及1年期以下交易最为活跃，其名义本金总额为2.1万亿元，占总量的75.6%。从参考利率来看，人民币利率互换交易的浮动端参考利率主要包括7天回购定盘利率和Shibor，与之挂钩的利率互换交易名义本金占比分别为65.4%和33.2%。

（二）债券交易量同比减少，债券发行规模继续增加

银行间债券市场现券交易量同比减少。2013年累计成交41.6万亿元，日均成交1664亿元，同比下降44.9%。从交易主体看，中资大型银行、保险机构、外资金融机构和其他金融机构及产品是银行间现券市场上的主要净买入方，全年分别净买入现券2747亿元、1143亿元、1728亿元和2903亿元；中资中小型银行、证券及基金公司是主要净卖出方，全年分别净卖出现券6848亿元和1673亿元。2013年交易所国债现券成交804亿元，同比少成交83亿元。

2013年，中债综合净价指数由年初的100.69点下降至年末的96.07点，降幅为4.59%；中债综合全价指数由年初的111.63点下降至年末的107.47点，降幅为3.73%。交易所国债指数由年初的135.84点升至年末的139.52点，升幅为2.71%。

2013年，银行间市场国债收益率曲线整体平坦化上移。全年大致分为两个阶段：第一阶段为年初至5月份，国债收益率曲线整体震荡下行。第二阶段为6月份至12月份，国债收益率持续攀升，收益率曲线平坦化特征明显。6月下旬，短期收益率迅速上升，长短期收益率一度出现倒挂。10月下旬之后，国债收益率整体水平进一步上行。12月末，国债收益率曲线1年、3年、5年、7年、10年的收益率比上年末分别高131个、132个、124个、112个、98个基点。

债券发行规模继续增加，发行方式不断创新。2013年累计发行各类债券（含中央银行票据）8.86万亿元，比上年同期多发行8879亿元。截至2013年末，国内各类债券余额约30万亿元，同比增长12.3%。国债预发行开始试点，提高国债发行定价效率。金融债券跨市场发行，进一步促进场内和场外市场互联互通，首批120亿元国开行金融债券已于2013年12月27日在上海证券交易所成功发行。

各期限国债发行利率上升。12月份发行的30年期国债利率为5.05%，比上年8月份发行的同期限国债利率高93个基点；12月份发行的5年期国债利率为4.13%，比上年11月份发行的同期限国债利率高118个基点。Shibor对债券产品定价基准作用不断提升。2013年，债券一级市场共发行以Shibor为基准的浮动利率债券1793亿元，占全部浮动利率债券发行量的59%。发行固定利率企业债371支，发行总量为4715亿元，全部参照Shibor定价；发行参照Shibor定价的固定利率短期融资券4453亿元，占其发行总量的54%。

（三）票据融资交易活跃，利率有所上升

票据承兑业务增幅趋缓。2013年，企业累计签发商业汇票20.3万亿元，同比增长13.3%；期末商业汇票未到期金额9.0万亿元，同比增长8.3%。1－8月，票据承兑余额持续增长，8月末达到9.6万亿元，创历史新高。9月以来票据承兑增幅趋缓、余额小幅下降，年末承兑余额比年初增加0.7万亿元。从行业结构看，企业签发的银行承兑汇票余额仍集中在制造业、批发和零售业。从企业结构看，由中小型企业签发的银行承兑汇票约占三分之二。票据承兑的持续稳定增长有效加大了对实体经济、特别是对小微企业的融资支持。

票据融资交易活跃，票据市场利率总体有所上升。2013年，金融机构累计贴现45.7万亿元，同比增长44.3%；期末贴现余额2.0万亿元，同比下降4.1%。上半年票据融资余额波动中有所增长，5月末达到年度最高值2.4万亿元。下半年，金融机构加强了对信贷总量和结构的调整，盘活票据融资存量，年末票据融资余额比年初下降896亿元。受货币市场利率和票据市场供求变化等多种因素影响，1－5月票据市场利率总体平稳，6月以后票据市场利率波动加大，利率水平总体有所上升。

（四）股票市场成交量大幅增长

2013年末，上证综合指数和深证综合指数分别收于2116点和1058点，比上年末分别下跌6.8%和上升20%；创业板指数收于1304点，比上年末上升82.7%。沪市A股加权平均市盈率从上年末的12.3倍下降至11倍，深市A股加权平均市盈率从上年末的22.2倍上升至28倍。股票市场成交量同比大幅增长。2013年沪、深股市累计成交46.8万亿元，同比增长48.8%，日均成交1967亿元，同比增长52.3%。其中，创业板累计成交5.1万亿元，同比增长119.6%。年末，沪、深股市流通市值20万亿元，同比增长9.9%；创业板流通市值为8219亿元，同比增长146.4%。

股票市场筹资额同比基本持平。2013年各类企业和金融机构在境内外股票市场上通过发行、增发、配股、权证行权等方式累计筹资3867亿元，同比多筹资5亿元。其中，A股筹资2803亿元，同比少筹资325亿元。

（五）保险投资类资产占比提高

2013年，保险业累计实现保费收入1.7万亿元，同比增长11.2%；累计赔款、给付6213亿元，同比增长31.7%，其中，财产险赔付同比增长22.1%，人身险赔付同比增长46%。

保险业资产增长放缓，投资类资产占比提高。2013年末，保险业总资产8.3万亿元，同比增长12.7%，增速比上年末下降9.6个百分点。其中，银行存款同比减少3.4%；投资类资产同比增长20.3%，占资产总额的65.4%，同比提高4.1个百分点。

（六）外汇掉期交易保持快速增长

2013年，人民币外汇即期成交4.1万亿美元，同比增长21.4%；人民币外汇掉期交易成交金额折合3.4万亿美元，同比增长35%，其中隔夜美元掉期成交1.8万亿美元，占掉期总成交额的52.2%；人民币外汇远期市场成交323.7亿美元，同比下降62.6%。"外币对"成交金额折合642.3亿美元，同比下降25.1%，其中成交最多的产品为欧元对美元，占市场份额比重为44.2%，同比上升15.1个百分点。

外汇市场交易主体进一步扩展。截至2013年末，共有即期市场会员405家，远期、外汇掉期、货币掉期和期权市场会员分别为88家、87家、80家和33家，即期市场做市商31家，远掉期市场做市商27家。

（七）黄金价格整体震荡下行

2013年，黄金市场价格震荡下跌。国际黄金价格最高达到1693.75美元/盎司，最低为1180.1美元/盎司，年末收于1201.5美元/盎司，较上年末下跌462.5美元/盎司，跌幅为27.8%。国内金价与国际金价走势总体保持一致，上海黄金交易所AU9999最高价为340.8元/克，最低价为236.36元/克，年末收于236.46元/克，较上年末下跌98.04元/克，跌幅达29.3%。全年加权平均价为278.6元/克，比上年均价下降17.8%。

上海黄金交易所交易规模大幅增长，创历年最高水平。2013年，黄金累计成交11614吨，同比增长82.9%；成交金额32134亿元，同比增长49.4%。白银累计成交430501吨，同比增长106.0%；成交金额19835亿元，同比增长46.1%。铂金累计成交90吨，同比增长41.2%；成交金额274亿元，同比增长30.1%。

二、金融市场制度性建设

（一）推动债券市场规范发展和扩大开放

拓宽合格境外机构投资者（以下简称QFII）的投资渠道，规范其投资行为，允许获得证监会核发资格及外汇局核批投资额度的QFII向人民银行申请进入银行间债券市场。规范银行间债券市场交易结算行为，明确全部债券交易须通过全国银行间同业拆借中心系统达成，进一步强化银行间债券市场债券交易券款对付结算要求。12月31日批复同意上海清算所发布《人民币利率互换集中清算业务规则》，对逐步构建中国场外金融衍生品集中清算的整体框架具有积极意义。

（二）稳步推动黄金市场创新发展

根据市场需求积极推进黄金市场产品创新。在银行间黄金询价市场推出黄金远期、掉期等品种，为市场参与者提供多元化风险管理工具。同时，加强黄金市场基础设施和制度建设。上海黄金交易所上线2.5代交易系统，进一步提升系统交易效率和安全性。推出周五夜市交易，进一步延长黄金交易时间。

（三）加强外汇市场基础设施建设

修订《银行间外汇市场做市商指引》，进一步提高外汇市场流动性，完善价格发现机制。发布《国家外汇管理局关于调整人民币外汇衍生产品业务管理的通知》，进一步完善国内人民币外汇衍生产品市场功能，方便市场主体管理汇率风险。推动银行间外汇市场交易平台建设，规范银行间外汇市场询价交易净额清算业务发展。

（四）完善证券市场基础性制度建设

正式启动新股发行体制改革。2013年11月30日，证监会发布《关于进一步推进新股发行体制改革的意见》，进一步突出了以信息披露为中心的监管理念，加大信息公开力度和审核力度，切实保护中小投资者的知情权、参与权、监督权和求偿权。进一步按照市场化原则理顺新股发行、定价、配售等环节，强化市场约束，促进市场参与各方归位尽责。2013年年底，新股恢复发行。

继续推动多层次资本市场建设。6月20日，国务院常务会议决定将全国中小企业股份转让系统（以下简称"股转系统"）试点扩大至全国。12月14日，国务院发布《关于全国中小企业股份转让系统有关问题的决定》，对股转系统的功能定位、转板制度建立、行政许可制度简化、投资者适当性管理及监管协作等方面作了规定。股转系统的推出，有利于进一步发挥资本市场支持经济转型升级的重要作用，标志着多层次资本市场建设取得新的进展。

进一步加强资本市场中小投资者合法权益保护。12月25日，国务院发布《关于进一步加强资本市场中小投资者合法权益保护工作的意见》，提出了健全投资者适当性制度、优化投资回报机制、保障中小投资者知情权等九方面八十多项政策举措。

稳步推进资本市场改革创新。9月6日，国债期货正式上市交易。国债期货的推出，有利于完善国债发行体制，引导资源优化配置，增强金融机构服务实体经济的能力。11月30日，国务院发布《关于开展优先股试点的指导意见》，决定开展优先股试点。优先股的推出，有利于拓展企业补充资本的渠道，加快发展直接融资，推动企业兼并重组，同时为投资者提供多元化投资渠道，促进资本市场稳定发展。

（五）完善保险市场基础性制度建设

保险业市场化改革不断推进。普通型人身保险费率改革正式启动，前端的产品预定利率限制放开，定价权交给保险公司和市场，通过后端的法定责任准备金评估利率来影响和调控前端合理定价，强化准备金和偿付能力监管约束。保险资金运用体制改革进一步推进，加强保险机构投资管理能力建设，保险资产管理公司获准可开展资产管理产品业务和公募基金管理业务。市场准入退出机制改革深化，适度放开保险公司单一股东持股比例，制定保险公司并购管理办法。

加大服务社会和支持实体经济力度。2013年3月1日《农业保险条例》正式实施后，相关部门又进一步明确农业保险业务经营及条款和费率的管理，规范农业保险大灾风险准备金的计提、管理、使用和监督。明确保险公司城乡居民大病保险业务的管理、市场准入和退出等，推动大病保险业务健康发展；出台人身保险伤残评定新标准，意外险伤残理赔范围大幅扩大。开展高环境风险行业环境污染强制责任保险试点。企业年金、职业年金个人所得税递延纳税优惠政策出台，促进多层次养老保险体系建设。

强化保险业监管。第二代偿付能力监管制度体系整体框架发布，为完善符合中国国情的现代偿付能力监管体系奠定了基础；加强保险中介市场监管，提高保险中介市场准入门槛，引导保险专业中介机构规模化发展，加强对保险销售、经纪、公估从业人员的管理，规范保险专业中介机构的基本服务标准；规范保险消费投诉处理管理，更好地维护消费者合法权益。

2013年中国金融市场运行的主要特点

2013年，我国金融市场的运行面临新的经济环境，主要经济体整体走向复苏，但政策与趋势走向都存在着一定的不确定性；我国经济活动仍保持了稳中有进，稳中向好。在此过程中，金融市场整体继续保持平稳发展态势，同时表现出了市场震荡较为频繁、市场创新加快、制度建设大步迈进、对中小微企业的支持力度大幅加大等特点。

一、交易规模保持增长

2013年，我国金融市场的总体交易规模继续稳步增长，除债券市场现券交易量下降外，其余各主要子市场成交量均有不同程度的上升。

货币市场、股票市场、期货市场和黄金市场的成交量保持增长。2013年，包含同业拆借、质押式回购和买断式回购在内的货币市场成交量为193.68万亿元，同比增长2.80%。

2013年，期货市场累计单边成交20.62亿手，成交金额为267.47万亿元，同比分别增加42.15%和56.30%。其中，商品期货成交量为18.68亿手，成交金额为126.47万亿元，同比分别上升38.88%和32.72%；股指期货和国债期货成交量为1.94亿手，成交金额为141.01万亿元，较上年分别增加84.76%和85.93%。2013年，上海黄金交易所黄金各品种累计成交1.16万吨，成交金额为3.21万亿元，同比分别增加82.90%和42.60%。2013年，沪深两市股票总成交46.88万亿元，同比增长49.0%。证券市场筹资方面，沪深两市A股筹资总额为2802.76亿元，同比减少10.4%。

债券市场交易量有所下降，托管量继续保持平稳增长。银行间债券市场累计成交41.61万亿元，同比减少44.66%。债券市场托管总量达到29.41万亿元，其中，银行间债券市场债券总托管量达到26.94万亿元，同比增长11.61%，占全部可交易债券托管总量的91.60%。

二、价格动能有所增大

货币市场单日利率创历史新高，利率波动幅度加大。以7天期同业拆借日平均利率为例，其最高点为6月20日的12.25%，创历史最高，比2012年的最高点高374个基点，全年利率极差为970个基点，同比扩大335个基点。

债券价格持续先抑后扬，全年波动幅度扩大。2013年初到4月，银行间债券净值指数持续小幅上行，自5月开始，指数开始震荡下跌，6月中旬下跌速度加快，后有所反弹，但整个下半年一直处于震荡下跌的态势之中。指数全年最高点为5月20日的116.811点，最低点为11月20日的110.431点，全年极差为6.38点，较去年同期的2.14点大幅扩大。

股票市场震荡下跌，震荡幅度较去年同期有所扩大。2013年，A股市场延续了自2011年以来震荡下跌的基本走势。年初市场迎来一波小幅上涨行情，2月，上证综指、深证成指分别达到最高的2434.48点以及10057.97点。此后，指数一路下跌，到6月25日跌入年度最低点，分别为1849.65点和7045.60点，全年极差分别为584.83点和3012.37点，高于去年同期的518.61点和2917.42点。年末，上证综指和深证成指分别报收于2115.98点和8121.79点，较年初分别下跌了6.75%和10.71%。

黄金价格高位下跌。2013年以来，黄金价格持续下跌，以上海黄金交易所交易量最大的Au99.99为例，截至12月末，其收盘价为236.46元/克，较2013年第一个交易日开盘价336.84元/克下跌了100.38元/克，跌幅为29.80%，是黄金价格自2000年以来的首次年度下跌。从黄金价格的震荡幅度来看，2013年全年黄金价格的极差为126.66，是2012年48.59的约3倍。

人民币对主要货币的中间价波动幅度同比大幅增大。全年人民币对林吉特汇率中间价波幅为626个基点，较上年扩大317个基点；全年港元对人民币汇率中间价波幅为252个基点，比上年扩大93个基点；全年日元对人民币汇率中间价波幅为14214个基点，比上年扩大4002个基点；全年欧元对人民币汇率中间价波幅为7021个基点，较上年减少1305个基点；全年英镑对人民币汇率中间价波幅为9765个基点，较上年扩大3687个基点；全年澳元对人民币汇率中间价波幅为12420个基点，较上年扩大5364个基点；全年人民币对卢布汇率中间价波幅为6865个基点，比上年减少460个基点；全年加元对人民币汇率中间价波幅为6768个基点，比上年扩大1957个基点。

三、市场创新力度进一步加大

1. 信贷资产证券化试点进一步扩大

2013年7月2日，国务院印发《关于金融支持经济结构调整和转型升级的指导意见》，要求逐步推进信贷资产证券化常规化发展，盘活资金支持小微企业发展和经济结构调整。8月28日，国务院召开常务会议，决定在严格控制风险的基础上，进一步扩大信贷资产证券化试点。从国外金融市场发展历史和国内信贷资产证券化实践看，信贷资产证券化是金融市场发展到一定阶段的必然产品，有利于促进货币市场、信贷市场、债券市场、股票市场等市场的协调发展，有利于提高金融市场配置资源的效率。试点八年来，信贷资产证券化的基本制度初步建立，产品发行和交易运行稳健，发起机构和投资者范围趋于多元化，各项工作稳步开展，取得积极成效。进一步扩大信贷资产证券化试点，也是鼓励金融创新、发展多层次资本市场的重要改革举措。

2. 金融产品和交易方式快速增加

在货币市场中，一是人民银行推出同业大额存单，各期限的存单利率均以Shibor利率为参考进行定价。这一业务的推出规范了同业存单业务，拓展银行业存款类金融机构的融资渠道，促进货币市场发展。二是互联网支付公司支付宝与基金公司合作，推出余额宝这一货币市场创新产品，用户可将其支付宝内的余额转入余额宝，并自行购买货币市场基金。

在债券发行市场中，债券产品结构更进一步完整，更好地满足了不同层次与不同类型实体经济主体的融资需求。推动商业银行在银行间债券市场发行首只减记型二级资本债，当发生必须减记或注资该银行才能继续经营的触发事件时，该债券能立即减记或转为普通股。首只中小企业可交换私募债完成发行，该私募债由中小微企业以非公开的形式发行，约定在一定期限内还本付息，或依据约定的条件交换成为该企业所持有的上市公司股份，发行人可以其持有的上市公司股份为该债券进行增信。例如，武汉地铁发行了无到期期限的可续期债券；国电电力也发行了首只永续类中期票据。首单小贷公司私募债在浙江股权交易中心发行，所募集的资金主要用于支持“三农”和100万元以下的小微企业的融资需求。首家非上市证券公司在交易所市场发行公司债。在债券交易市场中，国内首只国债ETF上线，成立首只债券对冲产品，发行了首只政策性金融债指数基金，国债预发行开始试点，首只淘宝互联网债券型基金获批，为投资者提供了更多的投资渠道选择。

在股票市场中，一是股票质押式回购业务开闸。该业务将回购交易业务由持股5%以下的流通股扩大到了所有的股东，且仅需质押股票，无需过户，扩大了交易的客户受众面。二是启动转融券试点。自2012年启动转融通之后，2013年我国A股市场正式启动转融券试点，有利于进一步改变A股市场单边市的格局，对资本市场长期稳定发展有着积极推进作用。

在外汇市场中，发展了人民币对澳元直接交易，实行澳元直接交易做市商制度。2013年全年，人民币对澳元即期成交1497.1亿元人民币，同比增长19.95倍，是非美货币中增速最快的币种，对促进中国与澳大利亚之间的双边贸易和投资起到了积极作用。

在期货市场中，一是期货产品快速增加。2013年全年，我国商品期货交易所共计新上市了8个商品期货品种，包括焦煤、动力煤、石油沥青、铁矿石、鸡蛋、粳稻、纤维板和胶合板，商品期货品种增加到38个；金融期货交易所新上市了5年期国债期货1个金融期货品种，金融期货品种增加到2个，产品序列进一步完善。二是期货业机构类别进一步丰富。2013年以来，根据中国期货业协会2月发布的《期货公司设立子公司开展以风险管理服务为主业务的试点工作指引》，到第三季度，共有17家期货公司获准成立期货公司风险管理子公司，开展以风险管理服务为主的业务试点工作。三是期货行业业务创新稳步推进。根据修改后的《证券投资基金销售管理办法》，从2013年6月起，期货公司可参与基金销售。中信建投期货成为首家获得基金代销资格的期货公司，这是继期货投资咨询业务、资产管理业务等创新业务后，期货行业的再一次业务创新。

3. 市场种类呈现多样化

区域私募股权市场多点开花。金融“十二五”规划提出我国要加快多层次资本市场体系建设，此后，区域性股权市场整体上呈现快速发展的态势。截至2013年末，我国正式开业的区域股权市场超过19家，累计挂牌企业数量超过5500家，超过我国主板市场上市公司数量总和的2倍。

逐步建成全国性的股权转让系统。全国中小企业股份转让系统有限责任公司正式挂牌，全国中小企业股份转让系统正式建成，并从2013年12月起，面向符合条件的企业接受挂牌申请。该系统的建设突出了市场化的理念。同时规定，在全国中小企业股份转让系统挂牌的公司，达到股票上市条件的，可直接向证券交易所申请上市交易；在区域性股权市场进行股权非公开转让的公司，符合挂牌条件的，可以申请在全国中小企业股份转让系统挂牌并公开转让股份。

跨市场业务快速发展。一是证券公司和基金可以受托管理保险资金。二是保险资金的跨市场投资业务范围进一步拓展。2013年，保险资金的金融市场业务范围扩大至融资融券业务、境内及境外金融衍生品交易；在保险资金投向方面，可以投资券商发起设立的集合资产管理计划、信托公司的集合资金信托计划、商业银行发起的信贷资产支持证券及保证收益型理财产品等。三是不同类型的金融机构间的产品交易市场初具雏形。

2013年，金融机构间私募产品报价与服务系统上线。金融机构间的产品交易市场将加快实现券商柜台市场的互联互通，未来证券公司可以探索将各类柜台市场互联，打通银行、证券、信托等产品市场。

互联网金融开拓业务、发展新模式，互联网企业与金融企业之间的合作日渐频繁，互联网证券产品也开始问世。

四、运行机制日益完善

1. 完善市场发行制度

在债券发行制度方面，一是倡导招标发行，人民银行指导上海清算所开展债券公开招标系统建设，研究降低企业使用招标系统准入门槛，引导金融债券发行人开展招标发行，发布《金融债券定向发行管理规则》（银市场〔2013〕23号）。二是人民银行指导中国银行间市场交易商协会规范非金融企业债务融资工具簿记建档发行管理，并备案同意中国银行间市场交易商协会《非金融企业债务融资工具簿记建档发行规范指引》。三是人民银行牵头成立分析小组，对新上市债券的一、二级市场利差和换手率进行监测分析。四是2013年国家发展和改革委员会发布了系列通知，加强发行人、中介机构和省级发展和改革委员会在企业债审核中的功能和作用，加强风险防范管理。五是财政部联合人民银行、中国证监会下发关于开展国债预发行试点通知并推动7年期国债作为首批预发行试点。六是人民银行及相关管理部门共同推动国家开发银行到交易所市场发行300亿元政策性金融债券，促进场内和场外市场互联互通。七是中国保监会发布相关制度，正式放行保险集团（或控股）公司募集次级债务。在股票发行制度方面，启动第四轮新股发行体制改革，探索券商自主配售机制。

2013年，中国证监会发布《关于进一步推进新股发行体制改革的意见》，并修订发布《证券发行与承销管理办法》，落实新股发行体制改革要求。本轮新股发行体制改革，对新股发行的参与各方及整个流程提出了较为彻底的市场化改革意见。

2. 优化市场交易制度

进一步规范债券市场业务行为。人民银行出台了系列规章制度，加强对银行间债券市场业务行为的规范和管理。一是要求银行间市场全部债券交易通过全国银行间同业拆借中心系统达成，交易一旦达成则不可撤销和变更，进一步规范了银行间债券市场交易结算行为，维护了投资者的合法权益。二是强化银行间债券市场券款对付结算规则，要求市场参与者进一步建立健全内控机制，明确岗位职责，规范操作流程，以加强防范市场风险，提高市场效率。三是指导中国银行间市场交易商协会发布规范指引、自律指引和信息披露表格体系，对银行间债券市场非金融企业债务融资工具簿记建档、信用评级、存续期信息披露等进行规范和约束。

规范证券公司金融衍生品柜台交易业务。中国证券业协会对证券公司开展金融衍生品交易的业务资格要求、交易对手方的管理、证券公司开展金融衍生品交易业务的风险管理以及资料保管、信息报送要求等进行了规范。

正式实施并购重组分道制。证监会2013年宣布.按照“先分后合、一票否决、差别审核”原则,由证券交易所、证监局、中国证券业协会及财务顾问分别对上市公司合规情况、中介机构职业能力、产业政策及交易类型三项进行评价,按照评价汇总结果将并购重组申请划入豁免/快速、正常、审慎三条审核通道。

加强对跨市场产品的规范和监管。随着跨市场产品的不断发展,相关监管部门对跨市场产品放松管制,明确了证券公司开展银证合作定向业务的禁止性行为,主要包括不允许开展资金池业务,也不允许将资金投资于高污染、高能耗和国家禁止投资的行业或进行利益输送,同时强调创新应坚守不发生系统性、区域性金融风险的底线,注重在资产管理等创新业务中可能存在的风险。

3.规范银行理财产品投向

中国银监会发布通知,规范银行理财产品投向,一是商业银行每个理财产品与所投资资产要对应;二是商业银行应合理控制理财资金投资非标准化债权资产的总额,规定了商业银行理财资金投资于信贷资产、信托贷款、委托债权、承兑汇票、信用证、应收账款、各类受(收)益权、带回购条款的股权性融资等非标准化债权资产的比例。

4.夯实基础设施建设

一是推出银行间债券市场现券买卖请求报价功能,丰富了做市商做市方式,有助于进一步提高债券市场流动性。二是银行间外汇市场发布本外币货币掉期曲线,进一步完善银行间外汇市场的基准体系。该曲线的发布有利于促进货币掉期市场流动性,提升市场价格发现功能。三是银行间外汇市场试运行交易确认业务,有效提高了交易效率和直通式处理水平,降低了机构操作风险。

五、服务实体经济的功能不断增强

1.金融市场更好地满足了中小微企业的融资需求

票据市场对实体经济保持较强的支持力度。2013年,企业累计签发商业汇票20.3万亿元,同比增长13.3%;期末商业汇票未到期金额为9.0万亿元,同比增长8.3%。年末,票据承兑余额较年初增加0.78万亿元,在全部社会融资中的占比为4.5%。2013年,金融机构累计贴现45.7万亿元,同比增长44.3%。票据市场继续较好地发挥着支持中小企业的功能。

小微企业专项金融债券发行量大幅增加。2013年,相关监管部门规定,对于获准发行此类专项金融债券的银行业金融机构,该债项所对应的小微企业贷款在计算“小型微型企业调整后存贷比”时,可在分子项中予以扣除。在这一政策的支持下,商业银行发行募集资金专项用于小微企业的金融债券数量大幅增加。2013年,共有21家商业银行发行小微企业专项金融债券1100亿元,专项用于支持小微企业。小微企业债券发行量大幅增加。2013年,共有100家企业在银行间债券市场发行了35期中小企业集合票据和中小企业区域集优集合票据,募集资金66.39亿元,交易所市场全年发行中小企业私募债券310.7亿元,有效地支持了中小企业的经营发展。

2.期货市场价格发现和风险管理功能进一步发挥

一是启动国际期货市场主要品种的连续交易。2013年,上海期货交易所启动黄金、白银、铜、铝、锌、铅的连续交易。连续交易将有助于提升我国国内商品期货市场的国际化程度,为实体经济提供更好的价格发现和风险管理工具。

二是期货市场对国民经济服务的深度和广度不断得到扩展。2013年全年,我国期货市场共上市了9个期货品种。这些新品种覆盖了我国经济发展和人民生活的多个重要方面,有效地发挥了期货市场为实体经济服务的功能。

3.债券市场进一步发挥改善民生的功能

为有效改善困难群众的住房条件,党中央、国务院一直重视城镇保障性安居工程建设,并要求债券市场为符合条件的开发项目提供资金支持。根据相关要求,人民银行积极指导银行间债券市场贯彻相关要求。截至2013年末,保障性住房相关企业在银行间债券市场累计发行中期票据、资产支持票据等债务融资工具515亿元,对应支持29.7万套保障房建设。2013年,国务院专门出台关于加快棚户区改造工作的意见,根据有关精神,相关管理部门也有效加强了对棚户区改造的资金支持力度,国家发展改革委提出,凡是承担纳入改造规划和年度计划棚户区改造项目的建设任务的企业,均可申请发行企业债券用于棚户区改造项目建设;发行申请经核准后,可发行并使用不超过项目总投资70%的企业债券资金;发行债券所获得的资金必须专款专用。

六、对外开放继续稳步推进

上海自贸区试点投资和金融的自由化。2013年,上海自贸区正式挂牌,成为我国新一轮以开放促改革的试验田。根据党中央、国务院的指导精神,人民银行出台了金融市场发展总体意见,主要包括以下几个方面:一是中外资企业、非银行金融机构及其他经济组织可按规定的形式在境内外市场融入资金。二是探索在自贸区内开展国际金融资产交易等,支持自贸区内符合一定条件的个人、金融企业与非金融企业按照规定投资自贸区内或境外金融市场的基础金融产品,并按照规定开展风险对冲管理。其他监管部门也出台了相应的金融市场发展指导意见,主要包括:自贸区内金融机构和个人可按规定进入上海地区的证券和期货交易场所进行投资和交易;支持金融机构在自贸区内设立机构并按规定进行业务创新。

银行间债券市场的对外开放程度不断提高。在“引进来”方面,一是推动境外企业在境内发行非金融企业债务融资工具。指导中国银行间市场交易商协会通过创新债券发行和募集资金管理制度,开展境外非金融企业在银行间债券市场发行人民币债务融资工具相关工作。2013年12月,戴姆勒股份公司已在交易商协会注册人民币非金融企业债务融资工具额度50亿元。二是进一步丰富境外机构投资者类型。2013年新增38家获准进入我国银行间债券市场的境外机构,目前共有138家境外机构在我国银行间债券市场进行投资。随着人民币超越欧元成为全球第二大贸易融资货币,人民币的国际储备货币地位逐渐提升,境外机构投资人民币债券市场的需求也在不断增长。境外资金投资额度与投资范围继续扩大。截至2013年末,我国共批准251家QFII机构,同比增长19.92%,累计审批额度约495.1亿美元,同比增长10.44%;共批准56家RQFII机构,同比增长50%,累计投资额度约1575亿元,同比增长15.62%。在“走出去”方面,2013年,中国工商银行赴伦敦试点发行20亿元人民币债券,这是第一家境内金融机构到除中国香港以外的地区发行人民币债券,人民币债券市场的外延不断扩大。截至2013年底,我国共有116家机构获得QDII资格,同比增长6.90%,累计投资额度约842.32亿美元,同比增长5.56%。

在证券业对外开放上,允许外资参股证券公司的比例增加至49%。期货公司海外并购迈出重要一步。2013 年 7 月，广发期货有限公司的全资子公司广发期货香港公司，收购了法国外贸银行所持英国 NCM 期货公司的 100% 股权，是中资背景期货公司海外并购的第一单。

2013 年中国区域金融运行报告

文章来源：中国人民银行货币政策分析小组

内容摘要

2013 年，我国经济运行总体平稳，但也面临着经济与金融数据不同步、经济结构性矛盾较为突出、国际经济和政策变化不确定性较大等问题。面对错综复杂的内外部经济形势，全国各地区按照党中央、国务院统一部署，贯彻宏观稳住、微观放活和稳中求进的要求，把握好宏观经济政策框架，在促进经济运行在合理区间的同时，把重点放在调结构、促改革、推动转型升级上，按照“总量稳定、结构优化”的要求，金融业着力盘活存量、用好增量，优化融资结构，更好地服务于实体经济发展。全年经济运行稳中向好，经济结构调整步伐加快。消费需求平稳增长，结构升级特征明显；固定资产投资增速稳中有降，民间投资占比上升；进出口增速稳中有升，企业“走出去”步伐加快。全年东部、中部、西部和东北地区生产总值加权平均增长率分别为 9.1%、9.7%、10.7% 和 8.4%。

各地区着力推进经济结构调整和转型升级，区域协调发展趋势增强。东部地区现代服务业发展较快，第三产业平稳较快增长，对外直接投资大幅提升。中西部地区承接产业转移步伐加快，第二产业占全国的比重持续上升，对外贸易趋于活跃，西部地区城乡居民收入较快增长，中部地区民间投资活力继续增强。东北农业强区地位进一步巩固，第一产业占全国的比重进一步提高。长三角、珠三角、京津冀三大经济圈改革创新发展步伐加快，区域经济一体化稳步推进。

各地区货币信贷和社会融资总量平稳增长，金融服务实体经济的能力和水平提升。全年贷款投放节奏较为均衡，各地区行业贷款集中度有所下降，高耗能行业贷款得到有效控制，贷款对经济社会发展重点领域、薄弱环节和民生领域的支持力度增强。融资结构多元发展，东部地区企业债券和股票融资占比较高，中西部和东北地区对银行贷款的依赖度下降。在外向型企业内迁及外商内陆投资规模扩大的推动下，中西部地区外币存款占全国比重上升。区域经济金融发展更趋协调。

各地区金融业运行总体稳健，区域金融改革深入推进。地方法人金融机构资本充足率有所上升，流动性状况总体稳定。利率市场化改革加快推进，金融机构在定价策略、贷款投向等方面积极调整，存贷款定价精细化程度提高，信贷资源向小微、个人和涉农等业务倾斜，风险成本管理更加系统化。四个国家级金融改革试验区结合区域特色推进改革，温州试验区推进民间借贷阳光化，广东珠三角试验区统筹城乡金融改革发展，福建泉州试验区服务小微企业发展，云南和广西多方面推进沿边金融合作与创新。多层次资本市场体系建设稳步推进，保险业社会保障服务领域持续扩大。社会信用体系建设稳步推进，支付体系等金融基础设施不断完善，消费者权益保护进一步增强。

综合各方面情况来看，未来一段时间各地区经济仍有望保持平稳发展态势。全球经济缓慢复苏，外需环境有所改善。随着工业化、城镇化持续推进，区域经济具有较大的互补和回旋余地，经济发展的潜能和空间也将在改革创新中得到进一步释放。但也要看到，我国正处于经济增长速度换挡期、结构调整阵痛期、前期刺激政策消化期，经济增长的内生动力尚待增强，经济结构性矛盾仍比较突出，一些低效率部门和企业大量占用资源，影响了资金周转速度和使用效率，并且对其他主体特别是中小企业形成挤出，也使总量政策效果受到影响，金融领域潜在风险隐患值得关注，资源环境约束也进一步凸显。各地区需将改革创新贯穿于经济社会发展的各个领域各个环节，加快转方式调结构促升级，充分发挥不同地区的优势和特色，积极推动产业转移和梯度发展，深化区域合作共赢，形成南北呼应、东西对接、海陆一体的区域经济发展新格局。

2014 年各地区金融业将按照“稳中求进、改革创新”的工作总基调，继续贯彻落实稳健的货币政策，统筹稳增长、促改革、调结构、惠民生和防风险的关系，保持货币信贷总量和社会融资规模合理增长。积极盘活存量、用好增量，改善和优化信贷结构。推动市场融资多元化发展，提高直接融资比重。继续深化金融改革，充分发挥市场在资源配置中的决定性作用，提高金融服务区域经济协调发展和转型升级的能力。加强流动性、内控和风险管理，守住不发生系统性、区域性金融风险的底线，为经济持续健康发展创造稳定适宜的货币金融环境。

第一部分　区域金融运行情况

2013 年，全国各地区①金融业按照党中央、国务院的统一部署，认真贯彻落实稳健的货币政策，加大对实体经济的支持力度，着力营造稳定的货币金融环境，努力促进经济平稳健康发展。全年各地区金融运行总体平稳，金融改革深入推进，区域金融发展更趋协调，金融生态环境继续改善。

一、各地区银行业

2013 年，全国各地区银行业金融机构②网点、从业人员稳步增加，资产规模稳定增长。年末，银行业金融机构网点共计 20.9 万个，从业人员 356.7 万人，较上年分别增加 0.7 万个和 18.8 万人；资产总额为 140.2 万亿元，同比增长 12.6%，其中大型商业银行资产总额占比为 40.1%。分地区看，东部地区银行业资产总额在全国占比最高，中部和西部地区占比有所提升（见表 1）；分省（区、市）看，广东、北京、江苏三省（市）银行业资产总额均超过 10 万亿元，贵州、西藏、福建三省（区）银行业资产总额增速均超过 20%。

外资银行稳步发展。2013 年末，全国共有法人性质外资银行 44 家，分布在 9 个省（市），除 1 家在西部地区外，其余均在东部地区；全国共有 27 个省（区、市）入驻外资银行机构，网点总数为 928 个，较上年增加 89 个；资产总额为 2.5 万亿元，同比增长 4.2%。东部地区外资银行机构网点和资产总额在全国的占比分别为 82.7% 和 92.9%，较上年分别上升 0.2 个和下降 0.6 个百分点。其中，上海市法人性质外资银行数量占到全国一半，资产总额超过 1 万亿元。

---

① 全国各地区包括东部地区、中部地区、西部地区和东北地区。东部地区 10 个省（直辖市），包括北京、天津、河北、上海、江苏、浙江、福建、山东、广东和海南；中部地区 6 个省，包括山西、安徽、江西、河南、湖北和湖南；西部地区 12 个省（自治区、直辖市），包括内蒙古、广西、重庆、四川、贵州、云南、西藏、陕西、甘肃、青海、宁夏和新疆；东北地区 3 个省，包括辽宁、吉林和黑龙江。

② 全国各地区银行业金融机构包括国家开发银行和政策性银行、大型商业银行、股份制商业银行、城市商业银行、农村商业银行、农村合作银行、农村信用社、新型农村金融机构、邮政储蓄银行、外资银行和非银行金融机构。各地区金融机构汇总数据不包括大型商业银行、股份制商业银行、国家开发银行和政策性银行金融机构总部的相关数据。根据中国银行业监督管理委员会统计，2013 年末银行业资产总额为 151.4 万亿元（本外币合计）。

表1　2013年末银行业金融机构地区分布

单位:%

	营业网点			法人机构个数占比
	机构个数占比	从业人数占比	资产总额占比	
东部	39.5	44.1	58.9	33.2
中部	23.7	21.2	15.1	24.9
西部	27.2	23.9	19.1	32.7
东北	9.6	10.8	6.9	9.2
合计	100	100	100	100

注:①各地区金融机构营业网点不包括国家开发银行和政策性银行、大型商业银行、股份制商业银行等金融机构总部数据。

②部分数据因四舍五入的原因,存在与分项合计不等的情况(下同)。

数据来源:中国人民银行上海总部、各分行、营业管理部、省会(首府)城市中心支行

表2　2013年末新型农村机构地区分布

单位:%

	东部	中部	西部	东北	全国
村镇银行	33.9	24.4	30.2	11.5	100.0
贷款公司	46.1	15.4	30.8	7.7	100.0
农村资金互助社	28.6	20.4	30.6	20.4	100.0
小额贷款公司	29.9	20.9	34.7	14.5	100.0

数据来源:各省(自治区、直辖市)银监局和金融办,中国人民银行工作人员计算

农村金融机构体系进一步完善,新型农村机构快速发展。2013年末,全国小型农村金融机构①资产总额合计16.9万亿元,同比增长8.3%。分地区看,小型农村金融机构资产的46.9%集中于东部地区;广东、江苏、浙江、山东和四川三省资产总额均超过1万亿元。新型农村机构保持快速发展。2013年末,全国各地区新型农村机构②共计8872家,同比增长28.2%,其中村镇银行和小额贷款公司数量占比分别为10.9%和88.4%。分地区看,东部地区村镇银行数量在全国占比最高、增长最快(30.0%),西部地区小额贷款公司数量在全国占比最高、增长最快(36.3%)(见表2)。

(一)各地区存款增长总体平稳,储蓄存款增速有所放缓

2013年末,全国本外币存款余额③突破百万亿元,增长总体平稳。东部、中部、西部和东北地区本外币各项存款余额分别为60.4万亿元、17.0万亿元、20.1万亿元和7.3万亿元,同比分别增长12.0%、15.4%、15.9%和12.4%,增速较上年分别下降1.7、2.5、2.6和2.6个百分点。分省(区、市)看,贵州、西藏、甘肃、河南和重庆本外币存款增速分列前五位(见图1)。东部地区外币存款余额在全国的比重超过八成,西部地区人民币存款增速连续八年超过东部地区。

人民币储蓄存款增速有所放缓。受理财产品、互联网金融等分流影响,居民储蓄存款增速有所放缓。2013年末,东部、中部、西部和东北地区人民币储蓄存款余额增速同比分别回落4.3、3.6、4.1和5.2个百分点(见表3)。从人均人民币储蓄存款看,东部、中部、西部和东北地区分别为44634.9元、23907.0元、24997.2元和34132.1元,同比分别增长9.4%、14.3%、14.8%和10.4%,其中,北京市、上海市、浙江省、天津市、广东省人均人民币储蓄存款位居全国前五位。

表3　2013年末各地区金融机构人民币存贷款余额增速

单位:%

	东部	中部	西部	东北	全国
人民币各项存款	12.5	15.3	16.0	12.6	13.8
其中:储蓄存款	10.3	14.9	15.5	10.4	12.0
单位存款	12.7	14.4	15.9	11.1	13.5
人民币各项贷款	12.3	15.9	17.4	14.2	14.1
其中:短期贷款	13.6	19.6	24.1	18.3	16.9
中长期贷款	12.5	14.6	14.8	12.4	13.0
票据融资	-4.6	-3.5	6.1	0.1	-4.1
其中:消费贷款	23.0	30.6	23.6	24.9	24.3

注:各地区存贷款汇总数据不含全国性商业银行总行直存直贷数据。

数据来源:中国人民银行上海总部、各分行、营业管理部、省会(首府)城市中心支行

表4　2013年末各地区金融机构本外币存贷款余额结构

单位:%

	东部	中部	西部	东北	全国
	本外币存贷款余额结构				
人民币存款占比	96.6	99.2	99.1	98.6	97.7
外币存款占比	3.4	0.8	0.9	1.4	2.3
人民币贷款占比	92.4	97.5	97.5	95.6	94.4
外币贷款占比	7.6	2.5	2.5	4.4	5.6
	本外币存款余额结构				
储蓄存款占比	38.9	50.9	45.7	52.1	43.0
单位存款占比	53.4	43.4	49.5	41.7	50.2
其他存款占比	7.7	5.7	4.8	6.2	6.8
	本外币贷款余额结构				
短期贷款占比	42.6	40.2	31.7	39.5	39.8
中长期贷款占比	51.3	56.4	64.9	56.8	55.2
票据融资占比	2.7	2.6	1.9	2.8	2.5
其他贷款占比	3.4	0.8	1.5	0.9	2.5

注:各地区存贷款汇总数据不含全国性商业银行总行直存直贷数据。

数据来源:中国人民银行上海总部、各分行、营业管理部、省会(首府)城市中心支行

人民币单位存款增速有所加快,地区表现差异明显,期限结构趋向定期化。2013年末,东部地区单位存款余额增速较上年上升2.9个百分点,中部、西部和东北地区分别下降2.0、1.1和1.8个百分点。从期限结构看,各地区人民币单位存款呈现定期化趋势。年末,东部、中部、西部和东北地区人民币单位存款定活比④分别为89.7%、45.6%、41.5%和50.7%,较上年分别上升7.6、7.2、6.2和4.8个百分点,一定程度上反映出企业在经济增长预期不稳时倾向于多储备资金。

① 小型农村金融机构包括农村商业银行、农村合作银行和农村信用社。

② 新型农村机构包括村镇银行、贷款公司、农村资金互助社和小额贷款公司。

③ 全国金融机构本外币各项存贷款数据包含各商业银行总行直存直贷数据,与各省份加总数据不一致。2013年末,全国金融机构本外币存款和贷款余额分别为107.1万亿元和76.6万亿元,各省份本外币存款和贷款余额加总数据分别为104.8万亿元和73.2万亿元。

④ 人民币单位存款定活比=(单位定期存款余额/单位活期存款余额)×100%。

外币存款增速明显回落。受上年同期基数较高与发达经济体退出量化宽松政策（QE）预期影响，2013 年末，全国外币存款余额为 4386 亿美元，同比增长 7.9%，增速较上年下降 39.9 个百分点。分地区看，东部、中部、西部和东北地区外币存款余额增速同比分别下降 55.0、31.7、43.0 和 44.9 个百分点（见表 4）。

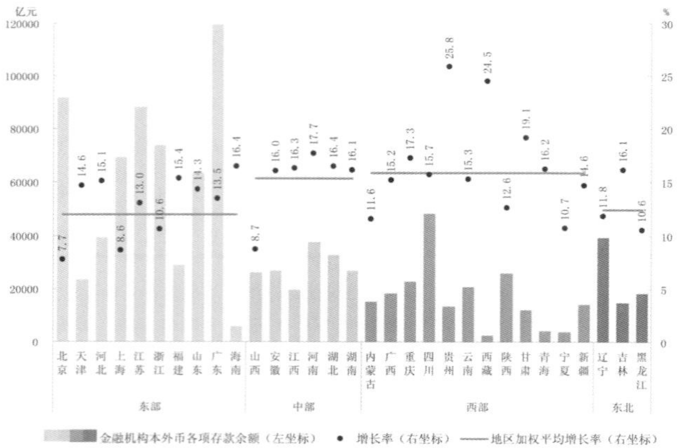

图 1　2013 年末各地区金融机构本外币各项存款余额及增长率

数据来源：中国人民银行上海总部、各分行、营业管理部，省会（首府）城市中心支行

中西部地区存款占全国比重有所提升。中部和西部地区本外币存款余额占全国的比重较上年分别上升 0.2 和 0.4 个百分点，东部地区下降 0.6 个百分点，东北地区与上年持平。在外向型企业内迁及外商内陆投资规模扩大的推动下，中部和西部地区外币存款占全国的比重较上年分别上升 1.0 和 0.3 个百分点（见表 5）。

表 5　2013 年末各地区金融机构本外币存贷款余额地区分布

单位：%

	东部	中部	西部	东北	全国
本外币各项存款	57.6	16.2	19.2	7.0	100.0
其中：储蓄存款	52.0	19.2	20.4	8.4	100.0
单位存款	61.3	14.0	18.9	5.8	100.0
其中：外币存款	82.8	5.9	7.2	4.1	100.0
本外币各项贷款	57.7	15.2	20.0	7.1	100.0
其中：短期贷款	61.6	15.4	15.9	7.1	100.0
中长期贷款	53.6	15.5	23.5	7.4	100.0
其中：外币贷款	78.5	6.8	9.0	5.7	100.0

注：各地区存贷款汇总数据不含全国性商业银行总行直存直贷数据。

数据来源：中国人民银行上海总部、各分行、营业管理部、省会（首府）城市中心支行

（二）各地区贷款保持较快增长，信贷结构进一步优化

2013 年，全国本外币贷款继续保持较快增长。年末，东部、中部、西部和东北地区本外币各项贷款余额分别为 42.2 万亿元、11.1 万亿元、14.6 万亿元和 5.2 万亿元，同比分别增长 11.5%、15.7%、17.2% 和 14.0%。西部地区人民币贷款增速连续七年超过东部地区。分省（区、市）看，西藏、新疆、青海、甘肃、贵州五省（区）本外币贷款增速均超过 20%（见图 2）。

外币贷款增速高位回落。2013 年末，东部、中部、西部和东北地区外币贷款余额同比分别增长 10.6%、22.5%、21.2% 和 16.7%，较上年分别回落 19.5、13.4、58.7 和 19.8 个百分点。分地区看，外币贷款的 78.5% 集中于东部地区，较上年末下降 1.4 个百分点，其他地区均有不同程度上升。

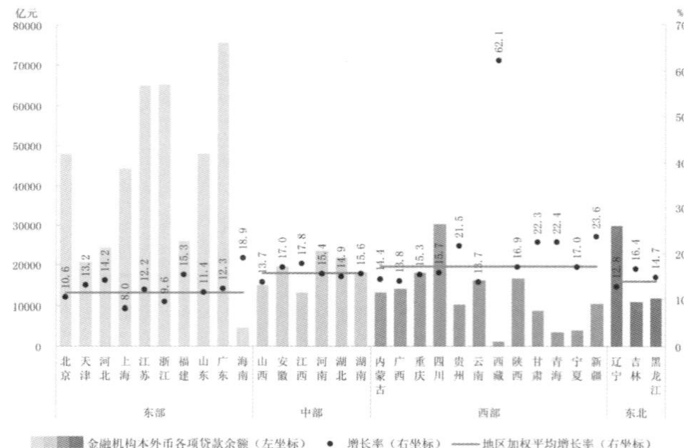

图 2　2013 年末各地区金融机构本外币各项贷款余额及增长率

数据来源：中国人民银行上海总部、各分行、营业管理部，省会（首府）城市中心支行

中长期贷款增速加快。2013 年末，东部、中部、西部和东北地区人民币中长期贷款余额同比分别增长 12.5%、14.6%、14.8% 和 12.4%，较上年末分别上升 6.1、1.7、2.8 和 0.2 个百分点。新增中长期贷款占比上升。东部、中部、西部和东北地区全年新增人民币贷款中，中长期贷款占比分别为 53.9%、53.0%、57.2% 和 51.9%，同比分别上升 25.2、6.3、9.9 和 0.4 个百分点。从人民币短期贷款看，东北地区增速较上年上升 0.7 个百分点，东部、西部和中部地区增速较上年分别下降 4.7、0.7 和 7.7 个百分点。

个人消费贷款快速增长。2013 年末，全国人民币个人消费贷款余额同比增长 24.3%，较上年末上升 6.7 个百分点，其中个人住房贷款余额占 69.1%，较上年末下降 1.4 个百分点。分地区看，东部、中部、西部和东北地区人民币个人消费贷款余额同比分别增长 23.0%、30.6%、23.6% 和 24.9%，较上年分别上升 12.0、10.1、5.8 和 7.8 个百分点。

贷款投放节奏总体均衡。2013 年各季度新增人民币贷款占全年新增人民币贷款的比重分别为 36.0%、21.2%、24.7% 和 18.1%，增量占比大体为 3.5:2:2.5:2，贷款投放与经济形势变化基本相适应。分地区看，东部、中部、西部和东北地区上半年新增人民币贷款占本地区全年新增人民币贷款的比重分别为 55.3%、61.5%、57.8% 和 59.8%，与上年相比，中部地区上升 0.7 个百分点，其他地区均有下降。

行业信贷投放结构进一步优化。各地区银行业金融机构积极落实《国务院办公厅关于金融支持经济结构调整和转型升级的指导意见》，着力盘活存量、用好增量。2013 年末，各地区前五大行业人民币贷款余额占各项贷款余额的比重为 52.2%，同比下降 2.3 个百分点。东部、中部、西部和东北地区占比分别为 53.1%、50.9%、50.1% 和 54.6%，较上年末分别下降 2.8、1.7、1.7 和 0.4 个百分点。六大高耗能行业①贷款得到有效控制。年末，各地区六大高耗能行业中长期贷款余额占全部中长期贷款余额的比重为 9.3%，同比下降 1.1 个百分点。东部、中部、西部和东北地区占比分别为 6.6%、

① 六大高耗能行业包括非金属矿物制造业、化学原料和化学制品制造业、电力热力生产和供应业、黑色金属冶炼和压延加工业、有色金属冶炼和压延加工业和石油加工炼焦和核燃料加工业。

8.6%、15.7%和9.5%，较上年末分别下降0.8、1.3、1.7和1.7个百分点。文化金融合作成效显著。2013年末，文化产业中长期本外币贷款余额达1574亿元，同比增长36.3%。

信贷支持经济发展薄弱环节和民生领域的力度进一步加大。2013年末，各地区本外币涉农贷款余额同比增长18.4%，比同期本外币各项贷款增速高4.5个百分点，中部、西部和东北地区增速均超过20%。西藏、陕西、天津、青海和吉林涉农贷款增速分列前五位。小微企业信贷支持保持较强力度。2013年末，全国小微企业贷款余额同比增长14.2%，比同期大型和中型企业贷款增速分别高3.9和4.0个百分点。西藏、河南、甘肃、陕西和山西小微企业贷款增速分列前五位。民生领域贷款①保持快速增长。东部、中部、西部和东北地区民生领域贷款余额同比分别增长20.3%、31.8%、32.8%和21.2%。贵州、新疆、宁夏、安徽和浙江民生领域贷款增速分列前五位。信贷支持扶贫开发力度加大。年末，全国扶贫地区②人民币贷款余额2.8万亿元，同比增长21.2%，高出全国人民币各项贷款增速7.1个百分点。

（三）利率市场化加快推进，金融机构存贷款利率小幅波动

人民币贷款利率小幅波动上行。受融资需求较为旺盛、发达经济体量化宽松政策（QE）退出预期、部分地区和行业风险溢价有所上升等因素影响，2013年金融机构贷款利率小幅波动上行，12月份贷款加权平均利率为7.20%。分地区看，东部、中部、西部和东北地区全年贷款加权平均利率分别为7.03%、7.69%、7.70%和7.44%。

执行上浮利率的人民币贷款占比有所上升。2013年12月，一般贷款中执行下浮、基准利率的贷款占比分别为12.48%和24.12%，比年初分别下降1.68和1.98个百分点；执行上浮利率的贷款占比为63.4%，比年初上升3.66个百分点。分地区看，东部地区执行利率上浮1.0~1.3倍的贷款占比最高，接近50%；西部地区执行基准利率贷款占比最高，达28.5%。分省（区、市）看，北京市和上海市执行下浮利率贷款占比均超过20%；西藏、青海和新疆三省（区）执行基准利率贷款占比均超过40%。

利率市场化加快推进，金融机构利率自主定价能力明显提升。北京市建立同业存款利率信息共享平台系统，根据29家银行报价自动计算生成相应期限的北京同业存款利率；河北、陕西、云南、重庆等省（市）金融机构完善贷款定价管理机制，着重体现客户基础条件差异。

外币存贷款利率总体有所上升。受国际市场利率趋升、境内外币资金供求变化等因素影响，外币存贷款利率总体较年初有所上升。2013年12月，活期、3个月以内大额美元存款加权平均利率比年初分别上升0.01和1.48个百分点；3个月以内、3（含）-6个月美元贷款加权平均利率比年初分别上升0.64和0.86个百分点。

民间借贷利率整体下行。2013年，受部分领域投资风险有所上升、企业融资渠道不断拓宽等因素影响，民间借贷对高价格资金的需求量减少，民间借贷利率整体下行。2013年12月，温州民间融资综合利率指数为19.91%，较1月份下降1.23个百分点。2013年浙江省、山东省民间借贷监测利率同比分别下降3.0和1.6个百分点。

专栏1：进一步推进利率市场化改革对金融机构的影响

2013年，在国务院统一部署下，中国人民银行加快推进利率市场化改革，贷款利率管制全面放开，金融机构市场利率定价自律机制初步建立，贷款基础利率（LPR）集中报价和发布机制启动运行，《同业存单管理暂行办法》正式出台。金融机构作为利率定价的市场主体，受利率市场化改革影响最为直接。为增强利率市场化改革适应能力，金融机构在定价策略、经营模式等方面积极进行调整、优化和变革。

一、自主定价能力增强，存贷款定价精细化程度提高

更加重视定价策略。随着利率市场化改革进一步推进，金融机构由固定利差下扩规模逐步转向关注规模和价格的整体平衡，利率定价不仅是同业竞争的重要手段，也成为金融机构实现发展目标、价值创造等经营管理意图的重要途径。

存款定价差异性进一步增强。金融机构存款利率定价从协同行动转向差异化定价，定价依据包括起存金额、存款期限、区域特点、客户类别及客户综合贡献度等多重因素。大型金融机构在维系重点客户和控制付息成本之间追求有效均衡，中小型金融机构多采取跟随定价策略，以适应竞争获得市场份额。存款业务既是各金融机构主要的负债来源，也是成本控制的重要途径。总体来看，一年期及以下期限的存款利率逐步逼近上限水平，一年期以上存款利率上下浮动差异明显。

贷款定价精细化程度提高。金融机构继续夯实数据和信息基础，完善贷款定价系统和定价模型。多数金融机构定价政策从单一关注贷款业务逐步转换为按客户综合贡献度进行定价。不过不同区域、不同类型金融机构定价机制建设仍不平衡，经济落后与经济相对发达地区、地方性金融机构与全国性金融机构自主定价能力存在差距。

贷款基础利率初步应用。多家金融机构推出了基于贷款基础利率定价的贷款品种和利率互换衍生产品，部分金融机构研究建立本机构的贷款基础利率管理办法并探索构建自身贷款基础利率曲线，为加强LPR运用及信贷市场公平有序定价奠定了良好基础。

二、优化信贷投向，调整经营模式，盈利水平保持稳定

信贷投向“短、小”化。金融机构主动调整期限结构，缩短贷款利率重定价周期，同时将信贷资源向小微、个人和涉农等业务倾斜。2013年末，东部、中部、西部和东北地区小微企业贷款、个人消费贷款占各地区各项贷款的比重均在30%和14%左右，比6月末分别提高约1个、0.5个百分点。农村信用社反映贷款利率上限取消使涉农贷款可得性进一步增强，有效满足了多层次的涉农贷款需求。

盈利模式转向多元化。金融机构由单一依赖存贷利差向多元化盈利支撑转变，推动传统业务、创新业务共同发展，提升综合经营与管理能力。一是以信贷资产为主逐步向信贷资产和非信贷资产并重转变；二是以表内业务为主转向探索表内外资产负债合理摆布和科学配置，积极开发高附加值的中间业务和表外业务；三是以产品为中心转向以客户需求为导向，创新金融产品和服务方式，开拓新的利润增长点。

经营发展呈现特色化。金融机构由同质化发展转向特色化经营、差异化定位，以形成核心竞争力，提高客户粘度。全国性金融机构统筹存量和增量资源，整合实体网点、互联网金融等多种营销渠道，打造综合金融服务品牌。地方法人金融机构根据区域特色及客户密集程度，通过整合专项业务、设立

---

① 民生领域贷款包括下岗失业人员小额担保贷款、劳动密集型小企业贴息贷款、助学贷款和保障性住房开发贷款。

② 扶贫地区共计832个县（其中包括国家14个集中连片特困地区所辖680个片区县，以及连片特困地区以外的152个国家扶贫工作重点县）。

社区微型网点、开展错时错位服务等方式，凸显经营特色。外资银行借助全球网络和先发优势，将全能银行形式和成熟服务模式进行本土化改进，满足跨国跨境、财富管理、离岸业务等需求。

风险成本管理趋于系统化。金融机构通过建立健全内部资金转移定价(FTP)系统，精确衡量资金成本，实现市场风险隔离及风险管理专业分工；完善敏感性缺口、久期及在险价值(VAR)、经济资本等模型，加强风险成本评估和计量；设定相应的目标值、预警值和限额进行定期风险成本监控和跟踪；丰富客户信用风险评价、风险调整的资本收益率(RAROC)考核等手段，提高风险定价和防范能力。

总体看，金融机构较好地应对了利率市场化的挑战。2013 年商业银行法人净利润同比增长 14.5%，与 2013 年上半年贷款利率全面放开前相比，增速提高 0.7 个百分点。净利息收入占比从第一季度的 76.5% 增至第四季度的 78.8%，净息差从第一季度的接近 2.6% 逐季提高至第四季度的 2.68%(见图 3)。

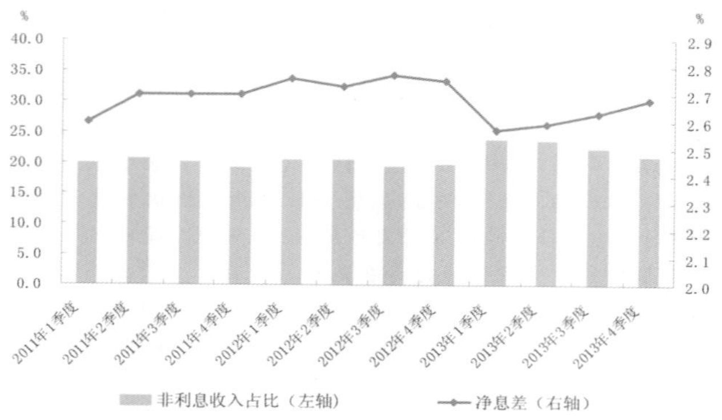

图 3　2011 - 2013 年商业银行净息差和非利息收入占比

数据来源：中国银行业监督管理委员会

但也要看到，金融机构中长期盈利能力仍面临挑战，全面风险管理能力尚需增强。随着利率市场化改革进一步推进和市场竞争加剧，净息差可能有收窄的压力，盈利能力和可持续发展面临的压力上升。金融机构风险偏好上升也可能增大信用风险管理的难度。利率更为灵敏地反映资金供求和市场预期变化，也对金融机构的流动性风险和市场风险管理能力提出了更高要求。

下一阶段，将在充分评估金融机构的发展状况和承受能力、各项基础条件的成熟程度并防范风险的前提下，积极、稳妥、有序推进利率市场化改革。注重通过健全市场利率定价自律机制等方式，促进金融机构完善公司治理、强化财务硬约束、提高自主定价能力，维护公平有序的市场竞争秩序。通过进一步优化上海银行间同业拆放利率(Shibor)报价生成机制，提升贷款基础利率报价质量，扩大贷款基础利率应用范围等措施，建设培育较为完善的市场基准利率体系，为金融机构产品和服务定价提供参考基准。同时，继续建立健全中央银行的利率调控框架，强化价格型调控和传导机制，为加快推进利率市场化改革奠定更为坚实的制度基础。

(四)银行业金融机构改革深入推进，区域金融创新步伐加快

银行业金融机构改革不断深化。2013 年，政策性银行和大型商业银行积极实施“走出去”战略，跨国经营取得新进展。中国进出口银行在法国巴黎成立首家海外分行，中国银行海外信息系统整合转型项目在亚太 12 家分行正式运行，中国建设银行与巴西 BIC 银行(Banco Industriale Comercial S. A.)签署总股本 72.0% 的股份买卖协议，中国工商银行在伦敦成功发行了 20 亿元离岸人民币高级债券，这是中国境内金融机构总部首次直接在伦敦市场发行离岸人民币债券。银行综合化经营稳步推进。兴业银行、北京银行、上海银行、宁波银行和南京银行获批设立基金管理公司，华夏银行、成都农村商业银行出资设立金融租赁公司，民生银行旗下民生加银资产管理公司正式开业。

地方法人银行不断增强资本实力。徽商银行和重庆银行在香港上市，江苏银行、富滇银行、上海银行和兰州银行等通过定向增发方式增资扩股，天津滨海农村商业银行在银行间市场发行全国首只二级资本债券 15 亿元。信贷资产证券化试点进一步扩大。中国农业发展银行、中国工商银行、邮政储蓄银行等 6 家银行作为发起人在银行间债券市场发行信贷资产支持证券 157.7 亿元。国家开发银行在上海证券交易所试点公开发行政策性金融债券。

农村信用社改革成果显现。2013 年，全国农村信用社可持续发展能力显著增强，按贷款五级分类统计，年末农村信用社不良贷款率为 4.1%，同比下降 0.4 个百分点；资本充足率为 12.5%，同比提高 0.7 个百分点；全年实现利润 1962 亿元。农村金融服务水平明显提升。年末，全国农村信用社涉农贷款余额和农户贷款余额分别为 6.2 万亿元和 3 万亿元，同比分别增长 16.4% 和 14.5%。产权制度改革稳步推进。2013 年末，全国共组建以县(市)为单位的统一法人农村信用社 1690 家，农村商业银行 468 家，农村合作银行 122 家。

区域金融改革深入推进。2013 年末，全国共有 4 个国家级金融改革试验区。温州金融综合改革试验区出台首部民间融资管理条例，发行首单小额贷款公司定向债，开展民间资本管理公司私募融资业务，推进民间借贷阳光化。广东珠三角金融改革创新综合试验区成立地方金融资产交易中心，建立农户信用贷款担保基金，试点农民宅基地抵押贷款，统筹城乡金融改革发展。福建泉州金融服务实体经济综合改革试验区设立民间借贷登记服务公司，推出续贷无需还本的“无间贷”小微企业贷款产品，服务小微企业发展。云南省和广西自治区分别出台本省(区)《关于建设沿边金融综合改革试验区的实施意见》，从信贷、支付体系、信用体系、跨境人民币结算等多方面全面推进沿边金融合作与创新。

各地区金融产品与服务方式创新更趋活跃。安徽省启动家庭农场直管直贷试点，加强对新型农业经营主体的信贷支持；重庆市推出土地收益保证贷款，破解农村融资担保难题；北京市成立小微企业互助基金，缓解小微企业融资压力；吉林省推出中小企业贷款扶持信托，为中小企业提供资金支持；福建省推出“海融通”、“海丰通”等专属金融产品，支持海洋产业发展；陕西省推行民生金融主办银行制度，开展民生金融督导点建设，提升民生领域金融支持的针对性和专业性；辽宁省沈阳市、江苏省南京市、湖北省武汉市等 10 个城市获批参与消费金融公司试点，促进消费信贷业务发展。

(五)商业银行保持平稳运行，地方法人金融机构运营总体稳定

商业银行运行平稳。2013 年末，商业银行①平均资产利

① 包括大型商业银行、股份制商业银行、城市商业银行、农村商业银行和外资银行。

润率、加权平均资本充足率和流动性比率分别为1.27%、12.19%和44.03%，较上年均略有下降。商业银行不良贷款率为1%，较上年末上升0.05个百分点。分地区看，东部和中部地区不良贷款小幅"双升"，西部和东北地区不良贷款率同比分别下降0.15和0.59个百分点。考虑经济结构调整期部分产能过剩行业不良贷款可能增多，信用风险防控压力有所增大。

地方法人金融机构运营总体稳定。2013年末，各地区地方法人金融机构资本充足率均有所上升，其中东北地区升幅较大；中部地区资产利润率同比上升较多，其他地区均小幅下降（见表6）；各地区流动性比率基本保持在50%左右，其中山西、宁夏、河北、河南四省（区）流动性比率均超过60%。2013年末，全国地方法人金融机构不良贷款率同比下降0.2个百分点。分地区看，东部地区地方法人金融机构不良贷款率有所上升，其他地区均不同程度下降，其中江西省和河北省地方法人金融机构不良贷款率下降幅度均超过2.0个百分点。

表6　2013年地方法人金融机构部分运营指标

单位：%

	2013年比2012年平均增减				
	东部	中部	西部	东北	全国
资本充足率	0.27	0.79	0.07	1.10	0.38
流动性比率	-1.79	0.84	-2.23	-2.43	-1.48
资产利润率	-0.02	0.10	-0.03	-0.04	-0.01

数据来源：中国人民银行上海总部、各分行、营业管理部、省会（首府）城市中心支行，各省（自治区、直辖市）银监局，中国人民银行工作人员计算

同业业务和理财业务快速增长。2013年末，银行业金融机构同业资产为21.5万亿元，较2009年初增长246%；同业负债为17.9万亿元，较2009年初增长236%。理财产品余额9.5万亿元，同比增长41.8%，其中银行资金池理财产品占全部表外理财产品支数的比例超过50%。同业业务与理财业务融合发展，成为银行业金融机构管理资产负债、创新产品和拓展利润增长点的重要渠道，但也存在部分金融机构操作不规范、规避监管、期限错配增大和信息不透明等问题，一定程度上影响了宏观调控和金融监管效果。

专栏2：地方法人金融机构流动性管理状况分析

2013年，地方法人金融机构①流动性总体平稳。年末地方法人金融机构超额准备金率为4.33%，各季度末均维持在2.5%以上。流动性比率高于25%监管要求的地方法人金融机构家数占比达到95%，各季度末均维持在93%以上。有价证券投资余额占各项贷款余额的26.0%，变现资产获取应急资金能力较强。2013年，地方法人金融机构向其他类型金融机构通过同业业务净融出资金11868亿元，流动性相对宽裕，其中小型农村金融机构主要融出资金，东部地区城市商业银行主要融入资金（见图4）。不过也要看到，部分金融机构也存在超常规发展同业业务、信贷扩张较快、资产负债期限错配较严重等问题，流动性管理能力仍有待進一步提高。

针对流动性管理中存在的问题，地方法人金融机构着力加强流动性风险防控和管理制度建设，提升流动性管理能力。一是流动性风险监测指标体系初步建立，加强对流动性比率、超额准备金率、流动性缺口率、同业市场负债依存度等指标的实时监测。二是流动性风险管理体系逐步健全。大部分地方法人金融机构已确立流动性风险管理架构，设立风险管理委员会，明确了各级管理层的职责，配备专门的部门、人员和系统加强流动性风险管理。制定了《流动性风险管理办法》、《流动性风险应急预案》等制度，定期组织开展流动性风险压力测试，及早识别可能引发流动性风险的因素，有针对性地制定流动性风险应急处置措施。三是管理流动性手段逐步丰富。地方法人金融机构可通过动用超额准备金、流动性债券等流动性资产，采取同业拆借、发行同业存单等融资安排，调整资金类资产业务规模及投放节奏，参与公开市场操作、申请常备借贷便利及再贷款等，综合运用各类手段满足流动性需求。

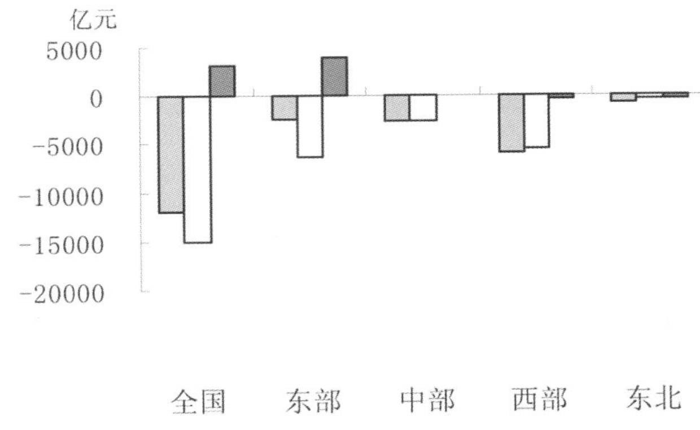

图4　2013年地方法人金融机构同业业务资金融出入情况②

数据来源：中国人民银行上海总部、各分行、营业管理部、省会（首府）城市中心支行，中国人民银行工作人员计算

为进一步加强和改善地方法人金融机构流动性管理，2014年1月，中国人民银行在北京、江苏、山东、广东、河北、山西、浙江、吉林、河南、深圳等10省（市）开展分支机构常备借贷便利操作试点，主要解决符合宏观审慎管理要求的地方法人金融机构流动性需求，完善中央银行对地方法人金融机构提供正常流动性供给的渠道。试点地区人民银行分支机构从2014年春节前开始，根据形势需要，适时向符合条件的地方法人金融机构提供了短期流动性支持，稳定了市场预期，促进了货币市场平稳运行。

面对金融市场和金融创新快速发展带来的挑战，地方法人金融机构还需进一步提高流动性风险管理的意识和能力，增强流动性风险防范的主动性，建立覆盖表内外业务的流动性风险预警指标体系，构建符合自身经营特点的流动性风险管理机制；积极盘活存量、用好增量，合理把握信贷投放总量与节奏，防止因资产过快扩张可能导致的流动性风险；优化资产负债结构，提高应急融资能力；加强内部外部协作，探索行际间、地区间流动性互补框架，建立并完善流动性风险处置救助机制，进一步提升流动性管理能力。

① 本专栏所指地方法人金融机构包括145家城市商业银行、2280家小型农村金融机构。

② "+"表示净融入，"-"表示净融出。

（六）跨境人民币业务平稳发展，直接投资结算金额大幅增长

2013年，跨境贸易和投资人民币结算业务保持平稳有序增长。2013年银行累计办理跨境贸易人民币结算业务4.6万亿元，同比增长57%。其中，货物贸易结算额3.0万亿元，同比增长47%，占同期海关货物进出口总额的比重约为11.7%，较上年上升3.3个百分点。与境内发生人民币跨境收付的境外企业所在国家和地区达到222个。跨境贸易人民币结算业务收付比为1:1.5。跨境人民币直接投资结算业务快速发展，2013年累计办理人民币跨境直接投资结算业务5337.4亿元，同比增长87.9%。人民币合格境外机构投资者境内证券投资规模逐步扩大，截至2013年末，全国共有61家机构获得RQFII试点资格，累计获批人民币投资额度1575亿元。分地区看，跨境人民币业务主要集中在东部地区，各项结算额占比均超过80%（见表7）。

表7　2013年各地区跨境人民币业务分布

单位:%

	东部	中部	西部	东北	全国
跨境人民币结算额	86.7	3.3	7.2	2.8	100.0
其中：					
经常项下结算额	87.7	3.1	7.0	2.2	100.0
资本项下结算额	83.6	4.1	7.9	4.4	100.0
其中：直接投资	85.6	4.2	6.4	3.8	100.0
其他投资	82.2	4.1	8.8	4.9	100.0

数据来源：中国人民银行上海总部、各分行、营业管理部、省会（首府）城市中心支行，中国人民银行工作人员计算。结算额为当年实际收付的发生额

各地区跨境人民币业务进一步拓展。2013年，作为第一批跨境人民币业务试点①地区，深圳市和上海市陆续在前海深港现代服务业合作区和中国（上海）自由贸易区开展跨境人民币双向资金池和双向贷款业务；广东省与香港跨境人民币结算额超过1万亿元，占全国结算总额的23.8%。在第二批试点的18个省份中，2013年北京、浙江和山东三省（市）跨境人民币结算额均超过5000亿元，云南、广西、内蒙古三省（区）跨境人民币结算额占国际收支的比重均超过20%，江苏昆山试验区开展人民币跨境双向借款业务试点，浙江义乌创新个人经常项下跨境人民结算业务，黑龙江省绥芬河、内蒙古自治区满洲里地区开展卢布现钞使用试点获国务院批准。第三批试点区域主要为中西部省份，2013年河南、安徽两省跨境人民币结算额均超过300亿元。

二、各地区证券业

2013年，证券市场保持平稳发展。全年各地区股票交易较为活跃，市场筹资保持稳定，证券公司加快发展，期货交易品种不断丰富，资本市场服务实体经济能力有效提升。

（一）多层次股票市场稳步发展，深沪股市市值增减分化

多层次股票市场稳步发展。2013年末，境内上市公司总数（A、B股）2489家，较上年减少5家，均为正常退市。其中，创业板和中小企业板上市公司数量分别为355家和701家，数量均与上年持平。分地区看，东部、中部、西部和东北地区境内各上市公司数量占全国的比重分别为65.1%、14.7%、14.7%和5.5%，与上年基本持平（见表8）。“新三板”市场挂牌企业数量明显增加。2013年末，“新三板”市场②挂牌企业356家，同比增长78%。其中，北京中关村、天津滨海、上海张江和武汉东湖四园区挂牌企业数量占比分别为69.6%、6.2%、14.1%和10.1%。

表8　2013年末各地区证券业分布

单位:%

	东部	中部	西部	东北	全国
总部设在辖内的证券公司数	68.7	10.4	15.7	5.2	100.0
总部设在辖内的基金公司数	97.8	0.0	2.2	0.0	100.0
总部设在辖内的期货公司数	71.8	10.3	10.2	7.7	100.0
年末境内上市公司数	65.1	14.7	14.7	5.5	100.0
年末境外上市公司数	78.3	11.6	6.7	3.4	100.0
当年国内股票（A股）筹资额	57.3	14.9	24.7	3.1	100.0
当年发行H股筹资额	87.8	9.1	3.1	0.0	100.0
当年国内债券筹资额	70.3	13.3	12.8	3.7	100.0
其中：短期融资券筹资额	81.6	8.1	8.7	1.6	100.0
中期票据筹资额	65.1	14.0	16.4	4.5	100.0

数据来源：各省（自治区、直辖市）证监局，中国人民银行工作人员计算

沪深股市市值增减分化。2013年末，上证综合指数收于2116点，同比下跌6.8%；深证综合指数收于1058点，同比上升20%。其中，创业板指数上升82.7%，中小企业板指数上升17.5%。从总市值看，2013年末沪市总市值为15.1万亿元，同比减少4.7%；深市总市值为8.8万亿元，同比增加22.7%。其中，创业板总市值增加72.9%，中小企业板总市值增加29.0%。从市盈率看，2013年末沪市A股加权平均市盈率从上年末的12.3倍下降至11倍，深市A股加权平均市盈率从上年末的22.2倍上升至28倍。其中，创业板市盈率从上年末的32倍上升至55.2倍，中小企业板市盈率从上年末25.4倍上升至34.1倍。

（二）股票市场、债券筹资规模基本稳定

股票市场筹资额同比基本持平。2013年，各类企业和金融机构在境内外股票市场通过发行、增发、配股、权证行权等方式累计筹资3867亿元，同比多筹资5亿元。分地区看，中部和西部地区A股筹资额占全国的比重较上年分别上升3.3和6.6个百分点；东部和东北地区A股筹资额占全国的比重较上年分别下降9.6和1.3个百分点。从创业板市场筹资看，东部、中部和西部地区创业板市场筹资额占创业板市场筹资总额的比重分别为71.6%、26.9%和1.5%，中部地区较上年上升18.6个百分点，东部和西部地区较上年分别下降15.7和1.3个百分点。从中小企业板市场筹资看，东部、中部、西部和东北地区中小企业板市场筹资额占中小板市场筹资总额的比重分别为57.2%、21.7%、18.4%和2.7%，与上年相比，东部地区比重下降18.4个百分点，其他地区比重全部上升，其中西部地区上升10.2个百分点，上升最快。分省（区、市）看，北京市创业板筹资额占全国的近一半；广东省中小板筹资额占全国的近四分之一。

债券筹资规模略有减少。2013年，国内公司信用类债券

① 跨境人民币业务试点于2009年7月在上海、广州、深圳、珠海和东莞5城市启动试点；2010年6月，增加北京、天津、内蒙古、辽宁、吉林、黑龙江、江苏、浙江、福建、山东、湖北、广西、海南、重庆、四川、云南、西藏、新疆18个省（区、市）为试点地区，广东省试点范围扩大到全省；2011年8月，试点范围扩大至全国。

② 2006年，中关村科技园区非上市股份公司进入代办转让系统进行股份报价转让。2012年，经国务院批准，决定扩大非上市股份公司股份转让试点，称为“新三板”，首批扩大试点新增上海张江高新技术产业开发区、武汉东湖新技术产业开发区和天津滨海高新区。2013年底，新三板方案突破试点国家高新区限制，面向全国接受企业挂牌申请。

筹资总额为36699亿元,较上年减少667亿元。分地区看,东部、中部、西部和东北地区国内债券筹资额占比分别为70.3%、13.2%、12.8%和3.7%。其中,中部和西部地区国内债券筹资额占比较上年分别提升2.4和0.4个百分点;东部和东北地区占比较上年分别下降2.3和0.5个百分点。从证交所债券筹资情况看,沪、深证券交易所2013年累计债券筹资4082.1亿元,同比增长49.9%,较上年下降9.6个百分点。其中,公司债、可转债和中小企业私募债筹资额占比分别为78.9%、13.5%和7.6%。

(三)证券公司发展步伐加快,基金管理公司非公募资金规模大幅上升

2013年末,全国各地区证券公司共计115家,较上年增加1家。分省份看,广东、上海、北京三省(市)证券公司数量分别为22家、20家和18家,分居全国前三位。证券公司资产规模稳步扩大。年末,证券公司总资产为2.1万亿元,同比增长20.9%;净资本为5204.6亿元,同比增长4.7%。全年实现营业收入1592.4亿元,同比增长23.0%。其中,受客户资产管理业务由行政审批制改为备案制以及证券公司资产管理业务投资范围适度扩大的推动,受托客户资产管理业务净收入70.3亿元,同比增长1.6倍,银证合作定向资产管理业务是主要拉动因素之一,但也为银行存量资产出表和表外放贷提供了通道,可能存在一定的跨市场、跨行业交叉金融风险;在转融通推出和融资融券标的范围扩大的作用下,融资融券业务利息收入184.6亿元,同比增长2.5倍。全年实现净利润440.2亿元,同比增长33.7%;104家证券公司实现盈利,占证券公司总数的90.4%。

基金管理公司非公募资金规模大幅上升。2013年末,全国各地区共有基金管理公司89家,同比增加12家。分地区看,基金管理公司有86家集中于东部地区,其中上海市有41家。基金管理公司共管理资产4.2万亿元,其中非公募资金规模(社保基金、企业年金和特定客户资产)1.2万亿元,同比增长61.2%,较上年上升32.4个百分点;非公募资金占管理总资产的比重为28.9%,较上年提高8.0个百分点。2013年,基金管理公司特定客户资产管理业务开始试点,基金管理公司子公司发展迅速。基金管理公司子公司达到62家,同比增长超过4倍,其中上海、广东和北京三省(市)占比分别为41.9%、40.3%和17.8%。

(四)期货市场持续快速发展,期货交易品种不断丰富

2013年,中国期货市场累计成交总额267.5万亿元,同比增长56.3%。上海期货交易所、郑州商品交易所、大连商品交易所和中国金融期货交易所累计成交额分别为60.4万亿元、18.9万亿元、47.2万亿元和141.0万亿元,同比分别增长35.5%、8.8%、41.5%和85.9%,分别占全国的22.6%、7.1%、17.6%和52.7%。从交易商品看,焦炭、铜、天然橡胶、白银和螺纹钢五种商品成交额居前五位,均超过10万亿元。从金融期货看,沪深300股指期货成交额增速和占比分别为85.5%和99.8%;国债期货正式上市交易,5年期国债期货成交额为3063.9亿元。

期货市场交易品种不断丰富。2013年,中国期货市场相继上市了焦煤、动力煤、石油沥青、铁矿石、鸡蛋、粳稻、纤维板、胶合板8个商品期货品种和国债期货1个金融期货品种,国内期货品种增至40个,期货品种从单一品种发展到产业链上下游。上海期货交易所与国际市场接轨,启动黄金、白银、铜、铝、锌、铅的连续交易。全国四大期货交易所相继推出期权仿真交易,风险管理工具不断丰富。

(五)证券市场基础性制度建设不断完善,资本市场改革创新稳步推进

2013年,证券业加强基础性制度建设,努力提升资本市场服务实体经济能力。中国证券监督管理委员会正式启动新股发行体制改革,按照市场化原则理顺新股上市各环节,促进市场参与各方归位尽责;推动多层次资本市场建设,扩大"新三板"市场试点范围,年末正式面向全国接收企业挂牌申请。国务院发布《关于进一步加强资本市场中小投资者合法权益保护工作的意见》,健全投资者适当性制度、优化投资回报机制、保障中小投资者知情权,切实保护资本市场中小投资者合法权益。

资本市场改革创新稳步推进。优先股试点启动,直接融资加快发展。中国证券监督管理委员会拓宽开展基金管理业务的机构范围,适当降低公募基金管理业务准入门槛;发布《证券公司资产证券化管理规定》,明确基础资产类型、交易结构和交易方式。资产管理公司转型改制稳步推进。中国信达资产管理股份有限公司在香港上市,金融资产管理公司股份制改革和商业化转型取得阶段性成果。

各地区证券业改革创新深入推进。广东省广发期货香港子公司收购法国外贸银行(Natixis S. A.)所持英国NCM期货公司(Natixis Commodity Markets Limited)的100%股权,完成全国首宗期货公司海外收购;云南省太平洋证券在老挝设立全国首家境外合资证券公司;新疆、河北、辽宁等省份成立区域股权中心;国内首家基金第三方电子商务平台和第三方销售机构搭建的微信基金交易平台分别在浙江省和上海市建立。上海市海通证券成为证券业内首家柜台交易业务上线、正式发布柜台交易产品的券商。

三、各地区保险业

2013年,保险业加快发展方式转变,各项业务增长平稳回升,资产总额和保费规模稳步扩大,经济补偿功能充分发挥,重点领域和关键环节市场化改革积极推进,经济社会保障服务水平提升。

(一)保险业整体实力增强,保费收入稳步增长

2013年末,全国保险法人公司和分支机构分别有167家和1566家,较上年分别增加14家和30家,保险法人公司和分支机构地区分布占比保持稳定(见表9);再保险机构10家,其中中资4家,外资6家。保险业总资产平稳增长。年末资产总额首次超过8万亿元,同比增长12.7%。其中,投资类资产同比增长20.3%,占资产总额的比重为65.4%,较上年提高4.1个百分点。全行业实现投资收益3658.3亿元,收益率达到5.04%,为近四年来最好水平,其中对基础设施、不动产、资产支持计划等另类投资的收益率超过6.5%,对提升保险资金运用收益率起到重要作用,同时也需防范相关投资风险。

2013年,保险业实现保费收入①(指原保险保费收入,下同)1.7万亿元,保费规模全球排名第四位,同比增长11.2%,较上年提高3.2个百分点,业务增速连续下滑势头得到遏制。分地区看,东部、中部、西部和东北地区保费收入同比分别增长11.0%、9.4%、13.6%和11.7%,较上年分别提高2.0、5.3、4.8和4.8个百分点。分省(区、市)看,广东、江苏、山东和浙江四省保费收入均超过千亿元,保费收入合计占全国比重超过30%。

① 2011年中国保险监督管理委员会的统计数据开始按照《关于印发<保险合同相关会计处理规定>的通知》的口径,保费收入统计口径有所变动

表9　2013 年末各地区保险业分布

单位:%

项　目	东部	中部	西部	东北	全国
总部设在辖内的保险公司数	86.8	3.0	6.0	4.2	100.0
其中：财产险经营主体	76.2	4.8	12.7	6.3	100.0
人身险经营主体	90.2	2.8	2.8	4.2	100.0
保险公司分支机构数	46.5	18.8	23.8	10.9	100.0
其中：财产险公司分支机构	45.4	18.4	26.3	9.9	100.0
人身险公司分支机构	47.3	19.2	21.7	11.8	100.0
保费收入	54.4	18.8	19.4	7.4	100.0
其中：财产险保费收入	54.8	17.1	21.0	7.1	100.0
人身险保费收入	54.1	19.8	18.5	7.6	100.0
各类赔款给付	53.5	19.1	19.4	8.0	100.0

数据来源:各省(自治区、直辖市)保监局,中国人民银行工作人员计算

(二)人身险业务企稳回升,财产险和农业险较快发展

人身险业务企稳回升。2013 年,在普通型人身保险费率政策改革①作用下,全年人身险实现保费收入 1.1 万亿元,同比增长 8.4%,较上年提高 3.9 个百分点。分险种看,寿险占比为 85.6%,较上年下降 2.1 个百分点;健康险增长 30.2%,较上年提高 5.5 个百分点。受分红险等产品的收益率低于投保人心理预期等影响,人身险退保率达到 3.8%,较上年提升 1.0 个百分点。分地区看,东部、中部、西部和东北地区人身险保费收入同比分别增长 8.7%、4.7%、10.8% 和 10.3%,较上年分别提高 1.9、5.1、4.1 和 5.2 个百分点。分省(区、市)看,广东、江苏、山东和北京四省(市)人身险保费收入均超过七百亿元,保费收入合计占全国的比重超三成。

财产险业务加快发展。2013 年,全年实现财产险保费收入 6212.3 亿元,同比增长 16.5%;占全国保险业总保费收入的 36.1%,较上年提高 1.7 个百分点。其中,交强险保费收入 1258.9 亿元,同比增长 13.0%。分地区看,东部、中部、西部和东北地区财产险保费收入同比增长 15.3%、20.5%、18.4% 和 14.7%,均较上年有所提高。财产险业务保费收入的地区占比与上年相比基本稳定。广东、江苏和浙江三省财产险保费收入均超过五百亿元,保费收入合计占全国的比重为 27.6%。

农业保险保费规模和保险覆盖面持续扩大,产品创新步伐不断加快。2013 年,《农业保险条例》正式实施,推动农业保险健康快速发展,中国成为全球第二大农业保险市场。全年实现农业保险保费收入 306.6 亿元,同比增长 27.4%,农作物承保面积突破 10 亿亩,占全国播种面积的 45%,提供风险保障 1.4 万亿元,向 3177 万受灾农户支付赔偿 208.6 亿元。浙江省积极实施高山蔬菜、家庭农场等地方性险种,37 类农业保险险种已覆盖全省主要农业品种。安徽省创新推出天气指数保险、中药材保险、政策性果树保险和大棚蔬菜保险等特色险种。湖北省开展政策性保险和商业性保险的结合试点,将每亩水稻保额由 200 元提高到 1000 元。江苏省完善政策性农业保险条款费率,保险金额按档次相应提高 11% 左右,保险费率在原基础上降低 10%。内蒙古完善森林保险保障措施,全年实现政策性森林保险保费收入 6.4 亿元,排名全国第一。

(三)保险赔款给付支出快速增长,经济补偿功能有效发挥

2013 年,保险业原保险赔付支出 6213 亿元,同比增长 31.7%,较上年提高 11.7 个百分点。其中,财产险赔付 3439.1亿元,同比增长 22.1%;人身险赔付 2773.8 亿元,同比增长 46.0%。分地区看,东部、中部、西部和东北地区各类赔付同比分别增长 28.7%、40.7%、31.3% 和 40.3%,其中东部、中部和东北地区增速较上年分别提高 8.9、20.1 和 22.7 个百分点,西部地区增速较上年小幅回落 3.8 个百分点。分省份看,广东、江苏、浙江三省各类赔付支出分别为 619.0 亿元、527.0 亿元和 451.0 亿元,位居全国前三;黑龙江、安徽、山西和陕西等九省赔付支出增速均超过 40%。2013 年,在东北洪灾、南方旱灾和“菲特”台风等一系列重大灾害事故中,保险业积极履行赔付责任。其中,东北洪灾、南方旱灾和菲特台风共计赔款超百亿元。

(四)保险密度持续提升,保险深度基本稳定

2013 年,保险密度②为 1265.7 元/人,较上年提高 121.7 元。分地区看,保险密度总体呈现东部、东北、西部、中部递减态势,西部地区保险密度首次超过中部地区。分省(区、市)看,北京市、上海市和浙江省保险密度位居前 3 位,均超过 2000 元/人;贵州、青海、福建、海南、江西、云南等六省(区)保险密度均提升 15% 以上。2013 年保险深度③为 3.0%,与上年持平,保险深度总体呈现东部、西部、中部、东北递减态势;全国约三分之二省份的保险深度在 2% - 3% 之间,北京、上海、四川、山西、新疆和广东六省(市、区)保险深度均超过 3%,北京市保险深度为 5.1%,位居全国首位。

(五)市场化改革积极推进,保障服务水平不断提升

2013 年,保险业重点领域和关键环节的市场化改革加快推进,行业发展的内生动力不断增强。《保险公司城乡居民大病保险业务管理暂行办法》出台。2013 年,大病保险在全国 25 个省(市、区)的 144 个统筹地区全面推开,覆盖人口3.6 亿人。《中国第二代偿付能力监管制度体系整体框架》正式发布,确立了定量资本要求、定性监管要求、市场约束机制的“三支柱”框架体系。

各地区保险产品与服务方式创新步伐加快,服务实体经济能力不断增强。北京、四川等省(市)试点国内贸易信用险业务。云南省、深圳市地震和综合巨灾保险试点工作正式启动。山东省创新推出订单农业贷款保证保险、小微企业信贷保证保险等特色险种。广东省在全省强制试点环境污染责任险,涉重金属、危险化学品等高环境风险行业被纳入试点范围。江西省启动校园食品安全责任险试点。陕西、河北和湖南等省份在部分市县启动“一元民生保险”④,加大民生保障力度。上海市成立国内首家网络保险公司——众安在线财产保险公司。湖北省武汉市建成国内第一家由保险公司投资建立的养老社区。全国超过 60 家企业从事互联网保险业务,保费规模为 291.2 亿元,三年累计增长 8.1 倍。

四、资金流向和融资结构

(一)银行间市场交易量同比减少

2013 年,银行间市场累计成交 235.3 万亿元,同比减少 10.7%。分地区看,东部、中部和东北地区交易量同比减少 12.9%、13.5% 和 13.6%,西部地区交易量同比增长 6.8%。

---

① 2013 年 8 月 5 日,保监会发布《关于普通型人身保险费率政策改革有关事项的通知》,明确提出普通型人身保险预定利率由保险公司按照审慎原则自行决定。

② 保险密度是指一国(地区)的人均保费收入。

③ 保险深度是指一国(地区)全部保费收入与该国(地区)生产总值的比率。

④ 一元民生保险:由政府为当地居民以 1 元标准进行统一集中投保,一年期内享受“见义勇为救助责任保险”和“自然灾害公众责任保险”。

分省(区、市)看,北京、上海、广东、浙江和江苏五省(市)交易量合计超过全国的70%;青海、陕西和云南省交易量增速位居全国前三,均在70%以上。

区域间资金呈现主要由北京向其他省份流动态势(见图5)。2013年,北京市资金净融出42.4万亿元,同比减少7.3万亿元,仍是主要资金融出地区。江苏、广东、上海、山西和吉林位居资金净融入前五位,合计净融入资金22.6万亿元。从资金净融出(净融入)状态看,与上年相比,广西、云南、西藏由净融出转为净融入;湖南、贵州、黑龙江和陕西由净融入转为净融出。

单位：万亿元　　净融出　　净融入

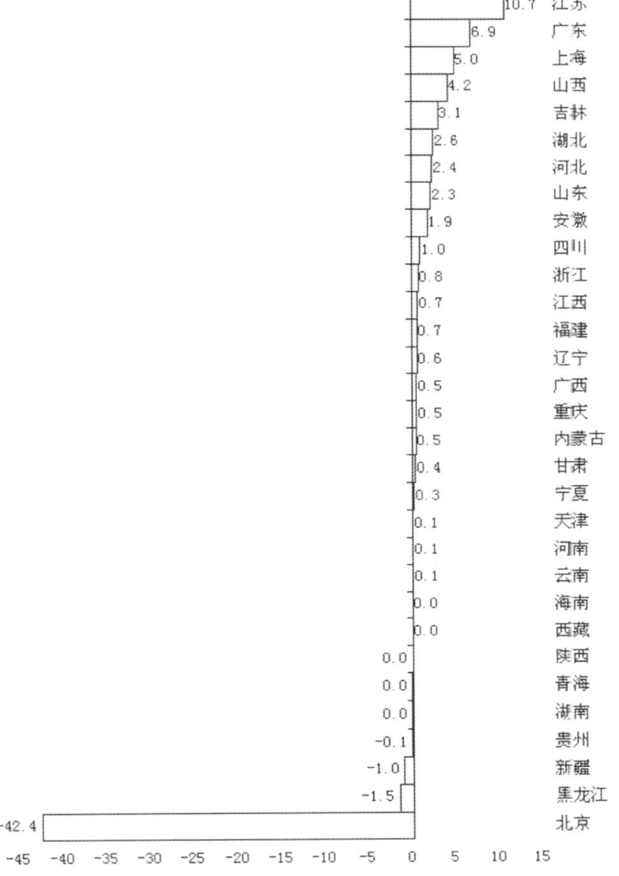

图5　2013年货币市场资金净融入(净融出)情况

数据来源:中国外汇交易中心

(二)票据融资交易活跃,市场利率波动上升

票据承兑业务增幅趋缓,电子商业汇票业务快速增长。2013年,企业累计签发商业汇票20.3万亿元,同比增长13.3%,增速较上年回落5.5个百分点,年末承兑余额较上年同期增加0.7万亿元。其中,电子商业汇票系统出票、承兑金额分别为1.59万亿元和1.63万亿元,同比分别增长69.1%和68.9%。二季度以后,随着监管部门先后出台了关于规范银行理财资金投资非标资产和农村中小金融机构票据业务的监管文件,银行承兑汇票业务受到一定抑制,全年银行承兑汇票累计发生额和余额增速较上年分别下降16.9和16.0个百分点。分地区看,各地区银行承兑汇票余额增速较上年均出现下降,西部和东北地区降幅明显。各地区银行承兑汇票累计发生额占比有所变化,中部和西部地区银行承兑汇票累计发生额占比小幅增加,较上年分别提高2.1和0.9个百分点,东部和东北地区占比有所下降,较上年分别下降2.9和0.1个百分点(见表10)。

表10　2013年末票据业务地区分布

单位:%

	东部	中部	西部	东北	全国
银行承兑汇票承兑余额	63.5	15.9	14.5	6.1	100.0
银行承兑汇票承兑累计发生额	63.4	16.7	14.1	5.8	100.0
票据贴现余额	62.9	14.5	15.3	7.3	100.0
票据贴现累计发生额	59.7	12.1	17.8	10.4	100.0

数据来源:中国人民银行上海总部、各分行、营业管理部、省会(首府)城市中心支行,中国人民银行工作人员计算

票据融资交易活跃,票据融资余额下降。2013年,金融机构累计贴现45.7万亿元,同比增长44.3%。其中,银行承兑汇票贴现累计发生额同比增长42.5%,商业承兑汇票贴现累计发生额同比增长51.4%。分地区看,东部、中部和西部地区贴现累计发生额占比较上年分别提高1.9、0.3和1.0个百分点,东北地区下降3.2个百分点。分省(区、市)看,广东、江苏、重庆等七省(市)贴现累计发生额合计超过全国的60%。2013年票据融资余额呈现先升后降的变化特点。上半年票据融资波动中有所增长,6月末票据融资同比增长2.3%,下半年,受金融机构调整信贷总量和结构,盘活票据融资存量等因素影响,年末票据融资余额同比下降4.1%。

票据市场利率总体有所上升。受货币市场利率和票据市场供求变化等因素影响,2013年1－5月票据市场利率基本保持平稳,6月以后波动加大。12月,票据融资加权平均利率为7.54%,比年初提高1.90个百分点。各地区银行承兑汇票贴现、买断式、回购式票据转贴现加权平均利率的水平和走势略有差异,总体趋势与全国基本一致。

(三)社会融资规模适度增长,融资结构更趋多元

社会融资规模①适度增长,区域融资不平衡状况改善。2013年,全国社会融资规模为17.3万亿元,较上年增加1.5万亿元;各季度分别为6.2万亿元、4.0万亿元、3.8万亿元和3.3万亿元,呈现逐季回落态势。分地区看,东部地区社会融资规模达8.5万亿元,占各地区社会融资规模的52.2%,较上年下降2.1个百分点;中部、西部和东北地区占比分别上升1.0、0.5和0.6个百分点(见表11)。分省(区、市)看,广东、北京、江苏、山东和浙江五省(市)社会融资规模均超过8000亿元。

2013年,社会融资规模与国内生产总值之比为30.4%,连续两年上行,一定程度上反映出资金周转速度有所下行。主要是较多资金投向基础设施等领域,其中土地储备、购置需要大量资金投入,且短期内效益可能并不明显,产业结构调整过程往往会占用两套资金,也会放大融资需求。此外,一些过剩产能、低效率企业占用大量金融资源,容易导致资金的使用效率偏低,并可能对其他主体资金需求形成挤出。分地区看,东部地区社会融资规模与地区生产总值之比较上年下降0.4个百分点,中部、西部和东北地区较上年分别上升1.8、1.0和2.4个百分点。

① 社会融资规模是指一定时期和一定区域内实体经济从金融体系获得的资金总额,是增量概念。

表 11　2013 年各地区社会融资规模

单位:%

	东部	中部	西部	东北	合计
地区社会融资规模	52.2	17.6	23.3	6.9	100.0
其中:人民币贷款	50.0	17.7	24.9	7.4	100.0
外币贷款(折合人民币)	67.3	11.0	14.1	7.6	100.0
委托贷款	57.3	14.7	21.6	6.4	100.0
信托贷款	48.0	18.7	26.5	6.8	100.0
未贴现的银行承兑汇票	51.4	25.3	15.7	7.6	100.0
企业债券	59.6	17.8	17.9	4.7	100.0
非金融企业境内股票融资	37.5	22.5	33.6	6.4	100.0

注:地区社会融资规模不含金融机构总行(或总部)提供的社会融资规模。

数据来源:中国人民银行、发展改革委、证监会、保监会、中央结算公司和交易商协会等,中国人民银行工作人员计算

区域融资渠道更趋多元。2013 年,全国人民币贷款占同期社会融资规模比重为 51.4%,为年度历史最低水平。表外融资增长较快。委托贷款、信托贷款和未贴现的银行承兑汇票占同期社会融资规模比重较上年提高 7.0 个百分点,成为重要的融资渠道,但部分财务软约束和宏观调控限制的行业和领域通过表外渠道吸收资金,也推高了融资成本。企业债券融资少于上年,股票融资继续处于较低水平。分地区看,东部地区企业债券和股票融资占比较高,企业债券和股票融资额合计占其社会融资规模的比重为 13.7%,比中部、西部和东北地区分别高 0.7、3.2 和 4.8 个百分点;中部、西部和东北地区融资对银行贷款的依赖度逐步下降,中部、西部和东北地区新增人民贷款占本地区社会融资规模的比重较上年分别下降 4.0、0.2 和 5.1 个百分点(见表 12)。

表 12　2013 年各地区社会融资规模结构分布

单位:%

	东部	中部	西部	东北	全国
人民币贷款	49.0	51.4	54.6	54.9	51.1
外币贷款(折合人民币)	3.5	1.7	1.6	3.0	2.7
委托贷款	15.9	12.2	13.4	13.5	14.5
信托贷款	9.5	11.0	11.7	10.1	10.3
未贴现的银行承兑汇票	4.7	6.9	3.3	5.3	4.8
企业债券	12.7	11.3	8.5	7.6	11.1
非金融企业境内股票融资	1.0	1.7	2.0	1.3	1.4
其他	3.7	3.8	4.9	4.3	4.1
合计	100.0	100.0	100.0	100.0	100.0

数据来源:中国人民银行、发展改革委、证监会、保监会、中央结算公司和交易商协会等,中国人民银行工作人员计算

金融市场规范发展,融资工具创新力度不断增强。2013 年,金融市场监管和规范力度进一步加强,对商业银行理财资金的投向、风险拨备等提出明确要求;对银行间市场非金融机构法人账户及债券交易券款对付结算管理进一步规范。各地区继续加强金融创新,融资渠道更趋多元,服务实体经济能力进一步增强。中小企业私募债试点扩展至 28 个省(区、市),全年发行中小企业私募债 247 只,募集资金 310.9 亿元。浙江股权交易中心成功发行国内首只纯信用小微企业私募债和小额贷款公司定向债,募集资金分别为 2000 万元和 5000 万元。湖北省成功发行国内首只可续期公司债券,募集资金 20 亿元。山东、广东等多省(市)推广"区域集优债务融资"模式。新疆成功发行西北五省(区)首单区域集优模式中小企业集合票据。浙江、广东、上海等省(市)以网络信贷、众筹融资为代表的互联网金融业迅速发展,并向小额信贷、资产管理、供应链金融等传统银行业务领域渗透。

五、金融生态环境建设

2013 年,全国各地区深入推进金融生态环境建设,信用体系建设稳步推进,支付结算水平稳步提高,消费者权益保护进一步加强,协作沟通机制持续健全,金融生态环境明显改善。

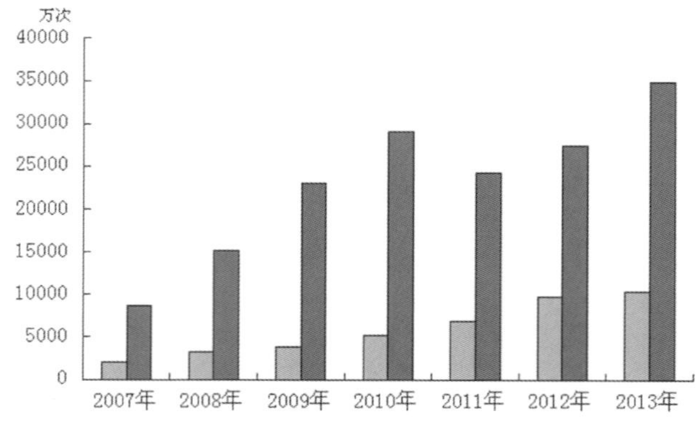

图 6　2007－2013 年企业和个人信用信息基础数据库年度查询情况

数据来源:中国人民银行

信用体系建设稳步推进,社会信用环境明显改善。2013 年,《征信业管理条例》正式实施,征信业发展步入有法可依的轨道;《征信机构管理办法》制定出台,征信机构运营得到全面规范。征信系统建设不断完善。截至 2013 年末,金融信用信息基础数据库累计收录 8.4 亿自然人、1919.3 万户企业及其他组织,接入小额贷款公司和融资性担保公司 816 家;2013 年自然人和企业及其他组织征信报告累计查询次数同比分别增长 26.9% 和 6.9%(见图 6);12 月 31 日,中征应收账款融资服务平台上线运行,为缓解中小企业融资难、融资贵问题提供有效渠道。行业信用建设积极推进。中央文明办等八部委签署《"构建诚信、惩戒失信"合作备忘录》,完善信用惩戒机制;中国人民银行征信中心和最高人民法院执行局就失信被执行人名单信息纳入征信系统签署合作备忘录,防范信贷风险,提升司法执行效率。中小企业和农村信用体系建设稳步推进。截至 2013 年末,全国累计已有 35 万户建立了信用档案的小微企业获得银行贷款;共为 1.51 亿农户建立了信用档案,其中 8746 万农户获得信贷支持。地方信用体系建设深入开展。江苏、四川、重庆等九省(市)开展互联网个人信用信息服务平台建设工作;北京市、辽宁省个人信用报告自助查询机正式运行;浙江省、湖南省和陕西省等地区开展小额贷款公司和融资性担保公司信用评级试点,促进银贷、银担合作和小微企业融资服务。

支付体系建设加快推进,金融基础设施不断完善。2013 年,第二代支付系统成功上线切换,中央银行会计核算数据集中系统在北京等五省(市)试点运行,支付体系建设取得新进展。截至 2013 年末,支付系统直接、间接参与者超 12 万家,支付系统覆盖率较上年提高 3.6 个百分点;其中,中部和西部地区支付系统覆盖率较上年提高幅度较大。2013 年大额、小额支付系统业务合计金额同比增长 16.2%,其中,东部地区超七成(见表 13)。非现金支付工具蓬勃发展,业务量持续增

长，银行卡发卡量稳步增加，金融IC卡应用领域逐步扩大。2013年，全国共办理非现金支付业务501.6亿笔，金额1607.6万亿元，同比分别增长21.9%和25.0%；截至年末，全国累计已发行银行卡42.1亿张，较上年末增长19.2%。支付应用领域不断拓展，金融交易效率明显提升。2013年支付机构累计发生互联网支付业务9.2万亿元，同比增长48.6%。农村支付结算渠道进一步畅通，助农取款服务持续深入。云南开发建设"云南省支付结算综合业务系统共享平台"，探索地方法人金融机构支付汇路解决方案。广东、海南、山东等省（市）大力推动金融IC卡非接触小额支付商圈建设，应用范围覆盖到社会保障、商业服务等多个领域。陕西、安徽、浙江等十九个省（市）继续推进农村手机支付业务试点，全面提升农村支付服务水平。内蒙古自治区乡镇及以下地区新增ATM机758台、POS机6368台、"流动银行"16个，农村牧区支付环境持续改善。

表13　2013年各地区支付体系建设情况

单位：%

	东部	中部	西部	东北	全国
当年大额支付系统业务处理笔数	63.0	16.4	15.1	5.5	100
当年大额支付系统业务处理金额	76.7	8.2	10.0	5.1	100
当年小额支付系统业务处理笔数	66.9	14.3	14.6	4.2	100
当年小额支付系统业务处理金额	66.7	17.2	12.4	3.7	100

数据来源：中国人民银行上海总部、各分行、营业管理部、省会（首府）城市中心支行，中国人民银行工作人员计算

消费者权益保护进一步加强，金融消费环境持续优化。在建立金融消费者权益保护组织架构的基础上，中国人民银行会同各金融监管部门联合制定《中国金融教育国家战略》，明确全国金融教育工作的治理机制、工作目标及实施措施，大力推动消费者金融教育。《中国人民银行金融消费权益保护工作管理办法（试行）》、《关于进一步加强资本市场中小投资者合法权益保护工作的意见》等制度出台，纠纷解决和投诉办理程序不断规范，金融消费者权益保护咨询投诉电话①开通，优化金融消费环境。2013年，中国人民银行共受理金融消费者投诉、咨询近10万件，投诉办结率达96.8%。各地区金融消费者保护深入开展。福建省各地保险行业成立人民调解委员会，建立健全保险纠纷调解机制，全年共接到调处申请617件，调解成功率94.8%，调解涉及金额1293.5万元。北京市、上海市和陕西省三省（市）分别开展"金融知识进高校"、"金融知识进社区"和"金融知识进农村"示范活动，提高金融知识普及的针对性。山东省打造"网上金融街"，实现银行收费标准、银行产品及服务、投诉咨询等一站式查询，搭建长效金融消费者教育平台。

协作沟通机制持续健全，金融生态环境建设合力不断增强。2013年，按照国务院部署，由中国人民银行牵头的金融监管协调部际联席会议制度建立，进一步加强金融监管协调，保障金融业稳健运行。各地区人民银行与证券监管部门开展证券期货监管合作，防范和化解证券期货市场金融风险。河南省制定出台《2013年河南省金融生态环境建设评价工作实施方案》，合力改善金融运行安全环境。福建省法院系统与省内21家银行业金融机构构建"点对点"网络执行查控系统，实现被执行人在全省范围内的存款信息网络查询与反馈，截至2013年末累计查询案件6.8万余件。河北省建立金融司法环境建设工作联席会议制度，开展严厉打击经济犯罪专项行动，进一步加大对非法集资案件、银行卡犯罪查处力度。重庆市金融业各监管部门签订合作备忘录，在全国率先进行跨行业、跨区域突发事件应急演练，建立区县政府债务风险防控机制，严控政府性债务规模和风险。新疆证券监管机构与公安部门联合建立证监期货监管执法合作机制，共同维护资本市场稳定。

第二部分　区域经济运行情况

2013年，各地区国民经济呈现出稳中向好的发展态势。农业生产形势良好，工业生产增速企稳回升，投资、消费稳定增长，消费价格涨幅和就业基本平稳。各区域间的协调性进一步增强，东部地区现代服务业快速发展，第三产业平稳较快增长；中西部地区承接产业转移步伐加快，第二产业占全国的比重上升；东北农业强区地位进一步巩固，第一产业占全国的比重不断提高。2013年东部、中部、西部、东北地区分别实现地区生产总值32.2万亿元、12.7万亿元、12.6万亿元和5.4万亿元，地区生产总值占比分别为51.2%、20.2%、20.0%和8.6%（见表14）。近10年，西部地区生产总值占比逐年持续上升，累计升幅达3.1个百分点。

表14　2013年各地区生产总值比重和增长率

单位：%

	占比		加权平均增长率	
	2013年	比上年增减	2013年	比上年增减
东部	51.2	-0.1	9.1	-0.2
中部	20.2	0.0	9.7	-1.2
西部	20.0	0.2	10.7	-1.8
东北	8.6	-0.1	8.4	-1.8

数据来源：中国人民银行上海总部、各分行、营业管理部、省会（首府）城市中心支行，中国人民银行工作人员计算

一、消费、投资、净出口和政府支出

2013年，最终消费、资本形成和净出口对国内生产总值增长的贡献率分别为50.0%、54.4%和－4.4%。内需对经济增长的贡献率较上年提升2.2个百分点。

（一）各地区居民收入差距进一步缩小，消费市场协调发展趋势明显

2013年，在国民经济稳定增长、社会就业持续增加、民生保障不断完善等有利因素推动下，各地区城乡居民收入继续提高。全国城镇居民人均可支配收入和农村居民人均纯收入分别为26955元和8896元，扣除价格因素，分别实际增长7.0%和9.3%。城乡居民人均收入倍差为3.03，连续四年缩小。分地区看，东北地区城乡居民收入倍差连续3年全国最低，西部地区连续6年降幅最大。

西部地区城镇居民收入增速相对较快，中部、西部和东北地区城镇居民收入与东部地区收入差距连续4年持续缩小（见表15）。西部地区有11个省份城镇居民收入增速高于全国，其中4个省份增速进入全国前五位，西藏自治区位居全国第一。

① 中国人民银行、中国证券监督管理委员会、中国保险监督管理委员会金融消费者权益保护咨询投诉电话分别为"12363"、"12386"和"12378"。

表 15　2013 年各地区城镇居民人均可支配收入

单位:元、%

	城镇居民人均可支配收入		各地区与东部之比	
		加权平均增长率		比上年增减
东部	33777.8	9.6	100.0	-
中部	22704.9	9.9	67.2	0.2
西部	22143.8	10.3	65.6	0.4
东北	22749.4	10.2	67.4	0.4

数据来源:《中国统计摘要》,中国人民银行工作人员计算

各地区间农村居民收入差距持续缩小,幅度快于城镇。2013 年,中部、西部、东北地区农村居民收入较快增长,与东部地区农村居民收入差距连续 5 年缩小,缩小幅度快于城镇(见表 16)。西部地区农村居民收入增速连续两年保持领先。全国增速前 10 位的省(区、市)中,西部地区占 8 个,其中青海省增速最高。农村居民人均纯收入过万元的省(区、市)由上年 6 个增加至 9 个,集中在东部和东北地区,辽宁省成为东北地区首个农村居民人均纯收入过万元的省份。

表 16　2013 年各地区农村居民人均纯收入

单位:元、%

	农村居民人均纯收入		各地区与东部之比	
		加权平均增长率		比上年增减
东部	14449.6	11.5	100.0	-
中部	8330.3	12.6	57.7	0.7
西部	6972.0	13.5	48.3	0.9
东北	9943.9	12.0	68.8	0.5

数据来源:《中国统计摘要》,中国人民银行工作人员计算

地区城镇居民消费倾向①不同程度下降,农村居民消费倾向②差距缩小。2013 年,各地区农村居民平均消费倾向为 74.5%,比城市居民高 7.6 个百分点。从城镇居民消费倾向看,各地区连续 3 年呈现下降,中部、西部和东北地区降幅收窄(见图 7)。从农村居民消费倾向看,中部地区较上年下降,东部、西部和东北地区较上年有所上升,全国农村居民消费倾向最高地区与最低地区相差 12 个百分点,较上年缩小 3 个百分点。

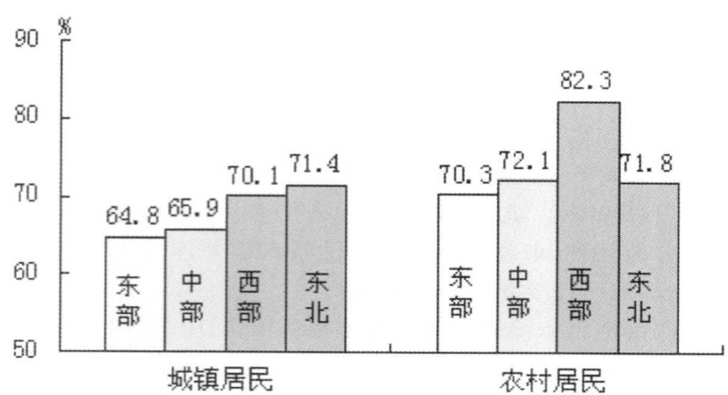

图 7　2013 年各地区居民平均消费倾向

数据来源:《中国统计摘要》,中国人民银行工作人员计算

消费需求平稳增长,乡村消费增长快于城镇。2013 年,在城乡居民收入稳步增长、物价涨幅温和的形势下,消费需求平稳增长。全国实现社会消费品零售总额 23.8 万亿元,同比增长 13.1%。其中,乡村消费品零售额同比增长 14.6%,增速高于城镇 1.7 个百分点,乡村消费增速相对城镇进一步加快。分地区看,东部地区社会消费品零售总额占全国的比重(见表 17)连续 7 年下降,7 年内中部、西部和东北地区比重相应累计提高 0.9、0.8 和 0.3 个百分点。分省(区、市)看,社会消费品零售总额过 2 万亿元的省份由上年 1 个增加至 3 个,广东、山东和江苏三省社会消费品零售总额分别为 25454 亿元、21745 亿元和 20657 亿元,合计占全国的比重近三成。

表 17　2013 年各地区社会商品零售额比重和增长率

单位:%

	占比		加权平均增长率	
		比上年增减		比上年增减
东部	52.5	-0.1	12.4	-1.3
中部	20.3	0.0	13.8	-2.0
西部	17.8	0.0	13.6	-2.4
东北	9.4	0.1	13.7	-2.1

数据来源:《中国经济景气月报》、各省(自治区、直辖市)《国民经济和社会发展统计公报》,中国人民银行工作人员计算

城乡居民消费水平持续提高,消费结构升级特征显著。2013 年,全国城乡居民恩格尔系数分别为 35.0% 和 37.7%(见图 8),较上年分别下降 1.2 和 1.6 个百分点。各地区城乡居民恩格尔系数均呈下降趋势(见图 9),其中中部、西部和东北地区城镇居民恩格尔系数降幅较上年有所扩大,东北地区农村居民恩格尔系数降幅最大。从消费结构看,商品消费增长快于餐饮消费;耐用品消费增长快于日用品消费;网络消费、信息产品消费等新兴领域消费增长迅速。全国网络零售额、信息产品消费额分别达 1.85 万亿元和 1.2 万亿元,同比增速均超过 30%。

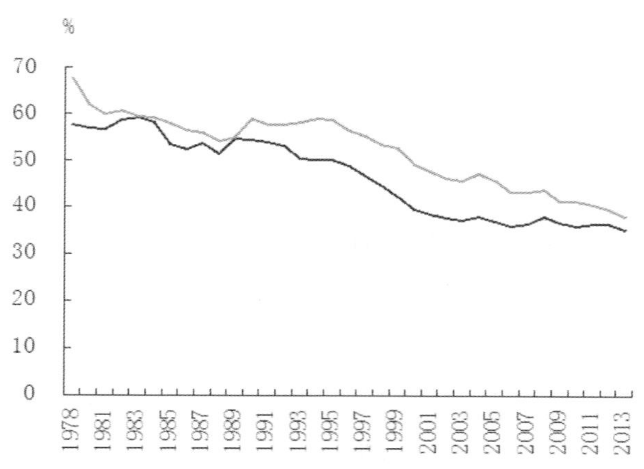

图 8　1978－2013 年我国城乡居民家庭恩格尔系数变动趋势

数据来源:《中国统计摘要》,中国人民银行工作人员计算

① 城镇居民消费倾向＝城镇居民家庭人均现金消费支出/城镇居民家庭人均可支配收入

② 农村居民消费倾向＝农村居民家庭人均消费支出/农村居民家庭人均纯收入

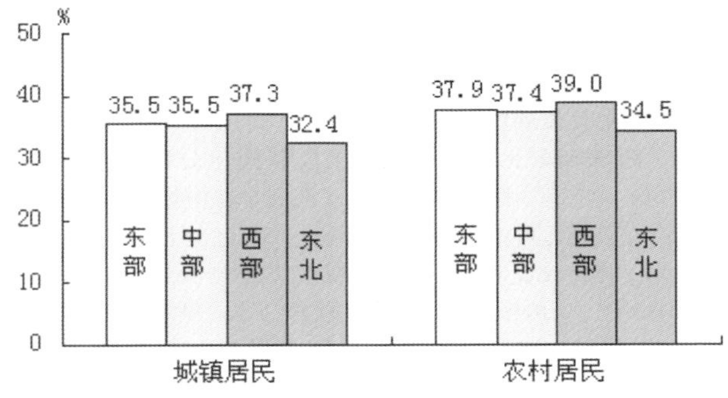

图9　2013年各地区恩格尔系数

数据来源:《中国统计摘要》,中国人民银行工作人员计算

(二)固定资产投资增速稳中有降,民间投资占比有所上升

2013年,全社会固定资产投资为44.7万亿元,同比增长19.3%,扣除价格因素,实际增长18.9%,名义增速和实际增速分别较上年回落1.0和0.1个百分点。其中,固定资产投资(不含农户)43.7万亿元,同比增长19.6%。分地区看,中西部地区固定资产投资(不含农户)增速快于东部和东北地区(见表18),中部和西部地区固定资产投资(不含农户)在全国的比重较上年分别提高0.2和0.7个百分点。分省(区、市)看,固定资产投资(不含农户)增速高于全国水平的省份有19个,其中中西部地区有15个省(区、市)。

表18　2013年各地区固定资产投资(不含农户)比重和增长率

单位:%

	占比		加权平均增长率	
		比上年增减		比上年增减
东部	40.8	-0.5	18.6	-0.3
中部	23.8	0.2	22.8	-2.8
西部	24.6	0.7	22.9	-2.0
东北	10.8	-0.4	18.9	-8.0

数据来源:《中国经济景气月报》,中国人民银行工作人员计算

投资的产业行业结构有所优化。2013年,全国各地区第一、二、三产业固定资产投资同比分别增长32.5%、17.4%、21.0%,第一、三产业增速均超过第二产业,增幅较上年分别扩大0.3和0.4个百分点。分行业看,水利、环境和公共设施管理业、批发和零售业、科学研究和技术服务业、租赁和商务服务业等服务行业固定资产投资比重较上年分别上升0.6、0.2、0.1、0.1个百分点;建筑业和采矿业固定资产投资占各行业固定资产投资的比重较上年均下降0.2个百分点。

民间固定资产投资占比上升。2013年,各地区民间固定资产投资27.5万亿元,同比增长23.1%,占固定资产投资(不含农户)的比重为63.0%,同比上升1.8个百分点。分地区看,东部、中部、西部和东北地区民间固定资产投资占各地区固定资产投资(不含农户)的比重分别为65.4%、70.7%、52.5%和67.9%,同比分别提高1.2、2.7、1.1和1.8个百分点。

(三)进出口增速稳中有升,对外开放继续深化

2013年,针对国际市场低迷、贸易摩擦加大、国内成本上升的形势,国家及时出台促进外贸稳定发展的政策措施,有效推动了各地区外贸发展增速企稳和质量效益提升。2013年全国进出口总额达4.2万亿美元,同比增长7.6%,超越美国成为世界货物贸易第一大国。其中,出口2.2万亿美元,同比增长7.9%,增速与上年持平;进口2.0万亿美元,同比增长7.3%,增速较上年提高3.0个百分点。

中西部地区外贸活跃,进出口增长迅速。2013年,在内陆开放战略的推动下,中部、西部地区进出口额同比分别增长13.7%和18.5%,持续高于东部和东北地区,进出口额占全国的比重较上年分别提高0.5和0.6个百分点。东部地区进出口额占全国比重较上年略有下降,但仍超八成,其中广东省进出口额首次超过万亿美元。从进口、出口两个方面看,中西部地区均增长较快(见表19、表20),其中陕西省进口额同比增长61.1%,增速居全国首位;云南省出口额同比增长59.3%,增速居全国首位。

表19　2013年各地区出口额比重和增长率

单位:%

	占比		加权平均增长率	
		比上年增减		比上年增减
东部	81.7	-1.3	6.4	1.6
中部	6.2	0.4	14.8	-18.6
西部	8.1	0.8	21.4	-25.3
东北	4.0	0.1	11.7	3.6

数据来源:《中国经济景气月报》,中国人民银行工作人员计算

表20　2013年各地区进口额比重和增长率

单位:%

	占比		加权平均增长率	
		比上年增减		比上年增减
东部	81.7	-1.3	6.4	1.6
中部	6.2	0.4	14.8	-18.6
西部	8.1	0.8	21.4	-25.3
东北	4.0	0.1	11.7	3.6

数据来源:《中国经济景气月报》,中国人民银行工作人员计算

贸易顺差增幅收窄,贸易结构更趋优化。2013年,全国贸易顺差2597.5亿美元,贸易顺差与国内生产总值之比为2.8%,处于近年来较低水平。分地区看,东部地区顺差小幅下降,中西部地区顺差明显上升,东北地区农产品和汽车产品进口特征明显,继续呈逆差状态。分省(区、市)看,广东省、江苏省、上海市、北京市和浙江省继续排名全国进出口贸易额前五位,合计贸易顺差较上年减少131亿美元。其中,北京市因总部经济聚集和外贸中转发达,逆差特征依然突出(见图10)。进出口贸易质量和效益进一步提升。东盟、南非等新兴市场成为新的贸易增长点;民营企业进出口所占比重提升;一般贸易比重增加。

外资体制改革积极推进,外商直接投资平稳回升。2013年9月,中国(上海)自由贸易试验区挂牌运行,探索准入前国民待遇加负面清单的管理模式,进一步推动投资便利化。全年各地区实际利用外资1175.9亿美元,同比增长5.3%,扭转了上年小幅下滑态势。其中,服务业实际利用外资614.5

亿美元，占比首次过半，社会福利保障业、电气机械修理业、娱乐服务业实际利用外资同比分别增长3.7倍、3.1倍和1.2倍。分地区看，在国家《中西部地区外商投资优势产业目录（2013年修订）》导向下，中西部地区利用外资保持快速增长（见表21），其中，贵州省实际利用外资同比增长45.9%，居全国首位，安徽省和四川省实际利用外资首次突破100亿美元。

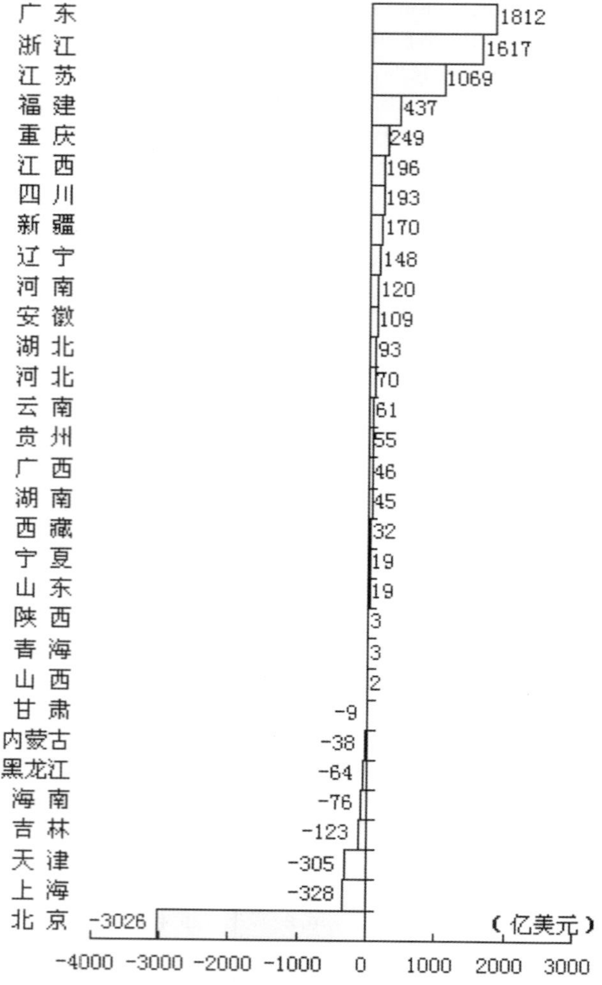

图10 2013年各省（区、市）进出口差额

数据来源：《中国经济景气月报》

表21 2013年各地区实际利用外资比重和增长率

单位：%

	占比		加权平均增长率	
		比上年增减		比上年增减
东部	81.7	-1.3	6.4	1.6
中部	6.2	0.4	14.8	-18.6
西部	8.1	0.8	21.4	-25.3
东北	4.0	0.1	11.7	3.6

数据来源：各省（自治区、直辖市）《国民经济和社会发展统计公报》和中国人民银行工作人员计算

国内企业"走出去"步伐加快，对外投资发展迅速。2013年，各地区境外非金融领域直接投资901.7亿美元，同比增长16.8%，与同期实际利用外资差额较上年进一步缩小。地方企业对外直接投资329.7亿美元，同比增长16.9%，占全国对外投资的比重提高至36.6%。分地区看，东部地区对外直接投资同比增长40%，占全国的比重由上年58.5%提高至70.1%，西部和东北地区对外直接投资同比分别下降29.5%和20.6%。广东、山东、江苏、北京四省（市）对外直接投资均超过30亿美元，其中广东省首次超过50亿美元。

（四）财政收支增速放缓，财税改革继续推进

2013年，受传统产业税收贡献度下降、结构性减税力度加大和一般贸易进口增速下滑等因素影响，全国财政收入增速回落。全年全国财政收入12.9万亿元，同比增长10.1%，增速较上年下降2.8个百分点。其中，地方财政收入6.9万亿元，同比增长12.9%，增速较上年下降3.3个百分点。各地区本级财政收入增速均较上年有所回落，东北地区增速降幅较大（见表22）。中西部地区财政收入增速继续保持领先，占全国地方财政收入的比重进一步上升。分省份看，有18个省份财政收入增速高于全国平均水平，其中14个省份在中西部地区。浙江、福建、重庆、湖北、上海、广东、北京等7个省（市）地方财政收入增速高于上年。

2013年，各地区着力贯彻落实国家简政放权、财税改革政策措施，着力激发市场活力和经济动力。取消和免征地方行政事业性收费314项，地方非税收入增速同比下降10.5个百分点，企业和社会负担进一步减轻。扩大"营改增"试点，为270万户试点企业减税超过1400亿元。积极执行暂免征收部分小微企业增值税和营业税政策，超过600万户小微企业受益。

财政支出结构逐步改善。2013年，全国财政支出14.0万亿元，同比增长10.9%，增速较上年低4.4个百分点。其中，地方财政支出11.9万亿元，同比增长11.3%，增速较上年下降4.0个百分点。分地区看，东北地区地方财政支出增速相对较低，中西部地区增速下降较快（见表22）。从支出结构看，城乡社区事务、社会保障和就业、交通运输、医疗卫生占财政支出的比重较上年分别提高0.71、0.32、0.13和0.12个百分点。公务接待厉行勤俭，31个省（自治区、直辖市）本级公务接待费同比减少26.0%。

表22 2013年各地区财政收入和财政支出情况

单位：%

	地方本级财政收入				地方本级财政支出			
	占比		加权平均增长率		占比		加权平均增长率	
		比上年增减		比上年增减		比上年增减		比上年增减
东部	52.8	-0.7	12.5	-1.4	39.3	0.1	12.2	-0.3
中部	17.3	0.4	16.5	-5.1	21.2	0.1	12.3	-5.6
西部	21.6	0.7	16.6	-4.3	30.1	-0.1	11.8	-6.2
东北	8.3	-0.4	8.8	-9.4	9.4	-0.1	11.0	-3.5

注：地方本级财政收入不含中央税收返还和补助收入。地方本级财政支出不含上解中央支出。

数据来源：各省（自治区、直辖市）《国民经济和社会发展统计公报》，中国人民银行工作人员计算

二、产出和供给

2013年，全国三次产业平稳发展，产业转型升级加快。分地区看，东部地区第三产业增速保持相对稳定，与上年基本持平；西部地区工业承接产业转移步伐加快，第二产业在全国

的比重较上年上升0.2个百分点;东北农业强区地位稳固提升,第一产业占比较上年提高0.3个百分点(见图11)。

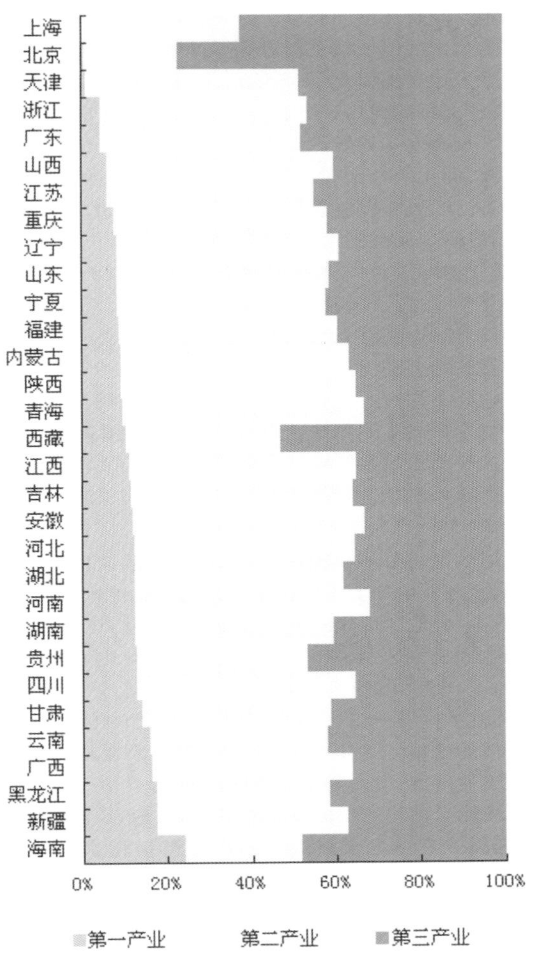

图11 2013年各省(区、市)三次产业结构

数据来源:《中国经济景气月报》、各省(自治区、直辖市)《国民经济和社会发展统计公报》,中国人民银行工作人员计算

(一)粮食生产再获丰收,强农惠农政策有效实施

农业增加值稳定增长,东北地区保持农业强区地位。2013年,全国气候条件对农业生产总体有利,各地区农业保持稳定发展。东部、中部、西部和东北地区农业增加值分别增长3.2%、4.0%、5.0%和4.7%,占全国的比重分别为34.9%、26.4%、27.6%和11.1%(见表23)。东北地区农业增加值占本地区生产总值和全国农业增加值的比重较上年分别提高0.4和0.3个百分点,农业强区地位更加稳固。分省份看,山东、河南、江苏、河北、四川、湖南、湖北和广东等8省农业增加值均超3000亿元。新疆、云南和海南农业增加值增速居全国前三位。

粮食等主要农产品增产,畜牧业稳步发展。2013年,各地区粮食播种面积保持稳定,2013年粮食产量首次超过6亿吨,较上年增长2.1%,连续10年创下历史最高水平。13个主要产粮省(区)新增粮食产量占全国总增产量的93.3%,较上年提高28.6个百分点,其中,黑龙江省粮食产量同比增长4.2%,产量连续三年居全国榜首。从主要粮食品种看,玉米产量达21773万吨,连续两年居第一大粮食品种,产量较上年增长5.9%。畜牧业稳步发展,全年肉类总产量8535.0万吨,同比增长1.8%。内蒙古牲畜存栏达1.2亿头(只),连续9年超过1亿头(只)。

表23 2013年三次产业的地区分布和各地区三次产业的比重、增长率

单位:%

	东部	中部	西部	东北	地区合计
	三次产业的地区分布				
第一产业	34.9	26.4	27.6	11.1	100.0
第二产业	49.2	21.7	20.3	8.8	100.0
第三产业	56.8	17.3	18.0	7.9	100.0
	各地区三次产业的比重				
第一产业	6.2	11.8	12.4	11.6	9.0
第二产业	46.8	52.1	49.5	49.7	48.7
第三产业	47.0	36.1	38.1	38.7	42.3
地区生产总值	100.0	100.0	100.0	100.0	100.0
	各地区三次产业的增长率				
第一产业	3.2	4.0	5.0	4.7	4.1
第二产业	9.5	11.0	11.7	8.4	10.1
第三产业	9.3	9.6	10.2	9.4	9.6
地区生产总值	9.1	9.7	10.7	8.4	9.5

注:表中数据均以三次产业增加值当年价格计算。

数据来源:《中国经济景气月报》、各省(自治区、直辖市)《国民经济和社会发展统计公报》,中国人民银行工作人员计算

强农惠农政策有效实施,现代农业发展基础不断夯实。2013年,各地区继续开展粮食增产行动,落实"大县奖励政策"等38项支持粮食增产农民增收政策,确保国家粮食安全和重要农产品的有效供给。农业基础设施工程建设加快推进。黑龙江省调整种植结构,实施了松花江沿岸和三江平原旱改水扩稻工程;江苏省新修防渗渠道5000公里,新增有效灌溉面积50万亩,新增节水灌溉面积200万亩。农业机械化率水平不断提升。黑龙江和江苏省农作物综合机械化水平分别达92.7%和78.0%,远高于全国59.0%的水平。农业科技服务能力进一步增强。陕西省农作物良种统供超过85.0%,良种覆盖率达94.0%。江西和吉林省农业科技贡献率分别达60.0%和55.0%,农业科技支撑作用逐步加强。

表24 2013年各地区工业增加值比重和增长率

单位:%

	占比		加权平均增长率	
		比上年增减		比上年增减
东部	50.2	1.3	10.2	-0.6
中部	21.6	-0.5	12.0	-2.5
西部	19.3	-0.5	12.4	-3.2
东北	8.9	-0.3	9.0	-2.1

数据来源:《中国统计摘要》、《中国经济景气月报》,中国人民银行工作人员计算

(二)工业生产稳中有升,创新驱动能力进一步增强

工业生产保持稳定增长,地区差距逐步缩小。2013年,东部、中部、西部和东北地区工业增加值加权平均增长率分别为10.2%、12.0%、12.4%和9.0%(见表24),中西部地区工

业增加值增速相对较快。全国增长率超过 13.0% 的 6 个省(区、市)中,西部占 4 个。区域间产业合作与转移明显加快。安徽省围绕皖江城市带承接产业转移示范区,加强与央企、全国知名民企合作,全省投资项目实际到位资金同比增长 28.6%,利用外商直接投资同比增长 23.7%,工业增加值增速居全国第一。云南省主动承接“珠三角”和“长三角”产业转移,两地区在云南省的投资占该省投资到位资金一半以上。甘肃省推进“一县一业”产业对接工作,与国家行业协会及所属分会共签订产业合作项目 17 项,总投资 143.9 亿元。

工业企业利润较快增长,平均销售利润率与上年持平。2013 年,工业企业主营业务收入较快增长,单位费用略有下降,工业企业利润增长较快。全国规模以上工业企业实现利润 6.3 万亿元,同比增长 12.2%,增速较上年提高 6.9 个百分点。西部地区受煤炭等资源销售影响,规模以上工业企业利润增速较上年下降 2.1 个百分点,其他地区较上年均有提高。全国工业企业平均销售利润率为 6.1%,与上年持平。工业企业销售利润率高于全国平均水平的 15 个省(区、市)中,西部地区占 7 个(见图 12)。全国规模以上工业企业产销率为 97.8%,较上年下降 0.2 个百分点,降幅较上年收窄。

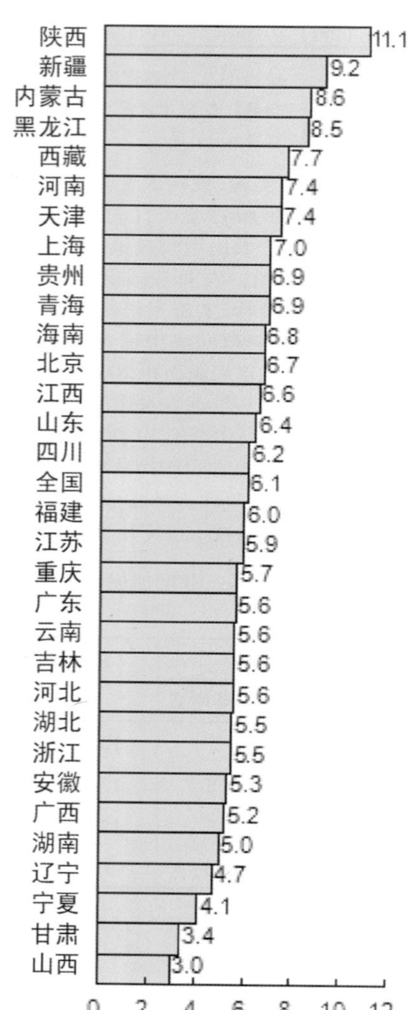

图 12 2013 年各省份工业企业平均销售利润率

数据来源:《中国经济景气月报》,中国人民银行工作人员计算

工业发展创新驱动,产业转型升级加快。2013 年,全国高新技术产业增加值增速高于规模以上工业增加值 2.1 个百分点。四川省高新技术产业总产值突破万亿元,位居西部第一。广东省大力发展电子信息制造业、新材料等高技术产业,高技术制造业完成增加值 6143.3 亿元,占规模以上工业的比重为 24.0%,较上年提高 0.7 个百分点。陕西省加快推进电子信息产业发展和北斗导航产业链构建,收入过百亿的军工企业达到 5 家,两化融合走在全国前列。甘肃战略性新兴产业发展较快,光伏、风电发电装机容量分别突破 300 万千瓦和 705 万千瓦,分别位居全国第一和第三位。

(三)各地区第三产业比重全面提升,现代服务业发展加快

2013 年,东部、中部、西部和东北地区第三产业增加值加权平均增长率分别为 9.3%、9.6%、10.2% 和 9.4%。各地区第三产业比重均有所提高。中部和西部地区第三产业占全国的比重分别提高 0.1 和 0.4 个百分点,对全国第三产业增加值增长的拉动作用有所提升。分省份看,广东、江苏和山东三省第三产业增加值均超 2 万亿元,占全国第三产业增加值的比重为 29.5%。

各地区现代服务业较快增长,新兴业态加快发展。2013 年,全国服务业增加值占国内生产总值的比重较上年提高1.5 个百分点。各地区现代服务业快速发展。北京市文化创意产业实现收入超万亿元,从业人员超百万,文化创意产业增加值同比增长 9.1%,增速高于地区生产总值近 1.5 个百分点。上海、北京和深圳三市金融业增加值均超 2000 亿元,占地区生产总值的比重均超 10%。新兴业态加快发展。广东省电子物流迅速发展,电商类企业快速增加,全年电子商务交易额超 2 万亿元。湖北省积极发展养老事业,建设养老机构 2559 个,养老服务产业蓬勃发展。四川省已培育家政服务企业 3000 多家,从业人员 200 多万,实现收入 420 多亿元,较 2010 年增长 1.5 倍。

落实支持服务业发展的政策措施成效显著。2013 年,围绕《服务业发展“十二五”规划》,各地区全面推进服务业加快发展和质量提升。年末,全国现代服务业综合改革试点项目达 656 个,总投资 1395 亿元,已完成投资 543 亿元。超过 215 万户现代服务业企业受惠“营改增”政策,占受惠企业总数的 80%。天津市着力打造信用服务业聚集区,总部设在天津市的融资租赁企业达到 206 家,注册资金 840 亿元,分别占全国的 20.1% 和 27.5%。湖南省长沙市获批国家现代服务业试点城市,4 家单位入选首批国家数字出版转型示范单位。海南省积极建设国际旅游岛,充分发挥国家“离岛免税”政策优势,2013 年海口、三亚免税店接待游客 110 万人次,销售额达 32.9 亿元。

专栏 3:各地区产业结构调整和转型升级调查分析

“十二五”是我国全面深化改革开放、加快转变经济发展方式的攻坚时期。加快产业结构调整和转型升级是转变经济发展方式的重要内容之一,是推动发展向中高端水平迈进,实现经济提质增效升级的重要途径。

2013 年,面对世界经济复苏艰难、国内经济下行压力加大等情况,党中央、国务院坚持稳中求进工作总基调,在保持经济运行在合理区间的同时,集中精力推进产业结构调整和转型升级。在政府简政放权,推进结构性减税、“营改增”试点范围逐步扩大等改革措施推动下,市场在资源配置中的决定性作用进一步增强,新注册企业数量同比增长 27.6%,服

务业发展加快，为产业结构调整和转型升级注入新的活力。2013年全国研究与试验发展经费支出占国内生产总值的比重为2.1%，较上年提高0.1个百分点，其中，北京、天津和上海三市比重超过2.8%，支持创新发展力度加大。

各地区产业结构逐步优化，东部地区率先发展，中西部地区承接产业转移效果明显。改革开放以来，全国第一产业比重不断下降；第二产业比重趋稳后逐步下降；第三产业比重经历了上升、稳定和再上升，2013年已超过第二产业，在国民经济中占比最高。分地区看，各地区第一产业比重均逐步下降，其中中西部地区下降较快。东部地区近十年来第二产业占比稳步下降，第三产业占比较快上升，2013年达到47%，超过第二产业。中西部和东北地区承接产业转移效果明显，第二产业占比较快上升，2011年后有所下降，第三产业占比在保持多年稳定后开始上升（见图13）。在新型工业化发展、着力提质增效的同时，大力发展服务业，有助于激活有效需求、提高就业弹性和增加居民收入。

各地区行业结构呈现新变化。在工业中，节能环保、现代生物、高端装备制造产业、新能源、新能源汽车和新材料等战略性新兴产业增长较快，2013年实现主营业务收入16.7万亿元，同比增长15.6%，高于工业总体水平4.4个百分点，实现利润总额7643.2亿元，同比增长20.7%，高于工业总体水平8.5个百分点。在服务业中，2013年交通运输、仓储和邮政业增加值、住宿和餐饮业增加值占第三产业的比重较之2004年分别下降4.0个和1.3个百分点，金融业、批发和零售业、房地产业增加值占第三产业的比重分别上升4.4个、1.9个和1.6个百分点，分地区看，东部和中部地区批发和零售业增加值占比上升较大，中部地区交通运输、仓储及邮政业增加值占比降幅较大。各地区金融业占比均有所上升。

为了解当前各地区产业结构调整和转型升级情况，中国人民银行对11个省（自治区、直辖市）的1099家企业①进行了问卷调查和专题调研。调研显示，近四成的样本企业因产能过剩或市场萎缩不得不寻求转型升级，也有61.0%的样本企业因出现新的市场契机、政府政策引导或拥有新技术等原因主动转型。样本企业转型升级的方式依次为研发创新和技术改造、提升品牌竞争力、产业转移、兼并重组等。2013年约40%的样本企业研发投入占销售总额比重上升，51.6%的样本企业研发投入与上年大体持平。总体看，企业转型升级注重创新驱动，转型升级成效初步显现。2013年，13.1%的样本企业处于亏损、半停产或停产状态，较2012年下降1.1个百分点，其中东部和中部地区下降幅度较大。在主营业务收入、利润率、市场份额、产品附加值、创新能力、核心竞争力等方面，均有超过40%的样本企业反映有所提高。

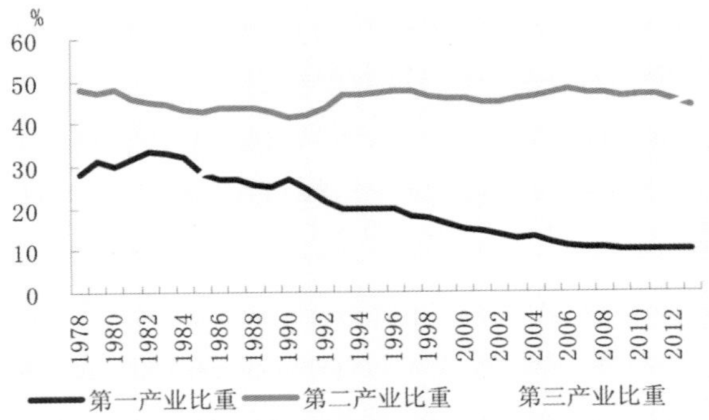

全国三次产业在国内生产总值中的比重

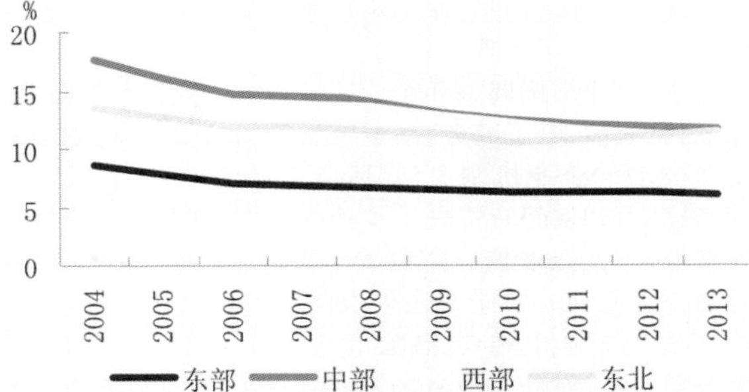

各地区第一产业在地区生产总值中的比重

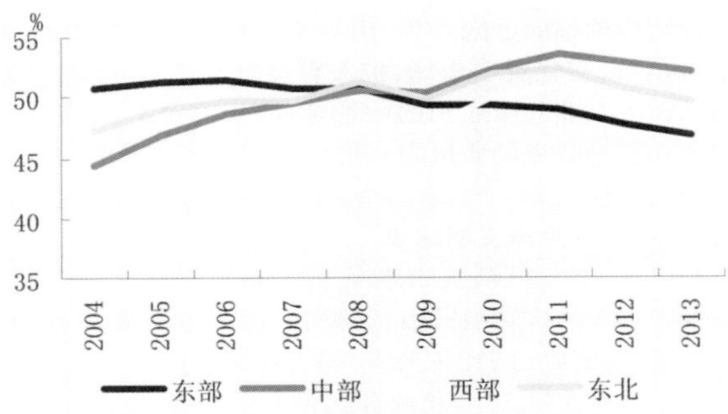

各地区第二产业在地区生产总值中的比重

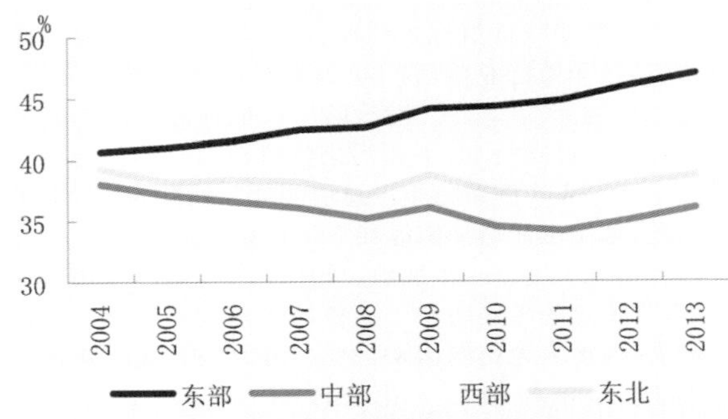

各地区第三产业在地区生产总值中的比重

图13　2013年各地区三次产业比重

数据来源：《中国统计摘要》、国家统计局和中国人民银行工作人员计算

金融支持产业结构调整和转型升级能力稳步提升。一是信贷支持产业结构调整和转型升级能力增强。2013年末，全国服务业中长期贷款同比增长13.7%，增速较上年末上升11.5个百分点。全国20个地区开展知识产权质押融资试点，深化科技金融合作；21家商业银行发行金融债券1100亿元专项用于支持小微企业。二是资本市场引导产业结构调整和转型升级功能凸显。2013年年末，战略性新兴产业A股上市公司市值占总市值的比重达到20.7%，较2012年末提高了5.8个百分点。2009－2013年传播与文化产业、电子行业和信息技术业A股市值分别累计增长2.9倍、1.5倍和

① 在浙江、山东、广东、山西、江西、河南、广西、重庆、贵州、甘肃和黑龙江11个省（自治区、直辖市）的1099家企业中，东部、中部、西部和东北地区分别占45.1%、20.5%、28.0%和6.4%；大型、中型、小型和微型企业分别20.6%、33.7%、37.4%和8.3%；国有或国有控股企业、集体企业、民营企业和“三资企业”分别占16.3%、3.8%、69.9%和10.0%；劳动密集型、技术密集型和资金密集型企业分别占50.5%、28.7%和20.8%。

52.8%，资本市场引导产业结构调整和转型升级以及提升资源配置效率的作用显现。

当前，产业结构调整和企业转型升级正在逐步推进，节能环保、信息通信、电子商务、高新装备等领域出现不少亮点，一些创新驱动的企业机制灵活，适应市场能力强，经营业绩突出，发展潜力和空间有待进一步释放，也有部分行业产能过剩较为严重，一些企业债务率持续上升，自主创新动力不足，结构调整和转型升级的任务还很艰巨。下一阶段，应继续深化改革，推进政府职能转变，破除市场分割，规范市场秩序，促进市场公平竞争，充分发挥市场机制在产业结构调整与转型中的作用。完善激励约束机制，支持企业研发创新、技术改造、产业转移和兼并重组，提高企业转型升级的动力和能力。改善产业结构调整的金融环境，引导金融机构落实好有扶有控的信贷政策，完善资本市场，扩大直接融资比重，鼓励创业投资向创新型企业起步成长的前端延伸，提高金融支持产业结构调整和转型升级的质量与水平。

三、各地区生态文明建设

2013 年，各地区认真贯彻落实国家生态环境方针政策，积极推进产业结构转型升级，资源节约型经济发展步伐加快。全国能源消耗强度同比下降 3.7%，万元国内生产总值用水量同比下降 6.5%，二氧化硫和化学需氧量排放量同比分别下降 3.5% 和 2.9%。

节能减排深入推进，经济能耗持续下降。2013 年，各地区严格落实节能减排目标责任制，加快淘汰落后产能。陕西省淘汰钢铁、印染行业落后产能 283.3 万吨和 2753 万米，提前两年完成国家“十二五”淘汰落后产能任务。山东省开展千家企业节能低碳行动，主要污染物排放总量持续下降。浙江省在全国率先实施单位生产总值能耗和能源消费总量双控工作措施，单位工业增加值能耗下降 6.0%。

环境治理力度进一步加强。2013 年，各地区积极开展以空气、水为重点的污染防治。乌鲁木齐市实施主城区清洁能源全覆盖，优良天数比例达 83.3%。北京市垃圾污水治理进一步提速，生活垃圾无害化处理率、水污染处理率分别达 99.3% 和 84.0%。广东省推进新一轮绿化行动，完成森林碳汇①工程 362 万亩，森林覆盖率上升至 58%。

“绿色金融”有序跟进，积极助力生态建设。2013 年末，全国 21 家主要银行②投放到节能、环保等领域的绿色信贷余额为 5.2 万亿元。分省(区、市)看，内蒙古自治区进一步加强环保和信贷管理工作的协调配合，试点《中国采掘业绿色信贷评估技术指南》，节能减排、循环经济和新兴产业贷款余额近千亿元。山西、浙江、湖南、陕西等 4 个省，作为排污权有偿使用和交易试点地区，积极开展排污权抵押贷款业务。2013 年 11 月，上海正式启动碳排放交易，全市 191 家企业率先纳入碳排放配额管理范围，日均交易量稳定维持在 500 至 1000 吨。

但也要看到，环境污染治理形势仍很严峻。2013 年，各地区空气环境呈现复合型污染特征，环境保护部设定的 74 个空气质量监测城市的空气质量平均达标天数为 221 天，达标率仅为 60.5%，频繁出现大范围严重雾霾天气。部分地区土壤污染较重。全国土壤污染点位总超标率为 16.1%，其中西南、中南地区土壤重金属超标范围较大。地下水质量问题突出。在国土资源部设定的 203 个地市的 4778 个地下水水质监测点中，水质呈较差级和极差级的监测点数量占比合计近六成。

四、价格和劳动力成本

2013 年，受国内经济增长变化等因素影响，主要价格指数呈现前低后稳走势，价格形势总体稳定。上半年，消费价格、农产品生产价格涨幅基本稳定，工业生产价格降幅扩大；下半年，消费价格、农产品生产价格涨幅扩大，工业生产价格降幅收窄。

居民消费价格涨幅总体平稳。2013 年，全国居民消费价格涨幅与上年持平。分地区看，东部、中部、西部和东北地区涨幅分别为 2.6%、2.7%、3.1% 和 2.5%(见图 14)，与上年相比，东部与东北地区涨幅有所下降，中西部地区涨幅略有上升。

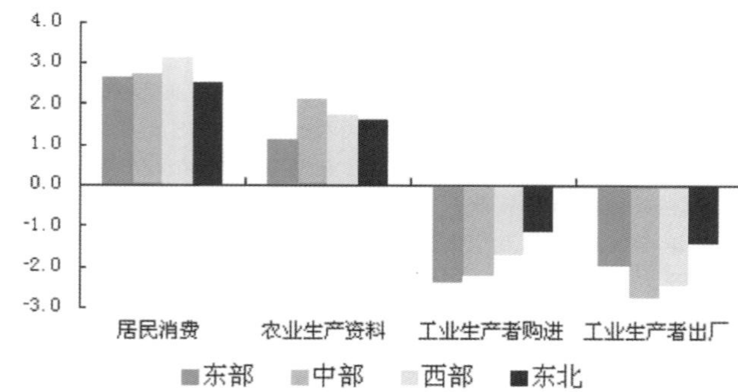

图 14 2013 年各地区各类价格同比涨幅

数据来源：《中国经济景气月报》，中国人民银行工作人员计算

各地区工业生产者购进价格降幅分化，工业生产者出厂价格降幅有所扩大。在国际大宗商品价格总体下降、企业去库存等因素作用下，2013 年东部、中部、西部和东北地区工业生产者购进价格同比分别下降 2.4%、2.2%、1.7% 和 1.1%，与上年降幅相比，东部和东北地区降幅基本稳定，中部地区降幅缩小 1.0 个百分点，西部地区降幅扩大 1.4 个百分点。受部分行业产能过剩等因素影响，东部、中部、西部和东北地区工业生产者出厂价格较上年分别下降 2.0%、2.7%、2.5% 和 1.4%。与上年降幅相比，东部降幅基本稳定，其他地区降幅明显扩大。分省份看，各地区工业生产者购进价格和工业生产者出厂价格均下降；17 个省份工业生产者出厂价格降幅大于工业购进者价格降幅。

农业生产资料价格涨幅低于农产品生产价格涨幅。2013 年，农业生产资料价格上涨 1.4%，较上年下降 4.2 个百分点。分地区看，东部、中部、西部和东北地区农业生产资料价格分别上涨 1.1%、2.1%、1.7% 和 1.6%，较上年分别下降 3.8、3.7、3.2 和 5.6 个百分点，涨幅全面回落。受国际国内农产品供求形势、国家提高粮食最低收购价格和人工成本上涨等因素影响，农产品生产价格涨幅稳中有升。2013 年，农产品生产价格上涨 3.2%，较上年提高 0.5 个百分点，高出农业生产资料价格涨幅 1.8 个百分点。与上年相比，农产品生产价格与农业生产资料价格涨幅差有所扩大。

就业人员工资稳定增长，最低工资标准持续提高。2013 年，各地区城镇非私营单位和私营单位就业人员年平均工资同比分别增长 10.1% 和 13.8%，较上年分别下降 1.8 和 3.3 个百分点。私营单位就业人员年平均工资水平是非私营单位

① 森林碳汇是指森林植物吸收大气中的二氧化碳并将其固定在植被或土壤中，从而减少该气体在大气中的浓度。

② 包括国家开发银行和政策性银行、大型商业银行、股份制商业银行、邮政储蓄银行。

的 64%，较上年提高 3.0 个百分点。分地区看，西部地区非私营单位和私营单位平均工资增速都明显高于其他地区；东北地区非私营单位平均工资近年来首次超过中部地区（见表 25、表 26）。全国有 27 个省（区、市）上调最低工资标准，平均增幅为 17.0%，较上年下降 3.2 个百分点。20 个省（区、市）制定了工资增长指导线，基准线普遍在 14% 左右。

表 25　2013 年各地区城镇非私营单位就业人员年平均工资

单位：%

	平均工资		加权平均增长率	
		比上年增减		比上年增减
全国	5.1	0.5	10.1	-1.8
东部	5.9	0.5	9.6	-1.3
中部	4.3	0.3	6.6	-5.7
西部	4.7	0.5	11.9	-1.2
东北	4.3	0.4	10.7	-2.1

数据来源：国家统计局，中国人民银行工作人员计算

表 26　2013 年各地区城镇私营单位就业人员年平均工资

单位：%

	平均工资		加权平均增长率	
		比上年增减		比上年增减
全国	3.3	0.4	13.8	-3.3
东部	3.6	0.4	13.5	-4.3
中部	2.7	0.3	14.3	-0.6
西部	3.0	0.4	16.0	-1.7
东北	2.9	0.4	14.0	-0.3

数据来源：国家统计局，中国人民银行工作人员计算

各地区积极推动水、电、气等价格改革，进一步理顺资源性产品价格形成机制。北京市规范水资源费征收，提高污水处理费，推行居民生活用水阶梯价格制度。云南省实施丰枯分时电价和燃煤发电机组脱硝加价政策，在德宏等 7 个州（市）实行区域性电价，在云南铝业开展直购电试点。四川省建立资源开发利益补偿机制，推动天然气市场定价。

五、主要行业发展

（一）房地产市场出现一定程度的分化，保障性安居工程建设力度进一步加大

2013 年，房地产开发投资稳定增长，房地产贷款增速回升，保障性安居工程建设加快推进，金融支持保障性住房建设力度进一步增强。

不同城市间房价变动差异较大。2013 年 12 月，全国 70 个大中城市中，新建商品房住宅价格同比上涨城市 69 个，比 1 月增加 16 个，最高涨幅 21.9%，最低为下降 2.8%，其中，一线城市涨幅均超过 20%（见图 15）。

商品房销售增速逐月回落。2013 年，全国商品房销售面积 13.1 亿平方米，同比增长 17.3%，较上年提高 15.5 个百分点，但增幅已呈现出逐月回落态势。全国商品房销售额 8.1 万亿元，同比增长 26.3%，较上年提高 16.3 个百分点。

房地产开发投资稳定增长。2013 年，全国共完成房地产开发投资 8.6 万亿元，同比增长 19.8%，增速较上年提高 3.6 个百分点。分地区看，中部和东部地区增速提升明显。2013 年，东部和中部地区房地产开发投资增速较上年分别提高5.2 和 6.8 个百分点（见表 27）。

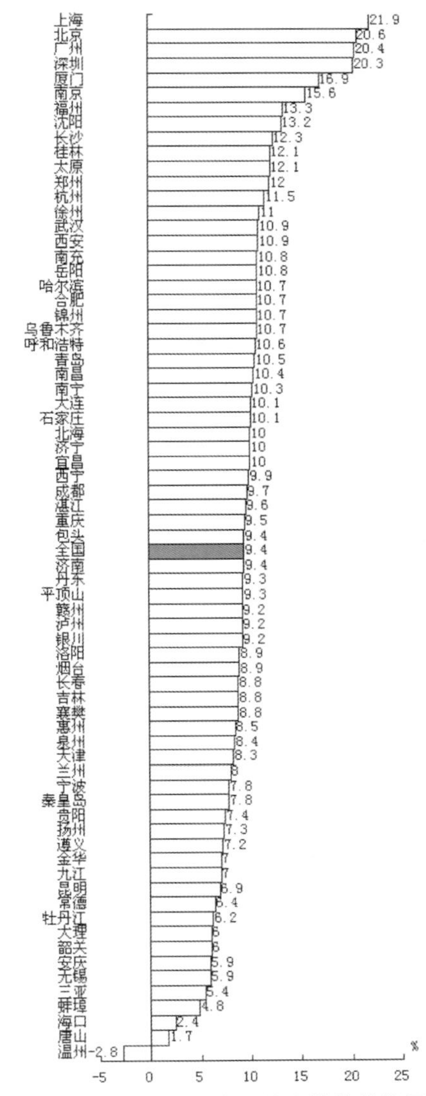

图 15　2013 年 12 月新建商品住宅销售价格同比涨幅

数据来源：《中国经济景气月报》

表 27　2013 年各地区房地产开发投资比重和增长率

单位：%

	占比		加权平均增长率	
		比上年增减		比上年增减
东部	48.3	-0.6	18.6	5.2
中部	18.8	0.8	25.4	6.8
西部	22.1	0.5	23.4	-0.9
东北	10.8	-0.7	12.8	-7.6

数据来源：《中国经济景气月报》，中国人民银行工作人员计算

房地产开发资金增速加快。2013 年，全国房地产开发企业资金来源 12.2 万亿元，同比增长 26.5%，增速较上年提高 13.8 个百分点。其中，国内贷款和个人按揭贷款合计 3.37

万亿元，占房地产开发资金的27.6%，较上年提高1.4个百分点；自筹资金和定金及预收款合计8.19万亿元，占房地产开发资金的67.1%，较上年下降0.9个百分点。

房地产贷款增速回升。2013年末，主要金融机构（含外资）房地产贷款余额14.6万亿元，同比增长19.1%，较上年末提高6.3个百分点，其中，个人住房贷款余额9.0万亿元，同比增长21%，较上年末提高8.1个百分点。分地区看，中部地区增长较快。2013年，东部、中部、西部和东北地区房地产贷款分别增长17.2%、28.3%、26.0%和23.4%，均较上年有所加快（见表28）。为应对部分城市房价过快上涨，北京、上海、广州、深圳、杭州、南京、武汉、太原、南昌、厦门、乌鲁木齐等11个城市将二套房首付比例提高至70%，长沙和沈阳提高至65%。

表28　2013年各地区房地产贷款比重和增长率

单位：%

	占比		加权平均增长率	
		比上年增减		比上年增减
东部	60.5	-1.8	17.2	7.6
中部	14.2	1.1	28.3	6.5
西部	18.5	0.6	26.0	8.0
东北	6.8	0.1	23.4	4.7

数据来源：中国人民银行

保障性安居工程建设加快，金融支持保障性住房建设力度继续加大。2013年，全国新开工保障性安居工程660万套，基本建成540万套。保障性安居工程贷款保持较快增长。截至2013年末，全国保障性住房开发贷款余额7260亿元，同比增长26.7%，增速高于住房开发贷款10.9个百分点；住房公积金贷款支持保障性住房建设试点工作稳步推进，已按进度发放住房公积金贷款634亿元，支持了75个城市301个保障房建设项目。创新融资方式不断涌现。2013年，南京、上海、新疆首次发行保障房私募债；全国社保基金理事会委托建信信托20亿元用于湖南省保障房建设；截至2013年末，国家开发银行以开发性金融方式累计向保障性安居工程融资超6000亿元。

（二）现代农业加快发展，金融支持成效显著

在工业化、城镇化深入发展中同步推进农业现代化，是转变经济发展方式、全面建设小康社会的重要内容，也是提高农业综合生产能力、增加农民收入、建设社会主义新农村的必然要求。2013年，各地区充分着力构建集约化、专业化、组织化、社会化相结合的新型农业经营体系，推广农业科技，推进标准化生产，现代农业建设取得明显进展。

推进农村土地改革，构建新型农业经营主体。截至2013年末，全国已有105个县（市、区）开展土地承包经营权确权登记颁证试点，家庭承包经营耕地流转面积为3.4亿亩，流转比例达到26%，为发展多种形式的适度规模经营创造了条件。专业大户、家庭农场、农民专业合作社和农业产业化龙头企业等新型农业经营主体有利于提高农业产业化和规模化经营水平，成为现代农业加快发展的核心和基础。截至2013年末，全国依法登记注册专业合作、股份合作等农民合作社达98.2万家，实际入社农户7412万户，约占农户总数的28.5%；承包土地50亩以上的种粮大户278万个；规模在200亩左右的家庭农场88万家；龙头企业超过12万家。“农村改革试验区”和“国家现代农业示范区”建设深入推进，积极探索具有区域特色、顺应现代农业发展规律的建设模式。截至2013年末，国家现代农业示范区为153个，其中21个开展了农业改革与建设试点。

加快农业科技进步，农业物质技术装备支撑能力持续提高。2013年，国家继续强化农业科技创新与推广，编制全国农业科技创新能力条件建设规划，开展超级稻四期攻关。实施农业科技创新工程，支持近3万个乡镇农技推广机构改善条件，基本覆盖所有农业县。加快推进现代种业科技创新，认定国家级杂交水稻和杂交玉米种子生产基地57个，在100个粮棉油大县开展新品种展示及示范。重视农业农村人才培养，在100个县开展新型职业农民培育试点；全国培训新型经营主体112万人次。加强农业机械装备和基础设施建设，扶持农机合作示范社1022个，玉米机收水平超过49%，水稻机插水平超过35%，分别较上年提高6.5和3.3个百分点。分省份看，甘肃省推广全膜双垄沟播技术1358万亩，河南省设施农业面积超过400万亩，黑龙江省田间综合作业机械化程度达到92.7%，农业科技进步对现代农业发展的支撑作用不断提升。

推进标准化生产，蔬菜、畜禽、水产等“菜篮子”产品持续发展。推动农产品标准化生产是现代农业和食品安全的基础。2013年，国家加大新一轮“菜篮子”工程实施力度，创建标准化示范县639个，支持建设园艺作物标准园、畜禽水产养殖示范场5500多个。分省（区、市）看，全国338家企业成为2013年农业部畜禽标准化示范场，山东、新疆、辽宁、黑龙江和四川五个省份均超15家，合计占全国的28.4%。山东省开展果菜产业振兴项目和标准园区创建，瓜菜总产量超万吨。上海批复建设标准化水产养殖场308个，面积达16.8万亩，已完工217个项目。

金融对现代农业支持力度不断增强。2013年以来，中国人民银行对达到专项票据兑付后续监测考核标准，以及新增存款用于当地贷款达到考核标准的县域法人农村信用社和村镇银行安排增加支农再贷款350亿元；将中国农业银行江苏、浙江、湖南、云南、江西、陕西、广东7个省、538个县的县域支行纳入到深化“三农金融事业部”改革试点①范围，并延续差别化存款准备金率政策；积极引导金融机构加大对现代农业的金融支持力度。金融机构结合现代农业特色资源创新个性化信贷产品支持现代农业发展。山东省推出“保单+仓储+联保”模式，扩大农业订单信用保险融资模式覆盖面；甘肃省向农业产业链全局服务模式转变，形成“清吉模式”、“陇药通”、“农耕文明”、“惠陇通”等特色业务品牌。根据中国人民银行对全国31个省（自治区、直辖市）的调查数据显示，2013年农业产业链融资②和信用类贷款实现快速增长，贷款余额分别增长19.9%和19.2%。

现代农业助推农民收入较快增长。2013年，现代农业发展成效显著，带动了农村第二、三产业发展，加快了农民转移就业和农民工返乡创业步伐，农民收入实现快速增长。全国

① 中国农业银行“三农金融事业部”改革于2008年3月启动，经过5年的不断推进，截至2013年末，改革试点范围包括河北、吉林、黑龙江、江苏、浙江、安徽、福建、江西、山东、河南、湖北、湖南、广东、广西、重庆、四川、云南、陕西、甘肃19个省（自治区、直辖市）1480家县域支行。

② 农业产业链融资是指金融机构通过考核农业产业链上下游生产经营主体状况，通过分析考证产业链的一体化程度，以及掌握核心农业龙头企业的财务状况、信用风险、资金实力等情况，最终对产业链上的农户、种养大户、家庭农场、专业合作社等主体提供融资的模式。

规模以上农产品加工企业利润超过1.2万亿元，全国乡镇企业新增就业人数超过200万人，农村居民人均纯收入实际增长9.3%，农民工资性收入首次超过家庭经营收入。

六、主要经济圈发展

2013年，长三角、珠三角、京津冀经济圈①加快经济结构调整和转型升级，经济保持平稳运行，产业结构优化调整，区域合作迈上新台阶。

表29　2013年三大经济圈产业结构

单位:%

	长三角	珠三角	京津冀	全　国
	产业结构(%)			
第一产业	4.7	2.0	6.2	10.0
第二产业	47.0	45.3	42.4	43.9
第三产业	48.3	52.7	51.4	46.1
	增长率(%)			
第一产业	2.1	2.4	3.5	4.0
第二产业	8.9	7.6	9.9	7.8
第三产业	9.2	11.5	8.9	8.3

数据来源:国家统计局、相关省(自治区、直辖市)统计局，中国人民银行工作人员计算

经济保持稳定增长。2013年，长三角、珠三角、京津冀经济圈实现地区生产总值23.4万亿元，加权平均增长率为9.0%。从产业结构看，服务业对经济增长的支撑作用进一步增强，三大经济圈第三产业增加值比重均高于上年水平，也高于全国平均水平(见表29)。从需求结构看，三大经济圈外贸进出口同比均有不同程度回升，其中，珠三角地区外贸形势好转较为明显，增速高于全国平均水平(见表30)。

表30　2013年三大经济圈主要指标

单位:%

	长三角	珠三角	京津冀	全国
	占全国比重(%)			
地区生产总值	20.8	9.3	10.9	100.0
固定资产投资	13.8	3.6	9.0	100.0
社会消费品零售额	18.4	8.0	9.8	100.0
地方财政收入	11.2	3.6	6.2	100.0
实际利用外资	54.6	19.6	27.2	100.0
进出口贸易	31.9	25.2	14.7	100.0
进口总额	28.0	22.6	24.1	100.0
出口总额	35.4	27.5	6.5	100.0
	增长率(%)			
地区生产总值	8.8	9.4	9.0	7.7
固定资产投资	18.0	15.2	15.3	19.3
社会消费品零售额	12.0	12.1	11.9	13.1
地方财政收入	11.0	13.0	12.2	10.1
实际利用外资	5.1	7.1	10.1	5.3
进出口贸易	2.5	11.0	6.6	7.6

数据来源:国家统计局、相关省(自治区、直辖市)统计局，中国人民银行工作人员计算

结构调整和转型升级稳步推进。长三角重点布局高技术工业和现代服务业，推动上海国际金融中心、国际航运中心、贸易中心和自贸区建设，不断提升装备制造、船舶航运、石油化工、电子信息等传统产业发展质量，布局医药、风电、碳纤维等战略性新兴产业，大力发展物流、金融、文化创意等现代服务业。珠三角加快推进建设金融改革创新综合试验区和国际电子商务中心，通过中海油二期、粤海高端装备产业园等项目建设促进先进制造业发展；广东省出台《关于发展创业投资促进产业转型升级的意见》，推进新一代显示技术、新型动力电池及生物医药等战略性新兴产业发展。京津冀高端行业引领增长作用突出，航空航天、石油化工、装备制造、电子信息、生物医药、新能源新材料、轻纺和国防等八大优势产业发展质量稳步提升，建成七个国家级新型工业化示范基地。

区域合作取得新进展。支持上海自贸区建设的政策框架初步构建，国债期货正式上市交易，上海清算所正式承担银行间市场人民币外汇询价交易净额清算服务，原油期货交易平台落户上海自贸区，上海对长三角地区金融发展的示范带动作用增强。江苏完善金融生态县动态考评制度，浙江深化信用体系建设，共同推动长三角地区金融生态环境改善。珠三角制定《广佛肇经济合作区建设合作协议》、《深莞惠区域协调发展总体规划》等政策，完善各地市合作机制，协同推进转型升级；依托广州南沙、深圳前海、珠海横琴等重大战略平台，加快金融改革创新步伐；发挥经济金融总量大、毗邻港澳的优势，推进以香港、广州、深圳、澳门为核心城市的珠三角金融圈建设。京津冀签署《北京市天津市关于加强经济与社会发展合作协议》、《北京市－河北省2013至2015年合作框架协议》，制订《京津冀及周边地区落实大气污染防治行动计划实施细则》，从区域规划、基础设施、资本和要素市场、产业对接、环境保护等多方面深化合作；同时，着手启动国家层面的首都经济圈发展规划，着力于实现区域城市间功能互补合作。

专栏4:强化区域经济合作 推动丝绸之路经济带建设

推进丝绸之路经济带建设，是我国加快向西开放，深化与欧亚国家区域经济合作，谋求更大发展空间的重大举措；是我国统筹中西部发展，实现东部沿海和内陆沿边开放优势互补，打造西部经济发展高地的重大举措。自2013年9月习近平总书记出访中亚四国阐述丝绸之路经济带的构想以来，区域经济金融合作开放步伐加快，经济带发展呈现出广阔的前景。

2000多年前，东起长安(今西安)、西达罗马的"古丝绸之路"是当时全球最繁荣的陆路贸易大通道。随着现代交通基础设施的完善，20世纪90年代贯通亚欧第二大陆桥，东起中国江苏连云港，沿陇海线和兰新线，经新疆阿拉山口，过境中亚国家直达欧洲鹿特丹。2010年以来，"渝新欧"、"蓉欧"、"郑新欧"等国际铁路快线相继开通，现代丝绸之路逐步成形。在新的国际发展格局下，丝绸之路经济带建设就是以古丝绸之路、亚欧第二大陆桥等为基础，以区域经济合作为重点，以沿线交通基础设施和中心城市为主体，建设形成横跨亚欧大陆及北非地区的经济大走廊。2013年11月，十八届三中全会审议通过《中共中央关于全面深化改革若干重大问题的决定》，明确提出"推进丝绸之路经济带、海上丝绸之路建

① 长三角经济圈指上海市、江苏省和浙江省；珠三角经济圈指广东省的九个地级市：广州、深圳、珠海、佛山、惠州、肇庆、江门、中山和东莞；京津冀经济圈指北京市、天津市和河北省。

设，形成全方位开放新格局”，丝绸之路经济带建设上升为对外开放国家战略。

国内沿线省区立足自身优势共建丝绸之路经济带。陕西依托古丝绸之路的历史文化渊源、东西交通枢纽和产业发展优势，举办“欧亚经济论坛”和“丝绸之路商贸博览会”，搭建多边沟通合作平台，着力打造丝绸之路经济带新起点。甘肃、青海、宁夏加快推动与沿线国家的经贸、教育科技、文化交流合作，积极建成经济带黄金段。新疆立足地缘、政策和人文优势，围绕建设经济带核心区推进全方位开放。“渝新欧”铁路打通了成渝地区产品出口欧洲市场的运输通道，有利于成渝地区承接东部产业转移。连云港作为新亚欧大陆桥的东方桥头堡，在长三角一体化战略的支持下，丝绸之路战略枢纽节点城市地位日益凸显。

国际大通道建设带动沿线城市群发展提速。亚欧第二大陆桥打通丝绸之路腹地的东西出海口；渝新欧国际铁路将经济带辐射范围延伸至中国西南及东南地区；“蓉欧快铁”、“汉新欧”和西安“新丝路”等国际班列以及西安、乌鲁木齐等国际航空港运转能力提升，中哈原油管道、中国—中亚天然气管道等能源合作项目陆续投入营运，丝绸之路立体化综合运输体系不断完善。沿线的关中—天水经济区、呼包银榆经济区、天山北坡经济带、成渝经济圈等城市群经济金融合作日益深化，产业集聚初具规模，经济辐射带动作用凸显。

与中亚国家的经济贸易往来日益密切。近年来，西部地区开发开放试验区建设提速，向西开放步伐明显加快。2013年，中国与毗邻中亚五国的进出口额达到502.8亿美元，是2003年的12.3倍，自2003年起年均增长28.6%（见图16）。其中中国同哈萨克斯坦进出口额达到286亿美元。中国已经成为哈萨克斯坦第一大贸易国，吉尔吉斯斯坦和乌兹别克斯坦的第二大贸易国。企业“走出去”步伐加快，投资领域从单一的能源、资源行业拓宽至民生、房地产、制造业、银行业等多方面，中国已成为塔吉克斯坦和乌兹别克斯坦的第一大投资来源国，吉尔吉斯斯坦的第二大投资来源国。

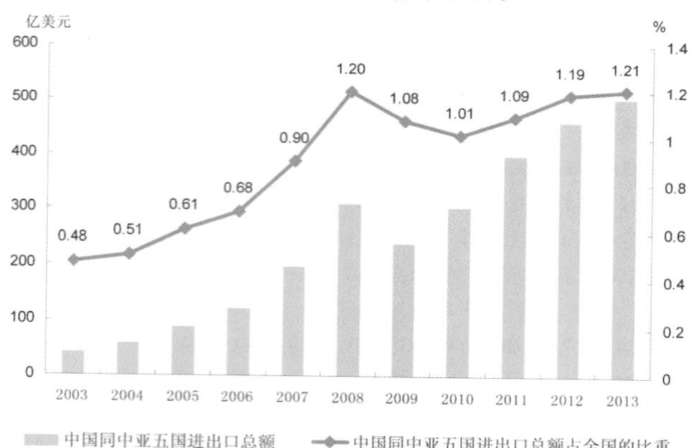

图16　2003－2013年中国同中亚五国进出口总额及占全国的比重

数据来源：国家统计局，中国人民银行工作人员计算

与毗邻国家的金融合作加快推进。中国人民银行先后与吉尔吉斯斯坦、哈萨克斯坦签订双边本币结算协议，启动跨境贸易投资人民币结算业务；与乌兹别克斯坦、哈萨克斯坦央行分别签订了7亿元和70亿元的货币互换协议；在中哈霍尔果斯国际边境合作中心开展跨境人民币创新业务试点。创新区域金融合作机制。2005年成立上海合作组织银联体，为上合框架下的合作项目提供金融服务，其中国家开发银行在中亚地区授信超过百亿美元。中国人民银行会同金融监管部门出台《关于金融支持喀什霍尔果斯经济开发区建设的意见》，为建设我国向西开放的重要窗口提供金融支持。

丝绸之路经济带建设既是国家构建全方位开放新格局的重大战略，也是对东中西部开放发展的统筹与协调。下一步，需要加强顶层设计，科学合理布局，明确沿线省（区、市）功能定位，合理形成城市功能和产业发展格局。加强国际区域沟通合作，畅通贸易和经济合作通道，通过旅游、科技、文化、教育交流增强国家互信和传统友谊，深入推动经济带的一体化发展。加强金融领域务实合作，促进金融对外开放发展。

第三部分　区域经济与金融展望

2014年是贯彻落实党的十八届三中全会精神、全面深化改革的第一年，随着各项改革措施陆续出台，将更有利于发挥市场在资源配置中的决定性作用，提升要素生产效率，夯实经济长期可持续发展的基础。当前中国发展仍处在大有作为的重要战略机遇期，工业化、城镇化持续推进，区域发展互补、回旋余地较大。但也要看到，世界经济复苏仍存在不稳定、不确定因素，全球经济格局深度调整，国际竞争更趋激烈，国内支撑发展的要素条件也在发生深刻变化，深层次矛盾不断凸显，区域经济结构调整和发展方式转变的任务仍较为艰巨。各地区需将改革创新贯穿于经济社会发展的各个领域各个环节，加快转方式调结构促升级，充分发挥不同地区的优势和特色，积极推动产业转移和梯度发展，深化区域合作共赢，形成南北呼应、东西对接、海陆一体的区域经济发展新格局。

东部地区作为体制创新和改革开放的先行区，具有明显的产业优势和区位优势。长三角地区经济一体化深入推进，泛珠三角区域深化经济合作，京津冀地区协同发展，环渤海地区转型升级，天津滨海新区、浙江舟山群岛新区、广州南沙新区等功能区加快建设，中国（上海）自由贸易试验区创新发展，都将加速区域经济一体化进程。但东部地区也面临人口资源环境压力加大的挑战，城市服务管理水平有待提高，城乡基础设施的承载力与公共需要还有一定差距，部分地区化解过剩产能的压力依然较大。

东部地区可继续深化城市间分工协作和功能互补，加快重点领域改革和先行先试，提高自主创新能力，大力发展战略性新兴产业、先进制造业和现代服务业，促进地区经济率先转型升级。依托区位和产业优势，充分利用国际和国内两个市场、两种资源，优化对外贸易结构，在更高层次参与国际经济合作和竞争，不断提升外向型经济整体素质和竞争力。落实建设海洋强国战略，依托东部、南部海洋经济圈①，渤海湾和山东半岛沿岸及海域，改造提升传统海洋产业，积极发展海洋服务业，增强海洋经济发展的内生动力和竞争能力。充分利用自身发展优势，加强与中西部地区合作，推进承接产业转移示范区建设，实现区域产业转移，促进区域协调发展。

中部地区具有承东启西、连南接北的区域优势，是重要的经济增长极。《国务院关于大力实施促进中部地区崛起战略的若干意见》的贯彻落实，“三基地、一枢纽”②地位的稳步提升，沿陇海、沿京广、沿京九和沿长江经济带的加快构建，太原

① 东部海洋经济圈由江苏、上海、浙江沿岸及海域组成；南部海洋经济圈由福建、珠江口及其两翼、北部湾、海南岛沿岸及海域组成。

② “三基地、一枢纽”：粮食生产基地、能源原材料基地、现代装备制造和高技术产业基地、综合交通枢纽。

城市群、皖江城市带、鄱阳湖生态经济区、洞庭湖生态经济区、中原经济区、武汉城市圈、环长株潭城市群等区域发展的重点推进，将有利于增强中部地区整体实力和竞争力，加快其崛起步伐。但中部地区仍存在部分行业产能过剩问题，一些依赖资源开发和初加工的企业面临困难，服务业尤其是现代服务业发展不足，科技创新能力有待进一步提高，城乡居民收入持续较快增长难度加大。

中部地区可全面推进农业现代化，巩固粮食生产基地地位，加快发展原材料深加工，提高能源产品附加值，加强工业技术改造和关键技术研发，壮大现代装备制造及高技术产业实力，优化路网航运布局，全力打造综合交通枢纽，着力带动以现代物流业为代表的第三产业发展。继续推进资源节约型和环境友好型社会建设，走可持续发展道路。全方位扩大对内对外开放，有序承接东部和国外产业转移，加强与西部地区在资源开发利用、基础设施等方面的互动合作，不断拓展对外开放的深度和空间。支持晋陕豫黄河金三角地区协调发展，加快跨省交界地区合作开发。

新一轮西部大开发战略的深入实施，将不断改善西部地区投资环境和发展条件，“丝绸之路经济带”和“21世纪海上丝绸之路”战略的启动与铺开，将全面提升西部地区内陆开放型经济发展和沿边开发开放水平。但西部地区基础设施瓶颈制约依然较大、部分企业和产品竞争力不强，资源综合利用水平有待进一步提高，部分地区生态环境仍在恶化，城乡发展差距较大。

西部地区可继续把基础设施建设放在优先位置，加快完善铁路、公路骨架网络，建设与东北亚、中亚、东南亚、南亚地区互联互通的国际通道，推动水利、油气管网等重点工程建设，加快构建现代化基础设施体系。加快建设重要的能源矿产基地和产业聚集区，大力发展资源再生利用产业，构建现代资源开发利用产业体系。重点推动重庆两江、甘肃兰州、陕西西咸、贵州贵安等新区建设，着力打造重庆、成都、西安、昆明、南宁和贵阳等内陆开放型经济高地。贯彻落实《国务院关于加快建立健全生态补偿机制的若干意见》，建立生态补偿机制，实施重点生态工程，健全综合防灾减灾管理体制，不断加强生态环境保护和建设。全力实施集中连片特殊困难地区开发攻坚工程，支持贫困地区和革命老区加快发展。充分发挥地缘优势，实施更加积极主动的开放战略，加大向西开放力度，培育和建设一批富有活力的边境重点口岸、边疆区域性中心城市，带动沿边地区整体发展。

东北地区振兴战略实施以来，经济结构进一步优化，对外开放水平明显提高，资源枯竭型城市转型取得积极进展。但东北地区民营经济活力有待进一步激发，科技创新能力有待进一步提高，产业结构调整任务仍很艰巨。

东北地区可坚持走特色新型工业化道路，实施东北振兴重大创新工程，开展老工业基地振兴科技引领行动计划，构建以企业为主体的技术创新体系，着力推进装备制造、汽车、冶金和石化等传统优势产业转型升级。继续推进农业基础设施建设，强化农业科技和装备支撑，加强黑土区耕地保护，完善粮食主产区利益补偿机制，进一步巩固农业强区地位。深入贯彻落实《全国资源型城市可持续发展规划（2013—2020年）》，加大对资源枯竭城市支持力度，统筹布局资源型城市接续替代产业聚集区，增强资源型城市可持续发展能力。加强森林、草原、湿地和江河流域等重点生态区的保护和治理，建设国家重要生态屏障。重点推进辽宁沿海经济带、沈阳经济区、长吉图经济区、哈大齐工业走廊和牡绥地区发展，充分发挥重点区域的辐射带动作用。充分发挥区位优势，加强基础设施与周边国家互联互通，建设面向东北亚开放的重要枢纽。以中心城市和城市群为依托，全面提高对外开放水平和层次，构筑沿海沿边全面开放新格局。

总体看，区域经济发展关键在于把改革创新贯穿于经济社会发展各个领域各个环节，充分发挥不同地区的优势和特色，实施差别化经济政策，积极推动产业转移和梯度发展，促进生产要素合理流动，着力激发市场活力，加快转方式调结构，切实提高发展质量和效益。积极促进区域协调发展，深入实施区域发展总体战略，重视跨区域、次区域规划，大力实施主体功能区制度，进一步促进区域良性互动发展。

2014年，各地区金融业将按照“稳中求进、改革创新”的工作总基调，继续贯彻落实稳健的货币政策，统筹稳增长、促改革、调结构、惠民生和防风险的关系，保持货币信贷总量与社会融资规模合理增长。坚持金融服务实体经济的本质要求，结合区域经济发展特点，积极创新金融产品和服务方式，切实满足区域经济发展的实际需要，提升自身发展能力和竞争力。盘活存量、用好增量，改善和优化融资结构和信贷结构，加大对事关全局的重点项目和战略性新兴产业、小微企业、“三农”、技术创新、企业“走出去”等方面的支持力度，落实好差别化住房信贷政策，进一步发挥开发性金融对棚户区改造的支持作用。严格控制对高耗能、高排放行业和产能过剩行业的贷款，促进产能过剩矛盾化解。大力发展直接融资，丰富融资工具和交易品种。加强稳健经营，强化流动性、内控和风险管理，守住不发生系统性、区域性金融风险的底线，促进区域经济金融平稳协调发展。

2013年中国货币政策大事记

1月18日，中国人民银行宣布启用公开市场短期流动性调节工具（Short-term Liquidity Operations，SLO），作为公开市场常规操作的必要补充，在银行体系流动性出现临时性波动时相机使用。

1月，中国人民银行创设“常备借贷便利”（Standing Lending Facility，SLF），对金融机构开展操作，提供流动性支持。

1月22日，中国人民银行印发《关于加强地方法人金融机构流动性管理有效发挥短期再贷款流动性供给功能的通知》（银发〔2013〕22号），要求各分支机构充分认识再贷款对地方法人金融机构临时性流动性供给的积极作用，引导金融机构将短期再贷款作为解决短期流动性不足的正常资金来源渠道，有效运用短期再贷款工具满足金融机构合理的流动性需求。

1月25日，中国人民银行与中国银行台北分行签订《关于人民币业务的清算协议》。海峡两岸的金融机构除可通过代理行渠道为客户办理跨境人民币结算业务外，也可通过清算行渠道为客户办理跨境人民币结算业务。

1月30日，中国人民银行向全国人大财经委员会汇报2012年货币政策执行情况。

2月6日，发布《2012年第四季度中国货币政策执行报告》。

2月7日，出台《中国人民银行办公厅关于做好2013年信贷政策工作的意见》（银办发〔2013〕26号），要求人民银行各分支机构和各银行业金融机构重点加强对“三农”、中小企业、城镇化建设、经济结构调整和产业升级、保障性安居工程、就业等民生工程和地方政府融资平台清理规范等方面的金融服务工作。

2月8日，根据中国人民银行和新加坡金融管理局就加强中国与新加坡金融服务领域合作的相关安排，经过评审，中国人民银行决定授权中国工商银行新加坡分行担任新加坡人民币业务清算行。

3月4日，中国人民银行印发《关于拓宽支农再贷款适用范围做好春耕备耕金融服务工作的通知》（银发〔2013〕58号），在全国范围内推广拓宽支农再贷款适用范围政策，进一步发挥支农再贷款引导农村金融机构扩大“三农”信贷投放的功能，同时做好春耕备耕金融服务工作。

3月7日，中国人民银行与新加坡金融管理局续签了中新双边本币互换协议，互换规模由原来的1500亿元人民币/300亿新加坡元扩大至3000亿元人民币/600亿新加坡元，有效期三年，经双方同意可以展期。

3月13日，中国人民银行印发《关于合格境外机构投资者投资银行间债券市场有关事项的通知》（银发〔2013〕69号），允许符合条件的合格境外机构投资者（QFII）向中国人民银行申请投资银行间债券市场。

3月25日，为深入贯彻落实中发一号文件关于加快发展现代农业的总体部署，出台《中国人民银行关于加大金融创新力度支持现代农业加快发展的指导意见》（银发〔2013〕78号），要求各银行业金融机构加大金融创新力度，有效满足现代农业发展尤其是专业大户、家庭农场、农民合作社等新型生产经营主体的合理金融需求，改进和提升“三农”金融服务水平。

3月25日，上海黄金交易所推出银行间黄金询价远期交易品种。

3月26日，中国人民银行与巴西中央银行签署了中巴双边本币互换协议，互换规模为1900亿元人民币/600亿巴西雷亚尔，有效期三年，经双方同意可以展期。

3月26日，中国人民银行与南非储备银行签署《中国人民银行代理南非储备银行投资中国银行间债券市场的代理投资协议》。

4月1日，中国人民银行货币政策委员会召开2013年第一季度例会。

4月2日，中国人民银行与中国工商银行新加坡分行签订《关于人民币业务的清算协议》。新加坡及中国的金融机构除可通过代理行渠道为客户办理跨境人民币结算业务外，也可通过清算行渠道为客户办理跨境人民币结算业务。同日，中国人民银行和新加坡金融管理局签订了关于新加坡人民币业务的合作备忘录。

4月9日，经中国人民银行授权，中国外汇交易中心宣布完善银行间外汇市场人民币对澳大利亚元交易方式，开展人民币对澳大利亚元直接交易。

4月15日，中国人民银行向全国人大财经委员会汇报2013年第一季度货币政策执行情况。

4月25日，中国人民银行发布《关于实施＜人民币合格境外机构投资者境内证券投资试点办法＞有关事项的通知》（银发〔2013〕105号）。

5月5日，为支持守法合规企业开展正常经营活动，防范外汇收支风险，国家外汇管理局发布《关于加强外汇资金流入管理有关问题的通知》（汇发〔2013〕20号），加强银行结售汇综合头寸管理、进出口企业货物贸易外汇收支分类管理以及外汇检查等。

5月9日，发布《2013年第一季度中国货币政策执行报告》。

5月31日，上海黄金交易所推出黄金、白银和铂金周五夜市交易，进一步与国际黄金市场交易时间接轨。

6月14日，发布《2012年中国区域金融运行报告》。

6月21日，中国人民银行货币政策委员会召开2013年第二季度例会。

6月22日，中国人民银行与英格兰银行签署规模为2000亿元人民币/200亿英镑的双边本币互换协议，有效期为3年，经双方同意可以展期。

6月26日，中国人民银行办公厅印发《关于做好高校毕业生就业创业金融服务工作的指导意见》（银办发〔2013〕142号），要求银行系统采取切实有效的措施，本着尽可能方便高校毕业生享受政策的原则，积极探索和创新符合高校毕业生就业创业实际需求特点的金融产品和服务方式，合理调配金融资源，优化信贷结构，不断改进和完善对高校毕业生就业创业的各项金融服务工作。

6月28日，为贯彻落实国务院关于金融支持经济结构调整和转型升级政策措施的工作部署，引导信贷资金进一步支持实体经济，中国人民银行增加再贴现额度120亿元，对符合宏观审慎要求的金融机构提供流动性，支持金融机构扩大对小微企业和“三农”的信贷投放。

7月2日，中国人民银行发布〔2013〕第8号公告，要求银行间市场全部债券交易通过全国银行间同业拆借中心系统达成，交易一旦达成不可撤销和变更，进一步规范银行间债券市场交易结算行为，维护市场参与者合法权益，促进市场健康规范发展。

7月9日，中国人民银行发布《关于简化跨境人民币业务流程和完善有关政策的通知》（银发〔2013〕168号），简化了经常项下跨境人民币业务，放宽了账户融资的期限和额度，规范了境内非金融机构人民币境外放款业务和对外提供人民币担保等业务。

7月15日，中国人民银行向全国人大财经委员会汇报2013年上半年货币政策执行情况。

7月20日，中国人民银行决定全面放开金融机构贷款利率管制。一是取消金融机构贷款利率0.7倍的下限，由金融机构根据商业原则自主确定贷款利率水平。二是取消票据贴现利率管制，改变贴现利率在再贴现利率基础上加点确定的方式，由金融机构自主确定。三是对农村信用社贷款利率不再设立上限。四是为继续严格执行差别化的住房信贷政策，促进房地产市场健康发展，个人住房贷款利率浮动区间暂不作调整。

7月25日，商业银行开始在银行间市场试点发行二级资本债券，用于满足商业银行补充资本的需求。天津滨海农商行首家在银行间市场试点发行15亿元二级资本债券。

8月2日，发布《2013年第二季度中国货币政策执行报告》。

8月15日，国务院以国函〔2013〕91号文批复建立由中国人民银行牵头，银监会、证监会、保监会和外汇局参加的金融监管协调部际联席会议制度。

8月26日，为切实做好连片特困地区扶贫开发金融服务工作，中国人民银行办公厅印发《关于建立连片特困地区扶贫开发金融服务联动协调机制的通知》（银办发〔2013〕186号），要求人民银行各相关分支机构按14个片区分别建立金融服务联动协调机制，因地制宜，积极开展金融服务创新、信息共享、政策宣传和统计分析等工作。

8 月 27 日，中国人民银行发布〔2013〕第 12 号公告，强化银行间债券市场券款对付结算要求，防范市场风险，提高市场效率，推动银行间债券市场健康规范发展。

8 月 28 日，国务院常务会议确定要在严格控制风险的基础上，循序渐进、稳步推进进一步扩大信贷资产证券化试点工作。根据会议要求，人民银行会同有关部门组织实施。

9 月 9 日，中国人民银行与匈牙利中央银行签署了中匈双边本币互换协议，互换规模为 100 亿元人民币/3750 亿匈牙利福林，有效期三年，经双方同意可以展期。

9 月 11 日，中国人民银行与冰岛中央银行续签了中冰双边本币互换协议，互换规模为 35 亿元人民币/660 亿冰岛克朗，有效期三年，经双方同意可以展期。

9 月 12 日，中国人民银行与阿尔巴尼亚中央银行签署了中阿双边本币互换协议，互换规模为 20 亿元人民币/358 亿阿尔巴尼亚列克，有效期三年，经双方同意可以展期。

9 月 23 日，中国人民银行发布《关于境外投资者投资境内金融机构人民币结算有关事项的通知》（银发〔2013〕225 号），对境外投资者在境内新设、并购和参股金融机构等业务使用人民币结算进行了规范。

9 月 24 日，市场利率定价自律机制成立暨第一次工作会议在北京召开。市场利率定价自律机制是由金融机构组成的市场定价自律和协调机制，旨在符合国家有关利率管理规定的前提下，对金融机构自主确定的货币市场、信贷市场等金融市场利率进行自律管理，维护市场正当竞争秩序，促进市场规范健康发展。会议审议通过《市场利率定价自律机制工作指引》、《贷款基础利率集中报价和发布规则》，选举了首任市场利率定价自律机制主任委员。

9 月 27 日，中国人民银行货币政策委员会召开 2013 年第三季度例会。

10 月 1 日，中国人民银行与印度尼西亚银行续签了中印双边本币互换协议，互换规模为 1000 亿元人民币/175 万亿印尼卢比，有效期三年，经双方同意可以展期。

10 月 8 日，中国人民银行与欧洲中央银行签署了中欧双边本币互换协议，互换规模为 3500 亿元人民币/450 亿欧元，有效期三年，经双方同意可以展期。

10 月 15 日，中国人民银行向全国人大财经委员会汇报 2013 年前三季度货币政策执行情况。

10 月 25 日，贷款基础利率集中报价和发布机制正式运行。贷款基础利率是商业银行对其最优质客户执行的贷款利率，其他贷款利率可在此基础上加减点生成。在报价行自主报出本行贷款基础利率的基础上，指定发布人对报价进行加权平均计算，形成报价行的贷款基础利率报价平均利率并对外公布。贷款基础利率机制是市场基准利率报价从货币市场向信贷市场的进一步拓展，为金融机构信贷产品定价提供重要参考。

11 月 1 日，中国人民银行印发《关于扩大深化中国农业银行“三农金融事业部”改革试点范围等有关事项的通知》（银发〔2013〕263 号），将农业银行江苏、浙江、湖南、云南、江西、陕西、广东 7 个省、538 个县的县域支行纳入到深化“三农金融事业部”改革试点范围，并延续差别化存款准备金率、监管费和营业税减免等扶持政策。

11 月 5 日，发布《2013 年第三季度中国货币政策执行报告》。

11 月 25 日，上海黄金交易所推出银行间黄金询价掉期交易品种。

12 月 8 日，中国人民银行发布《同业存单管理暂行办法》（中国人民银行公告〔2013〕第 20 号），规范同业存单业务，拓展银行业存款类金融机构的融资渠道，促进货币市场发展。12 月 12 日至 13 日，中国银行、中国建设银行等 10 家金融机构分别发行了首批同业存单产品，发行总量为 340 亿元，期限涵盖 1 个月、3 个月和 6 个月。

12 月 25 日，中国人民银行货币政策委员会召开 2013 年第四季度例会。

12 月 26 日，中国人民银行与世界银行集团成员组织国际金融公司签署《中国人民银行代理国际金融公司投资中国银行间债券市场的代理投资协议》。

12 月 27 日，金融债券开始跨市场发行，进一步促进场内和场外市场互联互通。国家开发银行首批在上海证券交易所公开发行金融债券 120 亿元。

12 月 31 日，中国人民银行、银监会发布 2013 年第 21 号公告，进一步规范信贷资产证券化发起机构风险自留行为，明确发起机构可以灵活方式保留基础资产信用风险，特别是发起机构可以采用垂直型风险自留。

12 月 31 日，中国人民银行发布《关于金融债券专项用于小微企业贷款后续监督管理有关事宜的通知》（银发〔2013〕318 号），明确了发行前和存续期间对发行人、主承销商等机构在内控制度、报告报送等方面的要求，并提出了人民银行及其分支机构对商业银行发行金融债券专项用于小微企业贷款进行后续监督的内容，确保商业银行发行金融债券所募集资金用于小微企业贷款。

2013 年金融机构本外币信贷收支表

单位：亿元人民币

项目	2013.01	2013.02	2013.03	2013.04	2013.05	2013.06	2013.07	2013.08	2013.09	2013.10	2013.11	2013.12
来源方项目												
一、各项存款	955111.60	963299.82	1006981.79	1005867.[illegible]2	1020353.92	1036401.05	1032779.28	1041435.30	1058478.06	1054266.59	1059875.12	1070587.72
1. 单位存款	480100.80	469562.37	501639.99	506247.83	512987.83	517390.21	511239.86	518484.15	525817.13	524978.21	529420.46	541793.87
其中：活期存款	205069.15	194405.70	208105.20	205199.63	207307.75	210361.77	207297.99	209316.87	207480.97	213008.72	214996.16	224045.38
定期存款	133110.39	135820.19	141576.25	145333.19	148357.82	149921.15	150519.93	152217.51	155661.59	153805.11	153450.17	155196.65
通知存款	15257.47	15698.05	17495.36	18165.50	17493.74	17633.70	16286.60	16684.66	23292.43	17887.38	17609.47	17601.27
保证金存款	58905.59	57923.62	62055.97	64061.52	63982.34	62357.79	59618.56	61027.96	61146.38	59506.95	60173.40	61003.75
2. 个人存款	423061.36	440909.59	453058.75	443532.23	446343.31	457520.82	453472.09	454274.10	466004.21	456824.62	457859.12	471090.18

项目	2013.01	2013.02	2013.03	2013.04	2013.05	2013.06	2013.07	2013.08	2013.09	2013.10	2013.11	2013.12
储蓄存款	410582.95	428117.75	440971.35	430896.68	433665.67	440904.07	436374.41	438546.18	447321.94	440194.81	441384.48	451826.58
保证金存款	567.42	596.86	656.32	687.66	706.06	701.32	723.33	753.76	753.23	751.91	723.35	717.42
结构性存款	11910.99	12194.98	11431.08	11947.90	11971.57	15915.42	16374.35	14974.16	17929.04	15877.89	15751.29	18546.18
3. 财政性存款	27725.57	27968.65	25316.71	30540.31	35172.81	33953.68	40499.15	41897.52	38965.39	45173.89	44738.70	30133.88
4. 临时性存款	2137.77	2482.17	2404.06	2288.33	2262.78	2671.77	2293.57	2281.62	2160.17	2171.08	2663.84	2043.51
5. 委托存款	357.37	401.90	359.19	378.65	299.39	198.86	315.28	307.47	221.57	323.44	283.72	359.02
6. 其他存款	21728.73	21975.14	24203.09	22879.76	23287.81	24665.71	24959.32	24190.43	25309.58	24795.35	24909.28	25167.25
二、金融债券	6315.19	5615.27	5567.74	4737.94	4775.39	4413.38	5437.48	6027.20	5736.66	6325.87	4887.33	6590.13
三、对国际金融机构负债	774.58	807.48	794.18	786.81	844.94	805.81	814.09	850.90	845.91	843.84	840.56	854.45
四、其他	-134997.24	-134264.75	-161072.39	-148031.37	-151744.66	-154768.44	-142292.09	-141492.91	-146256.98	-136994.95	-133863.70	-137750.98
资金来源总计	827204.14	835457.82	852271.32	863360.49	874229.59	886851.81	896738.75	905969.59	918803.65	924441.35	931739.31	940281.32
运用方项目												
一、各项贷款	685477.19	692813.40	704881.01	713284.76	720018.44	728772.98	734613.18	741321.06	749908.09	754978.69	761269.12	766326.64
(一)境内贷款	671791.79	679039.48	690987.04	699426.56	705993.26	714038.80	719773.83	726381.26	734809.51	739721.74	745815.29	750433.10
1. 短期贷款	274615.81	277211.63	283464.24	285856.41	287854.97	292674.19	294715.97	297024.26	302466.30	304883.72	307961.74	311771.97
2. 中长期贷款	369996.30	374281.81	378601.45	382728.18	386252.52	390091.87	394571.66	398907.12	403356.11	406416.01	409054.94	410345.50
3. 融资租赁	6317.87	6458.74	6641.89	6841.20	6981.49	7188.60	7381.97	7451.47	7527.48	7621.74	7755.04	7889.52
4. 票据融资	20170.82	20350.03	21535.64	23219.91	24084.78	23302.65	22260.32	22134.97	20612.93	19906.81	20100.28	19615.78
5. 各项垫款	690.99	737.26	743.82	780.86	819.51	781.49	843.91	863.44	846.70	893.46	943.29	810.33
(二)境外贷款	13685.40	13773.92	13893.97	13858.20	14025.17	14734.19	14839.35	14939.80	15098.59	15256.95	15453.83	15893.53
二、有价证券	116698.65	117174.09	119207.92	120703.07	121656.32	122432.27	124762.46	127021.64	128346.75	128655.27	128104.65	128298.83
三、股权及其他投资	22705.49	23173.09	25904.37	27106.87	30279.03	33405.76	35112.06	35373.44	38286.53	38549.10	40096.06	43406.15
四、黄金占款	669.84	669.84	669.84	669.84	669.84	669.84	669.84	669.84	669.84	669.84	669.84	669.84
五、在国际金融机构资产	1652.96	1627.40	1608.19	1595.95	1605.96	1570.95	1581.22	1583.61	1592.43	1588.46	1599.63	1579.87
资金运用总计	827204.14	835457.82	852271.32	863360.49	874229.59	886851.81	896738.75	905969.59	918803.65	924441.35	931739.31	940281.32

注:1. 本表机构包括中国人民银行、银行业存款类金融机构、信托投资公司、金融租赁公司和汽车金融公司。

2. 银行业存款类金融机构包括银行、信用社和财务公司。

3. 本表为正式数。

2013年金融机构外汇信贷收支表

单位:亿元人民币

项目	2013.01	2013.02	2013.03	2013.04	2013.05	2013.06	2013.07	2013.08	2013.09	2013.10	2013.11	2013.12
来源方项目												
一、各项存款	4103.24	4178.89	4415.65	4431.49	4408.07	4414.97	4245.29	4344.85	4487.06	4461.05	4490.61	4385.98
1. 单位存款	3208.23	3233.26	3462.50	3482.99	3450.40	3427.67	3302.82	3366.52	3518.42	3501.77	3511.38	3439.12
其中:活期存款	1278.54	1257.85	1287.30	1266.17	1287.86	1331.64	1268.64	1284.74	1247.04	1271.08	1226.88	1222.59
定期存款	1065.49	1088.87	1179.47	1217.28	1218.11	1169.86	1167.44	1220.06	1310.18	1280.04	1292.49	1258.45
通知存款	62.93	65.93	73.09	68.42	74.44	77.86	75.73	61.96	86.32	76.91	70.35	74.62
保证金存款	773.40	791.15	893.77	900.86	841.00	820.76	765.34	772.41	828.43	824.95	869.76	831.41
2. 个人存款	707.63	726.42	738.43	740.25	751.24	738.43	749.73	747.19	741.85	740.66	741.28	752.48
储蓄存款	633.64	661.23	668.29	676.59	690.80	680.89	690.94	691.17	682.33	682.21	682.11	692.98
保证金存款	1.96	1.89	1.96	2.11	2.16	2.12	2.25	2.23	2.18	2.24	2.07	1.98
结构性存款	72.03	63.30	68.18	61.55	58.28	55.42	56.54	53.79	57.34	56.21	57.10	57.52
3. 其他存款	187.38	219.21	214.72	208.26	206.42	248.87	192.74	231.15	226.78	218.61	237.94	194.38
二、同业往来(来源方)	794.33	896.98	1026.31	1116.53	1163.17	1035.84	1013.63	1034.89	1082.27	1090.74	1107.20	1160.71
三、外汇买卖	3876.93	3867.97	3768.17	3829.10	3797.24	3731.82	3684.62	3579.90	3355.46	3364.92	3398.17	3537.73
四、其他	962.31	962.52	991.39	949.57	1076.69	1122.73	1062.37	1033.07	1060.82	1071.00	1096.36	1094.80
资金来源总计	9736.80	9906.37	10201.52	10326.70	10445.17	10305.35	10005.90	9992.71	9985.61	9987.71	10092.34	10179.22
运用方项目												
一、各项贷款	7120.10	7302.92	7543.46	7679.07	7736.66	7758.24	7570.83	7512.50	7657.10	7665.74	7685.56	7768.73
(一)境内贷款	5231.86	5398.87	5618.23	5746.10	5763.27	5673.15	5470.70	5392.51	5502.49	5483.72	5466.52	5469.24
1. 短期贷款	3416.52	3568.58	3763.41	3864.79	3904.94	3804.14	3584.25	3485.69	3573.76	3537.31	3522.39	3531.98
2. 中长期贷款	1776.12	1789.23	1812.48	1837.04	1813.29	1822.23	1838.05	1857.08	1876.45	1892.08	1889.27	1883.43
3. 融资租赁	24.04	25.96	26.97	27.73	28.39	31.03	31.73	33.08	35.76	37.16	36.97	37.51
4. 票据融资	2.49	2.21	2.55	3.06	3.21	3.16	2.86	2.75	3.15	3.16	3.61	3.57
5. 各项垫款	12.68	12.89	12.82	13.49	13.44	12.59	13.81	13.91	13.36	14.01	14.28	12.74

项目	2013.01	2013.02	2013.03	2013.04	2013.05	2013.06	2013.07	2013.08	2013.09	2013.10	2013.11	2013.12
(二)境外贷款	1888.25	1904.05	1925.23	1932.97	1973.39	2085.08	2100.13	2119.99	2154.61	2182.02	2219.04	2299.49
二、有价证券	478.70	480.23	468.50	465.56	506.88	495.08	490.95	493.83	466.35	437.19	452.05	475.56
三、股权及其他投资	255.67	259.47	256.95	258.59	256.09	255.35	257.92	260.55	266.23	267.46	267.12	271.34
四、同业往来(运用方)	1882.33	1863.75	1932.61	1923.47	1945.53	1796.68	1686.20	1725.83	1595.92	1617.32	1687.61	1663.58
资金运用总计	9736.80	9906.37	10201.52	10326.70	10445.17	10305.35	10005.90	9992.71	9985.61	9987.71	10092.34	10179.22

注:1. 本表机构包括中国人民银行、银行业存款类金融机构、信托投资公司、金融租赁公司和汽车金融公司。
　2. 银行业存款类金融机构包括银行、信用社和财务公司。
　3. 本表为正式数。

2013 年存款性公司概览

单位:亿元人民币

项目	2013.01	2013.02	2013.03	2013.04	2013.05	2013.06	2013.07	2013.08	2013.09	2013.10	2013.11	2013.12
国外净资产	264907.36	266856.44	269481.68	271844.99	272246.04	272681.59	271745.69	272039.23	272740.08	276649.71	279703.49	280986.36
国内信贷	814349.18	820002.08	846427.32	845308.39	851200.08	867997.53	869786.08	878960.97	899230.16	896149.07	903268.01	927007.02
对政府债权(净)	47476.27	46669.11	48554.78	44771.35	41282.10	41570.23	38023.19	38513.15	41580.08	35917.05	35348.99	49043.61
对非金融部门债权	707606.52	715405.05	729509.29	739524.83	745971.48	753846.57	761857.68	769186.06	780422.79	785824.67	790196.45	796463.77
对其他金融部门债权	59266.39	57927.91	68363.26	61012.22	63946.50	72580.73	69905.20	71261.77	77227.29	74407.35	77722.57	81499.64
货币和准货币	992129.25	998600.83	1035858.37	1032551.90	1042169.16	1054403.69	1052212.34	1061256.43	1077379.16	1070242.17	1079257.06	1106524.98
货币	311228.55	296103.24	310898.29	307648.42	310204.48	313499.82	310596.46	314085.91	312330.34	319509.38	324821.92	337291.05
流通中货币	62449.63	60313.65	55460.52	55607.15	54431.39	54063.91	54412.78	54925.35	56492.53	55595.72	56441.27	58574.44
单位活期存款	248778.91	235789.59	255437.78	252041.27	255773.08	259435.91	256183.68	259160.56	255837.81	263913.66	268380.65	278716.61
准货币	680900.71	702497.59	724960.08	724903.48	731964.68	740903.87	741615.88	747170.52	765048.82	750732.79	754435.13	769233.93
单位定期存款	202559.15	204964.77	215732.94	223899.56	227155.12	228029.08	226038.66	229495.56	239080.28	230220.99	230549.50	232696.58
个人存款	419143.32	436911.59	449007.48	439471.46	442270.15	453410.56	449302.32	450214.10	461958.18	452907.18	453818.58	467031.12
其他存款	59198.24	60621.23	60219.66	61532.45	62539.41	59464.23	66274.90	67460.85	64010.36	67604.61	70067.06	69506.23
不纳入广义货币的存款	25018.03	25359.43	26890.17	26783.59	26498.94	26580.60	25518.60	26127.59	26844.30	26601.47	26779.44	25940.33
债券	92667.47	93324.07	95986.00	97323.72	98376.22	99129.65	99823.46	101189.00	101362.22	102653.96	102868.35	103672.07
实收资本	30616.79	30657.29	30772.04	30862.61	30957.02	31215.56	31475.87	31697.69	31871.50	31961.82	32106.77	32765.57
其他(净)	-61175.01	-61083.10	-73597.57	-70368.44	-74555.22	-70650.38	-67498.51	-69270.52	-65486.94	-58660.64	-58040.11	-60909.58

2013 年黄金和外汇储备

项目	2013.01	2013.02	2013.03	2013.04	2013.05	2013.06	2013.07	2013.08	2013.09	2013.10	2013.11	2013.12
黄金储备(万盎司)	3389	3389	3389	3389	3389	3389	3389	3389	3389	3389	3389	3389
国家外汇储备(亿美元)	34100.61	33954.18	34426.49	35344.82	35148.07	34966.86	35478.10	35530.43	36626.62	37365.87	37894.51	38213.15

2013 年汇率

项目	2013.01	2013.02	2013.03	2013.04	2013.05	2013.06	2013.07	2013.08	2013.09	2013.10	2013.11	2013.12
一特别提款权单位折合人民币元(期末数)	9.7106	9.5100	9.3983	9.3872	9.2618	9.2925	9.3501	9.3506	9.4315	9.4474	9.4146	9.3892
一美元折合人民币(期末数)	6.3002	6.2779	6.2689	6.2208	6.1796	6.1787	6.1788	6.1709	6.1480	6.1425	6.1325	6.0969
一美元折合人民币(平均数)	6.2787	6.2842	6.2743	6.2471	6.1970	6.1718	6.1725	6.1708	6.1588	6.1393	6.1372	6.1160

2013 年货币当局资产负债表

单位:亿元人民币

项目	2013.01	2013.02	2013.03	2013.04	2013.05	2013.06	2013.07	2013.08	2013.09	2013.10	2013.11	2013.12
国外资产	248268.26	251277.32	254127.19	256912.77	257935.69	257853.95	257896.86	258881.69	261561.48	266047.16	270052.59	272233.53
外汇	240184.99	243222.54	246103.34	248946.77	249959.64	249868.78	249887.92	250866.64	253548.68	258043.26	262036.62	264270.04
货币黄金	669.84	669.84	669.84	669.84	669.84	669.84	669.84	669.84	669.84	669.84	669.84	669.84
其他国外资产	7413.43	7384.94	7354.02	7296.17	7306.21	7315.33	7339.10	7345.21	7342.96	7334.06	7346.13	7293.66
对政府债权	15313.69	15313.69	15313.69	15312.73	15312.73	15312.73	15312.73	15312.73	15312.73	15312.73	15312.73	15312.73
其中:中央政府	15313.69	15313.69	15313.69	15312.73	15312.73	15312.73	15312.73	15312.73	15312.73	15312.73	15312.73	15312.73
对其他存款性公司债权	14502.65	13002.97	11374.77	11649.89	11844.24	16182.04	16106.96	17108.11	16680.77	15543.31	15501.98	13147.90
对其他金融性公司债权	10038.40	10035.10	10025.94	10023.06	10022.82	10218.54	10217.05	10217.15	10242.23	10208.17	10207.13	8907.36

项目	2013.01	2013.02	2013.03	2013.04	2013.05	2013.06	2013.07	2013.08	2013.09	2013.10	2013.11	2013.12
对非金融性部门债权	24.99	24.99	24.99	24.99	24.99	24.99	24.99	24.99	24.99	24.99	24.99	24.99
其他资产	9783.57	8521.32	8073.84	6877.40	7004.87	7148.84	7138.57	7381.23	7369.00	7380.94	7369.73	7652.04
总资产	297931.57	298175.38	298940.43	300800.84	302145.34	306741.10	306697.16	308925.90	311191.20	314517.30	318469.15	317278.55
储备货币	252943.96	251965.27	253649.82	251510.58	249455.52	257776.47	254421.13	257316.70	263137.87	258407.14	260121.97	271023.09
货币发行	68818.55	67415.55	61330.87	60922.61	59636.61	59831.34	59663.68	60310.94	63041.13	61232.18	62059.05	64980.93
其他存款性公司存款	184125.41	184549.71	192318.96	190587.96	189818.91	197945.13	194757.45	197005.76	200096.74	197174.96	198062.92	206042.17
不计入储备货币的金融性公司存款	1253.92	1265.55	1349.94	1329.78	1327.10	1316.87	1310.73	1260.46	1268.28	1319.94	1314.26	1330.27
发行债券	13880.00	13880.00	13880.00	12830.00	11443.38	10381.79	9549.79	8246.42	7878.00	7772.00	7762.00	7762.00
国外负债	1000.06	1076.51	1295.98	1267.65	1220.51	1127.07	1162.07	1425.71	1817.84	1479.11	1875.83	2088.27
政府存款	23966.26	24473.34	22757.24	27647.64	32338.36	32329.99	36789.04	37140.37	34480.77	41163.00	41915.69	28610.60
自有资金	219.75	219.75	219.75	219.75	219.75	219.75	219.75	219.75	219.75	219.75	219.75	219.75
其他负债	4667.61	5294.96	5787.70	5995.45	6140.72	3589.16	3244.65	3316.49	2388.69	4156.35	5259.65	6244.57
总负债	297931.57	298175.38	298940.43	300800.84	302145.34	306741.10	306697.16	308925.90	311191.20	314517.30	318469.15	317278.55

2013 年货币供应量

单位：亿元人民币

项目	2013.01	2013.02	2013.03	2013.04	2013.05	2013.06	2013.07	2013.08	2013.09	2013.10	2013.11	2013.12
货币和准货币（M2）	992129.25	998600.83	1035858.37	1032551.90	1042169.16	1054403.69	1052212.34	1061256.43	1077379.16	1070242.17	1079257.06	1106509.15
货币（M1）	311228.55	296103.24	310898.29	307648.42	310204.48	313499.82	310596.46	314085.91	312330.34	319509.38	324821.92	337260.63
流通中货币（M0）	62449.63	60313.65	55460.52	55607.15	54431.39	54063.91	54412.78	54925.35	56492.53	55595.72	56441.27	58558.31

注：1. 自 2011 年 10 月起，货币供应量已包括住房公积金中心存款和非存款类金融机构在存款类金融机构的存款。
2. 本表为正式数。

2013 年交易所政府债券交易统计表

时期	总计						上交所				深交所			
	国债交易合计		现货		回购		现货		回购		现货		回购	
	成交金额（亿元）	成交量（万手）	成交金额（亿元）	成交量（万手）	成交金额（亿元）	成交量（万手）	成交金额（亿元）	成交量（万手）	成交金额（亿元）	成交量（万手）	成交金额（亿元）	成交量（万手）	成交金额（亿元）	成交量（万手）
2012 年累计	347242	3473099	881	9492	346361	3463607	873	8623	346361	3463607	9	869	0	0
2013.01	35286	352969	73	839	35213	352130	72	711	37882	378821	1	128	0	0
2013.02	26599	266059	62	691	26537	265368	61	606	28492	284917	1	85	0	0
2013.03	39513	395307	70	880	39443	394428	68	677	42336	423358	2	203	0	0
2013.04	34795	348060	77	880	34718	347180	76	749	37329	373291	1	131	0	0
2013.05	48748	487481	58	575	48691	486906	58	569	51846	518462	0	6	0	0
2013.06	46075	460979	69	685	46007	460293	69	678	46007	460293	0	7	0	0
2013.07	65260	652846	82	1060	65178	651785	79	784	65178	651785	3	276	0	0
2013.08	62633	626489	46	612	62588	625877	44	439	62588	625877	2	174	0	0
2013.09	51743	517647	52	735	51691	516912	50	504	51691	516912	2	231	0	0
2013.10	51712	517516	45	847	51667	516670	41	418	51667	516670	4	428	0	0
2013.11	64127	642285	73	1747	64053	640537	62	636	64053	640537	11	1111	0	0
2013.12	71555	716087	97	1492	71459	714595	91	926	71459	714595	5	566	0	0
2013 年累计	598047	5983725	804	11044	597243	5972681	771	7698	610527	6105518	33	3346	0	0

2013 年金融机构人民币信贷收支表

单位：亿元人民币

项目	2013.01	2013.02	2013.03	2013.04	2013.05	2013.06	2013.07	2013.08	2013.09	2013.10	2013.11	2013.12
来源方项目												
一、各项存款	929345.33	937065.14	979300.53	978299.69	993113.83	1009122.27	1006548.49	1014623.66	1030891.62	1026864.61	1032336.46	1043846.86
1. 单位存款	459954.72	449264.28	479933.90	484580.88	491665.71	496211.68	490832.39	497709.71	504185.87	503468.57	507886.90	520825.90
其中：活期存款	197040.55	186509.07	200035.26	197323.07	199349.27	202133.99	199459.34	201388.87	199814.19	205201.15	207472.34	216591.39
定期存款	126419.63	128984.38	134182.24	137760.71	140830.36	142692.92	143306.52	144688.65	147606.58	145942.45	145523.99	147524.01
通知存款	14862.32	15284.14	17037.19	17739.86	17033.70	17152.65	15818.69	16302.32	22761.73	17414.98	17178.04	17146.34
保证金存款	54049.00	52956.82	56453.04	58457.46	58785.31	57286.55	54889.69	56261.47	56053.22	54439.72	54839.58	55934.72
2. 个人存款	418617.80	436349.18	448429.63	438927.32	441700.92	452958.27	448839.66	449663.30	461443.30	452275.09	453313.20	466502.39

项目	2013.01	2013.02	2013.03	2013.04	2013.05	2013.06	2013.07	2013.08	2013.09	2013.10	2013.11	2013.12
储蓄存款	406604.02	423966.63	436781.89	426687.75	429396.78	436697.07	432105.24	434281.04	443126.98	436004.32	437201.42	447601.57
保证金存款	555.11	584.98	644.06	674.54	692.72	688.22	709.42	740.02	739.83	738.15	710.64	705.32
结构性存款	11458.68	11797.57	11003.68	11565.03	11611.42	15572.97	16025.00	14642.24	17576.49	15532.62	15401.13	18195.50
3. 财政性存款	27725.09	27968.20	25315.73	30539.96	35172.46	33953.44	40498.72	41897.24	38965.12	45173.37	44738.32	30133.47
4. 临时性存款	1709.72	1980.62	1848.62	1775.60	1728.25	1832.17	1816.96	1542.59	1511.38	1631.71	1966.93	1661.06
5. 委托存款	355.20	400.70	357.84	377.84	297.68	197.14	311.32	302.30	216.38	318.64	278.83	354.33
6. 其他存款	20982.79	21102.16	23414.80	22098.10	22548.81	23969.58	24249.43	23508.52	24569.57	23997.22	24152.29	24369.72
二、金融债券	6251.79	5546.38	5507.98	4686.61	4712.01	4375.30	5415.02	6001.68	5727.98	6340.18	4994.62	6681.00
三、流通中货币	62449.63	60313.65	55460.52	55607.15	54431.39	54063.91	54412.78	54925.35	56492.53	55595.72	56441.27	58574.44
四、对国际金融机构负债	774.58	807.48	794.18	786.81	844.94	805.81	814.09	850.90	849.51	843.84	840.56	854.45
五、其他	44430.69	49558.74	30058.51	45336.31	42902.57	39799.49	51785.32	52469.83	48441.77	62977.43	69159.42	64709.41
资金来源总计	1043252.03	1053291.38	1071121.71	1084716.57	1096004.75	1108166.78	1118975.70	1128871.41	1142403.41	1152621.77	1163772.34	1174666.17
运用方项目												
一、各项贷款	640766.52	646966.40	657591.82	665514.79	672208.97	680837.17	687834.50	694962.17	702832.25	707891.86	714137.43	718961.46
(一)境内贷款	638938.36	645145.94	655766.92	663681.20	670378.57	678986.08	685971.46	693104.59	700980.22	706038.00	712291.87	717087.69
1. 短期贷款	253161.74	254808.47	259871.78	261814.31	263724.02	269169.54	272569.62	275514.39	280494.79	283155.77	286360.68	290237.82
2. 中长期贷款	358843.17	363049.20	367239.22	371300.32	375047.10	378832.85	383214.69	387447.28	391819.68	394793.93	397468.98	398862.41
3. 融资租赁	6166.88	6295.77	6472.84	6668.72	6806.06	6996.84	7185.93	7247.32	7307.62	7393.48	7528.35	7660.83
4. 票据融资	20155.21	20336.16	21519.63	23200.89	24064.95	23283.15	22242.64	22118.03	20593.57	19887.39	20078.14	19594.00
5. 各项垫款	611.35	656.34	663.45	696.96	736.45	703.69	758.59	777.57	764.55	807.43	855.72	732.63
(二)境外贷款	1828.16	1820.46	1824.90	1833.59	1830.40	1851.09	1863.04	1857.59	1852.03	1853.87	1845.56	1873.76
二、有价证券	113692.62	114159.26	116270.95	117806.89	118523.98	119373.30	121728.97	123974.29	125479.61	125969.84	125332.48	125399.38
三、股权及其他投资	21100.02	21544.16	24293.56	25498.21	28696.49	31828.05	33518.45	33765.59	36649.75	36906.21	38457.92	41751.79
四、黄金占款	669.84	669.84	669.84	669.84	669.84	669.84	669.84	669.84	669.84	669.84	669.84	669.84
五、外汇占款	265370.07	268324.33	270687.35	273630.89	274299.51	273887.46	273642.72	273915.92	275179.54	279595.56	283575.03	286303.83
六、在国际金融机构资产	1652.96	1627.40	1608.19	1595.95	1605.96	1570.95	1581.22	1583.61	1592.43	1588.46	1599.63	1579.87
资金运用总计	1043252.03	1053291.38	1071121.71	1084716.57	1096004.75	1108166.78	1118975.70	1128871.41	1142403.41	1152621.77	1163772.34	1174666.17

注:1. 本表机构包括中国人民银行、银行业存款类金融机构、信托投资公司、金融租赁公司和汽车金融公司。
2. 银行业存款类金融机构包括银行、信用社和财务公司。
3. 本表为正式数。

2013 年其他存款性公司资产负债表

单位:亿元人民币

项目	2013.01	2013.02	2013.03	2013.04	2013.05	2013.06	2013.07	2013.08	2013.09	2013.10	2013.11	2013.12
国外资产	27723.16	27746.61	28622.03	29147.26	28938.34	28686.42	27942.68	28288.25	27768.63	28082.44	28393.79	28814.09
储备资产	190024.58	191255.88	197788.45	195424.39	194407.98	203119.83	199407.73	201711.34	206057.31	202117.10	203008.64	211775.57
准备金存款	183655.68	184154.00	191918.13	190108.95	189202.79	197352.41	194156.85	196325.77	199508.73	196480.66	197390.88	205369.11
库存现金	6368.90	7101.88	5870.33	5315.44	5205.19	5767.41	5250.87	5385.56	6548.58	5636.44	5617.76	6406.46
对政府债权	56128.84	55828.77	55998.33	57106.25	58307.73	58587.49	59499.49	60340.79	60748.12	61767.31	61951.94	62341.47
其中:中央政府	56128.84	55828.77	55998.33	57106.25	58307.73	58587.49	59499.49	60340.79	60748.12	61767.31	61951.94	62341.47
对中央银行债权	13136.86	13655.22	15209.93	14574.73	13208.41	10183.55	8463.48	6714.09	6135.86	6001.37	7790.54	10301.42
对其他存款性公司债权	241343.44	243692.65	262063.19	258747.35	262053.61	259553.69	249807.43	249282.47	253805.32	249803.84	252520.44	260441.97
对其他金融机构债权	49227.99	47892.82	58337.31	50989.16	53923.68	62362.19	59688.16	61044.62	66985.06	64199.18	67515.44	72592.28
对非金融机构债权	542722.66	549301.30	559589.05	565912.63	568568.56	573036.26	578023.44	581988.72	589767.90	593174.74	594993.02	599575.15
对其他居民部门债权	164858.87	166078.76	169895.24	173587.21	177377.93	180785.31	183809.26	187172.35	190629.91	192624.95	195178.45	196863.63
其他资产	65439.35	66232.25	66392.12	68220.06	69934.88	70700.07	70928.85	73558.13	71913.72	83228.81	86901.77	82045.96
总资产	1350605.74	1361684.24	1413895.66	1413709.04	1426721.12	1447014.81	1437570.50	1450100.74	1473811.82	1480999.74	1498254.03	1524751.55
对非金融机构及住户负债	901583.49	908402.13	952641.85	947710.32	957154.51	972848.07	962700.27	970528.97	989356.03	981236.43	987091.12	1012778.84
纳入广义货币的存款	870481.38	877665.95	920178.20	915412.30	925198.36	940875.55	931524.67	938870.22	956876.28	947041.83	952748.73	978444.31
单位活期存款	248778.91	235789.59	255437.78	252041.27	255773.08	259435.91	256183.68	259160.56	255837.81	263913.66	268380.65	278716.61
单位定期存款	202559.15	204964.77	215732.94	223899.56	227155.12	228029.08	226038.66	229495.56	239080.28	230220.99	230549.50	232696.58
个人存款	419143.32	436911.59	449007.48	439471.46	442270.15	453410.56	449302.32	450214.10	461958.18	452907.18	453818.58	467031.12
不纳入广义货币的存款	25018.03	25359.43	26890.17	26783.59	26498.94	26580.60	25518.60	26127.59	26844.30	26601.47	26779.44	25940.33
可转让存款	8028.59	7896.63	8069.95	7876.57	7958.47	8227.78	7838.66	7928.00	7666.78	7807.58	7523.82	7453.98
其他存款	16989.43	17462.80	18820.22	18907.02	18540.47	18352.82	17679.95	18199.59	19177.52	18793.89	19255.62	18486.35
其他负债	6084.08	5376.75	5573.48	5514.44	5457.21	5391.91	5657.00	5531.15	5635.45	7593.13	7562.95	8394.20

项目	2013.01	2013.02	2013.03	2013.04	2013.05	2013.06	2013.07	2013.08	2013.09	2013.10	2013.11	2013.12
对中央银行负债	11936.30	10435.61	8881.29	9170.42	10007.66	14428.86	14245.97	15317.94	15030.26	13868.91	13835.97	11663.21
对其他存款性公司负债	106441.39	106427.95	111646.03	107714.80	107611.03	107641.31	101649.79	97947.28	102469.50	102394.22	106614.16	110397.95
对其他金融性公司负债	64567.04	67431.70	64524.71	67990.75	69155.81	65250.27	72383.47	73375.20	69570.32	73986.32	76668.49	74804.70
其中:计入广义货币的存款	59198.24	60621.23	60219.66	61532.45	62539.41	59464.23	66274.90	67460.85	64010.36	67604.61	70067.06	69506.23
国外负债	10084.00	11090.97	11971.56	12947.40	13407.48	12731.70	12931.78	13705.00	14772.20	16000.78	16867.06	17973.00
债券发行	92667.47	93324.07	95986.00	97323.72	98376.22	99129.65	99823.46	101189.00	101362.22	102653.96	102868.35	103672.07
实收资本	30397.04	30437.53	30552.29	30642.86	30737.27	30995.81	31256.12	31477.94	31651.75	31742.07	31887.01	32545.82
其他负债	132929.02	134134.27	137691.93	140208.77	140271.14	143989.14	142579.64	146559.41	149599.55	159117.05	162421.87	160915.95
总负债	1350605.74	1361684.24	1413895.66	1413709.04	1426721.12	1447014.81	1437570.50	1450100.74	1473811.82	1480999.74	1498254.03	1524751.55

2013 年全国股票交易统计表

时期	总股本(亿股)		市价总值(亿元)		成交金额(亿元)		成交量(百万股)	
	上海	深圳	上海	深圳	上海	深圳	上海	深圳
2012 年累计					164460.85	150122.42	1892842.61	1393211.64
2013.01	24691.96	7251.21	167496.85	76411.43	22660.36	20541.61	268183.92	197195.64
2013.02	24717.41	7262.96	166305.89	79210.33	16318.71	13953.79	183101.66	126486.20
2013.03	24734.11	7320.68	157311.68	76373.29	20452.18	18243.64	233440.52	168378.92
2013.04	24787.49	7427.35	153372.45	75269.44	12886.83	12853.22	150143.04	116816.43
2013.05	24895.56	7691.96	162317.72	85437.03	20969.94	24048.29	230523.34	212657.15
2013.06	25251.08	7855.34	139774.52	73038.39	13326.41	15166.50	155526.53	140672.09
2013.07	25395.39	7946.31	141092.00	77439.83	18236.37	23266.26	216981.27	211099.26
2013.08	25460.05	7953.52	148444.65	81747.46	20726.10	24435.32	249495.86	224354.17
2013.09	25498.70	7990.27	154176.00	87100.42	25465.75	21417.54	300767.81	199206.38
2013.10	25561.84	8006.38	151969.82	84224.69	21016.55	22438.76	238267.64	199732.00
2013.11	25599.54	8021.81	157701.32	89983.29	19287.39	20807.16	219559.22	185408.29
2013.12	25751.69	8070.35	151165.27	87911.92	18262.18	21290.50	210382.23	183375.53
2013 年累计					229608.76	238462.59	2656373.03	2165382.06

时期	最高综合股价指数				最低综合股价指数			
	上海		深圳		上海		深圳	
	A 股	B 股	A 股	B 股	A 股	B 股	A 股	B 股
2012 年累计								
2013.01	2503.61	279.54	983.89	880.49	2339.65	245.79	906.10	718.81
2013.02	2558.83	288.09	1017.16	873.25	2396.67	265.48	969.06	806.73
2013.03	2480.23	278.63	1022.37	849.69	2332.67	259.28	950.31	771.38
2013.04	2358.45	267.19	989.80	829.65	2267.02	250.13	928.71	755.30
2013.05	2443.46	270.53	1092.54	883.87	2262.08	251.29	944.36	803.96
2013.06	2421.55	267.69	1084.14	880.91	1935.59	222.91	850.89	707.56
2013.07	2190.61	245.87	1027.67	789.02	2037.07	229.64	919.62	742.76
2013.08	2302.00	251.13	1074.82	825.92	2090.13	236.18	986.20	770.50
2013.09	2376.60	258.33	1109.42	841.76	2175.58	239.88	1035.30	803.66
2013.10	2347.80	260.40	1155.10	865.70	2190.90	243.00	1036.50	817.70
2013.11	2338.98	255.60	1138.37	881.10	2176.24	238.31	1031.33	812.73
2013.12	2366.63	260.58	1120.60	899.15	2164.91	245.89	1053.88	845.98
2013 年累计								

2013 年城镇储户收入与物价扩散指数表

	2013.Q1	2013.Q2	2013.Q3	2013.Q4
当期收入感受指数	54.6	50.7	49.9	50.3
未来收入信心指数	55.8	53.8	52.8	54.1
当期物价满意指数	20.0	21.8	21.4	20.5
未来物价预期指数	66.9	66.8	70.5	72.2

2013 年企业家信心指数与企业景气指数表

	2013.01	2013.02	2013.03	2013.04
企业家信心指数	68.0	63.8	62.8	65.9
企业景气指数	62.6	57.1	56.3	58.1

2013 年企业商品价格指数

以上年同月为 100

日期	总指数	农产品	矿产品	煤油电
2013.01	98.9	103.0	97.8	98.3
2013.02	98.9	105.1	98.1	98.1
2013.03	98.3	101.6	98.0	97.3
2013.04	97.9	103.5	96.4	95.0
2013.05	97.7	102.4	96.5	94.2
2013.06	98.1	104.4	95.8	95.6
2013.07	98.8	106.1	95.7	97.8
2013.08	99.3	105.3	98.0	98.3
2013.09	99.6	106.7	99.7	98.2
2013.10	99.7	108.1	99.1	97.9
2013.11	99.6	106.8	98.7	97.9
2013.12	99.3	103.7	98.0	98.5

2013 年全国银行间市场债券质押式回购交易期限分类统计表

单位:亿元、%

时期	1 天		7 天		14 天		21 天		1 个月		2 个月	
	成交金额	加权平均利率	成交金额	加权平均利率	成交金额	加权平均利率	成交金额	加权平均利率	成交金额	加权平均利率	成交金额	加权平均利率
2012 年累计	1109323.44		172165.20		47389.97		9913.14		13154.85		8119.80	
2013.01	115469.72	2.09	12420.18	3.09	3339.96	3.04	627.24	3.87	1017.04	3.94	466.41	3.99
2013.02	78500.36	2.68	9365.99	3.46	6943.96	3.87	1762.66	3.78	489.74	4.02	695.87	4.16
2013.03	109238.31	2.29	15328.72	3.15	4260.27	3.36	1190.95	3.31	1793.62	3.39	335.03	3.68
2013.04	119261.86	2.37	15178.16	3.35	4286.49	3.72	1121.48	3.79	1618.94	3.77	440.79	3.48
2013.05	118167.49	2.87	15100.59	3.65	3518.49	3.72	1028.26	3.68	3180.13	3.93	644.69	3.69
2013.06	86198.39	6.72	20222.64	7.02	7366.72	6.90	911.33	7.03	2271.19	7.81	1094.34	7.79
2013.07	93484.11	3.36	18285.36	4.18	6205.02	4.42	871.58	4.74	2551.59	5.34	326.16	5.44
2013.08	96834.24	3.23	17371.64	4.07	4131.87	4.74	1107.82	4.84	2120.02	4.77	537.10	5.14
2013.09	89685.17	3.17	13421.23	3.76	9419.21	4.74	2533.33	5.05	3494.12	5.31	899.57	5.10
2013.10	83391.25	3.63	16272.16	4.35	5422.12	4.46	1047.15	5.63	2013.50	5.47	697.07	5.58
2013.11	108396.01	3.92	19985.64	4.52	3976.86	5.29	849.16	5.90	2203.65	6.07	629.10	6.02
2013.12	103108.46	3.84	23667.56	5.26	5915.91	5.80	1211.92	6.08	1991.51	6.41	1497.54	6.26
2013 年累计	1201735.37		196619.85		64786.87		14262.88		24745.05		8263.68	

时期	3 个月		4 个月		6 个月		9 个月		1 年		成交金额合计	加权平均利率
	成交金额	加权平均利率	成交金额	加权平均利率	成交金额	加权平均利率	成交金额	加权平均利率	成交金额	加权平均利率		
2012 年累计	4421.12		611.67		803.97		88.69		182.09		1366173.92	
2013.01	1077.10	3.77	28.34	3.84	65.75	3.81	4.44	3.77	0.00	–	134516.17	2.25
2013.02	527.43	3.71	147.78	4.01	83.97	3.83	0.00	–	9.20	4.00	98526.95	2.89
2013.03	409.75	3.52	61.89	3.78	51.70	4.03	4.50	4.20	37.21	4.44	132711.98	2.46
2013.04	235.16	3.63	1.50	4.03	41.74	3.95	0.00	–	88.64	4.19	142274.77	2.55
2013.05	174.94	3.84	39.20	3.95	29.85	4.53	9.99	3.79	0.00	–	141893.62	3.01
2013.06	917.57	6.65	49.88	6.68	190.85	7.24	49.08	7.08	15.45	6.10	119287.43	6.82
2013.07	434.55	5.09	17.09	4.88	73.85	5.01	2.76	5.21	98.59	5.04	122350.66	3.60
2013.08	265.94	5.40	28.58	5.34	21.63	5.34	15.50	5.49	58.00	5.42	122492.32	3.45
2013.09	450.30	5.58	33.12	5.35	71.51	5.66	111.75	5.57	0.14	5.80	120119.46	3.49
2013.10	911.39	5.14	8.84	5.39	162.73	5.60	1.84	5.45	5.95	5.97	109934.00	3.86
2013.11	716.43	6.43	86.53	5.86	64.75	6.34	22.96	5.04	44.62	5.94	136975.70	4.12
2013.12	947.37	6.96	110.37	6.34	186.54	6.62	10.96	6.26	26.02	6.24	138674.15	4.28
2013 年累计	7067.93		613.12		1044.83		233.78		383.81		1519757.22	

2013 年全国银行间同业拆借市场交易期限分类统计表

单位:亿元人民币

时期	1 天		7 天		14 天		21 天	
	交易量	加权平均利率(%)	交易量	加权平均利率(%)	交易量	加权平均利率(%)	交易量	加权平均利率(%)
2012 年累计	402814.34		41933.68		12068.18		2369.66	
2013.01	33895.94	2.13	3046.53	3.27	719.29	3.14	90.70	3.68
2013.02	23009.98	2.59	3102.25	3.44	1139.69	3.67	194.50	4.00
2013.03	30720.14	2.31	4301.97	3.22	563.78	3.47	97.60	3.32
2013.04	37910.70	2.38	3159.80	3.37	737.84	3.50	345.10	3.32
2013.05	38621.84	2.80	3953.07	3.71	863.70	3.69	67.45	3.34
2013.06	11323.68	6.43	3125.46	6.98	804.81	7.07	31.90	7.13
2013.07	18775.21	3.34	3758.59	4.10	806.55	4.24	101.30	4.58
2013.08	19591.53	3.23	3911.06	4.10	674.74	4.52	96.78	4.83
2013.09	22370.68	3.22	3892.11	3.87	1911.11	4.64	472.75	4.57
2013.10	16880.36	3.62	3311.30	4.39	1157.56	4.24	91.90	5.04
2013.11	20190.35	3.88	4623.07	4.53	1057.25	5.08	34.07	6.01
2013.12	16345.10	3.71	3839.01	5.17	1142.75	5.63	204.20	5.51
2013 年累计	289635.51		44024.21		11579.07		1828.25	

时期	30 天		60 天		90 天		120 天	
	交易量	加权平均利率(%)	交易量	加权平均利率(%)	交易量	加权平均利率(%)	交易量	加权平均利率(%)
2012 年累计	4476.23		1625.57		1169.51		81.17	

2013.01	233.50	3.89	69.00	4.17	221.94	4.11	16.80	3.86
2013.02	336.89	4.16	70.46	3.75	34.18	4.03	10.90	4.48
2013.03	766.60	3.41	38.40	3.87	111.70	4.24	1.00	3.88
2013.04	588.26	3.66	52.85	3.52	115.72	3.88	2.00	4.20
2013.05	748.42	3.88	68.65	3.57	53.20	4.26	1.70	4.03
2013.06	160.51	6.79	57.30	6.44	85.89	5.92	3.10	5.00
2013.07	352.31	5.23	51.76	5.07	152.05	5.08	3.16	4.43
2013.08	254.99	4.67	54.87	5.27	83.55	5.24	1.90	5.80
2013.09	446.83	5.18	83.38	5.41	125.06	5.46	6.32	4.57
2013.10	439.50	5.26	116.09	5.05	225.30	5.32	4.00	4.30
2013.11	390.25	5.75	159.46	5.68	334.61	6.45	1.65	4.63
2013.12	351.60	5.82	211.94	6.18	205.04	6.10	14.50	5.35
2013 年累计	5069.66		1034.15		1748.24		67.03	
时期	6 个月		9 个月		1 年			
	交易量	加权平均利率(%)	交易量	加权平均利率(%)	交易量	加权平均利率(%)		
2012 年累计	379.39		28.94		97.00			
2013.01	40.70	4.16	0.00	–	9.20	4.48		
2013.02	1.00	4.40	0.00	–	6.00	4.42		
2013.03	2.00	4.30	0.00	–	2.50	4.33		
2013.04	4.50	4.01	0.00	–	1.00	4.00		
2013.05	0.00	–	0.00	–	0.85	4.33		
2013.06	23.05	5.91	0.00	–	10.50	3.97		
2013.07	6.20	5.01	0.10	4.80	8.00	5.23		
2013.08	13.90	4.98	0.10	–	15.11	5.49		
2013.09	–	–	1.70	5.09	17.70	5.51		
2013.10	6.90	5.78	–	–	10.00	5.72		
2013.11	8.30	5.25	–	–	–	–		
2013.12	12.37	7.00	–	–	1.80	6.47		
2013 年累计	118.92		1.90		82.66			

2013 年地区社会融资规模统计表

单位:亿元人民币

地区	地区社会融资规模	其中:						
		人民币贷款	外币贷款(折合人民币)	委托贷款	信托贷款	未贴现银行承兑汇票	企业债券	非金融企业境内股票融资
北京	12556.00	3954.00	844.00	2552.00	286.00	257.00	4246.00	164.00
天津	4910.00	2028.00	437.00	552.00	529.00	397.00	802.00	39.00
河北	6247.00	3042.00	5.00	813.00	843.00	720.00	349.00	91.00
山西	3701.00	1774.00	37.00	711.00	168.00	148.00	678.00	39.00
内蒙古	2730.00	1636.00	8.00	245.00	401.00	–124.00	288.00	161.00
辽宁	5654.00	3163.00	256.00	815.00	–49.00	612.00	564.00	67.00
吉林	2172.00	1532.00	–3.00	280.00	61.00	10.00	117.00	50.00
黑龙江	3333.00	1436.00	82.00	407.00	1120.00	–32.00	167.00	26.00
上海	7964.00	3177.00	267.00	1884.00	1783.00	26.00	494.00	85.00
江苏	12070.00	7208.00	–65.00	1901.00	482.00	432.00	1624.00	49.00
浙江	8345.00	5491.00	302.00	1365.00	724.00	–1090.00	871.00	130.00
安徽	4969.00	2761.00	115.00	607.00	551.00	277.00	358.00	117.00
福建	6923.00	3183.00	301.00	1022.00	1562.00	64.00	532.00	36.00
江西	3898.00	1979.00	8.00	383.00	917.00	147.00	282.00	34.00
山东	10838.00	4613.00	410.00	1329.00	935.00	2036.00	1128.00	44.00
河南	5691.00	3004.00	151.00	577.00	269.00	512.00	861.00	81.00
湖北	6114.00	2756.00	110.00	781.00	1096.00	529.00	517.00	101.00
湖南	4165.00	2395.00	64.00	417.00	136.00	362.00	526.00	126.00
广东	13826.00	8223.00	293.00	1960.00	886.00	1106.00	599.00	193.00
广西	2801.00	1698.00	27.00	543.00	0.00	60.00	256.00	7.00
海南	1084.00	592.00	160.00	131.00	0.00	72.00	97.00	0.00
重庆	5031.00	2222.00	183.00	845.00	466.00	346.00	528.00	109.00
四川	7137.00	3951.00	174.00	1449.00	693.00	–275.00	510.00	86.00
贵州	3541.00	1821.00	–20.00	485.00	486.00	525.00	178.00	5.00
云南	4268.00	1928.00	27.00	564.00	1157.00	62.00	280.00	101.00

西藏	773.00	412.00	0.00	21.00	315.00	12.00	-20.00	25.00
陕西	4254.00	2350.00	55.00	677.00	268.00	245.00	485.00	52.00
甘肃	2617.00	1585.00	36.00	253.00	11.00	289.00	225.00	107.00
青海	1229.00	603.00	43.00	86.00	292.00	26.00	153.00	0.00
宁夏	664.00	568.00	6.00	67.00	0.00	-32.00	16.00	2.00
新疆	2854.00	1916.00	80.00	-152.00	347.00	94.00	332.00	91.00

注1:地区社会融资规模是指一定时期和一定区域内实体经济从金融体系获得的资金总额,是增量概念。
注2:表中数据为初步统计数。
注3:数据来源于人民银行、发改委、证监会、保监会、中央国债登记结算有限责任公司和银行间市场交易商协会等。
注4:由金融机构总行(或总部)提供的社会融资规模为1.09万亿元。

2013年商业银行主要监管指标情况表(法人)

单位:亿元、%

项目＼时间	2013年			
	一季度	二季度	三季度	四季度
(一)信用风险指标				
不良贷款余额	5265	5395	5636	5921
其中:次级类贷款	2242	2335	2381	2538
可疑类贷款	2379	2413	2504	2574
损失类贷款	643	648	750	809
不良贷款率	0.96%	0.96%	0.97%	1.00%
其中:次级类贷款	0.41%	0.42%	0.41%	0.43%
可疑类贷款	0.44%	0.43%	0.43%	0.43%
损失类贷款	0.12%	0.12%	0.13%	0.14%
贷款损失准备	15370	15781	16175	16740
拨备覆盖率	291.95%	292.50%	287.03%	282.70%
(二)流动性指标				
流动性比例	45.36%	43.68%	42.80%	44.03%
存贷比	64.68%	65.17%	65.63%	66.08%
人民币超额备付金率	2.58%	2.63%	2.45%	2.54%
(三)效益性指标				
净利润(本年累计)	3688	7531	11216	14180*
资产利润率	1.37%	1.38%	1.36%	1.27%
资本利润率	21.00%	21.19%	20.67%	19.17%
净息差	2.57%	2.59%	2.63%	2.68%
非利息收入占比	23.84%	23.73%	22.46%	21.15%
成本收入比	29.18%	29.44%	30.21%	32.90%
(四)资本充足指标**				
核心一级资本净额**	68847	70366	72600	75793
一级资本净额**	68847	70366	72600	75793
资本净额**	85855	87450	89607	92856
信用风险加权资产**	643351	658238	679386	696583
市场风险加权资产**	6254	6658	6304	6067
操作风险加权资产**	49492	49625	49714	59124
核心一级资本充足率**	9.85%	9.85%	9.87%	9.95%
一级资本充足率**	9.85%	9.85%	9.87%	9.95%
资本充足率**	12.28%	12.24%	12.18%	12.19%
(五)市场风险指标				
累计外汇敞口头寸比例***	3.77%	4.24%	3.77%	3.68%
(六)不良贷款分机构指标				

项目＼时间	2013年							
	一季度		二季度		三季度		四季度	
	不良贷款余额	不良贷款率	不良贷款余额	不良贷款率	不良贷款余额	不良贷款率	不良贷款余额	不良贷款率
商业银行	5265	0.96%	5395	0.96%	5636	0.97%	5921	1.00%
大型商业银行	3241	0.98%	3254	0.97%	3365	0.98%	3500	1.00%
股份制商业银行	896	0.77%	956	0.80%	1026	0.83%	1091	0.86%
城市商业银行	454	0.83%	496	0.86%	526	0.87%	548	0.88%

项目　　　　时间	2013 年							
	一季度		二季度		三季度		四季度	
农村商业银行	612	1.73%	625	1.63%	656	1.62%	726	1.67%
外资银行	62	0.59%	63	0.60%	62	0.57%	56	0.51%

注:为 1－12 月累计净利润。我国自 2013 年 1 月 1 日起施行《商业银行资本管理办法(试行)》(以下称《新办法》),原《商业银行资本充足率管理办法》同时废止。因此,自 2013 年 1 季度起,表中披露的资本充足率相关指标调整为按照《新办法》计算的数据结果,与历史数据不直接可比。由于《新办法》下资本充足率的计算方法更趋严格,比如新增操作风险资本要求、对合格资本工具采用更严格定义、对信用风险权重进行调整、取消市场风险的计算门槛等因素,按《新办法》计算的资本充足率总体有所下降。

2013 年社会融资规模统计表

单位:亿元人民币

项目	2013.01	2013.02	2013.03	2013.04	2013.05	2013.06	2013.07	2013.08	2013.09	2013.10	2013.11	2013.12
社会融资规模	25446	10705	25503	17629	11871	10375	8191	15840	14113	8640	12269	12322
其中:人民币贷款	10721	6200	10625	7923	6694	8628	6997	7128	7870	5060	6246	4825
外币贷款(折合人民币)	1795	1149	1509	847	357	133	－1157	－360	891	53	122	509
委托贷款	2061	1426	1748	1926	1967	1990	1927	2938	2217	1834	2704	2727
信托贷款	2108	1825	4312	1942	971	1208	1151	1209	1130	431	1006	1155
未贴现银行承兑汇票	5798	－1823	2731	2218	－1141	－2615	－1777	3049	－79	－345	60	1674
企业债券	2249	1454	3870	2039	2230	323	476	1238	1437	1072	1383	251
非金融企业境内股票融资	244	165	208	274	231	126	128	136	113	78	147	369

注:1. 社会融资规模是指一定时期内实体经济从金融体系获得的资金总额,是增量概念。
2. 当期数据为初步统计数。
3. 数据来源于人民银行、发改委、证监会、保监会、中央国债登记结算有限责任公司和银行间市场交易商协会等。

2013 年银行业金融机构资产负债情况表(境内)

单位:亿元、%

1. 银行业金融机构

项目　　　　时间	2013 年											
	1 月	2 月	3 月	4 月	5 月	6 月	7 月	8 月	9 月	10 月	11 月	12 月
总资产	1325039	1335048	1384437	1383492	1395719	1413441	1404551	1416772	1439201	1436976	1453283	1480467
比上年同期增长率	18.70%	17.30%	16.70%	17.00%	16.30%	13.50%	14.30%	14.50%	13.90%	14.30%	14.40%	12.80%
总负债	1236928	1245279	1293255	1290900	1301643	1319837	1310696	1321506	1342105	1338690	1353825	1379242
比上年同期增长率	18.70%	17.10%	16.50%	16.80%	16.20%	13.20%	14.00%	14.40%	13.60%	14.10%	14.20%	12.50%

2. 大型商业银行

项目　　　　时间	2013 年											
	1 月	2 月	3 月	4 月	5 月	6 月	7 月	8 月	9 月	10 月	11 月	12 月
总资产	580424	581904	607289	593560	599062	612511	602244	603814	620146	611280	614103	626638
比上年同期增长率	10.70%	9.50%	8.90%	8.70%	9.40%	7.30%	8.80%	8.80%	8.60%	9.00%	9.20%	8.20%
占银行业金融机构比例	43.80%	43.60%	43.90%	42.90%	42.90%	43.30%	42.90%	42.60%	43.10%	42.50%	42.30%	42.30%
总负债	540467	541110	565794	551328	556071	570543	560561	561643	577279	567925	570394	582689
比上年同期增长率	10.30%	9.00%	8.40%	8.20%	8.90%	6.70%	8.40%	8.50%	8.20%	8.70%	9.00%	7.90%
占银行业金融机构比例	43.70%	43.50%	43.70%	42.70%	42.70%	43.20%	42.80%	42.50%	43.00%	42.40%	42.10%	42.20%

3. 股份制商业银行

项目　　　　时间	2013 年											
	1 月	2 月	3 月	4 月	5 月	6 月	7 月	8 月	9 月	10 月	11 月	12 月
总资产	237858	239371	248872	256060	257787	257861	256081	260175	260160	261638	266402	267410
比上年同期增长率	32.90%	29.60%	28.80%	30.10%	28.00%	22.20%	22.10%	22.50%	18.60%	19.40%	19.10%	14.10%
占银行业金融机构比例	18.00%	17.90%	18.00%	18.50%	18.50%	18.20%	18.20%	18.40%	18.10%	18.20%	18.30%	18.10%
总负债	224429	225692	234918	241821	243350	243447	241670	245561	245023	246336	250965	251503
比上年同期增长率	33.60%	30.10%	29.20%	30.70%	28.50%	22.20%	22.30%	22.70%	18.40%	19.30%	19.00%	13.70%
占银行业金融机构比例	18.10%	18.10%	18.20%	18.70%	18.70%	18.40%	18.40%	18.60%	18.30%	18.40%	18.50%	18.20%

4. 城市商业银行

项目　　　　时间	2013 年											
	1 月	2 月	3 月	4 月	5 月	6 月	7 月	8 月	9 月	10 月	11 月	12 月
总资产	122827	123335	129371	130623	131910	135923	134796	136787	139557	140586	144448	151778
比上年同期增长率	27.30%	25.80%	25.20%	24.90%	21.30%	18.10%	18.40%	20.10%	22.00%	22.70%	24.60%	22.90%
占银行业金融机构比例	9.30%	9.20%	9.30%	9.40%	9.50%	9.60%	9.60%	9.70%	9.70%	9.80%	9.90%	10.30%

时间 项目	2013 年											
	1 月	2 月	3 月	4 月	5 月	6 月	7 月	8 月	9 月	10 月	11 月	12 月
总负债	114590	114962	120833	121998	123122	126979	125783	127562	130181	131123	134802	141804
比上年同期增长率	27.80%	26.20%	25.60%	25.30%	21.60%	18.00%	18.20%	20.00%	21.90%	22.80%	24.80%	22.90%
占银行业金融机构比例	9.30%	9.20%	9.30%	9.50%	9.50%	9.60%	9.60%	9.70%	9.70%	9.80%	10.00%	10.30%

5. 其他类金融机构

时间 项目	2013 年											
	1 月	2 月	3 月	4 月	5 月	6 月	7 月	8 月	9 月	10 月	11 月	12 月
总资产	383931	390438	398906	403248	406959	407146	411431	415995	419337	423472	428329	434641
比上年同期增长率	21.40%	20.50%	20.10%	20.20%	18.90%	16.80%	16.90%	17.00%	16.80%	16.60%	16.10%	15.80%
占银行业金融机构比例	29.00%	29.20%	28.80%	29.10%	29.20%	28.80%	29.30%	29.40%	29.10%	29.50%	29.50%	29.40%
总负债	357442	363515	371710	375753	379100	378869	382682	386740	389622	393305	397664	403248
比上年同期增长率	21.20%	20.30%	20.00%	20.10%	18.80%	16.50%	16.60%	16.70%	16.50%	16.30%	15.80%	15.40%
占银行业金融机构比例	28.90%	29.20%	28.70%	29.10%	29.10%	28.70%	29.20%	29.30%	29.00%	29.40%	29.40%	29.20%

注：自 2012 年 9 月起，原深圳发展银行与原平安银行合并为新平安银行，本表 1－8 月数据未做可比口径调整。

2013 年中资全国性大型银行人民币信贷收支表

单位：亿元人民币

项目	2013.01	2013.02	2013.03	2013.04	2013.05	2013.06	2013.07	2013.08	2013.09	2013.10	2013.11	2013.12
来源方项目												
一、各项存款	513143.25	517324.38	544524.78	530303.30	534962.87	549297.48	541519.37	542348.40	556772.53	545530.04	545438.06	560877.31
1. 单位存款	228931.92	223915.80	241190.18	237960.99	241460.22	247382.90	242569.59	245171.92	250133.58	247727.38	248270.49	255257.18
其中：活期存款	104859.89	99299.75	107186.53	103717.17	104928.32	107547.09	105263.17	106383.63	106399.73	108433.08	108705.24	113022.60
定期存款	64437.22	65980.35	68208.69	69780.23	71225.38	71977.86	72164.56	72463.46	73871.65	72555.35	72143.99	73004.74
通知存款	5745.23	5691.61	7006.43	6826.85	6316.77	7123.18	6326.76	6547.79	10258.65	7210.64	6992.48	7508.52
保证金存款	14656.47	14928.89	16588.65	16568.75	16799.59	16778.65	15715.85	15725.98	15813.33	15144.42	15118.27	15324.83
2. 个人存款	271366.07	280728.72	288956.29	279548.81	280633.35	288114.58	284905.19	284205.70	293005.77	284874.60	284564.21	292893.61
储蓄存款	264583.03	273763.97	282787.24	273288.85	274350.80	278406.21	275122.66	275830.61	281840.00	275629.06	275745.48	281655.84
保证金存款	66.90	65.42	79.08	76.80	79.26	76.94	88.82	98.44	91.37	92.99	79.78	75.01
结构性存款	6716.13	6899.33	6089.96	6183.15	6203.29	9631.42	9693.71	8276.65	11074.41	9152.55	8738.95	11162.76
3. 临时性存款	892.39	926.59	883.99	888.25	897.25	868.45	936.45	824.89	771.62	910.17	939.76	981.35
4. 其他存款	11952.88	11753.27	13494.31	11905.25	11972.05	12931.56	13108.14	12145.89	12861.56	12017.89	11663.59	11745.18
二、金融债券	60520.06	60714.08	61892.25	62625.08	63125.68	63427.91	63793.82	64723.11	64970.43	65167.36	64901.95	66002.65
三、向中央银行借款	409.66	904.86	421.81	435.94	450.99	1751.83	4413.13	4544.00	4292.79	3440.45	3050.95	1235.17
四、同业往来（来源方）	31541.23	30822.22	29858.04	28482.90	30153.25	27783.57	28636.80	27883.27	27326.96	28323.37	30319.82	28855.71
五、其他	2622.49	4619.69	－7183.78	6750.93	2847.22	4568.14	7874.21	10008.80	70288.77	13664.84	16495.67	8972.11
资金来源总计	607827.04	614385.23	629513.10	628598.15	631540.00	646828.93	646237.33	649507.58	658681.06	656126.06	660206.45	665942.95
运用方项目												
一、各项贷款	346208.75	349283.22	353984.36	357709.94	360570.94	364435.03	367434.33	370679.83	374367.12	377043.40	379800.50	382144.04
（一）境内贷款	345417.90	348503.83	353205.01	356922.85	359791.87	363646.52	366644.16	369899.36	373589.83	376267.14	379039.88	381394.61
1. 短期贷款	98485.56	98961.39	100783.08	100946.40	100869.09	102301.43	103204.75	104009.33	105892.73	106795.60	108005.08	109830.07
2. 中长期贷款	240222.82	243061.39	245703.07	248321.91	250472.55	253068.39	255847.47	258409.98	261095.35	263193.01	264711.37	265595.08
3. 融资租赁												0.00
4. 票据融资	6490.91	6252.07	6486.90	7415.82	8204.03	8052.58	7351.49	7236.15	6348.49	6018.18	6055.72	5712.41
5. 各项垫款	218.60	228.98	231.96	238.72	246.19	224.12	240.45	243.90	253.26	260.34	267.71	257.04
（二）境外贷款	790.85	779.39	779.35	787.09	779.08	788.50	790.17	780.46	777.29	776.26	760.61	749.43
二、有价证券	127449.98	128086.95	130945.46	131994.88	132656.27	133810.64	134797.34	135352.23	136011.23	135450.68	135233.01	134861.21
三、股权及其他投资	7767.36	7496.02	6694.92	6825.23	6681.69	8124.54	8167.94	7365.27	8407.05	8079.34	8285.71	9998.92
四、缴存准备金存款	93178.28	93256.03	97768.94	95536.78	94561.46	98860.94	97572.28	99208.69	99649.24	98043.18	97618.13	97230.57
五、同业往来（运用方）	33222.66	36263.01	40119.42	36531.23	37069.64	41597.78	38265.44	36901.58	40246.42	37509.46	39269.12	41708.20
资金运用总计	607827.04	614385.23	629513.10	628598.16	631540.00	646828.93	646237.33	649507.58	658681.06	656126.06	660206.45	665942.95

注：1. 本表机构指本外币资产总量大于等于 2 万亿元的银行（以 2008 年末各金融机构本外币资产总额为参考标准），包括工行、建行、农行、中行、国开行、交行和邮政储蓄银行。
2. 本表为正式数。

2013 年中资全国性四家大型银行人民币信贷收支表

单位：亿元人民币

项目	2013.01	2013.02	2013.03	2013.04	2013.05	2013.06	2013.07	2013.08	2013.09	2013.10	2013.11	2013.12
来源方项目												
一、各项存款	424677.07	427106.02	450744.15	437306.81	441314.09	453719.27	447828.60	448319.13	460564.15	450847.49	450834.90	462960.28
1. 单位存款	196190.50	191915.33	206554.03	203377.57	206237.05	211426.44	207922.38	210283.45	214105.37	212328.33	212755.95	217743.14
其中：活期存款 DemandDeposits	89924.43	85098.45	91543.62	88166.78	89091.85	91492.43	89650.44	90614.80	90618.85	92485.00	92581.51	96187.24
定期存款	56972.81	58391.73	60384.70	61888.87	63212.60	63714.95	64238.24	64495.99	65669.49	64480.71	64114.98	64866.57
通知存款	4978.83	4871.91	5982.06	5946.11	5455.31	6076.38	5574.17	5832.86	9069.70	6442.55	6205.38	6229.97
保证金存款	10315.81	10638.77	12022.13	11877.58	11996.50	12086.78	11192.11	11198.19	11258.71	10677.23	10660.40	10876.66
2. 个人存款	219602.21	226373.70	233705.29	224942.40	225907.09	232343.71	229445.30	228833.18	236682.86	229211.35	228738.12	235614.22
储蓄存款	214105.64	220829.61	228948.40	220139.08	221102.50	224173.13	221373.70	221994.80	227408.92	221601.38	221416.88	226236.71
保证金存款	62.83	61.19	74.98	71.72	74.47	72.23	83.74	93.90	87.43	88.37	75.96	71.20
结构性存款	5433.75	5482.90	4681.92	4731.60	4730.11	8098.35	7987.86	6744.47	9186.51	7521.60	7245.27	9306.31
3. 临时性存款	868.95	894.75	867.32	868.29	877.22	837.69	905.79	805.84	748.88	885.03	906.70	952.15
4. 其他存款	8015.40	7922.24	9617.51	8118.54	8292.73	9111.41	9555.13	8396.66	9027.04	8422.77	8434.14	8650.76
二、金融债券	6880.63	6882.07	6883.60	6884.65	6886.86	6888.41	6860.43	6860.07	6833.45	6834.90	6834.81	6980.83
三、向中央银行借款	82.32	579.35	95.83	109.34	116.33	1418.00	3576.04	3707.92	3561.94	2910.05	2628.11	809.57
四、同业往来（来源方）	26019.61	24852.69	23616.70	22028.70	24012.01	22314.44	21826.52	21274.38	21380.49	21553.13	23059.02	22239.80
五、其他	9608.63	10771.04	1856.11	14183.28	10905.35	7021.68	13930.24	16174.16	12339.26	22341.83	21342.63	15172.32
资金来源总计	467268.25	470191.17	483196.38	480512.78	483234.63	491361.79	494021.84	496335.65	504679.28	501577.35	504699.48	508162.80
运用方项目												
一、各项贷款	261412.26	263570.78	266881.24	269336.52	271413.93	274115.56	276254.16	278698.13	281499.50	283318.10	285314.31	287186.85
（一）境内贷款	260950.53	263109.88	266421.06	268876.19	270955.48	273655.93	275795.38	278239.45	281042.42	282863.35	284862.56	286738.00
1. 短期贷款	82220.86	82636.18	84177.19	84235.15	83981.61	85098.77	85881.32	86607.26	88170.73	88845.01	89682.83	91404.87
2. 中长期贷款	173042.18	175003.62	176718.84	178406.47	180002.76	181570.09	183562.05	185414.95	187316.43	188841.30	190037.49	190380.23
3. 融资租赁												0.00
4. 票据融资	5529.06	5302.61	5355.74	6060.02	6788.39	6815.49	6166.89	6031.63	5359.44	4972.41	4932.37	4754.67
5. 各项垫款	158.43	167.47	169.28	174.55	182.72	171.58	185.12	185.62	195.81	204.63	209.88	198.22
（二）境外贷款	461.74	460.90	460.18	460.32	458.45	459.63	458.78	458.68	457.08	454.75	451.75	448.85
二、有价证券	106501.40	106869.49	109203.29	109661.30	109825.82	110922.05	112035.37	113089.13	113887.92	113374.10	113253.94	112737.62
三、股权及其他投资	3738.71	3471.34	2658.54	2699.61	2427.08	3651.92	3639.42	2749.17	3561.77	3101.12	2854.57	3902.49
四、缴存准备金存款	76278.20	75808.13	79446.46	77129.64	76768.37	80258.82	79497.07	80346.38	81427.72	79754.75	79163.65	78666.76
五、同业往来（运用方）	19337.68	20471.44	25006.86	21685.71	22799.43	26065.36	22595.81	21452.84	24302.38	22029.27	24113.01	25669.08
资金运用总计	467268.25	470191.17	483196.38	480512.78	483234.63	491361.79	494021.84	496335.65	504679.28	501577.35	504699.48	508162.80

注：1. 本表机构包括工行、建行、农行、中行。
2. 本表为正式数。

2013 年中资全国性中小型银行人民币信贷收支表

单位：亿元人民币

项目	2013.01	2013.02	2013.03	2013.04	2013.05	2013.06	2013.07	2013.08	2013.09	2013.10	2013.11	2013.12
来源方项目												
一、各项存款	212524.89	210143.04	222842.18	227678.61	231283.60	233479.01	230131.50	239263.42	242480.26	240009.98	241612.52	246150.60
1. 单位存款	152303.86	149008.70	159228.82	164210.34	167359.70	166210.59	163604.64	168491.62	169493.33	169239.19	171141.15	174341.45
其中：活期存款	50064.55	47762.93	51650.48	51920.66	52369.15	52469.18	51233.44	52801.69	51640.81	53138.92	54006.23	56467.90
定期存款	43481.49	44274.80	46534.99	47697.99	49129.03	49524.74	49427.80	50534.25	51472.74	51085.48	51044.92	51531.91
通知存款	6228.35	6480.46	6939.79	7411.41	7102.82	6863.45	6296.36	6479.84	8740.79	6914.25	6777.87	6429.58
保证金存款	31528.66	30236.58	31733.96	33434.10	33545.53	32304.00	30979.23	32273.76	31868.47	31005.77	31285.60	31883.99
2. 个人存款	46687.63	47800.36	50187.06	50022.22	50727.25	53092.30	51529.10	55099.22	56640.71	55172.02	55556.24	57955.19
储蓄存款	42558.88	43509.43	45894.68	45290.59	45985.18	47815.20	45930.79	49457.75	50863.51	49556.30	49761.80	51847.56
保证金存款	462.16	490.30	535.81	566.41	579.53	575.35	583.90	605.50	611.72	607.70	593.62	590.96
结构性存款	3666.60	3800.63	3756.57	4165.23	4162.53	4701.75	5014.41	5035.97	5165.48	5008.02	5200.82	5516.67
3. 临时性存款	471.06	618.55	575.78	511.24	494.55	597.82	523.55	447.40	445.41	448.31	632.68	407.46
4. 其他存款	13062.35	12715.43	12850.52	12934.81	12702.10	13578.30	14474.22	15225.17	15900.82	15150.45	14282.45	13446.49
二、金融债券	31590.06	32056.88	33494.01	34048.95	34492.55	34942.75	35300.53	35790.59	35716.91	36780.56	37314.89	36969.43

项目	2013.01	2013.02	2013.03	2013.04	2013.05	2013.06	2013.07	2013.08	2013.09	2013.10	2013.11	2013.12
三、向中央银行借款	3391.41	3382.60	3116.77	3168.46	3202.14	4080.35	3262.53	3297.11	3290.95	3248.06	3292.50	3793.73
四、同业往来(来源方)	58979.27	62819.81	60166.09	65055.1	65418.04	61085.62	64459.75	66807.40	64138.82	69385.04	73488.82	72920.55
五、其他	-10224.97	-11569.70	-14453.71	-19047.54	-16245.32	-11053.63	-10533.43	-12860.76	-9446.79	-11007.98	-10881.89	-10790.34
资金来源总计	296260.67	296832.64	305165.34	310903.59	318151.01	322534.11	322620.88	332297.75	336180.15	338415.66	344826.84	349043.97
运用方项目												
一、各项贷款	171129.65	172708.07	175592.08	177662.89	180118.46	182313.44	184392.69	189089.77	191297.91	192645.41	194769.91	196162.94
(一)境内贷款	170188.87	171762.83	174641.52	176711.82	179164.32	181348.35	183417.30	188110.49	190320.50	191665.02	193781.12	195133.73
1. 短期贷款	89424.85	89715.43	91226.18	92046.66	93203.93	95552.87	97052.24	99089.28	100812.85	101965.79	103459.86	104912.59
2. 中长期贷款	74895.48	75790.68	76619.42	77381.08	78502.11	78975.57	79909.17	82682.72	83576.69	83940.72	84552.88	84507.28
3. 融资租赁												0.00
4. 票据融资	5563.13	5923.79	6463.27	6933.67	7076.92	6452.83	6058.83	5921.93	5540.56	5336.23	5313.57	5341.27
5. 各项垫款	305.40	332.91	332.65	350.4	381.35	367.07	397.05	416.55	390.39	422.28	454.81	372.60
(二)境外贷款	940.78	945.24	950.56	951.07	954.14	965.09	975.39	979.28	977.41	980.39	988.79	1029.20
二、有价证券	45912.81	46978.59	48040.27	49072.63	49170.83	49327.92	49273.41	51096.23	51665.74	52627.18	53367.19	53096.20
三、股权及其他投资	8614.60	9184.50	12321.58	13207.82	16992.98	18850.28	20478.70	22158.11	23358.76	23774.11	25045.71	26361.86
四、缴存准备金存款	40768.27	40774.20	41938.31	43266.8	43402.80	45492.64	44613.10	45611.13	46727.63	46250.97	46864.15	49201.88
五、同业往来(运用方)	29835.33	27187.28	27273.10	27693.44	28465.94	26549.83	23862.98	24342.52	23130.11	23117.98	24779.87	24221.08
资金运用总计	296260.67	296832.64	305165.34	310903.59	318151.01	322534.11	322620.88	332297.75	336180.15	338415.66	344826.84	349043.97

注:1. 本表机构指本外币资产总量小于2万亿元且跨省经营的银行(以2008年末各金融风构本外币资产总额为参考标准)。
2. 本表为正式数。

2013年银行家信心与银行业景气指数表

	银行家信心指数	银行业景气指数
2013.Q1	72.2	79.8
2013.Q2	64.1	77.3
2013.Q3	61.0	76.9
2013.Q4	71.3	77.9

2014年上半年金融机构贷款投向统计报告

（2013年7月19日）

人民银行统计,2014年上半年末,金融机构人民币各项贷款余额77.63万亿元,同比增长14%,增速比上季末高0.1个百分点;上半年增加5.74万亿元,同比多增6590亿元。贷款投向呈现以下特点:

一、企业贷款增长加快,其中的中长期贷款增速持续上升

上半年末,全部金融机构本外币企业及其他部门贷款余额59.44万亿元,同比增长11.8%,增速比上季末高0.8个百分点;上半年增加4.26万亿元,同比多增8672亿元。

从期限看,上半年末,金融机构本外币企业及其他部门短期贷款及票据融资余额28.04万亿元,同比增长11.3%,增速与上季末基本持平;上半年增加1.93万亿元,同比多增390亿元。金融机构本外币企业及其他部门中长期贷款余额30.34万亿元,同比增长11.6%,增速比上季末高1.5个百分点;上半年增加2.14万亿元,同比多增7627亿元。

从用途看,全部金融机构本外币企业及其他部门固定资产贷款余额25.1万亿元,同比增长12.6%,增速比上季末高1.4个百分点;经营性贷款余额26.88万亿元,同比增长14%,增速比上季末低0.1个百分点。

二、小微企业贷款增长平稳,占全部企业贷款的比重提高

上半年末,主要金融机构①及小型农村金融机构②、外资银行人民币小微企业贷款余额14.17万亿元,同比增长15.7%,比同期大型和中型企业贷款增速分别高5.6个和2.3个百分点,比同期各项贷款增速高1.7个百分点。

上半年末,小微企业贷款余额占企业贷款余额的29.3%,比上季末高0.2个百分点;上半年小微企业新增贷款1.03万亿元,比去年同期多增26亿元,新增贷款占同期全部企业新增贷款的32.5%,比一季度末占比高2个百分点。

三、重工业中长期贷款加快增长,服务业中长期贷款增速上升

上半年末,主要金融机构本外币工业中长期贷款余额6.97万亿元,同比增长7.5%,增速比上季末高2个百分点;上半年增加3564亿元,同比多增2105亿元。其中,重工业中长期贷款余额6.17万亿元,同比增长6.7%,增速比上季末高2.2个百分点;轻工业中长期贷款余额7951亿元,同比增长14.2%,增速比上季末低0.2个百分点。

上半年末,服务业中长期贷款余额19.13万亿元,同比增长13.1%,增速比上季末高1.7个百分点。其中,交通运输、仓储和邮政业月末贷款余额同比增长11.6%,增速比上季末高1.5个百分点;文化、体育和娱乐业贷款同比增长35.9%,增速比上季末低3.4个百分点。

四、农户贷款快速增长,农村(县及县以下)贷款和农业贷款增长放缓

上半年末,主要金融机构及小型农村金融机构、村镇银行、财务公司本外币农村(县及县以下)贷款余额18.51万亿元,同比增长16.5%,增速比上季末低1.1个百分点,上半年增加1.53万亿元,同比多增496亿元;农户贷款余额5.06万亿元,同比增长24.4%,增速比上季末高0.1个百分点,上半

① 主要金融机构指中资银行(不含农村商业银行、农村合作银行和村镇银行),全报告同。

② 小型农村金融机构包括农村商业银行、农村合作银行和农村信用社,全报告同。

年增加 5547 亿元,同比多增 1043 亿元;农业贷款余额 3.3 万亿元,同比增长 10.7%,增速比上季末低 0.6 个百分点,上半年增加 2713 亿元,同比少增 189 亿元。

五、房地产贷款平稳增长

上半年末,主要金融机构及小型农村金融机构、外资银行人民币房地产贷款余额 16.16 万亿元,同比增长 19.2%,增速比上季末高 0.4 个百分点;上半年增加 1.54 万亿元,同比多增 2404 亿元。

上半年末,房产开发贷款余额 4.04 万亿元,同比增长 23.7%,增速比上季末高 5.4 个百分点。地产开发贷款余额 1.16 万亿元,同比增长 9.7%,增速比上季末高 2.1 个百分点。个人购房贷款余额 10.74 万亿元,同比增长 18.4%,增速比上季末低 1.7 个百分点;上半年增加 9389 亿元,同比少增 239 亿元。

上半年末,保障性住房开发贷款余额 9694 亿元,同比增长 47.3%,增速比上季末高 20.6 个百分点;上半年增加 2402 亿元,占同期房产开发贷款增量的 47.3%,比一季度增量占比高 27.9 个百分点。

六、住户贷款增速继续回落

上半年末,全部金融机构本外币住户贷款余额 21.74 万亿元,同比增长 19.3%,增速比上季末低 2.1 个百分点;上半年增加 1.88 万亿元,同比少增 1951 亿元。

上半年末,住户消费性贷款余额 14.2 万亿元,同比增长 20.7%,增速比上季末低 2.2 个百分点,上半年增加 1.21 万亿元,同比少增 1080 亿元;住户经营性贷款余额 7.54 万亿元,同比增长 16.8%,增速比上季末低 1.9 个百分点,上半年增加 6652 亿元,同比少增 871 亿元。

2014 年上半年金融统计数据报告

一、广义货币增长 14.7%,狭义货币增长 8.9%

6 月末,广义货币(M2)余额 120.96 万亿元,同比增长 14.7%,增速分别比上月末和去年末高 1.3 个和 1.1 个百分点;狭义货币(M1)余额 34.15 万亿元,同比增长 8.9%,增速比上月末高 3.2 个百分点,比去年末低 0.4 个百分点;流通中货币(M0)余额 5.70 万亿元,同比增长 5.3%。上半年净回笼现金 1620 亿元。

二、上半年人民币贷款增加 5.74 万亿元,外币贷款增加 757 亿美元

6 月末,本外币贷款余额 82.88 万亿元,同比增长 13.7%。人民币贷款余额 77.63 万亿元,同比增长 14.0%,增速比上月末高 0.1 个百分点,比去年末低 0.1 个百分点。上半年人民币贷款增加 5.74 万亿元,同比多增 6590 亿元。分部门看,住户贷款增加 1.88 万亿元,其中,短期贷款增加 6601 亿元,中长期贷款增加 1.22 万亿元;非金融企业及其他部门贷款增加 3.86 万亿元,其中,短期贷款增加 1.38 万亿元,中长期贷款增加 2.06 万亿元,票据融资增加 2432 亿元。6 月份人民币贷款增加 1.08 万亿元,同比多增 2165 亿元。6 月末外币贷款余额 8526 亿美元,同比增长 9.9%,上半年外币贷款增加 757 亿美元。

三、上半年人民币存款增加 9.23 万亿元,外币存款增加 1286 亿美元

6 月末,本外币存款余额 117.26 万亿元,同比增长 13.1%。人民币存款余额 113.61 万亿元,同比增长 12.6%,增速比上月末高 2.0 个百分点,比去年末低 1.2 个百分点。上半年人民币存款增加 9.23 万亿元,同比多增 1354 亿元。其中,住户存款增加 4.05 万亿元,非金融企业存款增加 2.51 万亿元,财政性存款增加 6541 亿元。6 月份人民币存款增加 3.79 万亿元,同比多增 2.19 万亿元。6 月末外币存款余额 5936 亿美元,同比增长 34.5%,上半年外币存款增加 1286 亿美元。

四、6 月份银行间市场同业拆借月加权平均利率 2.85%,质押式债券回购月加权平均利率 2.89%

上半年,银行间人民币市场以拆借、现券和债券回购方式合计成交 129.65 万亿元,日均成交 1.06 万亿元,日均成交同比减少 2.1%。

6 月份,银行间市场同业拆借月加权平均利率为 2.85%,比上月高 0.29 个百分点;质押式债券回购月加权平均利率为 2.89%,比上月高 0.33 个百分点。

五、国家外汇储备余额 3.99 万亿美元

6 月末,国家外汇储备余额为 3.99 万亿美元。6 月末,人民币汇率为 1 美元兑 6.1528 元人民币。

六、上半年跨境贸易人民币结算业务发生 3.27 万亿元,直接投资人民币结算业务发生 4699 亿元

上半年,以人民币进行结算的跨境货物贸易、服务贸易及其他经常项目、对外直接投资、外商直接投资分别发生 2.09 万亿元、1.18 万亿元、865 亿元、3834 亿元。

注 1:当期数据为初步数。

注 2:2011 年 10 月份起,货币供应量已包括住房公积金中心存款和非存款类金融机构在存款类金融机构的存款。

2014 年上半年小额贷款公司数据统计报告

截至 2014 年 6 月末,全国共有小额贷款公司 8394 家,贷款余额 8811 亿元,上半年新增人民币贷款 618 亿元。

附表:

小额贷款公司分地区情况统计表

2014－6－30

地区	机构数量(家)	从业人员数(人)	实收资本(亿元)	贷款余额(亿元)
全国	8394	102405	7857.27	8811.00
北京	69	847	100.70	111.75
天津	110	1445	129.77	136.21
河北	459	5336	263.42	277.56
山西	315	3271	213.94	212.61
内蒙古	481	4743	353.25	357.40
辽宁	578	5238	352.48	327.35
吉林	401	3421	105.59	79.33
黑龙江	249	2208	114.46	106.43
上海	112	1309	155.95	201.40
江苏	616	6119	933.30	1147.66
浙江	330	3718	690.97	913.74
安徽	466	5913	357.21	407.17
福建	104	1551	236.20	279.99
江西	221	2888	242.10	275.15
山东	308	3704	358.82	424.42
河南	325	4885	215.99	231.86
湖北	243	3342	270.53	295.23

湖南	124	1561	93.47	101.32
广东	373	7823	518.43	530.85
广西	293	3915	236.88	307.83
海南	34	402	33.00	34.63
重庆	235	5566	516.30	627.17
四川	326	7036	529.18	597.30
贵州	278	3106	83.21	79.67
云南	391	3813	188.22	195.11
西藏	10	93	6.50	3.60
陕西	222	2290	182.19	182.20
甘肃	325	3042	130.49	105.72
青海	41	472	31.79	36.16
宁夏	116	1470	66.82	62.49
新疆	239	1878	146.12	161.70

2014 年上半年社会融资规模统计数据报告

初步统计，2014 年上半年社会融资规模为 10.57 万亿元，比去年同期多 4146 亿元。其中，上半年人民币贷款增加 5.74 万亿元，同比多增 6590 亿元；外币贷款折合人民币增加 4632 亿元，同比少增 1159 亿元；委托贷款增加 1.35 万亿元，同比多增 2393 亿元；信托贷款增加 4601 亿元，同比少增 7764 亿元；未贴现的银行承兑汇票增加 7871 亿元，同比多增 2702 亿元；企业债券净融资 1.30 万亿元，同比多 861 亿元；非金融企业境内股票融资 2022 亿元，同比多 774 亿元。2014 年 6 月份社会融资规模为 1.97 万亿元，分别比上月和去年同期多 5678 亿元和 9370 亿元。

从结构看，上半年人民币贷款占同期社会融资规模的 54.3%，同比高 4.3 个百分点；外币贷款占比 4.4%，同比低 1.3 个百分点；委托贷款占比 12.8%，同比高 1.8 个百分点；信托贷款占比 4.4%，同比低 7.8 个百分点；未贴现的银行承兑汇票占比 7.4%，同比高 2.3 个百分点；企业债券占比 12.3%，同比高 0.3 个百分点；非金融企业境内股票融资占比 1.9%，同比高 0.7 个百分点。

注 1：社会融资规模统计数据来源于人民银行、发改委、证监会、保监会、中央国债登记结算有限责任公司和银行间市场交易商协会等部门。

注 2：当期数据为初步统计数。

2014 年上半年地区社会融资规模统计表

单位：亿元人民币

地区	地区社会融资规模	其中：						
		人民币贷款	外币贷款（折合人民币）	委托贷款	信托贷款	未贴现银行承兑汇票	企业债券	非金融企业境内股票融资
北京	7309.00	2726.00	900.00	1339.00	311.00	-246.00	1451.00	706.00
天津	3001.00	1176.00	212.00	460.00	102.00	366.00	613.00	21.00
河北	3199.00	1879.00	55.00	387.00	162.00	186.00	289.00	38.00
山西	2053.00	925.00	-4.00	463.00	-47.00	80.00	586.00	0.00
内蒙古	1724.00	1224.00	9.00	-15.00	120.00	64.00	285.00	2.00
辽宁	3143.00	1892.00	-23.00	425.00	-10.00	294.00	435.00	35.00
吉林	1906.00	1379.00	-11.00	164.00	209.00	126.00	-15.00	0.00
黑龙江	1670.00	1222.00	-33.00	34.00	198.00	48.00	117.00	50.00
上海	4482.00	2054.00	302.00	727.00	1010.00	110.00	70.00	91.00
江苏	10355.00	4464.00	213.00	1383.00	229.00	2277.00	1513.00	100.00
浙江	4789.00	3052.00	382.00	287.00	195.00	-82.00	663.00	98.00
安徽	2625.00	1892.00	60.00	229.00	65.00	-108.00	374.00	23.00
福建	1798.00	1906.00	160.00	310.00	-1086.00	118.00	239.00	65.00
江西	2442.00	1247.00	77.00	212.00	554.00	73.00	232.00	1.00
山东	8066.00	3227.00	532.00	586.00	91.00	2454.00	939.00	84.00
河南	4392.00	2295.00	9.00	394.00	30.00	1187.00	341.00	42.00
湖北	4149.00	2186.00	-48.00	700.00	680.00	15.00	421.00	109.00
湖南	2379.00	1414.00	45.00	162.00	33.00	64.00	520.00	77.00
广东	8401.00	4985.00	381.00	1549.00	418.00	-143.00	717.00	193.00
广西	1809.00	1201.00	24.00	263.00	0.00	-56.00	293.00	7.00
海南	524.00	356.00	60.00	49.00	0.00	-45.00	76.00	12.00
重庆	3360.00	1407.00	10.00	399.00	145.00	710.00	492.00	3.00
四川	4590.00	2591.00	124.00	699.00	133.00	225.00	508.00	53.00
贵州	1980.00	1308.00	-9.00	163.00	-37.00	213.00	267.00	37.00
云南	2036.00	1112.00	53.00	281.00	-8.00	34.00	487.00	11.00
西藏	436.00	296.00	0.00	4.00	121.00	-7.00	10.00	0.00
陕西	2997.00	1530.00	19.00	477.00	331.00	-21.00	544.00	51.00
甘肃	1588.00	1099.00	11.00	138.00	-143.00	224.00	201.00	2.00
青海	915.00	457.00	18.00	32.00	320.00	2.00	75.00	0.00
宁夏	541.00	405.00	1.00	47.00	0.00	-14.00	69.00	23.00
新疆	1723.00	898.00	20.00	305.00	128.00	23.00	203.00	87.00

注 1：地区社会融资规模是指一定时期和一定区域内实体经济从金融体系获得的资金总额，是增量概念。

注 2：表中数据为初步统计数。

注 3：数据来源于人民银行、发改委、证监会、保监会、中央国债登记结算有限责任公司和银行间市场交易商协会等。

注 4：由金融机构总行（或总部）提供的社会融资规模为 5566 亿元。

第二章 金融机构

第一节 银行业金融机构

中国工商银行

中国工商银行股份有限公司通过持续努力和稳健发展，已经迈入世界领先大银行行列，拥有优质的客户基础、多元的业务结构、强劲的创新能力和市场竞争力。业务跨越六大洲，境外网络扩展至40个国家和地区，通过17,245个境内机构、329个境外机构和1,903个代理行以及网上银行、电话银行和自助银行等分销渠道，向473.5万公司客户和4.32亿个人客户提供广泛的金融产品和服务，形成了以商业银行为主体，综合化、国际化、信息化的经营格局，继续保持国内市场领先地位。2013年，位列英国《银行家》全球1000家大银行榜首，在美国《福布斯》杂志全球企业2000强排名中，成为全球最大企业，并首次入选全球系统重要性银行。

经营概况

2013年末，总资产189,177.52亿元，比上年末增加13,755.35亿元，增长7.8%；总负债176,392.89亿元，比上年末增加12,255.31亿元，增长7.5%；全年实现净利润2,629.65亿元，增长10.2%，平均总资产回报率（ROA）为1.44%，加权平均净资产收益率（ROE）为21.92%，核心一级资本充足率和一级资本充足率均为10.57%，资本充足率为13.12%。营业收入5,896.37亿元，增长9.8%，其中利息净收入4,433.35亿元，增长6.1%，非利息收入1,463.02亿元，增长22.8%；营业支出2,525.91亿元，增长10.1%，其中业务及管理费1,652.80亿元，增长7.8%，成本收入比下降0.53个百分点至28.03%。

公司金融业务

2013年末，本行公司客户473.5万户，比上年末增加35.7万户，有融资余额的公司客户13.6万户。根据人民银行数据，2013年末，本行公司类贷款和公司存款余额保持同业第一，市场份额分别为11.5%和12.0%。

1. 公司存贷款业务。2013年末，公司类贷款余额70,465.15亿元，比上年末增加7,139.37亿元，增长11.3%；公司存款余额75,034.97亿元，比上年末增加5,952.52亿元，增长8.6%。

2. 中小企业业务。优先配置信贷资源，加强对中小企业客户的服务。2013年末，中小（微）企业贷款余额43,865.81亿元，其中，中型企业贷款25,168.12亿元，小微企业贷款18,697.69亿元。

供应链融资业务。本行依托优质核心客户资源、专业的金融服务及领先的科技优势，对核心企业及其上下游多个中小企业提供集内外贸、本外币一体化的供应链金融服务，确立了国内同业市场的领先地位，荣获《环球金融》“中国最佳供应链融资银行”称号。

3. 机构金融业务。推进社保、公积金、财政、教育和医疗五个服务平台的系统优化，完善综合金融服务方案。2013年末，银银平台业务签约客户增加114家至385家，国内代理行数量增加32家至173家。

4. 结算与现金管理业务。加强对公客户渠道建设，巩固客户规模优势。2013年末，对公结算账户数量571万户，比上年末增长6.6%，实现结算业务量1,731万亿元，比上年增长19.7%，业务规模保持市场领先。现金管理服务向金融资产管理综合领域拓展。2013年末，现金管理客户96.5万户，比上年末增长18.7%。全球现金管理客户3,813户，增长14.4%。

5. 国际结算与贸易融资业务。提升对进出口企业的服务水平，丰富国际结算与国际贸易融资产品种类。2013年，境内国际贸易融资累计发放1,737亿美元；国际结算量23,338亿美元，增长21.2%。其中境外机构办理7,367亿美元，增长37.9%。

6. 投资银行业务。全年重组并购交易规模超过2,000亿元，私募股权主理银行存续期内融资规模达到368亿元，主承销各类债务融资工具3,094亿元。2013年，投资银行业务收入294.86亿元，比上年增长12.9%。

个人金融业务

2013年末，本行个人客户4.32亿个，比上年末增加3,871万个，其中个人贷款客户874万个，增加95万个。根据人民银行数据，2013年末，本行个人存款和个人贷款余额均列同业首位，市场份额分别为15.5%和13.5%。

1. 个人存款。2013年末，个人存款余额68,958.39亿元，比上年末增加3,415.52亿元，增长5.2%；其中，活期个人存款增长6.9%，定期个人存款增长3.9%。

2. 个人贷款。创新推出“逸贷”产品，积极发展个人消费贷款业务。2013年末，本行个人贷款27,276.01亿元，比上年末增加4,404.98亿元，增长19.3%，其中，个人住房贷款增加3,796.44亿元，增长28.3%。

“逸贷”业务。本行深入挖掘日益繁荣的电子支付领域信贷商机，推出“逸贷”业务，客户使用本行借记卡、信用卡、存折等介质在本行指定商户进行线上B2C或线下POS消费时，针对符合条件的持卡人按照一定规则联动提供信用消费贷款服务或信用卡分期付款服务。

3. 个人理财业务。金融理财师（AFP）持证人数25,328人，国际金融理财师（CFP）持证人数3,857人，继续位居同业首位。2013年末，本行理财金账户客户数2,683万户，增长31.4%。财富客户440万户，增长9.5%。

4. 私人银行业务。加快私人银行业务产品服务布局，全面覆盖全国高端客户市场。在手机银行、网上银行等平台推广私人银行基础金融服务。2013年末，私人银行客户3.13

万户，管理资产5,413亿元。

5.银行卡业务。有效整合信用卡和借记卡积分，在同业中率先推出个人综合积分服务，进一步巩固同业领先地位。2013年末，银行卡发卡量5.8亿张，比上年末增加1.1亿张。全年银行卡消费额57,724亿元，比上年增长39.7%；银行卡业务收入285.33亿元，增长21.4%。

信用卡业务方面，加强信用卡产品创新，多渠道提高发卡规模和质量。2013年末，信用卡发卡量8,805万张，比上年末增加1,092万张；实现年消费额16,135亿元，比上年增长23.9%；信用卡透支余额3,071.35亿元，增加622.43亿元，增长25.4%。信用卡发卡量、消费额、透支额均保持同业领先。

借记卡方面，2013年末，借记卡发卡量4.9亿张，比上年末增加9,802万张。年消费额41,589亿元，增长47.0%。

金融资产服务业务

抓住跨业竞争与合作并存的金融大资管时代的市场发展机遇，满足客户多元化配置金融资产的需求，综合集团理财、托管、养老金、贵金属等业务优势，以及投行、基金、保险等综合化子公司功能，加快建立辐射境内外、跨领域、一体化的业务运营体系，搭建全市场、全客户、全价值链的大资管平台，牢固确立市场领先优势。

1.理财业务。推进信贷资产流转、理财直接融资工具、中小企业私募债业务、资产证券化业务、与券商、工银瑞投开展资管计划投资业务等创新项目投资模式。2013年累计发行理财产品57,854亿元，其中个人理财产品43,817亿元，对公理财产品14,037亿元。

2.资产托管业务。大力发展固定收益类基金产品、ETF基金和养老金产品等托管业务新领域。推进全球托管亚太区域中心建设，新增8家境外QFII托管客户、21家RQFII托管客户。2013年末，托管资产总净值46,213亿元，比上年末增长16.8%。

3.养老金业务。2013年末，本行共为39,275家企业提供养老金管理服务，比上年末增加5,135家。受托管理养老金546亿元，管理养老金个人账户1,238万户，托管养老金基金2,848亿元。受托管理企业年金规模、管理企业年金个人账户数量和托管企业年金规模稳居银行同业首位。

4.贵金属业务。推出一系列高附加值主题产品，并借助电商平台销售，开通积存金、代理贵金属T+D业务等对公交易功能，创新推出黄金互换、白银租赁等新产品。2013年，贵金属业务交易额1.31万亿元，比上年增长20.2%，代理上海黄金交易所清算量3,873亿元，比上年增长52.1%。

5.代客资金交易。丰富外汇买卖业务产品线，推出账户外汇、对公网银外汇买卖，完成代客结售汇及外汇买卖量5,287亿美元，比上年增长10.3%。推出账户贵金属转实物贵金属、账户贵金属质押等功能，并在国内率先推出代客账户原油交易业务。丰富代客商品交易业务种类，全面覆盖基本金属、贵金属、能源等五大商品种类。

6.资产证券化业务。丰富资产和资本管理手段，积极推动经营转型，于2013年3月27日发行35.92亿元的信贷资产证券化项目。该项目基础资产为公司类贷款，本行在项目中担任发起机构和贷款服务机构。

7.代理销售业务。打造多元化产品线，代理基金及券商资产管理产品销售8,881亿元，比上年增长16.7%，继续保持同业第一。代理国债销售830亿元，比上年增长38.2%，继续保持市场占比第一。开拓网银、自助终端等渠道销售，代理保险销售845亿元。

资金业务

2013年，面对复杂的金融环境，本行以提升盈利能力为目标，积极开展产品创新，适时调整投资与交易策略，加大资金运作力度，提高业务管理水平，防范业务风险，实现资产规模与效益良好发展。

1.货币市场交易。在流动性趋紧时段，立足银行间市场加大融入力度，并适当拉长融入期限，保障流动性安全。在流动性宽松时段，积极融出资金。全年境内分行累计融入融出人民币资金15.33万亿元，其中融出8.98万亿元。全年外币货币市场交易量2,828亿美元。

2.投资业务。本行交易账户实施控制久期、波段操作的交易策略，以操作短久期信用债为主，积极把握利率互换波段操作机会赚取利差收益。全年交易账户人民币债券交易量2,335亿元。外币方面，本行交易账户实施“快进快出、短线交易”的策略，全年交易账户外币债券交易量77亿美元。

3.融资业务。11月12日，本行在伦敦发行20亿元离岸人民币债券，是境内金融机构总部首次直接在伦敦市场发行离岸人民币债券。作为首批试点机构于12月12日成功发行30亿元同业存单。

分销渠道

2013年末，本行境内外机构17,574家，其中境内机构17,245家，境外机构329家。境内机构包括总行、31个一级分行、5个直属分行、26个一级分行营业部、401个二级分行、3,075个一级支行、13,605个基层营业网点、40个总行利润中心和直属机构及其分支机构、61个控股公司及其分支机构。

1.电子银行。2013年，本行个人网上银行客户突破1.6亿户，移动银行、个人电话银行客户相继突破1亿户。开拓互联网新领域，大力建设电商平台。基本实现对本行境外机构的全面覆盖。电子银行交易额比上年增长14.8%，电子银行业务笔数占全行业务笔数比上年提高5.1个百分点至80.2%。

2.网上银行。进一步丰富网上银行产品体系。投产Windows8平板电脑个人网银，推出全新炫版iPad网银以及iPad、安卓平板电脑移动生活服务，实现个人网银在主流移动终端操作系统的全覆盖。成功推出B2C逸贷分期付款、闪酷线上支付、企网代签本票等新产品。

3.电话银行。优化电话银行自助与人工服务功能。推进电话银行产品化工程，实现客户对电话银行产品功能的个性化定制。成功推出微信银行服务，实现了客服、公共信息查询等基本服务功能，服务更加便捷高效。

4.手机银行。加强手机银行产品创新和应用推广，提升移动金融服务竞争力。在同业中率先推出通用U盾，推出网点排号功能，推出二维码应用功能，推出手机银行语音识别技术应用。2013年末，手机银行客户数量比上年末增长49.5%。

5.自助银行。加大自助银行建设力度，加快自助设备布放速度，提高自助设备使用效率。2013年末，拥有自助银行21,825家，比上年末增长25.2%；自动柜员机可用设备80,501台，增长14.7%。自动柜员机交易额87,900亿元，比上年增长33.1%。

国际化、综合化经营

稳步推进国际化、综合化经营发展，加强对“走出去”企业和人民币国际化的金融支持。在全球服务网络基本建成的基础上，着力推动境外机构的内生发展。完善区域化管理机制，强化区域管理总部的业务支持、集约运作和风险管控职能，推动区域内机构差别定位、优势互补、协同发展。2013年，跨境人民币业务量 21,666 亿元，增长 40.0%。

在境外机构建设方面，2013 年末本行已在 40 个国家和地区建立了 329 家机构，通过参股南非标准银行，间接覆盖非洲 19 个国家。与 145 个国家和地区的 1,730 家境外银行建立了代理行关系，服务网络覆盖亚、非、拉、欧、美、澳六大洲和全球重要国际金融中心。

2013 年末，本行境外机构（含境外分行、境外子公司及对标准银行投资）总资产 2,091.63 亿美元，比上年末增加 464.41亿美元，增长 28.5%，占集团总资产的 6.7%，提高 0.9 个百分点。各项贷款 1,081.21 亿美元，增加 362.38 亿美元，增长 50.4%，客户存款 747.50 亿美元，增加 173.36 亿美元，增长 30.2%。报告期税前利润 22.33 亿美元，比上年增长 33.5%。

完善集团与子公司的业务联动机制，推进综合化子公司专业化、特色化发展，提升对客户的综合服务能力。工银瑞信充分发挥全能型资产管理平台优势，持续推动产品创新，实现规模和效益协调增长。工银租赁抓住政策机遇，加大业务开拓力度，积极创新租赁产品，服务实体经济，行业领军地位进一步巩固。工银安盛抓住中国寿险市场发展机遇，借助母行渠道资源优势，大力拓展银保渠道，盈利能力进一步提升。工银国际作为集团持有投资银行牌照的境外平台，积极拓展大型跨国公司和国内企业赴港上市，大力发展债券承销业务，盈利结构更加稳定。

信息科技

本行持续推进"科技引领"战略，确保信息系统安全稳定运行，推进科技基础设施建设，启动信息化银行建设，加快产品研发创新，为提升服务水平、提高经营效率、加快国际化综合化步伐、加强风险管理提供有力支撑。荣获中国《银行家》"年度最佳信息科技商业银行"称号。

坚持自主研发原则持续推进应用创新，在客户服务、国际化信息系统建设、经营管理等领域推出多个基础服务平台和产品。按照统一展示、统一使用、统一核算的要求，整合个人客户综合积分体系。构建支持多维度、差异化的利率管理、产品创新和客户服务技术体系，为全面应对利率市场化改革奠定基础。第一家智能网点在江苏对外开放，第一批使用 4G 通信技术的自助银行在四川和浙江投入运营。加快综合化子公司信息系统建设，实现数据源入库和客户信息的集中管理。初步建立了面向非结构化数据的信息库平台，开展针对大数据的分析挖掘试点。

2013 年，本行获得国家知识产权局专利授权 83 项，拥有专利数量达 307 项。

风险管理

本行注重增强风险防控的预判力和有效性，积极运用新理念、新机制、新技术提升公司治理水平和风险管理能力，保障各项业务行稳致远。针对中国经济增长放缓、结构调整力度加大背景下银行资产质量管理遇到的新情况，本行坚持完善机制、管控源头和压降风险多管齐下，边固本边清源边化瘀，保持了资产质量总体稳定，拨备充足，风险可控。不良率较年初微升 0.09 个百分点至 0.94%，拨备覆盖率达到 257.19%，处于国际银行业先进水平。在市场流动性波动的敏感时期，本行审慎把握资金来源与运用，保持了流动性平稳，较好发挥了大行市场稳定器作用。本行还加强了对操作风险的监测分析与核查，加大了对违规多发环节的治理力度，内部风险暴露水平保持在历史低位。根据新的监管要求，完善了公司治理规则，增强了集团治理的全面性和有效性。2013 年，本行荣获"香港公司管治卓越奖"、"亚洲公司治理指标企业奖"等公司治理权威奖项。本行还首次入选金融稳定理事会公布的全球系统重要性银行名单，这既反映了中国银行业国际影响力的提升，也意味着本行将接受更为严格的国际监管，进一步参与激烈的全球市场竞争。

全面风险管理是指本行董事会、高级管理层和全行员工各自履行相应职责，有效控制涵盖全行各个业务层次的全部风险，进而为各项目标的实现提供合理保证的过程。本行在风险管理中遵循的原则包括收益与风险匹配、内部制衡与效率兼顾、风险分散、定量与定性结合、动态适应性调整和循序渐进等原则。

2013 年，本行积极完善全面风险管理体系，完善全面风险管理制度，加强子公司风险管理，进一步提升集团层面风险管理能力。积极应对系统重要性银行等监管要求，研究建立相应的工作机制和管理流程；对分行和子行开展实质性风险评估工作；修订风险评价、风险限额管理相关办法。全面风险管理水平进一步提升。

社会责任

本行始终坚持"服务社会、奉献社会、回报社会"的宗旨，全年投入扶贫资金 1,200 万元，在四川省南江县、通江县和万源市捐建教学楼、宿舍楼、卫生院住院楼。开展优秀山村教师评选、优秀贫困大学生助学等活动。扩大"母婴平安 120"、"集善工程 · 启明行动"等项目资助范围。累计捐款 1,410 万元，帮助四川、贵州、云南、山西等地近 6,000 名贫困白内障患者重见光明；连续四年举办全国大学生银行产品创意设计大赛，为大学生提供了开展社会实践、展现自身价值的平台；建立大学生创业实习基地及高校教师产学研践习基地；广泛开展"梦想书屋"、"志愿支教一日"、"义务劳动送关怀"等一系列主题志愿者活动。

中国农业发展银行

企业概况

中国农业发展银行是直属国务院领导的我国唯一的一家农业政策性银行，1994 年 11 月挂牌成立。主要职责是按照国家的法律、法规和方针、政策，以国家信用为基础，筹集资金，承担国家规定的农业政策性金融业务，代理财政支农资金的拨付，为农业和农村经济发展服务。全系统共有 31 个省级分行、300 多个二级分行和 1,800 多个营业机构，服务网络遍布中国大陆地区。

建行以来，中国农业发展银行在探索中前进，在改革中发展，走过了不平凡的历程。特别是近年来，中国农业发展银行以科学发展观为指导，认真贯彻 2004 年国务院第 57 次常务会议精神，坚决服从和服务于国家宏观调控，全面落实国家各项强农惠农政策，把实现良好的社会效益作为最重要的价值追求。目前，形成了以支持国家粮棉购销储业务为主体、以支持农业产业化经营和农业农村基础设施建设为两翼的业务发展格局，初步建立现代银行框架，经营业绩实现重大跨越，有效发挥了在农村金融中的骨干和支柱作用。

随着社会主义新农村建设的全面推进和农村金融体制改革的不断深化，中国农业发展银行进入重要发展机遇期。站在新起点，面对新机遇，中国农业发展银行将一如既往地把贯彻执行党和国家政策放在首位，进一步发挥政策性银行在服务国家宏观调控、促进“三农”发展中的职能作用，努力做政府的银行；将一如既往地坚持改革创新，积极配合中国农业发展银行外部配套改革，按照发展空间合理、治理结构科学、体制机制健全、经营管理规范、操作手段先进、具有可持续发展能力的要求，完善体制机制，强化经营管理，努力打造现代农业政策性银行；将一如既往地以支持国家粮棉购销储业务为主体，以支持农业产业化经营、农业农村基础设施建设和生态农业建设为重点，努力培育“建设新农村的银行”的品牌形象，做支持新农村建设的银行。

社会责任

中国农业发展银行（以下简称农发行）是国务院直属、我国唯一的农业政策性银行，是适应我国建立社会主义市场经济体制、深化金融改革、加强“三农”工作的需要于1994年组建的。20年来，农发行走过不平凡的历程，逐步成长为一家负有重要使命的系统重要性银行。截至2013年末，农发行共有31个省级分行、303个二级分行和1838个营业机构，服务网络遍布中国大陆；在职员工5万多人，贷款余额2.5万多亿元，金融服务覆盖“三农”各个领域，在农村金融中发挥着骨干和支柱作用。

农发行是农业政策性银行，执行政策是首要任务，服务“三农”是根本宗旨，也是最大的社会责任。建行以来，农发行始终坚持政策性银行办行方向，认真贯彻落实国家政策要求，着力强化政策性职能定位，积极履行支农职责，为农业农村发展作出了重要贡献。特别是2004年以来，农发行认真贯彻党中央、国务院推进“四化同步”和城乡发展一体化的战略部署，拓展支农领域，强化支农功能，形成了多方位、宽领域的支农格局，重点支持粮棉油全产业链发展和农业农村基础设施建设，在保障国家粮食安全、维护农民利益、改善农村生产生活条件等方面发挥着不可替代的作用，支持贫困地区、小微企业发展，服务生态环境建设，构建有效治理模式，全面践行多元化社会责任。

一、全力支持粮棉油收储，维护国家粮食安全和市场稳定

支持粮棉油收储是农发行的基本职责，事关国家粮食安全、农民利益和社会稳定大局。农发行始终牢记职责使命，坚持把支持粮棉油收储作为立行之基，作为业务工作的重中之重，毫不放松地做好信贷支持工作。

紧紧围绕支持粮棉油收储这一基本任务，及时足额供应收购资金，推行收购资金封闭运行管理，适应粮棉油购销市场化改革新要求，统筹政策性收购和市场化收购，从根本上解决了困扰党政和社会各界多年的粮棉油收购打“白条”的问题。2004—2013年末，累放粮棉油收储贷款33273亿元，每年支持收购的粮食占商品量的60%左右、棉花占产量的50%以上。一是大力支持粮油托市收购。为保护农民利益，稳定粮油生产，2004年以来国家先后8年在粮油主产区启动稻谷、小麦最低收购价政策，2007年以来多次实施玉米、大豆、油菜籽临时收储政策。农发行全力保证收购资金，累放最低收购价贷款5357亿元，支持收购小麦4141亿斤、收购稻谷1368亿斤；累放临时收储贷款4968亿元，支持收购玉米2843亿斤、大豆380亿斤、油菜籽395亿斤，保证了国家最低收购价和临时收储政策的顺利实施。二是积极支持粮油市场化收购。坚持在不打“白条”的前提下防控风险的指导思想不动摇，按照市场定价、企业自主、控制节奏的原则，支持多渠道主体入市收购，在主产区县域内至少支持一家企业，保证不出现收购空白点。累放粮食市场化收购贷款9668亿元，支持收购粮食16793亿斤。三是积极支持棉花收购。棉花流通体制市场化改革以来，棉花价格波动较大、多渠道资金基本退市。农发行从大局出发，积极支持棉花收购，累放棉花收购贷款5376亿元，支持收购棉花71654万担，促进了国家棉花调控政策的实施，保护了农民利益。2011年以来国家连续三年实行棉花临时收储政策，农发行累放临储贷款3389亿元，有效落实了国家收储政策，维护了棉花市场稳定。四是全力支持重要农产品储备调控。积极配合国家粮棉油储备计划的实施，保证中央和地方收储、轮换、进出口、仓储设施建设等资金需要，促进了国家调控政策的实施。积极支持丝、毛、糖、肉和化肥等专项储备，通过支持储备的吞吐调节，促进重要农产品和农业生产资料的稳定供给，维护市场稳定。

二、大力支持农业农村基础设施建设，改善农村生产生活条件

支持农业农村基础设施建设，是推进城乡发展一体化的战略部署，也是党中央、国务院明确赋予农发行的重要职责。农发行认真落实国家城乡发展一体化战略部署，着力打造建设新农村的银行的品牌形象，加大力度支持农业开发和农村基础设施建设，改善农村生产生活条件，促进农业强农村美农民富。

强化支持功能。2007年以来，农发行在国家有关部门的大力支持下，陆续开办农村基础设施建设、农业开发、县域城镇建设贷款，建立起以支持水利建设和新农村建设为主的信贷产品体系，覆盖新型城镇化和“三农”协调发展的重点领域和薄弱环节。截至2013年末累放贷款1.4万亿元，支持项目8156个，年末贷款余额9,908亿元，着眼于工业化、城镇化支持农业现代化和新农村建设，有效破解了工业化、城镇化缺地，新农村建设缺钱，耕地保护缺动力，城乡统筹缺抓手的难题。

支持水利建设。水是生命之源、生产之要、生态之基，2010年中央一号文件明确要求农发行加大力度支持水利建设。农发行积极探索政策性银行支持水利建设的运营模式，切实加强同地方政府、水利部门的战略合作，争取政策，拓宽水利建设项目还款来源，创新担保方式，扎实推动水利建设中长期政策性贷款业务，打通水利命脉，巩固“三农”基础。2013年当年发放水利建设贷款647亿元，占全国水利建设投资的15%，成为金融支持水利建设的主力。2007年－2013年末，累放贷款3114亿元，支持项目2320个；累计支持病险水库除险加固3296座，增加蓄水100亿立方米，增加或改善灌溉面积4103万亩，解决4044万农民饮水问题。

推进新农村建设。认真落实国家推进新型城镇化和城乡发展一体化的战略部署，着眼新型城镇化与农业现代化、与新农村建设相辅相成、协调推进，农发行及时推出新农村建设贷款产品，加大力度重点支持农村土地整治和农民集中住房建设。截至2013年末，累放农村土地整治贷款4474亿元，支持项目2035个，累计支持复垦土地74万亩，新增耕地94万亩，置换出城镇建设用地84万亩；累放农民集中住房贷款2087亿元，支持项目790个，新建农民集中住房区1068个，新增农民住房面积12840万平方米，农村危房改造面积3194万平方米，共惠及106万农户。

改善农村公共服务。支持农村路网、农村公共设施和农业生态等基础设施建设，提升农村公共服务水平和生态环境，增强城镇对农村发展生产、改善民生的带动作用。截至2013年末累放贷款4030亿元，支持项目3011个，新增和改善农村公路173万公里，新建或改扩建供排水设施7.4万个、污水处理厂 312 个、垃圾处理站 285 个，新增供暖面积 1.5 亿平方米。

三、积极支持农业产业化经营，促进农业增效农民增收

适应农业现代化发展要求，树立支持粮棉油全产业链发展理念，以粮棉油生产、加工和流通等环节为重点，大力支持农业产业化龙头加工企业、农业科技开发和农村流通设施建设，促进农业产化经营和现代农业发展。

助力龙头加工企业。重点支持一批符合国家政策导向、产业关联度高、行业带动力强、吸纳就业多、成长性好的产业化龙头企业和加工企业，将信贷支持延伸至生产、加工和销售环节，覆盖至种粮大户、家庭农场、农民合作社等新型生产经营主体，实现多方共赢。截至 2013 年末，累放粮棉油产业化龙头企业和加工企业贷款 11,274 亿元，支持企业 3,454 个。积极支持非粮棉油产业龙头企业发展，贷款范围涵盖林业、水果、茶业、中药材、园艺和其他类行业，拓展农民就业和增收渠道。截至 2013 年末，累计发放非粮棉油产业化龙头企业贷款 1,557 亿元，目前支持企业 1,062 家，年均带动辐射农户 346 万户，新增就业机会 76.3 万个，户均增收 9,334 元。

促进农业科技创新。科技是农业提质增效的重要支撑。农发行积极支持农业科技创新和科技成果应用，2006 年获批开办该项业务以来，围绕提高农业综合生产能力，切实加大对农林牧渔等领域的新品种、新技术、新设备、新产品等信贷支持力度，重点支持优良品种、节水灌溉、农产品加工、农业机械等方面的科技成果转化应用，助推农业产业转型升级。创新信贷运行模式，制定倾斜信贷支持政策，积极推动农业科技贷款与涉农产业基金、金融租赁及融资担保业务对接。既支持了像隆平高科、龙力乙醇等一批农业产业化重点龙头企业，同时培育和扶持了包括大禹节水、史坦利化肥等一大批中小科技型企业。2013 年累计投放农业科技贷款 455 亿元。

推动农村流通体系建设。市场化是农业现代化的必由之路。自 2007 年获批农村流通体系建设贷款以来，农发行以农产品批发市场、农产品物流仓储配送中心及农村日用消费品配送项目为重点，大力支持农村流通基础设施建设、现代流通方式和新型流通业态发展。充分发挥龙头企业的资源整合和辐射带动作用，提高农村流通业的组织化和集约化程度；立足区域特色和产业特色，重点支持工业品下乡、农产品进城的双向流通体系；优先支持国家和地方政府推动的农村流通项目。截至 2013 年末，累放农村流通体系建设贷款 502 亿元，支持客户 544 家。其中，农业部“农产品批发市场升级改造工程”项目 21 个，商务部“双百市场工程”、“万村千乡市场工程”项目 65 个。

四、积极支持涉农小微企业发展，缓解小微企业融资难题

小微企业融资是世界性难题，支持小微企业是金融机构共同的社会责任。农发行坚持履行政策性银行的社会职责，不断强化支农支小功能，积极支持涉农小微企业发展。2013 年累放贷款 2847 亿元支持小微企业，年末贷款余额 6456 亿元、占全部贷款的 25%，支持小微企业 1.3 万户、占客户总数的近一半。

将支持小微企业与履行政策性支农功能相结合。粮棉油产业链的企业，大部分是小微企业。农发行以支持收购为切入点，拿出专门规模，保障资金供应，促进小微企业发展。将支持范围逐步从收购环节扩展到生产、加工、销售环节，扩展到农林牧渔各领域，根据农业自然禀赋特点，大力支持特色优势产业小微企业发展。

创新改进金融服务。针对小微企业特点，不断创新和改进金融服务。适当下放小微企业贷款审批权限、减少审批层级，对续贷实行无缝对接。开展创新经营业主联户担保、经济联合担保、经营权质押等各类新型担保方式，对从事粮棉油收购的小微企业在企业有效资产应抵尽抵后，允许一定比例的风险敞口。在营业网点少的地区加强与商业银行的业务合作，由商业银行推荐优质小企业客户并提供存单质押担保、农发行承贷，搭建融资担保与联合增信平台，发挥政策性银行的引导支持作用。

对小微企业实行优惠政策。在银行同业大幅上调小微企业贷款利率的情况下，农发行 99% 的小微企业贷款执行基准利率或下浮利率。与国家林业局、国家农业综合开发办等部门合作，为符合条件的小微企业争取贷款贴息。规范服务收费，严禁对小微企业收取咨询顾问费、贷款承诺费、资金管理费以及附加不合理条件等，降低企业财务成本。

五、积极支持扶贫开发，促进贫困地区加快发展

支持贫困地区发展是全面建成小康社会的重要任务，也是农发行义不容辞的责任。农发行坚持以集中连片贫困地区为重点，通过信贷扶持、定点扶贫等，促进贫困地区经济社会发展。

积极开展信贷扶贫。认真落实国家扶贫开发纲要，紧紧围绕新阶段扶贫开发巩固温饱成果、加快脱贫致富、改善生态环境、提升发展能力、缩小发展差距的新要求，不断强化政策性职能，在继续坚定不移支持粮棉油收储的同时，重点支持集中连片地区基础设施建设，支持贫困地区特色优势涉农产业。对贫困地区申报项目，实行办贷优先、规模倾斜、利率优惠、期限延长，真扶贫、扶真贫，提高支持扶贫开发的精准性。2007—2013 年末，在全国 758 个国家级贫困县中，农发行对 715 个县给予了信贷支持，累放贷款 6,231 亿元，期末贷款余额 2,513 亿元。农发行对贫困地区投放的贷款，主要源于发债筹集的资金，是对贫困地区的资金净投入，对加快贫困地区发展，促进贫困人口脱贫致富等方面发挥了重要作用。

认真作好定点扶贫工作。先后选拔 6 批 15 名优秀中青年骨干到吉林大安、贵州锦屏、云南马关、广西隆林、江西南丰等贫困县或革命老区驻点帮扶。积极协调信贷资金，帮助当地基础设施建设和龙头企业发展，2013 年，贷款 1 亿元支持的广西隆林“村村通公路”硬化项目，涉及 67 条农村道路、共计 650 多公里；贷款 3500 万元支持吉林大安县安大牧业公司，惠及当地农户 1000 多户。开展物资扶贫、智力扶贫、送报下乡等活动，累计捐助 500 余万元支持扶贫点学校、公路等公共服务设施建设；捐助 57 万余元资助 286 名贫困大学生走进校园。

六、推动绿色信贷，助力节能环保

推进人与自然和谐发展关乎人类福祉和民族未来的长远大计，建设生态文明是全面深化改革的重要内容。农发行认真贯彻国家政策，致力开展绿色信贷，大力支持生态环境建设，推进低碳节约运营。

开展绿色信贷。积极发挥政策性银行在支持节能环保、低碳经济和循环经济中的作用，大力推进绿色信贷，在信贷项目评审中严格实行环保“一票”否决制，重点支持节能环保、再生能源、水污染治理、水资源节约等项目。2013 年投放贷款 156 亿元支持环保和节能减排，年末贷款余额 650 亿元，其中支持生态环境改善的项目贷款 512 亿元，能源综合利用改造项目贷款 110 亿元，循环经济试点贷款 10 亿元，废弃物资源利用、节能减排技改项目贷款等 18 亿元。

支持环境治理。大力支持农村人居环境建设，支持农业生产环境综合治理，控制面源污染，促进农村生态环境改善。截至2013年末，累放贷款683亿元，支持项目568个，期末贷款余额413亿元。累计改造中低产田251万亩，新增林地807万亩，湿地保护33万亩，荒漠化、石漠化治理86万亩。

推动绿色运营。倡导环保节约理念，推进资源节约。落实节水、节电、节能降耗等各项节约减排措施。在全系统全面推行无纸化办贷，建成推广网络视频会议，研发上线综合办公系统，推行无纸化办公。开展绿色环保公益活动，总行在甘肃兰州建立青年林，栽种树木万余棵、覆盖面积100多亩，各级分支机构也广泛组织植树造林活动，促进当地生态文明建设。

七、关注各方利益，促进和谐发展

关心关注公众利益和社会效益是政策性银行的鲜明特色。农发行坚持将履行社会责任与服务"三农"、服务客户、促进员工成长相结合，社会效益与经济效益相统一，重视各方利益，促进和谐发展。

维护发展农民利益。始终坚持把执行国家政策、实现社会效益放在首位，坚持服务"三农"、让利于农，落实国家强农惠农富农政策，增进农民利益。对粮棉油收储业务，全力保障收购资金供应，确保农民粮出售、钱到手；以龙头加工企业为依托，延伸支持链条，创造就业机会，增加农民收入。依托新型城镇化，大力支持现代农业和新农村建设，改善农村民生福祉，使广大农民分享改革发展成果。

服务客户价值创造。主动完善服务功能，开办中间业务、国际业务、投资业务，创新推广结算、代理、担保、咨询等业务品种，满足客户多层次服务需要。积极拓展合作关系，建立多层次、广覆盖的服务体系，2013年末，全国性保险公司合作伙伴增至10家，外汇业务网点101家，境内外代理行513家，网络覆盖全球65个国家和地区。与工行合作推出"牡丹金山卡"、开展网银业务，推广大小额支付系统，开通短信服务平台，为客户提供快速、高效、安全的服务。结合党的群众路线教育实践活动，着力解决基层行和客户反映的突出问题，构建提高办贷质量和效率的长效机制。

关爱员工成长。坚持以人为本，促进员工与农发行共同成长。2005年以来累计向社会提供就业岗位1.3万个。实施"3512"重点人才培养工程，年均培训员工6.5万人次。在全行推行中层干部全员竞聘上岗，试行分支行管理人员公开选拔。建立全行统一的基本薪酬制度，加大收入分配向基层员工倾斜力度。推行业务岗位聘任管理，拓宽员工职业通道。推进职代会制度，注重保护女职工权益，帮助职工解决生活困难。建行以来累计发放困难慰问金1150万元、帮助困难员工1万余人；2007年建立特困救助机制，累计发放特困救助968.6万元、救助特困员工529人。

积极参与公益事业。弘扬乐善好施的传统美德，积极开展抗震救灾、扶贫济困、志愿者服务等活动，努力回报社会。每年对外捐赠支出都在1000万元以上，用于社会公益事业。积极支持地震灾区重建，发放贷款620亿元，全系统5万多员工捐款3038万元，3万多党员交纳"特殊党费"1517万元。向中华慈善总会捐款100万元，用于医治西藏先心病儿童；持续开展"母亲水窖"公益活动，荣获全国妇联授予的"中国妇女慈善奖"。广泛开展"关爱农民工子女"、"结对帮残"等青年志愿服务行动，志愿者人数3638人，为6792名农民工子女提供服务和帮助。

八、坚持政策性银行定位，发挥扶持引导作用

农发行是专司支农的银行，是落实国家"三农"部署、服务国家宏观调控、执行政府产业意图的工具。建行以来，农发行始终坚持政策性银行办行方向，注重突出政策导向，发挥扶持引导作用。

坚持把执行政策放在首位，加大力度支持农业农村重点领域和薄弱环节。始终按照中央要求和国家支农重点确定信贷业务的重点，坚定不移地支持粮棉油收储，发挥收购资金供应主渠道的作用。落实国家城乡发展一体化战略部署，不断加大力度支持水利建设和新农村建设。信贷资金主要投向"三农"重点领域和薄弱环节，突出解决瓶颈制约问题，弥补了市场缺陷，起到了雪中送炭、铺路架桥的作用。

实行优惠利率，引导资金回流农业农村。体现农业政策性金融的扶持性、优惠性，在商业性涉农贷款利率普遍上浮的情况下，农发行始终坚持基准利率甚至下浮利率，让利于农。多年来，执行基准利率和下浮利率的贷款一直在99%以上，利率上浮不足1%。建立依靠市场发债为主、组织存款为补充的多元化筹资机制，广泛筹集社会资金回流农业农村。2004—2013年末，累计发行金融债券2.9万亿元，金融债券余额由408亿元上升到1.8万亿元，对公存款由756亿元增加到4111亿元，筹集资金全部投向"三农"。在农村资金大量外流的情况下，农发行始终保持对"三农"的信贷净投放，成为引导社会资金回流农业农村的重要载体。

打造具有农发行特色的责任文化，引领社会责任履行。坚持以价值体系为核心，以推动改革、履行职责为出发点和落脚点，打造具有农业政策性金融品质和特色的责任文化。丰富完善价值体系，大力弘扬农发行精神，深化践行"至诚服务、有效发展、以人为本、构建和谐"的核心理念，牢固确立"建设新农村的银行"银行的使命，努力实现"打造一流现代农业政策性银行"的战略目标，坚持把价值体系贯穿改革发展和经营管理全过程，通过价值引领和文化力量，助推履行好农发行社会责任。

致力内生可持续发展，维护国家信贷资金安全。全面推进内部综合改革，先后出台数十项改革创新举措，建章立制300多件，努力构建起现代银行的体制机制。积极探寻办行规律，坚持速度、结构、质量和效益相统一，苦练内功，强化管理，有效防控风险。2013年与2004年相比，贷款规模增长到3倍多，不良贷款率由18.8%下降至0.71%，经营利润由24亿元增加到490.1亿元，上缴国家税收由26亿元增加到150亿元。列中国企业500强第96位，在中管金融机构绩效考核中连续两年优秀。在没有国家注资和不良贷款剥离的情况下，农发行通过自身努力，走出了一条内生性可持续发展路子，较好地履行了政策性银行的治理责任。

责任彰显品质，责任贵在坚持。20年来特别是近10年来，农发行以改革创新精神、履职尽责态度和显著支农成效，展现了国有政策性银行致力于实现公众利益的社会形象和担当情怀。农发行将一如既往地把执行国家政策放在首位，把服务"三农"作为最大的社会责任，敢于担当、创新发展、支农报国，为实现"两个一百年"目标和中华民族伟大复兴不断作出新贡献。

中国建设银行

中国建设银行股份有限公司（"本行"）是一家在中国市场处于领先地位的股份制商业银行，为客户提供全面的商业银行产品与服务。主要经营领域包括公司银行业务、个人银行业务和资金业务。多种产品和服务（如基本建设贷款、住房按揭贷款和银行卡业务等)在中国银行业居于市场领先地位。

本行拥有广泛的客户基础,与多个大型企业集团及中国经济战略性行业的主导企业保持银行业务联系,营销网络覆盖全国的主要地区。2013 年 6 月末,本行市值为 1,767 亿美元,居全球上市银行第五位。本行在中国内地设有分支机构 14,295 家,在中国香港、新加坡、法兰克福、约翰内斯堡、东京、首尔、纽约、胡志明市、悉尼、中国台北设有 10 家一级境外分行,拥有建信基金、建信租赁、建信信托、建信人寿、中德住房储蓄银行、建行亚洲、建行伦敦、建行俄罗斯、建行迪拜、建银国际等多家子公司,为客户提供全面的金融服务。

本行的历史可以追溯到 1954 年,成立时的名称是中国人民建设银行,当时是财政部下属的一家国有独资银行,负责管理和分配根据国家经济计划拨给建设项目和基础建设相关项目的政府资金。1979 年,中国人民建设银行成为一家国务院直属的金融机构,并逐渐承担了更多商业银行的职能。

随着国家开发银行在 1994 年成立,承接了中国人民建设银行的政策性贷款职能,中国人民建设银行逐渐成为一家综合性的商业银行。1996 年,中国人民建设银行更名为中国建设银行。

本行由本行前身中国建设银行根据中国公司法规定的分立程序于 2004 年 9 月成立。在 2004 年 9 月 14 日由银监会批准之后,本行、中国建投与汇金公司于 2004 年 9 月 15 日签署分立协议,根据此份协议,中国建设银行分立为本行和中国建投。本行于 2004 年 9 月 17 日成立为一家股份制商业银行。

2005 年 10 月 27 日本行 H 股在中国香港联合交易所挂牌上市(股票代码为 939),2007 年 9 月 25 本行 A 股在上海证券交易所挂牌上市(股票代码为 601939)。

2012 年,本行总资产规模近 14 万亿元,全年实现净利润 1,936.02 亿元,较上年增长 14.26%。平均资产回报率和加权平均净资产收益率分别为 1.47% 和 21.98%,主要财务指标继续保持同业领先。本行董事会建议派发末期现金股息每股 0.268 元。

大力服务实体经济,信贷结构持续改善。2012 年,本行适时调整业务政策,合理调配信贷资源,加强授信管理,支持国家重点项目、民生领域以及经济社会发展薄弱环节。基础设施行业领域贷款新增占公司类贷款新增的 27.04%,小微企业贷款增速 17.97%,涉农贷款增速 21.43%;个人住房贷款、信用卡贷款新增同业第一。实施主动授信管理,主动调控产能过剩行业、地方政府融资平台、房地产行业等领域贷款投放。

综合化经营格局日臻完备,境外业务快速发展。本行目前已初步搭建综合化经营平台,非银行金融牌照种类领先同业。2012 年末,本行子公司资产总额达到 2,608.39 亿元,实现净利润 21.39 亿元。本行海外业务发展明确深化跟随、加快落地的经营策略,采取自设与并购并重的机构拓展方式。2012 年末境外机构总资产突破 800 亿美元;伦敦子行成功发行 10 亿元首支伦敦离岸人民币债券;墨尔本分行顺利开业,迪拜、俄罗斯子银行,多伦多、中国台北、旧金山、大阪和卢森堡等分行筹备工作提速。

全面推进多功能银行建设,战略性新兴业务跨越式发展。本行对战略性业务强化政策引导、重点配置资源,电子银行、养老金、私人银行等业务健康快速发展。2012 年,个人网银和手机银行客户数分别较上年增长 41.07% 和 78.68%,电子银行与柜面交易量之比达到 270.30%,较上年提高 63.58 个百分点;"善融商务"成功上线,企业商城累计成交 35 亿元,商户融资近 10 亿元;养老金受托资产规模新增同业第一;私人银行推出一系列产品创新项目,客户金融资产增幅 30.19%。

完善渠道和机制建设,推进集约化经营。2012 年,本行推进完善网络布局,境内营业机构增加 540 个至 14,121 个,自助设备增加 11,323 台,新增量同业第一;加快实施综合性网点、综合柜员制和综合营销队伍为主的营业网点综合化建设,进一步提升网点资源利用效率;深化前后台分离,简化业务流程,提高办理效率,客户办理立等业务平均时间大幅缩短;加快电话银行业务功能和服务渠道整合,改善客户体验,降低营运成本。

风险管理和内控建设不断完善,资产质量保持稳定。2012 年,本行强化集团风险管控,进一步明确和规范全面风险管理的框架和内容,加强产能过剩、政府平台、房地产等重点领域风险管理;进一步提高理财、表外、海外和国别等重点领域风险管理水平。持续推动内控体系建设,新设部门专司全行内控合规工作,对内控制度、办法、流程等进行优化。2012 年末,本行不良贷款率为 0.99%,较上年下降 0.10 个百分点。

推进资本管理办法实施,资本基础进一步夯实。2012 年,本行组织完善新资本管理办法相关制度建设,确保新资本办法的顺利实施和平稳过渡;积极开展创新资本工具研究,顺利完成 400 亿元次级债券的发行工作;以实施新资本管理办法为契机,加大业务转型和结构调整力度,加快向资本集约化转型,提高资本使用效率。2012 年末,资本充足率与核心资本充足率进一步上升至 14.32% 和 11.32%。

积极履行企业社会责任,继续扎实推进公益项目。继续将业务发展与履行企业社会责任相结合,引导信贷资源投向低碳经济、循环经济和绿色经济领域;全年实施重要公益项目 10 个,投入总金额 2,300 万元;持续推进"贫困高中生成长计划"、"贫困英模母亲资助计划"、"少数民族地区大学生成才计划",以及"情系西藏"奖助学金等长期公益项目。本行的社会责任工作获得社会高度认可,荣登《财富》杂志"中国企业社会责任 100 排行榜",被中国银行业协会评为最具社会责任金融机构。2012 年,本行的出色业绩与良好表现受到市场与业界的充分认可,先后荣获国内外 90 余项奖项。在英国《银行家》杂志联合 Brand Finance 发布的"世界银行品牌 500 强"以及 Interbrand 发布的"2012 年度中国最佳品牌"中,位列中国银行业首位;在美国《财富》杂志"世界 500 强排名"中列第 77 位,较上年上升 31 位。此外,本行还荣获了国内外重要机构授予的包括公司治理、中小企业服务、私人银行、现金管理、托管、投行、投资者关系和企业社会责任等领域的多个专项奖。

中国银行

企业概况

1912 年 2 月,经孙中山先生批准,中国银行正式成立。从 1912 年至 1949 年,中国银行先后行使中央银行、国际汇兑银行和国际贸易专业银行职能,坚持以服务社会民众、振兴民族金融为己任,历经磨难,艰苦奋斗,在民族金融业中长期处于领先地位,并在国际金融界占有一席之地。1949 年以后,中国银行长期作为国家外汇外贸专业银行，统一经营管理国家外汇，开展国际贸易结算、侨汇和其他非贸易外汇业务，大力支持外贸发展和经济建设。改革开放以来，中国银行牢牢抓住国家利用国外资金和先进技术加快经济建设的历史机遇，充分发挥长期经营外汇业务的独特优势，成为国家利用外资的主渠道。1994 年，中国银行改为国有独资商业银行。2004 年 8 月，中国银行股份有限公司挂牌成立。2006 年 6 月、7 月，中国银行先后在香港联交所和上海证券交易所成功挂牌上市，成为国内首家“A + H”发行上市的中国商业银行。2013 年，中国银行再次入选全球系统重要性银行，成为新兴市场经济体中唯一连续 3 年入选的金融机构。

中国银行是中国国际化和多元化程度最高的银行，在中国内地、香港、澳门、台湾及 37 个国家为客户提供全面的金融服务。主要经营商业银行业务，包括公司金融业务、个人金融业务和金融市场业务，并通过全资子公司中银国际控股有限公司开展投资银行业务，通过全资子公司中银集团保险有限公司及中银保险有限公司经营保险业务，通过全资子公司中银集团投资有限公司经营直接投资和投资管理业务，通过控股中银基金管理有限公司经营基金管理业务，通过全资子公司中银航空租赁私人有限公司经营飞机租赁业务。

在一百多年的发展历程中，中国银行始终秉承追求卓越的精神，将爱国爱民作为办行之魂，将诚信至上作为立行之本，将改革创新作为强行之路，将以人为本作为兴行之基，树立了卓越的品牌形象，得到了业界和客户的广泛认可和赞誉。面对新的历史机遇，中国银行将积极承担社会责任，努力做最好的银行，为实现中华民族伟大复兴的中国梦做出新的更大贡献。

中国光大银行

企业概况

中国光大银行成立于 1992 年 8 月，总部设在北京，是经国务院批复并经人民银行批准设立的金融企业，为客户提供全面的商业银行产品与服务。

自成立以来，伴随着中国金融业的发展进程，中国光大银行不断开拓创新，锐意进取，在为社会提供优质金融服务的同时，取得了良好的经营业绩，在综合经营、公司业务、国际业务、理财业务、电子银行业务等方面培育了较强的比较竞争优势，基本形成了各主要业务条线均衡发展、零售业务贡献度不断提升、风险管理逐步完善、创新能力日益增强的经营格局。2010 年 8 月 18 日，中国光大银行在上海证券交易所成功上市，走上更有内涵的发展之路；2013 年 12 月 20 日，中国光大银行在香港联交所主板成功上市，迎来又一个崭新的发展阶段。

2013 年末，中国光大银行在全国 29 个省、自治区、直辖市及香港地区的 91 个经济中心城市设立一级分行 37 家（含香港），二级分行 47 家，营业网点 769 家，全行在职员工 36000 多人。

截至 2013 年 12 月 31 日，中国光大银行资产总额 24,150.86亿元，负债总额 22,620.34 亿元，全年实现营业收入 653.06 亿元，净利润 267.54 亿元。在英国《银行家》杂志 2014 年发布的“世界 1000 家大银行排名中，中国光大银行位列第 59 位。

凭借卓越的创新能力和出色的业绩表现，中国光大银行连续三年被评为“年度最具创新银行”，荣膺“CCTV 中国年度品牌”。招牌业务“阳光理财”系列产品家喻户晓，是国内最具竞争优势的理财品牌之一，先后被评为“百姓最认可的理财品牌”、“最受欢迎的理财产品”；投行业务、企业年金、电子银行、资金结算等领域也创造了多项行业第一。在全球最大的综合性品牌资讯公司 Interbrand 发布的“最佳中国品牌价值排行榜”上，中国光大银行排名 37 位，品牌价值 345 亿元。

在自身发展的同时，中国光大银行不忘履行社会责任，回报社会。连续十年捐助“大地之爱 · 母亲水窖”公益项目 2500 多万元，帮助解决了西北干旱地区 76000 多人的用水问题，彰显了企业的社会责任与员工的精神风貌。

强大的股东背景，全国性的经营网络，高素质的员工队伍，卓越的创新能力，中国光大银行以自身的经营优势，正按照“一年奋力起步，三年改变面貌，五年形成自身特色，十年勇争同业前列”的指导思想，落实“更有内涵的发展”，推进模式化经营，努力打造国内最具创新能力的银行。

联系方式

地址：北京市西城区太平桥大街 25 号中国光大中心
邮编：100033
客户服务热线：95595
投诉邮箱地址：95595@ cebbank. com
总机：010 – 63636363
传真：010 – 63639066、63639088
网址：www. cebbank. com

招商银行

企业概况

招商银行成立于 1987 年 4 月 8 日，总行设在深圳，业务以中国市场为主。招商银行于 2002 年 4 月 9 日在上海证券交易所上市，A 股股票代码 600036。自 A 股上市起，招商银行一直同时采用中国公认会计准则和国际财务报告准则编制年度经审计财务报告。2006 年 9 月 22 日，招商银行在香港联合交易所上市，H 股股份代号 3968。

截至 2013 年 12 月 31 日，本公司在中国大陆的 110 余个城市设有 99 家分行及 934 家支行，2 家分行级专营机构（信用卡中心和小企业信贷中心），1 家代表处，2,174 家自助银行，1 家全资子公司——招银租赁；在中国香港地区拥有永隆银行和招银国际等子公司，及一家分行（香港分行）；在美国设有纽约分行和代表处；在伦敦和台北设有代表处。本公司高效的分销网络主要分布在长江三角洲地区、珠江三角洲地区、环渤海经济区域等中国相对富裕的地区以及其他地区的一些大中城市。本公司目前在 108 个国家（含中国）及地区共有境内外代理行 1,921 家。

招商银行向客户提供各种公司及零售银行产品和服务，亦自营及代客进行资金业务。作为中国领先的零售银行，招商银行拥有庞大的客户基础、广为人知的品牌、品种繁多的产品和优质的服务。在公司银行业务方面，招商银行为企业提供贷款、结算、托管等各类服务，并在现金管理方面具有明显竞争优势。依托先进的信息技术实力，招商银行得以不断拓宽服务渠道，开发和不断升级招行的网上银行服务、电话银行、手机银行和掌上电脑银行，令客户能够更快捷、方便地获取招行的服务。

凭借出色的业绩表现、管理能力和公司文化，2013 年，本公司在国内外权威机构组织的评选活动中荣膺诸多荣誉，其中在《欧洲货币》杂志主办的 2013 年度“最佳私人银行与财富管理”评选中，本公司获评“中国区最佳私人银行”大奖，并同时获得最佳客户关系管理、最佳投资产品组合、最佳超高端客户服务等多个单项奖，奖项等级和数量领先同业。在英国《金融时报》2013 年全球私人银行奖项颁奖盛典中，本公司连续第四年独揽“中国区最佳私人银行”大奖（the Best Private Bankin China）。在《亚洲银行家》杂志“零售金融服务卓越大奖”评选中，本公司九度蝉联“中国最佳零售股份制商业银行”大奖。在银行产品奖项评选中，本公司荣膺“中国最佳手机银行产品”和“中国优秀中小企业银行业务”两项大奖。在《亚洲货币》举办的评选中，本公司第八度蝉联“中国最佳现金管理银行”大奖（Best Cash Management Bank in China 2013），并全部包揽了中国大陆地区“最佳大、中、小型企业现金管理服务”等共计 10 项大奖，成为该项评选活动有史以来获奖总数最多的中资银行。在《财资》“2012 年度全球最佳银行评选”中，本公司连续四年蝉联“中国最佳托管专业银行”奖项（Best Domestic Custody Specialist - China）；在“2013 年度全球最佳现金管理银行评选”中，本公司荣膺“中国最佳中小企业现金管理银行”奖项。在“全球呼叫中心年会（ACCE）”上，本公司远程银行中心再度荣膺“全球最佳呼叫中心”，并晋级全球四强。在胡润百富发布的“中国千万富豪品牌倾向调查结果”中显示，本公司在“最受青睐的人民币理财银行”和“最受青睐的信用卡发卡行”评选中力拔头筹。在中国银行业协会主办的“第二届贸易金融年会”中，本公司国际业务荣获“最佳贸易金融产品创新银行”奖项。在《银行家》与中国社会科学院金融研究所主办的 2013 年中国金融创新奖评选中，本公司跨境人民币银银平台产品荣获“十佳金融产品创新奖”；“小企业现金管理服务”营销案例荣获“十佳金融产品营销奖”。在中国社会科学院工业经济研究所和《中国经营报》联合主办的“2013 卓越竞争力金融机构评选”中，本公司荣获“2013 卓越现金管理银行”及“2013 卓越竞争力小企业金融银行”。在深圳市市政府金融办举办的“2013 年度深圳市中小微企业金融服务创新奖”评选中，本公司荣获“2013 年度深圳市中小微企业金融服务创新奖”一等奖；本公司“住房公积金资金管理项目”、“跨境金融项目”均荣获 2013 年度深圳金融创新奖二等奖。在《21 世纪经济报道》主办的“亚洲金融年会暨 2013 亚洲银行竞争力排名研究报告发布会”上，本公司被授予“2013 年度亚洲最佳财富管理银行”大奖。在《证券时报》“2013 中国最佳财富管理机构奖项评选”中，本公司获得“中国最佳财富管理机构”、“中国最佳银行理财品牌”和“中国最佳私人银行”三项大奖。在中国标准化研究院顾客满意度测评中心发布的“2013 中国顾客满意度调查”结果中，本公司连续五年问鼎“中国顾客满意度排行榜”行业之首。在中国网、中华网主办的第二届中国公益节颁奖盛典中，本公司荣获“2012 中国公益奖——集体奖”，招行 2012 年度微电影《只想和你在一起》获评“2012 年度公益映像奖”。在《经济观察报》主办的“2012—2013 年度最受尊敬企业”评选中，本公司荣获“2013 年度最受尊敬企业”大奖。在中国银行业 2012 年度社会责任报告发布暨社会责任工作先进表彰会上，本公司蝉联“年度最具社会责任金融机构”，同时获得“年度社会责任最佳绿色金融奖”、“年度社会责任最佳公益慈善贡献奖”、“年度公益慈善优秀项目奖”等四项大奖。在“2013 中国广告长城奖”评选中，本公司 M + 卡品牌营销案例成功获评营销传播金奖。

招商银行以客户为中心，并朝着“力创股市蓝筹、打造百年招银”的目标不断前进。

社会责任

招商银行始终秉承“源于社会回报社会”的企业社会责任理念，积极参与公益事业，将企业公民的理念延伸至扶贫、教育、环境保护、公共卫生等众多领域，赢得了各界的肯定，多次获得“最佳企业社会责任”、“中国最受尊敬企业”、“中国儿童慈善突出贡献奖”、“中国低碳典范企业”等奖项。

我们通过贯彻国家宏观经济政策，加快管理变革，提升可持续价值创造能力，推进“两小”企业和创新型企业成长，带动就业，服务经济社会发展；我们通过持续产品和服务创新，促进服务能力的提高，为客户带来更新更好的服务体验；我们通过完善绿色信贷，加大绿色信贷支持力度，开展绿色运营和绿色公益，引领绿色金融创新，进而促进绿色经济发展；我们通过畅通员工职业成长通道，重视员工能力提升，营造良好工作环境，促进员工与企业的共同成长；我们通过深化社会责任理念，开展社会公益活动，参与社区共建，积极回馈社会，致力成为优秀企业公民。

中国民生银行

企业概况

中国民生银行于 1996 年 1 月 12 日在北京正式成立，是中国首家主要由非公有制企业入股的全国性股份制商业银行，同时又是严格按照《公司法》和《商业银行法》建立的规范的股份制金融企业。多种经济成份在中国金融业的涉足和实现规范的现代企业制度，使中国民生银行有别于国有银行和其他商业银行，而为国内外经济界、金融界所关注。作为中国银行业改革的试验田，民生银行锐意改革、积极进取，业务不断地拓展，规模不断地扩大，效益逐年递增，保持了快速健康的发展势头，为推动中国银行业的改革创新做出了积极贡献。

2000 年 12 月 19 日，中国民生银行 A 股股票（600016）在上海证券交易所挂牌上市。2003 年 3 月 18 日，中国民生银行 40 亿可转换公司债券在上交所正式挂牌交易。2004 年 11 月 8 日，中国民生银行通过银行间债券市场成功发行了 58 亿元人民币次级债券，成为中国第一家在全国银行间债券市场成功私募发行次级债券的商业银行。2005 年 10 月 26 日，民生银行成功完成股权分置改革，成为国内首家完成股权分置改革的商业银行，为中国资本市场股权分置改革提供了成功范例。2009 年 11 月 26 日，中国民生银行在香港交易所挂牌上市。站在新的历史起点，中国民生银行确定了“做民营企业的银行、小微企业的银行、高端客户的银行”的市场定位，积极推动管理架构和组织体系的调整、业务结构的调整和科技平台的建设，努力实现二次腾飞，打造成特色银行和效益银行，为客户和投资者创造更大的价值和回报。

中国民生银行自上市以来，按照“团结奋进，开拓创新，培育人才；严格管理，规范行为，敬业守法；讲究质量，提高效益，健康发展”的经营发展方针，在改革发展与管理等方面进行了有益探索，先后推出了“大集中”科技平台、“两率”考核机制、“三卡”工程、独立评审制度、八大基础管理系统、集中处理商业模式及事业部改革等制度创新，实现了低风险、快增长、高效益的战略目标，树立了充满生机与活力的崭新的商业银行形象。

截至 2013 年，中国民生银行实现净利润 422.78 亿元，加权平均净资产收益率达到 23.23%；到 2013 年末，民生银行总资产超过3.2万亿元。

截至2013年12月31日，中国民生银行在北京、上海、广州、深圳、武汉、大连、南京、杭州、太原、石家庄、重庆、西安、福州、济南、宁波、成都、天津、昆明、苏州、青岛、温州、厦门、泉州、郑州、长沙、长春、合肥、南昌、汕头、南宁、呼和浩特、沈阳、香港、贵阳、三亚、拉萨设立了36家分行，机构总数量达到852家。

民生银行的高速发展在国内受到公众和业界的高度关注和认同。2004年在“中国最具生命力企业”评选中，民生银行排名第十八位，获得了“2004年中国最具生命力百强企业”称号；2005年度中国企业信息化500强中，民生银行排名第22位；在“2005年度财经风云榜”评选活动中，民生银行荣获“2005年度最佳网上银行”称号；在“2006民营上市公司100强”中位列第一名，并在市值、社会贡献两项分榜单中名列第一；2007年民生银行获得2007第一财经金融品牌价值榜十佳中资银行称号，同时荣获《21世纪经济报道》等机构评选的“最佳贸易融资银行奖”；2008年民生银行荣获第四届中国上市公司董事会“金圆桌奖”、荣获“2008年中国最具生命力百强企业”第三名；2009年民生银行荣获第一财经金融价值榜最佳小微企业服务奖、荣获《亚洲银行家》评选的“中国区贸易金融成就奖”、在21世纪亚洲金融年会上荣获“2009年亚洲最佳风险管理银行”和“2009年小微企业金融服务创新奖”；2011年荣获“2011年度最佳银行金融服务中心”、“民生U宝——2011年度最佳网上银行安全产品”、“2011年度用户满意十大电子金融品牌”；2013年，在中国上市公司海外高峰论坛暨中国证券“金紫荆”奖颁奖典礼中，民生银行荣获“最佳投资者关系管理上市公司”大奖；在英国《金融时报》2013年度中国高峰论坛上，民生银行凭借在交易银行业务领域的有益探索而荣获“中国年度创新型交易银行奖”；获得《亚洲银行家》颁发的“2013年度中国最佳中小企业银行业务”。

此外，中国民生银行在国际上也正享受着越来越高的知名度。在美国著名财经杂志《福布斯》评选的“2006中国顶尖企业十强榜”上，民生银行位列第七名。2007年12月，民生银行荣获《福布斯》颁发的第三届“亚太地区最大规模上市企业50强”奖项。在《2008中国商业银行竞争力评价报告》中民生银行核心竞争力排名第6位，在公司治理和流程银行两个单项评价中位列第一。在英国《银行家》2009年7月公布的一级资本全球银行1000强排名中，民生银行全球排名第107位，在亚洲地区排名第20位，在内地排名第8位。荣获由英国《金融时报》颁发的“2011年最佳贸易金融创新银行奖”。

10多年来，中国民生银行全体员工怀揣着感恩之心，不断回报社会。尤其是近几年来，民生人更是加大了积极参与社会公益事业和承担社会责任的工作力度，获得了公众和媒体的广泛关注和高度赞誉。2005年10月，民生银行参加了中国扶贫基金会举办的“扶贫中国行大型公益活动”，同时捐助3100万元设立“民生教育扶贫基金”，这笔捐赠成为迄今为止民营企业中最大的一笔公益捐赠；2006年，民生银行出资1450万元，为全国贫困县在中央电视台免费播放电视广告，向全国观众展示其土特产品、自然及人文景观；2006年，民生银行荣获“扶贫中国行2005年度贡献奖”、“中国最受尊敬企业”称号和中国企业社会责任调查百家优秀企业奖；2007年3月，民生银行荣获2006年度“中华慈善奖”提名奖；2007年10月，民生银行通过了SAI国际组织颁布的SA8000体系认证（即企业社会责任管理体系），成为中国金融界第一家通过该项认证的商业银行；2008年，民生银行先后荣获中国扶贫基金会颁发的“2007扶贫中国行年度特别奖”、“年度公益企业”及“最具社会责任感企业”奖；2009年获我国公益慈善领域中的最高政府奖——2009“中华慈善奖”；2011年连续第三次荣获公益慈善领域的最高政府奖——“中华慈善奖”，成为今年国内唯一获奖的金融机构；在中国银行业协会首次举办的中国银行业社会责任评比表彰活动中获得“年度最佳公益慈善奖”；2013年在中国社科院发布的《中国企业社会责任蓝皮书（2013）》中，民生银行荣获“中国企业上市公司社会责任指数第一名”、“中国民营企业社会责任指数第一名”、“中国银行业社会责任指数第一名”；在2013年第十届中国最佳企业公民评选中荣获“2013年度中国最佳企业公民大奖”。

2007年2月，中国民生银行董事会审议通过了《中国民生银行五年发展纲要》。发展纲要的出台是民生银行经过10多年快速发展后，重新进行市场定位和战略转型的重要标志，第一次系统、全面地规划未来3到5年的发展愿景、业务指标和实施方式。2009年，民生银行着力就现有管理体制进行了系统梳理和诊断，进一步理顺了影响总分支、事业部等经营管理的各种生产关系，完成管理支持体系优化设计，为全面的流程银行建设奠定了基础。2013年新一代银行系统的全面成功上线，将为民生银行战略转型的顺利实施、“二五”目标的成功实现提供强有力的科技支持。

经营优势

2013年，中国银行业面临的经济环境和金融环境都在发生深刻变化，这种变化对银行业的经营活动产生了重大影响，迫使银行业加快转型与变革。

从经济环境来看，中国经济开始从高速增长阶段步入中高速增长阶段，GDP增长率从过去十年平均9%以上逐步下降到7.7%；中央政府深入推进经济体制改革和经济结构调整，经济增长方式从外延型、粗放式逐步向内涵型、节约式转变。经济环境的深刻变化对银行业产生着深刻的影响。

从金融环境来看，随着2013年7月20日中国人民银行决定全面放开贷款利率管制，利率市场化进程只剩下全面放开存款利率管制这“最后一跃”；金融脱媒进一步加剧，当年新增银行贷款占社会融资总额的比重已经下降到一半左右；互联网金融的崛起，余额宝等类货币市场基金以及P2P等平台撮合贷款开始大行其道。金融环境的深刻变化对于银行传统的商业模式产生了巨大冲击。

2013年，面对经济环境和金融环境的深刻变化以及银行同业竞争的日益激烈，本公司克服了重重困难和挑战，坚定地推进结构调整，取得了较好的成绩，主要体现在经营业绩提升、战略业务推进和收入结构优化三个方面。

第一，在经营业绩提升方面，2013年，本集团实现归属于母公司股东的净利润422.78亿元，同比增长12.55%，平均总资产回报率达到1.34%，加权平均净资产收益率达到23.23%，虽然同比略有下降，但仍名列同业前茅。基本每股收益1.49元，比上年增加0.15元；2013年末每股净资产达到6.97元，比2012年末增加1.22元。

第二，在战略业务推进方面，2013年，本公司继续坚持“做民营企业的银行、小微企业的银行、高端客户的银行”的战略定位，稳步推进战略实施，成效显著。截至2013年末，本公司有余额民企贷款客户达到12,973户，民企一般贷款余额达到5,852.41亿元，在对公业务板块中的占比分别达到

86.52%和64.91%，比上年末分别增加了1.47%和3.34%，"做民营企业的银行"的战略地位不断强化。2013年，本公司小微金融继续保持领先态势，截至年末，小微企业贷款余额达到4,047.22亿元，比上年末增加877.71亿元；小微客户总数达到190.49万户，比上年末增长91.97%；在小微金融的带动下，本公司个人存款业务发展迅猛，2013年末个人存款余额达到5,045.54亿元，比上年末增加1,153.16亿元，增幅29.63%，增量居中国主要全国性股份制银行之首。2013年末，本公司私人银行客户达到12,900户，比上年末增长37.39%；管理金融资产规模达到1,919.41亿元，比上年末增长49.76%。

第三，在收入结构优化方面，2013年，面对利率市场化带来的存贷款利差收窄和利差收入增速放缓的严峻挑战，本公司继续推进收入结构的调整，大力发展中间业务，集团全年实现非利息净收入328.53亿元，同比增长26.56%，占营业收入比率为28.35%，同比提高3.18个百分点。其中，手续费及佣金净收入299.56亿元，同比增长45.96%，占营业收入比率为25.85%，同比提高5.95个百分点，无论金额还是占比均名列同业第一。

2013年，为了迎接利率市场化时代的全面到来，本公司在调整业务结构和收入结构的同时，加快推进战略转型，全力打造不同于传统商业银行运作模式的"2.0版民生银行"，在三个方面取得了重大突破。

第一，为了充分发挥事业部的发展动力、创新能力，提高事业部运行效率，2013年下半年，本公司启动实施了"2.0版事业部改革"项目，按照"准法人、专业化、金融资源整合、金融管家团队"四大原则，对行业金融事业部运行模式进行了全面的创新和改革，推动事业部逐步从传统的存贷款模式向专业化投行方向发展转型，努力成为行业金融服务的领导者，做大金融资产，实现结构转型与效益翻番。2.0版事业部体制从2014年开始正式运行。

第二，为了快速做大客户基础，把现代金融服务渗透到社会的毛细血管中，2013年3月，本公司开始全面启动分行转型，以"做强分行、做大支行"为目标，把业务发展的发动机从支行上收到分行，分行承担起业务规划、销售策划、集中营销等职能，支行主要从事售后服务。民生银行分行转型的突破口是小微金融和小区金融，在小微金融方面，本公司全面推进小微金融2.0版建设，按照"模块化、标准化、规模化"的原则，着力提升分行软实力，强化分行层面的标准化操作，持续完善和优化小微流程再造，在实现规模快速增长的同时，推动增长方式发生重要变化。小区金融方面，本公司以便民、利民、惠民为宗旨，联合地方政府、地产公司和物业公司正式推出民生小区金融，大力推进小区金融的产品体系、渠道网络和支持系统建设，真正为小区客户提供最贴近的便利金融服务。

第三，为了应对互联网和移动互联网时代的挑战，本公司在科技平台和移动金融方面也全面发力。2013年5月，本公司历经7年建设的新一代银行系统全面上线，这是具有互联网基因的开放式银行系统，将促进本公司在移动互联、云计算、大数据及社交媒体的新科技发展大潮中做一名领航的弄潮者。同时，本公司也加快手机银行的推广，到2013年末，上线仅仅一年半的手机银行客户达到554.52万户，2013年的交易笔数为6,001.39万笔，交易金额11,258.51亿元，成为国内首批突破万亿元的手机银行之一。2013年9月，本公司与阿里巴巴启动全面战略合作，汲取领先的互联网企业的创新基因，全面进军互联网金融。

展望未来，随着中国经济调整的力度和深度进一步加剧，利率市场化改革的进程进一步加快，金融脱媒的程度进一步加深，互联网金融的影响进一步加强，中国银行业的变革和转型将进入关键时期。2014年，本公司将认清形势、把握大局、找准问题、集中力量、加速调整，全面推进2.0版事业部深化改革和小微金融2.0版建设，大力发展小区金融，对中后台组织体系进行优化，争取尽快实现"二次腾飞"，努力打造具有核心竞争力和自身特色的中国最佳商业银行，为投资者、社会和员工创造更大的价值和更高的回报。

中信银行

企业概况

中信银行成立于1987年，是中国改革开放中最早成立的新兴商业银行之一，是中国最早参与国内外金融市场融资的商业银行，并以屡创中国现代金融史上多个第一而蜚声海内外，为中国经济建设做出了积极的贡献。

中信银行作为国内资本实力最雄厚的商业银行之一，在中国经济发展的浪潮中快速成长，已经成为具有强大综合竞争力的全国性商业银行。2013年7月，中信银行在英国《银行家》世界1000家银行排名中，一级资本排名第47位，总资产排名第57位，位居中国商业银行前列。2013年11月，中信银行在《21世纪经济报道》"中国上市企业TOP10"评选中，获得"中国十大上市企业最佳治理公司"称号。

2007年，中信银行实现A+H股同步上市，跻身于国际公众持股银行之列。2009年，中信银行成功收购中信国际金融控股有限公司，控股中信银行(国际)有限公司，建立了国际化经营平台。2011年，中信银行圆满完成A+H股配股再融资，奠定了发展的坚实基础。2013年，中信银行制定新的发展战略，提出了"建设有独特市场价值的一流商业银行"的愿景。

中信银行以"浇灌实体经济，铸造员工幸福，提升股东价值，服务社会发展"为发展使命，坚持以客户为中心，以市场为导向，积极履行社会责任，支持实体经济发展，全面进军现代服务业，致力于再造一个网上中信银行，不断推动社会和谐与可持续发展。

中信银行向企业和机构客户提供公司银行业务、国际业务、金融市场业务、机构业务、投资银行业务、保理业务等综合金融解决方案；向个人客户提供一般零售银行、信用卡、消费金融、保管箱、财富管理、私人银行、出国金融等多元化金融产品及服务；全方位为企业与个人客户提供理财、网上银行、小微企业金融、托管业务等金融服务。

截止2013年末，中信银行控股股东为中国中信股份有限公司，持股比例66.95%；第二大股东为战略投资者西班牙对外银行，持股比例9.90%。中信银行在全国116个大中城市设有1,073家营业网点，主要分布在东部沿海地区和中西部经济发达城市，拥有员工4.6万余名。中信银行在中国内地设有浙江临安中信村镇银行股份有限公司、在中国香港设有中信银行(国际)有限公司和振华国际财务有限公司等3家附属公司。中信银行(国际)有限公司在中国香港、中国澳门、纽约、洛杉矶、新加坡和中国内地设有40多家营业网点，拥有员工1,700余名。

2007年4月本行于沪港两地同步上市以来，经过不断的公司治理实践，已建立健全"三会一层"的公司治理架构，制定完善公司治理的各项基本制度，公司治理工作机制运转顺畅。2013年，本行继续按照境内外监管要求，结合实际情况，不断完善现代公司治理架构。本行公司治理机构设置和运行情况与《公司法》、以及中国证监会和香港联交所的相关规定要求不存在差异。

2013年，本行依法对外发布各类定期报告及临时公告共60余项，确保信息披露的真实性、准确性、完整性、公平性和及时性，保护了投资人及相关当事人的合法权益。本行根据巴塞尔新资本协议和有关监管最新要求，修订《信息披露管理制度》，进一步完善了公司信息披露制度体系。

企业荣誉

2013年1月，在中国新闻社举办的"第八届中国·企业社会责任国际论坛"中，本行被评为"最具责任感企业"。

2013年2月，在英国《银行家》杂志评出的全球银行品牌500强排行榜中，中信银行品牌价值26.65亿美元，排名第69位。

2013年2月，本行被中国外汇交易中心评为2012年度银行间外汇市场"最佳即期做市商"和"最受欢迎即期做市商"。

2013年3月，在2013年度《财富》(中文版)企业社会责任排行榜中，本行被评为"企业社会责任25强"。

2013年4月，在德意志银行金融机构作业质量评选中，本行获得"美元、欧元直通率优秀奖"。

2013年5月，在《亚洲银行家》2013年中国奖项计划中，本行信用卡中心获得"2013年中国最佳客户关系管理奖"和"2013年中国最佳数据分析项目奖"。

2013年7月，在中国信息协会、中国服务贸易协会联合主办，中国服务贸易协会客户服务委员会承办的2012－2013第八届中国最佳客户服务评选中，本行被评为"中国最佳客户服务中心"。

2013年7月，在摩根大通全球金融机构作业质量评选中，本行获得"美元清算质量认证"。

2013年7月，在英国《银行家》杂志推出的世界1000家银行排名中，中信银行一级资本排名第47位，总资产排名57位。

2013年10月，在Interbrand发布的2013最佳中国品牌价值排行榜中，本行品牌价值人民币89.4亿元，排名第20位。

2013年10月，在客户世界机构举办的2013年"金耳唛杯"中国最佳呼叫中心评选活动中，本行信用卡中心被评为"中国最佳呼叫中心"。

2013年11月，在《21世纪经济报道》主办的"中国上市企业top10"中，本行被评为"中国十大上市企业最佳治理公司"。

2013年11月，在财资中国联合CACFO财资研究发展中心主办的"CCTM2013·第三届中国财资年会"中，本行被评为"最佳财资管理银行"。

2013年12月，在"2013第一财经金融价值榜"中，本行获得"最佳互联网金融服务银行奖"。

2013年12月，在中国金融认证中心主办的"第九届中国电子银行年会暨2013中国电子银行金榜奖"中，本行获得"中国最佳移动金融品牌奖"。

2013年12月，在《21世纪经济报道》主办的第八届"21世纪亚洲金融年会暨亚洲银行竞争力排行"中，本行获得"公司银行业务创新奖"。

2013年12月，在中国银行业协会举办的中国贸易金融卓越评选活动中，本行被评为"最佳特色贸易金融银行"。

中国邮政储蓄银行

企业概况

根据国务院金融体制改革的总体安排，在改革原有邮政储蓄管理体制基础上，2007年3月中国邮政储蓄银行有限责任公司正式成立。2012年1月21日，经国务院同意并经中国银行业监督管理委员会批准，中国邮政储蓄银行有限责任公司依法整体变更为中国邮政储蓄银行股份有限公司。

中国邮政储蓄银行经过改制前后26年的不懈努力，已成为全国网点规模最大、网点覆盖面最广、客户最多的金融服务机构。截至2012年10月底，中国邮政储蓄银行拥有营业网点3.9万多个，ATM4万多台，提供电话银行、网上银行、手机银行、电视银行等电子服务渠道，服务触角遍及广袤城乡；拥有本外币账户数逾12亿户，客户总数近6亿人，本外币存款余额超过4.5万亿元，居全国银行业第五位；资产总规模突破4.7万亿元，居全国银行业第六位，资产质量良好，资本回报率高。

在各级政府、金融监管部门以及社会各界的关心支持下，中国邮政储蓄银行充分依托覆盖城乡的网络优势，坚持服务"三农"、服务中小企业、服务社区的定位，自觉承担起"普之城乡，惠之于民"的社会责任，走出了一条"普惠金融"的发展道路。

中国邮政储蓄银行将继续依托网络优势，按照公司治理架构和商业银行管理要求，不断丰富业务品种，不断完善营销渠道，不断提升服务能力，为广大客户提供更全面、更便捷的金融服务，打造成为一家资本充足、内控严密、营运安全、功能齐全、竞争力强的大型零售商业银行。

联系方式

地址：北京市西城区金融大街3号

邮编：100808

客服电话：95580

包商银行

企业概况

包商银行成立于1998年12月，是内蒙古自治区最早成立的股份制商业银行，前身为包头市商业银行，2007年9月经中国银监会批准更名为包商银行。目前，包商银行在内蒙古自治区内的包头、赤峰、巴彦淖尔、通辽、鄂尔多斯、锡林郭勒、呼伦贝尔、呼和浩特、兴安盟、乌兰察布、乌海、阿拉善和自治区外的宁波、深圳、成都、北京设立了16家分行、146个营业网点，员工7,600多人；此外，还成立了达茂旗包商惠农贷款公司，发起设立了北京昌平、天津津南、江苏南通、大连金州、四川广元、贵州毕节、吉林九台、河南郾城、山西清徐等27家村镇银行；机构遍布全国16个省、市、自治区。2013年末，资产总额2348亿元，各项存款余额1420亿元，各项贷款余额678亿元。

包商银行是中国银监会评定的首批风险最小(即二级)的七家城商行之一，近几年监管风险评级始终保持在二级水平。2011年，李镇西董事长荣获"2011CCTV中国经济年度人物"年度公益奖，2012年荣获"中国企业文化领军人物"荣誉称号、"社会责任引领人物奖"。2011年，包商银行被中央文明委授予"全国文明单位"称号，被中国中小商业企业协会和中国中小企业家年会组委会共同授予"2011年度全国支持中小企业发展十佳商业银行”荣誉称号，荣获“2011 年度全国支持中小企业发展十佳商业银行”荣誉称号；2012 年，在《银行家》杂志发布的大型城商行竞争力排名中列第 3 位，荣获“中国企业品牌文化管理十佳单位”；2013 年，荣获中国中小企业协会颁发的“2013 年度最佳城市商业银行奖”，荣获中国中小企业家年会组委会颁发的“2013 年度全国支持中小企业发展十佳商业银行奖”。中央电视台新闻联播、对话、经济半小时等节目，以及《人民日报》、《经济日报》、《光明日报》、人民网、新华社等媒体曾多次深入报道了包商银行的小微金融服务工作。

一、在市场定位上，坚持为小微企业服务，打造特色和品牌

包商银行从 2002 年开始，就始终围绕“以小微企业为核心客户”的市场定位，坚持“没有不还款的客户，只有做不好的银行”和“改变不了别人，就改变自己”的服务理念，把加强小微金融能力建设放在首位，在小微金融市场精耕细作，取得了良好的经济效益和社会效益，并在业内和社会上形成了较大影响并树立了良好的品牌形象。目前，包商银行培养出一支 2000 多人、在业内颇有影响的专业化、年轻化的小微金融队伍，推出了面向微小企业、个体工商户和农牧民的“真珠贝”五大系列、十五个产品，并针对小企业发展需要研发了 30 多种产品，累计发放小微企业贷款 2000 多亿元，月最高发放微小企业贷款超过 3.1 万笔，累计为几十万户小微企业、个体工商户、农牧民发放了贷款，支持了 160 多万人的就业、创业和展业。

二、在企业管理上，紧紧围绕“1－3－5”，实现精细化、集约化

近年来，包商银行牢固树立“学习、创新、诚信、发展”的企业精神，解放思想，锐意进取，奋力拼搏，以“建设现代化、国际化的好银行”为战略愿景，以成为“全面的金融服务集成商”为战略目标，以“立足百姓创业，立志国际品牌，做最好的小企业金融服务集成商”为发展目标，以“包容乃大，商赢天下”为核心理念，形成了独具特色的“1－3－5”管理模式。“1－3－5”就是以“国际化”为标准，狠抓“物质文明、制度文明和精神文明”建设，不断提高“经营、管理、创新、企业文化、金融生态”工作水平。管理的精细化所带来的财务指标和管理指标的提升，使包商银行在全国中小银行竞争力评价中名列前茅。

三、在商业模式上，努力打造小微企业的“金融服务集成商”

小微企业需要的金融服务并不仅仅局限于贷款业务，而是全面的金融服务解决方案。正是基于这样的认识，包商银行提出了自己的独特的商业模式——“金融服务集成商”，并分四个步骤来打造。

第一步，成为小微企业融资专家。即以小微企业为战略重点和核心客户群，加速扩大客户基础，为小微企业及其业主提供全面融资服务。专注重点行业，逐渐形成专业化和规模化优势。第二步，成为全生命周期银行服务提供商。即强化小微企业的核心地位，拓展产品线，满足处于不同发展阶段的小企业的金融需求。第三步，成为全面金融服务集成商。即以小微企业客户群为基础向非银行金融服务扩展，积极开拓与非银行金融机构之间的合作，强化全面金融服务集成商的角色，由“卖产品”向“为客户量身定制综合金融服务解决方案”转变，把小微企业信贷提升为小微企业金融。第四步，成为“资智”结合的“知识型银行”。包商银行不仅向企业提供信贷、结算、保证、理财、财务顾问等金融服务，而且要提供管理咨询服务，为企业经营管理出谋划策，使银行成为客户的战略合作伙伴。

四、在支持城镇化和“三农”服务上，积极设立新型农村金融机构，大力支持县域经济发展

包商银行积极响应国家号召发起设立新型农村金融机构，支持城镇化建设、县域经济和“三农”服务，大力发展新型农村金融机构，成立了达茂旗包商惠农贷款公司，发起设立了北京昌平、天津津南、江苏南通、大连金州、四川广元、贵州毕节、吉林九台、河南郾城、山西清徐等 27 家村镇银行。这些新型农村金融机构依托包商银行，将微小企业信贷技术和模式成功移植到县域和农村金融服务领域，采用“重分析、轻抵押”的信贷方式为农牧区的中小企业、个体工商户和农牧民提供快捷、高效的金融服务，有效填补了金融市场空白。在推进新型农村金融机构建设进程中，包商银行探索积累了本行发起设立新型农村金融机构的宝贵经验，不断提升新型农村金融机构在当地市场的影响力和社会美誉度，得到当地政府、监管部门、小微企业和农牧民的广泛赞誉。

五、在民生问题上，加大关键领域和支柱产业信贷投入，为社会发展做贡献

包商银行一直把支持地方经济社会快速发展作为首要任务，始终坚持“取之于地方，用之于地方”的信贷政策，充分发挥金融支持地方经济社会发展的核心作用。包商银行近几年不断为新型产业、装备制造业、环保产业、农牧业产业化、基础设施建设等投入信贷资金，有力地支持和促进了关键领域和支柱产业发展；而且，积极拓展小微金融业务，有效地缓解了包商银行经营覆盖区域的小微企业融

资难问题。特别是包商银行积极与政府、担保公司合作，不断创新就业、再就业和城镇居民养老保险金融服务，推出了下岗失业人员再就业贷款业务，贷款全部投向贸易、餐饮、手工等流通业和服务业。同时，包商银行积极打造总部经济，努力成为内蒙古自治区纳税大户。2013 年缴纳税金 16.14 亿元，自成立以来，累计缴纳税金 56.64 亿元，成为了内蒙古自治区 A 级信用纳税人和包头市纳税大户，为地方经济社会发展做出了积极的贡献。

六、在社会责任上，争取定点帮扶 7 个国家级贫困县，积极探索支持公益事业的新路径

2011 年党中央颁布实施《中国农村扶贫开发纲要(2011—2020 年)》，提出要大力倡导企业履行社会责任，鼓励企业采取多种形式，积极投身于新时期扶贫攻坚主战场。包商银行积极响应党中央、国务院确定的新时期扶贫开发的伟大号召，动员全行职工积极投身于扶贫开发的宏伟事业中。对于没有定点帮扶单位的 176 个扶贫开发重点县，包商银行经过认真研究，选择其中 7 个旗县作为我行定点帮扶县，并于 2012 年 4 月 11 日正式获得国务院扶贫办的批准，计划每年安排专项资金用于扶贫开发。在定点扶贫任务正式确定后，包商银行做了大量的实地调研工作，开展县域经济研究，从产业发展和社会发展两个维度，积极探索金融扶贫的新模式，促进社会公平和资源的合理配置。

同时，在包头市，包商银行也积极开展对口扶贫工作，出资为固阳县下湿壕解决农户吃水难的问题；为达茂旗农牧民新建深水井井房，解决数字有线电视入户工程；在土右旗革命老区设立教育基金和文化基金，为土右旗毛岱村捐赠各类图书，并出资修建了小学校舍，铺了砂石路，建了文化大院和商业街，完善了基础设施等。在鼓励青年创业、大学生创业方面，包商银行承办了“内蒙古自治区首批帮扶大中专毕业生自主创业贷款”。

企业文化

战略愿景：建设现代化、国际化的好银行。

战略目标：全面的金融服务集成商。

发展目标：立足百姓创业，立志国际品牌，做最好的小企业金融服务集成商。

核心理念：包容乃大，商赢天下。

市场定位：广大市民是基本客户，中小企业是核心客户。

北京农商银行

企业概况

北京农商银行改制成立于2005年10月19日，是国务院批准组建的首家省级股份制农村商业银行。目前，北京农商银行拥有694家网点，居北京市各银行机构之首，是唯一一家金融服务覆盖全市所有182个乡镇的金融机构，并建成北京市首家持牌社区银行。

一、资产规模突破5000亿元，综合经营实力跨入中等商业银行发展行列

北京农商银行秉承"立足首都，服务三农，服务企业，服务百姓"的市场定位，树立"稳健可持续全面发展"的经营理念，致力于"专业化经营、系统化管理、集约化控制"，经营实力和效益大幅提升。截至2014年9月末，22项主要监管指标持续达标向好，不良贷款率、净资产收益率、拨备覆盖率等部分指标优于同业平均水平。

一是资产规模跨越5000亿元。截至2014年9月末，全行资产规模突破5000亿元大关，达到5129亿元，较年初增加463.6亿元，增长9.9%，同比增加532亿元，增长11.6%，较改制前翻了两番。

二是零售银行业务规模进入北京同业前三甲。截至2014年9月末，全行储蓄存款余额2162亿元，较年初增加216.4亿元，增长11.1%，净增额位居全市中资银行第1位，余额位居全市33家中资银行的第3位。

三是资产质量"逆势"向好，优于全国商业银行（法人）平均水平。截至2014年9月末，全行资产质量持续向好，五级不良贷款率1%，优于全国商业银行（法人）1.16%的平均水平；不良贷款拨备覆盖率达371.96%，优于全国商业银行（法人）247.15%的平均水平，抵御风险的能力显著增强。

四是国际排名稳步提升。在近期英国《银行家》杂志最新公布的2014年全球银行业排名中，我行一级资本位列全球1000家银行第262位，较2013年的第285位上升了23位，资产规模全球排名第198位，进一步反映了我行经营质效和综合竞争实力的明显提升。

二、着力实施创新驱动发展战略，打造具有特色的现代商业银行

我行以建设"流程银行、特色银行、精品银行"为战略目标，积极应对利率市场化和互联网金融冲击，以科技创新为支撑，统筹推进组织架构创新、管理体制创新、考核机制创新、营销体系创新、渠道建设创新、流程优化再造、业务与产品创新，有力夯实了稳健可持续全面发展的基础。仅近3年，就投产以信贷管理系统为代表的各类科技项目2022个，应用系统从50个增加到129个，研发投产金融新产品和服务项目超1000项，综合金融服务能力和市场竞争能力明显提升。

三、积极融入首都经济发展主流，成为服务民生、服务实体经济的重要金融力量

我行坚持以科学发展为中心，紧抓北京打造中国特色"世界城市"机遇，强化对北京市基础设施建设、重点支持行业、重点民生项目和小微企业的金融支持力度。特别是围绕南水北调、轨道交通、市政路桥、保障房、中关村科技园区、棚户区改造、新型城镇化建设等国家级重点项目、北京市重点项目和民生工程建设资金需求，大力发展绿色金融、科技金融、文化金融。近几年来，北京农商银行每年的信贷资金投放均在1000亿元以上，不遗余力地服务首都产业升级、结构调整和提质增效。

四、坚持"服务三农"特色定位，大力支持首都城乡一体化建设

我行始终把"做好三农服务"作为重点工作，以"大三农"视角，积极开展涉农业务，围绕信贷资金支持、改善农村金融服务功能、提升农村地区支付结算水平进行了一系列创新和探索，取得了明显的成效。

研发了"重点村改造贷款、集体产业贷款、资产量化贷款和棚户区改造贷款"等新农村建设贷款，以及"板栗农户贷款、冷水鱼养殖贷款、民俗旅游户贷款"等新农家农户贷款产品，积极支持涉农经济发展。

充分发挥北京市网点数量第一、金融服务覆盖面最广的渠道优势，运用信息化技术不断探索推进渠道创新，着力打造财富管理中心、贵宾理财中心、理财网点、普通网点、社区银行、自助银行、乡村自助店、乡村便利店、村村通服务点、网上银行、电话银行、手机银行、微信银行等全方位、立体化、多层次的服务渠道，为客户提供方便、快捷、全天候、多样化金融服务。

企业荣誉

2013年英国《银行家》杂志中，按照一级资本排名，本行位列全球千强银行第285位，较2012年的第306位上升了21位。在国内同业中，本行一级资本位列第27位，资产规模排名第20位。

在第21届中国国际金融展上，本行"板栗农户贷款"荣获优秀金融服务解决方案奖。

本行荣获第九届北京国际金融博览会"最佳企业形象奖"，凤凰信用卡荣获"最佳创新发展奖"。

本行荣获由中国人民银行颁发的"2009—2012年度农村支付服务环境建设先进集体"称号。

本行荣获中国人民银行营业管理部颁发的"北京市金融机构人民币管理先进单位"称号。

本行获得由中国银联颁发的2012年区域性银行业机构银联卡竞赛渠道项目一等奖。

本行房山支行史家营分理处荣获中国银行业协会颁发的中国银行业2012年度最佳社会责任特殊贡献网点奖。

在《北京银监局关于2013年辖内银行业金融机构非现场监管统计工作考核评比情况的通报》中，本行荣获北京银监局颁发的2013年金融统计工作先进单位一等奖。

本行荣获北京银监局授予的北京地区2013年"金融知识进万家"宣传月活动先进单位称号。

本行荣获北京市国家税务局、北京市地方税务局联合颁发的"北京市纳税信用A级企业"称号。

本行荣获由全国总工会颁发的"全国模范职工之家"称号。

在2013年北京市金融系统工会半年工作会暨职工之家建设观摩交流会上，本行工会被授予职工之家示范单位称号。

本行怀柔支行获得中共北京市委农村工作委员会、市农委、市人力社保局共同颁发的“社会力量参与社会主义新农村建设先进集体”荣誉称号。

本行房山支行十渡分理处荣获北京市银行业协会颁发的“2013 年度特色服务示范单位业务创新奖”。

本行卢沟桥支行营业部获得了北京市银行业协会授予的“北京银行业文明规范服务百佳示范单位”称号。

本行荣获全国厂务公开协调小组办公室颁发的“全国厂务公开民主管理先进单位”称号。

在市委宣传部等单位指导下，由中关村物联网产业联盟等多家机构共同主办的第二届“智慧北京”大赛中，本行乡村便利店项目荣获十佳“优秀应用示范奖”。

在 2012 年度北京市国资委系统企（事）业单位领导人员优秀理论文章评选活动中，本行党委书记、董事长、行长王金山同志的理论文章《农商银行服务世界城市建设的战略思考》荣获二等奖。

在由《银行家》杂志社、中国社科院金融研究所财富管理研究中心联合主办的“2013 中国金融创新奖”颁奖典礼上，本行“金凤凰掌上交易宝”荣获地方性金融机构“十佳金融产品创新奖”。

在由金融时报社主办的“2013 中国金融机构金牌榜 o 金龙奖颁奖盛典”上，本行荣膺“金龙奖——年度最佳农村商业银行”奖，这是本行连续第二年获得此奖项。

在第一届全国农村中小金融机构优秀报刊评选活动中，本行行报《北京农商银行》荣获“最佳视觉奖”。

本行在《当代金融家》杂志主办的“第二届最佳中小银行评选”中荣获“最佳服务三农奖”。

本行在 2013 年金融理财金貔貅奖评选中，荣获由金融理财杂志社、金牌财富（北京）研究院颁发的“年度金牌理财力农村商业银行”称号。

本行在北京青年报主办的 2013 年北青财星榜评选中，荣获“年度金牌社区银行奖”。

本行“金凤凰掌上交易宝”荣获零点研究咨询集团颁发的“第三届零点民声金铃奖渠道精进奖”。

联系方式

二十四小时服务热线：96198；400－66－96198（全国）；400－88－96198（信用卡）

在线客户服务：点击进入在线客户服务系统

总行地址：北京市朝阳区朝阳门北大街 16 号

邮政编码：100020

网址：www.bjrcb.com

客服邮箱：96198@bjrcb.com

北京银行

企业概况

北京银行成立于 1996 年，是一家中外资本融合的新型股份制银行。成立 18 年来，北京银行依托中国经济腾飞崛起的大好形势，先后实现引资、上市、跨区域、综合化等战略突破。目前，已在北京、天津、上海、西安、深圳、杭州、长沙、南京、济南及南昌等 10 大中心城市设立 300 多家分支机构，发起设立北京延庆、浙江文成及吉林农安北银村镇银行，成立香港和荷兰阿姆斯特丹代表处，发起设立国内首家消费金融公司——北银消费金融公司，首批试点合资设立中荷人寿保险公司，先后设立中加基金管理公司、北银金融租赁公司，开辟和探索了中小银行创新发展的经典模式。

截至 2014 年 9 月末，北京银行资产达到 1.49 万亿元，实现净利润 126 亿元，成本收入比仅 23.49%。ROA1.19%，ROE19.76%，不良贷款率 0.76%，拨备覆盖率为 336.57%，资本充足率 10.19%，各项经营指标均达到国际银行业先进水平，公司价值排名中国区域性发展银行首位，品牌价值 201.36 亿元，一级资本排名全球千家大银行 99 位，首次跻身全球银行业百强，被誉为中国最具创新能力和发展潜力的中小银行。

19 年来，北京银行积极履行社会责任，在医疗、教育、慈善、赈灾等方面向社会捐助超过 1 亿元。凭借优异的经营业绩和优质的金融服务，北京银行赢得了社会各界的高度赞誉，先后荣获“全国文明单位”、“亚洲十大最佳上市银行”、“中国最佳城市商业零售银行”、“最佳区域性银行”、“最佳支持中小企业贡献奖”、“最佳便民服务银行”、“中国上市公司百强企业”、“中国社会责任优秀企业”、“最具持续投资价值上市公司”、“最受尊敬银行”、“最值得百姓信赖的银行机构”及“中国优秀企业公民”等称号。

2013 年工作亮点

“一站式”平台：2013 年我行集团化框架基本搭建，中加基金成功设立，北银消费实现增资扩股，中荷人寿完成外方股权转让，北银租赁获批筹建，可以更便利地为客户提供“一站式”综合服务。定位中小：我行始终坚持服务中小企业的定位，塑造了科技金融、文化金融、绿色金融、民生金融特色品牌，2013 年末北京银行小微企业贷款余额 1601 亿，同比增长 25%。服务地方：截至 2013 年末，我行已在国内十个省市建立了一级分行，267 家分支机构，并设立 3 家村镇银行，外埠分行贷款余额 2585.67 亿元，占全部贷款的 44.35%，北京银行已成为推动地方经济发展的重要力量。

民生关怀：我行致力于推动金融惠民，

开展助学贷款业务，累计资助 3.04 万学生顺利完成学业，对市属市管高校贷款发放量位居全市第一；累计发行社会保障卡超过 1450 万张，为首都百姓持卡就医、实时结算提供高效金融服务；为北京市五类困难人群办理小额担保贷款业务，业务量占全市 95% 以上，累计帮助 4800 余名就业困难人员成功实现就业；积极组织员工开展各式各样志愿活动，2013 年全行共开展志愿者活动时间超过 6,300 小时。

员工发展：我行坚持“为员工创造未来”的理念，为员工提供全方位的培训机会和多元化的发展平台。2013 年，员工人均培训达到 7.8 次。公益慈善：矢志不渝地推动公益事业发展。2013 年，我行在赈灾扶贫、文化教育、体育发展等领域，对外捐款共计 1,486 万元。

渤海银行

企业概况

渤海银行是 1996 年以来获国务院批准新设立的第一家全国性股份制商业银行，是第一家在发起设立阶段就引入境外战略投资者的中资商业银行，也是第一家总部设在天津的全国性股份制商业银行。本行由天津泰达投资控股有限公司、渣打银行（香港）有限公司、中国远洋运输（集团）总公司、国家开发投资公司、宝钢集团有限公司、天津信托有限责任公司和天津商汇投资（控股）有限公司等 7 家股东发起设立，注册资本总额 85 亿元人民币。2005 年 12 月 30 日成立，2006 年 2 月正式对外营业。截至 2013 年 12 月 31 日，本行已在全国 22 个重点城市开设了 14 家一级分行，6 家二级分行和 77

家支行。

渤海银行自成立以来,始终坚持“审慎经营,稳健发展”的经营理念,明确提出“集约化经营、专业化管理、一体化发展”的经营思路,不断发挥后发优势、国际化优势和滨海新区综合配套改革先行先试的政策优势,圆满完成了第一个五年规划确定的目标,呈现出持续、健康、快速发展的良好态势。渤海银行在第二个五年规划中将追求股东价值、客户价值、员工价值和社会价值的和谐均衡增长,并将建设公司治理完善、依法合规经营、业务特色鲜明、经营业绩优良的现代银行作为长期愿景。

截至2013年末,本行资产总额5,682.11亿元,比年初增长20.36%;负债总额5,440.14亿元,比年初增长20.28%;实现净利润45.62亿元,比上年增长36.63%;不良贷款率为0.26%。在英国《银行家》杂志发布的全球银行1000强排名中,本行排名278位,较上年提升21名;在《亚洲银行家》杂志亚洲银行500强排名及竞争力排名中,我行分获第74名及第52名,较上年提升44名及14名;在2013年亚洲金融年会上公布的亚洲银行综合竞争力排名中稳居第36位;在《21世纪经济报道》、《每日经济新闻》、《理财周报》、《投资者报》等组织的一系列评选活动中,本行先后获得“2013公司治理模式创新奖”、“2013最佳财富管理银行”、“2013最佳电子银行”、“2013最具成长性借记卡”、“2013最佳手机银行”等多项殊荣。

企业文化

愿景:建设公司治理完善、依法合规经营、业务特色鲜明、经营业绩优良的现代银行。

品牌主张:精致服务携手创富。

价值观:诚信人本开放创新有为。

共同准则:

1. 坚持审慎经营,致力特色发展;
2. 做人诚实守信,做事公平公正;
3. 干一份工作就要干好;
4. 管理者要率先垂范、亲力亲为;
5. 迅速制定和执行决策,积极回应任务和需求;
6. 上级为下级服务、二线为一线服务、全行为客户服务;
7. 遵循并持续优化流程;
8. 主动学习,关注并有效应对市场变化;
9. 尊重包容同事,乐于分享合作,勇于谏言献策;
10. 坚持选贤任能、人适其岗的选人用人原则;
11. 厉行节约,勤俭办行;
12. 珍视银行声誉,维护品牌形象。

社会责任观:

1. 客户员工社会合作者股东;
2. 精致服务保障关爱承担责任开放坦诚创造价值;
3. 卓越体验助力成长奉献爱心互利共赢永续回报。

价值观构成渤海银行全体成员想事、做事、成事的整个过程,其中:

诚信:是渤海银行全体成员做人做事的基础。作为金融从业者,要恪守职业道德,诚实正直,同事之间开诚布公,襟怀坦荡。

人本:是一种按照“为了人、依靠人、尊重人、发展人”的要求而建立的一种管理方式,是渤海银行全体成员想问题、办事情的出发点和落脚点。渤海银行会对每位员工负责,为员工发展提供平台,不断提升员工的自身价值;对外提供金融服务时,要站在客户视角,从客户需求出发,提供精致服务。

开放:是渤海银行全体成员的思路和胸怀。对内,我们要尊重包容同事,团结互助,共同进步;对外,我们要以开放坦诚的胸怀与更多合作者建立互利共赢的合作关系。

创新:是渤海银行全体成员的方向和模式,我们要永葆创业激情,学习和汲取先进经验,不断制定新目标、接受新挑战,敢于尝试新方法,不断开拓新业务和新市场,创新管理思路和方法,优化流程,拓展业务。

有为:是渤海银行全体成员的行动力,我们要想干事、会干事、干成事,做出成绩,对结果负责。

联系方式

地址:天津市河西区马场道201-205号

邮编:300204

总机:(8622)58316666

服务咨询电话:4008888811

电子邮件:enquiry@ cbhb. com. cn

长安银行

长安银行是在陕西省委、省政府主导下,在合并重组原宝鸡市、咸阳市商业银行和渭南市、汉中市、榆林市城市信用社的基础上,引入陕西延长石油(集团)有限责任公司、陕西煤业化工集团有限责任公司、陕西有色金属控股集团有限责任公司、齐商银行、西部信托有限公司等11家战略投资者,经中国银行业监督管理委员会批准,以新设合并方式组建的法人股份制商业银行。注册资本金31.8亿元,总部设在陕西省西安市,于2009年7月31日开业。长安银行发起并控股设立陕西省第一家村镇银行——宝鸡岐山硕丰村镇银行。

截至2013年12月31日,共下辖8个分行、6个直属支行,开业网点91家,遍布省内10个地市,从业人员2,300余人。全行资产总额和存贷款余额分别达1,050亿元、662亿元和414亿元,分别是重组前的6.7倍、4.9倍和6.3倍。新增存贷款额持续列省内中小银行机构首位。累计实现利税46.5亿元,其中缴纳税金16.7亿元。衡量商业银行审慎经营的各项监管指标优良。

开业以来,长安银行连续三年被省政府通报表彰;被中国银监会评为“全国小企业金融服务先进单位”;连续两年被人行西安分行评为A类金融机构;被有关机构授予“中国最具发展潜力中小银行”、“陕西省最受尊敬企业”、“陕西省诚信建设示范单位”等荣誉称号。

经营理念依法合规,审慎经营;积极创新,控制风险;科学管理,持续发展。

市场定位长安银行作为地方性股份制银行,应当关注民生,坚持“立足陕西、面向全国、为城乡居民服务、为中小企业服务”的市场定位。始终把银行的经营活动根植于老百姓的生活之中,把银行的经营活动融入到社会经济的发展之中。

经营策略依靠服务与合作取胜、依靠科学管理与优化结构取胜、依靠改革与创新取胜。

管理目标按照“高起点起步、高质量运行、高标准管理”的要求,以打造“资本充足、治理优良、内控严密、运行安全、服务优质、效益良好的最具地方特色的好银行”。

发展愿景坚持科学发展、稳健发展和快速发展的思路,按照内控完善、管理规范、稳健经营的要求合理布局,在现有67个对外营业机构的情况下,力争2009至2010年在地市10个左右的县设立营业网点。2010年底争取在甘肃省天水市设点,实现在经济紧密区域经营。2011年实现在北京、上海设立分支机构，实现跨区域经营。

联系方式

地址：西安市高新技术开发区高新四路朗臣大厦 13 号

邮编：710075

客服电话：96669

长沙银行

企业概况

长沙银行成立于 1997 年 5 月，是湖南首家区域性股份制商业银行，总行位于湖南省省会、全国首批历史文化名城、优秀旅游城市和全国文明城市——美丽的“星城”长沙，拥有包括广州、株洲、湘潭、常德、娄底、郴州在内的 23 家分支机构、90 个营业网点，控股发起湘西、祁阳、宜章三家长行村镇银行。截至 2013 年末，全行资产总额达到 1901 亿元，存款余额达到 1606 亿元，授信总额 814 亿元，利润达到28.1 亿元，不良率控制在 0.65% 以内，资本充足率达到 12.04%。综合实力稳居长沙同业前三，在全国 140 多家城商行中名列前茅，并连续五年被银监会评为当前中国银行业最高等级的二类行。我行荣获中国金融网评选的“2012 年中国城市金口碑服务银行”；社区银行案例荣获中国《银行家》杂志评选的“最佳金融创新奖”，专营支行案例荣获“十佳产品营销奖”；在英国《银行家》杂志评选的“2013 全球银行 1,000 强”中，我行名列 546 位，较上次攀升 117 位；在中国社科院金融研究所发布的“2013 中国商业银行竞争力评价报告”中，我行荣获“2012 年度最佳进步城市商业银行”奖，并位列 2012 年度全国城市商业银行（资产规模 1000 亿—2000 亿元）财务评价“第四名”。

立行以来，长沙银行始终坚持“服务地方、服务中小、服务市民”的办行宗旨和“为您所需、喜赢共享”的服务理念，以现代化、国际化的经营理念致力于构筑精品银行服务体系，确定了政务金融、小微金融、社区金融、移动金融和管理资产业务五大核心业务板块，初步形成了自身的经营特色和核心竞争能力。在政务银行方面，长沙银行在地方经济发展中勇担金融先锋，十多年来累计支持政府重点建设项目 120 多个，对政府及相关部门直接投放信贷资金超过500 亿元，成为“最可靠”的湖南政务业务主要银行，是地方经济发展应急解难的“先锋队”和“子弟兵”。在中小企业银行方面，长沙银行在长沙市场为中小企业授信占比达 40%，接近半壁江山，成为长沙地区中小企业的首选银行和服务“最贴心”的中小企业银行。通过设立小企业信贷中心，引进微贷技术，推进专营支行建设，迄今已累计支持小巨人企业、拟上市企业、园区企业 8,000 余家，成为“最贴心”的区域内中小企业品牌银行。在市民银行方面，从服务 200 多万最普通市民的低保、医保和养老保险业务，到定位广大高端零售客户和中小企业主的个人循环授信、转账支付信用卡和理财业务，以及不断加快社区银行建设，再到在移动金融领域的前瞻思维和全面布局，不断为广大客户提供全方位、多层次、跨区域的金融服务，成为“最给力”的湖南零售业务特色银行。

未来，长沙银行将坚持差异化、特色化、综合化的发展道路，形成以长沙为核心的沿京广、沪昆高铁沿线两小时经济圈的区域化架构，实现“三年翻一番、十年过万亿”的业务目标，打造一家特色鲜明、经营稳健，业务发展最具创新力、专业服务最具品牌力、股东回报最具价值力的区域性精品龙头上市银行。

联系方式

地址：湖南长沙市芙蓉中路 1 段 433 号

邮编：410005

服务热线：0731－96511

信用卡服务热线：400－6796511

成都银行

企业概况

成都银行成立于 1996 年 12 月 30 日，系四川省首家城市商业银行。多年来本行依法稳健经营，严格规范管理，已发展成为一家初具规模、运行稳健的股份制商业银行。截至 2013 年 12 月末，总资产由成立时的 48.2 亿元增至 2607.82 亿元，增长 53 倍；存款余额由 39.7 亿元增至 1940.51 亿元，增长近 48 倍；贷款余额由 26.3 亿元增至 1104.85 亿元，增长 41 倍。目前，本行注册资金 32.51 亿元，实行一级法人体制，全行下辖重庆、西安、广安、资阳、眉山、内江、南充、宜宾、乐山 9 家异地分行及 32 家直属支行（部），共计 161 家网点，在岗员工近 5000 余名。

自成立以来，本行秉承“服务区域经济，服务中小企业，服务城乡居民”的市场定位，并不断赋予“服务”二字新的内涵与深意。先后投入信贷资金，大力支持城乡基础设施建设、农村土地综合整治、一般场镇改造等，为成都经济的快速健康发展、城乡一体化的有序推进作出了积极贡献。同时，本行不断加大在成都郊区（市）县开设支行力度，目前本行机构网点已覆盖全域成都，为加快县域经济发展打下基础。此外，本行还进一步在成都重点城镇增设郊县支行下属网点，并涉足省内农村金融市场，发起设立名山村镇银行，全力助推城乡同发展、共繁荣。

作为“中小企业伙伴银行”，本行始终专注于服务广大最需要资金支持的中小企业客户。本行在全市率先成立中小企业部，并设立 3 家专营支行，通过流程优化、绿色通道等措施，为中小企业提供全方位、宽领域、多层次的专业服务；积极探索解决中小企业贷款难问题，为中小企业量身订制包括“多融易”、“结结高”、“银税通”、“速保贷”、“速抵贷”等 10 余种产品在内的“财富金翼”中小企业融资品牌；充分利用我市食品、制鞋、纺织服装、家具等产业集聚发展的优势，加大与专业市场、担保公司合作力度，不断支持中小企业发展壮大。

践行“市民银行”承诺，本行率先在全市推出“储蓄延时服务”，为市民在下班后办理银行业务提供便捷；芙蓉锦程系列金卡始终免收账户管理费、ATM 跨行取款及查询费等，最大限度降低持卡人用卡成本；执行一浮到顶的储蓄存款利率，让利于民；在成都市首发金融 IC 卡并实现行业应用，方便市民出行、就医及公共支付等。与此同时，本行不断加快个人业务创新速度，先后推出了金康卡、钻石白金卡、信用卡等系列卡种，个人循环、综合消费等个贷新产品和电子银行业务，满足市民不同需求。

用实际行动担负社会责任，是本行的不变使命。本行始终热心公益事业，常年坚持开展定点贫困村镇帮扶及“慈善一日捐”等公益活动，建立公益行动长效机制；发行全国首张建设领域农民工工资代发专用卡——芙蓉锦程建设卡，促进农民工工资发放透明化、公开化，切实保障广大农民工合法权益；发行全国首张公益主题银行卡——芙蓉锦程红标爱心卡，并将持卡人刷卡消费额的万分之五作为捐赠款，用于救助成都市城乡低收入困难家庭；响应监管部门号召，坚持开展公众教育服务活动，向群众宣传普及金融知识。

近年来，本行在成都市委、市政府的坚强领导下，在银行监管部门的正确指引下，努力开拓创新，不断深化改革，稳步推进包括增资扩股、更名、跨区域发展、多元化经营、公开上市等在内的多项战略举措，分别于2007年引进马来西亚丰隆银行等境内外投资者，一次性引资60亿元，顺利完成增资扩股；2008年由“成都市商业银行”正式更名“成都银行”，打破了原行名中的地域性色彩限制；2009年开设首家异地分行——广安分行，实现跨区域发展实质性突破；2010年与战略投资者丰隆银行共同发起设立国内首批、中西部第一家消费金融公司——四川锦程消费金融有限责任公司，实现多元化经营初步探索；2010年成功开设首家省外分行——重庆分行；2011年入股西藏银行，支持藏区发展，开设西安分行，初步搭建起覆盖川、陕、渝的分支机构布局，并按照“做精成都、做实四川、做强西部、辐射全国”跨区域发展规划，加快推进异地分支机构建设工作；2012年正式向中国证监会递交IPO申请，拉开向全国一流现代化商业银行迈进的帷幕。

在各项业务稳步发展、经营业绩持续增长的同时，本行的社会影响力也得以不断提升，连续跻身“全球商业银行1000强”、“亚洲银行300强”、“中国银行业100强”、“中国50大银行”等国内外商业银行综合实力排行榜。当前，本行正大力实施深度转型发展战略，不断提升市场核心竞争力，促进规模、结构、质量、效益协调发展，争创全国一流、特色鲜明的城市商业银行，实现新的更大发展。

企业理念

以客户为中心，以人才为根本，以风控为基础，以创新为动力，以效率为保证，实现企业价值。

1. 客户为中心

成都银行以客户为中心，强调不断进行组织结构以及业务流程的优化整合，来推动市场推广、营销和服务过程。以客户价值来判定市场需求；以客户细分有效地组织银行资源；培养以客户为中心的经营行为和实施以客户为中心的业务流程；用客户为中心的原则处理客户投诉，提高客户满意度，建立客户与成都银行之间良好的互动关系，培育忠诚的客户队伍。

2. 人才为根本

成都银行重视人才、爱护人才、注重开发人才、使用人才、留住人才、提升人才。着力完善员工培训机制，构建具有竞争力的薪酬福利体系，注重员工职业生涯规划，为员工提供展现其才能的平台。成都银行注重内部人才培养，不断提高员工业务能力；强调吸收优秀人才，建立科学、开放的人力资源管理体系。

3. 风控为基础

成都银行保持风险控制的独立性，建立完善的风险控制组织体系以及风险控制指标体系，贯彻稳健性的原则，从而严格控制各种风险，以充分保证金融资产的安全。

4. 创新为动力

创新是成都银行永续发展的动力。成都银行鼓励观念创新，不断给银行注入活力；注重运行模式创新，从制度、组织结构上寻求突破，使内部流程适应外部瞬息万变的市场；注重高效利用网络信息资源进行产品服务创新。成都银行将根据经济形势变化、市场竞争、银行成长需要来组织变革，创新管理，构建快速响应体系，因势而动，顺时而行，与时俱进。

5. 效率为保证

效率是成都银行从粗放式经营向集约化经营模式转变的关键，是提升成都银行竞争力的重要前提。成都银行通过公司治理结构优化提高管理的效率；通过金融创新和风险控制提高经营效率；通过调动员工积极性提高员工工作效率。以高效率的经营管理，降低成本，提高收益，最终全面提升成都银行的市场竞争水平。

企业荣誉

2014年7月，英国《银行家》杂志发布“2014全球银行1000强”排行榜，本行多项指标排名大幅攀升。其中，资产排名第319位，较上年提升12位；一级资本排名第337位，较上年提升43位；资产回报率排名第329位，较上年提升49位。

2014年10月，在第十届中国(成都)金融理财节之金融总评榜颁奖上，本行一举夺得“年度最佳城市商业银行”“年度最受欢迎银行卡”“年度最受欢迎电子银行”“年度最佳优质服务银行”四项大奖。

2014年，本行“基于PBOC3.0标准的地铁金融IC卡系统”荣获2013年度“银行科技发展奖”二等奖。该奖项始于上世纪八十年代，由中国人民银行组织主办，是国内面向金融业科技创新和技术进步的年度最权威评选和最高奖项。

社会责任

2013年，本行以优质的企业文化、卓越的金融服务和自觉的社会责任意识，积极参加各项社会公益事业，全面履行企业的社会责任。

一是为抗震救灾和灾后重建提供快捷的金融服务。“420”芦山地震发生后，为支持抗震救灾，本行立足行业特性，及时推出针对性金融服务措施和手段，包括迅速开辟救灾资金“绿色通道”，并加强对支付系统的监测，确保赈灾资金支付结算渠道通畅；对凡划付给中国红十字会总会、各地方红十字会等救援组织捐款专用账户的捐款，一律免收手续费、邮费、电子汇划费、电报费；建立应急服务机制，制订抗震救灾期间特殊业务处理实施细则，针对因地震灾害原因，致使证照、印章、支付凭证、卡折毁损或遗失等情况，从客观实情出发，为客户提供“人性化”的服务。

二是继续帮扶定点贫困村镇及弱势群体。2013年本行积极投入资金，继续开展帮扶工作，进一步提升贫困地区自我发展能力。出资50万元帮助崇州市王场镇东风村修建三面光沟渠乾芦渠900余米和5户无房户住房。出资21万元支持金堂县白果镇抗洪救灾及灾后重建，修建55千瓦提灌站和200立方米蓄水池。本行还灵活运用现行养老保险政策，积极提供贷款帮助城市低保对象参加社会保险、缴纳养老保险费，保障困难群众基本生活需求。全年累计发放低保对象缴纳养老保险费贷款1806.75万元，受益对象覆盖全域成都，总户数达950户。

三是热心社会慈善公益事业。开展爱心活动，公司以单位名义向“420”芦山地震灾区捐款100万，公司员工以个人名义向灾区捐款70余万元。向甘孜州德格县捐款50万元，用于扶持当地小学扩建、藏医药产业发展、智力扶贫工作。向成都红标·公益联盟捐款20万元。持续推广公益主题卡——芙蓉锦程·红标爱心卡，全年按照该卡持有人刷卡消费额的万分之五捐赠成都市红十字会。

四是积极开展金融宣教活动。在本行各营业网点，通过悬挂活动宣传标语、张贴宣传海报、播放视频资料、摆放宣传折页并主动向过往群众发放等形式，向社会公众宣传打击非法集资，普及征信业管理条例、银行业基本知识、金融消费者权益等金融知识，努力营造“诚信金融、智慧金融、理性金融”

的良好氛围。同时,推行个人征信代理查询工作,积极树立良好社会形象,拓展延伸服务领域,提升金融服务水平。此外,本行还积极组织员工开展义务植树、献血和文明交通劝导等青年志愿者活动。

东莞银行

企业概况

东莞银行股份有限公司(以下简称本行)是经中国人民银行批准,在东莞市工商行政管理局登记注册的股份制商业银行,成立于1999年9月8日。截至目前,本行下辖总行营业部、11家分行(东莞分行、广州分行、深圳分行、惠州分行、长沙分行、佛山分行、合肥分行、清远分行、珠海分行、韶关分行、中山分行)、香港代表处、45家一级支行、73家二级支行、2家社区支行,拥有2家子公司(开县泰业村镇银行股份有限公司、东源泰业村镇银行股份有限公司)。

成立以来,本行在各级政府及监管机构的正确领导和监管下,紧紧围绕价值最大化的核心目标,以市场为导向,以客户为中心,以提高人力资本和科技应用能力为基础,以"提升效率"为手段,以"保增长"为目标,强化风险管理、销售管理和服务管理,进一步推进产品和服务创新,优化资源配置和完善激励机制,经营管理水平不断提高,业务持续增长,一直以优异的业绩在全国同行业中名列前茅。截至2013年12月31日(审计后合并报表数),本行总资产达1637.25亿元,各项存款余额为1081.16亿元,贷款余额为679.25亿元。2013年实现净利润19.78亿元。

本行是当地一家具有独立法人资格的银行,管理半径短,决策灵活,科技开发优势明显,软硬件设备先进,自主开发设计灵活性高,更贴近市场和客户,不断创新金融产品,致力于为客户提供全方位、特色化的金融业务。随着客户金融需求的多样化发展,本行在丰富齐全的个人业务品种基础上,推出了优质单位正式员工集体授信业务、"好易居"住房公积金组合贷款、"日日盈"、"月月盈"储蓄理财产品、"快汇通"自助汇款、信用卡、代收房维基金等特色业务品种,为客户精心打造的"玉兰理财"品牌下属产品种类齐全,包括票据、债券、信托等系列理财产品,以及基金、黄金、保险、第三方存管等多种代理业务产品;竭诚为公司客户提供各项金融产品及独具匠心的贴心服务,包括传统公司融资产品:固定资产贷款、流动资金贷款、银团贷款、票据业务(银行承兑汇票、电子票据)等;中小企业特色融资产品:租金质押贷款、中标工程贷款、应收账款质押贷款、订单融资、股权质押、动产质押、机械设备按揭贷款等;特色代收代付业务及资产增值类产品:代理非税收缴业务及公司理财产品等;本行的资金业务发展迅速,投资领域不断拓宽,在业内享有较高的知名度,主要经营同业存放、债券投资、票据转贴现等业务;业务办理快捷方便,除网点柜台外,还包括自助终端、网上银行、电话银行等多种服务渠道。

本行良好的信誉和业绩,得到了来自业界、客户和权威媒体的广泛认可。2007年首次入围全球银行类1,000强,在2014年公布的2013年度排名中,本行按一级资本排第440名,在全国商业银行中排第47名。2009年,在中国《银行家》公布的2008中国商业银行竞争力评价报告中,荣获"泛珠三角经济区域城市商业银行竞争力排名第一名"、"最佳品牌营销城市商业银行"。2010年,《理财周报》评选本行为"2010中国十大最佳城市商业银行"。2011年,荣获中国《银行家》杂志"最佳企业社会责任奖"。2012年,在"2012南方金融年度系列评选活动"中荣获"最佳金融营销创意奖";荣获广东省人民政府颁发的"金融创新奖"一等奖,是唯一荣获该奖项的法人银行。2013年,荣获银监会颁发的"2012年度银行业金融机构小微企业金融服务特色产品"奖;"机械设备按揭贷款"荣获市2012年度东莞市金融创新成果奖一等奖;2014年,本行"松湖烟雨"小微企业集合信贷产品获"2013年度东莞市金融创新成果奖一等奖"。

联系方式

地址:东莞市莞城区体育路21号东莞银行大厦
邮编:523011
服务热线:96228(省内)、4001196228(省外)
传真:(0769)22118020

广发银行

企业概况

广发银行成立于1988年7月,是国内首批组建的股份制商业银行之一。围绕成为一流商业银行的愿景目标,本行确立以创新、高效、客户为中心、以IT为领先、关爱员工为核心经营理念,致力于打造中国最佳中高端零售银行和最高效中小企业银行,始终将"只争朝夕,臻于至善"的企业精神贯彻于经营管理的过程之中,不断改革创新,提升发展质量和水平,成为具有较强竞争优势和影响力的全国性商业银行。2013年,在英国《银行家》杂志全球1,000家大银行排名中,广发银行按一级资本排名列第118位。

截至2013年末,广发银行资产1.47万亿,在北京、天津、辽宁、黑龙江、上海、江苏、浙江、福建、山东、河南、湖北、湖南、广东、四川、云南、新疆等境内16个省(直辖市、自治区)71个地级及地级以上城市和澳门特别行政区设立了34家分行、661家营业机构、114家"小企业金融中心"、13家智能银行,个人网银客户规模超900万户,信用卡发卡量2,700多万张,与全球128个国家和地区的1,687家银行总部及其分支机构建立了代理行关系,是首家与中国银联开展多渠道多应用电子支付战略合作的金融机构,持续为客户提供高效率、高质量、全方位的金融服务。

企业荣誉

荣获《金融时报》颁发的"2013年度最具创新力银行"和"2013年度互联网金融创新银行"奖项。

荣获《经济观察报》颁发的"2013中国最具创新企业"和"年度卓越贸易融资银行"奖项。

荣获《亚洲银行家》颁发的"2013年度中国最佳零售网点创新"奖项。

荣获《证卷时报》颁发的"2013最具成长性银行投行"和"最佳电子银行服务创新银行"奖项。

荣获《中国经营报》颁发的"2013卓越竞争力金融创新产品品牌奖"以及"2013年卓越竞争力电子银行"奖项。

荣获《第一财经日报》颁发的"2013中国企业社会责任榜优秀实践奖"和"最佳个人贷款服务品牌银行"奖项。

荣获《理财周报》颁发的"2013中国最佳银行财富管理品牌"、"2013最佳信贷服务创新银行"以及"2013最佳移动金融银行"奖项。

荣获《南方日报》颁发的"2013南方致敬公益企业创新奖"和"2013最佳中小企业金融服务商"奖项。

荣获《每日经济新闻》颁发的"小微金融卓越品牌"奖项。

荣获《东方财富网》颁发的"2013年度最佳资产托管银行"奖项。

荣获《中国计算机报》颁发的"2013年度中国金融业个人信息保护突出贡献奖"。

荣获中国金融认证中心CFCA颁发的"2013年最佳网络金融创新奖"。

荣获香港客户中心协会颁发的"最佳质量保证客户中心奖"。

荣获美国传媒专业联盟(LACP)颁发的"2012 Vision Awards评选活动金奖"、"2012 Vision Awards评选活动亚太地区2012年报最佳50强"、"2012 Vision Awards评选活动2012中文年报最佳50强"。

荣获北京大学企业社会责任与雇主品牌传播研究中心、智联招聘颁发的"中国年度最佳雇主(2013)"。

荣获中华英才网颁发的"中国大学生最佳雇主"和"全国性银行业最佳雇主"。

经营业绩

2013年,本行五年发展战略实施行至重要的攻坚阶段,通过全面加强全流程战略管理,提高资源配置效率,强化战略执行力度,积极推动重点业务发展,战略转型效果进一步显现。转型抓手"两卡一中心"带动作用显著增强,自主研发的"生意人卡"仅8个月发放贷款便突破300亿元;信用卡累计发卡量2793万张,核心指标保持领先;"小企业金融中心"114家,建立起具有广发特色的小企业金融服务"六专体系",对小企业授信业务实行快捷独立审批;网上银行和手机银行客户数分别突破900万户和250万户,电子渠道业务替代率超过90%;小微金融、零售金融、金融市场、网络金融"四轮驱动"战略能量彰显。

截至年末,全行总资产14,698.50亿元,总负债13,965.58亿元,所有者权益732.91亿元,同比分别增长25.83%、26.43%和15.37%。盈利能力保持稳定,全年实现净利润115.83亿元,比上年增长3.24%。资产质量得以改善,不良贷款余额62.01亿元,同比下降29.10亿元;不良贷款率0.87%,同比下降0.61个百分点;拨备覆盖率180.17%,同比上升10.17个百分点。

报告期内,本行制订了未来五年资本充足率达标规划,积极推进资本补充相关工作,主要资本充足指标满足银监会《商业银行资本管理办法(试行)》达标过渡期内的监管要求,报告期末资本充足率9.00%、核心一级资本充足率7.5%。

哈尔滨银行

企业概况

哈尔滨银行成立于1997年7月,总部位于中国黑龙江省哈尔滨市。现已在天津、重庆、大连、沈阳、成都、哈尔滨、大庆等地设立了17家分行,在北京、广东、江苏、吉林、黑龙江等14个省及直辖市设立了24家村镇银行,并作为战略投资者投资重组广东华兴银行,发起设立哈银金融租赁有限责任公司。目前,拥有营业机构317家,在职员工逾7,000人,分支机构遍布全国六大行政区。截至2014年6月30日,资产总额3,441.425亿元,存款总额2,352.659亿元,贷款总额1,197.044亿元。在英国《银行家》杂志2014年全球1000家大银行排行中位列282位,居中资银行第32位。在美国《环球金融》杂志2014年"中国之星"评选中被评为"2014年最佳城市商业银行",同时被新浪财经授予"2014年度最佳城市商业银行",均是国内唯一获此殊荣的城商行。在亚洲品牌协会等机构联合主办的第9届亚洲品牌评选中,成功跻身"2014亚洲品牌500强"。

2014年3月31日,哈尔滨银行在香港联合交易所主板成功上市(股份代号:06138.HK),是中国第三家登陆香港资本市场的城市商业银行,也是东北地区第一家上市银行。

哈尔滨银行秉承"普惠金融,和谐共富"的经营理念,坚持"立足龙江,支持中小,服务东北,面向全国"的发展定位,努力打造"国内一流、国际知名小额信贷银行",在小额信贷领域形成了较强的竞争力。截至2014年6月30日,小额信贷余额820.047亿元,占本行客户贷款总额68.5%。创新实施"本土化+国际化"的小额信贷管理模式,研发"乾道嘉"系列品牌产品,探索推出符合国内经济特色并具有国际水平的小微金融核心技术,在国内银行机构中首家实现技术输出,成为小额信贷领域的领导者之一。连续五次被中国银监会评为"全国小企业金融服务先进单位";荣获《亚洲银行家》、"中国最佳中小企业银行服务"国际大奖,是唯一获此殊荣的国内城商行;成功跻身"亚洲品牌500强排行榜";赢得"最佳小企业贷款中小银行"、"中国十大最佳城市商业银行"等一系列荣誉。郭志文董事长、高淑珍行长分别荣获"全球微型金融领军人物提名奖"、"中国小额信贷年度人物奖",多名员工荣获"微型创业城市信贷员一等奖",成为全国金融机构小额信贷领军者。与法国沛丰、国际金融公司(IFC)、美国安信永、联合国开发计划署(UNDP)等多个国际组织开展战略合作,积极参与国际小额信贷开发项目,在国际上形成一定影响力。

哈尔滨银行不断开拓市场,深化金融创新,成为多项银行业务领域的市场领先者。是中国最早开展小额信贷业务的城市商业银行之一;是国内首家开展农村金融业务的城市商业银行,业务覆盖全省10个市和5个农垦局的60余个国营农场及周边的700余个乡镇、5,000余个村屯。客户数量累计超过160万,在全国建立46个农村金融服务中心,在黑龙江省建立了1,100余家"乾道嘉"助农e站,拥有广泛的农村金融业务网络和新型农村电子化金融服务渠道;是中国东北地区首家获得外汇经营权的城市商业银行,全国银行间外汇市场人民币对卢布交易四家做市商之一,也是境内卢布现钞经营规模最大的银行,卢布现钞交易量占全国金融机构交易量的一半以上,被中国外汇交易中心评为最大进步新兴货币市场做市商。是境内卢布对人民币直接汇率的首家挂牌银行,形成的卢布汇率趋势分析是国家制定对俄金融政策的重要参考,并作为中俄总理定期会晤委员会金融合作分委会参会单位,为中俄合作发展发挥重要的金融纽带作用。同时,是中国东北地区拥有各种债券经营资格最全的城市商业银行,中国东北地区率先开展投行及同业业务的城市商业银行,"亚洲金融合作联盟"的三家牵头发起行之一。经过多年发展,哈尔滨银行逐步形成以小额信贷为核心,对俄金融、投资银行、财富管理、电子银行多项业务共同发展的经营格局,向着集团化、多元化、特色化发展目标迈进。

哈尔滨银行以科学、稳健、协调发展为根本,注重加强经营管理,使发展的基础更加健康牢固,逐步走上规范化、标准化、科学化发展轨道。按照《商业银行法》、《公司法》以及监管要求,建立健全现代企业制度,完善法人治理结构。与德勤、普华永道等国际著名咨询公司合作,在公司治理、内控及全面风险管理、IT系统和绩效考评体系建设等各方面进行大胆改革和有益探索,形成战略、机制、人员、风险全面管控的科学模式，树立了从严治行、规范发展的经营方针，打造了敬业、专业、职业、干净“三业一净”的员工队伍，逐步发展成为治理规范、定位清晰、特色鲜明、资本充足、团队精良、文化独特的金融企业，实现了长期稳定的低风险、高质效增长，经营指标在全国城商行中处于领先水平。

哈尔滨银行始终不忘企业的社会责任，坚持把支持经济社会事业发展作为自己义不容辞的责任，先后斥资500多万元建立哈尔滨钱币博物馆、捐建黑龙江省抗联希望小学、成立“弘毅助学基金”和“温暖龙江基金”，出资600多万元支持哈尔滨市城市一卡通工程，分别向四川汶川及青海玉树地震灾区捐款260万元，以实际行动践行企业公民职责，树立了良好的社会形象。哈尔滨银行被评为哈尔滨市第二十九届、三十届、三十一届劳模大会先进单位称号，第三十二届劳模大会模范单位称号，有三人次被评为全国劳动模范，获得全国“五一”劳动奖章。

哈尔滨银行将坚定不移地走小额信贷特色经营之路，以惟惠之怀承社会之责，用至诚之心创至信之行，努力建设国内一流国际知名小额信贷银行，为中国金融事业发展和小康社会建设做出更大贡献。

杭州银行

企业概况

杭州银行成立于1996年9月，自成立以来，始终坚持服务区域经济、中小企业和城乡居民的市场定位，致力于为客户提供专业、便捷、亲和的金融服务，经过十多年的努力，现已发展成为一家资产质量良好、经营业绩优良、综合实力跻身全国城市商业银行前列的区域性股份制银行。2012年，按一级资本排名，位列英国《银行家》杂志“全球银行1000强”第339位，较上年排名提高35位。凭借在中小企业金融服务方面的良好表现，近年来，先后获得了“全国支持中小企业发展十佳商业银行”“最佳科技金融服务城商行”等荣誉。有百余家分支机构，在北京、上海、深圳、南京、合肥、舟山、宁波、绍兴、温州等地都设立了分行。发起设立一家缙云村镇银行，和澳洲联邦银行共同投资设立三家村镇银行，投资入股石嘴山银行。

今后几年，本行将在发展战略指导下，继续稳步推进跨区经营，为发展成为一家立足浙江、在长三角地区具有竞争优势、在长三角以外的其他城市具有经营特色的区域性银行而努力。

公司愿景：致力于为中小企业与城乡家庭提供专业、便捷、亲和的金融服务，成为中国价值领先银行。

价值领先：客户价值领先、员工价值领先、股东价值领先、社会价值领先。

核心价值观：诚信、创新、效率、尊重、责任。

形象定位：钻石银行、绿色银行。

对外口号：信我信未来。

市场定位：市民银行、中小企业主办银行。

发展策略

推行业务专业化管理，培育核心竞争力，做大做强中小企业业务，做大做响零售客户业务，巩固发展传统客户业务；

实施“走出杭州”的跨区域经营战略，在浙江省内乃至长三角地区设立分支机构，建设具有经营特色和竞争优势的区域性银行；

以上市为契机，提升管理水平、经营业绩和信息透明度，打造中国价值领先银行。

企业荣誉

2012年，在浙江省金融工作会议暨推进温州市金融综合改革试验区工作动员大会上，本行获“2011年度浙江省金融机构改革创新奖”。

2012年，杭州市人民政府对2011年度在杭银行机构支持杭州市经济社会发展予以表彰通报，本行被杭州市政府授予“2011年度支持杭州市经济社会发展突出贡献奖”。

2012年，本行“小微企业循环贷”和“幸福盈家”品牌在中国金融创新奖上分获“十佳金融产品创新奖”和“十佳金融品牌营销活动奖”。

2012年，在“2012第五届中国最受尊敬银行暨最佳零售银行评选”活动中，本行幸福99理财再次获“2012中国最佳银行财富管理品牌”，同时斩获“2012中国最受欢迎城商行理财产品”及“2012中国最佳城商行零售银行”三项大奖。

2012年，本行在中国金融机构金牌榜“金龙奖”颁奖盛典上，同时荣获“年度最佳公司治理中小银行”和“年度最具品牌价值中小银行”两项殊荣。

2011年，在英国《银行家》杂志“全球银行1000强”排行榜中按一级资本排名第374位，较上年排名提高21位。

2011年，获《金融时报》“中国金融机构金牌榜‘金龙奖’”“年度最佳中小银行”称誉。

2011年，在第二届中国区域金融发展高峰论坛上获“浙商最信赖城市商业银行”称号。

在《21世纪经济报道》主办的“2010年亚洲银行竞争力排名”中，在总资产在100亿美元和400亿美元的亚洲中小银行中排名第三位，列上榜城商行第一位。

在《金融时报》联合中国社会科学院金融研究所主办的“2009－2010中国金融机构金牌榜”上，荣膺“最具竞争力中小银行”。

2010年，在英国《银行家》杂志“全球银行1000强”排行榜中按一级资本排名第395位，较上年排名提高239位。

2010年，在中国《银行家》杂志“中国商业银行竞争力评价排名”中获“2009年度全国大型城市商业银行竞争力第二名”，并摘取“2009年度最具发展潜力城市商业银行”单项奖。

2010年，被浙江省人民政府授予“2009年度浙江省银行业金融机构支持中小企业发展优秀奖”。

2010年，被浙江银监局评为“2009年度浙江小企业金融服务先进单位”。

2009年，在中国《银行家》杂志推出的“中国商业银行竞争力评价排名”中，摘取“2008年度最佳城市商业银行”、“2008年度全国大型城市商业银行竞争力第一名”、“2008年度全国城商行经济区域排名‘长三角’经济区第一名”等多项殊荣。

2009年，在由《经济观察报》主办的“2008年度中国最佳银行评选”中，荣获“2008年度最佳市民银行”，成为唯一一家获此奖项的国内城商行。

2008年，在由金融时报社、中国社科院金融研究所联合主办的“中国金融改革开放最具影响力50件大事”暨“2008中国最佳金融机构排行榜”中，获评“年度最佳大型城市商业银行”奖项。

2008年，在第二届中华慈善大会上，凭借在慈善公益事业中的突出表现荣膺“中华慈善奖”，成为惟一一家获此殊荣的城市商业银行。

2007年，在英国《银行家》杂志“全球银行1000强”排行榜上按一级资本排名第765位，较2006年排名提高56位；在

"中国银行业100强"排行榜中,按资产回报率排名第1位。

2007年,在中国《银行家》杂志公布的"大型城市商业银行竞争力"排名中居第2位,并被该杂志评为"中国十佳城市商业银行"。

2007年,在第二届全国中小企业家年会上获"全国支持中小企业发展十佳商业银行"称号。

2007年,在"第一财经"发起、面向全国金融业的"2007第一财经金融品牌价值榜"大型年度评选中获"商业银行发展潜力奖"。

河北银行

企业概况

河北银行成立于1996年5月,是全国首批五家城市合作银行试点之一,也是目前河北省成立最早、规模最大的城市商业银行。2012年7月份,河北省委、省政府为加快经济强省、和谐河北建设,做大做强地方金融产业,正式将河北银行纳入省级管理。河北银行成为河北省纳入省级管理的唯一一家地方法人银行。截至2013年末,河北银行有11家分行级机构,124家营业网点,员工总数3,400多人。

截至2013年末,河北银行资产总额1521.36亿元,存款余额1163.06亿元,贷款余额621.27亿元。2013年在核销3.65亿元不良资产、网点建设投入增加的情况下,实现净利润13.82亿元,上缴营业税及所得税达5.82亿元。监管指标继续保持较好水平,其中资本充足率达到11.51%,不良贷款率0.68%,拨备覆盖率367.15%。据2013年英国《银行家》杂志公布的数据,河北银行在全球1000家大银行中排名第501位,综合实力已迈上了一个新的台阶。

17年来,河北银行紧紧围绕"服务地方经济、服务中小企业、服务城市居民"的市场定位,改革创新、转型发展,在服务地方经济社会建设的过程中,经济效益、社会效益同步提升。凭借优异的经营业绩和良好的金融服务,河北银行赢得了社会各界的高度赞誉,荣获"金融创新奖"、"全国小企业金融服务先进单位"、"最具社会责任奖"、"最具成长力中小银行"、"中国银行业星级服务机构"等称号。

社会责任

本行秉承"做有责任感的企业公民"的价值主张,积极参与社会公益活动,努力践行企业社会责任。2011年,积极响应市委市政府山区扶贫教育工程活动号召,率先向赞皇县野草湾小学改建工程捐款213万余元;2012年7月,积极响应省委省政府号召,向我省遭受洪涝灾害地区捐款515万余元,向"三关爱"志愿服务活动捐款5万元。本行经常组织志愿者参加金融知识宣传、维护交通秩序等志愿活动,提升本行社会形象和影响力。

联系方式

地址:河北省石家庄市平安北大街28号

邮编:050011

电话:400-612-9999或0311-96368

华夏银行

企业概况

沐浴着改革开放的春风,在总设计师邓小平的亲切关怀和指导下,1992年10月,华夏银行在北京成立;1995年3月,实行股份制改造;2003年9月,首次公开发行股票并上市交易(股票代码:600015),成为全国第五家上市银行;2005年10月,成功引进德意志银行为国际战略投资者;2008年10月、2011年4月,先后两次顺利完成非公开发行股票。

截至2014年9月末,华夏银行在80个中心城市设立了34家一级分行、36家二级分行和10家异地支行,营业网点达到571家,形成了"立足经济发达城市,辐射全国"的机构体系,与境外一千多家银行建立了代理业务关系,代理行网络遍及五大洲115个国家和地区的329个城市,建成了覆盖全球主要贸易区的结算网络;总资产达到17,840.92亿元,资产规模稳步增长,盈利能力持续提升,业务结构不断优化,服务质效进一步提高,规范运营扎实推进,保持了良好的发展势头。在2014年7月出版的英国《银行家》杂志世界1000家大银行评选中,华夏银行按资产规模排名第90名;在2014中国企业500强中排名第158名、中国服务业企业500强排名第58名。

华夏银行坚持服务实体经济的基本方针,全面打造"中小企业金融服务商"品牌,紧紧围绕国家经济发展目标,认真贯彻国家宏观经济政策,积极融入各地主流经济,切实支持民生工程,参与保障性住房建设和城乡一体化改造,努力满足广大客户的金融需求;加大对文化产业资金投放、创新"三农"金融服务模式,加快村镇银行和县域网点建设;加大对小微企业金融支持力度,持续推广以"小、快、灵"为特点的小微企业服务"龙舟计划",加快推进小微企业特色分行建设步伐,连续举办"华夏之星"系列活动,引导和帮助小微企业客户不断成长,小微企业业务增速继续高于全行业务平均增速。在亚洲银行竞争力排名评选活动中,荣获"2011年中小企业扶持奖";荣获北京银监局"2012年度北京银行业金融机构小微企业金融服务先进单位"。

华夏银行秉承"以客户为中心"的服务理念,不断提升服务功能,扩大服务群体,完善服务渠道,扩大服务范围,创新服务产品,提升服务品质,以高质量服务回馈客户。在全行范围内举办"感谢您的关爱,助力我们成长"系列客户座谈会,在改进和提升金融服务的同时,赢得了客户和社会各界的好评。在中国银行业协会开展的"百佳"、"千佳"文明规范服务示范单位评比中,华夏银行的优质服务得到了充分展现,2009年、2011年、2013年共有16家营业网点获得全国"百佳"文明规范示范单位的称号,2010年、2012年、2014年共有110家营业网点获得"千佳"文明规范服务示范单位称号,2014年,有48家网点被中国银行业协会命名为"中国银行业文明规范服务五星级营业网点",总行多次被中国银行业协会授予"突出贡献奖";客户服务中心被中国银行业协会评为"金融业最佳客户服务中心"、荣获"优秀综合示范奖"。

华夏银行积极履行企业社会责任,坚持企业效益与社会责任的有机统一,并将其融入企业发展战略;坚持把实现人与自然的和谐共存作为发展的基本原则,积极构建绿色银行;坚决执行国家信贷政策,积极发展绿色信贷,通过信贷杠杆,促进经济结构调整,支持资源节约型、环境友好型社会的建设;积极参与公益事业,支持灾后重建,捐资助学,关注妇女儿童健康发展,推动银行和社会和谐发展;重视员工与企业共同发展,努力建设"诚信、规范、高效、进取"的企业文化。华夏银行先后荣获"最具社会责任金融机构、年度最佳绿色金融奖"、"社会责任最佳银行"、"最佳社会责任实践案例奖"、"光明公益奖"。

面对新的发展机遇和挑战,华夏银行将继续坚持以科学发展为主题,以加快转变发展方式为主线,坚持全面协调可持续发展，稳中求进，努力创新发展方式和工作方法，坚定实施"中小企业金融服务商"战略，在保持规模适度增长的基础上，加快经营转型，深化结构调整，大力降本增效，实现服务专业化、业务品牌化、经营特色化、管理精细化，努力打造"华夏服务"品牌，建设具有鲜明品牌特色的现代化商业银行。

徽商银行

企业概况

徽商银行成立于1997年4月4日，2005年11月30日更名为徽商银行股份有限公司，总部设在安徽合肥。并于2005年12月28日正式合并了安徽省内的芜湖、马鞍山、安庆、淮北、蚌埠5家城市商业银行，以及六安、淮南、铜陵、阜阳科技、阜阳鑫鹰、阜阳银河、阜阳金达等7家城市信用社。2013年11月12日，徽商银行在香港联交所主板挂牌上市，H股股票代号3698。

徽商银行主要经营范围包括在中国吸收公司和零售客户存款，利用吸引的存款发放贷款，以及从事资金业务，包括货币市场业务，投资和交易业务及代客交易等。截至2013年12月31日，本行总股本人民币110.50亿。本行设有17家分行及191家支行，447家自助服务区。拥有一家控股子公司金寨徽银村镇银行有限责任公司，并参股奇瑞徽银汽车金融有限公司、无为徽银村镇银行有限责任公司。

徽商银行坚持扎根地方经济，服务中小企业，得益于对安徽市场长期的深耕细作，拥有广泛的中小企业客户基础和与区域经济有机契合的业务网络，已经成为安徽乃至中国享有盛名的金融服务商。

企业文化

愿景：

创一流品质　建百年徽银。使命：

成就客户梦想；创造股东价值；

促进员工发展；承担公民责任。

核心价值观：

诚信、稳健、创新、和谐。

理念：

· 经营理念：与市场同行与客户共赢

· 管理理念：系统规范精细超越

· 风险理念：审慎、理性、稳健的风险偏好设定

分层、分离、整合的风险治理结构；

前瞻、客观、专业的风险度量管理；

主动、量化、持续的风险管理实施。

· 服务理念：亲和、高效、专业。

· 人才理念：吸引有志之才，培育可塑之才，使用胜任之才。

作风：

正直、勤勉、协作、进取。

企业荣誉

2013年，首届"安徽省十大服务行业居民满意度调查"中位居第一安徽省情研究会主办、安徽社会发展调查研究中心。

2013年，2013中国金融机构金牌榜—年度最具成长性中小银行《金融时报》社、中国社会科学院。

2013年，2012年度银团贷款业务最佳发展奖中国银行业协会。

2013年，支持地方发展经营业绩考核一等奖安徽省金融工作领导小组。

2013年，2012年度执行外汇管理规定A类银行国家外汇管理局安徽省分局。

2013年，2012年度国际收支统计之星先进单位国家外汇管理局。

2013年，2012年度省级政府非税收入代理工作一等奖安徽省财政厅、中国人民银行合肥中心支行。

2013年，中国银行业"普及金融知识万里行"活动最佳成效奖中国银行业协会。

2013年，2012年度银行间本币市场交易100强全国银行间同业拆借中心。

吉林银行

企业概况

吉林银行股份有限公司（简称吉林银行）成立于2007年10月，目前在吉林省内9个市州和大连、沈阳拥有11家分行，全行共357个营业网点。

自2007年成立以来，吉林银行努力转变增长方式，走差异化、特色化发展道路，建设新一代核心业务系统，构建先进的人力资源管理体系，努力打造社区银行品牌、小微企业金融服务专营品牌，各项业务取得长足发展，也获得了来自外界的荣誉和肯定，近几年吉林银行先后被评选为"2012中国城市金口碑服务银行"、"2012年度最具创新力奖"、"中国银联2012年度银联卡业务优秀奖"、"2013年度优秀中债估值成员"、"2013中国中小企业首选服务商"等，小企业金融服务中心荣膺"2013年中国中小企业创新服务先进机构"，"吉青时贷"产品荣获"2013年服务小微企业二十佳金融产品"，"农村土地收益保证贷款"、"惠农宝"供应链金融产品荣获"2013中国金融创新奖"十佳金融产品创新奖。2013年共有9家支行获得"2013年度吉林省银行业文明规范服务示范单位"荣誉称号，成为本年度50家文明规范服务示范单位的一员，也是吉林省内金融机构中获奖网点最多的银行。

目前，吉林银行资产规模和盈利能力已跻身全国城市商业银行前列，公司价值和品牌影响力大幅提升。2012年4月，吉林银行加入亚洲金融合作联盟，并被推选为亚洲金融合作联盟副主席单位；2014年7月，吉林银行在英国《银行家》杂志全球1000强银行排名中列第322位，中国地区银行第35位。截至2014年6月末，吉林银行资产规模达到2778.14亿元，各项存款余额2087.84亿元，各项贷款余额1318.45亿元，拨备覆盖率为297.03%。

未来，吉林银行将按照吉林省委、省政府提出的"推动吉林银行进入全国城商行最前列"的要求，围绕打造一流股份制商业银行的目标，继续坚持创新发展、经营转型、管理提升，打造中国价值领先银行，把吉林银行建设成为使员工成长、让客户信赖、为股东增值、尽社会责任的现代商业银行。

联系方式

地址：中国长春市东南湖大路1817号

邮编：130033

E－mail：xinxq@jlbank.com.cn

wangh@jlbank.com.cn

交通银行

交通银行始建于1908年，是中国早期四大银行之一，也是中国早期的发钞行之一。1958年，除香港分行仍继续营业外，交通银行国内业务分别并入当地中国人民银行和在

交通银行基础上组建起来的中国人民建设银行。为适应中国经济体制改革和发展的要求，1986 年 7 月 24 日，作为金融改革的试点，国务院批准重新组建交通银行。1987 年 4 月 1 日，重新组建后的交通银行正式对外营业，成为中国第一家全国性的国有股份制商业银行，总行设在上海。

作为中国首家全国性股份制商业银行，自重新组建以来，交通银行就身肩双重历史使命，它既是百年民族金融品牌的继承者，又是中国金融体制改革的先行者。

交通银行在中国金融业的改革发展中实现了六个“第一”，即第一家资本来源和产权形式实行股份制；第一家按市场原则和成本一效益原则设置机构；第一家打破金融行业业务范围垄断，将竞争机制引入金融领域；第一家引进资产负债比例管理，并以此规范业务运作，防范经营风险；第一家建立双向选择的新型银企关系；第一家可以从事银行、保险、证券业务的综合性商业银行。交通银行改革发展的实践，为中国股份制商业银行的发展开辟了道路，对金融改革起到了催化、推动和示范作用。

2004 年 6 月，在中国金融改革深化的过程中，国务院批准了交通银行深化股份制改革的整体方案，其目标是要把交通银行办成一家公司治理结构完善，资本充足，内控严密，运营安全，服务和效益良好，具有较强国际竞争力和百年民族品牌的现代金融企业。在深化股份制改革中，交通银行完成了财务重组，成功引进了汇丰银行、社保基金、中央汇金公司等境内外战略投资者，并着力推进体制机制的良性转变。2005 年 6 月 23 日，交通银行在中国香港成功上市，成为首家在境外上市的中国内地商业银行。2007 年 5 月 15 日，交通银行在上海证券交易所挂牌上市。目前，交通银行已经发展成为一家“发展战略明确、公司治理完善、机构网络健全、经营管理先进、金融服务优质、财务状况良好”的具有百年民族品牌的现代化商业银行。

明确的发展战略。面对复杂的外部经营环境、日趋刚性的资本约束和逐步推进的利率市场化改革，基于深化股份制改革已取得阶段性成果、发展已经迈上新的历史台阶，交通银行从 2005 年开始实施管理和发展的战略转型。2008 年，我们经过全面分析讨论，在承继交行既有的发展目标和战略转型系列工作的基础上，进一步明确了“走国际化、综合化道路，建设以财富管理为特色的一流公众持股银行集团”的发展战略。这一战略目标，充分考虑了交行在国际业务领域和综合金融领域多年经营的先发优势，延续了交行不断推进战略转型、强化财富管理业务导向的一贯方针，保证了战略的协调性和延续性，为交行未来的发展指明了更加清晰的路径。

完善的公司治理。在成功引进汇丰银行、全国社保基金理事会、中央汇金公司等境内外战略投资者后，交通银行股权结构更加多元化。同时，完善公司治理的基本制度已经确立，完善的公司治理架构基本建成，董事会的战略决策作用、高级管理层的经营管理职责和监事会的监督职责都得到充分发挥，股东大会、董事会、监事会和高级管理层之间各自发挥良好效能、又相互制衡的机制基本形成。

健全的机构网络。交通银行拥有辐射全国、面向海外的机构体系和业务网络。分支机构布局覆盖经济发达地区、经济中心城市和国际金融中心。目前，交通银行在内地各省、直辖市、自治区设有省级分行 30 家，在全国 228 个地级以上城市、164 个县或县级市设立了营业网点 2,719 个。另设有 12 家境外分支机构，包括中国香港、纽约、东京、新加坡、首尔、法兰克福、中国澳门、胡志明市、悉尼、旧金山和台北分行、交通银行(英国)有限公司。与全球 141 个国家和地区的 1,600 多家银行建立了代理行关系。全行员工 9.4 万人。

先进的经营管理。交通银行秉承“发展是硬道理，是第一要务；质量是硬约束，是第一责任；效益是硬任务，是第一目标”的经营理念，始终坚持业务发展和风险控制并重，实施了以经济资本绩效考核为核心的激励约束机制；建立了全面的风险管理体制；推进了组织架构再造和业务管理的垂直化改造；建设了在国内处于领先水平的数据大集中工程。同时，按照“互谅互让、互惠互利、长期合作、共同发展”的要求，交通银行与汇丰银行的合作紧密而富有成效，先进的理念、技术、产品不断引进，对提升交通银行的经营管理水平产生了十分积极的影响。

优质的金融服务。交通银行充分发挥自身优势，在金融产品、金融工具和金融制度领域不断探索创新，形成了产品覆盖全面，科技手段先进的业务体系，通过传统网点“一对一”服务和全方位的现代化电子服务渠道相结合，为客户在公司金融、私人金融、国际金融和中间业务等领域提供全面周到的专业化服务。交通银行专注于为中高端客户提供优质的服务，以“私人银行”、“沃德财富”和“交银理财”品牌分别为高端和中端客户提供高附加值的服务和产品。拥有以沃德财富账户、交银理财账户、蕴通财富、太平洋卡、外汇宝、得利宝、展业通、基金超市、手机银行等为代表的一批品牌产品和服务，在市场享有盛誉。与战略合作伙伴汇丰银行合作推出“中国人的环球卡”——太平洋双币信用卡，境内在册发卡量已达到 3,461 万张。此外，交通银行目前在境内已拥有基金、信托、租赁、寿险子公司，在香港拥有证券、财险子公司，综合化服务能力显著提升。

良好的财务状况。抓住境内外成功上市后品牌和市场形象提升的有利时机，交通银行加快业务拓展步伐，经营活力充分显现，各项业务实现健康快速协调发展，综合实力日益增强。截至 2014 年 9 月末，交通银行资产总额达 6.21 万亿元；资本充足率为 13.8%，核心资本充足率为 11.1%；平均资产回报率(ROAA)为 1.13%；平均股东权益报酬率(ROAE)为 15.7%；减值贷款率为 1.17%。2014 年，集团继续跻身《财富》(FORTUNE)世界 500 强，营业收入排名第 217 位，较上年提升 26 位；列《银行家》(The Banker)杂志全球千家大银行一级资本排名第 19 位，较上年提升 4 位。

深厚的文化底蕴铸就了交行百年的辉煌，百年交行已启动新的航程。交通银行正加快推进战略转型，朝着创办一流公众持股银行和最佳财富管理银行的目标迈进！“交流融通，诚信永恒”是交通银行与您的共同心声，交通银行将为此不懈努力，为客户提供更好的服务，为股东创造更多的价值，为社会做出更大的贡献！

晋商银行

企业概况

晋商，肇始于虞舜，鼎盛于明清，称雄商界，纵横亚欧，创无数金融第一，领中国商业与金融革命，成山西为中国金融发源地。晋商所创造的账局、票号等金融机构被西方人称为“山西银行”。

晋商银行股份有限公司(简称晋商银行，英文 JINSHANGBANKCO.,LTD)经中国银监会批准于 2009 年 2 月 28 日正式挂牌成立，是一家总行设在山西太原的股份制商业银行，为省属大型金融企业。目前共设营业网点 77 家，其中太原市设有晋阳支行、并州支行、龙城支行等 54 家传统型支行和 2 家社区支行；省内异地设有大同、朔州、吕梁、临汾、运城、长治、忻州、晋中和晋城 9 家分行及孝义、河津、洪洞、柳林等 12 家异地支行。同时，经中国银监会批准，设立了小企业金融服务中心，发起设立了清徐晋商村镇银行。

晋商银行挂牌以来，在山西省委、省政府的正确领导和人民银行、监管部门的指导帮助下，紧紧围绕“打造民族品牌银行”的发展愿景，立足“扶持小微企业、支持优势企业、服务城乡居民”的市场定位，深化改革、大胆创新，不负重望、铿锵崛起，取得了跨越式发展的瞩目成就。截至 2013 年末，全行资产总额达到 1，315．13 亿元，达到挂牌前的 6．27 倍，率先在山西地方金融领域实现了省委、省政府提出的“翻两番”的奋斗目标；累计实现经营利润 57．74 亿元，上缴税费 20．39 亿元，连续四年成为山西纳税最多的金融企业；累计提供各项融资总额 5，000 多亿元，有力地支持了山西重大项目建设、产业结构调整和实体经济发展；2010 年起连续五年跨入全球前 1，000 家银行行列，目前全球排名 559 名，进入银监会监管评级二级行行列，被中国银协推选为全国城商行工作委员会常委单位，先后被评为“中国十大最具影响力商业银行”、“中国城商行最具竞争力民族品牌”、“亚洲品牌年度总评榜中国品牌 100 强”、“山西省功勋企业”等，获得“山西省五一劳动奖状”，被山西省人民政府授予“支持山西转型跨越发展突出贡献奖”，得到了各级党政、金融同业和社会各界的广泛认可。

站在新的历史起点，面对新的发展形势，晋商银行高瞻远瞩，谋篇布局，在全面建成小康社会宏伟目标引领下，立足山西转型跨越发展机遇，坚持传承弘扬晋商精神和晋商文化，矢志不渝打造民族品牌银行，在金融市场天地间展翅翱翔，书写晋商金融大业的灿烂辉煌！

发展愿景

力争把晋商银行打造成根植三晋，服务山西，面向全国，走向世界，治理完善、资本充足、内控严密、服务和效益良好，具有较强竞争力和影响力的民族品牌银行。

战略目标

把晋商银行打造成以服务山西转型、跨越发展为宗旨，资本充足，内控严密，治理完善，服务优良，在中西部有影响力的上市银行。

务线战略

未来五年，将着力培育大中企业业务、小微企业业务、零售业务和资金业务四大利润中心。

大中企业业务：力争成为本地化、专业化的大中企业业务专家。要深入进行行业研究，通过系统化解决方案、专业化服务团队和产品包大力拓展非授信业务，增加大客户钱包份额。

小微企业业务：迅捷、专业化地服务小微企业，依托准事业部机制形成有竞争力的特色产品服务体系；借力行业研究和大企业光环效应开展供应链和集群式多维度特色营销。

零售业务：以贴心专业的服务、优势的网点覆盖做深太原本地优质家庭客户；以特色的个贷业务为突破，交叉销售为带动开展山西省内零售业务；以私人银行为先导，拓展省外高净值人群业务。

资金市场业务：依托先进的资金业务风险管理体系，打造城商行中领先的以债券投资为特色的资金业务；逐渐打造代理业务和资金产品开发能力拉动全行其他业务发展。

体系战略

着力打造以战略为导向的，流程化、集约化、精细化的支撑体系。

公司治理：以搭建城商行中领先的公司治理体系为目标，实现在组织治理架构、职责边界、决策规则和程序、激励和监督机制、信息披露透明度、社会责任、加强股东持续承诺等方面的提升。

人力资源管理：通过透明、双通道的晋升机制、有竞争力的薪酬机制和系统性的培训体系吸引、激励、培养高素质人才，使其与银行共成长。

风险管理和财务管理：在以建设全面风险管理体系孕育优质风险文化，为高速业务发展保驾护航；以精细化、科学化的财务管理支持战略决策和推动业务条线化经营，实现财务管控垂直化、财务核算集中化并打造推动业务发展的预算流程和考核体系。

运营管理和信息科技：以发展运营集中为核心，以构建业务操作流程体系和全面运营管理体系为支撑，打造有效支持全行发展的大运营管理框架；建立以战略为导向的全行信息科技规划，并基于规划精细化、系统化、流程化地推动信息科技工作，使其逐渐成为业务发展的牵引者。

企业文化和品牌管理：将“以懂得信义为宗旨，以结利疲帐定功过”作为核心价值观，贯穿企业文化宣传；将晋商精神融入品牌理念，形成“以义制利，汇通天下”的品牌形象，为客户提供诚信、专业和创新的产品服务；以晋商品牌联系天下晋商，力助晋商复兴。

总体战略

在未来五年，晋商银行将以“做实一个区域、做强一类客户、做深六大行业”为战略重点。

做实一个区域：2013 年之前做实山西省市场，大幅提高市场占有率和市场地位；2015 年前形成以山西省为核心，辐射中西部重点省市，辅以部分东部发达城市的区域化经营格局。

做强一类客户：将中小企业客户作为未来核心目标客户，为中型企业、小型企业和微型企业提供独特的产品服务模式。

做深六大行业：抓住山西国家资源型经济转型综合配套改革试验区建设的契机，结合自身客户资源和区域行业特点，深挖采矿业，矿产加工和设备制造业，批发零售业，信息传输、计算机服务和软件业，租赁商务服务业和水利、环境和公共设施管理业六大行业。

行徽释意

标识由“内方外圆”的古钱币与“晋商银行”的中、英文字共同组成。古钱币以传统红色为主色调，由红、紫、黄、绿、棕五种颜色和天地四方共 80 块模块组合而成。

古钱币的形状源自三晋古魏国的垣字钱，象征着晋商银行悠久的历史渊源。

内方的造型，显示出晋商银行以义制利的商业伦理与规范、谨慎的风险控制理念。

动态的圆形轮廓，五彩缤纷的色彩，数字化的模块，既向内凝聚，象征着晋商银行强大的生命力、凝聚力与创造力；同时又向外延伸，象征着晋商银行融汇天下，根植山西、面向全国，敢于竞争、善于竞争，努力做强、做大的蓬勃生机与企业精神。

发展愿景

力争打造成根植三晋、服务山西、面向全国、走向世界的，治理完善、资本充足、内控严密、服务和效益良好的，具有较强竞争力和影响力的民族品牌银行。

发展战略

“三步走”战略——积极完成省内网点布局，逐步向省外拓展辐射，择机在境内外资本市场公开上市。

战略目标

把晋商银行建设成为以服务山西转型、跨越发展为宗旨，资本充足、内控严密、治理完善、服务优良，在中西部具有影响力的上市银行。

市场定位

扶持小微企业，支持优势企业、服务城乡居民。

企业文化

“诚信、敬业、守纪、和谐、创新、发展”。

“诚信”就是要引导大家牢固树立企业经营诚信为本的思想，发扬晋商先辈以义制利、义利相济的优良传统，恪守商业道德，践行社会责任；“敬业”，就是要引导大家牢固树立遵纪守法、合规经营的思想，自觉学习相关法律法规，严格遵守各项经营管理制度，严以律己，坚持原则，坚决避免出现差错和漏洞，坚决杜绝盲目经营、随意操作等问题发生；“和谐”，就是要引导大家牢固树立“一盘棋”的思想，自觉维护系统、集体和单位内部团结，自觉为晋商银行的改革发展出主意、想办法，心往一处想、劲往一处使，齐心协力，共同创业；“创新”，就是要引导大家牢固树立锐意拼搏、开拓进取的思想，不因循守旧，不固步自封，不小进即满，开阔视野，超前思维，勇于和善于接受新理念、树立新思想、不断创新机制、创新业务品种、创造新的业绩；“发展”就是要引导大家牢固树立安全稳健、快速发展的理念，在安全运营的基础上，加快机构网点的设置，加快新产品的开发，加快服务功能的完善，实现规模的快速扩张。

昆仑银行

企业概况

昆仑银行股份有限公司原名克拉玛依市商业银行股份有限公司，前身系克拉玛依市城市信用社，该社于2002年12月由原克拉玛依市茂源城市信用社和融兴城市信用社合并组建成立。2009年4月，中国石油集团增资控股本行。2010年4月，本行更名为昆仑银行，寓意磅礴发展的“昆仑”商号为银行注入了强大的品牌价值。

本行是在服务国家能源安全战略及西部大开发整体战略的背景下重组成立的。重组以来，本行坚持差异化、特色化经营方向，坚持“质量第一、效益为本、规模适度、协调发展”的原则，坚持“夯基础、调结构、控风险、促发展”的工作总基调，坚定不移地走产融结合发展道路，依托能源、扎根当地、提升品质、改革创新，致力于成为特色明显、富有活力的能源银行。

重组五年来，本行依托股东支持，积极发展对公授信业务、金融市场、国际业务和零售业务，实现了资产规模的跨越式发展，经营实力迅速提升，跃升至新的发展平台。本行现有6家分行，2家村镇银行，分支机构数量达到48家，建立了以网上银行、电话银行和手机银行为主的电子服务渠道，形成了公司金融、个人金融、金融市场、国际业务四大主营业务体系，开发了昆仑快车、企业现金管理、石油产业链贸易融资、中国石油公司卡等产融结合特色产品，跨区域、全方位、高效率地满足了客户需求，为客户提供多元化、特色化的金融产品和服务。

未来本行将继续围绕产融结合发展战略，解放思想，深化变革，从夯基础、调结构、控风险入手，加快向内涵式发展模式转型。本行将更加注重核心竞争力的提升，谋求有质量、有效益、可持续的发展，在产融结合领域探索出一条特色发展之路！

社会责任

2013年，本行积极贯彻国家经济结构调整和转变发展方式战略，认真履行企业社会责任，在经济、社会和环境三个方面做出了积极努力，促进了区域经济协调发展。

一、经济层面

1. 制定信贷政策，优化信贷结构

本行积极贯彻《国务院办公厅关于金融支持经济结构调整和转型升级的指导意见》，重点关注节能环保、新能源、新材料等战略性新兴产业，高度关注房地产行业风险，审慎对待“两高一剩”行业，增加实体经济的信贷投放，根据市场情况、金融环境适时调整信贷结构，防范流动性风险。

坚持以客户为中心，发展优质客户，不断提升本行优质客户和核心业务占比，逐步退出不符合本行发展战略的非优质核心业务。坚持产融结合特色发展道路，以打造产融银行、能源银行为目标，深入挖掘金融需求，构建完善石油金融服务体系，大力支持石油石化、天然气、煤炭等相关能源产业和行业，充分发挥资源优势和协同效益的经营目标。

2. 服务“小微”企业发展

本行认真执行监管部门制定的服务小微企业各项政策，以石油石化产业链小微企业为主要客户群，根据石油产业链客户在设备采购、工程施工和物资供应等环节为油田提供服务过程中所处的阶段不同，分别提供多种信贷服务产品，解决了企业急需贷款而无抵押的问题，满足了小微企业在为油田提供工程施工和物资供应过程中的阶段性垫资需求，形成了独具特色的“油企通”系列产品，有效支持了石油产业链企业融资需求，实现了小微企业贷款“两个不低于”目标。截至2013年末，本行小微企业户数共计496户，较年初增加126户，同比增长34.05%；小微企业贷款余额共计32.92亿元，同比增长88.24%。

3. 支持“三农”建设，投身民生工程

本行结合驻地特点，通过缩短信贷决策链条、创新服务理念、设置信贷绿色通道、实行优惠的利率定价等措施，在促进农村、农业发展及城镇一体化建设方面起到了积极助推作用。截至2013年末，本行涉农贷款111.46亿元，较年初增加37.62亿元，同比增长50.95%。

本行大力支持驻地城市基础设施建设。其中，克拉玛依分行积极推进以城投公司为投资主体的“克拉玛依区域数字网络控制中心项目”实施，2013年投放3亿元，有力支持了克拉玛依数字化城市建设。

4. 减免金融服务收费

2013年，本行继续贯彻落实监管部门关于减免金融服务收费的各项政策，减免服务收费项目30多项，位居城商行前列。其中，对于小微企业的对公小额账户维护费、人民币担保承诺业务中的循环贷款承诺、法人账户透支承诺、贷款承诺、信贷证明、客户授信额度承诺、备用贷款承诺等项目均免收服务费。对于“三农”、弱势群体、社会公益等领域实行优惠政策，如降低县乡POS机具安装和手续费的收费标准。对公立医院、公立学校、慈善机构免费安装POS机具，免收POS机具各项手续费。

二、社会层面

1. 服务立行，提升品质

2013年，本行为提升营业网点综合服务水平，优化网点空间，提升视觉营销及客户服务体验效果，编写完成并下发了《营业网点服务管理手册》、《客户投诉管理办法》以及《客户投诉处理指导案例手册》。根据2012年服务规范的试行情况，修订了《营业网点服务规范》并在全行执行。全年组织外部公司在全行范围内开展了两次服务规范执行情况监测、一次服务明查和一次满意度调查，并组织各分行服务管理人员开展了一次行内服务检查。从服务检查情况来看，本行营业网点的软硬件服务水平都稳中有升。

2013年，本行克拉玛依分行荣获“2012年度新疆银行业文明规范服务金牌服务单位”称号；西安分行荣获陕西银行业“十佳最满意服务机构”称号；大庆分行荣获大庆金融（信贷）“服务品牌典范”荣誉称号。

2. 关爱员工，构建和谐

本行全面构建和谐企业，以人为本，关爱员工，注重维护员工权益，不断完善员工福利，有效加强员工培育，继续创建“职工之家”，持续开展“送温暖”工程。

2013年，本行以创建学习型组织为目标，持续推进“三学三比”及“强三基、提素质、塑品牌”活动，举办“员工技能素质大赛”，不断提高员工的技能水平。

按照“建家兴企、建家维权、建家育人、建家强会”的宗旨，通过现场指导、资金支持等途径，帮助基层完善生活设施、改善工作环境、改善活动场所。

大力推进送温暖工程。总行先后拨付救助专项资金9万余元，对全行困难员工实施对口帮扶。大庆分行组织为身患重病员工捐款8万余元。西安分行积极做好重大节日慰问及送温暖活动，坚持“五个必访”，进一步促进了员工队伍和谐稳定。库尔勒分行积极协调员工子女就学问题，解员工燃眉之急，排员工后顾之忧。吐哈分行开展“三八评优”活动，为女工送上健康讲座和福利关怀。

3. 热心公益，促进文体

2013年，本行积极参与公益事业，支持地方教育，促进民族团结。其中，本行员工为四川芦山县地震灾区捐款27.45万元；西安分行组织爱心助学活动，向山区贫困小学捐赠文体、生活用品；克拉玛依分行组织“爱心月月捐”活动，长效帮扶贫困家庭；吐哈分行开展“敬老文明号”创建活动，创新“为老”金融服务。2013年，本行向新疆维吾尔自治区人民政府捐赠600万元，用于促进地方文化体育事业的发展。

三、环境层面

2013年，本行继续推进绿色信贷建设，将绿色环保理念贯彻于信贷工作的各个环节，对绿色信贷涉及的节能、减排、循环经济、清洁能源、绿色生态、现代服务产业六个领域及其重点项目和客户，给予适当的政策倾斜，将节能环保和战略新兴等产业列为优先支持产业。2013年，本行节能环保项目及服务贷款11,060.08万元，同比增长100%。其中乌鲁木齐分行对鄯善非创精细有限公司贷款6,560.08万元，该企业以节能循环经济为基础，一年的节能减排量二氧化碳当量达7.5万吨。

内蒙古银行

企业概况

内蒙古银行（原名呼和浩特市商业银行）成立于1999年11月19日，是经中国人民银行批准，由呼和浩特市地方财政、原呼和浩特市13家城市信用社股东和其他企业法人共同以发起方式设立的股份制商业银行。2009年9月8日，经中国银监会批准，更名为内蒙古银行股份有限公司（简称内蒙古银行）。

经过15年的发展，目前机构总数达到92个，包括总行机关、10家分行（含营业部）、80家支行和1家小企业金融服务中心。其中，区外在哈尔滨设1家分行，在北京、上海设立金融市场分部，在北京设立投资银行部，区内设9家分行，员工总数近3000人。大专及以上学历人员2285人，占比87.3%，有中高级职称的421人，占比16.1%。

到2013年末，本行资产总额639亿元，所有者权益78亿元，各项存款余额486.54亿元，各项贷款余额276亿元，近年来我行在自治区金融办下发的重大项目名录内，直接支持自治区重大项目建设的贷款累放已经超过了150亿元，通过上下游企业间接投放信贷资金也超过了25亿元；去年末小微企业贷款余额已达144.84亿元，每年的增幅都在30%以上。自成立以来，内蒙古银行累计缴纳税金20.4亿元，仅去年就缴纳税金4.65亿元。多次被授予“纳税先进单位”、“A级信用纳税人”及“诚信纳税企业”等称号。自更名以来，共提供了1563个就业岗位，其中大学生就业人数达到1081人。

内蒙古银行严格按照《公司法》、《商业银行法》等法律法规要求建立“三会一层”的公司治理架构，股东大会、董事会、监事会和经营层各司其职、互相配合、协调运作。目前，本行董事会设立了战略、风险管理、关联交易控制、审计、薪酬与提名和信息科技管理6个专门委员会；监事会下设审计和提名2个委员会；经营层设立了信用审批、资产负债管理、产品创新、绩效考核管理4个专门委员会，并按照前、中、后台分工的不同设立了24个职能部室。

本行共主发起设立31家村镇银行，区内22家，区外9家，在国贫、省贫旗县设立11家。其中，突泉和察右前旗蒙银村镇银行获得了内蒙古自治区人民政府颁发的“金融支持三农三牧突出贡献奖”。

近年来，内蒙古银行紧紧抓住“扩大内需、提高创新能力、促进经济发展方式转变”这一新机遇，积极调整优化信贷结构，加大力度支持自治区重大项目、中小企业、县域经济、非公有制经济、三农三牧等领域；下沉机构，把服务触角延伸到旗、县填补金融服务空白区域；创新金融产品，改进服务手段，提供优质高效金融服务；深入基层，广泛征求意见，倾听群众客户心声，切实解决问题，不断提高为客户、员工、股东谋福利的能力。

新的征程已经开始，在经济金融形势复杂的背景下，内蒙古银行改革不停顿，发展不止步，将积极支持自治区经济结构调整和转型升级，扩大规模，创新产品，夯实基础，优化服务，肩负服务城乡居民、支持地方经济的重任向一流城市商业银行果敢迈进。

企业文化

内蒙古银行股份有限公司（以下简称“内蒙古银行”）成立于1999年11月18日，是内蒙古自治区成立最早的城市商业银行之一。多年来内蒙古银行始终坚持以“服务地方经济、服务中小企业、服务城市居民”为己任，以“做实做强，打造国内一流的城市商业银行”为目标，不断完善管理机制，创新服务产品，丰富服务渠道，在中小企业、城市居民服务方面形成了自己独特优势，实现了持续、稳定、快速地发展，成为了内蒙古自治区金融市场上一支重要金融力量。

内蒙古银行在改革发展进程中，始终重视文化的软实力作用。特别是2009年更名后从打造现代银行，促进内蒙古银行可持续发展的高度，把企业文化建设放在全行工作的重要战略位置，坚持物质文明和精神文明两手抓，促进业务经营与企业文化建设同发展，做出了全面推进企业文化建设的决策，精心提炼了“诚信恒久创新致胜”的核心价值观，确立了“专注于心高效于行”的宣传语，全面推进了视觉文化、理念文化、行为文化、制度文化建设，具有内蒙古银行特色的企业文化正在日渐形成，核心理念深入人心，品牌形象明显提升，行为规范有效践行，文化活动丰富多彩。

1. 企业宗旨：服务客户回报股东增益社会泽惠员工

“服务客户”——内蒙古银行人站在企业宗旨的高度，把客户利益作为企业的出发点与根本归宿，服务地方经济、服务民众、服务中小企业，把提高服务质量和以客户为中心作为内蒙古银行的长期策略。

“回报股东”—内蒙古银行在十多年的发展过程中，始终以回报股东为己任，艰苦奋斗、团结拼搏、攻坚破难，确保每年分红任务的完成。在2009年更名后，股东增加了，股本金提高了，内蒙古银行大力发展经营业务，创造利润、创造价值，稳步提高股息回报股东。

“增益社会”——内蒙古银行立足内蒙古，依托地方经济优势，以金融业务为基础，为社会提供优质金融服务，增进社会效益，为富民强区做贡献。

“泽惠员工”——内蒙古银行把泽惠员工作为企业根本的责任和永远的目标。内蒙古银行追求公司与员工目标一致，荣辱与共，携手同行，共享成功。

2. 企业愿景：做实做强，打造国内一流的城市商业银行

“做实做强”——内蒙古银行要立足当前的金融业务，做好当前的工作，积累经验；调整经营结构，把单一的业务模式向多元化、差异化业务发展，积极发展中间业务，拓展市场空间；兴利除弊，为企业注入活力，提升企业竞争力。

“打造国内一流的城市商业银行”——内蒙古银行将积极通过推动企业经营机制转变，实行经营科学化、发展多元化的经营战略；提高管理效益，创造一流的经营业绩，打造出鼎力内蒙古乃至全国的现代化优秀城市商业银行。“国内一流”的标准是动态演进的，内蒙古银行的发展和追求也是永无止境的。

3. 企业核心价值观：诚信恒久创新致胜

“诚信恒久”——作为内蒙古银行的核心价值观，充分体现了蒙古族地域文化的精髓。内蒙古银行作为一个信用中介和信用的经营者以“诚信”立业，既体现了企业志在长远的宏图大略，又给人以信任，负责任的企业形象。

“创新致胜”——内蒙古银行正处在发展的关键时期，只有战胜自我，敢于从思想、机制、组织、管理、市场等全方位进行创新，持续不断地去除积弊、推陈出新，才能在变化中求得健康持续发展，最终适应环境，走向胜利。

4. 企业精神：专注于心高效于行

“专注于心”——内蒙古银行的每位员工在工作上集中精力、专心致志，对每一笔业务都能做到精通、认真、心无旁骛。尽自己所能开拓进取，努力使自己成为本行业专家。

“高效于行”——内蒙古银行人要在执行决策或日常工作时发扬纪律严明、服从管理、雷厉风行的工作作风。发挥内蒙古银行一级法人的优势，树立企业特色鲜明的精神风貌。

5. 经营理念：夯实基础增强能力快速扩张差异化发展

“夯实基础”——内蒙古银行在今后的发展过程中要不断完善公司治理与组织架构，加强风险管理、优化业务流程、提升人力资源管理和信息科技体系等内部核心基础能力建设，从而为自身的生存和可持续发展夯实基础。

“增强能力”——内蒙古银行为实现发展战略目标要强化八项关键能力，包括组织构架、风险管理、财务管理、人力资源、信息科技、企业文化、产品开发和项目群管理。

“快速扩张”——首先是要建立强有力的呼市市场地位，依托呼市、包头、鄂尔多斯三个重点城市，通过三个梯队城市的发展，完成自治区内机构的覆盖；二是利用在内蒙古自治区建立的基础，有选择的进驻自治区以外能产生综合效应的目标市场；三是利用地域优势依托口岸经济在蒙古、俄罗斯开办分支机构。

“差异化发展”——内蒙古银行需要摆脱与大型商业银行同质化的发展道路，寻求并实现差异化定位，通过调整经营结构，开拓新领域，发展新业务，努力培育支柱业务，走特色化、多元化、差异化的发展道路。

6. 服务理念：客户至上服务至优

“客户至上”——内蒙古银行始终把客户放在最重要的位置。为客户提供周全、可靠、满意的服务，还需要不断地提高产品技术和服务水平，使得企业有能力和实力去为客户服务。

“服务至优”——内蒙古银行本着至诚至微，用心服务。关注每一环节和细节，体现专业和敬业精神，积极与客户进行沟通、交流获取有价值的建议，改进产品和服务，赢得客户恒久的忠诚。

7. 用人理念：因材施用因才发展

“因材施用”——内蒙古银行根据员工不同的能力，进行量材使用，使每个人都有其用武之地，全面发挥员工的主动性和创造性，全面提升银行竞争力。

“因才发展”——内蒙古银行要根据员工个人特长，制定相应职工发展规划，成就员工，立人达人，育才兴企，才能实现持续发展和个人的全面发展。

8. 安全理念：科学管理防控风险

内蒙古银行追求的利润最大化是在其自身风险承受范围内的合理化收益。要加强科学管理，提高对各种风险的评估能力、辨识能力，提高防范风险的能力，避免出现只重视业务发展，不重视风险防控的倾向。要最大限度地发挥员工在风险管理方面的积极性、创造性和智慧，从而追求一种全方位、多角度、综合化的风险管理效果。

联系方式

总行地址：呼和浩特市赛罕区腾飞南路33号

客服电话：40005－96019

总行电话：0471－5180111/222

传真：0471－5180333

南京银行

企业概况

南京银行成立于1996年2月8日，是一家具有由国有股份、中资法人股份、外资股份及众多个人股份共同组成独立法人资格的股份制商业银行，实行一级法人体制。南京银行历经两次更名，先后于2001年、2005年引入国际金融公司和法国巴黎银行入股，在全国城商行中率先启动上市辅导程序并于2007年成功上市。目前注册资本为29.69亿元，下辖12家分行，121家营业网点，员工总数5,000余人。

南京银行坚持走差异化、特色化、精细化的发展道路，努力做成中小银行中的一流品牌，将中小企业和个人业务作为战略业务重点推进，丰富业务产品体系，倾力满足中小企业与

个人融资需求，业务品牌影响力不断扩大。自 2007 年设立第一家异地分行以来，跨区域经营不断推进，先后设立了泰州、北京、上海、杭州、扬州、无锡、南通、苏州、常州、盐城、南京、镇江 12 家分行，机构战略布局持续深化。

南京银行致力于探索综合化经营，在全国率先尝试了城商行异地参股其他城商行的发展模式，参股日照银行并成为其第一大股东，入股江苏金融租赁有限公司、芜湖津盛农村合作银行，发起设立了宜兴阳羡、昆山鹿城两家村镇银行，投资组建鑫元基金公司，成立紫金山·鑫合金融家俱乐部，在探索综合化经营的道路上不断迈进。

南京银行自 2006 年首次入选英国《银行家》杂志公布的全球 1000 家大银行排行榜以来，排名逐年提升，2013 年已升至第 238 位。2011 年，南京银行在中国《银行家》杂志竞争力评价报告中，荣获“最佳城市商业银行”，并且在资产规模 1000 亿元以上的城市商业银行综合排名中再度脱颖而出，揽获第一。

联系方式

总行地址：江苏省南京市中山路 288 号

邮编：210008

电话：96400（江苏），4008896400（全国）

传真：（0086）025－86775053

服务投诉电话：96400（江苏）、40088－96400（全国）

宁波银行

企业概况

宁波银行股份有限公司（以下简称“宁波银行”）成立于 1997 年 4 月 10 日，是一家具有独立法人资格的股份制商业银行。2006 年 5 月，宁波银行引进境外战略投资者——新加坡华侨银行。2007 年 7 月 19 日，宁波银行在深圳证券交易所挂牌上市（股票代码：002142），成为国内首批上市的城市商业银行之一。2007 年 5 月 18 日，上海分行正式开业。到 2014 年 9 月末，宁波银行已拥有 237 家营业机构，其中 10 家分行，分别为上海、杭州、南京、深圳、苏州、温州、北京、无锡、金华、绍兴分行，1 个总行营业部，226 家支行。

近年来，宁波银行积极推进管理创新和金融技术创新，努力打造公司银行、零售公司、个人银行、信用卡、金融市场、票据、资产托管、投资银行八大利润中心，实现利润来源多元化。到 2014 年 9 月末，全行总资产 5379.20 亿元，各项存款3070.60 亿元，各项贷款 2009.51 亿元；资本充足率 12.16%，核心一级资本充足率 10.01%；不良贷款率 0.89%，拨备覆盖率 241.12%。1－9 月实现净利润 45.84 亿元，每股净资产 10.05 元。宁波银行为中国银行业资产质量好、盈利能力强、资本充足率高、不良贷款率低的银行之一。在英国《银行家》杂志评选的 2014 年度“全球 1000 强银行”及 2014 年度“全球银行品牌 500 强排行榜”中，分别位居全球第 220 位和 264 位。

1. 完善的公司治理架构

建立了以股东大会、董事会、监事会、高级管理层组成的公司治理结构，形成了良好的经营机制。作为公司治理的核心，宁波银行董事会是最高决策机构，下设六个专门委员会，并实质性地参与宁波银行战略和业务决策，由此提高了公司治理的质量和效率。这是宁波银行过去几年取得快速发展的重要制度保证，也将从管理体制上确保未来几年长治久安和高效运行，是核心竞争力的重要体现。全行在董事会的领导下，价值取向明确，以客户为中心，为股东创造最大的价值。

2. 高效的业务管理流程

近年来，宁波银行实施了业务和管理流程的改革，不断致力于建立扁平化的管理体系和垂直条线管理模式，以加强管理、提高运营效率。而战略投资者新加坡华侨银行的引入，使宁波银行有了学习国外先进银行管理经验的直通窗口和交流平台。进一步整合业务和管理的运行体系，完善组织架构，加强条线管理，不断提升管理水平和市场竞争力。

3. 明确的目标市场定位

多年的经营实践，使宁波银行在市场上逐步形成了自身的经营特色和竞争优势。以“了解的市场，熟悉的客户”为基本市场准入原则，坚持“门当户对”的经营策略，强化以中小企业为主体的公司业务市场定位，同时积极拓展中高端个人业务，着力推动中间业务、资金业务的发展。

4. 缜密的风险控制体系

通过风险管理和内部控制流程再造，运用较为先进的风险控制工具，进一步完善风险管理的架构，建立了较为全面、独立和集中的风险管理和内部控制体系。从而确保宁波银行风险管理和内部控制的有效性。

5. 专业的人力资源团队

贯彻以人为本的理念，通过制度建设和环境塑造，吸引、培养、留住优秀人才，实现银行与员工的目标协调和共同发展，为银行创造价值。形成了一支具有较高综合素质、专业门类齐全、有较强竞争能力的员工队伍，以及良好的人力资源管理文化和机制。不断拓宽招聘渠道，完善招聘程序，建立了招聘高端人才的特殊渠道。与新加坡华侨银行合作，实施了“五年百人计划”。与台湾金融研修院合作创办宁波银行大学，为银行发展目标的顺利实现提供人才保障和智力支持。健全的考核激励机制和薪酬体系，有效激发了员工的积极性与创造性。

6. 先进的 IT 技术支撑

多年来，宁波银行牢固树立科技就是第一生产力的理念，在 IT 管理、应用架构、系统开发、生产运行、风险与安全管理等方面积累了宝贵的经验，形成了自己的核心科技优势。IT 体系架构不断优化，总体上划分为渠道应用层、客户信息及关系管理层、处理流程层、产品层、管理与风险控制层等五个层次。在渠道、产品、流程、风险管理和财务等业务领域建立了关键业务系统，为业务运营、对外服务和业务管理提供了有力的支撑。

7. 以人为本的企业文化

宁波银行一直以来十分注重企业文化建设，在不断的经营管理实践中逐步确立了“诚信敬业、合规高效、融合创新”的企业文化，塑造全行统一的价值观和经营理念，规范全行的经营行为。作为一家中外合资银行，要保持良好的开放性，营造宽容的、和谐的、奋发进取的环境，善于调动各级员工的积极性和创造性，善于融合吸收各类优秀人才、先进文化和经营理念、管理技术，不断地进行变革和创新，努力提升自身的竞争力。

雄关漫道真如铁，而今迈步从头越。面对新的竞争形势，自强不息的宁波银行人将一如既往地秉承“诚信敬业、合规高效、融合创新”的理念，以改革的精神、开放的心态、坚定的信念，努力把宁波银行打造成一家令人尊敬、具有良好口碑和核心竞争力的现代商业银行。

企业文化

1. 诚信敬业

信誉是银行的生命，信誉直接关系到银行的价值，诚信是本行的品格准线,也是员工最为基本的品格和职业操守,有三层要求,一是对银行的整体要求;二是对管理者、对每位员工个体的品格和人格的要求;三是对我们经营每项业务的道德要求。而敬业是各级员工的基本职业素养,要求我们以明确的目标选择、正确的价值观、积极的工作志趣、认真负责的态度,做好每一项工作。

2. 合规高效

是我们必须一以贯之、积极实践、矢志追求的经营作风和理念。我们经营管理的环节和过程、各项业务的开展首先必须确保依法合规、严谨精细、风险可控,在此基础上,确保各项业务高效运行、高效决策,同时追求最好的效果、取得最好的效益,为股东创造更好的回报。

3. 融合创新

是本行经营管理氛围和精神风貌的总体要求。有两层意思,对银行整体、对经营团队来说,作为一家中外合资银行,我们要保持良好的开放性,营造宽容的、和谐的、奋发进取的环境,善于调动各级员工的积极性和创造性,善于融合吸收各类优秀人才、先进文化和经营理念、管理技术,不断的进行变革和创新,努力提升自身的竞争力;对员工来说,相互间相融信任,善于协作,善于与不同的人一起和谐相处,友好共事,同时要善于学习、积极进取、不断创新。

诚信敬业是维护我行信誉、确保本行合规高效经营的基础,合规高效是对我行各项经营活动的要求,融合创新是我行寻求更快更好发展的动力。

公司治理

以股东大会、董事会、监事会、高级管理层为主体构成本行公司治理的基本架构。

董事会下设战略委员会、关联交易控制委员会、风险管理委员会、审计委员会、薪酬委员会、提名委员会。董事会现有董事18名,其中独立董事6名。

监事会下设审计委员会和提名委员会。监事会现有监事7名,其中员工监事3名,外部监事2名。

董事和监事尤其聘请的独立董事和外部监事具有专业知识和经验,是这些领域的优秀经营管理者/专家学者或者是高级管理人员。

董事会、监事会成员具备合理的专业结构和专业的工作经验,有效代表不同的投资和利益主体,又能很好的确保决策质量和监督水平。

各委员会切实履行工作职责,在制订和实施各专业委员会工作细则的基础上,发挥其监督、制衡和决策作用,使各项工作有章可循,规范运作。

主营业务

1. 经营范围

吸收公众存款;发放短期、中期和长期贷款;办理国内结算;办理票据贴现;发放金融债券;代理发行、代理兑付、承销政府债券;买卖政府债券;从事同业拆借;提供担保;代理收付款项及代理保险业务;提供保管箱服务;办理地方财政信用周转使用资金的委托贷款业务;外汇存款、贷款、汇款;外币兑换;国际结算,结汇、售汇;同业外汇拆借;外币票据的承兑和贴现;外汇担保;金融衍生产品交易;经中国人民银行和中国银行业监督管理委员会批准的其他业务。

2. 经营特色

完善的法人治理结构,保证经营团队全身心经营好企业;良好的股权结构,构成了健全的法人治理结构,保证经营团队全力以赴做好银行;作为宁波市一家具有独立法人资格的股份制商业银行,在经营决策方面具有较大的自主性,可以根据市场状况快速作出反应,具有决策快、服务效率高的突出优势,提高了在竞争中的环境适应性;实行管理层和员工持股,建立长期激励约束机制。

平安银行

企业概况

平安银行股份有限公司(简称:平安银行,股票简称:平安银行,股票代码:000001)是由原深圳发展银行股份有限公司以吸收合并原平安银行股份有限公司的方式完成两行整合并更名而来,是中国内地首家向公众发行股票并公开上市的全国性股份制商业银行,总部设于深圳。中国平安保险(集团)股份有限公司及其子公司合计持有平安银行股份约67.34亿股,约占平安银行总股本的59%,为平安银行的控股股东。

平安银行秉承"对外以客户为中心,对内以人为本"的理念,不断"变革、创新、发展",稳步推进战略转型,持续优化架构机制,以公司、零售、同业、投行"四轮"驱动业务发展,努力打造"专业化、集约化、综合金融、互联网金融"四大特色,努力走出了一条"不一样"的发展之路。

截至2014年6月底,平安银行资产总额21,364.75亿元,较年初增长12.94%;各项存款余额15,089.04亿元,较年初增长23.99%;各项贷款(含贴现)余额9,382.27亿元,较年初增幅10.73%;截至6月末,实现净利润100.72亿元,同比增长33.74%;准备前营业利润189.97亿元,同比增长52.02%;根据中国银监会《商业银行资本管理办法(试行)》,平安银行资本充足率、一级资本充足率、核心一级资本充足率分别为11.02%、8.73%、8.73%,满足监管标准。

截至2014年6月底,平安银行在全国47个城市拥有分行38家,各类网点566家,基本形成对东北、华北、华东、华南、中部、西南和西北地区的全面覆盖,并在香港设有代表处,与境内外众多国家和地区逾2000家银行建立了代理行关系。

在公司业务方面,平安银行持续构建"创新、效率、IT技术"三大优势竞争壁垒,充分发挥贸易融资业务的传统优势,深化创新导向的营销开发路径,促进业务健康平稳增长;以科技手段深度融合产业与金融,发展供应链金融优势,全面建设企业客户的互联网金融综合服务平台"橙e网";顺应实体经济电商化发展趋势,通过集团协同、同业联盟、商务联盟、政务联盟等,批量获客,引领公司业务互联网化发展;发挥离岸业务牌照优势,构建新型产品组合,延伸供应链金融末端到境外,为"走出去"企业及全球客户提供结算、融资等一条龙服务;在小企业业务方面,平安银行以产品多、效率高、服务优三大特色,为小企业客户提供各类融资、结算、汇兑、现金管理、理财等金融服务。创新推出的"贷贷平安"商务卡,为小微企业客户打造一个包括支付、结算、贷款、理财、保险等多种功能的综合金融平台,有效助力小微企业发展壮大。

在零售业务方面,2014年上半年,完成了零售大事业部改革第一阶段工作,成功搭建客户迁徙平台,重点提高了经营能力,突出综合金融特色;渠道建设步伐不断加快;财富客户数和客户资产稳健提升;信用卡、汽车金融、消费金融、私人银行业务持续稳健增长,着力打造不一样的平安银行。平安银行零售业务的核心竞争力主要体现在以下四方面:平安集团子公司以及银行内部量大质优的客户资源;"社区化、智能化、网络化、专业化"的平台网络资源；全牌照综合金融优势带来的产品和通道资源；专业化经营、授权化管理的事业部制管理模式。

在资金同业业务方面，平安银行在坚持严控风险的基础上，积极转变发展模式，创新产品和模式，调整业务结构，强化风险管理。"行 E 通"银银合作的重要平台于 2013 年 7 月正式上线，合作机构超百家，为进一步拓展稳定的同业负债来源打下了坚实的基础；依托黄金业务全牌照的优势，在业内首次推出"平安金"贵金属集群品牌，着力打造黄金特色银行，黄金交易、黄金寄售、黄金租赁等特色产品的市场影响力持续扩大。积极开展理财业务，理财产品线持续丰富，币种多样化，投资多元化，风险收益平衡化。

在投行业务方面，平安银行依托平安集团综合金融平台，以客户为中心，着眼货币市场、股票市场和债券市场，重点针对资源类、地产类、平台类、战略性新兴产业类、高端另类等行业领域，搭建高收益、低风险、风险可控、成本可控的投行产品线，与客户共成长。投行、资管、托管、综拓四大平台已形成一套良性运行的体系，运用行业事业部和产品事业部的协同合作，形成合力为客户提供投融资解决方案和全面服务。

平安银行不断完善公司治理结构，提升科学决策能力。积极引进现代企业人力资源管理方法，在国内率先建立了财会、信贷、稽核垂直管理体系，全面加强风险控制，资产质量保持良好。

平安银行积极履行和实践企业社会责任的价值标准和行为准则，坚持诚信合规经营，维护客户利益，为社会提供优质金融产品和服务，保障员工合法权益，注重环保，热心公益，努力回馈社会，争做一个合格的企业公民。

近两年，平安银行荣获了"最佳供应链金融服务银行"、"最佳中小企业银行"、"卓越竞争力财富管理银行"、"最具创新意识银行"、"年度股份制商业银行"、"最佳企业社会责任奖"、"中国最受尊敬中资银行"等荣誉。

未来，平安银行将坚定地沿着"五年规划"的战略方向，依托平安集团综合金融平台，以为客户提供一个客户、一个账户、多个产品、一站式服务的全方位综合金融服务体验为目标，打造综合金融的核心优势，顺应互联网时代的发展趋势，积极创新产品和业务模式，以差异化服务、稳健的经营、出色的绩效，为客户、员工、股东以及社会创造更大的价值！

企业荣誉

2013 年 5 月 16 日，平安银行在"财经网用户最喜爱的企业票选"中荣获"最佳中小企业银行"的称号。

2013 年 5 月 18 日，2012 年度"金牛理财产品"获奖名单"出炉"。凭借其卓越表现，平安银行荣膺"金牛理财银行"称号；其旗下"聚财宝"＊添利（保本）系列人民币理财产品（曾用名"聚财宝"卓越计划系列人民币理财产品）则摘得"金牛银行理财产品"大奖。

2013 年 6 月 20 日，由证券时报社主办的"2013 中国财富管理高峰论坛暨最佳财富管理机构颁奖盛典"在深圳隆重举行。凭借专业周到的理财服务，平安银行一举囊括"2013 年最佳财富管理机构评选"三项大奖，分别为"最佳固定收益类银行理财产品"、"最佳开放式银行理财产品"、"最佳短期限银行理财产品"。

2013 年 6 月 21 日，由中国社会科学院陆家嘴研究基地财富管理研究中心主办的"首届孚龙理财"颁奖典礼在上海香格里拉酒店举行。凭借专业周到的理财服务、创新的品牌宣传、不断提升的品牌影响力，平安银行荣获年度"最佳品牌营销奖"。

2013 年 6 月 26 日，由《21 世纪经济报道》主办的"2013 年 21 世纪资产管理年会暨第六届中国资产管理'金贝奖'颁奖典礼"在上海举行。平安银行现金管理业务以其"充分利用平安集团优势，首创平安综合金融平台服务机制"的业务模式荣获"2013 年最佳现金管理银行"。

2013 年 7 月 18 日，由新浪网主办的"2013 银行业发展论坛暨首届银行综合评选"在北京隆重举行。凭借创新多样、可信赖的理财产品，周到贴心的理财服务，平安银行荣获"最佳口碑理财产品"。

2013 年 11 月 8 日，《每日经济新闻》主办的"2013 中国小微金融高峰论坛"上，平安银行荣获小微金融商业银行排行榜之"小微金融优秀产品奖。"

2013 年 11 月 8 日，"第二届资本力量百强榜"颁奖典礼在上海举行。平安银行荣获"最佳社会责任上市公司"奖，董事会秘书李南青获"最佳董秘奖"。

2013 年 11 月 15 日，在由中国经营报社和中国社会科学院工业经济研究所联合主办的"第十一届中国企业竞争力年会——暨 2013（第五届）卓越竞争力金融机构评选"中，平安银行获得"2013 卓越竞争力品牌建设银行"、"2013 卓越竞争力移动金融银行"及"2013 卓越竞争力信用卡品牌银行"三项大奖。

2013 年 11 月 20 日，平安银行荣获经济观察报社主办的"中国卓越金融奖"中"2012－2013 年度中国卓越成长型银行"综合奖和"2012－2013 年度中国卓越汽车金融服务银行"。

2013 年 11 月 27 日，由南方都市报举办的赢销盛典活动中，平安银行荣获"年度卓越创新力大奖"。

2013 年 12 月 3 日，理财周报 2013 中国最受尊敬银行暨最佳零售银行终评结果出炉，平安银行获得了"2013 中国最受尊敬银行"、"2013 最佳信用卡"、"2013 中国最佳小微金融服务品牌"三个奖项。

2013 年 12 月 5 日，在由 21 世纪传媒举办的"21 世纪亚洲金融年会"暨"2013 亚洲银行/保险竞争力排名研究报告"发布仪式中，平安银行荣获"2013·年度金融创新潜力奖"。

2013 年 12 月 8 日，在第一财经年会·金融峰会（CFV）平安银行荣获——最佳创新发展银行、年度信用卡品牌两项大奖。

2013 年 12 月 10 日，由理财周报主办的以"创新·动力"为主题的"2013（第四届）中国汽车金融年会"召开，平安银行荣获"2013 年度最佳汽车金融创新银行"、"2013 年度中国最佳汽车金融服务银行"两项大奖，傅忠强总裁获得"2013 中国汽车金融杰出推动者"奖项。

2013 年 12 月 12 日，由证券时报主办的"科技引领未来——第十四届金融 IT 创新暨优秀财经网站评选"落下帷幕，平安口袋银行凭借众多个性化定制功能及其"智能、便捷"的操控体验荣获"2013 年度最佳手机银行"奖项。

2013 年 12 月 12 日，中国领先个人金融门户网站"我爱卡"的评选中，平安银行荣获"2013 年度最佳用卡安全奖"。

2013 年 12 月 13 日，《每日经济新闻》年度大型金融行业盛会——第四届金鼎奖论坛举办，平安银行获得"年度最佳口碑信用卡"奖项。

2013 年 12 月 16 日，由华夏时报和华夏理财联合主办的"2013 第七届机构投资者年会暨金蝉奖颁奖典礼"上，平安银行成功摘得"2013 最受小微企业信赖银行"以及"中国金融品牌影响力'金融七星'奖"双料大奖。

2013 年 12 月 19 日,21 世纪网举办"第二届领袖 50 上市公司评选活动",平安银行获得行业好公司奖项。

2013 年 12 月 20 日,东方财富网财经风云榜中,平安银行荣获 2013 年度财经风云榜银行类奖项:2013 年度最佳银行网站。

2013 年 12 月 20 日,腾讯主办的"2013 年中国互联网金融盛典"中,平安口袋银行 2.0 荣获"互联网金融年度产品"奖项。

2013 年 12 月 21 日,腾讯大粤网举办"2013 广东影响力网络盛典",平安银行获得最佳合作伙伴奖。

2013 年 12 月 27 日,由北京娱乐信报社主办的第五届首都金融服务创新大赛,平安银行信用卡荣获"2013 年最佳品牌策划奖"。

2014 年 1 月 9 日,金融界网站 2013 年"领航中国"金融行业评选中,平安银行荣获"2013 年最佳电子银行奖"、"2013 年最佳私人银行奖"、"2013 年最佳创新银行奖"。

2014 年 1 月 11 日,和讯网主办的第十一届中国财经风云榜暨"中国改革再出发"财经年会,平安银行荣获 2013 年度最佳财富管理品牌奖、2013 年度最佳银银合作银行奖。

2014 年 1 月 13 日,平安银行获得《理财师》杂志举办的中国财富管理(2013)年度"十大领驭奖"。

2014 年 1 月 15 日,由金融时报社主办、中国社科院金融研究所联合举办的"2013 中国金融机构金牌榜金龙奖"评选活动中,平安银行荣获"年度最佳营销银行"奖项。

2014 年 1 月 17 日,新华社及旗下社办媒体连续六年举办"中国企业社会责任年会",平安银行获"2013 年度中国企业社会责任杰出企业奖"。

齐鲁银行

齐鲁银行成立于 1996 年 6 月,是全国首批设立的城市商业银行,也是山东省首家、全国第 4 家与外资银行实现战略合作的城商行,是全国城商行工作委员会常委单位。

企业概况

1. 栉风沐雨砺发展

乘金融改革风潮,齐鲁银行三易其名,从"济南城市合作银行——济南市商业银行——齐鲁银行",历经"做实风险防控、改革组织机构、有效提升管理、转型接轨新金融"风雨考验与躬身实践,以"全心全意服务小微企业和社区居民"为宗旨,逐渐发展为一家社会关注、客户认可、价值提升的现代金融企业。截至 2014 年末,总资产 1222 亿元,存款 1002 亿元,实现经营利润 20 亿元。

齐鲁银行秉承"根植济南、立足山东"的发展理念,机构拓建和区域影响力持续增强,辖有天津、青岛、聊城、泰安、德州 5 家分行。2004 年与澳大利亚四大银行之一——澳洲联邦银行(CBA)实现战略合作,发起成立了章丘齐鲁村镇银行,对外投资济宁银行和德州银行两家城商行,是济宁银行的战略投资者,全行网点数 102 家,在岗员工 2700 余人,平均年龄 32 岁,是一家富有朝气和活力的成长型中小金融机构。全行陆续搭建了"银企家园"、"泉家福"、"小快通"、"泉心 e"等业务品牌,继"银企家园"荣获"首届中国地方金融十佳特色产品奖"、"齐鲁金万通"在第二届服务中小企业及三农双十佳金融产品评选活动中荣获"服务中小企业及三农十佳特色产品奖"后,"协会(商会)担保池业务"获得山东省现代化管理创新二等奖,"泉心 e"网上银行凭借良好的客户体验和客户签约数量的快速增长,赢得"2013 年区域性商业银行最佳网上银行业务拓展奖"。

2. 服务小微开新篇

服务小微,服务实体经济,做出特色,体现担当。齐鲁银行引进德国储蓄银行微贷技术,给予中小、小微企业最优质便捷的服务。2013 年成立小微企业金融中心,开发创业贷、经营贷、季节贷、灵活贷等专属信贷产品,对济南服装市场、茶叶市场、汽配市场、水产市场等小微企业集群地开展批量金融服务。以中小企业客户需求为出发点,相继推出了担保池、1 + N 联贷通、诚信贷、市场园区社团组织整体授信、劳动密集型小企业贴息贷款、工程机械车贷款、订单融资等新型业务。设立"科技金融特色支行",致力打造科技金融服务品牌,开展了知识产权质押融资,有效支持中小型知识密集型企业创业展业。根据供应链企业的特点,开发了订单融资、商票保贴等供应链金融产品,针对客户结算特点开发了 POS 商户贷款、法人账户透支等业务。积极创新服务模式,发起成立了以银行和中小企业为主体的民间组织——济南市银企协会,"鼓励轻松创业,支持做大做强;银企互利共赢,壮大地方经济",得到了企业家的积极响应与广泛参与,拥有 1000 多家会员。

3. 社区银行在身旁

"最后一公里"是齐鲁银行提出发展社区银行业务、打造"大零售"银行的发展目标并付诸实践。明确了"向社区银行业务转型,向小微企业金融服务转型,向小型化、智能化、便民化网点转型",为广大客户提供近在"家门口"的贴心服务,成为"您身边的好邻居"。以"大零售"转型为契机,齐鲁银行积极打造社区居民的金融管家,将服务网络延伸至居民家门口。2013 年 5 月 31 日,齐鲁银行成立了山东省首家金融便利店,人工服务延长至夜晚 9 点,成为夜空下一道亮丽的风景线。以 220 万零售客户为基础,齐鲁银行将水、电、暖、气等十余项公共事业服务、养老金代扣代发业务实现一站式缴费服务,成为全省居民基础生活代理业务量最多、项目最全的银行。积极响应广大客户的金融服务需求,推出了齐鲁卡自动理财、存款利率上浮、网上银行、手机银行、网上商城、支付宝快捷支付等一系列惠民便民的产品和服务。并针对高净值客户,推出了齐鲁贵宾卡、白金卡、专属定制理财等产品,客户规模不断扩大,品牌影响力持续提升。

4. 泉心理财涌佳绩

"泉心理财"系列产品,整合金融投资、财富管理、渠道服务,具有投资稳健、团队专业、品种多样、期限灵活等特点。投行业务通过加强与同业机构的合作,为客户搭建便捷的非信贷融资渠道,提供了类别丰富、收益丰厚的金融投资产品。实物黄金产品作为特殊的金融产品,丰富了理财服务项目,为客户资产保值增值提供更多选择。除传统的纸质票据外,齐鲁银行为企业客户提供电子票据服务,具有安全防伪、便捷高效等特点。国内权威金融理财市场服务机构"普益财富"发布 2013 年第 4 季度《银行理财能力排名报告》,齐鲁银行综合理财能力再创佳绩,综合排名位列全国城商行第 7 位、山东省第 1 位,在风控能力、理财服务丰富性、信息披露规范方面表现瞩目。

5. 电子银行"泉心 e"

电子银行品牌"泉心 e",涵盖网上银行(ebank. qlbchina. com)、手机银行(wap. qlbchina. com)、电话银行(40060 - 96588)、微信银行、短信服务、自助银行、网上支付、自助开卡等电子交易渠道体系，突破了时间、空间的限制，实现了“3A”式全天候服务，为持卡客户提供了便捷、高效的24小时不间断自助服务。成功开通了银联在线支付服务，与支付宝、财付通等多家第三方支付机构建立快捷支付业务合作关系。紧跟金融互联网和移动支付业务的浪潮，积极推进移动营销平台、远程视频银行建设，切入新世代和新族群的小众呼应，全心全意成就客户需求。

6. 国际业务通全球

作为山东省首家开办国际业务、首家获得跨境贸易人民币结算资格的银行，以高起点规划经营国际业务，积极推进本外币一体化经营管理，大力支持区域内外向型企业，致力于成为“您身边的国际业务专家”，打造了跨境人民币、国际结算、贸易融资、外汇资金、代理行服务等完善的业务体系。自2002年开办国际业务以来，发挥自身优势，在多家境外知名银行开立账户，加快收汇速度，确保资金安全，与全球100多个国家和地区的10,000多家银行建立了代理行关系，形成多地区、多层次、多币种的代理行通汇关系和账户清算网络。积极推行分支机构分散受理、总行集中审核处理的“单证中心”业务处理模式，为客户提供更加便捷、专业的国际结算业务服务。不断丰富和完善国际业务产品线，先后推出了“齐鲁泉汇通”和“齐鲁泉智结”两大国际业务品牌。“齐鲁泉汇通”着力解决中小企业国际贸易融资问题，涵盖了多种国际贸易融资产品和产品组合；“齐鲁泉智结”以全面的结算方式，灵活快速的结算效率，为中小外贸企业提供快捷、安全、专业的一站式全方位国际结算服务。

7. 合规体系创价值

发展中的风雨使我们学会了稳健，经营中的挫折使我们懂得了防范。齐鲁银行强化内部治理，全面完善风险管理，从机制、制度、流程、技术、人员等全方位提升风险管理水平。强化全面风险管理，全面搭建起“总行—分行（管辖行）—支行”的三级管理架构，通过在管辖行配备专管营销、运营的副行长，实行风险总监总行派驻制，推行会计主管委派制，实行客户经理、风险经理平行作业等方式，增加了风险防控的层级，强化了对风险的集中管控，增强了内控能力。借助内外部检查，搭建了“三内三外”、“一防一控”的立体化风控体系。以内部专项检查、重点领域排查、内部审计和外部银监局、人民银行、审计机构的监督检查为手段，全面的内部控制体系为依托，严抓案件防控，形成立体化风险防控体系。开发上线信贷风险监控系统、押品管理系统、风险预警系统、审计管理系统等系统，持续提升技防能力。有效运用小企业现金流、大中企业财务趋势、账户冻结预警系统，及时锁定，快速化解风险隐患。通过分层培训、加大风险条线人员配置、严格问责机制、全面落实岗位交流轮换制度和“四眼原则”等方式，持续提升员工素质，培育正向风险文化。在严格的问责震慑下，员工风险意识、合规意识显著增强，制度执行力普遍提高，业务合规性取得较大进步，合规经营的文化逐步形成。

8. 育才文化展舞台

力行“为才搭台、育才提升”的做法，在人员引进和培养上，广开思路差异化招聘，采取校园招聘、专业招聘等方式多渠道、全方位、有针对性地补充人员缺口，探索建立管培生制度。以“任人唯贤、德才兼备”为标准，坚持“公平、公正、公开、透明”的选人用人机制，聘请外部评委参与用人选拔，启用能力强、素质高、踏实敬业、有思路、有干劲、有担当员工担任重要岗位，通过选人用人方式的科学转变，优化了人员的结构配置，搭建了各层次的人员发展平台。优化薪酬体系，建立收入与贡献度相匹配、不同序列有序区别、在同业具有竞争力的薪酬体系，做到薪酬留人。开展优才计划，强化柜员团队建设，开展“寓赛于训”的培训模式，组织营业室主任突击换岗，找问题、促管理，提升管理水平。以赛促学，举办柜面业务知识竞赛，激发条线活力，提升柜员业务学习能力。创建业务专家团队、飞行检查团队和服务内训师团队，精心打造三支业务精英团队，培育柜员层级积极向上文化氛围。在2012年济南市支付清算知识竞赛中荣获二等奖，在2013年山东省首届支付清算杯知识竞赛中荣获三等奖，包揽2013年山东省反洗钱知识竞赛团体和个人一等奖。

9. 蓝图绘就新起点

泉，甘甜水也，济南象征，泉融万家，带来甘甜的美好寓意。齐鲁银行始终以客户为中心，紧随外部环境的发展变化，走外延和内涵并举的特色经营之路。

一个核心目标——做大做强齐鲁银行；

两条工作主线——“突破发展”和“战略转型”；

三个能力提升——提升风险管控能力、信息科技服务能力、人力资源管理能力；

四项战略特色——放大营销能力、放大法人功能、加大市场粘度、发挥省会优势；

五个转变——业务管理模式由部门银行向流程银行转变；

资本配置模式由信贷计划主导向经济资本预算管理模式转变；

服务渠道从物理网点为主向物理网点与电子渠道相结合，多渠道功能互补、协调联动转变；

盈利模式由主要依靠存贷利差向收入结构多元化转变；

网点由传统的业务操作型向以服务、营销为主的零售营销服务型转变。

齐鲁银行以齐鲁为本土、以济南为主战场，实现业务覆盖全省，网点覆盖山东重点城市，并向更广阔资本市场挺近，成长为资产优质、管理精细、经营高效、品牌形象最佳、在省内最具影响力城商行。

齐鲁银行，在您身旁。

青岛银行

企业概况

1996年11月，经中国人民银行批准，青岛银行作为我国首批设立的城市商业银行之一，在美丽的黄海之滨、中国品牌之都青岛成立，是山东省资产规模最大的城市商业银行。

肩负探索地方金融改革发展、推动地方区域经济发展的历史使命，从青岛城市合作银行—青岛市商业银行——青岛银行，历经“逆境中求生存、调整中求发展”的涅磐新生，特别是2010年以来以“达到上市银行的规范和标准”为发展目标，青岛银行坚持改革创新，坚守风险底线，加强管理，加快发展，逐步成长为治理完善、运营平稳、指标良好、核心竞争力不断提升的现代金融企业。

自2001年海尔集团入股至今，青岛银行开展多轮增资扩股，积极引入国内外优秀投资者，并以此为契机不断完善股权结构和公司治理机制。截至2014年末，总股本为25.56亿股，总资产为1561.63亿元。按照总资产计算，青岛银行2014年入围英国《银行家》杂志（*The Banker*）世界银行500强，位居474位。

伴随青岛市及山东省经济的快速发展，在广大客户和社会各界的关心支持下，青岛银行保持了快速健康的良好发展势头，经营规模不断壮大，经济效益持续提升，资产质量稳步改善。截至2014年末，各项存款1,044亿元，各项贷款余额630亿元。

根据本行制定的跨区域发展战略，青岛银行稳步拓展经营网络，由一家城市商业银行成长为具有一定竞争优势和影响力的区域性商业银行。目前已在青岛、济南、东营、威海、淄博、德州、枣庄、烟台等八城市设立79家分支机构，65家自助银行，358台自助设备，员工2500余人。本行在全国城市商业银行中率先（2011年3月）成立私人银行暨财富中心，为高净值客户提供公私一体、投融资一体、境内外一体的专业性、创新性和专属性的金融服务。本行建立了网上银行（www.qdccb.com）、电话银行"400－66－96588（全国）"和"95588"（青岛）、短信通等多种便捷、优惠的服务渠道，与全球各国家和地区的580多家银行机构建立了代理行关系，为客户提供优质高效的金融服务。

青岛银行牢牢把握地方经济发展脉搏，充分发挥自主、灵活、快捷和本土化的特点，积极探索经营管理改革创新之路，在竞争激烈的银行业中持续快速成长，逐步脱颖而出。在经营管理上，开展"今天我发现"、"本周我巡视"、"每月我总结"管理创新活动，通过每天由全行员工提出建议和意见、每周由行领导带队巡视一线、每月由各单位负责人总结工作做出计划，极大地提升了基础管理水平；大力倡导"领导关爱员工、总行关爱一线"的文化理念，开展关爱、服务、风险、执行力等主题文化建设，有效激发全行发展活力，增强全行发展合力；启动"归巢计划"、"伯乐计划"、"蜡烛计划"等员工队伍建设计划，鼓励全行人员为青岛银行发现人才、推荐人才、培养人才；推出虚拟支行、内控评审、"五个三工程"等特色风控管理模式，多年来无案件发生，2007年以来监管评级连续多年为二级（国内最好水平）；建立完善大堂经理、理财经理、财富管理三大服务团队，推广"两头站立、五声服务、双手接递"三大标准服务，实施"技能练兵＋持证上岗"两层考核模式，引进一流专家提供"1＋1＋N"增值服务，形成了"无处不在的人文关怀"网络，努力为客户提供"温馨加放心"的优质金融服务。在产品创新上，持续推出让利于民、服务客户、服务本地举措，率先执行存款基准利率上浮10%政策，积极推广结构性订单融资、关保通、链式金融等贸易融资业务，与青岛科技局合作推出以创新型中小企业为主要服务对象的科技金融服务模式，与青岛团市委合作推出支持青年就业创业贷款"青易贷"业务，根据文化创意企业实际情况提供方便、快捷、一站式服务及金融支持，与青岛市红十字会联合推出公益银行卡品牌"金桥微尘卡"，独家承办下岗失业人员担保贷款，针对"三农"相继推出养殖户担保贷款、渔船抵押贷款、种植户担保贷款等，做信贷"及时雨"解资金"旱情"，先后投入数千亿信贷资金，支持居民购房、就业、创业，推动地方经济社会发展。

产品是船，品牌是帆。青岛银行高度重视品牌建设，开展的系列品牌活动以其有声有色、富有成效而广受社会各界关注。2010年，青岛银行实施了VI换标，以红色为主、蓝色为辅的新品牌标识简洁典雅惹人瞩目，热情亲和的新型服务理念有效传递了青岛银行品牌的全新定位。2012年，凭借日益提升的服务水平和社会影响，青岛银行成为2014青岛世界园艺博览会唯一合作银行，并在国内率先推出绿色环保三题金融IC卡。通过冠名2012亚洲羽毛球锦标赛、连续冠名青岛国际啤酒节等世界级赛会平台，有效地提升了品牌影响力。同时加强知识产权管理，申请注册注册、推出"贸金通"、"青易贷"、"E智青银"、"海贷"个人贷款、"海融财富"、"青馨服务"等系列业务品牌。

合则两利，和则共赢。青岛银行积极加入各类金融组织，加强与同业开展各类合作，目前为中国国债协会、中国银行间市场交易商协会、中国支付清算协会会员，亚洲金融合作联盟、中国金融思想政治研究会、山东省企业联合会理事单位，青岛市银行业协会会长单位。为发挥法人银行优势，青岛银行自2012年以来开始探索实践"接口银行"发展模式，积极与国内外商业银行、保险公司、证券公司等金融机构开展各类金融合作。

青岛银行在近年复杂严峻形势下的优异表现，赢得了社会各界的广泛赞誉，获得了中国银监会"银行业信息科技风险管理研究成果奖"（唯一获奖城商行）、第十八届全国企业管理现代化创新成果二等奖、金龙奖"年度最具创新力中小银行"、金蝉奖"最佳管理创新银行"、金钻奖"最佳城市商业银行"奖项等众多奖项，并荣膺世界银行1000强（474位）、亚洲银行300强（239位）、中国服务业企业500强。

随着山东半岛蓝色经济区建设上升为国家战略，蓬勃奔涌的蓝色经济大潮为青岛银行未来的发展创造了崭新的机遇，作为走向全国的总行级法人银行，青岛银行正在努力以服务山东半岛蓝色经济区发展为方向，打造特色鲜明的"蓝色银行"。

"温馨加放心，我们更努力"。未来，青岛银行将以合规立行、专业治行、创新兴行、科技强行为方针，完善公司治理，优化管理流程，突出经营特色，提升客户体验，打造优势品牌，实现科学、稳健发展，为股东和利益相关者创造最大价值，促进经济发展和社会进步，争取成为支撑山东半岛蓝色经济区发展的主要银行和服务温馨、风管坚实、科技卓越的特色银行。

2014企业荣誉

1月24日，我行再度荣获"青岛市2013年度纳税50强"称号，本地纳税总额排名岛城企业第15位。

2月13日，我行工会连续6年获得"青岛市工会工作优秀单位"荣誉称号。

2月，我行客服中心再获2013中国金融业客服中心评发的"运营管理标杆团队奖"、"呼入运营班组长标杆奖"、"呼入座席员标杆奖"三项荣誉。

2月27日，我行荣获第五届网银联盟大会"企业网银最佳产品创新奖"。

3月，我行连续五年获评青岛市金融机构"年度反洗钱工作A级银行"。

3月，团市委授予我行团委"青岛市红旗团委"荣誉称号。

3月，我行在贸易金融杂志与中国贸易金融网联合主办的"2013年度中国外经贸企业最信赖的金融服务商评选"活动中，荣获"最佳贸易金融成长银行"奖项。

3月25日，我行荣获青岛银监局"2013年度青岛银行业小微企业金融服务先进单位"称号。

3月，胶南支行被山东省妇女联合会评为"2013年度山东省巾帼文明岗"。

4月，南京路支行被中华全国总工会授予"全国工人先锋号"荣誉称号。

4月，共青团山东省委授予五四广场支行"山东省五四红旗团支部"。

5月，在人民银行青岛中心支行组织的2014年度金融机构重大事项报告管理专业能力测试中，我行再度夺魁。

5 月，我行荣获人民银行青岛市中心支行“2013 年青岛市金融机构信息交流工作先进单位一等奖”。

5 月，共青团青岛市委授予即墨支行“青岛市五四红旗团支部”、陈蒙“青岛市优秀共青团干部”、毕恩杰“青岛市模范共青团员”称号。

6 月，在人民银行青岛市中心支行对 2013 年度全市银行业金融机构开展的综合评价工作中，我行再获“A”级单位。

8 月 19 日，五四广场支行荣获 2013—2014 年度青岛市银行业“青年文明号”。

9 月，我行即墨支行获“青岛市职工职业道德建设先进单位”、延安三路支行陈蒙同志获“青岛市职工职业道德建设先进个人”荣誉称号。

12 月 3 日，我行《基于业务服务模型的实践之多渠道协作平台》、《中小银行业务连续性管理可视化、智能化的研究与实践》两项课题分别获中国银监会“银行业信息科技风险管理研究”三类和四类研究成果，是唯一获得两项成果奖的城市商业银行。

12 月 3 日，我行在“2014 电子银行金榜奖”评选活动中荣获“2014 年区域性商业银行最佳手机银行安全奖”。

12 月 26 日，我行第四次荣获金融时报颁发的“金龙奖—年度最佳零售业务中小银行”奖项。

12 月，济南分行营业部、东海西路第一支行、香港中路第二支行荣获“2014 年度中国银行业文明规范服务千佳示范单位”和“2014 年度中国银行业文明规范服务五星级营业网点”；济南济泺路支行获得山东省银行业文明规范服务示范单位；胶南珠海东路支行、香港中路第二支行、东海西路第一支行、麦岛支行、胶州支行、南京路支行荣获“2014 年度青岛市银行业文明规范服务示范单位”荣誉称号。

联系方式

地址：青岛市香港中路 68 号华普大厦
电话：96588（青岛）400 - 66 - 96588（全国）
邮编：266071
邮箱：fuwu@ qdbankchina. com

日照银行

企业概况

日照银行的前身是日照市商业银行，成立于 2000 年 12 月 28 日，是一家由国有股份、企业法人股份及自然人股份共同组成的具有独立法人资格的股份制商业银行。2004 年实现本外币一体化经营，与世界上 80 多个国家和地区的 550 家银行建立了代理行关系。2006 年引进南京银行为战略投资者，成为全国城商行之间战略合作的首例。2009 年更名为日照银行，先后在青岛、济南、临沂、潍坊设立了 4 处分行，在海南三亚、陵水和山东济宁发起设立了 3 家村镇银行。现辖 4 处分行、38 处支行、1 个营业部、1 个小企业信贷中心、16 个部室，注册资本 24.98 亿元，从业人员 1198 名，是全国银行间同业拆借中心、中国外汇交易中心、全国债券交易市场、中国国债协会、全国城市商业银行资金清算中心、中国现代化支付系统、中国银联、环球银行间金融电讯协会、中小银行贸易金融联合会、山东省城市商业银行合作联盟的成员。

日照银行成立以来，围绕“打造精品银行，成就百年老店”的企业愿景，坚持“公平、法正、抓实”的核心价值观，恪守“质量为本、稳健经营、不求做大、但求做精”的经营理念，树立“立足地方经济、支持中小企业、服务广大市民”的市场定位，塑造了“中小企业银行”“市民自己的银行”“货币市场特色银行”“物流银行”“社区银行”五大品牌，实现了由小到大、由弱到强、由地方性银行到区域性银行的成功跨越。13 年资产规模增长了 51 倍，累计投放信贷资金 7559 亿元，实现利润 64 亿元，上缴税金 27 亿元。截至 2013 年末，资产总额 642 亿元，贷款余额 313 亿元；存款余额 508 亿元，在日照地区市场份额居同业第一位；2013 年实现利润 14.5 亿元、税金 6 亿元；各项监管指标达到监管要求，其中资本充足率 13.32%，资产利润率 1.99%，资本利润率 23.76%，不良贷款率 0.97%，贷款损失准备充足率 335%。

日照银行连续六年监管评级保持二级，连续七年在《银行家》全国城商行竞争力排名中列所在类别前五位；入围世界银行 1000 强；被国家及省级有关媒体评为中国最具影响力中小银行、最佳中型城市商业银行、最佳效益中小银行、中国金融业年度创新奖、最具发展潜力中小银行、年度最佳风控中小银行、全国支持中小企业发展十佳银行、新中国 60 年山东百佳领袖品牌；先后获得全国职工职业道德建设先进单位、全国企业文化建设先进单位、全国模范劳动关系和谐企业、全国模范职工之家、全国企业文化建设百佳企业、中国银行业文明规范服务千佳示范单位（总行营业部），省级文明单位、服务业先进单位、小企业金融服务先进单位、富民兴鲁劳动奖状、内部审计先进单位、热心慈善事业先进单位、山东优秀企业文化品牌，市级先进基层党组织、功勋企业、纳税先进企业、企业文化建设十佳企业、市长质量奖等 100 余项荣誉称号。

联系方式

地址：日照市烟台路 197 号
邮编：276826
电话：0633 - 96588（日照）（0086）400 - 68 - 96588（全国）
传真：0633 - 8781479
E - mail：master@ bankofrizhao. com. cn

上海浦东发展银行

企业概况

上海浦东发展银行股份有限公司（以下简称：浦发银行）是 1992 年 8 月 28 日经中国人民银行批准设立、1993 年 1 月 9 日开业、1999 年在上海证券交易所挂牌上市（股票交易代码：600000）的全国性股份制商业银行，总行设在上海。目前，注册资本金 186.53 亿元。良好的业绩、诚信的声誉，使浦发银行成为中国证券市场中备受关注和尊敬的上市公司。

秉承“笃守诚信，创造卓越”的核心价值观，浦发银行积极探索金融创新，资产规模持续扩大，经营实力不断增强。至 2014 年 9 月末，公司总资产规模达 39,566 亿元，各项贷款余额 19,717 亿元，各项存款余额 26,886 亿元，2014 年上半年实现归属于上市公司股东的净利润 347.99 亿元。目前，浦发银行已在全国设立了 40 家一级分行、逾 991 家营业机构，拥有超过 3.9 万名员工，架构起全国性商业银行的经营服务格局。近年来，浦发银行加快国际化、综合化经营发展，以香港分行开业、伦敦代表处成立为标志，迈出国际化经营的实质性步伐，以投资设立浦发村镇银行、浦银金融租赁有限公司、浦发硅谷银行等机构为标志，积极推进综合化经营。

上市以来，浦发银行连续多年被《亚洲周刊》评为“中国上市公司100强”。2012年8月，穆迪投资者服务公司（穆迪）发布浦发银行信用评级报告，本外币长期银行存款评级为Baa3，本外币短期银行存款评级为Prime－3，财务实力评级维持在D（对应的基础信用评估为Ba2），所有评级的展望均为稳定。2013年4月，《福布斯》杂志发布全球企业2000强榜单，浦发银行居榜单第125位，居上榜中资企业第13位，上榜中资银行第8位；同年10月，浦发银行以147.91亿元人民币的品牌价值，位列“2013最佳中国品牌价值排行榜”第15位，以及同类型股份制商业银行第2位。2014年6月，英国《银行家》杂志发布世界银行1000强排名，根据核心资本，浦发银行排名全球第44位，位居上榜中资银行第8位；同时，浦发银行标普评级：长期信用评级“BBB＋”、短期信用评级“A－2”、长期大中华区信用体系评级“cnA＋”、以及短期大中华区信用体系评级“cnA－1”；7月，美国《财富》杂志发布财富世界500强排行，浦发银行位列第383位，居上榜中资企业第81位和上榜中资银行第9位，表现出良好的综合竞争优势。

深耕金融服务的同时，浦发银行积极践行社会责任，致力于打造优秀企业公民。2012年7月，RepuTex（崇德）发布“恒生内地上市公司可持续发展指数十强”，浦发银行位居第3位，可持续发展评级A；2014年3月，润灵环球责任评级与安永联合发布“第五届A股上市公司社会责任报告评级”，浦发银行作为AA级企业入选排名第7位，居同类型股份制商业银行第1位；2014年6月浦发银行获评中国银行业协会“2013年度最佳绿色金融奖”。

浦发银行将继续推进金融创新，因势而变、顺势而为、乘势而上，以“新思维，心服务”为指引，努力建设成为具有核心竞争优势的现代金融服务企业。

社会责任

（一）浦发银行的社会责任观

通过对股东、客户、员工、商业伙伴、社区、自然资源、环境等利益相关者承担责任和义务，维护和增进社会利益，实现企业和社会协调发展。

（二）浦发银行社会责任观的价值体系

“行之以礼，出之以仁，成之以信，守之以诚”是本行承担社会责任的文化内涵。

“奉献社会，服务大众，协同发展，共建和谐”是本行承担社会责任的行动目标。

（三）浦发银行对利益相关者的责任定位

我们对股东承担价值最大化、可持续发展的责任。

我们对客户承担提供优质服务、实现共同成长的责任。

我们对商务伙伴（供应商、销售商和消费者）承担诚信交易、共赢发展的责任。

我们对社区、政府承担推动社会公平正义、和谐有序的责任。

我们对员工承担关注成长、提升价值的责任。

我们对环境承担促进环保、建立节约型社会的责任。

（四）浦发银行社会责任的行动准则

在“笃守诚信、创造卓越”的立行宗旨下，为充分履行社会责任，我们奉守以下准则：

1.依法合规、稳健经营。这是本行开展一切经营活动的准则。

2.以人为本、价值统一。这是本行实现社会价值、股东价值、员工价值相统一的精神内核。

3.客户导向、尽心服务。这是本行以客户为中心的服务理念。

4.提倡节约、支持环保。这是本行推动建设节约型社会、促进可持续发展的准则。

5.充满爱心、融入激情。这是本行员工奉献社会的准则。

上海银行

企业概况

上海银行成立于1995年12月29日，是一家由国有股份、中资法人股份、外资股份及个人股份共同组成的股份制商业银行，总行设在上海。

上海银行成立以来稳健经营，规范管理，以“精诚至上，信义立行”为企业核心理念，以“精品银行”为发展愿景，以“总体形成特色、区域兼顾差异、局部突显亮点”为经营指导思想，不断加快差异化发展步伐，走特色化发展道路。依据自身市场定位形成了“中小企业综合金融服务”、“城市居民财富管理和养老金融服务”、“金融市场交易服务”以及打造“横跨‘两岸三地’最佳金融服务平台”等特色定位。

目前，上海银行在上海、宁波、南京、杭州、天津、成都、深圳、北京、苏州、无锡、绍兴等地共拥有分支机构和营业网点311个，设有自助银行209个，布放自助服务类终端设备2,157台，初步形成了覆盖长三角、环渤海、珠三角、中西部重点城市的网络布局框架。此外，上海银行还发起设立了闵行上银村镇银行、衢江上银村镇银行、江苏江宁上银村镇银行和崇州上银村镇银行；发起成立了上银基金管理公司；在香港地区设立了上海银行（香港）有限公司；与全球130多个国家和地区1,600多家境内外银行及其分支机构建立了代理行关系。

近年来，上海银行市场竞争力和影响力不断提高，在英国《银行家》全球前1,000家银行中排名持续提升，2013年位列全球银行业第158位。多次被《亚洲银行家》杂志评为“中国最佳城市零售银行”，并先后荣获“上海市著名商标”、“小企业优秀客户服务银行”、“全国再就业先进单位”、“全国银行间市场优秀交易成员”、“全国敬老模范单位”、“最佳企业形象奖”、“银团贷款最佳机构奖”等荣誉称号。

截至2013年末，上海银行资产总额9,777亿元；存款总额6,260亿元，贷款总额4,415亿元；拨备覆盖率290.36%。

经营特色

1.推进区域经济发展

上海银行依托并服务于地方经济，加强与各级政府部门的沟通协调、深化银政合作关系，共同推进区域经济发展。上海银行积极参与上海世博会、大虹桥建设、轨道交通建设、迪斯尼项目、宁波港口开发、天津滨海新区建设、成都灾后重建、保障性住房开发建设、医疗卫生改革等基础设施建设项目和改善民生项目，为相关项目提供融资、咨询、项目监管等各项服务。同时，根据国家产业振兴规划和相关调控政策的要求，积极支持先进制造业、现代服务业、其他战略新兴产业、文化产业等具有区域优势的行业和企业，为地方经济产业结构的调整和转型提供金融服务。

2.中小企业综合金融服务

上海银行以灵活的机制、高效的服务、丰富的产品，致力于为广大中小企业提供综合金融服务。通过不断丰富的小企业基础融资类、科技金融类、文化金融类、绿色金融类等系列产品，根据企业不同成长阶段、行业属性、经营规模和信用资源等，为中小企业提供专业的融资服务。在此基础上，通过资源整合和服务平台搭建，我行为中小企业提供包括投行业务、现金管理、公司理财、企业经营者个人金融服务等在内的全方位综合金融服务。上海银行拥有约200人的小企业专职客户经理队伍，为中小企业创建专享的快捷服务渠道，全力以赴为中小企业客户提供专业、高效金融服务体验。

3. 两岸三地金融服务平台

上海银行聚焦两岸三地日益紧密的经贸合作，在总行设立港台业务部，以专业的服务团队、专属的服务平台和不断创新的产品与服务，鼎立支持港台企业开拓内地事业，并致力于为境内外企业跨越三地投资、经营及贸易提供专业化、个性化的综合金融服务。上海银行与上海商业银行（香港）、上海商业储蓄银行（台湾）合作，“以客户为中心”创建了三地联动服务模式，整合三地资源，为客户度身定制最佳金融服务方案。无论客户身处何地，都能享受“三地上银，一心为您”的贴心服务。

4. 城市居民的财富管理专家

上海银行持续完善客户分层服务体系，形成了高、中、低不同层面的个性化理财服务，并通过私人银行与财富管理中心、慧通理财中心、慧通理财专柜为不同需求的客户提供专属服务；不断丰富理财产品线，推出“慧金”个人贵金属业务，形成“慧财”家族点滴成金、金鑫、白金、养老无忧、日新月溢、易精灵贵宾专属等九大系列理财产品线，满足客户不同期限、不同币种、不同风险层次的资产配置需要；着力夯实专业化队伍，拥有一支500余人的持金融理财师（AFP）、国际金融理财师（CFP）、注册财务策划师（RFP）等资质的专业理财队伍，为高端客户量身定制提供全面的投资需求分析与理财规划方案建议。

5. 养老金融服务专家

上海银行是上海最早两家养老金代发行之一，在为老服务方面积累了逾15年的丰富经验，拥有了150万的庞大养老客群。在长期为老服务过程中，上海银行凭借优质的养老金融服务获得了社会各界的高度认可，是全国唯一荣获“上海市十佳敬老楷模单位”和“全国敬老模范单位”的商业银行。目前上海银行积极培育养老金融服务特色，并致力于成为“养老金融服务专家”，重点围绕整合与构建符合养老客户细分需求，覆盖养生、医疗、文化、旅游在内的增值服务平台，完善与创新养老专属金融产品，巩固与发展多渠道的便捷养老基础金融服务，塑造“思老、惠老、安老”的尊老服务文化等方面加快发展，努力培育内涵丰富、品质优良的养老服务特色。

6. 金融市场领先交易服务商

本着“诚实守信、平等互利”的原则，上海银行广泛涉足于银行间货币市场、债券市场、衍生品市场、票据市场、外汇市场和黄金市场等新兴金融市场领域，并以强大的资金实力、稳健的经营理念和科学的运作管理赢得了市场的认可。作为银行间债券市场的首批成员之一、公开市场一级交易商和财政部、国家开发银行等主要债券发行机构的承销团成员，上海银行债券交易量排名连续多年位居全国前列，并首批获得银行间债券市场做市商资格、上海银行间同业拆放利率（SHIBOR）报价团成员资格和全国银行间债券市场债券借贷业务资格。上海银行还有非金融企业债务融资工具承销资格，上海黄金交易所108家创始会员之一，拥有包括自营黄金交易、代理黄（铂）金交易、同业黄金拆借和黄金租赁等业务资格，连续多年获得上海黄金交易所优秀交易会员称号。

企业文化

愿景：成为卓越的精品银行。

服务上，努力实现产品精致，服务专业；

管理上，努力实现管理精细，运行高效；

财务上，努力实现增长稳健，盈利出众；

品牌上，努力实现诚信卓越，受人尊敬；

人员上，努力实现队伍精干，素质一流；

核心价值观：精诚至上信义立行；

经营理念：以市场为导向以客户为中心；

管理理念：创新协同精细高效；

人才理念：以人为本人尽其才；

服务理念：点滴用心相伴成长；

风险理念：稳健合规提升价值。

社会责任

1. 推进责任融合

我行将愿景和使命与社会责任相结合，在推进“精品银行”战略建设中，不断提升全体员工的社会责任感；维护股东合法权益，公平对待所有股东；维护客户利益，诚信合规经营，为社会公众提供安全、便捷、高效的金融服务；

注重环境保护，支持公益事业，积极回报社会。

2. 社会责任目标

通过对股东、客户、员工、合作伙伴、社区、自然环境等利益相关者承担责任和义务，为社会创造价值，实现企业和社会的和谐发展。

3. 社会责任观

为股东创造价值，实现股东价值最大化，推动企业可持续发展。

为客户提供卓越服务，实现价值创造，与客户相伴成长。

为员工创造成长空间，实现价值提升，与企业共同发展。

为合作伙伴提供发展平台，实现合作共赢。

为社区提供支持帮助，推动和谐社会建设。

承担环境保护的责任，推进建设节约型社会。

企业荣誉

2013 年度上海金融创新二等奖。

全国“敬老文明号”。

2012 年银团贷款业务“最佳管理奖”。

全国法律风险管理先进单位。

中国银行业客户服务中心“寻找好声音”活动。

“卓越业务团队”、“卓越风采团队”奖。

“客户好声音”、“风采之星”奖。。

2012 年度企业与个人征信系统数据质量工作优秀机构。

2013 年度区域性商业银行最佳网上银行用户体验奖。

2012 年度“上海银行业小微企业最佳科技金融服务奖”。

2013 年银联卡营销活动优秀奖。

2013 年银联卡产品合作推广优秀奖。

2013 年银联卡合作创新贡献奖。

2013 年度卓越进取奖。

2013 年中国金融创新奖“十佳金融产品创新奖”。

2013 年度最具创新力理财机构评选。

“最佳理财奖”、“最具创新力银行奖”。

“2013 年全球前1000家银行”一级资本排名第158位。

深圳农村商业银行

企业概况

深圳农村商业银行（以下简称“我行”）成立于2005年12月9日，是经中国银监会批准，在深圳市农村信用社基础上改制组建而成的股份制农村商业银行。本行继承了深圳市农村信用社50多年的发展历史、服务特色和文化传统,在改革发展和经营管理的各个方面都取得了较好的成绩。

截至2013年底,本行总资产折合人民币1399.31亿元,2013年度实现净利润人民币23.33亿元,净资产收益率23.01%,主要财务指标均位居国内中小商业银行前列。

本行近200个营业网点遍布深圳全市,网点数量居深圳银行同业首位。截至2013年底,本行已发行银行卡"信通卡"超过1000万张,安装ATM、现金存取款机、自助终端等自助银行设备超过1500台,网上银行、移动银行等相继上线,成为深圳地区服务网络和销售渠道最为完善的银行之一。

2010年5月28日本行首家异地支行——广西临桂支行顺利开业,2010年12月28日广西柳江支行开业,本行作为主发起人的宜州深通村镇银行、灵川深通村镇银行、扶绥深通村镇银行、苍梧深通村镇银行按计划相继开业,本行业务走出深圳迈向全国,顺利实现了由地方性银行向区域性银行的转变,是发展史上又一次里程碑式的跨越。

本行始终坚持"社区零售银行"的市场定位,树立了"质量优先、适度规模、专注服务、保证效益"的零售银行发展观,以中小企业和社区居民为主要服务对象,追求质量、效益、规模全面协调可持续发展,致力于打造成为资本充足、服务优良、内控严密、效益良好、特色鲜明的的社区零售银行。

发展历程

1. 深圳农村商业银行前身及探索期简介(1953年—1999年)

本行的前身,为农信社(含深圳市农村信用社联合社、深圳市18家具有法人资格的农村信用社),许多年后被当地居民亲切的称为"深圳人自己的银行"。

1979年特区设立前,深圳共有农村信用社21个;

1980年,深圳特区成立;

1987年,深圳特区内罗湖、上步、南山、沙头角四家农村信用社发起组建中国第一家股份制商业银行——深圳发展银行。

1992年末,深圳设立农村信用社18家,农村信用合作分社164个,在特区外实现了一村一社(分社)的机构设置,服务网点遍布各个村镇;

1996年,深圳农村信用社脱离中国农业银行隶属管理管理关系,自主经营、自负盈亏,史称"行社脱钩";"行社脱钩"后深圳农村信用社进入快速发展时期。在此期间,本行提出并实践"科技兴行"的战略方针,在突破技术瓶颈的同时,深挖"全心全意、服务社区"的市场策略内涵,逐渐寻求经营管理难题的破解之道,迅速扭转了独立运作之初在经营管理上的被动局面。

独立运作的农村信用社,存款规模只有75亿元,贷款规模49.5亿元,不良贷款比例高达27%。独立经营后的三年(1997年—1999年)在存款和贷款规模上就有了突飞猛进的发展,平均每年分别以15.78%、12.66%的增幅逐年递增。截至1999年存款余额提高到117.01亿元,贷款余额提高到70.45亿元。

2. 深圳农村商业银行历史转折期(1999年—2005年)

确定零售银行发展战略

1999年本行提出了以零售银行为战略发展目标,专注于以中小企业和居民个人为主要服务对象的零售银行业务,努力建设成为"社区金融便利站"式的零售银行。

零售银行发展战略是深圳农村信用社根据独立运作两年的市场形势和自身实际,明确提出并在此后一直坚定不移的执行和总结。我们将中小企业和社区居民定为目标客户,并围绕目标客户需求在产品开发、服务渠道、管理理念、人才培养及技术支持等方面不断投入。

3. 深圳农村商业银行全面发展期(流程银行、新系统建设科技兴行、小微企业)(2005年至今)

2004年8月,经广东省人民政府和中国银监会批准,脱离正在组建的广东省联社,独立改制组建"深圳农村商业银行",这是农村信用社在江苏江阴、常熟、张家港三个县级市试点后,中国银监会批准的首个在副省级城市以上组建的农村商业银行;

2005年11月28日,深圳农村商业银行召开创立大会暨第一次股东大会,选举董事、监事,股份制商业银行架构就此成形;

2005年12月6日,中国银监会正式批准深圳农村商业银行开业,12月10日,深圳农村商业银行在深圳圣庭苑酒店举行开业庆典;

2010年4月,深圳农村商业银行新一代综合业务系统正式上线,为深圳农商行引进了国际银行业先进的经营管理理念,为管理体制、业务流程变革和产品创新、服务提升、运营集约化、全面风险管控提供了强大的技术支持,实现了国际银行业先进经营管理理念与中国银行业特有的监管政策、治理模式、管理架构、经营理念、业务流程的完美融合。新一代综合业务系统为深圳农村商业银行搭建了更高、更好的发展平台,成为深圳农村商业银行业务发展的核动力。

企业文化

本行坚持"质量优先、适度规模、专注服务、保证效益"的社区零售银行发展观,秉执"质量、效益、规模均衡协调发展"的经营理念,"稳健、内敛、韧性"的经营文化,"团结、积极、务实、创新"的企业文化,"始于平凡、见于细微"的服务文化,坚持以人为本,强化"合规人人有责"、"主动合规"、"合规创造价值"的合规理念和行为准则。

社会责任

积极履行社会责任做有责任的社区零售银行

作为社区零售银行,客户选择上专注于中小企业、居民个人和外来务工人员。本行义无返顾的承担起了外来务工人员金融服务的重任,本行利用众多网点,结算手续费低廉、小额帐户管理费低廉,不人为地设置开户障碍等措施积极服务来深务工人员。为方便外来务工人员金融需要,缓解因为外来务工人员客户数量过于庞大而导致柜面压力过大,本行加大自助设备建设,方便其存取汇划等结算业务。为了保障外来务工人员的合法利益,防止厂方拖欠工资行为发生,本行免费为宝安区、龙岗区劳动局开发了劳动工资监察系统。

本行积极履行社会责任,真心回馈社会,面对百年一遇的地震灾害,全行员工踊跃捐款139万元,本行向四川灾区捐款200万元,向甘肃对口支援500万元。向玉树灾区捐款200万元。6年累计纳税32.46亿元,成为广东省百强纳税企业。在实现经济效益的同时不忘社会效益,5年来本行积极倡导绿色金融、绿色信贷,加强对节能环保行业的金融服务支持,控制对"高污染、高能耗、高投资"行业的贷款投入;在机构布局方面,对部分网点效益落后却又切实存在金融服务需求的地区,仍然留守当地,向社区居民提供金融服务,帮助他们改善生活和生产条件。位于大鹏半岛的南澳支行就是一个生动的例子。为了帮助解决欠发达地区的劳动就业问题,本行外聘员工生源有意选择在欠发达省区,包括广西、贵州、江西、河南、湖南等省区。

本行坚持质量优先的发展思想,不追求跨越式增长而是持久适度增长，为股东创造长期稳定回报，全体股东的合法权益得到有效体现。

企业荣誉

本行荣获中国银行业监督管理委员会颁发的“全国银行业金融机构小微企业金融服务 2011 年度先进单位”。

本行新一代综合业务系统荣获深圳市人民政府颁发的“2011 年度深圳市金融创新奖”一等奖。

本行荣获中国银行业监督管理委员会颁发的“最佳金融 IT 产品创新奖”、“最佳小企业金融产品创新奖”和“支农先进个人”。

本行获得中共深圳市罗湖区委员会、深圳市罗湖区人民政府授予的“2010 年度重点纳税企业”。

本行获得深圳市公安局授予的“2009 年度深圳市金融系统安全保卫工作先进治安保卫重点单位”。

连续获得银行监管机构“二级”的监管评级。

英国《银行家》杂志“世界 1000 强银行”排名大幅提升。从 2006 年发布的 927 位上升到到 2011 年发布的第 555 位。

本行“信通小贷”产品树立了一定的品牌形象，荣获“2010 年深圳市金融创新奖”评选活动优秀奖。

2007 年、2008 年，本行信通卡和 961200 客服热线先后获得“深圳知名品牌”荣誉称号。

盛京银行

企业概况

盛京银行股份有限公司是东北地区成立最早、规模最大、实力雄厚的总部银行，成立于 1997 年 9 月，其前身是沈阳市商业银行，2007 年 2 月经国家银监会批准更名为盛京银行，并实现跨区域经营。截至 2013 年末，盛京银行已在北京、上海、天津、长春等中心城市和辽宁省内沈阳、大连、营口、鞍山、本溪、盘锦、葫芦岛、朝阳、抚顺等地设立了 13 家分行，机构网点已达 139 家；在上海宝山、宁波江北、沈阳沈北、新民、辽中、法库等地发起设立了 6 家富民村镇银行，并入股丹东、本溪等城市商业银行，形成了“根植沈阳、辐射东北、走向全国”的机构战略布局，市场竞争力和区域影响力不断提升。

盛京银行始终秉承“诚信、亲和、进取、敬业、奉献”的核心价值观，坚持依法合规、稳健经营、规范管理，不断改革创新、开拓进取，实现了规模与速度、质量与效益的协调均衡增长。截至目前，盛京银行资产总额近 4,500 亿元，各项存款余额近 3,000 亿元。2014 年在英国《银行家》杂志所组织的排名中，盛京银行的一级资本回报率在全球排名中位列第 83 位，在中国银行业中位列第 7 位，资产回报率在全球排名中位列第 214 位，在中国银行业中位列第 25 位；在中国《银行家》杂志发布的《2014 年中国商业银行竞争力评价报告》中，盛京银行被评为“最佳城商行”并在 2013 年度资产规模 2,000 亿以上的城市商业银行综合排名中位列第一；2013 年，在《亚洲周刊》所组织的排名中，盛京银行的净资产回报率在全亚洲位列第 6 位，在中国银行业中位列第 4 位。盛京银行已发展成为一家资产质量优良、盈利能力较强、具有良好成长性的股份制商业银行。近五年，累计纳税 80 亿元，连续多年纳税排名位居全省金融服务业首位、辽宁省二十强、沈阳市五强。近年来先后荣获“中国服务业企业 500 强”、“中国最具区域竞争力城市商业银行”、“最具影响力中小银行”、辽沈地区“最受百姓喜爱的银行”等荣誉称号，总部银行持续发展与经济贡献能力大幅提高。

国家实施振兴东北老工业基地战略以来，盛京银行坚持“服务地方、服务中小、服务市民”的市场定位，勇于承担社会责任，依托体制机制和决策优势，积极发挥金融先导和战略支撑作用，不断优化服务实体经济的理念和方式，累计投放信贷资金 6000 余亿元，大力支持基础设施、支柱产业、重点行业、民生工程和中小微企业发展，为促进东北老工业基地经济结构战略性调整和转型升级发展提供了强有力的信贷支持和金融保障，成为区域经济发展的“牵引机”、“催化剂”，为地区金融发展与经济增长、民生改善相互促进和良性循环做出了突出贡献。

作为地方总部银行，盛京银行始终秉承“市民银行、服务市民”的经营理念，发挥地缘、人缘优势，积极打造“市民贴身服务型银行”，不断拓展和创新贴近市民生活需求的金融产品和服务渠道，大力推进社区金融服务建设，积极设立金融便民服务站，不断建立完善专业化的服务体系，成为沈阳市代收费项目最多、服务功能最全的银行，形成了“亲民、便民、利民、惠民”的服务特色和品牌优势，市民贴心、可信赖银行的品牌形象日益深入人心。

面对未来，盛京银行将紧紧抓住金融改革开放持续深化和东北老工业基地振兴战略深入实施的历史机遇，依托沈阳建设东北区域金融中心和国家优化金融生态综合试验区的区位和资源优势，积极实施战略转型和创新发展，加快转变发展方式，全力打造“区域经济战略发展牵引型、新兴产业扶植型、中小企业支持型、市民贴身服务型”的全国优秀股份制商业银行，为实现“建设一流银行、打造百年盛京”的美好愿景而努力奋斗！

联系方式

地址：沈阳市沈河区北站路 109 号

邮编：110013

邮箱：shengjing@ shengjingbank. com. cn

服务热线：024 – 96666

信用卡客户服务电话：8008907789024 – 24182333

苏州银行

企业概况

苏州银行，全称“苏州银行股份有限公司”，在不断深化金融改革的过程中，依托苏州经济强大后盾应运而生，经中国银行业监督管理委员会批准，于 2010 年 9 月 28 日正式挂牌开业，成为苏州地区唯一一家总部设在苏州的城市商业银行。经过三年多的发展，苏州银行现已拥有 128 个服务网点，下辖总行营业部，苏州、宿迁、淮安、常州和南京 5 家分行，8 家直属支行，75 家二级支行、35 家分理处、2 家社区支行和 2 家小微支行，机构覆盖苏州大市；同时发起设立 4 家村镇银行；入股 2 家农商行。成立之时，注册资本 30 亿元。截至 2014 年 8 月末，苏州银行总资产达 2014. 95 亿元，本外币存款余额达 1186. 77 亿元，本外币贷款余额达 610. 51 亿元，主要监管指标优良，发展态势良好。核心战略是：在“十二五”期间，坚持“立足苏州、面向江苏、辐射长三角”的中期发展战略，专注于“服务中小、服务市民、服务区域经济社会发展”的市场定位，用 3—5 年的时间，在“小微、三农、零售、文化金融”等选定的领域精耕细作，机构网点实现江苏省主要地级市和苏州市辖区主要建制乡镇的覆盖，坚定战略，不动摇，不摇摆，咬牙坚持，加快形成核心竞争力，努力打造成“以小为美、以民唯美”、特色经营、效益优良、有品牌影响力的商业银行。

企业文化

倡导内控为先、业绩为先、效益为先、兼顾公平的正向激励模式，形成让总行感动分行，分行感动支行，支行感动客户，用真诚的态度服务客户的良好文化，用相互的尊重来形成文化合力，增强员工集体荣誉感和团体归属感，逐步形成“我们是相亲相爱的一家人”的凝聚力。同时以谦虚上进、终身学习的自觉，以小为美、以民唯美的自信，理性智慧、勇于担当的神气和小银行大未来的志气，丰富“勤勉、智慧、简单、快乐”的企业文化内涵，真正做到“We are family”。

理念愿景

全行确立“以小为美、以民唯美”和“立足苏州、面向江苏、辐射长三角”的战略理念，专注于“服务中小、服务市民、服务区域经济社会发展”的市场定位，将全行经营目标定为“持续实现客户、股东、员工的价值增长，做有社会责任的企业，做苏州地方金融发展的排头兵”。

战略选择上，立足苏州，在苏州打出品牌，做到最好，然后面向江苏，形成在江苏省内的比较优势；在近几年中，在宏观政策没有大变化的情况下，努力实现业务辐射长三角。本行将倍加珍惜监管部门的高度关注和支持，发挥本土银行的天然优势，在较短的时间内做出自己的品牌和竞争力。

市场定位上，专注服务中小企业，专注服务市民，专注服务区域经济发展。无论公司业务还是零售业务，都将选在在特定行业、特定区域中的中小客户。

中期战略目标上，“用3－5年的努力，把苏州银行打造成在选定的领域特色鲜明、效益一流的现代城市商业银行。”

实施战略的思路上，“用2年左右的时间，通过内部资源的优化整合，全面构建全新的内控体系和发展格局，夯实发展基础。“用3年左右的时间，提升公司治理能力，提升内控管理能力，提升业务发展能力，提升创新能力，提升科技支撑能力，提升网点优化与建设能力，提升整体服务客户能力，在选定的领域形成特色和品牌影响力，提升市场竞争能力。”

企业荣誉

2013年度中国债券市场优秀成员；

2013年最具成长性地方商业银行奖；

2013年最佳中小企业金融服务银行奖；

全国巾帼建功标兵(个人)；

2013年中国金融企业500强；

英国《银行家》杂志全球1000强银行排名第357位；

全国服务三农及实体经济先进单位；

《江浙沪城商行竞争力排行榜》盈利最佳银行；

江苏省公安厅集体二等功(条线)；

江苏省巾帼示范岗、江苏省五一巾帼奖章；

江苏省文明单位；

江苏省中小企业金融产品和服务方式创新奖；

苏商首选中小企业金融服务银行；

2013年度苏州市银行卡业务先进单位；

2013年度金融IC卡应用工作先进单位；

2013年度作风效能建设优胜单位；

“廉石之光”廉政微电影最佳编剧奖和优秀影片奖。

台州银行

企业概况

本行始建于1988年6月6日，由城市信用社发展而来，总行地处民营经济发祥地之一的浙江省台州市。2002年3月，以市场化方式发起成立了全国首家政府不控股的城市商业银行——台州市商业银行，2010年9月更名为台州银行。目前，本行注册资本18亿元，2008年成功引进中国平安、招商银行为本行战略合作伙伴。

截至目前，本行拥有员工约7,000余人。设有舟山、温州、杭州、宁波、金华、湖州、衢州7家分行，同时主发起设立了浙江三门银座村镇银行、深圳福田银座村镇银行、北京顺义银座村镇银行、江西赣州银座村镇银行、重庆渝北银座村镇银行、重庆黔江银座村镇银行、浙江景宁银座村镇银行等7家“银座”系列的村镇银行。

本行始终坚持小微企业金融服务的市场定位，坚持“以市场为导向、以客户为中心”的经营理念，以“简单、方便、快捷”的服务、简单实用的个性化产品、高效的服务流程，有效地避开了同质化竞争，赢得了客户和市场的认同，业务也连年保持稳健、快速增长。截至2014年末，全行(含主发起设立的村镇银行)资产总额1025.35亿元，各项存款余额为832.95亿元，各项贷款余额为674.59亿元，不良贷款率仅为0.39%。

在小微企业金融服务过程中，本行的努力和成绩得到了各级政府的高度肯定，连续5年被中国银监会评为“小微企业金融服务先进单位”，并获评中国最佳中小企业服务、品牌竞争力银行，被列为浙江省服务业重点企业和浙江服务名牌。“小本贷款”产品被中国银行业协会、中国地方金融研究院评为“2010年服务小企业及三农十佳特优金融产品”。目前，本行已跻身于世界前1000家银行和亚洲前300家银行之列，在英国《银行家》杂志公布的“2014年全球1000家银行”排名中，位列523名，较上年晋升66名。

通过不断努力与多年的经验积累，本行总结出了一套实践检验、行之有效的小微企业金融服务技术，形成了“以市场化治理，提供公平对等服务；以差异化经营，满足合理信贷需求；以特色化服务，打造小微服务品牌；以精细化管理，保持稳健发展步伐”的优势竞争力。通过为客户量身定做金融产品，以“下户调查、眼见为实、自编报表、交叉检验”为核心的“十六字”信贷调查技术，为小微企业创造平等的融资机会，解决了小微企业信息不对称、缓解了小微企业融资难等问题。

本行的企业文化也紧紧围绕小微企业金融服务需求而展开，长期以来形成了“吃苦、求实、创新”的企业精神，“廉洁、诚实、高效”的信贷文化，2012年开始，本行又提出了“积极、主动、合作、快乐”的企业文化新理念，提高员工幸福感。

独特的企业个性和信贷技术决定了本行必须自行培养员工，为此，本行设立了具有社会办学资格的1.3万平方米的“台州银行银座金融培训学院”。通过引进国际先进的培训理念，分条线开发培训课程，建立了高密度、高效率、标准化的培训体系，并设计出科学合理的上岗资格认证机制。目前，全行机构99.47%的员工为本行自行培养。

近年来，客户在变、市场在变，本行立志成为“中国小微企业金融服务领先银行”的企业使命不变。在金融市场化加速推进、竞争越来越激烈的客观环境下，本行积极思变，2012年2月，正式启动了与全球最大的战略咨询公司麦肯锡公司的战略项目合作，提出“变革转型二次创业”的号召，明确“与客户做朋友”的“社区银行”商业发展模式。2013、2014年，本行积极推进“社区银行”这一战略落地，包括在业务规划、人员招聘、网点布局、流程审批等方面，都努力与“社区银行”接轨，为客户提供了全方位的金融服务。

除了为社会提供优质的金融服务外，作为一家富有社会责任感的金融企业，本行饮水思源，不断地感恩回报社会，努力打造受人尊敬的绿色银行。2010 年，本行申请加入联合国环境规划署（UNEP）气候融资创新贷款项目（CFIF），推出“绿色节能贷款”，将原来只适用于大中型企业的技术改造移植到小微企业领域。2011 年底，本行出资 300 万元，与中国银行业监督管理委员会台州监管分局、浙江慈善总会合作，设立台行银座创业扶贫慈善基金，以帮助那些有劳动能力和有创业意愿的贫困创业者，尤其是贫困大学生，实现创业梦想。2012 年，本行率先在全国提出“服务不收费，服务更到位”的承诺，减费让利于广大小微客户，至 2014 年，本行连续三年保持减费让利措施不变，打造“免费银行”。

今后，本行将怀着强烈的社会责任感，继续坚持特色化、差异化的发展道路，持续提升经营管理水平和创新能力，培育核心竞争力，为更多小微客户提供专业、贴身、贴心的服务，努力实现“通过让小企业得到一流的金融服务，以改进中国的金融市场”的企业使命。

企业文化

1. 以市场为导向，以客户为中心

我们在挑战中奋斗，在竞争中繁荣。

市场孕育了我们，我们在市场中吸取了营养，才有了今天的成绩。

客户哺育了我们，我们也反哺客户。

2. 简单、方便、快捷的优质服务

我们专注于小企业金融服务，并为每一个客户提供快捷、方便的个性化服务。

本行积极开展产品创新和流程再造，为客户量身定做金融产品，提高客户满意度，让客户得到他们需要的服务。

我们尊重每一位客户，为每一位客户提供温馨的服务。

我们以客户服务体验的好坏作为衡量工作成效的标准。

3. 为员工营造未来

我们是一个充满活力，快速成长和令员工实现自我的地方。在这里，我们以你为企业使命做出的贡献来评估你。我们为员工提供有价值的培训和资源，提供基于才华、技能和绩效的平等发展机会。

我们重视关键岗位人员，重视员工职业生涯规划和发展。你有多大的能耐，我们就提供多大的舞台。

4. 为股东创造价值

我们具有活力，以严谨的风格来管理企业，责任分明，诚信公平，执行力强，讲求效率，追求卓越管理，提升企业素质。

我们扎实稳健地发展业务，严格控制风险，增强盈利能力，努力为股东创造长期的卓越价值。

为小企业提供公平的融资机会，使小企业因为有我们而发展得更好。

我们秉持做小企业伙伴银行的理念，始终视中小客户金融服务为已任，为小企业提供公平的融资机会。我们提供全面正规的金融服务，提供快捷、高效、可靠的专业解决方案，为小企业的发展提供强大的推动力，使小企业因为有我们而发展得更好，助推客户取得更大成功。

5. 为社会履行责任

我们推进了当地的社会信用观念发展，促进地方信用文化建设与提高，改善了当地的金融发展与竞争环境。

我们为大多数在过去无法从银行获得金融服务的小企业和微型企业创造平等的机会。

我们将满腔热情地致力于促进中国贫困地区的经济发展。我们计划帮助社会上有意愿改善自身生活条件的经济弱势群体。我们帮助这些人建立和发展收入来源，以便他们为自己的家庭和社会创造更好的未来。

我们帮助需要帮助的人，我们鼓励、支持员工积极发起、参与社会公益与环保活动。

我们饮水思源，感恩社会，积极创造平等服务，投身社会公益，努力回报社会。

6. 在全国树立一流的金融服务标杆

我们在服务客户的过程中，为客户打造个性化的金融服务，树立了简单、方便、快捷的服务品牌，确立了一流的金融服务标杆。

我们的目标是在服务于小企业方面走独特道路，做到简单，高效，而具有亲和力。

我们立足浙江，辐射长三角，面向全国，成为国内小企业金融服务一流的全国性的银行。

7. 打造绿色的、受人尊敬的、可以信赖的精品银行

我们不以追求短期的增长为目标，我们追求的是可持续发展，重视、保护自然环境，努力与社会和谐发展，与自然和谐相处，实现与社会、经济、自然环境的全面协调可持续发展。

我们关注民生问题，持续投入社会公益，以崇高的道德标准，以一个负责任的企业公民身份，采取多种方式，回馈时刻关心和帮助本行发展的社会各界。

我们追求全面发展，防范风险，改革创新，树立高度负责任的金融机构形象，把本行打造为高增长、低风险、高盈利能力的精品银行。

天津银行

天津银行股份有限公司（Bank of Tianjin CO.，LTD.），简称天津银行（Bank of Tianjin），成立于 1996 年，目前设有 6 家分行、219 个营业机构，注册资本为 41.23 亿元。多年来，本行始终坚持“服务地方经济、服务中小企业、服务市民百姓”的经营定位，以建设“好银行”为目标，以发展为主线，以防范金融风险为前提，以深化改革大胆创新为动力，稳健经营，规范管理，获得了良好的社会效益和经济效益，已经成为我国银行业极具成长性的股份制商业银行之一。

截至 2012 年 12 月末，全行资产总额突破 3,000 亿元大关，达到 3,016 亿元；各项存款突破 2,000 亿元，达到 2,033 亿元；各项贷款突破 1,200 亿元，达到 1,224 亿元；实现拨备前利润 41.89 亿元，不良贷款率 0.72%，资本充足率 13.01%，拨备覆盖率 456%，资产负债比例管理主要指标均符合监管要求。连续 7 年跻身全球 1000 家大银行行列，在英国《银行家》杂志全球 1000 家大银行最新排名中，排在 341 位。特别是成功发行 27 亿元次级债，进一步补充了附属资本，增强了发展基础和抵御风险能力，为下一步做大做强做优和加快业务结构转型奠定了坚实的基础。

2006 年，成功引进澳新银行作为国外战略合作者，并率先在改革开放的前沿阵地天津滨海新区组建一级分行；2007 年正式更名为天津银行，并获准跨区域经营，先后在北京、唐山、上海、济南和成都设立了异地分行，基本完成了在环渤海区域、长三角和西南部的战略布局；2008 年作为主要发起人投资设立了当时全国投资最大的蓟县村镇银行，2010 年又参与设立了南阳村镇银行，服务三农触角进一步延伸；2010 年实施天津市区机构改革，组建了 6 家中心支行，总分支三级管理架构逐步完善，核心竞争力进一步增强。

面对国际国内错综复杂的经济金融形势，天津银行按照科学发展观的要求，进一步提升公司治理水平，不断强化抵御风险能力，增强增长动力和活力，内强素质，外塑形象，努力为社会提供更加优质的金融服务，实现又好又快的发展！

企业文化

天津银行标志名为“汇通天下”：

1. 标志由一笔构成，体现汇通四方之涵意；

2. 左边是字母“T”，右边是字母“J”，构成“天津”的缩写；

3. 右边又是字母“A”的变形，体现本行与 ANZ 的战略合作伙伴关系；

4. 标志中间部分又似海河贯穿，代表天津地理特点；

5. 古有天圆地方之说，方形标志不仅象征大地，同时也似钱币方孔，体现银行独有特征，更寓意汇聚天下之财富；

6. 标志整体是放倒的“S”形状，体现银行服务（SERVICE）特点，并且又是数学符号无穷大的形状，寓意本行发展前景无限广阔。

潍坊银行

企业概况

至 2014 年末，潍坊银行全辖 78 家网点，其中，在潍坊区域设立 59 家支行和 5 家社区支行，在青岛、聊城、滨州地区分别成立 1 家异地分行，其中青岛地区下设 8 家支行和 2 家社区支行，控股青岛胶南海汇村镇银行。截至 2014 年末，全行总资产达到 813 亿元，本外币存款余额 551 亿元，各项贷款余额 415 亿元，按监管统计口径存贷比 71.14%，实现经营利润 16.38 亿元，全年上缴税金 5.75 亿元。2014 年，潍坊银行荣获“全国模范职工之家”、“最佳财富管理城市商业银行”、“潍坊市突出贡献企业”等荣誉称号。

成立以来，潍坊银行牢固确立“立足中小企业、立足广大市民，立足地方经济”的市场定位，坚持差异化发展路线，经营业绩快速发展，得到了社会公众和业界的高度关注和认可，成为一家资本持续达标、管理机制灵活、经营效益显著、品牌特色鲜明的现代股份制商业银行。近年来，先后荣获中国企业文化建设先进单位、中国优秀企业形象单位、全国“最具特色中小银行”、“富民兴鲁”劳动奖状、省级文明单位、山东省劳动关系和谐企业、潍坊市最具社会责任感十佳企业等荣誉称号。

1. 法人治理

按照现代企业制度要求，建立了股东大会、董事会、监事会、经营层“三会一层”分工协作、相互制衡的法人治理架构，健全完善了各项规则、程序和工作制度，形成了责权分明、平衡制约、规章健全、运作有序的法人治理机制。

2. 组织架构

潍坊银行按照流程银行改革的思想全面实施组织架构改革，将全行经营管理分为拓展、运行、控制和保障四大条线，奠定了基于全面强化风险控制能力、全面改善客户服务水平、全面增强综合竞争优势、体现流程银行思想、全新的银行组织体系，为潍坊银行最终实现发展方式转变，持续稳健经营打下了坚实的基础。

3. 小微金融

小微金融服务是潍坊银行整体发展战略格局中最为重要的战略重点和增长点。2007 年，在潍坊地区率先提出了“携手小微企业，共建和谐金融”的经营理念，2009 年，引进德国储蓄银行微贷技术，组建微贷金融事业部，着力细分市场，推进小微及微小金融服务，“搭平台、做批量”的营销模式得到了国务院领导的圈阅和肯定。至 2013 年末，小微贷款余额达到 213 亿元，占比达 60.17%，其中，微小贷款余额超过 15 亿元，微贷业务已成为小微金融服务的重要子品牌。

4. 金融创新

潍坊银行重视通过金融创新来提升服务能力。在小微金融、农村金融、文化金融、科技金融、创业金融等方面不断实现新突破。农村金融方面，先后创新推出了农民专业合作社信用贷款、农业订单融资新模式、合作社批量授信、家庭农场贷款、“金种子项目”贷款等农村金融产品；文化金融方面，在全国率先推出了艺术品质押融资业务，创新书画艺术品质押融资预收购人制度，破冰艺术品融资难题，2013 年成立文化金融事业部，圆满完成“艺术品质押融资课题研究”，确立了本行在艺术品质押融资业务的领先地位；个人金融方面，电子银行、理财业务、社区银行的创新与发展力度不断加快，“潍坊通·公共自行车租赁卡”（“鸢都绿卡”）成功推出，“市民银行”形象更加鲜明。

5. 内部管理

围绕“建立一套好机制”，深入推进了人事、绩效、薪酬、培训、内控等一系列内部改革。“人人是才，适合就好”的人才管理理念，“相马更赛马，业绩论英雄”的赛车机制以及准市场化的用人管理机制成为推动潍坊银行发展的强大动力；重视培训教育，开办职工培训学院，首创了培训学院与一家兼具存、贷款功能的综合性教学实验银行并轨运行的培训机制，开展“963”内训、“翠竹计划”、“精英人才培养计划”等一系列人才培训，全方位提高人才素质，推进实施“3580”人才工程，建立完善后备人才储备体系；不断健全完善内部控制体系，努力构建“大风控”管理架构，风险防范能力和经营管理质量全面提升。

企业文化

多年来，潍坊银行始终坚持企业文化的战略性地位，用独特的企业精神和服务理念影响广大员工的思想和行为，为企业发展凝聚了不竭的动力。积极打造“幸福潍坊银行”，增强员工归属感和凝聚力；以发起设立的金鼎俱乐部、“红风筝”小企业联盟为平台，打造“金鼎之约”系列服务文化品牌，以感恩之心回馈社会，积极投身社会公益事业，认真践行社会责任，以高品位的企业形象获得了社会各界的高度认可和赞誉。

潍坊银行的优势

1. 本土银行的地缘优势

潍坊银行长期以来立足本地经济与市民，熟悉本地经济特点，了解所服务客户资信水平和经营状况，与潍坊市各级地方政府都有良好的业务关系，能够从地方政府中获得相应的资源支持，具有较好的人脉地缘优势。

2. 一级法人的效率优势

潍坊银行是一家拥有一级法人资格的商业银行，经营机制活，决策链条短，信息传递快，审批效率高，具有明显的决策优势、机制优势和效率优势。

3. 管理理念超前优势

潍坊银行决策层和经营管理层视野开阔、理念超前、思路清晰。条线型组织架构改革、行业事业部制的推行、向小微业务的转型、进军农村金融市场、对外合作组建微贷与金鼎财富管理中心等重大创新举措均走在了同行的前列。

4. 企业文化和团队建设的优势

潍坊银行企业文化建设的优势极为明显，领导集体对企业文化建设高度重视，开展了多种形式的企业文化活动，形成了拼搏进取、健康向上、和谐幸福的文化内涵。加之，通过一系列人才工程的实施，打造了良好的团队，全行员工队伍思想稳定，战斗力强。

5. 精准市场定位的优势

潍坊银行确立了专注小微客户金融服务的差异化市场定位，早于同业搭建了小微业务平台，实现了小微业务快速稳健发展，为全行业务持续发展、利润持续增长、品牌持续提升做出了贡献，也为小微业务人才的全面培养、模式的快速复制和业务的持续发展奠定了基础。

6. 良好品牌的优势

十多年来，潍坊银行致力于服务市民百姓、促进客户成长、支持经济发展、关注公益事业和搞好形象建设，社会美誉度、顾客忠诚度和品牌知名度不断提升，已经形成了良好的品牌影响力。

7. 良好的发展基础

潍坊银行经过十几年的发展，特别是通过上一个五年规划的扎实推进，找到了精准的市场定位，构建了显著的差异化发展模式；以小微金融服务为核心的业务转型战略取得突破性进展，小微业务已经成为全行的支撑业务；迈出了跨区域发展的步伐，在青岛、聊城等潜力地区拥有了分支机构；县域扩张战略取得重大胜利，县域业务成为全行发展的主要增长点；培养和打造了一支高度认可企业文化的优秀团队；企业文化特色鲜明，品牌形象逐步深入人心。这为潍坊银行在下一个五年把握机遇，实现跨越式发展奠定了良好的基础。

企业文化

潍坊银行使命：创造客户价值，促进金融和谐。

潍坊银行核心价值观：进取、幸福、和谐发展。

发展愿景：

定位专注、服务贴心的小微银行；

方便快捷、百姓身边的市民银行；

特色鲜明、运营高效的精品银行。

企业精神：立足潍坊、心怀天下、负重自强、敢为人先。

管理理念：文化兴行、效益富行、特色立行、制度固行。

市场定位：立足中小企业、立足广大市民、立足地方经济。

经营理念：没有最好，只有更好；让更好的企业成为我们的客户，让我们的客户成为更好的企业；追求卓越，永无止境。

人才理念：人人是才，适合就好，相马更赛马，业绩论英雄。

服务理念：温馨、优雅、超值。

创新理念：坚持对外学习，做到率先模仿。

工作作风：团结、务实、勤奋、廉洁、高效、创新。

联系方式

客服热线：0536－96588　400－61－96588

潍坊银行办公室：0536－8106161

0536－8106171（传真）

地址：潍坊市胜利东街5139号

邮编：261041

温州银行

企业概况

温州银行股份有限公司（简称温州银行）前身是温州市商业银行，成立于1998年12月17日，2007年温州银行顺利更名并启动跨区域经营，相继在衢州、宁波、杭州、上海、丽水、台州等地设立了分行，舟山分行即将完成筹建，现辖属112家营业网点（含总行营业部），员工2,500余人，逐步形成“立足温州、布局浙江、进军长三角”的跨区域经营发展服务格局。

2010—2014年，温州银行资产总额从410.40亿元增至1263.71亿元，五年复合增长率25%，比温州同业水平12%高13个百分点；存款总额从337.2亿元增至800.06亿元，五年复合增长率19%，比温州同业水平9%高10个百分点；贷款（含贴现）总额从245.94亿元增至584.43亿元，五年复合增长率19%，比温州同业水平10%高9个百分点；净利润五年平均增长率10%，优于温州同业水平－63%近73个百分点；不良贷款率持续三年优于浙江、温州同业水平。

2014年，温州银行各级政府与监管部门指导下，在社会各界支持下，围绕“公众上市银行、区域领先银行、管控优良银行、温商服务银行、品牌知名银行”等五大规划目标，坚持“助力小微，支持温商，服务三农”的市场定位，各项经营管理工作稳健发展。截止年末，本行本外币存款余额800.06亿元，比年初增加70.02亿元，增长9.59%，本外币贷款余额584.43亿元，比年初增加57.39亿元，增长10.89%，不良贷款率为1.23%，比年初下降0.01个百分点；全年累计实现拨备前利润17.10亿元，比上年增加3.05亿元，增长21.8%，年末总资产1263.71亿元，比年初增加226.55亿元，增长21.84%；年末新口径资本充足率为11.29%，一级资本充足率9.58%；拨备覆盖率为164.80%，比年初上升3.48个百分点。小微贷款银监三个不低于、人行两个不低于指标均已完成。

2014年，温州银行经营管理取得十大“第一亮点”，即温州市银行业贷款增量第一、温州市城商行唯一获得人行A类行评价、温州市率先试点开设社区银行、发放浙江省第一笔电视剧版权质押贷款、中间业务收入占比全省第一、温州市首笔不良资产挂牌转让、温州市金融系统纳税第一、温州市金融系统单笔最大“五水共治”捐资、成立浙江省内第一支“五水共治”金融服务团队、设立浙江省首个最美公益基金等。同时，连续第四年荣获人行在温银行业金融机构综合评价A类行，人行2014年度市级外汇指定银行执行外汇管理规定情况考核城商行序列A等行，人行2014年度市级金融机构反洗钱工作第三名，并连续三年稳列辖内城商行序列第一名；获得全国十佳城商行、浙江省内部审计先进集体、浙江省模范集体、全省银行业金融机构安全防范工作成绩突出集体和个人、温州市金融统计工作考核一等单位等一系列荣誉称号，连续两年荣获辖内银行机构新闻信息报送先进单位一等奖，并在英国银行家杂志2013年全球1000强银行评选中位列第671位（持续多年排名保持上升），入围“全国文明单位”推荐名单，累计缴纳各类税收近5.6亿元，连续九年位列温州纳税十强和金融系统纳税第一名。

西安银行

西安银行股份有限公司成立于1997年5月，原名“西安城市合作银行股份有限公司”，1998年更名为“西安市商业银行股份有限公司”，2009年底完成财务重组和战略引资，注册资本达到30亿元，并于2010年9月更名为“西安银行股份有限公司”。西安银行是由西安市财政局、加拿大丰业银行、中国信达资产管理股份有限公司、国内大中型企业以及社会自然人投资参股的股份制商业银行，现辖1家分行，113家支行，控股两家村镇银行，员工2,300多人。

西安银行自成立以来，在政府和监管部门的指导下，在股东和广大客户的鼎力支持下，秉承“服务地方经济、服务中小企业、服务广大市民”的宗旨，锐意进取，改革创新，取得了良好的经济效益和社会效益，成为陕西金融市场上一支重要金融力量。特别是财务重组的成功以及伴随财务重组全过程的经营转型，使西安银行实现了规模、质量、效益的协调发展，在公司治理、风险管理、干部队伍建设和企业文化建设等方面均取得了显著提升。2010 年，西安银行榆林分行的开业，使西安银行实现了由地方性银行向区域性银行的转型。

2010 年末，西安银行总资产、各项存款和项贷款余额分别达到 808.84 亿元、631.23 亿元和 377.59 亿元，实现净利润 8.26 亿元，资产回报率 1.15%，资本回报率 19.83%，成为西部地区经营规模居前、盈利能力领先、具有较强综合竞争力的地方性股份制商业银行。2010 年，在中国《银行家》杂志综合竞争力排名中位居中型城市商业银行第 5 名，在英国《银行家》杂志公布的“全球前一千家银行排名”中位居 84 家入选中国银行的第 48 位；2008－2010 年连续被西安市政府评选为支持西安经济发展先进银行，2010 年被陕西省政府评为优秀金融机构；《银行家》杂志 2010 年“最佳社会责任”奖；2011 年英国《银行家》杂志全球前 1000 家银行中排名 674 位，中国银行排名 61 位。

多年来，西安银行始终坚持“服务客户、回报股东、关爱员工、奉献社会”的理念，认真处理股东、员工、客户、环境与资源、社区等多元化利益主体之间的关系，谋求多赢共进，致力于实现经济效益、环境效益、社会效益的有机统一。无论是在公司自身的发展壮大，还是落实国家宏观调控政策中；无论是在环境保护促进自然和谐，还是在参与社会公益扶危助困中，西安银行始终勇于担当，除了发挥金融机构的基本功能外，还以实际行动落实企业社会责任，努力成为一家优秀的企业公民，成为值得社会信赖和尊敬的银行。

联系方式

总行地址：西安市高新路 60 号

邮政编码：710075

客服电话：029－96779　4008696779

兴业银行

企业概况

兴业银行成立于 1988 年 8 月，是经国务院、中国人民银行批准成立的首批股份制商业银行之一，总行设在福建省福州市，2007 年 2 月 5 日正式在上海证券交易所挂牌上市（股票代码：601166），注册资本 190.52 亿元。

兴业银行主要经营范围包括：吸收公众存款；发放短期、中期和长期贷款；办理国内外结算；办理票据承兑与贴现；发行金融债券；代理发行、代理兑付、承销政府债券；买卖政府债券、金融债券；代理发行股票以外的有价证券；买卖、代理买卖股票以外的有价证券；资产托管业务；从事同业拆借；买卖、代理买卖外汇；结汇、售汇业务；从事银行卡业务；提供信用证服务及担保；代理收付款项及代理保险业务；提供保管箱服务；财务顾问、资信调查、咨询、见证业务；经中国银行业监督管理机构批准的其他业务。

开业二十多年来，兴业银行始终坚持“真诚服务，相伴成长”的经营理念，致力于为客户提供全面、优质、高效的金融服务。截至 2013 年 12 月 31 日，兴业银行资产总额达到 36,774.35亿元，股东权益 1997.69 亿元，全年实现归属于母公司股东的净利润 412.11 亿元。

目前，兴业银行已在全国各主要城市设立了 98 家分行、826 家分支机构；拥有全资子公司——兴业金融租赁有限责任公司和控股子公司——兴业国际信托有限公司、兴业基金管理有限公司；建立了网上银行“在线兴业”（www.cib.com.cn）、电话银行“95561”和手机银行“无线兴业”（wap.cib.com.cn），与全球 1000 多家银行建立了代理行关系。

2013 年兴业银行市场地位和品牌形象稳步提升，成功跻身全球银行 50 强（英国《银行家》杂志排名）、世界企业 500 强（美国《财富》杂志排名）和全球上市企业 200 强（美国《福布斯》杂志排名）行列。在国内外各种权威机构组织的评比中，先后获得“2013 亚洲最佳股东回报银行”、“最佳履行社会责任商业银行”、“最具创新力银行”、“最佳绿色银行”等奖项。

发展战略

2011－2015 年是本行实现转型新突破、发展新跨越的关键时期，本行将积极把握新一轮难得的战略机遇期，找准方向，开拓进取，以发展为第一要务、转型为核心主线、创新为根本动力，坚持从严治行、专家办行、科技兴行和服务立行，深化体制机制改革，增强发展动力与活力，合理、高效配置资本等重要发展资源，深入推进业务创新和经营转型，强化内控管理，推动重点区域、重点领域业务突破性发展和专业化能力显著提升，全面完成未来五年规划的各项目标任务，努力建设“基础坚实、结构协调、专业突出、特色鲜明、实力雄厚、富有责任的主流银行集团”，朝着“一流银行、百年兴业”的远大目标持续迈进。

根据以上发展战略，本行着力把握六项主要任务：

（1）着力推动业务持续协调快速发展；

（2）进一步改革完善经营管理体制机制；

（3）不断强化资产负债与业务和财务管理；

（4）改进加强风险管理与内部控制；

（5）切实落实发展保障和营运支持；

（6）持续提升品牌形象与综合价值。

为实现未来五年业务发展目标，本行将依托勤勉敬业、开拓进取的企业团队，坚持“为社会和客户创造价值、为企业和股东创造价值、为员工创造价值”

为核心的“真诚服务，共同兴业”的企业使命，坚持“理性、创新、人本、共享”的核心价值观，坚持依法经营、稳健经营、文明经营的经营方针，实施从严治行、专家办行、科技兴行、服务立行战略，发扬“务实、敬业、创业、团队”的企业精神，建立具有兴业特色的企业文化，全面提升内部管理水平，提高核心竞争力，推进各项业务健康发展。

公司治理

长期以来，兴业银行在强调股东投资回报的同时，注重银行的稳健和可持续发展，突出对利益相关者权益的保护，努力构建和谐的多元利益主体关系。目前，本行股东结构多元、比例恰当、优势互补、和谐匹配；股东大会、董事会、监事会和高级管理层分工明确、相互制衡、有机衔接；公司治理基本制度全面、系统，公司治理各层级运作规范。

一、股东和股东大会

本行第一大股东是福建省财政厅。股东大会是本行的权力机构，股东大会制度健全了和股东沟通的有效渠道，确保所有股东对公司重大事项的知情权、参与权和表决权。

二、董事和董事会

董事会是本行的决策机构，运作规范、决策科学。本行董事会成员在地域结构、专业结构和年龄结构等方面的持续优化，为董事会科学高效决策提供了重要基础。目前，本行董事会由15名董事构成，包括5名执行董事、10名非执行董事（含5名独立非执行董事）。本行董事会下设战略委员会、风险管理委员会、审计与关联交易控制委员会、提名委员会、薪酬考核委员会等5个委员会，其中后四个委员会主任委员均由独立董事出任，后三个委员会独立董事成员过半数。

三、监事和监事会

监事会是本行的监督机构。本行监事会现有成员9名，包括3名股权代表监事、3名职工监事和3名外部监事。本行监事会下设监督委员会和提名、薪酬与考核委员会等两个专门委员会。

四、高级管理层

高级管理层是本行的执行机构，对董事会负责。本行现有高级管理层成员七名，包括一名行长和六名副行长。本行高级管理层下设业务管理委员会、资产负债管理委员会、风险管理委员会、信用审批委员会、内部控制委员会、信用责任追究委员会和大宗物品采购委员会。

企业荣誉

2014 年度：

2014年12月26日，由金融时报社主办、中国社科院金融研究所联合举办的“2014中国金融机构金牌榜·金龙奖”评选中，本行荣获“年度最佳绿色金融银行”奖项。

2014年12月23日，由本行为主要出资人，联合泉州市商业总公司、特步（中国）有限公司、福诚（中国）有限公司共同出资设立的兴业消费金融股份公司在泉州成立，成为国内首家由股份制商业银行控股的消费金融公司。

2014年12月23日，在网易“金钻奖”评选中，本行荣获“年度最佳银行品牌奖”和“最佳个人理财产品奖”。

2014年12月21日，本行荣获法制日报社和中国政法大学企业法务管理研究中心颁发的“2014年银行业法律风险管理十佳公司”称号。

2014年12月18日，在由《中国经营报》日前社主办的“2014（第六届）卓越竞争力金融机构评选颁奖盛典”中，本行荣获“2014卓越竞争力出国金融服务银行”。

2014年12月13日，本行荣获2014年度第一财经金融价值榜“最佳绿色银行”和“最佳银银合作银行”奖。

2014年11月27日，本行正式上线全国首个基于银行系统的碳交易代理开户系统，成为深圳排放权交易所首家也是目前唯一一家利用银行网上平台进行碳交易代理开户的商业银行，参与碳交易市场的机构和个人可通过本行个人网银直接开通深圳排放权交易所账户。

2014年11月14日，在《经济观察报》主办的2013年－2014年度“中国卓越金融奖”评选中，本行荣获“卓越小微金融服务银行”奖。

2014年11月13日，全球领先的品牌咨询机构Interbrand揭晓2014最佳中国品牌价值排行榜，本行位列第19位。

2014年11月4日，非金融机构合格投资人交易平台正式上线运行，本行成为该交易平台首批报价商之一。

2014年10月16日，本行获国家审计署暨中国内部审计协会颁发的“2011－2013年度全国内部审计先进集体”称号。

2014年9月25日，中国铁路发展基金股份有限公司发起人会议在北京召开。本行作为唯一一家股份制银行，通过控股子公司兴业基金管理有限公司旗下的全资子公司兴业财富资产管理有限公司，与中国铁路总公司签署《出资人协议》与《公司章程》，首次出资额为20亿元人民币。

2014年9月23日，本行荣获中华慈善总会颁发的“中华慈善突出贡献（单位）奖”。

2014年9月18日，上海国际黄金交易中心正式揭幕，本行香港分行和资金运营中心获得参与黄金国际板的自营和代理双重资格。

2014年9月16日，本行成功发行国内首单绿色金融信贷资产支持证券——“兴元2014年第二期绿色金融信贷资产支持证券”。

2014年8月22日，在由《21世纪经济报道》主办的2014年资产管理年会上，本行荣获“最佳战略创新银行”奖。

2014年8月3日，云南省昭通市鲁甸县发生里氏6.5级地震，为支持灾区抗震救灾，重建家园，本行昆明分行迅即启动赈灾机制，向鲁甸灾区捐款512万元。

2014年8月，本行成为国际保理商联合会（FCI）高级会员。

2014年8月，本行“面向银行业金融机构的金融云服务平台建设及应用推广项目”被纳入国家云计算工程，获得2014年国家云计算工程专项资金支持。

2014年7月18日，本行海口分行捐款100万元支持海南省台风灾区灾后重建。

2014年7月16日，本行在汤森路透“2014上半年中国固定收益市场展望调查”中，获得综合类大奖第二名和信用债最佳预测奖。

2014年7月11日，本行荣获《证券时报》颁发的年度“最佳银行理财品牌”、“最佳开放式银行理财产品”、“最佳固定收益类银行理财产品”、“最佳稳健收益型银行理财产品”和“最具成长性互联网金融理财产品”五项大奖。

2014年7月8日，在新浪网主办的“第二届银行综合评选”中，本行荣获“年度创新互联网金融”奖。

2014年7月7日，美国《财富》杂志公布2014年世界500强排行榜，本行位居第338位，较去年提升90位，上升幅度在世界500强企业中排名第九、在银行中排名第一。

2014年6月30日，英国《银行家》杂志“2014年全球银行1000强排名”榜单揭晓，本行按总资产排名第43位，按一级资本排名第49位，稳居全球银行50强。

2014年6月26日，中国银行业协会举行《2013年度中国银行业社会责任报告》发布暨社会责任工作表彰大会，本行第四度荣获“年度最具社会责任金融机构奖”和“年度最佳绿色金融奖”，并获“年度特殊网点贡献奖”，董事长高建平蝉联“年度社会责任引领人物奖”。

2014年5月28日，新浪财经首届上市公司评选揭晓，本行荣获“2013年度最具社会责任上市公司”。

2014年5月21日，在证券时报社主办的“2014中国区优秀投行评选”中，本行获“2013年度最具竞争力银行投行”、“2013年度最佳债券承销银行”奖。

2014年5月，本行与北京环境交易所联合发行行业内首款支持全网站交易计积分的信用卡——兴业银行PASS信用卡。

2014年5月7日，美国《福布斯》杂志发布2014年全球企业2000强排行榜，本行位列第129位，较去年提升13位，在中国大陆入围企业中排名第13。

2014年4月，本行支付结算马江作业中心荣获“全国工人先锋号”称号。

2014年4月10日，“2014亚洲影响力百强（企业）榜”在博鳌亚洲论坛发布，本行排名第85位，其中业务增长能力指标排名第6。

2014年4月，本行在世界第二大人力资源服务机构任仕达开展的中国雇主品牌调研中荣膺内资企业10强，成为中国最佳雇主之一。

2014年4月20日，“2014中国绿公司百强榜单”揭晓，本行凭借“可持续发展金融”连续第五年入选该榜。

2014年4月17日，国内著名银行业专业咨询机构北京银联信发布《2013—2014年中国银行业竞争年报》，本行综合竞争力排名居12家上市银行首位。

2014年4月1日，本行高建平董事长入选《财富》中文版“2014中国最具影响力的50位商界领袖”榜单，是榜单中最为年轻的银行家。

2014年3月，本行成为郑州商品交易所首批期货保证金指定存管股份制银行之一。这是继中国金融期货交易所和大连商品交易所后，本行第三次获得期货交易所首批指定存管银行资格。

2014年2月，英国《银行家》杂志公布“2014年全球银行品牌500强排行榜”，本行以32.76亿美元的品牌价值位列第64位，较去年跃升24个位次，品牌增值12亿美元，居中国上榜银行第8位、连续四年稳居全球银行品牌百强。

2014年2月12日，世界百强银行榜单出炉。美国SNL金融信息公司统计数据显示，按照国际财务报告准则（IFRS），本行以5936.5亿美元的资产位居世界百强银行榜第47位，位居上榜中国股份制商业银行第二。

2014年2月，本行子公司兴业信托完成增资，注册资本金由人民币25.76亿元增至50亿，注册资本居于行业第二位。

2014年1月20日，本行在《投资者报》主办的“2013年最佳银行”评选中获“最佳资产托管银行”奖。

2014年1月17日，新华网与中国社科院企业社会责任研究中心联合发布《中国企业社会责任报告白皮书》，本行荣获“2013年度企业社会责任杰出企业奖”。

2014年1月11日，本行在和讯网主办的2013年财经风云榜中荣获“年度品牌银行”、“年度最佳财富管理品牌”、“年度最具互联网金融创新银行”和“中国最佳私人银行业务”奖。

2014年1月8日，本行第一期信贷资产证券化项目获得人民银行批复，成为信贷资产证券化扩大试点以来首家获批的股份制商业银行。

2014年1月，本行成功上线运行贸易金融业务系统，成为国内首家同步建成覆盖预付、存货、应收三大产品系列作业系统的商业银行。

营口银行

企业概况

营口银行，一个充满生机、富于特色和创新力的现代商业银行。

1997年4月1日，营口银行正式成立。十几年来，营口银行顺应中国经济发展的时代洪流，以最矫健的姿态融入其中，已发展成为中国一家经营特色鲜明、经营效益良好、资产质量上乘、综合实力跻身全国城商行优秀行列的区域性股份制商业银行。

1. 中国最具成长力中小银行

16年来，营口银行将“致广大，尽精微”作为核心价值观，坚持差异化、特色化、精细化道路，追求质量、效益、规模、结构协调发展，伴随区域经济腾飞创造了令人瞩目的业绩，走出了一条低风险、快增长、后劲足的稳健发展之路。近年来，营口银行主要财务数据以年均25%－30%的速度递增；构建了由自助银行、客户服务中心等构成的立体化、多功能的服务渠道，形成了公司业务、零售业务、同金融市场等多项业务板块和功能多元、内容丰富、特色鲜明的产品体系，金融服务水平发生了质的变化。在中国银行家论坛暨2012中国商业银行竞争力评价报告发布会上，营口银行综合竞争力在全国144家城市商业银行中名列前茅，在资产规模500亿－1000亿元城市商业银行综合竞争力排名中列第3位，综合实力持续提升，社会影响力不断扩大。

营口银行视经营品质如企业生命。近年来，营口银行拨备覆盖率、流动性比率、资本利润率、资产利润率等各项主要监管指标在中国银行业始终保持领先水平，连续多年被中国银监会评定为全国金融机构的最佳监管级别。

依托各项业务的健康、快速发展和经营品质的不断提升，营口银行得到了来自社会各界的广泛认同。2007年，入围英国《银行家》杂志评选的中国银行业100强。2009年3月，营口银行被第五届中国金融专家年会评选为“中国最具成长力中小银行”。2011年5月，营口银行被第七届中国金融（专家）年会授予“2010年度中国最具特色中小银行”奖项。2013年4月，在“2013中国金融形势分析、预测与展望暨第九届中国金融专家年会”上，营口银行荣膺“2012年度中国城市金口碑服务银行”奖项。

2. 跨省经营的区域性股份制商业银行

在中国银监会“阳光普照”的监管理念下，2009年，营口银行启动了“立足东北和环渤海，做一家独具特色、在区域内具有影响力的好银行”的战略布局进程。2009年6月6日，营口银行第一家外埠分行——沈阳分行正式开业。近年来，营口银行区域化发展不断提速，2010年7月、2011年3月、2013年8月、2013年10月，营口银行大连分行、哈尔滨分行、葫芦岛分行、鞍山分行相继开业。综合竞争实力的持续走强，催生营口银行在更大范围开展金融创新与服务。当前营口银行拥有沈阳分行、大连分行、哈尔滨分行、葫芦岛分行、鞍山分行、营口分行、小微企业金融服务中心7家分行共同服务市场需求，实现了辽宁沿海经济带、环渤海经济圈、东北老工业基地三大经济区域市场的优势互补与联动发展，区域性经营网络战略布局稳步推进。

在区域化发展的过程中，营口银行不断完善公司治理架构，2013年，总行与营口分行实现分立，总－分－支管理格局正式形成，促进营口银行服务水平和管理水平同步提升。营口银行持续强化服务管理和品牌建设，坚持传递“为您着想”的服务理念，将“中小微企业伙伴银行”的经营特色拓展到更广阔的区域，塑造了营口银行优质卓越的品牌形象。

3. 最具特色的“中小微企业伙伴银行”

助力小企业，贷就大梦想。自成立以来，营口银行坚定不移地坚守服务中小微企业的市场定位，深入市场，贴近客户，激发灵感，着力创造，在与众多中小微企业的业务往来中，掌握了中小微企业金融服务的核心技术专长，形成了独特的竞争优势，塑造了特色鲜明的“中小微企业的伙伴银行”特色品牌。立行以来，营口银行累计投放近1800亿元信贷资源支持中小企业发展，中小企业贷款量占营口银行全部贷款90%以上，小微企业贷款占全部贷款比近60%，为促进中小企业发展做出了持续的努力和卓越的贡献。

2012 年，营口银行在 144 家城商行中率先成立了小企业专营机构——小企业金融服务中心。小企业金融服务中心以中国银监会“六项机制”为指引，按照战略事业部模式构建，将资源集中服务于小企业市场，最大限度的发挥专业化经营优势，致力于为小企业提供更加高效、便捷、贴心的金融服务，并期望通过助力中小微企业的良性发展，最终推动中国民营经济的腾飞。

16 年深耕“中小微”，赢得广泛赞誉，营口银行先后被中国银监会授予“全国银行业金融机构小企业贷款工作先进单位”，被中国印刷及设备器材工业协会授予“中国中小印刷企业最佳服务银行”，被辽宁银监局授予“辽宁省小企业信贷服务先进单位”，被第八届中国金融（专家）年会授予“品牌竞争力小企业服务银行”，在中国银监会 2012 年度小微企业金融服务工作先进单位和团体评选活动中，营口银行小企业金融服务中心被评为“全国银行业金融机构小微企业金融服务优秀团队”，大连分行中小企业品牌俱乐部被评选为“小微企业金融服务银行特色产品”。

4. 做一家受人尊敬的银行

按照“管理上成为国内一流的商业银行，在质量、获利、成长等方面成为佼佼者，做一家受人尊敬的银行“的企业愿景，营口银行追求更具内涵、更有质量的发展，努力打造“受投资者信赖、受员工热爱、受社会尊重、受大众称道”的好银行。

2009 年初，营口银行在国内城商行中率先引入境外战略投资者，与东南亚第五大、马来西亚第二大的银行集团——联昌国际银行集团（CIMB）正式启动国际战略合作，是当前全国 140 余家城商行中成功引入境外战略投资者的 16 家银行之一。

目前，营口银行已形成了多元化、分散化、合理化的股权结构，CIMB 以 19.99% 的股份成为营口银行的最大单一股东，民营资本占股份总数的 68%。通过国际战略合作，营口银行增强了资本实力，优化了股权结构，直接促进公司治理机制决策科学、执行有力、监督有效，发展视野更加开阔，创新发展能力全面增强，也为我国城市商业银行开展国际战略合作树立了成功的范例。

品牌影响力和综合竞争力持续走强的同时，营口银行不忘践行企业公民的社会责任，始终科学贯彻执行国家各项经济调控政策，大力发展绿色信贷，全力支持中小微企业，弘扬诚信文化，关怀民生发展，热心社会公益，积极履行纳税义务，为构建和谐社会付诸不懈努力，实现了企业价值与社会价值的同步提升。营口银行相继被中央文明委评为全国综合性最高集体荣誉称号——“全国文明单位”，被中华全国总工会授予企事业单位的最高荣誉——“全国五一劳动奖状”。

展望愈加开放的中国金融业，营口银行将更加坚定服务中小微企业的市场定位，倍加珍惜来之不易的发展机会，继续秉承“谦恭、诚信、创新、进取”的企业精神，不断推进现代金融企业建设，以国际化视野，致力发展成为“立足东北及环渤海地区，做一家独具特色、在区域内具有影响力的好银行”。

浙商银行

企业概况

“浙商银行”是经中国银监会批准设立的全国性股份制商业银行，全称为“浙商银行股份有限公司”，英文全称为“CHINA ZHESHANG BANK CO., LTD.”，英文简称“CZB”。浙商银行于 2004 年 8 月 18 日正式开业，总行设在浙江省杭州市。截至 2014 年 6 月末，浙商银行股东 24 家，注册资本 115 亿元，监管资本 380 余亿元。

浙商银行前身为“浙江商业银行”，是一家于 1993 年在宁波成立的中外合资银行，2004 年 6 月 30 日，经中国银监会批准，重组、更名、迁址，改制为现在的浙商银行。

浙商银行以“一体两翼”（即以公司业务为主体，小企业银行和投资银行业务为两翼）为市场和业务定位，沿着“在学习中发展，在发展中创新，在创新中领先，在领先中逐步做强做大”的路径，分步推进，逐步实现资本、规模、特色、质量和效益的协调与快速发展，逐步成为经营有方、富有特色、业绩优良、具有一定国际影响的国内一流商业银行。截至 2014 年 6 月末，浙商银行总资产近 6000 亿元，各项存款超过 3500 亿元，各项贷款近 2500 亿元，资本充足，资产质量上乘，经营效益优良。连续荣获银监会“全国小企业金融服务先进单位”、“小微企业金融服务表现突出银行”和相关媒体 2009 年“中国中小企业金融服务十佳机构”、2011 年“最佳中小企业信贷银行”等荣誉。连续荣获中国银行业协会“2010 年度社会责任践行奖”、“2011 年度最佳社会责任实践案例奖”和 2012、2013 年度“最具社会责任金融机构”等荣誉。中诚信国际于 2011 年将浙商银行主体信用等级上调为 AA +，达到同类银行先进水平。在 2014 年英国《TheBanker》“全球银行业 1000 强”排名第 208 位。

浙商银行已在北京、天津、辽宁、上海、江苏、山东、广东、重庆、四川、陕西、甘肃 11 个省（区、市）和浙江省内全部省辖市设立（筹建）了 121 家分支机构，全国性机构体系初步形成。同时重视发展电子银行业务，在互联网金融的浪潮中，积极探索创新推动电子银行从渠道向平台变革，先后完成了网上银行、手机银行、电话银行、短信银行、微信银行等各类电子银行渠道建设；银企直联、大宗商品交易、现金管理、电子商务、网上营业厅等各种电子银行业务平台建设；电子存折、支付 e 卡、电子银行汇票、账户电子化托管等一批国内创新电子银行特色产品研发。目前浙商银行已建成了由网络服务、移动服务、客户端服务、电商服务所构成的“四位一体”的电子银行全渠道服务模式，电子银行渠道交易笔数替代率已超过 90%，连续三年位列全国性银行前列；先后荣获中国银行业协会、中国金融认证中心和新浪、搜狐、网易等行业或社会评选的电子银行、网上银行、手机银行和创新互联网银行等 20 余个奖项。

按照“一体两翼”的市场与业务定位，浙商银行潜心探索小企业银行业务和投资银行业务等特色业务。

按照“专业化经营、近距离设点、高效率审批、多方式服务”的小企业银行业务经营方针，加强小企业组织体系建设及制度与产品创新，特色竞争力日益增强：于 2006 年在业内设立了第一家小企业专营支行，目前已设立浙商银行小企业信贷中心和 87 家小企业专营机构，占全行机构总数超 70%；单独建立了一套适合小企业业务特点的制度体系和业务流程，创新开发了突破抵质押方式的“桥隧模式”、“联保贷款”、“村民保证贷”和“一日贷”、“三年贷”、“全额贷”、“便利贷”、“积分贷”、“商位通”以及“厂房租金贷与出租贷”、“小企业政府采购贷”、“随易贷”、“余值贷”、“商位租金贷”等适合小微企业需求的特色产品，并积极试点推广微贷业务。连续三年荣获中国银行业协会“服务小企业及三农十佳特色产品”，成为国内唯一一家连年荣获上述殊荣的商业银行。截至 2014 年 6 月末，全行国标小企业贷款余额占各项贷款余额比例超过35%。

按照"有效融合和发挥智力、渠道和资格优势，着力发展真正意义上的投资银行业务"的思路，突破发展了信贷资产证券化、非金融企业债务融资工具承销、资产管理、保险资金投资基础设施独立监督人、资产托管等投资银行业务：2008年，发行了国内第一单中小企业信贷资产支持证券；2010年，作为国内首批单位，创新发行引入内部分层增信结构和第三方回购机制的中小企业集合票据；2012年，作为主承销商成功发行了浙江股权交易中心首单私募债券，开创了国内商业银行承销发行区域金融市场私募债券业务的先河。结合小企业信贷业务，浙商银行已经成为目前国内首家同时可为中小企业提供直接、间接和混合三种融资模式的商业银行。近年来，连续荣获《证券时报》2010年"最具成长性银行投行"、2011年"最佳创新银行投行"、2012年、2013年和2014年"最具竞争力银行投行"等荣誉。

浙商银行实行"统一法人，授权经营，集约化管理"的制度。全行统一文化理念，统一形象标识，统一规章制度，统一业务系统，统一服务标准，统一财会核算。

风险管理上，建立了全面、统一的风险管理组织体系，信用风险以垂直管理为主，市场风险和流动性风险以集中管理为主，合规风险、操作风险以网状控制为主；实行风险监控官委派制度，风险监控官由总行委派，对总行负责，主管派驻分支行和部门的风险管理，行使授信否决权和风险监督权。

内控管理上，按照流程银行建设目标，建立了符合监管要求和经营管理需要的内控组织体系、制度体系、授权体系、岗位责任体系、业务流程和管理流程体系、监督检查体系、内控管理评价体系。

信息系统管理上，成功投产了基于企业级SOA架构的新一代柜面业务集中处理系统，在国内第一家实现基于企业级SOA构建信息系统和再造业务流程，在流程银行建设方面达到国内领先水平，荣获中国人民银行2012年科技发展二等奖。

绩效管理上，从2006年开始，在同业中率先全面实施经济资本管理，建立了以经济增加值和经济资本回报率为核心内容的绩效考核体系。

浙商银行积极履行社会责任。2004年成立时，即以资助"雏鹰起飞——浙商银行千名贫困学子助学计划"替代开业仪式，并形成了节约分支行开业款项用于资助希望小学、贫困学生、敬老院等公益事业的良好传统，连续举办大型公益助学活动——"浙商银行彩虹计划"，累计资助6,0C0多名贫困中小学生完成学业；建立了浙商银行慈善基金，热心公益事业；"5·12"汶川大地震后，浙商银行以多种方式开展赈灾活动，专项援建并持续资助浙商银行（陕西）接官亭镇中心小学；五周年行庆之际，又将行庆专用款项捐赠给台湾地区"莫拉克"台风受灾同胞；捐赠第八届全国残疾人运动会，关爱社会弱势群体；创建团中央青年就业创业见习基地，积极为大学生提供岗位培训机会；积极支持体育事业，连续五年冠名浙商银行乒乓球俱乐部征战全国男子乒超联赛，并在2011赛季勇夺冠军。

企业文化

浙商银行愿景：到2020年左右，成为经营有方、富有特色、业绩优良、具有一定国际影响的国内一流商业银行。

浙商银行使命：让每个客户从我们的金融服务中得到更多价值。

更多的渠道：根据客户融资需求，为客户提供灵活快捷的融资渠道。

更高的效益：通过提高综合金融服务，帮助客户降低融资成本，增加收益。

更好的服务：通过建设顺畅、高效的服务链，让服务更加贴近市场和客户。

浙商银行价值观：创造价值，追求更好。

通过优质的金融服务为客户创造价值，进而为组织创造价值，并从中实现员工自身的价值，三位一体，共同发展。

作为一家新兴的银行，始终追求更优的团队、更好的服务、更佳的效益，不断追赶同行、超越同行、领先同行。

浙商银行精神：负责、诚信、学习、专业、沟通、创新。

郑州银行

企业概况

郑州银行的前身郑州市商业银行成立于2000年2月。2009年12月正式更名为"郑州银行"。自成立以来，郑州银行坚守"服务地方、立足中小、关注民生、发展高端"的市场定位，秉持"中意你我他"的品牌理念，专注小微领域，服务实体经济，坚持走特色化、差异化发展之路，打造"商贸物流银行、中小企业融资专家、精品社区银行"，近年来，各项业务不断取得历史性突破，市场竞争力和综合实力不断增强。

截至2014年12月底，郑州银行在职员工2,941人，分支行94家，其中省内分行6家；发起设立村镇银行3家；资产规模2,037亿元，存款余额1,662亿元，贷款余额780亿元；资本充足率为11.29%，不良贷款率0.56%，拨备覆盖率达到322.98%，各项主要监管指标均达到监管要求，监管评级为2C级。

凭借良好的经营业绩和优质的金融服务，本行的品牌形象稳步提升。连续两年获得资产规模1000－2000亿元城商行财务评价竞争力第3名，进入世界银行500强，先后荣获中国最具社会责任中小银行、中国城商行最佳零售银行、中国最佳物流银行、中国最具成长性中小银行、中国最佳小微企业服务中小银行、中国十大品牌中小银行、全国银行业金融机构小微企业金融服务先进单位、2012年度小微企业金融服务表现突出银行、中原最佳市民银行、中原地区最佳小企业贷款银行、年度最具竞争力中小银行、2014年度最佳中小银行等荣誉。

企业文化

企业使命：鼎铸中原立鼎金融盛世民生和谐共荣。

企业愿景：建一流精品创百年鼎盛。

企业精神：拔山扛鼎追求卓越。

核心价值观：合规鼎峙革故鼎新一言九鼎。

市场定位：服务地方立足中小关注民生发展高端。

企业文化核心推广语：诚·立信德·致远。

品牌沟通广告语：中意你我他。

联系方式

地址：郑州市郑东新区商务外环22号郑银大厦

客服热线：967585（河南地区）

4000967585（全国地区）

重庆银行

企业概况

重庆银行是中国西部和长江上游地区成立最早的地方性股份制商业银行。近年来，按照市政府制定的"龙虾三吃"发展战略，全力推进增资扩股、资产重组和引资上市工作。在完成两次增资扩股和三次不良资产剥离后，2007 年 4 月顺利引进香港大新银行作为战略投资者，2009 年 4 月成功发行 10 亿元次级债，进一步增强了资本实力，提升了抗风险能力。2013 年 11 月 6 日重庆银行在香港证券交易所主板正式挂牌上市，成为第一家在港交所上市的内地城商行，也是近三年来第一家在中国香港上市的内地银行股。

近年来，重庆银行在上级单位和监管部门的亲切关怀下，在董事会、监事会的正确领导下，在全行员工的同心协力下，经受住了全球金融危机和宏观调控政策变化的双重考验，经营管理稳固有序，业务发展取得长足进步，各项指标均显现良好发展态势。2013 年重庆银行资产总额突破 2000 亿元，达到 2068 亿元，同比增长 32.4%；存款总额 1488 亿元，贷款总额 905 亿元；实现净利润 23.29 亿元，同比增长 21.0%；平均总资产回报率为 1.28%，平均权益回报率 21.4%；资本充足率 13.26%，同比上升 2.15%；不良贷款率继续保持在 0.39% 的低位，在上市同业中居于最低水平。

在机构建设方面，重庆银行现下设 116 家分支机构，网点覆盖了重庆市所有区县。2008 年 12 月，成都分行顺利营业，重庆银行成为西部第一家实现跨区域经营的城商行。2010 年 3 月贵阳分行开业，2011 年 4 月西安分行也顺利实现了开业。为应对日趋复杂的经济金融形势，提升市场竞争力，积极响应国家调整经济结构、鼓励中小微企业发展的政策号召，重庆银行坚定不移的推进战略转型步伐，走专业化、特色化发展之路，先后成立专门的中小企业业务中心、科技创新金融服务中心，以及重庆第一家独立挂牌经营的小企业信贷中心。同时，重庆银行不断加了产品和业务模式的创新，打造出“微企通”、“易捷贷”、“金翅膀”、“启动力”等在市场上享有较大声誉的品牌，在金融服务中小微企业、有效解决融资难问题上进行了有益的尝试和探索，得到社会各界的充分认可和积极评价。

2013 年，重庆银行在英国《银行家》公布的全球银行业 1000 强中综合排名 513 位，比 2012 年提升了 43 位。在国际评级公司标准普尔在北京发布的“中国 50 大银行”排名中，重庆银行名列其中。在中国《银行家》公布的“资产规模千亿以上城商银竞争力排名”中列第 13 位。

社会责任

重庆银行自成立之初，就一直把积极履行社会责任作为经营活动的重要组成部分，在自身不断发展的同时，不忘回报社会。近年来重庆银行积极支持“五大功能区”建设、扶持小微企业发展、服务“三农”、支持地方经济、倡导绿色运营、维护消费者权益、投身公益事业，不断推动企业社会责任与企业发展战略和经营业务的有机融合。

联系方式

地址：重庆市渝中区邹容路 153 号重庆银行股份有限公司投资者关系与证券事务部

邮编：400010

电话：(023)63792129

传真：(023)63799024

邮箱：ir@ bankofchongqing. com

第二节　非银行金融机构

安信信托股份有限公司

安信信托股份有限公司(以下简称"安信信托"或"公司")是中国第一批股份制非银行业金融机构,前身是鞍山市信托投资股份有限公司,成立于1987年,1992年转制为股份有限公司,1994年在上海证券交易所上市(股票代码:600816),2004年迁址上海。是国内最早一批金融类上市公司,也是目前我国仅有的两家上市信托公司之一。

成立二十多年来,公司一贯秉承"诚信、进取、和谐、高效"的企业经营理念和"理财、生财、护财、传财"的资产管理宗旨,践行"踏踏实实做人,规规矩矩做事,风险高于一切,诚信重于泰山"的公司司训,倡导和弘扬"协力、包容、担当、分享、学习"的价值观,追求卓越,坚韧图成,以"基业长青"为目标,以社会责任为导向,以信用建设为基础,以风险控制为前提,以创新服务为动力,以价值实现为目标,以差异化经营为特色,在促进公司可持续发展的同时,致力成为信托法律关系框架下,服务于实体经济、关注民生的"理财、生财、护财、传财"的金融服务商。

二十多年的风雨历程,安信信托走过了不平凡的发展之路,经过全体员工的辛勤耕耘与积累,取得了骄人的经营业绩。信托业务模式上实现了从纯融资业务向资产管理转型,从非主动管理向主动管理转型,设计推出的信托产品涉及民生工程、矿产资源、运输、房地产开发等多个领域。在已经清算的近800亿信托资产中,全部实现了到期足额无风险兑付,确保了投资人的资金安全。2007年,公司获得中国企业协会授予的"2007年度中国最具创新力企业"称号;2008年,"安信·明珠系列"集合信托产品成功发行设立;"远程1号－船船舶抵押贷款集合资金信托"被业界评为"2008年度最具亮点的信托计划";2012年,公司董事会在《理财周报》发起的"2012(第五届)中国上市公司最佳董事会评选"中被评为"最佳董事会";2013年,获"2013(第六届)中国上市公司最佳董事会评选"的"最佳董事会"及"最具价值总裁"的殊荣。

作为一家公众公司,安信信托始终奉行"回馈社会、履行上市公司义不容辞的社会责任"的道德准则。本着对社会特殊群体的关爱,公司于2010年底在全国首家研发并成功设立了准公益信托"安信·关爱系列1号信托计划"。该信托产品在由理财周刊主办的"2010年度理财产品评选"活动中荣获"年度最受关注产品奖";2011年,携手宋庆龄基金会设立了"安信信托公益基金",专门用于对特殊群体的精神抚慰;2012年,公司又成功研发并发行了以60岁以上老年人为投资群体的"安信·关爱系列2号银发颐养信托计划",并携手上海市老年基金会成立"安信信托老年基金",用于上海市"敬老爱老助老"公益事业。

新的历史发展时期,安信信托将与时俱进,继续秉承"服务民生,回报社会"的企业发展宗旨,坚持"专业化、差异化"的经营策略,充分发挥自身在投融资等金融服务、资产管理领域的优势,实现公司的可持续发展。

企业经营理念:诚信、进取、和谐、高效。

诚信:"人无信,则不立",诚信是力量的一种象征,它昭示着一个企业的高度自重和内在的安全感与尊严感,是安信人一贯奉行的行为准则。

进取:《易经》云:"天行健,君子以自强不息"。安信信托以此作为企业经营理念的一个要素,体现了企业不断进步,追求卓越的决心和魄力。

和谐:本着"回报社会,服务民生"的企业发展宗旨,安信信托始终将互利互惠、互促互补、共同发展的理念贯穿于经营活动中,体现了安信人追求美好事物及互助合作的价值观。

高效:在合规经营、严控风险的思想指导下,安信信托一贯倡导和践行"积极主动、不断学习、持之以恒"的工作作风,建立了简明而高效的决策与运营机制,最大限度地整合了公司内外的可控资源,促进了公司经营效率的持续提升。

公司司训:踏踏实实做人,规规矩矩做事,风险高于一切,诚信重于泰山。

资产管理宗旨:理财·生财·护财·传财。

价值观:协力、包容、担当、分享、学习。

安徽国元信托有限责任公司

安徽国元信托有限责任公司(以下简称"公司")是经中国银行业监督管理委员会批准设立的非银行金融机构,由安徽国元控股(集团)有限责任公司发起设立,创立于2001年12月20日。公司注册资本20亿元人民币,法定代表人过仕刚,注册地安徽省合肥市宿州路20号,为中国信托业协会理事单位。

公司现有股东7家,分别为:安徽国元控股(集团)有限责任公司、深圳中海投资管理有限公司、安徽皖投资产管理有限公司、安徽皖维高新材料股份有限公司、安徽巢东水泥股份有限公司、安徽国生电器有限责任公司和安徽省信用担保集团有限公司。

公司经营范围为以下本外币业务:(1)资金信托;(2)动产信托;(3)不动产信托;(4)有价证券信托;(5)其他财产或财产权信托;(6)作为投资基金或者基金管理公司的发起人从事投资基金业务;(7)经营企业资产的重组、购并及项目融资、公司理财、财务顾问等业务;(8)受托经营国务院有关部门批准的证券承销业务;(9)办理居间、咨询、资信调查等业务;(10)代保管及保管箱业务;(11)以存放同业、拆放同业、贷款、租赁、投资方式运用固有财产;(12)以固有财产为他人提供担保;(13)从事同业拆借;(14)法律法规规定或银监会批准的其他业务。

2013年,面对复杂多变的经济金融形势,公司坚持"依法合规、稳健经营"理念,承续良好发展势头,稳中求进,统筹"稳增长、保兑付、调结构、促转型",努力化解公司发展过程中的挑战,成功实现了管理信托资产规模、经营利润的"两个稳步增长"和人才队伍建设、精细化管理水平、创新转型意识的“三个不断提升”，公司发展不断增速提质，综合实力稳健处于行业中上水平。同时，作为安徽省唯一一家信托机构，公司始终坚持发挥信托功能支持地方建设，服务安徽加速崛起，取得较好成绩。

截至 2013 年末，公司管理信托财产规模 1905.33 亿元，较年初增长 67%；固有资产 43.18 亿元，较年初增长 12.54%。净资产 41.2 亿元，较年初增长 11.17%。全年实现各项业务收入 8.73 亿元，较上年增长 31.28%。其中，信托业务收入 6.42 亿元，较上年增长 30%。净利润 5.41 亿元。

公司积极响应政策号召，大力支持实体经济和地方经济社会发展。全年发行支持实体经济信托项目 333 个，募集资金 733.3 亿元，较上年增长 24.41%；发行支持中小微企业发展信托项目 207 个，募集资金 522.71 亿元，较上年增长 214.3%。发行支持安徽地方建设信托项目 131 个，募集资金 559.68 亿元，资金规模占比新增信托资金的 27.48%，为地方经济社会发展做出了应有贡献，连续多年荣获“全省金融工作最佳贡献奖”等荣誉称号。

北方国际信托股份有限公司

北方国际信托股份有限公司（以下简称“公司”）前身为天津经济技术开发区信托投资公司，于 1987 年 10 月经中国人民银行天津分行批准成立，注册资本为 2,000 万元。1994 年更名为天津北方国际信托投资公司，其间经公积金转增股本、增资扩股各一次，使注册资本达到 50,679 万元。

2002 年 6 月，完成与天津滨海信托投资有限公司合并，同时增资扩股 67,818 万元，公司注册资本达到 150,251 万元，并改制为股份有限公司，公司名称变更为天津北方国际信托投资股份有限公司。2002 年 9 月经中国人民银行批准重新登记。2003 年 10 月，更名为北方国际信托投资股份有限公司。

2005 年 12 月，经天津市政府批准，完成公司分立，注册资本变更为 1,000,998,873 元。2008 年 10 月，经中国银监会批准公司名称变更为北方国际信托股份有限公司。

公司股东 27 家，控股股东为天津泰达投资控股有限公司。

业务范围

1. 资金信托；
2. 动产信托；
3. 不动产信托；
4. 有价证券信托；
5. 其他财产或财产权信托；
6. 作为投资基金或者基金管理公司的发起人从事投资基金业务；
7. 经营企业资产的重组、购并及项目融资、公司理财、财务顾问等业务；
8. 受托经营国务院有关部门批准的证券承销业务；
9. 办理居间、咨询、资信调查等业务；
10. 代保管及保管箱业务；
11. 固有业务项下开展存放同业、拆放同业、贷款、租赁、投资等业务；
12. 以固有资产为他人提供担保；
13. 同业拆借；
14. 法律法规规定或中国银行业监督管理委员会批准的其他业务。

北京国际信托有限公司

北京国际信托有限公司（简称北京信托，原名北京国际信托投资有限公司）是中国改革开放之初首批成立的信托公司之一。

1979 年，北京市人民政府组建了北京市经济建设总公司，为从事投资、贸易的综合性企业。1984 年 10 月，北京市人民政府决定撤销北京经济建设总公司，成立北京国际信托投资公司，成为专门从事投资和信托业务的非银行金融机构、国有独资的全民所有制企业，资本金为 2 亿元人民币。2000 年 3 月，在全国第五次信托公司清理整顿中，北京国际信托投资公司按照建立现代企业制度的要求，率先改制成为北京市人民政府控股、多家企业参股的股份制金融企业，公司更名为北京国际信托投资有限公司，资本金增至 12 亿元人民币。2002 年 3 月，经中国人民银行批准，北京信托首批完成重新登记，获得市场准入资格。2004 年中国石油化工股份有限公司加盟北京国际信托投资有限公司，公司资本金增至 14 亿元人民币。2007 年，北京信托实施股权重组，引进了境外战略投资人——英国安石投资管理公司，并更名为北京国际信托有限公司。

北京信托成立近三十年来，在金融领域不断创新，始终处于行业领先地位：建立了北京第一家证券营业部；在金融机构中第一家为民营企业发行企业债券；参与投资组建了国内第一批风险投资公司；在信托业清理整顿中率先完成增资改制；首批完成信托公司重新登记；推出了国内第一个大型土地开发集合资金信托计划、第一个规范的财产权信托、第一个房地产投资信托等。近年来，北京信托通过开展规范的金融信托业务，不断完善法人治理结构，坚持防范风险、合规经营、持续创新、稳健发展的方针，积极参与经济建设，为社会提供了灵活多样的金融服务，赢得了各界的高度认同，确立了北京信托在行业内的领先地位。

据 2008 年末上海证券报公布的“信托公司理财能力年终大排名”，在六个单项排名中，公司在信托产品规模、风险控制、专业能力、信息透明度四项排列行业前十名之内，理财能力综合排名第二。

公司从增资改制到完成战略重组，依赖于科学的公司治理制度，严谨而顺畅的业务操作流程，坚持发展是硬道理的信念，遵循创新是企业的生命线的真谛，恪守股东、受益人利益最大化的承诺，抓信托创新，促业务发展，使公司不断壮大发展并连年取得新突破。特别是 2006 年以来，不断扩大的受托管理财产规模、投资项目无一例失误的业绩，为股东带来的丰厚收益，为委托人增加了 60 亿元的财富收益，为国家做出 3 亿多元税收贡献等等，无一不展示着公司的巨大活力和财产管理实力，更是北京信托对受托人神圣职责内涵的深刻理解和倾力实践的结果。

北京信托作为金融企业，存在的核心价值就是要为投资人理好财，科学运筹信托财产，努力促进财富增值。北京信托将永远恪守“受人之托、代人理财”承诺，通过清晰的战略规划，着眼于建成实力雄厚、管理严谨、人才济济、风控和融资能力卓越的一流信托公司，以强大的投资管理能力塑造盈利模式和核心竞争力，利用区域优势和充分发挥公司团队在财产管理方面的才智，尽责管理运用好受托财产，为股东和受益人的利益最大化服务，为国家经济建设发展做出更多更大的贡献。

渤海国际信托有限公司

渤海国际信托有限公司（以下简称“渤海信托”）成立于1983年12月，前身为河北省国际信托投资有限责任公司，2006年完成重组，成为海航集团成员企业，2007年更名为渤海国际信托有限公司。公司注册地为河北省石家庄市，注册资本20亿元，是目前河北省唯一一家经营信托业务的非银行金融机构。

在三十余年的发展历程中，渤海信托锲而不舍地立足于“受人之托，代人理财”的信托本源，秉承“诚信、业绩、创新”的企业理念，遵循“规范运作、稳健经营”的经营原则，充分发挥作为信托企业的经济属性、金融属性和社会属性，运用信托横跨实体经济、资本市场及各金融业态的灵活机制，打造金融服务平台，提升金融服务水平，促进客户财富增长，助推社会经济发展，实现自身经营效益的节节升高。

三十多年的创业和创新，渤海信托走过一段充满奋进和突破的历程，不断迎接挑战，战胜挑战，实现了跨越式发展，创造了不俗的经营业绩。经营范围覆盖资金信托、动产信托、不动产信托、有价证券信托及其他财产或财产权信托等信托业务，同时还包括投资基金业务、经营企业资产的重组、并购及项目融资、公司理财、财务顾问等自营业务，产品涉及基础产业、房地产、工商、金融机构等领域。截至2014年9月30日，渤海信托总资产35.4亿元，净资产35.1亿元，管理的信托资产规模2169亿元。在历年清算的信托资产中，实现了100%到期兑付，有力保证了投资者的资金安全，实现了投资者的财富增值。近年来，渤海信托历获“中国最具成长性信托公司”、“中国最具区域影响力信托公司”、“中国最佳管理信托公司”等荣誉称号，逐步成为产品和服务优良、可持续发展能力强、社会各界高度信赖的财富管理机构。

渤海信托坚持金融必须服务社会、助推经济，为百姓、为客户谋利益的理念，广结善缘，以社会责任和客户利益为重，不断提升资本能力、规模能力、风控能力，为广大投资者提供可信赖、专业化的信托理财服务，赢得了公众的认可和支持。近年来，渤海信托成功设立了一系列集合资金信托计划，仅向河北当地中小企业就提供了融资逾48亿元，有力补充了中小企业经营性资金需求。同时还与地方商业银行合作，以信托产品支持国家支持行业、高新技术领域和高成长行业的企业，涉及电子、化工、环保、计算机等领域。为满足高净值客户的理财需求，渤海信托成立了财富俱乐部，搭建一套围绕高净值客户的资产配置需求而形成的产品供给体系，为俱乐部会员的财富增值和生活品质提升提供优质服务。

大连华信信托投资股份有限公司

大连华信信托投资股份有限公司诞生于1981年，原名中国人民银行大连市信托投资公司。1985年，中国工商银行与中国人民银行分设，公司更名为中国工商银行大连市信托投资公司。1987年底，由中国工商银行大连市分行为主要发起人，将公司改制为股份有限公司——中国工商银行大连信托投资股份有限公司，1988年4月，完成工商登记，成为当时全国14家金融企业股份制改革试点单位之一，注册资本5,050万元。1997年，遵照国务院关于银行业与信托业分业经营的规定，公司完成与中国工商银行大连市分行的脱钩工作，更名为大连华信信托投资股份有限公司。1998年8月，经中国人民银行批准，公司以累积的未分配利润及资本公积金按照1:1的比例送、转增股本，使注册资本扩增至1.01亿元。2000年7月，在整顿信托投资公司的过程中，公司获准保留，成为大连市唯一获准保留的信托投资公司。2000年底，公司注册资本扩增至5.01亿元。2001年11月5日，公司完成重新登记，成为全国首批、东北地区首家完成重新登记的信托投资公司。

经营宗旨：公司以“诚信为本、客户至尊”为经营理念，以“受人之托、代人理财”为方式，以实现广大委托人和受益人的最大利益为目标，管理或者处分信托财产，为广大客户的投资理财提供多种金融服务，以此促进区域经济的繁荣和资源的优化配置，并努力实现股东利益的最大化。

经营理念：诚信为本、客户至尊。

企业精神：团结、敬业、奋进、创新。

大业信托有限责任公司

一、公司简介

大业信托有限责任公司（简称“大业信托”）是经中国银监会批准的，在重组原广州科技信托投资公司的基础上，重新登记的非银行金融机构。公司注册资本为3亿元人民币，注册地为广州市，在北京和上海设有业务管理部。

公司在2011年3月10日获取《金融许可证》，并在2011年3月16日换取新的营业执照正式开业，经允许从事经中国银行业监督管理委员会依照有关法律、行政法规和其他规定批准的业务。

二、股东背景

1. 中国东方资产管理公司

中国东方资产管理公司（简称“东方资产”），是具有独立法人资格的国有独资金融企业，公司注册资本100亿元人民币，由财政部全额拨入。公司目前由主营收购、管理和处置金融机构不良资产，向经营不良资产和发展其他金融服务并重过渡。公司在全国26个中心城市设有25家办事处和1家经营部，在直接投资领域形成了以邦信资产管理有限公司为核心的投融资平台，在金融领域控股东兴证券、外贸金融租赁有限公司等金融平台。

2. 广州国际控股集团有限公司

广州国际控股集团有限公司（简称“广州国际”），是广州市人民政府整合市属金融产业的平台。公司直属子公司包括广州市广永国有资产经营有限公司和广州产权交易所；控股企业包括广州银行、广州农村商业银行、万联证券有限责任公司、广州珠江资产管理有限公司、广永期货有限公司等优质金融资产。

3. 广东京信电力集团有限公司

广东京信电力集团有限公司（简称“京信电力”）是一家以投资运营大型火电、风电站为主营业务，兼营大型国内外贸易及投资营运大型码头、煤炭仓储、油气仓储等行业的大型能源集团，为广东省五大电力企业之一。

三、经营宗旨

恪守信用，合法经营，以市场为导向，以客户为中心，提供优质金融服务，创造良好经济效益，促进国民经济发展。

四、战略规划

依托广东省的区位经济金融优势，并充分利用重组方的行业优势地位，建立现代企业法人治理结构，以传统业务为起步，稳步有序开展创新业务，争取用3－5年的时间将新公司发展成为以投资能力、研发能力、营销能力为主要内容的核心竞争力，具备专业化、规范化、规模化的综合信托业务平台，实现股东回报最大化。

五、业务范围

经中国银行业监督管理委员会批准，大业信托可以从事下列本、外币业务：

（1）资金信托；

（2）动产信托；

（3）不动产信托；

（4）有价证券信托；

（5）其他财产或财产权信托；

（6）作为投资基金或者基金管理公司的发起人从事投资基金业务；

（7）经营企业资产的重组、购并及项目融资、公司理财、财务顾问等业务；

（8）受托经营国务院有关部门批准的证券承销业务；

（9）办理居间、咨询、资信调查等业务；

（10）代保管及保管箱业务；

（11）以存放同业、拆放同业、贷款、租赁、投资方式运用固有资产；

（12）以固有财产为他人提供担保；

（13）从事同业拆借；

（14）法律法规规定或中国银行业监督管理委员会批准的其他业务。

东莞信托有限公司

东莞信托有限公司（下称“东莞信托”）前身为东莞市财务发展公司，成立于1987年3月13日，注册资本金人民币12亿元，是东莞市属国有控股的非银行金融机构。

历经全国信托行业五次整顿，为全国获准保留的少数几家地市级信托公司之一，2007年3月，中国银监会实施新《信托公司管理办法》后公司更名为“东莞信托有限公司”。

公司成立二十多年来，坚持依法合规、稳健持续的经营理念，追求风险控制前提下的持续效益。

在服务东莞经济发展的同时，自身也取得长足的发展，公司实现持续盈利，主要经营管理指标处于全国同业的中上游水平。

公司以提升资产管理能力为公司战略立足点，先后发行房地产投资、收益权投资、银行信贷资产转让、证券投资、贷款、股权投资等多种类信托计划，为投资者实现较高的投资回报。

业务范围

1. 资金信托；
2. 动产信托；
3. 不动产信托；
4. 有价证券信托；
5. 其他财产或财产权信托；
6. 作为投资基金或者基金管理公司的发起人从事投资基金业务
7. 经营企业资产的重组、购并及项目融资、公司理财、财务顾问等业务；
8. 受托经营国务院有关部门批准的证券承销业务；
9. 办理居间、咨询、资信调查等业务；
10. 代保管及保管箱业务；
11. 以存放同业、拆放同业、贷款、租赁、投资方式运用固有财产；
12. 以固有财产为他人提供担保；
13. 从事同业拆借；
14. 法律法规规定或中国银行业监督管理委员会批准的其他业务。

方正东亚信托有限责任公司

方正东亚信托有限责任公司（以下简称“公司”）是经中国银监会于2010年1月23日批准重组成立的非银行金融机构。

公司股东为北大方正集团有限公司、东亚银行有限公司和武汉经济发展投资（集团）有限公司。公司注册资本为12亿元人民币，注册地为湖北武汉。公司业务范围包括资金信托、动产信托、不动产信托、有价证券信托、其他财产或财产权信托，固有业务项下存放同业、拆放同业、贷款、租赁、投资等本外币业务，以及法律法规规定或中国银行业监督管理委员会批准的其他业务。

截至2013年12月底，公司累计发行600余个信托项目、管理信托资产规模突破2,000亿元，经营管理成效显著。

经营范围：

经中国银行业监督管理委员会批准和公司登记机关核准，方正东亚信托有限责任公司经营下列本外币业务：

（一）资金信托；

（二）动产信托；

（三）不动产信托；

（四）有价证券信托；

（五）其他财产或财产权信托；

（六）作为投资基金或者基金管理公司的发起人从事投资基金业务；

（七）经营企业资产的重组、购并及项目融资、公司理财、财务顾问等业务；

（八）受托经营国务院有关部门批准的证券承销业务；

（九）办理居间、咨询、资信调查等业务；

（十）代保管及保管箱业务；

（十一）以存放同业、拆放同业、贷款、租赁、投资方式运用固有财产；

（十二）以固有财产为他人提供担保；

（十三）从事同业拆借；

（十四）法律法规规定或中国银行业监督管理委员会批准的其他业务。

公司荣誉：

“2013年度金牛集合信托公司”奖。

2014年7月，在中国证券报、金牛理财网主办的2013年度金牛理财产品评选中，方正东亚信托获得“2013年度金牛集合信托公司”奖。

2013年度“中国最具成长性信托公司”奖。

2014年7月，在证券时报主办的第七届中国优秀信托公司评选活动中，方正东亚信托获得“中国最具成长性信托公司”奖。

2013年度“诚信托——成长优势”奖。

2014年6月，在上海证券报主办的第八届中国“诚信托”评选活动中，方正东亚信托获得“成长优势奖”。

“2013 领航中国金融行业年度评选信托类最具成长性奖”。

2014 年 1 月 9 日，荣获“2013 领航中国金融行业年度评选信托类最具成长性奖”。

广东粤财信托有限公司

广东粤财信托有限公司（以下简称“粤财信托”），1984 年 12 月经广东省人民政府批准成立，并先后经中国人民银行和国家外汇管理局核准，领取了《经营金融业务许可证》和《经营外汇业务许可证》。2002 年，经中国人民银行审核在业内首批获得重新登记；2007 年 7 月，按照新的《信托公司管理办法》的要求，经中国银行业监督管理委员会核准，更名为“广东粤财信托有限公司”，目前是广东省唯一一家省属信托公司。

粤财信托股东为广东粤财投资控股有限公司（持股比例 98.14%）与广东省科技创业投资公司（持股比例 1.86%）。粤财信托控股股东广东粤财投资控股有限公司是经广东省人民政府批准成立的国有资产授权经营企业，以金融为主业，并涉足地产、工业、服务、酒店等行业，实力雄厚。

粤财信托自成立二十多年以来一直秉承“稳健务实，开拓创新”的经营理念，坚持“诚信为本，稳健经营、严格管理、规范操作”的经营方针，适时把握金融改革与行业发展的机遇，调整经营战略目标，持续优化经营资源配置，完善决策体系，强化风险控制能力，历经金融信托业六次清理整顿和国际金融风暴的考验和洗礼而不断成长壮大，管理信托资产规模在信托行业中排名居于前列。迄今为止，已到期结束的信托产品全部按合同约定进行了财产分配，未出现任何违法违规违约现象；实际收益水平全部达到或超过预期，到期清算率和收益兑付率 100%，信托资产不良率为零。

目前，粤财信托经济实力不断壮大，防范与抗御风险的措施日臻完善，各项业务步入了持续、健康、稳步发展的轨道，在金融同业中赢得了良好声誉，并赢得了社会各界的信任和支持。粤财信托将充分发挥专家理财优势，不断开拓创新，通过有效运用信托、信贷、租赁、投资等金融工具，研发并推出各类信托产品，构建专业的、综合性的金融服务平台，努力为客户提供个性化、专业化的金融需求解决方案，以优质的服务、良好的投资收益来回报广大投资者的信任与厚望。

经营范围：

资金信托；动产信托；不动产信托；有价证券信托；其他财产或财产权信托；作为投资基金或基金管理公司的发起人从事投资基金业务；经营企业资产的重组、购并以及项目融资、公司理财、财务顾问等业务；受托经营国务院有关部门批准的证券承销业务；办理居间、咨询、资信调查等业务；代保管及保管箱业务；以存放同业、拆放同业、贷款、租赁、投资方式运用固有财产；以固有财产为他人提供担保；从事同业拆借；法律法规规定或中国银行业监督管理委员会批准的其他业务。

社会责任：

粤财信托一直致力于履行对社会与环境发展的社会责任。我们与相关各方密切协作，开展了“广东节能减排促进项目资金信托”、“广东省农业综合开发项目”、“中小企业贷款项目资金信托”、“粤财扶贫基金信托”等项目，积极推动节能减排及环境保护、农业综合开发、中小企业发展，扶持欠发达地区的教育与民生事业，以最大的努力回馈社会与环境。

湖南省信托有限责任公司

湖南省信托有限责任公司（简称“湖南信托”）1985 年经湖南省人民政府批准、中国人民银行总行批复正式成立，2002 年经中国人民银行总行核准重新登记，2008 年获得了中国银监会颁发的新的金融许可证，是目前湖南省唯一保留的信托机构，也是湖南省内唯一能够同时涉足资本市场、货币市场和产业市场的非银行金融机构。目前，公司注册资本为 12 亿元人民币。

自重新登记以来，湖南信托坚持“自立、感恩、和谐”的核心价值观，发挥“受人之托，代人理财”的专业优势，秉承“风控优先、合规经营、专业专注、创新发展”的经营理念，创新产品与服务，积极开拓具有自身特色的信托业务，形成了以基础设施建设、股权投资、房地产为主的三大主营业务。并通过大力拓展，在私募股权投资、证券投资、上市公司股权质押及银信合作等方面积累了丰富的经验。自 2003 年发行第一支集合信托计划至 2012 年底，湖南信托已成功推出 700 多个信托项目，累计发行和受托管理信托资产 1035 亿元，重点支持了省内园区经济、市政基础建设和新型工业的发展，同时，也为广大投资者带来了安全、稳定和可观的回报。

面对日益激烈的市场竞争，湖南信托将立足湖南、面向全国、放眼世界，发挥信托的功能优势，切实加强全面风险管理能力，不断提升核心竞争力，创新发展业务，为经济建设服务，为客户创造财富，为股东创造价值，将湖南信托打造成为资本充足、信誉良好、经营稳健、勇于创新的专业理财机构。

经营范围：

经中国人民银行批准，本公司经营以下业务：

1、资金信托；

2、动产信托；

3、不动产信托；

4、有价证券信托；

5、其他财产或财产权信托；

6、作为投资基金或者基金管理公司的发起人从事投资基金业务；

7、经营企业资产的重组、购并及项目融资、公司理财、财务顾问等业务；

8、受托经营国务院有关部门批准的证券承销业务；

9、办理居间、咨询、资信调查等业务；

10、代保管及保管箱业务；

11、法律法规规定或中国银行业监督管理委员会批准的其他业务。

华澳国际信托有限公司

华澳国际信托有限公司（以下简称“华澳信托”或“公司”）是由北京融达投资有限公司、北京三吉利能源股份有限公司和澳大利亚麦格理集团下属的麦格理资本证券股份有限公司共同出资，在中国境内组建的一家中外合资非银行金融机构。公司成立于 1992 年，前身为昆明国际信托投资公司，2009 年迁址上海，更名为华澳国际信托有限公司。

华澳信托致力于成为中国金融机构的领先者之一。作为金融服务提供商，公司秉持“发现价值所在”的品牌口号，坚持“团结、诚信、高效、创新”的企业精神，持续整合中外资源，以更先进的技术和更丰富的经验为客户提供优质的产品和高效的服务；通过创新产品及行业最佳实践为客户和社会创造可观价值，不断满足客户日益增长的资产管理需求，与客户一起共进共赢，发现价值之所在。

华澳信托坚持国际标准的管理模式。资产管理：立足国内市场，结合国际领先的资产管理经验，以自主管理为核心，实现高效的资产运作及稳健的资产价值提升。财富管理：凭借具有国际财富管理经验的优秀专家团队和合作伙伴，帮助投资者进行全球财富管理规划，实现财富的增值与传承。风险管理：秉持稳健的风险管理理念，引入国际领先的风险管理模式，无缝衔接本土文化，构建科学的风险管理体系。

公司业务涵盖基础设施、房地产、供应链金融、中小企业、能源、文化艺术等多个行业，横跨货币市场、资本市场、实业市场三大领域，足迹遍布上海、北京、深圳、郑州、昆明、成都、南京等158个省市，成立以来业务得到蓬勃发展与跨越式增长。

华澳信托，您独具特色的金融伙伴，从这里，您将得到专家型理财投资团队的忠诚帮助，当然，还能从北京三吉利能源股份有限公司、北京融达投资有限公司、麦格理资本证券股份有限公司的共同优势和互补优势中获益。受人之托、代人理财，我们郑重承诺：将为投资者提供最好的服务和最佳的理财方案，把投资者利益永远放在第一位。追求卓越、不断创新，我们将谨守这一标准，努力开创投资者、交易伙伴、信托公司三赢局面。

社会责任：

华澳信托不断完善公司治理机制，全面深化改革，推进新体制、新机制的有效运行，主动适应经济金融形势变化，加快业务转型步伐，增强可持续发展能力，通过创造卓越的价值回报社会，承担社会责任、关怀社会民生、关注社会发展，做品格健全受人尊敬的优秀企业公民。

华澳信托积极贯彻国家宏观调控政策，发挥金融杠杆作用，全力服务实体经济建设，在开展业务的过程中，向国家政策支持的绿色产业、生态农业、节能环保、保障房、中小企业等领域靠拢，以实际行动支持社会可持续发展。

公益事业是支持社会发展的重要力量，也是华澳信托的重要发展目标。2012年，华澳信托从公司业务收入中提取资金，发起设立"华澳信托公益基金"。华澳信托公益基金关注贫困地区青少年成长，发展青少年文化教育事业，关怀社会贫困弱势群体，参与本地社区建设。2013年，公司启动了"华澳信托爱心图书室"公益项目，目前已向全国各贫困地区的十余所小学捐建了图书室，为当地师生提供了一座知识宝库。

华宝信托有限责任公司

华宝信托有限责任公司（简称"华宝信托"）成立于1998年，是宝钢集团有限公司旗下的金融板块成员公司，宝钢集团有限公司持股98%，浙江省舟山市财政局持股2%。华宝信托注册资本金37.44亿元（含1,500万美元），旗下控股华宝兴业基金管理有限公司（中法合资）。

华宝信托的大股东宝钢集团信誉卓著、实力雄厚，2013年位居《财富》世界500强企业榜第222位。秉承宝钢集团一贯的严谨稳健、诚信规范作风，华宝信托始终以"受益人利益最大化"为经营理念，以专业化和差异化发展为基本战略，以资产管理与信托服务为两大主业，立足资本市场，不断强化能力建设、渠道建设和品牌建设。公司业务门类齐全、专业化分工清晰、团队阵容整齐、主动管理与创新能力强大、业绩持续良好。目前，公司为中国信托业协会第三届理事会副会长单位。

多年来华宝信托始终保持创新意识，多项业务资格或行动处于行业领先地位。2013年，华宝信托推出公益性质的信托——"华宝爱心信托"，运用其特有的信托制度优势和专业管理职能为公益事业添砖加瓦，建立业内首个标准化信托服务平台——华宝流通宝平台，改善信托产品流通性，提升公司对客户的服务水平；2012年，华宝信托首推国内信托产品评级，申请到第一个以信托计划名义设立的股指期货套保交易编码和套利交易编码；2011年，成为首家获得股指期货交易业务资格的信托公司；2007年，新"两规"颁布后首家获准换发金融牌照；2005年，第一家取得人社部颁发的年金受托人及账管人资格，并且第一家开展结构化证券信托业务；2004年，第一家引入独立董事；2003年，第一家在公开媒体开展信息披露，行业内第一家发起成立合资基金公司。

此外，公司2012年获得受托境外理财业务资格，2008年获得大宗交易系统合格投资者资格，2006年获得资产证券化业务资格，2005年首批获得新股发行询价对象资格，业务资格全面。

2006年起，华宝信托进入快速发展阶段，2006－2013年累计清算信托项目677个，成功兑付率100%。公司为投资者创造了良好收益，1998－2013年累计为客户实现收益449亿元。截至2013年底，华宝信托管理的信托资产规模已超2,700亿元（含年金），稳居行业前列。华宝信托也为股东创造了良好收益，自1998年成立以来，华宝信托连续16年都实现盈利。

近年来，华宝信托在各类专业行业评选中多次荣获优秀公司、知名品牌、最佳创新、最佳经理、最佳产品等各类奖项。其中2013年，公司荣获《上海证券报》第七届"诚信托"评选创新领先奖，《证券时报》第六届中国优秀信托公司评选"中国优秀信托公司"奖、"最佳房地产信托计划"奖、及"最佳证券投资信托计划"奖，2013中国最佳财富管理机构评选"中国最佳信托理财机构"奖。

目前，华宝信托产品线投资范围涵盖证券、投融资、产融结合等领域；信托产品利用多种结构和工具覆盖了资本市场、货币市场、实体经济。同时，在风控方面，华宝信托形成了由董事会及管理层直接领导，以风险管理部门为依托，相关职能部门配合，与各个业务部门全面联系的三级风险管理组织体系，公司治理结构及风险控制水平行业领先。

展望未来，华宝信托业务将以上海为中心，向长三角、珠三角、北京、成都等地区辐射。公司以高端客户需求为核心，专注于证券、投融资、产融结合等专业领域，提供另类财富管理和综合金融解决方案，立志于打造中国领先的综合金融服务商。我们将进一步丰富产品线及提升信托服务能力，为客户打造更好产品，提供更好服务，让更多的市场主体参与信托，享受信托制度的优势。

华能贵诚信托有限公司

华能贵诚信托有限公司（以下简称华能信托），是中国华能集团旗下的专业从事信托业务的非银行金融机构，公司注册资本金30亿元，净资产54亿元。业务范围遍及全国，注册地为贵州省贵阳市。

2008年11月，经中国银监会批准，华能资本服务有限公司对原贵州省黔隆国际信托投资有限责任公司增资扩股重组。2009年1月正式更名为华能贵诚信托有限公司；2009年2月，经中国银监会批准，公司换发新的金融许可证，按照"新两规”要求开展信托经营业务。

华能信托建立了权责制衡、界面清晰的公司法人治理结构；组建了高素质、专业化的业务管理团队；具备雄厚的产品研发、创新实力；构建了覆盖公司各类业务的操作流程、经营层级及四级镶嵌式风控体系；搭建了涵盖公司业务开展、财务管理、监管对接等需求的信息系统功能模块和信息管理系统。

华能信托除强化公司本部的功能建设外，分别在北京、上海、深圳、宁波、无锡、郑州、南京、杭州等地建立业务联络处，现已形成以公司所在地市场为依托，以全国市场为支撑的业务发展格局。

2009 年至 2013 年，是公司完成重组后的第一个五年发展时期。公司业务从零起步，一年一个台阶，使公司在国内信托业界的排名从重组前的长期挂末逐年提升，到 2013 年上升到全行业第 9 位，首次跻身前十。华能贵诚成为国内信托行业中发展速度最快、最具增长潜力的公司之一。

企业文化：

公司重视人力资源的创造价值，将“人力资本”视为实现公司持续发展、提高市场竞争力的战略资源。坚持在实践中锻炼人才，在竞争中发现人才，在发展中评价人才，通过持续学习、教育和培训，有计划、有针对性地储备不同类别、不同层次的人才，不断提升人力能级、不断优化人力结构，努力打造一支数量质量兼顾、梯次结构合理、符合公司发展需要、精干、高效、高素质、职业化的员工队伍。

公司寻求人力资本价值实现最大化，在解决问题、创造价值的节点注入更多的知识和智能，持续创建学习型组织。为员工创造平等发展的机会，寻求人才资源的，合理配置。

公司不断优化和整合组织架构，及时敏锐地对市场需求和变化做出反应，使人才机制、激励机制和管理机制愈加符合市场原则和具有强大的市场竞争力。

2014 年公司大事记：

一月

1 月 25 日，贵诚信托召开以“改革 · 再出发”为主题的 2014 年度工作会议。会议回顾总结公司 2013 年以及重组以来第一个五年的工作，提出下一个五年发展规划，明确 2014 年公司发展的工作方针、目标任务和主要工作措施。贵州银监局、省国资委、省政府金融办等省直主管部门领导应邀参加会议。

二月

2 月 8 日，贵诚信托召开全体职工动员大会，总经理田军作了重要讲话。讲话回顾了 2014 年年会确定的公司未来五年发展的宏伟蓝图。为了实现年会提出的工作目标，在新的一年里，公司上下要紧紧围绕今年公司工作任务和四大工作举措，做好全年特别是上半年的工作安排，把工作措施落到实处。

2 月 8 日，贵诚信托召开工会会员大会，公司纪委书记、工会主席周英序就《公司工会 2013 年度工作报告及 2014 年工作要点》和《公司 2014 年度经费审查工作报告》有关情况及之前征求意见情况进行了简要说明，全体会员表决通过了两个报告。要求全体会员认真学习公司年会精神，按照公司制订的“二次跨越”和年度工作目标，以崭新的面貌，踏上新的征程，改革再出发，创造新业绩，做出新贡献。

2 月 20 日，贵州省银行业协会召开第八届会员大会，提请第八届会员大会审议有关事项。贵诚信托总经理田军当选为副会长。

三月

3 月 4 日，贵诚信托纪委书记、工会主席周英序主持召开第二届工会委员会第三次（扩大）会议，会议就公司工会组织建设等问题进行讨论：一是按照集团公司和资本公司工委的要求，结合推荐结果，决定组建公司工会女职工委员会；二是对新组建的地方业务团队明确了工会负责人，实现了工会组织的全覆盖.

3 月 18 日，以资本公司党组黄书记为组长的考核组对贵诚信托领导班子及成员进行了 2013 年度绩效考核，公司领导班子成员依次述职，公司中层以上负责人参加了考评会议并参与评分。

3 月 27 日，贵州银监局法人金融机构非现场监管处领导到贵诚信托贵阳本部，召开 2013 年度监管情况通报会。对贵诚信托 2013 年度的非现场监管和现场检查情况进行通报，并与公司领导就公司近几年的发展情况和未来的发展方向进行了座谈。

2014 年是贵诚信托质量“双十”年。按照年度工作会议确定的发展目标，公司上下加强团结、完善措施、扎实工作，推动公司业务稳步发展，实现全年工作“开门红”。截至 3 月底，贵诚信托第一季度累计新增信托规模 725.94 亿元，比上年同期增长 3.62%；存续信托规模达到 3044.96 亿元，安全兑付 642.01 亿元；累计实现利润 3.51 亿元，比上年同期增长 10.14%。

四月

4 月 15 日，贵诚信托股东会 2014 年第一次会议、第二届董事会第六次会议、第二届监事会第六次会议在贵阳召开，通过了 2013 年工作情况及 2014 年工作安排、2013 年年度公司财务决算报告以及公司股东分红等议案。

4 月 15 日，贵诚信托召开党的群众路线教育实践活动督导组见面暨部署会议，主要任务是深入学习贯彻中央和集团公司、资本公司有关会议精神，对我公司教育实践活动进行全面动员和部署。公司党委领导班子成员、总经理助理、总监、中层干部及党员职工代表 80 多人参加了会议。

4 月 17 – 18 日，贵诚信托召开“2014 年第一次信托业务务虚会”。公司领导、主要部门负责人、高级信托经理及相关的其他部门同事参加了会议。与会人员积极讨论，结合实际展业中的困难和需求，研究信托业务未来发展，寻求公司信托业务下一阶段的发展方向和路径，达到了预期的目的。

4 月 24 日，按照《公司党的群众路线教育实践活动实施方案》及第一阶段安排计划，贵诚信托领导班子成员组织中心组学习，专题学习党的群众路线教育实践活动有关文件精神，重点系统学习了《论群众路线——重要论述摘编》中习近平重要论述及集团黄永达书记重要讲话精神，并结合公司实际进行了讨论。

4 月 30 日，贵诚信托根据公司党的群众路线教育实践活动方案计划，公司活动办公室组织座谈会，公司领导与职工代表二十多人就领导班子和领导干部贯彻中央八项规定、落实集团公司 30 条规定、总体作风表现、“四风”存在的问题、有效推动公司健康持续发展等方面发表意见，倾听最真实的群众声音。公司与会领导初步进行了自我批评。公司党委书记、总经理、公司活动领导小组组长田军要求就员工意见建议认真进行梳理，能够马上整改的立即整改，不能马上整改的要列出整改时间表。

五月

5 月 15 日，贵诚信托召开党的群众路线教育实践活动领导班子专题学习讨论会议，会议由公司党委书记、总经理、公司群众路线教育实践活动领导小组组长田军主持，资本公司督导组成员杨晓东、孙开陌到会指导点评，公司党委班子成员结合近期学习作了主题发言，畅谈了学习体会。

近日，按照《公司党的群众路线教育实践活动实施方案》安排，贵诚信托活动办拟订公司第二阶段教育活动各项工作时间表，开始进入教育实践活动第二阶段工作。

六月

6 月 16 日，《中国证券报》在头版头条发表“信贷资产支持证券首次登陆交易所市场”，文章指出，平安银行联袂华能贵诚信托推出的总额逾 26 亿元的资产证券化业务。标志着信贷资产证券化产品首次登陆交易所市场，信贷资产证券化扩大试点取得重大进展。

1 -6 月份，贵诚信托实际新增信托规模 1,661 亿元，同比增加 581 亿元，增速为 54%；结束信托规模 1,137 亿元，同比增加 691 亿元，全部安全兑付；实现利润 7.58 亿元，同比增长 25%。公司业务增速高于国内同行。在规模增加的同时，业务发展质量明显提高。

七月

2014 年上半年，贵诚信托业务发展呈现以下几个特点：(1)公司大客户、核心客户战略稳步推进，为稳定收入、推动管理规模再上新台阶发挥了重要的牵引作用；(2)通过拓展城商行和国有大行、股份制银行基层行业务，既弥补了多层次营销体系建设的空档，也助推了公司今年大客户、核心客户的开发与维护；(3)自主业务创新取得重大进展，在市场上为公司赢得了荣誉。

贵诚信托下半年工作要点：一是紧紧围绕完成全年工作任务目标，进一步细化下半年工作措施，切实解决工作中遇到的困难和问题，确保完成全年任务目标；二是成立由公司领导牵头的跨部门工作小组，集公司之力，推进大项目和重点业务的落地；三是继续鼓励、支持各部门和团队扩大与银行的合作，做大规模，做出新机遇，做出新业务，提高附加值和含金量；四是严防死守，落实风险防控责任制，确保不发生风险事故，确保公司安全运行。

八月

8 月 4 日，贵诚信托党委领导班子召开党的群众路线教育实践活动专题民主生活会。会议由资本公司党组成员、贵诚公司党委书记、总经理田军同志主持，并代表班子作了对照检查发言，提出了下一步整改落实要求，作了会议总结。资本公司党组成员、副总经理、纪检组长李进同志以联系点领导和督导组组长的双重身份全程出席会议，并对大家的发言做了中肯的点评，对公司教育实践活动的推进效果给予了充分肯定，对下一步工作的开展做出了重要指示。

九月

近日，贵诚信托根据《公司深入开展党的群众路线教育实践活动实施方案》总体安排，公司党的群众路线教育实践活动进入第三阶段“整改落实、建章立制”环节工作。

9 月 22 日，贵诚信托召开了第二届董事会第七次会议和第二届监事会第七次会议，会议审议通过了公司 2014 年上半年工作情况及下半年工作安排以及监事会 2014 年上半年工作情况等报告。

9 月 22 日 -23 日，根据中央企业党建政研会秘书处《关于做好 2013 -2014 年度优秀研究成果申报评选工作的通知》(中企研秘〔2014〕5 号)精神，贵诚信托课题组派人参加了第十课题组在广东珠海举行的研究成果初评会，发布研究成果，参与逐一对各研究成果进行初评。贵诚信托提交的《华能信托重组企业文化融合实践与探索》一文荣幸晋级，将参与复评。

十月

2014 年前三季度，贵诚信托新增信托规模 2182 亿元，同比增加 557 亿元，增速为 34%；结束信托规模 1641 亿元，同比增加 840 亿元，全部安全兑付；实现利润 10.88 亿元，同比增长 29.98%。公司之所以能在经济下行压力加大、信托市场形势复杂多变的情况下，继续保持规模和效益的持续增长，主要是从年初以来坚持了“调结构、促转变、重改革、增活力”的方针。

贵州省国资委党委就年度党建考核结果下发通知，贵诚信托党委获得三等奖。

十一月

为谋划好明年业务发展，十一月份以业务团队为核心，公司各级各部门认真开展走访调研工作，走访调研的对象主要是已与公司有业务关联或将与公司发生业务关系的银行、保险公司等机构，走访调研的主要内容是加强彼此联系，深化业务合作以及开展创新型业务等事项。

为建立信托业市场化风险处置机制，保护信托当事人合法权益，有效防范信托业风险，促进信托业持续健康发展，国务院批准同意由银监会组织设立中国信托业保障基金有限责任公司，该公司由银监会在国内信托行业中选择了包括华能贵诚信托在内的十多家信托公司出资筹建。

11 月 25 日，公司总经理田军向贵州银监局新任的主要负责人介绍了公司的工作，主要内容包括公司的主要特点、2014 年全年经营任务完成情况、当前面临的风险以及 2015 年工作打算。银监局主要负责人对公司重组以来取得的成绩以及今年的工作给予了充分肯定。

11 月 28 日，集团公司在山东省济南市召开和谐企业示范单位建设工作总结交流会，国务院国资委主管部门领导，集团公司政工部领导及有关试点单位领导等出席会议。贵诚信托纪委书记、工会主席周英序等 2 人参加了会议，并就创建和谐企业工作情况进行汇报。集团公司与会领导等对贵诚信托创建和谐企业、促进企业快速发展所取得的重大成就给予高度评价。

十二月

由于 2014 年业绩突出，贵诚信托再次被资本公司推荐为华能集团公司先进企业候选单位，并按照要求报送了有关材料。

华融国际信托有限责任公司

华融国际信托有限责任公司(以下简称“华融信托”)是中国华融资产管理股份有限公司在重组新疆国际信托投资有限责任公司(以下简称“新疆国投”)基础上于 2008 年 5 月 19 日所设立。新疆国投创建于 1987 年 1 月，是国内最早经营信托投资业务的公司之一。华融信托住所为乌鲁木齐市中山路 333 号。法定代表人隋运生。公司注册资本 198,288.63 万元，其中：中国华融资产管理股份有限公司持股 194,492.67 万元，占比 98.09%。

中国华融资产管理股份有限公司作为华融信托控股股东，为华融信托持续、稳健、快速发展注入了新的活力，全面提升了华融信托的形象与实力。公司股东还有：新疆凯迪投资有限责任公司、新疆恒合投资股份有限公司。

华融信托在现代企业制度基础上建立了日臻完善的公司法人治理结构；拥有高素质、专业化的业务管理团队；具备雄厚的产品研发、创新实力并已形成卓越品牌；建立了涵盖各类业务操作流程、内控制度在内的较为完备的风险管理体系。

华融信托将充分依托中国华融资产管理股份有限公司的品牌、资源、机构网络等优势，充分发挥信托制度优势，充分发挥自身的专业、客户和团队优势，依法合规、稳健经营，专心致力于信托主业，不断提高公司市场竞争能力、风险控制能力、业务创新能力和运营管理能力，面向全国，将华融信托发展成一家专业优势突出、经营创新特色明显、规范经营、业绩优良、具有较强核心竞争力和可持续发展能力的国内一流的专业化金融服务机构。

经营范围：

资金信托；

动产信托；

不动产信托；

有价证券信托；

其他财产或财产权信托；

作为投资基金或者基金管理公司的发起人从事投资基金业务；

经营企业资产的重组、购并及项目融资、公司理财、财务顾问等业务；

受托经营国务院有关部门批准的证券承销业务；

办理居间、咨询、资信调查等业务；

代保管及保管箱业务；

以存放同业、拆放同业、贷款、租赁、投资方式运用固有财产；

以固有财产为他人提供担保；

从事同业拆借；

法律法规规定或中国银行业监督管理委员会批准的其他业务。

价值理念：

华融信托根植于一套成熟的理念。华融信托遵循中国华融资产管理股份有限公司锐意进取、团结拼搏的传统，奉行依法合规、稳健经营的理念，根据客户需求、风险偏好，充分发挥信托独特的制度优势，采用信托贷款、股权投资、投资理财、资产管理、财务顾问等多种方式，为客户提供多样化的综合金融服务。

华润深国投信托有限公司

华润深国投信托有限公司（以下简称“华润信托”或“公司”）是一家历史悠久、业绩领先、实力雄厚、品牌卓越的综合金融服务机构。

公司前身是成立于1982年、有“信托行业常青树”之称的“深圳国际信托投资有限公司”（简称“深国投”）。华润信托注册资本人民币26.3亿元，股东分别为华润股份有限公司和深圳市人民政府国有资产监督管理委员会。

华润信托秉承华润集团优秀的企业文化，在“让资产更智慧”的品牌口号引领下，始终坚持客户导向和持续创新，在结构金融、证券信托、股权投资、财富管理、风险管理等诸多领域形成了独特的专业专长，为遍布海内外的高净值客户、高效益企业和高成长机构提供了优异的定制化和差异化金融解决方案，并实现了良好回报。

华润信托在国内信托行业开创了多个第一：第一支开放式证券投资信托计划；第一支限制性股票激励计划；第一支企业现金流资产证券化信托计划；第一个组合基金信托产品系列（托付宝TOF）；第一支煤炭资源整合并购基金，第一支信托公司自主管理量化对冲基金……

华润信托通过持有国内证券行业翘楚的国信证券股份有限公司股权和与台湾第一大券商元大宝来证券投资信托股份有限公司合资组建华润元大基金管理有限公司，形成健康、良性的业务组合。并通过积极探索产融和融融协同模式，与集团旗下的SBU、华润银行、汉威基金等形成良好的业务合作，着力打造有自身特色、可持续发展的商业模式。

2013年，华润信托全年实现净利润17.95亿元，ROE达16.02%；总资产132.86亿元，净资产121.62亿元；管理的信托资产规模达3,585亿元，同比增长96%；全年共实现信托业务收入17.23亿元，同比增长48%。

公司连续担任中国信托业协会理事会副会长单位，连续多年多次荣获如“中国优秀信托公司”等诸多荣誉。

30多年经风经雨，华润信托已经成为一家发展迅速、业绩领先、实力雄厚、品牌卓越的综合金融服务机构。

华鑫国际信托有限公司

华鑫国际信托有限公司（简称“华鑫信托”）于2010年2月9日获得中国银行业监督管理委员会批准重新登记，注册地为北京，在业务上受中国银行业监督管理委员会的监督和管理，控股股东为中国华电集团公司，公司注册资本金22亿元人民币。

华鑫信托以“受人之托，代人理财”为根本，秉承“稳健经营，价值至上”的理念，坚持面向市场，为客户提供全面、专业、特色金融服务。结合自身优势，华鑫信托形成了具有鲜明特色的发展思路。公司以能源和基础产业信托业务为核心，坚持多领域经营；以提供多元化、专业化、特色化金融服务为手段，坚持业务创新；以全面风险管理为保障，坚持稳健经营，规范运作。主要经营的信托业务包括：资金信托；动产信托；不动产信托；有价证券信托；其他财产或财产权信托；作为投资基金或者基金管理公司的发起人从事投资基金业务；经营企业资产的重组、购并及项目融资、公司理财、财务顾问等业务；受托经营国务院有关部门批准的证券承销业务；办理居间、咨询、资信调查等业务；代保管及保管箱业务等。主要自营业务包括：存放同业；拆放同业；贷款业务；租赁业务；投资业务；以固有财产为他人提供担保；同业拆借；法律法规规定或中国银行业监督管理委员会批准的其他业务。

按照《公司法》、《信托公司治理指引》和现代企业制度建设的要求，公司确立了法人治理基本架构。制定了包括公司业务操作、财务管理、风险管理、信息化建设在内的制度，形成了一套较为科学合理的制度体系。坚持以客户为中心、以业务为主线，建立起各类风险的监测、评估、处置等工作机制，保证风险可控在控。按照精干、高效原则，引进和培养了一批年富力强、从业经验丰富、有较强管理水平和开拓能力的高素质、专业化人才。公司努力提升盈利能力、人才支撑能力、执企能力、科学发展能力、风险管控能力，打造核心竞争力，努力把公司建设成为业绩优良、管理先进、科学发展、质形俱佳、值得信赖，具有核心竞争力，同业一流的专业化国际化信托公司。

企业文化

公司使命：为客户、股东、社会和员工创造更大的价值。

公司以价值思维为引领，坚持稳健经营，以最优质的信托产品和服务为基础，以全面风险管理为手段，以高端人才团队为保障，确保客户利益最大化，实现公司发展与股东发展、社会发展相协调，公司利益与员工利益相一致。

公司愿景：建设同业领先的专业化、国际化信托公司。

公司志向高远，矢志进取，公司将以专业化的经营优势和国际化的发展视野，力争成为业绩优良、管理先进、科学发展、质形俱佳、值得信赖，具有核心竞争力的一流信托公司。

核心价值：诚信、求真、和谐、创新。

诚信是公司经营秉承的基本原则。公司始终以诚为根、信为本，以诚信面对客户及合作伙伴，言必行，诺必践。

求真是公司科学发展的基本要求。公司坚持实事求是，一切从实际出发，不断探求事物发展规律，提高按照客观规律办事的自觉性和坚定性。

和谐是公司不懈追求的共同理想。公司坚持以人为本、致力科学发展，营造公司与合作伙伴、员工、社会、自然友好共融的和谐环境。

创新是公司发展的不竭动力。公司始终不渝地坚持创新，大力倡导创新意识，加强创新支持，让一切智慧源泉充分云涌，让一切优秀创新成果竞相迸发，使公司始终充满生机和活力、蓬勃发展。

公司精神：始于至信，臻于至善。

始于至信是公司珍视商誉，崇尚道德品行、坚持职业操守，以“至诚至信”为基本准则、发展基石和出发点；臻于至善是公司永不止息、创新超越的进取状态和对完美境界孜孜不倦的追求精神，力求把工作完成的具有审美价值，以“至善至美”为目标追求，自强不息，矢志进取，永不懈怠，追求卓越的运营表现。

经营理念：稳健经营，价值至上。

风控创造价值。公司坚持以科学发展观为指导，牢固树立价值思维的理念，把创造价值、创造效益作为重要的决策依据和考核标准，以全面风险管理为手段，保证实现指标更优、效益更佳，努力创造更大价值。

人才理念：德选其人，才尽其用，酬显其绩。

优秀人才是企业效益的最大保障。公司坚持“以德为先”的选人用人原则，广纳贤才，坚持用靠得住、敢负责、肯实干、口碑好的人。通过“岗位靠竞争、收入靠贡献”和“职位能升能降、人员能进能出”的用人用工激励机制，充分挖掘员工潜力，建设一支品行兼优、团结协作、专业素质优良、充满创新活力的人才队伍。

员工守则：

有三种问题必须思考：生存、发展和品牌；

有三种宗旨必须至上：尊重、服务和卓越；

有三种品质必须坚守：忠诚、尽责和奉献；

有三种管理必须遵守：纪律、执行和稳健；

有三种做法必须注重：沟通、理解和合作；

有三种习惯必须培养：细致、谦虚和好学。

华信信托股份有限公司

华信信托股份有限公司是经中国银监会批准设立的非银行金融机构，是目前辽宁省唯一一家信托公司。注册资本金33亿元。

在中国银监会组织的全国信托业监管评级中，华信信托连续多年获评最高等级。成立30余年来，华信信托依法合规，恪守诚信，稳健经营，在服务经济的同时，自身也取得了长足发展。固有业务方面，积极投资金融领域，目前为大通证券第一大股东，与大通证券共同控股良运期货，并参股了丹东银行等金融机构。2014年末，华信信托净资产72亿元，主要经营管理指标列地区和全国同业前列。

信托业务方面，以提升资产管理能力为核心，先后发起设立基础设施建设项目投资类、金融资产受让类、证券投资类、房地产投资类、工商企业投资类、私人股权投资等多种类型的信托计划。自2002年开办信托业务以来，管理的信托计划到期全部按期兑付，投资者实际获得的收益率均达到或者超过产品发行时的预期收益率。

吉林省信托有限责任公司

吉林省信托有限责任公司是吉林省唯一一家专业从事金融信托业务的非银行金融机构。2009年3月，按照信托新法规的要求，经中国银监会批准，公司重新换发了新的金融许可证，是吉林省发展信托产业宝贵的金融平台。公司注册资本15.97亿元，管理信托资产规模320亿元。

公司坚持“规范经营、注重效益、防范风险、稳健拓展”的方针，逐渐发展成为东北地区规模较大、资产质量最好的信托公司，所开发的信托产品涉及基础设施、能源、交通、房地产等诸多行业及产业。除信托业务外，吉林信托还控股天治基金公司、天富期货经纪公司，参股东北证券、亚泰集团、吉电股份、辽源得亨等多家上市公司，逐步形成以信托为主业，涵盖商业银行、证券、基金、期货等业务领域的金融控股公司。

最近两年，公司信托资产规模增幅和收益增幅在全国同行业中均名列前茅，公司业务结构发生了根本性转变。市场化的经营模式使吉林信托在全国同行业中成为具有相当影响力和竞争力的信托公司。

在国家“振兴东北老工业基地”的政策引导下，吉林省日益强大的发展后劲必将给吉林信托的超常规发展提供巨大的展业空间，公司将通过深度参与“振兴吉林”的各个领域和层面，在支持和服务地方经济建设的同时，实现自身的不断发展壮大，为社会和公众提供值得信赖的高质量的信托理财和财富管理服务。

建信信托有限责任公司

建信信托有限责任公司（简称“建信信托”）是经中国银监会报请国务院批准，由中国建设银行投资控股的非银行金融机构，2009年8月公司正式重组运营，2011年公司成为由中国银监会直接监管的8家信托公司之一。截至2011年末，公司注册资本15.2727亿元，净资产47.0243亿元，位居行业前列。

建信信托秉承“诚信、审慎、求新、共赢”的核心价值观，融合中国建设银行在品牌、渠道、管理以及项目资源上的强大优势，市场营销、产品创新能力不断提升；信托、固有两大业务体系协同并进；投资、融资功能不断完善；内控水平、风控体系显著加强；高素质核心业务团队成长迅速，具备了积极推动理财专业化、投资多元化的不断满足投融资各方金融需求的市场专业能力，从而为真正实现——“为客户提供优质服务，为股东创造最大价值，为员工搭建广阔平台，为社会承担应尽责任”的现代化金融企业的发展目标奠定了坚实的基础。

建信信托以建设一流信托公司为目标，近年来信托资产规模增幅在同行业中名列前茅，企业竞争力、品牌影响力显著增强，市场地位不断提升。2011年在证券时报组织的第四届中国优秀信托公司评选活动中，被评为“中国最具成长性信托公司”。

经营范围：

经中国银监会批准，公司本、外币业务范围为：

1. 资金信托；

2. 动产信托；

3. 不动产信托；

4. 有价证券信托；

5. 其他财产或财产权信托；

6. 作为投资基金或者基金管理公司的发起人从事投资基金业务；

7. 经营企业资产的重组、购并及项目融资、公司理财、财务顾问等业务；

8. 受托经营国务院有关部门批准的证券承销业务；

9. 办理居间、咨询、资信调查等业务；

10. 代保管及保管箱业务；

11. 存放同业、拆放同业、贷款、租赁、投资方式运用固有财产；

12. 以固有财产为他人提供担保；

13. 从事同业拆借；

14. 法律法规规定或中国银行业监督管理委员会批准的其他业务。

交银国际信托有限公司

交银国际信托有限公司（以下简称“公司”）成立于1981年6月，原名为湖北省国际信托投资公司，注册资本1亿元人民币。2001年12月，按照中国人民银行关于信托投资公司清理整顿和重新登记的有关要求，公司改制并更名为湖北省国际信托投资有限公司，并于2003年1月经中国人民银行核准重新登记。2007年5月，经中国银监会批准，公司引进交通银行股份有限公司实施战略重组。重组完成后，公司更名为“交银国际信托有限公司”，注册资本12亿元人民币，交通银行股份有限公司持有85%的股份，湖北省财政厅持有15%的股份。公司注册资本分别于2011年12月增加至20亿元人民币，2013年3月增加至31.76亿元人民币，2013年12月增加至37.65亿元人民币，股东出资比例均不变。2014年10月，湖北省财政厅持有的公司15%股权划转至湖北省交通投资有限公司持有。

公司是国内首家由国有股份制商业银行直接投资控股的信托公司，拥有一批具有商业银行、投资银行、信托、基金等资深从业背景的专业团队，并拥有交通银行强大的实力背景、完善的资源网络和卓越的品牌信誉支持。自成立以来，秉承“受人之托，代人理财”的经营宗旨和诚信服务的管理理念，根据客户的资产状况和风险偏好，利用信托制度及其独特的功能设计，竭诚提供跨市场、多领域、跨地区的财富管理、项目融资和受托托管等专业化信托服务，以优质周到的服务赢得赞誉。

经营范围：

1. 资金信托；

2. 动产信托；

3. 不动产信托；

4. 有价证券信托；

5. 其他财产或财产权信托；

6. 作为投资基金或者基金管理公司的发起人从事投资基金业务；

7. 经营企业资产的重组、购并及项目融资、公司理财、财务顾问等业务；

8. 受托经营国务院有关部门批准的证券承销业务；

9. 办理居间、咨询、资信调查等业务；

10. 代保管及保管箱业务；

11. 存放同业、拆放同业、贷款、租赁、投资方式运用固有财产；

12. 以固有财产为他人提供担保；

13. 从事同业拆借；

14. 法律法规规定或中国银监会批准的其他业务。

昆仑信托有限责任公司

昆仑信托有限责任公司成立于1986年11月。2009年6月，公司进行增资扩股，注册资本金达到30亿元人民币。中国石油天然气集团公司的全资子公司中油资产管理有限公司持股82.18%，是昆仑信托有限责任公司的控股股东。

昆仑信托公司具有完善的公司治理结构，拥有一支富有朝气、勇于开拓、善于创新、投资管理能力强的信托基金经理人队伍，经营合规、操作稳健、严控风险、资产优良、业绩突出，成功投资于基础设施建设、房地产开发和证券市场等多个领域，累计发行信托计划（基金）超过900支，累计管理资产超过2,100亿元。

公司业务

融资信托业务

为大型企业、银行和非银行金融机构等机构客户设计信托融资方案、受托管理信托资产；并通过信托贷款、资产证券化、股权和股权收益权投资、债权或其他特定财产权益质押融资等多种模式，为机构客户量身打造个性化、专业化的信托产品。

证券投资信托业务

以信托资金的方式进行各种证券投资。从期货、期权、结构化证券投资等未充分竞争的领域入手，与公募基金进行差异化竞争。充分利用结构化和组合投资技术，管理的“甬江”系列、“昆仑财富”系列产品收益率稳居国内同行业前列。

股权投资信托业务

根据信托业务的特点，进行私募股权投资，包括对未上市公司股权及上市公司限售流通股的投资。公司已在业内建立专业化PE管理团队，实现了国内产业基金不具备的契约型基金模式。

房地产信托业务

利用信托资金开展房地产业务，通过信托贷款、项目收益权、股权投资以及夹层融资等多种融资方式，与众多房地产企业开展深度合作，多层次地参与房地产市场的各类业务。积极响应国家号召，重点助力各类政策性住房的建设，主要向棚户区搬迁改造、经济适用房等项目提供融资。

固有资产管理业务

开展存放同业、拆放同业、贷款、投资以及银监会批准的其他业务。投资业务包括金融类公司股权投资、私募股权投资、金融产品和自用固定资产投资。

社会责任：

昆仑信托秉承“做有责任的企业”理念，忠实履行《信托公司社会责任公约》，实现利益相关方共同和谐发展。公司设立“仁爱”系列慈善信托计划，与宁波市慈善总会合作成立了昆仑信托慈善基金，将信托收益捐赠给慈善事业。公司积极为节能减排行业提供优质金融服务，努力打造绿色、环保的企业形象。公司连续荣获宁波市“纳税50强”、宁波市服务业“纳税20强”以及宁波市和谐企业创建先进单位等荣誉称号。

公司荣誉：

2011年3月，2010年度江东区和谐企业。

2011年4月，宁波市和谐企业创建先进单位。

2011年4月，2010年度宁波市“纳税50强”企业。

2011年4月，当选中国信托业协会第二届理事单位。

2011年9月，2010年度宁波市服务业“纳税20强”企业。

2011年12月，2011年浙江优秀金融企业。

2012年3月，2011年度宁波市江东区经济发展突出贡献企业。

2012年3月，2012年度宁波市江东区五星级骨干企业。

2012年3月，2011年度宁波市江东区诚信示范企业。

2012年8月，2011年度宁波市服务业“纳税20强”企业。

山东省国际信托有限公司

山东省国际信托有限公司成立于1987年3月，是经中国人民银行和山东省人民政府批准设立的非银行金融机构。2007年6月，获得中国银监会批复同意换发新的金融许可证，名称变更为“山东省国际信托有限公司”。现为中国信托业协会理事单位。

自成立以来，山东信托一直致力于运用信托平台服务经济社会发展，致力于受托资产管理能力建设，紧贴市场需求，适应利率市场化创新产品；尝试信托收益权结构化实践，发展艺术品等另类信托，加强信政合作，从信托突围，作金融改革的先锋官。在诸多领域开展了业务实践和探索，目前主要业务为资金信托、财产信托、投资银行、资产管理和证券投资基金等，并受托管理山东省基本建设基金。

在信托业务领域，秉承“山东信托，可信可托”的理念，公司积极为政府机构、工商企业和重点项目以及广大投资者提供金融支持和理财服务，现已发展成为年发行信托产品三千亿元以上，投资领域涉及产业、证券、城市基础设施、房地产、服务业等；投资方式包括贷款、股权投资、资产证券化、收益权证券化、融资租赁等多种形式的专业金融服务机构。

在业务发展中，公司注重发挥信托机制灵活高效的优势，综合运用各种金融工具，引导、归集社会资金服务实体经济发展，不断加大对国家或地区重点战略区域发展，路桥建设、电力、水务、轨道交通、市政园林等民生领域基础设施项目建设，中小微企业、“三农”产业以及文化产业等重点领域的融资支持力度，实现了追求经济效益与承担社会责任的有机结合。

在长期股权投资方面，山东信托注重把握金融产业政策，致力于打造金融、类金融综合服务平台。目前，公司主要控股泰信基金，参股富国基金、民生证券、泰山财产保险、德州银行、邹平浦发村镇银行等金融机构和泰山文化艺术品交易所、金鼎租赁等类金融机构，同时也在积极研究和寻找入股商业银行等金融机构的战略机会。

下一步，山东信托将紧紧围绕做最好的财富管理机构的发展定位，加快业务转型，加强内部管理，完善产品链条，为高净值个人客户和机构提供专业化、差异化、个性化的综合金融理财服务，同时，继续发挥信托功能优势，积极履行社会责任，为国家和地方经济发展提供优质投融资服务。

经营范围：

山东信托一直致力于运用信托平台服务经济社会发展，从信托突围，作金融改革的先锋官。在诸多领域开展了业务实践和探索，目前主要业务为资金信托、财产信托、投资银行、资产管理和证券投资基金等，并受托管理山东省基本建设基金。

目前，公司投资领域涉及产业、证券、城市基础设施、房地产、服务业等；投资方式包括贷款、股权投资、资产证券化、收益权证券化、融资租赁等多种形式的专业金融服务机构。

同时，山东信托注重把握金融产业政策，致力于打造金融、类金融综合服务平台。目前，公司主要控股泰信基金，参股富国基金、民生证券、泰山财产保险、德州银行、邹平浦发村镇银行等金融机构和泰山文化艺术品交易所、金鼎租赁等类金融机构，同时也在积极研究和寻找入股商业银行等金融机构的战略机会。

企业文化：

专业——即业务精通，具备较高的业务素质及综合素质，具备较强的专业能力、持续学习和改进的能力，具备独当一面或担当重任的工作能力。

诚信——对企业来讲，就是对国家诚信、对社会诚信、对员工诚信、对客户诚信、对股东诚信、对合作伙伴诚信；对员工来讲，就是态度真诚，对企业忠诚、对工作忠诚、对岗位忠诚。

勤勉——以饱满的热情积极投入到工作中，具有强烈的责任感和使命感，具有良好的敬业精神，具有浓厚的服务意识和端正的工作态度。

成就——包括对客户、对公司、对自身的成就，要具有实干精神和结果意识，要想干事、能干事、干成事，使努力和奋斗能够转化为工作成果，从而实现工作目标。

社会责任：

作为一家国有金融企业，山东信托在发展壮大的过程中，不仅努力为全体股东创造价值，同时充分发挥信托制度和功能优势，对国家和社会全面发展、自然环境和资源，以及广大投资者和员工、客户等利益相关方主动承担责任，实现了追求经济效益与承担社会责任的有机结合。

山东信托恪守“受人之托，代人理财”的根本宗旨，以受益人利益为出发点，尽职尽责，履行诚实、信用、有效管理的义务，不断提升公司治理水平，改进内控风险管理机制，依法合规地开展各项业务经营和管理活动，实现了平稳可持续发展。

山东信托严格遵守有关政策法规，优先保障受益人的利益，切实履行受托人的管理职责，积极开展各类客户交流活动和投资者教育活动，保障受益人利益。2011年支付受益人信托收益55.13亿元，2012年支付受益人信托收益86.45亿元。2013年，支付受益人信托收益175.07亿元，是公司自身信托报酬收入的18.4倍。

山东信托积极践行“奉献爱心，回报社会”的企业价值理念，积极开展赈灾救助、爱心捐赠、扶贫帮困等各项公益活动。为山东省残疾人福利基金会、山东省送温暖基金会、山东省慈善总会慈善资金提供专业管理服务；通过中国信托业协会向四川芦山地震灾区捐款1,042,450元；与民间NGO组织合作发起捐衣、捐书活动。

山东信托采取“2+1”的模式，即1名党员干部加1名青年员工帮包1户困难家庭，共结对48对帮扶菏泽巨野县田庄镇10个村的48户困难家庭。山东信托捐款300万元为田庄镇10个村建设100个钢结构蔬菜大棚，帮助帮扶村切实解决集体经济“空壳”问题，目前蔬菜大棚都已建成并投入使用，经济带动作用明显。

山东信托积极贯彻国家宏观调控政策和产业政策，始终坚持根植于实体经济，发挥信托独特的功能优势，丰富产品服务，加强风险管理，努力为实体经济提供市场化的综合金融服务，在支持产业优化升级，促进战略新兴产业发展方面发挥了重要作用。截至 2014 年 6 月末，山东信托信托资产余额 3,287.20亿元，其中投向实体经济 2,167.65 亿元，占比 65.95%。

山东信托存续的信托资产规模中，为蓝黄战略经济区重点企业融资余额 620 亿元，为"一圈一带"经济区融资余额 540 亿元；形成恒富、恒丰、信元、弘毅、远投、长江富源系列等多支产业信托品牌。

山东信托不断加大对环境治理、综合整治、绿色环保领域的融资支持。先后为济南小清河、潍坊白浪河综合治理工程提供信托融资服务；与山东最大的民营水务公司开展融资合作，支持青岛、诸城等地的污水处理项目。

山东信托积极响应国家文化产业政策，不断加强文化产业领域的业务创新，艺术品信托业务逐步形成了品牌和规模，产品标的涉及名家书法、版画、油画、国画等多个品种。2013 年公司已成立艺术品信托规模达 4.7 亿元，稳居行业前列。同时，针对文化产业高风险的特点，大力强化风险管控措施。

山东信托针对中小企业发展特点和融资需求，以创新的信托经营模式、灵活的产品设计及严密的风险控制措施，多渠道、多方式地满足成长型、创新型中小企业的融资需求，有效缓解了中小企业融资难的问题。公司与阿里巴巴集团合作的阿里星系列产品，超过 10 万家小微客户从中受益。

上海爱建信托有限责任公司

上海爱建信托有限责任公司（以下简称"爱建信托"）是由上海爱建股份有限公司投资组建，经中国人民银行及国家外汇管理局批准成立的专业信托金融机构。爱建信托创建于 1986 年 8 月，前身为上海爱建金融信托投资公司，是全国首家民营非银行金融机构，注册资本金人民币 10 亿元。2001 年 12 月，爱建信托获中国人民银行批准重新登记。2012 年 4 月，爱建信托获中国银监会批准换领新金融许可证。2012 年 5 月，公司名称变更为上海爱建信托有限责任公司。2012 年 6 月，爱建信托注册资本金增至人民币 30 亿元。

爱建信托业务范围涵盖资金信托；动产信托；不动产信托；有价证券信托；其他财产或财产权信托；作为投资基金或者基金管理公司的发起人从事投资基金业务；经营企业资产的重组、购并及项目融资、公司理财、财务顾问等业务；受托经营国务院有关部门批准的证券承销业务；办理居间、咨询、资信调查等业务；代保管及保管箱业务；以存放同业、拆放同业、贷款、租赁、投资方式运用固有财产；以固有财产为他人提供担保；从事同业拆借；法律法规规定或中国银行业监督管理委员会批准的其他业务。

爱建信托自成立以来，一直发扬"爱国建设"的精神，坚持"稳中求进"的理念，诚信经营，开拓创新，为国家尤其是为上海的许多重大项目提供了大量的金融服务，取得了较好的社会效益和经济效益。爱建信托连续多年被评为全国 500 家最大的服务性企业；多次被评为上海市级文明单位；成功推出全国第一个规范资金信托计划——上海外环隧道项目资金信托计划，被誉为"信托业立春"的标志性事件；2013 年被有关媒体评为"2013 年度最具成长性信托公司"、"第七届'诚信托'投资回报奖"、"第六届中国资产管理'金贝奖'最具发展潜力信托公司。

爱建信托充分发挥信托制度综合理财优势，在有效防范风险的基础上，积极开拓信托本源业务，资金信托业务、投资银行业务、资产信托业务，取得了快速的发展，通过有效发挥自身专业理财能力和经营优势，得到了广大客户的认可。爱建信托将继续秉承"受人之托、代人理财"的信托宗旨，创新发展业务，切实加强全面风险管理，不断提高核心竞争力，将公司打造成资本充足、信誉良好、经营稳健、勇于创新的资产集成商和财富管理者。

业务介绍：

房地产信托业务

房地产信托业务是爱建信托的核心业务。公司组建了专业化总部，由资深房地产投资专家、房地产实务操作经验丰富的骨干等组成，具有丰富的房地产实务操作、金融、投资、法律等专业经验。与国内优质房地产开发企业、大型投资机构合作，筛选优质项目，采用纯债权融资、并购融资、夹层融资、股权投资、基金投资、投资顾问等业务形式，为投资者提供"风险可控、期限适度、回报稳健"的信托产品，同时也满足了企业不同的融资需求。

金融机构合作业务

在当前泛资产管理的时代背景下，爱建信托与银行、保险、证券、资产管理公司、基金子公司以及四大专业资产管理公司等机构已达成紧密合作关系。公司的金融机构合作业务以其专业化、高效率、高质量获得了机构的广泛认可，目前已就银信合作、信托受益权买入返售、资产管理计划定向信托、银行代理信托资金收付、信贷资产证券化、银行托管等业务与各股份制商业银行等机构形成了合作关系。

基础设施信托业务

基础设施信托业务是爱建信托传统业务的重要构成部分。自成立以来，爱建信托坚持探索，不断创新，于 2002 年成功推出了全国第一个规范的资金信托计划——上海外环隧道项目资金信托计划，被誉为"信托业立春"的标志性事件。近年来，爱建信托已多次成功将资金投放于多个公共基础设施项目（如市政工程、公共设施、水务系统、道路交通或者能源通信等），成功案例如：吴江开发区一体化项目信托贷款集合资金信托计划、常州交通应收账款集合资金信托计划、长兴经济技术开发总公司应收账款集合资金信托计划、常州城建集团应收帐款融资集合资金信托计划、南京新城应收债权融资集合资金信托计划等。

证券信托业务

爱建信托立足于货币市场、资本市场及实业领域，充分发挥信托制度优势，积极发展证券信托业务。爱建信托通过创设证券信托产品，募集资金，投向证券市场及金融产品领域，为投资者提供专业的理财服务。证券信托产品的投资范围包括股票、债券、基金、银行理财产品、券商及基金资管产品、信托产品等证券及金融产品。

固定收益产品投资业务

爱建信托固定收益业务主要包括公司固有资金和相关产品在固定收益领域的投资和流动性管理工作，同时为客户参与利率产品、信用产品、资产证券化产品、结构性产品等金融工具提供销售交易和做市服务。投资范围主要包括存款、回购、国债、金融债、短期融资券、中期票据、企业债、公司债、资产证券化产品、货币基金、债券型基金等经监管机构批准、备案或认可的固定收益类金融工具，投资场所横跨银行间市场和交易所市场，基本做到了固定收益全产品和全市场的覆盖。

上海国际信托投资有限公司

上海国际信托有限公司(以下简称"上海信托")成立于1981年,注册资本金人民币25亿元。上海信托自成立以来,始终坚持稳健经营、规范管理,不断推进科学发展、自主创新,在市场上树立了品牌形象,赢得了良好信誉,综合实力居全国信托公司前列。

上海信托曾被国务院指定为全国对外融资十大窗口之一;获地方金融机构最高信用评级(穆迪 Baa2、标普 BBB-);被指定为非银行业金融机构中首家合规试点单位;被推举为中国会计学会信托分会会长单位;发起设立中国第一家信托登记机构——上海信托登记中心,并被推选为理事长单位;被推选为中国信托业协会理事和副会长单位。近年来,上海信托先后荣获多个权威媒体评选出的多项大奖,公司产品和业务屡获上海市政府颁发的金融创新奖,公司财富中心荣获上海金融系统五星级"优质服务网点"称号,获得行业内外广泛好评。

上海信托长期致力于推进产品创新,现已获得资产证券化业务、代客境外理财(QDII)等多项业务资格,并在全国率先推出"优先劣后"受益权的结构性信托产品,在证券投资、不动产和股权投资领域,逐渐形成产品特色,打造了"蓝宝石"、"红宝石"、"紫晶石"、"白金"、"明珠"、"现金丰利"等系列品牌,为不同风险偏好和理财需求的投资者提供产品选择和服务。近年来,上海信托相继推出业内首个 QDII 产品、首个以大类资产配置为导向的伞形配置自主管理信托产品和首个受托人自主管理的 PIPE 基金,并推出"香花石"艺术品投资信托等另类投资信托产品。

2013年,上海信托积极推进业务转型,努力培育主动管理能力,不断创新业务及管理模式,基金化业务取得显著成效;积极探索信托融资渠道多元化,引入国内一线险资企业作为投资人,探索重大产业项目信托对接险资模式;相继成功中标各类机构的信贷资产证券化受托人资格。其中,上海信托开发的外资特有的国际成熟的产品结构和租赁双 SPV 交易所上市模式,进一步丰富了公募受托业务品牌。与此同时,上海信托不断优化自有资金配置,将投资集中于金融类公司股权投资和金融产品投资,着力提高公司整体资产的安全性和流动性,强化自有资金与信托业务的联动效应,有力地支持了信托主业创新和发展。

业务介绍:

证券投资类信托

以股票、债券、基金及其他各类交易所和银行间市场发行的有价证券作为主要投资标的的信托业务。

"紫晶石"稳优系列证券投资信托计划:一般采用"优先/一般"的分层法律结构,将风险规避型追求稳健回报的投资者和承担高风险追求高收益的投资者组合起来投资于股票等高风险市场,以受托人设计的备选证券池为投资范围,由委托人确定管理方式,采用一般委托人指令和受托人指令权相结合的模式或投资顾问模式进行投资管理。受托人和托管行按信托计划规定共同进行严格的风险控制,到期按信托计划的规定按相应权属分配信托利益。

"紫晶石"选优系列证券投资信托计划:投资于在证券、基金、银行间市场发行或交易的债券和票据、受托人许可的银行间或交易所市场交易的金融衍生产品等。采取委托人指令和受托人指令相结合的方式进行投资管理。对信托计划证券投资逐日盯市、每日估值并持续监督投资组合变动;在发生其他受托人指令事项时,应立即做出投资(卖出或终止)决策并予以执行。特定委托人严格按照信托文件的规定向受托人发出有效的委托人指令进行证券的买卖。

大宗交易投融资系列资金信托计划:将信托资金分期通过大宗交易或股份报价转让系统对证券交易所上市交易的流通股、代办股份转让系统内交易的公司股份进行买断式回购交易,闲置资金可投资于货币型基金等低风险产品或银行存款、新股申购,从而为受益人获取投资收益。

股权及并购类信托

对于发展前景良好、具有一定经营规模和稳定现金流的各类企业,上海国际信托可以通过信托贷款、股权受益权融资、股权投资、并购融资、受托股权管理、财务顾问等形式为其提供一系列金融服务,信托收益主要包括股权现金分红、股权变现收益和信托服务费用。

股权受益权投资信托的标的股权一般为上市公司限售流通股、法人股以及成熟运营的拟上市公司的股权,私人股权投资信托的标的股权基本锁定在 Pre-IPO 时期、具有高成长性的企业的股权。

并购基金信托通过并购重组或投行方式实现资源的重新配置、优化及价值提升,具体而言,如以债权、股权、资产收益权或受让信托受益权等方式投资于各类金融机构及资本市场中具有重整价值的项目,从而获取收益。其投资范围包括各类实业、"十二五"规划重点鼓励的产业、金融机构持有的股权、债权、资产收益权和信托受益权资产等。

目前,公司已经开发了"股权受益权投资信托"、"私人股权投资信托"、"并购融资类信托及中介服务"等股权信托产品系列。

金融产品配置组合类信托

现金丰利业务

源自一贯的服务于公司客户的经营理念,为了给客户提供一种兼具安全性、流动性及收益性的现金管理工具,早在2005年,上海信托就开始着手设计针对客户的现金管理工具。通过对固定收益市场和相关投资品种的深入研究,于2006年1月成功开发了"现金丰利集合资金信托"。

现金丰利主要投资于风险系数低的银行间固定收益品种,且公司内部有严格的风控标准和投资授权体系;产品实行开放式运作,满足投资者可以随时申购、赎回的要求,赎回资金预计可于 T+1 个工作日内划付;投资者在申购日和赎回日均享受当日信托收益,较之货币基金多一天的收益;现金丰利产品信息披露及时、透明,每个工作日均会在上海信托的官网上公布每日每万份收益和七日年化收益率,投资者可随时查询。

自2006年成立以来,凭借丰富的投资管理经验,严格的风险控制以及强大的产品运作能力,"现金丰利"的产品运作日趋成熟,得到投资者的高度认可,同时受托管理规模呈现稳步壮大。截至2012年12月7日,现金丰利的信托规模已经突破了180亿。而客户类别上,除了忠实的个人客户外,机构客户,包括大型国有企业、金融机构等的客户数量也日趋增长,充分体现了现金丰利得到了市场同业的信任和认可。

四川信托有限公司

四川信托有限公司(英文名称:Sichuan Trust Co., Ltd.)是在四川省信托投资公司、四川省建设信托投资公司历经十一年整顿重组,最终吸收宏信证券(原"和兴证券")股权、华西证券股权和川信红照壁大厦三项资产进行合并的基础上，引入战略投资者而设立的信托公司。公司经中国银监会批准，经四川省工商行政管理局正式登记注册，注册资本为20亿元人民币，注册地址为四川省成都市锦江区人民南路2段18号川信红照壁大厦。

公司共10家股东，均为国内、省内的大型企业，实力雄厚，知名度高。其中控股股东宏达集团系我国大型民营企业，拥有近300亿元总资产，荣列国家520户重点企业、中国500家最大企业集团、中国民营企业500强。第二大股东中海信托由中国最大的海上油气生产商中国海洋石油总公司控股，是国内最有竞争力的大型信托资产管理公司之一。其余股东分别为：四川宏达股份有限公司、四川濠吉食品（集团）有限责任公司、汇源集团有限公司、成都铁路局、四川省投资集团有限责任公司、四川成渝高速公路股份有限公司、中铁八局集团有限公司、中国烟草总公司四川省公司。

经营范围：

经中国银监会批准和公司登记机关核准，公司经营下列人民币和外币业务：

1. 资金信托；

2. 动产信托；

3. 不动产信托；

4. 有价证券信托；

5. 其他财产或财产权信托；

6. 作为投资基金或者基金管理公司的发起人从事投资基金业务；

7. 经营企业资产的重组、购并及项目融资、公司理财、财务顾问等业务；

8. 受托经营国务院有关部门批准的证券承销业务；

9. 办理居间、咨询、资信调查等业务；

10. 代保管及保管箱业务；

11. 以存放同业、拆放同业、贷款、租赁、投资方式运用固有财产；

12. 以固有财产为他人提供担保；

13. 从事同业拆借；

14. 法律法规规定或中国银监会批准的其他业务。

苏州信托有限公司

苏州信托有限公司（以下简称“苏州信托”）是经中国银行业监督管理委员会批准设立的具有独立法人资格的非银行金融机构。其前身是苏州市信托投资公司，最早于1991年4月经中国人民银行批准设立。2002年重新注册登记。

2008年5月20日，苏州信托获中国银行业监督管理委员会批复，引进联想控股和苏格兰皇家银行（RBS）为其战略投资人，注册资本金增至5.9亿元人民币。并且在公司治理、风险管理和项目合作等方面获得了全球性经验和资源支持。2012年，完成二次增资，注册资本金增至12亿元人民币。

苏州信托秉承“受人之托，代人理财”的宗旨，以“独具特色的财富受托人”为愿景，紧紧抓住苏州经济高平台快速发展的良好机遇，为苏州城市建设提供优质的金融支持，为客户提供特色化的信托产品和综合的理财服务。

主要业务：

资金信托；

动产信托；

不动产信托；

有价证券信托；

其他财产或财产权信托；

作为投资基金或者基金管理公司的发起人从事投资基金业务；

经营企业资产的重组、购并及项目融资、公司理财、财务顾问等业务；

受托经营国务院有关部门批准的证券承销业务；

办理居间、咨询、资信调查等业务；

代保管及保管箱业务；

以存放同业、拆放同业、贷款、租赁、投资方式运用固有财产；

以固有财产为他人提供担保；

从事同业拆借；

法律法规规定或中国银行业监督管理委员会批准的其他业务。

股东介绍：

苏州国际发展集团有限公司

苏州国际发展集团有限公司（简称国发集团）成立于1995年8月，是经省市政府批准的国有资产授权经营主体，2003年重组为以金融为主业的国有控股集团公司。苏州国际发展集团有限公司是一家以金融与投资为主业的国有资产授权经营控股集团公司，具有国有资产管理、金融投资、资本运作三大功能，同时也是东吴证券有限责任公司、苏州信托有限公司、苏州国发中小企业担保投资有限公司、苏州营财投资集团公司等金融及相关企业的主要股东，此外还参股投资了江苏银行等多家金融机构。2007年末公司总资产30亿元，净资产21亿元，净利润6.9亿元。

苏格兰皇家银行集团通过其全资子公司苏格兰皇家银行公众有限公司入股苏州信托有限公司。苏格兰皇家银行集团是全球最大的银行和金融服务集团之一，2007年底市值为444亿英镑。苏格兰皇家银行集团总部设在英国爱丁堡，在欧洲、美洲、亚洲、中东等50多个国家设有分支机构，雇员超过17万人，为4,000多万客户提供服务。集团拥有极其广泛且多元化的客户资源，包括个人客户、商业客户、大型企业和机构客户等，并为他们提供全面的金融产品和服务。集团品牌包括苏格兰皇家银行，国民西敏寺银行（NatWest），公民金融集团（Citizens Financial Group），Ulster银行以及顾资银行（Coutts）等。2007年10月，苏格兰皇家银行与比利时富通银行（Fortis）和西班牙国际银行（Santander）所组成的银行财团收购了荷兰银行（ABN AMRO）。

目前，苏格兰皇家银行在中国上海和北京两地设有分行，为大型企业和金融机构客户提供债务融资、风险管理和交易银行服务等。苏格兰皇家银行还是中国银行的战略投资者。

联想控股有限公司（Legend Holdings Ltd.，简称“联想控股”）1984年由中科院计算所投资20万元人民币，11名科研人员创立。2007年，联想控股综合营业额1,466亿元人民币，总资产681.57亿元人民币，历年累计上缴税收104.8亿元人民币，员工总数超过3万人。

作为一家战略驱动的投资控股公司，联想控股采用母子公司治理结构，初步形成了涉及IT、投资、地产等三大行业，联想集团、神州数码、联想投资、融科智地、弘毅投资五大业务单元的非相关多元化经营格局，同时紧紧抓住发展机遇，积极探索新的产业发展方向。联想控股行使定方向、选人才、配资源、监督考核的职能，为各专业子公司提供资金、品牌、管理、文化等方面的有力支持，推动子公司成为所在行业的领先企业。

经过二十年努力，公司走出了一条有中国特色的高科技产业化道路；成功实施了国有股份制改造，建立起现代企业制度；立足中国本土市场，在和国外企业竞争中初战告捷，促进了民族 IT 产业的发展；学习西方成功企业的管理经验，结合中国实际，提炼出具有联想特色的企业管理理念，并成为核心竞争力。

铁信托有限责任公司

铁信托有限责任公司（简称"中铁信托"，原名为衡平信托有限责任公司）是经中国银行业监督管理委员会批准，以金融信托为主营业务的非银行金融机构，注册资本 20 亿元。2007 年 7 月，公司按照中国银监会《信托公司管理办法》换发了新的金融许可证，公司名称由"衡平信托投资有限责任公司"变更为"衡平信托有限责任公司"，成为全国首批换发金融许可证的信托公司之一。2008 年 12 月，经四川银监局批准，公司正式更名为"中铁信托有限责任公司"。

中铁信托的控股股东——中国中铁股份有限公司是由中国铁路工程总公司以整体重组、独家发起方式设立的股份有限公司，是集勘察设计、施工安装、工业制造、房地产开发、资源矿产、金融投资等为一体的多功能、特大型中央企业集团，是全球最大建筑工程承包商之一，连续九年进入世界企业 500 强，2014 年排名世界企业 500 强第 86 位，在中国企业 500 强中排名第 8 位。

公司业务范围涵盖资金信托、动产信托、不动产信托、有价证券信托、投资基金、证券承销、投资银行业务等；办理居间、咨询、资信调查等业务；以存放同业、拆放同业、贷款、租赁、投资方式运用固有财产；以固有财产为他人提供担保，从事同业拆借以及法律法规规定或中国银行业监督管理委员会批准的其他业务。2008 年 9 月，中国银监会核准我公司特定目的信托受托机构资格；2009 年 11 月，经中国银行业监督管理委员会四川监管局批复，中铁信托获得以固有资产从事股权投资的创新业务资格；2012 年 12 月，经中国银行间市场交易商协会批准，中铁信托获得银行间市场交易商协会会员资格。

自 2002 年 12 月重组成立以来，中铁信托坚持"创新、服务、可持续"的核心经营理念，按照现代金融企业的要求，着力进行管理创新和业务创新，不断提高专业管理水平和综合理财能力。公司积极发挥信托优势，在支持地方经济建设、活跃地方金融市场、促进民间资金向民间资本转化等方面发挥了积极而独特的作用，共为数百家企业提供了全面金融服务，2013 年底公司的信托资产规模首次突破 1500 亿元，在信托业界享有良好声誉。

公司于 2004 年通过 ISO9001 国际质量管理体系认证，并荣幸入选中国信托业协会第一届理事会，成为当时西部地区唯一的理事单位；2011 年 4 月，入选中国信托业协会第一届监事会；2012 年，当选四川省银行业协会第六届理事会理事单位，是四川服务业企业 50 强之一。2012 年 10 月，公司正式取得博士后创新实践基地资格，是四川省内第一家获得该资格的金融机构，也是信托行业内第四家获取该资格的公司。2012 年 12 月，牵头与四川省慈善总会成立了"中铁信托爱心基金"，已成功募集善款 251 万元。2010 年起，中铁信托连续五年荣获"中国优秀信托公司"称号；近年来，还先后获得"年度优秀信托品牌"、"年度最佳理财服务品牌"、"最佳研发团队"、"年度最佳信托公司"、"年度最佳理财服务品牌"、"优秀理财管理团队"、"中华全国铁路总工会全路模范职工之家"等荣誉。

信任源于专业，专业创造价值，中铁信托将始终铭记使命、珍惜托付，竭诚为广大投资者提供专业的理财服务。

业务范围：

1. 资金信托；
2. 动产信托；
3. 不动产信托；
4. 有价证券信托；
5. 其他财产或财产权信托；
6. 作为投资基金或者基金管理公司的发起人从事投资基金业务；
7. 经营企业资产的重组、购并及项目融资、公司理财、财务顾问等业务；
8. 受托经营国务院有关部门批准的证券承销业务；
9. 办理居间、咨询、资信调查等业务；
10. 代保管及保管箱业务；
11. 存放同业、拆放同业、贷款、租赁、投资方式运用固有财产；
12. 以固有财产为他人提供担保；
13. 从事同业拆借；
14. 法律法规规定或中国银行业监督管理委员会批准的其他业务。

五矿国际信托有限公司

五矿国际信托有限公司（以下简称"公司"），是中国五矿集团旗下的专业从事信托业务的非银行金融机构。

公司于 2010 年 10 月 8 日，经中国银行业监督管理委员会批准，在原庆泰信托投资有限责任公司完成司法重整的基础上，变更设立。注册资本金为 20 亿元人民币。注册地址是青海省西宁市。

公司股东是五矿资本控股有限公司（66%）；西宁城市投资管理有限公司（2.96%）；青海省国有资产投资管理有限公司（30.98%）；青海华鼎实业股份有限公司（0.06%）。

公司秉承中国五矿集团"珍惜有限，创造无限，服务为本，自强不息"的核心理念，坚持"至诚至信、稳健规范、专业服务、合作共赢"的经营方针，充分发挥"中国五矿"的品牌影响力和五矿集团的整体协同效应，依托青海省的资源优势，以专业化、差异化和精细化为战略取向，构建权责制衡、科学完善的法人治理结构，建立系统、全面的内控及风险管理体系，建立市场化的激励约束机制，打造高素质、职业化的业务运营团队，发挥专业的金融策划、资产管理、产品营销及风险管理能力，力争成为国内一流、具有核心竞争优势的综合型信托公司。

西部信托有限公司

基本情况：

根据 1999 年国家对信托行业第五次整顿要求及中国人民银行同意，陕西省人民政府将原陕西信托投资有限公司（1981 年成立）和陕西省西北信托投资有限公司（1987 年成立）进行合并重组。经过清产核资、资产评估、增扩资本、申报登记等程序，2002年7月，经中国人民银行批准，西部信托投资有限公司登记成立。随着业务发展的需要，2008年8月，经中国银行业监督管理委员会核准批复，更名为西部信托有限公司。

西部信托公司为股份制地方金融企业，注册资本金6.2亿元人民币，由陕西省电力建设投资开发公司、陕西省产业投资公司、彩虹股份、宝钛股份、西飞公司等24家省内外知名企业共同出资组建。

公司具有完善的法人治理结构。股东会为最高权力机构，董事会、监事会各行其职，严格按照《公司法》、《公司章程》开展工作；独立董事制度健全，董事会下设五个专门委员会；为了加强业务监督管理，审慎开展业务，公司设立了固有业务、信托业务分析论证等专业委员会；内控机制到位，60多项规章制度有效地保障各项工作的运转畅行；公司党组织建设、工会组织完备，内部设7个业务部门、5个综合职能部门，业务工作能够有机协调，相互配合；公司现有员工98人，全员实行劳动合同聘用制，员工的录用按照公开招聘、平等竞争、择优录用的原则，并实行竞聘上岗。公司员工绝大多数都多年从事信托或金融业务，具备丰富的专业理论知识和较强的业务实践能力。

公司业务经营受中国银行业监督管理委员会陕西监管局的监管指导。重新登记以来，公司励精图治、一直致力于成为一个真正的“受人之托，代人理财”的规范信托机构。长期坚持稳健经营、持续发展和科学化、专业化管理，准确把握宏观经济运行的发展规律和市场形势，在资金信托、项目投、融资及资产重组等领域具有丰富的专业经验，信誉、服务和经营业绩深得社会各界赞誉。

经营范围：

信托是指委托人基于对受托人的信任，将其财产权委托给受托人，由受托人按委托人的意愿以自己的名义，为受益人的利益或者特定目的，进行管理或者处分的行为。

西部信托主要经营以下业务：

1. 资金信托；
2. 动产信托；
3. 不动产信托；
4. 有价证券信托；
5. 其他财产或财产权信托；
6. 作为投资基金或基金管理公司的发起人从事投资基金业务；
7. 经营企业资产的重组、购并及项目融资、公司理财、财务顾问等业务；
8. 受托经营国务院有关部门批准的证券承销业务；
9. 办理居间、咨询、资信调查等业务；
10. 代保管及保管箱业务；
11. 存放同业、拆放同业、贷款、租赁、投资方式运用固有财产；
12. 以固有财产为他人提供担保；
13. 从事同业拆借；
14. 法律、法规规定或中国银行业监督管理委员会批准的其他业务。

经营业绩：

公司自成立以来，经营管理水平不断提高，信托经营规模逐年扩大，利润等主要指标稳步增长，连年取得佳绩。

2007年末，公司总资产34.67亿元，其中，自有资产总额6.90亿元，管理信托资产27.77亿元；各项收入16,473万元，比上年增长382%，实现利润13070万元，为上年利润的7.57倍，

2008年末，公司总资产48.4亿元，比上年增加13亿元，其中自有资产7.5亿元，管理信托资产40.9亿元；各项收入22,674万元，比上年增长37.6%，实现利润19,982万元，比上年增长52.9%。

2009年，受全球经济危机影响，公司收入和盈利减少。年末总资产总56.4亿元，其中：自有资产总额8.6亿元；信托资产47.8亿元。各项收入8,413万元，实现利润4,807万元。

经营情况：

1. 信托业务取得了长足发展

2002年公司重新登记以来，经过艰难的创业，已基本确立了以集合资金信托业务为主营业务的经营模式，成效显著。十几年来，公司累计募集信托资金120多亿元，有力地支持了陕西的重点项目建设，为地方经济发展做出了突出贡献，累计支付委托人信托收益达6亿元。管理的信托计划均按期兑付，得到了广大投资者的认可和信任，为投资者取得了较为可观的回报。公司凭借优质、诚信的金融服务搭建起产业资本和金融资本有机结合的中介桥梁，铸就了“西部信托”的良好品牌。

2. 自有资产质量和效益不断提高

在信托业务发展壮大的同时，公司的自有资产质量不断得到改善，自有资金运作效益和投资项目收益稳步增长，公司的经营业绩显著。累计清收不良资产1.5亿元，如期完成了银监会规定的实业投资清理任务。

西藏信托有限公司

西藏信托有限公司成立于1991年，是一家经营历史超过20年的非银行金融机构。凭借稳健经营的理念、因时而变的经营策略，公司始终未出现大的风险。历经信托行业6次清理整顿，成为信托公司中得以保存的10%不到的少数机构。过去十年公司保持了持续盈利，资产质量优良、业务领域不断扩大，逐步发展为全国性的综合金融服务机构。

我们致力于广泛、多市场的资产管理业务。我们将受托资产合理配置于货币市场、银行间市场、资本市场、衍生品市场以及直接投资（PE）市场，并积极参与并购融资、房地产、资源、能源、艺术收藏品等另类投资的机会，产品线完整、丰富；我们同时关注国内及国际市场，以客户的利益最大化为业务目标。

我们认为，为客户提供安全高效的资产管理服务，为股东提供合理稳定的收益，为员工提供有尊严的工作环境（不仅仅是收入）和有预期的成长空间，是企业的使命和促进社会进步的重要组成部分。“财务保障通达自由心境”是我们不懈努力所追求的最终目标。

公司总部设于北京，并在上海、成都、拉萨等地设有办事机构。公司与国内主要的金融机构建立了长期合作关系，以务实、共信、多赢的合作理念推进同业合作。

业务范围：

1. 同业合作

我们以灵活、创新的方式，务实、诚信、高效的理念与同业开展深度合作。

（1）银（行）——信（托）合作

我们与银行金融机构合作，进行资产证券化、信贷资产转

让、信托收益权转让、非标贷款、夹层融资、设立基金、代销产品等全方位的合作。

(2)券(商)——信(托)合作

我们与券商、基金合作,进行非标投资、信托收益权转让、联合产品设计、联合客户推荐等多种方式的合作。

2. 融资安排

我们独立或与银行等金融机构合作,为有事业心、进取心的优质客户,包括工商客户、房地产商、政府融资平台提供综合的融资安排。

3. 财富管理

公司根据高端客户的理财需求,通过信托计划为客户提供细致入微的个性化、量身定制的理财规划、投资方案及高增值服务。

我们将受托资产按照风险收益的匹配需求,以及我们对市场的综合判断,合理配置于货币市场、银行间同业市场、债券市场、资本市场、信贷资产市场、房地产市场以及其他另类投(融)资市场。

4. 公益事业

我们为致力公益事业的各界人士提供理财服务和管理服务。

厦门国际信托有限公司

厦门国际信托有限公司(以下简称"公司")系经中国银行业监督管理委员会批准设立的具有法人资格的国有非银行金融机构,注册资本 23 亿元人民币(其中外汇资本金 1,500 万美元)。公司是资产管理服务的专业化提供商。

公司前身厦门国际信托投资公司是由厦门市财政局下属的厦门经济特区财务公司组建而成,成立于 1985 年 1 月,已稳健成长了 30 年。多年来,公司一方面致力于与各级政府合作、与地方经济实体互动、与战略伙伴实现共赢、与全国市场对接,成功为厦门及周边地市的经济发展筹集到数百亿的资金。另一方面,公司通过资金信托、财产信托、受益权转让信托、财富管理信托、资产证券化信托等手段,以专业化的理财和资产管理能力为委托人提供完整的、个性化的资产管理解决方案,包括财产安全、财产保值增值、财产传承等各类重大资产管理需求。

企业文化:

发展愿景是成为值得信赖的财富管理人"。

公司使命是"诚信服务社会、有效回报股东、实现员工价值"。

经营宗旨是"稳健经营、诚实信用、开拓创新、有效回报",即以稳健经营为前提,以诚实信用为根本,以开拓创新为动力,以有效回报为目标。

社会责任:

2013 年,公司依照"诚信服务社会、有效回报股东、实现员工价值"的企业使命,诚实守信,合规经营,依法纳税,维护受益人的利益。严格按照《信托公司社会责任公约》的约定,积极维护信托业市场竞争秩序、行业声誉和良好社会形象。厦门国际信托强调公益慈善活动的"可持续性"与"专项性"相结合。将"金融知识进万家"、"送金融知识进社区"、"和谐邻里节和公交公益宣传"作为可持续性"公益慈善活动"的重点;将公益捐赠列为"专项性"的突破。同时,不忘持续推进员工履行社会责任,积极组织员工参与绿化植树、无偿献血等各类活动;关注儿童成长,赴厦门翔安同心儿童院(孤儿院)慰问。此外,2013 年,厦门国际信托积极参与中国信托业协会组织的公益信托等公益研究,努力履行作为一名企业公民所应承担的社会责任.

为响应中国银监会、中国信托业协会、厦门银监局、厦门银行业协会等机构号召,将公司保护消费者权益的制度举措落到实处,积极履行普及金融知识、提升民众金融风险意识、关爱儿童成长的社会责任,2014 年 6 月 1 日至 2 日,公司员工志愿者参与由龙岩市青少年宫举办的"红领巾相约中国梦"欢庆"六一"国际儿童节暨首届龙岩市青少年宫快乐文化节活动。本次活动地点为龙岩市市中心青少年宫,活动内容主要为六一节目汇演和由各参展商与少年宫共同组织的游园活动。为最大化达到"关爱儿童成长、履行社会责任"的目标,我司员工志愿者为孩子们和家长们准备了不同类型的活动。

新华信托股份有限公司

新华信托股份有限公司(以下简称"新华信托")成立于 1979 年,是中国最早成立的信托公司之一。

自成立以来,新华信托经历了银信分离、证信分业、增资扩股、引入海外战略投资者等历程。

2001 年 10 月,新华信托成为首批 5 家通过中国人民银行审批,获准重新登记,取得信托法人机构许可证的信托公司之一。

2009 年 1 月,英国巴克莱银行(Barclays Bank PLC)入股新华信托并持有 19.50% 的股份,新华信托成为国内首批引入海外知名战略投资者的信托公司。

2012 年,经中国银监会重庆监管局批准,新华信托于 2012 年 12 月,将部分未分配利润转增为注册资本,转增后公司注册资本为 12 亿元。

秉承"珍视所托,专业理财"的经营理念,新华信托始终贯彻"信托为本、面向市场、勇于创新"的经营方针,以客户为中心、以市场为导向,锐意进取、开拓创新,在稳健快速的发展中积极探索信托业务发展模式,建立了资产管理业务、综合投行业务、功能信托业务等三大核心业务架构,树立了一流的品牌形象,成长为一家真正具有先进经营管理理念、风格稳健、市场声誉卓著的的优秀信托公司。

新时代信托股份有限公司

新时代信托股份有限公司的前身是包头市信托投资公司,1987 年经中国人民银行批准正式成立,2003 年 12 月经中国银行业监督管理委员会核准重新登记并更名为新时代信托投资股份有限公司;2009 年 6 月,经中国银行业监督管理委员会批准更名为新时代信托股份有限公司,并换领新的金融许可证;2013 年 4 月,公司注册资本增至人民币 12 亿元。

近年来,公司秉承审慎合规的经营理念,以内涵型深耕式发展为指导思想,以主动管理信托资产为基本原则,以净资本管理风险指数为发展导向,打造投融资等多种手段组合的竞争优势,构建集约化、专业化、规模化、基金化和高附加值信托产品线为支撑的业务模式,整体业务驾驭能力、投资决策能力,以及风险识别、判断、防范和控制能力不断加强,资产实力与经营效益持续提升。

公司通过优化业务布局,拓宽业务领域,提升服务境界,业务渠道已从内蒙古地区辐射全国各大中城市,业务涉及城市基础设施建设、金融业、证券投资、装备制造业、商业服务业、教育及医疗卫生事业等诸多领域，已形成"慧金"、"聚金"、"鑫业"等十几个信托产品系列，管理的信托财产规模迅速扩大。

公司将继续致力于严控风险、合规经营，为委托人利益保驾护航。坚持以市场化为手段，以金融服务为载体，以客户资产最大化为核心，以公司科学发展为目标，通过专业化的资产配置能力和财富管理服务，不断满足投资者财富增值的期望，促进公司健康稳定发展。

经营范围：

经中国银行业监督管理委员会核准可以经营的业务：

1. 资金信托；
2. 动产信托；
3. 不动产信托；
4. 有价证券信托；
5. 其他财产或财产权信托；
6. 作为投资基金或者基金管理公司的发起人从事投资基金业务；
7. 经营企业资产的重组、购并及项目融资、公司理财、财务顾问等业务；
8. 受托经营国务院有关部门批准的证券承销业务；
9. 办理居间、咨询、资信调查等业务；
10. 代保管及保管箱业务；
11. 以存放同业、拆放同业、贷款、租赁、投资方式运用固有财产；
12. 以固有财产为他人提供担保；
13. 从事同业拆借；
14. 法律法规规定或中国银行业监督管理委员会批准的其他业务。

兴业国际信托有限公司

兴业国际信托有限公司成立于2003年3月，注册地为福建省福州市，现有注册资本为人民币50亿元。2011年1月，经国务院同意以及中国银行业监督管理委员会批准，兴业国际信托有限公司由兴业银行股份有限公司控股，成为经国务院特批的我国第三家银行系信托公司；同时也是我国第一批引进境外战略投资者的信托公司。公司股东实力雄厚，可持续发展前景良好。公司现有股东中既有中资主流商业银行，又有国际知名外资银行及大型国有企业等实力强大的股东。

兴业国际信托有限公司紧紧围绕建设"综合性、多元化、有特色的全国一流信托公司"的战略目标，坚持依法经营、稳健经营，不断夯实业务基础和客户基础，着力提升业务发展和创新能力，致力于成为国内优秀的综合信托金融服务提供商。截至2013年末，兴业国际信托有限公司管理的信托资产规模达5632.86亿元，信托资产规模位居行业前列。

按照建设全国一流信托公司的战略定位，目前兴业国际信托有限公司已设立了11个综合管理部门、在全国设立了8个区域信托业务总部、5个直属专业事业部、1个财富管理总部，在全国主要省、市、区设立了业务和客户服务网络，具备了全国化经营与服务能力。同时，兴业国际信托有限公司参股兴业期货有限公司、重庆机电控股集团财务有限公司、紫金矿业集团财务有限公司、华福证券有限责任公司；并设立了全资私募股权投资子公司——兴业国信资产管理有限公司。在全国优秀信托公司评选活动中，兴业国际信托有限公司先后荣获"卓越信托公司"、"中国优秀信托公司"、"最佳信托公司"、"中国最具实力信托机构"、"最佳市场竞争力信托公司"、"最受欢迎信托公司"、"最具创新力金融服务企业"、"中国最佳证券类信托管理机构"、"最佳品牌奖"、"最佳高端客户投资渠道奖"等多项荣誉。

公司荣誉：

2014年12月，荣获金融界和清华大学五道口金融学院联合评选的"2014年度信托行业最佳创新奖"。

2014年12月，荣获2014第一财经·中国企业社会责任榜（CSR）评选的"优秀实践奖"。

2014年8月，荣获第一财经评选的"2013－2014年度中国阳光私募最佳服务信托公司金樽奖"。

2014年7月，荣获《证券时报》评选的"中国优秀信托公司"；杨华辉董事长荣获"年度信托业领军人物"奖。

2014年6月，荣获《上海证券报》评选的"2013年度诚信托·卓越公司奖"。

2014年1月，荣获金融界和清华大学五道口金融学院联合评选的"2013年度最佳品牌奖"。

2013年12月，荣获2013第一财经·中国企业社会责任榜（CSR）评选的"2013年度优秀实践奖"。

2013年11月，荣获第九届北京国际博览会评选的"2013年度最受欢迎信托公司"和"2013年度最具创新力金融服务企业"。

2013年11月，荣获2013全球房地产金融中国峰会评选的"2013年度中国最具实力信托机构"。

2013年6月，荣获《证券时报》评选的"2012年度中国优秀信托公司"；"兴业信托·东北证券项目投资集合资金信托计划"荣获"2012年度最佳证券投资类信托计划"。

2013年6月，荣获《上海证券报》评选的"2012年度诚信托·卓越公司奖"。

2013年6月，荣获《证券时报》评选的"2013年中国最佳证券类信托管理机构"。

2013年1月，荣获金融界和清华大学五道口金融学院联合评选的"2012年度最佳信托公司"。

2012年11，月荣获2012年第一财经金融价值榜（CFV）"2012年最佳市场竞争力信托公司"；"兴业信托·长金－中科智1号证券投资集合资金信托计划"荣获"2012年最佳投资价值产品"。

2012年8月，在《证券时报》主办的第五届中国优秀信托公司评选活动中荣获"2011年度中国优秀信托公司"；"兴业信托·宝丰2期（兴州）集合资金信托计划"荣获"2011年度最佳证券投资类信托计划"。

2012年6月，荣获《上海证券报》评选的2011年度"诚信托·成长优势奖"；"兴业信托·呈瑞1期证券投资集合资金信托计划"荣获2011年度"诚信托·价值信托产品奖"。

2011年11月，荣获第一财经金融价值榜（CFV）2011年"最佳发展潜力信托公司"。

2011年8月，荣获《证券时报》评选的"2010年度中国最具区域影响力信托公司"；"兴业信托·呈瑞1期证券投资集合资金信托计划"荣获"2010年度最佳证券投资类信托计划"。

2011年6月，荣获《上海证券报》评选的"2010年度'诚信托'行业新秀奖"。

2010年7月，荣获《证券时报》评选的"中国最具区域影响力信托公司”、“最佳权益投资信托计划”、“最佳组合投资信托产品”三项奖项。

2009 年 5 月，荣获福建省第二届金融博览会“最佳高端客户投资渠道奖”。

2008 年 5 月，荣获福州市“现代服务业明星企业”称号。

2007 年，经中国人民银行批准，本公司成为我国唯一获得央行“REITs”试点资格的信托公司。

2007 年 9 月，荣获《证券时报》评选的第二届全国优秀信托公司之“最佳房地产信托计划”、“最佳区域理财机构”两项大奖。

2006 年 8 月，荣获《证券时报》首届全国信托投资公司“最具成长性信托公司”、“最佳房地产信托计划”两项大奖。

2006 年 11 月，荣获第三届中国国际商业地产博览会“2006 年中国商业地产最佳投融资机构”大奖。

2006 年 11 月，荣获 CIHAF2006 中国地产节“2005 房地产信托冠军”大奖。

2005 年，经中国银行业监督管理委员会福建监管局核准，本公司获准开办异地信托业务资格，成为首批获得此资格的信托公司。

2005 年 10 月，公司“联信.宝利”信托产品荣获全国工商联住宅产业商会第二届精瑞住宅科学技术奖之地产金融创新金奖。

2004 年，推出国内首个票据理财信托计划。

英大国际信托有限责任公司

英大国际信托有限责任公司（简称“英大信托”或“公司”）成立于 1987 年 3 月，目前，注册资本金为人民币 18.22 亿元，共有国网英大国际控股集团有限公司、中国电力财务有限公司等 6 家股东单位。为适应发展需要，2010 年 6 月，公司注册地由济南迁至北京，成为银监会直接监管的信托公司。

20 多年来，在社会各界的大力支持和关心下，公司以受益人利益最大化为原则，坚持“诚信为本，依法理财”的经营理念，内强管理，外塑形象，形成了务实稳健的经营风格，各项业务稳步增长，综合实力显著增强。截至 2012 年末，公司管理资产总规模 2056 亿元，实现利润 6.69 亿元，累计向受益人提供信托收益 114 亿元，综合实力位居行业前列。公司获得北京市东城区百强企业称号，当选信托业协会监事长单位，荣获中国社科院和金融时报社联合评选的“年度最佳稳健增长信托公司”称号，获得由社会公众投票选出的“2012 东方财富风云榜——2012 年度最佳信托公司”荣誉称号。

面对新形势、立足新起点，公司将认真贯彻落实各项监管要求，加快推进战略转型，坚持市场化、专业化的发展方向，坚持合作共赢的理念与各界朋友开展广泛而深入的合作，携手共创美好明天！

经营范围：

经中国银行业监督管理委员会（以下简称中国银监会）核准，公司的经营范围为下列部分或者全部本外币业务：

1. 资金信托；
2. 动产信托；
3. 不动产信托；
4. 有价证券信托；
5. 其他财产或财产权信托；
6. 作为投资基金或者基金管理公司的发起人从事投资基金业务；
7. 经营企业资产的重组、购并及项目融资、公司理财、财务顾问等业务；
8. 受托经营国务院有关部门批准的证券承销业务；
9. 办理居间、咨询、资信调查等业务；
10. 代保管及保管箱业务；
11. 以存放同业、拆放同业、贷款、租赁、投资方式运用固有财产；
12. 以固有财产为他人提供担保；
13. 从事同业拆借；
14. 法律法规规定或中国银行业监督管理委员会批准的其他业务。

企业文化：

核心价值观——诚信责任创新奉献。

“诚信、责任、创新、奉献”的核心价值观是公司的价值追求。

“诚信”，是企业立业、员工立身的道德基石。

“责任”，是勇挑重担、尽职尽责的工作态度。

“创新”，是企业发展、事业进步的根本动力。

“奉献”，是爱国爱企、爱岗敬业的自觉行动。

企业精神——努力超越追求卓越。

“努力超越、追求卓越”的企业精神是公司和员工勇于超越过去、超越自我、超越他人，永不停步，追求企业价值实现的精神境界。

云南国际信托有限公司

云南国际信托有限公司是 2003 年经中国人民银行“银复[2003]33 号”文批准，由原云南省国际信托投资公司增资改制后重新登记的非银行金融机构。公司注册资本为 10 亿元人民币。2007 年，根据《信托公司管理办法》的有关规定，公司经中国银行业监督管理委员会“银监复[2007]315 号”文批准同意，换领《中华人民共和国金融许可证》。

业务范围：

公司自 2003 年改制以来，不断借鉴国内外先进的信托管理经验，利用信托制度的优势，积极探索金融产品创新。多年来，公司在各级监管部门的指导下，合法合规地发行各类信托计划，其中所有到期信托计划均如期兑付，为广大投资人创造了良好的投资收益。

公司在发展过程中，深知以人为本的重要，在大量引进谙熟中国金融市场以及信托行业的发展和运营的一流专业人才的基础上，培育了一支高素质、高学历、年轻化、专业化的人才队伍。公司员工中本科、研究生（硕士、博士）学历和中级职称以上人员占 95%，从业 5 年以上人员占 86%。

经营范围：

资金信托；

动产信托；

不动产信托；

有价证券信托；

其它财产或财产权信托；

作为投资基金或者基金管理公司的发起人从事投资基金业务；

经营企业资产的重组、购并及项目融资、公司理财、财务顾问等业务；

受托经营国务院有关部门批准的证券承销业务；

办理居间、咨询、资信调查等业务；

代保管及保管箱业务；

以存放同业、拆放同业、贷款、租赁、投资方式运用固有资产；

以固有资产为他人提供担保；

从事同业拆借；

法律法规或中国银行业监督管理委员会批准的其它业务。

企业文化：

企业愿景

以信托的方式，建立科学合理的委托及受托关系，以三富多样的方式，以金融为核心，为客户提供综合金融理财方案。依托信托的专业平台，诚信服务，多方共赢，朝国内一流水准的信托公司迈进。最大化的实现客户价值、员工价值、股东价值和社会价值。

经营方针

合法合规，内外严控，统筹兼顾市场、运营、产品研发、知识、道德等各方因素，实现持续、稳步、健康发展，并追求可控风险下的投资回报最大化。

管理原则

以诚信为永不动摇的根基，不断加强和深化内外风险管控，孜孜不倦创新求变，在团队管理、资产管理、运营管理方面坚守专业的旗帜不动摇，在企业道德方面坚持高标准的行业自律管理。

企业理念

诚信引领未来，专业创造价值！

企业文化

和谐团队，快乐工作，多方共赢，精彩生活！

浙商金汇信托股份有限公司

浙商金汇信托股份有限公司是经中国银行业监督管理委员会批准的专业信托理财机构。注册资本为5亿元。注册地在浙江省杭州市。公司股东及股比构成为：浙江省国际贸易集团有限公司持股56%，中国国际金融有限公司持股35%，传化集团有限公司持股9%。公司将在现有法律法规的框架下，以受益人利益最大化为原则，诚实守信，勤勉尽职，充分利用并合理配置各项资源，在风险可控的前提下积极创新，开拓发展，做一个优秀的受托人。

经营宗旨：

立足信托信念，围绕信托本业，实践信托制度，推进中国信托业发展，为受益人、客户、股东、员工和社会持续创造价值，为中国社会财富的创造、积累和传承贡献力量。

公司业务范围

公司经营各类信托业务，包括资金信托、动产信托、不动产信托、有价证券信托、其他财产或财产权信托等。初期将重点开拓结构性融资、证券投资信托、私募股权投资、挂钩投资产品等业务领域。

公司将立足浙江、辐射上海及长三角洲地区，并服务于全国经济发达地区。高端个人客户、中小民营企业、大型国企、上市公司、保险、银行等是公司重点服务的客户群体。

业务策略

顺应行业发展趋势，充分利用各项资源优势，积极拓展主动性财产管理业务，重视资本回报率，打造具有独特竞争优势的业务能力，树立高端品牌形象。

中诚信托投资有限责任公司

2013年，面对复杂的经济形势和资产管理市场的深刻变化，公司继续坚持稳健审慎的理念，不断提高公司治理效率，积极调整经营策略，紧紧围绕“保兑付、调结构、促发展”的经营主线，推进公司转型和发展，各项经营指标再创新高。截至2013年12月31日，公司受托管理信托财产规模3,572亿元，全年实现净利润18.50亿元，继续保持行业领先水平。2013年共计兑付信托产品278个，累计给付信托本金1,293亿元，返还收益80亿元。

2014年的经营环境依然十分复杂，信托公司经营面临经济增长速度换挡期、结构调整阵痛期、前期刺激政策消化期、利率市场化的推进期和资产管理业务的扩张期五期叠加的复杂形势，公司将坚持稳中求进，围绕“控风险、调结构、促转型”的经营主线，在各股东单位、合作伙伴、广大客户的全力支持下，认真贯彻监管政策和要求，依法合规诚信经营，始终着眼于金融服务实体经济的本质要求，严格风险防控，强化社会责任理念，不断改进金融服务，加快战略转型，以更优秀的业绩回报股东和投资者、回馈社会！

经营范围：

资金信托；

动产、不动产信托；

有价证券信托；

其他财产或财产权信托；

作为投资基金或者基金管理公司的发起人从事投资基金业务；

经营企业资产的重组、购并及项目融资、公司理财、财务顾问等业务；

受托经营国务院有关部门批准的证券承销业务；

办理居间、咨询、资信调查等业务；

代保管及保管箱业务；

以存放同业、拆放同业、贷款、租赁、投资方式运用固有财产；

以固有财产为他人提供担保；

从事同业拆借；

法律法规规定或中国银行业监督管理委员会批准的其他业务。

业务介绍：

信托业务

贷款信托是指信托公司（即受托人）接受委托人的委托，按委托人的意愿将信托资金用于发放贷款，并负责到期收回信托贷款本息的一项金融业务。受托人在发放贷款的对象、用途等方面有充分的自主权，同时可利用信托公司在企业资信与资金管理方面的优势，提高资金的安全性和使用效率。

股权信托是指委托人将其持有的某公司的股权移交给受托人，或委托人将其合法所有的资金交给受托人，由受托人以自己的名义，按照委托人的意愿将该资金定向投资于某公司，并由受托人代委托人行使股东职权。

权益投资信托是指将信托资金投资于能够带来收益的各类权益的资金信托品种，这些权益包括基础设施收费权、公共交通营运权等。

融资租赁信托是指信托公司将募集资金运用于融资租赁业务的一种资金信托业务。

银行信贷资产受让信托是一种准资产证券化的信托产品,即信托公司通过发行信托计划募集资金,将信托资金用于购买商业银行的信贷资产,然后由银行到期回购(或设立分级受益权),以保证信托资金的安全。

应收账款信托以申请企业作为委托人,信托公司作为受托人,银行作为受益人,三方共同签订信托合同。企业将应收账款委托给信托公司,信托公司负责监督企业对应收账款的回收工作。应收账款的收益归银行,同时银行和该企业签订贷款合同,银行向企业发放贷款。由于这种操作方式利用信托财产独立性的特点,将应收账款安全隔离为信托财产。

投行创新业务

中诚信托一直致力于探索将信托优势与投行业务相结合的创新业务模式,为各类企业提供全面、优质的资本市场投融资服务,并已取得卓著的业绩和广泛的认可。公司致力于开展债券业务、企业重组、MBO、ESOP、财务顾问、现金管理、企业贷款证券化(CLO)、不良资产证券化(NPLs)、住房抵押贷款证券化(RMBS)、商用物业抵押贷款证券化(CMBS)等业务。

2010 年,在国家重启信贷资产证券化和放行 REITs 试点政策未成行的情况下,公司与国开行等机构合作实施了多个私募资产证券化项目,并积极培育应收账款证券化等创新业务。

投资管理业务

投资管理业务是指运用公司自有资金进行对外投资、提供融资及担保服务。公司建立了一套完整的风险管理制度、投资策划体系和业务运作流程。2009 年 8 月,公司获批固有资产从事 PE 创新业务资格,进一步拓宽了公司自有资金的投资运作空间。

2010 年,公司自有资金除继续开展贷款、担保等传统业务外,重点围绕金融股权投资、PE 创新业务、支持信托业务等领域开展运作。

证券投资业务中诚信托是较早从事证券投资业务的信托公司。证券投资部拥有一批具有丰富业务经验和专业知识的投资理财专家,从业人员均为来自各大专业投资机构的投资经理或基金经理,具备良好的操作能力和道德操守;在多年的队伍建设、基本面研究和市场历练中,形成了以研发为基础、决策高效、职责明确、运转科学的证券投资操作平台,建立了一套完整的风险管理控制和投资策划体系。

2013 年,完成了公司下达的利润指标。

国际业务

中诚信托国际业务包括公司自有外汇资本金经营管理及外汇信托业务。2008 年 7 月,中诚信托获得国家外汇管理局批准开立外汇资本金境外帐户,外汇资本金境外投资管理进入实质操作。2008 年 11 月,公司从中国银监会成功申领受托境外理财业务资格。2009 年 12 月,公司成功获得 2 亿美元外汇投资额度。2010 年,公司 QDII 单一信托业务实际投入操作,成为公司新的业务增长点。

中国金谷国际信托有限责任公司

中国金谷国际信托有限责任公司(以下简称“金谷信托”或“公司”,原名中国金谷国际信托投资有限责任公司)是在原全国人大副委员长、中华全国妇女联合会主席陈慕华同志倡导下,于 1993 年 4 月经中国人民银行批准成立的非银行金融机构。2007 年 4 月中国信达资产管理公司开始对金谷信托进行重组。2009 年 9 月 1 日,银监会正式批准公司重新登记,并给公司颁发了新的金融许可证。2009 年 9 月 15 日,金谷信托在国家工商行政管理总局完成变更登记手续,并换领新的营业执照。

金谷信托目前注册资本为 22 亿元人民币,注册地址在北京市西城区金融大街 33 号通泰大厦 C 座 10 层,是中国银行业监督管理委员会直接监管的信托公司之一。公司股东为中国信达资产管理股份有限公司、中国妇女活动中心和中国海外工程有限责任公司。其中中国信达资产管理股份有限公司持股 92.29%,是金谷信托的控股股东;中国妇女活动中心持股 6.25%;中国海外工程有限责任公司持股 1.46%。

公司经营范围:资金信托;动产信托;不动产信托;有价证券信托;其他财产或财产权信托;作为投资基金或者基金管理公司的发起人从事投资基金业务;经营企业资产的重组、购并及项目融资、公司理财、财务顾问等业务;受托经营国务院有关部门批准的证券承销业务;办理居间、咨询、资信调查等业务;代保管及保管箱业务;以存放同业、拆放同业、贷款、租赁、投资方式运用固有财产;以固有财产为他人提供担保;从事同业拆借;法律法规规定或中国银行业监督管理委员会批准的其他业务等。

2009 年金谷信托重新登记开业以来,金谷信托综合实力不断增强,管理信托资产规模实现跨越式增长,盈利能力不断增强,信托主业盈利模式建立并不断巩固,公司行业地位不断提升。金谷信托将坚持“胸怀服务社会理想、坚守诚信为本理念”,恪守谨慎、稳健的经营方针,以受益人的利益最大化为宗旨,专注于信托产品的创新与推广,发展目标是成为在财产管理、资金融通、投资理财和社会公益等领域具有核心竞争力的专业理财服务机构,争取在不远的将来跻身国内最具创新潜力和持续盈利能力的信托公司之列。

经营范围:

资金信托;

动产信托;

不动产信托;

有价证券信托;

其他财产或财产权信托;

作为投资基金或者基金管理公司的发起人从事投资基金业务;

经营企业资产的重组、购并及项目融资、公司理财、财务顾问等业务;

受托经营国务院有关部门批准的证券承销业务;

办理居间、咨询、资信调查等业务;

代保管及保管箱业务;

以存放同业、拆放同业、贷款、租赁、投资方式运用固有财产;

以固有财产为他人提供担保;从事同业拆借;

法律法规规定或中国银行业监督管理委员会批准的其他业务。

企业文化:

聚业界精英、建一流团队、搭发展舞台、创骄人业绩、筑金谷品牌、圆价值之梦。

为客户创造价值、为股东增加效益、为员工搭建舞台、为社会贡献力量。

金谷信托,值得重托。

以市场为导向,以客户为中心。以创新为动力,以效益为目标。

尊重监管机构、尊重股东单位、尊重集团战略发展规划、尊重金谷信托每一名员工成长的愿望和他们自身的价值、尊重市场和行业发展规律。

从历史和时代的高度，讲政治、担责任、创效益，全体员工共同缔造美好的未来。

金谷员工价值：专业、职业、敬业、创业。

爱岗敬业、激情创业、成就事业。

德才兼备，以德为先；以德服人，以才超人。

有德小才可用，有才少德慎用，有德有才大用，无德无才不用。

公司有未来，个人就有未来。

为公司做贡献，为个人谋发展。

用好一个人，换来一片天。

同是金谷人，共创新伟业。

让每一位员工"生活上有温暖、工作上有尊严、事业上有希望"。

金谷员工"五会"：会看、会听、会想、会说、会写。

金谷员工"三能力"：学习能力、应用能力、改变能力。

金谷职业精神：定好位、做到位、不越位、有作为。

简单、清新、阳光、奋发。

受人之托、忠人之事、稳健经营、诚信为本、严控风险，践行社会责任。

关注市场、关注政策、关注同业、关注自身。

抢市场、抓资源、要政策。

抓基础、抓重点、抓亮点、抓落实、抓服务。

勇于面对风险的能力、积极经营风险的能力、切实化解风险的能力。

主动拓展优质客户，主动规避风险项目，主动提高管理水平，主动化解业务风险。

中国民生信托有限公司

中国民生信托有限公司前身为中国旅游国际信托投资有限公司，成立于1994年。2003年3月，中国银行业监督管理委员会批准公司进行重组。2013年4月16日，公司完成重新登记，并于4月28日重新开业。目前，公司注册资本为20亿元，由中国泛海控股集团有限公司控股，公司董事长为卢志强先生。

中国民生信托有限公司立志成为一家具备全球视野的、一流的金融服务公司；成为一家具有自身特色的企业文化，理念先进、模式领先、业绩稳定、灵活高效、值得尊敬的金融服务公司；为客户创造价值，为中国金融业的创新发展做出贡献。

企业文化：

企业精神：敬业、守信、忠诚、奉献、开拓、创新、立志、图强。

企业经营理念：社会目标、企业目标、个人目标相统一，

社会责任、企业责任、个人责任相统一，

社会利益、企业利益、个人利益相统一。

为百姓理财，让财富增值，鼎力支持民营企业，助力中国经济发展。

企业核心价值观：得益于社会，奉献于社会。

企业愿景：将中国民生信托建设成为一家具备全球视野的、一流的金融服务公司。

中海信托股份有限公司

中海信托股份有限公司（以下简称"中海信托"或"公司"）是由中国海洋石油总公司和中国中信股份有限公司共同投资设立的国有非银行金融机构，是按照信托业"新两规"规定较早完成换牌的信托公司之一，中国海洋石油总公司和中国中信股份有限公司各占95%和5%。经2011年同比例增资扩股后，公司注册资本为25亿元人民币。

中海信托秉承"诚信稳健、忠人所托"的经营理念，坚持"风控优先"的低风险发展道路，经过多年的探索和实践，资产管理能力持续提升。2013年，中海信托管理信托资产余额为1774.44亿元，全年累计管理信托资产规模3,284.09亿元，实现营业收入12.07亿元，实现利润总额10.25亿元，人均净利润659.95万元。多年来，公司未发生任何信托项目不能按期兑付、损害受益人利益的情况，连续十年保持新增不良资产为零。

在业务持续稳健发展的同时，公司以稳健经营和专业理财能力树立起良好的社会形象，凸显了差异化竞争优势，巩固了中海信托在业内及社会中的品牌及影响力。在《上海证券报》主办的"诚信托"评选活动中，公司连年荣获"诚信托——卓越公司"等奖项；在证券时报社主办的"中国优秀信托公司评选"中，公司连续荣获"优秀信托公司"、"最佳风险管理信托公司"等奖项；在上海市黄浦区经济发展突出贡献百强企业评选活动中，公司连续三个年度蝉联该荣誉称号，排名前列。

伴随着信托业的高速发展，中海信托将始终坚持风控优先、合规稳健的经营理念，持续提升资产管理能力，建设完善风控体系，保持健康、稳健、可持续的发展态势，为投资者提供安全可靠的金融服务，打造委托人信得过的信托理财平台。

中航信托股份有限公司

中航信托股份有限公司（以下简称"公司"）的前身是江西江南信托股份有限公司。经中国银监会批准，公司于2009年12月底完成重新登记并正式开业。公司由中国航空工业集团公司、中国航空技术深圳有限公司、（新加坡）华侨银行有限公司等5家机构共同发起设立，注册地为江西南昌市，目前注册资本为168648.52万元。公司是中航工业旗下重要的金融平台之一，具有强大的股东背景和现实资源优势，对促进业务发展和强化经营管理提供支持。

公司按照"立足江西、依托航空、面向全国"的思路，积极搭建业务团队及直销网络，已在北京、上海、广州、深圳、重庆、昆明、沈阳、杭州、成都等14个城市设立了20个信托业务团队和10个区域财富中心。

公司拥有专业的人才队伍，员工具有银行、信托、证券投资、房地产投资、实业投资等业务经验，将为广大机构和个人客户提供投资、融资和资产管理服务，捍卫客户资产安全，追求客户资产价值的最大化。

公司作为中国航空工业集团公司成员单位，是中航工业金融板块中航资本的重要组成部分，倡导先进的经营理念和高效的经营机制，坚持走专业化、差异化发展道路，专注于具有行业优势和区域优势并能可持续发展、形成核心能力的产品和业务，实现公司"高起点、高境界、可持续、快发展"，努力把公司建设成为研究水平和服务水平领先、特色鲜明的专业

化信托公司。

公司先后荣获“江西省十大爱心企业”、“‘十一五’省直（属）定点扶贫先进单位”、“中国最具成长性信托公司”、“中国最具区域影响力信托公司”、“中国优秀信托公司”等称号。

主要业务：

公司经监管部门批准经营以下业务：资金信托，动产信托，不动产信托，有价证券信托，其他财产或财产权信托，作为投资基金或者基金管理公司的发起人从事投资基金业务，经营企业资产的重组、购并及项目融资、公司理财、财务顾问等业务，受托经营国务院有关部门批准的证券承销业务，办理居间、咨询、资信调查等业务，代保管及保管箱业务，以存放同业、拆放同业、贷款、租赁、投资方式运用固有财产，以固有财产为他人提供担保，从事同业拆借，法律法规规定或中国银监会批准的其他业务。

企业文化核心理念

使命：

因应市场，为客户提供最值得信赖的高品质的专业金融服务。

在业务模式上，深入研究信托行业发展趋势，敏锐把握市场机遇和客户需求的变化，主动思考业务模式的创新，持续提升核心竞争能力。

1. 在产品设计上，准确把握客户需求，精准定位和开发个性化产品，为客户提供专业的金融产品和服务。

2. 在风险控制上，完善风险控制体系，严格执行风控规定，诚信经营，稳健务实，守法合规，保证客户资产的保值增值。

3. 在服务质量上，及时响应客户需求，开发个性化的产品，建立完善的服务网络，不断提升服务品质，为客户提供专业有品质的服务。

4. 在社会责任上，积极承担社会责任，参与社会公益事业，营造良好的金融市场秩序，为促进社会的和谐进步贡献积极力量。

愿景：

成为信誉卓著、运营卓越的一流金融服务商。

我们始终恪守“受人之托，忠人之事”的信托职责，充分发挥央企背景的品牌优势，秉承信守承诺和雷厉风行的军工文化，稳健经营，以人为本、持续创新，不断提升管理水平，实现客户资产价值最大化，在业内树立卓著的企业商誉。

核心价值观：

诚信、敬业、创新、超越。

诚信是中航信托的立业之本。不信不立，不诚不行。我们坚持诚实守信，守法经营，通过真诚合作、严谨操作，把我们的事业做大做强，实现互惠互利、共赢发展。

敬业是中航信托的事业精神。我们应具备专业化、职业化的习惯与精神，以高度的责任感和现实的使命感，激发员工爱岗敬业、积极进取，使员工在工作中获得组织关怀和事业成就感，感受到个人的成长。

创新是中航信托的动力之源。对信托行业而言，合理的想象与扎实的经验同样重要，信托工具的应用、信托产品的设计都离不开合理、丰富的想象，只有不断创新，方能在激烈的行业竞争中立于不败之地。

超越是中航信托的目标追求。我们要顺应客户需要，为客户提供更新更好的服务；要完善管理机制，提高风险管控能力和业务运作效率；要建立良好的学习氛围，提升服务质量和专业水平；要深入拓展业务领域，实现更高的业绩目标。

中江国际信托股份有限公司

中江国际信托股份有限公司（简称“中江信托”或“中江国际”）成立于1981年6月，是经中国银监会批准的非银行金融机构。2003年3月由原江西省国际信托投资公司、江西省发展信托投资股份有限公司、江西赣州地区信托投资公司以新设合并方式组建。2012年10月由江西国际信托股份有限公司更名为中江国际信托股份有限公司，注册资本人民币11.56亿元。

中江国际坚持“发挥信托功能、服务经济发展”的经营宗旨，先后为省内外各级政府、上市公司、大中型企业提供信托融资1,600多亿元。

自2004年以来，中江国际先后推出了政信合作、银信合作、企信合作等业务模式，业务遍及全国。截至2012年末，累计管理信托财产突破4,000亿元，累计交付信托财产2,638亿元，全部按期实现了信托财产的保值增值，体现了稳健发展的经营风格。

中江国际治理规范，建立了“五个两、十环节”的内部控制和风险决策体系，拥有一支具有信托、证券、保险、商业银行、投资银行、基金管理等资深从业背景的专业团队，构建了以北京、上海、深圳、浙江、江苏、福建、四川、陕西、辽宁、山东、河北等35个金融研发中心为依托的全国性业务布局、资源网络和营销体系，可根据客户的资产状况、风险偏好，利用信托独特的制度优势和功能，为客户提供跨越多个金融市场、多个行业、多个地域的专业化、综合型金融服务。

中江国际致力于金融控股集团的构建，通过兼并重组和投资设立，发展成为一家集信托、证券、保险、期货、基金等为一体的综合性金融集团。至2012年末，集团总资产突破200亿元，净资产突破70亿元。

中江国际作为“受人之托、代人理财”的专业化理财机构，以“为了共同利益观”为核心价值观，以“忠诚拼搏、艰苦创业”为核心理念，以“简单直接”为管理理念，以“风险第一、效益第一”为经营理念，以“热情、快捷、细致、高效的服务”为核心竞争力，在支持政府融资、企业发展、不断满足投资者理财需求的过程中获得快乐，获得成长。

公司文化：

经营宗旨：诚信理财，服务社会。

核心价值观：为了共同利益。

管理理念：简单直接。

经营理念：风险第一、效益第一。

企业精神：忠诚拼搏、艰苦创业。

行为准则：十八支持、十八反对。

愿景：开放的江信、世界的江信。

司训：

忠诚——精神之魂；团结——取胜之本；

学习——胜任之道；拼搏——成功之举；

控险——不败之因；效益——强盛之果；

创造——发展之源；超越——腾飞之路。

十八支持，十八反对：

支持对公司昂扬向上的激情，反对对工作消极无为的态度；

支持对公司的忠诚，反对对公司的背叛；

支持光明磊落，反对阳奉阴违；

支持敢于管理、敢于批评的同志，反对做老好人，一团和气；

支持团结友爱，反对拉帮结派；

支持加强学习和培训、提高工作本领，反对不学无术；

支持艰苦创业、见困难就上，反对贪图享受，怕苦怕累；

支持多劳多得，反对不劳而获；

支持维护公司的声誉和形象，反对破坏公司声誉和形象的行为；

支持一切创新和改革，反对因循守旧，固步自封；

支持说真话、办实事，反对说假话，做花样文章；

支持服从指挥、听从安排，反对指挥不动、讨价还价；

支持敢于承担责任、办事不推诿，反对一事当前、先替自己打算；

支持对工作认真负责、一丝不苟，反对敷衍塞责、马虎了事；

支持廉洁奉公，反对损公肥私；

支持维护各级班子团结、维护领导威信，反对各级班子相互拆台、挑拨离间、表现自己、破坏别人；

支持热爱同志、关心集体，反对打击、诬陷别人；

支持相互配合、相互援助，反对各自为政、以邻为壑。

中粮信托有限责任公司

中粮信托有限责任公司（以下简称“中粮信托”）于2009年7月1日获中国银行业监督管理委员会批准开业。中粮信托注册地在北京，是由中国银监会直接监管的非银行金融机构。经由中国银监会批准，中粮信托于2012年成功引进战略投资者——蒙特利尔银行。目前股东架构为中粮集团有限公司持股76.0095%，蒙特利尔银行持股19.99%，中粮财务有限责任公司持股4.0005%。

依托中粮集团，中粮信托稳健经营、快速发展，积极探索创新产融结合和农业金融新模式，坚持农业、产业特色化，逐渐成为信托行业的后起之秀。

中粮信托秉承客户至上的经营理念，以完备的风险管理控制体系为基础，以高素质的人才为支点，以创新服务为手段，坚持阳光、创新、稳健、务实的发展道路，致力于奉献优质金融理财服务，实现客户、股东、员工价值最大化。

未来中粮信托将进一步依托中粮集团行业优势，发挥信托制度优势，培养差异化资产管理能力，成就有产业特色的金融股权投资管理平台、农业金融服务平台和财富管理平台。

中融国际信托有限公司

中融国际信托有限公司是经中国银监会批准设立的金融机构，前身为哈尔滨国际信托投资公司，成立于1987年。注册地为黑龙江省哈尔滨市南岗区嵩山路33号，主要办公地为北京市西城区金融街武定侯街2号。公司目前注册资本60亿元，经纬纺织机械股份有限公司（央企恒天集团下属A+H股上市公司）、中植企业集团有限公司、哈尔滨投资集团有限责任公司及沈阳安泰达商贸有限公司分别持股37.47%、32.99%、21.54%和8.01%。公司目前员工1,700余人，分布于全国20余个主要城市。银监会对公司2011年监管评级（最新）为2C级。

2013年末，公司资产管理总规模4,882.23亿元，净资产76.45亿元，净资本69.48亿元，净利润20.18亿元。公司拥有35,000名高端自然人客户及980余家机构客户。

公司主营业务覆盖房地产、证券、工商企业及基础设施领域，“多元化”交易模式包括股权投资、信托贷款、股权收益权、财产权管理等。经过20余年的发展，公司已成为公司治理完善、风险管控有效、业务创新积极、人员覆盖全国的大型金融企业。

主要业务：

1. 证券投资信托

证券投资信托是指个人或机构将其合法持有资金委托给信托机构进行有价证券投资的信托业务。证券投资信托的投资范围涉及多种产品类别，包括新股申购、阳光私募基金和其他在一、二级市场上市的其他证券。中融信托已搭建了强大的证券交易平台，组建了专业化的证券投资团队，并与商业银行、证券公司、基金管理公司及投资管理公司等广泛合作，推出了多款证券投资信托产品。2012年，“中融增强50号－成隆一期结构化证券投资集合资金信托计划”凭借优秀的产品结构设计及优异的产品净值表现获得“最佳证券投资类信托计划”（《证券时报》评选）的称号。中融信托的证券投资平台已经发展成为国内最大的证券投资平台之一，多款信托产品投资业绩名列前茅。

2. 房地产信托

中融信托致力于拓展优质物业和具备融资条件的房地产开发项目的信托业务。公司运用债权、股权、收益权及夹层融资等方式，先后推出了多个物业及房地产信托计划。根据国务院及银监会对房地产信托有关政策和意见，目前公司已组建了专业化的房地产信托团队，积极拓展房地产开发项目及优质物业的信托投资。

3. 基础设施投融资业务

基础设施信托是指将信托资金专门用于投资大型公共基础设施项目，包括市政工程、公共设施、水务系统、道路交通或者能源通信等基础设施项目。中融信托在对基础设施投融资业务进行深入调研的基础上开展主动管理型业务，不断完善项目交易结构设计及后期运作管理，在该领域积累了较多的投资经验。

4. 股权收益权信托

中融信托通过对资本市场运作的充分研究，推行股权收益权类信托计划，以信托资金购买股权持有人的股权收益权，在不影响原有股权持有人行使股东权力的基础上，为投资人和融资人搭建了资金融通平台，在提高产业资本的利用效率同时，为社会闲置资金提供了新的投资渠道。

5. 私募股权投资信托

私募股权投资信托是通过信托方式对非上市企业股权，或上市企业非公开交易股权进行投资，并通过上市、并购或管理层回购等方式，出售持股获利，谋求受托人财产的稳定增值。先后推出了“中融锌融精品基金集合资金信托”等信托计划。中融信托推出的私募股权投资信托业务以稳健的投资风格和规范的投资操作，赢得了投资人和合作各方的信任和高度评价。作为一个全新的投资品种，私募股权投资信托为投资者提供了新的投资渠道。

6. 矿产能源类信托

中融信托运用敏锐的市场洞察力，抓住矿产能源领域整合重组机会，适时推出面向矿产能源领域的信托计划，选择优质企业，通过质押融资、股权投资等运作方式，为高端投资者提供参与该领域整合、重组的机会。

7. 另类创新业务

另类业务主要是指投资于艺术品、酒类、贵金属及其他名贵饰品等具有收藏及投资价值的信托业务。公司从 2011 年开始推出了一系列艺术品投资、酒类投资信托产品，在另类信托开展中积累了一定的经验。

8. 银信合作

中融信托通过与国有银行、股份制商业银行、城市商业银行等银行机构合作，利用银行在业务渠道、投资范围、风险控制方面的优势，参与信贷资产转让、证券二级市场投资、银行间债券市场投资、等多种产品为客户提供低风险的稳定回报。

9. 高端客户财富管理

中融信托在国内信托业率先成立了专门服务于高端客户的财富管理中心。公司根据高端客户的理财需求，通过信托计划为客户提供细致入微的个性化、量身定制的理财规划、投资方案及高增值服务。为高端客户进行财富管理，不仅符合信托"新两规"对信托业务转型的要求，也促进了信托公司从融资平台到财富管理专家的转变。

中泰信托有限责任公司

中泰信托有限责任公司(以下简称"中泰信托"或"公司")是经中国银行业监督管理委员会批准设立的非银行金融机构，注册地为上海市，公司前身是中国农业银行厦门信托投资公司，成立于 1988 年。

经过长期的发展，中泰信托已成为国内优秀的资产管理和财富管理金融机构。2003 年，公司布局公募基金业，成为大成基金管理有限公司第一大股东，大成基金管理有限公司综合实力强劲，是中国首批获准成立的老十家基金管理公司之一，2014 年，公司进驻保险业，成为都邦财产保险股份有限公司主要股东。中泰信托已打通实业投资、资本市场和货币市场，小金控平台初具规模，为公司业务横向跨越发展提供战略支持。

截至 2014 年 6 月 30 日，公司以及下属企业受托管理客户资产规模总计近 1,500 亿。2013 年度内公司为投资人实现信托收益 27.62 亿元，目前公司所管理的信托计划全部如期兑付，长期以来为集合项目投资者提供了平均 10% 左右的投资收益。

中泰信托始终坚持市场化、差异化、规模化的发展路线，致力于在明晰的战略指导下，依托优秀的企业文化和价值观、人力资本体系、法人治理结构，构建运转流畅的资产管理体系、风险运营体系和财富管理体系，将公司打造成为可持续创新的综合性金融服务平台。

中泰信托通过资金信托、财产权信托等方式涵盖信托贷款、金融租赁等法律法规所许可的全品类。目前中泰信托已经与越来越多的金融机构开展更为紧密的合作，业务条线齐全，布局合理，全面覆盖资本市场、货币市场、实业投资市场各产品，包括加工制造业、新型能源等实业领域及房地产、基础设施和新型城镇化，为机构客户及个人客户提供投资回报有竞争力的产品。

公司资产管理业务可为各类需要融资的企业客户，提供全生命周期一站式金融服务，包括前期的股权投资、中期的债权以及夹层融资、中后期的兼并重组以及相关的金融咨询与管理咨询等，帮助企业改善财务状况，持续经营发展。

公司财富管理业务面向个人高净值客户，借助信托财产多元化、投资领域广等制度优势，可从广泛的市场层面选取各种固定收益类和浮动收益类理财产品，通过专业顾问团队，为每位客户提供最优投资组合。在实现客户资产保值增值的基础上，公司还可提供量身定制的全方位财富管理服务，包括税务筹划、保险规划、家族财富传承规划等系列内容。

中泰信托倡导将企业的发展与社会责任的承担相结合，积极投身公益事业。2013 年"4.20"雅安地震发生后，公司率先响应中国信托业协会号召，深入灾区捐助救灾物资，支援灾后重建工作及其他社会公益事业。2011 年，中泰信托捐赠成立"中泰信托－获得国家级工艺美术大师称号的老技师爱心基金"，表达对老技师的关爱和对人才的尊重。公司坚信充分发挥信托机制的资源整合与再分配功能，既能实现公司长足发展，又能以专业回报社会。

精心耕耘，载誉驰行。中泰信托得到了社会各界广泛的认可，2004 年当选为中国信托业协会第一届理事单位；2011 年入选由中国金融四十人论坛成立的上海新金融研究院首批创始理事单位；2014 年在《上海证券报》第八届"诚信托"评选中荣获"成长优势奖"；连续数年被《证券时报》评选为"中国最具成长性信托公司"等。

我们以"致力于成为中国信托行业最值得客户信赖的专业伙伴，构建平等、自由、开放的员工发展平台，打造拥有社会使命感、责任感和创新意识的财富管理机构"为愿景。

坚持"为客户提供诚信、透明、专业的服务；始终为客户创造价值；崇尚创新、追求进取；珍惜人才，努力实现每一位员工的抱负"的价值观。

以行动践行"用方便、诚信、透明的新型财富管理手段帮助国民(投资者)实现财产增值；在国内金融行业中，成为专业、可信赖、提供优质产品服务和良好口碑的典范；成为满足员工职业发展需求的雇主，吸引最杰出、最有抱负和最具企业家精神的人才"的使命。

在每一个行动中展现"简单可依赖"的企业文化。

未来，中泰信托将继续坚持市场化发展的道路，开拓进取、严控风险、发挥优势，通过专业团队，持续稳健的为包括客户、员工、股东、社会等利益相关者创造价值，参与和推进中国金融市场改革。

企业文化：

公司理念：值得托付的理财专家。

公司文化："简单可依赖"。

中泰信托成立以来，始终坚持稳健经营的原则，努力克服各种不利因素影响，各项业务持续、良性发展，盈利水平一直保持在同业前列。在固有业务管理方面，大成基金作为公司核心资产，近年来稳居全国前十大基金公司行列。

中泰信托公司将继续提高创新能力，在充分发展传统信托业务、资产管理业务、投行业务的基础上，努力实现向专业的、高品质财富管理者的身份转变，将公司建设成经营规范、制度完善、内控到位、机制灵活、理性谨慎，具有核心竞争力，引领市场的专业金融机构。

发展历程：

中泰信托有限责任公司前身是中国农业银行厦门信托投资公司，成立于 1988 年。1997 年改制为厦门联合信托投资有限责任公司。1999 年，经中国人民银行总行办函[1999]466 号文件批准，由人民日报所属公司作为牵头股东，进行增资扩股，更名迁址。2002 年 2 月 9 日，经中国人民银行总行银复[2002]35 号文件批准进行重新登记，更名为中泰信托投资有限责任公司，注册地址由厦门市迁往上海市。注册资本为人民币 51,660 万元。人民日报所属中国华闻投资控股有限公司是公司第一大股东，持有公司29.97% 股份。2007 年 2 月 5 日，经沪银监复[2007]61 号文件批准，上海新黄浦置业股份有限公司作为新股东，受让公司29.97%股份。2008年6月26日，中国人民保险集团公司通过全资子公司人保投资控股有限公司完成对中泰信托实际控制人中国华闻投资控股有限公司的股权重组，持有华闻控股55%股权。2009年4月3日，经银监复[2009]102号文件批准，公司获准变更公司名称和业务范围，注册名称变更为“中泰信托有限责任公司”，并领取了新的金融许可证。2012年，北京国际信托有限公司（德瑞股权投资基金集合资金信托计划）陆续受让公司股东华闻控股100%股权和广联投资54.21%股权。

目前主要股东构成为：中国华闻投资控股有限公司持有31.57%，上海新黄浦置业股份有限公司持有29.97%，广联（南宁）投资股份有限公司持有20%。

中信信托有限责任公司

中信信托有限责任公司是中国银监会直接监管的以信托业务为主业的全国性非银行金融机构，是资产管理规模最大、综合经营实力稳居行业领先地位的信托公司，2009年被推举为中国信托业协会会长（理事长）单位，并于2012年获得连任。

中信集团由原国家副主席荣毅仁先生于1979年创办，公司是中信集团旗下的优质金融资产、全资国有金融企业。公司注册资本为人民币100亿元（其中外汇2,300万美元），公司股东是中国中信有限公司和中信兴业投资集团有限公司。

公司追求和谐、科学的价值文化，秉承“无边界服务、无障碍运行”的经营理念，按照“金融普惠，资本民享”的原则，以差异化竞争、持续性创新为标志，把握市场规律，持续学习创新，统筹价值实现，致力于成为信托法规范下“综合金融解决方案的提供商和多种金融功能的集成者”，达成国内领先、综合优势明显、具有核心竞争力的智慧型信托公司。

公司积极探索社会主义市场经济条件下信托公司的发展规律，依托不断增强的知识集成和创新能力、显著提升的主动资产管理能力以及审慎稳健的风险管理体系，为企业提供创造性的综合金融解决方案，先后推出涉及三农、西部开发、民生工程、基础设施建设、加工制造业、环保产业、文化产业和商业服务等多领域的信托产品，积极服务实体产业发展，并让广大投资者分享中国经济发展的收益。

公司因突出的综合实力和显著的经营业绩荣获“全国金融五一劳动奖状”，多名员工获得“全国金融五一劳动奖章”；《金融时报》、《中国证券报》、《上海证券报》、《21世纪经济报道》、《华夏时报》、第一财经传媒以及中国社会科学院、清华大学、北京大学等多家组织和机构，在产品创新、品牌传承、社会责任等方面授予公司多项荣誉。

企业社会责任

基于“信行天下、信惠百姓”的企业愿景，公司确立了“为客户提供最佳的增值服务、为股东创造最大的价值、为职工搭建实现自我价值的平台、为行业发展献出智慧、为社会做出最大的贡献”的使命。

2010年，公司不断深化对社会责任的认识，不断丰富社会责任的实践内容，大力培育公司的责任文化，积极建设和完善履行社会责任的长效机制。

服务理念

在集团提出的以客户为中心的战略指导下，中信信托秉承“无边界服务、无障碍运行”的经营理念，将“客户满意”作为最高的服务宗旨，以私人银行服务体系为标杆，立足为客户提供专家顾问级的财富管理服务，推动客户服务的专业化、规范化、人性化、品牌化。

我们将不断丰富客户服务内涵，不断完善各种客户服务手段，不断提高客户服务的境界，在产品营销全过程中为客户提供最佳的服务体验，为客户创造最大的价值，致力于打造中国信托业最优秀的财富管理平台和客户服务品牌。

中原信托有限公司

中原信托成立于1985年，是中国银行业监督管理委员会核准的国有控股信托金融机构。近年来，中原信托依托规范的法人治理机制、持续强化的全面风险管理体系、“诚信重诺、值得托付”的企业文化以及专业化信托投融资研发团队，秉持合规经营、务实发展理念，成功开发了系列信托金融产品，为机构和高净值客户提供了安全可靠的资产管理和财富增值服务。截至2014年末，中原信托累计管理信托财产3,508亿元，按时足额交付到期信托财产2,223亿元，累计向客户分配信托收益230亿元，实现信托本金、收益足额交付率100%，全部到期信托项目均实现信托目的。

2014年，中原信托先后荣获金融时报和中国社科院金融研究所主办的中国金融机构金牌榜“年度最佳客户服务信托公司”，证券时报“中国最具成长性信托公司奖”，大河报“助力中原十大活力金融企业”和“2014年中原十大最受尊重企业”等奖项。

中原信托将以高效的专业团队、超前的研发视野和审慎的风险控制手段为客户提供优质金融服务，实现与客户的共同成长，努力打造“最值得托付的信托公司”。

公司荣誉：

日前，省政府国资委等单位召开表彰会，对省管企业2011年—2012年度先进集体、劳动模范、青年岗位能手和先进基层团组织等进行了表彰。

中原信托凭借良好的经营业绩、先进的风险管理手段获得集体和个人等多个奖项，其中中原信托风险与合规管理部被省政府国资委、省总工会授予“省管企业先进集体”荣誉称号，信托业务五部总经理张亮被授予“省管企业劳动模范”荣誉称号，理财中心市场三部经理黄魁粉被授予“省管企业青年岗位能手”荣誉称号，中原信托团支部被省政府国资委、团省委授予“省管企业先进基层团组织”荣誉称号。这是继2012年中原信托获得“最佳风控信托公司”荣誉之后，中原信托风险管理水平的又一次被肯定。

2012年年底，中原信托管理信托资产达到804亿元，同比增长61%；全年新增信托规模675亿元，同比增长60%；向受益人分配信托收益45.78亿元，同比增长89%；信托业务收入占总收入的比重达到85%，比上年提高了14个百分点，信托主业地位进一步巩固。进入2013年后，中原信托持续推进全面风险管理体系建设，对风险进行事前防范、事中控制、事后监督，并动态持续管理，保证各项工作和各类业务合法合规，维护受益人的最大利益。

同时，中原信托研发能力不断提升，业务模式愈加多样，产品品质不断提升。今年以来，中原信托推出的宏业系列信托理财产品，风控标准严格，保障措施到位，预期年化净收益率大多高于近期同类产品。

通过研发与业务的有效结合，中原信托扩大了未来市场空间，通过持续完善产品体系，来满足高端投资者对高度安全收益稳定的理财产品的需求。

重庆国际信托投资公司

重庆国际信托投资公司的前身是重庆国际信托投资公司,于1984年10月经中国人民银行批准成立,注册资本金3,500万元人民币,为国有独资的非银行金融机构;2002年1月,公司引入战略投资者,进行增资改制,并经中国人民银行总行《中国人民银行关于重独资的非银行金融机构;2002年1月,公司引入战略投资者,进行增资改制,并经中国人民银行总行《中国人民银行关于重庆国际信托投资有限公司重新登记有关事项的批复》(银复[2002]9号)批准,获准重新登记,注册资本金增至人民币10.3373亿元(含美元1,565万元);2004年底,公司进一步增资扩股,注册资本金增加到16.3373亿元,取得了重庆市工商行政管理局颁发的《企业法人营业执照》(注册号为5000001800019)和中国银行业监督管理委员会重庆监管局颁发的《中华人民共和国金融许可证》(编号为K10226530H002)。2007年10月19日,经中国银行业监督管理委员会银监复[2007]461号文《中国银监会关于重庆国际信托投资有限公司变更公司名称和业务范围的批复》获准变更公司名称、业务范围并已领取新的金融许可证(编号为K0051H250000001)。2010年11月,经中国银行业监督管理委员会银监复[2010]552号《关于批准重庆国际信托有限公司增加注册资本及调整股权结构等有关事项的批复》,本公司注册资本由人民币16.3373亿元增加至人民币24.3873亿元增加至人民币24.3873亿元,公司股权结构由重庆国信投资控股有限公司100%持股,变为多家机构投资者共同持股,上述事项已于2010年12月22日完成工商变更登记(注册号为500000000005609)。

紫金信托有限责任公司

紫金信托有限责任公司(简称“紫金信托”)前身为南京市信托投资公司,成立于1992年,是受中国银行业监督管理委员会监管的金融机构。2010年经中国银行业监督管理委员会批准,公司引入国际金融资本和国内多家战略投资者实施增资重组。公司控股股东为国资全资设立的南京紫金投资集团有限责任公司,引入国际著名的信托金融机构——三井住友信托银行股份有限公司(Sumitomo Mitsui Trust Bank, Limited)以及三胞集团等多家国内知名企业作为战略投资者,注册资本为十二亿元人民币。2010年10月,经中国银行业监督管理委员会批准重新登记并正式更名为“紫金信托有限责任公司”并于2010年11月28日在南京开业。

公司坚持“责任·专业·开放·分享”的经营理念,积极按照监管要求,发挥“受人之托、代人理财”的功能,立足信托主业,探索业务创新,加强人才开发,完善治理结构,优化经营机制,经济效益稳步增长,切实维护受益人的利益。公司正努力发展成为行业中资产质量优良、管理规范、经营合规、信息透明、风控力强的信托公司。

紫金信托拥有独特的发展优势。公司股东实力雄厚、金融运作经验丰富。控股股东——南京紫金投资集团有限责任公司(简称“紫金投资集团”)是南京市政府集中各类优势金融资源,着力打造的全产业门类金融投资控股集团,是南京银行、南京证券、紫金农商行、紫金创投、紫金担保、南京金融城的第一大股东,参股紫金保险、利安人寿,筹建设立合资寿险公司,形成了以金融服务、创业投资和实业支撑三大板块协同的内生驱动。紫金投资集团正利用其完善的金融产业链、雄厚的国有资本和政府背景优势,走金融综合经营之路,发挥各类金融机构间的业务协同效应,为紫金信托未来业务开展提供有力支持;而多元的战略投资者参股紫金信托,为进一步优化公司治理、提升公司经营活力提供了机制保障。

紫金信托拥有一支专业化、年轻化、国际化的团队。81%的员工来自于银行、证券等金融机构,44%为研究生以上学历,23%拥有海外学习工作经历,平均年龄32岁。扎实的金融知识、丰富的投资经验和国际化视野造就了一支思想活跃的知识团队。

紫金信托崇尚“更优的服务、更快的速度、更高的服务价值”,致力于为客户提供量身定制的理财和融资服务。对理财需求客户,可根据客户风险偏好、流动性要求、收益期望等提供不同类型产品;而对于融资需求客户,根据其不同发展阶段、业务特点、融资用途、资产状况等提供债权式、股权式、收益权式等多种灵活的融资方式。公司积极响应政府号召,推出各类服务中小企业发展、公共事业等产品,努力承担起国有控股企业应有的社会责任。

成立至今,紫金信托持续推进产品创新,陆续推出大量风险可控、收益较高的产品,形成了“紫金·睿金”、“紫金·汇盈”、“紫金·智慧”、“紫金·成长”、“紫金·安居”等多个产品系列,投向包括基础设施建设、房地产、证券投资在内的等多个领域,组建了包括不同投资期限、多样化收益配比的产品体系,满足了高端客户的投资需求,得到了广泛的社会认可和业内好评,2011、2012年连续两年在“南京金融风云榜”评比中荣膺“最佳产品设计奖”。

第三编

中国证券市场

第一章　中国证券市场概况

第一节　中国证券市场

2013 年中国证券业发展现状

2013 年，我国证券市场基础制度和法制建设稳步推进.《中华人民共和国证券法》的修订提上议事日程；多层次资本市场建设取得了重要进展，新三板市场推向全国，证券公司柜台市场平稳起步，区域性股权交易市场规范发展；证券监管部门进一步放松管制、加强监管，积极保护投资者特别是中小投资者的利益，为资本市场平稳运行提供了有力保障；证券公司五大基础功能得到扩展，行业持续创新、服务实体经济和客户的能力明显加强；证券公司业务范围继续扩大，创新业务发展迅速，资产管理业务规模继续大幅增长，截至 2013 年底，资产管理规模超过 5 万亿元，融资融券业务已成为行业的第三大收入来源，行业盈利水平稳步提升，收入结构进一步优化。

2013 年，115 家证券公司共实现营业收入 1592. 41 亿元，净利润 440. 21 亿元，较 2012 年分别增长 22. 99% 和 33. 68%；证券公司业务与产品类型不断丰富，推出国债期货，完成信贷资产证券化产品上市交易，开展约定购回式证券交易、股票质押式回购交易、股票收益互换等新业务；各类融资行为增多，行业整体财务杠杆效应提高；互联网金融起步，证券公司开始尝试搭建网络综合服务平台，通过网上开户、在线理财等信息技术手段拓展金融服务渠道；行业新一轮并购重组启动，国际化探索也取得阶段性进展，行业竞争格局迎来调整良机。同时，行业的合规管理和风险控制水平有所提升，为行业的持续发展保驾护航。

一、证券行业总体情况

（一）证券公司发展情况

截至 2013 年底，全国共有证券公司 115 家，与 2012 年相比增加了浙江浙商证券资产管理公司；115 家证券公司中，共有 19 家证券公司在沪、深证券交易所上市；共有 3 家证券公司在香港证券交易所上市，较 2012 年新增银河证券 1 家。

1. 证券公司资产规模

2013 年证券公司资产规模有所扩张。截至 2013 年 12 月 31 日，115 家证券公司总资产为 2. 08 万亿元，同比增加 20. 93%；净资产为 7538. 55 亿元，同比增加 8. 57%；净资本为 5204. 58 亿元，同比增加 4. 70%。在资产规模扩张的同时，行业杠杆倍数也由 2012 年的 1. 61 倍扩大到 2. 02 倍。

2. 证券公司业务利润变动和收入结构情况

2013 年证券公司全年实现营业收入 1592. 41 亿元，同比增加 22. 99%；实现净利润 440. 21 亿元，同比增加 33. 68%；净利润率为27. 64%，回升 0. 63 个百分点；行业净资产收益率（ROE）为 5. 84%，上升了 1. 10 个百分点；104 家公司实现盈利，占证券公司总数的 90. 43%，该比例较 2012 年也回升了 3. 59 个百分点。以上数据表明证券公司盈利状况较 2012 年有明显改善。

3. 证券公司营业网络分布情况

截至 2013 年底，全国证券公司营业部共 5785 家，较 2012 年增加了 522 家。增长较快的区域集中在沿海地区，这些营业部分布密集的区域进一步增加了布局密度，江苏、广东、浙江是增设营业部最多的区域，分别增加了 82 家、66 家、55 家；部分中部地区如湖南、河南、陕西等网点扩张也较快；除港、澳、台三地外，西部地区营业部分布较为稀疏，西部地区与东部沿海的分布对比更加突出。

4. 证券公司从业人员

截至 2013 年底，证券公司已注册从业人员 22. 28 万人，从业人员较 2012 年减少 1. 81 万人。从业人员中，一般从业人员14. 12 万人，证券经纪业务营销人员 3957 人，证券经纪人 4. 64 万人，证券投资咨询业务（分析师）2610 人，证券投资咨询业务（投资顾问）2. 53 万人，保荐代表人 2356 人，投资主办人 986 人。

（二）证券投资咨询公司发展状况

截至 2013 年底，通过中国证监会年检的证券投资咨询公司共 84 家，41 家被立案稽查暂停业务。从地域分布来看，上海、北京和深圳的证券投资咨询公司的数量明显多于其他地区，分别为 19 家、17 家、9 家。

（三）证券市场资信评级机构发展状况

截至 2013 年底，经中国证监会批准的从事证券市场资信评级业务的资信评级机构共 6 家，未新增证券市场资信评级机构。

二、证券公司各项业务开展情况

（一）经纪业务

1. 市场规模、交易及收入情况

证券公司经纪业务与市场交易情况密切相关。2013 年随着股票基金交易量的增长，证券公司经纪业务收入逆转 2009 年后持续下降的趋势，实现 50. 62% 的增长，业务净收入达 759. 21 亿元。

2. 股票账户情况

截至 2013 年底，两市 A 股账户总数为 1. 73 亿户，净增 452. 0 万户，同比增加 2. 69%；B 股账户共 254. 26 万户，净增 1. 2 万户，同比增加 0. 47%；基金账户共 4445. 41 万户，净增 426. 72 万户，同比增加 10. 62%。

3. 市场集中度情况

2013 年，证券经纪业务的市场集中度与 2012 年基本保持一致。2013 年，排名前 5 家（CR5）和前 10 家（CR10）的证券公司股票基金交易量的市场份额，分别为 26. 99% 和 49. 12%，与 2012 年的 27. 04% 和 48. 35% 相比，差异不大。

（二）投资咨询业务

投资咨询业务包括证券投资顾问业务和发布研究报告业务这两种基本的服务形式。2013 年全年，投资咨询业务发展迅速，业务收入增长迅速，全年实现营业收入25.87亿元，是2012年的2.26倍。

（三）证券承销与发行业务

2013年证券公司在境内证券交易所市场（包括A股市场、B股市场和证券交易所债券市场）证券承销总额为6884.83亿元，同比增长77.34%。其中，股票承销总额为2802.76亿元，占证券承销总额的40.71%；债券承销总额为4082.07亿元，约占证券承销总额的59.29%，比2012年提高5.18个百分点。

（四）财务顾问业务

2013年上半年和全年，证券公司财务顾问业务分别累计实现17.27亿元、44.75亿元的营业收入，同比增长90.20%、26.02%。财务顾问业务在行业总收入中的比重也逐步提升，2013年达到2.81%，同比增加0.07个百分点。

（五）资产管理业务

1. 资产管理产品规模情况

截至2013年底，国内证券公司受托管理资金总计5.20万亿元，该规模是2012年的2.74倍。其中，集合理财产品1308只，期末合计受托管理金额3587.95亿元，规模增长74.84%；专项资产管理产品48只，期末受托管理金额合计111.46亿元，是2012年的3.19倍；89家证券公司发行了定向资产管理产品，合计期末受托管理金额4.83万亿元，是2012年的2.86倍。

2. 资产管理业务收入情况

2013年，证券公司资产管理业务规模的扩大也带来营业收入的大幅提升；全年该业务净收入达70.30亿元，是2012年业务收入的2.63倍；资产管理业务在行业总收入中的占比也由2012年的2.07%提高到4.41%，这是2007年以来的最高值。

（六）证券自营业务

截至2013年底，证券公司进行金融产品投资的资金规模达6614.80亿元，同比增加15.74%。其中，债券资产的比重最大，高达71.89%；其次为股票和基金，投资比例分别为12.68%和6.36%。

（七）融资融券业务

2013年，转融资业务逐渐成熟，试点证券公司由30家增至52家；2013年2月，转融券业务试点正式推出，且9月份业务扩容后，试点证券公司由11家增至30家，标的证券由90只扩大至287只；融资融券标的证券第三次扩容，标的股票增至700只。

（八）直投业务

1. 证券公司直投子公司基本情况

根据中证资本市场发展监测中心的统计，截至2013年12月底，共有57家证券公司设立直投子公司。其中，2013年新设8家直投子公司。57家直投子公司注册资本合计395.5亿元，总资产合计455.5亿元，净资产合计431.8亿元。2013年，57家直投子公司实现净利润共计17.4亿元，新增对外投资总额57.4亿元，主要集中在采矿业、制造业、金融业，三个领域投资额占比达81.4%。2013年，直投子公司退出项目金额达53.7亿元。

2. 直投基金基本情况

截至2013年12月底，共19家直投子公司发起设立38只直投基金，计划募集资金总额为516.3亿元，已募集资金总额为304.9亿元，完成募集计划的59.1%。其中，2013年发起设立25只直投基金，终止1只直投基金。25只新设直投基金中，7只为股权投资基金，5只为创业投资基金，11只为夹层基金，2只为并购基金。2013年，直投基金对外投资总额109.3亿元，主要集中在房地产业、金融业、制造业，三个领域投资额占比达86.8%。2013年，直投基金退出项目金额达16.7亿元。

（九）其他业务

1. 约定购回式证券交易业务

根据上海证券交易所和深圳证券交易所统计，截至2013年底，沪市和深市分别有79家和80家证券公司试点约定购回式证券交易业务，并分别有74家和76家证券公司实际开展该业务。自两市开展该业务以来，共完成18686笔初始交易，初始交易金额共计504.3亿元，沪市和深市分别为10852笔、298.6亿元和7834笔、205.7亿元。其中，购回交易共计10200笔，购回交易总额约为258.5亿元，约占初始交易金额的51.26%。

约定购回式证券交易业务呈现较高的集中度，初始交易金额排名前5位的证券公司交易金额约占行业整体的43.47%，前10位的证券公司交易金额约占62.70%。

2. 股票质押式回购交易业务

根据上海证券交易所和深圳证券交易所统计，自股票质押式回购交易业务开展以来，86家证券公司开通交易权限，其中在上海证券交易所实际开展交易的证券公司有62家，在深圳证券交易所实际开展交易的有79家。截至2013年底，两市股票质押式回购初始交易金额共计904.08亿元，其中60.11亿元已购回，约占6.65%。待购回初始交易金额846.21亿元，涉及股票市值2254.36亿元，平均履约担保比例约为266.41%。从资金融出方来看，约70.53%的资金为证券公司自有资金，29.47%的资金为证券公司受托客户资金。

股票质押式回购交易业务呈现较高的集中度，初始交易金额排名前5位的证券公司交易金额约占行业整体的40.83%，前10位的证券公司交易金额约占60.17%。

3. 国际业务

2013年，我国证券公司的国际化步伐显著加快。一部分证券公司将触角伸向我国香港以外的成熟市场和新兴市场。在美国和英国等成熟市场，少数实力较强的中资证券公司正在构建交易通道。其中，东南亚市场成为年内中资证券公司国际业务拓展的重点区域，其主要原因在于中国与亚洲地区其他国家具有共同的文化基础、深厚的历史渊源和密切的经贸关系，如海通、中信证券等在内的多家证券公司纷纷加强东南亚业务的发展，向东南亚市场进军成为国内证券公司国际化“梯度推进式”拓展的重要一步。

在股票承销与发行业务方面，2013年香港市场首次公开发行（IPO）融资额为217.7亿美元，其中，中资证券公司在香港市场IPO的市场份额为45.40%，与2012年相当；2013年香港市场再融资总额为268.9亿美元，中资证券公司在香港市场再融资业务中的市场份额为11.1%，高于2012年的7.8%。

在债券承销业务方面，2013年，除财政部发行的面值200亿元人民币约合32.5亿美元的债券，香港市场共发行531.6亿美元债券，中资金融机构在香港市场债务业务中的市场份额为25.4%，承销债券135亿美元。

在兼并与收购业务方面，2013年，与中国企业有关的跨国并购（收购方或被收购方为中国企业）业务产生交易规模820.0亿美元，其中中资证券公司参与的并购交易规模为61.5亿美元，市场份额为7.5%。

在资产管理业务方面，第一，合格境内机构投资者（QDII）规模新增。截至2013年底，已有14家证券公司获得QDII资格，共获得QDII投资额度61亿美元。第二，合格境外机构投资者(QFII)资格扩容。2013 年,中国证监会共批复合格境外机构投资者 45 家。自引入 QFII 制度以来,截止到 2013 年底,中国证监会累计批复 251 家境外合格机构投资者。前期获得该资格的多为外资金融机构,2012 年中资证券公司开始申请并获得 QFII 资格,截至 2013 年底,共有 7 家中资证券公司获得 QFII 资格,其中 5 家证券公司于 2013 年获批。2013 年 7 月,中国证监会、中国人民银行及国家外汇管理局决定将 QFII 投资额度增加到 1500 亿美元,有利于吸引更多境外长期投资机构进入,促进资本市场改革发展。第三,人民币合格境外机构投资者(RQFII)业务试点顺利推进。RQFII 试点将在新加坡、伦敦等地进一步拓展,将为推动人民币离岸市场发展、扩大资本市场对外开放注入新的活力。

2013 年中国证券业发展特点

2013 年,随着多层次资本市场建设稳步推进和创新业务的快速发展,证券行业为我国经济平稳增长和中小企业发展提供了强有力的支持。与 2012 年相比,2013 年行业发展呈现以下特点:

一、制度建设稳步推进,监管环境优化,证券行业发展迎来新机遇

2013 年,证券行业制度建设取得长足进展,为行业稳健发展和新一轮市场化改革奠定了良好的基础。中国证监会发布的重要法规内容涉及中小企业股份转让系统的设立、证券投资基金的销售与托管、证券发行与承销管理办法的修订、上市公司的监管等。其中,新股发行制度改革尤为瞩目,并购重组审核分道制改革更是彰显市场化改革的决心,新三板扩容至全国、优先股试点顺利推进和国债期货重启则为多层次资本市场建设提供了有力保障。

中国证券业协会发布的行业自律新规,内容涉及证券公司的中小企业私募债券、私募产品的备案管理、金融衍生品的柜台交易与风控管理、证券公司参与区域性股权市场业务规范、证券公司开立客户账户规范及证券行业诚信体系建设等多方面。此外,由中国证券业协会牵头建设的机构间市场实现了证券公司柜台市场之间的互联互通,成为场外多层次资本市场重要的组成部分。

制度建设稳步推进保证了行业治理水平的进一步完善。2013 年中国证监会坚持从严治市,全年共发布 84 项行政处罚决定,同比增加 41.1%。监管层严格执法,证券行业治理水平显著提升,为资本市场平稳运行和投资者利益提供了有力保障。

二、场内场外并举,服务实体经济特别是中小微企业能力进一步提升

2013 年我国多层次资本市场建设取得了重大进展,场内市场治理改革稳步推进,新三板市场推向全国,区域性股权交易市场快速扩容并呈现出板块分层和融资产品创新等新特点,柜台市场平稳起步并成为证券公司私募业务创新的重要平台。2013 年境内证券市场实现融资 6884.83 亿元,同比增长 80.1%,其中债券市场融资 4082.07 亿元,占比 59.29%,较 2012 年增长 4.34 个百分点。

场外证券市场充满活力并逐渐成长为多层次资本市场服务中小微企业的重要渠道。其中,新三板市场是多层次场外市场建设的重点。2013 年 1 月,全国中小企业股份转让系统正式揭牌运营。12 月 16 日,国务院发布《关于全国中小企业股份转让系统有关问题的决定》,明确了其作为全国性证券交易场所主要为创新型、创业型、成长型中小微企业发展提供服务的市场定位,挂牌公司范围不再局限于高新技术园区,符合条件的挂牌公司可以直接向交易所申请上市,区域股权市场符合条件的公司也可申请到全国中小企业股份转让系统挂牌,这开启了全国性场外市场建设的新篇章。截至 2013 年底,在新三板市场挂牌的公司数量达到 356 家,市值规模 416.07 亿元,分别同比增长 78% 和 35.69%;全年交易 20242.52 万股共计 8.14 亿元,分别较 2012 年增长 76.71% 和 39.38%;57 家挂牌公司实现增发 29193.87 万股,融资 100236.43 万元,比 2012 年分别增长 51.78% 和 17.3%。

区域股权市场则是 2013 年场外市场建设最具活力的一个部分,不仅区域股权交易中心及在此挂牌的非上市公司数量大幅增长,在融资产品创新和信息披露制度建设方面同样取得显著进展。截至 2013 年底,全国共有 31 家区域股权中心(含筹备),少数省份甚至拥有多家区域股权市场,部分具备区位优势的区域股权市场还展开了国际化探索。板块分层和多样化的融资产品创新是区域股权市场驶入快车道的主要特征。一方面,包括浙江股权交易中心、上海股权托管交易中心等区域股权市场根据财务资质和信息披露标准差异来实现内部层次划分;另一方面,除定向增发股权、股权质押融资和私募债外,一些区域股权市场还积极探索其他创新融资产品,诸如优先股融资(浙江)、理财和信托产品交易(齐鲁)、私募基金(重庆、上海)、并购重组和衍生品(上海、前海)等。

2013 年是国内证券公司柜台市场业务启动元年。3 月,中国证券业协会相继发布实施《证券公司私募产品备案管理办法》《证券公司进入衍生品柜台交易业务规范》《证券公司进入衍生品柜台交易风险管理指引》和《中国证券市场金融衍生品交易主协议及其补充协议》(2013 年版)等规范文件,为证券公司柜台市场业务的开展提供了规范的环境。进入下半年,部分场外期权、权益收益互换交易和股票协议逆回购业务方案通过专业评价并陆续上线,为证券公司柜台市场产品创新提供了更多选择。截至 2013 年底,15 家试点公司柜台市场相关系统建设工作已基本完成,14 家证券公司为投资者累计开立 98385 个柜台产品账户,其中个人账户 97505 户,机构账户 880 户。13 家证券公司共 903 只产品上柜交易,包括 730 笔衍生品交易(包括 729 笔互换和 1 笔场外期权)、163 只资产管理产品、4 只其他产品、3 笔股票协议逆回购和 3 只代销银行理财产品。

同时,中小企业私募债的试点区域在 2013 年进一步扩展至 28 个省市,全年共有 223 家发行人发行 247 只中小企业私募债,其中上证所 109 只,深交所 138 只,共募集资金 310.85 亿元,较 2012 年增长 231.57%。直投业务是证券公司为中小微企业提供融资服务和支持新兴产业成长的另一条重要途径。截至 2013 年末,已有 57 家证券公司成立了直投子公司,注册资本达 395.5 亿元,同比增长 11.31%;共 19 家直投子公司发起设立 38 只直投基金,计划募集资金总额为 516.3 亿元,已募集资金总额为 304.9 亿元。

三、行业基础功能不断完善和加强,服务客户的能力逐步提高

作为证券公司五项基础功能之一,是否具备完善的支付功能关系到证券公司能否顺利推进业务持续创新和盈利模式转型。2013 年证券公司支付功能试点名单进一步扩容至 10 家,国泰君安成为第一家加入央行大额支付系统的非银行金融机构,首次实现证券公司客户和商业银行账户的直接连通,对亟待实现财富管理转型和适应"泛资产管理"竞争无疑具有里程碑式意义。

此外，证券公司的融资功能进一步加强，截至2013年底，共有32家证券公司发行131只短期融资券，21家证券公司发行37只证券公司债，累计融资量分别达到2905.9亿元和1174.6亿元。受益于此，2013年证券行业杠杆倍数同比提升25.38%至2.02倍，在净利率大致持平的基础上将ROE推升至5.84%，较2012年高出1.1个百分点。

尽管2013年A股市场IPO暂停，但证券公司通过加强股票再融资和债券融资业务的拓展，服务客户的融资能力大幅提升。全年证券公司共完成股票再融资2802.76亿元，较2012年增长117.83%；可转债融资和公司债融资551.31亿元和3219.91亿元，同比分别增长261.4%和73.66%。

四、资产管理规模持续增长，创新业务发展迅速，证券公司盈利水平稳步提升，收入结构进一步优化

在政策效应释放和利率市场化的大背景下，2013年证券行业资产管理业务规模继续快速增长，截至2013年底，受托管理客户资金规模达51950.73亿元，同比增长174.37%，首次在管理资产规模上超越公募基金。受益于规模扩张，2013年证券行业受托资产管理业务净收入70.3亿元，同比增长162.71%。盈利能力较弱的定向资产管理业务规模占比增长4.23个百分点，而资产管理业务净收益率仅微幅下降0.6个基点，表明2013年证券公司资产管理业务盈利能力有所改善，与此相应的是资产管理业务收入占总收入的比重从2012年的2.07%升至4.41%。产品创新和业务线调整是2013年证券公司资产管理业务发展的主要特点。一方面，大量新产品采用各种量化对冲策略，中国证券业协会专项调查数据显示，2013年有24家证券公司推出了采用量化对冲策略的集合理财产品；另一方面，中国证监会发布《资产管理机构开展公募证券投资基金管理业务暂行规定》，允许符合条件的证券公司开展公募基金业务，同时还规定投资者超过200人的大集合类产品自6月起停发，证券公司资产管理通过"私募+公募"组合方式有序发展。东方证券资产管理公司已于12月发行了首只券商系公募基金产品。

以融资融券为代表的新兴业务迅速成长，成为证券行业业务结构优化的主要驱动力。2013年有84家证券公司开展融资融券业务，实现利息收入184.62亿元，同比增长250.99%，占行业营收总额的11.59%，成为仅次于经纪业务和自营业务的行业第三大收入来源。截至年底，融资融券余额和交易额与A股流通市值比重分别从年初的0.39%和5.11%提升至1.74%和10.19%，行业集中度(CR5)则由年初的35.94%下滑至29.46%。

同时，基于证券公司柜台市场的类融资和衍生品创新业务在2013年也取得突破性进展。股票质押式回购于2013年6月正式上线，截至年底共有86家证券公司开通业务试点权限，沪市和深市分别有62家和79家证券公司开展实际交易，两市股票质押式回购初始交易规模共计904.08亿元，涉及股票市值2254.36亿元。

在约定购回式证券交易方面，截至年底，沪、深两市分别有79家和80家证券公司取得试点资格，实际开展业务的则分别有74家和76家，自业务试点以来沪、深两市累计完成18686笔初始交易，涉及初始交易金额504.3亿元。股票收益互换产品是2013年证券公司场外衍生品业务的重要创新，截至年底，共有19家证券公司通过场外期权和权益互换业务专业评价，已在中国证券业协会完成备案的互换业务方案20项，已通过柜台市场完成729笔互换和1笔场外期权交易。

2013年股指期货交投活跃，成交量和成交额分别达到19322.05万手和140.7万亿元，同比分别增长83.91%和85.52%，中国金融期货交易所已成为全球第二大股指期货交易市场。国债期货交易重启则为金融机构利率风险管理提供了重要工具，截至年底总成交328794手，持仓量3631手。此外，中国证监会2013年共核准22单证券公司资产证券化项目，涉及10家证券公司505亿元产品规模，其中东方证券完成了业内首单小额信贷资产证券化产品并在深圳证券交易所挂牌交易。

五、互联网金融起步、并购整合和国际化，证券行业竞争格局调整进入新时代

随着业务创新持续深化，互联网金融方兴未艾，大量证券公司开始尝试搭建网络服务平台，通过网上开户、在线理财等信息技术手段拓展金融服务渠道，实现线上和线下双向布局。与此同时，2013年部分证券公司启动了新一轮并购整合，国际化探索也取得阶段性进展，促使证券行业竞争格局迎来调整良机。

证券公司业务与互联网的结合将推动业务转型进一步深化。2013年是国内证券公司主动探索互联网金融之路的元年，打造网络金融平台、增强客户黏性成为共同选择。其中，部分证券公司选择在天猫或淘宝开设电子商城，向客户提供各类金融产品销售服务，另一些证券公司则选择自行建立电子金融商城，打造特色化综合性金融服务平台。

与此同时，一些证券公司选择与电商合作以拓展电子金融服务平台的外延。以国泰君安与微信合作推出的"微理财"为例，服务项目包括微信开户、LBS营业部定位、AI及人工交互、资讯图文推送、微账户、微交易等，能够为投资者客户提供完整的O2O闭环快捷开户体验。投资者借助移动信息终端可以实现网上开户、第三方存管的"一步式"签约。基于综合金融服务平台的竞争势必将证券行业盈利模式转型推向"深水区"，技术资本、缄默资本和资金资本在未来差异化竞争时代的重要性将愈发凸显。

2013年，证券公司并购与整合纷起，并延伸至其他金融子行业。通道业务日渐式微和网络金融冲击，迫使证券公司纷纷求变谋新，行业整合和差异化竞争成大势所趋。2013年8月，方正证券宣布并购民族证券；11月，宏源证券则公告称与申银万国证券进行重大资产重组。除证券行业内并购外，海通证券还公告收购恒信金融集团100%的股份，将金融租赁业务纳入公司版图，这是国内证券公司首次收购金融租赁公司。

同时，证券行业的国际化加速推进，借道区域化迈向全球。2013年，我国证券公司的国际化步伐明显加快，我国香港市场依然是国内证券公司海外布局的第一站，东南亚市场成为国内证券公司区域化战略的重点目标，少数实力较强的证券公司则已将触角延伸至英、美成熟市场和其他新兴市场国家。在香港市场，2013年已有23家国内证券公司在港设立子公司，中资证券公司IPO和再融资市场份额分别为45.4%和11.1%，分别较2012年增加4.4和3.3个百分点，在债券市场和人民币债券业务的市场份额分别为25.4%和34.7%。在并购业务方面，2013年中资证券公司共参与61.5亿美元中资企业跨国并购交易项目，市场份额为7.5%。同时，2013年获得QFII资格的中资证券公司增至7家，累计获批额度5亿美元；证券系境外法人获批RQFII额度276.5亿元，占52家境外法人获批总额度的17.56%。

事实上，2013年国内证券公司国际化征程已迈出香港，走向东南亚乃至全球。中信证券和海通证券分别发行8.42亿美元和9亿美元的境外美元债券，前者收购里昂证券已正式收官，整合后的业务网络将覆盖美国、英国、日本、澳洲、新加坡、印度、韩国、菲律宾、马来西亚、印度尼西亚和泰国等海外市场，同时还与俄罗斯新兴投行 VTBCapital 签署战略合作协议，并在美国申请证券执业牌照。海通证券则已在新加坡筹建分支机构，并积极尝试收购当地投行以拓展东南亚业务。同样将目标瞄准东南亚市场的还有国金证券和太平洋证券等，前者于 5 月收购香港粤海证券，后者则出资 3120 万元与老挝农业促进银行、老挝信息产业有限公司在万象设立合资证券公司。此外，招商证券和广发证券将视线投向全球大宗商品市场，前者在伦敦设立全资子公司——中国招商证券（英国）公司，后者则通过收购法国外贸银行（Natixis）持有的英国 NCM 期货公司（Natixis Commodity Markets Limited）以获得英国主要期货交易所的会员结算资格。

2013 年度中证指数运行分析报告

一、全球股市表现

2013 全年，在全球各主要市场中，美国、日本、欧洲市场股票指数总体表现靓丽，特别是美国股市一路稳定攀升，期间标普 500 指数屡次突破历史新高，全年上涨 29.60%，创下 15 年来的最好年度表现。

2013 年伊始，随着美国联邦政府“财政悬崖”得以解决，全球股市保持了上涨步伐。进入 2 月后，意大利选举结果的不确定性引起国际股市波动，但美国经济数据利好，以及伯南克对量化宽松的支持又对市场起到稳定作用，主要市场仍能保持上涨态势，美股道琼斯工业平均指数逐步逼近历史高点。道指与标普 500 指数先后在 3、4 月份突破历史新高，房地产市场复苏、经济数据利好和流动性宽松局面成为重要推动因素。之后主要市场股指虽然仍保持向上的走势，但由于经济趋好，美联储量化宽松政策终将退出的预期又开始干扰市场走势，股指的深幅调整在 6 月份到来，由于美联储发出将缩减货币刺激规模的信号，当月美欧股市均有大幅下跌，同期 A 股市场也因“钱荒”等利空影响而大幅下挫。下半年欧美等主要市场不再有大的波动，基本保持稳步上涨走势，美股连创历史新高，并且全年大幅收涨。

2013 年日本股市涨幅排名前列，但全年走势并不稳定，日经 225 指数年中一度出现 20% 的回撤，此后又震荡上升，全年上涨 56.72%。欧洲股市整体也有稳定上涨，英、法、德三国市场在上半年有较大波动，但下半年开始持续上涨，三个市场的代表性指数英国富时 100、法国 CAC40、德国 DAX 指数分别上涨 14.43%、17.99%、25.48%，反映欧洲市场整体表现的 STOXX 欧洲 600 指数全年上涨 17.37%。

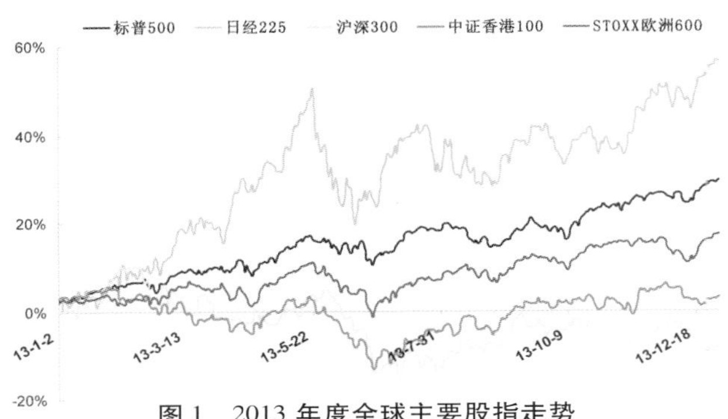

图 1　2013 年度全球主要股指走势

横向对比 2013 年国际主要市场的股价表现，日本股市虽有大幅波动，但涨幅仍遥遥领先，日经 225 指数实现上涨 56.72%；美国股市紧随其后，道琼斯工业平均指数、标普 500、纳斯达克 100 指数分别上涨 26.50%、29.60%、34.99%；欧洲股市整体表现稳定，年度涨幅排名在美国股市之后，STOXX 欧洲 600 指数上涨 17.37%。与欧美日股市相比，香港及 A 股市场在 2013 年走势相对较弱，中证香港 100 指数年度中期一度下跌超过 10%，后经下半年发力，最终小幅上涨 2.99%；A 股市场则结构分化行情明显，大市值股票跌幅较大，中小市值股票却大幅跑赢市场基准，市场基准指数沪深 300 全年下跌 7.65%，反映全市场股票表现的中证全指则上涨 5.21%，反映中小市值股票走势的中证 500 指数涨幅则达到了16.89%。

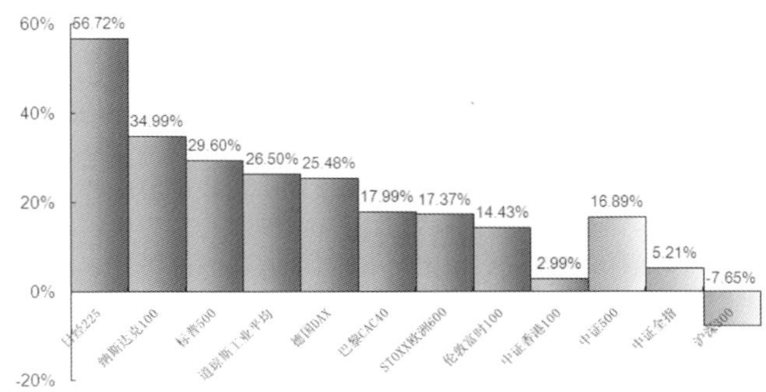

图 2　2013 年度主要市场股指表现

二、A 股市场回顾

与海外市场走势相比，A 股和港股市场全年表现暗淡，中证香港 100 指数全年小幅上涨 2.99%，沪深 300 指数则下跌 7.65%。除涨幅结果较小外，市场全年走势过程也难令人满意，A 股市场仅在 1 月份借助 2012 年末市场反弹的余力而有所上涨，但随着地产调控新“国五条”的出台，2 月份权重板块银行、地产出现下跌，5 月末开始市场形势急转直下，一个月内沪深 300 指数跌幅接近 20%，在“钱荒”来临的恐慌情绪之下，指数于 6 月 25 日创下 2023.17 点的当年最低点。此后市场反复震荡，沪深 300 指数在 2100—2500 点的区间内运行，全年下跌 7.65%；上证综指全年下跌 6.75%。

本年度 A 股市场大、小市值股票走势的结构化差异再次得到淋漓尽致的体现，但与 2012 年相比，两类股票走势强弱发生逆转，2013 年大市值股票普遍出现大幅下跌，上证 50、中证 100 指数分别下跌 15.23%、13.12%；而以创业板为代表的中小市值股票，因其所处行业多代表了我国经济未来转型的方向，其成长潜力受到投资者普遍认同，全年涨幅颇大，上证 380、中证 500 指数、中小板指、创业板指年度分别上涨 13.84%、16.89%、17.54%、82.73%，其中创业板指数涨幅已经远超海外主要市场基准指数的涨幅。

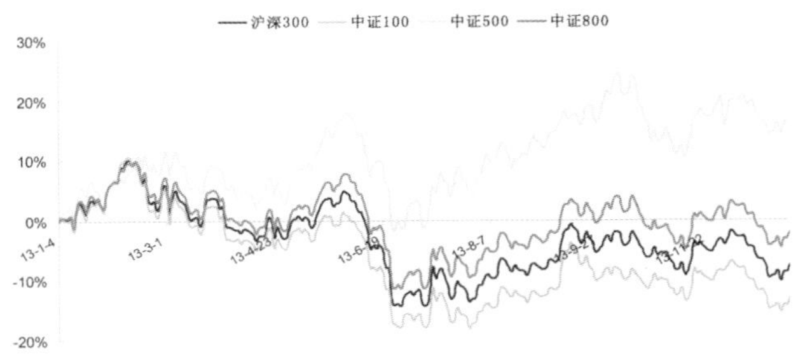

图 3　全市场主要指数年度走势

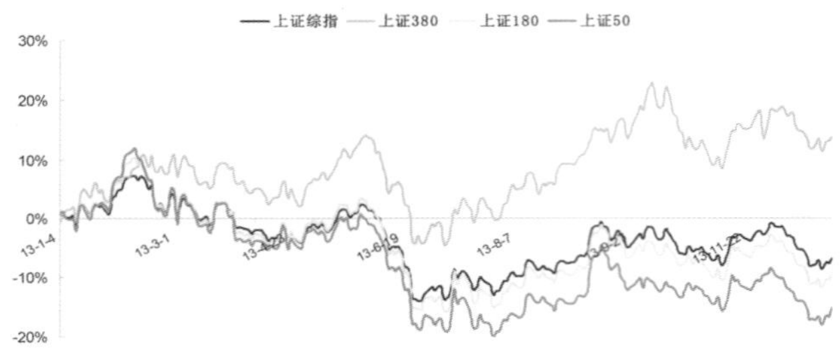

图 4　上海市场主要指数年度走势

2013 年 A 股市场中，除大、小市值股票的区分之外，不同行业、主题指数表现出的结构化差异也极为明显，指数之间首尾涨跌幅相差最大超过 100%，不同板块走势差异严重。

全年来看，文化产业、信息技术及 TMT、环保等相关新兴产业由于成长性特征突出，在经济转型和深化改革的大背景下成为市场的主流投资标的，相关指数出现较好的走势，在涨幅榜中排名前列，医药产业指数由于业绩成长较为稳定，全年也有较好的市场表现。相比之下，由于宏观经济弱势运行，上游资源品类指数的投资机会近乎消失，相关指数走势严重落后于市场基准，煤炭、有色金属等指数大幅下跌，市场表现极其低迷。

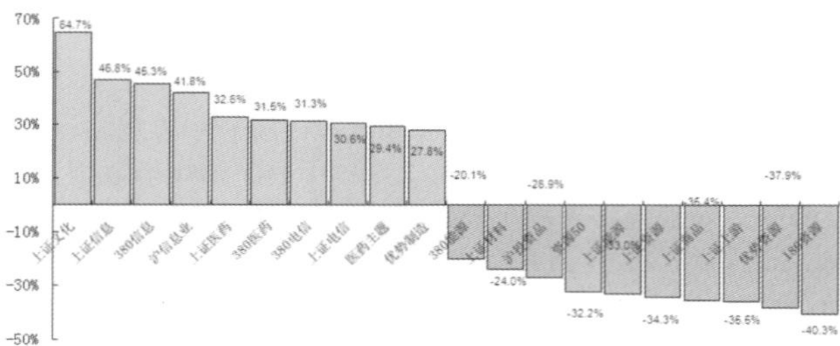

图 5　上证指数系列经济产业类主题指数中涨幅最高和最低的各 10 条指数

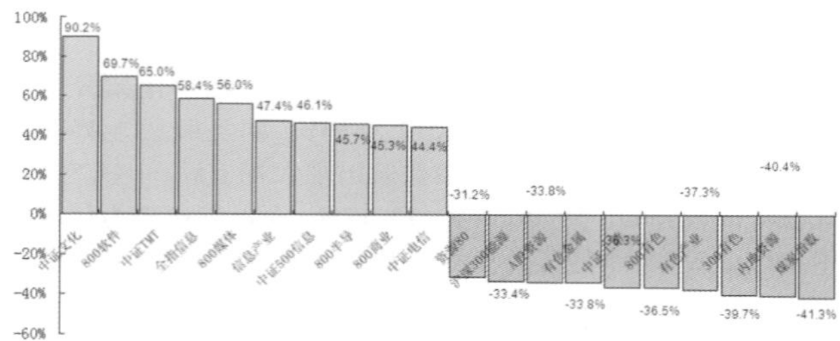

图 6　中证指数系列经济产业类主题指数中涨幅最高和最低的各 10 条指数

三、主要成份指数市场表现

A 股市场持续表现出大、小市值股票的风格轮换，2012 年大市值股票战胜了中小盘股，然而在 2013 年市场偏好出现逆转，市场基准指数沪深 300 出现下跌，小市值成长风格股票却走出一波牛市。

宏观经济转型与经济结构调整的形势为小市值成长股提供了上涨的基础，表征中小市值股票的成份指数普遍取得正收益，中证 500、上证 380 指数涨幅最大，分别上涨 16.89%、13.84%；以沪深 300 为代表的表征大市值股票的指数则普遍下跌，部分指数跌幅甚大，上证超大盘、中证超大盘指数年度分别下跌 22.88%、17.41%，中证 100、上证 50 指数跌幅也超过 10%。

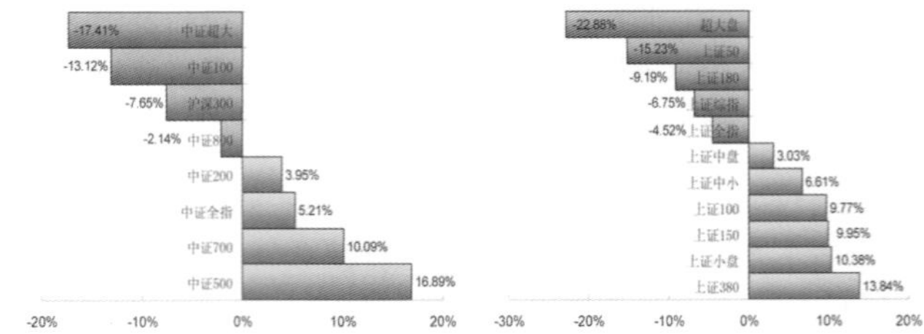

图 7 全市场规模指数走势比较　图 8 上海市场规模指数走势比较

除大、小市值指数走势之间的差异之外，成份指数内部各行业走势也出现分化。以沪深 300 指数为例，尽管指数总体出现下跌，但仍有 4 条一级行业指数出现上涨，且涨幅均接近或高于 20%，而热门股集中的信息技术行业指数年涨幅甚至达到 39.40%；弱势行业则是跌幅巨大，能源、原材料一级行业指数年跌幅分别达到了 33.44% 和 29.13%。

在市场表现不及中小市值指数的同时，2013 年大市值指数的走势波动幅度也明显较高，因此收益/风险水平不及中小市值指数。中证指数系列中，大盘蓝筹指数中证超大、中证 100 指数年化波动率分别为 22.75%、22.61%，波动幅度大于沪深 300 及中证 500 指数。而上证指数系列中，上证 50、上证超大盘指数年化波动率分别为 24.44%、23.48%，同样处于较高水平。

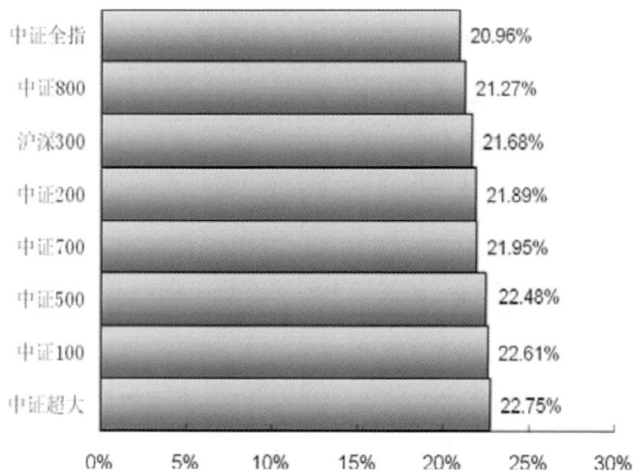

图 9　全市场主要指数年化波动率

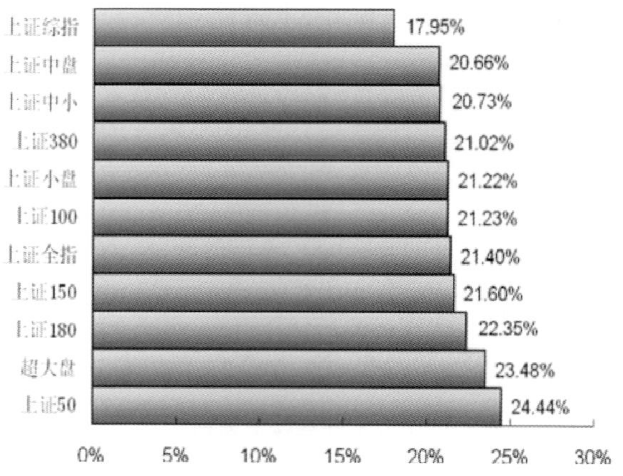

图 10　上海市场主要指数年化波动率

表 1 全市场及上海市场主要指数年度数据

指数	开盘	最高	最低	收盘	涨跌点数	当年涨跌	日均成交(亿元)	平均总市值(亿元)
沪深 300	2551.81	2791.3	2023.17	2330.03	-192.92	-7.65%	700	471
中证超大	2229.70	2417.00	1609.37	1818.03	-383.16	-17.41%	262	1717
中证 100	2512.37	2754.15	1919.14	2155.23	-325.41	-13.12%	367	1049
中证 200	2891.63	3241.07	2466.82	2980.24	113.24	3.95%	332	182
中证 500	3297.04	4089.10	2981.69	3829.1	553.24	16.89%	441	71
中证 700	3079.64	3602.49	2702.49	3364.9	308.43	10.09%	773	103
中证 800	2673.15	2926.22	2186.92	2589.35	-56.51	-2.14%	1140	221
中证全指	2775.42	3058.7	2357.43	2893.21	143.36	5.21%	1891	98
上证综指	2289.51	2444.8	1849.65	2115.98	-153.15	-6.75%	961	155
上证 380	2962.8	3615.98	2634.68	3352.49	407.67	13.84%	309	74
超大盘	1893.07	2049.44	1348.95	1441.37	-427.72	-22.88%	144	1365
上证 50	1885.96	2088.45	1422.98	1574.78	-282.90	-15.23%	247	1487
上证 180	5620.77	6147.77	4398.96	5040.27	-509.82	-9.19%	472	601
上证中盘	2269.91	2466.63	1897.76	2320.22	68.22	3.03%	225	260
上证小盘	2644.73	3147.26	2303.15	2902.04	272.88	10.38%	283	85

注:平均总市值为 2013 年末数。

四、行业指数走势分析

2013 年度 A 股市场结构化特征明显,主要体现在 2 个方面。一方面,小市值股票表现优异,表现在指数走势上,随着指数成分股平均市值的减小,指数年度涨幅趋于扩大,中证 500 等中小市值指数大幅跑赢沪深 300 等大中盘指数。另一方面,指数内部不同行业之间的走势分化也极为明显,以沪深 300 指数为例,尽管 2013 年度出现下跌,但指数内并不乏行业亮点出现,其中 4 个行业出现上涨,涨幅均接近或高于 20%,信息技术行业指数表现最好,与表现最差的能源行业指数的涨幅差距达 70%。

通过沪深 300 与中证 500 行业指数走势的对比,行业间的结构化特征得到充分体现,尽管沪深 300 大幅跑输中证 500 指数,但沪深 300 中信息技术、医药卫生等行业指数的表现仍让人眼前一亮。沪深 300 指数中,信息技术、医药卫生、可选消费、电信业务 4 条行业指数出现上涨,涨幅分别为 39.40%、23.14%、20.23%、19.93%,而能源、原材料 2 条行业指数跌幅最大,分别达到 33.44% 与 29.13%,行业指数涨跌幅首尾相差达 70%。

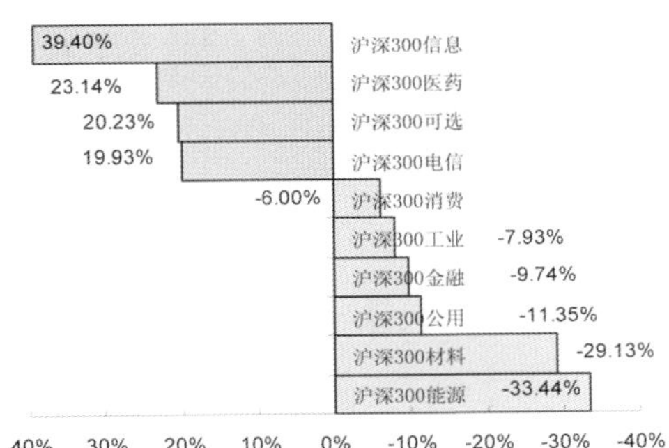

图 11 沪深 300 行业指数年度涨跌

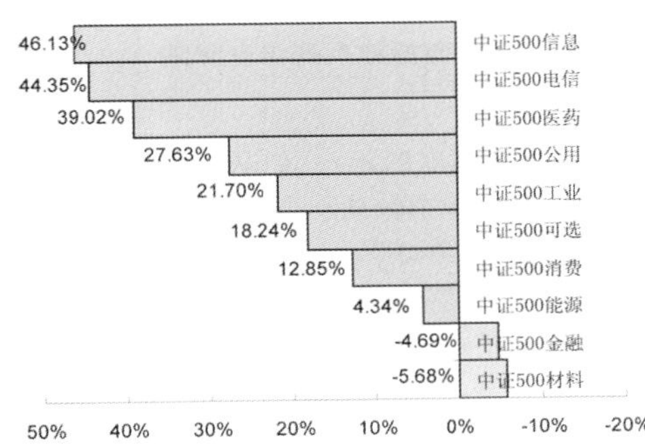

图 12 中证 500 行业指数年度涨跌

(一)信息技术

2013 年度,信息技术行业表现最好,中证 500 信息技术行业指数涨幅达到 46.13%,即使是在整体下跌的沪深 300 指数中,信息技术行业指数也上涨了 39.40%,行业内样本股的牛市特征可见一斑,信息技术行业内计算机硬件、电子设备、软件服务、半导体产品等子行业样本股都有良好表现,中证 500 指数中有多只股票涨幅超过 100%,沪深 300 指数中涨幅超过 100% 的股票也有 4 只。

2013 年在国家经济转型和创新的大背景下,成长预期强烈的信息技术类股票颇受投资者青睐,同时热点投资主题也不断涌现,智慧城市、互联网金融、大数据等投资概念层出不穷,均推动了相关个股的大幅上涨。

(二)医药卫生

医药卫生在 2013 年也是强势行业,本年经济弱势运行,强周期行业纷纷大幅下跌,但医药行业业绩增长稳定,股价也获得了较好表现。2013 年初医药行业营业收入和利润增速均保持了 20% 以上的较快增长,此后增速水平逐渐下降,但仍保持平稳,2013 年前 11 个月,医药制造行业主营业务收入和利润总额分别达 18438 亿元和 1796 亿元,分别累计同比增长 18.5% 与 18.3%。医药卫生行业指数在沪深 300 和中证 500 指数中涨幅排名分列第二、三位,分别上涨 23.14% 和 39.02%,其他多条医药相关行业及主题指数也大幅上涨。

(三)可选消费

沪深 300 指数中可选消费行业表现较好,年度涨幅排名第 3 位,行业内多数股票出现上涨,特别是与文化、传媒相关的投资主题在 2013 年备受关注,指数中百视通、华数传媒分别取得 132.96% 和 97.12% 的涨幅,但由于传媒类股票所占权重较小,因此对指数拉动作用较为有限。可选消费行业中汽车及零部件、家用电器两大权重板块表现也较好,为指数上涨提供了支撑,2 条二级行业指数沪深 300 汽车与零部件、家庭耐用消费品指数(主要为家用电器行业股票)分别上涨 13.27%、33.86%。指数中百货零售类股票涨跌不一,表现相对较差。2013 年汽车板块持续表现优异,收益大幅超越市场基准。尽管年内极端空气污染事件频发,汽车尾气对大气质量的影响被频频关注,道路限行、汽车限购等抑制消费政策也有逐步加码之意,但全年汽车销售火爆,2013 年汽车销量达到 2198 万辆,同比增长 13.87%,增速较 2012 年有大幅提高。

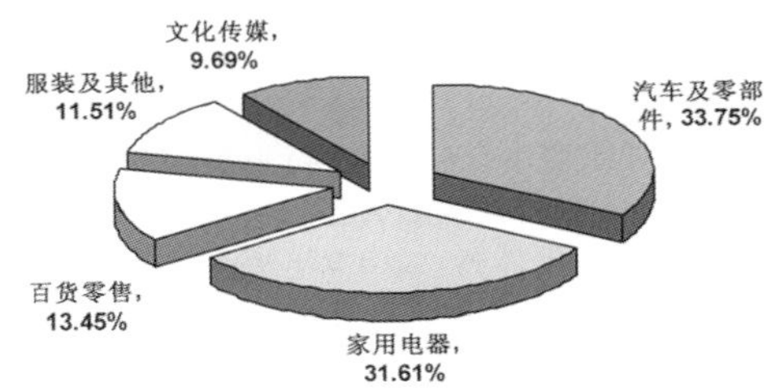

图 13 可选消费行业权重构成

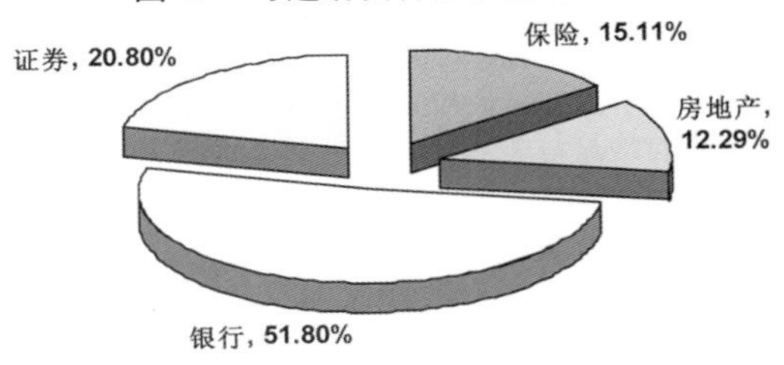

图 14 金融地产行业权重构成

（四）金融地产

金融地产行业在沪深 300 指数中权重最大，行业指数走势对沪深 300 指数的影响也最为直接。2013 年金融地产行业指数下跌 9.74%，尽管跌幅不大，但因其所占权重较高，仍对沪深 300 指数形成较大拖累。银行二级行业在金融地产行业中权重占比超过 50%，对于银行业而言，2013 年行业利空因素来自多个方面，一是随着宏观经济的弱势运行，地方融资平台风险成为银行主要风险之一，债务面临集中到期，引起市场担忧；另一方面，金融产品丰富以及互联网金融的兴起，正逐渐蚕食银行的传统业务，民营银行的相继获准设立也为传统商业银行带来了更多的竞争对手，估值也面临下调。多重利空下银行股没有获得太多趋势性上涨机会，尽管年初有所表现，但此后以盘整和下跌走势为主，沪深 300 银行二级行业指数 2013 年下跌 9.69%，对大盘也形成了较大影响。

地产行业也以下跌收场，沪深 300 地产二级行业指数全年大幅下跌 18.53%。2013 年房地产市场成交活跃，城市房价整体仍呈上涨走势，但由于投资者对行业将加强调控的悲观预期，股票价格走势与行业基本面出现背离。尽管从十八界三中全会表态来看，未来房地产调控将回归市场化手段，但面对持续上行的房价，短期内行政调控仍将继续。也正是有此原因，虽然行业估值也随之持续下降，但估值优势并未提升行业的吸引力。

证券行业 2013 年表现平平，沪深 300 综合金融指数下跌 1.93%，跌幅小于市场基准。尽管证券行业创新不断深化，但目前来看经纪业务与自营业务仍是证券公司的最大收入来源。2013 年市场成交活跃，A 股成交总金额达到 46.4 万亿元，比 2012 年增长近 5 成，同时佣金率保持稳定，券商经纪业务收入实现增长。但由于股市及债券均表现不佳，对自营业务收入形成影响。

（五）能源、原材料

2013 年宏观经济保持弱势运行，资源品需求萎缩，相关指数的市场表现也极为惨淡，能源、原材料行业指数在沪深 300 中跌幅最大，分别下跌 33.44% 和 29.13%。能源行业中，石油与天然气板块表现尚可，除中国石化与中国石油下跌约一成外，其他几只成份股有较高的涨幅，但煤炭股全部出现大幅下跌，平均跌幅达到 43%，在其拖累之下能源行业指数跌幅排名垫底。原材料行业的表现极为相似，有色金属、钢铁、黄金等子行业股票全部大幅下挫，仅个别化工股出现上涨，但对大局无济于事。

（六）主要消费

主要消费行业主要由食品饮料、商业零售、农产品等子行业构成，行业本身防御特征明显，但具体到各细分行业，结构分化行情再次得到突出体现。2013 年沪深 300 主要消费行业指数下跌 6.00%，内部细分行业指数涨跌幅差异巨大。2013 年三公消费得到严控，高端白酒销售持续遇冷，贵州茅台、五粮液股价全年下跌约 40%，沪深 300 饮料三级行业指数下跌 35.99%。食品类股票则有极佳的走势表现，光明乳业、贝因美股价实现翻番，沪深 300 食品三级行业指数上涨 51.43%。由于白酒板块权重占到 3 成，因此尽管其中食品、商业零售、农产品行业股票有较好的表现，但仍拖累整个主要消费指数出现下挫。

五、策略指数表现

（一）风格指数

2013 年是成长股的天下，但在风格指数系列中，成长、价值两类指数走势区分并不明显，尽管同系列成长指数相对于价值指数表现稍优，但并未获得明显的超额收益。相反，指数样本的市值规模差异成为影响指数收益率的最重要因素，上证 380 成长、380 价值两条中小市值风格指数获得超越整体的正收益，分别上涨 15.27%、7.91%。同时可以看到，在中小市值风格指数中，成长风格相对于价值风格的超额收益更为明显。

（二）基本面指数

基本面指数系列中，样本市值规模较小的指数走势明显更好，中证基本面 400、上证 F300 指数分别上涨了 6.21% 和 13.63%，而中证基本面 50、上证 F200 等市值规模较大的指数跌幅较深，分别下跌 13.09% 和 10.33%。而从上证 50、上证 180、上证 380 三条指数的基本面加权版本与其基准指数走势对比来看，除上证 50 基本面加权指数跌幅略小之外，其他两条基本面加权指数的走势均弱于对应的基准指数。

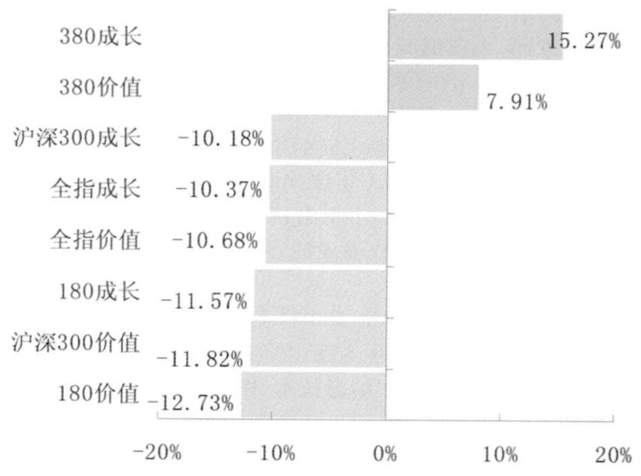

图 15　风格指数系列年度涨跌

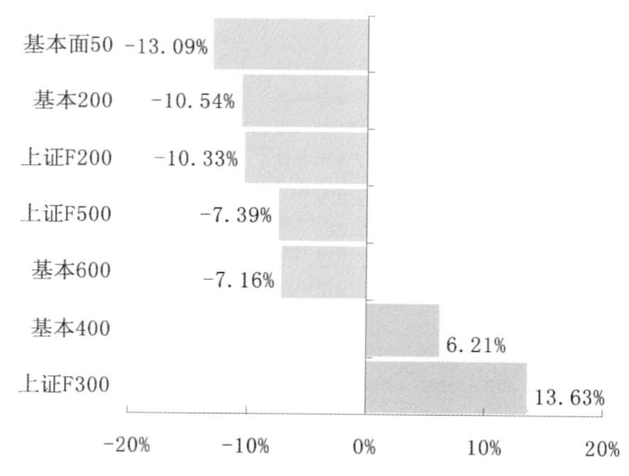

图 16　基本面指数系列年度涨跌

（三）红利指数

2013 年红利指数系列涨跌不一，但从市场表现来看，低股息率、小市值指数普遍涨幅较高。中小市值股票较多的中证民企红利指数大幅上涨 26.02%，中证 500 红利、上证民企红利、上证 380 红利指数分别上涨 17.89%、16.72%、11.67%。大市值红利指数下跌较多，上证 180 红利、上证央企红利指数分别下跌 12.71% 和 12.26%。

2013 年末，中证央企红利、上证国企红利指数股息率最高，分别达到 5.18% 和 5.17%。以中证 500 红利、上证 380

红利指数为代表中小市值指数股息率较低，分别为 2.53%、3.68%。

从走势来看，2013 年红利系列指数市场表现与其股息率水平成反向关系，股息率水平较低指数的涨幅较高，这与 2013 年成长股投资大行其道，价值股被市场冷落不无关系。

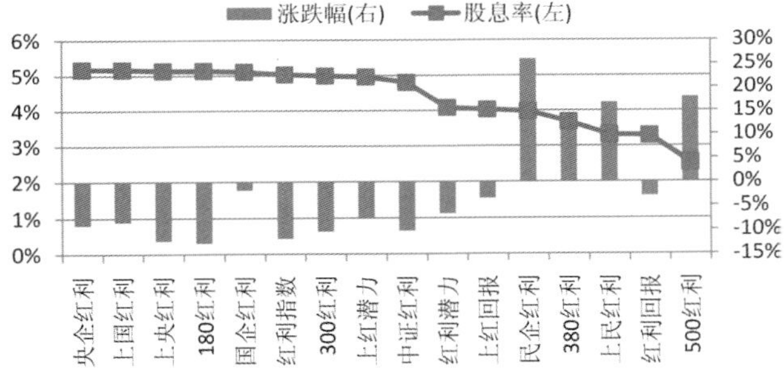

图 17　红利系列指数市场表现与股息率对比

（四）高低贝塔指数、波动率指数

高低贝塔指数系列的历史贝塔值与其定位相符，但在指数涨跌方面，中证 500、上证 380 两个小市值系列的高、低贝塔指数，其年度涨幅却分别弱于和强于其母指数。4 条（低）波动率指数的年化波幅均小于其母指数，与其定位相符，同时指数涨跌幅度也较其母指数更窄。

表 2　高、低贝塔，波动率指数年度表现

指数	贝塔值	年化波动率	年度涨跌幅
沪深 300 高贝塔	1.18	–	–20.72%
沪深 300 低贝塔	0.72	–	7.68%
中证 500 高贝塔	1.04	–	9.92%
中证 500 低贝塔	0.89	–	20.31%
300 波动	–	18.45%	1.51%
500 波动	–	20.74%	15.47%
沪深 300	–	21.68%	–7.65%
中证 500	–	22.48%	16.89%
上证 180 高贝塔	1.15	–	–17.19%
上证 180 低贝塔	0.70	–	4.97%
上证 380 高贝塔	1.06	–	12.63%
上证 380 低贝塔	0.86	–	15.21%
180 波动	–	19.38%	–0.98%
380 波动	–	20.02%	13.53%
上证 180	–	22.35%	–9.19%
上证 380	–	21.02%	13.84%

六、债券指数分析

以流动性趋紧为主导因素，债券市场在 2013 年完成了由牛到熊的转换。一季度由于外汇占款维持高位，市场流动性充裕，债市仍保持了上涨节奏，各条债券指数屡创新高。但自 4 月份起，监管层的稽查风暴降临，并成为市场关注焦点，机构纷纷选择加速去杠杆，市场出现了一轮调整行情。6 月份开始，流动性成为主导债券市场的最重要因素，银行间市场"钱荒"出现，利率飙升并创下历史新高，对债市造成了严重冲击，中长期收益率大幅上行，自此债券市场的悲观预期开始形成，下半年各类债券指数基本保持了连续下跌的走势，10 月下旬开始债指跌势一度出现加剧，至年末，各债券指数再度短期企稳。

以全价指数统计，2013 年全年债券指数跌多涨少，而净价指数则几乎全部出现下跌。全价指数中，中证综合债指数下跌 0.41%，长期债券指数跌幅较大，中证 10 债和中证 10＋债指数分别下跌 3.02%、6.77%。但仍有部分短期债券指数全年实现上涨，中证 1 债、中证 3 债指数分别上涨 3.02%、1.39%，中证央票和中证短融指数分别上涨 1.18%、3.99%。信用类债券指数也表现较好，中证企业债、中证信用债指数分别上涨 1.48%、0.42%。

表 3　中证债券指数年度运行指标

债券指数	开盘	最高	最低	收盘	涨跌幅	涨跌幅(净价)	久期	修正久期	凸性	到期收益率
中证综合债	138.92	142.58	137.71	138.36	-0.41%	-4.63%	4.25	4.03	37.37	5.578
中证全债	144.36	148.53	142.18	142.86	-1.04%	-5.38%	5.03	4.77	45.14	5.578
中证 1 债	129.21	133.12	129.21	133.12	3.02%	-0.45%	0.44	0.42	0.64	5.315
中证 3 债	139.94	142.87	139.94	141.88	1.39%	-2.66%	1.9	1.8	5.29	5.608
中证 7 债	144.28	148.66	143.45	143.96	-0.22%	-4.73%	4.21	3.98	21.68	5.728
中证 10 债	144.12	148.80	138.98	139.76	-3.02%	-7.29%	7.15	6.8	58.84	5.211
中证 10+债	139.67	144.30	128.74	130.21	-6.77%	-11.01%	13.17	12.49	239.75	5.393
中证国债	142.26	145.54	137.00	138.42	-2.70%	-6.42%	6.39	6.1	74.69	4.562
中证金融债	142.47	146.34	139.84	139.92	-1.79%	-5.80%	4.37	4.13	31.65	5.717
中证企业债	153.22	159.08	153.22	155.48	1.48%	-3.84%	4.14	3.88	25.23	6.57
中证央票	120.76	123.54	120.76	122.18	1.18%	-1.89%	2.06	1.97	6.54	4.486
中证短融	124.88	129.86	124.88	129.86	3.99%	-0.40%	0.41	0.38	0.55	6.496

注：久期、修正久期、凸性、到期收益率为 2013 年末数。

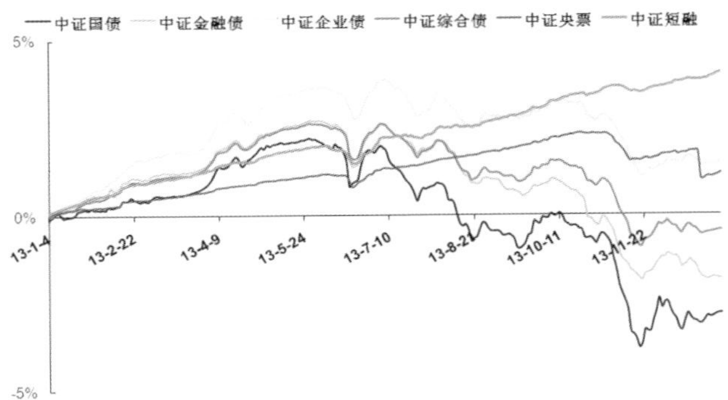

图 18　中证分类债券指数年度走势

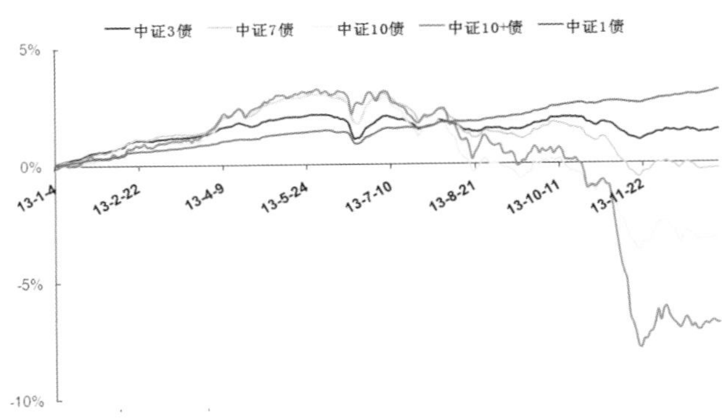

图 19　中证分期限债券指数年度走势

免责声明

本报告所载数据资料，源自中证指数有限公司认为可靠之出处，但不保证其准确性或完整性。本报告及其所含任何信息均不构成任何证券、金融产品或其他投资工具或任何交易策略的依据或建议。对任何因直接或间接使用本报告或其所含任何信息而造成的损失，中证指数有限公司不承担任何法律责任。

2013 年度证券市场概况统计表

	2012 年底	2013 年 12 月	比 2012 年底
境内上市公司数(A、B 股)(家)	2494	2489	-0.20%
境内上市外资股(B 股)(家)	107	106	-0.93%
境外上市公司数(H 股)(家)	179	185	3.35%
股票总发行股本(A、B、H 股亿股)	38395.00	40569.08	5.66%
其中:流通股本(亿股)	31339.60	36744.16	17.25%
股票市价总值(A、B 股亿元)	230357.62	230977.19	0.27%
其中:股票流通市值(亿元)	181658.26	199579.54	9.87%
股票成交金额(亿元)	314667.41	39672.04	_
日均股票成交金额(亿元)	1294.93	1803.27	_
上证综合指数(收盘)	2269.13	2115.98	-6.75%
深证综合指数(收盘)	881.17	1057.67	20.03%
股票有效帐户数(万户)	14045.91	13247.15	-5.69%
平均市盈率(静态)			
上海	12.30	10.99	-10.65%
深圳	22.01	27.76	26.12%
证券投资基金只数(只)	1173	1552	32.31%
交易所上市证券投资基金成交金额(亿元)	8667.36	1024.87	_

2013 年度证券市场筹资统计表

时间	境内外筹资合计(亿元)	境内筹资合计(亿元)	首次发行金额			再筹资金额						债券市场筹资金额			
			A 股(亿元)	B 股(亿美元)	H 股(亿美元)	A 股(亿元)				B 股(亿美元)	H 股(亿美元)	可转债(亿元)	可分离债(亿元)	公司债(亿元)	中小企业私募债(亿元)
						公开增发	定向增发(现金)	配股	权证行权						
2012.06	765.42	743.59	127.17	0.00	3.45	0.00	214.64	0.00	0.00	0.00	0.00	80.50	0.00	304.70	16.58
2012.07	621.59	552.71	134.95	0.00	10.88	0.00	181.51	0.00	0.00	0.00	0.00	0.00	0.00	229.50	6.75
2012.08	949.54	680.80	72.91	0.00	0.00	0.00	432.89	0.00	0.00	0.00	42.35	0.00	0.00	167.00	8.00
2012.09	486.08	486.08	68.48	0.00	0.00	0.00	122.77	6.33	0.00	0.00	0.00	0.00	0.00	279.90	8.60
2012.10	277.41	243.95	31.63	0.00	5.31	0.00	56.52	0.00	0.00	0.00	0.00	60.00	0.00	84.70	11.10
2012.11	420.45	336.09	0.39	0.00	0.00	0.00	101.09	5.71	0.00	0.00	13.41	0.00	0.00	211.70	17.20
2012.12	1081.67	779.51	0.00	0.00	44.32	0.00	157.59	7.65	0.00	0.00	3.75	12.05	0.00	576.70	25.52
2012 年累计	4602.15	3822.73	435.53	0.00	63.96	0.00	1267.01	19.69	0.00	0.00	59.51	152.55	0.00	1854.20	93.75
2013.01	591.44	591.44	0.00	0.00	0.00	10.27	452.13	18.51	0.00	0.00	0.00	9.70	0.00	90.70	10.13
2013.02	478.96	282.43	0.00	0.00	0.00	0.00	164.98	0.00	0.00	0.00	31.30	0.00	0.00	92.50	24.95
2013.03	745.91	712.95	0.00	0.00	0.00	0.00	159.62	48.42	0.00	0.00	5.25	200.00	0.00	264.70	40.21
2013.04	834.35	834.35	0.00	0.00	0.00	0.00	238.35	35.68	0.00	0.00	0.00	0.00	0.00	537.70	22.62
2013.05	815.64	636.87	0.00	0.00	28.93	7.75	262.35	0.00	0.00	0.00	0.00	0.00	0.00	334.60	32.17
2013.06	370.83	339.99	0.00	0.00	0.00	16.40	83.57	26.41	0.00	0.00	4.99	0.00	0.00	186.15	27.46
2013.07	501.32	501.32	0.00	0.00	0.00	7.00	112.90	7.76	0.00	0.00	0.00	0.00	0.00	348.49	25.17
2013.08	535.22	535.22	0.00	0.00	0.00	7.00	114.66	14.49	0.00	0.00	0.00	14.61	0.00	364.00	20.46
2013.09	783.89	711.30	0.00	0.00	0.00	0.00	112.93	275.25	0.00	0.00	11.80	26.00	0.00	279.37	17.75
2013.10	209.02	171.13	0.00	0.00	0.00	0.00	78.47	0.00	0.00	0.00	6.17	0.00	0.00	74.50	18.16
2013.11	629.56	513.70	0.00	0.00	18.89	0.00	146.58	0.00	0.00	0.00	0.00	25.00	0.00	306.60	35.52
2013.12	1452.58	1054.13	0.00	0.00	65.35	32.00	320.05	49.23	0.00	0.00	0.00	276.00	0.00	340.60	36.25
2013 年累计	7948.72	6884.83	0.00	0.00	113.17	80.42	2246.59	475.75	0.00	0.00	59.51	551.31	0.00	3219.91	310.85

注:1. 本表首发筹资金额以 IPO 上市首日为基础统计;

2. 2013 年,共有 410 家公司定向增发,其中定向增发资产认购筹资 1345.15 亿元;自 2012 年 12 月份起,考虑到中小企业私募债从发行到上市交易时间间隔较长,且不确定性因素较多,将原来按交易起始日统计变更为按托管登记日统计,并对原来数据进行了回溯调整。

2013 年全国股票交易统计表

时期	总股本(亿股)		市价总值(亿元)		成交金额(亿元)		成交量(百万股)		最高综合股价指数				最低综合股价指数			
									上海		深圳		上海		深圳	
	上海	深圳	上海	深圳	上海	深圳	上海	深圳	A 股	B 股	A 股	B 股	A 股	B 股	A 股	B 股
2012 年累计					164461	150122	1892[illegible]43	1393212								
2013.01	24692	7251	167497	76411	22660	20542	268184	197196	2504	280	984	880	2340	246	906	719
2013.02	24717	7263	166306	79210	16319	13954	183102	126486	2559	288	1017	873	2397	265	969	807
2013.03	24734	7321	157312	76373	20452	18244	233441	168379	2480	279	1022	850	2333	259	950	771
2013.04	24787	7427	153372	75269	12887	12853	150143	116816	2358	267	990	830	2267	250	929	755
2013.05	24896	7692	162318	85437	20970	24048	230523	212657	2443	271	1093	884	2262	251	944	804
2013.06	25251	7855	139775	73038	13326	15167	155527	140672	2422	268	1084	881	1936	223	851	708
2013.07	25395	7946	141092	77440	18236	23266	216981	211099	2191	246	1028	789	2037	230	920	743
2013.08	25460	7954	148445	81747	20726	24435	249496	224354	2302	251	1075	826	2090	236	986	771
2013.09	25499	7990	154176	87100	25466	21418	300768	199206	2377	258	1109	842	2176	240	1035	804
2013.10	25562	8006	151970	84225	21017	22439	238268	199732	2348	260	1155	866	2191	243	1037	818
2013.11	25600	8022	157701	89983	19287	20807	219559	185408	2339	256	1138	881	2176	238	1031	813
2013.12	25752	8070	151165	87912	18262	21291	210382	183376	2367	261	1121	899	2165	246	1054	846
2013 年累计					229609	238463	2656373	2165382								

2013 年 1—12 月股票交易情况统计表

日期	交易天数	股票成交金额(亿元)	日均成交金额(亿元)	股票成交数量(亿股)	日均成交数量(亿股)	交易印花税(亿元)
2010 年累计	242	545633.54	2254.68	42151.99	174.18	545.64
2011.12	22	19990.80	908.67	1969.69	89.53	19.99
2011 年累计	244	421649.72	1728.07	33957.55	139.17	421.67
2012.01	15	16627.03	1108.47	1740.85	116.06	16.63
2012.02	21	33661.98	1602.96	3373.17	160.63	33.66
2012.03	22	38630.64	1755.94	3585.24	162.97	38.63
2012.04	17	26838.92	1578.76	2756.61	162.15	26.84
2012.05	22	35140.16	1597.28	3357.86	152.63	35.14
2012.06	20	24031.77	1201.59	2310.58	115.53	24.03
2012.07	22	24969.93	1134.99	2440.51	110.93	24.97
2012.08	23	24027.04	1044.65	2541.79	110.51	24.03
2012.09	20	23224.81	1161.24	2576.90	128.85	23.23
2012.10	18	18258.33	1014.35	2198.91	122.16	18.26
2012.11	22	17533.93	797.00	2177.88	98.99	17.53
2012.12	21	31722.87	1510.61	3820.76	181.94	31.72
2012 年累计	243	314667.41	1294.93	32881.06	135.31	421.67
2013.01	20	43230.33	2161.52	4659.78	232.99	43.23
2013.02	15	30302.35	2020.15	3101.45	206.76	30.30
2013.03	21	38732.46	1844.40	4025.65	191.70	38.73
2013.04	18	25762.9	1431.27	2674.95	148.61	25.76
2013.05	22	45068.09	2048.55	4443.35	201.97	45.07
2013.06	17	28542.84	1678.99	2975.10	175.01	28.50
2013.07	23	41553.92	1806.70	4293.59	186.68	41.51
2013.08	22	45244.87	2056.59	4757.34	216.24	45.17
2013.09	19	46944.69	2470.77	5015.13	263.95	46.89
2013.10	18	43508.38	2417.13	4392.82	244.05	43.46
2013.11	21	40165.73	1912.65	4065.81	193.61	40.10
2013.12	22	39672.04	1803.27	3967.70	180.35	39.55
2013 年累计	238	468728.60	1969.45	48372.67	203.25	468.27

2013 年度证券公司总资产排名

单位：万元

序号	证券公司	总资产
1	中信证券	19,293,365
2	海通证券	12,901,784
3	国泰君安	11,784,112
4	广发证券	10,884,661
5	华泰证券	8,834,968
6	招商证券	7,518,404
7	国信证券	7,076,072
8	银河证券	6,972,940
9	中信建投	6,568,393
10	申银万国	5,978,954
11	东方证券	5,513,911
12	光大证券	4,710,882
13	平安证券	3,621,483
14	安信证券	3,528,175
15	齐鲁证券	3,480,208
16	宏源证券	3,211,771
17	方正证券	3,206,617
18	兴业证券	3,166,143
19	西南证券	2,962,566
20	中投证券	2,949,452
21	长江证券	2,916,837
22	国元证券	2,863,623
23	中金公司	2,406,598
24	东北证券	1,885,553
25	华西证券	1,771,519
26	东吴证券	1,764,724
27	国开证券	1,763,820
28	中银国际	1,732,212
29	长城证券	1,731,753
30	中信证券(浙江)	1,689,495
31	广州证券	1,644,071
32	东兴证券	1,560,333
33	信达证券	1,533,328
34	江海证券	1,508,910
35	渤海证券	1,409,035
36	民族证券	1,401,757
37	上海证券	1,399,250
38	山西证券	1,323,510
39	财通证券	1,298,273
40	东海证券	1,268,456
41	国金证券	1,263,030
42	国海证券	1,252,451
43	民生证券	1,246,383
44	中原证券	1,234,400
45	湘财证券	1,206,624
46	浙商证券	1,188,907
47	财达证券	1,118,826
48	东莞证券	1,108,255
49	华融证券	1,102,534
50	第一创业	1,079,629
51	西部证券	1,067,403
52	华龙证券	1,054,327
53	红塔证券	1,009,094
54	南京证券	1,000,759
55	国联证券	979,188
56	国都证券	969,110
57	财富证券	954,438
58	金元证券	920,303
59	华安证券	896,585
60	恒泰证券	887,275
61	新时代证券	855,228
62	中信万通	829,667
63	首创证券	815,490
64	华福证券	812,314
65	万联证券	687,460
66	华创证券	655,334
67	中山证券	623,627
68	中航证券	607,518
69	大通证券	582,735
70	中天证券	565,894
71	华鑫证券	538,623
72	华泰联合	525,737
73	英大证券	523,416
74	国盛证券	498,509
75	德邦证券	490,502
76	太平洋证券	462,492
77	世纪证券	449,049
78	宏信证券	439,997
79	北京高华	421,923
80	天风证券	406,931
81	西藏同信	394,587
82	华林证券	379,885
83	银泰证券	377,173
84	华宝证券	338,291
85	五矿证券	336,740
86	高盛高华	305,350
87	开源证券	283,665
88	联讯证券	270,088
89	大同证券	258,598
90	爱建证券	248,633
91	瑞银证券	226,278
92	川财证券	211,130
93	日信证券	182,384
94	上海国泰君安证券资产	161,419
95	厦门证券	133,629
96	中邮证券	129,495
97	摩根士丹利华鑫证券	119,295
98	上海海通证券资产	112,861
99	恒泰长财	110,080
100	中德证券	99,707
101	华英证券	94,410
102	天源证券	90,746
103	瑞信方正	89,338
104	航天证券	86,707
105	万和证券	84,841
106	第一创业摩根大通证券	84,418
107	众成证券	78,914
108	东方花旗	72,116

序号	证券公司	总资产
109	诚浩证券	67,819
110	财富里昂	60,751
111	浙江浙商证券资产	56,309
112	上海东方证券资产	37,249
113	海际大和	35,759
114	上海光大证券资产	34,934
115	长江保荐	11,085

2013 年度证券公司营业收入排名

单位：万元

序号	证券公司	营业收入
1	中信证券	817,903
2	海通证券	780,797
3	国泰君安	725,073
4	广发证券	717,438
5	银河证券	684,393
6	国信证券	603,423
7	华泰证券	592,644
8	中信建投	538,184
9	招商证券	536,354
10	申银万国	512,638
11	宏源证券	366,908
12	齐鲁证券	356,360
13	光大证券	297,806
14	方正证券	292,605
15	安信证券	289,405
16	中投证券	281,315
17	长江证券	270,640
18	东方证券	265,748
19	兴业证券	239,943
20	平安证券	227,908
21	中金公司	221,699
22	东兴证券	183,814
23	中信证券(浙江)	176,968
24	华西证券	176,303
25	西南证券	171,916
26	国元证券	170,544
27	东北证券	151,651
28	信达证券	146,667
29	国金证券	146,340
30	东吴证券	143,639
31	长城证券	139,258
32	国海证券	138,865
33	浙商证券	131,015
34	财通证券	127,376
35	民生证券	124,302
36	中银国际	120,480
37	渤海证券	115,105
38	东海证券	114,093
39	华融证券	109,914
40	中原证券	109,559
41	恒泰证券	109,503
42	西部证券	107,961
43	财达证券	105,814
44	上海证券	104,843
45	民族证券	103,967
46	国开证券	102,505
47	东莞证券	100,914
48	华福证券	96,381
49	中信万通	95,096
50	南京证券	93,594
51	山西证券	92,706
52	华安证券	90,134
53	国联证券	86,234
54	华泰联合	83,086
55	湘财证券	83,038
56	广州证券	81,697
57	国都证券	79,620
58	第一创业	75,606
59	瑞银证券	75,288
60	华龙证券	72,770
61	新时代证券	71,905
62	华创证券	71,032
63	高盛高华	65,234
64	华林证券	64,357
65	上海国泰君安证券资产	64,123
66	红塔证券	61,735
67	金元证券	60,736
68	北京高华	59,526
69	江海证券	57,368
70	财富证券	54,460
71	国盛证券	52,243
72	大通证券	51,958
73	天风证券	51,288
74	中航证券	50,357
75	万联证券	49,512
76	华鑫证券	49,111
77	太平洋证券	47,629
78	德邦证券	46,170
79	中山证券	45,626
80	英大证券	44,187
81	宏信证券	43,948
82	首创证券	42,863
83	西藏同信	33,173
84	联讯证券	32,345
85	大同证券	30,862
86	世纪证券	30,173
87	中德证券	26,481
88	摩根士丹利华鑫证券	26,370
89	华宝证券	25,858
90	第一创业摩根大通证券	24,838
91	银泰证券	23,285
92	瑞信方正	22,806
93	中天证券	21,849
94	上海光大证券资产	21,320
95	东方花旗	19,235
96	上海东方证券资产	19,110
97	爱建证券	18,299
98	日信证券	17,351
99	川财证券	17,263
100	五矿证券	14,683
101	厦门证券	14,599

序号	证券公司	营业收入
102	财富里昂	13,819
103	开源证券	13,790
104	中邮证券	13,083
105	华英证券	12,662
106	上海海通证券资产	11,961
107	恒泰长财	11,677
108	天源证券	11,028
109	浙江浙商证券资产	8,907
110	万和证券	7,688
111	众成证券	7,607
112	诚浩证券	7,366
113	长江保荐	6,956
114	航天证券	2,937
115	海际大和	1,842

2013 年度证券公司净利润排名

单位:万元

序号	证券公司	净利润
1	海通证券	346,616
2	中信证券	290,885
3	国泰君安	251,745
4	广发证券	237,800
5	银河证券	212,515
6	招商证券	204,826
7	华泰证券	203,746
8	国信证券	178,354
9	中信建投	172,979
10	申银万国	171,722
11	方正证券	108,174
12	宏源证券	104,801
13	东方证券	103,833
14	长江证券	100,523
15	齐鲁证券	84,436
16	中投证券	70,909
17	中信证券(浙江)	61,578
18	兴业证券	60,058
19	华西证券	59,131
20	东兴证券	58,232
21	国元证券	55,115
22	安信证券	51,384
23	西南证券	48,690
24	国开证券	46,189
25	东北证券	45,146
26	恒泰证券	39,451
27	长城证券	37,281
28	平安证券	36,551
29	东吴证券	34,681
30	国联证券	34,158
31	华福证券	33,449
32	国都证券	30,774
33	国金证券	30,726
34	中信万通	30,490
35	渤海证券	30,300
36	中银国际	29,444
37	浙商证券	29,433
38	华融证券	29,319
39	国海证券	29,299
40	山西证券	28,526
41	信达证券	27,996
42	西部证券	27,164
43	中原证券	26,826
44	南京证券	25,947
45	东莞证券	25,611
46	财达证券	24,105
47	财通证券	23,400
48	华安证券	21,969
49	中金公司	21,536
50	东海证券	21,061
51	红塔证券	20,076
52	华泰联合	20,004
53	第一创业	16,103
54	华龙证券	16,062
55	民族证券	15,380
56	首创证券	15,015
57	国盛证券	14,605
58	上海国泰君安证券资产	14,291
59	新时代证券	14,088
60	湘财证券	13,030
61	宏信证券	12,798
62	英大证券	12,611
63	上海证券	11,479
64	财富证券	11,219
65	江海证券	10,839
66	广州证券	10,267
67	光大证券	10,032
68	华鑫证券	9,523
69	大通证券	9,485
70	天风证券	9,171
71	民生证券	8,986
72	华创证券	8,615
73	万联证券	8,423
74	华林证券	7,985
75	金元证券	7,857
76	大同证券	7,844
77	中航证券	7,843
78	北京高华	7,433
79	上海光大证券资产	7,274
80	德邦证券	7,201
81	太平洋证券	7,158
82	高盛高华	6,918
83	银泰证券	5,412
84	华宝证券	4,571
85	川财证券	3,669
86	中天证券	2,396
87	中山证券	2,042
88	西藏同信	1,841
89	浙江浙商证券资产	1,699
90	第一创业摩根大通证券	1,597
91	中邮证券	1,593
92	五矿证券	1,332
93	瑞银证券	1,187

序号	证券公司	净利润
94	上海东方证券资产	1,175
95	世纪证券	1,066
96	财富里昂	911
97	联讯证券	806
98	爱建证券	681
99	恒泰长财	553
100	瑞信方正	502
101	华英证券	355
102	诚浩证券	323
103	万和证券	90
104	开源证券	57
105	天源证券	-347
106	摩根士丹利华鑫证券	-711
107	厦门证券	-754
108	众成证券	-939
109	航天证券	-1,054
110	中德证券	-3,825
111	海际大和	-4,587
112	长江保荐	-5,196
113	日信证券	-6,508
114	东方花旗	-7,520
115	上海海通证券资产	-16,185

2013 年度证券公司净资本排名

单位：万元

序号	证券公司	净资本
1	海通证券	3,904,142
2	中信证券	3,479,649
3	国泰君安	2,331,833
4	广发证券	2,070,477
5	银河证券	2,048,145
6	华泰证券	1,920,457
7	光大证券	1,409,052
8	招商证券	1,404,132
9	国信证券	1,374,382
10	申银万国	1,241,180
11	东方证券	1,118,817
12	宏源证券	1,034,002
13	长江证券	983,390
14	中信建投	932,199
15	兴业证券	930,677
16	方正证券	890,439
17	国元证券	733,558
18	中银国际	729,181
19	国开证券	726,809
20	齐鲁证券	671,636
21	民族证券	628,153
22	安信证券	616,900
23	西南证券	612,833
24	平安证券	606,088
25	国海证券	588,201
26	中投证券	585,742
27	国金证券	526,016
28	华融证券	515,604
29	东吴证券	500,662
30	红塔证券	472,913
31	东兴证券	468,796
32	华西证券	441,271
33	信达证券	440,684
34	中金公司	432,690
35	国都证券	430,334
36	渤海证券	422,552
37	华泰联合	416,060
38	东北证券	410,897
39	长城证券	405,065
40	山西证券	397,975
41	广州证券	392,484
42	西部证券	386,771
43	财达证券	384,956
44	浙商证券	338,003
45	东海证券	332,039
46	金元证券	327,638
47	恒泰证券	318,341
48	上海证券	312,377
49	财通证券	306,393
50	南京证券	301,104
51	第一创业	297,129
52	中原证券	293,616
53	华安证券	278,471
54	湘财证券	276,316
55	中信证券（浙江）	265,699
56	北京高华	262,247
57	高盛高华	256,449
58	中航证券	251,897
59	中信万通	247,548
60	大通证券	245,563
61	民生证券	232,770
62	国联证券	207,454
63	华福证券	206,148
64	德邦证券	203,859
65	东莞证券	193,079
66	英大证券	180,663
67	华龙证券	180,654
68	财富证券	179,132
69	万联证券	178,700
70	新时代证券	175,831
71	上海国泰君安证券资产	171,448
72	瑞银证券	169,023
73	太平洋证券	168,554
74	华鑫证券	166,199
75	中天证券	164,752
76	银泰证券	159,412
77	江海证券	156,020
78	国盛证券	155,241
79	华宝证券	154,970
80	上海海通证券资产	147,049
81	华创证券	143,671
82	中山证券	131,156
83	首创证券	128,746
84	宏信证券	112,897
85	天风证券	108,922

序号	证券公司	净资本
86	上海东方证券资产	104,155
87	开源证券	103,804
88	华英证券	103,043
89	爱建证券	102,640
90	川财证券	100,608
91	东方花旗	94,484
92	华林证券	93,902
93	上海光大证券资产	93,704
94	中德证券	89,707
95	瑞信方正	82,869
96	西藏同信	80,082
97	第一创业摩根大通证券	71,447
98	中邮证券	66,167
99	五矿证券	64,950
100	世纪证券	64,279
101	摩根士丹利华鑫证券	60,763
102	大同证券	57,414
103	浙江浙商证券资产	50,043
104	日信证券	49,936
105	联讯证券	49,436
106	财富里昂	45,704
107	航天证券	37,983
108	海际大和	33,179
109	恒泰长财	25,978
110	诚浩证券	25,860
111	众成证券	23,422
112	天源证券	19,702
113	厦门证券	19,018
114	万和证券	13,882
115	长江保荐	6,984

2013 年度证券公司净资产排名

单位：万元

序号	证券公司	净资产
1	中信证券	7,169,054
2	海通证券	6,031,073
3	广发证券	3,332,907
4	华泰证券	3,205,212
5	国泰君安	3,066,420
6	招商证券	2,640,705
7	银河证券	2,503,907
8	光大证券	2,238,127
9	国信证券	1,990,441
10	申银万国	1,786,417
11	东方证券	1,549,259
12	方正证券	1,524,269
13	国元证券	1,521,657
14	宏源证券	1,447,969
15	中信建投	1,285,381
16	兴业证券	1,261,413
17	长江证券	1,259,308
18	齐鲁证券	1,158,517
19	西南证券	1,067,414
20	安信证券	970,288
21	中投证券	874,440
22	平安证券	835,971
23	国开证券	822,345
24	东吴证券	775,826
25	中银国际	742,134
26	东北证券	736,491
27	山西证券	694,312
28	华西证券	688,707
29	民族证券	688,137
30	国金证券	671,309
31	长城证券	620,631
32	国都证券	603,251
33	国海证券	601,839
34	东兴证券	577,919
35	红塔证券	572,746
36	渤海证券	571,230
37	信达证券	564,660
38	浙商证券	534,257
39	东海证券	519,745
40	中金公司	519,210
41	广州证券	509,347
42	华融证券	490,917
43	财达证券	477,641
44	华泰联合	474,629
45	西部证券	465,951
46	恒泰证券	459,301
47	第一创业	457,702
48	上海证券	436,298
49	财通证券	428,033
50	华安证券	427,479
51	中原证券	412,267
52	南京证券	403,999
53	金元证券	395,302
54	湘财证券	354,714
55	新时代证券	333,812
56	大通证券	330,287
57	国联证券	323,883
58	民生证券	323,039
59	中信万通	301,885
60	中信证券(浙江)	296,402
61	华龙证券	294,537
62	万联证券	277,061
63	华鑫证券	269,129
64	财富证券	267,035
65	德邦证券	256,872
66	东莞证券	254,302
67	中山证券	249,686
68	中航证券	245,039
69	华福证券	234,961
70	华创证券	230,227
71	江海证券	224,620
72	英大证券	222,607
73	太平洋证券	217,931
74	首创证券	215,026
75	国盛证券	187,670
76	天风证券	184,287
77	北京高华	176,573

序号	证券公司	净资产
78	银泰证券	175,091
79	华宝证券	171,686
80	中天证券	168,083
81	瑞银证券	149,144
82	开源证券	146,612
83	宏信证券	146,355
84	高盛高华	122,309
85	爱建证券	119,503
86	上海国泰君安证券资产	118,200
87	华林证券	118,046
88	川财证券	113,733
89	中德证券	98,203
90	西藏同信	95,105
91	瑞信方正	86,951
92	上海海通证券资产	85,610
93	日信证券	84,898
94	世纪证券	83,547
95	五矿证券	80,892
96	第一创业摩根大通证券	77,921
97	摩根士丹利华鑫证券	75,758
98	华英证券	75,484
99	大同证券	73,677
100	东方花旗	66,884
101	联讯证券	62,696
102	中邮证券	59,687
103	浙江浙商证券资产	51,692
104	财富里昂	48,003
105	航天证券	46,231
106	恒泰长财	35,429
107	海际大和	34,811
108	上海东方证券资产	33,372
109	诚浩证券	31,292
110	厦门证券	28,702
111	上海光大证券资产	27,558
112	天源证券	24,791
113	众成证券	24,531
114	万和证券	18,507
115	长江保荐	9,991

2013年度证券公司股票主承销家数排名（合并口径）

序号	证券公司	股票主承销家数
1	中信建投	15.00
2	中信证券	14.50
3	海通证券	13.25
4	国泰君安	10.25
5	华泰证券(华泰联合)	9.00
6	华林证券	8.00
7	招商证券	7.50
8	西南证券	7.00
9	中金公司	6.75
10	国海证券	6.00
11	广发证券	6.00
12	国信证券	5.50
13	兴业证券	5.50
14	民生证券	5.00
15	申银万国	5.00
16	安信证券	5.00
17	银河证券	4.25
18	广州证券	4.00
19	山西证券(中德证券)	4.00
20	光大证券	4.00
21	华西证券	4.00
22	中原证券	4.00
23	长江证券(长江保荐)	3.50
24	长城证券	3.50
25	浙商证券	3.00
26	宏源证券	3.00
27	财通证券	2.50
28	信达证券	2.50
29	中航证券	2.50
30	红塔证券	2.25
31	方正证券(瑞信方正)	2.00
32	财富证券(财富里昂)	2.00
33	中银国际	2.00
34	国元证券	2.00
35	民族证券	2.00
36	国金证券	2.00
37	恒泰证券	2.00
38	东北证券	2.00
39	东海证券	2.00
40	瑞银证券	1.50
41	天风证券	1.50
42	第一创业(第一创业摩根大通证券)	1.25
43	华融证券	1.25
44	新时代证券	1.00
45	国联证券(华英证券)	1.00
46	金元证券	1.00
47	万联证券	1.00
48	国都证券	1.00
49	首创证券	1.00
50	东兴证券	1.00
51	中投证券	1.00
52	东方证券(东方花旗证券)	0.83
53	北京高华(高盛高华)	0.75
54	国开证券	0.33
55	华鑫证券(摩根士丹利华鑫证券)	0.33

注:1. 股票包括A股、B股及其他证券的首发、增发和配股。若一个股票发行项目由N家券商联合主承销,则每家券商的主承销家数均按1/N家计。家数相同的,按金额大小排序。
2. 股票主承销家数排名的中位数为2.50家,不低于中位数的为前28家。
3. 排名中华泰证券与华泰联合、山西证券与中德证券、长江证券与长江保荐、方正证券与瑞信方正、财富证券与财富里昂、第一创业与第一创业摩根大通证券、国联证券与华英证券、东方证券与东方花旗证券、北京高华与高盛高华、华鑫证券与摩根士丹利华鑫证券合并计算。

2013年度证券公司并购重组财务顾问业务净收入排名（合并口径）

单位:万元

序号	证券公司	并购重组财务顾问业务净收入
1	中金公司	23,329
2	华泰证券(华泰联合)	14,628
3	中信证券	13,689

序号	证券公司	并购重组财务顾问业务净收入
4	海通证券	8,892
5	银河证券	8,508
6	西南证券	8,243
7	中信建投	4,986
8	国泰君安	4,266
9	东北证券	4,175
10	国金证券	3,778
11	广发证券	3,218
12	东方证券(东方花旗证券)	3,205
13	长城证券	2,284
14	招商证券	2,251
15	国信证券	2,147
16	民生证券	1,871
17	光大证券	1,850
18	长江证券(长江保荐)	1,780
19	国都证券	1,610
20	兴业证券	1,603
21	国海证券	1,563
22	渤海证券	1,414
23	天风证券	1,191
24	申银万国	1,110
25	浙商证券	990
26	齐鲁证券	968
27	南京证券	960
28	安信证券	950
29	国联证券(华英证券)	865
30	宏源证券	760
31	方正证券(瑞信方正)	720
32	北京高华(高盛高华)	592
33	山西证券(中德证券)	515
34	红塔证券	460
35	东海证券	450
36	国盛证券	444
37	上海证券(海际大和)	400
38	中山证券	396
39	新时代证券	370
40	世纪证券	366
41	中银国际	310
42	华西证券	230
43	第一创业(第一创业摩根大通证券)	220
44	恒泰证券	217
45	华创证券	205
46	瑞银证券	195
47	信达证券	169
48	广州证券	156
49	民族证券	155
50	平安证券	120
51	华鑫证券(摩根士丹利华鑫证券)	100
52	湘财证券	70
53	财通证券	50
54	西藏同信	40
55	万联证券	30
56	中原证券	24
57	金元证券	20
58	日信证券	16
59	财达证券	10
60	华福证券	10

注:1. 中位数为740万元,不低于中位数的为排名前30位的公司;

2. 排名中华泰证券和华泰联合、东方证券和东方花旗证券、长江证券和长江保荐、国联证券和华英证券、方正证券和瑞信方正、北京高华和高盛高华、山西证券和中德证券、上海证券和海际大和、第一创业和第一创业摩根大通证券、华鑫证券和摩根士丹利华鑫证券合并计算。

2013年度证券公司代理买卖证券业务净收入(含席位租赁)排名(合并口径)

单位:万元

序号	证券公司	代理买卖证券业务净收入
1	银河证券	390,906
2	国泰君安	386,291
3	中信证券(中信证券浙江、中信万通)	385,796
4	国信证券	360,114
5	华泰证券	348,015
6	海通证券	331,676
7	广发证券	328,363
8	申银万国	303,343
9	招商证券	269,667
10	中信建投	248,272
11	齐鲁证券	226,550
12	光大证券	206,630
13	中投证券	185,578
14	安信证券	175,780
15	方正证券	147,489
16	长江证券	130,703
17	宏源证券	128,604
18	华西证券	118,343
19	东方证券	105,429
20	兴业证券	96,445
21	平安证券	80,792
22	国元证券	80,579
23	国海证券	77,022
24	中金公司	76,903
25	东兴证券	74,124
26	财达证券	74,110
27	东吴证券	73,296
28	浙商证券	72,779
29	东北证券	71,469
30	信达证券	69,392
31	华安证券	67,270
32	中银国际	66,044
33	财通证券	65,522
34	国金证券	63,826
35	东莞证券	63,384
36	西部证券	63,012
37	民族证券	56,932
38	中原证券	56,645
39	民生证券	56,625
40	湘财证券	56,054
41	上海证券	55,368
42	西南证券	55,166
43	南京证券	54,764
44	东海证券	54,439
45	长城证券	52,344
46	山西证券	51,704
47	恒泰证券(恒泰长财)	50,913
48	国联证券	48,053

序号	证券公司	代理买卖证券业务净收入
49	华福证券	47,093
50	渤海证券	44,863
51	新时代证券	41,295
52	华龙证券	37,636
53	华创证券	36,864
54	江海证券	30,269
55	中航证券	29,228
56	财富证券(财富里昂)	29,183
57	广州证券	29,154
58	国盛证券	28,470
59	万联证券	28,038
60	国都证券	27,940
61	华融证券	25,925
62	宏信证券	25,733
63	大通证券	25,730
64	太平洋证券	25,652
65	瑞银证券	24,587
66	华鑫证券	24,421
67	金元证券	23,898
68	大同证券	23,061
69	华林证券	22,591
70	红塔证券	21,811
71	英大证券	21,638
72	世纪证券	20,825
73	联讯证券	20,167
74	中山证券	19,558
75	第一创业	19,245
76	首创证券	17,056
77	西藏同信	15,627
78	中天证券	13,492
79	德邦证券	12,572
80	厦门证券	11,967
81	爱建证券	11,745
82	天风证券	11,646
83	北京高华	11,231
84	银泰证券	10,324
85	华宝证券	9,777
86	日信证券	9,440
87	川财证券	8,316
88	天源证券	7,908
89	国开证券	7,800
90	开源证券	6,402
91	万和证券	6,353
92	五矿证券	5,880
93	众成证券	5,830
94	中邮证券	4,979
95	诚浩证券	3,705
96	航天证券	2,167

注:1. 中位数为47,573万元,不低于中位数的为排名前48位的公司;
2. 排名中中信证券与中信证券(浙江)、中信万通,恒泰证券与恒泰长财,财富证券与财富里昂合并计算。

2013年度证券公司客户资金余额排名

单位:万元

序号	证券公司	客户资金余额
1	国泰君安	2,975,190
2	银河证券	2,919,368
3	海通证券	2,623,630
4	华泰证券	2,599,225
5	广发证券	2,570,595
6	申银万国	2,455,471
7	招商证券	2,189,632
8	国信证券	2,139,697
9	中信建投	1,812,407
10	中信证券	1,626,108
11	光大证券	1,505,105
12	中投证券	1,385,655
13	安信证券	1,287,847
14	齐鲁证券	1,233,205
15	平安证券	955,592
16	宏源证券	880,897
17	方正证券	879,122
18	长江证券	872,526
19	中信证券(浙江)	820,864
20	东方证券	771,210
21	华西证券	696,140
22	兴业证券	675,606
23	国元证券	587,049
24	中银国际	567,297
25	东吴证券	531,004
26	东北证券	521,638
27	西部证券	518,811
28	财达证券	510,935
29	湘财证券	510,148
30	信达证券	507,887
31	财通证券	483,688
32	浙商证券	478,306
33	上海证券	468,213
34	国海证券	464,574
35	长城证券	461,450
36	东兴证券	456,055
37	民族证券	454,579
38	东莞证券	448,783
39	中原证券	445,939
40	山西证券	444,178
41	西南证券	429,549
42	中金公司	406,280
43	东海证券	402,571
44	南京证券	401,782
45	渤海证券	372,854
46	中信万通	360,590
47	华安证券	352,296
48	国联证券	345,587
49	国金证券	338,618
50	华福证券	334,557
51	民生证券	324,086
52	新时代证券	287,934
53	国都证券	280,809
54	恒泰证券	277,269
55	江海证券	271,541
56	广州证券	242,257
57	华林证券	234,074
58	华鑫证券	229,396
59	中航证券	222,109
60	万联证券	220,998
61	华融证券	210,522
62	大通证券	207,132

序号	证券公司	客户资金余额
63	财富证券	206,719
64	金元证券	197,606
65	国盛证券	195,536
66	华创证券	177,518
67	首创证券	172,893
68	英大证券	170,649
69	华龙证券	168,414
70	世纪证券	167,956
71	大同证券	160,766
72	太平洋证券	154,989
73	中山证券	153,330
74	宏信证券	151,499
75	第一创业	151,356
76	联讯证券	149,880
77	红塔证券	149,486
78	西藏同信	144,062
79	中天证券	137,924
80	爱建证券	123,135
81	国开证券	121,159
82	德邦证券	116,360
83	银泰证券	101,804
84	厦门证券	92,064
85	恒泰长财	73,656
86	天风证券	72,487
87	华宝证券	71,485
88	天源证券	64,284
89	众成证券	54,140
90	五矿证券	53,233
91	日信证券	48,307
92	开源证券	45,359
93	中邮证券	41,206
94	万和证券	40,803
95	航天证券	39,988
96	川财证券	38,819
97	诚浩证券	34,342
98	瑞银证券	21,816
99	财富里昂	10,765
100	北京高华	9,589

注:客户资金余额=代理买卖证券款+信用交易代理买卖证券款。

2013 年度证券公司债券主承销家数排名

(合并口径)

序号	证券公司	债券主承销家数
1	国信证券	45.37
2	中信证券	34.15
3	中信建投	33.00
4	国开证券	31.75
5	平安证券	30.00
6	国泰君安	27.53
7	宏源证券	23.70
8	广发证券	23.17
9	兴业证券	21.83
10	海通证券	21.00
11	齐鲁证券	20.00
12	浙商证券	16.00
13	东吴证券	15.50
14	银河证券	15.17
15	华泰证券(华泰联合)	13.83
16	广州证券	13.50
17	光大证券	13.33
18	中银国际	12.78
19	渤海证券	11.33
20	信达证券	11.33
21	财通证券	10.00
22	华鑫证券(摩根士丹利华鑫证券)	9.12
23	民生证券	9.00
24	南京证券	9.00
25	东莞证券	9.00
26	长城证券	8.75
27	中投证券	8.50
28	东方证券(东方花旗证券)	8.00
29	长江证券(长江保荐)	8.00
30	华创证券	8.00
31	瑞银证券	7.83
32	天风证券	7.50
33	新时代证券	7.50
34	金元证券	7.50
35	招商证券	7.20
36	安信证券	7.00
37	国海证券	7.00
38	国金证券	6.50
39	东海证券	6.50
40	西南证券	6.20
41	东北证券	6.00
42	东兴证券	6.00
43	第一创业(第一创业摩根大通证券)	5.87
44	中金公司	5.82
45	国联证券(华英证券)	5.50
46	恒泰证券	5.50
47	华林证券	5.33
48	华龙证券	5.00
49	华西证券	5.00
50	德邦证券	4.75
51	财富证券(财富里昂)	4.50
52	太平洋证券	4.50
53	申银万国	4.50
54	山西证券(中德证券)	4.25
55	中原证券	4.00
56	日信证券	4.00
57	方正证券(瑞信方正)	3.40
58	西部证券	3.00
59	北京高华(高盛高华)	2.10
60	中航证券	2.00
61	国盛证券	2.00
62	民族证券	2.00
63	红塔证券	2.00
64	国元证券	2.00
65	国都证券	2.00
66	中山证券	2.00
67	世纪证券	1.00
68	川财证券	1.00
69	湘财证券	1.00
70	首创证券	1.00
71	江海证券	1.00

序号	证券公司	债券主承销家数
71	万联证券	1.00
73	大通证券	1.00
74	华融证券	0.33
75	英大证券	0.20

注:1. 债券包括公司债、企业债、可转债、短期融资券和中小企业私募债。按债券核准发行事项为单位计算,于第一期首个品种发行年份计入统计家数;若一个债券发行项目由N家券商联合主承销,则每家券商的主承销家数均按1/N家计。家数相同的,按金额大小排序。
2. 债券主承销家数排名的中位数为6.50家,不低于中位数的为前38家公司。
3. 排名中华泰证券与华泰联合、华鑫证券与摩根士丹利华鑫证券、东方证券与东方花旗证券、长江证券与长江保荐、第一创业证券与第一创业摩根大通证券、国联证券与华英证券、财富证券与财富里昂、山西证券与中德证券、方正证券与瑞信方正、北京高华证券与高盛高华合并计算。

2013 年度证券公司财务顾问业务净收入排名（合并口径）

单位:万元

序号	证券公司	财务顾问业务净收入
1	中信证券	82,420
2	中金公司	31,118
3	华融证券	24,257
4	华泰证券(华泰联合)	20,476
5	海通证券	16,699
6	国泰君安	14,482
7	国信证券	14,208
8	西南证券	13,410
9	东兴证券	12,643
10	招商证券	11,452
11	第一创业(第一创业摩根大通证券)	9,345
12	银河证券	9,219
13	中信建投	9,108
14	广发证券	8,941
15	华福证券	7,922
16	宏源证券	7,837
17	德邦证券	7,570
18	光大证券	7,163
19	齐鲁证券	7,060
20	国金证券	6,879
21	申银万国	5,423
22	华鑫证券(摩根士丹利华鑫证券)	5,395
23	东北证券	5,207
24	东方证券(东方花旗证券)	5,065
25	方正证券(瑞信方正)	4,986
26	天风证券	4,954
27	长城证券	4,426
28	瑞银证券	4,382
29	安信证券	4,227
30	长江证券(长江保荐)	4,104
31	南京证券	3,849
32	国联证券(华英证券)	3,789
33	兴业证券	3,764
34	国海证券	3,630
35	渤海证券	3,201
36	金元证券	3,146
37	浙商证券	3,036
38	中银国际	2,871
39	平安证券	2,791
40	国开证券	2,709
41	联讯证券	2,479
42	东吴证券	2,464

注:1. 中位数为2,441万元,不低于中位数的为排名前42位的公司;
2. 排名中华泰证券和华泰联合、第一创业和第一创业摩根大通证券、华鑫证券和摩根士丹利华鑫证券、东方证券和东方花旗证券、方正证券和瑞信方正、长江证券和长江保荐、国联证券和华英证券合并计算。

2013 年度证券公司财务顾问业务净收入增长率排名（合并口径）

单位:万元

证券公司	财务顾问业务净收入增长率名次	证券公司	财务顾问业务净收入增长率名次
联讯证券	1	光大证券	22
爱建证券	2	兴业证券	23
华福证券	3	南京证券	24
中山证券	4	国金证券	25
西部证券	5	浙商证券	26
红塔证券	6	天风证券	27
国联证券(华英证券)	7	长城证券	28
银河证券	8	招商证券	29
国海证券	9	华融证券	30
德邦证券	10	海通证券	31
西藏同信	11	日信证券	32
东莞证券	12	广州证券	33
华西证券	13	国都证券	34
东北证券	14	大通证券	35
方正证券(瑞信方正)	15	长江证券(长江保荐)	36
恒泰证券	16	首创证券	37
民族证券	17	华泰证券(华泰联合)	38
东方证券(东方花旗证券)	18	齐鲁证券	39
金元证券	19	开源证券	40
国泰君安	20	渤海证券	41
东海证券	21	国信证券	42

注:1. 排名前42公司的财务顾问业务净收入增长率在中位数以上;
2. 排名中国联证券和华英证券、方正证券和瑞信方正、东方证券和东方花旗证券、长江证券和长江保荐、华泰证券和华泰联合合并计算。

2013 年度证券公司成本管理能力排名（合并口径）

序号	证券公司	成本管理能力
1	申银万国	1.69
2	海通证券(上海海通证券资产)	1.68
3	华西证券	1.67
4	华福证券	1.59
5	银河证券	1.50
6	国信证券	1.48
7	南京证券	1.46
8	中投证券	1.45
9	华泰证券(华泰联合)	1.45
10	华安证券	1.45
11	国泰君安(上海国泰君安证券资产)	1.42

序号	证券公司	成本管理能力
12	大同证券	1.40
13	国都证券	1.38
14	国盛证券	1.37
15	浙商证券(浙江浙商证券资产)	1.37
16	中信建投	1.36
17	国联证券(华英证券)	1.35
18	方正证券(瑞信方正)	1.33
19	招商证券	1.32
20	光大证券(上海光大证券资产)	1.31

注:1. 中位数为1.09,不低于中位数的为排名前48位的公司;
2. 排名中华泰证券和华泰联合、海通证券与上海海通证券资产、国泰君安与上海国泰君安证券资产、浙商证券与浙江浙商证券资产、国联证券和华英证券、方正证券和瑞信方正、光大证券与上海光大证券资产合并计算;
3. 成本管理能力 =(营业收入 - 投资收益 - 公允价值变动收益)/营业支出。

2013 年度证券公司承销、保荐及并购重组等财务顾问业务的净收入排名(合并口径)

单位:万元

序号	证券公司	承销与保荐、并购重组等财务顾问业务净收入
1	中信证券	188,302
2	中信建投	85,113
3	国信证券	84,736
4	国泰君安	79,722
5	中金公司	78,867
6	海通证券	77,273
7	华泰证券(华泰联合)	57,755
8	宏源证券	49,503
9	民生证券	42,247
10	广发证券	37,930
11	银河证券	36,940
12	西南证券	36,884
13	国开证券	34,771
14	平安证券	34,511
15	兴业证券	34,038
16	招商证券	31,896
17	国海证券	30,615
18	华融证券	30,272
19	东海证券	29,602
20	第一创业(第一创业摩根大通证券)	28,786
21	华林证券	26,404
22	光大证券	26,397
23	华鑫证券(摩根士丹利华鑫证券)	23,723
24	山西证券(中德证券)	22,828
25	东方证券(东方花旗证券)	22,815
26	齐鲁证券	21,861
27	方正证券(瑞信方正)	20,780
28	安信证券	20,231
29	中银国际	19,579
30	国金证券	18,354
31	瑞银证券	17,590
32	广州证券	17,427
33	东兴证券	17,271
34	天风证券	17,047
35	长江证券(长江保荐)	15,545
36	浙商证券	14,859
37	中原证券	14,851
38	德邦证券	14,427
39	财富证券(财富里昂)	14,134
40	长城证券	13,837
41	申银万国	13,365
42	渤海证券	12,858
43	信达证券	12,536
44	东北证券	12,063

注:1. 中位数为12,063 万元,不低于中位数的为排名前44 位的公司;
2. 排名中华泰证券和华泰联合、第一创业和第一创业摩根大通证券、华鑫证券和摩根士丹利华鑫证券、山西证券和中德证券、东方证券和东方花旗证券、方正证券和瑞信方正、长江证券和长江保荐、财富证券和财富里昂合并计算。

2013 年度证券公司承销与保荐业务净收入排名(合并口径)

单位:万元

序号	证券公司	承销与保荐业务净收入
1	中信证券	105,882
2	中信建投	76,005
3	国信证券	70,528
4	国泰君安	65,240
5	海通证券	60,574
6	中金公司	47,749
7	宏源证券	41,666
8	民生证券	39,906
9	华泰证券(华泰联合)	37,279
10	国开证券	32,062
11	平安证券	31,719
12	兴业证券	30,274
13	广发证券	28,989
14	银河证券	27,721
15	东海证券	27,185
16	国海证券	26,985
17	华林证券	24,535
18	西南证券	23,473
19	山西证券(中德证券)	21,081
20	招商证券	20,443
21	第一创业(第一创业摩根大通证券)	19,442
22	光大证券	19,234
23	华鑫证券(摩根士丹利华鑫证券)	18,328
24	东方证券(东方花旗证券)	17,750
25	中银国际	16,709
26	安信证券	16,004
27	方正证券(瑞信方正)	15,794
28	广州证券	15,034
29	齐鲁证券	14,801
30	中原证券	13,943
31	瑞银证券	13,208
32	财富证券(财富里昂)	13,039
33	天风证券	12,093
34	浙商证券	11,823
35	国金证券	11,475
36	长江证券(长江保荐)	11,441
37	信达证券	11,303

序号	证券公司	承销与保荐业务净收入
38	财通证券	10,591
39	渤海证券	9,658
40	华龙证券	9,648
41	华西证券	9,544
42	北京高华(高盛高华)	9,526

注:1. 中位数为9,468万元,不低于中位数的为排名前42位的公司;
2. 排名中华泰证券和华泰联合、山西证券和中德证券、第一创业和第一创业摩根大通证券、华鑫证券和摩根士丹利华鑫证券、东方证券和东方花旗证券、方正证券和瑞信方正、财富证券和财富里昂、长江证券和长江保荐、北京高华和高盛高华合并计算。

2013年度证券公司公益性支出排名

单位:万元

序号	证券公司	公益性支出
1	国泰君安	882.93
2	兴业证券	500.20
3	中原证券	460.00
4	银河证券	453.20
5	长江证券	413.23
6	华泰证券	375.13
7	中信证券	368.35
8	招商证券	320.40
9	国盛证券	300.45
10	国元证券	292.00
11	天风证券	280.30
12	国金证券	250.20
13	广发证券	244.93
14	华龙证券	241.98
15	东吴证券	215.76
16	中信建投	202.20
17	中金公司	155.00
18	光大证券	137.15
19	华西证券	123.92
20	东海证券	112.00

2013年度证券公司净资本收益率排名(合并口径)

序号	证券公司	净资本收益率
1	中信建投	18.37%
2	大同证券	15.75%
3	宏信证券	14.71%
4	华福证券	13.82%
5	招商证券	13.81%
6	申银万国	13.46%
7	国信证券	13.39%
8	东兴证券	13.38%
9	华西证券	13.29%
10	东莞证券	12.70%
11	银河证券	12.50%
12	齐鲁证券	12.01%
13	首创证券	11.99%
14	中投证券	11.98%
15	国联证券(华英证券)	11.56%
16	国泰君安(上海国泰君安证券资产)	11.36%
17	方正证券(瑞信方正)	11.25%
18	广发证券	11.21%
19	恒泰证券(恒泰长财)	11.06%
20	国盛证券	10.35%
21	华龙证券	10.02%
22	东北证券	9.98%
23	宏源证券	9.96%
24	长江证券(长江保荐)	9.66%
25	华泰证券(华泰联合)	9.37%
26	长城证券	9.24%
27	中原证券	9.23%
28	中信证券(中信证券浙江、中信万通)	8.99%
29	南京证券	8.67%
30	华林证券	8.56%
31	英大证券	8.46%
32	新时代证券	8.31%
33	海通证券(上海海通证券资产)	8.21%
34	东方证券 (上海东方证券资产、东方花旗证券)	8.20%
35	天风证券	8.13%
36	华安证券	8.03%
37	浙商证券(浙江浙商证券资产)	8.00%
38	安信证券	7.88%
39	渤海证券	7.86%
40	兴业证券	7.78%
41	财达证券	7.77%
42	财通证券	7.53%
43	江海证券	7.37%
44	国海证券	7.28%
45	西南证券	7.20%
46	国都证券	7.03%
47	西部证券	6.87%
48	华融证券	6.86%

注:1. 中位数为6.82%,不低于中位数的为排名前48位的公司;
2. 排名中华泰证券和华泰联合,国联证券和华英证券,国泰君安与上海国泰君安证券资产,方正证券和瑞信方正,恒泰证券和恒泰长财,长江证券和长江保荐,中信证券与中信证券(浙江)、中信万通,海通证券与上海海通证券资产,东方证券与上海东方证券资产、东方花旗证券,浙商证券与浙江浙商证券资产合并计算;
3. 净资本收益率=年度净利润/[(期末净资本+期初净资本)/2]。

2013年度证券公司融资融券业务收入排名(合并口径)

单位:万元

序号	证券公司	融资融券业务利息收入
1	中信证券(中信证券浙江、中信万通)	192,498
2	国泰君安	137,978
3	华泰证券	119,665
4	广发证券	113,073
5	银河证券	107,179
6	招商证券	104,556
7	申银万国	94,906
8	国信证券	92,778
9	中信建投	86,050
10	海通证券	85,986
11	光大证券	72,796
12	安信证券	44,590

序号	证券公司	融资融券业务利息收入
13	方正证券	43,459
14	中投证券	42,734
15	齐鲁证券	37,536
16	宏源证券	37,086
17	长江证券	35,057
18	国元证券	22,583
19	兴业证券	20,274
20	平安证券	19,427
21	东方证券	19,266
22	浙商证券	18,564
23	财通证券	15,905
24	东兴证券	15,513
25	民族证券	14,669
26	华西证券	14,594
27	信达证券	14,317
28	长城证券	14,083
29	西南证券	12,395
30	东北证券	12,391
31	东莞证券	12,199
32	东吴证券	12,196
33	国海证券	12,170
34	中原证券	11,573
35	华安证券	11,430
36	湘财证券	10,718
37	国都证券	10,607
38	中银国际	10,139
39	上海证券	9,691
40	华福证券	9,247
41	新时代证券	8,976

注:1. 中位数为 8,531 万元,不低于中位数的为排名前 41 位的公司;
2. 排名中中信证券与中信证券(浙江)、中信万通合并计算。

2013 年度证券公司受托客户资产管理业务净收入排名（合并口径）

单位:万元

序号	证券公司	受托客户资产管理业务净收入
1	国泰君安(上海国泰君安证券资产)	59,669
2	中信证券	44,158
3	宏源证券	36,349
4	申银万国	35,483
5	华泰证券	30,858
6	光大证券(上海光大证券资产)	23,833
7	第一创业	23,038
8	东方证券(上海东方证券资产)	23,038
9	广发证券	20,615
10	中信建投	20,340
11	招商证券	17,493
12	安信证券	17,054
13	华融证券	16,422
14	中金公司	14,836
15	银河证券	12,542
16	浙商证券(浙江浙商证券资产)	12,088
17	中银国际	11,682
18	国信证券	11,016
19	东兴证券	10,998
20	兴业证券	10,713
21	恒泰证券	10,605
22	东海证券	10,350
23	信达证券	9,918
24	海通证券(上海海通证券资产)	9,794
25	长城证券	9,603
26	齐鲁证券	8,864
27	华鑫证券	8,189
28	中山证券	7,992
29	江海证券	7,949
30	长江证券	7,461
31	财通证券	6,918
32	民族证券	6,625
33	渤海证券	6,399
34	中投证券	6,211
35	德邦证券	5,871
36	西南证券	5,823
37	广州证券	5,605
38	东北证券	5,417
39	金元证券	5,207
40	国金证券	4,969
41	国盛证券	4,822
42	华创证券	4,620
43	平安证券	4,587
44	国元证券	4,381

注:1. 中位数为 4,237 万元,不低于中位数的为排名前 44 位的公司;
2. 排名中国泰君安与上海国泰君安证券资产、光大证券与上海光大证券资产、东方证券与上海东方证券资产、浙商证券与浙江浙商证券资产、海通证券与上海海通证券资产合并计算。

2013 年度证券公司投资咨询业务综合收入排名（合并口径）

单位:万元

序号	证券公司	投资咨询业务综合收入
1	中信证券(中信证券浙江、中信万通)	97,608
2	海通证券	73,592
3	中金公司	48,936
4	国金证券	36,517
5	东方证券	34,745
6	中信建投	34,577
7	申银万国	33,966
8	齐鲁证券	33,513
9	华西证券	33,379
10	国泰君安	32,574
11	平安证券	31,202
12	招商证券	30,753
13	广发证券	27,138
14	国海证券	27,044
15	光大证券	26,457
16	华创证券	26,410
17	安信证券	24,937
18	银河证券	24,584
19	国信证券	21,347
20	兴业证券	20,811
21	长江证券	20,561
22	财达证券	19,071

序号	证券公司	投资咨询业务综合收入
23	宏源证券	18,872
24	恒泰证券(恒泰长财)	17,537
25	华龙证券	17,220
26	华泰证券	16,577
27	西部证券	16,092
28	宏信证券	15,849
29	华安证券	15,546
30	中投证券	14,370
31	民生证券	13,760
32	中银国际	13,183
33	东北证券	13,017
34	中原证券	11,106
35	山西证券	10,967
36	长城证券	9,728
37	瑞银证券	8,695
38	渤海证券	8,132
39	信达证券	8,101
40	民族证券	7,728
41	东海证券	7,391
42	西藏同信	7,158
43	北京高华	6,878
44	华融证券	6,606
45	红塔证券	5,533
46	方正证券	5,491
47	东兴证券	5,486
48	川财证券	5,236

注:1. 中位数为5,236万元,不低于中位数的为排名前48位的公司;
2. 排名中中信证券与中信证券(浙江)、中信万通,恒泰证券与恒泰长财合并计算。

2013年度证券公司营业部平均代理买卖证券业务净收入排名(合并口径)

单位:万元

序号	证券公司	营业部平均代理买卖证券业务净收入
1	中金公司	4,524
2	国信证券	4,287
3	瑞银证券	4,098
4	北京高华	3,744
5	招商证券	2,697
6	中信证券(中信证券浙江、中信万通)	2,205
7	中银国际	2,001
8	国金证券	1,995
9	国泰君安	1,981
10	申银万国	1,957
11	平安证券	1,836
12	华西证券	1,766
13	华林证券	1,738
14	中投证券	1,687
15	银河证券	1,671
16	东方证券	1,550
17	东兴证券	1,544
18	兴业证券	1,531
19	华泰证券	1,475
20	宏源证券	1,429
21	中信建投	1,419
22	中山证券	1,397
23	光大证券	1,396
24	川财证券	1,386
25	海通证券	1,382
26	广发证券	1,380
27	英大证券	1,352
28	国海证券	1,305
29	东莞证券	1,294
30	民生证券	1,287
31	齐鲁证券	1,180
32	安信证券	1,180
33	长江证券	1,178
34	广州证券	1,121
35	民族证券	1,116
36	财通证券	1,111
37	华宝证券	1,086
38	西南证券	1,082
39	湘财证券	1,078
40	东吴证券	1,062
41	方正证券	1,061
42	国元证券	1,060
43	长城证券	1,047
44	西部证券	1,016
45	东海证券	1,008
46	国联证券	1,001
47	上海证券	989
48	中原证券	977
全国营业部平均代理买卖证券业务净收入		1,300

注:1. 中位数为976万元,不低于中位数的为排名前48位的公司;
2. 排名中中信证券与中信证券(浙江)、中信万通合并计算。

2013年证券公司代理买卖证券业务净收入增长率排名(合并口径)

证券公司	代理买卖证券业务净收入增长率名次	证券公司	代理买卖证券业务净收入增长率名次
华融证券	1	安信证券	25
招商证券	2	华西证券	26
川财证券	3	华龙证券	27
平安证券	4	东兴证券	28
日信证券	5	中信证券(中信证券浙江、中信万通)	29
英大证券	6	信达证券	30
航天证券	7	恒泰证券(恒泰长财)	31
开源证券	8	上海证券	32
华鑫证券	9	东莞证券	33
中山证券	10	中天证券	34
方正证券	11	东吴证券	35
国泰君安	12	兴业证券	36
光大证券	13	国信证券	37
宏源证券	14	中投证券	38
国都证券	15	联讯证券	39
华安证券	16	大通证券	40
长城证券	17	国元证券	41
华福证券	18	财通证券	42
民族证券	19	浙商证券	43

证券公司	代理买卖证券业务净收入增长率名次	证券公司	代理买卖证券业务净收入增长率名次
民生证券	20	华林证券	44
海通证券	21	中原证券	45
财富证券（财富里昂）	22	银河证券	46
金元证券	23	万联证券	47
五矿证券	24	江海证券	48

注:1. 排名前 48 位公司的代理买卖证券业务净收入增长率在中位数以上；
2. 排名中财富证券与财富里昂，中信证券与中信证券（浙江）、中信万通，恒泰证券与恒泰长财合并计算。

2013 年度证券公司承销与保荐业务净收入增长率排名（合并口径）

证券公司	承销与保荐业务净收入增长率名次	证券公司	承销与保荐业务净收入增长率名次
航天证券	1	大通证券	21
国都证券	2	国联证券（华英证券）	22
中山证券	3	中原证券	23
新时代证券	4	日信证券	24
天风证券	5	信达证券	25
江海证券	6	光大证券	26
财富证券（财富里昂）	7	第一创业（第一创业摩根大通证券）	27
渤海证券	8	西南证券	28
东莞证券	9	财通证券	29
华融证券	10	海通证券	30
华创证券	11	华龙证券	31
西藏同信	12	长城证券	32
华鑫证券（摩根士丹利华鑫证券）	13	方正证券（瑞信方正）	33
北京高华（高盛高华）	14	首创证券	34
浙商证券	15	民生证券	35
国海证券	16	华西证券	36
兴业证券	17	广州证券	37
东海证券	18	国泰君安	38
民族证券	19	东方证券（东方花旗证券）	39
山西证券（中德证券）	20	英大证券	40

注:1. 排名前 40 位公司的承销与保荐业务净收入增长率在中位数以上；
2. 排名中财富证券和财富里昂、华鑫证券和摩根士丹利华鑫证券、北京高华和高盛高华、山西证券和中德证券、国联证券和华英证券、第一创业和第一创业摩根大通证券、方正证券和瑞信方正、东方证券和东方花旗证券合并计算。

2013 年证券公司受托客户资产管理业务净收入增长率排名（合并口径）

证券公司	受托客户资产管理业务净收入增长率名次	证券公司	受托客户资产管理业务净收入增长率名次
国金证券	1	齐鲁证券	22
万联证券	2	广州证券	23
华创证券	3	第一创业	24
华宝证券	4	财富证券	25
上海证券	5	财通证券	26
江海证券	6	天风证券	27
华龙证券	7	金元证券	28
太平洋证券	8	平安证券	9
开源证券	9	联讯证券	30
中山证券	10	中银国际	31
国开证券	11	长城证券	32
华鑫证券	12	海通证券（上海海通证券资产）	33
华福证券	13	宏源证券	34
中金公司	14	西部证券	35
首创证券	15	华泰证券	36
日信证券	16	国都证券	37
湘财证券	17	中信建投	38
中原证券	18	安信证券	39
大通证券	19	新时代证券	40
中邮证券	20	民族证券	41
国元证券	21		

注:1. 排名前 41 位公司的受托客户资产管理业务净收入增长率在中位数以上；
2. 排名中海通证券与上海海通证券资产合并计算。

2013 年证券公司投资咨询业务综合收入增长率排名（合并口径）

证券公司	投资咨询业务综合收入增长率名次	证券公司	投资咨询业务综合收入增长率名次
中航证券	1	国海证券	25
国开证券	2	华福证券	26
华融证券	3	海通证券	27
民族证券	4	宏源证券	28
众成证券	5	联讯证券	29
华林证券	6	开源证券	30
财通证券	7	首创证券	31
五矿证券	8	上海证券	32
大通证券	9	民生证券	33
东莞证券	10	中邮证券	34
中天证券	11	华龙证券	35
日信证券	12	华创证券	36
西藏同信	13	安信证券	37
恒泰证券（恒泰长财）	14	华鑫证券	38
齐鲁证券	15	中投证券	39
中原证券	16	太平洋证券	40
国都证券	17	光大证券	41
华西证券	18	西南证券	42
华安证券	19	厦门证券	43
川财证券	20	招商证券	44
山西证券	21	东方证券	45
平安证券	22	长城证券	46
宏信证券	23	财达证券	47
万联证券	24		

注:1. 排名前 47 位公司的投资咨询业务综合收入增长率在中位数以上；
2. 排名中恒泰证券与恒泰长财合并计算。

2013年中国证券市场大事记

一月

7日，上海证券交易所发布实施《上海证券交易所上市公司现金分红指引》。

证监会公布的《非上市公众公司监督管理办法》配套规则规定，公司可以自主约定和选择信息披露平台。公司和董监高有保证披露内容真实准确完整的义务。

9日，国务院常务会议决定继续提高企业退休人员基本养老金水平。

13日，证监会发布《证券期货业统计指标标准指引》，对证券期货行业的统计指标进行了全面梳理。

15日，深圳证券交易所正式发布实施《中小企业板上市公司公开谴责标准》，明确中小板上市公司公开谴责的认定标准，进一步健全和完善纪律处分自律监管执法机制。

18日，上交所对《上海证券交易所上市公司以集中竞价交易方式回购股份业务指引》进行了修订，并于18日开始向社会公开征求意见。

21日，证监会公布《股份有限公司境外公开募集股份及上市（包括增发）审批申请材料目录和申请书示范文本》，简化境外首次公开发行股份（到境外主板及创业板上市）、境外增发股份（包括股票的派生形式）所需要的申请材料。

31日，中国证监会公布《全国中小企业股份转让系统有限责任公司管理暂行办法》，自公布之日起实施。《暂行办法》规定，全国股份转让系统挂牌股票转让可采取做市方式、协议方式、竞价方式或证监会批准的其他转让方式。

二月

1日，保监会消息称，为进一步推动债权投资计划发行制度改革，保监会发布《关于债权投资计划注册有关事项的通知》，将保险资管公司发行基础设施债权投资计划的门槛调整为注册制。

4日，保监会发布的《关于加强和改进保险机构投资管理能力建设有关事项的通知》称，将对保险机构投资业务实施牌照化管理，并统一向社会公布险企每类投资能力的风险责任人，进一步放宽险资投资渠道。

8日，全国中小企业股份转让系统有限责任公司发布《全国中小企业股份转让系统业务规则（试行）》以及涉及相关业务规定和细则、交易结算、两网公司及退市公司、相关业务指引以及收费事宜的十四个配套文件。

17日，保监会发布消息称，支持保险资产管理公司开展资产管理产品业务试点。

18日，证监会公布《资产管理机构开展公募证券投资基金管理业务暂行规定》，该规定自6月1日起施行。

19日，《上海证券交易所直通车业务指引》发布，于7月1日起实施。这意味着上交所调整交易所目前的信息披露监管模式，减少事前形式审核，将工作重点转向于集中并整合现有监管资源，对违规行为进行事后重点监管。

20日，国务院常务会议研究部署继续做好房地产市场调控工作。会议确定了以下政策措施：完善稳定房价工作责任制；坚决抑制投机投资性购房；增加普通商品住房及用地供应；加快保障性安居工程规划建设；加强市场监管。

证监会公布《私募证券投资基金业务管理暂行办法（征求意见稿）》，对合格投资者、管理人资格等做出明确要求。

26日，中国证监会公布《证券公司资产证券化业务管理规定（征求意见稿）》，并向社会公开征求意见。《规定》降低了证券公司从事资产证券化业务的准入门槛。

27日，证监会发布公告称，云南绿大地生物科技股份有限公司案相关中介机构的违法违规行为涉及金额巨大，性质恶劣，严重扰乱证券市场秩序，极大地损害了投资者合法权益，依法应予严惩。证监会将根据《证券法》及其他法律法规做出最高幅度的处罚和处理。

28日，在融资融券业务推出近3年后，转融券试点启动。

三月

1日，中国政府网发布《国务院办公厅关于继续做好房地产市场调控工作的通知》。通知在此前公布的"新国五条"基础上，对调控政策进行细化。

12日，证监会公布《关于大连商品交易所上市焦煤期货的批复》，同意大连商品交易所上市焦煤期货并挂牌焦煤期货合约。

15日，证监会发布《证券公司资产证券化业务管理规定》，允许符合具备证券资产管理业务资格等条件的证券公司申请设立专项计划、发行资产支持证券。

证监会发布《非银行金融机构开展证券投资基金托管业务暂行规定》，允许符合条件的非银行金融机构申请开展基金托管业务。

中国证券业协会发布《证券公司开立客户账户规范》，放开非现场开户限制，明确证券公司不仅可以在经营场所内为客户现场开立账户，也可以通过见证、网上及证监会认可的其他方式为客户开立账户。

中国证券业协会发布《证券公司私募产品备案管理办法》。

17日，中国证监会召开干部会议，宣布中央决定，肖钢任中国证监会党委书记、主席。

19日，人社部、银监会、证监会、保监会等近日联合发布的《关于扩大企业年金基金投资范围的通知》明确，企业年金基金投资范围扩大至商业银行理财产品、信托产品、基础设施债券投资计划、特定资产管理计划和股指期货等。

21日，银监会发布《关于深化小微企业金融服务的意见》称，督促商业银行在收益覆盖成本和风险的前提下，在国家利率政策允许的浮动范围内，自主确定贷款利率，建立科学合理的小微企业信贷风险定价机制。

四月

1日，上海证券交易所发布《上市公司以集中竞价交易方式回购股份业务指引（2013年修订）》，自发布之日起实施。

2日，《上海证券交易所上市公司募集资金管理办法（2013年修订）》发布实施，以进一步规范上市公司募集资金的使用与管理，提高募集资金使用效益，保护投资者的合法权益。

8日，深交所对《上市公司信息披露工作考核办法》进行了修订。其中，深交所加强对上市公司履行现金分红承诺等考核。

9日，银监会下发的《关于加强2013年地方融资平台风险监管的指导意见》要求，各银行控制地方平台贷款总量，不得新增融资平台贷款规模。

19日，中国证监会宣布，已发布《关于进一步完善证券公司缴纳证券投资者保护基金有关事项的补充规定》，下调证券公司缴纳证券投资者保护基金比例，减轻证券公司经营成本。

国家发改委下发《关于进一步改进企业债券发行审核工

作的通知》,对企业债券发行申请,将按照"加快和简化审核类"、"从严审核类"及"适当控制规模和节奏类"三种情况进行分类管理。

25 日,中央国债登记公司接到央行金融市场司的通知,暂停信托理财产品、券商资管产品、基金专户在银行间债市开户。

五月

5 日,国家外汇管理局发布《关于加强外汇资金流入管理有关问题的通知》,不仅收紧了金融机构的外汇综合头寸,还要求外贸企业限期解释清楚货物进出口和贸易收支总量不匹配的原因。

6 日,国务院常务会议研究部署 2013 年深化经济体制改革重点工作,决定再取消和下放一批行政审批事项。稳步推出利率汇率市场化改革措施,提出人民币资本项目可兑换的操作方案。

7 日,中央国债登记结算有限责任公司下发《关于对非金融机构法人债券账户暂停有关业务的通知》。

8 日,2013 年度证券公司创新发展研讨会在京召开。证券业协会专业委员会发布了 19 大类共 74 项重点工作,范围涉及场外市场、固定收益、投行业务等证券行业各项业务领域。

10 日,证监会表示,"万福生科(行情,问诊)案"行政调查已经终结。拟责令万福生科改正违法行为,并处以处罚,相关负责人已移送公安机关追究刑事责任,但公司不会触及终止上市的条件。对于其保荐机构平安证券,证监会处以暂停其保荐机构资格 3 个月的处罚,没收该项目发行上市业务收入 2555 万元,并处以 2 倍的罚款,为保荐制度推出以来最为严厉的处罚。

14 日,中国外汇交易中心暨全国银行间同业拆借中心发布公告规范债券关联交易,要求同一金融机构法人债券账户间不得进行债券交易。

20 日,多位机构交易员向中国证券报记者证实,受资金面短期紧绷程度超预期、部分机构资金出现缺口等因素影响,银行间债市出现推迟 20 分钟收盘的罕见情况。

银行间市场交易商协会召开发行规范工作会议,要求所有债券发行价格应无限接近二级市场成交价,弱化定价估值的作用,适当时候不再公布定价估值。

24 日,证监会新闻发言人表示,按照有关要求,证监会正在积极开展优先股相关工作,条件成熟时将尽快推出,但他表示没有明确的时间点。

上海证券交易所和中国证券登记结算有限责任公司联合发布《股票质押式回购交易及登记结算业务办法(试行)》,规范股票质押式回购交易。

30 日,备受瞩目的深圳前海股权交易中心正式开业。当天共有 1200 家企业实现挂牌展示。

六月

1 日,新修订的《基金法》开始实施。

4 日,上海期货交易所公布新修订的黄金、白银和螺纹钢三个期货品种标准合约,并公布新修订的《上海期货交易所结算细则》、《上海期货交易所交易细则》、《上海期货交易所风险控制管理办法》、《上海期货交易所交割细则》、《上海期货交易所燃料油期货交割实施细则(试行)》、《上海期货交易所黄金期货交割实施细则(试行)》以及新制定的《上海期货交易所连续交易细则》。

6 日,上海银行间同业拆放利率大幅攀升,隔夜拆放利率大涨 135.9 个基点至 5.98%,1 周拆放利率升 39.80 基点至 5.13%,2 周拆放利率升 36.90 基点至 5.24%,1 月拆放利率升 57.80 基点至 5.09%。月内拆借利率都升至 5% 以上,短期流动性趋紧。

7 日,证监会发布《证监会关于进一步推进新股发行体制改革的意见(征求意见稿)》。

证监会发布修改后的《开放式证券投资基金销售费用管理规定》。

13 日,央行暂停央票发行与正回购交易,公开市场连续第二周净投放,但货币市场利率重新走高,资金面未见缓和。

阿里巴巴与天弘基金合作的余额宝上线,用户在支付宝网站内就可直接购买基金等理财产品,获得相对较高的收益。

17 日,工商银行(行情,问诊)、农业银行(行情,问诊)、中国银行(行情,问诊)和建设银行(行情,问诊)发布公告,四公司于 13 日在 A 股市场获中央汇金公司增持。

19 日,国务院常务会议研究部署金融支持经济结构调整和转型升级的政策措施,决定再取消和下放一批行政审批等事项。

20 日,银行间市场资金"旱情"进一步加重,短期资金价格指标出现近乎疯狂的飙涨,但下午资金市场偶见异常成交,再度令市场对于央行干预的猜测升温。

全国中小企业股份转让系统有限责任公司表示,按照"可把控、可举证、可识别"的原则,已对《全国中小企业股份转让系统业务规则(试行)》规定的六项挂牌条件进行细化。同时,《全国中小企业股份转让系统股票挂牌条件适用基本标准指引(试行)》发布,该指引自公布之日起实施。

七月

3 日,国务院常务会议部署审计后整改工作,研究激活财政存量资金,通过《中国(上海)自由贸易试验区总体方案》和《中华人民共和国外国人入境出境管理条例(草案)》。

8 日,中国金融期货交易所就《5 年期国债期货合约》及其相关细则、《中国金融期货交易所交易规则》及其实施细则修订稿向社会公开征求意见。为配合国债期货推出并适应未来产品创新需要,中金所对现行业务规则体系进行了重构。

9 日,中国人民银行消息,央行就进一步完善银行间债券市场交易结算管理发布公告称,市场参与者之间的债券交易应当通过全国银行间同业拆借中心交易系统达成。

19 日,中国人民银行宣布,经国务院批准,中国人民银行决定,自 2013 年 7 月 20 日起全面放开金融机构贷款利率管制。

24 日,国务院常务会议决定进一步公平税负,暂免征收部分小微企业增值税和营业税;研究确定促进贸易便利化推动进出口稳定发展的措施;部署改革铁路投融资体制,加快中西部和贫困地区铁路建设。

25 日,国家发改委网站发布的关于加强小微企业融资服务支持小微企业发展的指导意见指出,支持符合条件的创业投资企业、股权投资企业、产业投资基金发行企业债券,专项用于投资小微企业。逐步扩大中小企业集合债券发行规模。扩大小微企业增信集合债券试点规模。

26 日,深交所发布《深圳证券交易所交易规则(2013 年修订)》,对大宗交易制度进行了优化完善,并明确债券 ETF 实行当日回转交易。其中,A 股、B 股、基金大宗交易的最低交易股数和金额降至原标准的 60% 左右。

八月

1 日,营业税改征增值税试点正式推向全国。

保监会发布《关于普通型人身保险费率政策改革有关事项的通知》，明确普通型人身保险费率改革试点于8月5日启动。

2日，国家发改委发布《关于进一步改进企业债券发行工作的通知》，决定将目前由国家发改委进行的企业债预审工作，委托省级发改部门负责，国家发改委今后将做好政策指导、业务培训和资格管理工作。

8日，国务院办公厅发布关于金融支持小微企业发展的实施意见，要求进一步做好小微企业金融服务工作，全力支持小微企业良性发展。

12日，中央国债登记结算有限责任公司发布《关于进一步完善银行间债券市场结算业务的通知》。

16日，A股盘中突现异动。光大证券异常交易指令导致沪深股市早盘瞬间放量暴涨，此后更在跟风盘推动下大幅上扬。午后沪深股指快速回落，尾盘双双收跌。

19日，光大证券表示，当日上午，公司金融市场总部在银行间本币交易系统进行现券买卖点击成交报价时，误将"12附息国债15"债券卖价收益率报为4.20%（高于前一日中债估值约25个基点），债券面额为1000万元，后被交易对手点击成交。光大证券发布消息称，经与交易对手协商，同意对该笔债券不进行交割。

20日，据中国政府网消息，国务院日前批复中国人民银行提交的《关于金融监管协调机制工作方案的请示》，同意建立由人民银行牵头的金融监管协调部际联席会议制度。

28日，国务院常务会议研究部署促进健康服务业发展，决定进一步扩大信贷资产证券化试点。

29日，中国人民银行新闻发言人表示，在扩大信贷资产证券化试点过程中，央行将会同有关金融监管部门，在尊重发行人自主选择发行窗口的基础上，引导大盘优质信贷资产证券化产品在银行间市场和交易所市场跨市场发行。

九月

2日，中国银行间市场交易商协会发布《非金融企业债务融资工具簿记建档发行规范指引》，将于10月1日起施行。《指引》旨在规范债券发行环节行为，严控利益输送、破坏市场秩序的行为。

3日，中国金融期货交易所公布5年期国债期货转换因子和应计利息计算公式，以及将首批挂牌上市的TF1312、TF1403、TF1406等5年期国债期货合约可交割国债范围及其转换因子。中金所同日还发布《关于5年期国债期货可交割国债有关事项的通知》。

4日，证监会公布的《公开募集证券投资基金投资参与国债期货交易指引》要求，基金参与国债期货交易，应当根据风险管理的原则，以套期保值为目的，并按照中国金融期货交易所套期保值管理的有关规定执行。

6日，国债期货正式挂牌交易。中国金融期货交易所5日发布的5年期国债期货合约挂盘基准价显示，TF1312合约、TF1403合约和TF1406合约挂盘基准价分别为94.168元、94.188元和94.218元。

11日，中国重工披露公司非公开发行预案，拟注入超大型水面舰船、大型水面舰船、军用舰艇等军工重大装备总装业务及相关资产，将开军工重大总装资产证券化之先河。

13日，证监会宣布上市公司并购重组审核分道制方案已经成熟，将按照"先分后合、一票否决、差别审核"原则，由证券交易所、证监局、证券业协会及财务顾问分别对上市公司合规情况、中介机构职业能力、产业政策及交易类型三项进行评价，按评价汇总结果将并购重组申请划入豁免/快速、正常、审慎三条审核通道。分道制于10月8日起实施，目前在审的50余单项目将依照老办法审核。

上海证券交易所发布《关于配合做好并购重组审核分道制相关工作的通知》明确，上市公司披露重大资产重组报告书后，各相关单位按照"标准公开、过程透明、结果客观、简便易行"原则和职责分工，启动对重组的分项评价。

16日，证监会宣布，批准上海期货交易所上市石油沥青期货合约。

18日，国务院印发的《中国（上海）自由贸易试验区总体方案》提出，深化金融领域开放创新，加快金融制度创新，在风险可控前提下，可在试验区内对人民币资本项目可兑换、金融市场利率市场化、人民币跨境使用等方面创造条件进行先行先试。

19日，上海家化发布公告，公司董事会接受葛文耀提出的退休申请。董事会决定推举独立董事张纯为代理董事长。

23日，郑州商品交易所发布的《关于动力煤期货合约上市交易时间及挂牌基准价的通告》称，动力煤期货合约自26日起上市交易。

29日，中国（上海）自由贸易试验区挂牌成立。

银监会发布的《关于中国（上海）自由贸易试验区银行业监管有关问题的通知》指出，支持探索建立符合区内银行业实际的相对独立的银行业监管体制；建立健全区内银行业特色监测报表体系；优化调整存贷比、流动性等指标的计算口径和监管要求。

十月

7日，上海证券交易所发布并正式实施《上海证券交易所上市公司信息披露工作评价办法（试行）》。

9日，银监会公布的《农村中小金融机构行政许可事项实施办法（征求意见稿）》称，自然人可以发起设立农村中小金融机构。农村商业银行的注册资本为实缴资本，最低限额为5000万元。

11日，银监会消息，为促进商业银行加强流动性风险管理，维护银行体系的安全稳健运行，银监会起草了《商业银行流动性风险管理办法（试行）》（征求意见稿），现向社会公开征求意见。《流动性办法》指出，商业银行的流动性覆盖率应当于2018年底前达到100%。

18日，全球首个实行实物交割的铁矿石期货合约在大连商品交易所挂牌交易，标志着"中国版"铁矿石期货正式启航。

证监会批准郑州商品交易所上市粳稻、晚籼稻期货，批准大连商品交易所上市纤维板、胶合板期货。

经中国证监会批准，上海证券交易所对《上海证券交易所交易规则》进行了修订并正式发布。修订后的《交易规则》将于2013年12月9日起实施。

24日，消息称国内首只中小企业可交换私募债在深圳证券交易所备案并完成发行。

25日，贷款基础利率集中报价和发布机制正式运行。

十一月

8日，证监会和银监会联合发布《关于商业银行发行公司债券补充资本的指导意见》，允许境内外上市以及正在排队等待境内上市的商业银行发行公司债券以补充资本。《指导意见》自11月6日起施行。

8日，大连商品交易所鸡蛋期货合约挂牌交易，这是大商所今年上市交易的第三个期货品种。

9 日至 12 日，三中全会在京召开，全会通过的《中共中央关于全面深化改革若干重大问题的决定》提出，健全多层次资本市场体系，推进股票发行注册制改革，多渠道推动股权融资，发展并规范债券市场，提高直接融资比重。

14 日，光大证券公告，收到证监会《行政处罚决定书》。因“8？16 事件”涉嫌利用内幕信息进行交易共计被处罚5.23 亿元。相关 4 位责任人每人罚款 60 万元，并予以市场禁入，董秘则被处罚 20 万元。

20 日，上海家化公告称，公司收到证监会《调查通知书》，公司涉嫌未按照规定披露信息，根据《证券法》有关规定，证监会决定对公司立案稽查。

大商所发布《关于纤维板、胶合板期货合约上市交易有关事项的通知》，确定纤维板、胶合板期货合约自 12 月 6 日起上市交易。

30 日，证监会发布《关于进一步推进新股发行体制改革的意见》，这是逐步推进股票发行从核准制向注册制过渡的重要步骤。

中国政府网发布《国务院关于开展优先股试点的指导意见》。证监会表示将按照《意见》制定优先股试点管理的部门规章，并于近期向社会公开征求意见，进一步完善后正式发布实施。

十二月

2 日，中国人民银行发布《关于金融支持中国（上海）自由贸易试验区建设的意见》，四大举措支持自贸区建设。

6 日，财政部、人力资源和社会保障部及国家税务总局联合发出通知，自 2014 年起实施企业年金、职业年金个人所得税递延纳税优惠政策。《通知》规定，对单位和个人不超过规定标准的企业年金或职业年金缴费，准予在个人所得税前扣除；而对个人从企业年金或职业年金基金取得的投资收益免征个人所得税。

8 日，中国人民银行发布公告称，为规范同业存单业务，拓展银行业存款类金融机构融资渠道，促进货币市场发展，中国人民银行制定了《同业存单管理暂行办法》，自 2013 年 12 月 9 日起施行。

10 日，据中国人大网消息，全国人大财经委员会在人民大会堂召开证券法（修改）和期货法起草组成立暨第一次全体会议，正式启动证券法修改和期货法立法工作。

10 日至 13 日，中央经济工作会议在北京举行。会议指出，做好明年经济工作，最核心的是要坚持稳中求进、改革创新。要稳扎稳打，步步为营，巩固稳中向好的发展态势，促进经济社会大局稳定，为全面深化改革创造条件。

13 日，证监会就《优先股试点管理办法》公开征求意见，对优先股发行主体、发行条件、投资者资格等内容予以详细规定。

14 日，国务院发布《关于全国中小企业股份转让系统有关问题的决定》。证监会有关部门负责人说，决定发布后，扩大试点至全国的条件已经具备。

16 日，证监会发布的《关于修改 < 非上市公众公司监督管理办法 > 的决定（征求意见稿）》提出，非上市公众公司股票公开转让只能在全国中小企业股份转让系统进行。

18 日，国务院常务会议部署推进青海三江源生态保护、建设甘肃省国家生态安全屏障综合试验区、京津风沙源治理、全国五大湖区湖泊水环境治理等一批重大生态工程。

20 日，中国人民银行在其官方微博上称，针对今年末货币市场出现的新变化，央行已连续三天通过 SLO 累计向市场注入超过 3000 亿元流动性，目前银行体系超额备付已逾 1.5 万亿元，为历史同期相对较高水平。

27 日，中国政府网消息，《国务院办公厅关于进一步加强资本市场中小投资者合法权益保护工作的意见》对外发布。

证监会发布七项配套规则，这标志着新三板试点扩大至全国工作启动。

上海证券交易所发布实施修订后的《股票上市公告书内容与格式指引》，2006 年发布的《股票上市公告书内容与格式指引》同时废止。

上海证券交易所发布并实施《上海证券交易所证券发行上市业务指引（2013 年修订）》，以规范通过上交所系统发行证券并申请上市业务。

上海证券交易所发布《关于修订和废止上海证券交易所退市公司股份转让系统相关业务规则的通知》，取消了退市公司股份转让系统的设置。

上海证券交易所发布并实施《上海证券交易所证券上市审核实施细则》。

30 日，全国股份转让系统根据修订后的《非上市公众公司监督管理办法》，结合市场运行的实际情况，配套制定和发布 8 项业务制度，配套修订 6 项业务制度。

中国证券登记结算有限责任公司公布了《全国中小企业股份转让系统登记结算业务实施细则》。

证监会发布的《关于进一步加强保荐机构内部控制有关问题的通知》提出，保荐机构应建立健全公司内部问核机制，进一步完善关于问核的具体制度，明确问核内容、程序、人员和责任。

第二节　上海证券交易所

2013 年上海证券市场大事纪要

1月　1日　《上海证券交易所风险警示板股票交易暂行办法》正式施行。上线首日 43 家公司的 46 只股票进入该板交易，全月交易平稳。

1月　7日　《上海证券交易所上市公司现金分红指引》发布。

1月　17日　上海市市委书记韩正来所视察调研。

1月　　上海上证金融服务有限公司正式运营。

2月　　本所入股辽宁股权交易中心。

2月　28日　本所在香港设立办事处事宜获香港证监会批准。

2月　28日　转融券试点平稳启动，首批包括 11 家会员和 90 只标的证券。

3月　25日　ETF 日内回转交易和纳入质押式回购试点启动。国内首只国债 ETF 产品——国泰上证 5 年期国债 ETF 在本所上市交易。

3月　26日　《上海证券交易所投资者适当性管理暂行办法》发布。

3月　28日　本所与中国证券登记结算有限责任公司联合发布《质押式报价回购交易及登记结算业务办法》，报价回购业务转为证券公司常规业务。

4月　9日　本所监事会成立大会暨监事会第一次会议召开。

5月　24日　本所与中国证券登记结算有限责任公司联合发布《股票质押式回购交易及登记结算业务办法(试行)》。6 月 24 日，股票质押式回购交易业务正式启动。

6月　20日　《上海证券交易所纪律处分和监管措施实施办法》发布。

7月　1日　上证直通车正式实施，本所公告审核方式实现了由事前向事后的转变和上市公司信息披露事务办理的全程电子化。

7月　1日　本所全天候测试环境正式启用。

7月　5日　本所理事会第一届咨询委员会成立。

7月　5日　“上证 e 互动”网络平台上线试运行。

8月　9日　首届“中国－南非资本市场论坛”成功举办。

8月　12日　本所与内罗毕证券交易所签署合作谅解备忘录。

8月　16日　本所配合证监会对光大证券“8・16”异常交易事件采取实时监控、应急处置等措施。

8月　19日　本所发布《关于为资产管理计划份额提供转让服务的通知》。9 月 5 日，首批 7 家机构的 18 只产品完成挂牌，挂牌转让份额约 54 亿份。

9月　4日　中国证监会主席肖钢来所调研。

9月　16日　沪市融资融券标的股票范围扩大至 400 只。

9月　27日　《上海证券交易所、中国证券登记结算有限责任公司国债预发行(试点)交易及登记结算业务办法》发布实施。10 月，首只国债预发行交易成功试点，顺利完成清算交收。

11月　28日　本所主办的第四届“上证法治论坛”在北京大学成功举行，中国证监会主席肖钢出席论坛并发表题为《证券法的法理与逻辑》的重要演讲。

11月　28日　本所第一届上市公司信息披露咨询委员会成立。

12月　24日　本所发布《关于国家开发银行金融债券发行交易试点的通知》。12 月 27 日，首批政策性金融债券－国家开发银行金融债券，在本所成功试点发行。

12月　26日　本所个股期权模拟交易正式上线运行。

12月　31日　纽威股份刊登招股意向书，时隔 1 年多后沪市 IPO 重启。

2013 年度上证 50 指数走势

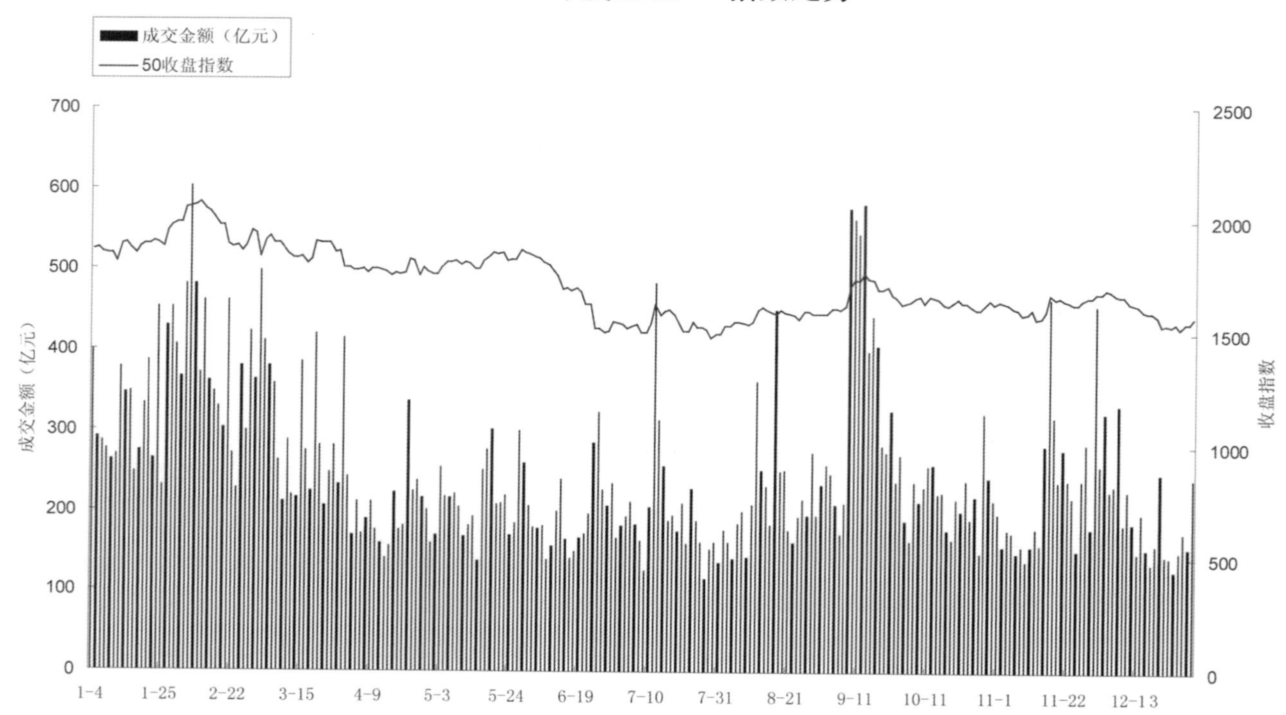

2013 年度上证 180 指数走势

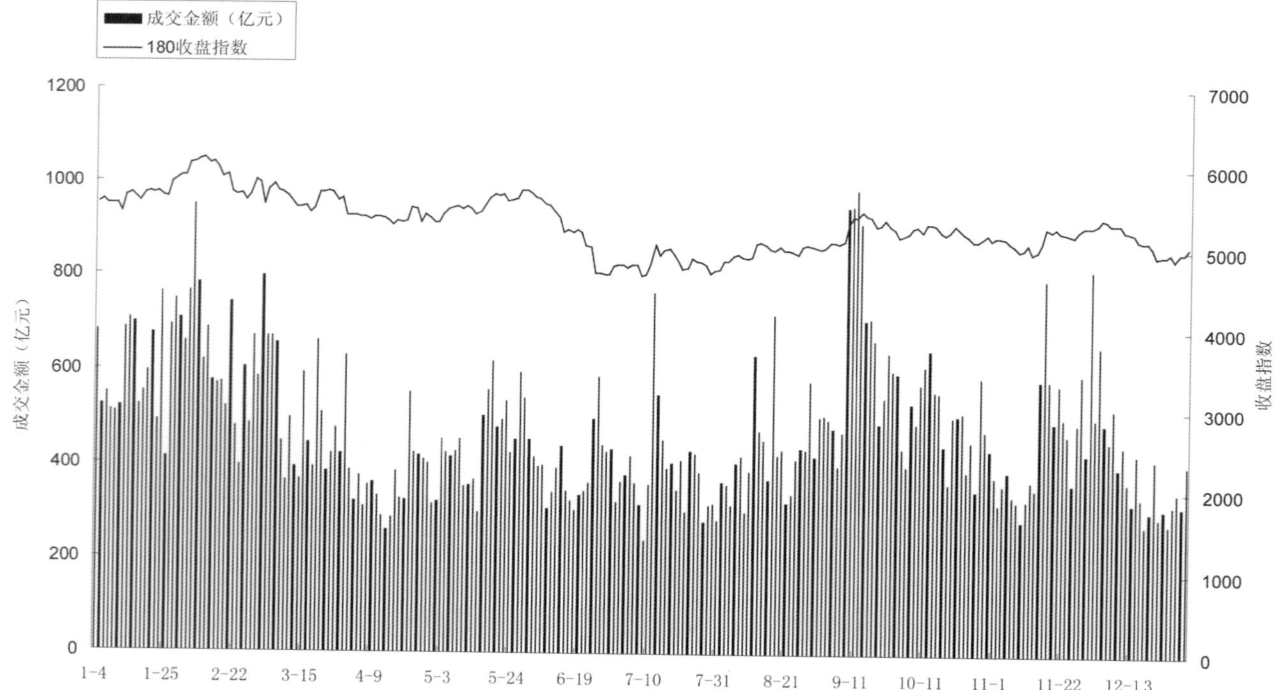

2013年度上证380指数走势

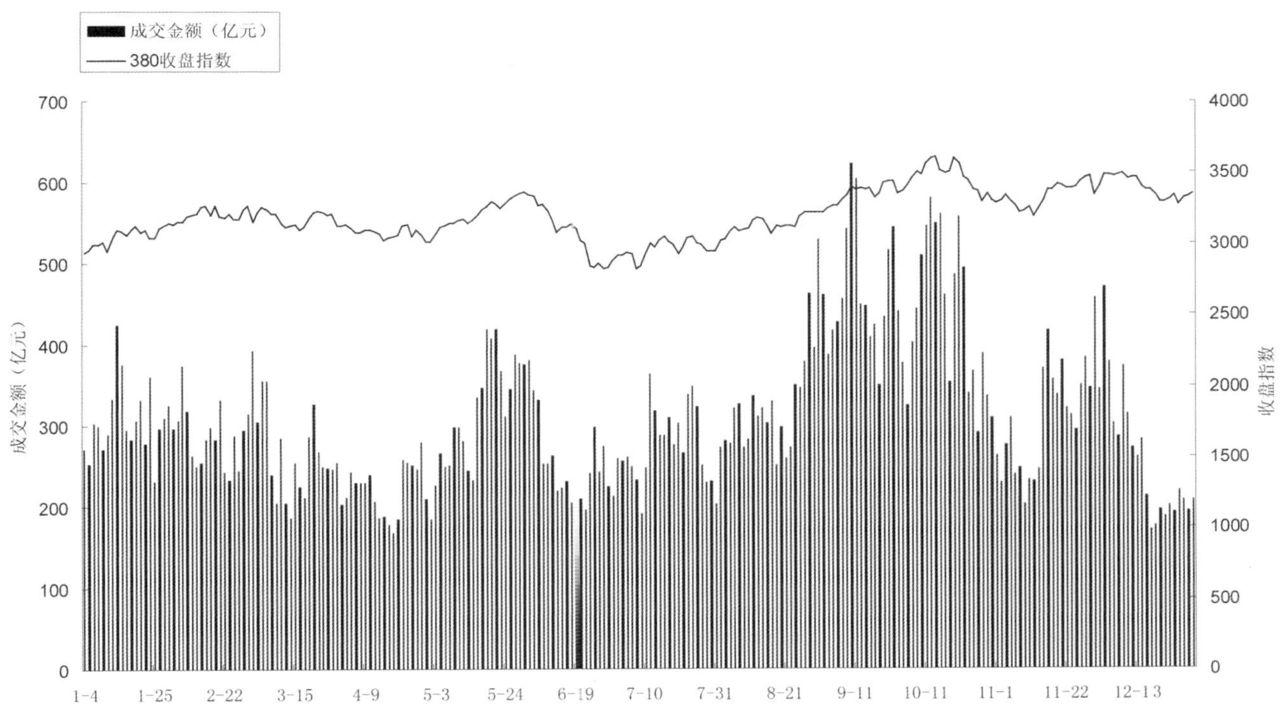

2013年度上证指数走势

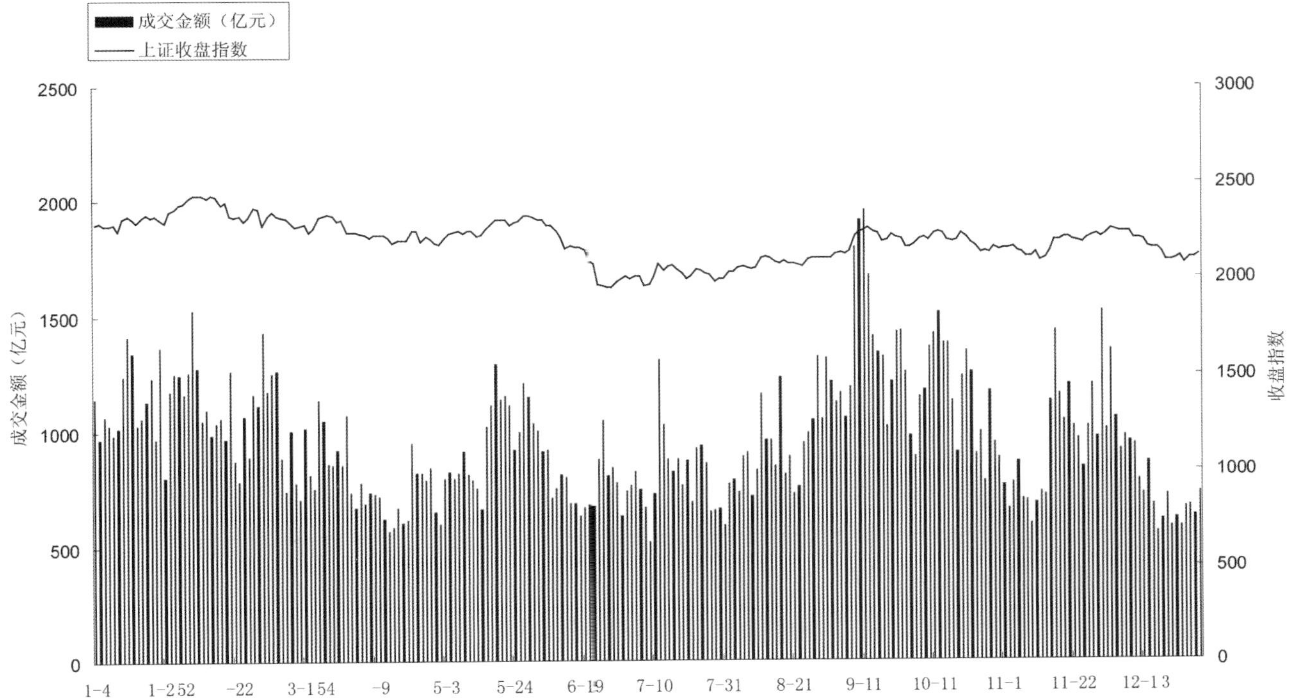

2013 年各月上证所月度 A 股成交概况

月份	月末市价总值（亿元）	月末流通市值（亿元）	月度总成交笔数（万笔）	月度总成交量（万股）	月度总成交金额（亿元）	月末平均市盈率	该月累计交易日
1	166606.93	140496.76	11105.82 最高 692.89 （2013－01－15） 最低 419.44 （2013－01－25）	26613518.92 最高 1652213.84 （2013－01－15） 最低 920926.57 （2013－01－25）	22552.35 最高 1409.58 （2013－01－15） 最低 800.87 （2013－01－25）	12.97	20
2	165415.51	140071.54	7842.03 最高 661.92 （2013－02－21） 最低 405.42 （2013－02－25）	18171699.11 最高 1669338.08 （2013－02－04） 最低 882706.52 （2013－02－25）	16243.11 最高 1521.55 （2013－02－04） 最低 779.26 （2013－02－25）	12.89	15
3	156467.81	132883.61	10419.32 最高 720.28 （2013－03－04） 最低 375.59 （2013－03－14）	23228216.65 最高 1609857.12 （2013－03－04） 最低 821747.88 （2013－03－14）	20389.12 最高 1426.84 （2013－03－04） 最低 703.92 （2013－03－14）	12.18	21
4	152559.23	129779.73	6814.04 最高 464.8 （2013－04－19） 最低 309.17 （2013－04－17）	14943245.44 最高 1091844.09 （2013－04－19） 最低 672697.51 （2013－04－12）	12848.2 最高 951.72 （2013－04－19） 最低 566.46 （2013－04－12）	11.89	18
5	161486.32	137175.22	10371.93 最高 592.1 （2013－05－20） 最低 305.97 （2013－05－02）	22943398.08 最高 1394314.37 （2013－05－20） 最低 679377.53 （2013－05－02）	20914.69 最高 1290.42 （2013－05－20） 最低 596.85 （2013－05－02）	11.81	22
6	139022.55	117967.3	7031.37 最高 551.62 （2013－06－25） 最低 335.06 （2013－06－18）	15476396.19 最高 1375583.6 （2013－06－25） 最低 694501.17 （2013－06－18）	13290.42 最高 1045.09 （2013－06－25） 最低 635.34 （2013－06－18）	10.16	17
7	140342.69	125503.09	9455.86 最高 610.81 （2013－07－11） 最低 292.76 （2013－07－09）	21631134.29 最高 1593591.15 （2013－07－11） 最低 644452.49 （2013－07－09）	18205.88 最高 1308.78 （2013－07－11） 最低 522.18 （2013－07－09）	10.26	23
8	147671.29	132502.84	11961.53 最高 909.24 （2013－09－11） 最低 405.77 （2013－09－30）	29924769.95 最高 2434356.13 （2013－09－11） 最低 923777 （2013－09－30）	20669.32 最高 1318.04 （2013－08－28） 最低 719.5 （2013－08－08）	10.8	22

月份	月末市价总值（亿元）	月末流通市值（亿元）	月度总成交笔数（万笔）	月度总成交量（万股）	月度总成交金额（亿元）	月末平均市盈率	该月累计交易日
9	153379.63	137882.76	11961.53 最高 909.24 （2013－09－11） 最低 405.77 （2013－09－30）	29924769.95 最高 2434356.13 （2013－09－11） 最低 923777 （2013－09－30）	25376.71 最高 1956.98 （2013－09－11） 最低 887.03 （2013－09－30）	11.19	19
10	151185.74	136590.05	10242.86 最高 698.85 （2013－10－14） 最低 399.75 （2013－10－28）	23715888.73 最高 1656748.6 （2013－10－14） 最低 888142.67 （2013－10－28）	20956.45 最高 1515.44 （2013－10－14） 最低 781.81 （2013－10－28）	11.05	18
11	156933.11	141826.37	9547.84 最高 621.35 （2013－11－18） 最低 318.94 （2013－11－11）	21881312.15 最高 1576118.45 （2013－11－18） 最低 696385.37 （2013－11－11）	19249.01 最高 1435.67 （2013－11－18） 最低 599.02 （2013－11－11）	11.46	21
12	150406.94	135768.04	9334.59 最高 706.19 （2013－12－02） 最低 297.67 （2013－12－25）	20958618.42 最高 1737981.98 （2013－12－02） 最低 656520.31 （2013－12－25）	18223.57 最高 1518.42 （2013－12－02） 最低 564 （2013－12－18）	10.99	22

2013 年撤销风险警示的公司

一、撤销退市风险警示

序号	公司代码	公司简称	撤销退市风险警示后 A 股简称	撤销退市风险警示实施起始日
1	600678	*ST 金顶	四川金顶	2013－2－4
2	600076	*ST 华光	青鸟华光	2013－3－7
3	600338	*ST 珠峰	西藏珠峰	2013－3－12
4	600691	*ST 东碳	东新电碳	2013－4－3
5	600733	*ST 前锋	S 前锋	2013－4－8
6	600462	*ST 石岘	石岘纸业	2013－4－8
7	600359	*ST 新农	新农开发	2013－4－10
8	600392	*ST 天成	盛和资源	2013－5－2
9	600250	*ST 南纺	南纺股份	2013－5－6
10	600766	*ST 园城	园城黄金	2013－5－9
11	600877	*ST 嘉陵	中国嘉陵	2013－5－10

二、撤销其他风险警示

序号	A 股代码	A 股简称	B 股代码	B 股简称	撤销其他风险警示后 A 股简称	撤销其他风险警示后 B 股简称	撤销其他风险警示起始日
1	600656	ST 博元			博元投资		2013－1－30
2	600722	ST 金化			金牛化工		2013－1－31
3	600681	ST 万鸿			万鸿集团		2013－1－31
4	600083	ST 博信			博信股份		2013－2－1
5	600705	ST 航投			中航投资		2013－2－6
6	600988	ST 宝龙			赤峰黄金		2013－2－7
7	600608	ST 沪科			上海科技		2013－2－8
8	600885	ST 宏发			宏发股份		2013－2－26
9	600870	ST 厦华			厦华电子		2013－3－14

序号	A股代码	A股简称	B股代码	B股简称	撤销其他风险警示后A股简称	撤销其他风险警示后B股简称	撤销其他风险警示起始日
10			900939	ST汇丽B		汇丽B	2013-3-25
11	600455	ST博通			博通股份		2013-3-28
12	600892	ST宝诚			宝诚股份		2013-4-22
13	600751	SST天海	900938	ST天海B	S天海	天海B	2013-4-23
14	600771	ST东盛			东盛科技		2013-4-26
15	600671	ST天目			天目药业		2013-5-9

2013年成交股数最多的前20种股票

序号	股票代码	股票简称	成交股数(万股)	占总成交股数的比例(%)
1	600016	民生银行	4426512.80	1.66
2	600000	浦发银行	3898650.37	1.46
3	600837	海通证券	3066091.13	1.15
4	601288	农业银行	3022726.04	1.13
5	600030	中信证券	2654073.91	0.99
6	601818	光大银行	2597387.13	0.97
7	601166	兴业银行	2575414.00	0.96
8	601668	中国建筑	2443781.67	0.91
9	600050	中国联通	2369956.06	0.89
10	601901	方正证券	2234482.61	0.84
11	600036	招商银行	2058871.49	0.77
12	601328	交通银行	1935290.93	0.72
13	600839	四川长虹	1917275.62	0.72
14	600795	国电电力	1682617.71	0.63
15	601398	工商银行	1662053.93	0.62
16	600018	上港集团	1610533.84	0.6
17	600503	华丽家族	1552073.20	0.58
18	601989	中国重工	1532475.20	0.57
19	600804	鹏博士	1503764.61	0.56
20	600383	金地集团	1501107.94	0.56

2013年成交金额最多的前20种股票

序号	股票代码	股票简称	成交金额(万元)	占总成交金额的比例(%)
1	600016	民生银行	42256871.20	1.84
2	600000	浦发银行	39653476.81	1.72
3	601166	兴业银行	36507291.57	1.59
4	601318	中国平安	34838048.65	1.51
5	600837	海通证券	34781008.43	1.51
6	600030	中信证券	33349270.12	1.45
7	600036	招商银行	25021456.54	1.09
8	600111	包钢稀土	24754709.93	1.08
9	600804	鹏博士	20669356.76	0.90
10	600519	贵州茅台	16673582.56	0.72
11	600048	保利地产	16465013.44	0.72
12	601901	方正证券	14864157.49	0.65
13	600880	博瑞传播	13306674.64	0.58
14	600388	龙净环保	12935931.64	0.56
15	600256	广汇能源	11452913.84	0.50
16	600518	康美药业	11061687.80	0.48
17	600104	上汽集团	11052734.12	0.48
18	600585	海螺水泥	10988774.30	0.48
19	600887	伊利股份	10977905.09	0.48
20	600765	中航重机	10706017.29	0.46

2013 年各月成交股数、成交金额和市盈率

月份	成交股数(万股)	成交金额(万元)	市盈率
1	26878205.19	226887224.05	12.97
2	18365856.09	163485559.75	12.90
3	23418647.99	204888248.02	12.19
4	15067876.59	129096699.59	11.89
5	23167806.96	210198137.11	11.81
6	15683791.53	133763397.75	10.17
7	21825986.56	182876609.87	10.26
8	25137950.25	208095598.56	10.80
9	30230742.32	255271528.47	11.20
10	23955015.81	210696221.57	11.05
11	22117278.31	193585695.01	11.47
12	21339380.28	183815352.72	10.99

2013 年各月债券回购交易总量

月份	成交金额(万元)	成交数量(万手)
1	378820964.10	378820.97
2	284916764.07	284916.82
3	423357718.35	423357.78
4	373290896.85	373290.93
5	518461614.30	518461.62
6	460068043.31	460293.49
7	651780938.50	651785.27
8	625875096.52	625877.00
9	516907102.95	516912.17
10	516669682.50	516669.68
11	640533273.13	640537.20
12	714587216.14	714595.03

2013 年各月债券交易总量

月份	成交金额(万元)	成交数量(万手)
1	390012690.64	389584.99
2	293643965.75	293228.33
3	436926071.18	436291.51
4	385849224.44	385377.92
5	532078638.49	531448.70
6	471311204.09	471203.62
7	664403567.04	664122.39
8	637755542.28	637638.99
9	532392852.30	531451.46
10	526842392.54	526616.04
11	654433851.03	654373.54
12	732744142.63	732755.57

2013 年各月政府债券交易总量

月份	成交金额(万元)	成交数量(万手)
1	716317.86	710.94
2	610653.37	605.82
3	683662.66	677.11
4	759307.10	749.13
5	578586.26	569.49
6	685420.41	677.88
7	787680.26	784.40
8	438496.74	438.92
9	506715.91	508.78
10	413664.76	418.35
11	622403.29	636.01
12	913104.18	926.09

2013 年末上市公司行业分布及发行股数

行业	代码	公司数
农、林、牧、渔业	A	14
采矿业	B	39
制造业	C	495
电力、热力、燃气及水生产和供应业	D	50
建筑业	E	31
批发和零售业	F	92
交通运输、仓储和邮政业	G	58
住宿和餐饮业	H	2
信息传输、软件和信息技术服务业	I	25
金融业	J	32
房地产业	K	71
租赁和商务服务业	L	9
科学研究和技术服务业	M	1
水利、环境和公共设施管理业	N	5
教育	P	1
卫生和社会工作	Q	1
文化、体育和娱乐业	R	11
综合	S	16

上证所分类指数的股票数目

指数代码	指数简称	样本个数
000001	上证指数	997
000002	A 股指数	944
000003	B 股指数	53
000004	工业指数	637
000005	商业指数	63
000006	地产指数	24
000007	公用指数	102

指数代码	指数简称	样本个数
000008	综合指数	171
000009	上证 380	380
000010	上证 180	180
000011	基金指数	58
000012	国债指数	134
000013	企债指数	1370
000015	红利指数	50

指数代码	指数简称	样本个数
000016	上证 50	50
000017	新综指	938
000300	沪深 300	300
000901	小康指数	100
000902	中证流通	2457
000903	中证 100	100

2013 年末 50 家流通市值最大的上市公司

序号	股票简称	股票代码	流通市场(万元)	占全体上市公司流通市值比重(%)
1	中国石油	601857	124841922.00	9.14
2	工商银行	601398	94432220.36	6.92
3	农业银行	601288	70472555.24	5.16
4	中国银行	601988	51227865.85	3.75
5	中国石化	600028	40791225.24	2.99
6	中国人寿	601628	31506000.89	2.31
7	中国神华	601088	26088822.04	1.91
8	招商银行	600036	22464920.48	1.65
9	中国平安	601318	19973687.41	1.46
10	民生银行	600016	17438084.93	1.28
11	兴业银行	601166	16406131.33	1.20
12	浦发银行	600000	14072178.84	1.03
13	贵州茅台	600519	13328154.84	0.98
14	上汽集团	600104	13068784.27	0.96
15	交通银行	601328	12560276.48	0.92
16	中信证券	600030	12513693.67	0.92
17	中信银行	601998	12347298.49	0.90
18	中国太保	601601	11503956.32	0.84
19	上港集团	600018	11083142.47	0.81
20	大秦铁路	601006	10986558.91	0.80
21	光大银行	601818	10600256.94	0.78
22	中国建筑	601668	9373911.08	0.69
23	海通证券	600837	9160292.50	0.67
24	中国联通	600050	6804107.44	0.50
25	海螺水泥	600585	6783495.57	0.50
26	宝钢股份	600019	6736935.49	0.49
27	中国重工	601989	6627515.79	0.49
28	中海油服	601808	6496164.58	0.48
29	伊利股份	600887	6206562.57	0.45
30	长江电力	600900	6159435.02	0.45
31	招商证券	600999	5910274.58	0.43
32	保利地产	600048	5888845.37	0.43
33	北京银行	601169	5612278.77	0.41
34	华夏银行	600015	5559947.60	0.41
35	华能国际	600011	5313000.00	0.39
36	青岛海尔	600690	5305630.08	0.39
37	恒瑞医药	600276	5166120.09	0.38
38	中国北车	601299	5077467.70	0.37
39	中国南车	601766	5068565.05	0.37
40	华泰证券	601688	5015514.48	0.37
41	三一重工	600031	4875159.34	0.36
42	中国铁建	601186	4697619.14	0.34

序号	股票简称	股票代码	流通市场（万元）	占全体上市公司流通市值比重（%）
43	中国中铁	601390	4580792.68	0.34
44	万华化学	600309	4476032.87	0.33
45	天士力	600535	4429862.14	0.32
46	中煤能源	601898	4296328.11	0.31
47	大唐发电	601991	4195208.64	0.31
48	建设银行	601939	3971774.25	0.29
49	康美药业	600518	3957686.07	0.29
50	中国化学	601117	3946400.00	0.29

2013年末50家市价总值最大的上市公司

序号	股票简称	股票代码	市价总值（万元）	占全体上市公司市价总值比重（%）
1	中国石油	601857	124841922.00	8.26
2	工商银行	601398	94432220.36	6.25
3	农业银行	601288	72925712.89	4.82
4	中国银行	601988	51227865.85	3.39
5	中国石化	600028	40791225.24	2.70
6	中国人寿	601628	31506000.89	2.08
7	中国神华	601088	26088822.04	1.73
8	招商银行	600036	22464920.48	1.49
9	中国平安	601318	19973687.41	1.32
10	兴业银行	601166	19319069.47	1.28
11	浦发银行	600000	17590223.54	1.16
12	民生银行	600016	17438084.93	1.15
13	上汽集团	600104	15590151.21	1.03
14	交通银行	601328	15072331.78	1.00
15	贵州茅台	600519	13328154.84	0.88
16	中信证券	600030	12544190.39	0.83
17	中信银行	601998	12347298.49	0.82
18	上港集团	600018	12014734.86	0.79
19	中国太保	601601	11649255.10	0.77
20	大秦铁路	601006	10986558.91	0.73
21	光大银行	601818	10600256.94	0.70
22	长江电力	600900	10428000.00	0.69
23	中国建筑	601668	9420000.00	0.62
24	海通证券	600837	9160292.50	0.61
25	中国重工	601989	8512342.72	0.56
26	长城汽车	601633	8272053.43	0.55
27	伊利股份	600887	7983708.00	0.53
28	华夏银行	600015	7631279.49	0.50
29	中国联通	600050	6804107.44	0.45
30	海螺水泥	600585	6783495.57	0.45
31	宝钢股份	600019	6736935.49	0.45
32	北京银行	601169	6608919.81	0.44
33	中海油服	601808	6607764.58	0.44
34	浙能电力	600023	6155272.44	0.41
35	招商证券	600999	5910274.58	0.39
36	中国南车	601766	5901279.00	0.39
37	保利地产	600048	5888845.37	0.39
38	包钢稀土	600111	5393891.99	0.36
39	华能国际	600011	5313000.00	0.35
40	青岛海尔	600690	5305630.08	0.35
41	恒瑞医药	600276	5166120.09	0.34
42	中国北车	601299	5077467.70	0.34

序号	股票简称	股票代码	市价总值(万元)	占全体上市公司市价总值比重(%)
43	华泰证券	601688	5017600.00	0.33
44	三一重工	600031	4889795.59	0.32
45	中国铁建	601186	4812524.14	0.32
46	新华保险	601336	4771485.21	0.32
47	中国交建	601800	4745883.11	0.31
48	中国中铁	601390	4580792.68	0.30
49	广汇能源	600256	4563525.17	0.30
50	万华化学	600309	4476032.87	0.30

2013 年末 B 股投资者地区分布情况

地区	累计开户数	所占比例	当年新增开户数	新增数所占比例
中国(境内)	1358426	87.22	8018	87.51
美国	15302	0.98	433	4.73
中国香港	17253	1.11	97	1.06
加拿大	3807	0.24	72	0.79
澳大利亚	3315	0.21	48	0.52
英国	2435	0.16	45	0.49
中国台湾	8771	0.56	35	0.38
韩国	1816	0.12	32	0.35
日本	4599	0.30	30	0.33
新加坡	1960	0.13	25	0.27
中国(境外)	125936	8.09	18	0.20
德国	736	0.05	14	0.15
荷兰	426	0.03	13	0.14
中国澳门	813	0.05	9	0.10
法国	647	0.04	6	0.07
其他	11292	0.72	267	2.91
合计	1557534	100.00	9162	100.00

2013 年末本所会员及营业部地区分布

地区	公司数	营业部数	营业部交易金额(百万元)	比例(%)
安徽	2	165	1324331.66	0.81
北京	19	287	25605766.90	15.58
福建	3	256	5700673.69	3.47
甘肃	1	66	352454.54	0.21
广东	22	769	33206594.49	20.20
广西	1	101	1458286.67	0.89
贵州	1	54	446443.72	0.27
海南	2	40	691703.94	0.42
河北	1	175	1176041.88	0.72
河南	1	170	1447470.63	0.88
黑龙江	1	122	2423927.01	1.47
湖北	2	204	3907837.07	2.38
湖南	3	209	1986432.79	1.21
吉林	2	104	831640.02	0.51
江苏	6	445	9044901.93	5.50
江西	2	124	2183701.48	1.33
辽宁	3	228	3009701.56	1.83
内蒙	2	66	662623.30	0.40
宁夏	0	24	87316.47	0.05
青海	1	16	63523.60	0.04
山东	2	315	3816818.25	2.32
山西	2	130	790809.87	0.48
陕西	3	140	1237054.88	0.75
上海	16	501	44329096.22	26.97

地区	公司数	营业部数	营业部交易金额(百万元)	比例(%)
四川	4	242	3657529.71	2.23
天津	1	108	1863059.81	1.13
西藏	1	6	19393.19	0.01
新疆	1	62	688762.83	0.42
云南	2	101	1282929.78	0.78
浙江	3	436	9635176.21	5.86
重庆	1	119	1431094.69	0.87

2013 年前 20 种跌幅最大股票

序号	股票代码	股票简称	上年度收盘价(元)	本年度收盘价(元)	跌幅(%)
1	600395	盘江股份	17.020	7.260	-55.16
2	600547	山东黄金	38.160	17.250	-54.57
3	600809	山西汾酒	41.660	19.300	-52.31
4	600381	*ST 贤成	4.230	2.080	-50.83
5	600546	山煤国际	20.350	4.950	-50.12
6	601699	潞安环能	21.890	10.670	-49.84
7	600348	阳泉煤业	14.530	7.060	-49.81
8	601268	*ST 二重	5.060	2.540	-49.80
9	600188	兖州煤业	18.230	8.880	-49.73
10	600489	中金黄金	16.630	8.550	-47.71
11	600702	沱牌舍得	28.810	15.040	-46.78
12	600779	水井坊	19.370	10.190	-46.58
13	600199	金种子酒	19.210	10.140	-46.05
14	600531	豫光金铅	17.130	9.280	-45.62
15	600961	*ST 株冶	10.140	5.560	-45.17
16	600997	开滦股份	10.220	5.570	-44.89
17	600123	兰花科创	20.290	10.670	-44.79
18	601101	昊华能源	13.320	7.210	-44.35
19	600971	恒源煤电	12.880	7.130	-43.06
20	600432	吉恩镍业	13.500	7.730	-42.74

2013 年前 20 种涨幅最大股票

序号	股票代码	股票简称	上年度收盘价(元)	本年度收盘价(元)	涨幅(%)
1	600536	中国软件	10.570	37.670	258.26
2	600648	外高桥	9.610	32.230	238.85
3	600119	长江投资	5.320	17.830	238.73
4	900913	*ST 联华 B	0.543	1.780	227.81
5	600388	龙净环保	21.900	33.520	208.23
6	600566	洪城股份	6.620	19.940	201.21
7	600485	中创信测	7.160	20.510	186.45
8	600771	广誉远	9.080	25.850	184.69
9	600389	江山股份	14.190	39.130	177.34
10	900912	外高 B 股	0.810	2.153	171.92
11	600626	申达股份	3.430	8.950	168.02
12	600620	天宸股份	3.560	9.000	153.23
13	600872	中炬高新	4.600	11.370	148.75
14	600804	鹏博士	5.960	14.060	136.86
15	600387	海越股份	8.620	20.160	134.66
16	600640	号百控股	7.620	17.850	134.25
17	600433	冠豪高新	9.140	10.640	133.70
18	600617	*ST 联华	8.980	20.980	133.63
19	600637	百视通	15.870	36.970	132.96
20	600446	金证股份	6.680	15.450	132.04

2013年融资交易前10种股票

序号	股票代码	股票简称	融资买入额（万元）	买入还款额（万元）	合计（万元）
1	600000	浦发银行	5870356.15	3213260.92	9083617.07
2	600837	海通证券	5673112.67	3033052.62	8706165.29
3	600030	中信证券	5050455.23	2782887.82	7833343.05
4	601166	兴业银行	4835115.81	2808390.63	7643506.44
5	600016	民生银行	4614983.26	2747771.82	7362755.08
6	601318	中国平安	5003917.10	2169520.95	7173438.05
7	600804	鹏博士	3927166.18	2136267.35	6063433.53
8	600111	包钢稀土	3163619.80	1785845.65	4949465.45
9	600256	广汇能源	2536312.47	1585386.22	4121698.69
10	510050	50ETF	2963241.56	955697.49	3918939.05

2013年融券交易前10种股票

序号	股票代码	股票简称	融券卖出额（万元）	买券还券额（万元）	合计（万元）
1	510300	300ETF	6674159.45	3681327.82	10355487.27
2	510050	50ETF	2558852.35	895399.26	3454251.61
3	600016	民生银行	2287251.10	965175.46	3252426.56
4	601166	兴业银行	1826175.26	557040.74	2383216.00
5	600837	海通证券	1778528.28	595968.29	2374496.57
6	600036	招商银行	1399378.59	676148.15	2075526.74
7	600030	中信证券	1471839.70	601703.91	2073543.61
8	600000	浦发银行	1571819.69	421074.03	1992893.72
9	601318	中国平安	1401836.36	517125.84	1918962.20
10	600111	包钢稀土	939221.43	191530.98	1130752.41

2013年融资融券交易前20名会员

序号	会员名称	融资交易额（万元）	融券交易额（万元）	合计（万元）
1	华泰证券股份有限公司	27255969.89	12096288.99	39352258.88
2	国泰君安证券股份有限公司	27663143.25	5560112.76	33223256.01
3	海通证券股份有限公司	14950478.31	9520185.80	24470664.11
4	广发证券股份有限公司	17589687.96	3106583.43	20696271.39
5	中国银河证券股份有限公司	18076826.37	1996822.49	20073648.86
6	申银万国证券股份有限公司	18348772.73	993284.11	19342056.84
7	招商证券股份有限公司	14138267.66	5010415.77	19148683.43
8	中信证券股份有限公司	8896353.99	9583207.67	18479561.66
9	中信建投证券股份有限公司	12200534.71	1904279.92	14104814.63
10	国信证券股份有限公司	12018946.31	1735252.91	13754199.22
11	光大证券股份有限公司	10335108.84	2757359.37	13092468.21
12	齐鲁证券有限公司	9107663.82	875434.61	9983098.43
13	中国中投证券有限责任公司	9045967.52	214201.83	9260169.35
14	安信证券股份有限公司	7718602.00	463737.86	8182339.86
15	方正证券股份有限公司	7584223.80	505599.00	8089822.80
16	宏源证券股份有限公司	6660963.86	508076.39	7169040.25
17	国元证券股份有限公司	6595054.84	573005.62	7168060.46
18	长江证券股份有限公司	4871619.52	325474.32	5197093.84
19	中信证券（浙江）有限责任公司	4210433.50	33300.36	4243733.86
20	华西证券有限责任公司	3795525.37	31066.61	3826591.98

2013年融资融券余额前20名会员

序号	会员名称	融资余额（万元）	融券余额（万元）	合计（万元）
1	国泰君安证券股份有限公司	1630786.33	23660.05	1654446.38
2	中信证券股份有限公司	1629376.20	24011.36	1653387.56

序号	会员名称	融资余额(万元)	融券余额(万元)	合计(万元)
3	海通证券股份有限公司	1468096.66	22457.25	1490553.91
4	广发证券股份有限公司	1306732.71	14723.32	1321456.02
5	招商证券股份有限公司	1286209.14	19919.51	1306128.66
6	华泰证券股份有限公司	1249417.11	17342.65	1266759.77
7	中国银河证券股份有限公司	1191466.17	9361.62	1200827.80
8	国信证券股份有限公司	1023039.62	9785.14	1032824.76
9	申银万国证券股份有限公司	1006513.69	3740.15	1010253.84
10	中信建投证券股份有限公司	976593.00	9457.36	986050.36
11	光大证券股份有限公司	793211.11	12553.49	805764.60
12	安信证券股份有限公司	577079.34	3847.67	580927.01
13	中信证券(浙江)有限责任公司	517085.80	0.00	517085.80
14	方正证券股份有限公司	487030.66	2412.51	489443.16
15	齐鲁证券有限公司	464458.71	6095.59	470554.30
16	中国中投证券有限责任公司	462636.23	1626.32	464262.55
17	宏源证券股份有限公司	386219.24	1303.70	387522.94
18	长江证券股份有限公司	363420.66	1706.11	365126.76
19	兴业证券股份有限公司	282934.27	423.99	283358.26
20	国元证券股份有限公司	269705.89	1018.75	270724.64

2013年上海市场概况

	2013年	2012年	2011年
上市证券(年末)			
上市公司数	953	954	931
上市证券数	2786	2098	1691
上市股票数	997	998	975
新上市公司数	1	26	39
发行股本(亿股)	25751.69	24617.62	23466.65
流通股数(亿股)	23731.13	19521.34	17993.80
市价总值(亿元)	151165 27	158698.44	148376.22
流通市值(亿元)	136526 38	134294.45	122851.36
筹资总额(亿元)			
A股	2515.72	2890.31	3199.69
B股	0	0	0
交易概况			
交易天数	238	243	244
全年成交金额(亿元)	865098.34	547535.23	454651.56
股票	230266.03	164545.01	237560.45
基金	8989.48	3171.36	2901.41
债券	625839.41	379818.85	210714.87
权证	0	0	3474.82
其他	3.42	0	0
日均成交金额(亿元)	3634.87	2253.23	1863.33
日均股票成交金额(亿元)	967.50	677.14	973.61
全年股票成交数量(亿股)	26718.85	18948.94	21193.87
日均股票成交数量(亿股)	112.26	77.98	86.86
全年股票成交笔数(万笔)	115321.33	92554.96	127327.64
日均股票成交股数(万笔)	484.54	380.89	521.84
股价指数			
上证180指数年度最高	6147.77	5808.99	7149.05
上证180指数年度最低	4398.95	4596.73	4852.71
上证180指数年末收盘	5040.27	5550.09	5009.29
上证综合指数年度最高	2444.80	2478.38	3067.46
上证综合指数年度最低	1849.65	1949.46	2134.02
上证综合指数年末收盘	2115.93	2269.13	2199.42
市场比率			

	2013 年	2012 年	2011 年
平均市盈率(倍)	10.99	12.30	13.40
换手率 1(市值)%	105.56	78.57	93.72
换手率 2(流通市值)%	123.60	101.60	124.80

2013 年上市公司公开发行可转换公司债券表

股票名称	民生银行	隧道股份	中国平安	深圳燃气
股票代码	600016	600820	601318	601139
转债申购简称	民生申购	隧道申购	平安申购	深燃申购
转债申购代码	733016	733820	783318	783139
地区	北京	上海	广东	广东
发行规模(亿元)	200.00	26.00	260.00	16.00
发行数量(万手)	2000	260	2600	160
申购报价(元/张)	100	100	100	100
发行方式	优先配售,网上定价和网下配售	优先配售,网上定价和网下配售	优先配售,网上定价和网下配售	优先配售,网上定价和网下配售
发行日期(T 日)/起息日期	2013/3/15	2013/9/13	2013/11/22	2013/12/13
期限(年)	6	6	6	6
到期日期	2019/3/15	2019/9/13	2019/11/22	2019/12/13
上市代码	110023	110024	113005	113006
上市简称	民生转债	隧道转债	平安转债	深燃转债
上市日(L 日)	2013-3-29	2013-9-30	2013-12-9	2013-12-27
转股起始日	2013-9-16	2014-3-14	2014-5-23	2014-6-14
初始转股价	10.2300	9.7100	41.3300	8.4600

2013 年上市公司简称更改一览表

股票代码	更名日期	新股票简称	原股票简称
600112	2013-12-24	天成控股	长征电气
600234	2013-5-2	*ST 天龙	ST 天龙
600258	2013-9-10	首旅酒店	首旅股份
600265	2013-5-3	*ST 景谷	ST 景谷
600280	2013-10-22	中央商场	南京中商
600292	2013-7-24	中电远达	九龙电力
600309	2013-6-6	万华化学	烟台万华
600323	2013-12-10	瀚蓝环境	南海发展
600332	2013-8-29	白云山	广州药业
600381	2013-5-2	*ST 贤成	ST 贤成
600490	2013-7-25	鹏欣资源	中科合臣
600556	2013-2-8	ST 北生	*ST 北生
600556	2013-5-3	*ST 北生	ST 北生
600562	2013-7-16	国睿科技	高淳陶瓷
600578	2013-10-10	京能电力	京能热电
600613	2013-10-22	神奇制药	永生投资
600617	2013-5-3	*ST 联华	ST 联华
600621	2013-2-8	华鑫股份	上海金陵
600688	2013-8-20	上海石化	S 上石化
600691	2013-4-17	阳煤化工	东新电碳
600698	2013-7-5	ST 轻骑	*ST 轻骑
600751	2013-6-4	天津海运	S 天海
600769	2013-5-3	*ST 祥龙	ST 祥龙
600771	2013-7-9	广誉远	东盛科技
600817	2013-2-8	ST 宏盛	*ST 宏盛
600869	2013-9-13	远东电缆	三普药业

股票代码	更名日期	新股票简称	原股票简称
600871	2013-8-20	仪征化纤	S仪化
601886	2013-6-3	江河创建	江河幕墙
900904	2013-10-22	神奇B股	永生B股
900913	2013-5-3	*ST联华B	ST联华B
900946	2013-7-5	ST轻骑B	*ST轻骑B

2013年上市公司配股概况

股票代码	股票简称	股权登记日	配股说明书公告日	股本变动公告日	配股上市日	配股价(元)	实际筹资额(万元)
600036	招商银行	2013-8-27	2013-8-23	2013-9-9	2013-9-11	9.29	2752454
600118	中国卫星	2013-8-5	2013-8-1	2013-8-19	2013-8-21	5.45	144910
600160	巨化股份	2013-12-13	2013-12-11	2013-12-26	2013-12-30	4.23	166661
600436	片仔癀	2013-6-20	2013-6-18	2013-7-9	2013-7-11	37.14	77565
600458	时代新材	2013-5-31	2013-5-29	2013-6-21	2013-6-25	8.80	126791
600459	贵研铂业	2013-3-11	2013-3-7	2013-3-25	2013-3-27	16.80	71719
600497	驰宏锌锗	2013-4-2	2013-3-29	2013-4-17	2013-4-19	9.98	356750
600879	航天电子	2013-5-24	2013-5-22	2013-6-7	2013-6-14	6.01	137326

注:统计以股权登记日在2013年的为准

2013年实施退市风险警示的公司

序号	股票代码	股票简称	实施起始日	股票实施退市风险警示后简称
1	600961	株冶集团	2013-3-15	*ST株冶
2	601919	中国远洋	2013-3-29	*ST远洋
3	600707	彩虹股份	2013-4-1	*ST彩虹
4	600538	北海国发	2013-4-1	*ST国发
5	600760	中航黑豹	2013-4-2	*ST黑豹
6	600980	北矿磁材	2013-4-3	*ST北磁
7	601268	二重重装	2013-4-24	*ST二重
8	600381	ST贤成	2013-5-2	*ST贤成
9	600319	亚星化学	2013-5-2	*ST亚星
10	600444	国通管业	2013-5-2	*ST国通
11	600234	ST天龙	2013-5-2	*ST天龙
12	600074	中达股份	2013-5-2	*ST中达
13	600555	九龙山	2013-5-3	*ST九龙
14	900955	九龙山B	2013-5-3	*ST九龙B
15	600265	ST景谷	2013-5-3	*ST景谷
16	600617	ST联华	2013-5-3	*ST联华
17	900913	ST联华B	2013-5-3	*ST联华B
18	600769	ST祥龙	2013-5-3	*ST祥龙
19	600301	南化股份	2013-5-3	*ST南化
20	600556	ST北生	2013-5-3	*ST北生
21	600358	国旅联合	2013-5-3	*ST联合

2013年上证所上市公司地区分布

省市区	上市公司总数	比重(%)	2013年新上市公司数	比重(%)
安徽	29	3.04	0	0.00
北京	97	10.18	0	0.00
福建	30	3.15	0	0.00
甘肃	11	1.15	0	0.00
广东	43	4.51	0	0.00
广西	12	1.26	0	0.00
贵州	10	1.05	0	0.00
海南	8	0.84	0	0.00

省市区	上市公司总数	比重(%)	2013 年新上市公司数	比重(%)
河北	18	1.89	0	0.00
河南	25	2.62	0	0.00
黑龙江	23	2.41	0	0.00
湖北	37	3.88	0	0.00
湖南	20	2.10	0	0.00
吉林	18	1.89	0	0.00
江苏	79	8.29	0	0.00
江西	16	1.68	0	0.00
辽宁	28	2.94	0	0.00
内蒙	16	1.68	0	0.00
宁夏	4	0.42	0	0.00
青海	7	0.73	0	0.00
山东	49	5.14	0	0.00
山西	17	1.78	0	0.00
陕西	18	1.89	0	0.00
上海	148	15.53	0	0.00
四川	36	3.78	0	0.00
天津	19	1.99	0	0.00
西藏	6	0.63	0	0.00
新疆	21	2.20	0	0.00
云南	12	1.26	0	0.00
浙江	78	8.18	1	100.00
重庆	18	1.89	0	0.00

2013 年上海市场情况简介

数据截至 2013 - 12 - 31

			值	比年初±	增减(%)
指数	上证指数		2115.98	-153.15	-6.75
	上证 180		5040.27	-509.82	-9.19
	上证 380		3352.49	407.67	13.84
品种	上市公司家数		953	-1	-0.10
	股票	合计	997	-1	-0.10
		A 股家数	944	0	0.00
		B 股家数	53	-1	-1.85
	债券	合计	1731	672	63.46
		现货挂牌数	1686	665	65.13
		回购挂牌数	45	7	18.42
	基金	基金只数	58	17	41.46
		其中:ETF	47	18	62.07
规模	股票	市价总值(亿元)	151165	-7533	-4.75
		非限售股市值(亿元)	136526	2232	1.66
		发行股本(亿股)	25752	1134	4.61
		非限售股股本(亿股)	23731	4210	21.57
	债券	托管合计(亿元)	17144	6515	61.30
	基金	市值合计(亿元)	1269	321	33.81
		其中:ETF(亿元)	965	270	38.94
市盈率	股票市场		10.99	-1.31	-10.62
	上证 180		9.25	-1.61	-14.80
	上证 380		21.16	0.49	2.35
开户	投资者开户总数(万)		11442	472	4.31
	其中:A 股开户总数(万)		9097	255	2.89

			值	同比±	增减(%)
成交	股票	合计(亿元)	229609	65148	39.61
	债券	合计(亿元)	625839	246021	64.77
		现货(亿元)	15312	6869	81.36
		回购(亿元)	610527	239151	64.40
	基金	合计(亿元)	8989	5818	183.46
		其中:ETF(亿元)	6707	3680	121.59
筹融资	股票	筹资总额(亿元)	2516	-375	-12.96
		其中:IPO公司数(家)	0	-25	-100.00
		IPO筹资额(亿元)	0	-334	-100.00
	债券	融资总额(亿元)	3144	1156	58.14
		融资家数(家)	254	103	68.21

说明:债券融资统计证监会审批的债券。债券场外数据截至2013-11-29;偾券托管数据、开户数据截至2013-12-30。

2013年上证所债券市场综述

2013年,上海证券交易所(以下简称"上证所")债券市场发展较快,债券挂牌只数、托管量和交易量均达到历史高值。

截至2013年底,上证所债券挂牌1686只,较2012年底增加665只,增幅65%。债券托管量17219亿元,较2012年底增加6607亿元,增幅62%。其中,国债156只,托管量2308亿元;地方债62只,托管量17亿元;公司债(含企业债)1226只,托管量11634亿元;可转债18只,托管量1537亿元;分离交易可转债10只,托管量598亿元;中小企业私募债券164只,托管量207亿元;其他证券(含保险公司债、证券公司债和资产支持证券)50只,托管量918亿元。2012年发行且在上交所上市的国债33只,地方债24只,公司债505只,可转债4只,中小企业私募债125只,其他证券34只。

2013年上证所债券总成交63万亿元,比2012年增加25万亿,增幅65%,其中国债成交771.10亿元,公司债成交8940.49亿元,可转债成交4793.97亿元,分离交易可转债成交571.53亿元,债券回购成交610518.77亿元。从债券二级市场来看,2013年上证国债指数继续保持2012年以来的上涨行情,呈现稳定缓慢上行趋势。从2013年初到年底,上证国债指数从135.79点上涨至139.52点,较年初上涨3.73点,涨幅2.75%。

2013年信用债市场波动较大。受市场资金面趋紧影响,6月份,上证公司债指数出现下行走势,上证企业债指数上涨幅度有所降低;11月份,上证企业债指数与上证公司债指数进一步下行。上证企业债指数从年初的159.60点上涨至166.56点,上涨6.96点,涨幅4.36%;上证公司债指数从年初的142.04点上涨至146.15点,上涨4.11点,涨幅2.89%。

2013年上证所有序推进债券产品创新,大力推进债券市场建设:一是着力抓债券市场"上规模",全年债券市场挂牌量、托管量和交易量均创历史新高。二是有序推进债券市场产品创新。首推国债预发行交易业务,顺利实现首只政策性金融债——国开债发行试点,推动商业银行发行减记债。此外,积极推进资产支持证券、可交换债、保险公司基础设施债权计划等产品。三是完善债券市场基础设施,大力推进债券交易规则、机制及系统的整合工作。四是强化债券市场风险防范机制。建立动态风险监测、预警和处置机制,实行投资者适当性制度,同时持续优化债券操作机制。

下一步,上证所将抓住我国债券市场快速发展的良好机遇,继续扩大债券市场规模,加快债券产品创新,培育市场投资主体,不断完善债券交易机制和规则,同时强化债券风险防范和监控方式,促进债券市场健康发展。

2013年上证所基金市场状况

市场状况

2013年,上证所依据既定发展战略,按照"一所连百业,一市跨全球"的发展目标,采取了"产品链拓展、市场群开辟、流动性再造、运行机制优化、销售渠道重构、投资群体细分"等六项措施,积极稳妥地推进基金市场发展与创新。

一、市场创新取得新的突破

1. 推出了五类创新产品,场内基金配套格局基本完成

先后推出了货币ETF、申赎型货币基金、债券ETF、行业ETF、黄金ETF等五类创新产品。黄金ETF、申赎型货币基金、债券ETF极大地丰富了基金市场上市品种。行业ETF的纵深发展为市场提供多元化的配置工具。此外,纳斯达克ETF和标普500ETF的推出使跨境ETF真正实现国际化,向着"一市跨全球"的目标更进一步。

2. 新辟一个市场,显著增强基金持有人的收益

顺利推出了ETF质押式回购市场,为基金市场注入新的活力。自3月份基金质押式回购市场推出以来,全年回购交易量543亿元,运行平稳,极大满足了投资者的现金管理需求。

3. 创新交易机制,市场流动性显著提升

实现债券、黄金、货币三类ETF品种日内回转交易,实施以后运行良好。流动性服务商机制得到进一步推行和实施,已有中信证券、海通证券等16家证券公司为沪深300ETF、50ETF等21只ETF提供做市服务。

4. 确立多项场内基金产品创新的业务模式

确立了多项场内基金产品创新的业务模式和技术标准,创新成果获得社会广泛认可。我所黄金ETF、债券ETF、货币ETF、申赎型货币基金等产品业务模式为基金行业所广泛采用。黄金ETF、添富快线、国债ETF分别获得上海市政府颁发的2013年度上海金融创新奖一、二、三等奖。

五类创新产品概况

类别		基金代码	基金简称	净值规模（亿元）	净值水平（元）	日成交额（亿元）
ETF	货币 ETF	511990	华宝添益	52.80	100.05	73.35
		511880	银华日利	6.12	103.17	3.46
	债券 ETF	511010	国债 ETF	8.91	96.29	2.70
		511210	企债 ETF	16.91	98.89	0.01
	黄金 ETF	518800	国泰黄金	0.41	2.38	0.11
		518880	黄金 ETF	2.43	2.38	0.10
	跨境 ETF	510900	H 股 ETF	1.22	0.99	0.00
		513100	纳指 ETF	0.59	1.16	0.01
		513500	标普 500	6.43	1.01	未上市
申赎型货币基金		519898	现金宝 A	26.34	0.01	5.42
		519888	添富快线	87.40	0.01	29.56
		519800	保证金 A	6.17	0.01	0.52
		519858	广发宝 A	59.42	0.01	14.87

注：截至 2013 年底。

二、市场规模和交易量均创历史新高

业务创新给上证所基金市场注入新的活力，市场规模和交易量均创出历史新高（如下表所示）。

上证所基金市场概况

		数量	市值（亿元）	交易量（亿元）
ETF	股票 ETF	43	937	5342
	债券 ETF	2	26	1332
	黄金 ETF	2	4	33
	货币 ETF	2	59	2050
	小计	49	1026	8757
申赎型货币基金		7	213	10443
ETF 回购交易		2	——	543
封闭式基金		9	243	232
上证基金通		224	2205	——

注：截至 2013 年底。

截至 2013 年底，上证所基金挂牌 291 只，同比增长 104.9%。其中，ETF 挂牌 49 只，较 2012 年底增加 20 只，增幅为 68.97%；申赎型货币基金挂牌 7 只，均为 2013 年新增；上证基金通挂牌 224 只，较 2012 年底增加 121 只，增幅为 117.48%。

截至 2013 年底，上证所基金市场整体市值规模为 3687 亿元，同比增长 32.67%。其中，ETF 整体市值达到 1026 亿元，较 2012 年底增加 332 亿元，增幅为 47.84%；上证基金通整体市值达到 2205 亿元，较 2012 年底增加 367 亿元，增幅为 19.96%。

2013 年，上证所基金市场整体交易量为 19975 亿元，较 2012 年增加 16792 亿元，增幅为 527.55%。其中，ETF 整体交易量为 8757 亿元，较 2012 年增加 5731 亿元，增幅为 189.39%；新上市的申赎型货币基金整体交易量达到 10443 亿元。

三、优化运营机制，降低市场风险

制订《基金安全运营管理办法》，规范内部基金运营操作，保障基金运营工作安全。研究推动基金信息披露直通车以及基金业务全程电子化办公系统建设，明确相关需求。

优化 ETF 赎回机制，允许 ETF 基金使用当日投资者申购和当日买入的股票应对当日的赎回，有效避免了 ETF 由于库存成分股不足而引起的赎回失败的情况。研究完善融资买入监控指标，对外发布通知，纠正了 ETF 易于被频繁暂停融资买入的情况，更好地防范了融资融券交易操纵风险。

四、加强市场推广，普及基金投资知识

开展一系列“上证所 ETF 理财规划师”培训，促进从业人员 ETF 业务能力提升，初步建立起一支上千人的 ETF 专业投资顾问队伍，覆盖了近 50 家会员的 330 余家营业部。与《新闻晨报》《每日经济新闻》等媒体合作设立“上证所 ETF 投资讲堂”专栏，形成了一套长效的知识普及、宣传的媒体窗口。编写《ETF 投资：从入门到精通》一书，为 ETF 培训、宣传和推广提供了较为实用、可靠的资料。截至 2013 年底，上证所 ETF 持有人数有显著提高，同比增长逾 50%。

上证所会员及非会员机构

会员概况

截至 2013 年底，上证所共有会员 111 家，与 2012 年会员家数相同。会员营业部 5970 家，较 2012 年新增加 684 家。会员及非会员共持有席位 5363 个，共开通交易单元 9417 个，较 2012 年新增 1039 个。

注册资本：注册资本 10 亿元以下（含 10 亿元）的 36 家、10 亿元以上—20 亿元（含 20 亿元）的 33 家、20 亿元以上—30 亿元（含 30 亿元）的 19 家、30 亿元以上—50 亿元（含 50 亿元）的 9 家、50 亿元以上的 14 家。

上市情况：上市会员共 19 家，其中在上证所上市会员共 11 家。

非会员机构概况

非会员机构主要包括基金管理公司、保险公司、保险资产管理公司、上市商业银行等参与上证所业务的机构。截至 2013 年底，参与上证所业务的基金管理公司 87 家，保险公司共 30 家、保险资产管理公司共 12 家、上市商业银行共 16 家。

2013 年上海市场回顾

交易概况

2013 年上海证券交易所各类证券成交总额 865098.34 亿元，同比增加 58.0%。其中，股票成交总额 230266.03 亿元，占证券成交总额的 26.62%；债券成交 625839.41 亿元，占证券成交总额的 72.34%；基金成交 8989.48 亿元，占证券成交总额的 0.01%。日均股票成交 967.50 亿元，同比增加 42.88%；日均债券成交 2629.58 亿元，同比增长 68.24%；日均基金成交 37.77 亿元，同比增长 189.43%。

2013 年，上证 50 指数开盘 1885.96 点，最高 2088.45 点，最低 1422.98 点，年底收于 1574.78 点，跌幅 15.23%。上证 180 指数开盘 5620.77 点，最高 6147.77 点，最低 4398.96 点，年底收于 5040.27 点，跌幅 9.19%。上证综指开盘 2289.51 点，最高 2444.80 点，最低 1849.65 点，年底收于 2115.98 点，跌幅 6.75%。

截至 2013 年底，上海证券交易所投资者开户数 11444 万户。

证券发行与上市

截至 2013 年底，上海证券交易所共有上市公司 953 家，2013 年新上市 1 家。上市股票数 997 只。股票市价总值 151165.27 亿元，跌幅 4.75%；流通市值 136526.38 亿元，涨幅 1.66%。上市公司总股本 25751.69 亿股，流通股本 23731.13 亿股，流通股本占总股本的 92.15%。

2013 年上海证券交易所股票市价总值、总成交金额、融资额在全球主要交易所中分别排名第 7、5、6 位。

第三节 深圳证券交易所

2013年深圳证券市场概况

截至2013.12.31

指标名称	数值	比年初±	增减(%)
上市公司数	1536	-4	-0.26
上市证券数	2328	138	6.30
总股本(亿股)	8070.35	854.35	11.84
流通股本(亿股)	6265.99	1009.10	19.20
总市值(亿元)	87911.92	16252.74	22.68
流通市值(亿元)	63053.16	15689.35	33.13
总市值占GDP比重	16.94	1.79	11.82
深证成份指数	8121.79	-994.69	-10.91
深证综合指数	1057.67	176.50	20.03
深证B股指数	868.11	156.88	22.06
加权平均股价(元/股)	10.89	0.96	9.66
平均市盈率	27.76	5.74	26.07
投资者开户总数(万)	11083.07	511.98	4.84
其中:机构开户总数	38.04	2.57	7.25
指标名称	数值	同比±	增减(%)
本年累计股票成交金额(亿元)	238462.58	88340.17	58.85
本年累计基金成交金额(亿元)	5796.68	844.19	17.05
本年累计债券成交金额(亿元)	52412.20	28827.41	122.23
本年累计股票筹资额(亿元)	1761.96	-284.48	-13.90
本年累计股票交易印花税(亿元)	238.46	88.34	58.85
本年累计新增投资者开户数(万)	528.50	66.03	14.28
其中:机构开户总数	3.00	0.51	20.48

2013年中小企业板市场概况

截至2013.12.31

指标名称	数值	比年初±	增减(%)
上市公司数	701	-	-
总股本(亿股)	2818.48	408.23	16.94
流通股本(亿股)	2052.99	566.60	38.12
总市值(亿元)	37163.74	8359.71	29.02
流通市值(亿元)	25543.70	9299.55	57.25
中小板指数P	4979.86	743.26	17.54
加权平均股价(元/股)	13.19	1.24	10.37
平均市盈率	34.07	8.65	34.03
指标名称	数值	同比±	增减(%)
本年累计成交金额(亿元)	100224.40	38332.95	61.94
本年累计筹资额(亿元)	536.63	-234.30	-30.39
本年累计交易印花税(亿元)	100.22	38.33	61.93

2013 年创业板市场概况

截至 2013.12.31

指标名称	数值	比年初±	增减(%)
上市公司数	355	-	-
总股本(亿股)	761.56	160.67	26.74
流通股本(亿股)	430.01	187.96	77.65
总市值(亿元)	15091.98	6360.78	72.85
流通市值(亿元)	8218.83	4883.54	146.42
创业板指数 P	1304.44	590.58	82.73
加权平均股价(元/股)	19.82	5.29	36.40
平均市盈率	55.21	23.20	72.48
指标名称	数值	同比±	增减(%)
本年累计成交金额(亿元)	51181.94	27877.31	119.62
本年累计筹资额(亿元)	78.72	-291.69	-78.75
本年累计交易印花税(亿元)	51.18	27.88	119.66

2013 年度深市成交概况

2013 年1 月-12 月份	交易日数	成交金额		成交数量		成交笔数	
		人民币元	占总计%	数量	单位	笔	占总计%
股票	238	23,846,258,190,097	80.38	2,165,382,044,859	股	1,289,442,523	92.95
主板 A 股	238	8,630,686,724,781	29.09	1,023,975,463,966	股	471,969,632	34.02
中小板	238	10,022,440,089,267	33.78	824,591,505,454	股	565,463,207	40.76
创业板	238	5,118,193,775,687	17.25	303,583,100,232	股	245,937,585	17.73
主板 B 股	238	74,937,600,362	0.25	13,231,975,207	股	6,072,099	0.44
基金	238	579,667,661,605	1.95	753,675,013,626	基金单位	19,115,011	1.38
ETFs	238	225,580,466,405	0.76	247,568,344,841	基金单位	3,703,729	0.27
LOFS	238	17,302,444,778	0.06	18,531,643,587	基金单位	697,173	0.05
分级基金	238	316,387,668,011	1.07	462,653,551,350	基金单位	13,179,564	0.95
封闭基金	238	20,397,082,410	0.07	24,921,473,848	基金单位	1,534,545	0.11
债券	238	5,241,220,229,505	17.67	52,392,351,411	张	78,649,163	5.67
国债	238	3,264,863,513	0.01	33,461,154	张	13,924	0
公司债	238	149,324,059,084	0.5	1,500,923,049	张	1,099,151	0.08
企业债	238	22,408,262,923	0.08	218,007,253	张	164,020	0.01
可转债	238	16,616,030,985	0.06	143,889,825	张	284,890	0.02
债券回购	238	5,049,607,013,000	17.02	50,496,070,130	张	77,087,178	5.56
权证		0	0	0	份	0	0
合计	238	29,667,146,081,207	100	2,971,449,409,896		1,387,206,697	100

2013 年末深交所股票行业分布

行业名称	股票数(只)	成交金额(元)	成交量	总股本	总市值	流通股本	流通市值
农林牧渔	26	1,237,972,356	99,123,903	9,144,736,212	109,923,946,179	7,590,157,925	90,428,433,703
采矿业	26	1,511,073,239	170,395,033	28,153,722,673	195,218,459,566	20,157,266,142	138,072,594,174
制造业	1106	60,741,716,990	4,893,091,127	501,977,538,278	5,756,472,015,857	387,515,261,605	4,077,887,524,176
水电煤气	34	1,478,483,280	251,758,548	32,415,686,684	200,926,015,712	23,723,608,729	145,735,971,805
建筑业	32	1,432,696,400	116,941,637	16,595,900,413	207,282,581,260	12,381,784,405	148,621,469,529
批发零售	66	3,537,396,871	420,657,101	34,184,358,062	322,487,821,783	28,811,062,109	262,813,217,919
运输仓储	27	778,089,657	99,637,594	14,627,676,896	95,573,388,617	12,862,114,518	81,247,077,355
住宿餐饮	11	230,138,405	24,833,293	3,795,858,772	27,208,954,834	3,270,243,799	23,324,533,455
信息技术	98	7,929,268,596	370,094,368	26,708,113,315	548,813,184,843	17,832,615,922	343,349,640,372
金融业	11	3,266,405,573	289,369,802	33,530,551,667	363,055,609,965	27,121,064,238	289,108,740,337
房地产	74	3,127,848,246	499,019,591	70,219,803,588	434,967,665,447	62,237,994,665	372,102,285,712
商务服务	14	1,099,969,303	84,941,983	9,252,486,949	127,521,741,184	6,685,710,550	91,110,815,951
科研服务	11	913,437,753	49,672,732	2,628,354,790	47,498,384,390	1,692,971,655	29,399,599,090
公共环保	19	952,794,819	82,726,142	13,311,228,357	166,418,958,183	7,240,477,248	98,338,990,382

行业名称	股票数(只)	成交金额(元)	成交量	总股本	总市值	流通股本	流通市值
卫生	2	95,333,940	2,750,892	552,220,500	20,518,303,845	400,857,644	14,169,713,102
文化传播	13	2,358,639,715	93,610,225	6,625,444,428	140,062,601,133	3,799,344,589	72,606,318,233
综合	7	352,998,192	39,781,593	3,311,727,884	27,242,808,458	3,276,791,736	26,999,129,411
总计	1577	91,044,263,335	7,588,405,564	807,035,409,468	8,791,192,441,256	626,599,327,479	6,305,316,054,704

2013 年末深交所证券类别统计

证券类别	数量(只)	成交金额(元)	成交量	总股本	总市值	流通股本	流通市值
股票	1577	91,044,263,336	7,588,405,564	807,035,409,468	8,791,192,441,256	626,599,327,479	6,305,316,054,704
主板 A 股	468	25,556,233,276	3,076,465,304	435,318,035,039	3,474,061,590,241	364,706,956,486	2,838,539,374,206
主板 B 股	53	130,646,305	29,724,186	13,713,353,147	91,559,069,966	13,593,056,742	90,523,836,020
中小板	701	39,315,823,565	3,001 600,640	281,847,715,912	3,716,373,928,049	205,298,552,176	2,554,370,068,489
创业板	355	26,041,560,190	1,480 615,434	76,156,305,370	1,509,197,853,000	43,000,762,075	821,882,775,989
基金	291	2,074,530,079	2,540 544,744	144,239,918,435	135,426,450,275	144,001,961,761	135,219,881,854
LOF	116	64,921,156	69,451,063	16,169,995,543	14,907,652,977	16,122,038,869	14,861,954,556
ETF	32	861,518,857	954,878,370	47,842,769,871	54,656,012,170	47,842,769,871	54,656,012,170
分级基金	133	1,057,634,201	1,405,347,068	54,227,153,021	43,676,785,128	54,227,153,021	43,676,785,128
封闭式基金	10	90,455,865	110,868,243	26,000,000,000	22,186,000,000	25,810,000,000	22,025,130,000
债券	460	28,089,751,741	281,068,567				
国债	218	1,454,653	15,359				
公司债	192	875,120,553	8,996,904	195,714,942,300	192,131,043,568	195,714,942,300	192,131,043,568
企业债	33	97,666,518	972,498	48,310,000,000	47,309,060,590	19,322,403,100	18,936,921,582
债券回购	9	26,926,680,000	269,266,800				
可转换债券	8	188,830,018	1,817,006	6,866,220,200	7,199,491,051	6,866,220,200	7,199,491,051

2013 年深市成交最活跃的二十种股份(股数)

名次	代码	股份名称	成交股数(股)	成交金额(元)	占总成交股数%
1	000100	TCL 集团	3,447,979,598	8,132,096,284	1.8803
2	002024	苏宁云商	2,562,086,952	24,742,342,461	1.3972
3	000725	京东方 A	2,475,194,607	5,282,358,136	1.3498
4	000897	津滨发展	2,215,033,352	12,714,055,364	1.2079
5	300027	华谊兄弟	1,773,122,685	53,311,901,973	0.9669
6	000002	万科 A	1,325,826,710	11,001,440,791	0.7230
7	000001	平安银行	1,242,745,739	15,826,572,691	0.6777
8	002170	芭田股份	1,207,632,435	8,511,829,451	0.6586
9	300185	通裕重工	1,175,477,068	5,941,122,406	0.6410
10	000598	兴蓉投资	1,157,581,476	6,878,977,825	0.6313
11	000709	河北钢铁	992,277,770	2,031,065,689	0.5411
12	000157	中联重科	881,566,292	5,029,801,762	0.4807
13	000750	国海证券	866,766,777	9,974,020,969	0.4727
14	000088	盐田港	852,516,415	5,343,858,058	0.4649
15	000776	广发证券	823,507,114	10,633,386,267	0.4491
16	000783	长江证券	803,858,894	8,207,274,524	0.4384
17	000629	攀钢钒钛	802,537,285	1,789,976,100	0.4376
18	000063	中兴通讯	793,097,167	11,872,506,206	0.4325
19	002008	大族激光	725,860,633	9,387,477,447	0.3958
20	300111	向日葵	711,959,172	2,551,867,486	0.3883
总额			26,836,628,141	219,163,931,889	14.6348
市场总额			183,375,534,700	2,129,050,196,867	100.0000

2013 年深市成交最活跃的二十种股份(金额)

名次	代码	股份名称	成交股数(股)	成交金额(元)	占总成交股数%
名次	代码	股份名称	成交股数(股)	成交金额(元)	占总成交金额%
1	300027	华谊兄弟	1,773,122,685	53,311,901,973	2.5040

名次	代码	股份名称	成交股数(股)	成交金额(元)	占总成交股数%
2	002024	苏宁云商	2,562,086,952	24,742,342,461	1.1621
3	000001	平安银行	1,242,745,739	15,826,572,691	0.7434
4	300191	潜能恒信	437,340,547	13,986,612,624	0.6569
5	300315	掌趣科技	432,678,860	13,504,930,209	0.6343
6	000897	津滨发展	2,215,033,352	12,714,055,364	0.5972
7	000063	中兴通讯	793,097,167	11,872,506,206	0.5576
8	300251	光线传媒	288,358,569	11,129,138,041	0.5227
9	000002	万科A	1,325,826,710	11,001,440,791	0.5167
10	000651	格力电器	333,218,559	10,800,350,798	0.5073
11	000776	广发证券	823,507,114	10,633,386,267	0.4994
12	300104	乐视网	273,020,064	10,313,533,503	0.4844
13	000750	国海证券	866,766,777	9,974,020,969	0.4685
14	002199	东晶电子	661,818,182	9,754,147,050	0.4581
15	002008	大族激光	725,860,633	9,387,477,447	0.4409
16	000917	电广传媒	537,944,541	8,829,267,793	0.4147
17	002465	海格通信	421,863,108	8,531,724,671	0.4007
18	002170	芭田股份	1,207,632,435	8,511,829,451	0.3998
19	002428	云南锗业	596,013,544	8,428,186,666	0.3959
20	002681	奋达科技	148,061,915	8,311,693,274	0.3904
总额			17,665,997,453	271,565,118,247	12.7552
市场总额			183,375,534,700	2,129,050,196,867	100.0000

2013 年深市创业板上市公司年报主要财务指标

截止日期:2014 年 4 月 30 日

股票代码	股票简称	净利润(万元)	每股收益(元)	每股净资产(元)	每股经营性现金流量(元)	分配预案
300001	特锐德	11837.07	0.59	6.4088	0.3206	10 转增 10 股派 1.5 元(含税)
300002	神州泰岳	51754.42	0.8434	5.8315	0.5907	10 转增 10 股派 2.5 元(含税)
300003	乐普医疗	36164.55	0.4454	3.4822	0.4061	10 派 1.3 元(含税)
300004	南风股份	4635.63	0.25	4.6466	0.2963	不分配不转增
300005	探路者	24880.38	0.5873	2.4324	0.5135	10 送 2 股派 2.5 元(含税)
300006	莱美药业	6080.86	0.32	5.442	0.3702	10 派 1 元(含税)
300007	汉威电子	3977.02	0.34	5.4497	0.66	10 派 0.5 元(含税)
300008	上海佳豪	1198.73	0.055	2.3895	0.4037	10 派 0.5 元(含税)
300009	安科生物	8987.01	0.3759	2.7301	0.2199	10 转增 2 股派 2 元(含税)
300010	立思辰	6246.76	0.2389	3.1509	0.1566	10 派 0.3 元(含税)
300011	鼎汉技术	5694.40	0.2463	3.3684	0.0767	10 转增 8 股派 0.6 元(含税)
300012	华测检测	14964.52	0.41	2.6316	0.643	10 派 1 元(含税)
300013	新宁物流	491.25	0.05	3.7326	0.2854	10 转增 10 股派 0.2 元(含税)
300014	亿纬锂能	16073.83	0.81	4.4615	1.1398	10 转增 10 股
300015	爱尔眼科	22349.56	0.52	3.8508	0.9538	10 转增 5 股派 1.5 元(含税)
300016	北陆药业	6597.17	0.22	1.831	0.1354	10 派 1 元(含税)
300017	网宿科技	23711.20	1.53	7.261	1.758	10 转增 10 股派 2 元(含税)
300018	中元华电	3863.62	0.2	3.678	0.2426	10 派 1 元(含税)
300019	硅宝科技	7009.77	0.43	3.313	0.3458	10 派 2 元(含税)
300020	银江股份	14565.56	0.6	3.9697	-0.0393	10 派 0.5 元(含税)
300021	大禹节水	1710.42	0.06	1.7044	0.114	10 派 0.6 元(含税)
300022	吉峰农机	-14413.35	-0.4033	1.309	-0.3133	不分配不转增
300023	宝德股份	-1105.41	-0.12	3.6037	-0.0124	不分配不转增
300024	机器人	24986.14	0.84	5.4264	-0.0916	10 送 6 转增 6 股派 1.5 元(含税)
300025	华星创业	6284.87	0.36	3.0679	0.0465	10 派 0.5 元(含税)
300026	红日药业	33953.65	0.91	4.5207	0.384	10 转增 5 股派 1 元(含税)
300027	华谊兄弟	66540.23	0.55	3.26	0.42	10 派 1 元(含税)
300028	金亚科技	-12136.57	-0.46	2.2966	-0.1509	不分配不转增
300029	天龙光电	-13005.91	-0.6503	2.9354	-0.6896	不分配不转增
300030	阳普医疗	4611.99	0.31	4.624	0.2999	10 转增 10 股派 0.5 元(含税)

股票代码	股票简称	净利润(万元)	每股收益(元)	每股净资产(元)	每股经营性现金流量(元)	分配预案
300031	宝通带业	10214.62	0.68	5.2995	1.0224	10 转增 10 股派 3 元(含税)
300032	金龙机电	2116.13	0.07	2.915	-0.0602	不分配不转增
300033	同花顺	2192.19	0.16	8.4754	0.6117	10 转增 10 股派 0.6 元(含税)
300034	钢研高纳	8665.67	0.4088	4.7854	0.2651	10 转增 5 股派 1.6 元(含税)
300035	中科电气	7162.78	0.4	4.6329	0.0796	10 转增 3 股派 2 元(含税)
300036	超图软件	5476.56	0.456	5.1167	0.4727	10 派 1 元(含税)
300037	新宙邦	12547.11	0.73	7.3122	0.693	10 派 2.5 元(含税)
300038	梅泰诺	5032.29	0.32	6.2643	-0.8249	10 派 0.35 元(含税)
300039	上海凯宝	31881.54	0.61	3.0529	0.5137	10 转增 2 股派 2.6 元(含税)
300040	九洲电气	907.52	0.03	4.5115	-0.0726	10 派 0.5 元(含税)
300041	回天新材	8890.92	0.5262	5.7886	0.0392	10 派 1.6 元(含税)
300042	朗科科技	592.93	0.0444	6.0766	0.1836	不分配不转增
300043	互动娱乐	13425.60	0.56	4.214	0.2421	10 转增 10 股派 1 元(含税)
300044	赛为智能	2943.60	0.13	2.7516	0.0098	10 派 0.2 元(含税)
300045	华力创通	1434.73	0.05	2.8313	-0.0577	10 派 0.1 元(含税)
300046	台基股份	4017.24	0.2827	5.8423	0.5056	10 派 4 元(含税)
300047	天源迪科	12218.04	0.39	3.643	-0.0606	10 派 0.35 元(含税)
300048	合康变频	4446.68	0.13	4.4194	-0.0821	10 派 0.5 元(含税)
300049	福瑞股份	490.54	0.04	5.7081	0.2254	不分配不转增
300050	世纪鼎利	-6923.60	-0.32	6.5368	0.0702	不分配不转增
300051	三五互联	1375.61	0.04	1.574	0.1467	10 派 0.5 元(含税)
300052	中青宝	5102.73	0.2	3.6376	0.4162	10 派 0.2 元(含税)
300053	欧比特	2801.45	0.14	3.1803	0.0606	10 派 0.25 元(含税)
300054	鼎龙股份	7463.70	0.27	3.5502	0.2877	10 转增 5 股派 0.5 元(含税)
300055	万邦达	14054.60	0.6143	8.0547	0.3638	10 派 1.5 元(含税)
300056	三维丝	4953.75	0.53	4.5255	0.5548	10 转增 6 股派 2 元(含税)
300057	万顺股份	14435.46	0.3421	3.7682	0.2337	10 派 0.8 元(含税)
300058	蓝色光标	43904.67	1.04	8.115	0.3225	10 转增 10 股派 2 元(含税)
300059	东方财富	500.13	0.01	2.5136	0.7084	10 转增 8 股派 0.2 元(含税)
300061	康耐特	2096.35	0.2184	4.1303	0.2562	10 送 1 转增 5 股派 0.25 元(含税)
300062	中能电气	3993.97	0.26	4.7894	0.241	不分配不转增
300063	天龙集团	1440.41	0.14	6.4344	-0.6285	10 转增 10 股派 1 元(含税)
300064	豫金刚石	9426.21	0.155	2.3152	0.0316	10 派 0.16 元(含税)
300065	海兰信	1188.72	0.11	5.5761	-0.1392	10 转增 10 股派 0.5 元(含税)
300066	三川股份	10090.19	0.65	6.4786	0.6075	10 转增 6 股派 1 元(含税)
300067	安诺其	4772.66	0.3	4.8233	-0.1645	10 转增 10 股派 1 元(含税)
300068	南都电源	13013.28	0.22	4.7138	0.1306	10 派 1 元(含税)
300069	金利华电	2357.57	0.2	4.0986	0.7528	10 派 0.5 元(含税)
300070	碧水源	83991.02	0.95	5.431	0.7562	10 转增 2 股派 0.71 元(含税)
300071	华谊嘉信	6348.28	0.4	3.3419	-0.4162	10 转增 10 股派 0.5 元(含税)
300072	三聚环保	20459.30	0.4	2.9409	0.059	10 派 0.6 元(含税)
300073	当升科技	970.35	0.0606	5.2845	-0.4577	10 派 0.15 元(含税)
300074	华平股份	10239.31	0.465	4.5589	0.4904	10 转增 5 股派 1 元(含税)
300075	数字政通	9403.60	0.75	8.2358	0.1077	10 转增 5 股派 2 元(含税)
300076	GQY 视讯	744.66	0.07	10.0447	-0.0109	10 转增 10 股派 1 元(含税)
300077	国民技术	468.51	0.02	9.9514	0.0668	10 派 0.15 元(含税)
300078	中瑞思创	8579.56	0.51	6.9446	0.1738	10 派 5 元(含税)
300079	数码视讯	13676.72	0.4	7.838	0.2057	10 转增 10 股派 1 元(含税)
300080	新大新材	7569.18	0.1984	6.3491	-0.0991	10 派 0.4 元(含税)
300081	恒信移动	-5444.96	-0.41	5.7604	0.3693	不分配不转增
300082	奥克股份	8106.79	0.24	8.4005	0.3325	10 派 1.5 元(含税)
300083	劲胜精密	12750.01	0.64	7.0858	2.0578	10 派 1 元(含税)
300084	海默科技	2250.36	0.1758	4.9155	0.5505	10 派 0.5 元(含税)
300085	银之杰	1444.67	0.1199	4.3028	-0.0341	10 转增 10 股派 0.5 元(含税)
300086	康芝药业	1485.29	0.0743	8.6352	0.3946	10 转增 5 股派 2 元(含税)
300087	荃银高科	773.69	0.07	5.4858	0.0975	10 转增 5 股派 1.5 元(含税)

股票代码	股票简称	净利润(万元)	每股收益(元)	每股净资产(元)	每股经营性现金流量(元)	分配预案
300088	长信科技	26352.99	0.54	3.3894	0.2468	10派1元(含税)
300089	长城集团	359.97	0.02	5.2098	0.0556	不分配不转增
300090	盛运股份	17472.39	0.65	6.2578	0.0671	10转增8股
300091	金通灵	254.60	0.0122	3.8239	-0.1755	10派0.1元(含税)
300092	科新机电	-2906.60	-0.32	5.5181	-0.1216	不分配不转增
300093	金刚玻璃	1167.84	0.05	3.9684	0.1419	10派0.06元(含税)
300094	国联水产	5648.68	0.161	4.3908	-0.4585	不分配不转增
300095	华伍股份	6611.06	0.6568	7.3829	-0.3257	10转增10股派1元(含税)
300096	易联众	4040.50	0.23	3.8007	0.1774	10派1元(含税)
300097	智云股份	2808.35	0.23	3.6319	0.0707	10派0.25元(含税)
300098	高新兴	5374.26	0.3	4.6861	-0.7497	10派0.3元(含税)
300099	尤洛卡	6761.31	0.33	3.6818	0.2082	10派1元(含税)
300100	双林股份	10264.10	0.37	3.5172	0.4002	10派1.2元(含税)
300101	振芯科技	-1533.15	-0.06	2.5568	0.0707	不分配不转增
300102	乾照光电	10546.85	0.36	6.0597	0.4753	10派2元(含税)
300103	达刚路机	6394.50	0.3	3.6701	0.0045	10派1元(含税)
300104	乐视网	25500.97	0.32	2.0033	0.2202	10派0.33元(含税)
300105	龙源技术	19198.64	0.67	7.0934	0.3615	10转增8股派1.5元(含税)
300106	西部牧业	2717.70	0.23	5.2374	-0.2892	10转增4股派0.25元(含税)
300107	建新股份	3613.33	0.27	6.1825	0.3993	10转增10股派0.8元(含税)
300108	双龙股份	2716.12	0.2	2.9438	0.1341	10派1元(含税)
300109	新开源	2016.51	0.18	3.2731	0.2012	10派0.6元(含税)
300110	华仁药业	12151.94	0.28	3.2549	0.0887	10转增5股派1元(含税)
300111	向日葵	4060.67	0.04	1.0361	0.0623	不分配不转增
300112	万讯自控	3363.77	0.21	2.9138	0.2058	10转增5股派0.65元(含税)
300113	顺网科技	10249.96	0.78	6.65	1.0864	10转增12股派2.5元(含税)
300114	中航电测	4769.73	0.31	5.3093	0.109	10派1元(含税)
300115	长盈精密	22167.03	0.86	6.5361	1.1758	10转增10股派1元(含税)
300116	坚瑞消防	482.79	0.0302	2.9894	-0.0642	10转增5股派0.1元(含税)
300117	嘉寓股份	6101.31	0.28	5.85	-1.09	10转增5股派0.35元(含税)
300118	东方日升	7565.27	0.14	3.59	-0.1542	不分配不转增
300119	瑞普生物	15195.89	0.7835	8.3084	0.4573	10转增10股派2元(含税)
300120	经纬电材	3335.38	0.1959	3.5776	-0.1304	10转增2股派1元(含税)
300121	阳谷华泰	1576.34	0.1123	3.2276	0.2531	10转增10股派0.6元(含税)
300122	智飞生物	13034.78	0.33	5.9731	0.5539	10转增10股派2元(含税)
300123	太阳鸟	6107.82	0.44	6.5433	-0.4893	10送0.5转增10股派0.5元(含税)
300124	汇川技术	56022.87	1.44	7.9005	1.163	10转增10股派10元(含税)
300125	易世达	2180.86	0.18	9.1905	0.5945	10派0.3元(含税)
300126	锐奇股份	5846.08	0.3857	6.4663	0.124	10转增10股派0.5元(含税)
300127	银河磁体	5527.65	0.34	6.0638	0.2149	10转增10股派3元(含税)
300128	锦富新材	9695.98	0.24	3.3133	0.0661	10派0.5元(含税)
300129	泰胜风能	7740.47	0.24	4.4584	0.202	10派0.5元(含税)
300130	新国都	5494.01	0.48	9.0376	0.3091	10派1元(含税)
300131	英唐智控	-905.09	-0.04	2.5463	-0.7307	10派0.5元(含税)
300132	青松股份	3476.98	0.1802	2.9516	0.2333	10派0.6元(含税)
300133	华策影视	25826.47	0.45	3.0303	-0.1029	10派0.4元(含税)
300134	大富科技	5531.40	0.17	6.8582	0.687	不分配不转增
300135	宝利沥青	9544.86	0.186	2.1884	-1.1063	10派0.5元(含税)
300136	信维通信	-6561.20	-0.4865	4.579	-0.2264	10转增10股
300137	先河环保	6011.93	0.3	4.7717	0.3279	10转增6股派0.5元(含税)
300138	晨光生物	1049.40	0.0584	5.4985	-0.2031	10派0.1元(含税)
300139	福星晓程	6540.80	0.6	10.7122	-0.1186	10派1元(含税)
300140	启源装备	914.37	0.07	6.4945	-0.1175	10派1元(含税)
300141	和顺电气	6267.30	0.38	3.8577	-0.0026	10派1元(含税)
300142	沃森生物	4789.31	0.27	15.2365	-0.6763	10转增3股派0.5元(含税)
300143	星河生物	-16315.90	-1.11	4.0685	0.0923	不分配不转增

股票代码	股票简称	净利润(万元)	每股收益(元)	每股净资产(元)	每股经营性现金流量(元)	分配预案
300144	宋城演艺	30842.39	0.55	5.623	0.7697	10派1元(含税)
300145	南方泵业	15909.35	1.1	8.7451	1.3102	10转增8股派2元(含税)
300146	汤臣倍健	42168.63	1.29	6.8056	1.9096	10转增10股派10元(含税)
300147	香雪制药	15824.26	0.4	4.0949	0.8376	10转增3股派1.6元(含税)
300148	天舟文化	2032.40	0.13	3.5284	0.3055	10转增5股派0.5元(含税)
300149	量子高科	3973.18	0.2	3.2169	0.2305	10转增5股派0.6元(含税)
300150	世纪瑞尔	6452.90	0.24	5.1102	0.1325	10派2元(含税)
300151	昌红科技	3544.69	0.35	7.316	0.908	10转增10股派1元(含税)
300152	燃控科技	4634.00	0.19	5.9443	-0.7587	10派0.3元(含税)
300153	科泰电源	2012.64	0.13	5.769	0.4006	10派1元(含税)
300154	瑞凌股份	9354.09	0.42	6.3898	0.7618	10派2元(含税)
300155	安居宝	10147.61	0.56	6.0753	0.3041	10转增10股派2.8元(含税)
300156	天立环保	-15203.75	-0.53	4.8461	-1.9046	不分配不转增
300157	恒泰艾普	13135.28	0.35	5.4341	0.2277	10转增5股派0.4元(含税)
300158	振东制药	7401.72	0.26	6.7567	-0.2606	10派1元(含税)
300159	新研股份	10175.93	0.56	5.7126	0.8018	10转增10股派2元(含税)
300160	秀强股份	3721.79	0.1992	5.6627	0.163	10派0.5元(含税)
300161	华中数控	1005.60	0.0933	7.9025	0.6916	10转增5股派0.3元(含税)
300162	雷曼光电	1743.09	0.13	5.4878	-0.2589	10派1元(含税)
300163	先锋新材	2188.46	0.28	8.3242	0.7017	10转增10股派1元(含税)
300164	通源石油	3254.08	0.14	4.9478	-0.347	10转增6股派0.5元(含税)
300165	天瑞仪器	5583.75	0.36	9.3789	-0.0997	10派1.2元(含税)
300166	东方国信	9023.64	0.73	7.4686	-0.31	10转增10股
300167	迪威视讯	521.52	0.03	3.4971	0.121	10转增5股
300168	万达信息	14671.32	0.6106	5.7713	0.0482	10转增10股派1元(含税)
300169	天晟新材	-6970.55	-0.2485	3.0828	-0.2385	不分配不转增
300170	汉得信息	14606.24	0.55	5.0436	0.2392	10转增10股派1.5元(含税)
300171	东富龙	26636.29	1.28	11.3265	1.6296	10转增5股派5元(含税)
300172	中电环保	6907.07	0.53	6.6783	0.6217	10转增3股派1.5元(含税)
300173	松德股份	-2173.17	-0.19	4.7258	0.0003	不分配不转增
300174	元力股份	541.60	0.0398	3.6582	-0.0728	10派0.5元(含税)
300175	朗源股份	1748.10	0.037	1.5343	-0.0674	10派0.1元(含税)
300176	鸿特精密	2604.71	0.2428	5.2215	1.7417	10派1元(含税)
300177	中海达	10778.31	0.54	4.6329	0.3304	10转增10股派1元(含税)
300178	腾邦国际	9099.06	0.74	9.2445	-0.4305	10转增10股派1.5元(含税)
300179	四方达	3290.29	0.15	3.1909	0.233	10派0.5元(含税)
300180	华峰超纤	8984.63	0.57	8.3689	0.3696	10派1元(含税)
300181	佐力药业	8099.75	0.56	5.3647	0.2049	10转增12股派5元(含税)
300182	捷成股份	20085.63	0.9	6.0767	0.1511	10转增10股派2.25元(含税)
300183	东软载波	23616.73	1.07	7.7774	0.9042	10派5元(含税)
300184	力源信息	1710.75	0.17	4.3395	-0.1692	10转增5股
300185	通裕重工	5861.99	0.07	3.8558	-0.0982	10派0.3元(含税)
300186	大华农	21152.90	0.4	4.0335	0.3117	10派3元(含税)
300187	永清环保	5400.43	0.27	4.2642	0.1092	10派0.25元(含税)
300188	美亚柏科	5628.69	0.25	3.7323	0.2209	10派0.3元(含税)
300189	神农大丰	3841.73	0.1501	5.2566	0.0529	10转增6股派0.5元(含税)
300190	维尔利	2888.16	0.18	6.1669	-0.3155	10派1元(含税)
300191	潜能恒信	9220.84	0.29	3.7545	0.174	10派0.3元(含税)
300192	科斯伍德	3842.41	0.35	5.6443	0.1667	10派0.5元(含税)
300193	佳士科技	6941.46	0.3134	8.5762	0.4364	10派2元(含税)
300194	福安药业	3836.79	0.22	9.8271	0.5167	10转增5股派2元(含税)
300195	长荣股份	14300.73	1.01	9.439	0.3014	不分配不转增
300196	长海股份	10502.35	0.88	8.13	0.99	10转增6股派2元(含税)
300197	铁汉生态	23576.58	0.75	5.6411	-0.9536	10转增6股派1元(含税)
300198	纳川股份	9175.63	0.439	5.2255	-0.0673	10转增10股派1元(含税)
300199	翰宇药业	12993.07	0.32	2.8105	0.3837	不分配不转增

股票代码	股票简称	净利润(万元)	每股收益(元)	每股净资产(元)	每股经营性现金流量(元)	分配预案
300200	高盟新材	4974.89	0.23	3.5193	-0.0438	10派2元(含税)
300201	海伦哲	555.55	0.0158	1.8515	-0.1389	不分配不转增
300202	聚龙股份	27198.59	0.89	3.4233	0.2673	10送4转增4股派1元(含税)
300203	聚光科技	15915.22	0.36	4.2746	0.1737	10派0.4元(含税)
300204	舒泰神	10957.26	0.46	5.4723	0.4638	10派1元(含税)
300205	天喻信息	8616.10	0.4	4.9971	0.0161	10转增10股派1元(含税)
300206	理邦仪器	3470.29	0.27	9.04	0.23	10转增5股派2.3元(含税)
300207	欣旺达	8103.20	0.33	5.2183	-0.6714	10派0.5元(含税)
300208	恒顺电气	3793.25	0.13	2.4527	-0.3696	不分配不转增
300209	天泽信息	687.51	0.04	5.2839	0.0157	10派0.2元(含税)
300210	森远股份	10318.48	0.77	5.6482	-0.2722	10转增8股派0.8元(含税)
300211	亿通科技	2272.33	0.3523	7.5468	0.4868	10转增3股派1元(含税)
300212	易华录	9428.76	0.352	3.1769	-0.6567	10转增2股派1元(含税)
300213	佳讯飞鸿	4256.07	0.34	5.8781	0.443	10转增10股派0.6元(含税)
300214	日科化学	5546.33	0.27	5.8204	-0.0855	10派0.5元(含税)
300215	电科院	17110.30	0.48	3.5941	0.742	10转增10股派1.5元(含税)
300216	千山药机	8461.92	0.46	4.7051	0.5497	10派1元(含税)
300217	东方电热	9070.83	0.4587	5.4927	-0.1854	10派1.5元(含税)
300218	安利股份	7378.47	0.3494	4.034	0.621	10派0.8元(含税)
300219	鸿利光电	6104.03	0.25	3.3196	0.4419	10派0.3元(含税)
300220	金运激光	709.25	0.1013	4.116	-0.1887	10派0.2元(含税)
300221	银禧科技	1204.10	0.06	3.4022	-0.2514	10派0.35元(含税)
300222	科大智能	955.55	0.09	5.6418	-0.0131	10派0.5元(含税)
300223	北京君正	2556.97	0.2459	10.3641	0.3456	10派1元(含税)
300224	正海磁材	7752.88	0.323	5.7938	0.2849	10派0.5元(含税)
300225	金力泰	7512.16	0.575	5.7587	0.293	10转增10股派3元(含税)
300226	上海钢联	2159.08	0.1799	3.1603	0.0273	10转增3股派0.5元(含税)
300227	光韵达	1805.81	0.13	2.4502	0.2301	10派0.5元(含税)
300228	富瑞特装	23375.24	1.74	7.6467	-1.0025	10派1.5元(含税)
300229	拓尔思	6802.55	0.3328	4.203	0.329	10派0.5元(含税)
300230	永利带业	5210.23	0.3226	3.3549	0.2662	10派1元(含税)
300231	银信科技	4721.08	0.3934	2.9558	0.2842	10转增8股派1元(含税)
300232	洲明科技	3297.16	0.33	5.8105	0.5133	10派0.6元(含税)
300233	金城医药	6459.67	0.53	8.4438	0.7762	10派2元(含税)
300234	开尔新材	5002.20	0.42	3.5718	-0.1932	10派0.42元(含税)
300235	方直科技	2331.20	0.26	3.625	0.2022	10转增8股派0.6元(含税)
300236	上海新阳	4416.42	0.48	6.99	0.297	10派1.8元(含税)
300237	美晨科技	3211.88	0.56	10.2182	1.1326	10转增8股派1元(含税)
300238	冠昊生物	4057.39	0.33	4.0355	0.3361	10派1元(含税)
300239	东宝生物	4264.17	0.2159	1.7792	0.046	10派0.8元(含税)
300240	飞力达	5336.13	0.32	5.7462	0.7797	10派1元(含税)
300241	瑞丰光电	5660.38	0.2619	2.7903	0.6159	不分配不转增
300242	明家科技	-2994.23	-0.3992	3.3723	-0.2277	不分配不转增
300243	瑞丰高材	2820.72	0.27	3.7845	0.119	10转增10股
300244	迪安诊断	8609.33	0.7201	4.8226	0.6309	10转增7股派2元(含税)
300245	天玑科技	6084.27	0.45	4.2763	0.3203	10转增3股派1元(含税)
300246	宝莱特	2892.37	0.2	2.6344	0.187	10派0.5元(含税)
300247	桑乐金	1621.30	0.13	4.7481	0.2288	10转增10股派2元(含税)
300248	新开普	2469.60	0.28	5.6865	0.3118	10转增6股派1元(含税)
300249	依米康	743.35	0.05	3.0405	-0.0055	不分配不转增
300250	初灵信息	2801.41	0.35	4.6749	0.2064	10派1.5元(含税)
300251	光线传媒	32794.36	0.65	4.3831	1.4896	10转增10股派1元(含税)
300252	金信诺	2323.27	0.14	4.2066	-0.6607	10派0.47元(含税)
300253	卫宁软件	8060.40	0.75	5.816	0.4645	10转增10股派2元(含税)
300254	仟源制药	2711.24	0.2	4.5591	0.6023	10派1元(含税)
300255	常山药业	11518.29	0.61	6.5244	-0.0809	不分配不转增

股票代码	股票简称	净利润(万元)	每股收益(元)	每股净资产(元)	每股经营性现金流量(元)	分配预案
300256	星星科技	-14922.87	-0.9949	6.5323	0.3819	不分配不转增
300257	开山股份	35063.43	0.82	7.4584	0.9561	10派3.5元(含税)
300258	精锻科技	12201.10	0.6773	5.9938	0.5662	10派1.5元(含税)
300259	新天科技	10591.57	0.53	3.9482	0.5817	10转增5股派1.1元(含税)
300260	新莱应材	1286.74	0.129	6.3685	-0.3702	10派0.15元(含税)
300261	雅本化学	4393.84	0.1892	2.7376	0.0496	10转增3股派0.5元(含税)
300262	巴安水务	6393.84	0.2396	1.9891	-0.9958	10派0.25元(含税)
300263	隆华节能	11340.75	0.68	7.47	0.0492	10转增10股派1.6元(含税)
300264	佳创视讯	1669.47	0.11	4.0326	0.3959	10转增5股派1元(含税)
300265	通光线缆	4233.78	0.31	5.653	0.6505	10派1元(含税)
300266	兴源过滤	2160.14	0.19	4.686	0.2025	10转增1股派0.5元(含税)
300267	尔康制药	19292.94	0.81	5.5466	0.7283	10送2转增7股派1元(含税)
300268	万福生科	-18776.92	-1.401	2.234	0.9521	不分配不转增
300269	联建光电	1626.69	0.14	4.8404	0.0948	10派0.3元(含税)
300270	中威电子	1527.33	0.13	3.9654	-0.0174	10派0.2元(含税)
300271	华宇软件	12021.02	0.81	6.4689	-0.0798	10派1.5元(含税)
300272	开能环保	5697.41	0.3	2.6648	0.2529	10转增3.5股派1.5元(含税)
300273	和佳股份	17413.78	0.4	2.3494	-0.4675	10转增3股派1元(含税)
300274	阳光电源	18103.20	0.56	6.259	0.8985	10转增10股派1.2元(含税)
300275	梅安森	10161.29	0.61	3.9808	0.0115	10派1元(含税)
300276	三丰智能	2474.65	0.2	4.3695	-0.3945	10转增10股派0.2元(含税)
300277	海联讯	482.78	0.04	3.8279	-0.3044	10派0.3元(含税)
300278	华昌达	1719.01	0.1	3.1563	-0.1194	10派0.1元(含税)
300279	和晶科技	1769.28	0.15	2.9595	0.1194	10派0.5元(含税)
300280	南通锻压	168.37	0.0132	4.8897	0.1794	10派0.1元(含税)
300281	金明精机	5508.01	0.46	5.143	-0.3662	10派0.5元(含税)
300282	汇冠股份	-885.01	-0.12	3.9324	-0.1773	不分配不转增
300283	温州宏丰	407.27	0.04	5.8302	0.341	10转增5股派0.1元(含税)
300284	苏交科	18555.41	0.7731	6.4709	1.187	10转增10股派2元(含税)
300285	国瓷材料	7859.03	0.63	5.1519	0.3827	10派1.5元(含税)
300286	安科瑞	6371.30	0.9	6.4204	0.9312	10转增10股派4元(含税)
300287	飞利信	6603.77	0.52	4.2903	-0.9104	10转增10股派1.05元(含税)
300288	朗玛信息	5630.36	0.53	4.9202	0.5761	不分配不转增
300289	利德曼	11007.20	0.72	5.54	0.59	10派1.4元(含税)
300290	荣科科技	5321.13	0.3913	2.8419	-0.8382	10派0.8元(含税)
300291	华录百纳	12336.58	0.935	7.8554	-0.5505	10转增10股派1.7元(含税)
300292	吴通通讯	1911.35	0.18	4.0016	0.0595	10转增5股派1元(含税)
300293	蓝英装备	10137.49	0.56	3.8906	-1.5463	10转增5股派1元(含税)
300294	博雅生物	8240.31	1.09	10.45	1.1755	10派5元(含税)
300295	三六五网	11438.40	2.14	13.7794	2.879	10派10元(含税)
300296	利亚德	8022.52	0.53	4.9067	0.0398	10转增10股派1.5元(含税)
300297	蓝盾股份	3196.33	0.16	3.4738	0.2548	10派0.15元(含税)
300298	三诺生物	16530.63	1.25	7.3029	0.8604	10转增5股派5元(含税)
300299	富春通信	1144.72	0.09	3.257	-0.2443	10转增5股派0.1元(含税)
300300	汉鼎股份	5701.25	0.3	3.1792	0.1054	10派0.3元(含税)
300301	长方照明	2748.65	0.1015	2.7778	0.4494	10派0.3元(含税)
300302	同有科技	1962.17	0.33	8.0365	-0.606	10转增8股派0.5元(含税)
300303	聚飞光电	13093.57	0.6	4.2091	0.7241	10转增3股派2元(含税)
300304	云意电气	9392.51	0.94	8.9831	0.3539	10派2元(含税)
300305	裕兴股份	5847.54	0.41	8.3061	0.5434	10派0.98元(含税)
300306	远方光电	8999.78	0.75	8.133	0.8614	10派2.2元(含税)
300307	慈星股份	27886.59	0.35	5.2072	0.4119	10派1元(含税)
300308	中际装备	1424.09	0.12	4.4109	0.3011	10派0.22元(含税)
300309	吉艾科技	7337.80	0.34	5.7101	0.2495	10派0.91元(含税)
300310	宜通世纪	3853.21	0.22	3.6196	-0.3967	10转增3股派0.5元(含税)
300311	任子行	2514.10	0.36	5.9194	0.5067	10转增6股派1元(含税)

股票代码	股票简称	净利润(万元)	每股收益(元)	每股净资产(元)	每股经营性现金流量(元)	分配预案
300312	邦讯技术	-5839.46	-0.36	4.8755	-0.691	不分配不转增
300313	天山生物	961.58	0.1058	4.3888	-0.2968	10派0.5元(含税)
300314	戴维医疗	6407.17	0.4	3.926	0.3531	10派0.8元(含税)
300315	掌趣科技	15361.94	0.23	2.162	0.1992	10转增6股派0.56元(含税)
300316	晶盛机电	4338.84	0.16	6.3089	0.3923	10转增5股派1元(含税)
300317	珈伟股份	2019.91	0.1443	4.2101	0.2186	10派0.3元(含税)
300318	博晖创新	5425.67	0.3312	4.2569	0.3362	10派0.7元(含税)
300319	麦捷科技	2494.64	0.47	5.6837	0.5411	10派1元(含税)
300320	海达股份	6760.37	0.51	4.8734	0.1468	10派1.2元(含税)
300321	同大股份	2741.71	0.6175	11.4628	1.0203	10派1.11元(含税)
300322	硕贝德	3811.23	0.34	4.7125	0.1676	10转增10股派1元(含税)
300323	华灿光电	-861.66	-0.03	5.5908	0.2396	10转增5股
300324	旋极信息	2222.05	0.2	4.6475	0.0292	10转增10股派0.5元(含税)
300325	德威新材	6186.74	0.39	4.4999	0.4303	10转增10股派0.5元(含税)
300326	凯利泰	6405.01	0.8332	6.6207	0.4301	10转增10股派2.6元(含税)
300327	中颖电子	2639.93	0.1875	4.0876	0.1484	10转增1股派2元(含税)
300328	宜安科技	4969.27	0.4437	5.1798	0.5505	10派1元(含税)
300329	海伦钢琴	3226.88	0.24	3.8829	0.2122	10派0.44元(含税)
300330	华虹计通	2416.11	0.2	3.6348	-0.3792	10转增4股派1.5元(含税)
300331	苏大维格	1376.17	0.22	7.4771	0.3231	10转增5股派0.5元(含税)
300332	天壕节能	11604.50	0.36	3.9406	0.0904	10派0.8元(含税)
300333	兆日科技	5086.20	0.45	7.1386	0.4846	10派2元(含税)
300334	津膜科技	8043.30	0.46	4.4847	-0.207	10转增5股派0.5元(含税)
300335	迪森股份	6888.89	0.33	3.7552	0.3845	10转增5股派1.5元(含税)
300336	新文化	11474.10	1.1952	9.6337	-0.732	10转增10股派5元(含税)
300337	银邦股份	7564.72	0.4	9.0524	0.4451	10转增10股派0.9元(含税)
300338	开元仪器	4781.43	0.53	8.2522	0.3009	10转增4股派4元(含税)
300339	润和软件	7716.80	0.5	4.6429	0.1583	10转增5股派4元(含税)
300340	科恒股份	345.02	0.0345	9.1944	0.2577	10派0.2元(含税)
300341	麦迪电气	4459.40	0.4847	5.6446	0.3993	10转增10股派1元(含税)
300342	天银机电	10070.20	1.01	7.4999	0.3345	10派5元(含税)
300343	联创节能	5948.33	1.49	11.9371	1.858	10转增10股派4.1元(含税)
300344	太空板业	2474.61	0.1539	4.4752	-0.0376	10送1转增4股派0.25元(含税)
300345	红宇新材	2221.83	0.23	6.4746	-0.016	10派1元(含税)
300346	南大光电	6058.61	0.6	11.3551	0.1464	10派2元(含税)
300347	泰格医药	9405.65	0.88	6.9661	0.7219	10转增10股派4元(含税)
300348	长亮科技	2174.72	0.4206	8.1426	-0.197	10派1元(含税)
300349	金卡股份	11642.32	1.29	8.277	0.6729	10转增10股派1.3元(含税)
300350	华鹏飞	3059.61	0.35	4.6682	-0.6992	10派0.7元(含税)
300351	永贵电器	6508.13	0.64	8.827	0.3054	10转增5股派2元(含税)
300352	北信源	6779.12	0.51	4.8549	-0.0772	10转增10股派1元(含税)
300353	东土科技	3419.70	0.3994	4.8063	0.6222	10转增10股派1元(含税)
300354	东华测试	1689.72	0.254	4.9785	0.1184	10转增3股派1元(含税)
300355	蒙草抗旱	10409.65	0.51	4.3748	-0.9395	10转增10股派0.75元(含税)
300356	光一科技	4733.68	0.36	5.223	0.1571	10派1元(含税)
300357	我武生物	7056.43	0.78	2.799	0.6478	10送6股派3元(含税)
300358	楚天科技	13497.57	2.05	6.8985	2.1045	10转增6股派4元(含税)
300359	全通教育	4199.21	0.7	3.5794	0.7427	10转增5股派1.25元(含税)
300360	炬华科技	17181.95	2.29	6.3348	2.1649	10送2.5转增2.5股派5元(含税)
300362	天保重装	3215.58	0.4174	4.2996	-0.4263	10派2元(含税)
300363	博腾股份	10020.14	1.04	4.4292	1.1788	10派0.93元(含税)
300365	恒华科技	5949.56	1.42	5.6526	0.0691	10送4.5转增3.5股派1.13元(含税)
300366	创意信息	4274.13	0.85	4.087	0.2492	10派1元(含税)
300367	东方网力	10187.09	1.9404	6.9594	0.5453	10送4转增6股派2元(含税)
300368	汇金股份	5499.48	1.1	6.2453	0.876	10送5转增5股派4元(含税)
300369	绿盟科技	11052.88	1.47	6.2317	0.1569	10送2转增4股派2.7元(含税)

股票代码	股票简称	净利润(万元)	每股收益(元)	每股净资产(元)	每股经营性现金流量(元)	分配预案
300370	安控科技	5103.72	1.169	5.585	-0.4745	10 送 10 股派 2.5 元(含税)
300371	汇中股份	6008.69	1.43	4.4512	1.5072	10 送 9 转增 1 股派 2.25 元(含税)
300372	欣泰电气	6292.48	0.8989	5.8004	0.5851	10 派 1.5 元(含税)
300373	扬杰科技	9969.15	1.44	5.5805	1.1739	10 转增 10 股派 2.1 元(含税)
300375	鹏翎股份	9586.59	1.25	7.7237	1.6028	10 派 2.97 元(含税)
300376	易事特	15843.79	2.03	9.7843	0.7699	10 派 3.7 元(含税)
300377	赢时胜	4035.73	0.9	4.4156	0.4902	10 派 2 元(含税)
300378	鼎捷软件	9592.23	1.07	7.0367	0.4673	10 转增 3 股派 3 元(含税)
300379	东方通	4547.59	1.0106	4.4887	0.3534	10 派 2 元(含税)
300380	安硕信息	4649.85	0.77	3.7068	0.4771	10 派 2 元(含税)
300381	溢多利	6313.48	1.619	7.825	1.7413	10 派 5 元(含税)
300382	斯莱克	9643.32	2.1	6.8907	0.243	10 派 5 元(含税)
300383	光环新网	6726.46	1.47	6.7241	2.2149	10 转增 10 股派 3 元(含税)

2013 年深市中小企业板上市公司年报主要财务指标

截止日期:2014 年 4 月 30 日

股票代码	股票简称	净利润(万元)	每股收益(元)	每股净资产(元)	每股经营性现金流量(元)	分配预案
002001	新和成	88212.07	1.22	9.051	1.839	10 转增 5 股派 5 元(含税)
002002	鸿达兴业	29563.22	0.5839	4.0826	-0.1019	10 转增 4 股
002003	伟星股份	20926.86	0.81	6.6901	1.3689	10 转增 3 股派 8 元(含税)
002004	华邦颖泰	30244.91	0.53	6.5387	0.6018	不分配不转增
002005	德豪润达	882.60	0.0076	3.6243	0.229	不分配不转增
002006	*ST 精功	-19805.86	-0.44	1.8209	0.0734	不分配不转增
002007	华兰生物	47533.75	0.8233	5.2975	0.8791	10 派 4 元(含税)
002008	大族激光	54878.75	0.53	3.4013	0.63	10 派 2 元(含税)
002009	天奇股份	4273.67	0.15	4.163	0.4081	10 派 0.25 元(含税)
002010	传化股份	17267.88	0.35	3.607	-0.4154	10 派 1.5 元(含税)
002011	盾安环境	21199.75	0.25	4.0108	-0.5837	10 派 1 元(含税)
002012	凯恩股份	1455.53	0.03	2.3946	0.0907	不分配不转增
002013	中航机电	41858.93	0.58	6.0483	0.0415	10 派 0.6 元(含税)
002014	永新股份	17626.92	0.54	4.5515	0.3608	10 派 3 元(含税)
002015	*ST 霞客	-34956.88	-1.46	1.641	-1.1508	不分配不转增
002016	世荣兆业	55445.08	0.86	2.472	0.2903	10 派 0.8 元(含税)
002017	东信和平	4397.40	0.2013	3.2773	0.6796	10 转增 3 股派 0.8 元(含税)
002018	华星化工	4403.48	0.05	2.1726	-0.2365	10 派 0.1 元(含税)
002019	鑫富药业	2560.91	0.1162	2.3031	0.463	不分配不转增
002020	京新药业	6434.82	0.255	3.2374	0.4394	10 派 1 元(含税)
002021	中捷股份	4238.25	0.07	1.7269	0.098	不分配不转增
002022	科华生物	28832.92	0.5857	2.2999	0.5083	10 派 2.3 元(含税)
002023	海特高新	12707.01	0.39	4.5833	0.5645	10 派 1 元(含税)
002024	苏宁云商	37177.00	0.05	3.8425	0.3032	不分配不转增
002025	航天电器	17565.14	0.53	4.9624	0.3262	10 派 2 元(含税)
002026	山东威达	4588.35	0.2011	3.0974	-0.0098	10 派 0.5 元(含税)
002027	七喜控股	-12367.45	-0.41	1.6168	0.1352	不分配不转增
002028	思源电气	34674.57	0.79	7.3095	0.7415	10 转增 4 股派 2 元(含税)
002029	七匹狼	37906.93	0.5	6.0632	0.9041	10 派 1 元(含税)
002030	达安基因	13327.53	0.29	1.5327	0.0589	10 送 2 股派 0.13 元(含税)
002031	巨轮股份	16766.41	0.3735	3.7516	0.2792	10 派 0.5 元(含税)
002032	苏泊尔	58850.92	0.927	5.2315	0.9269	10 派 3.7 元(含税)
002033	丽江旅游	14780.50	0.694	4.6975	1.3448	10 派 1.2 元(含税)
002034	美欣达	3839.65	0.46	6.1526	0.7934	10 派 3 元(含税)
002035	华帝股份	22383.67	0.77	4.1502	0.8989	10 转增 2 股派 2 元(含税)
002036	宜科科技	1693.82	0.08	1.6422	0.2057	10 派 0.5 元(含税)
002037	久联发展	20617.11	0.63	5.3926	-0.9217	10 派 1.5 元(含税)
002038	双鹭药业	57739.74	1.2639	5.6161	0.7605	10 派 2 元(含税)
002039	黔源电力	-9910.07	-0.4867	7.928	3.6075	10 转增 5 股
002040	南京港	1576.87	0.0641	2.5203	0.1209	10 派 0.2 元(含税)

股票代码	股票简称	净利润(万元)	每股收益(元)	每股净资产(元)	每股经营性现金流量(元)	分配预案
002041	登海种业	33767.67	0.9593	4.7028	1.7829	10派1元(含税)
002042	华孚色纺	20026.91	0.24	3.8918	0.2802	10派0.25元(含税)
002043	兔宝宝	2317.12	0.05	1.6298	0.1995	10派0.3元(含税)
002044	江苏三友	-623.47	-0.03	1.5557	0.1167	10派0.5元(含税)
002045	国光电器	8153.94	0.2	2.9686	0.5581	10派0.8元(含税)
002046	轴研科技	3808.69	0.14	3.8025	-0.105	10派0.3元(含税)
002047	宝鹰股份	21990.42	0.29	0.9791	-0.4214	不分配不转增
002048	宁波华翔	34318.22	0.65	6.4157	1.4128	10派0.8元(含税)
002049	同方国芯	27251.52	0.9014	7.7512	0.7679	10转增10股派1元(含税)
002050	三花股份	32335.38	0.54	5.28	0.4673	10转增3股派2元(含税)
002051	中工国际	71847.67	1.13	7.3474	1.5195	10送2股派3元(含税)
002052	同洲电子	3415.65	0.05	1.8497	-0.1094	不分配不转增
002053	云南盐化	3733.95	0.2009	4.5958	1.1175	不分配不转增
002054	德美化工	11529.74	0.36	4.7448	0.4158	10派1.2元(含税)
002055	得润电子	12273.06	0.299	3.1122	0.218	10派0.5元(含税)
002056	横店东磁	27935.06	0.68	7.1721	1.4706	10派1元(含税)
002057	中钢天源	2130.76	0.2137	4.8101	0.0929	10转增10股派0.25元(含税)
002058	威尔泰	597.85	0.04	1.3484	0.0993	10派0.2元(含税)
002059	云南旅游	6323.29	0.2154	3.4417	0.2718	10派0.5元(含税)
002060	粤水电	8924.11	0.1481	4.0957	0.3314	10派0.3元(含税)
002061	江山化工	2921.02	0.09	3.554	0.1422	10转增3股派0.5元(含税)
002062	宏润建设	17922.62	0.32	3.6674	0.0615	10送4股派0.5元(含税)
002063	远光软件	34095.41	0.7396	3.5641	0.5661	10派0.5元(含税)
002064	华峰氨纶	27676.24	0.37	2.5188	0.3	10派0.5元(含税)
002065	东华软件	77087.05	1.1167	5.3499	0.452	10转增10股派2元(含税)
002066	瑞泰科技	-13532.59	-0.5858	1.9179	0.0833	不分配不转增
002067	景兴纸业	1291.83	0.01	2.6352	0.3019	不分配不转增
002068	黑猫股份	2573.50	0.0537	2.68	-1.3773	不分配不转增
002069	獐子岛	9694.28	0.14	3.3945	0.2683	10派1.5元(含税)
002070	众和股份	4209.34	0.0663	1.9191	-0.0097	不分配不转增
002071	江苏宏宝	640.20	0.03	1.7079	0.2951	不分配不转增
002072	德棉股份	-6042.67	-0.343	1.0387	0.2537	不分配不转增
002073	软控股份	12613.45	0.17	4.4345	0.5476	10派0.1元(含税)
002074	东源电器	2913.98	0.12	1.842	0.5565	10派0.2元(含税)
002075	沙钢股份	2824.38	0.0179	1.4917	-0.0123	不分配不转增
002076	雪莱特	1612.99	0.0875	2.1924	0.5805	10派0.5元(含税)
002077	大港股份	5409.60	0.21	3.6561	-1.3303	10派0.5元(含税)
002078	太阳纸业	28462.45	0.26	4.4273	1.2487	10转增10股派1元(含税)
002079	苏州固锝	4228.15	0.058	1.7086	-0.1814	10派0.2元(含税)
002080	中材科技	10794.91	0.2699	5.7654	0.632	10派1元(含税)
002081	金螳螂	156360.52	1.33	4.7181	0.8515	10转增5股派2元(含税)
002082	栋梁新材	11155.76	0.47	4.9505	0.9847	不分配不转增
002083	孚日股份	9018.37	0.1	3.0682	1.0891	10派1元(含税)
002084	海鸥卫浴	4035.11	0.1	1.9127	0.2706	10派0.5元(含税)
002085	万丰奥威	29727.40	0.76	4.2738	1.4046	不分配不转增
002086	东方海洋	5700.63	0.2338	5.5872	0.1443	不分配不转增
002087	新野纺织	8012.27	0.1542	3.5985	0.4786	10派0.3元(含税)
002088	鲁阳股份	8646.92	0.37	6.4678	0.248	10派1元(含税)
002089	新海宜	8535.30	0.2	2.7137	0.1578	10派0.5元(含税)
002090	金智科技	5907.24	0.2896	2.9306	0.6924	10派1元(含税)
002091	江苏国泰	16918.26	0.47	3.77	0.3564	10派1.2元(含税)
002092	中泰化学	10235.57	0.084	6.0842	2.3003	10派0.7元(含税)
002093	国脉科技	10844.43	0.1254	1.4599	-0.0737	10派0.1元(含税)
002094	青岛金王	5420.57	0.17	1.868	0.2556	10派0.6元(含税)
002095	生意宝	3295.57	0.2	3.0034	0.3217	10转增3股派2元(含税)
002096	南岭民爆	18459.36	0.5	4.9759	0.7152	10派1元(含税)
002097	山河智能	2731.00	0.0664	4.0878	0.4823	10派0.3元(含税)
002098	浔兴股份	6061.04	0.39	4.1354	0.9855	10派2元(含税)
002099	海翔药业	-8210.69	-0.25	1.9203	0.1875	不分配不转增

股票代码	股票简称	净利润(万元)	每股收益(元)	每股净资产(元)	每股经营性现金流量(元)	分配预案
002100	天康生物	16979.74	0.42	3.9032	0.2087	10派1.2元(含税)
002101	广东鸿图	9008.51	0.51	6.5954	0.3112	10派1.5元(含税)
002102	冠福家用	2803.73	0.07	1.5996	0.1223	不分配不转增
002103	广博股份	1679.85	0.08	3.3932	0.3132	10派0.5元(含税)
002104	恒宝股份	20078.52	0.46	2.1901	0.508	10送6股派1.5元(含税)
002105	信隆实业	422.23	0.016	1.9561	0.2476	10转增2.5股派0.2元(含税)
002106	莱宝高科	6651.74	0.1	5.8268	0.595	10派1元(含税)
002107	沃华医药	1062.13	0.05	3.6897	0.0924	10派0.6元(含税)
002108	沧州明珠	14935.56	0.44	3.4432	0.1366	10派2元(含税)
002109	兴化股份	6103.47	0.17	3.6614	0.1275	不分配不转增
002110	三钢闽光	5389.83	0.101	5.2211	0.9591	10派0.11元(含税)
002111	威海广泰	9360.73	0.3	3.7998	−0.0883	10派0.8元(含税)
002112	三变科技	1953.47	0.1	2.292	0.3287	10派0.1元(含税)
002113	天润控股	323.31	0.027	0.7886	−0.0825	不分配不转增
002114	罗平锌电	−5105.95	−0.25	2.8217	0.4101	不分配不转增
002115	三维通信	−13519.65	−0.3292	2.1905	0.2071	不分配不转增
002116	中国海诚	15947.27	0.73	3.4588	1.9307	10送1转增4股派2.7元(含税)
002117	东港股份	13004.22	0.43	3.9245	0.8004	10转增2股派2元(含税)
002118	紫鑫药业	5048.03	0.[illegible]	3.7933	−0.9189	不分配不转增
002119	康强电子	1728.55	0.08	3.4571	0.6442	10派0.25元(含税)
002120	新海股份	3517.06	0.23	3.1762	0.8299	10派0.3元(含税)
002121	科陆电子	8592.69	0.2166	3.3564	0.175	10派0.25元(含税)
002122	天马股份	3103.93	0.03	3.97	0.1279	10派0.1元(含税)
002123	荣信股份	7584.35	0.15	4.0806	−0.3182	10派0.2元(含税)
002124	天邦股份	6063.11	0.3	2.2771	0.8907	10派1元(含税)
002125	湘潭电化	569.78	0.041	2.3456	0.42	不分配不转增
002126	银轮股份	9645.13	0.3	4.1005	0.4642	10派0.35元(含税)
002127	*ST新民	−52071.50	−1.17	0.9881	1.3632	不分配不转增
002128	露天煤业	91358.96	0.69	4.7354	1.1615	10派1元(含税)
002129	中环股份	7164.27	0.0815	3.9829	0.3467	不分配不转增
002130	沃尔核材	8309.13	0.15	1.8077	0.2024	10派0.3元(含税)
002131	利欧股份	5599.01	0.18	4.0265	0.1456	10派0.5元(含税)
002132	恒星科技	3138.93	0.06	2.1198	0.6366	不分配不转增
002133	广宇集团	21937.74	0.37	3.316	−1.5198	10派0.8元(含税)
002134	*ST普林	−4827.15	−0.2	2.2815	0.2488	不分配不转增
002135	东南网架	6046.75	0.08	2.4132	0.4496	10派0.1元(含税)
002136	安纳达	−4585.99	−0.21	2.7502	−0.6478	不分配不转增
002137	实益达	−18757.51	−0.4325	1.0551	−0.0548	不分配不转增
002138	顺络电子	15077.81	0.47	4.2029	0.8628	不分配不转增
002139	拓邦股份	4051.85	0.19	2.3279	0.4244	10派1元(含税)
002140	东华科技	23519.60	0.53	3.584	0.2361	10派0.5元(含税)
002141	蓉胜超微	848.17	0.0466	1.7435	0.1205	10派1元(含税)
002142	宁波银行	484707.10	1.68	8.8448	13.4326	10派4元(含税)
002143	高金食品	−2419.44	−0.116	2.2429	1.0659	不分配不转增
002144	宏达高科	8120.02	0.48	10.5141	0.4557	10派2元(含税)
002145	中核钛白	1635.30	0.04	2.8285	−0.4092	不分配不转增
002146	荣盛发展	290636.36	1.55	5.7935	−2.5038	10派2元(含税)
002147	方圆支承	−3483.15	−0.1334	3.194	0.0147	不分配不转增
002148	北纬通信	5630.66	0.5	4.7787	0.5556	10转增10股派1.5元(含税)
002149	西部材料	2018.16	0.12	4.9937	0.3073	不分配不转增
002150	通润装备	4822.27	0.19	2.1717	0.171	10派1元(含税)
002151	北斗星通	4316.05	0.24	3.9002	0.6003	10派1.15元(含税)
002152	广电运通	70507.64	0.94	4.6644	0.9573	10送2股派2元(含税)
002153	石基信息	35963.33	1.16	5.2036	1.272	10派1.2元(含税)
002154	报喜鸟	16073.82	0.27	4.474	−0.076	10派0.5元(含税)
002155	辰州矿业	20480.92	0.21	3.0798	0.6346	10派0.5元(含税)
002156	通富微电	6066.03	0.09	3.4717	0.4761	10派0.2元(含税)
002157	正邦科技	−2993.92	−0.07	2.2575	−0.1329	10派0.4元(含税)
002158	汉钟精机	14920.83	0.622	3.6173	0.8825	10转增1股派3.5元(含税)

股票代码	股票简称	净利润(万元)	每股收益(元)	每股净资产(元)	每股经营性现金流量(元)	分配预案
002159	三特索道	3123.15	0.26	4.8032	0.3311	10 派 0.5 元(含税)
002160	*ST 常铝	-5920.91	-0.174	1.5524	-0.1453	不分配不转增
002161	远望谷	3904.78	0.053	1.9108	0.0779	10 派 0.06 元(含税)
002162	斯米克	2160.15	0.0517	1.4395	0.3414	不分配不转增
002163	*ST 三鑫	-51174.31	-0.64	1.1765	0.0962	不分配不转增
002164	*ST 东力	-413.16	-0.01	2.4433	0.0286	不分配不转增
002165	红宝丽	3970.03	0.07	1.787	0.194	10 派 0.6 元(含税)
002166	莱茵生物	3444.82	0.27	1.5224	-0.512	不分配不转增
002167	东方锆业	-6863.71	-0.17	3.2598	-0.2678	不分配不转增
002168	深圳惠程	3565.91	0.05	1.4788	0.0919	不分配不转增
002169	智光电气	2015.39	0.0756	2.1106	0.0911	10 派 0.3 元(含税)
002170	芭田股份	13662.01	0.1604	1.6903	0.2047	10 派 0.6 元(含税)
002171	精诚铜业	1147.29	0.04	1.8899	0.4455	10 派 0.05 元(含税)
002172	澳洋科技	2091.25	0.04	1.1269	0.4219	不分配不转增
002173	千足珍珠	2371.24	0.12	2.4465	0.0208	不分配不转增
002174	梅花伞	-2046.02	-0.247	2.6448	0.1184	不分配不转增
002175	广陆数测	1087.10	0.1042	4.4833	0.0871	10 派 1 元(含税)
002176	江特电机	5688.08	0.13	2.1053	0.0611	10 派 0.16 元(含税)
002177	御银股份	12438.25	0.1634	1.9723	0.1309	10 派 0.1 元(含税)
002178	延华智能	3762.56	0.26	3.8659	0.0962	10 送 1 转增 10 股派 0.6 元(含税)
002179	中航光电	24444.47	0.55	5.5503	0.4404	10 派 1 元(含税)
002180	万力达	387.22	0.03	2.9764	0.053	10 转增 1.5 股
002181	粤传媒	30800.62	0.4451	5.5506	0.3418	10 派 1.5 元(含税)
002182	云海金属	2534.75	0.088	3.1832	0.0416	10 派 1 元(含税)
002183	怡亚通	20028.52	0.21	2.7113	-2.757	10 派 0.7 元(含税)
002184	海得控制	3092.68	0.1406	3.3428	0.057	10 派 1 元(含税)
002185	华天科技	19916.43	0.3065	2.7326	0.5966	10 派 0.5 元(含税)
002186	全聚德	11006.38	0.3888	3.2234	0.7266	10 派 2.2 元(含税)
002187	广百股份	22213.91	0.65	6.5818	1.158	10 派 3 元(含税)
002188	新嘉联	785.93	0.05	2.0584	-0.084	不分配不转增
002189	利达光电	1037.91	0.05	2.5097	0.2082	10 派 0.16 元(含税)
002190	成飞集成	4534.95	0.13	4.6418	0.0993	10 派 0.5 元(含税)
002191	劲嘉股份	47676.52	0.74	4.5658	0.7757	10 派 1 元(含税)
002192	路翔股份	-5397.68	-0.39	2.5631	-0.665	不分配不转增
002193	山东如意	239.46	0.01	4.206	0.0528	10 派 0.1 元(含税)
002194	武汉凡谷	4878.98	0.09	3.4935	0.4433	10 派 1 元(含税)
002195	海隆软件	2947.20	0.2595	3.9698	0.3984	10 派 1 元(含税)
002196	方正电机	543.82	0.04	4.1316	0.5185	10 派 1 元(含税)
002197	证通电子	5511.19	0.25	4.1446	-0.5524	10 派 0.65 元(含税)
002198	嘉应制药	13949.05	0.6545	3.1907	0.0767	10 转增 10 股派 0.8 元(含税)
002199	东晶电子	3189.57	0.17	3.0556	-0.0178	不分配不转增
002200	绿大地	1587.01	0.11	2.2847	-1.9174	不分配不转增
002201	九鼎新材	175.69	0.01	2.3905	0.6345	不分配不转增
002202	金风科技	42764.60	0.1587	4.9609	0.7163	10 派 0.8 元(含税)
002203	海亮股份	28851.45	0.3727	3.7278	0.2802	10 派 1 元(含税)
002204	大连重工	34453.55	0.36	6.7529	1.1997	10 派 0.46 元(含税)
002205	国统股份	7078.94	0.6095	8.0255	2.6516	10 派 2 元(含税)
002206	海利得	10115.98	0.23	4.4395	0.2531	10 派 2.2 元(含税)
002207	准油股份	1010.14	0.1	4.9045	1.0226	10 转增 10 股派 0.5 元(含税)
002208	合肥城建	15795.44	0.49	4.2161	1.0856	10 派 1 元(含税)
002209	达意隆	2039.06	0.1044	3.2862	0.4264	10 派 0.2 元(含税)
002210	飞马国际	11072.61	0.28	1.7514	0.4961	10 派 1 元(含税)
002211	宏达新材	-87630.61	-2.03	1.8811	-0.2176	不分配不转增
002212	南洋股份	4984.84	0.1	3.3448	0.408	10 派 0.15 元(含税)
002213	特尔佳	2762.85	0.13	1.6421	0.3309	10 派 0.5 元(含税)
002214	大立科技	3387.03	0.17	2.4064	0.1109	10 派 1 元(含税)
002215	诺普信	18001.66	0.33	2.7221	0.3821	10 转增 3 股派 2 元(含税)
002216	三全食品	11813.12	0.29	4.4577	0.4006	10 派 0.5 元(含税)
002217	*ST 联工	-6341.33	-0.19	2.4568	0.4454	不分配不转增

股票代码	股票简称	净利润(万元)	每股收益(元)	每股净资产(元)	每股经营性现金流量(元)	分配预案
002218	拓日新能	1298.07	0.0255	2.9394	-0.1543	不分配不转增
002219	恒康医疗	16982.70	0.3879	1.8234	0.3596	10送4股派1元(含税)
002220	天宝股份	13343.20	0.29	3.5142	0.4464	不分配不转增
002221	东华能源	12503.59	0.2132	2.6285	1.7314	10派0.2元(含税)
002222	福晶科技	3923.55	0.1377	2.2059	0.2171	10派1元(含税)
002223	鱼跃医疗	25805.35	0.49	2.8337	0.2341	10派1元(含税)
002224	三力士	14766.85	0.46	3.2245	0.1645	10送3转增7股派1元(含税)
002225	濮耐股份	12248.81	0.16	2.3446	0.1914	10派0.5元(含税)
002226	江南化工	26911.39	0.677	6.3582	0.4435	10派4元(含税)
002227	奥特迅	5141.14	0.4735	6.1233	0.335	10转增10股派1元(含税)
002228	合兴包装	9465.41	0.27	2.7559	0.3578	10派0.5元(含税)
002229	鸿博股份	4908.96	0.1646	2.8326	0.4031	10派0.35元(含税)
002230	科大讯飞	27898.62	0.64	7.0664	0.632	10转增7股派2元(含税)
002231	奥维通信	-4809.44	-0.1348	1.8036	-0.3167	不分配不转增
002232	启明信息	761.21	0.0136	2.4394	0.2224	10派0.02元(含税)
002233	塔牌集团	40037.36	0.4475	4.2218	0.731	10派1.8元(含税)
002234	*ST民和	-24541.77	-0.31	3.739	-0.2099	不分配不转增
002235	安妮股份	960.11	0.0492	2.2824	0.2628	不分配不转增
002236	大华股份	113092.19	1	3.6371	0.311	10派1元(含税)
002237	恒邦股份	23381.12	0.51	7.3567	-0.8129	不分配不转增
002238	天威视讯	14321.89	0.45	4.893	1.0881	10派1元(含税)
002239	金飞达	5411.16	0.27	3.0161	-0.0946	10送1转增10股派0.3元(含税)
002240	威华股份	957.81	0.02	3.1974	0.3577	不分配不转增
002241	歌尔声学	130662.65	0.86	4.15	0.5545	10派1元(含税)
002242	九阳股份	46970.65	0.62	3.8689	0.3225	10派5元(含税)
002243	通产丽星	6107.13	0.1854	4.0714	0.3466	10派0.3元(含税)
002244	滨江集团	141012.45	1.04	5.3849	0.2998	10派1.1元(含税)
002245	澳洋顺昌	9314.09	0.2553	2.0743	0.3076	10派0.8元(含税)
002246	北化股份	4852.11	0.2	3.7552	0.0019	10转增5股派0.5元(含税)
002247	帝龙新材	8106.59	0.67	6.9558	0.7665	10转增10股派1元(含税)
002248	*ST东数	-17288.07	-0.67	2.9151	-0.0539	不分配不转增
002249	大洋电机	21543.93	0.3	3.6583	0.6545	10派2.1元(含税)
002250	联化科技	44955.91	0.86	5.0972	0.8856	10转增5股派1.2元(含税)
002251	步步高	41545.05	0.7271	5.5824	1.278	10派5元(含税)
002252	上海莱士	14379.46	0.29	2.2207	-0.184	10派1元(含税)
002253	川大智胜	6839.86	0.4912	5.9235	0.1452	10派2元(含税)
002254	泰和新材	8427.96	0.17	3.379	0.2488	不分配不转增
002255	海陆重工	10259.37	0.4	5.8036	-0.0259	10派0.5元(含税)
002256	彩虹精化	6045.10	0.19	1.6135	0.2304	10派0.35元(含税)
002258	利尔化学	10408.86	0.51	5.372	0.5379	10派1元(含税)
002259	升达林业	1190.68	0.019	1.2873	0.2483	10派0.1元(含税)
002260	伊立浦	2006.73	0.1236	2.133	0.1899	10派1元(含税)
002261	拓维信息	3957.45	0.14	2.999	0.1959	10送2转增2股派0.5元(含税)
002262	恩华药业	17625.36	0.538	2.5581	0.5932	10送2股派0.55元(含税)
002263	大东南	1492.37	0.02	3.562	0.0509	10转增1股
002264	新华都	-23627.81	-0.44	1.9155	0.3245	不分配不转增
002265	西仪股份	585.99	0.02	1.7433	0.0412	不分配不转增
002266	浙富控股	9146.27	0.08	1.5731	-0.0708	不分配不转增
002267	陕天然气	33772.94	0.3321	3.0915	0.8386	10派1.5元(含税)
002268	卫士通	3886.14	0.225	3.2489	0.243	10派0.1元(含税)
002269	美邦服饰	40547.64	0.4	3.7552	0.9793	10派2.8元(含税)
002270	法因数控	1855.24	0.1	3.0756	0.2121	10派0.5元(含税)
002271	东方雨虹	36370.66	1.04	4.6724	0.7325	10派2元(含税)
002272	川润股份	-2923.71	-0.0698	2.8838	-0.2146	不分配不转增
002273	水晶光电	11441.87	0.3	2.9892	0.2483	10派1元(含税)
002274	华昌化工	1319.26	0.05	5.6229	1.1222	10转增5股派0.5元(含税)
002275	桂林三金	42026.79	0.71	3.7327	0.5323	10派5.5元(含税)
002276	万马电缆	22001.70	0.24	2.6835	0.1613	10派0.5元(含税)
002277	友阿股份	41143.49	0.736	4.754	0.687	10派1元(含税)

股票代码	股票简称	净利润(万元)	每股收益(元)	每股净资产(元)	每股经营性现金流量(元)	分配预案
002278	神开股份	5665.02	0.2	4.0745	0.2908	10 转增 1 股派 1.5 元(含税)
002279	久其软件	5943.39	0.3381	4.0317	0.4101	10 派 1.8 元(含税)
002280	新世纪	-4140.39	-0.39	3.9756	-0.1387	10 派 4 元(含税)
002281	光迅科技	16351.47	0.89	8.9795	1.1211	10 派 2.5 元(含税)
002282	博深工具	1613.53	0.07	3.4596	0.1513	10 派 0.5 元(含税)
002283	天润曲轴	10106.71	0.18	5.4855	0.3429	10 派 0.22 元(含税)
002284	亚太股份	13704.61	0.48	4.2148	0.8795	10 派 1 元(含税)
002285	世联行	31828.81	0.75	4.0273	1.0918	10 送 4 转增 4 股派 1 元(含税)
002286	保龄宝	4193.11	0.25	7.7742	0.4636	10 转增 10 股派 0.5 元(含税)
002287	奇正藏药	21337.27	0.53	3.4698	0.4889	10 派 3.5 元(含税)
002288	超华科技	4607.96	0.116	2.9342	-0.0616	10 派 0.2 元(含税)
002289	宇顺电子	806.46	0.0805	13.468	1.2333	不分配不转增
002290	禾盛新材	3000.82	0.14	4.6156	0.2891	10 派 0.5 元(含税)
002291	星期六	3402.15	0.09	4.4591	-0.2261	不分配不转增
002292	奥飞动漫	23083.32	0.38	2.7565	0.2416	10 派 1 元(含税)
002293	罗莱家纺	33215.47	1.18	7.5712	1.4736	10 派 3.5 元(含税)
002294	信立泰	83041.66	1.27	4.7867	1.0226	10 派 6 元(含税)
002295	精艺股份	357.75	0.0169	3.9726	-0.8671	不分配不转增
002296	辉煌科技	7039.92	0.3881	6.5016	0.2981	10 派 2.8 元(含税)
002297	博云新材	-3528.29	-0.1099	3.5182	0.17	不分配不转增
002298	鑫龙电器	8748.67	0.2125	3.0872	-0.2026	10 派 0.35 元(含税)
002299	圣农发展	-21974.95	-0.2412	3.4074	0.0237	不分配不转增
002300	太阳电缆	13862.71	0.4598	3.8379	1.2158	10 转增 5 股派 4 元(含税)
002301	齐心文具	2760.54	0.07	2.9476	-0.1387	10 派 0.2 元(含税)
002302	西部建设	40710.11	0.87	7.3587	-0.8943	10 派 1 元(含税)
002303	美盈森	17407.03	0.4868	5.4914	0.7525	10 转增 10 股派 0.8 元(含税)
002304	洋河股份	500207.18	4.63	16.101	2.9445	10 派 20 元(含税)
002305	南国置业	54058.02	0.56	2.698	-0.989	10 派 1.2 元(含税)
002306	湘鄂情	-56438.39	-0.71	0.7521	-0.2232	不分配不转增
002307	北新路桥	2381.45	0.06	2.9751	-0.8434	10 转增 3 股
002308	威创股份	30181.06	0.36	2.5605	0.2604	10 派 2 元(含税)
002309	中利科技	17342.36	0.36	5.5883	0.0723	10 派 1 元(含税)
002310	东方园林	88938.81	1.46	7.6583	-0.3933	10 转增 5 股派 1.2 元(含税)
002311	海大集团	34035.52	0.34	3.722	0.6562	10 派 1.2 元(含税)
002312	三泰电子	8657.03	0.23	2.3331	-0.0728	10 派 0.8 元(含税)
002313	日海通讯	5202.74	0.16	6.1603	-1.2124	10 派 0.2 元(含税)
002314	雅致股份	3776.91	0.13	6.3567	0.2511	10 派 1 元(含税)
002315	焦点科技	13899.04	1.18	15.2357	1.5508	10 派 10 元(含税)
002316	键桥通讯	-5380.07	-0.14	2.0848	-0.6748	不分配不转增
002317	众生药业	18770.23	0.52	4.6789	0.3082	10 派 2.5 元(含税)
002318	久立特材	21719.46	0.7	5.7238	1.2724	10 派 2 元(含税)
002319	乐通股份	2088.85	0.1	2.7645	0.0244	10 派 0.3 元(含税)
002320	海峡股份	8529.17	0.2	4.4447	0.2792	10 派 0.4 元(含税)
002321	华英农业	-12736.94	-0.354	3.4047	0.6934	不分配不转增
002322	理工监测	13311.55	0.47	4.378	0.4478	10 派 1 元(含税)
002323	中联电气	2944.58	0.2737	7.9608	-0.1329	10 派 1.5 元(含税)
002324	普利特	19728.60	0.73	5.3534	0.0294	10 派 2 元(含税)
002325	洪涛股份	27952.24	0.4	2.6027	-0.326	10 派 0.5 元(含税)
002326	永太科技	1984.83	0.08	4.1831	0.0926	不分配不转增
002327	富安娜	31494.55	0.98	5.5907	0.6758	10 转增 3 股派 1 元(含税)
002328	新朋股份	4661.86	0.1	4.7279	0.445	10 派 0.25 元(含税)
002329	皇氏乳业	3636.39	0.1699	3.7113	0.5535	10 派 0.5 元(含税)
002330	得利斯	4204.66	0.084	2.6158	0.1919	10 派 0.3 元(含税)
002331	皖通科技	7076.38	0.3303	3.5357	0.2561	10 派 0.2 元(含税)
002332	仙琚制药	6059.15	0.18	3.389	0.1859	10 转增 5 股
002333	罗普斯金	8666.10	0.34	5.315	0.4729	10 派 2 元(含税)
002334	英威腾	12348.39	0.42	3.6685	0.5472	10 派 1 元(含税)
002335	科华恒盛	11396.75	0.51	4.6923	0.2393	10 派 1.5 元(含税)
002336	人人乐	2366.93	0.0592	8.2373	1.2742	不分配不转增

股票代码	股票简称	净利润(万元)	每股收益(元)	每股净资产(元)	每股经营性现金流量(元)	分配预案
002337	赛象科技	4827.53	0.25	6.5459	0.9187	10派2.5元(含税)
002338	奥普光电	7566.80	0.63	5.6866	0.2447	10派2.5元(含税)
002339	积成电子	11414.72	0.31	3.2867	0.0442	10派0.6元(含税)
002340	格林美	14411.51	0.19	3.1036	0.0304	不分配不转增
002341	新纶科技	10846.21	0.307	3.9702	-0.0818	10派0.5元(含税)
002342	巨力索具	7019.09	0.07	2.4675	0.0992	10派0.2元(含税)
002343	禾欣股份	5232.32	0.2641	5.9543	0.6049	10派2.5元(含税)
002344	海宁皮城	103900.44	0.93	3.4004	1.2084	10派1.5元(含税)
002345	潮宏基	17592.29	0.46	5.284	0.7721	10派1.5元(含税)
002346	柘中建设	396.88	0.03	7.0436	0.5996	10转增10股
002347	泰尔重工	1452.73	0.08	4.9454	-0.2336	不分配不转增
002348	高乐股份	6516.41	0.1376	2.4487	0.0867	10派0.5元(含税)
002349	精华制药	3559.72	0.178	3.3493	-0.2747	10派0.5元(含税)
002350	北京科锐	6145.10	0.28	4.6668	0.479	10派0.6元(含税)
002351	漫步者	8513.44	0.29	5.542	1.9864	10派1.8元(含税)
002352	鼎泰新材	4028.10	0.52	9.3138	-1.4683	10派1元(含税)
002353	杰瑞股份	98519.13	1.65	6.6993	0.8537	10转增5股派2.5元(含税)
002354	科冕木业	1107.55	0.12	5.0056	0.3622	10派0.1元(含税)
002355	兴民钢圈	6993.79	0.14	3.7213	0.0087	10派0.15元(含税)
002356	浩宁达	2156.29	0.27	11.7042	-0.6239	10派2.5元(含税)
002357	富临运业	6831.15	0.3487	3.3837	1.0604	10派1元(含税)
002358	森源电气	25982.03	0.72	4.7157	0.0711	10派1.4元(含税)
002359	齐星铁塔	293.14	0.0072	2.4265	-0.2574	不分配不转增
002360	同德化工	11396.18	0.6331	4.3242	1.1311	10转增10股派1元(含税)
002361	神剑股份	6367.82	0.199	1.9405	-0.1268	10派1元(含税)
002362	汉王科技	-21637.18	-1.01	3.3552	0.1586	不分配不转增
002363	隆基机械	5278.23	0.33	8.549	0.8734	10转增10股派1元(含税)
002364	中恒电气	8894.84	0.35	3.3875	-0.0324	10派1元(含税)
002365	永安药业	2300.66	0.12	5.7746	0.3404	10派0.3元(含税)
002366	丹甫股份	2914.84	0.2183	5.4778	0.8617	10派2.5元(含税)
002367	康力电梯	27777.03	0.7478	4.5309	0.863	10转增10股派3元(含税)
002368	太极股份	17680.98	0.75	6.7674	1.4187	10派2元(含税)
002369	卓翼科技	8957.50	0.37	5.6914	0.1412	10转增10股派1.1元(含税)
002370	亚太药业	548.02	0.03	3.4795	0.1526	10派0.2元(含税)
002371	七星电子	10309.24	0.29	5.1795	-0.0742	10派1元(含税)
002372	伟星新材	31567.30	0.96	5.8361	1.2579	10转增3股派8元(含税)
002373	*ST联信	-12699.20	-0.93	3.448	-0.1486	不分配不转增
002374	丽鹏股份	3783.64	0.2	4.2251	0.458	10派0.5元(含税)
002375	亚厦股份	89467.78	1.41	6.812	0.204	10转增3股派1.3元(含税)
002376	新北洋	22704.30	0.38	2.6287	0.0974	10派1元(含税)
002377	国创高新	1722.31	0.08	3.4895	-0.1439	10转增10股派3元(含税)
002378	章源钨业	10842.57	0.25	3.3225	0.3186	10派0.5元(含税)
002379	鲁丰环保	741.02	0.02	3.5853	0.5919	10转增10股派0.1元(含税)
002380	科远股份	3221.20	0.47	13.403	0.7883	10转增5股派1.5元(含税)
002381	双箭股份	14362.61	0.61	4.5903	0.4428	10派2元(含税)
002382	蓝帆股份	4697.42	0.2	4.1014	0.5579	10派0.625元(含税)
002383	合众思壮	980.13	0.0524	7.4844	-0.0839	不分配不转增
002384	东山精密	2676.54	0.07	3.4834	0.3557	10转增10股派0.2元(含税)
002385	大北农	76913.24	0.48	3.073	0.3187	10派1元(含税)
002386	天原集团	5641.95	0.1176	8.2487	1.0681	10派0.5元(含税)
002387	黑牛食品	1457.08	0.05	4.3544	0.3584	10派0.1元(含税)
002388	新亚制程	991.78	0.05	2.7804	-0.0729	10派0.1元(含税)
002389	南洋科技	3519.92	0.07	3.1142	0.0272	10派0.25元(含税)
002390	信邦制药	4023.73	0.23	5.9614	-0.1229	10转增10股派0.6元(含税)
002391	长青股份	19254.61	0.93	9.2297	0.9758	10转增5股派3元(含税)
002392	北京利尔	17287.79	0.31	4.6005	0.2738	10派0.5元(含税)
002393	力生制药	29805.90	1.63	16.025	1.5873	10派6元(含税)
002394	联发股份	28047.85	1.3	11.3204	1.579	10转增5股派2元(含税)
002395	双象股份	1883.17	0.1053	4.4291	0.1481	10派0.5元(含税)

股票代码	股票简称	净利润(万元)	每股收益(元)	每股净资产(元)	每股经营性现金流量(元)	分配预案
002396	星网锐捷	23917.75	0.6813	5.723	1.3048	10派3元(含税)
002397	梦洁家纺	9868.43	0.65	7.7515	0.8764	10转增10股派5元(含税)
002398	建研集团	22647.80	0.86	6.1677	0.2945	10派1元(含税)
002399	海普瑞	31733.48	0.3966	9.9801	0.5261	10派3元(含税)
002400	省广股份	28755.74	0.75	3.8801	0.3142	10转增5股派1.5元(含税)
002401	中海科技	4698.99	0.2324	3.0605	-0.2228	10转增5股
002402	和而泰	3517.49	0.35	7.6671	0.2658	10转增5股派3元(含税)
002403	爱仕达	4287.61	0.18	6.7791	0.8245	10派2元(含税)
002404	嘉欣丝绸	8008.16	0.31	4.7403	0.0779	10派2.2元(含税)
002405	四维图新	10532.65	0.15	3.4844	0.2742	10派0.46元(含税)
002406	远东传动	12558.25	0.45	7.4935	0.153	10派3元(含税)
002407	多氟多	1635.89	0.0735	6.558	0.036	10派1元(含税)
002408	齐翔腾达	34607.69	0.62	5.8028	-0.1378	10派1.6元(含税)
002409	雅克科技	7868.14	0.4731	7.5035	-0.1796	10派1.45元(含税)
002410	广联达	48835.48	0.91	4.5872	1.2439	10转增4股派4元(含税)
002411	九九久	2688.71	0.08	2.4169	0.2929	10派0.2元(含税)
002412	汉森制药	11083.26	0.75	7.2699	0.5141	10转增10股派5元(含税)
002413	常发股份	2551.52	0.12	5.422	-0.1919	10派1元(含税)
002414	高德红外	6150.88	0.1025	3.9662	-0.0661	10派0.2元(含税)
002415	海康威视	306664.85	0.76	2.7826	0.4638	10派2.5元(含税)
002416	爱施德	75447.91	0.76	4.5953	0.7809	10派1.5元(含税)
002417	三元达	-13202.50	-0.49	2.7556	-0.1369	不分配不转增
002418	康盛股份	1467.50	0.06	5.0485	0.3343	不分配不转增
002419	天虹商场	61544.31	0.77	5.3972	0.615	10派3.6元(含税)
002420	毅昌股份	-5515.22	-0.14	3.8772	0.284	不分配不转增
002421	达实智能	8229.42	0.3941	3.7062	0.0217	10派1元(含税)
002422	科伦药业	107952.16	2.25	20.3332	2.1883	10转增5股派2.5元(含税)
002423	中原特钢	231.52	0.005	3.8465	0.0049	10派0.05元(含税)
002424	贵州百灵	26960.45	0.57	4.4767	0.3014	10派2元(含税)
002425	凯撒股份	2540.02	0.08	3.7674	0.2498	10派0.3元(含税)
002426	胜利精密	11551.32	0.2885	3.5102	0.3887	10转增10股派1元(含税)
002427	尤夫股份	1712.96	0.07	4.1246	-0.8946	10派0.1元(含税)
002428	云南锗业	12311.06	0.19	2.2635	0.4274	10派0.6元(含税)
002429	兆驰股份	63588.55	0.5954	3.5817	0.0813	10转增5股
002430	杭氧股份	23164.43	0.29	4.0258	0.513	10派0.5元(含税)
002431	棕榈园林	39875.79	0.87	5.5983	-0.3612	10派1.3元(含税)
002432	九安医疗	-834.61	-0.02	2.0121	-0.2002	不分配不转增
002433	太安堂	13289.66	0.48	7.1043	-0.5107	10转增10股派0.75元(含税)
002434	万里扬	14556.15	0.43	5.9748	0.3285	10派1.5元(含税)
002435	长江润发	5158.94	0.26	4.1861	0.0113	10派1元(含税)
002436	兴森科技	11448.54	0.51	7.2665	0.6031	10派1.5元(含税)
002437	誉衡药业	22673.75	0.81	8.5397	1.6179	10派1元(含税)
002438	江苏神通	6589.46	0.317	4.2996	0.1437	10派0.5元(含税)
002439	启明星辰	12239.55	0.59	6.4259	1.2136	10送4转增6股派1元(含税)
002440	闰土股份	82768.35	1.08	6.1825	0.4001	10派3.5元(含税)
002441	众业达	18269.27	0.79	8.9274	-0.3212	10派2.5元(含税)
002442	龙星化工	1951.05	0.04	2.3747	0.7389	10派0.4元(含税)
002443	金洲管道	11073.01	0.27	4.3745	-0.2059	10转增2股派1元(含税)
002444	巨星科技	42760.90	0.42	3.4905	0.3286	10派1元(含税)
002445	中南重工	5035.33	0.2	3.8567	0.5824	10派0.3元(含税)
002446	盛路通信	452.57	0.03	4.9323	0.4576	10派0.1元(含税)
002447	壹桥苗业	16253.11	0.61	4.0728	1.2242	10转增5股派0.6元(含税)
002448	中原内配	16240.46	0.69	7.4755	1.0597	10派2元(含税)
002449	国星光电	11297.72	0.2627	5.0431	0.3828	10派1元(含税)
002450	康得新	65862.04	0.71	3.9912	0.239	10派0.91元(含税)
002451	摩恩电气	1699.21	0.08	2.9051	-0.4087	10转增10股
002452	长高集团	7660.04	0.589	8.3535	0.1436	10转增10股派1元(含税)
002453	天马精化	4702.53	0.18	4.0794	0.1185	10转增10股派0.5元(含税)
002454	松芝股份	23951.84	0.77	6.841	0.4222	10转增3股派3元(含税)

股票代码	股票简称	净利润(万元)	每股收益(元)	每股净资产(元)	每股经营性现金流量(元)	分配预案
002455	百川股份	4003.49	0.3	5.9455	-0.8574	10转增8股派2元(含税)
002456	欧菲光	57133.55	1.25	7.0238	1.4848	10转增10股派1.85元(含税)
002457	青龙管业	11344.23	0.34	5.0582	0.6658	10派0.5元(含税)
002458	益生股份	-28873.34	-1.03	2.389	-0.35	不分配不转增
002459	*ST天业	-42919.58	-1.93	2.2528	1.0156	不分配不转增
002460	赣锋锂业	7412.35	0.49	7.5225	0.3565	10转增10股派1.5元(含税)
002461	珠江啤酒	4123.77	0.06	4.8127	1.7932	10派0.15元(含税)
002462	嘉事堂	13016.88	0.5424	4.9448	-1.3016	10派1.5元(含税)
002463	沪电股份	17999.20	0.13	2.4231	0.2462	10转增2股派1元(含税)
002464	金利科技	3759.81	0.26	6.1869	0.5953	10派1.1元(含税)
002465	海格通信	32619.85	0.49	6.8653	0.6036	10转增5股派1元(含税)
002466	天齐锂业	-13236.14	-0.9	5.8877	-0.8722	不分配不转增
002467	二六三	13779.11	0.57	5.5221	0.7351	10转增10股派4元(含税)
002468	艾迪西	893.14	0.03	2.6112	0.376	10转增2股派0.1元(含税)
002469	三维工程	12161.25	0.48	3.7918	0.3924	10转增3股派1元(含税)
002470	金正大	66393.60	0.55	5.8351	1.6464	10派1.5元(含税)
002471	中超电缆	16500.83	0.33	3.1316	-0.3661	10派1元(含税)
002472	双环传动	6729.57	0.24	5.2093	0.4248	10派1元(含税)
002473	圣莱达	258.85	0.02	2.675	0.0558	10派1.8元(含税)
002474	榕基软件	6283.87	0.202	4.3399	0.1837	10转增10股派0.5元(含税)
002475	立讯精密	33977.58	0.62	4.2332	0.5376	10转增4股派0.7元(含税)
002476	宝莫股份	4693.22	0.0767	1.6289	0.1175	10派0.3元(含税)
002477	雏鹰农牧	7562.11	0.0885	2.452	0.2747	10派0.3元(含税)
002478	常宝股份	22700.37	0.57	6.722	0.5484	10派2元(含税)
002479	富春环保	14297.75	0.19	2.7635	0.7688	不分配不转增
002480	新筑股份	978.47	0.03	6.6817	0.6841	10转增10股
002481	双塔食品	11304.19	0.2617	2.3111	0.3032	10派0.45元(含税)
002482	广田股份	52292.67	1.02	7.176	-0.1112	10派1.5元(含税)
002483	润邦股份	10088.60	0.28	5.9169	0.3276	10派1.2元(含税)
002484	江海股份	12917.43	0.621	7.017	0.6781	10转增6股派1.5元(含税)
002485	希努尔	7139.11	0.22	6.2668	0.1415	10派0.4元(含税)
002486	嘉麟杰	9861.83	0.2371	2.4891	0.1854	10送2转增8股派0.8元(含税)
002487	大金重工	3646.42	0.1	4.1939	0.6569	10派0.1元(含税)
002488	金固股份	4506.46	0.25	5.1073	0.0689	10派1元(含税)
002489	浙江永强	26186.71	0.55	6.585	0.9063	10派5元(含税)
002490	山东墨龙	-17572.22	-0.22	3.3516	-0.1949	不分配不转增
002491	通鼎光电	21849.57	0.8064	6.747	-0.7307	10转增3股派2元(含税)
002492	恒基达鑫	4867.04	0.4056	7.0754	0.746	10送1转增9股派0.3元(含税)
002493	荣盛石化	23016.67	0.21	6.3232	-1.9425	10派1元(含税)
002494	华斯股份	8423.28	0.74	9.0382	0.6705	10转增3股派1元(含税)
002495	佳隆股份	3508.23	0.1242	3.7946	0.3543	10派0.9元(含税)
002496	辉丰股份	16313.96	0.67	7.6296	1.1463	10转增3股派1.35元(含税)
002497	雅化集团	22204.69	0.4626	4.2894	0.5081	10派2.5元(含税)
002498	汉缆股份	43383.01	0.4	3.8413	-0.0048	10派1.3元(含税)
002499	科林环保	1339.70	0.12	5.8846	0.6169	10转增2股派0.4元(含税)
002500	山西证券	25858.09	0.11	2.739	-0.9677	10派0.77元(含税)
002501	利源精制	28995.36	0.68	6.6078	1.7206	10派1.3元(含税)
002502	骅威股份	3193.19	0.23	6.3617	0.0489	10转增10股派1元(含税)
002503	搜于特	27419.37	0.63	4.8785	-0.076	10转增2股派1.5元(含税)
002504	东光微电	-1592.69	-0.11	4.7076	0.1431	不分配不转增
002505	大康牧业	285.51	0.01	3.2962	0.2486	10转增5股
002506	*ST超日	-145212.36	-1.72	-0.3934	0.1779	不分配不转增
002507	涪陵榨菜	14064.71	0.91	6.7006	1.2886	10转增3股派2元(含税)
002508	老板电器	38563.23	1.51	7.9521	1.2609	10转增2.5股派5元(含税)
002509	天广消防	9107.20	0.23	2.2685	0.0411	10派0.5元(含税)
002510	天汽模	12252.89	0.6	7.4814	0.4832	10转增10股派1.8元(含税)
002511	中顺洁柔	11593.52	0.37	7.3151	0.6935	10转增3股
002512	达华智能	8771.21	0.2728	3.9766	-0.3511	不分配不转增
002513	蓝丰生化	2110.17	0.1	5.5661	0.2566	10派0.2元(含税)

股票代码	股票简称	净利润(万元)	每股收益(元)	每股净资产(元)	每股经营性现金流量(元)	分配预案
002514	宝馨科技	2032.30	0.19	4.8798	-0.0045	10 转增 10 股派 2 元(含税)
002515	金字火腿	2259.18	0.16	5.9357	0.0971	10 派 0.5 元(含税)
002516	江苏旷达	14261.69	0.57	7.0613	0.4486	10 派 2 元(含税)
002517	泰亚股份	457.84	0.03	3.6928	0.074	不分配不转增
002518	科士达	12668.29	0.61	6.6445	0.525	10 转增 4 股派 1 元(含税)
002519	银河电子	11185.52	0.53	5.3767	0.4004	不分配不转增
002520	日发精机	822.35	0.04	2.8698	0.1857	不分配不转增
002521	齐峰新材	18888.12	0.45	5.4206	0.111	10 派 2 元(含税)
002522	浙江众成	7323.68	0.43	6.2245	0.4745	10 转增 10 股派 3 元(含税)
002523	天桥起重	2761.49	0.08	3.2472	-0.1269	10 派 0.5 元(含税)
002524	光正集团	154.97	0.003	1.6894	0.0237	不分配不转增
002526	山东矿机	4582.48	0.0858	3.6773	-0.1066	10 派 0.4 元(含税)
002527	新时达	16610.90	0.47	4.3595	0.422	10 派 1.5 元(含税)
002528	英飞拓	6198.76	0.18	6.1745	-0.0914	10 转增 3 股派 2 元(含税)
002529	海源机械	875.74	0.05	6.2346	-0.0583	10 派 0.3125 元(含税)
002530	丰东股份	4305.32	0.1606	2.4273	0.004	10 派 0.5 元(含税)
002531	天顺风能	17248.71	0.42	4.5884	0.2311	10 派 1.5 元(含税)
002532	新界泵业	12116.92	0.76	6.3133	0.8276	10 转增 10 股派 1 元(含税)
002533	金杯电工	11358.20	0.338	5.4141	0.4027	10 转增 6 股派 1.2 元(含税)
002534	杭锅股份	6959.67	0.17	6.536	0.9947	10 派 1.5 元(含税)
002535	林州重机	19924.12	0.37	4.0784	0.1667	10 派 1 元(含税)
002536	西泵股份	2530.40	0.26	12.1379	0.6676	10 派 2 元(含税)
002537	海立美达	5903.34	0.39	9.1788	0.0092	10 派 1 元(含税)
002538	司尔特	11160.30	0.38	5.5821	0.0545	10 派 1 元(含税)
002539	新都化工	10669.19	0.32	6.8989	0.8776	10 派 2 元(含税)
002540	亚太科技	14771.98	0.36	5.5929	0.1165	10 派 2 元(含税)
002541	鸿路钢构	16551.93	0.62	8.374	-0.5879	10 派 0.7 元(含税)
002542	中化岩土	7070.32	0.35	4.2352	0.2669	10 转增 10 股派 1 元(含税)
002543	万和电气	24771.71	0.6193	6.2437	0.7967	10 转增 1 股派 1.5 元(含税)
002544	杰赛科技	9698.58	0.28	3.1031	0.0627	10 转增 5 股派 0.65 元(含税)
002545	东方铁塔	16880.55	0.6486	10.8567	0.7401	10 派 1 元(含税)
002546	新联电子	14830.39	0.88	7.3278	1.2268	10 转增 5 股派 4 元(含税)
002547	春兴精工	3145.79	0.11	2.7815	-0.075	不分配不转增
002548	金新农	4212.36	0.3	5.7121	-0.122	10 派 2 元(含税)
002549	凯美特气	5882.38	0.22	2.947	0.1141	10 转增 5 股
002550	千红制药	18702.17	1.17	12.0877	1.003	10 转增 10 股派 5 元(含税)
002551	尚荣医疗	7375.55	0.27	4.5181	-0.3056	10 转增 3 股派 1 元(含税)
002552	宝鼎重工	1214.45	0.08	5.3537	-0.0097	10 转增 10 股派 0.5 元(含税)
002553	南方轴承	4719.49	0.5425	6.8835	0.6892	10 转增 10 股派 4.5 元(含税)
002554	惠博普	10297.56	0.23	2.8736	-0.0997	10 派 0.5 元(含税)
002555	顺荣股份	368.12	0.03	5.504	0.3645	10 派 2 元(含税)
002556	辉隆股份	9027.62	0.19	4.0324	1.4344	10 派 1 元(含税)
002557	洽洽食品	25518.19	0.75	7.7021	-0.004	10 派 5 元(含税)
002558	世纪游轮	504.77	0.084	10.1788	0.0136	10 转增 1 股派 1 元(含税)
002559	亚威股份	8178.64	0.46	7.043	0.909	10 派 2.5 元(含税)
002560	通达股份	5948.19	0.58	8.9801	-0.0777	10 派 2 元(含税)
002561	徐家汇	24458.05	0.588	4.2203	0.6017	10 派 3.6 元(含税)
002562	兄弟科技	1842.88	0.09	3.679	0.5664	不分配不转增
002563	森马服饰	90200.38	1.35	12.0604	2.0782	10 派 10 元(含税)
002564	张化机	12550.19	0.37	7.6604	-0.7864	10 转增 10 股派 0.4 元(含税)
002565	上海绿新	22926.91	0.67	5.3414	0.534	10 送 5 转增 5 股派 1.3 元(含税)
002566	益盛药业	8731.90	0.4	7.5063	-0.8541	10 转增 5 股派 1 元(含税)
002567	唐人神	12719.77	0.31	4.1526	0.1501	10 派 0.9 元(含税)
002568	百润股份	4187.58	0.26	4.0001	0.3512	不分配不转增
002569	步森股份	606.63	0.04	4.3549	-0.381	不分配不转增
002570	贝因美	72104.64	1.13	6.123	0.3279	10 转增 6 股派 6.5 元(含税)
002571	德力股份	8011.26	0.22	4.0115	-0.0013	不分配不转增
002572	索菲亚	24485.29	0.56	3.9542	0.7995	10 派 2.5 元(含税)
002573	国电清新	18002.26	0.3379	4.1865	0.0916	10 派 1.5 元(含税)

股票代码	股票简称	净利润(万元)	每股收益(元)	每股净资产(元)	每股经营性现金流量(元)	分配预案
002574	明牌珠宝	8344.34	0.35	11.9546	2.1371	10派1元(含税)
002575	群兴玩具	2447.08	0.09	3.3696	0.2686	10派0.5元(含税)
002576	通达动力	1017.83	0.06	5.2284	0.1135	10派0.3元(含税)
002577	雷柏科技	3333.07	0.12	4.9473	0.0743	10派1.1元(含税)
002578	闽发铝业	4610.14	0.27	5.5432	0.4757	不分配不转增
002579	中京电子	1182.56	0.05	2.6037	0.1904	10派0.2元(含税)
002580	圣阳股份	1838.14	0.17	7.4443	-0.7471	不分配不转增
002581	万昌科技	8803.73	0.63	5.245	0.5906	10派5元(含税)
002582	好想你	10202.78	0.69	9.223	1.2223	10派1元(含税)
002583	海能达	13507.12	0.49	7.1148	0.2755	10派0.8元(含税)
002584	西陇化工	4860.75	0.24	5.1508	0.1614	10派0.25元(含税)
002585	双星新材	9003.77	0.22	8.8131	0.0552	10派0.25元(含税)
002586	围海股份	9638.76	0.32	3.0638	0.2081	10派1.5元(含税)
002587	奥拓电子	4812.74	0.44	5.0823	0.5015	10转增10股派2元(含税)
002588	史丹利	39717.78	1.81	12.1388	1.9299	10转增3股派5元(含税)
002589	瑞康医药	14355.49	1.49	14.9768	-2.5192	10转增10股派1.35元(含税)
002590	万安科技	3564.94	0.29	5.5284	0.2365	10转增7股派0.6元(含税)
002591	恒大高新	3167.81	0.2433	5.7572	-0.199	10送3转增7股派0.8元(含税)
002592	八菱科技	9003.40	0.51	4.0419	0.4564	10派3元(含税)
002593	日上集团	3551.23	0.17	5.6152	-0.5585	10派0.6元(含税)
002594	比亚迪	55305.90	0.23	9.2221	1.0349	10派0.5元(含税)
002595	豪迈科技	31635.80	1.5818	11.2376	1.143	10派6元(含税)
002596	海南瑞泽	3880.97	0.18	4.1821	-0.0831	10派0.3元(含税)
002597	金禾实业	14607.42	0.53	6.4473	0.7639	10派2.5元(含税)
002598	山东章鼓	8141.24	0.2609	2.3002	0.306	10派2元(含税)
002599	盛通股份	1910.59	0.14	4.4153	0.5976	10派0.3元(含税)
002600	江粉磁材	1721.35	0.05	4.0145	-0.2966	10派1元(含税)
002601	佰利联	2357.58	0.12	11.313	-0.9719	10派0.5元(含税)
002602	世纪华通	8116.10	0.31	6.2437	0.2693	不分配不转增
002603	以岭药业	24429.15	0.44	7.5518	0.0981	10派1元(含税)
002604	龙力生物	7234.20	0.3	7.311	1.0989	10转增3股派0.5元(含税)
002605	姚记扑克	11698.28	0.6256	4.5249	0.9107	10派1元(含税)
002606	大连电瓷	3054.47	0.15	3.6225	0.2356	10派1元(含税)
002607	亚夏汽车	4730.91	0.21	3.8133	0.3767	10转增2股派0.5元(含税)
002608	舜天船舶	12354.83	0.56	9.7011	-3.1353	10转增7股派1元(含税)
002609	捷顺科技	7226.29	0.39	3.9401	0.6319	10转增6股派0.4元(含税)
002610	爱康科技	845.29	0.03	4.1231	-0.5897	不分配不转增
002611	东方精工	5613.00	0.31	4.4351	0.3535	10转增10股派1元(含税)
002612	朗姿股份	23373.73	1.17	11.6733	0.0646	10派6元(含税)
002613	北玻股份	4380.22	0.11	3.6727	0.0724	10转增2股派0.5元(含税)
002614	蒙发利	10434.74	0.435	8.6136	0.9537	10转增5股派1元(含税)
002615	哈尔斯	5847.56	0.64	6.6268	0.9185	10派3.2元(含税)
002616	长青集团	3984.42	0.2692	7.2141	1.1298	10派0.6元(含税)
002617	露笑科技	3810.99	0.21	4.9769	0.4775	10派0.5元(含税)
002618	丹邦科技	5241.52	0.32	8.2648	0.6425	10派0.29元(含税)
002619	巨龙管业	2945.02	0.24	5.1315	0.0977	10派6元(含税)
002620	瑞和股份	8098.75	0.67	8.1354	-2.0177	10派1元(含税)
002621	大连三垒	4954.64	0.33	6.896	0.442	10转增5股派0.4元(含税)
002622	永大集团	3867.15	0.26	7.8417	0.4622	10派0.26元(含税)
002623	亚玛顿	6159.79	0.38	12.965	0.4383	10派0.4元(含税)
002624	金磊股份	1670.08	0.08	2.5378	0.0453	10派0.5元(含税)
002625	龙生股份	3127.82	0.27	3.7654	0.2795	10转增5股派0.6元(含税)
002626	金达威	10213.06	0.57	7.3182	1.122	10转增6股派5元(含税)
002627	宜昌交运	6022.75	0.4511	6.4624	1.2373	10派2元(含税)
002628	成都路桥	31494.28	0.48	3.4768	-0.5749	10派0.9元(含税)
002629	仁智油服	3315.75	0.19	4.4065	-0.2997	10转增6股派0.3元(含税)
002630	华西能源	13142.49	0.787	10.5608	-0.0081	10转增8股派1元(含税)
002631	德尔家居	9193.52	0.57	8.018	0.7582	10转增10股派1元(含税)
002632	道明光学	1837.44	0.13	6.4664	0.0531	10派0.5元(含税)

股票代码	股票简称	净利润(万元)	每股收益(元)	每股净资产(元)	每股经营性现金流量(元)	分配预案
002633	申科股份	-2854.09	-0.19	3.5935	0.2459	不分配不转增
002634	棒杰股份	2901.18	0.29	4.9351	0.5712	10 派 2 元(含税)
002635	安洁科技	14255.12	0.79	6.6284	0.9275	10 派 2.2 元(含税)
002636	金安国纪	3006.55	0.11	4.7914	0.6262	10 派 0.6 元(含税)
002637	赞宇科技	5685.48	0.36	6.3913	0.5623	10 派 1 元(含税)
002638	勤上光电	10399.35	0.28	5.9093	0.0356	10 派 0.2 元(含税)
002639	雪人股份	4322.39	0.27	7.2817	0.124	10 派 0.72 元(含税)
002640	百圆裤业	3149.07	0.24	5.2109	-0.1753	10 派 0.45 元(含税)
002641	永高股份	24295.73	0.67	5.644	0.5674	10 送 2 股派 1.3 元(含税)
002642	荣之联	11509.76	0.3772	4.3132	0.228	10 派 0.35 元(含税)
002643	烟台万润	12394.16	0.45	4.8172	0.7188	10 派 1.8 元(含税)
002644	佛慈制药	3059.64	0.3443	7.9157	-0.1179	10 转增 10 股派 0.32 元(含税)
002645	华宏科技	3601.87	0.3001	5.7179	0.5591	10 转增 3 股派 0.8 元(含税)
002646	青青稞酒	37338.68	0.8297	4.5375	0.6671	10 派 3 元(含税)
002647	宏磊股份	7508.32	0.44	6.2331	0.3728	10 转增 3 股派 0.9 元(含税)
002648	卫星石化	50013.60	1.25	9.121	0.3088	10 转增 10 股派 3.5 元(含税)
002649	博彦科技	12790.74	0.85	8.5111	0.6373	10 派 2.32 元(含税)
002650	加加食品	16188.05	0.7	7.5775	0.5649	10 转增 10 股派 6 元(含税)
002651	利君股份	31116.19	0.78	4.7055	0.5044	10 派 6.8 元(含税)
002652	扬子新材	3619.82	0.23	3.5313	-0.2004	10 派 1 元(含税)
002653	海思科	51921.89	0.48	1.7838	0.5262	10 派 2.5 元(含税)
002654	万润科技	4444.92	0.25	3.0177	0.6253	10 派 0.8 元(含税)
002655	共达电声	1413.47	0.08	2.4222	0.2284	10 转增 5 股派 0.12 元(含税)
002656	卡奴迪路	14932.23	0.75	6.2127	-0.064	10 派 1.8 元(含税)
002657	中科金财	5602.16	0.54	6.7259	1.4324	10 派 0.7 元(含税)
002658	雪迪龙	13414.67	0.49	4.2922	0.025	10 派 1 元(含税)
002659	中泰桥梁	-6281.54	-0.2	1.8931	-0.322	不分配不转增
002660	茂硕电源	2492.24	0.13	3.5315	0.0303	10 转增 3 股派 0.3 元(含税)
002661	克明面业	8713.23	1.05	8.5699	0.6981	10 派 5 元(含税)
002662	京威股份	31703.11	0.53	4.5577	0.4405	10 派 2.6 元(含税)
002663	普邦园林	30485.13	0.55	3.8922	-0.5917	10 派 1.1 元(含税)
002664	信质电机	14406.93	1.0805	8.7427	0.2888	10 派 2.2 元(含税)
002665	首航节能	15954.91	0.6	6.651	-0.408	10 派 1.07 元(含税)
002666	德联集团	15985.07	0.5	4.6913	-0.1418	10 派 1.5 元(含税)
002667	鞍重股份	5861.86	0.86	10.55	0.3392	10 派 0.79 元(含税)
002668	奥马电器	19570.32	1.18	8.1707	1.1833	10 派 2.3 元(含税)
002669	康达新材	4023.63	0.4	5.6428	0.0033	10 转增 10 股派 1.2 元(含税)
002670	华声股份	9062.50	0.4531	3.9653	-0.279	10 派 3 元(含税)
002671	龙泉股份	12283.99	0.65	6.8584	1.1106	10 转增 10 股派 2 元(含税)
002672	东江环保	20828.21	0.92	9.9319	1.524	10 转增 5 股派 3 元(含税)
002673	西部证券	27390.21	0.23	3.8721	-1.1496	10 派 0.63 元(含税)
002674	兴业科技	17747.61	0.738	6.3885	-0.4267	10 派 2.5 元(含税)
002675	东诚生化	10084.95	0.5836	6.295	-0.1192	10 派 1.32 元(含税)
002676	顺威股份	4322.59	0.27	6.4356	0.2331	10 派 0.7 元(含税)
002677	浙江美大	10767.73	0.54	4.6005	0.6409	10 派 3.5 元(含税)
002678	珠江钢琴	19645.34	0.21	1.88	0.0521	10 派 0.65 元(含税)
002679	福建金森	4812.75	0.35	4.7974	-3.8548	10 派 0.95 元(含税)
002680	黄海机械	3573.62	0.45	8.8278	0.2415	10 派 1.3 元(含税)
002681	奋达科技	13069.31	0.87	6.6183	1.1783	10 转增 10 股派 3 元(含税)
002682	龙洲股份	7230.22	0.35	5.1159	0.1616	10 派 0.7 元(含税)
002683	宏大爆破	16398.85	0.75	6.0323	-0.0153	10 派 3 元(含税)
002684	猛狮科技	-1634.53	-0.15	4.8165	-0.1949	不分配不转增
002685	华东重机	1012.72	0.05	3.933	0.107	10 派 0.25 元(含税)
002686	亿利达	8789.61	0.65	5.3091	0.5969	10 转增 10 股派 1.5 元(含税)
002687	乔治白	6546.94	0.33	4.8968	0.67	10 转增 2 股派 2.5 元(含税)
002688	金河生物	9043.25	0.8303	8.2682	1.3618	10 送 10 股派 2.5 元(含税)
002689	博林特	15666.47	0.39	3.2615	0.4363	10 转增 3 股派 3 元(含税)
002690	美亚光电	20799.84	0.8	5.8634	0.7486	10 转增 3 股派 3 元(含税)
002691	石中装备	4165.97	0.21	3.9503	-0.1981	10 派 0.25 元(含税)

股票代码	股票简称	净利润(万元)	每股收益(元)	每股净资产(元)	每股经营性现金流量(元)	分配预案
002692	远程电缆	13090.09	0.401	3.7246	-0.0198	10派0.8元(含税)
002693	双成药业	6677.19	0.37	4.8368	0.3135	10转增5股派2元(含税)
002694	顾地科技	9233.33	0.53	5.9478	0.162	10转增10股派1.07元(含税)
002695	煌上煌	12160.24	0.98	11.3877	0.4357	10派2.67元(含税)
002696	百洋股份	5687.68	0.65	10.3621	1.1399	10转增10股派2元(含税)
002697	红旗连锁	15702.45	0.39	4.4541	0.6973	10派0.52元(含税)
002698	博实股份	20728.29	0.52	3.6742	0.5694	10派1.2元(含税)
002699	美盛文化	4173.02	0.45	6.9019	0.5317	10转增12股派0.5元(含税)
002700	新疆浩源	8226.48	0.7	5.6028	0.8386	10转增10股派1.2元(含税)
002701	奥瑞金	61352.35	2	10.7007	2.1812	10转增10股派10元(含税)
002702	海欣食品	3375.39	0.2387	5.6384	0.4247	10派1元(含税)
002703	浙江世宝	4882.40	0.18	2.6779	0.2093	10派0.8元(含税)
002705	新宝股份	19220.55	0.5252	3.6094	1.545	10派2元(含税)
002706	良信电器	8103.51	1.25	5.8346	0.7072	10派8元(含税)
002707	众信旅游	8746.88	1.72	5.703	1.3379	10派2元(含税)
002708	光洋股份	5338.88	0.5341	5.0179	0.3666	10转增4股派1元(含税)
002709	天赐材料	8132.58	0.82	5.5499	0.8345	10派1.5元(含税)
002711	欧浦钢网	11708.08	0.99	5.2617	0.9219	10派2.8元(含税)
002712	思美传媒	8408.83	1.15	6.9913	0.4348	10派3元(含税)
002713	东易日盛	10560.66	1.05	4.1257	3.1211	10派5元(含税)
002714	牧原股份	30382.95	1.43	5.9284	0.5701	10派2.34元(含税)
002715	登云股份	3385.20	0.49	4.1455	0.3654	10派0.6元(含税)
002716	金贵银业	15979.77	0.91	6.0805	1.6778	10派1.28元(含税)
002717	岭南园林	9663.00	1.29	5.68	-0.42	不分配不转增
002718	友邦吊顶	8605.12	1.91	6.2431	2.3129	10派3.7元(含税)
002719	麦趣尔	5775.24	0.74	4.1104	0.3244	10派1.19元(含税)
002721	金一文化	10382.89	0.73	4.2595	0.7259	10派1元(含税)
002722	金轮股份	4827.94	0.47	3.3911	0.4541	10派0.8元(含税)
002723	金莱特	4047.93	0.5783	5.0045	0.7095	10派4元(含税)
002725	跃岭股份	10282.81	1.37	6.3629	1.6077	10派4元(含税)

2013年深市主板上市公司年报主要财务指标

截止日期:2014年4月30日

股票代码	股票简称	净利润(万元)	每股收益(元)	每股净资产(元)	每股经营性现金流量(元)	分配预案
000001	平安银行	1523064.84	1.86	11.77	9.63	10转增2股派1.6元(含税)
000002	万科A	1511854.94	1.37	6.98	0.175	10派4.1元(含税)
000004	国农科技	-103.34	-0.0123	0.91	-0.2506	不分配不转增
000005	世纪星源	-4234.48	-0.0463	0.6827	-0.1222	不分配不转增
000006	深振业A	69608.58	0.5156	3.0318	-0.6595	10派1.55元(含税)
000007	零七股份	2326.75	0.1007	1.5023	0.835	不分配不转增
000008	宝利来	2275.80	0.07	1.8563	0.22	不分配不转增
000009	中国宝安	29240.00	0.23	2.5525	0.0641	10送2股派0.3元(含税)
000010	深华新	314.01	0.0053	1.0551	0.0072	不分配不转增
000011	深物业A	30084.06	0.5048	3.0249	0.1853	10派2.5元(含税)
000012	南玻A	153592.97	0.74	3.8779	0.8186	10派3元(含税)
000014	沙河股份	2875.44	0.1426	3.0149	0.3679	10派0.15元(含税)
000016	深康佳A	4516.30	0.0375	3.3892	1.8964	10派0.1元(含税)
000017	*ST中华A	157522.39	2.857	0.0127	-0.0512	不分配不转增
000018	中冠A	821.48	0.0486	0.7468	0.0101	不分配不转增
000019	深深宝A	4366.22	0.174	3.8283	-0.0475	10转增2股
000020	深华发A	-651.74	-0.023	0.9665	-0.2449	不分配不转增
000021	长城开发	22993.12	0.171	3.2981	0.3051	10派0.5元(含税)
000022	深赤湾A	50289.45	0.78	6.1229	1.3915	10派3.9元(含税)
000023	深天地A	1503.15	0.1083	2.5255	0.2111	10派0.4元(含税)
000024	招商地产	420215.21	2.447	15.5625	0.2888	10转增5股派4.8元(含税)
000025	特力A	690.07	0.0313	0.8687	-0.0119	不分配不转增
000026	飞亚达A	13012.51	0.331	3.9118	0.2013	10派1元(含税)
000027	深圳能源	145298.69	0.5498	6.1738	0.8681	10派2.5元(含税)

股票代码	股票简称	净利润(万元)	每股收益(元)	每股净资产(元)	每股经营性现金流量(元)	分配预案
000028	国药一致	52048.82	1.81	7.7903	1.6138	10 派 1.8 元(含税)
000029	深深房 A	22826.83	0.2256	1.8419	0.1927	不分配不转增
000030	富奥股份	54300.64	0.44	2.9222	-0.0577	10 派 1 元(含税)
000031	中粮地产	53457.01	0.29	2.9815	-1.8095	10 派 0.3 元(含税)
000032	深桑达 A	848.68	0.04	3.765	-0.2345	10 派 0.3 元(含税)
000033	新都酒店	348.62	0.0106	0.8254	0.13	不分配不转增
000034	深信泰丰	1676.69	0.05	0.2964	0.0203	不分配不转增
000035	中科健	113154.70	5.99	0.066	-0.5646	不分配不转增
000036	华联控股	7981.44	0.071	1.6673	-0.2365	不分配不转增
000037	深南电 A	5309.91	0.09	2.6562	0.8001	不分配不转增
000038	深大通	199.00	0.021	1.654	0.4672	不分配不转增
000039	中集集团	218032.10	0.82	7.7652	1.0329	10 派 2.7 元(含税)
000040	宝安地产	10303.19	0.22	2.6888	-1.0044	10 派 0.2 元(含税)
000042	中洲控股	40550.22	1.6934	12.8032	0.6922	10 送 10 股派 2 元(含税)
000043	中航地产	46705.92	0.7003	4.8602	-2.0542	10 派 2 元(含税)
000045	深纺织 A	4722.26	0.1	4.5365	-0.3686	不分配不转增
000046	泛海控股	118120.81	0.2592	2.0266	-0.6201	10 派 1.5 元(含税)
000048	康达尔	-902.03	-0.0231	1.0306	-0.1945	不分配不转增
000049	德赛电池	20602.60	1.5057	3.9022	0.4026	10 送 5 股派 2 元(含税)
000050	深天马 A	14354.52	0.25	2.5878	2.4758	10 派 1 元(含税)
000055	方大集团	8567.69	0.11	1.5334	0.2068	10 派 0.3 元(含税)
000056	深国商	232069.70	10.51	10.1258	-1.8255	10 转增 2 股
000058	深赛格	5433.87	0.0692	1.5931	-0.1561	不分配不转增
000059	华锦股份	-15517.83	-0.1293	5.9741	1.5165	不分配不转增
000060	中金岭南	41312.24	0.2	2.8919	0.4707	10 派 0.3 元(含税)
000061	农产品	11128.83	0.0666	2.8685	0.1121	10 派 0.5 元(含税)
000062	深圳华强	41201.42	0.618	2.9278	1.5687	10 派 3 元(含税)
000063	中兴通讯	135765.70	0.39	6.5549	0.749	10 派 0.3 元(含税)
000065	北方国际	15610.81	0.74	3.788	3.5894	10 送 2 股派 0.8 元(含税)
000066	长城电脑	2948.63	0.022	2.0261	0.4874	不分配不转增
000068	华控赛格	-3720.14	-0.0415	0.2184	-0.2217	不分配不转增
000069	华侨城 A	440828.79	0.6062	3.2816	0.9899	10 派 0.7 元(含税)
000070	特发信息	6146.55	0.2283	3.7684	0.0531	10 派 0.3 元(含税)
000078	海王生物	11704.80	0.1644	2.0806	-0.1682	不分配不转增
000088	盐田港	38846.45	0.2	2.4442	0.0552	10 派 0.33 元(含税)
000089	深圳机场	50229.61	0.2971	4.6055	0.5482	10 派 0.35 元(含税)
000090	天健集团	37843.49	0.6849	6.083	1.0004	10 派 2.06 元(含税)
000096	广聚能源	6728.13	0.13	3.5092	0.0706	10 派 0.2 元(含税)
000099	中信海直	19218.97	0.3711	4.2739	0.5347	10 派 0.75 元(含税)
000100	TCL 集团	210906.71	0.2484	1.6607	0.6074	10 派 0.6 元(含税)
000150	宜华地产	9190.15	0.28	2.4584	-2.4658	不分配不转增
000151	中成股份	9311.30	0.3146	3.2831	2.4668	10 派 3 元(含税)
000153	丰原药业	2734.66	0.0914	3.2473	-0.2253	不分配不转增
000155	川化股份	-63331.61	-1.35	1.56	-0.2505	不分配不转增
000156	华数传媒	25391.70	0.23	1.5816	0.7611	不分配不转增
000157	中联重科	383897.28	0.5	5.4009	0.0956	10 派 1.5 元(含税)
000158	常山股份	1756.59	0.024	3.397	-0.0766	不分配不转增
000159	国际实业	3553.29	0.0739	4.2848	0.1131	10 派 0.3 元(含税)
000301	东方市场	33007.89	0.27	2.4296	0.1326	10 派 0.5 元(含税)
000333	美的集团	531745.81	4.33	19.4787	5.9622	10 转增 15 股派 20 元(含税)
000338	潍柴动力	357079.14	1.79	13.8664	2.8852	10 派 1.5 元(含税)
000400	许继电气	52291.17	1.0634	6.6874	1.651	10 送 3 转增 2 股派 1 元(含税)
000401	冀东水泥	34445.00	0.256	8.8313	0.9018	10 派 1 元(含税)
000402	金融街	289151.73	0.96	7.3607	-0.96	10 派 2.5 元(含税)
000403	*ST 生化	7028.03	0.26	1.1019	0.3339	不分配不转增
000404	华意压缩	16122.26	0.2985	3.4405	0.0171	10 派 0.3 元(含税)
000407	胜利股份	2058.00	0.03	1.7161	0.0264	不分配不转增
000408	金谷源	2161.08	0.0857	0.7715	-0.0139	不分配不转增
000409	山东地矿	12677.49	0.27	2.2497	0.0944	不分配不转增

股票代码	股票简称	净利润(万元)	每股收益(元)	每股净资产(元)	每股经营性现金流量(元)	分配预案
000410	沈阳机床	1909.16	0.0283	3.4993	-1.7552	不分配不转增
000411	英特集团	7409.03	0.36	2.6136	0.365	不分配不转增
000413	东旭光电	36929.73	0.51	6.4382	-2.0346	10转增20股
000415	渤海租赁	105252.10	0.83	4.459	3.6397	10派1.5元(含税)
000416	民生控股	446.32	0.0084	1.4806	-0.0051	不分配不转增
000417	合肥百货	43771.52	0.5513	3.883	0.4813	10派1.8元(含税)
000418	小天鹅A	41335.01	0.65	6.1802	1.4307	10派3元(含税)
000419	通程控股	15173.50	0.2791	3.2624	0.5541	10派1元(含税)
000420	吉林化纤	-39353.67	-1.0404	0.3217	-0.3702	不分配不转增
000421	南京中北	6649.07	0.1391	2.7235	0.5425	10派0.5元(含税)
000422	湖北宜化	6794.02	0.076	6.8073	3.1873	10派0.1元(含税)
000423	东阿阿胶	120287.82	1.8392	7.6487	1.3441	10派7元(含税)
000425	徐工机械	150851.73	0.73	9.3966	-0.1857	10派1元(含税)
000426	兴业矿业	6940.63	0.1441	4.5731	0.0556	10派0.2元(含税)
000428	华天酒店	11925.76	0.17	2.3008	0.2979	10派0.17元(含税)
000429	粤高速A	12777.77	0.1	3.3712	0.6025	10派0.5元(含税)
000430	张家界	5220.61	0.1527	1.3538	0.2651	不分配不转增
000488	晨鸣纸业	71065.53	0.35	7.1071	0.5683	10派3元(含税)
000498	山东路桥	26124.38	0.2332	2.0556	0.6574	不分配不转增
000501	鄂武商A	46511.83	0.92	5.7087	3.6376	不分配不转增
000502	绿景控股	696.88	0.04	1.0852	0.0424	不分配不转增
000503	海虹控股	1297.82	0.0144	1.3977	0.1776	不分配不转增
000504	*ST传媒	1380.15	0.04	0.0034	-0.0377	不分配不转增
000505	珠江控股	1348.95	0.03	0.2735	-0.1072	不分配不转增
000506	中润资源	19360.41	0.2084	1.7912	-0.0368	10派0.25元(含税)
000507	珠海港	9209.99	0.121	3.0977	0.0163	10派0.2元(含税)
000509	*ST华塑	2099.32	0.084	0.3872	-0.1172	不分配不转增
000510	金路集团	-17371.72	-0.2852	1.4478	0.1991	不分配不转增
000511	烯碳新材	6623.01	0.06	1.4609	0.1983	不分配不转增
000513	丽珠集团	48750.24	1.65	11.3101	1.4878	10派5元(含税)
000514	渝开发	12648.29	0.1499	3.1544	0.2599	10派0.3元(含税)
000516	开元投资	12153.58	0.17	1.7934	0.4596	10派0.5元(含税)
000517	荣安地产	45451.28	0.4283	3.067	1.3059	10派0.36元(含税)
000518	四环生物	-7071.30	-0.0687	0.6557	-0.0185	不分配不转增
000519	江南红箭	38089.93	0.62	4.8641	-0.1685	不分配不转增
000520	*ST凤凰	-451458.47	-6.691	-7.66	0.2967	不分配不转增
000521	美菱电器	27406.82	0.3589	4.1733	0.7057	10派0.6元(含税)
000523	广州浪奇	3195.24	0.072	2.347	0.2793	10派0.2元(含税)
000524	东方宾馆	3442.12	0.13	2.3707	0.2028	10派0.97元(含税)
000525	红太阳	37199.26	0.733	6.6749	2.0205	10派0.5元(含税)
000526	银润投资	-667.36	-0.0694	1.6053	-0.0462	不分配不转增
000528	柳工	33516.85	0.2979	8.2952	0.9629	10派2.5元(含税)
000529	广弘控股	8046.88	0.14	1.5588	0.0595	不分配不转增
000530	大冷股份	15300.61	0.44	5.4484	0.0218	10派1.5元(含税)
000531	穗恒运A	34791.17	1.0157	7.3592	4.0842	10转增10股派3元(含税)
000532	力合股份	5280.05	0.1532	1.976	0.1063	10派0.5元(含税)
000533	万家乐	18256.65	0.26	1.7844	0.0642	10派1元(含税)
000534	万泽股份	15150.71	0.31	2.603	1.154	10派1元(含税)
000536	华映科技	31072.48	0.4436	3.4983	0.0815	不分配不转增
000537	广宇发展	36080.27	0.7	2.9827	1.689	不分配不转增
000538	云南白药	232145.38	3.34	13.0048	0.4921	10送5股派5元(含税)
000539	粤电力A	308642.86	0.71	4.3552	2.2193	10派2元(含税)
000540	中天城投	108125.28	0.8441	2.6419	-0.126	10派3元(含税)
000541	佛山照明	25183.14	0.26	2.9539	0.2092	10派1.6元(含税)
000543	皖能电力	109595.15	1.11	6.3395	3.141	10派3元(含税)
000544	中原环保	5974.70	0.22	3.083	0.3113	10派0.35元(含税)
000545	金浦钛业	9492.50	0.36	2.4587	0.5379	不分配不转增
000546	光华控股	2061.18	0.1216	1.0218	-0.1192	不分配不转增
000547	闽福发A	13843.92	0.17	1.9575	-0.1349	10派0.5元(含税)

股票代码	股票简称	净利润(万元)	每股收益(元)	每股净资产(元)	每股经营性现金流量(元)	分配预案
000548	湖南投资	1067.14	0.02	2.9471	0.2024	不分配不转增
000550	江铃汽车	169823.24	1.97	10.631	3.6452	10 派 7.9 元(含税)
000551	创元科技	4106.96	0.1	3.2173	0.5231	不分配不转增
000552	靖远煤电	42844.23	0.596	3.5087	0.6424	10 派 1 元(含税)
000553	沙隆达 A	32081.20	0.5402	2.6033	1.3465	10 派 0.5 元(含税)
000554	泰山石油	1217.86	0.0253	1.8875	0.3484	不分配不转增
000555	神州信息	25471.88	0.7975	4.4103	0.3736	不分配不转增
000557	*ST 广夏	358.20	0.005	0.2032	-0.0207	不分配不转增
000558	莱茵置业	6750.76	0.11	1.4208	1.1981	不分配不转增
000559	万向钱潮	53062.31	0.333	2.1673	0.8404	10 转增 2 股派 1 元(含税)
000560	昆百大 A	7499.81	0.4464	6.4226	-0.174	10 派 1 元(含税)
000561	烽火电子	3053.03	0.05	1.5256	0.149	不分配不转增
000562	宏源证券	122729.24	0.31	3.7258	-0.1135	10 派 1 元(含税)
000563	陕国投 A	31307.61	0.2577	2.8892	-0.0708	10 派 0.3 元(含税)
000564	西安民生	6365.98	0.1345	3.5081	1.3449	10 派 0.3 元(含税)
000565	渝三峡 A	3667.50	0.21	3.4454	0.0634	10 派 0.5 元(含税)
000566	海南海药	9384.50	0.19	2.9984	0.3671	10 派 0.5 元(含税)
000567	海德股份	272.80	0.018	1.2496	-0.5754	不分配不转增
000568	泸州老窖	343782.29	2.4551	7.5365	0.8747	10 派 12.5 元(含税)
000570	苏常柴 A	7571.24	0.13	3.2235	0.0559	10 派 0.15 元(含税)
000571	新大洲 A	10461.31	0.1421	2.5028	-0.0897	不分配不转增
000572	海马汽车	29841.86	0.1814	4.2473	0.0321	不分配不转增
000573	粤宏远 A	11718.04	0.1882	2.5383	-0.0678	不分配不转增
000576	广东甘化	3587.85	0.09	2.2808	-0.1808	不分配不转增
000581	威孚高科	110822.15	1.09	9.4107	0.788	10 派 3 元(含税)
000582	北部湾港	58045.84	0.7	4.4871	1.0971	不分配不转增
000584	友利控股	39631.70	0.9693	5.0273	0.7461	10 转增 5 股派 8 元(含税)
000585	东北电气	988.68	0.01	0.3202	0.036	不分配不转增
000586	汇源通信	1461.41	0.08	1.0599	0.0788	不分配不转增
000587	金叶珠宝	14668.66	0.26	2.14	1.2701	10 派 0.6 元(含税)
000589	黔轮胎 A	17364.48	0.36	4.8699	0.3255	10 派 0.3 元(含税)
000590	紫光古汉	-16445.05	-0.7364	1.2068	0.0185	不分配不转增
000591	桐君阁	3313.52	0.1207	1.6559	-0.068	10 派 0.4 元(含税)
000592	中福实业	4347.86	0.0513	1.2586	-0.0829	不分配不转增
000593	大通燃气	3909.89	0.175	2.988	0.0912	10 派 0.7 元(含税)
000595	西北轴承	-11961.59	-0.51	1.1141	-0.0385	不分配不转增
000596	古井贡酒	62200.49	1.24	7.432	1.2674	10 派 3.5 元(含税)
000597	东北制药	-16696.27	-0.5	4.5038	-0.798	不分配不转增
000598	兴蓉投资	74551.85	0.26	2.2675	0.3615	10 派 0.25 元(含税)
000599	青岛双星	2767.29	0.05	2.9698	0.9069	10 派 0.1 元(含税)
000600	建投能源	71528.26	0.783	3.9629	3.3228	10 派 2 元(含税)
000601	韶能股份	20695.78	0.2	3.3346	0.7634	10 派 0.8 元(含税)
000603	盛达矿业	28984.31	0.57	0.9159	0.9286	不分配不转增
000605	渤海股份	-1215.35	-0.1304	3.6408	0.0486	不分配不转增
000606	青海明胶	2662.88	0.0564	1.9402	-0.0896	10 派 0.2 元(含税)
000607	华智控股	1240.49	0.03	0.7597	0.1794	不分配不转增
000608	阳光股份	19127.40	0.26	3.9151	-0.5971	10 派 0.3 元(含税)
000609	绵世股份	10403.55	0.349	3.8927	0.2858	不分配不转增
000610	西安旅游	1396.15	0.071	2.3492	-0.0649	10 派 0.3 元(含税)
000611	四海股份	1139.87	0.035	1.8507	-0.1325	不分配不转增
000612	焦作万方	26294.12	0.413	3.701	-0.0279	不分配不转增
000613	大东海 A	-219.93	-0.006	0.225	0.0072	不分配不转增
000615	湖北金环	-3664.21	-0.17	2.8684	-0.282	不分配不转增
000616	亿城投资	21353.92	0.15	2.9646	-1.3041	10 派 0.22 元(含税)
000617	石油济柴	984.46	0.03	2.4687	-0.1476	不分配不转增
000619	海螺型材	13954.02	0.3876	6.3715	0.9606	10 派 1 元(含税)
000620	新华联	50851.48	0.32	2.0412	-2.2352	10 派 1 元(含税)
000622	恒立实业	1012.87	0.02	0.5572	-0.1082	不分配不转增
000623	吉林敖东	105878.94	1.18	11.8235	0.225	10 派 1 元(含税)

股票代码	股票简称	净利润(万元)	每股收益(元)	每股净资产(元)	每股经营性现金流量(元)	分配预案
000625	长安汽车	350564.05	0.75	4.0272	0.393	10派1元(含税)
000626	如意集团	3661.72	0.1808	2.0874	-0.7986	不分配不转增
000627	天茂集团	-10101.10	-0.075	1.0312	0.0964	不分配不转增
000628	高新发展	1399.69	0.064	0.9597	0.6134	不分配不转增
000629	攀钢钒钛	54906.32	0.0639	1.7212	0.0381	10派0.1元(含税)
000630	铜陵有色	57256.21	0.4	7.8364	0.4181	10派1元(含税)
000631	顺发恒业	60983.75	0.58	2.8762	-0.9121	10派0.6元(含税)
000632	三木集团	1406.26	0.0302	2.6714	-0.3798	不分配不转增
000633	合金投资	582.43	0.0151	0.589	-0.0868	不分配不转增
000635	英力特	7701.20	0.254	9.0537	0.886	10派1元(含税)
000636	风华高科	8784.58	0.13	3.3736	0.1464	不分配不转增
000637	茂化实华	4827.42	0.09	1.5131	0.0867	10派0.7元(含税)
000638	万方发展	-1203.09	-0.0389	0.7011	-0.634	不分配不转增
000639	西王食品	18094.86	0.96	6.1504	1.7314	10派3元(含税)
000650	仁和药业	19418.28	0.2	1.8436	0.2154	10派1元(含税)
000651	格力电器	1087067.28	3.61	11.4975	4.312	10派15元(含税)
000652	泰达股份	11631.44	0.0788	1.4349	0.628	10派0.1元(含税)
000655	金岭矿业	26167.15	0.44	5.0598	0.1696	10派1元(含税)
000656	金科股份	98407.15	0.85	6.7776	-3.8997	10派1.2元(含税)
000657	中钨高新	15846.96	0.3006	6.6105	0.7335	不分配不转增
000659	珠海中富	-111048.18	-0.86	0.8386	0.236	不分配不转增
000661	长春高新	28389.82	2.16	9.0823	3.7965	10派2.5元(含税)
000662	索芙特	-6257.77	-0.2173	1.9554	-1.0727	不分配不转增
000663	永安林业	1112.24	0.05	1.6398	0.2353	不分配不转增
000665	湖北广电	18390.38	0.47	5.9699	1.595	10派0.8元(含税)
000666	经纬纺机	59177.83	0.84	7.263	3.375	10派1元(含税)
000667	美好集团	5169.14	0.02	2.1005	-0.1897	不分配不转增
000668	荣丰控股	176.82	0.01	4.5641	-1.1274	10派0.1元(含税)
000669	金鸿能源	29985.89	1.1146	7.6749	1.9115	10转增5股派2元(含税)
000670	S舜元	575.65	0.0212	0.7925	0.0792	不分配不转增
000671	阳光城	65168.51	0.64	3.137	-5.2357	10派0.6元(含税)
000672	上峰水泥	26078.76	0.35	1.794	0.6416	不分配不转增
000673	当代东方	226.39	0.0109	0.0543	0.0013	不分配不转增
000676	*ST思达	2104.30	0.0669	0.6694	0.0907	不分配不转增
000677	恒天海龙	-26100.10	-0.3021	0.6037	0.059	不分配不转增
000678	襄阳轴承	315.73	0.01	2.4819	-0.177	不分配不转增
000679	大连友谊	16018.70	0.4495	4.1797	-1.4545	10派2.5元(含税)
000680	山推股份	-32703.30	-0.2789	3.4205	0.2715	不分配不转增
000681	远东股份	445.87	0.02	0.7516	-0.0284	不分配不转增
000682	东方电子	3648.49	0.0373	1.4646	0.122	10派0.2元(含税)
000683	远兴能源	2690.10	0.04	3.1173	0.5932	不分配不转增
000685	中山公用	60844.16	0.78	8.4	0.4022	10派1.5元(含税)
000686	东北证券	48005.74	0.49	7.5971	-2.4227	10转增10股派0.8元(含税)
000687	恒天天鹅	-15875.46	-0.21	1.8774	-0.1642	不分配不转增
000688	建新矿业	28225.10	0.2482	0.8539	0.1897	不分配不转增
000690	宝新能源	110733.63	0.64	2.6558	1.5843	10派3元(含税)
000691	亚太实业	262.63	0.0081	0.4618	0.0068	不分配不转增
000692	惠天热电	2084.50	0.08	4.7576	0.167	10转增10股派1元(含税)
000693	华泽钴镍	11178.47	0.2693	2.1582	0.2788	不分配不转增
000695	滨海能源	325.81	0.01	1.4192	0.3082	不分配不转增
000697	炼石有色	6385.86	0.1327	1.1623	0.3772	10派0.15元(含税)
000698	沈阳化工	3697.00	0.06	4.6873	0.6296	不分配不转增
000700	模塑科技	21709.95	0.702	4.4782	1.4833	10派0.3元(含税)
000701	厦门信达	24173.19	1.01	4.2777	0.1271	10派1.4元(含税)
000702	正虹科技	-2623.98	-0.0984	1.6372	0.131	不分配不转增
000703	恒逸石化	42693.32	0.37	4.7477	0.1626	10派1元(含税)
000705	浙江震元	6443.81	0.39	6.9949	0.1041	不分配不转增
000707	双环科技	-66377.71	-1.4301	3.065	-0.1911	不分配不转增
000708	大冶特钢	20166.15	0.449	6.9855	0.2815	10派2元(含税)

股票代码	股票简称	净利润(万元)	每股收益(元)	每股净资产(元)	每股经营性现金流量(元)	分配预案
000709	河北钢铁	11617.59	0.011	4.0081	1.0861	10派0.2元(含税)
000710	天兴仪表	-615.69	-0.0407	0.7635	0.1034	不分配不转增
000711	天伦置业	-2743.72	-0.17	2.0225	0.1056	不分配不转增
000712	锦龙股份	5287.64	0.118	4.9479	0.6305	10转增10股派2元(含税)
000713	丰乐种业	5576.84	0.1866	4.3154	0.673	10派0.3元(含税)
000715	中兴商业	10664.49	0.3822	4.5605	0.5661	10派0.7元(含税)
000716	南方食品	4114.21	0.189	3.3885	0.4369	10派0.5元(含税)
000717	韶钢松山	10147.03	0.05	1.7966	0.6573	不分配不转增
000718	苏宁环球	48722.28	0.24	2.1126	1.1619	10派1元(含税)
000719	大地传媒	28541.06	0.65	4.5835	0.3349	10派1.5元(含税)
000720	新能泰山	3368.40	0.039	0.9034	0.8231	不分配不转增
000721	西安饮食	1479.45	0.0659	2.8153	0.1242	10送3.4转增6.6股派0.85元(含税)
000722	湖南发展	15810.59	0.34	4.8589	0.3681	不分配不转增
000723	美锦能源	3686.76	0.13	1.6233	0.4761	10派0.15元(含税)
000725	京东方A	235336.57	0.174	2.0894	0.6624	不分配不转增
000726	鲁泰A	99925.67	1.04	6.265	1.5212	10派3.8元(含税)
000727	华东科技	1034.96	0.0288	0.9722	-0.0814	不分配不转增
000728	国元证券	66413.19	0.34	7.8997	-3.745	10派1元(含税)
000729	燕京啤酒	68064.11	0.253	4.1806	1.1015	10派0.8元(含税)
000731	四川美丰	17025.45	0.2984	4.9678	0.2826	10派0.6元(含税)
000732	泰禾集团	72835.84	0.7161	3.1939	-11.2481	不分配不转增
000733	振华科技	9949.61	0.28	6.2232	0.2377	10派0.2元(含税)
000735	罗牛山	2834.99	0.032	1.9421	0.2081	10派0.2元(含税)
000736	中房地产	6026.74	0.2	5.4372	-5.3483	10派0.2元(含税)
000737	南风化工	-13109.66	-0.2389	0.621	-0.4242	不分配不转增
000738	中航动控	20333.03	0.2012	3.8428	0.1163	10派0.2元(含税)
000739	普洛药业	16735.88	0.2073	2.198	0.2335	10转增3股派0.1元(含税)
000748	长城信息	9505.76	0.25	3.4646	-0.1542	10派0.7元(含税)
000750	国海证券	30874.59	0.15	2.6762	-1.2694	10派0.6元(含税)
000751	*ST锌业	417453.18	2.96	1.3111	-0.208	不分配不转增
000752	西藏发展	12967.81	0.4917	2.8938	0.3789	10派0.5元(含税)
000753	漳州发展	11222.75	0.273	2.0005	0.0795	10派0.5元(含税)
000755	*ST三维	-37958.39	-0.809	3.3275	-0.7514	不分配不转增
000756	新华制药	3674.54	0.08	3.8475	0.2026	10派0.2元(含税)
000757	浩物股份	5506.66	0.15	0.3275	0.2634	不分配不转增
000758	中色股份	8185.84	0.086	4.3194	-1.0148	10派0.1元(含税)
000759	中百集团	17081.46	0.25	4.2854	1.0908	10派1.2元(含税)
000760	博盈投资	341.08	0.01	2.9412	-0.0239	不分配不转增
000761	本钢板材	27559.30	0.088	4.8815	0.8571	10派0.5元(含税)
000762	西藏矿业	2013.03	0.0423	3.6273	-0.2238	10派0.2元(含税)
000766	通化金马	409.21	0.01	1.3698	0.2293	不分配不转增
000767	漳泽电力	45545.43	0.22	2.061	0.9816	不分配不转增
000768	中航飞机	35088.59	0.1322	4.3623	0.7134	10派0.15元(含税)
000776	广发证券	281250.10	0.48	5.8538	-1.4677	10派2元(含税)
000777	中核科技	6428.25	0.3018	4.7992	0.8227	10送3转增5股派1元(含税)
000778	新兴铸管	103129.78	0.5263	6.5389	0.0156	10送5股派1元(含税)
000779	*ST派神	-3324.85	-0.18	1.4733	-0.151	不分配不转增
000780	平庄能源	3704.39	0.04	4.5814	-0.2672	10派0.15元(含税)
000782	美达股份	1044.62	0.03	2.5616	-0.4879	10派0.4元(含税)
000783	长江证券	100585.84	0.42	5.3474	-0.981	10转增10股派2.5元(含税)
000785	武汉中商	4246.81	0.17	3.2636	1.2709	不分配不转增
000786	北新建材	90550.98	1.574	7.3898	2.6171	10派4.3元(含税)
000788	北大医药	7802.05	0.13	1.9191	0.1495	10派0.11元(含税)
000789	江西水泥	43839.41	1.0721	5.1365	2.6039	10派3元(含税)
000790	华神集团	5006.23	0.1301	1.5213	0.0906	10派0.5元(含税)
000791	甘肃电投	32792.24	0.4541	4.8705	1.7593	10派0.91元(含税)
000792	盐湖股份	105220.66	0.6616	10.3177	0.0842	10派0.67元(含税)
000793	华闻传媒	52700.74	0.3875	2.3975	0.5046	10派0.4元(含税)
000795	太原刚玉	-15861.27	-0.57	0.7724	-0.4999	不分配不转增

股票代码	股票简称	净利润(万元)	每股收益(元)	每股净资产(元)	每股经营性现金流量(元)	分配预案
000796	易食股份	4627.46	0.1877	2.0676	0.1915	不分配不转增
000797	中国武夷	10411.50	0.27	3.4643	-2.4044	10派0.5元(含税)
000798	中水渔业	5430.68	0.17	2.6198	0.2916	10派0.55元(含税)
000799	酒鬼酒	-3668.36	-0.1129	5.4339	-1.4405	不分配不转增
000800	一汽轿车	100709.37	0.6138	5.2888	0.8564	10派0.19元(含税)
000801	四川九洲	7172.61	0.156	3.0628	0.0969	不分配不转增
000802	北京旅游	3254.78	0.0868	2.2663	0.0462	10派0.2元(含税)
000803	金宇车城	425.38	0.03	1.1531	-0.7257	不分配不转增
000806	银河投资	1221.27	0.0175	1.1949	0.0916	不分配不转增
000807	云铝股份	1609.27	0.01	2.5331	1.5072	不分配不转增
000809	铁岭新城	70941.66	1.29	6.2741	-0.1912	不分配不转增
000810	华润锦华	372.09	0.0287	3.8116	0.8858	10派0.2元(含税)
000811	烟台冰轮	25346.16	0.64	3.8109	0.2067	10派1元(含税)
000812	陕西金叶	7247.70	0.162	1.8261	0.2031	10派0.6元(含税)
000813	天山纺织	2625.65	0.0599	2.4327	0.3649	不分配不转增
000815	美利纸业	-23715.05	-0.75	1.4076	-0.9241	不分配不转增
000816	江淮动力	9142.31	0.08	1.562	-0.2265	10派0.1元(含税)
000818	方大化工	-8625.10	-0.1268	2.7892	0.1376	不分配不转增
000819	岳阳兴长	6245.35	0.293	2.8557	0.4778	10送1股派0.5元(含税)
000820	金城股份	1592.18	0.05	0.7621	-0.1775	不分配不转增
000821	京山轻机	1018.44	0.03	3.1057	-0.1061	10派0.1元(含税)
000822	*ST海化	-112894.77	-1.25	2.239	0.1617	不分配不转增
000823	超声电子	13341.58	0.3029	4.424	0.8571	10派1元(含税)
000825	太钢不锈	62973.64	0.111	4.3239	0.7015	10派0.3元(含税)
000826	桑德环境	58560.97	0.91	6.788	-0.0181	10转增3股派1元(含税)
000828	东莞控股	40019.79	0.385	3.4781	0.5295	10派1.8元(含税)
000829	天音控股	2748.49	0.03	2.3072	0.5522	不分配不转增
000830	鲁西化工	30592.15	0.209	3.8307	0.4082	不分配不转增
000831	五矿稀土	22419.86	0.23	2.6982	-0.5622	不分配不转增
000833	贵糖股份	-10612.59	-0.36	2.7716	-0.0631	不分配不转增
000835	四川圣达	590.11	0.0193	1.3808	-0.241	不分配不转增
000836	鑫茂科技	1376.55	0.0471	2.5953	-0.024	不分配不转增
000837	秦川发展	-2929.99	-0.084	3.1005	-0.2325	不分配不转增
000838	国兴地产	5972.63	0.33	2.1174	0.7597	10派1元(含税)
000839	中信国安	13050.05	0.0832	3.6901	-0.2315	10派1元(含税)
000848	承德露露	33394.01	0.83	2.5179	0.7813	10送2.5股派3.5元(含税)
000850	华茂股份	18963.91	0.2	3.1516	0.1409	10派0.5元(含税)
000851	高鸿股份	5217.64	0.1011	4.1551	0.2915	不分配不转增
000852	江钻股份	10378.79	0.26	2.8363	0.0844	10派0.5元(含税)
000856	冀东装备	854.86	0.04	2.1682	-0.0614	不分配不转增
000858	五粮液	797281.50	2.1	9.5082	0.3843	10派7元(含税)
000859	国风塑业	-3918.91	-0.0932	2.1176	0.0324	不分配不转增
000860	顺鑫农业	19765.43	0.4507	6.981	1.6969	10派1元(含税)
000861	海印股份	39762.34	0.81	3.7619	0.268	10派0.4元(含税)
000862	银星能源	-14806.56	-0.5231	0.6439	1.4428	不分配不转增
000863	三湘股份	48012.77	0.65	2.49	-0.2769	不分配不转增
000868	安凯客车	-3472.80	-0.05	1.744	-0.2089	不分配不转增
000869	张裕A	104818.59	1.53	9.057	1.0724	10派5元(含税)
000875	吉电股份	4262.09	0.0508	2.5851	0.9904	不分配不转增
000876	新希望	189850.65	1.09	7.4933	0.9114	10派2.5元(含税)
000877	天山股份	28020.35	0.32	7.5824	0.2407	10派1元(含税)
000878	云南铜业	-149611.64	-1.06	3.8118	2.9984	不分配不转增
000880	潍柴重机	3924.84	0.14	4.3686	-0.2479	不分配不转增
000881	大连国际	10835.45	0.35	5.1929	1.4095	10派1元(含税)
000882	华联股份	6571.53	0.061	2.669	-0.1576	10派0.24元(含税)
000883	湖北能源	94375.53	0.35	5.043	0.7567	10派1.1元(含税)
000885	同力水泥	6637.69	0.1555	4.0344	0.9775	10派0.2元(含税)
000886	海南高速	13575.41	0.137	2.769	0.0658	10派0.5元(含税)
000887	中鼎股份	38841.42	0.36	2.0555	0.4356	10派0.4元(含税)

股票代码	股票简称	净利润(万元)	每股收益(元)	每股净资产(元)	每股经营性现金流量(元)	分配预案
000888	峨眉山 A	11420.18	0.4856	6.0547	0.9258	10 派 0.8 元(含税)
000889	茂业物流	9290.38	0.2085	2.611	0.2748	10 派 0.42 元(含税)
000890	法尔胜	640.04	0.0169	2.7261	-0.2926	10 派 0.2 元(含税)
000892	星美联合	-61.78	-0.0015	0.013	-0.0024	不分配不转增
000893	东凌粮油	14554.45	0.57	4.0003	-4.8089	10 转增 5 股派 1.5 元(含税)
000895	双汇发展	385819.71	1.75	6.5198	1.7583	10 派 14.5 元(含税)
000897	津滨发展	-53790.44	-0.3326	0.8038	0.3265	不分配不转增
000898	鞍钢股份	77000.00	0.106	6.5	1.46	10 派 0.27 元(含税)
000899	赣能股份	44083.26	0.6817	2.7279	1.1952	10 派 1 元(含税)
000900	现代投资	53965.42	0.69	7.8104	1.3742	10 转增 3 股派 1 元(含税)
000901	航天科技	4767.20	0.19	3.3337	-0.1434	10 派 0.2 元(含税)
000902	中国服装	-4178.62	-0.16	0.6285	-0.0612	不分配不转增
000903	云内动力	14735.61	0.216	3.9948	0.5272	10 派 0.7 元(含税)
000905	厦门港务	32930.50	0.62	4.3124	0.347	10 派 0.7 元(含税)
000906	物产中拓	7001.12	0.21	3.1403	0.5931	10 派 0.5 元(含税)
000908	天一科技	336.91	0.012	0.0177	-0.0123	不分配不转增
000909	数源科技	3256.62	0.11	2.3477	-2.076	不分配不转增
000910	大亚科技	13043.06	0.25	4.7483	2.2866	10 派 0.5 元(含税)
000911	南宁糖业	4937.12	0.17	4.6967	2.7592	不分配不转增
000912	泸天化	-29751.24	-0.5086	3.3335	0.4189	不分配不转增
000913	钱江摩托	1354.26	0.03	4.9383	-0.0828	不分配不转增
000915	山大华特	15328.04	0.85	4.2621	1.1986	10 派 1 元(含税)
000916	华北高速	26962.30	0.2474	3.7668	0.2116	10 派 0.8 元(含税)
000917	电广传媒	48366.69	0.48	6.7076	1.3741	10 派 0.4 元(含税)
000918	嘉凯城	5715.83	0.032	2.3776	-0.3857	不分配不转增
000919	金陵药业	15589.03	0.3093	4.3694	0.5381	10 派 1.6 元(含税)
000920	南方汇通	6516.14	0.15	2.5604	0.2265	不分配不转增
000921	海信科龙	123900.51	0.92	2.03	0.1616	不分配不转增
000922	佳电股份	16949.55	0.32	2.9511	0.2649	10 派 0.33 元(含税)
000923	河北宣工	410.07	0.0207	2.639	-0.8401	10 派 0.1 元(含税)
000925	众合机电	-14860.58	-0.48	3.0952	0.6312	不分配不转增
000926	福星股份	67179.46	0.94	9.512	0.1051	10 派 2 元(含税)
000927	一汽夏利	-47991.67	-0.3009	1.9911	-1.0452	不分配不转增
000928	*ST 吉炭	-39783.50	-1.4063	1.318	-0.4454	不分配不转增
000929	兰州黄河	2535.64	0.137	3.3006	0.6241	10 派 0.3 元(含税)
000930	中粮生化	5071.75	0.053	2.9782	0.7649	10 派 0.2 元(含税)
000931	中关村	-19693.01	-0.2918	0.8345	0.7371	不分配不转增
000932	华菱钢铁	10578.05	0.0351	3.3567	0.2917	不分配不转增
000933	神火股份	11696.35	0.062	3.9867	0.7558	10 派 0.08 元(含税)
000935	四川双马	6846.16	0.11	3.2665	0.581	不分配不转增
000936	华西股份	4481.73	0.06	2.4375	0.1521	10 派 0.4 元(含税)
000937	冀中能源	118400.38	0.5119	6.6823	2.3538	10 派 1 元(含税)
000938	紫光股份	10094.46	0.49	4.9545	0.6009	10 派 0.5 元(含税)
000939	凯迪电力	6480.92	0.07	2.6561	0.7551	不分配不转增
000948	南天信息	947.77	0.0403	5.6984	0.5424	10 派 0.2 元(含税)
000949	新乡化纤	3031.91	0.0366	2.0891	-0.2781	不分配不转增
000950	建峰化工	727.78	0.01	4.0603	0.672	不分配不转增
000951	中国重汽	38062.96	0.91	9.7447	0.2659	10 派 2.7 元(含税)
000952	广济药业	242.20	0.01	2.8482	0.3781	不分配不转增
000953	河池化工	2995.62	0.1019	1.8416	0.0304	不分配不转增
000955	欣龙控股	-5344.82	-0.1	1.2494	-0.0553	不分配不转增
000957	中通客车	10450.61	0.44	3.3441	1.0925	10 派 0.8 元(含税)
000958	东方热电	66828.61	2.23	1.4733	0.5459	不分配不转增
000959	首钢股份	-22909.40	-0.0772	2.3982	0.1313	不分配不转增
000960	锡业股份	-134066.15	-1.2777	6.1293	1.8972	不分配不转增
000961	中南建设	120938.29	1.04	6.6247	-3.5785	10 派 1.2 元(含税)
000962	东方钽业	354.10	0.008	5.5211	-0.1899	10 派 0.3 元(含税)
000963	华东医药	57497.59	1.32	5.9285	1.0989	10 派 7 元(含税)
000965	天保基建	16725.79	0.24	3.7626	0.3343	10 派 0.22 元(含税)

股票代码	股票简称	净利润(万元)	每股收益(元)	每股净资产(元)	每股经营性现金流量(元)	分配预案
000966	长源电力	29259.13	0.528	3.0091	3.6172	不分配不转增
000967	上风高科	5311.49	0.22	3.2465	-0.2611	10派0.4元(含税)
000968	煤气化	4548.22	0.0885	5.3773	-0.606	10派0.1元(含税)
000969	安泰科技	6296.09	0.073	3.7972	0.5734	10派0.2元(含税)
000970	中科三环	34097.91	0.32	3.3057	0.3852	10派1元(含税)
000971	蓝鼎控股	-1542.06	-0.05	0.0958	0.0067	不分配不转增
000972	新中基	-36567.92	-0.4741	0.0594	0.4477	不分配不转增
000973	佛塑科技	7898.32	0.03	2.1055	0.3027	10派0.3元(含税)
000975	银泰资源	46625.39	0.4453	3.4242	0.2742	10派2元(含税)
000976	春晖股份	-9794.39	-0.17	0.7406	-0.1928	不分配不转增
000977	浪潮信息	14461.86	0.6726	4.9546	-3.8356	10转增10股派0.8元(含税)
000978	桂林旅游	1064.59	0.03	3.9546	0.0767	不分配不转增
000979	中弘股份	21865.79	0.11	1.2344	-0.7455	不分配不转增
000980	金马股份	3900.58	0.12	3.7572	0.1391	10派0.15元(含税)
000981	银亿股份	63593.76	0.74	4.9501	-0.0358	10派1.2元(含税)
000982	中银绒业	28115.13	0.39	2.7339	-0.7434	10转增3股
000983	西山煤电	105616.28	0.3352	5.084	0.7895	10派0.1元(含税)
000985	大庆华科	1030.74	0.0795	3.8176	0.4229	10派0.5元(含税)
000987	广州友谊	30888.99	0.86	5.8239	0.8903	10派5元(含税)
000988	华工科技	5282.22	0.06	2.9809	0.0988	10派0.1元(含税)
000989	九芝堂	22483.05	0.76	5.1781	0.0956	10派6元(含税)
000990	诚志股份	5189.06	0.175	5.5569	0.6526	10派0.3元(含税)
000993	闽东电力	6148.88	0.16	4.3594	0.4547	10派0.65元(含税)
000995	皇台酒业	-2930.53	-0.17	0.8844	-0.0592	不分配不转增
000996	中国中期	1839.68	0.08	2.4405	-0.0084	不分配不转增
000997	新大陆	22032.70	0.43	3.187	0.9067	10派0.5元(含税)
000998	隆平高科	18627.68	0.45	3.8001	0.5938	10转增10股派1元(含税)
000999	华润三九	118110.48	1.21	6.2814	1.4991	10派2.6元(含税)
001696	宗申动力	30693.00	0.26	2.5809	-0.0859	10派0.3元(含税)
001896	豫能控股	29127.50	0.4673	1.4649	1.5331	不分配不转增
200002	万科B	1511854.94	1.37	6.98	0.175	10派4.1元(含税)
200011	深物业B	30084.06	0.5048	3.0249	0.1853	10派2.5元(含税)
200012	南玻B	153592.97	0.74	3.8779	0.8186	10派3元(含税)
200016	深康佳B	4516.30	0.0375	3.3892	1.8964	10派0.1元(含税)
200017	*ST中华B	157522.39	2.857	0.0127	-0.0512	不分配不转增
200018	中冠B	821.48	0.0486	0.7468	0.0101	不分配不转增
200019	深深宝B	4366.22	0.174	3.8283	-0.0475	10转增2股
200020	深华发B	-651.74	-0.023	0.9665	-0.2449	不分配不转增
200022	深赤湾B	50289.45	0.78	6.1229	1.3915	10派3.9元(含税)
200024	招商局B	420215.21	2.447	15.5625	0.2888	10转增5股派4.8元(含税)
200025	特力B	690.07	0.0313	0.8687	-0.0119	不分配不转增
200026	飞亚达B	13012.51	0.331	3.9118	0.2013	10派1元(含税)
200028	一致B	52048.82	1.81	7.7903	1.6138	10派1.8元(含税)
200029	深深房B	22826.83	0.2256	1.8419	0.1927	不分配不转增
200030	富奥B	54300.64	0.44	2.9222	-0.0577	10派1元(含税)
200037	深南电B	5309.91	0.09	2.6562	0.8001	不分配不转增
200045	深纺织B	4722.26	0.1	4.5365	-0.3686	不分配不转增
200053	深基地B	20756.44	0.9	6.3876	1.8884	不分配不转增
200054	*ST建摩B	1205.74	0.101	1.2681	1.3642	不分配不转增
200055	方大B	8567.69	0.11	1.5334	0.2068	10派0.3元(含税)
200056	深国商B	232069.70	10.51	10.1258	-1.8255	10转增2股
200058	深赛格B	5433.87	0.0692	1.5931	-0.1561	不分配不转增
200152	山航B	38908.18	0.97	6.7703	3.528	10派2.5元(含税)
200160	南江B	9480.68	0.13	0.2969	-0.2896	不分配不转增
200168	雷伊B	688.67	0.0216	1.1378	0.205	不分配不转增
200413	东旭B	36929.73	0.51	6.4382	-2.0346	10转增20股
200418	小天鹅B	41335.01	0.65	6.1802	1.4307	10派3元(含税)
200429	粤高速B	12777.77	0.1	3.3712	0.6025	10派0.5元(含税)
200468	宁通信B	489.86	0.02	1.7824	0.2172	不分配不转增

股票代码	股票简称	净利润(万元)	每股收益(元)	每股净资产(元)	每股经营性现金流量(元)	分配预案
200488	晨鸣 B	71065.53	0.35	7.1071	0.5683	10 派 3 元(含税)
200505	珠江 B	1348.95	0.03	0.2735	-0.1072	不分配不转增
200512	闽灿坤 B	4706.94	0.25	2.8086	0.8942	10 派 1.4 元(含税)
200521	皖美菱 B	27406.82	0.3589	4.1733	0.7057	10 派 0.6 元(含税)
200530	大冷 B	15300.61	0.44	5.4484	0.0218	10 派 1.5 元(含税)
200539	粤电力 B	308642.86	0.71	4.3552	2.2193	10 派 2 元(含税)
200541	粤照明 B	25183.14	0.26	2.9539	0.2092	10 派 1.6 元(含税)
200550	江铃 B	169823.24	1.97	10.631	3.6452	10 派 7.9 元(含税)
200553	沙隆达 B	32081.20	0.5402	2.6033	1.3465	10 派 0.5 元(含税)
200570	苏常柴 B	7571.24	0.13	3.2235	0.0559	10 派 0.15 元(含税)
200581	苏威孚 B	110822.15	1.09	9.4107	0.788	10 派 3 元(含税)
200596	古井贡 B	62200.49	1.24	7.432	1.2674	10 派 3.5 元(含税)
200613	大东海 B	-219.93	-0.006	0.225	0.0072	不分配不转增
200625	长安 B	350564.05	0.75	4.0272	0.393	10 派 1 元(含税)
200706	瓦轴 B	202.18	0.005	3.7381	0.1745	10 派 0.4 元(含税)
200725	京东方 B	235336.57	0.174	2.0894	0.6624	不分配不转增
200726	鲁泰 B	99925.67	1.04	6.265	1.5212	10 派 3.8 元(含税)
200761	本钢板 B	27559.30	0.088	4.8815	0.8571	10 派 0.5 元(含税)
200770	*ST 武锅 B	-12027.13	-0.4	-4.5909	0.1742	不分配不转增
200771	杭汽轮 B	65335.62	0.87	5.6113	0.4903	10 派 2 元(含税)
200869	张裕 B	104818.59	1.53	9.057	1.0724	10 派 5 元(含税)
200986	粤华包 B	7906.09	0.16	3.4227	1.6249	不分配不转增
200992	中鲁 B	4322.47	0.16	2.0327	0.0774	不分配不转增

2013 年深市地区交易金额分布

单位:元

省/市	总交易金额(元)	占市场	股票交易金额	基金交易金额	债券交易金额	权证交易金额
上海	10489501821164.44	17.679	7344299240442.97	242697292944.13	2902505287777.34	
深圳	6567196253025.62	11.068	4698760039469.22	120602629767.84	1747833583788.55	
北京	6221661279770.13	10.486	4520027248962.16	134460731002.62	1567173299805.34	
浙江	5433295013289.49	9.157	4904062089055.09	101038206690.85	428194717543.54	
江苏	4473026623972.82	7.539	3654251179357.91	69763097508.89	749012347106.01	
广东	2818457122962.45	4.750	2493598478486.22	39302258029.06	285556386447.17	
广州	2549506377977.69	4.297	2133492697419.76	49421776670.83	366591903887.11	
福建	2528996620911.13	4.262	2189634014639.21	50848045288.21	288514560983.71	
山东	2081278369343.47	3.508	1763710016876.92	121360409021.18	196207943445.38	
四川	1899153053886.65	3.201	1668895506249.85	25682006074.58	204575541562.21	
湖北	1768015129890.94	2.980	1471365496022.82	33551048708.61	263098585159.51	
湖南	1364480010500.19	2.300	1244709524697.02	14561144961.44	105209340841.74	
辽宁	1271773081409.66	2.143	1130233459409.92	18233763468.11	123305858531.62	
河南	1164455553581.77	1.963	1076733036349.07	15016095829.20	72706421403.50	
江西	905292540449.17	1.526	804673991746.84	7162041283.80	93456507418.53	
安徽	854016958086.76	1.439	767855183798.09	12662196692.11	73499577596.56	
重庆	747900320131.31	1.260	634001790519.49	7575736648.49	106322792963.33	
陕西	709238423080.35	1.195	626978957044.96	15519917382.44	66739548652.95	
天津	705894072144.07	1.190	590039433100.06	13612646204.99	102241992839.02	
河北	699361925708.55	1.179	605960092199.93	21114054506.52	72287779002.11	
黑龙江	622216351155.64	1.049	524635774038.43	14529677792.09	83050899325.11	
广西	603145741100.12	1.017	543180321407.50	4573105237.23	55392314455.40	
云南	596881729601.04	1.006	340386146689.66	4792220540.44	251703362370.94	
山西	429883757623.81	0.725	386079624943.01	5726062116.34	38078070564.46	
吉林	425351427655.57	0.717	358894833288.81	3525927466.67	62930666900.09	
新疆	350175304468.14	0.590	313363864684.77	3160052597.97	33651387185.40	
甘肃	261113248214.28	0.440	224981312694.08	2094644614.22	34037290905.97	
海南	254275107419.43	0.429	193217569067.36	2536378690.38	58521159661.69	
贵州	214235979249.50	0.361	194155516475.54	1759679025.32	18320783748.63	

省/市	总交易金额(元)	占市场	股票交易金额	基金交易金额	债券交易金额	权证交易金额
内蒙古	178208935718.67	0.300	163513367834.68	1476715446.25	13118852437.74	
宁夏	69220077403.64	0.117	65183401633.46	539990028.54	3496685741.64	
青海	41477084131.06	0.070	32385145510.14	394850049.79	8697088571.13	
境外地区	18770811464.35	0.032	18770811464.35			
西藏	16836056201.70	0.028	10387214894.50	40920919.98	6407920387.22	

2013 年深市换手率前二十名股票

序号	证券代码	证券简称	前收	收盘	成交金额(元)	成交量(股)	换手率%
1	300311	任子行	15.13	30.15	16,570,198,559.24	669,501,440	3426.95
2	000156	华数传媒	10.43	20.56	43,184,094,600.34	2,052,710,727	3203.8
3	002679	福建金森	17.33	17.77	18,133,952,760.83	1,064,030,502	3068.14
4	300056	三维丝	9.28	25.01	34,852,337,055.92	1,732,381,431	3057.83
5	002681	奋达科技	10.19	48.93	30,220,389,706.52	1,129,335,565	3011.56
6	300350	华鹏飞	16.11	20.6	11,843,032,840.76	665,891,921	2924.53
7	300348	长亮科技	31.2	36.87	11,023,742,042.24	357,135,654	2747.2
8	300343	联创节能	60.45	71.56	19,831,269,345.67	304,390,761	2684.82
9	002703	浙江世宝	16.53	19.78	6,936,117,212.93	401,368,418	2675.76
10	300235	方直科技	9.65	17.09	14,003,648,066.33	864,345,862	2646.34
11	300051	三五互联	7.05	3.76	42,911,016,815.32	3,935,759,046	2618.94
12	300299	富春通信	14.36	16.73	17,058,283,619.09	1,056,566,951	2601.39
13	300148	天舟文化	11.89	25.26	28,707,001,241.98	1,275,694,982	2592.19
14	300231	银信科技	15.56	15.29	13,477,431,014.49	929,197,389	2555.11
15	002556	辉隆股份	7.24	10.06	66,046,678,402.42	6,837,380,427	2547.06
16	300319	麦捷科技	17.74	25.71	9,999,575,629.18	425,810,557	2503.61
17	300314	戴维医疗	29.29	21.67	21,530,165,296.46	905,206,163	2494.67
18	300245	天玑科技	10.16	14.38	19,241,240,004.15	1,413,549,243	2491.87
19	300251	光线传媒	34.99	36.58	109,678,420,156.22	2,967,385,272	2472.49
20	300103	达刚路机	11.23	12.29	20,426,180,403.63	1,802,137,110	2381.99

2013 年深市涨幅前二十名股票

序号	证券代码	证券简称	前收	收盘	成交金额(元)	成交量(股)	涨幅
1	300017	网宿科技	16.89	84.7	35,074,829,579.02	716,063,132	404.25
2	300315	掌趣科技	22.86	28.68	71,347,319,365.97	2,079,666,819	397.43
3	002681	奋达科技	10.19	48.93	30,220,389,706.52	1,129,335,565	388.95
4	300052	中青宝	11.25	24.77	86,074,652,882.69	2,587,105,085	341.89
5	300191	潜能恒信	13.67	29.47	38,556,563,010.22	1,798,502,258	332.58
6	300226	上海钢联	13.06	[illegible]	26,841,447,877.64	1,005,910,066	326.61
7	300205	天喻信息	11.9	33.25	29,318,610,653.38	1,296,788,216	321.07
8	300104	乐视网	18.79	40.8	100,468,933,367.17	3,030,116,341	313.12
9	300071	华谊嘉信	7.1	29	17,924,870,830.78	925,118,823	310.45
10	300027	华谊兄弟	14.25	27.82	229,857,659,798.95	7,334,299,455	293.34
11	002071	江苏宏宝	5.4	20.7	26,550,371,514.04	1,464,944,216	283.33
12	000555	*ST 太光	6.68	25.44	5,088,257,242.50	267,765,340	280.84
13	002312	三泰电子	9.94	18.57	16,384,335,222.56	1,237,053,739	278.18
14	000681	远东股份	3.3	12.43	12,101,553,762.31	868,993,743	276.67
15	300274	阳光电源	8.6	32.15	19,426,753,172.40	1,162,877,573	274.98
16	300085	银之杰	7.83	28	6,770,313,970.06	451,134,159	260.94
17	002240	威华股份	4	14.35	5,824,340,685.64	916,232,080	258.75
18	200625	长安 B	4.35	15.3	10,713,022,561.53	1,430,123,996	254.04
19	002148	北纬通信	12.97	45.49	55,392,569,076.91	1,613,043,151	252.27
20	000748	长城信息	5.22	18.17	17,793,667,406.30	1,683,639,658	250.11

2013 年深市发行股本最大的二十家上市公司

名次	公司名称	流通股本(股)	发行股本(股)	占发行股本总额%
1	京东方 A	13,521,314,284	13,521,542,341	1.6755
2	万科 A	10,987,468,786	11,014,968,919	1.3649
3	河北钢铁	5,089,362,881	10,618,607,852	1.3158
4	攀钢钒钛	4,766,810,814	8,589,746,202	1.0644
5	TCL 集团	8,131,771,880	8,529,772,434	1.0569
6	平安银行	5,571,282,976	8,197,360,665	1.0157
7	苏宁云商	4,940,714,125	7,383,043,150	0.9148
8	华侨城 A	3,268,015,141	7,271,498,566	0.9010
9	中联重科	6,261,489,118	6,275,925,164	0.7777
10	*ST 鞍钢	6,148,903,947	6,149,007,847	0.7619
11	广发证券	5,919,291,464	5,919,291,464	0.7335
12	太钢不锈	5,695,983,193	5,696,247,796	0.7058
13	长安汽车	4,289,510,521	4,662,886,108	0.5778
14	泛海建设	4,546,418,929	4,557,311,768	0.5647
15	粤电力 A	2,793,030,516	4,375,236,655	0.5421
16	海康威视	2,941,888,900	4,017,223,222	0.4978
17	宏源证券	3,518,476,752	3,972,408,332	0.4922
18	五粮液	3,795,590,080	3,795,966,720	0.4704
19	西山煤电	3,151,170,859	3,151,200,000	0.3905
20	本钢板材	3,136,000,000	3,136,000,000	0.3886
总额		108,474,495,166	130,835,245,205	16.2118
市场总额		626,599,327,479	807,035,409,468	100.0000

2013 年深市流通股本最大的二十家上市公司

名次	公司名称	流通股本(股)	发行股本(股)	占流通股本总额%
1	京东方 A	13,521,314,284	13,521,542,341	2.1579
2	万 科 A	10,987,468,786	11,014,968,919	1.7535
3	TCL 集团	8,131,771,880	8,529,772,434	1.2978
4	中联重科	6,261,489,118	6,275,925,164	0.9993
5	*ST 鞍钢	6,148,903,947	6,149,007,847	0.9813
6	广发证券	5,919,291,464	5,919,291,464	0.9447
7	太钢不锈	5,695,983,193	5,696,247,796	0.9090
8	平安银行	5,571,282,976	8,197,360,665	0.8891
9	河北钢铁	5,089,362,881	10,618,607,852	0.8122
10	苏宁云商	4,940,714,125	7,383,043,150	0.7885
11	攀钢钒钛	4,766,810,814	8,589,746,202	0.7607
12	泛海建设	4,546,418,929	4,557,311,768	0.7256
13	长安汽车	4,289,510,521	4,662,886,108	0.6846
14	五 粮 液	3,795,590,080	3,795,966,720	0.6057
15	宏源证券	3,518,476,752	3,972,408,332	0.5615
16	华侨城 A	3,268,015,141	7,271,498,566	0.5215
17	西山煤电	3,151,170,859	3,151,200,000	0.5029
18	本钢板材	3,136,000,000	3,136,000,000	0.5005
19	金 融 街	3,024,393,105	3,027,079,809	0.4827
20	格力电器	2,985,502,291	3,007,865,439	0.4765
总 额		108,749,471,146	128,477,730,576	17.3555
市场总额		626,599,327,479	807,035,409,468	100.0000

2013 年深市流通市值最大的二十家上市公司

名次	公司名称	流通市值(元)	市价总值(元)	占市场流通总值%
1	格力电器	97,506,504,824	98,236,885,238	1.5464

名次	公司名称	流通市值(元)	市价总值(元)	占市场流通总值%
2	万科A	90,216,074,820	90,436,900,888	1.4308
3	广发证券	73,872,757,471	73,872,757,471	1.1716
4	云南白药	70,805,898,543	70,808,238,193	1.1230
5	平安银行	68,248,216,456	100,417,668,146	1.0824
6	海康威视	67,604,606,922	92,315,789,642	1.0722
7	五粮液	59,438,940,653	59,444,838,835	0.9427
8	双汇发展	57,048,205,463	103,603,233,332	0.9048
9	长安汽车	49,668,760,056	53,943,910,527	0.7877
10	苏宁云商	44,614,648,549	66,668,879,645	0.7076
11	歌尔声学	41,669,812,238	53,547,168,575	0.6609
12	中兴通讯	36,605,542,642	36,699,982,737	0.5806
13	洋河股份	36,037,528,024	44,085,600,000	0.5715
14	美的集团	34,315,895,450	84,316,169,450	0.5442
15	中联重科	34,125,115,693	34,203,792,144	0.5412
16	宏源证券	28,921,878,901	32,653,196,489	0.4587
17	京东方A	28,208,775,524	28,209,265,846	0.4474
18	泸州老窖	28,201,125,147	28,241,364,867	0.4473
19	宁波银行	26,501,576,001	26,617,663,483	0.4203
20	东阿阿胶	25,863,733,769	25,873,092,004	0.4102
总额		999,475,597,146	1,204,196,397,510	15.8513
市场总额		6,305,316,054,704	8,791,192,441,256	100.0000

2013年深市市价总值最大的二十家上市公司

名次	公司名称	流通市值(元)	市价总值(元)	占市场市价总值%
1	双汇发展	57,048,205,463	103,603,233,332	1.1785
2	平安银行	68,248,216,456	100,417,668,146	1.1423
3	格力电器	97,506,504,824	98,236,885,238	1.1174
4	海康威视	67,604,606,922	92,315,789,642	1.0501
5	万科A	90,216,074,820	90,436,900,888	1.0287
6	美的集团	34,315,895,450	84,316,169,450	0.9591
7	广发证券	73,872,757,471	73,872,757,471	0.8403
8	云南白药	70,805,898,543	70,808,238,193	0.8054
9	苏宁云商	44,614,648,549	66,668,879,645	0.7584
10	五粮液	59,438,940,653	59,444,838,835	0.6762
11	比亚迪	14,479,385,351	58,818,480,000	0.6691
12	长安汽车	49,668,760,056	53,943,910,527	0.6136
13	歌尔声学	41,669,812,238	53,547,168,575	0.6091
14	杰瑞股份	24,966,896,741	47,388,144,232	0.5390
15	大华股份	25,541,893,005	46,853,923,867	0.5330
16	洋河股份	36,037,528,024	44,085,600,000	0.5015
17	华侨城A	17,320,480,247	38,538,942,400	0.4384
18	中兴通讯	36,605,542,642	36,699,982,737	0.4175
19	碧水源	21,257,454,785	36,540,393,921	0.4156
20	招商地产	19,949,568,921	34,384,077,124	0.3911
总额		951,169,071,161	1,290,921,984,221	14.6843
市场总额		6,305,316,054,704	8,791,192,441,256	100.0000

2013年深圳证券市场各省股票集资情况一览表

单位:百万元

省份	总集资		主板						中小板						创业板					
			首次发行		增发		配股集资		首次发行		增发		配股集资		首次发行		增发		配股集资	
	只数	集资金额	只数	集资金额	只数	集资金额	只数	集资金额	只数	集资金额	只数	集资金额	只数	集资金额	只数	集资金额	只数	集资金额	只数	集资金额
广东	59	44758.54			14	31234.3	1	507.32			30	12795.68					14	221.24		
湖南	8	13574.92			3	12213.26					2	1253.26					3	108.4		

省份	总集资		主板						中小板						创业板					
			首次发行		增发		配股集资		首次发行		增发		配股集资		首次发行		增发		配股集资	
	只数	集资金额	只数	集资金额	只数	集资金额	只数	集资金额	只数	集资金额	只数	集资金额	只数	集资金额	只数	集资金额	只数	集资金额	只数	集资金额
北京	18	10181.01			1	1640.27	1	1800.95			7	3674.09					9	3065.7		
广西	4	9155.49			2	5632.58	1	3255.61			1	267.3								
安徽	11	8798.37			3	3797.15					5	4282.81					3	718.41		
吉林	4	8556.8			3	7107.5					1	1449.3								
河北	4	8513.01			2	8238.8					2	274.21								
山西	3	7064.32			2	6095.08					1	969.24								
浙江	24	6975.51			3	1061.5					16	4766.15					5	1147.86		
山东	15	6683.13			3	3395.48					10	3218.68					2	68.97		
河南	10	6520.7			1	1801					7	3424.97					2	1294.73		
江苏	15	6243.38									12	6101.05					3	142.33		
甘肃	4	6084.07			2	5172.3					2	911.78								
云南	5	5517.97			3	4231.35					2	1286.62								
新疆	5	5278.6			1	588.86					4	4689.74								
湖北	6	4965.98			3	2084.1	1	1850.59			1	685.4					1	345.89		
四川	6	3969.29			1	480	1	1816.53			4	1672.76								
重庆	4	3324.66			1	2169.39					1	1015.23					2	140.05		
海南	1	2747.13			1	2747.13														
黑龙江	1	1943.27			1	1943.27														
江西	4	1616.76			1	1100					2	506.08					1	10.68		
辽宁	1	1227.6			1	1227.6														
内蒙古	1	1000			1	1000														
上海	10	932.38									3	375.11					7	557.27		
陕西	1	260.5			1	260.5														
宁夏	1	178.43			1	178.43														
天津	4	78.71									1	29.64					3	49.07		
贵州	1	30.31			1	30.31														
福建	2	15.28									1	13.98					1	1.3		
合计	232	176196.13			56	105430.16	5	9231.01			115	53663.08					56	7871.88		

注：发行集资以上市日为准，配股集资以配股上市日为准。

深圳证券交易所优先股试点业务实施细则

深证上〔2014〕204 号

第一章 总 则

第一条 为规范优先股的发行、上市、交易、转让、披露等业务，保护投资者合法权益，根据《公司法》、《证券法》、《国务院关于开展优先股试点的指导意见》（以下简称"《指导意见》"）、《优先股试点管理办法》（以下简称"《管理办法》"）、《深圳证券交易所股票上市规则》（以下简称"《上市规则》"）、《深圳证券交易所创业板股票上市规则》（以下简称"《创业板上市规则》"）、《深圳证券交易所交易规则》（以下简称"《交易规则》"）等有关规定，制定本细则。

第二条 本细则所指优先股，是指依照《公司法》，在一般规定的普通种类股份之外，另行规定的其他种类股份，其股份持有人优先于普通股股东分配公司利润和剩余财产，但参与公司决策管理等权利受到限制。

第三条 在深圳证券交易所（以下简称"本所"）交易或者转让的优先股，适用本细则。本细则未尽事宜，参照本所其他相关业务规则办理。

第四条 优先股的登记、存管和结算事宜，由中国证券登记结算公司（以下简称"中国结算"）另行规定。

第五条 本所会员应当向首次参与优先股交易或者转让的投资者全面介绍优先股的产品特征和运行规则，充分揭示风险，并要求其签署优先股投资风险揭示书。

第二章 发行与上市

第六条 发行人通过本所交易系统采用资金申购方式上网公开发行优先股的，参照本所《资金申购上网公开发行股票实施办法》执行。

第七条 发行人和保荐人申请在本所办理优先股公开发行事宜时，应当提交下列文件：

（一）发行申请书；

（二）网上发行申请表（如有）；

（三）中国证监会核准优先股发行的文件；

（四）募集说明书全文及概览；

（五）发行公告；

（六）网上路演公告（如有）；

（七）本所要求的其他文件。

第八条 发行人非公开发行优先股的，其发行对象及人数应当符合《管理办法》第三十四条的规定。

第九条 在本所发行的优先股每股票面金额为 100 元人民币。优先股的发行价格不得低于优先股票面金额。

第十条 公开发行的优先股，同时符合下列条件的，可以申请在本所上市：

（一）优先股经中国证监会核准已公开发行；

（二）本次优先股发行后实际募集资金总额不少于人民币 5000 万元；

（三）申请优先股上市时仍符合法定的优先股发行条件；

（四）本所要求的其他条件。

第十一条 优先股发行人向本所提出优先股上市申请

时，应当提交以下文件：

（一）上市申请书；

（二）上市公告书；

（三）中国证监会核准优先股发行的文件；

（四）根据《指导意见》和《管理办法》，明确规定优先股相关事项的公司章程；

（五）保荐机构出具的《承销保荐协议》《上市保荐书》，保荐代表人分别签署的《保荐代表人声明和承诺书》（如适用）；

（六）财务顾问出具的《财务顾问报告》（如适用）；

（七）会计师事务所出具的《验资报告》；

（八）资产、负债转移手续完成情况及其证明文件（如适用）；

（九）律师事务所出具的《法律意见书》；

（十）中国结算出具的优先股登记证明文件；

（十一）董事、监事和高级管理人员持股情况变动的报告；

（十二）发行对象、上市公司等在本次优先股发行中所有承诺及其履行情况的《承诺公告》；

（十三）本所要求的其他文件。

第十二条　本所上市委员会对优先股上市申请进行审核，本所根据上市委员会意见作出是否同意上市的决定。

上市委员会对优先股上市申请的审核工作程序适用《深圳证券交易所上市委员会工作细则》第四章第三节规定的“特别程序”。

第十三条　优先股上市申请经本所审核同意后，发行人应与本所签订上市协议，发行人和保荐人（财务顾问）应当自收到上市通知书之日起30日内安排优先股上市事项。

第三章　交易与转让

第一节　一般规定

第十四条　公开发行的优先股上市交易可以采用竞价交易和大宗交易方式。

本所为非公开发行的优先股提供协议转让服务。

第十五条　优先股交易、转让计价单位为“每股价格”。

第十六条　优先股交易、转让申报价格最小变动单位为0.01元人民币。

第十七条　本所对优先股交易、转让实行价格涨跌幅限制，涨跌幅限制比例为10%。优先股被实行风险警示的，交易、转让的价格涨跌幅限制比例为5%。

第十八条　同一发行人发行的普通股停复牌的，优先股同步停复牌，本所另有要求的除外。

第二节　交易

第十九条　通过竞价交易买入优先股的，申报数量应为100股或者其整数倍。卖出优先股时，余额不足100股的部分，应当一次性申报卖出。

第二十条　优先股竞价交易单笔申报最大数量不得超过100万股。

第二十一条　优先股竞价交易出现下列情形之一的，属于异常波动，本所分别公布其在交易异常波动期间累计买入、卖出金额最大五家会员证券营业部或者交易单元的名称及其各自累计买入、卖出金额：

（一）连续三个交易日内收盘价格涨跌幅累计达到±20%的；

（二）单一交易日换手率达到20%的；

（三）证监会或者本所认为属于异常波动的其他情形。

异常波动指标自相关信息披露义务人发布异常波动公告或者复牌之日起重新计算。

第二十二条　优先股竞价交易的交易时间、委托申报类型、竞价方式、交易监督等适用本所《交易规则》相关规定。优先股竞价交易纳入本所即时行情，但不纳入指数计算。

第二十三条　优先股进行大宗交易的，单笔申报数量不低于5000股，或者交易金额不低于50万元人民币。

第二十四条　优先股大宗交易采用协议交易方式。

第二十五条　优先股协议大宗交易的成交确认时间为每个交易日的9：15至11：30、13：00至15：30。

第二十六条　本所在交易时间内通过交易所网站即时公布优先股协议大宗交易的报价信息和成交信息。其中报价信息内容包括：证券代码、证券简称、申报类型、买卖方向、数量、价格等；成交信息内容包括：证券代码、证券简称、开盘价、当日最高价、当日最低价、总成交数量、总成交金额、总成交笔数等。

第二十七条　本所在每个交易日结束后通过交易所网站公布优先股协议大宗交易信息，内容包括：证券代码、证券简称、成交量、成交价格以及买卖双方所在会员证券营业部或者交易单元名称。

第二十八条　优先股协议大宗交易的申报时间、价格范围、申报类型等适用本所《交易规则》第三章第六节相关规定。

第三节　转让

第二十九条　优先股发行人向本所申请办理优先股转让服务时，应当提交以下文件：

（一）转让申请书；

（二）转让公告书；

（三）中国证监会核准优先股发行的文件；

（四）根据《指导意见》和《管理办法》，明确规定优先股相关事项的公司章程；

（五）保荐机构出具的《承销保荐协议》《转让保荐书》，保荐代表人分别签署的《保荐代表人声明和承诺书》（如适用）；

（六）财务顾问出具的《财务顾问报告》（如适用）；

（七）会计师事务所出具的《验资报告》；

（八）资产、负债转移手续完成情况及其证明文件（如适用）；

（九）律师事务所出具的《法律意见书》；

（十）中国结算出具的优先股登记证明文件；

（十一）董事、监事和高级管理人员持股情况变动的报告；

（十二）发行对象、上市公司等在本次优先股发行中所有承诺及其履行情况的《承诺公告》；

（十三）本所要求的其他文件。

第三十条　转让服务申请经本所同意后，发行人应与本所签订转让服务协议，发行人和保荐人（财务顾问）应当自收到转让通知书之日起30日内安排优先股转让事项。

第三十一条　优先股进行协议转让的，单笔申报数量（金额）、申报时间、价格范围、申报类型、成交确认时间参照本细则第二十三条至第二十八条执行。

第三十二条　优先股转让环节的投资者适当性标准应当与发行环节保持一致；非公开发行的相同条款优先股经转让后，投资者不得超过200人。

本所按照申报时间先后顺序对优先股转让进行确认，对导致优先股持有账户数超过200户的转让不予确认。

第三十三条　本所会员应当履行投资者适当性管理职责，通过现场问询、核对资料、签订确认书等方式审查参与优先股转让的投资者是否为符合规定的合格投资者，并保存相关资料。

第四章 信息披露

第三十四条 上市公司召开董事会审议发行优先股相关事项的，应当及时刊登董事会决议公告，并按照中国证监会有关规定及时披露本次优先股发行预案。

上市公司独立董事应当就本次发行优先股对公司各类股东权益的影响发表专项意见，并与董事会决议一同披露。

第三十五条 上市公司召开股东大会审议发行优先股相关事项的，应当提供网络投票，并在股东大会通知中逐项列出以下需要进行表决的议案：

（一）本次发行优先股的种类和数量；

（二）发行方式、发行对象及向原股东配售的安排；

（三）票面金额、发行价格或者定价区间及其确定原则；

（四）优先股股东参与分配利润的方式，包括：票面股息率及其确定原则、股息发放的条件、股息支付方式、股息是否累积、是否可以参与剩余利润分配等，涉及财务数据或者财务指标的，应注明相关报表口径；

（五）回购条款，包括回购的条件、期间、价格及其确定原则、回购选择权的行使主体等（如有）；

（六）募集资金用途；

（七）公司与发行对象签订的附条件生效的优先股认购合同（如有）；

（八）决议的有效期；

（九）公司章程关于优先股股东和普通股股东利润分配、剩余财产分配、优先股表决权恢复等相关政策条款的修订方案；

（十）对董事会办理本次发行具体事宜的授权；

（十一）中国证监会和本所规定的其他事项。

上述议案须经出席会议的普通股股东（含表决权恢复的优先股股东）所持表决权的三分之二以上通过。已发行优先股的，还须经出席会议的优先股股东（不含表决权恢复的优先股股东）所持表决权的三分之二以上通过。上市公司向公司特定股东及其关联人发行优先股的，股东大会就发行方案进行表决时，关联股东应当回避。

第三十六条 上市公司应当在股东大会决议公告中披露普通股股东和优先股股东分别对上述每项议案同意、反对和弃权的股份数及其所占比例。

第三十七条 上市公司公开发行优先股的，应当在其优先股发行日前五个交易日内，将发行公告和经中国证监会核准的募集说明书全文刊登在中国证监会指定的网站。

第三十八条 上市公司应当在其优先股上市（转让）日前五个交易日内，将上市（转让）公告书全文刊登在中国证监会指定的网站。

上市（转让）公告书至少应当包括以下内容：

（一）发行人基本情况；

（二）本次优先股发行情况；

（三）本次优先股上市（转让）情况；

（四）本次股份变动情况及其影响；

（五）本次发行上市（转让）相关服务机构的基本情况；

（六）保荐机构（财务顾问）的上市（转让）推荐意见；

（七）自募集说明书刊登日至上市（转让）公告书刊登前发生可能对公司有较大影响的其他重要事项（如有）；

（八）本所要求的其他内容。

第三十九条 发行优先股的上市公司披露定期报告时，应当在定期报告中以专门章节的形式，披露以下与优先股相关的情况：

（一）历次发行优先股情况；

（二）优先股股本总额；

（三）前十名优先股股东名单和持有数额；

（四）优先股股东的利润分配情况；

（五）优先股的回购情况（如有）；

（六）优先股股东表决权恢复及行使情况（如有）；

（七）优先股会计处理情况；

（八）中国证监会和本所规定的其他情况。

第四十条 发行优先股的上市公司，发生以下可能对其普通股或者优先股的交易或者转让价格产生较大影响的情况，应当及时履行披露义务：

（一）公司信用状况发生重大变化，可能影响其向优先股股东分配股息的；

（二）优先股股东表决权恢复、行使及其变动情况；

（三）对优先股股东进行利润分配的；

（四）回购普通股或者优先股的；

（五）优先股的收盘市值低于5000万元的；

（六）中国证监会和本所规定的其他情况。

第四十一条 发行优先股的上市公司累计3个会计年度或者连续2个会计年度未按约定支付优先股股息的，应当在公司股东大会批准当年利润分配方案的次日发布表决权恢复提示性公告，公告应当载明优先股表决权恢复的原因和起始期限、每股优先股享有的表决权比例以及表决权恢复对公司的影响等内容。

对于股息可累积到下一会计年度的优先股，公司应当在其全额支付所欠股息的次日发布表决权终止提示性公告；对于股息不可累积的优先股，公司应当在其全额支付当年股息的次日发布表决权终止提示性公告；公告应当载明优先股表决权恢复的终止原因、日期及其对公司的影响等内容。

上市公司出现公司章程规定的其他优先股表决权恢复、终止情形的，应当参照前两款规定发布提示性公告。

第四十二条 投资者持有上市公司已发行的优先股达到该公司优先股股本总额的20%时，应当在该事实发生之日起两个交易日内向本所报告，并通知上市公司予以公告。

持有上市公司已发行的优先股占该公司优先股股本总额20%以上的，其所持上市公司已发行的优先股比例每增加或者减少10%时，应当在该事实发生之日起两个交易日内依照前款规定履行报告和公告义务。

第四十三条 以下事项计算持股比例或者数额时，仅计算普通股和表决权恢复的优先股：

（一）根据《公司法》第一百零一条，请求召开临时股东大会；

（二）根据《公司法》第一百零二条，召集和主持股东大会；

（三）根据《公司法》第一百零三条，提交股东大会临时提案；

（四）根据《公司法》第二百一十七条，认定控股股东；

（五）根据《证券法》第五十四条和第六十六条，认定持有公司股份最多的前十名股东的名单和持股数额；

（六）根据《证券法》第四十七条、第六十七条和第七十四条，认定持有公司百分之五以上股份的股东；

（七）根据《上市规则》《创业板上市规则》第10.1.3条和第10.1.5条的规定，认定持有公司百分之五以上股份的关联人；

（八）中国证监会和本所规定的其他事项。

第四十四条 上市公司以减少注册资本为目的回购普通

股公开发行优先股的，或者以非公开发行优先股为支付手段向公司特定股东回购普通股的，除应当符合优先股发行条件和程序，还应当在董事会审议通过回购股份相关事项后，及时披露董事会决议和回购股份预案。

回购股份预案至少应当包括以下内容：

（一）回购股份的目的；

（二）回购股份的方式；

（三）回购股份的价格或者价格区间、定价原则；

（四）拟回购股份的种类、数量以及占总股本的比例；

（五）以发行优先股作为支付手段的，应当包括拟用于支付的优先股总金额以及支付比例；回购方案实施完毕之日起一年内公开发行优先股的，应当包括回购的资金总额以及资金来源；

（六）回购股份的期限；

（七）决议的有效期；

（八）对董事会办理本次回购股份事宜的具体授权；

（九）中国证监会和本所规定的其他内容。

第四十五条　上市公司按照《上市公司重大资产重组管理办法》规定的条件发行优先股购买资产的，应当按照《管理办法》第五十七条的规定履行相关报告、公告义务。

第四十六条　上市公司应当在优先股派息前五个交易日内刊登付息公告。付息公告应当载明付息方案、付息登记日与除息日、付息对象、付息方法等。

第四十七条　发行人决定行使赎回权的，应当在赎回日前至少发布三次赎回提示性公告。

第四十八条　发行人应当在募集说明书约定的回售条件满足日前至少发布三次回售提示性公告。

第五章　转换与回购

第四十九条　上市公司不得发行可以转换为普通股的优先股。但商业银行可以根据商业银行资本监管规定，非公开发行触发事件发生时强制转换为普通股的优先股，并遵守《中国银监会中国证监会关于商业银行发行优先股补充一级资本的指导意见》等有关规定。

第五十条　发行人回购优先股，包括发行人要求赎回优先股和投资者要求回售优先股，优先股回购后相应减记发行在外的优先股股份总数。

第五十一条　优先股存续期内，募集说明书约定的赎回条件满足且所欠股息已支付时，发行人可以行使赎回权，按约定的价格赎回全部或者部分优先股。

第五十二条　在优先股存续期内，募集说明书约定的回售条件满足时，优先股股东可回售部分或者全部优先股。

第六章　附　则

第五十三条　优先股的风险警示、暂停、恢复、终止、重新上市以及退市整理期等相关事项，参照本所《上市规则》《创业板上市规则》有关规定执行，但上述相关事项中涉及股权分布、股票累计成交量、每日股票收盘价的情形，不适用优先股。

第五十四条　优先股的发行人及其控股股东、实际控制人、董事、监事、高级管理人员或者其他直接责任人员，保荐人等证券服务机构及其责任人员，以及优先股试点的其他市场参与者，违反本细则规定或者其所作出的承诺的，本所可以按照《上市规则》《创业板上市规则》《交易规则》等规定，对其采取相应的监管措施或者纪律处分。本所对前述主体采取纪律处分措施的，将记入诚信档案。

第五十五条　根据本细则第四十三条规定计算持股比例的，其计算公式为：持股比例 = 股东持有的（普通股股数 + 恢复表决权的优先股换算为普通股的股数）/上市公司（普通股总数 + 恢复表决权的优先股换算为普通股的总数）。

第五十六条　优先股上市、交易、转让的各项费用，暂按普通股收费标准的 80% 收取。

第五十七条　本办法所称“内”“以内”“以上”含本数，“低于”“少于”“超过”不含本数。

第五十八条　本细则经中国证监会批准后生效，修订时亦同。

第五十九条　本细则由本所负责解释。

第六十条　本细则自发布之日起施行。

深圳证券交易所退市公司重新上市实施办法

2015 年修订

深证上〔2015〕46 号

第一章　总　则

第一条　为规范终止上市公司（以下简称“公司”）申请重新上市行为，保护投资者的合法权益，根据《关于改革完善并严格实施上市公司退市制度的若干意见》、《深圳证券交易所股票上市规则（2014 年修订）》（以下简称“《上市规则》”）等有关规定，制定本办法。

第二条　公司在其股票终止上市后向本所申请重新上市的，适用本办法。本所创业板不接受公司股票重新上市的申请。

第三条　公司申请其股票重新上市应当符合《上市规则》及本办法规定的重新上市条件。

第四条　公司申请其股票重新上市的，应当根据本办法及有关规定申报材料和披露信息，并保证所申报材料和披露信息的真实、准确、完整，不得有虚假记载、误导性陈述或者重大遗漏。公司董事、监事和高级管理人员应当勤勉尽责，保证公司所披露信息的真实、准确、完整。

第五条　保荐机构及其保荐代表人应当勤勉尽责、诚实守信，对其所出具文件的真实性、准确性、完整性负责。

第六条　为公司重新上市出具有关文件的证券服务机构应当严格履行职责，并对其所出具文件的真实性、准确性和完整性负责。除律师事务所外，其他证券服务机构及其相关人员应当具有从事证券、期货相关业务的资格。

第七条　本所同意公司股票重新上市的决定，不表明对该公司股票的投资价值或者投资者的投资收益作出实质性判断或者保证。

第二章　重新上市申请

第八条　上市公司在其股票终止上市后，其终止上市情形已消除，且同时符合《上市规则》规定的下列条件的，可以向本所申请重新上市：

（一）公司股本总额不少于人民币 5000 万元；

（二）社会公众持有的股份占公司股份总数的比例为 25% 以上；公司股本总额超过人民币 4 亿元的，社会公众持有的股份占公司股份总数的比例为 10% 以上；

（三）最近 3 年公司无重大违法行为，财务会计报告无虚假记载；

（四）公司最近 3 个会计年度的财务会计报告未被出具

保留意见、无法表示意见或者否定意见的审计报告；

（五）公司最近 3 个会计年度经审计的净利润均为正值且累计超过人民币 3000 万元（净利润以扣除非经常性损益前后较低者为计算依据）；

（六）公司最近 3 个会计年度经营活动产生的现金流量净额累计超过人民币 5000 万元；或者公司最近 3 个会计年度营业收入累计超过人民币 3 亿元；

（七）公司最近 1 个会计年度经审计的期末净资产为正值；

（八）公司最近 3 年主营业务未发生重大变化；

（九）公司最近 3 年董事、高级管理人员未发生重大变化；

（十）公司最近 3 年实际控制人未发生变更；

（十一）公司具备持续经营能力；

（十二）具备健全的公司治理结构和内部控制制度且运作规范；

（十三）公司董事、监事、高级管理人员具备法律、行政法规、部门规章、规范性文件、本所有关规定及公司章程规定的任职资格，且不存在影响其任职的情形；

（十四）本所要求的其他条件。

前款第（十三）项所称“影响其任职的情形”，包括：被中国证监会采取证券市场禁入措施尚在禁入期的；最近 36 个月内受到中国证监会行政处罚，或者最近 12 个月内受到证券交易所公开谴责；因涉嫌犯罪被司法机关立案侦查或者涉嫌违法违规被中国证监会立案调查，尚未有明确结论意见等情形。

第九条　除第八条规定的重新上市条件外，本所将对公司以下情况予以重点关注：

（一）公司是否符合国家产业政策和环境保护、土地管理、反垄断等法律、行政法规等有关规定；

（二）公司与控股股东、实际控制人及其关联人在人员、资产、财务、机构和业务等方面是否保持独立，是否存在严重影响公司独立性或者显失公允的关联交易或者同业竞争，公司的资产权属是否清晰；

（三）退市后实施的重大资产重组、破产重整等事项是否合法合规；

（四）公司的股权结构是否清晰，主要股东所持股份变动情况及其股权是否存在瑕疵；

（五）退市整理期间及退市后，公司是否因涉嫌内幕交易、市场操纵等被中国证监会立案调查或者司法机关立案侦查；

（六）公司最近三年内是否受过刑事处罚、行政处罚、证券交易所纪律处分等；

（七）本所关注的其他情况。

第十条　公司因首次公开发行股票申请文件、信息披露文件存在虚假记载、误导性陈述或者重大遗漏，涉及欺诈发行、重大信息披露违法行为其股票被本所终止上市后，具备第八条规定的重新上市条件拟向本所申请其股票重新上市的，还应当符合以下要求：

（一）全面纠正违法行为，包括但不限于：公司就欺诈发行、重大信息披露违法行为所涉事项已进行补充披露或者更正公告；公司就欺诈发行、重大信息披露违法行为所涉事项已补充履行相关决策程序；公司因欺诈发行、重大信息披露违法行为发生的损失已获得相关责任主体弥补；欺诈发行、重大信息披露违法行为可能引发的与公司相关的风险因素已消除；

（二）撤换有关责任人员，包括但不限于：已撤换被中国证监会依法移送公安机关立案调查的有关人员、被中国证监会行政处罚的有关人员、被人民法院判决有罪的有关人员，以及本所认定的对重大信息披露违法行为负有重要责任的其他人员；

（三）对民事赔偿责任作出妥善安排，包括但不限于：人民法院作出判决的，该判决已执行完毕；已达成和解的，该和解协议已执行完毕；未达成和解的，已按预计最高索赔金额计提赔偿基金，并将足额资金划入基金专户存储；公司的控股股东及其实际控制人或者第三方已承诺：将对赔偿基金不足或者未予赔偿的部分代为赔付；

（四）中介机构出具专项意见，包括但不限于：律师已对上述事项进行核查，认为公司具备申请重新上市的主体资格、符合重新上市的条件，并据此出具法律意见；重新上市保荐人已对上述事项逐项说明，认为本次违法行为影响已基本消除、风险得以控制，具备申请重新上市的条件，并据此出具推荐意见。

第十一条　主动终止上市公司符合本办法规定的重新上市条件的，可以随时向本所提出重新上市的申请。

第十二条　强制终止上市公司向本所申请其股票重新上市的，其申请时间应当符合以下规定：

（一）公司因市场交易类指标情形其股票被强制终止上市的，首次提出重新上市申请与其股票终止上市后进入全国中小企业股份转让系统（以下简称“股份转让系统”）的时间间隔应当不少于 3 个月；

（二）公司因市场交易类指标、欺诈发行、重大信息披露违法情形之外的其他退市指标情形，其股票被强制终止上市的，首次提出重新上市申请与其股票终止上市后进入股份转让系统的时间间隔应当不少于 12 个月；

（三）公司因欺诈发行、重大信息披露违法情形其股票被强制终止上市的，首次提出重新上市申请与其股票终止上市后进入股份转让系统的时间间隔应当不少于一个完整的会计年度。

第十三条　公司在其股票终止上市过程中拒不履行本所业务规则规定的义务、不配合本所相关工作或者出现本所认定其他情形的，本所自公司股票终止上市后 36 个月内不受理其重新上市的申请。

第十四条　公司申请其股票重新上市的，应当经公司董事会同意后提交股东大会审议。股东大会就该事项作出决议应当经出席会议的股东所持表决权三分之二以上通过。

第十五条　公司申请其股票重新上市的，应当聘请符合《上市规则》要求的保荐机构作为重新上市保荐机构，并按本办法附件一的要求向本所提交重新上市申请及相关申请文件。

第十六条　保荐机构应当对公司申请重新上市情况进行尽职调查，按照本办法附件二的要求制作尽职调查工作报告，并出具重新上市保荐书。

重新上市保荐书应当包括以下内容：

（一）公司基本情况；

（二）逐项说明公司是否符合本所规定的重新上市条件；

（三）公司是否符合国家产业政策和环境保护、土地管理、反垄断等法律、行政法规等有关规定；

（四）公司是否存在严重影响公司独立性或者显失公允的关联交易、同业竞争及解决措施；

（五）公司存在的主要风险，包括但不限于市场风险、经营风险、技术风险、政策风险、公司治理与内部控制风险；

（六）退市后公司实施重大资产重组、破产重整等事项的合规性说明；

（七）退市后公司信息披露的合规性说明；

（八）公司股本总额、股份权益变动情况及公司股份登记托管情况；

（九）公司股东所持股份的流通限制和自愿锁定的承诺情况；

（十）尽职调查中发现的问题及解决情况说明；

（十一）保荐机构是否存在可能影响其公正履行保荐职责情形的说明；

（十二）保荐机构按照有关规定所作出的承诺事项；

（十三）对公司重新上市后持续督导期间的工作安排；

（十四）保荐机构认为应当说明的其他事项；

（十五）无保留且表述明确的保荐意见；

（十六）关于公司已全面纠正违法行为、撤换有关责任人员、对民事赔偿责任承担作出妥善安排的逐项说明（如适用）；

（十七）本所要求的其他内容。

重新上市保荐书和尽职调查工作报告应当由保荐机构法定代表人（或者授权代表）和两名保荐代表人签字，注明签署日期并加盖保荐机构公章。

第十七条 公司应当聘请律师对其重新上市申请的合法性、合规性以及相关申请文件的真实性、有效性进行尽职调查，出具法律意见书和律师工作报告。

律师应当在法律意见书中对以下事项发表明确意见：

（一）对公司是否符合重新上市条件进行逐项说明；

（二）公司申请股票重新上市是否已履行必要的批准或者授权程序；

（三）退市后公司实施的重大资产重组、破产重整等事项的合法合规性；

（四）公司股本总额、股份权益变动及公司股份登记托管情况的合法合规性；

（五）公司主要资产权属状况；

（六）公司重大债权债务情况；

（七）公司重大诉讼或者仲裁情况；

（八）公司依法纳税情况；

（九）公司及其董事、监事和高级管理人员最近三年内是否受过刑事处罚、行政处罚、证券交易所纪律处分等情况；

（十）退市整理期间及退市后公司是否因涉嫌内幕交易、市场操纵等被中国证监会立案调查或者司法机关立案侦查；

（十一）公司是否存在其他纠纷、潜在风险或者律师认为需要说明的其他事项；

（十二）关于公司已全面纠正违法行为、撤换有关责任人员、对民事赔偿责任承担作出妥善安排的核查情况（如适用）；

（十三）本所要求的其他事项。

法律意见书和律师工作报告应当由律师事务所的负责人和两名律师签字，注明签署日期并加盖律师事务所公章。

第十八条 本所在收到公司重新上市申请文件后的5个交易日内作出是否受理的决定。

公司按照本所要求提供补充材料的时间不计入上述期限内，但补充材料的期限累计不得超过15个交易日。

第十九条 公司经审计财务会计报告的截止日距公司重新上市的申请日间隔应当不超过6个月。

第三章 重新上市审核

第二十条 主动终止上市公司申请重新上市的，本所将在受理公司股票重新上市申请后的30个交易日内，作出是否同意其股票重新上市申请的决定。

在此期间，本所要求提供补充材料的，公司应当按照本所要求提供。公司补充材料的时间不计入上述期限内，但累计不得超过30个交易日。

第二十一条 强制终止上市公司申请重新上市的，本所将在受理公司股票重新上市申请后的60个交易日内，作出是否同意其股票重新上市申请的决定。

在此期间，本所要求提供补充材料的，公司应当按照本所要求提供。公司补充材料的时间不计入上述期限内，但累计不得超过30个交易日。

第二十二条 本所受理公司重新上市申请后，可以聘请律师事务所或者具有从事证券、期货相关业务资格的会计师事务所等机构对公司申请材料的真实性进行调查核实，调查核实期间不计入本办法第二十条、第二十一条所述本所作出重新上市申请决定的期限内。

第二十三条 本所上市委员会对公司股票重新上市的申请进行审议，作出独立的专业判断并形成审核意见。本所依据上市委员会的审核意见作出是否同意公司股票重新上市的决定。

第二十四条 本所在作出是否同意公司重新上市决定后的两个交易日内通知公司，并报中国证监会备案。

第二十五条 公司重新上市申请未获本所同意的，自本所作出决定之日起6个月内公司不得再次向本所提出重新上市的申请。

第二十六条 公司对本所作出不同意其股票重新上市的决定不服的，可以在收到本所相关决定后的15个交易日内，向本所申请复核。

申请复核的具体程序等相关事项按照《上市规则》第十五章的规定执行。

第四章 重新上市安排

第二十七条 公司重新上市申请获得本所同意的，应当自本所作出同意其股票重新上市决定之日起3个月内完成重新上市的所有准备工作并挂牌交易。公司遇特殊情形需延长办理期限的，应当向本所申请并获本所同意。

公司股票未在上述规定期限内挂牌交易的，本所关于同意其股票重新上市的文件失效。

第二十八条 公司重新上市申请获得本所同意后，应当在其股票重新上市前与本所签订上市协议书，并缴纳相关费用。

第二十九条 公司应当在其股票重新上市前向本所提交以下文件：

（一）公司董事、监事和高级管理人员签署的《声明及承诺书》；

（二）公司控股股东、实际控制人签署的《声明及承诺书》；

（三）公司全部股份已经中国证券登记结算有限责任公司深圳分公司托管的证明文件；

（四）公司行业分类的情况说明；

（五）本所要求的其他文件。

第三十条 公司在股票重新上市申请获得本所同意至股

票挂牌交易的期间发生重大事项的，应当及时报告本所并对外披露。相关事项可能影响公司重新上市条件的，本所可以视情况决定重新提交上市委员会审核，并根据上市委员会的意见作出是否同意其股票重新上市的决定。

第三十一条　公司股票重新上市首日的开盘参考价原则上为公司股票在股份转让系统的最后一个转让日的成交价，公司股票重新上首日不实行价格涨跌幅限制。公司认为有必要调整上述开盘参考定价的，可以向本所提出申请并说明理由。经本所同意的，公司应当对外披露具体情况，重新上市保荐机构应当对此发表专门意见。

主动终止上市公司其股票未进入股份转让系统挂牌转让的，公司应当就其股票开盘参考价的确定方法及其依据等情况进行公告，重新上市保荐机构对此发表专门意见。

第三十二条　公司控股股东和实际控制人应当承诺：自公司股票重新上市之日起 36 个月内，不转让或者委托他人管理其直接或者间接持有的公司股份，也不由公司回购其直接或者间接持有的公司股份。

公司董事、监事及高级管理人员应当承诺：自公司股票重新上市之日起 12 个月内，不转让或者委托他人管理其直接或者间接持有的公司股份，也不由公司回购其直接或者间接持有的公司股份。

第三十三条　公司股东所持股份在公司申请其股票重新上市时属于以下情形之一的，将分别按照以下规定流通或者限售：

（一）股东所持股份为有限售条件且重新上市时限售期尚未届满的，该部分股份的限售期将自公司股票重新上市之日起连续计算直至限售期届满；

（二）股东所持股份为重新上市前 6 个月内（以公司重新上市申请日为基准日）公司新增发行的股份且重新上市时限售期尚未届满的，该部分股份至少自公司股票重新上市之日起 12 个月内不能上市流通；

（三）股东所持股份在重新上市时为未经股权分置改革的非流通股份的，该部分股份在公司股票重新上市后仍不能流通，直至股权分置改革实施完成且限售期届满方可流通。

前款所述股东如为公司控股股东或者实际控制人的，还应当同时遵守本办法第三十二条的规定。

第三十四条　经本所审核同意其股票重新上市的，公司应当及时在中国证监会指定媒体公告相关情况，并在其股票重新上市前 5 个交易日内，在指定媒体披露重新上市报告书［参见附件（3）］、重新上市提示性公告、重新上市保荐书（如适用）和法律意见书。

第三十五条　重新上市提示性公告应当包括以下内容：

（一）重新上市地点；

（二）重新上市日期；

（三）重新上市的证券种类、证券简称、证券代码和日涨跌幅限制；

（四）本所有关股票重新上市的决定情况；

（五）股本结构及前十大股东情况；

（六）本次重新上市的可流通股份数量；

（七）本次重新上市的股份限售情况及期限；

（八）本所要求的其他内容。

第三十六条　公司股票重新上市后，保荐机构应当在公司股票重新上市当年的剩余时间及其后的两个完整会计年度内履行持续督导职责。

第五章　附　则

第三十七条　本办法实施前其股票已被本所终止上市的公司，可以按照本办法向本所申请重新上市。

第三十八条　本办法经本所理事会审议通过并报中国证监会批准后生效。

第三十九条　本办法由本所负责解释。

第四十条　本办法自发布之日起施行。

深圳证券交易所资产证券化业务指引

（2014 年修订）

深证会〔2014〕130 号

第一章　总　则

第一条　为了规范资产证券化业务，维护正常市场秩序和投资者的合法权益，根据《证券公司及基金管理公司子公司资产证券化业务管理规定》（证监会公告〔2014〕49 号，以下简称“《管理规定》”）、《证券公司及基金管理公司子公司资产证券化业务信息披露指引》（以下简称“《信息披露指引》”）等有关规定以及深圳证券交易所（以下简称“本所”）相关业务规则，制定本指引。

第二条　具备客户资产管理业务资格的证券公司、证券投资基金管理公司设立且具备特定客户资产管理业务资格的子公司担任管理人，通过设立资产支持专项计划（以下简称“专项计划”）或者其他特殊目的载体开展资产证券化业务，并申请资产支持证券在本所挂牌转让的，适用本指引。

《管理规定》第五十条所列金融机构发行资产支持证券在本所挂牌转让的，参照适用本指引。本所另有规定的，从其规定。

第三条　本所为资产支持证券的挂牌、转让以及信息披露提供服务，并实施自律管理。

第四条　资产支持证券在本所挂牌转让，不表明本所对资产支持证券的投资风险或者收益等作出判断或者保证。资产支持证券的投资风险由投资者自行判断和承担。

第五条　管理人应当向具备相应风险识别和承担能力的合格投资者发行资产支持证券。

单只资产支持证券的投资者合计不得超过 200 人。

第六条　本所与专项计划备案机构建立挂牌转让与备案的沟通衔接机制，并建立与中国证监会、相关自律组织之间的信息共享机制。

第七条　资产支持证券的登记和结算，由中国证券登记结算有限责任公司或者中国证监会认可的其他机构按照其业务规则办理。

第二章　挂牌、停牌、复牌、终止挂牌

第八条　资产支持证券在本所挂牌转让的，应当符合以下条件：

（一）基础资产符合相关法律法规以及负面清单的规定，权属明确，可特定化，可以产生独立、可预测的现金流；

（二）产品结构设计符合中国证监会以及本指引的相关要求；

（三）本所规定的其他条件。

第九条　资产支持证券拟在本所挂牌转让的，管理人应当在资产支持证券发行前向本所申请确认是否符合挂牌转让

条件。

第十条　专项计划备案后，管理人申请资产支持证券在本所挂牌的，应当经本所同意，与本所签订转让服务协议，并提交下列文件：

（一）挂牌申请书；

（二）专项计划备案证明文件；

（三）计划说明书、交易合同文本以及法律意见书等专项计划法律文件；

（四）资信评级机构出具的报告（如有）；

（五）特定原始权益人最近三年（未满三年的自成立之日起）经具有从事证券期货相关业务资格的会计事务所审计的财务会计报告及融资情况说明；

（六）募集完成后经具有从事证券期货相关业务资格的会计师事务所出具的验资报告；

（七）本所指定登记结算机构出具的登记托管证明文件；

（八）专项计划是否发生重大变化的说明；

（九）本所要求的其他文件。

第十一条　本所对挂牌申请文件进行完备性核对。挂牌申请文件完备的，本所自接受挂牌申请文件之日起5个交易日内，出具接受挂牌通知书。

第十二条　管理人、托管人等为专项计划提供服务的机构及其相关人员为资产证券化业务制作计划说明书及交易合同文本、出具专业意见或者报告，应当勤勉尽责，对所制作、出具的文件内容的真实性、准确性、完整性进行核查和验证，保证制作、出具的文件不存在虚假记载、误导性陈述或者重大遗漏。

第十三条　专项计划存续期间出现下列情形之一的，本所可以对资产支持证券进行停牌处理：

（一）《信息披露指引》第十九条所列情形之一的；

（二）资产支持证券转让价格异常波动的；

（三）本所认为需要停牌的其他情形。

前款规定所列相关情形消除后，本所可以视情况复牌。

第十四条　资产支持证券出现下列情况之一的，本所可以终止其挂牌：

（一）资产支持证券到期的；

（二）资产支持证券未到期，但根据计划说明书约定终止的；

（三）发生对投资者利益重大不利影响的情形，本所认为需要终止挂牌的。

第三章　挂牌要求

第十五条　管理人应当根据基础资产类型对基础资产转让环节的转让登记、通知债务人、附属担保权益等事项作出适当安排。

第十六条　管理人及相关机构应当合理、审慎地预测基础资产现金流状况，结合影响未来现金流变化的各种因素，充分揭示相关风险。

管理人及相关机构应当在专项计划法律文件中对现金流预测的假设、依据、各期预测结果及存续期间现金流跟踪监测机制进行说明，定期监测预测结果与实际情况的差异，并分析其原因。

第十七条　管理人应当针对现金流归集环节中的资金混同风险建立相应风险防范机制，并在计划说明书等专项计划法律文件中披露基础资产现金流归集、划转以及分配流程，明确账户设置、归集时点，说明可能面临的风险。

第十八条　管理人应当建立基础资产现金流持续监督机制。发现影响兑付的情况，管理人应当协调相关主体做好应对方案，维护基础资产现金流的安全。

第十九条　专项计划资金不得投资权益类产品。专项计划法律文件对专项计划资金再投资有约定的，管理人应当确保再投资限于约定范围内。投资固定收益类产品的，应当防范投资标的的信用、市场和流动性等相关风险。

第二十条　以基础资产产生现金流循环购买新的同类基础资产方式组成专项计划资产的，管理人应当设置适当的入池标准，通过流程安排对后续购买的资产进行事前审查和执行确认，并定期进行信息披露。

管理人应当核实符合入池标准的资产规模是否满足循环购买要求，在合格资产规模不足时及时进行信息披露并采取风险缓释措施。

第二十一条　管理人应当核查资产服务机构的持续服务能力，并设置后备服务机构替换机制。原始权益人担任资产服务机构的，应当使基础资产与其自有资产或者管理的其他受托资产相隔离，防范利益冲突和道德风险。

第二十二条　专项计划法律文件应当设置各项信用增级措施的触发条件、操作流程，管理人应当督促相关方严格按照专项计划法律文件的约定履行相关义务。

第二十三条　基础资产为不动产的，管理人应当委托符合条件的专业评估机构对不动产价值进行评估，出具评估报告。

专项计划法律文件应当约定，在专项计划存续期间，不动产发生收购或者处置等影响其价值判断的重大事项的，管理人应当及时组织专业评估机构进行评估。

第四章　转让

第二十四条　参与资产支持证券认购、转让的合格投资者，应当符合下列条件之一：

（一）经有关金融监管部门批准或者备案设立的金融机构，包括但不限于银行、证券公司、基金管理公司、信托公司和保险公司等；

（二）前项规定的金融机构面向投资者发行的金融产品，包括但不限于银行理财产品、信托产品、保险产品、基金产品、证券公司资产管理产品等；

（三）经有关金融监管部门认可的境外金融机构及其发行的金融产品，包括但不限于合格境外机构投资者、人民币合格境外机构投资者；

（四）社会保障基金、企业年金等养老基金，慈善基金等社会公益基金；

（五）在行业自律组织备案或者登记的私募基金及私募基金管理人；

（六）净资产不低于1000万元的非金融机构；

（七）符合中国证监会《私募投资基金监督管理暂行办法》及相关规定的其他合格投资者。

第二十五条　证券公司应当建立完备的投资者适当性管理制度，了解和评估投资者对资产支持证券的风险识别和承担能力，充分揭示风险，确认参与资产支持证券转让的投资者是符合中国证监会及本所规定要求的合格投资者。

第二十六条　资产支持证券每份面值为100元，计价单位为每百元面值的价格，单笔申报数量为整数份且不低于10000份，申报价格最小变动单位为0.01元。

第二十七条　资产支持证券采用全价转让的方式，转让价格由买卖双方自行协议确定。资产支持证券转让可以当日回转。

第二十八条　本所接受资产支持证券转让申报的时间为每个交易日 9:15 至 11:30、13:00 至 15:30，转让申报当日有效。

第二十九条　本所接受下列类型的资产支持证券转让申报：

（一）意向申报；

（二）定价申报；

（三）成交申报；

（四）其他申报。

第三十条　意向申报指令应当包括证券账户号码、证券代码、买卖方向和本方交易单元代码等内容。

意向申报不承担成交义务，意向申报指令可以撤销。

第三十一条　定价申报指令应当包括证券账户号码、证券代码、买卖方向、价格、数量和本方交易单元代码等内容。

市场所有参与者可以提交成交申报，按指定的价格与定价申报全部或部分成交，本所按时间优先顺序进行成交确认。

定价申报的未成交部分可以撤销。定价申报每笔成交的转让数量，应当满足资产支持证券转让的最低数量要求。

第三十二条　成交申报指令应当包括证券账户号码、证券代码、买卖方向、价格、数量、对手方交易单元代码、约定号等内容。成交申报要求明确指定价格和数量。

成交申报可以撤销，但在对手方提交匹配的申报后不得撤销。本所对约定号、证券代码、买卖方向、价格、数量等各项要素均匹配的成交申报进行成交确认。

第三十三条　本所按照时间先后顺序对资产支持证券转让申报进行实时成交确认。转让后单只资产支持证券的投资者合计不得超过 200 人。

符合本指引达成的转让，转让双方应当承认转让结果，并履行交收义务。

第三十四条　本所在交易时间内通过交易系统、本所网站即时公布资产支持证券转让的报价信息和成交信息。

发布的报价信息包括：证券代码、证券简称、申报类型、买卖方向、数量、价格等；发布的成交信息包括：证券代码、证券简称、开盘价、当日最高价、当日最低价、总成交数量、总成交金额、总成交笔数等。

第三十五条　本所在每个交易日结束后，通过本所网站公布资产支持证券转让每笔成交信息，内容包括：证券代码、证券简称、成交数量、成交价格以及买卖双方所在会员营业部或交易单元的名称。

第三十六条　资产支持证券以当日该证券所有转让的成交量加权平均价为收盘价。当日无成交的，以前收盘价为当日收盘价。

第三十七条　资产支持证券回购业务相关规则，由本所另行规定。

第五章　信息披露

第三十八条　管理人及其他信息披露义务人应当按照《管理规定》、《信息披露指引》、本指引的规定以及计划说明书的约定履行信息披露义务，及时、公平地披露可能对资产支持证券产生重大影响的信息，并保证所披露的信息真实、准确、完整，不得有虚假记载、误导陈述或者重大遗漏。

第三十九条　资产支持证券通过本所挂牌转让的，管理人应当不晚于挂牌当日向合格投资者披露计划说明书、风险揭示书和信用评级报告（如有）。

第四十条　管理人应当履行下列定期报告义务：

（一）每年 4 月 30 日前披露经具有从事证券期货相关业务资格的会计师事务所审计的上年度资产管理报告；

（二）在每期资产支持证券收益分配日的两个交易日前，披露专项计划收益分配报告；

（三）中国证监会、本所规定和计划说明书约定的其他定期报告义务。

对设立不足两个月的专项计划，管理人可以不编制年度资产管理报告。

第四十一条　托管人应当在管理人披露资产管理报告的同时披露相应期间的托管报告。

第四十二条　管理人、托管人应当按照本指引及本所其他相关规定编制资产管理报告、托管报告和收益分配报告。

第四十三条　原始权益人应当按照合同约定，及时向管理人提供信息披露所需的有关信息，保证所提供信息真实、准确、完整，不存在虚假记载、误导性陈述或者重大遗漏。

第四十四条　聘请资信评级机构针对资产支持证券出具信用评级报告的，在评级对象有效存续期间，资信评级机构应当在每年 6 月 30 日前向合格投资者披露上年度的定期跟踪评级报告，并应当及时披露不定期的跟踪评级报告。

第四十五条　专项计划存续期间发生《信息披露指引》第十九条所列可能对资产支持证券投资价值或者价格有实质性影响的重大事件时，管理人应当及时履行临时报告义务。

第四十六条　管理人及其他信息披露义务人应当不迟于信息披露前一交易日 14:00 将披露文件报送本所。本所于信息披露当日通过本所网站或者以本所认可的其他方式向合格投资者披露。

本所对管理人及其他信息披露义务人披露的信息进行形式审核，对其内容的真实性不承担责任。

第四十七条　管理人及其他信息披露义务人应当至少指定一名信息披露联络人，负责办理资产支持证券的信息披露及相关业务。

第四十八条　信息披露联络人出现下列情形之一的，管理人及其他信息披露义务人应当立即予以更换，并及时报告本所：

（一）连续 3 个月以上不能履行职责；

（二）在履行职责时出现重大错误，产生严重后果的；

（三）本所认为不适宜继续担任信息披露联络人的其他情形。

第六章　自律监管和纪律处分措施

第四十九条　原始权益人违反本指引及本所其他相关规定或者其所作出的承诺的，本所可以采取自律监管及纪律处分措施。

第五十条　管理人、托管人等为专项计划提供服务的机构及其相关人员违反本指引及本所相关规定，未履行信息披露义务或者所出具的文件存在虚假记载、误导性陈述、重大遗漏的，本所可以采取自律监管和纪律处分措施。情节严重的，本所可以上报相关主管机关查处，追究相关当事人的法律责任。

第五十一条　证券公司未按照投资者适当性管理的要求遴选确定具有风险识别和风险承受能力的合格投资者的，本所可以视情节轻重采取相应的自律监管和纪律处分措施。

第五十二条　本所将对相关当事人采取纪律处分措施的

有关情况记入诚信档案，并可以视情况予以公告。

第五十三条　资产支持证券转让双方转让行为违反本指引、本所其他相关规定的，本所可以视情况采取自律监管和纪律处分措施。

转让双方以及其他相关主体涉嫌操纵市场、内幕交易等违法犯罪行为的，本所上报相关机关查处，追究其法律责任。

第七章　附　则

第五十四条　本所对资产支持证券转让收取转让经手费，收费标准为100万元以下（含100万）每笔0.1元，超过100万元的每笔10元。

第五十五条　本指引所称“元”，指人民币元。

第五十六条　本指引由本所负责解释。

第五十七条　本指引自发布之日起施行。本所2013年4月22日发布的《深圳证券交易所资产证券化业务指引》（深证会〔2013〕38号）同时废止。本指引此前发布的通知、规定与本指引不一致的，以本指引为准。

2013年深圳证券交易所大事记

一月

1月7日，我所发布“创业板行业信息披露指引”第1号和第2号，分别对上市公司从事广播电影电视业务和药品、生物制品业务的信息披露进行规范与细化。

1月7日，贵州省政府副省长黄康生一行访问我所。

1月14日，卢森堡金融推广署CEO Fernard Grulms与卢森堡证券交易所CEO Robert Scharfe访问我所。

1月14日，我所发布《深圳证券交易所纪律处分听证程序细则》及《深圳证券交易所中小企业板上市公司公开谴责标准》。

1月25日，我所正式发布《关于调整融资融券标的股票范围的通知》，自2013年1月31日起，深市标的股票数量将由符合深圳100指数成份股标准的98只扩展为200只。

1月28日，我所发布《深圳证券交易所上市公司信息披露直通车业务指引》。

1月30日，我所发布《关于深化落实新股交易投资者适当性管理工作的通知》。

二月

2月6日，我所完成第九次业务规则清理工作，向市场发布“关于废止部分业务规则目录（第五批）的公告”，废止业务规则59件。

2月6日，我所发布《2012年度自律监管工作报告》。

2月28日，我所发布《2012年度股票市场绩效报告》。

三月

3月13日，我所推出一款在线互动投资者教育产品——“投知易”在线投教游戏，引导投资者理性投资、价值投资。

3月14日，我所发布《2012年个人投资者状况调查报告》。

3月15日，我所举办首次“境外投资者走进上市公司”活动。

3月18日，我所印发《关于上市公司限售股份、解除限售存量股份参与融资融券交易相关问题的通知》。

3月22日，我所发布《深圳证券交易所货币市场基金实时申购赎回业务指引》。

3月29日，我所和中国证券登记结算有限责任公司发布《质押式报价回购交易及登记结算业务办法》，以规范质押式报价回购交易，维护正常市场秩序和客户的合法权益。

3月26日，我所与交通银行股份有限公司在深圳签订战略合作协议。

四月

4月8日，我所修订《上市公司信息披露工作考核办法》。

4月9日，内蒙古自治区副主席布小林一行访问我所。

4月9—11日，我所承办主题为“探索交易所发展新领域”的亚洲暨大洋洲交易所联合会（AOSEF）第31届年会。

4月22日，我所颁布《深圳证券交易所资产证券化业务指引》，以规范资产证券化业务，维护正常市场秩序和投资者的合法权益。

五月

5月6日，我所发布《深交所多层次资本市场上市公司2012年报实证分析报告》。

5月15日，我所第一届监事会成立。

5月24日，我所发布《股票质押式回购交易及登记结算业务办法（试行）》。

5月29日，我所发布《深圳证券交易所会员客户高风险证券交易风险警示业务指引》。

5月30日，我所发布《关于中小企业可交换私募债券试点业务有关事项的通知》。

六月

6月5日，我所举办主题为“新型交易行为与交易制度完善”的“交易规则日”活动。

6月5日，景顺长城沪深300等权重ETF在我所挂牌。

6月18日，我所与黑龙江省政府签署《中小企业私募债业务试点合作备忘录》。

6月28日，我所发布《关于为证券公司次级债券提供转让服务有关事项的通知》，进一步规范证券公司次级债券转让行为。

七月

7月17日，我所完成第三次审核登记事项清理工作，并对外公开《审核和登记事项公开一览表》以及《审核和登记事项办理指南》。

7月29日，我所正式发布《深圳证券交易所交易规则（2013年修订）》，对大宗交易制度进行了优化完善，并明确债券ETF实行当日回转交易。

八月

8月20日，青海省高云龙副省长一行访问我所。

8月20日，我所发布《深圳证券交易所资产管理计划份额转让业务指引》，以支持资产管理计划份额的转让。

8月23日，肯尼亚总统乌胡鲁·肯雅塔一行访问我所。

九月

9月4日，我所与山西省人民政府签署《中小企业私募债券业务试点合作备忘录》。

9月6日至7日，我所与中国上市公司协会、内蒙古自治区阿拉善盟委、行署以及军分区共同主办了第二届（2013）“生态文明·阿拉善对话”活动。

9月6日，我所发布《关于扩大融资融券标的证券范围的通知》，扩大融资融券标的证券范围。

9月11日，博鳌亚洲论坛秘书长周文重一行访问我所。

9月13日，我所发布《关于配合做好并购重组审核分道制相关工作的通知》。

9月16日，汇添富中证行业指数系列ETF在我所挂牌。

9 月 18 日，东证资管－阿里巴巴 1 号、2 号专项资产管理计划在我所挂牌。

9 月 18 日，我所与卢森堡交易所正式签订合作谅解备忘录。

十月

10 月 16 日，国内首只中小企业可交换私募债（“13 福星债”）在我所备案并完成发行，这是继 2012 年中小企业私募债推出以来，交易所债券市场又一次产品创新突破。

十一月

11 月 30 日，我所发布《深圳证券交易所交易规则（2013 年修订）》，修订第 3.1.4 条，明确“黄金交易型开放式证券投资基金、上市交易的货币市场基金竞价交易实行当日回转交易”。

十二月

12 月 1 日，我所官方微博（@深交所）入驻人民网、新华网、新浪网和腾讯网，官方微信“深交所”也正式开通上线。同时，我所更换官方标识（LOGO），启用新品牌识别系统。

12 月 4 日，我所开展“12·4”全国法制宣传日在线法律咨询暨规则意见征集活动。

12 月 13 日，我所和中国结算联合发布了《深圳市场首次公开发行股票网上按市值申购实施办法》及修订后的《深圳市场首次公开发行股票网下发行实施细则》。

12 月 13 日，我所发布《关于首次公开发行股票上市首日盘中临时停牌制度等事项的通知》。

12 月 16 日，易方达黄金 ETF 在我所挂牌。

12 月 17 日，我所在新浪微博和腾讯微博同步开展主题为“深市新股发行配套规则”微访谈活动。

12 月 19 日，全国人大原副委员长成思危一行来我所调研。

12 月 30 日，我所根据《证券发行与承销管理办法》《关于进一步推进新股发行体制改革的意见》和《首次公开发行股票时公司股东公开发售股份暂行规定》修订并发布《深圳证券交易所上市公告书内容与格式指引（2013 年 12 月修订）》。

第二章　证券监管与经营机构

第一节　证券监管机构

中国证券监督管理委员会

中国证监会为国务院直属正部级事业单位，依照法律、法规和国务院授权，统一监督管理全国证券期货市场，维护证券期货市场秩序，保障其合法运行。

中国证监会设在北京，现设主席 1 名，副主席 4 名，纪委书记 1 名（副部级），主席助理 3 名；会机关内设 18 个职能部门，1 个稽查总队，3 个中心；根据《证券法》第 14 条规定，中国证监会还设有股票发行审核委员会，委员由中国证监会专业人员和所聘请的会外有关专家担任。中国证监会在省、自治区、直辖市和计划单列市设立 36 个证券监管局，以及上海、深圳证券监管专员办事处。

依据有关法律法规，中国证监会在对证券市场实施监督管理中履行下列职责：

（1）研究和拟订证券期货市场的方针政策、发展规划；起草证券期货市场的有关法律、法规，提出制定和修改的建议；制定有关证券期货市场监管的规章、规则和办法。

（2）垂直领导全国证券期货监管机构，对证券期货市场实行集中统一监管；管理有关证券公司的领导班子和领导成员。

（3）监管股票、可转换债券、证券公司债券和国务院确定由证监会负责的债券及其他证券的发行、上市、交易、托管和结算；监管证券投资基金活动；批准企业债券的上市；监管上市国债和企业债券的交易活动。

（4）监管上市公司及其按法律法规必须履行有关义务的股东的证券市场行为。

（5）监管境内期货合约的上市、交易和结算；按规定监管境内机构从事境外期货业务。

（6）管理证券期货交易所；按规定管理证券期货交易所的高级管理人员；归口管理证券业、期货业协会。

（7）监管证券期货经营机构、证券投资基金管理公司、证券登记结算公司、期货结算机构、证券期货投资咨询机构、证券资信评级机构；审批基金托管机构的资格并监管其基金托管业务；制定有关机构高级管理人员任职资格的管理办法并组织实施；指导中国证券业、期货业协会开展证券期货从业人员资格管理工作。

（8）监管境内企业直接或间接到境外发行股票、上市以及在境外上市的公司到境外发行可转换债券；监管境内证券、期货经营机构到境外设立证券、期货机构；监管境外机构到境内设立证券、期货机构，从事证券、期货业务。

（9）监管证券期货信息传播活动，负责证券期货市场的统计与信息资源管理。

（10）会同有关部门审批会计师事务所、资产评估机构及其成员从事证券期货中介业务的资格，并监管律师事务所、律师及有资格的会计师事务所、资产评估机构及其成员从事证券期货相关业务的活动。

（11）依法对证券期货违法违规行为进行调查、处罚。

（12）归口管理证券期货行业的对外交往和国际合作事务。

（13）承办国务院交办的其他事项。

领导介绍：

主席：肖钢

肖钢同志，1958 年 8 月出生，汉族，江西吉安人，出生于湖南长沙，法学硕士。

现任中国证券监督管理委员会主席、党委书记。

肖钢同志 1981 年开始在中国人民银行工作。1989 年 5 月至 1996 年 10 月，历任中国人民银行政策研究室副主任、主任、中国外汇交易中心总经理、中国人民银行计划资金司司长等职务。1996 年 10 月至 2003 年 3 月曾担任中国人民银行行长助理及副行长，并于此期间先后兼任中国人民银行计划资金司司长、货币政策司司长、中国人民银行广东省分行行长及国家外汇管理局广东省分局局长。自 2003 年 3 月至 2004 年 8 月任中国银行董事长、行长、党委书记。2004 年 8 月至 2013 年 3 月任中国银行董事长、党委书记。2003 年 5 月至 2013 年 3 月兼任中银香港（控股）董事长。2013 年 3 月任中国证券监督管理委员会主席、党委书记。

肖钢同志是第十七届中央候补委员、第十八届中央委员。

副主席：庄心一

庄心一同志，1955 年 4 月出生，汉族，上海人，经济学博士。

现任中国证券监督管理委员会副主席、党委委员。

庄心一同志 1992 年 1 月任中国人民建设银行信贷部副主任；1992 年 10 月任国务院证券委员会办公室副主任；1993 年 8 月任中国人民建设银行信托投资公司副总经理；1995 年 10 月任深圳证券交易所总经理、党委书记；1997 年 10 月任国务院证券委员会办公室巡视员兼中国证券监督管理委员会培训中心主任；1998 年 10 月任深圳市副市长；2002 年 7 月任中国证券业协会会长、党委书记；2003 年 11 月任中国证券监督管理委员会主席助理、党委委员；2005 年 2 月任中国证券监督管理委员会副主席、党委委员。

副主席：姚刚

姚刚同志，1962 年 5 月出生，汉族，山西文水人，经济学博士。

现任中国证券监督管理委员会副主席、党委委员。

姚刚同志 1993 年起任中国证券监督管理委员会期货监管部副主任、主任;1999 年任国泰君安证券有限公司总经理、党委副书记、副董事长;2002 年任中国证券监督管理委员会发行监管部主任;2004 年 7 月任中国证券监督管理委员会主席助理、党委委员兼发行监管部主任,2008 年任中国证券监督管理委员会副主席、党委委员。

副主席:刘新华

刘新华同志,1955 年 9 月出生,回族,河北人,经济学博士。

现任中国证券监督管理委员会副主席、党委委员。

刘新华同志 1975 年起在宁夏银川市电信局工作;1982 年起任宁夏回族自治区党委宣传部部务秘书、办公室副主任;1989 年起任深圳市委政策研究室秘书处处长,深圳证券管理办公室副主任、主任、党组书记,深圳证券交易所理事;1999 年 1 月任中国证券监督管理委员会办公厅主任、党委办公室主任兼机关党委常务副书记;2006 年 7 月任中国证券监督管理委员会主席助理、党委委员兼办公厅主任、党委办公室主任;2009 年 4 月任中国证券监督管理委员会副主席、党委委员。

纪委书记:王会民

王会民同志,1959 年 2 月出生,汉族,甘肃人,工商管理硕士。

现任中国证券监督管理委员会纪委书记、党委委员。

王会民同志 1975 年 7 月参加工作。1984 年 1 月进入中国建设银行新疆分行,1992 年 7 月起先后任中国建设银行新疆分行办公室主任,巴音郭楞蒙古自治州中心支行党组副书记、副行长,乌鲁木齐支行党组书记、行长,新疆分行党组副书记、副行长,新疆分行党委书记、行长。2002 年 2 月起先后任新疆维吾尔自治区政府主席助理、党组成员,2005 年 8 月起兼任自治区金融工作办公室主任、党组书记,2008 年 8 月起兼任自治区农村信用社联合社党委书记,2012 年 1 月任新疆维吾尔自治区人大常委会副主任。2014 年 1 月任中国证券监督管理委员会纪委书记、党委委员。

主席助理:姜洋

姜洋同志,1956 年 9 月出生,汉族,四川泸州人,经济学博士。

现任中国证券监督管理委员会副主席、党委委员。

姜洋同志 1982 年起任经济日报社编辑、记者;1989 年任金融时报经济部负责人;1990 年起任中国人民银行办公厅新闻处副处长、处长、办公厅秘书处处长、办公厅副主任、非银行金融机构监管司副司长;1998 年任中国证券监督管理委员会机构监管部主任;2001 年 7 月任上海期货交易所总经理、党委书记;2006 年 7 月任中国证券监督管理委员会主席助理、党委委员;2006 年 8 月至 2009 年 4 月兼任期货监管部主任;2012 年 9 月任中国证券监督管理委员会副主席、党委委员。

主席助理:张育军

张育军同志,1963 年 5 月出生,汉族,四川什邡人,经济学博士、法学博士。

现任中国证券监督管理委员会主席助理、党委委员。

张育军同志 1995 年 5 月任中国证券监督管理委员会办公室副主任。1995 年 10 月任深圳证券交易所副总经理。1997 年 11 月任中国证券监督管理委员会副秘书长,1998 年 6 月兼任外事部主任,1998 年 10 月任政策研究室副主任(主持工作)。1999 年 6 月任深圳证券监管办公室党委书记、主任(正厅局级),2000 年 8 月兼任深圳证券交易所总经理。2000 年 10 月任深圳证券交易所党委书记、总经理。2001 年 9 月任深圳证券交易所党委副书记、总经理。2008 年 2 月任上海证券交易所党委副书记、总经理。2012 年 8 月任中国证券监督管理委员会党委委员。2012 年 9 月任中国证券监督管理委员会主席助理。

主席助理:赵争平

赵争平同志,1962 年 10 月出生,汉族,河南博爱人,工商管理硕士。

现任中国证券监督管理委员会主席助理、党委委员。

赵争平同志 1984 年 8 月参加工作。先后在农业部办公厅、国务院办公厅工作。2000 年 11 月起历任中国证监会政策研究室副局级干部,办公厅副主任、党委办公室副主任兼党委宣传部副部长(主持工作)、党委宣传部部长兼办公厅副主任、党委办公室副主任。2006 年 2 月任郑州商品交易所党委书记、总经理。2009 年 11 月任中国证监会办公厅主任、党委办公室主任。2015 年 2 月任中国证券监督管理委员会主席助理、党委委员。

主席助理:黄炜

黄炜同志,1965 年 4 月出生,汉族,江苏宜兴人,法学博士。

现任中国证券监督管理委员会主席助理、党委委员。

黄炜同志 1989 年 1 月在司法部参加工作。1998 年 9 月起先后任中国证监会稽查部综合处处长、人事教育部组织处处长。2001 年 2 月起历任中国证监会人事教育部副主任、党委组织部副部长、党委宣传部副部长、法律部副主任(其间:2004 年 2 月至 2006 年 2 月挂职任安徽省芜湖市委常委、副市长)、法律部主任、首席律师兼法律部主任。2015 年 2 月任中国证券监督管理委员会主席助理、党委委员。

地址:中国北京西城区金融大街 19 号富凯大厦
邮编:100033
信访投诉电话:010-66210182、66210166

上海证券交易所

上海证券交易所成立于 1990 年 11 月 26 日,同年 12 月 19 日开业,归属中国证监会直接管理。秉承"法制、监管、自律、规范"的八字方针,上海证券交易所致力于创造透明、开放、安全、高效的市场环境,切实保护投资者权益,其主要职能包括:提供证券交易的场所和设施;制定证券交易所的业务规则;接受上市申请,安排证券上市;组织、监督证券交易;对会员、上市公司进行监管;管理和公布市场信息。

上证所下设办公室(理事会办公室)、人事部(党委组织部)、党委办公室(党委宣传部)、纪检监察办公室、交易管理部、发行上市部、上市公司监管一部、上市公司监管二部、会员部、债券业务部、国际发展部、基金与衍生品部、市场监察部、法律部、投资者教育部、系统运行部、技术开发部、技术规划与服务部、信息中心、北京中心、财务部、风控与内审部、基建工作小组等 23 个部门,以及 5 个下属机构——上海证券交易所发展研究中心、上海证券通信有限责任公司、上证所信息网络有限公司、上海上证金融服务有限公司(保卫部)、上交所驻香港办事处，通过它们的合理分工和协调运作，有效地担当起证券市场组织者的角色。

上证所市场交易采用电子竞价交易方式，所有上市交易证券的买卖均须通过电脑主机进行公开申报竞价，由主机按照价格优先、时间优先的原则自动撮合成交。上证所新一代交易系统峰值订单处理能力达到80000笔/秒，系统日双边成交容量不低于1.2亿笔，相当于单市场1.2万亿元的日成交规模，并且具备平行扩展能力。

经过多年的持续发展，上海证券市场已成为中国内地首屈一指的市场。截至2014年底，上证所共有上市公司995家，上市股票数1039只；股票市价总值243974亿元，流通市值220496亿元；上市公司总股本27085亿股，流通股本24915亿股。一大批国民经济支柱企业、重点企业、基础行业企业和高新科技企业通过上市，既筹集了发展资金，又转换了经营机制。

迈入新世纪后，上证所肩负着规范发展市场的艰巨任务，也面临着进一步推进市场各项建设的良好机遇。凭借一流的硬件设施和浦东优越的区位优势与强大辐射力，凭借上海经济良好发展势头和特有的龙头效应，凭借国企改革和金融中心建设对上海资本市场的积极推动，上证所将按照坚定信心、加强监管、保持稳定、规范发展的思路，在技术、监管、人才、服务等方面多管齐下，为建设一个规范透明、高效开放、充满生机活力的世界一流交易所开启新的篇章。

地址：上海市浦东南路528号证券大厦

邮编：200120

总机：68808888

传真：68804868

电子邮件：webmaster@secure.sse.com.cn

网址：http://www.sse.com.cn

深圳证券交易所

深圳证券交易所（以下简称"深交所"）成立于1990年12月1日，是为证券集中交易提供场所和设施，组织和监督证券交易，履行国家有关法律、法规、规章、政策规定的职责，实行自律管理的法人，由中国证券监督管理委员会（以下简称"中国证监会"）监督管理。深交所的主要职能包括：提供证券交易的场所和设施；制定业务规则；接受上市申请、安排证券上市；组织、监督证券交易；对会员进行监管；对上市公司进行监管；管理和公布市场信息；中国证监会许可的其他职能。

深交所以建设中国多层次资本市场体系为使命，全力支持中国中小企业发展，推进自主创新国家战略实施。2004年5月，中小企业板正式推出；2006年1月，中关村科技园区非上市公司股份报价转让开始试点；2009年10月，创业板正式启动，多层次资本市场体系架构基本确立。深交所坚持从严监管根本理念，贯彻"监管、创新、培育、服务"八字方针，努力营造公开、公平、公正的市场环境。

截至2014年底，上市公司1618家，总市值12.86万亿元，年度累计成交36.68万亿元，深证成分指数较年初上涨35.62%。多层次资本市场规模稳步增长，质量逐步提高，合理配置资源、服务经济转型的功能进一步发挥。

地址：深圳市福田区深南大道2012号

邮编：518038

电话：0755－88668888

电子邮件：cis@szse.cn

投资者服务热线：400－808－9999

技术咨询服务热线：0755－82083500

中国证券登记结算有限公司

中国证券登记结算有限公司依据《中华人民共和国证券法》和《中华人民共和国公司法》组建。公司总资本为人民币12亿元，上海、深圳证券交易所是公司的两个股东，各持50%的股份。公司总部设在北京，下设上海、深圳和北京数据技术分公司三家分公司。中国证监会是公司的主管部门。

一、公司的历史沿革

2001年3月30日，按照《证券法》关于证券登记结算集中统一运营的要求，经国务院同意，中国证监会批准，中国结算组建成立。同年9月，中国结算上海、深圳分公司正式成立。从2001年10月1日起，中国结算承接了原来隶属于上海和深圳证券交易所的全部登记结算业务，标志着全国集中统一的证券登记结算体制的组织架构已经基本形成。

二、公司的宗旨

公司的宗旨是，建立一个符合规范化、市场化和国际化要求，具有开放性、拓展性特点，有效防范市场风险和提高市场效率，能够更好地为中国证券市场未来发展服务的集中统一的证券登记结算体系。

三、公司的基本职能

按照《证券法》和《证券登记结算管理办法》的相关规定，中国结算履行下列职能。

（1）证券账户、结算账户的设立和管理；

（2）证券的存管和过户；

（3）证券持有人名册登记及权益登记；

（4）证券和资金的清算交收及相关管理；

（5）受发行人的委托派发证券权益；

（6）依法提供与证券登记结算业务有关的查询、信息、咨询和培训服务；

（7）中国证监会批准的其他业务。

2013年证券登记结算综述

（一）新开账户数有所减少

截止到2013年底，中国结算沪市A股账户开户代办点6,347个，比上年增加534个；深市A股账户开户代办点5,775个，比上年增加497个。

2013年全年新开股票账户约492.9万户，较上年减少约63.31万户，同比减少约11.38%。其中，新开A股账户491.27万户，较上年减少63.66万户，减少11.47%；新开B股账户1.63万户，较上年增加0.35万户，增加27.34%。

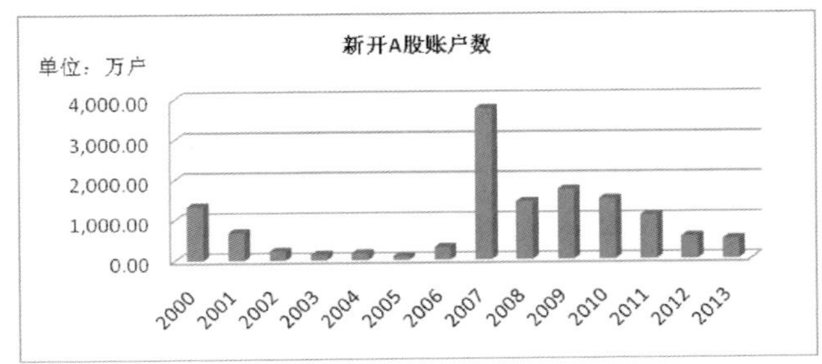

截止到2013年底，期末股票账户数约17,517.64万户；其中，期末A股账户数为17,263.38万户，比上年增加451.96

万户，增长 2.69%；B 股账户 254.26 万户，比上年增加 1.21 万户，增长 0.48%。经证券公司核实、申报的休眠账户数为 4,270.49 万户。股票账户去除休眠账户后的有效账户数为 13,247.15 万户。

（二）登记存管的主要证券数量明显增加

截止到 2013 年末，中国结算登记存管的沪深证券交易所的证券达到 5,069 只，全国股份转让系统的证券为 371 只。在沪深证券交易所的证券中，A 股 2,469 只，比上年减少 3 只；B 股 106 只，与上年减少 1 只；国债 177 只，比上年增加 55 只；地方债 6 只，比上年增加 3 只；公司债 518 只，比上年增加 160 只；企业债 980 只，比上年增加 419 只；可转债 27 只，比上年增加 4 只；分离式可转债 10 只，比上年减少 6 只；中小企业私募债 314 只，比上年增加 227 只；封闭式基金 37 只，比上年减少 15 只；ETF85 只，比上年增加 35 只；LOF306 只，比上年增加 78 只；实时申赎货币基金 8 只；资产证券化产品 26 只，比上年增加 11 只。

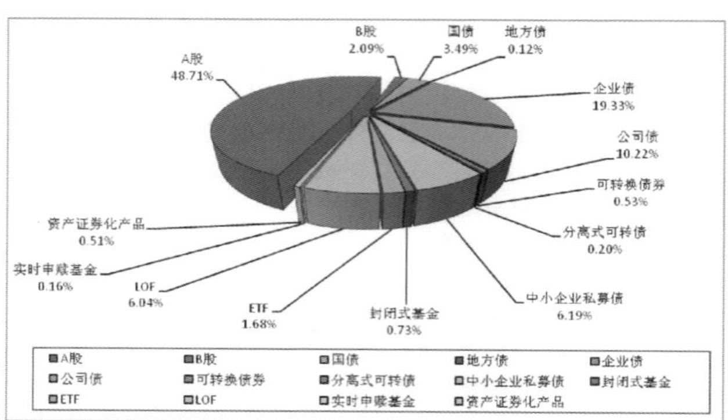

截止到 2013 年末，中国结算登记存管的沪深证券交易所的证券面值为 5.61 万亿元，全国股份转让系统的证券面值为 99.06 亿元。在沪深证券交易所证券中，流通 A 股面值 3.0 万亿元，流通 B 股面值 282.6 亿元，限售流通股面值3,418.46亿元，国债面值 2,390.86 亿元，地方债面值 16.7 亿元，企业债面值 6,840.57 亿元，公司债面值 7,956.24 亿元，可转债面值 1,605.96亿元，分离式可转债面值 598.35 亿元，中小企业私募债面值 392.32 亿元，封闭式基金面值 580.01 亿元，ETF 面值 1,075.75 亿元，LOF 面值 679.17 亿元，实时申赎货币基金面值 227.32 亿元，资产证券化产品面值 72.51 亿元。

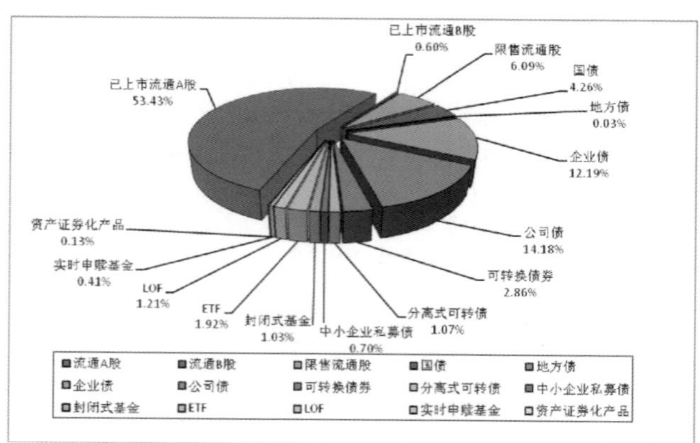

2013 年末，中国结算登记存管的沪深证券交易所的的证券总市值 26.2 万亿元，全国股份转让系统的证券市值为 416.48亿元。沪深证券交易所的证券流通市值为 22.87 万亿元。其中，A 股流通市值 20.46 万亿元，B 股流通市值1,665.39 亿元，国债流通市值 2,332.35 亿元，地方债 16.7 亿元，企业债流通市值 6,805.66 亿元，公司债流通市值7,787.72亿元，可转债流通市值 1,610.02 亿元，分离式可转债流通市值 580.98 亿元，中小企业私募债流通市值 371.09 亿元，封闭式基金流通市值 539.5 亿元，ETF 流通市值1,575.76亿元，LOF 流通市值 560.74 亿元，实时申赎货币基金流通市值 193.99 亿元，资产证券化产品流通市值 64.52 亿元。

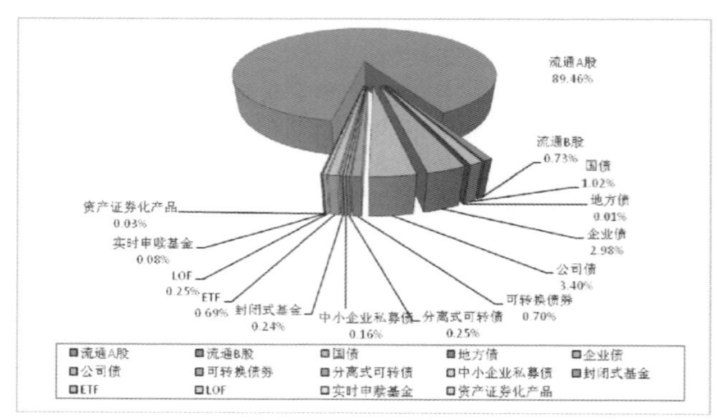

（三）结算总额和结算净额有所增加

2013 年中国结算的证券结算总额为 355.3 万亿元，较上年增加了 117.18 万亿元，增幅为 49.21%；结算净额为 13.62 万亿元，较上年增加了 3.77 万亿元，增幅为 38.24%。

（四）开放式基金业务稳步发展

截止到 2013 年底，开放式基金 TA 系统内参与的管理人共有 141 家，其中基金公司 55 家、券商 85 家、银行 1 家；累计代理发行理财产品 1850 只，其中开放式基金 385 只、创新型封闭式基金 23 只、券商集合理财产品 1428 只、银行理财产品 14 只。产品类型涵盖了股票型、债券型、混合型、货币型、保本型、QDII、FOF、LOF、上证基金通、场外 ETF 等。另外，还全面支持了集合计划的参与、退出、权益分派、业绩报酬、收益补偿、展期以及 TA 移转等各类业务。

中国证券登记结算有限公司上海分公司

中国证券登记结算有限公司上海分公司，简称中国结算上海分公司，是为证券交易提供集中的登记、存管与结算服务的证券登记结算机构。分公司前身是上海证券中央登记结算公司，成立于 1993 年 3 月 8 日。2001 年 9 月 20 日，改组为中国证券登记结算有限公司上海分公司。二十年来，分公司与资本市场参与各方紧密合作，正确处理发展与规范、改革创新与风险控制的关系，向资本市场提供了持续不间断的安全、高效的服务。

分公司主要业务职能包括：证券账户、结算账户的设立和管理；证券的存管和过户；证券持有人名册登记及权益登记；证券和资金的清算交收及相关管理；受发行人的委托派发证券权益；依法提供与证券登记结算业务有关的查询、信息、咨询和培训服务；中国证监会批准的其他业务。

展望未来，任重道远，分公司将在公司统一领导下，继续牢固树立使命意识、责任意识、服务意识，继续深化与社会各界的合作与交流，进一步完善证券登记结算的业务管理、技术管理和服务体系，努力为多层次资本市场建设做出更大贡献，为资本市场促进实体经济转型发展提供坚实可靠的服务。

中国证券登记结算有限公司深圳分公司

中国证券登记结算有限公司（以下简称“中国结算深圳分公司”）的前身深圳证券登记有限公司成立于 1991 年 1 月

24 日，1995 年 9 月 16 日并入深圳证券交易所，2001 年 9 月 21 日改组为中国结算深圳分公司，现有员工 175 人。中国结算深圳分公司十几年来一直致力于为中国证券市场的快速发展提供安全、高效的证券登记结算服务。

中国结算深圳分公司依法对在深圳证券交易所上市的证券进行登记结算，主要业务范围包括：证券账户的设立和管理；证券登记和托管；证券、资金的清算与交收；证券权益分派等代理服务；提供与登记结算业务有关的信息服务、咨询服务和培训服务；中国证券监督管理委员会批准的其他业务。

中国作为一个经济发展和改革开放的发展中国家，经济增长潜力巨大，证券市场发展的空间极其广阔。中国结算深圳分公司将在社会各界的关心和支持下，继续励精图治，开拓创新，进一步完善登记结算运作体系和服务体系，为中国证券市场和国民经济的发展作出新的贡献。

中国证券登记结算有限公司北京分公司

中国证券登记结算有限责任公司（以下简称“中国结算北京分公司”）注册成立于 2010 年 11 月 25 日，目前设立了综合部、结算业务部、发行人业务部、投资者业务部、信息服务部共 5 个职能部门。

中国结算北京分公司主要职责、业务范围包括：为全国中小企业股份转让系统挂牌证券提供登记结算服务；开展公司数据增值业务；公司总部授权的其他业务。

中国结算北京分公司将在公司总部的统一领导下，以确保新三板登记结算系统安全高效运行为宗旨，为在全国中小企业股份转让系统挂牌证券提供良好的登记结算服务，为多层次资本市场的创新发展做出积极贡献。

联系我们

服务热线：4008 – 058 – 058

公司总部

地址：北京市西城区太平桥大街 17 号

邮编：100033

值班室电话：010 – 50938888

上海分公司

地址：上海市浦东新区陆家嘴东路 166 号中国保险大厦 3 层

邮编：200120

值班室电话：021 – 68870587

深圳分公司

地址：广东省深圳市深南中路 1093 号中信大厦 18 层

邮编：518031

值班室电话：0755 – 25938000

投诉电话：0755 – 25988133

北京分公司

地址：北京市西城区金融大街 26 号金阳大夏 5 层

邮编：100033

电话：010 – 50939980

传真：010 – 50939716

中国证券业协会

中国证券业协会是依据《中华人民共和国证券法》和《社会团体登记管理条例》的有关规定设立的证券业自律性组织，属于非营利性社会团体法人，接受中国证监会和国家民政部的业务指导和监督管理。

中国证券业协会成立于 1991 年 8 月 28 日。2011 年 6 月 23 日至 24 日，协会召开了第五次会员大会，陈共炎同志当选为会长。20 年来，协会认真贯彻执行“法制、监管、自律、规范”的八字方针和《中国证券业协会章程》，在中国证监会的监督指导下，团结和依靠全体会员，切实履行“自律、服务、传导”三大职能，在推进行业自律管理、反映行业意见建议、改善行业发展环境等方面做了一些工作，发挥了行业自律组织的应有作用。

中国证券业协会的最高权力机构是由全体会员组成的会员大会，理事会为其执行机构。中国证券业协会实行会长负责制。截至 2013 年年底，协会共有会员 727 家，其中，法定会员 115 家，普通会员 540 家，特别会员 72 家。

协会的宗旨是：在国家对证券业实行集中统一监督管理的前提下，进行证券业自律管理；发挥政府与证券行业间的桥梁和纽带作用；为会员服务，维护会员的合法权益；维持证券业的正当竞争秩序，促进证券市场的公开、公平、公正，推动证券市场的健康稳定发展。

会员大会通过的章程明确了协会在以下三方面的主要职责：

（1）依据《证券法》的有关规定，行使下列职责：教育和组织会员遵守证券法律、行政法规；依法维护会员的合法权益，向中国证监会反映会员的建议和要求；收集整理证券信息，为会员提供服务；制定会员应遵守的规则，组织会员单位的从业人员的业务培训，开展会员间的业务交流；对会员之间、会员与客户之间发生的证券业务纠纷进行调解；组织会员就证券业的发展、运作及有关内容进行研究；监督、检查会员行为，对违反法律、行政法规或者协会章程的，按照规定给予纪律处分。

（2）依据行政法规、中国证监会规范性文件规定，行使下列职责：制定自律规则、执业标准和业务规范，对会员及其从业人员进行自律管理；负责证券业从业人员资格考试、认定和执业注册管理；负责组织证券公司高级管理人员资质测试和保荐代表人胜任能力考试，并对其进行持续教育和培训；负责做好证券信息技术的交流和培训工作，组织、协调会员做好信息安全保障工作，对证券公司重要信息系统进行信息安全风险评估，组织对交易系统事故的调查和鉴定；行政法规、中国证监会规范性文件规定的其他职责。

（3）依据行业规范发展的需要，行使其他涉及自律、服务、传导的自律管理职责：推动行业诚信建设，督促会员依法履行公告义务，对会员信息披露的诚信状况进行评估和检查；制定证券从业人员职业标准，组织证券从业人员水平考试和水平认证；组织开展证券业国际交流与合作，代表中国证券业加入相关国际组织，推动相关资质互认；其他自律、服务、传导职责。

中国证券业协会连续被国家社团管理机关民政部评为全国先进社会组织，并在国家改革开放 30 年系列活动中被评为中国改革开放 30 年 120 家优秀集体之一。

协会领导

陈共炎　会长，博士

49 岁，证券从业时间 18 年。历任国务院发展研究中心副研究员，北京商品交易所理事、副总裁，中国证券监督委员会信息中心负责人，中国证券监督委员会政策研究室助理巡视员、机构监管部副主任、证券公司风险处置办公室主任，中国证券投资者保护基金有限责任公司党委书记、董事长，中国证券业协会党委书记、会长。

王东明　监事长，硕士研究生，中信证券股份有限公司董事长、执行委员会委员

59 岁，证券从业时间 19 年。曾在加拿大枫叶银行证券公司投资银行部任职。历任华夏证券公司投资银行部总经理，南方证券公司副总裁，中信证券副总经理、总经理、董事长等职务。

方向瑜　副会长，大专

55 岁，曾任甘肃省体改委企业处办公室副主任、机关服务中心主任，甘肃省证监会行政负责人，中国证监会兰州特派员办事处党委书记、纪委书记、主任，中国证监会甘肃监管局党委书记、纪委书记、局长，中国证监会安徽监管局党委书记、局长。现任中国证券业协会副会长。

王旻　副会长、秘书长，博士

45 岁，曾任中国证监会培训中心干部、培训一处主任科员，中国证监会机构监管部检查三处主任科员、检查四处副处长，中国证监会证券公司风险处置办公室二处副处长、处长，中国证监会上海证券监管专员办事处副专员，中国证监会河北监管局党委委员、副局长。现任中国证券业协会副会长、秘书长。

葛伟平　副会长，硕士

48 岁，曾任湖南省体改委副处长，湖南省证监委副处长，证监会长沙特派办副处长，证监会机构部、风险办处长，证监会深圳专员办副专员，证监会风险办副主任，保护基金公司执行董事、副董事长、纪委书记。现任中国证券业协会副会长。

储晓明　副会长，硕士，申银万国证券股份有限公司党委书记、副董事长、总经理

50 岁，曾任工商银行商业信贷部科员、副主任科员、技改信贷部项目评估处负责人、技改信贷部调查评估处副处长、固定资产信贷部调查评估处处长、评估咨询部基础设施评估处处长、资产风险管理部副总经理级调研员，中海石油财务有限公司副总经理，中海信托股份有限公司党委书记、总经理。现任申银万国证券股份有限公司党委书记、副董事长、总经理。

王开国　副会长，经济学博士，海通证券股份有限公司董事长、党委书记

53 岁，证券从业时间 16 年。曾任国家国有资产管理局科研所应用室副主任、政策法规司政法处处长、科研所副所长，海通证券有限公司副总经理、党委书记、董事长兼总经理。现任任海通证券股份有限公司董事长、党委书记。

牛冠兴　副会长，硕士，安信证券股份有限公司董事长、党委书记

56 岁，证券从业时间 18 年。曾任招商银行总行信贷部总经理，招商证券总裁、党委书记，招商基金董事长，南方证券行政接管组组长、党委书记，广东证券托管组组长。现任安信证券股份有限公司董事长、党委书记。

兰荣　副会长，硕士，兴业证券股份有限公司董事长

51 岁，证券从业时间 20 年。曾任福建省福兴财务公司综合处科长，福建兴业银行计划资金部副总经理（主持工作）、证券业务部副总经理，福建兴业证券公司总裁。现任兴业证券股份有限公司董事长、总裁、党委书记。

朱云来　副会长，博士，中国国际金融有限公司总裁兼首席执行官、管理委员会主席

52 岁，证券从业时间 15 年。曾任中国国家气象局助理工程师，美国威斯康星大学研究助理，安达信会计师事务所审计/会计师，瑞士信贷第一波士顿银行金融经理，中国国际金融有限公司投资银行部负责人。现任中国国际金融有限公司管理委员会主席、总裁。

王岩　副会长，经济学博士，招商证券股份有限公司总裁兼首席执行官

47 岁，金融从业时间 24 年，历任中国工商银行国际融资处负责人、总行办公室秘书处副处长兼行长秘书，纽约代表处首席代表，香港分行副总经理兼行政总裁，中国工商银行（亚洲）有限公司副总经理、董事副总经理兼行政总裁，中银国际控股有限公司总裁兼首席营运官，中银国际控股有限公司首席执行官。

何如　副会长，硕士研究生，国信证券股份有限公司董事长、党委书记

47 岁，证券从业时间 6 年。曾任中国电子器件公司深圳公司总会计师、总经理，深圳发展银行行长助理、副行长、副董事长兼行长等职务。现任国信证券股份有限公司董事长、党委书记。

陈耿　副会长，博士，国泰君安证券股份有限公司总裁、副董事长、党委副书记

43 岁，证券从业时间 21 年。曾在深圳证券交易所历任上市部主任科员、副总经理、总经理，君安证券有限公司历任总裁助理、董事兼副总裁，国泰君安证券股份有限公司副总裁。现任国泰君安证券股份有限公司总裁、副董事长、党委副书记。

林义相　副会长，博士，天相投资顾问有限公司董事长兼总经理

47 岁，证券从业时间 22 年。曾在法国储蓄与信托银行（CDC）从事股票分析与投资管理，在中国证券监督管理委员会担任研究信息部副主任、证券交易监控系统负责人、高级专家，在华夏证券有限公司任副总裁。现任天相投资顾问有限公司董事长兼总经理。

联系方式：
地址：北京市西城区金融大街 19 号富凯大厦 B 座 2 层
邮编：100032
电话：010－66575653
传真：010－66575827

中国期货业协会

中国期货业协会（以下简称“协会”）成立于 2000 年 12 月 29 日，是根据《社会团体登记管理条例》设立的全国期货行业自律性组织，为非营利性的社会团体法人。协会的注册地和常设机构设在北京。协会接受中国证监会和国家社会团体登记管理机关的业务指导和管理。

协会由期货公司等从事期货业务的会员、期货交易所特别会员和地方期货业协会联系会员组成。会员大会是协会的最高权力机构，每四年举行一次。理事会是会员大会闭会期间的协会常设权力机构，对会员大会负责，理事会每年至少召开一次会议。理事会由会员理事、特别会员理事和非会员理事组成。理事任期四年，可连选连任。理事会根据工作需要下设专业委员会，专业委员会为理事会议事机构，对理事会负责。

协会设会长一名，专职副会长若干名，兼职副会长若干名，秘书长一名，副秘书长若干名。会长、副会长和秘书长任期四年，可连选连任。协会实行会长负责制，会长为协会法定代表人。协会设会长办公会，由会长、专职副会长、秘书长、副秘书长以及会长指定的其他人员组成，在理事会闭会期间行使理事会授权的职责。目前协会常设办事机构设办公室、党委办公室（纪检办）、会员部、培训部、投资者教育部、研究部、合规调查部、资格考试与认证部、信息技术部等九个部门。

协会宗旨是：在国家对期货业实行集中统一监督管理的前提下，进行期货业自律管理；发挥政府与期货行业间的桥梁和纽带作用，为会员服务，维护会员的合法权益；坚持期货市场的公开、公平、公正，维护期货业的正当竞争秩序，保护投资者利益，推动期货市场的健康稳定发展。

协会主要职能有：

（1）教育和组织会员及期货从业人员遵守期货法律法规和政策，制定行业自律性规则，建立健全期货业诚信评价制度，进行诚信监督。

（2）负责期货从业人员资格的认定、管理以及撤销工作，负责组织期货从业资格考试、期货公司高级管理人员资质测试及行政法规、中国证监会规范性文件授权的其他专业资格胜任能力考试。

（3）监督、检查会员和期货从业人员的执业行为，受理对会员和期货从业人员的举报、投诉并进行调查处理，对违反本章程及自律规则的会员和期货从业人员给予纪律惩戒；向中国证监会反映和报告会员和期货从业人员执业状况，为期货监管工作提供意见和建议。

（4）制定期货业行为准则、业务规范，参与开展行业资信评级，参与拟订与期货相关的行业和技术标准。

（5）受理客户与期货业务有关的投诉，对会员之间、会员与客户之间发生的纠纷进行调解。

（6）为会员服务，依法维护会员的合法权益，积极向中国证监会及国家有关部门反映会员在经营活动中的问题、建议和要求。

（7）制定并实施期货业人才发展战略，加强期货业人才队伍建设，对期货从业人员进行持续教育和业务培训，提高期货从业人员的业务技能和职业道德水平。

（8）设立专项基金，为期货业人才培养、投资者教育或其他特定事业提供资金支持。

（9）负责行业信息安全保障工作的自律性组织协调，提高行业信息安全保障和信息技术水平。

（10）收集、整理期货信息，开展会员间的业务交流，推动会员按现代金融企业要求完善法人治理结构和内控机制，促进业务创新，为会员创造更大市场空间和发展机会。

（11）组织会员对期货业的发展进行研究，参与有关期货业规范、发展的政策论证，对相关方针政策、法律法规提出建议。

（12）加强与新闻媒体的沟通与联系，广泛开展期货市场宣传和投资者教育，为行业发展创造良好的环境。

（13）表彰、奖励行业内有突出贡献的会员和个人，组织开展业务竞赛和文化活动，加强会员间沟通与交流，培育健康向上的行业文化。

（14）开展期货业的国际交流与合作，代表中国期货业加入国际组织，推动相关资质互认，对期货涉外业务进行自律性规范与管理。

（15）法律、行政法规规定以及中国证监会赋予的其他职责。

协会领导

会　长：刘志超

副会长：侯苏庆、范辉、彭刚、孙明福、郑小国

秘书长：彭刚（兼）

兼职副会长：叶春和、郭晓利、高小真、鲁东升、酆强、施建军、马文胜、黄辉、陈方

地址：北京市西城区金融大街33号通泰大厦C座八层

邮编：100140

电话：010－88087239

传真：010－88087060

邮箱：cfa@cfachina.org

第二节 证券经营机构

爱建证券有限责任公司

公司概况：

爱建证券有限责任公司于 2002 年经中国证监会批准成立，并于 2006 年 10 月完成增资扩股，目前注册资本为 11 亿元人民币。公司为浦东新区人民政府金融控股平台——陆家嘴金融发展有限公司（简称“陆家嘴金融”）旗下控股企业。公司总部所在地为上海市，并在上海、深圳、厦门、宁波、嘉兴、重庆、北京等大中城市设立了 16 家证券营业部，员工总数 400 余人。

公司董事长由常宏博士担任，常宏同志先后担任上海浦东新区人民政府副处长、Sino－century Capital&Development Co. Ltd. 创始合伙人、汉世纪投资公司董事长、张江汉世纪创投公司总经理，现任陆家嘴金融总经理、陆家嘴国际信托董事长。2013 年 6 月起兼任爱建证券董事长。公司总经理由钱华担任，钱华同志先后担任国联安基金公司副总经理、安信证券管理委员会委员、万家基金管理公司副总经理、浦银安盛基金公司总经理、上海爱建信托公司副总经理。2014 年 11 月起担任爱建证券总经理。

经营理念：

“诚信、稳健、开拓”是公司经营管理的核心理念。目前，公司业务涵盖了证券经纪、证券承销与保荐、财务顾问、企业并购、投资咨询、证券自营买卖、证券资产管理、证券投资基金代销、代办股份转让和股份报价等众多业务领域。公司以合规经营、严控风险为前提，从核心业务开拓、团队能力提升、后台业务支撑、经营资质和品牌建设、企业文化建设等方面扎实、有效开展工作，遵循做实、做强、做大的发展次序，逐步加快步伐，力争实现跨越式发展。

企业文化：

公司倡导“以人为本、以德为先、人为为人”的企业文化，强调尊重人才、培育人才、德才兼备、人尽其才的人才观。公司拥有一支专业、高素质的员工队伍，力求以良好的专业技能和高度的敬业精神，为客户提供专业化、多元化、个性化的金融服务。展望未来，公司将以成功重组为契机，着力打造优秀企业文化，以客户为中心，以市场为导向，全面推进公司发展战略规划的实施，发挥股东优势，抓住机遇，不断提升企业核心竞争力，实现爱建证券新的发展飞跃，为上海国际金融中心建设做出自己应有的贡献。

公司经营范围：

经中国证券监督管理委员会（以下简称：中国证监会）核准，并经公司登记机关登记，公司经营范围为：

（1）证券经纪；

（2）证券投资咨询；

（3）与证券交易、证券投资活动有关的财务顾问；

（4）证券承销与保荐；

（5）证券自营；

（6）证券资产管理；

（7）证券投资基金代销；

（8）融资融券。

（依法须经批准的项目，经相关部门批准后方可开展经营活动）

经纪业务：

公司拥有行业较高水准的交易平台和信息通道，交易手段齐全，包括现场委托、电话委托、远程终端委托、网上交易和手机炒股等，证券投资方便快捷，沪、深 A 股、B 股、债券、基金、权证等交易品种齐。营业网点分布在上海、深圳、厦门、宁波、嘉兴、重庆等地。

秉持“诚信、稳健、开拓”的经营理念，公司经纪业务从业务管理、风险监控、客户服务、营销创新等方面不断完善管理体系。公司实行了覆盖全部营业网点的大集中交易，实现了交易集中、清算集中、数据集中。全面实施了客户交易结算资金第三方存管，做到客户资金和自有资金的完全分离，确保客户保证金安全。集中化管理、前后台业务的分离、制定并执行严格的规章制度和对经纪业务进行集中监控进一步有效控制了经纪业务的风险。

公司逐步建立一支专业进取的营销团队，通过营销服务平台，以客户为中心，力求为客户提供专业化、多元化、个性化的服务，全方位满足客户理财需求，实现公司与客户的共同成长。

投行业务：

爱建证券投资银行系统现有专业人员 30 余名，拥有一支由金融、管理、会计、法律、工程技术等方面的硕士、博士专业人员组成的诚信、高效的专业团队。

爱建证券投行系统人员精诚团结，富有创新精神和工作热情，严谨而不刻板，创新而不随意，精通证券市场的各种专业技能，可为企业参与资本市场运作提供全方位的专业化服务。

爱建证券投行系统以重组为契机，将采取极富竞争力的激励机制和以人为本的管理理念吸收更多优秀的投行专业人士加盟，为客户提供专业化、多元化、个性化服务。

固定收益业务：

公司固定收益业务始于 2004 年 6 月，其业务范围主要包括企业债券、公司债券承销，固定收益证券投资业务等。

公司拥有中央国债登记结算有限责任公司结算会员（乙类）资格、全国银行间同业拆借中心债券市场交易成员资格、上海交易所固定收益证券综合电子平台交易商资格。

2005 年以来，公司承销、分销了全国银行间债券市场和上海证券交易所上市的多家公司企业债券、公司债券，客户资源不断丰富。

目前，公司正大力加强业务团队建设，逐步建立与相关政府机构、各大商业银行及非银行金融机构等的合作，不断加强业务开拓，以促进公司固定收益业务的长足发展。

研究咨询：

公司研究发展总部拥有 20 多名高质量专业研究和咨询服务团队，近半数研究员为博士和海归金融精英，硕士以上学历占82%。

公司研发总部研究涉及中国证券投资的经济、行业、公司策略、股票、基金和衍生品等领域，以重点上市公司为核心，覆盖近20个主要行业（重点为农业、食品饮料、医药、化工、通讯、煤炭、电力、工程机械、交通运输、有色金属、钢铁等行业）及专题研究。

公司研发总部致力于为各类投资者提供独立、特色、前瞻、务实的研究咨询服务，帮助客户发现新机会、拓展新价值。

证券投资业务：

证券投资总部在公司投资决策委员会授权及领导下，具体负责股票、债券、基金及权证等投资品种的日常自营工作，同时接受公司风险控制委员会的监督。证券投资奉行价值投资理念，通过风险控制等对部门的投资行为进行事前监督、事中监控及事后评估，防范及控制部门投资风险，在研究、决策、投资、交易等各个环节均建立并实施较为完备的投资管理与风险控制制度，同时依托先进的电子交易平台对投资流程进行技术控制，在合规操作的前提下确保具体投资策略的有效实施。

地址：上海市世纪大道1600号32层

邮编：200122

总机：021－32229888

传真：021－68728700

邮箱：ajzq@ajzq.com

服务与投诉热线：4001962502　021－63340678

安信证券股份有限公司

公司概况：

安信证券股份有限公司（以下简称“安信证券”）成立于2006年8月18日。目前股东为国家开发投资公司、中国证券投资者保护基金有限责任公司、深圳市远致投资有限公司等14家，注册资本319,999万元。

安信证券总部设于深圳，在北京、上海、广州、汕头、佛山、江苏等设立9家分公司（1家筹建中），在25个省级行政区设有176家证券营业部，并全资拥有安信期货、安信国际、安信乾宏，控股安信基金等子公司，构建起综合金融理财服务平台。

安信证券可为广大投资者提供证券代理买卖、证券承销与保荐、证券资产管理、证券投资咨询、融资融券、基金代销、金融产品代销、股指期货中间介绍以及与证券交易、证券投资活动有关的财务顾问等服务。

公司使命：

为客户提供高效服务、为股东持续创造价值、为员工搭建广阔发展平台，成为中国证券行业诚信经营、管理卓越的典范，促进中国资本市场的发展。

公司愿景：

成为中国最具市场价值和核心竞争力、广受尊敬的一流金融服务企业。

公司价值观：

以人为本。用良好的工作氛围和激励机制吸引人才；用职业生涯规划和事业发展平台留住人才；用公平科学的方法选拔培养人才。

融合协同。融合必须加强沟通，增进理解，求同存异；协同以大局为重，形成合力，追求公司整体利益。

客户至上。尊重关爱客户，时刻留意客户的需要和变化；向客户提供满意的金融产品和周到的服务，尽一切可能去满足乃至超过客户的期望。

诚实守信。遵守职业道德，讲求信用、信誉；严格自律，规范运作。

勇于创新。创新是企业生存和发展的唯一选择；树立正确的“风险收益观”，为创新营造宽容的文化氛围和宽松的制度环境。

追求卓越。讲求专业精神，提升专业水平和执行力，精益求精，志存高远。

社会责任：

安信证券以党团工会和义工队组织为依托，倡导、鼓励员工参加捐资助学、救灾助残等社会公益实践。近年来相继开展了“2007年甘南藏族自治州扶贫”“2008年四川汶川地震捐款”“2009年安徽宿松县扶贫”以及阿拉善国情教育等公益慈善活动。

2008年初，南方地区发生特大雪灾。安信证券及全体员工向灾区捐款超过100万元，支持抗灾救灾工作。

2008年5月，在四川汶川大地震发生后，安信证券于第一时间购置2台麻醉机送交灾区医院，用于减轻伤者手术痛苦。此后，公司为重建映秀小学捐款300万元，为绵阳桑枣中学捐款70万元，向广东省慈善总会捐款100万元，通过民政部中央财政专户捐款500万元……公司及全体员工捐款捐物价值合计超过1400万元。

2009年10月，安信证券参与对安徽省宿松县扶贫活动，共筹集资金219.7万元，着力解决北浴乡卫生院住院楼等4个基础设施项目，解决当地群众医疗、教育、出行的困难。

2010年4月，青海玉树发生地震后，安信证券向有关方面捐款80万元，用于帮助灾区群众度过难关，重建家园。

2010年始，安信证券派出业务骨干，到西北三大沙漠边缘开展植树造林、防沙治沙和拥军支边活动。2011年公司参与发起了阿拉善生态基金会，使这项活动得以持续进行。

地址：深圳市福田区金田路4018号安联大厦35楼

邮编：518026

电话：4008－001－001

总机：0755－82825551

北京高华证券有限责任公司

公司概况：

北京高华证券有限责任公司可从事证券经纪、自营、证券投资咨询（含财务顾问）、资产管理及中国证监会批准的其他业务。公司总部按照管理功能进行组织机构的设置，下设自营与固定收益部、经纪业务总部、研究部、资产管理部、营运部、财务部、资金部、风险管理部、信息技术部、合规部（含内部审计）、法务部、人力资源部和行政办公室（安全及行政服务）。2012年，高华完成收购乾坤期货有限公司，开拓国内期货产品业务。

公司总部设在北京，管理层由国内外资深的证券界人士担任，他们包括首席执行官章星、副总经理姚嘉仁、首席财务官孟秋和合规总监屠卫东。

高华于2004年由中国资深投资银行家方风雷先生领导的若干投资者及中国知名企业集团联想控股共同创立。

同年，高华与全球领先的投资银行高盛集团成立了一家合资公司，即高盛高华证券有限责任公司，总部亦设在北京。高盛高华可向客户提供广泛的投资银行服务，包括承销股票、债券与可转债等各类证券，还可提供收购兼并等财务顾问服务及其他相关服务。

企业文化：

高华证券遵循客户至上、团队合作、诚信守法、追求卓越和开拓进取的企业精神，并认同其合作伙伴高盛公司的十四条业务原则。

十四条业务原则：

(1)客户利益永远至上。我们的经验表明，只要对客户尽心服务，成功就会随之而来。

(2)我们最重要的三大财富是员工、资本和声誉。三者之一如有受损，最难重建的是声誉。我们不仅致力于从字面上，更从实质上完全遵循监管我们的法律、规章和职业道德准则。持续的成功有赖于坚定地遵守这一原则。

(3)我们的目标是为股东带来优越的回报，而盈利就是我们实现优越回报、充实资本、延揽和保留最优秀人才的关键。

(4)我们为自己的专业素质感到自豪。对于所承担的一切工作，我们都凭着最坚定的决心去追求卓越超群。如果我们必须在质与量之间作取舍的话，我们宁愿选择做最优秀的公司，而非最庞大的机构。

(5)我们的一切工作都强调创意和想象力。虽然我们承认传统的办法经常还是最恰当的选择，但我们总是锲而不舍地为客户构思更有效的方案。

(6)我们尽最大的努力去为每个工作岗位物色和招聘最优秀的人才。虽然我们的业务额以亿计量，但我们对人才的选拔却是以个人为基础，精心地逐一挑选。我们明白在服务行业里，缺乏最拔尖的人才就难以成为最拔尖的公司。

(7)我们给员工提供丰富的事业发展机会，擢升的条件取决于能力与业绩，而我们最优秀的员工拥有无穷的潜力，能承担最艰巨的职责。公司必须吸引、保留和激励有着不同背景和观点的员工。我们认为多元化是成功的必行之路。

(8)我们一贯强调团队精神。在不断鼓励个人创意的同时，我们认为团队合作经常能带来最理想的效果。我们不会接受那些置个人利益于公司与客户利益之上的人。

(9)我们的员工对公司的奉献和对工作付出的努力和热忱，是我们成功的一个重要因素。

(10)我们视公司的规模为一种资产，并对其加以维护。我们希望公司的规模是以承办客户构思的任何大型项目，同时又保持适度的灵活性，以更有效地保持服务热情、关系紧密与团结精神，这些都是我们极为珍视，又对公司成功至关重要的因素。

(11)我们尽力预测不断变化的客户需求，并致力于发展新的服务去满足这些需求。我们深深明白金融业环境的瞬息万变，及满招损、谦受益的道理。

(11)我们经常接触机密信息，这是我们正常客户关系的一部分。违反保密原则或是不正当或轻率地使用机密信息都是不可原谅的。

(12)我们的行业竞争激烈，故此我们积极进取地寻求扩展与客户的关系。但我们坚决秉承公平竞争的原则，绝不会诋毁竞争对手。

(14)公正及诚信是我们业务原则的根本。我们期望我们的人员无论在工作上还是在私人生活上同样保持高度的道德水准。

企业社会责任：

高华证券致力于满足经济和社会的发展需求，对于回报工作和生活所在的社区具有极大热情。高华积极参与其战略合作伙伴高盛集团在中国的企业社会责任项目，具体内容如下：

万名女性助学计划——“巾帼圆梦”

“巾帼圆梦”(10,000Women)于2008年3月启动。这项为期五年的计划旨在为全球的1万名弱势女性提供商业和管理教育。这个计划是基于高盛、世界银行和其他机构进行的研究。这些研究表明，类似的教育投入能对国内生产总值增长产生显著影响。研究还表明，对女性的教育投入能产生成倍放大的效应，不仅能增加收入和从业者数量，而且能提高家庭的健康和受教育水平，进而增进社会繁荣。学员可以报名参加根据当地情况设计的证书教育计划，课程包括：营销、会计、市场研究、撰写商业计划书、战略规划、融资和电子商务。这些课程具有文化上适合、灵活和短期的特点，旨在帮助因为受经济和现实条件的限制而无法接受传统商业教育的众多女性打开眼界。自启动以来，“巾帼圆梦”已经深入到22个国家，包括：阿富汗、巴西、中国、埃及、印度、卢旺达和美国。我们的员工在工余或周末的时间，通过辅导、担任学员选拔委员会委员及担任客座讲师的方式，为“巾帼圆梦”贡献出时间和专长。

“巾帼圆梦”在中国于2008年年底启动。至2013年年底，有两千多名中国女性企业家参与培训，数量占到全球培训总数的近四分之一。同时，“巾帼圆梦”于2011年6月向中国西部扩展，在成都启动了项目。西部大开发是中国经济发展策略的重要组成部分，它需要有针对性地在当地投入大量资源，尝试各种创新手段。企业家和就业机会是地区发展的主要动力。“巾帼圆梦”的西部扩展受到了众多关注。

社区义工服务计划

公司致力于通过义工服务以及与公益组织的合作，帮助困难人群并致力于改善我们工作和生活的社区。社区义工服务计划是这一理念的具体体现，鼓励员工每年用一天的时间，参与当地公益组织协调开展的团队项目。2011年是社区义工服务计划在全球开展的第15个年头。在中国，通过与11个公益组织合作，总共开展了17个项目。

慈善捐赠

高盛积极了解社区中活跃的公益组织，并通过小额慈善捐赠的方式，来帮助公益组织提升项目质量，扩大项目影响，在中国已经为众多组织提供捐赠，主要领域集中在：健康、教育、环境，以及文化、艺术和历史。

高盛慈善基金

高盛慈善基金创立于2007年，是专门针对公司合伙人而设立的慈善基金。基金通常由合伙人提出捐赠意愿，并推荐受赠的公益组织。公司在中国的合伙人也积极参与此项基金的活动，在社会发展的众多领域进行了捐赠。

客户服务：

高华旨在成为优秀的证券公司，致力于为客户提供一流水准的服务。高华将充分凭借和发挥其管理团队丰富的市场经验和专业知识，为政府和企业开辟更多进入证券市场的途径，为我国资本市场的发展做出应有的贡献。

高华为客户提供的服务包括证券经纪服务、证券投资咨询服务以及其他经批准的业务。目前，高华在全国设有三个营业部。

基于和高盛所达成的协议，高华和高盛的研究分析人员将通力合作，为我们的客户提供全面完整的国内和国际研究报告，结合本土的特点发表具国际标准的研究分析。截止到

2012 年底，研究范围覆盖 367 家在深、沪两地和香港上市的中国公司，其中包括 215 家 A 股公司。

为了充分保护客户及公司自身的利益，高华建立了严格符合有关法律法规同时具有国际水准的内部控制机制。高华通过一系列既独立而又互补的政策、程序和系统进行风险监控。公司建立了财务、信用、运营、法律和合规等管理控制职能，奉行责任分离又相互配合的控制原则，以确保在最有效的控制环境之下开展业务。

根据证券法，证券公司应采用客户证券交易结算资金第三方存管模式，从而在根本上保障客户资金的安全性。高华已率先开发、实施这一模式，保证为客户提供安全、高效及优质的服务。

高华证券客户服务热线（免长途话费）：

机构经纪：400－888－1988

私人财富管理：400－888－8378/400－888－8278

资产管理：400－650－9369

高华证券网址：www. ghsl. cn

北京总部：

地址：北京市西城区金融大街 7 号英蓝国际中心 18 楼

邮编：100033

电话：+86（10）6627－3000

传真：+86（10）6627－3001

新闻查询：

地址：北京市西城区金融大街 7 号英蓝国际中心 18 楼

邮编：100033

电话：+86（10）6627－3261

传真：+86（10）6627－3300

北京营业部：

地址：北京市西城区金融大街 7 号英蓝国际中心 18 楼

邮编：100033

电话：+86（10）6627－3000

传真：+86（10）6627－3001

上海营业部：

地址：上海长乐路 989 号世纪商贸广场 43 楼

邮编：200031

电话：+86（21）2401－8888

传真：+86（21）2401－8900

深圳营业部：

地址：广东省深圳市福田区中心四路一号嘉里建设广场第一座十六层 02、03A1 室

邮编：518048

电话：+86（755）22221188

传真：+86（755）22221030

渤海证券股份有限公司

公司概况：

渤海证券股份有限公司是唯一一家注册在天津滨海新区的综合类证券公司。前身为渤海证券有限责任公司，是在原天津证券有限责任公司、天津市国际信托投资公司、天津信托投资公司、天津北方国际信托投资公司、天津滨海信托投资有限公司等四家信托机构的证券营业部合并重组的基础上，吸收国内多家有影响、有实力的企业共同参股组建的大型证券公司。公司于 2001 年 6 月 8 日正式开业。

2007 年 8 月，经中国证券业协会评审，公司获得规范类券商资格。2008 年 5 月，经中国证监会核准，公司改制为股份有限公司，2014 年的券商分类监管年度评级中，公司获得 B 类 BBB 级。目前公司实际控制人为天津泰达投资控股有限公司，股东 25 家，注册资本为 4，037，194，486 元。

公司总部座落于天津，设有上海分公司和北京办事处。截至 2013 年 12 月 31 日，公司在全国重要省市和地区共有 48 个证券营业部。

公司经营范围：

证券经纪、证券投资咨询；

与证券交易、证券投资活动有关的财务顾问；

证券承销与保荐；

证券自营；

证券资产管理；

证券投资基金代销；

为期货公司提供中间介绍业务；

融资融券业务；

代销金融产品业务；

中国证监会批准的其他业务（以上范围国家有专营专项规定的按规定办理）。

经纪业务：

渤海证券经纪业务起步较早，基础雄厚，到目前为止共有 48 家证券营业部分布于天津、上海、北京、广州、深圳、郑州、西安、太原、苏州、济南、重庆、福州等经济发达的地区。各营业部均已开通沪、深证券交易所 A 股、B 股、基金、债券以及其他有价证券的代理买卖业务，为客户提供交易卡自助、热键自助、电话自助、远程自助、网上自助等多种委托方式。

渤海证券为客户提供多品种、多交易方式的全面服务：

证券品种：渤海证券各个营业部均已开通了沪深交易所 A 股交易、B 股交易、封闭式基金、开放式基金、国债、企业债、代办股份转让以及其他有价证券的代理买卖。

现场交易：渤海证券各营业部为客户提供了良好的交易环境，优质的咨询服务，帮助客户解决各种投资疑问。大、中户室环境优雅，服务周到。

网上交易：具有网上证券委托业务的经营资格，“渤海易网”（www. ewww. com. cn）包含丰富的证券咨讯，并提供免费的行情分析及网上交易软件下载，软件的分析功能强大，直接下单，让客户足不出户，尽享大户待遇。

电话委托：线路通畅，操作方便。天津市内委托电话为：022－88227888、022－23001788。

开放式基金：在渤海证券不仅可投资封闭式基金，同时代销多种开放式基金。如：华安 180、华安创新、融通行业景气、长盛动态精选、大成蓝畴稳健、南方避险增值、湘财荷银行业精选、鹏华货币基金等等众多品种。

国债投资：追求稳定收益的投资者可在渤海证券投资多种期限的记账式国债及国债回购等稳健投资品种。

代办股份转让：客户可在渤海证券下属任何一家营业部进行“三板”市场股票交易，即已退市股分公司的代办股份转让业务。

投资理财顾问：渤海证券有着一支强大的投资顾问队伍，各个营业部均可为投资者提供证券投资咨询服务。同时，投资者还可能通过互联网查询分析报告或与专家进行在线交流。

投资银行业务：

投资银行业务为渤海证券的核心业务之一。2004 年，公司首批注册为证券发行上市保荐机构。

渤海证券投资银行总部拥有一批具有硕士以上学位，注册会计师、律师、注册资产评估师以及其他国际认证的执业资格，国内和海外从业经历的投资银行专业人才。

渤海证券投资银行总部坚持与客户共同成长的理念。注重与客户建立稳定的长期合作关系，以为客户提供具有高附加值的专业服务为己任。多年来，总部员工的足迹遍布全国主要地区，以自己的业务水平和勤奋严谨的工作态度赢得了广大客户的信任，树立起了渤海证券投行人的专业形象。各项业务健康发展，市场地位不断提升。

研究所：

渤海证券研究所下设宏观策略研究部、行业公司部、市场研究部、金融工程部、信息管理部等部门。

研究所现有研究人员50余人，所有人员均具有国内外知名高等院校的教育背景和丰富的从业经验，硕士、博士比例高达97%，专业背景涵盖财经金融、数理统计、企业管理、法律、计算机以及电子、汽车、医药、化工等多个学科，组成了实力雄厚、知识齐全的研究队伍。

渤海证券研究所以前瞻性的眼光、勤奋的敬业精神和不断创新、追求卓越的工作理念，全方位地为机构客户和广大投资者提供优质的专业化的服务。

研究所以其对证券市场深入研究和客观独立的立场，对公司各业务部门创造利润的项目给予直接的介入和专家意见支持；以产品和人才配合公司内部其他部门的业务创新。渤海证券研究所已经形成了从每日、每周到每月、年度，涵盖一级市场、二级市场的主要方面，从即时性分析到深入剖析，从理论到商业应用等多角度的三十多个研究报告体系。同时，研究所为大客户量身定做资产管理方案，为上市公司和非上市公司提供财务顾问，为公司重大业务提供直接业务支持。

渤海证券研究所将秉承“市场导向、客户导向”理念，着重塑造发现价值、整合价值、创造价值、推广价值的核心能力，为公司和客户推出更具战略眼光、高深度、高价值的产品。

固定收益业务：

渤海证券成立以来，一直对债券市场高度重视，专门设立了固定收益总部负责债券的一级市场和二级市场业务，下设承销部、投资部、研究部和综合部四个分部门。

固定收益总部从成立伊始就遵循“高起点、高标准”的指导方针，依照健全性、独立性、相互制约、防火墙和成本效益原则，制订了一整套债券业务规章制度；根据部门自身的经营特点设立了顺序递进、权责统一、严密有效的三道监控防线，建立了严密有效的风险管理系统，通过严密的风险管理及时发现内部控制的弱点，堵塞漏洞，消除隐患，在保证资产安全的前提下实现利润最大化。

目前，我公司初步建立了以天津为根据地，通过在北京、上海、深圳、广州、苏州、西安、郑州、太原、福州、重庆、济南等地网点辐射的一套债券营销网络和体系，形成了与我公司保持长期合作关系的客户群体。几年来，公司不仅累计承销国债近百亿元，还积极介入企业债券市场，不仅顺利完成了神华集团、广东核电、铁道部、河南高速、首旅集团、中信国安、兖矿集团、上海城投、武汉城投、北京地铁、首都机场等企业债券的副主承销及分销工作，还作为主承销商成功发行了15亿元天津泰达企业债券。在完成承销业务的同时，公司立足证券市场的低风险投资品种，在国债、企业债券、短期融资券、可转换债券、国债衍生品种及资金市场套利等领域取得了良好的成绩。自2001年公司成立以来，债券自营业务连续盈利，几年来国债现货及回购交易量均名列前茅。

风险控制：

公司风险控制体系建立的依据是《证券公司内部控制指引》和国家有关法律和法规。公司建立了涵盖各项业务、全公司范围的风险管理系统，健全了风险预警与评估处理机制，开发和运用风险量化评估方法和模型，制定了识别、计量、监测和管理风险的制度、程序和方法；创设了风险控制考核评价体系，坚持动态、实时风险监管模式，对各类风险进行了全面而持续的监控，实现业务的风险预警和评估。营造了严谨守法、合规经营的风险管理文化。

联系方式：

地址：天津市南开区宾水西道8号

邮编：300381

电话：+862228451995

传真：+862228451615

财达证券有限责任公司

组织结构：

公司设有股东会、董事会、监事会，三会分立，各司其职，相互制衡，董事会下设提名、薪酬与考核委员会，审计委员会，风险控制委员会，实行董事会领导下的总经理负责制，经营层下设投资决策委员会、资产管理决策委员会、信用交易决策委员会、金融产品决策委员会、做市业务投资决策委员会、机构间市场业务决策委员。截止到2015年2月，公司设有总经理办公室等27个总部部门，3家分公司及108家证券营业部，拥有1家境内子公司。

经营范围：

证券经纪；证券投资咨询；与证券交易、证券投资活动有关的财务顾问；证券承销与保荐；证券自营；证券资产管理；融资融券；证券投资基金代销；代销金融产品；为期货公司提供中间介绍业务。

发展历程：

2002年4月，经中国证监会审核批准，河北财达证券经纪有限责任公司正式设立。

2004年4月，在对佳木斯证券公司所属3家营业部进行托管的基础上，收购其证券类资产，并按照有关政策，原址新设了三家营业部。

2006年11月，公司实施增资扩股工作，注册资本增至66955万元，唐山钢铁集团有限责任公司成为公司控股股东。

2007年3月，公司受让河北证券有限责任公司（以下简称“河北证券”）证券类资产；11月，中国证监会批准公司新设29家证券营业部及26家证券服务部；2008年2月，完成受让营业网点新设工作，公司营业部数量由16家增至45家、服务部由25家增至51家。

2008年7月，公司住址由“石家庄市裕华西路40号”迁至“石家庄市自强路35号”。

2008年12月，增资扩股方案获得中国证监会批准，同意公司注册资本由66955万元增至141690万元，2009年1月8日完成工商变更手续。

2009年，经中国证监会核准，公司陆续取得证券投资咨询、证券自营业务资格及证券投资基金销售业务资格。

2010年2月，经中国证监会批准，公司更名为“财达证券有限责任公司”。

2010年8月，完成51家证券服务部规范升级为证券营业部工作；9月，经中国证监会核准，沧州、衡水两家新设证券营业部开业，至此，公司营业网点增至98家。

2011年2月，中国证监会核准公司在福建省莆田市秀屿区、河南省商丘市睢阳区及河北省宽城满族自治县、保定市北市区各设立1家证券营业部。8月，新设4家证券营业部全部开业，公司营业网点增至102家。

2012年1月，中国证监会核准公司在江苏省宿迁市沭阳县、黑龙江省佳木斯市富锦建三江、河北省石家庄市正定县、秦皇岛市北戴河区各设立1家证券营业部。至此，公司营业网点增至106家。

2012年6月，公司取得融资融券业务资格、证券资产管理和证券承销业务资格。

2013年1月，公司取得从事债券质押式报价回购业务试点资格。

2013年2月，公司取得保荐机构资格。

2013年4月，公司取得银行间同业拆借资格。

2013年5月，公司取得与证券交易、证券投资活动有关的财务顾问业务和代销金融产品业务资格。

2013年6月，公司取得为期货公司提供中间介绍业务资格。

2013年7月，公司取得新三板主办券商资格、保险兼业代理业务资格。

2013年9月，公司取得中小企业私募债券承销业务试点资格。

2013年11、12月，公司分两次实施了增资扩股，注册资本增至22.1亿元。

2013年9月，中国证监会核准公司在黑龙江省佳木斯市设立1家分公司、在安徽省合肥市蜀山区设立1家证券营业部；2014年1月，新设黑龙江分公司、合肥证券营业部顺利开业，公司分支机构增至108家。

2014年4月，公司累计完成国家发改委所规定的担任债券承销分销商和副主承销商的家数要求，取得企业债主承销商资格。

2014年12月，公司注册资本增至274500万元。2015年1月完成工商变更登记。

员工情况：

我公司共有员工1633人，其中：

专业结构：研究人员10人，投行人员8人，经纪业务人员1097人，财务人员106人，信息技术人员233人，行政人员179人。

年龄分布：35岁以下813人，36—45岁593人，46—54岁182人，55岁以上45人。

受教育程度：博士生2人，硕士104人，本科776人，大专及以下751人。

地址：河北省石家庄市自强路35号

邮编：050000

网址：www.s10000.com

邮箱：cdzq@cdzq.com

财通证券有限责任公司

公司概况：

财通证券股份有限公司（以下简称“公司”）前身是成立于1993年5月的浙江财政证券公司。2003年6月，以浙江财政证券公司为主体，联合省内部分市县国债服务中介机构转制设立财通证券经纪有限责任公司。2006年10月，公司吸收合并天和证券经纪有限公司。2007年6月，浙江省委、省政府明确公司为省直属国有企业，由省政府授权省国资委监管。2009年3月，更名为财通证券有限责任公司。2011年1月，公司改由浙江省财政厅监管。2013年10月，公司整体变更设立为股份有限公司。

公司注册资本31亿元人民币，现有营业网点82家（分布在北京、上海、深圳、福州、青岛、大连、南京、无锡、重庆、拉萨等城市及浙江省内各市县），员工2000余人。公司控股永安期货股份有限公司、财通基金管理有限公司、财通证券（香港）有限公司和财通证券资产管理有限公司，参股浙江股权交易中心有限公司。

经营范围：

证券经纪；证券投资咨询；证券自营；证券承销与保荐；融资融券；证券投资基金代销；为期货公司提供中间介绍业务；代销金融产品以及中国证监会核准的其他业务。截至2014年底，公司总资产343.49亿元，净资产88.92亿元，净资本85.66亿元。

经营理念：

公司将恪守“规范经营、务实创新、差异发展、追求卓越”的经营理念，积极实施集团化、国际化、上市发展战略，通过全面转型、提升和跨越，着力将公司打造成一个资本充足、治理规范、业务齐全、机制灵活、风控有力、人才丰富，具有区域竞争优势、明显经营特色和富有社会责任感的现代证券控股集团。

地址：杭州杭大路15号嘉华国际商务中心

邮编：310007

邮箱：95336@ctsec.com

微博：http://weibo.com/u/1929023895

客服电话：95336，40086－96336

长城证券有限责任公司

公司概况：

长城证券有限责任公司成立于1995年11月，是经中国人民银行总行批准、在原深圳长城证券营业部和海南汇通国际信托投资公司所属证券机构合并基础上设立，我国最早成立的8家全国性综合证券公司之一，公司注册地在广东省深圳市，注册资本20.67亿元。股东有华能资本服务公司、深圳能源集团股份有限公司、深圳新江南投资有限公司等23家。目前在北京、深圳、上海、武汉、广州、杭州、大连、成都、海口、呼和浩特等全国各大中城市设有96家营业部。控参股长城基金、景顺长城基金和宝城期货、长城证券前海分公司、长城长富投资公司、长城证券投资有限公司，为客户提供全方位金融服务。

长城证券凭借规范稳健的经营作风，已经成长为一家资质齐全、业务覆盖全国的综合类证券公司，形成了多功能协调发展的金融业务体系。公司未来发展的战略定位是：以供应链金融为切入口，重点服务中小企业，致力于将长城证券打造成为全能的资产管理资源整合商、互联网服务商、金融投资商。在新形势下，公司致力于不断加强TMT（电子、通信、传媒）、环保新材料、医药健康业（生物医药、养老保健）、军工（高端制造业）、汽车、商贸零售旅游（消费业）、能源（电力、煤炭、新能源）、房地产、金属、金融等十大行业研究，以切入宏观经济发展趋势和互联网金融跨越式发展为两轴，以金融研究所、投行、资产管理为战略导向，以供应链金融和“少将班长”项目制管理模式为战略实施路径，提升公司的核心竞争力,为客户提供综合性增值服务。

公司不懈的努力,得到权威专业机构乃至社会各方面的广泛认可。2013 年,长城证券在《证券时报》《新财富》《理财周报》、中国量化投资研究院等权威媒体和专业机构主办的各种评选中,先后荣获“最具成长性债券承销商”“中国最佳投顾服务品牌”“中国百强证券营业部”“中国最佳机构服务证券营业部”“2013 量化投资最稳定投资回报奖”“2013 新财富最具潜力研究机构第一名”“北京区域最佳销售服务经理第五名”“2013 中国最佳新锐投资银行”“2013 中国证券公司最佳股权融资投资银行”“2013 年度中国券商投行先生”“2013 年度最佳保荐代表人”“2013 年度最佳移动终端证券”等一系列奖项。

主要业务:

1. 零售与融资融券

服务优势

长城证券在深圳、北京、上海、广州等全国各主要城市共设有 3 家分公司,87 家营业部,为客户提供股票、基金、权证、债券等品种齐全、方式多样的代理交易买卖业务,提供快捷高效的交易通道,依托强大的研发与投顾力量,每天为客户及时提供各类资讯,通过交易系统、网站、彩信、短信、客户热线等多种途径为客户提供极具价值的投资建议。

2010 年,公司咨询服务体系进入证券时报“金融机构十大创新案例”,被评为“中国最佳成长性证券经纪商”“中国最佳经纪业务服务品牌烽火台”。2011 年,在证券时报第四届中国最佳证券经纪商暨中国明星证券营业部评选中被评选为“中国最具特色证券经纪商”。2011 和讯财经风云榜评选中被评为“最佳证券研究机构”。2012 年度获得“最佳投顾服务平台”的殊荣。2014 年公司在证券时报中国财富管理评选中被评选为“2014 中国最佳投顾服务团队奖”,公司现金汇被评选为 2014 年最受欢迎互联网金融理财产品。

投资顾问服务体系

长城证券以客户为中心,建设具有核心竞争力的投资顾问服务体系,开展投顾服务、理财规划和财富管理等业务。长城证券投资顾问服务体系涵盖了一站式资讯、深度决策参考、丰富的金融理财产品等,通过长城证券投顾平台和投顾通,及时便捷地向客户提供个性化投资顾问服务,以三大类产品满足多层次、多元化的客户需求。

三个大类产品

基础服务产品:客户可免费使用的基础服务产品,内容包括财经资讯、研报资讯、市场资讯及部分投顾服务产品等。根据客户的资产量,基础服务共分为 5 级,高级别的服务涵盖低级别的服务内容。

增值套餐服务产品:增值套餐类产品的使用对象仅限于加入“财富长城”服务体系、并已经申请或试用“财富长城”增值服务的客户,根据客户的资产量和佣金率提供相应的增值套餐产品,目前增值服务套餐有:烽火 A、B、C 类套餐,为提佣类产品。

高端服务类产品:面向特定目标客户群提供有偿高端投顾服务。服务内容包括:财富长城 V 计划、掌上乾坤系列产品、量化投资、研究员直通车、联合调研等一系列高端服务等。

代表产品:掌上乾坤系列产品

掌上乾坤之金锦囊:是长城证券为中高端短线投资者量身定做的一档专属投资决策类资讯产品,提炼第三方(中证资讯、时报资讯)精华资讯,通过专业的视角分析市场动向,研判具备投资机会的资讯。

掌上乾坤之狙击手:定位为高端收费类荐股产品,是我司继“金锦囊”后第二款高端收费类投顾服务产品。“掌上乾坤之狙击手”汇集独有的资讯、研究报告,千档全息盘口、独创组合技术指标等市场中最高端的决策工具,通过对影响股价的多重因子的提炼、分析和回测,构建三套投资策略,由策略平台所提炼的个股具备较高的准确性和可操作性。

掌上乾坤之波段王(“激进型组合”):为烽火理财套餐产品中的知名产品,产品团队根据时政变化、行业热点、资金流向和技术指标等因素,挖掘和跟踪市场热点,并及时预判板块和个股联动效应,在完备的风险控制机制下,捕捉强势个股的中短线机会。

财富长城——投顾增值服务

财富长城是长城证券投资顾问业务的专业品牌。

多样化的服务产品:为不同风险偏好、交易习惯、投资风格的投资者提供各种交易服务系统、高附加值的资讯内容、投资组合、模拟盘等优质服务产品。

个性化投资顾问业务:以多元化的交易和风险管理策略为基础,对期货 IB、融资融券、套利交易等特定交易偏好类型的客户提供支持和投顾服务。

理财与财富管理业务:以多元化的交易系统、金融产品、广义投资品、综合性理财服务等为基础,逐步开展理财规划和财富管理业务。

多元化金融产品和理财工具

长城证券通过资产管理部、固定收益部、量化投资部及研究所等联合开发不同期限、收益稳定的金融产品,同时遵循严谨的评估和评审机制,积极引进外部优秀的公募基金、阳光私募基金、券商集合理财产品、信托产品、商业银行理财产品、保险产品等各类金融产品,建立并丰富公司产品池,以多元化的金融产品为客户提供多样化和个性化的资产配置服务。

在创新时代下,长城证券还将为客户提供个股期权、港股通、ETF 套利、股指期货期现套利、分级基金套利、债券质押式报价回购、融资融券、约定式购回、股票质押式证券交易等创新理财工具,实现不同类型客户的多元化投资需求。

核心客户服务

核心客户服务是长城证券投融资综合服务,拓展与维护保险、券商、私募基金等机构投资者、企业、集团公司及高净值私人客户群体。作为公司核心客户的维护与服务工作的运营中心,公司零售与融资融券业务部整合公司业务资源,为客户提供广泛的高端综合服务,主要承担投资咨询、受限流通股服务、资产管理产品发行、大宗交易、市值管理、债务管理、资金管理、融资或再融资等业务。

信息系统支持

长城证券不仅为客户提供尊享的场内行情交易及服务系统和场外互联网交易及服务系统,而且为了满足客户快速交易需求,公司还特为客户提供交易专线业务,配置专线供客户进行委托交易的业务活动。

财富长城 VIP 终端是长城证券专为 VIP 客户精心打造的高端资讯与行情综合平台,提供海量且具有深度的证券相关资讯,及时充分地把全面的研究报告和服务提供给客户,满足客户的个性化需求,使客户体验到轻松、高效的一对一专属投资顾问服务。

长城证券随身股:利用手机上网技术实现行情、交易、资讯、转帐等特色功能的移动证券交易平台,投资者可通过手机登录 wap. cgws. com 下载适合的随身股软件,安装后即可实现随时随地轻松投资。

泛资管业务

公司零售两融部下属泛资管业务部主要负责承接分支机构上报的通道类资管业务、各种类型的资管项目；根据客户需要设计并发行主动管理类资管产品。

融资融券业务

长城证券于2010年11月获得融资融券业务资格，是国内首批获得这一业务资格的25家券商之一。目前，我司客户可在当地营业部申请从事融资融券业务。

通过杠杆效益，融资融券可为投资者开辟新的投资渠道，满足不同风险偏好投资者的需求。投资者合理利用融资杠杆，投资收益有望同步放大，而把握时机融券卖空，则有机会在股票下跌时获利。对投资经验丰富、资金管理能力强、交投活跃的客户，融资融券是一个可以积极参与的投资方式。

2012年10月，长城证券取得约定购回式证券交易业务资格，2013年长城证券取得股票质押式回购交易业务资格，公司信贷类融资融券业务进一步拓展到实业领域，可灵活满足客户各类融资需求。

融资融券专业团队经验丰富，秉承客户利益至上的经营理念，为广大客户提供专业的个性化服务。业内首推的《融资融券VIP资讯》紧扣市场热点，每日挖掘点评潜力标的股票。

"套利快枪手"及时把握市场套利良机，第一时间为客户提供专业掘金信息。

融资类业务质押率高，办理时效快，可灵活满足客户资金周转需求。

2. 证券研究

长城证券金融研究所在以资源为核心的基础产业领域的研究实力优势明显，宏观策略、能源、金融、地产、化工、TMT和消费等几大主要领域的研究员在业内具有较高知名度和影响力。

核心优势

金融研究所建立了以关键价值驱动因素为核心，涵盖宏观、策略以及行业公司研究在内的完整的研究体系。能够把握宏观经济与产业变动的内在规律，为投资者持续提供优质资产配置、行业资产配置以及个股选择三个层级的资产配置服务，帮助投资者在市场上系统性地筛选投资机会。

金融研究所在全行业创新性地建立了全面的质量控制体系，对研究流程进行了科学的分解，并在流程的每一个环节上建立了相应的质量控制标准，确保研究输出的质量稳定可靠。

2007年1月8日，长城证券金融研究所正式推出了"长城30股票池"。2007年，长城30股票池累计涨幅214.1%，同期上证指数累计涨幅91.5%，"长城30股票池"超越上证指数122.6%。

经营业绩

2007年，长城证券金融研究所被和讯网评为全国券商荐股成功率第一名。

2008年，在朝阳永续、上海证券报和腾迅网等机构举办的"行业研究领先奖"评比中，医药研究员获行业研究王冠奖，电力研究员和新能源研究员分别获行业研究领先奖，长城证券研究所获团队领先奖。

2009年，长城证券研究所被《新财富》评为最具潜力研究机构第一名。

2010年，在今日投资与中央电视台、中国证券报及证券市场周刊等权威媒体"中国最佳证券分析师"评选中，长城证券食品饮料、房地产、电子、电力、煤炭、家电和电力设备等行业研究员被评为最佳分析师；在汤森路透2010年度全球最佳卖方分析师评选中长城证券食品饮料、房地产、家电和传媒等行业研究员分别获得大中华地区和亚太地区明星分析师；金属、传媒和轻工行业研究员也分别荣获开来咨询中国金牌证券分析师。在中国证券业协会2010年度科研课题研究成果评比中，长城证券研究所的《股指期货标的指数选择与定价机制研究》荣获二等奖。

2011年，在国内著名财经网站金融界、今日投资与经济观察报、新浪财经等媒体主办的中国证券分析师评比排名中，长城证券研究所策略研究、钢铁行业、食品饮料、有色金属、文化传媒房、商业零售、地产行业、轻工制造和建筑建材等行业荣获多个第一名，长城证券研究所名列券商第五名。

2012年，公司研究员在建筑工程、煤炭开采、基础化工等行业跻身《新财富》排行榜前列。

2013年，销售交易部赵东同志荣获新财富北京地区最佳服务销售经理第五名。

2014年，有色金属行业研究员耿诺荣获第十届"天眼"中国最佳证券分析师有色金属行业盈利预测最准分析师第二名；并获评"有色金属业21金牌分析师"称号。

3. 量化投资

长城证券于2012年5月成立量化投资部，贯彻执行先进投资理念和投资管理策略，是国内率先开展这一业务的券商之一。

核心竞争力

在充分保障公司资金的流动性和有效的风险控制的前提下，灵活运用包括股票、基金、可转债、权证、含权债券、股指期货等多个证券品种在内的投资工具，注重对股票组合相对价值的量化分析和对市场套利机会的充分把握，在投资中强调投资机会的高确定性，更好地实现公司自有资金的保值增值。

经营业绩

2012年，量化投资部精心准备投资策略，形成了期现套利策略、超额收益α策略等新的盈利模式，年化投资收益率为6.67%，实现公司自有资金的保值增值。

2013年，量化投资业务上取得了较大的进展，收入、利润均有明显增长，规模相应逐步呈现，年化投资收益率为8.61%。此外，"期现套利策略"还在证券时报社、中国量化投资研究院举办的"2013中国优秀量化投资评选活动"中，荣获"2013量化投资最稳定投资回报奖"，体现了我司在业内的投资优势。

2014年，截止到8月底，年化投资收益率为9.63%。量化投资业务正以个股期权、股指期权、国债期货等创新业务为核心，加大对阿尔法和贝塔等风险策略的投研力量和投资比重，逐步完成从无风险套利策略、低风险套利策略、做市策略到趋势策略进行不同风险策略的全方位布局。

4. 固定收益

核心竞争力

完善的业务体系，包括债券承销、销售交易、债券投资、现金管理、产品研究、资本中介等各项业务。

专业化的承销团队、投资团队和研究团队，丰富的客户资源和交易销售经验。

稳定、高效、数字化管理的交易平台、资讯平台和风控管理平台。

严格有效的风险控制系统和内控制度。

经营业绩

中国工商银行、中国银行、招商银行、中国农业发展银行等金融债承销团成员；国家开发银行、中国建设银行的资产证券化承销团成员；中国银行次级债券的承销团成员。

2003 年，深交所国债现货交易量第 1 名。

2003—2006 年，财政部国债甲类承销团成员。

2006 年，国债承销在所有证券公司中排第 8。

2008 年，债券投资年化收益率达 17.63%，超过市场业绩排第 1 的债券基金 4 个百分点以上。

2009 年，完成 09 陕投债主承销项目发行。全年债券投资收益率与所有债券型基金同期收益率相比，排名第 4。在企业债主承销中按总发行规模排名第 8，按发行家数排名第 9。

2010 年，交易量实现了翻番，并完成了 10 贵投债主承销项目的发行，连续 3 年实现了主承项目的成功发行。

2011 年至今，国家开发银行金融债承销团成员。

自营投资收益稳定，近 5 年的自营投资年均收益率超过 9%。

5. 投资银行

核心优势

长期立足于公司核心产业，在 TMT、环保新材料、医药健康业、军工、汽车、商贸零售旅游、能源、房地产、金属、金融等基础行业具备丰富的资本运作经验。

专长于整体方案设计、积极推动金融创新，致力于通过专业能力帮助客户长期发展。

管理模式及风险控制机制与国际接轨，项目管理全流程控制，项目成功率远高于同行业平均水平。

核心服务

证券发行上市保荐及相关的承销业务：企业 IPO 的上市保荐与证券承销，上市公司再融资的上市保荐和承销，以及以上市为目的的企业重组改制财务顾问与上市前辅导。

企业兼并收购与资产重组财务顾问业务：上市公司兼并收购、资产重组，非上市公司兼并收购、非改制类重大资产重组以及企业估值等业务。

债券发行与承销业务：包括公司债、企业债及私募债等多种债务融资工具，私募债已成为长城证券的一项品牌业务。

管理咨询与投资顾问业务：公司治理顾问，上市公司信息披露及投资者关系维护，政府及其下属重点企业的财务顾问，管理层持股、股权激励方案设计与咨询，企业战略规划、区域产业整合及行业规划与重组顾问。

投资银行创新业务：资产证券化设计与发行，风险投资以及企业海外上市相关顾问业务。

引入战略投资者：介绍企业与国际风险投资或国内私募投资者对接。

新三板业务：推荐企业在代办股份转让系统（新三板）挂牌上市以及新三板市场做市业务。

历史业绩

2004 年，股票主承销家数全国排名第 3。

2004 年，IPO 主承销金额全国排名第 2。

2005 年，股权分置改革项目全部通过，企业债承销业务名列前茅。

2006 年，主承销金额在全国券商排名第 14 位。

2006 年，成功完成 6 家股改项目和泛海建设非公开发行项目。

2007 年，成功完成大龙地产非公开发行项目。

2008 年，成功完成诚志股份再融资项目。

2009 年，成功完成航天科工等 7 个财务顾问项目。

2010 年，成功完成主承销 4 家（含债券），其中以超额认购、大幅超出底价的理想价格完成桂东电力非公开发行主承销工作。

2011 年，成功完成天一众合、拓尔思、巨龙管业、汇冠股份、河北钢铁等一批新三板、创业板、中小板 IPO、非公开发行项目。

2012 年，成功完成康辰亚奥、环旭电子、华北制药、内蒙华电、国电电力、华能新能源、青松建化、武进广投、春秋淹城等新三板、主板、非公开发行、公司债、企业债及中小企业私募债项目。

2012 年，被深圳证券交易所授予“2011 年保荐工作最佳进步奖”，环旭电子 IPO 项目被证券时报评为“2012 中国区优秀投行最佳 IPO 项目”，拓尔思项目及河北钢铁项目分别在第六届新财富中国最佳投行评选中荣获最佳创业板 IPO 项目奖及最佳增发项目奖，被理财周报评为“中国券商最具发展潜力投资银行”。

2013 年，成功完成怡亚通、通产丽星、特发信息、新华医疗、内蒙国美、盛屯矿业、正和股份、新疆天宏、华谊嘉信、东莞御景湾、捷世智通、大洼城投债、常州机场、能为科技、新民科技、春秋淹城、深深宝、恒顺达、华电福新、盐湖股份、东飞马佐里、盛屯矿业及海吉星等上市公司非公开发行、重大资产重组、企业债、公司债、私募债及新三板业务。

2013 年、2014 年，先后在证券时报主办的“中国区优秀投行评选”中获得“最具成长性债券承销商”奖项以及理财周报主办的“金方向奖”中获得“中国最佳新锐投行”“中国券商投行先生”、“中国最佳股权融资投行”“最佳保荐代表人”等奖项。

6. 资产管理

2002 年，经中国证监会核准，长城证券有限责任公司获得受托投资管理业务资格。自《证券公司客户资产管理业务试行办法》（现已修订为《证券公司资产管理业务管理办法》）、《证券公司集合资产管理业务实施细则》及《证券公司定向资产管理业务实施细则》颁布实施以来，公司严格按照上述法规要求开展客户资产管理业务。

核心优势

长城证券资产管理业务目前已经形成了“1 + N + 1”的泛资产管理业务组织架构，前台业务部门包括：资产管理部、实体经济业务部、资产管理创新业务部、金融同业部、泛资管服务部及公募产品部。中后台部门包括：资产管理部质量控制与运营部、资金渠道部。公司资产管理业务线已逐步建立与完善为不同客户提供多方位、多渠道的服务体系。

团队建设

长城证券资产管理业务已构建职能相对清晰、人员相对齐备的业务团队，并通过严谨的工作制度及操作流程，形成前台、中台和后台的良好衔接，为资产管理业务开展提供有力保障。

前台核心投资团队具有较长时间从业经历、历经不同经济周期考验、倡导稳健的投资风格、拥有相对成熟投资理念体系及优良的过往投资业绩，同时进一步规范和加强了中后台的集中运营管理和风控管理，整体服务水平大幅提升。

长城证券资产管理业务依托优秀的团队，优质的服务，专业高效的业务能力为客户量身定制资产管理产品，并为客户提供具有长城证券特色，全面、多样的理财产品服务。

核心业务

长城证券资产管理业务类型主要包括集合资产管理业务、定向资产管理业务及公募产品（筹），目前以集合资产管理业务与定向资产管理业务为主要发展方向。针对客户在投资风险、收益、流动性等方面的不同需求,长城证券各资产管理业务部门竭力为客户提供需求相匹配的专业理财服务,形成一条包括股票、债券、货币、基金、市值管理、另类投资等多个系列的完整产品线。

集合资产管理业务

为多个客户办理集合资产管理业务,设立集合资产管理计划,与客户签订集合资产管理合同,将客户资产交由具有客户交易结算资金法人存管业务资格的商业银行或中国证监会认可的其他机构进行托管,通过专门账户为客户提供资产管理服务,产品种类涵盖权益类、固定收益类、量化对冲类等。

定向资产管理业务

为单一客户办理定向资产管理业务,与客户签订定向资产管理合同,通过该客户的账户为客户提供资产管理服务。定向资产管理计划可依据客户对风险性、收益性、流动性等需求量身定做个性化的产品,且具有灵活的投资策略,同时,委托人将会享受到资产管理人动态的沟通服务。

业绩展示

2013 年 4 月份,发行了“季季红 1 号”集合资产管理计划,年化收益率 7.47% ,在 64 只同类券商资管产品中排名第 5 位。

2013 年 5 月份,发行了“季季红 2 号”集合资产管理计划,年化收益率 7.18% ,在 103 只同类券商资管产品中排名第 7 位。

2014 年 3 月,发行了“长城新发 1 号”集合资产管理计划,目前年化收益率已超过 20% ,居同期类似产品中收益率第二名。

2014 年 3 月,定向资管产品——华能资本定向资产管理计划获得招商银行“金眼睛”奖——券商理财(定向)最佳业绩奖。

2014 年 9 月,由资产管理部主动管理的量化对冲产品“长城量化优选 1 号集合资产管理计划”成功设立。

2014 年 9 月,资产管理部与中国银行合作的混合类投资产品“长城中新 1 号集合资产管理计划”成立,总规模 3.64亿。

2014 年公司集合资产管理计划创新产品层出不穷,如以双投顾运作的“长城鼎锋 - 理石集合资产管理计划”、资产管理部与前海股交中心开展合作的“长城前海淘金 1 号集合资产管理计划”以及投向交易所小贷资产收益权类产品等。

截止到 2014 年 8 月 31 日,长城证券资产管理业务受托管理的资产管理计划规模总计为 844.1 亿元,其中投资于股票、债券的产品超过 60 亿元,发行产品超过 100 个。

公司定向资管业务,投向全面涵盖了委托贷款、银证信合作产品、银行信贷资产转让、银行及商业票据资产(含电子票据资产收益权)转让、国内信用证(福费廷)资产转让、国内保理(应收账款)资产转让、股票质押式回购、存单质押等通道类业务。

合作客户

长城证券资产管理业务合作的客户涵盖国内各大银行、信托公司等金融机构、以及公司、个人投资者,全方位地满足了合作客户对委托管理资产的安全性、流动性、收益性的综合要求。

追求目标

长城证券各资产管理业务部门将始终坚持以专业的态度勤勉尽责,致力于为客户创造长期稳定的收益回报,努力成为客户值得信赖的资产管理人。

未来,长城证券的目标是成为全能的资产管理资源整合商、金融投资商。

7. 销售交易

核心优势

向公募、保险、QFII、私募等机构客户组织提供高质量、个性化、专业化的研究服务,包括推荐研究产品、组织投资策略研讨会和上市公司联合调研、举办投资沙龙等,及时提供最新市场动态及研究成果。

根据基金公司等机构客户总部办公地集中度情况,安排公司销售交易业务布局,与机构客户服务需求对接,以深圳、北京、上海三个中心城市为业务重点,为客户提供专业、周到、贴身服务。

国际业务

服务优势

长城证券国际业务包括 QFII、RQFII 经纪代理业务、香港分支机构筹备业务、海外市场研究等。

2005 年至今,长城证券代理景顺集团(INVESCO)的 QFII 业务,取得了令人瞩目的投资业绩。公司在与景顺集团合作过程中积累了服务境外客户的宝贵经验。

2009 年至今,公司代理韩华投资信托管理株式会社(HANWHA)的 QFII 业务,在国际业务领域的市场影响力进一步扩大。

核心优势

专业化 QFII 服务团队:拥有丰富境外机构客户服务经验的专业销售(Sales)、销售交易员(Sales Trader)、交易员(Trader),依托研发团队的卓越行业研究能力,为客户提供从投资研究到交易的一体化服务。

强大的交易平台及内控体系:BLOOMBERG 终端、FIX 专线、OASYS 清算系统及稳定、高效的 ITRADE 交易系统。

8. OTC 业务

OTC 市场部是长城证券 OTC 金融产品,尤其 OTC 衍生产品的发行者,同时也是公司柜台交易市场的组织者。部门致力于为投资者提供方便灵活、定制化的金融产品和解决方案,满足投资者的个性化需求。

OTC 市场部是 OTC 衍生产品,包括股票收益互换、场外期权和收益凭证业务运作的核心部门,负责投资者管理、产品设计与定价、产品推广、风险对冲、履约担保管理等核心工作,是国内率先开展场外衍生品业务的券商之一。OTC 市场部同时也是公司柜台交易市场的组织者,负责柜台产品的需求收集、设计开发、产品上柜、发行和交易等系列工作。

OTC 市场部团队成员全部拥有知名院校硕士以上学历,具备丰富的衍生品产品设计和交易管理经验,具备良好的产品发行和管理记录,是长城证券拓展资本中介业务的中坚力量之一。

场外衍生品业务

股票收益互换业务:是指证券公司与符合条件的投资者约定在未来一定期限内,根据约定数量的名义本金和收益率定期交换收益的交易行为。其中,交易一方支付的收益金额按照固定利率计算,另一方支付的收益金额将与特定股票、指数等标的证券表现挂钩。

场外期权业务:是指证券公司与符合条件的投资者之间进行的非集中性、非标准化的衍生产品交易。场外期权的买方,通过支付期权费用,获取在约定的未来某一时间以约定的价格向期权卖方购买或出售一定数量标的资产的权利;场外期权的卖方，则收取期权费，履行相应的行权义务，即在约定的未来某一时间以约定的价格履行向期权买方出售或购买一定数量标的资产的义务。

收益凭证业务：是指符合条件的投资者（收益凭证购买人）与证券公司（收益凭证发行人）订立的“一对一”的认购协议。根据协议约定，收益凭证购买人通过支付名义本金，获得收益凭证发行人派发的收益权利，这一权利保障投资者可以在未来某一时间获得与特定标的（股票、ETF 基金、指数、商品等）挂钩的收益。收益凭证发行人在期初收取相关本金，履行到期支付义务。

核心优势

具有专业化、精细化的业务团队；具有健全的场外衍生品业务资质；拥有丰富的产品创新和业务开展经验。

9. 互联网金融

服务优势

长城证券 2014 年获得中国证券业协会首批颁发的互联网证券业务创新试点资格，并在深圳前海注册成立了长城证券前海分公司，专注于互联网金融业务。前海分公司依托互联网平台，大力拓展网络证券业务，线上线下分工协作，以产品为核心，与营业部、资管、投行等进行合作衔接，致力于打造具有长城特色的 O2O 业务模式。

服务及产品体系

前海分公司的产品以客户体验和服务为核心，以互联网技术为基础，全面打造基于互联网金融创新模式的产品服务体系。其中包括三大产品系列：投顾服务产品、理财服务产品和综合金融服务产品。

投顾服务产品：对于客户投资的各环节提供全方位的服务。向客户提供理财知识、投资常识和投资品种信息，提供客户投资管理报告等。

理财服务产品：针对不同用户、不同理财需求设计多样化的产品，满足个性化需求，提升客户体验。除代销包括资管产品、OTC 产品、公募基金、私募基金、信托、保险、银行等金融产品、彩票等博彩类产品外，还推出现金管理类产品“现金汇”，以及与工资、指数和国际市场挂钩的理财产品。

综合服务产品：为客户提供基于互联网的综合性金融服务，全面拓展理财账户体系的功能；结合场外市场的特点，开发满足客户个性化需求的投融资产品；针对小微、创新型企业，开展股权众筹业务的尝试等，整体提高产品的多元化程度。

网上自助开户

提供高效、安全的网上自助开户平台，包括 PC 版网上自助开户和手机端自助开户系统。自助开户系统崇尚客户体验，人性化设计，速度快，效率高，足不出户，决策股市。

网上商城

长城证券前海分公司精心打造的集理财开户、理财投资、现金理财（现金汇）、基金投资、股市资讯产品购买等于一体的证券金融综合在线服务平台，投资者直接通过电脑登录 mall. cgws. com（网上商城）或通过手机登录 mmall. cgws. com（手机商城）即可在线办理开户、理财、投资、融资、资讯购买等各类证券金融相关业务。

长城证券拍拍商城：长城证券前海分公司在腾讯（京东）大型电商平台——拍拍网开设的资讯产品在线销售商城，投资者可在拍拍商城直接购买长城证券的各类资讯产品，并得到及时的资讯信息服务。

长城证券淘宝商城：长城证券前海分公司在阿里巴巴集团旗下大型在线零售平台——淘宝网开设的资讯产品在线销售商城，投资者可在淘宝商城直接购买长城证券的各类资讯产品，并得到及时的资讯信息服务。

10. 私募基金综合托管

2014 年 8 月 27 日经证监会批复，长城证券获开展私募基金综合托管业务试点资格。长城证券将竭诚为私募基金提供一站式、全业务链的贴心服务，成就信赖双赢，让私募基金管理人专注于投资，专业人做专业事。

核心优势

高效、简便的托管业务。私募基金综合托管业务是指长城证券依据与私募基金客户的合同约定，通过为其提供资产保管、净值计算、投资清算、投资监控、托管报告、全面信息服务、风险评估与管理、后台外包等，形成的一项综合金融服务。公司首单私募基金综合托管业务已于 2014 年 9 月 23 日正式运作。

全流程覆盖服务的管理人运营外包服务。管理人运营外包服务是指基金管理人将消耗大量资源的业务流程，如基金资金清算、基金份额登记、基金估值核算、基金信息披露、基金绩效评估等业务流程，外包给技术专业、服务到位的第三方机构，而基金管理人则专注于投资，实现专业人做专业事。目前公司首单管理人外包服务已于 8 月正式运作。

安全、高效、独立的信息技术系统。托管业务系统与外包服务系统为不同开发商，系统相互独立，实现净值的高准确性。与长城证券自营和资产管理业务在业务运作保持独立。与其他业务系统相互独立，建立严格的防火墙制度与隔离制度。

专业的托管结算业务团队。托管业务人员 20 人，核心骨干人员均拥有超过 10 年的证券后台运营经验，人员专业背景涵盖了金融、会计、计算机、经济等各个专业领域。托管业务人员均具备证券、基金从业资格，具有丰富的 TA、清算、交收、估值核算、监控等工作经验。

地址：深圳市福田区深南大道 6008 号特区报业大厦 14、16、17 楼

邮编：518034

总机：0755 - 83516222

传真：0755 - 83516189

值班电话：0755 - 83516066

长江证券股份有限公司

公司概况：

长江证券股份有限公司是总部设在武汉的全国性上市证券公司。公司前身为湖北证券公司，成立于 1991 年，经过 20 多年的发展，成为一家资产质量优良、品牌知名、业绩突出、蒸蒸日上、充满活力的金融上市公司。公司注册资本由最初的 1700 万元增至 23. 71 亿元，2013 年底总资产、净资产和净资本分别达到 313 亿元、121 亿元和 99 亿元，员工人数近 5000 人。

公司致力于成为提供全面理财和融资服务的一流金融企业。公司秉承以“追求卓越”为核心价值观的企业文化，以“汇聚财智，共享成长”为使命，坚持“诚信经营，规范运作，创新发展”的经营理念，通过服务客户、成就员工、回报股东、反哺社会，实现多方共赢。

公司已形成证券类控股集团的架构，旗下拥有长江证券承销保荐有限公司、长江期货有限公司、长江成长资本投资有

限公司、长江证券控股(香港)有限公司、长信基金管理有限责任公司、上海长江财富资产管理有限公司等多家全资和控参股子公司。目前,公司已在全国28个省、自治区、直辖市的80余个城市设立了11家分公司、123家证券营业部和17家期货营业部,形成了覆盖全国的业务网络,为数百万客户提供全方位的金融服务。

公司始终坚持"客户导向"的经营策略,不断提升投资银行、资产管理、经纪、交易与投资业务的专业能力,寻找新机遇,融合新理念,拓展新业务,发掘新渠道,形成了鲜明的业务特色和竞争优势。

公司投资银行业务拥有多个经验丰富、专业精深的业务团队,成立了国内首家专门从事承销保荐业务的专业子公司,注重"全业务链"整合,以实现"一个客户、一个团队、一个平台、一个整体、一揽子解决方案"为目标,为政府、企业和其他机构提供更加全面且满足客户不同发展阶段需求的投融资服务。公司致力于打造"精品投行、特色投行",成功融合了国际投资银行先进的管理经验和国内投资银行的本土优势,已担任100多家上市公司融资的主承销商、保荐机构或上市推荐人。公司债券承销业务发展迅速,凭借专注的服务精神和强大的销售能力,为企业客户提供"方案优、速度快、成本低"的专业服务,企业债券主承销家数和主承销金额等业务指标行业排名始终靠前。公司积极服务各地各级政府,参与区域资本市场规划建设,更好地服务实体经济,先后担任了湖北省政府及武汉、襄阳、宜昌等近10个市政府财务顾问,并为国内近百家上市公司担任了并购重组财务顾问。公司是首批获得全国中小企业股份转让系统(NEEQ)业务资格的券商之一,为企业客户提供推荐挂牌、定向增资、做市交易、并购重组和持续督导等各项服务,2013年推荐挂牌企业家数行业排名第2位。

公司资产管理业务始终以客户需求为中心,将客户需求与产品设计进行快速有效对接,打通投融资市场,初步搭建"大资管"平台,有效满足多样化投融资需求。公司以"追求绝对收益,真诚回报客户"为目标,专注建设"超越理财"专业品牌,充分满足不同风险偏好客户的需求,产品线覆盖混合型、债券型、FOF型、货币型以及量化产品、分级产品、期货理财产品等,2013年集合理财规模排名行业第8位。公司控股子公司长信基金经过10余年精耕细作,凭借长期投资经验和出色投研实力,固定收益类产品、权益类产品均有较好表现。2013年成立的上海长江财富资产管理有限公司依托投融资一体化业务运行平台,紧贴市场与客户需求,不断开展产品创新。公司以市场化的运作机制、专业的投资及风控能力、丰富的管理经验和深厚的产业理解,通过设立和管理直投基金,为投资者进行私募股权和债权投资,为企业进行私募股权与债权融资。

公司经纪业务通过遍布全国的营业网点、丰富的证券交易品种、安全高速便捷的交易平台、专业的理财服务团队和业内领先的资源整合优势,为广大客户提供多元化的财富管理服务。公司已为逾百万的个人投资者和包括基金、保险、私募、银行、信托、财务公司和上市公司等在内的机构投资者提供独具特色的投资咨询服务、全面的金融产品服务、贴身的投资理财专家一体化服务。公司及全资子公司长江期货、长江证券控股(香港)公司拥有成熟的期货行业服务团队,以雄厚的实力提供全天候的全球期货产品,致力于为机构投资者、产业客户提供风险管理和金融衍生产品开发与服务的全套解决方案。公司是国内首批获得证券投资咨询资格的机构之一,并较早获得期货投资咨询资格,在"第11届新财富最佳分析师评选"中,公司荣获本土最佳研究团队第9名、进步最快研究机构第3名,且是仅有的2家在行业研究、策略研究和金融工程研究等领域均上榜的研究机构之一。公司全方位开展以信用为基础的资本中介服务,拥有一支专业性强、业务素质过硬、理财经验丰富的信用业务服务团队,能够为客户提供个性化投资理财及中短期股权融资方案。公司倾力打造全方位的金融产品销售平台,金融产品种类和累计销售金额在行业名列前茅。

公司交易与投资业务多年来在业内享有较高声誉,拥有一流的业务团队,在证券自营、债券交易、流动性管理和直接投资方面具备丰富经验。公司自营业务一直坚持价值投资和组合投资的理念,具有良好的风险管理能力,强调投资过程管理,连续多年保持正收益,收益率排名位居行业前列。公司直接投资业务主要指标位居行业前10位,以成长型企业为目标客户,发挥券商背景及投行专业优势,通过市场化的业务合作、考核激励及风险约束机制,依托公司遍布全国的业务网络,发掘优质项目,为企业提供包括投前财务顾问、投后项目管理在内的全程资本服务。公司2000年进入银行间债券市场,连续数年获得"全国银行间市场优秀交易成员"等荣誉称号。公司2012年获准搭建柜台市场平台,是华中地区唯一获此资格的券商,紧紧围绕机构客户需求,设计并提供非标准化产品和个性化服务,更专业、更灵活、更贴身地服务客户。

公司在谋求自身发展的同时,努力践行作为企业公民的社会责任。公司成立了国内第一家由证券公司发起的公益慈善基金会,组建了志愿者团队,先后组织了"情系灾区,共建家园""冬衣暖人心""汶川爱心接力""为玉树灾区人民工作一天""心系雅安长江同心"等公益慈善活动。2013年,公司和员工向芦山地震灾区捐款100万元,帮助灾区人民渡过难关,重建家园。

近年来,公司屡获"中国证券行业十大影响力品牌""最具发展力券商""最具成长性证券公司""中国上市公司价值百强""中国证券市场20年最具影响力证券公司"、"中国最佳证券经纪商"等多项殊荣,在行业和市场上树立了良好的品牌形象。

主营业务:

投资银行业务

公司拥有多个经验丰富、专业精深的业务团队,成立了国内首家专门从事承销保荐业务的专业子公司。公司注重"全业务链"整合,以实现"一个客户、一个团队、一个平台、一个整体、一揽子解决方案"为目标,为政府、企业和其他机构提供更加全面且满足客户不同发展阶段需求的投融资服务。

资产管理业务

公司资产管理业务始终以客户需求为中心,将客户需求与产品设计进行快速有效对接,打通投融资市场,初步搭建"大资管"平台,有效满足多样化投融资需求。公司在集合理财、定向理财、保险资金管理、证券投资基金和直投基金管理等方面均已赢得良好的市场口碑,在资产证券化等创新业务方面正逐渐建立竞争优势。

经纪业务

公司经纪业务通过遍布全国的营业网点、丰富的证券交易品种、安全高速便捷的交易平台、专业的理财服务团队和业内领先的资源整合优势,为广大客户提供多元化的财富管理服务。

交易与投资业务

公司交易与投资业务多年来在业内享有较高声誉，拥有一流的业务团队，在证券自营、债券交易、流动性管理和直接投资方面具备丰富经验，排名始终保持行业前列。公司利用柜台市场开展交易型业务，努力成为市场组织者、创新引导者、流动性提供者、产品设计者、交易参与者及风险和财富管理者。

公司公益慈善

长江证券公益慈善基金会是由长江证券股份有限公司发起成立、由湖北省民政厅主管的非公募基金会，是国内第一家由证券公司发起成立的公益慈善基金会。基金会自2008年10月23日登记成立以来，以“扶危济困，回报社会”为宗旨，致力于搭建一个管理有序、运转高效的公益慈善平台，主要援助受灾群体，资助教育和其他公益事业，用实际行动践行长江证券股份有限公司社会责任。

基金会于2012年6月组建了志愿者团队，目前成员300多人，绝大多数为长江证券员工。长江证券志愿者以“关爱、互助、坚持、感恩”为核心理念，通过身体力行、亲身参与，为我国敬老、助学和环保事业尽一份力量。截至目前，志愿者已先后开展了“敬老孝亲”敬老院关怀和“爱心捐书”助学等社会公益活动，奉献自我，服务社会。

地址：武汉市新华路特8号长江证券大厦

邮编：430015

总机：86－27－65799999

传真：86－27－85481900

公司网址：http://www.95579.com

统一客户服务热线：955794008－888－999

统一客户服务邮箱：service@95579.com

川财证券经纪有限公司

公司概况：

川财证券有限责任公司是经中国证监会批准成立的、全国首家由财政国债中介机构整体转制而成的专业证券公司。公司成立于1988年，前身是经四川省人民政府批准，由四川省财政出资兴办的四川省川财证券公司。

经过二十余载的变革与成长，现今公司已发展成为由中国华电集团资本控股有限公司、四川省国有资产经营投资管理有限责任公司、四川省水电投资经营集团有限公司等资本和实力雄厚的大型企业共同持股的证券公司。

公司一贯秉承诚实守信、专业运作、健康发展的经营理念，矢志服务客户、服务社会，创造了良好的经济效益和社会效益；目前，公司是中国证券业协会、中国国债协会、上海证券交易所、深圳证券交易所、中国银行间市场交易商协会会员。

公司资源优势明显、专业优势突出、交易设施先进、从业经验丰富、发展特色鲜明；设有经纪业务部、研究所、机构业务部、投资银行部、固定收益部、证券投资部、资产管理部等业务部门，在北京、上海、深圳等城市设有异地办事处；业务范围涵盖证券经纪、证券投资咨询、证券承销等传统业务和金融创新业务；拥有一支来自外资券商、上市证券公司、大型会计师事务所和银行等金融机构的专业人员队伍，业务人员资本市场经验丰富、渠道资源广泛，在专业领域具有一定的影响力，具有较强的竞争意识、管理意识和服务意识。

展望未来，公司将恪守“以客户为中心、服务创造价值”和“至精至诚、专业严谨”的理念；依托强大的股东背景，秉承“规范经营、稳健发展”的基本方针；突出专业金融服务能力、着眼于金融创新业务和服务，完善个性化的服务体系，打造主流产品、锁定主流客户、提供主流服务、创享主流价值；以前瞻的视野、完善的服务，高起点的工作，通过整合内外部资源提供适应客户需求的金融产品解决方案；将公司打造为具有一定市场地位，特色鲜明格，提供多渠道、多层次、全方位金融服务的新锐券商。

经纪业务：

秉承“以客户需求为导向、以客户满意为目的”的经营及服务理念，通过整合组织架构、制度流程、服务人员及业务资源，致力于为中小投资者提供操作便捷、产品多样、费率优惠的综合理财平台，为高净值客户及其企业、家庭提供以资产保值为基础、资产配置为核心的财富管理服务，为专业投资者提供快速交易通道和程序化（量化）交易服务。

研究业务：

以“宏观策略和新兴产业研究”为特色，依托股东华电集团产业优势和四川区域优势，致力于为金融机构、企业集团和政府部门等提供专业的研究咨询服务和设计系统的解决方案。下设宏观研究团队、策略研究团队、产业研究团队、衍生品研究团队。研究产品主要包括宏观经济、产业趋势、资产配置、投资策略、投资组合等系列。

机构业务：

以“产品设计和资源整合”为特色，以精益求精的服务理念和创新服务方式为驱动力，结合股东优势，发挥资金、产品和渠道的优势，致力于为金融机构、企业集团和政府部门的投融资需求提供专业化、个性化、差异化的一站式服务。下设产品开发中心、产品销售中心、基金管理中心和财富管理中心。主要业务包括：研究产品销售服务、基金销售及金融产品代销、管家式融资服务、专项投资需求的产品开发、现金管理和市值管理的解决设计。

固收业务：

川财证券拥有一支专业、高效和经验丰富的业务团队，团队的过往业绩在同业中一直名列前茅，下设销售、交易、资本中介三个子团队。主要开展国债、政策性金融债券、次级债券、企业债券、可转换公司债券、公司债券等固定收益产品的承销等业务，开展固定收益产品的受托资产管理，创新固定收益产品的设计、开发等业务。

投行业务：

川财投行崇尚“专业、务实、责任、价值”的精英文化，拥有一支来自知名券商、信托、银行的专业高效团队，秉持“以客户为本”的经营理念，致力于为客户提供多层次、全产业链金融服务，包括股权融资、债权融资、购并重组、资产证券化、战略投资、新三板、场外市场等业务。

资产管理：

川财证券资产管理业务以高净值个人和机构客户为主要服务对象，打造高效、专业的资管团队，通过定向资产管理计划、集合资产管理计划和专项资产管理计划等工具为客户提供定制化的理财服务和全方位的投融资服务。

证券自营：

负责公司自有资金与资本的资产配置管理，投资类别跨越固定收益证券、股票、商品、衍生品以及其他法律法规许可的另类投资工具等。目前公司自营投研团队侧重专注于固定收益证券投资，在低风险承担水平下运用专业审慎的投资策略，组合债券现货、利率互换、国债期货等投资工具为公司创造稳定可持续的投资回报。

地址：四川省成都市高新区交子大道 177 号
中海国际中心 B 座 17 楼
电话：028 - 86583000
邮编：610041

大通证券股份有限公司

公司概况：

大通证券股份有限公司是总部设在大连的唯一一家证券公司，注册资本 22 亿元，经营范围包括：证券经纪；证券投资咨询；与证券交易、证券投资活动有关的财务顾问；证券承销与保荐；证券自营；证券资产管理；为期货公司提供中间介绍业务；证券投资基金销售业务；融资融券业务；代销金融产品业务；中国证监会批准的其他业务。公司目前拥有 45 家分支机构（其中 1 家分公司，44 家营业部），分布于大连、上海、北京、天津、广州、深圳等全国 20 余个城市。

2007 年 8 月，公司通过中国证券业协会组织的规范类证券公司评审，取得规范类证券公司资格。

历史沿革：

公司是经中国证监会《关于同意大通证券股份有限公司开业的批复》（证监机构字〔2001〕90 号）批准，于 2001 年 7 月 18 日领取了《中华人民共和国经营证券业务许可证》，同年 7 月 28 日正式注册登记成立，注册资本 11. 188 亿元。

2006 年 12 月，在中国证监会及国家相关部委的关心帮助下，在大连市人民政府的主导下，公司进行了重整，重新变更登记，注册资本 5 亿元。2007 年 10 月，公司增资扩股获得中国证监会批准，注册资本增至 12 亿元，2010 年 11 月，公司增资扩股至 22 亿元。

发展战略：

立足大连，面向全国，积极培育国际视野，在资本实力、资产规模、业务开拓、管理水平、技术手段、市场占有率等方面实现跨越式发展，最终成为具有较强核心竞争力和综合实力的证券公司。

经纪业务：

大通证券目前在全国拥有 37 家证券服务机构，分布于大连、北京、上海、深圳、广州等全国主要中心城市和经济发达地区。网点覆盖面较广，布局均衡合理，为近 30 多万投资者提供证券经纪业务服务。为更好地服务投资者，公司还对呼叫中心系统进行了升级和扩容，推出了客户自助服务和语音留言服务功能。总部客服中心产品部推出的智通管家系列产品，受到广大客户好评，强大的投资顾问团队为客户进行一对一高品质服务。短信服务平台建立起了总公司和营业部上下统一互补的短信服务机制，将公司丰富的资讯和研究成果及时传递到客户手中。公司投资者教育工作依据适当性管理原则服务客户，更好地保障客户利益。2012 年，公司根据市场发展趋势大胆改革创新，以实现通道业务和渠道业务并重发展为目标，推动经纪业务转型，将营业部从传统交易中心模式逐步升级为营销中心模式，实现服务、营销、理财的一体化发展。

投资银行业务：

大通证券投资银行事业部全程参与各行业产业链的金融服务，为企业发展的整个生命周期提供价值。大通投行以客户利益最大化为核心理念，以全方位、专业化服务为目标，凭借良好的服务水平和优秀的投行团队，成功为客户实施最佳的金融战略。投资银行事业部立足国际视野，借鉴国际国内知名大投行运作经验，投行业务涵盖股权融资、财务顾问、新三板、定增、私募债、IPO、再融资、兼并重组、资产证券化等业务。同时，依托大股东华信信托在 VC、PE 等产业投资领域的巨大优势，力求为客户提供全方位、专业化服务。

资产管理业务：

券商资产管理业务是指证券公司根据有关法律、法规和投资委托人的投资意愿，作为管理人，与委托人签订资产管理合同，将委托人委托的资产在证券市场上从事股票、债券等金融工具的组合投资，以实现委托资产收益最大化。大通证券是辽宁省内唯一一家获得中国证监会核准的受托投资管理业务资格的法人券商。客户委托证券公司的资产管理部管理受托资产符合《证券法》和监管部门的相关规定，具有合法、规范、专业的优势。

固定收益业务：

固定收益业务主要从事各类固定收益产品承销、做市、产品开发和投资、风险管理。公司以资本中介为理念，致力于成为产品设计者、流动性提供方、市场组织者、交易参与者和对手方。

交易及衍生品业务：

交易及衍生品业务主要是利用专业是的金融知识，充分的市场分析，进行自主交易。

证券金融业务：

证券金融主要从事，融资融券，约定式购回，质押式回购等金融活动。

总部地址：大连市沙河口区会展路 129 号
大连期货大厦 39 层
邮政编码：116023
全国统一客服热线：4008 - 169 - 169
在线客服：点击跳转
现场服务：大通证券营业网点
官方网站：www. daton. com. cnwww. estock. com. cn

大同证券经纪有限责任公司

公司概况：

大同证券经纪有限责任公司的前身“晋冀内蒙古地盟市大同证券公司”，是 1988 年 5 月经中国人民银行总行批准成立的股份制非银行金融机构，是中国证券史上最早成立的证券公司之一，也是山西省改革开放后资本市场起步的标志。2000 年增资扩股后公司名称变更为“大同证券经纪有限责任公司”。公司注册资本人民币五亿元，主要从事证券经纪、证券投资咨询、财务顾问、证券投资基金代销、金融产品代销、融资融券、证券自营、证券资产管理等业务，现为上海证券交易所、深圳证券交易所、中国证券业协会、中国国债协会会员、中国银行间市场交易商协会会员、全国银行间同业拆借市场成员。法定代表人是董祥董事长。

经过二十多年的发展，大同证券总体规模实现了历史性的突破，公司总资产、净资产、客户资产存量等各项指标都实现了数倍乃至 50 多倍的增长，发生了翻天覆地的变化。十几年间，公司总资产增长了 15 倍多、净资产增长了 32 倍多、客户资产存量增长了近 60 倍、交易总额增长了 15 倍多、利润总额增长了 10 倍多、上缴税金增长了 18 倍多、分支机构数量增长了近 9 倍、员工队伍增长了 12 倍。同时，公司的盈利能力和成本管理能力也逐年提高。就年度财务指标在全国 100 多家证券公司排名的情况而言,2006 年至 2010 年,公司净资产收益率曾连续两年位居前 10 位、三年位居前 20 位;2008 年至 2013 年,净资本收益率曾连续三年位居第 2 位、一年位居第 6 位、两年位居前 30 位;2008 年至 2013 年,成本管理能力曾连续两年位居第 25 位、两年分别位居第 20 位和第 21 位、一年位居第 12 位;2009 年和 2010 年,公司代理买卖证券业务净收入增长率曾分别位居第 20 位和第 22 位。

目前,大同证券旗下共有 37 家分支机构,主要分布于北京、上海、广东、江苏、浙江、山东、福建、河北、河南、内蒙古、云南、湖南和山西等省(区、市)内各地市,为全国各地的投资者提供网上、电话、手机等多种交易平台和沪、深证券行情揭示系统。同时,公司还开通了工行、农行、建行、中行、民生、华夏、交通、招商、兴业、光大、浦发、中信等银行的客户资金第三方存管业务,为投资者提供高效、安全、便捷和优质的银证转账服务。

此外,大同证券拥有实力雄厚的研究团队、资深的分析师和投资顾问团队,并推出了"同享创富、同享增富、同享添富、同享聚富"等同享系列产品套餐,上线了综合性客户服务平台——同享财富终端,以最大程度满足客户投资交易的需求,为客户提供金融资讯、一对一专属服务、学习交流和个性化服务。同时,公司全国客服电话 4007121212 为投资者随时答疑解惑。

坚持"走特色化发展之路"是大同证券的企业战略定位,做客户"投资的领航者",为客户提供专业化、高品质的服务是公司的基本诉求。为此,在当前证券行业创新发展战略加速推进的背景下,大同证券将围绕中长期的使命愿景,继续增强并提升企业的社会责任感及使命感,切实践行"沟通于心服务于行"的服务理念,致力于企业与客户的共同成长,并与全国广大客户一道共同开创公司走特色化发展之路的新局面!

公司历史沿革:

大同证券的前身为 1988 年 5 月 3 日经中国人民银行总行批准成立的"晋冀内蒙古地盟市大同证券公司",是中国证券史上最早成立的 32 家证券公司之一。1991 年 5 月 10 日,中国人民银行总行准予公司重新登记,名称变更为"大同证券公司"。1996 年 9 月重新登记为专业证券公司,名称仍为"大同证券公司"。2000 年 1 月,公司增资扩股方案得到中国证监会的批准,名称规范为"大同证券经纪有限责任公司",注册资本为人民币 1 亿元。2013 年 12 月 19 日,经中国证监会山西监管局核准,注册资本增至人民币 5 亿元。

目前,公司为上海证券交易所、深圳证券交易所、中国证券业协会、中国国债协会会员,在全国拥有 37 家分支机构。

公司文化:

企业宗旨:诚信立业　稳健经营　规范发展　求实创新

企业定位:立足经纪业务　走特色化发展之路

企业核心价值观:同创　同赢　同分享

企业理念:

· 生存理念:不比别人活得好　要比别人活得长

· 经营理念:有所为　有所不为　一切与资源相匹配

· 发展理念:做特　做优　做强

· 人才理念:知人　容人　育人　用人

· 服务理念:沟通于心　服务于行　专心　专注　专业

企业精神:务实　进取　协作　奉献

企业作风:专业　严谨　高效

企业管理文化:落实到位　执行到位

注册地址:大同市城区迎宾街 15 号桐城中央 21 层

邮政编码:037005

办公地址:太原市长治路 111 号山西世贸中心 A 座 12、13 层

邮政编码:030012

客服电话:4007121212

电子邮箱:webmaster@ dtsbc. com. cn

网站地址:http://www. dtsbc. com. cn

经营范围:证券经纪、证券投资咨询业务和与证券交易、证券投资活动有关的财务顾问、证券投资基金代销、代销金融产品、融资融券、证券自营、证券资产管理

会员席位:上海:22692 深圳:200100

德邦证券股份有限公司

公司概况:

德邦证券　您的财富管理专家

德邦证券股份有限公司成立于 2003 年 5 月,是经中国证监会批准设立的全国性综合类证券公司。目前公司注册资本 23 亿元人民币,净资产 27.9 亿元人民币公司已连续十一年实现盈利,旗下拥有中州期货有限公司、德邦基金管理有限公司、德邦星睿投资管理有限公司、德邦星盛资本管理有限公司。公司在投资银行、固定收益、资产管理、证券经纪、财富管理、私募及 PE 基金评价等方面不断创新,秉承"心连心、手拉手"的服务理念,为广大客户提供投资、融资等全面、专业的金融服务。

不断创新　持续荣耀

德邦证券坚持创新,秉承差异化发展战略,全面推动公司逐步成为一流的金融服务公司。创新推动各项业务的迅猛发展,公司创立"财富玖功"服务品牌,推动国内首家广告公司在 A 股挂牌上市,管理中国青年创业就业基金会的创业基金。2012 年,公司开创性地提出面对 PE 机构的全方位特色服务,并连续两年与 ChinaVenture 投中集团联合编写、出版了《中国私募股权投资(PE)年度报告》,以翔实的数据和独特的视角,把对中国私募股权投资市场的研究推到了更高境界。数年来公司赢得了投资者、合作伙伴等的广泛肯定和充分信任,获得了"2011 中国区优秀投行——最具创新奖""2012 年度中国最佳创新证券公司奖""2013 年度最佳互联网应用券商奖"等多项荣誉。

财富管理　先行一步

德邦证券是中国财富管理领域的先行者,率先为机构客户与高端私人客户提供全面财富管理服务。公司与交通银行、上海证券报社等发起主办了"中国阳光私募高峰论坛"及"中国财富管理高峰论坛",并与上海证券报社联合组织了四届中国私募基金"金阳光奖"的评选,共同推进中国财富管理事业的蓬勃发展。公司在财富管理方面的研究实力卓越,连续两年编写、出版了《中国财富管理年度报告》,并与上海证券报社合作连续四年编写、出版了《中国阳光私募年度报告》,成为国内首创的全景式行业年度报告,深受各界好评。

公司文化:

公司愿景:成为一流的金融服务公司

公司口号:汇聚成长力量共享财富人生

公司核心价值观:诚实守信、专业进取、卓越至臻、开放包容、创新变革

公司业务：

证券经纪

——首创“财富玖功”财富管理品牌，获“中国杰出营销奖”。

财富玖功是德邦证券倾力打造的财富管理品牌，玖功源自传统“九宫”，取其“合纵连横、用法多端、万物之基石”的寓意。公司以投资、融资、保障为核心，秉承复星集团“中国动力嫁接全球资源”的价值投资理念，致力于为客户财富管理提供最具价值的全面解决方案。“财富玖功”曾获得“21世纪中国券商奖之最具创意奖”“中国杰出营销奖——金融类优秀奖”和“2014年度中国最佳财富管理品牌”。

企业融资

——中国广告公司上市保荐的开拓者，获“2011中国区优秀投行——最具创新奖”。

企业融资业务是德邦证券的品牌业务，由投资银行总部和固定收益业务部门组成，以股权、债权业务双轮驱动发展的思路，并依托复星保险、基金、私募等全方位金融平台及消费、能源、工业等实体产业平台，为客户提供股权融资、债权融资、并购重组以及财务顾问等全面、综合性的金融服务，配合公司的股权投资和私募融资平台，协助客户实现发展战略目标，得到企业客户和机构投资者的广泛认可，并获得众多荣誉。

资产管理

——同业合作、同行共赢。

资产管理业务是德邦证券最具竞争能力和最具成长潜力的业务之一，作为管理规模超千亿资产的专业资产管理机构，德邦证券的资产管理产品包括“心连心”集合理财系列和“手拉手”专户定制系列。“心连心”集合理财系列为高净值客户提供标准化金融产品，产品稳健、风险可控，每年都实现正收益；“手拉手”专户定制系列为机构和高端客户提供各类投融资解决方案，为客户实现资产增值、财务优化、资金管理等综合性的业务需求。

德邦证券的资产管理团队具有丰富的投融资管理经验，多人拥有特许金融分析师（CFA）、金融风险管理师（FRM）等国际权威金融投资资格认证。始终秉承创新务实的精神为客户实现资产的优化管理与保值增值，并首创“五心”服务理念：放心、信心、用心、耐心、贴心，全心全意服务于广大客户。

证券研究

——“2011年最佳券商研究团队”的第十名。

——投资咨询业务综合收入增长率同业排名：2010年位列第2位，2011年位列第17位。

德邦证券研究所负责对宏观经济、上市公司等进行全面、深入的研究。依托复星集团及相关上市公司丰富的产业经验与研究资源，将研究力量重点配置在医药、有色、钢铁、零售、纺织、农业及泛消费业、金融服务、投资策略等重点领域。公司同时还在经纪业务管理总部、固定收益部、资产管理总部、证券投资部、债券投资与交易部等部门设立研究岗位，从不同的视角、不同的品种以及不同的策略出发，开展全方位、多视角的研究与分析。

创新发展

——创建“德邦阳光私募PRT评价体系”，编撰《中国阳光私募年度报告》系列，与中国的机构投资者结伴前行。

——开展非传统直接融资业务，匹配机构资金与基础资产，推动资本中介服务纵深发展。

——在泛资产管理框架下，为实现机构的利益或特定需求，引荐主动或被动的受托管理服务。

德邦证券创新发展部从公司整体利益和战略角度，对广义金融市场内的新型产品进行分析，培育一系列创新业务与产品，动态调整和优化公司发展战略，并通过公司内部资源整合，以创新的方式为公司增添独特价值，创造公司的新竞争优势和核心能力。同时，创新发展部利用信托计划、证券及保险资产管理计划、基金特定客户资产管理计划、银行理财产品等各类金融平台，为客户设计和管理差异化、个性化的金融产品，提供全方位、专业化的服务。

风险管理

——“最佳风险控制奖”获得者。

——“客户利益最大化”理念的坚持者。

德邦证券倡导“人人都是风控责任人”的风险管理理念，追求风险调整后的收益最大化，追求公司的安全运行与可持续发展。公司已连续十一年实现盈利，其持续盈利能力和风险管理能力得到社会各方的认可，曾获得“21世纪中国券商奖之最佳风险控制奖”。

地址：上海市福山路500号城建国际中心26

电话：021－68761616

传真：021－68767880

邮箱：webmaster@ tebon. com. cn

网址：http://www. tebon. com. cn

第一创业摩根大通证券有限责任公司

第一创业摩根大通证券有限责任公司（J. P. Morgan First Capital Securities Co.，Ltd.）（中文简称“一创摩根”，英文简称“JPMFC”）由第一创业证券股份有限公司（简称“第一创业”）和摩根大通共同出资组建。公司总部位于中国北京。公司法定代表人和董事长为刘学民先生，首席执行官为任劲先生。

一创摩根，是第一创业和摩根大通基于相互认同的企业价值观、互利共赢的发展愿景，依照规范的公司治理架构所创建的合资证券公司，体现了双方对中国资本市场的长期承诺。一创摩根借助第一创业长期根植本土资本市场所积累的丰富经验与摩根大通作为具有悠久历史的全球领先金融机构的国际视野和平台，秉承以一流方式做一流业务的传统，坚持开放、创新、包容、协作的发展理念，努力成为推动中国资本市场发展的重要力量。

一创摩根致力于成为备受尊敬的一流中国投资银行。

以客户价值为核心：一创摩根始终以客户价值为核心，与客户密切合作，协助客户应对挑战，从而达成长远的战略目标。以客户价值为核心，意味着不仅着眼于当前的解决方案，更放眼于客户未来的价值提升。一创摩根以严谨的专业精神和强大的执行能力为基础，通过创新的视野洞悉资本市场的趋势，确保客户获得可持续的发展动力与竞争优势。

以员工为自豪：一创摩根视员工为最重要的资产，努力创造机会激发每位员工的潜力、责任感和对卓越的不懈追求。一创摩根强调团队协作，亦充分尊重个人特质。一创摩根在差异中寻求共同点，在开放的体系中不断完善自身。我们相信，具有卓越才能、激情与创造力的投资银行家将是一创摩根成功服务客户的基础。

成就行业典范：一创摩根强调风险控制与合规管理贯穿于公司业务的各个环节，恪守规范、稳健的发展之道。一创摩根严格遵循监管规定与行业自律要求，规范员工的执业操守。我们的目标是将“一创摩根”的品牌打造成为中国投资银行业的典范与标杆。

地址：北京市西城区武定侯街 6 号卓著中心 10 层
邮编：100033
电话：+(8610)63212001
传真：+(8610)66032671
媒体联系：总裁办公室(pr@ jpmfc. com)

第一创业证券股份有限公司

公司概况：

第一创业证券股份有限公司由第一创业证券有限责任公司(简称“一创有限”)整体变更设立，其前身为佛山证券公司。

1992 年 11 月，中国人民银行出具《关于成立佛山证券公司的批复》(银复〔1992〕608 号)，同意成立佛山证券公司。1993 年 4 月，佛山证券公司领取了核发的《企业法人营业执照》，注册资金为 1,000.00 万元。

1997 年 12 月，经中国人民银行批准，佛山证券公司与中国人民银行脱钩改制并增资扩股，同时更名为“佛山证券有限责任公司”。1998 年 1 月，佛山证券有限责任公司领取了核发的《企业法人营业执照》，注册资本增至 8,000.00 万元。

2002 年 4 月，中国证监会核准佛山证券有限责任公司增资扩股，注册资本由 80,000,000.00 元增至 747,271,098.44 元，同时更名为“第一创业证券有限责任公司”。2002 年 7 月，一创有限领取了核发的《企业法人营业执照》。

2012 年 2 月，中国证监会核准一创有限变更为股份有限公司，一创有限以 2011 年 9 月 30 日经审计后的公司净资产为基数折股整体变更为本公司，注册资本为 19.7 亿元。2012 年 3 月，本公司领取了核发的《企业法人营业执照》。

公司主要经营范围有证券经纪；证券投资咨询；与证券交易、证券投资活动有关的财务顾问；证券(不含股票、中小企业私募债券以外的公司债券)承销；证券自营；证券资产管理；融资融券；证券投资基金代销；为期货公司提供中间介绍业务；代销金融产品。

截至 2013 年 12 月末，公司共有员工 1578 名，其中管理人员 33 名，业务、研究人员 1083 名，财务清算、业务支持人员 462 名。在 1578 名员工中，博士 19 名，硕士 304 名，本科 748 名，大专及以下 507 名。

公司理念：

我们致力追求可持续发展，努力打造具有独特经营模式、业绩优良、富有竞争力的一流投资银行。我们能从一家业务单一的小型券商，发展成为今天“业务特色鲜明、收入结构均衡、布局全国”的综合性证券公司，是因为我们敢于担当使命，拥有鲜明的核心价值观、良好的经营理念、富有凝聚力的企业文化与激励性的人力资源政策。我们坚持国家、股东、客户、员工利益的统一，坚持以客户为中心，坚信证券公司是经营人的公司，人才是证券公司最宝贵的资源。这些理念和共识已深深植入第一创业人的心中，并指引着我们业务的发展：

公司愿景：追求可持续发展，努力打造具有独特经营模式、业绩优良、富有竞争力的一流投资银行。

使命：成就企业家、投资者的梦想。

核心价值观：诚信、进取、创新。

经营理念：一流机制、一流人才、一流服务、一流品牌。

人才理念：第一创业创造的机会首先属于合格的第一创业人，第一创业人和公司共成长。

合格的第一创业人标准：有理想、有道德、有正确的思维方式、有持续系统的学习能力。

主要业务：

投行业务

第一创业是国内首批证券发行上市保荐机构、首批股权分置改革试点保荐机构及首批 IPO 询价对象，拥有一支专业的，具有丰富从业经验的投资银行队伍，富有创新活力和高效的融资能力，重点为国有大中型企业、高成长性的大型民营企业、中外合资企业提供多品种的融资服务，并致力于通过专业服务使客户成为行业龙头。自 2006 年以来，公司主承销股票债券家数、承销金额等业务排名多年进入业内前 20 名。

第一创业自 1997 年就设立收购兼并总部，始终把打造中国投资银行并购品牌作为自己的奋斗目标，秉承对客户高度负责的敬业精神，着眼于客户的长远发展及关心的现实问题，为客户提供创新的、具有专业水准和全局眼光的、个性化的并购服务，致力推动优势客户利用资本平台逐步实现行业龙头地位。公司在企业并购及资产重组业务上拥有雄厚的实力，积累了丰富的客户资源，享有良好的市场声誉。2008 年、2009 年，公司财务顾问收入在全国券商中分别排名第 17 位、第 21 位。

2010 年 12 月 31 日，第一创业与摩根大通共同出资组建合资证券公司——第一创业摩根大通证券有限责任公司的申请获中国证监会批准。2011 年 6 月，一创摩根筹建完毕正式开业，注册资本 8 亿元人民币，总部设在北京，公司持股 67%，摩根大通持股 33%。公司原收购兼并业务、投资银行业务、债券承销业务全部平移至合资公司。

一创摩根在中国内地开展证券承销和保荐业务，借助公司长期根植本土市场的丰富经验和摩根大通全球领先的国际视野和平台，致力于成为备受尊敬的一流中国投资银行。

投行业务内容

各类有价证券(含股票、债券)的发行、承销、上市推荐；

企业的股份制改造和发行上市辅导；

政府融资策略顾问，协助制定当地资本运作规划及战略；

提供公司融资、并购、战略性投资等个性化金融服务；

项目融资；

其他创新型业务。

历史业绩

IPO 承销保荐：中小板第一股新和成 IPO(002001)、航民股份 IPO(600987)、雪莱特 IPO(002076)、孚日集团 IPO(002083)、东南网架 IPO(002135)、荣盛发展 IPO(002146)、新嘉联 IPO(002188)、亚太股份 IPO(002284)、联发纺织 IPO(002394)、巨星科技 IPO(002444)、碧水源 IPO(300070)、银之杰 IPO(300085)、松德股份 IPO(300173)、宝泰隆 IPO(601011)、步森股份 IPO(002569)、欣旺达 IPO(300207)、北玻股份 IPO(002613)。

定向增发、配股及公司债：新钢钒(000629)32 亿元可转债、思源电气(002028)定向增发、大族激光(002008)定向增发、栋梁新材(002082)公开增发、东北制药(000597)定向增发和公司债、张江高科(600895)公司债、开元控股(000516)配股。

收购兼并业务内容

财务顾问业务：收购方财务顾问或独立财务顾问、重大资产重组独立财务顾问及一般性财务顾问业务。

直投财务顾问业务：与委托机构签订投资顾问协议，担任委托机构的投资顾问，充分发挥公司的项目发掘和资源整合能力，为委托机构寻找高回报的直接投资机会。

历史业绩

政府财务顾问：深圳市政府财务顾问、廊坊市政府、抚顺市政府财务顾问等。

上市公司并购：新太科技（600728）、深万山（000049）、工大首创（600857）、内蒙宏峰（000594）、中钨高新（000657）等。

全面要约收购：美罗药业（600297）等。

重组独立财务顾问：青鸟天桥（600657）、国投华靖（600886）等。

整体上市独立财务顾问：攀钢钢矾（000629）等。

行业整合并购：首创股份（600008）、盐湖钾肥（000792）、鲁能泰山（00072 等。

股权分置改革：金马集团（000602）、沙河股份（000014）、美利纸业（000815）、鲁能泰山（000720）、中钨高新（000657）、中纺投资（600061）等 20 多家。

集团财务顾问：鲁能集团、湖南有色集团、中纺集团、首创集团、福汽集团、德赛集团、金马集团、美罗集团、滨海控股等。

零售经纪业务

第一创业证券拥有先进的交易支持系统，为客户提供完备的交易手段、快速安全的交易通道和及时、周到、优质的服务。

公司以分设在北京、上海、深圳等沿海及中部经济发展最活跃地区的营业网点为平台，与网络系统相结合，借助“易富人生”财富品牌，为客户提供 A 股、B 股、债券、基金、回购等丰富的投资交易品种，并完善咨询建议、投资分析、理财策划、服务定制等服务功能，全面满足客户“一站式”服务的需求，把营业部打造成为公司金融产品和服务的营销中心，使营业部成为公司向客户提供全面金融服务的终端，公司联系客户的纽带和触角。

公司率先在业界开展投资顾问的业务模式，率先在服务中引入理财策划概念，为客户提供个人理财策划服务，有效满足客户理财需求。

主要业务内容

代理深沪证券买卖等经纪服务；

代办深沪股东代码卡及挂失、补办和更改等业务；

代销基金等各种金融产品；

销售公司金融产品。

业绩摘要

2002—2009 年，公司股票基金市场占有率由 1.413‰提高到 3.11‰，保持了近 20% 的年均增长速度。

近几年营业部部均收入连续排名业内前 20 名，2009 年为第 7 名，目前管理客户资产近 500 亿元。

2006—2010 年，公司在中国证监会广东监管局辖区内佛山地区的营业部全部被评为 A 类（最高级别）营业部。

2007 年，公司佛山季华路营业部被中国证券业协会授予“做明明白白的投资者”教育活动证券知识竞赛优秀组织奖。

2008 年至 2010 年，佛山季华路营业部连续三年获评《证券时报》中国明星营业部评选之“最佳区域明星证券营业部”称号。

2009 年，公司北京营业部获评《证券时报》中国明星营业部评选之“最具市场开拓力证券营业部”称号。

2010 年，在《理财周报》2010 中国券商“金方向”奖评选中，公司荣获“2010 中国最佳客户服务证券公司”称号；北京营业部获“2010 年中国证券营业部 100 强”称号。

2010 年，公司荣获《上海证券报》“优秀投资者教育工作组织单位”称号；北京、季华、上海及深圳营业部荣膺“优秀投资者教育工作网点”称号。

2011 年，公司杭州金城路证券营业部在《证券时报》主办的“第四届中国最佳证券经纪商暨明星营业部评选”中荣获“营业部新星”奖。

固定收益业务

在固定收益业务领域，第一创业一直以成为“中国一流的债券交易服务提供商”为发展目标，经过多年的投入和积累，固定收益业务已发展成为本公司的优势业务。

2012 年起，第一创业成为央行公开市场业务一级交易商，拥有行业领先的市场地位（中国人民银行公开市场操作室于 2014 年 2 月 14 日公布《2014 年度公开市场业务一级交易商名单》，仅 4 家证券公司获此资格）。

根据中国债券信息网，2011 年及 2012 年，第一创业在银行间固定收益现券交易量分别达到 16，975.17 亿元和 17，605.15 亿元，在银行间市场证券公司中分别位列第 2 名、第 4 名，市场占有率分别为 1.45%、1.46%。

通过多年的经营和发展，本公司形成了较雄厚的客户基础，积累了包括银行、基金、保险公司、投资公司和大企业在内的大量客户，在市场上拥有较高的知名度和信誉度，赢得了客户信任。公司凭借自身庞大的客户群，大力发展债券销售和交易业务，取得了领先市场的地位。

主要业务内容

国债、金融债、企业债、可转换债券及其他产品的交易服务；

国债、金融债、企业债和可转换债券等固定收益证券品种的承销；

宏观经济和债券市场研究，协助客户进行固定收益证券品种的定价和投资。

债券主承销业绩

11 豫中小债，河南省首只中小企业集合债，2011 年。

11 重庆城投债，发行总额人民币 25 亿元，2011 年。

11 鹰潭债，发行总额人民币 12 亿元，2011 年。

11 云浮债，发行总额人民币 10 亿元，2011 年。

10 长沙城投债，发行总额人民币 25 亿元，2010 年。

10 抚顺城投债，发行总额人民币 15 亿元，2010 年。

10 湖州城投，发行总额人民币 15 亿元，2010 年。

恒丰银行次级债，发行总额人民币 10 亿元，2009 年。

08 连云发展债，中国首只以海域使用权为抵押的企业债，2008 年。

08 重庆城投债，发行总额人民币 30 亿元，2008 年。

07 年湘泰格债中国首只抵押担保模式的企业债，2007 年。

恒丰银行次级债中国第一家私募性质非上市银行次级债，2006 年。

业绩摘要

2004—2011 年，固定收益部在全国银行间债券市场现券交易量连续六年在业内排名前五位，其中，2010 年业内排名跻身前三，2011 年跃升至行业第二，并连续多年荣获全国银行间债券市场“优秀交易成员”“交易量 100 强”“交易活跃前 100 强”等称号。

资产管理业务

第一创业证券资产管理业务秉承“专业、创新、卓越”的经营理念，积极探索“以产品为驱动、以客户为中心、以投研能力为核心”三位一体的综合业务体系，致力于建立以“集合理财、定向理财、专项理财、投资顾问服务多平台”方式全面满足客户个性化理财需求的业务体系，以经验丰富、业绩优异的专家团队为客户提供长期稳定的投资回报，打造富有第一创业特色的一流资产管理业务品牌。

经中国证券监督管理委员会批准，第一创业证券目前拥有开展受托投资管理业务、集合资产管理业务等资格。

主要业务内容

接受单一客户委托的定向资产管理业务。

接受多个客户委托的集合资产管理业务。

国内外股票一级市场和二级市场的委托理财业务。

货币基金、国债、企业债、短期融资债、分离交易债等固定收益类产品的委托理财业务。

国内外商品期货、金融期货、期权等各类金融衍生产品的委托理财业务。

资产证券化、PE 类股权投资、企业融资顾问服务、结构性理财产品服务等个性化委托理财业务。

产品简介

集合资产管理计划产品——“创业 1 号安心回报”。

集合资产管理计划产品——“创业 2 号稳健回报”。

投资顾问产品——“薪加薪 1 号”人民币理财产品。

投资顾问产品——“一创基金宝”结构式信托计划。

集合资产管理计划产品——“创金避险增值”。

集合资产管理计划产品——“金益求金”。

集合资产管理计划产品——“创金价值成长”。

集合资产管理计划产品——“创金灵活成长 1 期”。

集合资产管理计划产品——“创策略尊享”。

集合资产管理计划产品——“创金灵活成长 2 期”。

研究及销售业务：

研究咨询业务

拥有一支国内一流水平的研究团队，以宏观经济及策略为核心，以行业及公司研究、债券研究为基础，理论结合实际，贴近市场，致力于追求与客户的长期互信关系，以研究产品及研究服务为客户拓展价值。客户覆盖国内各大基金公司、银行、保险、农信社、财务公司等各类机构投资者。

主要业务内容

宏观经济研究；

投资策略研究；

衍生产品研究；

理财产品研究；

行业研究；

公司研究；

基金研究；

债券研究；

企业相关方案设计。

销售交易业务

第一创业拥有一支从业经验丰富的高素质机构销售队伍，致力于为机构客户提供专业化、个性化、一站式金融与证券服务。与国内 60 多家基金公司以及保险公司等市场中主流的投资机构者建立了全面、深入、密切的投研合作关系。

主要业务内容

向以基金公司为代表的机构投资者提供全面、深入、及时的专业化研究咨询服务；

向机构投资者推介、销售公司的各类金融产品；

为上市公司提供具有针对性的投资者关系管理方案；

为上市公司提供大小非减持等大宗交易中介服务。

衍生产品业务

第一创业证券衍生产品业务主要进行低风险套利和风险可控的数量化、程序化交易等方面的自营投资，以及衍生品的设计、发行、创设注销与投资等。

证券投资业务

在严格控制风险的基础上，坚持深入研究，遵循价值投资理念，依托较为科学的投资决策体系及完善的投资管理制度，积极灵活的投资策略与仓位控制，对股票及其衍生品、基金进行投资，确保公司资本金获得持续稳定的收益。

2007 年，在投资规模平均保持 60% 的情况下，公司证券投资收益率为 152%，超过同期上海综合指数涨幅近 50 个百分点。

2008 年，公司证券投资收益率超过同期上证综合指数 45 个百分点。

2009 年，公司证券投资收益在全国券商中排名第 17 位。

公司总部

总机电话：0755 – 23838888

北京办事处

联系电话：010 – 63197788

客服热线

联系电话：400 – 888 – 1888　0755 – 25832666

东北证券股份有限公司

公司概况：

东北证券股份有限公司（以下简称“公司”）前身为吉林省证券有限责任公司。2000 年 6 月经中国证监会批准，经过增资扩股成立东北证券有限责任公司。2007 年 8 月，锦州经济技术开发区六陆实业股份有限公司定向回购股份，以新增股份换股吸收合并东北证券有限责任公司，并更名为“东北证券股份有限公司”。2007 年 8 月 27 日，公司在深圳证券交易所挂牌上市，股票简称为“东北证券”，股票代码为 000686。公司注册地为吉林省长春市，注册资本为 19.57 亿元。

经过二十多年的努力，公司规范经营，不断进取，无论经营规模还是综合实力都取得了翻天覆地的变化。截至目前，公司已经开展全面证券及与证券相关的业务，包括证券经纪、证券承销与保荐、证券自营、证券资产管理、证券研究咨询、IB、直接投资、融资融券、中小企业私募债、约定购回式证券交易、股票质押式回购交易、代销金融产品等业务，形成了较为完整的业务体系。同时公司坚持多元化发展，积极开展对外投资业务，已设立东证融通直投子公司、东证融达另类投资子公司，控股渤海期货、东方基金，参股银华基金，建立起集证券、基金、期货、直接投资、另类投资为一体的开展综合金融服务的控股集团雏形。公司已在全国 21 个省、自治区、直辖市的 39 个大中城市设立 85 家证券营业部，19 家区域分公司，并在北京、上海设立了 4 家分公司，分别经营证券承销与保荐业务、证券资产管理业务、证券自营业务、证券研究咨询业务，公司全国战略布局趋于合理并形成了一定的规模优势和品牌优势。

公司肩负“融通资源，创造财富”的使命，坚持“一切以客户收益为重，一切以员工利益为重，一切以股东权益为重，一切以社会效益为重”的核心价值观，在稳健中经营、在创新中发展、在服务中共赢。公司致力于建立和谐的经营管理团队，通过充分调动全体员工的积极性，从根本上提高公司的创利能力，回报股东，回报社会。

公司文化:

公司使命

融通资源,创造财富

核心价值观

一切以客户收益为重

一切以员工利益为重

一切以股东权益为重

一切以社会效益为重

企业精神

诚信,创新,进取,成长

文化核心

融

以坦诚的胸襟与同伴和谐相融

以专业的操守与行业和谐相融

以感恩的心态与社会和谐相融

以开放的眼界与世界和谐相融

文化理念

相融相通,互琢玉成

地址:吉林省长春市自由大路1138号

电话:4006000686

传真:0431－85680032

邮编:130021

东方证券股份有限公司

公司概况:

东方证券股份有限公司(以下简称"公司")是一家经中国证券监督管理委员会批准设立的综合类证券公司。其前身是于1998年3月9日开业的东方证券有限责任公司。公司总部设在上海,截至2014年底,公司注册资本42.82亿元。

经过17年的发展,东方证券从一家仅有586名员工、36家营业网点的证券公司,逐渐壮大为一家总资产超过1000亿,净资产超过200亿,员工近3000人,在全国39个城市设有97个分支机构,提供证券、期货、资产管理、理财、投行、投资咨询及证券研究等全方位、一站式专业综合金融服务的证券金融控股集团。公司形成了自营投资,固定收益,证券、期货研究及资产管理等优势业务的业内领先地位。

公司全资持有上海东证期货有限公司、上海东方证券资产管理有限公司、上海东方证券资本投资有限公司、东方金融控股(香港)有限公司、上海东方证券创新投资有限公司,与花旗集团合资设立并控股东方花旗证券有限公司,同时作为第一大股东参股汇添富基金管理股份有限公司。

17年来,公司秉承"团结进取务实高效"的企业精神,致力于创建"具有国内一流核心竞争力、为客户提供综合金融服务的现代投资银行"。

经营理念:

稳健经营、专业服务、以人为本、开拓创新。

"稳健经营"即合规是立身之本,稳健是经营之道,着眼于公司的长期可持续发展;"专业服务"即致力于提供真诚、优质、高效的专业服务,满足和超越客户的期望;"以人为本"即尊重人才、人尽其才,敬业、专业的人才是公司的最宝贵资源;"开拓创新"即勇于面对机遇、挑战和激烈竞争,开拓进取,勇于创新,追求卓越。

公司着力打造具有向心力和凝聚力的企业文化,提炼出和谐、创新、进取、竞争等企业文化的核心价值观,为公司发展提供强大的精神动力。

公司将以创新促发展,迈向一流券商行列,发展成为一家真正的现代金融服务企业。

股东背景:

公司股东实力雄厚。

既有申能(集团)有限公司、文汇新民联合报业集团、上海海烟投资管理有限公司、上海电气(集团)总公司、上海邮政等大型国有企业;也有上海金桥出口加工开发股份公司、长城信息产业股份有限公司、上海建工股份有限公司等上市公司;还有上海致达科技(集团)股份有限公司、上海绿地(集团)有限公司等民营企业。

公司荣誉:

2006年,公司党委荣获"全国先进基层党组织"、"上海先进基层党组织"、"上海市金融系统先进基层党组织"称号。

2007年,公司荣获"上海金融系统创建'四好领导班子先进集体"称号。

2008年,公司荣获"2008年度治安防范先进集体"称号。

2008年,资产管理业务总部荣获由中华全国总工会颁发的"2008年度全国五一劳动奖状",成为上海市唯一获此荣誉的金融企业。

2008年,投资银行业务总部荣获"2008中国区中小板最佳投行"和"2008中国区最具创新项目"两项团体奖。

2008年,固定收益业务总部荣获由财政部颁发的"2008年度记账式国债承销进步奖"。

2009年,公司当选第四届"卓越雇主:中国最适宜工作公司"。

2010年,公司荣获"上海金融系统世博工作优秀组织奖",信息技术中心荣获"2007—2009年度上海市模范集体"称号。

2011年,公司荣获"全国模范劳动关系和谐企业"称号。

2012年,公司荣获上海金融创新成果三等奖。

旗下公司:

公司将以创建具有一流综合竞争力的证券公司为目标,致力于成为一家公开上市的由资产管理公司、基金管理公司、投资银行公司、经纪业务公司、期货公司、研究所等分支机构组成的金融控股集团。

上海东证期货有限公司

上海东证期货有限公司(简称:东证期货)是东方证券股份有限公司全资子公司,注册资本5亿元。其前身系上海久联期货经纪有限公司,2007年9月我司与久联期货股东签署股权转让协议,2007年11月该项股权转让获得中国证监会批准,2007年12月正式更名。东证期货是国内四家期货交易所的全权结算会员,可以代理股指期货、黄金期货、钢材期货和其他商品期货交易。公司拥有一支具有多年期货、证券市场从业经验的优秀团队,以规范管理、诚信创新的经营理念为广大投资者提供专业期货服务。

公司致力于打造国内期货界最优秀的期货公司之一,尤其专注股指期货、钢材期货、有色金属、黄金期货以及能源化工期货等领域的代理和研究服务。

上海东方证券资本投资有限公司

上海东方证券资本投资有限公司(简称:东证资本)成立于2010年2月8日,是东方证券股份有限公司的全资子公司,注册资本7亿元。东证资本具有优秀的直投投资业务团队,在企业的投融资、业务重组及上市、并购方面拥有丰富的经验。

东证资本将依托母公司东方证券强大的业务平台，依靠自身优秀的业务团队，致力于创建拥有一流管理团队、雄厚资本实力、强大投资和管理能力、广阔国际化视野的国内领先的投资管理公司，投资具有高成长性的国内企业，为企业的成长提供优质的资本服务，成为企业成长的助推器。

东方证券资产管理有限公司

上海东方证券资产管理有限公司（简称：东证资产管理）成立于2010年7月，是在原东方证券股份有限公司资产管理总部基础上组建而成。资产管理总部从事客户资产管理业务已有12年历史，并于2002年首批获得中国证监会的批准从事客户资产管理业务资格，具有丰富的实践经验和管理经验。2005年首批获准开展集合资产管理业务。

东方红资产管理团队成立12年来，经历了中国证券市场多次牛市熊市的考验，已经积累了丰富的投资经验和风险管理经验。陆续推出了多只东方红系列集合理财产品和定向理财产品，投资收益率长期在券商同类产品中名列前茅。

东方金融控股（香港）有限公司

东方金融控股（香港）有限公司（简称：东方（香港））为东方证券股份有限公司全资附属公司，是于2009年9月经中国证监会批准于香港设立的中资证券公司。

东方金融控股（香港）有限公司注册资本金为1亿元港币，下设东方证券（香港）有限公司、东方期货（香港）有限公司和东方资产管理（香港）有限公司，三家各子公司将分别持有香港证监会颁发的证券经纪业务、期货经纪业务及等业务牌照。

汇添富基金管理有限公司

汇添富基金管理有限公司（简称：汇添富）成立于2005年1月，是一家高起点、国际化、充满活力的基金公司，由东方证券股份有限公司、文汇新民联合报业集团、东方航空集团三家实力雄厚、声誉卓越的集团联合发起设立，注册资本1亿元。三家股东分别在各自行业中处于引领地位，东方证券是中国证监会认定的具“创新试点”资格的券商之一，是中国证券业资产质量最优、盈利能力最强的证券公司之一；文汇新民联合报业集团为中国最大的报业集团之一，拥有巨大的辐射力和影响力；中国东方航空集团是中国三大航空运输集团之一，拥有强大的品牌影响力和庞大的客户群。

汇添富以一流的企业文化汇聚中外精英，开发受市场欢迎的产品系列，建立高效的销售渠道，提供优质的客户服务，实施一流的投资风险管理，以长期稳定的优秀投资业绩回报投资人，并有志发展成为中国业内管理国际资产和投资国际市场的专家，经过中长期的努力发展成为中国最佳的资产管理公司之一。

东方花旗证券有限公司

东方花旗证券有限公司（简称“东方花旗”）成立于2012年6月，是一家由东方证券与花旗环球金融（亚洲）有限公司基于战略投资合作关系共同投资组建的中外合资证券公司。东方花旗总部位于上海，并于北京、深圳、新疆等地设立办公机构。

东方花旗注册资本为8亿人民币，员工人数约200名。东方花旗根系本土市场，致力于为政府和企业提供优质的投资银行服务，同时积极开拓海外市场，旨在成为连接国内外资本市场的桥梁。

上海东方证券创新投资有限公司

上海东方证券创新投资有限公司（简称“东证创新”）成立于2012年11月19日，是东方证券股份有限公司的全资子公司，注册资本金3亿元。

东证创新致力于投资业务的创新工作，拓宽投资渠道，提升盈利手段与能力。东证创新依托母公司优秀的自营投资团队，努力打造与自营业务互补的创新投资业务平台，力争成为行业内领先的创新投资团队。

地址：上海市黄浦区中山南路318号

东方国际金融广场21－29层

邮编：200010

总机：（8621）63325888

传真：（8621）63327888

全国统一客服热线：95503

东海证券股份有限公司

公司概况：

东海证券的前身是1993年成立的常州证券。2003年5月，在行业大潮转折之际，常州证券改名为“东海证券有限责任公司”，2013年5月设立“东海证券股份有限公司”。目前公司注册资本为16.7亿元，48个股东分布全国各大中城市。10年来，东海证券在朱科敏董事长的带领下，经历了证券市场的变革和洗礼，一路稳健发展，营业网点从9个发展到63个，客户数量从12万发展到100万户，管理客户资产从30亿发展到800亿，员工人数从170人发展到最多3000余人。

新设另类投资子公司——东海证券全资子公司东海证券创新产品投资有限公司，为公司未来业务模式的拓宽提供了平台和契机；积极开展融资融券、新三板、利率互换等创新业务；公司获得了中小企业私募债发行资格批复，拓宽了债券发行业务空间，增加公司盈利增长点。

10年来，东海证券已拥有保荐业务、客户资产管理、短期融资券承销、经纪业务、网上交易、投资咨询、同业拆借、股票质押贷款、银行间市场交易、证券自营、基金管理公司设立、权证创设、权证一级交易商、资产证券化、代办转让市场、首批甲类结算人等证券公司业务经营的牌照、资格。

东海证券通过在文化建设、品牌打造、产品创新、管理变革、提升服务等方面孜孜不倦、扎实有效的工作，经营业绩取得了长足进步。2008至2011年，公司连续四年获得“年度全国银行间债券市场交易量100强”称号；2010年公司交易量排名居券商中第七名，2009年、2010年，公司研究所在第七届、第八届新财富评选中分别获得“最具有潜力研究机构第三名”；2010年5月，在《证券时报》举办的“2010中国区优秀投行评选”活动中，获得“最具成长性投行”称号；2011年，在中国区优秀投行评选中获得“最具定价能力投行”、“最具投资价值保荐项目”、“最佳并购重组项目主办人”三个奖项；2011年4月，在深交所举办的2010年度保荐工作评比中获得“2010年度保荐工作最佳进步奖”；2011年4月，获《中国改革报》评选的“中国资本市场20年十佳保荐机构”奖。

2007年、2008年、2011年分别获得常州市企业“特别重大贡献奖”，董事长朱科敏荣获“常州市杰出企业家”称号，2011年被评为“江苏省十佳优秀企业”“江苏省十佳诚信企业”，2012年被评为“江苏省用户满意服务明星企业”“2013年江苏省政府满意客户放心五星级单位”。

2007年度，公司进入“中国独立企业属地纳税总排名五百强排行榜”。在《福布斯》发布的“2012年度中国A股最佳IPO投行”排行榜上，跻身福布斯中国A股最佳IPO投行;2012 年再次获得 A 类券商,是江苏省获得 A 类的三家券商之一。

公司文化:

东海企业文化总纲要:

用微笑传递智慧,让事实缔造杰出

东海的核心价值观:

自信、和谐、感恩、快乐

东海的人格:

一种海纳百川的胸怀;一种敢为天下先的精神;一种务实、高效的作风;一种良好的团队亲情;一个国际投行的远大理想。

东海的"和谐十要":

五德:真、善、能、明、礼。这是每个员工应该注意的行为准则;

五法:领、令、察、容、聚。东海中层以上的领导都必须要做到的。

五德:

真即真实、真诚。对人对事贵在真诚。"真"是一种本性、本能,与虚伪、假装格格不入。在实际中要认真对待工作,爱岗敬业,实事求是,不弄虚作假、不急功近利、不欺骗领导;要与同事友爱相处,真诚待人;对客户也要以诚相待,讲诚意,践诚信.为自己也为他人营造一种良好的工作环境。

善即善良、友善。"善"既是一种高尚的品质,是爱心的体现,它也是一个人根牛立命的底线,它与身俱来。在实际工作中要与人为善、乐于助人,主动关心帮助他人。

能即能力、才干。立足本职,这种能力就是懂行,具备很好的专业素质。能出色地完成领导交办的任务和下达的指标。

明即透明、公开。堂堂正正做人,规规矩矩做事,光明磊落。对单位、对领导无任何隐瞒和私心,主动接受监督和检查,清清白白、干干净净。

礼即礼貌、规范。尊重领导、尊重对方,有理有节,不卑不亢。践行我们东海抬头做人、跪着做事的的理念。

"五德"实际上是对东海人才观的高度概括。物以类聚,人以群分;有什么样的文化,就会聚集什么样的人。东海的企业文化目标,就是建立和谐发展的文化,因而要求我们每一个东海人,无论在哪个岗位,在做人做事的时候都要想一想自己有没有守"五德",行"五法",在引进人才的时候更要重点考察这几项品德。

五法:

领即带领、率领的能力。作为一名领导要身先士卒,敢于承担责任,要起到领导的模范带头作用。不怕困难,有胆有识,善于领导,充分体现领导的魅力。

令即贯彻执行命令、指示的能力。既要能领会上级的精神,又要会上下沟通。做到政令畅通、令行禁止。执行力是企业的生命,有令不行,有禁不止,必将使企业陷入被动。

察即观察、发现问题的能力。要善于体察民情民意,善于发现部下的优点和不足,扬长避短,知人善任,人尽其才。要善于及早发现团队中的不良倾向,防微杜渐。

容即包容、宽容能力。对部下要关心爱护,包容下属的不足,让他们在宽容的环境中更自觉地改进不足,不断进步。

聚即集合、凝聚能力。要做到团结大家、众志成城,增强团队的凝聚力和战斗力。

做一个优秀东海人应该具备的优良品质:

五有:有理想、有能力、有态度、有激情、有感情。

五讲:讲奋进、讲和谐、讲团队、讲团结、讲纪律。

公司业务:

证券经纪业务

以建立理财型证券公司为导向——经纪业务遵循以服务为导向的"理财型证券公司"发展战略,建立和健全各项管理制度,各项业务规范开展,力争实现为客户资产保值增值。

强辐射力与众多的网点——辐射力与经纪业务经营规模不断扩大,营业网点布局日趋合理。以上海、常州、洛阳为中心,已开业 53 家营业部,覆盖全国主要城市的大部分:北京、广州、深圳、武汉、南京、长春、天津、杭州、长沙、青岛、苏州、重庆、泉州、郑州、南宁、焦作、郴州、厦门、盐城、徐州、珠海、无锡等,服务全国 80 万客户。

安全、规范——是国内最早实行集中交易、帐户集中管理的券商之一。

业务齐全——为客户提供包括 A 股、B 股、权证、债券、基金、融资融券、代办股份转让、期货中间介绍业务等多元化的业务品种,以客户为中心,全方位满足客户"一站式"服务需求。

品牌、服务多样——打造"龙点金"理财品牌,创建"资讯一体化、服务产品化、服务品牌化"的理财服务模式,建立全国统一呼叫中心等多渠道的服务手段,提供个性化专家理财资讯服务和全天候的人工支持服务。

荣誉众多——2003 年以来,东海证券龙网多次荣获《证券时报》评选的"十佳中国优秀证券网站奖"、"最佳客服热线奖"等奖项,在"证券时报"举办的历届"中国明星证券营业部"评选中常州博爱路、洛阳凯旋西路、溧阳南大街等 10 家营业部共 12 次获得中国明星证券营业部称号。

全面发展——经纪业务坚持"规范、发展、培训"经营方针,紧紧围绕"合规、人才、渠道、理财"四个方面,全面拓展业务空间。

投资银行业务

东海证券投资银行部主要为企业提供融资、并购、股权投资、改制、重组、股权激励等专业化、全方位的投资银行业务服务。作为国内首批获得保荐资格券商之一,东海证券投资银行部在 2004 年获得保荐资格,并于 2006 年取得代办股份转让主办券商业务资格。

融资融券业务

资产管理业务

东海研究

直接投资业务

固定收益业务

合规与风险管理

企业创新融资业务

自营业务

程序化交易

期货中间介绍业务

联系方式:

注册地址:江苏省常州市延陵西路 23 号投资广场 18 楼

邮编:213003

办公地址:上海市浦东新区东方路 1928 号东海证券大厦

邮编:200125

电话:021 - 20333333

传真:021 - 50498871

客服电话:95531、4008888588

邮箱:service@ longone. com. cn

东莞证券有限责任公司

东莞证券成立于1988年6月，注册资本15亿元，是国有控股的全国性综合类证券公司，也是全国首批承销保荐机构之一。公司业务范围涵盖了经纪、投资咨询、财务顾问、承销与保荐、证券自营、资产管理、基金代销、期货IB、直接投资、融资融券、做市、股票期权经纪业务等领域。

截止2014年底，公司有分支机构57家（其中营业网点54家，上海分公司1家，深圳分公司1家，北京办事处1家），营业网点遍布珠三角、长三角及环渤海经济圈，“立足东莞、面向华南、走向全国”的格局基本形成。公司全资拥有东证锦信投资管理有限公司，并参股华联期货有限公司。

公司紧跟国家政策和行业发展动态，不断丰富公司业务品种，大力优化收入来源结构。当前，公司以经纪、资管、投行三大业务为核心，积极发展两融、直投、债融、新三板和投资咨询等业务，实现了从收入来源单一型券商向收入来源多元化型券商的转型。

企业文化：开放、包容、分享

经营理念：规范、诚信、专业、创新

核心价值观：智慧创造财富、专业成就价值

地址：东莞市莞城区可园南路1号金源中心

客服热线：95328

公司业务亮点：

遍布全国的专业服务网络

投资理财的专业首选。东莞证券拥有国内先进的双交易中心，业内优秀的“财富通”网上证券交易系统和“掌证宝”手机炒股软件，在广东、北京、上海等27个城市设立了49家证券营业部，营业网点遍布珠三角、长三角及环渤海经济圈，在全国工、农、中、建等18家主流银行设立营销渠道2600多个，近3000名专业理财经理为您提供专业、便捷的投资理财服务。

传统业务强者恒强。在通道业务方面提供深沪A、B股、融资融券、IB、权证、债券、回购、基金等齐全的证券品种及投资交易服务。2013年托管客户资产已近700亿元，保持行业内中上游水平，在东莞地区市场份额占绝对优势。东莞证券“港澳台”客户2013年开户量占全国份额近10%，雄踞行业榜首。

创新业务百花齐放。率先获批多金业务资格、非现场开户资格，全营业部获得IB资格。财富中心不断挖掘内外部优秀产品，多次创造金融产品销售首日就告罄的佳话。机构业务已签约的IPO项目、新三板、债券类项目如雨后春笋，遍地开花。

个人理财产品与服务、企业投融资产品与服务兼具的财富管理中心逐步成型。东莞证券为个人投资者提供品种覆盖全面、风险层次丰富的各类理财产品，满足不同类型投资者的需要；从服务实体经济出发，通过多层次资本市场建设，为企业提供投资建议、资产配置及理财规划等全方位综合财富管理服务。

公司自主创新业务

自2012年以来，东莞证券积极顺应证券行业升级发展的新要求，响应管理层鼓励自主创新的新思路，努力实践，加快业务创新转型、优化盈利结构与模式，在创新业务发展方面取得了丰硕的成果。

顺应行业信用交易业务创新的趋势，公司积极开展了融资融券（转融通）、约定购回、股权质押融资等业务，并已实现信用交易业务规模化创收，稳步成为公司重要盈利增长点。基于轻型营业部、互联网金融等证券组织发展新态势，公司找准市场定位，通过轻型营业部伸长业务触角，渗透竞争优势，同时启动互联网金融服务运营平台建设，突破传统通道服务模式，借力创新开辟经纪业务向满足客户多元化理财需求的财富管理转型的新蓝海。在多层次资本市场建设加快推进的背景下，公司结合市场的资本环境需求，迅速发展场外市场业务与债务融资业务，使大投行业务体系日渐成型。此外，为支持公司的创新工作发展，后台部门就创新业务系统开发及风控管理、创新业务研究、创新制度管理等各方面进行基础功能拓展，对内、对外的服务能力都有了一定提升。

公司以市场需求及行业创新趋势为导向，不断发展创新业务与产品线条，以期逐步实现特色化、差异化经营的目标。

（一）创新业务开展情况

1. 信用业务

继2012年5月公司正式启动融资融券交易试点工作后，公司不断加大融资融券业务的拓展力度，在严格控制风险的基础上实现业务规模、客户数量的较快增长。此外，公司于2012年11月和2013年2月先后取得上证所、深交所约定购回式证券交易业务资格，于2013年7月取得股票质押式回购交易业务资格，于2013年7月获得上海证券交易所债券质押式报价回购业务资格，相关业务的顺利上线为公司开辟了新的收入来源。

为了有效地缓解融资资金紧张，拓展多元化的融资资金供应渠道，公司于2013年1月获得了中国证券金融股份有限公司转融通业务资格，并与多家银行、基金公司合作开展了融资债权收益权转让业务，保障信用业务资金供给。

2. 资产管理业务

为促进自身资产管理业务转型升级，全面提升金融服务能力，公司自主推出了多款创新资产管理产品。如公司2012年发行了首只具有保本安全垫的产品旗峰避险增值集合资产管理计划及现金管理产品旗峰天添利集合资产管理计划；公司2013年推出了旗峰双赢1号集合资产管理计划，是全国率先通过资管产品参与股票质押回购业务的几家券商之一；公司2014年推出的旗峰双赢3号集合资产管理计划，实现了以多周期理财产品模式对接股票质押回购业务。

3. 债务融资业务

在债务融资创新方面，2013年公司抓住中小企业私募债开闸的历史契机，累计发行了多支中小企业私募债，当年公司中小企业私募债承销规模在50家证券公司中排名第三。鉴于公司中小企业私募债业务开展的成效，2014年公司继续推进以中小企业私募债为主的创新业务经营战略，并逐步形成公司的优势业务以带动整体债务融资业务的发展。

4. 场外市场业务

2013年12月14日，国务院发布《国务院关于全国中小企业股份转让系统有关问题的决定》，明确了新三板正式扩容至全国。以此为基础，公司场外市场业务部统筹加快了新三板业务开展力度。目前公司新三板签约企业数已达100多家，成功完成了9家企业的新三板推荐挂牌工作。

全国股份转让系统引入做市商制度是我国资本市场的一项重大创新，公司正竭力推进做市业务的发展。公司于2014年7月获得做市业务资格，并作为首批做市商启动了做市报价服务。

此外，公司今年向中国证券业协会上报了证券公司柜台市场(OTC)创新业务试点申请,并已参与协会市场监测中心的互联互通测试工作,预计近期内正式推出公司首只柜台产品。

5.代销金融产品业务

公司于2013年5月获得代销金融产品业务资格,通过近半年的系统搭建工作,于2013年11月我司金融产品代销平台正式上线。在产品引进方面已与兴业银行等签订合作协议,并顺利上线了该行的理财产品以满足公司客户多方面的理财需求。

6.非现场开户及互联网金融业务

公司积极组织推进非现场开户工作的开展,2013年陆续上线了见证开户业务和网上开户业务。另外,公司官方微信服务号、"新股通"新股申购业务、"天添金"债券报价回购业务也于2014年正式上线,通过互联网、移动互联网等工具,不断丰富产品种类、完善服务模式,为客户打造全方位投融资理财的互联网体验服务。

7.直投基金业务

东证锦信股权投资基金是由东证锦信投资管理有限公司和东莞市、区两级财政引导资金联合发起设立的一只股权创业投资基金,该基金从2013年底开始筹备。

"艾炜特项目"专项投资基金属于"有限合伙制项目专项投资基金",由东证锦信投资管理有限公司、艾炜特项目经营管理团队,以及其他机构投资者和自然人共同出资,由"东证锦信"出任基金管理人。目前公司已与标的企业签订了正式的《合作意向书》,各项工作有序开展。

2014年中,东证锦信投资管理有限公司与深圳烨达股权投资基金管理有限公司合作发起设立的一只"有限合伙制"新三板投资基金,通过私募形式对拟挂牌新三板企业进行权益性投资,以认购增资或股权受让的方式取得被投企业的相应股权。

(二)公司创新项目(产品)获奖情况

2012年6月,《证券时报》社主办的2012中国区优秀投行评选活动中,我司保荐承销的广东银禧科技创业板IPO项目被评为"最具创新项目";

2013年9月,公司旗峰避险增值集合资产管理计划荣获"2012年度东莞市金融创新成果奖三等奖";

2014年7月,《证券时报》社主办的2014中国最佳财富管理机构评选活动中,公司旗峰避险增值集合资产管理计划获得"2014中国最佳固定收益类资管产品"奖项。

未来展望:

"天行健,君子以自强不息"。精耕细作二十五年,二十五年风雨历程,东莞证券从东莞迈向了全国。公司业务优势突出、品种齐全,业务范围涵盖证券经纪、投资咨询、财务顾问、承销保荐、资产管理、融资融券、直接投资、金融产品代销、期货IB等;业务发展方面,"大经纪+大投行+大资管"渐呈三足鼎立之势。目前,公司分支机构遍布珠三角、长三角及环渤海经济圈,"立足东莞、面向华南、走向全国"的战略布局稳步实现,东莞证券已发展成为国内全方位的综合金融服务提供商。

在未来的岁月里,我们始终坚信,只要与您同行,东莞证券必将成为资本规模和实力雄厚、整体布局和结构合理、核心竞争力全面提升、能有效参与国际国内资本市场竞争、运行稳健且可持续发展的全国性综合金融服务提供商。

地址:广东省东莞市莞城区可园南路1号金源中心30楼

委托、服务电话:95328

邮编:523000

EMail:service@ dgzq. com. cn

东吴证券股份有限公司

1993年东吴证券前身苏州证券成立,2002年公司更名东吴证券有限责任公司,2010年公司改制为东吴证券股份有限公司。2011年12月12日,东吴证券在上海证券交易所挂牌上市,股票简称"东吴证券",股票代码"601555"。

公司总部及注册地在苏州,历经五次增资扩股,目前注册资本金27亿元。公司下属北京、上海、南京、昆山、常熟、张家港、吴江、太仓、无锡、常州等15个分公司,拥有99家证券营业网点(含筹建),并参股东吴基金管理有限公司,控股东吴期货有限公司,下设全资子公司东吴创业投资有限公司,东吴创新资本管理有限公司。

一直以来,东吴证券立足苏州根据地,走出了一条区域性券商的独特发展道路。随着苏州经济的强劲发展,东吴证券具备了较强的竞争力和良好的成长性,目前正在以较快的速度向江浙沪等地区辐射发展。

全国委托及咨询热线:4008-601555

公司官网:www. dwzq. com. cn

地址:苏州市工业园区星阳街5号

东兴证券股份有限公司

公司概况:

东兴证券股份有限公司是经财政部和中国证监会批准,由中国东方资产管理公司作为主要发起人发起设立的全国性综合类证券公司,注册资本20.04亿元,是国内规模较大的资产管理公司系证券公司之一。公司业务涵盖证券经纪;证券投资咨询;与证券交易、证券投资活动有关的财务顾问;证券承销与保荐;证券自营与证券资产管理业务;金融产品代销;为期货公司提供中间介绍业务;融资融券业务。公司总部设在北京,目前在全国拥有48家证券营业部;在福建、上海、深圳设有分公司;在上海设有全资子公司——东兴期货有限责任公司;在福建设有另类投资公司——东兴证券投资有限公司。

公司主要发起人中国东方资产管理公司是经国务院批准设立,拥有证券、期货、信托、保险、金融租赁、信用评级等多种业务的国有金融控股集团。注册资本100亿元人民币,在全国26个中心城市设有分支机构以及多个平台子公司。中国东方资产管理公司以其深厚的金融背景和雄厚实力为东兴证券的发展提供强有力的支持。

凭借雄厚的股东实力、优良的资产质量、众多的网点分布、广泛的市场资源,东兴证券秉承"诚信、专业、创新、高效"的经营理念,把客户利益放在首位,以高水准的专业技能、至诚有效的服务和稳健的经营风格赢得客户信任;积极构建具有鲜明时代特色和符合自身特点的企业文化体系,精心打造结构优化、素质精良、战斗力强的专业化人才队伍;深入推进业务的开拓创新,在产品设计、项目运作上追求高质量、低风险;奉行以严格的风险控制为前提、以合理的投资收益为目标的稳健投资策略,建立科学、严谨、高效的业务流程和风险管控体系,追求稳步增长的经营效益,为客户、股东和员工创造价值最大化,将东兴证券建设成为品牌领先、能力突出、业绩优良、特色鲜明的现代金融服务企业。

证券经纪业务：

东兴证券经纪业务形成了实体经纪业务和虚拟经纪业务双轨发展、有效互动的模式，是公司重要的基础业务之一，业务范围包括证券代理买卖、代理还本付息、分红派息、证券代保管、鉴证、代理登记开户、证券投资咨询及中国证监会批准的其他业务等。

公司在北京、上海、天津、深圳、福州、武汉、杭州、成都、南京、南昌、南宁等中心城市设立了48家证券营业部，形成了市场范围与服务辐射全国的经纪业务网络，为客户提供多种安全、方便、快捷的委托方式，包括柜台委托、磁卡委托、电话委托、自助委托、网上交易和手机炒股等。

公司从规章制度建设、业务操作流程、信息技术系统、后台体系监督和预警等方面全方位对经纪业务进行风险控制，形成一套完整的风险内部控制体系，确保客户交易安全，也为公司经纪业务在制度化、规范化、严格化轨道上运行提供了有力保证。

投资银行业务：

东兴证券是经中国证监会核准的保荐机构，同时具有企业债券主承销商资格和代办系统主办券商资格。东兴证券投资银行业务以打造"精品投行"为战略目标，面向国内成长性好的优秀企业，为其提供高质量、全方位的金融服务，形成了立足北京、上海两地，服务全国的战略格局。

东兴证券投资银行业务包括为客户提供股票、债券和衍生产品等有价证券的发行与承销、企业重组改制、兼并收购财务顾问等服务。此外，对于因条件限制不能在证券交易所上市的企业，东兴证券可以推荐其在代办系统(即三板市场)挂牌并融资。

东兴证券良好的投行文化和市场化激励机制吸引业内优秀人才不断加入。目前，东兴证券拥有一支60多人的投行团队，其中保荐代表人和准保荐代表人16名，团队成员拥有丰富的专业知识和业务经验，可根据客户需求提供个性化的专业服务。在东兴证券的尽职推荐下，探路者(300005)作为创业板首批上市公司成功发行上市，东宝生物(300239)顺利登陆创业板，亚太科技(002540)、露笑科技(002617)在中小板上市，这些案例充分体现了东兴投行过硬的业务素质和定价销售能力。2011年，东兴证券被深圳证券交易所评为保荐工作最佳进步奖。

资产管理业务：

东兴证券于2009年7月获得中国证监会批准从事受托资产管理业务资格，可以从事集合资产管理业务、定向资产管理业务和专项资产管理业务。

公司已构建完善的资产管理业务组织架构，形成了科学严谨的投资决策体系和业务运作流程，拥有一支专业的投研团队，核心成员均具有丰富的投资实践经验和管理经验。已建成覆盖债券市场、基金市场、股票市场的较为完整的资产管理产品线，以满足低、中、高不同风险收益特征的投资者的理财需求。

东兴证券资产管理业务坚持秉承"以客户为中心，与客户共成长"的经营理念，坚持价值投资，依托专业化的投资和管理团队，致力于为客户提供全方位、个性化的理财服务。

固定收益业务：

东兴证券固定收益业务涉及的品种包括国债、央行票据、政策性金融债、一般金融债、次级债、企业债、公司债、短期融资券、中期票据、资产证券化产品等。依托公司的雄厚实力，能够为客户提供企业债券融资、债券交易销售、业务咨询等全方位的专业服务，及时满足客户个性化的需求。

固定收益部门下设项目承揽、投资和研究、交易销售、风险管理和后台等多个业务团队，均由拥有优良业绩和丰富经验的专业人士构成，为公司固定收益业务在高起点上稳步、快速发展奠定了基础。

固定收益业务坚持稳健发展的经营理念，严格遵守中国债券市场的相关政策和公司的规章制度。已取得开展银行间债券市场和交易所债券市场各项主要债券交易业务的资质，具有债券主承销业务资质。近年来各项业务快速发展，债券交易量及排名不断上升，债券承销领域也取得较好的业绩。

基金代销业务：

东兴证券于2009年7月获得证券投资基金销售业务资格，并秉承"规范化、专业化、市场化"的原则开展基金代销业务。目前已同华夏、嘉实、易方达、博时、华安、银河、海富通、诺安、鹏华、交银施罗德、信达澳银、华宝兴业、华泰柏瑞、工银瑞信、中海及招商等基金管理公司建立了业务合作关系，并取得了多只ETF基金的申赎资格，可办理股票型、债券型、混合型、货币型和指数型等各类基金产品的认购、申购、赎回、转托管、基金转换等业务。

公司搭建了高效的基金代销业务客户服务体系，可满足客户投资及资产配置需求，帮助客户实现资产保值、增值的目标。

债券融资业务：

东兴证券债券融资业务涉及的品种包括企业债券、公司债券、金融债券、次级债、中小企业私募债、资产证券化产品等。依托公司的雄厚实力，能够为客户提供企业债券融资、债券销售、财务顾问等全方位的专业服务，及时满足客户个性化的需求。

东兴证券债券业务部汇集了一批优秀的专业人员，是国内为数不多的同时拥有企业债、公司债、可转债、中期票据、次级债、中小企业集合债等债券产品的操作能力和操作经验的业务团队。东兴证券债券业务致力于与企业客户形成长期的战略合作关系，为客户提供全方位可持续的综合融资服务，打造全方位的企业综合融资服务能力。经过多年的积累，东兴证券债券融资业务在城市建设、能源、高速公路等领域和民营企业债务融资等方面形成较高的品牌知名度，民营企业债务融资承销家数排名位居前列，已先后为多家民营企业成功发行了债券产品。

融资融券业务：

东兴证券融资融券业务于2012年5月16日获得中国证监会批准开展。东兴证券立足于公司零售业务销售服务体系，以公司存量客户为基础，通过客户分类与筛选，构建融资融券潜在客户池，以各营业部作为业务前台部门，采取由融资融券部等业务执行部门总部集中统一管理的业务模式，保障业务在风险可测、可控、可承受的前提下顺利开展，拓宽公司盈利渠道。作为国内券商新的业务增长点，融资融券业务的开展使得我公司可以为客户提供全面的理财产品服务，使得客户无论在市场上涨还是下跌时都有机会放大投资的正收益。

目前融资融券部已形成13人的专业团队，包括了客户管理、征信评级、风险监控等岗位。整个团队组织有效，分工明确，对融资融券业务的发展趋势、业务定位与推广形成了自己的独特理解，独立研发了特有的征信指标系统、证券管理系统，最大程度上保持融资融券业务的科学性。

研究资讯业务：

东兴证券研究团队专注于中小市值公司和二线公司研

究，追求研究方法的体系化和研究资源的倾斜化，形成中小市值研究三大利器：第一，集中配置。集中力量倾斜配置，在TMT、医药、化工、新能源和食品饮料等新兴产业和中小市值公司研究领域建立局部竞争优势。第二，专业模型。建立了以计算机、化工、医药等行业的中小企业六维评价模型，全面评估中小市值公司基本价值，构建"东兴八骏"、"月度金股"等投资组合，组合收益率表现优异。第三，覆盖二线。强调对二线品种进行高覆盖率调研，全面比较好公司和差公司，挖掘市场忽视的二线成长品种，在食品饮料、纺织服装、零售等传统行业发现了许多成长的奇迹。

东兴证券研究所拥有一支富有创新精神且专业功底扎实、年富力强的研究队伍，50余名研究人员大多毕业于国内外名牌大学，普遍具有细分行业和经济方面的双重专业背景，研究范围覆盖宏观经济、投资策略、行业与上市公司等主流卖方业务领域。经过两年多的研究沉淀和内部培训，研究所于2009年正式进入卖方研究服务市场，目前已通过机构业务部在基金公司开设研究席位45家，并在2011年荣获第九届《新财富》"最佳中小市值研究团队"第五名和"最具潜力研究机构"第三名，特色化的研究风格获得了机构投资者的广泛认可。

东兴投资业务：

东兴证券投资有限公司是东兴证券股份有限公司的全资子公司，首期注册资本3亿元。作为全国首批券商另类投资公司，公司全面依靠股东东兴证券的资源优势，发挥中国东方资产管理公司及旗下多个金融平台的协同服务能力，专门从事非传统证券类的投融资业务。

公司充分利用市场的非有效性和低流动性，挖掘超越市场的超额收益机会，设计并运用结构化的金融产品，规避市场的波动风险，获取稳定的固定收益。公司一方面首先实现自有资金的绝对收益，同时也积极开展成熟业务条线的另类投资管理业务，形成以金融产品为核心的投融资业务模式。

公司拥有一支专业的投研团队，团队成员掌握成熟的投资模式，具备突出的研究能力和多年的业务积累。投研团队对于矿业、能源、房地产开发，低流动性股权投融资等当前主要的另类投资领域有深刻理解和成功实践，在项目承揽、承做和投资管理方面拥有丰富经验。

公司励志于开拓全面的金融产品投资业务，旨在开辟东兴证券的战略性发展空间，丰富东兴证券的收入渠道，增强东兴证券多品种、多策略、跨市场的买方业务模式，同时实现与东兴证券的全面风险隔离。公司以"绝对收益，固定收益"为核心理念，致力发展成为一家在全国范围内有品牌影响的，具备资本金支持的非牌照投资银行。

东兴期货业务：

东兴期货有限责任公司是东兴证券股份有限公司的全资子公司，注册资本2.88亿元。公司拥有中国金融期货交易所、上海期货交易所、大连商品交易所和郑州商品交易所的会员资格，可以为客户代理国内所有期货品种的交易。

公司拥有国内一流的软硬件设施，主机房设于上海期货交易所张江数据中心内，一流的网上综合交易平台，先进的期货交易管理和结算系统，通过多条不同运营商的百兆宽带接入，确保交易的安全、快捷。

公司总部落户上海，在山东烟台、山西太原、福建福州设有期货营业部，依托股东遍及全国的分支机构网络，东兴期货的金融衍生品服务范围已经辐射至国内所有中心城市。

东兴期货有限责任公司依靠强大的股东背景优势，秉承"诚信、专业、创新"的经营理念，高度重视对内部管理体制和风险防范机制的健全和完善，形成了一套稳健、规范的制度化管理体系。公司以风险控制为前提、以市场为导向、以客户为中心，力争发展成为"资本充足、运作安全、内控严密、服务优质、效益良好、有核心竞争力"的现代金融服务企业。

客户服务与投诉电话：4008－888－993

投诉传真号码：010－66555246

投诉邮箱：dxzqts@ dxzq. net

方正证券股份有限公司

公司概况：

方正证券股份有限公司（以下简称"方正证券"或"公司"）是中国首批综合类证券公司，上海证券交易所、深圳证券交易所首批会员，于2010年改制为股份有限公司，并于2011年在上海证券交易所上市（股票代码：601901）。公司目前已设立合资投行、期货、直投、合资基金、另类投资等五家子公司，并持有盛京银行股份有限公司6.82%的股权。2014年8月，公司完成对中国民族证券有限责任公司的收购，民族证券成为方正证券的第六家子公司，公司总股本扩增至82.32亿股。截止到2014年8月31日，公司总资产713.29亿元人民币，净资产298.61亿元人民币。

通过多年积累，方正证券及其子公司取得了多项业务牌照，范围涵盖：证券经纪、期货经纪、投资银行、证券自营、资产管理、研究咨询、IB业务、QFII业务、融资融券、直投业务、证券投资基金业务、场外市场业务、质押式报价回购业务、代销金融产品业务、受托管理保险资金业务及证监会核准的其他业务。

方正证券致力于为高端机构投资者及有理财、投资与增值服务需求的客户搭建全方位、多层次的金融服务体系，并凭借深厚的产品研发实力、卓越的市场服务水平及广泛的业务渠道，拥有了业内领先的综合金融服务终端。

配合公司五大业务板块、多项业务发展需要，方正证券设立了辐射全国的财富管理中心和电子商务平台、电话理财中心，重要渠道已覆盖国内大型投资基金、金融机构、知名企业投资者和海外大型QFII等。公司现拥有营业网点227家（其中证券营业部200家，期货营业部27家），分布在全国26个省（市、自治区）的重要中心城市。

在证券行业创新发展的大背景下，公司倡导卓越领先的金融服务理念，以"通道与非通道并重、散户与机构并重、大力发展资本中介业务、内涵与外延增长并重；推进公司各项业务均衡发展，良性互动，全面发展高端与机构业务"为基本战略，致力于成为行业领先的大型综合类证券公司。

公司文化：

持续创新

敢为人先、追求卓越、标新立异。

提倡开放、平等的精神，尊重、鼓励并激发员工的自主性和创新活力。

追求产品和服务创新、技术创新、管理创新，通过创新产生高附加值的产品与服务。

方方正正做人，实实在在做事

方方正正做人，实实在在做事是我们企业及其员工一切行为的原则与根本。

方方正正做人，就是要诚信，忠诚；实实在在做事就是要尽心尽责。

依法经营，诚实经商，追求多赢。

言必信，行必果。

正而不迂，直而不拙。

自觉承担社会责任，有意识地使公司的利益与社会发展的总体利益相一致。

地址：湖南省长沙市芙蓉中路二段200号

华侨国际大厦22－24层

邮编：410015

全国统一客服热线：95571

http：//www.foundersc.com

光大证券股份有限公司

公司概况：

光大证券股份有限公司（以下简称“公司”）创建于1996年，系由中国光大（集团）总公司投资控股的全国性综合类股份制证券公司，是中国证监会批准的首批三家创新试点公司之一。2009年8月4日公司成功发行A股股票，共计募集资金109.62亿元，并于8月18日在上海证券交易所挂牌上市。

公司成立十八年来，秉承“诚信专业卓越共享”的核心价值观和“合规稳健，创新发展”的经营理念，资本充足、内控严密、运营安全、服务优质、效益良好、创新能力和市场竞争能力突出。公司积极投身于国内外资本市场，各项业务迅速发展，业务规模及主要营业指标居国内证券公司前列，综合实力排名位居业内前十。

展望未来，公司拟通过经营综合化、展业国际化、收入多元化、业务优质化、管理精细化、机制市场化等战略的实施，逐渐增强营销能力、定价能力、风控能力、研发创新能力以及企业文化等核心竞争能力，进一步完善公司治理机制，提高股东回报，努力将光大证券打造成为一家具备全能型金融服务能力、在市场上有重要影响力的优质、大型、蓝筹上市证券公司。

企业文化

核心价值观：诚信专业卓越共享

经营理念：合规稳健创新发展

地址：上海市新闸路1508号

邮箱：95525@ebscn.com

电话：（8621）22169999

广发证券股份有限公司

公司概况：

广发证券成立于1991年9月8日，是国内首批综合类证券公司。2010年2月12日，公司在深圳证券交易所成功上市，股票代码：000776.sz；2014年公司第四度被评为A类AA级证券公司，系行业目前的最高评级。公司营业网点遍布全国各主要经济区域，截至2014年12月31日，公司有证券营业部249个，数量位列全国第三。自1994年开始，公司主要经营指标已连续20年稳居国内十大券商行列。

公司旗下拥有五家全资子公司，分别是广发期货有限公司、广发控股（香港）有限公司、广发信德投资管理有限公司、广发乾和投资有限公司和广发证券资产管理（广东）有限公司，控股广发基金管理有限公司，并持股广东金融高新区股权交易中心有限公司和易方达基金管理有限公司，间接全资持有广发金融交易（英国）有限公司（伦敦金属交易所LME第一类交易会员）和广发证券（加拿大）有限公司，形成了以证券业务为核心、业务跨越境内外的金融控股集团架构。截至2014年12月31日，公司注册资本59.19亿元，合并报表资产总额2401.00亿元，归属于母公司股东的所有者权益396.11亿元；2014年合并报表实现营业收入133.95亿元，实现利润总额66.49亿元，实现归属于母公司股东的净利润为50.23亿元。资本实力及盈利能力在国内证券行业持续领先，总市值居国内上市证券公司前列。

公司被誉为资本市场上的“博士军团”，以人为本的管理理念，专业的人才团队，支撑了公司的持续发展。“知识图强，求实奉献；客户至上，合作共赢”是公司的核心价值理念，“稳健经营，持续创新；绩效导向，协同高效”是公司的经营管理原则。公司高度重视健全内部管理体制，完善风险防范机制，初步形成了具有自身特色的合规管理体系，经受住了多次市场重大变化的考验。

公司成长过程中，通过自身积累发展和多次市场化收购兼并行动，规模不断壮大，主要经营指标多年名列行业前茅，是中国市场最具影响力的证券公司之一。公司将不断努力，追求卓越，向成为具有国际竞争力、品牌影响力和系统重要性的现代投资银行的战略愿景目标迈进！

地址：广州市天河北路183号大都会广场

36、38、41、42楼

电话：020－8755588895575

传真：020－87553600

邮编：510075

广州证券有限责任公司

公司概况：

广州证券1988年经中国人民银行批准成立，是全国最早设立的证券公司之一，2001年经核准成为全国性综合类券商，2014年9月1日召开股份公司创立大会和董事会，正式变更为“广州证券股份有限公司”，目前注册资本达33.3亿元。公司由广州越秀金融控股集团有限公司控股，其为越秀集团的三大支柱产业之一，广州证券为越秀金控的核心主体。

越秀金控集团成立于2012年1月18日，注册资本30.5亿元，是越秀集团三大核心产业之一。目前，拥有18个境内外金融业务平台，涵盖银行、证券、租赁、保险、信托等11项金融业务牌照，业务网点分布于港澳及内地19个省份、31个城市，全面形成了跨境经营、全国布局、金融控股的发展格局。

广州证券以“打造国内一流的证券企业集团”为自身愿景，业务范围涵盖证券经纪、证券投资咨询、与证券交易、证券投资活动有关的财务顾问、证券承销与保荐、证券自营、证券资产管理、融资融券业务、以及中国证监会批准的其他业务等所有综合性业务。

广州证券立足广东，走向全国。在广东、北京、杭州等地设立了共36个证券营业部；先后担任了21家股票发行主承销商，26家股票发行副主承销商，2013年IPO主承销家数及金额排名居行业前二十；担任全国各地超40家债券发行的主承销和副主承销商，2012年主承销债券家数居行业前十；投资管理业务三年加权平均收益率约为15%，居行业领先水平，投资收益行业排名前二十。

广州证券旗下拥有全资子公司广州期货有限公司和直投子公司广州证券创新投资管理有限公司，控股金鹰基金管理有限公司和广州广证恒生证券研究所有限公司，其中广证恒生为 CEPA 框架协议下国内首家合资证券投资咨询公司。2014 年初,广州证券完成对天源证券的并购,成为天源证券控股股东。天源证券在青海、东北、河北等地区拥有 17 个证券营业部。

战略概括:

公司以中高净值人群和中小企业为主要客户,实施股债并举、买卖结合、综合服务、创新发展的业务发展策略和立足广东、走向全国、横跨穗港、放眼全球的区域发展策略,锻造卓越的专业能力、营销能力、创新能力和管理能力,持之以恒践行融汇财智,创造价值的企业使命,致力于打造国内一流的证券企业集团。

企业文化:

核心价值观:

不断超越,更加优秀

发展战略:

通过股债并举、买卖结合、综合服务、创新发展,打造国内一流的证券企业集团

使命:

融汇财智,创造价值

愿景:

打造国内一流的证券企业集团

战略定位:

综合发展、特色经营、区域领先

业务发展策略:

股债并举、买卖结合、综合服务、创新发展

区域发展策略:

立足广东、走向全国、横跨穗港、放眼全球

企业精神:

精诚、笃行、共济、日新

经营理念:

服务经济发展,增值社会财富

管理理念:

机制引领,以人为本

公司地址:广州市珠江西路 5 号广州国际金融中心主塔 19 层、20 层

邮政编码:510623

总机电话:020 - 88836999

投诉传真:020 - 88836900

客户服务热线(委托、投诉):961303

媒体垂询:黎小姐 020 - 88836999 转 20816 liwen@ gzs. com. cn

投诉邮箱:khts@ gzs. com. cn

国都证券有限责任公司

国都证券有限责任公司是经中国证监会批准,于 2001 年 12 月 28 日在中诚信托有限责任公司和北京国际信托有限公司原有证券业务整合的基础上,吸收其他股东出资成立的综合性证券公司。公司注册地为北京。

2005 年,公司经中国证券业协会评审取得创新试点证券公司资格。2014 年证券公司分类结果再次取得 A 类 A 级评级。至此,公司已连续 5 年被评为 A 类证券公司。截至 2013 年末,公司注册资本 262,298 万元、净资产 60.59 亿元。

国都证券前身早在 1990 年开始从事证券经纪业务、1992 年开始从事承销业务,并于 1992 年在北京设立了第一家证券营业部——工体营业部。多年的业务积淀使公司在金融服务领域拥有丰富的成功经验和众多的资深专业人士。

国都证券成立以来,始终秉承“关注客户需求,与客户共成长”的服务理念,在坚持合规经营的基础上,努力为客户提供便捷、多样化、个性化的金融服务,深得客户认可与信赖,并在业内赢得了良好的声誉。为拓展业务发展空间,公司通过设立另类子公司、香港子公司、控股期货公司、参股基金公司,整合股东、银行等金融机构的资源,搭建起一个多元化的金融服务平台。公司发展至今,已形成了门类齐全、服务模式多样化的业务体系,可针对客户的个性化需求,提供一揽子金融解决方案。

在管理方面,公司构建了完善的法人治理结构、科学严密的内部控制机制和风险管理体系,形成了以人为本、和谐发展的企业文化,打造了一支独具特色、精诚团结、锐意进取的精英团队,为公司健康稳步的发展奠定了坚实的基础。

“互信、共赢、美好生活”是国都证券的发展愿景,也是国都人的责任所在。国都证券全体同仁愿凭借自身的专业优势,携手广大客户及各界伙伴,把握经济发展的契机,共同开创我们健康丰盛的财富人生。

国海证券股份有限公司

公司概况:

国海证券股份有限公司(以下简称公司)前身为广西证券公司,1988 年经中国人民银行批准正式设立,是国内首批设立并在广西注册的唯一一家全国性证券公司。2001 年,公司增资扩股并更名为国海证券有限责任公司。2011 年 8 月,公司借壳桂林集琦药业股份有限公司登陆 A 股市场,更名为国海证券股份有限公司(股票代码:000750),一跃成为国内第 16 家上市证券公司。2013 年 11 月,公司配股成功融资 32.56 亿元,突破净资本瓶颈,为公司创新转型和长远发展奠定坚实基础。目前,公司是广西市值最大的上市公司,是广西唯一一家入选“深证 100 指数”的上市公司,并成功跻身有证券市场整体走势“晴雨表”之称的“沪深 300”指数;同时,根据中国证监会《证券公司分类监管规定》,公司 2014 年分类评价结果为 A 类 A 级。

2001 年增资扩股以来,公司凭借良好的股权结构、完善的法人治理,市场化的用人、分配激励机制,稳定、团结、敬业、专业的管理团队和健康、积极向上的企业文化等核心竞争优势,步入了快速健康发展的轨道,特别是 2011 年上市后,公司资本实力大幅提升,盈利能力持续增强。截至 2014 年 6 月末,公司总股本 23.10 亿元,净资本 43.64 亿元,合并总资产 211.17 亿元,合并净资产 66.38 亿元。2001 年至 2014 年 6 月末公司累计合并利润总额 46.14 亿元,母公司累计纳税 24.84 亿元。截至 2014 年 6 月末,公司拥有 6 家分公司、65 家营业部,营业网点覆盖全国 14 个省级区域,控股国海富兰克林基金管理有限公司、国海良时期货有限公司和广西北部湾股权交易所股份有限公司,全资设立国海创新资本投资管理有限公司,成为融证券、基金、期货、直投、区域股权交易等多元业务为一体的金融服务企业。

作为一家专业金融服务企业,公司经营业务涵盖证券经纪;证券投资咨询;与证券交易、证券投资活动有关的财务顾问;证券承销与保荐;证券自营;证券资产管理;证券投资基金代销;为期货公司提供中间介绍业务;融资融券;代销金融产品等多项业务。

经纪业务是稳定公司收入的主力军，在广西市场的占有率保持在50%左右，区域和品牌优势明显。经纪业务在业内较早设立财富管理中心，组建了成熟专业的投资顾问团队，基本实现核心客户理财服务全覆盖，多次荣获证券时报评选的“最佳投顾服务券商”“最佳财富管理中心”“中国最佳投顾团队”“中国最佳投顾服务品牌”“中国十佳明星投资顾问”等奖项。在巩固传统通道业务区域市场优势的同时，公司融资融券、约定购回式证券交易、股票质押式回购、代销金融产品等创新业务发展迅速，营业收入大幅增长。

固定收益证券业务作为公司的旗舰业务，具有强大的产品定价能力、销售能力和广泛的市场影响力。公司在国债、金融债承销方面竞争优势明显。公司是财政部国债承销团成员、国债协会常务理事单位、国开行金融债承销团A类成员、农发行、进出口行金融债承销团成员、铁道债承销团成员和中国银行间市场交易商协会会员。公司在记账式国债、国开行金融债、农发行金融债、进出口行金融债等债券的承销金额方面，排名位于券商前列。2009—2013年，公司记账式国债承销金额和国开行金融债承销金额的券商排名始终保持在前6位，农发行金融债承销金额的券商排名保持在前3位，进出口行金融债承销金额的券商排名保持在前4位。截至2014年6月末，公司连续7年获得国开行授予的“金融债优秀承销商”称号；7年内6次获得国家财政部颁发的年度“记账式国债承销优秀奖”；5年内4次获得农发行授予的年度“金融债券优秀承销商”称号；获得进出口行授予的2010年度“金融债优秀承销商”称号；获得国家财政部颁发的2012年度“地方政府债券优秀承销奖”。

投资银行业务以“立足区域开发、打造特色投行”的策略，已先后为全国100余家企业提供包括IPO、再融资、收购兼并、债券承销在内的多元金融服务，形成中小企业IPO和再融资两大业务特色。拥有21个团队近230人，其中保荐人、准保荐人43名，团队核心骨干均有10年以上的投资银行业务经验。近年来公司投资银行业务发展势头良好，行业排名不断上升，2013年，公司股票主承销家数在全国115家券商中排名第10位。公司先后荣获“最具成长性投行”“最具区域影响力投行”“最佳风控投行”“最佳企业债承销团队”“最具成长性债券承销团队”“最佳再融资保荐代表人”“最具投资价值再融资项目”“最佳中小企业私募债承销商”等奖项。

公司有10余年的从事受托投资管理业务经验，自2002年获得受托投资管理业务资格以来，已建立了一支成熟、稳健、风险控制能力强的投资管理团队。公司始终把“追求绝对收益，为客户提供满意的投资回报”作为资产管理业务发展的宗旨，形成了涵盖低风险型、稳健型、积极型及创新型的完备产品链。截至2014年6月末，共管理16个集合资产管理计划和47个定向资产管理项目，受托客户资产管理规模466.99亿元。

公司证券自营业务投资范围涵盖传统证券投资品种及各类金融衍生品，资产配置能力优良，投研团队经验丰富，投资策略稳健灵活，多年来准确把握市场走势，为公司创造了持续稳定的投资收益。

公司研究咨询业务以宏观债券、投资策略、金融工程、行业与公司四大研究体系为基础，以客户投融资综合金融解决方案策划及东盟广西区域金融综合开发为特色，研究服务成功覆盖华东、华南、华北地区的40余家机构客户，“国海·远见”“国海·乐享”系列特色服务品牌获得上市公司、机构客户的广泛认可。近年来，公司研究咨询业务声名鹊起，先后荣获新财富“最具潜力研究机构”证券市场周刊“卖方分析师水晶球奖第一名”、东方财富网“中国十佳分析师”“中国分析师百强”等奖项。

公司控股国海富兰克林基金管理有限公司（以下简称基金公司）、国海良时期货有限公司（以下简称期货公司）和广西北部湾股权交易所股份有限公司（以下简称股权交易所），并全资设立国海创新资本投资管理有限公司（以下简称直投公司）。

国海富兰克林基金管理有限公司成立于2004年11月，由国海证券和富兰克林邓普顿投资集团的全资子公司邓普顿国际股份有限公司共同出资组建，注册资本2.2亿元人民币，国海证券持有51%股权，其主营业务为：基金募集、基金销售、资产管理和中国证监会许可的其他业务。富兰克林邓普顿投资集团是世界知名的基金管理公司，在全球市场上有超过60年的投资管理经验。基金公司致力于引进富兰克林邓普顿投资集团先进的投资机制、研究平台和风险控制体系，力争成为国内一流的基金管理公司。截至2014年6月末，旗下共管理16只基金，管理资产总规模121.1亿元，产品整体投资业绩良好。

国海良时期货有限公司成立于1996年，前身为浙江良时期货经纪有限公司，2009年初增资扩股，更名为国海良时期货有限公司，注册资本5亿元人民币，国海证券持有83.84%股权，其主营业务为：商品期货经纪、金融期货经纪、期货投资咨询、资产管理。期货公司注重综合研究，在业内拥有良好声誉与影响。截至2014年6月末，期货公司在浙江、上海、广西、海南等地拥有期货营业部14家。

国海创新资本投资管理有限公司成立于2012年1月，注册资本6亿元人民币，是国海证券旗下专门从事直接投资业务的全资子公司，其主营业务为：股权投资、股权投资管理、股权投资顾问。直接投资业务是证券公司整体价值链的前端，直投子公司的设立有效带动公司投资银行等业务发展，延伸公司全价值业务模式。截至2014年6月末，直投子公司完成了3家自有资金项目投资，发起设立了1只互联网创业投资基金，并通过该互联网创业投资基金完成了7家项目投资；正在筹备发起设立1支股权投资基金和1支先进装备制造产业基金。

广西北部湾股权交易所股份有限公司成立于2011年11月，前身为广西北部湾股权托管交易所股份有限公司。2014年8月完成增资扩股并更名为广西北部湾股权交易所股份有限公司，注册资本1亿元人民币，国海证券持有51%股权，其主营业务为：符合国家法律法规的企业股权、债权的托管、交易以及投融资服务；相关咨询、培训、财务顾问、受托资产管理、投资管理等综合金融服务；经主管部门核准的其他业务。股权交易所将立足广西，面向东南亚，为各类企业提供多样化的金融服务。

公司以“忠诚、勤俭、专业、创新”为企业精神，并在此基础上形成了以“尊重股东、尊重客户、尊重人才、尊重市场、尊重社会”为核心，且把每一个“尊重”都转化为经营管理的“具体理念”和“行动指引”的“尊文化”企业文化体系。健康、积极向上的企业文化为公司营造了良好的氛围和环境，提高了员工的文化素养和道德水准，构筑企业发展不可或缺的精神力量和道德规范。

公司以诚信、合规、稳健为经营理念，以真诚和专业赢得客户信赖，以感恩、爱心、责任积极回报社会。公司先后与柳州、北海、钦州、梧州、崇左、桂林、百色、遵义、玉林、河池等10

个地级市人民政府及南宁、桂林、柳州高新区签订了金融战略合作协议，利用自身在资本市场运作方面的专业优势、资金优势和资源优势，在国有资产资本运作、企业改制上市、专业知识培训等方面为市政府无偿提供服务，为广西地方政府、区内企业融资超过150亿元。

近年来，公司知名度和美誉度不断提升，荣获"中国最具潜力发展证券公司""领航中国证券业最佳服务奖""最佳管理团队上市公司""东盟业务领先型证券公司""广西五一劳动奖状"等多项荣誉。

经营范围：

证券经纪；证券投资咨询；与证券交易、证券投资活动有关的财务顾问；证券承销与保荐；证券自营；证券资产管理；融资融券；证券投资基金代销；为期货公司提供中间介绍业务；代销金融产品。

业务资格：

证券业务外汇经营资格、网上证券委托业务资格、全国银行间同业拆借市场成员资格、国债承销业务资格、中国证券登记结算有限责任公司结算参与人资格、代理证券质押登记业务资格、增值电信业务资格、军工涉密业务咨询服务资格、保险兼业代理业务资格、全国中小企业股份转让系统主办券商业务资格、约定购回式证券交易资格、股票质押式回购交易资格、私募基金综合托管业务资格等。

旗下公司：

国海富兰克林基金管理有限公司

国海富兰克林基金管理有限公司成立于2004年11月，由国海证券和富兰克林邓普顿投资集团的全资子公司邓普顿国际股份有限公司共同出资组建，注册资本2.2亿元人民币，国海证券持有51%股权，其主营业务为：基金募集、基金销售、资产管理和中国证监会许可的其他业务。富兰克林邓普顿投资集团是世界知名的基金管理公司，在全球市场上有超过60年的投资管理经验。基金公司致力于引进富兰克林邓普顿投资集团先进的投资机制、研究平台和风险控制体系，力争成为国内一流的基金管理公司。截至2014年6月末，旗下共管理16只基金，管理资产总规模121.1亿元，产品整体投资业绩良好。

国海良时期货有限公司

国海良时期货有限公司成立于1996年，前身为浙江良时期货经纪有限公司，2009年初增资扩股，更名为国海良时期货有限公司，注册资本5亿元人民币，国海证券持有83.84%股权，其主营业务为：商品期货经纪、金融期货经纪、期货投资咨询、资产管理。期货公司注重综合研究，在业内拥有良好声誉与影响。截至2014年6月末，期货公司在浙江、上海、广西、海南等地拥有期货营业部14家。

国海创新资本投资管理有限公司

国海创新资本投资管理有限公司成立于2012年1月，注册资本6亿元人民币，是国海证券旗下专门从事直接投资业务的全资子公司，其主营业务为：股权投资、股权投资管理、股权投资顾问。直接投资业务是证券公司整体价值链的前端，直投子公司的设立有效带动公司投资银行等业务发展，延伸公司全价值业务模式。截至2014年6月末，直投子公司完成了3家自有资金项目投资，发起设立了1只互联网创业投资基金，并通过该互联网创业投资基金完成了7家项目投资；正在筹备发起设立1支股权投资基金和1支先进装备制造产业基金。

广西北部湾股权交易所股份有限公司

广西北部湾股权交易所股份有限公司成立于2011年11月，前身为广西北部湾股权托管交易所股份有限公司。2014年8月完成增资扩股并更名为广西北部湾股权交易所股份有限公司，注册资本1亿元人民币，国海证券持有51%股权，其主营业务为：符合国家法律法规的企业股权、债权的托管、交易以及投融资服务；相关咨询、培训、财务顾问、受托资产管理、投资管理等综合金融服务；经主管部门核准的其他业务。股权交易所将立足广西，面向东南亚，为各类企业提供多样化的金融服务。

经纪业务：

作为稳定公司收入的主力军，国海证券经纪业务在广西的市场占有率超50%，区域优势明显；经纪业务事业总部下设营销管理部、客户服务部、财富管理中心、融资融券部；已在北京、上海、深圳、广州、成都、郑州、福州、昆明、贵阳、长沙、太原、济南、西安和重庆等14个城市以及广西各主要城市设立55家营业部。

经典案例：

财富管理中心资讯产品：

国海证券经纪业务在业内较早成立财富管理中心，在公司总部拥有近50人的专业投资顾问团队，基本实现核心客户理财服务全覆盖。并能根据客户的不同类型需求，提供极具针对性的咨询服务。由财富管理中心推出的金贝壳滚雪球、金贝壳十八般武艺等资讯产品，市场表现良好。

投资银行业务：

国海证券投资银行业务已先后为全国70余家企业提供了包括IPO、再融资、收购兼并等在内的多元服务，逐步形成中小企业IPO和再融资两大业务特色。拥有保荐人、准保荐人近30名；多次荣获《证券时报》评选的"最具区域影响力投行"、"最具投资价值再融资项目"等奖项。

经典案例：

立思辰：

2009年10月，由国海投行担任主承销的北京立思辰科技股份有限公司正式在深圳证券交易所挂牌交易，成为创业板首批上市企业。这也标志着国海投行在中小企业IPO方面的业务特色正逐步确立。

雄震矿业：

2010年，ST雄震成功摘帽，更名为雄震矿业。该项目中，国海证券投行充分利用自身优势，协助企业调整发展战略，并制订相应的增发方案。由于在规模和时点上把握精准，在同一年内完成两次非公开增发，这在中国资本市场的发展历程中尚属首次，成为备受业界瞩目的经典案例。

固定收益证券业务：

作为公司旗舰业务的固定收益证券业务，2003年正式运营。目前下设债券交易部、债务融资一部、债务融资二部、债务融资三部；是财政部甲类国债承销团成员、国债协会常务理事单位、国开行金融债承销团A类成员、农发行及进出口行金融债承销团成员、中国银行间市场交易商协会会员。

经典案例：

债券承销：

国海证券固定收益证券业务具有强大的产品定价能力、销售能力和广泛的市场影响力。截至目前，已先后完成企业债承销项目80余家。其中在能源、矿产领域表现尤其突出。

国债连续6年，国开债连续4年承销排名进入前5名；首次加入农发债承销团就取得券商排名第1。连续4年获得国家财政部颁发的"记账式国债承销优秀奖"，连续2年获得农发行颁发的“金融债优秀承销商”奖,2010 年还荣获《证券时报》评选的“债券最佳投行”称号。

资产管理业务:

国海证券资产管理业务 2008 年获得集合资产管理计划资格;目前已建立了一支成熟、稳健,风险控制能力强的投资管理团队;成功发行并管理四只集合理财产品,风险均衡的产品体系初具雏形;目前所有产品业绩均居同类型产品前三分之一。

经典案例:

国海债券 1 号集合资产管理计划:

国海债券 1 号是资产管理业务发行并管理的首只产品,借助公司在固定收益证券方面的优势,债券 1 号自成立以来,业绩始终保持稳健上行,曾在同类产品收益率排名中高居第一,且从未低于前三分之一。

研究咨询业务:

国海证券研究咨询业务将公司研究骨干统一纳入研究体系,构建了开放式研究平台与专项业务服务平台。下设宏观策略组、行业公司组、金融工程组;以广西、河南、新疆为重点研究区域,在轨道交通、绿色能源、创新医药、网络科技、新型消费等领域有较强市场影响力。

经典案例:

筹码集中量化 20 股票组合:

筹码集中量化 20 股票组合是国海金融工程组以数量化投资研究为基础,设计建立的选股模型和择时系统。该组合以“聚焦筹码集中、挖掘超额收益”为投资理念。代表市场上资金、筹码最为聚集的股票群。自 2010 年 8 月 6 日运行以来,累计净值 1.54,同期上证综指折合累计净值 1.13,量化 20 组合优势明显。

总部

地址:广西南宁市滨湖路 46 号国海大厦

邮编:530028

电话:0771 – 5539300

传真:0771 – 5539100

深圳:

地址:深圳市福田区竹子林四路光大银行大厦 3 楼、11 楼、30 楼

邮编:518040

电话:0755 – 83718808

传真:0755 – 83711597

上海:

地址:上海市静安区威海路 511 号国际集团大厦 1305 室

邮编:200041

电话:021 – 63906118

北京:

地址:北京市海淀区西直门外大街 168 号腾达大厦 15 层

邮编:100044

电话:010 – 88576898

邮箱:zcbgs@ ghzq. com. cn

国金证券股份有限公司

公司概况:

国金证券股份有限公司是一家资产质量优良、专业团队精干、创新能力突出、服务特色鲜明的上市证券公司,是沪深 300 指数、上证 180 指数、上证 180 金融股指数和上证中型企业指数成份股,注册地在四川省成都市。公司目前控股国金期货有限责任公司,在北京发起设立国金通用基金管理公司。2010 年 5 月 29 日,在中国证券报、上海证券报、证券时报、证券日报联合主办的“1990—2010:走向资本强国——中国证券市场 20 年回顾与展望暨第四届中国上市公司市值管理高峰论坛”活动中,国金证券荣获“中国 20 家最具影响力证券公司奖”。

经营业绩:

国金证券尊崇“责任、共赢、和谐”的企业精神,秉承“规范管理、稳健经营、深化服务、科学创新”的经营理念及“专业创造价值,诚信铸就未来”的服务理念,打造了一只专业化、高素质的职业人才团队,连续保持 20 年年终税前盈利,成为证券行业仅有的 2 家连续盈利的证券公司之一。

主营业务发展情况:

国金证券坚持“以研究咨询为驱动,以经纪业务为基础,以投资银行业务为重点突破,以自营投资业务和创新业务为重要补充”的业务模式,通过实施差异化增值服务商的竞争战略,不断提升核心竞争力。

(一)投资银行业务

公司投资银行业务定位于为中国高速成长的中小企业创造价值,拥有一支近 50 位保荐代表人为骨干的投资银行专业团队,以为客户创造价值为导向,针对客户特色提供周全、有效的解决方案与贴身式服务,得到了市场的认同和好评。投行业务范围涵盖 IPO、再融资、公司债、并购重组、场外业务等,近年来主承销家数和金额快速上升,2010 年股票主承销家数排名行业第 11 位,是发展速度最快的本土投行之一,被深圳证券交易所评为“2010 年度优秀保荐机构”,跻身十佳行列。荣誉:

《新财富》杂志“中国最佳投行”:2008 年荣获“最佳配股项目—华发股份配股”;2009 年荣获“最具创新能力投行”、“进步最快投行”;2010 年荣获“本土最佳投行团队”;

《上海证券报》“中国最佳投资银行”:2007 年荣获“最快进步团队”;2008 年荣获“最具潜力团队”;

《证券时报》“中国区最佳投行”:2008 年荣获“最具潜力投行”;2009 年荣获“最具成长力投行”;2010 年荣获“最佳创新投行”、“最具投资价值保荐项目 – 三安光电非公开发行”。

(二)研究咨询业务

公司研究所秉承“投资型研究”的理念,汇聚行业精英人才,以市场为中心,以客户需求为导向,构建“研究业务为基础、投资分析为纽带、研究服务为导向”的三层架构体系,积极融入市场、贴近上市公司,与不同类型投资者同行,做到领先市场半步,为基金公司、保险公司、大型企业集团、财务公司、信托公司、QFII 等为代表的高端专业机构客户群提供研究咨询等一站式资本服务。近几年研究服务成绩显著,连续多年“新财富”、“水晶球”、“金牛”等业内知名评选活动中荣获“最佳团队”、“进步最快团队”、“最具影响力研究机构”、“最佳分析师”等殊荣,在业内取得较高的知名度。荣誉:

2008 年《新财富》最佳分析师评选:“本土最佳研究团队”评选中荣获第五名;

2009 年《新财富》最佳分析师评选:“本土最佳研究团队”评选第四名;

2010 年《新财富》最佳分析师评选:“本土最佳研究团队”评选第四名。

2011 年,在国内最具公信力、最客观的分析师排名之一“天眼中国证券分析师评选”中我公司研究所以荣获 7 个奖

项成为获奖人数最多的研究机构，综合实力排名第一。

（三）经纪业务

公司经纪业务以打造“本土最具特色差异化增值服务商”为目标，秉承全心全意为客户服务的宗旨，始终坚持“以客为尊”的服务理念，以客户需求为导向，针对不同客户在不同人生阶段的理财需求，分别在交易通道、资产托管、股票投资、金融理财、家庭资产配置五个方面，为客户提供专业、专属服务。同时，公司将具有良好市场品牌和雄厚研究实力的研究所与具有网点和团队优势的经纪业务进行整合，通过优势互补，形成“以研究为驱动，产品为核心，服务为纽带”的客户导向型的经纪业务营销服务模式。在成功整合研究资源、技术资源和营销服务资源的前提下，通过整合交易终端、“研究所＋投资顾问＋销售服务人员”三级咨询服务体系、标准化的服务产品，为客户建立起全方位的财富管理和综合服务平台。近年来市场份额稳步提升，差异化的经纪业务发展模式初步成型。

国金证券将牢牢把握“合规经营、风险可控”的基础不动摇，坚持“差异化增值服务商”的战略发展定位，争取实现公司业务资格的“全牌照”，着力打造集证券、期货、基金管理为一体的综合业务平台，为中国资本市场的繁荣发展贡献自己的力量。

联系方式：公司现有证券营业部27家，营业网点遍及上海市、北京市、长沙市、杭州市、昆明市、厦门市、成都市及四川省其他多个地区，经营面积逾50000平方米，以下是公司服务热线。

公司服务热线

全国统一服务热线：4006－600109

佣金宝客服热线：4001－600109

地区服务热线：

95105111（四川地区）

4006－600109（北京，上海）

0871－3153598（昆明）

0731－88311818（长沙）

0571－85832052（杭州）

0592－5353788（厦门）

国开证券有限责任公司

股东介绍：

股东背景：国家开发银行成立于1994年，经中华人民共和国国务院批准，于2008年12月11日改制为国家开发银行股份有限公司。截至2012年末，国家开发银行总资产7.52万亿元，不良贷款率0.3%，连续31个季度控制在1%以内，实现净利润631亿元，资本充足率10.92%，可持续发展和抗风险能力持续增强。

信用评级

CDB

穆迪公司

Moody’sAa3评级展望：正面

Outlook：positiveAa3评级展望：正面

Outlook：positive

标准普尔公司

Standard&Poor’sAA－评级展望：稳定

Outlook：StableAA－评级展望：稳定

Outlook：Stable

惠誉公司

FitchA＋评级展望：稳定

Outlook：StableA＋评级展望：稳定

Outlook：Stable

开行使命

国家开发银行主要通过开展中长期信贷与投资等金融业务，为国民经济重大中长期发展战略服务。国家开发银行贯彻国家宏观经济政策，筹集和引导社会资金，缓解经济社会发展的瓶颈制约和薄弱环节，致力于以融资推动市场建设和规划先行，支持国家基础设施、基础产业、支柱产业以及战略性新兴产业等领域发展和国家重点项目建设，促进区域协调发展和城镇化建设，支持中小企业、“三农”、教育、中低收入家庭住房、医疗卫生以及环境保护等领域的发展，支持国家“走出去”战略，拓展国际合作业务。以此，增强国力，改善民生，促进科学发展。国家开发银行坚持以开发性方法和市场化运作服务经济社会发展，努力保持强有力的发展能力、创新能力和先进的市场业绩。

社会责任

国家开发银行肩负服务国家战略的庄严使命，胸怀关注民生的真挚情感，诠释了“增强国力，改善民生”的使命，展现出中国开发性金融机构“大义先行、大爱无疆”的负责任形象，受到了社会广泛认可和好评。

总裁致辞：

国开证券自成立以来，认真贯彻国家开发银行服务国家战略的目标和宗旨，以“保发展，强基础”为中心，历经筹备收购、整合发展、初创提升等三个重要阶段。在公司全体员工的共同努力下，实现公司各项工作稳步开展，经营业绩稳步提升、业务种类不断丰富、业务条线逐渐完整。

今天的国开证券，机遇与挑战并存，但只要我们坚持市场化发展战略，牢固树立必胜信心，顽强拼搏，就完全有信心、有能力战胜挑战，克服前进中的各种困难。国开证券将继续发挥自身优势，不断提升服务质量和水平，努力做到“服务开行大局、服务分行、服务客户”，打造富有创新能力和市场竞争力的一流的专业化证券公司。

公司概况：

国开证券有限责任公司（以下简称“国开证券”）是开发银行全资控股的证券公司，由开发银行在收购原航空证券全部股权基础上增资设立而成，注册资本达到73.7亿元。2010年8月25日，国开证券正式成立，以崭新的形象登上了中国资本市场舞台。

国开证券总部位于北京，在北京、上海、深圳、天津、保定等地设立了营业部，并设有立1家控股子公司——国开泰富基金管理有限责任公司。

根据中国证监会批准，公司经营范围包括：证券经纪；证券投资咨询；与证券交易、证券投资活动有关的财务顾问；证券承销与保荐；证券自营；证券资产管理；融资融券；证监会批复的其他业务。

经营宗旨：

国开证券依托综合金融服务优势，服务国民经济重大中长期总体发展战略，合规经营，诚实守信，稳健发展，不断创新，充分发挥市场化手段的作用，为客户提供优质综合服务，为员工打造良好发展环境，为股东创造优异经济效益，为社会贡献和谐发展力量，逐步发展成为具有特色、业绩优良、有创新能力和市场竞争力的国内领先、国际先进的专业化投资银行。

主营业务：

国开证券主要业务包括固定收益类业务（债券融资、销售与交易业务）、投资银行业务（财务顾问、保荐类业务及“新三板”业务）、证券经纪业务、资产管理业务、信用类业务（融资融券业务、约定购回式证券交易业务及股票质押式回购交易业务）、资产证券化业务及研究业务。

联系我们：

总部办公址1：

地址：北京市东城区东直门南大街1号来福士中心办公楼21、23、25层

邮编：100007

电话：51789000、51789100、51789200

总部办公址2：

地址：北京市东城区东直门南大街3号国华投资大厦17层

邮编：100007

国联证券股份有限公司

公司介绍：

国联证券股份有限公司创立于1992年9月，前身为无锡市证券公司，2008年5月通过改制更名为国联证券股份有限公司，注册资本15亿元人民币。作为一家国有控股的现代金融服务企业，公司多年来秉承“诚信、稳健、开放、创新”的经营理念，现控股华英证券有限责任公司、参股中海基金管理有限公司，设立国联通宝资本投资有限责任公司，证券金融控股集团构架初具。

作为综合类、创新类券商，国联证券现已形成包括经纪业务、资产管理、证券投资、融资融券业务、代办股份转让和股份报价等在内较为完善的业务体系。在江苏、上海、北京、浙江、广东、广西、重庆、山东、江西和湖南等省区市重要区域拥有证券营业部54家。在行业内较早推出全国呼叫中心95570，净资本收益率和成本管理能力等指标排位表现突出。

伴随着中国资本市场进入了一个崭新的发展阶段，国联证券将积极把握这难得的历史性机遇，不断提升企业的核心竞争力，用国联人的智慧和努力，去迎接挑战、创造价值，续写更加精彩的篇章！

公司文化理念：

企业愿景：成为受人尊重的投资银行。

经营理念：诚信、稳健、开放、创新。

宣传口号：国联证券，因您而行。

国联十条：

（1）坚持专业诚信：专业为立身之本，诚信为立业之本，将专业技能和诚信理念融入业务发展，提高公司核心竞争力。

（2）坚持客户至上：视客户为企业最宝贵的财富，围绕客户需求提供专业服务，实现合作共赢。

（3）坚持稳健经营：按照风险可测、可控、可承受原则，依法合规不动摇，防控风险不放松，促进公司稳健发展。

（4）坚持以人为本：营造尊重人、理解人、关心人、激励人的氛围，让想干事的人有机会、能干事的人有舞台、干成事的人有地位。

（5）坚持团队精神：强化大局意识、协作精神和服务精神，团结互助，优势互补，和谐共事。

（6）勇于敬业奉献：弘扬忠于职守、爱岗敬业、乐于奉献的主人翁精神，在事业中建功，岗位上立业，实现人生价值。

（7）勇于开拓创新：保持锐意进取、勇于改革的精神风貌，不断创新发展思路、工作方法、体制机制。

（8）勇于攻坚克难：具有直面困难的勇气、坚韧不拔的毅力、敢于负责的态度，提高攻克急、难、险、重问题的意识和能力。

（9）勇于追求卓越：倡导永不满足、争创一流的精神，在职责范围内将各项工作做到最好。

（10）勇于承担责任：具有高度的使命感和责任心、主动性和创造性，敢于担当，奋发向前。

社会责任：

国联证券作为一家切实履行社会责任的企业，希望通过公益项目的实施，为弱势群体提供帮助，为绿色环保贡献力量，提升企业形象，共建和谐社会。

经营业绩

单位：万元

年度/指标	利润总额	总资产	净资产
1992	41	3743	3550
1993	589	5108	4082
1994	140	7925	4379
1995	-673	10733	4708
1996	1060	20605	4479
1997	3392	58129	11360
1998	3499	80622	12692
1999	3591	149935	13855
2000	7687	319385	17445
2001	6514	285259	21394
2002	10226	373086	106354
2003	3887	322999	112090
2004	8625	265375	109206
2005	2556	263514	111878
2006	22148	578330	122794
2007	215220	1189561	229401
2008	5166	744281	228589
2009	78646	1442423	284619
2010	61912	1457246	281946
2011	15891	1033121	319728
2012	12796	930747	325244
2013	36046	1020259	346052

股东介绍：

国联证券的股东均为无锡本地最有实力的企业，十余年来，股权结构稳健，众股东在国联证券的长期发展中，群策群力，提供了最坚实的支持和最稳健的保障。

股东构成

股东名称	持股数（股）	比例（%）
无锡市国联发展（集团）有限公司	560,460,000	37.364
国联信托股份有限公司	402,015,000	26.801
无锡市地方电力公司	275,025,000	18.335
无锡国联纺织集团有限公司	75,000,000	5
无锡民生投资有限公司	73,500,000	4.9
无锡国联环保能源集团有限公司	30,000,000	2

无锡金鸿通信集团有限公司	24,000,000	1.6
江苏新纺实业股份有限公司	22,500,000	1.5
无锡威孚高科技集团股份有限公司	18,000,000	1.2
无锡市新区经济发展集团总公司	12,000,000	0.8
无锡市新业建设发展公司	6,000,000	0.4
宜兴市资产经营公司	1,500,000	0.1

联系方式：

地址：无锡市太湖新城金融一街8号国联金融大厦

邮箱：glsc@ glsc. com. cn

网址：http：//www. glsc. com. cn

客户服务或投诉电话：95570

国盛证券有限责任公司

公司概况：

国盛证券有限责任公司是2002年12月经江西省人民政府和中国证监会批准设立的证券公司。公司注册地为江西省南昌市，注册资本1,272,436,375.97元。2007年2月2日，经中国证券业协会评审通过，公司成为规范发展类证券公司，2013年证券评级为BBB级。

公司是中国证监会注册的保荐机构，曾首批获准参与股权分置改革试点。是全国银行间和交易所间同业拆借及债券市场成员单位，中国证券业协会监事单位。公司目前拥有证券经纪、证券自营、证券主承销与保荐、证券资产管理、证券投资咨询、财务顾问、融资融券、代办系统主办券商、中小企业私募债、约定购回式证券交易、代销金融产品、开放式证券投资基金销售等多牌照业务资格。

截至目前，公司控股了江信国盛期货公司，发起设立了江信基金管理有限公司。公司设置了12个业务部门及7个综合管理部门，在北京拥有一家分公司，共有155家营业网点，分布于北京、上海、深圳、天津、杭州等国内中心城市及江西省各地市。

公司始终致力于建设昂扬向上的企业文化，以“共同利益观”为核心价值观，即国家、股东、客户、员工利益一体，互利共赢。以“忠诚拼搏、艰苦创业”为企业精神，始终以优质高效的服务，不断满足投资者多方位需求，实现公司的可持续发展。

公司业务：

经纪人发展业务：公司秉承稳健、发展的经营理念，在业务开展方面得到了国家监管部门的认可。2009年7月20日，国盛证券经国家批准获得实施证券经纪人制度牌照的资格，跻身全国获得此类牌照13家券商之列。目前公司经纪人发展工作正在有条不紊地推进之中。

研发咨询业务：研发咨询业务由国盛证券的研究发展中心承担，研究中心秉承公司“追求人与资本的最佳结合”的经营理念，按照“贴近市场、贴近客户、贴近业务”的要求，努力钻研、勤奋实践，以更专业、更客观、更及时的研究成果，为各类客户提供多样化、个性化、高效率的服务。研发中心拥有一支由高层次、高素质研究人员组成的专业研究队伍。70%的研究人员具有博士、硕士以上学历，绝大多数研究员具有金融、统计、数学、管理学等学科背景，在各自的领域都有着独到而深入的研究，具有丰富的一、二级市场从业经验。

主要产品：

市场研究类：对瞬息万变的股票市场作出独特的判断，为投资者提供投资参考。目前主要包括每日晨会报告、每周分析、月度投资策略报告、季度投资策略报告以及年度投资策略报告等，并定期针对机构、大中小散户等设计不同的投资组合产品。

公司研究类：围绕上市公司投资价值进行分析，为投资者投资提供参考。目前主要包括公司实地调研分析报告、公司研究分析报告、新股上市定价分析报告、公司中报、年报点评、公司业绩预测等。

行业研究类：对重点行业的发展状况、发展趋势进行定期和不定期的分析，对行业动态和相关上市公司投资价值进行综合研究分析。分析行业周期变化特征，把握投资机会，为投资者投资提供参考。

宏观研究类：对宏观经济、金融及货币政策、国内外经济形势等进行研究分析和预测，并深入探讨宏观经济金融形势及政策的变化对证券市场可能产生的影响，为公司制定发展战略和投资者投资决策提供参考。

债券基金类：分别对债券和基金进行投资价值分析，债券类产品包括债市行情、债市评述、国债热点点评、国债定价、国债专题研究和企业债券、可转换债券等内容，基金类产品包括基金投资组合分析、重点基金投资价值分析等。

专题研究类：对证券市场中的热点及前瞻性问题、证券市场中金融创新和体制变革等方面进行全方位的专题研究，为投资者能跟踪证券市场的理论前沿服务。

投资管理业务：

主要从事客户资产受托管理业务。以“规范运作、合理回报、优质服务、开拓创新”作为受托投资业务发展的基本准则。目前，公司的资产管理已逐步形成了鲜明的投资风格、科学的投资管理模式、完备的风险控制体系以及高效的客户服务方式，在业内取得了良好的声誉。

科学的投资方式：以公司基本面分析为依托，结合数量化分析以中、长期为投资取向。团队式运作（从公司调研到投资决策的制订）以核心股票为基础，根据不同客户的不同投资偏好与风险承受能力搭配其他投资品种，在风险一定的情况下，以科学的投资组合方法，取得最佳收益。

缜密的风险控制体系：建立了一套完备的风险管理体系，包括严格的风险测量体系，高效科学的危机处理机制，以风险值为基础的风险管理策略，全面的风险信息报告系统。

高素质的员工队伍：吸纳了一批在国内、外资产管理方面具有丰富实践经验的高素质人才，员工队伍具有业内较高的道德水准。

产品的创新：在确保投资人权益的前提下随时提供多样化的投资产品，为投资人把握最佳获利契机。

固定收益业务：

主要从事国债、金融债券、企业债券、可转换公司债券、资产抵押债券、外币债券及其他创新产品的承销、兑付和投资理财。

业务资格：

国债一级自营商；

全国银行间债券及拆借市场成员；

交易所国债承销资格；

中央国债登记结算有限责任公司结算成员；

中国国债协会成员。

销售能力：拥有实力强大、高效快捷、覆盖全国的债券产品的销售网络。

债券自营投资:在银行间债券市场、证交所债券市场进行国债、金融债、企业债投资。

债券市场研究:从事国债、金融债、企业债及相关业务的市场研究开发和业务品种创新工作。

其他:为客户提供银行间债券市场的资金和债券交易服务。

证券经纪业务

证券经纪业务奉行"以客户为中心,以市场为导向"的现代经营法则,凸显国盛证券经纪业务服务的特色,全面深化服务内涵、提升服务层次和水平,向着更加富有专业化、个性化、人性化的服务境界迈进。

先进的交易手段:提供A股、B股、证券投资基金、国债、企债、可转债的代理买卖服务,形成多品种的交易平台,拥有刷卡交易、钱龙自助、电话委托、网上交易等多种交易委托方式,开展新股合作配售、自动配售、集合国债回购、短信服务、监管理财服务,实时代办深、沪交易所各类股东代码卡,为广大投资者提供了便捷的交易手段,交易系统安全、快捷、先进。

优秀的服务理念:营业部具备一支专业化、知识化、年轻化的员工队伍,竭诚为广大客户提供最优质的服务。通过各种业务创新手段,为客户提供各种优质服务和优惠价格,最大限度地满足客户不同的投资需求。

通畅的银证合作:各营业部均开通了包括工行、农行、建行、交行、招行、中行的银证转账业务。

广布的营业网点:现场经纪业务与非现场经纪业务优势互补,在北京、上海、深圳以及江西省各主要城市设立了21家证券营业部、24家证券服务部,截止到2003年底,拥有客户数逾25万户。全频道、多样化、个性化的优质服务使国盛证券营业网点不仅是交易通道提供者,更是服务全面的客户终端。

丰富的资讯内容:通过国盛证券网站及交易网络,每日发布券商适时信息,编制《国盛证券投资参考》和《晨会报告》,及时向客户提供各种资讯,把握投资机遇。

证券投资业务:

主要从事A股股票、基金、国债、公司债券的自营交易等业务。自公司成立以来,公司始终把规范发展、稳健经营的方针贯穿于证券投资业务的全过程,建立了完善的决策体系,开发和引进了先进的资产管理和风险控制系统。在证券投资业务中,注重实际绩效与投资理念的结合,在公司调研、投资组合、授权授信、分责监控等业务环节构成了完善的投资管理流程。自开展该项业务以来,取得了较好的经营业绩,资产质量一直保持在较高水平。

业务范围:

A股股票、基金、国债、公司债券的投资。

业务特色:

健全、严谨的投资决策与风险控制体制,通过投资决策委员会,定期对投资报告进行讨论和表决;

严格的业务运作程序,为资产设计与之盈利需求和投资期限相匹配的投资组合,以保障资金安全和资产流动性;

规范的经营管理模式,对投资业务实行专户管理,保证资产的安全性;

奉行并坚持以上市公司业绩和成长性为决策依据的成熟理性的投资理念;

整体的资源优势和雄厚的研究力量,力争赚取超出市场平均收益的利润。

投资风险控制:

投资分散化;

投资成本平均化;

量化模型控制。

国泰君安证券股份有限公司

公司概况:

国泰君安证券股份有限公司前身为国泰证券(1992年9月10日成立)和君安证券(1992年8月25日成立),1999年8月18日两公司合并新设为国泰君安证券股份有限公司("国泰君安"),目前注册资本为61亿元人民币。

自成立之日起,国泰君安秉持以客户为中心的服务理念,扎根于国内资本市场,是国内规模最大、经营范围最广、机构分布最广、服务客户最多的证券公司之一,旗下设国泰君安金融控股有限公司(注册地香港)、国泰君安期货有限公司、上海国泰君安证券资产管理有限公司、国泰君安创新投资有限公司、国联安基金管理有限公司5家子公司,在全国30个省、市、自治区设有29家分公司、193个证券营业部。

国泰君安是国内最早开展各类创新业务的券商之一。

1993年首开资产管理业务,1995年最早在香港开办业务,1996年在券商中首设研究所,2001年获得首批代办股份转让主办报价券商资格,2003年获准首批开展QFII业务,2004年成为央行公开市场一级交易商、银行间债市做市商,2007年首批获得QDII资格和金融期货业务资格,2008年率先获得直投资格与期货IB业务资格,2010年获融资融券业务资格。

2010年,国泰君安金融控股有限公司旗下的国泰君安国际控股有限公司(HK.1788)在香港联交所上市,实现了内地券商旗下公司在港IPO零的突破,2011年3月国泰君安国际控股入选香港恒生综合指数金融成分股,成为唯一一支中资券商成分股。

凭借全方位的业务创新、服务创新和管理创新,国泰君安证券成就了一系列市场第一。首创大A套小A模式完成近年国内最大并购案——上汽集团整体上市;主承销首个A+H同步发行项目;首创保底浮动债券品种,设计发行首个资产证券化项目、首支无担保地方企业债券等;首倡量化投资理念和交易策略,推出国内首个对冲型集合理财产品,积累出衍生产品研究开发的明显领先优势;率先开展跨境业务,首家获批RQFII产品;首创行业财富管理第一品牌——君弘俱乐部,深度融合IT优势、研究资源、专业团队、丰富产品等综合金融服务资源。

2004—2011年,国泰君安在《世界品牌实验室》中国500最具价值品牌评比中连年位居"中国券商品牌价值"榜首。2008—2012年,连续五年获得中国证监会券商分类A类AA级评价。

金融服务:

国泰君安拥有全面的综合金融服务体系,无论您是机构,还是企业或是个人,我们都能为您度身定制最适合的资本市场解决方案,提供贴心的投融资一体化服务,成就您的财富梦想。

投资银行

国泰君安拥有一支经验丰富的专业投资银行团队,其中90%的员工拥有三年以上投资银行业务工作经验,95%的员工具有硕士以上学位。投资银行团队凭借一流的业务能力与创新精神，完成了多个中国投资银行历史上的开创式项目。专业服务领域涵盖股票、债券、混合金融产品及其他衍生品、资产证券化及其他债务融资工具，并可在股权激励、收购兼并、资产重组、私募服务、股权直接投资、市值管理等各领域，为客户提供全面财务顾问服务。主要业务包含：股权融资服务、债务融资服务、并购融资服务、中小企业金融服务、证券承销与发行服务等。

经纪业务

国泰君安是国内规模最大、经营范围最宽、机构分布最广、服务客户最多的券商之一。业内首创的客户互联网综合服务平台——智博汇理财大厅，能为客户提供一体化的互联网服务。连续三届蝉联中国最佳手机证券大奖的“易阳指”，为客户提供安全、稳定、快捷的综合手机理财服务。全国统一客户服务热线95521，集预约开户、交易、服务定制与咨询响应等多项功能于一体，通过多种通讯手段为客户提供7X24小时不间断证券信息服务。

财富管理

国泰君安财富管理有一支专业性强、业务素质过硬、理财经验丰富、人数居行业前列的投资顾问团队和来自行业内外的一大批专家团队。通过“1＋N”服务模式，即为每位客户配备1名投资顾问和来自于公司内外的涵盖投资、银行、财务、税收、不动产策划、法律及会计领域的N名专家，国泰君安为客户提供私密、尊享、专业、个性化的服务。

资产管理

国泰君安自1993年开展客户资产管理业务，是国内最早从事此项业务的证券公司。2010年上海国泰君安证券资产管理有限公司成立，注册资本8亿元，是目前国内最大的证券资产管理公司。针对客户在投资风险、收益、流动性等方面的不同需求，国泰君安依托历经磨炼的主动投资团队和声誉卓越的数量化管理团队，竭力为客户提供各类量身定制的理财产品，以及全方位、个性化的理财服务。

销售交易

销售交易团队分布在上海、北京、深圳三地，为机构客户提供量身定制的专业研究、投资咨询、产品销售渠道支持，以及融资融券、大宗交易、买断式回购、股指期货IB、配售高息债、新发行股票等所有适合机构投资者的创新业务。

信用交易

信用交易团队为客户提供融资融券、约定购回式证券交易、转融通等品种齐全的个性化证券信用交易服务，构建了趋势交易、套利交易、行业组合、ETF交易四条线十个分类的证券信用交易策略体系，形成了君融四个序列16个产品及其组合策略。

交易投资

国泰君安交易投资业务下设权益投资部、证券衍生品投资部和固定收益证券部，负责自有资金的投资与管理。权益投资部深入挖掘股票市场中优质上市公司，主要服务领域涉及二级市场A股投资、海外市场投资和公司持有的解禁限售流通股的投资管理。证券衍生品投资部主要从事证券市场中具备风险收益优势的证券及其衍生品投资，在投资过程中综合运用基本面分析、量化策略、程序化交易工具，追求在技术机制上有保障的绝对收益；固定收益证券部专注于固定收益产品投资、交易及创新，负责公司自有资金流动性管理、债券质押式报价回购业务及其他固定收益创新业务，在投资、交易、研究、业务创新等方面具有较强的前瞻性和市场影响力，率先在证券公司中开创专业化营运资金管理模式。

研究服务

1996年，国泰君安成立了我国业内第一家证券研究所，开创了券商行业研究先河，是目前国内规模最大、实力最强、最具影响力的券商研究机构之一，为客户提供量身定制、高质量的研究分析、投资咨询和投资品种推荐服务。研究人员85%具有硕士学位，15%具有博士学位，90%以上来自国内外名牌院校。研究范围覆盖海内外上市的30个行业，涉及策略、宏观债券、大金融、房地产、电子及计算机、电信运营及设备、电力及电力设备、家电、机械、建筑建材、纺织服装、有色、化工、造纸等多个行业或研究领域。

期货服务

国泰君安证券全资子公司——国泰君安期货有限公司于2007年成立，具有商品期货经纪、金融期货经纪、金融期货全面结算和期货投资咨询业务资格，是中国金融期货交易所一号全面结算会员。期货公司总部位于上海，并在全国多个主要城市设立了期货营业部。国泰君安在国内券商系期货公司中最早设立独立研究所，并率先成立了钢材期货研究中心和股指期货研究中心。凭借一流的专业人才队伍，秉持以风险控制为前的研究与咨询服务，向投资者提供全方位专业服务。依靠国泰君安证券的综合金融服务能力，期货公司向客户提供超越期货市场的多元服务。

基金管理

2003年4月，国泰君安与德国安联集团（AllianzAG）共同发起设立了由国泰君安控股、国内第一家中外合资基金管理公司——国联安基金管理有限公司。截至2011年12月底，国联安基金管理有限公司共管理14只基金，总资产规模约128亿元，基金类型涵盖了股票型基金、指数型基金、混合型基金、债券型基金、ETF基金以及货币市场基金。依托产品、渠道创新以及投研业绩的稳步上升，国联安基金管理有限公司近年来取得了较快发展，多次荣膺各权威媒体基金创新类奖项。公司旗下双禧中证100指数分级基金、大宗商品股票ETF等系列创新产品也颇受市场好评，成为市场同类产品中的标杆。

直接投资

国泰君安创新投资有限公司是国泰君安的全资子公司，主要业务功能包括设立并管理股权投资基金和产业投资基金、代表母公司开展战略投资、大中型企业的重点股权投资、风险投资和另类投资等各类创新投资业务、投资管理咨询及财务顾问等监管机构许可的其他业务。

场外市场

国泰君安在原代办股份转让中心职能基础上于2011年6月组建了场外市场部，在对挂牌公司提供做市商服务的基础上，进一步为中小企业提供全方位场外市场投资银行服务。其中，对挂牌公司提供的做市商服务涵盖为挂牌公司提供市场交易、研究及产品报价、账户及清算，合规及风险监管，信息披露与监管等；场外市场投资银行服务涵盖为企业提供推荐挂牌、定向增资、挂牌公司的转板上市、企业间兼并、收购、股权置换以及帮助企业进行内部资产重组、改制等。

跨境金融

1995年6月，国泰君安在香港设立全资子公司，为投资者提供证券及期货经纪业务、企业融资、资产及基金管理、融资融券、证券投资顾问和外汇业务等全方位服务，各项业务处于香港中资券商前列。2010年，子公司国泰君安金融控股有限公司旗下的国泰君安国际控股有限公司在香港联交所上市交易（HK.1788），实现了内地券商旗下公司在港IPO零的突破，并于2011年3月正式进入香港恒生综合指数金融成分股，成为唯一一支中资券商成分股。

联系方式：

总部地址：上海市银城中路168号上海银行大厦29层

邮政编码：200120

总部电话：021－38676666

电子邮箱：media@ gtjas. com

在线客服：www. gtja. com/et/zbWebET. jsp

电话客服：95521

现场服务：国泰君安证券营业网点

官方网站：www. gtja. com

国信证券股份有限公司

公司概况：

国信证券股份有限公司（简称“国信证券”）的前身为深圳国投证券有限公司，成立于1994年。国信证券是全国性大型综合类证券公司，注册资本70亿元，法定代表人为何如，总部设在深圳，截至2014年6月30日在全国设有13家分公司、85家营业网点，同时拥有3家全资子公司：国信期货有限责任公司、国信弘盛创业投资有限公司、国信证券（香港）金融控股有限公司，并参股鹏华基金管理有限公司、前海股权交易中心（深圳）有限公司、厦门两岸股权交易中心有限公司、青岛蓝海股权交易中心有限责任公司。截至2014年6月30日，公司共有员工6,289名，其中注册保荐代表人155人、行业分析师超过60人。公司拥有齐全的证券业务牌照，以及领先行业的产品和服务创新能力，先后获得多个创新业务首批试点资格以及独家试点资格，业务体系覆盖场内、场外市场，可为广大投资者和客户提供全方位综合金融服务。国信证券的企业精神是“务实、专业、和谐、自律”，核心理念是“创造价值，成就你我”。截至2013年和2014年1—6月，公司营业收入分别为677,598.73万元和425,852.38万元；归属于母公司所有者的净利润分别为210,800.96万元和149,590.10万元。

国信证券是被评审为从事相关创新活动的前八家试点证券公司之一，创新能力、竞争优势和市场地位突出。证券经纪业务股票基金交易额保持行业领先，代理买卖证券业务净收入排名行业前五。2009—2013年在证券公司营业部总交易金额排名中，公司6家营业部连续5年进入行业前十；投资银行业务方面，公司在股票和债券的保荐与承销业务方面有较强的竞争优势，2007年至2012年连续六年被深交所评为“最佳保荐机构”，在中小企业板、创业板市场保荐上市的承销家数和金额均位于行业前列，2012年和2013年公司连续两年债券主承销家数位列行业前列。在保持经纪业务和投行业务领先地位的基础上，公司资产管理、研究等各项主要业务发展均衡。资产管理业务方面，2013年以来，公司抓住行业机遇大力拓展固定收益类资产管理业务，积极推进业务创新，实现了资产管理规模的大幅度提高。研究业务连续多年获评《新财富》“最具影响力研究机构”，90多人次获《新财富》“最佳分析师”奖项。此外，公司在资本中介、柜台市场、金融工程、QFII/RQFII、资产托管等创新业务领域均处于行业领先水平。

国信证券是中国证券业协会副会长单位、深圳证券业协会会长单位、上海证券交易所理事单位。根据中证协公布的证券公司会员经营业绩排名，2011年至2013年，公司总资产、净资产、净资本、营业收入、净利润五项指标均进入行业排名前十位。2013年，公司共获得权威机构和专业媒体评选的多项荣誉，包括：“中国最佳证券经纪商”、“年度最佳投资银行”、“中国最佳财富管理品牌”等。

市场地位：

国信证券是行业前八家创新试点证券公司之一，创新能力、竞争优势和市场地位突出。在中国证券业协会主持的全国证券公司经营业绩排名中，国信证券近三年的总资产、净资产、净资本、营业收入、净利润等主要指标排名均进入行业前十。

证券经纪业务：在行业内率先推行全面客户关系管理，拥有专业的投资顾问服务团队和“金色阳光”系列服务产品，建立了技术领先、功能完善的金色阳光“藏金阁”网络营业部、“金太阳”手机证券、全天候“95536”电话理财中心、国信理财微服务（官方微信）等多层次综合理财服务平台。公司坚持打造“精品营业部”的差异化品牌营销战略，2009—2013年，在证券公司营业部总交易金额排名中，国信6家营业部连续5年进入行业前十，其中泰然九路营业部连续5年排名第一。2013年，公司代理买卖证券业务净收入排名行业第三。2014年1—6月，代理买卖证券业务净收入排名行业第三。

投资银行业务：国内最早开展投资银行业务并注册登记为保荐机构的首批证券公司之一。具备业内一流的“全价值链”综合服务能力，销售网络覆盖基金、保险、信托、券商、财务公司、产业投资公司等500多家机构投资者，可为企业客户提供IPO、增发、配股、非公开发行、并购重组等股权融资服务，公司债、企业债、私募债等债权融资服务，直接投资、改制重组、私募融资等财务顾问服务，以及市值管理、高端培训等全方位价值服务。国信证券是市场唯一一家连续6年（2007—2012年）被深交所评为“最佳保荐机构”的券商。截至2014年6月30日，累计在中小板保荐发行公司89家，排名行业第一；在创业板保荐发行公司36家，承销家数和承销金额均排名行业前二。国信投行拥有500多人的专业团队，注册保荐代表人超过150人，保荐代表人数量连续8年排名行业第一。2014年1—6月，完成IPO承销项目8个，承销金额47.61亿元，两项指标均排名行业第一。

固定收益证券业务：拥有集固定收益证券发行承销、销售交易和投资研究为一体的综合服务能力，业务资格包括：企业债、公司债、非金融企业债务融资工具、中小企业私募债券等固定收益品种主承销资格；记账式国债承销团成员；政策性银行金融债券承销团成员；银行间同业拆借市场业务资格；银行间/交易所债券市场成员；上海证券交易所固定收益证券综合电子平台一级交易商。2013年，完成企业债主承销项目26.17个，排名行业第二；承销金额281.83亿元，排名行业第三。国信证券是首批中小企业私募债券承销业务试点券商，2013年完成中小企业私募债承销项目17个，承销金额25.73亿元，两项指标均进入行业前二。公司还是上海证券交易所固定收益证券综合电子平台首批做市商，2007—2013年连续7年综合排名第一。2014年1—6月，完成企业债主承销项目27个，排名行业第二；承销金额279亿元，排名行业第四（联合主承销家数、金额按算术平均统计）；中小企业私募债主承销项目19个，承销金额34.83亿元，均排名行业第一。

资产管理业务：在国内券商中率先规范资产管理业务，运作规范稳健，形成了良好的市场声誉。拥有权益类投资产品、固定收益类产品、量化投资产品、QDII产品、分级产品等全产品链，具备不同的投资风格与风险特征，可满足客户多层次的财富管理需求。资产管理总部投资经理平均证券从业年限超过9年，对资本市场具有较强的研究判断能力。国信资管在行业内首创集合理财产品合同电子化，并被证监会确定为行业标准;2013 年以来,积极推进集合资产管理业务创新:现金增利 1 号货币资产管理产品具有风险低、操作便捷、活期理财高收益等特征,显著提升了客户保证金收益;债券分级 1 号、金理财 8 号等分级产品主要投资于股票质押式回购、债券等固定收益品种,实现了公司投融资优势资源的整合。截至 2014 年 6 月 30 日,共管理 20 支集合资产管理计划(包括 2 支 QDII 集合资产管理计划)和 98 支定向资产管理计划(包括 5 支 QDII 定向资产管理计划),资产管理总规模超过 1000 亿元。

研究业务:在业内率先推行行业首席分析师制,创新卖方研究服务模式,确立了研究业务的制度优势。目前拥有一支由 60 多名分析师组成的研究服务团队,研究力量覆盖符合中国经济发展方向的战略性新兴产业、大消费行业以及宏观、策略、金融工程、固定收益等高价值领域,重点跟踪公司超过 1200 家。公司连续多年获得《新财富》"最具影响力研究机构",共有 90 多人次获《新财富》"最佳分析师"奖项,在医药生物、社会服务、交通运输仓储、家电、电子、通信、环保、房地产等领域的研究实力处于行业领先水平。此外,国信经济研究所还提供政府产业规划、招商引资、企业财务顾问、高端培训等专项研究咨询服务,实现研究服务产品化、项目化,探索研究业务新模式。

机构业务:拥有一支专业的机构销售交易团队,在整合公司资源的基础上,向社保基金、保险公司、公募基金、私募基金、QFII/RQFII 等国内外专业机构投资者提供研究、策略、交易平台及其他延伸服务;为银行、保险、私募等机构提供产品设计和理财合作方案;向集团企业等机构提供财务解决方案。2010 年,成为首家在彭博系统推出 A 股市场算法交易服务的国内券商。2011 年,自主开发做市商对冲交易系统及多项交易策略,成为业内首家实现对冲模式下双边自动报价的流动性服务提供商。2013 年,收益互换业务方案通过证券业协会专业评价,可满足机构投资者个性化风险收益管理需求。此外,国信国际机构业务发展迅速,目前共拥有来自欧美、韩国、新加坡等海外市场以及中国香港、台湾地区的 QFII/RQFII 客户 20 多家,市场占有率居行业前列。

自营投资业务:推行投资经理负责制,投资经理充分利用内外部研究支持,挖掘潜在的投资机会,同时实行强制止损机制,对投资组合进行规范限制。公司除开展股票、债券等传统自营业务外,积极采取各种创新方式,发展低风险、低波动、稳定收益的投资业务,探索量化交易、程序化交易、场内外期权业务等多种新型投资模式。

资本中介业务:首批获得融资融券业务和转融通业务试点资格的券商,建立了完备的征信、信用评级、授信等流程,以及有效的业务操作、交易结算、风险监控等管理制度。2013 年,国信融资融券累计开户数排名行业第三,交易量和业务规模均进入行业前十。截至 2014 年 6 月 30 日,国信融资融券累计开户数超过 11 万,排名行业第三;融资融券余额超过 160 亿元,排名行业前八。此外,大力发展股票质押式回购、约定购回式证券交易、股权激励行权融资、股票协议逆回购、上市公司限制性股票融资等创新型资本中介业务,满足客户多样化融资需求,其中股票质押回购业务累计待购回余额(含自有及资管出资)超过 100 亿元,排名行业前五。

柜台市场业务:首批获得柜台市场业务试点资格的券商,以私募业务、非标准化产品为主导方向,通过创设、开发、管理丰富的金融理财产品和衍生品,建立多元化的资产组合策略,拓宽客户投融资渠道,提供高效的风险管理工具。目前柜台市场作为公司内部业务合作以及嫁接外部资源的综合平台,其功能已初见成效。2013 年推出场外期权、权益收益互换、股票协议逆回购、资管产品发行转让等 4 项场外业务。2014 年,收益凭证、上市公司限制性股票融资等创新业务陆续获得业务资格。截至 2014 年 6 月 30 日,国信柜台市场场外期权名义金额超过 260 亿元;同时,将传统固定收益投资品种与场外期权进行构建的"金鲨"、"金牛"、"金福"系列结构化理财产品,累计发行规模近 4 亿元,其中金福 1 号创造 8 秒售罄的市场记录。

场外市场业务:首批获得股份报价转让业务主办券商资格的券商,致力于在全国中小企业股份转让系统、区域性股权交易市场等场外市场为中小企业提供推荐挂牌、定向增资、并购重组、做市交易、转板上市等专业服务。截至 2014 年 6 月 30 日,累计推荐 43 家企业在"新三板"挂牌,其中 2 家挂牌企业先后在创业板上市,挂牌企业家数排名行业第三。此外,参股深圳前海、厦门两岸、青岛蓝海等 3 家区域股权交易中心,并通过分支机构开展浙江、新疆、重庆等地的区域市场业务,延伸中小企业服务价值链。

资产托管业务:首批获得证券投资基金托管资格的券商,拥有一支高素质的资产托管业务专业团队,可为基金公司、券商、私募等资产管理机构提供托管服务及后台运营外包服务等综合解决方案,托管产品种类包括:公募基金、券商资产管理计划、基金专户、私募基金、政府产业引导基金、对冲基金、打新基金,特别是对投资于债券、股票、期货等跨市场、多品种的复杂产品托管有比较丰富的经验和领先优势。截至 2014 年 6 月 30 日,共为 58 只基金提供托管服务,资产规模 56.32 亿元;为 37 只基金提供运营外包服务,资产规模 34.81 亿元。

互联网金融业务:运用互联网思维、理念、技术提供便捷、高效的互联网金融服务,建立了以 PC 客户端、网上理财商城、APP、微信为核心的多渠道、立体式互联网金融服务体系。2007 年自主开发集行情、交易、资讯和客户服务于一体的综合移动金融服务平台——"金太阳"手机证券,目前注册用户超过 590 万。2009 年"金太阳"手机证券被苹果公司 iPhone、iPad 产品选为中国落地宣传的唯一证券应用。2012 年推出金色阳光"藏金阁"网上理财商城,服务产品超过 2000 种,同时引入理财产品在线销售,推出网上开户功能。2013 年"国信证券"微信服务号正式上线,与各分支机构的微信订阅号共同形成多层次的移动互联网微理财服务体系。2014 年获得互联网证券业务试点资格,持续探索互联网与金融的结合,通过互联网方式优化、改造金融服务流程,提升客户服务体验。

信息技术:拥有专业的 IT 团队、先进的软硬件设施、完备的运营保障体系和突出的 IT 创新能力,近年来先后开发完成企业级证券电子商务平台、创新型一体化智能经纪业务平台、CRM 客户服务平台、"金太阳"手机证券、95536 电话理财中心、投资与资产管理系统、融资融券系统、数量化业务系统、股指期货 IB 信息系统、金色阳光"藏金阁"、合规管理系统、实时风控系统等多项行业领先的信息应用系统,系统运行高度安全、稳定。2008 年,企业级证券电子商务平台荣获"证券期货业科学技术二等奖",在网上交易和网站类系统中排名第一;2009 年,入选国家信息化测评中心"中国企业信息化 500 强";2009 年,"金太阳手机证券系统"荣获"证券期货业科学技术奖二等奖";2010 年,信息安全等级保护达标工程获公安部评测机构最高等级"符合"评价,并成为行业首家通过软件开发最佳实践 CMMI3 级认证的券商;2011 年,"金天盾"非现场客户端安全产品获中国证券业协会"网上交易双因素身份认证”专业评审总分第一;2012 年,通过中国信息安全认证中心 ISO20000 认证审核;2013 年,基于开源技术的内外网数据交换可信安全管理平台获“证券期货科学技术奖优秀奖”。

国信期货:国信证券是首批获得股指期货 IB 业务资格的券商,通过全资子公司国信期货有限责任公司开展商品期货经纪业务、金融期货经纪业务、期货投资咨询业务及资产管理业务。国信期货具有中国金融期货交易所交易结算会员资格,上海期货交易所、大连商品交易所、郑州商品交易所会员资格。目前设有 15 家期货营业部,并有国信证券旗下 67 家证券营业部提供 IB 业务支持。国信期货是期货业内交易平台最为齐全的公司之一,并建立了以股指期货研究为主,以有色金属为特色,覆盖黄金、钢材、农产品、能源化工等品种的研究架构。截至 2014 年 6 月 30 日,国信期货客户保证金规模超过 22 亿元;累计发行 21 支定向资产管理产品,总规模达 3.72 亿元,排名行业第三。2013 年,国信期货净利润排名行业第七。2014 年 1—6 月,净利润排名行业第六。2010—2013 年,国信期货连续 4 年荣获中国金融期货交易所“优秀会员金奖”。

国信弘盛:国信证券通过全资子公司国信弘盛创业投资有限公司开展股权投资、股权投资基金管理、股权投资顾问等业务,国信弘盛是国内前三家获准设立的券商直接股权投资公司。截至 2014 年 6 月 30 日,国信弘盛自有资金累计投资项目 48 个,投资金额 12.54 亿元,其中 15 个项目在 A 股市场上市;同时担任红岭创投、和泰成长、同盛创投等投资机构的股权投资顾问,成功推荐投资项目 27 个,其中 11 个项目在 A 股市场上市。国信弘盛投资和推荐投资的企业上市家数在券商直投行业排名前列。2013 年,国信弘盛在 PE 市场极度低迷的不利环境下成功募集一只近 20 亿元人民币的直投基金,基金投资人包括国开金融、泰康人寿、平安信托等国内知名机构投资者,国信弘盛的业务逐步由以自有资金管理与投资为主向以基金管理和投资为主转变。

国信香港:国信证券通过全资子公司国信证券(香港)金融控股有限公司开展国际金融业务。国信香港具备香港证券业务全牌照,可以开展经纪业务、投行业务和资产管理业务。经纪业务建立了国际化的专业团队,经营港股、美股、国内 B 股、新加坡、台湾等全球多个交易市场的证券买卖、销售以及期货、柜台产品、融资融券等多样化国际金融业务;投行业务可为客户提供全方位的企业融资及财务顾问服务,包括上市保荐、承销、配售、上市前重组及融资、收购兼并以及其他相关财务咨询服务;资产管理业务是开展跨境泛资产管理的业务平台,产品涵盖 QDII、RQFII、QFII、QFLP 等跨境投资品种,管理各类公募基金、私募股权基金,并提供基金投资顾问、专户理财和投资移民等个性化服务。

主要荣誉:2013 年,国信证券共获得权威机构和专业媒体评选的 70 多项荣誉,包括:“年度最佳证券公司”、“年度最佳证券经纪商”、“年度最佳投资银行”、“年度最佳企业债承销商”、“年度最佳互联网应用券商”、“年度最佳证券研究机构”、“中国最佳财富管理品牌”等。

联系方式:

地址:深圳市红岭中路 1012 号国信证券大厦

邮编:518001

总机:(86)0755 - 82130833

传真:(86)0755 - 82130570

网址:www. guosen. com. cn

全国统一客服热线:95536

国元证券股份有限公司

公司概况:

国元证券股份有限公司(简称国元证券)为顺应信证分业、行业重组的发展趋势,由原安徽省国际信托投资公司和原安徽省信托投资公司作为主发起人,于 2001 年 8 月设立。2007 年 10 月 30 日以股权分置改革为契机,借壳北京化二股份有限公司成功在深圳证券交易所上市。公司是经中国证监会批准、安徽省工商行政管理局注册登记的综合类证券公司,注册资本 14.641 亿元人民币。现为安徽国元控股(集团)有限责任公司旗下企业。

2004 年 9 月,公司控股长盛基金管理有限公司;2005 年 10 月公司取得创新试点证券公司资格;2006 年 6 月,公司获批在香港设立国元证券(香港)有限公司;2007 年 7 月公司获批注资控股国元期货经纪有限公司;2007 年 8 月,在中国证监会组织的证券公司分类评选中被评为 A 类 A 级证券公司;2007 年 10 月,经中国证监会批准,公司收购原天勤证券 13 家营业部正式新设开业;2007 年 10 月 30 日公司在深圳证券交易所成功上市(股票代码:000728)。

经营范围:

证券(含境内上市外资股)的代理买卖;代理证券的还本付息、分红派息;证券代保管、鉴证;代理登记开户;证券的自营买卖;证券(含境内上市外资股)的承销(含主承销);证券投资咨询(含财务顾问);受托投资管理;中国证监会批准的其他业务。

组织机构:

公司董事会设“发展战略委员会”“风险管理委员会”“审计委员会”和“薪酬与提名委员会”四个专门委员会。

公司经营层设“风险控制”“绩效考核”“投资决策”“项目内核”四个非常设委员会。

公司内设部门有营销经纪总部、投资银行总部、投资管理总部、客户资产管理总部、北京业务总部、上海业务总部、南方业务总部七大业务总部及固定收益部、资本运营部、投资研究中心、客户资金存管中心、信息技术部、资金计划部、法律事务部、风险监管部、稽核部、董事会办公室、人力资源部、办公室、财务会计部、行政管理部等业务经营与综合管理部门。

48 家证券营业部、20 家证券服务部覆盖北京、上海、天津、重庆、深圳、沈阳、青岛、大连、广州、无锡、杭州、中山等金融中心城市及安徽省各地市。

联系方式:

地址:安徽省合肥市寿春路 179 号国元大厦

电话:0551 - 62207323　0551 - 62207968

传真:0551 - 62207322　0551 - 62207322

邮箱:wansq@ gyzq. com. cn　likemu@ gyzq. com. cn

海通证券股份有限公司

海通证券股份有限公司(以下简称“海通证券”)成立于 1988 年,是国内最早成立的证券公司中唯一未被更名、注资的大型证券公司。公司前身是上海海通证券公司,于 1994 年改制为有限责任公司,并发展成全国性的证券公司。2001 年底,公司整体改制为股份有限公司。2002 年,公司完成增资扩股,注册资本金增至 87.34 亿元,成为当时国内证券行业中资本规模最大的综合性证券公司。2005 年,公司成功托管甘肃证券和兴安证券，实现低成本快速扩张，同年公司成为创新试点券商。海通证券A股于2007年在上海证券交易所挂牌上市并完成定向增发，H股于2012年4月在香港联合交易所挂牌上市，公司注册资本金增至95.84亿元。自2007年以来，公司总资产和净资产一直位居国内证券行业第二位。在多年的发展中，海通证券始终遵循"务实、开拓、稳健、卓越"的经营理念和"规范管理、积极开拓、稳健经营、提高效益"的经营方针，坚持"稳健乃至保守"的风控品牌，追求"管理一流、人才一流、服务一流、效益一流"的经营管理目标，取得了显著的经济效益和社会效益。

公司经纪业务基础雄厚，在境内外拥有近300多家营业部，拥有500万零售客户和超过1.2万个机构客户及高净值客户，客户资产规模超万亿元。经纪业务总交易量市场份额稳居市场前列。公司大力发展互联网证券，建立了在线开户、网上营业厅、在线商城、微信平台和手机APP等五大平台，客户可以通过互联网和移动终端享受便捷的交易、理财、投资、融资和支付等金融服务。

公司投资银行业务具有较高的市场影响力，拥有专业的服务能力、卓越的创新能力和优秀的销售定价能力，可以为客户提供个性化、全方位的融资解决方案。公司在金融、高科技企业和民营企业的发行承销，国有企业改制重组、文化传媒企业并购重组等方面享有盛誉。公司债券发行的产品设计和创新能力业内领先，发行了国内第一支有续期选择权的企业债券。公司首批取得新三板主办券商资格，新三板做市业务处于行业领先地位。

公司创新业务始终走在市场前列，首批获得融资融券、约定购回式证券交易、券商柜台市场、保险资金管理、公募基金托管、合伙企业独立托管、期货资产管理、RQFLP等创新业务资格。公司柜台市场业务始终保持行业领先地位；融资融券、股票质押融资和收益互换等资本中介业务发展迅速。

公司积极推进金融控股集团建设，基本建成了以证券为核心，业务涵盖期货、直接股权投资、基金和融资租赁等多个业务领域的金融控股集团。公司拥有一家直投子公司（海通开元）和六家股权投资管理子公司（海富产业、海通吉禾、海通创新资本、海通新能源、海通创意资本和海通并购资本），在国内证券业PE投资领域处于领先地位，打造了国内PE投资领域的知名品牌。公司拥有上海海通证券资产管理公司、海富通基金和富国基金等专业资产管理子公司，资产管理总规模逾5000亿元。公司成立海通创新证券投资公司，打造另类投资的专业平台。公司控股子公司海通期货稳居期货行业市场份额前三位，获得期货行业AA类评级。公司2013年成功收购恒信金融集团，成为第一家涉足融资租赁业务的证券公司。

公司大力推进国际化战略，成功收购了香港本地老牌券商大福证券，更名为海通国际证券，并积极推动境内外业务联动，着力打造海外发展的业务平台。海通国际证券经营业绩快速提升，在香港人民币产品领域始终保持领先地位，首批获得合格境外机构投资者（QFII）资格，成功完成多个大型IPO项目发售，在香港市场赢得了"公开发售之王"的美誉。2012年4月27日，海通证券H股成功在香港联合交易所挂牌上市，募集资金143.8亿港元，成为香港历史上最大的一宗证券公司上市案例，成功引进多家国际重量级的长线投资机构，进一步完善了治理结构，提高了国际知名度和品牌影响力，为进一步拓展海外业务、加速国际化发展奠定了坚实的基础。2014年12月，公司签约收购葡萄牙圣灵投资银行，海外布局进一步完善，国际化战略进一步深化。

展望未来，海通证券将进一步完善战略布局，建立以客户需求为导向的业务模式，构建丰富的产品服务体系，搭建统一高效的中后台支撑体系，进一步巩固传统业务竞争优势，加快创新转型步伐，不断优化收入结构，增强风险抵御能力，为中国证券市场的发展和上海国际金融中心建设继续谱写更加波澜壮阔的篇章！

联系方式：

地址：上海市广东路689号1001A1001B室

邮编：200001

邮箱：web@ htsec. com

和兴证券经纪有限责任公司

和兴证券经纪有限责任公司成立于2001年8月，目前拥有21家证券营业部、8家证券服务部，营业面积逾3.4万平方米，开户股民逾30万，是四川省乃至整个西南地区的资本市场中占有重要的地位的经纪类专业性券商。

筹建：

按照《证券法》的有关规定和国务院的统一部署，根据中国人民银行办公厅银办函〔1999〕95号文《关于对四川省人民政府整顿信托投资公司方案的复函》以及四川省人民政府办公厅川办函〔1999〕91号文《四川省人民政府办公厅转发省整顿信托投资公司领导小组关于整顿全省信托投资公司方案的通知》，在四川省人民政府的统一领导下，四川省信托投资公司、四川省国际信托投资公司、四川省建设信托投资公司、南充市信托投资公司、阿坝州信托投资公司、凉山州信托投资公司等6家信托投资公司组成了和兴证券经纪有限责任公司筹备组（以下简称筹备组），在中国证监会及成都证管办的指导下，筹备组在信托业和证券业分业、重组、设立专业证券公司等方面进行了深入的工作。经四川省人民政府向中国证监会提交川府函〔2000〕186号《四川省人民政府关于申请设立和兴证券有限责任公司的函》后，中国证监会于2000年11月27日批准和兴证券经纪有限责任公司筹建事宜（证监机构字〔2000〕271号文《关于同意组建和兴证券经纪有限责任公司的批复》）。

公司概况：

根据证监会筹建批复，筹备组积极开展筹建工作，经过多方面努力，完成了筹建工作，经过申报，

和兴证券经纪有限责任公司成立于2001年8月，是在四川省人民政府的统一领导下，四川省信托投资公司、四川省国际信托投资公司、四川省建设信托投资公司、南充市信托投资公司、阿坝州信托投资公司、凉山州信托投资公司等6家信托投资公司联合筹建而成，注册资本33,148.99万元，现由四川省人民政府国有资产监督管理委员会直接监管。

公司目前拥有21家证券营业部、8家证券服务部，营业面积逾3.4万平方米，开户股民逾30万。是四川省乃至整个西南地区的资本市场中占有重要的地位的经纪类专业性券商。

2012年11月，经四川省工商行政管理局核准，公司名称更名为宏信证券有限责任公司。

公司现有股东12家。公司前五大股东分别为：四川信托有限公司（占总股本的57.09%）、四川省国际信托投资公司（占9.21%）、凉山州国有投资发展有限责任公司（占9.07%）、南充市国有资产投资经营有限责任公司（6.34%）、德阳市国有资产经营有限公司（5.51%）。

总部机构：

信息技术中心、清算存管部、经纪业务部、计划财务部、人力资源部、研究发展部、市场业务部、办公室、合规风控部、稽核审计部、董事会办公室、党群工作部。

营业机构编辑成都福兴街营业部、成都人民南路营业部、仁寿服务部、成都一环路西二段营业部、金堂服务部、成都红庙子街营业部、成都西御街营业部、洪雅服务部、成都一环路西三段营业部、汶川服务部、德阳凉山路营业部、绵竹服务部、德阳南街营业部、泸州市府路营业部、合江服务部、内江公园街营业部、江油金轮干道营业部、嘉洲大道服务部、乐山嘉定中路营业部、峨铁服务部、峨眉报国路营业部、马尔康达尔玛街营业部、西昌顺城街营业部、西昌胜利路营业部、南充涪江路营业部、上海中华新路营业部、上海崂山东路营业部、上海桂平路营业部、北京百万庄大街营业部等。

管理团队：

和兴证券经纪有限责任公司党委书记、董事长：刘晓亚。

和兴证券经纪有限责任公司副董事长：尹树楷。

和兴证券经纪有限责任公司总裁：张和平。

和兴证券经纪有限责任公司副总裁：彭富信。

和兴证券经纪有限责任公司副总裁：施建萍。

和兴证券经纪有限责任公司董事会秘书：张林。

恒泰长财证券有限责任公司

公司概况：

恒泰长财证券有限责任公司前身为长财证券经纪有限责任公司，成立于 2002 年 1 月 10 日。是经中国证券监督管理委员会批准（证监机构字〔2001〕327 号文件），在原长春市财政证券公司和长春信托投资公司证券部的基础上组建的一家经纪类证券公司。2009 年 3 月 10 日，恒泰证券股份有限公司收购长财证券经纪有限责任公司，长财证券成为恒泰证券全资子公司，并更名为“恒泰长财证券有限责任公司”。2014 年 1 月 3 日，恒泰长财证券与母公司恒泰证券进行业务整合，整合之后，恒泰长财证券成为专门从事投行业务的证券公司，注册地为吉林省长春市。

注册资本：恒泰长财证券有限责任公司注册资本 2 亿元。

经营范围：

证券承销业务、证券投资基金销售业务、证券保荐业务

公司股东：

2014 年恒泰长财证券有限责任公司的股权结构表

序号	股东名称	出资额(元)	持股比例(%)
1	恒泰证券股份有限公司	200,000,000	100

企业文化：

恒泰长财证券有限责任公司坚持“创新、务实、诚信、合作”的核心价值观，遵循“为客户创造价值，为员工创造机会，为股东创造回报，为社会创造财富”的企业使命，全体员工为实现恒泰证券“致力财富管理，成为具有强大市场影响力的证券控股集团”的企业愿景而努力工作。

联系方式：

地址：吉林省长春市宽城区珠江路 439 号恒泰长财大厦

电话：0431－82951762

传真：0431－82951762

邮编：130051

邮箱：htcc@ cczq. net

恒泰证券股份有限公司

公司概况：

恒泰证券股份有限公司（以下简称“公司”）前身为内蒙古自治区证券公司，成立于 1992 年；1998 年 11 月，改制组建为有限责任公司。

2002 年 7 月，公司进行了增资扩股，注册资本增至 6.56 亿元。2002 年 9 月，公司更名为恒泰证券有限责任公司。

2008 年 9 月，公司整体变更为股份有限公司；注册资本增至 20.06 亿元。

2009 年 3 月，公司收购长财证券公司后，注册资本增至 21.95 亿元。

公司注册地为呼和浩特市，在自治区及北京、上海、深圳等国内主要城市设有 64 家证券营业部，其中在内蒙古自治区内设有 32 家证券营业部。公司在深圳、长春设有分公司，分别负责证券自营业务和辽宁、吉林、黑龙江三省区域的经纪业务管理工作。另外，公司还拥有恒泰长财证券有限责任公司、恒泰期货有限公司、恒泰先锋投资有限公司和恒泰资本投资有限责任公司等 4 家全资子公司，分别负责经营投资银行业务、期货业务、另类投资业务和直接投资业务。2013 年 10 月，公司成为新华基金管理有限公司第二大股东。

公司自成立以来，秉承“创新、务实、诚信、合作”的企业核心价值观和“客户利益第一“的经营理念，依法经营、规范运作、科学管理、锐意进取，各项事业都取得了长足发展，成为资产优良、内控严密、在国内具有一定业务规模和竞争优势的综合性证券公司。尤其近年来，公司不断挖掘传统业务潜力，在新业务领域积极开拓，经过几次跨越式发展，现已初步搭建起包含资管、另类投资、直投、基金和期货等买方业务以及经纪、投行等卖方业务相结合的经营框架，为未来发展奠定了坚实基础。

面对新的机遇和挑战，恒泰证券股份有限公司将胸怀“为客户创造价值，为员工创造机会，为股东创造回报，为社会创造财富”的企业使命，凭借优良的公司信誉、高素质的人才队伍和精诚团结的创业精神，致力于以客户为导向的财富管理，向着成为具有强大市场影响力的证券控股集团的方向不断进取，为中国证券市场的繁荣做出更大贡献。

董事长致辞：

回首恒泰证券十多年的成长历程，也是国内证券业从小到大的发展历程。作为国内成立较早的证券公司之一，恒泰证券励精图治，艰苦创业，一步一个脚印，实现了由经纪类券商向综合类券商、由区域性券商向全国性券商、由中小规模券商向大型券商的三重跨越，各项事业取得了长足进步，成为一个资产质量优良、治理结构完善、业务种类基本齐全、在国内具有一定业务规模和竞争优势的综合性证券公司。

尤其是近年来，恒泰证券遵循现代金融企业治理准则，不断提升公司整体运作效率和经营管理水平，稳健经营，管理规范，风险控制有效，公司品牌价值得到提升，呈现出更加稳定、健康的发展态势。

在新的历史时期下，恒泰证券将继续把追求客户利益最大化作为我们的目标，勇于开拓，不断创新，以专业、优质的服务回馈客户的信赖，以持续、良好的经营业绩回报股东的信任，以持续稳定的增长为员工创造发展空间，为中国证券市场的繁荣和发展做出更大的贡献！

企业文化：

企业使命

为客户创造价值，为员工创造机会，为股东创造回报，为社会创造财富

企业愿景

致力财富管理，成为具有强大市场影响力的证券控股集团

核心价值观

创新：恒泰证券要坚持走创新为引领的恒泰长盛之道。恒泰人需要不断进取，与时俱进，通过持续创新适应甚至引领市场变化，实现企业的长远发展。

务实：恒泰证券要形成务实为特征的恒泰行事之道。恒泰人需要踏踏实实做事的工作态度，及时响应企业提出的工作目标，有效执行，关注工作效率和专业能力的不断提升，以务实的态度踏实做事。

诚信：恒泰证券要秉持诚信为原则的恒泰服务之道。恒泰人需要以较高的职业道德标准约束自己的行为，对人对事保持公正平和的心态，以德行为立事的根本，以个人行为维护企业的信誉和品牌。

合作：恒泰证券要坚持合作为精神的恒泰发展之道。恒泰人在与外部伙伴或内部团队共事中需要建立共赢意识，通过彼此支持和协作形成合力，促进共同目标达成。

恒泰证券企业文化将指引全体恒泰人胸怀共同使命、朝向共同愿景、秉承共同价值观、努力不息，探索不止！

公司业务

证券经纪业务

投资银行业务

研究发展中心

证券投资业务

固定收益业务

资产管理业务

联系方式：

北京金融大街证券营业部

地址：北京市西城区金融大街 33 号通泰大厦 C 座 5 层 507

电话：010 - 56673868

北京西四环北路证券营业部

地址：北京市海淀区西四环北路 160 号金隅大成玲珑天地 A - 109

电话：010 - 57851501

北京安德路证券营业部

地址：北京市东城区安德路地兴居 9 号

电话：010 - 84128826

北京南滨河路证券营业部

地址：北京市西城区广安门外南滨河路 1 号高新大厦二层

电话：010 - 63429715

北京东三环中路证券营业部

地址：北京市朝阳区百子湾南二路 76 号院 5 号楼乐成国际 11A

电话：010 - 87751188、010 - 87751481

上海张杨路证券营业部

地址：上海市浦东新区张杨路 3399 号四层

电话：021 - 68531042

上海祥德路证券营业部

地址：上海市虹口区祥德路 383 号 1 楼（近曲阳路口）

电话：021 - 65078488

上海小木桥路证券营业部

地址：上海市徐汇区小木桥路 223 号申信大楼 1 - 3 楼

电话：021 - 64433261

上海水电路证券营业部

地址：上海市虹口区水电路 1461 号 2 楼

电话：021 - 65443254

申万宏源证券有限公司

公司概况：

申万宏源证券有限公司（简称“申万宏源”），是由新中国第一家股份制证券公司——申银万国证券股份有限公司与国内资本市场第一家上市证券公司——宏源证券股份有限公司，于 2015 年 1 月 16 日合并组建而成。公司目前是国内规模最大、经营业务最齐全、营业网点分布最广泛的大型综合类证券公司之一，注册资本 330 亿元，拥有员工近 8000 名，在内地设有 18 家分公司和 309 家营业部（含西部证券），并设有香港、东京、新加坡、首尔等境外分支机构。

公司目前拥有全面的证券类业务资格，主要包括：证券经纪、证券投资咨询、融资融券、代销金融产品业务、证券投资基金代销、为期货公司提供中间介绍业务（以上各项业务限新疆、甘肃、陕西、宁夏、青海、西藏以外区域），证券资产管理，证券承销与保荐（限国债、非金融企业债务融资工具、政策性银行金融债、企业债承销），证券自营（除服务新疆、甘肃、陕西、宁夏、青海、西藏区域证券经纪业务客户的证券自营外）。

公司将在中投公司、中央汇金公司等股东单位的大力支持下，契合国家发展战略重点布局上海、新疆、香港、新加坡等区域，通过转型创新不断做大做强，朝着“具有国际竞争力、品牌影响力和系统重要性的现代投资银行”的目标加快迈进，为中国资本市场的创新发展作出积极贡献。

公司优势：

1. 品牌优势

拥有独特的历史品牌优势。申万宏源前身申银万国证券是新中国第一家股份制证券公司，宏源证券是国内第一家上市证券公司，都为中国资本市场的创新发展作出了积极贡献。深厚的历史品牌优势造就了申万宏源在全国范围内拥有较高的知名度和市场影响力。

2. 股东优势

拥有中投、中央汇金公司等股东优势。公司可以充分利用中投公司的海外资源优势以及中央汇金公司的金融资源优势，大力发展跨境并购业务、跨境财富管理和资产管理业务、多元金融业务，加快做大做强，朝着具有国际竞争力、品牌影响力和系统重要性的现代投资银行的目标加快迈进。

3. 区位优势

区域布局紧扣国家发展战略。公司较好地对接首都决策资源，在上海、新疆、香港和新加坡等地区有重要业务布局，高度契合国家新一轮改革开放的战略。上海和香港是“海上丝绸之路”对外开放的主要窗口，新加坡是“海上丝绸之路”经济带的重要中转站，新疆是建设新“丝绸之路经济带”、中国向西开放的桥头堡。这将使新公司在分享中国全面深化改革红利的过程中占取先机，形成差异化的发展优势。

4. 规模优势

盈利能力和资产实力行业领先。截至 2014 年 6 月末，营业收入合计 44.7 亿元，行业第 4 名；净利润合计 16.66 亿元，行业第 3 名；总资产合计 984.3 亿元，行业第 6 名；净资产合

计329.3亿元,行业第6名。

5. 业务优势

综合业务竞争力行业领先。公司拥有全牌照的证券业务资格,在代理买卖证券业务、资产管理业务、新三板业务等领域行业排名第1名,在固定收益业务、研究咨询业务、信用交易业务和国际业务等方面位居行业前列,从而构筑了强大的综合业务竞争力。在投资控股集团的发展框架下,公司还迎来了更为广阔的业务发展空间。

6. 创新优势

创新盈利水平较高。为更好服务实体经济发展和社会居民投资理财需求,公司通过持续推动创新工作,增强五大基础功能,努力成为优秀的市场组织者、交易参与者、流动性提供者以及产品和服务的创造者。近些年来获得了一系列重要创新业务资格,不断壮大的创新业务不仅为公司转型发展注入活力,并且形成了显著的盈利贡献。

7. 管理优势

现代投资银行的管理模式基本形成。公司推行"以客户为中心、以市场为导向"的经营理念,实施条块管理结合的矩阵式管理模式;推出大部制改革、事业部改革、分支机构改革以及流程再造,以提升总部能力、做实分公司、做活营业部;构建行业领先的"全方位、全过程、全覆盖"的集团化风险管理体系;充分发挥党建工作的引领和保障作用,不断提高企业发展软实力。

8. 人才优势

拥有一支多元共融的专业化人才队伍。申万宏源人来自全国乃至世界各地,90%以上的骨干员工具有名牌大学硕士及以上学历。他们深谙中国投资之道、兼具全球战略视野,其中既有一批伴随公司历经市场风雨洗礼、引领创新潮流之先的资深证券人,又有一群高学历、高素质、朝气蓬勃的证券市场明日之星。公司为员工提供了富有竞争力的薪酬激励机制、全面的培训计划以及良好的职业发展空间。

9. 客户优势

拥有全行业数量最多的客户资源。公司目前拥有450万客户,托管客户资产达到1.58万亿元。拥有数量最多、类别最广泛的机构客户资源,包括四大国有商业银行和一大批地方性银行,国内几乎所有基金管理公司、全国社保理事会、30余家保险公司及保险资产管理公司、300余家私募等机构投资者、200多家QDII客户和50多家QFII客户等。

10. 网点优势

拥有广覆盖的市场化经营网络。公司拥有309家营业部,经营网点除西藏和青海外基本实现全国覆盖,是同行业中营业网点数量最多的证券公司。这一网点资源优势将为公司大力发展财富和资产管理业务,以及服务最广大的零售和高净值客户、中小企业服务奠定坚实基础。还持续拓展境外经营网络,将香港公司作为国际战略的实施平台,并已在日本、韩国、新加坡等国设立分支机构。

申万宏源历史发展中与中国证券市场同诞生、共成长,丰厚的底蕴造就了申万宏源人对诚信经营的坚守、对共享发展的追求。公司坚持履行经济责任与社会责任的有机统一,自觉将社会责任融入到企业战略和经营管理中,内化于心、实践于行,积极回馈社会,树立了负责任的券商典范。

积极开展一系列社会公益等活动。公司对甘肃省会宁县和新疆及木乃村开展定点扶贫帮困工作。广大员工近些年来积极向青海玉树地震、甘肃泥石流、雅安地震等灾区捐款捐物、奉献爱心。设立多项教育奖励基金,实施19年来已累计资助师生5000余人次、资助经费700多万元。公司长期以来与武警上海总队、解放军61669部队等单位开展军民共建活动,共叙军民鱼水情。

自觉维护证券行业良好经营秩序。加强投资者教育活动,在全国309个营业网点建立"投资者园地"并开设股民学校,与媒体合作开展形式多样的投资者教育活动,印发投资者教育材料超过一百万册。严厉打击非法假冒证券网站,保护客户利益不受侵害。持续加强诚信企业建设,不断提高客户服务质量和满意度,有效落实反洗钱社会责任,被评为"五星级诚信创建企业"。

作为中国证券市场的拓荒者、引领者,申万宏源与广大投资者、企业、机构风雨同行,走过了20多年的辉煌历程。公司凭借优异的经营业绩、稳健的经营方针以及良好的风险管理能力得到了市场和投资者的广泛认可。

所获荣誉:

2014年

获《亚洲货币》"1990—2013年度中国最佳券商"大奖;

被汤森路透Star Mine评为"中国大陆及香港地区最佳券商";

被《证券时报》评为"2014中国最佳财富管理机构"。

2013年

获《机构投资者》"2012年度最佳投资银行"白金奖;

被《证券时报》评为"中国最佳财富管理机构";

被《华夏时报》评为"最佳创新证券公司"。

2012年

被《福布斯》评为"中国最佳投资银行";

被《新财富》评为"中国证券业最佳财富管理机构";

被和讯网评为"最佳资产管理券商"。

2011年

被和讯网评为"年度品牌证券公司"、"最令投资者满意证券公司";

被《证券时报》评为"年度中国最佳证券经纪商";

被《新财富》评为"最具影响力研究机构第一名"。

2010年

被《亚洲货币》评为"中国地区最佳本土经纪商";

获《金融时报》"资本市场二十周年杰出贡献"奖;

被《证券时报》评为"中国最佳证券经纪商";

历史上的第一

2013年,在全国中小企业股份转让系统有限公司公布的2013年度新三板业务五项指标排名中,包揽全部五项指标第1名;

2012年,主承销的铁道债券金额累计232.6亿元,连续两年排名承销团第1名;

2009年,主承销首家新三板挂牌企业登陆主板IPO项目,开创了新三板企业转板机制的先河;

2007年,担任重庆建峰定向增发项目财务顾问,首创以资产重组作为股改对价的操作模式;

2006年,担任当时全球IPO募集资金量最大的中国工商银行A股、H股项目联席保荐机构、主承销商;

2003年,成为首家QFII境内证券投资代理商,完成QFII第一笔交易;

2001年,成为代办股份转让系统首家主办券商并主办首单退市企业股份转让业务;

2000年,经中国证监会批准,宏源证券股份有限公司成为中国第一家上市证券公司;

1998 年，完成上海医药、申达股份、上海三毛、ST 辽物资等项目的资产重组和财务顾问业务，为国有企业改革重组探索新道路；

1993 年，通过收购香港上市公司在香港设立分支机构，迈出国内券商走向国际第一步；

1993 年，在瑞士代理发行了中国最早的可转换债券——中国纺织机械厂可转换债券；

1992 年，主承销新中国第一张 B 种股票；

1987 年，编制全国第一个股票指数；

1986 年，创建新中国第一个股票交易柜台；

1984 年，代理发行新中国第一张 A 种股票。

联系方式：

地址：上海市徐汇区长乐路 989 号世纪商贸广场 45 层

总机：021－33389888

邮编：200031

电邮：swhysc@ swhysc. com

网址：www. swhysc. com

华安证券股份有限公司

公司概况：

华安证券股份有限公司（以下简称"公司"）前身是 1991 年 5 月经中国人民银行总行批准设立的安徽省证券公司，2000 年 12 月 28 日中国证监会核准公司增资改制并更名为华安证券有限责任公司，同时核准公司为综合类证券公司。2010 年底，公司完成增资扩股工作，注册资本增至 24.05 亿元。2012 年 7 月末，公司再次增资，注册资本由 24.05 亿元增加至 28.21 亿元，股东 16 家，多为国有或国有控股的上市公司和大型企业。2012 年 12 月，公司整体变更为"华安证券股份有限公司"。公司现有营业部 81 家，在全国 100 多家证券公司中位居前列。华安证券是华富基金管理有限公司的主发起人和第一大股东，控股华安期货公司，全资拥有华富嘉业投资管理有限公司和安徽华安新兴证券投资咨询公司，初步建立起集团化发展框架。公司最新行业分类评级为 B 类 BBB 级。

公司经营范围包括：证券经纪；证券投资咨询；与证券交易、证券投资咨询活动有关的财务顾问；证券承销与保荐；证券自营；证券资产管理；融资融券；证券投资基金代销；为期货公司提供中间介绍业务。

公司董事会设战略发展委员会、提名委员会、薪酬与考核委员会、风险控制委员会、审计委员会等五个专门委员会，公司经营管理层根据工作需要设置若干专业委员会，并按照专业分工、精简高效、风险隔离的原则，设置了十六个内设部门及上海分公司。公司业务主要立足安徽，辐射全国，营业网点遍布安徽省各地级市以及 70% 以上县城，并在北京、上海、深圳和广州等主要城市设有 21 家营业部以及投资银行、证券投资、资产管理、固定收益等业务部门。先后承销证券 50 多只，其中担任 A 股和 B 股主承销的 26 次，担任企业财务顾问 50 多次，其中担任 H 股财务顾问 1 次。

近年来，华安证券抢抓市场机遇，坚持规范经营，深化内部改革和管理创新，做实传统业务和布局创新领域并重，在保持各项传统业务良好发展势头基础上，先后还取得直接投资业务资格、融资融券业务和中小企业私募债业务等资格。截至 2012 年末，公司净资产 40.85 亿元，净资本 27.08 亿元。资本状况和财务结构不断改善，风险控制指标持续符合中国证监会的监管要求。

业务资格：

综合类证券公司经营范围内的业务资格，以及外资股业务、国债承销及回购业务、受托资产管理业务、网上证券经纪业务、权证代理买卖业务、买断式国债回购业务、开放式基金交易所场内申购赎回业务等

产品业务介绍：

证券经纪业务

证券经纪是公司的基础业务。公司是上海证券交易所、深圳证券交易所首批会员单位，拥有 A、B 股交易席位 72 个，是全国首批取得网上证券经纪业务资格的证券公司之一。2008 年 8 月，经中国证监会核准，公司在省内首家获得期货中间介绍业务资格。公司目前在各地设有证券营业部 71 个，分布在北京、上海、深圳、广州等大中城市和安徽省境内市、县，主要从事沪深市 A、B 股、基金和国债交易的代理业务。公司多年来致力于交易手段现代化，开拓网上证券经纪、柜台交易等新型业务，为广大客户提供规范、安全、便捷和专业化的证券投资服务。

投资银行业务

公司自 1991 年起开展投资银行业务，是国内最早从事投资银行业务的证券公司之一，目前主要从事企业改制与上市辅导、证券发行承销与上市保荐、企业重组与收购兼并、投资和融资咨询、财务顾问、投资银行创新业务研究等业务。先后成功主承销 IPO 股票 16 只，配股 7 只，增发 2 只，副主承销和分销 70 多只。公司着力打造一支知识结构全面、资力经验丰富的投资银行专业队伍，在农业、水泥、旅游、家电等领域形成自身业务特色，研发水平和证券发行在业内保持领先水平，提升在中小企业重组、创业板、三板和境外上市等方面的业务竞争力。

证券投资业务

公司设置了董事会、投资决策委员会、自营部门三级投资管理体系，建立了科学的投资决策机制和严密的投资执行体系，建立了前、中，后台风险监控体系，实现证券投资业务集中领导、分级授权、科学决策和相互制约。证券投资部拥有一支具有长期投资经验的从业人员，专门从事股票、基金、国债和企业债券等自营交易业务，随着市场的发展，业务品种将拓展至柜台交易、非流通股转让、股票期权期指及并购业务中的证券自营交易等。

资产管理业务

2002 年 5 月，经中国证监会核准，公司成为首批具有从事受托资产管理业务资格的全国性综合类券商之一。公司目前具有从事面向公众投资者的集合资产管理和面向高端客户与机构客户的定向资产管理等业务。公司秉承客户至上的理念，依托专业的研究力量与科学的投资决策体系，强化风险控制确保客户资产安全，为客户提供全方位、专业化、个性化的财富管理服务，满足客户资产保值、增值的需求。公司首只集合理财产品——华安理财 1 号稳定收益集合资产管理计划成立于 2010 年 6 月，投资业绩在同期同类理财产品中排名居于前列。

固定收益业务

固定收益部是专门从事固定收益证券以及相关衍生产品的业务部门，主要业务范围包括固定收益证券的承销、投资、产品研发与理财服务，业务品种包括国债、金融债、企业债、短期融资债、中期票据、可转换债券等。公司拥有一支具有丰富市场经验和良好客户资源的业务团队，硕士学位的占 40%，

为追求低风险和稳定收益的客户群体提供稳健的、高品质的专业化服务。公司是财政部国债理事会成员，具有企业债券的主承销资格。近几年来，先后参与了国家电网、广州汽车、北京基础设施、合肥城投等数十家企业债的副主承销和分销工作，树立了良好的行业品牌形象。债券主承销业务获得突破性进展，担任滁州交通开发公司、池州城投公司的债券主承销商，为企业的发展搭建了一个更广阔的融资平台。

联系方式：

地址：安徽省合肥市政务文化新区天鹅湖路 198 号
邮编：230081
电话：0551 －65161666
传真：0551 －65161600
邮箱：bgs@ hazq. com
网址：http：//www. hazq. com

华宝证券有限责任公司

华宝证券有限责任公司（简称“华宝证券”）成立于 2007 年，股东为宝钢集团有限公司、华宝投资有限公司和华宝信托有限责任公司，目前的经营范围包括证券经纪、证券投资咨询、证券自营、证券资产管理、融资融券、证券投资基金代销、代销金融产品、为期货公司提供中间介绍业务等，在上海、北京、深圳、杭州、舟山、福州、成都、武汉等金融发达城市设有营业部。

华宝证券将“打造一流金融科技服务”作为重要发展战略，以领先的交易科技平台为基础，在国内量化投资发展中构建具有华宝特色的量化交易平台，并充分利用华宝金融平台的协同优势，倾力打造量化投资专业客户的孵化体系。华宝证券目前已为公募基金专户、私募基金、专业投资者提供了包括产品设计、产品发行、技术系统及产品运营等完整的服务链条。

依托股东上下游资源优势和多元金融平台优势，华宝证券专注于金融产品的研究，形成了涵盖公募基金、信托产品、银行理财、保险资管、阳光私募、海外 ETP 及金融衍生品等方面的全谱系研究成果。华宝证券坚持从跨市场角度思考金融产品的投资价值和发展方向，向客户提供多维度、多元化的服务内容，包括：为金融产品投资者提供各类理财产品在更广博视角上的比较分析及新投资机会的发掘；为金融产品投资经理深入分析不同市场间联系的显著加强对现有投资行为和投资习惯的冲击；与资产管理机构管理者一同探讨未来产品发展的方向和脉络等。

通过为客户量身定做专业化、个性化、适用性的资产管理产品，华宝证券全力满足各类客户投资、融资、交易等业务需求，真正做到为客户资产实现保值增值。华宝证券积极捕捉市场和客户的需求，研发和提供主动投资管理产品，包括现金管理产品、固定收益类产品、权益和量化对冲投资产品等。同时，华宝证券深入研究实体经济金融需求，探索推进资产证券化、结构化资产管理、股权质押融资等业务，拓宽金融产品线，为客户提供投融资一体化服务。

华宝证券拥有一支高素质、专业化的债券承销团队，致力于为客户提供企业债券、公司债券、金融债券和短期融资券、中期票据的发行与承销、资产证券化等创新产品。

客户信息、机构网络、资金实力及品牌信誉是华宝证券财务顾问业务的四大优势，公司可向客户提供企业改制、投融资、上市公司股权激励方案设计、并购重组及配套融资安排、金融产品设计与运作等多项财务顾问业务服务，项目团队经验丰富，专业技术精湛，可根据政府机构、大型企业、中小企业等客户的不同要求，为其提供全方位咨询、分析、方案设计等财务顾问服务。

华宝证券自成立以来在业内各类评比中获得多项荣誉，其中包括：荣获 2008 年《上海证券报》中国最佳证券经纪商评选“最快进步证券经纪商”奖；荣获 2011 年《理财周报》中国券商金方向奖评选“中国证券公司最佳理财平台”奖；荣获 2011 年《理财周刊》“最受欢迎理财服务”奖；荣获 2011 年首届搜狐财经“金罗盘”最佳研究团队奖；荣获 2013 年《上海证券报》“中国最具创新服务证券经纪商”奖等。

作为宝钢集团旗下证券公司，华宝证券在股东的大力支持下，秉承“为客户创造价值，为员工创造机会，为社会创造效益”的经营宗旨和“诚信、专业、创新、协作、进取”的企业文化，为广大投资者提供专业、优质、个性化的综合理财服务。

【量化业务服务平台】

华宝证券量化业务平台上的产品均为股票和期货结合的对冲型量化交易产品，通过公司特有的快速交易平台实现其交易策略和绝对收益。量化交易投资客户的共同特点为均具有非常强的策略研发能力和计算机应用能力，在整个交易过程中追求极致的速度和稳定的系统环境，并通过华宝证券提供的功能完善、毫秒级性能的 API 接口，获取行情、基本面、委托、成交等数据，最终实现其投资策略。同时，华宝证券为量化专业客户提供产品结构设计、资金募集、通道选择、机器托管、程序设计等全流程服务，助推专业客户成长为专业的资产管理机构。

特色服务：

A. 技术领先：提供基于全内存的主推报盘模式，系统处理速度达到毫秒级，每秒并发处理能力达到 20000 笔以上。

B. 接口开放：开放自主开发接口，提供完整 API 接口，适合个性化编程和交易下单；结合期货公司交易接口可打造支持期现结合的个性化交易客户端，满足投资者的个性化需求。

C. 行情服务：提供基于沪深交易所 DATAFEED 行情的快速行情服务，提供沪深交易所的高频历史 TICK 数据。

D. 产品设计：提供量化产品的设计服务，根据客户实际需求，通过信托、资管、基金专户等多种形式进行产品设计和创新。

E. 后台外包：提供私募机构产品后台外包服务等日常管理服务。

联系方式：

地址：上海市世纪大道 100 号环球金融中心 57 楼
邮编：200120
总机：021 －68777222
传真：021 －68777822
网址：www. cnhbstock. com
客服热线：400 －820 －9898

华创证券有限责任公司

华创证券有限责任公司于 2002 年 1 月经中国证监会证监机构字〔2002〕6 号文批准成立，注册资本 15 亿元，经营范围为证券经纪；证券投资咨询；证券投资基金销售；证券自营；与证券交易、证券投资活动有关的财务顾问；证券资产管理；证券承销与保荐；为期货公司提供中间介绍业务；融资融券；金融产品销售。

公司成立以来,抓住机遇低成本扩张,业务规模和机构数量快速增长,现有全资直投业务子公司1家,控股期货子公司1家,并在北京、上海、贵州各设有1家分公司,营业网点立足贵州,分布北京、上海、深圳、江苏、浙江、四川、重庆等地。公司不断强化基础管理,严格规范经营,资产质量和财务状况良好,2005年成为全国第一批规范类证券公司;2009—2011年连续三年被中国证监会评为A类A级证券公司;2010、2011年连续两年被《金融时报》评为"年度最具成长性券商";2012至2014年连续三年分类评级为B类BB级。

继往开来,公司将坚持以客户为中心、市场为导向,不断提高投融资服务能力和风险管理能力,走差异化发展道路,以更高的服务质量、更好的服务设施、更新的服务理念、更丰富的服务品种为广大客户提供更及时、高效、专业的服务。

联系方式:

地址:贵州省贵阳市云岩区中华北路216号华创大厦

总机:0851 -6820115

省内统一委托电话:960871

深圳A股席位号:217600

省内统一客服电话:960872

深圳B股席位号:214500

华福证券有限责任公司

公司概况:

华福证券前身为福建省华福证券公司,成立于1988年6月,是我国首批成立的证券公司之一。2003年4月,引进广发证券为控股股东,经中国证监会批准,增资改制并更名为广发华福证券有限责任公司。2010年12月,广发证券将其所持公司股权,依法转让给福建省能源集团有限责任公司、福建省交通运输集团有限责任公司和联华国际信托有限公司(2011年6月正式更名为兴业国际信托有限公司)。2011年8月,经批准更名为华福证券有限责任公司,为省属全资国有金融机构。现公司注册资本5.5亿元,法定代表人黄金琳,注册地址为福建省福州市鼓楼区温泉街道五四路157号7—8层。

公司目前拥有华福资本投资有限公司和兴银投资有限公司2家全资子公司;控股1家子公司华福基金管理有限责任公司。在福州、厦门、泉州、北京和上海等地设有19家分公司及67家证券营业部,分别位于北京、上海、福州、厦门和泉州等30个主要城市。

公司经营范围为证券经纪;证券投资咨询;与证券交易、证券投资活动有关的财务顾问;证券承销与保荐;证券自营;证券投资基金代销;为期货公司提供中间介绍业务;证券资产管理业务;融资融券业务;代销金融产品业务。同时,公司相继获得直接投资、另类投资等业务资格,获准开展约定购回式证券交易和股票质押式回购交易业务,获新三板主办券商资格,并成为首批获准开展港股通业务资格的会员券商。

公司自成立以来,始终秉承"诚信专业,创造价值"的经营宗旨,坚持"规范经营,稳健发展"的经营理念,在各级政府、各股东和广大投资者大力支持下,盈利能力逐步增强,经营业绩持续提升,公司财务合规稳健,从成立至今每年均取得"标准无保留"的审计评价。2014年4月,福建省国税局、福建省地税局联合举办福建省2013年度纳税百强企业颁奖大会,公司再次被授予"福建省2013年度纳税百强企业",这已是连续第四年获得该荣誉称号,树立了良好的社会形象。当前公司正充分利用行业创新机遇,谋划各项业务发展,打造全牌照全国性优秀券商!

联系方式:

北京市朝阳区朝阳门北大街20号兴业银行大厦22层(北京总部)

上海市浦东新区陆家嘴环路1088号招行上海大厦18至19层(上海总部)

福州市五四路157号新天地大厦7至10层(福州行政总部)

传真:0591 -87841150

服务热线:400 -88 -96326、96326(福建)

华林证券有限责任公司

华林证券有限责任公司成立于1988年7月,是国内最早成立的综合类证券公司之一。公司总部设在深圳,目前在北京、上海、广州等大中城市设有分支机构,业务覆盖全国。经过多年的稳步发展,公司的法人治理结构和合规风险控制体系日趋完善,建立了适应市场发展趋势,满足客户需求的灵活运营管理机制和决策机制。目前,公司的经营范围涵盖证券经纪,证券投资咨询,与证券交易、证券投资活动有关的财务顾问,证券承销与保荐,证券自营,证券投资基金代销、证券资产管理、代销金融产品、融资融券等,业务品种齐全。目前,公司以客户需求为中心,加快向现代财富管理机构转型的步伐,提供综合金融服务。

公司拥有200多人的投行业务专业团队,专业队伍和保荐代表人数居行业前列。投行团队项目经验丰富,融资品种齐全,创新能力卓越,曾经缔造(2007—2011年)连续5年共完成超过150个IPO和再融资项目,市场占有率超过10%的辉煌业绩。凭借专业的客户服务能力和高效的管理机制,团队承做项目成功率和周转率均达到行业领先水平。目前,投行团队项目储备充足,管理规范,机制灵活,业务发展态势良好。

2008年以来,公司固定收益业务获得长足的发展,承销企业债数目和规模均居行业前列。2009年、2010年、2011年公司固定收益业务团队凭借优异的经营业绩,连续三年被评为"中国区债券最佳投行",2011年更是勇夺中国企业债承销家数的桂冠。在行业内树立了高效率、专业化的品牌形象。目前,固收业务团队经过优化整合,注入新的发展动力,确保在该业务领域的行业领先水平。

证券经纪业务实行覆盖全部营业网点的大集中交易与集中清算,并在此基础上建立起经纪业务实时集中监控系统,为客户提供安全、高效的交易平台。多年来,经纪业务部均交易量和交易佣金一直居市场前列。目前,公司拥有一支理论基础扎实、以策略见长、富于实战的财富管理团队。财富管理为客户提供以"华林智造"为主品牌的多元化专享金融理财产品,为高净值客户和企业投资者提供包括市值管理在内的全面的资本市场解决方案。

投资管理业务奉行价值投资、理性投资的理念。建立了纪律严明,科学严谨,制度完善的投资决策流程,初步形成以绝对收益为目标的投资管理模式。团队成员稳健规范运作,实现良好的投资回报。公司成立以来,始终坚持以客户需求为导向,现已拥有数千家机构客户,五十多万个人客户。未来,公司将继续专注服务于中国资本市场,服务于实体经济,服务于具有成长性的企业和个人投资者,依托集中的销售服务和集中的资产管理配置两大平台,为客户提供优质的综合金融服务。

目前,公司以"协作.创造服务中国成长"为使命,坚持

"进取、信义、专业、责任"的核心价值观,立足券商的本源业务,走专业化、特色化、一体化的发展道路,致力于打造成中国最具特色的一流证券公司。

联系方式:

地址:深圳市福田区民田路178号华融大厦6楼
电话:0755-82707888
传真:0755-82707700
邮编:518048

华龙证券股份有限公司

华龙证券股份有限公司成立于2001年5月18日,是由甘肃省人民政府组织筹建,经中国证监会批准的综合类证券经营机构。2014年,公司完成股份制改制,注册资本增至22亿元。公司主要业务范围包括证券经纪、证券投资咨询、证券承销与保荐、财务顾问、证券自营、证券资产管理、融资融券、代销金融产品、直接投资等。经过多年发展,公司已拥有广泛的客户资源、良好的社会形象和品牌影响力,在全国主要省市设有9个专业分公司,在北京、上海、深圳、重庆、杭州、无锡、乌鲁木齐、青岛、合肥、西安和兰州等主要城市设有50余家经营网点。同时,发起设立了华商基金管理公司,控股华龙期货公司,参股甘肃股权交易中心,全资控股金城资本管理公司,积极构建金融控股集团。

华龙证券新三板业务,致力于帮助中小企业迈出通往资本市场的第一步。向企业提供财务顾问与咨询服务;帮助企业规范公司治理,进行股份制改制;推荐企业在新三板挂牌、做市;帮助企业寻求低成本融资及并购机会;在适当的时候推荐企业转板上市。整合各方资源,为中小企业在不同发展阶段量身定做全方位、一体化、个性化的金融解决方案,努力成为中小企业的成长伙伴。

华龙证券新三板业务团队聚集了一批高学历、高素质的优秀人才,拥有多名注册会计师、律师、行业分析师等专业人员,打造了一支业务精湛、能打硬仗、稳定高效的工作团队,已成功推荐多家企业在新三板挂牌,业务实践经验丰富,市场把握精准,能够为客户提供深度价值管理服务。

联系方式:

公司总部
地址:兰州市城关区东岗西路638号兰州财富中心
邮编:730000
电话:0931-8888088
传真:0931-4890515
客服热线:96668(甘肃) 400-6898888(全国)
邮箱:hlzq@hlzqgs.com
网址:www.hlzqgs.com

北京分公司
地址:北京市西城区金融大街33号通泰大厦B座6层
电话:010-88086668
邮编:100033

深圳分公司
地址:深圳市深南大道4009号投资大厦7楼
电话:0755-83936771
邮编:518048

重庆分公司
地址:重庆市渝中区新华路388号创汇首座四楼
电话:023-63837837
邮编:400010

新疆分公司
地址:乌鲁木齐扬子江路339号商业银行科技大厦二楼
电话:0991-4590522
邮编:830000

陕西分公司
地址:西安市浐灞生态区东湖路中新浐灞半岛A15区16栋10104号
电话:029-83627100
邮编:710024

天水分公司
地址:甘肃省天水市秦州区金龙大厦四楼
电话:0938-8390017
邮编:741000

酒泉分公司
地址:甘肃省酒泉市肃州区西文化街1号
电话:0937-2682837
邮编:735000

白银分公司
地址:甘肃省白银市白银区四龙路501号
电话:0938-8390017
邮编:730900

华融证券股份有限公司

公司概况:

华融证券股份有限公司(以下简称"公司")是经中国证监会批准,由中国华融资产管理股份有限公司(以下简称"中国华融")作为主发起人,联合中国葛洲坝集团公司共同发起设立的全国性证券公司。2007年9月,公司在北京正式挂牌成立。目前,公司注册资本37.55亿元,其中:中国华融出资30.63亿元,北京纽森特投资有限公司、中国葛洲坝集团股份有限公司、九江和汇进出口有限公司、江苏德源纺织服饰有限公司、星星集团有限公司、浙江金财控股集团有限公司、广州南雅房地产开发有限公司、吉林昊融集团有限公司、中南成长(天津市)股权投资基金合伙企业(有限合伙)、北京双融福泰投资有限公司、张家港市中达针织服饰制造有限公司、中国葛洲坝集团公司等12家股东共出资6.92亿元。公司的注册地址:北京市西城区金融大街8号。公司下设55家营业部,北京、上海、深圳、湖南、南昌、新疆6家分公司,上海和深圳2家投行业务部,控股华融期货有限责任公司和华融天泽投资有限公司。公司紧紧依托中国华融在资产管理、银行、信托和金融租赁等方面的综合优势,可为客户提供证券经纪、融资融券、证券承销与保荐、与证券交易及证券投资活动有关的财务顾问、证券投资咨询、证券自营、证券资产管理、投资顾问等综合化的财富管理服务。公司2011—2014年连续四年被中国证监会评为A类A级券商,2009年、2011年两次获评为"首都文明单位"。

公司坚持以市场为导向,以客户为中心,以诚信、专业、稳健、共赢为经营宗旨,在社会各界和投资者的大力支持下,努力打造一家有尊严、有价值、有内涵、有实力、有责任的"五有"现代一流投资银行!

企业文化:

核心价值观:稳健、创新、和谐、发展
公司愿景:"有尊严、有价值、有内涵、有实力、有责任"的现代金融企业。

品牌理念：华英成秀融通致远

感恩文化：辛苦理应得到回报，贡献理应获得表彰，成绩理应充分肯定。

一个没有文化的民族是注定要灭亡的；一个没有文化的企业是注定要失败的。

发展理念：

三年发展战略：力争通过三年的努力，到2014年，公司跻身证券行业第二集团，综合实力跃居行业前30位，主要业务指标均进入行业中位数，达到证监会关于证券公司IPO的条件；通过五年的努力，将公司建设成为一家"管理规范、资本充足、机制灵活、品牌响亮"的中国一流投资银行。

做强主业、做大利润、做响品牌，不断增强科学可持续发展能力。

发展是硬道理，是第一要务；风险是硬约束，是第一责任；利润是硬任务，是第一目标。

大发展小困难，小发展大困难，不发展最困难。

成绩源自"精气神"；发展赢得尊严；文化引领未来。

经营理念：

听党的话，跟政府走，按市场规律办事。

思想是先导，创新是动力，文化是灵魂，尊严是基石，队伍是核心，利润是实力，责任是担当，风险是保障，发展是目的。

依法合规科学发展，风险管控责任到人，争创利润绩效优先。

以市场为导向，以客户为中心，以利润为目标。

与客户建立"资源共享、优势互补、风险共担、利益均沾、互惠双赢、合作发展"的新型战略合作伙伴关系。

依法经营出效益，求真务实比贡献。

抓利润、防风险、带队伍、促发展。

比较看差距，落后求奋进。

处理好业务发展与风险管控的关系，创新发展与依法合规的关系，公司发展与员工发展的关系，当前发展与长远发展、局部利益与整体利益的关系。

着力抓执行力，着力抓内部管理，着力抓风险管控，着力抓盈利能力，着力抓企业文化，着力抓班子队伍建设

节约成本就等于创造利润。

先立规矩后办事，立了规矩办好事。

多创利润添后劲、严控风险保安全。

以利润论英雄，以风险论成败。

创新理念：

八大创新实践：创新思想观念、创新发展战略、创新体制机制、创新经营哲学、创新业务平台、创新业务品种、创新企业文化、创新队伍建设。

公司愿景："有尊严、有价值、有内涵、有实力、有责任"的现代金融企业。

创新意愿与创新能力相结合，业务创新与风险防范相结合，成本可算与利润可获相结合；努力做到成本可算、风险可控、效益可获。

鼓励创新、容忍失败，在创新中求生存、以创新求发展。

组织队伍建设理念

讲话把握一个"准"；做事把握一个"度"；用权把握一个"廉"；行为把握一个"正"。

讲团结，讲大局，讲纪律，讲效率，讲业绩。

想干事、能干事、会干事、干成事、不出事。

领导干部要努力做到"四个带头"：带头学习、带头严以律己、带头勤政、带头廉政。

领导干部要努力做到"五个正确对待"：正确对待组织、正确对待同志、正确对待群众、正确对待自己、正确对待名利。

创建学习型组织、争做知识型员工。

青年兴、华融兴；青年强，华融强；青年是华融的未来，青年是华融的希望。

"五好"基层党组织：领导班子好，党员队伍好，工作机制好，工作业绩好，群众反映好。

"五优"共产党员：政治素质优，岗位技能优，工作业绩优，思想作风优，群众评价优。

培训理念："培训普惠制"、"培训也是福利"、"培训出干部"、"培训出人才"。

员工队伍十大能力建设：不断加强领导决策能力建设；不断加强依法经营能力建设；不断加强市场运作能力建设；不断加强开拓创新能力建设；不断加强风险防控能力建设；不断加强处理应对复杂突发事件和风险危机的能力建设；不断加强分析解决实际问题的能力建设；不断加强与各类人打交道的能力建设；不断加强营造和谐科学务实的企业文化的能力建设；不断加强自身反腐倡廉的能力建设。

业务介绍：

经纪业务、资产管理业务、市场研究、财富管理业务、信用业务、投资银行业务、基金业务、新三板业务、资本市场业务、华融天泽投资有限公司

联系方式：

地址：北京市西城区金融大街8号A座3层

邮编：100033

电话：4008989999

业务投诉：010－58568118

华泰联合证券有限责任公司

公司概况：

华泰联合证券有限责任公司是华泰证券股份有限公司在业内率先打造的专注于提供投资银行服务的专业子公司。公司致力于为政府、企业、基金、保险、QFII、私募等机构投资者提供全面综合的金融服务。公司注册地址位于深圳，在北京、上海、南京设有业务分支机构。华泰联合证券锐意进取，在新一轮创新发展的历史大潮中，把握资本市场快速发展的有利时机，通过完全市场化的运作、先进的管理理念、有效的激励机制、优秀的团队建设等举措，在资本市场上开辟出一条创新发展的新路径。华泰联合证券在承销保荐、并购重组、债券等业务领域始终位于行业前列：公司拥有优异的主承销（保荐）业绩，多年保持业界前列，累计完成IPO、配股、增发、可转债等各类主承销（保荐）项目220多家，募集资金总量达到1588.14亿元。

公司并购业务在行业内长期处于领先地位，业务类型囊括收购、重组、私募融资、破产重整、行业整合等，涉及IT、地产、医药等多个行业，积累了国内券商最多的成功案例，培养了大批专业人才，在业内树立了良好的口碑，通过中国证监会核准的上市公司并购重组案例数量连续三年均排名行业第一，在中国证券业协会的财务顾问执业能力专业评价中，华泰联合证券被评为A类券商。公司拥有一支积极进取、进步显著的债券承销团队，具有中国农业发展银行、国家开发银行、中国进出口银行承销团资格，并获得了2009年、2010年度中国农业发展银行金融债券优秀承销商和2010年度中国进出

口银行金融债券优秀承销商的荣誉。华泰联合证券顺应证券市场创新变革大潮，在华泰证券构建"以投行为龙头，以理财顾问和资产管理为两翼"的全业务链体系、实现一流证券控股集团的战略目标引领下，立志为客户提供从卖方到买方的一揽子综合金融解决方案，全力打造领先的创新实力。华泰联合证券作为华泰证券金融产业链上的重要环节，将以专业化的业务能力、特色化的综合金融品牌服务，至诚于中，执着其事，不断朝着一流投资银行的目标奋进！

业务介绍：

1. 股权融资

华泰联合证券股权融资具体业务类别包括主板、中小板及创业板的首次公开发行；上市公司公开增发、定向增发和配股；发行可转债和分离交易可转债等。华泰联合在股权融资领域拥有出色的定价能力，市场排名与份额名列前茅，在上市公司公开增发、定向增发、配股、公司债、可转债等再融资运作中积累了丰富的经验。

华泰联合证券拥有一大批优质客户群，取得了良好的业绩。从 1990 年起至今，华泰联合证券陆续完成 120 多家企业的 IPO 工作，融资总额超过 700 多亿元。2000 年至今，华泰联合证券陆续完成了 70 多家企业的再融资（包括配股）主承销工作。2012 年，华泰联合证券保荐 9 家 IPO 项目上市，募集资金市场份额占 5.1%，IPO 承销保荐数量位列业内第五。2014 年，累计发行项目 5 家，排名第 5；募集资金 31.46 亿元，排名第 7。

2. 并购重组

华泰联合证券并购业务在行业内长期处于领先地位（通过中国证监会核准的上市公司并购重组案例数量连续三年均排名行业第一），承做了大量并购重组案例、积累了丰富的项目执行经验。在并购重组项目的申报环节，既有高度专业的执行力，又有着处理解决疑难复杂问题的经验和创新力。团队部分案例的申报材料被监管部门作为范本使用，具有较高的公信力。

在中国证券业协会的财务顾问执业能力专业评价中，华泰联合证券被评为 A 类券商，能够帮助上市公司在产业整合类并购重组过程中进入证监会豁免/快速审核通道，实现快速审批和资产交割。

同时，多年积累良好的口碑，使华泰联合并购业务拥有广泛的合作伙伴及其他业界资源，公司可以从并购交易的前端入手，帮助客户寻找合适的标的或买家，提高并购交易的效率。

华泰联合证券担任顾问的多个并购项目成为中国并购市场的经典案例，如掌趣科技、新希望、华夏幸福、立思辰、蓝色光标、东华软件、安源股份、嘉凯城、恒泰艾普、金马集团、广日股份等。

3. 固定收益

华泰联合证券固定收益业务致力于为客户提供债务融资、固定收益产品开发、发行承销及相关创新等综合服务。丰富的销售渠道和客户网络为华泰联合证券承销与发行各类固定收益产品提供了有力的销售支持。公司重视创新产品的开发，通过与母公司的有效联动，充分发挥业务资源和全业务链优势，为客户提供高质量的综合债务融资服务。

公司拥有一批金融、经济、财务、法律和固定收益方面的资深专业人士及业务团队，在保障项目成功率的同时，也有效保障了投融资及各类创新业务的稳健、高效开展。

公司主承销的 07 长电债是我国第一单公司债，为我国公司债券市场的发展迈出了历史性一步。

4. 金融创新

华泰联合证券金融创新业务包括资本中介、结构融资、资产证券化、夹层融资等业务。在巩固原有传统优势业务基础上，依托母公司华泰证券的金融创新、资产管理、融资融券等业务平台，华泰联合证券在金融创新业务领域开拓进取，不断发展，并形成独具特色的服务于全投行体系的金融创新业务。2013 年以来，华泰联合证券在原有投行客户范围内，针对客户的日新月异的融资需求开拓了诸多新的投融资业务模式，并已进行了若干成功实践。主要包括：

①资本中介业务

资本中介业务是指在业务开展过程，证券公司通过资本介入，在产品设计、承销、财务顾问等传统服务基础上，提供做市、短期过桥、夹层融资甚至信用增进等增值服务，提高证券公司业务的竞争力及盈利水平。

②结构融资业务

结构融资业务服务于华泰证券经纪业务和投行业务客户，通过资管、信托或基金子公司等渠道，在遍布全国的 200 多家营业部销售渠道的支持下，为客户非通道（除传统股权和债权外）融资需求提供支持。

③资产证券化业务

发挥华泰证券渠道优势，通过资产支持证券（ABS）、资产支持票据（ABN）等产品，为持有可产生稳定现金流优质资产的客户提供融资或资产负债表管理服务。

5. 全业务链服务体系

华泰联合证券顺应证券市场创新变革大潮，在华泰证券构建"以投行为龙头，以理财顾问和资产管理为两翼"的全业务链体系、实现一流证券控股集团的战略目标引领下，打造了与国际接轨的全业务链大投行体系，以分布全国各省庞大的客户资源做后盾，为发行人提供一揽子金融服务，包括股权融资、债券融资、并购重组、金融创新（股权质押融资、项目融资、上市公司股权激励及管理层收购融资、信托融资、夹层融资）等，成功完成蓝色光标等企业的一条龙综合金融服务，在投行创新融资业务领域先行一步、大胆探索，打造领先的创新实力。

联系方式：

电话：0755 - 82492010

电话：010 - 56839300

电话：021 - 28972028

电话：025 - 84457777

华泰证券股份有限公司

公司概况：

华泰证券股份有限公司于 1991 年 5 月 26 日成立，是中国证监会首批批准的综合类券商，是全国最早获得创新试点资格的券商之一，于 2010 年 2 月 26 日在上海证券交易所成功挂牌上市交易，股票代码 601688。公司旗下控股华泰联合证券有限责任公司、华泰长城期货有限公司、江苏股权交易中心有限责任公司；全资设立华泰金融控股（香港）有限公司、华泰紫金投资有限责任公司；参股南方基金管理有限公司、华泰柏瑞基金管理有限公司、江苏银行股份有限公司、金浦产业投资基金管理有限公司。已基本形成集证券、基金、期货、直接投资和海外业务等为一体的、国际化的证券控股集团架构。

服务理念：以客户服务为中心、以客户需求为导向、以客户满意为目的是华泰证券坚持的服务理念。华泰证券拥有证券经纪服务、资产管理服务、投资银行服务、固定收益服务和直接投资服务为基本架构的完善的专业证券服务体系，以及研究咨询、信息技术和风险管理等强有力的服务支持体系。华泰证券于2010年2月26日在上海证券交易所成功上市，市场地位和品牌影响力稳步提升，已成长为具有核心服务优势和较强市场竞争能力的综合金融服务提供商

证券经济服务：

遍布全国的营业网点。华泰证券在全国30个省、市、自治区拥有逾200家营业网点，形成了分布广泛、布局合理的有形服务网络，能够为不同地域的客户提供便捷的综合理财服务。2007年以来，华泰证券陆续对分布全国的营业网点进行了改造和升级，为客户提供更舒适优雅的投资理财环境及金融理财新体验。

专业的理财服务队伍。华泰证券拥有一批经验丰富、责任心强的标准化服务队伍，及时响应客户需求，为客户提供周到、贴心的服务；公司和各营业网点建立了具有咨询执业资格、职业素养高、从业经验丰富的理财师队伍，能针对客户的个性化理财需求提供专业的投资理财解决方案。

安全、快捷的理财服务平台。华泰证券在证券行业素有“技术先锋”之称，在业内率先推出了无形席位、电话委托、网上交易、银证转账等多种创新交易方式。强大的信息技术研发和应用能力为华泰证券高效、安全的交易服务提供了可靠保证。客户可以通过网上交易、电话理财、手机理财和现场等多层次的立体化服务方式进行交易，必要时还能享受紫金快车道、紫金高速通道等更加高效的交易服务，满足其个性化交易需求。2010年以来，华泰证券顺应移动互联网的发展趋势，结合3G技术和智能手机的应用，推出“涨乐”移动理财客户端，满足了客户的移动理财需求。伴随微博在国内蓬勃发展，华泰证券整合理财服务资源，在全国率先自主开发了第一个垂直类股票微博——“涨乐”微博，让公司的投研专家和投资者们一起适时地交流和分享。

专业化、个性化的理财服务体系。华泰证券以“财富永续之道”为内涵的“紫金理财”服务品牌已得到了广大客户的高度认可。菜单式的“紫金大管家”服务，能满足客户的综合交易服务需求；尊贵的“紫金私人顾问”服务，能满足高端客户的个性化理财需求。公司在业内率先实行“同类客户、同等服务、同等收费”的服务模式，不断满足客户的差异化需求。华泰证券的“紫金理财大讲堂”，不仅得到了广大客户的喜爱，也得到了中国证券业协会的高度肯定，称其“将投资者教育工作与品牌文化相结合，推动了投资者教育工作的创新发展”。

持续发展的创新业务。华泰证券作为创新试点券商，融资融券、投资顾问、IB业务、套利业务等创新业务发展迅速，为客户提供多元化的投资方式，进一步满足不同类型的客户需求，为实现通道向理财服务转型奠定更加坚实的基础。

研究咨询服务：

华泰证券研究所是首批经中国证监会核准的具有证券投资咨询资格的研究机构。

独具特色的研究咨询服务体系。华泰证券紧紧围绕客户需求，建立了以研究所为研究基础平台、各专业服务部门联动的研究咨询服务体系。根据宏观经济、行业、市场交易品种和客户需求类别等进行研究细分，形成了多个专业研究团队，密切跟踪，点面结合，深入调研，实时为客户提供研究成果。多名研究员在相关媒体的评选中，获得“明星分析师”、“独立见解分析师”、“行业最佳分析师”等荣誉称号，多项研究成果在中国证券业协会等单位的评比中获得奖项。

行业领先的资讯服务套餐。华泰证券高度重视发挥研究对专业服务的先导和核心支持作用。在整合优势资源的基础上，建立跨业务的产品研发平台，精心研发多种风格的投资组合，形成特色服务套餐。不同类型的投资者都能选择到适合自己的服务套餐，也可根据自己的偏好自由选择搭配，理财服务充分个性化。

智能化的资讯交易服务平台。华泰证券研发的资讯交易服务平台在业内具有领先性。通过该平台，客户可获得专业实时的金融资讯，更有价值的是与客户持仓相关的个性化资讯信息。核心客户可独享华泰证券研究所最新、最全、最及时的精选研究报告。客户可实时了解华泰证券投资理财品牌产品，还可根据个人喜好自主选择数据指标，挖掘符合自己定义的股票、基金、债券等品种。这一市场领先的、智能化的资讯交易服务平台为投资者提供了把握市场机会的利器，已经受到越来越多高端客户的推崇

投资银行服务和直接投资服务：

华泰联合证券是华泰证券专业的投资银行子公司，整合了原华泰联合证券和华泰证券两家投行之所长，在投资银行领域具有经验丰富、团队强大、资源充沛等特色优势，持续为客户“发现价值、挖掘价值、提升价值”。作为国内首批保荐机构，累计完成各类主承销项目120余家，总承销家数排名行业前十，尤其在中小企业保荐领域业绩突出，在行业中享有盛誉。

高素质的专业团队。同华泰证券业务整合完成以后，华泰联合证券拥有一支高学历、高素质、实战经验丰富的近500人的投资银行专业团队，其中保荐代表人百余名，是国内团队最庞大、保荐通道最多的投行之一，可提供股票发行承销、债券发行承销、私募并购、财务顾问、金融业务创新等综合金融服务。

广泛的优质客户群和特色服务。华泰联合证券在煤炭、汽车、机械、地产、精细化工、电子、纺织、冶炼等行业及福建、山东、江苏、广东等地区具有独特优势，拥有一大批优质客户群。在并购业务方面，公司长期处于行业的领先地位，按交易数量排名在行业中名列前茅。并购部门核心人员从事并购业务十余年，行业涉及IT、地产、医药等多个领域，业务类型囊括收购、重组、私募融资、破产重整、行业整合等众多题材。华泰联合并购团队先后参与了《收购办法》《重组办法》等多部政策、法规的起草与修订。

持续凸显的整合优势。华泰证券在业内较早坚持以优势行业为中心的特色化投资银行服务，在机械设备制造、基础化工、有色金属、煤炭电力、信息技术、医药等行业形成了一定的竞争优势。集两家公司投行之所长，发挥长期积累的客户资源和业务经验优势，依托华泰证券遍布全国的营业网点，华泰联合证券的市场竞争能力将进一步增强，成为集成集团服务资源向客户提供全方位金融服务的重要平台。

具有长期工作经验的直接投资服务。华泰紫金投资有限公司是华泰证券专门从事直接投资服务的全资子公司，以自有资金参与优秀成长企业股权投资，依托集团实力雄厚的投资银行，为企业提供上市、重组和并购等增值服务，提高企业融资效率，加速企业走向资本市场，提升企业的市场地位和核心竞争力。

固定收益服务：

华泰证券提供限国债、非金融企业债务融资工具的证券承销服务，华泰联合证券提供除国债、非金融企业债务融资工

具以外的承销与保荐服务。

公司的固定收益服务在业内具有传统优势。经过多年的发展，公司已经形成了集债券发行与承销、债券交易和债券研究为一体的综合服务能力，主承销了中国资本市场第一单公司债券——07 长电债，在中国债券市场树立了良好的品牌形象。

全面的服务范围和广泛的销售网络。公司拥有全面的固定收益业务范围，涵盖国债、央票、金融债、企业债、公司债、短期融资券、中期票据和资产证券化等各类产品的承销、投资和研究咨询。机构客户销售网络遍及国内主要的商业银行、保险机构、基金公司、证券公司和财务公司，为各类债券产品的承销提供了有效的保证。

突出的研究和创新能力。公司在债券融资策划、方案设计、发行时机选择、发行定价等方面具有较高的研究水平；在公司债券和城投企业债券融资方面具有比较优势；在债券产品创新方面能力突出，设计并承销了我国第一单公司债券，在国内率先推出了企业资产证券化产品。

资产管理服务：

华泰证券自提供客户资产管理服务以来，一直秉承稳健的投资理念，以良好的投资业绩和专业的理财服务回报客户。

全面的服务范围和领先的产品研发能力。华泰证券拥有包括集合资产管理、定向资产管理和专项资产管理在内的全面的服务范围。理财产品的研发创新能力在业内具有领先性，陆续推出了华泰紫金 1 号（债券型）、华泰紫金 2 号（基金精选型）、华泰紫金 3 号（股票型）、华泰紫金鼎（创新伞型）、华泰紫金优债精选（债券型）、华泰紫金现金管家（现金管理型）和华泰紫金策略优选（混合型）、华泰紫金智富（高端专属股票型）、华泰紫金周期轮动（主题股票型）、华泰紫金龙大中华（股票型 QDII）、华泰紫金新兴产业（主题股票型）集合资产管理计划，其中，华泰紫金鼎是国内券商的首只伞型集合理财产品。

完备的理财产品线和专业的投研体系。华泰证券逐渐形成了覆盖债券市场、基金市场、股票市场的较为完整的集合资产管理产品线，满足了低、中、高不同风险收益特征的投资者的理财需求。华泰证券拥有完备的产品投资研究体系，各类产品的投资业绩表现优异，为客户创造了良好的投资收益。目前，华泰证券正积极研发更多类型的集合资产管理计划，以满足投资者日益多元化的投资需求。

客服热线：95597

华西证券股份有限公司

公司概况：

华西证券股份有限公司于 2000 年 6 月 26 日经中国证券监督管理委员会证监机构字〔2000〕133 号文批准，由原四川省证券股份有限公司与原四川证券交易中心合并重组、增资扩股成立，注册资本 21 亿元，注册地为四川省成都市，泸州老窖为第一大股东。

公司已经形成了以成都为总部，北京、深圳、上海 3 个业务分部，3 家全资子公司、6 家分公司、68 家营业部的组织架构。公司拥有全资期货子公司 1 家、直投子公司 1 家、另类投资子公司 1 家；自营业务分公司 1 家、经纪业务分公司 4 家、承销保荐分公司 1 家；公司证券营业部遍布四川、北京、上海、天津、重庆、广州、深圳、大连和杭州等地；公司员工近 3000 人，服务客户总资产近 2000 亿元。

公司倡导“助你成功，共享成果”的核心价值观，以“成就价值梦想”为使命，致力于成为最具活力和特色的证券金融服务商。多年来，无论市场变幻如何起伏跌宕，华西证券凭着其强大的市场适应能力，一直保持强劲盈利发展势头，是全国少有的连续 10 年持续盈利的证券公司，也是中西部唯一连续四年获得行业最高评价 AA 级的证券公司。

公司业务：

华西证券经营范围涵盖证券经纪业务，证券投资咨询，与证券交易、证券投资活动有关的财务顾问，证券承销与保荐，证券自营，证券资产管理，证券投资基金代销，融资融券，代销金融产品，为期货公司提供中间介绍业务以及中国证监会批准的其他业务。公司的管理团队市场化程度高，专业能力强，以“敦行敏动、精细高效”的企业作风，秉承“创新、协同、诚信、超越”的企业精神，全面稳妥推进各项业务的持续发展。

人才资源：

公司现有员工近 3000 名，总部员工具有本科以上学历的人才超过 90%，很大一批是来自国家 211 重点院校和国外知名学府金融类硕士及以上学历的专业人才。近年来，随着各项业务的飞速发展，保持了 15% –20% 的团队增长速度。根据“唯德唯才，有为有位”的人才理念，公司的人才结构不断优化，已经汇聚了众多高素质、高水平的专业人才。与此同时，公司还与国内多所知名高等院校建立了战略联盟关系，从而保证了各项业务快速发展对各类人才的旺盛需求。

信息技术：

华西证券信息技术按照确保为客户提供“最安全、最便捷”的交易通道的要求而建设。目前已建成一套强大的基础设施完备的信息系统，并拥有一支技术力量较强的 IT 运行维护及开发团队，同时在成都、深圳两地建立起集中交易系统主交易中心、同城灾难备份中心和异地灾害备份中心，既可以为客户交易及公司各项业务的开展提供安全、可靠、便捷的服务和强大的技术支持，又可以在任何极端情况下确保客户资产、信息资料安全，满足客户理财需求。

公司业务：

经纪业务

投资银行业务

固定收益业务

研究咨询业务

受托资产管理业务

自营投资业务

战略客户服务业务

地址：四川省成都市高新区天府二街 198 号
华西证券大厦

网址：www. hx168. com. cn

电话：95584

邮编：610095

华鑫证券有限责任公司

历史沿革：

华鑫证券有限责任公司是经中国证券监督管理委员会批准，于 2001 年 3 月在深圳市注册成立的全国性综合类证券经营机构。公司前身是原西安证券有限责任公司和中国农业银行上海市信托投资公司。西安证券是中国西北地区第一家证券公司，中国农业银行上海信托公司是中国第一批证券公司。公司于 2001 年 3 月在深圳经济特区注册成立，注册资本金人民币16亿元。在中国证监会2013年证券公司分类评价中荣获A级。

股东情况:

公司为国有国控金融机构,公司实际控制人为上海市国资委。截至2014年3月31日,公司共有四名股东,四名股东均为国有企业,各股东出资金额及比例为:

序号	股东名称	出资金额	出资比例
1	上海仪电控股(集团)公司	105600.00万元	占总股本66%
2	上海飞乐音响股份有限公司	38400.00万元	占总股本24%
3	上海华鑫股份有限公司	12800.00万元	占总股本8%
4	上海贝岭股份有限公司	3200.00万元	占总股本2%
	合计	160000.00万元	—

公司股东中:

上海仪电控股(集团)公司是公司控股股东,该集团是上海市国资委授权国有资产经营单位,集团聚焦"云计算、物联网",专注发展智能安防、智能照明、智能医疗等信息技术产业。飞乐音响是公司第二大股东,该公司是"新中国第一股",在上海证券交易所上市,主营业务为绿色智能照明。华鑫股份是公司第三大股东,在上海证券交易所上市,主营业务为商务不动产。上海贝岭是公司第四大股东,在上海证券交易所上市,主营业务为与芯片设计、芯片制造有关的信息技术产业。

公司文化、价值观及愿景:

企业文化:规范、专业、创新

企业价值观:对客户负责,满足客户需求,不断提升客户价值

企业愿景:抓住发展机遇,不断完善现代金融企业管理机制,塑造优秀的公司品牌,成为规范经营、特色鲜明、竞争力强的国内一流证券公司。

公司综合竞争实力:

公司自成立以来,通过合资合作、搭建平台、特色突破等战略措施,已发展成为中国资本市场的后起之秀。具体表现在:

(一)横跨三大领域的金融控股集团

公司经过十余年发展,成长为横跨证券、基金、期货三大领域,具备综合金融服务能力的金融控股集团,公司多项经营指标位于行业中位值以上。

华鑫证券与世界知名投资银行摩根士丹利公司开展了深入全面的战略合作。双方共同设立了摩根士丹利华鑫证券有限责任公司,华鑫证券持有该公司66.67%股权;双方还共同设立了摩根士丹利华鑫基金管理有限公司,华鑫证券持有该基金39.56%股权,是该公司第一大股东。此外,公司还设立了100%控股的子公司——华鑫期货有限公司、华鑫证券投资有限公司。

(二)完备的综合金融服务体系

华鑫证券及其子公司具有完备的证券业务资格,包括:证券经纪业务资格、证券发行与承销业务资格、证券投资咨询业务资格、证券资产管理业务资格、证券自营业务资格、与证券交易、证券投资活动有关的财务顾问业务资格、证券投资基金代销业务资格、代销金融产品业务资格、融资融券业务资格、全国中小企业股份转让系统主办券商业务资格、沪、深证券交易所约定购回式证券交易业务资格、为期货公司提供中间介绍业务资格、上证50交易型开放式指数证券投资基金一级交易商资格、全国银行间拆借业务资格、网上证券委托业务资格、上海证券交易所固定收益证券综合电子平台交易商资格、沪、深证券交易所大宗交易业务资格、沪、深证券交易所股票质押式回购交易业务资格,可以为广大投资者提供优质的综合化金融服务。

(三)特色化金融服务

华鑫证券及其子公司定位成为专业化的财富管理机构,为地方政府及中小企业发展提供全方面资本市场解决方案,目前,公司在以下领域逐步形成了较强的竞争实力:

(1)积极助力地方政府融资发展。公司先后为天津城市基础设施建设投资集团、泉州市城建国有资产投资公司、深圳地铁集团、上海临港经济发展集团、秦皇岛开发区国有资产经营公司等地方融资平台发行公司债券,截止到2013年11月底,完成15个境内债券的主承销,规模达221.3亿元,行业排名第十二位。

(2)中小企业挂牌推荐服务。公司目前在报的IPO项目有5家,主要拟上市地为中小企业板和创业板。公司是"新三板主办券商",公司为拟挂牌中小企业量身设计"挂牌+定增+做市"的一条龙融资及服务模式,成为新三板设立以来的经典案例,得到中小企业的高度认可。

(3)中小企业融资及财富管理服务。公司资产管理部门可以为上市公司及其股东、财务公司及其他中小企业提供股票质押融资、限售股减持、应收账款、票据证券化融资。同时为企业提供定制的非标融资方案。公司资产管理业务净收入在2013年位于行业中位数以上。

(4)优质的期货套保服务。公司下属华鑫期货公司2013年荣获第四届证券期货科学技术奖二等奖,拥有业内领先的交易平台,同时荣获以下荣誉:2013年获大连商品交易所最具成长性会员奖、2013年中国金融期货交易所代理结算奖、2013年中金在线年度"最佳投资咨询期货公司"。华鑫期货目前为上海及长三角等地区的特大型化工、金属加工企业及上市公司提供优质的期货套保服务,同时可以为广大企业及投资者等提供股指期货、股指期权等风险管理方案服务。

分支机构:

华鑫证券在全国各地设有50多家分支机构,其中公司下设3家分公司:上海分公司、自营分公司、西安分公司,并在全国20个省、自治区及直辖市有50家证券营业部。除有形网点之外,公司搭建了"华鑫商城",帮助广大投资者在线选择公司精心筛选的各类优质金融产品。

企业社会责任:

常怀感恩之心、常思回报之责。近年来,公司及员工积极履行社会责任,在汶川地震、玉树地震、雅安地震等等重大自然灾害中,积极为灾区捐款,总计募捐人民币340万元,并为困难学生累计捐助超过100万元。

华鑫证券将偕同摩根士丹利华鑫证券、摩根士丹利华鑫基金、华鑫期货等子公司,为广大企业及投资者提供优质、高效、综合化的金融服务!

地址:深圳市福田区金田路4018号安联大厦28层
A01、B01(b)单元

邮编:518026

电话:0755-82083788

传真:0755-82083408

客服电话:4001099918(全国)
021-32109999 029-68918888

邮箱:services@cfsc.com.cn

华英证券有限责任公司

2010 年 11 月，第三次中英经济财金对话在北京顺利召开，中国国务院副总理王岐山和英国财政大臣乔治 - 奥斯本 (George Osborne) 就多项商业协定达成一致，其中包括国联证券股份有限公司和苏格兰皇家银行建立合资证券公司的协定。

2010 年 11 月 8 日，中国证券监督管理委员会以证监许可〔2010〕1564 号文核准设立该合资证券公司，新公司取名"华英证券有限责任公司"。

2011 年 4 月 20 日，华英证券有限责任公司正式成立，注册资本人民币 8 亿元，其中：国联证券股份有限公司出资比例为 66.7%，苏格兰皇家银行出资比例为 33.3%。

我们的优势：

中外股东实力雄厚，金融资源丰富。

良好的人脉关系

广泛的客户资源

广为称誉的高素质专业投行团队

公司战略：

华英证券将坚持"以市场为导向、以客户为中心"的经营理念，建立有竞争力和吸引力的薪酬体制和激励机制，构筑人才体系，提升专业能力，提高核心竞争力，打造专业化的现代投资银行。

在业务条线上，华英证券将建立完整的投资银行业务流程和制度，实现股票融资业务和债券业务全面发展。以成长型中小企业为切入点，培育项目资源，积极开展 IPO 业务、再融资业务、债券业务和并购重组业务；同时以国际板为契机，借助 RBS 的优势，介入大型项目市场，实现多层次经营与发展，切实提升公司效益水平。

在业务区域上，华英证券将以区域经济发达的无锡市场作为根据地和大本营，聚焦江苏、山东、浙江等重点市场，积极开拓和储备项目资源，扩大市场份额，提升品牌知名度，并通过人才引进以及其他项目的以点带面，在其他地区及全国范围内不断传播华英证券的品牌，带动其他地区市场项目资源的开拓和储备，并最终将华英证券发展成为全国知名和行业领先的国际化的现代投资银行。

联系方式：

地址：江苏省无锡市新区高浪东路 19 号 15 层

电话：0510 - 85200510

邮编：214028

邮箱：office@ huayingsc. com

地址：北京市西城区金融街武定侯街 6 号卓著中心 19 楼

电话：010 - 56321893

地址：上海市浦东新区源深路 1088 号葛洲坝大厦 22 层

电话：021 - 38991668

地址：深圳市福田区福华三路卓越皇岗世纪中心 1 号楼 2401 室

电话：0755 - 23901683

江海证券有限公司

公司概况：

江海证券有限公司作为黑龙江省辖区内唯一一家国有控股券商，自 2003 年组建以来，在黑龙江省及哈尔滨市政府的深切关怀及社会各界的鼎力支持下，秉承"稳健经营、创新发展"的经营理念，以风险控制为前提，以人才队伍建设为依托，通过卓有成效的产品、服务和技术创新，实现了快速发展。

公司目前注册资本 13.63 亿元，股东 10 家，主要股东均为国有资产背景的大型企业集团，前三家股东哈尔滨投资集团有限责任公司、黑龙江省大正投资集团有限责任公司及中国华融资产管理股份有限公司，出资比例合计 97%。

公司建立了涵盖证券经纪、证券投资咨询、证券自营、证券承销与保荐、证券资产管理、证券投资基金代销、为期货公司提供中间介绍等业务在内的综合业务体系；设有营业网点 42 家，遍布北京、上海、深圳、厦门、济南、大连、沈阳及黑龙江省内各主要城市，形成了"覆盖龙江、辐射沿海、布局全国"的网络格局；出资控股江海汇鑫期货有限公司，确立了证券 - 期货协同发展的经纪业务架构。

江海证券集聚了一批年轻化、专业化的优秀人才，拥有一支具备博士、硕士学历和丰富实践经验的管理团队，构建了责权清晰、科学规范、运营高效的现代金融企业制度和管理体系，形成了稳健务实的经营风格。

公司积极为地方经济建设及社会发展服务，被黑龙江省政府评为"金融机构促进经济社会发展先进单位"，被共青团中央授予"青年就业创业见习基地"。

江海证券凭借专业的人才技术优势，成为哈尔滨市政府的金融顾问，精心打造的"江海锦龙"系列产品，更赢得了广大投资者的认可与信赖，在业内树立了良好的信誉和品牌。

面对新的发展形势，江海证券确定了新的市场定位和发展方向，抓住行业转轨的有利时机，全面提升公司核心竞争力，力争发展成为"规模适度、业态优化、持续盈利、个性突出"的专业性、国际化现代金融企业集团，践行"服务客户、回报股东、激励员工、奉献社会"的责任与使命，与社会各界一道为中国资本市场的健康稳定发展贡献力量！

大事记：

2003 年 12 月 15 日，经中国证监会《关于同意江海证券经纪有限责任公司筹建方案的批复》(证监机构字〔2002〕392 号)、《关于同意江海证券经纪有限责任公司开业的批复》(证监机构字〔2003〕240 号) 批准，由原哈尔滨国际信托投资公司、原哈尔滨证券交易中心与原哈尔滨市财政证券公司重组成立江海证券经纪有限责任公司，注册资本人民币 1.09 亿元。

2006 年 10 月 24 日，经中国证监会《关于江海证券经纪有限责任公司吸收合并天元证券经纪有限公司并增资扩股的批复》(证监机构字〔2006〕258 号) 批准同意，公司吸收合并天元证券经纪有限公司，并由哈尔滨投资集团有限责任公司增资人民币 2 亿元。合并增资后，公司注册资本人民币 3.21 亿元。

2008 年 5 月 11 日，哈尔滨市委书记杜宇新一行莅临公司检查指导工作。

2008 年 8 月 13 日，公司获批证券投资基金代销业务资格。

2008 年 9 月 4 日，经中国证监会《关于核准江海证券经纪有限责任公司变更注册资本的批复》(证监机构字〔2008〕1085 号) 同意，公司股东哈尔滨投资集团有限责任公司、齐齐哈尔市财政局实施增资，注册资本金增为 5.53 亿元。

2009 年 1 月 6 日，公司取得参与全国银行间债券市场交易资格。

2009 年 1 月 7 日，公司取得中国证监会核准自营业务资格批复。

2009 年 1 月 21 日，经中国证监会《关于核准江海证券经纪有限责任公司变更注册资本的批复》(证监许可〔2009〕72

号）同意，公司引入吉林亚泰（集团）股份有限公司和黑龙江省大正投资集团有限责任公司为战略投资者，注册资本金变更为人民币13.63亿元。

2009年1月13日，台湾康和证券集团副董事长郑大宇、董事长特别助理林宜养、财富管理部代表何博明、香港公司总经理庄易筑一行四人到我公司进行交流访问。

2009年5月15日，哈尔滨市人大阿城代表团莅临公司交流访问。

2009年5月13日，由省政府副秘书长汪子章带队、省金融办主任商庆军、中国证监会黑龙江监管局副局长许延滨、市政府副秘书长王正邦、市金融办副主任任玉琴，省、市金融办，省、市财政厅（局）、省证监局等有关处室主要领导及哈尔滨投资集团总经理智大勇一行13人莅临江海证券进行调研指导。

2009年6月25日，经国家工商总局及中国证监会核准，公司名称变更为"江海证券有限公司"。

2009年7月27日，台湾富邦证券董事长张果军一行四人到公司进行走访。

2009年9月15日，公司与哈尔滨市政府在香格里拉大酒店签订了"发挥江海证券全国性券商作用、促进地方资本市场发展"合作备忘录。

2009年10月13日，应台湾富邦综合证券股份公司董事长张国军先生邀请，董力臣总裁携公司有关业务负责人一行4人组成考察团，对台湾富邦金控进行了为期十天的友好访问，并应邀参观了台湾证券交易所。

2009年12月3日，中国证监会核准我公司证券投资咨询和证券承销业务资格。

2010年1月23日，由上海证券报、江海证券和中国证券网联办的中国资本市场第32届季度高级研讨会在哈尔滨成功举办。

2010年3月30日，由黑龙江省金融办、黑龙江证监局和江海证券共同举办的"黑龙江省企业境内外上市对接会"在哈尔滨和平邨宾馆隆重举行。上交所、深交所、香港交易所及新加坡交易所的专家为拟上市企业进行现场培训和交流。

2011年6月24日，中国证监会核准我公司保荐机构资格。

2011年8月1日，中国证监会核准我公司为汇鑫期货经纪有限公司提供中间介绍业务的资格。

2011年8月9日，中国证监会核准我公司变更业务范围，增加证券资产管理业务。

联系方式：

地址：朝阳区东三环南路58号富顿中心A座二层

电话：010－58674977

投诉：400－666－2288

金元证券股份有限公司

公司概况：

金元证券股份有限公司成立于2002年8月，是经中国证监会批准，由首都机场集团公司作为核心股东出资成立的综合类证券公司，是首都机场集团金融板块的核心企业。公司注册资本31.74亿元，开业以来年年盈利，净资本率达80%以上。

公司总部位于深圳，在全国13个省21个中心城市设有33家证券营业部，其中以珠江三角洲、长江三角洲和环渤海经济带为重点，各地区中心城市为辅助，形成了面向全国的立体、多元业务营销网络。同时，公司旗下控股金元期货经纪有限公司和金元惠理基金管理公司，现已形成证券、期货、基金业务良性互动的证券控股集团运作模式。

金元证券坚持"诚信、亲和、创新、志成"的企业精神和"稳健经营、规范管理、风险控制"的经营理念，并将其贯穿于经营管理和客户服务的每个环节，在跌宕起伏的资本市场上实现了较好的业绩，实现连续十一年盈利。公司全体同仁以高度使命感、事业心和专业追求致力于为客户提供优质、高效的全方位服务。并努力为繁荣和发展中国证券市场，推动中国资本市场建设进程贡献力量。

经纪业务：

业务覆盖面广交易品种丰富

金元证券经纪业务牌照齐全，可满足不同投资者的投资需求。金元证券已具有为期货公司提供中间介绍业务资格、融资融券业务资格以及代办股份转让及股份报价转让业务资格等。

开放式基金代销品种丰富

金元证券代销二十几家基金公司的三百多只基金，涵盖了保本型基金、股票型基金、债券型基金、货币型基金、混合型基金等所有基金品种。

投顾服务产品　创新务实

"金元宝"投顾服务产品：专门针对客户细分需求，由公司投顾团队精心研发的个性化、差异化收费服务产品。

金元财富资讯：集市场评述、行业瞭望台、热门股点评、操作策略及要闻信息为一体的每日投资参考。其中，市场评述为上一交易日行情基本概况；行业瞭望台为重要行业信息点评与热门板块新闻点评；热门股点评为近期热门股点评或潜力股前瞻；操作策略为市场趋势判断及投资策略；要闻信息为当日主要财经要闻。

行业投资策略报告：针对市场热点行业板块，深度挖掘行业公司的中期投资机会。

客户服务　周到细致

金元证券在业内率先设立了全国统一的客户服务中心，通过网络系统、移动通讯、电话终端等先进技术，以及邮件寄送等多种方式，为客户提供全面、细致、周到的专业化服务。

定期举办投资者教育讲座、股民学校、股市沙龙、投资者报告会，为客户提供理财知识、投资技巧及投资资讯等，与客户共同成长。

快速交易通道"金通道"为客户提供高速行情，实现快速委托。

全国客户服务热线：4008－888－228

全国统一委托电话：4008－888－889

投资银行业务：

金元证券具有证券发行上市保荐机构资格、股票发行主承销资格、债券发行主承销资格、财务顾问业务资格、代办系统主办券商业务资格、上市公司股权分置改革保荐机构资格等全部投资银行业务资质。

金元证券投资银行团队熟悉国内外资本市场运作，具有丰富的项目运作经验，在证券发行承销、上市保荐、资产重组、收购兼并、改制辅导等多项业务领域成绩斐然。

金元证券投资银行服务客户遍布全国经济发展地区，分布在电子及信息技术、基础设施建设、能源、交通、有色金属、医药等产业领域，绝大部分客户属于所在地区优势企业和所在行业领先企业。

业务种类：

首次公开发行股票保荐及承销业务

金元证券充分了解客户行业特征、竞争环境，洞悉发展诉求，精心设计发行上市计划，帮助客户通过上市融资实现跨越式发展，达成长远战略目标。

再融资保荐及承销业务

金元证券协助客户合理设计财务结构及融资计划，发挥自身资源优势为客户安排最适当的投资者，帮助客户以最低成本达成融资目标，实现既定发展规划。

资产重组财务顾问业务

金元证券洞悉产业发展规律及资本市场运作方式，为重组双方安排合适对象，精心设计完美方案，协调各项工作关系，主导促进重组工作顺利进行，帮助客户实现资源整合和战略配置。

收购兼并财务顾问业务

金元证券熟悉企业跨越式发展要素及资本交易手段，为并购双方利益充分考虑，设计最优并购安排和策略，主导促成交易成功，实现客户组织再造、规模扩张、发展升级目标。

企业改制辅导财务顾问业务

金元证券协助客户设立长远发展规划，制定股份制改造计划，辅导建立现代企业治理结构及规范化运作，使客户符合进入资本市场之条件要求，并最终促成发行上市既定目标。

债券发行承销业务

金元证券熟悉债权融资及固定收益业务运作，结合客户资产负债结构、资金运用计划、发展规划，精心安排设计融资方案，协助客户从企业债、公司债、非公开发行债券、中小企业私募债、可转换债等多业务品种中以最低成本获得发展所需资金，优化财务结构，实现快速发展。

场外市场业务

金元证券洞悉中小企业发展诉求，致力于多层次资本市场体系建设，为中小企业量身定做资本发展路径，提供新三板等广阔的资本展示平台，提升企业价值。

综合融资服务

我们以客户需求为导向，结合客户企业发展情况和特点，联合公司各方面力量，为客户提供包括资产证券化等全方面、多品种的融资方案，满足客户实际需要。

团队介绍：

金元证券汇五洲睿智、集四海精英拥有一个锐意创新的投行团队主要业务骨干为来自国内外名牌大学的博士、硕士，具有扎实的理论基础，丰富的经营管理经验，对证券市场和公司管理具有极强的研究能力和实践能力。

目前投行业务在深圳、北京、上海、广州等城市都设有分支机构，拥有一只上百人的投行业务团队，其中保荐代表人达数十名，绝大多数投行从业人员具有硕士及以上学位，多人具有注册会计师或律师专业资格，从业经历丰富，团队专业结构合理。

业务发展：

自成立来，金元证券投资银行队伍积极参与国内资本市场的发展，并伴随这个全球近十年来发展最快的资本市场一同壮大。

为华东重机、台基股份、中联电气、奥维通信、川投能源、新疆城建、湘潭电化等多家上市公司提供了股票 IPO 及再融资保荐及主承销商服务；

作为主承销商组织实施了首都机场集团公司、山东高速、宝泰隆等数家大型企业的债券发行工作；

担任南方航空、千金药业、金证科技、兴业聚酯等数十家企业融资副主承销商及上市推荐人；

担任长江电力、莱茵置业、正和股份、世纪光华、珠江国际、大厦股份等数十家企业资产收购、重组财务顾问；

担任国电电力、丽江旅游、北方国际等数十家上市公司股权分置改革保荐机构，项目数在全国券商中排名第 19 位，在同等规模券商中排名第一。

资产管理业务：

金元证券于 2011 年成立资产管理分公司，成功开发了多个定向资产管理客户，并于 2011 年 12 月顺利发行金元 1 号核心主题集合理财产品。同时，资产管理分公司还积极开展了通道、投资顾问、专项资产管理等业务。根据客户的实际情况，从委托期限、收益预期、风险承受能力、投资限制等多角度出发，为客户度身定制投资方案，从而满足客户对资金的安全性、流动性、收益性的综合要求。

业务范围：为客户提供全方位资产管理服务，包括定向资产管理业务、集合资产管理业务和专项资产管理业务。

产品特色：支持多种形式的产品创新。设立简便、效率高、费用低。资金来源渠道广，自有资金、客户资金、银行资金、其他社会资金均可对接。

团队实力：资产管理分公司拥有一支经验丰富的证券研究和投资管理团队，研究范围涵盖宏观策略、行业公司、债券、衍生品和金融工程，通过积极灵活的操作策略，敏锐地捕捉市场机会，为客户创造稳健的收益。同时资产管理分公司拥有一批对客户开发和服务有丰富经验且勤勉尽职的专业理财人士，以团队经验和智慧为客户财富增长提供量身定做的理财产品。团队主要人员拥有十年以上资本市场投资经验，均为硕士研究生以上学历。研究人员均拥有出色的教育背景，具备扎实的理论接触，具备较强的宏观经济研究与行业发展分析能力。

投资理念：专业投资、稳健增值、持续创新、客户至上

投资策略：把握市场变化趋势，发现价格和价值偏差，结合定量的品种筛选和基本面分析，组建有效的组合投资策略，实现资产保值增值。

地址：深圳市深南大道 4001 号时代金融中心 17 层

邮编：518048

邮箱：jyzq@ jyzq. cn

网址：http：//www. jyzq. cn

全国统一客服电话：400 － 8888 － 228

开源证券股份有限公司

公司概况：

开源证券股份有限公司是经中国证监会批准设立的证券经营机构，注册资本 13 亿元。公司的经营范围为：证券经纪；证券投资咨询；与证券交易、证券投资活动有关的财务顾问；证券承销；证券自营；证券资产管理；融资融券；证券投资基金销售；为期货公司提供中间介绍业务；代销金融产品业务。

西安西大街营业部、西安长安南路营业部、西安纺织城营业部、榆林航宇路营业部、商洛通江西路证券营业部、榆林神木营业部、铜川正阳路营业部、渭南朝阳大街营业部、咸阳兴平营业部、西安锦业三路营业部、西咸新区世纪大道证券营业部、韩城盘河路营业部、汉中南郑营业部、佛山顺德新宁路营业部、北京开阳路营业部、成都天府大道营业部、重庆财富大道、西安锦业路营业部、宝鸡清姜路证券营业部、沈阳大南街营业部、安康巴山东路证券营业部、延安中心街证券营业部共 22 家证券营业部。拥有宽敞现代的交易大厅、安静舒适的中大户专区，为投资者提供安全、便捷的交易通道，丰富、专业的

咨询信息及细致周到的服务。先进的集中交易系统可满足投资者通买通卖的交易需求。公司目前已与三方存管：中国工商银行、中国建设银行、中国农业银行、招商银行、兴业银行、上海浦发发展银行、交通银行、中信银行、中国银行、平安银行、光大银行共11家银行开通客户资金第三方存管业务，确保投资者资金安全流转，随时随地轻松理财。

经营范围：

证券经纪；证券投资咨询；与证券交易、证券投资活动有关的财务顾问；证券承销；证券自营；证券资产管理；融资融券；证券投资基金销售；为期货公司提供中间介绍业务。

地址：西安市锦业路1号都市之门B座5层

网址：www.kysec.cn

邮编：710065

邮箱：kyzq@kysec.cn

投诉电话：400-860-8866

联讯证券股份有限公司

公司概况：

联讯证券股份有限公司（下称"公司"）成立于1988年6月，总股本12.1428亿元，2014年8月1日在全国中小企业股份转让系统（下称"新三板"）挂牌，证券代码830899。海口美兰国际机场有限责任公司、昆山中联综合开发有限公司、北京银都新天地科技有限公司为公司前三大股东。

公司定位于为中小企业和中小投资者提供投融资服务。近几年发展迅速，网点规模和业务范围不断扩大。公司现设立1家分公司和33家证券营业部，分布在北京、上海、辽宁、江苏、浙江、四川、广东的主要城市。公司经营范围：证券经纪、证券投资咨询、与证券交易、证券投资活动有关的财务顾问、证券投资基金代销、证券资产管理、证券自营、代销金融产品、证券承销、融资融券、股票质押式回购交易业务、全国中小企业股份转让系统主办券商经纪业务。

公司秉承"财富联讯，服务贴心"的经营理念，致力于在传统业务中创新，成为传统业务某些领域中的领先者。公司率先在业内推出经纪人制度，多年净资产收益率在行业领先。固定收益、资产管理业务发展迅速，2013年债券交割量在券商中排名第11位，"现金惠"集合资产计划同行业排名第17位，金融产品代销业绩斐然。联讯证券的经营特色，以客户利益为中心的服务模式在业内和监管机构均受佳评，经营管理经验和体会在《证券时报》《证券日报》《中国证券报》《上海证券报》《中国证券》等媒体均有报道和转载。

联讯证券将坚持"诚信、规范、创新、和谐"企业文化，坚守"四个诚信：公司对客户的诚信；公司对员工的诚信；公司对股东的诚信；员工对公司的诚信"。公司以登陆新三板为新起点，扩大资本实力，规范公司治理，以人为本，用心服务客户，不断提高服务能力，增加公司信誉和美誉度，打造优秀的上市企业，创建"联讯证券"百年老店。

业务部门：

资产管理部

联讯证券资产管理部专门负责开展客户资产管理业务，致力于打造资产管理业务高端品牌。建有完善的保证客户资产安全运作、为客户提供优质服务的支持系统，并通过严密的业务分工和完善的组织构架为客户资产的合规运作提供了强有力的组织保证。

联讯证券资产管理部是公司实施业务转型的终端平台。资产管理部通过吸收优秀人才，打造了一支具有丰富经验和高素质的专业投资团队，注重产品设计创新，快速响应客户需求，为客户量身制作合适的理财产品并提供专业化、全方位的资产管理服务。

联讯证券资产管理部可以针对客户需求提供集合资产管理业务、定向资产管理业务、专项资产管理业务等全方位的资产管理业务服务。其中，集合资产管理业务可以为多个客户提供现金类、固定收益类、权益类和定向增发等财富管理服务；定向资产管理业务可以为单个客户提供证券投资、股权融资、市值管理、股票质押融资、限售股增值等服务；专项资产管理业务可以为机构投资者提供资产证券化服务。

经过几年的发展，资产管理部已经逐渐形成了完善的产品线、成熟的投研体系及专业的服务团队，目前的团队中有多人具有三年以上丰富的资产管理、自营业务及证券投资基金管理业务的从业经历。

投资研究中心

投资研究中心成立于2005年6月，为公司授权对发布证券研究报告行为及相关人员实行集中统一管理的部门。

投资研究中心（以下简称"投研中心"）是公司开展证券投资咨询业务的专业部门，配备具备证券投资咨询从业资格的专职人员，以公司网站为主要发布平台，以发布证券研究报告为主要服务手段，以制作、播出视频节目为辅助支持方式，从事面向客户的证券投资咨询服务工作。

投资研究中心涉及到的研究领域包括：

宏观经济、固定收益、市场策略、采掘行业、化工行业、有色金属行业、机械设备行业、电子元器件行业、交运设备行业、证券行业、房地产行业、农林牧渔行业、餐饮旅游行业、信息设备行业、零售行业、食品饮料行业、医药生物行业、信息服务行业、传媒行业、证券投资基金、融资融券。

金融产品零售部

为适应证券行业创新发展，公司于2012年4月正式成立金融产品零售部，负责公司金融产品代销业务。联讯证券金融产品零售部是公司适应金融产品创新，实施业务转型而成立的部门。金融产品零售部与各合作金融机构充分沟通，结合营销部门及客户需求，为各类客户提供适当的金融产品。金融产品零售部作为公司金融产品提供部门，通过与公司投资研究中心合作，结合市场情况，为公司各营业部及各级营销部门提供金融产品信息，协助组织金融产品知识培训和相关业务培训，逐步提高营业部及营销人员的金融产品服务意识，为客户提供全面财富管理的金融服务。

金融产品服务是现代金融企业服务客户的重要功能，为投资者提供个性化和综合性金融产品服务以满足投资者多样化需求。在金融产品代销业务中，联讯证券构建的"四位一体"的营销服务模式，以适当性管理和客户分类分级为基础，以丰富的产品和标准化的服务为依托，搭建贯穿客户营销和服务全过程为一体的工作流程体系，以适应市场竞争，满足广大投资者的金融服务需求。

财务顾问部

联讯证券财务顾问部成立于2011年，立志为企业高效率地利用资本市场提供专业化的咨询服务。联讯财务顾问部汇集了来自各方面的专才，从收购兼并、企业重组、战略规划、投资者关系、股权激励和管理层收购、私募和常年财务顾问等方面为企业提供多方面多层次的服务。

股权激励服务

我们是专业的上市公司股权激励方案设计的本土机构之

一，部门及成员曾为包括伊利股份、泰达股份、宝石A、瑞普生物、科士达、嘉寓股份等10多家上市公司和货通达、蒙太因、一鸣电力、盛夏阳光等10余家非上市公司提供服务。

我们可提供包括薪酬激励行业调查、绩效单元贡献分析、激励方式选择、费用摊销预算、额度分配以及全流程申报服务，并对激励效果做持续性的跟踪分析和调查。

市值管理业务

我们不是股评家和经济学家，只是根据近二十余年数据分析的结论，判断各个行业市盈率的未来表现，以此作为上市公司规划增发、收购、回购以及资产重组等资本运营政策的依据。

我们可为客户量身定做面向市值管理的《资本运营规划报告》。目的是为了协助公司构建符合资本市场的管理逻辑，使公司市值能够通过该逻辑，传达给主流人群，理顺公司价值实现的路径。

并购财务顾问服务

我们的团队出身自国内知名证券公司和投资银行，常年从事上市公司兼并收购、资产重组和非公开发行组织业务：

协助公司制定并购规划并寻找、筛选、确定目标公司，拟定初步收购方案；

协助甲方与目标公司或其股东会面，搭建公司与目标公司的良好关系；

组织、协调并与各专业中介机构（如有）对目标公司进行尽职调查并出具尽职调查报告；

协助甲方设计本合同约定收购方案和收购工作所需的其他文件；

应甲方要求，协助甲方对目标公司进行整合。

另外，我们正和国内两家实力雄厚的基金合谋成立并购基金，为以后的并购重组业务扩展渠道。

融资业务

我们利用与境内投资机构的联系和本身拥有的专业人士，为企业在资本市场运营提供咨询、媒介、策划服务。提供企业融资过程中政策、财务、法律等方面的咨询以及必要的尽职调查服务；协助编制融资方案，帮助企业合理配置资源；选择合理的资本运营方式，包括企业内部资产剥离和整合、企业间资产重组等；提供全方位的中介服务，包括资产评估、项目论证以及落实资金等事项。

固定收益部

固定收益业务总部下设自营业务部、资本市场部和销售交易部，主要开展固定收益类证券自营投资、一级承销、销售交易及相关业务，业务品种范围涵盖银行间、交易所和场外市场的各类固定收益证券及其衍生产品。部门拥有一支精通业务、敬业奉献、精干高效的业务团队，在银行间市场取得了一定知名度，得到了市场成员的认可，已在市场上建立起了广泛的客户网络。

固定收益自营投资业务坚持以专业和深入的市场研究为基础，注重不断提升研究的专业化程度和前瞻性，致力于实现自营业务的安全性、流动性和盈利性和谐统一。资本市场业务以优秀的创新能力和能力，为客户量身定制各类投融资方案和产品，提供多层次的固定收益类证券服务。销售交易业务以客户服务为基础，积极把握市场机会、拓宽销售业务渠道，建立和完善公司、市场、客户之间的长期稳定合作关系。固定收益业务总部通过各业务条线协作、一二级市场联动，为客户提供优质服务，为公司创造合理收益，为中国资本市场的创新和发展积极贡献力量。

地址：广东省惠州市惠城区江北东江三路
惠州广播电视新闻中心三、四楼
邮编：516003
电话：0752－2119391
邮箱：lxzqkfzx@ lxzq. com. cn

民生证券有限责任公司

公司概况：

民生证券股份有限公司成立于1986年，注册资本为21.77亿元，注册地为北京。公司具备中国证监会批准的证券经纪；证券投资咨询；与证券交易、证券投资活动有关的财务顾问；证券承销与保荐；证券自营；证券资产管理；证券投资基金代销；代销金融产品业务；IB业务；全国中小企业股份转让系统主办券商；实施证券经纪人制度；融资融券业务；中小企业私募债券承销等各项业务资格。

公司及其控股的民生期货有限公司设有58家营业部，在上海、广州、深圳、南京、济南和郑州设有6家分公司。同时拥有从事直投业务和另类投资业务的两家全资子公司：民生通海投资有限公司、民生证券投资有限公司。

公司坚持“守正创新”的基本理念，坚持社会目标、企业目标、个人目标相统一，社会责任、企业责任、个人责任相统一，企业利益、社会利益、个人利益相统一，以诚信为根，责任为本，创新为源，不断通过业务和产品创新、管理和机制创新，为客户提供各种优质、规范、高效的投融资工具和专业化、个性化的金融服务。

公司以完善的法人治理结构和科学的管理体系，高效的决策执行机制、有力的激励约束机制和严谨的合规内控机制以及完备的风险控制支持系统确保各项业务的健康发展。

公司坚持以人为本，着力打造一支以事业经理人和职业经理人为主体的富有激情的战斗团队，努力为客户创造最大财富，为公司创造最大价值。

公司理念：

企业愿景

成为国内一流、具有特色的现代投资银行，成为全体民生人的精神家园。

企业使命

为客户创造财富，为公司创造价值，为员工创造事业

企业精神

敬业守信忠诚奉献开拓创新立志图强

基本理念

民生在勤守正出新

核心价值观

诚信责任创新

核心竞争力

理念机制团队

摩根士丹利华鑫证券有限责任公司

摩根士丹利华鑫证券有限责任公司是由摩根士丹利与华鑫证券成立的合资公司。华鑫证券在合资公司中持有三分之二的股权、而摩根士丹利持有三分之一股权。合资公司的经营业务范围包括股票（包括人民币普通股、外资股）和债券（包括政府债券、公司债券）的承销与保荐；债券（包括政府债券、公司债券）的自营、及证监会批准的其他业务。

南京证券有限责任公司

公司概况：

南京证券是1990年10月经中国人民银行批准设立的江苏省第一家专业证券机构，全国创新类证券公司。截止到2014年12月，注册资本19亿元，总资产216.8亿元，净资产45.8亿元（未经审计），控股南证期货有限责任公司、富安达基金管理有限公司和南京巨石创业投资有限公司。

南京证券业务范围涵盖证券经纪、证券承销、证券自营、融资融券、客户资产管理、财务顾问等诸多领域，设有24个职能管理和业务部门，在全国设有89家分支机构，可以为广大企业和投资者投融资提供全方位服务。

南京证券历经24年的风雨洗礼和岁月磨炼，基础管理和改革、业务经营和规模、行业地位和影响均取得了长足进步和发展，取得了自成立24年来从未亏损、持续盈利、稳定回报的优良业绩。

南京证券2011年荣获"全国文明单位"称号，2013年荣获"全国五一劳动奖状"，是证券行业第一家荣获此两项殊荣的证券公司；2010年荣获"江苏省文明单位标兵"称号；并连续15年荣获"南京市文明单位"、连续14年荣获"江苏省文明单位"；先后6次荣获"建设新南京有功单位"；先后荣获"中国企业文化优秀奖"、"中国证监会为圆满完成证券公司风险处置做出积极贡献荣誉证书"、江苏省和南京市"国有企业创建'四好'领导班子先进集体"、江苏省和南京市"先进基层党组织"、全国首批"国家级征信企业"、"中国100最具影响力企业"、"南京市劳动关系和谐企业"、江苏省和南京市"五四红旗团委"称号，35家分支机构分别荣获国家、省、市级"青年文明号"，其中国家级青年文明号4家。

地址：江苏省南京市玄武区大钟亭8号

邮编：210008

电话：86－025－83367888

网址：www.njzq.com.cn

邮箱：office@njzq.com.cn

客服热线：4008285888

平安证券有限责任公司

公司介绍及业务成绩：

平安证券有限责任公司是中国平安（保险）集团股份有限公司旗下重要成员，前身为1991年8月创立的平安保险证券业务部，目前拥有平安财智投资管理有限公司，平安期货有限公司、中国平安证券（香港）有限公司，平安磐海资本有限责任公司共四家子公司。截至2014年12月31日，平安证券注册资本为55亿元，净资产101.98亿元，总资产618.78亿元。

平安证券确立了"中国最领先的资产管理公司之一"的战略定位，力争在未来几年经济结构转型、居民财富增长、金融市场化和多层次资本市场建设加快过程中，围绕机构与个人两类客户，着力打造"找资产、找资金和产品创设"三大能力，组建股权、固收、金融同业和经纪四大事业部，贯彻落实"5＋1"工程，包括投行业务转型、经纪业务转型、同业业务建立竞争优势、类银行对公业务发展、交易及金融衍生品业务发展以及APP战略实施，遵循"去通道依赖症、产品驱动、账户为王、完善机制、安全至上"五大基本原则。同时，平安证券着手组建多家分公司，根植当地，全方位满足当地客户的金融需求，致力于成为"最佳企业主办财务顾问及个人主办财富管理平台"。

具体而言，股权事业部深耕医疗健康、汽车、大消费、TMT、环保节能、装备制造6大行业，为企业提供覆盖全生命周期的投融资服务，主要产品涵盖IPO、再融资、新三板及做市交易、并购重组、财务顾问、结构融资及资产证券化、PE及产业并购基金、质押融资、大宗交易、权益互换、市值管理、研究咨询等。其中，投资银行类业务拥有逾百家股权融资和逾百家财务顾问项目的成熟运作经验，截至2014年底，创业板IPO保荐家数排名行业第一，中小板IPO保荐家数排名行业第二，曾连续四年荣膺深交所"中小企业板最佳保荐机构"。研究咨询类业务屡获《新财富》、福布斯、汤森路透等多家权威机构嘉奖。同时，股权事业部大力开拓大宗交易、质押融资、资产证券化、市值管理等各项创新业务，股票质押、大宗交易等非通道业务规模达102.62亿元，同比增长219.76%；并为金融市场机构提供综合服务，致力于积累资金和资产，构建立足资本市场的机构综合金融服务平台。

固定收益事业部面向国有企业及金融机构，提供固定收益类产品及服务，拥有雄厚的债券承销及交易实力。2014年，主承销发行23家信用债，中小企业私募债6家。银行间债券综合交易量达1.86万亿，市场排名第三，并荣获中国外汇交易中心颁授"2014年度银行间本币市场交易100强"、"2014年最佳证券公司"（交易类）称号；荣获中央国债登记结算有限责任公司颁授"优秀承销商"称号及"债券业务进步奖（资产管理类）"；作为国债甲类承销团成员，2014年累计承销国债228亿，位列国债承销团成员综合排名券商第二名，六度荣获中国财政部颁发"记账式国债承销优秀奖"。同时，积极推进衍生品、结构性产品、固定收益类投资顾问等创新业务，业务规模及创新能力位居同业前列。

金融同业暨资产管理事业部重点开展第三方主动管理、资产证券化财务顾问、结构融资、银证通道等全方面的金融专业服务。截至2014年底，整体资产管理规模突破1065亿。在证券时报"2014中国最佳财富管理机构"评选中，凭借卓越的资产管理能力及服务，荣获"2014中国最具成长性资产管理券商"称号。管理的集合产品"现金宝"近1年在同类产品中收益排名行业第四。2014年，金融同业类资产证券化投顾咨询服务取得重大突破，投资顾问业务总规模突破335亿元，产品设计及销售能力进一步提升，资产种类涵盖银行信用卡资产、汽车贷款资产、汽车租赁资产及小贷资产，形式包括分级、资产循环池与资金循环池模式。2014年，担任投顾推出宁波银行白领通资产证券化项目，该项目为私募市场证券化第一单实现出表的循环购买型资产证券化产品，对于资产证券化业务深入开展具有重大意义。

经纪事业部重点开展证券经纪、融资融券和金融产品销售等业务，致力构建"最佳客户体验＋最惠交易通道＋完整帐户体系＋开放金融生态圈"的业务模式。在全国34个城市拥有44家营业部，业务结构不断优化，市场份额稳步增加。同时，作为首批斩获互联网业务试点资格的券商，平安证券秉承创新惠民的互联网精神，致力服务于广大网民的投资理财需求，立志打造一站式理财平台，通过推广在线开户方式，自主研发交易客户端，为用户提供更便捷的服务。在客户服务方面，致力打造远程视频投顾、达人理财社区等创新服务模式。截至2014年底，经纪业务总客户数超百万，总资产超3000亿，融资业务规模突破100亿，中间业务收入占比提升至38.9%，净利润同比大幅增长76%。同时，公司利用互联网平台，推出领先市场的小额股票质押产品，并与58家基金公司、多家信托公司、保险公司及陆金所建立并维护产品合作关系。

围绕公司新的战略定位，平安证券正全面优化风险管理与合规体系，大力发展资本中介业务，做大第三方资产管理平台，努力成为国内证券行业风险管理领先的证券公司，在风险引领业务发展的基础上，朝着“中国最领先的资产管理公司之一”战略目标执着前行。

保荐机构内控体系建设：

平安证券保荐业务建立“大内控”体系，实行质控工作的集中化。公司层面设立风险管理委员会及首席风险官，全面负责公司的风险管理工作，公司风险管理部向投行业务部门派驻风险官和风控专员，监控各业务条线的风险，并直接向首席风控官负责。针对保荐业务内控管理，公司特别设立“投行内核与质量管理部”、“上市公司服务部”两个独立于投行业务线的专职团队，专职负责保荐业务尽职推荐和持续督导工作的质量控制。派驻风险官和风控专员、投行内核与质量管理部、上市公司服务部三个团队，共同组成投行业务的大内控队伍。通过集中资源、重点突破，发挥整体质控队伍的能力水平，切实增强风险质量管理体系的独立性、专业性、制衡性，尽最大可能降低项目各类风险。

内控制度与流程管理方面，公司对投行保荐业务建立了覆盖承揽立项、尽职调查、改制辅导、文件制作、内部审核、发行上市和持续督导等各环节的规章制度，并根据该等规章制度制定出配套的保荐项目尽职调查工作流程、持续督导工作流程等一系列流程指引，指导现实工作，保证项目质量的标准化和统一规范性。

社会责任：捐资100万元捐赠两所希望小学，并持续进行维护

2011年

值平安证券发展20周年之际，宣布斥资100万元在云南、广西两地援建2所希望小学。

2013年

云南酒房平安希望小学建设完成并投入使用，平安证券捐赠40台新电脑，为学校创建了多媒体教室。捐赠了500套新书包及文具，以改善学生的学习条件。

2014年

联合第一财经公益基金会、中国青少年公益基金会、CFA协会等机构，共同援建学校运动场，拟建篮球场2个，羽毛球场与排球场各1个，总建设面积达1720平方米。

希望小学地处云南山区，雨季长且早晚温差大，平安证券员工自发为学校认捐棉被，经统计，参与认捐活动人数328名，认捐棉被共935件，合计款项84150元，远远超出募集目标。

慰问由学校推荐的3名特困生家庭。

启动员工志愿者支教活动，两批共12名员工志愿者于9月奔赴希望小学，完成支教任务。

2014年公司荣誉与大事记

组建股权、固定收益、金融同业暨资产管理、经纪四大事业部。

3月，发行首期次级债30亿元，补充公司净资本15亿。

4月，公司正式获得中证协“互联网证券业务试点单位”批复，成为首批五家试点券商之一。

7至12月，平安证券协助监管当局完成《基于问题、风险导向的事中事后监管框架》等课题研究，该课题基于风险导向、风险评估模型、风险检测等创新，有利于监管当局由事前监管逐步转向事中监管和事后监管。

8月，资金部正式成立，主要职责为筹资、配置和流动性管理。

10月，获得柜台市场业务资格。

11月，获得综合托管业务资格。

12月，资产管理总规模达1065亿，突破千亿大关。

继8月推出小额股票质押的网上产品、11月被批复同意开展上市公司股权激励行权融资试点后，年末融资融券余额达105.42亿元，较年初增长224.5%。

12月，公司建立了风险偏好体系，明确了董事会和高级管理层对公司整体风险和各类主要风险的基本态度，通过定性的描述和定量的核心指标限额，指导业务在稳健的风险承担水平下快速发展。标志着公司开始定性和定量的全面风险管理。

2014年，公司担任投顾的宁波银行白领通资产证券化项目，为私募市场证券化第一单实现出表的循环购买型资产证券化产品。

2014年，在证券时报中国最佳财富管理机构评选中，荣获“2014年中国最具成长性证券经纪商”和“2014中国最具成长性资产管理券商”称号；在上海证券报第七届中国最佳证券经纪商评选中，荣获”中国最具潜力的互联网券商”和“中国最具成长性证券经纪商”称号；在上海证券报第六届中国券商理财金榜评选中，荣获“最佳业务成长奖”称号；在华夏时报第八届金蝉奖评选中，荣获“2014最具创新成长性证券公司”、“2014券商最佳稽核风控创新奖”两项大奖；在经济观察报2013－2014年度中国卓越金融奖评选中，荣获“年度卓越财富管理证券公司”称号。

2014年，在今日投资财经资讯有限公司第十届天眼中国最佳证券分析师评选中，荣获房地产行业最佳选股分析师第二名，电子行业最佳选股分析师第二名，商业贸易行业最佳选股分析师第三名的成绩；在2014汤森路透投资论坛暨StarMine全球分析师颁奖典礼上，荣获中国大陆和香港地区的汽车团队行业最佳选股第二名，TMT团队行业行业最佳选股第一名，商贸团队行业最佳盈利预测第二名的成绩；荣获亚太地区的汽车团队行业最佳选股第三名，TMT团队行业最佳选股第一名，媒体团队行业最佳选股第二名的成绩；在证券市场周刊第八届卖方分析师水晶球奖评选中，银行团队荣获行业第三名。

2014年，银行间债券综合交易量达1.86万亿，市场排名第三，并荣获中国外汇交易中心颁授“2014年度银行间本币市场交易100强”、“2014年最佳证券公司”称号。

2014年，荣获中央国债登记结算有限责任公司颁授“优秀承销商”称号及“债券业务进步奖(资产管理类)”。

2014年，作为国债甲类承销团成员，2014年累计承销国债228亿，位列国债承销团成员综合排名券商第二名，六度荣获中国财政部颁发“记账式国债承销优秀奖”。

地址：深圳市金田路4036号荣超大厦18楼

电话：0755－22622233

齐鲁证券有限公司

公司概况：

齐鲁证券有限公司在全国27个省、市、自治区设有28家分公司、224家证券营业部，控股鲁证期货股份公司、鲁证创业投资公司、齐鲁国际控股公司，参股万家基金管理公司、齐鲁股权交易中心，形成了集证券、基金、期货、直投为一体的综合性证券控股集团。近几年来，公司为全国100多家企业提供股权、债券融资服务，实现融资额近千亿元；服务客户400万，管理客户资产5000亿元。

企业文化：

企业使命：繁荣资本市场，服务万千大众

企业愿景：致力于建设各种专业化证券业务协同发展的证券控股集团

核心价值观：用诚恳的心做专业的事

企业作风：严、细、实、快

企业精神：至诚至专、创新超越

经营理念：合规创造价值、人才提升效率、创新推动发展、诚信铸造品牌

服务理念：真诚待客户，满意在齐鲁

经营状况与市场成就：

齐鲁证券按照“各种专业化证券业务协同发展”的战略目标，全力推进包括经纪、投行、固定收益、场外市场、资产管理、资本中介、国际业务、金融创新等在内的全牌照业务体系建设。经纪业务，从强化营业网点专业功能、加强财富中心建设、积极完善产品库、大力开展期货IB业务等方面，推动业务从通道服务向财富管理转型。截至2014年6月底，服务客户近400万，管理客户资产3000亿元。投资银行业务，拥有包括80余名保荐代表人和准保荐代表人在内近320人的高素质业务团队，具有丰富的IPO、再融资、债券发行、新三板、并购重组、财务顾问业务开展以及创新融资经验。近几年来，公司作为主承销商，为100家企业提供近千亿元的股权、债券融资服务，公司债券主承销家数已跻身行业前十名；为20多家企业提供并购重组服务；累计完成新三板挂牌项目58家，市场排名第2位，已取得新三板做市业务资格。资产管理业务，建立了涵盖现金管理类、货币类、债券类、权益类、量化类等多种类型的产品线。截至目前，管理37只集合产品和310只定向产品，资产管理规模2000亿元。资本中介业务，通过开展融资融券、股票质押回购、约定购回等资本中介业务，为客户融资160亿元，授信500亿元。国际业务方面，公司在香港设立了齐鲁国际控股公司，注册资本8亿港币，目前已获得证券交易、期货、投资咨询、资管、融资等全业务牌照。研究业务，公司建立了以博士、硕士为主体的近60人的研究团队，在农林牧渔、TMT、电力设备与新能源、生物医药、食品饮料以及大宗商品研究等领域处于业内领先水平；其中农林牧渔行业研究荣获新财富排名第一名。创新业务，研究探索互联网金融服务模式创新，是行业内首批开展网上开户和手机开户的券商；经证监会批准，建立了齐鲁证券柜台交易市场；取得了中小企业私募债业务资格，为14家中小企业融资21亿元；完成了山东省内首单资产证券化项目“国泰租赁”项目；公司具有利率互换、股票收益权互换等互换业务资格，提高了为客户融资的能力；首批参与了上交所个股期权全真模拟交易，目前已取得个股期权的经纪、自营、主做市商等全牌照全真模拟交易资格。

公司内控：

公司建立了股东会、董事会、监事会和经理层“三会一层”的法人治理结构和以《公司章程》为核心的法人治理规则。建立了包括董事会、经理层、内控管理部门、业务管理部门、业务部门及分支机构等在内的公司内控组织体系，各层级之间形成了畅通、高效的信息交流渠道和重大事项报告机制。设立了隔离墙制度，由相互独立的部门、分公司或子公司从事投资银行、研究咨询、证券自营、资产管理、直接投资等存在利益冲突的业务；各单位在公司的统一管理下，建立了相互独立的业务决策、运行管理等工作机制，独立运作。根据相关法律法规、规范性文件的规定，依照《公司章程》及《总经理工作细则》制定了《公司授权管理规定》，建立健全了内部授权管理体系。

社会责任：

齐鲁证券勇于承担企业公民责任，积极从事社会公益事业，努力促进员工、公司和社会利益的长期化与最大化。公司制定了《履行社会责任管理办法》，建立和完善了履行社会责任的管理体系，明确了社会责任归口管理部门及其主要职责。多年来，公司认真履行依法合规经营责任、推动资本市场发展责任、提供优质服务责任、促进员工成长责任、履行节能环保责任、维护社会稳定责任、承担企业公民责任，并取得了积极成效。公司对外积极开展扶危济困活动，履行企业公民责任；对外大力营造各个利益主体之间的和谐氛围，做好员工慰问、帮扶、救助工作。

汶川特大地震发生后，公司两次向地震灾区捐款1200万元。广大党员、团员青年、员工踊跃捐助善款145万元。在西南地区遭受百年一遇特大旱灾、青海省玉树发生7.1级强烈地震之际，公司积极捐款50万元，同时组织员工开展爱心捐款100万元。2011年以来，公司每年均组织开展“慈心一日捐”活动。2012年6月，公司向山东省定陶县龙子心残疾人特殊教育体育学校捐款60万元。2009年10月，为支持中华人民共和国第十一届运动会在山东省举行，公司向十一运组委会赞助2000万元人民币，以“合作伙伴”的方式参与、支持十一运会的召开。此外，公司还通过协办、冠名、志愿服务等方式，支持社会公益活动。上述活动，深切表达了齐鲁证券员工的拳拳爱国、爱民之心，既支持了社会事业发展，又提升了自身企业形象。公司支持社会公益的行为得到了社会的认可，先后荣获“2008中国民生行动先锋”、“中国金融企业慈善榜卓越贡献奖”、“山东最具爱心慈善捐赠企业”、“十一运特别贡献奖”等荣誉称号。

公司荣誉：

凭借良好的专业能力和业绩表现，齐鲁证券得到了社会各界的广泛认可，多次被山东省政府授予“山东省金融创新奖”“山东省金融发展贡献奖”，获得中国证券业协会“证券公司投资者教育与服务优秀单位”深圳证券交易所“优秀保荐机构奖”中国证券报“金牛投行进步奖”等荣誉称号。

投资银行业务开展情况：

经过几年发展，齐鲁证券投行业务已经拥有良好的专业团队和项目运作经验。目前，公司投行团队拥有保荐代表人和准保荐代表人80余名，其中注册保荐代表人48名、准保荐代表人35名；拥有一批北大、清华等知名院校毕业的经济、法律、财务会计类高级专业人才，团队规模近320人，团队成员中具有硕士、博士学位人员占70%以上。公司保荐主承销的大连“易世达”IPO项目荣获“2010年度最佳IPO项目”奖项，“山东章鼓”IPO项目荣获“2011年度最佳IPO项目”奖项。2014年1月，公司保荐的光洋股份(002708)成功在深交所挂牌上市，首日涨幅45.30%，是IPO暂停14个月重启后第一批发行股票的企业之一，也是新股发行从核准制向注册制改革过渡过程中，得以规范顺利推进发行的少数几家企业之一。凭借良好的业绩表现，公司投行业务多次被深交所、中国证券报、证券时报等单位授予“优秀保荐机构”“金牛投行进步奖”“中国十佳高成长投行”“中国区最具成长性投行”等荣誉称号。

日信证券有限责任公司

公司概况：

日信证券有限责任公司（简称“日信证券”）是经中国证监会核准并在国家工商行政部门注册登记的综合性证券公司。公司成立于2002年4月，公司注册资本为10亿元。公司的股东包括“北京长安投资集团有限公司”“北京华联集团投资控股有限公司”“内蒙古日信担保投资（集团）有限公司”等国内知名大中型企业。

公司秉承“合规经营、稳健发展”的经营理念，自成立以来，资产质量一直保持优良，经营业绩稳步提高，公司的经营管理能力得到了监管部门的肯定，在广大证券投资者中拥有较高的美誉度。

公司于2005年11月通过了中国证券业协会规范类证券公司评审；于2008年11月在内蒙古自治区首届诚信企业评选中被评为“诚信企业”；于2008年11月被内蒙古自治区国税局、地税局共同评定为A级纳税人；于2011年在理财周报中国券商年会“金方向”评选中荣获“中国最具发展潜力证券公司”；于2011年在搜狐网“金罗盘券商研究能力评测”中荣获“最佳券商研究团队”；于2012年在理财周报中国券商年会“金方向”评选中荣获“中国证券公司最佳创新财富管理部门”；于2012年被证券时报评选为“中国区最具成长性投行”，同年在金融时报主办的“中国金融机构金牌榜・金龙奖”评选中荣获“年度最具成长性证券公司”。

公司经营业务主要包括：证券经纪；证券投资咨询；与证券交易、证券投资活动有关的财务顾问；证券承销与保荐；证券自营；证券资产管理；融资融券；证券投资基金代销；代销金融产品等综合业务。

公司下设北京分公司，在全国（北京、深圳、重庆、上海、长沙、呼和浩特、通辽、乌兰浩特、包头、赤峰、鄂尔多斯、呼伦贝尔、乌海、锡林浩特、满洲里、巴彦淖尔、武汉、广州、乌兰察布、合肥、南京、霍林郭勒、杭州、郑州、长春、贵阳、沈阳、成都、太原）已拥有32家证券营业部，控股了北京首创期货有限责任公司，在深圳前海全资设立了日信资本投资有限公司。

公司拥有一支专业、高素质的人才队伍，包括在经纪业务、发行承销、资本投资、证券投资、财富管理、证券研究、客户服务、风险控制等方面具有丰富经验的专家，共同致力于以卓越的金融服务为客户实现价值的增长。“规范守法、诚信尽职”是公司发展经营中恪守的最高准则，在步入规范发展的繁荣轨道后，公司将继续秉承“稳健、长远”的经营思路，稳步前进。面对激烈的市场竞争，公司将进一步增强“改革、创新”意识，完善经营管理体制和运行机制，提升服务品质，夯实公司核心竞争能力。

公司愿与社会各界朋友携手合作，共谋发展，共创辉煌！

公司经营原则：诚信服务、规范管理、稳健经营、突破创新。

公司文化：

我们的企业使命

我们的企业使命是努力追求“四个最大化”的统一。

对股东勤勉尽职，使投资者利益最大化。

对客户热情周到，使客户消费效用最大化。

对员工要尊重爱护，使员工的成长福利最大化。

对社会要有承担，做到对社会进步的贡献最大化。

我们的企业核心价值观

我们的企业核心价值观是“服务为本，专业为先，求知进取，创新发展”。

我们的经营方针

我们的经营经营方针是“以市场为导向，以客户为中心”。

我们的经营原则

诚信服务/规范管理

稳健经营/快速发展

我们的企业愿景

我们的企业愿景暨长远战略目标是将公司建设成拥有雄厚实力、

具有国内一流专业水平、受人青睐、

拥有知名品牌的专业化、综合类证券公司。

我们的经营理念

三化经营理念：专业化、规范化、国际化。

我们的发展战略

公司采取超常规发展战略，实现各项业务的超常规发展

外延式发展与内涵式发展并举

强调创新发展

实现局部崛起带动全局

公司经营业务：

日信证券有限责任公司，是经中国证监会批准设立的综合类证券公司。公司经营业务主要包括：证券经纪代理业务、证券自营投资业务、证券承销与保荐业务、企业重组财务顾问业务、证券投资咨询业务和开放式基金代销业务等所有综合证券业务。

联系方式：

地址：内蒙古呼和浩特市新城区锡林南路18号

邮编：010020

电话：0471－6292465

网址：www.rxzq.com.cn

全国统一电话委托号码：400－660－9839

公司呼叫中心回访电话：010－66079839；0471－6919911

瑞信方正证券有限责任公司

公司概况：

瑞信方正证券有限责任公司（英文名称：Credit Suisse Founder Securities Limited，英文简称：CSFS）是由方正证券有限责任公司与瑞士信贷共同出资设立的中外合资证券公司，注册资金8亿元人民币，其中方正证券出资比例为66.7%，瑞士信贷出资比例为33.3%。

2008年6月13日，中国证监会向方正证券有限责任公司下发证监许可〔2008〕793号《关于批准设立瑞信方正证券有限责任公司的批复》，批准方正证券与瑞士信贷（Credit Suisse）共同出资设立瑞信方正证券。公司经商务部批准后，于2008年10月24日取得营业执照正式设立。2008年12月29日，中国证监会颁发了公司的《经营证券业务许可证》（编号：Z15911000），公司经批准的经营范围包括：股票（包括人民币普通股、外资股）和债券（包括政府债券、公司债券）的承销与保荐；中国证监会批准的其他业务。

瑞信方正证券的法定代表人为雷杰董事长，主要负责人为汪民生总经理。

瑞信方正证券是2007年12月28日中国证监会修订《外商参股证券公司设立规则》后，首家获批设立的证券公司。

公司注册地设在北京，办公地址设在金融大街金融街中

心大厦12－15层。

股东情况：

方正证券股份有限公司

方正证券股份有限公司是中国首批综合类证券公司，上海证券交易所、深圳证券交易所首批会员，于2010年改制为股份有限公司，并于2011年在上海证券交易所上市（股票代码：601901）。

方正证券目前已设立合资投行、期货、直投、合资基金等四家子公司，并持有盛京银行股份有限公司7.32%的股权，现拥有营业网点166家（其中证券营业部139家，期货营业部27家），员工超过4000人。截至2013年末，公司总股本61亿股、总资产365.98亿元人民币，净资产为159.23亿元，有效客户数达219万户。在证券行业创新发展的大背景下，公司倡导卓越领先的金融服务理念，以"通道与非通道并重、散户与机构并重、大力发展资本中介业务、内涵与外延增长并重；推进公司各项业务均衡发展，良性互动，全面发展高端与机构业务"为基本战略，致力于成为行业领先的大型综合类证券公司。

Credit Suisse AG

Credit Suisse AG（中文译名为瑞士信贷银行股份有限公司，以下简称"瑞士信贷"）成立于1856年7月5日，其成立地为瑞士苏黎世，其注册办事处地址为瑞士苏黎世Paradeplatz8，CH－8001。瑞士信贷的现有注册并已缴付资本额为4,399,680,200瑞士法郎。瑞士信贷是一家综合性商业银行。根据瑞十联邦银行委员会（现称为瑞士金融市场监督管理局（Swiss Financial Market Supervisory Authority，简称FINMA）的说明函，瑞士信贷可从事所有银行、投资银行、证券经纪、证券交易、资产管理、融资和其他金融服务业务。所有该等业务都由FINMA监管。现任董事会主席为UrsRohner，现任首席执行官为Brady W. Dougan。

公司文化：

事业机会

具有令人激动的多元文化氛围的瑞信方正，为您提供卓越的事业机会。

雇主

瑞信方正作为瑞信与方正证券合资经营的一家投资银行机构，始终以客户需求为工作中心，将技能合格且具有主观能动性的员工视为我们成功的要素。我们致力于成为中国最受欢迎的雇主之一，在多元文化的背景中，始终提供日益完善的工作环境，专业的培训，多种职业生涯规划。

人才招聘

瑞信方正为年轻的毕业大学生提供实习机会、多样的事业起点和专业的职业培训。瑞信方正希望成为有经验的投资银行业内人士理想的发挥才能的场所。

身心健康和社保福利

愉快的工作环境会使员工生活更为轻松，满意，促进员工的效能。

社会责任：

瑞信方正致力于慈善、助学、环保等公益事业，体现了回报社会的爱心意识和社会责任感。

团队建设：

瑞信方正始终秉承"以人为本"的管理理念，以多种形式开展活动，增进各部门间同事的交流和沟通，形成公司团结进取、积极向上的工作氛围。

业务范围：

根据中国证监会2008年12月29日颁发的《经营证券业务许可证》，瑞信方正的业务范围是：股票（包括人民币普通股、外资股）和债券（包括政府债券、公司债券）的承销与保荐；中国证监会批准的其他业务。投资银行是瑞信方正的核心业务。

秉承瑞士信贷以客为本的投资银行理念和经验，瑞信方正的投资银行业务部门按照国际化、规范化的操作标准，致力于为客户提供优质的投资银行服务，包括中国国内的股本和债券资本市场的证券融资顾问，承销和保荐服务，以及收购兼并等财务顾问服务。同时，瑞信方正在投资银行业务、咨询、研究等多方面也与瑞士信贷有着紧密的合作，通过瑞士信贷的全球资源和网络，使客户得到更便捷、周到、专业的全方位投资银行服务。

投资银行特别重视与客户建立长期的信任与合作关系，为客户提供高质量的个性化服务。针对每个客户的具体需求，投资银行在充分了解客户自身情况、需求以及所处行业竞争环境的基础上，为客户设计和提出最佳解决方案，帮助客户实现战略或业务发展目标。投资银行帮助客户通过重组改制、上市融资来建立现代企业制度及规范的公司治理结构，协助客户应对全球化竞争，实现长足发展。

服务介绍：

1. 股本资本市场融资

瑞信方正的股本市场部为企业客户提供贴身和全方位的股权融资服务，主要产品包括首次公开股票发行并上市，上市公司的股权相关再融资如配股、公开增发、非公开股票发行、可转换公司债券和分离交易的可转换公司债券等。在提供股权融资服务过程中，我们会根据客户的情况和需要，为客户就业务重组、募集资金投向和投资故事定位等各方面设计和执行最合适的方案。在股本证券推介和销售方面，我们的销售网络覆盖了全国的大型投资基金，保险公司，金融机构和知名的企业投资者。另外，通过瑞士信贷的强大海外投资者平台，我们也和大型的QFII有着紧密的联系。

2. 债券资本市场融资

瑞信方正的债券资本市场部为企业提供一系列的债券融资服务，针对客户的不同需要，我们为客户研究和设计合适和创新的固定收益产品和方案，我们的主要业务覆盖了国债、金融债、次级债、企业债和公司债等多种产品，以及相关产品的销售、研究和产品开发。我们拥有广泛而有效的销售渠道和客户网络。债券资本市场部拥有一支高素质的团队，并以国际水准的服务，与各商业银行、保险公司、基金公司、社保基金、农信社、邮政储蓄、财务公司和大型企业等专业债券投资者建立了长期的业务合作关系，在迅速成长的中国债券市场上，赢得企业客户和投资者的信赖和市场的尊重。

3. 收购兼并和财务顾问

瑞信方正的企业融资部拥有丰富的收购兼并和财务顾问服务经验，为客户提供全面的收购兼并服务，包括为客户寻找合适的国内和海外的收购兼并项目机会，也为有意出售业务的企业设计方案和寻找合适的买家等。同时，我们也为客户提供其他的财务顾问服务，包括收购上市公司，业务和资产重组，定向增发和业务价值评估等。我们也和瑞士信贷的投资银行部在全球的不同行业组和收购兼并组有着紧密的合作，以求满足客户在收购兼并方面的不同需要。

联系方式：

地址：中国北京市西城区金融大街甲9号金融街中心南楼15层

邮编:100033
电话:(86)1066538666
传真:(86)1066538566
邮箱:csfs@ csfounder. com

瑞银证券有限责任公司

公司概况:

瑞银证券有限责任公司("瑞银证券")是由北京国翔资产管理有限公司、瑞士银行有限公司(又称瑞银集团、UBSAG)、中国建银投资有限责任公司、国家开发投资公司、中粮集团有限公司(原中国粮油食品(集团)有限公司)、国际金融公司("IFC")对原北京证券有限责任公司重组后共同出资组建的新证券有限责任公司。公司注册资本为14.9亿元人民币,总部设于北京,瑞银证券主要业务部门包括投资银行部、证券部、固定收益部、财富管理部以及资产管理部。

经营证券业务许可证编号

Z39911000

经营范围:

证券经纪(含境内上市外资股);证券投资咨询;与证券交易、证券投资活动有关的财务顾问;证券承销与保荐(含境内上市外资股);证券自营;证券资产管理;代销金融产品业务。

注册地址:

北京市西城区金融大街7号英蓝国际金融中心12、15层(邮政编码100033)

股东情况:

股东名称	股份份额(人民币元)	占注册资本总额的百分比
北京国翔资产管理有限公司	491,700,000	33%
瑞士银行有限公司(UBS AG)	298,000,000	20%
广东省交通集团有限公司	208,749,000	14.01%
国电资本控股有限公司	208,600,000	14%
中粮集团有限公司	208,600,000	14%
国际金融公司(IFC)	74,351,000	4.99%
合计	1,490,000,000	100%

法定代表人:程宜荪

高管人员:

总经理兼代理董事长:程宜荪

副总经理:方婷

副总经理兼首席财务官:王勤

副总经理兼首席运营官:赵洁

合规负责人:黄桢

董事会秘书:杜朋

山西证券股份有限公司

风云际会,用创新书写梦想

2014年以来,互联网金融大潮奔涌、股权众筹趁势勃兴、新三板和区域四板竞相跃进……与新常态下经济结构的大调整相伴,中国金融业变革风云际会。

在近代金融发祥地山西,省政府工作报告中明确指出:加快改革开放和创新驱动,是2015年的头等大事。尤其是强调了加快金融改革、改善金融生态的重要性。在重塑山西经济的时间节点上,金融业振兴的风口隐约可见。

风云际会之时,谁夺先声?

大潮汹涌之际,谁立涛头?

山西证券从晋商昔日辉煌的光影中走来,26年的风雨征程,怀揣重塑晋商风采的梦想,以矫健的风姿、诚信稳健的步伐、坚韧不拔的勇气、以义致利的担当在竞争激烈的中国证券行业,跨越发展,演绎着强势崛起的传奇。

业绩快报显示,山西证券2014年度实现营业收入19.55亿元,比上年增长48%;实现归属于母公司股东的净利润5.87亿元,比上年增长124.15%。

交出靓丽成绩单的同时,公司蓝图也已画就:抓住转型发展机遇,深化改革,稳中求进,借势互联网金融,聚焦投资、资产管理和财富管理,全面提升客户体验,不断增强公司盈利能力和可持续发展能力……

一、二十六载,精彩成就梦想

晋商鼎盛于明清,曾创无数金融第一,尤其是票号的产生,将货币资本同商业资本有机结合,引领中国商业与金融革命潮流,使山西成为中国金融发源地。

因为历史上的辉煌,山西的金融从业者或多或少都藏着一个金融梦。作为中西部首家上市券商的山西证券,更是从创立那天起,血脉中就浸透着晋商文化的底蕴,胸怀历久憧憬着重塑晋商辉煌的梦想,怀揣着这梦想,山西证券从一家营业网点起步,亲历和见证了中国资本市场蓬勃发展,从规范、创新到撞响上市金钟三步走,一点点将梦想与现实拉近。

一路走来,山西证券秉承晋商精神,恪守"诚信、稳健、规范、创新、高效"的经营宗旨,奉行"诚信为本、专业服务、以义制利"的经营理念,以晋商精神塑造企业性格,以国际化视野和全方位服务的能力全力打造综合金融服务平台。

2010年11月15日,山西证券敲响上市金钟,正式登陆深交所,成为中西部第一家通过IPO上市的证券公司、山西省唯一的地方上市金融公司。首次公开发行39980万股,募集资金31.18亿元。上市首日公司股票涨幅达到65%,市值近300亿元。公司以黑马之姿,浸润着晋商精神,走入更多人的视野。

中小板严格、科学的上市公司管理体系为公司快速、健康发展提供了坚实的基础保障。借助上市,公司建立了科学、规范的现代企业治理架构;借助上市,公司的综合实力和造血功能进一步增强;借助上市,公司的品牌宣传进入了一个更高的平台。成功上市,开辟了公司发展的新纪元,也为公司的发展历史增添了最浓墨重彩的一笔。

二十六年的不懈努力,公司从注册资金1000万元、一个营业网点,两个业务资格起步,发展成为注册资本25.187亿元、3家专业子公司、15家分公司、100多个营业网点、囊括全业务牌照、总资产近275亿元、总市值400多亿元、员工2300多人的上市证券公司。公司经纪、自营、资管等各项业务稳健发展,以中德证券、格林大华、龙华启富为依托的发行承销、期货、直投等业务在细分市场的优势地位逐步确立。

2010年上市以来的四年间,公司累计实现营业收入54.23亿元,实现净利润11.74亿元,累计上缴税金8.7亿元。每年持续高比例分红,2011年到2013年三年累计分红4.34亿元,占到期间归属于上市公司股东净利润的73%。市值由上市初期的300亿元增至2014年末的403亿元,较好地完成了国有资产的保值增值和股东利益的最大化目标;2013年、

2014年公司持续被评为A类A级证券公司。

二十六年后的今天，一个治理规范、资格完备、架构合理、协同发展的综合类证券公司走入了人们的视野。公司正在以国内主要城市为前沿，重点城市为中心，覆盖山西、面向全国，为近百万客户提供全面、优质的专业服务。

二、健全内控机制，护航稳健发展

"股市有风险，入市需谨慎。"这句盛行于投资者之间的话，同样对上市公司奏效。就一家公司而言，通过上市，公司抑或更加规范，同时很快会站在市场飓风里，严格的资本规则中容不下一丝瑕疵。

山西证券建立了科学、规范的法人治理体系，股东大会、董事会、监事会、经营管理层分权制衡，有效运作，独立董事在公司治理结构中发挥了有效的监督职能。公司内部控制体系日趋优化和完善，内控管理水平持续提升，内控工作机制与公司日常经营管理相结合，形成了符合自身运营情况、贯穿各项业务发展和风险控制需要的体系。

经过多年的探索和实践，公司逐步建立和完善了与业务发展相适应的风险管理体系。公司风险管理部门独立行使风险监控职能，按照"风险全面评估，管理同步监督，经营逐级控制"的原则，通过完善的组织体系、制度体系、风险预警和控制体系、升级技术平台等手段，固化"风险识别－风险评估－风险测量－风险监控－稽核审计"的风险控制程序。

公司高度重视对创新业务的风险控制，通过高效的管理机制和净资本监控系统，对风险进行实时、动态监控，确保公司经营风险"可测、可控、可承受"。注重对新政策、新法规的解读研判，对新业务、新品种的所面临的潜在风险，强化识别和计量，确保在监管和法规范畴内开拓业务。

公司围绕强化管理、优化机制、增强协同、增收节支等重要工作，在信息披露、人员引进、员工培训、信息技术、财务核算、清算存管、品牌推广、后勤保障等方面，建立了完善的支持约束和协调保障体系。

健全的内控体系为公司健康、快速发展提供了坚强的保障，抗风险能力不断加强。自成立以来，公司从未发生系统性的风险事件，在行业发展的大起大落中始终保持稳健、规范的经营风格。

三、借力资本市场提升综合实力

上市后，结合资本市场的新形势、新变化，公司确立了全面转型和创新发展的新思路。利用资本市场，迅速发展壮大，成为公司实现战略转型的重要推力。

2013年，利用上市公司平台，公司以"现金和发行股份"方式购买格林期货100%股权，同时以格林期货吸收合并其全资子公司大华期货，成立"格林大华期货有限公司"。格林期货注册时间早、注册资本金大，拥有香港子公司，连续数年交易量名列行业前茅，是一家具有品牌影响力的全国性期货公司。并购格林期货，是公司加强资本运作，做大做强的一个尝试，也是布局谋篇、介入境外业务的一个重要步骤。并购完成后，格林大华在投资咨询、境外期货、资产管理等期货创新领域具备了一定的相对优势，综合实力得到显著提升，有利于进一步增进公司内部的业务协同，发挥更大的金融平台效用；有利于快速提升公司期货业务核心竞争力，推动公司创新业务发展，实现资源共享、优势互补，进一步加强公司的期证业务合作；同时，由于采取以发行股份作为主要支付手段并且发行价格较高，也为公司在市场低迷时期节约了现金等宝贵资源，有利于未来的战略布局与发展。对于中国资本市场而言，这次并购是第一个由上市证券公司发行股份购买期货资产的交易案例，为我国资本市场的成熟和发展，为进一步推进证券、期货行业并购整合探索了一条道路。

登陆中小板，也为公司拓宽了融资渠道。2013—2014年公司共发行了20亿元公司债券；2014年公司筹划发行20亿元证券公司短期债券，并于当年发行10亿元；2015年公司筹划借入或发行50亿元次级债，首期完成发行13亿元。通过发行债券，及时缓解了公司业务发展面临的资金压力，满足了各项创新业务的需求，优化了自身资本结构，保障了公司各项业务的正常开展，进一步推进了公司成为综合性金融服务平台目标的实现。

"好风凭借力，送我上青云"。借力中小板，公司完成了从自我发展到公众公司的华丽转身；借力资本市场，公司不断实现一次又一次的飞跃。

四、服务实体经济助力创新转型

作为一家有责任、有担当的上市证券公司，公司深知自身既是资本市场的参与主体，也是资本市场创新发展的重要推动力，对地方经济而言，更是承载着助力山西转型，实现本土企业借力资本市场腾飞的梦想。

公司不断加强业务创新力度，充分发挥资本市场中介职能，服务地方政府和企业，为政府和企业发展出谋划策。公司全面启动创建证券营业部综合窗口试点工作，地市营业部与当地政府和企业建立了战略合作关系，成为公司服务地方经济、服务地方企业的桥头堡。先后为多个地市、县和公司提供融资解决方案。

子公司中德证券自成立以来，一直致力于服务地方经济。通过辅导改制、并购重组、定向增发、债务融资、财务顾问等为地方政府、大型国企、民营企业提供综合金融服务，涉及资金近200亿元。

特别是中德证券作为财务顾问完成的同煤集团控股漳泽电力金额达24亿元的资产重组项目，同时为漳泽电力配套融资8亿元。该项目是A股市场第一单在资产重组过程中同时进行配套融资的项目，对解决煤电一体化、煤电企业困境具有重要的示范效应，对山西省的产业整合产生了积极影响。

公司积极响应地方政府的号召，设立山西省中小企业创业投资基金，借助资本市场支持山西省中小微企业的快速发展，每年可投资近百家中小微企业。据测算，5亿元的股权投资可撬动100亿元投资，增加20万个就业机会。可以较少的政府资金带动更多的社会投资，更好地支持中小微企业发展。

参与设立山西省股权交易中心，发挥金融促进实体经济发展的作用。公司本着推动山西省区域性股权交易市场建设的原则，出资1000万元，投资设立山西省股权交易中心，并在方案设计、制度建设、信息系统搭建、挂牌企业推荐等方面给予了充分的支持。公司充分发挥分支机构的综合金融服务功能，为股权交易中心推荐首批挂牌企业866家。股权交易中心是山西省政府批准设立的区域性股权交易市场，为省内十余万中小企业提供了一个企业展示、企业融资、企业投资、股权托管、股权交易、培育培养、发展壮大的平台。股权交易中心的设立对山西省多层次资本市场建设具有里程碑意义。

五、聚焦跨越转型书写辉煌明天

当前，我国经济进入"中高速、优结构、新动力、国际化"的经济新常态。转入新常态，意味着我国经济发展的条件和环境已经或即将发生诸多重大转变，推动经济创新转型成为资本市场的光荣使命。鹰击长空，鱼翔浅底，作为多层次资本市场的中坚力量，证券行业亦进入了前所未有的黄金机遇期。

公司作为一家上市证券公司，可谓生逢其时。公司渴望借助中小企业板的华丽舞台，不断壮大自身的综合实力。同时，也希冀通过公司与中小企业板的通力合作，为“新常态”下金融行业助力实体经济探索出一条可行之路，为最大限度激发资本市场的活力尽自己的绵薄之力！

中小企业板作为具有较好成长性、较高科技含量以及具有新经济、新商业模式的中小企业的综合金融服务平台，为广大中小企业拓展融资渠道、推进自主创新、实现跨越式发展发挥着不可替代的重要作用。

山西证券借助中小企业板平台，紧紧抓住转型机遇，深化改革，稳中求进，借势互联网金融，聚焦投资、资产管理和财富管理，全面提升公司盈利能力和可持续发展能力。可以期待，心怀道义，肩负重任的山西证券，在新常态下，在互联网金融促动、中小板市场发展的驱策下，必将在这场变革中离梦想越来越近。

投行业务

中德证券有限责任公司作为一家合资券商，由山西证券优秀的投行团队、德意志银行具有丰富中国和国际资本市场经验的投行团队、以及国内证券市场的投行精英共同组成，具备全球化的视野、国际市场的磨练、以及丰富的本土作战经验。

中德证券的目标是成为中国一流的投资银行。中德证券本着以客户为核心、以人才为根本、以稳健为原则、以创新为导向的经营理念，竭诚为每一个客户量身打造出全面优质的个性化融资方案，在合规前提下向客户提供专业高效的金融服务。公司可以为企业提供专业的全投行产业链产品及优质的金融服务。

自2009年7月成立以来，公司业务发展实现了阶梯式持续增长，内部管理平稳运行，在市场上树立了良好的品牌形象。

在股本业务方面，公司完成了很多具有市场影响力的项目，帮助许多企业成功上市，为上市公司的后续发展提供重要资金保障，主要完成的项目包括：(1)IPO项目，包括辉煌科技、九洲电气、格林美、汉王科技、同德化工、启明星辰、福星晓程、大康牧业、烟台万润、温州宏丰、中信重工、博林特等十余个IPO项目的保荐与主承销工作，同时作为联席主承销商完成华锐风电、山西证券IPO项目的发行工作。(2)股本再融资方面，完成包括华夏银行、安凯汽车、太原重工、宗申动力、山煤国际、宏达高科、梅花集团在内的多个定向增发项目，以及太极实业配股融资项目等。

在债券业务方面，公司经过几年的实践，积累了丰富的债券发行经验，完成了众多具有重大意义的项目。包括华夏银行2010年次级债、太原煤气化2010年公司债、中国农业银行2011年次级债、中国民生银行2011年次级债、中国建设银行2011年次级债项目、太原城投2012年企业债、贵阳住投2012年企业债、海螺水泥2012年公司债、比亚迪2012年一期公司债，天津城投2013年企业债、中信重工2013年一期公司债项目等。上述项目的成功发行满足了企业客户自身发展的融资需求，受到了发行人的高度认可。

在财务顾问业务方面，公司积极参与承做了多个重大并购资产重组项目，赢得了市场的一致好评，建立了良好的市场声誉。主要包括：2010年五洲明珠并购重组项目、2010年宏达高科并购重组项目、2011年大连重工重大资产重组项目、通宝能源资产重组项目以及中国神华重大资产重组项目、2013年漳泽电力重大资产重组及配套融资项目。

同时，公司积极开拓创新业务，2014年公司高质量完成了一系列具有市场影响力的创新型项目。包括：天保基建：首批通过证监会审核、首个完成发行的地产再融资项目；诚志股份：首个上市公司全体高管和骨干员工通过非公开发行实现持股的项目；首批资产管理计划作为战略投资者参与上市公司非公开发行的项目第一单；海宁市资产经营公司：首个国有企业股东发行的可交换私募债券。今后中德将为更多的企业打造量身定做的创新金融产品，提供优质专业的金融服务，与客户建立长期合作共赢的关系，与企业实现共同成长与进步。

核心竞争优势

“国际视野”和“本土智慧”结合：中德证券以其国际投行理念和管理经验，熟悉国内资本市场的精英团队，表现出高效的执行能力，优秀的业务平台、丰富的资源和高质量的服务。中德证券及其股东能为客户提供国际、国内最为完善的金融产品和服务。

以客户为中心，全方位立体服务体系：中德致力于打造以客户为中心的服务理念，建立了对客户全方位的立体服务体系，提高项目执行效率，保证服务质量，并为客户后续发展提供长期全方位增值服务。自成立以来，已帮助多家公司持续实现资本市场目标。

强大销售实力和广泛的国内机构投资者覆盖面：中德证券通过多年积极拓展销售渠道，已与国内主要机构投资者建立了广泛的联系和深度合作，凭借其强大的销售能力和资本市场的前置服务，使客户价值得到市场充分挖掘。2014年IPO按新股发行体制重启后，中德证券保荐的安硕信息项目首发市盈率为40.06倍，远远超过开闸后首发市盈率均值29.02倍。

最优秀的IPO保荐承销能力：自成立以来，中德证券IPO项目完成数量远远超过其他合资券商，稳居第一。同时，中德证券保持100%的IPO过会率。

弱势环境下，卓越的股权再融资项目发行销售能力：2013年以来在市场持续低迷，非公开发行面临巨大困难的情况下，中德证券成功完成九单非公开发行，在资本市场上树立了弱势环境，强势承销的良好口碑。

国内市场上业绩领先的债券承销投资银行：中德证券是国内市场上业绩领先的债券承销投资银行，执行了多个里程碑式的债券项目。中德证券债券项目团队能够充分发掘公司潜力，以清晰的视野分析和预测市场，准确把握市场发行窗口，迅速作出反应，为债券定价提供专业服务，降低公司的财务费用。

深厚的并购重组项目经验：中德证券在并购重组市场具有重要的影响力，先后完成了多个影响中国资本市场的并购重组项目。

业内高度推崇的研究团队：中德证券拥有业内高度推崇的研究团队，并全面提供广泛的行业和地区研究覆盖，同时将德银遍布在全球主要市场研究团队的成果传递给国内客户。

丰富的金融产品知识与卓越的创新能力：顶级国际投资银行经验使中德证券拥有对金融产品独到而深刻的理解，并能将其应用于中国市场。

杰出的项目执行团队和销售团队：拥有对中国及国际资本市场有着深刻理解并具有多年项目执行经验的投资银行家和团队。与国内主要机构投资者建立了广泛的联系和深度合作，定价和销售实力卓越。

广泛而深入的行业知识：中德团队在各主要行业均有专才，强大的研究所团队和项目执行团队积累了长期的行业观察和理解。

紧密的政府及监管部门关系：与各级政府及监管部门接

触紧密,并保持着良好的沟通和联系。

全业务链的服务能力:拥有IPO、再融资、债券、并购等全方位的服务能力,可以长期高效持续服务企业,提供战略支持,满足客户在不同时期不同市场环境下的各种需求。

中外合资的背景:同时为客户提供国内资本市场专业服务及进入国际资本市场发展的机会,有能力在全球各个市场为客户提供多样化的融资产品选择。

上海东方证券资产管理有限公司

公司概况:

东方证券资产管理有限公司(简称:东方红资产管理、东证资管)成立于2010年7月28日,注册资本3亿元人民币,是东方证券股份有限公司的全资子公司,也是获中国证监会批准设立的业内首家券商系资产管理公司。

发展历程:

公司前身为东方证券资产管理业务总部,自1998年开始从事资产管理业务,2002年首批获得从事客户资产管理业务资格,2005年首批开展券商集合理财业务,2010年首家获批设立券商系资产管理公司。

公司2012年首批获得可受托管理保险资金投资管理人资格,2013年成为业内首家获得公开募集证券投资基金业务资格的证券公司。

主营业务:

公司一直专注于核心竞争力的培养,以追求绝对收益为根本理念,致力于"寻找满意客户",以专业化投资为基石,"让客户满意"。

公司主要业务范围包括证券资产管理业务和公开募集证券投资基金管理业务,其中,证券资产管理业务,包括集合资产管理业务、定向资产管理业务和专项资产管理业务。

公司集合资产管理业务,已先后推出40余只东方红系列集合理财产品,涵盖权益、固定收益、量化、折价主题、现金管理等投资领域,拥有"东方红"系列、"东方红－先锋"系列、"东方红－新睿"系列、"东方红－量化"系列、"东方红－增利"系列等不同风险收益的产品系列。

公司定向资产管理业务,为客户提供"一对一"的专业投资管理服务,并依托该平台开展股权质押融资和其他债权、收益权类资产融资业务。

公司专项资产管理业务,立足于开展资产证券化平台业务,为客户提供投融资解决方案。

产品创新:

多年来,东方红资产管理团队一直致力于产品创新:

2005年6月,业内首批、公司首只集合资产管理计划——东方红1号成立;

2010年1月,业内首只券商小集合产品——东方红－先锋1号成立;

2011年9月,业内首只专注于定向增发市场的大集合产品——东方红－新睿1号成立;

2012年5月,业内首只专注于折价主题投资的大集合产品——东方红－新睿2号成立;

2012年12月,业内首只分级大集合产品——东方红－新睿4号成立;

2013年6月,业内首只小额贷款资产证券化产品——东证资管－阿里巴巴1至10号专项资产管理计划获批,其优先级支持证券于2013年9月在深交所挂牌交易;

2013年12月,业内首只券商基金——东方红新动力混合基金获批。

资金规模:

截至2013年12月底,公司受托资产管理规模超过400亿元。

资产管理团队:

东方红资产管理团队自1998年开始从事资产管理业务以来,经历多轮牛熊市的考验,积累了丰富的资产管理经验和风险管理经验。团队始终坚持价值投资理念,追求绝对收益,长期投资业绩领先,多次荣获"中国最佳资产管理人(机构)"称号,被业内誉为"金牌资产管理团队"。

企业文化:

公司崇尚"感恩、责任、梦想"的团队文化,始终坚持自己的核心价值观——始终以投资业绩为导向,不受做大规模的诱惑;始终以最专业的态度勤勉尽责,坚持在长跑中胜出;始终以投资者的信任作为公司生存和发展的基础,不辜负投资者的信任,致力于为客户带来长期投资回报。

上海证券有限责任公司

公司概况:

上海证券有限责任公司(以下简称"公司")成立于2001年5月,注册资本金26.1亿元人民币,股东单位为国泰君安证券股份有限公司、上海国际集团有限公司和上海国际信托有限公司。公司是首批全国创新类证券公司之一。

公司现拥有各类专业人员1000余人,营业网点56家,已形成以上海为中心,北京、深圳、重庆、温州、南京、杭州等发达城市为主体的经营网络。公司资产质量优良,业务资格齐备。公司下属现有海际证券有限责任公司和海证期货有限公司两家子公司。公司于2007年正式受让中富证券有限责任公司证券类资产,实现了公司业务在地域和规模上的快速扩张,进一步推动了公司的战略发展。

公司成立以来,秉承"诚信、专业"的核心价值观,以诚信经营为根本,以专业服务为中心;规范运作、稳健务实、开拓进取、和谐创新;立足上海,服务全国,在市场上树立了良好的企业形象。公司将致力于打造自身经营品牌,走现代金融企业的可持续发展道路,不断做强做大,努力成为国内一流的券商。

经营范围:证券经纪;证券投资咨询;与证券交易、证券投资活动有关的财务顾问;证券(不含股票、上市公司发行的公司债券)承销;证券自营;证券资产管理;证券投资基金代销;为期货公司提供中间介绍业务;融资融券业务;代销金融产品业务。

地址:上海市西藏中路336号华旭国际大厦6楼

邮编:200001

电话:862153519888

网址:www.shzq.com

客户服务热线:4008918918/021－962518

世纪证券有限责任公司

公司概况:

世纪证券有限责任公司前身为成立于1990年的江西省证券公司。2001年7月,经中国证监会批准,公司增资扩股并更名为"世纪证券有限责任公司",注册地址迁至广东省深圳市。多年来,公司逐步发展成为以深圳为总部、以江西为重点业务区域,业务网络覆盖北京、上海、广东、江苏、湖南、云南等地的全国性综合型证券公司,目前注册资本为7亿元人民币,在全国16个大中城市拥有25家证券营业部,在江西设有分公司,在北京设有办事处。

公司的经营范围包括:证券经纪;证券投资咨询;与证券交易、证券投资活动有关的财务顾问;证券承销与保荐;证券自营;证券资产管理;融资融券;证券投资基金代销;代销金融产品。公司以雄厚的资金实力、一流的人才队伍、丰富的专业经验、稳健的经营作风为广大投资者和机构客户提供全方位的专业证券服务。

历经多年的发展,公司培养和造就了一支高素质的骨干员工队伍,公司现有员工1200余人。

面对全球化背景下资本市场的机遇与挑战,公司坚持"合规经营、稳健发展"的经营思想,进一步完善战略布局,不断改革创新,努力提升公司的核心竞争力,为建设和谐社会、促进证券市场健康发展贡献新的力量。

联系方式:

地址:深圳市深南中路7088号招商银行大厦41层

电话:4008323000

首创证券有限责任公司

公司概况:

首创证券有限责任公司于2000年初成立,注册地为北京,是一家具备证券经纪、财务顾问、证券承销与保荐、证券自营、证券投资基金销售、证券资产管理、融资融券等多项业务资格的综合类证券公司。2004年初,公司完成了增资扩股工作,增资扩股后的注册资本为65,000万元人民币。公司股东包括北京首都创业集团有限公司、北京能源投资(集团)有限公司、中国石化财务有限责任公司等多家大型国有企业。

经过十多年不懈努力,公司从刚成立时仅一家证券营业部的小型券商,通过多次收购兼并,发展成为业务种类基本齐全,下辖多家分公司及数十家营业部,参股中邮基金、控股京都期货两家金融企业的综合类证券公司。

自成立以来,公司一直坚持"稳健经营、规范管理"的经营原则,高度重视健全内部管理体制和完善风险防范机制,初步形成了一套具有自身特色、合乎证券业规范运作要求的制度化管理体系。

首创证券将一如既往的秉承稳健经营的原则,遵循专业化、规范化的经营方针,积极开拓市场,吸引人才,不断地推行业务创新和机制创新,抓住机遇做大做强。

证券经纪:

营业网点:

通过收购整合,公司经纪业务目前有证券营业部15家,分布为:北京3家、上海3家、石家庄3家、成都2家、深圳、天津、哈尔滨、湖南岳阳各1家,布局相对合理,基本覆盖了国内最具经济活力的地区。

业务范围:

经纪业务除具备传统A/B股、基金、债券、权证等全方位交易品种的通道外,还具备开放式基金代销等资格,加之公司安全快捷的网上交易、手机炒股等多种交易手段,将为投资者提供更加全面的产品选择和便利的交易服务。

服务特色:

公司具有一支具备专业咨询服务能力的投资顾问团队,全力打造的经纪业务"首创领航"客户咨询服务终端产品正在推广,公司统一的客户服务呼叫中心也将为客户提供更加主动规范的服务,我公司经纪业务多层次全方位投资者服务的能力在不断提升。

客服电话:

400-6200-620

投资银行:

专业团队:

首创证券获得了主承销商资格和保荐机构资格,拥有一支业务经验丰富、工作规范严谨、业务水平较高并熟知金融、证券、财务和法律知识的投资银行团队,能为客户提供包括证券发行、股权分置改革、企业资产重组、收购、兼并、项目融资、财务顾问、管理咨询在内的全方位投资银行服务。并建立了完备的业务流程及规范,层层监督实施,业务人员具有丰富的从业经验,在财务、法律等知识领域具有较深的造诣。坚持客户至上,保护投资者利益的原则,恪守勤勉尽责、公平诚信的行业准则和职业道德,确保为客户提供优质、全面、高效、持续的精品服务。

服务范围:

首创证券投资银行业务团队秉承"专业投行、专家服务"的理念,以"让我们的客户成为行业龙头、让行业龙头成为我们的客户"为目标,在积极了解客户投资银行业务需求的基础上,为客户提供股票、公司债券的承销、保荐、企业并购、重组融资安排及其他财务顾问等优质、高效的投资银行服务。

固定收益:

部门介绍:

固定收益部从事各类固定收益证券以及相关产品的发行、销售、投资、交易和研究,拥有广泛而有效的渠道和网络,并致力新产品的开发。固定收益部的业务覆盖企业债、短期融资券、公司债券、中小企业私募债、国债、央行票据、中期票据、金融债、可转债等多种固定收益产品。固定收益部拥有一支高水平、高素质、市场感觉敏锐的专业队伍,竭诚为客户和市场成员提供高水准的服务。

近三年企业债券承销业绩:

2009年,上海上实(集团)有限公司公司债券;

2009年,永城煤电控股集团有限公司公司债券;

2009年,铁岭公共资产投资运营有限公司公司债券;

2010年,贵州省开发投资有限责任公司公司债券;

2010年,第一期国家电网公司企业债券;

2010年,合肥高新技术产业开发区科技实业发展公司企业债券;

2010年,湖南高速公路建设开发总公司企业债;

2010年,重庆市江北嘴中央商务区开发投资有限公司公司债券;

2011年,重庆渝富资产经营管理有限公司公司债券;

2011年,莱芜市经济开发投资有限公司公司债券;

2011年,重庆市永川区惠通建设发展有限公司公司债券;

2011年,舟山市交通投资公司企业债券;

2011年,广西柳工机械股份有限公司公司债券;

2011年,兰州市城市发展投资有限公司公司债券;

2011年,永州市城市建设投资开发公司企业债券;

2011年,第一期国家电网公司企业债券。

资产管理:

部门介绍:

首创证券资产管理业务的服务特色以"客户至上、规范运作、开拓创新"为基本准则,借鉴业内最佳实践经验,通过构建科学投资管理系统与后台支持体系,严格按照相关监管规定设计投资决策流程,风险管理流程及内部控制体系,提供完整的理财产品系列,使客户获得稳定、卓越的投资回报,并享受差异化与个性化的理财服务。

业务介绍:

定向资产管理业务

首创证券定向资产管理又称为专户资产管理,是为客户单独开设投资账户,量身定做投资产品。不同客户的投资相互独立、相互隔离。首创证券定向资产管理业务服务的对象是具有理财服务需求、理财资金数额较大、可以量身定做投资产品的客户,理财资金1000万(可协商)以上的客户。

集合资产管理业务

集合资产管理业务是指经监管机构批准,证券公司通过银行、券商发行的具有"私募"性质的某一特定集合理财计划,投资者通过购买该理财计划份额而将资金归集到同一账户,由证券公司统一进行投资管理、托管银行统一进行保管。证券公司可以参加自己设计和管理的集合理财计划,并可以事前约定以参加的资金为限,为参加计划的其他客户提供最低收益保障。和定向资产管理不同,集合理财计划的服务对象既可以是个人、也可以是机构。

专项资产管理业务

为客户特定目的(如资产证券化)的专项资产管理业务。

投资咨询、顾问等服务业务

签订投资顾问合同,为客户量身定做各种投资策略、战术报告,指导客户的证券市场投资。

管理团队:

首创证券资产管理总部目前拥有高素质与专业的投资管理团队,秉承"客户至上、共同成长"的经营理念,严控风险,力争为投资者实现资产的稳定增值。

联系方式:

地址:北京市西城区德胜门外大街115号德胜尚城E座

邮编:100088

电话:010－59366000

传真:010－59366281

网址:www.sczq.com.cn

客户服务/投诉热线:4006200620

客户服务/投诉邮箱:tousu@sczq.com.cn

太平洋证券股份有限公司

公司概况:

太平洋证券股份有限公司是2004年在云南昆明注册成立的全国性综合类证券公司。2007年,公司整体变更为股份有限公司,并在上海证券交易所上市。2012年7月公司注册资本增至16.53亿元。2014年4月,公司成功实施定向增发,注册资本增至人民币23.54亿元。2014年11月,公司资本公积金转股实施后,注册资本增至人民币35.3亿元。

公司作为在云南本地注册的企业,是省内营业网点最多、市场份额最大的证券公司,目前已在云南省内设立28家营业部,省外设立18家营业部和1家分公司,共47个分支机构。此外公司还在云南省内和沿海经济发达地区筹建13家营业部和2家分公司。公司投行业务快速成长,2012年IPO主承销业务排名上升至19位,首次达到市场前20名。公司固定收益业务经过几年的发展,取得了不俗的业绩,累计发行债券23只,募集资金281亿元,保持了良好的增长势头。

面对创新发展的新形势,公司确立了未来业务发展的目标和方向,即以资管业务为切入点,各部门分工合作,打造企业投融资—资管产品设计—产品销售投融资产业链,有效连接、满足客户投融资需求。公司致力于发展成为具有为客户提供多渠道的资本市场价值实现能力、成为以证券业务为核心的、具备一定国际竞争力的大型证券控股集团。

公司以"守正、出奇"为行为准则,追求"宁静、致远"的精神境界,以客户需求为导向,追求股东和社会价值的最大化;以经济效益为中心,追求公司与员工的共同成长。

风险管理:

公司建立了上至董事会、下至业务一线、包括经营层和独立风险监控职能在内的四道风险防火线,积极利用现代信息技术、金融模型和风险管理工具,对各项业务进行全面、有效的风险管理,切实保障客户资产和股东权益的安全性。

战略规划:

1. 发展战略

公司坚持规范发展,实现持续高速增长。以组织创新、机制创新和业务创新为基础,进一步提升研发能力,培育核心竞争力,成为资产质量良好、收入结构合理、综合业务水平位居全国前列,在某些细分市场具有强大品牌和影响力的证券公司。

2. 经营理念

以"守正、出奇"为行为准则,追求"宁静、致远"的精神境界。

以合规经营为基础,追求长期可持续发展。

以客户需求为导向,追求股东和社会价值的最大化。

以经济效益为中心,追求公司与员工的共同成长。

以差异化经营为特色,追求独特的行业品牌和核心竞争力。

3. 企业哲学

守正——规范敬业

出奇——勇于创新

宁静——务实包容

致远——志存高远

守正出奇—是我们一切行为的准则;

宁静致远—是我们永远追求的精神境界。

公司荣誉:

2010、2011、2012、2013年中国证券市场年会金钥匙奖;

深圳证券交易所2010年保荐工作最佳进步奖;

"2011中国区优秀投行评选颁奖"活动中,获得"最具成长性投行"称号;

久联发展非公开发行项目获得2013中国区优秀投行最佳再融资项目;

2011年云南省财贸工会重点工作目标责任制考核一等奖;

2013年中国最佳区域证券经纪商;

中国人民银行2011年度反洗钱先进集体。

业务介绍:

业务资质

证券经纪;证券投资咨询;与证券交易、证券投资活动有关的财务顾问;证券自营;证券承销与保荐;证券资产管理;证券投资基金销售;代销金融产品;中国证监会批准的其他业务。

证券经纪业务

公司自成立以来,经纪业务始终坚持立足云南、辐射全国,保持着良性快速的发展势头。公司目前共有29家证券营业部，其中云南省内有18家证券营业部，上海、北京等一线城市共有11家证券营业部，是云南省营业网点最多、市场份额占比最高的证券经营机构。公司计划新设多家证券营业部，目前云南省内已获批营业部10家。公司未来将继续扩大云南辖区的网点覆盖面，巩固云南市场的龙头地位。

公司拥有先进和稳定的证券交易系统，依靠先进的集中交易平台，为数十万计的客户提供便利、快捷、安全、高效的交易通道。营业场所的设计符合业务发展趋势，在拥有优良设备和稳定交易系统的基础上实现了低成本运作。公司通过短信平台、公司网站、交易委托系统、客户服务中心等多种渠道，综合运用报刊、网络、宣传材料、培训讲座、手机短信等多种方式，为客户揭示投资风险；公司自主研发的“红珊瑚”系列咨询产品已在投资者之间形成了品牌效应，成为客户重要的投资参考。

近年来，公司经纪业务积极扩展建设营销渠道、改善提升客服质量，市场排名和份额稳步提高。公司根据不同地区的情况区别实行客户经理或证券经纪人制度，多个营业部已建立专业营销团队，规模逐渐扩大。在从事经纪业务的员工中，56%具有8年以上的证券从业经历，经验丰富的员工队伍为公司经纪业务的良性发展奠定了坚实的基础。

投资银行业务

公司投行部门秉承研究先行、注重销售、为客户提供全方位的金融服务、培育核心客户的业务理念，通过加强统一管理、实施整体接单、强化后台保障等多种方式确保项目质量，差异化经营实现重大突破。内部流程日趋完善，实现了“发行一批、上报一批、承做一批、储备一批”的良性循环，2010年至今创造了过会率100%的成绩，完成了30多家公司IPO、在融资、债券发行、重大资产重组项目，在环保、软件等行业细分市场影响力不断增强。2012年公司IPO主承销业务排名上升至18位，首次达到市场前20，体现出公司投行在大环境不佳情况下的相对增长。公司也因投行业务优异的成长性而获得“深圳证券交易所2010年保荐工作最佳进步奖”，在“2011中国区优秀投行评选颁奖”活动中，获得“最具成长性投行”称号，并连续三年获得“中国证券市场年会金钥匙奖”。

投行主要项目

主板IPO：骆驼股份。

中小板IPO：三元达、富春环保、瑞和装饰、龙泉管道。

创业板IPO：盛运股份、经纬电材、南大光电。

主板再融资：宁波韵升、新赛股份、鑫科材料。

中小板再融资：伟星股份、德豪润达、众和机电、久联发展、丽鹏股份。

重大资产重组：华孚色纺、天津松江。

资产管理业务

资产管理业务的发展是一家证券公司综合竞争力及品牌影响力的重要体现，是改善公司收入结构、保持公司可持续增长的重要环节，也是实现公司总体发展目标和战略的重要保证。面对目前证券行业创新发展的新形势，公司确立了未来业务发展的目标和方向，即以全新的资管业务为突破口，建立以资管业务为核心的业务体系。以资管业务为切入点，各部门分工合作，打造企业投融资—资管产品设计—产品销售投融资产业链，有效连接、满足客户投融资需求。随着业务体系的重建，公司所有业务将相应地创新转型并整合资源，逐步形成以资管业务为核心的竞争力。

公司经过2011年的整体筹划和准备，于2012年3月19日正式取得资产管理业务资格，在取得业务资格后，公司成立了资产管理总部，并在上海、北京均设有机构点，以便于更好地为业务发展拓宽市场渠道。2012年9月，公司正式推出了第一个资产管理计划产品。截至2013年6月底，资产管理总部发行产品累计规模71.8亿元，已成功发行16只定向资产管理计划和4只集合资产管理计划。集合产品分别为1只混合投资产品、1只债券分级产品、1只现金类产品和1只其他类型投资产品。

证券投资业务

证券投资总部在公司董事会、投资决策委员会授权及领导下，具体负责股票、债券、基金、权证及各类衍生交易品种的投资业务，并接受公司风险管理委员会的监督。

证券投资部门始终秉承价值投资理念，运用稳健的投资策略。面对多变的证券市场，公司证券投资部门深入分析经济、政策、市场的变化特征，通过对市场走势的预判，确定了相应的操作计划，并根据市场变化，及时调整操作思路，加强了对债券和基金的投资力度，将仓位保持在相对安全的区域。风险控制部负责对部门的投资行为进行事前监督、事中监控及事后评估，防范及控制自营投资风险，在合规操作的前提下确保投资策略的有效实施。

固定收益业务

近年来，我国债券市场持续快速发展，公司固定收益部抓住国家鼓励地方政府利用融资平台发债的机遇，大力拓展城投债业务。

2010年，公司城投债业务处于起步阶段，成功发行辽源债、楚雄债和红河债，为支持地方经济建设做出了贡献，并培养了一批技术娴熟的业务骨干。

2011年公司成功发行了山西临汾、黑龙江绥化、陕西汉中、江西景德镇、辽宁辽阳、吉林通化和黑龙江双鸭山7只城投债，根据万德数据统计，公司2011年度企业债券总承销金额排名行业第七、企业债券承销数量排名第九，成功跻身全国证券公司前十强的行列。

2012年，公司又成功发行了来宾、双流、佳木斯、江阴、白山、辽阳和长沙先导7只城投债，取得了较好的成绩。

研究咨询服务

太平洋研究院专门从事与证券业务相关的宏观、行业、策略、金融产品及财富管理的研究，致力于发现证券市场的投资机会，力争为投资者提供专业、及时和公允的投资建议，以帮助投资者取得更好的投资回报为己任，同时为本公司经纪、投行、自营、资管、固定收益等业务提供研究支持。

太平洋研究院总部设在北京，下设宏观策略研究部、行业公司研究部、金融产品研究部和销售服务部，研究覆盖宏观经济、市场策略、行业公司、金融产品及财富管理等领域，汇集了一批专业素质高、市场经验丰富的研究人才，形成了一支精干、高效、实力较强的专业化研究团队，具备了较为完善的研究产品序列，能够满足各类投资者对研究服务的需求。

太平洋研究院研究业务近年来不断得到业内认同，在《投资者报》2010年券商研究报告准确度排名中，研究院获得第一名。

直投业务

2012年5月，太证资本管理有限责任公司正式成立。作为公司的直投子公司，太证资本管理有限责任公司致力于对成长期及上市前阶段的本土企业的股权投资事业，在北京、上海等地设有办事处。

太证资本以国家的宏观政策和产业政策为基点，重点关注现代农业、先进制造业、节能环保、消费医疗、数字商务、高科技、新材料、新技术等领域。太证资本依托实力雄厚的母公司太平洋证券，不仅可以为企业提供资金支持和完善的投后管理服务，还可以为企业提供行业资源整合、人才引进、企业改制、资产重组、收购兼并、上市策划等一系列增值服务。

国际业务

太平洋证券国际业务部成立于2012年8月，拥有具备丰富境外证券市场投资管理经验的领导团队，秉承公司"守正、出奇、宁静、致远"的企业文化和经营理念，依托对境外市场的深入了解和丰富的操作经验，充分发挥专业人才的优势，矢志为国内企业进行海外融资、并购提供专业化的投融资综合服务。具体包括：为拟赴海外上市企业提供方案设计、协助完成红筹架构的搭建、申请文件准备及境外财务顾问选择等服务；为拟进行海外并购企业提供并购目标选择、价格谈判、方案设计等财务顾问服务，同时从事并购投资。此外，国际业务部为国内机构和高端个人客户投资海外市场提供投资咨询服务，通过对海外市场的深入研究，精心捕捉投资机会，提供针对性强的专业投资方案。

公司大事记：

2014年11月，公司资本公积金转股实施后，注册资本增至人民币35.3亿元。

2014年4月，公司完成非公开发行，募集资金净额为37.59亿元，注册资本增至人民币23.54亿元。

2013年6月21日，经中国证监会批准同意，公司与老挝农业促进银行、老挝信息产业有限公司共同设立老－中证券有限公司，成为首家在境外设立的合资证券公司。

2012年7月，公司注册资本增至16.53亿元。

2012年5月21日，公司直投子公司——太证资本管理有限公司成立。

2011年6月2日，由公司担任主承销商和保荐机构的骆驼股份(601311)在上海交易所主板成功上市。

2011年5月5日，在证券时报组织开展的"2011中国区优秀投行评选颁奖"活动中，公司获得"最具成长性投行"称号。

2011年4月7日，在深圳证券交易所组织开展的2010年保荐工作评比活动中，公司获得2010年保荐工作最佳进步奖。

2010年11月8日，由公司承销的楚雄州市政项目建设公司债成功上市，这是我国少数民族地区获批发行的第一支市政建设债券。

2010年6月25日，由公司担任主承销商和保荐机构的盛运股份(300090)在深圳交易所创业板成功上市。

2010年6月1日，由公司担任主承销商和保荐机构的三元达(002417)在深圳交易所中小企业板成功上市。

2007年12月28日，公司A股(601099)在上海证券交易所成功上市，成为证券行业第七家上市的证券公司。

2007年4月10日，公司整体变更为股份有限公司，增资扩股至15.03亿元。

2006年6月，公司经纪业务市场份额云南省排名第一，成为云南省营业网点最多、A股、基金、权证交易量市场份额最大的证券公司。

2004年1月6日，公司在昆明市注册成立，注册资本6.65亿元。

联系方式：

地址：昆明云南省昆明市青年路389号志远大厦18层
电话：0871－68885858
传真：0871－68898100
邮编：650021
地址：北京北京市西城区北展北街九号华远企业号D座三单元
电话：010－88321818
传真：010－88321819
邮编：100044
地址：上海上海市浦东南路500号国开行大厦17楼
电话：021－61376584
传真：021－61376550
邮编：200120

天风证券股份有限公司

企业概况：

天风证券股份有限公司(简称天风证券)，是一家总部设于武汉的全国性证券公司。天风证券深谙中国经济的发展和国际化经济需求，积极推行混合所有制经济，为市场提供活力与创造力，最近三年保持持续高速增长，连续被评为"最具成长性券商"。

天风证券，秉承与客户共生共荣的核心价值观，以高效，灵活，定制化解决方案，致力于为客户提供综合性优质金融服务。发展至今，天风证券已成长为一家拥有全牌照，注册资本达23.4113亿元的全国性证券公司。

历史与发展：

天风证券的前身为成立于1995年的成都联合期货交易所。

2000年，成都联合期货交易所改组为四川省天风证券经纪有限责任公司。

2007年，更名为天风证券经纪有限责任公司。

2008年，天风证券成功控股北方期货经纪有限责任公司。

2008年2月，将注册地迁至湖北省武汉市，是总部设于武汉的两家全国性证券公司之一。

2009年，更名为天风证券有限责任公司。

2012年，更名为天风证券股份有限公司。

2013年，北方期货经纪有限责任公司更名为天风期货有限公司。

天风证券是一家全国性的证券公司，在全国多个省市设有27家证券营业部，在北京、上海、四川和安徽等多地设5家分公司、1家控股子公司、2家全资子公司，为全国广大投资者提供专业细致的咨询与服务。

业务资格：

2008年5月，公司已取得证券经纪、证券投资咨询、与证券交易、证券投资活动有关的财务顾问业务资格。

2009年11月，公司取得证券投资基金代销业务资格。

2009年12月，公司取得证券承销业务资格。

2011年，公司取得证券资产管理、证券自营业务资格。

2012年，公司取得融资融券、保荐业务资格。

2013年，公司取得代销金融产品、为期货公司提供中间介绍业务资格。

此外，公司还具有国家发改委批准的债券主承销业务资格和中国人民银行批准的同业拆借资格，并获批中小企业私募债承销试点资格、报价式回购、约定式购回以及股票质押式回购等创新业务资格。

联系方式：

地址：湖北省武汉市武昌区中南路99号保利广场A座37楼
电话：(027)87618889
传真：(027)87618863
网址：http://www.tfzq.com
客服热线：400－800－5000

五矿证券有限责任公司

公司概况：

五矿证券有限公司成立于2000年，是深圳首批荣获规范类券商资格的证券公司，总部位于深圳福田CBD，在北京、深圳、杭州等金融产业核心城市均设有营业网点。

五矿证券控股股东中国五矿集团公司是中央管理的44家国有重要骨干企业之一，位列世界500强第228位。在强大的股东支持下，五矿证券迅速壮大，注册资本增至8.8亿元，并将进一步引入战略投资者，使公司持续发展能力、核心竞争能力以及抗风险能力均得到显著提升，为今后发展奠定基础。

五矿证券始终秉承"规范运作、稳健经营、务实创新"的经营宗旨，在规范中保生存，在稳健中谋进步，在创新中求发展。2011年，公司凭借业界最先进的系统为客户抢占交易先机，凭借富有活力的市场化机制为员工打造以价值创造为核心的企业文化，并在全体同仁的努力下获得了"最佳创新业务券商"、"2010年度代理买卖证券净收入增长率全行业第一"、"最具成长性的营业部"、"证券公司BB类评级"等一系列荣誉。2012年，五矿证券再创佳绩，一是在2011年全国证券公司代理买卖证券业务净收入增长率排行榜中，排名全国第二；二是在证券公司营业部平均代理买卖证券业务净收入中排名第6名(合并口径)，较2010年排名大幅度上升27位；三是在证券时报主办的"2012中国最佳财富管理机构暨第五届中国最佳经纪商评选"大赛中，一举拿下"中国最具成长性证券经纪商"和"中国百强证券营业部"两项大奖。在今年的证券公司分类评级中荣获B类B类BBB级，比去年的BB级再次上升一个级别。

五矿证券将继续秉承"珍惜有限、创造无限"的价值理念，依托股东优势，力争将公司打造成规模适中、业务牌照齐全、经营特色明显、合规文化突出的市场化专业化券商。

选择五矿证券抢占理财先机。

1.强大的股东背景

国内少数央企背景券商之一，中国五矿集团绝对控股；

全国最大的钢铁、有色产业集团；位居世界500强企业第228位；

全国央企排名第6位；

连续三年在央企业绩考核中列A级。

2.丰富的集团资源

有效整合并利用集团各板块间的资源；

强大的金融板块，拥有多家期货、银行、保险公司；

掌握国内外最新、最全面、最丰富的有色、钢铁行业信息。

3.先进的交易系统

最快速的证券交易系统，委托成交速度最快300毫秒；

多种网上交易系统，满足不同客户的操作习惯；

强大的系统功能，包括预先埋单，夜市委托、多种特色交易手段及证券分析等功能；

为核心客户量身订做VIP通道，专线连接交易所，更快速、更便捷。

4.专业的投资咨询

专业、深度的有色金属、钢铁行业的研究；

先进的数量化选股模型，领先市场。

5.贴心的客户服务

位处深圳市金融CBD，为客户提供一流的投资环境；

最先进的硬件设施，管家式的软件服务；

充分利用集团丰富的金融板块资源，为客户提供一揽子的综合理财方案服务；

规范、灵活的客户服务机制，最有效的实现个性化客户服务。

地址：深州市福田区金田路4028号荣超经贸中心47楼
电话：0755－82545555　0755－83233338
号码：0755－82545500

西部证券股份有限公司

公司概况：

西部证券股份有限公司成立于2001年元月，公司注册资本金12亿元人民币，注册地陕西省西安市，是全国首批规范类证券公司、第19家创新类证券公司。2012年5月3日，公司在深圳证券交易所正式挂牌上市(股票代码：002673)，成为我国第19家上市证券公司，是陕西省唯一一家全牌照的上市证券公司。目前，公司在陕西、北京、上海、山东、深圳等地区共设有72家证券营业部及6家经纪业务分公司，在上海设有从事自营业务、客户资产管理业务的第一、二分公司及研究发展中心，在北京设有从事场外市场业务、固定收益业务的北京第一分公司及固定收益部。西部期货有限公司和西部优势资本投资有限公司作为公司全资子公司与公司主营业务协同运作，独立经营。公司与上海利得财富资产管理有限公司合资设立的西部利得基金管理有限公司在公募和私募基金管理业务领域为客户提供服务。

公司成立以来，建立了完善的法人治理结构和严密科学的内部控制体系，合规守法经营，造就了一支具有共同使命感和价值观的员工队伍，形成了"和衷共济、共谋发展、风控至上、稳中求先"的企业文化，走出了一条规范管理、稳中求先、注重效益的渐进式发展之路。在2001—2005年市场持续低迷的环境中，取得了连续5年盈利的经营业绩。在此期间，公司的投资业务在为股东和客户创造超越市场基准价值的过程中奠定了其应有的市场地位，并形成了与价值投资、长线投资理念相匹配的管理体制、运营模式和操作手法。公司曾作为全国第一批规范类证券公司和第二批创新类证券公司在市场中留下了成长过程中的发展轨迹。2006年以来，公司在扩大经纪业务规模、不断提升投资业务管理能力的同时，加大对投资银行业务的培植力度，不仅继续在经营效率方面保持了良好的业绩，而且开始形成各项业务适应市场竞争环境要求的良性运行格局，从而使公司始终沿着最具盈利价值和最具增值潜力券商的轨道前行。

2007年以来，公司全面导入ISO9000质量管理体系，使用国际化标准全面规范公司的运营体制、管理模式和操作流程，在实现由业务为中心向以客户为中心转变的过程中迈出了坚实的一步。公司将在此基础上，致力于持续有效提升治理能力、管理水平和员工素质，不断为现有客户和潜在客户提供我们力所能及的服务。在此过程中，实现我们忠实于客户，效力于客户，与客户共成长的目标。

主营业务：

证券经纪业务

公司在陕西、北京、上海、深圳、山东、江苏、河南、河北、甘肃、广西、宁夏等地设立72家证券营业部，秉承“以客户为中心、以需求为导向”的服务理念，以富有市场竞争力的运营能力、服务上乘、积极进取的区域型综合财富管理服务提供商为定位，为投资者提供A股、B股、债券、基金及代办股份转让等证券代理买卖服务。公司95582全国统一客服电话、金鼎智富门户网站、金鼎智赢行情交易理财终端、信天游手机证券线上服务与线下网点服务资源，共同组成了多层次、全覆盖的服务支持通道，高速稳定的交易通道为投资者提供安全便捷的多样化交易手段；公司与银行、保险、信托、基金公司等机构广泛开展业务合作，为客户精心挑选提供包括银行、基金管理公司和信托管理公司在内的优质基金产品、信托产品和理财产品服务，满足客户多元化的投资理财需求；公司汇集了一批资深投资顾问，长期致力于为客户提供专业的一对一悉心服务，针对不同客户群体个性化的服务需求，以专业化的运作机制，标准化的服务流程，多渠道的服务方式，全方位的团队协作，致力于为客户提供投资策略、理财规划建议等投资咨询产品和服务，帮助客户进行全方位资产配置和实施一揽子财富管理方案，实现客户资产保值增值的财富管理目标。

2013年6月，公司在由证券时报社、新财富杂志社联合主办的“中国最佳财富管理机构评选”活动中荣获“中国最佳区域证券经纪商”及“中国最佳投顾服务品牌”两项大奖。

投资管理业务

公司上海第一分公司在授权范围内开展自营投资业务，投资范围包括依法公开发行的股票、债券、权证、证券投资基金或国务院证券监督管理机构认可的其他证券。公司按照规范化、程序化、制度化要求，奉行长期投资、价值投资理念，实行科学决策，在保证资金安全性的前提下实现投资收益。近年来，公司自营投资业务在规范运作前提下不断强化创新理念，拓宽盈利渠道，完善业务结构，保持了长期可持续发展的能力。公司已经建立了从研究、决策、投资、交易等各个环节的较为完备的投资管理与风险监控体系，确保了公司自营投资业务的稳健、顺畅运行。

投资银行业务

西部证券拥有一支经验丰富的专业投资银行团队，专业服务领域涵盖股票、债券、混合金融产品及其他衍生品、资产证券化及其他债务融资工具，并可在股权激励、收购兼并、资产重组等各领域，为客户提供全面财务顾问服务。公司先后开展了近两百家企业的股票发行及承销、债券发行及承销、改制辅导、推荐上市、并购重组及财务顾问工作，与众多公司建立了长期稳定的业务合作关系。

股权融资服务——股权融资服务致力于为企业保荐及相关财务顾问业务提供服务。迄今已为宝德股份、金杯电工、盛路通信、启源装备、尔康制药、红宇新材、新日恒力等企业提供了股票承销发行保荐服务。其中宝德股份为全国首批、陕西首家创业板上市公司，实现了陕西省创业板保荐项目零的突破。

债务融资服务——债务融资服务致力于为政府、金融机构、企业等提供债务融资服务及相关创新服务。业务范围涉及企业债券、公司债券、中小企业私募债券等固定收益业务。曾担任多家公司的主承销商，其中“长兴债”开创了全国企业债发行市场的首次县级企业发行和创新抵押担保模式两个“第一”。

并购融资服务——并购融资服务致力于策划及运作企业的整合与兼并重组，为企业提供投行综合解决方案。曾担任太工天成资产重组项目的独立财务顾问及多个项目的收购方财务顾问。

资产管理业务

公司上海第二分公司现有一支高素质资管专业团队，以严谨、细致的工作作风，建立了严密的风险管理体系，制定了严格的运作管理制度，以客户需求为导向，为客户提供市场化、个性化、专业化的资产管理服务。业务类型主要包括汇集多个客户资金的集合资产管理业务、为单一客户服务的定向资产管理业务以及为客户办理特定目的的专项资产管理业务。

目前上海第二分公司业务形式多种多样，结合客户在投资风险、收益、流动性等方面的不同需求，可以为个人、企业客户提供权益类、固定收益类、现金管理、套利等投资类理财服务以及创新理财服务；可以为企业客户提供高端定制业务以及资产证券化专项服务等，旨在根据企业自身情况和需求，提供一揽子解决方案；在产品线方面，为客户实现短期、中期以及长期的资产配置及管理服务。目前，公司管理资产总规模已超过200亿元，发展势头良好。

证券研究业务

公司研究发展中心坚持“以客户为中心，以服务为导向，与业务紧密结合中研究创造价值”的工作思路，重点围绕公司决策支持、各项业务支持及创新发展和公司品牌宣传开展业务，包括根据公司领导和决策部门需求，以定期报告和专题报告等形式提供充分的科学论证和可靠的实践依据，形成管理层战略决策的研究支持；根据各项业务需求提供广泛深入的研究报告支持；通过各类媒体渠道展现公司研发业务优势和实力，以研究为基础构建宣传平台，以观点为核心扩大专业影响，配合公司相关业务进行形象宣传。目前研究发展业务逐步形成了一支具有价值研究理念和全球化分析视野的研究团队，平台建设和咨询服务体系已日趋完善，在支持公司各项业务的创新发展及公司影响力提升方面卓有成效。

场外市场业务

场外市场业务以推荐挂牌业务为基础，以做市商业务及场外市场业务为增值点。自2007年4月正式取得新三板主办券商业务资格以来，公司在业务发展过程中坚持投入大量精力进行理论研究，始终处于新三板理论研究最前沿，近年来在国内多家一流财经媒体发表新三板理论研究成果数十余篇，并在国内券商中首次提出了“创新板”、“新三板未来将成为中国的纳斯达克”等观点，得到主管部门以及市场的广泛认可。

目前公司推荐挂牌的企业十余家，储备项目100余家，与武汉东湖、西安、苏州、深圳等全国30多家高新科技园区建立了战略合作关系。同时针对推荐挂牌业务建立了系统、完善的项目管理制度和质量控制体系，确保推荐挂牌业务高质量、高效率运行。推荐挂牌企业中，国学时代（430053）是第一家登陆新三板的文化创意类企业，武大科技（430143）是首次园区扩容首批挂牌的八家企业之一，拓川股份（430219）是全国中小企业股份转让系统新业务规则核准公开转让的首批七家企业之一。

固定收益业务

公司固定收益业务以债务融资业务为核心，涵盖固定收益的一、二级市场的所有业务，业务区域覆盖全国，包括企业债券、公司债券、金融债券等公开发行债务融资工具的承销、财务顾问、定价发行、销售、交易以及非公开发行的债务融资工具、资产证券化及其他结构化和创新的债务融资等业务。公司固定收益部按照业务类型不同，分设债券承销、资本市场、销售交易三个相互独立的业务团队，通过各团队的有序规范运作，能够以全面专业的产品设计和服务能力为客户提供完整的一条龙债务融资服务，实现价值创造。固定收益业务主要从业人员均具有多年国内投资银行工作经历，积累丰富的企业债务融资项目经验，能满足各类大、中、小微型企业个性化的融资需求、固定收益产品投资及资产管理需求。

信用交易业务

公司信用交易业务包括融资融券、转融通、约定购回式证券交易和股票质押式回购交易等业务。

融资融券业务为投资者提供了新的投资工具与风险管理手段，增加了投资杠杆效应，满足了投资者多种投资策略的需要；转融通业务可弥补公司融资融券业务在资金和证券上的缺口、转融券出借业务有助于盘活投资者闲置证券，拓宽投资者投资收益来源；约定购回式证券交易主要面向长期持有上市流通证券、具有短期（1 年以内）融资需求，并希望盘活证券资产以提高资金使用效率的投资者，具有交易效率高、资金到账快、融资成本低、资金用途及期限灵活的特点；相比约定购回式证券交易，股票质押式回购交易业务有着更为广泛的客户群体及较长的融资期限（3 年以内），能够有效满足实体经济多样化的融资需求。此外，公司还可通过发行资管产品对接股票质押式回购交易资金融通双方，在满足投资者财富管理需求的同时，提升公司的中介服务能力。

直接投资业务

西部优势资本投资有限公司（以下简称西部优势资本）是西部证券开展直接投资业务的全资子公司。西部优势资本成立于 2014 年 5 月，注册资本 2 亿元人民币，注册地位于西安。

西部优势资本是陕西省首家券商直投公司，主要开展股权投资、夹层投资及并购投资，2015 年计划发起设立首只股权投资基金。重点投资于战略新兴产业，并深度参与上市公司并购重组、国企混合所有制改革、一路一带战略等投资机会。

西部优势资本将作为西部证券综合投资平台，遵循股权投资业务发展规律，建立专业化、市场化的业务机制，充分发挥西部证券资本和投研优势，整合内外资源，依托一流团队，快速成长为公司重要的利润增长引擎，跻身行业前列，为投资者和股东创造价值。

地址：陕西省西安市东新街 232 号信托大厦 16 - 17 楼

邮编：710004

电话：95582

邮箱：95582@ xbmail. com. cn

网址：www. west95582. com

西藏同信证券有限责任公司

公司概况：

西藏同信证券股份有限公司原名西藏同信证券有限责任公司、西藏证券经纪有限责任公司，前身是西藏自治区信托投资公司（以下简称“西藏信托”）证券部。2000 年 3 月，根据国务院关于信托与证券分业经营管理的要求，公司经中国证监会核准成立，注册资本人民币 6000 万元，由西藏信托全资控股，实际控制人为西藏自治区财政厅。2006 年底，公司进行改制并通过增资扩股引入郑州宇通集团成为公司第一大股东，注册资本增至人民币 2 亿元。2010 年，西藏自治区投资有限公司（以下简称“西藏投资”）承接公司原股东西藏信托的全部股权划转，至此宇通集团持有公司 70% 股权，西藏投资持有 30% 股权。

公司改制后规模及综合实力实现了跨越式发展，经纪业务的市场占有率逐年提升，复合增长率位居行业前茅；2012 年 2 月，经过中国证监会的批准，公司完成了新一轮增资扩股，注册资本由 2 亿增加到 6 亿，资本实力得到进一步提升；2012 年 3 月，公司收购了上海久恒期货经纪有限公司 95.5% 股权，为进一步拓展业务范围奠定了基础。

截至 2012 年 8 月，公司营业网点由 2007 年的 5 家营业部发展到遍及全国 13 个省、自治区、直辖市的 31 家营业部和 3 个分公司；公司的业务资格由原来单一的经纪业务发展为包括经纪业务、证券投资基金代销、证券自营、财务顾问、证券投资咨询、证券资产管理、融资融券、证券承销与保荐等综合业务类型。

企业文化：

近日，同信证券与东方环球企业中心举行了“共驻共建、普惠金融服务研讨交流会”。

会议邀请了园区 18 家企业 20 位负责人参加，现场研讨交流氛围热烈，效果显著。该活动是继同信证券与东方环球园区“共驻共建”签约后，在上级党组织金融工委指导下，将“共驻共建、普惠金融服务”活动落到了实处，也是创建服务型党组织的一项重要举措。

本次同信证券东方环球园区“共驻共建普惠金融”研讨交流会，由党委办公室、金融产品总部、上海分公司组织发起，得到了同信证券公司领导、各业务部门及东方环球企业中心的大力支持，会议由党办负责人栗彦主持。

刘云洲副董事长代表公司致欢迎词，刘董就会议的主旨及公司去年的发展情况做了介绍。接着与会人员观看了公司宣传片，将公司近几年的成长历程直观地展示给现场园区嘉宾。

同信证券上海分公司、金融产品总部、投资顾问业务委员会、融资融券总部、资产管理总部组成专业团队，分别从不同的角度对同信证券的投融资进行了全方位介绍。

上海分公司副总经理王育松通过对银行、信托、券商融资不同融资渠道的对比，就券商融资的 IPO、新三板挂牌、资产管理产品、企业债、股票质押、中小企业私募债、中小企业集合票据做了全面介绍；针对个人投资者的券商渠道投资也逐一介绍。

金融产品总部张兴总监介绍了“同信证券理财携程”服务的主要内容，包括金融理财咨询、资产组合诊断，优质理财产品推荐，资深理财顾问一对一服务。

资产管理总部高级经理黄济宽主要介绍了“中国债券市场的投融资”，我国债券市场发展、现状以及债券市场如何服务企业融资、债券市场如何服务于企业投融资。

融资融券部负责人邓娟就信用交易——股票融资新选择进行介绍，针对股票约定式购回和质押式回购的不同点进行详尽阐释，同时详解股票融资的参与业务流程：意向提交、项目撮合、资质评级和项目调查、评审过会、签订协议、交易申报业务等。

投顾业务委员会主任徐林书就“同信证券特色的投资顾

问模式”进行介绍，包括同信特色的财富管理方式、“1＋2”（主办人＋投资经理＋投顾助理）投顾团队模式、不同团队风格组合、投顾服务体系、8848财富管理终端、投顾服务支持平台、投顾服务支持平台之不同策略比较、客户定位与细分、超级投顾社区。

会议交流踊跃，与会人员针对目前企业和个人存在的投、融资方面的问题和难题现场提问，在座的同信证券专业团队及时进行现场答疑。根据交流会“园区共驻共建金融服务反馈单”，同信证券将进一步为各企业提供后续金融服务。逐一上门拜访，深入调查研究，把普惠金融服务引向深入，助推园区企业的发展会议结束，同信证券公司总裁助理钟阿康、东方环球企业中心领导朱金龙分别代表共建双方领导对本次会议点评，并就同信证券、东方环球园区“普惠金融、共驻共建”下一步活动内容进行现场交换意见。

同信证券为持续做好园区“共驻共建、普惠金融”服务，借本次“研讨交流会”之际，隆重推出三条园区服务热线：共驻共建党建联谊热线；共驻共建融资服务热线；共驻共建理财咨询热线。

“共驻共建、普惠金融”服务研讨交流会获得圆满成功，该组团服务方式获得与会企业的一致认同，并希望同信证券能够持续开展类似的园区金融服务！

地址：拉萨市北京中路101号

电话：0891－6833211

西南证券股份有限公司

西南证券成立于1999年，是在原重庆国际信托投资有限公司证券部、原重庆市证券公司、原重庆有价证券公司和原重庆证券登记有限责任公司的基础上，联合其他股东共同发起设立的证券公司。目前公司注册资本28.23亿元人民币，是唯一一家注册地在重庆的全国综合性证券公司，也是中国第九家上市证券公司和重庆第一家上市金融机构。公司现有员工逾2000名，在全国28个省份获批设立109家证券营业部，拥有17个投行业务部门。公司经营范围包括证券经纪，证券投资咨询，与证券交易、证券投资活动有关的财务顾问，证券承销与保荐，证券自营，证券资产管理，融资融券，证券投资基金代销，代销金融产品，为期货公司提供中间介绍业务。

近年来，西南证券坚持走改革创新、综合经营和市场化发展道路，先后完成改革重组、借壳上市、增发融资、收购兼并等战略性举措，有效激发了内生动力和外生动力，核心竞争力和综合实力显著提高，取得了发展质量和发展效益的“双丰收”，并在2014年证券公司分类评价中获评A类AA级，呈现出跨越式发展的良好态势。公司拥有西证股权投资有限公司、西证创新投资有限公司、西证国际投资有限公司、西南期货有限公司等四家全资子公司，可从事直接股权投资业务、另类投资业务、跨境业务、商品期货和金融期货经纪等业务；拥有重庆股份转让中心有限责任公司53%的股权，是全国首家控股地方股权交易中心的券商；拥有全国排名前十的银华基金管理有限公司49%的股权，为其第一大股东；公司形成了券商“全牌照”经营的格局，能为各类客户提供券商的所有服务。

2014年，西南证券继续保持高速增长的发展态势，前三季度实现营业收入25.82亿元，同比增长107.24%；净利润8.91亿元，同比增长76.23%；截至2014年9月30日，净资产158.74亿元，同比增长46.72%，资本实力接近行业前十。

展望未来，西南证券将立足重庆、布局全国、走向海外，坚定不移地走改革创新、综合经营和市场化发展的道路，全力做优做强各项业务，全面推进国内外合作，立志成为重庆和中国西部金融企业的标杆，推进资本市场和实体经济的发展，打造一家植根西部、实力雄厚、功能齐全、服务优质的现代金融企业。

西南证券主要业务介绍：

西南证券站在资本市场前沿，在做优做强传统业务的基础上，不断获取新的业务资格，拓展公司业务边界和辐射领域，构建了证券公司“全牌照”经营的格局，能为各类客户提供券商的所有服务。

在此基础上，西南证券认真打造成熟的综合业务平台，充分调动公司各类业务、资源和要素，为客户提供全业务链条、全方位、跨地域的综合金融服务，建立可持续有效益有质量的特色发展模式和盈利模式。

1. 投资银行业务

经过多年的深厚沉淀和丰富的项目工作经验，西南证券投资银行业务保持着国内一流的水平，成为了在市场竞争中的一块金字招牌，并形成了涵盖股权融资业务、债券融资业务、并购财务顾问业务、创新业务等内容的大投行一体化运作体系，以个性化、多样化、一站式的专业服务满足各行业、各类型、各发展阶段客户的投融资需求。

2. 资产管理业务

西南证券资产管理业务围绕服务客户需求和服务实体经济，提供个性化的集合资产管理、定向资产管理、股权动态管理、投资顾问等专属服务，建立了包含股票投资、债券投资、量化套利等不同风险收益类别的丰富产品线，成功构建大资产管理业务平台。

3. 证券经纪业务

西南证券经纪业务主要为客户代理深沪A股、B股、基金和债券等所有合法交易品种的买卖服务，在重庆地区始终保持营业网点最多、交易量最大的龙头地位。公司积极开展业务创新，探索经纪业务区域总部的管理模式，通过科学管理和市场化的激励，整体活力有效提升，信用交易、机构业务、财富管理等中间业务发展势头良好。

4. 证券自营业务

西南证券的证券自营业务，通过提高投资能力，优化传统方向性投资、量化投资和固定收益投资业务的资金配置，平滑市场波动风险，确保实现安全稳健的收益。2012年新设量化投资业务，秉承自主开发的优良传统，形成自有程序化交易平台，以保证公司能快速实施新量化策略，通过股指期货、利率互换及报价回购等衍生工具，始终活跃在市场前列，并实现了较好收益。

西南证券主要子公司介绍：

1. 西证股权投资有限公司

西证股权投资有限公司成立于2010年3月，是西南证券股份有限公司旗下唯一开展直接投资业务的全资子公司，注册资本为6亿元人民币，注册地为重庆，是国内第一批券商直投子公司之一。同时，西证股权投资有限公司全资设立了股权投资基金管理公司——西证重庆股权投资基金管理有限公司，其经营范围为股权投资管理、股权投资咨询、发起设立股权投资企业。

2014年上半年，西证投资重点研究和考察项目数十个，并从中选取了多个拟投资项目，涉及投资额度约合1.5亿元；西证投资所投资的成都华泽钴镍材料股份有限公司已实现上市，下属全资子公司西证重庆股权投资基金管理有限公司亦完成了第一只专项直投基金的发行工作,并积极推进后续其他直投基金的设立、募集及管理等相关工作。

2. 西证创新投资有限公司

西证创新投资有限公司成立于2013年4月,是西南证券股份有限公司旗下从事非证券类投资业务的全资子公司,注册资本为6亿元人民币,注册地为重庆。同时,西证创新投资有限公司通过收购方式控股了股权投资基金管理公司——重庆西证渝富股权投资基金管理有限公司,从事股权投资管理业务;并将通过控股子公司重庆西证小额贷款有限公司,在重庆市主城九区办理各项贷款、票据贴现、资产转让业务。

截至2014年6月30日,西证创新总资产81,889.72万元,净资产74,679.37万元;报告期内实现营业收入743.21万元、净利润524.78万元。

3. 西证国际投资有限公司

西证国际投资有限公司系公司全资子公司,成立于2013年11月,注册地香港。报告期内,公司完成对西证国际增资2.8亿港元事项,西证国际当前注册资本及实收资本均为3亿港元;2014年6月12日,公司第七届董事会第二十七次会议审议通过《关于增资西证国际投资有限公司的议案》,同意公司向西证国际再行增资7亿港元,目前公司正在积极推进实施上述增资工作。

2014年上半年,西证国际初步完成管理架构建设、内部管理制度建立。与此同时,为加速国际化步伐,全面提升核心竞争力,西证国际确定了通过在香港地区寻找合适并购标的,建立海外业务平台的发展战略。目前,西证国际已与敦沛金融签订了附若干先决条件的股份认购协议,公司及西证国际正积极推进实施上述收购事项。

4. 西南期货有限公司

西南期货有限公司系公司全资子公司,公司于2013年10月完成对其全资收购,注册地重庆,注册资本3亿元人民币。西南期货的产业客户开发稳步推进,基础研发体系基本成型,信息系统实现了交易系统异地双中心建设,达到国内期货公司先进水平,并具备了量化、高频交易条件。

2014年上半年,西南期货实现营业收入729.91万元,较2013年同比增长逾300%,并在报告期内实现盈利;开户数、客户权益规模以及主要业务均较2013年得到显著提升,其丰富公司综合业务板块金融产品线的作用逐步显现。

5. 重庆股份转让中心有限责任公司

2009年12月27日,重庆股份转让中心正式成立,成为全国率先成立并首批通过验收的区域性股权交易市场之一。2012年,为进一步增强股份中心市场竞争力、做实服务实体经济能力,重庆股份转让中心启动改制工作。2013年2月6日,股份中心改制完成,注册资本1.56亿元的重庆股份转让中心有限责任公司正式成立,西南证券拥有其53%的股权,成为全国首家券商控股的地方股权交易中心。

截至2014年6月30日,重庆股份转让中心总资产为29,349.42万元、净资产18,336.13万元,上半年实现营业收入1,730.75万元,净利润877.36万元。报告期内,通过开展私募债业务、保证金增值服务计划、P2P平台建设等,重庆股份转让中心在传统业务基础上积极推进创新业务发展,截至6月30日累计发行企业私募债逾3亿元,备案金额近10亿元,储备项目数十个。

6. 银华基金管理有限公司

银华基金管理有限公司成立于2001年5月,西南证券于2011年成功收购海鑫实业持有的银华基金20%股权,累计持有其49%的股份,成为银华基金第一大股东。银华基金作为少数几家同时拥有多项资格的基金管理公司之一,在其成立的13年以来,凭借诚信、规范、稳健、务实的运作风格,银华基金致力于为广大投资者提供专业的资产管理服务,逐步发展为一个具有大资金管理能力的综合型资产管理公司。

2014年上半年,银华基金共完成五只公募产品的募集,合计募集规模54亿元;截至2014年6月30日,其管理公募基金产品共计40只,资产管理规模持续位列行业前十位;同时在专户、机构以及企业年金业务等方面均取得相应突破及进展;实现营业收入4.60亿元,净利润0.95亿元。

西南证券发展大事记:

1999年12月28日,经中国证监会批准,以原重庆信托证券部、原重庆市证券公司、原重庆有价证券公司和原重庆证券登记有限责任公司的全部净资产为基础,联合其他股东共同发起设立西南证券有限责任公司,注册资本112,820.99万元;

2006年10月23日,经中国证监会批准,中国建银投资有限责任公司、重庆渝富资产经营管理有限公司、云南冶金集团总公司等对西南证券有限责任公司进行了增资,注册资本增至233,661.56万元;

2008年7月22日,经中国证监会核准,中国建银投资有限责任公司将其持有的西南证券有限责任公司958,713,372元股权转让给重庆渝富资产经营管理有限公司。转让完成后,重庆渝富资产经营管理有限公司成为西南证券有限责任公司第一大股东;

2009年1月20日,*ST长运重大资产出售暨新增股份吸收合并西南证券有限责任公司获中国证监会核准。同年2月17日,“西南证券股份有限公司”正式成立,注册资本190,385.46万元;

2009年2月26日,西南证券股份有限公司在上海证券交易所挂牌上市,股票简称“西南证券”,股票代码“600369.SH”;

2010年8月30日,经中国证监会批复,西南证券向特定对象非公开发行人民币普通股41,870万股,共募集资金净额594,426.10万元;同年11月2日,公司注册资本变更为232,255.46万元;

2011年7月14日,西南证券股份有限公司在中国证监会公告的2011年证券公司分类结果中,分类评级连续三年获得提升,由B类BB级提高至A类A级,正式跻身A类券商行列;

2012年1月30日,经中国证监会批复,核准西南证券股份有限公司增持银华基金管理有限公司20%股权,西南证券股份有限公司持有银华基金股权的比例由29%上升至49%,成为其第一大股东;

2013年2月8日,西南证券股份有限公司完成增资控股重庆股份转让中心有限责任公司,持有53%股权,成为行业内首家绝对控股区域股权交易市场的券商;

2013年9月26日,经中国证监会批复,核准西南证券股份有限公司全资收购西南期货经纪有限公司;2014年1月10日,西南期货经纪有限公司更名为西南期货有限公司;

2013年10月10日,经中国证监会批复,核准西南证券股份有限公司在香港特别行政区设立西证国际投资有限责任公司;同年11月,经香港公司注册机构核准,西证国际投资有限公司正式成立;

2014年2月26日,经中国证监会批复,西南证券股份有限公司向特定对象非公开发行人民币普通股50,000万股,共

募集资金净额425,000万元;同年3月26日,公司注册资本变更为282,255.46万元;

2014年6月13日,西南证券股份有限公司启动实施对香港上市券商的收购工作;同年11月17日,中国证监会回复关于我子公司西证国际收购香港上市券商的备案确认函,公司正完善有关手续,国际化业务平台逐步完善;

2014年7月15日,西南证券股份有限公司在中国证监会公告的2014年证券公司分类结果中,获评证券公司最高评价——A类AA级。

股票代码:600369

客服热线:4008096096

官方网站:www.swsc.com.cn

信达证券股份有限公司

公司概况:

信达证券股份有限公司成立于2007年9月,由中国信达资产管理股份有限公司(简称中国信达)作为主要发起人,联合中海信托股份有限公司和中国中材集团有限公司,在承继中国信达投资银行业务和收购原汉唐证券、辽宁证券的证券类资产基础上设立,注册资本15.11亿元。2011年2月,公司注册资本增至25.687亿元。

公司股东实力雄厚,主要出资人和控股股东中国信达是由财政部独家发起的国内第一家金融资产管理公司,目前已发展成为以不良资产经营为核心,以资产管理和金融服务为重点、综合化国际化的金融集团。

公司业务资格齐备,拥有证券经纪、证券投资咨询、与证券交易及证券投资活动有关的财务顾问、证券承销与保荐、证券自营、证券资产管理、融资融券、代销金融产品等业务资格。

公司总部设在北京,并在全国多个省、自治区、直辖市设立了82家营业部、3家分公司和1家办事处,旗下拥有信达期货有限公司、信风投资管理有限公司、信达创新投资有限公司、信达澳银基金管理有限公司4家子公司,业务网络遍布全国。

成立短短几年,公司发展战略明确、经营思路清晰、内控机制健全、各项业务快速发展,业务规模和行业排名持续攀升。

公司在业内形成了良好的商誉,2011—2012连续2年荣获年度最佳经纪业务服务品牌奖;在"2011中国券商'金方向'奖榜单"中荣获"2011中国最具发展潜力投资银行"和"2012中国券商最佳资产管理团队";"现金宝"理财产品在第四届中国券商理财金榜评选中荣获"2011年度最佳产品创新奖",在第五届中国最佳证券经纪商评选中荣获"中国最佳资管创新产品"称号。

投行介绍:

信达证券投资银行业务将以信达体系及关联银行为依托,以优质项目为基础,以严格风险控制及市场化运作为保障,以持续创新为发展推动力,建立持续化、专业化、综合型业务格局,树立"极富竞争力的一流投资银行"品牌,在业绩、规模和品牌上确立国内投资银行主流地位。

竞争优势:

(1)健全的组织架构:公司投行业务板块包含股权融资、债券融资、资本市场、并购重组等;

(2)公司的主要出资人及控股股东中国信达资产管理股份有限公司是经国务院和中国人民银行批准,由财政部出资于1999年4月设立的国有独资非银行金融机构,是国内第一家金融资产管理公司。经过多年的发展,信达资产管理公司取得了良好的业绩,各项指标居行业领先水平。在完成不良资产处置的同时,信达资产管理公司依据国家相关政策积极探索商业化转型之路,陆续搭建了证券、基金、保险、信托等金融服务平台,综合服务金融集团的框架初步形成,现已成功在香港上市;

(3)完善的业务分工:现场工作组、研究工作组、质量控制组、市场销售组各司其职,保证各个环节工作的高质量完成;

(4)广泛的销售渠道:信达证券在全国范围内约有80余家营业部及服务部,股东中国信达在全国主要城市均设有办事处,公司已建立了完善的销售渠道,可以保证承销股票的定价和销售成功;信达证券通过多年为大量企业提供股票和债券融资服务,与国内知名保险公司、基金公司、财务公司、大型企业等机构客户建立了深厚稳定的业务合作关系,并在股票和债券发行承销方面得到了上述客户的大力支持;

(5)强有力的研发支持:公司具有强大的研究实力,拥有一流的分析师队伍,研究和创新并举,并与国内同行及其他金融机构、高校、研究团体进行了广泛地合作;

(6)培养和造就了一支学历层次高、专业能力突出、实践经验丰富、精干高效的团队;

(7)实力雄厚的机构客户:信达证券高度重视发展机构投资者群体,资金实力雄厚的机构投资者群体是信达证券承销项目成功发行的根本,我们通过多年的积累已与众多机构建立了良好的关系。

所获荣誉:

荣获第二届《新财富》"十大本土最佳投行团队";

保荐、主承销的乐普医疗IPO项目荣获第四届《新财富》"最佳IPO项目"大奖及《证券时报》"2010最佳项目创新"大奖;

荣获中国农业发展银行2011至2012年度金融债券优秀承销商;

《理财周报》"2011中国券商『金方向』奖榜单"中荣获2011中国最具发展潜力投资银行;

荣获2012中国金牌高成长企业及投行领导人峰会之中国新锐投行;

围海股份IPO保荐团队获评浙江省2011年度优秀IPO保荐团队称号。

兴业证券股份有限公司

公司概况:

兴业证券股份有限公司(601377SH)是中国证监会核准的全国创新类证券公司和A类AA级证券公司,经营范围包括证券经纪、证券投资咨询、证券承销与保荐、证券自营、证券资产管理、代办非上市股份公司股份转让、与证券交易、证券投资活动有关的财务顾问、融资融券、证券投资基金代销和为期货公司提供中间介绍业务等。

兴业证券前身可追溯至1991年设立的兴业银行证券业务部,1994年在证券业务部基础上改组设立福建兴业证券公司,1999年根据国家关于金融业"分业经营和分业管理"的政策要求,改制增资并与兴业银行脱钩,更名为兴业证券股份有限公司。

经过20多年坚持不懈的努力,兴业证券今天已发展成为拥有22个总部部门、13家分公司、63家证券营业部、5家控股金融子公司的中大型证券公司,基本搭建起涵盖证券、基金、期货、直接投资和跨境业务等专业领域的证券金融控股集团。尤其是近年来，兴业证券抓住市场机遇，取得优良的经营业绩，主要业务和经营指标进入行业20强，部分业务和经营指标进入行业10强，综合竞争实力、抗风险能力、行业地位和市场影响力进一步提升，公司发展跃上了一个又快又好的新时期。

在长期的证券市场运作中，兴业证券始终坚持"市场化、规范化、专业化"的经营方针，逐步形成特色鲜明的稳健经营风格。公司坚持证券主业经营，自觉遵守各项法律、法规和行业公约，把合规管理、加强自律、防范风险放在十分突出的位置上，依靠完善的管理体制和风险控制机制防范经营风险，资产质量良好，风险管理和市场应变能力处于证券业先进行列。

兴业证券注册地设在福州市，注册资本52亿元，第一大股东为福建省财政厅。公司始终把建立健全法人治理放在首要位置，按照《公司法》和《证券公司治理准则》等法律法规制定公司章程，设立股东大会、董事会和监事会并规范运作，发挥其职能作用，形成与经营层相互促进和相互制约的制衡机制。

兴业证券十分重视队伍建设，持续推进队伍转型，通过多种方式改善队伍结构，提升队伍专业素质，本科以上人员占比达到88%。公司认真履行企业公民对于股东、员工和社会的责任，让员工享受企业发展的成果，激发员工工作积极性，积极支持社会公益事业，"十一五"公司及职员公益捐赠总额2800万元，曾被评为中国金融企业慈善榜证券业突出贡献奖；公司设有兴业证券慈善基金会，用于持续开展社会公益事业。

兴业证券秉承"艰苦创业、勤勉敬业、廉洁自律、励精图治"16字兴业精神，坚持"专业化、规范化、市场化"的战略指导思想，坚持"稳健规范、长远发展"的经营原则，坚持"业务必须增长、管理必须领先"的内在经营要求，坚持"提升员工价值，创造客户价值"的核心价值观，率先在证券业内倡导产业升级和推行变革转型，并取得明显成效。

在我国资本市场持续繁荣发展，证券行业加快产业升级的环境下，兴业证券确立以提升专业投资服务为核心内容的转型战略，即要把以"交易通道服务"为主的业务模式，提升为以"交易通道服务"为基础、以"专业投资服务"为核心的业务模式，争取用10年左右的时间，建立起以客户价值为导向的投资服务业务模式，使公司综合实力进入行业10强，利用上市平台进一步提升综合实力和竞争地位，基本实现将兴业证券打造为一家优质的综合性金融服务公司的愿景与理想。

组织架构：

公司总部设立22个职能部门，分别为：党委办公室、董事会办公室、监事会办公室、办公室、行政事务部、战略发展部、合规与风险管理部、审计监察部、人力资源部、财务部、私人财富管理总部、投资银行总部、固定收益部、机构客户部、衍生产品部、场外业务部、存管结算部、信息科技部、系统运行部、公司文化部、研究所、兴证财富管理学院。

1个派出机构：北京代表处。

13家分公司：上海分公司、上海证券自营分公司、上海证券资产管理分公司、厦门分公司、泉州分公司、北京分公司、华中分公司、华南分公司、西南分公司、南平分公司、龙岩分公司、漳州分公司、三明分公司。

2家境内控股子公司：兴业全球基金管理有限公司、兴证期货有限公司。

3家全资子公司：福州兴证物业管理有限公司、兴业创新资本管理有限公司、兴证证券资产管理有限公司。

1家境外全资子公司：兴证（香港）金融控股有限公司。

2家参股子公司：南方基金、海峡股权交易中心（福建）有限公司。

英大证券有限责任公司

公司概况：

英大证券有限责任公司是一家全国性的证券经营机构，注册资本22亿元，注册地在深圳。公司拥有大批金融、经济、法律、财务和计算机等专业的高素质人才，业务范围涵盖证券经纪、证券自营、证券承销与保荐、基金代销、资产管理、投资咨询、财务顾问、期货IB等领域。

公司股东实力雄厚，目前控股股东为国网英大国际控股集团有限公司，是在原国网资产管理有限公司基础上组建，以"英大"品牌为标志，涵盖7家控股金融单位、19家参股金融机构的金融控股集团。公司实际控制人为国家电网公司。

公司在深圳、北京、上海、天津、沈阳、南京、武汉、南昌、长沙、兰州、重庆、福州等国内经济发达地区和省会所在地设有16家证券营业部，构建了面向全国的营销服务网络，能够及时满足客户的各类投资需求。

公司拥有一支实力强大的研究咨询团队，创建推广"金点"系列研究咨询产品，同时，在北京设立能源研究中心，通过发挥股东单位的行业和资源优势，重点推动电力及其设备配套行业、能源行业的研究，全力打造英大特色研究品牌，逐渐形成了公司战略发展的核心竞争力。

英大证券将坚持向国内外投资者提供一流专业服务、努力推动中国资本市场繁荣发展为己任，秉承"客户至上、回报股东、奉献社会"的企业宗旨，发扬"努力超越、追求卓越"的企业精神，信守"以人为本、诚信立业、合规经营、创新发展"的经营理念，建设成为富有英大经营特色、"一强三优"、国际化经营的现代上市金融企业。

股东名称	出资额（万元）	出资比例（%）
国网英大国际控股集团有限公司	138000	62.73
中国电力财务有限公司	45200	20.54
国网新源控股有限公司	12000	5.45
国网深圳能源发展集团有限公司	10400	4.73
英大国际信托有限责任公司	8400	3.82
湘财证券有限责任公司	2000	0.91
华侨城集团公司	2000	0.91
深业集团有限公司	2000	0.91
合计	220000	100

发展历程：

经中国人民银行"银复〔1995〕374号"文、中国人民银行深圳经济特区分行"深人银复〔1995〕302号"文批准，公司在深圳蔚深投资财务管理有限公司原有证券机构和证券业务基础上成立。1996年4月15日，公司在深圳市工商行政管理局领取了企业法人营业执照。公司注册资本1亿元。

2002年1月22日日，经中国证监会"证监机构字〔2002〕30号"文批准，公司发生了股权变更，并办理了工商变更登记。

2006年8月10日，经中国证监会“证监机构字〔2006〕188号”文批准，由国家电网公司等单位向公司增资11亿元，增资扩股后，公司注册资本为12亿元，同时公司名称由蔚深证券有限责任公司变更为英大证券有限责任公司，并办理了工商变更登记。

2008年12月25日，经中国证监会核准，国网资产管理有限公司受让公司股东国家电网公司所持有的全部股权（占公司出资总额的55%）。由此，公司第一大股东由国家电网公司变更为国网资产管理有限公司。

2010年12月，公司股东国网资产管理有限公司更名为“英大国际控股集团有限公司”，各股东持股比例未发生变化。

2012年2月22日，公司第一大股东英大国际控股集团有限公司更名为“国网英大国际控股集团有限公司”，各股东持股比例未发生变化。

2013年1月16日，经中国证监会“证监许可〔2013〕43号”文核准，国网英大国际控股集团有限公司等三家股东对公司共同注资10亿元，公司注册资本由人民币12亿元变更为22亿元。同年1月30日，公司完成了注册资本工商变更登记手续。

公司投资银行业务：

包括证券承销与保荐业务及与证券交易、证券投资活动有关的财务顾问业务。

证券承销与保荐业务

公司证券承销与保荐业务致力于为国内外优质企业的权益类融资及债务与结构融资活动提供从方案设计到发行定价与承销的全过程专业化服务。目前主要开展首次公开发行、上市公司再融资、企业债（公司债）的保荐承销及上市推荐业务。

证券承销与保荐业务是公司对股东发挥金融支撑作用的重要组成部分，因此，得到了国家电网公司的深切关怀和大力支持。借助于国家电网公司系统内各家金融单位，我公司拥有强大的市场推介及承销能力，并在现行的询价发行机制下，展现出一定的市场定价实力，确保实现客户利益最大化。

与证券交易、证券投资活动有关的财务顾问业务

财务顾问业务是我公司为政府、企（事）业客户的投融资、理财、重组并购、发展战略等经济活动提供金融咨询、经济分析和财务方案设计的一种专业化服务。

公司财务顾问业务主要包括为企业改制、并购及资产重组提供咨询服务；为企业财务融资和资金运用策略提供咨询；为企业的资本运营提供咨询服务；协助企业规划发展战略，并利用金融工具为其提供支持等。

目前，公司已建立起一支优秀的财务顾问业务团队，涵盖资本运营、兼并收购、企业管理、财务管理、金融产品开发、法律等多方面高素质人才，依靠深厚的股东背景，运用创新的金融手段可以为客户提供综合性解决方案。

资产管理业务：

英大证券是国家电网公司系统中唯一具备证券资产管理业务资格的金融机构。

公司资产管理业务主要分为集合资产管理业务和定向资产管理业务。以雄厚的研发力量为基础，科学的决策管理和严密的内控体系为保障，依托坚强的股东支持，致力于为客户提供专业化、个性化、差异化的投资服务，并逐步形成稳健持久的英大资产管理业务品牌。

我公司已于2010年12月正式获批取得为英大期货有限公司提供中间介绍业务的资格。

我公司可向客户提供协助办理开户手续、提供期货行情信息及交易设施、协助风险控制等服务。

期货IB业务的开展标志着我公司金融衍生品业务创新服务迈上了新的台阶，公司也将进一步整合资源，凭借自身的产品创新能力，以及先进的交易平台和服务能力，为投资者提供更多样的综合理财服务。

期货IB业务：

英大证券是国家电网公司系统中唯一具备证券资产管理业务资格的金融机构。

公司资产管理业务主要分为集合资产管理业务和定向资产管理业务。以雄厚的研发力量为基础，科学的决策管理和严密的内控体系为保障，依托坚强的股东支持，致力于为客户提供专业化、个性化、差异化的投资服务，并逐步形成稳健持久的英大资产管理业务品牌。

我公司已于2010年12月正式获批取得为英大期货有限公司提供中间介绍业务的资格。

我公司可向客户提供协助办理开户手续、提供期货行情信息及交易设施、协助风险控制等服务。

期货IB业务的开展标志着我公司金融衍生品业务创新服务迈上了新的台阶，公司也将进一步整合资源，凭借自身的产品创新能力，以及先进的交易平台和服务能力，为投资者提供更多样的综合理财服务。

联系方式：

英大证券有限责任公司投资银行业务部（深圳）

地址：深圳市福田区深南中路2068号华能大厦西区11层

邮编：518031

电话：0755－83007352

传真：0755－83007150

英大证券有限责任公司投资银行业务部（北京）

地址：北京市东城区建国门内大街乙18号院1号楼英大国际大厦205、225

电话：010－58381547

传真：010－58381550

全国统一客服热线：4000－188－688

招商证券股份有限公司

公司概况：

招商证券股份有限公司（以下简称招商证券）是百年招商局旗下金融企业，经过二十年创业发展，已成为拥有证券市场业务全牌照的一流券商。2009年11月，招商证券在上海证券交易所上市（代码600999），截至目前，招商证券成为中证100、上证180、沪深300、新华富时中国A50等多个指数的成分股。招商证券具有稳定持续的盈利能力、科学合理的风险管理架构、全面专业的服务能力。拥有多层次客户服务渠道，在内地设有160家营业部，同时在香港设有分支机构；全资拥有招商证券国际有限公司、招商期货有限公司、招商资本投资有限公司，参股博时基金管理公司、招商基金管理公司，构建起国内国际业务一体化的综合证券服务平台。招商证券致力于“全面提升核心竞争力，打造中国最佳投资银行”。我们将以卓越的金融服务实现客户价值增长，推动证券行业进步，立志打造产品丰富、服务一流、能力突出、品牌卓越的国际化金融机构，成为客户信赖、社会尊重、股东满意、员工自豪的优秀企业。

2014 年上半年经营情况：

2014 年上半年，公司整体发展态势稳步向上。一是经营业绩稳中有升。公司实现营业收入 36.01 亿元，同比增长 24.01%；实现归属于上市公司股东的净利润 13.65 亿元，同比增长 30.32%。二是整体费用水平控制良好。上半年，公司营业费用率为 47.44%，同比下降 1.76 个百分点。三是资产和流动性状况良好。截至 6 月 30 日，公司总资产 1,071.97 亿元，首次突破千亿规模；归属于上市公司股东的净资产 398.91 亿元，行业排名从 2013 年末的第 6 位跃升至第 3 位；净资本（母公司）256.95 亿元，行业排名从 2013 年末的第 8 位跃升至第 3 位。净资本及各项风险控制指标优于监管预警标准。四是实现了稳健规范运作。上半年公司没有发生合规风险事件和大的风险损失事项，公司连续七年获得 AA 级评级。

2014 年上半年，公司的创新工作取得了明显成效。一是资本中介业务快速发展。其中，融资融券余额达到 232.55 亿元，同比增长 95.44%。二是场外衍生品交易业务快速发展，场外衍生品交易规模位于行业前列。三是基金做市业务规模与做市产品覆盖范围不断扩大。四是场外市场业务保持良好发展态势，新三板今年累计挂牌家数 10 家，排名行业第 14 位，比 2013 年提升 4 位，顺利获得新三板做市业务资格。五是公司成为行业首批取得基金托管资格的三家券商之一，并成为首家新型私募基金、首家基金专户、首批公募基金的托管券商。

六是固定收益业务获得了深交所质押式报价回购业务资格，现金管理类产品线更加丰富。

主营业务情况：

经纪业务

2014 年上半年，公司经纪业务实现营业收入 23.13 亿元，同比增长 23.57%；实现营业利润 12.27 亿元，同比增长 33.78%。经纪业务营业收入和利润增加的主要原因：一是融资融券余额增长明显，融资融券产生的利息净收入和佣金净收入合计 11.79 亿元；二是公司通过大力发展财富管理业务、提高客户服务水平，2014 年上半年公司代理买卖净收入市场份额为 3.59%，同比增长 1.99%。

2014 年上半年公司融资融券业务规模稳中有升，收入大幅增长。截至 2014 年 6 月 30 日，公司融资融券余额达 232.55亿元，较 2013 年同期增长 95.44%，市场占比为 5.72%，行业规模排名上升至第 4 位。2014 年上半年公司融资融券业务累计利息净收入 9.24 亿元，佣金净收入 2.55 亿元，合计 11.79 亿元，较上年同期分别增长 149.73%、54.55%和120.37%。

公司下半年将在风险可控的前提下大力发展股票质押式回购交易等资本中介业务，该业务将成为公司新的利润增长点。

2014 年上半年公司继续大力发展财富管理业务：（1）在产品体系建设方面，公司注重提升产品的质量，加强产品的准入评估管理。与鼎锋投资、中新融创等业内知名的公司联合开发了招商汇智系列产品。与泰康人寿、中美大都会保险等合作引入高端投资类保险，与富德车险合作引进保障类保险，目前公司取得保险兼业代理业务资格的分支机构数量行业领先，具有业务优势。同时，继续引进银行理财产品、证券投资类私募基金，为客户提供多样化的资产配置工具。（2）在业务管理方面，2014 上半年，公司严格把控财富管理产品的质量，做到了产品专业评审、销售过程有据可查，风险充分向客户揭示，对业务流程和档案文件管理作出了明确的规定，防范业务风险，保障客户权益。（3）在组织架构方面，2014 年上半年，公司着手打造区域性的财富管理中心，建立专业、高效的服务团队，向超高净值客户提供更加细分的服务，提升客户服务感受。（4）在创新财富管理服务方面，互换业务发展迅速。

2014 年 3 月，公司启动了分支机构综合经营试点工作。综合经营业务涵盖场外投行及销售交易、场外衍生品、资产管理、投资银行、固定收益、直接投资、综合托管与运营外包、财务顾问等业务的项目推荐、承揽以及授权范围内的承做、产品销售和客户服务。开展综合经营业务试点工作是公司建立以客户为中心的全方位、全产业链服务模式的重要战略举措，也是各分支机构应对互联网金融与佣金费率下降冲击、实现收入来源多元化转型的客观需要。通过分支机构综合经营，公司将打造总部加分支机构的多层次、立体式的营销体系，扩大核心客户群，做大公司业务规模。

2014 年 5 月，公司建设了基于互联网运行环境下的网上营业厅，并逐步将营业部柜台功能网络化，在同行业中率先推出网上营业厅后续柜台业务，使客户可以足不出户就能办理柜台业务，提升客户服务质量，改善客户体验，同时有效地降低了公司运营成本。

公司持续关注物理网点建设与互联网金融动态，深入贯彻公司网点建设规划，加快物理网点建设，截至 6 月 30 日，62 家新设营业部已装修完毕，其中 46 家营业部完成经营金融业务许可证等证照申领工作，公司物理网点数达到 146 家，较上年末增加46%，随着下半年其余 16 家营业部证照办理逐步完成，公司物理网点布局将进一步得到完善。

资产管理业务

2014 年上半年，公司资产管理业务完成营业收入 1.42 亿元，同比增长100.59%；实现营业利润1.10 亿元，同比增长259.93%。

2014 年上半年，公司资产管理业务完成 7 只集合理财产品的发行和设立工作，包含私募合作产品 4 只、股票质押回购产品 1 只、量化对冲产品 1 只及混合型产品 1 只。其中，公司重点打造的定增对冲创新型产品，在业内首次采用“定增 + 对冲 + 有限赔付”模式，满足了中高端客户的定增投资需求。

公司资产管理业务持续将创新产品的开发作为工作重点，通过对产品模式、投资工具、投资策略等多方面的创新，构建了更加齐备的创新产品线。为使原有集合理财产品更加适应日益变化的市场需求，挖掘产品潜力，公司还对部分集合理财产品进行了合同变更、产品结构改造等工作。2014 年上半年，公司成为现金管理产品 T + 0 业务首批试点券商，现金管理产品规模行业第二，为公司资产管理业务规模的扩大打下了基础。

2014 年上半年，公司资产管理业务产品无论数量、规模，还是各项经营指标等均得到进一步提升。截至 2014 年 6 月 30 日，公司资产管理业务受托资金规模为 965.01 亿份，较 2013 年末 688.88 亿份增长 40.08%。

证券投资业务

2014 年上半年，公司证券投资业务完成营业收入 4.12 亿元，同比下降 32.24%；实现营业利润 3.38 亿元，同比下降 33.98%。

2014 年上半年，证券市场总体呈现下跌状态，公司权益类自营投资始终把风险控制放在首位，加强了调研和研究，强化了选股，积极参与 IPO 新股申购，取得了较好的投资收益；公司还积极开展场外金融衍生品、基金做市、量化和套利、股指期货套期保值等新型自营投资业务；同时，公司对即将推出的个股期权、ETF 期权和股指期权等做市和自营业务作了充分的准备。

债券投资方面，在今年信用事件频发的背景下，公司加强信用风险管理，及时调整评级和行业配置策略，有效防范信用风险上升。上半年，公司把握市场行情，积极进行波段操作、丰富交易策略和大力发展衍生品交易，获得稳定的投资回报。

投资银行业务

2014 年上半年，公司投资银行业务完成营业收入 4.01 亿元，同比上升 230.94%；实现营业利润 1.98 亿元，同比增加 2.64 亿元。

2014 年上半年，公司共完成 31 家主承销项目，承销总额共计 256.12 亿元。其中：股权类主承销项目 5 家，承销总额 43.49 亿元。分别为创意信息首发项目、金贵银业首发项目、牧原股份首发项目、金一文化首发项目以及依顿电子首发项目。截至报告期末，累计 4 个保荐类项目通过审核等待发行，45 个保荐项目在会审核。

债券类主承销项目 26 家，承销总额 212.63 亿元。具体如下：公司债券 1 家，承销总额 5.00 亿元；企业债券 19 家，包括短期融资券 2 家、中期票据 4 家、非公开定向债务融资工具 7 家、二级资本债券 1 家和企业债联合主承销 5 家，承销总额 125.02 亿元；其他债券 6 只，承销总额 82.61 亿元。

上半年投资银行总部根据市场形势变化，对组织架构进行优化调整：新设大客户服务部，负责投行大客户服务体系建设、大客户业务拓展、项目执行以及后续服务等工作，优化投资银行业务的客户结构；调整并购部，专职负责并购重组业务的拓展、项目执行、后续服务等工作，利用现行 IPO 客户资源优势，着力发展并购业务；创新融资部设定为前台业务团队，全力推动资产证券化业务，树立资产证券化业务的品牌优势。力争在保持 IPO 业务优势的前提下，对短板业务进行重点发展，不断充实人员队伍，加大债券、并购等非 IPO 业务的开发力度，以提高非 IPO 业务的收入占比。

同时，固定收益总部也将顺应市场主流，对并购、债券业务进行持续重点的培育，加强与各地政府、商业银行和公司营业部的合作，自上而下进行客户开发，目前新增客户和新增项目均取得较大提升。

场外市场业务

2014 年上半年，场外市场业务保持良好上升态势。场外投行业务方面，2014 年上半年累计新增挂牌家数 10 家，项目储备家数近 200 家。柜台业务方面，公司积极开展收益凭证创新业务，拓展证券公司融资渠道和开发新型融资工具，收益凭证产品方案已经报中国证券业协会进行专业评价并获得初步通过。此外，公司顺利获得新三板做市业务资格，将于下半年正式开展做市业务。

托管业务

2014 年上半年，公司在取得证券投资基金托管资格后，以建设机构客户综合服务平台核心职能为目标，致力于建立完善的托管业务运营流程和体系，积极拓展托管业务。2014 年上半年，托管业务发展迅速，托管数量和规模稳步上升，截至 2014 年 6 月 30 日，托管业务规模已突破百亿，托管范围已涵盖基金专户、证券公司客户资产管理计划、公开募集的证券投资基金、非公开募集的证券投资基金等资产类型。

研究业务

2014 上半年，研究发展中心加强内部管理，大力推进研究团队优化调整工作，保留核心研究力量、挖掘研究潜力，在多个研究领域引进有市场竞争力的分析师，并开展内部竞聘。注重基础研究工作，继续加大对行业、资产类别和专业领域的研究覆盖，加强对新兴产业和与改革有关的重点领域的研究跟踪，不断提升研究能力，增强研究对业务营销的支持作用。加强研究工作的策划和组织，开展一系列以产业链和经济转型为线索，跨行业会议、报告、联合调研、路演等研究活动：上半年共进行了 30 余次大型联合调研、2000 余次路演、70 余场次电话会议、10 余次小型研讨会等多种研究服务活动，提升研究工作对公司各项业务的支撑力度。强化合规管理，重视风险防范；加强金融工程、基金评价、行业数据库等研究平台建设。

社会责任：

招商证券，秉持“励新图强，敦行致远”的核心价值观，承载责任，勇于担当，致力于以卓越的经营管理实现规模、质量和效益的均衡可持续发展，以领先的创新能力推动资本市场和证券行业进步，服务社会经济发展，努力打造尽责、守信的社会公民形象，成为优秀的企业公民。

联系方式：

地址：深圳市福田区益田路江苏大厦 38－45 层

邮箱：sbox@ cmschina. com. cn

拨打电话：95565 转“人工服务”

人工代填单电话委托：40088－95565

境外热线：86－755－26951111

浙商证券股份有限公司

公司概况：

浙商证券股份有限公司（ZHESHANG SECURITIES CO.，LTD.）是中国证监会批准成立的综合性证券公司，成立于 2002 年 5 月 9 日。总部位于浙江省杭州市，注册资本 30 亿元人民币。

浙商证券是长三角南翼地区的重要财富管理机构，全资控股浙商期货有限公司、浙江浙商资本管理有限公司和浙江浙商证券资产管理有限公司，主发起设立浙商基金管理有限公司，形成“证券＋期货＋基金＋资管＋创投”的金融产业布局，为客户提供全方位、多层次、宽领域的综合投融资服务和产品。公司主要业务包括证券经纪、投资银行、资产管理、财务顾问、投资咨询、证券自营、期货业务、直接投资、融资融券等，其中，资产管理、投资银行、证券经纪、期货经纪等业务已跻身行业前列。

公司在全国范围内设有 100 多家分支机构，服务覆盖中国三大经济区——珠三角、长三角和环渤海地区，在全国 21 个经济最活跃的省份打下了综合性投融资服务的基石，形成全国性财富管理网络布局。

浙商证券致力于撮合投融资需求，管理居民财富，积极服务实体经济发展，以优质的财富管理服务赢得市场的良好口碑和客户的认可，获得了多项荣誉。

千百年文化传承，十余年励精图治，浙商证券将浙商的文化基因化为宝贵的精神财富，延续务实、创新的浙商精神，以“同创同享同成长”为核心企业文化，立志将浙商证券打造为最具浙商特色的财富增值服务商。

发展轨迹：

2002 年 5 月，公司成立，注册资本 5.2 亿元；

2006 年 8 月，更名为浙商证券有限责任公司；

2007 年 4 月，发起设立浙商基金管理有限公司（2010 年 10 月正式开业）；

2007 年 10 月，公司增资扩股，注册资本增至 15.20 亿元；

2007 年 11 月，公司全资收购浙江天马期货经纪有限公司，更名浙商期货有限公司；

2008 年 2 月，公司增资扩股，注册资本增至 21.20 亿元；

2011 年 1 月，公司增资扩股，注册资本增至 29.15 亿元；

2012 年 2 月，设立全资子公司浙江浙商资本管理有限公司；

2012 年 9 月，公司变更为股份有限公司，更名为浙商证券股份有限公司，注册资本 30 亿元；

2012 年 9 月，公司参股浙江股权交易中心；

2013 年 7 月，全资子公司浙江浙商证券资产管理有限公司正式开业。

公司荣誉：

"重利尚义的价值观念，个人自主的文化观念，以小博大的务实精神，自强不息的人生态度，和气生财的处世态度，诚信为本的商业道德，富而思进的责任意识是浙商文化的主要内涵。"

浙商证券以百年浙商文化为根基，一路前行，不断突破创新，在业内及社会各界赢得了多项荣誉。

最佳设计与创新证券公司；

最佳服务创新证券公司；

中国最具发展潜力证券公司；

中国最佳资产管理证券公司；

中国最具成长性证券经纪商；

中国最具成长性投行；

浙江省优秀证券中介机构；

浙商最信赖金融机构；

浙商最信赖经纪服务证券公司；

最佳私募债券承销商；

最佳资产管理券商；

最佳 IB 业务券商；

浙商证券呼叫中心——2012 年中国最佳呼叫中心；

现代服务业先进企业；

浙江省服务业企业 100 强。

联系方式：

地址：浙江省杭州市杭大路 1 号黄龙世纪广场 A 座

邮编：310007

电话：0571 – 87901963

传真：0571 – 87901955

邮箱：webmaster@ stocke. com. cn

中国国际金融有限公司

公司概况：

中国国际金融有限公司（"中金公司"）成立于 1995 年 7 月，是由国内外著名金融机构和公司基于战略合作关系共同投资组建的中国第一家中外合资投资银行，注册资本为 2.25 亿美元。

中金公司一直致力于为国内外机构及个人客户提供高品质的投资银行服务，业务范围覆盖证券研究、股本与债务发行与承销、兼并收购财务顾问、证券销售交易、固定收益、资产管理、财富管理、直接投资等诸多领域。

中金公司总部设在北京，在境内设有多家子公司，在上海和深圳设有分公司，在北京、上海、深圳等 18 个城市设有证券营业部。随着业务范围的不断拓展，中金公司亦积极开拓境外市场，在香港、纽约、伦敦和新加坡设有子公司。

中金公司自成立来始终铭记初创时"做中国人自己的国际投行"的理想，始终不忘将"以人为本、客户至上、勤奋专业、精益求精，相互尊重、关爱社会"的企业文化与人文精神溶于每个中金人的血脉，薪火相传。

我们的优势：

深厚的中国市场经验

中金公司植根于中国本土市场，在中国的法律、法规、监管、经济、文化、商业和经营环境等方面积累了全面和深入的知识与经验。中金公司通过与国家政策制定和行业监管部门的密切沟通，得以深入理解和把握宏观经济、金融市场和国民经济主导行业的发展趋势，在符合国家经济政策和市场经济规律、顺应国民经济发展整体需要的基础上，为客户提供全面的金融服务和资本市场解决方案。经过多年的实践和研究，中金公司在中国的电信、电力、交通运输、石油天然气、石化、金属、采矿和金融等重要领域积累了丰富和深入的行业知识，并针对中国市场的特点开发出了一系列金融创新产品与服务。深厚的中国市场经验是中金公司为客户提供全方位国内资本市场服务的根基。

独特的国际视角

中金公司拥有丰富的国际资本市场经验和广泛的国际支持网络。中金公司根据国内外客户的不同需求，在深入分析行业和市场的基础上，为客户提供高质量的、先进的金融产品和服务，协助客户借助中金公司这一连接国内和国际资本市场的桥梁，实现战略发展目标。

丰富的项目执行经验

自成立以来，中金公司成功完成了数十个大型国内和国际融资项目，为客户进入国内外资本市场提供了强有力的支持；同时也积极拓展服务高成长型客户的平台业务。在这些项目的执行过程中，中金公司与海内外优秀的投资者及各类专业中介机构开展了广泛的合作，提高了协调和管理各类型项目，特别是跨境项目的能力。这也使得中金公司成功完成了众多具有创新意义的、里程碑式的资本市场运作项目。

卓越的专业人员团队

中金公司汇聚了一批国内外专业人士，在与中国资本市场共同发展的过程中培养出了一支具有高水准的职业操守、卓越的创新精神、出众的业务能力以及成熟的项目执行经验的职业团队。我们的团队十分重视与客户建立相互信任的长期合作关系，致力于提供全面的金融服务和技术支持，协助客户实现投资与发展的战略目标。

里程碑：

2012 年财富管理境内营业部达到 16 家，财富管理业务稳步发展；

自营业务子公司中金浦成投资有限公司成立；

中金公司获得中国证监会批准开展中小企业私募债业务；

2011 年中金公司获得海外期货中间介绍业务牌照；

中金公司获得伦敦交易所会员资格；

中金公司入股浙金信托获银监会批准，浙金信托正式开业；

中金公司深圳分公司成立；

中金公司获得中国证监会颁发的三板市场代办系统主办券商业务资格；

中金公司获得中国证监会颁发的 RQFII 试点资格；

2010 年中国国际金融（英国）有限公司获得英国金融服务监管局颁发的牌照；

中金公司获得中国证监会批准开展人民币普通股票自营业务；

中金公司获得中国证监会批准向期货公司提供中间介绍业务；

中金公司获得中国人民银行批准，成为全国银行间市场做市商；

中金公司获得中国证监会批准开展融资融券业务；

2008 年中国国际金融（新加坡）有限公司成立；

2007 年中金公司被中国证监会评定为 A 类 AA 级券商，此后一直保持该评级；

中国国际金融美国证券有限公司取得美国金融业监管局和美国证券交易委员会颁发的牌照；

中金公司获批开展直投业务；

中金佳成投资管理有限公司设立；

2005 年中国国际金融香港资产管理有限公司成立；

中金公司获批设立中金短期债券集合资产管理计划；

2004 年中金公司获批成为首批保荐机构；

2002 年中金公司获批在北京、上海和深圳成立证券营业部；

2000 年中金公司上海分公司成立；

1998 年中国国际金融香港证券有限公司成立；

1997 年中国国际金融（香港）有限公司成立；

中金公司获得深圳交易所会员资格；

中金公司完成首个大型项目，中国电信（香港）（现中国移动）42 亿美元的境外首次公开发行；

1996 年中金公司获得上海证券交易所会员资格；

1995 年中金公司成立。

全球布局：

作为首家中国合资投资银行，中金公司凭借着高水准的职业操守、卓越的创新精神、出众的业务能力以及成熟的项目执行经验的职业团队，成为中国投资银行业的先锋、联接海内外资本市场的桥梁。中金公司一方面专注研究并积累了中国及中国资本市场全面深厚的知识和经验，与此同时，也致力于搭建全球性的领先机构及企业客户网络并为其提供高质量的服务。到目前为止，我们已经完成了在主要国际金融中心如香港、纽约、伦敦和新加坡的网络覆盖，并在海外建立了包括证券研究、投资银行、机构经纪、资产管理和财富管理等业务平台。中金公司的海外分支将持续积极发展并逐步建立全套金融产品，为客户提供最佳的服务，创造更大化价值。

中国民族证券有限责任公司

公司概况：

中国民族证券有限责任公司（以下简称“公司”）成立于 2002 年 4 月，是经中国证监会批准的综合类证券公司，注册地北京市。2013 年，股东政泉控股、乐山国资公司、兵工财务等完成对公司增资后，注册资本 44.87 亿元人民币。总部位于北京市朝阳区盘古大观，是上海证券交易所、深圳证券交易所的会员单位。在北京、上海、深圳等 18 个大中省市和经济发达地区设立了 51 家分支机构。

公司业务资质齐全，已取得证券经纪、证券投资咨询、证券交易、证券投资活动有关的财务顾问、证券承销与保荐、证券自营、证券资产管理、证券投资基金代销、全国银行间债券交易系统成员、交易所债券市场成员、证券业务外汇经营、企业债券主承销商、IPO 询价对象、LOF 基金申购、赎回代理销售、上证基金通、代办系统主办券商、深圳 ETF 申赎、上证 180 金融交易型开放式指数证券投资基金一级交易商、融资融券、证券经纪人、中小企业私募债承销、转融通、约定式购回证券交易等业务资格。

公司始终秉承“诚信、和谐、进取、规范”的企业文化，各项业务取得了长足发展，行业排名逐年上升，自 2006 年以来，公司连续七年盈利，净资产收益率居行业前列。特别是随着公司创新业务的快速发展，在行业内已逐步形成了具有民族证券特色的业务品牌，先后荣获首届国家理财规划师年会“中国理财行业突出贡献奖”、第九届“中国财经风云榜”—“最佳创新业务券商”、第六届中国证券市场年会“金钥匙奖”、中国资本市场季度高级研讨会十周年“开拓奖”等殊荣，公司“民富齐实”系列产品获“2011 年度最佳经纪业务服务品牌”等称号；投行业务多次实现行业首创，公司承做的“08 钒钛债”项目成为国内证券市场首单无银行担保公司债券，“09 亿城债”成为首单在深交所综合协议交易平台上市交易的公司债券，2013 年完成了首单在交易所挂牌发行的证券公司次级债券；投行团队获得浙江省人民政府授予的“浙江省 2011 年度优秀 IPO 保荐团队”称号。公司系统荣获省部级、全国级“五一劳动奖状、奖章”等先进集体、个人共 130 余个。

联系方式：

地址：北京市朝阳区北四环中路 27 号盘古大观
A 座 40F－43F

邮编：100101

网址：http://www.e5618.com

客服热线：40088－95618

中国银河证券股份有限公司

公司概况：

中国银河证券股份有限公司（以下简称“公司”，股票代码：06881.HK）是中国证券行业领先的综合性金融服务提供商，提供经纪、销售和交易、投资银行等综合证券服务。

2007 年 1 月 26 日，公司经中国证监会批准，由中国银河金融控股有限责任公司作为主发起人，联合 4 家国内机构投资者共同发起正式成立。中央汇金投资有限责任公司为公司实际控制人。公司本部设在北京，注册资本为人民币 75.37 亿元。截至 2014 年 6 月底，公司共有员工 6868 人。

公司的经营宗旨是：根据国家法律法规、方针政策及国际惯例，致力开拓证券业务，秉承“忠诚、包容、创新、卓越”的企业精神和“客户至上、员工为本”的经营理念，坚持“创造价值、增长财富”的企业使命，倾力打造“一流服务、最佳投行”，实现股东长期利益和公司价值的最大化，促进、支持国民经济和证券市场的发展。

公司的经营范围为：证券经纪；证券投资咨询；与证券交易、证券投资活动有关的财务顾问；证券承销与保荐；证券自营；融资融券；证券投资基金代销；为期货公司提供中间介绍业务；代销金融产品业务。

公司旗下拥有银河创新资本管理有限公司、中国银河国际金融控股有限公司、银河期货有限公司和银河金汇证券资产管理有限公司。

公司于 2013 年 5 月 22 日在香港联合交易所上市，控股股东为中国银河金融控股有限责任公司。

发展历程：

2007 年 1 月 26 日，经中国证监会批准，以中国银河金融控股有限责任公司作为主发起人，联合四家国内投资者，共同发起设立中国银河证券股份有限公司（以下简称“公司”）。公司收购了原中国银河证券有限责任公司的证券经纪业务、投行业务及相关资产，注册资本金为60亿元人民币。旗下拥有银河期货经纪有限公司。

2009年10月21日，公司设立银河创新资本管理有限公司。

2011年2月，中国银河国际金融控股有限公司于香港注册成立。

2013年5月22日，在香港联合交易所上市（股票代码：06881. HK）。

公司荣誉：

2014年度

1月，被中国证券投资者保护基金有限责任公司评为“优秀证券公司”。

1月，上海证券交易所在面向会员单位开展的2013年“我是股东”年度评选中，被评为“我是股东”优秀组织奖入围奖。

1月24日，我公司的“证券综合信息化平台”项目荣获中国计算机用户协会第二届“信息技术应用大奖”。

2月，在中国证券业协会、中国期货业协会和中国证券投资基金业协会共同设立的第四届证券期货科学技术奖评选中，我公司的“重要信息系统安全可控性验证研究与实践”项目获得三等奖，“集中交易异构实时备份系统”和“基于三重防护模型构建的网上交易安全体系”项目获得优秀奖。

2月，《欧洲货币》杂志2014年2月刊发布，中国银河证券去年在港11亿美元H股首次公开发售被其评选为2013年度亚洲最佳交易。

4月12日，由工业和信息化部、中国中小企业国际合作协会主办的“第二届中国中小企业服务创新大会暨首选服务商发布会”上，被授予“2013中国中小企业首选服务商”奖项。

5月，由《证券时报》《新财富》杂志联合举办的2014“投行创造价值”高峰论坛暨中国区优秀投行评选中，获“2014中国区最具创新能力投行、2014中国区股转系统最佳主办券商、2014中国区最佳并购重组项目——渤海租赁发行股份及支付现金购买新加坡SeacoSRL100%股权并募集配套资金项目、2014中国区最佳股转系统挂牌项目——江苏红豆杉生物科技股份有限公司推荐挂牌项目”四项大奖。

5月9日，在由中国金融CIO联盟、金融时代网主办的第三届金融信息系统国产化应用研讨会上，获“实践自主可控先锋”称号。

联系方式：

地址：中国北京西城区金融大街35号国际企业大厦C座
邮编：100033
电话：4008－888－888（客服电话）
传真：010－66568532
邮箱：webmaster@ chinastock. com. cn

中信建投证券股份有限公司

公司概况：

中信建投证券成立于2005年11月2日，是经中国证监会批准设立的全国性大型综合证券公司。公司注册于北京，注册资本61亿元，在全国30个省、市、自治区设有192家营业网点，并设有中信建投期货有限公司、中信建投资本管理有限公司、中信建投（国际）金融控股有限公司、中信建投基金管理有限公司等4家子公司。公司拥有350万客户，客户资产规模4000亿元。在为政府、企业、机构和个人投资者提供优质专业的金融服务过程中，公司建立了良好的声誉，连续四年被中国证监会评为目前行业最高级别的A类AA级证券公司。

中信建投证券拥有实力强大的股东背景，北京国有资本经营管理中心、中央汇金投资有限责任公司、世纪金源投资集团有限公司与中信证券股份有限公司均为拥有雄厚资本实力、成熟资本运作经验与较高社会知名度的大型企业。

经相关监管部门批准，中信建投证券的主要业务范围包括：证券承销与保荐、证券经纪、与证券交易和证券投资活动有关的财务顾问、证券投资咨询、证券自营、证券资产管理、证券投资基金代销、为期货公司提供中间介绍业务、融资融券业务、代销金融产品业务、保险兼业代理业务以及监管部门批准的其他业务。

自成立以来，中信建投证券各项业务快速发展，在企业融资、收购兼并、证券经纪、证券金融、固定收益、资产管理、股票及衍生品交易等领域形成了自身特色和核心业务优势，并搭建了研究咨询、信息技术、运营管理、风险管理、合规管理等专业高效的业务支持体系。凭借高度的敬业精神与突出的专业能力，中信建投证券主要业务指标及盈利能力目前均位居行业前10名。

公司部门：

投资银行部、债券承销部、资本市场部、证券金融部、资产管理部、固定收益部、交易部、资金运营部、国际业务部、研究发展部、衍生品交易部、经纪业务管理委员会、经管委财富管理部、经管委业务管理部、经管委基金销售服务部、经管委机构业务部、公司办公室人力资源部、计划财务部、信息技术部、运营管理部、风险管理部、法律合规部、综合管理部、稽核审计部、中信建投期货有限公司、中信建投资本管理有限公司、中信建投（国际）金融控股有限公司、中信建投基金管理有限公司。

联系方式：

地址：北京市东城区朝内大街188号
邮编：100010
网址：www. csc108. com
客服：4008－888－108

中原证券股份有限公司

公司概况：

中原证券（在香港以“中州证券”名义开展业务）成立于2002年底。公司成立12年来由小到大，今年6月25日已在香港成功上市，是中国内地110多家证券公司中的第4家、省级证券公司中的首家在港上市的证券公司，也是河南省第一家上市的金融企业。

中原证券主要业务包括投资银行、直接投资、自营投资、证券经纪、融资融券与股权质押融资等资本中介业务、资产管理、期货业务和衍生品等创新业务。公司总部位于河南省会郑州市，同时在北京、上海、深圳及全国各大城市设有70多家证券分支经营机构，控股有中原期货公司、中原英石基金公司，全资拥有中鼎开源创投公司及其控股的中证开元创投公司，初步具备金融控股集团基本框架。

截至2014年9月底，中原证券总资产170亿元，管理客户资产1500亿元。“十一五”以来的8年间，累计实现利润48.31亿元，公司累计上缴税收34.1亿元。公司董事长营明军当选为河南省人大常委，同时继续兼任河南省人大代表、省人大财政经济委员会委员，被评为享受国务院特殊津贴专家、河南省劳动模范。还担任中国证券业协会投资银行专业委员会委员、河南省证券期货业协会会长。

中原证券在香港成功上市后，正按照省政府要求，加快打造现代化大型金融控股集团。

公司发展历程可分为四个阶段：

第一阶段是2003—2007年，公司的业务形态基本以单一的经纪业务为主。本阶段，公司不断加强内部控制、风险控制和业务体系等方面的制度建设，于2005年10月成为全国首批规范类券商。

第二个阶段从2008—2012年初，公司开始进行转型，基本形成以投行业务为先导、以经纪业务为重要基础、多元化业务协调发展方向的格局，公司的发展形态和基本面貌发生了根本性变化。

第三个阶段从2012年初A股启动上市到香港上市完成，公司进入了以上市为抓手、以创新为驱动力、多元化业务协调发展的阶段。

第四个阶段从2014年6月25日公司在香港成功上市开始，公司进入了以直投业务为先导、各项业务高水平发展的新阶段。

公司的战略发展目标是，争取早日成为一个包括证券、期货、直投、银行、保险、担保等在内的现代化大型金融控股集团。

主要业务：

固定收益

公司固定收益业务主要从事各类债券的一级市场发行承销和二级市场交易，中小企业私募债，集合债、可续期债、企业资产证券化、质押式报价，已形成发行承销、销售交易、研究咨询等完善的一体化业务体系。

公司固定收益立足河南，同时在全国范围内建立了完善的债券销售和交易渠道，具备良好的债券市场资源。业务方面秉承投研一体的操作思路，拥有专业的投研团队，在债券买卖、资产配置与套利等方面具有较多实际操作经验。公司具有如下资格：银行间债券市场会员；交易所会员；债券自营；上海交易所固定收益综合电子交易平台一级交易商、国债做市商；上海证券交易所国债买断式回购交易资格；全国银行间同业拆借业务资格；上海证券交易所债券质押式报价回购资格；证券公司中小企业私募债承销业务资格。

资产管理

公司资产管理部成立于2002年12月，具备投资顾问、定向资产管理、集合资产管理等业务资格。下设市场营销部、投资管理部、运营保障部和客户服务部，并分别在郑州和上海设有办公地点，郑州总部主要负责客户项目、渠道营销、客户服务，上海业务总部开展的业务主要是理财产品设计、投资管理、研究。资产管理团队由14名各类专业人士组成，平均证券从业时间超过6年。

公司投资研究团队能根据客户不同的需求，提供有针对性的资产管理服务。

证券研究

中原证券研究所位于上海市陆家嘴金融中心，拥有一批由博士、硕士和海外归国人员等组成的研究团队，下设宏观策略部、行业公司部、金融创新部和机构服务部等部门，现有人员既有资深研究员，也有来自国内外重点高校的年轻学者。

中原证券研究所强调策略先行，以行业研究为基础，重点挖掘有投资价值的上市公司；关注A股市场与境外市场、与债券市场等多个子市场之间的联动性，突出投资策略的可操作性；从业务和客户需求出发强化研究成果的转化。

投资银行

公司投资银行业务主要包括证券承销与保荐业务、债券承销业务、财务顾问业务及代办股份转让业务等，并已取得如下资格：2003年11月，获得股票主承销商资格；2004年4月，获准注册登记为证券发行上市保荐机构；2005年6月，成为第二批试点股权分置改革42家公司的保荐机构之一；2010年5月，获得代办股份与报价转让业务（三板业务）主办券商资格。

公司依托河南，面向全国，2012年年度，公司投行帮助河南省企业权益融资占全省2012年A股市场股票融资总额的67%。

公司新三板业务快速发展。2012年年度成功推荐九家企业在代办股份转让系统中挂牌，年度推荐挂牌家数并列全行业第一，累计推荐挂牌家数位列全行业第四。截至2014年6月，公司已完成维纶环保（430068）、爱特泰克（430106）、弘祥隆（430112）等21家新三板企业推荐挂牌项目。同时公司还相继完成了北京思创银联、乐升科技和弘祥隆等多家新三板挂牌企业定向增资项目。

财富管理

中原证券股份有限公司财富管理中心成立于2010年，部门分设于郑州商务外环中原广发大厦及上海陆家嘴金融广场，设有行业公司部、市场策略部、产品研发部、投资顾问部及综合运营部五个部门。财富管理中心研究团队拥有众多海归博士硕士，产品研发人员及投资顾问专家拥有十多年的从业经验。中原证券财富管理中心为客户提供投资顾问、理财产品、研究报告等服务项目，可向客户提供个性化、专业化、系统化服务。

融资融券

融资融券交易，又称证券信用交易。是指投资者向具有融资融券业务资格的证券公司提交担保物，借入资金买入上市证券（融资交易）或借入上市证券并卖出（融券交易）的行为。2012年6月6日，公司获得中国证监会颁发的《关于核准中原证券股份有限公司融资融券业务资格的批复》（证监许可〔2012〕768号），取得融资融券业务资格。投资者参与公司融资融券业务，在满足基本条件时，只需提供基本征信资料，并与公司签署合同，即可获得业务资质；提出申请后，两个工作日内可获得授信，并进行融资融券交易。

江苏法尔胜股份有限公司

江苏法尔胜股份有限公司2013年年度报告摘要

第一节　重要提示

本年度报告摘要来自年度报告全文，投资者欲了解详细内容，应当仔细阅读同时刊载于深圳证券交易所网站等中国证监会指定网站上的年度报告全文。

公司简介

股票简称	法尔胜	股票代码	000890
股票上市交易所	深圳证券交易所		
联系人和联系方式	董事会秘书	证券事务代表	
姓名	张文栋		
电话	0510－86119890		
传真	0510－86102007		
电子信箱	zhang_wendong@chinafasten.com		

第二节　主要财务数据和股东变化

(1)主要财务数据

公司是否因会计政策变更及会计差错更正等追溯调整或重述以前年度会计数据

□是　　√否

	2013年	2012年	本年比上年增减(%)	2011年
营业收入(元)	1,566,444,923.84	1,758,414,201.05	－10.92%	1,810,529,492.09
归属于上市公司股东的净利润(元)	6,400,356.95	10,419,667.23	－38.57%	13,433,511.53
归属于上市公司股东的扣除非经常性损益的净利润(元)	6,475,199.10	－24,796,928.25	－	－39,385,145.81
经营活动产生的现金流量净额(元)	－111,077,028.37	393,776,422.95	－128.21%	－362,482,257.77
基本每股收益(元/股)	0.0169	0.0274	－38.32%	0.0354
稀释每股收益(元/股)	0.0169	0.0274	－38.32%	0.0354
加权平均净资产收益率(%)	0.62%	1%	－0.38%	1.29%
	2013年末	2012年末	本年末比上年末增减(%)	2011年末
总资产(元)	3,228,572,447.75	2,927,371,751.26	10.29%	3,300,747,201.79
归属于上市公司股东的净资产(元)	1,034,945,809.78	1,041,744,376.41	－0.65%	1,038,934,277.24

(2)前10名股东持股情况表

报告期末股东总数	49,571	年度报告披露日前第5个交易日末股东总数	48,165

前10名股东持股情况

股东名称	股东性质	持股比例(%)	持股数量	持有有限售条件的股份数量	质押或冻结情况 股份状态	数量
江苏法尔胜泓昇集团有限公司	境内非国有法人	21.07%	79,973,918			
胡　光	境内自然人	1.16%	4,400,000			
王松有	境内自然人	0.37%	1,408,442			
袁建国	境内自然人	0.32%	1,201,000			
徐伟民	境内自然人	0.29%	1,098,451			
沈付兴	境内自然人	0.26%	970,787			
魏　毅	境内自然人	0.25%	931,279			
余昭昭	境内自然人	0.23%	887,878			
林观莺	境内自然人	0.23%	875,277			
国泰君安证券股份有限公司约定购回专用账户	境内自然人	0.22%	827,300			
上述股东关联关系或一致行动的说明	公司控股股东江苏法尔胜泓昇集团有限公司与前十名股东之间不存在关联关系，也不属于《上市公司收购管理办法》规定的一致行动人。未知其他股东之间是否存在关联关系，也未知是否属于《上市公司股东持股变动信息披露管理办法》规定的一致行动人。					
参与融资融券业务股东情况说明(如有)	股东袁建国通过普通证券账户持有1000股，通过申银万国证券股份有限公司客户信用交易担保证券账户持有1200000股，合计持有1201000股。					

(3)以方框图形式披露公司与实际控制人之间的产权及控制关系(略)

第三节　管理层讨论与分析

回首走过的2013年，国家宏观调控不放松，市场经济形势愈显恶劣。作为传统制造业，利润空间已越来越小，股份公司面对资金与成本的重重压力，通过实施精细化管理，加强成本控制，坚持资产整合，坚持科技创新，坚持技术改造，在危机中稳定发展。

一、坚持资产整合，不断提升资产效率

2013年，股份公司按照既定战略发展规划和整体产业布局调整要求，进行了两项资产整合：

1.收购加拿大康奈克斯通讯技术有限公司持有的江苏法尔胜特钢制品有限公司25%的股权，江苏法尔胜特钢制品有限公司成为股份公司的全资子公司。

2.收购加拿大康奈克斯通讯技术有限公司持有的江阴法尔胜线材制品有限公司25%的股权，江阴法尔胜线材制品有限公司成为股份公司的全资子公司。

二、严格抓好内部控制工作，调整融资结构，节约融资成本

1.贯彻实施内控制度，股份公司及分(子)公司的所有部门完成了第一轮的内控符合性测试工作，公司内部控制管理工作基本达到上市公司监管要求，保证了本公司的经营管理合法合规，资产安全，财务报告及相关信息真实完整。

2.2013年股份公司充分提高银票使用率，有效缓解资金压力。

3.坚持每月的财务工作例会，加强资金预算管理，总结当月的财务工作情况，布置下月的工作重点，有效地沟通了信息，提高了各子公司资金使用的有效性。

三、坚持市场快速反应，不断强化经济效益

1.缆索公司继续保持国内市场领先地位，全年顺利承接了云南普立特大桥、浙江官山岱山桥、港珠澳大桥项目等共89个工程项目，全年接单金额超过了6亿元，市场综合占有率继续保持50%以上。报告期内，缆索公司主动出击海外市场，顺利承接了土耳其、台湾、韩国等国家和地区的5个海外桥梁工程项目，尤其是世界第四大悬索桥伊兹密特大桥的接单，为下一步海外市场的深入拓展奠定了基础。

2.2013年钢丝制品事业部在外贸订单量下降的情况下，通过内销市场开拓，确保了全年销售指标的完成。

四、加强技术创新，提高新品开发力度，为企业持续发展提供延伸产品和核心竞争力

1.缆索公司承接的交通部科研项目"特大型桥梁综合防灾减灾技术系统与装备研发"和"多灾害作用下特大跨径桥梁适宜结构体系、关键结构与原型设计研究"项目主题研发工作已经完成，并通过了主管部门的年度检查。"1860MPa超高强度平行钢丝斜拉索"、"桥梁缆索用1860MPa超高强度热镀钢丝"和"桥梁缆索用锌铝合金镀层钢丝"项目均通过了由省经信委和科技局组织的科技成果和新产品新技术鉴定，达到国际先进水平。全年，缆索公司获授权专利8项，其中1项发明专利，7项实用新型专利。缆索公司的"控制大规格斜拉索挤塑质量QC小组"，被评为2013年度江苏省交通运输行业优先质量管理小组。

2.开发新一代的输送带用钢丝绳产品，在现有强度的基础上提升20%强度，降低钢丝绳的重量，提高输送带的整体性能。

五、"以人为纲"，以经营目标为导向，提升管理水平

1.2013年，制造业劳动力供应量持续减少，员工队伍的稳定已经是我们制造型企业面临的首要问题。我们围绕着尊重、公平、有效沟通原则，重点从：绩效评估、薪酬完善、职业发展以及后勤保障等方面着手进行体系规划和制度建设。

2.组织知识讲座和技能培训，通过学习训练，加强了团队建设和人才培养，员工满意度得到提升。

3.继续做好并发扬法尔胜企业文化建设，促进企业和谐发展。组织了集体婚礼，"大手拉小手，走进法尔胜"六一晚会，趣味运动会，乒乓球公开赛等各项文体活动，召开公司劳模表彰大会，发展合力不断集聚。

第四节　涉及财务报告的相关事项

(1)与上年度财务报告相比，会计政策、会计估计和核算方法发生变化的情况说明

不适用

(2)报告期内发生重大会计差错更正需追溯重述的情况说明

不适用

(3)与上年度财务报告相比，合并报表范围发生变化的情况说明

不适用

(4)董事会、监事会对会计师事务所本报告期"非标准审计报告"的说明

不适用

江苏法尔胜股份有限公司董事会

董事长：蒋纬球

2014年3月26日

上海良信电器股份有限公司

上海良信电器股份有限公司首次公开发行股票上市公告书

第一节 重要声明与提示

一、上海良信电器股份有限公司(以下简称"良信电器"、"发行人"、"公司"或"本公司")及全体董事、监事、高级管理人员保证上市公告书的真实性、准确性、完整性,承诺上市公告书不存在虚假记载、误导性陈述或重大遗漏,并承担个别和连带的法律责任。

二、深圳证券交易所、其他政府机关对本公司股票上市及有关事项的意见,均不表明对本公司的任何保证。

三、本公司提醒广大投资者注意,凡本上市公告书未涉及的有关内容,请投资者查阅刊载于巨潮网站(www.cninfo.com.cn)的本公司首次公开发行股票招股说明书全文。

四、发行人及其实际控制人、董事、监事、高级管理人员就首次公开发行股票并上市作出的重要承诺及说明

(一)本次发行前,公司股东所持股份的流通限制及股东对所持股份自愿锁定的承诺如下:

公司实际控制人任思龙、樊剑军、杨成青、陈平、丁发晖、刘宏光、任思荣、刘晓军、李遇春,从上述实际控制人受让股权的李加勇、卢生江、朱自立、牛振林、冯西平、陈礼生、王金贵、卜浩民、王建东、邵彦奇、吴铁良、甘咏梅、王伟、吴煜、邵博扬、李晨辉、何晓、刘德林,以及上海众为投资有限公司、上海众实投资有限公司承诺:自公司股票上市之日起三十六个月内,不转让或者委托他人管理其本次发行前已持有的公司股份,也不由公司收购该部分股份。

国泰君安创新投资有限公司承诺:自公司股票上市之日起十二个月内,不转让或者委托他人管理其本次发行前已持有的公司股份,也不由公司收购该部分股份。

作为公司董事、高管的任思龙、杨成青、樊剑军、陈平、丁发晖、刘晓军、卢生江以及作为监事的李加勇、王金贵还承诺在其任职期间每年转让的股份不超过其所持有本公司股份总数的百分之二十五;离职后半年内,不转让其所持有的本公司股份。

(二)关于减持价格及延长锁定期的承诺

公司实际控制人、持有发行人股份的董事和高级管理人员承诺:其所持公司公开发行股份前已发行的股份在锁定期期满后两年内减持,减持价格(指复权后的价格)不低于发行价;若在该期间内以低于发行价的价格减持其所持发行人公开发行股份前已发行的股份,减持所得收入归发行人所有。

公司上市后六个月内如公司股票连续二十个交易日的收盘价(指复权后的价格,下同)均低于发行价,或者上市后六个月期末收盘价低于发行价,其持有公司股票的锁定期限自动延长六个月。

(三)关于招股说明书存在虚假记载、误导性陈述或者重大遗漏方面的承诺公司承诺,若公司为公开发行股票并上市制作的招股说明书存在虚假记载、误导性陈述或者重大遗漏,对判断公司是否符合法律规定的发行条件构成重大、实质影响的,在中国证监会对公司作出行政处罚决定之日起一个月内,公司将启动依法回购首次公开发行的全部新股的程序,公司将通过深圳证券交易所以发行价并加算银行同期存款利息回购首次公开发行的全部新股。公司实际控制人承诺,若公司未在承诺的期间内启动股份回购程序,公司实际控制人将积极督促公司履行承诺;若未督促,自中国证监会对公司做出行政处罚决定之日后第三十一日至公司回购股份的相关承诺履行完毕期间,公司实际控制人将不得行使投票表决权,并不得领取在上述期间所获得的发行人的分红。

公司实际控制人承诺,公司为首次公开发行股票并上市制作的招股说明书如果存在虚假记载、误导性陈述或者重大遗漏,对判断公司是否符合法律规定的发行条件构成重大、实质影响的,在中国证监会对公司作出行政处罚决定之日起三十日内,将以发行价加算银行同期存款利息依法购回首次公开发行时转让的限售股股份。若公司实际控制人未在前述规定时间内依法购回首次公开发行时转让的限售股股份,自中国证监会对公司做出行政处罚决定之日后第三十一日至购回股份的相关承诺履行完毕期间,公司实际控制人将不得行使投票表决权,并不得领取在上述期间所获得的发行人的分红。

发行人、发行人实际控制人及全体董事、监事、高级管理人员承诺若招股说明书存在虚假记载、误导性陈述或者重大遗漏,致使投资者在证券交易中遭受损失的,自赔偿责任成立之日起三十日内,将依法赔偿投资者损失。

发行人实际控制人承诺,若其未依法予以赔偿,自上述赔偿责任成立之日后第三十一日至其依法赔偿损失的相关承诺履行完毕,其将不得行使投票表决权,并不得领取在上述期间所获得的发行人的分红;若发行人未依法予以赔偿,发行人实际控制人将积极督促公司履行承诺;若未督促,自上述赔偿责任成立之日后第三十一日至公司依法赔偿损失的相关承诺履行完毕,其将不得行使投票表决权,并不得领取在上述期间所获得的发行人的分红。

发行人全体董事、监事和高级管理人员承诺,若其未依法予以赔偿,自上述赔偿责任成立之日后第三十一日至本人依法赔偿损失的相关承诺履行完毕,其将不得在发行人领取薪酬,持有发行人股份的董事和高级管理人员持有的股份不得转让;如在上述期间转让股份,转让所得归公司所有。

(四)稳定股价的预案

公司股票自正式挂牌上市之日起三年内,一旦出现连续二十个交易日股票收盘价均低于公司最近一期经审计的每股净资产之情形,公司将在上述条件成立之日起一个月内启动股份回购方案,回购价格不超过最近一期经审计的每股净资产,回购的资金总额不超过上一年度经审计的归属于母公司所有者的净利润;公司实际控制人、董事和高级管理人员将于上述条件成立之日起一个月内,共同通过深圳证券交易所系统以合法方式增持公司股票直至公司股价高于最近一期经审计的每股净资产。增持股票的金额不超过实际控制人、董事和高级管理人员上年度从公司领取的分红和上年度从公司领取的薪酬的合计值,具体增持股票的数量等事项将在启动股价稳定措施时提前公告。如未履行上述增持措施,公司实际控制人将不得领取当年分红,公司董事和高级管理人员将不得领取当年薪酬。公司承诺,对于未来新聘的董事、高级管理人员,将要求其履行公司发行上市时董事、高级管理人员已作出的相应承诺要求。

(五)公开发行前持股5%以上股东的持股意向及减持意向公司公开发行前持股5%以上的自然人股东均为公司实际控制人,为保持其对公司控制权及公司战略决策、日常经营的相对稳定性,在锁定期满且不违背限制条件下,上述股东除个人或有的投资、理财等财务安排需减持一定比例股票外,无其他减持意向。

上述自然人预计在锁定期满且不违背限制条件下,针对其持有的公司发行前已发行的股份,将根据《上市公司解除限售存量股份转让指导意见》等相关法规的规定,通过深交所竞价交易系统或大宗交易系统进行减持,第一年的减持比例不超过15%,且减持价格不低于发行价;第二年的减持比例不超过30%,且减持价格不低于发行价。

公司公开发行前持股5%以上的法人股东国泰君安创投的经营范围为股权投资、股权投资管理,在锁定期满后,根据其自身投资决策安排及公司股价情况,对其所持公司股票做出相应的减持安排。预计在锁定期满且不违背限制性条件下,针对本公司持有的发行人首次公开发行前已发行的股份(指扣除转由全国社会保障基金理事会持有的股份后的剩余股份,下同),将根据《上市公司解除限售存量股份转让指导意见》等相关法规的规定,通过深交所竞价交易系统或大宗交易系统进行减持;本公司第一年减持比例不超过本公司持有的发行人首次公开发行前已发行股份的60%,且减持价格不低于发行价;第二年减持剩余的全部股份,且减持价格不低于发行价。

上述股东均承诺,发行前已持有的公司股份将在锁定期满且不违背限制条件下进行减持,并于减持前3个交易日予以公告;若未履行公告程序,该次减持所得收入将归公司所有。

(六)其他承诺

(1)关于避免同业竞争的承诺

公司实际控制人任思龙等九人出具了《关于避免与上海良信电器股份有限公司出现同业竞争的承诺函》,就避免同业竞争问题,向发行人承诺如下:

1、本承诺人目前没有、将来也不直接或间接从事与发行人及其控股子公司现有及将来从事的业务构成同业竞争的任何活动,并愿意对违反上述承诺而给发行人造成的经济损失承担赔偿责任。

2、对于本承诺人直接和间接控股的其他企业,本承诺人将通过派出机构和人员(包括但不限于董事、总经理等)以及本承诺人在该等企业中的控股地位,保证该等企业履行本承诺函中与本承诺人相同的义务,保证该等企业不与发行人进行同业竞争。如果本承诺人所投资的全资、控股、参股企业从事的业务与发行人形成同业竞争或者潜在同业竞争情况的,本承诺人同意通过合法有效方式,将与该等业务相关的股权或资产,纳入发行人经营或控制范围以消除同业竞争的情形;发行人并有权随时要求本承诺人出让在该等企业中的全部股份,本承诺人给予发行人对该等股权在同等条件下的优先购买权,并将确保有关交易价格的公平合理。

3、本承诺人承诺如从第三方获得的任何商业机会与发行人经营的业务存在竞争或潜在竞争,将立即通知发行人,本承诺人承诺采用任何其他可以被监管部门所认可的方案,以最终排除本承诺人对该等商业机会所涉及资产/股权/业务之实际管理、运营权,从而避免与发行人形成同业竞争的情况。

4、本承诺人承诺，若因违反本承诺函的上述任何条款，而导致发行人遭受任何直接或者间接形成的经济损失的，本承诺人均将予以赔偿，并妥善处置全部后续事项。

(2)规范和减少关联交易的承诺

公司实际控制人任思龙等九人就避免关联交易问题，出具了《减少关联交易承诺函》，承诺如下：

1、本人按照证券监管法律、法规以及规范性文件所要求对关联方以及关联交易进行了完整、详尽披露。除已经披露的关联交易外，本人以及下属全资/控股子公司及其他可实际控制企业(以下简称“附属企业”)与良信电器之间现时不存在其他任何依照法律法规和中国证监会的有关规定应披露而未披露的关联交易；

2、在本人作为良信电器实际控制人期间，本人将尽量避免与良信电器之间产生关联交易事项，对于不可避免发生的关联业务往来或交易，将在平等、自愿的基础上，按照公平、公允和等价有偿的原则进行，交易价格将按照市场公认的合理价格确定。本人将严格遵守《上海良信电器股份有限公司章程》等规范性文件中关于关联交易事项的回避规定，所涉及的关联交易均将按照规定的决策程序进行，并将履行合法程序，及时对关联交易事项进行信息披露。本人承诺不会利用关联交易转移、输送利润，不会通过良信电器的经营决策权损害良信电器及其他股东的合法权益。

3、本人承诺不利用良信电器实际控制人及股东地位，损害良信电器及其他股东的合法利益。

4、本承诺人愿意对违反上述承诺而给发行人造成的经济损失承担全部赔偿责任。

五、中介机构的相关承诺

东吴证券股份有限公司承诺为上海良信电器股份有限公司首次公开发行股票并上市制作、出具的文件若存在虚假记载、误导性陈述或者重大遗漏，给投资者造成损失的，将依法赔偿投资者损失。

立信会计师事务所（特殊普通合伙）承诺如其为上海良信电器股份有限公司首次公开发行制作、出具的文件有虚假记载、误导性陈述或者重大遗漏，给投资者造成损失的，将依法与发行人及其他中介机构承担连带赔偿责任。

国浩律师(上海)事务所承诺如其在本次发行工作期间未勤勉尽责，导致国浩所制作、出具的文件对重大事件作出违背事实真相的虚假记载、误导性陈述，或在披露信息时发生重大遗漏，导致发行人不符合法律规定的发行条件，造成投资者直接经济损失的，在该等违法事实被认定后，其将本着积极协商、切实保障投资者特别是中小投资者利益的原则，自行并督促发行人及其他责任方一并对投资者直接遭受的、可测算的经济损失，选择与投资者和解、通过第三方与投资者调解及设立投资者赔偿基金等方式进行赔偿。

六、本次发行方案

本次公开发行新股 2,154 万股，占发行后总股本的 25.006%。根据询价结果和募集资金投资项目的资金需求量，本次发行 2,154 万股全部为新股，不存在老股转让的情形。

七、本上市公告书已披露 2013 年度的主要会计数据及财务指标，该财务信息未经审计，敬请投资者注意。公司 2013 年度营业收入、归属于发行人股东的扣除非经常性损益后孰低的净利润分别较 2012 年度增长了 13.99%和 13.27%。公司预计 2014 年第一季度营业收入和净利润较 2013 年同期变动幅度在-10%~10%。

八、本公司提醒投资者充分了解股票上市初期的投资风险，理性参与新股交易。

第二节　股票上市情况

一、股票发行上市审批情况

本上市公告书是根据《中华人民共和国公司法》、《中华人民共和国证券法》和《首次公开发行股票并上市管理办法》及《深圳证券交易所股票上市规则》等国家有关法律、法规的规定，并按照《深圳证券交易所股票上市公告书内容与格式指引(2013 年 12 月修订)》编制，旨在向投资者提供有关本公司首次公开发行股票并上市的基本情况。

经中国证券监督管理委员会“证监许可[2013]1663 号”文核准，本公司首次公开发行新股不超过 2,154 万股，公司股东公开发售股份不超过 670 万股，本次公开发行股票总量不超过 2,154 万股。本次发行采用网下向配售对象询价配售(以下简称“网下配售”)和网上向社会公众投资者定价发行(以下简称“网上发行”)相结合的方式，根据询价结果和募集资金投资项目的资金需求量，本次公开发行新股 2,154 万股，占发行后总股本的 25.006%，不进行老股转让。其中，网下配售 861.60 万股，网上发行 1,292.40 万股，发行价格为 19.10 元/股。

经深圳证券交易所《关于上海良信电器股份有限公司人民币普通股股票上市的通知》(深证上[2014]23 号)同意，公司发行的人民币普通股股票在深圳证券交易所上市，股票简称“良信电器”，股票代码“002706”；本次公开发行的 2,154 万股股票将于 2014 年 1 月 21 日起上市交易。

公司本次发行的招股意向书、招股说明书全文及相关备查文件可以在巨潮网站(www.cninfo.com.cn)查询。公司招股意向书及招股说明书的披露距今不足一个月，故与其重复的内容不再重述，敬请投资者查阅上述内容。

二、公司股票上市概况

(一)上市地点：深圳证券交易所

(二)上市时间：2014 年 1 月 21 日

(三)股票简称：良信电器

(四)股票代码：002706

(五)首次公开发行后总股本：8,614 万股

(六)首次公开发行股票数量：2,154 万股

(七)发行前股东所持股份的流通限制及期限：根据《公司法》的有关规定，公司公开发行股份前已发行的股份，自公司股票在证券交易所上市交易之日起一年内不得转让。

(八)发行前股东对所持股份自愿锁定的承诺：具体情况详见本上市公告书“第一节重要声明与提示”。

(九)本次上市股份的其他锁定安排：无。

(十)本次上市的无流通限制及锁定安排的股份：本次公开发行的 2,154 万股股票无流通限制及锁定安排。

(十一)公司股份可上市交易日期：

股份类别	公开发行前		公开发行后		可上市交易时间
	持股数（万股）	持股比例(%)	持股数（万股）	持股比例(%)	(非交易日顺延)
一、首次公开发行前已发行的股份					
任思龙	853.5312	13.213	853.5312	9.909	2017 年 1 月 21 日
樊剑军	569.0192	8.808	569.0192	6.606	2017 年 1 月 21 日
杨成青	569.0192	8.808	569.0192	6.606	2017 年 1 月 21 日
陈　平	569.0192	8.808	569.0192	6.606	2017 年 1 月 21 日
丁发晖	569.0192	8.808	569.0192	6.606	2017 年 1 月 21 日
刘宏光	569.0192	8.808	569.0192	6.606	2017 年 1 月 21 日
国泰君安创投	518.0000	8.019	302.6000	3.513	2015 年 1 月 21 日
全国社会保障基金理事会	–	–	215.4000	2.501	2015 年 1 月 21 日
任思荣	504.9539	7.817	504.9539	5.862	2017 年 1 月 21 日
刘晓军	197.2616	3.054	197.2616	2.290	2017 年 1 月 21 日
李加勇	190.8740	2.955	190.8740	2.216	2017 年 1 月 21 日
卢生江	160.4926	2.484	160.4926	1.863	2017 年 1 月 21 日
众实投资	123.0000	1.904	123.0000	1.428	2017 年 1 月 21 日
朱自立	120.0000	1.858	120.0000	1.393	2017 年 1 月 21 日
牛振林	120.0000	1.858	120.0000	1.393	2017 年 1 月 21 日
众为投资	119.0000	1.842	119.0000	1.381	2017 年 1 月 21 日
冯西平	117.5795	1.820	117.5795	1.365	2017 年 1 月 21 日
陈礼生	117.5795	1.820	117.5795	1.365	2017 年 1 月 21 日
李遇春	114.8353	1.778	114.8353	1.333	2017 年 1 月 21 日
王金贵	64.0912	0.992	64.0912	0.744	2017 年 1 月 21 日
卜浩民	46.0512	0.713	46.0512	0.535	2017 年 1 月 21 日
王建东	42.0000	0.650	42.0000	0.488	2017 年 1 月 21 日
邵彦奇	40.9344	0.634	40.9344	0.475	2017 年 1 月 21 日
吴铁良	37.4766	0.580	37.4766	0.435	2017 年 1 月 21 日
甘咏梅	30.0000	0.464	30.0000	0.348	2017 年 1 月 21 日
王　伟	27.2430	0.422	27.2430	0.316	2017 年 1 月 21 日
吴　煜	24.0000	0.372	24.0000	0.279	2017 年 1 月 21 日
邵博扬	15.0000	0.232	15.0000	0.174	2017 年 1 月 21 日
李晨辉	12.0000	0.186	12.0000	0.139	2017 年 1 月 21 日
何　晓	10.0000	0.155	10.0000	0.116	2017 年 1 月 21 日
刘德林	9.0000	0.139	9.0000	0.104	2017 年 1 月 21 日
小　计	6,460.00	100.00	6,460.00	74.994	
网下询价发行的股份	–	–	861.60	10.002	2014 年 1 月 21 日
网上定价发行的股份	–	–	1,292.40	15.004	2014 年 1 月 21 日
小　计	–	–	2,154.00	25.006	
合　计	6,460.00	100.00	8,614.00	100.00	

注：公司国有股东国泰君安创投将所持公司 215.4 万股股份(按本次公开发行 2,154 万股的 10%计算)转由全国社会保障基金理事会持有，全国社会保障基金理事会将承继原国有股东的禁售期义

务。

(十二)股票登记机构:中国证券登记结算有限责任公司深圳分公司

(十三)上市保荐机构:东吴证券股份有限公司

第三节 发行人、股东和实际控制人情况

一、公司基本情况

(一)中文名称:上海良信电器股份有限公司

(二)英文名称:ShanghaiLiangxinElectricalCo.,Ltd

(三)注册资本:8,614 万元(本次公开发行股票后)

(四)法定代表人:任思龙

(五)住所:上海市浦东新区衡安路 668 号第 4-8 幢

(六)经营范围:电器元件及成套设备的加工、制造,电器产品及配件的销售,机器设备的融物租赁,经营各类商品和技术的进出口(国家限定公司经营或禁止进出口的商品及技术除外)(涉及许可经营的凭许可证经营)

(七)主营业务:低压电器产品的研发、生产与销售

(八)所属行业:C38 电气机械和器材制造业

(九)电话:021-68586651

(十)传真:021-23025798

(十一)董事会秘书:刘晓军

(十二)公司电子邮箱:liuxiaojun@sh-liangxin.com

二、公司董事、监事、高级管理人员及其持有公司股票的情况

姓 名	职务	任职起止日期	直接持股数(万股)	间接持股数(万股)	通过何公司间接持股
任思龙	董事长、总裁	2012 年 9 月至 2015 年 9 月	853.5312	13.8833	众为投资
杨成青	副董事长、副总裁	2012 年 9 月至 2015 年 9 月	569.0192	9.2833	众实投资
樊剑军	副董事长	2012 年 9 月至 2015 年 9 月	569.0192	9.2833	众为投资
陈 平	董事	2012 年 9 月至 2015 年 9 月	569.0192	9.2833	众实投资
丁发晖	董事	2012 年 9 月至 2015 年 9 月	569.0192	9.2833	众为投资
何 斌	董事	2012 年 9 月至 2015 年 9 月	–	–	
陈德桂	独立董事	2012 年 9 月至 2015 年 9 月	–	–	
万如平	独立董事	2012 年 9 月至 2015 年 9 月	–	–	
刘正东	独立董事	2012 年 9 月至 2015 年 9 月	–	–	
李加勇	监事会主席	2012 年 9 月至 2015 年 9 月	190.8740	3.1500	众实投资
王金贵	监事	2012 年 9 月至 2015 年 9 月	64.0912	–	
韩 明	职工代表监事	2012 年 9 月至 2015 年 9 月	–	–	
卢生江	副总裁、财务总监	2012 年 9 月至 2015 年 9 月	160.4926	–	
刘晓军	副总裁、董事会秘书	2012 年 9 月至 2015 年 9 月	197.2616	3.2167	众为投资
	合计		3,742.3274	57.3832	

三、控股股东及实际控制人情况

(一)控股股东及实际控制人情况简介

任思龙、杨成青、樊剑军、陈平、丁发晖、刘宏光、任思荣、刘晓军、李遇春九位签订一致行动协议的自然人为公司实际控制人。

任思龙:男,1962 年 4 月出生,身份证号码:62050219620408****,中国籍,大学本科,中欧国际工商学院 EMBA。1983-1999 年在天水 213 机床电器厂工作,先后担任技术员、研究所所长、副厂长,1999 年至今在本公司工作,曾担任监事、现担任公司董事长兼总裁。1994 年荣获机电部"部级优秀科技青年"称号;2007 年担任中国电器工业协会通用低压电器分会常务理事,2008 年被评为"浦东新区外高桥功能区优秀企业家",2010 年担任上海电器行业协会第六届理事会理事、副会长。

杨成青:男,1965 年 8 月出生,身份证号码:62040219650810****,中国籍,大学本科,中欧国际工商学院 EMBA。1988-1999 年在天水 213 机床电器厂工作,先后担任技术员、质量科副科长,1999 年至今在本公司工作,先后担任销售经理、生产经理、营销总监,现担任公司副董事长兼副总裁。

樊剑军:男,1966 年 6 月出生,身份证号码:21010619660611****,中国籍,大学本科,复旦大学工商管理学院 EMBA,1991-1999 年在天水 213 机床电器厂工作,先后担任设计员、天水 213 西安公司生产技术主管,1999 年至今在本公司工作,先后担任技术部经理、制造部经理、事业部总监,现担任公司副董事长。

陈平:男,1967 年 12 月出生,身份证号码:62010319671205****,中国籍,大学本科,复旦大学工商管理学院 EMBA,1991-1999 年在天水 213 机床电器厂工作,先后担任设计员、产品研发主任,1999 年至今在本公司工作,先后担任技术部经理、营销部经理、工控事业部总监,现担任公司研发总监、董事、总裁助理。2007 年 6 月至今任上海市浦东新区知识产权保护协会第一届理事会理事、副会长,2008 年 4 月至今任全国低压电器标准化技术委员会(SAC/TC189)委员。

丁发晖:男,1967 年 10 月出生,身份证号码:62010219671020****,中国籍,大学专科,1992-2000 年 3 月在天水 213 机床电器厂工作,先后担任设计员、深圳天庆电器实业有限公司销售经理,2000 年 4 月至今在本公司工作,先后担任营销经理、品质经理、营销总监,现担任公司董事,兼任公司总裁助理。

刘宏光,男,1972 年 7 月出生,身份证号码:62050219720724****,中国国籍,无境外永久居留权,大学专科,1992—1999 年在天水 213 机床电器厂工作,先后担任业务主办、天水 213 厂西安公司财务主管,1999 年至今在公司工作,先后担任营销经理、企业发展总监、董事、总裁助理。

任思荣,女,1957 年 12 月出生,身份证号码:23102619571226****,中国国籍,无境外永久居留权,住所为上海市浦东新区船舶新村。

刘晓军:男,1972 年 9 月出生,身份证号码:62010519720928****,中国籍,无境外永久居留权,大学本科,中欧国际工商学院 EMBA。1994-1999 年在天水 213 机床电器厂工作,先后担任成本会计、价格管理组组长,2000 年至今在本公司工作,先后担任企业管理部经理、财务部经理,总裁办主任,现担任公司副总裁、董事会秘书。

李遇春,男,1974 年 3 月出生,身份证号码:62010519740309****,中国籍,无境外永久居留权,大学本科。1996-1999 年在天水 213 机床电器厂工作,任技术员,1999 年至今在本公司工作,现担任公司研发中心工控产品部经理。

(二)公司控股股东、实际控制人控制的其他企业的情况简介

除本公司外,公司实际控制人中任思龙、樊剑军、丁发晖和刘晓军为众为投资的股东,杨成青、陈平、刘宏光为众实投资的股东,任思龙为众为投资、众实投资的董事长。除此以外,公司实际控制人未投资或控制其他企业。

四、发行后前十名股东持有公司股份情况

公司本次发行结束后上市前的股东总数为 22,343 名,其中前十名股东的持股情况如下:

序号	股东名称	持股数量(万股)	持股比例(%)
1	任思龙	853.5312	9.909
2	樊剑军	569.0192	6.606
3	杨成青	569.0192	6.606
4	陈 平	569.0192	6.606
5	丁发晖	569.0192	6.606
6	刘宏光	569.0192	6.606
7	任思荣	504.9539	5.862
8	国泰君安创投	302.6000	3.513
9	全国社会保障基金理事会转持三户	215.4000	2.501
10	刘晓军	197.2616	2.290
	合计	4,918.8427	57.105

第四节 股票发行情况

一、发行数量

本次公开发行新股 2,154 万股,不存在老股转让的情形。其中,网下向配售对象询价配售股票数量为 861.60 万股,占本次发行总量的 40.00%;网上向社会公众投资者定价发行股票数量为 1,292.40 万股,占本次发行总量的 60.00%。

二、发行价格

本次公开发行的价格为 19.10 元/股,对应的市盈率为:

1、18.48 倍(每股收益按 2012 年度经审计的扣除非经常性损益前后孰低的净利润除以本次发行前总股本计算);

2、24.64 倍(每股收益按 2012 年度经审计的扣除非经常性损益前后孰低的净利润除以本次发行后总股本计算)。

三、发行方式及认购情况

本次发行采用网下向询价对象配售与网上向社会公众投资者定价发行相结合的方式。其中,网下向配售对象询价配售股票数量为 861.60 万股,有效申购数量为 5,363.20 万股,有效申购获得配售的比例为 16.065%,有效申购倍数为 6.22 倍;网上定价发行股票数量为 1,292.40 万股,中签率为 1.4257583029%,超额认购倍数为 70 倍。本次网下发行与网上发行均不存在余股。

四、募集资金总额及注册会计师对资金到位的验证情况

本次发行募集资金总额为41,141.40万元。

立信会计师事务所(特殊普通合伙)对公司首次公开发行股票的资金到位情况实施了验证,出具了"信会师报字(2014)第110020号"《验资报告》。

五、发行费用

项目	金额(万元)
承销费用	1,234.24
保荐费用	1,311.41
注册会计师费用	433.00
律师费用	180.00
发行手续、信息披露费用	382.43
合计	3,541.08

每股发行费用:1.64元/股。(每股发行费用=发行费用总额/本次发行股本)

六、发行人募集资金净额及发行前公司股东转让股份资金净额

公司本次公开发行募集资金净额为37,600.32万元,发行前公司股东未转让老股。

七、发行后每股净资产

本次发行后每股净资产为8.27元。(按公司截至2013年6月30日经审计后的净资产值加上本次募集资金净额除以发行后总股本计算)

八、发行后每股收益

本次发行后每股收益为0.78元。(按2012年度经审计的扣除非经常性损益前后孰低的归属于本公司股东的净利润除以本次发行后的总股本计算)

第五节 财务会计资料

本上市公告书中披露的2013年度的财务数据仅为初步核算数据,未经审计,与上市后披露的年度报告中最终数据可能存在差异,请投资者注意投资风险。

一、主要会计数据及财务指标

项目	2013.12.31	2012.12.31	本年末比上年末增减(%)
流动资产(元)	412,000,868.74	365,684,344.91	12.67
流动负债(元)	206,884,668.88	196,164,073.32	5.47
总资产(元)	612,545,404.36	492,556,496.46	24.36
归属于发行人股东的所有者权益(元)	376,935,860.48	295,879,048.14	27.40
归属于发行人股东的每股净资产(元/股)	5.83	4.58	27.40
项目	2013年度	2012年度	本年比上年同期增减(%)
营业总收入(元)	683,849,232.77	599,906,068.30	13.99
营业利润(元)	87,963,540.39	79,555,948.18	10.57
利润总额(元)	94,346,790.09	87,194,236.56	8.20
归属于发行人股东的净利润(元)	81,056,812.34	73,264,823.13	10.64
归属于发行人股东的扣除非经常性损益后的净利润(元)	75,631,050.10	66,772,278.01	13.27
基本每股收益(元/股)	1.25	1.13	10.64
扣除非经常性损益后的基本每股收益(元/股)	1.17	1.03	13.27
加权平均净资产收益率(%)	24.09	28.26	-4.17
扣除非经常性损益后的加权净资产收益率(%)	22.48	25.76	-3.28
经营活动产生的现金流量净额(元)	69,924,905.84	88,727,801.89	-21.19
每股经营活动产生的现金流量净额(元)	1.08	1.37	-21.19

注:净资产收益率和扣除非经常性损益后的净资产收益率两个指标的本年比上年同期增减为两期数的差值。

二、经营业绩和财务状况的简要说明

公司2013年度主要会计数据及财务指标较2012年度未发生重大变化。随着品牌知名度的逐步提高、市场开拓能力的不断增强和研发投入的持续加大,2013年度公司经营情况良好,营业收入、归属于发行人股东的扣除非经常性损益后孰低的净利润分别较2012年度增长了13.99%和13.27%。

公司2013年第一季度营业收入为1.16亿元,净利润为1,300万元(未经审计)。考虑春节放假因素的影响,预计2014年第一季度营业收入和净利润较2013年同期变动幅度在-10%~10%之间。

第六节 其他重要事项

本公司自2014年1月2日刊登首次公开发行股票招股意向书至本上市公告书刊登前,没有发生可能对公司有较大影响的重要事项,具体如下:

(一)本公司主营业务目标进展情况正常;

(二)本公司生产经营情况、外部条件或生产环境未发生重大变化;

(三)本公司未订立,可能对发行人的资产、负债、权益和经营成果产生重大影响的重要合同;

(四)本公司未发生重大关联交易事项,资金未被关联方非经营性占用;

(五)本公司未发生重大投资行为;

(六)本公司未发生重大资产(或股权)购买、出售及置换行为;

(七)本公司住所未变更;

(八)本公司董事、监事、高级管理人员及核心技术人员未发生变化;

(九)本公司未发生重大诉讼、仲裁事项;

(十)本公司未发生对外担保等或有事项;

(十一)本公司财务状况和经营成果未发生重大变化;

(十二)本公司未召开董事会、监事会和股东大会;

(十三)本公司无其他应披露的重大事项。

第七节 上市保荐机构及其意见

一、上市保荐机构情况

保荐机构(主承销商):东吴证券股份有限公司

法定代表人:吴永敏

住所:江苏省苏州工业园区星阳街5号

电话:(0512)62938558

传真:(0512)62938500

保荐代表人:杨伟、潘瑶

联系人:朱国柱

二、上市保荐机构的推荐意见

上市保荐机构东吴证券股份有限公司已向深圳证券交易所提交了《东吴证券股份有限公司关于上海良信电器股份有限公司股票上市保荐书》,东吴证券股份有限公司的推荐意见如下:

东吴证券认为良信电器申请其股票上市符合《中华人民共和国公司法》、《中华人民共和国证券法》及《深圳证券交易所股票上市规则》等有关规定,良信电器股票具备在深圳证券交易所上市的条件。东吴证券同意推荐良信电器的股票在深圳证券交易所上市交易,并承担相关保荐责任。

上海良信电器股份有限公司

2014年1月16日

山东龙大肉食品股份有限公司

山东龙大肉食品股份有限公司首次公开发行股票上市公告书

特别提示

本公司股票将于2014年6月26日在深圳证券交易所上市。本公司提醒投资者应充分了解股票市场风险及本公司披露的风险因素，在新股上市初期切忌盲目跟风“炒新”，应当审慎决策、理性投资。

第一节　重要声明与提示

山东龙大肉食品股份有限公司(以下简称“龙大肉食”、“公司”、“本公司”或“发行人”)及全体董事、监事、高级管理人员保证上市公告书的真实性、准确性、完整性，承诺上市公告书不存在虚假记载、误导性陈述或重大遗漏，并承担个别和连带的法律责任。

证券交易所、其他政府机关对本公司股票上市及有关事项的意见，均不表明对本公司的任何保证。

本公司提醒广大投资者注意，凡本上市公告书未涉及的有关内容，请投资者查阅刊载于巨潮网站(http://www.cninfo.com.cn)的本公司招股说明书全文。

首次公开发行股票前，本公司、控股股东、实际控制人、董事、监事、高级管理人员等就首次公开发行股票上市作出的重要承诺及说明具体如下：

一、本次发行前股东所持股份的流通限制和自愿锁定股份的承诺

(一)实际控制人宫明杰、宫学斌承诺

宫明杰、宫学斌承诺如下：1、除在发行人首次公开发行股票时将持有的部分发行人老股公开发售外，自发行人股票上市之日起36个月内不转让或者委托他人管理本人已间接持有的发行人股份，也不由发行人回购该部分股份；2、上述股份锁定承诺期限届满后两年内有意向减持，减持价格不低于发行价(如遇除权除息，上述价格相应调整)，每年减持数量不超过发行人总股本的10%；3、发行人上市后6个月内如发行人股票连续20个交易日的收盘价均低于发行价，或者上市后6个月期末收盘价低于发行价，本人所持发行人股票的锁定期限自动延长6个月。

(二)控股股东龙大食品集团有限公司承诺

龙大集团承诺如下：1、除在发行人首次公开发行股票时根据发行人股东大会决议将持有的部分发行人老股公开发售外，自发行人股票上市之日起36个月内，不转让或者委托他人管理本次发行前本公司持有的发行人股份，也不由发行人回购该部分股份；2、上述股份锁定承诺期限届满后两年内有意向减持，减持价格不低于发行价(如遇除权除息，上述价格相应调整)，每年减持数量不超过发行人总股本的10%；3、发行人上市后6个月内如发行人股票连续20个交易日的收盘价均低于发行价，或者上市后6个月期末收盘价低于发行价，本公司所持发行人股票的锁定期限自动延长6个月。

(三)公司股东伊藤忠(中国)集团有限公司承诺

伊藤忠(中国)承诺如下：1、严格遵守《深圳证券交易所上市规则》的有关规定，自发行人股票上市之日起36个月内，不转让或者委托他人管理本次发行前本公司直接或间接持有的发行人股份，也不由发行人回购该部分股份；2、本公司所持发行人股份在锁定期届满后两年内有意向减持，减持股份应符合相关法律法规及深圳证券交易所规则要求，减持方式包括二级市场集中竞价交易、大宗交易等深圳证券交易所认可的合法方式，减持价格不低于首次公开发行股票的发行价格的80%，每年减持数量不超过其持有的发行人股份的25%。

(四)公司股东莱阳银龙投资有限公司承诺

银龙投资承诺如下：1、除在发行人首次公开发行股票时根据发行人股东大会决议将持有的部分发行人老股公开发售外，自发行人股票上市之日起36个月内，不转让或者委托他人管理本次发行前本公司持有的发行人股份，也不由发行人回购该部分股份；2、上述股份锁定承诺期限届满后两年内有意向减持，减持价格不低于发行价(如遇除权除息，上述价格相应调整)，每年减持数量不超过本公司持有发行人股份的25%。

(五)董事、监事、高级管理人员的承诺

1、持有发行人股份的董事、高级管理人员同时承诺如下：(1)本人直接或间接所持发行人股份自锁定承诺期限届满后，在担任发行人董事/高级管理人员期间每年转让的股份不超过本人直接或间接持有发行人股份总数的25%；不再担任上述职务后半年内，不转让本人持有的发行人股份。本人申报离任6个月后的12个月内通过深圳证券交易所挂牌交易出售发行人股票数量占本人所持有发行人股票总数(包括有限售条件和无限售条件的股份)的比例不超过50%；(2)本人直接或间接所持发行人股份在锁定期满后两年内减持的，减持价格不低于发行价(如遇除权除息，上述价格相应调整)；如超过上述期限本人拟减持发行人股份的，本人承诺将依法按照《公司法》、《证券法》、中国证监会及深圳证券交易所相关规定办理；(3)发行人上市后6个月内如发行人股票连续20个交易日的收盘价均低于发行价，或者上市后6个月期末收盘价低于发行价，本人直接或间接所持发行人股票的锁定期限自动延长6个月；(4)本人不会因职务变更、离职等原因而拒绝履行上述承诺。若本人因未履行上述股份锁定承诺而获得收入的，所得收入归发行人所有，本人将在获得收入的5日内将前述收入支付给发行人指定账户；如果因本人未履行上述承诺事项给发行人或者其他投资者造成损失的，本人将向发行人或者其他投资者依法承担赔偿责任。

2、持有发行人股份的监事承诺如下：(1)本人直接或间接所持发行人股份自锁定承诺期限届满后，在担任发行人监事期间每年转让的股份不超过本人直接或间接持有发行人股份总数的25%；不再担任上述职务后半年内，不转让本人持有的发行人股份。本人申报离任6个月后的12个月内通过深圳证券交易所挂牌交易出售发行人股票数量占本人所持有发行人股票总数(包括有限售条件和无限售条件的股份)的比例不超过50%；(2)本人直接或间接所持发行人股份在锁定期满后两年内减持的，减持价格不低于发行价(如遇除权除息，上述价格相应调整)；如超过上述期限本人拟减持发行人股份的，本人承诺将依法按照《公司法》、《证券法》、中国证监会及深圳证券交易所相关规定办理；(3)本人不会因职务变更、离职等原因而拒绝履行上述承诺。若本人因未履行上述股份锁定承诺而获得收入的，所得收入归发行人所有，本人将在获得收入的5日内将前述收入支付给发行人指定账户；如果因本人未履行上述承诺事项给发行人或者其他投资者造成损失的，本人将向发行人或者其他投资者依法承担赔偿责任。

二、关于公司上市后三年内稳定股价预案及相应约束措施

(一)公司关于上市后三年内稳定股价的预案

1、启动股价稳定措施的触发条件

本公司股票自挂牌上市之日起三年内，一旦出现连续20个交易日本公司股票收盘价均低于本公司上一个会计年度末经审计的每股净资产(每股净资产=合并财务报表中归属于母公司普通股股东权益合计数÷年末公司股份总数，下同)情形时(若因除权除息等事项致使上述股票收盘价与本公司上一会计年度末经审计的每股净资产不具可比性的，上述股票收盘价应做相应调整)，本公司将启动稳定股价措施。

2、稳定股价的具体措施

(1)公司为稳定股价之目的回购股份，应符合《上市公司回购社会公众股份管理办法(试行)》及《关于上市公司以集中竞价交易方式回购股份的补充规定》等相关法律、法规的规定，且不应导致公司股权分布不符合上市条件。

(2)公司股东大会对回购股份做出决议，须经出席会议的股东所持表决权的三分之二以上通过。

(3)公司为稳定股价之目的进行股份回购的，除应符合相关法律法规之要求之外，还应符合下列各项：

①公司用于回购股份的资金总额累计不超过公司首次公开发行新股所募集资金的总额；

②公司回购股份的价格不超过上一个会计年度经审计的每股净资产；

③单次用于回购股份的资金金额不高于上一个会计年度经审计的归属于母公司股东净利润的20%；单一会计年度用以稳定股价的回购资金合计不超过上一会计年度经审计的归属于母公司股东净利润的50%，超过上述标准的，有关稳定股价措施在当年度不再继续实施，但如下一年度继续出现需启动稳定股价措施的情形时，公司将继续按照上述原则执行稳定股价预案；

④公司董事会公告回购股份预案后，公司股票若连续5个交易日收盘价超过每股净资产时，公司董事会可以做出决议终止回购股份事宜；

⑤若实施上述股份回购措施可能导致本公司的股权分布不符合上市条件，为维护上市公司地位不受影响，本公司董事会将根据法律、法规及《公司章程》的规定，视情况采取资本公积转增股本以使公司股本总额达到4亿股以上。

3、稳定股价措施的启动程序

本公司将依据法律、法规及公司章程的规定，在上述条件成就之日起10个交易日内召开董事会讨论稳定股价方案，并提交股东大会审议。具体实施方案将在稳定股价措施的启动条件成就时，本公司依法召开董事会、股东大会做出股份回购决议后公告。

在股东大会审议通过股份回购方案后，本公司将依法通知债权人，并向证券监督管理部门、证

券交易所等主管部门报送相关材料，办理审批或备案手续。

4、约束措施

在启动股价稳定措施的前提条件满足时，如本公司未采取上述稳定股价的具体措施，本公司将在股东大会及中国证监会指定报刊上公开说明未采取稳定股价措施的具体原因并向股东和社会公众投资者道歉。如非因不可抗力导致，给投资者造成损失的，公司将向投资者依法承担赔偿责任，并按照法律、法规及相关监管机构的要求承担相应的责任；如因不可抗力导致，应尽快研究将投资者利益损失降低到最小的处理方案，并提交股东大会审议，尽可能地保护公司投资者利益。

自本公司股票挂牌上市之日起三年内，若本公司新聘任董事、高级管理人员的，本公司将要求该等新聘任的董事、高级管理人员履行本公司上市时董事、高级管理人员已作出的相应承诺。

(二)控股股东关于上市后三年内稳定股价的预案

1、启动股价稳定措施的触发条件

发行人股票挂牌上市之日起三年内，一旦出现连续20个交易日发行人股票收盘价均低于其上一个会计年度末经审计的每股净资产（每股净资产=合并财务报表中归属于母公司普通股股东权益合计数÷年末公司股份总数，下同）情形时(若因除权除息等事项致使上述股票收盘价与发行人上一会计年度末经审计的每股净资产不具可比性的，上述股票收盘价应做相应调整)，本公司将启动稳定股价措施。

2、稳定股价的具体措施

(1)本公司应在符合《上市公司收购管理办法》等法律法规的条件和要求的前提下，对发行人股票进行增持。

(2)本公司增持发行人股份的价格不高于发行人上一会计年度经审计的每股净资产。

(3)单次用于增持股份的资金金额不低于公司自发行人上市后累计从发行人所获得的现金分红的20%，单一年度用以稳定股价的增持资金不超过自发行人上市后本公司累计从发行人所获得现金分红金额的50%。超过上述标准的，有关稳定股价措施在当年度不再继续实施。但如下一年度继续出现需启动稳定股价措施的情形时，本公司将继续按照上述原则执行稳定股价预案。下一年度触发股价稳定措施时，以前年度已经用于稳定股价的增持资金额不再计入累计现金分红金额。

(4)如发行人在上述需启动股价稳定措施的条件触发后启动了股价稳定措施，本公司可选择与发行人同时启动股价稳定措施或在发行人措施实施完毕(以发行人公告的实施完毕日为准)后其股票收盘价仍低于上一个会计年度末经审计的每股净资产时再行启动上述措施。如发行人实施股价稳定措施后其股票收盘价已不再符合需启动股价稳定措施条件的，本公司可不再继续实施上述股价稳定措施。

(5)若实施上述股份回购措施可能导致发行人的股权分布不符合上市条件，为维护上市公司地位不受影响，本公司将利用控股股东身份，促成发行人董事会、股东大会根据法律、法规及《公司章程》的规定，视情况采取资本公积转增股本以使公司股本总额达到4亿股以上，并在该等董事会、股东大会相关议案上投赞成票。

3、稳定股价措施的启动程序

在启动股价稳定措施的前提条件满足时，本公司将以增持发行人股份的方式稳定股价。本公司将在有关股价稳定措施启动条件成就后10个交易日内提出增持发行人股份的方案(包括拟增持股份的数量、价格区间、时间等)，在3个交易日内通知发行人，发行人应按照相关规定披露本公司增持股份的计划。在发行人披露本公司增持发行人股份计划的3个交易日后，本公司将按照方案开始实施增持发行人股份的计划。

4、约束措施

本公司承诺，在启动股价稳定措施的前提条件满足时，如本公司未按照上述预案采取稳定股价的具体措施，将在发行人股东大会及中国证监会指定报刊上公开说明未采取上述稳定股价措施的具体原因并向发行人股东和社会公众投资者道歉；如果本公司未履行上述承诺的，将在前述事项发生之日起停止在发行人处领取股东分红，同时本公司持有的发行人股份将不得转让，直至本公司按上述预案的规定采取相应的稳定股价措施并实施完毕时为止。

(三)公司董事和高级管理人员关于上市后三年内稳定股价的预案

1、启动股价稳定措施的触发条件

发行人股票挂牌上市之日起三年内，一旦出现连续20个交易日发行人股票收盘价均低于其上一个会计年度末经审计的每股净资产（每股净资产=合并财务报表中归属于母公司普通股股东权益合计数÷年末公司股份总数，下同）情形时(若因除权除息等事项致使上述股票收盘价与发行人上一会计年度末经审计的每股净资产不具可比性的，上述股票收盘价应做相应调整)，本人将启动稳定股价措施。

2、稳定股价的具体措施

(1)为稳定公司股价之目的，本人应在符合《上市公司收购管理办法》及《上市公司董事、监事和高级管理人员所持本公司股份及其变动管理规则》等法律法规的条件和要求且不应导致公司股权分布不符合上市条件的前提下，对公司股票进行增持。

(2)本人通过二级市场以竞价交易方式买入发行人股份的，买入价格不高于发行人上一会计年度经审计的每股净资产。

(3)本人单次用于购买股份的资金金额不少于本人在担任董事/高级管理人员职务期间上一会计年度从发行人处领取的税后薪酬累计额的20%，单一年度用以稳定股价所动用的资金应不超过其在担任董事/高级管理人员职务期间上一会计年度从发行人处领取的税后薪酬累计额的50%。超过上述标准的，有关稳定股价措施在当年度不再继续实施。但如下一年度继续出现需启动稳定股价措施的情形时，将继续按照上述原则执行稳定股价预案。

(4)独立董事在实施上述稳定股价预案时，应以实施股价稳定措施后其仍符合中国证监会、深圳证券交易所及公司章程所规定和要求的独立性为前提。

3、稳定股价措施的启动程序

本人应在发行人出现需要采取股价稳定措施的情形之日起10个交易日内，就其增持发行人股票的具体计划书面通知发行人并由发行人进行公告，本人将通过二级市场以竞价交易方式买入发行人股份以稳定发行人股价，发行人应按照相关规定披露本人买入公司股份的计划。在发行人披露本人买入发行人股份计划的3个交易日后，本人将按照方案开始实施买入发行人股份的计划。

4、约束措施

本人承诺，在启动股价稳定措施的前提条件满足时，如本人未采取上述稳定股价的具体措施，将在发行人股东大会及中国证监会指定报刊上公开说明未采取上述稳定股价措施的具体原因并向发行人股东和社会公众投资者道歉；如果本人未采取上述稳定股价的具体措施的，则本人将在前述事项发生之日起5个工作日内停止在发行人处领取薪酬及股东分红(如有)，同时本人持有的发行人股份(如有)不得转让，直至本人按上述预案内容的规定采取相应的股价稳定措施并实施完毕时为止。

三、关于因信息披露重大违规回购新股、购回股份、赔偿损失承诺及相应约束措施

(一)发行人关于因信息披露重大违规回购新股、购回股份、赔偿损失承诺及相应约束措施

1、承诺

经公司2013年度股东大会审议通过，公司承诺：如本公司招股说明书有虚假记载、误导性陈述或者重大遗漏，对判断本公司是否符合法律规定的发行条件构成重大、实质影响的，本公司将依法回购首次公开发行的全部新股。本公司将在中国证监会认定有关违法事实的当日进行公告，并在15个交易日内启动回购事项，采用二级市场集中竞价交易、大宗交易、协议转让或要约收购等方式回购首次公开发行股票时本公司公开发行的股份。本公司承诺按市场价格且不低于发行价格进行回购，如因中国证监会认定有关违法事实导致公司启动股份回购措施时公司股票已经停牌，则回购价格为公司股票停牌前一个交易日平均交易价格(平均交易价格=当日总成交额/当日总成交量)且不低于发行价格。公司上市后发生除权除息事项的，上述回购价格及回购股份数量应做相应调整。

如本公司招股说明书有虚假记载、误导性陈述或者重大遗漏，致使投资者在证券交易中遭受损失的，将依法赔偿投资者损失。在该等违法事实被中国证监会、证券交易所或司法机关认定后，将本着简化程序、积极协商、先行赔付、切实保障投资者特别是中小投资者利益的原则，按照投资者直接遭受的可测算的经济损失选择与投资者和解、通过第三方与投资者调解及设立投资者赔偿基金等方式积极赔偿投资者由此遭受的直接经济损失。

2、约束措施

若本公司违反上述承诺，则将在股东大会及中国证监会指定报刊上公开就未履行上述赔偿措施向股东和社会公众投资者道歉，并按中国证监会及有关司法机关认定的实际损失向投资者进行赔偿。

(二)控股股东关于因信息披露重大违规回购新股、购回股份、赔偿损失承诺及相应约束措施

1、承诺

如发行人招股说明书有虚假记载、误导性陈述或者重大遗漏，对判断发行人是否符合法律规定的发行条件构成重大、实质影响的，本公司将督促发行人依法回购首次公开发行的全部新股，并且本公司将依法购回发行人首次公开发行股票时本公司公开发售的股份。本公司将在中国证监会认定有关违法事实的当日通过公司进行公告，并在上述事项认定后15个交易日内启动购回事项，采用二级市场集中竞价交易、大宗交易、协议转让或要约收购等方式购回发行人首次公开发行股票时本公司公开发售的股份。本公司承诺按市场价格且不低于发行价格进行回购，如因中国证监会认定有关违法事实导致公司启动股份回购措施时公司股票已经停牌，则回购价格为公司股票停牌前一个交易日平均交易价格(平均交易价格=当日总成交额/当日总成交量)且不低于发行价格。公司上市后发生除权除息事项的，上述购回价格及购回股份数量应做相应调整。

如发行人招股说明书有虚假记载、误导性陈述或者重大遗漏，致使投资者在证券交易中遭受损失的，本公司将依法赔偿投资者损失。在该等违法事实被中国证监会、证券交易所或司法机关认定后，将本着简化程序、积极协商、先行赔付、切实保障投资者特别是中小投资者利益的原则，按照投资者直接遭受的可测算的经济损失选择与投资者和解、通过第三方与投资者调解及设立投资者赔偿基金等方式积极赔偿投资者由此遭受的直接经济损失。

2、约束措施

若本公司违反上述承诺，则将在发行人股东大会及中国证监会指定报刊上公开就未履行上述赔偿措施向发行人股东和社会公众投资者道歉，并在违反上述承诺发生之日起 5 个工作日内，停止在发行人处领取股东分红，同时本公司持有的发行人股份将不得转让，直至本公司按上述承诺采取相应的购回或赔偿措施并实施完毕时为止。

（三）全体董事、监事、高级管理人员关于因信息披露重大违规回购新股、购回股份、赔偿损失承诺及相应约束措施

1、承诺

如发行人招股说明书有虚假记载、误导性陈述或者重大遗漏，致使投资者在证券交易中遭受损失的，本人将依法赔偿投资者损失。在该等违法事实被中国证监会、证券交易所或司法机关认定后，将本着简化程序、积极协商、先行赔付、切实保障投资者特别是中小投资者利益的原则，按照投资者直接遭受的可测算的经济损失选择与投资者和解、通过第三方与投资者调解及设立投资者赔偿基金等方式积极赔偿投资者由此遭受的直接经济损失。

2、约束措施

若本人违反上述承诺，则将在发行人股东大会及中国证监会指定报刊上公开就未履行上述赔偿措施向发行人股东和社会公众投资者道歉，并在违反上述赔偿措施发生之日起 5 个工作日内，停止在发行人处领取薪酬（或津贴）及股东分红（如有），同时本人持有的发行人股份（如有）将不得转让，直至本人按上述承诺采取相应的赔偿措施并实施完毕时为止。

四、公开发行前持股 5%以上股东的持股意向及减持意向及相应约束措施

（一）实际控制人

公司实际控制人宫明杰、宫学斌承诺：其所持股份锁定期限届满后两年内有意向减持，减持价格不低于发行价（如遇除权除息，上述价格相应调整），每年减持数量不超过发行人总股本的 10%。

若本人因未履行上述承诺而获得收入的，所得收入归发行人所有，本人将在获得收入的 5 日内将前述收入支付给发行人指定账户。如果因本人未履行上述承诺事项给发行人或者其他投资者造成损失的，本人将向发行人或者其他投资者依法承担赔偿责任。

（二）控股股东

公司控股股东龙大集团承诺：其所持股份锁定期限届满后两年内有意向减持，减持价格不低于发行价（如遇除权除息，上述价格相应调整），每年减持数量不超过发行人总股本的 10%。

若本公司因未履行上述承诺而获得收入的，所得收入归发行人所有，本公司将在获得收入的 5 日内将前述收入支付给发行人指定账户。如果因本公司未履行上述承诺事项给发行人或者其他投资者造成损失的，本公司将向发行人或者其他投资者依法承担赔偿责任。

（三）股东伊藤忠（中国）

公司股东伊藤忠（中国）承诺：本公司所持发行人股份在锁定期届满后两年内有意向减持，减持股份应符合相关法律法规及深圳证券交易所规则要求，减持方式包括二级市场集中竞价交易、大宗交易等深圳证券交易所认可的合法方式，减持价格不低于首次公开发行股票的发行价格的 80%，每年减持数量不超过其持有的发行人股份的 25%。

若本公司因未履行上述承诺而获得收入的，所得收入归发行人所有，本公司将在获得收入的 5 日内将前述收入支付给发行人指定账户。如果因本公司未履行上述承诺事项给发行人或者其他投资者造成损失的，本公司将向发行人或者其他投资者依法承担赔偿责任。

（四）股东银龙投资

公司股东银龙投资承诺：其所持股份锁定期限届满后两年内有意向减持，减持价格不低于发行价（如遇除权除息，上述价格相应调整），每年减持数量不超过本公司持有发行人股份的 25%。

若本公司因未履行上述承诺而获得收入的，所得收入归发行人所有，本公司将在获得收入的 5 日内将前述收入支付给发行人指定账户。如果因本公司未履行上述承诺事项给发行人或者其他投资者造成损失的，本公司将向发行人或者其他投资者依法承担赔偿责任。

五、关于避免同业竞争、利益冲突和规范关联交易的承诺

（一）避免同业竞争承诺

公司实际控制人宫明杰、宫学斌、公司控股股东龙大集团、公司股东银龙投资均已作出关于避免同业竞争的承诺，承诺不为发行人利益以外目的，从事任何与发行人构成竞争或可能构成竞争的产品生产或业务经营；在作为发行人股东期间，非为发行人利益之目的，将不直接从事与发行人相同或类似的产品生产及/或业务经营；不会投资于任何与发行人的产品生产及/或业务经营构成竞争或可能构成竞争的企业；将促使其控股或能够实际控制的企业不直接或间接从事、参与或进行与发行人的产品生产及/或业务经营相竞争的任何活动；其所参股的企业，如从事与发行人构成竞争的产品生产及/或业务经营，其将避免成为该等企业的控股股东或获得该等企业的实际控制权；如发行人此后进一步拓展产品或业务范围，其及/或控股企业将不与发行人拓展后的产品或业务相竞争，如构成或可能构成竞争，则其将亲自及/或促成控股企业采取措施，以按照最大限度符合发行人利益的方式退出该等竞争。

为了履行并保证实施上述承诺，公司实际控制人宫明杰、宫学斌、公司控股股东龙大集团、公司股东银龙投资承诺：若因违反该承诺而导致发行人遭受任何直接或者间接形成的经济损失的，其将给予发行人全额赔偿。

（二）避免利益冲突承诺

公司实际控制人宫明杰、宫学斌、控股股东龙大集团已作出避免利益冲突的承诺，承诺：

1、其及其控股或控制的企业（发行人及其控股或控制的企业除外）在开展业务时尽可能选择与发行人（包括发行人及其控股或控制的企业，以下同）不相同的业务合作方，以最大程度减少重复的业务合作方；

2、在与商场超市、广告宣传、物流供应商等业务合作方合作时，其及其控股或控制的企业（发行人及其控股或控制的企业除外）与发行人之间，不采取包括但不限于："先统一谈判，后分摊费用"、"先联合广告宣传，后分摊费用"等有损发行人独立性的方式开展业务；

3、发行人首次公开发行股票并上市后，不会以任何形式收购实际控制人或龙大集团控制的其他食品加工相关资产。

为了履行并保证实施上述承诺，发行人采取如下措施：发行人审计委员会（可聘请外部审计机构）每年须对发行人的商超渠道费用、广告费用、物流费用进行专项审核，针对《商超渠道费用管理制度》、《广告费用管理制度》、《物流费用管理制度》的执行情况、相关费用发生的真实性，发表明确意见，并将在年报中予以披露。

发行人将在年报中公开披露商超渠道费用明细、广告费用明细、物流费用明细，接受公众投资者监督，主要披露内容包括：

（1）商超渠道：年度商超销售收入和商超销售费用、前五名商超客户名称及其销售收入和销售费用；

（2）广告费用：年度广告费用总额、前五大广告代理商且不低于广告费用总额 50%的广告代理商名称、广告投放内容、广告费用；

（3）物流费用：年度物流费用总额、前五大物流提供商且不低于物流费总额 50%的物流提供商名称、物流费用。

公司实际控制人宫明杰、宫学斌、控股股东龙大集团承诺：若经发行人审计委员会聘请的会计师审核发现，发行人因与其及其控股或控制的企业（发行人及其控股或控制的企业除外）选择相同的业务合作方产生利益冲突，从而导致发行人利益受损，其将在确定该损失的审计报告出具后 10 日内向发行人支付损失金额两倍的现金赔偿，届时如其不履行该赔偿责任，则发行人可以在向控股股东龙大集团支付的分红中扣除。

若违反承诺由发行人以任何形式收购实际控制人或龙大集团控制的其他食品加工相关资产，从而导致发行人利益受损，其将给予发行人全额赔偿。

（三）避免或减少关联交易承诺

公司实际控制人宫明杰、宫学斌、公司控股股东龙大集团、公司股东伊藤忠（中国）、银龙投资、公司董事、监事、高级管理人员已作出关于避免或减少关联交易的承诺，承诺其及其控股或控制的企业（发行人及其控股或控制的企业除外）与发行人及其控股或控制的企业之间将尽可能地避免或减少关联交易；对于无法避免或者有合理原因而发生的关联交易，将遵循市场公正、公平、公开的原则，并依法签订协议，履行合法程序，按照有关法律法规、规则以及公司章程等有关规定履行信息披露义务和办理有关报批手续，保证不通过关联交易损害发行人及其他股东的合法权益。其及其控股或控制的企业（发行人及其控股或控制的企业除外）不向发行人拆借、占用发行人资金或采取由发行人代垫款、代偿债务等方式侵占发行人资金。为了履行并保证实施上述承诺，公司实际控制人宫明杰、宫学斌、公司控股股东龙大集团、公司股东伊藤忠（中国）、银龙投资、公司董事、监事、高级管理人员承诺：若因违反本承诺函而导致发行人遭受任何直接或者间接形成的经济损失的，其均将给予发行人全额赔偿。

六、本次发行相关中介机构的承诺

保荐机构承诺：如国信证券在本次发行工作期间未勤勉尽责，导致国信证券所制作、出具的文件对重大事件作出违背事实真相的虚假记载、误导性陈述，或在披露信息时发生重大遗漏，并造成投资者直接经济损失的，在该等违法事实被认定后，国信证券将本着积极协商、切实保障投资者特别是中小投资者利益的原则，自行并督促公司及其他过错方一并对投资者直接遭受的、可测算的经济损失，选择与投资者和解、通过第三方与投资者调解及设立投资者赔偿基金等方式进行赔偿。国信证券保证遵守以上承诺，勤勉尽责地开展业务，维护投资者合法权益，并对此承担责任。

发行人律师承诺：本所为发行人首次公开发行制作、出具的文件不存在虚假记载、误导性陈述或者重大遗漏的情形；若因本所为发行人首次公开发行制作、出具的文件有虚假记载、误导性陈述或者重大遗漏，给投资者造成损失的，本所将依法赔偿投资者损失。

发行人会计师承诺：如北京天圆全在本次发行工作期间未勤勉尽责，导致所制作、出具的文件对重大事件作出违背事实真相的虚假记载、误导性陈述，或在披露信息时发生重大遗漏，并造成投资者直接经济损失的，在该等违法事实被认定后，北京天圆全将本着积极协商、切实保障投资者特

别是中小投资者利益的原则,自行并督促公司及其他过错方一并对投资者直接遭受的、可测算的经济损失,选择与投资者和解、通过第三方与投资者调解及设立投资者赔偿基金等方式进行赔偿。北京天圆全保证遵守以上承诺,勤勉尽责地开展业务,维护投资者合法权益,并对此承担责任。

七、所持股份不存在权利限制或潜在纠纷情形的承诺

公司控股股东龙大集团、公司股东伊藤忠(中国)、银龙投资已作出所持股份不存在权利限制或潜在纠纷情形的承诺,承诺其所持发行人股份不存在委托持股、信托持股、隐名持股的情形;亦不存在质押、查封、冻结等其它权利受到限制的情形。其所持发行人股份权属也不存在纠纷或潜在纠纷。若因违反该承诺而导致发行人遭受任何直接或者间接形成的经济损失的,其将承担连带赔偿责任。如无特别说明,本上市公告书中的简称或名词的释义与本公司首次公开发行股票招股说明书中的相同。

第二节 股票上市情况

一、公司股票发行上市审批情况

本上市公告书是根据《中华人民共和国公司法》、《中华人民共和国证券法》和《首次公开发行股票并上市管理办法》、《深圳证券交易所股票上市规则(2012年修订)》等有关规定,并按照《深圳证券交易所股票上市公告书内容与格式指引(2013年12月修订)》而编制,旨在向投资者提供有关龙大肉食首次公开发行股票上市的基本情况。

经中国证券监督管理委员会"证监许可[2014]575号"文核准,本公司公开发行新股不超过5,460万股。本次发行采用网下向投资者询价配售(简称"网下发行")与网上按市值申购向投资者定价发行(简称"网上发行")相结合的方式进行,本次发行的股票数量为5,459万股,本次发行全部为新股,无老股转让。其中,网下发行545.90万股,网上发行4,913.10万股,发行价格为9.79元/股。

经深圳证券交易所《关于山东龙大肉食品股份有限公司人民币普通股股票上市的通知》(深证上[2014]213号)同意,本公司发行的人民币普通股股票在深圳证券交易所上市,股票简称"龙大肉食",股票代码"002726";本次公开发行的5,459万股股票将于2014年6月26日起上市交易。

二、公司股票上市概况

1、上市地点:深圳证券交易所

2、上市时间:2014年6月26日

3、股票简称:龙大肉食

4、股票代码:002726

5、首次公开发行后总股本:21,824万股

6、首次公开发行新股数量:5,459万股

7、发行前股东所持股份的流通限制及期限:根据《公司法》的有关规定,公司公开发行股份前已发行的股份,自公司股票在证券交易所上市交易之日起十二个月内不得转让。

8、发行前股东对所持股份自愿锁定的承诺:具体情况详见本上市公告书"第一节 重要声明与提示"之"一、本次发行前股东所持股份的流通限制和自愿锁定股份的承诺"。

9、本次上市的无流通限制及锁定安排的股份:本次公开发行的5,459万股股份无流通限制及锁定安排。

10、公司股份可上市交易时间:

序号	股东名称	持股数(万股)	占发行后股本比例(%)	可上市交易时间(非交易日顺延)
一、首次公开发行前已发行股份				
1	龙大食品集团有限公司	10,220.00	46.83%	2017年6月26日
2	伊藤忠(中国)集团有限公司	4,365.00	20.00%	2017年6月26日
3	莱阳银龙投资有限公司	1,780.00	8.16%	2017年6月26日
	小计	16,365.00	74.99%	-
二、首次公开发行股份				
4	网下配售股份	545.90	2.50%	2014年6月26日
5	网上发行股份	4,913.10	22.51%	2014年6月26日
	小计	5,459.00	25.01%	-
	合计	21,824.00	100.00%	-

11、股票登记机构:中国证券登记结算有限责任公司深圳分公司

12、上市保荐机构:国信证券股份有限公司

第三节 发行人、股东和实际控制人情况

一、发行人的基本情况

1、中文名称:山东龙大肉食品股份有限公司

英文名称:ShandongLongdaMeatFoodstuffCo.,Ltd.

2、发行前注册资本:人民币16,365万元

发行后注册资本:人民币21,824万元

3、法定代表人:宫明杰

4、有限公司成立日期:2003年7月9日

股份公司设立日期:2010年3月5日

5、公司住所:山东省莱阳市食品工业园

6、所处行业:农副食品加工业(C13)

7、邮政编码:265200

8、董事会秘书:纪鹏斌

9、联系电话:0535-7717760

10、传真号码:0535-7717337

11、互联网网址:www.longdameat.com

12、电子邮箱:jipb@longdameat.cn

13、经营范围:生产加工各种肉制品、蛋制品,并销售公司上述所列自产产品;生猪屠宰;肉类产品的进口及批发(不含食品);以特许经营方式从事商业活动(限销售本公司自产产品,不涉及国营贸易管理商品;许可期限以许可证为准)

14、主营业务:生猪养殖,生猪屠宰,冷鲜肉、冷冻肉、熟食制品的生产加工及销售

二、公司董事、监事、高级管理人员及其持有公司股票的情况

公司董事、监事、高级管理人员、核心技术人员及其近亲属均不存在直接持有公司股份的情况,间接持有公司股份情况如下:

序号	姓名	职务	任职起止日期	间接持有本公司数量(万股)	发行后持股比例(%)
1	宫明杰	董事长	2010.3.1—2016.3.16	5,673.18	26.00
2	宫学斌	董事	2010.3.1—2016.3.16	2,422.29	11.10
3	刘宝青	宫明杰妻弟	-	1,240.83	5.69
4	谭喆大	董事	2010.3.1—2016.3.16	531.03	2.43
5	张德润	董事	2010.3.1—2016.3.16	146.71	0.67
6	董瑞旭	监事会主席	2010.3.1—2016.3.16	130.17	0.60
7	宫旭杰	副总经理	2010.4.12—2016.3.16	127.17	0.58
8	刘振利	原董事、原总经理	2010.3.1—2013.3.16	70.02	0.32
9	赵方胜	董事、总经理	2010.4.12—2016.3.16	70.02	0.32
10	刘克连	监事	2010.3.1—2016.3.16	52.57	0.24
11	纪鹏斌	副总经理、董事会秘书	2010.3.1—2016.3.16	40.01	0.18
12	邓正焱	原副总经理	2010.4.12—2013.6.5	30.01	0.14

三、公司控股股东及实际控制人情况

(一)控股股东情况

截至本公告签署日,龙大集团持有公司10,220万股股份,为公司控股股东。

龙大集团概况如下:

成立日期:1993年7月17日

注册地址及主要生产经营地:山东省莱阳市龙旺庄街道办事处庙后

法定代表人:宫明杰

注册资本及实收资本:6,796万元

营业执照:370682228010088

经营范围:

前置许可经营项目:生产销售速冻调制食品(有效期至2015年11月21日)、龙口粉丝、粉条、粉丝、粉皮(有效期至2015年3月25日);服装、家具制造、煤灰砖、路边石、食品加工机械的制造销售(凭环保许可经营);向境外派遣各类劳务人员(不含海员,有效期至2017年08月25日)。

一般经营项目:进出口业务(国家限定公司经营或禁止进出口的商品及技术除外)。以下项目限分支机构经营:日用品、餐饮、住宿的服务;畜禽繁育养殖、家禽宰杀与饲料加工销售;室内外装饰;包装物品的制造销售;种子加工生产销售。

龙大集团股权结构如下:

序号	股东名称	出资金额(万元)	出资比例(%)
1	宫明杰	3,613.10	53.16
2	宫学斌	1,451.12	21.35
3	刘宝青	732.00	10.77
4	谭喆夫	260.00	3.83
5	闫官军	178.00	2.62

6	于秀芝	100.00	1.47
7	盖少博	35.00	0.51
8	初玉圣	80.00	1.18
9	赵玉明	26.00	0.38
10	解新军	31.00	0.46
11	宫　路	37.00	0.54
12	宫旭杰	38.00	0.56
13	刘克连	15.00	0.22
14	董瑞旭	40.00	0.59
15	张　进	50.00	0.74
16	祝林丹	44.00	0.65
17	张德润	51.00	0.75
18	王志勇	15.00	0.22
	合　计	6,796.22	100.0

龙大集团 2013 年末总资产为 122,419.54 万元，净资产为 74,064.18 万元，2013 年度净利润为 3,199.45 万元（母公司口径，经审计）。

（二）实际控制人情况

公司董事长宫明杰先生及其父亲宫学斌先生合计持有龙大集团 74.51%股权，并通过龙大集团控制本公司发行前 62.45%股权，两人构成一致行动人，为发行人实际控制人。除控制龙大集团外，宫明杰先生及宫学斌先生持有银龙投资 26.96%股权，银龙投资持有本公司发行前 10.88%的股权。宫明杰和宫学斌先生通过龙大集团、银龙投资间接持有本公司发行前 49.47%的股权（发行后间接持股比例为 37.10%）。

宫明杰：1962 年 9 月出生，中国国籍，无境外永久居留权，身份证号码：37060219620918****，住址：山东省烟台市芝罘区毓西路 57 号内 4 号。

宫学斌：1937 年 8 月出生，中国国籍，无境外永久居留权，身份证号码：37062719370806****，住址：山东省莱阳市龙门东路 1 号 1 号楼 2 单元 202 号。

（三）控股股东和实际控制人控制或具有重大影响的其他企业基本情况

实际控制人宫明杰及宫学斌通过龙大集团控股其他 24 家公司，直接参股 5 家公司，并通过全资子公司香港龙大参股 1 家公司；除龙大集团及其控股参股公司外，宫明杰和宫学斌还参股银龙投资 26.96%股权，宫明杰及宫学斌通过龙大集团、银龙投资间接持有本公司发行前 49.47%的股权。宫明杰还持有乐天实业 53%股权并实际控制乐天实业，并通过乐天实业控制中瑞化工及华蒙矿业，通过乐天实业参股丽岛新材；作为有限合伙人持有新厚土投资 30%合伙份额，并通过新厚土投资参股烟台万隆。

1、控股股东控制的其他企业

除控股发行人外，龙大集团还控股其他 24 家公司，参股 6 家公司，如下图所示：

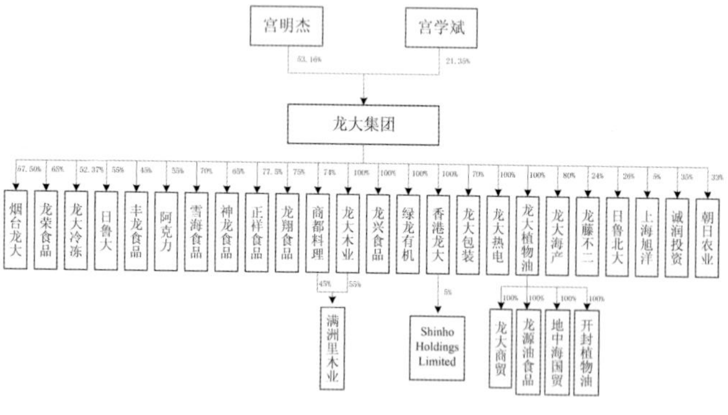

宫明杰 53.16%
宫学斌 21.35%
龙大集团
烟台龙大 67.50%；龙荣食品 65%；龙大冷冻 52.37%；日鲁大 55%；丰龙食品 45%；阿克力 55%；雪海食品 70%；神龙食品 65%；正祥食品 77.5%；龙翔食品 75%；商都料理 74%；龙大木业 100%；龙兴食品 100%；绿龙有机 100%；香港龙大 100%；龙大包装 70%；龙大热电 100%；龙大植物油 100%；龙大海产 80%；龙藤不二 24%；日鲁北大 26%；上海旭洋 5%；诚润投资 35%；朝日农业 33%
满洲里木业（商都料理 45%，龙大木业 55%）
Shinho Holdings Limited（香港龙大 5%）
龙大商贸 100%；龙源油食品 100%；地中海国贸 100%；开封植物油 100%（龙大植物油）

公司控股股东龙大集团控制的其他企业基本情况如下：

序号	企业名称	成立时间	注册资本（万元）	实收资本（万元）	股权结构	注册地及主要生产经营地	经营范围
1	烟台龙大	1991 年 6 月 1 日	美元 280	美元 280	龙大集团 57.50%；伊藤忠 13.93%；日本株式会社农水 19.64%；日本日东贸易株式会社 8.93%	山东省莱阳市龙旺庄镇庙后	生产、加工水煮果蔬、速冻方便食品、冻鱼片、冻贝肉及片、冻寿司、冻蟹肉（以上产品 100%出口）、速冻果蔬、速冻调制食品、调味酱（调味料）、软包装罐头，并销售公司上述所列自产产品。
2	龙荣食品	2006 年 9 月 20 日	美元 1,250	美元 1,250	龙大集团 65%；伊藤忠 25%；伊藤忠（中国）10%	莱阳市龙旺庄街道办事处纪格庄	生产、加工各种调理食品，并销售公司上述所列自产产品。
3	龙大冷冻	1995 年 6 月 9 日	美元 422	美元 422	龙大集团 52.37%；日本株式会社农水 33.41%；日本三菱商事株式会社 11.85%；IBC MIYAKO DELICA CO.,LTD.2.37%；	莱阳市龙旺庄镇纪格庄	生产、加工速冻方便生产、加工速冻方便食品，并销售公司上述所列自产产品。
4	日鲁大	2005 年 4 月 27 日	美元 500	美元 500	龙大集团 55%；日本株式会社玛鲁哈日鲁食品 45%	山东省莱阳市龙旺庄街道办事处庙西	生产、加工菜肉制品、速冻方便食品（上述产品 100%出口）、速冻食品，并销售公司上述所列自产产品。
5	丰龙食品	2008 年 12 月 30 日	人民币 5,100	人民币 5,100	龙大集团 45%；日本丰田通商株式会社 40%；日本株式会社中村屋 15%	山东省莱阳市龙旺庄街道办事处纪格庄	生产、加工速冻方便食品（上述产品 100%出口）、速冻面米食品、速冻调制食品，并销售公司上述所列自产产品。
6	阿克力	2006 年 6 月 20 日	美元 50	美元 50	龙大集团 55%；日本株式会社阿克力食品 40%；伊藤忠 5%	山东省莱阳市龙旺庄街道办事处庙后	生产、加工速冻方便食品（不含肉）（上述产品 100%出口）、速冻面米食品（熟制品）、速冻其他食品（速冻其他类制品），并销售公司上述所列自产产品。
7	雪海食品	2003 年 5 月 28 日	人民币 4,800	人民币 4,800	龙大集团 70%；伊藤忠 25%；日本干燥食品株式会社 5%	山东省莱阳市食品工业园	生产、加工 FD 果蔬、FD 调理汤料块、DF 泡菜、FD 豆腐、FD 豆腐皮、FD 虾、FD 贝类、FD 鱿鱼，并销售公司上述所列自产产品。
8	神龙食品	2001 年 5 月 11 日	美元 660	美元 660	龙大集团 65%；日本农水株式会社 32%；日本株式会社阿克力食品 3%	莱阳市龙旺庄街道办	生产、加工速冻方便食品，并销售公司自产产品。
9	正祥食品	2009 年 7 月 30 日	美元 44.44	美元 44.44	龙大集团 77.5%；日本正翔食品株式会社 22.5%	莱阳市龙旺庄街道办事处洞仙庄村	生产、加工冻鱼及制品、冻甲壳类及制品（上述产品 100%出口），并销售合营公司上述所列自产产品。
10	龙翔食品	2002 年 3 月 22 日	美元 35.54	美元 35.54	龙大集团 75%；日本株式会社关户商事 14%；日本株式会社三翔 11%	山东省莱阳市龙旺庄街道办事处洞仙庄	生产、加工冻鱼片、冻蟹肉、冻煮鱼片（上述产品 100%出口）、速冻其他食品、速冻肉制品、速冻蟹制品，并销售公司上述所列自产产品。
11	龙兴食品	1996 年 1 月 16 日	人民币 800	人民币 800	龙大集团 100%	山东省莱阳市山前	前置许可经营项目：加工、销售速冻果蔬、

						店镇政府驻地	保鲜蔬菜(100%出口)。一般经营项目:进口业务。
12	绿龙有机	2001年4月28日	人民币508	人民币508	龙大集团100%	肥城市边院镇朱官村	前置许可经营项目:速冻蔬菜生产、销售。一般经营项目:包装物料销售,出口本企业自产的蔬菜产品,进口本企业生产、科研所需的原辅材料、机械设备、仪器仪表及零配件。
13	商都料理	2002年11月5日	美元98.64	美元98.64	龙大集团74%;日本大新贸易株式会社26%	山东省莱阳市龙旺庄街道办事处庙后	生产、加工淀粉基淀粉制品(龙口粉丝、粉条、粉丝、粉皮),并销售公司上述所列自产产品。
14	龙大木业	1997年12月16日	人民币1,000	人民币1,000	龙大集团100%	莱阳市食品工业园富山路369号	制造家具、沙发、人造板、实木拼板、塑钢门窗及铝合金制品,经营本企业自产产品的出口业务和本企业所需的机械设备、零配件、原辅材料的进口业务,但国家限定公司经营或禁止进出口的商品及技术除外。
15	满洲里木业	2003年10月15日	人民币50	人民币50	龙大木业55%;商都料理45%	内蒙古自治区满洲里市市合作区进口资源加工园区内	木材及木制品加工,边境小额贸易。
16	龙大植物油	2006年10月12日	人民币23,000	人民币23,000	龙大集团100%	聊城开发区中华北路17号	植物油加工、销售;花生制品加工、销售;植物油研发、进出口业务。
17	龙大商贸	2007年4月4日	人民币5,000	人民币5,000	龙大植物油100%	山东省莱阳市龙门东路199号	前置许可经营项目:批发兼零售预包装食品,批发兼零售散装食品。
18	龙源油食品	1999年1月8日	人民币6,000	人民币6,000	龙大植物油100%	山东省海阳市徐家店驻地	前置许可经营项目:生产、销售食用植物油。一般经营项目:货物和技术的进出口贸易。
19	地中海国贸	2008年6月10日	人民币300	人民币300	龙大植物油100%	青岛市市南区香港中路10号A座3305室	许可经营项目:预包装食品。一般经营项目:水果,鲜海产品;货物进出口。
20	开封植物油	2010年1月20日	人民币5,000	人民币5,000	龙大植物油100%	开封经济开发区黄龙园区纬七路17号	食用植物油加工销售;花生米筛选、销售;花生粕加工、销售;植物油研发。
21	龙大包装	1997年11月11日	人民币1,042	人民币1,042	龙大集团70%;日本大新贸易株式会社30%。	山东省莱阳市西郊鱼池头村北	加工纸制包装品、塑料制品以及其相关包装产品(含其附属印刷),并销售公司上述所列自产产品。
22	龙大热电	2004年6月8日	人民币5,500	人民币5,500	龙大集团100%	莱阳市龙旺庄街道办事处纪格庄	发电、供电(供集团成员用),供热(凭资质经营),生产煤灰砖、路边石。
23	龙大海产	2007年7月16日	人民币150	人民币150	龙大集团80%;王正胜20%	青岛市城阳区红岛街道东大洋社区	水产品培育繁殖、养殖。
24	香港龙大	2008年1月11日	港币100万元(法定资本)		龙大集团100%	香港九龙旺角花园街2-16号好景商业中心10楼1007室	进出口贸易。

2、实际控制人控制的其他企业

序号	企业名称	成立时间	注册资本(万元)	实收资本(万元)	股权结构	注册地及主要生产经营地	经营范围
1	乐天实业	2011年4月21日	人民币5,000	人民币2,000	宫明杰53%,刘宝青等9名自然人47%。	山东省莱阳市经济技术开发区富山路100号	企业管理、贸易、投资咨询服务、国家政策范围内允许的投资;仓储服务;谷物及蔬菜的种植;果蔬包装、冷藏、保鲜
2	中瑞化工	2007年7月31日	人民币2,400	人民币2,400	乐天实业62%;董伟琳22%;宋绍东10%;张旭涛3%;邵永飞3%	山东省莱阳市经济技术开发区富山路100号	前置许可经营项目:生产销售无水氟化氢、F141b、氢氟酸、氟硅酸、盐酸、F113a。一般经营项目:进出口业务。
3	华蒙矿业	2007年8月14日	人民币1,800	人民币1,800	乐天实业75%;辽宁峰阁钛业集团有限公司13.75%;朱小明8.75%;邵慧群2.5%	新宝拉格镇	筹建萤石矿

四、公司发行前及发行后公司前十名股东

(一)本次发行前公司前十名股东

股东名称	持股数(万股)	持股比例(%)	股权性质
龙大食品集团有限公司	10,220.00	62.45	一般法人股
伊藤忠(中国)集团有限公司	4,365.00	26.67	一般法人股
莱阳银龙投资有限公司	1,780.00	10.88	一般法人股
总计	16,365.00	100.00	

本次发行前,公司股东中不存在自然人股东,亦不存在战略投资者。

(二)本次发行后公司前十名股东

此次发行后上市前,公司股东总数为94,011户,其中前10名股东情况具体如下:

序号	股东名称	持股数量(股)	发行后持股比例(%)
1	龙大食品集团有限公司	102,200,000	46.83
2	伊藤忠(中国)集团有限公司	43,650,000	20.00
3	莱阳银龙投资有限公司	17,800,000	8.16
4	国泰君安证券股份有限公司客户信用交易担保证券账户	166,000	0.08
5	华泰证券股份有限公司客户信用交易担保证券账户	154,500	0.07
6	中国银河证券股份有限公司客户信用交易担保证券账户	123,500	0.06
7	海通证券股份有限公司客户信用交易担保证券账户	104,000	0.05
8	广发证券股份有限公司客户信用交易担保证券账户	100,000	0.05

9	申银万国证券股份有限公司客户信用交易担保证券账户	97,000	0.04
10	中信建投证券股份有限公司客户信用交易担保证券账户	92,000	0.04
	合计	164,487,000	75.38

第四节 股票发行情况

一、发行数量

本次公开发行新股股数为5,459万股，其中，网下向投资者询价配售股票数量为545.90万股，占本次公开发行总量的10%；，网上按市值申购向投资者定价发行股票数量为4,913.10万股，占本次发行总量的90%。

二、发行价格

本次发行价格为9.79元/股，次发行价格对应的市盈率分别为：

1、14.83倍（每股收益按照2013年度经会计师事务所审计的扣除非经常性损益前后孰低的净利润除以本次发行前总股本计算）。

2、19.58倍（每股收益按照2013年度经会计师事务所审计的扣除非经常性损益前后孰低的净利润除以本次发行后总股本计算）；

三、发行方式

本次发行采用网下向投资者询价配售与网上按市值申购向投资者定价发行相结合的方式进行。

本次发行规模为5,459万股，网下向投资者询价配售发行股票数量为545.90万股，有效申购数量为278,550万股，有效申购获得配售的比例为0.19597918%，认购倍数为510倍；网上按市值申购向投资者定价发行股票数量为4,913.10万股，有效申购股数为590,158.60万股，中签率为0.8325050249%，超额认购倍数为120倍。本次网上定价发行及网下配售均未产生余股。

四、募集资金总额及注册会计师对资金到位的验证情况

1、本次发行新股募集资金总额：53,443.61万元。

2、北京天圆全会计师事务所（特殊普通合伙）已于2014年6月23日对发行人首次公开发行股票的资金到位情况进行了审验，并出具"天圆全验字【2014】00070017号"《验资报告》。

五、发行费用

本次发行费用共计3,649.96万元，具体明细如下：

承销费用：	2,404.96万元
保荐费用：	400.00万元
审计费用：	200.00万元
律师费用：	200.00万元
资产评估费用：	25.00万元
本次发行信息披露、发行手续费用：	420.00万元

本次发行新股每股发行费用0.67元/股。（每股发行费用=发行费用总额/本次发行股本）

六、募集资金金额及发行前股东转让股份资金净额

1、本次发行新股募集资金净额：49,793.65万元。

2、本次发行无发行前股东公开发售股份，发行前股东转让股份资金净额为0元。

七、发行后每股净资产

本次发行后每股净资产为6.40元。（按照2013年12月31日经审计的归属于母公司所有者权益加上本次发行筹资净额之和除以本次发行后总股本计算）

八、发行后每股收益

本次发行后每股收益为0.50元/股。（以公司2013年度经审计的扣除非经常性损益前后孰低的净利润除以本次发行后总股份摊薄计算）

第五节 财务会计资料

公司2014年一季度财务数据和2014年1-6月经营情况预计已在《招股说明书》进行详细披露，投资者欲了解相关情况请详细阅读《招股说明书》"第十一节管理层讨论与分析"之"七、公司审计截止日后主要财务信息及经营状况信息"。

第六节 其他重要事项

一、公司已向深圳证券交易所承诺，将严格按照中小企业板的有关规则，在上市后三个月内尽快完善公司章程等相关规章制度。

二、本公司自2014年6月10日刊登首次公开发行股票招股意向书至本上市公告书刊登前，没有发生可能对公司有较大影响的重要事项：

（一）本公司严格依照《公司法》、《证券法》等法律法规的要求，规范运作，经营状况正常；主营业务目标进展情况正常；

（二）本公司生产经营情况、外部条件或生产环境未发生重大变化（包括原材料采购和产品销售价格、原材料采购和产品销售方式、所处行业或市场的重大变化等）；

（三）公司未订立可能对公司资产、负债、权益和经营成果产生重大影响的重要合同；

（四）公司未发生重大关联交易；

（五）公司未发生重大投资；

（六）公司未发生重大资产（或股权）购买、出售及置换；

（七）公司住所没有变更；

（八）公司董事、监事、高级管理人员及核心技术人员未发生变化；

（九）公司未发生重大诉讼、仲裁事项；

（十）公司未发生对外担保等或有事项；

（十一）公司的财务状况和经营成果未发生重大变化；

（十二）公司未召开董事会、监事会和股东大会；

（十三）公司无其他应披露的重大事项。

三、关于本公司存在退市风险的说明

本公司股票上市后，社会公众股的比例为25.01%，达到股权分布上市条件的最低要求。根据《深圳证券交易所股票上市规则》第18.1条，如持有本公司10%以上股份的股东及其一致行动人，或者董事、监事、高级管理人员及其关联人买入公司股票，则本公司社会公众股的持股比例将不能满足股权分布上市条件的最低要求，导致公司存在退市风险。针对上述事项，本公司将对相关单位或个人加强规则培训，并采取及时办理自愿限制买入本公司股票手续等措施，有效控制退市风险。

第七节 上市保荐机构及其意见

一、上市保荐机构情况

保荐机构（主承销商）：国信证券股份有限公司

法定代表人：何如

住所：深圳市红岭中路1012号国信证券大厦

联系地址：上海市民生路1199弄证大五道口广场1号楼15层

电话：021-60933176

传真：021-60933207

保荐代表人：赵刚、刘义

项目协办人：蔡雷

二、上市保荐机构的推荐意见

上市保荐机构国信证券已向深圳证券交易所提交了《国信证券股份有限公司关于山东龙大肉食品股份有限公司股票上市保荐书》，国信证券的推荐意见如下：

国信证券认为龙大肉食申请其股票上市符合《中华人民共和国公司法》、《中华人民共和国证券法》及《深圳证券交易所股票上市规则》（2012年修订）等国家有关法律、法规的有关规定，龙大肉食股票具备在深圳证券交易所上市的条件。国信证券愿意推荐龙大肉食的股票在深圳证券交易所上市交易，并承担相关保荐责任。

云南鸿翔一心堂药业(集团)股份有限公司

云南鸿翔一心堂药业(集团)股份有限公司首次公开发行股票上市公告书

特别提示

本公司提醒广大投资者注意,首次公开发行股票上市初期存在投资风险,请投资者充分了解风险、理性参与新股交易。投资者作出投资决策前,应认真阅读招股说明书全文。

第一节　重要声明与提示

云南鸿翔一心堂药业(集团)股份有限公司(以下简称"鸿翔一心堂"、"公司"、"本公司"或"发行人")及全体董事、监事、高级管理人员保证上市公告书的真实性、准确性、完整性,承诺上市公告书不存在虚假记载、误导性陈述或者重大遗漏,并承担个别和连带的法律责任。

证券交易所、其他政府机关对本公司股票上市及有关事项的意见,均不表明对本公司的任何保证。

本公司提醒广大投资者注意,凡本上市公告书未涉及的有关内容,请投资者查阅刊载于巨潮资讯网站(http://www.cninfo.com.cn)的本公司招股说明书全文。

一、公司股东股份锁定承诺

本公司控股股东、实际控制人阮鸿献、刘琼承诺:自本公司股票在证券交易所上市之日起三十六个月内,不转让或者委托他人管理本人已直接或间接持有的本公司股份,也不由本公司回购该等股份。所持股票在锁定期满后两年内减持的,其减持价格不低于发行价,若不履行该承诺,则减持所得收益归公司所有,应向董事会上缴该等收益;公司上市后6个月内如公司股票连续20个交易日的收盘价均低于发行价,或者上市后6个月期末收盘价格低于发行价,持有公司股份的锁定期限自动延长6个月,出现该等情形时,有权主体可依法自行将本人所持公司股票锁定期延长6个月,本人不会对此提出异议。

除上述股东之外的其他现有股东承诺:自本公司股票上市交易之日起十二个月内,不转让或者委托他人管理其持有的公司股份,也不由本公司回购该等股份。如未履行做出的关于股份锁定的承诺,由此所得收益归公司所有,应向公司董事会上缴该等收益。

担任公司董事、高级管理人员的股东还承诺:除前述锁定期外,在任职期间每年转让该等股份不超过本人直接或间接持有本公司股份总数的25%;离职后六个月内,不转让其所持有的本公司之股份,在申报离任六个月后的十二个月内通过证券交易所挂牌交易出售本公司股票数量占其直接或间接持有本公司股票总数的比例不超过50%。所持股票在锁定期满后两年内减持的,其减持价格不低于发行价,若不履行该承诺,减持所得收益归公司所有,应向公司董事会上缴该等收益;公司上市后6个月内如公司股票连续20个交易日的收盘价均低于发行价,或者上市后6个月期末收盘价格低于发行价,持有公司股份的锁定期限自动延长6个月,出现该等情形时,有权主体可依法自行将本人所持公司股票锁定期延长6个月,本人不会对此提出异议。本人不因职务变更、离职等原因放弃履行承诺。

公司原董事、副总裁、财务负责人祁继彤承诺:自本公司股票上市交易之日起十二个月内,不转让或者委托他人管理其持有的公司股份,也不由本公司回购该等股份。除前述锁定期外,在任职期间每年转让该等股份不超过本人所持有本公司股份总数的25%;离职后六个月内,不转让其所持有的本公司之股份,在申报离任六个月后的十二个月内通过证券交易所挂牌交易出售本公司股票数量占其直接或间接持有本公司股票总数的比例不超过50%。祁恒曦继承其父祁继彤股份后,确认祁继彤签署的上述承诺对其有效,将继续履行承诺的相关内容。

二、关于稳定股价的预案及承诺

根据《中国证监会关于进一步推进新股发行体制改革的意见》相关要求,公司制定了《关于公司股票上市后股票价格稳定预案》(以下称"本预案"),并经公司于2013年12月19日召开的2013年第五次临时股东大会审议通过,具体内容如下:

(一)启动稳定股价措施的条件

公司上市后三年内,如公司股票连续20个交易日收盘价低于最近一期公开披露财务报告每股净资产时(以下简称"启动条件"),则公司应按下述规则启动稳定股价措施。(在发行人财务报告公开披露后至上述期间,发行人发生派发股利、送红股、转增股本、增发新股或配股等除息、除权行为,上述每股净资产亦将作相应调整。)

(二)回购或增持价格

回购或增持价格不以每股净资产为限。

(三)相关责任主体

本预案所称相关责任主体包括发行人、控股股东、董事及高级管理人员。本预案所称控股股东是指阮鸿献先生、刘琼女士。本预案中应采取稳定股价措施的董事(本预案中的董事特指非独立董事)、高级管理人员既包括在公司上市时任职的董事、高级管理人员,也包括公司上市后三年内新任职董事、高级管理人员。

(四)稳定股价的具体措施

公司回购股份应当符合上市公司回购股份的相关法律法规的规定,且不应导致公司股权分布不符合上市条件,具体措施如下:

1、公司每次回购股份不低于公司总股本的1%,且每次用于回购股份的资金不得低于人民币3,000万元;

2、公司每次或多次用于回购股份的资金总额累计不超过3亿元;公司一次或多次实施回购后,剩余回购资金不足3,000万元的,下次回购可以3亿元与已使用回购资金的差额进行回购。

控股股东、董事、高级管理人员增持发行人股份,应当符合相关法律法规的规定,具体措施如下:

1、控股股东每次增持股票的数量不低于公司股份总数的0.5%,且增持金额不少于1,500万元;每名董事和高级管理人员每次增持股票的数量不低于公司股份总数的万分之一,且增持金额不少于30万元;

2、经控股股东、董事和高级管理人员协商,控股股东、董事和高级管理人员每次增持股票数量合计不低于公司股份总数的0.55%,且增持金额不少于1,650万元。

3、控股股东、董事及高级管理人员每次或多次用于增持股份的资金总额累计合计不超过22,000万元;控股股东、董事及高级管理人员一次或多次实施增持后,剩余增持资金合计不足1,650万元的,下次增持可以22,000万元与已使用增持资金的差额进行增持。

控股股东、董事和高级管理人员单独或合计增持股票满足上述1、2两项条件中的任一项条件即可。

(五)稳定股价措施的启动程序

1、公司董事会应在上述公司回购启动条件触发之日起的10个交易日内做出回购股份的决议。

2、公司董事会应当在做出回购股份决议后的2个工作日内公告董事会决议、回购股份预案,并发布召开股东大会的通知;

3、公司回购应在公司股东大会决议做出之日起次日,并应在履行相关法定手续(如需)后的6个月内实施完毕。

4、控股股东及董事、高级管理人员应当在上市公司公告董事会关于启动稳定股价预案后的20个工作日后启动增持上市公司股份措施,并于6个月内实施完毕增持计划。

5、在稳定股价措施实施过程中,股价再次达到稳定股价启动条件的,不再重复启动稳定股价措施。前次稳定股价措施实施后,再次出现本预案规定的稳定股价启动条件的,则公司、控股股东、董事及高级管理人员应按照本预案的规定再次启动稳定股价程序。

(六)惩罚措施

1、控股股东负有增持股票义务,但未按本预案的规定提出增持股票计划和/或实施增持股票计划的,公司有权责令控股股东在限期内履行增持股票义务,控股股东仍不履行的,每违反一次,应向公司按如下公式支付现金补偿:

(本预案规定的控股股东最低增持股票数量x最近一期已披露的财务报告载列的每股净资产−其实际增持股票金额)x10%。

控股股东拒不支付现金补偿的,公司有权扣减其应向控股股东支付的分红。控股股东多次违反上述规定的,现金补偿金额累计计算。

2、公司董事、高级管理人员负有增持股票义务,但未按本预案的规定提出增持股票计划和/或实施增持股票计划的,公司有权责令董事、高级管理人员在限期内履行增持股票义务,董事、高级管理人员仍不履行,应向公司按如下公式支付现金补偿:

(本预案规定的每名董事、高级管理人员最低增持股票数量x最近一期已披露的财务报告载列的每股净资产−其实际增持股票金额)x10%。

董事、高级管理人员拒不支付现金补偿的,公司有权扣减其应向董事、高级管理人员支付的报酬。

3、公司董事、高级管理人员拒不履行本预案规定的股票增持义务情节严重的,控股股东或董事会、监事会、半数以上的独立董事有权提请股东大会同意更换相关董事,公司董事会有权解聘相关高级管理人员。

(七)生效

1、本预案需提交公司股东大会审议通过,修改时亦同。

2、本预案自公司上市之日起执行,有效期3年。

(八)发行人控股股东、实际控制人及董事、高级管理人员关于稳定股价的承诺

发行人控股股东、实际控制人及董事、高级管理人员关于稳定股价的承诺:本人将严格遵守执行公司于2013年12月19日召开的2013年第5次临时股东大会审议通过的《关于公司股票上市后

股票价格稳定预案》，包括按照该预案的规定履行稳定公司股价的义务，及在未履行的情况下接受相应的惩罚措施。

三、首次公开发行股票相关文件真实性、准确性、完整性的承诺

（一）发行人承诺

1、招股说明书有虚假记载、误导性陈述或者重大遗漏，对判断公司是否符合法律规定的发行条件构成重大、实质影响的，本公司将依法回购首次公开发行的全部新股。

（1）回购程序

如有权机关认定公司招股说明书存在虚假记载、误导性陈述或者重大遗漏，且对判断公司是否符合法律规定的发行条件构成重大、实质影响的，公司将在收到有权机关作出的认定文件之日起10日内，启动回购公司首次公开发行的全部新股的程序，包括但不限于依照相关法律、法规、规章、规范性文件及证券交易所监管规则的规定召开董事会及股东大会，履行信息披露义务等。

（2）回购价格：

①未上市的，回购价格为投资者所缴股款及银行同期活期存款利率的利息之和；

②已上市的，回购价格为投资者所缴股款及银行同期活期存款利率的利息之和与回购日前30个交易日该种股票每日加权平均价的算术平均值孰高者。

2、招股说明书有虚假记载、误导性陈述或者重大遗漏，致使投资者在证券交易中遭受损失的，本公司将依法赔偿投资者因此而发生的全部实际损失。投资者该等实际损失包括：

（1）投资差额损失；

①投资者在基准日及以前卖出证券的，其投资差额损失，以买入证券平均价格与实际卖出证券平均价格之差，乘以投资人所持证券数量计算。

②投资者在基准日之后卖出或者仍持有证券的，其投资差额损失，以买入证券平均价格与虚假记载、误导性陈述或者重大遗漏被揭露日或者更正日起至基准日期间，每个交易日收盘价的平均价格之差，乘以投资人所持证券数量计算。

（2）投资差额损失部分的佣金和印花税。

（3）所涉及资金利息。该等资金利息自买入至卖出证券日或者基准日，按银行同期活期存款利率计算。

其中，投资差额损失计算的基准日，是指虚假记载、误导性陈述或者重大遗漏被揭露或者更正后，为将投资者应获赔偿限定在虚假记载、误导性陈述或者重大遗漏所造成的损失范围内，确定损失计算的合理期间而规定的截止日期。

投资者持股期间基于股东身份取得的收益，包括红利、红股、公积金转增所得的股份以及投资人持股期间出资购买的配股、增发股和转配股，不冲抵本公司的赔偿金额。

3、为保证上述承诺内容有效履行，本公司将采取如下约束措施：

（1）关于“1”承诺的约束措施

①促成本公司全部董事（含公司目前董事及未来新聘董事）及首次公开发行前全体股东，签署相应承诺，承诺内容须主要包括以下两方面内容：

1）保证在本公司因“1”所述情形召开旨在回购首次公开发行的全部新股的董事会、股东大会时，以配合本公司全面履行上述承诺为目的，积极、善意实施包括在相关会议上投赞同票等相关行动。

2）若不积极、善意、全面履行该承诺，本公司可自行扣减其全部应得薪金及/或分红。

②有权主体可自行依据法律、法规、规章及规范性文件对本公司采取相应惩罚/约束措施，本公司对此不持有异议。

（2）关于“2”承诺的约束措施

①促成本公司全部董事（含公司目前董事及未来新聘董事）及首次公开发行前全体股东，签署相应承诺，承诺内容须主要包括以下两方面内容：

1）保证在本公司因“2”所述情形召开旨在赔偿投资者损失的董事会、股东大会时，以配合本公司全面履行上述承诺为目的，积极、善意实施包括在相关会议上投赞同票等相关行动。

2）若不积极、善意、全面履行该承诺，本公司可自行扣减其全部应得薪金及/或分红。

②有权主体可自行依据法律、法规、规章及规范性文件对本公司采取相应惩罚/约束措施，本公司对此不持有异议。

（二）发行人控股股东及实际控制人的承诺

发行人控股股东及实际控制人阮鸿献、刘琼承诺：

1、招股说明书有虚假记载、误导性陈述或者重大遗漏，对判断发行人是否符合法律规定的发行条件构成重大、实质影响的，本人将督促公司依法回购首次公开发行的全部新股。具体而言：

（1）程序

如有权机关认定公司招股说明书存在虚假记载、误导性陈述或者重大遗漏，且对判断发行人是否符合法律规定的发行条件构成重大、实质影响的，本人将在公司收到有权机关作出的认定文件之日起10日内，督促公司启动依法回购首次公开发行的全部新股的程序。

本人将依照法律、法规、规章、规范性文件及证券交易所监管规则，启动、召集、参加相关会议并投赞成票，以保证公司通过回购该等股份的决议，并积极、善意、严格执行或配合执行公司相关决议内容。

（2）回购价格：

①未上市的，回购价格为投资者所缴股款及银行同期活期存款利率的利息之和；

②已上市的，回购价格为投资者所缴股款及银行同期活期存款利率的利息之和与回购日前30个交易日该种股票每日加权平均价的算术平均值孰高者。

（3）约束措施

若本人不按上述承诺内容督促公司回购首次公开发行的全部新股，公司就此可自行任意扣减本人在公司应得分红及/或薪酬，直至本人全面履行该承诺内容。

2、招股说明书有虚假记载、误导性陈述或者重大遗漏，致使投资者在证券交易中遭受损失的，本人将依法赔偿投资者因此而发生的全部实际损失。

（1）投资者该等实际损失包括：

①投资差额损失；

A、投资者在基准日及以前卖出证券的，其投资差额损失，以买入证券平均价格与实际卖出证券平均价格之差，乘以投资人所持证券数量计算。

B、投资者在基准日之后卖出或者仍持有证券的，其投资差额损失，以买入证券平均价格与虚假记载、误导性陈述或者重大遗漏被揭露日或者更正日起至基准日期间，每个交易日收盘价的平均价格之差，乘以投资人所持证券数量计算。

②投资差额损失部分的佣金和印花税。

③所涉及资金利息。该等资金利息自买入至卖出证券日或者基准日，按银行同期活期存款利率计算。

其中，投资差额损失计算的基准日，是指虚假记载、误导性陈述或者重大遗漏被揭露或者更正后，为将投资者应获赔偿限定在虚假记载、误导性陈述或者重大遗漏所造成的损失范围内，确定损失计算的合理期间而规定的截止日期。

投资者持股期间基于股东身份取得的收益，包括红利、红股、公积金转增所得的股份以及投资人持股期间出资购买的配股、增发股和转配股，不冲抵本人的赔偿金额。

就上述赔偿投资者损失事宜，本人自愿与发行人对此承担连带责任。

（2）约束措施

本人若不履行该承诺，公司就此可自行扣减与赔偿投资者损失价款总额等额的本人在公司应得分红，由公司直接用以赔偿投资者损失，直至投资者损失得以足额赔偿。投资者损失获得足额赔偿前，本人不直接或间接减持所持公司股份。

（三）发行人董事、监事及高级管理人员的承诺

发行人全体董事、监事及高级管理人员承诺：

1、招股书有虚假记载、误导性陈述或者重大遗漏，致使投资者在证券交易中遭受损失的，本人将依法对投资者因此发生的全部实际损失与发行人及/或控股股东等主体承担连带赔偿责任。

投资者该等实际损失包括：

（1）投资差额损失；

①投资者在基准日及以前卖出证券的，其投资差额损失，以买入证券平均价格与实际卖出证券平均价格之差，乘以投资人所持证券数量计算。

②投资者在基准日之后卖出或者仍持有证券的，其投资差额损失，以买入证券平均价格与虚假记载、误导性陈述或者重大遗漏被揭露日或者更正日起至基准日期间，每个交易日收盘价的平均价格之差，乘以投资人所持证券数量计算。

（2）投资差额损失部分的佣金和印花税。

（3）所涉及资金利息。该等资金利息自买入至卖出证券日或者基准日，按银行同期活期存款利率计算。

其中，投资差额损失计算的基准日，是指虚假记载、误导性陈述或者重大遗漏被揭露或者更正后，为将投资者应获赔偿限定在虚假记载、误导性陈述或者重大遗漏所造成的损失范围内，确定损失计算的合理期间而规定的截止日期。

投资者持股期间基于股东身份取得的收益，包括红利、红股、公积金转增所得的股份以及投资人持股期间出资购买的配股、增发股和转配股，不冲抵本人的赔偿金额。

2、约束措施

发行人董事、高级管理人员若不履行上述承诺，本人将在证监会指定的报刊上公开道歉，且公司有权自行扣减以赔偿投资者实际损失总额为限的本人在公司的应得薪酬及/或分红。

发行人监事若不履行上述承诺，本人同意公司停止向本人发放薪酬，由公司将该等资金用于赔偿投资者损失，直至本人全面履行该承诺内容或投资者损失获得足额赔偿。

（四）本次发行保荐机构的承诺

本次发行的保荐机构信达证券股份有限公司承诺：

1、如经证明，因本公司过错导致为发行人首次公开发行制作、出具的文件，有虚假记载、误导性陈述或者重大遗漏，致使投资者在证券交易中遭受损失的，就本公司负有责任的部分，本公司将依法赔偿投资者因此所实际发生的全部损失。

本公司赔偿范围内的投资者损失包括以下内容：

（1）投资差额损失；

①投资者在基准日及以前卖出证券的，其投资差额损失，以买入证券平均价格与实际卖出证券平均价格之差，乘以投资人所持证券数量计算。

②投资者在基准日之后卖出或者仍持有证券的，其投资差额损失，以买入证券平均价格与虚假记载、误导性陈述或者重大遗漏被揭露日或者更正日起至基准日期间，每个交易日收盘价的平均价

格之差,乘以投资人所持证券数量计算。

(2)投资差额损失部分的佣金和印花税。

(3)所涉及资金利息。该等资金利息自买入至卖出证券日或者基准日,按银行同期活期存款利率计算。

其中,投资差额损失计算的基准日,是指虚假记载、误导性陈述或者重大遗漏被揭露或者更正后,为将投资者应获赔偿限定在虚假记载、误导性陈述或者重大遗漏所造成的损失范围内,确定损失计算的合理期间而规定的截止日期。

投资者持股期间基于股东身份取得的收益,包括红利、红股、公积金转增所得的股份以及投资人持股期间出资购买的配股、增发股和转配股,不冲抵本公司的赔偿金额。

有证据证明本公司无过错的,本公司不承担上述赔偿责任。

2、约束措施

本公司若不履行上述承诺,有权主体可依据有关法律、法规、规章及规范性文件自行对本公司采取相应措施;本公司对此不持有异议。

(五)本次发行的发行人律师的承诺

本次发行的发行人律师北京市竞天公诚律师事务所承诺:

1、因本所为发行人首次公开发行制作、出具的文件,有虚假记载、误导性陈述或者重大遗漏,致使投资者在证券交易中遭受损失的,就本所负有责任的部分,本所将依法赔偿投资者因此所实际发生的全部损失。

本所赔偿范围内的投资者损失包括以下内容:

(1)投资差额损失;

①投资者在基准日及以前卖出证券的,其投资差额损失,以买入证券平均价格与实际卖出证券平均价格之差,乘以投资人所持证券数量计算。

②投资者在基准日之后卖出或者仍持有证券的,其投资差额损失,以买入证券平均价格与虚假记载、误导性陈述或者重大遗漏被揭露日或者更正日起至基准日期间,每个交易日收盘价的平均价格之差,乘以投资人所持证券数量计算。

(2)投资差额损失部分的佣金和印花税。

(3)所涉及资金利息。该等资金利息自买入至卖出证券日或者基准日,按银行同期活期存款利率计算。

其中,投资差额损失计算的基准日,是指虚假记载、误导性陈述或者重大遗漏被揭露或者更正后,为将投资者应获赔偿限定在虚假记载、误导性陈述或者重大遗漏所造成的损失范围内,确定损失计算的合理期间而规定的截止日期。

投资者持股期间基于股东身份取得的收益,包括红利、红股、公积金转增所得的股份以及投资人持股期间出资购买的配股、增发股和转配股,不冲抵本所的赔偿金额。

有证据证明本所无过错的,本所不承担上述赔偿责任。

2、约束措施

本所若不履行上述承诺,有权主体可依据有关法律、法规、规章及规范性文件自行对本所采取相应措施;本所对此不持有异议。

(六)本次发行的审计机构的承诺

本次发行的审计机构中审亚太会计师事务所(特殊普通合伙)(以下简称"中审亚太")承诺:

1、因本所为发行人首次公开发行制作、出具的文件,有虚假记载、误导性陈述或者重大遗漏,致使投资者在证券交易中遭受损失的,就本所负有责任的部分,本所将依法赔偿投资者因此所实际发生的全部损失。

本所赔偿范围内的投资者损失包括以下内容:

(1)投资差额损失;

①投资者在基准日及以前卖出证券的,其投资差额损失,以买入证券平均价格与实际卖出证券平均价格之差,乘以投资人所持证券数量计算。

②投资者在基准日之后卖出或者仍持有证券的,其投资差额损失,以买入证券平均价格与虚假记载、误导性陈述或者重大遗漏被揭露日或者更正日起至基准日期间,每个交易日收盘价的平均价格之差,乘以投资人所持证券数量计算。

(2)投资差额损失部分的佣金和印花税。

(3)所涉及资金利息。该等资金利息自买入至卖出证券日或者基准日,按银行同期活期存款利率计算。

其中,投资差额损失计算的基准日,是指虚假记载、误导性陈述或者重大遗漏被揭露或者更正后,为将投资者应获赔偿限定在虚假记载、误导性陈述或者重大遗漏所造成的损失范围内,确定损失计算的合理期间而规定的截止日期。

投资者持股期间基于股东身份取得的收益,包括红利、红股、公积金转增所得的股份以及投资人持股期间出资购买的配股、增发股和转配股,不冲抵本所的赔偿金额。

有证据证明本所无过错的,本所不承担上述赔偿责任。

2、约束措施

本所若不履行上述承诺,有权主体可依据有关法律、法规、规章及规范性文件自行对本所采取相应措施;本所对该等措施不持有异议。

四、公开发行前持股5%以上股东的持股意向及减持意向

(一)发行人控股股东、实际控制人阮鸿献、刘琼及董事、高级管理人员赵飚的持股意向及减持意向

1、锁定期满两年内,本人每年所累积减持的股份总数将不超过本人所持有的公司股份总数的25%;减持价格不低于本次发行价格的100%。

该等减持方式为大宗交易或集中竞价等法律允许的方式。该等减持行为,将提前三个交易日予以公告。期间公司如有派息、送股、资本公积金转增股本、配股等除权除息事项,减持底价相应进行调整。

2、本人如未履行上述持股意向及减持意向内容的,由此所得收益归公司所有,本人应向公司董事会上缴该等收益。

(二)发行人股东君联创投的持股意向及减持意向

1、锁定期满后2年内减持价格不低于发行价格的50%,第一年减持比例不超过本企业所持股票数量的50%,第二年减持比例不超过本企业所持股票数量的100%。

该等减持方式为大宗交易或集中竞价等法律允许的方式。该等减持行为,将提前三个交易日予以公告。

期间公司如有派息、送股、资本公积金转增股本、配股等除权除息事项,减持底价相应进行调整。

2、本企业如未履行上述持股意向及减持意向内容的,由此所得收益归公司所有,本企业应向公司董事会上缴该等收益。

五、公司控股股东及实际控制人新股发行体制改革前的相关承诺及约束措施

(一)关于避免同业竞争的承诺及约束措施:

为了避免同业竞争,2011年3月5日,本公司控股股东阮鸿献、刘琼出具了《避免同业竞争承诺函》,向本公司承诺:

1、截至本承诺函出具之日,控股股东及其所控制的公司、企业、组织(本公司除外,下同)均未直接或间接从事任何与本公司构成竞争或可能构成竞争的生产经营或类似业务。

2、自本承诺函出具之日起,控股股东及其所控制的公司、企业、组织将不会直接或间接以任何方式(包括但不限于独资、合资、合作和联营)参与或进行任何与本公司构成竞争或可能构成竞争的生产经营或类似业务。

3、自本承诺函出具之日起,控股股东及将来成立的控股股东所控制的公司、企业、组织将不会直接或间接以任何方式(包括但不限于独资、合资、合作和联营)参与或进行与本公司构成竞争或可能构成竞争的生产经营或类似业务。

4、自本承诺函出具之日起,控股股东及其所控制的公司、企业、组织从任何第三者获得的任何商业机会与本公司之业务构成或可能构成实质性竞争的,控股股东将立即通知本公司,并尽力将该等商业机会让与本公司。

5、控股股东及其控制的公司、企业、组织承诺将不向其业务与本公司之业务构成竞争的其他公司、企业、组织或个人提供经营信息、业务流程、采购销售渠道等商业秘密。

6、如上述承诺被证明为不真实或未被遵守,控股股东将向本公司赔偿一切直接和间接损失。

7、如未能履行《关于避免同业竞争的承诺函》,有关约束措施如下:

(1)由此所得收益归公司所有,本人应向公司董事会上缴该等收益;

(2)本人应在接到公司董事会通知之日起20日内启动有关消除同业竞争的相关措施,包括但不限于依法终止有关投资、转让有关投资股权或业务、清算注销有关同业竞争的公司,并及时向公司及公众投资者披露消除同业竞争的相关措施的实施情况。

(二)关于促使公司避免和减少关联交易的约束措施:

如未能促使公司履行其关于避免和减少关联交易的相关承诺,有关约束措施如下:

1、如公司由此遭受损失的,在有关损失金额厘定确认后,本人将在公司董事会通知的时限内赔偿公司因此遭受的损失。本人拒不赔偿公司遭受的相关损失的,公司有权相应扣减公司应向本人支付的分红及工资薪酬,作为本人对公司的赔偿。

2、本人应配合公司消除或规范相关关联交易,包括但不限于依法终止关联交易、采用市场公允价格等。

(三)关于代为补缴社会保险和住房公积金的承诺及约束措施

2011年3月,公司实际控制人阮鸿献、刘琼承诺:如应有权部门要求、决定及/或司法机关的判决,云南鸿翔一心堂药业(集团)股份有限公司("公司")及其子公司需要为其员工补缴社会保险及/或缴纳滞纳金、住房公积金或因未缴纳社会保险、住房公积金而承担罚款或其他损失,本人愿意无条件代公司及其子公司承担上述所有补缴金额及滞纳金、承担任何罚款或损失赔偿责任,且自愿放弃向公司及其子公司追偿的权利。

如未能履行上述承诺,公司由此遭受损失的,在有关损失金额厘定确认后,本人将在公司董事会通知的时限内赔偿公司因此遭受的损失。本人拒不赔偿公司遭受的相关损失的,公司有权相应扣减公司应向本人支付的分红及工资薪酬,作为本人对公司的赔偿。

(四)关于代为承担租赁房产产权瑕疵的承诺函及约束措施

2011年3月,公司实际控制人阮鸿献、刘琼承诺:如应有权部门要求或决定、司法机关的判决、第三方的权利主张,云南鸿翔一心堂药业(集团)股份有限公司("公司")及其子公司租赁的物业因产权瑕疵问题而致使该等租赁物业的房屋及/或土地租赁关系无效或者出现任何纠纷,导致公司及其子公司需要另租其他房屋及/或土地而进行搬迁并遭受经济损失、被有权部门给予行政处罚、或

者被有关当事人追索的，本人愿意无条件代公司及其子公司承担上述所有损失赔偿责任及/或行政处罚责任、代公司及其子公司承担上述所有经济损失，且自愿放弃向公司及其子公司追偿的权利。

如未能履行上述承诺，公司由此遭受损失的，在有关损失金额厘定确认后，本人将在公司董事会通知的时限内赔偿公司因此遭受的损失。本人拒不赔偿公司遭受的相关损失的，公司有权相应扣减公司应向本人支付的分红及工资薪酬，作为本人对公司的赔偿。

(五)关于鸿翔药业2000年设立时实物出资未经评估的承诺及约束措施 2011年3月，公司实际控制人阮鸿献承诺：如鸿翔一心堂因2000年设立时实物出资未经评估事项被有权部门认定为注册资本并未缴足而导致需补足注册资本及/或受到相关行政处罚，或被债权人以注册资本不足追索相关民事赔偿责任的，本人愿意无条件代鸿翔一心堂承担上述所有损失赔偿责任及/或行政处罚责任、代鸿翔一心堂承担上述所有经济损失，且自愿放弃向一心堂追偿的权利。

如未能履行上述承诺，公司由此遭受损失的，在有关损失金额厘定确认后，本人将在公司董事会通知的时限内赔偿公司因此遭受的损失。本人拒不赔偿公司遭受的相关损失的，公司有权相应扣减公司应向本人支付的分红及工资薪酬，作为本人对公司的赔偿。

第二节　股票上市情况

一、公司股票上市审批情况

本上市公告书是根据《中华人民共和国公司法》、《中华人民共和国证券法》、《首次公开发行股票并上市管理办法》和《深圳证券交易所股票上市规则》(2012年修订)等国家有关法律、法规的规定，并按照《深圳证券交易所股票上市公告书内容与格式指引》(2013年12月修订)编制而成，旨在向投资者提供有关本公司首次公开发行股票上市的基本情况。

经中国证券监督管理委员会《关于核准云南鸿翔一心堂药业(集团)股份有限公司首次公开发行股票的批复》(证监许可[2014]573号)核准，本次首次公开发行股票总量不超过6,510万股，采用网下向符合条件的投资者询价配售与网上向社会公众投资者定价发行相结合的方式进行，其中网下发行651万股，网上发行5,859万股，发行价格为12.20元/股。

经深圳证券交易所《关于云南鸿翔一心堂药业(集团)股份有限公司人民币普通股股票上市的通知》(深证上[2014]224号)同意，本公司发行的人民币普通股股票在深圳证券交易所上市，证券简称“一心堂”，股票代码“002727”，本次公开发行的6,510万股股票将于2014年7月2日起上市交易。

公司本次发行的招股意向书、招股说明书全文及相关备查文件已在巨潮资讯网(http://www.cninfo.com.cn)披露，故与其重复的内容不再重述，敬请投资者查阅上述内容。

二、公司基本情况

(一)上市地点：深圳证券交易所

(二)上市时间：2014年7月2日

(三)股票简称：一心堂

(四)股票代码：002727

(五)本次发行后总股本：26,030万股

(六)首次公开发行股票数量：6,510万股

(七)发行前股东所持股份的流通限制及期限：根据《公司法》的有关规定，公司首次公开发行股份前已发行的股份，自公司股票在证券交易所上市交易之日起一年内不得转让。

(八)发行前股东对所持股份自愿锁定的承诺详见“第一节重要声明与提示”。

(九)本次上市的无流通限制及锁定安排的股份本次公开发行的6,510万股股份无流通限制及锁定安排。

(十)公司股份可上市交易时间表

	股东名称	持股数(万股)	占发行后股本的比例	可上市交易日期(非交易日顺延)
首次公开发行前已发行股份	阮鸿献	8,784.00	33.75%	2017年7月2日
	刘　琼	4,782.40	18.37%	2017年7月2日
	君联创投	1,292.89	4.97%	2015年7月2日
	赵　飚	1,194.62	4.59%	2015年7月2日
	弘毅投资	966.50	3.71%	2015年7月2日
	周红云	895.97	3.44%	2015年7月2日
	伍永军	597.31	2.29%	2015年7月2日
	吴　笛	390.40	1.50%	2015年7月2日
	百利宏	193.30	0.74%	2015年7月2日
	罗永斌	175.68	0.67%	2015年7月2日
	祁恒曦	149.33	0.57%	2015年7月2日
	田　俊	97.60	0.37%	2015年7月2日
	小　计	19,520.00	74.99%	
首次公开发行股份	网下配售的股份	651.00	2.49%	2014年7月2日
	网上配售的股份	5859.00	22.51%	2014年7月2日
	小计	6,510.00	25.01%	
	合计	26,030.00	100.00%	

(十一)股票登记机构：中国证券登记结算有限责任公司深圳分公司。

(十二)上市保荐机构：信达证券股份有限公司。

第三节　发行人、股东和实际控制人

一、发行人基本情况

(一)发行人名称：云南鸿翔一心堂药业(集团)股份有限公司

(二)英文名称：YunnanHongxiangYixintangPharmaceuticalCo.,Ltd.

(三)法定代表人：阮鸿献

(四)注册资本：19,520万元(本次发行前)；26,030万元(本次发行后)

(五)公司住所：昆明市人民西路821号

(六)邮政编码：650106

(七)经营范围：中成药、中药材、中药饮片、化学药制剂、抗生素、生化药品、生物制品(不含血液制品、不含疫苗)、化学原料药；Ⅰ、Ⅱ、Ⅲ类医疗器械(凭许可证经营)；消毒剂、消毒器械、一次性使用医疗用品和卫生用品的销售；通讯产品配件、充值卡、续费卡的销售；冷冻(藏)食品、保健食品、建筑材料、金属材料、不锈钢制品、五金交电、橡胶及制品、塑料及制品的批发、零售、代购代销；日用百货、化妆品、服装鞋帽、针纺织品、皮革制品、工艺美术品、家俱及办公用品、彩扩服务及摄影器材、胶卷、副食品、酒、糖、茶、食用盐、图书、报刊的零售自营和代理各类商品和技术的进出口，但国家限定公司经营或禁止进出口的商品和技术除外；经济信息咨询服务；果品、花卉的零售；企业管理；受委托代收费；验配眼镜，眼镜的销售；房屋租赁，其他服务；预包装食品兼散装食品、乳制品(含婴幼儿配方乳粉)；互联网药品交易服务(向个人消费者提供药品)；互联网信息服务不含新闻、出版、教育、医疗保健、文化、广播电影电视节目、电子公告，含药品和医疗器械内容；农副产品。(以上经营范围中涉及国家法律、行政法规规定的专项审批，按审批的项目和时限开展经营活动)。

(八)主营业务：医药零售连锁和医药批发业务，其中医药零售连锁是公司的核心业务。

(九)所属行业：医药流通行业

(十)联系电话：0871-68185283

(十一)传真：0871-68185283

(十二)互联网址：www.hx8886.com

(十三)电子信箱：ir@hxyxt.net

(十四)董事会秘书：田俊

二、发行人董事、监事、高级管理人员及其持有公司股份情况

姓　名	职　位	发行后直接持有公司股份数(万股)	占发行后股本的比例(%)	任期
阮鸿献	董事长、总裁	8,784.00	33.75%	2013年11月至2016年11月
刘　琼	董事	4,782.40	18.37%	
赵　飚	董事、副总裁	1,194.62	4.59%	
周红云	董事、副总裁	895.97	3.44%	
田　俊	董事、副总裁、财务负责人、董事会秘书	97.60	0.37%	
李家庆	董事	–	–	
龙　超	独立董事	–	–	
母景平	独立董事	–	–	
王锦霞	独立董事	–	–	
陆凤光	监事会主席	–	–	
欧阳浩	监事	–	–	
彭俊岚	监事	–	–	
伍永军	副总裁	597.31	2.29%	

三、发行人控股股东及实际控制人情况

(一)控股股东及实际控制人的基本情况

本公司控股股东及实际控制人为阮鸿献先生和刘琼女士。阮鸿献、刘琼为夫妻关系，发行前阮鸿献持有8,784.00万股，占公司总股本的45%，为公司第一大股东，刘琼持有4,782.4万股，占公司总股本的24.5%，为公司第二大股东，发行前两人合计持有13,566.4万股，占公司总股本的69.5%。发行后两人合计持有公司52.12%的股份。

阮鸿献，1966年6月出生，中国国籍，无永久境外居留权，身份证号码：53252619660615****，现任本公司董事长兼总裁。

刘琼，1965年6月出生，中国国籍，无永久境外居留权，身份证号码：53250219650607****，现任本公司董事。

(二)控股股东及实际控制人的其它投资情况

本公司控股股东及实际控制人阮鸿献先生和刘琼女士的其它投资情况如下表：

姓　名	公司职务	投资单位名称	出资额(万元)	持股比例
阮鸿献	董事长、总裁	云南云鸿房地产开发有限公司	86.00	68.25%

		云南通红温泉有限公司	100.00	50.00%
		云南红云健康管理服务有限公司 （云南云鸿房地产开发有限公司投资企业）	68.25	68.25%
刘　琼	董事	云南云鸿房地产开发有限公司	40.00	31.75%
		昆明圣爱中医馆	500.00	100%
		云南圣爱投资有限公司	900.00	90.00%
		昆明市五华区华龙圣爱培训学校 （圣爱投资占出资额的 80%）	46.00	92.00%
		云南红云健康管理服务有限公司 （云南云鸿房地产开发有限公司投资企业）	31.75	31.75%

四、公司前十名股东持有本公司股份情况

本次公开发行后上市前，公司股东总数为 112,723 名，前十名股东的持股情况如下：

序号	股东名称	持有股数(万股)	占发行后股本比例(%)
1	阮鸿献	8,784.00	33.75%
2	刘　琼	4,782.40	18.37%
3	君联创投	1,292.89	4.97%
4	赵　飚	1,194.62	4.59%
5	弘毅投资	966.50	3.71%
6	周红云	895.97	3.44%
7	伍永军	597.31	2.29%
8	吴　笛	390.40	1.50%
9	百利宏	193.30	0.74%
10	罗永斌	175.68	0.67%
	小　计	19,273.07	74.03%

第四节　股票发行情况

(　)首次公开发行股票数量：6,510 万股。本次网下向配售对象询价配售股票数量为 651 万股，占本次发行总量的 10%；网上向社会公众投资者定价发行股票数量为 5,859 万股，占本次发行总量的 90%。

(二)发行价格：12.20 元/股，对应的市盈率为：

1、10.09 倍（每股收益按照经会计师事务所遵照中国会计准则审核的 2013 年扣除非经常性损益前后孰低的合并报表口径归属母公司净利润除以本次公开发行前的总股数计算）；

2、13.45 倍（每股收益按照经会计师事务所遵照中国会计准则审核的 2013 年扣除非经常性损益前后孰低的合并报表口径归属母公司净利润除以本次公开发行后的总股数计算）。

(三)发行方式及认购情况：本次发行采用网下向符合条件的投资者询价配

售与网上向持有深圳市场非限售 A 股股份市值的社会公众投资者定价发行相结合的方式进行。其中，网下向配售对象询价配售股票数量为 651 万股，有效申购数量为 725,910 万股，有效申购获得配售的比例为 0.08968054%，有效申购倍数为 1,115.07 倍；网上定价发行股票数量为 5,859 万股，中签率为 0.6220852363%，超额认购倍数为 160.75 倍。本次网上网下发行均不存在余股。

(四)募集资金总额及注册会计师对资金到位的验证情况：本次公司公开发行股票募集资金总额为 79,422 万元，募集资金净额为 74,904.87 万元。中审亚太已于 2014 年 6 月 26 日对发行人首次公开发行股票的资金到位情况进行了审验，并出具中审亚太验[2014]020005 号验资报告。

(五)发行费用：公司本次公开发行股票的发行费用总额为 4,517.13 万元，具体明细如下：

序号	项目	金额(万元)
1	承销费用	3,971.10
2	审计、验资费用	80.00
3	律师费用	120.00
4	本次发行信息披露费用	300.00
5	上市初费及登记托管费用	46.03
总计	–	4,517.13

本次发行每股发行费用 0.69 元/股。（每股发行费用=发行费用总额/本次发行股数）

(六)发行人募集资金净额：本次公司公开发行股票的募集资金净额为 74,904.87 万元。

(七)发行后每股净资产：6.90 元(根据本次发行后归属于母公司股东的权益除以发行后总股本计算，其中，发行后归属于母公司股东的权益按本公司 2013 年 12 月 31 日经审计的归属于母公司股东的权益和本次募集资金净额之和计算)。

(八)发行后每股收益：0.91 元(按照经会计师事务所遵照中国会计准则审核的 2013 年扣除非经常性损益前后孰低的合并报表口径归属母公司净利润除以本次公开发行后的总股数计算)。

第五节　财务会计资料

本公司报告期内 2011 年、2012 年、2013 年的财务数据已经中审亚太审计，2014 年 1–3 月的财务数据已经中审亚太审阅，但未经审计。2011 年、2012 年、2013 年及 2014 年 1–3 月的财务数据已在公告的招股说明书中详细披露，投资者欲了解相关情况请详细阅读招股说明书"第十一节管理层讨论与分析"之"四、财务报告审计截止日后主要财务信息及经营状况分析"。

根据公司 2014 年 1–3 月经营情况分析及对 4–6 月的经营情况预测，2014 年 1–6 月公司营业收入预计比 2013 年 1–6 月营业收入增长 30.88%，为 212,705.75 万元；净利润预计比 2013 年 1–6 月净利润增长 30.05%，为 15,540.75 万元。公司利润增加的主要原因是公司 2013 年度所开 517 家门店逐渐进入盈利期及 2013 年以前所开门店盈利能力不断提升。

上述业绩变动的预测，只是公司的初步预测。若实际经营情况与公司初步预测发生较大变化，公司将根据实际情况及时进行披露，请广大投资者谨慎决策，注意投资风险。

第六节　其他重要事项

本公司自 2014 年 6 月 10 日刊登首次公开发行股票招股意向书至本上市公告书刊登前，未发生可能对公司有较大影响的重要事项。具体情况如下：

1、本公司严格依照《公司法》、《证券法》等法律法规的要求，规范运作，生产经营状况正常，主营业务发展目标进展正常；

2、本公司生产经营情况、外部条件或生产环境未发生重大变化(包括原材料采购和产品销售价格、原材料采购和产品销售方式、所处行业或市场等均未发生重大变化)；

3、本公司订立的重要合同，未对发行人的资产、负债、权益和经营成果产生重大影响；

4、本公司未发生重大关联交易事项，资金未被关联方非经营性占用；

5、本公司未发生重大投资行为；

6、本公司未发生重大资产(或股权)购买、出售及置换行为；

7、本公司住所没有变更；

8、本公司董事、监事、高级管理人员及核心技术人员未发生变化；

9、本公司未发生重大诉讼、仲裁事项；

10、本公司未发生对外担保等或有事项；

11、本公司的财务状况和经营成果未发生重大变化；

12、本公司未召开董事会、监事会和股东大会；

13、本公司无其他应披露的重大事项。

第七节　上市保荐机构及其意见

一、上市保荐机构情况

保荐机构(主承销商)：信达证券股份有限公司

法定代表人：张志刚

住所：北京市西城区闹市口大街 9 号院 1 号楼

联系电话：010–63081138

传真：010–63081071

保荐代表人：邹玲、陈勇

联系人：邹玲

二、上市保荐机构的推荐意见

上市保荐机构信达证券股份有限公司认为：本公司首次公开发行的股票符合上市条件，已向深圳证券交易所出具了《信达证券股份有限公司关于云南鸿翔一心堂药业(集团)股份有限公司股票上市保荐书》，上市保荐机构的推荐意见如下：

云南鸿翔一心堂药业(集团)股份有限公司申请其股票上市符合《中华人民共和国公司法》、《中华人民共和国证券法》及《深圳证券交易所股票上市规则》等法律法规的有关规定，发行人股票具备在深圳证券交易所上市的条件。信达证券股份有限公司愿意推荐发行人的股票在深圳证券交易所上市交易，并承担相关保荐责任。

云南鸿翔一心堂药业(集团)股份有限公司

2014 年 7 月 1 日

沈阳萃华金银珠宝股份有限公司

沈阳萃华金银珠宝股份有限公司首次公开发行股票上市公告书

特别提示

如无特别说明，本上市公告书中的简称或名词的释义与本公司首次公开发行股票招股说明书中的相同。

公司股票将于2014年11月4日在深圳证券交易所上市。本公司提醒投资者应充分了解股票市场风险及本公司披露的风险因素，在新股上市初期切忌盲目跟风"炒新"，应当审慎决策、理性投资。

第一节　重要声明与提示

本公司及全体董事、监事、高级管理人员保证上市公告书的真实性、准确性、完整性，承诺上市公告书不存在虚假记载、误导性陈述或重大遗漏，并承担个别和连带的法律责任。

深圳证券交易所、其他政府机关对本公司股票上市及有关事项的意见，均不表明对公司的任何保证。

本公司提醒广大投资者注意，凡本上市公告书未涉及的有关内容，请投资者查阅刊载于巨潮资讯网(www.cninfo.com.cn)的本公司招股说明书全文。

本公司及控股股东、实际控制人、董事、监事、高级管理人员等就首次公开发行股票上市作出的重要承诺及说明如下：

一、关于股份限售安排和自愿锁定的承诺

1、公司控股股东深圳翠艺、公司实际控制人郭英杰及其关系密切的家庭成员郭琼雁和郭裕春承诺：

(1)自发行人股票上市之日起三十六个月内，不转让或者委托他人管理其直接或间接持有的发行人公开发行股票前已发行的股份，也不由发行人回购其直接或间接持有的发行人公开发行股票前已发行的股份；

(2)发行人上市后6个月内如发行人股票连续20个交易日的收盘价均低于发行价，或者上市后6个月期末(2015年5月3日，如该日不是交易日，则该日后第一个交易日，以下同)收盘价低于发行价，其所持发行人股票的锁定期限自动延长6个月；

(3)担任公司董事的郭英杰、郭裕春还承诺上述股份锁定承诺期限届满后，在担任发行人董事、监事或高级管理人员期间每年转让的股份不超过其直接和间接持有发行人股份总数的百分之二十五；不再担任上述职务后半年内，不转让其持有的发行人股份。

2、担任公司董事的公司股东周应龙、马俊豪、李玉昆、郭有菊承诺：

(1)自发行人股票上市之日起三十六个月内，不转让或者委托他人管理其直接或间接持有的发行人公开发行股票前已发行的股份，也不由发行人回购其直接或间接持有的发行人公开发行股票前已发行的股份；

(2)发行人上市后6个月内如发行人股票连续20个交易日的收盘价均低于发行价，或者上市后6个月期末收盘价低于发行价，其所持发行人股票的锁定期限自动延长6个月；

(3)上述股份锁定承诺期限届满后，在担任发行人董事、监事或高级管理人员期间每年转让的股份不超过其直接和间接持有发行人股份总数的百分之二十五；不再担任上述职务后半年内，不转让其持有的发行人股份。

3、公司股东君信投资承诺：自发行人股票上市之日起三十六个月内，不转让或者委托他人管理其直接或间接持有的发行人公开发行股票前已发行的股份，也不由发行人回购其直接或间接持有的发行人公开发行股票前已发行的股份。

4、公司股东陈晓宇承诺：自发行人股票上市之日起三十六个月内，不转让或者委托他人管理其直接或间接持有的发行人公开发行股票前已发行的股份，也不由发行人回购其直接或间接持有的发行人公开发行股票前已发行的股份。

5、公司股东朴昌建、解天骏、郭兰伟、段立彦、金顺姬、朴燕、郭跃进、陈少巧和袁建设承诺：自发行人股票上市之日起一年内，不转让或者委托他人管理其直接或间接持有的发行人公开发行股票前已发行的股份，也不由发行人回购其直接或间接持有的发行人公开发行股票前已发行的股份。

公司股东同意在违背该项承诺时接受以下约束措施：(1)在股东大会及中国证监会指定媒体上公开说明未履行承诺的具体原因并向公司其他股东和社会公众投资者道歉；(2)如果因未履行相关承诺事项而获得收益的，所获收益归公司所有，并在获得收益的五个工作日内将所获收益支付给公司指定账户。

二、关于公司上市后三年内稳定股价预案及相关当事人的约束措施

1、启动稳定股价措施的条件

上市后三年内，若公司连续20个交易日每日股票收盘价均低于最近一期经审计的每股净资产时(以下简称"启动条件"，审计基准日后发生权益分派、公积金转增股本、配股等情况的，应做除权除息处理)，则公司应启动稳定股价措施。

2、稳定股价的具体措施

(1)公司回购股票

公司为稳定股价之目的回购股份，应符合《上市公司回购社会公众股份管理办法(试行)》及《关于上市公司以集中竞价交易方式回购股份的补充规定》等相关法律、法规的规定，且不应导致公司股权分布不符合上市条件。

公司董事会对回购股份作出决议，公司董事承诺就该等回购事宜在董事会中投赞成票。

公司股东大会对回购股份做出决议，该决议须经出席会议的股东所持表决权的三分之二以上通过，公司控股股东深圳翠艺、公司实际控制人郭英杰及其关系密切的家庭成员郭琼雁和郭裕春承诺就该等回购事宜在股东大会中投赞成票。

公司为稳定股价进行股份回购时，除应符合相关法律法规及规范性文件的要求之外，还应符合下列各项：①公司回购股份的价格不超过公司最近一期经审计的每股净资产；②公司单次回购股份不超过公司总股本的2%；③公司单次用于回购股份的资金不超过人民币4,000万元；④单一会计年度用以稳定股价的回购资金累计不超过上一会计年度经审计的归属于母公司股东净利润的50%。

如果公司股价已不满足启动稳定股价措施的条件时，公司可以不再实施向社会公众股东回购股份。

(2)控股股东增持股票

当下列任一条件发生时，公司控股股东深圳翠艺应在符合《上市公司收购管理办法》及《中小企业板信息披露业务备忘录第23号：股东及其一致行动人增持股份》等法律法规及规范性文件的条件和要求的前提下，对公司股票进行增持：①公司回购股份方案实施完毕之次日起的连续10个交易日每日股票收盘价均低于最近一期经审计的每股净资产(审计基准日后发生权益分派、公积金转增股本、配股等情况的，应做除权除息处理)；②公司回购股份方案实施完毕之次日起的3个月内启动条件被再次触发。

控股股东为稳定股价增持股票时，除应符合相关法律法规及规范性文件的要求之外，还应符合下列各项：①控股股东增持股份的价格不超过公司最近一期经审计的每股净资产；②控股股东单次增持公司股份数量不超过公司总股本的2%；③控股股东单次用于增持股份的资金金额不低于其上一会计年度自发行人所获得现金分红金额的20%；④控股股东单一会计年度用于增持股份的资金金额不超过其上一会计年度自发行人所获得现金分红金额的100%。

控股股东承诺在增持计划完成后的6个月内将不出售所增持的股份。

如果公司股价已不满足启动稳定股价措施的条件时，控股股东可以不再实施增持公司股份行为。

(3)董事、高级管理人员增持股票

当下列任一条件发生时，在公司领取薪酬的公司董事(不包括独立董事)、高级管理人员应在符合《上市公司收购管理办法》及《上市公司董事、监事和高级管理人员所持本公司股份及其变动管理规则》等法律法规及规范性文件的条件和要求的前提下，对公司股票进行增持：①控股股东增持股份方案实施完毕之次日起的连续10个交易日每日股票收盘价均低于最近一期经审计的每股净资产(审计基准日后发生权益分派、公积金转增股本、配股等情况的，应做除权除息处理)；②控股股东增持股份方案实施完毕之次日起的3个月内启动条件被再次触发。

有增持义务的公司董事、高级管理人员为稳定股价增持股票时，除应符合相关法律法规及规范性文件的要求之外，还应符合下列各项：①增持股份的价格不超过公司最近一期经审计的每股净资产；②用于增持股份的资金不少于董事、高级管理人员上年度税后薪酬总和的30%，但不超过董事、高级管理人员上年度税后薪酬总和的80%。

有增持义务的公司董事、高级管理人员承诺，在增持计划完成后的6个月内将不出售所增持的股份。

如果公司股价已不满足启动稳定股价措施的条件时，董事、高级管理人员可以不再实施增持公司股份行为。

公司未来若有新聘的董事(不包括独立董事)、高级管理人员且其从公司领取薪酬，均应当履行公司发行上市时董事、高级管理人员已作出的相应承诺。公司将促使该等新聘任的董事和高级管理人员根据本预案及相关约束措施出具承诺书。

3、稳定股价措施的启动程序

公司回购股票：(1)公司董事会应在上述公司回购启动条件触发之日起的15个交易日内作出回购股份的决议；(2)公司董事会应当在做出回购股份决议后的2个工作日内公告董事会决议、回购股份预案，并发布召开股东大会的通知；(3)公司应在股东大会做出决议之次日起开始启动回购，并应在履行相关法定手续后的30个交易日内实施完毕；(4)公司回购方案实施完毕后，应在2个工作日内公告公司股份变动报告，并在10日内依法注销所回购的股份，办理工商变更登记手续。

控股股东及董事、高级管理人员增持股票：(1)公司董事会应在控股股东及董事、高级管理人员增持条件触发之日起2个交易日内做出增持公告；(2)控股股东及董事、高级管理人员应在增持公告作出之次日起开始启动增持，并应在履行相关法定手续后的15个交易日内实施完毕。

4、关于相关当事人违背稳定股价承诺的约束措施

(1)若公司违背上市后三年内稳定股价的承诺：①在股东大会及中国证监会指定媒体上公开说

明未履行承诺的具体原因并向股东和社会公众投资者道歉，并提出补充承诺或替代承诺，以尽可能保护投资者的权益；②因未能履行上述承诺造成投资者损失的，本公司将依法向投资者进行赔偿。

(2)若控股股东深圳翠艺违背上市后三年内稳定股价的承诺：①在股东大会及中国证监会指定媒体上公开说明未履行承诺的具体原因并向其他股东和社会公众投资者道歉，并提出补充承诺或替代承诺，以尽可能保护投资者的权益；②控股股东所持限售股锁定期自期满后延长六个月，并将最近一个会计年度从公司分得的现金股利返还公司。如未按期返还，发行人可以采取从之后发放现金股利中扣发，直至扣减金额累计达到应履行稳定股价义务的最近一个会计年度从公司已分得的现金股利总额。

(3)若有增持义务的公司董事、高级管理人员违背上市后三年内稳定股价的承诺：①在股东大会及中国证监会指定媒体上公开说明未履行承诺的具体原因并向股东和社会公众投资者道歉，并提出补充承诺或替代承诺，以尽可能保护投资者的权益；②公司应当自相关当事人未能履行稳定股价承诺当月起，扣减其每月税后薪酬的30%，直至累计扣减金额达到应履行稳定股价义务的最近一个会计年度从公司已获得税后薪酬的30%。

三、公开发行前持股5%以上股东的持股意向及减持意向和约束措施

公司公开发行前持股5%以上的股东共10名，分别为控股股东深圳翠艺、公司实际控制人郭英杰及其关系密切的家庭成员郭琼雁和郭裕春、周应龙、马俊豪、李玉昆、朴昌建及其一致行动人金顺姬和朴燕(朴昌建持有公司2.65%的股份，其配偶金顺姬持有公司1.77%的股份，其女朴燕持有公司0.88%的股份，作为一致行动人合计持有公司5.30%的股份)。

控股股东深圳翠艺、实际控制人郭英杰及其关系密切的家庭成员郭琼雁和郭裕春承诺：在锁定期满的两年内，每年转让不超过发行上市之日其所持公司股份的10%，两年内累计转让不超过所持有公司股份总额的20%，减持价格不低于发行人首次公开发行股票时的发行价(如遇除权除息事项，价格做相应调整。上述两年期限届满后，其在减持发行人股份时，将按市价且不低于发行人最近一期经审计的每股净资产(审计基准日后发生权益分派、公积金转增股本、配股等情况的，应做除权除息处理)的价格进行减持。将通过深圳证券交易所竞价交易系统、大宗交易平台或深圳证券交易所允许的其他转让方式减持公司股票。在减持发行人股份时，将提前三个交易日通过发行人发出相关公告。

担任公司董事的郭英杰、郭裕春同时还承诺，本人减持发行人股票时，将依照《公司法》、《证券法》、中国证监会和深交所的相关规定执行；本人不因职务变更、离职等原因，而放弃履行上述承诺；本人如未履行上述承诺出售股票，应将该部分出售股票所取得的收益，上缴公司所有。

股东周应龙，马俊豪，李玉昆承诺：在锁定期满的两年内，第一年转让不超过其发行上市之日所持公司股份的25%，第二年转让不超过其当时持有公司股份的25%，转让价格不低于发行人首次公开发行股票时的发行价(如遇除权除息事项，价格做相应调整)。将通过深圳证券交易所竞价交易系统、大宗交易平台或深圳证券交易所允许的其他转让方式减持公司股票。在减持发行人股份时，将提前三个交易日通过发行人发出相关公告。担任公司董事的周应龙、马俊豪、李玉昆同时还承诺，本人减持发行人股票时，将依照《公司法》、《证券法》、中国证监会和深交所的相关规定执行；本人不因职务变更、离职等原因，而放弃履行上述承诺；本人如未履行上述承诺出售股票，应将该部分出售股票所取得的收益，上缴公司所有。

股东朴昌建及其一致行动人金顺姬和朴燕承诺：在锁定期满的两年内，第一年转让不超过其发行上市之日所持公司股份的25%，第二年转让不超过其当时持有公司股份的25%，转让价格不低于发行人首次公开发行股票时的发行价(如遇除权除息事项，价格做相应调整)。将通过深圳证券交易所竞价交易系统、大宗交易平台或深圳证券交易所允许的其他转让方式减持公司股票。在减持发行人股份时，将提前三个交易日通过发行人发出相关公告。

上述股东同意在违背该减持承诺时接受以下约束措施：(1)在股东大会及中国证监会指定媒体上公开说明未履行承诺的具体原因并向公司其他股东和社会公众投资者道歉；(2)其持有的发行人股份自其未履行上述减持意向之日起6个月内不得减持；(3)如果因未履行相关承诺事项而获得收益的，所获收益归公司所有，并在获得收益的五个工作日内将所获收益支付给公司指定账户。

四、关于招股说明书无虚假记载、误导性陈述或者重大遗漏的承诺和相关当事人的约束措施

本公司及控股股东、全体董事、监事、高级管理人员承诺：本招股说明书不存在虚假记载、误导性陈述或重大遗漏，并对其真实性、准确性、完整性承担个别和连带的法律责任。

本公司承诺：若本招股说明书有虚假记载、误导性陈述或者重大遗漏，对判断本公司是否符合法律规定的发行条件构成重大、实质影响，本公司将按本次发行价格回购首次公开发行的全部新股。

本公司及控股股东、全体董事、监事、高级管理人员承诺：如果招股说明书存在虚假记载、误导性陈述或者重大遗漏的，相关主体在股东大会及中国证监会指定媒体上公开向社会公众投资者道歉；致使投资者在证券交易中遭受损失的，将依法赔偿投资者损失。

五、中介机构关于为公司首次公开发行制作、出具的文件无虚假记载、误导性陈述或重大遗漏的承诺

保荐机构(主承销商)广发证券股份有限公司承诺：如其为发行人首次公开发行制作、出具的文件有虚假记载、误导性陈述或者重大遗漏，给投资者造成损失的，广发证券将依法赔偿投资者损失。

审计机构、验资机构、验资复核机构华普天健会计师事务所(特殊普通合伙)承诺：如华普天健在本次发行工作期间未勤勉尽责，导致华普天健所制作、出具的文件对重大事件作出违背事实真相的虚假记载、误导性陈述，或在披露信息时发生重大遗漏，并造成投资者直接经济损失的，在该等违法事实被认定后，华普天健将本着积极协商、切实保障投资者特别是中小投资者利益的原则，自行并督促发行人及其他过错方一并对投资者直接遭受的、可测算的经济损失，选择与投资者和解、通过第三方与投资者调解及设立投资者赔偿基金等方式进行赔偿。

发行人律师北京国枫凯文律师事务所承诺：本所为发行人首次公开发行股票并上市制作、出具的文件不存在虚假记载、误导性陈述或者重大遗漏的情形；若因本所为发行人首次公开发行股票制作、出具的文件存在虚假记载、误导性陈述或者重大遗漏，给投资者造成损失的，本所将依法承担相应的法律责任。上述承诺为本所真实意思表示，本所自愿接受监管机构、自律组织及社会公众的监督，若违反上述承诺本所将依法承担相应责任。

六、关于历史沿革中实际控制人郭英杰的承诺

1、沈阳萃华金银制品实业有限公司321人自愿解除股权代持及股权转让行为属实，解除股权代持及股权转让行为符合国家、地方有关法律法规的规定，不存在现实的或潜在的纠纷。

2、如未来上述未经再次书面确认自愿转让真实性的22人就解除股权代持并转让股权事宜与萃华股份公司发生法律诉讼且需要股权受让方或萃华股份公司承担赔偿责任的，本人承诺承担全部责任并承担因此产生的全部赔偿金额。

特此承诺！如上述承诺不实，本人愿意承担相应的法律责任。

七、避免同业竞争的承诺

2010年10月28日，为避免未来产生同业竞争，损害公司利益，控股股东深圳翠艺、实际控制人郭英杰及其关系密切的家庭成员郭琼雁、郭裕春分别签署《避免同业竞争承诺函》，承诺：

在关联关系存续的情况下，本公司(或本人)将不会直接或者参与设立其他企业，从事与沈阳萃华金银珠宝股份有限公司构成直接或间接竞争的生产经营和业务；并且保证在沈阳萃华金银珠宝股份有限公司将来扩大业务范围时放弃从事与沈阳萃华金银珠宝股份有限公司相同的业务。

2014年3月10日，深圳市金山聚酯有限公司签署《避免同业竞争承诺函》，承诺："在关联关系存续的情况下，本公司将不会直接或者参与设立其他企业，从事与沈阳萃华金银珠宝股份有限公司构成直接或间接竞争的生产经营和业务。

公司控股股东及实际控制人与公司关于避免同业竞争的制度安排，可以有效地避免与公司发生同业竞争的情形。

第二节 股票上市情况

一、公司股票发行上市审批情况

本上市公告书是根据《中华人民共和国公司法》、《中华人民共和国证券法》和《深圳证券交易所股票上市规则》等有关法律、法规的规定，并按照《深圳证券交易所股票上市公告书内容与格式指引(2013年12月修订)》而编制，旨在向投资者提供有关沈阳萃华金银珠宝股份有限公司(以下简称"本公司"、"公司"、"发行人"或"萃华珠宝")首次公开发行股票上市的基本情况。

经中国证券监督管理委员会证监许可[2014]1056号文核准，本公司公开发行股票不超过3,768万股。本次发行采用网下向投资者询价配售(以下简称"网下配售")和网上按市值申购向公众投资者定价发行(以下简称"网上发行")相结合的方式，本次发行股票数量3,768万股，本次发行全部为新股，无老股转让。其中网下配售376.80万股，网上发行3,391.20万股，发行价格为11.92元/股。

经深圳证券交易所《关于沈阳萃华金银珠宝股份有限公司人民币普通股股票上市的通知》(深证上[2014]402号)同意，本公司发行的人民币普通股股票在深圳证券交易所上市，股票简称"萃华珠宝"，股票代码"002731"。本公司首次公开发行的3,768万股股票将于2014年11月4日起上市交易。

本次发行的招股意向书、招股说明书全文及相关备查文件已在巨潮资讯网(www.cninfo.com.cn)披露，故与其重复的内容不再重述，敬请投资者查阅上述内容。

二、公司股票上市概况

1、上市地点：深圳证券交易所

2、上市时间：2014年11月4日

3、股票简称：萃华珠宝

4、股票代码：002731

5、首次公开发行后总股本：15,068万股

6、首次公开发行股票数量：3,768万股

7、发行前股东所持股份的流通限制及期限：根据《公司法》的有关规定，公司公开发行股份前已发行的股份，自公司股票在证券交易所上市交易之日起十二个月内不得转让。

8、发行前股东对所持股份自愿锁定的承诺：详见"第一节重要声明与提示"。

9、本次上市股份的其他锁定安排：无。

10、本次上市的无流通限制及锁定安排的股份：本次公开发行的3,768万股股份无流通限制及锁定安排。

11、公司股份可上市交易时间

	股东名称	持股数（万股）	占发行后股本的比例	可上市交易日期（非交易日顺延）
首次公开发行前已发行股份	深圳翠艺	4,600.00	30.53%	2017年11月4日
	周应龙	1,011.83	6.72%	2017年11月4日
	郭英杰	968.00	6.42%	2017年11月4日
	马俊豪	964.66	6.40%	2017年11月4日
	李玉昆	708.36	4.70%	2017年11月4日
	郭琼雁	642.80	4.27%	2017年11月4日
	郭裕春	400.00	2.65%	2017年11月4日
	君信投资	300.00	1.99%	2017年11月4日
	朴昌建	300.00	1.99%	2015年11月4日
	解天骏	300.00	1.99%	2015年11月4日

	郭兰伟	300.00	1.99%	2015 年 11 月 4 日
	段立彦	200.00	1.33%	2015 年 11 月 4 日
	金顺姬	200.00	1.33%	2015 年 11 月 4 日
	郭有菊	125.35	0.83%	2017 年 11 月 4 日
	朴　燕	100.00	0.66%	2015 年 11 月 4 日
	郭跃进	84.00	0.56%	2015 年 11 月 4 日
	陈少巧	80.00	0.53%	2015 年 11 月 4 日
	袁建设	10.00	0.07%	2015 年 11 月 4 日
	陈晓宇	5.00	0.03%	2017 年 11 月 4 日
	小　计	11,300.00	74.99%	—
首次公开发行股份	网下配售股份	376.80	2.50%	2014 年 11 月 4 日
	网上发行股份	3,391.20	22.51%	2014 年 11 月 4 日
	小　计	3,768.00	25.01%	—
	合　计	15,068.00	100.00	—

12、股票登记机构：中国证券登记结算有限责任公司深圳分公司

13、上市保荐机构：广发证券股份有限公司

第三节　发行人、股东和实际控制人情况

一、发行人的基本情况

公司名称：沈阳萃华金银珠宝股份有限公司

英文名称：ShenyangCuihuaGoldandSilverJewelryCo.,Ltd.

发行前注册资本：11,300 万元

发行后注册资本：15,068 万元

法定代表人：郭英杰

董事会秘书：郭裕春

成立日期：2004 年 9 月 1 日

整体变更为股份公司日期：2008 年 7 月 31 日

公司住所：沈阳市大东区北顺城路翠华巷 72 号

邮政编码：110011

公司电话：024-24868333

公司传真：024-24869666

互联网网址：www.chjd.com.cn

电子信箱：chgf_zqb@163.com

经营范围：金银制品、氯化金、金银饰品、珠宝、铂首饰、钯首饰、工艺品、电工触头、石钢玉件、钟表、不锈钢制品生产、加工、批发、零售；房屋租赁；旧首饰收购、兑换；自营和代理各类商品和技术的进出口，但国家限定公司经营的商品和技术除外；黄金交易代理。

主营业务：从事珠宝饰品的设计、加工、批发和零售。

所属行业：根据中国证监会 2012 年 10 月 26 日颁布的《上市公司行业分类指引》(2012 年修订)，本公司所处的行业属于纺织服装、服饰业(C18)。

二、公司董事、监事、高级管理人员及其持有公司的股票情况

本次发行后，公司董事、监事、高级管理人员及其持有公司的股票情况如下：

序号	姓名	职务	任职起止日期	直接持股数量(万股)	间接持股数量(万股)	直接及间接持股数量(万股)
1	郭英杰	董事长	2014.7-2017.7	968.00	2,346.00	3,314.00
2	李玉昆	副董事长、总经理	2014.7-2017.7	708.36	—	—
3	周应龙	副董事长	2014.7-2017.7	1,011.83	—	—
4	马俊豪	董事	2014.7-2017.7	964.66	—	—
5	郭有菊	董事	2014.7-2017.7	125.35	—	—
6	郭裕春	董事、常务副总经理兼深圳萃华总经理、董事会秘书	2014.7-2017.7	400.00	874.00	1,274.00
7	王　君	独立董事	2014.7-2017.7	—	—	—
8	郭　颖	独立董事	2014.7-2017.7	—	—	—
9	孙长江	独立董事	2014.7-2017.7	—	—	—
10	郝率肄	监事会主席	2014.7-2017.7	—	—	—
11	张秋静	监事	2014.7-2017.7	—	—	—
12	金　萍	监事	2014.7-2017.7	—	—	—
13	胡永红	副总经理	2014.7-2017.7	—	—	—
14	王成波	副总经理	2014.7-2017.7	—	—	—
15	锡　燕	财务总监	2014.7-2017.7	—	—	—
16	彭　凯	副总经理	2014.7-2017.7	—	—	—
17	杨　阳	副总经理	2014.7-2017.7	—	—	—

三、公司控股股东和实际控制人的情况

1、控股股东

截至本公告签署日，深圳翠艺是本公司的控股股东，深圳翠艺持有本公司股份 4,600 万股，占发行后总股本的 30.53%。深圳翠艺成立于 1996 年 9 月 9 日，股东为本公司实际控制人郭英杰及其配偶郭琼雁、其子郭裕春，注册资本 2,200 万元，注册号 440301103192182。法定代表人：郭英杰；注册地址：深圳市罗湖区翠竹北路石化工业区 1 栋(二层中之二)；经营范围：投资兴办实业、国内贸易。深圳翠艺最近一年及一期主要财务数据如下：

项　目	2014.6.30	2013.12.31	项　目	2014 年 1-6 月	2013 年
总资产(万元)	23,655.71	21,924.19	营业收入(万元)	0	0
净资产(万元)	23,654.66	21,922.80	净利润(万元)	1,731.86	4,419.04

注：以上财务数据经华普天健会计师事务所(特殊普通合伙)审计，深圳翠艺的净利润全部来自对本公司的投资收益控股股东深圳翠艺除投资本公司外，无其他投资企业。

2、实际控制人

本次发行后，郭英杰(身份证号码为 44030619610421＊＊＊＊)通过直接、间接方式控制本公司 36.95%的股份，为本公司的实际控制人。其配偶郭琼雁(身份证号码为 44030619631216＊＊＊＊)直接持有本公司 4.27%的股份，其子郭裕春(身份证号码为 44030619820913＊＊＊＊)直接持有本公司 2.65%的股份，上述三人合计控制本公司 43.87%的股份。

郭英杰为中国公民，无永久境外居留权，住所为广东省深圳市宝安区宝城翻身路 362 号 2 栋 404，现任本公司董事长，兼任深圳翠艺法定代表人及执行董事、深圳萃华法定代表人及执行董事、深圳市中金创展融资担保股份有限公司董事、深圳市中金创展金融控股股份有限公司董事、深圳市金山聚酯有限公司总经理。

郭英杰除持有本公司、深圳翠艺股权外，还于 2013 年 12 月出资 80 万元持有深圳市金山聚酯有限公司 40%股权。该公司经营范围为生产、销售聚酯、聚酯瓶及聚酯产品(凭环保批复经营)、自有房屋租赁，该公司现从事业务为自有房屋租赁，与本公司不存在同业竞争。除上述投资外，郭英杰没有任何其他股权投资和从事其他与公司存在相同或相近的业务。本公司实际控制人郭英杰关系密切的家庭成员郭琼雁、郭裕春除持有本公司、深圳翠艺股权外，没有任何其他股权投资和从事其他与公司存在相同或相近的业务。

四、公司前十名股东持有本公司股份的情况

本次发行后，公司股东总数为 60,132 名，公司前十名股东持有股份的情况如下：

序号	股东名称	持股数量(万股)	持股比例(%)
1	深圳翠艺	4,600.00	30.53%
2	周应龙	1,011.83	6.72%
3	郭英杰	968.00	6.42%
4	马俊豪	964.66	6.40%
5	李玉昆	708.36	4.70%
6	郭琼雁	642.80	4.27%
7	郭裕春	400.00	2.65%
8	朴昌建	300.00	1.99%
9	解天骏	300.00	1.99%
10	郭兰伟	300.00	1.99%
11	君信投资	300.00	1.99%
	合　计	10,495.65	69.65%

第四节　股票发行情况

一、首次公开发行股票数量：3,768 万股(全部为公司公开发行新股，不安排公司股东公开发售股份)

二、发行价格：11.92 元/股，对应发行市盈率：

(一)12.96 倍(每股收益按照 2013 年度经会计师事务所审计的扣除非经常性损益前后孰低的净利润除以本次发行前总股本计算)；

(二)17.28 倍(每股收益按照 2013 年度经会计师事务所审计的扣除非经常性损益前后孰低的净利润除以本次发行后总股本计算)。

三、发行方式及认购情况：本次发行采用网下向投资者询价配售和网上按市值申购向公众投资者定价发行相结合的方式。本次发行中通过网下配售向配售对象配售的股票为 376.80 万股，有效申购为 244,200 万股，认购倍数为 648.09 倍。本次发行网上定价发行 3,391.20 万股，中签率为 0.6837598566%，超额认购倍数为 146 倍。本次发行不存在余股。

四、募集资金总额及注册会计师对资金到位的验证情况：本次公开发行募集资金总额为 44,914.56 万元。华普天健会计师事务所(特殊普通合伙)于 2014 年 10 月 29 日对公司首次公开发行票的资金到位情况进行了审验，并出具会验字[2014]3123 号《验资报告》。

五、本次发行费用：4,093.25 万元，具体明细如下：

项　目	金额(万元)
保荐及承销费用	3,600
审计评估费用	63.50
律师费用	55
用于本次发行的信息披露费用	336
上市初费	15.42

发行手续费及材料制作费	23.33
合　计	4,093.25

本次发行新股每股发行费用为 1.09 元/股。(每股发行费用=发行费用总额/本次发行股本)

六、发行人募集资金净额:40,821.31 万元

七、发行后每股净资产:6.49 元/股(按全面摊薄法计算,扣除发行费用)

八、发行后每股收益:0.69 元/股(按照 2013 年经会计师事务所审计的扣除非经常性损益前后孰低的净利润除以本次发行后总股本计算)

第五节　财务会计资料

一、主要会计数据及财务指标

本公司 2011 年、2012 年、2013 年和 2014 年 1-6 月经审计的财务数据详细披露于《沈阳萃华金银珠宝股份有限公司首次公开发行股票上市招股说明书》,投资者欲了解相关情况请详细阅读招股说明书。

本上市公告书已披露 2014 年 9 月 30 日及 2013 年 12 月 31 日资产负债表、2014 年 1-9 月及 2013 年 1-9 月利润表、2014 年 7-9 月及 2013 年 7-9 月利润表、2014 年 1-9 月及 2013 年 1-9 月现金流量表、2014 年 7-9 月及 2013 年 7-9 月现金流量表,其中 2014 年 1-9 月、2013 年 1-9 月、2014 年 7-9 月、2013 年 7-9 月的财务数据未经审计,2013 年年度财务数据已经审计。请投资者注意投资风险。

1、公司 2014 年 1-9 月主要会计数据和财务指标如下:

项目	2014 年 9 月 30 日	2013 年 12 月 31 日	本报告期末比上年度期末增减
流动资产(元)	1,309,040,753.51	1,089,397,242.26	20.16%
流动负债(元)	875,039,179.67	701,202,178.23	24.79%
总资产(元)	1,504,136,504.04	1,241,224,888.29	21.18%
归属于发行人股东的所有者权益(元)	617,660,724.99	523,498,733.72	17.99%
归属于发行人股东每股净资产(元/股)	5.47	4.63	17.99%
项目	2014 年 1-9 月	2013 年 1-9 月	本报告期比上年同期增减
营业总收入	2,414,331,496.64	2,739,728,463.95	-11.88%
营业利润(元)	114,669,377.05	60,023,727.00	91.04%
利润总额(元)	120,099,288.74	69,716,399.90	72.27%
归属于发行人股东的净利润(元)	94,161,991.27	43,885,802.00	114.56%
归属于发行人股东的扣除非经常性损益后的净利润(元)	90,095,044.26	36,580,178.59	146.29%
基本每股收益(元/股)	0.83	0.39	114.56%
扣除非经常性损益后的基本每股收益(元/股)	0.80	0.32	146.29%
加权平均净资产收益率(%)	16.50%	10.10%	6.40%
扣除非经常性损益后的加权净资产收益率(%)	15.79%	8.42%	7.37%
经营活动产生的现金流量净额(元)	113,612,280.62	182,506,833.68	-37.75%
每股经营活动产生的现金流量净额(元)	1.01	1.62	-37.75%

2、公司 2014 年 7-9 月主要会计数据和财务指标如下:

项目	2014 年 7-9 月	2013 年 7-9 月	本报告期比上年同期增减
营业总收入	615,567,809.63	897,068,438.33	-31.38%
营业利润(元)	59,834,075.49	14,301,066.26	318.39%
利润总额(元)	61,145,558.50	22,846,495.50	167.64%
归属于发行人股东的净利润(元)	50,467,045.57	8,975,545.24	462.27%
归属于发行人股东的扣除非经常性损益后的净利润(元)	49,488,351.80	2,568,120.69	1,827.03%
基本每股收益(元/股)	0.45	0.08	462.27%
扣除非经常性损益后的基本每股收益(元/股)	0.44	0.02	1,827.03%
加权平均净资产收益率(%)	8.84%	2.07%	6.77%
扣除非经常性损益后的加权净资产收益率(%)	8.67%	0.59%	8.08%
经营活动产生的现金流量净额(元)	-240,687,915.65	-106,681,696.35	-125.61%
每股经营活动产生的现金流量净额(元)	-2.13	-0.94	-125.61%

二、2014 年 1-9 月经营业绩和财务状况的简要说明

1、资产变化情况简要说明

2014 年 9 月 30 日,公司流动资产为 1,309,040,753.51 元,较期初增加 219,643,511.25 元,主要原因是公司因扩大生产经营规模增加了存货量,并且随着销售规模的不断扩大,公司因正常业务发生的应收账款随之增加。

2014 年 9 月 30 日,公司流动负债为 875,039,179.67 元,较期初增加 173,837,001.44 元,主要原因是公司为短期流动资金周转所需增加了短期借款以及子公司深圳萃华以银行承兑汇票向供应商支付采购款所致。

2、经营业绩情况简要说明

2014 年 1-9 月,公司营业收入为 2,414,331,496.64 元,相比去年同期的营业收入 2,739,728,463.95 元下降 11.88%,主要原因是 2013 年国内居民抢购黄金透支了 2014 年的市场需求和 2014 年黄金原料价格下跌导致黄金饰品价格相应下跌,受此影响公司营业收入较去年同期下降。

2014 年 1-9 月,公司利润总额较去年同期增加 72.27%,主要原因是 2014 年 7-9 月黄金原料价格下跌,导致通过黄金租赁业务取得的公允价值变动收益和投资收益合计 44,713,590.09 元,使截至 2014 年 6 月 30 因黄金租赁业务产生的公允价值变动损失在 2014 年 9 月 30 日基本得以恢复,而去年第三季度黄金原料价格快速上涨,导致黄金租赁业务在当季产生较大浮亏。

三、2014 年业绩预计

因 2014 年前三季度黄金原料平均价格较去年同期下跌导致黄金饰品价格整体下降及 2013 年居民抢购黄金透支了 2014 年部分市场需求,如果黄金原料价格在未来 2 个月内保持基本稳定,公司预计 2014 年营业收入较上年同期减少 10%左右,约为 331,000 万元;截至 2014 年 10 月末,公司黄金租赁及黄金延期交易等规避黄金原料价格波动风险的措施得到有效执行,降低了黄金原料价格下跌对经营成果产生的不利影响,如果黄金原料价格在未来 2 个月内保持基本稳定,预计全年净利润约为 11,100 万元,与上年同期持平。上述数据仅为根据截至 2014 年 10 月份公司经营情况及黄金原料价格波动情况而做出的初步估计,具体数据以法定时间披露的 2014 年度财务报告为准。

第六节　其他重要事项

一、本公司已向深圳证券交易所承诺,将严格按照中小板的有关规则,在公司股票上市后三个月内完善公司章程等规章制度。

二、本公司自 2014 年 10 月 16 日刊登首次公开发行股票招股意向书至本上市公告书刊登前,没有发生可能对本公司有较大影响的重要事项,具体如下:

1、本公司严格依照《公司法》、《证券法》等法律法规的要求,规范运作,生产经营状况正常,主营业务发展目标进展正常。

2、本公司生产经营情况、外部条件或生产环境未发生重大变化(包括原材料采购和产品销售价格、原材料采购和产品销售方式、所处行业或市场的重大变化等)。

3、本公司未订立可能对发行人的资产、负债、权益和经营成果产生重大影响的重要合同。

4、本公司未发生重大关联交易。

5、本公司未进行重大投资。

6、本公司未发生重大资产(或股权)购买、出售及置换。

7、本公司住所没有变更。

8、本公司董事、监事、高级管理人员及核心技术人员没有变化。

9、本公司未发生重大诉讼、仲裁事项。

10、本公司未发生对外担保等或有事项。

11、本公司的财务状况和经营成果未发生重大变化。

12、本公司未召开董事会、监事会和股东大会。

13、本公司无其他应披露的重大事项。

第七节　上市保荐机构及其意见

一、上市保荐机构情况

上市保荐机构:广发证券股份有限公司

法定代表人:孙树明

住所:广州市天河区天河北路 183-187 号大都会广场 43 楼(4301-4316 房)

保荐代表人:侯卫、赵怡

项目协办人:蒙柳燕

联系人:侯卫、赵怡、蒙柳燕、汪海源、蒋继鹏、杨伟然

电话:010-56571666

传真:010-56571688

二、上市保荐机构的推荐意见

上市保荐机构广发证券股份有限公司认为本公司首次公开发行的股票符合上市条件,已向深圳证券交易所出具了《沈阳萃华金银珠宝股份有限公司股票上市保荐书》,上市保荐人的保荐意见如下:沈阳萃华金银珠宝股份有限公司申请其股票上市符合《中华人民共和国公司法》、《中华人民共和国证券法》及《深圳证券交易所股票上市规则》等国家有关法律、法规的有关规定,发行人股票具备在深圳证券交易所上市的条件。广发证券愿意推荐其股票在深圳证券交易所上市交易,并承担相关保荐责任。

发行人:沈阳萃华金银珠宝股份有限公司

2014 年 10 月 31 日

广东燕塘乳业股份有限公司

广东燕塘乳业股份有限公司首次公开发行股票上市公告书

特别提示

如无特别说明，本上市公告书中的简称或名词的释义与本公司首次公开发行股票招股说明书中的相同。

公司股票将于2014年12月5日在深圳证券交易所上市。本公司提醒投资者应充分了解股票市场风险及本公司披露的风险因素，在新股上市初期切忌盲目跟风"炒新"，应当审慎决策、理性投资。

第一节　重要声明与提示

本公司及全体董事、监事、高级管理人员保证上市公告书的真实性、准确性、完整性，承诺上市公告书不存在虚假记载、误导性陈述或重大遗漏，并承担个别和连带的法律责任。

深圳证券交易所、其他政府机关对本公司股票上市及有关事项的意见，均不表明对公司的任何保证。

本公司提醒广大投资者注意，凡本上市公告书未涉及的有关内容，请投资者查阅刊载于巨潮资讯网(www.cninfo.com.cn)的本公司招股说明书全文。

本公司及控股股东、实际控制人、董事、监事、高级管理人员等就首次公开发行股票上市作出的重要承诺及说明如下：

一、关于股份限售安排和自愿锁定的承诺

公司控股股东燕塘投资承诺：自发行人股票上市之日起36个月内，不转让或者委托他人管理本公司直接或间接持有的发行人公开发行股票前已发行的股份，也不由发行人回购本公司直接或间接持有的发行人公开发行股票前已发行的股份；发行人上市后6个月内如其股票连续20个交易日的收盘价均低于发行价，或者上市后6个月期末收盘价低于发行价，所持有发行人股票的锁定期限自动延长6个月。(注：前述6个月期末指2015年6月2日)

公司股东粤垦投资、湛江农垦承诺：自发行人股票上市之日起36个月内，不转让或者委托他人管理本公司直接或间接持有的发行人公开发行股票前已发行的股份，也不由发行人回购本公司直接或间接持有的发行人公开发行股票前已发行的股份。

公司其他股东承诺：自发行人股票上市之日起12个月内，不转让或者委托他人管理其直接或间接持有的发行人公开发行股票前已发行的股份，也不由发行人回购其直接或间接持有的发行人公开发行股票前已发行的股份。

担任发行人董事、高级管理人员的股东黄宣、谢立民、冯立科、吴乘云、刘世坤、张汉明、吴树荣同时承诺：除前述12个月锁定期外，在本人担任发行人董事、监事、高级管理人员期间，每年转让的股份不超过本人所持发行人股份总数的25%；离职后半年内，不转让本人所持有的发行人股份；申报离任6个月后的12个月内通过证券交易所挂牌交易出售发行人的股票数量占本人所持有发行人股票总数的比例不超过50%；发行人上市后6个月内如其股票连续20个交易日的收盘价均低于发行价，或者上市后6个月期末收盘价低于发行价，所持有发行人股票的锁定期限自动延长6个月。所持发行人股票在锁定期满后两年内减持价格不低于发行人首次公开发行股票的发行价格，如自发行人首次公开发行股票至上述减持之日发行人发生过除权除息等事项的，发行价格应相应调整。(注：前述6个月期末指2015年6月2日)

公司股东同意在违背该项承诺时接受以下约束措施：(1)在有关监管机构要求的期限内予以纠正；(2)给投资者造成直接损失的，依法赔偿损失；(3)有违法所得的，按相关法律法规处理；(4)如该违反的承诺属可以继续履行的，将继续履行该承诺；(5)其他根据届时的相关规定可以采取的其他措施。

二、关于公司上市后三年内稳定股价预案及相关当事人的约束措施

本公司上市后三年内，如公司股价持续低于每股净资产，公司将通过回购公司股票或公司控股股东、在公司任职并领取薪酬的董事(不含独立董事)及高级管理人员增持公司股票的方式启动股价稳定措施。

(一)启动股价稳定措施的条件

公司股票连续20个交易日的收盘价均低于公司最近一期经审计的每股净资产(最近一期审计基准日后，因利润分配、资本公积金转增股本、增发、配股等情况导致公司净资产或股份总数出现变化的，每股净资产相应进行调整)，且非因不可抗力因素所致。

(二)股价稳定措施的方式及顺序

1、股价稳定措施的方式

公司及相关主体将采取以下措施中的一项或多项稳定公司股价：

(1)公司回购公司股票；

(2)公司控股股东增持公司股票；

(3)在公司任职并领取薪酬的董事(不含独立董事)、高级管理人员增持公司股票；

(4)其他证券监管部门认可的方式。

选用前述方式时应考虑：(1)不能导致本公司不满足法定上市条件；(2)不能迫使控股股东履行要约收购义务；(3)应符合《公司法》、《证券法》、中国证监会、证券交易所及国有资产管理相关法律、法规的规定。

2、股价稳定措施的实施顺序

第一选择为公司回购股票，但如公司回购股票将导致本公司不满足法定上市条件，则第一选择为控股股东增持公司股票。

第二选择为控股股东增持公司股票。在下列情形之一出现时将启动第二选择：(1)本公司无法实施回购股票或回购股票议案未获得公司股东大会批准，且控股股东增持公司股票不会致使公司将不满足法定上市条件或触发控股股东的要约收购义务；(2)本公司虽实施股票回购计划但仍未满足"公司股票连续10个交易日的收盘价均高于公司最近一期经审计的每股净资产(最近一期审计基准日后，因利润分配、资本公积金转增股本、增发、配股等情况导致公司净资产或股份总数出现变化的，每股净资产相应进行调整)"之条件。

第三选择为在公司任职并领取薪酬的董事(不含独立董事)、高级管理人员增持公司股票。启动该选择的条件为：在控股股东增持公司股票方案实施完成后，如公司股票仍未满足"公司股票连续10个交易日的收盘价均高于公司最近一期经审计的每股净资产(最近一期审计基准日后，因利润分配、资本公积金转增股本、增发、配股等情况导致公司净资产或股份总数出现变化的，每股净资产相应进行调整)"之条件，并且在公司任职并领取薪酬的董事(不含独立董事)、高级管理人员增持公司股票不会致使公司将不满足法定上市条件。

在每一个自然年度，公司、控股股东、在公司任职并领取薪酬的董事(不含独立董事)、高级管理人员需强制启动股价稳定措施的义务仅限一次。

(三)公司实施回购股票的程序

在达到触发启动股价稳定措施条件的情况下，公司将在10日内召开董事会，依法作出实施回购股票的决议，提交股东大会批准并履行相应的公告程序。

公司将在董事会决议出具之日起30日内召开股东大会，审议实施回购股票的议案，公司股东大会对实施回购股票作出决议，必须经出席会议的股东所持表决权的三分之二以上通过。

公司股东大会批准实施回购股票的议案后公司将依法履行相应的公告、备案及通知债权人等义务。在满足法定条件下依照决议通过的实施回购股票的议案中所规定的价格区间、期限实施回购。

除非出现下列情形，公司将在股东大会决议作出之日起6个月内回购股票，且回购股份数量不超过公司股份总数的4%：

1、公司股票连续10个交易日的收盘价均高于公司最近一期经审计的每股净资产(最近一期审计基准日后，因利润分配、资本公积金转增股本、增发、配股等情况导致公司净资产或股份总数出现变化的，每股净资产相应进行调整)；

2、继续回购股票将导致公司不满足法定上市条件。

单次实施回购股票完毕或终止后，本次回购的公司股票应在实施完毕或终止之日起10日内注销，并及时办理公司减资程序。

本公司控股股东燕塘投资承诺，在本公司就回购股份事宜召开的股东大会上，对公司承诺的回购股份方案的相关决议投赞成票。

(四)控股股东实施增持公司股票的程序

1、启动程序

(1)公司未实施股票回购计划

在达到触发启动股价稳定措施条件的情况下，并且在公司无法实施回购股票或回购股票议案未获得公司股东大会批准，且控股股东增持公司股票不会致使公司将不满足法定上市条件或触发

控股股东的要约收购义务的前提下，公司控股股东将在达到触发启动股价稳定措施条件或公司股东大会作出不实施回购股票计划的决议之日起30日内向公司提交增持公司股票的方案并由公司公告。

(2)公司已实施股票回购计划

公司虽实施股票回购计划但仍未满足“公司股票连续10个交易日的收盘价均高于公司最近一期经审计的每股净资产(最近一期审计基准日后，因利润分配、资本公积金转增股本、增发、配股等情况导致公司净资产或股份总数出现变化的，每股净资产相应进行调整)”之条件，公司控股股东将在公司股票回购计划实施完毕或终止之日起30日内向公司提交增持公司股票的方案并由公司公告。

2、控股股东增持公司股票的计划

在履行相应的公告等义务后，控股股东将在满足法定条件下依照方案中所规定的价格区间、期限实施增持。

公司不得为控股股东实施增持公司股票提供资金支持。

除非出现下列情形，控股股东将在增持方案公告之日起6个月内实施增持公司股票计划，且增持股票的数量不超过公司股份总数的2%：

(1)公司股票连续10个交易日的收盘价均高于公司最近一期经审计的每股净资产(最近一期审计基准日后，因利润分配、资本公积金转增股本、增发、配股等情况导致公司净资产或股份总数出现变化的，每股净资产相应进行调整)；

(2)继续增持股票将导致公司不满足法定上市条件；

(3)继续增持股票将导致控股股东需要履行要约收购义务且控股股东未计划实施要约收购。

(五)在公司任职并领取薪酬的董事(不含独立董事)、高级管理人员增持公司股票的程序

在控股股东增持公司股票方案实施完成后，仍未满足“公司股票连续10个交易日的收盘价均高于公司最近一期经审计的每股净资产(最近一期审计基准日后，因利润分配、资本公积金转增股本、增发、配股等情况导致公司净资产或股份总数出现变化的，每股净资产相应进行调整)”之条件，在本公司任职并领取薪酬的董事(独立董事除外)、高级管理人员将在控股股东增持公司股票的方案实施完成后90日内增持公司股票，用于增持公司股份的资金额不低于该等人员上一年度从公司获取的税后薪酬总额的15%，增持计划完成后的六个月内将不出售所增持的股份，增持后本公司的股权分布应当符合上市条件，增持股份行为及信息披露应当符合《公司法》、《证券法》及其他相关法律、行政法规的规定。

在本公司任职并领取薪酬的董事(独立董事除外)、高级管理人员增持公司股票在达到以下条件之一的情况下终止：

1、公司股票连续10个交易日的收盘价均高于公司最近一期经审计的每股净资产(最近一期审计基准日后，因利润分配、资本公积金转增股本、增发、配股等情况导致公司净资产或股份总数出现变化的，每股净资产相应进行调整)；

2、继续增持股票将导致公司不满足法定上市条件。

触发前述股价稳定措施的启动条件时在本公司任职并领取薪酬的董事(独立董事除外)、高级管理人员，不因在股东大会审议稳定股价具体方案及方案实施期间职务变更、离职等情形而拒绝实施上述稳定股价的措施。

对于未来新聘的在公司领取薪酬的董事(独立董事除外)、高级管理人员，本公司将在其作出承诺履行公司发行上市时董事、高级管理人员已作出的相应承诺要求后，方可聘任。

(六)未履行稳定公司股价措施的约束措施

若公司制订的稳定公司股价措施涉及公司控股股东增持公司股票，如控股股东燕塘投资在前述第(四)条规定的期限内未能履行稳定公司股价的承诺，则公司有权自该等期限届满后对燕塘投资的现金分红予以扣留，直至其履行增持义务。

若公司制订的稳定公司股价措施涉及在公司领取薪酬的董事(独立董事除外)、高级管理人员增持公司股票，如该等董事、高级管理人员在前述第(五)条规定的期限内未能履行稳定公司股价的承诺，则公司有权自该等期限届满后将对其从公司领取的收入予以扣留，直至其履行增持义务。

三、公开发行前持股5%以上股东的持股意向及减持意向

公司控股股东燕塘投资所持发行人股票在锁定期满后两年内无减持意向；如超过上述期限拟减持发行人股份的，将提前三个交易日通知发行人并予以公告，并按照《公司法》、《证券法》、《国有股东转让所持上市公司股份管理暂行办法》、中国证监会及深圳证券交易所相关规定办理。

公司股东粤垦投资、湛江农垦所持发行人股票在锁定期满后两年内合计减持比例最高为其持有发行人首次公开发行时的股份总额的100%；在锁定期满后两年内依法减持发行人股份的，将在满足发行人股价不低于最近一期每股净资产且公司运营正常、减持对公司二级市场不构成重大干扰、不影响控股股东对发行人的控制权的条件下进行减持；所持发行人股票在锁定期满后两年内减持价格不低于发行人首次公开发行股票的发行价格，如自发行人首次公开发行股票至上述减持公告之日发行人发生过除权除息等事项的，发行价格应相应调整；在公告的减持期限内将按照《公司法》、《证券法》、《国有股东转让所持上市公司股份管理暂行办法》、中国证监会及深圳证券交易所等有权部门允许的如大宗交易、集合竞价等合规方式进行减持；在锁定期满后，如确定依法减持发行人股份的，将提前三个交易日予以公告。

公司股东中科白云所持发行人股份在锁定期满后二十四个月内，可因自身的经营或投资需求，可根据需要以集中竞价交易、大宗交易、协议转让或其他合法方式适当转让部分发行人股票；其所持股份在锁定期满后二十四个月内的减持比例最高可至持有发行人首次公开发行时的股份总额的100%；在上述期限内减持股份的，减持价格不低于以转让日为基准经前复权计算的发行价格。在拟转让所持发行人股票时，将在减持前三个交易日通过发行人公告减持意向。

四、关于招股说明书无虚假记载、误导性陈述或者重大遗漏的承诺和相关当事人的约束措施

(一)关于招股说明书无虚假记载、误导性陈述或者重大遗漏的承诺

发行人及其控股股东、实际控制人、发行人董事、监事、高级管理人员承诺：如发行人的招股说明书有任何虚假记载、误导性陈述或者重大遗漏，致使投资者在证券交易中遭受损失的，将依法赔偿投资者的损失。

(二)发行人及控股股东关于招股说明书存在虚假记载等方面进行股票回购的承诺

1、发行人承诺

发行人承诺：如发行人的招股说明书有任何虚假记载、误导性陈述或者重大遗漏，对判断发行人是否符合法律规定的发行条件构成重大、实质影响的，在中国证监会就此对发行人作出行政处罚决定生效之日起三十日内，召开股东大会审议回购首次公开发行的全部新股的方案，在股东大会审议通过之日起五日内启动回购方案，回购价格以中国证监会就此对本公司作出行政处罚决定生效之日前三十个交易日本公司股票交易均价为准。

2、发行人控股股东承诺

发行人控股股东燕塘投资承诺：如发行人的招股说明书有任何虚假记载、误导性陈述或者重大遗漏，对判断发行人是否符合法律规定的发行条件构成重大、实质影响的，在发行人股东大会审议通过回购首次公开发行的全部新股的方案之日起五日内，本公司将启动回购方案，购回首次公开发行股票时本公司公开发售的股份以及已转让的原限售股，回购价格以中国证监会就此对发行人作出行政处罚决定生效之日前三十个交易日发行人股票交易均价为准。

五、中介机构关于为公司首次公开发行制作、出具的文件无虚假记载、误导性陈述或重大遗漏的承诺

1、发行人保荐机构承诺

发行人保荐机构承诺：“本公司已对广东燕塘乳业股份有限公司招股说明书进行了核查，确认不存在虚假记载、误导性陈述或重大遗漏，并对其真实性、准确性和完整性承担相应的法律责任。

因本公司为广东燕塘乳业股份有限公司首次公开发行制作、出具的文件有虚假记载、误导性陈述或者重大遗漏，给投资者造成损失的，将依法赔偿投资者损失。”

2、发行人会计师承诺

发行人会计师承诺：“广东正中珠江会计师事务所(特殊普通合伙)(以下称“正中珠江”)作为广东燕塘乳业股份有限公司(以下称“发行人”)申请首次公开发行股票并在中小板上市项目(以下称“本次发行”)的审计机构和验资机构，根据《公司法》、《证券法》等法律、法规和中国证监会的有关规定，遵循诚实守信，勤勉尽责的原则，对发行人进行了全面调查，依法出具了本次发行的审计报告等相关文件，并保证所出具文件的真实性、准确性和完整性。

就本次发行事宜，正中珠江特向投资者作出如下承诺：

如正中珠江在本次发行工作期间未勤勉尽责，导致正中珠江所制作、出具的文件对重大事件作出违背事实真相的虚假记载、误导性陈述，或在披露信息时发生重大遗漏，并造成投资者直接经济损失的，在该等违法事实被中国证监会等证券监管机构、自律机构及证券交易所等有权部门认定后，正中珠江将本着积极协商、切实保障投资者特别是中小投资者利益的原则，与发行人及其他过错方一并对投资者直接遭受的、可计算的经济损失，选择与投资者和解、通过第三方与投资者调解及设立投资者赔偿基金等方式进行赔偿。

正中珠江保证遵守以上承诺，勤勉尽责地开展业务，维护投资者合法权益，并对此承担责任。”

3、发行人律师承诺

发行人律师承诺：“针对广东燕塘乳业股份有限公司(以下简称“燕塘乳业”)向中国证券监督管理委员会(以下简称“中国证监会”)提交的《首次公开发行股票招股说明书》(以下简称“《招股说明书》”)所载内容之真实性，北京市君合律师事务所(以下简称“本所”)作为燕塘乳业的专项法律顾问，特此作出承诺如下：

一、本所已在《招股说明书》中声明：本所及经办律师已阅读《招股说明书》及其摘要，确认《招股说明书》及其摘要与本所出具的法律意见书和律师工作报告无矛盾之处。本所对发行人在《招股说明书》及其摘要中引用的法律意见书和律师工作报告的内容无异议，确认《招股说明书》不致因上述内容而出现虚假记载、误导性陈述或重大遗漏，并对其真实性、准确性和完整性承担相应的法律责任。

二、若因本所作出的上述声明被证明存在虚假记载、误导性陈述或者重大遗漏，给投资者造成损失的，本所将依法承担赔偿责任。

(一)如就此发生争议，本所应积极应诉并配合调查外，本所将积极与发行人、其他中介机构、投资者沟通协商。

(二)有管辖权的司法机关依法作出生效判决并判定燕塘乳业《招股说明书》存在虚假记载、误导性陈述或者重大遗漏，且本所因此应承担赔偿责任的，本所在收到该等判定后十五个工作日内，将启动赔偿投资者损失的相关工作。

(三)经司法机关依法作出的生效判决所认定的赔偿金额确定后，依据该等司法判决确定的形式进行赔偿。

上述承诺内容系本所真实意思表示，真实、有效，本所自愿接受监管机构、自律组织及社会公众的监督，若违反上述承诺，本所将依法承担相应责任。"

六、避免同业竞争的承诺

公司主要股东燕塘投资、粤垦投资、湛江农垦、中科白云和实际控制人广东农垦(农垦总局)作出如下承诺：

"1、本公司(局)没有在中国境内或境外单独或与其他自然人、法人、合伙企业或组织，以任何形式直接或间接从事或参与任何对发行人构成竞争的业务及活动，或拥有与发行人存在竞争关系的任何经济实体、机构、经济组织的权益。

2、本公司(局)及其控制的其他企业(包括本公司(局)及其控制的其他企业的全资、控股公司及本公司(局)及其控制的其他企业对其具有实际控制权的公司)将来不会以任何形式直接或间接的从事与发行人及其子公司业务相同或相似的业务。

3、如发行人或其子公司现在或将来认定本公司(局)及其控制的其他企业现有业务与发行人及其子公司业务存在同业竞争，则本公司(局)及其控制的其他企业将在发行人或其子公司提出异议后及时转让或终止该业务。

4、在发行人或其子公司现在或将来认定是否与本公司(局)及其控制的其他企业存在同业竞争的董事会或股东大会上，本公司(局)及其控制的其他企业有关的董事、股东代表将按发行人公司章程规定回避。

5、如本公司(局)及其控制的其他企业获得的商业机会与发行人主营业务发生同业竞争或可能发生同业竞争的，本公司(局)将立即通知发行人，并尽力将该商业机会给予发行人，以确保发行人及其全体股东利益不受损害。

本承诺函自出具之日起具有法律效力，构成对本公司(局)及其控制的其他企业具有法律约束力的法律文件，本公司(局)保证本承诺函的内容没有任何虚假记载、误导性陈述或重大遗漏，如有违反并给发行人或其子公司造成损失，本公司(局)及其控制的其他企业承诺将承担一切法律责任。"

第二节 股票上市情况

一、公司股票发行上市审批情况

本上市公告书是根据《中华人民共和国公司法》、《中华人民共和国证券法》和《深圳证券交易所股票上市规则》等有关法律、法规的规定，并按照《深圳证券交易所股票上市公告书内容与格式指引(2013 年 12 月修订)》而编制，旨在向投资者提供有关广东燕塘乳业股份有限公司(以下简称"本公司"、"公司"、"发行人"或"燕塘乳业")首次公开发行股票上市的基本情况。

经中国证券监督管理委员会证监许可[2014]1184 号文核准，本公司公开发行股票不超过 3,935 万股。本次发行采用网下向投资者询价配售(以下简称"网下配售")和网上按市值申购向公众投资者定价发行(以下简称"网上发行")相结合的方式，本次发行股票数量 3,935 万股，本次发行全部为新股，无老股转让。

其中网下配售 393.50 万股，网上发行 3,541.50 万股，发行价格为 10.13 元/股。

经深圳证券交易所《关于广东燕塘乳业股份有限公司人民币普通股股票上市的通知》(深证上[2014]446 号)同意，本公司发行的人民币普通股股票在深圳证券交易所上市，股票简称"燕塘乳业"，股票代码"002732"。本公司首次公开发行的 3,935 万股股票将于 2014 年 12 月 5 日起上市交易。

本次发行的招股意向书、招股说明书全文及相关备查文件已在巨潮资讯网(www.cninfo.com.cn)披露，故与其重复的内容不再重述，敬请投资者查阅上述内容。

二、公司股票上市概况

1、上市地点：深圳证券交易所

2、上市时间：2014 年 12 月 5 日

3、股票简称：燕塘乳业

4、股票代码：002732

5、首次公开发行后总股本：15,735 万股

6、首次公开发行股票数量：3,935 万股

7、发行前股东所持股份的流通限制及期限：根据《公司法》的有关规定，公司公开发行股份前已发行的股份，自公司股票在证券交易所上市交易之日起十二个月内不得转让。

8、发行前股东对所持股份自愿锁定的承诺：详见"第一节重要声明与提示"。

9、本次上市股份的其他锁定安排：无。

10、本次上市的无流通限制及锁定安排的股份：本次公开发行的 3,935 万股股份无流通限制及锁定安排。

11、公司股份可上市交易时间

	股东名称	持股数（万股）	占发行后股本比例	可上市交易时间（非交易日顺延）
首次公开发行前已发行股份	广东省燕塘投资有限公司	64,465,743	40.97	2017 年 12 月 5 日
	广东省粤垦投资有限公司	18,401,011	11.694	2017 年 12 月 5 日
	广东中科白云创业投资有限公司	11,552,200	7.342	2015 年 12 月 5 日
	广东省湛江农垦集团公司	7,916,846	5.031	2017 年 12 月 5 日
	广州长金投资管理有限公司	4,330,600	2.752	2015 年 12 月 5 日
	广东中远轻工有限公司	3,840,900	2.441	2015 年 12 月 5 日
	广东中科招商创业投资管理有限责任公司	607,700	0.386	2015 年 12 月 5 日
	黄宣	486,160	0.309	2015 年 12 月 5 日
	谢立民	486,160	0.309	2015 年 12 月 5 日
	刘世坤	358,720	0.228	2015 年 12 月 5 日
	张汉明	319,780	0.171	2015 年 12 月 5 日
	吴乘云	269,040	0.203	2015 年 12 月 5 日
	冯立科	230,100	0.146	2015 年 12 月 5 日
	余保宁	230,100	0.146	2015 年 12 月 5 日
	吴树荣	210,040	0.133	2015 年 12 月 5 日
	张宝堂	192,340	0.122	2015 年 12 月 5 日
	李春锋	128,620	0.082	2015 年 12 月 5 日
	艾华	38,940	0.025	2015 年 12 月 5 日
	全国社会保障基金理事会	3,935,000	2.501	2017 年 12 月 5 日
	小计	118,000,000	100.00	—
首次公开发行股份	网下配售股份	3,935,000	2.501	2014 年 12 月 5 日
	网上发行股份	35,415,000	22.507	2014 年 12 月 5 日
	小计	39,350,000	25.008	—
	合计	157,350,000	100.00	—

12、股票登记机构：中国证券登记结算有限责任公司深圳分公司

13、上市保荐机构：广发证券股份有限公司

第三节 发行人、股东和实际控制人情况

一、发行人的基本情况

公司名称：广东燕塘乳业股份有限公司

英文名称：GUANGDONG YANTANG DAIRY CO., LTD.

发行前注册资本：11,800 万元

发行后注册资本：15,735 万元

法定代表人：黄宣

董事会秘书：吴树荣

成立日期：2002 年 12 月 30 日

整体变更为股份公司日期：2010 年 12 月 21 日

公司住所：广州市天河区沙河燕塘

邮政编码：510507

公司电话：020-61372566

公司传真：020-61372038

互联网网址：www.yantangmilk.com

电子信箱：master@ytdairy.com

经营范围：生产、销售乳制品：[液体乳(巴氏杀菌乳、调制乳、灭菌乳、发酵乳)]，饮料(蛋白饮料类)，生鲜乳收购(以上各项凭本公司有效许可证经营)，乳制品生产技术服务。以下由分支机构经营：奶牛、种牛养殖及销售，草类的种植及销售，有机肥的生产及销售；批发兼零售：预包装食品、乳制品(不含婴幼儿配方乳粉)。

主营业务：乳制品、含乳饮料的研发、生产和销售。

所属行业：根据中国证监会 2012 年 10 月 26 日颁布的《上市公司行业分类指引》(2012 年修

订),本公司所处的行业属于食品制造业(C14)。

二、公司董事、监事、高级管理人员及其持有公司的股票情况

本次发行后,公司董事、监事、高级管理人员及其持有公司的股票情况如下:

序号	姓名	职务	任职起止日期	直接持股数量(股)	间接持股数量(万股)	直接及间接持股数量(股)
1	黄　宣	董事长、总经理	2013.12–2016.12	486,160	—	—
2	谢立民	董事、副总经理	2013.12–2016.12	486,160	—	—
3	冯立科	副总经理	2013.12–2016.12	230,100	—	—
4	吴乘云	副总经理	2013.12–2016.12	269,040	—	—
5	张汉明	副总经理、财务总监	2013.12–2016.12	319,780	—	—
6	刘世坤	副总经理	2013.12–2016.12	358,720	—	—
7	吴树荣	副总经理、董事会秘书	2013.12–2016.12	210,040	—	—
8	林树斌	董事	2013.12–2016.12	—	—	—
9	杨秀通	董事	2013.12–2016.12	—	—	—
10	卫建侬	董事	2013.12–2016.12	—	—	—
11	谢　勇	董事	2013.12–2016.12	—	—	—
12	欧永良	独立董事	2013.12–2016.12	—	—	—
13	吴　震	独立董事	2013.12–2016.12	—	—	—
14	赵谋明	独立董事	2013.12–2016.12	—	—	—
15	严文海	监事	2013.12–2016.12	—	—	—
16	周铭超	监事	2013.12–2016.12	—	—	—
17	陈　琛	监事	2013.12–2016.12	—	—	—

三、公司控股股东和实际控制人的情况

(一)控股股东

截至本公告书签署日,燕塘投资是本公司的控股股东,燕塘投资持有本公司股份64,465,743股,占发行后总股本的40.97%。燕塘投资成立于2002年3月13日,注册资本8,000万元,法定代表人李志平,注册号440000000063576。注册地址:广州市天河区燕塘路8号自编303室;经营范围:以自有资金进行实业投资(法律法规允许的行业、项目),项目管理,投资咨询(不含期货和证券),财务顾问,物业租赁。

燕塘投资股权结构如下:

序号	股东名称	出资额(万元)	出资比例(%)
1	粤垦投资	6,320.00	79.00
2	广东农垦	1,680.00	21.00
	合计	8,000.00	100.00

燕塘投资主要财务数据如下:

单位:万元

项目	2014.6.30/2014年1–6月	2013.12.31/2013年
总资产	100,681.29	128,122.58
净资产	21,641.60	22,287.99
净利润	120.35	190.13

注:上述2013年财务数据已经广州健明会计师事务所有限公司审计,上述2014年1–6月财务数据已经广州天诚会计师事务所(普通合伙)审计。

截至2014年6月30日,燕塘投资除持有本公司股权外,直接控股的其他企业情况如下:

序号	公司名称	成立时间	注册资本(万元)	注册地	持股比例	经营范围
1	广东燕塘兽药有限公司	1996.7.4	800	广州市	61%	仅供清理债权债务。
2	广东省大日生物化学药业有限公司	1996.7.1	3,000	广州市	55%	仅供清理债权债务。
3	广州市燕塘农贸市场经营管理有限公司	2001.2.14	50	广州市	80%	开办广州市天河区广汕公路猫儿岗燕塘1号大院自编3、4号首层天河区燕塘农贸综合市场、市场经营管理、摊位出租、场地出租管理。
4	广东燕塘物业管理有限公司	1994.11.6	300	广州市	70%	物业管理(具体按本公司有效证书经营);室内装修;房地产信息咨询,房地产中介服务,房地产代理;园艺绿化服务;家务服务;自有场地出租;停车场经营(持本公司有效许可证书经营)。
5	广东龙燕经济发展有限公司	2004.3.10	500	广州市	58%	国内贸易(法律法规限制或禁止销售的商品除外)。场地、物业租赁。旅业、饮食、沐足、棋牌、复印(由下属燕塘酒店经营)。

(二)实际控制人

广东农垦通过燕塘投资、粤垦投资及湛江农垦间接持有本公司股份,为公司实际控制人。本次发行后,广东农垦以间接方式控制本公司57.695%的股份,其中燕塘投资直接持有本公司40.97%的股份,粤垦投资直接持有本公司11.694%的股份,湛江农垦直接持有本公司5.031%。

广东农垦为全民所有制企业,成立于1995年5月11日,注册资本229,517.0814万元,注册地址为广州市沙河东莞庄路,法定代表人雷勇健,注册号440000000100234。经营范围:实业投资、股权及项目管理;资产经营及重组。

农业(主要包括天然橡胶、甘蔗、白糖及其他南亚热带农业)、林业、渔业和畜牧业投资。对外承包工程及外派劳务(按[99]外经贸政审函字第1707号经营)。物业出租及管理。

广东农垦股权结构如下:

序号	股东名称	出资额(万元)	出资比例(%)
1	农业部	229,517.0814	100.00
	合计	229,517.0814	100.00

广东农垦主要财务数据如下:

单位:万元

项目	2014.6.30/2014年1–6月	2013.12.31/2013年
总资产	659,344.44	553,461.04
净资产	290,773.77	292,827.21
净利润	−1,088.54	5,895.69

注:2013年财务数据已经致同会计师事务所(特殊普通合伙)广州分所审计,2014年1–6月财务数据未经审计。

广东农垦与农垦总局是"一套人马、两块牌子",共同对下属的所有资产和业务进行管理。农垦总局是农业部直属垦区,始于1951年创建的华南垦殖局,后经多次名称和体制变迁。1988年,农业部决定对广东省农垦总局实行由中央和广东省双重领导、以省为主的管理体制。农业部保持对农垦总局的固定资产投资、事业经费、包干粮和部管物资的供应与管理,广东省政府任命农垦总局的重要人事,即广东省政府管人,农业部管财和物。

根据中共广东省委、广东省人民政府《关于印发和的通知》(粤发[1994]11号)、广东省人民政府办公厅《关于部分行政机构转为经济实体后名称问题的通知》粤府办[1995]14号),广东省农垦总局改名为省农垦集团公司,为保持与国务院有关部门渠道畅通,保留农垦总局牌子。1995年5月11日,广东农垦在广东省工商行政管理局正式注册成立。根据财政部于2001年3月15日核发的《中华人民共和国企业国有资产产权登记证》,广东农垦的出资人为农业部,其持有广东农垦100%股权。

广东农垦下属主要全资及控股一级子公司共计17家,参股子公司以及二级以下子公司多家;农垦总局下属主要一级全资子公司12家,并下辖多家事业单位(农场)。由于广东农垦和农垦总局下属单位众多,根据重要性和相关性原则,只对实际控制人及控股股东直接控股的主要一级子公司予以批露,具体情况如下:

截至2014年6月30日,广东省农垦集团公司、广东省农垦总局下属主要一级子公司情况

序号	公司名称	成立时间	注册资本(万元)	注册地	持股比例	经营范围
1	广东省湛江农垦集团公司	1995.12.11	50,000	湛江市	100%	农业种植、林业种植;农畜产品(除烟叶、蚕茧、种子、种苗、种禽畜)批发;销售:橡胶及制品,建筑材料(除危险化学品),纺织品,塑料制品(不含厚度小于0.025毫米的塑料购物袋),通用设备,家用电器,百货,五金交电,工艺美术品(除文物),仪器仪表,化工产

						品(除危险化学品)；农业生产技术服务；仓储(除危险化学品和危险废物的仓储)。
2	广东省茂名农垦集团公司	1996.1.31	15,800	茂名市	100%	实业投资、农业(主要包括天然橡胶及南亚热带农业)、畜牧业、林业投资。兼营物业出租及管理。
3	广东省阳江农垦集团公司	1996.4.23	10,000	阳江市	100%	农、林、牧、水产业(以上项目另设分支机构经营)，橡胶制品及塑料制品制造业，建筑材料业，国内商业贸易业(国家专控、专营物资除外)，物资供销业。兼营粮油、食品、饮料和饲料加工(制造)，纺织品、针织品、服装、缝纫品、鞋帽、皮革、毛皮销售及制造(以上项目另设分支机构经营)；金属制品制造(不含金银)；咨询服务和生产服务；房屋租赁。
4	广东省揭阳农垦集团公司	1997.9.26	2,000	揭阳市	100%	谷物、豆类作物种植；茶、果树种植；橡胶种植；植树造林；禽畜饲养(以上不含种苗、种禽畜的种植和饲养)。
5	广东省汕尾农垦集团公司	1994.3.11	1,060	汕尾市	100%	普通钢材，纸制品，电热水器，砖瓦，茶制造及木制品，粮油，水产品购销，园林绿化，工农业生产资料(须报批未获准的除外)，副食品，其他食品(烟、盐零售)，农副产品购销。兼营建筑材料，五金、交电、日用杂货(除烟花爆竹)，家具，百货，电子计算机及配件，非金银工艺品，劳保用品，仪器仪表、计量衡器具购、销。
6	广东省粤垦投资有限公司	2001.12.21	30,000	广州市	100%	以自有资金进行实业投资，项目管理。
7	广东省农垦汕头实业总公司	1992.12.14	500	汕头市	100%	农业生产资料(化肥、农药、种子除外)，农业机械，普通机械，电子产品，电话通信设备，公路运输设备(不含小轿车)，建筑材料。[经营范围中凡涉及专项规定须持有效专批证件方可经营]。兼营：百货，工业美术品，针纺织品，五金、交电，农副产品(粮食及棉花除外)。
8	广东南亚橡塑制品有限公司	1993.9.27	384 万美元	广州市	75%	已关闭停业。
9	广东新时代物业管理服务公司	1994.7.11	1,000	广州市	100%	物业管理，停车场经营(以上项目具体凭本公司有效许可证书经营)，物业租赁代理，房地产信息咨询，室内装饰，清洁服务，提供与上述经营相关的咨询服务；销售：建筑材料，五金、交电，汽车零配件，日用百货。
10	广东省燕达橡塑制品厂	1992.5.3	900	广州市	100%	生产、加工橡胶及橡胶制品、塑料及塑料制品；货物进出口、技术进出口(法律、行政法规禁止的项目除外；法律、行政法规限制的项目须取得许可后方可经营)。兼营批发、零售：五金、交电、化工产品(不含危险化学品)，电器机械及器材；场地出租；仓储服务。
11	广东农垦燕岭大厦有限公司	1987.3.28	2,192.6	广州市	71.50%	经营旅业，美容美发、卡拉 OK 歌厅，制售中餐(含凉菜、糕点、裱花蛋糕、烧卤熟肉制品、生食海产品制售)、制售西餐(不含糕点、沙律、烧卤熟肉制品、生食海产品制售)及批发兼零售：预包装食品(含酒精饮料)、乳制品(含婴幼儿配方乳粉)；洗衣、打字、复印、翻译服务；场地出租(限燕岭大厦)；停车场经营；代购车、船、机票，出租客运。销售：五金、交电、化工产品(不含危险化学品)，百货，纺织品，针织品，日用杂货，工艺美术品；零售：卷烟、雪茄烟；酒。会展、会议服务，物业管理，家政、清洁服务，代理广告，酒店管理，商贸信息咨询；足浴、棋牌、保健按摩、保健咨询；汽车租赁。
12	粤垦国际(香港)有限公司	1995.10.11	32 万美元	香港	100%	已关闭停业。
13	粤垦国际(贝宁)有限公司	2002.7.16	291 万美元	贝宁	100%	食用酒精的生产和销售。
14	广东隆利实业公司	1993.1.28	500	广州市	100%	已关闭停业。
15	广东省农垦总局印刷厂	1986.4.25	201	广州市	100%	出版物、包装装潢印刷品、其他印刷品印刷(按本企业有效证书经营)
16	广东省农垦商业总公司	1988.8.18	1,014.5	广州市	100%	已关闭停业。
17	广东省农垦建设实业总公司	1986.7.28	2,000	广州市	100%	已关闭停业。
18	广东建达经济发展公司	1994.3.18	600	广州市	100%	已关闭停业。
19	广东省农垦机械化土石方工程公司	1993.6.15	720	广州市	100%	已关闭停业。
20	广东省农垦科技中心	1987.6.8	1,000	广州市	100%	城市园林绿化，造林绿化(以上项目持有效资质证书经营)；植物租摆、养护，花卉、绿化苗木的繁育、种植及销售，植物组织培养；农业技术研究、开发；以上相关技术咨询。农作物新品种、新技术的引进、示范、推广，室内设计、装饰；清洁服务；仓储。
21	广东省农垦农业开发公司	1993.2.27	100	广州市	100%	项目投资，投资管理；农业技术开发。
22	广东省农垦经济发展总公司	1986.5.20	1,681	广州市	100%	已关闭停业。
23	广东省燕塘企业总公司	1987.2.6	16,800	广州市	100%	已关闭停业。
24	广东绿色国际旅行社	1992.5.19	3,500	广州市	100%	入境旅游业务、国内旅游业务、出境旅游业务(具体按本企业有效证书经营)。汽车租赁；批发、零售：百货，针、纺织品，工业美术品；旅游信息咨询服务，复印、打字，翻译，代售车、船、机票；代订房，代租车辆，代订餐，代办印刷，

						代购商品；会展、场地出租，酒店管理；代办会议。
25	广东广垦畜牧有限公司	2011.1.14	22,013	广州市	69.56%	猪、家禽饲养。农牧种养技术研究、开发及信息咨询。销售：肥料、饲料。货物进出口、技术进出口（法律、法规禁止的项目除外，法律、法规限制的项目须取得许可证后方可经营）。
26	广东智富时代出版传媒有限公司	2013.5.13	300.00	广州市	100%	编辑、出版、发行《智富时代》杂志；设计、制作、代理、发布国内外广告；图书新产品、新技术开发及转让；组织、策划文化交流活动、推广文化项目；网络设计及开发；销售：化工产品（不含危险化学品），工艺美术品，农副产品。
27	广东省广垦置业有限公司	2013.8.8	10,000	广州市	100%	房地产开发、物业管理、土地资产经营与管理、项目投资。建筑工程设计、水电安装、室内外装修、园林绿化，场地出租，房地产中介代理。
28	广东省广垦粮油有限公司	2013.12.25	22,943	广州市	100%	粮食及油脂种植、加工、贸易、零售；企业管理，投资咨询，仓储；货物、技术进出口（法律、行政法规禁止的项目除外，法律、行政法规限制的项目须取得许可证后方可经营）。
29	广垦国际（柬埔寨）有限公司	2013.6.20	100万美元	柬埔寨	100%	投资与管理；热带农业种植加工；相关原料和设备的采购；天然橡胶、油料、畜牧以及循环生态农产品的销售、进出口贸易；旅游业等。

四、公司前十名股东持有本公司股份的情况

本次发行后，公司股东总数为67,913名，公司前十名股东持有股份的情况如下：

序号	股东名称	持股数量（股）	持股比例（%）
1	广东省燕塘投资有限公司	64,465,743	40.97
2	广东省粤垦投资有限公司	18,401,011	11.69
3	广东中科白云创业投资有限公司	11,552,200	7.34
4	广东省湛江农垦集团公司	7,916,846	5.03
5	广州长金投资管理有限公司	4,330,600	2.75
6	全国社会保障基金理事会	3,935,000	2.50
7	广东中远轻工有限公司	3,840,900	2.44
8	广东中科招商创业投资管理有限责任公司	607,700	0.39
9	黄宣	486,160	0.31
10	谢立民	486,160	0.31
	合计	116,022,320	73.73

第四节 股票发行情况

一、首次公开发行股票数量：3,935万股（全部为公司公开发行新股，不安排公司股东公开发售股份）

二、发行价格：10.13元/股，对应发行市盈率：

（一）17.14倍（每股收益按照2013年度经会计师事务所审计的扣除非经常性损益前后孰低的净利润除以本次发行前总股本计算）；

（二）22.87倍（每股收益按照2013年度经会计师事务所审计的扣除非经常性损益前后孰低的净利润除以本次发行后总股本计算）。

三、发行方式及认购情况：本次发行采用网下向投资者询价配售和网上按市值申购向公众投资者定价发行相结合的方式。本次发行中通过网下配售向配售对象配售的股票为393.50万股，有效申购为236,750万股，认购倍数为601.65倍。

本次发行网上定价发行3,541.50万股，中签率为0.5397604479%，超额认购倍数为185倍。本次发行不存在余股。

四、募集资金总额及注册会计师对资金到位的验证情况：本次公开发行募集资金总额为39,861.55万元。广东正中珠江会计师事务所（特殊普通合伙）于2014年11月27日对公司首次公开发行票的资金到位情况进行了审验，并出具广会验字[2014]G14001100180号《验资报告》。

五、本次发行费用：5,318万元，具体明细如下：

项目	金额（万元）
保荐承销费	4,215.31
会计师审计、验资费	353.10
律师费用	210.40
评估费用	18.00
信息披露费	441.40
印刷费及证券登记费	38.28
印花税、上市初费及发行手续费用	41.51
合计	5,318.00

本次发行新股每股发行费用为1.35元/股。（每股发行费用=发行费用总额/本次发行股本）

六、发行人募集资金净额：34,543.55万元

七、发行后每股净资产：4.57元/股（以截至2014年6月30日的净资产加上本次发行筹资净额之和除以本次发行后总股本计算）

八、发行后每股收益：0.44元/股（按照2013年经会计师事务所审计的扣除非经常性损益前后孰低的净利润除以本次发行后总股本计算）

第五节 财务会计资料

一、主要会计数据及财务指标

本公司2011年、2012年、2013年和2014年1-6月经审计的财务数据详细披露于《广东燕塘乳业股份有限公司首次公开发行股票上市招股说明书》，投资者欲了解相关情况请详细阅读招股说明书。

申报会计师审阅了公司财务报表，包括2014年9月30日的合并及公司资产负债表，2014年1-9月、2014年7-9月的合并及公司利润表、合并及公司现金流量表、合并及公司股东权益变动表以及财务报表附注，出具了广会专字[2014]G14001100179号《审阅报告》。同时，公司已在《广东燕塘乳业股份有限公司首次公开发行股票上市招股说明书》披露了主要财务数据。

《广东燕塘乳业股份有限公司首次公开发行股票上市招股说明书》和本上市公告书已披露2014年9月30日及2013年12月31日资产负债表、2014年1-9月及2013年1-9月利润表、2014年7-9月及2013年7-9月利润表、2014年1-9月及2013年1-9月现金流量表、2014年7-9月及2013年7-9月现金流量表，其中2014年1-9月、2013年1-9月、2014年7-9月、2013年7-9月的财务数据未经审计，请投资者注意投资风险。

1、公司2014年1-9月主要会计数据和财务指标如下：

项目	2014年9月30日	2013年12月31日	本报告期末比上年度期末增减
流动资产（元）	203,181,334.34	241,362,553.85	−15.82%
流动负债（元）	183,491,812.23	220,664,960.52	−16.85%
总资产（元）	571,976,368.64	580,064,714.59	−1.39%
归属于发行人股东的所有者权益（元）	361,096,679.98	331,777,336.63	8.84%
归属于发行人股东每股净资产（元/股）	3.06	2.81	8.90%
项目	2014年1-9月	2013年1-9月	本报告期比上年同期增减
营业总收入	689,420,656.38	627,981,822.03	9.78%
营业利润（元）	81,470,820.72	73,128,735.79	11.41%
利润总额（元）	80,874,796.34	72,065,929.46	12.22%
归属于发行人股东的净利润（元）	64,719,343.35	57,042,941.42	13.46%
归属于发行人股东的扣除非经常性损益后的净利润（元）	65,380,908.76	58,093,734.47	12.54%
基本每股收益（元/股）	0.55	0.48	14.58%
扣除非经常性损益后的基本每股收益（元/股）	0.55	0.49	12.24%
加权平均净资产收益率（%）	17.77	19.63	−9.48%
扣除非经常性损益后的加权净资产收益率（%）	17.96	19.99	−10.16%

经营活动产生的现金流量净额(元)	25,710,167.38	51,093,188.16	-49.68%
每股经营活动产生的现金流量净额(元)	0.22	0.43	-48.84%

2、公司 2014 年 7-9 月主要会计数据和财务指标如下：

项目	2014 年 7-9 月	2013 年 7-9 月	本报告期比上年同期增减
营业总收入	256,116,464.45	230,131,402.45	11.29%
营业利润(元)	30,326,949.07	26,482,259.72	14.52%
利润总额(元)	30,118,955.52	26,143,538.15	15.21%
归属于发行人股东的净利润(元)	23,512,343.87	20,820,141.27	12.93%
归属于发行人股东的扣除非经常性损益后的净利润(元)	23,888,832.13	21,222,060.23	12.57%
基本每股收益(元/股)	0.20	0.18	11.11%
扣除非经常性损益后的基本每股收益(元/股)	0.20	0.18	11.11%
加权平均净资产收益率(%)	6.11%	6.74%	-9.35%
扣除非经常性损益后的加权净资产收益率(%)	6.21%	6.88%	-9.74%
经营活动产生的现金流量净额(元)	14,258,305.35	-1,473,362.06	1,067.74%
每股经营活动产生的现金流量净额(元)	0.12	-0.01	-1,300.00%

二、2014 年 1-9 月经营业绩和财务状况的简要说明

公司财务报告审计截止日(2014 年 6 月 30 日)后经营状况良好，2014 年 7-9 月，公司实现营业收入 25,611.65 万元，较上年同期增长 11.29%，归属于母公司股东的净利润 2,351.23 万元，较上年同期增长 12.93%。

由于主要原材料奶粉价格下降幅度较大，所以公司加大了奶粉的采购量，现货的奶粉需全额支付资金，所以 2014 年 1-9 月每股活动产生的现金流量净额比去年同期有所下降。

由于销售的增长、2013 年第三季支付原材料货款较大和所得税跨期支付等原因，2014 年 7-9 月经营性现金净流量比去年同期对比有所增加。

三、2014 年业绩预计

2014 年前三季度净利润同比增长 12%，预计 2014 年全年净利润增长 5%-25%。

第六节　其他重要事项

一、本公司已向深圳证券交易所承诺，将严格按照中小板的有关规则，在公司股票上市后三个月内完善公司章程等规章制度。

二、本公司自 2014 年 11 月 14 日刊登首次公开发行股票招股意向书至本上市公告书刊登前，没有发生可能对本公司有较大影响的重要事项，具体如下：

1、本公司严格依照《公司法》、《证券法》等法律法规的要求，规范运作，生产经营状况正常，主营业务发展目标进展正常。

2、本公司生产经营情况、外部条件或生产环境未发生重大变化(包括原材料采购和产品销售价格、原材料采购和产品销售方式、所处行业或市场的重大变化等)。

3、本公司未订立可能对发行人的资产、负债、权益和经营成果产生重大影响的重要合同。

4、本公司未发生重大关联交易。

5、本公司未进行重大投资。

6、本公司未发生重大资产(或股权)购买、出售及置换。

7、本公司住所没有变更。

8、本公司董事、监事、高级管理人员及核心技术人员没有变化。

9、本公司未发生重大诉讼、仲裁事项。

10、本公司未发生对外担保等或有事项。

11、本公司的财务状况和经营成果未发生重大变化。

12、2014 年 11 月 27 日，本公司召开第二届董事会第八次会议，审议通过《关于设立募集资金专用账户的议案》。除此以外，自刊登首次公开发行股票招股意向书至本上市公告书刊登前，本公司未召开其他董事会、监事会和股东大会。

13、本公司无其他应披露的重大事项。

第七节　上市保荐机构及其意见

一、上市保荐机构情况

上市保荐机构：广发证券股份有限公司

法定代表人：孙树明

住所：广州市天河区天河北路 183-187 号大都会广场 43 楼(4301-4316 房)

保荐代表人：谭旭、陈天喜

项目协办人：孙朋远

联系人：杨华川、陈婧、刘恺

电话：020-87555888

传真：020-87557566

二、上市保荐机构的推荐意见

上市保荐机构广发证券股份有限公司认为本公司首次公开发行的股票符合上市条件，已向深圳证券交易所出具了《广东燕塘乳业股份有限公司股票上市保荐书》，上市保荐人的保荐意见如下：广东燕塘乳业股份有限公司申请其股票上市符合《中华人民共和国公司法》、《中华人民共和国证券法》及《深圳证券交易所股票上市规则》等国家有关法律、法规的有关规定，发行人股票具备在深圳证券交易所上市的条件。广发证券愿意推荐其股票在深圳证券交易所上市交易，并承担相关保荐责任。

广东燕塘乳业股份有限公司

2014 年 12 月 3 日

楚天科技股份有限公司

楚天科技股份有限公司首次公开发行股票上市公告书

第一节　重要声明与提示

本公司股票将在深圳证券交易所创业板市场上市，该市场具有较高的投资风险。创业板公司具有业绩不稳定、经营风险高、退市风险大等特点，投资者面临较大的市场风险。投资者应充分了解创业板市场的投资风险及本公司所披露的风险因素，审慎做出投资决定。

本公司及全体董事、监事、高级管理人员保证上市公告书的真实性、准确性、完整性，承诺上市公告书不存在虚假记载、误导性陈述或重大遗漏，并承担个别和连带的法律责任。

证券交易所、其他政府机关对本公司股票上市及有关事项的意见，均不表明对本公司的任何保证。

本公司提醒广大投资者注意，凡本上市公告书未涉及的有关内容，请投资者查阅刊载于中国证监会五家指定网站(巨潮资讯网，网址 www.cninfo.com.cn；中证网，网址 www.cs.com.cn；中国证券网，网址 www.cnstock.com；证券时报网，网址 www.secutimes.com；中国资本证券网，网址 www.ccstock.cn)的本公司招股说明书全文。

(一)发行人实际控制人对所持股份自愿锁定的承诺

发行人实际控制人唐岳承诺：自发行人股票上市之日起三十六个月内，不转让或者委托他人管理其直接或者间接持有的发行人公开发行股票前已发行的股份，也不由发行人回购其直接或者间接持有的发行人公开发行股票前已发行的股份。

(二)发行人控股股东、其他持有发行人 5%以上股份的股东对所持股份的自愿锁定期、减持价格、持股意向及减持意向的承诺

1、发行人控股股东对所持股份的自愿锁定期、减持价格、持股意向及减持意向的承诺

发行人控股股东长沙楚天投资有限公司(以下简称"楚天投资")承诺：自发行人股票上市之日起三十六个月内，不转让或者委托他人管理其直接或者间接持有的发行人公开发行股票前已发行的股份，也不由发行人回购其直接或者间接持有的发行人公开发行股票前已发行的股份；无论是否出现发行人股票上市后 6 个月内连续 20 个交易日的收盘价均低于发行价，或者上市后 6 个月期末收盘价低于发行价的情形，所持发行人股票在锁定期满后均延长 24 个月。在延长锁定期内，不转让或者委托他人管理其直接或者间接持有的发行人公开发行股票前已发行的股份，也不由发行人回购其直接或者间接持有的发行人公开发行股票前已发行的股份。

所持股票在延长锁定期满后两年内减持的，将提前五个交易日向发行人提交减持原因、减持数量、未来减持计划、减持对发行人治理结构及持续经营影响的说明，并由发行人在减持前三个交易日予以公告。

减持发行人股票时，将依照《公司法》、《证券法》、中国证监会和深交所的相关规定执行。

2、其他持有发行人 5%以上股份的股东对所持股份的自愿锁定期、减持价格、持股意向及减持意向的承诺

发行人股东海南汉森投资有限公司承诺：自对发行人增资的工商变更登记之日 2010 年 9 月 27 日起三十六个月内且自发行人股票上市之日起十二个月内，不转让或者委托他人管理其直接或者间接持有的发行人公开发行股票前已发行的股份，也不由发行人回购其直接或者间接持有的发行人公开发行股票前已发行的股份；自发行人股票锁定期满之日起十二个月内，转让的发行人股份总额不超过发行人股票上市之日所持有发行人股份总额的 40%；自发行人股票锁定期满之日起二十四个月内，转让的发行人股份总额不超过发行人股票上市之日所持有发行人股份总额的 80%。

所持股票在锁定期满后两年内减持的，将提前五个交易日向发行人提交减持原因、减持数量、未来减持计划、减持对发行人治理结构及持续经营影响的说明，并由发行人在减持前三个交易日予以公告；减持将采用集中竞价、大宗交易、协议转让等方式，且减持价格不低于发行价；若所持股票在锁定期满后两年内减持价格低于发行价的，则减持价格与发行价之间的差额由发行人在现金分红时从分配当年及以后年度的现金分红中予以先行扣除，且扣除的现金分红归发行人所有。

减持发行人股票时，将依照《公司法》、《证券法》、中国证监会和深交所的相关规定执行。

(三)发行人其他股东对所持股份自愿锁定的承诺

发行人股东曾凡云、阳文录、周飞跃、刘振、刘桂林、唐泊森、邓文、李刚、贺常宝、邱永谋、孙巨雷、陈艳君、李新华、张以换均承诺：自发行人股票上市之日起十二个月内，不转让或者委托他人管理其直接或者间接持有的发行人公开发行股票前已发行的股份，也不由发行人回购其直接或者间接持有的发行人公开发行股票前已发行的股份。

(四)持有发行人股份的董事、监事、高级管理人员和其他核心人员对所持股份自愿锁定期、减持价格的承诺

持有发行人股份的董事、监事、高级管理人员和其他核心人员唐岳、曾凡云、阳文录、周飞跃、邱永谋、刘桂林、李刚、张以换、刘振、李新华承诺：在前述承诺禁售期过后，在其任职期间每年转让的股份不超过其所持发行人股份总数的 25%；离职后半年内，不转让其所持有的发行人股份；若其自发行人上市之日起六个月内申报离职，自申报离职之日起十八个月内不转让其直接持有的发行人股份；若其自发行人上市之日起第七个月至第十二个月之间申报离职，自申报离职之日起十二个月内不转让其直接持有的发行人股份；发行人上市后 6 个月内如公司股票连续 20 个交易日的收盘价均低于发行价，或者上市后 6 个月期末收盘价低于发行价，持有发行人股票的锁定期限自动延长 6 个月。董事、监事、高级管理人员和其他核心人员不因自身职务变更、离职等原因违反上述承诺。

所持股票在锁定期满后两年内减持的，其减持价格不低于发行价，若所持股票在锁定期满后两年内减持价格低于发行价的，则减持价格与发行价之间的差额由相关人员按以下顺序补偿给发行人：1、现金方式；2、相关人员在发行人处取得的现金红利；3、相关人员在发行人控股股东处取得的现金红利；如相关人员在减持当年以上述方式未能补足差额，则由控股股东先行补足。

上述人员减持发行人股票时，将依照《公司法》、《证券法》、中国证监会和深交所相关规定执行。

(五)发行人及控股股东关于回购首次公开发行的全部新股的承诺

发行人承诺：若发行人招股说明书有虚假记载、误导性陈述或者重大遗漏，对判断发行人是否符合法律规定的发行条件构成重大、实质影响的，发行人以市场价回购首次公开发行的全部新股，并支付从首次公开发行完成日至股票回购公告日的同期银行存款利息作为赔偿。

控股股东承诺：若发行人招股说明书有虚假记载、误导性陈述或者重大遗漏，对判断发行人是否符合法律规定的发行条件构成重大、实质影响的，发行人控股股东将以市场价购回已转让的原限售股份，并支付从首次公开发行完成日至股票购回公告日的同期银行存款利息作为赔偿。若发行人未能履行依法以市场价回购首次公开发行的全部新股，发行人控股股东将以市场价代为履行上述回购首次公开发行的全部新股，并支付从首次公开发行完成日至股票购回公告日的同期银行存款利息作为赔偿。发行人控股股东以所持发行人的全部股份对上述承诺提供连带责任保证担保。

发行人及控股股东回购或购回股票时将依照《公司法》、《证券法》、中国证监会和深交所的相关规定以及《公司章程》执行。

(六)发行人及控股股东、董事(独立董事除外)、监事和高级管理人员关于稳定公司股价的承诺

发行人及控股股东、董事(独立董事除外)和高级管理人员承诺：发行人上市后三年内每年首次股票在任意连续二十个交易日出现收盘价低于每股净资产时即触及启动股价稳定措施的条件，发行人及控股股东、董事(独立董事除外)和高级管理人员应在发生上述情形的最后一个交易日起十个交易日内启动股价稳定措施，由发行人董事会制定具体实施方案并提前三个交易日公告。

发行人及控股股东、董事(独立董事除外)和高级管理人员启动股价稳定措施所采取的具体措施：1、发行人回购发行人股票；2、控股股东、发行人董事(独立董事除外)和高级管理人员增持发行人股票；3、同时采取发行人回购发行人股票以及控股股东、公司董事(独立董事除外)和高级管理人员增持发行人股票两种措施。

除触及《公司法》、《证券法》、中国证监会和深交所的禁止增持或者回购公司股票的相关规定外，发行人及控股股东、董事(独立董事除外)和高级管理人员应回购或增持发行人不超过总股本 5%的股票，直至消除连续二十个交易日收盘价低于每股净资产的情形为止。发行人控股股东、董事(独立董事除外)和高级管理人员将接受发行人董事会制定的股票增持方案并严格履行，若应由发行人履行股票回购方案而发行人未能履行，发行人控股股东、董事(独立董事除外)和高级管理人员将增持应由发行人回购的全部股票。发行人控股股东、董事(独立董事除外)和高级管理人员对未能履行上述股票增持方案的一方或多方承担连带责任，发行人监事对发行人回购股票以及发行人控股股东、董事(独立董事除外)和高级管理人员增持股票进行督促和监督。若控股股东、董事(独立董事除外)和高级管理人员未履行上述承诺，控股股东、董事和高级管理人员将向投资者公开道歉；未履行上述承诺的控股股东、作为股东的董事和高级管理人员将不参与发行人当年的现金分红，应得的现金红利归发行人所有，同时全体董事(独立董事除外)和高级管理人员在发行人处当年应得薪酬的 50%归发行人所有。公司上市后三年内新任职的董事(独立董事除外)、监事和高级管理人员需先行签署本承诺，本承诺对公司上市后三年内新任职的董事(独立董事除外)、监事和高级管理人员具有同样的约束力。

（七）发行人及控股股东、实际控制人、董事、监事、高级管理人员关于依法赔偿投资者损失的承诺

发行人及控股股东、实际控制人、董事、监事、高级管理人员承诺：发行人招股说明书有虚假记载、误导性陈述或者重大遗漏，致使投资者在证券交易中遭受损失的，将依法赔偿投资者损失，且发行人及控股股东、实际控制人、董事、监事、高级管理人员依法对投资者遭受的损失承担赔偿连带责任。控股股东以所持发行人的全部股份对上述承诺提供连带责任保证担保。

（八）中介机构关于依法赔偿投资者损失的承诺

发行人保荐机构承诺：因为发行人首次公开发行制作、出具的文件有虚假记载、误导性陈述或者重大遗漏，给投资者造成损失的，将依法赔偿投资者损失。

申报会计师承诺：因为发行人首次公开发行制作、出具的文件有虚假记载、误导性陈述或者重大遗漏，给投资者造成损失的，将依法赔偿投资者损失。

发行人律师承诺：因为发行人首次公开发行制作、出具的文件有虚假记载、误导性陈述或者重大遗漏，给投资者造成损失的，将依法赔偿投资者损失。

本上市公告书已披露公司2013年度财务数据。其中，2013年7-12月财务数据未经审计，2013年1-6月数据已经审计。敬请投资者注意。

第二节 股票上市情况

一、公司股票发行上市审批情况

本上市公告书是根据《证券发行与承销管理办法》、《首次公开发行股票并在创业板上市管理暂行办法》、《关于进一步推进新股发行体制改革的意见》、《首次公开发行股票时公司股东公开发售股份暂行规定》、《首次公开发行股票承销业务规范》等国家有关法律、法规的规定，并按照《深圳证券交易所股票上市公告书内容与格式指引》（2013年修订）编制，旨在向投资者提供有关楚天科技股份有限公司（以下简称“本公司”、“公司”、“发行人”或“楚天科技”）首次公开发行股票并在创业板上市的基本情况。

经中国证券监督管理委员会证监许可[2013]1650号文核准，本公司公开发行1,824.9813万股人民币普通股。本次发行采用网下向投资者询价配售（以下简称“网下配售”）与网上向社会公众投资者定价发行（以下简称“网上发行”）相结合的方式，其中，网下配售729.9813万股，网上定价发行1,095万股，发行价格为40.00元/股。

经深圳证券交易所《关于楚天科技股份有限公司人民币普通股股票在创业板上市的通知》（深证上[2014]26号）同意，本公司发行的人民币普通股股票在深圳证券交易所创业板上市，证券简称“楚天科技”，证券代码“300358”；其中本次公开发行的1,824.9813万股股票将于2014年1月21日起上市交易。

本公司本次发行的招股意向书、招股说明书全文及相关备查文件可以在中国证监会五家指定网站（巨潮资讯网，网址www.cninfo.com.cn；中证网，网址www.cs.com.cn；中国证券网，网址www.cnstock.com；证券时报网，网址www.secutimes.com；中国资本证券网，网址www.ccstock.cn）查询。本公司2013年12月31日《招股意向书》的披露距今不足一个月，故与其重复的内容不再重述，敬请投资者查阅上述内容。

二、公司股票上市概况

1、上市地点：深圳证券交易所

2、上市时间：2014年1月21日

3、股票简称：楚天科技

4、股票代码：300358

5、首次公开发行后总股本：72,999,250股

6、首次公开发行股票增加的股份：6,999,250股

7、发行前股东所持股份的流通限制及期限：详见本上市公告书第一节“重要声明与提示”的相关内容。

8、发行前股东对所持股份自愿锁定的承诺详见本上市公告书第一节“重要声明与提示”的相关内容。

9、上市股份的其他锁定安排：无

10、本次上市的无流通限制及锁定安排的股份：本次公开发行中股票配售对象参与网下配售获配的股票和网上发行股票均无流通限制及锁定安排。

11、公司股份可上市交易时间表

	股东名称	持股数（万股）	占发行后股本的比例	可上市交易日期（非交易日顺延）
一、首次公开发行前已发行的股份	长沙楚天投资有限公司	4,329.2215	59.31%	2019年1月21日
	海南汉森投资有限公司	497.7222	6.82%	2015年1月21日
	唐　岳	66	0.90%	2017年1月21日
	曾凡云	66	0.90%	2015年1月21日
	阳文录	90	1.23%	2015年1月21日
	周飞跃	90	1.23%	2015年1月21日
	刘　振	66	0.90%	2015年1月21日
	刘桂林	30	0.41%	2015年1月21日
	唐泊森	30	0.41%	2015年1月21日
	邓　文	30	0.41%	2015年1月21日
	李　刚	30	0.41%	2015年1月21日
	贺常宝	30	0.41%	2015年1月21日
	邱永谋	30	0.41%	2015年1月21日
	孙巨雷	30	0.41%	2015年1月21日
	陈艳君	30	0.41%	2015年1月21日
	李新华	15	0.21%	2015年1月21日
	张以换	15	0.21%	2015年1月21日
	小　计	5,474.9437	75.00%	–
二、本次公开发行的股份	网下配售股份	729.9813	10.00%	2014年1月21日
	网上发行股份	1095	15.00%	2014年1月21日
	小　计	1,824.9813	25.00%	–
	合　计	7,299.9250	100.00%	–

注：本次发行老股转让数量为1,125.0563万股：其中长沙楚天投资有限公司公开发售前持股数量5,352万股，公开发售股份数量1,022.7785万股；海南汉森投资有限公司公开发售前持股数量600万股，公开发售股份数量102.2778万股。

12、股票登记机构：中国证券登记结算有限责任公司深圳分公司

13、上市保荐人：宏源证券股份有限公司

第三节 发行人、股东和实际控制人情况

一、发行人基本情况

1、公司名称：

中文：楚天科技股份有限公司

英文：TRUKINGTECHNOLOGYLIMITED

2、注册资本：7,299.9250万元（发行后）

3、法定代表人：唐岳

4、股份公司设立日期：2010年10月27日

5、有限公司设立日期：2002年11月8日

6、住所及邮编：湖南省长沙市宁乡县玉潭镇新康路1号，410600

7、经营范围：医药包装机械、食品包装机械和其它通用机械的研究、开发、制造销售、自营和代理各类商品和技术的进出口。

8、主营业务：水剂类制药装备的研发、设计、生产、销售和服务

9、所属行业：C35专用设备制造业

10、电话：0731-87938288-8248 传真：0731-87938211

11、互联网地址：www.truking.cn

12、电子信箱：truking@truking.cn

13、董事会秘书：周飞跃

二、公司全体董事、监事、高级管理人员及其持有公司的股票情况

序号	姓　名	职　务	任期起止日期	直接持有（万股）	间接持有（万股）	合计占发行后总股本比例(%)
1	唐　岳	董事长、总裁	2013年11月15日	66	2,228.0047	31.43%
2	曾凡云	董事、执行总裁	–2016年11月14日	66	529.0754	8.15%
3	阳文录	董事、副总裁		90	436.8552	7.22%
4	周飞跃	董事、副总裁、董事会秘书	2013年11月15日 –2016年11月14日	90	267.1354	4.89%
5	刘令安	董事		0	338.4511	4.64%
6	叶大进	独立董事	2013年11月15日	0	0	0%
7	程贤权	独立董事	–2016年11月14日	0	0	0%

8	赵德军	独立董事	0	0	0%
9	曲　凯	独立董事	0	0	0%
10	曾和清	监事会主席	0	0	0%
11	刘桂林	监事	66	145.4741	2.90%
12	邱永谋	监事	30	48.4914	1.08%
13	李　刚	副总裁、财务总监	30	48.4914	1.08%
14	周婧颖	副总裁	0	0	0%
15	张以换	副总裁	15	12.1228	0.37%

三、公司控股股东和实际控制人情况

本次发行后，本公司股权结构和实际控制关系如下：

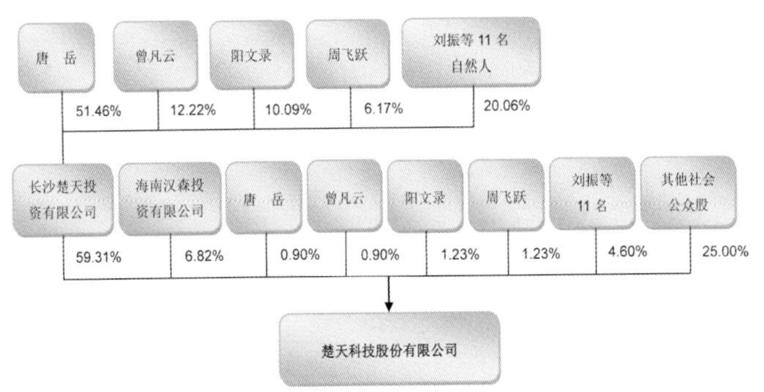

(一)控股股东、实际控制人基本情况

公司的控股股东楚天投资设立于 2010 年 9 月 16 日，注册资本和实收资本均为 2,060 万元，法定代表人为唐岳，住所为湖南省长沙市宁乡县城郊乡沩丰坝村(中小企业园内福源小区)，经营范围为制药机械、食品、医疗设备及器械、日用化妆品机械等产业投资。

截至 2012 年 12 月 31 日，楚天投资合并总资产 76,051.89 万元，合并净资产 30,853.41 万元；2012 年度合并净利润 7,335.23 万元（上述数据已经湖南美好未来联合会计师事务所审计）；截至 2013 年 6 月 30 日，楚天投资合并总资产 97,032.92 万元，合并净资产 37,338.72 万元；2013 年 1-6 月合并净利润 6,485.31 万元(上述数据已经湖南恒基有限责任会计师事务所审计)。

公司的实际控制人唐岳，中国国籍，无永久境外居留权，身份证号为 43293019630608****，住址为湖南省长沙市天心区芙蓉中路。唐岳持有楚天投资 51.46%的股权，楚天投资持有公司 59.31%的股份，唐岳直接持有公司 0.90%的股份。唐岳现任公司董事长兼总裁、楚天投资董事长。

(二)控股股东、实际控制人控制的其他企业的基本情况

除本公司外，公司控股股东楚天投资无控制其他企业的情况；除本公司、楚天投资外，公司实际控制人唐岳无控制其他企业的情况。

四、公司前十名股东持有公司发行后股份情况

此次发行后，公司股东总人数为 21,171 户。公司前 10 名股东持有公司发行后股份情况如下：

序号	股东名称	持股量(万股)	持股比例
1	长沙楚天投资有限公司	4329.2215	59.31%
2	海南汉森投资有限公司	497.7222	6.82%
3	兴业银行股份有限公司—兴全趋势投资混合型证券投资基金	110.7275	1.52%
4	中国工商银行—国联安德盛安心成长混合型开放式证券投资基金	102.5267	1.40%
5	广州证券有限责任公司	102.5254	1.40%
6	阳文录	90	1.23%
7	周飞跃	90	1.23%
8	唐　岳	66	0.90%
9	曾凡云	66	0.90%
10	刘　振	66	0.90%
	合　计	5,520.7233	75.63%

第四节　股票发行情况

一、发行数量：1,824.9813 万股(含新股发行数量 699.9250 万股，老股转让数量 1,125.0563 万股)

二、发行价格：40.00 元/股，该价格对应的市盈率为：

(1)28.37 倍(每股收益按照 2012 年经会计师事务所审计的扣除非经常性损益前后孰低的净利润除以本次发行前股本计算)；

(2)31.50 倍(每股收益按照 2012 年经会计师事务所审计的扣除非经常性损益前后孰低的净利润除以本次发行后总股本计算)。

三、发行方式及认购情况：本次发行采用网下向投资者询价配售和网上向社会公众投资者定价发行相结合的方式。本次发行网下配售 729.9813 万股，申购股数为 3,930 万股，认购倍数为 5.38 倍。本次发行网上定价发行 1,095 万股，中签率为 1.4025739473%，超额认购倍数为 71.29749 倍。在本次发行中，网上网下发行不存在零股。

四、募集资金总额及注册会计师对资金到位的验资情况

本次发行募集资金总额 27,997 万元；中审亚太会计师事务所(特殊普通合伙)已于 2014 年 1 月 15 日对公司首次公开发行股票的资金到位情况进行了审验，并出具了中审亚太验字(2014)010086 号《验资报告》。

五、本次发行费用共 3,000 万元，每股发行费用 4.29 元(每股发行费用=发行费用/本次发行股数)，具体明细如下：

序号	项目	金额(万元)
1	承销保荐费	2200
2	审计、评估、验资费	350
3	律师费用	150
4	信息披露费用、新股发行登记费、印花税及其他发行费用	300
	合　计	3000

六、募集资金净额：24,997 万元

七、发行后每股净资产：8.70 元/股(按公司截至 2013 年 6 月 30 日经审计的归属于母公司股东的净资产加上本次筹资净额之和除以本次发行后总股本计算)

八、发行后每股收益：1.27 元/股(按公司经审计的扣除非经常性损益前后孰低的 2012 年度净利润除以本次发行后的总股数计算)

第五节　财务会计资料

一、主要会计数据及财务指标

项目	2013 年 12 月 31 日	2012 年日 12 月 31	本报告期末比上年度期末增减(%)
流动资产(万元)	65,975.79	43,053.73	53.24%
流动负债(万元)	59,297.17	41,479.98	42.95%
总资产(万元)	107,632.15	75,216.57	43.10%
归属于发行人股东的所有者权益(万元)	45,545.72	32,032.37	42.19%
归属于发行人股东的每股净资产(元/股)	6.90	4.85	42.27%
项目	2013 年度	2012 年度	
本报告期末比上年度期末增减(%)			
营业总收入(万元)	79,720.57	58,869.99	35.42%
营业利润(万元)	14,002.80	10,719.29	30.63%
利润总额(万元)	15,469.84	10,955.62	41.20%
归属于发行人股东的净利润(万元)	13,513.35	9,536.784	1.70%
归属于发行人股东的扣除非经常性损益后的净利润(万元)	12,266.37	9,273.91	32.27%
基本每股收益(元/股)	2.05	1.44	42.36%
扣除非经常性损益后的基本每股收益(元/股)	1.86	1.41	31.91%
加权平均净资产收益率(%)	34.84%	31.15%	3.69%
扣除非经常性损益后的加权净资产收益率(%)	31.62%	30.29%	1.33%
经营活动产生的现金流量净额(万元)	13,889.38	17,587.96	−21.03%
每股经营活动产生的现金流量净额(元)	2.10	2.66	−21.05%

注：1、2012 年度财务数据已经审计，2013 年度财务数据未经审计；

2、公司截至 2013 年 12 月 31 日的股本总额为 6,600 万股，2014 年 1 月 9 日首次公开发行新增股份 699.9250 万股，老股转让 1,125.0563 万股，公司总股本增加至 7,299.9250 万股。

3、净资产收益率和扣除非经常性损益后的净资产收益率两个指标的本报告期比上年同期增减为两期数的差值。

二、经营业绩和财务状况的简要说明

1、报告期的经营情况、财务状况及影响经营业绩的主要因素

2013 年度公司营业收入和归属于发行人股东的扣除非经常性损益后的净利润同比增长较大，主要原因是随着公司产品技术水平、质量水平、品牌认知度等方面的大幅提升，公司生产规模和销售订单大幅增长所致。

2、主要会计数据及财务指标增减变动的主要原因

(1)2013 年度，公司实现营业总收入 79,720.57 万元，同比增长 35.42%；营业利润 14,002.80 万元，同比增长 30.63%；利润总额 15,469.84 万元，同比增长 41.20%；归属于发行人股东的净利润 13,513.35 万元，同比增长 41.70%，归属于发行人股东的扣除非经常性损益后的净利润 12,266.37 万元，同比增长 32.27%；基本每股收益 2.05 元，同比增长 42.36%，扣除非经常性损益后的基本每股收益 1.86 元，同比增长 31.91%，主要原因是经营规模和销售价格的提升，使公司营业收入大幅增长；产品科技含量及配置的提升，使公司综合毛利增长所致。

(2)2013 年末公司总资产 107,632.15 万元，同比增长 43.10%，主要原因是 2013 年度公司实现盈利所致。

2013 年末，归属于发行人股东的所有者权益 45,545.72 万元，同比增长 42.19%；归属于发行人股东的每股净资产 6.90 元，同比增长 42.27%；主要原因是 2013 年度公司实现盈利所致。

三、2014 年第一季度业绩预计

2013 年 1-3 月归属于发行人股东的净利润为 4,157 万元；公司预计，2014 年 1-3 月归属于发行人股东的净利润为 4,157 万元-4,365 万元，约同比增长 0-5%。

第六节　其他重要事项

一、本公司已向深圳证券交易所承诺，将严格按照深圳证券交易所的有关规则，在公司股票上市后三个月内完善公司章程等规章制度并办理工商登记变更手续。

二、本公司自 2013 年 12 月 31 日刊登首次公开发行股票招股意向书至本上市公告书刊登前，没有发生可能对本公司有较大影响的重要事项，具体如下：

1、本公司严格依照《公司法》、《证券法》等法律法规的要求，规范运作，生产经营状况正常；主要业务发展目标进展正常；

2、本公司生产经营情况、外部条件或生产环境(包括原材料采购和产品销售价格、原材料采购和产品销售方式、所处行业或市场的重大变化等)未发生重大变化；

3、本公司未订立可能对本公司的资产、负债、权益和经营成果产生重大影响的重要合同；

4、本公司未发生重大关联交易，本公司资金不存在被关联方非经营性占用等情况；

5、本公司未进行重大投资；

6、本公司未发生重大资产(或股权)购买、出售及置换；

7、本公司住所没有变更；

8、本公司董事、监事、高级管理人员及核心技术人员没有变化；

9、本公司未发生重大诉讼、仲裁事项；

10、本公司未发生对外担保等或有事项；

11、本公司的财务状况和经营成果未发生重大变化；

12、本公司未召开董事会、监事会和股东大会；

13、本公司无其他应披露的重大事项。

第七节　上市保荐人及其意见

一、上市保荐人情况

上市保荐人：宏源证券股份有限公司

法定代表人：冯戎

住所：乌鲁木齐市文艺路 233 号宏源大厦

联系地址：北京市西城区太平桥大街 19 号

保荐代表人：曾林彬、郭宣忠

项目协办人：刘国库

联系人：朱俊峰、齐婧、姜思思

电话：010-88085885

传真：010-88085255

二、上市保荐人的推荐意见

上市保荐人宏源证券股份有限公司已向深圳证券交易所提交了宏源证券股份有限公司《关于楚天科技股份有限公司股票首次公开发行股票并在创业板上市之上市保荐书》，上市保荐人的保荐意见如下：

楚天科技申请其股票上市符合《中华人民共和国公司法》、《中华人民共和国证券法》、《首次公开发行股票并在创业板上市管理暂行办法》及《深圳证券交易所创业板股票上市规则》等法律、法规的有关规定，发行人股票具备在深圳证券交易所创业板上市的条件。宏源证券愿意保荐发行人的股票上市交易，并承担相关保荐责任。

楚天科技股份有限公司

2014 年 1 月 20 日

天津鹏翎胶管股份有限公司

天津鹏翎胶管股份有限公司首次公开发行股票并在创业板上市上市公告书

第一节　重要声明与提示

本公司股票将在深圳证券交易所创业板上市，该市场具有较高的投资风险。创业板公司具有业绩不稳定、经营风险高、退市风险大等特点，投资者面临较大的市场风险。投资者应充分了解创业板市场的投资风险及本公司所披露的风险因素，审慎做出投资决定。

天津鹏翎胶管股份有限公司(以下简称"鹏翎股份"、"公司"、"本公司"或"发行人")及全体董事、监事、高级管理人员保证上市公告书的真实性、准确性、完整性，承诺上市公告书不存在虚假记载、误导性陈述或者重大遗漏，并承担个别和连带的法律责任。

证券交易所、其他政府机关对本公司股票上市及有关事项的意见，均不表明对本公司的任何保证。

本公司提醒广大投资者注意，凡本上市公告书未涉及的有关内容，请投资者查阅刊载于中国证监会五家指定网站(巨潮资讯网，www.cninfo.com.cn；证券时报网，www.secutimes.com；中证网，www.cs.com.cn；中国证券网，www.cnstock.com；中国资本证券网，www.ccstock.cn)及发行人网站(www.pengling.cn)的本公司招股说明书全文。

发行人、控股股东、实际控制人、董事、监事、高级管理人员等就首次公开发行股票上市作出如下重要承诺及说明：

一、发行前股份自愿锁定的承诺

公司控股股东、实际控制人张洪起先生和公司第三至九大股东刘世菊、孙伟杰、李金楼、张兆辉、王泽祥、张宝海、李风海做出如下承诺：自鹏翎胶管股票上市之日起三十六个月内不转让或者委托他人管理其本次发行上市前已持有的本公司股份，也不由本公司收购该部分股份。

公司第二大股东博正投资做出如下承诺：自鹏翎胶管股票上市之日起四十二个月内，博正投资将遵守自愿锁定股份的承诺并持有鹏翎胶管股份，不转让或者委托他人管理已持有的鹏翎胶管股份，也不由鹏翎胶管收购该部分股份。

刘世菊的直系亲属刘世文、王泽祥的直系亲属王泽龙承诺自鹏翎胶管股票上市之日起三十六个月内不转让或者委托他人管理其本次发行上市前已持有的本公司股份，也不由本公司收购该部分股份。

张洪起、李风海、张兆辉、李金楼作为公司董事或高级管理人员承诺：三十六个月锁定期满后，在任职期间，每年转让的公司股份不超过其所持有公司股份总数的25%；在离职后半年内，不转让所持有的本公司股份。张洪利、张兆玲等上述董事或高管的直系亲属，承诺自鹏翎胶管股票上市之日起三十六个月内不转让或者委托他人管理其本次发行上市前已持有的本公司股份，也不由本公司收购该部分股份；同时三十六个月锁定期满后在其上述直系亲属担任公司董事或监事或高级管理人员期间，每年转让的公司股份不超过其所持有公司股份总数的25%；在相关直系亲属离职后半年内，不转让所持有的本公司股份。

监事张万坤、王培利和公司高管王忠升承诺：自公司股票上市之日起十二个月内，不转让或者委托他人管理其直接或者间接持有的本次发行上市前的股份，也不由公司收购该部分股份；十二个月期满后，在担任公司董事和/或监事和/或高级管理人员期间，每年转让的股份不超过其本人所持有公司股份总数的25%；公司股票上市之日起六个月内，若其申报离职，则自其申报离职之日起十八个月内不转让其本人所持公司股票；公司股票上市之日起第七个月至第十二个月之间，若其申报离职，则自其申报离职之日起十二个月内不转让其本人所持公司股票。

除上述股东外，本公司其他股东承诺：自鹏翎胶管股票上市之日起十二个月内，不转让或者委托他人管理其已直接或间接持有的本次发行上市前的股份，也不由本公司回购该部分股份。

根据《境内证券市场转持部分国有股充实全国社会保障基金实施办法》(财企【2009】94号)以及天津市国有资产监督管理委员会出具的《关于对天津鹏翎胶管股份有限公司首次发行A股上市划转部分国有股权有关问题的批复》(津国资产权【2011】59号)，公司法人股东博正投资将其持有的公司150.2221万股国有股在本次发行后转由全国社会保障基金理事会持有。全国社会保障基金理事会将承继博正投资的禁售期义务。

二、关于所持股票在锁定期满后两年内减持价格的承诺公司控股股东、实际控制人张洪起先生、董事李风海、张兆辉、高级管理人员李金楼、王忠升持有公司股份，以上人员承诺如下：

(一)减持承诺

签署人所持公司股票在锁定期满后两年内减持的，减持价格不低于发行价；

公司股票首次公开发行并上市后6个月内如公司股票连续20个交易日的收盘价均低于发行价，或者公司股票首次公开发行并上市后6个月期末收盘价低于发行价，签署人持有公司股票的锁定期限在原有锁定期限基础上自动延长6个月。

自公司股票上市日至签署人减持期间，公司如有派息、送股、资本公积金转增股本、配股等除权除息事项，减持底价下限将相应进行调整。

(二)承诺履行和约束措施

1、同意由公司监事会和独立董事负责监督签署人按照本承诺函的内容履行。

2、若签署人违反承诺时，自愿接受中国证监会和深圳证券交易所按照届时有效的规范性文件对签署人进行处罚和制裁。

3、凡违反上述减持承诺违规减持的，一律视为签署人对公司的违约，应按照每笔减持金额的20%向公司支付违约金。

4、本承诺一经作出，即构成签署人对公司不可撤销的单方面合同义务，且不得因签署人职务变更、离职等原因而放弃履行承诺。

三、发行人及控股股东关于招股说明书披露内容的承诺

(一)公司的回购及赔偿承诺

1、本公司公开发布的《招股说明书》有虚假记载、误导性陈述或者重大遗漏，对判断本公司是否符合法律规定的发行条件构成重大、实质影响的，本公司将依法回购首次公开发行的全部新股。届时，本公司董事会应当在该等违法违规行为被证券监管机构或司法部门认定后的第一个交易日开盘前或当日申请公司股票停牌，并在1个月内公告股票回购方案及具体实施办法。该等股票回购方案必须满足如下回购价格和回购时间的要求：

(1)回购价格：回购义务触发时点前最后一个交易日公司股票的收盘价。

(2)回购行为需在回购公告发布之日起30个交易日之内完成。

2、本公司招股说明书有虚假记载、误导性陈述或者重大遗漏，且致使投资者在证券交易中遭受损失的，本公司将按照有效的司法裁决文件依法赔偿投资者损失。上述公司回购新股不影响投资者对本公司的民事索赔。

3、如本公司未能履行上述承诺的，同意证券监管机构依据本承诺函对本公司及本公司的董事、监事和高级管理人员作出的任何处罚或处理决定。

4、本承诺函一经作出，即具有不可撤销的法律效力。

(二)控股股东的回购及赔偿承诺

1、若发行人公开发布的《招股说明书》有虚假记载、误导性陈述或者重大遗漏，对判断发行人是否符合法律规定的发行条件构成重大、实质影响的，控股股东应当在该等违法违规行为被证券监管机构或司法部门认定后的第一个交易日开盘前或当日申请公司股票停牌，并在1个月内公告股票回购方案及具体实施办法。届时，控股股东同意按照下列价格和时间全部回购其已转让的股份：

(1)回购价格：回购义务触发时点前最后一个交易日公司股票的收盘价。

(2)回购行为需在回购公告发布之日起30个交易日之内完成。

2、若发行人首次公开发行股票并在创业板上市过程中公开发布的《招股说明书》有虚假记载、误导性陈述或者重大遗漏，且因此致使公众投资者在证券交易中遭受损失的，控股股东将依法对投资者承担相应的赔偿责任。

为切实履行上述承诺，控股股东同意采取如下措施保证上述承诺的实施：

(1)若发行人进行现金分红的，可以由发行人直接或申请红利发放机构扣划控股股东应分得的红利作为赔偿金；

(2)发行人向中国证券登记结算有限责任公司申请将控股股东所持发行人全部股票采取限售措施直至赔偿责任依法履行完毕；

(3)发行人依据本承诺函向深圳证券交易所申请直接卖出控股股东所持发行人股票，或申请公司住所地人民法院冻结并拍卖控股股东所持发行人股票赔偿投资者损失。

四、公司董事、监事、高级管理人员的赔偿承诺

1、若公司首次公开发行股票并在创业板上市过程中公开发布的《招股说明书》有虚假记载、误导性陈述或者重大遗漏，且因此致使公众投资者在证券交易中遭受损失的，公司董事、监事、高级管理人员将依法对投资者承担相应的赔偿责任。

2、为切实履行上述承诺，公司董事、监事、高级管理人员同意采取如下措施保证上述承诺的实施：

(1)若持有发行人股份，则在发行人进行现金分红时，可以由发行人直接或申请红利发放机构扣划承诺人应分得红利的50%作为赔偿金；

(2)若不持有发行人股份，则以上市后承诺人从发行人累计获得的税后薪酬总额的50%作为赔偿金。

3、本承诺一经作出，即构成承诺人对公司不可撤销的单方面合同义务，且不得因承诺人职务变更、离职等原因而放弃履行承诺。

五、稳定公司股价的预案

2013年12月2日，公司召开第五届董事会第十四次会议审议通过了《关于公司股价低于每股净资产值时维护公司股价的预案》。2013年12月18日，公司召开2013年第二次临时股东大会亦审议通过了上述预案。根据该议案，公司股票首次公开发行并上市后，在不违反法律、法规及相关规范

性文件且保证公司符合上市条件的前提下，公司在股价低于最近一年经审计的每股净资产值(本预案中涉及的每股净资产值均需扣除转增股本和分红的影响)时将采取如下稳定股价的措施：

(一)股票回购措施

公司股票首次公开发行并上市后，在不违反法律、法规及相关规范性文件且保证公司符合上市条件的前提下，当公司股价低于最近一年经审计的每股净资产值时，公司将会按照下列条件进行回购：

(1)当公司股票收盘价格在每股净资产值水平上下跌不超过5%的，在股价跌破每股净资产值的首个交易日起20个交易日内，公司将回购股票数量不低于届时公司股本总额(不含尚未转换为公司股票的可转换债券)的1%；

(2)当公司股票收盘价格在每股净资产值水平上下跌不超过10%的，在股本总额1%的股票已回购完成日起20个交易日内，公司将回购股票数量不低于届时公司股本总额(不含尚未转换为公司股票的可转换债券)的5%(包含之前已回购的1%)；

(3)当公司股票收盘价格在每股净资产值水平上下跌不超过15%的，在股本总额5%的股票已回购完成日起20个交易日内，公司将回购股票数量不低于届时公司股本总额(不含尚未转换为公司股票的可转换债券)的10%(包含之前已回购的5%)；

(4)当公司股票收盘价格在每股净资产值水平上下跌不超过20%的，在股本总额10%的股票已回购完成日起20个交易日内，公司将回购股票数量不低于届时公司股本总额(不含尚未转换为公司股票的可转换债券)的15%(包含之前已回购的10%)；

(5)当公司股票收盘价格在每股净资产值水平上下跌不超过30%的，在股本总额15%的股票已回购完成日起20个交易日内，公司将回购股票数量不低于届时公司股本总额(不含尚未转换为公司股票的可转换债券)的20%(包含之前已回购的15%)。

公司针对上述任一触发回购义务的情形实施回购行为均以一年一次为限。回购义务触发时，公司董事会应及时制定回购计划，并经公司股东大会审议批准后实施。

上述回购的公司股票不超过股本总额5%的部分，依据《公司法》的规定，可以奖励给公司职工；超过股本总额5%的部分，将全部注销，并在工商管理部门办理减资。

公司实际控制人张洪起先生已出具书面承诺，届时将支持公司的股票回购行动，且如果公司未能按照上述预案要求实施股票回购，张洪起先生将代替公司按照上述预案设定的条件和内容履行公司股票回购事项，回购的股票归张洪起本人所有，不注销或用于股权激励。

(二)控股股东(实际控制人)和公司非独立董事、高级管理人员的增持措施

1、控股股东的增持承诺

公司控股股东、实际控制人张洪起先生于2013年12月18日出具承诺，公司股票首次公开发行并上市后，当公司股价低于每股净资产时，由其对公司股份进行增持，承诺的具体内容如下：

(1)公司股票上市后三年内股票收盘价首次低于每股净资产值(公司每股净资产值以公司最近一期经审计的财务数据为准，且扣除转增股本和分红的影响)时，签署人将以如下二种方式孰高确定的资金额(简称“增持基金”)实施对公司股票的增持：

①上市后本人从公司获得的税后现金分红的50%；

②人民币1000万元。

(2)签署人同意在增持义务触发后的10个交易日内完成上述增持行为，上述增持基金使用完毕则本人的增持义务履行完毕。

若签署人未能履行或未能完全履行增持承诺的，一律视为签署人违约，每违约一日，签署人应按照承诺义务金额日万分之五计算向公司支付承诺违约金，直至签署人按照承诺履行增持义务为止，违约金可以从签署人税后分红和薪酬中扣缴，所有违约金归公司所有。

签署人应在完成增持后向公司提供交易记录等书面文件证明其已完成本承诺所载之增持承诺，并愿意接受公司及保荐机构的核查。

本承诺一经作出，即为不可撤销，在增持义务触发后，若签署人不予履行，公司有权以签署人为被告向公司住所地人民法院提起民事诉讼。”

2、公司非独立董事、高级管理人员的增持承诺

非独立董事李凤海、张兆辉、高级管理人员张宝新、李金楼、王忠升、刘世玲于2013年12月18日出具承诺，公司股票首次公开发行并上市后，当公司股价低于每股净资产时，由以上人员对公司股份进行增持，承诺的具体内容如下：

(1)增持承诺

作为天津鹏翎胶管股份有限公司(简称“公司”)的非独立董事和/或高级管理人员，为稳定公司上市后三年内的股票价格，现按照中国证监会《关于进一步推进新股发行体制改革的意见》，签署人谨此承诺：

①公司股票上市后三年内股票收盘价首次低于每股净资产值（公司每股净资产值以公司最近一期经审计的财务数据为准，且扣除转增股本和分红的影响)时，签署人同意无条件增持公司股票，本人的增持额以公司股票上市后本人从公司累计获得的税后薪酬总额的50%(简称“增持基金”)为标准。

②签署人同意在上述增持义务触发后的10个交易日内完成上述增持行为，上述增持基金使用完毕则本人的增持义务履行完毕。

③公司股票上市后三年内，若本人有减持公司股票的行为，则减持价格不低于公司最近一期经审计的每股净资产值。

(2)对增持承诺的约束措施

①若签署人未能履行或未能完全履行增持承诺的，一律视为签署人违约，每违约一日，签署人应按照义务增持额日万分之五计算向公司支付承诺违约金，直至签署人按照承诺履行增持义务为止，违约金可以从签署人税后分红和薪酬中扣缴，所有违约金归公司所有。

②签署人将在完成增持后向公司提供交易记录等书面文件证明其已完成本承诺所载之增持承诺，并愿意接受公司及保荐机构的核查。

③本承诺一经作出，即为不可撤销的，且不得因签署人职务变更、离职等原因而放弃履行承诺。

④本承诺一经作出，即构成签署人对公司的单方面合同义务，在增持义务实际发生时签署人必须无条件履行，若签署人不予履行，公司有权以签署人为被告向公司住所地人民法院提起民事诉讼。

同时，根据公司2013年12月18日召开的2013年第二次临时股东大会审议后修订的《公司章程(草案)》，公司对于未来新聘的董事、高级管理人员，也应履行公司发行上市时董事、高级管理人员已作出的相关增持承诺。”

(三)拟实施股权激励计划

公司股票首次公开发行并上市后二年内，为了使董事、高级管理人员和核心员工分享公司的发展成果，公司将会尽快依法推出公平、合理且激励力度适宜的股权激励计划，公司董事、高级管理人员及核心员工将获得激励股份，但该部分人员均须书面承诺不得在低于每股净资产值以下减持，并附有相应的承诺约束措施。通过股权激励计划，可以进一步调动广大职工的工作积极性、创造性和责任感，为公司提供长期发展的动力，同时对维护公司股价不低于每股净资产值会产生良好的积极效果。

六、发行前持股5%以上股东的持股意向及减持意向

(一)控股股东、实际控制人张洪起的持股及减持意向

公司控股股东、实际控制人张洪起先生对其所持公司股份的持股及减持意向出具了专项说明，具体内容如下：“本人作为天津鹏翎胶管股份有限公司(简称“公司”)的控股股东和实际控制人期间，基于对宏观经济、汽车行业和公司未来良好的发展趋势判断，在公司首次公开发行股票并上市之日起本人所持公司股份锁定期满后原则上不减持公司股票。如因个人财务需求进行减持，则减持价格为锁定期满后两年内不低于发行价格、此后减持价格不低于最近一年末经审计的每股净资产值，减持方式为通过证券交易所竞价交易或大宗交易；锁定期满后两年内每年减持股票总量不超过本人于减持年度上年末所持公司股票的20%；具体的减持行为为持续期间和拟减持总数本人将在减持前3个交易日予以公告。如本人未履行上述承诺，自愿接受中国证券监督管理委员会和深圳证券交易所按照届时有效的规范性文件对本人的处罚和制裁。”

(二)博正投资的持股及减持意向

公司股东博正投资持有公司股份5,000,000股，持股比例6.49%，对其所持公司股份的持股及减持意向出具了专项说明：

1、在公司首次公开发行股票并上市之日起42个月内，博正投资将遵守自愿锁定股份的承诺并持有发行人股份，不转让或者委托他人管理已持有的发行人股份，也不由发行人收购该部分股份。

2、博正投资所持发行人股份锁定期满后，经博正投资内部有权机构作出减持决策的，博正投资将通过二级市场或大宗交易，在综合考虑宏观经济状况、资本市场状况、发行人的经营管理情况、博正投资的持股成本及经营管理情况、国有股东转让所持上市公司股份的相关规定等因素后确定价格。

3、博正投资所持发行人股份锁定期满后，每年减持数量不超过减持年度上一年末持有的发行人股份的90%，当减持年度上一年度末博正投资所持发行人股份不超过50万股时，博正投资可一次性减持完毕。博正投资将在减持前3个交易日对减持事项履行信息披露义务。

4、如博正投资未履行上述承诺，自愿接受中国证券监督管理委员会和深圳证券交易所按照届时有效的规范性文件对博正投资的处罚和制裁。

七、关于发行人及其控股股东、公司董事及高级管理人员等公开承诺事项未能履行时的约束措施的说明

关于发行人及其控股股东、公司董事及高级管理人员等公开承诺事项未能履行时的约束措施的说明详见上文“一”至“六”各项承诺之说明。

八、招股说明书中披露的其他承诺

(一)控股股东关于避免同业竞争的承诺

为了避免将来可能出现的同业竞争，发行人控股股东张洪起先生承诺：

1、本人及本人控制的公司和/或其他经济组织目前未从事与天津鹏翎胶管股份有限公司及其下属子公司已生产经营或将生产经营的产品具有同业竞争或潜在同业竞争的产品的生产经营。

2、本人目前没有、将来也不会在中国境内外直接或间接从事或参与任何在商业上对公司构成竞争的业务及活动(包括但不限于研制、生产和销售与公司研制、生产和销售产品相同或相似的任何产品)，或拥有与公司存在竞争关系的任何经济实体、机构、经济组织的权益；或以其他任何形式取得该经济实体、机构、经济组织的控制权；或在该经济实体、机构、经济组织中担任高级管理人员或核心技术人员。

3、本人愿意承担因违反上述承诺而给公司造成的全部经济损失。

4、上述承诺不可撤销。

目前，本公司不存在同业竞争的情况。

(二)控股股东关于住房公积金补缴风险的承诺

鹏翎胶管控股股东张洪起先生出具书面承诺函：因公司欠缴公司员工住房公积金事宜，若发生任何纠纷(包括但不限于诉讼、仲裁、索赔)和政府及住房公积金管理部门作出任何补缴通知、行政处罚而给公司造成任何经济损失均由本人偿付和承担，且本人承担该等经济损失后，将不得向公司

主张任何权利和补偿，保证不给公司造成任何经济损失。

九、中介机构的相关承诺

保荐机构、发行人律师、审计机构等证券服务机构就其为发行人首次公开发行制作、出具的文件承诺如下：

保荐机构（主承销商）渤海证券股份有限公司承诺如下："如因本公司未能依照适用的法律法规、规范性文件及行业准则的要求勤勉尽责地履行法定职责而导致本公司为鹏翎胶管首次公开发行制作、出具的文件有虚假记载、误导性陈述或者重大遗漏，给投资者造成损失的，本公司除按照证券监管机关依法作出的行政处罚决定接受行政处罚外，还将执行有管辖权的人民法院依照法律程序作出的生效司法裁决，依法向投资者承担相应的民事赔偿责任。"

发行人律师北京观韬律师事务所承诺如下："如因本所未能依照适用的法律法规、规范性文件及行业准则的要求勤勉尽责地履行法定职责而导致本所为鹏翎胶管首次公开发行制作、出具的文件有虚假记载、误导性陈述或者重大遗漏，给投资者造成损失的，本所除按照证券监管机关依法作出的行政处罚决定接受行政处罚外，还将执行有管辖权的人民法院依照法律程序作出的生效司法裁决，依法向投资者承担相应的民事赔偿责任。"

审计机构致同会计师事务所（特殊普通合伙）承诺如下："如因本所会计师未能按照会计师行业公认的业务标准和道德规范严格履行法定职责而导致本所为发行人首次公开发行股票并上市所制作、出具的文件有虚假记载、误导性陈述或者重大遗漏，且因此给投资者造成损失的，本所将按照司法机关依照法律程序作出的司法裁决依法承担相应的民事赔偿责任。"

如无特殊说明，本上市公告书中涉及的简称与《天津鹏翎胶管股份有限公司首次公开发行股票并在创业板上市招股说明书》中的简称一致。

第二节　股票上市情况

一、公司股票发行上市审批情况

本上市公告书系根据《中华人民共和国公司法》、《中华人民共和国证券法》、《首次公开发行股票并在创业板上市管理暂行办法》和《深圳证券交易所创业板股票上市规则》等有关法律法规规定，按照《深圳证券交易所股票上市公告书内容与格式指引（2013 年 12 月修订）》编制而成，旨在向投资者提供本公司首次公开发行股票并在创业板上市的基本情况。

经中国证券监督管理委员会"证监许可[2014]22 号文"核准，公开发行新股不超过 1,810 万股，公司股东公开发售股份不超过 1,360 万股，首次公开发行股票总量不超过 2,570 万股人民币普通股（A 股）（以下简称"本次发行"）。本次发行采用网下向询价对象询价配售（以下简称"网下发行"）和网上向社会公众投资者定价发行（以下简称"网上发行"）相结合的方式，其中网下配售 1,106 万股，网上定价发行 1,114 万股，发行价格为 19.58 元/股。

经深圳证券交易所《关于天津鹏翎胶管股份有限公司人民币普通股股票在创业板上市的通知》（深证上[2014]66 号文）同意，本公司发行的人民币普通股股票在深圳证券交易所创业板上市，股票简称"鹏翎股份"，股票代码"300375"，其中本次公开发行的 2,220 万股股票将于 2014 年 1 月 27 日起上市交易。

本次发行的招股意向书、招股说明书全文及相关备查文件可以在巨潮资讯网（http://www.cninfo.com.cn）、证券时报网（http://www.secutimes.com）、中证网（http://www.cs.com.cn）、中国证券网（http://www.cnstock.com）、中国资本证券网（http://www.ccstock.cn）及本公司网站（www.pengling.cn）查询。本公司招股意向书及招股说明书的披露距今不足一个月，故与其重复的内容不再重述，敬请投资者查阅上述内容。

二、公司股票上市概况

1、上市地点：深圳证券交易所

2、上市时间：2014 年 1 月 27 日

3、股票简称：鹏翎股份

4、股票代码：300375

5、首次公开发行后总股本：88,691,478 股

6、首次公开发行股票数量：22,200,000 股（其中公开发行新股 11,700,000 股，公开发售老股 10,500,000 股）

7、发行前股东所持股份的流通限制及期限：详见本上市公告书第一节"重要声明与提示"的相关内容。

8、发行前股东对所持股份自愿锁定的承诺：详见本上市公告书"第一节重要声明与提示"相关内容。

9、本次上市股份的其他锁定安排：本次发行的股票无流通限制及锁定安排。

10、本次上市的无流通限制及锁定安排的股份：本次公开发行中配售对象参与网下配售获配的股票和网上发行股票均无流通限制及锁定安排。

11、公司股份可上市交易时间：

序号	股东姓名	持股数量（股）	发行后持股比例	可上市交易日期（非交易日顺延）
一、首次公开发行前已发行的股份				
1	张洪起	32,645,729	36.81%	2017 年 1 月 27 日
2	博正投资 SS	3,497,779	3.94%	2017 年 7 月 27 日
3	全国社会保障基金理事会 SS	1,502,221	1.69%	2017 年 7 月 27 日
4	刘世菊	2,771,733	3.13%	2017 年 1 月 27 日
5	孙伟杰	2,700,000	3.04%	2017 年 1 月 27 日
6	李金楼	1,877,229	2.12%	2017 年 1 月 27 日
7	张兆辉	1,814,314	2.05%	2017 年 1 月 27 日
8	王泽祥	1,796,924	2.03%	2017 年 1 月 27 日
9	张宝海	1,543,193	1.74%	2017 年 1 月 27 日
10	李风海	923,655	1.04%	2017 年 1 月 27 日
11	王忠升	504,812	0.57%	2015 年 1 月 27 日
12	王昌风	277,676	0.31%	2015 年 1 月 27 日
13	张学震	258,040	0.29%	2015 年 1 月 27 日
14	刘俊英	249,345	0.28%	2015 年 1 月 27 日
15	张宝慧	248,954	0.28%	2015 年 1 月 27 日
16	刘元会	248,333	0.28%	2015 年 1 月 27 日
17	许凤山	247,701	0.28%	2015 年 1 月 27 日
18	刘汉华	237,009	0.27%	2015 年 1 月 27 日
19	王凤祥	236,543	0.27%	2015 年 1 月 27 日
20	邢春发	231,061	0.26%	2015 年 1 月 27 日
21	张洪利	219,175	0.25%	2017 年 1 月 27 日
22	王培利	219,060	0.25%	2015 年 1 月 27 日
23	田凤明	210,031	0.24%	2015 年 1 月 27 日
24	杜德平	210,031	0.24%	2015 年 1 月 27 日
25	韩龙兰	206,833	0.23%	2015 年 1 月 27 日
26	刘全华	205,337	0.23%	2015 年 1 月 27 日
27	张兆玲	203,040	0.23%	2017 年 1 月 27 日
28	刘世文	203,040	0.23%	2017 年 1 月 27 日
29	白春妹	203,008	0.23%	2015 年 1 月 27 日
30	刘世鹏	203,008	0.23%	2015 年 1 月 27 日
31	张金武	201,563	0.23%	2015 年 1 月 27 日
32	皇甫少军	201,033	0.23%	2015 年 1 月 27 日
33	吴英斌	195,735	0.22%	2015 年 1 月 27 日
34	徐廷霞	190,361	0.21%	2015 年 1 月 27 日
35	沈春林	186,051	0.21%	2015 年 1 月 27 日
36	柴德香	185,815	0.21%	2015 年 1 月 27 日
37	沈春锁	185,815	0.21%	2015 年 1 月 27 日
38	刘　丽	180,980	0.20%	2015 年 1 月 27 日
39	刘汉山	178,994	0.20%	2015 年 1 月 27 日
40	刘汉珍	177,098	0.20%	2015 年 1 月 27 日
41	刘世举	174,956	0.20%	2015 年 1 月 27 日
42	刘全福	174,592	0.20%	2015 年 1 月 27 日
43	薛秀珍	169,902	0.19%	2015 年 1 月 27 日
44	张金来	169,629	0.19%	2015 年 1 月 27 日
45	刘元来	166,944	0.19%	2015 年 1 月 27 日
46	陈长和	166,944	0.19%	2015 年 1 月 27 日
47	张景生	166,925	0.19%	2015 年 1 月 27 日
48	陈长强	165,728	0.19%	2015 年 1 月 27 日
49	王绍国	161,608	0.18%	2015 年 1 月 27 日
50	程俊林	152,228	0.17%	2015 年 1 月 27 日
51	刘世岐	152,228	0.17%	2015 年 1 月 27 日
52	闫少杰	149,251	0.17%	2015 年 1 月 27 日
53	张万奎	146,885	0.17%	2015 年 1 月 27 日
54	王竹营	146,885	0.17%	2015 年 1 月 27 日
55	高会杰	146,885	0.17%	2015 年 1 月 27 日
56	吴英俊	146,885	0.17%	2015 年 1 月 27 日
57	赵国庆	146,885	0.17%	2015 年 1 月 27 日
58	王之虎	146,885	0.17%	2015 年 1 月 27 日
59	程玉林	146,885	0.17%	2015 年 1 月 27 日
60	刘世阁	146,885	0.17%	2015 年 1 月 27 日
61	刘世鸣	146,885	0.17%	2015 年 1 月 27 日
62	刘　霞	146,885	0.17%	2015 年 1 月 27 日
63	万树云	146,885	0.17%	2015 年 1 月 27 日
64	刘世友	146,885	0.17%	2015 年 1 月 27 日

65	王月亮	146,885	0.17%	2015 年 1 月 27 日
66	刘世坤	146,885	0.17%	2015 年 1 月 27 日
67	王连生	146,885	0.17%	2015 年 1 月 27 日
68	刘　涛	146,866	0.17%	2015 年 1 月 27 日
69	刘世伟	146,540	0.17%	2015 年 1 月 27 日
70	刘全增	143,240	0.16%	2015 年 1 月 27 日
71	王志冬	139,033	0.16%	2015 年 1 月 27 日
72	王泽云	138,892	0.16%	2015 年 1 月 27 日
73	王泽凤	138,892	0.16%	2015 年 1 月 27 日
74	陈长海	138,892	0.16%	2015 年 1 月 27 日
75	夏吉良	138,892	0.16%	2015 年 1 月 27 日
76	刘元珍	138,892	0.16%	2015 年 1 月 27 日
77	程森林	138,725	0.16%	2015 年 1 月 27 日
78	刘芳生	137,419	0.15%	2015 年 1 月 27 日
79	屈凤秀	134,826	0.15%	2015 年 1 月 27 日
80	李如棠	132,518	0.15%	2015 年 1 月 27 日
81	崔桂枝	131,615	0.15%	2015 年 1 月 27 日
82	刘汉珍	129,190	0.15%	2015 年 1 月 27 日
83	王泽龙	126,530	0.14%	2017 年 1 月 27 日
84	薛从勇	126,530	0.14%	2015 年 1 月 27 日
85	姚忠林	126,530	0.14%	2015 年 1 月 27 日
86	刘元广	123,343	0.14%	2015 年 1 月 27 日
87	薛从建	122,203	0.14%	2015 年 1 月 27 日
88	王同柱	121,199	0.14%	2015 年 1 月 27 日
89	韩龙泉	121,043	0.14%	2015 年 1 月 27 日
90	刘元玖	120,790	0.14%	2015 年 1 月 27 日
91	韩义寿	110,654	0.12%	2015 年 1 月 27 日
92	薛从才	110,654	0.12%	2015 年 1 月 27 日
93	韩月江	110,654	0.12%	2015 年 1 月 27 日
94	宋长春	110,654	0.12%	2015 年 1 月 27 日
95	马文明	110,654	0.12%	2015 年 1 月 27 日
96	刘全国	110,328	0.12%	2015 年 1 月 27 日
97	张万坤	102,837	0.12%	2015 年 1 月 27 日
98	王　强	102,661	0.12%	2015 年 1 月 27 日
99	刘永清	100,809	0.11%	2015 年 1 月 27 日
100	王志宝	96,324	0.11%	2015 年 1 月 27 日
101	张兆怀	96,324	0.11%	2015 年 1 月 27 日
102	程汝忠	92,972	0.10%	2015 年 1 月 27 日
103	李培瑞	92,972	0.10%	2015 年 1 月 27 日
104	张秋利	56,740	0.06%	2015 年 1 月 27 日
105	宋长青	23,724	0.03%	2015 年 1 月 27 日
106	王竹财	23,724	0.03%	2015 年 1 月 27 日
107	韩月水	23,724	0.03%	2015 年 1 月 27 日
	小　计	66,491,478	74.97%	
二、本次公开发行的股份				
	网下询价发行的股份	11,060,000	12.47%	2014 年 1 月 27 日
	网上定价发行的股份	11,140,000	12.56%	2014 年 1 月 27 日
	小计	22,200,000	25.03%	—
	合计	88,691,478	100.00%	—

注：本次公开发行股份 2,220 万股中包括公开发行新股 1,170 万股以及公开发售老股 1,050 万股。

12、公司本次公开发行向老股发售股票情况：

公司本次公开发售老股 1,050 万股，发售价格为 19.58 元/股，具体情况如下：

序号	股东姓名	上市前持股数量(股)	公开发售股份数量(股)	上市后持股数量(股)
1	张洪起	38,500,842	5,855,113	32,645,729
2	刘世菊	3,268,851	497,118	2,771,733
3	李金楼	2,213,916	336,687	1,877,229
4	张兆辉	2,139,717	325,403	1,814,314
5	王泽祥	2,119,208	322,284	1,796,924
6	张宝海	1,819,969	276,776	1,543,193
7	李风海	1,089,315	165,660	923,655
8	王忠升	595,352	90,540	504,812
9	王昌凤	327,478	49,802	277,676
10	张学震	304,320	46,280	258,040
11	刘俊英	294,066	44,721	249,345
12	张宝慧	293,605	44,651	248,954
13	刘元会	292,872	44,539	248,333
14	刘汉华	279,517	42,508	237,009
15	王风祥	278,968	42,425	236,543
16	邢春发	272,502	41,441	231,061
17	张洪利	258,485	39,310	219,175
18	王培利	258,349	39,289	219,060
19	田凤明	247,701	37,670	210,031
20	杜德平	247,701	37,670	210,031
21	韩龙兰	243,929	37,096	206,833
22	刘全华	242,165	36,828	205,337
23	张兆玲	239,456	36,416	203,040
24	刘世文	239,456	36,416	203,040
25	白春妹	239,418	36,410	203,008
26	刘世鹏	239,418	36,410	203,008
27	张金武	237,714	36,151	201,563
28	皇甫少军	237,089	36,056	201,033
29	吴英斌	230,841	35,106	195,735
30	徐廷霞	224,503	34,142	190,361
31	沈春林	219,420	33,369	186,051
32	柴德香	219,141	33,326	185,815
33	沈春锁	219,141	33,326	185,815
34	刘　丽	213,439	32,459	180,980
35	刘汉山	211,097	32,103	178,994
36	刘汉珍	208,861	31,763	177,098
37	刘世举	206,335	31,379	174,956
38	刘全福	205,906	31,314	174,592
39	薛秀珍	200,374	30,472	169,902
40	张金来	200,052	30,423	169,629
41	刘元来	196,886	29,942	166,944
42	陈长和	196,886	29,942	166,944
43	张景生	196,863	29,938	166,925
44	陈长强	195,452	29,724	165,728
45	王绍国	190,593	28,985	161,608
46	程俊林	179,530	27,302	152,228
47	刘世岐	179,530	27,302	152,228
48	闫少杰	176,020	26,769	149,251
49	张万奎	173,229	26,344	146,885
50	王竹营	173,229	26,344	146,885
51	高会杰	173,229	26,344	146,885
52	吴英俊	173,229	26,344	146,885
53	赵国庆	173,229	26,344	146,885
54	王之虎	173,229	26,344	146,885
55	程玉林	173,229	26,344	146,885
56	刘世阁	173,229	26,344	146,885
57	刘世鸣	173,229	26,344	146,885
58	刘　霞	173,229	26,344	146,885
59	万树云	173,229	26,344	146,885
60	刘世友	173,229	26,344	146,885
61	王月亮	173,229	26,344	146,885
62	刘世坤	173,229	26,344	146,885
63	王连生	173,229	26,344	146,885
64	刘　涛	173,207	26,341	146,866
65	刘世伟	172,822	26,282	146,540
66	刘全增	168,930	25,690	143,240
67	王志冬	163,969	24,936	139,033
68	王泽云	163,803	24,911	138,892
69	王泽凤	163,803	24,911	138,892
70	陈长海	163,803	24,911	138,892

71	夏吉良	163,803	24,911	138,892
72	刘元珍	163,803	24,911	138,892
73	程森林	163,606	24,881	138,725
74	刘芳生	162,066	24,647	137,419
75	屈凤秀	159,007	24,181	134,826
76	李如棠	156,285	23,767	132,518
77	崔桂枝	155,221	23,606	131,615
78	刘汉珍	152,361	23,171	129,190
79	王泽龙	149,223	22,693	126,530
80	薛从勇	149,223	22,693	126,530
81	姚忠林	149,223	22,693	126,530
82	刘元广	145,465	22,122	123,343
83	薛从建	144,121	21,918	122,203
84	王同柱	142,936	21,737	121,199
85	韩龙泉	142,753	21,710	121,043
86	刘元玖	142,454	21,664	120,790
87	韩义寿	130,500	19,846	110,654
88	薛从才	130,500	19,846	110,654
89	韩月江	130,500	19,846	110,654
90	宋长春	130,500	19,846	110,654
91	马文明	130,500	19,846	110,654
92	刘全国	130,116	19,788	110,328
93	张万坤	121,281	18,444	102,837
94	王　强	121,073	18,412	102,661
95	刘永清	118,889	18,080	100,809
96	王志宝	113,600	17,276	96,324
97	张兆怀	113,600	17,276	96,324
98	程汝忠	109,647	16,675	92,972
99	李培瑞	109,647	16,675	92,972
100	张秋利	66,916	10,176	56,740
101	宋长青	27,979	4,255	23,724
102	王竹财	27,979	4,255	23,724
103	韩月水	27,979	4,255	23,724
	合计	69,043,777	10,500,000	58,543,777

13、股票登记机构：中国证券登记结算有限责任公司深圳分公司

14、上市保荐机构：渤海证券股份有限公司

第三节　发行人、股东和实际控制人情况

一、发行人的基本情况

1、中文名称：天津鹏翎胶管股份有限公司

2、英文名称：TIANJINPENGLINGRUBBERHOSECO.,LTD.

3、注册资本：76,991,478 元(本次发行前)

88,691,478 元(本次发行后)

4、法定代表人：张洪起

5、股份公司设立日期：1998 年 9 月 25 日

6、公司住所：天津市滨海新区大港葛万公路 1703 号

7、邮政编码：300270

8、联系电话：022-63267888

9、传真号码：022-63267817

10、互联网址：http//www.pengling.cn

11、电子信箱：liushiling@pengling.cn

12、信息披露与投资者关系管理部门：董事会办公室

13、董事会秘书：刘世玲

14、经营范围：橡胶板、管、带及橡塑制品的制造、销售业务；经营本企业自产产品及技术的出口业务、代理出口将本企业自行研制开发的技术转让给其他企业所生产的产品；经营本企业生产所需的原辅材料、机械设备、仪器仪表、零配件及相关技术的进口业务和经营进料加工“三来一补”业务。

15、主营业务：汽车用胶管的科研、开发、生产和销售。

16、所属行业：C29 橡胶和塑料制品业

二、公司董事、监事、高级管理人员及其持有公司股票的情况

姓　名	现任职务(或近亲属关系)	任职期间	持股数量(万股)	合计占发行后股份比例(%)
张洪起	董事长、总经理	2011 年 3 月至 2014 年 3 月	32,645,729	36.81
张兆辉	董事	2011 年 3 月至 2014 年 3 月	1,814,314	2.05
李凤海	董事	2011 年 3 月至 2014 年 3 月	923,655	1.04
张万坤	监事	2011 年 3 月至 2014 年 3 月	102,837	0.12
王培利	监事	2011 年 3 月至 2014 年 3 月	219,060	0.25
李金楼	副总经理	2012 年 3 月至 2015 年 3 月	1,877,229	2.12
王忠升	财务总监	2011 年 3 月至 2014 年 3 月	504,812	0.57
	合计		38,087,636	42.94

三、公司控股股东及实际控制人情况

本次发行后，张洪起先生持有公司 32,645,729 股股份，占公司总股本的 36.81%，是公司的控股股东和实际控制人。张洪起先生自公司设立以来即担任公司的董事长和总经理职务，实际管理公司的生产经营。

张洪起先生，男，出生于 1956 年，中国国籍，无永久境外居留权，研究生学历，高级经济师。1989 年 8 月起任职于中塘胶管厂，为公司创立人之一，历任本公司前身中塘胶管厂厂长、大港鹏翎总经理职务。1998 年 9 月本公司发起设立后，任公司董事长兼总经理，拥有 20 余年橡胶行业生产、市场和企业管理实践经验；1989 年至今先后获得天津市明星企业家、十佳青年企业家、全国乡镇功勋企业家、天津市劳动模范、天津市“九五”立功优秀经营者等荣誉称号；1990 至 2000 年领导研制 EPDM 胶管、锁针增强层胶管、分叉胶管产品获得大港区科技进步奖励证书、并获得 2007 年天津市科学技术进步奖，是新型“环保型 THV 氟树脂燃油胶管”项目的主要负责人。

除持有发行人股份外，张洪起先生不存在持有其他公司股份的情形。

四、本次发行后上市公司前十名股东持有公司股份情况

本次发行后，公司股东总数为 21,268 人。公司发行后前 10 名股东持有公司股份情况如下：

序号	股东名称	持股数(万股)	持股比例
1	张洪起	32,645,729	36.81%
2	博正投资 SS	3,497,779	3.94%
3	刘世菊	2,771,733	3.13%
4	孙伟杰	2,700,000	3.04%
5	李金楼	1,877,229	2.12%
6	张兆辉	1,814,314	2.05%
7	王泽祥	1,796,924	2.03%
8	张宝海	1,543,193	1.74%
9	全国社会保障基金理事会 SS	1,502,221	1.69%
10	交通银行-富国天益价值证券投资基金	1,293,566	1.46%
11	全国社保基金五零三组合	1,293,566	1.46%
12	浙江中大集团投资有限公司	1,293,566	1.46%
	合计	54,029,820	60.92%

第四节　股票发行情况

一、发行数量

公司本次公开发行股票 2,220 万股(公开发行新股数量为人民币普通股 1,170 万股，发行人股东公开发售股份数量为人民币普通股 1,050 万股)。其中，网下发行数量为 1,106 万股，占本次发行数量的 49.82%；网上发行数量 1,114 万股，占本次发行数量的 50.18%。

二、发行价格

公司本次发行股票价格为 19.58 元/股。此发行价格对应的市盈率为：

1、21.05 倍（每股收益按照 2012 年度经会计师事务所审计的扣除非经常性损益前后孰低的净利润除以本次发行前总股本计算）；

2、24.17 倍（每股收益按照 2012 年度经会计师事务所审计的扣除非经常性损益前后孰低的净利润除以本次发行后总股本计算）。

三、发行方式及认购情况

(一)发行方式

本次发行采用网下向询价对象询价配售与网上向社会公众投资者定价发行相结合的方式。

(二)认购情况

本次发行中通过网下发行最终向网下投资者配售的股票数量为 1,106 万股，有效申购为 4,275 万股，有效申购获得配售比例为 25.87%，认购倍数为 3.87 倍，具体情况详见本公司于 2014 年 1 月 17 日披露的《天津鹏翎胶管股份有限公司首次公开发行股票并在创业板上市网下配售结果公告》。

本次网上发行 1,114 万股，有效申购股数为 589,085,500 股，中签率为 1.8910667467%，超额认购倍数为 52.88021 倍，具体情况详见本公司于 2014 年 1 月 17 日披露的《天津鹏翎胶管股份有限公司首次公开发行股票并在创业板上市网上定价发行申购情况及中签率公告》。

本次网下发行与网上发行均不存在余股。

四、募集资金总额及注册会计师对资金到位的验证情况

本次发行募集资金总额为 22,908.60 万元，致同会计师事务所(特殊普通合伙)已于 2014 年 1 月 21 日对本公司首次公开发行股票的资金到位情况进行了审验，并出具了致同验字 (2014)第

110ZA0029 号《验资报告》。

五、发行费用

1、本次发行费用总额：2,209.59 万元，包括：

(1)保荐、承销费用：1,738.70 万元，其中由公司承担的保荐承销费用为 916.34 万元，由公开发售老股的股东承担的保荐承销费用为 822.36 万元

(2)其他发行费用：本次公开发行除保荐承销费用外的其他发行费用合计 470.89 万元，全部由发行人承担，具体如下：

审计、律师费用：134.36 万元

验资、股权登记费用：23.03 万元

信息披露费用：313.50 万元

2、本次发行每股发行费用：1.00 元

六、本次发行募集资金净额：21,521.37 万元

本次发行前公司股东转让股份资金净额：19,736.64 万元

七、发行后每股净资产：8.05 元/股(根据本次发行后归属于本公司股东的净资产除以发行后总股本计算，其中，发行后归属于本公司股东的净资产按本公司 2013 年 6 月 30 日经审计的归属于本公司股东的净资产和本次发行募集资金净额之和计算)

八、发行后每股收益：0.81 元/股(按照 2012 年经审计的扣除非经常性损益前后孰低的净利润除以本次发行后总股本计算)

第五节　财务会计资料

致同会计师事务所（特殊普通合伙）已对本公司截至 2013 年 6 月 30 日、2012 年 12 月 31 日、2011 年 12 月 31 日、2010 年 12 月 31 日的资产负债表及合并资产负债表，2013 年 1-6 月、2012 年度、2011 年度、2010 年度的利润表及合并利润表、股东权益变动表及合并股东权益变动表和现金流量表及合并现金流量表，以及财务报表附注进行了审计，并出具了致同审字(2013)第 110ZA1953 号标准无保留意见的《审计报告》。相关财务信息已在招股说明书中予以披露。

本上市公告书已披露 2013 年年度财务数据及资产负债表、利润表、现金流量表，2013 年年度财务数据未经审计，对比表中 2012 年年度数据已经审计，敬请投资者注意。

一、主要财务数据及财务指标

项目	2013 年 12 月 31 日	2012 年 12 月 31 日	本年比上年同期增加
流动资产(元)	540,548,673.25	448,808,538.69	20.44%
流动负债(元)	206,255,704.00	167,279,426.86	23.30%
总资产(元)	828,166,966.80	682,961,720.75	21.26%
归属于发行人股东的所有者权益(元)	594,244,579.07	498,790,493.89	19.14%
归属于发行人股东的每股净资产(元/股)	7.72	6.48	19.14%
项目	2013 年度	2012 年度	本年比上年同期增加
营业总收入(元)	1,003,513,501.87	760,554,893.47	31.94%
营业利润(元)	110,678,821.72	84,509,684.01	30.97%
利润总额(元)	113,826,071.64	90,384,860.09	25.93%
归属于发行人股东的净利润(元)	95,454,085.18	76,550,588.76	24.69%
归属于发行人股东的扣除非经常性损益后的净利润(元)	92,793,303.18	71,579,983.13	29.64%
基本每股收益(元/股)	1.24	0.99	25.25%
扣除非经常性损益后的基本每股收益(元/股)	1.21	0.93	30.11%
加权平均净资产收益率(%)	17.47%	16.62%	0.85
扣除非经常损益后的加权平均净资产收益率(%)	16.98%	15.54%	1.44
经营活动产生的现金流量净额(元)	135,003,283.17	34,204,798.73	294.69%
每股经营活动产生的现金流量净额(元)	1.75	0.22	697.04%

注：净资产收益率和扣除非经常损益后的净资产收益率两个指标的本年比上年同期增减为两期数的差值。

二、主营经营情况分析

(一)资产变动情况

截至 2013 年 12 月 31 日，公司资产总额为 82,816.70 万元，与 2012 年末相比增加 14,520.52 万元，增幅 21.26%，主要原因为：一方面随着公司销售规模的持续增加，应收账款余额相应增加；另一方面，公司全资子公司江苏鹏翎已于 2013 年下半年着手进行厂房兴建及设备购置等工作，发生较多预付工程款、设备款等，并购入土地使得账面无形资产增加所致。

(二)经营业绩情况

2013 年度公司实现营业收入 100,351.35 万元、实现净利润 9,545.41 万元，与 2012 年相比分别增长 31.94%和 24.69%，公司销售收入及盈利水平均有所增加的主要原因为：一方面 2013 年国内整车销售市场持续向好，相关配套产品需求量不断增加，结合公司自身的产品技术优势及与客户的长期合作关系，2013 年公司销售收入与 2012 年同期相比出现较大幅度增长；此外，2012 年下半年起国内外橡胶价格回落，原材料价格过高导致的高成本态势得到有效缓解，公司各项利润指标亦呈现不同程度增长。

(三)现金流量情况

2013 年公司因销售规模增加的同时原材料成本下降，且全年主要客户销售回款情况较好，使得公司 2013 年实现经营活动现金流量净额 13,500.33 万元，与 2012 年相比增加 10,079.85 万元，增幅 294.69%。

三、2014 年一季度经营情况预测

基于公司已接受销售订单及产品生产、发货情况，并结合对国内整车市场未来供求变动趋势的初步判断，公司预计 2014 年一季度实现营业收入约 2.7-3 亿元，与 2013 年同期相比预计增幅 22.73%--36.36%；预计实现净利润约 2,320-2,620 万元，与 2013 年同期相比预计增幅-4.14%-8.44%。

由于市场状况具有较大的不确定性，上述数据仅为初步估计，具体数据以法定时间公布的 2014 年一季度报告为准。

第六节　其他重要事项

一、本公司已向深圳证券交易所承诺，将严格按照创业板的有关规则，在上市后三个月内完善公司章程等规章制度。

二、本公司于 2014 年 1 月 11 日召开第五届董事会第十六次会议，审议通过关于对首次公开发行股票发行方案中发行承销费分摊方式调整的议案，以及与渤海证券股份有限公司签署相关承销协议补充协议的议案，除本次董事会外，公司在招股意向书刊登日至上市公告书刊登前未召开董事会、监事会和股东大会。

三、本公司在招股意向书刊登日至上市公告书刊登前，没有发生可能对本公司有较大影响的重要事项，具体如下：

1、本公司严格依照《公司法》、《证券法》等法律法规的要求，规范运作，生产经营状况正常，主营业务发展目标进展正常。

2、本公司生产经营情况、外部条件或生产环境未发生重大变化(包括原材料采购和产品销售价格、原材料采购和产品销售方式、所处行业或市场的重大变化等)。

3、本公司未订立可能对公司的资产、负债、权益和经营成果产生重大影响的重要合同。

4、本公司未发生重大关联交易。

5、本公司未进行重大投资。

6、本公司未发生重大资产(或股权)购买、出售及置换。

7、本公司住所未发生变更。

8、本公司董事、监事、高级管理人员及核心技术人员未发生变化。

9、本公司未发生重大诉讼、仲裁事项。

10、本公司未发生对外担保等或有事项。

11、本公司的财务状况和经营成果未发生重大变化。

12、本公司无其他应披露的重大事项。

第七节　上市保荐机构及其意见

一、上市保荐机构情况

上市保荐机构：渤海证券股份有限公司

法定代表人：杜庆平

注册地址：天津经济技术开发区第二大街 42 号写字楼 101 室

联系地址：天津市南开区宾水西道 8 号

保荐代表人：吴永强、陈玮

项目协办人：方万磊

联系电话：022-28451962022-28451830

联系传真：022-28451611

二、上市保荐机构的保荐意见

上市保荐机构渤海证券股份有限公司认为：天津鹏翎胶管股份有限公司申请其股票上市符合《中华人民共和国公司法》、《中华人民共和国证券法》及《深圳证券交易所股票上市规则》等法律、法规的有关规定，鹏翎股份股票具备在深圳证券交易所创业板上市的条件，渤海证券股份有限公司同意推荐鹏翎股份股票在深圳证券交易所创业板上市交易，并承担相关保荐责任。

天津鹏翎胶管股份有限公司

2014 年 1 月 24 日

广东溢多利生物科技股份有限公司

广东溢多利生物科技股份有限公司首次公开发行股票并在创业板上市上市公告书

第一节　重要声明与提示

广东溢多利生物科技股份有限公司(以下简称"溢多利"、"公司"、"本公司"或"发行人")及全体董事、监事、高级管理人员保证上市公告书的真实性、准确性、完整性,承诺上市公告书不存在虚假记载、误导性陈述或者重大遗漏,并承担个别和连带的法律责任。

证券交易所、其他政府部门对本次发行所作的任何决定或意见,均不表明对本公司的任何保证。

本上市公告书已披露2013年度财务数据及资产负债表、利润表、现金流量表,非经特别说明相关财务数据未经审计,敬请投资者注意。

本公司提醒广大投资者注意,凡在本上市公告书未涉及的有关内容,请投资者查阅刊载于巨潮资讯网(www.cninfo.com.cn)、中证网(www.cs.com.cn)、中国证券网(www.cnstock.com)、证券时报网(www.secutimes.com)、中国资本证券网(www.ccstock.cn)等证监会指定信息披露网站的的本公司招股说明书全文。

本公司股票将在深圳证券交易所创业板市场上市,该市场具有较高的投资风险。创业板公司具有业绩不稳定、经营风险高、退市风险大等特点,投资者面临较大的市场风险。投资者应充分了解创业板市场的投资风险及本公司所披露的风险因素,审慎作出投资决定。

本公司首次公开发行股票在创业板上市初期具有较大的价格波动风险,并存在跌破发行价格的风险,本公司提醒投资者应充分了解股票市场风险及本公司披露的风险因素,理性参与新股交易。

一、有关股份锁定的承诺

本次发行前股东所持股份的流通限制及股东对所持股份自愿锁定和的承诺如下:

公司控股股东金大地投资与其他股东态生源、同冠贸易、金丰达、陈少武承诺:自本次发行股票上市之日起三十六个月内,不转让或者委托他人管理所持有的公司公开发行股票前已发行的股份,也不由公司回购该部分股份。

公司股东王世忱承诺:自本次发行股票上市之日起十二个月内,不转让或者委托他人管理所持有的公司公开发行股票前已发行的股份,也不由公司回购该部分股份。

公司实际控制人陈少美及其配偶的妹妹朱映红承诺:自本次发行股票上市之日起三十六个月内,不转让或者委托他人管理通过金大地投资间接持有的公司公开发行股票前已发行的股份,也不由公司回购该部分股份。

公司实际控制人陈少美妹妹的配偶邓波卿、弟弟的配偶杨宏承诺:自本次发行股票上市之日起三十六个月内,不转让或者委托他人管理通过金丰达间接持有的公司公开发行股票前已发行的股份,也不由公司回购该部分股份。

公司实际控制人陈少美的弟弟陈少平、哥哥的配偶邱俊霞承诺:自本次发行股票上市之日起三十六个月内,不转让或者委托他人管理通过同冠贸易间接持有的公司公开发行股票前已发行的股份,也不由公司回购该部分股份。

公司实际控制人陈少美的哥哥陈少武、弟弟陈少平承诺:自本次发行股票上市之日起三十六个月内,不转让或者委托他人管理通过态生源间接持有的公司公开发行股票前已发行的股份,也不由公司回购该部分股份。

公司董事和高级管理人员冯国华、周镇锋、周德荣、李著、杨育才、史宝军、李谏垣、杜红方、王林和左三茂承诺:自本次发行股票上市之日起三十六个月内,不转让或者委托他人管理通过态生源间接持有的公司公开发行股票前已发行的股份,也不由公司回购该部分股份。

公司董事和高级管理人员陈少美、冯国华、邓波卿、周镇锋、周德荣、李著、杨育才、史宝军、李谏垣、杜红方、王林和左三茂及陈少美近亲属朱映红、杨宏、陈少武、陈少平、邱俊霞承诺:上述锁定期届满后,在其任职期间,每年转让公司股份不超过其直接或间接持有的公司股份总数的25%,离职后半年内,不转让所持有的公司股份,在公司首次公开发行股票上市之日起六个月内申报离职的,自申报离职之日起十八个月内不得转让其直接或间接持有的公司股份;在公司首次公开发行股票上市之日起第七个月至第十二个月之间申报离职的,自申报离职之日起十二个月内不得转让其直接或间接持有的公司股份。承诺期限届满后,上述股份可以上市流通和转让。

公司控股股东金大地投资、实际控制人陈少美及陈少美近亲属朱映红、邓波卿、杨宏、陈少武、陈少平、邱俊霞承诺:所持股票在锁定期满后两年内减持的,其减持价格不低于发行价;公司上市后6个月内如公司股票连续20个交易日的收盘价均低于发行价,或者上市后6个月期末收盘价低于发行价,持有公司股票的锁定期限自动延长6个月。本条承诺不因陈少美职务的变更、离职等原因而放弃履行。期间公司如有派发股利、送股、转增股本等除权除息事项,上述价格相应调整。若违反上述承诺,金大地投资将不符合承诺的所得收益归溢多利所有,并承担相应法律后果,赔偿因未履行承诺而给溢多利或投资者带来的损失,陈少美及持有股份的陈少美近亲属将该次减持所获收益归溢多利所有,该次减持未获收益的,则承担5万元处罚归溢多利所有。

公司董事和高级管理人员冯国华、周镇锋、周德荣、李著、杨育才、史宝军、李谏垣、杜红方、王林和左三茂承诺:所持股票在锁定期满后两年内减持的,其减持价格不低于发行价;公司上市后6个月内如公司股票连续20个交易日的收盘价均低于发行价,或者上市后6个月期末收盘价低于发行价,持有公司股票的锁定期限自动延长6个月,且不会因职务的变更或离职等原因而放弃履行本承诺。

期间公司如有派发股利、送股、转增股本等除权除息事项,上述价格相应调整。若违反上述承诺,上述人员将该次减持所获收益归溢多利所有,该次减持未获收益的,则承担5万元处罚归溢多利所有。

二、关于招股说明书涉及虚假陈述将回购股份及赔偿损失的承诺

发行人及控股股东金大地投资承诺:招股说明书如有虚假记载、误导性陈述或者重大遗漏,对判断公司是否符合法律规定的发行条件构成重大、实质影响,并已由有权部门认定或人民法院作出相关判决的,发行人将依法回购首次公开发行的全部新股,发行人控股股东将购回首次公开发行股票时控股股东公开发售的股份(不包括其他股东本次公开发售部分及锁定期结束后在二级市场减持的股份),并督促发行人依法回购首次公开发行的全部新股。发行人及控股股东自认定之日起10个交易日内依法启动发行人回购股份和控股股东购回股份的程序。发行人回购股份的价格及控股股东购回股份的价格按相关事项公告日收盘价且不低于发行人首次公开发行股票时的发行价(期间如有派发股利、送股、转增股本等除权除息事项,该价格相应调整)。如发行人及控股股东金大地投资未能履行、确已无法履行或无法按期履行的,将采取以下措施:(1)通过溢多利及时、充分披露承诺未能履行、无法履行或无法按期履行的具体原因;(2)向溢多利及其投资者提出补充承诺或替代承诺,以尽可能保护溢多利及其投资者的权益;(3)将上述补充承诺或替代承诺提交溢多利股东大会审议;(4)发行人因违反承诺给投资者造成损失的,将依法对投资者进行赔偿;控股股东金大地投资违反承诺给溢多利或投资者造成损失的,将依法对溢多利或投资者进行赔偿。

公司及控股股东金大地投资、实际控制人陈少美、董事、监事、高级管理人员承诺:招股说明书有虚假记载、误导性陈述或者重大遗漏,致使投资者在证券交易中遭受损失的,将依法赔偿投资者损失。

三、公司关于发行上市后稳定股价的预案

公司及控股股东金大地投资、公司董事及高级管理人员承诺:本公司上市后三年内,如公司股票连续20个交易日收盘价均低于公司最近一期经审计的每股净资产,则公司应启动稳定股价预案措施。

(一)稳定股价具体措施

公司稳定股价的具体措施为:本公司回购公司股票,公司控股股东增持公司股票,董事(不包括独立董事)和高级管理人员增持公司股票。

公司制定股价稳定具体实施方案时,应当综合考虑当时的实际情况及各种稳定股价措施的作用及影响,并在符合相关法律法规的规定的情况下,各方协商确定并通知当次稳定股价预案的实施主体,并在启动股价稳定措施前公告具体实施方案。

公司稳定股价方案不以股价高于每股净资产为目标。当次稳定股价方案实施完毕后,若再次触发稳定股价预案启动情形的,将按前款规定启动下一轮稳定股价预案。

公司及控股股东、董事(不包括独立董事)及高级管理人员在履行其增持或回购义务时,应按照深圳证券交易所的相关规则及其他适用的监管规定履行相应的信息披露义务。

1、公司的稳定股价措施

(1)公司为稳定股价之目的回购股份,应符合《上市公司回购社会公众股份管理办法(试行)》、《关于上市公司以集中竞价交易方式回购股份的补充规定》和《深圳证券交易所上市公司以集中竞价交易方式回购股份业务指引》等相关法律、法规的规定。

(2)在公司出现应启动稳定股价预案情形,公司应在2个工作日内启动决策程序,经股东大会决议通过后,依法通知债权人和履行备案程序。本公司将采取深圳证券交易所集中竞价交易方式、要约等方式回购股份。回购方案实施完毕后,公司应在2个工作日内公告公司股份变动报告,并在10日内依法注销所回购的股份,办理工商变更登记手续。

(3)公司回购股份议案需经董事会、股东大会决议通过,其中股东大会须经出席会议的股东所持表决权的三分之二以上通过。公司董事承诺就该等回购事宜在董事会中投赞成票;控股股东承诺就该等回购事宜在股东大会中投赞成票。

(4)公司以要约方式回购股份的,要约价格不得低于回购报告书公告前30个交易该种股票每日加权平均价的算术平均值且不低于公司最近一期经审计的每股净资产;公司以集中竞价方式回购股份的,回购价格不得为公司股票当日交易涨幅限制的价格。

(5)公司实施稳定股价议案时，拟用于回购资金应为自筹资金。除应符合相关法律法规之要求之外，还应符合下列各项：

①公司单次用于回购股份的资金不得低于人民币1,000万元；

②公司单次回购股份不超过公司总股本的2%。

2、公司控股股东的稳定股价措施

(1)控股股东为稳定股价之目的增持股份，应符合《上市公司收购管理办法》等相关法律、法规的规定。

(2)在公司出现应启动预案情形时，公司控股股东应在收到通知后2个工作日内启动内部决策程序，就其是否有增持公司股票的具体计划书面通知公司并由公司进行公告，公告应披露拟增持的数量范围、价格区间、总金额、完成时间等信息。依法办理相关手续后，应在2个交易日内启动增持方案。增持方案实施完毕后，公司应在2个工作日内公告公司股份变动报告。

(3)如最近一期经审计的每股净资产值在交易日涨跌幅限制内，控股股东增持价格应不低于该每股净资产值。

(4)控股股东实施稳定股价议案时，还应符合下列各项：

①控股股东单次用于增持股份的资金不得低于人民币1,000万元；

②控股股东单次增持股份不超过公司总股本的2%。

3、公司董事及高级管理人员的稳定股价措施

(1)公司董事(不包括独立董事)及高级管理人员为稳定股价之目的增持股份，应符合《上市公司收购管理办法》等相关法律、法规的规定。

(2)在公司出现应启动预案情形时，公司董事(不包括独立董事)及高级管理人员应在收到通知后2个工作日内，就其是否有增持公司股票的具体计划书面通知公司并由公司进行公告，公告应披露拟增持的数量范围、价格区间、总金额、完成时间等信息。依法办理相关手续后，应在2个交易日开始启动增持方案。

增持方案实施完毕后，公司应在2个工作日内公告公司股份变动报告。

(3)如上一年度经审计的每股净资产值在交易日涨跌幅限制内，公司董事(不包括独立董事)及高级管理人员增持价格应不低于该每股净资产值。

(4)公司董事及高级管理人员应根据本预案的规定签署相关承诺。公司上市后3年内拟新聘任董事和高级管理人员时，公司将促使该新聘任的董事和高级管理人员根据本预案的规定签署相关承诺。

(5)公司董事(不包括独立董事)及高级管理人员实施稳定股价议案时，用于增持股份的货币资金不少于董事和高级管理人员上年度薪酬总和的30%，但不超过100%。

(二)相关惩罚措施

1、公司违反本预案的惩罚措施

(1)及时充分披露承诺未能履行、无法履行或无法按期履行的具体原因；

(2)向其投资者提出补充承诺或替代承诺，以尽可能保护投资者的权益；

(3)将上述补充承诺或替代承诺提交溢多利股东大会审议；

(4)因违反承诺给投资者造成损失的，将依法对投资者进行赔偿。

2、公司控股股东违反本预案的惩罚措施

公司控股股东不得有下列情形：

(1)对公司股东大会提出的股份回购计划投弃权票或反对票，导致稳定股价议案未予通过；

(2)在公司出现应启动预案情形且控股股东符合收购上市公司情形时，如经各方协商确定并通知由控股股东实施稳定股价预案的，控股股东在收到通知后2个工作日内不履行公告增持具体计划或不履行控股股东公司内部决策程序；

(3)控股股东已公告增持具体计划但不能实际履行。

当公司控股股东存在上述违反承诺情形时，控股股东应：

(1)及时充分披露承诺未能履行、无法履行或无法按期履行的具体原因；

(2)向投资者提出补充承诺或替代承诺，以尽可能保护投资者的权益；

(3)将上述补充承诺或替代承诺提交溢多利股东大会审议；

(4)因违反承诺给溢多利或投资者造成损失的，将依法进行赔偿。

(5)公司有权将控股股东应履行其增持义务相等金额的应付控股股东现金分红予以截留，直至控股股东履行其增持义务；如已经连续两次以上存在上述情形时，则公司可将与控股股东履行其增持义务相等金额的应付控股股东现金分红予以截留用于股份回购计划，控股股东丧失对相应金额现金分红的追索权。

对于应当截留应付控股股东的现金分红，公司董事、高级管理人员应当促成公司按时足额截留，否则，公司董事、高级管理人员应当向中小股东承担赔偿责任，中小股东有权向人民法院提起诉讼。

3、公司董事及高级管理人员违反本预案的惩罚措施

公司董事及高级管理人员不得有下列情形：

(1)对公司董事会提出的股份回购计划投弃权票或反对票，导致稳定股价议案未予通过；

(2)在公司出现应启动预案情形且董事及高级管理人员符合收购上市公司情形时，如经各方协商确定并通知由公司董事及高级管理人员实施稳定股价预案的，董事及高级管理人员在收到通知后2个工作日内不履行公告增持具体计划；

(3)董事及高级管理人员已公告增持具体计划但不能实际履行。

公司董事(不包括独立董事)及高级管理人员在任职期间未能按本预案的相关约定履行其增持义务时，公司有权将其履行增持义务相等金额的工资薪酬(扣除当地最低工资标准后的部分)代其履行增持义务；公司董事、高级管理人员如个人在任职期间连续两次以上未能主动履行本预案规定义务的，由控股股东或董事会、监事会、半数以上的独立董事提请股东大会同意更换相关董事，由公司董事会解聘相关高级管理人员。

本预案经公司控股股东、公司董事及高级管理人员同意，经公司股东大会审议通过，公司完成首次公开发行股票并上市之日起生效，有效期三年。本稳定股价预案对未来新进的董事、高级管理人员同样具有约束力。

四、5%以上股东的持股意向及减持意向

发行人发行前5%以上股东金大地投资、王世忱、态生源、金丰达、陈少武、同冠贸易为提高公司持股意向的透明度，对锁定期满后两年内的持股意向及减持意向做出如下承诺：

1、金大地投资：

(1)减持满足的条件：控股股东及实际控制人陈少美在锁定期内，能够及时有效地履行首次公开发行股票时公开承诺的各项义务；且在发布减持提示性公告前连续20个交易日的公司收盘价均高于发行价(期间公司如有派发股利、送股、转增股本等除权除息事项，上述价格相应调整)。

(2)减持意向：在满足“上市公司董事、监事和高级管理人员在任职期间，每年通过集中竞价、大宗交易、协议转让等方式转让的股份不得超过其所持本公司股份总数的25%”的规定情形下，金大地投资在所持股票锁定期满后两年内，每年减持数量不超过届时溢多利总股本的5%，若锁定期满后第一年实际减持数量未达溢多利总股本的5%，剩余未减持股份数量不累计到第二年。

(3)减持方式：若金大地投资每批减持的单笔交易数量或交易金额满足大宗交易制度的最低规定，金大地投资将通过大宗交易方式进行减持；若减持的单笔交易数量或交易金额不满足大宗交易制度的最低规定，金大地投资将通过二级市场出售的方式进行减持。

(4)减持价格：①若金大地投资通过大宗交易方式减持股份，则减持价格按照大宗交易制度相关规定执行；②在锁定期满后两年内，若金大地投资通过二级市场出售的方式减持股份，则减持价格不低于发布减持提示性公告前10个交易日公司股票交易均价的90%；③在锁定期满后两年内，不论以大宗交易方式或二级市场出售方式，金大地投资承诺最低减持价格为溢多利首次公开发行股份的发行价，期间如有发生分红、派息等除权除事项，该最低减持价格相应调整。

(5)信息披露：金大地投资将及时、充分履行股份减持的信息披露义务，减持前3个工作日将发布减持提示性公告。金大地投资承诺：在本计划减持股份期间，严格遵守《深圳证券交易所股票上市规则》、《上市公司解除限售存量股份转让指导意见》及《深交所关于实施<上市公司解除限售存量股份转让指导意见>有关问题的通知》等有关法律法规及公司规章制度。

(6)违反承诺措施：金大地投资承诺将严格按照本减持意向进行股份减持，如有违反，金大地投资应将不符合承诺的所得收益归溢多利所有，并承担相应法律后果，赔偿因未履行承诺而给溢多利或投资者带来的损失。

2、王世忱

(1)减持满足的条件：在锁定期内，能够及时有效地履行首次公开发行股票时公开承诺的各项义务；且在发布减持提示性公告前连续20个交易日的公司收盘价均高于发行价(期间公司如有派发股利、送股、转增股本等除权除息事项，上述价格相应调整)。

(2)减持意向：锁定期满后两年内，减持数量不超过溢多利首次公开发行股票前王世忱持有的溢多利股份的100%，且锁定期满后第一年减持数量不超过溢多利首次公开发行股票前王世忱持有的溢多利股份的50%。

(3)减持方式：在锁定期满后，若王世忱每批减持的单笔交易数量或交易金额满足大宗交易制度的最低规定，王世忱将通过大宗交易方式进行减持；若减持的单笔交易数量或交易金额不满足大宗交易制度的最低规定，王世忱将通过二级市场出售的方式进行减持。

(4)减持价格：①若王世忱通过大宗交易方式减持股份，则减持价格按照大宗交易制度相关规定执行；②在锁定期满后两年内，若王世忱通过二级市场出售的方式减持股份，则减持价格不低于发布减持提示性公告前10个交易日公司股票交易均价的90%；③在锁定期满后两年内，不论以大宗交易方式或二级市场出售方式，王世忱承诺最低减持价格为溢多利首次公开发行股份的发行价，期间溢多利如有派发股利、送股、转增股本等除权除息事项，上述价格相应调整。

(5)信息披露：王世忱将及时、充分履行股份减持的信息披露义务，减持前3个工作日将发布减持提示性公告。王世忱承诺：在本计划减持股份期间，严格遵守《深圳证券交易所股票上市规则》、《上市公司解除限售存量股份转让指导意见》及《深交所关于实施<上市公司解除限售存量股份转让指导意见>有关问题的通知》等有关法律法规及公司规章制度。

(6)违反承诺措施：王世忱承诺将严格按照本减持意向进行股份减持，如有违反，王世忱应将不符合承诺的所得收益归溢多利所有，并承担相应法律后果，赔偿因未履行承诺而给溢多利或投资者带来的损失。

3、态生源

(1)减持满足的条件：态生源及态生源全部股东在锁定期内，能够及时有效地履行首次公开发行股票时公开承诺的各项义务；且在发布减持提示性公告前连续20个交易日的公司收盘价均高于

发行价(期间公司如有派发股利、送股、转增股本等除权除息事项,上述价格相应调整)。

(2)减持意向:在锁定期满后两年内,态生源每年转让溢多利股份不超过其直接或间接持有的溢多利股份总数的25%,且不因陈少美及态生源全部股东发生职务变更、离职等原因而改变。

(3)减持方式:若每批减持的单笔交易数量或交易金额满足大宗交易制度的最低规定,将通过大宗交易方式进行减持;若减持的单笔交易数量或交易金额不满足大宗交易制度的最低规定,将通过二级市场出售的方式进行减持。

(4)减持价格:①若通过大宗交易方式减持股份,则减持价格按照大宗交易制度相关规定执行;②在锁定期满后两年内,若通过二级市场出售的方式减持股份,则减持价格不低于发布减持提示性公告前10个交易日公司股票交易均价的90%;③在锁定期满后两年内,不论以大宗交易方式或二级市场出售方式,承诺最低减持价格为溢多利首次公开发行股份的发行价,期间如有发生分红、派息等除权除息事项,该最低减持价格相应调整。

(5)信息披露:态生源将及时、充分履行股份减持的信息披露义务,减持前3个工作日将发布减持提示性公告,并承诺:在本计划减持股份期间,严格遵守《深圳证券交易所股票上市规则》、《上市公司解除限售存量股份转让指导意见》及《深交所关于实施<上市公司解除限售存量股份转让指导意见>有关问题的通知》等有关法律法规及公司规章制度。

(6)违反承诺措施:承诺将严格按照本减持意向进行股份减持,如有违反,应将不符合承诺的所得收益归公司所有,并承担相应法律后果,赔偿因未履行承诺而给以溢多利或投资者带来的损失。

4、金丰达、同冠贸易、陈少武

(1)减持满足的条件:金丰达及其股东、同冠贸易及其股东、陈少武在锁定期内,能够及时有效地履行首次公开发行股票时公开承诺的各项义务;且在发布减持提示性公告前连续20个交易日的公司收盘价均高于发行价(期间公司如有派发股利、送股、转增股本等除权除息事项,上述价格相应调整)。

(2)减持意向:在锁定期满后两年内,金丰达、同冠贸易和陈少武分别每年转让溢多利股份不超过其直接或间接持有的溢多利股份总数的25%,且不因陈少美或邓波卿发生职务变更、离职等原因而改变。

(3)减持方式:若每批减持的单笔交易数量或交易金额满足大宗交易制度的最低规定,将通过大宗交易方式进行减持;若减持的单笔交易数量或交易金额不满足大宗交易制度的最低规定,将通过二级市场出售的方式进行减持。

(4)减持价格:①若通过大宗交易方式减持股份,则减持价格按照大宗交易制度相关规定执行;②在锁定期满后两年内,若通过二级市场出售的方式减持股份,则减持价格不低于发布减持提示性公告前10个交易日公司股票交易均价的90%;③在锁定期满后两年内,不论以大宗交易方式或二级市场出售方式,承诺最低减持价格为溢多利首次公开发行股份的发行价,期间如有发生分红、派息等除权除息事项,该最低减持价格相应调整。

(5)信息披露:金丰达、同冠贸易和陈少武将及时、充分履行股份减持的信息披露义务,减持前3个工作日将发布减持提示性公告,并承诺:在本计划减持股份期间,严格遵守《深圳证券交易所股票上市规则》、《上市公司解除限售存量股份转让指导意见》及《深交所关于实施<上市公司解除限售存量股份转让指导意见>有关问题的通知》等有关法律法规及公司规章制度。

(6)违反承诺措施:承诺将严格按照本减持意向进行股份减持,如有违反,应将不符合承诺的所得收益归溢多利所有,并承担相应法律后果,赔偿因未履行承诺而给以溢多利或投资者带来的损失。

五、其他承诺

(一)公司可能补缴住房公积金相关的承诺

公司控股股东金大地投资及实际控制人陈少美先生于2011年11月30日分别作出承诺:"如应主管部门要求或决定,公司及其子公司需要补缴住房公积金,或公司及其子公司因未为部分员工缴纳住房公积金而承担任何罚款或损失,金大地公司及陈少美将及时、无条件、全额地承担公司及其子公司需要补缴的全部社会保险费用及住房公积金和(或)该等罚款或损失。

(二)关于减少关联交易的承诺

为了维护公司及其中小股东的合法权益,公司控股股东和实际控制人均出具了《关于关联交易的承诺函》,承诺:"尽量避免或减少关联交易,对于无法避免的关联交易,需在平等、自愿基础上,按照公平、公正和诚实信用原则签订相关合同。如上述承诺被证明为不真实或未被遵守,本人将关联交易所获利益无条件支付给溢多利,未获收益的,本人将赔偿溢多利100万。同时,因本人违反承诺给投资者带来损失的,将依法赔偿投资者损失。"

(三)关于避免同业竞争的承诺

为避免发生同业竞争,公司实际控制人陈少美于2011年12月28日出具了《避免同业竞争承诺函》,承诺如下:"本人目前在中国境内外未直接或间接从事或参与任何在商业上对溢多利构成竞争的业务或活动;本人将来也不在中国境内外直接或间接从事或参与任何在商业上对溢多利构成竞争的业务及活动,或拥有与溢多利存在竞争关系的任何经济实体、机构、经济组织的权益,或以其他任何形式取得该经济实体、机构、经济组织的控制权,或在该经济实体、机构、经济组织中担任高级管理人员或核心技术人员;在本人作为溢多利的实际控制人期间,以及在担任溢多利董事、监事或高级管理人员期间及辞去上述职务后六个月内,本承诺为有效之承诺,如上述承诺被证明为不真实或未被遵守,本人将同业竞争所获利益无条件支付给溢多利,未获收益的,本人将赔偿溢多利100万。同时,因本人违反承诺给投资者带来损失的,将依法赔偿投资者损失。"

为避免发生同业竞争,公司控股股东金大地投资于2011年12月28日出具了《避免同业竞争承诺函》,承诺如下:"本公司目前在中国境内外未直接或间接从事或参与任何在商业上对溢多利构成竞争的业务或活动;本公司将来也不在中国境内外直接或间接从事或参与任何在商业上对溢多利构成竞争的业务及活动,或拥有与溢多利存在竞争关系的任何经济实体、机构、经济组织的权益,或以其他任何形式取得该经济实体、机构、经济组织的控制权,或在该经济实体、机构、经济组织中担任高级管理人员或核心技术人员;在本公司作为溢多利的控股股东期间,本承诺为有效之承诺,如上述承诺被证明为不真实或未被遵守,本公司将同业竞争所获利益无条件支付给溢多利,未获收益的,本公司将赔偿溢多利100万。同时,因本公司违反承诺给投资者带来损失的,将依法赔偿投资者损失。"

六、证券服务机构涉及虚假陈述赔偿承诺

公司首次公开发行股票的保荐机构民生证券股份有限公司、申报会计师瑞华会计师事务所(特殊普通合伙)、发行人律师北京德恒律师事务所承诺:因其为发行人首次公开发行制作、出具的文件有虚假记载、误导性陈述或者重大遗漏,给投资者造成损失的,将依法赔偿投资者损失。

如无特别说明,本上市公告书中的简称或名词的释义与本公司首次公开发行股票并在创业板上市招股说明书中的相同。

第二节 股票上市情况

一、公司股票发行上市审批情况

本上市公告书是根据《中华人民共和国公司法》、《中华人民共和国证券法》、《首次公开发行股票并在创业板上市管理暂行办法》和《深圳证券交易所创业板股票上市规则》等有关规定,并按照《深圳证券交易所股票上市公告书内容与格式指引(2013年12月修订)》而编制,旨在向投资者提供有关溢多利首次公开发行股票并在创业板上市的基本情况。

公司公开发行新股不超过1,300万股,公司股东可公开发售股份不超过800万股,本次公开发行股票总量不超过1,300万股的申请获中国证券监督管理委员会"证监许可[2014]64号"文核准,本次实际公开发行1,145万股人民币普通股,其中公司发行新股680万股,公司股东公开发售股份465万股。本次发行采用网下向投资者询价配售(以下简称"网下发行")与网上向持有深圳市场非限售A股股份市值的社会公众投资者定价发行(以下简称"网上发行")相结合的方式进行,其中网下发行458万股,网上发行687万股,发行价格为27.88元/股。

经深圳证券交易所《关于广东溢多利生物科技股份有限公司人民币普通股股票在创业板上市的通知》(深证上[2014]77号)同意,本公司发行的人民币普通股股票在深圳证券交易所创业板上市,股票简称"溢多利",股票代码"300381";其中本次公开发行的1,145万股股票将于2014年1月28日起上市交易。

本次发行的招股意向书、招股说明书全文及相关备查文件可以在中国证监会指定五家网站(巨潮资讯网,网址www.cninfo.com.cn;中证网,网址www.cs.com.cn;中国证券网,网址www.cnstock.com;证券时报网,网址www.secutimes.com;中国资本证券网,网址www.ccstock.cn)和本公司网站查询,并置备于本公司、深圳证券交易所、本次发行保荐机构(主承销商)民生证券股份有限公司的住所,供公b众查阅,故与其重复的内容不再重述,敬请投资者查阅上述内容。

二、公司股票上市相关信息

1、上市地点:深圳证券交易所

2、上市时间:2014年1月28日

3、股票简称:溢多利

4、股票代码:300381

5、首次公开发行后总股本:4,580万股;

6、首次公开发行股票数量:1,145万股,其中公司发行新股680万股,公司股东公开发售股份(以下简称"老股转让")465万股。

7、发行前股东所持股份的流通限制及期限:根据《公司法》的有关规定,公司公开发行股份前已发行的股份,自公司股票在证券交易所上市之日起一年内不得转让。

8、发行前股东对所持股份自愿锁定的承诺:详见"第一节重要声明与提示"相关内容。

9、本次上市股份的其他锁定安排:无。

10、本次上市的无流通限制及锁定安排的股份:本次公开发行中网下发行和网上发行的股票均无流通限制及锁定安排。

11、公司股份可上市交易日期:

项目	股东名称	持股数量(股)	占发行后总股本的比例(%)	可上市交易日期(非交易日顺延)
首次公开发行前已发行的股份	珠海市金大地投资有限公司	23,602,500	51.5320	17-1-27
	珠海态生源贸易有限公司	2,925,000	6.39	2017-1-27
	王世忱	3,435,000	7.50	2015-1-27
	珠海同冠贸易有限公司	1,462,500	3.19	2017-1-27

	珠海经济特区金丰达有限公司	1,462,500	3.19	2017-1-27
	陈少武	1,462,500	3.19	2017-1-27
	小计	34,350,000	75.00	–
本次公开发行的股份	网下配售的股份	4,580,000	10.00	2014-1-27
	网上发行的股份	6,870,000	15.00	2014-1-27
	小计	11,450,000	25.00	–
	合计	45,800,000	100.00	–

12、股票登记机构：中国证券登记结算有限责任公司深圳分公司；

13、上市保荐机构：民生证券股份有限公司(以下简称“民生证券”)。

第三节　发行人、股东和实际控制人情况

一、公司基本情况

公司名称：广东溢多利生物科技股份有限公司

英文名称：GUANGDONGVTRBIO-TECHCO.,LTD.

法定代表人：陈少美

注册资本：3,900 万元(发行前)

4,580 万元(发行后)

成立日期：1991 年 9 月 3 日

住所：广东省珠海市南屏高科技工业区屏北一路 8 号

联系电话：0756-8676888

传真：0756-8673989

互联网网址：http://www.yiduoli.com

电子信箱：vtr@yiduoli.com

经营范围：生产及销售酶制剂、饲料添加剂、添加剂预混合饲料，兽药散剂。

主营业务：饲料用酶制剂

所属行业：C14 食品制造业

董事会秘书：周德荣

二、公司董事、监事、高级管理人员及其持有公司股票的情况

序号	姓名	担任职务	任期	直接持股数量(万股)	间接持股数量(万股)	合计占发行后总股本比例
1	陈少美	董事长、总经理	2011 年 9 月-2014 年 9 月	–	2,124.23	46.38%
2	冯国华	董事、副总经理	2011 年 9 月-2014 年 9 月	–	31.21	0.68%
3	邓波卿	董事	2011 年 9 月-2014 年 9 月	–	131.63	2.87%
4	秦　强	董事	2011 年 9 月-2014 年 9 月	–	–	–
5	赵然笋	独立董事	2011 年 9 月-2014 年 9 月	–	–	–
6	杨得坡	独立董事	2011 年 9 月-2014 年 9 月	–	–	–
7	伍超群	独立董事	2011 年 9 月-2014 年 9 月	–	–	–
8	冯　丹	监会主席、职工监事	2011 年 9 月-2014 年 9 月	–	–	–
9	桂庆锋	监事	2011 年 9 月-2014 年 9 月	–	–	–
10	代清影	监事	2013 年 6 月-2014 年 9 月	–	–	–
11	朱杰明	副总经理	2011 年 9 月-2014 年 9 月	–	–	–
11	周镇锋	副总经理	2011 年 9 月-2014 年 9 月	–	31.21	0.68%
5	周德荣	副总经理、董事会秘书	2011 年 9 月-2014 年 9 月	–	27.29	0.60%
6	李　著	财务总监	2011 年 9 月-2014 年 9 月	–	27.29	0.60%
7	杨育才	副总经理	2011 年 9 月-2014 年 9 月	–	27.29	0.60%
8	史宝军	研发中心主任	2011 年 9 月-2014 年 9 月	–	27.29	0.60%
9	李谏垣	副总经理	2011 年 9 月-2014 年 9 月	–	19.51	0.43%
10	杜红方	总经理助理	2011 年 9 月-2014 年 9 月	–	17.55	0.38%
11	王　林	总经理助理	2011 年 9 月-2014 年 9 月	–	17.55	0.38%
12	左三茂	总经理助理	2011 年 9 月-2014 年 9 月	–	9.74	0.21%
	合计		–	–	2,491.79	54.41%

三、公司控股股东及实际控制人的情况

珠海市金大地投资有限公司(以下简称“金大地投资”)持有本公司的股份为 23,602,500 股，占发行后总股本的 51.53%，为本公司的控股股东；陈少美持有金大地投资 90%的股权，为本公司的实际控制人。

(一)控股股东概况

金大地投资的主营业务为创业投资，项目投资；投资管理咨询；商业批发、零售(不含许可经营项目)，营业执照号为：440400000186508。

最近一年及一期经中兴财光华会计师事务所有限责任公司审计的主要财务状况(母公司口径)和经营情况如下：

单位：元

项　目	资产总额	股东权益	净利润
2013 年 6 月 30 日	99,774,669.16	98,363,496.77	131,741.44
2012 年 12 月 31 日	98,815,846.19	98,231,755.33	-1,234,620.94

报告期内，金大地投资主要从事股权投资管理，未从事其他生产经营活动，目前主要持有本公司股权，收入来自于投资收益。

(二)实际控制人概况

陈少美先生，1962 年生，中国国籍，无境外永久居留权，高中学历，中国饲料工业协会常务理事，全国饲料添加剂专业委员会副主任，广东省饲料工业协会副会长，珠海市饲料企业协会副会长，珠海市私营企业协会副会长，珠海市第五、六、七、八届人大代表。曾荣获珠海市“ZHTV”年度经济人物，改革开放三十年推动中国饲料工业发展“十大新锐人物”。1982 年 9 月至 1984 年 7 月任珠海市平沙区第二中学教师；1984 年 8 月至 1985 年 7 月任珠海市平沙区中心小学教师；1985 年 8 月至 1990 年 12 月任职于珠海经济特区珠平实业总公司，期间进修暨南大学经济学院对外经贸企业管理专业；1991 年 8 月至今为公司法人代表、董事长、总经理。现任公司董事长、总经理，金大地投资董事。

(三)控股股东和实际控制人控制的其他企业

目前，控股股东金大地投资除持有本公司股权外，无其它对外投资；实际控制人陈少美除持有金大地投资 90%的股权外，还通过其配偶的妹妹的配偶控制澳门艾威。澳门艾威目前无实际生产经营。截至目前，张浩云持有澳门艾威 95%的股权，李本焯持有澳门艾威 5%的股权。张浩云为陈少美配偶妹妹的配偶。

报告期内，澳门艾威的财务状况和经营业绩如下(未经审计)：

单位：澳门元

项　目	资产总额	股东权益	净利润
2013 年 6 月 30 日	2,615,437.07	817,316.08	263.32
2012 年 12 月 31 日	2,748,810.47	817,052.76	519.23

四、公司前十名股东持有公司发行后股份情况

公司本次发行结束后上市前的股东总数为 11,624 人，其中前十名股东的持股情况如下：

序号	股东名称	持有股本(股)	占发行后总股本的比例
1	珠海市金大地投资有限公司	23,602,5005	1.53%
2	王世忱	3,435,000	7.50%
3	珠海态生源贸易有限公司	2,925,000	6.39%
4	陈少武	1,462,500	3.19%
5	珠海同冠贸易有限公司	1,462,500	3.19%
6	珠海经济特区金丰达有限公司	1,462,500	3.19%
7	中国民生银行股份有限公司—东方精选混合型开放式证券投资基金	513,294.00	1.12%
8	中国工商银行—融通动力先锋股票型证券投资基金	513,292.00	1.12%
9	中国建设银行—融通领先成长股票型证券投资基金	492,760.00	1.08%
10	交通银行—融通行业景气证券投资基金	492,760.00	1.08%
	合计	36,362,106.00	79.39%

第四节　股票发行情况

一、发行数量

本次公开发行股票 1,145 万股，其中发行新股 680 万股，公司股东公开发售股份 465 万股。其中，网下向投资者询价配售股票 458 万股，占本次发行总量的 40%；网上向持有深圳市场非限售 A 股股份市值的社会公众投资者定价发行股票 687 万股，占本次发行总量的 60%。

二、发行价格

公司和民生证券根据投资者的报价情况，并综合参考所属行业特点、公司基本面、募集资金需求量、老股转让计划、可比上市公司和市场环境等因素，协商确定本次发行的发行价格为人民币 27.88 元/股。对应的市盈率为：

(一)20.35 倍(每股收益 1.37 元，按照经会计师事务所遵照中国会计准则审核的扣除非经常性损益前后孰低的 2012 年净利润除以本次发行前的总股数计算)；

(二)23.83 倍(每股收益 1.17 元，按照经会计师事务所遵照中国会计准则审核的扣除非经常性损益前后孰低的 2012 年净利润除以本次发行后的总股数计算)。

三、发行方式及认购情况

本次发行采用网下向投资者询价配售(以下简称“网下发行”)和网上向持有深圳市场非限售 A 股股票市值的社会公众投资者定价发行(以下简称“网上发行”相结合的方式。

本次公开发行中通过网下发行的股票为 458 万股，有效申购数量为 3,320 万股，平均配售比例为 13.80%；本次网上发行 687 万股，中签率为 1.7343820412%，超额认购倍数为 57.65742 倍。本次发

行中,网上网下发行部分均不存在余股。

四、募集资金总额及注册会计师对资金到位的验证情况

(一)本次公司公开发行新股募集资金总额为18,958.40万元,募集资金净额为16,633.56万元。

(二)瑞华会计师事务所(特殊普通合伙)已于2014年1月23日对发行人首次公开发行股票的资金到位情况进行了审验,并出具瑞华验字[2014]40030001号《验资报告》。

五、发行费用

本次公司公开发行新股的发行费用总额为2,324.84万元(不含公司股东发售股份部分的承销费用),具体构成如下:

序号	项目内容	金额(万元)
1	承销费	1,247.16
2	保荐费	500.00
3	审计费及评估复核费	151.00
4	律师费	105.00
5	信息披露费等	303.57
6	发行手续费用等	18.11
	合计	2,324.84

公开发行新股每股发行费用为3.42元/股。(新股每股发行费用=新股发行费用总额/本次公司公开发行新股股数)

六、募集资金净额及发行前公司股东转让股份资金净额

本次公司公开发行新股的募集资金净额为16,633.56万元,发行前公司股东转让股份获得的资金净额为12,111.36万元。

七、发行后每股净资产

本次发行后每股净资产为9.52元。(按照2013年6月30日经审计的归属于母公司股东的净资产与本次发行筹资净额之和除以本次发行后总股本计算)。

八、发行后每股收益

本次发行后每股收益为1.17元(每股收益按2012年度经审计的扣除非经常性损益前后孰低的归属于母公司股东的净利润除以本次发行后总股本计算)。

九、关于募集资金的承诺

公司本次公开发行新股的募集资金净额为16,633.56万元。公司募集资金存放于董事会决定的专户集中管理,做到专款专用。公司将严格按照募集资金专项存储及使用管理的相关制度要求使用募集资金。

第五节 财务会计资料

非经特别说明,本节所披露的关于公司2013年度财务数据及资产负债表、利润表、现金流量表未经审计机构审计或审阅,敬请投资者注意。

一、主要财务数据及财务指标

项目	2013年12月31日	2012年12月31日	增幅(%)
流动资产(元)	198,720,617.48	170,971,787.83	16.23
流动负债(元)	48,138,070.89	38,156,426.50	26.16
总资产(元)	371,961,244.87	296,368,100.57	25.51
归属于发行人股东的所有者权益(元)	306,306,245.69	242,040,113.35	26.55
归属于发行人股东的每股净资产(元/股)	7.85	6.21	26.41
项目	2013年度	2012年度	增幅(%)
营业总收入(元)	359,209,200.09	337,425,697.81	6.46
利润总额(元)	75,757,717.20	63,937,472.83	18.49
净利润(元)	64,291,499.91	54,722,411.27	17.49
归属于发行人股东的净利润(元)	64,266,132.33	54,714,639.91	17.46
扣除非经常性损益后归属发行人股东的净利润(元)	60,732,090.72	53,429,504.37	13.67
基本每股收益(元/股)	1.65	1.40	17.86
扣除非经常性损益后的基本每股收益(元/股)1.56	1.37	13.87	
加权平均净资产收益率(%)	23.44	25.49	−2.05
扣除非经常性损益后的加权平均净资产收益率(%)	22.15	24.89	−2.74
经营活动产生的现金流量净额(元)	70,499,005.01	61,319,050.66	14.97
每股经营活动产生的现金流量净额(元/股)	1.81	1.57	15.29

注:净资产收益率和扣除非经常性损益后的净资产收益率两个指标的本报告期比上年同期增减为两期数的差值。

二、经营业绩和财务状况的变动说明

2013年度公司实现营业收入35,920.92万元,同比增长6.46%;实现净利润6,429.15万元,同比增长17.49%,扣除非经常性损益的净利润6,073.21万元,同比增长13.67%。

公司营业收入增幅较小,主要是因为2013年3月底发生H7N9禽流感,对家禽产业养殖、消费等方面带来短期冲击,同时正值猪肉价格周期性调整,使得饲料销量在疫情期间即4-5月同比有所下滑。虽然自6月份开始已进入H7N9禽流感集中爆发结束后的恢复期,但仍不断有个别病例出现。此外,2013年上半年生猪存栏量较2012年同期下降较多,三季度以来随着价格回升,生猪存栏恢复并接近2012年同期水平,但养殖存在生长周期,其对饲料需求增长相对滞后。受此影响,2013年全年公司实现营业收入和扣除非经常性损益后归属母公司净利润分别较上年同期增长仅6.46%和13.67%。

2013年,公司资产质量良好,流动性强,财务状况稳定。

三、2014年一季度经营业绩预测

公司根据2013年一季度主要经营成果并综合考虑截至2013年12月末的业务经营情况,2014年一季度主要受到上述禽流感疫情结束后仍处于恢复期、2014年春节提前,以及2014年一季度发行上市引起相关发行费用增加等因素影响,公司预计2014年一季度的经营业绩较上年同期存在增长过低或小幅下降的风险,预计2014年一季度扣除非经后归属母公司净利润是936.27万元至1,287.37万元之间,同比上期变动幅度在-20%到+10%之间。

上述数据仅为公司初步估算数据,与实际实现净利润可能存在差异,请投资者注意投资风险。

第六节 其他重要事项

一、本公司已向深圳证券交易所承诺,将严格按照创业板的有关规则,在公司股票上市后三个月内完善公司章程等规章制度。

二、本公司自2014年1月9日刊登首次公开发行股票招股意向书至本上市公告书刊登前,没有发生可能对公司有较大影响的重要事项,具体如下:

1、公司严格依照《公司法》、《证券法》等法律法规的要求,规范运作,经营状况正常,主要业务发展目标进展正常;

2、本公司生产经营情况、外部条件或生产环境未发生重大变化(包括原材料采购和产品销售价格、原材料采购和产品销售方式、所处行业或市场的重大变化等);

3、公司未订立可能对公司资产、负债、权益和经营成果产生重大影响的重要合同;

4、公司未发生重大关联交易事项,包括未发生公司资金被关联方非经营性占用的事项;

5、公司未发生重大投资活动;

6、公司未发生重大资产(或股权)收购、出售及置换行为;

7、公司住所未发生变更;

8、公司董事、监事、高级管理人员及核心技术人员没有发生变化;

9、公司未涉及任何重大诉讼事项或仲裁,亦无任何尚未了结或可能面临的重大诉讼或索赔要求;

10、公司未发生对外担保等或有事项;

11、公司财务状况和经营成果未发生重大变化;

12、公司未召开董事会、监事会和股东大会;

13、公司没有其他应披露而未披露之重大事项。

第七节 上市保荐机构及其意见

一、上市保荐机构情况

保荐机构(主承销商):民生证券股份有限公司

法定代表人:余政

住所:北京市东城区建国门内大街28号民生金融中心A座16-18层

联系地址:北京市东城区建国门内大街28号民生金融中心A座16-18层

电话:010-85127747

传真:010-85127749

保荐代表人:王刚、陆文昶

联系人:蒋红亚、熊岳广、韩成

二、上市保荐机构的推荐意见

上市保荐机构民生证券股份有限公司(以下简称"民生证券")已向深圳证券交易所提交了《民生证券股份有限公司关于广东溢多利生物科技股份有限公司股票在创业板上市之上市保荐书》,民生证券的推荐意见如下:

本保荐机构认为,发行人申请其股票上市符合《中华人民共和国公司法》、《中华人民共和国证券法》、《首次公开发行股票并在创业板上市管理暂行办法》及《深圳证券交易所创业板股票上市规则》(2012年修订)等法律、法规的有关规定,发行人股票具备在深圳证券交易所创业板上市的条件。民生证券愿意保荐发行人的股票在深圳证券交易所创业板上市交易,并承担相关保荐责任。

广东溢多利生物科技股份有限公司

2014年1月27日

苏州斯莱克精密设备股份有限公司

苏州斯莱克精密设备股份有限公司首次公开发行股票并在创业板上市上市公告书

特别提示

本公司首次公开发行股票在上市初期具有较大的价格波动风险，并存在跌破发行价格的风险，本公司提醒投资者应充分了解股票市场风险及本公司披露的风险因素，理性参与新股交易。

第一节　重要声明与提示

本公司股票将在深圳证券交易所创业板上市，该市场具有较高的投资风险。创业板公司具有业绩不稳定、经营风险高、退市风险大等特点，投资者面临较大的市场风险。投资者应充分了解创业板市场的投资风险及本公司所披露的风险因素，审慎作出投资决定。

一、本公司及全体董事、监事、高级管理人员保证上市公告书的真实性、准确性、完整性，承诺上市公告书不存在虚假记载、误导性陈述或重大遗漏，并承担个别和连带的法律责任。

证券交易所、其他政府机关对本公司股票上市及有关事项的意见，均不表明对本公司的任何保证。

本公司提醒广大投资者注意，凡本上市公告书未涉及的有关内容，请投资者查阅刊载于巨潮资讯网(http://www.cninfo.com.cn)、证券时报网(http://www.secutimes.com)、中国证券网(http://www.cnstock.com)中证网(http://www.cs.com.cn)、中国资本证券网(http://www.ccstock.cn)的本公司招股说明书全文。

二、公司、控股股东、实际控制人、董事、监事、高级管理人员等就首次公开发行股票上市作出的重要承诺及说明如下：

1、本公司股东所持股票自愿锁定的承诺

本公司实际控制人安旭先生承诺：自本公司股票上市之日起三十六个月内，不转让或者委托他人管理其间接持有的本公司公开发行股票前已发行的股份，也不由本公司回购该部分股份；在上述锁定期满后，在任本公司的董事、监事或高级管理人员期间，每年转让的股份不超过上述所持有股份总数的百分之二十五，如离职，离职后半年内不转让其间接持有的本公司的股份。

本公司控股股东科莱思承诺：自本公司股票上市之日起三十六个月内，不转让或者委托他人管理其直接持有的本公司股份，也不由本公司回购该部分股份。

所持发行人股票在锁定期满后两年内减持的，其减持价格不低于经除权除息等因素调整后的发行价；公司上市后6个月内如公司股票连续20个交易日的收盘价均低于经除权除息等因素调整后的发行价，或者上市后6个月期末收盘价低于经除权除息等因素调整后的发行价，持有公司股票的锁定期限自动延长6个月。

本公司股东智高易达、瑞信众恒、新美特承诺：自本公司股票上市之日起三十六个月内，不转让或者委托他人管理其直接持有的本公司股份，也不由本公司回购该部分股份。本公司股东苏州高远承诺：自本公司股票上市之日起十二个月内，不转让或者委托他人管理其直接持有的本公司股份，也不由本公司回购该部分股份。

通过持有本公司股东智高易达、瑞信众恒、新美特的股份而间接持有本公司股份的王炳生先生、孟凡中先生、罗鸿钧先生、杨最林先生、魏微然先生、高杰贞女士承诺：自本公司股票上市之日起三十六个月内，不转让或者委托他人管理其间接持有的本公司公开发行股票前已发行的股份，也不由本公司回购该部分股份；在上述锁定期满后，在本公司任职期间，每年转让的股份不超过所间接持有本公司股份总数的百分之二十五，若离职，离职后半年内，不转让所间接持有的本公司股份。

2、有关责任主体关于招股说明书真实、准确及完整的承诺

(1)发行人及其控股股东承诺：发行人招股说明书有虚假记载、误导性陈述或者重大遗漏，对判断发行人是否符合法律规定的发行条件构成重大、实质影响的，将依法回购首次公开发行的全部新股，且发行人控股股东将购回已转让的在首次公开发行中控股股东公开发售的股份。公司将会同公司控股股东启动回购公司首次公开发行的全部新股及购回已转让的公开发售股份的程序，包括但不限于依照相关法律、法规、规章、规范性文件及证券交易所业务规则的规定召开董事会及股东大会，履行信息披露义务等，并按照届时公布的回购方案完成回购。

发行人已发行尚未上市的，回购价格为发行价并加算银行同期存款利息；公司已上市的，回购价格以公司股票发行价格和有关违法事实被确认之日前一个交易日公司股票收盘价格的孰高者确定。

(2)发行人及其控股股东、实际控制人、董事、监事、高级管理人员承诺：

发行人招股说明书有虚假记载、误导性陈述或者重大遗漏，致使投资者在证券交易中遭受损失的，将严格按照《证券法》及其他相关规定，赔偿投资者损失。

(3)保荐机构承诺：因国信证券为发行人首次公开发行制作、出具的文件有虚假记载、误导性陈述或者重大遗漏，给投资者造成损失的，将依法赔偿投资者损失，除证监会认定无责任的除外。

(4)发行人律师承诺：因本律师事务所为发行人首次公开发行制作、出具的文件有虚假记载、误导性陈述或者重大遗漏，给投资者造成损失的，将依法赔偿投资者损失。

(5)发行人会计师承诺：如公证天业所为发行人首次公开发行制作、出具的文件有虚假记载、误导性陈述或者重大遗漏，给投资者造成直接经济损失的，将依法赔偿投资者损失。

3、稳定股价预案

(1)稳定公司股价预案启动情形

公司上市之日起三年内公司收盘价连续20个交易日低于最近一期已披露的财务报告载列的每股净资产，则应启动稳定公司股价措施。

(2)责任主体

采取稳定公司股价措施的责任主体包括控股股东、公司以及公司的董事（不包括公司独立董事）和高级管理人员。公司控股股东为外国投资者，公司董事及总经理安旭及董事张琦为外国国籍无法增持公司股票，应依法通过其在境内控制的企业履行增持义务。

应采取稳定股价措施的董事、高级管理人员既包括在公司上市时任职的董事、高级管理人员，也包括公司上市后三年内新任职董事、高级管理人员。

(3)具体措施

公司稳定股价措施包括：由控股股东增持公司股票；由公司回购公司股票；由公司董事、高级管理人员增持公司股票；以及公司董事会、股东大会通过的其他稳定股价的措施。上述措施可单独或合并采用。

1)增持措施

采取增持股票措施应符合相关法律、法规、规章、规范性文件及证券交易所的相关规定，且增持股票的数量不会导致公司的股权分布不符合上市条件。

①增持下限

经控股股东、董事和高级管理人员协商，控股股东、董事和高级管理人员增持股票金额合计不低于人民币2000万元，或增持股票数量合计不低于公司股票总数的0.55%。若协商不成，控股股东增持股票的金额不低于人民币1900万元，或增持股票的数量不低于公司股票总数的0.5%；每名董事和高级管理人员增持股票的金额不低于20万元，或增持股票的数量不低于公司股份总数的0.01%。

②增持上限

公司上市之日起三年内，为稳定公司股价，控股股东单次或多次累计增持股票金额不超过1亿元，或增持股票数量合计不超过公司股票总数的4%；公司董事、高级管理人员单次或多次累计增持股票金额合计不超过500万元，或增持股票的数量合计不超过公司股份总数的0.2%。

上述增持金额和增持股票数量按照孰高者执行。

2)回购措施及金额

公司回购股份应满足《上市公司回购社会公众股份管理办法(试行)》及相关法律、法规、规章、规范性文件规定的关于公司股票回购的有关条件和要求。公司上市之日起三年内，为稳定公司股价，公司单次或多次累计回购股票金额不超过1亿元，或回购股票数量合计不超过公司股票总数的4%，回购金额和回购股票数量按照孰高者执行。

3)实施期限

增持公司股票计划或回购措施应在出现本预案规定的稳定股价措施启动情形时12个月内实施完毕。

如按照上述规定实施稳定股价措施后，再次出现本预案规定的稳定股价措施启动情形的，则控股股东、董事、高级管理人员及公司应按照本预案的规定再次启动稳定股价措施。

(4)稳定股价措施启动程序

1)增持

在出现稳定股价措施启动情形起7个交易日内，控股股东、公司董事、高级管理人员应就其增持公司股票的具体计划书面告知公司董事会。公司董事会应按照相关法律法规、规范性文件及证券交易所的业务规则履行相应的信息披露义务。公司控股股东、董事和高级管理人应按照其提出的计划增持公司股票。

2)回购

在出现本预案规定的稳定股价措施启动情形起7个交易日内，公司董事会应就公司是否符合本预案规定的回购股票的条件进行研究商议，并事先征求独立董事和监事会的意见，经二分之一以上独立董事及监事会审核同意。公司董事会作出回购股票决议的，应按照相关法律法规、规范性文

件及证券交易所的业务规则公告董事会决议、回购股票预案,并在依法召开股东大会及履行其他法定程序后实施。

公司董事会在考虑是否启动回购股票程序时,应综合考虑公司经营发展实际情况、公司所处行业情况、公司股价的二级市场表现情况、公司现金流量状况、社会资金成本和外部融资环境等因素。公司董事会认为公司不具备回购股票的条件或由于其他原因不宜回购股票的,应披露不予回购股票以稳定公司股价的理由。

监事会、半数以上的独立董事及单独或者合计持有公司百分之三以上股份的股东,均可以向董事会提交公司股份回购计划的议案,并提请股东大会审议通过。

(5)约束措施

控股股东未履行增持股票义务,公司有权责令控股股东在限期内履行增持股票义务,控股股东仍不履行的,公司有权扣减其应向控股股东支付的分红。

公司董事、高级管理人员未履行增持股票义务,公司有权责令董事、高级管理人员在限期内履行增持股票义务,董事、高级管理人员仍不履行的,公司有权扣减其应向董事、高级管理人员支付的扣除当地最低工资水平后的全年报酬。

公司董事、高级管理人员拒不履行本预案规定的股票增持义务情节严重的,控股股东或董事会、监事会、半数以上的独立董事有权提请股东大会同意更换相关董事,公司董事会有权解聘相关高级管理人员。

4、发行前持股5%以上股东的持股意向及减持意向

发行前持股5%以上股东仅控股股东科莱思一家,其持股及减持意向声明及承诺:本公司在锁定期满,遵守相关法律、法规、规章、规范性文件及证券交易所业务规则,且不违背本公司已作出承诺的情况下,将根据本公司的资金需求、投资安排等各方面因素确定是否减持发行人股份及减持发行人股份的数量,在锁定期满两年内,每年转让的股票不超过所持股份的25%。本公司拟减持发行人股份的,将采取大宗交易、集中竞价或协议转让等法律允许的方式减持。如本公司确定依法减持发行人股份的,将提前三个交易日予以公告,减持价格不低于公告日前30个交易日收盘价的算术平均值的80%。本公司增持或减持发行人股票后,将按照相关法律、法规、规章、规范性文件及证券交易所业务规则的规定履行信息披露义务。

5、发行人及其控股股东、公司董事及高级管理人员等责任主体作未能履行

承诺时的约束措施

(1)发行人未能履行承诺时的约束措施

公司就首次公开发行人民币普通股股票并在创业板上市相关事宜作出了相关公开承诺,如未能履行相关承诺,公司将采取如下约束措施:

1)公司将在中国证券监督管理委员会指定报刊上公开说明未履行承诺的具体原因。

2)公司未能按照已作出的承诺回购首次公开发行的全部新股的,不足部分将全部由控股股东根据其作出的承诺购回(包括通过控股股东控制的境内公司购回)。如控股股东未按照其作出的承诺购回,本公司将在控股股东逾期后30日内督促其履行购回义务,对其采取必要的法律行动(包括但不限于提起诉讼),并及时披露进展。

3)公司未能按照已作出的承诺赔偿投资者损失的,不足部分将全部由控股股东根据其作出的承诺赔偿。如控股股东未按照其作出的承诺赔偿投资者损失,本公司将在控股股东逾期后30日内督促其履行赔偿义务,对其采取必要的法律行动(包括但不限于提起诉讼),并及时披露进展等。

(2)控股股东未能履行承诺时的约束措施

1)关于招股说明书真实、准确及完整的承诺

控股股东科莱思未按其已作出的承诺购回已转让的首次公开发行中控股股东公开发售的股份股份和/或依法赔偿投资者损失的,科莱思将在中国证券监督管理委员会指定报刊上公开说明未履行承诺的具体原因,且发行人有权相应扣减其应向本公司支付的分红并直接支付给投资者,作为科莱思对投资者的赔偿。

如发行人未能按照其作出的承诺回购首次公开发行的全部新股的,不足部分将全部由本公司予以购回,本公司应在发行人对本公司提出要求之日起30日内启动购回程序(包括通过本公司控制的境内公司购回)。如发行人未能按照其作出的承诺赔偿投资者损失的,不足部分将全部由本公司在发行人对本公司提出要求之日起30日内予以赔偿。

2)关于股份锁定承诺、持股意向及减持意向声明

科莱思如未履行其作出的关于股份锁定承诺(包括锁定期、减持价格和股票锁定期延长等相关承诺)、持股意向及减持意向声明的,由此所得收益归发行人所有,科莱思应向发行人董事会上缴该等收益。

(3)发行人实际控制人安旭未能履行承诺时的约束措施

1)关于招股说明书真实、准确及完整的承诺

公司招股说明书有虚假记载、误导性陈述或者重大遗漏,致使投资者在证券交易中遭受损失的,且本人未按本人作出的承诺依法赔偿投资者损失的,公司可以扣减应支付给本人的工资薪酬,并直接支付给投资者,另外公司有权相应扣减公司应向科莱思有限公司支付的分红并直接支付给投资者,作为其本人对投资者的赔偿。

本人签署本文件后,即视为本人作为科莱思有限公司的股东及董事对科莱思有限公司作出了由发行人直接扣减科莱思有限公司相应分红的不可撤销的决议和授权。

2)关于股份锁定的承诺

本人如未履行本人作出的关于股份锁定承诺,由此所得收益归公司所有,本人应向公司董事会上缴该等收益。

(4)公司董事、监事及高级管理人员未能履行承诺时的约束措施

1)关于招股说明书真实、准确及完整的承诺

公司招股说明书有虚假记载、误导性陈述或者重大遗漏,致使投资者在证券交易中遭受损失的,且本人未按本人作出的承诺依法赔偿投资者损失的,公司可以扣减应支付给本人的工资薪酬,并直接支付给投资者,作为其本人对投资者的赔偿。

2)关于股份锁定的承诺

间接持有发行人股份的董事、监事及高管人员安旭、王炳生、孟凡中、杨最林、魏微然、高杰贞同时承诺:

本人如未履行本人作出的关于股份锁定承诺,由此所得收益归公司所有,本人应向公司董事会上缴该等收益。

6、中介机构核查意见

保荐机构、发行人律师经核查认为:上述相关法人的承诺均已履行了相关决策程序,自然人的承诺均系本人真实意思的表示,承诺内容合法、合理、失信约束或补救措施及时有效。

如无特别说明,本上市公告书中的简称或名词的释义与本公司首次公开发行股票招股说明书中的相同。

本上市公告书数值通常保留至小数点后两位,若出现分项值与加总数不一致的情况,差异均为四舍五入造成。

第二节 股票上市情况

一、公司股票发行上市审批情况

本上市公告书是根据《中华人民共和国公司法》、《中华人民共和国证券法》和《首次公开发行股票并在创业板上市暂行管理办法》、《证券发行与承销管理办法》、《关于进一步推进新股发行体制改革的意见》、《首次公开发行股票时公司股东公开发售股份暂行规定》、《首次公开发行股票承销业务规范》等有关规定,并按照《深圳证券交易所股票上市公告书内容与格式指引(2013年12月修订)》而编制,旨在向投资者提供有关本公司首次公开发行股票上市的基本情况。

中国证券监督管理委员会证监许可[2014]67号文核准,本公司首次公开发行新股不超过1,539万股,公司股东公开发售股份不超过1,000万股,本次公开发行股票总量不超过1,539万股人民币普通股(A股)。本次发行采用网下向投资者询价配售与网上按市值申购向投资者定价发行相结合的方式,其中网下配售5,323,747股,网上定价发行为798.55万股,发行价格为35.15元/股。

经深圳证券交易所《关于苏州斯莱克精密设备股份有限公司人民币普通股股票在创业板上市的通知》(深证上[2014]83号)同意,本公司发行的人民币普通股股票在深圳证券交易所创业板上市,股票简称"斯莱克",股票代码"300382";本次公开发行的13,309,247股股票将于2014年1月29日起上市交易。

本次发行的招股意向书、招股说明书全文及相关备查文件可以在巨潮资讯网(http://www.cninfo.com.cn)、证券时报网(http://www.secutimes.com)、中国证券网(http://www.cnstock.com)中证网(http://www.cs.com.cn)、中国资本证券网(http://www.ccstock.cn)查询。本公司招股意向书及招股说明书的披露距今不足一个月,故与其重复的内容不再重述,敬请投资者查阅上述内容。

二、公司股票上市概况

1、上市地点:深圳证券交易所

2、上市时间:2014年1月29日

3、股票简称:斯莱克

4、股票代码:300382

5、首次公开发行后总股本:5,323.6988万股

6、首次公开发行股票数量:13,309,247股(其中公开发行新股7,236,988股,股东公开发售股份6,072,259股)

7、发行前股东所持股份的流通限制及期限:根据《公司法》的有关规定,公司公开发行股份前已发行的股份,自公司股票在证券交易所上市交易之日起一年内不得转让。

8、发行前股东所持股份的流通限制、期限及对其股份自愿锁定的承诺:本公司实际控制人安旭先生承诺:自本公司股票上市之日起三十六个月内,不转让或者委托他人管理其间接持有的本公司公开发行股票前已发行的股份,也不由本公司回购该部分股份;在上述锁定期满后,在任本公司的董事、监事或高级管理人员期间,每年转让的股份不超过上述所持有股份总数的百分之二十五,如离职,离职后半年内不转让其间接持有的本公司的股份。

本公司控股股东科莱思承诺:自本公司股票上市之日起三十六个月内,不转让或者委托他人管理其直接持有的本公司股份,也不由本公司回购该部分股份。所持发行人股票在锁定期满后两年内

减持的，其减持价格不低于经除权除息等因素调整后的发行价；公司上市后 6 个月内如公司股票连续 20 个交易日的收盘价均低于经除权除息等因素调整后的发行价，或者上市后 6 个月期末收盘价低于经除权除息等因素调整后的发行价，持有公司股票的锁定期限自动延长 6 个月。

本公司股东智高易达、瑞信众恒、新美特承诺：自本公司股票上市之日起三十六个月内，不转让或者委托他人管理其直接持有的本公司股份，也不由本公司回购该部分股份。本公司股东苏州高远承诺：自本公司股票上市之日起十二个月内，不转让或者委托他人管理其直接持有的本公司股份，也不由本公司回购该部分股份。

通过持有本公司股东智高易达、瑞信众恒、新美特的股份而间接持有本公司股份的王炳生先生、孟凡中先生、罗鸿钧先生、杨最林先生、魏微然先生、高杰贞女士承诺：自本公司股票上市之日起三十六个月内，不转让或者委托他人管理其间接持有的本公司公开发行股票前已发行的股份，也不由本公司回购该部分股份；在上述锁定期满后，在本公司任职期间，每年转让的股份不超过所间接持有本公司股份总数的百分之二十五，若离职，离职后半年内，不转让所间接持有的本公司股份。

9、本次上市股份的其他锁定安排：无。

10、本次上市的无流通限制及锁定安排的股份：本次发行中网下配售的 532.3747 万股股份和网上发行的 798.55 万股股份均无流通限制及锁定安排。

11、公司股份可上市交易时间：

	股东名称	股份数量（股）	持股比例（%）	可上市交易时间（非交易日顺延）
一、发行前有限售条件的股份				
1	科莱思有限公司	36,926,959	69.3634	2017 年 1 月 29 日
2	苏州智高易达投资管理咨询有限公司	1,378,264	2.5889	2017 年 1 月 29 日
3	苏州瑞信众恒投资管理咨询有限公司	360,018	0.6763	2017 年 1 月 29 日
4	苏州高远创业投资有限公司	1,090,000	2.0474	2015 年 1 月 29 日
5	新美特有限公司	172,500	0.3240	2017 年 1 月 29 日
	小计	39,927,741	75.0000	
二、本次公开发行的股份				
10	网下询价发行的股份	5,323,747	10.0001	2014 年 1 月 29 日
11	网上定价发行的股份	7,985,500	14.9999	2014 年 1 月 29 日
	小计	13,309,247	25.0000	–
	合计	53,236,988	100.0000	–

12、股票登记机构：中国证券登记结算有限责任公司深圳分公司

13、上市保荐机构：国信证券股份有限公司(以下简称“国信证券”)

第三节　发行人、股东和实际控制人情况

一、公司的基本情况

1、发行人名称：苏州斯莱克精密设备股份有限公司

英文名称：SuzhouSLACPrecisionEquipmentCo.,Ltd.

2、注册资本：53,236,988 股（本次公开发行后）

3、法定代表人：安旭

4、有限公司成立日期：2004 年 1 月 6 日

股份公司成立日期：2009 年 7 月 28 日

5、住所：苏州市吴中区胥口镇石胥路 621 号

6、邮政编码：215156

7、公司董事会秘书：孟凡中

8、电话号码：0512-66590361

传真号码：0512-66248543

9、发行人电子信箱：stock@slac.com.cn

10、公司网址：http://www.slac.com.cn

11、经营范围：研发、生产、加工精冲模、冲压系统和农产品、食品包装的新技术、新设备及相关零配件，并提供相关服务。销售公司自产产品。

12、主营业务：高速易拉盖生产设备的研发、设计、生产、装配调试及相关精密模具、零备件的研发、加工制造。

13、所属行业：专用设备制造业(C35)

二、公司董事、监事、高级管理人员及其持有公司股票的情况

姓名	职务	性别	任职期限	直接持有股数（股）	间接持有股数（股）
安　旭	董事长、总经理	男	2012.7.21-2015.7.21	0	36,926,959
王炳生	董事、副总经理	男	2012.7.21-2015.7.21	0	1,156,226
杨最林	监事会主席	男	2012.7.21-2015.7.21	0	16,401
魏微然	监事	男	2012.7.21-2015.7.21	0	6,616
孟凡中	董事会秘书、副总经理	男	2012.7.21-2015.7.21	0	332,009
高杰贞	财务负责人	女	2012.7.21-2015.7.21	0	1,152
张　琦	董事	女	2012.7.21-2015.7.21	0	0
朱晓虹	董事	女	2012.7.21-2015.7.21	0	0
尤　政	独立董事	男	2012.7.21-2015.7.21	0	0
张月红	独立董事	女	2012.7.21-2015.7.21	0	0
罗正英	独立董事	女	2012.7.21-2015.7.21	0	0
陈作章	监事	男	2012.7.21-2015.7.21	0	0

三、公司控股股东及实际控制人情况

1、公司控股股东及实际控制人情况简介

公司的控股股东为科莱思(CLASCo.,Limited)，商业登记证号码为 39783122，持有本公司股份 3,692.70 万股，占上市后总股本的 69.36%。科莱思成立于 2008 年 9 月 9 日，注册地址为 UnitG，BLOCK122/F，CITYGARDENNORTHPOINT，H.K，注册资本 10,000 元港币，实收资本 10,000 元港币。截至 2012 年 12 月 31 日，科莱思资产总额 5,379.62 万元港币，净资产 5,368.66 万元港币，2012 年度实现净利润为-8.66 万元港币。截至 2013 年 6 月 30 日，科莱思资产总额 5,507.74 万元港币，净资产 5,495.70 万元港币，2013 年 1-6 月实现净利润为 127.03 万元港币。(以上数据经香港嘉达会计师事务所有限公司审计)公司的实际控制人为安旭先生，英文姓名 SHUAN，男，51 岁，美国国籍，护照号码为 4838350★★，持有科莱思 100%的股权。科莱思持有本公司 69.36%的股份。安旭的其他对外投资情况如下：

姓名	被投资企业	持股数量（出资额）	持股比例（出资比例）	与本公司的关系	是否存在利益冲突
安　旭	科莱思	1 万港元	100%	控股股东	不存在
	安柯尔★注(1)	300 万美元	100%	关联关系	不存在
	太湖科技园★注(2)	3300 万元	33.00%	关联关系	不存在

注：(1)安旭系通过科莱思间接持有安柯尔 97.69%的股权，直接持有其 2.31%的股权。

(2)安旭系通过安柯尔间接持有太湖科技园的股权。

四、本次发行后上市前公司前十名股东持有公司股份情况

此次发行后，公司股东总数为：15,534 户。

本次发行后上市前公司前 10 名股东持有股份情况如下：

序号	股东名称	持股数（万股）	比例（%）
1	科莱思有限公司	36,926,959	69.36
2	苏州智高易达投资管理咨询有限公司	1,378,264	2.59
3	苏州高远创业投资有限公司	1,090,000	2.05
4	中国建设银行-兴全社会责任股票型证券投资基金	846,747	1.59
5	东吴证券股份有限公司	451,000	0.85
6	中国农业银行-景顺长城内需增长开放式证券投资	399,000	0.75
7	基金新华人寿保险股份有限公司-传统-普通保险产品	399,000	0.75
8	中国农业银行-景顺长城内需增长贰号股票型证券投资基金	399,000	0.75
9	新时代证券有限责任公司自营账户	386,000	0.73
10	兴业银行股份有限公司-兴全趋势投资混合型证券投资基金(LOF)	386,000	0.73
11	中国农业银行-中邮核心优选股票型证券投资基金	386,000	0.73
	合计	43,047,970	80.86

第四节　股票发行情况

1、本次发行数量为 13,309,247 股。其中，网下配售数量为 5,323,747 股，占本次发行数量的 40%；网上定价发行数量为 798.55 万股，占本次发行总量的 60%。2、发行价格为：35.15 元/股，此价格对应的市盈率为：

(1)19.27 倍（每股收益按照经会计师事务所遵照中国会计准则审核的扣除非经常性损益前后孰低的 2012 年净利润除以本次公开发行前的总股数计算）。

(2)22.29 倍（每股收益按照经会计师事务所遵照中国会计准则审核的扣除非经常性损益前后孰低的 2012 年净利润除以本次公开发行后的总股数计算）。

3、发行方式：本次发行采用网下向投资者询价配售(以下简称“网下发行”)与网上按市值申购向投资者定价发行(以下简称“网上发行”)相结合的方式进行。本次发行中通过网下配售向配售对象配售的股票为 5,323,747 股，有效申购数量为 4,130 万股，有效申购获得配售的比例为 12.89%，认购倍数为 7.76 倍。

本次发行网上定价发行 798.55 万股，本次网上定价发行的中签率为 1.6465865110%，超额认购

倍数为60.73170倍。本次网上定价发行和网下配售都不存在余股。

4、募集资金总额:本次公开发行募集资金总额为467,820,032.05元,其中公司发行新股募集资金总额为254,380,128.20元,老股转让所得资金总额为213,439,903.85元。江苏公证天业会计师事务所(特殊普通合伙)于2014年1月23日对公司首次公开发行票的资金到位情况进行了审验,并出具苏公W(2014)B017号《验资报告》。

5、发行费用总额:本次发行费用共计2,327.23万元,具体明细如下:

费用名称	金额(万元)
承销保荐费用	1,317.52
审计验资费用	449.81
律师费用	275.04
信息披露等其他费用	284.86
合计	2,327.23

每股发行费用3.22元/股。(每股发行费用=发行费用总额/本次发行新股股数)

6、募集资金净额:23,110.7818万元。

发行前公司股东转让股份资金净额:20,490.2308万元

7、发行后每股净资产:9.40元(按2013年6月30日经审计的净资产与本次发行筹资净额之和除以本次发行后总股本计算)。

8、发行后每股收益:1.58元(按2012年度经审计的扣除非经常性损益后的净利润除以本次发行后总股本计算)。

第五节　财务会计资料

本公司及董事会全体成员保证信息披露内容的真实、准确和完整,没有虚假记载、误导性陈述或重大遗漏。

特别提示:本公告所载2013年度的财务数据仅为初步核算数据,未经会计师事务所审计,与年度报告中披露的最终数据可能存在差异,请投资者注意投资风险。

一、主要财务数据及财务指标

单位:元

项　目	2013-12-31(未经审计)	2012-12-31(经审计)	本报告期末较上年度期末增长比例(%)
流动资产	498,329,769.57	424,131,944.76	17.49
流动负债	237,447,344.28	261,107,577.14	-9.06
总资产	555,578,703.27	481,843,659.18	15.30
归属于母公司的所有者权益	316,779,544.40	219,139,514.76	44.56
归属于母公司的每股净资产(元/股)	6.89	4.76	44.75
项　目	2013年度(未经审计)	2012年度(经审计)	本报告期较去年期增长比例(%)
营业收入	321,981,255.60	250,752,038.82	28.41
营业利润	110,188,226.87	98,867,808.63	11.45
利润总额	113,788,029.70	104,404,618.75	8.99
归属于母公司的净利润	96,239,450.35	88,706,310.53	8.49
扣除非经常性损益后归属于母公司净利润	93,110,080.34	83,958,503.98	10.90
基本每股收益(元/股)	2.09	1.93	8.29
扣除非经常性损益后的基本每股收益(元/股)	2.02	1.83	10.38
加权平均净资产收益率(%)	35.92	50.93	-15.01
扣除非经常性损益后的加权平均净资产收益率(%)	34.75	48.21	-13.46
经营性活动现金流	11,180,025.32	42,669,055.41	-73.80
每股产生的现金流净额	0.24	0.93	-74.19

注1:净资产收益率和扣除非经常性损益后的净资产收益率两个指标的本报告期比上年同期增减为两期数的差值。

注2:股本以公司发行前总股本4,600万股计算。

二、经营业绩和财务状况的简要说明

(一)财务状况

公司资产规模随业务发展稳步增长,资产流动性较高,财务状况良好;资产负债结构合理。2013年12月31日归属于母公司的所有者权益为316,779,544.40元,较上年同期增长44.56%,主要系发行人未进行利润分配导致未分配利润及盈余公积积累较多。

(二)经营业绩

公司2013年度实现营业收入32,198.13万元,较去年同期增加28.41%,营业收入保持较高幅度的增长,主要系近年来行业发展趋势较好,积累订单较多;公司利润总额11,378.80万元,较去年同期增长8.99%;归属于母公司股东净利润9,623.95万元,较去年同期增长8.49%;扣除非经常性损益后的净利润9,311.01万元,较去年同期增长10.90%。

(三)现金流量

2013年度,公司通过经营活动产生的现金流量净额为1,118.00万元,较去年同期下降73.80%,主要原因系本期间应收账款增加较多,同时由于新签订单预收款项减少也较多所致。

三、2014年第一季度业绩预计

公司预计2014年一季度实现营业收入在5,283.20万元至6,604.01万元之间,预计较上年同期营业收入4,402.67万元增长20%至50%;预计2014年第一季度实现归属于母公司的净利润在1,335.42万元至1,736.04万元之间,预计较上年同期增长0%至30%。

公司生产经营状况良好,公司业绩无下滑的明显迹象。受计入当期损益的发行广告费、上市酒会费等发行费用以及部分项目毛利率偏低的影响,存在2014年一季度实现净利润同比增幅有所放缓的风险。

第六节　其他重要事项

一、公司已向深圳证券交易所承诺,将严格按照创业板的有关规则,在上市后三个月内尽快完善公司章程等相关规章制度。

二、本公司自2014年1月9日刊登首次公开发行股票招股意向书至本上市公告书刊登前,没有发生可能对公司有较大影响的重要事项:

1、本公司严格依照《公司法》、《证券法》等法律法规的要求,规范运作,经营状况正常;主营业务发展目标进展情况正常;

2、本公司生产经营情况、外部条件或生产环境未发生重大变化(包括原材料采购和产品销售价格、原材料采购和产品销售方式、所处行业或市场的重大变化等);

3、本公司未订立可能对公司的资产、负债、权益和经营成果产生重大影响的重要合同;

4、公司未发生重大关联交易;

5、公司未发生重大投资;

6、公司未发生重大资产(或股权)购买、出售及置换;

7、公司住所没有变更;

8、公司董事、监事、高级管理人员及核心技术人员未发生变化;

9、公司未发生重大诉讼、仲裁事项;

10、公司未发生对外担保等或有事项;

11、公司的财务状况和经营成果未发生重大变化;

12、本公司未召开董事会、监事会和股东大会;

13、公司无其他应披露的重大事项。

第七节　上市保荐人及其意见

一、上市保荐机构情况

保荐机构(主承销商):国信证券股份有限公司

法定代表人:何如

住所:深圳市红岭中路1012号国信证券大厦16-26层

联系地址:上海市浦东民生路1199弄1号楼15层

电话:021-60893200

传真:021-60936933

保荐代表人:王中东、钮蓟京

项目协办人:赵少斌

项目联系人:秦龙、杨鑫强

二、上市保荐人的推荐意见

上市保荐人国信证券已向深圳证券交易所提交了《国信证券股份有限公司关于苏州斯莱克精密设备股份有限公司股票上市保荐书》,上市保荐人的推荐意见如下:

国信证券股份有限公司认为苏州斯莱克精密设备股份有限公司申请其股票上市符合《中华人民共和国公司法》、《中华人民共和国证券法》及《深圳证券交易所创业板股票上市规则》(2012年修订)等国家有关法律、法规的有关规定,苏州斯莱克精密设备股份有限公司股票具备在深圳证券交易所上市的条件。国信证券愿意推荐苏州斯莱克精密设备股份有限公司的股票在深圳证券交易所创业板上市交易,并承担相关保荐责任。

苏州斯莱克精密设备股份有限公司

2014年1月27日

湖北富邦科技股份有限公司

湖北富邦科技股份有限公司首次公开发行股票并在创业板上市之上市公告书

第一节 重要声明与提示

湖北富邦科技股份有限公司(以下简称"本公司"、"公司"、"发行人"、"富邦股份")股票将在深圳证券交易所创业板市场上市,该市场具有较高的投资风险。创业板公司具有业绩不稳定、经营风险高、退市风险大等特点,投资者面临较大的市场风险。投资者应充分了解创业板市场的投资风险及本公司所披露的风险因素,审慎做出投资决定。

本公司及全体董事、监事、高级管理人员保证上市公告书的真实性、准确性、完整性,承诺上市公告书不存在虚假记载、误导性陈述或重大遗漏,并承担个别和连带的法律责任。

深圳证券交易所、其他政府机关对本公司股票上市及有关事项的意见,均不表明对公司的任何保证。

首次公开发行股票上市初期具有一定的投资风险,本公司提醒广大投资者充分了解风险、理性参与新股交易。

本公司提醒广大投资者注意,凡本上市公告书未涉及的有关内容,请投资者查阅刊载于中国证监会指定的信息披露网站:巨潮资讯网(www.cninfo.com.cn)、中证网(www.cs.com.cn)、中国证券网(www.cnstock.com)、证券时报网(www.secutimes.com)、中国资本证券网(www.ccstock.cn)的本公司招股说明书全文。

公司、控股股东、实际控制人、董事、监事、高级管理人员、中介机构等就首次公开发行股票上市作出的重要承诺及说明,包括:

一、本次发行前股东所持股份的流通限制及自愿锁定股份的承诺

公司控股股东应城市富邦科技有限公司(以下简称"应城富邦")、实际控制人王仁宗和方胜玲夫妇承诺:自发行人股票上市之日起三十六个月内,不转让或者委托他人管理其直接或间接持有的本次公开发行股票前已发行的股份,也不由发行人回购该部分股份。除了上述锁定期外,本人或本公司持有公司股票的锁定期届满后两年内减持公司股票,股票减持的价格不低于公司首次公开发行股票的发行价;若公司上市后6个月内公司股票连续20个交易日的收盘价均低于发行价,或者公司上市后6个月期末股票收盘价低于发行价,本人或本公司持有公司股票的锁定期限将自动延长6个月。若发行人股票在此期间发生除权、除息的,上述发行价格将作相应调整。

公司控股股东的关联方武汉长江创富投资有限公司(以下简称"长江创富")承诺:自发行人股票上市之日起三十六个月内,不转让或者委托他人管理其持有的本次公开发行股票前已发行的股份,也不由发行人回购该部分股份。

公司股东江苏华工创业投资有限公司(以下简称"江苏华工创投")、武汉华工创业投资有限责任公司(以下简称"武汉华工创投")、天津博润投资有限公司(以下简称"天津博润")和武汉高农生物创业投资有限公司(以下简称"高农创投")均承诺:自发行人股票上市之日起十二个月内,不转让或者委托他人管理其持有的本次公开发行股票前已发行的股份,也不由发行人回购该部分股份。

公司外资股东 NORTHLAND CHEMICALS INVESTMENT LIMITED (以下简称"香港NORTHLAND")、NORTHLAND CHEMICALS PTE. LTD.(以下简称"新加坡NORTHLAND")和正鸿发展有限公司(以下简称"正鸿发展")均承诺:自发行人股票上市之日起十二个月内,且不早于发行人实际经营期满十年之日(2017年1月22日)前,不转让或者委托他人管理其持有的本次公开发行股票前已发行的股份,也不由发行人回购该部分股份。

长江创富的自然人股东王应宗、周志斌、冯嘉炜、黄亮、阮自斌、喻东贵、万刚、王天慧、缪鸽、王晓菊、张子琴、王华君、徐祖顺、宋功武和王国文承诺:自发行人股票上市之日起三十六个月内,不转让或者委托他人管理其间接持有的本次公开发行股票前已发行的股份,也不由发行人回购该部分股份。

作为公司董事、高级管理人员的股东王仁宗、林柏豪、方胜玲、王应宗、周志斌、冯嘉炜、黄亮、阮自斌和王天慧,以及高级管理人员聂志红的配偶王晓菊承诺:除前述已承诺的锁定期外,本人或本人配偶任职发行人董事、监事、高级管理人员期间,每年转让的股份不超过本人所持发行人股份总数的25%,离职后六个月内,不转让本人所持发行人股份;如在发行人股票上市之日起六个月内申报离职,自申报离职之日起十八个月内不转让所持发行人的股份;如在发行人股票上市之日起第七个月至第十二个月之间申报离职,自申报离职之日起十二个月内不转让所持发行人的股份。本人持有公司股票的锁定期届满后两年内减持公司股票,股票减持的价格不低于公司首次公开发行股票的发行价;若公司上市后6个月内公司股票连续20个交易日的收盘价均低于发行价,或者公司上市后6个月期末股票收盘价低于发行价,本人持有公司股票的锁定期限将自动延长6个月;本人或本人配偶不因职务变更、离职等原因而放弃履行上述延长锁定期限的承诺。若发行人股票在此期间发生除权、除息的,上述发行价格将作相应调整。

二、持股5%以上股东减持意向

(一)控股股东应城富邦承诺:本公司计划长期持有发行人股票,所持发行人股票锁定期满2年内,若公司股价不低于发行价,可能根据本公司资金需求,通过证券交易所交易系统或协议转让等方式减持不超过届时持有发行人股份的20%,且减持后不影响本公司对发行人的控制权。

(二)长江创富、香港NORTHLAND承诺:本公司计划长期持有发行人股票,所持发行人股票锁定期满2年内,若公司股价不低于发行价,可能根据本公司资金需求,通过证券交易所交易系统或协议转让等方式每年减持不超过届时持有发行人股份的25%。

(三)江苏华工创投承诺:本公司所持发行人股票锁定期满2年内,若公司股价不低于发行价,将通过证券交易所交易系统或协议转让等方式转让所持发行人全部股份。

若发行人股票在上述股东减持前发生除权、除息的,上述发行价格将作相应调整。如未来依法发生任何增持或减持发行人股份情形的,将严格按照证券监管机构、自律机构及证券交易所等有权部门颁布的相关法律法规及规范性文件的规定进行相应增持或减持操作,并及时履行有关信息披露义务。

三、稳定股价措施

为保障投资者合法权益,维持公司上市后三年内股价的稳定,2014年2月13日,公司召开了2013年度股东大会,审议通过了《关于上市后三年内公司股价低于每股净资产时稳定股价的预案》的议案,具体如下:

(一)启动股价稳定方案的条件

公司上市之日起三年内,若连续二十个交易日公司股票每日收盘价均低于公司最近一期经审计的每股净资产(以下称"回购条件"),启动稳定股价方案。

(二)稳定股价的具体措施

当上述回购条件成就时,公司将及时采取以下部分或全部措施稳定公司股价:

1、公司控股股东增持本公司股票

控股股东可以通过深圳证券交易所证券交易系统在二级市场以买入的方式,增持公司股份,资金来源为自筹取得。

控股股东在6个月内增持的公司股份不超过公司已发行股份的2%。即控股股东可以自首次增持之日起计算的未来6个月内,从二级市场上继续择机增持公司股份,累积增持比例不超过公司已发行股份的2%(含首次已增持部分)。

控股股东在增持前应向公司董事会报告具体实施方案,公司将按相关规定予以公告。

2、公司董事、高级管理人员增持本公司股票

公司董事、高级管理人员通过深圳证券交易所证券交易系统在二级市场以买入的方式,增持公司股份,资金来源为自筹取得。

公司董事、高级管理人员可以自首次增持之日起计算的未来6个月内,从二级市场上继续择机增持公司股份,合计累积增持比例不超过公司已发行总股份的1%(含首次已增持部分)。

公司董事、高级管理人员在启动股价稳定措施时应提前向公司董事会报告具体实施方案,公司将按相关规定予以公告。未来新选举或聘任的公司董事、高级管理人员,须承诺遵守以上规定。

3、公司回购股票

公司可以启动回购股份以稳定公司股价,提高投资者信心。用于股份回购的资金来源为公司自有资金,并且不超过上年度归属于上市公司股东的净利润,具体由公司董事会结合公司当时的财务和经营状况,确定回购股份的资金总额上限,公司董事会应当在做出回购股份决议后应及时公告董事会决议、回购股份预案,并发布召开股东大会的通知,股份回购预案需经公司董事会和股东大会审议通过,并报相关监管部门审批或备案以后实施。

4、公司控股股东、持有本公司股票的董事和高级管理人员承诺延长其所持股票的锁定期

公司控股股东、董事、高级管理人员可以承诺在原有锁定期的基础上,自愿延长其所有持有(含间接持有)的本公司股票的锁定期6个月。

5、公司董事会认为其他必要的合理措施

公司董事会可以根据实际情况采取其他必要的合理措施以维护公司股价的稳定。

（三）未履行稳定公司股价措施的约束措施

若公司董事会制订的稳定公司股价措施涉及公司控股股东增持公司股票，如控股股东未能履行稳定公司股价的承诺，则公司有权自股价稳定方案公告之日起90个自然日届满后将对控股股东的现金分红予以扣留，直至其履行增持义务。

若公司董事会制订的稳定公司股价措施涉及公司董事、高级管理人员增持公司股票，如董事、高级管理人员未能履行稳定公司股价的承诺，则公司有权自股价稳定方案公告之日起90个自然日届满后将对其从公司领取的收入予以扣留，直至其履行增持义务。

四、相关责任主体关于发行上市文件真实性的承诺

发行人承诺：如果本公司招股说明书等上市申请文件存在虚假记载、误导性陈述或者重大遗漏，对判断本公司是否符合法律规定的发行条件构成重大、实质影响的，本公司将在有关部门依法认定有关违法事实后30天内启动依法回购首次公开发行的全部新股工作。回购价格不低于二级市场价格且不低于本公司股票发行价格；若因上述原因致使投资者在证券交易中遭受损失的，将依法赔偿投资者损失，按照司法程序履行相关义务。

发行人控股股东应城富邦承诺：如果发行人招股说明书等上市申请文件存在虚假记载、误导性陈述或者重大遗漏，对判断发行人是否符合法律规定的发行条件构成重大、实质影响的，本公司将在有关部门依法认定有关违法事实后30天内启动依法购回IPO时其发售的股份。上述购回价格不低于二级市场价格且不低于发行人股票发行价格；此外，若因上述原因致使投资者在证券交易中遭受损失的，将依法赔偿投资者损失，按照司法程序履行相关义务。

发行人股东长江创富、香港NORTHLAND、江苏华工创投、新加坡NORTHLAND、武汉华工创投承诺：如果发行人招股说明书等上市申请文件存在虚假记载、误导性陈述或者重大遗漏，对判断发行人是否符合法律规定的发行条件构成重大、实质影响的，本公司将购回本公司已转让的原限售股份。购回价格不低于二级市场价格且不低于发行人股票发行价格。

发行人实际控制人王仁宗、方胜玲夫妇，董事、监事、高级管理人员承诺：如果发行人招股说明书等上市申请文件存在虚假记载、误导性陈述或者重大遗漏，致使投资者在证券交易中遭受损失的，将依法赔偿投资者损失，按照司法程序履行相关义务。

光大证券股份有限公司（以下简称"光大证券"或"保荐机构"）承诺：因光大证券为发行人首次公开发行制作、出具的文件存在虚假记载、误导性陈述或重大遗漏，给投资者造成损失的，光大证券将依法赔偿投资者损失。

北京大成律师事务所承诺：因本所为发行人首次公开发行制作、出具的文件有虚假记载、误导性陈述或者重大遗漏，给投资者造成损失的，本所将依法赔偿投资者损失。

天健会计师事务所（特殊普通合伙）承诺：因本所为湖北富邦科技股份有限公司首次公开发行制作、出具的文件有虚假记载、误导性陈述或者重大遗漏，给投资者造成损失的，将依法赔偿投资者损失。

五、相关责任主体关于履行所作承诺的约束措施

发行人承诺：1、如果本公司未履行本公司招股说明书等上市申请文件披露的公开承诺事项，本公司将在股东大会及中国证监会指定报刊上公开说明未履行的具体原因并向股东和社会公众投资者道歉。2、如果因未履行相关公开承诺事项给投资者造成损失的，本公司将依法向投资者赔偿相关损失。

控股股东应城富邦承诺：1、如果本公司未履行发行人招股说明书等上市申请文件披露的公开承诺事项，本公司将在股东大会及中国证监会指定报刊上公开说明未履行的具体原因并向其他股东和社会公众投资者道歉。2、如果因未履行相关公开承诺事项给投资者造成损失的，本公司将依法向投资者赔偿相关损失。3、在本公司依法履行承诺前，发行人暂停向本公司进行分红。

发行人董事、高级管理人员承诺：1、如果本人未履行发行人招股说明书等上市申请文件披露的公开承诺事项，本人将在股东大会及中国证监会指定报刊上公开说明未履行的具体原因并向股东和社会公众投资者道歉。2、如果因未履行相关公开承诺事项给投资者造成损失的，本人将依法向投资者赔偿相关损失。3、若本人未履行相关承诺事项，公司应对本人进行内部批评，并视具体情况给予1万元至10万元的罚款。

六、其他承诺

（一）实际控制人关于补缴社会保险和住房公积金的承诺

公司实际控制人王仁宗、方胜玲夫妇和控股股东应城富邦出具《承诺函》："不论任何原因导致发行人被要求为员工补缴社会保险（即养老保险、失业保险、医疗保险、工伤保险、生育保险）费用、住房公积金或因此而承担任何罚款或损失，本人或本公司作为发行人的控股股东、实际控制人，将连带承担发行人需要补缴的全部社会保险费用、住房公积金以及该等罚款或损失，确保发行人不因此遭受任何损失。"

（二）避免同业竞争的承诺

公司控股股东应城富邦及实际控制人王仁宗和方胜玲夫妇向公司出具了《避免同业竞争承诺函》，承诺："一、本公司、本人目前没有直接或间接地从事任何与营业执照上所列明经营范围内的业务存在竞争的任何业务活动。二、在本公司、本人作为富邦股份主要股东、实际控制人事实改变之前，本公司、本人将不会直接或间接地以任何方式（包括但不限于独自经营、合资经营和拥有在其他公司或企业的股票或权益）从事与富邦股份的业务有竞争或可能构成竞争的业务或活动。三、如因未履行避免同业竞争的承诺而给富邦股份造成损失，本公司、本人将对富邦股份遭受的损失作出赔偿。四、本声明、承诺与保证将持续有效，直至本公司不再为富邦股份股东、本人不再为富邦股份实际控制人为止。五、自本函出具之日起，本函及本函项下之声明、承诺和保证即不可撤销。"

本上市公告书所载2014年1-6月的财务数据未经审计；公司在预计2014年1-9月的利润时所依据的各种假设具有不确定性。请投资者注意投资风险。

第二节 股票上市情况

一、公司股票发行上市审批情况

本上市公告书是根据《中华人民共和国公司法》、《中华人民共和国证券法》和《深圳证券交易所创业板股票上市规则（2012年修订）》等有关法律、法规的规定，并按照《深圳证券交易所股票上市公告书内容与格式指引（2013年12月修订）》而编制，旨在向投资者提供有关本公司首次公开发行股票上市的基本情况。

经中国证券监督管理委员会证监许可【2014】569号文核准，本公司公开发行新股数量不超过1,600万股。公司股东可公开发售股份（以下简称"老股转让"）数量不超过295万股，本次公开发行股票总量不超过1,600万股。

本次发行采用网下向投资者询价配售（以下简称"网下发行"）与网上向持有深圳市场非限售A股股份市值的社会公众投资者定价发行（以下简称"网上发行"）相结合的方式，本次发行的股票数量为1,525万股，其中发行新股数量为1,299万股，老股转让数量为226万股。其中：网下发行355.90万股，占本次发行数量的23.34%；网上发行1,169.10万股，占本次发行数量的76.66%。发行价格为20.48元/股。

经深圳证券交易所《关于湖北富邦科技股份有限公司人民币普通股股票在创业板上市的通知》（深证上[2014]225号）同意，本公司发行的人民币普通股股票在深圳证券交易所上市，股票简称"富邦股份"，股票代码"300387"；本次公开发行的1,525万股股票中发行的1,299万股新股股份将于2014年7月2日起上市交易；老股转让的226万股股份自公司上市之日起锁定12个月后上市交易。

本次发行的招股意向书、招股说明书全文及相关备查文件可以在中国证监会指定的信息披露网站（巨潮资讯网，网址www.cninfo.com.cn；中证网，网址www.cs.com.cn；中国证券网，网址www.cnstock.com；证券时报网，网址：www.secutimes.com；中国资本证券网，网址www.ccstock.cn）查询，故与其重复的内容不再重述，敬请投资者查阅上述内容。

二、公司股票上市概况

1、上市地点：深圳证券交易所

2、上市时间：2014年7月2日

3、股票简称：富邦股份

4、股票代码：300387

5、首次公开发行后总股本：6,099万股

6、首次公开发行股票数量：1,525万股

其中：公司公开发行新股数量：1,299万股

公司老股转让数量：226万股

7、发行前股东所持股份的流通限制及期限：

根据《公司法》的有关规定，公司公开发行股份前已发行的股份，自公司股票在证券交易所上市交易之日起一年内不得转让。

8、公司股东公开转让的股份的流通限制及期限：

根据有关规定，公司股东本次公开转让的股份226万股，自公司股票在证券交易所上市交易之日起一年内不得转让。

9、发行前股东对所持股份自愿锁定的承诺

本公司本次发行前股东对所持股份自愿锁定的承诺详见本上市公告书"第一节、重要声明与提示"。

10、本次上市股份的其他锁定安排

除上述7、8、9外，本次上市股份无其他锁定安排。

11、本次上市的无流通限制及锁定安排的股份本次公开发行的1,299万股新股股份无流通限制及锁定安排。

12、公司股份可上市交易时间

项　目	股东名称	持股数（万股）	占发行后股本的比例(%)	可上市交易时间（非交易日顺延）
首次公开	应城富邦	2,003.8307	32.86%	2017年7月2日

发行前已	香港 NORTHLAND	860.00	14.10%	2017 年 1 月 22 日
发行股份	长江创富	850.8836	13.95%	2017 年 7 月 2 日
	江苏华工创投	291.4286	4.78%	2015 年 7 月 2 日
	新加坡 NORTHLAND	190.00	3.12%	2017 年 1 月 22 日
	武汉华工创投	77.8571	1.28%	2015 年 7 月 2 日
	正鸿发展	150.00	2.46%	2017 年 1 月 22 日
	天津博润	100.00	1.64%	2015 年 7 月 2 日
	高农创投	50.00	0.82%	2015 年 7 月 2 日
	小计	4,574.00	75.00%	
首次公开	网下配售股份	355.90	5.84%	
发行股份	其中：原股东公开发售股份	226.00	3.71%	2015 年 7 月 2 日
	公司新发行股份	129.90	2.13%	2014 年 7 月 2 日
	网上发行股份	1,169.10	19.16%	2014 年 7 月 2 日
	小计	1,525.00	25.00%	
	合计	6,099.00	100.00%	

注：各加数之和与合计数在尾数上存在差异，该差异是由计算过程中四舍五入造成的。

12、股票登记机构：中国证券登记结算有限责任公司深圳分公司

13、上市保荐机构：光大证券股份有限公司

第三节 发行人、股东和实际控制人情况

一、发行人的基本情况

公司名称：湖北富邦科技股份有限公司

英文名称：HubeiForbonTechnologyCo.,Ltd.

公司简称：富邦股份

注册资本：6,099 万元(本次发行后)

法定代表人：王仁宗

有限公司成立时间：2007 年 1 月 22 日

整体变更设立日期：2010 年 11 月 25 日

住所：应城市经济技术开发区

为经营范围：化肥及其他化 x 工企业提供技术、产品解决方案，进而实现各种表面活性剂应用生产、销售；用于化肥、种子、农药、植物生长、水处理等生物、可降解缓控释材料的研发、生产、销售；以及植物健康营养辅助产品的研发、生产和销售；专用化学品以及生物材料的研究开发、技术转让、技术服务(凭许可证经营)、货物进出口；技术进出口；代理进出口(不含国家禁止或限制的进出口的货物和技术)；助剂添加设备及其智能控制系统的制作、销售；肥料外观的改善；化肥销售

主营业务：化肥助剂产品的研发、生产、销售和服务

所属行业：C26 化学原料和化学制品制造业

邮政编码：432400

电话：0712－3257290

传真：0712－3257290

互联网地址：www.forbon.com

电子邮箱：hbforbon@forbon.com

信息披露和投资者关系部：证券部

董事会秘书：王天慧

联系电话：0712－3257290

二、公司董事、监事、高级管理人员及其持有公司股票情况

姓 名	职务	任职起止日期	直接持股数(万股)	间接持股数(万股)	占发行后股本比例
王仁宗	董事长	2010 年 11 月－2013 年 11 月	–	80.15	1.31%
林伯豪	副董事长	2010 年 11 月－2013 年 11 月	–	1,050.00	17.22%
方胜玲	董事	2010 年 11 月－2013 年 11 月	–	2,604.38	42.70%
周志斌	董事、总经理	2010 年 11 月－2013 年 11 月	–	14.89	0.24%
王应宗	董事	2010 年 11 月－2013 年 11 月	–	54.03	0.89%
岳 蓉	董事	2010 年 11 月－2013 年 11 月	–	–	
张慧德	独立董事	2010 年 11 月－2013 年 11 月	–	–	
李振勇	独立董事	2010 年 11 月－2013 年 11 月	–	–	
许秀成	独立董事	2010 年 11 月－2013 年 11 月	–	–	
周家林	监事会主席	2013 年 3 月－2013 年 11 月	–	–	
卢 波	监事	2010 年 11 月－2013 年 11 月	–	–	
邓 颖	职工代表监事	2010 年 11 月－2013 年 11 月	–	–	
聂志红	副总经理	2013 年 2 月－2013 年 11 月	–	–	
阮自斌	副总经理	2010 年 11 月－2013 年 11 月	–	12.41	0.20%
冯嘉炜	副总经理	2010 年 11 月－2013 年 11 月	–	12.90	0.21%
黄 亮	财务总监	2010 年 11 月－2013 年 11 月	–	9.93	0.16%
王天慧	董事会秘书	2010 年 11 月－2013 年 11 月	–	3.97	0.07%

注：截至 2013 年 11 月，公司董事、监事及高级管理人员的任期已到期。公司已于 2013 年 10 月 23 日召开第一届董事会第十七次会议，决定公司高级管理人员的任期延期，换届聘任工作将在创业板首发上市的相关事项完成后进行；公司已于 2013 年 11 月 8 日召开 2013 年第一次临时股东大会，决定第一届董事会和第一届监事会延期换届，换届选举工作将在创业板首发上市的相关事项完成后进行。

除副总经理聂志红的配偶王晓菊间接持有本公司 9.96 万股以及上表披露的情形外，公司的其他董事、监事、高级管理人员及其近亲属均未直接持有本公司股份。

三、公司控股股东和实际控制人的情况

(一)公司控股股东情况

应城富邦持有本公司股份 2,003.8307 万股，占发行后总股本的 32.86%，为本公司控股股东，其基本情况如下：

成立时间：1995 年 9 月 4 日

注册资本：500 万元

实收资本：500 万元

注册地和主要生产经营地：应城市三合镇北正街

法定代表人：方胜玲

营业执照号：420981000006485

经营范围：投资管理、投资咨询、商务信息咨询(凡涉及许可制度的凭许可经营)

应城富邦股权结构如下：

股东名称	出资额(万元)	出资比例(%)
方胜玲	480.00	96.00
王仁宗	20.00	4.00
合计	500.00	100.00

主要财务数据如下：

单位：万元

项目	2013 年 12 月 31 日/2013 年度		2012 年 12 月 31 日/2012 年度	
	合并报表	母公司报表	合并报表	母公司报表
总资产	37,901.69	2,812.50	32,419.23	2,937.20
净资产	31,670.62	2,541.81	25,553.48	2,664.71
归属于母公司股东的净利润	2,402.83	−122.89	2,302.88	5.52

注：以上财务数据业经湖北恒安信会计师事务有限公司审计。

应城富邦除投资本公司外，无其他对外投资，具体情况详见本公司《招股说明书》。

(二)公司实际控制人情况

公司实际控制人为王仁宗和方胜玲夫妇，截至本上市公告书签署之日，王仁宗和方胜玲夫妇通过应城富邦、长江创富间接控制本公司 46.81%的股份。

王仁宗先生：中国国籍，无境外永久居留权，1964 年出生，硕士。1990 年 7 月至 1994 年 5 月担任中山永利日用化工有限公司技术开发部部长，1994 年 5 月至 1995 年 10 月担任中山绿之风化学制品有限公司总经理，1995 年 11 月至 2007 年 1 月期间分别担任应城富邦执行董事、总经理、副总经理，2007 年 1 月至今任公司董事长，2010 年 10 月至今兼任武汉诺唯凯执行董事、总经理；兼任孝感市第四届人民代表大会代表，应城市第七届人民代表大会常务委员，应城市科学技术协会常务理事，应城市精细化工协会理事长。

王仁宗先生长期从事化工领域经营管理和研发工作，曾获"湖北省第二届十大创业之星"、"孝感市劳动模范"、"应城市企业经营管理优秀人才"、"应城市劳动模范"、"孝感五一劳动奖章" 等称号；主持研发的"一种新型高效复合肥防结块剂"和"中低品位胶磷矿高效捕收剂"为湖北省重大科学技术成果，主持研发的《一种碳酸盐磷矿反浮选捕收剂》、《用于化肥染色的氨基酸型染色剂》和《一种污水的快速处理方法》取得国家发明专利，并在专业期刊发表科技论文 10 余篇。

方胜玲女士：中国国籍，无境外永久居留权，1966 年出生，硕士。1991 年 8 月至 1996 年 6 月任中

山永利日用化工有限公司工程师，1996 年 7 月至今，先后担任应城富邦执行董事、总经理；2007 年 1 月至今任公司董事，2010 年 3 月至今任长江创富监事。

除持有应城富邦和长江创富的股权外，公司实际控制人王仁宗、方胜玲无其他对外投资情况，长江创富的基本情况如下：

成立时间：2010 年 3 月 12 日

注册资本：500 万元

实收资本：500 万元

住所：应城市广场大道北美城市花园 111B1 单元 301 室

法定代表人：王应宗

经营范围：对工业、农业、商业、科技、房地产项目的投资；投资咨询(国家有专项规定的，须经审批后或凭有效许可证方可经营)。

长江创富的股权结构如下：

序号	股东名称	出资额(万元)	出资比例(%)	所任富邦股份职务
1	方胜玲	400.000	80.00	董事
2	王应宗	31.750	6.35	董事
3	周志斌	8.750	1.75	董事、总经理
4	冯嘉炜	7.580	1.52	副总经理
5	缪　鸽	7.290	1.46	售后服务部技术总监
6	阮自斌	7.290	1.46	副总经理
7	黄　亮	5.835	1.17	财务负责人
8	喻东贵	5.835	1.17	前副总经理，现已退休
9	王晓菊	5.835	1.17	–
10	王华君	5.835	1.17	客户响应部经理
11	徐祖顺	2.915	0.58	外部专家
12	宋功武	2.915	0.58	外部专家
13	万　刚	2.335	0.47	证券部经理、证券事务代表
14	王天慧	2.335	0.47	董事会秘书
15	张子琴	2.335	0.47	财务部副经理
16	王国文	1.165	0.23	生产部副经理
	合　计	500.000	100.00	

四、公司前十名股东持有公司股份的情况

本次发行后至上市前，公司股东总数为 22,902 名，前十名股东持有股份的情况如下：

序号	股东名称	发行后	
		股份数(股)	比例(%)
1	应城市富邦科技有限公司	20,038,307	32.86
2	NORTHLAND CHEMICALS INVESTMENT LIMITED	8,600,000	14.10
3	武汉长江创富投资有限公司	8,508,836	13.95
4	江苏华工创业投资有限公司	2,914,286	4.78
5	NORTHLAND CHEMICALS PTE.LTD.	1,900,000	3.12
6	正鸿发展有限公司	1,500,000	2.46
7	中国建设银行股份有限公司—中欧成长优选回报灵活配置混合型发起式证券投资基金	1,358,640	2.23
8	天津博润投资有限公司	1,000,000	1.64
9	武汉华工创业投资有限责任公司	778,571	1.28
10	武汉高农生物创业投资有限公司	500,000	0.82
	合计	47,098,640	77.24

注：各加数之和与合计数在尾数上存在差异，该差异是由计算过程中四舍五入造成的。

第四节　股票发行情况

一、发行数量

公司本次公开发行股票数量为 1,525 万股，公司公开发行新股数量为 1,299 万股，老股转让股份数量为 226 万股。其中，网下发行股票数量为 1,169.10 万股，占本次公开发行股票数量的 76.66%；网上发行股票数量为 355.90 万股，占本次公开发行股票数量的 23.34%。

二、发行价格

20.48 元/股。

三、发行市盈率

(一)17.96 倍(每股收益按照经会计师事务所遵照中国会计准则审核的扣除非经常性损益前后孰低的 2013 年净利润除以本次公开发行前的总股数计算)；

(二)23.01 倍(每股收益按照经会计师事务所遵照中国会计准则审核的扣除非经常性损益前后孰低的 2013 年净利润除以本次公开发行后的总股数计算)。

四、发行方式

采用网下配售和网上按市值申购相结合的方式。

本次发行中通过网下配售向配售对象配售的股票为 355.90 万股，有效申购数量为 50,050 万股，为回拨后网下发行数量的 140.63 倍。其中有效申购获得配售的比例如下：

新股发行数量(无限售)中，公募及社保基金的配售比例为 0.54717349%，企业年金和保险机构的配售比例为 0.27916954%，均高于其他投资者的配售比例 0.10224941%；老股转让数量(即本次公开发行中设定 12 个月限售期的股票数量)中，公募及社保基金的配售比例为 11.13639204%，高于其他投资者的配售比例 3.06117346%；

本次网下发行最终的新股发行数量中(含无限售和有限售的股份)公募及社保基金的有效申购总量配售比例为 2.06855673%，企业年金和保险机构的有效申购总量配售比例为 0.27916193%，均高于其他投资者的有效申购总量配售比例 0.26246906%。

本次网上定价发行 1,169.10 万股，回拨后的中签率为 0.7100078556%，超额认购倍数为 140.84351 倍；本次网上网下定价发行不存在余股。

五、募集资金总额

26,603.52 万元，天健会计师事务所(特殊普通合伙)已于 2014 年 6 月 27 日对公司首次公开发行股票的资金到位情况进行了审验，并出具了“天健验【2014】3-36 号”验资报告。

六、本次发行费用

3,720.34 万元，每股发行费用 2.86 元(每股发行费用=发行费用总额/本次发行新股数量)，具体明细如下：

项目	金额(万元)
承销费用	1,596.21
保荐费用	1,500.00
审计及验资费用	232.50
律师费用	234.08
信息披露费用	144.00
招股书印刷费用	3.00
发行手续费用	10.55
合计	3,720.34

七、募集资金净额及发行前公司股东转让股份资金净额

本次公开发行股票的募集资金净额为 22,883.18 万元。天健会计师事务所(特殊普通合伙)已于 2014 年 6 月 27 日对公司首次公开发行股票的资金到位情况进行了审验，并出具“天健验【2014】3-36 号”验资报告。

发行前公司股东转让股份资金总额为 4,628.48 万元，扣除承销费用 277.7088 万元以后的净额为 4,350.7712 万元。

八、发行后每股净资产

8.53 元/股(按照 2013 年 12 月 31 日经审计的净资产加上本次发行募集资金净额除以本次发行后总股本计算)

九、发行后每股收益

0.89 元/股 (按照 2013 年度经审计的扣除非经常性损益前后孰低的净利润除以本次发行后总股本计算)

第五节　财务会计资料

本上市公告书已披露 2014 年 1-6 月财务数据及资产负债表、利润表和现金流量表。2014 年 1-6 月的财务数据未经审计，对比表中 2013 年 12 月 31 日和 2013 年 1-6 月相关财务数据已经审计；公司在预计 2014 年 1-9 月的利润时所依据的各种假设具有不确定性。请投资者注意投资风险。

一、主要会计数据及财务指标

项目	2014 年 6 月 30 日	2013 年 12 月 31 日	本报告期末比上年度期末增减(%)
流动资产(元)	544,580,777.14	239,396,157.24	127.48%
流动负债(元)	100,412,995.91	46,003,777.74	118.27%
总资产(元)	664,034,844.11	353,384,847.56	87.91%

项目	2014年1-6月	2013年1-6月	本报告期比上年同期增减(%)
归属于发行人股东的所有者权益(元)	547,755,857.56	291,403,008.89	87.97%
归属于发行人股东的每股净资产(元/股)	8.98	6.07	47.94%
营业收入(元)	152,022,718.86	149,148,459.81	1.93%
营业利润(元)	26,804,824.30	31,499,582.04	-14.90%
利润总额(元)	31,664,811.10	31,689,082.04	-0.08%
归属于发行人股东的净利润(元)	27,500,944.76	27,311,457.10	0.69%
归属于发行人股东的扣除非经常性损益后的净利润(元)	23,369,955.98	27,150,382.10	-13.92%
基本每股收益(元/股)	0.57	0.57	-
扣除非经常性损益后的基本每股收益(元/股)	0.49	0.57	-14.04%
加权平均净资产收益率	9.01%	11.15%	下降2.14个百分点
扣除非经常性损益后的加权平均净资产收益率	7.66%	11.08%	下降3.42个百分点
经营活动产生的现金流量净额(元)	-340,536.50	-11,490,108.28	97.04%
每股经营活动产生的现金流量净额(元)	-0.06	-0.24	-75.00%

注: 加权平均净资产收益率和扣除非经常性损益后的加权平均净资产收益率两个指标的本报告期比上年同期增减为两期数的差值。

二、经营业绩和财务状况的简要说明

(一)经营业绩说明

2014年1-6月,公司实现营业收入15,202.27万元,与上年同期基本持平。营业利润较上年同期有所下降,主要是由于铁路运价上调导致销售费用增加;2014年6月,公司上市路演、媒体等费用增加;以上因素综合导致2014年1-6月营业利润下降。

(二)财务状况说明

公司资产规模保持增长,整体财务状况良好。截至2014年6月末,公司流动资产、总资产、归属于发行人股东的所有者权益及归属于发行人股东的每股净资产较2013年末大幅增加,主要是由于公司募集资金到位,银行存款大幅增加所致;流动负债较2013年末大幅增加,主要是由于公司老股转让资金4,350.77万元尚未支付,导致其他应付款大幅增加所致。

(三)现金流量说明

2014年1-6月,公司经营活动产生的现金流量净额-34.05万元,较上年同期负值减少,主要是由于公司在销售收入较去年同期基本持平的情况下,应收账款和应收票据等经营性应收项目增幅较上年同期下降所致。

三、2014年1-9月的业绩预计情况

根据截至本上市公告书签署之日的实际经营情况,假定本上市公告书出具之日至2014年第三季度末公司所处的经济环境、行业状况、遵循的政策法规等内外部环境及经营条件无重大变动。结合公司正在执行中的业务事项及日常经营需求,公司预计2014年1-9月营业收入较2013年同期变动幅度为0-10%、净利润较2013年同期变动幅度为-5%至5%。

第六节　其他重要事项

一、本公司已向深圳证券交易所承诺,将严格按照创业板的有关规则,在公司股票上市后三个月内完善公司章程等规章制度。

二、本公司自2014年6月16日刊登首次公开发行股票招股意向书至本上市公告书刊登前,没有发生可能对本公司有较大影响的重要事项,具体如下:

1、本公司严格依照《公司法》、《证券法》等法律法规的要求,规范运作,生产经营状况正常,主营业务发展目标进展正常。

2、本公司生产经营情况、外部条件及生产环境未发生重大变化(包括原材料采购和产品销售价格、原材料采购和产品销售方式、所处行业或市场的重大变化等)。

3、本公司未订立可能对公司的资产、负债、权益和经营成果产生重大影响的重要合同。

4、本公司未发生重大关联交易。

5、本公司未进行重大投资。

6、本公司未发生重大资产(或股权)购买、出售及置换。

7、本公司住所没有变更。

8、本公司董事、监事、高级管理人员及核心技术人员没有变化。

9、本公司未发生重大诉讼、仲裁事项。

10、本公司未发生对外担保等或有事项。

11、本公司的财务状况和经营成果未发生重大变化。

12、公司未召开董事会、监事会和股东大会。

13、本公司无其他应披露的重大事项。

第七节　上市保荐机构及其意见

一、上市保荐机构情况

上市保荐机构:光大证券股份有限公司

法定代表人:薛峰

住所:上海市静安区新闸路1508号

保荐代表人:唐绍刚、王广红

项目联系人:唐绍刚

电话:0755-82577417

传真:0755-82960296

二、上市保荐机构的推荐意见

上市保荐机构光大证券股份有限公司认为本公司首次公开发行的股票符合上市条件,并已向深圳证券交易所出具了《关于湖北富邦科技股份有限公司股票上市保荐书》,保荐机构认为:

湖北富邦科技股份有限公司符合《中华人民共和国公司法》、《中华人民共和国证券法》以及《深圳证券交易所创业板股票上市规则》(2012年修订)等有关法律、法规所要求的股票上市条件,光大证券股份有限公司同意推荐其股票在深圳证券交易所创业板上市交易,并承担相关保荐责任。

湖北富邦科技股份有限公司

2014年7月1日

北京腾信创新网络营销技术股份有限公司

北京腾信创新网络营销技术股份有限公司首次公开发行股票并在创业板上市之上市公告书

特别提示

本公司股票将于2014年9月10日在深圳证券交易所上市。本公司提醒投资者应充分了解股票市场风险及本公司披露的风险因素，在新股上市初期切忌盲目跟风"炒新"，应当审慎决策、理性投资。

本公司股票将在深圳证券交易所创业板市场上市，该市场具有较高的投资风险。创业板公司具有业绩不稳定、经营风险高、退市风险大等特点，投资者面临较大的市场风险。投资者应当充分了解创业板市场的投资风险及本公司所披露的风险因素，审慎做出投资决定。

第一节　重要声明与提示

北京腾信创新网络营销技术股份有限公司(以下简称"发行人"、"本公司"或"公司")及全体董事、监事、高级管理人员保证上市公告书的真实性、准确性、完整性，承诺上市公告书不存在虚假记载、误导性陈述或重大遗漏，并承担个别和连带的法律责任。

深圳证券交易所、其他政府机关对本公司股票上市及有关事项的意见，均不表明对本公司的任何保证。

本公司提醒广大投资者注意，凡本上市公告书未涉及的有关内容，请投资者查阅刊载于中国证监会指定五家网站(巨潮资讯网，网址www.cninfo.com.cn；中证网，网址www.cs.com.cn；中国证券网，网址www.cnstock.com；证券时报网，网址www.secutimes.com；中国资本证券网，网址www.ccstock.cn)和发行人网站www.tensynchina.com的本公司招股说明书全文。

(一)本次发行前股东所持股份的限售安排、自愿锁定股份、延长锁定期限以及相关股东持股及减持意向等承诺

1、限售安排、自愿锁定股份、延长锁定期限的承诺

(1)本公司控股股东、实际控制人徐炜承诺：本人作为公司控股股东，将严格履行公司首次公开发行股票招股说明书披露的股票锁定承诺，自公司股票在深圳证券交易所上市交易之日起36个月内，本人不转让或委托他人管理本人在公司首次公开发行股票前直接或间接持有的公司股份，也不由公司回购该部分股份。

(2)股东特思尔大宇宙(北京)投资咨询有限公司(以下简称"特思尔投资")承诺：自公司股票在深圳证券交易所上市交易之日起36个月内，本公司不转让或委托他人管理本公司在公司首次公开发行股票前直接或间接持有的公司股份，也不由公司回购该部分股份。

(3)股东浙江星月创业投资有限公司、杭州好望角投资管理有限公司、北京汇金立方投资管理中心(有限合伙)(以下分别简称"星月创投"、"好望角投资"、"汇金立方")承诺：自公司股票在深圳证券交易所上市交易之日起12个月内，不转让直接或间接持有的公司股份，也不由公司回购该部分股份。

(4)股东季瑜、刘美媛、周俊、王磊、孙云、孙朝、薛冰、陈薇、谢楠、黄祥欣、卫民娜、邱菊、钟薇、苏少余、楼仲芳、杨慧玲、彭飞、朱克乔、杜斌、张北、李志岳、王欣、何维、郑聘驰承诺：自公司股票在深圳证券交易所上市交易之日起12个月内，不转让直接或间接持有的公司股份，也不由公司回购该部分股份。

(5)作为董事、监事、高级管理人员的徐炜、高鹏、高毅东、林彤、林志海做出承诺：自公司股票在深圳证券交易所上市交易之日起12个月内，不转让直接或间接持有的公司股份。上述股票锁定期满后，在任职期间，每年转让股份不超过本人持有的股份总数的25%；离职后半年内，不转让本人持有的发行人股份。在公司股票在深圳证券交易所上市交易之日起6个月内如本人申报离职，自申报离职之日起18个月内不转让本人持有公司的股份；在公司股票在深圳证券交易所上市交易之日起第7个月至第12个月之间本人申报离职的，自申报离职之日起12个月内不转让本人持有公司的股份。

(6)公司控股股东、实际控制人、董事长徐炜、持有发行人股份的董事、高级管理人员高鹏、高毅东、林彤、林志海承诺：本人所持公司全部股票在锁定期满后两年内减持的，本人减持价格(如果因派发现金红利、送股、转增股本、增发新股等原因进行除权、除息的，须按照深圳证券交易所的有关规定作复权处理)不低于发行价；公司股票上市后6个月内如股票连续20个交易日的收盘价(如果因派发现金红利、送股、转增股本、增发新股等原因进行除权、除息的，须按照深圳证券交易所的有关规定作复权处理)低于发行价，或者上市后6个月期末(2015年3月9日)收盘价低于发行价，本人持有发行人股票的锁定期限自动延长至少6个月。在上述承诺履行期间，本人职务变更、离职等原因不影响本承诺的效力，在此期间本人仍将继续履行上述承诺。

2、相关股东持股意向和减持意向的承诺

(1)公司控股股东、实际控制人徐炜承诺：

本人作为发行人的实际控制人、控股股东，按照法律法规及监管要求，持有发行人的股票，并严格履行发行人首次公开发行股票招股说明书披露的股票锁定承诺。

减持方式：在本人所持发行人股份锁定期届满后，本人减持股份应符合相关法律法规及证券交易所规则要求，减持方式包括但不限于二级市场集中竞价交易方式、大宗交易方式、协议转让方式等。

减持价格：本人减持股份的价格(如果因派发现金红利、送股、转增股本、增发新股等原因进行除权、除息的，须按照深圳证券交易所的有关规定作复权处理，下同)根据当时的二级市场价格确定，并应符合相关法律法规及深圳证券交易所规则要求；本人在发行人首次公开发行前所持有的股份在锁定期满后两年内减持的，减持价格不低于首次公开发行股票的发行价格。

减持期限：在锁定期满后的12个月内，本人减持股份数量不超过本人持有公司股份总数的20%；在锁定期满后的24个月内，本人减持股份数量累计不超过本人持有公司股份总数40%。

本人在减持所持有的发行人股份前，应提前三个交易日予以公告，并在6个月内完成，并按照深圳证券交易所的规则及时、准确、完整地履行信息披露义务。

本人将严格履行上述承诺事项，并承诺将遵守下列约束措施：如果未履行上述承诺事项，本人将在公司的股东大会及中国证监会指定报刊上公开说明未履行承诺的具体原因并向公司其他股东和社会公众投资者道歉；如果未履行上述承诺事项，本人持有的公司股票的锁定期限自动延长6个月；如果未履行上述承诺事项，致使投资者在证券交易中遭受损失的，本人将依法赔偿投资者损失。

(2)持股5%以上的股东特思尔投资、星月创投、汇金立方、好望角投资承诺：

本公司作为持有发行人5%以上股份的股东，按照法律法规及监管要求，持有发行人的股票，并严格履行发行人首次公开发行股票招股说明书披露的股票锁定承诺。

减持方式：在本公司所持发行人股份锁定期届满后，本公司减持发行人的股份应符合相关法律法规及深圳证券交易所规则要求，减持方式包括但不限于二级市场集中竞价交易方式、大宗交易方式、协议转让方式等。

减持价格：本公司减持发行人股份的价格(如果因派发现金红利、送股、转增股本、增发新股等原因进行除权、除息的，须按照深圳证券交易所的有关规定作复权处理，下同)根据当时的二级市场价格确定，并应符合相关法律法规及证券交易所规则要求；本公司在发行人首次公开发行前所持有的发行人股份在锁定期满后两年内减持的，减持价格不低于首次公开发行股票的发行价。

减持期限：在锁定期满后12个月内，本公司减持发行人股份的比例为本公司所持有发行人股份的100%以内。

本公司在减持发行人股份前，应提前3个交易日予以公告，并按照深圳证券交易所的规则及时、准确、完整地履行信息披露义务。

本公司将严格履行上述承诺事项，并承诺将遵守下列约束措施：如果未履行上述承诺事项，本公司将在发行人股东大会及中国证监会指定报刊上公开说明未履行承诺的具体原因并向发行人的其他股东和社会公众投资者道歉；如果未履行上述承诺事项，本公司持有发行人的股票的锁定期限自动延长6个月；如果未履行上述承诺事项，致使投资者在证券交易中遭受损失的，本公司将依法赔偿投资者损失。

(二)稳定股价的承诺

1、启动股价稳定措施的前提条件

如果公司在股票正式挂牌上市之日后三年内公司股价连续20个交易日的每日加权平均价的算术平均值(如果因派发现金红利、送股、转增股本、增发新股等原因进行除权、除息的，须按照深圳证券交易所的有关规定作复权处理)均低于公司上一个会计年度经审计的每股净资产(每股净资产=合并财务报表中归属于母公司普通股股东权益合计数÷年末公司股份总数)(以下简称为"启动股价稳定措施的前提条件")，公司、控股股东、董事(不含独立董事)、高级管理人员将依据法律法规、公司章程规定及本预案内容依照法律程序实施具体的股价稳定措施。

2、启动股价稳定措施的程序

在启动股价稳定措施的前提条件满足时，公司应当在5个交易日内根据当时有效的法律法规和本预案，与控股股东、董事、高级管理人员协商一致，提出稳定公司股价的具体方案，履行相应的审批程序和信息披露义务。

3、具体的股价稳定措施

(1)公司利润分配或资本公积转增股本

在启动股价稳定措施的条件满足时，若公司决定通过利润分配或资本公积转增股本稳定公司股价，公司董事会将根据法律法规、《公司章程》的规定，在保证公司经营资金需求的前提下，提议公司实施积极的利润分配方案或者资本公积转增股本方案。

若公司决定实施利润分配或资本公积转增股本，公司将在3个交易日内召开董事会，讨论利润分配方案或资本公积转增股本方案，并提交股东大会审议；在股东大会审议通过利润分配方案或资本公积转增股本方案后的2个月内实施完毕。公司利润分配或资本公积转增股本应符合相关法律法规、公司章程的规定。

(2)控股股东增持股份

当控股股东需要采取股价稳定措施时，可以视公司实际情况、股票市场情况，与其他股价稳定措施同时或分步骤实施增持股份的方式稳定股价。

控股股东增持公司股份的价格不高于公司上一个会计年度经审计的每股净资产，用于增持股份的资金金额不高于控股股东从公司上一个会计年度所获得现金分红金额的20%。但如果公司股价已经不满足启动稳定公司股价措施的条件的，控股股东可不再实施增持公司股份。

(3)董事(不含独立董事)、高级管理人员增持股份

当董事(不含独立董事)、高级管理人员需要采取股价稳定措施时，可以视公司实际情况、股票市场情况，与其他股价稳定措施同时或分步骤实施增持股份的方式稳定股价，增持方式为通过二级市场以竞价交易方式买入公司股票。

董事(不含独立董事)、高级管理人员通过二级市场以竞价交易方式买入公司股份，买入价格不高于公司上一个会计年度经审计的每股净资产，董事(不含独立董事)、高级管理人员用于购买股份的资金金额不高于董事(不含独立董事)、高级管理人员本人在担任董事/高级管理人员职务期间上一个会计年度从公司领取的税后薪酬的20%。但如果公司股价已经不满足启动稳定公司股价措施的条件的，董事(不含独立董事)、高级管理人员可不再实施增持公司股份。

实施上述股权稳定措施后，公司的股权分布应当符合上市条件。

4.股价稳定措施的实施程序

(1)公司利润分配或资本公积转增股本程序

在启动股价稳定措施的前提条件满足时，若采取公司利润分配或资本公积转增股本的方式稳定股价，公司应在5个交易日内召开董事会，讨论公司向社会公众股东利润分配或资本公积转增股本的方案，并提交股东大会审议。在股东大会审议通过股份利润分配或资本公积转增股本方案后，公司方可实施相应的利润分配或资本公积转增股本方案。

(2)控股股东增持股份程序

在启动股价稳定措施的前提条件满足时，若采取控股股东增持股份方式稳定股价，控股股东应在5个交易日内，提出增持公司股份的方案(包括拟增持公司股份的数量、价格区间、时间等)，并依法履行证券监督管理部门、证券交易所等监管部门的审批手续，在获得批准后的5个交易日内通知公司，公司应按照相关规定披露控股股东增持公司股份的计划。在公司披露控股股东增持公司股份计划的5个交易日后，控股股东开始实施增持公司股份的计划。

(3)董事(不含独立董事)、高级管理人员增持股份程序

在启动股价稳定措施的前提条件满足时，若董事(不含独立董事)、高级管理人员增持股份方式稳定股价，董事(不含独立董事)、高级管理人员应在5个交易日内，提出通过二级市场以竞价交易方式买入公司股份的方案(包括拟增持公司股份的数量、价格区间、时间等)，董事(不含独立董事)、高级管理人员买入公司股份应符合相关法律、法规及规范性文件的规定，如果需要履行证券监督管理部门、证券交易所、证券登记管理部门审批的，应履行相应的审批手续。

5、未采取股价稳定措施的约束措施

(1)对公司的约束措施

如公司未按照股价稳定具体方案实施利润分配或资本公积转增股本措施，公司承诺接受以下约束措施：公司将在股东大会及中国证监会指定报刊上公开说明未采取稳定股价措施的具体原因并向公司股东和社会公众投资者道歉，并依法承担相应法律责任。

(2)对控股股东的约束措施

如控股股东未按照股价稳定具体方案实施增持股份措施，控股股东承诺接受以下约束措施：控股股东将在公司股东大会及中国证监会指定报刊上公开说明未采取稳定股价措施的具体原因并向公司股东和社会公众投资者道歉，并依法承担相应法律责任；控股股东持有的公司股份将不得转让，直至其按照本预案的规定采取相应的稳定股价措施并实施完毕。

(3)董事(不含独立董事)、高级管理人员的约束措施

如董事(不含独立董事)、高级管理人员未按照股价稳定具体方案实施增持股份措施，董事(不含独立董事)、高级管理人员承诺接受以下约束措施：董事(不含独立董事)、高级管理人员本人将在公司股东大会及中国证监会指定报刊上公开说明未采取上述稳定股价措施的具体原因并向公司股东和社会公众投资者道歉，并依法承担相应法律责任；停止在公司领取薪酬，同时本人持有的公司股份不得转让，直至其按本预案的规定采取相应的股价稳定措施并实施完毕。

(三)股份回购的承诺

详见下文“(四)依法承担赔偿或者补偿责任的承诺”。

(四)依法承担赔偿或者补偿责任的承诺

公司承诺：本公司首次公开发行股票招股说明书不存在虚假记载、误导性陈述或者重大遗漏；若有权部门认定：本公司首次公开发行股票招股说明书有虚假记载、误导性陈述或者重大遗漏，对判断其是否符合法律规定的发行条件构成重大、实质影响的，本公司将依法回购首次公开发行的全部新股；在有权部门认定本公司招股说明书，存在对判断本公司是否符合法律规定的发行条件构成重大、实质影响的虚假记载、误导性陈述或者重大遗漏后3个交易日内，本公司将根据相关法律法规及公司章程规定召开董事会、临时股东大会，并经相关主管部门批准或核准或备案，启动股份回购措施；回购价格(如果因派发现金红利、送股、转增股本、增发新股等原因进行除权、除息的，应符合相关法律法规确定规定，且按照不低于首次公开发行股份的的发行价格和二级市场价格孰高的原则确定；本公司首次公开发行股票招股说明书有虚假记载、误导性陈述或者重大遗漏，致使投资者在证券交易中遭受损失的，本公司将依法赔偿投资者损失；上述承诺为本公司真实意思表示，本公司自愿接受监管机构、自律组织及社会公众的监督，若违反上述承诺本公司将依法承担相应责任。

控股股东徐炜承诺：公司首次公开发行股票招股说明书不存在虚假记载、误导性陈述或者重大遗漏；若有权部门认定公司首次公开发行股票招股说明书有虚假记载、误导性陈述或者重大遗漏，对判断其是否符合法律规定的发行条件构成重大、实质影响的，本人将投票同意公司依法回购公司首次公开发行的全部新股；若公司首次公开发行招股说明书有虚假记载、误导性陈述或者重大遗漏，致使投资者在证券交易中遭受损失的，本人将依法赔偿投资者损失；上述承诺为本人真实意思表示，本人自愿接受监管机构、自律组织及社会公众的监督，若违反上述承诺本人将依法承担相应责任。

发行人董事、监事、高级管理人员承诺：公司首次公开发行股票招股说明书不存在虚假记载、误导性陈述或者重大遗漏；若公司首次公开发行股票招股说明书有虚假记载、误导性陈述或者重大遗漏，致使投资者在证券交易中遭受损失的，本人将依法赔偿投资者损失；上述承诺为本人真实意思表示，本人自愿接受监管机构、自律组织及社会公众的监督，若违反上述承诺本人将依法承担相应责任。

保荐机构招商证券承诺：为发行人首次公开发行制作、出具的文件不存在虚假记载、误导性陈述或者重大遗漏的情形；若因为发行人首次公开发行制作、出具的文件有虚假记载、误导性陈述或者重大遗漏，给投资者造成损失的，将依法赔偿投资者损失。

立信会计师事务所(特殊普通合伙)承诺：本所为发行人首次公开发行制作、出具的文件不存在虚假记载、误导性陈述或者重大遗漏的情形；若因本所为发行人首次公开发行制作、出具的文件有虚假记载、误导性陈述或者重大遗漏，给投资者造成损失的，本所将依法赔偿投资者损失。

北京市中伦律师事务所承诺：本所为发行人本次发行上市制作、出具的上述法律文件不存在虚假记载、误导性陈述或者重大遗漏。如因本所过错致使上述法律文件存在虚假记载、误导性陈述或者重大遗漏，并因此给投资者造成直接损失的，本所将依法与发行人承担连带赔偿责任。

(五)填补被摊薄即期回报的措施及承诺

鉴于公司首次公开发行股票后，公司股本及净资产规模将有大幅增加，但募集资金投资项目需要一定的建设投入周期，募集资金产生的经济效益存在一定的时间差和不确定性，这些因素可能会在短期内影响本公司的每股收益和净资产收益率，形成股东即期回报被摊薄的风险。为维护广大股东利益，增强投资者信心，公司承诺，将在首次公开发行股票后采取如下措施填补被摊薄即期回报：

1、强化募集资金管理，规范募集资金使用，提升募集资金的利用效率。

公司承诺，在首次公开发行股票募集资金到位后，本公司将在募集资金的使用、核算、风险防范等方面强化管理，确保募集资金依照本公司《招股说明书(申报稿)》披露的募集资金用途科学、合理地投入使用。同时，本公司将严格按照募集资金管理制度的相关规定，签订和执行募集资金三方监管协议，保证依法、合规、规范地使用募集资金。在符合上述要求的基础上，本公司将结合当时的市场状况、资产价格、资金成本等多种因素，对募集资金使用的进度方案开展进一步科学规划，以最大限度提升募集资金的使用效率。

2、加快募集资金投资项目的开发、建设进度。

公司承诺，在符合法律、法规、规范性文件以及本公司募集资金管理制度规定的前提下，将牢牢把握市场契机，积极布局，在确保公司募集资金规范、科学、合理使用的基础上，尽最大可能地加快募集资金投资项目的开发、建设进度，力求加快实现募集资金投资项目的预期经济效益。

3、进一步推进技术创新，加强品牌建设和管理，提升公司的核心竞争力。

公司承诺，将依托首次公开发行股票并上市以及募集资金投资项目建设的契机，进一步推动技术创新，提升公司在互联网营销领域的综合服务能力；同时，借助技术创新、服务能力提升，深度开展自身品牌建设和管理，有效提升本公司在行业内的影响力，着力打造公司的品牌价值和核心竞争力。

4、优化投资者回报机制，实施积极的利润分配政策。

公司承诺，将依照本公司上市后适用的公司章程以及股东分红回报规划的相关内容，积极推进实施持续、稳定的利润分配政策，在符合公司发展战略、发展规划需要，紧密结合公司发展阶段、经营状况并充分考虑投资者利润分配意愿的基础上，不断优化对投资者的回报机制，确保及时给予投

资者合理回报。

（六）利润分配政策的承诺

1、本次发行前滚存利润的分配情况

经公司2011年第四次临时股东大会审议通过，本次发行完成后，公司本次发行前的滚存利润由发行后的全体股东共同享有。

2、本次发行上市后的股利分配政策

2014年4月，公司根据中国证监会《上市公司监管指引第3号——上市公司现金分红》、《关于进一步落实上市公司现金分红有关事项的通知》相关规定，将拟于公司上市后适用的《公司章程（草案）》第一百五十八条修改为：

第一百五十八条公司利润分配政策的相关内容如下：

（一）利润分配政策的制定及修改

1.公司制定利润分配政策，应遵守如下程序：

公司董事会应就利润分配政策做出方案，该方案经全体董事过半数同意并经独立董事过半数同意后提交股东大会审议。公司独立董事应对董事会通过的利润分配政策方案发表独立意见。

股东大会审议利润分配政策时，应采取现场投票和网络投票相结合的方式，为公众投资者参与利润分配政策的制订提供便利，经出席股东大会会议的股东（包括股东代理人）所持表决权的2/3以上同意方能通过决议。

2.公司的利润分配政策应保持连续性和稳定性，公司外部经营环境或者自身经营状况发生较大变化且有必要调整利润分配政策的，可以调整利润分配政策，但应遵守以下规定：

(1)公司调整利润分配政策应以股东权益保护为出发点，调整后的利润分配政策不得违反中国证监会和证券交易所的有关规定；

(2)应按照前项利润分配政策的制定程序，履行相应的决策程序；

(3)董事会在审议利润分配政策调整方案时，应详细论证和分析调整的原因及必要性，并在股东大会的提案中说明。

前述公司外部经营发生较大变化是指国内外的宏观经济环境、公司所处行业的市场环境或者政策环境发生对公司重大不利影响的变化。

前述公司自身经营状况发生较大变化是指发生下列情形之一：(1)公司营业收入或者营业利润连续两年下降且累计下降幅度达到40%；(2)公司经营活动产生的现金流量净额连续两年为负。

（二）公司的利润分配政策如下：

1.利润分配原则：(1)重视对投资者的合理投资回报并兼顾公司的可持续发展；(2)在符合现金分红条件的前提下优先选择现金分红方式，并保持现金分红政策的一致性、合理性和稳定性；(3)根据公司经营需要留存必要的未分配利润，保持公司持续经营能力。

2.利润分配形式：公司可以采取现金、股票或现金与股票相结合的方式分配股利。

3.利润分配顺序：公司优先选择现金分红的利润分配方式，如不符合现金分红条件，再选择股票股利的利润分配方式。

4.现金分红的条件和比例：

公司董事会应当综合考虑所处行业特点、发展阶段、自身经营模式、盈利水平以及是否有重大资金支出安排等因素，区分下列情形，并按照公司章程规定的程序，提出差异化的现金分红政策：(1)公司发展阶段属成熟期且无重大资金支出安排的，进行利润分配时，现金分红在本次利润分配中所占比例最低应达到80%；(2)公司发展阶段属成熟期且有重大资金支出安排的，进行利润分配时，现金分红在本次利润分配中所占比例最低应达到40%；(3)公司发展阶段属成长期且有重大资金支出安排的，进行利润分配时，现金分红在本次利润分配中所占比例最低应达到20%；(4)公司发展阶段不易区分但有重大资金支出安排的，按照前项规定处理。

如公司利润分配当年无重大资本性支出项目发生，应采取现金分红的利润分配方式。公司每年以现金形式分配的利润不少于当年实现的可供分配利润的15%。

前述重大资本性支出项目是指经公司股东大会审议批准的、达到以下标准之一的购买资产（不含购买原材料、燃料和动力等与日常经营相关的资产）、对外投资（含收购兼并）等涉及资本性支出的交易事项：(1)交易涉及的资产总额占公司最近一期经审计总资产的50%以上的事项；(2)交易标的(如股权)在最近一个会计年度相关的营业收入占公司最近一个会计年度经审计营业收入的50%以上，且绝对金额超过3000万元的事项；(3)交易标的(如股权)在最近一个会计年度相关的净利润占公司最近一个会计年度经审计净利润的50%以上，且绝对金额超过300万元的事项；(4)交易的成交金额（含承担债务和费用）占公司最近一期经审计净资产的50%以上，且绝对金额超过3000万元的事项。(5)交易产生的利润占公司最近一个会计年度经审计净利润的50%以上，且绝对金额超过300万元的事项。

5.发放股票股利的条件：如不满足现金分红条件，公司可采取股票股利的利润分配方式。采用股票股利进行利润分配的，公司董事会应综合考虑公司成长性、每股净资产的摊薄因素制定分配方案。

6.利润分配的期间间隔：公司每一会计年度通常进行一次利润分配；董事会可以根据公司资金需求情况提议进行中期分红，中期分红只以现金分红，不采取股票股利形式。

7.利润分配应履行的审议程序：公司进行利润分配，应由董事会提出利润分配方案，经过半数的独立董事发表同意意见后提交股东大会审议，并经股东大会审议通过后实施。具体的利润分配程序见本条第(四)部分的规定。

（七）相关主体未能履行承诺时的约束措施

公司将严格履行招股说明书披露的事项，并承诺：如果本公司未履行相关承诺事项，本公司将在股东大会及中国证监会指定报刊上公开说明未履行承诺的具体原因并向股东和社会公众投资者道歉。如果因本公司未履行相关承诺事项，致使投资者在证券交易中遭受损失的，本公司将依法向投资者赔偿损失。

公司控股股东将严格履行招股说明书披露的事项，并承诺：如果本人未履行相关承诺事项，本人将在发行人的股东大会及中国证监会指定报刊上公开说明未履行承诺的具体原因并向发行人的股东和社会公众投资者道歉。如果因本人未履行相关承诺事项，致使发行人或者投资者遭受损失的，本人将向发行人或者投资者依法承担赔偿责任。如果发行人在本人作为其控股股东及实际控制人期间，未履行相关承诺事项，致使投资者遭受损失的，本人承诺依法承担赔偿责任。

公司董事、高管将严格履行招股说明书披露的事项，并承诺：如果本人未履行相关承诺事项，本人将在发行人的股东大会及中国证监会指定报刊上公开说明未履行承诺的具体原因并向发行人的股东和社会公众投资者道歉。如果因本人未履行相关承诺事项，致使发行人或者投资者遭受损失的，本人将向发行人或者投资者依法承担赔偿责任。如果发行人在本人作为其董事、高管期间，未履行相关承诺事项，致使投资者遭受损失的，本人承诺依法承担赔偿责任。

（八）其他承诺事项

1、避免同业竞争承诺

公司控股股东及实际控制人徐炜已就避免与发行人发生同业竞争作出承诺以及避免占用公司资金的承诺函，有关情况详见招股说明书"第七节同业竞争与关联交易"的相关内容。

2、控股股东对公司社会保险费和住房公积金缴纳情况的的承诺控股股东徐炜承诺：若发行人因历史上存在的任何违反社会保险、住房公积金法律法规的行为而受到相关部门追究，并经该等部门认定需为员工补缴社会保险费或住房公积金，或受到相关部门处罚，或任何利益相关方以任何方式向发行人提出权利要求且该等要求获得相关部门支持，控股股东徐炜将无条件全额代为承担由此产生的补缴社会保险费、住房公积金、处罚款项等责任，并全额补偿发行人为该等事项所支付的其他相关费用，确保发行人不致因此遭受任何损失。

如无特别说明，本上市公告书中简称或名词的释义与本公司首次公开发行股票招股说明书释义相同。

第二节　股票上市情况

一、公司股票发行上市审批情况

本上市公告书系根据《中华人民共和国公司法》、《中华人民共和国证券法》和《首次公开发行股票并在创业板上市管理办法》和《深圳证券交易所创业板股票上市规则》(2012年修订)等有关法律法规规定，按照深圳证券交易所《深圳证券交易所股票上市公告书内容与格式指引》(2013年12月修订)编制而成，旨在向投资者提供本公司首次公开发行股票并在创业板上市的基本情况。

本公司首次公开发行A股股票（简称"本次发行"）经中国证券监督管理委员会"证监许可〔2014〕844号"文核准。本次发行采用向网下投资者询价配售发行与网上向持有一定数量非限售股份的投资者定价发行相结合的方式，共发行新股1,600万股，不进行老股转让。其中网下最终发行数量为160万股，网上最终发行数量为1,440万股，发行价格为26.10元/股。

经深圳证券交易所《关于北京腾信创新网络营销技术股份有限公司人民币普通股股票在创业板上市的通知》(深证上〔2014〕323号)批准，本公司发行的人民币普通股股票在深圳证券交易所创业板上市，证券简称"腾信股份"，股票代码"300392"。本次发行的1,600万股社会公众股将于2014年9月10日起上市交易。

公司本次发行的招股意向书、招股说明书全文及相关备查文件可以在巨潮资讯网(www.cninfo.com.cn)、中证网(www.cs.com.cn)、中国证券网(www.cnstock.com)、证券时报网(www.secutimes.com)、中国资本证券网(www.ccstock.cn)和发行人网站www.tensynchina.com查询，公司招股意向书及招股说明书的披露距今不足一个月，故与其重复的内容不再重述，敬请投资者查阅上述内容。

二、公司股票上市概况

1、上市地点：深圳证券交易所

2、上市时间：2014年9月10日

3、股票简称：腾信股份

4、股票代码：300392

5、首次公开发行后总股本：6,400万股

6、首次公开发行股票数量：1,600万股

7、发行前股东所持股份的流通限制及期限：根据《中华人民共和国公司法》的有关规定，公司公开发行股票前已发行的股份，自公司股票在证券交易所上市交易之日起一年内不得转让

8、发行前股东对所持股份自愿锁定的承诺：详见本公告书"第一节重要声明与提示"

9、本次上市股份的其他锁定安排：无

10、本次上市的无流通限制及锁定安排的股份：本次发行中网下向投资者询价配售的 160 万股股份和网上定价发行的 1,440 万股股份无流通限制及锁定安排

11、公司股份可上市交易日期

	股东名称	持股数（万股）	占发行后股本的比例(%)	可上市交易时间（非交易日顺延）
首次公开发行前已发行的股份	徐 炜	20,710,710	32.36	2017 年 9 月 10 日
	特思尔投资	15,703,920	24.54	2017 年 9 月 10 日
	星月创投	4,058,730	6.34	2015 年 9 月 10 日
	汇金立方	3,000,000	4.69	2015 年 9 月 10 日
	好望角投资	2,705,805	4.23	2015 年 9 月 10 日
	高 鹏	753,210	1.18	2015 年 9 月 10 日
	高毅东	118,845	0.19	2015 年 9 月 10 日
	季 瑜	118,845	0.19	2015 年 9 月 10 日
	林 彤	95,850	0.15	2015 年 9 月 10 日
	林志海	95,850	0.15	2015 年 9 月 10 日
	刘美媛	76,680	0.12	2015 年 9 月 10 日
	周 俊	74,745	0.12	2015 年 9 月 10 日
	王 磊	49,050	0.08	2015 年 9 月 10 日
	孙 云	48,285	0.08	2015 年 9 月 10 日
	孙 朝	47,925	0.07	2015 年 9 月 10 日
	薛 冰	44,460	0.07	2015 年 9 月 10 日
	陈 薇	42,930	0.07	2015 年 9 月 10 日
	谢 楠	22,995	0.04	2015 年 9 月 10 日
	黄祥欣	22,995	0.04	2015 年 9 月 10 日
	卫民娜	21,105	0.03	2015 年 9 月 10 日
	邱 菊	19,170	0.03	2015 年 9 月 10 日
	钟 薇	19,170	0.03	2015 年 9 月 10 日
	苏少余	19,170	0.03	2015 年 9 月 10 日
	楼仲芳	18,405	0.03	2015 年 9 月 10 日
	杨慧玲	17,235	0.03	2015 年 9 月 10 日
	彭 飞	15,345	0.02	2015 年 9 月 10 日
	朱克乔	15,345	0.02	2015 年 9 月 10 日
	杜 斌	13,410	0.02	2015 年 9 月 10 日
	张 北	11,475	0.02	2015 年 9 月 10 日
	李志岳	9,585	0.01	2015 年 9 月 10 日
	王 欣	9,585	0.01	2015 年 9 月 10 日
	何 维	9,585	0.01	2015 年 9 月 10 日
	郑聘驰	9,585	0.01	2015 年 9 月 10 日
首次公开发行股份	网下配售的股份	1,600,000	2.50	2014 年 9 月 10 日
	网上配售的股份	14,400,000	22.50	2014 年 9 月 10 日
	小计	16,000,000	25.0	
	合计	64,000,000	100.0	–

12、股票登记机构：中国证券登记结算有限责任公司深圳分公司

13、上市保荐机构：招商证券股份有限公司

第三节 发行人、股东和实际控制人情况

一、公司基本情况

公司名称：北京腾信创新网络营销技术股份有限公司

英文名称：BeijingTensynDigitalMarketingTechnologyJointStockCompany

注册资本：6,400 万元（本次发行后）

法定代表人：徐炜

成立日期：2001 年 12 月 6 日

整体变更日期：2010 年 10 月 19 日

公司住所：北京市朝阳区光华路 15 号院 2 号楼 601 室，邮编：100026

经营范围：技术开发；技术转让；技术咨询；技术推广；计算机网络技术培训；基础软件服务；应用软件服务；计算机系统服务；电脑图文设计、制作；市场调查；设计、制作、代理、发布广告；承办展览展示活动；组织文化艺术交流活动（不含演出）；经济信息咨询。

主营业务：为客户在互联网上提供广告和公关服务，通过分析相关数据，使得广告和公关服务的精准度更高，服务效果更好。

所属行业：I64 互联网和相关服务业

联系电话：010-52937866

传真：010-52937865

互联网址：www.tensynchina.com

电子邮箱：board@tensynchina.com

负责信息披露和投资者关系的部门、负责人和电话号码：董事会办公室高鹏 010-52937866

二、公司董事、监事、高级管理人员及其持有公司的股票情况

姓 名	职 务	任职期间	直接持股数量（万股）	间接持股数量（万股）	占发行后总股本的比例
徐 炜	董事长、总经理	2013 年 11 月至 2016 年 11 月	2,071.0710	–	32.36%
山口秀和	董事	2013 年 11 月至 2016 年 11 月	–	–	
高 鹏	董事、董事会秘书、财务负责人、副总经理	2013 年 11 月至 2016 年 11 月	75.3210		1.18%
高毅东	董事、副总经理	2013 年 11 月至 2016 年 11 月	11.8845		0.19%
黄峥嵘	董事	2013 年 11 月至 2016 年 11 月		106.4282	1.66%
山下荣二郎	董事	2013 年 11 月至 2016 年 11 月	–	–	–
张 斌	独立董事	2013 年 11 月至 2016 年 11 月	–	–	–
胡子骐	独立董事	2013 年 11 月至 2016 年 11 月	–	–	–
周 斌	独立董事	2013 年 11 月至 2016 年 11 月	–	–	–
赵昕阳	监事会主席、职工代表监事	2013 年 11 月至 2016 年 11 月	–	–	–
胡定坤	监事	2013 年 11 月至 2016 年 11 月	–	131.9087	2.06%
中岛祥介	监事	2013 年 11 月至 2016 年 11 月	–	–	–
林志海	副总经理	2013 年 11 月至 2016 年 11 月	9.5850	–	0.15%
林 彤	副总经理		9.5850	–	0.15%

三、公司控股股东及实际控制人的情况

（一）公司控股股东及实际控制人的基本情况

徐炜先生为公司控股股东和实际控制人，中国国籍，无境外永久居留权，身份证号：2112221972****0611。徐炜先生持有公司 2,071.071 万股，担任公司董事长及总经理。

（二）控股股东、实际控制人及其控制的其它企业情况

截至本上市公告书签署日，徐炜先生除持有本公司股份外，未进行其它对外投资。

四、本次上市前公司前十名股东持有公司发行后股份情况

本次发行结束后，公司股东总人数 28,076 人，其中公司前 10 名股东持有 1 好望角投资持有本公司 5.6371%的股份，黄峥嵘持有好望角投资 39.3333%股份，其亲属黄峥明持有好望角投资 27.3333%股份。

2 星月创投持有本公司 8.4557%的股份，胡定坤持有星月创投 32.50%股份。

公司发行后股份情况如下：

序号	股东名称	持股数量（股）	持股比例(%)
1	徐 炜	20,710,710	32.36
2	特思尔投资	15,703,920	24.54
3	星月创投	4,058,730	6.34
4	汇金立方	3,000,000	4.69
5	好望角投资	2,705,805	4.23
6	高 鹏	753,210	1.18
7	高毅东	118,845	0.19
8	季 瑜	118,845	0.19
9	林志海	95,850	0.15
10	林 彤	95,850	0.15

第四节 股票发行情况

一、发行数量

公司本次发行股份数量为 1,600 万股，不进行老股转让。

二、发行价格

26.1 元/股。

三、发行市盈率

（一）17.06 倍（每股收益按照经会计师事务所遵照中国会计准则审核的扣除非经常性损益前后

孰低的 2013 年净利润除以本次公开发行前的总股数计算)；

(二)22.70 倍(每股收益按照经会计师事务所遵照中国会计准则审核的扣除非经常性损益前后孰低的 2013 年净利润除以本次公开发行后的总股数计算)。

四、发行方式及认购情况

采用网下向投资者询价配售与网上向持有深圳市场非限售 A 股股份市值的社会公众投资者定价发行相结合的方式进行。

本次发行中通过网下配售向配售对象配售的股票为 160 万股，有效申购数量为 152,550 万股，为回拨后网下发行数量的 953.44 倍。其中有效申购获得配售的比例如下：

本次网下发行最终的新股发行数量中公募及社保基金的有效申购总量配售比例为 0.154%，企业年金和保险资金的有效申购总量配售比例为 0.095%，其他投资者的有效申购总量配售比例为 0.07443%。公募基金、社保基金、企业年金和保险资金的配售比例均不低于其他投资者。

本次网上定价发行 1,440 万股，回拨后中签率为 0.6664715078%，超额认购倍数为 150 倍；本次网上网下发行不存在余股。

五、募集资金总额及注册会计师对资金到位的验证情况

本次发行募集资金总额为 41,760.00 万元，募集资金净额为 34,895.05 万元。立信会计师事务所(特殊普通合伙)于 2014 年 9 月 3 日对本次发行的资金到位情况进行了审验，并出具了信会师报字[2014]第 211239 号《验资报告》。

六、发行费用总额及明细构成、每股发行费用

1、本次发行费用总额为 6,864.95 万元，包括：

(1)承销费用：4050.72 万元

(2)保荐费用：1500 万元

(3)审计、评估及验资费用：668.77 万元

(4)律师费用：364.43 万元

(5)与本次发行相关的信息披露费：266.04 万元

(6)律师鉴证费等 14.99 万元

2、本次公司公开发行新股的每股发行费用为 4.29 元。

七、募集资金净额

本次公司公开发行新股的募集资金净额：34,895.05 万元。

八、发行后每股净资产

发行后每股净资产：10.56（按 2013 年 12 月 31 日经审计的净资产与本次募集资金净额之和除以本次发行后总股本计算)。

九、发行后每股收益

发行后每股收益：1.15(按 2013 年度经审计的扣除非经常性损益前后孰低的归属于母公司的净利润除以本次发行后总股本计算)。

第五节　财务会计资料

本公司报告期内 2011 年、2012 年、2013 年的财务数据已经立信会计师事务所（特殊普通合伙）审计，2014 年 1-6 月的财务数据已经立信会计师事务所(特殊普通合伙)审阅，但未经审计。

2011 年、2012 年、2013 年及 2014 年 1-6 月的财务数据已在公告的招股说明书中详细披露，投资者欲了解相关情况请详细阅读招股说明书“第九节　财务会计信息与管理层分析”。

2014 年 1-9 月，公司预计实现净利润约为 5,800 万元。本次公开发行于 2014 年三季度完成，公司预计 2014 年 1-9 月实现主营业务收入较上年同期增长 5%-7%，净利润预计较上年同期增长 7%-8%。

上述业绩变动的预测，只是公司的初步预测。若实际经营情况与公司初步预测发生较大变化，公司将根据实际情况及时进行披露，请广大投资者谨慎决策，注意投资风险。

第六节　其他重要事项

一、本公司已向深圳证券交易所承诺，将严格按照创业板的有关规定，在上市后三个月内尽快完善公司章程等相关规章制度。

二、本公司在招股意向书刊登日(2014 年 8 月 20 日)至上市公告书刊登前，没有发生可能对本公司有较大影响的重要事项，具体如下：

1、本公司主营业务发展目标进展情况正常。

2、本公司生产经营情况、外部条件或生产环境未发生重大变化(包括原材料采购和产品销售价格、原材料采购和产品销售方式、所处行业或市场的重大变化等)。

3、除正常经营活动签订的销售、采购、借款等商务合同外，本公司未订立其他对公司资产、负债、权益和经营成果产生重大影响的重要合同。

4、本公司与关联方未发生重大关联交易。

5、本公司未进行重大投资。

6、本公司未发生重大资产(或股权)购买、出售及置换。

7、本公司住所没有变更。

8、本公司董事、监事、高级管理人员及核心技术人员没有变化。

9、本公司未发生重大诉讼、仲裁事项。

10、本公司未发生除正常经营业务之外的重大对外担保等或有事项。

11、本公司的财务状况和经营成果未发生重大变化。

12、本公司未召开董事会、监事会或股东大会。

13、本公司未发生其他应披露的重大事项。

第七节　上市保荐机构及其意见

一、上市保荐机构基本情况

保荐机构(主承销商)：招商证券股份有限公司

住所：深圳市福田区益田路江苏大厦 38-45 楼

法定代表人：宫少林

保荐代表人：吴宏兴、王黎祥

电话：0755-82943666

传真：0755-82943121

联系人：吴宏兴、邵华、周长征、王志伟、盛阿乔

二、上市保荐机构的推荐意见

本公司的上市保荐机构招商证券股份有限公司认为北京腾信创新网络营销技术股份有限公司首次公开发行的股票符合上市条件，并已向深圳证券交易所提交了《招商证券股份有限公司关于北京腾信创新网络营销技术股份有限公司股票上市保荐书》，招商证券的推荐意见如下：

北京腾信创新网络营销技术股份有限公司申请其股票上市符合《中华人民共和国公司法》、《中华人民共和国证券法》及《深圳证券交易所创业板股票上市规则》等法律、法规的有关规定，具备在深圳证券交易所创业板上市的条件。招商证券愿意推荐北京腾信创新网络营销技术股份有限公司的股票在深圳证券交易所创业板上市交易，并承担相关保荐责任。

北京腾信创新网络营销技术股份有限公司

2014 年 9 月 9 日

重庆川仪自动化股份有限公司

重庆川仪自动化股份有限公司首次公开发行A股股票上市公告书

特别提示

本公司股票将于2014年8月5日在上海证券交易所上市。根据统计，2009年至2013年，对于在沪市新股上市首日买入金额在10万元以下的中小投资者，在新股上市后的第六个交易日出现亏损的账户数量占比超过50%。本公司提醒投资者应充分了解股票市场风险及本公司披露的风险因素，在新股上市初期切忌盲目跟风"炒新"，应当审慎决策、理性投资。

第一节 重要声明与提示

重庆川仪自动化股份有限公司(以下简称"川仪股份"、"本公司"或"发行人")及全体董事、监事、高级管理人员保证上市公告书的真实性、准确性、完整性，承诺上市公告书不存在虚假记载、误导性陈述或重大遗漏，并承担个别和连带的法律责任。

上海证券交易所、其他政府机关对本公司股票上市及有关事项的意见，均不表明对本公司的任何保证。

本公司提醒广大投资者注意，凡本上市公告书未涉及的有关内容，请投资者查阅刊载于上海证券交易所网站(http://www.sse.com.cn)的本公司招股说明书全文。

如无特别说明，本上市公告书中的简称或名词的释义与本公司首次公开发行股票招股说明书中的相同。

一、关于股份限售安排和自愿锁定的承诺

控股股东四联集团承诺：自发行人股票上市之日起三十六个月内，不转让或者委托他人管理其持有的发行人股份，也不由发行人回购其持有的股份；其他股东承诺：自发行人股票上市之日起十二个月内不转让其持有的股份。

控股股东四联集团承诺：发行人上市后6个月内如股票连续20个交易日的收盘价均低于发行价，或者上市后6个月期末收盘价低于发行价，则四联集团所持发行人股票的锁定期限自动延长6个月(若发行人股份在该期间内发生派息、送股、资本公积转增股本等除权除息事项的，发行价应相应作除权除息处理)。

根据《境内证券市场转持部分国有股充实全国社会保障基金实施办法》(财企[2009]94号)和重庆市国资委《关于重庆川仪自动化股份有限公司国有股转持有关问题的批复》(渝国资[2012]252号)，由四联集团、重庆渝富、重庆水务和湖南迪策划转为全国社会保障基金理事会持有的国有股，全国社会保障基金理事会承继原四联集团、重庆渝富、重庆水务和湖南迪策的锁定承诺。

二、发行前持股5%以上的股东的持股意向或减持意向

控股股东四联集团承诺：在持股锁定期满后两年内不减持。

持股5%以上股东日本横河承诺：在持股锁定期满后两年内不减持。

持股5%以上股东重庆渝富及重庆水务承诺："在持股锁定期满后两年内，如果发生减持行为，每年减持的股份不超过发行人上市时本公司持有的发行人股份的100%，减持价格根据减持当时发行人股票的市场价格确定，并且不得低于发行人首次公开发行股票的发行价(若发行人股份在该期间内发生派息、送股、资本公积转增股本等除权除息事项的，发行价应相应作除权除息处理)，减持通过证券交易所集中竞价交易系统、大宗交易系统、协议等法律法规许可的方式进行。"

持股5%以上股东湖南迪策承诺："在持股锁定期满后两年内，如果发生减持行为，每年减持的股份不超过发行人上市时本公司持有的发行人股份的50%，减持价格根据减持当时发行人股票的市场价格确定，并且不得低于发行人首次公开发行股票的发行价(若发行人股份在该期间内发生派息、送股、资本公积转增股本等除权除息事项的，发行价应相应作除权除息处理)，减持通过证券交易所集中竞价交易系统、大宗交易系统、协议等法律法规许可的方式进行。"

上述股东同时承诺：如果违反上述承诺，则减持川仪股份股票所得全部归川仪股份所有，由川仪股份董事会负责收回。"

三、公司上市后三年内股价低于每股净资产时稳定公司股价的预案

(一)启动股价稳定预案的条件

公司首次公开发行股票并上市后三年内，公司股票收盘价连续20个交易日低于最近一期每股净资产，且公司情况同时满足监管机构对于回购、增持等股本变动行为的规定，则触发控股股东、公司董事和高级管理人员的增持义务及公司回购已公开发行股份的义务。

(二)稳定股价预案的具体措施

公司稳定股价预案采取控股股东增持股份、公司回购已公开发行的股份、公司董事和高级管理人员增持公司股份等顺序措施，以稳定公司股价。

1、控股股东增持股份

控股股东在触发增持义务后的10个交易日内，应就其是否有增持公司股票的具体计划书面通知公司并由公司进行公告，若有具体计划，应披露拟增持的数量范围、价格区间、完成时间等信息，且该次计划增持总额不低2,000万元。

2、公司回购已公开发行的股份

若控股股东未如期公告前述具体增持计划，或明确表示未有增持计划的，则公司董事会应在触发增持义务后的20个交易日内公告是否有具体股份回购计划，若有，应披露拟回购股份的数量范围、价格区间、完成时间等信息，且该次回购总金额不低于2,000万元。

3、公司董事和高级管理人员增持公司股份

若公司董事会未如期公告前述股份回购计划，或因各种原因导致前述股份回购计划未能通过股东大会的，董事和高级管理人员应在其触发增持义务后的40个交易日内(若期间存在N个交易日限制董事、高级管理人员买卖股票，则董事、高级管理人员应在触发增持义务后的40+N个交易日内)，无条件增持公司股票，并且各自累计增持金额不低于其上年度薪酬总额的30%。

4、公司稳定股价预案的终止及再次实施

在履行完毕前述三项任一增持或回购措施后的120个交易日内，控股股东、公司、董事和高级管理人员的增持或回购义务自动解除。从履行完毕前述三项任一项增持或回购措施后的121个交易日开始，如公司股票收盘价连续20个交易日仍低于公司最近一期每股净资产，则控股股东、公司、董事和高级管理人员的增持或回购义务将按照前述1、2、3的顺序自动产生。

5、法律法规的适用性

控股股东、公司、董事和高级管理人员在履行其增持或回购义务时，应按照上海证券交易所上市规则及其他适用的监管规定履行相应的信息披露义务，并符合国有资产监督管理等相关规定。

(三)相关惩罚措施

1、对于控股股东，如已公告增持具体计划但由于主观原因不能实际履行，则公司应将与控股股东履行其增持义务相等金额的应付控股股东现金分红予以扣留，直至控股股东履行其增持义务；如已经连续两次触发增持义务而控股股东均未能提出具体增持计划，则公司可将与控股股东履行其增持义务相等金额的应付控股股东现金分红予以扣留用于股份回购计划，控股股东丧失对相应金额现金分红的追索权；如对公司董事会提出的股份回购计划投弃权票或反对票，则公司可将与控股股东履行其增持义务相等金额的应付控股股东现金分红予以扣留用于下次股份回购计划，控股股东丧失对相应金额现金分红的追索权。

2、公司董事和高级管理人员应主动履行其增持义务，如个人在任职期间因主观原因未能按本预案的相关约定履行其增持义务，则公司应将其履行增持义务相等金额的工资薪酬代其履行增持义务；如个人在任职期间连续两次未能主动履行其增持义务，由控股股东或董事会提请股东大会同意更换相关董事，由公司董事会提请解聘相关高级管理人员。

3、如因上海证券交易所上市规则等证券监管法规对于社会公众股东最低持股比例的规定导致控股股东、公司、董事和高级管理人员在一定时期内无法履行其增持或回购义务的，相关责任主体可免于前述惩罚，但亦应积极采取其他措施稳定股价。

(四)其他说明

在本预案有效期内，新聘任的公司董事和高级管理人员应履行本预案规定的董事、高级管理人员义务并按同等标准履行公司首次公开发行股票并上市时董事和高级管理人员已作出的其他承诺义务。对于公司拟聘任的董事和高级管理人员，应在获得提名前书面同意履行前述承诺和义务。

四、关于招股说明书信息披露的承诺

(一)发行人及控股股东、董事、监事、高级管理人员的承诺

发行人承诺：若本公司首次公开发行股票的招股说明书有虚假记载、误导性陈述或者重大遗漏，对判断本公司是否符合法律规定的发行条件构成重大、实质影响的，本公司将依法回购首次公开发行的全部新股，回购价格以本公司首次公开发行价格加上同期银行存款利息和有关违法事实被证券监管部门认定之日前20个交易日本公司股票交易均价的孰高者确定；若公司股票停牌，则回购价格依据公司股票停牌前一日的平均交易价格与公司股票首次公开发行价格加上同期银行存款利息孰高者确定(公司上市后发生除权除息事项的，上述发行价格及回购股份数量做相应调整)，公司董事会应在上述违法事实被证券监管部门认定之日起10个交易日内拟定回购新股的回购计划并公告，包括回购股份数量、回购价格、完成时间等信息，股份回购计划经董事会审议通过后提交股东大会审议批准，并经国有资产监督管理部门、中国证监会、上海证券交易所批准或备案。

公司自股份回购计划经股东大会批准或经相关监管部门批准或备案之日起（以较晚完成日期为准）六个月内完成回购。本公司首次公开发行股票的招股说明书有虚假记载、误导性陈述或者重大遗漏，致使投资者在证券交易中遭受损失的，本公司将依法赔偿投资者损失。本公司若未能履行上述承诺，则本公司将按有关法律、法规的规定及监管部门的要求承担相应的责任；同时，若因本公司未履行上述承诺致使投资者在证券交易中遭受损失且相关损失数额经司法机关以司法裁决形式予以认定的，本公司将自愿按相应的赔偿金额冻结自有资金，以为本公司需根据法律法规和监管要求赔偿的投资者损失提供保障。

控股股东四联集团承诺：发行人招股说明书若有虚假记载、误导性陈述或者重大遗漏，致使投资者在证券交易中遭受损失的，四联集团将依法赔偿投资者损失。该等损失的赔偿金额以投资者因此而实际发生的直接损失为限，具体的赔偿标准、赔偿主体范围、赔偿金额等，以发行人与投资者的协商结果或证券监督管理部门、司法机关的认定为依据确定。同时，四联集团将自愿按应由四联集团承担的赔偿金额，申请冻结四联集团所持有的相应市值的川仪股份股票且将自愿接受发行人扣留四联集团在其利润分配方案中所享有的全部利润分配直至义务实施完毕，在上述义务实施完毕前，四联集团自愿放弃投票表决权的行使，从而为四联集团履行上述承诺提供履约保障。

发行人董事、监事和高级管理人员承诺：发行人招股说明书若有虚假记载、误导性陈述或者重大遗漏，致使投资者在证券交易中遭受损失的，本人将依法赔偿投资者损失。

（二）证券服务机构的承诺

保荐机构承诺："因本公司为重庆川仪自动化股份有限公司首次公开发行制作、出具的文件有虚假记载、误导性陈述或者重大遗漏，给投资者造成损失的，将依法赔偿投资者损失。该等损失的赔偿金额以投资者因此而实际发生的直接损失为限，具体的赔偿标准、赔偿主体范围、赔偿金额等，以发行人与投资者的协商结果，或证券监督管理部门、司法机关的认定为依据确定。"

发行人会计师承诺："因本所为发行人首次公开发行制作，出具的文件有虚假记载、误导性陈述或者重大遗漏，给投资者造成损失的，将依法赔偿投资者损失。"

发行人律师承诺："因本所为重庆川仪自动化股份有限公司首次公开发行制作、出具的文件有虚假记载、误导性陈述或者重大遗漏，给投资者造成损失的，经司法机关生效判决认定后，本所将依法赔偿投资者因本所制作、出具的文件所载内容存在虚假记载、误导性陈述或者重大遗漏而遭受的损失。"

五、关于公司、控股股东、发行前持股5%以上股东、公司董事及高级管理人员等责任主体作出公开承诺事项未履行的约束措施公司、控股股东、持股5%以上股东、公司董事及高级管理人员等责任主体作出公开承诺事项的，当出现未能履行承诺时：

（一）接受公开社会监督，证券交易所及相关监管部门可以督促相关责任主体及时改正并继续履行有关公开承诺；

（二）承诺人公开就个体行为向社会公众道歉并承担相应的经济和法律责任；

（三）对未履行承诺的公司董事及高级管理人员，视其情节轻重，分别处以内部通报批评，扣减或停发其工资薪酬，解聘其任职等方式，予以处罚。

（四）公司就承诺人未能履行公开承诺事项予以及时信息披露，同时披露对其处罚措施。

（五）如承诺未能履行、确已无法履行或无法按期履行的，承诺人提出补充承诺或替代承诺，以尽可能保护投资者的权益。

六、最近一期财务会计信息

2014年1-6月，公司实现营业收入165,521.67万元，较去年同期增长3.88%。其中：工业自动控制系统装置及工程成套业务实现收入134,212.31万元，较去年同期增长7.05%。公司的生产经营活动正常，未出现重大变化。

公司审计截止日后经营状况正常，公司2014年1-9月业绩较上年同期无重大变化。

第二节　股票上市情况

一、股票发行上市审核情况

（一）编制上市公告书的法律依据

本上市公告书系根据《中华人民共和国公司法》、《中华人民共和国证券法》和《上海证券交易所股票上市规则》等有关法律法规规定，并按照上海证券交易所《股票上市公告书内容与格式指引》编制而成，旨在向投资者提供有关本公司首次公开发行股票（A股）上市的基本情况。

（二）股票发行的核准部门和文号

本公司首次公开发行A股（以下简称"本次发行"）经中国证券监督管理委员会"证监许可[2014]690号"文批准。

本次发行采用网下向符合条件的投资者询价配售和网上按市值申购方式向社会公众投资者定价发行相结合的方式。

（三）证券交易所同意股票上市文件的文号

本公司A股股票上市经上海证券交易所"自律监管决定书[2014]447号"文批准。

本公司发行的A股股票在上海证券交易所上市，证券简称"川仪股份"，证券代码"603100"；其中本次网上网下公开发行的合计10,000万股股票将于2014年8月5日起上市交易。

二、本次上市相关信息

（一）上市地点：上海证券交易所

（二）上市时间：2014年8月5日

（三）股票简称：川仪股份

（四）股票代码：603100

（五）本次公开发行后的总股本：39,500万元

（六）本次公开发行的股票数量：10,000万股

（七）本次上市的无流通限制及锁定安排的股票数量：10,000万股

（八）发行前股东所持股份的流通限制及期限：参见本上市公告书之"第一节重要声明与提示"

（九）发行前股东对所持股份自愿锁定的承诺：参见本上市公告书之"第一节重要声明与提示"

（十）本次上市股份的其他锁定安排：参见本上市公告书之"第一节　重要声明与提示"

（十一）股票登记机构：中国证券登记结算有限责任公司上海分公司

（十二）上市保荐机构：广发证券股份有限公司

第三节　发行人、股东和实际控制人情况

一、发行人基本情况

（一）基本情况

发行人名称：重庆川仪自动化股份有限公司

英文名称：CHONGQING CHUANYIAUTOMATION CO.,LTD.

法定代表人：向晓波

注册地址：重庆市北碚区人民村1号

注册资本：人民币29,500万元

经营范围：自动化控制系统集成及工程成套、环境分析仪器及工程成套、仪器仪表、电气自动化系统及装置的设计、制造、销售及其技术咨询服务；医疗器械的设计、制造、销售及技术咨询服务（限分支机构凭许可证经营）；计算机及计算机网络的开发、应用及其技术咨询服务；混合集成电路及微电子器件，功能材料及元件、汽车、摩托车零部件（不含汽车发动机、摩托车发动机）、普通机械设计、制造、销售及其技术咨询服务；轨道交通设备及零部件的设计、制造销售及技术咨询服务；轨道交通设备工程配套、系统集成、安装调试、运营维护、管理及技术咨询服务；环保设备的设计、制造销售、系统集成、安装调试及其技术咨询服务；市政、环保工程系统成套的设计、运营维护、安装调试、管理及其技术咨询服务；贵金属、有色金属及合金的熔炼、加工、制造销售及技术咨询服务；粉末冶金制品的制造、销售；金属废料和碎屑加工处理。（涉及许可经营的凭有效许可证经营）。

主营业务：工业自动控制系统装置及工程成套

所属行业：C40"仪器仪表制造业"

董事会秘书：杨利

联系电话：023-67033458

传真号码：023-67032746

电子信箱：cyzqb@sicc.com.cn

（二）董事、监事、高级管理人员

截至本上市公告书刊登之日，本公司董事、监事和高级管理人员均未持有本公司的股票、债券等。关于董事、监事和高级管理人员任职起始日期如下表：

姓　名	职务	任职起始日期
向晓波	董事长	2012.4—2015.4
吴　朋	董事、总经理	2012.4—2015.4
黄治华	董事	2012.4—2015.4
刘绍云	董事	2012.4—2015.4
赵凤翔	董事	2012.4—2015.4
邓　勇	董事	2013.4—2015.4
张　乐	董事	2012.8—2015.4
龚惠兴	独立董事	2012.4—2015.4
奚家成	独立董事	2012.4—2015.4
周孝华	独立董事	2014.4—2015.4
余　杰	独立董事	2012.4—2015.4
关晋明	监事会主席	2012.4—2015.4
毕监勃	监事	2012.4—2015.4
马　静	监事	2012.4—2015.4
冯地斌	职工监事	2012.4—2015.4
吴　昱	职工监事	2012.4—2015.4
郑碚钢	副总经理	2012.4—2015.4
吴正国	副总经理	2012.4—2015.4

王道福	副总经理	2012.4—2015.4
杨　利	董事会秘书	2012.4—2015.4
王　刚	副总经理	2012.4—2015.4
冯锦云	财务总监、财务负责人	2013.9—2015.4
丁　勇	副总经理	2014.3—2015.4

二、控股股东及实际控制人的基本情况

本公司控股股东为四联集团，该公司成立于 1997 年 10 月 30 日，企业法人营业执照号为 5000001800326，注册资本和实收资本为 428,062,617.55 元，注册地和主要经营地为重庆市北碚区碚峡路，法定代表人向晓波。

重庆市国资委持有四联集团 100%的股权，为本公司实际控制人。

三、股东情况

（一）本次发行前后公司股本结构变动情况

股东名称	发行前		发行后		锁定期限制
	持股数量(万股)	持股比例	持股数量(万股)	持股比例	
一、有限售条件 A 股流通股					
中国四联仪器仪表集团有限公司	14,260.2854	48.34%	13,637.4854	34.53%	1、自发行人股票上市之日起三十六个月内，不转让或者委托他人管理其持有的发行人股份，也不由发行人回购其持有的股份； 2、在持股锁定期满后两年内不减持。 3、发行人上市后 6 个月内如股票连续 20 个交易日的收盘价均低于发行价，或者上市后 6 个月期末收盘价低于发行价，则四联集团所持发行人股票的锁定期限自动延长 6 个月(若发行人股份在该期间内发生派息、送股、资本公积转增股本等除权除息事项的，发行价应相应作除权除息处理)。
重庆渝富资产经营管理集团有限公司	5,372.9066	18.21%	5,138.3066	13.01%	1、自发行人股票上市之日起十二个月内不转让其持有的股份； 2、在持股锁定期满后两年内，如果发生减持行为，每年减持的股份不超过发行人上市时本公司持有的发行人股份的 100%，减持价格根据减持当时发行人股票的市场价格确定，并且不得低于发行人首次公开发行股票的发行价(若发行人股份在该期间内发生派息、送股、资本公积转增股本等除权除息事项的，发行价应相应作除权除息处理)，减持通过证券交易所集中竞价交易系统、大宗交易系统、协议等法律法规许可的方式进行。
横河电机株式会社	2,101.576	7.12%	2,101.576	5.32%	1、自发行人股票上市之日起十二个月内不转让其持有的股份； 2、在持股锁定期满后两年内不减持。
重庆市水务资产经营有限公司	1,765.232	5.98%	1,688.132	4.27%	1、自发行人股票上市之日起十二个月内不转让其持有的股份； 2、在持股锁定期满后两年内，如果发生减持行为，每年减持的股份不超过发行人上市时本公司持有的发行人股份的 100%，减持价格根据减持当时发行人股票的市场价格确定，并且不得低于发行人首次公开发行股票的发行价(若发行人股份在该期间内发生派息、送股、资本公积转增股本等除权除息事项的，发行价应相应作除权除息处理)，减持通过证券交易所集中竞价交易系统、大宗交易系统、协议等法律法规许可的方式进行。
湖南迪策创业投资有限公司	1,500	5.08%	1434.5	3.63%	1、自发行人股票上市之日起十二个月内不转让其持有的股份； 2、在持股锁定期满后两年内，如果发生减持行为，每年减持的股份不超过发行人上市时本公司持有的发行人股份的 50%，减持价格根据减持当时发行人股票的市场价格确定，并且不得低于发行人首次公开发行股票的发行价(若发行人股份在该期间内发生派息、送股、资本公积转增股本等除权除息事项的，发行价应相应作除权除息处理)，减持通过证券交易所集中竞价交易系统、大宗交易系统、协议等法律法规许可的方式进行。
NewMargin Chuan Yi Investment Corporation, Limited	1,000	3.39%	1,000	2.53%	自发行人股票上市之日起十二个月内不转让其持有的股份。
SAIF III Mauritius (China Investments) Limited	1,000	3.39%	1,000	2.53%	自发行人股票上市之日起十二个月内不转让其持有的股份。
FIRST STAR HOLDINGS LIMITED[注]	800	2.71%	800	2.03%	自发行人股票上市之日起十二个月内不转让其持有的股份。
Sodefinance Asia Investment Limited[注]	800	2.71%	800	2.03%	自发行人股票上市之日起十二个月内不转让其持有的股份。
重庆爱普科技有限公司	500	1.69%	500	1.27%	自发行人股票上市之日起十二个月内不转让其持有的股份。
长三角创业投资企业	200	0.68%	200	0.51%	自发行人股票上市之日起十二个月内不转让其持有的股份。
重庆典华物业发展有限公司	200	0.68%	200	0.51%	自发行人股票上市之日起十二个月内不转让其持有的股份。
全国社会保障基金	–	–	1,000	2.53%	承继原四联集团、重庆渝富、

理事会					重庆水务和湖南迪策的锁定承诺。
合计	29,500	100%	29,500	74.68%	–
二、无限售条件A股流通股					
本次网下发行社会公众股	–	–	1,000	2.53%	–
本次网上发行社会公众股	–	–	9,000	22.78%	–
合计	–	–	10,000	25.32%	
总合计	29,500	100%	39,500	100%	–

注:FIRSTSTARHOLDINGSLIMITED 中文名称为富顺集团有限公司,Sodefinance AsiaInvestmentLimited 中文名称为索德尚亚洲投资有限公司。

(二)本次发行后、上市前的股东情况

本次发行后、上市前的股东户数为82798户,持股数量前10名股东的名称、持股数量及持股比例如下:

序号	股东名称	股份(万股)	持股比例
1	中国四联仪器仪表集团有限公司	13,637.4854	34.53%
2	重庆渝富资产经营管理集团有限公司	5,138.3066	13.01%
3	横河电机株式会社	2,101.576	5.32%
4	重庆市水务资产经营有限公司	1,688.132	4.27%
5	湖南迪策创业投资有限公司	1434.5	3.63%
6	全国社会保障基金理事会转持二户	1,000	2.53%
6	SAIF III Mauritius(China Investments)Limited	1,000	2.53%
6	NewMargin Chuan Yi Investment Corporation, Limited	1,000	2.53%
9	富顺集团有限公司	800	2.03%
9	索德尚亚洲投资有限公司	800	2.03%

第四节　股票发行情况

一、发行数量:10,000万股

二、发行价格:6.72元/股

三、每股面值:1.00元

四、发行方式:网下向符合条件的投资者询价配售和网上按市值申购方式向社会公众投资者定价发行相结合的方式,其中网下向询价对象配售1,000万股,网上向社会公众投资者发行9,000万股。

五、募集资金总额及注册会计师对资金到位的验证情况

(一)本次发行募集资金总额为67,200万元。

(二)天健会计师事务所(特殊普通合伙)于2014年7月29日对本次发行的资金到位情况进行了审验,并出具了"天健验[2014]8-26号"《验资报告》。

(三)发行费用

序号	项目	公司公开发行新股发行费用金额(元)
1	承销费用	33,600,000.00
2	保荐费用	2,000,000.00
3	审计验资费用	4,962,264.15
4	律师费用	188,679.25
5	信息披露费用	3,447,169.81
6	登记费用	395,000.00
7	上市初费	450,000.00
8	摇号及公证费	49,000.00
9	招股说明书印刷费	56,781.80
10	印花税	313,268.92
	费用合计	45,462,163.93

本次发行每股发行费用为0.45元。

(四)本次发行募集资金净额:626,537,836.07元。

(五)发行后全面摊薄每股净资产:4.09元/股(以本次发行后归属于母公司股东权益除以本次发行后总股本计算,本次发行后归属于母公司股东权益按发行人2013年12月31日经审计的归属于母公司股东权益和本次募集资金净额之和计算)

(六)发行后全面摊薄每股收益:0.32元(以2013年度经审计扣除非经常性损益前后孰低的归属于母公司股东的净利润除以本次发行后总股本计算)

第五节　财务会计资料

本公司上市公告书已披露2014年6月30日的资产负债表、2014年1–6月的利润表及现金流量表,上述数据未经审计。公司上市后不再另行披露2014年半年度报告,敬请投资者注意。

一、主要会计数据及财务指标

项目	2014年6月30日	2013年12月31日	本报告期末比上年度期末增减
流动资产(元)	2,638,516,681.87	2,434,686,538.18	8.37%
流动负债(元)	2,402,744,719.29	2,227,921,043.73	7.85%
总资产(元)	3,537,508,565.34	3,342,782,909.93	5.83%
归属于发行人股东的所有者权益(元)	1,024,271,691.24	990,543,791.96	3.40%
归属于发行人股东的每股净资产(元/股)	3.47	3.36	3.27%
项目	2014年1–6月	2013年1–6月	本报告期比上年同期增减
营业收入(元)	1,655,216,682.39	1,593,378,949.27	3.88%
营业利润(元)	82,645,140.16	80,308,746.69	2.91%
利润总额(元)	87,685,854.60	83,319,128.87	5.24%
归属于发行人股东的净利润(元)	77,977,899.28	70,768,295.56	10.19%
归属于发行人股东的扣除非经常性损益后的净利润(元)	73,872,093.10	68,098,005.20	8.48%
基本每股收益	0.26	0.24	8.33%
扣除非经常性损益后的基本每股收益(元/股)	0.25	0.23	8.70%
加权平均净资产收益率(%)	7.63	6.33	1.30
扣除非经常性损益后的加权平均净资产收益率(%)	7.23	6.09	1.14
经营活动产生的现金流量净额(元)	−109,367,128.48	−213,386,416.31	48.75%
每股经营活动产生的现金流量净额(元)	−0.37	−0.72	48.61%

注:净资产收益率和扣除非经常性损益后的净资产收益率两个指标的本报告期比上年同期增减为两期数的差值。

二、经营业绩和财务状况的简要说明

(一)经营业绩简要说明

(1)营业收入:2014年1–6月公司实现营业收入165,521.67万元,较去年同期增长3.88%。其中:工业自动控制系统装置及工程成套业务实现收入134,212.31万元,较去年同期增长7.05%。主要是因为公司系统集成及总包服务业务在石油、化工行业增长较快。

(2)利润:2014年1–6月,公司实现营业利润8,264.51万元,较去年同期增长2.91%;利润总额8,768.59万元,较去年同期增长5.24%;归属于母公司股东的净利润7,797.79万元,较去年同期增长10.19%。主要系公司销售收入的增长及公司对外投资收益增加所致。

(二)财务状况简要说明

(1)主要资产项目变动

2014年6月末,公司货币资金16,463.22万元,较2014年初降低37.65%,主要系公司在年初集中考核员工上年度绩效并在上半年发放,以及跨期缴纳税金等所致。

2014年6月末,公司应收票据33,643.60万元,较2014年初增长53.17%,主要系公司收到的商业票据未到承兑日期所致。

2014年6月末,公司应收账款145,409.82万元,较2014年初增长16.34%,主要系公司上半年的工作侧重点是承接合同,下半年的工作侧重点是货款回收所致。

2014年6月末,公司应收股利1,993.60万元,较2014年初增加1,993.60万元,主要系2014年横河川仪分配股利3,987.20万元,截至2014年6月末已收到1,993.60万元所致。

2014年6月末,公司存货43,488.03万元,较2014年初减少12.12%,主要系公司加强存货的管理,加快存货周转速度所致。

2014年6月末,公司在建工程282.01万元,较2014年初减少64.26%,主要系公司悬挂链及喷漆线建设等项目转固所致。

(2)主要负债项目变动

2014年6月末,公司应付票据17,849.94万元,较2014年初增长43.81%,主要系公司加大使用商业票据及国内信用证等支付货款所致。

2014年6月末,公司一年内到期的非流动负债5,150.00万元,较2014年初增长63.11%,主要系公司长期借款一年内到期转入所致。

(3)主要权益项目变动

2014年6月末,公司未分配利润50,110.51万元,较2014年初增长7.22%,主要系公司2014年1–6月实现归属于母公司的净利润增加7,797.79万元、2014年分配利润4,425.00万元减少所致。

三、2014年1–9月份经营业绩预计情况

公司审计截止日后经营状况正常,公司2014年1–9月业绩较上年同期无重大变化。

第六节 其他重要事项

一、募集资金专户存储三方监管协议的安排

根据有关法律法规及《上海证券交易所上市公司募集资金管理办法》，本公司于 2014 年 7 月 30 日，分别与中信银行股份有限公司重庆分行、重庆银行股份有限公司两江分行（以下简称“开户银行”）及保荐机构广发证券股份有限公司签订了《募集资金专户存储三方监管协议》。

（一）募集资金专户开设情况

1、银行名称：中信银行股份有限公司重庆分行

账户名称：重庆川仪自动化股份有限公司

银行账号：7421010182600438219

金额：21,054.00 万元（包括待支付发行费用）

用途：偿还银行借款

2、银行名称：重庆银行股份有限公司两江分行

账户名称：重庆川仪自动化股份有限公司

银行账户：518801040000255

金额：42,586.00 万元

用途：智能现场仪表技术升级和产能提升项目、流程分析仪器及环保监测装备产业化项目和重庆川仪自动化股份有限公司技术中心创新能力建设项目。

（二）募集资金专户三方监管协议主要内容

本公司简称为“甲方”，开户银行简称为“乙方”，广发证券股份有限公司简称为“丙方”。

1、甲方募集资金可以以定期存单、通知存款等存款方式存放于乙方。甲方承诺上述存单到期后将及时转入本协议规定的募集资金专户进行管理或以存单方式续存，并通知丙方。甲方存单不得质押或设置其他权利限制。

2、甲乙双方应当共同遵守《中华人民共和国票据法》、《支付结算办法》、《人民币银行结算账户管理办法》等法律、法规、规章。甲方应当遵守《上海证券交易所上市公司募集资金管理办法》等法律法规的规定以及甲方制定的募集资金使用管理制度。

3、丙方作为甲方的保荐人，应当依据有关规定指定保荐代表人或其他工作人员对甲方募集资金使用情况进行监督。

丙方承诺按照《证券发行上市保荐业务管理办法》、《上海证券交易所上市公司募集资金管理办法》以及甲方制订的募集资金使用管理制度对甲方募集资金管理事项履行保荐职责，进行持续督导工作。

丙方可以采取现场调查、书面问询等方式行使其监督权。甲方和乙方应当配合丙方的调查与查询。丙方每半年度对甲方现场调查时应当同时检查专户存储情况。甲方应当严格按照有关规定和审批制度，妥善管理和使用募集资金，并建立每笔募集资金使用的记账记录（包括但不限于审批单据、银行划款凭证、公司记账凭证等内容）。

4、甲方授权丙方指定的保荐代表人徐建武、伍建筑可以随时到乙方查询、复印甲方专户的资料；乙方应当及时、准确、完整地向其提供所需的有关专户的资料。

保荐代表人向乙方查询甲方专户有关情况时应当出具本人的合法身份证明；丙方指定的其他工作人员向乙方查询甲方专户有关情况时应当出具本人的合法身份证明和单位介绍信。

5、乙方按月（每月 10 日前）向甲方出具真实、准确、完整的专户对账单，并抄送给丙方。

6、甲方 1 次或 12 个月以内累计从专户支取的金额超过 5000 万元且达到发行募集资金总额扣除发行费用后的净额（以下简称“募集资金净额”）的 20%的，甲方应当及时以传真方式通知丙方，同时提供专户的支出清单。

7、丙方有权根据有关规定更换指定的保荐代表人。丙方更换保荐代表人的，应当将相关证明文件书面通知乙方，同时按本协议的要求书面通知更换后保荐代表人的联系方式。更换保荐代表人不影响本协议的效力。

8、乙方连续三次未及时向甲方出具对账单，以及存在未配合丙方调查专户情形的，甲方可以主动或在丙方的要求下单方面终止本协议并注销募集资金专户。但甲方应在终止本协议前另行确定募集资金专户，并督促新的募集资金专户开户银行与甲方及丙方另行签署募集资金三方监管协议。

9、丙方发现甲方、乙方未按约定履行本协议的，应当在知悉有关事实后及时向上海证券交易所书面报告。

10、本协议自甲、乙、丙三方法定代表人或其授权代表签署并加盖各自单位公章之日起生效，至专户资金全部支出完毕并依法销户之日起失效。

二、其他事项

本公司在招股意向书刊登日至上市公告书刊登前，除 2014 年 7 月 31 日，川仪股份召开第二届董事会临时会议，审议通过了《关于公司 2014 年 6 月 30 日止财务报表的议案》及 2014 年 7 月 31 日，川仪股份召开第二届监事会临时会议，审议通过了《关于公司 2014 年 6 月 30 日止财务报表的议案》外，没有发生可能对本公司有较大影响的重要事项，具体如下：

（一）本公司主要业务发展目标的进展情况正常；

（二）本公司所处行业或市场未发生重大变化；

（三）除与正常业务经营相关的采购、销售、借款等商务合同外，本公司未订立其他对本公司的资产、负债、权益和经营成果产生重大影响的重要合同；

（四）本公司与关联方未发生重大关联交易；

（五）本公司未发生重大投资；

（六）本公司未发生重大资产（或股权）购买、出售及置换；

（七）本公司住所未发生变更；

（八）本公司董事、监事、高级管理人员及核心技术人员未发生变化；

（九）本公司未发生重大诉讼、仲裁事项；

（十）本公司未发生对外担保等或有事项；

（十一）本公司的财务状况和经营成果未发生重大变化；

（十二）董事会、监事会和股东大会决议及其主要内容；

（十三）其他应披露的重大事项。

第七节 上市保荐机构及其意见

一、上市保荐机构基本情况

保荐机构名称：广发证券股份有限公司

住所：广州市天河区天河北路 183-187 号大都会广场 43 楼（4301-4316 房）

法定代表人：孙树明

电话：020-87555888

传真：020-87553577

保荐代表人：徐建武、伍建筑

二、上市保荐机构的推荐意见

上市保荐机构认为，发行人申请其 A 股股票上市符合《公司法》、《证券法》及《上海证券交易所股票上市规则》等国家法律、法规的有关规定，发行人 A 股股票具备在上海证券交易所上市的条件。广发证券股份有限公司同意推荐重庆川仪自动化股份有限公司 A 股股票在上海证券交易所上市。

重庆川仪自动化股份有限公司

2014 年 8 月 4 日

浙江莎普爱思药业股份有限公司

浙江莎普爱思药业股份有限公司首次公开发行A股股票上市公告书

特别提示

本公司股票将于2014年7月2日在上海证券交易所上市。根据统计，2009年至2013年，对于在沪市新股上市首日买入金额在10万元以下的中小投资者，在新股上市后的第六个交易日出现亏损的账户数量占比超过50%。本公司提醒投资者应充分了解股票市场风险及本公司披露的风险因素，在新股上市初期切忌盲目跟风"炒新"，应当审慎决策、理性投资。

第一节　重要声明与提示

浙江莎普爱思药业股份有限公司(以下简称"莎普爱思"、"本公司"或"发行人"、"公司")及全体董事、监事、高级管理人员保证上市公告书的真实性、准确性、完整性，承诺上市公告书不存在虚假记载、误导性陈述或重大遗漏，并承担个别和连带的法律责任。

上海证券交易所、其他政府机关对本公司股票上市及有关事项的意见，均不表明对本公司的任何保证。

本公司提醒广大投资者注意，凡本上市公告书未涉及的有关内容，请投资者查阅刊载于上海证券交易所网站(http://www.sse.com.cn)的本公司招股说明书全文。

本公司提醒广大投资者注意首次公开发行股票(以下简称"新股")上市初期的投资风险，广大投资者应充分了解风险，理性参与新股交易。

一、本次发行前，公司股东所持股份的流通限制及股东对所持股份的锁定承诺

1、控股股东、实际控制人陈德康承诺：自股票上市之日起三十六个月内，不转让或者委托他人管理本人直接和间接持有的公司首次公开发行股票前已发行的股份，也不由公司回购该部分股份；若公司上市后6个月内公司股票连续20个交易日的收盘价均低于发行价，或者公司上市后6个月期末股票收盘价低于发行价，本人承诺持有公司股份的锁定期限将自动延长6个月；在所持公司股票锁定期满后2年内，本人将在遵守法律法规、证券交易所上市规则等相关规定的前提下减持所持公司股票，累计减持数量不超过公司股份总额的10%，且减持不影响其对公司的控制权；若本人于承诺的持有公司股票的锁定期届满后两年内减持公司股票，减持的价格不低于公司首次公开发行股票的发行价；作为公司董事，在上述股份锁定期满后，在任职期间每年转让的股份不超过本人所持有公司股份总数的25%；离职后六个月内不转让所持有的公司股份；在申报离任六个月后的十二个月内通过证券交易所挂牌交易出售公司股票数量占本人所持公司股份总数的比例不超过50%。在职务变更、离职等情形下，本人仍将忠实履行上述承诺。

2、公司股东王泉平、上海景兴实业投资有限公司承诺：自股票上市之日起十二个月内，不转让或者委托他人管理本人(公司)直接和间接持有的发行人首次公开发行股票前已发行的股份，也不由发行人回购该部分股份；在持有公司股票的锁定期届满后两年内，本人(公司)将减持所持公司股票，股票减持的价格不低于公司首次公开发行股票的发行价，且至多减持所持公司全部股票。

3、担任公司董事、高级管理人员的股东胡正国承诺：自股票上市之日起十二个月内，不转让或者委托他人管理本人直接和间接持有的公司首次公开发行股票前已发行的股份，也不由公司回购该部分股份；若公司上市后6个月内公司股票连续20个交易日的收盘价均低于发行价，或者公司上市后6个月期末股票收盘价低于发行价，本人承诺的持有公司股份的锁定期限将自动延长6个月；在上述锁定期满后，在本人任职期间每年转让的股份不超过所持有公司股份总数的25%；离职后六个月内不转让所持有的公司股份；在申报离任六个月后的十二个月内通过证券交易所挂牌交易出售公司股票数量占本人所持公司股份总数的比例不超过50%；在本人持有公司股票的锁定期届满后的两年内，本人将减持所持公司股票，减持数量不超过法律法规规定的数量范围，且第一年不超过锁定期届满时所持公司股票的50%，第二年不超过锁定期届满时所持公司股票的100%，在该期限内减持的价格不低于公司首次公开发行股票的发行价；在职务变更、离职等情形下，本人仍将忠实履行上述承诺。

期间公司如有派息、送股、资本公积金转增股本、配股等除权除息事项，上述承诺中所述的发行价将相应调整。

二、关于公司股价稳定措施的承诺

为稳定公司股价，保护中小股东和投资者利益，公司股东大会通过了《公司上市后三年内稳定公司股价的预案》。公司、控股股东、董事、监事、高级管理人员就公司上市后三年内稳定公司股价的预案作出了承诺。本预案内容如下：

公司上市(以公司股票在证券交易所挂牌交易之日为准)后三年内，若公司股价持续低于每股净资产(期间公司如有派息、送股、资本公积金转增股本、配股等除权除息事项，每股净资产将相应调整)，公司将通过回购公司股票或控股股东、董事(不含独立董事，下同)、高级管理人员增持公司股票的方式启动股价稳定措施。

1、启动股价稳定措施的条件

公司股票连续20个交易日的收盘价均低于公司最近一年经审计的每股净资产。

2、股价稳定措施的方式及顺序

股价稳定措施包括：(1)公司回购股票；(2)控股股东增持公司股票；(3)董事、高级管理人员增持公司股票等方式。选用前述方式时应考虑：(1)不能导致公司不满足法定上市条件；(2)不能迫使控股股东履行要约收购义务。

股价稳定措施的实施顺序如下：

(1)第一选择为公司回购股票；

(2)第二选择为控股股东增持公司股票。在下列情形之一出现时将启动第二选择：

①公司无法实施回购股票或回购股票议案未获得公司股东大会批准，且控股股东增持公司股票不会致使公司将不满足法定上市条件或触发控股股东的要约收购义务；或

②公司虽实施股票回购计划但仍未满足"公司股票连续3个交易日的收盘价均已高于公司最近一年经审计的每股净资产"之条件。

(3)第三选择为董事、高级管理人员增持公司股票。启动该选择的条件为：在控股股东增持公司股票方案实施完成后，如公司股票价格仍未满足"公司股票连续3个交易日的收盘价均已高于公司最近一年经审计的每股净资产"之条件。

3、实施公司回购股票的程序

基于法律法规、证券交易所上市规则的相关规定，在达到触发启动股价稳定措施条件的情况下，公司将在10日内召开董事会，依法作出实施回购股票的决议、提交股东大会批准并履行相应公告程序。

公司将在董事会决议出具之日起30日内召开股东大会，审议实施回购股票的议案，公司股东大会对实施回购股票作出决议，必须经出席会议的股东所持表决权的2/3以上通过。

公司股东大会批准实施回购股票的议案后公司将依法履行相应的公告、备案及通知债权人等义务。在满足法定条件下依照决议通过的实施回购股票的议案中所规定的价格区间、期限实施回购。

公司将在股东大会决议作出之日起6个月内回购股票，直至：

①通过实施回购股票，公司股票连续3个交易日的收盘价均已高于公司最近一年经审计的每股净资产；或

②继续回购股票将导致公司不满足法定上市条件；或

③公司在本年度回购股票的累计款项达到人民币2,000万元。

单次实施回购股票完毕或终止后，本次回购的公司股票应在实施完毕或终止之日及时办理减资程序。

4、实施控股股东增持公司股票的程序

(1)启动程序

①公司未实施股票回购计划

基于法律法规、证券交易所上市规则的相关规定，在达到触发启动股价稳定措施条件的情况下，并且在公司无法实施回购股票或回购股票议案未获得公司股东大会批准，且控股股东增持公司股票不会致使公司不满足法定上市条件或触发控股股东的要约收购义务的前提下，公司控股股东将在达到触发启动股价稳定措施条件或公司股东大会作出不实施回购股票计划的决议之日起30日内向公司提交增持公司股票的方案并由公司公告。

②公司已实施股票回购计划

公司虽实施股票回购计划但仍未满足"公司股票连续3个交易日的收盘价均已高于公司最近一年经审计的每股净资产"之条件，公司控股股东将在公司股票回购计划实施完毕或终止之日起30日内向公司提交增持公司股票的方案并由公司公告。

(2)控股股东增持公司股票的计划

在履行相应的公告等义务后，控股股东将在满足法定条件下依照方案中所规定的价格区间、期限实施增持。

公司不得为控股股东实施增持公司股票提供资金支持。

控股股东将在增持方案公告之日起6个月内实施增持公司股票计划，直至：

①通过增持公司股票，公司股票连续3个交易日的收盘价均已高于公司最近一年经审计的每股净资产；或

②继续增持股票将导致公司不满足法定上市条件；或

③继续增持股票将导致控股股东需要履行要约收购义务且控股股东未计划实施要约收购；或

④控股股东在本年度增持股票的累计款项达到人民币2,000万元。

5、董事、高级管理人员增持公司股票的程序

在控股股东增持公司股票方案实施完成后，仍未满足"公司股票连续3个交易日的收盘价均已高于公司最近一年经审计的每股净资产"之条件，基于法律法规、证券交易所上市规则的相关规定，董事、高级管理人员将在控股股东增持公司股票方案实施完成后90日内增持公司股票，直至：

①通过增持公司股票，公司股票连续3个交易日的收盘价均已高于公司最近一年经审计的每股净资产；或

②继续增持股票将导致公司不满足法定上市条件；或

③继续增持股票将导致需要履行要约收购义务且其未计划实施要约收购；或

④董事、高级管理人员在本年度增持股票的累计款项达到其上一年度于公司取得薪酬总额的30%。

公司在上市后三年内新聘任的董事、高级管理人员也应遵守《公司上市后三年内稳定公司股价的预案》。

三、关于招股说明书中有虚假记载、误导性陈述或者重大遗漏影响发行条件，公司回购股份的承诺

公司对关于招股说明书中有虚假记载、误导性陈述或者重大遗漏影响发行条件回购股票作出如下公开承诺：

若本公司招股说明书存在虚假记载、误导性陈述或者重大遗漏，对判断公司是否符合法律规定的发行条件构成重大、实质影响，本公司将自有权机关作出相应决定之日起90日内，基于法律法规、证券交易所上市规则的相关规定，依法回购本公司首次公开发行的全部新股，回购价格为回购当时公司股票二级市场价格，且不低于发行价并加上中国人民银行规定的同期同档次银行存款利息；若公司股票停牌，则回购价格不低于公司股票停牌前一日的平均交易价格，且不低于发行价并加上中国人民银行规定的同期同档次银行存款利息。

期间公司如有派息、送股、资本公积金转增股本、配股等除权除息事项，公司及股东承诺中所述的发行价将相应调整。

四、关于招股说明书中有虚假记载、误导性陈述或者重大遗漏赔偿投资者损失的承诺

1、公司、控股股东、董事、监事、高级管理人员承诺：若本公司招股说明书存在虚假记载、误导性陈述或重大遗漏，致使投资者在证券交易中遭受损失，本公司(本人)将依法赔偿投资者损失，确保投资者的合法权益得到有效保护，该等损失的赔偿金额以投资者实际发生的直接损失为限。

2、公司首次公开发行股票并上市的保荐机构华龙证券有限责任公司作出承诺：如本保荐机构在本次发行保荐工作期间未勤勉尽责，导致本保荐机构制作、出具的公开法律文件存在虚假记载、误导性陈述或者重大遗漏，并因此给投资者造成直接经济损失的，在该等违法事实被认定后，本保荐机构将依法赔偿由此造成的损失。

3、公司首次公开发行股票并上市的申报会计师天健会计师事务所(特殊普通合伙)承诺，因本所为发行人首次公开发行制作、出具的文件有虚假记载、误导性陈述或者重大遗漏，给投资者造成损失的，将依法赔偿投资者损失。

4、发行人律师通力律师事务所承诺：若因本所为发行人本次发行出具的公开法律文件中存在虚假记载、误导性陈述或者重大遗漏，并因此给投资者造成直接损失的，本所将依法赔偿投资者由此造成的损失，有证据证明本所没有过错的情形除外。

五、持有公司5%以上股份的股东的减持意向

1、陈德康：在本人所持公司股票锁定期满后2年内，本人将在遵守法律法规、证券交易所上市规则等相关规定的前提下减持所持公司股票，累计减持数量不超过公司股份总额的10%，且减持不影响其对公司的控制权；预计未来一个月内公开出售的数量不超过公司股份总数1%的，将通过证券交易所集中竞价交易系统转让所持股份；预计未来一个月内公开出售的数量超过股份公司股份总数1%的，将通过证券交易所大宗交易系统转让所持股份。本人将在减持公司股票前3个交易日予以公告。

2、王泉平、上海景兴实业投资有限公司：本人(公司)将基于法律法规、证券交易所上市规则的相关规定，通过证券交易所集中竞价交易系统或大宗交易系统转让所持公司股份，并在减持前3个交易日予以公告；在持有公司股票的锁定期届满后两年内，本人(公司)将减持所持公司股票，股票减持的价格不低于公司首次公开发行股票的发行价，且至多减持所持公司全部股票。

3、胡正国：作为公司董事、高级管理人员，本人将在法律法规规定的数量范围内进行减持，通过证券交易所集中竞价交易系统或大宗交易系统转让所持股份，并在减持前3个交易日予以公告；在所持公司股票锁定期满后2年内，股票减持的价格不低于公司首次公开发行股票发行价。

期间公司如有派息、送股、资本公积金转增股本、配股等除权除息事项，上述股东承诺中所指的发行价将相应调整。

六、相关责任主体承诺事项的约束措施

1、公司承诺

本公司将积极采取合法措施履行就本次发行上市所做的所有承诺，自愿接受监管机关、社会公众及投资者的监督，并依法承担相应责任。若因违反上述承诺而被司法机关和/或行政机关作出相应裁判、决定，本公司将严格依法执行该等裁判、决定。

2、控股股东承诺

①若违反本人对公司股票锁定期限的承诺及股份锁定期满后两年内股票减持意向的承诺，本人同意将实际减持股票所获收益归公司所有。

②如违反本人对公司招股说明书真实、准确、完整的相关承诺及本人对关于公司上市后三年内稳定公司股价措施的承诺，公司有权将应付本人的现金分红予以暂时扣留，直至本人实际履行上述承诺义务为止。

③关于公司未履行有关承诺的承诺

根据《公司上市后三年内稳定公司股价的预案》，在达到触发启动股价稳定措施条件的情况下，若公司未履行其作出的增持承诺，在本人增持公司股票不会致使其不满足法定上市条件或触发要约收购义务的前提下，本人将在达到触发启动股价稳定措施条件或公司股东大会作出不实施回购股票计划的决议之日起30日内向公司提交增持公司股票的方案并由公司公告。若本人违反此项承诺，公司有权将应付本人的现金分红予以暂时扣留，直至本人实际履行上述承诺义务为止。

本人将积极采取合法措施履行就本次发行上市所做的所有承诺，自愿接受监管机关、社会公众及投资者的监督，并依法承担相应责任。若因违反上述承诺而被司法机关和/或行政机关作出相应裁判、决定，本人将严格依法执行该等裁判、决定。

3、作为公司董事、高级管理人员的股东胡正国承诺

若违反本人上述对公司股票锁定期限的承诺，本人同意将实际减持股票所获全部收益归公司所有。

若违反本人对公司招股说明书真实、准确、完整的相关承诺、对公司上市后三年内稳定公司股价措施的承诺、对所持公司股票在锁定期满后2年内减持意向的承诺，公司有权将应付本人的现金分红予以暂时扣留，直至本人实际履行上述承诺义务为止。

本人将积极采取合法措施履行就本次发行上市所做的所有承诺，自愿接受监管机关、社会公众及投资者的监督，并依法承担相应责任。若因违反上述承诺而被司法机关和/或行政机关作出相应裁判、决定，本人将严格依法执行该等裁判、决定。

4、公司股东王泉平、上海景兴实业投资有限公司承诺

若违反本人(公司)对公司股票在锁定期满后2年内减持意向的承诺，本人(公司)同意将减持股票所获收益归公司所有。

本人(公司)将积极采取合法措施履行就本次发行上市所做的所有承诺，自愿接受监管机关、社会公众及投资者的监督，并依法承担相应责任。若因违反上述承诺而被司法机关和/或行政机关作出相应裁判、决定，本人(公司)将严格依法执行该等裁判、决定。

5、公司其他董事、监事、高级管理人员承诺

本人将积极采取合法措施履行就本次发行上市所做的所有承诺，自愿接受监管机关、社会公众及投资者的监督，并依法承担相应责任。若因违反上述承诺而被司法机关和/或行政机关作出相应裁判、决定，本人将严格依法执行该等裁判、决定。

七、审计截止日后的主要经营情况

经天健会计师事务所审阅，公司2014年第一季度营业收入18,224.86万元，比上年同期增长22.51%。公司的生产经营活动正常，未出现重大变化。公司主要产品销售情况良好、主要客户未发生重大变化，主要原材料采购价格稳定、主要供应商未发生重大变化。

公司审计截止日后经营状况正常，不会导致公司2014年上半年净利润相比上年同期发生重大不利变化。

如无特别说明，本上市公告书中的简称或名词的释义与本公司首次公开发行股票招股说明书中的释义相同。

第二节　股票上市情况

一、本上市公告书系根据《中华人民共和国证券法》、《中华人民共和国公司法》和《上海证券交易所股票上市规则》等有关法律法规规定，按照上海证券交易所《股票上市公告书内容与格式指引》编制而成，旨在向投资者提供有关本公司首次公开发行A股股票上市的基本情况。

二、本公司首次公开发行A股股票(以下简称"本次发行")已经中国证券监督管理委员会"证监许可〔2014〕576号"文核准。

三、本公司A股股票上市已经上海证券交易所自律监管决定书〔2014〕354号文批准。证券简称"莎普爱思"，股票代码"603168"。本次发行的1,635万股中，1,633.6071万股社会公众股将于2014年7月2日起上市交易。

四、股票上市概况

1、上市地点：上海证券交易所

2、上市时间：2014年7月2日

3、股票简称：莎普爱思

4、股票代码：603168

5、本次发行完成后总股本：6,535万股

6、本次A股公开发行的股份数：本次发行股份数量为1,635万股，均为新股发行，无老股转让。

7、本次发行前股东所持股份的流通限制及期限、发行前股东对所持股份自愿锁定的承诺请参见本上市公告书之"第一节重要声明与提示"。

8、本次上市股份的其他锁定安排：本次公开发行共1,635万股，网上按市值申购定价发行的1,471.50万股股份均无锁定安排；网下向投资者询价配售的163.50万股股份中，无锁定安排的股份为162.1071万股；有自愿锁定安排的股份为1.3929万股，锁定期为12个月，锁定期自本次公开发行的股票在上交所上市交易之日起开始计算。本次公开发行的1,635万股中，无锁定安排的股份合计1,633.6071万股，有自愿锁定安排的股份合计1.3929万股。

9、股票登记机构：中国证券登记结算有限责任公司上海分公司

10、上市保荐机构：华龙证券有限责任公司

第三节　发行人、股东和实际控制人情况

一、发行人基本情况

1、中文名称：浙江莎普爱思药业股份有限公司

2、英文名称：Zhejiang ShapuaisiPharmaceutical Co., Ltd.

3、注册资本：4,900万元（本次发行前）

4、法定代表人：陈德康

5、变更设立日期：2008年12月15日

6、住所：浙江省平湖市城北路甪棉巾桥

7、经营范围：许可经营项目：滴眼剂、大容量注射剂、口服溶液剂、片剂（含头孢菌素类）、硬胶囊剂（含头孢菌素类）、栓剂、颗粒剂（含头孢菌素类）、干混悬剂（含头孢菌素类）、原料药（苄达赖氨酸、甘草酸二铵、甲磺酸帕珠沙星）、冲洗剂的生产（药品生产许可证有效期至2015年12月31日）；分支机构经营场所设在浙江省平湖市经济开发区新明路1588号，从事滴眼剂、大容量注射剂、冲洗剂的生产（药品生产许可证有效期至2015年12月31日）；胶囊剂、片剂、颗粒剂类保健食品生产（过渡期保健食品生产许可通知书有效期至2014年12月30日）；包装装潢、其他印刷品印刷（限浙江莎普爱思药业股份有限公司印刷部经营）。一般经营项目：从事各类商品及技术进出口业务（国家限制或禁止的除外；除危险品）。

8、主营业务：滴眼液与大输液系列产品的研发、生产和销售，主要产品包括预防、治疗白内障的莎普爱思滴眼液等系列眼科药品，葡萄糖注射液、氯化钠注射液、乳酸左氧氟沙星注射液、甲磺酸帕珠沙星注射液等大输液制剂。

9、所属行业：医药制造业

10、电话：0573-85021168

11、传真：0573-85021168

12、电子邮箱：spasdm@zjspas.com

13、董事会秘书：吴建国

14、董事、监事、高级管理人员及持有本公司股票、债券情况：

姓　名	任职情况	任职起止日期	持有本公司股份情况（万股）	持有股份占本次发行后总股本的比例	持有本公司债券情况（万元）
陈德康	董事长	2011.12.20-2014.12.19	2,510.76	38.42%	–
王友昆	董事、总经理	2011.12.20-2014.12.19	–	–	–
胡正国	董事、副总经理	2011.12.20-2014.12.19	267.54	4.09%	–
王春燕	董事	2011.12.20-2014.12.19	–	–	–
汪为民	董事	2011.12.20-2014.12.19	–	–	–
姚洁青	董事	2011.12.20-2014.12.19	–	–	–
濮文斌	独立董事	2011.12.20-2014.12.19	–	–	–
王虎根	独立董事	2011.12.20-2014.12.19	–	–	–
赵苏靖	独立董事	2011.12.20-2014.12.19	–	–	–
徐君燕	监事	2011.12.20-2014.12.19	–	–	–
缪跃英	监事	2011.12.20-2014.12.19	–	–	–
徐洪胜	监事	2012.07.18-2014.12.19	–	–	–
吴建国	副总经理、董事会秘书	2011.12.20-2014.12.19	–	–	–
陈伟平	副总经理	2011.12.20-2014.12.19	–	–	–
张群言	财务总监	2011.12.20-2014.12.19	–	–	–

二、控股股东及实际控制人情况

公司控股股东及实际控制人为自然人陈德康先生，本次发行前持有本公司51.24%的股权。

陈德康先生，1951年4月出生，中国国籍，无境外永久居留权，中共党员，大专文化，经济师。曾任平湖制药厂供销科科长，浙江平湖制药厂厂长、董事长兼厂长，浙江平湖莎普爱思制药有限公司执行董事兼总经理，浙江莎普爱思制药有限公司执行董事。现任嘉兴市医药行业协会常务副会长、平湖市药学会副理事长、浙江莎普爱思药业股份有限公司董事长、浙江莎普爱思医药销售有限公司执行董事。

公司实际控制人陈德康先生不存在其他对外投资，具体情况详见本公司《招股说明书》。

三、股本结构及前十名股东情况

1、本次发行前后股本结构变动情况：

本次发行前，本公司总股本为4,900万股，本次发行股份数量为1,635万股，均为新股发行，无老股转让。

本次发行前后本公司股本结构如下：

股份类型（股东名称）	发行前股本结构 股数（万股）	比例	发行后股本结构 股数（万股）	比例	锁定限制及期限
一、有限售条件流通股					
陈德康	2,510.76	51.24%	2,510.76	38.42%	自上市之日起锁定36个月
王泉平	1,141.70	23.30%	1,141.70	17.47%	自上市之日起锁定12个月
上海景兴实业投资有限公司	980.00	20.00%	980.00	15.00%	自上市之日起锁定12个月
胡正国	267.54	5.46%	267.54	4.09%	自上市之日起锁定12个月，在发行人处任职期间，每年转让的股份不超过其所持有发行人股份总数的25%，离职后6个月内不转让其所持有的发行人股份；在申报离任6个月后的12个月内通过证券交易所挂牌交易出售发行人股票的数量占其所持有发行人股票总数的比例不超过50%。
本次网下发行社会公众股（融通新蓝筹证券投资基金、融通医疗保健行业股票型证券投资基金）	—	—	1.39	0.02%	自上市之日起锁定12个月
小计	4,900.00	100%	4,901.39	75.00%	
二、无限售条件流通股					
本次网下发行社会公众股	—	—	162.11	2.48%	无
本次网上发行社会公众股			1,471.50	22.52%	无
小计			1,633.61	25.00%	
合计	4,900.00	100%	6,535.00	100%	

本次发行前，本公司股东为自然人和非国有控股企业，不存在需按《境内证券市场转持部分国有股充实全国社会保障基金实施办法》履行国有股转持的情况。

2、本次发行后、上市前的股东人数为13,534名，前十大A股股东持股情况：

序号	股东名称/姓名	持有本公司股份（股）	持有股份占本次发行后总股本的比例
1	陈德康	25,107,600	38.420199%
2	王泉平	11,417,000	17.470543%
3	上海景兴	9,800,000	14.996174%
4	胡正国	2,675,400	4.093956%
5	中国石油天然气集团公司企业年金计划—中国工商银行	21,499	0.032898%
6	中国工商银行股份有限公司企业年金计划—中国建设银行	20,793	0.031818%
7	企业年金计划—中国工商银中国建设银行股份有限公司行	15,939	0.024390%
8	安新活力灵活配置混合型证招商银行股份有限公司—华券投资基金	10,001	0.015304%
9	全国社保基金四一三组合等106名持有9,892股的股东	9,892	0.015137%

注：全国社保基金四一三组合等106名股东各持有9,892股，并列为莎普爱思发行后第九大股东，详细情况请见《浙江莎普爱思药业股份有限公司首次公开发行股票网下发行结果及网上中签率公告》。

第四节　股票发行情况

一、发行数量：本次发行股份数量为1,635万股，均为新股发行，无老股转让。

二、发行价格：21.85元/股

三、每股面值：人民币1.00元

四、发行方式：本次发行采用网下向投资者询价配售和网上按市值申购定价发行相结合的方式，其中网下向投资者配售163.50万股，网上向社会公众投资者发行1,471.50万股。

五、募集资金总额及注册会计师对资金到位的验证情况本次公开发行股票的募集资金总额为35,724.75万元。天健会计师事务所于2014年6月25日对公司首次公开发行股票的资金到位情况进行了审验，已出具"天健验[2014]128号"《验资报告》。

六、发行费用总额及明细构成、每股发行费用

序号	项目	公司公开发行新股发行费用金额(万元)
1	承销费用	3,080.000
2	保荐费用	900.000
3	审计费用	454.000
4	律师费用	267.120
5	信息披露费用	308.000
6	发行手续费用	41.435
	费用合计	5,050.555

本次公开发行新股的每股发行费用为 3.09 元(按本次发行费用总额除以发行股数计算)。

七、本次公开发行新股的募集资金净额:30,674.195 万元

八、发行后每股净资产:10.10 元(以经审计的 2013 年 12 月 31 日净资产与本次募集资金净额之和除以本次发行后总股本计算)

九、发行后每股收益:1.56 元(以公司 2013 年扣除非经常性损益后的净利润除以发行后总股本计算)

十、发行市盈率:14.05 倍(每股收益按照 2013 年度经申报会计师审计的扣除非经常性损益前后孰低的净利润除以本次发行后总股本计算)

第五节 财务会计资料

公司报告期内 2011 年、2012 年及 2013 年的财务数据已经天健会计师事务所审计,并在招股说明书中进行了披露,投资者欲了解相关情况请详细阅读招股说明书。

天健会计师事务所对公司 2014 年 3 月 31 日的合并及母公司资产负债表,2014 年 1-3 月的合并及母公司利润表、现金流量表和所有者权益变动表,以及财务报表附注进行了审阅,并出具了天健审【2014】4959 号《审阅报告》。

一、主要财务数据

(一)资产负债表主要数据

单位:万元

	2014 年 3 月 31 日		2013 年 12 月 31 日
	合并	母公司	合并/母公司
流动资产	32,735.61	30,644.05	31,501.17
非流动资产	30,151.58	32,291.63	28,255.37
总资产	62,887.19	62,935.67	59,756.55
流动负债	20,194.54	20,194.54	17,525.84
非流动负债	6,900.00	6,900.00	6,900.00
总负债	27,094.54	27,094.54	24,425.84
所有者权益	35,792.65	35,841.14	35,330.70

(二)利润表主要数据

单位:万元

	2014 年 1-3 月		2013 年 1-3 月
	合并	母公司	合并/母公司
营业收入	18,224.86	18,224.86	14,875.99
减:营业成本	5,290.98	5,290.98	4,671.02
营业税金及附加	280.62	280.62	206.54
销售费用	7,210.14	7,210.14	6,385.73
管理费用	1,035.89	1,029.62	763.48
财务费用	244.15	244.96	111.04
资产减值损失	25.89	25.89	43.60
营业利润(亏损以"-"号填列)	4,137.18	4,142.63	2,694.58
加:营业外收入	313.78	356.81	28.85
减:营业外支出	545.67	545.67	25.53
利润总额(亏损总额以"-"号填列)	3,905.29	3,953.77	2,697.90
减:所得税费用	601.34	601.34	414.93
净利润(净亏损以"-"号填列)	3,303.95	3,352.43	2,282.97
归属于母公司所有者的净利润	3,303.95	-	2,282.97
扣除非经常性损益后归属于母公司所有者的净利润	3,487.70	-	2,266.94

(三)现金流量表主要数据

单位:万元

	2014 年 1-3 月		2013 年 1-3 月
	合并	母公司	合并/母公司
经营活动产生的现金流量净额	3,124.82	3,113.52	840.27
投资活动产生的现金流量净额	-1,618.66	-3,698.93	-2,079.31
筹资活动产生的现金流量净额	-1,257.53	-1,257.53	-2,464.25
现金及现金等价物净增加额	248.62	-1,842.94	-3,703.30
加:期初现金及现金等价物余额	10,568.02	10,568.02	9,175.73
期末现金及现金等价物余额	10,816.65	8,725.08	5,472.43

二、对经营情况及财务状况的简要说明

(一)经营情况的简要说明

2014 年第一季度,公司的生产经营活动正常,未出现重大变化。公司主要产品销售情况良好、主要客户未发生重大变化,主要原材料采购价格稳定、主要供应商未发生重大变化。

(二)财务状况的简要说明

1、主要资产项目

2014 年 3 月 31 日,公司流动资产为 32,735.61 万元,较 2013 年 12 月 31 增长 3.92%;公司非流动资产为 30,151.58 万元,较 2013 年 12 月 31 日增长了 6.71%。

2、主要负债项目

2014 年 3 月 31 日,公司流动负债为 20,194.54 万元,较 2013 年 12 月 31 日增长 15.23%,流动负债的增长主要为应付股利;非流动负债未发生变化。

(三)2014 年上半年业绩预计情况

公司审计截止日后经营状况正常,不会导致公司 2014 年上半年净利润相比上年同期发生重大不利变化。

第六节 其他重要事项

根据《上海证券交易所上市公司募集资金管理规定》,本公司已经与保荐机构华龙证券有限责任公司及存放募集资金的中信银行股份有限公司嘉兴平湖支行、交通银行股份有限公司嘉兴平湖支行、中国农业银行股份有限公司平湖市支行三家商业银行分别签订了《募集资金三方监管协议》。本公司在上述三家银行开设募集资金专项账户,专项账户仅用于募集资金的存储和使用,不得用作其他用途。

在招股意向书刊登日至上市公告书刊登前,没有发生可能对本公司有较大影响的重要事项,具体如下:

一、本公司主营业务发展目标进展情况正常。

二、本公司所处行业和市场未发生重大变化。

三、本公司原材料采购价格和产品销售价格、原材料采购和产品销售方式等未发生重大变化。

四、本公司没有发生未履行法定程序的关联交易。

五、本公司未进行重大投资。

六、本公司未发生重大资产(或股权)购买、出售及置换。

七、本公司住所未发生变更。

八、本公司董事、监事、高级管理人员及核心技术人员未发生变化。

九、本公司未发生重大诉讼、仲裁事项。

十、本公司未发生重大对外担保等或有事项。

十一、本公司的财务状况和经营成果未发生重大变化。

十二、本公司董事会、监事会和股东大会运行正常,决议及其主要内容无异常。

十三、本公司未发生其他应披露而未披露的重大事项。

第七节 上市保荐人及其意见

一、上市保荐人基本情况

保荐机构:华龙证券有限责任公司

法定代表人:李晓安

注册地址:甘肃省兰州市东岗西路 638 号

联系地址:上海市浦东新区源深路 235 号 3 层

联系电话:021-50934085

传真号码:021-50934068

保荐代表人:王新强、王保平

联系人:王新强、王保平、李懿

二、上市保荐人的推荐意见

上市保荐人华龙证券有限责任公司认为,浙江莎普爱思药业股份有限公司申请其股票上市符合《中华人民共和国公司法》、《中华人民共和国证券法》及《上海证券交易所股票上市规则》(2013 年修订)等国家有关法律、法规的有关规定,发行人股票具备在上海证券交易所上市的条件。华龙证券有限责任公司同意推荐浙江莎普爱思药业股份有限公司的股票在上海证券交易所上市。

发行人:浙江莎普爱思药业股份有限公司

保荐机构(主承销商):华龙证券有限责任公司

2014 年 7 月 1 日

广东依顿电子科技股份有限公司

广东依顿电子科技股份有限公司首次公开发行股票上市公告书

特别提示

本公司股票将于2014年7月1日在上海证券交易所上市。根据统计,2009年至2013年,对于在沪市新股上市首日买入金额在10万元以下的中小投资者,在新股上市后的第六个交易日出现亏损的账户数量占比超过50%。本公司提醒投资者应充分了解股票市场风险及本公司披露的风险因素,在新股上市初期切忌盲目跟风“炒新”,应当审慎决策、理性投资。

第一节　重要声明与提示

一、重要提示

广东依顿电子科技股份有限公司(以下简称:“依顿电子”、“本公司”或“公司”)及全体董事、监事、高级管理人员保证上市公告书的真实性、准确性、完整性,承诺上市公告书不存在虚假记载、误导性陈述或重大遗漏,并承担个别和连带的法律责任。

上海证券交易所、其他政府机关对本公司股票上市及有关事项的意见,均不表明对本公司的任何保证。

本公司提醒广大投资者注意,凡本上市公告书未涉及的有关内容,请投资者查阅刊载于上海证券交易所网站(www.sse.com.cn)的本公司招股说明书全文。

本公司董事、监事、高级管理人员将严格遵守《公司法》、《证券法》和《上海证券交易所股票上市规则》等有关法律、法规和中国证监会的有关规定,并自股票上市之日起做到:

1、真实、准确、完整、公允和及时地公布定期报告,披露所有对投资者有重大影响的信息,并接受中国证监会、上海证券交易所的监督管理;

2、本公司在知悉可能对股票价格产生误导性影响的任何公共传播媒介中出现的消息后,将及时予以公开澄清;

3、本公司董事、监事、高级管理人员和核心技术人员将认真听取社会公众的意见和批评,不利用已获得的内幕消息和其他不正当手段直接或间接从事本公司股票的买卖活动;

4、本公司董事、监事、高级管理人员如发生人事变动或持本公司的股票发生变化时,在报告中国证监会、上海证券交易所的同时向投资者公布;

5、本公司没有无记录的负债。

依据《上海证券交易所股票上市规则》,董事、监事、高级管理人员已在本公司股票首次上市前,签署一式三份《董事(监事、高级管理人员)声明及承诺书》,并向上海证券交易所和公司董事会备案。

二、股份锁定承诺

本次发行前公司总股本39,900万股,本次公司公开发行新股9,000万股,不进行老股转让,发行后总股本48,900万股。

公司控股股东依顿投资有限公司承诺:自本公司股票上市之日起三十六个月内,不转让或者委托他人管理其持有的本公司股份,也不由本公司回购其持有的股份。

通过依顿投资间接持有本公司股份的HighTreeLimited(高树有限公司)承诺:自本公司股票上市之日起三十六个月内,不转让其对依顿投资的出资,也不委托他人管理依顿投资。

通过高树有限公司间接持有本公司股份的李永强、李永胜、李铭浚承诺:自本公司股票上市之日起三十六个月内,不转让其对高树有限公司的出资,也不委托他人管理高树有限公司。

担任本公司董事及高级管理人员的李永强、李永胜、李铭浚同时承诺:在本公司任职期间,每年转让直接或间接持有的本公司股份数量不超过其直接或间接持有本公司股份总数的百分之二十五;在离职后半年内,不转让其直接或间接持有的本公司股份。

公司控股股东依顿投资以及通过依顿投资、高树有限公司间接持有本公司股份的董事或/及高级管理人员李永强、李永胜、李铭浚同时承诺:本公司/本人所持公司首次公开发行股份前已发行的股份在锁定期期满后两年内减持的,减持价格不低于发行价(指公司首次公开发行股票的发行价格,如果公司上市后因派发现金红利、送股、转增股本、增发新股等原因进行除权、除息的,则按照证券交易所的有关规定作除权除息处理,下同);公司上市后6个月内如公司股票连续20个交易日的收盘价均低于发行价,或者上市后6个月期末收盘价低于发行价,本公司/本人持有公司股票的锁定期限自动延长6个月。上述承诺不因本公司/本人不再作为公司控股股东或者职务变更、离职等原因而放弃履行。

公司发起人股东深圳市中科龙盛创业投资有限公司和深圳市中科宏易创业投资有限公司承诺:自本公司股票上市之日起十二个月内,不转让或者委托他人管理其持有的本公司股份,也不由本公司回购其持有的股份。

三、上市后三年内公司股价低于每股净资产时稳定公司股价预案

本公司上市后三年内,如公司股票连续20个交易日的收盘价均低于公司最近一期经审计的每股净资产(最近一期审计基准日后,因利润分配、资本公积金转增股本、增发、配股等情况导致公司净资产或股份总数出现变化的,每股净资产相应进行调整),非因不可抗力因素所致,公司将采取以下措施中的一项或多项稳定公司股价:(1)公司回购公司股票;(2)公司控股股东及实际控制人李永强、李永胜、李铭浚增持公司股票;(3)公司董事、高级管理人员增持/买入公司股票;(4)其他证券监管部门认可的方式。上述承诺主体回购/增持/买入股票的资金均将通过自有资金或自筹解决。

本公司董事会将在本公司股票价格触发启动股价稳定措施条件之日起的五个工作日内制订或要求公司控股股东提出稳定公司股价具体方案,并在履行完毕相关内部决策程序和外部审批/备案程序(如需)后实施,且按照上市公司信息披露要求予以公告。公司稳定股价措施实施完毕及承诺履行完毕之日起两个交易日内,公司应将稳定股价措施实施情况予以公告。

公司稳定股价措施实施完毕及承诺履行完毕后,如公司股票价格再度触发启动股价稳定措施的条件,则本公司、控股股东及实际控制人李永强、李永胜、李铭浚、董事、高级管理人员等相关责任主体将继续按照上述承诺履行相关义务。自股价稳定方案公告之日起90个自然日内,若股价稳定方案终止的条件未能实现,则公司董事会制定的股价稳定方案即刻自动重新生效,本公司、控股股东及实际控制人李永强、李永胜、李铭浚、董事、高级管理人员等相关责任主体继续履行股价稳定措施;或者公司董事会即刻提出并实施新的股价稳定方案,直至股价稳定方案终止的条件实现。

各方就上述稳定公司股价措施所涉及的股票价格情况,承诺如下:公司回购股票、公司控股股东及实际控制人增持本公司股票及公司董事、高级管理人员增持/买入本公司股票的价格均不高于本公司最近一期经审计的每股净资产(最近一期审计基准日后,因利润分配、资本公积金转增股本、增发、配股等情况导致公司净资产或股份总数出现变化的,每股净资产相应进行调整)。

各方就上述稳定公司股价措施所涉及的金额或股份数量,承诺如下:(1)公司单次回购股份数量不低于股份总数的2%,单一会计年度不超过股份总数的5%;(2)依顿投资及李永强、李永胜、李铭浚的单次增持股份数量不低于本公司股份总数的2%,单一会计年度增持股份数量不超过本公司股份总数的5%;(3)董事(独立董事除外)、高级管理人员用于买入/增持公司股份的资金额不低于本人上一年度从公司领取税后收入的20%,不超过本人上一年度从公司领取税后收入的50%。

新聘的董事(独立董事除外)、高级管理人员,本公司将在其作出承诺履行公司发行上市时董事、高级管理人员已作出的稳定股价承诺要求后,方可聘任。

四、首次公开发行股票相关文件真实性、准确性、完整性的承诺

本公司承诺,本公司招股说明书有虚假记载、误导性陈述或者重大遗漏,对判断公司是否符合法律规定的发行条件构成重大、实质影响的,本公司董事会将在证券监管部门依法对上述事实作出认定后五个工作日内,制订股份回购方案并提交股东大会审议批准。股东大会审议批准后三十个交易日内,本公司将依法回购首次公开发行的全部新股,回购价格为当时公司股票二级市场价格,且不低于公司股票首次公开发行价格加上同期银行存款利息;若公司股票停牌,则回购价格不低于公司股票停牌前一日的平均交易价格,且不低于公司股票首次公开发行价格加上同期银行存款利息(若公司股票有派息、送股、资本公积金转增股本等除权、除息事项的,回购的股份包括首次公开发行的全部新股及其派生股份,发行价格将相应进行除权、除息调整)。

本公司招股说明书有虚假记载、误导性陈述或者重大遗漏,致使投资者在证券交易中遭受损失的,本公司将依法赔偿投资者损失。

本公司控股股东依顿投资及实际控制人李永强、李永胜、李铭浚承诺,本公司招股说明书有虚假记载、误导性陈述或者重大遗漏,对判断本公司是否符合法律规定的发行条件构成重大、实质影响的,依顿投资及实际控制人李永强、李永胜、李铭浚将在证券监管部门依法对上述事实作出认定后五个工作日内,督促发行人依法回购首次公开发行的全部新股。本公司招股说明书有虚假记载、误导性陈述或者重大遗漏,致使投资者在证券交易中遭受损失的,本公司控股股东依顿投资及实际控制人李永强、李永胜、李铭浚将依法赔偿投资者损失。

本公司董事、监事、高级管理人员等相关责任主体承诺,公司招股说明书不存在虚假记载、误导性陈述或重大遗漏,并对其真实性、准确性、完整性承担个别和连带的法律责任。公司招股说明书有虚假记载、误导性陈述或者重大遗漏,致使投资者在证券交易中遭受损失的,全体董事、监事、高级管理人员将依法赔偿投资者损失。

本次发行的保荐机构招商证券承诺,因招商证券为发行人首次公开发行制作、出具的文件有虚假记载、误导性陈述或者重大遗漏,给投资者造成损失的,将依法赔偿投资者损失。

本次发行的律师服务机构竞天公诚承诺，因竞天公诚为发行人首次公开发行制作、出具的文件有虚假记载、误导性陈述或者重大遗漏，给投资者造成损失的，经司法机关生效判决认定后，竞天公诚将依法赔偿投资者因本所制作、出具的文件所载内容存在虚假记载、误导性陈述或者重大遗漏而遭受的损失。

本次发行的会计师事务所大华承诺，因大华为广东依顿电子科技股份有限公司首次公开发行制作、出具的文件有虚假记载、误导性陈述或者重大遗漏，给投资者造成损失的，将依法按照相关监管机构或司法机关认定的金额赔偿投资者损失，如能证明无过错的除外。

五、公开发行前持股5%以上股东的持股意向及减持意向

本公司首次公开发行股票并上市后，公司控股股东依顿投资在锁定期满后可根据需要减持其所持公司股票。依顿投资将在减持前3个交易日公告减持计划。依顿投资自锁定期满之日起五年内减持股份的具体安排如下：

1.减持数量：依顿投资在锁定期满后两年内将进行股份减持，减持股份数量为不超过依顿电子股份总数的20%；锁定期满两年后进行股份减持时，需在减持前将减持股份数量予以公告；

2.减持方式：依顿投资在锁定期满后两年内进行股份减持的，将通过证券交易所集中竞价交易系统、大宗交易系统进行。如果依顿投资预计未来一个月内公开出售解除限售存量股份的数量合计超过公司股份总数1%的，将不通过证券交易所集中竞价交易系统转让所持股份；

3.减持价格：所持股票在锁定期满后两年内减持的，减持价格不低于发行价(若公司股票有派息、送股、资本公积金转增股本等除权、除息事项的，发行价将进行除权、除息调整)；锁定期满两年后，依顿投资若通过证券交易所集中竞价交易系统减持股份，则减持价格不低于减持公告日前一个交易日股票收盘价；

4.减持期限：减持股份行为的期限为减持计划公告后六个月，减持期限届满后，若拟继续减持股份，则需按照上述安排再次履行减持公告。

若依顿投资未履行上述关于股份减持的承诺，其减持公司股份所得收益归本公司所有。

六、关于未履行承诺时的约束措施

(一)发行人关于未履行承诺时的约束措施

1.本公司保证将严格履行招股说明书中披露的承诺事项，并承诺严格遵守下列约束措施：

(1)如果本公司未履行招股说明书中披露的相关承诺事项，本公司将在股东大会及中国证监会指定报刊上公开说明未履行承诺的具体原因并向股东和社会公众投资者道歉。

(2)如果因本公司未履行相关承诺事项，致使投资者在证券交易中遭受损失的，本公司将依法向投资者赔偿相关损失。

(3)公司将对出现该等未履行承诺行为负有个人责任的董事、监事、高级管理人员采取调减或停发薪酬或津贴(如该等人员在公司领薪)等措施。

2.如因相关法律法规、政策变化、自然灾害及其他不可抗力等本公司无法控制的客观原因导致本公司承诺未能履行、确已无法履行或无法按期履行的，本公司将采取以下措施：

(1)及时、充分披露本公司承诺未能履行、无法履行或无法按期履行的具体原因；

(2)向本公司的投资者提出补充承诺或替代承诺(相关承诺需按法律、法规、公司章程的规定履行相关审批程序)，以尽可能保护投资者的权益。

(二)公司控股股东关于未履行承诺事项时采取约束措施的承诺

1.依顿投资作为发行人的控股股东，保证将严格履行招股说明书中披露的承诺事项，并承诺严格遵守下列约束措施：

(1)如果依顿投资未履行招股说明书中披露的相关承诺事项，依顿投资将在发行人的股东大会及中国证监会指定报刊上公开说明未履行承诺的具体原因并向发行人的股东和社会公众投资者道歉。

(2) 如果因依顿投资未履行招股说明书中披露的相关承诺事项而给发行人或者其他投资者造成损失的，依顿投资将向发行人或者其他投资者依法承担赔偿责任。

(3)如果依顿投资未承担前述赔偿责任，发行人有权扣减依顿投资所获分配的现金分红用于承担前述赔偿责任。同时，在依顿投资未承担前述赔偿责任期间，其不得转让所持有的发行人股份。

(4)如果依顿投资因未履行相关承诺事项而获得收益的，所获收益归发行人所有。依顿投资在获得收益或知晓未履行相关承诺事项的事实之日起五个交易日内应将所获收益支付给发行人指定账户。

(5)在依顿投资作为发行人控股股东期间，发行人若未履行招股说明书披露的承诺事项，给投资者造成损失的，依顿投资承诺依法承担赔偿责任。

2.如因相关法律法规、政策变化、自然灾害及其他不可抗力等依顿投资无法控制的客观原因导致依顿投资承诺未能履行、确已无法履行或无法按期履行的，依顿投资将采取以下措施：

(1)及时、充分披露依顿投资承诺未能履行、无法履行或无法按期履行的具体原因；

(2)向发行人的投资者提出补充承诺或替代承诺(相关承诺需按法律、法规、公司章程的规定履行相关审批程序)，以尽可能保护投资者的权益。

(三)公司实际控制人关于未履行承诺事项时采取约束措施的承诺

1.李永强、李永胜、李铭浚作为发行人的实际控制人，保证将严格履行招股说明书中披露的承诺事项，并承诺严格遵守下列约束措施：

(1)如果李永强、李永胜、李铭浚未履行招股说明书中披露的相关承诺事项，李永强、李永胜、李铭浚将在发行人的股东大会及中国证监会指定报刊上公开说明未履行承诺的具体原因并向发行人的股东和社会公众投资者道歉。

(2)如果因李永强、李永胜、李铭浚未履行招股说明书中披露的相关承诺事项而给发行人或者其他投资者造成损失的，李永强、李永胜、李铭浚将向发行人或者其他投资者依法承担赔偿责任。

(3)如果李永强、李永胜、李铭浚未承担前述赔偿责任，发行人有权扣减其所获分配的现金分红用于承担前述赔偿责任。同时，在李永强、李永胜、李铭浚未承担前述赔偿责任期间，其不得转让所持有的发行人股份。

(4)如果李永强、李永胜、李铭浚因未履行相关承诺事项而获得收益的，所获收益归发行人所有。李永强、李永胜、李铭浚在获得收益或知晓未履行相关承诺事项的事实之日起五个交易日内，应将所获收益支付给发行人指定账户。

(5)在李永强、李永胜、李铭浚作为发行人实际控制人期间，发行人若未履行招股说明书披露的承诺事项，给投资者造成损失的，李永强、李永胜、李铭浚承诺依法承担赔偿责任。

2.如因相关法律法规、政策变化、自然灾害及其他不可抗力等李永强、李永胜、李铭浚无法控制的客观原因导致李永强、李永胜、李铭浚承诺未能履行、确已无法履行或无法按期履行的，李永强、李永胜、李铭浚将采取以下措施：

(1)及时、充分披露承诺未能履行、无法履行或无法按期履行的具体原因；

(2)向发行人的投资者提出补充承诺或替代承诺(相关承诺需按法律、法规、公司章程的规定履行相关审批程序)，以尽可能保护投资者的权益。

(四)董事、监事、高级管理人员关于未履行承诺事项时采取约束措施的承诺函

1.发行人的董事、监事、高级管理人员保证将严格履行招股说明书中披露的承诺事项，并承诺严格遵守下列约束措施：

(1)发行人的董事、监事、高级管理人员若未能履行招股说明书中披露的相关承诺事项，发行人的董事、监事、高级管理人员将在发行人股东大会及中国证券监督管理委员会指定报刊上公开说明未履行承诺的具体原因并向发行人股东和社会公众投资者道歉。

(2)发行人的董事、监事、高级管理人员若未能履行招股说明书中披露的相关承诺事项，发行人的董事、监事、高级管理人员将在前述事项发生之日起10个交易日内，停止领取薪酬，直至本人履行完成相关承诺事项。同时，上述董事、监事、高级管理人员不得主动要求离职，但可进行职务变更。

(3)如果上述董事、监事、高级管理人员因未履行相关承诺事项而获得收益的，所获收益归发行人所有。上述董事、监事、高级管理人员在获得收益或知晓未履行相关承诺事项的事实之日起五个交易日内，应将所获收益支付给发行人指定账户。

(4)如果因发行人的董事、监事、高级管理人员未履行相关承诺事项而给发行人或者其他投资者造成损失的，发行人的董事、监事、高级管理人员将向发行人或者投资者依法承担赔偿责任。

2.如因相关法律法规、政策变化、自然灾害及其他不可抗力等发行人的董事、监事、高级管理人员无法控制的客观原因导致发行人的董事、监事、高级管理人员承诺未能履行、确已无法履行或无法按期履行的，发行人的董事、监事、高级管理人员将采取以下措施：

(1)及时、充分披露发行人的董事、监事、高级管理人员承诺未能履行、无法履行或无法按期履行的具体原因；

(2)向发行人的投资者提出补充承诺或替代承诺(相关承诺需按法律、法规、公司章程的规定履行相关审批程序)，以尽可能保护投资者的权益。

六、保荐机构及律师服务机构关于相关责任主体的承诺及约束措施的意见

保荐机构招商证券认为，相关责任主体的承诺文件已经相关责任主体或其授权代表签署，相关承诺及约束措施合法、合理，失信补救措施及时有效。

律师服务机构竞天公诚认为，相关责任主体作出的承诺的程序以及所承诺内容合法、合规，约束措施合法、合规。

七、本次公开发行股份安排

本公司本次向社会公开发行人民币普通股(A股)股票的发行方案已经2014年第二次临时股东大会通过，公司第三届董事会第六次会议和第三届董事会第七次会议对发行方案进行了调整。

公司本次公开发行新股不超过9,000万股，不进行老股转让。

八、本次发行前未分配利润的处理

经公司2010年年度股东大会决议：若公司本次首次公开发行股票(A股)并上市方案经中国证监会核准并得以实施，公司首次公开发行股票前滚存的未分配利润在公司首次公开发行股票并上市后由新老股东共同享有。公司本次公开发行股票前滚存利润分配决议有效期为自2010年年度股东大会审议通过之日起18个月内有效。

经公司2012年第一次临时股东大会会议决议：公司本次公开发行股票前滚存利润分配决议有效期延长至2014年5月31日。

经公司2014年第一次临时股东大会会议决议：若公司本次首次公开发行股票

(A股)并上市方案经中国证监会核准并得以实施，公司首次公开发行股票前滚存的未分配利润

在公司首次公开发行股票并上市后由新老股东共同享有。公司本次公开发行股票前滚存利润分配决议有效期延长至2015年2月13日。

九、本次发行上市后的股利分配政策

2014年2月13日，公司2014年第一次临时股东大会审议通过了上市后适用的公司章程（草案），制定了有关股利分配政策，主要内容如下：

1、利润分配的形式：公司发行上市后，可以采取现金、股票或者现金与股票相结合方式分配股利，利润分配不得超过累计可分配利润的范围，不得损害公司持续经营能力。

2、利润分配的期间间隔：公司一般按照年度进行现金分红，公司可以进行中期现金分红。

3、发放现金分红的具体条件：在满足公司正常生产经营的资金需求情况下，如无重大投资计划或重大现金支出等事项发生，公司每年以现金方式分配的利润不少于当年实现的可分配利润的20%。公司董事会应当综合考虑所处行业特点、发展阶段、自身经营模式、盈利水平以及是否有重大资金支出安排等因素，区分情形，并按照公司章程规定的程序，提出差异化的现金分红政策。

4、发放股票股利的具体条件：在确保公司当年累计可分配利润满足当年现金分红的条件时，公司董事会可同时考虑股票股利的发放。

公司当年盈利，董事会未提出现金利润分配预案的，应当在董事会决议公告和定期报告中详细说明未分红的原因以及未用于分红的资金留存公司的用途，独立董事应当对此发表独立意见；公司还应在定期报告中披露现金分红政策的执行情况。

5、本次发行上市后公司未来3年股利分配具体计划：未来3年是公司实现企业上市、打通资本市场融资渠道、实现跨越式发展的重要时期，股东的支持是公司未来发展的重要动力之一。在股东的支持下，公司经营效率提高，公司的经营成果将逐渐显著，为此，公司将在未来3年的股东分红回报计划中给予股东合理的回报。

公司未来3年股东分红回报计划如下：未来3年，公司在足额预留法定公积金、盈余公积金以后，每年向股东现金分配股利不低于当年实现的可供分配利润的20%。

同时，在确保足额现金股利分配的前提下，公司可以另行增加股票股利分配和公积金转增。此外，为了回报股东，同时考虑募集资金投资项目建设及公司业务发展需要，公司在进行利润分配时，现金分红在本次利润分配中所占比例最低应达到40%。

十、公司首次公开发行股票后即期回报将被摊薄的风险

公司首次公开发行股票后，随着募集资金的到位，公司的股本及净资产均将大幅增长。但由于募集资金投资项目的建设及产能的完全释放需要一定时间，公司每股收益和净资产收益率等指标将下降，公司投资者即期回报将被摊薄。

十一、审计截止日后的主要经营状况

(一)会计师对公司2014年1-3月财务报表的审阅意见

大华对本公司财务报表，包括2014年3月31日的合并及母公司资产负债表，2014年1月1日至3月31日止期间的合并及母公司利润表、股东权益变动表和现金流量表以及财务报表附注进行审阅，出具大华核字[2014]004042号《审阅报告》，审阅意见如下：大华按照《中国注册会计师审阅准则第2101号—财务报表审阅》的规定执行了审阅业务。该准则要求大华计划和实施审阅工作，以对财务报表是否不存在重大错报获取有限保证。审阅主要限于询问公司有关人员和对财务数据实施分析程序，提供的保证程度低于审计。大华没有实施审计，因而不发表审计意见。

根据大华的审阅，大华没有注意到任何事项使大华相信财务报表没有按照企业会计准则的规定编制，未能在所有重大方面公允反映被审阅单位的财务状况、经营成果和现金流量。

(二)公司2014年3月末主要资产、负债变动情况

截至2014年3月31日，公司流动资产和非流动资产占总资产比例分别为70.08%和29.92%；与上年末相比总体结构较为稳定。流动资产较2013年12月31日小幅下滑1,248.68万元，降幅为0.58%。非流动资产较上年末小幅下滑1,073.42万元，降幅为1.15%。

截至2014年3月31日，公司流动负债和非流动负债占负债比例分别为98.21%和1.79%；与上年末相比总体结构较为稳定。公司负债余额下降9,868.08万元，降幅为12.86%。

(三)公司2014年1-3月主要经营情况

公司2014年1-3月共实现营业收入56,402.62万元，净利润7,580.17万元，营业收入较上年同期降低1.28%，净利润较上年同期增长0.47%。公司2014年1-3月营业收入较上年同期小幅下降的主要原因为公司主动降低定价较低且附加价值不高的产品销售量所致。期间净利润在营业收入小幅下滑的前提下较上年同期有所上升，主要原因是本期人民币汇率变动带来公司汇兑收益增加以及公司自2013年3月起陆续增加银行定期存款金额而使利息收入增加所致。

总体上，2014年1-3月，公司经营状况良好，经营模式未发生重大变化，主要客户和供应商较为稳定，销售价格未出现大幅波动，覆铜板、铜球、铜箔等主要原材料的采购价格仍保持平稳。

(四)公司2014年4月-5月经营情况

2014年4月-5月，本公司继续保持良好的经营态势，经营模式未发生重大变化，主要产品销售价格未进行重大调整，覆铜板、铜球、铜箔等主要原材料的采购价格仍处于低位，印刷线路板总产量、销量较上年同期比较保持稳定，未出现影响公司正常经营的其他重大不利因素。

(五)公司2014年1月至6月预计经营情况

公司预计2014年1-6月实现营业收入在113,883.06万元至125,870.75万元之间，预计与上年同期营业收入119,876.91万元相比，波动范围在-5%至5%间；预计2014年1-6月度实现净利润在13,798.56万元至15,868.35万元之间，预计与上年同期净利润13,798.56万元相比，波动范围在0%至15%间。

本公司董事会、监事会及其董事、监事、高级管理人员已认真审阅了本公司2014年1-3月财务报表，保证该等财务报表所载资料不存在虚假记载、误导性陈述或者重大遗漏，并对其内容的真实性、准确性及完整性承担个别及连带责任。

本公司负责人、主管会计工作负责人及会计机构负责人已认真审阅了本公司2014年1-3月财务报表，保证该等财务报表的真实、准确、完整。

如无特别说明，本上市公告书中的简称或名词的释义与本公司首次公开发行股票招股说明书中的释义相同。

第二节　股票上市情况

一、本上市公告书是根据《中华人民共和国公司法》、《中华人民共和国证券法》、《首次公开发行股票并上市管理办法》等国家有关法律、法规的规定，并按照《上海证券交易所股票上市公告书内容与格式指引》而编制，旨在向投资者提供有关本公司的基本情况和本次股票上市的有关情况。

二、本公司本次公开发行新股9,000万A股已经中国证券监督管理委员会“证监许可〔2014〕577号”文核准。

三、本公司A股股票上市经《上海证券交易所自律监管决定书》(〔2014〕351号)批准。证券简称“依顿电子”，股票代码“603328”。本次发行的9,000万股社会公众股将于2014年7月1日起上市交易。

四、股票上市的相关信息

(一)上市地点：上海证券交易所

(二)上市时间：2014年7月1日

(三)股票简称：依顿电子

(四)股票代码：603328

(五)本次公开发行后的总股本：40,900万股

(六)首次公开发行股票数量：9,000万股

(七)发行前股东所持股份的流通限制及期限

根据《公司法》的有关规定，公司首次公开发行股份前已发行的股份，自公司股票在上海证券交易所上市交易之日起一年内不得转让。

(八)本次上市的无流通限制及锁定安排的股票数量：本次发行中网下向投资者询价配售的900万股股份和网上按市值申购定价发行的8,100万股股份无流通限制及锁定安排。

(九)发行前股东对所持股份自愿锁定的承诺

公司控股股东依顿投资有限公司承诺：自本公司股票上市之日起三十六个月内，不转让或者委托他人管理其持有的本公司股份，也不由本公司回购其持有的股份。

通过依顿投资间接持有本公司股份的HighTreeLimited(高树有限公司)承诺：自本公司股票上市之日起三十六个月内，不转让其对依顿投资的出资，也不委托他人管理依顿投资。

通过高树有限公司间接持有本公司股份的李永强、李永胜、李铭浚承诺：自本公司股票上市之日起三十六个月内，不转让其对高树有限公司的出资，也不委托他人管理高树有限公司。

担任本公司董事及高级管理人员的李永强、李永胜、李铭浚同时承诺：在本公司任职期间，每年转让直接或间接持有的本公司股份数量不超过其直接或间接持有本公司股份总数的百分之二十五；在离职后半年内，不转让其直接或间接持有的本公司股份。

公司控股股东依顿投资以及通过依顿投资、高树有限公司间接持有本公司股份的董事或/及高级管理人员李永强、李永胜、李铭浚同时承诺：本公司/本人所持公司首次公开发行股份前已发行的股份在锁定期期满后两年内减持的，减持价格不低于发行价（指公司首次公开发行股票的发行价格，如果公司上市后因派发现金红利、送股、转增股本、增发新股等原因进行除权、除息的，则按照证券交易所的有关规定作除权除息处理，下同）；公司上市后6个月内如公司股票连续20个交易日的收盘价均低于发行价，或者上市后6个月期末收盘价低于发行价，本公司/本人持有公司股票的锁定期限自动延长6个月。上述承诺不因本公司/本人不再作为公司控股股东或者职务变更、离职等原因而放弃履行。

公司发起人股东深圳市中科龙盛创业投资有限公司和深圳市中科宏易创业投资有限公司承诺：自本公司股票上市之日起十二个月内，不转让或者委托他人管理其持有的本公司股份，也不由本公司回购其持有的股份。

(十)股票登记机构：中国证券登记结算有限责任公司上海分公司

(十一)上市保荐人：招商证券股份有限公司

第三节　发行人、股东和实际控制人情况

一、公司基本情况

公司名称：广东依顿电子科技股份有限公司

英文名称：GuangdongEllingtonElectronicsTechnologyCo.,Ltd

中文简称：依顿电子

注册资本：39,900 万元(本次发行前)

法定代表人：李永强

成立日期：依顿有限成立日期为 2000 年 3 月 2 日，股份公司成立日期为 2007 年 12 月 12 日

住所：广东省中山市三角镇高平化工区

经营范围：生产线路板、覆铜板、液晶显示器及其附件主营业务高精度、高密度双层及多层印刷线路板的制造和销售所属行业：根据中国证监会颁布的《上市公司行业分类指引(2012 年修订)》，公司属于计算机、通信及其它电子设备制造业。

联系电话：0760-22813689

联系传真：0760-85401052

邮政编码：528445

互联网网址：www.ellingtonpcb.com

电子信箱：ellington@ellingtonpcb.com

董事会秘书：林海

二、董事、监事、高级管理人员及核心技术人员简介及持股情况

姓名	职务	性别	年龄	任职时间	简要经历	兼职情况	持有公司股份数量（万股）	其他利益关系
李永强	董事长兼总经理	男	42	2007 年 12 月至 2016 年 12 月 6 日	历任皆利士线路板(中国)有限公司市场部总经理、依顿(广东)电子科技有限公司董事长、总经理、行政总裁。	高树有限公司董事、依顿投资董事、依顿电子副董事长、依顿多层副董事长、依顿香港董事、皆耀管理董事、依顿创新董事	13,034	无
李永胜	副董事长兼副总经理	男	41	2007 年 12 月至日 2016 年 12 月 6	历任皆利士线路板(中国)有限公司采购部总经理、依顿(广东)电子科技有限公司营运总裁、添利工业国际(集团)有限公司非执行董事。	高树有限公司董事、依顿投资董事、依顿电子董事长、依顿多层董事、依顿香港董事、皆耀管理董事、依顿创新董事、永迪有限公司董事	13,034	无
李铭浚	董事	男	36	2007 年 12 月至 2016 年 12 月 6 日	曾任依顿(广东)电子科技有限公司市场部副总裁。	高树有限公司董事、依顿投资董事、依顿电子董事、依顿多层董事长、依顿香港董事、皆耀管理董事、依顿创新董事、添利工业国际(集团)有限公司董事会副主席及行政总裁、添利百勤油田服务有限公司非执行董事	13,034	无
黄绍基	董事	男	50	2007 年 12 月至 2016 年 12 月 6 日	历任罗兵咸会计师事务所核数经理、香港上市公司添利工业国际(集团)有限公司财务总监、香港上市公司中远国际控股有限公司财务总监。	添利工业国际(集团)有限公司财务董事	--	无
姚建芳	董事	男	30	2013 年 6 月至 2016 年 12 月 6 日	2006 年 7 月-2008 年 5 月就职于精功集团有限公司投资部；2008 年 5 月-2013 年 5 月在浙江龙盛集团股份有限公司董事会秘书处工作，负责对外投资管理	深圳市中科龙盛创业投资有限公司董事、总经理；浙江龙盛集团股份有限公司董事会秘书；山东国瓷功能材料股份有限公司副董事长；滨化集团股份有限公司监事	--	无
唐润光	董事、副总经理	男	47	2009 年 9 月至 2016 年 12 月 6 日	历任皆利士线路板(中国)有限公司高级工程师、经理、厂长、生产部总经理；王氏电子公司高级工程师、经理；依利安达线路板高级工程师；依顿有限总经理；美锐集团香港厂总经理；美锐(惠州)电路有限公司总经理	-	--	无
刘章林	独立董事	男	41	2013 年 12 月 6 日至 2016 年 12 月 6 日	历任交通部二航局第一工程公司工程科技术员、助理工程师；深圳市金鹏会计师事务所项目经理、高级项目经理；香港邦盟汇骏顾问股份有限公司高级项目经理；深圳市盐田国际集装箱码头有限公司合同经营部经理	深圳市深信工程造价咨询有限公司总经理；深圳市建设局建设工程交易中心评标专家；深圳市政府投资评审中心评审专家；宝安区计划局政府投资评审中心评审专家；深圳市政府采购中心评标专家	--	无
王子谋	独立董事	男	44	2013 年 12 月 6 日至 2016 年 12 月 6 日	历任相模电机(深圳)有限公司律师；广东中圳律师事务所律师；广东深鼎律师事务所律师；北京市众天(深圳)律师事务所律师	广东方典律师事务所律师合伙人	--	无
陈柳钦	独立董事	男	44	2013 年 12 月 6 日至 2016 年 12 月 6 日	历任天津社科院城市经济研究所所长助理、产业经济学科带头人	中国能源经济研究院副院长、首席研究员；人民日报社《中国能源报》社评论部主任	--	无
陈素蓉	监事会主席	女	48	2013 年 3 月至 2016 年 12 月 6 日	历任台北丽晶酒店执行秘书、	添利工业国际(集团)有限公司行政	--	无

					香港兆峰陶瓷集团有限公司执行秘书。	秘书、依顿电子监事、依顿多层监事		
谷二彦	监事	男	40	2007 年 12 月至 2016 年 12 月 6 日	历任太太药业股份有限公司财务部主管、江西济民可信集团有限公司财务部经理、天音通信发展有限公司上海分公司财务部经理、东莞仙津保健食品饮料有限公司财务部经理；现任本公司审计部经理。	-	--	无
梁兆忠	监事	男	48	2007 年 12 月至 2016 年 12 月 6 日	历任开发环球有限公司任资讯系统经理、恒宇电子有限公司电脑软件研发部经理、汇峰科技有限公司任电脑部经理；现任本公司人事及行政部经理。	-	--	无
刘玉静	副总经理	女	37	2008 年 1 月至 2016 年 12 月 6 日	历任珠海经济特区恒海贸易有限公司销售及市场部销售经理、德丽科技(珠海)有限公司销售与客户服务主管、依顿有限客户服务部经理。	-	--	无
金　鏖	财务负责人	男	41	2007 年 12 月至 2016 年 12 月 6 日	历任王氏华高有限公司财务主管、宝恒集团鹏利陶瓷有限公司财务主管、依顿有限财务总监。	-	--	无
林　海	董事会秘书	男	44	2008 年 1 月至 2016 年 12 月 6 日	历任东莞市新科电子厂生产部主管、富林集团股份有限公司董事会秘书兼证券部经理、深圳市日海通讯设备有限公司企业发展部经理、深圳市澄和投资有限公司副总经理、北京桂滨河投资有限公司董事兼总经理	深圳市东创精密技术有限公司董事	--	无
莫介云	产品工程总监	男	42	2007 年 12 月起至今	历任皆利士多层线路板(中山)有限公司客户来料检查工程师、工程部主管、产品工程部高级主管，依顿有限产品工程部高级经理	-	--	无
廖乐华	品质控制总监	男	43	2007 年 12 月起至今	历任萍乡钢铁有限公司车间组长、皆利士多层线路板(中山)有限公司品质工程师、品质部经理	-	--	无

上市人员中，除李永强、李永胜、李铭浚为兄弟关系外，其余董事、监事、高级管理人员及核心技术人员相互之间不在存在配偶、三代以内直系和旁系亲属关系。

除李永强、李永胜和李铭浚三位董事通过依顿投资间接持有发行人股份外，公司其他董事、监事、高级管理人员及核心技术人员及其近亲属最近三年无直接或间接持有公司股份。李永强、李永胜和李铭浚作为一致行动人，合计间接持有 39,102 万股公司股份，占公司本次发行前总股本的 98%。

三、控股股东和实际控制人基本情况

(一)控股股东

本公司控股股东为依顿投资有限公司，注册于萨摩亚国。该公司目前持有本公司 39,102 万股，持股比例为 98%。

1、公司概况

成立日期：1998 年 10 月 8 日

住所：OffshoreChambersP.O.Box217ApiaSamoa(萨摩亚国阿皮亚市离岸办公室 217 号邮箱)

法定股本：1,500 万美元

公司股东：高树有限公司持有依顿投资 100%股份

已发行股数：10,000 股

公司董事：李永强、李永胜、李铭浚

目前，依顿投资除持有本公司股份外，未有其他对外投资。

2、公司经营情况

截至 2013 年 12 月 31 日，依顿投资（母公司）的总资产为 24,727.96 万港元、所有者权益为-4,677.86 万港元，2013 年净利润为-1.85 万港元(以上数据已经大华审计)。

3、股东情况

依顿投资为高树有限公司的全资子公司，高树有限公司于 2001 年 11 月 28 日成立于英属维尔京群岛，公司登记证号为 471093，法定股本为 5 万美元，李永强、李永胜和李铭浚各持有其三分之一的股权，主要从事投资业务。

除依顿投资外，高树有限公司无其他对外投资。

(二)实际控制人

本公司由李永强、李永胜和李铭浚共同控制，上述三人为兄弟关系且均为本公司董事。截至上市公告书签署日，上述三人合计间接持有本公司 98%的股权。

三、股本结构及前十名股东情况

(一)本次发行前后的股本结构变动情况

本次发行前，本公司总股本为 39,900 万股，本次公司公开发行的新股股数为 9,000 万股。

本次发行前后本公司股本结构如下：

股东名称	发行前		发行后		
	股份数（万股）	股权比例(%)	股份数（万股）	股权比例(%)	锁定期限制
一、有限售条件 A 股流通股					
依顿投资有限公司	39,102.00	98.00	39,102.00	79.96	36 个月
深圳市中科龙盛创业投资有限公司	638.40	1.60	638.40	1.31	12 个月
深圳市中科宏易创业投资有限公司	159.60	0.40	159.60	0.33	12 个月
二、无限售条件 A 股流通股					

社会公众股	–	–	9,000.00	18.40	–
合计	39,900.00	100.00	48,900.00	100.00	–

注：本次发行前本公司股东所持股份的锁定期限自本公司股票上市之日起计算。

本次发行前，本公司股东均为非国有控股企业，其所持有的本公司股份性质均为非国有法人股，不存在需按《境内证券市场转持部分国有股充实全国社会保障基金实施办法》履行国有股转持的情况。

2、本次上市前的股东人数为 81,150 名，持股数量前 10 名股东的名称、持股数量及持股比例如下表所示：

股东名称	持股数量(股)	持股比例(%)
依顿投资有限公司	391,020,000	79.96%
深圳市中科龙盛创业投资有限公司	6,384,000	1.31%
深圳市中科宏易创业投资有限公司	1,596,000	0.33%
生命人寿保险股份有限公司–万能 E	280,980	0.06%
泰康人寿保险股份有限公司—万能—个险万能	280,980	0.06%
中国平安财产保险股份有限公司–传统–普通保险产品	280,980	0.06%
中国平安人寿保险股份有限公司–传统–普通保险产品	280,980	0.06%
泰康人寿保险股份有限公司–分红–个人分红–019L–FH002 沪	280,980	0.06%
招商银行股份有限公司–宝盈祥瑞养老混合型证券投资基金	268,280	0.05%
前海人寿保险股份有限公司–自有资金华泰组合	263,140	0.05%

第四节　股票发行情况

一、发行数量：

公开发行新股 9,000 万股，不进行老股转让。

二、发行价格

本次发行价格为 15.31 元/股。

三、每股面值

人民币 1.00 元

四、发行方式

本次发行采用网下向询价对象询价配售与网上资金申购发行相结合的方式。

本次发行网下询价配售及网上定价发行的情况如下：

项目		发行数量(股)	占发行总量之比	中签率/配售比例
网下询价配售	A 类投资者	3,600,600	4.00%	0.70600000%
	B 类投资者	2,701,422	3.00%	0.44600000%
	C 类投资者	2,697,946	3.00%	0.31958991%
网上资金申购发行		81,000,000	90.00%	1.70084633%
主承销商余股包销		32	0.00%	–
合计		90,000,000	100%	–

备注：网下配售对象获配数量只取计算结果的整数部分，A 类、B 类投资者计算结果无小数部分，C 类投资者计算结果存在小数部分，不足 1 股的零股合计 32 股由主承销商包销。

五、募集资金总额及注册会计师对资金到位的验证情况

1、本次募集资金总额为 137,790 万元。

2、注册会计师对资金到位的验证情况：

大华会计师事务所于 2014 年 6 月 24 日对公司首次公开发行股票的资金到位情况进行了审验，并出具了大华验字[2014]000233 号验资报告。

六、发行费用

序号	项目	费用(万元)
1	承销费用	5,649.39
2	保荐费用	300.00
3	审计及验资费用	474.00
4	评估费用	31.80
5	律师费用	179.00
6	本次发行相关的信息披露费用	345.75
7	发行手续费用、新股发行登记费	52.80
	费用合计	7,032.74

公司本次发行每股发行费用为 0.78 元。

七、募集资金净额

本次发行募集资金净额为 130,757.26 万元。

八、发行后每股净资产

本次发行后每股净资产为 7.43 元。(以经审计 2013 年 12 月 31 日的净资产值加本次发行募集资金净额)/本次发行后股本摊薄计算)

九、发行后每股收益

本次发行后扣除非经常性损益后的每股收益为 0.66 元。(按照公司 2013 年经会计师事务所审计的扣除非经常性损益前后孰低的净利润除以本次发行后总股本摊薄计算)

十、摊薄后市盈率

本次发行摊薄后市盈率为 23.20 倍（每股收益按照 2013 年度经会计师事务所依据中国会计准则审计的扣除非经常性损益前后孰低的归属于母公司股东净利润除以本次发行后总股本计算）。

第五节　审计截止日后的主要财务信息及经营状况

一、会计师对公司 2014 年 1–3 月财务报表的审阅意见

大华对本公司财务报表，包括 2014 年 3 月 31 日的合并及母公司资产负债表，2014 年 1 月 1 日至 3 月 31 日止期间的合并及母公司利润表、股东权益变动表和现金流量表以及财务报表附注进行审阅，出具大华核字[2014]004042 号《审阅报告》，审阅意见如下：大华按照《中国注册会计师审阅准则第 2101 号—财务报表审阅》的规定执行了审阅业务。该准则要求大华计划和实施审阅工作，以对财务报表是否不存在重大错报获取有限保证。审阅主要限于询问公司有关人员和对财务数据实施分析程序，提供的保证程度低于审计。大华没有实施审计，因而不发表审计意见。根据大华的审阅，大华没有注意到任何事项使大华相信财务报表没有按照企业会计准则的规定编制，未能在所有重大方面公允反映被审阅单位的财务状况、经营成果和现金流量。

二、公司 2014 年 1–3 月主要财务信息

(一)合并资产负债简表

单位：万元

项　目	2014–3–31	2013–12–31
流动资产	215,217.65	216,466.33
非流动资产	91,866.97	92,940.39
资产总计	307,084.62	309,406.72
流动负债	65,668.94	75,556.32
非流动负债	1,196.06	1,177.76
负债合计	66,865.00	76,734.08
归属于母公司股东权益	240,219.62	232,672.64
股东权益合计	240,219.62	232,672.64

(二)合并利润简表

单位：万元

项目	2014 年 1–3 月	2013 年 1–3 月
营业收入	56,402.62	57,133.79
营业利润	10,054.60	8,842.63
利润总额	10,062.76	8,893.31
净利润	7,580.17	7,544.42
归属于母公司股东的净利润	7,580.17	7,544.42
扣除非经常性损益后归属于母公司股东的净利润	7,574.06	7,506.41
经营活动产生的现金流量净额	7,253.51	9,183.80

(三)合并现金流量简表

单位：万元

项目	2014 年 1–3 月	2013 年 1–3 月
经营活动产生的现金流量净额	7,253.51	9,183.80
投资活动产生的现金流量净额	–1,570.47	–594.38
筹资活动产生的现金流量净额	–	–9,684.80
汇率变动对现金的影响	138.59	–494.75
现金及现金等价物净增加额	5,821.63	–1,590.13

(四)非经常性损益简要情况

单位：万元

项目	2014 年 1–3 月	2013 年 1–3 月
非流动资产处置损益	–	–2.54
计入当期损益的政府补助	3.92	52.15
除上述各项之外的其他营业外收支净额	4.23	1.08
所得税的影响数	2.04	12.67
归属于母公司股东的非经常性损益合计	6.11	38.01
归属于母公司股东的非经常性损益净额占同期归属于母公司股东净利润的比重	0.08%	0.51%

三、公司 2014 年 3 月末主要资产、负债变动情况分析

截至2014年3月31日，公司流动资产和非流动资产占总资产比例分别为70.08%和29.92%；与上年末相比总体结构较为稳定。流动资产较2013年12月31日小幅下滑1,248.68万元，降幅为0.58%。其中，本期末公司货币资金较上期末增长5,821.72万元，增幅为5.41%；存货较上期末增加3,282.94万元，增幅为16.07%，主要原因是公司第二季度订单量增长，在产品和产成品存货余额增长；应收账款较上期下降10,021.94万元，降幅为12.29%，主要原因是公司本期收回上期客户销售款所致。非流动资产较上年末小幅下滑1,073.42万元，降幅为1.15%。非流动资产余额小幅下滑的主要原因是固定资产折旧导致固定资产余额下降1,868.91万元。

截至2014年3月31日，公司流动负债和非流动负债占负债比例分别为98.21%和1.79%；与上年末相比总体结构较为稳定。公司负债余额下降9,868.08万元，降幅为12.86%。其中，应付账款较上期末下降6,203.02万元，降幅为10.43%，主要原因是公司利用现金结余偿还供应商货款导致；应付职工薪酬较上期末下降1,450.20万元，降幅为26.79%，主要原因是上期末应付职工薪酬余额中包含年终奖金导致；应交税费较上期下降3,009.57万元，降幅为56.66%，主要原因是由于公司本期支付了上期末未缴纳企业所得税导致。

截至2014年3月31日，公司归属于母公司股东权益增加主要是留存的本期净利润。

四、公司2014年1-3月主要经营情况分析

公司2014年1-3月共实现营业收入56,402.62万元，净利润7,580.17万元，营业收入较上年同期降低1.28%，净利润较上年同期增长0.47%。公司2014年1-3月营业收入较上年同期小幅下降的主要原因为公司主动降低定价较低且附加价值不高的产品销售量所致。期间净利润在营业收入小幅下滑的前提下较上年同期有所上升，主要原因是本期人民币汇率变动带来公司汇兑收益增加以及公司自2013年3月起陆续增加银行定期存款金额而使利息收入增加所致。

总体上，2014年1-3月，公司经营状况良好，经营模式未发生重大变化，主要客户和供应商较为稳定，销售价格未出现大幅波动，覆铜板、铜球、铜箔等主要原材料的采购价格仍保持平稳。

五、公司2014年4月至5月经营情况

2014年4月至5月，本公司继续保持良好的经营态势，经营模式未发生重大变化，主要产品销售价格未进行重大调整，覆铜板、铜球、铜箔等主要原材料的采购价格仍处于低位，印刷线路板总产量、销量较上年同期比较保持稳定，未出现影响公司正常经营的其他重大不利因素。

六、公司2014年1月至6月预计经营情况

公司预计2014年1-6月实现营业收入在113,883.06万元至125,870.75万元之间，预计与上年同期营业收入119,876.91万元相比，波动范围在-5%至5%间；预计2014年1-6月度实现净利润在13,798.56万元至15,868.35万元之间，预计与上年同期净利润13,798.56万元相比，波动范围在0%至15%间。

七、公司未来经营面临的主要风险和困难

全球印刷线路板行业呈现出较明显的市场竞争态势，各印刷线路板企业的收入及盈利水平均受到全球PCB行业景气程度、国内宏观经济状况、上游原材料价格波动及下游应用领域发展情况等市场因素的多重影响，存在较大不确定性。

在高度竞争的市场格局下，当原材料价格上涨时，包括本公司在内的PCB企业可能无法及时将原材料价格上涨压力转移给下游客户，从而挤压了自身盈利空间，对业绩造成不利影响；而下游应用领域的发展可能造成个别细分产品或行业需求的波动，也会对公司的产品销售及盈利水平带来不利影响。此外，公司属于外向型企业，报告期内产品八成以上用于出口，人民币对美元的汇率也将对公司产品的市场竞争力以及公司的盈利能力造成一定影响。

综合上述，公司无法排除由于未来市场因素的不可预见性和管理决策的失误导致公司上市当年及未来业绩出现大幅下滑的风险。

第六节 其他重要事项

根据《上海证券交易所上市公司募集资金管理办法》，本公司已与保荐机构招商证券股份有限公司和存放募集资金的商业银行签订《募集资金专户存储三方监管协议》，并已在上海证券交易所备案。

本公司在招股意向书刊登日(2014年6月10日)至上市公告书刊登前，没有发生可能对本公司有较大影响的重要事项，具体如下：

一、主要业务发展目标的进展

自招股意向书刊登日至本公司上市公告书刊登前，本公司生产经营情况正常，主要业务发展目标进展状况正常。

二、所处行业或市场的重大变化

自招股意向书刊登日至本公司上市公告书刊登前，本公司所处行业、市场无重大变化。

三、原材料采购价格、产品销售价格的重大变化及其他对公司生产经营产生重大影响的重要合同自招股意向书刊登日至本公司上市公告书刊登前，本公司原材料采购价格和产品销售价格无重大变化。

自招股意向书刊登日至本公司上市公告书刊登前，除正常经营活动签订的销售、采购、借款等商务合同外，本公司未订立其他对公司资产、负债、权益和经营成果产生重大影响的重要合同。

四、重大关联交易事项

自招股意向书刊登日至本公司上市公告书刊登前，本公司未出现重大关联交易事项。

五、重大投资

自招股意向书刊登日至本公司上市公告书刊登前，本公司没有重大投资活动。

六、重大资产(或股权)购买、出售及置换

自招股意向书刊登日至本公司上市公告书刊登前，本公司无重大资产(或股权)收购、出售及置换行为。

七、发行人住所的变更

自招股意向书刊登日至本公司上市公告书刊登前，本公司住所未发生变更。

八、董事、监事、高级管理人员及核心技术人员的变化

自招股意向书刊登日至本公司上市公告书刊登前，本公司董事、监事、高级管理人员及核心技术人员没有发生变化。

九、重大诉讼、仲裁事项

自招股意向书刊登日至本公司上市公告书刊登前，本公司未涉及任何重大诉讼事项或仲裁，亦无任何尚未了结或可能面临的重大诉讼或索赔要求。

十、对外担保等或有事项

自招股意向书刊登日至本公司上市公告书刊登前，本公司没有对外担保等或有事项。

十一、财务状况和经营成果的重大变化

自招股意向书刊登日至本公司上市公告书刊登前，本公司财务状况和经营成果没有重大变化。

十二、董事会、监事会或股东大会

自招股意向书刊登日至本公司上市公告书刊登前，本公司董事会、监事会和股东大会运行正常，决议及其主要内容无异常。

十三、其他应披露的重大事项

自招股意向书刊登日至本公司上市公告书刊登前，本公司没有其他应披露而未披露之重大事项。

第七节 上市保荐人及其意见

一、上市保荐机构基本情况

保荐机构(主承销商)：招商证券股份有限公司

法定代表人：宫少林

地址：深圳市福田区益田路江苏大厦A座38-45楼

电话：0755-82943666

传真：0755-82943121

保荐代表人：杨柏龄、吴潇

联系人：王欣磊、杨柏龄、吴潇、赵丰、朱劼、张渝

二、上市保荐机构的推荐意见

本公司的上市保荐机构招商证券股份有限公司认为广东依顿电子科技股份有限公司首次公开发行的股票符合上市条件，并已向上海证券交易所出具了《招商证券股份有限公司关于广东依顿电子科技股份有限公司之股票上市保荐书》。

上市保荐机构的保荐意见主要内容如下：

广东依顿电子科技股份有限公司的上市符合《中华人民共和国公司法》、《中华人民共和国证券法》及《上海证券交易所股票上市规则》的有关规定，发行人具备在上海证券交易所上市的条件。

上市保荐机构保证发行人的董事了解法律、法规、上海证券交易所上市规则及股票上市协议规定的董事的义务与责任，并协助发行人建立健全了法人治理结构、协助发行人制定了严格的信息披露制度与保密制度。上市保荐机构已对上市文件所载的资料进行了核实，确保上市文件真实、准确、完整，符合规定要求。

上市保荐机构保证发行人的上市申请材料、上市公告书不存在虚假、严重误导性陈述或者重大遗漏，并保证对其承担连带责任，并保证不利用在上市过程中获得的内幕信息进行内幕交易，为自己或他人谋取利益。

鉴于上述内容，招商证券股份有限公司同意推荐广东依顿电子科技股份有限公司的股票在上海证券交易所上市。

广东依顿电子科技股份有限公司

2014年6月30日

江苏今世缘酒业股份有限公司

江苏今世缘酒业股份有限公司首次公开发行A股股票上市公告书

特别提示

本公司股票将于2014年7月3日在上海证券交易所上市。根据统计，2009年至2013年，对于在沪市新股上市首日买入金额在10万元以下的中小投资者，在新股上市后的第六个交易日出现亏损的账户数量占比超过50%。本公司提醒投资者应充分了解股票市场风险及本公司披露的风险因素，在新股上市初期切忌盲目跟风"炒新"，应当审慎决策、理性投资。

第一节　重要声明与提示

一、江苏今世缘酒业股份有限公司(以下简称"今世缘酒业"、"公司"、"本公司"或"发行人")及全体董事、监事、高级管理人员保证上市公告书所披露信息的真实、准确、完整，承诺上市公告书不存在虚假记载、误导性陈述或重大遗漏，并承担个别和连带的法律责任。

上海证券交易所、其他政府机关对本公司股票上市及有关事项的意见，均不表明对本公司的任何保证。

本公司提醒广大投资者注意，凡本上市公告书未涉及的有关内容，请投资者查阅刊载于上海证券交易所网站(http://www.sse.com.cn)的本公司招股说明书全文。

二、本次发行前，公司股东所持股份的限售安排以及股东对所持股份自愿锁定的承诺如下：

本公司控股股东今世缘集团承诺：自公司股票上市之日起三十六个月内，不转让或者委托他人管理其持有的公司股份，也不由公司回购其持有的股份。

此外，今世缘集团承诺：所持公司股票在锁定期届满后两年内减持的，其每年减持的公司股票数量不超过公司本次发行后总股本的5%，且减持价格不低于本次发行的发行价格。公司上市后6个月内如公司股票连续20个交易日的收盘价均低于发行价，或者上市后6个月末股票收盘价低于发行价，其所持有公司发行前已发行的股份的锁定期将自动延长6个月。

除控股股东外，公司其他股东均承诺：自公司股票在证券交易所上市交易之日起一年内，不转让或者委托他人管理其直接或间接持有的公司股份，也不由公司回购该部分股份。

同时，担任公司董事、监事、高级管理人员的股东周素明、吴建峰、倪从春、朱怀宝、严汉忠、陆克家、羊栋、王卫东均承诺：12个月锁定期满后，任职期间每年转让的股份不超过其持有公司股份的百分之二十五，离职后半年内，不转让其持有的公司股份。自锁定期届满之日起两年内减持的，其减持价格不低于公司本次发行价。公司上市后6个月内如公司股票连续20个交易日的收盘均价低于发行价，或者上市后6个月末股票收盘价低于发行价的，其所持有公司股票的锁定期将自动延长6个月。

持有公司5%以上的股东上海铭大承诺：所持公司股票在锁定期满后两年内减持的，每年减持的股票数量不超过公司发行后总股本的5%。

三、上市后三年内公司股价低于每股净资产时稳定公司股价的预案：

(一)启动预案的条件

本公司上市后三年内，如果公司股票收盘价连续二十个交易日低于最近一期经审计的每股净资产(最近一期审计基准日后，因利润分配、资本公积金转增股本、增发、配股等除权除息事项导致公司净资产或股份总数发生变化的，每股净资产进行相应调整，下同)，公司将按照本预案启动稳定股价措施。本预案仅在上述条件于每一会计年度首次成就时启动。

(二)稳定股价的具体措施

稳定股价措施的实施顺序如下：(1)董事(独立董事除外)、监事会主席、高级管理人员增持公司股票；(2)控股股东增持公司股票；(3)公司回购股票。

前述措施中的优先顺位相关主体如果未能按照本预案履行规定的义务，或虽已履行相应义务但仍未实现"公司股票收盘价连续十个交易日高于公司最近一期经审计的每股净资产"，则自动触发后一顺位相关主体实施相应义务。

1、董事(独立董事除外)、监事会主席、高级管理人员增持

(1)董事(独立董事除外)、监事会主席以及高级管理人员在触发稳定股价义务之日起十个交易日内，应就其增持公司股票的具体计划(包括拟增持股份数量、价格区间、增持期限及其他有关增持的内容)书面通知公司并由公司进行公告。

(2)董事(独立董事除外)、监事会主席以及高级管理人员承诺，其用于增持公司股份的货币资金不少于其上年度税后薪酬总额的30%，但以增持股票不导致公司不满足法定上市条件为限，增持计划完成的六个月内将不出售所增持的股份。

2、控股股东增持

(1)控股股东应在触发稳定股价义务之日起十个交易日内，就其增持公司股票的具体计划(包括拟增持股份数量、价格区间、增持期限及其他有关增持的内容)书面通知公司并由公司进行公告。

(2)控股股东承诺，其增持公司股份数量将不低于公司股份总数的1%，但以不触发控股股东的要约收购义务和不导致公司不满足法定上市条件为限，同时增持计划完成的六个月内将不出售所增持的股份。

3、发行人回购

(1)公司董事会应在触发股票回购义务之日起十个交易日内作出实施回购股份预案(包括拟回购股份数量、价格区间、回购期限及其他有关回购的内容)的决议，并提交股东大会审议。回购股份数量将不低于公司股份总数的1%且以不导致公司不满足法定上市条件为限。

(2)经公司股东大会决议实施回购的(经出席股东大会会议的股东所持表决权的2/3以上通过，控股股东承诺在股东大会就回购事项进行表决时投赞成票)，回购的股份将被依法注销并及时办理公司减资程序。

(三)本预案的终止情形

自股价稳定方案公告之日后至该方案实施完毕期间，若出现以下任一情形，则视为本次稳定股价方案实施完毕及相关主体承诺履行完毕，已公告的股价稳定方案终止执行：

1、公司股票连续十个交易日的收盘价格均高于公司最近一期经审计的每股净资产；

2、继续增持或回购公司股份将导致公司股份分布不满足法定上市条件。

(四)未能履行规定义务的约束措施

1、控股股东负有股票增持义务，但未按照本预案的规定提出以及实施股票增持计划的，公司有权责令控股股东在限期内履行股票增持义务。控股股东在限期内仍不履行的，应向公司支付同最低增持金额(即以增持义务触发之日股票收盘价计算的公司1%股份的市值)等值的现金补偿。控股股东拒不支付现金补偿的，公司有权从应向控股股东支付的分红中扣减。

2、公司董事(独立董事除外)、监事会主席、高级管理人员负有增持股票义务，但未按照本预案的规定提出以及实施股票增持计划的，公司有权责令董事(独立董事除外)、监事会主席、高级管理人员在限期内履行股票增持义务。相关主体在限期内仍不履行的，应向公司支付同最低增持金额(即上一年度税后薪酬总额的30%)等值的现金补偿。董事(独立董事除外)、监事会主席、高级管理人员拒不支付现金补偿的，公司有权从应向其支付的薪酬中扣减。

3、公司未履行股价稳定措施的，公司应在未履行股价稳定措施的事实得到确认的5个交易日内公告相关情况，公司将在中国证监会指定报刊上公开作出解释并向投资者道歉。自公司完全消除其未履行承诺之不利影响之日起12个月内，公司将不得发行证券，包括但不限于股票、公司债券、可转换的公司债券及证券监督管理部门认可的其他品种等。

(五)本预案的执行

当触发前述股价稳定措施的启动条件时，公司将依照法律、法规、规范性文件、公司章程等执行本预案，及时履行相关法定程序，并保证股价稳定措施实施后，公司的股权分布仍符合上市条件。

四、信息披露责任承诺

(一)公司控股股东今世缘集团承诺

公司控股股东今世缘集团承诺如下：

发行人为首次公开发行股票并上市制作的招股说明书如果存在虚假记载、误导性陈述或者重大遗漏，对判断其是否符合法律规定的发行条件构成重大、实质影响的，在中国证监会对其作出行政处罚决定之日起5个工作日内，本公司将依法启动购回已转让的原限售股份的程序，回购价格根据届时股票二级市场交易价格确定，且不低于发行价格。若发行人股票已发生送股、资本公积转增股本等事宜，回购数量相应调整。同时，本公司将于同期积极督促发行人履行回购首次公开发行的全部新股的承诺。

若本公司未在前述规定时间内依法购回首次公开发行时转让的原限售股份或未督促发行人履行其回购首次公开发行的全部新股的承诺的，自中国证监会对发行人作出行政处罚决定之日起5个工作日后至本公司购回股份的承诺或发行人回购首次公开发行的全部新股的承诺履行完毕(以履行完毕承诺较晚的时间为准)期间，本公司将不得行使投票表决权，并不得领取在前述期间应从发行人获得的分红。

投资人若因发行人为其首次公开发行股票并上市制作的招股说明书存在虚假记载、误导性陈述或者重大遗漏而在证券交易中遭受损失的，自赔偿责任成立之日起5个工作日内，本公司将自行并督促发行人依法赔偿投资者损失。

若本公司未依照本承诺的规定自行或督促发行人依法赔偿投资者损失的，自赔偿责任成立之

日起5个工作日后至投资者遭受的前述损失依法得到赔偿期间，本公司将不得行使投票表决权，并不得领取在前述期间应从发行人获得的分红；同时本公司持有的发行人的股份不得转让，如在前述期间转让股份的，转让所得归发行人所有。

(二)公司承诺

公司承诺如下：

本公司为首次公开发行股票并上市制作的招股说明书如果存在虚假记载、误导性陈述或者重大遗漏，对判断本公司是否符合法律规定的发行条件构成重大、实质影响的，在中国证监会对本公司作出行政处罚决定之日起5个工作日内，本公司将依法启动回购首次公开发行的全部新股的程序，回购价格根据届时股票二级市场交易价格确定，且不低于发行价格。若本公司股票已发生送股、资本公积转增股本等事宜，回购数量相应调整。

投资人若因本公司为本次公开发行股票并上市制作的招股说明书存在虚假记载、误导性陈述或者重大遗漏而在证券交易中遭受损失的，自赔偿责任成立之日起5个工作日内，本公司将依法赔偿投资者损失。

(三)公司董事、监事、高级管理人员周素明、吴建峰、倪从春、朱怀宝、严汉忠、陆克家、羊栋、王卫东承诺上述董事、监事、高级管理人员承诺如下：

投资人若因发行人为其首次公开发行股票并上市制作的招股说明书存在虚假记载、误导性陈述或者重大遗漏而在证券交易中遭受损失的，自赔偿责任成立之日起5个工作日内，本人将依法赔偿投资者损失。

若本人未能按照本承诺的规定积极依法赔偿投资者损失的，自赔偿责任成立之日起5个工作日后至投资者遭受的前述损失依法得到赔偿期间，本人将不得行使投票表决权，并不得领取在前述期间应从发行人获得的分红和薪酬；同时本人持有的发行人的股份不得转让，如在前述期间转让股份的，转让所得归发行人所有。

(四)公司其他董事、监事、高级管理人员承诺

公司其他董事、监事、高级管理人员承诺如下：

投资人若因发行人为其首次公开发行股票并上市制作的招股说明书存在虚假记载、误导性陈述或者重大遗漏而在证券交易中遭受损失的，自赔偿责任成立之日起5个工作日内，本人将依法赔偿投资者损失。

若本人未能按照本承诺的规定积极依法赔偿投资者损失的，自赔偿责任成立之日起5个工作日后至投资者遭受的前述损失依法得到赔偿期间，本人将不得领取在前述期间应从发行人获得的薪酬。

(五)中介机构承诺

1、国泰君安证券承诺：由于本公司为发行人首次公开发行制作、出具的文件有虚假记载、误导性陈述或者重大遗漏，给投资者造成损失的，本公司将依法赔偿投资者损失，但本公司没有过错的除外。

2、发行人律师承诺：若因本所未能勤勉尽责导致本所为发行人首次公开发行制作、出具的文件有虚假记载、误导性陈述或者重大遗漏，并因此给投资者造成损失的，本所将依照有管辖权的人民法院作出的最终生效判决，承担相应的赔偿责任。

3、中汇会计师承诺：

若监管部门认定因本所为发行人首次公开发行制作、出具的文件有虚假记载、误导性陈述或者重大遗漏，给投资者造成损失的，本所将依照相关法律、法规规定承担民事赔偿责任，赔偿投资者损失。

该等损失的赔偿金额以投资者实际发生的直接损失为限，包括投资者差额损失、投资差额损失部分的佣金和印花税以及资金利息，具体的赔偿标准、赔偿主体范围、赔偿金额等细节内容待上述情形实际发生时，依据最终确定的赔偿方案为准。

(六)实际控制人承诺

实际控制人涟水县人民政府承诺：投资人若因发行人为其首次公开发行股票并上市制作的招股说明书存在虚假记载、误导性陈述或者重大遗漏而在证券交易中遭受损失的，自赔偿责任成立之日起5个工作日内，本政府将自行并督促发行人和今世缘集团依法赔偿投资者损失。

五、公开发行前持股5%以上股东的持股意向及减持意向

控股股东今世缘集团承诺：

若本公司持有的发行人首次公开发行股票前已发行的股份自锁定期届满之日起两年内减持的，则前述两年内每年减持的股份不超过发行人首次公开发行股票后总股本的5%；若本公司违反前述承诺减持的，超过减持上限部分股份的减持收入归发行人所有；若本公司持有的发行人首次公开发行股票前已发行的股份自锁定期届满之日起两年内减持的，减持价格不低于发行人首次公开发行股票的发行价；若本公司在前述期间以低于发行价的价格减持本公司所持发行人首次公开发行股票前已发行的股份的，减持所得收入归发行人所有；本公司若将所持发行人首次公开发行股票前已发行的股份在锁定期届满且不违背限制条件下进行减持的，本公司将提前三个交易日予以公告，若本公司未履行前述公告程序的，该次减持所得收入归发行人所有。

持有公司5%以上的股东上海铭大承诺：

本公司持有的发行人首次公开发行股票前已发行的股份自锁定期届满之日起两年内减持的，每年减持的股票数量不超过发行人首次公开发行股票后总股本的5%；若本公司违反前述承诺减持的，超过减持上限部分股份的减持收入归发行人所有；本公司若将所持发行人公开发行股票前已发行的股份在锁定期届满且不违背上述承诺的条件下进行减持的，本公司将提前三个交易日予以公告，若本公司未履行前述公告程序的，该次减持所得收入归发行人所有。

六、保荐机构及律师服务机构关于相关责任主体的承诺及约束措施的意见

保荐机构国泰君安证券认为，相关责任主体的承诺文件已经相关责任主体或其授权代表签署，相关承诺及约束措施合法、合理、失信补救措施及时有效。

律师服务机构上海市瑛明律师事务所认为，相关责任主体作出承诺的程序、承诺的内容以及未能履行承诺时的约束措施符合我国法律、法规的规定。

七、最近一期财务会计信息

财务报告审计截至日后(2013年12月31日)至2014年3月31日期间，公司经营状况正常，在采购模式、生产模式、销售模式方面没有发生变化，主要原材料的供应情况和采购价格、主要产品的销售数量及销售价格未发生重大变化，行业政策、税收政策、市场经营环境和主要供应商及客户等方面未发生重大变化。经中汇会计师的审阅，2014年一季度公司营业收入较去年同期相比下降16.87%，净利润下降12.49%。

经初步测算，公司2014年上半年公司的营业收入、净利润与去年同期相比未发生较大变化，与去年同期相比营业收入下降8%-13%，净利润下降6%-10%。

八、如无特别说明，本上市公告书中的简称或名词的释义与本公司首次公开发行股票招股说明书中的相同。

第二节 股票上市情况

一、本上市公告书系根据《公司法》、《证券法》和《上海证券交易所股票上市规则》等有关法律法规规定，按照上海证券交易所《股票上市公告书内容与格式指引》编制而成，旨在向投资者说明本公司首次公开发行A股股票上市的基本情况。

二、本公司首次公开发行A股股票(简称“本次发行”)经中国证券监督管理委员会“证监许可[2014]572号”文核准。本次发行采用网下向投资者询价配售与网上向社会公众投资者定价发行相结合的方式。

三、本公司A股股票上市已经《上海证券交易所自律监管决定书》[2014]355号)批准。

四、股票上市概况

1、上市地点：上海证券交易所

2、上市时间：2014年7月3日

3、股票简称：今世缘

4、股票代码：603369

5、本次公开发行后的总股本：50,180万股

6、本次公开发行的股票数量：5,180万股

7、本次上市的无流通限制及锁定安排的股票数量：本次发行中网下向投资者询价配售的518万股股份和网上按市值申购定价发行的4,662万股股份无流通限制及锁定安排

8、发行前股东所持股份的流通限制及期限以及发行前股东对所持股份自愿锁定的承诺：

本公司控股股东今世缘集团承诺：自公司股票上市之日起三十六个月内，不转让或者委托他人管理其持有的公司股份，也不由公司回购其持有的股份。

此外，今世缘集团承诺：所持公司股票在锁定期届满后两年内减持的，其每年减持的公司股票数量不超过公司本次发行后总股本的5%，且减持价格不低于本次发行的发行价格。公司上市后6个月内如公司股票连续20个交易日的收盘价均低于发行价，或者上市后6个月末股票收盘价低于发行价，其所持有公司发行前已发行的股份的锁定期将自动延长6个月。

除控股股东外，公司其他股东均承诺：自公司股票在证券交易所上市交易之日起一年内，不转让或者委托他人管理其直接或间接持有的公司股份，也不由公司回购该部分股份。

同时，担任公司董事、监事、高级管理人员的股东周素明、吴建峰、倪从春、朱怀宝、严汉忠、陆克家、羊栋、王卫东均承诺：12个月锁定期满后，任职期间每年转让的股份不超过其持有公司股份的百分之二十五，离职后半年内，不转让其持有的公司股份。自锁定期届满之日起两年内减持的，其减持价格不低于公司本次发行价。公司上市后6个月内如公司股票连续20个交易日的收盘均价低于发行价，或者上市后6个月末股票收盘价低于发行价的，其所持有公司股票的锁定期将自动延长6个月。

持有公司5%以上的股东上海铭大承诺：所持公司股票在锁定期满后两年内减持的，每年减持的股票数量不超过公司发行后总股本的5%。

9、股票登记机构：中国证券登记结算有限责任公司上海分公司

10、上市保荐机构：国泰君安证券股份有限公司

第三节 发行人、股东和实际控制人情况

一、发行人基本情况

1、中文名称：江苏今世缘酒业股份有限公司

英文名称：JiangsuKing'sLuckBreweryJoint－StockCo.,Ltd.

中文简称：今世缘

2、法定代表人：周素明

3、成立日期：1997 年 12 月 23 日

4、整体变更日期：2011 年 1 月 28 日

5、注册资本：45,000 万元（本次发行前）

6、住所：江苏省涟水县高沟镇今世缘大道 1 号

7、经营范围：白酒生产、销售（有效期至 2015 年 7 月 8 日）；预包装食品批发与零售（有效期至 2017 年 5 月 26 日）；一般经营项目：自营和代理各类商品及技术的进出口业务（国家限定企业经营或禁止进出口的商品和技术除外）；品牌策划；酒类新产品开发；服装鞋帽制造、销售；设计、制作、代理一般广告（印刷品广告除外）；企业管理咨询。（经营范围中涉及专项审批规定的，需办理专项审批后方可经营）

8、主营业务：白酒生产和销售

9、所属行业：酒、饮料和精制茶制造业

10、邮政编码：223411

11、电话：0517－82433619

12、传真：0517－80898228

13、互联网网址：www.jinshiyuan.com.cn

14、电子邮箱：zqtzb01@jinshiyuan.com.cn

15、董事会秘书：王卫东

16、董事、监事、高级管理人员

（1）董事

截至本上市公告书刊登之日，本公司共有董事 9 名，基本情况如下：

姓　名	性别	年龄	现任职务	任期
周素明	男	52	董事长、总经理	2014 年 3 月－2017 年 3 月
吴建峰	男	48	副董事长、副总经理	2014 年 3 月－2017 年 3 月
倪从春	男	43	董事、副总经理	2014 年 3 月－2017 年 3 月
王卫东	男	43	董事、副总经理、财务总监、董事会秘书	2014 年 3 月－2017 年 3 月
朱锦本	男	52	董事	2014 年 3 月－2017 年 3 月
姜　蔚	男	48	董事	2014 年 3 月－2017 年 3 月
羊子林	男	70	独立董事	2014 年 3 月－2017 年 3 月
陈传明	男	57	独立董事	2014 年 3 月－2017 年 3 月
郑石桥	男	50	独立董事	2014 年 3 月－2017 年 3 月

（2）监事

截至本上市公告书刊登之日，本公司共有监事 3 名，基本情况如下：

姓　名	性别	年龄	现任职务	任期
朱怀宝	男	56	监事会主席	2014 年 3 月－2017 年 3 月
高素亮	男	53	职工监事	2014 年 3 月－2017 年 3 月
夏东保	男	36	职工监事、审计监察部经理	2014 年 3 月－2017 年 3 月

（3）高级管理人员

截至本上市公告书刊登之日，本公司共有高级管理人员 9 名，基本情况如下：

姓　名	性别	年龄	现任职务	任期
周素明	男	52	董事长、总经理	2014 年 3 月－2017 年 3 月
吴建峰	男	48	副董事长、副总经理	2014 年 3 月－2017 年 3 月
倪从春	男	43	董事、副总经理	2014 年 3 月－2017 年 3 月
严汉忠	男	49	副总经理	2014 年 3 月－2017 年 3 月
陆克家	男	48	副总经理	2014 年 3 月－2017 年 3 月
羊　栋	男	47	副总经理	2014 年 3 月－2017 年 3 月
王卫东	男	43	董事、副总经理、财务总监、董秘	2014 年 3 月－2017 年 3 月
方志华	男	45	副总经理	2014 年 3 月－2017 年 3 月
胡跃吾	男	35	副总经理	2014 年 3 月－2017 年 3 月

17、董事、监事、高级管理人员持有本公司股票、债券情况

姓　名	所担任职务	持股情况		持有股份占本次发行后总股本比例	持有债券情况
		直接持股（万股）	间接持股（万股）		
周素明	董事长、总经理	1,800	－	3.59%	－
吴建峰	副董事长、副总经理	900	－	1.79%	－
倪从春	董事、副总经理	900	－	1.79%	－
朱怀宝	监事会主席	900	－	1.79%	－
严汉忠	副总经理	900	－	1.79%	－
陆克家	副总经理	900	－	1.79%	－
羊　栋	副总经理	900	－	1.79%	－
王卫东	董事、副总经理、财务总监、董事会秘书	900	－	1.79%	－
方志华	副总经理	－	306.14	－	－
胡跃吾	副总经理	－	272.73	－	－

二、控股股东及实际控制人情况

1、控股股东

本公司控股股东为今世缘集团有限公司。截至本次发行前，今世缘集团持有本公司 22,950.00 万股，占本次发行前股本总额的 51%。今世缘集团成立于 2006 年 2 月 24 日，注册资本 40,000 万元，法定代表人别纯海，地址为江苏省涟水县高沟镇涟高路 1 号，经营范围：许可经营项目：房地产开发与经营（上述经营项目涉及国家专项审批规定的凭有关批准文件或许可证开展经营活动）；一般经营项目：实业投资；日用百货销售；服装生产（需经环保部门验收合格后方可开展经营活动）；谷物种植；经济信息咨询服务。

截至 2013 年 12 月 31 日，今世缘集团的总资产为 409,055.37 万元，净资产为 287,142.22 万元，2013 年度净利润为 62,425.35 万元。以上数据已经中汇会计师事务所（特殊普通合伙）审计。

2、实际控制人

公司的实际控制人为江苏省涟水县人民政府。涟水县人民政府持有涟水城资 100%股权，涟水城资持有今世缘集团 100%股权，今世缘集团持有本公司 51%股权，因此涟水县人民政府为公司的实际控制人。

三、股东情况

1、本次发行前后的股本结构情况

本次发行前，公司总股本为 45,000 万股，本次发行股数为 5,180 万股，其中公司公开发行的新股为 5,180 万股，公司股东公开发售的股份为 0 万股。本次发行前后本公司的股本结构如下：

股东名称	发行前		发行后		
	持股数量（股）	持股比例	持股数量（股）	持股比例	锁定期限（月）
一、有限售条件 A 股流通股					
今世缘集团	229,500,000	51.00%	224,419,615	44.72%	36
上海铭大	58,500,000	13.00%	58,500,000	11.66%	12
今生缘贸易	18,000,000	4.00%	18,000,000	3.59%	12
吉缘贸易	18,000,000	4.00%	18,000,000	3.59%	12
江苏万鑫	13,500,000	3.00%	13,500,000	2.69%	12
煜丰格林	13,500,000	3.00%	13,500,000	2.69%	12
国泰君安创投	4,500,000	1.00%	4,500,000	0.90%	12
北京盛初	4,500,000	1.00%	4,500,000	0.90%	12
周素明等 9 位自然人股东	90,000,000	20.00%	90,000,000	17.94%	12
全国社会保障基金理事会	－	－	5,080,385	1.01%	36
小计	450,000,000	100.00%	450,000,000	89.68%	－
二、无限售条件 A 股流通股					
社会公众股	－	－	51,800,000	10.32%	－
小计	－	－	51,800,000	10.32%	－
合计	450,000,000	100.00%	501,800,000	100.00%	

2、本次发行后上市前的股东人数为 46,806 名，持股数量前 10 名股东的名称、持股数量以及持股比例如下表所示：

序号	股东名称	持股数量（股）	持股比例
1	今世缘集团	224,419,615	44.72%
2	上海铭大	58,500,000	11.66%
3	今生缘贸易	18,000,000	3.59%
3	吉缘贸易	18,000,000	3.59%
3	周素明	18,000,000	3.59%
6	江苏万鑫	13,501,000	2.69%
7	煜丰格林	13,500,000	2.69%
8	吴建峰	9,000,000	1.79%
8	朱怀宝	9,000,000	1.79%
8	倪从春	9,000,000	1.79%
8	严汉忠	9,000,000	1.79%
8	陆克家	9,000,000	1.79%
8	羊　栋	9,000,000	1.79%
8	王卫东	9,000,000	1.79%

8	刘可康	9,000,000	1.79%

第四节 股票发行情况

一、发行数量：5,180万股，其中公司公开发行的新股5,180万股，公司股东公开发售的股份0万股

二、发行价格：16.93元/股

三、每股面值：人民币1.00元

四、发行方式：采用网下向投资者询价配售与网上向社会公众投资者定价发行相结合的方式，其中网下向投资者配售518万股，网上向社会公众投资者发行4,662万股。

五、募集资金总额及注册会计师对资金到位的验证情况

本次发行募集资金总额87,697.40万元，其中公司公开发行新股的募集资金总额为87,697.40万元。中汇会计师事务所(特殊普通合伙)于2014年6月28日对本次发行的资金到位情况进行了审验，并出具了中汇会验[2014]2729号《验资报告》。

六、发行费用总额及明细构成、每股发行费用

序号	项目	公司公开发行新股及股东公开发售发行费用合计金额(万元)	公司公开发行新股发行费用金额(万元)
1	承销费用	4,669.41	4,669.41
2	保荐费用	438.49	438.49
3	审计及验资费用	237.20	237.20
4	律师费用	126.42	126.42
5	信息披露费用	338.68	338.68
6	发行手续费用及其他	113.14	113.14
	费用合计	5,923.34	5,923.34

本次公司公开发行新股的每股发行费用为1.14元(按本次发行费用总额除以发行股数计算)。

七、本次公司公开发行新股的募集资金净额：81,774.06万元

八、发行后每股净资产：6.19元(按本次发行后净资产与股本总数之比计算；股本总额按发行后总股本计算，发行后净资产按本公司截至2013年12月31日经审计的归属于母公司股东所有者权益与本次公司公开发行新股的募集资金净额之和计算)

九、发行后每股收益：1.35元(按2013年度经审计的扣除非经常性损益前后孰低的归属于母公司股东的净利润除以本次发行后总股本计算)

十、发行市盈率：12.54倍(每股收益以2013年度扣除非经常性损益后归属于母公司所有者的净利润除以本次发行后总股本计算)

第五节 审计截至日后的主要财务信息及经营情况

一、2014年1-3月与上年同期财务数据

中汇会计师事务所对发行人2014年3月31日合并及母公司资产负债表，2014年1-3月的合并及母公司利润表、合并及母公司现金流量表，以及财务报表附注进行了审阅，并出具了中汇会阅[2014]2354号标准无保留意见审阅报告。发行人董事会、监事会及其董事、监事、高级管理人员已出具专项说明，保证该等财务报告所载资料不存在虚假记载、误导性陈述或者重大遗漏，并对其内容的真实性、准确性及完整性承担个别及连带责任。发行人负责人、主管会计工作的负责人及会计机构负责人已出具专项说明，保证审计截止日后财务数据的真实、准确、完整。

1、资产状况变动分析

单元：万元

项 目	2014年3月31日	2013年12月31日	增长率
流动资产	232,492.74	242,055.95	-3.95%
非流动资产	96,949.24	94,570.23	2.52%
资产合计	329,441.98	336,626.18	-2.13%
流动负债	92,815.37	106,852.75	-13.14%
非流动负债	-	-	-
负债合计	92,815.37	106,852.75	-13.14%
所有者权益	236,626.61	229,773.42	2.98%
归属于母公司所有者权益	235,409.86	228,797.50	2.89%

公司2014年3月末资产总额、净资产、归属于母公司的所有者权益分别为329,441.98万元、236,626.61万元和235,409.86万元，与去年同期相比分别增长-2.13%、2.98%和2.89%。公司资产总额有所下降是由于偿付了部分应付账款与应付职工薪酬，导致流动负债降低。目前，发行人经营良好，股东权益保持稳定增长态势。

2、盈利能力变动分析

单位：万元

项目	2014年1-3月	2013年1-3月	同比变动
营业收入	86,058.79	103,526.66	-16.87%
营业成本	24,482.97	28,940.95	-15.40%
营业税金及附加	11,123.56	10,267.37	8.34%
期间费用	14,842.44	18,263.38	-18.73%
营业利润	35,481.92	45,909.29	-22.71%
利润总额	35,628.75	46,097.35	-22.71%
净利润	27,283.19	31,202.01	-12.56%
归属于母公司股东的净利润	27,312.36	31,212.19	-12.49%

发行人2014年一季度与去年同期相比营业收入下降16.87%，归属于母公司所有者的净利润下降12.49%，其他经营情况相关指标也基本保持一致趋势。

在限制"三公消费"政策的持续影响下，公司2014年一季度与去年同期相比优质白酒收入下降较大，2014年一季度公司销售优质白酒收入达76,894万元，较去年同期相比下降了16.81%。

3、现金流量变动分析

单位：万元

主要财务指标	2014年1-3月	2013年1-3月	同比变动
经营活动产生的现金流量净额	517.17	4,102.93	-87.40%
投资活动产生的现金流量净额	-1,686.51	-3,065.03	81.74%
筹资活动产生的现金流量净额	-4,648.00	1,500.00	-409.87%
现金及现金等价物净增加额	-5,817.34	2,537.90	-329.22%

发行人2014年一季度经营活动产生的现金流量净额较上年同期相比减少3,585.76万元，主要系收到其他与经营活动有关的现金减少4,505.41万元所致。发行人的销售政策仍然为现款现销，并未发生变化。

投资活动产生的现金流量净额较上年同期减增长81.74%，这主要是由于公司当前的在建工程项目接近投资后期，构建固定资产、无形资产和其他长期资产支付的现金大幅减少所致。

筹资活动产生的现金流量净额为-1,648.00万元，较上年同期相比减少6148.00万元，主要是因为2014年第一季度已经支付了现金股利4,918.00万元，与上期相比支付的时点有所提前。

4、非经常性损益明细对比分析

单位：元

项目	2014年1-3月	2013年1-3月
非流动性资产处置损益，包括已计提资产减值准备的冲销部分	-22,783.24	3,200.00
越权审批，或无正式批准文件，或偶发性的税收返还、减免	-	-
计入当期损益的政府补助(与公司正常经营业务密切相关，符合国家政策规定、按照一定标准定额或定量持续享受的政府补助除外)	1,800,000.00	1,611,000.00
计入当期损益的对非金融企业收取的资金占用费	-	-
除上述各项之外的其他营业外收入和支出	-308,959.29	266,352.66
其他符合非经常性损益定义的损益项目	-	-
非经常性损益合计(影响利润总额)	1,468,257.47	1,880,552.66
减：所得税影响数	364,914.22	4,900.67
非经常性损益净额(影响净利润)	1,103,343.25	1,875,651.99
其中：影响少数股东损益	-	-
影响归属于母公司普通股股东净利润	1,103,343.25	1,875,651.99
扣除非经常性损益后净利润	271,728,525.38	310,144,415.16
非经常性损益净额占净利润的比重	0.40%	0.60%
扣除非经常性损益后的归属于母公司普通股股东净利润	272,020,258.45	310,246,207.01
影响归属于母公司普通股股东净利润的非经常性损益净额占归属于母公司普通股股东净利润的比重	0.40%	0.60%

公司的非经常性损益主要为符合国家政策规定的各项政府补助收入。2014年1-3月份，发行人收到政府补助180.00万元，与去年同期的161.10万元相比变化不大。本期实现的非经常性损益占净利润的比值为0.4%，不会对公司的经营成果产生重大影响。

二、审计截止日后主要经营情况

1、营业收入按产品构成分类情况

单元：万元

项目	2014年1-3月		2013年1-3月	
	金额	占比	金额	占比
一、主营业务收入	85,080.15	98.86%	102,670.92	99.17%
其中：特A类	49,543.43	57.57%	61,057.99	58.98%

A 类	9,046.06	10.51%	9,312.24	9.00%
B 类	18,304.51	21.27%	22,060.58	21.31%
C 类	7,853.94	9.13%	9,599.92	9.27%
D 类	332.21	0.39%	640.18	0.62%
二、其他业务收入	978.64	1.14%	855.74	0.83%
合计	86,058.79	100.00%	103,526.66	100.00%

上表显示，公司本期销售结构与去年同期相比未发生重大变化，优质白酒的销售占比基本稳定在 90%左右。受到限制"三公消费"的持续影响，公司优质白酒产品的收入较去年相比下降较为明显。优质白酒收入与去年同期相比下降了 16.81%，因此，公司 2014 年一季度主营业务收入较去年同期相比下降了 17.13%。

2、主营业务收入按销售地区划分情况

单元：万元

销售地区	2014 年 1-3 月		2013 年 1-3 月	
	金额	占比	金额	占比
江苏	80,793.99	94.96%	96,512.45	94.00%
其他地区	4,286.17	5.04%	6,158.47	6.00%
合计	85,080.15	100.00%	102,670.92	100.00%

2014 年一季度，公司白酒产品销售的区域结构与前期保持一致，省内销售比例稳定在 94%左右，未发生重大变化。

3、综合毛利率构成及变化

单元：万元

项目	2014 年 1-3 月	2013 年 1-3 月
营业收入	86,058.79	103,526.66
营业成本	24,482.97	28,940.95
营业毛利	61,575.82	74,585.70
营业毛利率	71.55%	72.04%

2014 年一季度公司毛利率为 71.55%，较上年同期相比有所下降，这也延续了 2013 年以来全行业毛利率走低的变化趋势。

单元：万元

项目	2014 年 1-3 月		2013 年 1-3 月	
	营业毛利	比例	营业毛利	比例
特 A 类	41,088.21	66.73%	50,470.46	67.67%
A 类	5,986.16	9.72%	6,115.12	8.20%
B 类	10,893.65	17.69%	13,377.24	17.94%
C 类	2,917.05	4.74%	4,104.48	5.50%
D 类	90.33	0.15%	201.23	0.27%
其他业务	600.41	0.98%	317.18	0.43%
合计	61,575.82	100.00%	74,585.70	100.00%

与上年同期相比，审计截止日后公司各分类产品营业毛利金额均呈现下降趋势，但毛利构成情况未发生明显变化。与 2013 年度产品结构变化趋势相一致，

公司特 A 类白酒对营业毛利的贡献有所下滑，而 A 类白酒则略有上升。

4、分产品毛利率构成及变化

单元：万元

项目	2014 年 1-3 月		2013 年 1-3 月	
	营业毛利	毛利率	营业毛利	毛利率
特 A 类	41,088.21	82.93%	50,470.46	82.66%
A 类	5,986.16	66.17%	6,115.12	65.67%
B 类	10,893.65	59.51%	13,377.24	60.64%
C 类	2,917.05	37.14%	4,104.48	42.76%
D 类	90.33	27.19%	201.23	31.43%
其他业务	600.41	61.35%	317.18	72.34%
合计	61,575.82	71.55%	74,585.70	72.04%

2014 年 1-3 月，公司各分类产品价格基本维持稳定，毛利率情况均未发生明显变化，而营业收入的下滑主要是由产品销量降低所引起的。与去年同期相比，受益于民间消费需求向好，A 类白酒毛利率略有上升。

三、2014 年 1-4 月经营情况及 2014 年业绩预计情况

1、2014 年 1-4 月经营情况

发行人 2014 年 1-4 月经营情况正常，在采购模式、生产模式、销售模式方面没有发生重大变化，主要原材料的供应情况和采购价格、主要产品的销售数量及销售价格未发生重大变化，行业政策、税收政策、市场经营环境和主要供应商及客户等方面未发生重大变化，亦未发生其他可能影响投资者判断的重大事项。

发行人 2014 年 1-4 月销售了 13,439 吨白酒，具体情况如下：

产品	项目	2014 年 1-4 月
特 A 类	产量(吨)	1,306.00
	销量(吨)	1,948.00
A 类	产量(吨)	1,416.00
	销量(吨)	1,790.00
B 类	产量(吨)	3,817.00
	销量(吨)	4,166.00
C 类	产量(吨)	4,629.00
	销量(吨)	5,460.00
D 类	产量(吨)	99.00
	销量(吨)	75.00

2、2014 年上半年业绩预测情况

虽然受到限制"三公消费"、"禁酒令"等行业不利因素的持续影响，包括本公司在内的白酒企业与去年同期相比经营业绩受到不同程度的影响，但本公司经营状况正常，主要原材料的供应情况和采购价格、主要产品的销售数量及销售价格未发生重大变化，预计 2014 年上半年与去年同期相比营业收入下降 8%-13%，净利润下降 6%-10%。

第六节　其他重要事项

根据《上海证券交易所上市公司募集资金管理办法》，本公司将在公司公开发行新股的募集资金到账后一周内与保荐机构国泰君安证券股份有限公司和存放募集资金的商业银行签订《募集资金专户存储三方监管协议》，并在该协议签订后两个交易日内报告上海证券交易所备案并公告。本次存放募集资金的商业银行已出具承诺：在《募集资金专户存储三方监管协议》签订前，未获得保荐机构国泰君安证券书面同意，其将不接受今世缘酒业从募集资金专户支取资金的申请。

本公司在招股意向书刊登日(2014 年 6 月 11 日)至上市公告书刊登前，没有发生可能对本公司有较大影响的重要事项，具体如下：

1、本公司主营业务发展目标进展情况正常。

2、本公司所处行业和市场未发生重大变化。

3、除正常经营活动签订的销售、采购、借款等商务合同外，本公司未订立其他对公司资产、负债、权益和经营成果产生重大影响的重要合同。

4、本公司与关联方未发生重大关联交易。

5、本公司未进行重大投资。

6、本公司未发生重大资产(或股权)购买、出售及置换。

7、本公司住所没有变更。

8、本公司董事、监事、高级管理人员及核心技术人员没有变化。

9、本公司未发生重大诉讼、仲裁事项。

10、本公司未发生除正常经营业务之外的重大对外担保等或有事项。

11、本公司的财务状况和经营成果未发生重大变化。

12、本公司未召开董事会、监事会或股东大会。

13、本公司未发生其他应披露的重大事项。

第七节　上市保荐机构及其意见

一、上市保荐机构基本情况

联合保荐机构(主承销商)：国泰君安证券股份有限公司

法定代表人：万建华

住所：上海市浦东新区商城路 618 号

电话：021-38676666

传真：021-38676888

保荐代表人：孙小中、徐玉龙

二、上市保荐机构的推荐意见

上市保荐机构认为，发行人申请股票上市符合《中华人民共和国公司法》、《中华人民共和国证券法》及《上海证券交易所股票上市规则》等有关法律、法规的规定，发行人股票已具备公开上市的条件。国泰君安证券股份有限公司同意推荐江苏今世缘酒业股份有限公司的股票在上海证券交易所上市。

江苏今世缘酒业股份有限公司

2014 年 7 月 2 日

宁波东方电缆股份有限公司

宁波东方电缆股份有限公司首次公开发行股票上市公告书

特别提示

本公司股票将于2014年10月15日在上海证券交易所上市。根据统计，2009年至2013年，对于在沪市新股上市首日买入金额在10万元以下的中小投资者，在新股上市后的第六个交易日出现亏损的账户数量占比超过50%。本公司提醒投资者应充分了解股票市场风险及本公司披露的风险因素，在新股上市初期切忌盲目跟风"炒新"，应当审慎决策、理性投资。

第一节 重要声明与提示

一、重要提示

宁波东方电缆股份有限公司(以下简称"公司"、"本公司"、"发行人"或"东方电缆")及全体董事、监事、高级管理人员保证上市公告书所披露信息的真实、准确、完成，承诺上市公告书不存在虚假记载、误导性陈述或重大遗漏，并承担个别和连带的法律责任。

证券交易所、其他政府机关对本公司股票上市及有关事项的意见，均不表明对本公司的任何保证。

本公司提醒广大投资者注意，凡本上市公告书未涉及的有关内容，请投资者查阅刊载于上海证券交易所网站(http://www.sse.com.cn)的本公司招股说明书全文。

二、发行前股东股份锁定的承诺

公司实际控制人夏崇耀和袁黎雨夫妇、及其子夏峰，袁黎雨之弟袁黎益承诺：自公司股票上市之日起三十六个月内，不转让或者委托他人管理其直接或间接持有的公司股份，也不由公司回购其股份。在担任公司的董事、监事或高级管理人员期间，每年转让的股份不超过其所直接或间接持有公司股份总数的25%，持有公司股份余额不足1,000股时可以不受上述比例限制；离任后六个月内，不转让其所直接或间接持有的公司股份，离任六个月后的十二个月内通过证券交易所挂牌交易出售公司股票数量占其所直接或间接持有公司股票总数的比例不超过50%。

公司控股股东宁波东方集团有限公司和高管持股的股东宁波华夏科技投资有限公司承诺：自公司股票上市之日起36个月内，不转让或者委托他人管理其直接或间接持有的公司股份，也不由公司回购其股份。所持股票在锁定期满后2年内减持的，其减持价格不低于发行价；公司上市后6个月内如公司股票连续20个交易日的收盘价均低于发行价，或者上市后6个月期末收盘价低于发行价，持有公司股票的锁定期限自动延长6个月；如遇除权除息事项，上述发行价作相应调整。

公司股东宁波市工业投资有限责任公司、舟山市大永润投资有限公司、江西赣源实业投资有限责任公司、宁波经济技术开发区金帆投资有限公司、沃美投资管理有限公司、黄统英、王凤娣承诺：自公司股票上市之日起十二个月内，不转让或者委托他人管理其直接或间接持有的公司股份，也不由公司回购其股份。

公司实际控制人夏崇耀和袁黎雨夫妇亲属袁黎浩、夏小瑜、谢震宇、谢赛宇通过公司股东宁波华夏科技投资有限公司间接持有公司股份，上述人员承诺：自公司股票上市之日起三十六个月内，不转让或者委托他人管理其间接持有的公司股份，也不由公司回购其股份。

公司其他直接或间接持有公司股份的董事、监事及高级管理人员承诺：自公司股票上市之日起三十六个月内，不转让或者委托他人管理其直接或间接持有的公司股份，也不由公司回购其股份。在担任公司的董事、监事或高级管理人员期间，每年转让的股份不超过其所直接或间接持有公司股份总数的25%，持有公司股份余额不足1,000股时可以不受上述比例限制；离任后六个月内，不转让其所直接或间接持有的公司股份，离任六个月后的十二个月内通过证券交易所挂牌交易出售公司股票数量占其所直接或间接持有公司股票总数的比例不超过50%。

公司国有股股东宁波经济技术开发区金帆投资有限公司、宁波市工业投资有限责任公司承诺：根据财政部等部委共同颁布的《境内证券市场所持部分国有股充实全国社会保障基金实施办法》(财企[2009]94号)有关规定，及宁波市人民政府国有资产监督管理委员会出具的《关于宁波东方电缆股份有限公司A股首发上市10%国有股划转全国社保基金会有关问题的批复》(甬国资产[2011]48号)，将公司首次公开发行时实际发行股份数量的10%按照所持公司股份比例各自承担，转由全国社会保障基金理事会持有，全国社会保障基金理事会将承继二者的限售期义务。

三、发行前持股5%以上股东的持股意向及减持意向

宁波东方集团有限公司、宁波华夏科技投资有限公司、袁黎雨承诺：在股票锁定期满后的两年内，在符合相关法律法规、中国证监会相关规定及其他对其有约束力的规范性文件规定的情形下，将减持持有的发行人股份，每年减持的发行人股份不超过上一年度末持有发行人股数的10%，将通过证券交易所集中竞价交易、大宗交易等法律法规允许的方式减持，减持价格不低于本次发行价格(若发行人股票在此期间发生派息、送股、资本公积转增股本等除权除息事项的，发行价应相应调整)，减持计划应提前三个交易日通知发行人并予以公告。

宁波经济技术开发区金帆投资有限公司承诺：在股票锁定期满后的两年内，在符合相关法律法规、中国证监会相关规定及其他对其有约束力的规范性文件规定的情形下，将减持持有的发行人股份，两年减持的发行人股份不超过减持前所持有发行人股数的50%，将通过证券交易所集中竞价交易、大宗交易等法律法规允许的方式减持，减持价格根据减持当时的二级市场价格确定，减持计划应提前三个交易日通知发行人并予以公告。

宁波市工业投资有限责任公司承诺：在股票锁定期满后的两年内，在符合相关法律法规、中国证监会相关规定及其他对其有约束力的规范性文件规定的情形下，有意向减持持有的发行人全部股份，将通过证券交易所集中竞价交易、大宗交易等法律法规允许的方式减持，减持价格根据减持当时的二级市场价格确定，减持计划应提前三个交易日通知发行人并予以公告。

四、发行人关于稳定公司股价的预案

经公司第三届董事会第三次会议、2013年度股东大会审议通过，上市后三年内公司股价低于每股净资产时公司稳定公司股价的预案如下：

(一)启动股价稳定措施的具体条件

1、预警条件：当公司股票连续5个交易日的收盘价低于每股净资产的120%时，在10个交易日内召开投资者见面会，与投资者就上市公司经营状况、财务指标、发展战略进行深入沟通。

2、启动条件：当公司股票连续20个交易日的收盘价低于每股净资产时，公司及控股股东、董事和高级管理人员应在发生上述情形的最后一个交易日起10个交易日内启动股价稳定措施。

(二)稳定股价的具体措施

当公司上市后三年内股价触及启动稳定股价条件时，公司将及时采取以下部分或全部措施稳定公司股价：

1、经董事会、股东大会审议通过，公司通过回购公司股票的方式稳定公司股价；公司为稳定股价之目的进行股份回购的，除应符合相关法律法规之要求且不会导致公司不满足法定上市条件外，还应符合下列条件：

(1)公司用于回购股份的资金总额累计不超过公司首次公开发行新股所募集资金的总额；

(2)公司每年用于回购股份的资金总额不超过公司当年实现的归属于母公司所有者的净利润；

(3)公司单次用于回购股份的资金不得低于人民币1,000万元；

(4)公司单次回购股份不超过公司总股本的2%；如上述第(3)项与本项冲突时，以本项为准。

2、控股股东、公司董事、高级管理人员以增持公司股票的方式稳定公司股价，但前提是该增持公司股票行为不会导致公司不满足法定上市条件或促使控股股东、实际控制人的要约收购义务。

3、公司通过削减开支、限制高级管理人员薪酬、暂停股权激励计划等方式提升公司业绩、稳定公司股价。

4、法律、行政法规规定以及中国证监会认可的其他方式。

回购或增持公司股份的资金应为各方自有资金，回购或增持公司股份的价格不超过上一个会计年度经审计的每股净资产，回购或增持公司股份的方式为集中竞价交易方式、要约方式或证券监督管理部门认可的其他方式。

(三)启动维持股价的程序

1、由公司董事会制定具体实施方案并提交股东大会审议。

2、公司股东大会对公司回购股份作出决议，须经出席会议股东所持表决权的三分之二以上通过。在股东大会审议通过股份回购方案后，公司将依法通知债权人，并向证券监督管理部门、证券交易所等主管部门报送相关材料，办理审批或备案手续。公司应在股东大会决议做出之日起下一个交易日开始启动回购。

3、该次回购约定金额使用完毕，或者回购股份总数达到总股份的2%，或者维持股价预案公告后公司股票收盘价连续10个交易日超过最近一期经审计的每股净资产，则该次回购结束；

4、公司稳定股价措施实施完毕及承诺履行完毕之日起两个交易日内，公司应将稳定股价措施实施情况予以公告，且在未来3个月内不再启动维持股价事宜。

(四)公司控股股东、董事和高级管理人员的股价稳定措施

公司控股股东、董事和高级管理人员将接受公司董事会制定的股票增持方案并严格履行，若应由公司履行股票回购方案而公司未能履行、或者公司股票回购方案履行完毕后公司股价依然低于最近一期经审计的每股净资产、或者公司股票回购方案履行完毕后3个月内公司股价又出现连续20个交易日的收盘价低于每股净资产的情形，则公司控股股东将以最近一次所获现金分红金额为

限、董事和高级管理人员将以上一年从公司所获薪酬的 50%为限依次增持公司股票。

(五)未履行稳定公司股价措施的约束措施

若未采取稳定股价的具体措施，股份公司将在股东大会及中国证监会指定报刊上公开说明未履行的具体原因并向股东和社会公众投资者道歉，并将以单次不超过上一会计年度经审计的归属于母公司股东净利润的 20%、单一会计年度合计不超过上一会计年度经审计的归属于母公司股东净利润的 50%的标准向全体股东实施现金分红。

若未采取稳定股价的具体措施，控股股东将在股份公司股东大会及中国证监会指定报刊上公开说明未履行的具体原因并向股份公司股东和社会公众投资者道歉；如果未采取稳定股价的具体措施，将在前述事项发生之日起 5 个工作日内停止在股份公司处获得股东分红，同时其持有的股份公司股份将不得转让，直至采取相应的稳定股价措施并实施完毕时为止。

若未采取稳定股价的具体措施，公司董事和高级管理人员将在股份公司股东大会及中国证监会指定报刊上公开说明未履行的具体原因并向股东和社会公众投资者道歉；如果未采取稳定股价的具体措施，其将在前述事项发生之日起 5 个工作日内停止在股份公司处领取薪酬或津贴及股东分红，同时其持有的股份公司股份不得转让，直至采取相应的股价稳定措施并实施完毕时为止。

公司董事、高级管理人员在其任职期间的上述承诺及相应义务不因职务变更、离职等原因而失效。公司新聘任董事、高级管理人员的，公司将要求该等新聘任的董事、高级管理人员签署公司上市时董事、高级管理人员已作出的稳定股价承诺后，方可聘任。

五、关于信息披露的承诺

(一)发行人及其控股股东、董事、监事、高级管理人员的承诺

发行人及其控股股东承诺，招股说明书如有虚假记载、误导性陈述或者重大遗漏，对判断发行人是否符合法律规定的发行条件构成重大、实质影响的，发行人董事会将在证券监管部门依法对上述事实作出认定后五个工作日内，制订股份回购方案并提交股东大会审议批准。股东大会审议批准后三十个交易日内，发行人将依法回购首次公开发行的全部新股，回购价格为当时公司股票二级市场价格，且不低于公司股票首次公开发行价(若发行人股票在此期间发生派息、送股、资本公积转增股本等除权除息事项的，发行价应相应调整)加算银行同期存款利息，并根据相关法律、法规规定的程序实施。在实施上述股份回购时，如法律法规等另有规定的从其规定。

发行人及其控股股东、实际控制人、发行人董事、监事、高级管理人员承诺：招股说明书如有虚假记载、误导性陈述或者重大遗漏，致使投资者在证券交易中遭受损失的，且对此负有法律责任的，将依法赔偿投资者损失。

(二)证券服务机构的承诺

1、保荐机构西部证券承诺：

本公司已对招股说明书及其摘要进行了核查，确定不存在虚假记载、误导性陈述或重大遗漏，并对其真实性、准确定和完整性承担相应的法律责任。

为发行人首次公开发行制作、出具的文件如有虚假记载、误导性陈述或者重大遗漏，给投资者造成损失的，将依法赔偿投资者损失。

2、上海市锦天城律师事务所承诺：

本所及经办律师已阅读招股说明书及其摘要，确认招股说明书及其摘要与本所出具的法律意见书和律师工作报告无矛盾之处。本所及经办律师对发行人在招股说明书及其摘要中引用的法律意见书和律师工作报告的内容无异议，确认招股说明书及其摘要不致因上述内容而出现虚假记载、误导性陈述或重大遗漏，并对其真实性、准确性和完整性承担相应的法律责任。

若因本所为发行人首次公开发行制作、出具的文件有虚假记载、误导性陈述或者重大遗漏，给投资者造成损失的，将依法赔偿投资者损失。

3、天健会计师事务所承诺

本所及签字注册会计师已阅读招股说明书及其摘要，确认招股说明书及其摘要与本所出具的审计报告、内部控制鉴证报告及经本所核验的非经常性损益明细表无矛盾之处。本所及签字注册会计师对发行人在招股说明书及其摘要中引用的审计报告、盈利预测审核报告(如有)、内部控制鉴证报告及经本所核验的非经常性损益明细表的内容无异议，确认招股说明书及其摘要不致因上述内容而出现虚假记载、误导性陈述或重大遗漏，并对其真实性、准确性和完整性承担相应的法律责任。

若因本所为发行人首次公开发行股票事宜制作、出具的文件存在虚假记载、误导性陈述或者重大遗漏，给投资者造成损失，将依法赔偿投资者损失。

六、保荐机构关于发行人及其他相关责任主体承诺事项及约束措施的核查意见

保荐机构认为，发行人及其他相关责任主体已经按照《关于进一步推进新股发行体制改革的意见》(证监会公告[2013]42 号)以及其他有关要求出具了相关承诺，同时对其未履行承诺提出相应的约束措施。发行人及其控股股东等责任主体所作出的相关承诺已履行相应的决策程序，承诺的内容合法、合理，失信补救措施有效。

七、发行人律师应对上述承诺及约束措施的合法性发表的意见

发行人律师认为，相关主体作出的上述承诺是其真实意思表示，发行人及其股东、董事、监事及高级管理人员等责任主体出具的相关承诺及约束措施符合法律、法规、规范性文件的相关规定，符合《关于进一步推进新股发行体制改革的意见》的规定。

八、财务报告审计截止日后的主要财务信息及经营状况

根据公司 2014 年 7 月、8 月的财务信息(未经审计，也未经审阅)显示，2014 年 7-8 月发行人实现营业收入 26,989.81 万元、净利润 661.50 万元。公司财务报告审计截止日至本招股说明书签署日，公司的经营模式未发生重大变化，公司主要产品的产量、销量和价格较为稳定，公司主要原材料的采购价格和采购量亦未发生重大变化，公司主要客户及供应商及其它重大事项未发生重大变化，经营情况良好。公司审计截止日后经营状况正常，不会导致公司 2014 年 1-9 月净利润相比上年同期发生重大变化。

如无特别说明，本上市公告书中的简称或名词的释义与本公司首次公开发行股票招股说明书的相同。

第二节　股票上市情况

一、股票发行上市审核情况

(一)编制上市公告书的法律依据

本上市公告书系根据《中华人民共和国公司法》、《中华人民共和国证券法》和《上海证券交易所股票上市规则》等有关法律法规规定，并按照上海证券交易所《股票上市公告书内容与格式指引》编制而成，旨在向投资者提供有关本公司首次公开发行股票(A 股)上市的基本情况。

(二)股票发行的核准部门和文号

本公司首次公开发行 A 股(以下简称"本次发行")经中国证券监督管理委员会"证监许可[2014] 948 号"文批准。

本次发行采用网下向符合条件的投资者询价配售和网上按市值申购方式向社会公众投资者定价发行相结合的方式。

(三)证券交易所同意股票上市文件的文号

本公司 A 股股票上市经上海证券交易所"自律监管决定书[2014]588 号"文批准。

本公司发行的 A 股股票在上海证券交易所上市，证券简称"东方电缆"，证券代码"603606"；本次网上网下公开发行的无限售公众股合计 3,134.9993 万股股票将于 2014 年 10 月 15 日起上市交易。

二、本次上市相关信息

(一)上市地点：上海证券交易所

(二)上市时间：2014 年 10 月 15 日

(三)股票简称：东方电缆

(四)股票代码：603606

(五)本次公开发行后的总股本：14,135 万股

(六)本次公开发行的股票数量：3,535 万股，包括新股发行 3,135 万股、老股转让 400 万股。

(七)本次上市的无流通限制及锁定安排的股票数量：3,134.9993 万股

(八)发行前股东所持股份的流通限制及期限：参见本上市公告书之"第一节 重要声明与提示"

(九)发行前股东所持股份自愿锁定的承诺：参见本上市公告书之"第一节 重要声明与提示"

(十)本次上市股份的其他锁定安排：参见本上市公告书之"第一节 重要声明与提示"

(十一)股票登记机构：中国证券登记结算有限责任公司上海分公司

(十二)上市保荐机构：西部证券股份有限公司

第三节　发行人、股东和实际控制人情况

一、发行人基本情况

(一)基本情况

中文名称：宁波东方电缆股份有限公司

英文名称：NingboOrientWires&CablesCo.,Ltd.

注册资本：11,000 万元

法定代表人：夏崇耀

设立日期：1998 年 10 月 22 日

住所：宁波市北仑区江南东路 968 号

经营范围：普通货运(在许可证件有效期限内经营)。电线电缆、海底电缆、特种电缆、通信电缆、导线、光纤光缆、智能电缆、电缆附件、塑料制品、包装容器、文具、办公用机械、通用设备的制造、加工；铜线拉制；仓储服务；自营和代理各类货物和技术的进出口业务(除国家限定公司经营或禁止进出口的货物及技术)；海洋工程建筑；技术咨询。(分支机构经营场所设在北仑区小港江南东路 967 号 1 幢、2 幢；北仑区戚家山江滨路 278 号)(依法须经批准的项目，经相关部门批准后方可开展经营活动)

主营业务：各种电线电缆的研发、生产、销售及其服务

所属行业：电气机械和器材制造业

董事会秘书：乐君杰

电话：0574-86188666

传真：0574-86188666

互联网网址：www.orientcable.com

电子邮箱：orient@orientcable.com

（二）董事、监事、高级管理人员的任职和持股情况

1、董事、监事、高级管理人员的任职情况

姓　名	职　务	任期起止日期
夏崇耀	董事长兼总经理	2013 年 8 月 30 日–2016 年 8 月 29 日
夏　峰	副董事长兼副总经理	2014 年 2 月 23 日–2016 年 8 月 29 日
袁黎雨	董事	2013 年 8 月 30 日–2016 年 8 月 29 日
夏善忠	董事	2013 年 8 月 30 日–2016 年 8 月 29 日
乐君杰	董事、副总经理、董事会秘书	2013 年 8 月 30 日–2016 年 8 月 29 日
陈建中	董事	2013 年 8 月 30 日–2016 年 8 月 29 日
罗国芳	独立董事	2013 年 8 月 30 日–2016 年 8 月 29 日
杨黎明	独立董事	2013 年 8 月 30 日–2016 年 8 月 29 日
林　勇	独立董事	2013 年 8 月 30 日–2016 年 8 月 29 日
项冠军	监事会主席	2013 年 8 月 30 日–2016 年 8 月 29 日
华国大	监事	2013 年 8 月 30 日–2016 年 8 月 29 日
张　悦	监事	2013 年 8 月 30 日–2016 年 8 月 29 日
袁黎益	副总经理	2013 年 8 月 30 日–2016 年 8 月 29 日
阮　武	副总经理	2013 年 8 月 30 日–2016 年 8 月 29 日
谢盛宇	副总经理	2013 年 8 月 30 日–2016 年 8 月 29 日
柯　军	财务总监	2013 年 8 月 30 日–2016 年 8 月 29 日
叶信红	总工程师	2013 年 8 月 30 日–2016 年 8 月 29 日

2、董事、监事和高级管理人员的持股情况

公司董事袁黎雨直接持有本公司 11.98%的股份。

东方集团为本公司控股股东，截至本上市公告书签署日，东方集团持有本公司 36.87%的股份，公司董事长兼总经理夏崇耀、副总经理袁黎益通过持有东方集团的股份间接持有本公司股份。

华夏投资为本公司的参股股东，直接持有公司 6.38%的股份，同时通过持有东方集团 30%的股权，间接持有本公司 11.06%的股份，公司董事长/总经理夏崇耀、副董事长/副总经理夏峰、董事夏善忠、董事/副总经理/董事会秘书乐君杰、监事会主席项冠军、监事张悦、监事华国大、副总经理袁黎益、副总经理阮武、副总经理谢盛宇、财务总监柯军、总工程师叶信红、企业技术中心主任丰如男，以及公司董事长兼总经理夏崇耀侄女夏小瑜、外甥谢震宇、外甥谢赛宇，董事袁黎雨弟弟袁黎浩通过持有华夏投资股份间接持有本公司股份。

赣源投资为本公司的参股股东，直接持有本公司 2.80%的股份，江西兹鼎实业集团有限公司持有赣源投资 100%的股份，江西高能投资集团有限公司持有江西兹鼎实业集团有限公司 100%的股份，公司董事陈建中通过持有江西高能投资集团有限公司 20.12%的股份而间接持有本公司 0.56%的股份。

公司的部分董事、监事、高级管理人员、核心技术人员及其近亲属通过投资东方集团、华夏投资、赣源投资间接持有公司股份，具体情况如下表：

姓　名	职　务	持有华夏投资的股权比例	持有东方集团的股权比例	间接持有本公司的股权比例
夏崇耀	董事长、总经理	20.00%	40.00%	18.23%
夏　峰	副董事长、副总经理(夏崇耀和袁黎雨之子)	7.00%	--	1.22%
夏善忠	董事	6.00%	--	1.05%
乐君杰	董事、董秘、副总经理	2.50%	--	0.44%
陈建中	董事	--	--	0.56%
项冠军	监事会主席	3.50%	--	0.61%
华国大	监事	1.50%	--	0.26%
张　悦	监事	1.50%	--	0.26%
袁黎益	副总经理(袁黎雨的弟弟)	6.00%	2.00%	1.78%
阮　武	副总经理	2.00%	--	0.35%
谢盛宇	副总经理(夏崇耀的外甥女)	6.00%	--	1.05%
柯　军	财务总监	2.50%	--	0.44%
叶信红	总工程师	3.00%	--	0.52%
丰如男	企业技术中心主任(张悦的妻子)	0.50%	--	0.09%
袁黎浩	袁黎雨的弟弟	1.50%	--	0.26%
夏小瑜	夏崇耀的侄女	2.00%	--	0.35%
谢赛宇	夏崇耀的外甥	2.00%	--	0.35%
谢震宇	夏崇耀的外甥	1.00%	--	0.17%

除以上所述公司董事、监事、高级管理人员与核心技术人员的近亲属间接持有公司的股份情况以外，不存在公司董事、监事、高级管理人员与核心技术人员的近亲属其他间接持有公司的股份情况。

二、控股股东及实际控制人的基本情况

东方集团持有公司本次发行后 36.87%的股份，是公司控股股东。东方集团注册资本为 5,000 万元，法定代表人为夏崇耀，住所为宁波市北仑区江南出口加工贸易区，目前东方集团主要从事投资管理业务。东方集团的股东构成情况如下表：

股东名称	出资额(万元)	比例(%)
夏崇耀	2,000.00	40.00
华夏投资	1,500.00	30.00
宁波工投	1,250.00	25.00
钱明章	150.00	3.00
袁黎益	100.00	2.00
合　计	5,000.00	100.00

本次发行后，公司董事长兼总经理夏崇耀先生通过持有东方集团 40%的股权和华夏投资 20%的股权间接持有公司股份，袁黎雨女士直接持有公司 11.98%的股份。夏崇耀、袁黎雨夫妇合计对公司本次发行后 48.85%的股份拥有控制权，最终直接或间接持有的公司股份合计为 30.21%。夏崇耀、袁黎雨夫妇为公司实际控制人。

夏崇耀先生简介：中国国籍，无境外永久居留权，身份证号码：33020619591122XXXX，住址：浙江省宁波市北仑区小港街道前进村居一组 17 户。

袁黎雨女士简介：中国国籍，无境外永久居留权，身份证号码：33020619600410XXXX，住址：浙江省宁波市北仑区小港街道前进前袁 18 号附 2。

三、股东情况

（一）本次发行前后公司股本结构变动情况

本次发行后，公司总股本为 14,135 万股，本次向社会公众发行 3,535 万股人民币普通股，其中新股发行 3,135 万股、老股转让 400 万股且不超过自愿设定 12 个月及以上限售期的投资者获得配售股份的数量，合计发行数量为发行后总股本的 25.01%。本次发行前后公司股本结构变化情况如下表所示：

股东名称	发行前		发行后	
	持股数量（万股）	持股比例(%)	持股数量（万股）	持股比例(%)
一、有限售条件流通股				
东方集团	5,511.00	50.10	5,211.00	36.87
袁黎雨	1,793.001	6.30	1,693.00	11.98
华夏投资	902.00	8.20	902.00	6.38
宁波工投(SS)	748.00	6.80	560.2031	3.96
金帆投资(SS)	660.00	6.00	494.2969	3.50
大永润投资	440.00	4.00	440.00	3.11
赣源投资	396.00	3.60	396.00	2.80
沃美投资	330.00	3.00	330.00	2.33
王凤娣	110.00	1.00	110.00	0.78
黄统英	110.00	1.00	110.00	0.78
有限售条件社会公众股	--	--	400.0007	2.83
无限售条件社会公众股	--	--	3,134.9993	22.18
社保基金会	--	--	353.50	2.50
合计	11,000.00	100.00	14,135.00	100.00

（二）本次发行后、上市前的股东情况

本次发行后、上市前的股东户数为 28,440 户，持股数量前 10 名股东的名称、持股数量及持股比例如下：

序号	股东名称	股份(万股)	持股比例
1	宁波东方集团有限公司	5,211.00	36.87%
2	袁黎雨	1,693.00	11.98%
3	宁波华夏科技投资有限公司	902.00	6.38%
4	宁波市工业投资有限责任公司	560.2031	3.96%
5	宁波经济开发区金帆投资有限公司	494.2969	3.50%
6	舟山市大永润投资有限公司	440.00	3.11%
7	江西赣源实业投资有限责任公司	396.00	2.80%
8	全国社会保障基金理事会转持户	353.50	2.50%
9	沃美投资管理有限公司	330.00	2.33%
10	王凤娣	110.00	0.78%
10	黄统英	110.00	0.78%

第四节　股票发行情况

1、发行数量：3,535 万股，其中新股发行 3,135 万股、老股转让 400 万股

2、发行价格：8.20 元/股

3、每股面值：1.00 元

4、发行方式：网下向投资者询价配售与网上按市值申购定价发行相结合的方式或中国证监会等监管机关认可的其他发行方式。

5、募集资金总额及注册会计师对资金到位的验证情况

(1)本次发行募集资金总额为：25,707 万元

(2)天健会计师事务所(特殊普通合伙)与 2014 年 9 月 30 日对本次发行的资金到位情况进行了审验，并出具了"天健验[2014]212 号"《验资报告》。

6、发行费用

项目公司公开发行新股及股东公开公司公开发行新股发行费用金额发售发行费用合计金额

项目	公司公开发行新股及股东公开发售发行费用合计金额	公司公开发行新股发行费用金额
(1)保荐费用	200 万元	200 万元
(2)承销费用	2,300 万元	2,039.75 万元
(3)审计验资费用	684 万元	684 万元
(4)律师费用	195 万元	195 万元
(5)信息披露费用	335 万元	335 万元
(6)其他发行费用	58.72 万元	58.72 万元
费用合计	3,772.72 万元	3,512.46 万元

本次新股发行每股发行费用为：1.12 元(按本次公司公开发行新股发行费用金额除以本次公司公开发行新股股数计算)

7、本次新股发行募集资金净额：221,945,394.12 元

8、发行后每股净资产：5.27 元/股(按 2013 年 12 月 31 日经审计的归属于本公司股东的净资产与本次发行募集资金净额之和除以本次 A 股发行后总股本计算)

9、发行后每股收益：0.44 元（按 2013 年度经审计的归属于母公司所有者的净利润除以本次 A 股发行后总股本计算）

第五节　财务会计资料

本公司在招股意向书中已披露 2014 年 6 月 30 日的资产负债表、2014 年 1-6 月的利润表及现金流量表，上述数据已经天健会计师事务所(特殊普通合伙)审计(天健审[2014]5908 号审计报告)，本上市公告书中不需再次披露，敬请投资者注意。

第六节　其他重要事项

一、募集资金专户存储三方监管协议的安排

根据有关法律法规及《上海证券交易所上市公司募集资金管理办法》，本公司于 2014 年 9 月 26 日，分别与中国建设银行股份有限公司宁波经济技术开发区支行、中国农业银行股份有限公司宁波金丰支行及保荐机构西部证券股份有限公司

订了《募集资金专户存储三方监管协议》。

(一)募集资金专户开设情况

1、开户行：中国建设银行股份有限公司宁波经济技术开发区支行

账户名称：宁波东方电缆股份有限公司募集资金专户

账号：33101984146050503608

金额：137,950,500.00

用途：智能环保型光电复合海底电缆制造及海缆敷设工程技改项目之设备购置

2、开户行：中国农业银行股份有限公司宁波金丰支行

账户名称：宁波东方电缆股份有限公司募集资金专户

账号：392030010400141196

金额：97,722,045.97 元

用途：智能环保型光电复合海底电缆制造及海缆敷设工程技改项目中除设备购置之外的其他

(二)募集资金专户三方监管协议主要内容

本公司简称为"甲方"，开户银行简称为"乙方"，西部证券股份有限公司简称为"丙方"。

1、甲方募集资金可以以定期存单、通知存款等存款方式存放于乙方。甲方承诺上述存单到期后将及时转入本协议规定的募集资金专户进行管理或以存单方式续存，并通知丙方。甲方存单不得质押或设置其他权利限制。

2、甲乙双方应当共同遵守《中华人民共和国票据法》、《支付结算办法》、《人民币银行结算账户管理办法》等法律、法规、规章。甲方应当遵守《上海证券交易所上市公司募集资金管理办法》等法律法规的规定以及甲方制定的募集资金使用管理制度。

3、丙方作为甲方的保荐人，应当依据有关规定指定保荐代表人或其他工作人员对甲方募集资金使用情况进行监督。

丙方承诺按照《证券发行上市保荐业务管理办法》、《上海证券交易所上市公司募集资金管理办法》以及甲方制订的募集资金使用管理制度对甲方募集资金管理事项履行保荐职责，进行持续督导工作。

丙方可以采取现场调查、书面问询等方式行使其监督权。甲方和乙方应当配合丙方的调查与查询。丙方每半年度对甲方现场调查时应当同时检查专户存储情况。甲方应当严格按照有关规定和审批制度，妥善管理和使用募集资金，并建立每笔募集资金使用的记账记录(包括但不限于审批单据、银行划款凭证、公司记账凭证等内容)。

4、甲方授权丙方指定的保荐代表人张亮、祝健可以随时到乙方查询、复印甲方专户的资料；乙方应当及时、准确、完整地向其提供所需的有关专户的资料。

保荐代表人向乙方查询甲方专户有关情况时应当出具本人的合法身份证明；丙方指定的其他工作人员向乙方查询甲方专户有关情况时应当出具本人的合法身份证明和单位介绍信。

5、乙方按月(每月 15 日前)向甲方出具真实、准确、完整的专户对账单，并抄送给丙方。

6、甲方 1 次或 12 个月以内累计从专户支取的金额超过 5,000 万元且达到发行募集资金总额扣除发行费用后的净额(以下简称"募集资金净额")的 20%的，甲方应当及时以传真方式通知丙方，同时提供专户的支出清单。

7、丙方有权根据有关规定更换指定的保荐代表人。丙方更换保荐代表人的，应当将相关证明文件书面通知乙方，同时按本协议的要求书面通知更换后保荐代表人的联系方式。更换保荐代表人不影响本协议的效力。

8、乙方连续三次未及时向甲方出具对账单，以及存在未配合丙方调查专户情形的，甲方可以主动或在丙方的要求下单方面终止本协议并注销募集资金专户。但甲方应在终止本协议前另行确定募集资金专户，并督促新的募集资金专户开户银行与甲方及丙方另行签署募集资金三方监管协议。

9、丙方发现甲方、乙方未按约定履行本协议的，应当在知悉有关事实后及时向上海证券交易所书面报告。

10、本协议自甲、乙、丙三方法定代表人或其授权代表签署并加盖各自单位公章之日起生效，至专户资金全部支出完毕并依法销户之日起失效。

二、其他事项

本公司在招股意向书刊登日至上市公告书刊登前，没有发生可能对本公司有较大影响的重要事项，具体如下：

(一)本公司主要业务发展目标的进展情况正常；

(二)本公司所处行业或市场未发生重大变化；

(三)除与正常业务经营相关的采购、销售、借款等商务合同外，本公司未订立其他对本公司的资产、负债、权益和经营成果产生重大影响的重要合同；

(四)本公司与关联方未发生重大关联交易；

(五)本公司未发生重大投资；

(六)本公司未发生重大资产(或股权)购买、出售及置换；

(七)本公司住所未发生变更；

(八)本公司董事、监事、高级管理人员及核心技术人员未发生变化；

(九)本公司未发生重大诉讼、仲裁事项；

(十)本公司未发生对外担保等或有事项；

(十一)本公司的财务状况和经营成果未发生重大变化；

(十二)董事会、监事会和股东大会决议及其主要内容；

(十三)其他应披露的重大事项

第七节　上市保荐机构及其意见

一、上市保荐机构基本情况

保荐机构(主承销商)：西部证券股份有限公司

法定代表人：刘建武

保荐代表人：张亮、祝健

住所：陕西省西安市东新街 232 号陕西信托大厦

电话：029-87406130

传真：029-87406134

联系人：武文轩

二、上市保荐机构的推荐意见

上市保荐机构认为，发行人申请其 A 股股票上市符合《公司法》、《证券法》及《上海证券交易所股票上市规则》等国家法律、法规的有关规定，发行人 A 股股票具备在上海证券交易所上市的条件。西部证券股份有限公司同意推荐宁波东方电缆股份有限公司 A 股股票在上海证券交易所上市。

上海浦东发展银行股份有限公司

公司概况						
	公司名称	上海浦东发展银行股份有限公司			证券简称	浦发银行
	法人代表	吉晓辉	董秘	沈思	证券代码	600000
	公司网址	www.spdb.com.cn		电子信箱	shens2@spdb.com.cn	
	电　　话	021-63611226　61618888		传　　真	021-63230807	
	办公地址	上海市中山东一路 12 号				
	经营范围	经中国人民银行及中国银行业监督管理委员会批准的商业银行业务融资租赁业务				

主要财务指标	指标\报告期	2014.06.30	2013.12.31	2013.06.30	2012.12.31
	基本每股收益(元)	1.2150	2.1940	1.0390	1.8330
	基本每股收益(扣除后)(元)	1.2040	2.1660	1.0330	1.8090
	稀释每股收益(元)	1.2150	2.1940	1.0390	1.8330
	每股净资产(元)	11.7040	10.9570	10.0090	9.5160
	每股经营现金净流量(元)	–1.6289	16.5339	13.4760	4.9632
	每股现金流量(元)	5.0062	–1.3970	–4.4642	–1.0966
	每股资本公积金(元)	3.1827	2.9901	3.1973	3.1931
	每股盈余公积金(元)	2.6616	2.0083	2.0083	1.4608
	每股未分配利润(元)	2.8920	3.3795	2.2249	2.6262
	净资产收益率(%)	10.3800	20.0230	10.3800	19.2600
	加权净资产收益率(%)	10.5200	21.5300	10.4500	20.9500
	净资产收益率(扣除)(%)	10.2900	19.7700	10.3174	19.0100
	总资产(万元)	393021700.00	368012500.00	346844200.00	314570700.00
	归属母公司股东权益(万元)	21831200.00	20437500.00	18670400.00	17749700.00
	营业收入(万元)	5904300.00	10001500.00	4651800.00	8295200.00
	营业支出(万元)	–2928600.00	4649200.00	2113100.00	3853300.00
	投资收益(万元)	–62400.00	82000.00	56800.00	7600.00
	净利润(万元)	2265600.00	4092200.00	1938600.00	3418600.00
	营业利润(万元)	2975700.00	5352300.00	2538700.00	4441900.00
	利润总额(万元)	2982900.00	5384900.00	2542900.00	4475400.00

广州白云国际机场股份有限公司

公司概况						
	公司名称	广州白云国际机场股份有限公司			证券简称	白云机场
	法人代表	刘建强	董秘	徐光玉	证券代码	600004
	公司网址	www.gbiac.net		电子信箱	irm@gbiac.net	
	电　　话	020-36063595　36063593		传　　真	020-36063416	
	办公地址	广东省广州市白云国际机场南工作区自编一号股份公司本部办公大楼				
	经营范围	旅客过港服务，与航空运输有关的地面服务、交通运输和仓储服务等				

主要财务指标	指标\报告期	2014.06.30	2013.12.31	2013.06.30	2012.12.31
	基本每股收益(元)	0.4600	0.7800	0.3900	0.6500
	基本每股收益(扣除后)(元)	0.4460	0.8000	0.3840	0.7000
	稀释每股收益(元)	0.4600	0.7800	0.3900	0.6500
	每股净资产(元)	6.8026	6.7201	6.3414	6.2836
	每股经营现金净流量(元)	0.7196	1.7095	0.7789	1.5623
	每股现金流量(元)	0.6968	0.4852	0.5588	0.2703
	每股资本公积金(元)	2.7920	2.7954	2.8025	2.8071
	每股盈余公积金(元)	0.5000	0.5000	0.4846	0.4846
	每股未分配利润(元)	2.5106	2.4246	2.0543	1.9918
	净资产收益率(%)	6.7026	11.5805	6.1890	10.4218
	加权净资产收益率(%)	6.5600	11.9100	6.0600	10.6400
	净资产收益率(扣除)(%)	6.5506	11.8496	6.0518	11.1641
	总资产(万元)	1056260.67	994973.97	1060082.84	1014429.72
	归属母公司股东权益(万元)	782302.40	772811.31	729266.30	722609.73
	营业收入(万元)	268143.78	514131.34	246232.47	467331.54
	营业支出(万元)	174361.39	326125.19	159266.87	285287.61
	投资收益(万元)	120.40	204.89	–	585.20
	净利润(万元)	52434.50	89495.76	45134.57	75308.98
	营业利润(万元)	70194.00	131539.43	62152.19	114795.09
	利润总额(万元)	71802.62	128949.92	63535.02	106746.43

武汉钢铁股份有限公司

公司概况						
	公司名称	武汉钢铁股份有限公司			证券简称	武钢股份
	法人代表	邓崎琳	董秘	万毅	证券代码	600005
	公司网址	www.wisco.com.cn		电子信箱	wiscl@wisco.com.cn	
	电　　话	027-86802031　86807873		传　　真	027-86306023	
	办公地址	湖北省武汉市青山区厂前				
	经营范围	冶金产品及副产品、钢铁延伸产品制造、冶金产品的技术开发等				

主要财务指标	指标\报告期	2014.06.30	2013.12.31	2013.06.30	2012.12.31
	基本每股收益(元)	0.0420	0.0420	0.0460	0.0210
	基本每股收益(扣除后)(元)	0.0400	0.0200	0.0420	–0.0100
	稀释每股收益(元)	0.0420	0.0420	0.0460	0.0210
	每股净资产(元)	3.5839	3.5602	3.5640	3.5282
	每股经营现金净流量(元)	0.1502	0.4189	0.1682	0.3819
	每股现金流量(元)	–0.0524	0.0342	0.0017	–0.0166
	每股资本公积金(元)	1.0047	1.0047	1.0046	1.0046
	每股盈余公积金(元)	0.4700	0.4700	0.4676	0.4676
	每股未分配利润(元)	1.1067	1.0843	1.0900	1.0543
	净资产收益率(%)	1.1832	1.1889	1.2807	0.5897
	加权净资产收益率(%)	1.1840	1.1940	1.2850	0.5870
	净资产收益率(扣除)(%)	1.1144	0.5695	1.1900	–0.2729
	总资产(万元)	9783999.69	9467640.06	9711776.81	9872762.67
	归属母公司股东权益(万元)	3617468.62	3593564.50	3597427.92	3561299.62
	营业收入(万元)	4094164.01	8958130.26	4439798.79	9157939.32
	营业支出(万元)	3791607.52	8409219.70	4138796.00	8656480.21
	投资收益(万元)	4972.84	11826.14	6306.18	10927.70
	净利润(万元)	42801.42	42722.86	46072.14	21000.17
	营业利润(万元)	60687.77	27057.26	64492.88	–37746.63
	利润总额(万元)	64141.52	60902.29	69099.94	11197.00

东风汽车股份有限公司

公司概况						
	公司名称	东风汽车股份有限公司			证券简称	东风汽车
	法人代表	朱福寿	董秘	张新峰	证券代码	600006
	公司网址	www.dfac.com		电子信箱	zhangxinfeng@dfac.com	
	电　　话	027-84287896 84287977		传　　真	027-84287988	
	办公地址	湖北省武汉市汉阳经济技术开发区创业路 58 号				
	经营范围	汽车(小轿车除外)、汽车发动机及零部件、铸件的开发、设计、生产、销售等				

主要财务指标	指标\报告期	2014.06.30	2013.12.31	2013.06.30	2012.12.31
	基本每股收益(元)	0.0610	0.0251	0.0216	0.0109
	基本每股收益(扣除后)(元)	0.0498	–0.0478	0.0145	–0.1426
	稀释每股收益(元)	0.0610	0.0251	0.0216	0.0109
	每股净资产(元)	3.0359	2.9843	2.9871	2.9891
	每股经营现金净流量(元)	0.1371	–0.2586	–0.5373	–0.1815
	每股现金流量(元)	--	0.1225	–0.6207	0.3942
	每股资本公积金(元)	0.3191	0.3209	0.3272	0.3475
	每股盈余公积金(元)	0.3521	0.3521	0.3521	0.3521
	每股未分配利润(元)	1.3648	1.3113	1.3078	1.2895
	净资产收益率(%)	2.0108	0.8408	0.7229	0.3636
	加权净资产收益率(%)	2.0300	0.8400	0.7200	0.3600
	净资产收益率(扣除)(%)	1.6390	–1.6006	0.4869	–4.7690
	总资产(万元)	1992199.06	2019184.50	1971353.74	1860249.48
	归属母公司股东权益(万元)	607189.31	596868.65	597417.26	597818.06
	营业收入(万元)	896210.52	1930569.42	1007902.18	1769964.54
	营业支出(万元)	770257.98	1680277.66	878348.79	1570461.43
	投资收益(万元)	23380.01	39321.56	19220.65	29290.73
	净利润(万元)	12209.60	5018.26	4318.50	2173.42
	营业利润(万元)	18250.60	9445.07	11809.10	–11456.88
	利润总额(万元)	19146.38	36595.45	14333.00	18614.37

中国国际贸易中心股份有限公司

公司概况	公司名称	中国国际贸易中心股份有限公司		证券简称	中国国贸
	法人代表	洪敬南	董秘 王京京	证券代码	600007
	公司网址	www.cwtc.com		电子信箱	dongmi@cwtc.com
	电　话	010-65052288		传　真	010-65053862
	办公地址	北京市朝阳区建国门外大街一号			
	经营范围	出租办公场所、公寓、商场及展览场地等			

主要财务指标	指标\报告期	2014.06.30	2013.12.31	2013.06.30	2012.12.31
	基本每股收益(元)	0.2800	0.3200	0.2300	0.3800
	基本每股收益(扣除后)(元)	0.2800	0.4200	0.2300	0.3700
	稀释每股收益(元)	0.2800	0.3200	0.2300	0.3800
	每股净资产(元)	4.9348	4.8235	4.7290	4.6600
	每股经营现金净流量(元)	0.5457	1.0895	0.5156	0.9726
	每股现金流量(元)	0.0306	-0.0199	-0.0177	0.0228
	每股资本公积金(元)	1.8590	1.8590	1.8590	1.8590
	每股盈余公积金(元)	0.4861	0.4861	0.4535	0.4535
	每股未分配利润(元)	1.5898	1.4784	1.4165	1.3481
	净资产收益率(%)	5.7015	6.6932	4.8289	8.1494
	加权净资产收益率(%)	5.7300	6.8500	4.8400	8.4100
	净资产收益率(扣除)(%)	5.6554	8.6915	4.7782	7.8583
	总资产(万元)	929726.62	932075.09	928164.86	937078.55
	归属母公司股东权益(万元)	497077.79	485861.05	476343.28	469457.89
	营业收入(万元)	108049.76	205014.90	101751.98	197995.04
	营业支出(万元)	52132.69	106160.10	51858.84	104807.17
	投资收益(万元)	580.64	867.60	515.79	1157.94
	净利润(万元)	28340.54	32519.68	23001.91	38257.79
	营业利润(万元)	37476.52	56410.48	30373.65	49354.53
	利润总额(万元)	37781.35	43465.13	30695.59	51186.38

北京首创股份有限公司

公司概况	公司名称	北京首创股份有限公司		证券简称	首创股份
	法人代表	刘晓光	董秘 郭鹏	证券代码	600008
	公司网址	www.capitalwater.cn		电子信箱	securities@capitalwater.cn
	电　话	010-64689035		传　真	010-64689030
	办公地址	北京市朝阳区北三环东路8号静安中心三层			
	经营范围	公用基础设施的投资及投资管理、高科技产品的技术开发、咨询、转让等			

主要财务指标	指标\报告期	2014.06.30	2013.12.31	2013.06.30	2012.12.31
	基本每股收益(元)	0.0589	0.2733	0.0583	0.2642
	基本每股收益(扣除后)(元)	0.0651	0.1482	0.0588	0.2347
	稀释每股收益(元)	0.0589	0.2733	0.0583	0.2642
	每股净资产(元)	2.6774	2.7696	2.4859	2.5924
	每股经营现金净流量(元)	0.0096	0.0486	0.0170	0.0298
	每股现金流量(元)	0.5485	0.3121	0.1113	-0.3685
	每股资本公积金(元)	0.7451	0.7504	0.7508	0.7626
	每股盈余公积金(元)	0.2994	0.2994	0.2816	0.2816
	每股未分配利润(元)	0.5725	0.6636	0.4664	0.5581
	净资产收益率(%)	2.2003	9.8679	2.3464	10.1926
	加权净资产收益率(%)	2.1600	10.1900	2.3000	10.4800
	净资产收益率(扣除)(%)	2.4312	5.3522	2.3635	9.0515
	总资产(万元)	2664254.54	2432663.19	2502656.68	2195498.14
	归属母公司股东权益(万元)	589037.43	609311.72	546897.66	570324.88
	营业收入(万元)	180588.88	423065.36	142624.42	338292.46
	营业支出(万元)	109353.61	255085.89	80402.71	190762.24
	投资收益(万元)	4241.89	29987.92	-1214.67	3986.16
	净利润(万元)	12960.64	60126.55	12832.57	58130.89
	营业利润(万元)	20862.20	75722.91	14720.99	61988.14
	利润总额(万元)	21723.65	109357.15	23721.03	93273.04

上海国际机场股份有限公司

公司概况	公司名称	上海国际机场股份有限公司		证券简称	上海机场
	法人代表	贾锐军	董秘 黄晔	证券代码	600009
	公司网址	www.shairport.com		电子信箱	ir@shairport.com
	电　话	021-68341609		传　真	021-68341615
	办公地址	上海市浦东新区启航路900号			
	经营范围	为国内外航空运输企业及旅客提供地面保障服务等			

主要财务指标	指标\报告期	2014.06.30	2013.12.31	2013.06.30	2012.12.31
	基本每股收益(元)	0.5300	0.9700	0.4600	0.8200
	基本每股收益(扣除后)(元)	0.5300	0.9700	0.4600	0.8000
	稀释每股收益(元)	0.5300	0.9700	0.4600	0.8200
	每股净资产(元)	9.0274	8.7937	8.2852	8.1900
	每股经营现金净流量(元)	0.4498	1.4784	0.5426	1.1326
	每股现金流量(元)	0.3434	0.9757	0.3693	0.7165
	每股资本公积金(元)	1.3366	1.3366	1.3366	1.3366
	每股盈余公积金(元)	0.6797	0.6797	0.6797	0.6797
	每股未分配利润(元)	6.0111	5.7775	5.2689	5.1755
	净资产收益率(%)	5.9114	11.0524	5.5926	10.0200
	加权净资产收益率(%)	5.8900	11.3600	5.5000	10.0300
	净资产收益率(扣除)(%)	5.9114	11.0263	5.5745	9.7833
	总资产(万元)	2193387.20	2091832.95	2041382.07	1940883.84
	归属母公司股东权益(万元)	1739538.79	1694515.96	1596516.90	1578527.96
	营业收入(万元)	274864.29	521512.98	247104.49	472041.37
	营业支出(万元)	154308.07	292333.75	137191.05	292986.63
	投资收益(万元)	31320.02	53572.93	24920.52	59093.96
	净利润(万元)	102831.59	187285.46	89286.41	158105.91
	营业利润(万元)	137620.50	251058.03	119668.36	205692.53
	利润总额(万元)	137622.47	251485.70	119907.82	210586.88

内蒙古包钢钢联股份有限公司

公司概况	公司名称	内蒙古包钢钢联股份有限公司		证券简称	包钢股份
	法人代表	周秉利	董秘 董林	证券代码	600010
	公司网址	www.btsteel.com		电子信箱	glgfzqb@126.com
	电　话	0472-2189515 2189529		传　真	0472-2189530
	办公地址	内蒙古自治区包头市昆区包钢厂区信息大楼东副楼			
	经营范围	生产销售黑色金属及其延压加工产品、冶金机械、设备及配件、汽车等			

主要财务指标	指标\报告期	2014.06.30	2013.12.31	2013.06.30	2012.12.31
	基本每股收益(元)	0.0046	0.0300	0.0152	0.0600
	基本每股收益(扣除后)(元)	0.0048	0.0200	0.0100	0.0400
	稀释每股收益(元)	0.0046	0.0300	0.0152	0.0600
	每股净资产(元)	2.3584	2.3642	2.3748	2.1000
	每股经营现金净流量(元)	0.1202	0.8933	0.0697	0.9852
	每股现金流量(元)	0.1223	-0.2013	0.2701	-0.0538
	每股资本公积金(元)	1.0202	1.0202	1.0293	1.2250
	每股盈余公积金(元)	0.1093	0.1093	0.1093	0.1362
	每股未分配利润(元)	0.2154	0.2209	0.2222	0.2486
	净资产收益率(%)	0.1938	1.3251	0.6054	1.9770
	加权净资产收益率(%)	0.1900	1.2300	0.6100	2.3600
	净资产收益率(扣除)(%)	0.2036	0.7591	0.4464	2.1975
	总资产(万元)	9178593.01	8792414.17	8149131.25	7248549.63
	归属母公司股东权益(万元)	1887349.50	-	1900463.59	1693860.01
	营业收入(万元)	1467165.37	3777042.02	1922799.66	3993790.51
	营业支出(万元)	1342396.42	3475750.50	1776763.59	3677352.21
	投资收益(万元)	2610.47	4944.07	1897.62	1111.96
	净利润(万元)	3658.44	25069.27	12164.85	39548.46
	营业利润(万元)	9411.61	38231.76	26828.86	45738.14
	利润总额(万元)	8821.25	42164.93	24717.25	52016.52

华能国际电力股份有限公司

公司概况					
公司名称	华能国际电力股份有限公司			证券简称	华能国际
法人代表	曹培玺	董秘	杜大明	证券代码	600011
公司网址	www.hpi.com.cn		电子信箱	zqb@hpi.com.cn	
电　话	010-63226999 66086765		传　真	010-63226888 66412321	
办公地址	北京市西城区复兴门内大街6号楼华能大厦				
经营范围	投资、建设、营运管理电厂、开发、投资、经营等				

主要财务指标：指标＼报告期	2014.06.30	2013.12.31	2013.06.30	2012.12.31
基本每股收益(元)	0.4800	0.7500	0.4200	0.4200
基本每股收益(扣除后)(元)	0.4800	0.8300	0.4300	0.4100
稀释每股收益(元)	0.4800	0.7500	0.4200	0.4200
每股净资产(元)	4.5227	4.3932	4.0781	3.9544
每股经营现金净流量(元)	1.1560	2.8629	1.4642	1.9159
每股现金流量(元)	0.1650	−0.0828	0.3640	0.1389
每股资本公积金(元)	1.1826	1.1855	1.1867	1.2120
每股盈余公积金(元)	0.5074	0.5074	0.5074	0.5074
每股未分配利润(元)	1.8519	1.7552	1.4270	1.2349
净资产收益率(%)	10.5435	17.0373	10.2839	10.5588
加权净资产收益率(%)	10.2600	17.8700	10.2000	11.1100
净资产收益率(扣除)(%)	10.6785	18.8034	10.4668	10.4806
总资产(万元)	26364861.25	26027485.31	26076264.06	25686186.94
归属母公司股东权益(万元)	6356877.55	6174777.98	5731907.73	5558079.00
营业收入(万元)	6460552.11	13383287.47	6406232.88	13396665.89
营业支出(万元)	4811281.80	10286504.53	4932251.51	11213653.80
投资收益(万元)	78221.61	85104.41	49135.97	81729.41
净利润(万元)	670237.56	1052013.37	589462.10	586865.13
营业利润(万元)	1114523.32	1834794.86	937200.10	912075.94
利润总额(万元)	1142959.45	1764930.12	941177.35	942726.41

安徽皖通高速公路股份有限公司

公司概况					
公司名称	安徽皖通高速公路股份有限公司			证券简称	皖通高速
法人代表	周仁强	董秘	谢新宇	证券代码	600012
公司网址	www.anhui-expressway.net		电子信箱	wtgs@anhui-expressway.cn	
电　话	0551-5338681 5338697		传　真	0551-5338696	
办公地址	安徽省合肥市望江西路520号				
经营范围	高等级公路投资、建设、设计、监理、收费、养护、施救、路产路权管理等				

主要财务指标：指标＼报告期	2014.06.30	2013.12.31	2013.06.30	2012.12.31
基本每股收益(元)	0.2643	0.5112	0.2780	0.4590
基本每股收益(扣除后)(元)	0.2638	0.5100	0.2776	0.4590
稀释每股收益(元)	0.2643	0.5110	0.2780	0.4590
每股净资产(元)	4.3500	4.2563	4.0231	3.9451
每股经营现金净流量(元)	0.4377	0.9002	0.3960	0.7897
每股现金流量(元)	0.0787	−0.1309	−0.1073	0.0962
每股资本公积金(元)	0.1691	0.1691	0.1691	0.1691
每股盈余公积金(元)	0.5386	0.5386	0.5386	0.5386
每股未分配利润(元)	2.5665	2.5222	2.2890	2.2110
净资产收益率(%)	6.1452	12.0109	6.9104	11.6302
加权净资产收益率(%)	6.0700	12.5400	6.8600	11.8100
净资产收益率(扣除)(%)	6.1352	11.9812	6.8992	11.6267
总资产(万元)	1264528.74	1220296.81	1152463.58	1133416.14
归属母公司股东权益(万元)	713296.94	705953.19	667273.67	654334.39
营业收入(万元)	116487.39	233010.42	112569.04	222250.70
营业支出(万元)	45949.09	89774.99	40732.86	82925.56
投资收益(万元)	7649.91	8865.61	7783.92	1203.10
净利润(万元)	43833.17	84791.01	46111.48	76100.08
营业利润(万元)	58487.29	120580.30	65186.33	111542.45
利润总额(万元)	58575.51	120858.72	65280.49	111509.66

华夏银行股份有限公司

公司概况					
公司名称	华夏银行股份有限公司			证券简称	华夏银行
法人代表	吴建	董秘	赵军学	证券代码	600015
公司网址	www.hxb.com.cn		电子信箱	zhdb@hxb.com.cn	
电　话	010-85239938 85238570		传　真	010-85239605	
办公地址	北京市东城区建国门内大街22号华夏银行大厦				
经营范围	吸收公众存款、发放短期、中期和长期贷款、办理国内外结算等				

主要财务指标：指标＼报告期	2014.06.30	2013.12.31	2013.06.30	2012.12.31
基本每股收益(元)	0.9700	1.7400	0.8200	1.4400
基本每股收益(扣除后)(元)	0.9700	1.7400	0.8200	1.8582
稀释每股收益(元)	0.9700	1.7400	0.8200	1.4400
每股净资产(元)	10.2700	9.5900	9.2200	8.3900
每股经营现金净流量(元)	−11.0417	9.0658	14.1558	13.8458
每股现金流量(元)	−10.6019	7.9935	14.4769	2.8172
每股资本公积金(元)	3.3617	3.2221	4.7321	4.7166
每股盈余公积金(元)	0.6888	0.5149	0.6693	0.6693
每股未分配利润(元)	3.2997	3.4012	3.6936	2.6279
净资产收益率(%)	9.4797	18.1527	8.8916	17.1316
加权净资产收益率(%)	9.6600	19.3000	9.3100	18.5000
净资产收益率(扣除)(%)	9.4020	0.0018	8.8855	17.0404
总资产(万元)	177856000.00	167244700.00	150715200.00	148886000.00
归属母公司股东权益(万元)	9145900.00	8542000.00	8210000.00	7469400.00
营业收入(万元)	2637700.00	4521900.00	2220700.00	3977800.00
营业支出(万元)	1487600.00	2455900.00	1247600.00	2257600.00
投资收益(万元)	32600.00	−11600.00	1000.00	−1700.00
净利润(万元)	867000.00	1550600.00	730000.00	1279700.00
营业利润(万元)	1150100.00	2066000.00	973100.00	1720200.00
利润总额(万元)	1160000.00	2070500.00	973800.00	1725200.00

中国民生银行股份有限公司

公司概况					
公司名称	中国民生银行股份有限公司			证券简称	民生银行
法人代表	董文标	董秘	万青元	证券代码	600016
公司网址	www.cmbc.com.cn		电子信箱	cmbc@cmbc.com.cn	
电　话	010-68946790		传　真	010-68466796	
办公地址	北京市中关村南大街1号友谊宾馆嘉宾楼				
经营范围	吸收公众存款、发放短期、中期和长期贷款、发放委托贷款等				

主要财务指标：指标＼报告期	2014.06.30	2013.12.31	2013.06.30	2012.12.31
基本每股收益(元)	0.7500	1.4900	0.6700	1.3400
基本每股收益(扣除后)(元)	0.7500	1.4900	0.6700	1.3500
稀释每股收益(元)	0.7100	1.4300	0.6500	1.3400
每股净资产(元)	6.5300	6.9700	6.5300	5.7500
每股经营现金净流量(元)	3.0712	−1.2423	−1.1314	−0.7012
每股现金流量(元)	0.7857	−3.5806	−2.6841	−0.3417
每股资本公积金(元)	1.4139	1.6355	1.7147	1.5965
每股盈余公积金(元)	0.5000	0.5801	0.5136	0.4347
每股未分配利润(元)	2.3634	2.2570	1.8032	1.3261
净资产收益率(%)	11.5077	21.3836	12.3949	23.0339
加权净资产收益率(%)	12.1100	23.2300	13.0200	25.2400
净资产收益率(扣除)(%)	11.5149	21.3275	12.3749	23.1657
总资产(万元)	357145100.00	322621000.00	341009300.00	321200100.00
归属母公司股东权益(万元)	22219900.00	19771200.00	18511600.00	16307700.00
营业收入(万元)	6512900.00	11588600.00	5828900.00	10311100.00
营业支出(万元)	−3080100.00	5908300.00	2735700.00	5237900.00
投资收益(万元)	188000.00	319300.00	238000.00	478500.00
净利润(万元)	2557000.00	4227800.00	2294500.00	3756300.00
营业利润(万元)	3432800.00	5680300.00	3093200.00	5073200.00
利润总额(万元)	3439700.00	5715100.00	3099400.00	5065200.00

日照港股份有限公司

公司概况	公司名称	日照港股份有限公司		证券简称	日 照 港
	法人代表	杜传志	董秘 余慧芳	证券代码	600017
	公司网址	www.rzpcl.com		电子信箱	yhfang@rzport.com
	电 话	0633-8388822		传 真	0633-8387361
	办公地址	山东省日照市海滨二路			
	经营范围	港口货物中转、装卸、搬运和仓储(不含易燃易爆危险品)服务等			

主要财务指标 指标\报告期	2014.06.30	2013.12.31	2013.06.30	2012.12.31
基本每股收益(元)	0.1300	0.2600	0.1300	0.2600
基本每股收益(扣除后)(元)	0.1300	0.2600	0.1300	0.2400
稀释每股收益(元)	0.1300	0.2600	0.1300	0.2600
每股净资产(元)	3.1745	3.0791	2.9481	2.8132
每股经营现金净流量(元)	0.1727	0.2869	0.1266	0.3192
每股现金流量(元)	0.1895	-0.0294	-0.0570	-0.0961
每股资本公积金(元)	0.9610	0.9610	0.9610	0.9610
每股盈余公积金(元)	0.1379	0.1379	0.1131	0.1131
每股未分配利润(元)	1.0572	0.9666	0.8635	0.7308
净资产收益率(%)	4.1122	8.4676	4.5023	9.0900
加权净资产收益率(%)	4.1600	8.8500	4.6100	9.6000
净资产收益率(扣除)(%)	4.0985	8.4516	4.4948	8.1549
总资产(万元)	1731082.44	1588850.90	1409171.70	1381647.19
归属母公司股东权益(万元)	976364.89	947030.89	906727.58	865240.08
营业收入(万元)	261438.58	496550.06	250273.67	479887.24
营业支出(万元)	182938.15	357740.92	178336.09	343429.01
投资收益(万元)	456.97	12745.11	6589.43	8286.12
净利润(万元)	40149.87	80191.01	40823.73	78650.08
营业利润(万元)	57409.88	102135.08	51079.30	90003.74
利润总额(万元)	57592.96	102342.99	51167.00	90357.69

上海国际港务(集团)股份有限公司

公司概况	公司名称	上海国际港务(集团)股份有限公司		证券简称	上港集团
	法人代表	陈戌源	董秘 丁向明	证券代码	600018
	公司网址	www.portshanghai.com.cn		电子信箱	dongmi@portshanghai.com.cn
	电 话	021-55333388		传 真	021-35308688
	办公地址	上海市虹口区东大名路358号(国际港务大厦)			
	经营范围	集装箱装卸业务、散杂货装卸业务、港口服务和港口物流业务等			

主要财务指标 指标\报告期	2014.06.30	2013.12.31	2013.06.30	2012.12.31
基本每股收益(元)	0.1289	0.2310	0.1121	0.2184
基本每股收益(扣除后)(元)	0.1230	0.2243	0.1086	0.2115
稀释每股收益(元)	0.1289	0.2310	0.1121	0.2184
每股净资产(元)	2.1933	2.1894	2.0728	2.0978
每股经营现金净流量(元)	0.2162	0.3785	0.1914	0.2875
每股现金流量(元)	0.0295	-0.1572	-0.0226	-0.0417
每股资本公积金(元)	0.3344	0.3345	0.3364	0.3368
每股盈余公积金(元)	0.1511	0.1511	0.1275	0.1275
每股未分配利润(元)	0.7081	0.7043	0.6093	0.6314
净资产收益率(%)	5.8749	10.5491	5.4079	10.4099
加权净资产收益率(%)	5.7713	10.7600	5.2044	10.7451
净资产收益率(扣除)(%)	5.6096	10.2435	5.2372	10.0815
总资产(万元)	8904400.39	8861162.19	8865753.54	8710299.23
归属母公司股东权益(万元)	4990837.14	4981960.56	4716662.64	4773587.39
营业收入(万元)	1379585.63	2816229.85	1373398.59	2838102.13
营业支出(万元)	860957.98	1868288.49	911138.20	1927898.63
投资收益(万元)	53601.59	90879.67	48726.66	76710.87
净利润(万元)	293207.59	525552.85	255073.19	496926.66
营业利润(万元)	395218.66	714834.21	347439.45	655665.20
利润总额(万元)	436138.32	782140.71	381141.91	718784.88

宝山钢铁股份有限公司

公司概况	公司名称	宝山钢铁股份有限公司		证券简称	宝钢股份
	法人代表	何文波	董秘 朱可炳	证券代码	600019
	公司网址	www.baosteel.com		电子信箱	ir@baosteel.com
	电 话	021-26647000		传 真	021-26646999
	办公地址	上海市宝山区富锦路885号宝钢指挥中心			
	经营范围	钢铁产品的制造和销售以及钢铁产销过程中产生的副产品的销售与服务等			

主要财务指标 指标\报告期	2014.06.30	2013.12.31	2013.06.30	2012.12.31
基本每股收益(元)	0.1900	0.3500	0.2200	0.5800
基本每股收益(扣除后)(元)	0.1900	0.3800	0.2200	0.2700
稀释每股收益(元)	0.1900	0.3500	0.2200	0.5800
每股净资产(元)	6.7934	6.7092	6.5935	6.4692
每股经营现金净流量(元)	0.8671	0.7340	0.3979	1.2957
每股现金流量(元)	0.3617	0.2408	0.3484	-0.3313
每股资本公积金(元)	1.9907	2.0014	2.0111	2.1031
每股盈余公积金(元)	1.4891	1.4891	1.4103	1.3567
每股未分配利润(元)	2.3405	2.2490	2.1994	2.0326
净资产收益率(%)	2.8186	5.2650	3.4094	9.3768
加权净资产收益率(%)	2.8300	5.2900	3.3500	8.7700
净资产收益率(扣除)(%)	2.8097	5.7196	3.3746	4.2375
总资产(万元)	22891722.30	22666833.98	22732511.72	22087584.32
归属母公司股东权益(万元)	11189922.94	11051219.78	10860652.14	11076614.20
营业收入(万元)	9759840.19	18968837.97	9609958.93	19113519.57
营业支出(万元)	8820425.35	17171819.98	8726674.35	17688515.16
投资收益(万元)	21783.01	68405.42	29138.08	107652.40
净利润(万元)	315401.54	581847.12	370280.35	1008962.85
营业利润(万元)	446347.70	768354.78	512866.82	310833.41
利润总额(万元)	447137.37	800976.14	517801.06	1266367.07

河南中原高速公路股份有限公司

公司概况	公司名称	河南中原高速公路股份有限公司		证券简称	中原高速
	法人代表	金雷	董秘 许亮	证券代码	600020
	公司网址	www.zygs.com		电子信箱	zygs600020@163.com
	电 话	0371-67717696 67717695		传 真	0371-87166867
	办公地址	河南省郑州市郑东新区农业东路100号			
	经营范围	高速公路和特大桥梁的投资、经营管理和维护等			

主要财务指标 指标\报告期	2014.06.30	2013.12.31	2013.06.30	2012.12.31
基本每股收益(元)	0.1388	0.1756	0.0847	0.2313
基本每股收益(扣除后)(元)	0.1355	0.1468	0.0556	0.2269
稀释每股收益(元)	0.1388	0.1756	0.0847	0.2313
每股净资产(元)	3.1797	3.1017	3.0093	3.0243
每股经营现金净流量(元)	0.6375	0.9694	0.3853	0.8296
每股现金流量(元)	-0.5157	0.7109	1.0470	-0.0461
每股资本公积金(元)	0.7892	0.7949	0.7934	0.7931
每股盈余公积金(元)	0.4463	0.4463	0.4351	0.4351
每股未分配利润(元)	0.9443	0.8605	0.8057	0.7961
净资产收益率(%)	4.3641	5.6608	3.6424	7.6481
加权净资产收益率(%)	4.3700	5.7300	2.7600	7.9100
净资产收益率(扣除)(%)	4.2621	4.7313	2.6754	7.5035
总资产(万元)	3813980.64	3534812.63	3456180.39	3104496.45
归属母公司股东权益(万元)	714604.37	697070.28	681905.16	679675.28
营业收入(万元)	145218.63	305088.06	144325.01	397089.02
营业支出(万元)	51504.71	135991.91	61736.39	185059.39
投资收益(万元)	16334.30	34302.52	10837.53	10960.34
净利润(万元)	31186.30	39459.50	19030.94	51982.16
营业利润(万元)	38107.58	38185.23	12550.84	66542.57
利润总额(万元)	38602.93	46914.48	21279.36	65840.97

上海电力股份有限公司

公司概况	公司名称	上海电力股份有限公司			证券简称	上海电力
	法人代表	王运丹	董秘	夏梅兴	证券代码	600021
	公司网址	www.shanghaipower.com		电子信箱	sepco@shanghaipower.com	
	电　话	021-23108718 23108800		传　真	021-23108717	
	办公地址	上海市中山南路268号				
	经营范围	从事火力发电厂的运营、向用户提供电力和热力产品等				

	指标\报告期	2014.06.30	2013.12.31	2013.06.30	2012.12.31
主要财务指标	基本每股收益(元)	0.2473	0.5518	0.2190	0.4138
	基本每股收益(扣除后)(元)	0.2273	0.5929	0.2134	0.4094
	稀释每股收益(元)	0.2473	0.5518	0.2190	0.4138
	每股净资产(元)	3.6487	3.7011	3.2791	3.2674
	每股经营现金净流量(元)	1.0633	1.6070	0.9568	1.5021
	每股现金流量(元)	0.5178	-0.1200	0.8994	-0.2595
	每股资本公积金(元)	1.5344	1.6398	1.5490	1.6044
	每股盈余公积金(元)	0.2612	0.2612	0.2199	0.2199
	每股未分配利润(元)	0.8520	0.8047	0.5123	0.4443
	净资产收益率(%)	6.7784	14.9079	6.6798	12.6859
	加权净资产收益率(%)	6.7352	15.7900	6.5547	13.7800
	净资产收益率(扣除)(%)	6.2309	16.0194	6.5069	12.5829
	总资产(万元)	4127894.12	3505284.13	3268561.74	3192697.97
	归属母公司股东权益(万元)	780734.65	791948.96	701652.01	699142.68
	营业收入(万元)	756117.22	1513158.27	737785.76	1505220.52
	营业支出(万元)	587701.54	1182651.01	592539.90	1242936.63
	投资收益(万元)	37555.30	84066.79	33926.48	70272.07
	净利润(万元)	52921.11	118062.76	47148.49	88538.63
	营业利润(万元)	99061.06	218410.13	89587.63	135704.00
	利润总额(万元)	104753.08	209584.28	91759.90	135900.03

山东钢铁股份有限公司

公司概况	公司名称	山东钢铁股份有限公司			证券简称	山东钢铁
	法人代表	任浩	董秘	金立山	证券代码	600022
	公司网址	www.sdsteel.cc		电子信箱	sdgt600022@126.com	
	电　话	0531-67606889		传　真	0531-67606881	
	办公地址	山东省济南市高新区舜华路2000号舜泰广场4号楼				
	经营范围	钢铁冶炼、加工、钢材、水渣生产、销售等				

	指标\报告期	2014.06.30	2013.12.31	2013.06.30	2012.12.31
主要财务指标	基本每股收益(元)	-0.1239	0.0246	-0.0297	-0.6521
	基本每股收益(扣除后)(元)	-0.1228	-0.0054	-0.0266	-0.5838
	稀释每股收益(元)	-0.1239	0.0246	-0.0297	-0.6521
	每股净资产(元)	1.8982	2.0212	1.9676	1.9966
	每股经营现金净流量(元)	-0.0740	0.4943	-	0.4804
	每股现金流量(元)	-0.1109	-0.1260	-	-0.0247
	每股资本公积金(元)	1.1908	1.1908	-	1.1935
	每股盈余公积金(元)	0.1111	0.1111	-	0.1111
	每股未分配利润(元)	-0.4064	-0.2826	-	-0.3072
	净资产收益率(%)	-6.5259	1.2168	-1.5100	-29.8546
	加权净资产收益率(%)	-6.3200	1.2200	-1.5000	-29.1000
	净资产收益率(扣除)(%)	-6.4691	-0.2653	-1.3509	-26.7277
	总资产(万元)	4826280.14	5155476.93	-	5320105.54
	归属母公司股东权益(万元)	1221718.66	1300907.80	-	1285067.08
	营业收入(万元)	2716492.52	7046979.74	3671378.40	7330368.40
	营业支出(万元)	2658602.35	6699864.71	3541708.77	7302391.97
	投资收益(万元)	165.44	27999.84	-	292.44
	净利润(万元)	-79728.42	15829.48	-19123.57	-383651.09
	营业利润(万元)	-77864.94	27917.27	-17129.18	-368119.74
	利润总额(万元)	-78814.59	21847.52	-17201.00	-377935.78

浙江浙能电力股份有限公司

公司概况	公司名称	浙江浙能电力股份有限公司			证券简称	浙能电力
	法人代表	吴国潮	董秘	曹路	证券代码	600023
	公司网址	www.zzepc.com.cn		电子信箱	zzep@zjenergy.com.cn	
	电　话	0571-87210223		传　真	0571-89938659	
	办公地址	浙江省杭州市天目山路152号浙能大厦19、20楼				
	经营范围	火力发电业务，辅以提供热力产品，以及对核电投资等				

	指标\报告期	2014.06.30	2013.12.31	2013.06.30	2012.12.31
主要财务指标	基本每股收益(元)	0.2500	0.7100	0.2700	0.4500
	基本每股收益(扣除后)(元)	0.2500	0.7000	0.2600	0.4300
	稀释每股收益(元)	0.2500	0.7100	0.2700	0.4500
	每股净资产(元)	3.1376	3.9692	3.3600	3.4600
	每股经营现金净流量(元)	0.3798	1.4565	0.7791	1.1288
	每股现金流量(元)	-0.1958	0.2865	0.1631	0.1488
	每股资本公积金(元)	1.3042	2.0159	1.6337	1.6587
	每股盈余公积金(元)	0.0651	0.0847	0.0634	0.0634
	每股未分配利润(元)	0.7683	0.8687	0.6678	0.7377
	净资产收益率(%)	8.0944	15.9298	10.4900	13.9200
	加权净资产收益率(%)	8.1400	20.0400	10.4900	13.9200
	净资产收益率(扣除)(%)	7.9237	15.8145	-	-
	总资产(万元)	8939805.95	9201770.31	8559219.66	8137798.37
	归属母公司股东权益(万元)	3714049.77	3614162.24	2703149.35	2779380.46
	营业收入(万元)	1931995.95	5391600.26	2407302.34	4706120.75
	营业支出(万元)	1535004.08	4371448.47	1925215.83	3997242.28
	投资收益(万元)	157986.80	282837.48	147904.88	209580.48
	净利润(万元)	300630.05	575729.74	293629.32	349744.13
	营业利润(万元)	400607.39	935625.69	464842.25	541261.85
	利润总额(万元)	411340.28	929950.01	472281.48	561315.90

中海发展股份有限公司

公司概况	公司名称	中海发展股份有限公司			证券简称	中海发展
	法人代表	许立荣	董秘	姚巧红	证券代码	600026
	公司网址	www.cnshippingdev.com		电子信箱	csd@cnshipping.com	
	电　话	021-65967678		传　真	021-65966160	
	办公地址	上海市东大名路700号16楼				
	经营范围	主营沿海、远洋、长江货物运输、船舶租赁、货物代理、代运业务等				

	指标\报告期	2014.06.30	2013.12.31	2013.06.30	2012.12.31
主要财务指标	基本每股收益(元)	0.0125	-0.6751	-0.2786	0.0217
	基本每股收益(扣除后)(元)	0.0294	-0.5511	-0.2770	-0.1291
	稀释每股收益(元)	0.0125	-0.6751	-0.2786	0.0217
	每股净资产(元)	6.2307	6.2350	6.6080	6.9076
	每股经营现金净流量(元)	0.4398	0.4567	0.2057	0.2873
	每股现金流量(元)	0.4672	-0.4014	-0.2949	-0.0267
	每股资本公积金(元)	1.4910	1.5158	1.4969	1.4956
	每股盈余公积金(元)	0.8452	0.8452	0.8452	0.8452
	每股未分配利润(元)	3.1684	3.1559	3.5524	3.8310
	净资产收益率(%)	0.2008	-10.8275	-4.2163	0.3136
	加权净资产收益率(%)	0.2000	-10.2700	-4.1200	0.3100
	净资产收益率(扣除)(%)	0.4715	-8.8381	-4.1917	-1.8684
	总资产(万元)	6394260.69	5884247.90	5714548.59	5786052.28
	归属母公司股东权益(万元)	2121275.36	2122737.13	2249719.98	2351713.73
	营业收入(万元)	631693.46	1139203.69	524532.50	1115664.95
	营业支出(万元)	547068.60	1125445.53	547406.67	1126075.02
	投资收益(万元)	11477.42	11706.00	-3421.09	29877.38
	净利润(万元)	4260.49	-229840.08	-94854.89	7374.12
	营业利润(万元)	19276.13	-172846.97	-94212.20	-46547.39
	利润总额(万元)	11129.95	-229364.48	-94941.09	-33137.44

华电国际电力股份有限公司

公司概况	公司名称	华电国际电力股份有限公司			证券简称	华电国际
	法人代表	李庆奎	董秘	周连青	证券代码	600027
	公司网址	www.hdpi.com.cn		电子信箱	zhoulq@hdpi.com.cn	
	电　　话	010-83567779 83567900		传　　真	010-83567963 83567967	
	办公地址	北京市西城区宣武门内大街 2 号				
	经营范围	电厂经营建设和电力产品生产销售等				

主要财务指标	指标\报告期	2014.06.30	2013.12.31	2013.06.30	2012.12.31
	基本每股收益(元)	0.3630	0.5610	0.2300	0.2010
	基本每股收益(扣除后)(元)	0.3570	0.6250	0.2440	0.1200
	稀释每股收益(元)	0.3630	0.5610	0.2300	0.2010
	每股净资产(元)	3.2575	3.1149	2.7846	2.6186
	每股经营现金净流量(元)	1.6263	2.9691	1.6672	1.6663
	每股现金流量(元)	0.3541	-0.0190	0.2034	0.1275
	每股资本公积金(元)	0.7755	0.7818	0.7790	0.7800
	每股盈余公积金(元)	0.2203	0.2203	0.2108	0.2108
	每股未分配利润(元)	1.2429	1.1045	0.7814	0.6222
	净资产收益率(%)	11.1536	18.0200	8.2559	7.3400
	加权净资产收益率(%)	11.1400	19.7200	8.4100	7.9800
	净资产收益率(扣除)(%)	10.9635	20.0513	8.7665	4.3800
	总资产(万元)	18138417.10	17281784.50	16660607.70	16457114.90
	归属母公司股东权益(万元)	2401124.60	2296040.30	2052551.20	1930193.20
	营业收入(万元)	3378443.00	6662466.60	3159970.20	5948997.30
	营业支出(万元)	2545511.10	5104208.00	2472660.80	4996835.80
	投资收益(万元)	28640.80	50915.40	20200.20	110413.40
	净利润(万元)	267810.90	413860.80	169457.60	141769.50
	营业利润(万元)	429372.20	733141.50	290400.60	206665.10
	利润总额(万元)	435366.70	722038.00	293198.50	261530.70

中国石油化工股份有限公司

公司概况	公司名称	中国石油化工股份有限公司			证券简称	中国石化
	法人代表	傅成玉	董秘	黄文生	证券代码	600028
	公司网址	www.sinopec.com		电子信箱	ir@sinopec.com	
	电　　话	010-59960028		传　　真	010-59960386	
	办公地址	北京市朝阳区朝阳门北大街 22 号				
	经营范围	石油、天然气勘探、开采、石油炼制、石油化工、成品油销售等				

主要财务指标	指标\报告期	2014.06.30	2013.12.31	2013.06.30	2012.12.31
	基本每股收益(元)	0.2690	0.5790	0.2540	0.5620
	基本每股收益(扣除后)(元)	0.2690	0.5740	0.2520	0.5480
	稀释每股收益(元)	0.2680	0.5430	0.2390	0.5420
	每股净资产(元)	5.0310	4.9120	4.6870	4.5480
	每股经营现金净流量(元)	0.4984	1.3031	0.2823	1.6524
	每股现金流量(元)	-0.0156	0.0394	0.0063	-0.1635
	每股资本公积金(元)	0.3531	0.3381	0.3389	0.3522
	每股盈余公积金(元)	1.6297	1.6329	1.6051	2.1263
	每股未分配利润(元)	2.0416	1.9263	1.7201	2.4124
	净资产收益率(%)	5.3488	11.7786	5.3839	12.3684
	加权净资产收益率(%)	5.3700	12.2400	5.4900	12.8000
	净资产收益率(扣除)(%)	5.3359	11.6873	5.3435	12.0618
	总资产(万元)	142954300.00	138291600.00	127423300.00	123852200.00
	归属母公司股东权益(万元)	58760400.00	57034600.00	54638600.00	51337400.00
	营业收入(万元)	135617200.00	288031100.00	141524400.00	278604500.00
	营业支出(万元)	114804900.00	245704100.00	121355000.00	237223500.00
	投资收益(万元)	225200.00	251000.00	90800.00	154000.00
	净利润(万元)	3143000.00	6717900.00	2941700.00	6349600.00
	营业利润(万元)	4483200.00	9645300.00	4369300.00	8792600.00
	利润总额(万元)	4460200.00	9698200.00	4397200.00	9010700.00

中国南方航空股份有限公司

公司概况	公司名称	中国南方航空股份有限公司			证券简称	南方航空
	法人代表	司献民	董秘	谢兵	证券代码	600029
	公司网址	www.csair.com		电子信箱	webmaster@csair.com	
	电　　话	020-86124462		传　　真	020-86659040	
	办公地址	广东省广州市机场路 278 号				
	经营范围	国内、地区和国际定期及不定期航空客、货、邮、行李运输业务等				

主要财务指标	指标\报告期	2014.06.30	2013.12.31	2013.06.30	2012.12.31
	基本每股收益(元)	-0.1000	0.1900	0.0300	0.2700
	基本每股收益(扣除后)(元)	-0.1100	0.1900	0.0300	0.2500
	稀释每股收益(元)	-0.1000	0.1900	0.0300	0.2700
	每股净资产(元)	3.3340	3.4773	3.3149	3.3347
	每股经营现金净流量(元)	0.3726	1.1334	0.2787	1.3632
	每股现金流量(元)	0.1709	0.2127	-0.0682	0.0223
	每股资本公积金(元)	1.4678	1.4673	1.4673	1.4678
	每股盈余公积金(元)	0.1191	0.1191	0.1076	0.1076
	每股未分配利润(元)	0.7471	0.8908	0.7401	0.7593
	净资产收益率(%)	-3.1100	5.5508	0.9279	8.0269
	加权净资产收益率(%)	-3.0300	5.6700	0.9200	8.1500
	净资产收益率(扣除)(%)	-3.3972	5.3722	0.7866	7.5473
	总资产(万元)	17776900.00	16514500.00	15090600.00	14249400.00
	归属母公司股东权益(万元)	3273300.00	3413900.00	3254600.00	3274000.00
	营业收入(万元)	5021200.00	9813000.00	4600400.00	10148300.00
	营业支出(万元)	4544600.00	8706100.00	4157100.00	8593200.00
	投资收益(万元)	8000.00	43100.00	11900.00	52600.00
	净利润(万元)	-101800.00	189500.00	30200.00	262800.00
	营业利润(万元)	-215900.00	141500.00	19400.00	278500.00
	利润总额(万元)	-106500.00	335000.00	82700.00	474800.00

中信证券股份有限公司

公司概况	公司名称	中信证券股份有限公司			证券简称	中信证券
	法人代表	王东明	董秘	郑京	证券代码	600030
	公司网址	www.cs.ecitic.com		电子信箱	ir@citics.com	
	电　　话	0755-23835383 010-60836030		传　　真	0755-23835525 010-60836031	
	办公地址	广东省深圳市福田区中心三路 8 号中信证券大厦 北京市朝阳区亮马桥路 48 号中信证券大厦				
	经营范围	证券(含境内上市外资股)的代理买卖、代理证券还本付息、分红派息等				

主要财务指标	指标\报告期	2014.06.30	2013.12.31	2013.06.30	2012.12.31
	基本每股收益(元)	0.3700	0.4800	0.1900	0.3800
	基本每股收益(扣除后)(元)	0.2200	0.4800	0.1900	0.3800
	稀释每股收益(元)	0.3700	0.4800	0.1900	0.3800
	每股净资产(元)	8.1448	7.9600	7.6590	7.8500
	每股经营现金净流量(元)	0.0179	-1.6892	-1.6896	-1.7339
	每股现金流量(元)	0.6707	0.5543	0.6274	-0.8639
	每股资本公积金(元)	3.0435	3.0947	3.0553	3.1217
	每股盈余公积金(元)	0.5845	0.5845	0.5342	0.5342
	每股未分配利润(元)	2.5357	2.3266	2.1807	2.2892
	净资产收益率(%)	4.5425	5.9802	2.5002	4.9007
	加权净资产收益率(%)	4.5600	6.0200	2.4200	4.9000
	净资产收益率(扣除)(%)	--	6.0074	2.4917	4.8467
	总资产(万元)	33974380.77	27135424.90	19908586.92	16850755.47
	归属母公司股东权益(万元)	8973090.91	8768848.47	8437857.53	8646500.38
	营业收入(万元)	1053481.55	1611527.22	604134.24	1169388.19
	营业支出(万元)	693254.14	925564.90	333441.63	626318.90
	投资收益(万元)	330729.69	603588.71	291217.34	366341.16
	净利润(万元)	407561.97	524391.70	210967.36	423741.85
	营业利润(万元)	360227.42	685962.32	270692.61	543069.29
	利润总额(万元)	582399.09	684609.12	271653.25	548726.91

三一重工股份有限公司

公司概况

公司名称	三一重工股份有限公司			证券简称	三一重工
法人代表	梁稳根	董秘	肖友良	证券代码	600031
公司网址	www.sany.com.cn		电子信箱	sany@sany.com.cn	
电　　话	0731-84031555		传　　真	0731-84031777	
办公地址	北京市昌平区北清路 8 号 6 幢 5 楼　湖南省长沙经济技术开发区三一工业城				
经营范围	建筑工程机械、起重机械、停车库、通用设备及机电设备的生产、销售与维修等				

主要财务指标

指标＼报告期	2014.06.30	2013.12.31	2013.06.30	2012.12.31
基本每股收益(元)	0.1800	0.3810	0.3500	0.7490
基本每股收益(扣除后)(元)	0.1600	–	0.3300	0.6600
稀释每股收益(元)	0.1800	0.3810	0.3500	0.7490
每股净资产(元)	3.2937	3.1363	3.1193	3.0314
每股经营现金净流量(元)	0.1316	0.3636	--	0.7482
每股现金流量(元)	–0.0327	–0.3842	–0.2949	0.0076
每股资本公积金(元)	0.1149	0.0168	0.0118	0.0004
每股盈余公积金(元)	0.3200	0.3200	0.2945	0.2954
每股未分配利润(元)	1.9194	1.8596	1.8509	1.7592
净资产收益率(%)	5.4591	12.1552	11.1580	24.7013
加权净资产收益率(%)	5.5000	12.1900	10.9000	26.6400
净资产收益率(扣除)(%)	4.8723	10.0951	10.6534	21.8546
总资产(万元)	6849176.80	6386778.30	7032353.10	6446140.00
归属母公司股东权益(万元)	2508652.70	2388772.20	2375839.40	2301941.40
营业收入(万元)	1972147.70	3732789.00	2208481.70	4683053.50
营业支出(万元)	1423353.40	2755269.40	1519399.40	3196325.20
投资收益(万元)	21100.90	–19762.30	8980.40	16137.40
净利润(万元)	136950.70	290359.50	265095.60	568609.50
营业利润(万元)	143289.10	274761.20	306882.90	609739.10
利润总额(万元)	163870.20	345040.70	332734.30	688065.90

福建发展高速公路股份有限公司

公司概况

公司名称	福建发展高速公路股份有限公司			证券简称	福建高速
法人代表	黄祥谈	董秘	何高文	证券代码	600033
公司网址	www.fjgs.com.cn		电子信箱	stock@fjgs.com.cn	
电　　话	0591-87077366		传　　真	0591-87077366	
办公地址	福建省福州市东水路 18 号福建交通综合大楼 26 层				
经营范围	高速公路的建设、运营、收费、养护与管理等				

主要财务指标

指标＼报告期	2014.06.30	2013.12.31	2013.06.30	2012.12.31
基本每股收益(元)	0.1179	0.1982	0.1074	0.1496
基本每股收益(扣除后)(元)	0.1122	0.2009	0.1078	0.1510
稀释每股收益(元)	0.1179	0.1982	0.1074	0.1496
每股净资产(元)	2.7540	2.7361	2.6452	2.6378
每股经营现金净流量(元)	0.3604	0.6655	0.3597	0.5987
每股现金流量(元)	0.0198	–0.1036	–0.0359	0.1432
每股资本公积金(元)	0.6277	0.6277	0.6276	0.6276
每股盈余公积金(元)	0.2546	0.2546	0.2394	0.2394
每股未分配利润(元)	0.8717	0.8539	0.7782	0.7708
净资产收益率(%)	4.2802	7.2423	4.0595	5.6731
加权净资产收益率(%)	4.2400	7.4000	4.0100	5.7700
净资产收益率(扣除)(%)	4.0727	7.3411	4.0749	5.7238
总资产(万元)	1889695.64	1921087.63	1934411.05	1977190.84
归属母公司股东权益(万元)	755801.16	750895.14	725955.45	723929.46
营业收入(万元)	128484.26	262511.81	125234.00	242542.82
营业支出(万元)	38164.40	86778.03	36504.16	81067.23
投资收益(万元)	–4599.30	–9575.77	–3972.36	–11754.60
净利润(万元)	32350.02	54382.14	29470.00	41069.16
营业利润(万元)	55587.14	101392.21	52824.69	80380.22
利润总额(万元)	57914.50	100802.92	52650.03	79272.17

湖北楚天高速公路股份有限公司

公司概况

公司名称	湖北楚天高速公路股份有限公司			证券简称	楚天高速
法人代表	肖跃文	董秘	郭生辉	证券代码	600035
公司网址	www.hbctgs.com		电子信箱	600035@hbctgs.com	
电　　话	027-87576667		传　　真	027-87576667	
办公地址	湖北省武汉市洪山区珞瑜路 1077 号东湖广场宽堂写字楼 7–9 层				
经营范围	对汉荆段及江宜段高速公路的经营管理等				

主要财务指标

指标＼报告期	2014.06.30	2013.12.31	2013.06.30	2012.12.31
基本每股收益(元)	0.1100	0.2700	0.1500	0.2100
基本每股收益(扣除后)(元)	0.1100	0.2700	0.1500	0.2100
稀释每股收益(元)	0.1100	0.2700	0.1500	0.2100
每股净资产(元)	2.9459	3.7807	3.7260	3.5767
每股经营现金净流量(元)	0.3013	0.6760	0.3066	0.7096
每股现金流量(元)	0.4528	–1.0649	–0.4951	0.9484
每股资本公积金(元)	0.4961	0.9449	0.9449	0.9449
每股盈余公积金(元)	0.5359	0.6966	0.6156	0.6156
每股未分配利润(元)	0.9139	1.1392	1.1655	1.0161
净资产收益率(%)	3.6268	7.2490	4.0086	5.8624
加权净资产收益率(%)	3.6200	7.4400	4.0900	5.9600
净资产收益率(扣除)(%)	3.6267	7.2425	4.0121	5.8496
总资产(万元)	1390661.64	1310088.59	1211900.11	1180872.84
归属母公司股东权益(万元)	356789.13	352234.11	347137.75	333222.36
营业收入(万元)	55384.77	101087.29	49562.87	95424.34
营业支出(万元)	16914.06	37067.37	15482.78	35930.55
投资收益(万元)	–	–32.46	–46.32	3.09
净利润(万元)	12939.89	25533.32	13915.39	19534.79
营业利润(万元)	20668.12	38341.97	20823.79	31222.69
利润总额(万元)	20673.24	38396.82	20853.79	31276.22

招商银行股份有限公司

公司概况

公司名称	招商银行股份有限公司			证券简称	招商银行
法人代表	李建红	董秘	许世清	证券代码	600036
公司网址	www.cmbchina.com		电子信箱	cmb@cmbchina.com	
电　　话	0755-83198888		传　　真	0755-83195109	
办公地址	广东省深圳市福田区深南大道 7088 号				
经营范围	从事银行业及相关金融服务等				

主要财务指标

指标＼报告期	2014.06.30	2013.12.31	2013.06.30	2012.12.31
基本每股收益(元)	1.2100	2.3000	1.2200	2.1000
基本每股收益(扣除后)(元)	1.2000	2.2800	1.2100	2.0700
稀释每股收益(元)	1.2100	2.3000	1.2200	2.1000
每股净资产(元)	11.3400	10.5300	9.8400	9.2800
每股经营现金净流量(元)	16.2086	4.7245	–2.3005	11.5731
每股现金流量(元)	13.7870	–4.0803	0.0020	10.8312
每股资本公积金(元)	2.6433	2.4574	1.7232	1.7400
每股盈余公积金(元)	0.9319	0.9319	0.8629	0.8629
每股未分配利润(元)	4.9903	4.4055	4.5155	3.9356
净资产收益率(%)	10.6524	19.4915	12.3720	22.5994
加权净资产收益率(%)	21.4900	23.1200	12.7300	24.7800
净资产收益率(扣除)(%)	10.5859	19.3404	12.3169	22.3241
总资产(万元)	503312200.00	401639900.00	381062900.00	340809900.00
归属母公司股东权益(万元)	28593600.00	26546500.00	21234300.00	20032800.00
营业收入(万元)	8426000.00	13260400.00	6405700.00	11336700.00
营业支出(万元)	--	6469300.00	2936400.00	5426000.00
投资收益(万元)	422200.00	361500.00	175700.00	341900.00
净利润(万元)	3045900.00	5174300.00	2627100.00	4526800.00
营业利润(万元)	4001500.00	6791100.00	3469300.00	5910700.00
利润总额(万元)	4026500.00	6842500.00	3484800.00	5955800.00

北京歌华有线电视网络股份有限公司

公司概况

公司名称	北京歌华有线电视网络股份有限公司			证券简称	歌华有线
法人代表	郭章鹏	董秘	梁彦军	证券代码	600037
公司网址	www.bgctv.com.cn		电子信箱	600037@bgctv.com.cn	
电　　话	010-62364114 62035573		传　　真	010-62035573 62364114	
办公地址	北京市东城区青龙胡同1号歌华大厦7层				
经营范围	广播电视网络的建设开发、经营管理和维护、广播电视节目收转等				

主要财务指标

指标\报告期	2014.06.30	2013.12.31	2013.06.30	2012.12.31
基本每股收益(元)	0.1790	0.3553	0.1455	0.2805
基本每股收益(扣除后)(元)	-0.0169	-0.0624	-0.0506	-0.1225
稀释每股收益(元)	0.1790	0.3553	0.1455	0.2805
每股净资产(元)	5.5287	5.4494	5.2396	5.1941
每股经营现金净流量(元)	0.2983	0.9726	0.3614	0.8386
每股现金流量(元)	0.1064	0.2670	0.0400	-0.1479
每股资本公积金(元)	1.9362	1.9359	1.9359	1.9359
每股盈余公积金(元)	0.4910	0.4910	0.4560	0.4560
每股未分配利润(元)	2.1015	2.0225	1.8478	1.8023
净资产收益率(%)	3.2378	6.5199	2.7764	5.3998
加权净资产收益率(%)	3.2300	6.6900	2.7600	5.5000
净资产收益率(扣除)(%)	-0.3061	-1.1451	-0.9655	-2.3579
总资产(万元)	1027343.48	1031766.33	1036017.44	1042770.39
归属母公司股东权益(万元)	586258.55	577840.28	555593.31	550770.77
营业收入(万元)	113218.89	224961.37	102667.52	220208.97
营业支出(万元)	97094.62	203800.87	95076.16	205892.63
投资收益(万元)	1023.78	3373.90	-68.22	-549.49
净利润(万元)	18982.12	37674.62	15425.69	29740.42
营业利润(万元)	4157.90	-3696.12	-5279.50	-11860.99
利润总额(万元)	25165.22	38410.93	15510.18	30025.13

哈飞航空工业股份有限公司

公司概况

公司名称	哈飞航空工业股份有限公司			证券简称	哈飞股份
法人代表	郭殿满	董秘	顾韶辉	证券代码	600038
公司网址	www.hafei.com		电子信箱	gsh0808@sina.com	
电　　话	0451-86528350		传　　真	0451-86524324	
办公地址	黑龙江省哈尔滨市平房区友协大街15号				
经营范围	航空产品及零部件的开发、设计研制、生产和销售等				

主要财务指标

指标\报告期	2014.06.30	2013.12.31	2013.06.30	2012.12.31
基本每股收益(元)	0.2589	0.4918	0.2685	0.4979
基本每股收益(扣除后)(元)	0.2469	0.4429	0.1617	0.3389
稀释每股收益(元)	0.2589	0.4918	0.2685	0.4979
每股净资产(元)	10.1485	9.9954	4.7464	4.7321
每股经营现金净流量(元)	-1.9294	0.3919	-0.9681	-1.3215
每股现金流量(元)	-1.9167	1.0240	-3.4372	-1.6337
每股资本公积金(元)	7.1805	7.1805	1.8538	7.7192
每股盈余公积金(元)	0.4890	0.4890	0.4632	0.8171
每股未分配利润(元)	1.3704	1.2415	1.3898	1.6339
净资产收益率(%)	2.5511	4.1960	3.4104	6.3842
加权净资产收益率(%)	2.5540	5.9926	3.2796	7.2224
净资产收益率(扣除)(%)	2.4333	2.9405	3.4069	7.1619
总资产(万元)	1905307.05	2073011.09	569688.41	1551277.20
归属母公司股东权益(万元)	598228.69	589206.87	160118.78	379134.90
营业收入(万元)	543585.50	1083067.46	461643.96	882317.23
营业支出(万元)	483427.90	965426.93	415539.30	780406.89
投资收益(万元)	-317.65	-1311.76	-24.47	27.00
净利润(万元)	15261.40	24723.29	13053.86	24204.81
营业利润(万元)	17377.01	29159.08	15395.67	28816.12
利润总额(万元)	18310.86	30125.07	16131.05	29251.69

四川路桥建设股份有限公司

公司概况

公司名称	四川路桥建设股份有限公司			证券简称	四川路桥
法人代表	孙云	董秘	曹川	证券代码	600039
公司网址	www.scrbc.com.cn		电子信箱	srbcdsh@163.com	
电　　话	028-85126085		传　　真	028-85126084	
办公地址	四川省成都市高新区九兴大道12号				
经营范围	各级公路工程和桥梁、隧道工程的施工等				

主要财务指标

指标\报告期	2014.06.30	2013.12.31	2013.06.30	2012.12.31
基本每股收益(元)	0.3456	0.4901	0.2362	0.6451
基本每股收益(扣除后)(元)	0.1809	0.4911	0.2308	0.6273
稀释每股收益(元)	0.3456	0.4901	0.2362	0.6451
每股净资产(元)	4.6158	4.3079	3.7140	3.6713
每股经营现金净流量(元)	0.5397	1.2443	0.2652	0.5733
每股现金流量(元)	-0.7425	2.0158	0.1877	-0.2718
每股资本公积金(元)	1.6331	1.6388	0.6189	0.6280
每股盈余公积金(元)	0.1217	0.1217	0.1471	0.1471
每股未分配利润(元)	1.6032	1.3076	1.6612	1.5750
净资产收益率(%)	7.4874	7.8859	6.3590	17.5714
加权净资产收益率(%)	7.7200	12.7500	6.2000	19.7400
净资产收益率(扣除)(%)	3.9196	7.9010	6.2156	13.0112
总资产(万元)	4703069.05	4426629.06	3665097.27	3433893.84
归属母公司股东权益(万元)	696927.89	650430.61	388670.27	384197.61
营业收入(万元)	1070785.27	2542691.31	849040.40	2492969.33
营业支出(万元)	919164.54	2221065.44	729040.98	2216215.41
投资收益(万元)	11.30	1217.73	838.81	1138.74
净利润(万元)	52181.89	51292.40	24715.48	67508.76
营业利润(万元)	63239.86	71337.26	29778.56	92880.71
利润总额(万元)	63042.20	71116.51	30431.76	90783.75

保利房地产(集团)股份有限公司

公司概况

公司名称	保利房地产(集团)股份有限公司			证券简称	保利地产
法人代表	宋广菊	董秘	黄海	证券代码	600048
公司网址	www.polycn.com		电子信箱	stock@polycn.com	
电　　话	020-89898833		传　　真	020-89898666 8831	
办公地址	广东省广州市海珠区阅江中路688号保利国际广场北塔29-33层				
经营范围	房地产开发、销售、租赁及其物业管理等				

主要财务指标

指标\报告期	2014.06.30	2013.12.31	2013.06.30	2012.12.31
基本每股收益(元)	0.3600	1.5100	0.4800	1.1800
基本每股收益(扣除后)(元)	0.3400	1.5000	0.4700	1.1700
稀释每股收益(元)	0.3600	1.5100	0.4800	1.1800
每股净资产(元)	4.9998	7.2517	6.2112	5.9521
每股经营现金净流量(元)	-1.3337	-1.3665	-0.5716	0.4333
每股现金流量(元)	0.4801	0.0746	0.3081	2.0212
每股资本公积金(元)	0.6950	1.5360	1.5236	1.5098
每股盈余公积金(元)	0.1028	0.1542	0.1137	0.1137
每股未分配利润(元)	3.2020	4.5615	3.5737	3.3284
净资产收益率(%)	7.1400	20.7623	7.6842	19.8610
加权净资产收益率(%)	7.2100	22.9500	7.8000	21.8400
净资产收益率(扣除)(%)	6.8835	20.6421	7.6445	19.6482
总资产(万元)	35213027.05	31393985.43	28394024.21	25116861.76
归属母公司股东权益(万元)	5353321.58	5176286.94	4433562.85	4248638.07
营业收入(万元)	3399931.58	9235552.42	3054423.67	6890575.67
营业支出(万元)	2251321.15	6265521.52	2059315.73	4397208.18
投资收益(万元)	45047.81	63505.26	16720.75	41136.90
净利润(万元)	382225.70	1074716.16	340683.61	843823.36
营业利润(万元)	584279.61	1600682.43	507222.07	1339357.43
利润总额(万元)	582060.64	1610169.65	509453.90	1353212.70

中国联合网络通信股份有限公司

公司概况	公司名称	中国联合网络通信股份有限公司			证券简称	中国联通
	法人代表	常小兵	董秘	李超	证券代码	600050
	公司网址	www.chinaunicom-a.com			电子信箱	chaoli@chinaunicom-a.com
	电话	021-52732228			传真	021-52732220
	办公地址	上海市长宁区长宁路1033号29楼				
	经营范围	从事国(境)内外电信行业的投资等				

	指标\报告期	2014.06.30	2013.12.31	2013.06.30	2012.12.31
主要财务指标	基本每股收益(元)	0.1048	0.1624	0.0834	0.1120
	基本每股收益(扣除后)(元)	0.1016	0.1540	0.0822	0.0933
	稀释每股收益(元)	0.1023	0.1590	0.0813	0.1100
	每股净资产(元)	3.5837	3.5316	3.4454	3.4108
	每股经营现金净流量(元)	2.0906	3.9332	2.0096	3.5260
	每股现金流量(元)	-0.1042	0.1532	-0.1881	0.1488
	每股资本公积金(元)	1.2623	1.2618	1.2545	1.2632
	每股盈余公积金(元)	0.0434	0.0434	0.0389	0.0389
	每股未分配利润(元)	1.2794	1.2279	1.1534	1.1098
	净资产收益率(%)	2.9258	4.5991	2.4207	3.2760
	加权净资产收益率(%)	2.9300	4.6800	2.4300	3.3100
	净资产收益率(扣除)(%)	2.8355	4.3472	2.3858	2.7349
	总资产(万元)	51879950.06	53136445.33	50826191.20	51835729.01
	归属母公司股东权益(万元)	7596166.52	7485893.95	7303151.62	7229728.32
	营业收入(万元)	15345950.06	30372720.32	14860614.50	25626474.94
	营业支出(万元)	10303379.75	21165704.24	10379786.70	17910817.89
	投资收益(万元)	22279.31	19794.90	223.60	41732.68
	净利润(万元)	222245.44	344285.38	176786.17	236810.68
	营业利润(万元)	851982.47	1291741.92	691346.12	799612.02
	利润总额(万元)	879528.60	1367665.85	707863.95	954406.09

宁波联合集团股份有限公司

公司概况	公司名称	宁波联合集团股份有限公司			证券简称	宁波联合
	法人代表	李水荣	董秘	董庆慈	证券代码	600051
	公司网址	www.nug.com.cn			电子信箱	dqc@nug.com.cn
	电话	0574-86221609			传真	0574-86221320
	办公地址	浙江省宁波市开发区东海路1号联合大厦				
	经营范围	基础设施、房地产、对外贸易、医药生物和其他高新技术产业的开发等				

	指标\报告期	2014.06.30	2013.12.31	2013.06.30	2012.12.31
主要财务指标	基本每股收益(元)	0.3600	0.2000	0.0100	0.1100
	基本每股收益(扣除后)(元)	0.2600	-0.1300	-0.0200	-0.2000
	稀释每股收益(元)	0.3600	0.2000	0.0100	0.1100
	每股净资产(元)	5.7113	5.8802	5.8329	6.2200
	每股经营现金净流量(元)	-0.3582	-2.3949	-0.5549	0.0051
	每股现金流量(元)	-0.0251	-0.9307	0.0422	-0.6043
	每股资本公积金(元)	1.8256	2.1185	2.2504	2.5591
	每股盈余公积金(元)	0.6528	0.6711	0.6269	0.6269
	每股未分配利润(元)	2.2302	2.0878	1.9471	2.0334
	净资产收益率(%)	6.2160	3.3758	0.2343	1.7592
	加权净资产收益率(%)	6.0600	3.2800	0.2200	1.8100
	净资产收益率(扣除)(%)	4.4195	-2.1310	-0.3622	-3.1932
	总资产(万元)	734367.46	772991.16	654661.83	648673.02
	归属母公司股东权益(万元)	177553.44	177818.70	176386.32	188197.64
	营业收入(万元)	196811.09	282346.21	113748.32	302392.71
	营业支出(万元)	141680.86	249831.19	97797.33	275241.51
	投资收益(万元)	3097.19	11741.41	990.40	6249.11
	净利润(万元)	11036.69	6002.76	413.20	3310.84
	营业利润(万元)	25699.61	5910.94	161.09	215.08
	利润总额(万元)	26546.28	8777.19	1452.80	5005.35

浙江广厦股份有限公司

公司概况	公司名称	浙江广厦股份有限公司			证券简称	浙江广厦
	法人代表	楼明	董秘	包宇芬	证券代码	600052
	公司网址	www.gsgf.com			电子信箱	baoyufen@guangsha.com
	电话	0571-87974176			传真	0571-85125355
	办公地址	浙江省杭州市玉古路166号				
	经营范围	房地产投资、实业投资、房地产中介代理、园林、绿化、市政、幕墙等				

	指标\报告期	2014.06.30	2013.12.31	2013.06.30	2012.12.31
主要财务指标	基本每股收益(元)	-0.1400	0.0600	0.0400	0.0700
	基本每股收益(扣除后)(元)	-0.1300	0.0700	0.0400	0.0600
	稀释每股收益(元)	-0.1400	0.0600	0.0400	0.0700
	每股净资产(元)	1.9191	2.0969	2.0735	2.1003
	每股经营现金净流量(元)	-0.1515	0.1556	0.3623	0.0148
	每股现金流量(元)	-0.0562	0.0034	0.2422	-0.2224
	每股资本公积金(元)	0.0320	0.0320	0.0320	0.0320
	每股盈余公积金(元)	0.1575	0.1575	0.1580	0.1613
	每股未分配利润(元)	0.7295	0.9074	0.8834	0.9070
	净资产收益率(%)	-7.1832	3.0509	1.7059	3.1303
	加权净资产收益率(%)	-6.8000	3.0500	1.6700	2.9500
	净资产收益率(扣除)(%)	-7.0330	3.3595	1.7712	3.0151
	总资产(万元)	1060910.78	1016266.06	1031240.80	944718.66
	归属母公司股东权益(万元)	167301.57	182807.59	180765.41	183100.69
	营业收入(万元)	45972.34	192082.96	79313.13	152025.20
	营业支出(万元)	27658.95	111905.90	48044.78	87097.67
	投资收益(万元)	81.56	4606.29	3796.69	4583.22
	净利润(万元)	-12017.62	5577.30	3083.67	5731.53
	营业利润(万元)	-8554.58	16476.83	6754.38	10658.56
	利润总额(万元)	-8878.63	15629.98	6531.77	10770.19

江西中江地产股份有限公司

公司概况	公司名称	江西中江地产股份有限公司			证券简称	中江地产
	法人代表	钟虹光	董秘	王芳	证券代码	600053
	公司网址	www.jzjt.com			电子信箱	zjre600053@126.com
	电话	0791-88666003			传真	0791-88666007
	办公地址	江西省南昌市东湖区沿江北大道1379号紫金城A栋写字楼				
	经营范围	房地产开发及经营、土地开发及经营、对旅游项目的投资、装饰工程等				

	指标\报告期	2014.06.30	2013.12.31	2013.06.30	2012.12.31
主要财务指标	基本每股收益(元)	0.0414	0.0590	0.0134	0.0292
	基本每股收益(扣除后)(元)	0.0414	0.0581	0.0136	0.0257
	稀释每股收益(元)	0.0414	0.0590	0.0134	0.0292
	每股净资产(元)	1.8895	1.8682	1.8226	1.8292
	每股经营现金净流量(元)	0.4402	1.0403	0.4725	0.0123
	每股现金流量(元)	-0.1035	0.1047	0.5378	-0.0219
	每股资本公积金(元)	0.4352	0.4352	0.4352	0.4352
	每股盈余公积金(元)	0.0786	0.0786	0.0727	0.0727
	每股未分配利润(元)	0.3757	0.3543	0.3147	0.3212
	净资产收益率(%)	2.1900	3.1572	0.7371	1.5948
	加权净资产收益率(%)	2.1904	3.1900	0.7317	1.6100
	净资产收益率(扣除)(%)	2.1931	3.1082	0.7482	1.4064
	总资产(万元)	283982.55	282801.67	323471.97	298644.50
	归属母公司股东权益(万元)	81918.78	80992.14	79017.49	79302.16
	营业收入(万元)	13986.97	60488.12	16428.40	33060.31
	营业支出(万元)	7869.09	49496.54	12969.81	25387.33
	投资收益(万元)	—	-20.68	-16.74	5.38
	净利润(万元)	1793.72	2557.06	582.41	1264.71
	营业利润(万元)	2787.88	3498.70	808.99	1515.93
	利润总额(万元)	2766.75	3468.31	777.98	1646.83

黄山旅游发展股份有限公司

公司概况					
公司名称	黄山旅游发展股份有限公司			证券简称	黄山旅游
法人代表	黄林沐	董秘	黄慧敏	证券代码	600054
公司网址	www.huangshan.com.cn		电子信箱	hshhm666@126.com	
电　话	0559-5580567 5580526		传　真	0559-5580505	
办公地址	安徽省黄山市黄山风景区温泉				
经营范围	园林门票、客运索道、酒店食宿及旅游服务等				

主要财务指标 指标\报告期	2014.06.30	2013.12.31	2013.06.30	2012.12.31
基本每股收益(元)	0.2388	0.3100	0.1538	0.5100
基本每股收益(扣除后)(元)	0.2371	0.3000	0.1520	0.5500
稀释每股收益(元)	0.2388	0.3100	0.1538	0.5100
每股净资产(元)	4.5071	4.3083	4.1870	4.0332
每股经营现金净流量(元)	0.1724	0.5107	0.0518	0.7666
每股现金流量(元)	−0.1657	−0.0303	−0.2398	0.1644
每股资本公积金(元)	0.2797	0.2797	0.2797	0.2797
每股盈余公积金(元)	0.5291	0.5291	0.4968	0.4968
每股未分配利润(元)	2.6984	2.4995	2.4105	2.2567
净资产收益率(%)	5.2989	7.0816	3.6736	12.6250
加权净资产收益率(%)	5.4200	7.3200	3.7400	13.2300
净资产收益率(扣除)(%)	5.2615	7.0134	3.6314	12.3063
总资产(万元)	336787.58	335506.85	332467.75	337967.68
归属母公司股东权益(万元)	212443.46	203071.73	197354.96	190104.97
营业收入(万元)	62182.01	129409.03	56991.41	147652.02
营业支出(万元)	33669.37	68276.94	32441.30	74302.20
投资收益(万元)	183.32	−172.04	−99.27	762.90
净利润(万元)	11257.13	14380.81	7249.99	24000.82
营业利润(万元)	15886.85	23106.65	10823.38	34996.62
利润总额(万元)	15999.08	23201.59	10933.74	35813.82

华润万东医疗装备股份有限公司

公司概况					
公司名称	华润万东医疗装备股份有限公司			证券简称	华润万东
法人代表	陈刚	董秘	张丹石	证券代码	600055
公司网址	www.wandong.com.cn		电子信箱	wdyL055@263.net.cn	
电　话	010-84569688		传　真	010-84575717	
办公地址	北京市朝阳区酒仙桥东路9号院3号楼				
经营范围	各类医疗器械的生产和销售等				

主要财务指标 指标\报告期	2014.06.30	2013.12.31	2013.06.30	2012.12.31
基本每股收益(元)	0.0500	0.2000	0.0800	0.1600
基本每股收益(扣除后)(元)	0.0150	0.1600	0.0390	0.1300
稀释每股收益(元)	0.0500	0.2000	0.0800	0.1600
每股净资产(元)	3.0753	3.0749	2.9527	3.0561
每股经营现金净流量(元)	−0.2476	−0.3951	−0.4047	0.2704
每股现金流量(元)	−0.3950	−0.6013	−0.7532	0.2193
每股资本公积金(元)	0.5241	0.5241	0.5336	0.6568
每股盈余公积金(元)	0.3508	0.3508	0.3239	0.3239
每股未分配利润(元)	1.2005	1.2000	1.0952	1.0754
净资产收益率(%)	1.6390	6.5544	2.6867	5.1868
加权净资产收益率(%)	1.6300	6.7000	2.5600	5.3900
净资产收益率(扣除)(%)	0.4841	5.3213	1.3238	4.5344
总资产(万元)	107749.73	114304.97	104989.02	123169.13
归属母公司股东权益(万元)	66564.54	66555.80	63910.59	66148.92
营业收入(万元)	30482.10	76468.10	33768.17	72767.17
营业支出(万元)	19855.95	51109.59	21474.63	49604.83
投资收益(万元)	10.37	−253.85	−176.20	−4.56
净利润(万元)	1090.99	4362.32	1717.12	3431.02
营业利润(万元)	42.44	1902.14	788.40	3487.92
利润总额(万元)	945.17	4521.68	1808.68	4119.17

中国医药健康产业股份有限公司

公司概况					
公司名称	中国医药健康产业股份有限公司			证券简称	中国医药
法人代表	张本智	董秘	袁精华	证券代码	600056
公司网址	www.meheco.cn		电子信箱	meheco600056@sina.com	
电　话	010-67164267		传　真	010-67152359	
办公地址	北京市东城区光明中街18号				
经营范围	高新技术及成套设备的进出口贸易、易货贸易、国际招标采购等				

主要财务指标 指标\报告期	2014.06.30	2013.12.31	2013.06.30	2012.12.31
基本每股收益(元)	0.2870	1.0600	0.2961	0.9097
基本每股收益(扣除后)(元)	0.2839	1.1278	0.2861	1.0901
稀释每股收益(元)	0.2870	1.0600	0.2961	0.9097
每股净资产(元)	4.4574	7.5158	6.8536	6.0957
每股经营现金净流量(元)	−0.4207	−0.0311	−2.0325	2.5859
每股现金流量(元)	−0.1924	−0.8967	−1.9054	2.5726
每股资本公积金(元)	1.8441	2.1396	1.1284	3.6965
每股盈余公积金(元)	0.2035	0.4504	0.5692	0.5692
每股未分配利润(元)	1.4098	3.9257	4.1560	4.6585
净资产收益率(%)	6.2832	14.1038	12.3296	13.4829
加权净资产收益率(%)	7.0900	16.0700	8.9300	14.3700
净资产收益率(扣除)(%)	6.2160	12.6040	11.8970	16.9450
总资产(万元)	1400595.88	1279048.14	814586.90	1253678.83
归属母公司股东权益(万元)	451314.28	343760.36	213119.42	308600.77
营业收入(万元)	874013.48	1482950.82	733516.73	1355066.04
营业支出(万元)	774081.46	1295170.30	636454.79	1191830.96
投资收益(万元)	9.95	983.57	876.01	710.46
净利润(万元)	28357.20	48483.20	28532.85	41608.20
营业利润(万元)	40419.88	70964.90	40117.74	55623.96
利润总额(万元)	41134.60	72279.80	40246.35	59443.70

厦门象屿股份有限公司

公司概况					
公司名称	厦门象屿股份有限公司			证券简称	象屿股份
法人代表	王龙雏	董秘	高晨霞	证券代码	600057
公司网址	www.xiangyu.cn		电子信箱	stock@xiangyu.cn	
电　话	0592-6516003 5603375		传　真	0592-5051631	
办公地址	厦门现代物流园区象屿路99号厦门国际航运中心E栋9层				
经营范围	物流园区相关项目的开发经营、房地产租赁服务等				

主要财务指标 指标\报告期	2014.06.30	2013.12.31	2013.06.30	2012.12.31
基本每股收益(元)	0.1900	0.2800	−0.0500	0.1300
基本每股收益(扣除后)(元)	0.1100	−0.1400	−0.1600	−0.0700
稀释每股收益(元)	0.1900	0.2800	−0.0500	0.1300
每股净资产(元)	2.2860	2.1025	1.7661	1.7900
每股经营现金净流量(元)	−0.3927	−5.4432	−1.5139	0.5498
每股现金流量(元)	0.3186	0.1073	0.1504	−0.3058
每股资本公积金(元)	0.1939	0.1983	0.1929	0.1618
每股盈余公积金(元)	0.0817	0.0817	0.0459	0.0459
每股未分配利润(元)	1.0390	0.8534	0.5565	0.6088
净资产收益率(%)	8.1194	13.3554	−2.9639	7.4626
加权净资产收益率(%)	8.4600	14.3800	−2.9500	7.7700
净资产收益率(扣除)(%)	4.7036	−6.7820	−9.2105	−3.7746
总资产(万元)	1483008.41	1320640.59	960488.07	675055.00
归属母公司股东权益(万元)	196560.56	180777.94	151858.75	153911.03
营业收入(万元)	2187846.90	3540232.80	1448740.19	2935574.10
营业支出(万元)	2123559.89	3461991.15	1428486.20	2849663.41
投资收益(万元)	26008.13	42923.75	12328.61	8765.16
净利润(万元)	15959.56	24143.54	−4501.01	11485.79
营业利润(万元)	20804.50	22927.17	−4744.21	13401.96
利润总额(万元)	27710.89	25697.78	−4290.00	16835.07

五矿发展股份有限公司

公司概况	公司名称	五矿发展股份有限公司			证券简称	五矿发展
	法人代表	刘雷云	董秘	王宏利	证券代码	600058
	公司网址	www.minlist.com.cn		电子信箱	cuiql@minmetals.com	
	电　话	010-68494205 68494267		传　真	010-68494207	
	办公地址	北京市海淀区三里河路5号B座				
	经营范围	国内外贸易、国际货运、货代、仓储、国际招标投标、酒店经营、工业生产等				

主要财务指标	指标\报告期	2014.06.30	2013.12.31	2013.06.30	2012.12.31
	基本每股收益(元)	0.0241	0.2610	0.1781	-0.3549
	基本每股收益(扣除后)(元)	-0.2010	0.1126	0.1141	-0.6064
	稀释每股收益(元)	0.0241	0.2610	0.1781	-0.3549
	每股净资产(元)	7.8904	7.9687	7.8836	7.7055
	每股经营现金净流量(元)	-4.7341	-2.8849	-2.1186	3.7539
	每股现金流量(元)	0.8367	-0.0744	0.6626	-1.1386
	每股资本公积金(元)	3.5408	3.5419	3.5424	3.5462
	每股盈余公积金(元)	0.8498	0.8498	0.8498	0.8498
	每股未分配利润(元)	2.4782	2.5592	2.4771	2.2991
	净资产收益率(%)	0.3048	3.2755	2.2586	-4.6061
	加权净资产收益率(%)	0.3013	3.3303	2.2844	-4.3012
	净资产收益率(扣除)(%)	-2.5468	1.4129	1.4476	-7.8700
	总资产(万元)	5531151.97	4617274.39	5085797.46	4384911.36
	归属母公司股东权益(万元)	845775.85	854173.87	845051.67	825965.49
	营业收入(万元)	6973589.05	20325915.00	7697522.33	14938844.99
	营业支出(万元)	6842043.65	20023357.59	7574509.59	14785867.82
	投资收益(万元)	21826.62	1344.03	1112.06	26828.08
	净利润(万元)	2578.04	27978.43	19086.22	-38044.43
	营业利润(万元)	-22716.23	29234.52	19084.41	-100913.58
	利润总额(万元)	-22679.43	31499.47	16334.11	-97988.01

浙江古越龙山绍兴酒股份有限公司

公司概况	公司名称	浙江古越龙山绍兴酒股份有限公司			证券简称	古越龙山
	法人代表	傅建伟	董秘	周娟英	证券代码	600059
	公司网址	www.shaoxingwine.com.cn		电子信箱	zjy@shaoxingwine.com.cn	
	电　话	0575-85158435 85176000		传　真	0575-85166884	
	办公地址	浙江省绍兴市北海桥				
	经营范围	黄酒、白酒、饮料、副食品及食品原辅料开发、制造、销售等				

主要财务指标	指标\报告期	2014.06.30	2013.12.31	2013.06.30	2012.12.31
	基本每股收益(元)	0.1000	0.2300	0.1600	0.3000
	基本每股收益(扣除后)(元)	0.1000	0.2100	0.1600	0.2000
	稀释每股收益(元)	0.1000	0.2300	0.1600	0.3000
	每股净资产(元)	4.4311	3.9194	3.8553	3.7935
	每股经营现金净流量(元)	-0.3157	0.1145	-0.1413	0.1132
	每股现金流量(元)	0.3043	-0.3504	-0.6386	0.2065
	每股资本公积金(元)	2.3273	1.5133	1.5133	1.5133
	每股盈余公积金(元)	0.2230	0.2840	0.2567	0.2567
	每股未分配利润(元)	0.8848	1.1271	1.0896	1.0277
	净资产收益率(%)	1.7673	5.7846	4.1987	7.9240
	加权净资产收益率(%)	2.5600	5.8800	4.1800	8.1900
	净资产收益率(扣除)(%)	1.7217	5.3069	4.1602	5.3685
	总资产(万元)	395535.31	358863.82	324536.81	358644.64
	归属母公司股东权益(万元)	358267.38	248828.32	244757.14	240832.07
	营业收入(万元)	66092.91	146792.38	85992.51	142178.92
	营业支出(万元)	39655.75	89762.66	51014.61	88196.77
	投资收益(万元)	156.19	629.53	184.75	632.34
	净利润(万元)	6331.71	14393.83	10276.68	19083.50
	营业利润(万元)	8466.46	17855.07	13848.23	18278.13
	利润总额(万元)	8522.66	19165.03	13825.32	24400.57

青岛海信电器股份有限公司

公司概况	公司名称	青岛海信电器股份有限公司			证券简称	海信电器
	法人代表	于淑珉	董秘	王东波	证券代码	600060
	公司网址	www.hisense.com		电子信箱	zqb@hisense.com	
	电　话	0532-83889556		传　真	0532-83889556	
	办公地址	山东省青岛市经济技术开发区前湾港路218号				
	经营范围	电视机、广播电视设备、通讯产品制造、信息技术产品、家用、商用电器、电子产品的制造、销售等				

主要财务指标	指标\报告期	2014.06.30	2013.12.31	2013.06.30	2012.12.31
	基本每股收益(元)	0.4680	1.2110	0.6200	1.2290
	基本每股收益(扣除后)(元)	0.4360	1.1360	0.5750	1.1690
	稀释每股收益(元)	0.4680	1.2100	0.6190	1.2250
	每股净资产(元)	7.6672	7.5569	6.9273	6.7229
	每股经营现金净流量(元)	1.1732	1.0049	0.4825	0.1789
	每股现金流量(元)	0.3007	1.0344	0.5423	-0.9288
	每股资本公积金(元)	1.7262	1.7259	1.7270	1.7191
	每股盈余公积金(元)	1.1405	1.1405	0.9094	0.9094
	每股未分配利润(元)	3.8006	3.6906	3.2910	3.1170
	净资产收益率(%)	6.1102	16.0080	8.9551	18.2500
	加权净资产收益率(%)	6.0100	17.0300	8.9200	20.1000
	净资产收益率(扣除)(%)	5.6905	15.0111	8.3022	17.3498
	总资产(万元)	1945081.60	1986713.65	1649756.08	1825135.73
	归属母公司股东权益(万元)	1003239.36	988805.62	905151.75	878443.01
	营业收入(万元)	1325835.20	2847985.91	1360334.94	2525198.04
	营业支出(万元)	1110907.84	2337642.76	1118946.05	2070207.92
	投资收益(万元)	2894.44	8225.84	4241.64	3076.37
	净利润(万元)	61299.73	158287.91	81056.98	160315.90
	营业利润(万元)	67718.89	178516.09	95378.71	181131.02
	利润总额(万元)	71357.45	187017.06	99104.67	191153.50

中纺投资发展股份有限公司

公司概况	公司名称	中纺投资发展股份有限公司			证券简称	中纺投资
	法人代表	张嵩林	董秘	沈强	证券代码	600061
	公司网址	www.sinotex-ctrc.com.cn		电子信箱	600061@sinotex-ctrc.com.cn	
	电　话	021-62818687		传　真	021-62816868	
	办公地址	上海市长宁区延安西路1228号嘉利大厦33层				
	经营范围	纺织品、纺织原材料、化轻材料、新产品的开发、生产、销售等				

主要财务指标	指标\报告期	2014.06.30	2013.12.31	2013.06.30	2012.12.31
	基本每股收益(元)	0.0060	0.0100	0.0100	0.0100
	基本每股收益(扣除后)(元)	0.0100	0.0100	0.0100	-0.0100
	稀释每股收益(元)	0.0060	0.0100	0.0100	0.0100
	每股净资产(元)	1.3961	1.3900	1.3854	1.3752
	每股经营现金净流量(元)	-0.0034	-0.1132	-0.4631	0.2465
	每股现金流量(元)	0.0260	0.0377	-0.0777	0.1482
	每股资本公积金(元)	0.0330	0.0330	0.0330	0.0330
	每股盈余公积金(元)	0.0531	0.0531	0.0531	0.0531
	每股未分配利润(元)	0.3100	0.3039	0.2993	0.2891
	净资产收益率(%)	0.4352	1.0658	0.7388	0.8639
	加权净资产收益率(%)	0.4400	1.0700	0.7400	0.8700
	净资产收益率(扣除)(%)	0.7431	0.6647	0.7050	-0.7333
	总资产(万元)	0.7400	0.6700	210776.83	172844.34
	归属母公司股东权益(万元)	59902.70	59642.00	59445.55	59006.34
	营业收入(万元)	198051.71	435623.89	195209.69	325261.07
	营业支出(万元)	188357.86	417455.24	186815.76	309908.90
	投资收益(万元)	-108.74	-117.20	-100.82	-290.45
	净利润(万元)	260.70	635.66	439.21	509.75
	营业利润(万元)	337.12	754.52	471.51	-123.73
	利润总额(万元)	324.34	992.13	492.06	853.45

华润双鹤药业股份有限公司

公司概况	公司名称	华润双鹤药业股份有限公司			证券简称	华润双鹤
	法人代表	李福祚	董秘	范彦喜	证券代码	600062
	公司网址	www.dcpc.com.cn			电子信箱	mss@dcpc.com
	电　话	010-64398099			传　真	010-64398086
	办公地址	北京市朝阳区望京利泽东二路1号				
	经营范围	加工、制造、销售制剂药品、化学原料药、制药装备等				

	指标\报告期	2014.06.30	2013.12.31	2013.06.30	2012.12.31
主要财务指标	基本每股收益(元)	0.5515	1.5230	0.5961	1.0747
	基本每股收益(扣除后)(元)	0.5346	1.0834	0.5649	0.9465
	稀释每股收益(元)	0.5515	1.5230	0.5961	1.0747
	每股净资产(元)	9.5375	9.3279	8.4092	8.1400
	每股经营现金净流量(元)	0.2567	0.9555	0.2697	0.6928
	每股现金流量(元)	0.1525	0.9340	0.4014	-0.2528
	每股资本公积金(元)	2.0277	2.0277	2.0392	2.0398
	每股盈余公积金(元)	0.5333	0.5333	0.5330	0.5333
	每股未分配利润(元)	5.9764	5.7669	4.8371	4.5669
	净资产收益率(%)	5.7830	16.3273	7.0892	13.2028
	加权净资产收益率(%)	5.7800	17.5600	7.1100	13.8500
	净资产收益率(扣除)(%)	5.6048	11.6143	6.7180	11.6274
	总资产(万元)	652630.72	648091.59	721495.27	650777.56
	归属母公司股东权益(万元)	545253.59	533273.74	480752.23	465360.63
	营业收入(万元)	216132.80	683457.43	381202.21	698932.34
	营业支出(万元)	112037.78	446995.74	256922.64	466145.01
	投资收益(万元)	2.06	27128.88	--	5235.67
	净利润(万元)	31531.85	87069.02	34081.29	61440.82
	营业利润(万元)	37499.97	103389.01	40042.14	73127.15
	利润总额(万元)	38663.94	106677.84	42057.83	76275.79

安徽皖维高新材料股份有限公司

公司概况	公司名称	安徽皖维高新材料股份有限公司			证券简称	皖维高新
	法人代表	吴福胜	董秘	吴尚义	证券代码	600063
	公司网址	www.wwgf.com.cn			电子信箱	wusy@wwgf.com.cn
	电　话	0551-82189280 82189294			传　真	0551-82189447
	办公地址	安徽省巢湖市皖维路56号				
	经营范围	系列聚乙烯醇、高强高模PVA纤维、超高强高模PVA纤维、环保水泥等				

	指标\报告期	2014.06.30	2013.12.31	2013.06.30	2012.12.31
主要财务指标	基本每股收益(元)	0.0410	0.0100	-0.0410	-0.1000
	基本每股收益(扣除后)(元)	0.0300	-0.0200	-0.0490	-0.1400
	稀释每股收益(元)	0.0410	0.0100	-0.0410	-0.1000
	每股净资产(元)	1.6262	1.6128	1.4963	1.6300
	每股经营现金净流量(元)	0.1477	0.2349	-0.0551	0.1062
	每股现金流量(元)	0.0799	-0.0275	0.0832	0.0600
	每股资本公积金(元)	0.5362	0.5625	0.5023	0.5950
	每股盈余公积金(元)	0.0699	0.0699	0.0639	0.0639
	每股未分配利润(元)	-0.0003	-0.0361	-0.0843	-0.0437
	净资产收益率(%)	2.5111	0.8402	-2.7164	-6.4103
	加权净资产收益率(%)	2.5200	0.8400	-2.6000	-6.3500
	净资产收益率(扣除)(%)	1.8594	-1.2261	-3.2849	-8.8691
	总资产(万元)	624402.65	621930.12	620280.81	603303.87
	归属母公司股东权益(万元)	243582.08	241576.06	224118.76	243740.31
	营业收入(万元)	203715.95	357305.88	150839.34	287915.06
	营业支出(万元)	168127.13	309896.68	138161.34	265571.12
	投资收益(万元)	1064.09	1131.82	841.37	4931.95
	净利润(万元)	6116.60	2029.83	-6087.98	-15624.45
	营业利润(万元)	6244.53	-3696.73	-7912.46	-20186.83
	利润总额(万元)	7928.44	3217.12	-5899.83	-16892.30

南京高科股份有限公司

公司概况	公司名称	南京高科股份有限公司			证券简称	南京高科
	法人代表	徐益民	董秘	谢建晖	证券代码	600064
	公司网址	www.600064.com			电子信箱	600064@600064.com
	电　话	025-85800728			传　真	025-85800720
	办公地址	江苏省南京市经济技术开发区新港大道129号				
	经营范围	高新技术产业投资、开发、市政基础设施建设、投资及管理等				

	指标\报告期	2014.06.30	2013.12.31	2013.06.30	2012.12.31
主要财务指标	基本每股收益(元)	0.5120	0.8340	0.4630	0.7440
	基本每股收益(扣除后)(元)	0.5120	0.6900	0.4630	0.5020
	稀释每股收益(元)	0.5120	0.8340	0.4630	0.7440
	每股净资产(元)	9.6789	9.6318	9.2855	10.0248
	每股经营现金净流量(元)	0.8724	1.7624	1.2708	0.7314
	每股现金流量(元)	-0.0018	-0.0900	-0.4325	0.6632
	每股资本公积金(元)	4.6931	4.9035	4.9278	5.8804
	每股盈余公积金(元)	0.7843	0.7843	0.7122	0.7122
	每股未分配利润(元)	3.2014	2.9440	2.6456	2.4322
	净资产收益率(%)	5.2933	8.6577	4.9903	7.4166
	加权净资产收益率(%)	5.2600	8.5000	4.7600	7.8000
	净资产收益率(扣除)(%)	5.2855	7.1612	4.9884	5.0073
	总资产(万元)	1666702.65	1556191.83	1575199.77	1634840.77
	归属母公司股东权益(万元)	499640.56	497209.38	479336.59	517498.41
	营业收入(万元)	155750.41	350200.69	181666.27	216345.86
	营业支出(万元)	112172.05	255796.02	135156.65	124715.76
	投资收益(万元)	26628.41	34763.96	23676.54	40091.09
	净利润(万元)	26447.65	43046.97	23920.49	38380.93
	营业利润(万元)	31129.64	55083.71	28498.25	53488.98
	利润总额(万元)	31100.90	55256.77	28511.46	53308.56

郑州宇通客车股份有限公司

公司概况	公司名称	郑州宇通客车股份有限公司			证券简称	宇通客车
	法人代表	汤玉祥	董秘	于莉	证券代码	600066
	公司网址	www.yutong.com			电子信箱	sbd@yutong.com
	电　话	0371-66718281 66899008			传　真	0371-66899123
	办公地址	郑州市管城区宇通路宇通工业园				
	经营范围	客车及其附件的生产和销售等				

	指标\报告期	2014.06.30	2013.12.31	2013.06.30	2012.12.31
主要财务指标	基本每股收益(元)	0.5500	1.4300	0.5000	1.2800
	基本每股收益(扣除后)(元)	0.4700	1.2700	0.3700	2.0500
	稀释每股收益(元)	0.5500	1.4300	0.5000	1.2800
	每股净资产(元)	6.9293	6.8674	5.9060	10.3715
	每股经营现金净流量(元)	1.2009	-	1.0481	1.9455
	每股现金流量(元)	0.3508	-	0.8185	2.7247
	每股资本公积金(元)	1.7877	-	1.7520	3.8635
	每股盈余公积金(元)	0.6753	-	0.5306	0.9596
	每股未分配利润(元)	3.4655	-	2.6234	4.5483
	净资产收益率(%)	7.8948	20.8364	8.3898	21.1859
	加权净资产收益率(%)	7.7400	22.8000	8.3600	25.8600
	净资产收益率(扣除)(%)	6.7530	18.4080	6.2974	18.7388
	总资产(万元)	1626477.12	-	1524234.22	1427911.01
	归属母公司股东权益(万元)	882585.86	-	753328.28	731488.60
	营业收入(万元)	934147.69	2209382.66	966374.73	1976345.92
	营业支出(万元)	750761.59	1779426.64	789408.12	1581765.70
	投资收益(万元)	4544.12	3100.61	1243.57	6134.20
	净利润(万元)	69678.46	182257.52	63202.53	154972.15
	营业利润(万元)	73248.33	188396.64	55587.92	163713.98
	利润总额(万元)	79161.52	208729.04	71983.00	176518.54

冠城大通股份有限公司

公司概况					
公司名称	冠城大通股份有限公司			证券简称	冠城大通
法人代表	韩国龙	董秘	肖林寿	证券代码	600067
公司网址	www.gcdt.net		电子信箱	gcdt@gcdt.net	
电　话	0591-83350026		传　真	0591-83350013	
办公地址	福建省福州市鼓楼区五一中路32号元洪大厦26层				
经营范围	特种漆包线生产与销售、房地产开发等				

主要财务指标 指标\报告期	2014.06.30	2013.12.31	2013.06.30	2012.12.31
基本每股收益(元)	0.3100	1.0800	0.9700	0.7100
基本每股收益(扣除后)(元)	0.3000	0.5700	0.4600	0.4900
稀释每股收益(元)	0.3100	1.0800	0.9700	0.7100
每股净资产(元)	4.2535	3.9406	3.8281	3.0406
每股经营现金净流量(元)	0.1377	–0.2204	–	0.8918
每股现金流量(元)	–0.0589	–0.8366	0.4981	0.9637
每股资本公积金(元)	0.1103	0.1104	0.1040	0.0511
每股盈余公积金(元)	0.2222	0.2222	0.1494	0.1509
每股未分配利润(元)	2.9209	2.6080	2.5746	1.8386
净资产收益率(%)	7.3569	27.2356	25.1880	23.2200
加权净资产收益率(%)	7.6400	30.9500	27.6000	24.7000
净资产收益率(扣除)(%)	6.9594	14.3182	11.8775	16.2618
总资产(万元)	1765378.83	1571776.49	1464547.39	1479500.98
归属母公司股东权益(万元)	506403.79	469156.78	455015.15	357817.25
营业收入(万元)	358473.12	822548.03	435457.66	625627.16
营业支出(万元)	264205.76	628311.15	311127.41	466983.91
投资收益(万元)	1136.28	65962.94	64983.17	23301.95
净利润(万元)	37255.69	127777.53	114609.09	83083.75
营业利润(万元)	49639.16	162607.23	138457.81	113444.09
利润总额(万元)	50864.32	162609.92	137947.02	114387.78

中国葛洲坝集团股份有限公司

公司概况					
公司名称	中国葛洲坝集团股份有限公司			证券简称	葛洲坝
法人代表	聂凯	董秘	彭立权	证券代码	600068
公司网址	www.cggc.cn		电子信箱	gzb@cggc.cn	
电　话	027-83790455		传　真	027-83790755	
办公地址	湖北省武汉市解放大道558号葛洲坝大酒店B座7层				
经营范围	水泥生产销售、建筑工程承包施工、民用爆破、水力发电、高速公路等				

主要财务指标 指标\报告期	2014.06.30	2013.12.31	2013.06.30	2012.12.31
基本每股收益(元)	0.3110	0.4540	0.2430	0.4480
基本每股收益(扣除后)(元)	0.3010	0.4360	0.2380	0.4350
稀释每股收益(元)	0.3110	0.4540	0.2430	0.4480
每股净资产(元)	3.9904	3.9139	3.6325	3.5740
每股经营现金净流量(元)	–0.4851	1.3470	0.2807	–0.0761
每股现金流量(元)	0.1820	0.5060	0.2237	–0.5075
每股资本公积金(元)	1.3815	1.0195	0.9802	1.0033
每股盈余公积金(元)	0.1363	0.1799	0.1754	0.1754
每股未分配利润(元)	1.4583	1.7014	1.4946	1.3865
净资产收益率(%)	6.8588	11.6102	6.6927	12.5360
加权净资产收益率(%)	7.7550	12.1400	6.7470	13.2400
净资产收益率(扣除)(%)	6.6251	11.1374	6.5445	12.1684
总资产(万元)	9621219.70	8582471.82	8264031.93	7640809.88
归属母公司股东权益(万元)	1837479.42	1364952.30	1266809.12	1246425.22
营业收入(万元)	3568029.18	5952755.74	2885513.72	5353689.53
营业支出(万元)	3087699.02	5161759.31	2525485.02	4641019.70
投资收益(万元)	707.66	5821.64	1812.79	6274.11
净利润(万元)	126028.52	158473.70	84783.11	156251.26
营业利润(万元)	166083.17	236268.38	123331.13	211003.49
利润总额(万元)	180326.91	259402.00	133012.86	238103.80

河南银鸽实业投资股份有限公司

公司概况					
公司名称	河南银鸽实业投资股份有限公司			证券简称	银鸽投资
法人代表	王伟	董秘	谭洪涛	证券代码	600069
公司网址	www.yinge.com.cn		电子信箱	yinge@yinge.cn	
电　话	0395-5615559　5615539		传　真	0395-5615583	
办公地址	河南省漯河市人民东路与东环路交叉口银鸽投资科技研发大厦				
经营范围	纸张、纸浆及其深加工产品、百货销售、技术服务、投资咨询等				

主要财务指标 指标\报告期	2014.06.30	2013.12.31	2013.06.30	2012.12.31
基本每股收益(元)	–0.1800	–0.3400	–0.1000	0.0200
基本每股收益(扣除后)(元)	–0.1900	–0.3800	–0.1200	–0.3300
稀释每股收益(元)	–0.1800	–0.3400	–0.1000	0.0200
每股净资产(元)	1.7305	1.9096	2.1456	2.2315
每股经营现金净流量(元)	–0.0585	–0.1450	–0.0937	0.1310
每股现金流量(元)	0.1014	0.1218	–0.0077	–0.0161
每股资本公积金(元)	0.9324	0.9324	0.9330	0.9167
每股盈余公积金(元)	0.0892	0.0892	0.0892	0.0892
每股未分配利润(元)	–0.2911	–0.1121	0.1235	0.2256
净资产收益率(%)	–10.3472	–17.6792	–4.7600	0.8957
加权净资产收益率(%)	–9.8400	–16.3000	–4.6800	0.9000
净资产收益率(扣除)(%)	–11.0723	–19.7818	–5.7500	–14.5900
总资产(万元)	655155.08	609129.22	641987.82	642353.93
归属母公司股东权益(万元)	142834.28	157613.60	177095.99	184182.13
营业收入(万元)	152010.44	351495.97	162003.90	339258.55
营业支出(万元)	143605.87	323949.83	150450.17	320323.11
投资收益(万元)	–	–8.82	–	–732.33
净利润(万元)	–14779.32	–27864.77	–8426.77	1649.76
营业利润(万元)	–21415.05	–28863.69	–12040.28	–33780.24
利润总额(万元)	–19802.83	–27629.80	–11906.99	2535.92

浙江富润股份有限公司

公司概况					
公司名称	浙江富润股份有限公司			证券简称	浙江富润
法人代表	赵林中	董秘	卢伯军	证券代码	600070
公司网址	www.furun.net		电子信箱	whf65@126.com	
电　话	0575-87015296　87015763		传　真	0575-87026018	
办公地址	浙江省诸暨市陶朱南路12号				
经营范围	绢丝及绢丝绸、精纺呢绒、纺织服装、纺织品印染加工、药品零售等				

主要财务指标 指标\报告期	2014.06.30	2013.12.31	2013.06.30	2012.12.31
基本每股收益(元)	0.0300	0.6700	0.1000	0.7000
基本每股收益(扣除后)(元)	0.0300	0.1600	0.0300	0.2000
稀释每股收益(元)	0.0300	0.6700	0.1000	0.7000
每股净资产(元)	3.0568	4.7256	4.3435	3.2244
每股经营现金净流量(元)	–0.1730	0.3843	0.2281	0.7311
每股现金流量(元)	–0.3123	0.2627	0.2497	0.0092
每股资本公积金(元)	1.1219	2.0680	2.1443	0.8680
每股盈余公积金(元)	0.2120	0.3181	0.2764	0.2764
每股未分配利润(元)	0.7229	1.3396	0.9229	1.0801
净资产收益率(%)	0.9783	14.1712	3.2891	21.5716
加权净资产收益率(%)	0.9500	15.1300	4.0700	23.0900
净资产收益率(扣除)(%)	1.0497	3.3652	1.1074	6.1407
总资产(万元)	181764.27	176944.91	180907.22	154891.23
归属母公司股东权益(万元)	83854.65	86421.65	79433.94	58966.99
营业收入(万元)	49687.93	107237.32	54228.35	105670.64
营业支出(万元)	43700.57	92376.16	45490.01	90187.23
投资收益(万元)	805.62	3139.29	2288.66	3699.74
净利润(万元)	820.35	12246.98	2612.65	12720.15
营业利润(万元)	2464.16	9484.38	6056.58	9430.39
利润总额(万元)	2420.17	22905.13	6130.44	22578.94

凤凰光学股份有限公司

公司概况				
公司名称	凤凰光学股份有限公司		证券简称	凤凰光学
法人代表	罗小勇	董秘 朱群峰	证券代码	600071
公司网址	www.phenixoptics.com.cn		电子信箱	jianweiz@phenixoptics.com.cn
电　话	0793-8259547 8259523		传　真	0793-8259547
办公地址	江西省上饶市凤凰西大道197号			
经营范围	光学镜头、照相器材、钢片快门、光学原材料、仪器零配件等产品的生产和销售			

主要财务指标：指标\报告期	2014.06.30	2013.12.31	2013.06.30	2012.12.31
基本每股收益(元)	-0.0747	-0.1189	-0.0526	0.0263
基本每股收益(扣除后)(元)	-0.0747	-	-0.0548	0.0210
稀释每股收益(元)	-0.0747	-0.1189	-0.0526	0.0263
每股净资产(元)	2.4231	2.4978	2.5641	2.6167
每股经营现金净流量(元)	-0.1939	0.0511	-0.1119	0.3757
每股现金流量(元)	-0.1592	-0.4041	-0.3335	0.1210
每股资本公积金(元)	0.4640	0.4640	0.4640	0.4640
每股盈余公积金(元)	0.2961	0.2961	0.2961	0.2961
每股未分配利润(元)	0.6631	0.7378	0.8040	0.8567
净资产收益率(%)	-3.0837	-4.7592	-2.0522	1.0032
加权净资产收益率(%)	-3.0400	-4.6500	-2.0300	1.0100
净资产收益率(扣除)(%)	-3.0813	-4.8226	-2.1369	0.8028
总资产(万元)	111506.50	93234.05	91780.03	101064.28
归属母公司股东权益(万元)	57542.35	59316.80	60890.23	62139.82
营业收入(万元)	41815.82	69778.27	31753.15	136014.09
营业支出(万元)	39774.48	65250.43	31365.05	126403.95
投资收益(万元)	458.42	472.60	673.60	446.80
净利润(万元)	-1774.44	-2823.02	-1249.59	623.41
营业利润(万元)	-2238.36	-4081.68	-2014.48	211.79
利润总额(万元)	-2238.32	-4130.01	-2010.91	317.07

中船钢构工程股份有限公司

公司概况				
公司名称	中船钢构工程股份有限公司		证券简称	*ST钢构
法人代表	周辉	董秘 陈慧	证券代码	600072
公司网址	www.jnhi.com		电子信箱	mail@jnhi.com
电　话	021-66990372		传　真	021-66990300
办公地址	上海市崇明县长兴岛长兴江南大道988号钢构工程公司办公室			
经营范围	大型钢结构、压力容器、港口机械等			

主要财务指标：指标\报告期	2014.06.30	2013.12.31	2013.06.30	2012.12.31
基本每股收益(元)	-0.1140	-0.3810	-0.1290	-0.1590
基本每股收益(扣除后)(元)	-0.1210	-0.3890	-0.1290	-0.1960
稀释每股收益(元)	-0.1140	-0.3810	-0.1290	-0.1590
每股净资产(元)	2.2662	2.3825	2.6292	2.7609
每股经营现金净流量(元)	-0.1478	-0.1129	-0.0285	-0.2928
每股现金流量(元)	-0.1853	-0.1686	-0.0704	-0.0714
每股资本公积金(元)	0.8758	0.8776	0.8718	0.8749
每股盈余公积金(元)	0.2611	0.2611	0.2611	0.2611
每股未分配利润(元)	0.1294	0.2438	0.4963	0.6249
净资产收益率(%)	-5.0464	-15.9974	-4.8912	-5.7576
加权净资产收益率(%)	-4.9200	-14.8200	-4.7720	-5.5550
净资产收益率(扣除)(%)	-5.3386	-16.3470	-4.9183	-7.0838
总资产(万元)	219695.82	214698.66	236455.35	241496.66
归属母公司股东权益(万元)	108423.74	113984.99	125786.71	132089.49
营业收入(万元)	34338.80	92115.12	31921.12	104153.73
营业支出(万元)	33210.68	96179.59	34049.16	105036.59
投资收益(万元)	321.34	831.26	132.72	2216.11
净利润(万元)	-5471.49	-18234.65	-6152.43	-7605.18
营业利润(万元)	-5779.90	-18392.28	-6054.54	-9402.10
利润总额(万元)	-5463.16	-17943.56	-6031.05	-9605.07

上海梅林正广和股份有限公司

公司概况				
公司名称	上海梅林正广和股份有限公司		证券简称	上海梅林
法人代表	周海鸣	董秘 虞晓芳	证券代码	600073
公司网址	www.shanghaimaling.com		电子信箱	yuxf@shanghaimaling.com
电　话	021-22257000		传　真	021-22257100
办公地址	上海恒丰路601号(邮电大厦)			
经营范围	资产经营、电子商务、信息采集、信息加工、信息发布、经济信息服务等			

主要财务指标：指标\报告期	2014.06.30	2013.12.31	2013.06.30	2012.12.31
基本每股收益(元)	0.1020	0.1900	0.0920	0.1700
基本每股收益(扣除后)(元)	0.0920	0.1600	0.0850	0.1100
稀释每股收益(元)	0.1020	0.1900	0.0920	0.1700
每股净资产(元)	2.4493	2.4106	2.3096	2.5084
每股经营现金净流量(元)	0.1040	0.2516	-0.2190	0.0524
每股现金流量(元)	0.0596	0.2083	-0.0050	-0.1442
每股资本公积金(元)	1.1204	1.1236	1.1205	1.3308
每股盈余公积金(元)	0.0685	0.0685	0.0623	0.0685
每股未分配利润(元)	0.2707	0.2288	0.1379	0.1208
净资产收益率(%)	4.1624	7.8314	3.9707	7.4680
加权净资产收益率(%)	4.2000	8.0700	4.0000	7.5200
净资产收益率(扣除)(%)	3.7508	6.5142	3.6936	4.6651
总资产(万元)	547476.76	555936.25	540487.12	525708.14
归属母公司股东权益(万元)	201509.60	198325.24	190020.94	187614.29
营业收入(万元)	526620.68	1037648.14	483320.98	785227.71
营业支出(万元)	448402.90	891050.88	411936.21	672172.22
投资收益(万元)	1429.87	3219.37	1452.42	3451.04
净利润(万元)	8387.70	15531.71	7545.18	14011.10
营业利润(万元)	10610.86	16485.14	9643.77	11144.75
利润总额(万元)	11653.02	20413.37	10426.31	16853.95

江苏中达新材料集团股份有限公司

公司概况				
公司名称	江苏中达新材料集团股份有限公司		证券简称	中达股份
法人代表	童爱平	董秘 林硕奇	证券代码	600074
公司网址	www.jszdzm.com		电子信箱	frog73@yeah.net
电　话	0510-86686352		传　真	0510-86621021
办公地址	江苏省江阴市滨江西路589号亚包商务大厦			
经营范围	生产、销售双向拉伸聚酯薄膜、双向拉伸聚丙烯薄膜、聚乙烯薄膜等			

主要财务指标：指标\报告期	2014.06.30	2013.12.31	2013.06.30	2012.12.31
基本每股收益(元)	0.0320	0.2660	-0.0840	-0.5870
基本每股收益(扣除后)(元)	-0.0180	-0.6150	-0.0850	-0.7980
稀释每股收益(元)	0.0320	0.2660	-0.0840	-0.5870
每股净资产(元)	0.6967	0.1047	-0.3481	-0.2336
每股经营现金净流量(元)	0.0420	0.0239	0.0213	0.1356
每股现金流量(元)	0.0004	-0.0244	-0.0469	-0.1860
每股资本公积金(元)	0.5690	-0.0053	0.3321	0.3321
每股盈余公积金(元)	0.0548	0.0548	0.0742	0.0742
每股未分配利润(元)	-0.9271	-0.9447	-1.7545	-1.6400
净资产收益率(%)	4.6088	253.6572	-32.8862	-340.4176
加权净资产收益率(%)	5.4700	-	-	-460.0500
净资产收益率(扣除)(%)	-2.6372	-587.8185	32.9260	341.7431
总资产(万元)	97920.58	140313.52	208436.32	218868.75
归属母公司股东权益(万元)	62420.39	9381.30	-23020.22	-15449.75
营业收入(万元)	37367.48	140150.11	68034.00	174542.16
营业支出(万元)	32523.48	134515.79	64935.71	173538.76
投资收益(万元)	4422.00	-596.56	-607.74	3981.02
净利润(万元)	2876.81	23796.33	-7570.46	-52593.68
营业利润(万元)	3321.40	-76208.98	-9320.42	-58815.23
利润总额(万元)	3409.21	31330.28	-9307.01	-58595.78

新疆天业股份有限公司

公司概况						
公司名称	新疆天业股份有限公司			证券简称	*ST 新业	
法人代表	吴彬	董秘	李刚	证券代码	600075	
公司网址	www.xj-tianye.com		电子信箱	ygdq@sohu.com		
电　话	0993-2623118		传　真	0993-2623163		
办公地址	新疆维吾尔自治区石河子市经济技术开发区北三东路 36 号					
经营范围	化工产品、塑料制品的生产和销售，商贸，番茄制品加工，柠檬酸的生产和销售等					

主要财务指标 指标\报告期	2014.06.30	2013.12.31	2013.06.30	2012.12.31
基本每股收益(元)	0.0700	–0.4900	–0.1900	–0.1600
基本每股收益(扣除后)(元)	–0.2000	–0.5300	–0.2000	–0.2000
稀释每股收益(元)	0.0700	–0.4900	–0.1900	–0.1600
每股净资产(元)	3.5082	3.4262	3.7303	3.9169
每股经营现金净流量(元)	0.7441	0.9195	0.6698	0.2724
每股现金流量(元)	0.4439	–0.0996	–0.0174	0.2986
每股资本公积金(元)	0.5745	0.5644	0.5634	0.5634
每股盈余公积金(元)	0.4338	0.4338	0.4338	0.4338
每股未分配利润(元)	1.4999	1.4280	1.7331	1.9197
净资产收益率(%)	2.0501	–14.3522	–5.0017	–4.1512
加权净资产收益率(%)	2.0800	–13.3900	–4.8800	–4.0500
净资产收益率(扣除)(%)	–5.7398	–15.4340	–5.4500	–5.2192
总资产(万元)	520542.62	450254.94	441648.03	448334.68
归属母公司股东权益(万元)	153866.89	150271.05	163608.06	171791.25
营业收入(万元)	200356.44	394110.91	189177.29	405004.16
营业支出(万元)	178272.76	351808.16	167563.48	352537.28
投资收益(万元)	11299.77	–412.75	–23.95	94.94
净利润(万元)	3154.41	–21567.23	–8183.19	–7131.43
营业利润(万元)	2826.06	–22858.74	–8832.06	–5565.59
利润总额(万元)	3490.21	–21018.93	–8073.51	–3864.82

潍坊北大青鸟华光科技股份有限公司

公司概况						
公司名称	潍坊北大青鸟华光科技股份有限公司			证券简称	青鸟华光	
法人代表	李明春	董秘	刘世祯	证券代码	600076	
公司网址	www.hg.com.cn		电子信箱	liusz@hg.com.cn		
电　话	0536-2991601		传　真	0536-8865200		
办公地址	山东省潍坊市高新技术产业开发区北宫东街 6 号					
经营范围	通信类产品、计算机类产品、广电类产品、锂离子二次电池类产品的研发、生产和销售					

主要财务指标 指标\报告期	2014.06.30	2013.12.31	2013.06.30	2012.12.31
基本每股收益(元)	–0.0300	0.1400	–0.0300	–0.0100
基本每股收益(扣除后)(元)	–0.0300	–	–0.0300	–0.0400
稀释每股收益(元)	–0.0300	0.1400	–0.0300	–0.0100
每股净资产(元)	0.3485	0.3778	0.2062	0.2400
每股经营现金净流量(元)	–0.2969	–0.0931	–0.0044	–0.0371
每股现金流量(元)	–0.1191	0.1279	–0.0061	0.0135
每股资本公积金(元)	1.3336	1.3336	1.2167	1.3336
每股盈余公积金(元)	0.2290	0.2290	0.2290	0.2290
每股未分配利润(元)	–2.2141	–2.1848	–2.2394	–2.3274
净资产收益率(%)	–8.4015	37.7185	–14.0897	43.9100
加权净资产收益率(%)	–8.0600	46.4900	–13.1600	–10.5900
净资产收益率(扣除)(%)	–8.4108	–14.9828	–14.0978	–15.6013
总资产(万元)	61873.96	55833.39	44333.11	39404.80
归属母公司股东权益(万元)	12740.00	13810.34	7539.06	8601.29
营业收入(万元)	295.10	1366.75	220.10	1279.17
营业支出(万元)	196.48	1121.60	113.63	795.74
投资收益(万元)	–0.22	23.51	–36.86	–108.96
净利润(万元)	–1070.35	5209.05	–1062.23	–498.53
营业利润(万元)	–1341.57	–2775.69	–1365.32	–1497.97
利润总额(万元)	–1340.38	4505.27	–1364.71	–695.26

宋都基业投资股份有限公司

公司概况						
公司名称	宋都基业投资股份有限公司			证券简称	宋都股份	
法人代表	俞建午	董秘	龚睿	证券代码	600077	
公司网址	www.songdu.com		电子信箱	600077@songdu.com		
电　话	0571-86759621		传　真	0571-86056788		
办公地址	浙江省杭州市富春路 789 号宋都大厦 5 楼					
经营范围	实业投资、企业管理咨询等					

主要财务指标 指标\报告期	2014.06.30	2013.12.31	2013.06.30	2012.12.31
基本每股收益(元)	0.0150	0.3400	0.0280	0.3600
基本每股收益(扣除后)(元)	0.0260	0.3100	0.0250	0.3400
稀释每股收益(元)	0.0150	0.3400	0.0280	0.3600
每股净资产(元)	2.3512	2.3853	2.0569	2.0363
每股经营现金净流量(元)	–3.7352	–2.9260	–3.1084	12.7986
每股现金流量(元)	–0.2578	–1.3339	–5.7599	1.5845
每股资本公积金(元)	1.6584	1.7245	4.5366	4.0984
每股盈余公积金(元)	0.3169	0.3169	0.6885	0.6885
每股未分配利润(元)	8.1004	8.1951	14.6363	14.7237
净资产收益率(%)	0.6340	14.1489	1.3677	17.7153
加权净资产收益率(%)	0.6200	15.4600	1.3700	19.4900
净资产收益率(扣除)(%)	1.0977	12.9280	1.2169	16.8286
总资产(万元)	1273687.98	1132467.19	1050081.13	1069218.48
归属母公司股东权益(万元)	256507.18	260231.36	222371.92	218632.16
营业收入(万元)	137902.28	279129.48	25468.49	306258.59
营业支出(万元)	111526.91	185819.90	12542.33	175661.97
投资收益(万元)	–210.47	–512.87	–242.34	–922.86
净利润(万元)	1626.30	36819.83	3041.41	38731.34
营业利润(万元)	5372.54	51855.49	3433.92	60700.70
利润总额(万元)	3292.46	50851.73	3425.08	62566.37

江苏澄星磷化工股份有限公司

公司概况						
公司名称	江苏澄星磷化工股份有限公司			证券简称	澄星股份	
法人代表	李兴	董秘	夏正华	证券代码	600078	
公司网址	www.phosphatechina.com		电子信箱	cx@phosphatechina.com		
电　话	0510-80622329		传　真	0510-86281884		
办公地址	江苏省江阴市梅园大街 618 号					
经营范围	精细磷化工系列产品的生产和销售，自产化工原料和化工产品的进出口等					

主要财务指标 指标\报告期	2014.06.30	2013.12.31	2013.06.30	2012.12.31
基本每股收益(元)	0.0287	0.0360	0.0686	0.0420
基本每股收益(扣除后)(元)	0.0088	–0.0160	0.0075	0.0150
稀释每股收益(元)	0.0287	0.0360	0.0686	0.0490
每股净资产(元)	2.6608	2.6489	2.6779	2.6292
每股经营现金净流量(元)	0.3053	0.6187	1.5574	0.9449
每股现金流量(元)	0.2501	–0.4004	–0.3751	–0.7198
每股资本公积金(元)	0.5747	0.5768	0.5770	0.5770
每股盈余公积金(元)	0.1892	0.1892	0.1890	0.1890
每股未分配利润(元)	0.8810	0.8669	0.9002	0.8515
净资产收益率(%)	1.0774	1.3460	2.5633	1.5816
加权净资产收益率(%)	1.0800	1.3500	2.5700	1.5900
净资产收益率(扣除)(%)	0.3304	–0.6097	0.2793	0.5743
总资产(万元)	482617.43	488273.33	477695.76	580414.78
归属母公司股东权益(万元)	176298.13	175511.87	177427.71	174204.85
营业收入(万元)	122818.21	246019.04	122776.00	266149.46
营业支出(万元)	106873.51	212585.43	107243.47	221088.07
投资收益(万元)	–	–	–	–2.89
净利润(万元)	1899.51	2362.38	4548.01	2755.29
营业利润(万元)	1430.11	1804.62	–4.02	4032.20
利润总额(万元)	3401.71	5469.89	5460.81	6384.36

人福医药集团股份公司

公司概况					
公司名称	人福医药集团股份公司			证券简称	人福医药
法人代表	王学海	董秘	李前伦	证券代码	600079
公司网址	www.humanwell.com.cn		电子信箱	renfu.pr@renfu.com.cn	
电　话	027-87597232		传　真	027-87596393	
办公地址	湖北省武汉市东湖高新区高新大道666号				
经营范围	医药、医疗器械、生殖健康等产品及技术的研发、生产、销售及技术服务等				

主要财务指标 指标\报告期	2014.06.30	2013.12.31	2013.06.30	2012.12.31
基本每股收益(元)	0.4300	0.8300	0.4200	0.8200
基本每股收益(扣除后)(元)	0.4100	0.7800	0.4000	0.6700
稀释每股收益(元)	0.4300	0.8300	0.4200	0.8200
每股净资产(元)	8.6389	8.2118	6.4695	6.1250
每股经营现金净流量(元)	0.7885	0.9422	0.0296	0.3491
每股现金流量(元)	-0.1200	0.4718	0.9810	0.3601
每股资本公积金(元)	3.8662	3.8716	2.2183	2.2950
每股盈余公积金(元)	0.3162	0.3162	0.3241	0.3241
每股未分配利润(元)	3.4557	3.0229	2.9272	2.5075
净资产收益率(%)	5.0092	9.6213	6.4871	13.4329
加权净资产收益率(%)	5.1300	11.9200	6.6200	14.2700
净资产收益率(扣除)(%)	4.7657	9.1088	6.1993	10.9516
总资产(万元)	1050454.46	970700.50	933470.97	786125.75
归属母公司股东权益(万元)	456807.66	434223.60	319233.99	302235.91
营业收入(万元)	331450.32	601021.14	280711.35	531709.30
营业支出(万元)	193410.00	351485.58	160539.20	319892.20
投资收益(万元)	669.67	1727.94	996.48	5265.77
净利润(万元)	22882.29	41778.01	20709.00	40599.08
营业利润(万元)	40052.92	74344.53	37869.14	63112.67
利润总额(万元)	41682.95	76994.81	38993.77	69584.12

金花企业(集团)股份有限公司

公司概况					
公司名称	金花企业(集团)股份有限公司			证券简称	金花股份
法人代表	吴一坚	董秘	孙明	证券代码	600080
公司网址	www.ginwa.com.cn		电子信箱	irm@ginwa.com.cn	
电　话	029-88336635		传　真	029-81778626	
办公地址	陕西省西安市科技四路202号				
经营范围	医药保健品、金属材料、化工材料、化妆品、化学仪器、电子产品等				

主要财务指标 指标\报告期	2014.06.30	2013.12.31	2013.06.30	2012.12.31
基本每股收益(元)	0.0602	0.1493	0.0577	0.1450
基本每股收益(扣除后)(元)	0.0564	0.1286	0.0523	0.1292
稀释每股收益(元)	0.0602	0.1493	0.0577	0.1450
每股净资产(元)	3.3253	3.2650	3.2034	3.1457
每股经营现金净流量(元)	0.0447	0.1440	0.0296	0.0598
每股现金流量(元)	0.0795	0.0654	-0.0846	0.2919
每股资本公积金(元)	0.8274	0.8274	0.8274	0.8274
每股盈余公积金(元)	0.3184	0.3184	0.3021	0.3021
每股未分配利润(元)	1.1794	1.1192	1.0739	1.0162
净资产收益率(%)	1.8111	4.5741	1.8006	4.6081
加权净资产收益率(%)	1.8276	4.6600	1.8169	4.7200
净资产收益率(扣除)(%)	1.6961	3.9372	1.6341	4.1073
总资产(万元)	122099.02	118505.91	113548.73	112404.88
归属母公司股东权益(万元)	101518.83	99680.25	97797.61	96036.69
营业收入(万元)	27276.38	47109.96	20836.85	46019.40
营业支出(万元)	11542.26	18393.92	8642.02	22355.29
投资收益(万元)	51.67	205.27	53.33	49.00
净利润(万元)	1838.59	4559.44	1760.92	4425.50
营业利润(万元)	1705.71	3903.01	1789.19	4298.92
利润总额(万元)	1792.62	4457.10	1893.47	4864.59

东风电子科技股份有限公司

公司概况					
公司名称	东风电子科技股份有限公司			证券简称	东风科技
法人代表	高大林	董秘	天涯	证券代码	600081
公司网址	www.detc.com.cn		电子信箱	tianya@detc.com.cn	
电　话	021-62033003*52 53		传　真	021-62032133	
办公地址	上海市中山北路2000号22楼				
经营范围	研究、开发、采购、制造、销售汽车仪表系统、饰件系统、制动系统等				

主要财务指标 指标\报告期	2014.06.30	2013.12.31	2013.06.30	2012.12.31
基本每股收益(元)	0.3519	0.5457	0.3953	0.3090
基本每股收益(扣除后)(元)	0.2913	0.5375	0.3935	0.2886
稀释每股收益(元)	0.3519	0.5457	0.3953	0.3090
每股净资产(元)	2.8582	2.6723	2.5096	2.2986
每股经营现金净流量(元)	0.4830	0.7314	0.1379	0.9909
每股现金流量(元)	0.6298	0.0983	-0.1275	0.0519
每股资本公积金(元)	0.0486	0.0486	0.0329	0.0687
每股盈余公积金(元)	0.2757	0.2757	0.2410	0.2894
每股未分配利润(元)	1.5339	1.3481	1.2357	0.9405
净资产收益率(%)	12.3112	20.4196	15.7499	13.4438
加权净资产收益率(%)	12.3541	21.9664	15.8342	14.4210
净资产收益率(扣除)(%)	10.1916	20.1136	15.6798	12.5573
总资产(万元)	420280.99	263676.95	246814.96	185145.14
归属母公司股东权益(万元)	89622.44	83793.97	78691.29	72074.99
营业收入(万元)	246888.00	308269.77	155848.45	244882.42
营业支出(万元)	192487.25	253334.87	129086.38	199018.29
投资收益(万元)	5212.73	14891.34	8902.78	7344.32
净利润(万元)	11033.56	17110.43	12393.76	9689.61
营业利润(万元)	20953.29	24164.54	15603.09	17931.12
利润总额(万元)	21035.26	24253.45	15647.99	17748.48

天津海泰科技发展股份有限公司

公司概况					
公司名称	天津海泰科技发展股份有限公司			证券简称	海泰发展
法人代表	宋克新	董秘	李刚	证券代码	600082
公司网址	www.hitech-develop.com		电子信箱	quyang@hitech-develop.com	
电　话	022-85689891		传　真	022-85689889	
办公地址	天津市新技术产业园区华苑产业区海泰西路18号				
经营范围	高新技术企业孵化器建设和经营、创业孵化服务、高新技术产业开发、投资及管理等				

主要财务指标 指标\报告期	2014.06.30	2013.12.31	2013.06.30	2012.12.31
基本每股收益(元)	0.0200	0.0600	0.0500	0.0700
基本每股收益(扣除后)(元)	0.0100	0.0600	0.0400	0.0600
稀释每股收益(元)	0.0200	0.0600	0.0500	0.0700
每股净资产(元)	2.6635	2.6388	2.6215	2.5762
每股经营现金净流量(元)	-0.0826	-0.4181	-0.2191	-0.9141
每股现金流量(元)	0.0964	-0.3056	-0.3633	-0.7584
每股资本公积金(元)	0.6386	0.6386	0.6386	0.6386
每股盈余公积金(元)	0.1490	0.1490	0.1428	0.1428
每股未分配利润(元)	0.8760	0.8513	0.8401	0.7948
净资产收益率(%)	0.9268	2.3749	1.7288	2.5663
加权净资产收益率(%)	0.9300	2.4000	1.7400	2.5500
净资产收益率(扣除)(%)	0.2145	2.2162	1.6884	2.2705
总资产(万元)	337076.21	313498.44	268860.05	278845.03
归属母公司股东权益(万元)	172093.39	170498.36	169377.43	166449.23
营业收入(万元)	28089.22	86984.29	36583.49	83893.20
营业支出(万元)	23701.12	72633.96	28111.04	72152.17
投资收益(万元)	134.44	183.44	86.86	262.28
净利润(万元)	1595.03	4049.12	2928.20	4271.58
营业利润(万元)	655.99	5257.40	3890.03	5443.51
利润总额(万元)	2156.13	5434.61	3894.42	5837.74

广东博信投资控股股份有限公司

公司概况

公司名称	广东博信投资控股股份有限公司			证券简称	博信股份
法人代表	朱凤廉	董秘	栩振生	证券代码	600083
公司网址	www.600083.com		电子信箱	gdbx600083@163.com	
电　　话	0763-3663333		传　　真	0763-3663311	
办公地址	广东省清远市新城方正二街1号自来水大厦7楼				
经营范围	偏转线圈、金属漆包线、会聚磁组件等电子元器件的研究、开发、生产、销售等				

主要财务指标

指标\报告期	2014.06.30	2013.12.31	2013.06.30	2012.12.31
基本每股收益(元)	0.0090	0.0330	-0.0050	-0.0280
基本每股收益(扣除后)(元)	0.0090	0.0330	-0.0050	-0.0280
稀释每股收益(元)	0.0090	0.0330	-0.0050	-0.0280
每股净资产(元)	0.1485	0.1375	0.0950	0.1002
每股经营现金净流量(元)	-0.0279	0.5024	0.0007	0.0352
每股现金流量(元)	-0.0085	0.4821	-0.0009	0.0301
每股资本公积金(元)	0.4193	4.1928	0.4193	0.4193
每股盈余公积金(元)	-	-	-	-
每股未分配利润(元)	-1.2778	-12.8657	-1.3243	-1.3191
净资产收益率(%)	5.9286	23.6685	-5.4004	-27.5999
加权净资产收益率(%)	6.2000	27.9500	-5.2600	-24.2500
净资产收益率(扣除)(%)	5.9167	23.6454	-5.4004	-27.5734
总资产(万元)	9176.35	8801.85	5301.06	4420.11
归属母公司股东权益(万元)	3415.28	3162.43	2185.78	2303.83
营业收入(万元)	3366.21	8203.91	1796.49	1190.84
营业支出(万元)	2319.28	5865.71	1448.24	1179.08
投资收益(万元)	-	-	-	-
净利润(万元)	202.48	748.50	-118.04	-635.85
营业利润(万元)	541.62	1209.71	-79.33	-635.24
利润总额(万元)	542.36	1210.62	-79.33	-635.85

中信国安葡萄酒业股份有限公司

公司概况

公司名称	中信国安葡萄酒业股份有限公司			证券简称	中葡股份
法人代表	孙亚雷	董秘	张荣亮	证券代码	600084
公司网址	www.guoanwine.com		电子信箱	zhouyc1964@sina.cn	
电　　话	0991-8881238		传　　真	0991-8882439	
办公地址	新疆维吾尔自治区乌鲁木齐市红山路39号				
经营范围	农业综合开发、葡萄酒生产销售等				

主要财务指标

指标\报告期	2014.06.30	2013.12.31	2013.06.30	2012.12.31
基本每股收益(元)	-0.0971	0.0194	-0.0970	0.0123
基本每股收益(扣除后)(元)	-0.1261	-0.1173	-0.1060	-0.1056
稀释每股收益(元)	-0.0971	0.0194	-0.0970	0.0123
每股净资产(元)	1.0790	1.1761	1.0594	1.1568
每股经营现金净流量(元)	-0.1058	0.0349	-0.0888	-0.0767
每股现金流量(元)	-0.1678	-0.0406	-0.1736	0.0175
每股资本公积金(元)	1.9150	1.9150	1.9151	1.9151
每股盈余公积金(元)	0.1032	0.1032	0.1032	0.1032
每股未分配利润(元)	-1.9392	-1.8421	-1.9589	-1.8615
净资产收益率(%)	-8.9972	1.6512	-9.1937	1.0621
加权净资产收益率(%)	-8.6100	1.6650	-8.7900	1.0680
净资产收益率(扣除)(%)	-11.6893	-9.9730	-10.0029	-9.1251
总资产(万元)	280232.20	299265.31	263946.26	281008.32
归属母公司股东权益(万元)	87392.72	95255.58	85801.07	93689.35
营业收入(万元)	15413.48	55214.16	16119.37	61903.94
营业支出(万元)	7299.79	24563.59	8103.46	31891.71
投资收益(万元)	-13.27	-3468.61	-3455.34	4349.15
净利润(万元)	-7862.86	1572.88	-7888.28	995.06
营业利润(万元)	8581.83	-14234.06	-12899.43	-1514.00
利润总额(万元)	-8034.78	1338.78	-8540.88	1766.02

北京同仁堂股份有限公司

公司概况

公司名称	北京同仁堂股份有限公司			证券简称	同仁堂
法人代表	梅群	董秘	贾泽涛	证券代码	600085
公司网址	www.tongrentang.com		电子信箱	tongrentang@tongrentang.com	
电　　话	010-67020018		传　　真	010-67020018	
办公地址	北京市崇文区东兴隆街52号 北京市崇文门外大街42号				
经营范围	中药生产、科研、销售等				

主要财务指标

指标\报告期	2014.06.30	2013.12.31	2013.06.30	2012.12.31
基本每股收益(元)	0.3250	0.5030	0.2860	0.4380
基本每股收益(扣除后)(元)	0.3190	0.4850	0.2840	0.4250
稀释每股收益(元)	0.3140	0.4870	0.2750	0.4380
每股净资产(元)	3.9625	3.8273	3.1838	3.0353
每股经营现金净流量(元)	0.3781	0.5159	0.4980	0.6708
每股现金流量(元)	0.1854	0.9512	0.7244	1.1983
每股资本公积金(元)	0.8279	0.8273	0.3943	0.2925
每股盈余公积金(元)	0.3206	0.3207	0.2883	0.2883
每股未分配利润(元)	1.8337	1.7089	1.5376	1.5015
净资产收益率(%)	8.1995	13.0733	8.9862	14.3245
加权净资产收益率(%)	8.1300	14.9100	8.9000	15.5500
净资产收益率(扣除)(%)	8.0509	12.6215	8.9228	13.9113
总资产(万元)	1296892.33	1191190.00	1112244.78	968820.73
归属母公司股东权益(万元)	519533.01	501797.21	414565.66	397963.41
营业收入(万元)	518836.04	871464.74	476881.20	751676.07
营业支出(万元)	286594.11	497856.92	266157.11	421758.71
投资收益(万元)	277.87	388.47	399.34	775.29
净利润(万元)	42598.86	65601.37	37253.69	57006.07
营业利润(万元)	87250.07	126359.95	72705.73	104934.50
利润总额(万元)	87810.84	129580.94	73008.01	107648.79

东方金钰股份有限公司

公司概况

公司名称	东方金钰股份有限公司			证券简称	东方金钰
法人代表	赵兴龙	董秘	赵兴龙(代)	证券代码	600086
公司网址	www.goldjade.cn		电子信箱	600086@goldjade.cn	
电　　话	0755-25266298		传　　真	0755-25266279	
办公地址	广东省深圳市罗湖区贝丽北路水贝工业区2栋东方金钰珠宝大厦3楼				
经营范围	宝石及珠宝饰品的加工、批发、销售、翡翠原材料的批发销售等				

主要财务指标

指标\报告期	2014.06.30	2013.12.31	2013.06.30	2012.12.31
基本每股收益(元)	0.1964	0.4461	0.3715	0.4550
基本每股收益(扣除后)(元)	0.2067	0.2237	0.3158	0.4432
稀释每股收益(元)	0.1964	0.4461	0.3715	0.4550
每股净资产(元)	2.7305	2.5341	2.4595	2.0880
每股经营现金净流量(元)	1.2825	-0.9051	-0.9420	0.9642
每股现金流量(元)	-0.2115	0.0588	-0.1583	0.1141
每股资本公积金(元)	0.4750	0.4750	0.4750	0.4750
每股盈余公积金(元)	0.1032	0.1032	0.1032	0.1032
每股未分配利润(元)	1.1522	0.9559	0.8812	0.5097
净资产收益率(%)	7.1922	17.6048	15.1048	21.7937
加权净资产收益率(%)	7.4600	19.3000	16.3400	24.4600
净资产收益率(扣除)(%)	7.5718	8.8290	12.8409	21.2257
总资产(万元)	597877.29	517542.19	503023.48	493347.44
归属母公司股东权益(万元)	96190.25	89272.01	86643.13	73555.83
营业收入(万元)	249679.89	592802.36	442017.07	482696.51
营业支出(万元)	229867.20	570484.87	419934.78	441027.95
投资收益(万元)	3634.87	15291.55	6284.96	-3732.99
净利润(万元)	6918.24	15716.18	13087.30	16030.53
营业利润(万元)	8732.89	18620.63	17713.74	21322.40
利润总额(万元)	8673.69	18950.34	17224.15	21316.67

中视传媒股份有限公司

公司概况					
公司名称	中视传媒股份有限公司			证券简称	中视传媒
法人代表	梁晓涛	董秘	贺芳	证券代码	600088
公司网址	www.ctv-media.com.cn		电子信箱	irmanager@ctv-media.com.cn	
电　话	021-68765168		传　真	021-68763868	
办公地址	上海市浦东新区福山路450号新天国际大厦17层A座				
经营范围	影视拍摄基地开发、经营、影视拍摄[摄制电影(单片)]、电视剧节目制作等				

主要财务指标 指标\报告期	2014.06.30	2013.12.31	2013.06.30	2012.12.31
基本每股收益(元)	0.0800	0.2040	0.1260	0.1360
基本每股收益(扣除后)(元)	0.0800	0.1900	0.1240	0.1230
稀释每股收益(元)	0.0800	0.2040	0.1260	0.1360
每股净资产(元)	3.3580	3.3400	3.3027	3.1767
每股经营现金净流量(元)	–0.1888	–0.4366	–0.2304	–1.7409
每股现金流量(元)	–0.2763	–0.5875	–0.2885	–1.8869
每股资本公积金(元)	0.9653	0.9653	0.9653	0.9653
每股盈余公积金(元)	0.3653	0.3653	0.3477	0.3477
每股未分配利润(元)	1.0273	1.0094	0.9897	0.8637
净资产收益率(%)	2.3799	6.1186	3.8162	4.2945
加权净资产收益率(%)	2.3600	6.2600	3.8900	4.3400
净资产收益率(扣除)(%)	2.3763	5.6805	3.7661	3.8624
总资产(万元)	143390.94	153633.60	168087.03	185949.84
归属母公司股东权益(万元)	111289.99	110696.21	109459.13	105281.97
营业收入(万元)	31175.25	124032.51	52164.32	122864.78
营业支出(万元)	23967.80	105212.87	42718.18	109042.25
投资收益(万元)	–	–	–	–
净利润(万元)	2648.59	6773.07	4177.16	4521.34
营业利润(万元)	3534.20	9080.86	5676.09	5800.97
利润总额(万元)	3539.58	9742.46	5749.93	6437.83

特变电工股份有限公司

公司概况					
公司名称	特变电工股份有限公司			证券简称	特变电工
法人代表	张新	董秘	郭俊香	证券代码	600089
公司网址	www.tbea.com.cn		电子信箱	gjxtbea@tbea.com.cn	
电　话	0994-6508000		传　真	0994-2723615	
办公地址	新疆维吾尔自治区昌吉市北京南路189号				
经营范围	变压器、电线电缆以及输变电成套工程业务等				

主要财务指标 指标\报告期	2014.06.30	2013.12.31	2013.06.30	2012.12.31
基本每股收益(元)	0.2981	0.5040	0.2561	0.3721
基本每股收益(扣除后)(元)	0.2618	0.4171	0.2090	0.2718
稀释每股收益(元)	0.2981	0.5040	0.2561	0.3721
每股净资产(元)	5.9176	5.5402	5.2734	5.1800
每股经营现金净流量(元)	–0.5141	0.6753	–1.0150	0.7276
每股现金流量(元)	0.3346	–0.4107	–1.7840	0.1588
每股资本公积金(元)	2.4668	1.7969	1.7536	1.7886
每股盈余公积金(元)	0.2322	0.2789	0.2548	0.2548
每股未分配利润(元)	2.2472	2.5111	2.2871	2.1511
净资产收益率(%)	4.8970	9.0976	4.8556	7.1785
加权净资产收益率(%)	5.0700	9.4000	4.8419	7.3900
净资产收益率(扣除)(%)	4.2999	7.5285	3.9625	5.2447
总资产(万元)	5433832.92	5066018.33	4365947.12	4204476.38
归属母公司股东权益(万元)	1873449.28	1460143.35	1389838.63	1366062.39
营业收入(万元)	1707059.98	2917468.80	1150535.68	2032514.19
营业支出(万元)	1424278.46	2445462.95	950919.76	1689659.08
投资收益(万元)	–1725.34	6346.99	–	7848.43
净利润(万元)	91743.16	132837.58	67485.29	98063.21
营业利润(万元)	94081.32	129178.98	62557.11	75601.94
利润总额(万元)	108517.97	155364.64	76212.44	105490.58

新疆啤酒花股份有限公司

公司概况					
公司名称	新疆啤酒花股份有限公司			证券简称	啤酒花
法人代表	王克勤	董秘	唐伟梅	证券代码	600090
公司网址	www.xjhops.com		电子信箱	lichong@xjhops.com	
电　话	0991-3687305 3687319		传　真	0991-3687311	
办公地址	新疆维吾尔族自治区乌鲁木齐市经济技术开发区上海路130号				
经营范围	啤酒花、啤酒大麦、食品饮料、房地产开发、农副产品等				

主要财务指标 指标\报告期	2014.06.30	2013.12.31	2013.06.30	2012.12.31
基本每股收益(元)	0.0800	0.2910	0.2030	0.0390
基本每股收益(扣除后)(元)	0.0750	0.1550	0.0750	0.0490
稀释每股收益(元)	0.0800	0.2910	0.2030	0.0390
每股净资产(元)	1.5520	1.4720	1.3840	1.1808
每股经营现金净流量(元)	0.6641	0.5844	0.7923	0.5643
每股现金流量(元)	0.4485	0.2050	0.7873	0.0584
每股资本公积金(元)	1.0468	1.0468	1.0468	1.0468
每股盈余公积金(元)	0.1041	0.1041	0.1041	0.1041
每股未分配利润(元)	–0.5988	–0.6789	–0.7668	–0.9700
净资产收益率(%)	5.1591	19.7776	14.6816	3.2946
加权净资产收益率(%)	5.2960	21.9480	15.8450	3.3500
净资产收益率(扣除)(%)	4.8298	10.5409	5.4376	4.1268
总资产(万元)	138592.75	130359.90	140844.47	124769.11
归属母公司股东权益(万元)	57101.67	54155.72	50921.02	43445.00
营业收入(万元)	63127.92	130725.84	73890.62	125242.12
营业支出(万元)	38698.63	79339.41	45313.41	76202.43
投资收益(万元)	28.26	4496.95	4496.95	692.66
净利润(万元)	2945.95	10710.71	7476.02	1431.36
营业利润(万元)	7850.86	22112.07	12879.21	12868.13
利润总额(万元)	8224.48	23302.99	13377.55	12188.99

包头明天科技股份有限公司

公司概况					
公司名称	包头明天科技股份有限公司			证券简称	ST 明 科
法人代表	李国春	董秘	关明	证券代码	600091
公司网址	www.tomotech.com		电子信箱	600091@sina.com	
电　话	0472-2207068 2207058		传　真	0472-2207059	
办公地址	内蒙古自治区包头市稀土高新技术产业开发区曙光路22号				
经营范围	生产、销售烧碱、聚氯乙烯树脂、苯酚、盐酸、硫酸、氢氟酸、电石等化工产品				

主要财务指标 指标\报告期	2014.06.30	2013.12.31	2013.06.30	2012.12.31
基本每股收益(元)	–0.2300	–0.3300	–0.1500	0.0400
基本每股收益(扣除后)(元)	–0.2600	–0.3600	–0.1500	–0.3600
稀释每股收益(元)	–0.2300	–0.3300	–0.1500	0.0400
每股净资产(元)	1.1014	1.3330	1.5364	1.6610
每股经营现金净流量(元)	–0.0259	–0.2599	–0.1375	–0.2553
每股现金流量(元)	–0.0351	0.0184	–0.0597	0.0197
每股资本公积金(元)	3.6190	3.6190	3.6190	3.6190
每股盈余公积金(元)	0.1915	0.1915	0.1915	0.1915
每股未分配利润(元)	–3.7091	–3.4775	–3.2978	–3.1496
净资产收益率(%)	–21.0281	–24.5988	–9.6429	2.1198
加权净资产收益率(%)	–19.0300	–21.9000	–9.3400	2.1100
净资产收益率(扣除)(%)	–23.8561	–27.0899	–9.6490	–21.6436
总资产(万元)	126515.89	130792.54	131522.08	133629.55
归属母公司股东权益(万元)	37065.47	44857.67	51704.42	55895.36
营业收入(万元)	769.91	2552.90	1361.10	3173.59
营业支出(万元)	747.35	2360.74	1256.09	2713.80
投资收益(万元)	–2917.80	51.91	59.30	15177.18
净利润(万元)	–7794.15	–11034.44	–4985.82	1184.88
营业利润(万元)	–8842.37	–12151.90	–4988.98	–7.71
利润总额(万元)	–7794.15	–11034.44	–4985.82	1184.88

四川禾嘉股份有限公司

公司概况	公司名称	四川禾嘉股份有限公司		证券简称	禾嘉股份
	法人代表	冷天辉	董秘　徐德智	证券代码	600093
	公司网址	www.hejia.com		电子信箱	dmb@hejia.com
	电　话	028-85155498		传　真	028-85178855
	办公地址	四川省成都市高新技术产业开发区九兴大道3号			
	经营范围	投资及管理			

主要财务指标	指标\报告期	2014.06.30	2013.12.31	2013.06.30	2012.12.31
	基本每股收益(元)	0.0770	0.1600	0.0600	0.0620
	基本每股收益(扣除后)(元)	0.0760	0.1150	0.0350	0.0850
	稀释每股收益(元)	0.0770	0.1600	0.0600	0.0620
	每股净资产(元)	1.3913	1.3140	1.2133	1.1537
	每股经营现金净流量(元)	0.0834	0.1037	0.0465	0.2141
	每股现金流量(元)	-0.1322	0.4799	-0.0442	0.0833
	每股资本公积金(元)	0.1063	0.1063	0.1371	0.1371
	每股盈余公积金(元)	0.0413	0.0413	0.0413	0.0413
	每股未分配利润(元)	0.2437	0.1663	0.0349	-0.0247
	净资产收益率(%)	5.5572	12.2005	4.9114	5.3612
	加权净资产收益率(%)	5.7200	12.9900	5.0400	5.5100
	净资产收益率(扣除)(%)	5.4983	8.7420	2.8791	7.3717
	总资产(万元)	73098.55	70111.62	60949.54	69112.29
	归属母公司股东权益(万元)	44861.94	42368.90	39121.05	37199.66
	营业收入(万元)	20827.70	38849.29	20463.38	42726.01
	营业支出(万元)	14928.57	27557.33	14946.13	31264.05
	投资收益(万元)		1152.31	1245.52	
	净利润(万元)	2493.05	5169.23	1921.38	1994.34
	营业利润(万元)	3083.20	5779.10	2738.72	3564.26
	利润总额(万元)	3109.62	6461.34	2645.53	2837.56

上海大名城企业股份有限公司

公司概况	公司名称	上海大名城企业股份有限公司		证券简称	大名城
	法人代表	俞培俤	董秘　张燕琦	证券代码	600094
	公司网址	www.greattown.cn		电子信箱	dmc@greattown.cn
	电　话	021-62478900		传　真	021-62479099
	办公地址	上海市闵行区红松东路1116号上海虹桥元一大厦5楼			
	经营范围	房地产综合开发、建造、销售商品房、物业管理、物业租赁等			

主要财务指标	指标\报告期	2014.06.30	2013.12.31	2013.06.30	2012.12.31
	基本每股收益(元)	0.0565	0.1690	0.1378	0.1250
	基本每股收益(扣除后)(元)	0.0578	0.1497	0.1243	0.1230
	稀释每股收益(元)	0.0565	0.1690	0.1378	0.1250
	每股净资产(元)	1.7941	1.7376	1.7064	1.5686
	每股经营现金净流量(元)	-1.0102	-1.9852	-0.4708	-0.7317
	每股现金流量(元)	0.4173	0.3894	0.4399	0.2584
	每股资本公积金(元)	0.2724	0.2724	0.2724	0.2724
	每股盈余公积金(元)	0.1501	0.1501	0.1501	0.1501
	每股未分配利润(元)	0.3716	0.3150	0.2838	0.1460
	净资产收益率(%)	3.1510	9.7262	8.0758	7.9695
	加权净资产收益率(%)	3.2000	10.2200	8.4200	8.3000
	净资产收益率(扣除)(%)	3.2189	8.6135	7.2820	7.8403
	总资产(万元)	2001766.75	1508641.30	1292809.60	1038549.14
	归属母公司股东权益(万元)	271187.84	262642.84	257927.53	237097.75
	营业收入(万元)	113207.31	293989.32	139688.68	167645.01
	营业支出(万元)	55032.90	159137.33	65562.86	88896.77
	投资收益(万元)	10.85	7591.54	6480.45	300.46
	净利润(万元)	8545.00	25545.09	20829.78	18895.55
	营业利润(万元)	19719.01	59985.94	43072.14	34245.65
	利润总额(万元)	19327.15	57687.87	41367.83	33962.96

哈尔滨高科技(集团)股份有限公司

公司概况	公司名称	哈尔滨高科技(集团)股份有限公司		证券简称	哈高科
	法人代表	杨登瑞	董秘　马昆	证券代码	600095
	公司网址	www.hgk-group.com		电子信箱	mkn@hgk-group.com
	电　话	0451-84348141 84346722		传　真	0451-84348057 84346722
	办公地址	黑龙江省哈尔滨市高新技术产业开发区迎宾路集中区天平路2号			
	经营范围	大豆深加工、药业、房地产开发等			

主要财务指标	指标\报告期	2014.06.30	2013.12.31	2013.06.30	2012.12.31
	基本每股收益(元)	-0.0029	0.0918	-0.0703	0.0678
	基本每股收益(扣除后)(元)	-0.0052	0.0584	-0.0701	-0.0709
	稀释每股收益(元)	-0.0029	0.0918	-0.0703	0.0678
	每股净资产(元)	1.9151	1.9470	1.7992	1.8685
	每股经营现金净流量(元)	0.0318	0.3803	0.0891	0.1414
	每股现金流量(元)	-0.1354	-0.3782	-0.5359	0.5334
	每股资本公积金(元)	0.7565	0.7576	0.7718	0.7709
	每股盈余公积金(元)	0.1003	0.1003	0.1003	0.1003
	每股未分配利润(元)	0.0582	0.0891	-0.0730	-0.0027
	净资产收益率(%)	-0.1507	4.7131	-3.9050	3.6287
	加权净资产收益率(%)	-0.1500	4.8100	-3.8300	3.7300
	净资产收益率(扣除)(%)	-0.2663	2.9997	-3.8961	-3.7941
	总资产(万元)	128209.48	144302.39	147808.24	155344.59
	归属母公司股东权益(万元)	69183.95	70337.96	64997.07	67503.38
	营业收入(万元)	28559.09	55276.01	10334.91	32360.70
	营业支出(万元)	19628.55	37086.93	8281.42	26995.62
	投资收益(万元)	-98.29	1876.86	2038.83	7502.79
	净利润(万元)	-104.26	3315.08	-2538.11	2449.47
	营业利润(万元)	-52.82	5561.33	-2835.28	1417.08
	利润总额(万元)	57.92	5854.06	-2842.98	1663.44

云南云天化股份有限公司

公司概况	公司名称	云南云天化股份有限公司		证券简称	云天化
	法人代表	他盛华	董秘　冯驰	证券代码	600096
	公司网址	www.yyth.com.cn		电子信箱	ythfc@yyth.com.cn
	电　话	0871-66242239		传　真	0871-64318015
	办公地址	云南省昆明市滇池路1417号			
	经营范围	化肥、化工原料、新材料、新能源及产品的研发、生产、销售			

主要财务指标	指标\报告期	2014.06.30	2013.12.31	2013.06.30	2012.12.31
	基本每股收益(元)	-0.8507	0.3795	-0.3153	0.1279
	基本每股收益(扣除后)(元)	-1.0095	-1.1262	-0.5129	-0.7862
	稀释每股收益(元)	-0.8507	0.3795	-0.3153	0.1279
	每股净资产(元)	6.3379	7.2749	7.1422	7.5028
	每股经营现金净流量(元)	-0.3160	-2.1561	-1.0858	3.9735
	每股现金流量(元)	1.9893	-0.7856	-0.2105	-2.3682
	每股资本公积金(元)	3.6155	3.6157	4.9733	11.4825
	每股盈余公积金(元)	1.2084	1.2084	0.7598	1.8279
	每股未分配利润(元)	0.4051	1.3558	0.3047	1.5031
	净资产收益率(%)	-13.4225	7.2160	-4.4146	-10.1392
	加权净资产收益率(%)	-12.4100	4.9800	-4.6500	1.6500
	净资产收益率(扣除)(%)	-15.9273	-17.8067	-4.3838	-10.4784
	总资产(万元)	7261750.04	6566861.97	7436867.26	7090285.11
	归属母公司股东权益(万元)	715602.74	821389.17	1191788.34	1117292.26
	营业收入(万元)	2356487.66	5589623.59	2606956.42	5871309.96
	营业支出(万元)	2138557.72	4871510.69	2264941.58	5044684.15
	投资收益(万元)	3532.24	170091.44	-5705.47	2539.93
	净利润(万元)	-96052.09	59271.05	-52612.17	18965.87
	营业利润(万元)	-111181.05	57966.42	-59929.26	47150.45
	利润总额(万元)	-93611.27	93350.36	-54928.66	64578.78

上海开创国际海洋资源股份有限公司

公司概况	公司名称	上海开创国际海洋资源股份有限公司			证券简称	开创国际
	法人代表	汤期庆	董秘	汪涛	证券代码	600097
	公司网址	www.skmic.sh.cn		电子信箱	ir@skmic.sh.cn	
	电话	021-65686875 65690310		传真	021-65696280	
	办公地址	上海市杨浦区共青路 448 号				
	经营范围	远洋捕捞、食品销售管理、渔用设备、产品销售等				

主要财务指标	指标\报告期	2014.06.30	2013.12.31	2013.06.30	2012.12.31
	基本每股收益(元)	0.1900	0.5100	0.3200	0.6400
	基本每股收益(扣除后)(元)	0.1800	0.5000	0.2800	0.5100
	稀释每股收益(元)	0.1900	0.5100	0.3200	0.6400
	每股净资产(元)	4.2035	4.2062	4.0293	3.9281
	每股经营现金净流量(元)	0.0402	0.4494	0.2196	0.7872
	每股现金流量(元)	0.0514	-0.0494	0.0273	0.0857
	每股资本公积金(元)	0.0622	0.0622	0.0622	0.0622
	每股盈余公积金(元)	0.1477	0.1477	0.1308	0.1308
	每股未分配利润(元)	0.8997	0.9061	0.8310	0.7704
	净资产收益率(%)	4.4509	12.0991	8.0110	16.1817
	加权净资产收益率(%)	4.3800	12.5600	7.9100	17.4400
	净资产收益率(扣除)(%)	4.3863	11.7862	6.8660	12.9533
	总资产(万元)	138318.17	129990.96	150098.10	132105.32
	归属母公司股东权益(万元)	85161.12	85217.56	81632.36	79582.49
	营业收入(万元)	42499.33	81556.01	42220.38	81981.89
	营业支出(万元)	37562.62	69867.48	40067.73	72024.56
	投资收益(万元)	-	-	-	-
	净利润(万元)	3790.43	10310.60	6539.58	12877.82
	营业利润(万元)	-5334.05	-6755.55	-4283.41	-8545.38
	利润总额(万元)	3790.43	10310.60	6539.58	12939.72

广州发展集团股份有限公司

公司概况	公司名称	广州发展集团股份有限公司			证券简称	广州发展
	法人代表	伍竹林	董秘	张雪球	证券代码	600098
	公司网址	www.gdih.cn		电子信箱	600098@gdgc.com.cn	
	电话	020-37850968 37850978		传真	020-37850938	
	办公地址	广东省广州市天河区珠江新城临江大道 3 号发展中心 28-30 楼				
	经营范围	电力、能源物流、基建等产业的投资、建设、生产管理和经营业务等				

主要财务指标	指标\报告期	2014.06.30	2013.12.31	2013.06.30	2012.12.31
	基本每股收益(元)	0.2351	0.3749	0.1916	0.3429
	基本每股收益(扣除后)(元)	0.2225	0.3553	0.1909	0.2684
	稀释每股收益(元)	0.2351	0.3749	0.1916	0.3429
	每股净资产(元)	4.9456	4.8835	4.7031	4.6715
	每股经营现金净流量(元)	0.5492	0.9993	0.5075	1.1054
	每股现金流量(元)	-0.1996	-0.0700	-0.3489	0.5832
	每股资本公积金(元)	1.3928	1.3883	1.3906	1.3927
	每股盈余公积金(元)	0.9373	0.9373	0.9279	0.9279
	每股未分配利润(元)	1.6367	1.5508	1.3769	1.3453
	净资产收益率(%)	4.7532	7.6767	4.0749	6.8119
	加权净资产收益率(%)	4.7000	7.8500	4.0200	7.0500
	净资产收益率(扣除)(%)	4.4985	7.2749	4.0590	5.3319
	总资产(万元)	3352101.14	3373244.10	3235750.53	3269182.28
	归属母公司股东权益(万元)	1356188.08	1339172.26	1289683.12	1281027.13
	营业收入(万元)	904660.54	1662845.15	777430.06	1516446.59
	营业支出(万元)	753367.01	1368472.56	627315.69	1263970.29
	投资收益(万元)	30251.06	50555.51	19795.65	41728.11
	净利润(万元)	64462.66	102804.29	52553.55	87262.71
	营业利润(万元)	104033.11	188037.39	96240.65	147790.32
	利润总额(万元)	109663.55	190437.42	96737.07	147816.99

林海股份有限公司

公司概况	公司名称	林海股份有限公司			证券简称	林海股份
	法人代表	刘群	董秘	袁瑞明(代)	证券代码	600099
	公司网址	www.linhai.cn		电子信箱	luzhonghua6551888@hotmail.com	
	电话	0523-86992109 86568091		传真	0523-86551403	
	办公地址	江苏省泰州市迎春西路 199 号				
	经营范围	林业及园林动力机械、农业机械、喷灌机械、木材采运设备等				

主要财务指标	指标\报告期	2014.06.30	2013.12.31	2013.06.30	2012.12.31
	基本每股收益(元)	0.0069	0.0018	0.0016	0.0022
	基本每股收益(扣除后)(元)	0.0069	-0.0245	0.0016	-0.0488
	稀释每股收益(元)	0.0069	0.0018	0.0016	0.0022
	每股净资产(元)	2.1869	2.1800	2.1797	2.1781
	每股经营现金净流量(元)	-0.0992	-0.1105	-0.1213	0.0029
	每股现金流量(元)	-0.1053	-0.1621	-0.1412	-0.1108
	每股资本公积金(元)	0.9100	0.9100	0.9100	0.9100
	每股盈余公积金(元)	0.1135	0.1135	0.1134	0.1134
	每股未分配利润(元)	0.1633	0.1565	0.1562	0.1547
	净资产收益率(%)	0.3150	0.0841	0.0715	0.1032
	加权净资产收益率(%)	0.3160	0.0840	0.0720	0.1030
	净资产收益率(扣除)(%)	0.3147	-1.1227	0.0714	-2.2418
	总资产(万元)	58462.94	54198.81	52892.51	52706.78
	归属母公司股东权益(万元)	47918.32	47767.37	47761.35	47727.18
	营业收入(万元)	16646.05	28036.87	10062.41	21959.56
	营业支出(万元)	14642.89	25101.95	9026.89	20182.42
	投资收益(万元)	-	-11.06	-	-2.98
	净利润(万元)	150.96	40.19	34.17	49.24
	营业利润(万元)	178.03	-542.93	28.52	-1069.43
	利润总额(万元)	178.22	68.60	28.58	51.33

同方股份有限公司

公司概况	公司名称	同方股份有限公司			证券简称	同方股份
	法人代表	陆致成	董秘	孙岷	证券代码	600100
	公司网址	www.thtf.com.cn		电子信箱	600100@thtf.com.cn	
	电话	010-82399888		传真	010-82399765	
	办公地址	北京市海淀区清华同方科技大厦 A 座 29 层				
	经营范围	计算机产品、商品销售、网络、软件、系统集成与信息服务等				

主要财务指标	指标\报告期	2014.06.30	2013.12.31	2013.06.30	2012.12.31
	基本每股收益(元)	0.0191	0.3262	0.2151	0.3090
	基本每股收益(扣除后)(元)	0.0567	0.0785	0.0157	0.0915
	稀释每股收益(元)	0.0191	0.3262	0.2151	0.3090
	每股净资产(元)	4.7813	4.8715	4.7005	4.6211
	每股经营现金净流量(元)	-0.2749	0.3929	-0.4475	0.3619
	每股现金流量(元)	-0.2951	0.5864	-0.2765	0.3062
	每股资本公积金(元)	2.1834	2.1933	1.9902	2.0072
	每股盈余公积金(元)	0.3106	0.3106	0.3085	0.3088
	每股未分配利润(元)	1.3077	1.3886	1.4253	1.3241
	净资产收益率(%)	0.3990	6.3225	4.5770	6.6690
	加权净资产收益率(%)	0.3900	6.9400	4.5300	6.9900
	净资产收益率(扣除)(%)	1.1850	1.5210	-	2.0076
	总资产(万元)	4391726.01	4256758.68	3532170.98	3755183.02
	归属母公司股东权益(万元)	1050880.67	1070708.08	934309.82	918537.36
	营业收入(万元)	986652.89	2265014.41	971131.89	2286656.65
	营业支出(万元)	781741.93	1838429.99	796048.85	1898504.36
	投资收益(万元)	25103.15	115169.30	73691.43	52445.49
	净利润(万元)	4192.64	67695.12	42757.46	61421.69
	营业利润(万元)	8358.20	134361.02	69999.39	70692.13
	利润总额(万元)	22768.04	131599.50	66144.57	110208.47

四川明星电力股份有限公司

公司概况						
	公司名称	四川明星电力股份有限公司			证券简称	明星电力
	法人代表	秦怀平	董秘	唐敏	证券代码	600101
	公司网址	www.mxdl.com.cn		电子信箱	tangmin_law@vip.126.com	
	电　　话	0825-2210081		传　　真	0825-2210089	
	办公地址	四川省遂宁市开发区明月路 88 号				
	经营范围	电力、热力生产供应、送变电工程、线路、设备安装、施工、批发等				

主要财务指标	指标\报告期	2014.06.30	2013.12.31	2013.06.30	2012.12.31
	基本每股收益(元)	0.1650	0.5100	0.4760	0.3400
	基本每股收益(扣除后)(元)	0.1590	0.2293	0.1500	0.3000
	稀释每股收益(元)	0.1650	0.5100	0.4760	0.3400
	每股净资产(元)	5.5226	5.3569	5.3704	4.8900
	每股经营现金净流量(元)	0.1653	0.4952	0.1431	0.6129
	每股现金流量(元)	−0.0461	0.2959	0.3924	0.1659
	每股资本公积金(元)	1.4143	1.4143	1.4143	1.4143
	每股盈余公积金(元)	0.2799	0.2799	0.2303	0.2303
	每股未分配利润(元)	2.8171	2.6516	2.7193	2.2430
	净资产收益率(%)	2.9968	9.4855	8.8677	6.9659
	加权净资产收益率(%)	3.0400	9.9000	9.2800	7.1800
	净资产收益率(扣除)(%)	2.8848	11.9874	2.7851	6.0758
	总资产(万元)	263507.51	256510.94	269673.27	255075.23
	归属母公司股东权益(万元)	179029.61	173658.71	174096.35	158619.75
	营业收入(万元)	56576.92	108072.98	48803.07	90826.08
	营业支出(万元)	45697.63	86415.90	39172.24	67081.06
	投资收益(万元)	1172.00	14996.78	13952.88	2124.07
	净利润(万元)	5365.12	16472.38	15438.31	11049.37
	营业利润(万元)	5620.47	18928.74	17831.54	11139.81
	利润总额(万元)	5820.88	18439.72	17888.84	12259.91

福建省青山纸业股份有限公司

公司概况						
	公司名称	福建省青山纸业股份有限公司			证券简称	青山纸业
	法人代表	潘士颖	董秘	林建平	证券代码	600103
	公司网址	www.qingshanpaper.com		电子信箱	dm@qingshanpaper.com	
	电　　话	0591-83367773		传　　真	0591-87110973	
	办公地址	福建省沙县青州镇				
	经营范围	纸袋纸系列产品及副产品、高强牛皮卡纸、精制牛皮纸、高强瓦楞纸等				

主要财务指标	指标\报告期	2014.06.30	2013.12.31	2013.06.30	2012.12.31
	基本每股收益(元)	0.0303	0.0162	−0.0591	−0.3014
	基本每股收益(扣除后)(元)	−0.1150	−0.1451	−0.0936	−0.3508
	稀释每股收益(元)	0.0303	0.0162	−0.0591	−0.3014
	每股净资产(元)	1.1759	1.2663	1.2047	1.2956
	每股经营现金净流量(元)	0.0086	0.0738	−0.0524	−0.1205
	每股现金流量(元)	−0.0118	−0.0205	0.0340	−0.0814
	每股资本公积金(元)	0.0070	0.1278	0.1415	0.1733
	每股盈余公积金(元)	0.1927	0.1927	0.1927	0.1927
	每股未分配利润(元)	−0.0238	−0.0541	−0.1295	−0.0704
	净资产收益率(%)	2.5762	1.2822	−4.9088	−23.2665
	加权净资产收益率(%)	2.4500	1.2600	−4.7300	−21.2600
	净资产收益率(扣除)(%)	−9.7783	−11.4595	−7.7665	−27.0762
	总资产(万元)	356033.40	362098.72	368436.56	352141.39
	归属母公司股东权益(万元)	124861.63	134464.54	127917.68	137572.53
	营业收入(万元)	87099.72	180920.50	92930.44	171949.07
	营业支出(万元)	77214.58	159777.06	83809.99	156194.00
	投资收益(万元)	16112.62	9758.63	3459.97	6400.83
	净利润(万元)	3216.67	1724.16	−6279.24	−32008.37
	营业利润(万元)	5445.68	−1985.88	−5239.50	−30043.75
	利润总额(万元)	4740.04	3950.49	−5083.14	−30759.39

上海汽车集团股份有限公司

公司概况						
	公司名称	上海汽车集团股份有限公司			证券简称	上汽集团
	法人代表	陈虹	董秘	王剑璋	证券代码	600104
	公司网址	www.saicmotor.com		电子信箱	saicmotor@saic.com.cn	
	电　　话	021-22011138		传　　真	021-22011777	
	办公地址	上海市静安区威海路 489 号				
	经营范围	汽车,摩托车,拖拉机等各种机动车整车,机械设备,总成及零部件的生产、销售等				

主要财务指标	指标\报告期	2014.06.30	2013.12.31	2013.06.30	2012.12.31
	基本每股收益(元)	1.2310	2.2500	1.0400	1.8820
	基本每股收益(扣除后)(元)	1.2060	2.0660	1.0060	1.8570
	稀释每股收益(元)	–	–	–	–
	每股净资产(元)	12.5052	12.4943	11.4422	11.0958
	每股经营现金净流量(元)	0.4924	1.8686	0.5280	1.7769
	每股现金流量(元)	0.2749	2.4924	2.6250	−1.1545
	每股资本公积金(元)	3.8324	3.8409	3.9917	4.0693
	每股盈余公积金(元)	1.6134	1.6134	1.2974	1.2974
	每股未分配利润(元)	6.0462	6.0275	5.1421	4.7144
	净资产收益率(%)	9.8444	18.0053	9.0889	16.9627
	加权净资产收益率(%)	9.4000	19.0700	9.0700	18.5200
	净资产收益率(扣除)(%)	9.6406	16.5366	8.3924	16.8838
	总资产(万元)	37354255.42	37364074.08	32585015.76	31720299.90
	归属母公司股东权益(万元)	13787648.43	13775723.86	12615632.23	12233736.74
	营业收入(万元)	31826170.67	56334567.24	27942508.88	47843257.63
	营业支出(万元)	28130585.45	49098848.21	24911674.29	40056359.67
	投资收益(万元)	1485066.01	2545641.68	1362265.85	1542934.12
	净利润(万元)	1357307.06	2480362.63	1146619.65	2075176.33
	营业利润(万元)	2205667.76	4017911.49	1928119.99	3933958.98
	利润总额(万元)	2244672.66	4149299.77	1974681.88	4015636.50

江苏永鼎股份有限公司

公司概况						
	公司名称	江苏永鼎股份有限公司			证券简称	永鼎股份
	法人代表	莫林弟	董秘	彭勇泉	证券代码	600105
	公司网址	www.yongding.com.cn		电子信箱	zqb@yongding.com.cn	
	电　　话	0512-63272489		传　　真	0512-63271866	
	办公地址	江苏省苏州市吴江区芦墟镇 318 国道 72K 北侧				
	经营范围	光缆、电缆的生产和销售、房地产开发和销售、境外工程承揽与施工等				

主要财务指标	指标\报告期	2014.06.30	2013.12.31	2013.06.30	2012.12.31
	基本每股收益(元)	0.2880	0.4700	0.0370	0.0300
	基本每股收益(扣除后)(元)	−0.0060	0.0600	0.0030	−0.1400
	稀释每股收益(元)	0.2880	0.4700	0.0370	0.0300
	每股净资产(元)	4.1717	4.0839	3.6820	3.7128
	每股经营现金净流量(元)	−0.1702	0.1660	0.1471	0.2379
	每股现金流量(元)	−0.1282	−0.0396	−0.2814	0.3203
	每股资本公积金(元)	1.2126	1.2126	1.2124	1.2124
	每股盈余公积金(元)	0.5511	0.5511	0.4873	0.4873
	每股未分配利润(元)	1.4080	1.3202	0.9823	1.0131
	净资产收益率(%)	6.8973	11.5321	1.0100	0.8018
	加权净资产收益率(%)	6.9700	12.0800	1.0000	0.8100
	净资产收益率(扣除)(%)	−0.1405	1.5861	0.0800	−3.8045
	总资产(万元)	248025.82	273047.43	382576.61	381341.66
	归属母公司股东权益(万元)	158921.00	155578.79	140268.31	141441.07
	营业收入(万元)	69365.45	113859.34	45868.33	137054.03
	营业支出(万元)	56184.82	93118.51	37990.97	118699.81
	投资收益(万元)	7221.00	8826.81	159.12	3214.64
	净利润(万元)	10961.30	17941.44	1415.33	1134.12
	营业利润(万元)	14082.57	18626.28	−2409.59	94.58
	利润总额(万元)	16657.12	19587.41	−1090.20	3290.91

重庆路桥股份有限公司

公司概况					
公司名称	重庆路桥股份有限公司			证券简称	重庆路桥
法人代表	江津	董秘	张漫	证券代码	600106
公司网址	www.cqrb.com.cn		电子信箱	cqrb@cqrb.com.cn	
电　话	023-62803632		传　真	023-62909387	
办公地址	重庆市南坪经济技术开发区丹龙路11号				
经营范围	长江石板坡大桥,嘉陵江石门大桥,嘉华嘉陵江大桥,长寿湖旅游专用高速公路经营,维护等				

主要财务指标：指标\报告期	2014.06.30	2013.12.31	2013.06.30	2012.12.31
基本每股收益(元)	0.1569	0.3024	0.1270	0.2564
基本每股收益(扣除后)(元)	0.1439	0.2293	0.1191	0.1846
稀释每股收益(元)	0.1569	0.3024	0.1270	0.2564
每股净资产(元)	2.5641	2.4981	2.3228	2.2758
每股经营现金净流量(元)	0.1185	0.2801	0.1096	0.2525
每股现金流量(元)	−0.0413	0.6327	0.5812	−0.6178
每股资本公积金(元)	0.0598	0.0598	0.0598	0.0598
每股盈余公积金(元)	0.2955	0.2955	0.2652	0.2652
每股未分配利润(元)	1.2088	1.1429	0.9978	0.9508
净资产收益率(%)	6.1207	12.1033	5.4682	11.2663
加权净资产收益率(%)	6.1600	12.7400	5.4600	11.8200
净资产收益率(扣除)(%)	5.6112	9.1800	5.1258	8.1136
总资产(万元)	567065.09	581335.67	572049.41	536565.54
归属母公司股东权益(万元)	232751.71	226766.14	210849.56	206581.84
营业收入(万元)	16732.84	33469.72	15978.24	32184.60
营业支出(万元)	1737.67	3626.94	1604.74	3594.78
投资收益(万元)	10398.72	22876.26	9112.45	18184.97
净利润(万元)	14246.03	27446.24	11529.66	23274.15
营业利润(万元)	15108.28	29885.27	11892.91	24325.35
利润总额(万元)	15121.59	30212.12	11893.13	24513.53

湖北美尔雅股份有限公司

公司概况					
公司名称	湖北美尔雅股份有限公司			证券简称	美尔雅
法人代表	杨闻孙	董秘	王黎	证券代码	600107
公司网址	www.mailyard.com.cn		电子信箱	gufen@mailyard.com.cn	
电　话	0714-6360298 6360238		传　真	0714-6360219	
办公地址	湖北省黄石市团城山开发区美尔雅工业园				
经营范围	精毛纺织制品、服装及辅料制造、加工和销售,兼营酒店业等				

主要财务指标：指标\报告期	2014.06.30	2013.12.31	2013.06.30	2012.12.31
基本每股收益(元)	0.0020	0.0300	0.0530	0.0400
基本每股收益(扣除后)(元)	0.0020	−0.0500	−0.0086	0.0300
稀释每股收益(元)	0.0020	0.0300	0.0530	0.0400
每股净资产(元)	1.4780	1.4762	1.4963	1.4438
每股经营现金净流量(元)	−0.0699	0.0405	0.1650	0.3803
每股现金流量(元)	−0.0366	−0.1341	0.0329	0.5818
每股资本公积金(元)	0.4430	0.4430	0.4430	0.4430
每股盈余公积金(元)	0.0674	0.0674	0.0674	0.0674
每股未分配利润(元)	−0.0324	−0.0342	−0.0141	−0.0666
净资产收益率(%)	0.1210	2.1961	3.5100	3.0044
加权净资产收益率(%)	0.1200	2.2200	3.5700	3.0500
净资产收益率(扣除)(%)	0.1316	−3.4708	−0.5735	2.2770
总资产(万元)	241571.86	250828.17	264396.84	256350.34
归属母公司股东权益(万元)	53208.54	53144.17	53867.81	51977.05
营业收入(万元)	23237.42	55035.39	26420.55	48851.17
营业支出(万元)	12890.18	33025.14	15170.82	27491.81
投资收益(万元)	194.41	92.60	97.63	1131.62
净利润(万元)	64.36	1167.12	1890.76	1561.62
营业利润(万元)	670.38	1059.77	188.62	5747.72
利润总额(万元)	678.19	3822.63	2405.35	5738.05

甘肃亚盛实业(集团)股份有限公司

公司概况					
公司名称	甘肃亚盛实业(集团)股份有限公司			证券简称	亚盛集团
法人代表	杨树军	董秘	符继军	证券代码	600108
公司网址	www.yasheng.com.cn		电子信箱	ysjtdshbgs@163.com	
电　话	0931-8857057		传　真	0931-8857182	
办公地址	兰州市城关区雁兴路21号				
经营范围	高科技农业新技术,新品种开发,加工,生产等				

主要财务指标：指标\报告期	2014.06.30	2013.12.31	2013.06.30	2012.12.31
基本每股收益(元)	0.0581	0.1954	0.0676	0.2413
基本每股收益(扣除后)(元)	0.0544	0.1656	0.0641	0.1875
稀释每股收益(元)	0.0581	0.1954	0.0676	0.2413
每股净资产(元)	2.2571	2.3959	2.2468	2.2151
每股经营现金净流量(元)	0.0672	0.1922	0.0629	0.2039
每股现金流量(元)	0.3056	0.0921	−0.0946	0.2237
每股资本公积金(元)	0.3290	0.6128	0.5335	0.5435
每股盈余公积金(元)	0.1418	0.1418	0.1201	0.1201
每股未分配利润(元)	0.7863	0.7482	0.5932	0.5515
净资产收益率(%)	2.5755	8.1558	2.9657	10.4997
加权净资产收益率(%)	2.3100	8.4100	2.9800	12.2400
净资产收益率(扣除)(%)	2.4102	6.9123	2.7811	8.1608
总资产(万元)	746999.37	682037.25	606879.36	611502.60
归属母公司股东权益(万元)	439435.86	487251.70	437433.62	431261.86
营业收入(万元)	84846.67	233683.72	90025.69	224605.74
营业支出(万元)	62242.19	177252.29	67226.29	167250.41
投资收益(万元)	436.10	258.33	143.02	−53.97
净利润(万元)	11317.54	38043.69	13154.49	45281.33
营业利润(万元)	11224.44	32941.80	12566.80	36507.18
利润总额(万元)	11608.80	37983.65	13438.92	46101.50

国金证券股份有限公司

公司概况					
公司名称	国金证券股份有限公司			证券简称	国金证券
法人代表	冉云	董秘	周洪刚	证券代码	600109
公司网址	www.gjzq.com.cn		电子信箱	liubx@gjzq.com.cn	
电　话	028-86690021 86690206		传　真	028-86695681	
办公地址	四川省成都市青羊区东城根上街95号成证大厦16楼				
经营范围	证券代理买卖、证券的自营买卖、证券的承销、证券投资咨询等				

主要财务指标：指标\报告期	2014.06.30	2013.12.31	2013.06.30	2012.12.31
基本每股收益(元)	0.2930	0.2450	0.1350	0.2740
基本每股收益(扣除后)(元)	0.2910	0.2320	0.1330	0.2620
稀释每股收益(元)	0.2930	0.2450	0.1350	0.2740
每股净资产(元)	5.7827	5.1993	5.0747	4.9008
每股经营现金净流量(元)	−0.3595	−0.4320	−0.0837	−0.1561
每股现金流量(元)	1.8070	−1.9513	−1.1625	1.9467
每股资本公积金(元)	2.5307	2.1599	2.0753	2.0363
每股盈余公积金(元)	0.2678	0.2678	0.2441	0.2441
每股未分配利润(元)	1.4636	1.2510	1.2822	1.1473
净资产收益率(%)	5.0606	4.7101	2.6576	4.3268
加权净资产收益率(%)	5.4800	4.8500	2.7000	8.2400
净资产收益率(扣除)(%)	5.0306	4.4649	2.6206	4.1279
总资产(万元)	1699268.74	1367398.91	1419275.43	1262134.89
归属母公司股东权益(万元)	748323.18	672827.48	656704.78	634199.63
营业收入(万元)	117458.21	154703.05	85252.57	153432.86
营业支出(万元)	70726.01	114189.92	62102.08	117463.71
投资收益(万元)	43684.23	28723.16	23491.16	17004.07
净利润(万元)	37869.99	31691.14	17452.75	27440.26
营业利润(万元)	46732.20	40513.12	23150.49	35969.15
利润总额(万元)	47032.58	42714.89	23474.42	37650.36

中科英华高技术股份有限公司

公司概况	公司名称	中科英华高技术股份有限公司		证券简称	中科英华
	法人代表	王为钢	董秘	袁梅	证券代码 600110
	公司网址	www.kinwa.com.cn		电子信箱	ir@kinwa.com.cn
	电　话	0431-85161088		传　真	0431-85161071
	办公地址	吉林省长春市高新技术产业开发区北区航空街1666号			
	经营范围	热缩材料等高技术、新材料、新产品的开发、生产与经营等			

	指标＼报告期	2014.06.30	2013.12.31	2013.06.30	2012.12.31
主要财务指标	基本每股收益(元)	0.0033	0.0048	0.0036	0.0045
	基本每股收益(扣除后)(元)	0.0014	–0.1297	0.0011	–0.0700
	稀释每股收益(元)	0.0033	0.0048	0.0036	0.0045
	每股净资产(元)	1.7350	1.7302	1.7191	1.7177
	每股经营现金净流量(元)	0.0192	–0.1953	–0.2970	–0.1065
	每股现金流量(元)	0.0984	0.0238	0.0818	–0.0098
	每股资本公积金(元)	0.6319	0.6290	0.6176	0.6176
	每股盈余公积金(元)	0.0628	0.0628	0.0589	0.0589
	每股未分配利润(元)	0.0550	0.0516	0.0544	0.0508
	净资产收益率(%)	0.1914	0.2777	0.2116	0.2645
	加权净资产收益率(%)	0.1918	0.2800	0.2116	0.2700
	净资产收益率(扣除)(%)	0.0795	–7.4962	0.0641	–4.0770
	总资产(万元)	706357.63	643365.40	621015.94	528740.57
	归属母公司股东权益(万元)	199576.07	199027.38	197755.31	197584.32
	营业收入(万元)	110877.38	197298.85	102139.49	153295.22
	营业支出(万元)	90147.50	175585.51	86108.97	127582.57
	投资收益(万元)	–2896.64	2225.21	1161.14	–3290.08
	净利润(万元)	382.08	552.74	418.54	522.54
	营业利润(万元)	335.12	9871.43	191.87	–8168.31
	利润总额(万元)	571.38	568.83	531.89	1350.58

内蒙古包钢稀土(集团)高科技股份有限公司

公司概况	公司名称	内蒙古包钢稀土(集团)高科技股份有限公司		证券简称	包钢稀土
	法人代表	周秉利	董秘	张日辉	证券代码 600111
	公司网址	www.reht.com		电子信箱	security@reht.com
	电　话	0472-2207525 2207799		传　真	0472-2207788
	办公地址	内蒙古自治区包头市稀土高新技术产业开发区黄河路83号			
	经营范围	稀土精矿、稀土深加工产品、稀土新材料生产与销售等			

	指标＼报告期	2014.06.30	2013.12.31	2013.06.30	2012.12.31
主要财务指标	基本每股收益(元)	0.1150	0.6500	0.4340	0.6240
	基本每股收益(扣除后)(元)	0.1040	0.6020	0.4220	0.6030
	稀释每股收益(元)	0.1150	0.6500	0.4340	0.6240
	每股净资产(元)	3.1443	3.2288	3.0092	2.7745
	每股经营现金净流量(元)	0.0261	0.4685	0.4139	–0.4058
	每股现金流量(元)	–0.5311	0.4999	0.6020	0.0851
	每股资本公积金(元)	0.0633	0.0633	0.0607	0.0607
	每股盈余公积金(元)	0.4454	0.4454	0.3851	0.3851
	每股未分配利润(元)	1.6268	1.7119	1.5562	1.3222
	净资产收益率(%)	3.6549	20.1294	14.4209	22.4762
	加权净资产收益率(%)	3.5300	21.7900	14.6700	23.6420
	净资产收益率(扣除)(%)	3.3192	18.6497	14.0084	21.7284
	总资产(万元)	1725169.60	1846292.68	1991342.68	1764986.69
	归属母公司股东权益(万元)	761557.27	782032.61	728851.03	671992.38
	营业收入(万元)	238478.66	847192.67	483167.32	924175.05
	营业支出(万元)	163740.02	539071.50	319870.75	542575.59
	投资收益(万元)	–129.64	–620.76	–174.80	–482.82
	净利润(万元)	27833.97	157418.61	105106.93	151038.36
	营业利润(万元)	7027.35	104085.97	53788.62	202276.03
	利润总额(万元)	10619.28	120848.19	58275.66	209597.74

贵州长征天成控股股份有限公司

公司概况	公司名称	贵州长征天成控股股份有限公司		证券简称	天成控股
	法人代表	李勇	董秘	陈磊	证券代码 600112
	公司网址	www.czdq.cn		电子信箱	chenlei201401@yeah.net
	电　话	0852-8620788		传　真	0852-8654903
	办公地址	贵州省遵义市武汉路1号(长征电气工业园)			
	经营范围	高、中、低压电器元件及成套设备,风力发电设备的设计、研制、生产、销售等			

	指标＼报告期	2014.06.30	2013.12.31	2013.06.30	2012.12.31
主要财务指标	基本每股收益(元)	0.0605	0.0143	0.0543	0.1470
	基本每股收益(扣除后)(元)	–0.0497	–0.0998	–0.0064	–0.0362
	稀释每股收益(元)	0.0605	0.0143	0.0543	0.1470
	每股净资产(元)	2.3977	2.3291	2.3692	2.3198
	每股经营现金净流量(元)	–0.0708	–0.0256	0.0339	–0.0624
	每股现金流量(元)	–0.3472	0.2862	0.3885	–0.5492
	每股资本公积金(元)	0.6494	0.6364	0.6364	0.6364
	每股盈余公积金(元)	0.0449	0.0449	0.0449	0.0449
	每股未分配利润(元)	0.7034	0.6479	0.6879	0.6386
	净资产收益率(%)	2.5249	0.6137	2.2932	6.3364
	加权净资产收益率(%)	2.5597	0.6153	2.3173	6.5317
	净资产收益率(扣除)(%)	–2.0709	–4.2845	–0.2710	–1.5616
	总资产(万元)	263659.00	306438.69	293865.30	251693.15
	归属母公司股东权益(万元)	122089.92	118601.07	120639.69	118127.78
	营业收入(万元)	21408.29	65463.13	38735.57	82608.31
	营业支出(万元)	12785.16	43892.20	27580.17	58211.93
	投资收益(万元)	5637.26	105.30	280.53	710.64
	净利润(万元)	3082.62	727.89	2766.51	7485.11
	营业利润(万元)	2896.95	–5122.59	–1043.00	–1623.43
	利润总额(万元)	3149.70	714.94	2481.22	7750.22

浙江东日股份有限公司

公司概况	公司名称	浙江东日股份有限公司		证券简称	浙江东日
	法人代表	杨作军	董秘	郑羲亮	证券代码 600113
	公司网址	www.dongri.com		电子信箱	zjdongri@wz.zj.cn
	电　话	0577-88812155		传　真	0577-88842287
	办公地址	浙江省温州市矮凳桥92号			
	经营范围	房地产销售、租赁以及物业管理等			

	指标＼报告期	2014.06.30	2013.12.31	2013.06.30	2012.12.31
主要财务指标	基本每股收益(元)	0.0400	0.0600	0.0500	0.0900
	基本每股收益(扣除后)(元)	0.0400	0.0500	0.0400	0.0800
	稀释每股收益(元)	0.0400	0.0600	0.0500	0.0900
	每股净资产(元)	1.8490	1.8110	1.7998	1.7472
	每股经营现金净流量(元)	0.1184	–0.0135	–0.0360	–0.3953
	每股现金流量(元)	0.1316	0.1280	0.0461	–0.1870
	每股资本公积金(元)	0.3369	0.3369	0.3367	0.3370
	每股盈余公积金(元)	0.1344	0.1344	0.1285	0.1285
	每股未分配利润(元)	0.3777	0.3397	0.3346	0.2818
	净资产收益率(%)	2.0547	3.5272	2.9348	5.1070
	加权净资产收益率(%)	2.0800	3.5900	2.9800	5.2400
	净资产收益率(扣除)(%)	2.0513	2.8573	2.3890	4.4886
	总资产(万元)	104134.19	92118.03	84835.90	78721.40
	归属母公司股东权益(万元)	58908.91	57698.49	57341.23	55666.21
	营业收入(万元)	18689.80	34643.15	13025.06	30808.59
	营业支出(万元)	16810.33	30674.44	11121.84	25997.15
	投资收益(万元)	936.55	925.01	936.70	1282.99
	净利润(万元)	1210.42	2035.16	1682.85	2842.88
	营业利润(万元)	1313.14	1849.17	1520.33	3716.93
	利润总额(万元)	1293.83	2341.04	1939.98	3765.28

东睦新材料集团股份有限公司

公司概况	公司名称	东睦新材料集团股份有限公司			证券简称	东睦股份
	法人代表	芦德宝	董秘	曹阳	证券代码	600114
	公司网址	www.pm-china.com		电子信箱	caoyang@pm-china.com	
	电　话	0574-87841061		传　真	0574-87831133	
	办公地址	浙江省宁波市鄞州工业园区(姜山)景江路 8 号				
	经营范围	粉末冶金机械零件的生产和销售				

主要财务指标	指标\报告期	2014.06.30	2013.12.31	2013.06.30	2012.12.31
	基本每股收益(元)	0.1800	0.3600	0.1300	0.1900
	基本每股收益(扣除后)(元)	0.1600	0.3500	0.1900	0.1700
	稀释每股收益(元)	0.1800	0.3600	0.1300	0.1900
	每股净资产(元)	3.5583	3.6100	3.4076	3.3300
	每股经营现金净流量(元)	0.3222	1.0910	0.3653	0.9307
	每股现金流量(元)	0.0868	0.0300	0.0179	−0.0435
	每股资本公积金(元)	1.9575	1.6208	1.5882	1.5413
	每股盈余公积金(元)	0.1509	0.2769	0.2463	0.2589
	每股未分配利润(元)	0.4500	0.7144	0.5731	0.5276
	净资产收益率(%)	4.5175	9.8917	5.4399	5.8295
	加权净资产收益率(%)	5.7800	10.4800	5.6200	5.9100
	净资产收益率(扣除)(%)	4.2026	9.5526	5.4081	5.1974
	总资产(万元)	177759.82	170522.76	168304.94	160184.35
	归属母公司股东权益(万元)	134225.47	74229.83	70027.15	65057.86
	营业收入(万元)	60765.60	114019.63	57892.60	96943.61
	营业支出(万元)	41722.16	82041.55	41982.63	72908.23
	投资收益(万元)	–	7.20	0.01	–
	净利润(万元)	6063.59	7342.62	3809.38	3792.52
	营业利润(万元)	7678.05	9133.97	4799.79	4658.15
	利润总额(万元)	8240.28	9304.99	4917.61	5249.27

中国东方航空股份有限公司

公司概况	公司名称	中国东方航空股份有限公司			证券简称	东方航空
	法人代表	刘绍勇	董秘	汪健	证券代码	600115
	公司网址	www.ceair.com		电子信箱	ir@ceair.com	
	电　话	021-22330928 22330921		传　真	021-62686116	
	办公地址	上海市虹桥路 2550 号				
	经营范围	国内和经批准的地区、国际航空客、货、邮、行李运输业务及延伸服务等				

主要财务指标	指标\报告期	2014.06.30	2013.12.31	2013.06.30	2012.12.31
	基本每股收益(元)	0.0011	0.2000	0.0542	0.2814
	基本每股收益(扣除后)(元)	−0.0147	0.1005	0.0465	0.1880
	稀释每股收益(元)	0.0011	0.1965	0.0542	0.2814
	每股净资产(元)	1.9354	2.0358	2.2032	1.5893
	每股经营现金净流量(元)	0.4152	0.8505	0.2982	1.1206
	每股现金流量(元)	0.0913	−0.0430	0.0916	−0.1172
	每股资本公积金(元)	1.1662	1.1742	1.3825	1.0607
	每股盈余公积金(元)	–	–	–	–
	每股未分配利润(元)	−0.2308	−0.2319	−0.1793	−0.4714
	净资产收益率(%)	0.0571	9.6521	2.7334	17.7053
	加权净资产收益率(%)	0.0600	10.9700	3.3300	18.9500
	净资产收益率(扣除)(%)	−0.7583	4.9345	2.4156	9.0676
	总资产(万元)	15065400.00	13777600.00	13082979.50	12167062.80
	归属母公司股东权益(万元)	2452900.00	2461700.00	2792451.80	1792234.50
	营业收入(万元)	4259100.00	8800923.60	4147900.00	8640925.70
	营业支出(万元)	−3927100.00	8033864.40	3824200.00	7553928.80
	投资收益(万元)	3500.00	6805.30	1100.00	23405.80
	净利润(万元)	1400.00	237603.70	62400.00	317319.60
	营业利润(万元)	−231300.00	−104129.30	−56000.00	55028.40
	利润总额(万元)	20500.00	222056.60	61600.00	323855.60

重庆三峡水利电力(集团)股份有限公司

公司概况	公司名称	重庆三峡水利电力(集团)股份有限公司			证券简称	三峡水利
	法人代表	叶建桥	董秘	陈丽娟	证券代码	600116
	公司网址	www.cqsxsl.com		电子信箱	sxsl600116@163.com	
	电　话	023-63801161		传　真	023-63801165	
	办公地址	重庆市渝中区邹容路 68 号大都会商厦 3611 室 重庆市万州区高笋塘 85 号				
	经营范围	发电、供电、电力建设咨询服务、制造第一类压力容器等				

主要财务指标	指标\报告期	2014.06.30	2013.12.31	2013.06.30	2012.12.31
	基本每股收益(元)	0.2500	0.3900	0.1300	0.3100
	基本每股收益(扣除后)(元)	0.2400	0.3000	0.1200	0.2400
	稀释每股收益(元)	0.2500	0.3900	0.1300	0.3100
	每股净资产(元)	4.4377	4.1842	3.9274	3.9947
	每股经营现金净流量(元)	0.5059	1.2651	0.5722	0.7339
	每股现金流量(元)	0.2975	0.8582	0.7162	−0.3225
	每股资本公积金(元)	1.9189	1.9189	1.9189	1.9189
	每股盈余公积金(元)	0.1968	0.1968	0.1682	0.1682
	每股未分配利润(元)	1.3220	1.0686	0.8403	0.9077
	净资产收益率(%)	5.7109	9.3086	3.3768	7.6915
	加权净资产收益率(%)	5.8800	9.5200	3.2700	7.9100
	净资产收益率(扣除)(%)	5.4625	7.2152	3.0552	5.9811
	总资产(万元)	378220.50	352346.49	358138.27	316122.99
	归属母公司股东权益(万元)	118722.47	111942.34	105070.06	106872.72
	营业收入(万元)	48281.72	136911.33	45076.14	94524.26
	营业支出(万元)	34649.09	109575.48	33362.18	71883.42
	投资收益(万元)	862.70	1446.56	508.36	1518.26
	净利润(万元)	6780.14	10420.28	3548.00	8220.12
	营业利润(万元)	7014.39	8066.93	3271.30	5747.35
	利润总额(万元)	7325.48	11527.92	3745.22	8316.54

西宁特殊钢股份有限公司

公司概况	公司名称	西宁特殊钢股份有限公司			证券简称	西宁特钢
	法人代表	郭海荣	董秘	杨凯	证券代码	600117
	公司网址	www.xntg.com		电子信箱	xntg@public.xn.qh.cn	
	电　话	0971-5299673 5299865		传　真	0971-5218389	
	办公地址	青海省西宁市柴达木西路 52 号				
	经营范围	特殊钢冶炼及压延、机械设备制造、来料加工、副产品出售等				

主要财务指标	指标\报告期	2014.06.30	2013.12.31	2013.06.30	2012.12.31
	基本每股收益(元)	−0.1685	−0.1000	0.0931	0.0400
	基本每股收益(扣除后)(元)	−0.1744	−0.0600	0.0813	−0.0100
	稀释每股收益(元)	−0.1685	−0.1000	0.0931	0.0400
	每股净资产(元)	3.6346	3.7983	3.9933	3.9080
	每股经营现金净流量(元)	0.2943	−0.2484	−0.3221	−0.2394
	每股现金流量(元)	1.0822	0.0211	−0.2964	−0.8165
	每股资本公积金(元)	0.9603	0.9533	0.9533	0.9533
	每股盈余公积金(元)	0.2597	0.2597	0.2597	0.2597
	每股未分配利润(元)	1.3987	1.5672	1.7564	1.6763
	净资产收益率(%)	−4.6350	−2.5299	2.3316	1.0871
	加权净资产收益率(%)	−4.5400	−2.4900	2.3500	1.0900
	净资产收益率(扣除)(%)	−4.7980	−1.5095	2.0348	−0.1456
	总资产(万元)	1977500.98	1740215.35	1614464.14	1489227.14
	归属母公司股东权益(万元)	269406.31	281534.50	295994.27	289669.52
	营业收入(万元)	285309.85	703233.80	329082.86	687129.51
	营业支出(万元)	235592.11	579881.89	261722.12	565029.04
	投资收益(万元)	240.00	240.00	240.00	200.00
	净利润(万元)	−12486.94	−7122.63	6901.29	3149.01
	营业利润(万元)	−9187.11	3209.24	8797.95	9347.75
	利润总额(万元)	−8718.69	−218.32	9617.05	12674.93

中国东方红卫星股份有限公司

公司概况	公司名称	中国东方红卫星股份有限公司		证券简称	中国卫星
	法人代表	李开民	董秘 万银娟	证券代码	600118
	公司网址	www.spacesat.com.cn		电子信箱	600118@spacesat.com.cn
	电话	010-68197793 68118118		传真	010-68197777
	办公地址	北京市海淀区中关村南大街31号神舟科技大厦12层			
	经营范围	卫星及相关产品研制、设计、制造、销售等			

主要财务指标	指标\报告期	2014.06.30	2013.12.31	2013.06.30	2012.12.31
	基本每股收益(元)	0.1300	0.2800	0.1400	0.2600
	基本每股收益(扣除后)(元)	0.1300	0.2300	0.1300	0.2100
	稀释每股收益(元)	0.1300	0.2800	0.1400	0.2600
	每股净资产(元)	3.4713	3.4248	2.6890	2.6189
	每股经营现金净流量(元)	–0.3161	0.0668	–0.4304	0.4149
	每股现金流量(元)	–0.4575	0.9899	–0.6608	0.5506
	每股资本公积金(元)	1.3613	1.3731	0.5050	0.4958
	每股盈余公积金(元)	0.0478	0.0478	0.0578	0.0578
	每股未分配利润(元)	1.0576	1.0027	1.1237	1.0638
	净资产收益率(%)	3.8861	7.5509	5.9476	11.2700
	加权净资产收益率(%)	3.8700	10.2800	5.9800	12.4000
	净资产收益率(扣除)(%)	–	6.2099	5.6764	9.4177
	总资产(万元)	891569.77	791449.42	646179.23	563552.26
	归属母公司股东权益(万元)	410479.02	404978.75	246471.52	240043.89
	营业收入(万元)	220643.23	480352.70	207643.82	426089.04
	营业支出(万元)	193543.17	424950.71	180803.68	368881.80
	投资收益(万元)	–	920.56	920.56	–1.78
	净利润(万元)	15951.69	30579.53	14659.04	27053.04
	营业利润(万元)	17957.05	31191.14	17000.42	29345.78
	利润总额(万元)	18817.87	38391.24	17865.21	34908.39

长发集团长江投资实业股份有限公司

公司概况	公司名称	长发集团长江投资实业股份有限公司		证券简称	长江投资
	法人代表	居亮	董秘 李铁	证券代码	600119
	公司网址	www.cjtz.cn		电子信箱	litie@cjtz.cn
	电话	021-68407009 68407032		传真	021-68407010
	办公地址	上海市闵行区光华路888号			
	经营范围	实业投资、国内贸易、信息咨询服务等			

主要财务指标	指标\报告期	2014.06.30	2013.12.31	2013.06.30	2012.12.31
	基本每股收益(元)	0.0700	0.1200	0.0600	0.1100
	基本每股收益(扣除后)(元)	0.0600	0.0600	0.0400	0.0500
	稀释每股收益(元)	0.0700	0.1200	0.0600	0.1100
	每股净资产(元)	2.4342	2.4326	2.3817	2.3885
	每股经营现金净流量(元)	0.5922	–0.2420	–0.1862	–0.6836
	每股现金流量(元)	0.1215	–0.2199	–0.2486	–0.2001
	每股资本公积金(元)	1.0465	1.0465	1.0465	1.0465
	每股盈余公积金(元)	0.0859	0.0859	0.0857	0.0857
	每股未分配利润(元)	0.3012	0.2996	0.2484	0.2547
	净资产收益率(%)	2.9663	4.8256	2.6732	4.4700
	加权净资产收益率(%)	2.9500	4.8900	2.6600	4.5400
	净资产收益率(扣除)(%)	2.4103	2.5851	1.7572	2.0924
	总资产(万元)	193902.14	197608.33	169070.32	164942.67
	归属母公司股东权益(万元)	74825.89	74778.98	73212.21	73421.72
	营业收入(万元)	61436.73	155924.34	78737.81	138648.28
	营业支出(万元)	51673.68	135818.38	68332.41	117901.65
	投资收益(万元)	118.46	183.05	152.62	336.32
	净利润(万元)	2219.57	3608.55	1957.11	3282.41
	营业利润(万元)	2888.95	2315.63	1754.52	4058.82
	利润总额(万元)	3964.90	5440.20	3201.63	7129.08

浙江东方集团股份有限公司

公司概况	公司名称	浙江东方集团股份有限公司		证券简称	浙江东方
	法人代表	高康	董秘 王俊	证券代码	600120
	公司网址	www.zjorient.com		电子信箱	invest@zjorient.com
	电话	0571-87600383		传真	0571-87600324
	办公地址	浙江省杭州市西湖大道12号			
	经营范围	以毛、棉、麻、晴纶为主要原料的针织、梭织服装、服饰和家用纺织品出口业务			

主要财务指标	指标\报告期	2014.06.30	2013.12.31	2013.06.30	2012.12.31
	基本每股收益(元)	0.5800	1.2000	0.5300	0.7900
	基本每股收益(扣除后)(元)	0.0600	0.0400	–0.0200	0.2400
	稀释每股收益(元)	0.5800	1.2000	0.5300	0.7900
	每股净资产(元)	7.4206	8.6148	7.4198	7.2087
	每股经营现金净流量(元)	–1.1564	–2.0533	–0.9615	–0.9328
	每股现金流量(元)	–0.7734	0.3727	–0.5983	0.5947
	每股资本公积金(元)	2.6450	4.0574	3.5319	3.6026
	每股盈余公积金(元)	0.5728	0.5728	0.5453	0.5453
	每股未分配利润(元)	3.2043	2.9861	2.3435	2.0617
	净资产收益率(%)	7.7927	13.9700	7.1668	10.9733
	加权净资产收益率(%)	7.0500	15.2100	7.1500	12.1000
	净资产收益率(扣除)(%)	0.7835	0.4924	–0.2264	3.2998
	总资产(万元)	1131695.49	1171664.89	1056149.69	981759.29
	归属母公司股东权益(万元)	375091.73	435454.57	375049.68	364383.14
	营业收入(万元)	456013.65	1082775.46	492491.59	793386.33
	营业支出(万元)	415897.93	995602.85	456793.46	702956.95
	投资收益(万元)	36515.21	81509.42	36739.48	41909.80
	净利润(万元)	29229.60	60832.95	26879.13	39984.77
	营业利润(万元)	39981.70	92026.75	36371.75	68524.15
	利润总额(万元)	40984.52	95141.81	38048.35	71196.37

郑州煤电股份有限公司

公司概况	公司名称	郑州煤电股份有限公司		证券简称	郑州煤电
	法人代表	孟中泽	董秘 陈晓燕	证券代码	600121
	公司网址	www.zzce.com.cn		电子信箱	zzce@zmjt.cn
	电话	0371-87785121		传真	0371-87785126
	办公地址	河南省郑州市中原西路188号			
	经营范围	煤炭生产和销售、企业专用通信网建设与服务等			

主要财务指标	指标\报告期	2014.06.30	2013.12.31	2013.06.30	2012.12.31
	基本每股收益(元)	–0.0512	0.0500	0.0202	0.4300
	基本每股收益(扣除后)(元)	–0.0517	0.0500	0.0189	0.0100
	稀释每股收益(元)	–0.0512	0.0500	0.0202	0.4300
	每股净资产(元)	3.8415	3.7575	3.5223	3.3951
	每股经营现金净流量(元)	–0.2844	0.3496	–0.5706	0.4998
	每股现金流量(元)	0.1946	0.6862	0.1551	–0.6360
	每股资本公积金(元)	0.6403	0.6603	0.1617	0.0907
	每股盈余公积金(元)	0.4205	0.4205	0.4513	0.4513
	每股未分配利润(元)	1.4096	1.4608	1.5421	1.6519
	净资产收益率(%)	–1.3321	1.1343	0.5734	12.7422
	加权净资产收益率(%)	–1.3700	1.3500	0.6000	10.9100
	净资产收益率(扣除)(%)	–1.3458	1.2323	0.5365	0.1544
	总资产(万元)	1173676.57	1100982.02	1072059.80	976745.61
	归属母公司股东权益(万元)	390040.76	381517.53	333257.36	321224.35
	营业收入(万元)	670687.78	2055006.99	1065326.52	2013854.48
	营业支出(万元)	604060.51	1881540.37	985767.83	1797314.06
	投资收益(万元)	295.87	–2.50	1.56	568.16
	净利润(万元)	–5195.71	4327.74	1911.01	40930.99
	营业利润(万元)	6663.94	45431.36	18743.58	76589.52
	利润总额(万元)	6757.54	44800.82	18903.99	76184.63

江苏宏图高科技股份有限公司

公司概况	公司名称	江苏宏图高科技股份有限公司			证券简称	宏图高科
	法人代表	杨怀珍	董秘	韩宏图	证券代码	600122
	公司网址	www.hiteker.cn		电子信箱	raojin@hiteker.cn	
	电　　话	025-83274777 83274691		传　　真	025-83274701	
	办公地址	江苏省南京市雨花台区软件大道60号				
	经营范围	计算机(软硬件)、打印机、网络设备、系统工程集成、通信设备等				

	指标\报告期	2014.06.30	2013.12.31	2013.06.30	2012.12.31
主要财务指标	基本每股收益(元)	0.0805	0.2446	0.0827	0.2076
	基本每股收益(扣除后)(元)	0.0818	0.2160	0.0855	0.1776
	稀释每股收益(元)	0.0805	0.2446	0.0827	0.2076
	每股净资产(元)	4.9708	5.0693	4.8283	4.9593
	每股经营现金净流量(元)	0.0767	0.3546	-0.1660	-0.9431
	每股现金流量(元)	0.2333	0.6114	-0.1254	-1.2868
	每股资本公积金(元)	2.5666	2.7157	2.6262	2.8190
	每股盈余公积金(元)	0.0771	0.0771	0.0772	0.0772
	每股未分配利润(元)	1.3270	1.2765	1.1248	1.0631
	净资产收益率(%)	1.6204	4.7916	1.7129	4.1868
	加权净资产收益率(%)	1.5760	4.8300	1.6540	4.4200
	净资产收益率(扣除)(%)	1.6449	4.2308	1.7706	3.5806
	总资产(万元)	1461985.18	1449997.13	1388970.32	1352959.30
	归属母公司股东权益(万元)	567457.97	578703.98	546942.54	561785.37
	营业收入(万元)	763140.42	1591465.53	724596.29	1424771.69
	营业支出(万元)	701032.50	1432068.42	653792.64	1263671.28
	投资收益(万元)	2736.23	3826.31	2536.70	2570.70
	净利润(万元)	9194.94	27728.99	9368.84	23520.96
	营业利润(万元)	14393.54	40034.63	14051.07	32738.97
	利润总额(万元)	14019.01	43669.42	13567.73	36277.19

山西兰花科技创业股份有限公司

公司概况	公司名称	山西兰花科技创业股份有限公司			证券简称	兰花科创
	法人代表	郝跃洲	董秘	王立印	证券代码	600123
	公司网址	www.chinalanhua.com		电子信箱	wly@chinalanhua.com	
	电　　话	0356-2189656		传　　真	0356-2189608 2189600	
	办公地址	山西省晋城市凤台东街2288号兰花科技大厦				
	经营范围	煤炭、化肥的生产和销售等				

	指标\报告期	2014.06.30	2013.12.31	2013.06.30	2012.12.31
主要财务指标	基本每股收益(元)	-0.0069	0.8765	0.6123	1.6307
	基本每股收益(扣除后)(元)	0.1620	0.9001	0.6114	1.6570
	稀释每股收益(元)	-0.0069	0.8765	0.6123	1.6307
	每股净资产(元)	8.5446	8.4962	9.0326	8.3436
	每股经营现金净流量(元)	0.3306	-0.3404	0.2489	0.8942
	每股现金流量(元)	0.7432	-0.9100	0.9425	1.0028
	每股资本公积金(元)	0.3438	0.3404	0.3670	0.3353
	每股盈余公积金(元)	1.1273	1.1273	1.0135	1.0154
	每股未分配利润(元)	5.6241	5.6311	6.0561	5.4666
	净资产收益率(%)	-0.0813	10.3163	6.7789	19.5439
	加权净资产收益率(%)	-0.0800	10.4100	7.0900	21.3000
	净资产收益率(扣除)(%)	1.8957	10.5940	6.7683	19.8592
	总资产(万元)	2155237.69	2048319.48	2088447.76	2037411.09
	归属母公司股东权益(万元)	976135.55	970607.91	1031887.79	953173.39
	营业收入(万元)	257234.83	657750.15	309148.15	760050.90
	营业支出(万元)	174720.19	425686.20	170030.40	419336.68
	投资收益(万元)	13078.79	38238.27	19890.97	54117.96
	净利润(万元)	-793.53	100131.10	69950.36	186287.19
	营业利润(万元)	-947.09	125865.60	88727.54	234543.68
	利润总额(万元)	-1317.51	122617.66	88835.91	230614.12

中铁铁龙集装箱物流股份有限公司

公司概况	公司名称	中铁铁龙集装箱物流股份有限公司			证券简称	铁龙物流
	法人代表	吴云天	董秘	畅晓东	证券代码	600125
	公司网址	www.chinacrt.com		电子信箱	changxiaodong@chinacrt.com	
	电　　话	0411-82810881		传　　真	0411-82816639	
	办公地址	辽宁省大连市中山区新安街1号				
	经营范围	铁路特种集装箱业务、铁路货运及临港物流业务、房地产业务等				

	指标\报告期	2014.06.30	2013.12.31	2013.06.30	2012.12.31
主要财务指标	基本每股收益(元)	0.1340	0.3230	0.1840	0.3540
	基本每股收益(扣除后)(元)	0.1304	0.3120	0.1800	0.3300
	稀释每股收益(元)	0.1340	0.3230	0.1840	0.3540
	每股净资产(元)	3.4609	3.3270	3.1923	3.1187
	每股经营现金净流量(元)	0.1005	0.0829	-0.0865	0.2565
	每股现金流量(元)	0.1810	-0.0810	-0.1608	-0.1648
	每股资本公积金(元)	0.1209	0.1209	0.1247	0.1253
	每股盈余公积金(元)	0.3375	0.3375	0.2998	0.2998
	每股未分配利润(元)	2.0025	1.8687	1.7678	1.6936
	净资产收益率(%)	3.8672	9.7025	5.7696	11.3494
	加权净资产收益率(%)	3.9430	10.0100	5.7370	11.9120
	净资产收益率(扣除)(%)	3.7693	9.3860	5.6370	10.5831
	总资产(万元)	670266.22	539253.40	506697.68	475354.84
	归属母公司股东权益(万元)	451822.79	434350.06	416759.49	407147.45
	营业收入(万元)	194751.01	428059.97	223720.53	411400.54
	营业支出(万元)	164309.75	361372.02	185156.30	342551.55
	投资收益(万元)	131.76	1341.10	400.56	384.65
	净利润(万元)	17472.74	42142.91	24045.38	46208.97
	营业利润(万元)	22838.20	53128.67	31441.74	55427.74
	利润总额(万元)	23362.25	54366.65	32178.81	59588.71

杭州钢铁股份有限公司

公司概况	公司名称	杭州钢铁股份有限公司			证券简称	杭钢股份
	法人代表	汤民强	董秘	周尧福	证券代码	600126
	公司网址	www.hzsteel.com		电子信箱	hggf@hzsteel.com	
	电　　话	0571-88132917		传　　真	0571-88132919	
	办公地址	浙江省杭州市拱墅区半山路178号				
	经营范围	钢铁及压延产品、焦炭及其副产品的生产、销售等				

	指标\报告期	2014.06.30	2013.12.31	2013.06.30	2012.12.31
主要财务指标	基本每股收益(元)	0.0100	0.0200	-0.0900	-0.4500
	基本每股收益(扣除后)(元)	0.0060	-0.0035	-0.0900	-0.4800
	稀释每股收益(元)	0.0100	0.0200	-0.0900	-0.4500
	每股净资产(元)	3.9404	3.9397	3.8299	3.9151
	每股经营现金净流量(元)	0.1172	0.1611	0.1752	0.3533
	每股现金流量(元)	0.2014	-0.0823	-0.0465	-0.0334
	每股资本公积金(元)	0.8770	0.8770	0.8770	0.8770
	每股盈余公积金(元)	0.6281	0.6281	0.6281	0.6281
	每股未分配利润(元)	1.4352	1.4345	1.3247	1.4099
	净资产收益率(%)	0.2707	0.6248	-2.2251	-11.5497
	加权净资产收益率(%)	0.2700	0.6300	-2.2000	-10.8800
	净资产收益率(扣除)(%)	0.1527	-0.0887	-2.2296	-12.3018
	总资产(万元)	874226.29	856557.16	823119.20	838833.32
	归属母公司股东权益(万元)	330571.34	330515.42	321301.08	328450.31
	营业收入(万元)	784257.02	1718346.58	813834.06	1713345.76
	营业支出(万元)	753583.39	1664356.29	791700.55	1681631.30
	投资收益(万元)	-14.94	11494.88	-12.96	1.87
	净利润(万元)	894.86	2065.11	-7149.23	-37935.07
	营业利润(万元)	2587.96	6614.82	-5070.89	-32785.06
	利润总额(万元)	2807.67	7075.96	-5215.58	-32493.56

金健米业股份有限公司

公司概况					
公司名称	金健米业股份有限公司			证券简称	金健米业
法人代表	谢文辉	董秘	刘俊	证券代码	600127
公司网址	www.600127.cn		电子信箱	dm_600127@163.com	
电　话	0736-2588288 2588216		传　真	0736-2588220	
办公地址	湖南省常德市常德经济技术开发区德山办事处莲池居委会崇德路158号				
经营范围	开发、生产、销售定型包装粮油及制品、食品包装材料等				

主要财务指标：指标\报告期	2014.06.30	2013.12.31	2013.06.30	2012.12.31
基本每股收益(元)	0.0068	0.0200	0.0456	0.0100
基本每股收益(扣除后)(元)	-0.0194	-0.1400	-0.0793	-0.0900
稀释每股收益(元)	0.0068	0.0200	0.0456	0.0100
每股净资产(元)	1.4002	1.3934	0.9506	0.9050
每股经营现金净流量(元)	0.1007	0.1891	0.2437	-0.0443
每股现金流量(元)	-0.2148	0.3606	-0.0360	-0.0814
每股资本公积金(元)	0.7263	0.7263	0.3176	0.3176
每股盈余公积金(元)	0.0254	0.0254	0.0300	0.0300
每股未分配利润(元)	-0.3516	-0.3583	-0.3970	-0.4426
净资产收益率(%)	0.4848	1.2311	4.7945	1.0611
加权净资产收益率(%)	0.4860	2.0700	4.9123	1.0700
净资产收益率(扣除)(%)	-1.3855	-8.5470	-8.3474	-9.7462
总资产(万元)	124637.44	141167.96	115928.76	135401.96
归属母公司股东权益(万元)	89861.39	89425.70	51754.43	49273.05
营业收入(万元)	76135.37	149864.11	67746.36	147202.25
营业支出(万元)	66579.45	131821.98	59075.53	127347.44
投资收益(万元)	20.02	5069.24	5049.72	82.35
净利润(万元)	435.69	1100.92	2481.38	522.82
营业利润(万元)	-1475.47	-3178.04	498.11	-5044.07
利润总额(万元)	535.67	1344.30	2563.12	797.96

江苏弘业股份有限公司

公司概况					
公司名称	江苏弘业股份有限公司			证券简称	弘业股份
法人代表	李结祥	董秘	王翠	证券代码	600128
公司网址	www.artall.com.cn		电子信箱	jianglin@artall.com	
电　话	025-52262530		传　真	025-52278488	
办公地址	江苏省南京市中华路50号弘业大厦				
经营范围	承包与其实力、规模、业绩相适应的国外工程项目等				

主要财务指标：指标\报告期	2014.06.30	2013.12.31	2013.06.30	2012.12.31
基本每股收益(元)	0.0997	0.2787	0.0864	0.2648
基本每股收益(扣除后)(元)	0.0595	0.1362	0.0354	0.0585
稀释每股收益(元)	0.0997	0.2787	0.0864	0.2648
每股净资产(元)	5.7503	5.7422	5.5207	5.5408
每股经营现金净流量(元)	-0.6125	0.0710	-0.5767	0.3261
每股现金流量(元)	-0.5534	0.3324	-0.1210	0.0608
每股资本公积金(元)	2.8270	2.8285	2.8014	2.8256
每股盈余公积金(元)	0.4991	0.4991	0.4753	0.4753
每股未分配利润(元)	1.4244	1.4147	1.2462	1.2399
净资产收益率(%)	1.7346	4.8536	1.5645	4.7783
加权净资产收益率(%)	1.7359	4.9400	1.5600	4.8500
净资产收益率(扣除)(%)	1.0341	2.3727	0.6403	1.0557
总资产(万元)	334380.31	278661.11	290003.57	270390.85
归属母公司股东权益(万元)	141899.10	141698.39	136232.14	136728.13
营业收入(万元)	171972.73	376072.38	164521.21	329998.70
营业支出(万元)	159323.43	347931.82	153229.67	305059.22
投资收益(万元)	981.84	4288.82	1233.39	4999.13
净利润(万元)	2461.42	6877.53	2131.41	6533.29
营业利润(万元)	2605.67	7993.73	2484.84	8471.30
利润总额(万元)	3298.28	9086.08	3151.35	10008.50

重庆太极实业(集团)股份有限公司

公司概况					
公司名称	重庆太极实业(集团)股份有限公司			证券简称	太极集团
法人代表	白礼西	董秘	蔡建军	证券代码	600129
公司网址	www.taiji.com		电子信箱	caijianjun003@hotmail.com	
电　话	023-72800072 89886129		传　真	023-89886129	
办公地址	重庆市涪陵区太极大道1号				
经营范围	中成药、西药加工、销售等				

主要财务指标：指标\报告期	2014.06.30	2013.12.31	2013.06.30	2012.12.31
基本每股收益(元)	0.0553	0.0300	0.0493	-0.5200
基本每股收益(扣除后)(元)	0.0470	-0.4000	-0.1251	-0.5700
稀释每股收益(元)	0.0553	0.0300	0.0493	-0.5200
每股净资产(元)	2.9834	2.2204	2.1446	2.1110
每股经营现金净流量(元)	0.0635	-0.3267	0.0501	0.1903
每股现金流量(元)	-0.1498	-0.6405	0.2365	0.1965
每股资本公积金(元)	1.8828	1.1757	1.0795	1.0974
每股盈余公积金(元)	0.1724	0.1724	0.1724	0.1724
每股未分配利润(元)	-0.0746	-0.1299	-0.1095	-0.1600
净资产收益率(%)	1.8548	1.3250	2.2977	-24.4038
加权净资产收益率(%)	2.1300	1.3600	2.3200	-21.7700
净资产收益率(扣除)(%)	1.5748	-18.1191	-5.8314	-26.9886
总资产(万元)	959861.71	936808.25	872756.99	833529.92
归属母公司股东权益(万元)	127358.17	94788.67	91552.57	90137.74
营业收入(万元)	369722.25	660307.77	345004.94	660272.69
营业支出(万元)	270695.84	478269.27	254942.58	488919.79
投资收益(万元)	50.60	567.48	28.85	476.51
净利润(万元)	2362.24	1255.98	2103.63	-22045.00
营业利润(万元)	4637.45	-13767.24	-2054.79	-17633.09
利润总额(万元)	4979.07	6370.70	7337.80	-14437.80

宁波波导股份有限公司

公司概况					
公司名称	宁波波导股份有限公司			证券简称	波导股份
法人代表	徐立华	董秘	马思甜	证券代码	600130
公司网址	www.chinabird.com		电子信箱	birdzq@chinabird.com	
电　话	0574-88918855		传　真	0574-88929054	
办公地址	浙江省奉化市大成东路999号				
经营范围	电子通讯产品、通讯系统、计算机及配件、现代办公室设备研究开发、制造、维修等				

主要财务指标：指标\报告期	2014.06.30	2013.12.31	2013.06.30	2012.12.31
基本每股收益(元)	0.0390	0.0900	0.0330	0.0900
基本每股收益(扣除后)(元)	0.0130	0.0200	0.0040	0.0400
稀释每股收益(元)	0.0390	0.0900	0.0330	0.0900
每股净资产(元)	1.1117	1.0732	1.0178	0.9845
每股经营现金净流量(元)	-0.1293	0.1205	-0.0524	-0.0036
每股现金流量(元)	-0.1232	0.0531	-0.2334	-0.0863
每股资本公积金(元)	0.5936	0.5936	0.5936	0.5936
每股盈余公积金(元)	0.0865	0.0865	0.0865	0.0865
每股未分配利润(元)	-0.5682	-0.6068	-0.6621	-0.6953
净资产收益率(%)	3.4745	8.2464	3.2671	9.0618
加权净资产收益率(%)	3.5400	8.6000	3.3200	9.4900
净资产收益率(扣除)(%)	1.1897	2.0889	0.3751	4.3039
总资产(万元)	109689.73	108237.39	96357.76	94340.77
归属母公司股东权益(万元)	85380.95	82419.19	78169.90	75607.21
营业收入(万元)	78357.45	133675.45	62560.72	107448.61
营业支出(万元)	70354.18	121658.76	57032.08	93005.51
投资收益(万元)	1748.02	3289.84	1598.88	2398.42
净利润(万元)	2966.57	6796.65	2553.90	6851.37
营业利润(万元)	2555.01	4558.71	1595.33	5892.44
利润总额(万元)	3165.00	6946.01	2633.97	7657.72

四川岷江水利电力股份有限公司

公司概况	公司名称	四川岷江水利电力股份有限公司			证券简称	岷江水电
	法人代表	张有才	董秘	肖劲松	证券代码	600131
	公司网址	www.mjsdgs.com		电子信箱	xjs600131@263.net	
	电　话	028-80808131		传　真	028-80808132	
	办公地址	四川省都江堰市奎光路 301 号				
	经营范围	电力生产、电力购售				

主要财务指标	指标\报告期	2014.06.30	2013.12.31	2013.06.30	2012.12.31
	基本每股收益(元)	0.1431	-0.3200	-0.2206	0.1400
	基本每股收益(扣除后)(元)	0.1455	-0.0500	-	0.1200
	稀释每股收益(元)	0.1431	-0.3200	-0.2206	0.1400
	每股净资产(元)	1.4300	1.2883	1.3892	1.6598
	每股经营现金净流量(元)	0.1799	-	0.1858	0.3875
	每股现金流量(元)	0.1063	-	-0.0705	0.0251
	每股资本公积金(元)	0.0935	-	0.0935	0.0935
	每股盈余公积金(元)	0.2201	-	0.2201	0.2201
	每股未分配利润(元)	0.1178	-	0.2009	0.3462
	净资产收益率(%)	9.9980	-24.9565	-15.8769	8.4415
	加权净资产收益率(%)	10.5200	-21.4500	-14.2300	8.8100
	净资产收益率(扣除)(%)	10.1625	-4.1094	6.8005	7.3829
	总资产(万元)	238710.44	232645.25	236377.35	240766.93
	归属母公司股东权益(万元)	72158.44	-	76348.97	83672.45
	营业收入(万元)	38901.96	77175.96	45226.57	80498.66
	营业支出(万元)	29991.52	61171.43	34341.16	60660.43
	投资收益(万元)	5746.74	3611.41	2528.68	8931.97
	净利润(万元)	7214.38	-16207.76	-4802.85	7063.22
	营业利润(万元)	7150.85	-3743.22	5725.15	6505.20
	利润总额(万元)	6979.34	-17990.85	-5230.48	7166.25

重庆啤酒股份有限公司

公司概况	公司名称	重庆啤酒股份有限公司			证券简称	重庆啤酒
	法人代表	黎启基	董秘	邓炜	证券代码	600132
	公司网址	www.chongqingbeer.com		电子信箱	600132@chongqingbeer.com	
	电　话	023-89139399		传　真	023-89139393	
	办公地址	重庆市九龙坡区马王乡龙泉村一号				
	经营范围	生产及销售啤酒等				

主要财务指标	指标\报告期	2014.06.30	2013.12.31	2013.06.30	2012.12.31
	基本每股收益(元)	0.2300	0.3300	0.2300	0.3300
	基本每股收益(扣除后)(元)	0.2300	0.3500	0.2000	0.2800
	稀释每股收益(元)	0.2300	0.3300	0.2300	0.3300
	每股净资产(元)	3.2016	3.1717	3.0770	3.0692
	每股经营现金净流量(元)	0.6571	1.1528	0.7525	0.3437
	每股现金流量(元)	0.3296	-0.2033	0.1470	0.2507
	每股资本公积金(元)	-	-	0.0066	0.0067
	每股盈余公积金(元)	0.5000	0.5000	0.5000	0.5000
	每股未分配利润(元)	1.7016	1.6717	1.5704	1.5625
	净资产收益率(%)	7.1815	10.3413	7.5807	10.7067
	加权净资产收益率(%)	7.0000	10.6400	7.6500	11.0600
	净资产收益率(扣除)(%)	7.0991	10.9039	6.4342	9.2259
	总资产(万元)	452556.32	433843.75	477754.26	465791.00
	归属母公司股东权益(万元)	154947.82	153499.73	148917.08	148538.99
	营业收入(万元)	153577.04	338684.74	167360.94	314926.88
	营业支出(万元)	82280.99	185441.29	93418.92	178716.34
	投资收益(万元)	1924.30	3962.04	1744.23	2687.16
	净利润(万元)	11127.51	15873.86	11288.97	15903.69
	营业利润(万元)	12925.27	17331.91	10629.97	15927.39
	利润总额(万元)	13077.80	17093.40	12427.46	19001.80

武汉东湖高新集团股份有限公司

公司概况	公司名称	武汉东湖高新集团股份有限公司			证券简称	东湖高新
	法人代表	喻中权	董秘	李雪梅	证券代码	600133
	公司网址	www.elht.com		电子信箱	dhgx@hotmail.com	
	电　话	027-87172038		传　真	027-87172038	
	办公地址	湖北省武汉市东湖开发区佳园路 1 号东湖高新大楼				
	经营范围	科技工业园、烟气脱硫和环保电力的建设、开发及运营等				

主要财务指标	指标\报告期	2014.06.30	2013.12.31	2013.06.30	2012.12.31
	基本每股收益(元)	0.0900	-0.7520	-1.0800	0.0255
	基本每股收益(扣除后)(元)	0.0900	-	-1.0800	-0.0661
	稀释每股收益(元)	0.0900	-0.7520	-1.0800	0.0255
	每股净资产(元)	1.9870	1.8581	1.5592	2.1200
	每股经营现金净流量(元)	-0.9757	-0.6643	-1.1524	-1.0867
	每股现金流量(元)	0.7086	1.4858	1.2219	0.2848
	每股资本公积金(元)	0.8555	0.8555	0.8555	0.4890
	每股盈余公积金(元)	0.2151	0.2151	0.2151	0.2303
	每股未分配利润(元)	-0.1298	-0.2245	-0.5169	0.5426
	净资产收益率(%)	4.7676	-39.3557	-65.6534	1.1267
	加权净资产收益率(%)	4.9300	-36.0900	-60.8300	1.1300
	净资产收益率(扣除)(%)	4.6857	12.6962	-65.6427	-2.5615
	总资产(万元)	1190072.94	1036338.56	860061.18	751641.07
	归属母公司股东权益(万元)	126030.01	117851.39	98893.32	134277.45
	营业收入(万元)	258840.31	507124.07	156205.07	374467.04
	营业支出(万元)	225615.41	433863.95	133337.45	312548.22
	投资收益(万元)	125.21	4540.37	193.57	942.36
	净利润(万元)	6008.54	-46381.20	-64926.80	1512.86
	营业利润(万元)	7938.11	-41438.56	-63490.78	9012.08
	利润总额(万元)	8069.09	-40012.78	-63269.71	9559.22

乐凯胶片股份有限公司

公司概况	公司名称	乐凯胶片股份有限公司			证券简称	乐凯胶片
	法人代表	宋黎定	董秘	张永光	证券代码	600135
	公司网址	www.luckyfilm.com.cn		电子信箱	stock@luckyfilm.com.cn	
	电　话	0312-3302372		传　真	0312-3302386	
	办公地址	河北省保定市乐凯南大街 6 号				
	经营范围	彩色胶卷、彩色相纸、彩色电影胶片等彩色感光材料的科研、生产、销售等				

主要财务指标	指标\报告期	2014.06.30	2013.12.31	2013.06.30	2012.12.31
	基本每股收益(元)	0.0559	0.0706	0.0537	0.0792
	基本每股收益(扣除后)(元)	0.0501	0.0298	0.0517	0.0296
	稀释每股收益(元)	0.0559	0.0706	0.0537	0.0792
	每股净资产(元)	2.8838	2.8422	2.8252	2.7940
	每股经营现金净流量(元)	-0.1128	0.2214	0.0291	0.1748
	每股现金流量(元)	-0.1485	0.4433	0.2671	-0.2050
	每股资本公积金(元)	0.9973	0.9974	0.9973	0.9950
	每股盈余公积金(元)	0.4032	0.4032	0.4027	0.4027
	每股未分配利润(元)	0.4833	0.4417	0.4252	0.3965
	净资产收益率(%)	1.9367	2.4830	1.8995	2.8356
	加权净资产收益率(%)	1.9500	2.4900	1.9906	2.8800
	净资产收益率(扣除)(%)	1.7362	1.0501	1.7507	1.0591
	总资产(万元)	110972.69	108916.97	105641.19	107582.86
	归属母公司股东权益(万元)	98625.38	97203.17	96621.45	95563.65
	营业收入(万元)	45438.66	93492.67	44935.05	101587.32
	营业支出(万元)	35909.57	74690.20	35469.34	83206.24
	投资收益(万元)	178.66	249.58	195.90	578.93
	净利润(万元)	1910.13	2413.60	1835.29	2709.77
	营业利润(万元)	2562.21	3239.64	2482.09	2242.09
	利润总额(万元)	2618.24	3549.39	2509.15	3734.83

武汉道博股份有限公司

公司概况	公司名称	武汉道博股份有限公司			证券简称	道博股份
	法人代表	易仁涛	董秘	周家敏	证券代码	600136
	公司网址	www.whggfz.com		电子信箱	zhoujiamin0716@126.com	
	电　话	027-81732221		传　真	027-81732230	
	办公地址	湖北省武汉市东湖新技术开发区关凤大道特二号当代国际花园C座3-2F				
	经营范围	房地产开发与商品房销售、房地产销售服务、学生公寓的租赁及运营管理等				

	指标＼报告期	2014.06.30	2013.12.31	2013.06.30	2012.12.31
主要财务指标	基本每股收益(元)	-0.0100	0.0100	0.0200	0.0500
	基本每股收益(扣除后)(元)	-0.0100	-0.0039	0.0200	0.0500
	稀释每股收益(元)	-0.0100	0.0100	0.0200	0.0500
	每股净资产(元)	1.2698	1.2811	1.2911	1.2698
	每股经营现金净流量(元)	-0.0444	0.1919	0.0712	0.0241
	每股现金流量(元)	-0.1409	-0.0935	0.0214	0.0684
	每股资本公积金(元)	0.0174	0.0174	0.0174	0.0174
	每股盈余公积金(元)	0.0665	0.0665	0.0665	0.0665
	每股未分配利润(元)	0.1860	0.1972	0.2072	0.1859
	净资产收益率(%)	-0.8846	0.8824	1.6550	3.8626
	加权净资产收益率(%)	-0.8800	0.8900	1.6700	3.9700
	净资产收益率(扣除)(%)	-0.8786	-0.3054	1.6553	3.7806
	总资产(万元)	19698.37	19351.13	17753.13	18328.02
	归属母公司股东权益(万元)	13262.65	13379.96	13485.07	13261.89
	营业收入(万元)	2675.74	8766.64	3164.69	8747.43
	营业支出(万元)	2121.19	7094.62	1976.09	6457.23
	投资收益(万元)	5.90	231.58	5.90	15.25
	净利润(万元)	-117.31	118.07	223.17	512.25
	营业利润(万元)	-23.47	266.72	310.72	817.12
	利润总额(万元)	-24.76	250.20	310.65	818.06

四川浪莎控股股份有限公司

公司概况	公司名称	四川浪莎控股股份有限公司			证券简称	浪莎股份
	法人代表	翁荣金	董秘	马中明	证券代码	600137
	公司网址	www.langshastock.com		电子信箱	cjbz@vip.163.com	
	电　话	0831-8216216		传　真	0831-8216016	
	办公地址	四川省宜宾市外南街63号				
	经营范围	生产、销售针织品、针织品面料、针织内衣等内装产品等				

	指标＼报告期	2014.06.30	2013.12.31	2013.06.30	2012.12.31
主要财务指标	基本每股收益(元)	0.0560	0.0840	0.0720	0.1070
	基本每股收益(扣除后)(元)	0.0500	0.0670	0.0640	0.0800
	稀释每股收益(元)	0.0560	0.0840	0.0720	0.1070
	每股净资产(元)	4.7780	4.7219	4.7095	4.6379
	每股经营现金净流量(元)	-0.1553	0.2389	-0.8216	0.1649
	每股现金流量(元)	-0.1623	0.1666	-0.8569	-0.4088
	每股资本公积金(元)	3.5158	3.5158	3.5158	3.5158
	每股盈余公积金(元)	0.1078	0.1078	0.1078	0.1078
	每股未分配利润(元)	0.1544	0.0983	0.0859	0.0143
	净资产收益率(%)	1.1730	1.7804	1.5199	2.2991
	加权净资产收益率(%)	1.1800	1.8000	1.5300	2.3300
	净资产收益率(扣除)(%)	1.0445	1.4145	1.3597	1.6525
	总资产(万元)	58222.12	59502.15	62066.65	61615.50
	归属母公司股东权益(万元)	46450.50	45905.62	45784.19	45088.34
	营业收入(万元)	13869.30	43782.27	15061.99	41495.69
	营业支出(万元)	11597.25	36485.25	12238.63	35601.20
	投资收益(万元)	-	-	-	-
	净利润(万元)	544.88	817.29	695.86	1036.63
	营业利润(万元)	695.17	834.10	849.50	910.62
	利润总额(万元)	765.39	1030.07	935.74	1253.60

中青旅控股股份有限公司

公司概况	公司名称	中青旅控股股份有限公司			证券简称	中 青 旅
	法人代表	张骏	董秘	王蕾	证券代码	600138
	公司网址	www.aoyou.com		电子信箱	zhqb@aoyou.com	
	电　话	010-58158702 58158717		传　真	010-58158708	
	办公地址	北京市东城区东直门南大街5号中青旅大厦				
	经营范围	旅游、高科技、风险投资领域的投资、旅游服务、高新技术产品开发等				

	指标＼报告期	2014.06.30	2013.12.31	2013.06.30	2012.12.31
主要财务指标	基本每股收益(元)	0.4499	0.7700	0.2995	0.7100
	基本每股收益(扣除后)(元)	0.4080	-	0.2232	0.6500
	稀释每股收益(元)	0.4499	0.7700	0.2995	0.7100
	每股净资产(元)	9.0873	7.0466	7.0351	6.8986
	每股经营现金净流量(元)	0.2576	1.1909	0.4020	0.6027
	每股现金流量(元)	0.6664	0.1418	-0.3062	-0.6506
	每股资本公积金(元)	4.2403	2.0405	2.5075	2.5075
	每股盈余公积金(元)	0.2636	0.3062	0.2547	0.2547
	每股未分配利润(元)	3.6345	3.7606	3.3397	3.1903
	净资产收益率(%)	4.3763	10.9530	4.2570	10.3030
	加权净资产收益率(%)	5.9550	10.9300	4.2500	12.8300
	净资产收益率(扣除)(%)	3.9687	6.4049	3.1720	9.4561
	总资产(万元)	896351.87	825977.37	816617.94	777819.43
	归属母公司股东权益(万元)	438515.71	292681.56	292201.47	286534.52
	营业收入(万元)	489603.81	931603.75	413912.94	1027989.84
	营业支出(万元)	393299.26	747103.41	332111.53	822884.58
	投资收益(万元)	156.21	6910.10	-18.09	61.38
	净利润(万元)	19190.87	32057.27	12437.81	29521.60
	营业利润(万元)	30938.36	48917.05	19979.00	68884.37
	利润总额(万元)	34581.01	63548.53	27460.09	72413.35

四川西部资源控股股份有限公司

公司概况	公司名称	四川西部资源控股股份有限公司			证券简称	西部资源
	法人代表	王成	董秘	王娜	证券代码	600139
	公司网址	www.scxbzy.com		电子信箱	qinhua@scxbzy.com	
	电　话	028-85917855		传　真	028-85917855	
	办公地址	四川省成都市锦江区锦江工业开发区毕升路168号				
	经营范围	铜矿石、铜精矿采选、销售等				

	指标＼报告期	2014.06.30	2013.12.31	2013.06.30	2012.12.31
主要财务指标	基本每股收益(元)	0.0059	-0.0852	0.0301	0.2817
	基本每股收益(扣除后)(元)	-0.0336	-0.0844	0.0302	0.2609
	稀释每股收益(元)	0.0059	-0.0852	0.0301	0.2817
	每股净资产(元)	1.9490	1.9500	2.0736	2.4400
	每股经营现金净流量(元)	-0.0264	0.1165	0.0744	0.4476
	每股现金流量(元)	-0.4015	0.2243	0.2619	0.0917
	每股资本公积金(元)	0.5743	0.5743	0.5743	0.5743
	每股盈余公积金(元)	0.1195	0.1195	0.0836	0.0836
	每股未分配利润(元)	0.2136	0.2077	0.3589	0.7287
	净资产收益率(%)	0.3025	-4.3777	1.4506	11.5483
	加权净资产收益率(%)	0.3000	-	1.2600	12.3200
	净资产收益率(扣除)(%)	-1.7238	-4.3404	1.4545	10.6951
	总资产(万元)	248145.41	236848.20	241855.22	207296.77
	归属母公司股东权益(万元)	129003.55	128764.22	137246.74	161469.29
	营业收入(万元)	15506.70	42304.69	22119.22	58770.84
	营业支出(万元)	8264.01	17751.35	8605.33	17179.15
	投资收益(万元)	1296.40	-	-	29.25
	净利润(万元)	390.28	-5636.95	1990.95	18647.00
	营业利润(万元)	-174.71	-3351.00	4124.27	23783.63
	利润总额(万元)	1140.69	-3399.56	4118.99	25505.85

湖北兴发化工集团股份有限公司

公司概况						
	公司名称	湖北兴发化工集团股份有限公司			证券简称	兴发集团
	法人代表	李国璋	董秘	程亚利	证券代码	600141
	公司网址	www.xingfagroup.com		电子信箱	inform@xingfagroup.com	
	电　话	0717-6760939		传　真	0717-6760850	
	办公地址	湖北省宜昌市兴山县古夫镇高阳大道 58 号				
	经营范围	磷化工系列产品及精细化工产品生产销售等				

主要财务指标	指标\报告期	2014.06.30	2013.12.31	2013.06.30	2012.12.31
	基本每股收益(元)	0.0800	0.1400	0.1900	0.7800
	基本每股收益(扣除后)(元)	0.0300	0.0600	0.1700	0.7700
	稀释每股收益(元)	0.0800	0.1400	0.1900	0.7800
	每股净资产(元)	7.7328	7.7575	7.7410	7.8685
	每股经营现金净流量(元)	0.7316	0.5209	0.5193	0.9547
	每股现金流量(元)	0.3353	–2.4721	–2.0359	2.9571
	每股资本公积金(元)	4.3230	4.3348	4.2582	4.2915
	每股盈余公积金(元)	0.4023	0.4023	0.3651	0.3651
	每股未分配利润(元)	1.9745	1.9932	2.0923	2.1908
	净资产收益率(%)	1.0512	1.7990	2.3997	8.3617
	加权净资产收益率(%)	1.0500	1.8000	8.0400	14.1300
	净资产收益率(扣除)(%)	0.4108	0.7160	2.2133	8.2244
	总资产(万元)	1599550.56	1504558.64	1519543.54	1382363.75
	归属母公司股东权益(万元)	336676.32	337754.23	337034.73	342584.50
	营业收入(万元)	567343.41	1093440.50	566674.08	962006.44
	营业支出(万元)	505928.04	983643.12	510423.26	839782.14
	投资收益(万元)	7596.85	15456.13	6176.53	7273.01
	净利润(万元)	3539.13	6076.08	8087.82	28645.82
	营业利润(万元)	5031.06	9864.58	10578.56	39076.99
	利润总额(万元)	6936.50	13626.40	11226.11	38035.51

金发科技股份有限公司

公司概况						
	公司名称	金发科技股份有限公司			证券简称	金发科技
	法人代表	袁志敏	董秘	宁凯军	证券代码	600143
	公司网址	www.kingfa.com.cn		电子信箱	ir@kingfa.com.cn	
	电　话	020-66818881		传　真	020-66818881	
	办公地址	广州市广州高新技术产业开发区科学城科丰路 33 号				
	经营范围	塑料、化工产品、塑料回收及再生利用、日用机械、金属制品等				

主要财务指标	指标\报告期	2014.06.30	2013.12.31	2013.06.30	2012.12.31
	基本每股收益(元)	0.1200	0.2900	0.1600	0.3000
	基本每股收益(扣除后)(元)	0.1000	0.2300	0.1300	0.2500
	稀释每股收益(元)	0.1200	0.2900	0.1600	0.3000
	每股净资产(元)	3.0485	2.9624	2.9495	2.9699
	每股经营现金净流量(元)	0.1965	0.2441	0.0651	0.0760
	每股现金流量(元)	–0.0155	–0.1847	–0.1851	0.4652
	每股资本公积金(元)	1.0984	1.1809	1.1764	1.1556
	每股盈余公积金(元)	0.1470	0.1429	0.1274	0.1274
	每股未分配利润(元)	0.8032	0.7582	0.6454	0.6870
	净资产收益率(%)	4.0342	9.6738	5.3689	9.9291
	加权净资产收益率(%)	3.9800	9.5100	5.1800	10.8500
	净资产收益率(扣除)(%)	3.2184	7.8020	4.4235	8.4285
	总资产(万元)	1351329.79	1330008.81	1262928.99	1269236.31
	归属母公司股东权益(万元)	780419.00	780408.40	777009.38	782386.30
	营业收入(万元)	749239.31	1442598.08	668515.45	1224014.83
	营业支出(万元)	639549.50	1226206.89	565086.23	1006801.66
	投资收益(万元)	781.52	1362.85	438.67	983.68
	净利润(万元)	31484.02	75495.32	41716.93	77684.02
	营业利润(万元)	30848.88	70375.26	37993.49	78040.77
	利润总额(万元)	37669.32	87742.93	46593.98	91702.70

贵州国创能源控股(集团)股份有限公司

公司概况						
	公司名称	贵州国创能源控股(集团)股份有限公司			证券简称	*ST 国创
	法人代表	黄倞菲	董秘	王强	证券代码	600145
	公司网址	www.gc145.com		电子信箱	gcdm600145@163.com	
	电　话	0851-5833622		传　真	0851-5833622	
	办公地址	贵州省贵阳市南明区护国路凯宾斯基大厦 26 楼				
	经营范围	建筑卫生陶瓷、复合材料浴缸、塑料制品、五金配件、厨房设备等				

主要财务指标	指标\报告期	2014.06.30	2013.12.31	2013.06.30	2012.12.31
	基本每股收益(元)	–0.0037	–0.2300	0.0110	0.0040
	基本每股收益(扣除后)(元)	–0.0038	–	0.0110	–0.0200
	稀释每股收益(元)	–0.0037	–0.2300	0.0110	0.0040
	每股净资产(元)	0.2811	0.2848	0.5290	0.5180
	每股经营现金净流量(元)	0.0002	–0.0383	0.1293	–0.0425
	每股现金流量(元)	–0.0001	–0.0452	0.1232	–0.1235
	每股资本公积金(元)	0.1786	0.1786	0.1786	0.1786
	每股盈余公积金(元)	0.1038	0.1038	0.1038	0.1038
	每股未分配利润(元)	–1.0012	–0.9975	–0.7534	–0.7675
	净资产收益率(%)	–1.3203	–80.7595	2.0742	1.3854
	加权净资产收益率(%)	–1.3400	–57.5300	2.1000	0.7800
	净资产收益率(扣除)(%)	–1.3483	–87.6135	2.0517	–8.2325
	总资产(万元)	15559.99	15924.38	24973.90	24214.47
	归属母公司股东权益(万元)	10617.51	10757.70	19979.40	19445.56
	营业收入(万元)	1795.97	3615.00	1248.94	2993.55
	营业支出(万元)	1643.66	3678.87	975.68	2139.76
	投资收益(万元)	–	–302.68	–	699.51
	净利润(万元)	–140.18	–8687.87	414.41	151.63
	营业利润(万元)	–152.67	–9829.75	434.02	–993.53
	利润总额(万元)	–149.37	–9092.42	439.02	226.44

宁夏大元化工股份有限公司

公司概况						
	公司名称	宁夏大元化工股份有限公司			证券简称	大元股份
	法人代表	罗俊	董秘	李智昊	证券代码	600146
	公司网址	www.600146.net		电子信箱	dy600146@vip.sina.com	
	电　话	021-64698668		传　真	021-64699688	
	办公地址	上海市中山西路 1600 号宏汇国际广场 A 座 1105 室-1106 室				
	经营范围	生产销售工程用塑料板材、管材、异型材、电线、电缆等				

主要财务指标	指标\报告期	2014.06.30	2013.12.31	2013.06.30	2012.12.31
	基本每股收益(元)	–0.0670	–0.4600	–0.0560	0.0600
	基本每股收益(扣除后)(元)	–0.0660	–0.4700	–0.0550	–0.1600
	稀释每股收益(元)	–0.0670	–0.4600	–0.0560	0.0600
	每股净资产(元)	0.6393	0.7058	1.1103	1.1562
	每股经营现金净流量(元)	–0.1333	–0.1861	–0.1789	–0.0289
	每股现金流量(元)	–0.0937	–0.0572	–0.1738	0.1111
	每股资本公积金(元)	0.6418	0.6418	0.6418	0.6321
	每股盈余公积金(元)	0.0212	0.0212	0.0212	0.0212
	每股未分配利润(元)	–1.0236	–0.9571	–0.5527	–0.4971
	净资产收益率(%)	–10.4060	–65.1783	–5.0055	4.7821
	加权净资产收益率(%)	–9.8900	–49.3700	–4.9400	4.8000
	净资产收益率(扣除)(%)	–10.3354	–65.8550	–4.9685	–13.8299
	总资产(万元)	31603.78	33196.11	46713.92	46612.82
	归属母公司股东权益(万元)	12785.52	14115.98	22205.05	23123.10
	营业收入(万元)	1571.43	4099.85	1971.03	3823.15
	营业支出(万元)	1503.08	3801.83	1727.69	4149.52
	投资收益(万元)	–87.96	–31.54	–80.28	2545.34
	净利润(万元)	–1330.46	–9200.56	–1111.48	1105.78
	营业利润(万元)	–1777.21	–16245.27	–1455.23	–1843.21
	利润总额(万元)	–1786.39	–16293.22	–1469.61	1147.10

长春一东离合器股份有限公司

公司概况				
公司名称	长春一东离合器股份有限公司		证券简称	长春一东
法人代表	李艰	董秘 李东毅	证券代码	600148
公司网址	www.ccyd.com.cn		电子信箱	600148@ccyd.com.cn
电话	0431-85158520 85158570		传真	0431-85174234
办公地址	吉林省长春市高新技术产业开发区超然街 2555 号			
经营范围	制造汽车离合器、机械配件和汽车零件			

主要财务指标 指标\报告期	2014.06.30	2013.12.31	2013.06.30	2012.12.31
基本每股收益(元)	0.1300	0.2100	0.0700	0.0200
基本每股收益(扣除后)(元)	0.1262	0.1700	0.0650	0.0200
稀释每股收益(元)	0.1300	0.2100	0.0700	0.0200
每股净资产(元)	2.4724	2.3946	2.2556	2.1770
每股经营现金净流量(元)	0.4074	0.3475	0.0197	0.2830
每股现金流量(元)	0.2868	-0.0853	-0.3109	-0.0642
每股资本公积金(元)	0.6297	0.6297	0.6297	0.6297
每股盈余公积金(元)	0.1807	0.1807	0.1691	0.1691
每股未分配利润(元)	0.6452	0.5747	0.4518	0.3781
净资产收益率(%)	5.3806	8.6943	3.2662	1.0894
加权净资产收益率(%)	5.4700	9.1100	3.3200	1.0800
净资产收益率(扣除)(%)	5.1049	7.0347	2.8996	0.7783
总资产(万元)	92266.49	87504.49	85097.06	83004.41
归属母公司股东权益(万元)	34988.50	33888.07	31920.40	30807.76
营业收入(万元)	34913.86	66748.89	33101.76	60271.00
营业支山(万元)	24065.15	47173.74	24179.13	46344.77
投资收益(万元)	-	14.28	-	-
净利润(万元)	1882.60	2946.32	1042.57	335.62
营业利润(万元)	3018.32	4357.51	1909.38	1755.68
利润总额(万元)	3131.92	5263.91	2051.62	1858.67

廊坊发展股份有限公司

公司概况				
公司名称	廊坊发展股份有限公司		证券简称	廊坊发展
法人代表	王海滨	董秘 曹玫	证券代码	600149
公司网址			电子信箱	lf600149@163.com
电话	0316-6066958		传真	0316-6069858
办公地址	河北省廊坊市开发区科技谷园区青果路 99 号			
经营范围	各类轧辊的设计制造及销售			

主要财务指标 指标\报告期	2014.06.30	2013.12.31	2013.06.30	2012.12.31
基本每股收益(元)	0.0030	-0.1332	-0.0070	0.0163
基本每股收益(扣除后)(元)	-0.0090	-0.1161	-0.0120	0.0067
稀释每股收益(元)	0.0030	-0.1332	-0.0070	0.0163
每股净资产(元)	0.7042	0.7017	0.8275	0.8349
每股经营现金净流量(元)	-0.0034	-0.0051	0.0249	-0.0378
每股现金流量(元)	-0.0834	-0.0073	-0.0562	-0.0575
每股资本公积金(元)	0.2787	0.2788	0.2788	0.2788
每股盈余公积金(元)	0.1224	0.1224	0.1224	0.1224
每股未分配利润(元)	-0.6969	-0.6995	-0.5737	-0.5663
净资产收益率(%)	0.3654	-18.9794	-0.8868	1.9555
加权净资产收益率(%)	0.3700	-17.3300	-0.8800	1.9700
净资产收益率(扣除)(%)	-1.3032	-16.5469	-1.3915	0.8032
总资产(万元)	29702.11	30891.51	35046.47	34303.85
归属母公司股东权益(万元)	26770.95	26675.70	31459.61	31738.59
营业收入(万元)	1966.72	5163.02	3149.80	2653.63
营业支出(万元)	1701.20	4497.83	2725.74	1043.61
投资收益(万元)	59.86	-	-	555.30
净利润(万元)	97.82	-5062.89	-278.98	620.65
营业利润(万元)	-317.55	-3930.23	-374.40	966.28
利润总额(万元)	97.82	-5059.58	-276.02	898.62

中国船舶工业股份有限公司

公司概况				
公司名称	中国船舶工业股份有限公司		证券简称	中国船舶
法人代表	胡问鸣	董秘 陶健	证券代码	600150
公司网址	csscholdings.cssc.net.cn		电子信箱	stock@csscholdings.com
电话	021-68860618		传真	021-68860568
办公地址	上海市浦东新区浦东大道 1 号 15A 层			
经营范围	船舶行业和柴油机生产行业内的投资、民用船舶销售			

主要财务指标 指标\报告期	2014.06.30	2013.12.31	2013.06.30	2012.12.31
基本每股收益(元)	0.0870	0.0300	0.0360	-0.0700
基本每股收益(扣除后)(元)	0.0740	-0.1300	-0.0350	-0.1200
稀释每股收益(元)	0.0870	0.0300	0.0360	-0.0700
每股净资产(元)	12.6665	12.5885	12.6732	13.1158
每股经营现金净流量(元)	1.0913	-1.8816	-1.6833	-2.8809
每股现金流量(元)	-0.3702	-4.8889	-2.4795	-5.6610
每股资本公积金(元)	3.2500	3.2500	3.0946	3.7966
每股盈余公积金(元)	0.4151	0.4151	0.4000	0.4000
每股未分配利润(元)	7.9963	7.9195	8.1724	7.9159
净资产收益率(%)	0.6856	0.2279	0.3191	-0.5152
加权净资产收益率(%)	0.6900	0.2200	0.2700	-0.5100
净资产收益率(扣除)(%)	0.5839	-1.0091	0.0746	-0.9056
总资产(万元)	5373626.30	5102680.77	3746068.36	5916215.73
归属母公司股东权益(万元)	1745599.27	1734837.84	1746518.56	1807515.04
营业收入(万元)	1382302.05	2219815.38	1092537.43	2965795.70
营业支出(万元)	1264987.60	1963335.80	969287.54	2570301.39
投资收益(万元)	-330.08	1036.80	1290.67	-11791.31
净利润(万元)	11967.10	3953.51	4924.60	-9312.71
营业利润(万元)	9881.07	-41707.47	-14952.46	-63584.83
利润总额(万元)	9988.86	8416.49	20087.22	-13067.33

上海航天汽车机电股份有限公司

公司概况				
公司名称	上海航天汽车机电股份有限公司		证券简称	航天机电
法人代表	姜文正	董秘 王慧莉	证券代码	600151
公司网址	www.ht-saae.com		电子信箱	saae@ht-saae.com
电话	021-64827176		传真	021-64827177
办公地址	上海市漕溪路 222 号航天大厦南楼			
经营范围	研制、开发卫星及卫星应用、运载火箭应用等			

主要财务指标 指标\报告期	2014.06.30	2013.12.31	2013.06.30	2012.12.31
基本每股收益(元)	0.0270	0.1150	0.1360	-0.8430
基本每股收益(扣除后)(元)	0.0190	0.0460	0.0950	-0.8760
稀释每股收益(元)	0.0270	0.1150	0.1360	-0.8430
每股净资产(元)	3.0134	3.0212	3.0395	2.9073
每股经营现金净流量(元)	-0.4720	0.0917	-0.0399	-0.4566
每股现金流量(元)	-0.0264	-0.1148	0.1045	0.2452
每股资本公积金(元)	2.2906	2.2906	2.2907	2.2922
每股盈余公积金(元)	0.1673	0.1673	0.1629	0.1629
每股未分配利润(元)	-0.4453	-0.4375	-0.4121	-0.5484
净资产收益率(%)	0.9009	3.8192	4.4868	-24.4662
加权净资产收益率(%)	0.8950	3.8920	4.5830	-31.5590
净资产收益率(扣除)(%)	0.6254	1.5218	3.1189	-25.4250
总资产(万元)	823402.39	782183.51	696886.19	1114594.75
归属母公司股东权益(万元)	376726.31	377709.57	379993.73	363464.98
营业收入(万元)	151019.91	335886.89	120982.30	152939.33
营业支出(万元)	131700.98	287119.38	95734.87	187420.91
投资收益(万元)	7379.31	20955.31	14743.51	7921.01
净利润(万元)	3393.98	14425.52	17049.46	-88925.97
营业利润(万元)	3137.11	16995.25	18345.07	-128919.12
利润总额(万元)	4272.06	19754.10	19422.88	-123954.94

宁波维科精华集团股份有限公司

公司概况					
公司名称	宁波维科精华集团股份有限公司			证券简称	维科精华
法人代表	何承命	董秘	苏伟军	证券代码	600152
公司网址	www.vekenelite.com		电子信箱	hy@mail.veken.com	
电　话	0574-87341480		传　真	0574-87279527	
办公地址	浙江省宁波市和义路 99 号维科大厦 10 楼				
经营范围	纱、线、带制品、床上用品、家纺织品、针织品、装饰布等				

主要财务指标 指标＼报告期	2014.06.30	2013.12.31	2013.06.30	2012.12.31
基本每股收益(元)	-0.2152	0.0978	-0.0457	-0.4998
基本每股收益(扣除后)(元)	-0.2897	-0.6698	-0.2560	-0.5858
稀释每股收益(元)	-0.2152	0.0978	-0.0457	-0.4998
每股净资产(元)	2.4792	2.7237	2.5824	2.6300
每股经营现金净流量(元)	-0.0717	-0.3489	-0.1694	-0.2063
每股现金流量(元)	-0.1369	-0.6399	-0.4602	-0.9332
每股资本公积金(元)	0.5329	0.5328	0.5333	0.5351
每股盈余公积金(元)	0.4231	0.4231	0.3620	0.3620
每股未分配利润(元)	0.5246	0.7698	0.6874	0.7331
净资产收益率(%)	-8.6805	3.5922	-1.7693	-19.0042
加权净资产收益率(%)	-8.2200	3.6600	-1.3600	-17.3900
净资产收益率(扣除)(%)	-0.0106	-24.5904	-9.9143	-22.2741
总资产(万元)	210912.67	235251.83	258501.88	281619.21
归属母公司股东权益(万元)	72762.39	79939.09	75792.67	77189.46
营业收入(万元)	64863.66	232205.95	101467.21	295163.17
营业支出(万元)	60335.51	214245.47	94081.00	266126.39
投资收益(万元)	2962.28	7702.60	-	2539.79
净利润(万元)	-6316.12	2871.55	-1341.03	-14669.20
营业利润(万元)	-7373.26	-11449.12	-5503.32	-12076.70
利润总额(万元)	-7306.73	2736.07	-1601.66	-10827.93

厦门建发股份有限公司

公司概况					
公司名称	厦门建发股份有限公司			证券简称	建发股份
法人代表	黄文洲	董秘	林茂	证券代码	600153
公司网址	www.chinacnd.com		电子信箱	lm@chinacnd.com	
电　话	0592-2132319		传　真	0592-2112185 3616	
办公地址	福建省厦门市鹭江道 52 号海滨大厦 7 楼				
经营范围	进出口及国内贸易、房地产开发与经营、物流服务及实业投资等				

主要财务指标 指标＼报告期	2014.06.30	2013.12.31	2013.06.30	2012.12.31
基本每股收益(元)	0.4100	1.2000	0.4700	0.9600
基本每股收益(扣除后)(元)	0.4000	1.0800	0.4200	0.9700
稀释每股收益(元)	0.4100	1.2000	0.4700	0.9600
每股净资产(元)	5.7043	5.6093	5.0171	4.4783
每股经营现金净流量(元)	-2.4653	-0.8585	-0.8904	2.1246
每股现金流量(元)	0.8390	0.4605	-0.6907	0.9088
每股资本公积金(元)	0.9678	0.1236	0.1143	0.0485
每股盈余公积金(元)	0.2604	0.3299	0.2588	0.2588
每股未分配利润(元)	3.4717	4.1502	3.6418	3.1680
净资产收益率(%)	6.2052	21.4542	9.4433	21.5147
加权净资产收益率(%)	7.2800	23.8300	9.9800	23.7800
净资产收益率(扣除)(%)	6.0637	19.3384	8.3264	21.6825
总资产(万元)	9802078.60	8004510.96	6761296.67	6108111.13
归属母公司股东权益(万元)	1617293.18	1255221.32	1122695.66	1002123.27
营业收入(万元)	5317816.21	10206779.92	4902236.95	9116697.01
营业支出(万元)	4895649.60	9304187.03	4536110.96	8318564.04
投资收益(万元)	9909.38	30459.37	9741.70	6468.61
净利润(万元)	100356.31	269297.51	106019.50	215603.70
营业利润(万元)	173039.57	452288.47	170030.10	355443.72
利润总额(万元)	174932.41	458251.81	176033.80	359865.61

河北宝硕股份有限公司

公司概况					
公司名称	河北宝硕股份有限公司			证券简称	宝硕股份
法人代表	黄代云	董秘	戴文斌	证券代码	600155
公司网址	www.baoshuo.com.cn		电子信箱	baoshuo600155@sina.com	
电　话	0312-3109607		传　真	0312-3109607	
办公地址	河北省保定市国家高新技术产业开发区朝阳北大街 1098 号				
经营范围	塑料制品和化工产品的生产和销售				

主要财务指标 指标＼报告期	2014.06.30	2013.12.31	2013.06.30	2012.12.31
基本每股收益(元)	-0.0830	1.6800	-0.1294	-0.3400
基本每股收益(扣除后)(元)	-0.1390	-0.3500	-0.1300	-0.3400
稀释每股收益(元)	-0.0830	1.6800	-0.1294	-0.3400
每股净资产(元)	0.1113	0.1946	-1.6154	-1.4860
每股经营现金净流量(元)	-0.2885	-1.9437	-0.0897	-0.0448
每股现金流量(元)	-0.2921	0.2439	-0.0605	-0.1298
每股资本公积金(元)	0.5766	0.5766	0.5775	0.5775
每股盈余公积金(元)	0.0393	0.0393	0.0393	0.0393
每股未分配利润(元)	-1.5046	-1.4213	-3.2322	-3.1029
净资产收益率(%)	-74.8770	864.2250	-8.0075	-22.5642
加权净资产收益率(%)	-54.4800	-	-	-
净资产收益率(扣除)(%)	-125.3604	-177.7139	7.9577	22.8404
总资产(万元)	173845.66	179772.64	63018.59	68339.92
归属母公司股东权益(万元)	4589.57	8026.11	-66634.97	-61299.20
营业收入(万元)	17675.98	7170.00	1497.32	37880.50
营业支出(万元)	17408.43	6822.09	1990.01	39838.62
投资收益(万元)	5.60	-	-	2.40
净利润(万元)	-3436.54	69363.62	-5335.77	-13831.66
营业利润(万元)	-5942.24	-16848.83	-5308.55	-14025.87
利润总额(万元)	-3617.68	69350.04	-5341.72	-13856.65

湖南华升股份有限公司

公司概况					
公司名称	湖南华升股份有限公司			证券简称	华升股份
法人代表	刘政	董秘	朱小明	证券代码	600156
公司网址			电子信箱	hnhsgf@163.com	
电　话	0731-85237818		传　真	0731-85237861	
办公地址	湖南省长沙市芙蓉中路三段 420 号华升大厦				
经营范围	苎麻纺织品的开发、生产和进出口贸易				

主要财务指标 指标＼报告期	2014.06.30	2013.12.31	2013.06.30	2012.12.31
基本每股收益(元)	-0.0251	0.1761	-0.0657	0.0181
基本每股收益(扣除后)(元)	-0.0318	-0.3113	-0.0833	-0.0695
稀释每股收益(元)	-0.0251	0.1761	-0.0657	0.0181
每股净资产(元)	1.7288	1.7539	1.4085	1.5483
每股经营现金净流量(元)	-0.0884	-0.2125	-0.1474	0.1154
每股现金流量(元)	0.1772	-0.1236	-0.1056	0.0548
每股资本公积金(元)	0.3327	0.3327	0.2367	0.3032
每股盈余公积金(元)	0.0490	0.0490	0.0490	0.0490
每股未分配利润(元)	0.3471	0.3722	0.1227	0.1961
净资产收益率(%)	-1.4510	10.0403	-4.6638	0.6726
加权净资产收益率(%)	-1.4400	10.9400	-4.3300	1.2900
净资产收益率(扣除)(%)	-1.8389	-17.7520	-5.9122	-4.0247
总资产(万元)	112958.15	118671.51	130673.13	124039.04
归属母公司股东权益(万元)	69515.58	70524.24	56636.85	62257.52
营业收入(万元)	45392.69	98209.12	40710.72	86618.91
营业支出(万元)	42203.61	91675.57	37613.64	78673.19
投资收益(万元)	40.27	24183.56	56.99	206.37
净利润(万元)	-1008.66	7080.88	-2641.41	787.38
营业利润(万元)	-1489.25	11086.08	-2341.55	-2446.09
利润总额(万元)	-1169.08	11724.38	-1520.20	1897.84

永泰能源股份有限公司

公司概况	公司名称	永泰能源股份有限公司		证券简称	永泰能源
	法人代表	徐培忠	董秘 王军	证券代码	600157
	公司网址	www.wtecl.com		电子信箱	wteclzqb@126.com
	电　　话	0351-8366507		传　　真	0351-8366501
	办公地址	山西省太原市小店区亲贤北街9号双喜广场26-27F			
	经营范围	煤炭开采与经营、煤炭洗选加工			

	指标\报告期	2014.06.30	2013.12.31	2013.06.30	2012.12.31
主要财务指标	基本每股收益(元)	0.1031	0.2696	0.0909	0.5589
	基本每股收益(扣除后)(元)	0.0249	0.2335	0.0920	0.4208
	稀释每股收益(元)	0.1031	0.2696	0.0909	0.5589
	每股净资产(元)	2.8355	5.5622	4.7927	4.9017
	每股经营现金净流量(元)	0.2981	1.1538	0.4368	1.1173
	每股现金流量(元)	-0.3973	-3.7735	0.4981	4.7421
	每股资本公积金(元)	1.3354	3.6778	3.0239	3.0259
	每股盈余公积金(元)	0.0503	0.1006	0.0738	0.0738
	每股未分配利润(元)	0.3916	0.6770	0.6160	0.7342
	净资产收益率(%)	3.6371	4.8465	3.7935	11.4022
	加权净资产收益率(%)	3.6453	5.4200	3.7091	13.5500
	净资产收益率(扣除)(%)	0.8775	4.1979	3.8382	8.5847
	总资产(万元)	4835790.09	4761489.24	4411102.59	4256863.56
	归属母公司股东权益(万元)	1002397.66	983148.91	847138.30	866396.19
	营业收入(万元)	399436.12	984325.95	438492.13	771832.98
	营业支出(万元)	237111.49	676040.44	283926.16	458155.57
	投资收益(万元)	8454.25	5207.34	54.81	23537.49
	净利润(万元)	36458.06	47648.58	32136.30	98788.30
	营业利润(万元)	28904.23	87943.65	63157.60	169033.51
	利润总额(万元)	50905.17	90705.72	62661.17	170320.18

中体产业集团股份有限公司

公司概况	公司名称	中体产业集团股份有限公司		证券简称	中体产业
	法人代表	刘军	董秘 段越清	证券代码	600158
	公司网址	www.csig158.com		电子信箱	duanyueqing@csig158.com
	电　　话	010-85160816 85160999		传　　真	010-65515338
	办公地址	北京市朝阳区朝外大街225号			
	经营范围	体育用品的生产、加工、销售、体育场馆、设施的建设、开发、经营等			

	指标\报告期	2014.06.30	2013.12.31	2013.06.30	2012.12.31
主要财务指标	基本每股收益(元)	0.0685	0.1616	0.0438	0.0924
	基本每股收益(扣除后)(元)	0.0248	0.0966	0.0176	0.0609
	稀释每股收益(元)	0.0685	0.1616	0.0438	0.0924
	每股净资产(元)	1.7358	1.6887	1.5556	1.5409
	每股经营现金净流量(元)	-0.2108	-0.1117	-0.0067	-0.1175
	每股现金流量(元)	-0.3508	0.3087	0.1480	-0.3783
	每股资本公积金(元)	0.0484	0.0208	0.0055	0.0066
	每股盈余公积金(元)	0.1049	0.1049	0.1030	0.1030
	每股未分配利润(元)	0.5824	0.5629	0.4471	0.4313
	净资产收益率(%)	3.9468	9.5672	2.8160	5.9964
	加权净资产收益率(%)	3.9600	10.0700	2.8200	6.0800
	净资产收益率(扣除)(%)	1.4279	5.7233	1.1322	3.9550
	总资产(万元)	362764.50	362860.70	354940.77	348425.68
	归属母公司股东权益(万元)	146453.35	142478.80	131252.15	130007.01
	营业收入(万元)	39621.65	98496.75	39598.41	104943.91
	营业支出(万元)	29546.57	65016.46	25887.96	73156.63
	投资收益(万元)	6453.55	4198.82	-86.65	6505.24
	净利润(万元)	5780.19	13631.19	3696.03	7795.75
	营业利润(万元)	6888.61	22113.64	3687.99	13083.33
	利润总额(万元)	6888.45	25138.07	6367.77	14992.97

北京市大龙伟业房地产开发股份有限公司

公司概况	公司名称	北京市大龙伟业房地产开发股份有限公司		证券简称	大龙地产
	法人代表	李绍林	董秘 马志方	证券代码	600159
	公司网址	www.dldc.com.cn		电子信箱	mazhifang2005@tom.com
	电　　话	010-69446339		传　　真	010-69446339
	办公地址	北京市顺义区府前东街甲2号			
	经营范围	房地产开发经营等			

	指标\报告期	2014.06.30	2013.12.31	2013.06.30	2012.12.31
主要财务指标	基本每股收益(元)	-0.0073	0.2800	0.0037	-0.1200
	基本每股收益(扣除后)(元)	-0.0163	0.0100	-0.0021	-0.1200
	稀释每股收益(元)	-0.0073	0.2800	0.0037	-0.1200
	每股净资产(元)	2.4013	2.4086	2.1361	2.1324
	每股经营现金净流量(元)	-0.0728	1.2602	0.6274	-0.4622
	每股现金流量(元)	-0.3633	0.4018	0.5684	0.0585
	每股资本公积金(元)	0.4171	0.4171	0.4171	0.4171
	每股盈余公积金(元)	0.0325	0.0325	0.0325	0.0325
	每股未分配利润(元)	0.9517	0.9591	0.6866	0.6829
	净资产收益率(%)	-0.3060	11.4673	0.1747	-5.5047
	加权净资产收益率(%)	-0.3100	12.1600	0.1700	-5.3600
	净资产收益率(扣除)(%)	-0.6793	0.3942	-0.0968	-5.5911
	总资产(万元)	321980.16	334479.05	337954.42	324688.26
	归属母公司股东权益(万元)	199305.60	199915.56	177300.27	176990.58
	营业收入(万元)	20055.51	67665.90	11715.25	28530.41
	营业支出(万元)	17594.02	53547.91	7701.53	23490.94
	投资收益(万元)	975.10	503.60	-	134.56
	净利润(万元)	-609.96	22924.98	309.69	-9742.71
	营业利润(万元)	-500.34	2262.24	-366.25	-13017.28
	利润总额(万元)	-481.99	31308.80	276.61	-12947.31

浙江巨化股份有限公司

公司概况	公司名称	浙江巨化股份有限公司		证券简称	巨化股份
	法人代表	杜世源	董秘 刘云华	证券代码	600160
	公司网址	www.jhgf.com.cn		电子信箱	jhgf@juhua.com.cn
	电　　话	0570-3091758		传　　真	0570-3091777
	办公地址	浙江省衢州市柯城区			
	经营范围	氟化工原料及后续产品、基本化工原料及后续产品和化肥、农药的生产与销售			

	指标\报告期	2014.06.30	2013.12.31	2013.06.30	2012.12.31
主要财务指标	基本每股收益(元)	0.0370	0.1790	0.0650	0.4320
	基本每股收益(扣除后)(元)	0.0130	0.1480	0.0590	0.4100
	稀释每股收益(元)	0.0370	0.1790	0.0650	0.4320
	每股净资产(元)	3.9556	4.1186	4.0226	4.1060
	每股经营现金净流量(元)	0.0213	0.4391	0.5023	0.0658
	每股现金流量(元)	-0.5910	0.6311	0.0166	-0.9677
	每股资本公积金(元)	1.3583	1.3609	0.8613	1.1339
	每股盈余公积金(元)	0.2604	0.2604	0.2536	0.2543
	每股未分配利润(元)	1.3284	1.4914	1.8831	1.9556
	净资产收益率(%)	0.9365	3.3999	2.0782	9.9089
	加权净资产收益率(%)	0.9000	4.2900	1.9500	10.2100
	净资产收益率(扣除)(%)	0.3331	2.8166	1.8812	9.9852
	总资产(万元)	936698.57	959683.56	796482.72	748375.28
	归属母公司股东权益(万元)	716326.45	745846.64	569965.71	617478.14
	营业收入(万元)	466501.61	973654.19	492241.19	898550.33
	营业支出(万元)	430279.70	885897.69	448243.81	758809.66
	投资收益(万元)	4027.66	1339.28	-320.47	359.43
	净利润(万元)	6708.44	25357.78	11844.87	61185.25
	营业利润(万元)	6847.93	28435.75	13250.14	74748.40
	利润总额(万元)	8190.58	30652.79	14089.22	77440.30

北京天坛生物制品股份有限公司

公司概况					
公司名称	北京天坛生物制品股份有限公司			证券简称	天坛生物
法人代表	魏宝康	董秘	慈翔	证券代码	600161
公司网址	www.tiantanbio.com		电子信箱	flyci@126.com	
电话	010-65724045 65772357		传真	010-65792747 65772354	
办公地址	北京市朝阳区三间房南里四号				
经营范围	制造生物制品、体外诊断试剂等				

主要财务指标 指标\报告期	2014.06.30	2013.12.31	2013.06.30	2012.12.31
基本每股收益(元)	0.4400	0.7200	0.4300	0.5900
基本每股收益(扣除后)(元)	0.4400	0.7100	0.4300	0.5400
稀释每股收益(元)	0.4400	0.7200	0.4300	0.5900
每股净资产(元)	4.1808	3.7365	3.4491	3.0148
每股经营现金净流量(元)	0.3896	1.0989	0.1216	0.8381
每股现金流量(元)	1.8616	0.5264	0.0366	0.0690
每股资本公积金(元)	0.3183	0.3183	0.3183	0.3183
每股盈余公积金(元)	0.2746	0.2746	0.2197	0.2197
每股未分配利润(元)	2.5879	2.1436	1.9112	1.4768
净资产收益率(%)	10.6275	19.3158	12.5943	19.6210
加权净资产收益率(%)	11.2200	21.3800	13.4400	21.4900
净资产收益率(扣除)(%)	10.5171	18.9268	12.5197	17.9184
总资产(万元)	679767.64	563453.91	521666.14	480605.11
归属母公司股东权益(万元)	215506.34	192603.44	177792.25	155400.56
营业收入(万元)	108329.23	183650.41	90134.68	150235.12
营业支出(万元)	45834.51	79278.20	37181.30	60656.48
投资收益(万元)	173.68	–	–	831.38
净利润(万元)	22902.91	37202.88	22391.69	30491.17
营业利润(万元)	33283.33	53725.99	32829.91	41964.99
利润总额(万元)	33567.91	54679.83	32992.40	44509.56

深圳香江控股股份有限公司

公司概况					
公司名称	深圳香江控股股份有限公司			证券简称	香江控股
法人代表	翟美卿	董秘	舒剑刚	证券代码	600162
公司网址	www.hkhc.com.cn		电子信箱	liuyingkun@hkhc.com.cn	
电话	020-34821006		传真	020-34821008	
办公地址	广东省广州市番禺区迎宾路锦绣香江花园香江控股办公楼				
经营范围	从事工程机械和商贸物流业务的经营				

主要财务指标 指标\报告期	2014.06.30	2013.12.31	2013.06.30	2012.12.31
基本每股收益(元)	0.1820	0.2510	0.1740	0.0400
基本每股收益(扣除后)(元)	0.1760	0.2200	0.1380	0.0200
稀释每股收益(元)	–	–	–	–
每股净资产(元)	2.2037	2.1017	2.0254	1.8858
每股经营现金净流量(元)	–0.3549	–0.5897	0.0533	2.0344
每股现金流量(元)	–0.3583	–0.9705	0.0852	1.4050
每股资本公积金(元)	0.0286	0.0286	0.0286	0.0483
每股盈余公积金(元)	0.1375	0.1375	0.1375	0.1375
每股未分配利润(元)	1.0376	0.9356	0.8594	0.7000
净资产收益率(%)	8.2587	11.9249	8.6088	2.1196
加权净资产收益率(%)	8.4540	12.5700	8.9160	2.1500
净资产收益率(扣除)(%)	8.0015	10.3231	6.8094	1.1865
总资产(万元)	1375197.40	1331012.09	1350698.13	1249650.53
归属母公司股东权益(万元)	169202.56	161371.12	155515.79	144795.43
营业收入(万元)	129500.45	291974.48	145160.87	268951.32
营业支出(万元)	70432.84	142278.17	64075.17	165204.46
投资收益(万元)	–72.26	3554.60	3717.16	2671.46
净利润(万元)	13973.94	19243.32	13387.98	3069.10
营业利润(万元)	20398.64	57140.80	40672.67	13205.73
利润总额(万元)	20994.71	56740.71	40311.09	14447.85

福建省南纸股份有限公司

公司概况					
公司名称	福建省南纸股份有限公司			证券简称	福建南纸
法人代表	张骏	董秘	李永和	证券代码	600163
公司网址	www.nanpingpaper.com		电子信箱	nzzqb@fjnz163.com	
电话	0599-8808806		传真	0599-8808807	
办公地址	福建省南平市滨江北路 177 号				
经营范围	新闻纸、纸浆、纸制品及副产品等的生产和销售				

主要财务指标 指标\报告期	2014.06.30	2013.12.31	2013.06.30	2012.12.31
基本每股收益(元)	–0.2960	–1.0700	–0.3440	0.0310
基本每股收益(扣除后)(元)	–0.2870	–1.0840	–0.3450	–0.5690
稀释每股收益(元)	–0.2960	–1.0700	–0.3440	0.0310
每股净资产(元)	0.6176	0.9118	1.6373	1.9845
每股经营现金净流量(元)	–0.0492	–0.3043	–0.2844	0.4643
每股现金流量(元)	0.0102	–0.5071	–0.3914	0.0992
每股资本公积金(元)	1.6296	1.6276	1.6270	1.6303
每股盈余公积金(元)	0.0980	0.0980	0.0980	0.0980
每股未分配利润(元)	–2.1100	–1.8138	–1.0877	–0.7438
净资产收益率(%)	–47.9575	–117.3456	–21.0036	1.5834
加权净资产收益率(%)	–38.7880	–73.8870	–18.9770	1.5430
净资产收益率(扣除)(%)	–46.5276	–118.8476	–21.0683	–28.6851
总资产(万元)	244596.40	261432.81	313228.00	357394.25
归属母公司股东权益(万元)	44554.96	65780.64	118118.34	143167.08
营业收入(万元)	57635.54	140890.41	71521.83	146698.65
营业支出(万元)	59695.14	154290.80	77567.55	152655.47
投资收益(万元)	90.00	84.74	84.74	2803.80
净利润(万元)	–21367.43	–77190.69	–24809.12	2266.98
营业利润(万元)	–20750.67	–78181.03	–24879.25	–38411.74
利润总额(万元)	–21387.89	–77194.01	–24802.87	2214.92

宁夏新日恒力钢丝绳股份有限公司

公司概况					
公司名称	宁夏新日恒力钢丝绳股份有限公司			证券简称	新日恒力
法人代表	肖家守	董秘	赵丽莉	证券代码	600165
公司网址	www.nxhengli.com.cn		电子信箱	root@nxhengli.com.cn	
电话	0951-6898015 0952-3671222		传真	0951-6898221	
办公地址	宁夏回族自治区石嘴山市惠农区河滨街				
经营范围	丝、钢丝绳、钢绞线等钢丝及其制品的生产与销售				

主要财务指标 指标\报告期	2014.06.30	2013.12.31	2013.06.30	2012.12.31
基本每股收益(元)	0.0590	0.0400	0.0210	0.1544
基本每股收益(扣除后)(元)	–0.2170	–0.0730	–0.0260	0.0240
稀释每股收益(元)	0.0590	0.0400	0.0210	0.1544
每股净资产(元)	3.8460	3.7852	3.7696	3.7470
每股经营现金净流量(元)	0.1180	0.0219	0.1022	0.3654
每股现金流量(元)	0.1603	–0.2387	0.0590	–0.2135
每股资本公积金(元)	2.5222	2.5236	2.5366	2.5366
每股盈余公积金(元)	0.1348	0.1348	0.1690	0.1690
每股未分配利润(元)	0.1783	0.1189	0.0587	0.0381
净资产收益率(%)	1.5452	1.0680	0.5443	4.1203
加权净资产收益率(%)	1.5570	1.0730	0.5460	4.2090
净资产收益率(扣除)(%)	–5.6537	–1.9296	–0.6867	0.6504
总资产(万元)	252166.95	256136.25	260268.11	253828.18
归属母公司股东权益(万元)	105362.87	103696.62	103269.33	102650.41
营业收入(万元)	73240.33	176390.32	100603.68	184180.56
营业支出(万元)	68035.02	155612.09	91751.67	165349.55
投资收益(万元)	8674.19	171.13	155.00	3591.34
净利润(万元)	1628.02	1107.43	562.10	4229.53
营业利润(万元)	1642.14	–1921.05	–1040.59	3112.54
利润总额(万元)	1904.21	1458.87	592.50	4655.84

北汽福田汽车股份有限公司

公司概况					
公司名称	北汽福田汽车股份有限公司			证券简称	福田汽车
法人代表	徐和谊	董秘	龚敏	证券代码	600166
公司网址	www.foton.com.cn		电子信箱	600166@foton.com.cn	
电话	010-80716459		传真	010-80716459	
办公地址	北京市昌平区沙河镇沙阳路老牛湾村北				
经营范围	轻型载货汽车、中重型载货汽车、轻型客车、大中客车等				

主要财务指标 指标\报告期	2014.06.30	2013.12.31	2013.06.30	2012.12.31
基本每股收益(元)	0.1030	0.2720	0.1450	0.5500
基本每股收益(扣除后)(元)	0.0030	0.0780	0.0800	–0.3290
稀释每股收益(元)	0.1030	0.2720	0.1450	0.5500
每股净资产(元)	5.4439	5.3270	5.2071	5.2431
每股经营现金净流量(元)	–0.4492	0.3924	–	–0.2845
每股现金流量(元)	–0.0849	–1.1392	–0.6022	0.5263
每股资本公积金(元)	2.7769	2.7727	2.7698	2.7734
每股盈余公积金(元)	0.5925	0.5925	0.5274	0.5274
每股未分配利润(元)	1.1114	1.0089	0.9475	0.9625
净资产收益率(%)	1.8836	5.0982	2.7858	9.1866
加权净资产收益率(%)	1.9000	5.1400	2.7300	11.5400
净资产收益率(扣除)(%)	0.0519	1.4716	1.5349	–5.4874
总资产(万元)	3549314.23	3243259.30	3225101.29	3304900.62
归属母公司股东权益(万元)	1529544.04	1496719.00	1463034.71	1473131.75
营业收入(万元)	1880523.81	3415254.31	1795960.17	4097330.85
营业支出(万元)	1623812.27	2979133.08	1559003.84	3657478.88
投资收益(万元)	10256.03	6150.77	11528.41	–10050.27
净利润(万元)	28810.39	76305.54	40757.12	135330.03
营业利润(万元)	1233.95	23597.63	26274.65	–95426.70
利润总额(万元)	34943.89	81781.45	47886.87	164313.98

联美控股股份有限公司

公司概况					
公司名称	联美控股股份有限公司			证券简称	联美控股
法人代表	朱昌一	董秘	刘思生	证券代码	600167
公司网址			电子信箱	zqb@shnd.sina.net	
电话	024-23784835		传真	024-83781352	
办公地址	沈阳市浑南新区远航中路1号				
经营范围	供热、供水、房屋租赁、市政建设、工程施工、物业管理				

主要财务指标 指标\报告期	2014.06.30	2013.12.31	2013.06.30	2012.12.31
基本每股收益(元)	0.5465	0.6573	0.3916	0.5220
基本每股收益(扣除后)(元)	0.5424	0.6103	0.4080	0.4767
稀释每股收益(元)	0.5465	0.6573	0.3916	0.5220
每股净资产(元)	4.6617	4.1152	4.0098	3.6182
每股经营现金净流量(元)	–0.7698	2.5898	–0.2827	2.0597
每股现金流量(元)	–0.8746	1.8963	–0.4997	–0.1688
每股资本公积金(元)	1.1707	1.1707	1.1707	1.1707
每股盈余公积金(元)	0.0227	0.0227	0.0203	–
每股未分配利润(元)	2.4683	1.9218	1.8189	1.4475
净资产收益率(%)	11.7223	15.9717	9.7666	14.4272
加权净资产收益率(%)	12.4500	16.9400	10.2700	15.5500
净资产收益率(扣除)(%)	11.6362	14.8300	10.1767	13.1747
总资产(万元)	254446.34	271102.76	219577.67	224752.80
归属母公司股东权益(万元)	98361.91	86831.66	84607.63	76344.37
营业收入(万元)	33782.39	58200.96	28277.06	49375.04
营业支出(万元)	17075.47	36280.16	14789.45	32560.36
投资收益(万元)	–	–	–	–
净利润(万元)	11530.25	13868.46	8263.26	11014.35
营业利润(万元)	15210.85	17078.51	11646.65	13484.66
利润总额(万元)	15323.75	18400.71	11183.98	14759.59

武汉三镇实业控股股份有限公司

公司概况					
公司名称	武汉三镇实业控股股份有限公司			证券简称	武汉控股
法人代表	王贤兵	董秘	涂立俊(代)	证券代码	600168
公司网址	www.600168.com.cn		电子信箱	dmxx@600168.com.cn	
电话	027-85725739		传真	027-85725739	
办公地址	湖北省武汉市武昌区友谊大道特8号长江隧道公司管理大楼				
经营范围	城市给排水、污水综合处理、道路、桥梁、供气、供电、通讯等				

主要财务指标 指标\报告期	2014.06.30	2013.12.31	2013.06.30	2012.12.31
基本每股收益(元)	0.2800	0.4500	0.2400	0.5100
基本每股收益(扣除后)(元)	0.2600	0.1900	0.0400	0.0600
稀释每股收益(元)	0.2800	0.4500	0.2400	0.5100
每股净资产(元)	5.6590	5.4248	5.4248	8.2349
每股经营现金净流量(元)	0.2969	0.7541	0.6001	2.7824
每股现金流量(元)	–0.5923	0.5959	0.2281	0.3807
每股资本公积金(元)	2.1549	2.1478	1.6968	4.1514
每股盈余公积金(元)	0.2347	0.2347	0.3266	0.3266
每股未分配利润(元)	2.2694	2.0424	0.8506	2.7548
净资产收益率(%)	4.9482	7.0604	3.6933	8.2380
加权净资产收益率(%)	5.0500	8.7800	3.8400	8.6300
净资产收益率(扣除)(%)	4.5928	2.5208	1.0109	1.4901
总资产(万元)	688037.51	718777.70	317935.48	714927.84
归属母公司股东权益(万元)	401542.69	384927.66	170900.02	363191.20
营业收入(万元)	56462.16	103514.30	50624.71	99513.07
营业支出(万元)	33236.85	70402.07	31754.91	63482.89
投资收益(万元)	74.57	–24.86	–	449.85
净利润(万元)	19869.13	27177.42	14216.59	29919.58
营业利润(万元)	15182.62	14503.43	9508.89	15046.45
利润总额(万元)	24236.29	32625.85	18523.96	34121.29

太原重工股份有限公司

公司概况					
公司名称	太原重工股份有限公司			证券简称	太原重工
法人代表	王创民	董秘	李迎魁	证券代码	600169
公司网址	www.tyhi.com.cn		电子信箱	tyhi@public.ty.sx.cn	
电话	0351-6361155		传真	0351-6362554	
办公地址	山西省太原市万柏林区玉河街53号				
经营范围	制造销售火车轴、冶金、轧钢、锻压、起重、非标设备、加压气化炉等				

主要财务指标 指标\报告期	2014.06.30	2013.12.31	2013.06.30	2012.12.31
基本每股收益(元)	0.0047	0.0105	–0.0197	–0.1371
基本每股收益(扣除后)(元)	–0.0077	–0.0059	–0.0274	–0.1520
稀释每股收益(元)	–	–	–0.0197	–
每股净资产(元)	2.2352	2.2299	2.2007	2.2201
每股经营现金净流量(元)	–0.3649	–0.3413	–0.3874	–0.2743
每股现金流量(元)	0.1305	0.0022	–0.1431	–0.1588
每股资本公积金(元)	0.5072	0.5072	0.5072	0.5285
每股盈余公积金(元)	0.1122	0.1122	0.1085	0.1085
每股未分配利润(元)	0.6155	0.6108	0.5844	0.6040
净资产收益率(%)	0.2098	0.4719	–0.8937	–6.1735
加权净资产收益率(%)	0.2100	0.4700	–0.8900	–5.9900
净资产收益率(扣除)(%)	–0.3437	–0.2668	–1.2447	–6.8461
总资产(万元)	2551716.84	2377191.47	2183377.67	2069218.71
归属母公司股东权益(万元)	541790.91	540517.14	533428.36	543147.31
营业收入(万元)	371582.43	955141.33	373035.77	936007.69
营业支出(万元)	308283.00	817357.87	317863.36	845016.87
投资收益(万元)	–	9.93	–	–23.90
净利润(万元)	1136.74	2550.47	–4767.29	–33222.67
营业利润(万元)	–3395.47	–3891.03	–8292.29	–39170.09
利润总额(万元)	179.72	959.23	–5968.61	–34920.92

上海建工集团股份有限公司

公司概况	公司名称	上海建工集团股份有限公司			证券简称	上海建工
	法人代表	徐征	董秘	尤卫平	证券代码	600170
	公司网址	www.shconstruction.cn		电子信箱	sc@china-scg.com	
	电　话	021-55885959		传　真	021-55886222	
	办公地址	上海市虹口区东大名路 666 号				
	经营范围	各类建设工程总承包、设计、施工、咨询、设备、材料、构配件生产等				

主要财务指标	指标＼报告期	2014.06.30	2013.12.31	2013.06.30	2012.12.31
	基本每股收益(元)	0.2400	0.5800	0.2200	0.5800
	基本每股收益(扣除后)(元)	0.2200	0.4400	0.1900	0.4100
	稀释每股收益(元)	0.2400	0.5800	0.2200	0.5800
	每股净资产(元)	3.6664	4.6747	5.2302	5.1127
	每股经营现金净流量(元)	-1.3719	0.7912	-1.5847	2.0280
	每股现金流量(元)	-2.0278	0.7805	-1.8604	2.5827
	每股资本公积金(元)	0.7762	1.5069	1.7771	1.7830
	每股盈余公积金(元)	0.1788	0.2324	0.2094	0.2094
	每股未分配利润(元)	1.7179	2.1252	2.2535	2.1252
	净资产收益率(%)	6.4644	12.4722	6.4696	13.5303
	加权净资产收益率(%)	6.3200	13.0600	5.7400	14.4100
	净资产收益率(扣除)(%)	5.9642	9.4248	5.6367	9.6539
	总资产(万元)	9660347.59	9626289.40	8410987.04	8274823.15
	归属母公司股东权益(万元)	1322786.56	1347642.31	1209601.28	1182436.33
	营业收入(万元)	5507704.66	10203605.45	4645009.28	9315363.14
	营业支出(万元)	5063803.65	9419447.23	4327140.04	8713492.77
	投资收益(万元)	-1190.16	7208.20	7339.87	30991.40
	净利润(万元)	85509.81	161809.00	77671.43	159986.81
	营业利润(万元)	112969.08	163881.45	87055.19	154100.95
	利润总额(万元)	119868.13	216511.60	99791.33	206949.08

上海贝岭股份有限公司

公司概况	公司名称	上海贝岭股份有限公司			证券简称	上海贝岭
	法人代表	赵贵武	董秘	周承捷	证券代码	600171
	公司网址	www.belling.com.cn		电子信箱	bloffice@belling.com.cn	
	电　话	021-24261157		传　真	021-64854424	
	办公地址	上海市漕河泾开发区宜山路 810 号				
	经营范围	集成电路的设计、制造、销售和技术服务				

主要财务指标	指标＼报告期	2014.06.30	2013.12.31	2013.06.30	2012.12.31
	基本每股收益(元)	0.0180	0.0590	0.0260	0.0500
	基本每股收益(扣除后)(元)	-0.0270	-0.0770	-0.0360	-0.0120
	稀释每股收益(元)	0.0180	0.0590	0.0260	0.0500
	每股净资产(元)	2.6187	2.6205	2.5869	2.5755
	每股经营现金净流量(元)	-0.0188	0.0619	-0.0189	0.0796
	每股现金流量(元)	-0.2002	0.0055	-0.1157	-0.0782
	每股资本公积金(元)	1.1916	1.1916	1.1916	1.1916
	每股盈余公积金(元)	0.1974	0.1974	0.1974	0.1974
	每股未分配利润(元)	0.2296	0.2315	0.1979	0.1865
	净资产收益率(%)	0.6939	2.2877	1.0191	1.9245
	加权净资产收益率(%)	0.7300	2.1400	1.0200	1.9200
	净资产收益率(扣除)(%)	-1.0133	-2.9286	-1.3741	-0.4623
	总资产(万元)	209644.99	210630.21	205761.45	207023.49
	归属母公司股东权益(万元)	176447.84	176571.02	174308.09	173542.35
	营业收入(万元)	21943.34	58551.50	28030.82	67692.95
	营业支出(万元)	17405.52	48839.72	23299.09	54648.56
	投资收益(万元)	327.91	436.16	180.50	857.98
	净利润(万元)	1224.43	4039.38	1776.45	3339.85
	营业利润(万元)	-1990.23	-5731.37	-3101.74	-168.03
	利润总额(万元)	1347.97	5036.58	1794.47	4075.54

河南黄河旋风股份有限公司

公司概况	公司名称	河南黄河旋风股份有限公司			证券简称	黄河旋风
	法人代表	乔秋生	董秘	杜长洪	证券代码	600172
	公司网址	www.hhxf.com		电子信箱	hhxfzjb@hhxf.com	
	电　话	0374-6108899 6165530		传　真	0374-6108986	
	办公地址	河南省长葛市人民路 200 号				
	经营范围	人造金刚石、人造金刚石磨料磨具磨削及其他金刚石制品等				

主要财务指标	指标＼报告期	2014.06.30	2013.12.31	2013.06.30	2012.12.31
	基本每股收益(元)	0.2131	0.3929	0.1845	0.3207
	基本每股收益(扣除后)(元)	0.2111	0.3931	0.1872	0.3201
	稀释每股收益(元)	0.2131	0.3929	0.1845	0.3207
	每股净资产(元)	4.3100	4.1500	3.9394	3.7900
	每股经营现金净流量(元)	0.2595	0.8315	0.3828	0.7137
	每股现金流量(元)	0.0308	-0.0458	-0.1991	0.1809
	每股资本公积金(元)	1.4073	1.4073	1.4073	1.4073
	每股盈余公积金(元)	0.2781	0.2781	0.2388	0.2388
	每股未分配利润(元)	1.6254	1.4623	1.2933	1.1487
	净资产收益率(%)	4.9436	9.4723	4.6846	8.4523
	加权净资产收益率(%)	5.0100	9.8900	4.7500	8.8000
	净资产收益率(扣除)(%)	4.8977	9.4779	4.7515	8.4341
	总资产(万元)	474762.34	453870.86	417487.27	384665.89
	归属母公司股东权益(万元)	229922.29	221222.73	210110.51	202401.22
	营业收入(万元)	80841.07	155631.17	78534.85	125581.00
	营业支出(万元)	53113.98	104289.28	53831.42	84110.62
	投资收益(万元)	649.27	2408.81	1057.13	1312.41
	净利润(万元)	11366.37	20954.96	9842.74	17107.54
	营业利润(万元)	12762.93	23883.79	11101.92	19316.05
	利润总额(万元)	12894.04	23903.91	11071.38	19639.44

卧龙地产集团股份有限公司

公司概况	公司名称	卧龙地产集团股份有限公司			证券简称	卧龙地产
	法人代表	陈建成	董秘	马亚军	证券代码	600173
	公司网址	www.wolong-re.com		电子信箱	wolong600173@wolong.com	
	电　话	0575-82177017 82176751		传　真	0575-82177000	
	办公地址	浙江省上虞市经济开发区人民西路 1801 号				
	经营范围	房地产开发与经营，建筑工程、装饰装潢工程设计、施工、物业管理				

主要财务指标	指标＼报告期	2014.06.30	2013.12.31	2013.06.30	2012.12.31
	基本每股收益(元)	0.0840	0.0900	0.0790	0.1000
	基本每股收益(扣除后)(元)	0.0820	0.0951	0.0800	0.1000
	稀释每股收益(元)	0.0840	0.0900	0.0790	0.1000
	每股净资产(元)	2.0760	2.0190	2.0082	1.9790
	每股经营现金净流量(元)	0.1362	-0.0804	-0.1088	-0.0317
	每股现金流量(元)	0.4952	-0.3508	-0.1125	-0.2445
	每股资本公积金(元)	0.1102	0.1076	0.1077	0.1077
	每股盈余公积金(元)	0.1654	0.1654	0.1287	0.1287
	每股未分配利润(元)	0.8004	0.7460	0.7717	0.7425
	净资产收益率(%)	4.0655	4.4673	3.9440	5.1741
	加权净资产收益率(%)	4.1000	4.5200	3.9200	5.2500
	净资产收益率(扣除)(%)	3.9624	4.7103	3.9922	5.2172
	总资产(万元)	396793.64	352216.68	348251.35	336933.54
	归属母公司股东权益(万元)	150540.73	146405.10	145621.31	143503.74
	营业收入(万元)	55374.02	101717.03	45830.70	76716.61
	营业支出(万元)	36828.22	71328.77	29762.46	50045.96
	投资收益(万元)	142.31	-	-	-
	净利润(万元)	6120.23	6540.43	5743.30	7425.04
	营业利润(万元)	8615.05	7884.51	7967.84	9169.08
	利润总额(万元)	8783.10	7375.44	7877.99	9071.65

美都控股股份有限公司

公司概况	公司名称	美都控股股份有限公司			证券简称	美都控股
	法人代表	闻掌华	董秘	王勤	证券代码	600175
	公司网址	www.chinameidu.com		电子信箱	wangqin5182@sohu.com	
	电　　话	0571-88301613　88301610		传　　真	0571-88301607	
	办公地址	浙江省杭州市密渡桥路70号美都恒升名楼4楼				
	经营范围	房地产开发、酒店业、贸易及实业投资等				

主要财务指标	指标＼报告期	2014.06.30	2013.12.31	2013.06.30	2012.12.31
	基本每股收益(元)	0.0700	0.1000	0.0600	0.0600
	基本每股收益(扣除后)(元)	0.0700	0.1300	0.0600	0.0500
	稀释每股收益(元)	0.0700	0.1000	0.0600	0.0600
	每股净资产(元)	1.5496	1.5687	1.5350	1.4766
	每股经营现金净流量(元)	-0.1649	-0.2108	-0.0888	-0.0774
	每股现金流量(元)	0.3534	0.3241	0.4911	0.0929
	每股资本公积金(元)	0.1748	0.1822	0.1882	0.1852
	每股盈余公积金(元)	0.0806	0.0843	0.0843	0.0843
	每股未分配利润(元)	0.2944	0.3019	0.2625	0.2070
	净资产收益率(%)	4.2385	6.5591	4.1320	4.1969
	加权净资产收益率(%)	4.2900	6.7600	4.0200	4.3100
	净资产收益率(扣除)(%)	4.2891	8.3621	3.5844	3.3052
	总资产(万元)	1235898.93	1034944.55	681618.38	530397.46
	归属母公司股东权益(万元)	225338.23	218168.08	213485.15	205359.62
	营业收入(万元)	223383.62	514022.04	209995.20	296668.85
	营业支出(万元)	169399.01	444974.67	188811.44	281514.80
	投资收益(万元)	4535.24	9079.58	1694.98	12884.76
	净利润(万元)	9551.00	14309.96	8821.21	8618.75
	营业利润(万元)	15447.42	24163.99	12990.21	10721.95
	利润总额(万元)	15239.67	24105.98	12990.81	10512.70

中国玻纤股份有限公司

公司概况	公司名称	中国玻纤股份有限公司			证券简称	中国玻纤
	法人代表	曹江林	董秘	汪源(代)	证券代码	600176
	公司网址	www.cfgcl.com.cn		电子信箱	cfgcl@cfgcl.com.cn	
	电　　话	010-68139190		传　　真	010-68139191	
	办公地址	北京市海淀区复兴路17号国海广场2号楼10层				
	经营范围	新材料的研发、生产和销售、商业房地产开发与经营等				

主要财务指标	指标＼报告期	2014.06.30	2013.12.31	2013.06.30	2012.12.31
	基本每股收益(元)	0.1503	0.3657	0.0932	0.3142
	基本每股收益(扣除后)(元)	0.1457	0.1498	0.0892	0.2300
	稀释每股收益(元)	0.1503	0.3657	0.0932	0.3142
	每股净资产(元)	4.2658	4.2459	4.1391	4.1688
	每股经营现金净流量(元)	0.4205	1.6340	0.5921	1.2936
	每股现金流量(元)	-0.3762	0.0677	0.1186	0.7697
	每股资本公积金(元)	1.4194	1.4194	1.5581	1.5581
	每股盈余公积金(元)	0.1816	0.1816	0.1680	0.1680
	每股未分配利润(元)	1.7587	1.7187	1.4345	1.4619
	净资产收益率(%)	3.5232	8.6132	2.2525	7.5370
	加权净资产收益率(%)	3.4944	8.6400	2.2129	7.7500
	净资产收益率(扣除)(%)	3.4144	3.5273	2.1562	5.5171
	总资产(万元)	1945788.35	1923001.12	1892393.23	1851247.24
	归属母公司股东权益(万元)	372245.83	370509.92	361188.99	363782.76
	营业收入(万元)	283398.62	520964.13	257646.28	510308.24
	营业支出(万元)	187305.46	357521.85	176362.58	338461.59
	投资收益(万元)	-253.32	6792.97	-194.06	2121.51
	净利润(万元)	13114.92	31912.81	8135.72	27418.34
	营业利润(万元)	18825.40	29783.39	13510.21	30210.88
	利润总额(万元)	19779.23	44277.55	14152.00	37243.64

雅戈尔集团股份有限公司

公司概况	公司名称	雅戈尔集团股份有限公司			证券简称	雅 戈 尔
	法人代表	李如成	董秘	刘新宇	证券代码	600177
	公司网址	www.youngor.com		电子信箱	ir@youngor.com.cn	
	电　　话	0574-87425136		传　　真	0574-87425390	
	办公地址	浙江省宁波市鄞州区鄞县大道西段2号				
	经营范围	服装服饰产品及服装辅料的设计制造、销售、房地产开发、销售等				

主要财务指标	指标＼报告期	2014.06.30	2013.12.31	2013.06.30	2012.12.31
	基本每股收益(元)	0.8200	0.6100	0.4300	0.7200
	基本每股收益(扣除后)(元)	0.6000	1.1100	0.7000	0.7900
	稀释每股收益(元)	0.8200	0.6100	0.4300	0.7200
	每股净资产(元)	6.2883	6.2566	5.5718	6.4289
	每股经营现金净流量(元)	0.2982	2.6057	0.8779	2.3761
	每股现金流量(元)	-0.2787	0.1590	-0.4104	0.2116
	每股资本公积金(元)	0.4067	0.6961	0.1916	0.9800
	每股盈余公积金(元)	0.5601	0.5601	0.5601	0.5601
	每股未分配利润(元)	4.3272	4.0058	3.8264	3.8952
	净资产收益率(%)	13.0622	9.7594	7.7379	11.1588
	加权净资产收益率(%)	13.1800	9.6900	7.1900	11.9700
	净资产收益率(扣除)(%)	9.6205	17.7072	12.5024	12.6272
	总资产(万元)	4690277.38	4834612.66	4793247.64	5023410.01
	归属母公司股东权益(万元)	1400162.58	1393110.17	1240620.76	1431474.22
	营业收入(万元)	757689.35	1516687.56	798898.02	1073250.21
	营业支出(万元)	458909.96	810264.90	412940.75	544822.21
	投资收益(万元)	137782.30	65364.42	45216.52	54345.02
	净利润(万元)	182891.80	135959.70	95997.76	159735.01
	营业利润(万元)	227406.56	258688.65	195137.54	208093.14
	利润总额(万元)	230674.25	212922.76	144483.35	221559.43

哈尔滨东安汽车动力股份有限公司

公司概况	公司名称	哈尔滨东安汽车动力股份有限公司			证券简称	东安动力
	法人代表	邹文超	董秘	于健	证券代码	600178
	公司网址	www.daengine.com.cn		电子信箱	dadl600178@263.net.cn	
	电　　话	0451-86528172　86528173		传　　真	0451-86505502	
	办公地址	黑龙江省哈尔滨市平房区保国街51号				
	经营范围	微型汽车发动机、变速器、零部件及相关产品的研制、生产销售等				

主要财务指标	指标＼报告期	2014.06.30	2013.12.31	2013.06.30	2012.12.31
	基本每股收益(元)	-0.0347	-1.2056	-0.0444	-0.1416
	基本每股收益(扣除后)(元)	-0.0351	-	-0.0458	-0.1596
	稀释每股收益(元)	-0.0347	-1.2056	-0.0444	-0.1416
	每股净资产(元)	3.6258	3.6605	4.8217	4.8662
	每股经营现金净流量(元)	0.0128	-0.3405	-0.1486	0.4377
	每股现金流量(元)	0.0691	-0.4365	-0.1534	0.4164
	每股资本公积金(元)	1.8578	1.8578	1.8578	1.8578
	每股盈余公积金(元)	0.5242	0.5242	0.5242	0.5242
	每股未分配利润(元)	0.2438	0.2785	1.4397	1.4842
	净资产收益率(%)	-0.9569	-32.9359	-0.9217	-2.9089
	加权净资产收益率(%)	-0.9500	-28.2800	-0.9200	-2.8700
	净资产收益率(扣除)(%)	-0.9685	-32.8581	-0.9490	-3.2806
	总资产(万元)	299279.89	289607.21	349054.51	361908.19
	归属母公司股东权益(万元)	167542.69	169145.85	222801.82	224855.47
	营业收入(万元)	39535.98	85547.03	51136.57	124319.53
	营业支出(万元)	37015.60	85678.49	49331.58	111507.96
	投资收益(万元)	5021.12	7891.34	4447.37	7542.84
	净利润(万元)	-1603.15	-55709.63	-2053.65	-6540.90
	营业利润(万元)	-1622.69	-55578.04	-2114.40	-7376.59
	利润总额(万元)	-1603.15	-55709.63	-2053.65	-6540.90

黑龙江黑化股份有限公司

公司概况	公司名称	黑龙江黑化股份有限公司		证券简称	黑化股份
	法人代表	岳守成	董秘 张连增	证券代码	600179
	公司网址	www.hh.chemchina.com		电子信箱	hhgf600179@126.com
	电　话	0452-8927129		传　真	0452-6884895
	办公地址	黑龙江省齐齐哈尔市富拉尔基区向阳大街2号			
	经营范围	生产与销售焦炭及焦化产品、化学肥料、甲醇等			

主要财务指标	指标\报告期	2014.06.30	2013.12.31	2013.06.30	2012.12.31
	基本每股收益(元)	-0.5000	0.0300	0.0100	0.0400
	基本每股收益(扣除后)(元)	-0.4900	-0.0600	-0.0400	-0.2600
	稀释每股收益(元)	-0.5000	0.0300	0.0100	0.0400
	每股净资产(元)	0.3036	0.8006	0.7785	0.7667
	每股经营现金净流量(元)	0.0956	-0.1019	-0.3943	0.1675
	每股现金流量(元)	-0.0434	0.0471	0.1469	0.0258
	每股资本公积金(元)	0.8350	0.8350	0.8350	0.8350
	每股盈余公积金(元)	0.0720	0.0720	0.0720	0.0720
	每股未分配利润(元)	-1.6771	-1.1801	-1.1964	-1.2072
	净资产收益率(%)	-163.7262	3.3831	1.3862	5.7709
	加权净资产收益率(%)	-90.0300	3.4600	1.4000	6.0100
	净资产收益率(扣除)(%)	-161.1812	-7.4441	-4.8201	-33.5829
	总资产(万元)	226555.41	228340.17	212914.34	168232.19
	归属母公司股东权益(万元)	11839.15	31222.93	30362.99	29903.04
	营业收入(万元)	47639.34	164195.46	71863.13	163973.66
	营业支出(万元)	59719.05	156558.97	69801.42	163832.19
	投资收益(万元)	-	-	-	-
	净利润(万元)	-19383.78	1056.32	420.90	1725.68
	营业利润(万元)	-19146.65	-2308.35	-1500.14	-9406.90
	利润总额(万元)	-19447.95	966.45	384.29	1626.10

瑞茂通供应链管理股份有限公司

公司概况	公司名称	瑞茂通供应链管理股份有限公司		证券简称	瑞茂通
	法人代表	万永兴	董秘 张菊芳	证券代码	600180
	公司网址	www.ccsoln.com		电子信箱	ir@ccsoln.com
	电　话	0371-89988090		传　真	0371-89988091
	办公地址	河南省郑州市郑东新区商务外环路20号海联大厦20楼			
	经营范围	投资、房地产租赁及建材生产等			

主要财务指标	指标\报告期	2014.06.30	2013.12.31	2013.06.30	2012.12.31
	基本每股收益(元)	0.1526	0.5403	0.1120	0.5440
	基本每股收益(扣除后)(元)	0.0706	0.4439	0.0880	0.4625
	稀释每股收益(元)	0.1521	0.5391	0.1110	0.5440
	每股净资产(元)	2.1962	2.0020	1.5626	1.4322
	每股经营现金净流量(元)	0.2606	-2.1598	-0.4797	0.4981
	每股现金流量(元)	-0.0082	-0.3367	-0.4680	0.1346
	每股资本公积金(元)	0.0824	0.0312	0.0205	-
	每股盈余公积金(元)	0.0557	0.0284	0.0141	0.0141
	每股未分配利润(元)	1.0602	0.9424	0.5280	0.4181
	净资产收益率(%)	6.9091	26.9822	7.1309	30.6722
	加权净资产收益率(%)	7.3200	31.2400	7.4500	35.8900
	净资产收益率(扣除)(%)	3.1962	22.1652	5.6550	30.6722
	总资产(万元)	636564.94	662975.80	217672.98	202546.67
	归属母公司股东权益(万元)	192881.42	174621.18	136296.07	124476.21
	营业收入(万元)	324746.15	649070.60	236981.81	528124.26
	营业支出(万元)	281579.07	552199.49	205912.56	454193.39
	投资收益(万元)	8982.28	2301.89	-	-
	净利润(万元)	13326.44	47116.56	9719.12	38179.56
	营业利润(万元)	16076.27	46580.83	9694.68	39595.76
	利润总额(万元)	16630.10	54711.91	12195.36	46833.40

佳通轮胎股份有限公司

公司概况	公司名称	佳通轮胎股份有限公司		证券简称	S 佳通
	法人代表	李怀靖	董秘 张翠	证券代码	600182
	公司网址	www.gititirecorp.com		电子信箱	giticorp@giti.com
	电　话	021-22073132		传　真	021-22073002
	办公地址	上海市长宁区临虹路28-2号			
	经营范围	轮胎生产及销售			

主要财务指标	指标\报告期	2014.06.30	2013.12.31	2013.06.30	2012.12.31
	基本每股收益(元)	0.3000	0.8300	0.3500	0.5400
	基本每股收益(扣除后)(元)	0.3000	0.8300	0.3500	0.5300
	稀释每股收益(元)	0.3000	0.8300	0.3500	0.5400
	每股净资产(元)	3.0059	2.9810	2.5021	2.3098
	每股经营现金净流量(元)	1.6554	2.0821	0.9034	1.3931
	每股现金流量(元)	-0.1462	-0.0807	-0.2846	0.5840
	每股资本公积金(元)	0.0035	0.0035	0.0035	0.0035
	每股盈余公积金(元)	0.1019	0.1019	0.0660	0.0660
	每股未分配利润(元)	1.9005	1.8756	1.4326	1.2402
	净资产收益率(%)	10.1437	27.8847	14.0808	23.3070
	加权净资产收益率(%)	9.8800	31.5800	14.3300	26.3800
	净资产收益率(扣除)(%)	9.8433	27.8030	14.0834	23.0985
	总资产(万元)	346466.52	381241.96	376187.72	391313.71
	归属母公司股东权益(万元)	102201.97	101354.94	85071.08	78532.40
	营业收入(万元)	184757.83	464986.02	219923.72	428271.65
	营业支出(万元)	145632.23	355292.12	169071.27	346852.31
	投资收益(万元)	-	-	-	-
	净利润(万元)	10367.03	28262.54	11978.68	18303.55
	营业利润(万元)	26979.83	74425.56	31668.23	47730.50
	利润总额(万元)	27782.49	74642.09	31662.50	48158.58

广东生益科技股份有限公司

公司概况	公司名称	广东生益科技股份有限公司		证券简称	生益科技
	法人代表	李锦	董秘 温世龙	证券代码	600183
	公司网址	www.syst.com.cn		电子信箱	tzzgx@syst.com.cn
	电　话	0769-22271828*8225		传　真	0769-22174183
	办公地址	广东省东莞市万江区莞穗大道411号			
	经营范围	生产和销售覆铜板和粘结片、印刷线路板、陶瓷电子元件、液晶产品等			

主要财务指标	指标\报告期	2014.06.30	2013.12.31	2013.06.30	2012.12.31
	基本每股收益(元)	0.2000	0.3900	0.1400	0.2300
	基本每股收益(扣除后)(元)	0.1900	0.2700	0.1400	0.2100
	稀释每股收益(元)	0.2000	0.3900	0.1400	0.2300
	每股净资产(元)	2.9100	3.1024	2.8427	2.8500
	每股经营现金净流量(元)	0.0001	0.5055	0.0784	0.2245
	每股现金流量(元)	-0.4535	0.3759	0.3171	-0.2710
	每股资本公积金(元)	0.7456	0.7361	0.7294	0.7294
	每股盈余公积金(元)	0.3297	0.3297	0.2991	0.2991
	每股未分配利润(元)	0.8351	1.0377	0.8150	0.8263
	净资产收益率(%)	6.7849	12.6360	4.8818	7.9624
	加权净资产收益率(%)	6.5700	13.1700	4.7500	8.0500
	净资产收益率(扣除)(%)	6.6478	8.6517	4.7494	7.4927
	总资产(万元)	816623.26	793371.18	726050.53	671630.39
	归属母公司股东权益(万元)	414006.35	441477.47	404517.71	406137.82
	营业收入(万元)	360792.65	657025.92	304519.11	609294.98
	营业支出(万元)	296862.40	558651.53	258670.62	526346.82
	投资收益(万元)	443.74	-43.03	-	-255.83
	净利润(万元)	28090.77	55785.03	19747.63	32338.22
	营业利润(万元)	32243.17	42998.16	21814.55	36332.62
	利润总额(万元)	32825.06	63856.34	22457.93	38643.38

北方光电股份有限公司

公司概况	公司名称	北方光电股份有限公司			证券简称	光电股份
	法人代表	叶明华	董秘	孙峰	证券代码	600184
	公司网址	www.sicong.com		电子信箱	newhgzqb@163.com	
	电　话	029-82537951		传　真	029-82526666	
	办公地址	陕西省西安市长乐中路35号				
	经营范围	光电装备、光电仪器产品、信息技术产品、太阳能电池及太阳能发电系统等				

主要财务指标	指标\报告期	2014.06.30	2013.12.31	2013.06.30	2012.12.31
	基本每股收益(元)	0.0700	−0.7900	0.2100	0.0100
	基本每股收益(扣除后)(元)	0.0600	−0.2600	0.0400	−0.0100
	稀释每股收益(元)	0.0700	−0.7900	0.2100	0.0100
	每股净资产(元)	4.4857	4.4117	5.4170	4.7805
	每股经营现金净流量(元)	−1.2419	−0.0062	−1.8749	2.1156
	每股现金流量(元)	−1.8940	0.6323	−1.4784	0.8310
	每股资本公积金(元)	2.1163	2.1163	2.1068	1.6899
	每股盈余公积金(元)	0.2197	0.2197	0.2197	0.2197
	每股未分配利润(元)	1.1406	1.0744	2.0820	1.8689
	净资产收益率(%)	1.4742	−18.0070	3.9346	0.3012
	加权净资产收益率(%)	1.4900	−17.1500	4.3000	0.3100
	净资产收益率(扣除)(%)	1.3957	−5.9699	3.8630	−0.2148
	总资产(万元)	242319.05	252385.63	231610.61	299004.32
	归属母公司股东权益(万元)	93922.26	92372.42	113421.90	100094.90
	营业收入(万元)	71320.85	174291.07	43305.69	188704.94
	营业支出(万元)	60731.86	147963.58	33644.32	151293.99
	投资收益(万元)	168.60	4779.01	4640.55	374.11
	净利润(万元)	1384.60	−16633.48	4462.64	301.52
	营业利润(万元)	1454.78	−3124.45	4519.07	−45.74
	利润总额(万元)	1541.80	−17957.13	4619.94	511.72

格力地产股份有限公司

公司概况	公司名称	格力地产股份有限公司			证券简称	格力地产
	法人代表	鲁君四	董秘	黄华敏	证券代码	600185
	公司网址	www.greedc.com		电子信箱	gldc@greedc.com	
	电　话	0756-8860606		传　真	0756-8309666	
	办公地址	广东省珠海市石花西路213号				
	经营范围	实业投资、投资及投资管理、房地产开发经营、物业管理等				

主要财务指标	指标\报告期	2014.06.30	2013.12.31	2013.06.30	2012.12.31
	基本每股收益(元)	0.2300	0.6100	0.3300	0.5600
	基本每股收益(扣除后)(元)	0.1400	0.5200	0.2600	0.5000
	稀释每股收益(元)	0.2300	0.6100	0.3300	0.5600
	每股净资产(元)	5.0219	5.1331	4.5080	4.4021
	每股经营现金净流量(元)	−0.6803	−0.2212	−0.1324	−2.3582
	每股现金流量(元)	−0.7193	1.3220	2.8119	−1.6912
	每股资本公积金(元)	0.6535	0.7971	0.4571	0.4768
	每股盈余公积金(元)	0.2848	0.2848	0.1835	0.1835
	每股未分配利润(元)	3.0835	3.0512	2.8674	2.7418
	净资产收益率(%)	4.6263	11.8983	7.2230	12.6394
	加权净资产收益率(%)	4.4300	13.2100	7.1300	14.8100
	净资产收益率(扣除)(%)	2.8343	10.1431	5.8517	11.2744
	总资产(万元)	1571089.08	1567190.75	1473105.18	1274729.78
	归属母公司股东权益(万元)	290059.63	296486.81	260379.29	254260.94
	营业收入(万元)	86872.08	216360.14	96492.35	162367.07
	营业支出(万元)	59879.33	127152.22	53091.29	85175.64
	投资收益(万元)	5167.87	3445.24	3445.24	1722.62
	净利润(万元)	13419.14	35276.80	18807.17	32137.14
	营业利润(万元)	16358.18	42404.93	23282.16	39089.56
	利润总额(万元)	16369.16	43195.53	23449.28	40895.98

河南莲花味精股份有限公司

公司概况	公司名称	河南莲花味精股份有限公司			证券简称	莲花味精
	法人代表	刘向东	董秘	时祖健	证券代码	600186
	公司网址	www.chinalotus.com.cn		电子信箱	a600186@sina.com	
	电　话	0394-4298666		传　真	0394-4298899	
	办公地址	河南省项城市莲花大道18号				
	经营范围	味精和调味品的生产及销售、热力、电力的生产及销售等				

主要财务指标	指标\报告期	2014.06.30	2013.12.31	2013.06.30	2012.12.31
	基本每股收益(元)	−0.0584	−0.3070	−0.0956	0.0344
	基本每股收益(扣除后)(元)	−0.1156	−0.3093	−0.1107	−0.2478
	稀释每股收益(元)	−0.0584	−0.3070	−0.0956	0.0344
	每股净资产(元)	0.4913	0.5497	0.7580	0.8536
	每股经营现金净流量(元)	0.0100	0.0670	0.0167	0.0262
	每股现金流量(元)	0.0173	−0.0081	0.0182	0.0197
	每股资本公积金(元)	0.3008	0.3008	0.2978	0.2978
	每股盈余公积金(元)	0.0781	0.0781	0.0781	0.0781
	每股未分配利润(元)	−0.8875	−0.8292	−0.6178	−0.5222
	净资产收益率(%)	−11.8771	−55.8413	−12.6100	4.0340
	加权净资产收益率(%)	−11.2100	−43.8400	−11.8600	4.1600
	净资产收益率(扣除)(%)	−23.5238	−56.2600	−14.6092	−29.0278
	总资产(万元)	260438.57	260375.26	281637.08	281394.17
	归属母公司股东权益(万元)	52181.14	58378.74	80504.91	90656.60
	营业收入(万元)	94202.28	215661.86	113975.86	254282.69
	营业支出(万元)	90125.09	210481.94	109488.56	251945.00
	投资收益(万元)	−576.70	−3439.31	−1095.87	−603.98
	净利润(万元)	−6197.60	−32599.47	−10151.70	3657.08
	营业利润(万元)	−11914.31	−34393.22	−12196.33	−27554.47
	利润总额(万元)	−5835.17	−34147.47	−10586.94	2790.64

黑龙江国中水务股份有限公司

公司概况	公司名称	黑龙江国中水务股份有限公司			证券简称	国中水务
	法人代表	朱勇军	董秘	刘玉萍	证券代码	600187
	公司网址	www.interchinawater.com		电子信箱	liuyuping@interchina-bj.com	
	电　话	010-51695607		传　真	010-65220997	
	办公地址	北京市东城区灯市口大街33号国中商业大厦10层				
	经营范围	机制纸及纸浆、供排水及污水处理				

主要财务指标	指标\报告期	2014.06.30	2013.12.31	2013.06.30	2012.12.31
	基本每股收益(元)	0.0353	0.1036	0.0221	0.0694
	基本每股收益(扣除后)(元)	0.0255	0.0775	0.0174	0.1391
	稀释每股收益(元)	0.0353	0.1036	0.0221	0.0694
	每股净资产(元)	1.7618	1.7257	4.1332	2.7074
	每股经营现金净流量(元)	−0.0092	0.0963	0.0455	0.3041
	每股现金流量(元)	0.0326	0.0917	1.8938	−0.1330
	每股资本公积金(元)	0.9189	0.9189	3.8028	2.7001
	每股盈余公积金(元)	0.0210	0.0210	0.0526	0.0716
	每股未分配利润(元)	−0.1790	−0.2143	−0.7221	−1.0643
	净资产收益率(%)	2.0045	5.6835	1.1923	6.4049
	加权净资产收益率(%)	2.0300	7.7900	2.4400	6.6300
	净资产收益率(扣除)(%)	1.4479	4.2538	0.9422	5.1368
	总资产(万元)	372351.43	355191.22	342729.53	205726.23
	归属母公司股东权益(万元)	256452.75	251190.14	240655.36	115667.35
	营业收入(万元)	26486.48	58940.12	16655.16	35659.04
	营业支出(万元)	13421.77	31237.10	8561.24	17779.86
	投资收益(万元)	250.24	878.38	521.03	−2.93
	净利润(万元)	5140.70	14276.35	2869.39	7408.34
	营业利润(万元)	4703.65	13709.59	2719.41	6703.81
	利润总额(万元)	6368.68	17608.95	3698.47	9060.45

兖州煤业股份有限公司

公司概况						
公司名称	兖州煤业股份有限公司			证券简称	兖州煤业	
法人代表	李希勇	董秘	张宝才	证券代码	600188	
公司网址	www.yanzhoucoal.com.cn		电子信箱	yzc@yanzhoucoal.com.cn		
电　话	0537-5382319 0852-21366185		传　真	0537-5383311 0852-31706606		
办公地址	山东省邹城市凫山南路 298 号					
经营范围	地下煤炭开采、洗选加工、销售和煤炭铁路运输等					

主要财务指标	2014.06.30	2013.12.31	2013.06.30	2012.12.31
指标\报告期	2014.06.30	2013.12.31	2013.06.30	2012.12.31
基本每股收益(元)	0.1699	0.2585	-0.4873	1.0900
基本每股收益(扣除后)(元)	0.0749	0.2400	-0.4723	0.7000
稀释每股收益(元)	0.1699	0.2600	-0.4873	1.0900
每股净资产(元)	8.3707	7.9300	7.8943	9.0200
每股经营现金净流量(元)	-0.0498	0.6011	0.1647	1.6503
每股现金流量(元)	0.5561	-0.3729	-0.9145	0.9445
每股资本公积金(元)	0.2613	0.6315	0.6481	0.6998
每股盈余公积金(元)	1.1170	1.1170	1.0132	1.0132
每股未分配利润(元)	5.6393	5.4894	4.8511	5.6985
净资产收益率(%)	2.0295	3.2611	-6.1733	12.3499
加权净资产收益率(%)	2.0400	2.9800	-5.6600	11.2900
净资产收益率(扣除)(%)	0.8953	3.0595	-5.9834	7.7000
总资产(万元)	13671764.40	12569947.40	11818387.30	12075083.50
归属母公司股东权益(万元)	4117040.10	3898048.60	3882733.70	4436692.90
营业收入(万元)	3242861.20	5872658.90	2618802.60	5967354.60
营业支出(万元)	2685309.50	4561119.80	2057640.40	4548583.60
投资收益(万元)	-8926.80	-7055.80	-6001.40	-4813.90
净利润(万元)	83555.20	127121.10	-239691.50	536244.60
营业利润(万元)	29085.10	-11012.70	-474140.30	392329.70
利润总额(万元)	66964.90	13032.40	-473166.50	528461.90

吉林森林工业股份有限公司

公司概况						
公司名称	吉林森林工业股份有限公司			证券简称	吉林森工	
法人代表	柏广新	董秘	时军	证券代码	600189	
公司网址	www.jlsg.com.cn		电子信箱	gfgs@jlsg.com.cn		
电　话	0431-88912969		传　真	0431-88930595		
办公地址	吉林省长春市朝阳区延安大街 1399 号					
经营范围	森林采伐、人造板及饰面材料、进出口贸易、林化产品等的生产与销售等					

主要财务指标	2014.06.30	2013.12.31	2013.06.30	2012.12.31
指标\报告期	2014.06.30	2013.12.31	2013.06.30	2012.12.31
基本每股收益(元)	0.0100	0.1300	0.0300	0.1300
基本每股收益(扣除后)(元)	-0.0300	0.0700	0.0100	-0.3800
稀释每股收益(元)	0.0100	0.1300	0.0300	0.1300
每股净资产(元)	4.2023	4.2958	4.1912	4.2564
每股经营现金净流量(元)	-0.4047	0.3836	0.0615	-0.8018
每股现金流量(元)	0.2957	-0.6185	-0.5655	0.4189
每股资本公积金(元)	2.0791	2.0791	2.0723	2.0723
每股盈余公积金(元)	0.5623	0.5623	0.5569	0.5569
每股未分配利润(元)	0.5609	0.6544	0.5620	0.6272
净资产收益率(%)	0.1857	3.0853	0.8320	2.9660
加权净资产收益率(%)	0.1800	3.1100	0.8200	2.9500
净资产收益率(扣除)(%)	-0.6926	1.5337	0.2854	-8.9415
总资产(万元)	388711.07	340268.53	299680.03	308098.83
归属母公司股东权益(万元)	130479.96	133383.87	130138.15	132160.45
营业收入(万元)	65153.53	133943.17	61798.56	128085.48
营业支出(万元)	52796.27	108846.97	49589.21	105450.60
投资收益(万元)	3825.77	5762.86	-	15522.44
净利润(万元)	242.24	4115.34	1082.70	3919.93
营业利润(万元)	-339.62	253.57	990.18	-3400.68
利润总额(万元)	566.83	6572.25	1709.83	3666.81

锦州港股份有限公司

公司概况						
公司名称	锦州港股份有限公司			证券简称	锦 州 港	
法人代表	张宏伟	董秘	李桂萍	证券代码	600190	
公司网址	www.jinzhouport.com		电子信箱	JZP@jinzhouport.com		
电　话	0416-3586462 3586234		传　真	0416-3582431		
办公地址	辽宁省锦州市经济技术开发区锦港大街一段 1 号					
经营范围	港口装卸、仓储及船货代理服务等					

主要财务指标	2014.06.30	2013.12.31	2013.06.30	2012.12.31
指标\报告期	2014.06.30	2013.12.31	2013.06.30	2012.12.31
基本每股收益(元)	0.0650	0.1000	0.0510	0.0800
基本每股收益(扣除后)(元)	0.0620	0.0800	0.0350	0.0600
稀释每股收益(元)	0.0650	0.1000	0.0510	0.0800
每股净资产(元)	2.8568	2.8135	2.6418	2.6173
每股经营现金净流量(元)	0.0701	0.2683	0.1628	0.3097
每股现金流量(元)	-0.2865	0.4146	-0.0090	-0.0112
每股资本公积金(元)	1.3302	1.3302	1.0707	1.0707
每股盈余公积金(元)	0.1470	0.1470	0.1748	0.1748
每股未分配利润(元)	0.3768	0.3363	0.3964	0.3718
净资产收益率(%)	2.2922	2.7459	1.9134	3.2111
加权净资产收益率(%)	2.3000	3.7300	1.9100	3.2600
净资产收益率(扣除)(%)	2.1573	2.1194	1.3311	2.2216
总资产(万元)	1170433.74	1119838.47	1018435.18	1025320.91
归属母公司股东权益(万元)	572016.05	563353.91	412595.92	408761.87
营业收入(万元)	121837.85	184463.03	75443.89	116869.27
营业支出(万元)	88604.64	132340.87	50859.39	75400.44
投资收益(万元)	-617.86	1375.27	1293.82	-410.21
净利润(万元)	13111.93	15469.38	7894.70	13125.78
营业利润(万元)	18200.95	19975.50	10678.87	14324.46
利润总额(万元)	18627.99	22700.82	11316.83	19335.67

包头华资实业股份有限公司

公司概况						
公司名称	包头华资实业股份有限公司			证券简称	华资实业	
法人代表	宋卫东	董秘	李怀庆	证券代码	600191	
公司网址	www.huazi.com		电子信箱	wxy@basestone.net		
电　话	0472-6957558 6957240		传　真	0472-4190473		
办公地址	内蒙古自治区包头市东河区					
经营范围	生产、销售糖、食用酒精、颗粒粕、电子元器件、计算机的研制、生产等					

主要财务指标	2014.06.30	2013.12.31	2013.06.30	2012.12.31
指标\报告期	2014.06.30	2013.12.31	2013.06.30	2012.12.31
基本每股收益(元)	0.0561	0.0142	0.0520	0.0110
基本每股收益(扣除后)(元)	0.0338	-	0.0383	-0.1565
稀释每股收益(元)	0.0561	0.0142	0.0520	0.0110
每股净资产(元)	3.4523	3.4349	3.3847	3.4516
每股经营现金净流量(元)	-0.0426	-0.1874	-0.0984	-0.2016
每股现金流量(元)	0.0983	-0.1580	-0.0855	-0.1171
每股资本公积金(元)	1.7474	1.7810	1.6929	1.8019
每股盈余公积金(元)	0.1967	0.1967	0.1950	0.1950
每股未分配利润(元)	0.5082	0.4572	0.4967	0.4547
净资产收益率(%)	1.6241	0.4125	1.5366	0.3191
加权净资产收益率(%)	1.6300	0.4100	1.5200	0.3100
净资产收益率(扣除)(%)	0.9776	-1.9165	1.1317	-4.5354
总资产(万元)	232543.50	229229.27	196891.32	201205.59
归属母公司股东权益(万元)	167413.57	166568.73	164132.74	167381.13
营业收入(万元)	11269.85	22274.59	6040.72	17626.94
营业支出(万元)	12064.16	23897.22	5878.53	17333.53
投资收益(万元)	7452.56	12174.39	6426.47	11427.60
净利润(万元)	2719.00	687.16	2522.14	534.10
营业利润(万元)	1645.75	324.26	2515.90	685.41
利润总额(万元)	2728.07	344.52	2539.28	654.71

兰州长城电工股份有限公司

公司概况	公司名称	兰州长城电工股份有限公司			证券简称	长城电工
	法人代表	杨林	董秘	白天洪	证券代码	600192
	公司网址	www.chinagwe.com		电子信箱	gwe@chinagwe.com	
	电　话	0931-8415501		传　真	0931-8414606	
	办公地址	甘肃省兰州市城关区农民巷215号				
	经营范围	电器机械及器材、电器元件的研究开发、生产、批发零售等				

主要财务指标	指标\报告期	2014.06.30	2013.12.31	2013.06.30	2012.12.31
	基本每股收益(元)	0.1316	0.1854	0.1285	0.1407
	基本每股收益(扣除后)(元)	0.0879	0.0740	0.0778	0.0657
	稀释每股收益(元)	0.1316	0.1610	0.0994	0.1407
	每股净资产(元)	4.1524	4.0377	3.6035	3.4900
	每股经营现金净流量(元)	0.0141	−0.0252	0.1013	−0.2629
	每股现金流量(元)	−0.3031	0.3472	−0.1860	0.0047
	每股资本公积金(元)	2.0427	2.0427	1.3968	1.3968
	每股盈余公积金(元)	0.1076	0.1076	0.1390	0.1390
	每股未分配利润(元)	1.0021	0.8875	1.0677	0.9541
	净资产收益率(%)	3.1699	3.9862	3.5667	4.0303
	加权净资产收益率(%)	3.2143	4.9200	3.6200	4.1100
	净资产收益率(扣除)(%)	2.1183	1.5915	2.1582	1.8835
	总资产(万元)	381120.33	380352.63	320279.43	321268.69
	归属母公司股东权益(万元)	183429.57	178365.46	123149.79	119269.99
	营业收入(万元)	114276.53	201097.95	105716.71	191695.15
	营业支出(万元)	86221.68	148776.36	80437.01	145259.76
	投资收益(万元)	−13.92	17.77	49.00	−203.13
	净利润(万元)	5814.60	7110.05	4392.42	4806.96
	营业利润(万元)	4687.34	4744.39	3645.20	3475.84
	利润总额(万元)	6997.13	9690.84	5558.21	7264.79

上海创兴资源开发股份有限公司

公司概况	公司名称	上海创兴资源开发股份有限公司			证券简称	创兴资源
	法人代表	黄福生	董秘	陈海燕	证券代码	600193
	公司网址	www.600193.com		电子信箱	cxkj_irm@yahoo.com.cn	
	电　话	021-58125999		传　真	021-58125066	
	办公地址	上海市浦东新区康桥路1388号				
	经营范围	矿业投资、实业投资、从事货物及技术的进出口业务				

主要财务指标	指标\报告期	2014.06.30	2013.12.31	2013.06.30	2012.12.31
	基本每股收益(元)	−0.0460	0.2500	0.3700	0.2600
	基本每股收益(扣除后)(元)	−0.0460	−0.1100	−0.0100	0.2000
	稀释每股收益(元)	−0.0460	0.2500	0.3700	0.2600
	每股净资产(元)	1.6272	1.6694	1.9983	1.5876
	每股经营现金净流量(元)	0.0293	−0.0164	−0.0313	0.0321
	每股现金流量(元)	−0.0454	0.2893	0.2210	−0.0121
	每股资本公积金(元)	0.2779	0.2779	0.0412	0.0072
	每股盈余公积金(元)	0.1146	0.1146	0.1480	0.1072
	每股未分配利润(元)	0.2051	0.2509	0.7823	0.4531
	净资产收益率(%)	−2.8121	11.7416	18.5130	21.4933
	加权净资产收益率(%)	−2.7800	13.9300	20.5000	23.5300
	净资产收益率(扣除)(%)	−2.8053	−5.1613	−0.6178	12.3551
	总资产(万元)	119070.54	122725.87	121427.64	108653.83
	归属母公司股东权益(万元)	69217.81	71010.66	65388.00	51947.73
	营业收入(万元)	4784.45	9933.02	4284.41	10435.82
	营业支出(万元)	4790.15	8269.30	3275.97	9248.15
	投资收益(万元)	−685.82	18742.55	19122.73	16319.87
	净利润(万元)	−1946.48	8337.79	12105.27	11165.30
	营业利润(万元)	−2485.50	12909.84	16802.62	13481.28
	利润总额(万元)	−2490.14	11776.90	16808.29	13462.86

中牧实业股份有限公司

公司概况	公司名称	中牧实业股份有限公司			证券简称	中牧股份
	法人代表	余涤非	董秘	张菁桦	证券代码	600195
	公司网址	www.cahic.com		电子信箱	600195@cahic.com	
	电　话	010-63702195		传　真	010-63702196	
	办公地址	北京市丰台区南四环西路188号总部基地八区16号楼				
	经营范围	饲料行业、动物保健品行业及畜牧业生产资料贸易等				

主要财务指标	指标\报告期	2014.06.30	2013.12.31	2013.06.30	2012.12.31
	基本每股收益(元)	0.3548	0.5944	0.4559	0.6014
	基本每股收益(扣除后)(元)	0.3455	0.5851	0.4458	0.5870
	稀释每股收益(元)	0.3548	0.5944	0.4559	0.6014
	每股净资产(元)	6.2831	6.0121	5.4192	4.9625
	每股经营现金净流量(元)	−0.2398	0.5891	−0.8507	−0.0890
	每股现金流量(元)	−1.0260	0.9558	−0.8557	−0.5316
	每股资本公积金(元)	1.7923	1.7112	0.7300	0.7292
	每股盈余公积金(元)	0.5528	0.5528	0.6093	0.6093
	每股未分配利润(元)	2.9379	2.7481	3.0800	2.6241
	净资产收益率(%)	5.6468	9.1237	8.4131	12.1193
	加权净资产收益率(%)	5.7100	10.9000	8.7800	11.4100
	净资产收益率(扣除)(%)	5.4984	8.9804	8.2268	11.8290
	总资产(万元)	417414.69	371400.79	330232.41	300922.39
	归属母公司股东权益(万元)	270048.20	258401.66	211350.16	193538.12
	营业收入(万元)	158054.08	363975.10	148666.40	310899.25
	营业支出(万元)	115468.75	275533.42	106824.96	227818.43
	投资收益(万元)	2803.23	3945.32	1783.96	4143.49
	净利润(万元)	15249.07	23575.90	17781.20	23455.52
	营业利润(万元)	17521.72	29231.17	21459.89	28339.88
	利润总额(万元)	17977.79	29754.37	21956.25	29017.33

上海复星医药(集团)股份有限公司

公司概况	公司名称	上海复星医药(集团)股份有限公司			证券简称	复星医药
	法人代表	陈启宇	董秘	周飚	证券代码	600196
	公司网址	www.fosunpharma.com		电子信箱	ir@fosunpharma.com	
	电　话	021-23138196		传　真	021-23138035	
	办公地址	上海市复兴东路2号				
	经营范围	药品制造、药品销售、医疗器械和医疗诊断产品等				

主要财务指标	指标\报告期	2014.06.30	2013.12.31	2013.06.30	2012.12.31
	基本每股收益(元)	0.4400	0.9000	0.4700	0.8000
	基本每股收益(扣除后)(元)	0.2900	0.4600	0.2200	0.4400
	稀释每股收益(元)	0.4400	0.9000	0.4700	0.8000
	每股净资产(元)	6.6750	6.8433	6.3395	6.0518
	每股经营现金净流量(元)	0.1746	0.4515	0.1390	0.2970
	每股现金流量(元)	0.4321	−0.7835	−0.4995	0.7781
	每股资本公积金(元)	1.7931	2.0093	1.9386	1.9136
	每股盈余公积金(元)	0.6426	0.6630	0.5974	0.5974
	每股未分配利润(元)	3.2404	3.1747	2.8055	2.5455
	净资产收益率(%)	6.4939	13.2209	7.4147	11.5343
	加权净资产收益率(%)	6.5400	12.3000	7.5000	14.9700
	净资产收益率(扣除)(%)	4.3408	6.6909	3.5051	6.3520
	总资产(万元)	3104795.41	2947519.09	2760247.32	2550714.05
	归属母公司股东权益(万元)	1543003.91	1533218.45	1420350.48	1355879.26
	营业收入(万元)	553853.93	999640.90	450928.94	734078.27
	营业支出(万元)	318661.63	554336.90	251425.13	412680.38
	投资收益(万元)	99126.92	214062.01	109339.61	186597.90
	净利润(万元)	100201.46	202705.77	105314.12	156391.64
	营业利润(万元)	133115.99	281883.32	140419.20	203598.74
	利润总额(万元)	133816.75	290627.22	145108.99	212303.57

新疆伊力特实业股份有限公司

公司概况	公司名称	新疆伊力特实业股份有限公司		证券简称	伊力特
	法人代表	徐勇辉	董秘 君洁	证券代码	600197
	公司网址	www.xjyilite.com		电子信箱	yilitedm@163.com
	电话	0991-3667490		传真	0991-3672172
	办公地址	新疆维吾尔自治区伊犁哈萨克自治州新源县肖尔布拉克			
	经营范围	白酒生产和销售等业务			

主要财务指标	指标\报告期	2014.06.30	2013.12.31	2013.06.30	2012.12.31
	基本每股收益(元)	0.3335	0.6185	0.3667	0.5379
	基本每股收益(扣除后)(元)	0.3307	0.2636	0.3645	0.5220
	稀释每股收益(元)	0.3335	0.6185	0.3667	0.5379
	每股净资产(元)	3.4480	3.3443	3.3137	2.9470
	每股经营现金净流量(元)	-0.0733	0.9012	0.1609	0.9978
	每股现金流量(元)	0.5722	0.3595	0.1153	0.2005
	每股资本公积金(元)	0.4617	0.4617	0.4668	0.4713
	每股盈余公积金(元)	0.5326	0.5326	0.4913	0.4913
	每股未分配利润(元)	1.4531	1.3496	1.3557	0.9931
	净资产收益率(%)	9.6727	18.4934	11.0662	18.2117
	加权净资产收益率(%)	10.1600	19.4000	11.7100	19.3000
	净资产收益率(扣除)(%)	9.5908	7.8822	10.9988	17.7120
	总资产(万元)	215805.83	229937.54	252925.25	279549.22
	归属母公司股东权益(万元)	152054.69	147484.42	146135.73	130352.76
	营业收入(万元)	80059.91	175307.26	104798.25	177194.69
	营业支出(万元)	38576.05	90944.27	58800.19	97655.71
	投资收益(万元)	-117.92	16067.41	-115.80	180.66
	净利润(万元)	14707.81	27274.86	16171.70	23720.23
	营业利润(万元)	23248.80	39763.05	25799.79	28420.90
	利润总额(万元)	23350.20	40193.19	25843.63	28862.76

大唐电信科技股份有限公司

公司概况	公司名称	大唐电信科技股份有限公司		证券简称	大唐电信
	法人代表	曹斌	董秘 齐秀彬	证券代码	600198
	公司网址	www.datang.com		电子信箱	dt600198@datang.com
	电话	010-58919172		传真	010-58919173
	办公地址	北京市海淀区永嘉北路6号			
	经营范围	各类通讯网络系统、各类通信终端、计算机软硬件等产品开发、生产、销售等			

主要财务指标	指标\报告期	2014.06.30	2013.12.31	2013.06.30	2012.12.31
	基本每股收益(元)	-0.1163	0.2098	-0.1067	0.2719
	基本每股收益(扣除后)(元)	-0.1737	-0.0401	-0.2336	-0.1108
	稀释每股收益(元)	-0.1163	0.2098	-0.1067	0.2719
	每股净资产(元)	4.2172	3.1121	2.7964	2.9230
	每股经营现金净流量(元)	-1.1114	-0.2050	-0.6896	-0.1571
	每股现金流量(元)	-0.4325	0.1405	-0.2148	0.0389
	每股资本公积金(元)	4.1676	3.1198	3.1201	3.1400
	每股盈余公积金(元)	0.0678	0.0807	0.0807	0.0807
	每股未分配利润(元)	-1.0159	-1.0856	-1.4021	-1.2954
	净资产收益率(%)	-2.4458	6.7416	-3.8171	7.7903
	加权净资产收益率(%)	-2.8190	6.9992	-3.7274	13.1011
	净资产收益率(扣除)(%)	-3.6527	-1.2891	-8.3551	-2.5003
	总资产(万元)	1338563.70	1114945.00	922374.24	846718.93
	归属母公司股东权益(万元)	372001.88	230830.38	207407.82	216804.57
	营业收入(万元)	299285.02	791517.26	270166.75	618326.14
	营业支出(万元)	244145.49	650057.84	226328.96	505603.14
	投资收益(万元)	-563.22	2320.77	2971.56	3524.39
	净利润(万元)	-9098.28	15561.59	-7916.95	16889.66
	营业利润(万元)	-12567.36	6385.39	-13171.24	-145.24
	利润总额(万元)	-5968.30	26525.17	-4924.98	27314.46

安徽金种子酒业股份有限公司

公司概况	公司名称	安徽金种子酒业股份有限公司		证券简称	金种子酒
	法人代表	锁炳勋	董秘 金彪	证券代码	600199
	公司网址	www.jzz.cn		电子信箱	jinbiao@600199.com.cn
	电话	0558-2210568 2210699		传真	0558-2212666 2212836
	办公地址	安徽省阜阳市莲花路259号			
	经营范围	白酒的生产与销售等			

主要财务指标	指标\报告期	2014.06.30	2013.12.31	2013.06.30	2012.12.31
	基本每股收益(元)	0.0884	0.2400	0.4890	1.0100
	基本每股收益(扣除后)(元)	0.0639	0.2300	0.4946	1.0000
	稀释每股收益(元)	0.0884	0.2400	0.4890	1.0100
	每股净资产(元)	3.9154	3.9074	4.1543	3.9684
	每股经营现金净流量(元)	-0.0714	0.5223	0.4147	1.0219
	每股现金流量(元)	-0.0610	-1.3011	0.0894	0.8845
	每股资本公积金(元)	1.2609	1.2609	1.2609	1.2609
	每股盈余公积金(元)	0.1835	0.1835	0.1610	0.1610
	每股未分配利润(元)	1.4157	1.4073	1.6788	1.4997
	净资产收益率(%)	2.2577	6.1453	11.7717	25.4494
	加权净资产收益率(%)	2.2400	6.1000	11.6100	27.8100
	净资产收益率(扣除)(%)	1.6323	5.8074	11.9056	25.4337
	总资产(万元)	335611.89	318009.16	297112.16	297410.40
	归属母公司股东权益(万元)	217608.93	217162.29	230886.83	220553.93
	营业收入(万元)	104425.50	208061.90	115388.77	229443.67
	营业支出(万元)	39247.51	70656.93	38650.32	80570.28
	投资收益(万元)	1428.52	1258.06	-	-
	净利润(万元)	4912.87	13345.25	27179.30	56129.58
	营业利润(万元)	7687.80	21040.15	36611.28	74982.46
	利润总额(万元)	8054.70	20831.44	36199.48	75020.97

江苏吴中实业股份有限公司

公司概况	公司名称	江苏吴中实业股份有限公司		证券简称	江苏吴中
	法人代表	赵唯一	董秘 朱菊芳	证券代码	600200
	公司网址	www.600200.com		电子信箱	zjf@wuzhong.com
	电话	0512-66981888 65626898		传真	0512-65270086
	办公地址	苏州市吴中区东方大道988号			
	经营范围	服装与医药等			

主要财务指标	指标\报告期	2014.06.30	2013.12.31	2013.06.30	2012.12.31
	基本每股收益(元)	0.0270	0.0810	0.0280	0.0750
	基本每股收益(扣除后)(元)	0.0200	0.0630	0.0190	-0.0070
	稀释每股收益(元)	0.0270	0.0810	0.0280	0.0750
	每股净资产(元)	1.5493	1.5473	1.4940	1.4913
	每股经营现金净流量(元)	-0.2748	0.3686	0.0510	0.7029
	每股现金流量(元)	-0.1109	0.1853	-0.0693	0.0249
	每股资本公积金(元)	0.0327	0.0327	0.0327	0.0327
	每股盈余公积金(元)	0.1897	0.1897	0.1897	0.1897
	每股未分配利润(元)	0.3270	0.3249	0.2716	0.2689
	净资产收益率(%)	1.7438	5.2367	1.8546	5.0357
	加权净资产收益率(%)	1.7400	5.3500	1.8500	5.1700
	净资产收益率(扣除)(%)	1.3076	4.0940	1.2403	-0.4864
	总资产(万元)	392201.28	393036.56	414462.61	430876.46
	归属母公司股东权益(万元)	96631.13	96505.33	93179.69	93010.86
	营业收入(万元)	153120.70	387530.15	172393.00	372297.47
	营业支出(万元)	129549.70	334834.74	152543.41	330811.01
	投资收益(万元)	655.29	416.34	401.37	4553.78
	净利润(万元)	1685.06	5053.72	1728.08	4683.71
	营业利润(万元)	5722.67	13887.55	2579.59	8520.13
	利润总额(万元)	6219.12	15010.04	3160.25	9924.27

内蒙古金宇集团股份有限公司

公司概况	公司名称	内蒙古金宇集团股份有限公司			证券简称	金宇集团
	法人代表	张耕宇	董秘	李树剑	证券代码	600201
	公司网址	www.jinyu.com.cn		电子信箱	lisj@jinyu.com.cn	
	电　话	0471-3315857		传　真	0471-3315863	
	办公地址	内蒙古自治区呼和浩特市鄂尔多斯大街26号				
	经营范围	生物药品制造、房地产开发、羊绒纺织、生物技术开发应用等				

主要财务指标	指标\报告期	2014.06.30	2013.12.31	2013.06.30	2012.12.31
	基本每股收益(元)	0.7600	0.8900	0.5600	0.4600
	基本每股收益(扣除后)(元)	0.7500	0.6700	0.3100	0.4400
	稀释每股收益(元)	0.7600	0.8900	0.5600	0.4600
	每股净资产(元)	5.2113	4.5645	4.3470	3.8311
	每股经营现金净流量(元)	0.3997	2.3123	-0.0753	0.3666
	每股现金流量(元)	-0.3458	1.4358	0.3203	-0.3733
	每股资本公积金(元)	0.9794	0.7557	0.7557	0.7557
	每股盈余公积金(元)	0.3604	0.3668	0.3102	0.3102
	每股未分配利润(元)	2.8716	2.4421	2.2811	1.7652
	净资产收益率(%)	14.3467	19.5728	12.8269	12.1240
	加权净资产收益率(%)	15.1300	21.3500	13.6400	12.6900
	净资产收益率(扣除)(%)	14.2080	14.7373	7.0898	11.5760
	总资产(万元)	177978.48	171166.44	178145.75	188283.89
	归属母公司股东权益(万元)	148968.44	128179.19	122070.51	107583.92
	营业收入(万元)	50492.37	67138.30	30227.55	55647.51
	营业支出(万元)	14651.41	19714.23	10579.78	18160.47
	投资收益(万元)	434.07	8173.72	9294.66	191.59
	净利润(万元)	21371.99	25088.31	15657.83	13043.48
	营业利润(万元)	25068.88	29698.20	19510.88	14772.07
	利润总额(万元)	25276.31	29987.36	19485.64	15384.58

哈尔滨空调股份有限公司

公司概况	公司名称	哈尔滨空调股份有限公司			证券简称	哈空调
	法人代表	毕明	董秘	孙淑玲	证券代码	600202
	公司网址	www.hac.com.cn		电子信箱	ssl@hac.com.cn	
	电　话	0451-84644521		传　真	0451-84676205	
	办公地址	黑龙江省哈尔滨市高新技术开发区迎宾路集中区滇池街7号				
	经营范围	空气冷却设备、空气调节设备、节能换热设备的开发、生产与销售等				

主要财务指标	指标\报告期	2014.06.30	2013.12.31	2013.06.30	2012.12.31
	基本每股收益(元)	-0.0085	-0.2296	-0.0622	0.0549
	基本每股收益(扣除后)(元)	-0.0178	-	-0.0736	0.0102
	稀释每股收益(元)	-0.0085	-0.2296	-0.0622	0.0549
	每股净资产(元)	2.1659	2.1744	2.3414	2.4206
	每股经营现金净流量(元)	0.4318	0.2065	0.1158	-0.0523
	每股现金流量(元)	0.0559	-0.1628	0.0363	-0.1490
	每股资本公积金(元)	0.2000	0.2000	0.1996	0.1996
	每股盈余公积金(元)	0.3256	0.3256	0.3256	0.3256
	每股未分配利润(元)	0.6403	0.6488	0.8162	0.8954
	净资产收益率(%)	-0.3920	-10.5574	-2.6568	2.2675
	加权净资产收益率(%)	-0.3900	-10.0000	-2.6100	2.2900
	净资产收益率(扣除)(%)	-0.8212	-11.3769	-3.1447	0.4210
	总资产(万元)	256438.06	272356.34	285435.00	288593.75
	归属母公司股东权益(万元)	83028.23	83352.26	89754.50	92790.84
	营业收入(万元)	44142.69	87964.49	51122.34	94913.13
	营业支出(万元)	33555.22	73683.75	43376.34	76038.25
	投资收益(万元)	-37.28	69.15	75.08	266.77
	净利润(万元)	-325.44	-8799.80	-2384.56	2104.04
	营业利润(万元)	-693.80	-11087.54	-3090.52	524.74
	利润总额(万元)	-353.26	-10456.12	-2644.30	2446.14

福建福日电子股份有限公司

公司概况	公司名称	福建福日电子股份有限公司			证券简称	福日电子
	法人代表	卞志航	董秘	许政声	证券代码	600203
	公司网址	www.furielec.com		电子信箱	xuzs@furielec.com	
	电　话	0591-83315984 83318998		传　真	0591-83319978	
	办公地址	福建省福州市鼓楼区六一中路106号榕航花园1号楼1-3层				
	经营范围	电子计算机及配件、电子产品及通讯设备、家用电器、电子元、器件的制造、销售				

主要财务指标	指标\报告期	2014.06.30	2013.12.31	2013.06.30	2012.12.31
	基本每股收益(元)	0.0220	0.3200	0.2100	0.1800
	基本每股收益(扣除后)(元)	-0.0734	-0.4100	-0.1700	-0.3000
	稀释每股收益(元)	0.0220	0.3200	0.2100	0.1800
	每股净资产(元)	2.3720	2.0068	2.2970	1.7969
	每股经营现金净流量(元)	-0.3893	-0.0769	0.2064	-0.1265
	每股现金流量(元)	-0.2879	0.3739	0.0062	0.1074
	每股资本公积金(元)	1.9390	1.7002	2.0981	1.8074
	每股盈余公积金(元)	0.0485	0.0572	0.0572	0.0572
	每股未分配利润(元)	-0.6155	-0.7506	-0.8584	-1.0677
	净资产收益率(%)	0.8714	15.8057	9.1158	9.9598
	加权净资产收益率(%)	1.0100	16.6600	10.2300	12.2400
	净资产收益率(扣除)(%)	-2.8589	-20.6524	-7.1886	-16.4422
	总资产(万元)	190949.75	198455.07	159770.64	136264.36
	归属母公司股东权益(万元)	67311.43	48273.32	55253.00	43223.59
	营业收入(万元)	128874.28	249947.67	133081.15	272330.19
	营业支出(万元)	122813.32	244865.03	131979.61	267855.66
	投资收益(万元)	3326.25	22035.86	7772.88	9979.33
	净利润(万元)	586.54	7629.96	5036.77	4304.98
	营业利润(万元)	1120.36	6183.55	2360.01	2947.10
	利润总额(万元)	1241.22	7862.63	3998.48	3862.70

有研新材料股份有限公司

公司概况	公司名称	有研新材料股份有限公司			证券简称	有研新材
	法人代表	周旗钢	董秘	赵春雷	证券代码	600206
	公司网址	www.gritek.com		电子信箱	zhaochunlei@gritek.com	
	电　话	010-62355380 82087088		传　真	010-62355381	
	办公地址	北京市新街口外大街2号				
	经营范围	单晶硅、锗、化合物、半导体材料及相关电子材料的研究、开发生产和销售				

主要财务指标	指标\报告期	2014.06.30	2013.12.31	2013.06.30	2012.12.31
	基本每股收益(元)	-0.0360	0.0100	0.0250	-0.5700
	基本每股收益(扣除后)(元)	-0.0400	0.0100	0.0150	-0.6000
	稀释每股收益(元)	-0.0360	0.0100	0.0250	-0.5700
	每股净资产(元)	3.1517	4.3779	4.3730	2.9538
	每股经营现金净流量(元)	-0.1657	-0.0700	0.0498	0.0959
	每股现金流量(元)	-0.0701	1.1194	1.1143	-0.0784
	每股资本公积金(元)	1.6815	3.7733	3.4288	2.0275
	每股盈余公积金(元)	0.0761	0.2298	0.0987	0.1261
	每股未分配利润(元)	0.3945	1.2972	-0.1533	-0.1983
	净资产收益率(%)	-1.1166	0.1585	0.0457	-19.2792
	加权净资产收益率(%)	-1.1800	0.1900	1.0400	-17.5900
	净资产收益率(扣除)(%)	-1.2363	0.1549	-0.2203	-20.3512
	总资产(万元)	330657.39	293743.34	150998.54	108736.97
	归属母公司股东权益(万元)	264353.71	175015.95	121503.65	64245.49
	营业收入(万元)	108435.67	49086.96	125473.61	40899.96
	营业支出(万元)	96147.99	41766.20	105028.33	44499.05
	投资收益(万元)	307.32	19.13	-	819.01
	净利润(万元)	-2951.85	192.83	1441.51	-12386.00
	营业利润(万元)	-2328.42	524.50	4077.61	-12766.99
	利润总额(万元)	-1891.48	529.76	4424.34	-12761.16

河南安彩高科股份有限公司

公司概况					
公司名称	河南安彩高科股份有限公司			证券简称	安彩高科
法人代表	蔡志端	董秘	蔡志端(代)	证券代码	600207
公司网址	www.acht.com.cn		电子信箱	achtzqb@acbc.com.cn	
电　话	0372-3732533		传　真	0372-3938035	
办公地址	河南省安阳市中州路南段				
经营范围	21#、25#、29# 彩玻的生产和销售				

主要财务指标 指标\报告期	2014.06.30	2013.12.31	2013.06.30	2012.12.31
基本每股收益(元)	-0.0562	0.0170	-0.1714	-0.7860
基本每股收益(扣除后)(元)	-0.0578	-0.3014	-0.2717	-0.7601
稀释每股收益(元)	-0.0562	0.0170	-0.1714	-0.7860
每股净资产(元)	1.4544	1.5091	1.3712	0.0822
每股经营现金净流量(元)	0.2326	-0.0193	-0.0552	-0.4608
每股现金流量(元)	0.1668	0.1543	0.4712	-0.1549
每股资本公积金(元)	2.8388	2.8388	2.8388	2.7643
每股盈余公积金(元)	0.5624	0.5624	0.5624	0.8820
每股未分配利润(元)	-2.9522	-2.8960	-3.0300	-4.5641
净资产收益率(%)	-3.8671	0.9558	-8.7236	-955.8797
加权净资产收益率(%)	-3.7977	1.6000	-51.4801	-165.3900
净资产收益率(扣除)(%)	-3.9767	-16.9551	-13.8312	-924.3457
总资产(万元)	287190.41	287777.42	287331.44	242789.60
归属母公司股东权益(万元)	100355.21	104130.61	94614.41	3618.20
营业收入(万元)	93986.52	175579.01	77312.83	136357.76
营业支出(万元)	83167.03	159509.07	73916.70	136786.16
投资收益(万元)	-	224.00	252.00	-38.36
净利润(万元)	-3880.85	995.25	-8253.80	-34585.68
营业利润(万元)	-3190.12	-15083.92	-12415.95	-31777.03
利润总额(万元)	-3043.52	2995.95	-7583.32	-32917.75

新湖中宝股份有限公司

公司概况					
公司名称	新湖中宝股份有限公司			证券简称	新湖中宝
法人代表	林俊波	董秘	虞迪锋	证券代码	600208
公司网址	www.600208.net		电子信箱	yudf@600208.net	
电　话	0571-87395003 85171837		传　真	0571-87395052	
办公地址	浙江省杭州市西溪路 128 号新湖商务大厦 11 层				
经营范围	港口设施、酒店服务、教育产业和房地产业				

主要财务指标 指标\报告期	2014.06.30	2013.12.31	2013.06.30	2012.12.31
基本每股收益(元)	0.0440	0.1600	0.0360	0.3700
基本每股收益(扣除后)(元)	-0.0100	0.0400	0.0160	0.3000
稀释每股收益(元)	0.0440	0.1600	0.0360	0.3700
每股净资产(元)	2.0932	2.0611	2.0337	2.0088
每股经营现金净流量(元)	-0.3921	-0.1377	0.0004	-0.0185
每股现金流量(元)	-0.3275	0.3421	0.0041	0.3389
每股资本公积金(元)	0.1359	0.1478	0.1801	0.1915
每股盈余公积金(元)	0.0953	0.0953	0.0811	0.0811
每股未分配利润(元)	0.8625	0.8185	0.7729	0.7366
净资产收益率(%)	2.1018	7.6211	1.7847	18.3684
加权净资产收益率(%)	2.1200	7.6700	1.8000	20.8500
净资产收益率(扣除)(%)	-0.4779	1.9857	0.8049	15.0482
总资产(万元)	6144139.68	5857925.13	4914389.18	4645959.98
归属母公司股东权益(万元)	1310115.15	1290022.23	1272836.66	1257287.89
营业收入(万元)	286591.56	920904.04	315227.73	990865.54
营业支出(万元)	224058.79	697489.36	236034.62	615752.85
投资收益(万元)	51931.73	87689.90	17877.38	61433.12
净利润(万元)	27535.70	98313.75	22715.88	230943.16
营业利润(万元)	36049.14	126669.46	24844.19	303223.98
利润总额(万元)	36032.12	134056.19	30152.18	328465.07

罗顿发展股份有限公司

公司概况					
公司名称	罗顿发展股份有限公司			证券简称	罗顿发展
法人代表	高松	董秘	林丽娟	证券代码	600209
公司网址	www.lawtonfz.com.cn		电子信箱	golden@public.hk.hi.cn	
电　话	0898-66258868		传　真	0898-66254868	
办公地址	海南省海口市人民大道 68 号 12 楼				
经营范围	酒店经营与管理和装饰工程等				

主要财务指标 指标\报告期	2014.06.30	2013.12.31	2013.06.30	2012.12.31
基本每股收益(元)	0.0070	-0.0565	-0.0280	0.0038
基本每股收益(扣除后)(元)	0.0070	-0.0579	-0.0290	0.0021
稀释每股收益(元)	0.0070	-0.0565	-0.0280	0.0038
每股净资产(元)	1.5090	1.5016	1.5299	1.5618
每股经营现金净流量(元)	-0.0235	-0.0633	-0.0753	0.2334
每股现金流量(元)	-0.0322	-0.0824	-0.0642	0.0965
每股资本公积金(元)	0.2697	0.2697	0.2697	0.2697
每股盈余公积金(元)	0.0709	0.0709	0.0709	0.0709
每股未分配利润(元)	0.1685	0.1610	0.1893	0.2213
净资产收益率(%)	0.4950	-3.7599	-1.8411	0.2417
加权净资产收益率(%)	0.5000	-3.6900	-1.8200	0.2400
净资产收益率(扣除)(%)	0.4888	-3.8570	-1.9072	0.1359
总资产(万元)	111180.12	108094.66	116828.89	116679.66
归属母公司股东权益(万元)	66248.13	65920.19	67162.20	68565.53
营业收入(万元)	6790.55	20380.70	6770.54	33348.43
营业支出(万元)	4152.78	17523.27	5722.11	28149.72
投资收益(万元)	5.43	1.95	0.83	2089.70
净利润(万元)	327.94	-2478.52	-1236.51	165.72
营业利润(万元)	391.36	-3612.90	-1566.52	-69.81
利润总额(万元)	379.74	-3611.45	-1567.99	-109.32

上海紫江企业集团股份有限公司

公司概况					
公司名称	上海紫江企业集团股份有限公司			证券简称	紫江企业
法人代表	沈雯	董秘	高军	证券代码	600210
公司网址	www.zijiangqy.com		电子信箱	zijiangqy@zijiangqy.com	
电　话	021-62377118		传　真	021-62377327	
办公地址	上海市虹桥路 2272 号虹桥商务大厦 7 楼 C 座				
经营范围	包装业务和房地产业务				

主要财务指标 指标\报告期	2014.06.30	2013.12.31	2013.06.30	2012.12.31
基本每股收益(元)	0.1070	0.1590	0.1130	0.1130
基本每股收益(扣除后)(元)	0.1020	0.1480	0.1010	0.0920
稀释每股收益(元)	0.1070	0.1590	0.1130	0.1130
每股净资产(元)	2.6782	2.5449	2.6283	2.5210
每股经营现金净流量(元)	0.1828	0.7287	0.3666	0.7799
每股现金流量(元)	0.0323	-0.0663	-0.1265	0.2335
每股资本公积金(元)	0.3293	0.3026	0.3314	0.3373
每股盈余公积金(元)	0.2818	0.2818	0.2612	0.2612
每股未分配利润(元)	1.0672	0.9606	1.0357	0.9225
净资产收益率(%)	3.9814	6.2335	4.3072	4.4673
加权净资产收益率(%)	4.0800	6.1900	4.4000	4.3500
净资产收益率(扣除)(%)	3.8057	5.8096	3.8513	3.6671
总资产(万元)	1104964.52	1064323.27	1049687.82	1027963.34
归属母公司股东权益(万元)	384791.96	365640.60	377624.37	362201.56
营业收入(万元)	451038.33	862606.22	431688.67	805689.38
营业支出(万元)	371905.01	714779.74	357194.48	667527.68
投资收益(万元)	1625.56	3650.76	1880.23	5029.67
净利润(万元)	15320.01	22792.12	16264.92	16180.46
营业利润(万元)	21720.70	31905.34	21674.20	26372.71
利润总额(万元)	22249.67	32993.98	23683.78	29057.11

西藏诺迪康药业股份有限公司

公司概况	公司名称	西藏诺迪康药业股份有限公司		证券简称	西藏药业
	法人代表	陈达彬	董秘	刘岚	证券代码	600211
	公司网址	www.xzyy.cn		电子信箱	zqb@xzyy.cn
	电　话	0891-6835752 028-86653915		传　真	0891-6837749 028-86660740
	办公地址	西藏自治区拉萨市北京中路93号			
	经营范围	生产、销售诺迪康胶囊、诺迪康颗粒、诺迪康口服液、藏药产品及医疗器械等			

主要财务指标	指标\报告期	2014.06.30	2013.12.31	2013.06.30	2012.12.31
	基本每股收益(元)	0.1410	0.1870	0.0680	0.2100
	基本每股收益(扣除后)(元)	0.1400	0.1515	0.0540	0.1600
	稀释每股收益(元)	0.1410	0.1870	0.0680	0.2100
	每股净资产(元)	2.7502	2.6692	2.5510	2.5527
	每股经营现金净流量(元)	-1.0716	1.9179	0.0745	0.3860
	每股现金流量(元)	-1.0498	1.7023	0.0029	0.2307
	每股资本公积金(元)	1.4882	1.4882	1.4882	1.4882
	每股盈余公积金(元)	0.1821	0.1821	0.1582	0.1582
	每股未分配利润(元)	0.0799	-0.0012	-0.0953	-0.0937
	净资产收益率(%)	5.1292	6.9874	2.6801	8.2150
	加权净资产收益率(%)	5.2100	7.1800	2.6800	8.5800
	净资产收益率(扣除)(%)	5.0766	5.6763	2.1018	6.1242
	总资产(万元)	110621.60	113746.06	88404.73	84515.07
	归属母公司股东权益(万元)	40040.55	38860.34	37140.44	37164.14
	营业收入(万元)	76319.95	140222.12	61866.20	122138.54
	营业支出(万元)	61045.65	112245.75	50030.83	97801.45
	投资收益(万元)	-85.01	209.64	115.62	427.88
	净利润(万元)	2053.74	2715.32	995.42	3053.02
	营业利润(万元)	2253.35	865.96	1074.26	953.50
	利润总额(万元)	2275.80	3009.66	1082.11	3204.78

山东江泉实业股份有限公司

公司概况	公司名称	山东江泉实业股份有限公司		证券简称	江泉实业
	法人代表	连德团	董秘	王广勇	证券代码	600212
	公司网址	www.jiangquan.com.cn		电子信箱	wang600212@126.com
	电　话	0539-7100051		传　真	0539-7100153
	办公地址	山东省临沂市罗庄区江泉工业园三江路6号			
	经营范围	电力生产供应、供热、供汽等			

主要财务指标	指标\报告期	2014.06.30	2013.12.31	2013.06.30	2012.12.31
	基本每股收益(元)	-0.0253	0.0416	-0.0089	-0.1090
	基本每股收益(扣除后)(元)	-0.0206	0.0344	-0.0096	-0.1099
	稀释每股收益(元)	-0.0253	0.0416	-0.0089	-0.1090
	每股净资产(元)	1.9796	2.0049	1.9544	1.9633
	每股经营现金净流量(元)	-0.0413	0.2325	0.0637	0.1426
	每股现金流量(元)	0.0448	0.0255	0.0226	0.0480
	每股资本公积金(元)	0.8632	0.8632	0.8632	0.8632
	每股盈余公积金(元)	0.1899	0.1899	0.1899	0.1899
	每股未分配利润(元)	-0.0735	-0.0482	-0.0987	-0.0898
	净资产收益率(%)	-1.2786	2.0756	-0.4539	-5.5502
	加权净资产收益率(%)	-1.2705	2.1000	-0.4529	-5.4000
	净资产收益率(扣除)(%)	-1.0391	1.7136	-0.4932	-5.5997
	总资产(万元)	123198.19	113317.02	118112.97	115393.26
	归属母公司股东权益(万元)	101293.57	102588.72	100005.42	100459.35
	营业收入(万元)	36016.77	68094.53	31118.88	71649.37
	营业支出(万元)	32967.81	60846.04	29369.72	66702.04
	投资收益(万元)	-1012.13	728.22	444.06	-641.45
	净利润(万元)	-1295.15	2129.37	-453.93	-5575.70
	营业利润(万元)	-1095.97	2234.82	-242.55	-5590.16
	利润总额(万元)	-1338.55	2606.27	-203.23	-5540.42

扬州亚星客车股份有限公司

公司概况	公司名称	扬州亚星客车股份有限公司		证券简称	亚星客车
	法人代表	金长山	董秘	刘竹金	证券代码	600213
	公司网址	www.asiastarbus.com		电子信箱	liuzhujin@asiastarbus.com
	电　话	0514-82989118		传　真	0514-87852329
	办公地址	江苏省扬州市渡江南路41号			
	经营范围	客车、特种车、农用车、汽车零部件的开发、制造、销售、进出口等			

主要财务指标	指标\报告期	2014.06.30	2013.12.31	2013.06.30	2012.12.31
	基本每股收益(元)	-0.2500	0.0200	-0.1000	0.0300
	基本每股收益(扣除后)(元)	-0.3100	-0.2000	-0.1200	-0.1000
	稀释每股收益(元)	-0.2500	0.0200	-0.1000	0.0300
	每股净资产(元)	0.6138	0.8655	0.7500	0.8413
	每股经营现金净流量(元)	-0.9946	-0.1602	-0.2627	-0.4182
	每股现金流量(元)	-0.7639	0.1929	-0.0153	0.5219
	每股资本公积金(元)	1.5550	1.5550	1.5550	1.5550
	每股盈余公积金(元)	0.1935	0.1935	0.1935	0.1935
	每股未分配利润(元)	-2.1392	-1.8882	-2.0100	-1.9120
	净资产收益率(%)	-40.8983	2.7539	-13.0591	3.1936
	加权净资产收益率(%)	-33.9400	2.7900	-12.3100	3.2600
	净资产收益率(扣除)(%)	-51.1912	-23.2901	-16.4770	-12.1347
	总资产(万元)	162491.97	182152.32	146355.66	118209.62
	归属母公司股东权益(万元)	13503.66	19041.51	16500.34	18509.13
	营业收入(万元)	51073.03	120821.63	49932.06	99591.63
	营业支出(万元)	49167.42	107597.46	44475.56	88929.95
	投资收益(万元)	-	23.59	-	23.59
	净利润(万元)	-5522.77	524.38	-2154.80	591.11
	营业利润(万元)	-7007.82	-4529.82	-2671.39	-1954.08
	利润总额(万元)	-5630.94	562.90	-2224.91	591.11

长春经开(集团)股份有限公司

公司概况	公司名称	长春经开(集团)股份有限公司		证券简称	长春经开
	法人代表	陈平	董秘	王昱人	证券代码	600215
	公司网址	www.ccjk600215.com		电子信箱	ccjk8508@mail.cetdz.com.cn
	电　话	0431-84644225		传　真	0431-84630809
	办公地址	吉林省长春市经济技术开发区自由大路5188号			
	经营范围	公用设施投资、开发、建设、租赁、经营、管理、实业与科技投资			

主要财务指标	指标\报告期	2014.06.30	2013.12.31	2013.06.30	2012.12.31
	基本每股收益(元)	-0.1042	0.0175	-0.0424	0.0215
	基本每股收益(扣除后)(元)	-0.1016	-0.0935	-0.0423	0.0218
	稀释每股收益(元)	-0.1042	0.0175	-0.0424	0.0215
	每股净资产(元)	5.0726	5.1820	5.1222	5.1746
	每股经营现金净流量(元)	0.8917	-0.2229	-0.3140	-1.2407
	每股现金流量(元)	-0.6245	0.0576	-0.1951	0.2091
	每股资本公积金(元)	2.1042	2.1042	2.1042	2.1042
	每股盈余公积金(元)	0.4233	0.4233	0.4169	0.4169
	每股未分配利润(元)	1.5451	1.6545	1.6011	1.6535
	净资产收益率(%)	-2.0548	0.3373	-0.8271	0.4153
	加权净资产收益率(%)	-2.0318	0.3400	-0.8223	0.4200
	净资产收益率(扣除)(%)	-2.0029	-1.8035	-0.8264	0.4218
	总资产(万元)	440559.04	473057.84	450423.45	445500.28
	归属母公司股东权益(万元)	235891.43	240982.18	238199.29	240634.35
	营业收入(万元)	10170.24	66352.37	25136.70	30197.12
	营业支出(万元)	7808.60	52437.76	17594.45	24553.92
	投资收益(万元)	175.89	2500.59	52.04	11376.17
	净利润(万元)	-4847.08	812.86	-1970.03	999.37
	营业利润(万元)	-4732.67	-4187.92	-2070.02	2650.07
	利润总额(万元)	-4853.31	2615.50	-2071.53	2633.78

浙江医药股份有限公司

公司概况	公司名称	浙江医药股份有限公司			证券简称	浙江医药
	法人代表	李春波	董秘	俞祝军	证券代码	600216
	公司网址	www.china-zmc.com		电子信箱	zmc3@163.com	
	电　话	0575-85211969		传　真	0575-85211976	
	办公地址	绍兴滨海新城马欢路 398 号科创园 A 楼(综合楼)3 层				
	经营范围	化学原料药及其制剂产品的研制、开发、生产与销售				

	指标＼报告期	2014.06.30	2013.12.31	2013.06.30	2012.12.31
主要财务指标	基本每股收益(元)	0.2300	0.4800	0.3800	1.0000
	基本每股收益(扣除后)(元)	0.2300	0.4800	0.3800	1.0000
	稀释每股收益(元)	0.2300	0.4800	0.3800	1.0000
	每股净资产(元)	6.9360	6.8989	12.1469	11.9000
	每股经营现金净流量(元)	0.1404	0.6998	0.4760	1.5527
	每股现金流量(元)	-0.2593	-0.8479	-1.0587	1.7284
	每股资本公积金(元)	1.2127	1.2517	2.9638	2.8998
	每股盈余公积金(元)	0.9596	0.9596	1.5954	1.5954
	每股未分配利润(元)	3.7637	3.6877	6.5877	6.4005
	净资产收益率(%)	3.2585	7.0004	5.6573	13.7162
	加权净资产收益率(%)	3.2400	7.1800	5.6400	16.7000
	净资产收益率(扣除)(%)	3.3280	6.9808	5.5948	13.8261
	总资产(万元)	775227.72	755636.64	728949.10	705767.13
	归属母公司股东权益(万元)	649281.39	645813.26	631711.17	618644.31
	营业收入(万元)	254431.30	493292.02	261757.40	526400.61
	营业支出(万元)	195800.03	368382.28	186466.57	361824.13
	投资收益(万元)	341.71	678.87	701.15	771.64
	净利润(万元)	21156.53	45209.52	35737.95	84854.25
	营业利润(万元)	26570.83	55499.36	42661.76	101136.23
	利润总额(万元)	25838.55	54764.68	42264.74	99555.24

陕西秦岭水泥(集团)股份有限公司

公司概况	公司名称	陕西秦岭水泥(集团)股份有限公司			证券简称	秦岭水泥
	法人代表	于九洲	董秘	刘福生	证券代码	600217
	公司网址	www.qinling.com		电子信箱	qlc@vip.163.com	
	电　话	0919-6231630		传　真	0919-6233344	
	办公地址	陕西省铜川市耀州区东郊				
	经营范围	水泥生产与销售				

	指标＼报告期	2014.06.30	2013.12.31	2013.06.30	2012.12.31
主要财务指标	基本每股收益(元)	-0.1930	-0.1771	-0.0860	0.0168
	基本每股收益(扣除后)(元)	-0.1760	-0.1927	-0.0960	-0.0230
	稀释每股收益(元)	-0.1930	-0.1771	-0.0860	0.0168
	每股净资产(元)	-0.1317	0.0613	0.0987	0.1850
	每股经营现金净流量(元)	0.1144	-0.1117	-0.0072	-0.0720
	每股现金流量(元)	0.0237	-0.0237	-0.0331	0.0397
	每股资本公积金(元)	0.4314	0.4314	0.3780	0.3780
	每股盈余公积金(元)	0.1036	0.1036	0.1036	0.1036
	每股未分配利润(元)	-1.6666	-1.4736	-1.3829	-1.2965
	净资产收益率(%)	146.5422	-288.9972	-87.4749	9.0989
	加权净资产收益率(%)	548.2500	-161.2500	-60.8600	9.5401
	净资产收益率(扣除)(%)	133.3344	-314.3706	-97.7441	-12.4078
	总资产(万元)	216678.95	223208.32	221719.07	223002.99
	归属母公司股东权益(万元)	-8700.78	4049.54	6522.45	12227.97
	营业收入(万元)	35085.73	79753.97	36583.25	76016.56
	营业支出(万元)	32932.66	65576.09	32426.80	58773.35
	投资收益(万元)	-	233.96	-	4.27
	净利润(万元)	-12750.32	-11703.05	-5705.51	1112.61
	营业利润(万元)	-11601.03	-12751.68	-6385.07	-1757.03
	利润总额(万元)	-12750.21	-11724.18	-5715.26	1025.83

安徽全柴动力股份有限公司

公司概况	公司名称	安徽全柴动力股份有限公司			证券简称	全柴动力
	法人代表	谢力	董秘	徐明余	证券代码	600218
	公司网址	www.quanchai.com.cn		电子信箱	qcxumy@163.com	
	电　话	0550-5038369		传　真	0550-5011156	
	办公地址	安徽省滁州市全椒县襄河镇吴敬梓路 788 号				
	经营范围	多缸柴油机、单缸柴油机及新型塑料管材的开发、生产和销售				

	指标＼报告期	2014.06.30	2013.12.31	2013.06.30	2012.12.31
主要财务指标	基本每股收益(元)	0.1156	0.1200	0.0784	0.0700
	基本每股收益(扣除后)(元)	0.1000	0.0700	0.0590	-0.0300
	稀释每股收益(元)	0.1156	0.1200	0.0784	0.0700
	每股净资产(元)	3.8790	3.7537	3.6852	3.6435
	每股经营现金净流量(元)	0.0414	0.1442	0.1712	-0.0232
	每股现金流量(元)	0.0181	0.0976	0.0146	-0.1490
	每股资本公积金(元)	1.6390	1.6390	1.6153	1.6153
	每股盈余公积金(元)	0.2387	0.2387	0.2303	0.2303
	每股未分配利润(元)	0.9769	0.8614	0.8263	0.7979
	净资产收益率(%)	2.9791	3.2479	2.1277	1.8123
	加权净资产收益率(%)	3.0300	3.3100	2.1300	1.8300
	净资产收益率(扣除)(%)	2.4602	1.7788	1.6075	-0.7755
	总资产(万元)	259519.79	252107.88	252232.29	242873.23
	归属母公司股东权益(万元)	109932.09	106380.13	104437.81	103257.04
	营业收入(万元)	153843.98	318736.72	171272.65	271205.62
	营业支出(万元)	134947.20	286448.93	154420.34	250179.69
	投资收益(万元)	-101.50	49.24	41.91	1120.55
	净利润(万元)	3274.94	3455.13	2222.17	1871.35
	营业利润(万元)	3555.07	2282.24	2316.34	349.91
	利润总额(万元)	4164.23	3925.79	2901.56	1909.03

山东南山铝业股份有限公司

公司概况	公司名称	山东南山铝业股份有限公司			证券简称	南山铝业
	法人代表	宋建波	董秘	隋冠男	证券代码	600219
	公司网址	www.600219.com.cn		电子信箱	suiguannan@nanshan.com.cn	
	电　话	0535-8666352 8616188		传　真	0535-8616230	
	办公地址	山东省龙口市东江镇南山村				
	经营范围	铝制品、毛纺织品的开发、生产及销售、电力的生产及供应				

	指标＼报告期	2014.06.30	2013.12.31	2013.06.30	2012.12.31
主要财务指标	基本每股收益(元)	0.1700	0.4100	0.1600	0.3800
	基本每股收益(扣除后)(元)	0.1700	0.4000	0.1600	0.3800
	稀释每股收益(元)	0.1700	0.4100	0.1600	0.3800
	每股净资产(元)	8.9775	8.9479	8.7053	8.6821
	每股经营现金净流量(元)	0.1411	0.7291	0.1325	0.6747
	每股现金流量(元)	-0.3196	-0.4222	-1.0416	1.1444
	每股资本公积金(元)	5.0383	5.0383	5.0383	5.0383
	每股盈余公积金(元)	0.2737	0.2737	0.2426	0.2452
	每股未分配利润(元)	2.6967	2.6795	2.4418	2.4177
	净资产收益率(%)	1.8623	4.5857	1.8604	4.3496
	加权净资产收益率(%)	1.8500	4.6600	1.8600	4.6100
	净资产收益率(扣除)(%)	1.8485	4.5117	1.7965	4.3850
	总资产(万元)	3054096.23	2942893.56	2864807.09	2783728.65
	归属母公司股东权益(万元)	1736400.62	1730669.86	1683755.52	1679267.93
	营业收入(万元)	672525.15	1452451.61	724159.15	1486960.01
	营业支出(万元)	584931.42	1233213.94	629208.06	1297921.87
	投资收益(万元)	2550.87	2469.19	930.14	1705.15
	净利润(万元)	32336.81	79362.63	31324.25	73040.81
	营业利润(万元)	41831.97	114362.09	45086.68	98055.21
	利润总额(万元)	42403.56	116455.44	46994.06	98469.19

江苏阳光股份有限公司

公司概况	公司名称	江苏阳光股份有限公司			证券简称	江苏阳光
	法人代表	陈丽芬	董秘	徐伟民	证券代码	600220
	公司网址	www.sunshine.com.cn		电子信箱	jsyg88@pub.wx.jsinfo.net	
	电话	0510-86121688		传真	0510-86121688	
	办公地址	江苏省江阴市新桥镇马嘶桥				
	经营范围	中高档精毛纺呢绒、高档男士西服和女式时装生产和销售				

主要财务指标	指标\报告期	2014.06.30	2013.12.31	2013.06.30	2012.12.31
	基本每股收益(元)	0.0174	0.0599	0.0179	-0.7634
	基本每股收益(扣除后)(元)	0.0162	0.0505	0.0165	-0.7578
	稀释每股收益(元)	0.0174	0.0599	0.0179	-0.7634
	每股净资产(元)	0.9207	0.9130	0.8720	0.8532
	每股经营现金净流量(元)	0.1653	0.2306	0.0620	0.0221
	每股现金流量(元)	0.1945	-0.1535	-0.1206	0.0410
	每股资本公积金(元)	-	-	0.0010	0.0026
	每股盈余公积金(元)	0.0944	0.0954	0.0965	0.0954
	每股未分配利润(元)	-0.1737	-0.1824	-0.2255	-0.2448
	净资产收益率(%)	1.8947	6.5660	2.0583	-89.4791
	加权净资产收益率(%)	1.8900	6.7900	2.0800	-61.7400
	净资产收益率(扣除)(%)	1.7606	5.5359	1.8913	-88.8211
	总资产(万元)	400678.44	384835.09	399668.63	433006.18
	归属母公司股东权益(万元)	164189.67	162818.30	155508.80	152156.58
	营业收入(万元)	107361.16	234200.81	112276.71	282892.40
	营业支出(万元)	86500.89	189343.59	91810.46	249761.17
	投资收益(万元)	20.81	45.43	-	-159.38
	净利润(万元)	3110.89	10690.59	3200.86	-136148.28
	营业利润(万元)	4418.98	13854.78	4872.89	-138212.12
	利润总额(万元)	4632.77	12841.83	5147.29	-139322.53

海南航空股份有限公司

公司概况	公司名称	海南航空股份有限公司			证券简称	海南航空
	法人代表	辛笛	董秘	黄琪珺	证券代码	600221
	公司网址	www.hnair.com		电子信箱	webmaster@hnair.com	
	电话	0898-66739961		传真	0898-66739960	
	办公地址	海南省海口市国兴大道7号海航大厦				
	经营范围	航空客货运输业务				

主要财务指标	指标\报告期	2014.06.30	2013.12.31	2013.06.30	2012.12.31
	基本每股收益(元)	0.0396	0.1730	0.0531	0.1770
	基本每股收益(扣除后)(元)	0.0122	0.1470	0.0403	0.1020
	稀释每股收益(元)	0.0396	0.1730	0.0531	0.1770
	每股净资产(元)	2.1143	2.0858	1.9560	3.9069
	每股经营现金净流量(元)	0.3973	0.6432	0.2659	1.6739
	每股现金流量(元)	0.2565	-0.1591	-	0.6626
	每股资本公积金(元)	0.4571	0.5585	0.4633	1.9274
	每股盈余公积金(元)	0.0655	0.0700	0.0540	0.1079
	每股未分配利润(元)	0.5917	0.5771	0.4388	0.8717
	净资产收益率(%)	1.8744	8.2846	2.7075	8.1000
	加权净资产收益率(%)	1.8300	9.0000	2.4900	11.0000
	净资产收益率(扣除)(%)	0.5756	7.0711	2.1450	4.6808
	总资产(万元)	11529987.90	11228072.30	9836171.10	9271914.40
	归属母公司股东权益(万元)	2575639.20	2686952.40	2382848.60	2379757.30
	营业收入(万元)	1798935.90	3023136.20	1590207.10	2886758.50
	营业支出(万元)	1450160.30	2350115.80	1257350.10	2155764.10
	投资收益(万元)	26794.20	60626.50	-	18824.10
	净利润(万元)	48278.90	210505.20	64674.50	192778.70
	营业利润(万元)	15830.50	226521.70	68477.60	199190.20
	利润总额(万元)	60827.10	267265.50	82838.10	265371.40

河南太龙药业股份有限公司

公司概况	公司名称	河南太龙药业股份有限公司			证券简称	太龙药业
	法人代表	李景亮	董秘	罗剑超	证券代码	600222
	公司网址	www.taloph.com		电子信箱	wzq@taloph.com	
	电话	0371-67982194 67986158		传真	0371-67993600	
	办公地址	河南省郑州市高新技术产业开发区金梭路8号				
	经营范围	研制、开发、生产和销售中成药和西药				

主要财务指标	指标\报告期	2014.06.30	2013.12.31	2013.06.30	2012.12.31
	基本每股收益(元)	0.0273	0.0806	0.0337	0.0490
	基本每股收益(扣除后)(元)	0.0262	0.0749	0.0283	0.0373
	稀释每股收益(元)	0.0273	0.0806	0.0337	0.0490
	每股净资产(元)	2.1062	2.1039	1.5501	1.5164
	每股经营现金净流量(元)	0.0463	-0.0134	0.1047	0.2120
	每股现金流量(元)	0.0933	0.6627	0.0557	0.0515
	每股资本公积金(元)	0.6308	0.6308	0.0342	0.0342
	每股盈余公积金(元)	0.0991	0.0991	0.1137	0.1137
	每股未分配利润(元)	0.3763	0.3740	0.4023	0.3686
	净资产收益率(%)	1.2982	3.4513	2.1753	3.2299
	加权净资产收益率(%)	1.3000	4.4900	2.2000	3.2800
	净资产收益率(扣除)(%)	1.2449	3.2090	1.8231	2.4570
	总资产(万元)	215744.77	195362.35	160855.90	156943.56
	归属母公司股东权益(万元)	104597.39	104481.03	63927.10	62536.48
	营业收入(万元)	62161.92	130467.49	60524.13	108913.06
	营业支出(万元)	51382.93	105137.68	51042.38	90611.23
	投资收益(万元)	150.00	-	-	4.85
	净利润(万元)	1357.88	3605.95	1390.62	2019.86
	营业利润(万元)	2527.35	6361.40	2371.97	3543.20
	利润总额(万元)	2617.26	6698.93	2674.48	4117.50

鲁商置业股份有限公司

公司概况	公司名称	鲁商置业股份有限公司			证券简称	鲁商置业
	法人代表	赵西亮	董秘	李璐	证券代码	600223
	公司网址	www.lshzy.com.cn		电子信箱	600223lszy@163.com	
	电话	0531-66699999		传真	0531-66697128	
	办公地址	山东省济南市经十路9777号				
	经营范围	房地产开发与经营				

主要财务指标	指标\报告期	2014.06.30	2013.12.31	2013.06.30	2012.12.31
	基本每股收益(元)	0.0500	0.2600	0.0400	0.2500
	基本每股收益(扣除后)(元)	0.0500	0.2600	0.0300	0.2500
	稀释每股收益(元)	0.0500	0.2600	0.0400	0.2500
	每股净资产(元)	1.8614	1.8245	2.2500	1.5607
	每股经营现金净流量(元)	-2.1831	-1.0868	-0.7612	0.1035
	每股现金流量(元)	-1.7789	1.9170	0.8691	0.1716
	每股资本公积金(元)	0.2989	0.3221	0.3186	0.3186
	每股盈余公积金(元)	0.1006	0.1006	0.1003	0.1003
	每股未分配利润(元)	0.4620	0.4163	0.1780	0.1418
	净资产收益率(%)	2.4533	14.4570	1.7400	15.7850
	加权净资产收益率(%)	2.4700	15.5800	2.2900	17.1400
	净资产收益率(扣除)(%)	2.5314	14.3342	1.8259	16.1786
	总资产(万元)	2903287.18	2729893.11	2504637.60	2155853.74
	归属母公司股东权益(万元)	186324.36	184076.58	159852.14	156225.53
	营业收入(万元)	132112.81	529303.66	82457.60	367381.91
	营业支出(万元)	91411.33	379964.27	59285.12	257421.28
	投资收益(万元)	209.59	346.43	361.14	931.81
	净利润(万元)	4571.18	26402.64	3583.30	24660.20
	营业利润(万元)	10855.34	54337.12	5324.55	48405.11
	利润总额(万元)	10744.77	54739.31	6121.57	47522.68

天津松江股份有限公司

公司概况					
公司名称	天津松江股份有限公司			证券简称	天津松江
法人代表	曹立明	董秘	詹鹏飞	证券代码	600225
公司网址	www.ciity.com.cn		电子信箱	songjiangzqb@sina.com	
电　　话	022-58915818		传　　真	022-58915816	
办公地址	天津市西青区友谊南路与外环线交口东北侧环岛西路天湾园公建1号楼				
经营范围	房地产、高新技术产业、公用事业、环保业、物流业等				

主要财务指标：指标\报告期	2014.06.30	2013.12.31	2013.06.30	2012.12.31
基本每股收益(元)	-0.3380	-0.4600	-0.3540	0.1400
基本每股收益(扣除后)(元)	-0.4170	-0.5600	-0.4030	0.0500
稀释每股收益(元)	-0.3380	-0.4600	-0.3540	0.1400
每股净资产(元)	1.1460	1.4844	1.5919	1.9460
每股经营现金净流量(元)	-1.6070	-2.6750	-2.0107	-0.6724
每股现金流量(元)	-2.3935	1.1576	-0.5370	0.4047
每股资本公积金(元)	-0.2602	-0.2602	-0.2602	-0.2602
每股盈余公积金(元)	0.1736	0.1736	0.1677	0.1677
每股未分配利润(元)	0.2326	0.5710	0.6845	1.0385
净资产收益率(%)	-29.5261	-31.0934	-22.2401	7.0177
加权净资产收益率(%)	-25.7300	-26.9100	-20.0100	7.2700
净资产收益率(扣除)(%)	-36.3938	-37.9919	-25.3111	2.4347
总资产(万元)	1249516.83	1274660.00	1194398.63	1075508.53
归属母公司股东权益(万元)	71787.96	92984.13	99718.55	121896.08
营业收入(万元)	41683.78	284115.01	34100.19	269324.23
营业支出(万元)	26811.12	214454.30	20064.77	200052.42
投资收益(万元)	3597.32	6391.30	6678.68	6970.94
净利润(万元)	-21196.17	-28911.95	-22177.54	8554.32
营业利润(万元)	-25724.04	-26804.66	-24041.72	11079.27
利润总额(万元)	-25826.98	-28465.22	-25187.20	13508.81

浙江升华拜克生物股份有限公司

公司概况					
公司名称	浙江升华拜克生物股份有限公司			证券简称	升华拜克
法人代表	沈德堂	董秘	陶舜晓	证券代码	600226
公司网址	www.biok.com		电子信箱	jingx@biok.com	
电　　话	0572-8402738		传　　真	0572-8089511	
办公地址	浙江省湖州市德清县钟管镇工业区				
经营范围	从事兽药、农药原料药及制成品、相关饲料添加剂的生产经营等				

主要财务指标：指标\报告期	2014.06.30	2013.12.31	2013.06.30	2012.12.31
基本每股收益(元)	0.1200	0.0700	0.0600	0.0800
基本每股收益(扣除后)(元)	0.0900	0.0500	0.0500	0.0600
稀释每股收益(元)	0.1200	0.0700	0.0600	0.0800
每股净资产(元)	3.4360	3.3403	3.3264	3.3197
每股经营现金净流量(元)	0.0547	0.2941	-0.0165	0.5374
每股现金流量(元)	0.0443	0.0049	0.1834	-0.3680
每股资本公积金(元)	0.8510	0.8510	0.8510	0.8510
每股盈余公积金(元)	0.3485	0.3485	0.3240	0.3240
每股未分配利润(元)	1.2430	1.1481	1.1631	1.1542
净资产收益率(%)	3.6369	2.0467	1.7699	2.5202
加权净资产收益率(%)	3.6800	2.0500	1.7600	2.5500
净资产收益率(扣除)(%)	2.6448	1.6402	1.6504	1.9019
总资产(万元)	243948.04	232574.91	231873.75	221510.19
归属母公司股东权益(万元)	139347.53	135466.11	134902.06	134632.13
营业收入(万元)	70234.17	160686.43	81962.03	165184.30
营业支出(万元)	60732.46	142813.42	71799.67	143811.72
投资收益(万元)	5554.52	6151.78	1802.41	3980.81
净利润(万元)	5067.87	2772.58	2387.61	3392.95
营业利润(万元)	4814.72	1921.50	2373.02	2218.16
利润总额(万元)	5280.11	2837.70	2609.03	3075.87

贵州赤天化股份有限公司

公司概况					
公司名称	贵州赤天化股份有限公司			证券简称	赤 天 化
法人代表	周俊生	董秘	吴善华	证券代码	600227
公司网址	www.chth.com.cn		电子信箱	wsh@chth.cn	
电　　话	0852-2878788 2878970		传　　真	0852-2878874	
办公地址	贵州省赤水市化工路				
经营范围	尿素的生产和销售				

主要财务指标：指标\报告期	2014.06.30	2013.12.31	2013.06.30	2012.12.31
基本每股收益(元)	-0.1527	0.0117	0.0294	0.0371
基本每股收益(扣除后)(元)	-0.1979	-0.1269	0.0268	-0.0972
稀释每股收益(元)	-0.1527	0.0117	0.0294	0.0371
每股净资产(元)	3.5092	3.6383	3.6513	3.6349
每股经营现金净流量(元)	0.0738	0.1931	0.3127	0.6230
每股现金流量(元)	-0.1418	-0.0921	0.0129	-0.4929
每股资本公积金(元)	1.4323	1.4322	1.4236	1.4230
每股盈余公积金(元)	0.2519	0.2473	0.2357	0.2315
每股未分配利润(元)	0.7844	0.9156	0.9436	0.9387
净资产收益率(%)	-4.3523	0.3203	0.8038	1.0215
加权净资产收益率(%)	-4.2400	0.3200	0.8100	1.0300
净资产收益率(扣除)(%)	-5.6391	-3.4866	0.7350	-2.6738
总资产(万元)	792772.12	807546.49	839374.42	819714.38
归属母公司股东权益(万元)	333514.97	345784.82	347020.66	345458.63
营业收入(万元)	144059.90	414987.99	243450.06	350416.46
营业支出(万元)	134895.93	362847.63	203698.01	311387.68
投资收益(万元)	1606.57	17909.72	211.27	14489.46
净利润(万元)	-14515.58	1107.50	2789.45	3529.02
营业利润(万元)	-13277.17	3421.26	4434.19	-3532.68
利润总额(万元)	-13079.77	5141.51	4721.84	-1793.48

江西昌九生物化工股份有限公司

公司概况					
公司名称	江西昌九生物化工股份有限公司			证券简称	*ST 昌九
法人代表	姚伟彪	董秘	张浩	证券代码	600228
公司网址	www.600228.net		电子信箱	cjsh600228@sina.com	
电　　话	0791-8504560 88504386		传　　真	0791-88504797	
办公地址	江西省南昌市青山湖区尤氨路				
经营范围	化工、化肥、环保及生化产品的生产与销售等				

主要财务指标：指标\报告期	2014.06.30	2013.12.31	2013.06.30	2012.12.31
基本每股收益(元)	-0.0900	-0.8100	-0.1700	-0.6000
基本每股收益(扣除后)(元)	-0.0800	-	-0.1100	-0.3600
稀释每股收益(元)	-0.0900	-0.8100	-0.1700	-0.6000
每股净资产(元)	-0.5630	-0.4789	-0.0622	0.1029
每股经营现金净流量(元)	0.0165	0.1525	-0.1502	0.0041
每股现金流量(元)	0.0436	-0.1648	-0.2035	0.0602
每股资本公积金(元)	0.7292	0.7292	0.5137	0.5137
每股盈余公积金(元)	0.0544	0.0544	0.0544	0.0544
每股未分配利润(元)	-2.3932	-2.3047	-1.6676	-1.4981
净资产收益率(%)	-	-	-272.3739	-582.5707
加权净资产收益率(%)	-	-	-930.5800	-220.9400
净资产收益率(扣除)(%)	13.3936	132.9170	175.3387	-346.8403
总资产(万元)	68288.33	67159.29	81631.46	85400.94
归属母公司股东权益(万元)	-13585.69	-11557.36	-1501.02	2483.53
营业收入(万元)	33260.97	71969.43	37458.88	76714.46
营业支出(万元)	30730.42	66445.42	35008.81	74499.49
投资收益(万元)	-	-109.02	-23.01	-79.83
净利润(万元)	-2134.80	-19463.93	-4088.39	-14468.33
营业利润(万元)	-1889.58	-16374.86	-2812.18	-10013.76
利润总额(万元)	-1743.54	-20408.49	-4448.69	-16217.07

青岛碱业股份有限公司

公司概况					
公司名称	青岛碱业股份有限公司			证券简称	青岛碱业
法人代表	郭汉光	董秘	邹怀基	证券代码	600229
公司网址	www.qdjy.com		电子信箱	xxzx@qdjy.com	
电话	0532-84822574		传真	0532-84815402	
办公地址	山东省青岛市四流北路78号				
经营范围	纯碱、肥料、农药氯化钙及其他化工产品的生产和销售				

主要财务指标 指标\报告期	2014.06.30	2013.12.31	2013.06.30	2012.12.31
基本每股收益(元)	0.0500	0.0600	-0.2700	-0.6500
基本每股收益(扣除后)(元)	0.0600	-0.2300	-0.2600	-0.5300
稀释每股收益(元)	0.0500	0.0600	-0.2700	-0.6500
每股净资产(元)	2.7691	2.7149	2.3844	2.6547
每股经营现金净流量(元)	0.0020	0.8373	-0.1102	0.1035
每股现金流量(元)	-0.1758	0.5521	-0.4557	0.0023
每股资本公积金(元)	1.8776	1.8775	1.8778	1.8787
每股盈余公积金(元)	0.3451	0.3451	0.3451	0.3451
每股未分配利润(元)	-0.4549	-0.5078	-0.8385	-0.5691
净资产收益率(%)	1.9100	2.2603	-11.2974	-24.2968
加权净资产收益率(%)	1.9300	2.2900	-11.3000	-21.6700
净资产收益率(扣除)(%)	2.0920	-8.4873	-10.8220	-20.0631
总资产(万元)	275136.06	281290.27	245508.99	274052.22
归属母公司股东权益(万元)	109595.74	107451.97	94371.63	105070.99
营业收入(万元)	90272.09	181621.78	96639.26	191916.07
营业支出(万元)	71962.25	163551.38	89556.56	184861.15
投资收益(万元)	246.67	413.83	197.30	481.54
净利润(万元)	2093.31	2428.74	-10661.58	-25528.88
营业利润(万元)	3363.17	12214.15	-8367.62	-24132.45
利润总额(万元)	3082.35	2705.88	-8977.74	-32146.38

沧州大化股份有限公司

公司概况					
公司名称	沧州大化股份有限公司			证券简称	沧州大化
法人代表	谢华生	董秘	金津	证券代码	600230
公司网址	www.czdh.chemchina.com		电子信箱	czdhzqb@126.com	
电话	0317-3556143 3556897		传真	0317-3025065	
办公地址	河北省沧州市运河区永济东路19号				
经营范围	尿素、TDI等化工产品的生产及销售				

主要财务指标 指标\报告期	2014.06.30	2013.12.31	2013.06.30	2012.12.31
基本每股收益(元)	-0.1538	0.4734	0.3275	1.1181
基本每股收益(扣除后)(元)	-0.1540	0.4696	0.3265	1.1224
稀释每股收益(元)	-0.1538	0.4734	0.3275	1.1181
每股净资产(元)	6.4011	6.1936	6.0698	5.8800
每股经营现金净流量(元)	0.0875	2.7018	1.4208	1.8661
每股现金流量(元)	0.9182	-0.5001	-0.3257	0.4696
每股资本公积金(元)	2.1865	1.3512	1.3733	1.3914
每股盈余公积金(元)	0.5994	0.6800	0.6248	0.6259
每股未分配利润(元)	2.5955	3.1517	3.0558	2.8524
净资产收益率(%)	-2.1657	7.6426	5.3681	19.0185
加权净资产收益率(%)	-2.5000	7.8600	5.4500	20.9500
净资产收益率(扣除)(%)	-2.1677	7.5823	5.3796	19.1927
总资产(万元)	493565.69	460209.85	448580.29	464956.43
归属母公司股东权益(万元)	188313.97	160619.09	157408.42	152510.80
营业收入(万元)	171734.96	349108.53	182151.47	338114.65
营业支出(万元)	151781.59	280977.17	143588.95	256457.26
投资收益(万元)	-	44.07	-	49.69
净利润(万元)	-4078.38	12275.53	8492.50	28995.99
营业利润(万元)	-3164.04	15900.92	10779.73	38619.05
利润总额(万元)	-3179.12	15840.32	10738.34	38338.47

凌源钢铁股份有限公司

公司概况					
公司名称	凌源钢铁股份有限公司			证券简称	凌钢股份
法人代表	张振勇	董秘	何志国	证券代码	600231
公司网址	www.lggf.com.cn		电子信箱	lggf_zqb@126.com	
电话	0421-6838192 6838259		传真	0421-6831910	
办公地址	辽宁省凌源市钢铁路3号				
经营范围	生产、经营、开发冶金产品(含副产品)、进出口业务				

主要财务指标 指标\报告期	2014.06.30	2013.12.31	2013.06.30	2012.12.31
基本每股收益(元)	-0.3400	0.1000	0.0500	0.0540
基本每股收益(扣除后)(元)	-0.3400	-	-0.3200	-0.4200
稀释每股收益(元)	-0.3400	0.1000	0.0500	0.0540
每股净资产(元)	4.4190	4.7600	4.7879	4.7500
每股经营现金净流量(元)	1.2862	1.1213	0.8288	2.9848
每股现金流量(元)	1.0964	-0.0184	0.7885	0.5899
每股资本公积金(元)	0.0699	0.0710	0.0771	0.0824
每股盈余公积金(元)	0.7166	0.7166	0.7065	0.7065
每股未分配利润(元)	2.5974	2.9329	2.9513	2.9054
净资产收益率(%)	-7.5926	1.9966	0.9593	1.1413
加权净资产收益率(%)	-7.3100	1.9900	0.9600	1.1300
净资产收益率(扣除)(%)	-7.6194	-10.6109	-6.5942	-8.7841
总资产(万元)	1419307.21	1422209.52	1466944.03	1310151.57
归属母公司股东权益(万元)	355291.19	382667.85	384947.94	381877.37
营业收入(万元)	724514.46	1565075.90	732981.52	1313615.13
营业支出(万元)	701253.83	1522921.93	717397.44	1279129.53
投资收益(万元)	28.68	20172.02	-735.31	61.81
净利润(万元)	-26975.68	7640.47	3692.73	4358.40
营业利润(万元)	-36034.99	-41262.89	-35540.45	-46116.28
利润总额(万元)	-35908.07	2951.56	3228.98	4420.90

浙江金鹰股份有限公司

公司概况					
公司名称	浙江金鹰股份有限公司			证券简称	金鹰股份
法人代表	傅国定	董秘	刘浩力	证券代码	600232
公司网址	www.cn-goldeagle.com		电子信箱	gecl@zsptt.zj.cn	
电话	0580-8021228		传真	0580-8020228	
办公地址	浙江省舟山市定海区小沙镇				
经营范围	绢、麻、丝、毛纺机械成套设备制造销售等				

主要财务指标 指标\报告期	2014.06.30	2013.12.31	2013.06.30	2012.12.31
基本每股收益(元)	0.0290	0.0300	0.0350	0.0200
基本每股收益(扣除后)(元)	0.0260	0.0100	0.0270	-0.0200
稀释每股收益(元)	0.0290	0.0300	0.0350	0.0200
每股净资产(元)	3.1821	3.2333	3.2363	3.2817
每股经营现金净流量(元)	0.0217	0.3183	0.0682	0.1801
每股现金流量(元)	-0.2273	0.0763	-0.2967	0.0299
每股资本公积金(元)	1.0895	1.0895	1.0895	1.0895
每股盈余公积金(元)	0.3074	0.3074	0.3056	0.3056
每股未分配利润(元)	0.7852	0.8365	0.8412	0.8867
净资产收益率(%)	0.9030	0.9781	1.0666	0.7030
加权净资产收益率(%)	0.8850	0.9700	1.0590	0.6900
净资产收益率(扣除)(%)	0.8197	0.4498	0.8359	-0.6001
总资产(万元)	177772.37	183898.73	185225.24	192331.31
归属母公司股东权益(万元)	116056.46	117926.24	118032.65	119691.47
营业收入(万元)	51351.72	126271.59	52612.58	108788.66
营业支出(万元)	44100.90	108358.92	44752.44	95580.65
投资收益(万元)	-	32.02	-	20.18
净利润(万元)	1047.97	1153.42	1258.92	841.41
营业利润(万元)	1581.58	2585.56	1513.50	-641.69
利润总额(万元)	1654.49	3069.13	1728.25	859.37

大连大杨创世股份有限公司

公司概况					
公司名称	大连大杨创世股份有限公司			证券简称	大杨创世
法人代表	李桂莲	董秘	潘丽香	证券代码	600233
公司网址	www.trands.com		电子信箱	panlixiang@dayang.net	
电　话	0411-87555199		传　真	0411-87612800	
办公地址	辽宁省大连市经济技术开发区哈尔滨路 23 号				
经营范围	服装制造、包装制品、服饰辅料制造等				

主要财务指标 指标\报告期	2014.06.30	2013.12.31	2013.06.30	2012.12.31
基本每股收益(元)	0.1423	0.3282	0.1452	0.4667
基本每股收益(扣除后)(元)	0.0487	0.2343	0.1004	0.4157
稀释每股收益(元)	-	0.3282	0.1452	0.4667
每股净资产(元)	6.1792	6.1867	6.0041	6.0092
每股经营现金净流量(元)	0.0051	0.5327	0.0441	0.3205
每股现金流量(元)	-0.3139	-0.3344	-0.5684	0.6656
每股资本公积金(元)	1.1217	1.1217	1.1217	1.1217
每股盈余公积金(元)	0.5294	0.5294	0.4828	0.4828
每股未分配利润(元)	3.5286	3.5363	3.4000	3.4048
净资产收益率(%)	2.3032	5.3050	2.4188	7.7661
加权净资产收益率(%)	2.2800	5.3900	2.4000	8.0100
净资产收益率(扣除)(%)	0.7888	3.7875	1.6718	6.9169
总资产(万元)	142282.85	135491.84	135782.73	136595.39
归属母公司股东权益(万元)	101957.51	102080.53	99066.86	99152.62
营业收入(万元)	34828.28	80848.26	34410.61	85612.82
营业支出(万元)	26005.66	59326.75	24486.17	60031.44
投资收益(万元)	2193.65	2256.46	1234.51	2634.74
净利润(万元)	2348.24	5415.39	2396.18	7700.25
营业利润(万元)	4722.01	10371.16	4887.69	15326.24
利润总额(万元)	4809.71	10628.63	4984.28	14317.34

山西广和山水文化传播股份有限公司

公司概况					
公司名称	山西广和山水文化传播股份有限公司			证券简称	山水文化
法人代表	黄国忠	董秘	戴蓉	证券代码	600234
公司网址			电子信箱	tljt600234@163.com	
电　话	0351-4040922		传　真	0351-4039403	
办公地址	山西省太原市迎泽大街 289 号				
经营范围	批发零售针纺织品、百货、劳保用品、日用杂品等				

主要财务指标 指标\报告期	2014.06.30	2013.12.31	2013.06.30	2012.12.31
基本每股收益(元)	-0.0300	0.1700	-0.0600	-0.2400
基本每股收益(扣除后)(元)	-0.0300	-0.1600	-0.0600	-0.2100
稀释每股收益(元)	-0.0300	0.1700	-0.0600	-0.2400
每股净资产(元)	0.1847	0.2177	-0.6896	-0.6285
每股经营现金净流量(元)	-0.0062	0.0137	0.0015	0.0086
每股现金流量(元)	-0.0101	-0.0045	-0.0120	-0.0284
每股资本公积金(元)	1.3024	1.3024	0.6221	0.6221
每股盈余公积金(元)	0.0623	0.0623	0.0623	0.0623
每股未分配利润(元)	-2.1800	-2.1471	-2.3740	-2.3129
净资产收益率(%)	-17.8501	76.1708	-8.8649	-38.0176
加权净资产收益率(%)	-16.3900	-	-	-
净资产收益率(扣除)(%)	-17.8501	-74.5334	8.8604	33.7969
总资产(万元)	43842.61	44199.91	39001.08	39773.07
归属母公司股东权益(万元)	3738.97	4406.38	-13960.91	-12723.29
营业收入(万元)	529.03	1044.45	526.86	2488.34
营业支出(万元)	0.86	15.11	11.35	1561.14
投资收益(万元)	-	-	-	866.22
净利润(万元)	-667.41	3356.37	-1237.62	-4837.09
营业利润(万元)	-858.61	3181.94	-1513.61	-4313.68
利润总额(万元)	-858.61	4274.32	-1514.23	-5199.61

民丰特种纸股份有限公司

公司概况					
公司名称	民丰特种纸股份有限公司			证券简称	民丰特纸
法人代表	吴立东	董秘	姚名欢	证券代码	600235
公司网址	www.minfenggroup.com		电子信箱	dsh@mfspchina.com	
电　话	0573-82812992		传　真	0573-82812992	
办公地址	浙江省嘉兴市甪里街 70 号				
经营范围	纸浆、纸和纸制品的制造、销售等				

主要财务指标 指标\报告期	2014.06.30	2013.12.31	2013.06.30	2012.12.31
基本每股收益(元)	-0.0570	0.0500	0.0240	0.0600
基本每股收益(扣除后)(元)	-0.0660	0.0400	0.0190	0.0400
稀释每股收益(元)	-0.0570	0.0500	0.0240	0.0600
每股净资产(元)	3.9389	3.9961	3.9682	3.6149
每股经营现金净流量(元)	-0.1293	0.0416	0.0919	0.8547
每股现金流量(元)	-0.1566	-0.0176	-0.0820	0.2239
每股资本公积金(元)	2.3599	2.3599	2.3599	1.8318
每股盈余公积金(元)	0.1983	0.1983	0.1980	0.2641
每股未分配利润(元)	0.3806	0.4379	0.4103	0.5190
净资产收益率(%)	-1.4540	1.2280	0.5339	1.6776
加权净资产收益率(%)	-1.4400	1.3400	0.6300	1.6600
净资产收益率(扣除)(%)	-1.6780	0.8769	0.4198	1.0379
总资产(万元)	237319.88	229248.36	220347.37	204985.34
归属母公司股东权益(万元)	138371.89	140383.80	139404.18	95215.18
营业收入(万元)	64142.40	125619.81	62501.19	126805.69
营业支出(万元)	54503.19	100618.27	50118.50	101644.76
投资收益(万元)	107.33	258.70	-60.30	1285.44
净利润(万元)	-2011.90	1723.94	744.33	1597.31
营业利润(万元)	-2375.04	1806.85	733.34	2709.43
利润总额(万元)	-2130.07	2064.03	869.08	2760.20

广西桂冠电力股份有限公司

公司概况					
公司名称	广西桂冠电力股份有限公司			证券简称	桂冠电力
法人代表	蔡哲夫	董秘	张云	证券代码	600236
公司网址	www.ggep.com.cn		电子信箱	zhangyun@ggep.com.cn	
电　话	0771-6118880		传　真	0771-6118899	
办公地址	广西壮族自治区南宁市青秀区民族大道 126 号				
经营范围	开发建设和管理水电站、火电厂和输变电工程等				

主要财务指标 指标\报告期	2014.06.30	2013.12.31	2013.06.30	2012.12.31
基本每股收益(元)	0.0940	0.0990	0.0890	0.1260
基本每股收益(扣除后)(元)	0.0940	0.0910	0.0830	0.1160
稀释每股收益(元)	0.0940	0.0990	0.0890	0.1260
每股净资产(元)	1.5514	1.5204	1.5108	1.4615
每股经营现金净流量(元)	0.5823	1.0485	0.6240	0.9013
每股现金流量(元)	0.0911	0.0051	0.2339	-0.1154
每股资本公积金(元)	0.0307	0.0439	0.0439	0.0439
每股盈余公积金(元)	0.2514	0.2076	0.2064	0.2064
每股未分配利润(元)	0.2692	0.2689	0.2606	0.2113
净资产收益率(%)	6.0700	6.4993	5.9103	8.5999
加权净资产收益率(%)	6.0300	6.6300	5.9300	8.8900
净资产收益率(扣除)(%)	6.0318	5.9792	5.5046	7.9094
总资产(万元)	2232209.84	2192666.17	2217437.80	2177184.08
归属母公司股东权益(万元)	353780.76	346708.51	344538.15	333296.55
营业收入(万元)	249799.30	494410.29	243007.64	519817.61
营业支出(万元)	155826.06	343959.83	158831.96	368376.52
投资收益(万元)	-2289.02	2760.89	3737.75	13606.76
净利润(万元)	21474.49	22533.76	20363.39	28663.08
营业利润(万元)	35530.64	37770.06	31564.61	48992.51
利润总额(万元)	40474.28	41452.69	32756.49	53628.48

安徽铜峰电子股份有限公司

公司概况					
公司名称	安徽铜峰电子股份有限公司			证券简称	铜峰电子
法人代表	王晓云	董秘	徐文焕	证券代码	600237
公司网址	www.tong-feng.com		电子信箱	600237@tong-feng.com	
电　话	0562-2819178		传　真	0562-5881888	
办公地址	安徽省铜陵市经济技术开发区铜峰工业园				
经营范围	薄膜电容器及其相关材料的研究、开发、生产、销售等				

主要财务指标

指标＼报告期	2014.06.30	2013.12.31	2013.06.30	2012.12.31
基本每股收益(元)	-0.0353	0.0200	0.0350	0.0600
基本每股收益(扣除后)(元)	-0.0394	-0.0200	0.0016	0.0100
稀释每股收益(元)	-0.0353	0.0200	0.0350	0.0600
每股净资产(元)	2.6197	2.6691	2.6815	1.9696
每股经营现金净流量(元)	0.0746	-0.0480	-0.0427	-0.1236
每股现金流量(元)	-0.0419	0.4794	0.5149	-0.0543
每股资本公积金(元)	1.4841	1.4841	1.4841	0.7121
每股盈余公积金(元)	0.1228	0.1228	0.1209	0.1706
每股未分配利润(元)	0.0128	0.0622	0.0765	0.0868
净资产收益率(%)	-1.3490	0.8446	1.3037	3.1490
加权净资产收益率(%)	-1.3300	0.8800	1.4100	3.2000
净资产收益率(扣除)(%)	-1.5027	-0.8222	0.0591	0.6925
总资产(万元)	218310.65	203889.98	214087.12	154721.40
归属母公司股东权益(万元)	147848.74	150637.66	151338.45	78782.67
营业收入(万元)	35132.32	64776.80	35977.33	65174.15
营业支出(万元)	30433.72	52109.40	29171.17	49673.78
投资收益(万元)	155.96	323.88	180.49	769.01
净利润(万元)	-1994.55	1272.23	1973.02	2480.90
营业利润(万元)	-2252.67	-1298.60	19.19	1617.73
利润总额(万元)	-1934.81	1664.23	2225.74	3284.52

海南椰岛(集团)股份有限公司

公司概况					
公司名称	海南椰岛(集团)股份有限公司			证券简称	海南椰岛
法人代表	雷立	董秘	李勇	证券代码	600238
公司网址	www.yedao.com		电子信箱	yedaohainan@163.com	
电　话	0898-66532987		传　真	0898-66780881	
办公地址	海南省海口市龙昆北路13-1号				
经营范围	药酒、饮料、医疗保健品、营养食品的生产与销售及贸易				

主要财务指标

指标＼报告期	2014.06.30	2013.12.31	2013.06.30	2012.12.31
基本每股收益(元)	0.0928	0.3000	0.1749	0.3500
基本每股收益(扣除后)(元)	0.0037	0.2400	0.1581	0.1000
稀释每股收益(元)	0.0928	0.3000	0.1749	0.3500
每股净资产(元)	1.9773	1.9845	1.9069	1.8321
每股经营现金净流量(元)	-0.4575	0.5378	0.0097	0.3854
每股现金流量(元)	-0.6446	0.2458	-0.2569	-0.1763
每股资本公积金(元)	0.2844	0.2844	0.2844	0.2844
每股盈余公积金(元)	0.2309	0.2309	0.2331	0.2282
每股未分配利润(元)	0.4660	0.4732	0.3933	0.2737
净资产收益率(%)	4.6938	15.2289	9.1735	19.8023
加权净资产收益率(%)	4.5700	15.9400	9.3500	21.3400
净资产收益率(扣除)(%)	0.1880	12.1631	8.2923	5.8729
总资产(万元)	124531.30	142363.50	141735.61	166932.59
归属母公司股东权益(万元)	88623.03	88946.08	85466.57	79897.01
营业收入(万元)	21539.31	91055.00	45230.32	125876.31
营业支出(万元)	11911.40	48394.71	21453.81	78701.53
投资收益(万元)	4805.42	-154.83	-19.36	160.74
净利润(万元)	4159.75	13545.55	7840.23	15821.46
营业利润(万元)	4491.57	14827.43	9500.96	10693.98
利润总额(万元)	4818.40	18048.12	10469.07	21914.75

云南城投置业股份有限公司

公司概况					
公司名称	云南城投置业股份有限公司			证券简称	云南城投
法人代表	刘猛	董秘	栗亭倩	证券代码	600239
公司网址	www.ynctzy.com		电子信箱	ynctzy@163.com	
电　话	0871-7199767		传　真	0871-7199767	
办公地址	云南省昆明市民航路400号云南城投大厦3楼				
经营范围	商品房销售、房屋租赁、基础设施建设投资、土地开发				

主要财务指标

指标＼报告期	2014.06.30	2013.12.31	2013.06.30	2012.12.31
基本每股收益(元)	0.1080	0.3900	-0.0802	0.2700
基本每股收益(扣除后)(元)	-0.2363	-	-0.0774	-0.1000
稀释每股收益(元)	0.1080	0.3900	-0.0802	0.2700
每股净资产(元)	4.6016	4.6136	4.1990	4.3400
每股经营现金净流量(元)	-2.8985	-2.1015	1.0580	-2.1916
每股现金流量(元)	2.7486	-3.3982	-1.3339	3.8475
每股资本公积金(元)	2.4006	2.4006	2.4546	2.4376
每股盈余公积金(元)	0.1782	0.1782	0.1523	0.1523
每股未分配利润(元)	1.0228	1.0348	0.5921	0.7523
净资产收益率(%)	2.3467	8.4196	-1.9095	6.1039
加权净资产收益率(%)	2.3436	8.6400	-1.8775	6.2700
净资产收益率(扣除)(%)	-5.1343	1.8858	-1.8441	-2.2623
总资产(万元)	3025113.62	2418143.76	2391372.12	2222619.56
归属母公司股东权益(万元)	378909.49	379898.82	345759.54	357553.26
营业收入(万元)	67043.24	296163.62	86583.45	35445.11
营业支出(万元)	39809.38	198998.19	59615.61	26125.25
投资收益(万元)	19094.89	32664.74	-56.12	10864.08
净利润(万元)	8891.82	31986.07	-6602.26	21824.67
营业利润(万元)	13024.34	63336.83	1058.79	-84.67
利润总额(万元)	13358.23	62607.41	454.54	29080.77

北京华业地产股份有限公司

公司概况					
公司名称	北京华业地产股份有限公司			证券简称	华业地产
法人代表	徐红	董秘	赵双燕	证券代码	600240
公司网址	www.huayedc.com		电子信箱	zhaosy@huayedc.com	
电　话	010-85710735		传　真	010-85710505	
办公地址	北京市朝阳区东四环中路39号A座16层				
经营范围	在合法取得地块上从事房地产开发经营业务、物业管理				

主要财务指标

指标＼报告期	2014.06.30	2013.12.31	2013.06.30	2012.12.31
基本每股收益(元)	0.0962	0.3519	0.1051	0.1801
基本每股收益(扣除后)(元)	0.0440	0.3334	0.1082	0.1662
稀释每股收益(元)	0.0962	0.3508	0.1048	0.1783
每股净资产(元)	2.5101	2.4158	2.0426	2.1816
每股经营现金净流量(元)	-1.4189	1.0673	0.3201	0.5084
每股现金流量(元)	0.1506	0.4416	0.2839	0.3447
每股资本公积金(元)	0.2005	0.2024	0.2013	0.2443
每股盈余公积金(元)	0.0086	0.0086	0.0086	0.0086
每股未分配利润(元)	1.3010	1.2048	0.8327	1.0627
净资产收益率(%)	3.8322	14.5442	5.1281	7.7759
加权净资产收益率(%)	3.9000	14.1200	5.2900	8.6600
净资产收益率(扣除)(%)	1.7517	13.7813	5.2775	7.7543
总资产(万元)	1638039.39	1373467.76	1266859.89	1125695.40
归属母公司股东权益(万元)	357507.34	344068.77	290917.60	328582.00
营业收入(万元)	82144.13	279286.36	84076.40	156516.28
营业支出(万元)	45758.08	150037.14	41440.72	81324.86
投资收益(万元)	8263.82	4.30	-	1.62
净利润(万元)	13700.22	50041.91	15359.05	25550.07
营业利润(万元)	17353.46	68543.66	20939.37	35235.23
利润总额(万元)	17337.55	68740.35	20581.18	35563.34

辽宁时代万恒股份有限公司

公司概况						
	公司名称	辽宁时代万恒股份有限公司			证券简称	时代万恒
	法人代表	魏钢	董秘	蒋明	证券代码	600241
	公司网址	www.shidaiwanheng.com		电子信箱	600241@shidaiwanheng.com	
	电　话	0411-82357777-699		传　真	0411-82798000	
	办公地址	辽宁省大连市中山区港湾街 7 号				
	经营范围	服装、服饰的出口业务及化工原料、矿产品等进口业务				

主要财务指标	指标＼报告期	2014.06.30	2013.12.31	2013.06.30	2012.12.31
	基本每股收益(元)	-0.1038	0.0800	0.0020	0.0800
	基本每股收益(扣除后)(元)	-0.1064	0.0800	0.0048	0.0700
	稀释每股收益(元)	-0.1038	0.0800	0.0020	0.0800
	每股净资产(元)	2.3788	2.5061	2.8483	2.8046
	每股经营现金净流量(元)	-0.4444	0.2844	-0.1571	0.8272
	每股现金流量(元)	0.1189	-0.7042	0.0672	0.7858
	每股资本公积金(元)	0.5126	0.5126	0.8856	0.8580
	每股盈余公积金(元)	0.2070	0.2070	0.2029	0.2036
	每股未分配利润(元)	0.6660	0.7948	0.7659	0.7471
	净资产收益率(%)	-4.3628	3.0639	0.2340	2.7400
	加权净资产收益率(%)	-4.2300	2.8000	0.0700	2.7800
	净资产收益率(扣除)(%)	-4.4732	3.2201	0.1676	2.3758
	总资产(万元)	180589.83	174117.95	140316.52	180700.97
	归属母公司股东权益(万元)	42865.40	45159.88	51325.64	50539.51
	营业收入(万元)	41180.25	159138.77	57698.51	164888.32
	营业支出(万元)	34645.58	127433.13	44571.90	131728.95
	投资收益(万元)	805.51	-120.28	-97.52	-14.05
	净利润(万元)	-1870.15	1383.65	36.28	1384.79
	营业利润(万元)	-1998.30	7723.91	2426.05	8897.65
	利润总额(万元)	-1899.56	7783.75	2468.55	8920.26

中昌海运股份有限公司

公司概况						
	公司名称	中昌海运股份有限公司			证券简称	中昌海运
	法人代表	徐浩	董秘	谢晶	证券代码	600242
	公司网址	www.zchy.net.cn		电子信箱	a600242@163.com	
	电　话	0662-3229088		传　真	0662-2881697	
	办公地址	广东省阳江市江城区安宁路富华小区 A7 号(7-8 层)				
	经营范围	经营沿海、内河货物运输、船舶租赁、买卖、货物代理、代运业务等				

主要财务指标	指标＼报告期	2014.06.30	2013.12.31	2013.06.30	2012.12.31
	基本每股收益(元)	-0.1910	-0.3000	-0.1980	0.0100
	基本每股收益(扣除后)(元)	-0.2040	-	-0.2100	-0.3200
	稀释每股收益(元)	-0.1910	-0.3000	-0.1980	0.0100
	每股净资产(元)	0.7890	0.9803	1.0793	1.2775
	每股经营现金净流量(元)	0.0605	-0.1780	-0.1266	1.2966
	每股现金流量(元)	0.0780	-0.0619	-0.0201	-0.0802
	每股资本公积金(元)	1.4491	1.4491	1.4491	1.4491
	每股盈余公积金(元)	0.1151	0.1151	0.1151	0.1151
	每股未分配利润(元)	-1.7752	-1.5839	-1.4849	-1.2867
	净资产收益率(%)	-24.2367	-30.3236	-18.3614	0.7768
	加权净资产收益率(%)	-21.6200	-26.3300	-16.8200	0.7800
	净资产收益率(扣除)(%)	-25.9121	-40.0824	-19.4287	-25.3880
	总资产(万元)	248347.89	242402.54	252187.92	248127.00
	归属母公司股东权益(万元)	21567.03	26794.15	29502.10	34919.11
	营业收入(万元)	12228.90	43016.19	17217.18	52972.63
	营业支出(万元)	12547.50	38985.48	16853.35	46709.19
	投资收益(万元)	-	-	-	0.32
	净利润(万元)	-5227.13	-8124.96	-5417.01	271.26
	营业利润(万元)	-7379.52	-12343.44	-7238.71	-9463.93
	利润总额(万元)	-6896.39	-8583.70	-6719.51	2718.78

青海华鼎实业股份有限公司

公司概况						
	公司名称	青海华鼎实业股份有限公司			证券简称	青海华鼎
	法人代表	于世光	董秘	刘文忠	证券代码	600243
	公司网址	www.qhhdsy.com		电子信箱	liuwzhd@21cn.com	
	电　话	0971-7111668 7111159		传　真	0971-7111669	
	办公地址	青海省西宁市七一路 318 号				
	经营范围	数控机床、小型食品机械、齿轮箱、电梯件等机械产品的生产				

主要财务指标	指标＼报告期	2014.06.30	2013.12.31	2013.06.30	2012.12.31
	基本每股收益(元)	-0.0862	0.0600	-0.0522	-0.2000
	基本每股收益(扣除后)(元)	-0.1100	-0.2600	-0.0946	-0.3000
	稀释每股收益(元)	-0.0862	0.0600	-0.0522	-0.2000
	每股净资产(元)	3.0421	3.1283	3.0119	3.0641
	每股经营现金净流量(元)	0.0064	0.2758	0.0531	0.1213
	每股现金流量(元)	-0.4451	0.5118	0.0618	-0.5696
	每股资本公积金(元)	1.6078	1.6078	1.6083	1.6083
	每股盈余公积金(元)	0.0764	0.0764	0.0728	0.0728
	每股未分配利润(元)	0.3578	0.4440	0.3308	0.3830
	净资产收益率(%)	-2.8318	2.0641	-1.7336	-6.6214
	加权净资产收益率(%)	-2.7900	2.0900	-1.7200	-6.3600
	净资产收益率(扣除)(%)	-3.6151	-8.3595	-3.1411	-9.9273
	总资产(万元)	223309.42	225627.12	219453.47	205935.94
	归属母公司股东权益(万元)	72052.34	74092.75	71337.22	72573.94
	营业收入(万元)	50445.12	109508.14	53725.15	114003.98
	营业支出(万元)	40807.75	86355.66	42627.29	91947.96
	投资收益(万元)	18.05	25.34	-	-68.75
	净利润(万元)	-2040.40	1529.37	-1236.72	-4805.44
	营业利润(万元)	-3447.12	-8212.20	-2973.86	-8832.08
	利润总额(万元)	-2702.49	773.64	-1768.81	-5957.01

北京万通地产股份有限公司

公司概况						
	公司名称	北京万通地产股份有限公司			证券简称	万通地产
	法人代表	许立	董秘	程晓晞	证券代码	600246
	公司网址	www.vantone.com		电子信箱	chengxiaoxi@vantone.com	
	电　话	010-59070788 59071169		传　真	010-59071159	
	办公地址	北京市朝阳区朝外大街甲 6 号万通中心写字楼 D 座 4 层				
	经营范围	住宅的开发和销售及商用物业的开发和出租				

主要财务指标	指标＼报告期	2014.06.30	2013.12.31	2013.06.30	2012.12.31
	基本每股收益(元)	0.0398	0.3128	0.0990	0.3081
	基本每股收益(扣除后)(元)	-0.0082	0.0765	-0.0159	0.1683
	稀释每股收益(元)	0.0398	0.3128	0.0990	0.3081
	每股净资产(元)	3.0365	3.0661	2.9231	2.8952
	每股经营现金净流量(元)	-0.8676	-0.4488	0.0402	0.4566
	每股现金流量(元)	-0.6011	0.5988	0.8088	-0.0109
	每股资本公积金(元)	0.8109	0.8109	0.8109	0.8109
	每股盈余公积金(元)	0.1351	0.1351	0.1111	0.1111
	每股未分配利润(元)	1.0936	1.1239	1.0040	0.9750
	净资产收益率(%)	1.3092	10.2033	2.9231	10.6400
	加权净资产收益率(%)	1.3000	10.4900	3.3900	10.9600
	净资产收益率(扣除)(%)	-0.2692	2.4960	-0.5422	5.8138
	总资产(万元)	1270048.57	1192594.79	1137804.75	1074600.69
	归属母公司股东权益(万元)	369478.08	373087.01	355687.39	352290.77
	营业收入(万元)	33748.48	329925.12	70951.46	407052.61
	营业支出(万元)	12211.61	202247.07	48126.88	274920.62
	投资收益(万元)	-498.28	29536.81	12332.08	11289.03
	净利润(万元)	4837.23	38067.27	12042.60	37484.53
	营业利润(万元)	718.77	66295.55	13009.28	62876.47
	利润总额(万元)	12786.32	68810.47	14394.04	68938.44

吉林成城集团股份有限公司

公司概况	公司名称	吉林成城集团股份有限公司			证券简称	*ST 成城
	法人代表	方项	董秘	徐昕欣	证券代码	600247
	公司网址			电子信箱	gthanhx@126.com	
	电　话	0755-83556248 83558842		传　真	0755-83556248	
	办公地址	深圳市福田区深南大道 6008 号特区报业大厦 10B				
	经营范围	商品销售业务、商业地产租赁业务、物业管理咨询及房地产销售业务				

	指标\报告期	2014.06.30	2013.12.31	2013.06.30	2012.12.31
主要财务指标	基本每股收益(元)	-0.0510	-0.4100	0.0020	0.0670
	基本每股收益(扣除后)(元)	-0.0510	-0.3440	0.0020	-0.0510
	稀释每股收益(元)	-0.0510	-0.4100	0.0020	0.0670
	每股净资产(元)	1.0851	1.1360	1.5484	1.5462
	每股经营现金净流量(元)	0.0007	0.2349	0.2302	-0.3370
	每股现金流量(元)	-	-0.0125	-0.0081	-0.2458
	每股资本公积金(元)	0.0158	0.0158	0.0158	0.0158
	每股盈余公积金(元)	0.1744	0.1744	0.1744	0.1744
	每股未分配利润(元)	-0.1050	-0.0541	0.3582	0.3560
	净资产收益率(%)	-4.6639	-36.1020	0.1411	4.3434
	加权净资产收益率(%)	-4.5600	-30.5800	0.1400	4.4400
	净资产收益率(扣除)(%)	-4.6639	-30.2483	0.1412	-3.3085
	总资产(万元)	112552.38	112574.71	97574.28	90341.25
	归属母公司股东权益(万元)	36507.53	38220.99	52093.00	52019.49
	营业收入(万元)	1130.45	8433.26	7389.75	35254.42
	营业支出(万元)	271.60	5992.94	5194.48	26242.74
	投资收益(万元)	68.40	-556.87	-	32.45
	净利润(万元)	-1702.67	-13798.50	73.51	2259.40
	营业利润(万元)	-1765.89	-11239.04	506.59	3636.14
	利润总额(万元)	-1765.89	-13476.33	506.55	3528.24

陕西延长石油化建股份有限公司

公司概况	公司名称	陕西延长石油化建股份有限公司			证券简称	延长化建
	法人代表	高建成	董秘	赵永宏	证券代码	600248
	公司网址	www.ycpcec.com		电子信箱	zhaoyonghong@vip.sina.com	
	电　话	029-87016795		传　真	029-87035723	
	办公地址	陕西省西安市杨凌农业高新技术产业示范区新桥北路 2 号延长化建大厦				
	经营范围	化工石油工程施工				

	指标\报告期	2014.06.30	2013.12.31	2013.06.30	2012.12.31
主要财务指标	基本每股收益(元)	0.2506	0.4366	0.2098	0.3650
	基本每股收益(扣除后)(元)	0.2419	0.4000	0.1962	0.3608
	稀释每股收益(元)	0.2506	0.4366	0.2098	0.3650
	每股净资产(元)	3.5408	2.9133	2.7786	2.5401
	每股经营现金净流量(元)	0.4936	0.1789	0.4853	0.6173
	每股现金流量(元)	1.1005	-0.0985	0.4111	0.3079
	每股资本公积金(元)	1.3464	0.8689	0.8626	0.8626
	每股盈余公积金(元)	0.0474	0.0528	0.0287	0.0287
	每股未分配利润(元)	0.9442	0.7899	0.6872	0.4774
	净资产收益率(%)	6.6027	14.9857	7.5501	14.3681
	加权净资产收益率(%)	7.8900	15.8300	7.9300	16.0100
	净资产收益率(扣除)(%)	6.3728	13.7307	7.0605	14.2061
	总资产(万元)	486390.51	421723.85	459156.69	392660.84
	归属母公司股东权益(万元)	167721.75	124103.60	118364.80	108204.20
	营业收入(万元)	253591.81	499925.72	244672.66	449506.20
	营业支出(万元)	231653.81	451070.31	219804.48	403718.83
	投资收益(万元)	-	98.71	98.71	184.71
	净利润(万元)	11074.23	18597.82	8936.61	15546.88
	营业利润(万元)	13240.19	22998.26	10882.36	18104.04
	利润总额(万元)	13309.03	23095.54	10923.77	18109.97

柳州两面针股份有限公司

公司概况	公司名称	柳州两面针股份有限公司			证券简称	两面针
	法人代表	钟春彬	董秘	钟春彬	证券代码	600249
	公司网址	www.lmz.com.cn		电子信箱	lmzstock@lmz.com.cn	
	电　话	0772-2506159		传　真	0772-2506158	
	办公地址	广西壮族自治区柳州市东环路 282 号				
	经营范围	牙膏、日用化妆品、香皂、膏霜、香水类、牙刷、旅游用品、家用卫生品等				

	指标\报告期	2014.06.30	2013.12.31	2013.06.30	2012.12.31
主要财务指标	基本每股收益(元)	-0.1530	0.0225	-0.0654	0.0373
	基本每股收益(扣除后)(元)	-0.1633	-0.2415	-0.1074	-0.1778
	稀释每股收益(元)	-0.1530	0.0225	-0.0654	0.0373
	每股净资产(元)	3.7484	3.9818	3.9700	4.3465
	每股经营现金净流量(元)	-0.0682	0.0053	-0.0973	-0.2192
	每股现金流量(元)	-0.3368	0.1733	-0.3563	-0.2798
	每股资本公积金(元)	1.6552	1.7356	1.7591	2.0728
	每股盈余公积金(元)	0.5076	0.5076	0.4966	0.4966
	每股未分配利润(元)	0.5856	0.7386	0.7117	0.7771
	净资产收益率(%)	-4.0812	0.5639	-1.6479	0.8575
	加权净资产收益率(%)	-3.9600	0.5400	-1.5700	0.8800
	净资产收益率(扣除)(%)	-4.3554	-6.0640	-2.7064	-4.1208
	总资产(万元)	305491.99	324399.20	303489.84	324553.46
	归属母公司股东权益(万元)	168677.57	179179.87	178535.24	195592.77
	营业收入(万元)	56044.99	118355.01	58851.42	122761.55
	营业支出(万元)	48665.57	93741.04	45002.56	99170.85
	投资收益(万元)	767.31	17125.73	3021.80	15606.14
	净利润(万元)	-6884.01	1010.48	-2942.09	1677.14
	营业利润(万元)	-9056.11	1818.85	-1821.82	3842.15
	利润总额(万元)	-8538.11	3077.04	-927.92	5222.26

南京纺织品进出口股份有限公司

公司概况	公司名称	南京纺织品进出口股份有限公司			证券简称	南纺股份
	法人代表	徐德健	董秘	张金源	证券代码	600250
	公司网址	www.nantex.com.cn		电子信箱	zl@nantex.com.cn	
	电　话	025-83331634 83331603		传　真	025-83331639	
	办公地址	江苏省南京市鼓楼区云南北路 77 号				
	经营范围	纺织、丝绸、针织、服装机电设备、化工原料、轻工产品等产品的进出口业务				

	指标\报告期	2014.06.30	2013.12.31	2013.06.30	2012.12.31
主要财务指标	基本每股收益(元)	-0.2414	0.4588	-0.2712	0.0677
	基本每股收益(扣除后)(元)	-0.2459	-0.4238	-0.3592	-0.3523
	稀释每股收益(元)	-0.2414	0.4588	-0.2712	0.0677
	每股净资产(元)	1.1619	1.5293	0.8615	1.1335
	每股经营现金净流量(元)	-0.0772	-0.2884	-0.3270	-0.7869
	每股现金流量(元)	-1.3166	0.8442	-0.1936	-1.5129
	每股资本公积金(元)	0.6884	0.8145	0.8766	0.8774
	每股盈余公积金(元)	0.4095	0.4095	0.4095	0.4095
	每股未分配利润(元)	-0.9360	-0.6946	-1.4245	-1.1534
	净资产收益率(%)	-20.7721	29.9972	-31.4733	5.9684
	加权净资产收益率(%)	-17.9400	33.6600	-27.1800	7.1500
	净资产收益率(扣除)(%)	-21.1676	-27.7132	-41.6940	-31.0809
	总资产(万元)	220701.59	276689.82	301808.75	296603.21
	归属母公司股东权益(万元)	30057.80	39562.34	22287.46	29323.70
	营业收入(万元)	170776.53	516554.12	261346.40	445360.50
	营业支出(万元)	164512.81	498795.58	252265.75	426417.45
	投资收益(万元)	-3614.62	32774.98	-5128.13	20712.58
	净利润(万元)	-6243.63	11867.58	-7014.60	1750.16
	营业利润(万元)	-6464.82	8651.70	-9471.06	-584.47
	利润总额(万元)	-6345.88	12719.24	-7116.04	-327.10

新疆冠农果茸集团股份有限公司

公司概况	公司名称	新疆冠农果茸集团股份有限公司			证券简称	冠农股份
	法人代表	郭良	董秘	金建霞	证券代码	600251
	公司网址	www.gngf.cn		电子信箱	gn600251@126.com	
	电　话	0996-2113386 2113788		传　真	0996-2113676	
	办公地址	新疆维吾尔自治区库尔勒市团结南路48号小区				
	经营范围	果业种植、仓储、加工及销售				

主要财务指标	指标\报告期	2014.06.30	2013.12.31	2013.06.30	2012.12.31
	基本每股收益(元)	0.4482	0.8200	0.4357	0.6900
	基本每股收益(扣除后)(元)	0.4382	0.5700	0.4313	0.6700
	稀释每股收益(元)	0.4482	0.8200	0.4357	0.6900
	每股净资产(元)	4.7805	3.8317	3.4648	3.2391
	每股经营现金净流量(元)	0.3885	0.0502	0.5664	0.4123
	每股现金流量(元)	1.4584	−0.1773	0.4398	0.1997
	每股资本公积金(元)	1.9383	1.0333	1.0513	1.0513
	每股盈余公积金(元)	0.2808	0.3043	0.1901	0.1901
	每股未分配利润(元)	1.5615	1.4941	1.2233	0.9976
	净资产收益率(%)	8.6500	21.4173	12.5752	21.2442
	加权净资产收益率(%)	11.0500	23.2100	12.6000	22.6000
	净资产收益率(扣除)(%)	8.4586	14.8965	12.4475	20.8347
	总资产(万元)	278516.51	273509.58	256406.48	281628.00
	归属母公司股东权益(万元)	187598.46	138745.68	125459.21	117286.62
	营业收入(万元)	56743.21	127925.46	43337.83	107164.96
	营业支出(万元)	52887.24	118213.08	39362.77	93457.55
	投资收益(万元)	18436.79	35711.91	20078.02	40862.52
	净利润(万元)	16227.79	29715.64	15776.69	24916.63
	营业利润(万元)	16588.62	24437.34	15221.71	24070.35
	利润总额(万元)	16992.02	29489.37	15396.09	24636.58

广西梧州中恒集团股份有限公司

公司概况	公司名称	广西梧州中恒集团股份有限公司			证券简称	中恒集团
	法人代表	许淑清	董秘	许淑清(代)	证券代码	600252
	公司网址	www.wz-zhongheng.com		电子信箱	pwm680@tom.com	
	电　话	0774-3939128		传　真	0774-3939053	
	办公地址	广西壮族自治区梧州市工业园区工业大道1号				
	经营范围	对医药、能源、基础设施、城市公用事业、酒店旅游业、物流业的投资与管理等				

主要财务指标	指标\报告期	2014.06.30	2013.12.31	2013.06.30	2012.12.31
	基本每股收益(元)	0.4490	0.6800	0.3430	0.6260
	基本每股收益(扣除后)(元)	0.3890	0.5730	0.2950	0.3900
	稀释每股收益(元)	0.4490	0.6800	0.3430	0.6260
	每股净资产(元)	3.4470	3.3800	2.8657	2.8400
	每股经营现金净流量(元)	0.3579	0.8657	0.3968	0.8303
	每股现金流量(元)	0.4730	−0.0187	0.2466	0.3450
	每股资本公积金(元)	0.6964	0.8738	0.7016	0.8164
	每股盈余公积金(元)	0.3640	0.3187	0.2839	0.2300
	每股未分配利润(元)	1.3866	1.1828	0.8802	0.7914
	净资产收益率(%)	13.0286	20.1494	11.9586	22.0064
	加权净资产收益率(%)	12.4800	22.1000	11.3900	29.8900
	净资产收益率(扣除)(%)	11.2873	16.9666	10.3048	13.7301
	总资产(万元)	604682.75	605774.39	540349.97	466035.33
	归属母公司股东权益(万元)	376323.95	368506.08	312866.16	309813.86
	营业收入(万元)	179342.81	399669.76	155457.25	194571.85
	营业支出(万元)	41067.34	76954.29	32229.34	53849.28
	投资收益(万元)	1327.50	788.82	553.77	34422.39
	净利润(万元)	49029.83	74251.59	37414.56	68392.10
	营业利润(万元)	50441.50	74271.01	38655.86	85051.80
	利润总额(万元)	57740.57	87907.15	44212.53	82949.02

安徽鑫科新材料股份有限公司

公司概况	公司名称	安徽鑫科新材料股份有限公司			证券简称	鑫科材料
	法人代表	张晓光	董秘	庄明福	证券代码	600255
	公司网址	www.ahxinke.com		电子信箱	zhuangmf@ahxinke.com	
	电　话	0553-5847423 5840468		传　真	0553-5847423	
	办公地址	安徽省芜湖市经济技术开发区珠江路3号				
	经营范围	铜基合金材料、金属基复合材料及制品、超细金属及特种粉末材料等				

主要财务指标	指标\报告期	2014.06.30	2013.12.31	2013.06.30	2012.12.31
	基本每股收益(元)	0.0400	−0.1100	−0.0300	0.0200
	基本每股收益(扣除后)(元)	−0.0300	−0.1700	−0.0700	−0.0600
	稀释每股收益(元)	0.0400	−0.1100	−0.0300	0.0200
	每股净资产(元)	3.1884	3.1794	2.5528	2.6394
	每股经营现金净流量(元)	−0.4434	0.0264	0.3197	−0.2626
	每股现金流量(元)	−0.7144	0.2817	−0.9309	−0.1873
	每股资本公积金(元)	1.8666	1.9021	1.0797	1.1337
	每股盈余公积金(元)	0.0764	0.0764	0.1062	0.1062
	每股未分配利润(元)	0.2454	0.2010	0.3669	0.3994
	净资产收益率(%)	1.3923	−2.7059	−1.2758	0.8656
	加权净资产收益率(%)	1.3900	−4.0700	−1.2500	0.8700
	净资产收益率(扣除)(%)	−1.0514	−4.1825	−2.8160	−2.2583
	总资产(万元)	355423.05	331218.32	231352.86	240045.62
	归属母公司股东权益(万元)	199432.67	198872.80	114747.94	118638.95
	营业收入(万元)	276365.01	437872.32	178712.84	392100.79
	营业支出(万元)	267602.62	425413.51	173067.00	378429.06
	投资收益(万元)	5169.34	1698.98	1146.14	2908.41
	净利润(万元)	2776.61	−5381.39	−1463.92	1026.97
	营业利润(万元)	3452.51	−6007.85	−2372.84	633.44
	利润总额(万元)	3713.77	−4699.66	−1350.21	1633.80

广汇能源股份有限公司

公司概况	公司名称	广汇能源股份有限公司			证券简称	广汇能源
	法人代表	宋东升	董秘	倪娟	证券代码	600256
	公司网址	www.xjguanghui.com		电子信箱	guanghuigufen@xjghjt.com	
	电　话	0991-2365211 3759961		传　真	0991-8637008	
	办公地址	新疆维吾尔自治区乌鲁木齐市新华北路165号广汇中天广场27层				
	经营范围	液化天然气、现代物流、住宅消费服务、石材和化学建材等				

主要财务指标	指标\报告期	2014.06.30	2013.12.31	2013.06.30	2012.12.31
	基本每股收益(元)	0.2353	0.1430	0.1061	0.1834
	基本每股收益(扣除后)(元)	0.0833	0.1207	0.0788	0.1424
	稀释每股收益(元)	0.2353	0.1430	0.1061	0.1834
	每股净资产(元)	2.0232	1.7847	1.6179	2.3111
	每股经营现金净流量(元)	0.0942	−0.0447	0.0693	0.1163
	每股现金流量(元)	0.1456	−0.0468	0.0594	−0.3105
	每股资本公积金(元)	0.1567	0.1567	0.0188	0.2284
	每股盈余公积金(元)	0.1470	0.1470	0.1412	0.2118
	每股未分配利润(元)	0.7108	0.4755	0.4468	0.8610
	净资产收益率(%)	11.6300	8.0599	6.5608	11.9030
	加权净资产收益率(%)	12.3600	8.9500	6.6500	12.9600
	净资产收益率(扣除)(%)	4.1181	6.8019	4.8719	6.1597
	总资产(万元)	3454730.55	2895969.13	2701492.49	2321232.67
	归属母公司股东权益(万元)	1056417.40	931872.98	850447.20	809879.51
	营业收入(万元)	306653.60	480528.48	238569.42	371523.59
	营业支出(万元)	206838.16	307107.10	142245.29	254377.36
	投资收益(万元)	62754.09	18940.99	15810.62	46678.19
	净利润(万元)	122860.34	75108.01	55796.03	96400.32
	营业利润(万元)	115903.17	97072.38	68781.19	108765.41
	利润总额(万元)	136830.89	99348.43	70642.80	124524.09

大湖水殖股份有限公司

公司概况	公司名称	大湖水殖股份有限公司			证券简称	大湖股份
	法人代表	罗订坤	董秘	童菁	证券代码	600257
	公司网址	www.dhszgf.com		电子信箱	ymdtsz@163.com	
	电　　话	0736-7252796		传　　真	0736-7266736	
	办公地址	湖南省常德市建设东路348号泓鑫桃林六号楼				
	经营范围	水产品、水禽养殖、加工、销售及深度综合开发				

主要财务指标	指标\报告期	2014.06.30	2013.12.31	2013.06.30	2012.12.31
	基本每股收益(元)	0.0259	0.3611	0.5242	0.0368
	基本每股收益(扣除后)(元)	0.0237	–	0.0009	0.0364
	稀释每股收益(元)	0.0259	0.3611	0.5242	0.0368
	每股净资产(元)	1.8254	1.7995	1.9729	1.4487
	每股经营现金净流量(元)	–0.1210	–0.1771	–0.0897	0.0530
	每股现金流量(元)	–0.3071	0.1878	0.3668	0.0142
	每股资本公积金(元)	0.2620	0.2620	0.2624	0.2624
	每股盈余公积金(元)	0.0991	0.0991	0.0624	0.0624
	每股未分配利润(元)	0.4644	0.4385	0.6482	0.1240
	净资产收益率(%)	1.4189	20.0691	26.5698	2.5395
	加权净资产收益率(%)	1.4300	22.1700	30.5800	2.5700
	净资产收益率(扣除)(%)	1.2995	–11.0092	0.0477	2.5146
	总资产(万元)	135230.98	136797.23	164373.98	129890.10
	归属母公司股东权益(万元)	77952.61	76846.54	84253.84	61867.72
	营业收入(万元)	27669.64	62397.09	27297.45	57531.70
	营业支出(万元)	19903.84	51087.31	18653.67	39149.38
	投资收益(万元)	2167.13	24743.76	25535.96	361.94
	净利润(万元)	1106.07	15422.39	22386.12	1571.15
	营业利润(万元)	1338.09	17313.39	25808.26	1959.26
	利润总额(万元)	1493.90	17280.67	25736.02	2011.05

北京首旅酒店(集团)股份有限公司

公司概况	公司名称	北京首旅酒店(集团)股份有限公司			证券简称	首旅酒店
	法人代表	张润钢	董秘	段中鹏	证券代码	600258
	公司网址	www.bct2000.com		电子信箱	dzpxx@sohu.com	
	电　　话	010-66014466-2446		传　　真	010-66019471	
	办公地址	北京市西城区复兴门内大街51号				
	经营范围	项目投资及管理、旅游服务、饭店经营及管理				

主要财务指标	指标\报告期	2014.06.30	2013.12.31	2013.06.30	2012.12.31
	基本每股收益(元)	0.2688	0.5098	0.2867	0.4857
	基本每股收益(扣除后)(元)	0.2692	0.5061	0.2814	0.5057
	稀释每股收益(元)	–	–	–	–
	每股净资产(元)	4.6773	4.6193	4.3296	4.3591
	每股经营现金净流量(元)	0.4284	1.0349	0.3578	1.4567
	每股现金流量(元)	–0.3696	–0.4763	–0.9677	0.3663
	每股资本公积金(元)	0.7511	0.7137	0.6453	0.7124
	每股盈余公积金(元)	0.7251	0.7251	0.6802	0.6802
	每股未分配利润(元)	2.1817	2.1629	1.9847	1.9480
	净资产收益率(%)	5.7479	11.0366	6.6212	11.1411
	加权净资产收益率(%)	5.7300	11.5400	6.5800	10.9800
	净资产收益率(扣除)(%)	5.7561	10.9574	6.4988	11.6010
	总资产(万元)	214498.18	217174.20	208024.94	225554.58
	归属母公司股东权益(万元)	108233.04	106889.52	100187.29	100870.48
	营业收入(万元)	128353.23	296453.08	143568.76	304075.81
	营业支出(万元)	82018.17	200834.31	95509.09	204216.26
	投资收益(万元)	760.87	2727.63	1141.19	2275.53
	净利润(万元)	6221.16	11797.01	6633.65	11238.04
	营业利润(万元)	9825.85	17610.77	10449.95	18542.91
	利润总额(万元)	9850.69	17569.82	10367.54	18455.89

广晟有色金属股份有限公司

公司概况	公司名称	广晟有色金属股份有限公司			证券简称	广晟有色
	法人代表	叶列理	董秘	李明	证券代码	600259
	公司网址	www.gsysgf.com		电子信箱	gsys87226381@163.com	
	电　　话	020-87226381 87647597		传　　真	020-87649987	
	办公地址	广东省广州市广州大道北613号振兴商业大厦四楼				
	经营范围	有色金属的开采、加工与销售				

主要财务指标	指标\报告期	2014.06.30	2013.12.31	2013.06.30	2012.12.31
	基本每股收益(元)	0.0300	–0.3200	–0.2800	0.2400
	基本每股收益(扣除后)(元)	–0.0400	–0.4400	–0.3000	0.1600
	稀释每股收益(元)	0.0300	–0.3200	–0.2800	0.2400
	每股净资产(元)	1.8460	1.8198	1.8534	2.1325
	每股经营现金净流量(元)	–0.7539	–0.5142	–0.5661	0.0420
	每股现金流量(元)	–0.7709	0.6121	–0.3381	0.1818
	每股资本公积金(元)	1.7905	1.7903	1.7881	1.7892
	每股盈余公积金(元)	0.0861	0.0861	0.0861	0.0861
	每股未分配利润(元)	–1.0368	–1.0648	–1.0268	–0.7492
	净资产收益率(%)	1.5170	–17.3439	–14.9760	11.3603
	加权净资产收益率(%)	1.5300	–15.9700	–15.0000	12.0500
	净资产收益率(扣除)(%)	–0.7539	–24.0683	–16.3549	7.7371
	总资产(万元)	309649.54	278001.70	257311.49	251341.81
	归属母公司股东权益(万元)	46038.55	45385.02	46223.43	53183.56
	营业收入(万元)	97202.07	160039.20	49495.52	238050.67
	营业支出(万元)	82651.55	133066.10	40719.84	195306.84
	投资收益(万元)	–87.21	373.58	–234.71	1547.16
	净利润(万元)	698.41	–7871.52	–6922.41	6041.83
	营业利润(万元)	–43.78	–10642.94	–8981.45	10924.07
	利润总额(万元)	2213.68	–6779.16	–8283.32	13764.37

湖北凯乐科技股份有限公司

公司概况	公司名称	湖北凯乐科技股份有限公司			证券简称	凯乐科技
	法人代表	朱弟雄	董秘	陈杰	证券代码	600260
	公司网址	www.cnkaile.com		电子信箱	chenjie@cnkaile.com	
	电　　话	027-87250890		传　　真	027-87250586	
	办公地址	湖北省武汉市洪山区卓豹路108号凯乐桂园B座2604室				
	经营范围	塑料硬管及管件、软管、管材、塑料零件及塑料土工合成材料等				

主要财务指标	指标\报告期	2014.06.30	2013.12.31	2013.06.30	2012.12.31
	基本每股收益(元)	0.1500	0.1500	0.2000	0.3600
	基本每股收益(扣除后)(元)	0.1100	0.1400	0.2000	0.3600
	稀释每股收益(元)	0.1500	0.1500	0.2000	0.3600
	每股净资产(元)	3.4616	3.3485	3.3779	3.1917
	每股经营现金净流量(元)	0.0605	0.3975	0.3518	0.3748
	每股现金流量(元)	–0.0445	0.0694	0.0376	–0.1082
	每股资本公积金(元)	0.7030	0.7409	0.7205	0.7330
	每股盈余公积金(元)	0.3872	0.3771	0.3641	0.3532
	每股未分配利润(元)	1.3714	1.2305	1.2933	1.1055
	净资产收益率(%)	4.3587	4.4490	5.8826	11.2542
	加权净资产收益率(%)	4.4600	4.5600	6.0600	11.9300
	净资产收益率(扣除)(%)	3.1733	4.1179	5.8444	11.2358
	总资产(万元)	535053.48	548702.34	567435.37	529180.90
	归属母公司股东权益(万元)	182646.89	176682.31	178233.24	168408.41
	营业收入(万元)	99489.59	191963.55	114334.29	248373.45
	营业支出(万元)	70272.26	139425.27	78358.47	174029.95
	投资收益(万元)	2388.88	155.31	–	69.31
	净利润(万元)	7961.12	7860.65	10484.68	18952.94
	营业利润(万元)	11213.91	11138.72	16876.39	31563.95
	利润总额(万元)	11553.32	11811.18	16933.06	31561.79

浙江阳光照明电器集团股份有限公司

公司概况	公司名称	浙江阳光照明电器集团股份有限公司			证券简称	阳光照明
	法人代表	陈卫	董秘	赵芳华	证券代码	600261
	公司网址	www.yankon.com		电子信箱	wqy@yankon.com	
	电　话	0575-82027721		传　真	0575-82027720	
	办公地址	浙江省上虞市百官镇凤山路 485 号				
	经营范围	节能电光源、照明电器、仪器设备的开发、制造、销售、照明电器等				

	指标\报告期	2014.06.30	2013.12.31	2013.06.30	2012.12.31
主要财务指标	基本每股收益(元)	0.1400	0.3600	0.1400	0.3600
	基本每股收益(扣除后)(元)	0.1302	0.2900	0.1302	0.2900
	稀释每股收益(元)	0.1400	0.3600	0.1400	0.3600
	每股净资产(元)	2.6239	3.8772	2.6239	3.8772
	每股经营现金净流量(元)	0.3251	0.6691	0.3251	0.6691
	每股现金流量(元)	0.0167	−0.0113	0.0167	−0.0113
	每股资本公积金(元)	0.7753	1.6629	0.7753	1.6629
	每股盈余公积金(元)	0.1879	0.2819	0.1879	0.2819
	每股未分配利润(元)	0.6770	0.9565	0.6770	0.9565
	净资产收益率(%)	5.3082	9.2618	5.3082	9.2618
	加权净资产收益率(%)	5.2500	9.5500	5.2500	9.5500
	净资产收益率(扣除)(%)	4.9607	7.5074	4.9607	7.5074
	总资产(万元)	417571.52	437770.27	417571.52	437770.27
	归属母公司股东权益(万元)	254010.56	250228.37	254010.56	250228.37
	营业收入(万元)	152404.64	316899.57	152404.64	316899.57
	营业支出(万元)	117526.51	251243.65	117526.51	251243.65
	投资收益(万元)	24.93	−907.91	24.93	−907.91
	净利润(万元)	13483.47	23175.76	13483.47	23175.76
	营业利润(万元)	15375.12	10858.48	15375.12	10858.48
	利润总额(万元)	16527.79	28966.27	16527.79	28966.27

内蒙古北方重型汽车股份有限公司

公司概况	公司名称	内蒙古北方重型汽车股份有限公司			证券简称	北方股份
	法人代表	李建平	董秘	常德明	证券代码	600262
	公司网址	www.chinanhl.com		电子信箱	cdm@chinanhl.com	
	电　话	0472-2642210　2642227		传　真	0472-2207538	
	办公地址	内蒙古自治区包头市稀土高新技术产业开发区北方股份大厦				
	经营范围	制造、销售各种型号的特雷克斯牌非公路矿用自卸汽车及相应的零部件				

	指标\报告期	2014.06.30	2013.12.31	2013.06.30	2012.12.31
主要财务指标	基本每股收益(元)	0.2407	0.7000	0.4369	0.9900
	基本每股收益(扣除后)(元)	0.0833	0.5900	0.4211	0.7300
	稀释每股收益(元)	0.2407	0.7000	0.4369	0.9900
	每股净资产(元)	6.5011	6.4956	6.2262	6.0748
	每股经营现金净流量(元)	0.3470	0.4080	−0.9085	1.5364
	每股现金流量(元)	−0.5468	0.8605	−0.1121	−0.8797
	每股资本公积金(元)	2.3489	2.3489	2.3489	2.3489
	每股盈余公积金(元)	1.7334	1.7334	1.4225	1.4225
	每股未分配利润(元)	1.3714	1.3807	1.4326	1.2957
	净资产收益率(%)	3.7020	10.7143	7.0177	16.3422
	加权净资产收益率(%)	3.6400	11.0900	6.9400	17.5800
	净资产收益率(扣除)(%)	1.2807	9.1079	6.7639	12.0841
	总资产(万元)	326145.37	337995.66	354080.63	349017.75
	归属母公司股东权益(万元)	110518.20	110424.84	105844.82	103271.28
	营业收入(万元)	74664.74	218124.02	132122.83	255410.89
	营业支出(万元)	59099.59	174189.57	104377.84	199571.41
	投资收益(万元)	401.38	2508.66	1359.22	1372.64
	净利润(万元)	4091.43	11831.28	7427.86	16876.79
	营业利润(万元)	1499.03	10861.19	8270.57	14188.37
	利润总额(万元)	4666.05	12892.67	8599.81	19204.78

云南景谷林业股份有限公司

公司概况	公司名称	云南景谷林业股份有限公司			证券简称	ST 景谷
	法人代表	晏国斌	董秘	晏国斌(代)	证券代码	600265
	公司网址	www.jgly.cn		电子信箱	jgan2301@sina.com	
	电　话	0879-5224480　5226908		传　真	0879-5223881	
	办公地址	云南省普洱市景谷傣族彝族自治县林纸路 201 号				
	经营范围	林产化工产品制造、人造板制造、森林资源培育、木材采运、加工等				

	指标\报告期	2014.06.30	2013.12.31	2013.06.30	2012.12.31
主要财务指标	基本每股收益(元)	−0.2600	0.1100	−0.2800	−0.8300
	基本每股收益(扣除后)(元)	−0.3000	−0.6500	−0.2800	−0.8300
	稀释每股收益(元)	−0.2600	0.1100	−0.2800	−0.8300
	每股净资产(元)	0.1671	0.4312	0.0475	0.3200
	每股经营现金净流量(元)	0.3773	0.6713	0.5674	−0.2441
	每股现金流量(元)	−0.0962	0.4430	−0.0141	0.0183
	每股资本公积金(元)	1.3604	1.3604	1.3604	1.3604
	每股盈余公积金(元)	0.1062	0.1062	0.1062	0.1062
	每股未分配利润(元)	−2.2996	−2.0354	−2.4191	−2.1449
	净资产收益率(%)	−158.0627	25.3854	−576.6965	−256.6576
	加权净资产收益率(%)	−97.2000	29.0800	−93.9500	−112.4100
	净资产收益率(扣除)(%)	−179.6248	−151.0833	−578.3207	−257.0349
	总资产(万元)	44828.34	53807.87	52290.31	49548.20
	归属母公司股东权益(万元)	2168.96	5597.27	617.17	4176.38
	营业收入(万元)	5018.92	25023.85	3887.86	12093.12
	营业支出(万元)	5226.63	14872.27	3442.36	12501.19
	投资收益(万元)	–	–	–	–
	净利润(万元)	−3428.31	1420.89	−3559.21	−10718.99
	营业利润(万元)	−3932.28	1283.86	−3596.57	−10808.92
	利润总额(万元)	−3523.68	1382.06	−3586.55	−10809.32

北京城建投资发展股份有限公司

公司概况	公司名称	北京城建投资发展股份有限公司			证券简称	北京城建
	法人代表	徐贱云	董秘	张财广	证券代码	600266
	公司网址	www.bucid.com		电子信箱	zhangcg@bucid.com	
	电　话	010-82275538　82275598		传　真	010-82275598	
	办公地址	北京市朝阳区北土城西路 11 号城建开发大厦				
	经营范围	房地产开发、销售商品房、投资及投资管理等				

	指标\报告期	2014.06.30	2013.12.31	2013.06.30	2012.12.31
主要财务指标	基本每股收益(元)	0.1741	1.4444	0.4593	1.2313
	基本每股收益(扣除后)(元)	0.1725	1.4033	0.4446	1.1325
	稀释每股收益(元)	0.1741	1.4444	0.4593	1.2313
	每股净资产(元)	7.7948	9.5949	8.6417	8.4603
	每股经营现金净流量(元)	−2.5163	−4.7021	−0.0085	1.5669
	每股现金流量(元)	−0.4458	−0.7031	1.0812	3.0277
	每股资本公积金(元)	1.2618	1.7242	1.6642	1.6640
	每股盈余公积金(元)	0.5291	0.6350	0.5288	0.5288
	每股未分配利润(元)	5.0039	6.2357	5.4487	5.2675
	净资产收益率(%)	2.2341	15.0540	6.3785	14.5537
	加权净资产收益率(%)	2.1900	15.9400	6.3100	15.4400
	净资产收益率(扣除)(%)	2.2136	14.6251	6.3840	13.3855
	总资产(万元)	3889094.59	3625680.99	3210732.27	3000890.78
	归属母公司股东权益(万元)	831739.22	853177.90	768416.67	752293.91
	营业收入(万元)	315823.12	769222.55	275580.01	668398.03
	营业支出(万元)	223700.01	458209.95	166750.24	345439.90
	投资收益(万元)	4522.02	27172.83	13561.50	29177.06
	净利润(万元)	18581.71	128437.48	49013.66	109486.81
	营业利润(万元)	37437.77	186670.58	76744.51	188791.57
	利润总额(万元)	37618.74	187851.40	76658.31	194814.88

浙江海正药业股份有限公司

公司概况	项目	内容	项目	内容	项目	内容
	公司名称	浙江海正药业股份有限公司			证券简称	海正药业
	法人代表	白骅	董秘	张薇	证券代码	600267
	公司网址	www.hisunpharm.com		电子信箱	hy@hisunpharm.com	
	电　话	0576-88827809 0571-85278141		传　真	0576-88827887 0571-8527005	
	办公地址	浙江省台州市椒江区外沙路46号				
	经营范围	化学原料药、化学中间体、医药制剂、生物制药、中成药、中药制剂等				

主要财务指标	指标\报告期	2014.06.30	2013.12.31	2013.06.30	2012.12.31
	基本每股收益(元)	0.2020	0.3600	0.1910	0.3600
	基本每股收益(扣除后)(元)	0.1790	0.2600	0.1780	0.2900
	稀释每股收益(元)	0.2020	0.3600	0.1910	0.3600
	每股净资产(元)	5.9145	5.8197	5.6698	5.5805
	每股经营现金净流量(元)	0.2857	0.6279	0.3646	0.4475
	每股现金流量(元)	-0.1017	0.6432	0.0825	0.3010
	每股资本公积金(元)	2.2144	2.2131	2.2316	2.2232
	每股盈余公积金(元)	0.3739	0.3739	0.3622	0.3622
	每股未分配利润(元)	2.3262	2.2342	2.0775	1.9964
	净资产收益率(%)	3.4150	6.1770	3.3705	6.4296
	加权净资产收益率(%)	3.4110	6.3100	3.3770	6.5800
	净资产收益率(扣除)(%)	3.0272	4.5018	3.1382	5.1362
	总资产(万元)	1540451.34	1397208.66	1220601.65	1056909.17
	归属母公司股东权益(万元)	496649.29	488681.59	476099.44	468596.07
	营业收入(万元)	477271.86	860431.16	427326.30	580176.61
	营业支出(万元)	319755.17	562114.57	279983.32	433516.07
	投资收益(万元)	361.40	1395.57	402.50	3544.73
	净利润(万元)	16960.65	30185.74	16046.97	30129.00
	营业利润(万元)	37370.19	56289.91	32642.34	28392.65
	利润总额(万元)	39655.13	66152.67	33613.67	33003.20

江西赣粤高速公路股份有限公司

公司概况	项目	内容	项目	内容	项目	内容
	公司名称	江西赣粤高速公路股份有限公司			证券简称	赣粤高速
	法人代表	黄铮	董秘	熊长水	证券代码	600269
	公司网址	www.600269.cn		电子信箱	xcs@600269.cn	
	电　话	0791-86539322 86527021		传　真	0791-86527021 86539322	
	办公地址	江西省南昌市西湖区朝阳洲中路367号赣粤大厦				
	经营范围	高速公路等交通基础设施项目的投资、建设、经营管理和维护				

主要财务指标	指标\报告期	2014.06.30	2013.12.31	2013.06.30	2012.12.31
	基本每股收益(元)	0.1900	0.2800	0.2000	0.5000
	基本每股收益(扣除后)(元)	0.1400	0.2900	0.1500	0.3700
	稀释每股收益(元)	0.1900	0.2800	0.2000	0.5000
	每股净资产(元)	4.9985	4.8930	4.7090	4.6999
	每股经营现金净流量(元)	0.3497	0.6914	0.3218	0.8270
	每股现金流量(元)	0.1536	-0.4231	0.7896	0.2320
	每股资本公积金(元)	0.8069	0.8043	0.7062	0.7416
	每股盈余公积金(元)	0.4438	0.4438	0.4070	0.4070
	每股未分配利润(元)	2.7478	2.6448	2.5957	2.5513
	净资产收益率(%)	3.7603	5.7204	4.1504	10.6563
	加权净资产收益率(%)	3.7800	5.8500	4.1100	11.2100
	净资产收益率(扣除)(%)	2.8463	5.9140	3.2060	7.8877
	总资产(万元)	2870915.16	2811920.78	2868746.32	2563384.34
	归属母公司股东权益(万元)	1167348.94	1142704.75	1099736.28	1097608.37
	营业收入(万元)	177287.72	391330.58	178755.82	355766.53
	营业支出(万元)	86425.53	216535.69	87763.98	169204.87
	投资收益(万元)	2841.82	1178.49	397.90	-354.44
	净利润(万元)	43896.05	65367.62	45643.83	116964.07
	营业利润(万元)	49224.31	56727.99	47641.68	123866.06
	利润总额(万元)	57323.09	85990.09	60890.15	164938.67

国电南京自动化股份有限公司

公司概况	项目	内容	项目	内容	项目	内容
	公司名称	国电南京自动化股份有限公司			证券简称	国电南自
	法人代表	王日文	董秘	经海林	证券代码	600268
	公司网址	www.sac-china.com		电子信箱	s-dept@sac-china.com	
	电　话	025-83410173 83537368		传　真	025-83410871	
	办公地址	江苏省南京市浦口高新技术开发区星火路8号				
	经营范围	继电保护系统、控制系统、电力自动化系统、监测系统、管理信息系统等				

主要财务指标	指标\报告期	2014.06.30	2013.12.31	2013.06.30	2012.12.31
	基本每股收益(元)	-0.2300	0.0100	-0.1000	0.2300
	基本每股收益(扣除后)(元)	-0.2400	-0.0400	-0.1200	-0.0500
	稀释每股收益(元)	-0.2300	0.0100	-0.1000	0.2300
	每股净资产(元)	3.3804	3.6957	3.5865	3.7879
	每股经营现金净流量(元)	-0.9826	0.3254	-0.7128	0.0169
	每股现金流量(元)	-0.0959	-0.0703	-0.0669	-0.1790
	每股资本公积金(元)	1.6106	1.6106	1.6106	1.6106
	每股盈余公积金(元)	0.2621	0.2621	0.2621	0.2621
	每股未分配利润(元)	0.5077	0.8231	0.7138	0.9152
	净资产收益率(%)	-6.6656	0.2183	-2.8281	6.0695
	加权净资产收益率(%)	-6.2900	0.2200	-2.7300	6.1800
	净资产收益率(扣除)(%)	-7.1876	-1.1043	-3.3914	-1.4347
	总资产(万元)	1066132.92	1021919.87	939561.93	867439.90
	归属母公司股东权益(万元)	214739.36	234770.16	227830.48	240626.27
	营业收入(万元)	179569.06	519335.59	174135.98	414722.95
	营业支出(万元)	139683.94	397777.06	127617.15	295017.47
	投资收益(万元)	-480.20	-958.15	-616.97	-785.62
	净利润(万元)	-14313.58	512.42	-6443.33	14604.84
	营业利润(万元)	-15227.42	2267.94	8090.91	6631.34
	利润总额(万元)	-9758.86	17220.85	-3104.39	36794.63

中外运空运发展股份有限公司

公司概况	项目	内容	项目	内容	项目	内容
	公司名称	中外运空运发展股份有限公司			证券简称	外运发展
	法人代表	张建卫	董秘	王晓征	证券代码	600270
	公司网址	www.sinoair.com		电子信箱	stock@sinoair.com	
	电　话	010-80418928		传　真	010-80418933	
	办公地址	北京市顺义区天竺空港工业区A区天柱路20号				
	经营范围	经营国际航空货运代理、航空快递和国内物流综合服务业务				

主要财务指标	指标\报告期	2014.06.30	2013.12.31	2013.06.30	2012.12.31
	基本每股收益(元)	0.2245	0.7519	0.3262	0.6284
	基本每股收益(扣除后)(元)	0.3983	0.7405	0.3118	0.7454
	稀释每股收益(元)	-	0.7519	-	-
	每股净资产(元)	6.4721	6.1509	5.7354	5.8445
	每股经营现金净流量(元)	-0.0189	0.0364	0.0336	-0.0592
	每股现金流量(元)	0.7648	0.2997	-0.1408	0.3380
	每股资本公积金(元)	0.6453	0.5485	0.5588	0.7929
	每股盈余公积金(元)	0.5412	0.5412	0.5412	0.5412
	每股未分配利润(元)	4.2859	4.0614	3.6357	3.5095
	净资产收益率(%)	3.4683	12.2242	5.6872	10.7513
	加权净资产收益率(%)	3.6000	12.4400	5.4500	11.2900
	净资产收益率(扣除)(%)	6.1534	12.0394	5.4368	12.8410
	总资产(万元)	676013.17	644901.30	595796.23	604254.58
	归属母公司股东权益(万元)	586040.67	556953.29	519330.84	529213.09
	营业收入(万元)	192060.77	390141.16	185146.38	396161.84
	营业支出(万元)	172164.76	352801.48	166521.57	358644.61
	投资收益(万元)	34459.63	67126.25	-	59761.29
	净利润(万元)	20325.76	68083.28	29535.63	56897.55
	营业利润(万元)	17612.94	70884.87	29897.08	63437.20
	利润总额(万元)	17769.57	70421.29	29945.99	59676.95

航天信息股份有限公司

公司概况	公司名称	航天信息股份有限公司			证券简称	航天信息
	法人代表	时旸	董秘	王毓敏	证券代码	600271
	公司网址	www.aisino.com		电子信箱	stock@aisino.com	
	电　　话	010-88896053 88896051		传　　真	010-88896055	
	办公地址	北京市海淀区杏石口路甲 18 号航天信息园				
	经营范围	电子及通信设备、计算机及外部设备、智能机电产品、财税专用设备的研制、生产、销售				

	指标＼报告期	2014.06.30	2013.12.31	2013.06.30	2012.12.31
主要财务指标	基本每股收益(元)	0.6800	1.1800	0.6400	1.1000
	基本每股收益(扣除后)(元)	0.6700	1.1300	0.6400	1.0900
	稀释每股收益(元)	0.6800	1.1800	0.6400	1.1000
	每股净资产(元)	6.7012	6.6166	6.0740	5.8633
	每股经营现金净流量(元)	-0.0617	1.5968	-0.0259	1.3185
	每股现金流量(元)	-1.3678	0.5463	-0.7930	0.4230
	每股资本公积金(元)	0.2234	0.2234	0.2234	0.2232
	每股盈余公积金(元)	0.6476	0.6476	0.4926	0.4926
	每股未分配利润(元)	4.8302	4.7456	4.3580	4.1475
	净资产收益率(%)	10.2160	17.8817	10.5459	18.8030
	加权净资产收益率(%)	9.9800	19.0700	10.4800	20.0800
	净资产收益率(扣除)(%)	10.0232	17.1234	10.4872	18.5552
	总资产(万元)	1005926.83	929800.74	854576.13	819910.89
	归属母公司股东权益(万元)	618790.75	610978.87	560874.42	541414.65
	营业收入(万元)	811443.71	1658246.16	679203.65	1452530.58
	营业支出(万元)	652395.47	1378172.95	537273.73	1193129.64
	投资收益(万元)	633.47	1259.57	657.64	1067.93
	净利润(万元)	63215.87	109253.42	59148.98	101799.61
	营业利润(万元)	99536.49	166189.53	89952.99	146826.14
	利润总额(万元)	104115.30	178802.82	92711.07	160020.79

上海开开实业股份有限公司

公司概况	公司名称	上海开开实业股份有限公司			证券简称	开开实业
	法人代表	盛佩英	董秘	刘光靓	证券代码	600272
	公司网址	www.chinesekk.com		电子信箱	dm@chinesekk.com	
	电　　话	021-62712138 62712230		传　　真	021-62712138	
	办公地址	上海市新闸路 921 号二楼				
	经营范围	生产衬衫、羊毛衫、针绵织品、服装、鞋帽、纺织面料等				

	指标＼报告期	2014.06.30	2013.12.31	2013.06.30	2012.12.31
主要财务指标	基本每股收益(元)	0.1800	0.1000	0.0600	0.2500
	基本每股收益(扣除后)(元)	0.0100	0.0800	0.0400	0.2600
	稀释每股收益(元)	0.1800	0.1000	0.0600	0.2500
	每股净资产(元)	1.6842	1.5555	1.4344	1.4111
	每股经营现金净流量(元)	0.0326	0.0592	0.0497	0.0956
	每股现金流量(元)	-0.0046	-0.1357	0.0292	0.2971
	每股资本公积金(元)	0.1813	0.1936	0.1220	0.1338
	每股盈余公积金(元)	0.1389	0.1389	0.1317	0.1317
	每股未分配利润(元)	0.3640	0.2231	0.1807	0.1455
	净资产收益率(%)	10.4476	6.7321	3.8461	17.7425
	加权净资产收益率(%)	10.8200	7.2000	3.8300	16.2200
	净资产收益率(扣除)(%)	0.8327	4.8433	2.9551	18.0748
	总资产(万元)	102131.87	101504.17	98079.66	97508.79
	归属母公司股东权益(万元)	40926.54	37798.94	34854.96	34289.02
	营业收入(万元)	44511.41	85943.90	41977.99	81801.73
	营业支出(万元)	35805.27	67899.86	32494.52	64695.73
	投资收益(万元)	3719.05	327.34	100.67	5930.34
	净利润(万元)	4275.86	2544.68	1340.56	6083.73
	营业利润(万元)	4539.66	3096.49	1567.60	6232.34
	利润总额(万元)	4775.99	3647.64	1763.57	6873.97

华芳纺织股份有限公司

公司概况	公司名称	华芳纺织股份有限公司			证券简称	华芳纺织
	法人代表	戴云达	董秘	赵江波	证券代码	600273
	公司网址			电子信箱	zqb@hfang.com.cn	
	电　　话	0512-58438202 58438222		传　　真	0512-58438282	
	办公地址	江苏省张家港市城北路 178 号华芳国际大厦 17 楼				
	经营范围	针纺织品、服装制造、纺织原料销售、实业投资等				

	指标＼报告期	2014.06.30	2013.12.31	2013.06.30	2012.12.31
主要财务指标	基本每股收益(元)	0.0200	-0.1000	-0.0500	0.0500
	基本每股收益(扣除后)(元)	-0.1800	-0.1600	-0.1000	-0.3600
	稀释每股收益(元)	0.0200	-0.1000	-0.0500	0.0500
	每股净资产(元)	1.8078	1.7845	1.8548	1.9020
	每股经营现金净流量(元)	-0.1340	0.0837	-0.0092	0.7679
	每股现金流量(元)	-0.0650	-0.2107	-0.3575	0.2528
	每股资本公积金(元)	1.1963	1.1963	1.1905	1.1905
	每股盈余公积金(元)	0.1155	0.1155	0.1155	0.1155
	每股未分配利润(元)	-0.5040	-0.5273	-0.4513	-0.4040
	净资产收益率(%)	1.2873	-5.7840	-2.5460	2.5598
	加权净资产收益率(%)	1.3000	-5.6000	-2.5100	2.5900
	净资产收益率(扣除)(%)	-9.8474	-9.0120	-5.1781	-18.7424
	总资产(万元)	115908.52	120926.76	127486.47	144792.30
	归属母公司股东权益(万元)	56946.06	56212.98	58426.17	59913.68
	营业收入(万元)	44750.99	134942.98	64522.05	143835.22
	营业支出(万元)	44130.28	128423.13	61809.28	140892.56
	投资收益(万元)	114.00	-	-	-54.09
	净利润(万元)	733.08	-3251.37	-1487.51	1533.65
	营业利润(万元)	-6482.53	-5023.96	-3072.84	-13791.29
	利润总额(万元)	1647.34	-3207.03	-1531.41	2720.07

湖北武昌鱼股份有限公司

公司概况	公司名称	湖北武昌鱼股份有限公司			证券简称	武昌鱼
	法人代表	高士庆	董秘	许轼	证券代码	600275
	公司网址	www.wuchangyu.com.cn		电子信箱	wuchangyu@263.net	
	电　　话	0711-3200330 010-84094197		传　　真	0711-3200330 010-84094197	
	办公地址	湖北省鄂州市洋澜路中段东侧第三幢第四层				
	经营范围	淡水鱼类及其他水产品养殖、畜禽养殖(屠宰)、蔬菜种植等				

	指标＼报告期	2014.06.30	2013.12.31	2013.06.30	2012.12.31
主要财务指标	基本每股收益(元)	-0.0157	-0.0768	-0.0229	0.0101
	基本每股收益(扣除后)(元)	-0.0157	-0.0770	-0.0233	-0.0445
	稀释每股收益(元)	-0.0157	-0.0768	-0.0229	0.0101
	每股净资产(元)	0.4055	0.4213	0.4752	0.4980
	每股经营现金净流量(元)	0.0036	-0.0335	-0.0305	-0.0379
	每股现金流量(元)	0.0036	-0.0349	-0.0306	0.0307
	每股资本公积金(元)	0.2596	0.2596	0.2596	0.2596
	每股盈余公积金(元)	0.0495	0.0495	0.0495	0.0495
	每股未分配利润(元)	-0.9035	-0.8878	-0.8339	-0.8110
	净资产收益率(%)	-3.8787	-18.2225	-4.8126	2.0192
	加权净资产收益率(%)	-3.8049	-16.7009	-4.6995	2.1500
	净资产收益率(扣除)(%)	-3.8809	-18.2788	-4.8953	-8.9373
	总资产(万元)	29814.52	31479.87	33461.63	34550.66
	归属母公司股东权益(万元)	20635.73	21436.13	24178.71	25342.33
	营业收入(万元)	366.00	1174.10	528.63	1310.16
	营业支出(万元)	237.58	807.44	376.71	742.74
	投资收益(万元)	-218.93	-1327.51	-196.32	2672.04
	净利润(万元)	-800.40	-3906.21	-1163.62	511.71
	营业利润(万元)	-800.96	-3916.61	21.00	533.27
	利润总额(万元)	-800.51	-3892.79	-1155.54	524.72

江苏恒瑞医药股份有限公司

公司概况				
公司名称	江苏恒瑞医药股份有限公司		证券简称	恒瑞医药
法人代表	孙飘扬	董秘　戴洪斌	证券代码	600276
公司网址	www.hrs.com.cn		电子信箱	600276@hrs.com.cn
电　话	0518-81220678　81220012		传　真	0518-85453845
办公地址	江苏省连云港市经济技术开发区昆仑山路7号			
经营范围	原料药、片剂、硬胶囊剂、注射剂的制造、销售			

主要财务指标：指标＼报告期	2014.06.30	2013.12.31	2013.06.30	2012.12.31
基本每股收益(元)	0.5075	0.9102	0.4287	0.7921
基本每股收益(扣除后)(元)	0.5071	0.8961	0.4291	0.7667
稀释每股收益(元)	0.5075	0.9102	0.4287	0.7921
每股净资产(元)	4.7367	4.6737	4.2354	4.2166
每股经营现金净流量(元)	0.5316	1.0035	0.4263	0.7750
每股现金流量(元)	0.4310	0.6173	0.2544	0.3074
每股资本公积金(元)	0.3009	0.2438	0.2437	0.2650
每股盈余公积金(元)	0.4304	0.4759	0.3976	0.4373
每股未分配利润(元)	3.0062	2.9549	2.5949	2.5152
净资产收益率(%)	10.6681	19.4756	11.1440	20.6629
加权净资产收益率(%)	11.2800	21.2200	11.6000	22.9100
净资产收益率(扣除)(%)	10.6605	19.1741	11.1535	20.0005
总资产(万元)	816500.89	722026.63	659649.78	589250.92
归属母公司股东权益(万元)	712397.29	635723.12	576102.95	521410.16
营业收入(万元)	351044.31	620307.44	296925.10	543506.76
营业支出(万元)	65150.78	115808.17	59708.25	87039.68
投资收益(万元)	20.09	20.09	20.09	20.09
净利润(万元)	75999.11	123811.06	64200.98	107738.48
营业利润(万元)	92546.01	145107.38	79190.61	130020.43
利润总额(万元)	92665.90	147853.17	79163.29	134649.81

内蒙古亿利能源股份有限公司

公司概况				
公司名称	内蒙古亿利能源股份有限公司		证券简称	亿利能源
法人代表	田继生	董秘　程文卫	证券代码	600277
公司网址	www.elion.cn		电子信箱	chengwenwei@elion.com.cn
电　话	010-56632450　56632432		传　真	010-56632585
办公地址	北京市西城区宣武门西大街甲129号金隅大厦F15A			
经营范围	医药产品的技术开发和加工销售等			

主要财务指标：指标＼报告期	2014.06.30	2013.12.31	2013.06.30	2012.12.31
基本每股收益(元)	0.1700	0.1500	0.0800	0.1400
基本每股收益(扣除后)(元)	0.0100	0.1200	0.0700	0.1300
稀释每股收益(元)	–	0.1500	0.0753	0.1400
每股净资产(元)	4.3935	4.2108	3.7149	3.7294
每股经营现金净流量(元)	0.2153	0.0393	0.1630	0.1784
每股现金流量(元)	-0.0422	0.4862	-0.2007	-0.0230
每股资本公积金(元)	2.7635	2.7559	2.2101	2.2384
每股盈余公积金(元)	0.0681	0.0681	0.0689	0.0689
每股未分配利润(元)	0.5414	0.3707	0.4266	0.4146
净资产收益率(%)	3.8851	2.8674	2.0268	3.7466
加权净资产收益率(%)	3.9700	3.7100	2.0500	3.8800
净资产收益率(扣除)(%)	0.2494	2.3830	1.8421	3.4011
总资产(万元)	2207584.98	2265041.94	2020736.56	1906492.38
归属母公司股东权益(万元)	918061.23	879892.71	569596.02	571828.01
营业收入(万元)	724591.69	1439267.89	691229.87	1111611.96
营业支出(万元)	666102.64	1288665.46	621072.58	977393.35
投资收益(万元)	44420.40	6714.77	2450.92	4635.70
净利润(万元)	35667.84	25230.31	11825.36	21847.45
营业利润(万元)	36456.31	34091.50	16095.78	24632.27
利润总额(万元)	38986.08	37670.06	16602.03	27121.89

东方国际创业股份有限公司

公司概况				
公司名称	东方国际创业股份有限公司		证券简称	东方创业
法人代表	吕勇明	董秘　黄大瑜	证券代码	600278
公司网址	www.oie.com.cn		电子信箱	oiehq@oie.com.cn
电　话	021-62785521　62789999		传　真	021-62784020
办公地址	上海市娄山关路85号A座			
经营范围	自营和代理商品、技术进出口业务等			

主要财务指标：指标＼报告期	2014.06.30	2013.12.31	2013.06.30	2012.12.31
基本每股收益(元)	0.1100	0.2400	0.0900	0.2900
基本每股收益(扣除后)(元)	0.1000	0.1400	0.0600	0.1900
稀释每股收益(元)	0.1100	0.2400	0.0900	0.2900
每股净资产(元)	5.0922	5.0623	4.8647	4.9492
每股经营现金净流量(元)	-0.0183	0.6834	0.0715	0.3999
每股现金流量(元)	-0.0886	0.1257	-0.0181	0.1626
每股资本公积金(元)	2.1045	2.1816	2.1329	2.2025
每股盈余公积金(元)	0.2863	0.2863	0.2644	0.2644
每股未分配利润(元)	1.7085	1.6014	1.4727	1.4875
净资产收益率(%)	2.1017	4.6580	1.7524	5.9589
加权净资产收益率(%)	2.1100	4.6800	1.7100	6.1800
净资产收益率(扣除)(%)	2.0335	2.7077	1.2028	3.8271
总资产(万元)	586393.48	554924.17	526244.13	523516.08
归属母公司股东权益(万元)	265938.36	264373.83	254056.47	258466.64
营业收入(万元)	682632.79	1405914.95	626564.49	1411425.96
营业支出(万元)	645755.86	1327692.82	590342.47	1331642.16
投资收益(万元)	1568.28	7870.65	3144.40	9057.59
净利润(万元)	5589.11	12314.49	4451.97	15401.64
营业利润(万元)	9273.25	18029.46	7203.72	22983.70
利润总额(万元)	9501.74	19621.49	7672.88	24123.19

重庆港九股份有限公司

公司概况				
公司名称	重庆港九股份有限公司		证券简称	重庆港九
法人代表	孙万发	董秘　张强	证券代码	600279
公司网址	www.cqgj.com.cn		电子信箱	zhangqiang921@sina.com
电　话	023-63100879　63100700		传　真	023-63100612
办公地址	重庆市江北区海尔路318号			
经营范围	内河货物运输、货物装卸、搬运、商品储存、船舶修理等			

主要财务指标：指标＼报告期	2014.06.30	2013.12.31	2013.06.30	2012.12.31
基本每股收益(元)	0.1421	0.2300	0.1094	0.1900
基本每股收益(扣除后)(元)	0.1361	0.1700	0.0956	0.0600
稀释每股收益(元)	0.1421	0.2300	0.1094	0.1900
每股净资产(元)	6.2305	6.1564	6.0354	5.9860
每股经营现金净流量(元)	-0.1951	0.1289	0.1837	0.1986
每股现金流量(元)	-0.0745	-0.0959	-0.3964	0.6540
每股资本公积金(元)	3.9658	3.9658	3.9658	3.9658
每股盈余公积金(元)	0.2114	0.2114	0.2093	0.2093
每股未分配利润(元)	1.0487	0.9766	0.8603	0.8108
净资产收益率(%)	2.2804	3.7006	1.8131	3.1908
加权净资产收益率(%)	2.2900	3.7600	1.8200	3.4000
净资产收益率(扣除)(%)	2.1851	2.7907	1.5848	1.0499
总资产(万元)	529694.91	488871.36	475238.96	502579.72
归属母公司股东权益(万元)	213139.29	210604.93	206465.56	204774.73
营业收入(万元)	92959.74	126981.66	67061.79	146449.30
营业支出(万元)	71541.22	88658.83	47937.33	109985.42
投资收益(万元)	18.57	1279.16	950.82	47.17
净利润(万元)	4860.48	7793.75	3743.39	6533.87
营业利润(万元)	9294.99	13504.34	7670.71	8746.21
利润总额(万元)	10290.48	14905.39	8150.19	13108.08

南京中央商场(集团)股份有限公司

公司概况	公司名称	南京中央商场(集团)股份有限公司			证券简称	中央商场
	法人代表	祝义材	董秘	陈新生	证券代码	600280
	公司网址	www.njzysc.com		电子信箱	chenxs_nj@sina.com	
	电话	025-66008022		传真	025-66008020	
	办公地址	江苏省南京市建邺区雨润路10号				
	经营范围	百货、食品、针织服装、五金交电化工等商品的零售、批发等				

主要财务指标	指标\报告期	2014.06.30	2013.12.31	2013.06.30	2012.12.31
	基本每股收益(元)	0.5640	0.9930	0.4860	0.1010
	基本每股收益(扣除后)(元)	0.4050	0.9740	0.4740	0.0970
	稀释每股收益(元)	0.5640	0.9930	0.4860	0.1010
	每股净资产(元)	2.7290	2.2646	3.6174	5.4559
	每股经营现金净流量(元)	-1.1881	-1.2783	0.1676	-2.1117
	每股现金流量(元)	-1.2221	-0.3443	0.4050	3.0664
	每股资本公积金(元)	0.2245	0.2245	0.7487	2.5010
	每股盈余公积金(元)	0.3022	0.2850	0.4933	0.9678
	每股未分配利润(元)	1.2023	0.7551	1.3753	0.9871
	净资产收益率(%)	20.6841	43.8602	26.8820	7.4106
	加权净资产收益率(%)	22.3100	54.4800	30.3900	8.1200
	净资产收益率(扣除)(%)	14.8505	43.0181	26.2136	7.1272
	总资产(万元)	1151136.27	1013951.08	962868.63	869692.92
	归属母公司股东权益(万元)	156688.95	130023.45	103848.46	78315.32
	营业收入(万元)	377513.28	731864.30	399959.43	602783.47
	营业支出(万元)	297331.74	545194.79	299822.05	467539.47
	投资收益(万元)	122.81	492.93	308.88	424.66
	净利润(万元)	32409.74	57028.57	27916.59	5803.65
	营业利润(万元)	30240.73	78635.21	39519.49	10889.99
	利润总额(万元)	41204.59	78164.67	39235.84	9649.23

太原化工股份有限公司

公司概况	公司名称	太原化工股份有限公司			证券简称	太化股份
	法人代表	邢亚东	董秘	贾晓亮	证券代码	600281
	公司网址	www.thgf.cn		电子信箱	guoxiao1960@163.com	
	电话	0351-5638003 5638016		传真	0351-5638000 5638066	
	办公地址	山西省太原市晋源区义井街20号				
	经营范围	研制、开发、生产、销售化工产品及原料、化肥、焦炭、煤气等				

主要财务指标	指标\报告期	2014.06.30	2013.12.31	2013.06.30	2012.12.31
	基本每股收益(元)	0.0030	-0.5500	-0.3000	0.0364
	基本每股收益(扣除后)(元)	-0.0231	-	-0.3010	-0.1063
	稀释每股收益(元)	-	-	-	0.0364
	每股净资产(元)	1.3163	1.3172	1.5642	1.8564
	每股经营现金净流量(元)	-0.0265	-0.7406	-0.0162	-0.0357
	每股现金流量(元)	-0.0293	-0.2390	-0.2132	0.0357
	每股资本公积金(元)	1.1226	1.1226	1.1226	1.1226
	每股盈余公积金(元)	0.1062	0.1062	0.1062	0.1062
	每股未分配利润(元)	-0.9270	-0.9294	-0.6795	-0.3795
	净资产收益率(%)	0.1863	-41.7537	-19.1848	1.9614
	加权净资产收益率(%)	0.1900	-34.7800	-17.5900	2.0600
	净资产收益率(扣除)(%)	-1.7574	-43.0720	-19.2137	-5.7268
	总资产(万元)	247169.50	247911.74	350239.89	349699.02
	归属母公司股东权益(万元)	67711.32	67756.66	80460.83	95495.21
	营业收入(万元)	162929.99	316984.89	148866.24	401128.17
	营业支出(万元)	160041.43	322808.29	155458.30	392138.87
	投资收益(万元)	-	-	-	1973.18
	净利润(万元)	126.15	-28290.90	-15436.25	1873.09
	营业利润(万元)	-1683.52	-29425.70	-16473.93	-9280.20
	利润总额(万元)	63.37	-28271.20	-16447.63	455.95

南京钢铁股份有限公司

公司概况	公司名称	南京钢铁股份有限公司			证券简称	*ST南钢
	法人代表	杨思明	董秘	徐林	证券代码	600282
	公司网址	www.600282.net		电子信箱	webmaster@600282.net	
	电话	025-57072073 57072083		传真	025-57072064	
	办公地址	江苏省南京市六合区卸甲甸				
	经营范围	黑色金属冶炼及压延加工、钢材、钢坯及其他金属材料销售等				

主要财务指标	指标\报告期	2014.06.30	2013.12.31	2013.06.30	2012.12.31
	基本每股收益(元)	0.0300	-0.1596	-0.0170	-0.1471
	基本每股收益(扣除后)(元)	0.0120	-0.1334	0.0200	-0.2708
	稀释每股收益(元)	0.0300	-0.1596	-0.0170	-0.1471
	每股净资产(元)	2.1649	2.1348	2.2760	2.2680
	每股经营现金净流量(元)	0.6451	0.7709	0.4159	0.5152
	每股现金流量(元)	0.0169	-0.1873	-0.0256	0.0349
	每股资本公积金(元)	0.1313	0.1313	0.1300	0.1041
	每股盈余公积金(元)	0.1699	0.1699	0.1699	0.1699
	每股未分配利润(元)	0.8616	0.8315	0.9728	0.9911
	净资产收益率(%)	1.3896	-7.4747	-0.8769	-6.4875
	加权净资产收益率(%)	1.4000	-7.2400	-0.7300	-6.1500
	净资产收益率(扣除)(%)	0.5588	-6.2503	0.7178	-11.9398
	总资产(万元)	4108932.14	3671072.19	3548521.68	3421881.28
	归属母公司股东权益(万元)	839068.12	827389.13	882103.40	879024.89
	营业收入(万元)	1331496.93	2682251.36	1451664.81	3203205.22
	营业支出(万元)	1207042.68	2541071.75	1338129.19	3081533.19
	投资收益(万元)	8620.05	21933.64	4756.34	8751.22
	净利润(万元)	11660.04	-61845.03	-6445.54	-57026.79
	营业利润(万元)	279.87	-103216.59	-17789.12	-93403.98
	利润总额(万元)	9751.88	-92536.92	-12345.20	-85723.42

钱江水利开发股份有限公司

公司概况	公司名称	钱江水利开发股份有限公司			证券简称	钱江水利
	法人代表	何中辉	董秘	熊莉威	证券代码	600283
	公司网址	www.qjwater.com.cn		电子信箱	xlw@qjwater.com.cn	
	电话	0571-87974378 87974387		传真	0571-87974400	
	办公地址	浙江省杭州市三台山路3号				
	经营范围	水力发电、供水、水利资源开发、水利工程承包等				

主要财务指标	指标\报告期	2014.06.30	2013.12.31	2013.06.30	2012.12.31
	基本每股收益(元)	0.0300	0.0700	0.0300	0.0600
	基本每股收益(扣除后)(元)	0.0260	0.0600	0.0220	0.0200
	稀释每股收益(元)	0.0300	0.0700	0.0300	0.0600
	每股净资产(元)	3.2034	3.2192	3.2186	3.2531
	每股经营现金净流量(元)	0.0446	0.1498	-0.0738	0.2940
	每股现金流量(元)	-0.3796	-0.3061	-0.3110	0.3476
	每股资本公积金(元)	1.8022	1.8017	1.8336	1.8016
	每股盈余公积金(元)	0.2505	0.2505	0.2505	0.2505
	每股未分配利润(元)	0.1507	0.1669	0.1345	0.2010
	净资产收益率(%)	1.0553	2.0490	1.0430	1.9641
	加权净资产收益率(%)	1.0400	2.0400	1.0300	1.9100
	净资产收益率(扣除)(%)	0.7962	1.7689	0.6915	0.5629
	总资产(万元)	402546.04	359397.90	343776.32	333443.62
	归属母公司股东权益(万元)	91402.29	91852.13	91837.42	92819.96
	营业收入(万元)	38801.46	73374.21	32754.65	67828.95
	营业支出(万元)	24303.14	44633.32	19780.81	41512.46
	投资收益(万元)	372.05	327.97	67.65	2296.70
	净利润(万元)	964.56	1882.04	957.89	1823.03
	营业利润(万元)	865.64	3325.72	1368.20	1796.51
	利润总额(万元)	1250.19	3688.92	1981.76	2619.84

上海浦东路桥建设股份有限公司

公司概况					
公司名称	上海浦东路桥建设股份有限公司			证券简称	浦东建设
法人代表	郭亚兵	董秘	颜立群	证券代码	600284
公司网址	www.pdjs.com.cn		电子信箱	yanlq@pdjs.com.cn	
电　　话	021-58206677*226 58206677*219		传　　真	021-68765759	
办公地址	上海市浦东新区银城中路8号中融碧玉蓝天大厦14F				
经营范围	道路、公路、桥梁路面摊铺施工、其他基础工程总包施工、沥青销售				

主要财务指标：指标\报告期	2014.06.30	2013.12.31	2013.06.30	2012.12.31
基本每股收益(元)	0.1791	0.7471	0.1798	0.7208
基本每股收益(扣除后)(元)	0.1488	0.7297	0.1626	0.6673
稀释每股收益(元)	0.1791	0.7471	0.1798	0.7208
每股净资产(元)	6.6315	6.6664	6.1173	5.8229
每股经营现金净流量(元)	-0.9078	-0.1198	-0.6167	0.0271
每股现金流量(元)	0.4029	1.7372	2.7949	-0.7442
每股资本公积金(元)	3.4420	3.4420	3.4420	2.5023
每股盈余公积金(元)	0.2147	0.2147	0.1613	0.2244
每股未分配利润(元)	1.9749	2.0098	1.5140	2.0962
净资产收益率(%)	2.7006	10.6816	2.6645	12.3785
加权净资产收益率(%)	2.6600	11.7300	2.9400	13.1100
净资产收益率(扣除)(%)	2.2436	10.4326	2.4087	11.4594
总资产(万元)	1417977.30	1436128.44	1404954.24	1316940.61
归属母公司股东权益(万元)	459590.39	462009.72	423956.26	290121.56
营业收入(万元)	54409.17	194386.15	30445.77	120811.92
营业支出(万元)	41833.20	104342.82	20016.71	62195.70
投资收益(万元)	26521.54	61721.75	30300.12	72234.49
净利润(万元)	12411.72	49349.80	11296.34	35912.75
营业利润(万元)	18519.74	106871.58	19978.40	80680.63
利润总额(万元)	22170.07	108671.39	21739.57	84317.58

河南羚锐制药股份有限公司

公司概况					
公司名称	河南羚锐制药股份有限公司			证券简称	羚锐制药
法人代表	程剑军	董秘	吴希振	证券代码	600285
公司网址	www.lingrui.com		电子信箱	gsbgs@lingrui.com	
电　　话	0376-2973569		传　　真	0376-2973606	
办公地址	河南省信阳市新县城关解放路59号				
经营范围	中药硬膏剂、冲剂、搽剂、片剂、胶囊剂的生产和销售				

主要财务指标：指标\报告期	2014.06.30	2013.12.31	2013.06.30	2012.12.31
基本每股收益(元)	0.1100	0.3000	0.2340	0.1400
基本每股收益(扣除后)(元)	0.1020	0.1500	0.0870	0.1000
稀释每股收益(元)	0.1100	0.3000	0.2340	0.1400
每股净资产(元)	2.6900	2.7075	2.5417	3.3841
每股经营现金净流量(元)	0.0671	0.3562	0.0658	0.0769
每股现金流量(元)	-0.3831	0.5947	0.3738	-0.2562
每股资本公积金(元)	0.8142	0.7924	0.6658	1.1662
每股盈余公积金(元)	0.1476	0.1476	0.1237	0.2118
每股未分配利润(元)	0.7278	0.7675	0.7522	1.0061
净资产收益率(%)	4.1015	10.8928	9.0918	6.2500
加权净资产收益率(%)	3.9800	11.6700	9.4600	6.2600
净资产收益率(扣除)(%)	3.7877	5.5368	3.3752	4.4791
总资产(万元)	176390.68	164812.41	147776.09	129432.42
归属母公司股东权益(万元)	96104.54	96730.82	87328.55	67925.47
营业收入(万元)	41359.00	68697.48	34344.49	56270.08
营业支出(万元)	16437.33	28907.40	14336.35	25200.29
投资收益(万元)	1789.77	8024.44	7058.85	956.90
净利润(万元)	3941.73	10536.71	7939.76	4245.36
营业利润(万元)	4348.00	12289.62	9296.63	4271.36
利润总额(万元)	4510.65	12255.29	9280.77	4933.61

江苏舜天股份有限公司

公司概况					
公司名称	江苏舜天股份有限公司			证券简称	江苏舜天
法人代表	杨青峰	董秘	陈浩杰	证券代码	600287
公司网址	www.saintycorp.com		电子信箱	ir@saintycorp.com	
电　　话	025-52875628		传　　真	025-84201927	
办公地址	江苏省南京市雨花台区软件大道21号B座				
经营范围	主营服装、纺织品及其他产品的进出口业务				

主要财务指标：指标\报告期	2014.06.30	2013.12.31	2013.06.30	2012.12.31
基本每股收益(元)	0.0959	0.7642	0.7690	0.0452
基本每股收益(扣除后)(元)	0.0840	0.0474	0.0344	0.0066
稀释每股收益(元)	-	-	-	-
每股净资产(元)	2.7165	2.6963	2.7122	1.9817
每股经营现金净流量(元)	0.0529	0.6548	2.2639	-0.4850
每股现金流量(元)	0.5442	0.2625	0.0614	-0.9547
每股资本公积金(元)	0.4401	0.4366	0.4460	0.4454
每股盈余公积金(元)	0.2683	0.2683	0.2434	0.2434
每股未分配利润(元)	1.0119	0.9960	1.0258	0.2968
净资产收益率(%)	3.5320	28.3441	28.3526	2.2791
加权净资产收益率(%)	3.5100	32.7500	32.5800	2.2800
净资产收益率(扣除)(%)	3.0926	1.7566	1.2694	0.3335
总资产(万元)	476079.28	485439.29	492047.63	436790.66
归属母公司股东权益(万元)	118655.99	117772.00	118467.55	86560.51
营业收入(万元)	278145.89	579761.75	262462.78	573211.61
营业支出(万元)	255649.16	531243.96	240221.10	525062.11
投资收益(万元)	2712.47	35492.22	33985.79	3560.90
净利润(万元)	4190.92	33381.44	33588.66	1972.78
营业利润(万元)	6044.60	39504.97	35009.96	6728.77
利润总额(万元)	6215.91	40037.19	35262.81	6956.09

大恒新纪元科技股份有限公司

公司概况					
公司名称	大恒新纪元科技股份有限公司			证券简称	大恒科技
法人代表	张家林	董秘	严宏深	证券代码	600288
公司网址	www.dhxjy.com.cn		电子信箱	600288@dhkj.sina.net	
电　　话	010-82827855 82827852		传　　真	010-82827853	
办公地址	北京市海淀区苏州街3号大恒科技大厦北座13层				
经营范围	光机电一体化产品开发、生产、销售等				

主要财务指标：指标\报告期	2014.06.30	2013.12.31	2013.06.30	2012.12.31
基本每股收益(元)	0.0063	0.0849	0.0251	0.1555
基本每股收益(扣除后)(元)	0.0017	0.0251	0.0227	0.1549
稀释每股收益(元)	0.0063	0.0849	0.0251	0.1555
每股净资产(元)	3.2284	3.2221	3.2201	3.1882
每股经营现金净流量(元)	-0.3051	0.0196	-0.5926	0.1199
每股现金流量(元)	-0.3167	-0.0360	-0.7454	-0.3920
每股资本公积金(元)	0.3882	0.3882	0.3846	0.3767
每股盈余公积金(元)	0.2017	0.2017	0.1849	0.1838
每股未分配利润(元)	1.6385	1.6322	1.6506	1.6153
净资产收益率(%)	0.1953	2.6349	0.7792	4.8976
加权净资产收益率(%)	0.2000	2.6500	0.7800	4.9400
净资产收益率(扣除)(%)	0.0529	0.7785	0.7061	4.8585
总资产(万元)	329282.51	334382.69	317541.55	321027.54
归属母公司股东权益(万元)	141017.05	140741.60	140652.46	138714.03
营业收入(万元)	146664.23	354869.48	153888.02	382946.19
营业支出(万元)	122488.66	300024.22	129426.32	324829.71
投资收益(万元)	2330.71	4345.34	2834.32	4333.44
净利润(万元)	275.45	3708.35	1095.98	6793.72
营业利润(万元)	-3257.26	-6258.89	-1399.61	8024.03
利润总额(万元)	-1533.24	2794.88	632.82	10947.03

亿阳信通股份有限公司

公司概况						
公司名称	亿阳信通股份有限公司			证券简称	亿阳信通	
法人代表	任志军	董秘	方圆	证券代码	600289	
公司网址	www.boco.com.cn		电子信箱	bit@boco.com.cn		
电　　话	010-88157899		传　　真	010-88140589		
办公地址	北京市海淀区杏石口路99号B座 哈尔滨市南岗区高新技术产业开发区1号楼					
经营范围	电信、交通、能源、金融、政府等行业的IT应用为主					

主要财务指标	指标\报告期	2014.06.30	2013.12.31	2013.06.30	2012.12.31
	基本每股收益(元)	0.0097	0.1464	-0.0342	0.1889
	基本每股收益(扣除后)(元)	0.0098	0.1341	-0.0357	0.1800
	稀释每股收益(元)	0.0097	0.1464	-0.0342	0.1889
	每股净资产(元)	3.2775	3.3277	3.1842	3.2704
	每股经营现金净流量(元)	-0.2056	0.3728	-0.2631	0.4860
	每股现金流量(元)	-0.4346	-0.1359	-0.5102	0.2645
	每股资本公积金(元)	0.7335	0.7483	0.8005	0.7925
	每股盈余公积金(元)	0.3752	0.3752	0.3361	0.3361
	每股未分配利润(元)	1.1688	1.2042	1.0473	1.1416
	净资产收益率(%)	0.2945	4.4331	-1.0750	5.7782
	加权净资产收益率(%)	0.2896	4.4200	-1.0522	5.9500
	净资产收益率(扣除)(%)	0.2983	4.0609	-1.1214	5.5050
	总资产(万元)	274514.39	289378.02	279128.31	286252.89
	归属母公司股东权益(万元)	187320.56	190189.49	183804.25	188781.64
	营业收入(万元)	44759.87	111523.90	37911.19	111914.29
	营业支出(万元)	16195.22	48007.84	13839.01	48522.56
	投资收益(万元)	-	9.12	7.77	1.27
	净利润(万元)	551.57	8431.38	-1975.91	10908.20
	营业利润(万元)	-37.21	8030.20	-1606.61	9736.60
	利润总额(万元)	1043.49	9790.17	-1330.02	12242.94

华仪电气股份有限公司

公司概况						
公司名称	华仪电气股份有限公司			证券简称	华仪电气	
法人代表	陈道荣	董秘	张传晕	证券代码	600290	
公司网址	www.heag.com		电子信箱	hyzqb@heag.com		
电　　话	0577-62661122		传　　真	0577-62237777		
办公地址	浙江省乐清市经济开发区(盐盆新区)纬四路					
经营范围	高压电器和风电设备制造					

主要财务指标	指标\报告期	2014.06.30	2013.12.31	2013.06.30	2012.12.31
	基本每股收益(元)	0.1406	0.0800	0.0087	0.0600
	基本每股收益(扣除后)(元)	0.1067	0.0400	-0.0070	0.0200
	稀释每股收益(元)	0.1406	0.0800	0.0087	0.0600
	每股净资产(元)	3.7826	3.6420	3.5661	3.5774
	每股经营现金净流量(元)	-0.1556	0.4571	0.1665	-0.1239
	每股现金流量(元)	-0.5468	0.1515	-0.0371	-0.9982
	每股资本公积金(元)	1.8009	1.8009	1.8009	1.8009
	每股盈余公积金(元)	0.0809	0.0809	0.0707	0.0707
	每股未分配利润(元)	0.9008	0.7602	0.6946	0.7058
	净资产收益率(%)	3.7165	2.3246	0.2451	1.7610
	加权净资产收益率(%)	3.7900	2.3500	0.2400	1.7800
	净资产收益率(扣除)(%)	2.8205	1.0124	-0.1971	0.4473
	总资产(万元)	490657.91	456094.57	394992.86	376714.94
	归属母公司股东权益(万元)	199300.06	191893.06	187892.72	188485.93
	营业收入(万元)	82867.22	153268.80	54288.62	131949.90
	营业支出(万元)	62883.62	116210.51	41108.47	103852.34
	投资收益(万元)	2420.46	5165.46	1021.08	3094.74
	净利润(万元)	7407.00	4460.71	460.56	3319.17
	营业利润(万元)	8765.00	4947.51	806.61	5220.44
	利润总额(万元)	8810.68	4955.01	933.36	5225.65

内蒙古西水创业股份有限公司

公司概况						
公司名称	内蒙古西水创业股份有限公司			证券简称	西水股份	
法人代表	刘建良	董秘	苏宏伟	证券代码	600291	
公司网址			电子信箱	xsgf_291@126.com		
电　　话	0473-4663855		传　　真	0473-4663855		
办公地址	内蒙古乌海市海勃湾滨河区世景苑西4-21号					
经营范围	水泥、熟料的制造、销售、计算机硬件销售及软件开发、网络产品的研制等					

主要财务指标	指标\报告期	2014.06.30	2013.12.31	2013.06.30	2012.12.31
	基本每股收益(元)	0.3767	0.1870	0.0646	0.1799
	基本每股收益(扣除后)(元)	-0.0274	0.0630	-0.0405	-0.3833
	稀释每股收益(元)	0.3767	0.1870	0.0646	0.1799
	每股净资产(元)	6.3385	5.8031	5.6726	6.1112
	每股经营现金净流量(元)	16.2786	2.2213	2.4382	0.7877
	每股现金流量(元)	1.6844	-1.6985	-0.7734	2.8808
	每股资本公积金(元)	3.2813	3.1226	3.1145	3.5638
	每股盈余公积金(元)	0.2330	0.2330	0.2330	0.2330
	每股未分配利润(元)	1.8242	1.4475	1.3251	1.3145
	净资产收益率(%)	5.9435	3.2226	1.1394	2.9435
	加权净资产收益率(%)	6.5700	3.1400	1.1300	3.1700
	净资产收益率(扣除)(%)	-0.4326	1.0855	-0.7147	-6.2727
	总资产(万元)	2575489.39	1755029.23	1632165.96	1646154.95
	归属母公司股东权益(万元)	243397.58	222840.28	217828.40	234671.64
	营业收入(万元)	1805.38	18458.22	17002.01	49068.32
	营业支出(万元)	9021.36	24103.66	18804.54	52042.06
	投资收益(万元)	63033.75	76748.18	20842.16	69335.72
	净利润(万元)	14466.25	7181.16	2481.87	6907.60
	营业利润(万元)	31818.27	28331.27	8259.23	37105.46
	利润总额(万元)	32246.13	29529.58	9883.68	40367.02

中电投远达环保(集团)股份有限公司

公司概况						
公司名称	中电投远达环保(集团)股份有限公司			证券简称	中电远达	
法人代表	刘渭清	董秘	黄青华	证券代码	600292	
公司网址	www.jiulongep.com		电子信箱	dm@jiulongep.com		
电　　话	023-65933051 65933055		传　　真	023-65933000		
办公地址	重庆市北部新区黄环北路10号1栋					
经营范围	电力生产、电力技术服务、销售电机及输变电设备等					

主要财务指标	指标\报告期	2014.06.30	2013.12.31	2013.06.30	2012.12.31
	基本每股收益(元)	0.3500	0.4100	0.1500	0.3300
	基本每股收益(扣除后)(元)	0.3300	0.4200	0.1400	0.2000
	稀释每股收益(元)	0.3500	0.4100	0.1500	0.3300
	每股净资产(元)	5.7528	5.5852	5.4122	5.3804
	每股经营现金净流量(元)	0.0731	0.5861	0.2817	0.8149
	每股现金流量(元)	-0.2616	-0.6465	-0.5421	-0.1879
	每股资本公积金(元)	3.4490	3.4849	3.5779	3.6203
	每股盈余公积金(元)	0.2039	0.2039	0.1939	0.1939
	每股未分配利润(元)	1.0907	0.8881	0.6404	0.5715
	净资产收益率(%)	6.1286	7.2796	2.7522	6.1117
	加权净资产收益率(%)	6.1900	7.3000	2.7400	6.3000
	净资产收益率(扣除)(%)	5.7257	7.4441	2.6666	3.6417
	总资产(万元)	649163.70	574878.44	507313.50	546577.71
	归属母公司股东权益(万元)	294472.08	285892.16	277037.64	275676.49
	营业收入(万元)	179124.69	325063.51	116928.19	479139.36
	营业支出(万元)	142569.60	264899.66	93762.76	432518.54
	投资收益(万元)	1030.99	253.99	-4.27	19809.02
	净利润(万元)	18046.92	20811.85	7623.49	16833.97
	营业利润(万元)	21744.06	35319.86	12344.16	29130.93
	利润总额(万元)	23149.91	34939.88	12783.96	23987.09

湖北三峡新型建材股份有限公司

公司概况						
公司名称	湖北三峡新型建材股份有限公司				证券简称	三峡新材
法人代表	许锡忠	董秘	张光春		证券代码	600293
公司网址	www.sxxc.com.cn		电子信箱	zhanggc@sxxc.com.cn		
电　话	0717-3280108		传　真	0717-3285258		
办公地址	湖北省当阳市经济技术开发区					
经营范围	平板玻璃及玻璃深加工制品、石膏及制品的生产和销售等					

主要财务指标：指标\报告期	2014.06.30	2013.12.31	2013.06.30	2012.12.31
基本每股收益(元)	0.0063	0.0901	0.0186	0.0030
基本每股收益(扣除后)(元)	0.0052	-0.0318	0.0071	-0.1095
稀释每股收益(元)	0.0063	0.0901	0.0186	0.0030
每股净资产(元)	2.1320	2.1257	2.2991	2.2805
每股经营现金净流量(元)	0.2146	0.0930	0.2872	0.0647
每股现金流量(元)	-0.1011	0.0897	0.6311	0.0843
每股资本公积金(元)	0.9390	0.9390	0.9390	0.9390
每股盈余公积金(元)	0.1643	0.1643	0.1644	0.1518
每股未分配利润(元)	0.0288	0.0225	0.1958	-0.0360
净资产收益率(%)	0.2946	4.2387	0.8080	0.1854
加权净资产收益率(%)	0.3600	4.2900	0.8100	0.1900
净资产收益率(扣除)(%)	0.2459	-1.4964	0.3103	-2.3167
总资产(万元)	249733.32	288852.48	307058.40	304541.62
归属母公司股东权益(万元)	73448.52	73232.11	79205.56	70788.54
营业收入(万元)	59688.08	112671.07	45283.45	102985.41
营业支出(万元)	50582.56	96667.42	37774.45	88272.84
投资收益(万元)	-	204.08	104.62	28.11
净利润(万元)	216.41	3104.11	640.02	131.27
营业利润(万元)	142.74	-1723.33	345.92	-1905.50
利润总额(万元)	178.53	3216.28	635.56	464.60

内蒙古鄂尔多斯资源股份有限公司

公司概况						
公司名称	内蒙古鄂尔多斯资源股份有限公司				证券简称	鄂尔多斯
法人代表	张奕龄	董秘	曾广春		证券代码	600295
公司网址	www.chinaerdos.com		电子信箱	zeng_gc@chinaerdos.com		
电　话	0477-8543509 8543776		传　真	0477-8536699		
办公地址	内蒙古鄂尔多斯市东胜区罕台镇羊绒工业园区					
经营范围	生产无毛绒、羊绒纱、羊绒衫并销售公司自产产品					

主要财务指标：指标\报告期	2014.06.30	2013.12.31	2013.06.30	2012.12.31
基本每股收益(元)	0.1700	0.7100	0.2400	0.6100
基本每股收益(扣除后)(元)	0.1000	0.5000	0.2100	0.3600
稀释每股收益(元)	0.1700	0.7100	0.2400	0.6100
每股净资产(元)	6.4943	6.4325	5.9788	5.8195
每股经营现金净流量(元)	1.0106	2.5008	-0.6939	3.6801
每股现金流量(元)	0.0523	0.4395	0.9479	-0.7452
每股资本公积金(元)	1.2580	1.2571	1.2578	1.2598
每股盈余公积金(元)	0.4633	0.4633	0.4336	0.4344
每股未分配利润(元)	3.6851	3.6336	3.1905	3.0484
净资产收益率(%)	2.6414	11.1010	4.0494	10.4332
加权净资产收益率(%)	2.6300	11.6600	4.0800	10.8500
净资产收益率(扣除)(%)	1.4692	7.7773	3.5303	6.2153
总资产(万元)	4205118.86	3902040.88	3734374.73	3334805.23
归属母公司股东权益(万元)	670216.32	663833.47	617011.31	600568.20
营业收入(万元)	703516.35	1391020.37	660589.22	1350842.61
营业支出(万元)	486451.35	986060.32	480014.69	964570.79
投资收益(万元)	7729.37	19318.22	-	13101.59
净利润(万元)	17702.96	73692.47	24985.46	62658.25
营业利润(万元)	35113.59	107135.03	52227.11	93339.86
利润总额(万元)	51951.37	140114.17	52491.31	118507.28

美罗药业股份有限公司

公司概况						
公司名称	美罗药业股份有限公司				证券简称	美罗药业
法人代表	张成海	董秘	张宁		证券代码	600297
公司网址	www.merro.com.cn		电子信箱	merro600297@163.com		
电　话	0411-84820297		传　真	0411-84820297		
办公地址	辽宁省大连市甘井子区营升路9号					
经营范围	生产、批发和零售各类化学原料药、化学制剂、医疗器械、植物药等					

主要财务指标：指标\报告期	2014.06.30	2013.12.31	2013.06.30	2012.12.31
基本每股收益(元)	0.0451	0.1500	0.0450	0.1300
基本每股收益(扣除后)(元)	0.0293	0.0700	0.0309	0.0300
稀释每股收益(元)	0.0451	0.1500	0.0450	0.1300
每股净资产(元)	2.6301	2.7139	2.6117	2.5723
每股经营现金净流量(元)	0.0345	0.1639	0.0881	0.1369
每股现金流量(元)	0.1576	0.0071	0.0765	-0.9174
每股资本公积金(元)	0.7942	0.8780	0.8417	0.8474
每股盈余公积金(元)	0.1038	0.1038	0.0935	0.0935
每股未分配利润(元)	0.7320	0.7321	0.6765	0.6315
净资产收益率(%)	1.7151	5.5521	1.7212	5.1453
加权净资产收益率(%)	1.6484	5.7200	1.7342	5.4300
净资产收益率(扣除)(%)	1.1154	2.5074	1.1826	1.1841
总资产(万元)	138073.46	137623.00	141568.97	134444.65
归属母公司股东权益(万元)	92052.79	94988.15	91408.45	90032.05
营业收入(万元)	16333.08	42745.06	21300.00	75969.98
营业支出(万元)	12734.49	32413.31	16222.62	64356.85
投资收益(万元)	309.39	1940.66	277.74	3355.34
净利润(万元)	1578.78	5273.88	1573.31	4632.41
营业利润(万元)	1160.17	4288.39	1324.10	4073.36
利润总额(万元)	1715.55	6052.14	1809.07	5378.51

安琪酵母股份有限公司

公司概况						
公司名称	安琪酵母股份有限公司				证券简称	安琪酵母
法人代表	俞学锋	董秘	周帮俊		证券代码	600298
公司网址	www.angelyeast.com		电子信箱	zbj@angelyeast.com		
电　话	0717-6369865 6371088		传　真	0717-6369865		
办公地址	湖北省宜昌市城东大道168号					
经营范围	酵母及深加工产品、保健食品、特殊营养食品、烘焙原料、食品添加剂等					

主要财务指标：指标\报告期	2014.06.30	2013.12.31	2013.06.30	2012.12.31
基本每股收益(元)	0.2620	0.4443	0.2960	0.7377
基本每股收益(扣除后)(元)	0.2170	0.3527	0.2600	0.5731
稀释每股收益(元)	0.2620	0.4443	0.2960	0.7377
每股净资产(元)	8.3928	8.3000	8.2179	8.1200
每股经营现金净流量(元)	0.2610	1.4810	-0.1360	0.9484
每股现金流量(元)	0.0458	-0.8494	-0.2548	-0.2156
每股资本公积金(元)	3.4744	3.4744	3.4790	3.4790
每股盈余公积金(元)	0.3496	0.3496	0.2639	0.2639
每股未分配利润(元)	3.7313	3.6194	3.5567	3.4108
净资产收益率(%)	3.1204	5.3525	3.5999	9.0900
加权净资产收益率(%)	3.1200	5.3800	3.6000	9.4300
净资产收益率(扣除)(%)	2.5894	4.2497	3.1637	7.0613
总资产(万元)	640726.66	633887.39	652603.98	544610.69
归属母公司股东权益(万元)	276655.38	273590.26	270889.44	267528.25
营业收入(万元)	173962.53	311938.13	139883.68	271366.31
营业支出(万元)	120508.65	220639.20	95489.99	188529.81
投资收益(万元)	-401.67	-20.05	-143.67	-164.08
净利润(万元)	8632.79	14643.98	9751.66	24318.61
营业利润(万元)	11448.98	21147.47	11695.74	26842.67
利润总额(万元)	13139.43	24721.98	13170.87	33417.16

蓝星化工新材料股份有限公司

公司概况	公司名称	蓝星化工新材料股份有限公司			证券简称	*ST 新材
	法人代表	陆晓宝	董秘	冯新华	证券代码	600299
	公司网址	www.star-nm.com			电子信箱	xcl-008@star-nm.com
	电　　话	010-61958799			传　　真	010-61958805
	办公地址	北京市朝阳区北土城西路 9 号六楼				
	经营范围	有机硅单体及相关产品的研制、生产、销售等				

	指标＼报告期	2014.06.30	2013.12.31	2013.06.30	2012.12.31
主要财务指标	基本每股收益(元)	-0.9500	-2.1800	-0.9700	-1.9900
	基本每股收益(扣除后)(元)	-1.0800	-2.3700	-1.0000	-2.0500
	稀释每股收益(元)	-0.9500	-2.1800	-0.9700	-1.9900
	每股净资产(元)	0.5223	1.4608	2.6747	3.6349
	每股经营现金净流量(元)	0.7557	0.8110	-0.2469	1.0007
	每股现金流量(元)	0.5935	0.0246	1.0264	0.1046
	每股资本公积金(元)	3.4993	3.4993	3.4986	3.4986
	每股盈余公积金(元)	0.2634	0.2634	0.2634	0.2634
	每股未分配利润(元)	-4.3137	-3.3608	-2.1606	-1.1859
	净资产收益率(%)	-182.4340	-149.1156	-36.4382	-54.6974
	加权净资产收益率(%)	-96.0900	-85.5000	-30.8900	-42.7800
	净资产收益率(扣除)(%)	-206.4918	-162.3170	-37.4078	-56.3825
	总资产(万元)	2080575.77	2000715.91	1995377.79	1858767.66
	归属母公司股东权益(万元)	27300.20	76357.43	139809.03	190001.06
	营业收入(万元)	497112.19	826253.97	418183.26	908416.38
	营业支出(万元)	477194.59	803582.63	406215.62	884016.38
	投资收益(万元)	699.94	-221.50	-	635.67
	净利润(万元)	-49804.86	-113860.85	-50943.87	-103925.57
	营业利润(万元)	-63607.14	-131010.40	-53586.72	-110662.39
	利润总额(万元)	-56804.48	-119608.13	-52099.95	-106712.98

维维食品饮料股份有限公司

公司概况	公司名称	维维食品饮料股份有限公司			证券简称	维维股份
	法人代表	杨启典	董秘	孟召永	证券代码	600300
	公司网址	www.vvgroup.com			电子信箱	mengzy@vvgroup.com
	电　　话	0516-83398138 83398890			传　　真	0516-83394888
	办公地址	江苏省徐州市维维大道 300 号				
	经营范围	研究、开发、生产食品、饮料系列产品及相关产品、销售自产产品				

	指标＼报告期	2014.06.30	2013.12.31	2013.06.30	2012.12.31
主要财务指标	基本每股收益(元)	0.0400	0.0500	0.0800	0.0500
	基本每股收益(扣除后)(元)	0.0300	-0.1200	-0.0700	-
	稀释每股收益(元)	0.0400	0.0500	0.0800	0.0500
	每股净资产(元)	1.4959	1.4625	1.5185	1.4721
	每股经营现金净流量(元)	-0.1785	0.1258	-0.1605	-0.0431
	每股现金流量(元)	0.0583	-0.1226	-0.1037	0.0137
	每股资本公积金(元)	0.1641	0.1168	0.1432	0.1054
	每股盈余公积金(元)	0.0974	0.0974	0.0974	0.0974
	每股未分配利润(元)	0.2344	0.2483	0.2779	0.2601
	净资产收益率(%)	2.4101	3.2957	5.1208	3.1539
	加权净资产收益率(%)	2.3800	3.3100	5.2000	3.1700
	净资产收益率(扣除)(%)	2.2525	-8.3006	-4.3720	-0.0902
	总资产(万元)	757901.43	702695.39	767233.77	806992.51
	归属母公司股东权益(万元)	250106.19	244528.77	253892.64	246130.90
	营业收入(万元)	222304.35	506183.01	271226.40	581049.08
	营业支出(万元)	142201.73	348406.78	194794.40	405608.49
	投资收益(万元)	1333.41	32939.24	34982.79	200.56
	净利润(万元)	6027.89	8058.99	13001.28	7762.73
	营业利润(万元)	10907.19	14986.84	24970.64	13863.72
	利润总额(万元)	11038.88	24236.83	25460.60	23268.31

南宁化工股份有限公司

公司概况	公司名称	南宁化工股份有限公司			证券简称	ST 南化
	法人代表	覃卫国	董秘	蔡桂生	证券代码	600301
	公司网址	www.nh.com.cn			电子信箱	nhzq@nnchem.com
	电　　话	0771-4835135 4821093			传　　真	0771-4835643 4821093
	办公地址	广西壮族自治区南宁市南建路 26 号				
	经营范围	氯碱化学工业及其系列产品、农药、消毒剂等无机和有机化工产品等				

	指标＼报告期	2014.06.30	2013.12.31	2013.06.30	2012.12.31
主要财务指标	基本每股收益(元)	-0.1164	0.2029	-0.5221	-1.2112
	基本每股收益(扣除后)(元)	-0.1176	-1.0951	-0.5424	-1.2564
	稀释每股收益(元)	-0.1164	0.2029	-0.5221	-1.2112
	每股净资产(元)	-0.0125	0.1047	-0.6855	-0.1728
	每股经营现金净流量(元)	-0.3445	-0.0979	-0.3408	-0.2984
	每股现金流量(元)	-0.0457	-0.0359	-0.3747	-1.8463
	每股资本公积金(元)	2.4246	2.4246	2.3617	2.3617
	每股盈余公积金(元)	0.2424	0.2424	0.2424	0.2424
	每股未分配利润(元)	-3.7392	-3.6228	-4.3478	-3.8257
	净资产收益率(%)	928.7330	193.6835	-76.1706	-701.1187
	加权净资产收益率(%)	-252.5000	-	-	-279.0400
	净资产收益率(扣除)(%)	938.2709	-1045.5065	79.1239	727.2886
	总资产(万元)	213516.13	217990.89	223999.40	237917.06
	归属母公司股东权益(万元)	-294.76	2463.06	-16118.96	-4062.33
	营业收入(万元)	39943.65	67801.99	36250.75	80652.77
	营业支出(万元)	39852.68	74193.96	40690.27	90002.98
	投资收益(万元)	14.02	403.96	288.80	126.68
	净利润(万元)	-2737.51	4770.53	-12277.91	-28481.76
	营业利润(万元)	-9346.50	-32317.68	-14183.09	-34257.61
	利润总额(万元)	-4035.61	232.81	-13710.15	-33350.70

西安标准工业股份有限公司

公司概况	公司名称	西安标准工业股份有限公司			证券简称	标准股份
	法人代表	耿莉萍	董秘	郑璇	证券代码	600302
	公司网址	www.chinatypical.com			电子信箱	typical@chinatypical.com
	电　　话	029-88279352			传　　真	029-88263001
	办公地址	陕西省西安市太白南路 335 号				
	经营范围	缝制设备研发、生产、销售				

	指标＼报告期	2014.06.30	2013.12.31	2013.06.30	2012.12.31
主要财务指标	基本每股收益(元)	-0.1157	0.0326	-0.0455	-0.1515
	基本每股收益(扣除后)(元)	-0.1095	-0.1590	-0.0582	-0.1789
	稀释每股收益(元)	-0.1157	0.0326	-0.0455	-0.1515
	每股净资产(元)	3.3713	3.4872	3.4133	3.4510
	每股经营现金净流量(元)	-0.1669	0.1547	0.0095	0.0383
	每股现金流量(元)	-0.2202	0.3215	-0.0004	-0.0465
	每股资本公积金(元)	1.0007	1.0007	0.9969	0.9969
	每股盈余公积金(元)	0.6665	0.6665	0.6652	0.6652
	每股未分配利润(元)	0.7038	0.8195	0.7426	0.7881
	净资产收益率(%)	-3.4310	0.9360	-1.3327	-4.3890
	加权净资产收益率(%)	-3.3730	0.9400	-1.3250	-4.2700
	净资产收益率(扣除)(%)	-3.2483	-4.5601	-1.7048	-5.1833
	总资产(万元)	166868.48	174299.80	165484.11	145088.95
	归属母公司股东权益(万元)	116649.93	120660.89	118102.57	119407.46
	营业收入(万元)	44993.87	82119.97	43508.54	70775.76
	营业支出(万元)	38672.07	69384.14	37490.02	60865.27
	投资收益(万元)	47.72	1.79	-	-
	净利润(万元)	-4002.25	1129.39	-1573.93	-5240.78
	营业利润(万元)	-3785.40	-5311.00	-2067.70	-6292.62
	利润总额(万元)	-3990.14	1427.01	-1551.12	-5338.01

辽宁曙光汽车集团股份有限公司

公司概况	公司名称	辽宁曙光汽车集团股份有限公司			证券简称	曙光股份
	法人代表	李进巅	董秘	那涛	证券代码	600303
	公司网址	www.sgautomotive.com			电子信箱	dongban@sgautomotive.com
	电　话	0415-4146825			传　真	0415-4142821
	办公地址	辽宁省丹东市振安区曙光路 50 号				
	经营范围	汽车前后桥、汽车底盘、汽车零部件、客车的生产、销售等				

	指标\报告期	2014.06.30	2013.12.31	2013.06.30	2012.12.31
主要财务指标	基本每股收益(元)	-	-0.4700	0.0400	0.2900
	基本每股收益(扣除后)(元)	-0.0800	-0.6300	-	-0.0700
	稀释每股收益(元)	-	-0.4700	0.0400	0.2900
	每股净资产(元)	3.6331	3.5839	4.0940	4.1393
	每股经营现金净流量(元)	-0.1426	-0.4298	-0.3630	0.4723
	每股现金流量(元)	0.2923	-0.7921	-0.0924	0.1250
	每股资本公积金(元)	1.2800	1.1272	1.1272	1.1257
	每股盈余公积金(元)	0.3921	0.4234	0.4082	0.4082
	每股未分配利润(元)	0.9700	1.0436	1.5697	1.6138
	净资产收益率(%)	0.0970	-13.0575	1.0472	6.9289
	加权净资产收益率(%)	0.1000	-10.7700	1.0300	7.1100
	净资产收益率(扣除)(%)	-2.0503	-17.5795	0.0172	-1.7148
	总资产(万元)	801588.29	758202.05	800956.22	807937.75
	归属母公司股东权益(万元)	225369.78	205897.21	235199.93	237802.62
	营业收入(万元)	214435.20	483630.90	236008.75	558422.40
	营业支出(万元)	184324.75	426552.17	204966.36	481831.80
	投资收益(万元)	-294.54	-1051.89	1113.00	-366.14
	净利润(万元)	218.71	-26885.06	2463.02	16477.22
	营业利润(万元)	-3284.37	-41297.40	-2500.68	-4801.40
	利润总额(万元)	3148.61	-29496.61	3370.62	22448.12

江苏恒顺醋业股份有限公司

公司概况	公司名称	江苏恒顺醋业股份有限公司			证券简称	恒顺醋业
	法人代表	李国权(代)	董秘	魏陈云	证券代码	600305
	公司网址	www.zjhengshun.com			电子信箱	wcy08@163.com
	电　话	0511-85226003			传　真	0511-85307711*7798
	办公地址	江苏省镇江市丹徒新城恒顺大道 66 号				
	经营范围	食醋、酱油、酱菜、复合调味料、调味剂、副食品、粮油制品、饮料等				

	指标\报告期	2014.06.30	2013.12.31	2013.06.30	2012.12.31
主要财务指标	基本每股收益(元)	0.1376	0.1538	0.0713	-0.1457
	基本每股收益(扣除后)(元)	0.1311	0.1642	0.0654	-0.1680
	稀释每股收益(元)	0.1376	0.1538	0.0713	-0.1457
	每股净资产(元)	4.0631	2.1541	4.1286	3.9860
	每股经营现金净流量(元)	0.3377	1.6352	1.2656	1.3995
	每股现金流量(元)	0.1284	0.5057	0.5590	-0.9604
	每股资本公积金(元)	2.5826	0.6897	2.3648	2.3648
	每股盈余公积金(元)	0.1223	0.1449	0.2628	0.2628
	每股未分配利润(元)	0.3583	0.3195	0.5010	0.3584
	净资产收益率(%)	3.0337	7.1406	3.4542	-7.3120
	加权净资产收益率(%)	4.7700	7.4200	3.5100	-7.7800
	净资产收益率(扣除)(%)	2.8896	7.6235	3.1691	-8.4276
	总资产(万元)	233939.68	245757.79	259243.32	273485.45
	归属母公司股东权益(万元)	122449.94	54778.98	52495.30	50682.01
	营业收入(万元)	58897.60	111097.35	55198.50	114668.07
	营业支出(万元)	35449.47	68293.67	33611.24	76210.38
	投资收益(万元)	-721.21	170.36	42.53	506.27
	净利润(万元)	3714.76	3911.55	1813.30	-3705.85
	营业利润(万元)	5108.03	6697.30	2622.91	-6636.33
	利润总额(万元)	5311.80	6098.81	2723.24	-6795.64

沈阳商业城股份有限公司

公司概况	公司名称	沈阳商业城股份有限公司			证券简称	*ST 商城
	法人代表	张殿华	董秘	张黎明	证券代码	600306
	公司网址	www.sysyc.cn			电子信箱	sycgf3801@sina.com.cn
	电　话	024-24865832			传　真	024-24848007 24865832
	办公地址	辽宁省沈阳市沈河区中街路 212 号				
	经营范围	日用百货、箱包皮具、食品、服装、鞋帽、针纺织品、文化钟表等				

	指标\报告期	2014.06.30	2013.12.31	2013.06.30	2012.12.31
主要财务指标	基本每股收益(元)	-0.6400	-1.5600	-0.5700	-0.7200
	基本每股收益(扣除后)(元)	-0.6400	-1.5600	-0.5700	-0.7100
	稀释每股收益(元)	-0.6400	-1.5600	-0.5700	-0.7200
	每股净资产(元)	-0.2660	0.3775	2.1936	2.7673
	每股经营现金净流量(元)	-0.4432	-1.0774	-0.0735	0.1292
	每股现金流量(元)	0.8133	-0.9951	0.8175	0.7332
	每股资本公积金(元)	1.0323	1.0323	1.8654	1.8654
	每股盈余公积金(元)	0.1056	0.1056	0.1056	0.1056
	每股未分配利润(元)	-2.4040	-1.7605	-0.7774	-0.2037
	净资产收益率(%)	-241.8735	-412.4525	-26.1524	-26.0549
	加权净资产收益率(%)	-1155.2600	-78.2700	-23.1280	-31.2270
	净资产收益率(扣除)(%)	242.8129	-414.3788	-26.2917	-25.8285
	总资产(万元)	371753.47	353780.47	373825.89	338849.64
	归属母公司股东权益(万元)	-4739.35	6723.88	39077.24	49296.89
	营业收入(万元)	82181.52	186038.76	99126.60	159980.47
	营业支出(万元)	68959.27	161491.40	86274.25	137748.87
	投资收益(万元)	-	-2.22	-	843.31
	净利润(万元)	-11463.23	-27732.80	-10219.65	-12844.27
	营业利润(万元)	-11043.63	-27654.03	-9710.88	-11869.36
	利润总额(万元)	-10984.26	-27529.24	-9655.83	-11985.47

甘肃酒钢集团宏兴钢铁股份有限公司

公司概况	公司名称	甘肃酒钢集团宏兴钢铁股份有限公司			证券简称	酒钢宏兴
	法人代表	程子建	董秘	齐晓东	证券代码	600307
	公司网址	www.jisco.cn			电子信箱	irjg@jiugang.com
	电　话	0937-6715370			传　真	0937-6715370
	办公地址	甘肃省嘉峪关市雄关东路 12 号				
	经营范围	钢、铁及其压延产品的生产和销售				

	指标\报告期	2014.06.30	2013.12.31	2013.06.30	2012.12.31
主要财务指标	基本每股收益(元)	-0.0514	-0.3734	0.0407	0.1024
	基本每股收益(扣除后)(元)	-0.0528	-0.3751	0.0399	0.1153
	稀释每股收益(元)	-0.0514	-0.3734	0.0407	0.1024
	每股净资产(元)	2.5744	2.6221	3.0785	2.5320
	每股经营现金净流量(元)	0.4571	-0.4723	0.0281	0.5920
	每股现金流量(元)	0.0362	0.2141	0.6943	-0.3085
	每股资本公积金(元)	1.0964	1.0964	1.0964	1.3850
	每股盈余公积金(元)	0.2025	0.2025	0.2025	0.3100
	每股未分配利润(元)	0.2541	0.3055	0.7471	1.0851
	净资产收益率(%)	-1.9961	-14.2388	1.2443	4.0581
	加权净资产收益率(%)	-1.9800	-13.1843	1.5000	3.9521
	净资产收益率(扣除)(%)	-2.0517	-14.3053	1.2217	3.9519
	总资产(万元)	5462868.91	5741546.36	6040004.66	5442058.98
	归属母公司股东权益(万元)	1612459.59	1642322.91	1928147.25	1561195.95
	营业收入(万元)	5448854.93	9456976.00	4469695.10	7923281.09
	营业支出(万元)	5142193.83	9030540.23	4140277.01	7249219.79
	投资收益(万元)	1416.10	4188.98	1996.53	3704.81
	净利润(万元)	-32185.69	-233847.75	23992.82	64137.69
	营业利润(万元)	-40486.75	-294635.61	24043.33	66574.72
	利润总额(万元)	-39366.63	-293333.97	24574.69	68059.60

山东华泰纸业股份有限公司

公司概况	公司名称	山东华泰纸业股份有限公司			证券简称	华泰股份
	法人代表	李建华	董秘	魏文光	证券代码	600308
	公司网址	www.huataipaper.com		电子信箱	htjtzq@163.com	
	电话	0546-7798799 7798848		传真	0546-6888018	
	办公地址	山东省东营市广饶县大王镇				
	经营范围	造纸、纸制品及纸料加工、热电等				

	指标\报告期	2014.06.30	2013.12.31	2013.06.30	2012.12.31
主要财务指标	基本每股收益(元)	0.0480	0.0550	0.0480	0.0520
	基本每股收益(扣除后)(元)	-0.0190	-0.0710	-0.0150	-0.0750
	稀释每股收益(元)	0.0480	0.0550	0.0480	0.0520
	每股净资产(元)	5.3835	5.3673	5.3515	5.3309
	每股经营现金净流量(元)	0.4940	1.4534	0.1237	1.2241
	每股现金流量(元)	0.4737	0.0816	0.1350	-0.7898
	每股资本公积金(元)	1.9218	1.9218	1.9218	1.9218
	每股盈余公积金(元)	0.3929	0.3929	0.3915	0.3915
	每股未分配利润(元)	2.0565	2.0330	2.0313	2.0035
	净资产收益率(%)	0.9000	1.0311	0.8938	0.9845
	加权净资产收益率(%)	0.9000	1.0340	0.8930	0.9840
	净资产收益率(扣除)(%)	-0.3458	-1.3183	-0.2743	-1.3993
	总资产(万元)	1729896.03	1646653.89	1770984.18	1699914.26
	归属母公司股东权益(万元)	628551.10	626154.75	624821.96	622413.54
	营业收入(万元)	444580.50	975741.07	462817.96	956740.45
	营业支出(万元)	376113.43	849879.28	396854.32	831794.49
	投资收益(万元)	-378.92	1886.84	94.71	1025.15
	净利润(万元)	5656.70	6461.34	5584.38	6127.88
	营业利润(万元)	-545.83	-5712.07	459.13	-6430.67
	利润总额(万元)	7733.99	10854.73	8186.46	10587.43

万华化学集团股份有限公司

公司概况	公司名称	万华化学集团股份有限公司			证券简称	万华化学
	法人代表	丁建生	董秘	寇光武	证券代码	600309
	公司网址	www.whchem.com		电子信箱	stocks@whchem.com	
	电话	0535-6698537		传真	0535-6837894	
	办公地址	山东省烟台市幸福南路7号				
	经营范围	聚氨酯及助剂、异氰酸酯(MDI)及衍生产品开发、生产和销售				

	指标\报告期	2014.06.30	2013.12.31	2013.06.30	2012.12.31
主要财务指标	基本每股收益(元)	0.6500	1.3400	0.7100	1.0900
	基本每股收益(扣除后)(元)	0.6200	1.2900	0.7000	1.1000
	稀释每股收益(元)	-	-	-	-
	每股净资产(元)	4.4297	4.4757	3.8484	3.8405
	每股经营现金净流量(元)	0.8403	1.7894	0.8251	1.7602
	每股现金流量(元)	0.3070	-0.1774	-0.0846	-0.1865
	每股资本公积金(元)	0.0177	0.0139	0.0136	0.0155
	每股盈余公积金(元)	0.7304	0.7304	0.7304	0.7304
	每股未分配利润(元)	2.6828	2.7332	2.1073	2.0961
	净资产收益率(%)	14.6637	29.8764	18.4810	28.2848
	加权净资产收益率(%)	13.8600	32.6200	17.4400	31.0300
	净资产收益率(扣除)(%)	14.0726	28.7523	18.1427	28.6095
	总资产(万元)	3600000.59	3114367.88	2650558.45	2254146.13
	归属母公司股东权益(万元)	957851.52	967792.43	832151.25	830438.98
	营业收入(万元)	1166482.10	2023797.32	997590.26	1594212.65
	营业支出(万元)	812329.65	1358294.92	642917.70	1038186.95
	投资收益(万元)	130.23	-1652.12	-374.27	437.22
	净利润(万元)	140456.18	289141.23	153789.75	234887.95
	营业利润(万元)	225225.98	426090.91	232298.10	361393.94
	利润总额(万元)	235672.59	442568.42	237334.76	356591.86

广西桂东电力股份有限公司

公司概况	公司名称	广西桂东电力股份有限公司			证券简称	桂东电力
	法人代表	秦敏	董秘	陆培军	证券代码	600310
	公司网址	www.gdep.com.cn		电子信箱	600310@gdep.com.cn	
	电话	0774-5297796 5283977		传真	0774-5285255	
	办公地址	广西壮族自治区贺州市平安西路12号				
	经营范围	水力发电、供电、电力投资开发、供水、交通建设及其基础设施开发				

	指标\报告期	2014.06.30	2013.12.31	2013.06.30	2012.12.31
主要财务指标	基本每股收益(元)	0.1425	0.1984	0.2336	0.3076
	基本每股收益(扣除后)(元)	0.0472	0.1363	0.2049	0.2505
	稀释每股收益(元)	0.1425	0.1984	0.2336	0.3076
	每股净资产(元)	10.2243	11.9075	10.3143	11.2797
	每股经营现金净流量(元)	-0.0608	1.0022	0.8397	0.7007
	每股现金流量(元)	0.3320	0.2867	0.7583	-0.6748
	每股资本公积金(元)	8.1451	9.7222	8.0946	8.9936
	每股盈余公积金(元)	0.2996	0.2998	0.2759	0.2759
	每股未分配利润(元)	0.7772	0.8847	0.9438	1.0102
	净资产收益率(%)	1.3936	1.6663	2.2652	2.7272
	加权净资产收益率(%)	1.2800	1.7200	2.1600	3.0200
	净资产收益率(扣除)(%)	0.4621	1.1448	1.9866	2.2204
	总资产(万元)	769614.18	821736.89	702474.19	743674.51
	归属母公司股东权益(万元)	282113.24	328559.05	284597.99	311234.74
	营业收入(万元)	94027.88	222370.41	124095.89	418734.04
	营业支出(万元)	71533.86	177947.61	98748.95	369499.77
	投资收益(万元)	2333.20	537.03	596.74	1159.79
	净利润(万元)	3931.46	5474.71	6446.64	8488.14
	营业利润(万元)	3091.63	7346.15	8716.49	12249.09
	利润总额(万元)	6262.12	10041.95	9962.35	14266.49

甘肃荣华实业(集团)股份有限公司

公司概况	公司名称	甘肃荣华实业(集团)股份有限公司			证券简称	荣华实业
	法人代表	刘永	董秘	辛永清	证券代码	600311
	公司网址			电子信箱	rhxyongqin@163.com	
	电话	0935-6151222		传真	0935-6151333	
	办公地址	甘肃省武威市东关街荣华路1号				
	经营范围	谷氨酸,生物发酵肥,淀粉及其副产品,饲料,包装材料,塑料制品的生产,批发零售等				

	指标\报告期	2014.06.30	2013.12.31	2013.06.30	2012.12.31
主要财务指标	基本每股收益(元)	0.0010	0.0073	0.0054	0.0165
	基本每股收益(扣除后)(元)	-0.0060	0.0075	0.0054	0.0184
	稀释每股收益(元)	0.0010	0.0073	0.0054	0.0165
	每股净资产(元)	1.3740	1.3714	1.3704	1.3642
	每股经营现金净流量(元)	0.0378	-0.0282	-0.0428	0.2016
	每股现金流量(元)	0.0475	-0.0034	-0.0133	0.3126
	每股资本公积金(元)	0.3297	0.3297	0.3297	0.3297
	每股盈余公积金(元)	0.0787	0.0787	0.0787	0.0787
	每股未分配利润(元)	-0.0359	-0.0369	-0.0389	-0.0442
	净资产收益率(%)	0.0720	0.5334	0.3937	1.2109
	加权净资产收益率(%)	0.0720	0.5300	0.3950	1.2200
	净资产收益率(扣除)(%)	-0.4653	0.5492	0.3937	1.3454
	总资产(万元)	98711.84	99318.18	96554.47	100332.70
	归属母公司股东权益(万元)	91450.71	91283.58	91213.89	90800.91
	营业收入(万元)	12118.43	21033.31	10309.00	30557.56
	营业支出(万元)	10284.36	16218.11	7939.05	23516.75
	投资收益(万元)	-	-	-	-
	净利润(万元)	65.88	486.92	359.09	1099.50
	营业利润(万元)	-425.55	550.71	359.09	1402.35
	利润总额(万元)	65.88	538.56	359.09	1292.99

河南平高电气股份有限公司

公司概况					
公司名称	河南平高电气股份有限公司			证券简称	平高电气
法人代表	李永河	董秘	许明圣	证券代码	600312
公司网址	www.pinggao.com		电子信箱	xums@ pinggao.sgcc.com.cn	
电　　话	0375-3804018 3804064		传　　真	0375-3804464	
办公地址	河南省平顶山市南环东路22号				
经营范围	制造、销售高压开关设备、控制设备及其配件、技术服务、咨询服务				

主要财务指标				
指标\报告期	2014.06.30	2013.12.31	2013.06.30	2012.12.31
基本每股收益(元)	0.2371	0.4867	0.1685	0.1653
基本每股收益(扣除后)(元)	0.2324	0.4767	0.1655	0.1634
稀释每股收益(元)	0.2371	0.4867	0.1685	0.1653
每股净资产(元)	4.8261	3.9414	3.6232	3.5047
每股经营现金净流量(元)	0.2028	-0.2439	-0.6019	0.5750
每股现金流量(元)	0.5471	-0.8011	-0.5991	0.2448
每股资本公积金(元)	2.6581	2.3457	1.6331	1.6331
每股盈余公积金(元)	0.1691	0.2349	0.1830	0.1830
每股未分配利润(元)	0.9989	1.0734	0.8071	0.6886
净资产收益率(%)	4.6845	12.3488	4.6511	4.7179
加权净资产收益率(%)	5.8265	12.9900	4.5250	4.8300
净资产收益率(扣除)(%)	4.5916	12.3488	4.5665	4.6620
总资产(万元)	821854.88	721745.50	594350.17	640435.29
归属母公司股东权益(万元)	548965.26	381143.22	296727.73	287021.55
营业收入(万元)	163382.88	381839.32	151037.04	328422.24
营业支出(万元)	115767.85	283612.97	115049.29	261353.52
投资收益(万元)	1912.54	2788.59	0.02	2765.68
净利润(万元)	25716.51	39860.32	13801.01	13541.29
营业利润(万元)	29427.05	45430.85	15566.32	14838.16
利润总额(万元)	30030.39	46403.61	15862.75	15028.83

中农发种业集团股份有限公司

公司概况					
公司名称	中农发种业集团股份有限公司			证券简称	农发种业
法人代表	余涤非	董秘	周紫雨	证券代码	600313
公司网址	www.zhnzy.com.cn		电子信箱	zhongnongziyuan@126.com	
电　　话	0010-56342171		传　　真	0010-56342170	
办公地址	北京市朝阳区东三环北路16号全国农业展览馆文化产业楼(2层)				
经营范围	小麦、水稻、杂交水稻、杂交玉米、棉花、油菜、大豆、蔬菜、花卉等				

主要财务指标				
指标\报告期	2014.06.30	2013.12.31	2013.06.30	2012.12.31
基本每股收益(元)	-0.0070	0.1162	-0.0087	0.0926
基本每股收益(扣除后)(元)	-0.0148	0.1061	-0.0105	0.0537
稀释每股收益(元)	-0.0070	0.1162	-0.0087	0.0926
每股净资产(元)	2.7846	2.7915	2.7248	2.8419
每股经营现金净流量(元)	-0.7332	0.0206	-0.1278	0.1275
每股现金流量(元)	-0.8139	-0.2964	-0.1207	1.0515
每股资本公积金(元)	1.7094	1.7094	1.7659	1.8639
每股盈余公积金(元)	0.0073	0.0073	0.0073	0.0073
每股未分配利润(元)	0.0678	0.0748	-0.0484	-0.0293
净资产收益率(%)	-0.2504	4.1634	-0.3199	2.8391
加权净资产收益率(%)	-0.2500	4.0300	-0.2500	3.7300
净资产收益率(扣除)(%)	-0.5307	3.8023	-0.3849	1.7121
总资产(万元)	194443.55	177155.73	169413.32	180009.27
归属母公司股东权益(万元)	102273.10	102529.16	100078.70	104379.85
营业收入(万元)	98584.38	252914.88	76960.47	280932.82
营业支出(万元)	95629.76	234625.82	74386.74	270517.40
投资收益(万元)	-	-2.47	-	0.75
净利润(万元)	-256.06	4268.68	-320.11	2963.49
营业利润(万元)	-1259.89	7304.05	-861.32	4485.57
利润总额(万元)	-808.56	8521.41	-374.70	6082.37

上海家化联合股份有限公司

公司概况					
公司名称	上海家化联合股份有限公司			证券简称	上海家化
法人代表	谢文坚	董秘	冯珺	证券代码	600315
公司网址	www.jahwa.com.cn		电子信箱	fengjun@jahwa.com.cn	
电　　话	021-25016000 25016051		传　　真	021-65129748	
办公地址	上海市保定路527号				
经营范围	六神、美加净、清妃、高夫、佰草集、飘洒等系列洗浴、护肤、护发及美容产品等				

主要财务指标				
指标\报告期	2014.06.30	2013.12.31	2013.06.30	2012.12.31
基本每股收益(元)	0.8500	1.1900	1.0100	0.9500
基本每股收益(扣除后)(元)	0.8400	1.1600	1.0000	0.8600
稀释每股收益(元)	0.8500	1.1900	1.0100	0.9500
每股净资产(元)	5.3615	4.9451	4.4786	6.0445
每股经营现金净流量(元)	0.8038	1.5299	0.8687	1.8577
每股现金流量(元)	0.7075	0.6016	0.0319	1.0191
每股资本公积金(元)	1.6371	1.5637	1.4789	1.9370
每股盈余公积金(元)	0.4445	0.4445	0.3284	0.4926
每股未分配利润(元)	2.2832	1.9403	1.6747	2.4996
净资产收益率(%)	15.9079	24.0625	16.2642	22.6797
加权净资产收益率(%)	16.3300	24.8900	16.7000	28.8200
净资产收益率(扣除)(%)	15.6722	23.5226	16.2029	20.6206
总资产(万元)	506961.80	452021.89	418673.33	366583.57
归属母公司股东权益(万元)	360533.74	332531.94	301199.14	265635.66
营业收入(万元)	281937.91	446850.37	242444.37	399890.15
营业支出(万元)	102839.79	165518.92	84855.59	152972.58
投资收益(万元)	8788.67	16179.69	6827.16	16789.32
净利润(万元)	57353.20	80015.41	48987.74	62143.52
营业利润(万元)	67856.38	93593.42	59561.36	71583.51
利润总额(万元)	68728.50	96064.24	59814.78	72992.14

江西洪都航空工业股份有限公司

公司概况					
公司名称	江西洪都航空工业股份有限公司			证券简称	洪都航空
法人代表	宋承志	董秘	邓峰	证券代码	600316
公司网址	www.hongdu-aviation.com		电子信箱	hdhk600316@126.com	
电　　话	0791-88468162 87668769		传　　真	0791-88467843	
办公地址	江西省南昌市新溪桥				
经营范围	航空产品的开发与研制、生产与销售、航空制造技术的开发、咨询、服务				

主要财务指标				
指标\报告期	2014.06.30	2013.12.31	2013.06.30	2012.12.31
基本每股收益(元)	0.0197	0.1268	0.0163	0.1222
基本每股收益(扣除后)(元)	0.0195	0.0583	0.0170	0.0869
稀释每股收益(元)	0.0197	0.1268	0.0163	0.1222
每股净资产(元)	6.7000	6.6204	6.4668	6.4098
每股经营现金净流量(元)	-0.3364	-0.0952	0.2977	-0.5378
每股现金流量(元)	-0.4361	-0.6450	0.0202	-1.0906
每股资本公积金(元)	4.6968	4.6367	4.5935	4.5429
每股盈余公积金(元)	0.2172	0.2172	0.2061	0.2061
每股未分配利润(元)	0.7860	0.7663	0.6670	0.6606
净资产收益率(%)	0.2939	1.9149	0.2524	1.9061
加权净资产收益率(%)	0.3000	1.9500	0.2400	1.9100
净资产收益率(扣除)(%)	0.2908	0.8803	0.2632	1.3558
总资产(万元)	801055.07	743499.27	678540.54	624470.56
归属母公司股东权益(万元)	480469.91	474758.09	463741.42	459658.67
营业收入(万元)	94569.46	286049.85	79075.08	223270.63
营业支出(万元)	85728.19	261413.91	69910.10	196032.42
投资收益(万元)	108.47	5108.85	893.33	3033.59
净利润(万元)	1412.26	9091.22	1170.57	8761.39
营业利润(万元)	1716.42	8310.29	1767.41	10163.29
利润总额(万元)	1727.73	10316.48	1703.97	10152.74

营口港务股份有限公司

公司概况					
公司名称	营口港务股份有限公司			证券简称	营口港
法人代表	高宝玉	董秘	周志旭	证券代码	600317
公司网址	www.ykplc.com		电子信箱	lili_ykp@ykport.com.cn	
电　　话	0417-6268506		传　　真	0417-6268506	
办公地址	辽宁省营口市鲅鱼圈区营港路 1 号				
经营范围	港口装卸、堆存和运输服务				

主要财务指标 指标\报告期	2014.06.30	2013.12.31	2013.06.30	2012.12.31
基本每股收益(元)	0.0562	0.2369	0.1403	0.2328
基本每股收益(扣除后)(元)	0.0561	–	0.1405	0.2346
稀释每股收益(元)	0.0562	0.2369	0.1403	0.2328
每股净资产(元)	1.4437	4.5267	4.4301	4.3138
每股经营现金净流量(元)	0.0950	0.5400	0.2069	0.5663
每股现金流量(元)	–0.0053	0.2459	0.0404	0.1804
每股资本公积金(元)	0.2401	2.7202	2.7202	2.7202
每股盈余公积金(元)	0.0510	0.1530	0.1334	0.1334
每股未分配利润(元)	0.1516	0.6536	0.5765	0.4602
净资产收益率(%)	3.8913	5.2332	3.1671	5.3970
加权净资产收益率(%)	3.6551	5.3592	3.2005	5.4281
净资产收益率(扣除)(%)	3.8891	5.2425	3.1704	3.6576
总资产(万元)	1588796.62	1614543.29	1591893.41	1604712.77
归属母公司股东权益(万元)	934490.62	976705.44	955865.84	930770.88
营业收入(万元)	199325.45	368711.16	187460.84	344163.65
营业支出(万元)	124558.87	240528.88	114296.78	217186.67
投资收益(万元)	1535.72	1029.15	354.22	3351.52
净利润(万元)	36363.99	51112.95	30273.35	50233.33
营业利润(万元)	48798.69	68103.15	40704.21	68115.14
利润总额(万元)	48827.04	68000.47	40666.38	68046.82

安徽巢东水泥股份有限公司

公司概况					
公司名称	安徽巢东水泥股份有限公司			证券简称	巢东股份
法人代表	黄炳均	董秘	谢旻	证券代码	600318
公司网址			电子信箱	cddms@vip.sina.com	
电　　话	0551-82389232		传　　真	0551-82391918 88610368	
办公地址	安徽省巢湖市居巢区银屏镇海昌大道				
经营范围	水泥及相关产品、轻钢结构、新型建材产品的生产、销售、建材设计等				

主要财务指标 指标\报告期	2014.06.30	2013.12.31	2013.06.30	2012.12.31
基本每股收益(元)	0.4200	0.4400	0.1200	0.2900
基本每股收益(扣除后)(元)	0.4200	0.4000	0.0500	0.2600
稀释每股收益(元)	0.4200	0.4400	0.1200	0.2900
每股净资产(元)	4.4669	4.1161	3.6515	3.5637
每股经营现金净流量(元)	1.4447	0.9587	0.2155	1.4310
每股现金流量(元)	0.0871	0.1485	0.0239	–0.0783
每股资本公积金(元)	1.4621	1.4621	1.4621	1.4621
每股盈余公积金(元)	0.2585	0.2585	0.2051	0.2051
每股未分配利润(元)	1.7366	1.3858	0.9746	0.8867
净资产收益率(%)	9.4213	10.7473	3.2272	8.0235
加权净资产收益率(%)	9.8100	11.7400	3.2700	8.2400
净资产收益率(扣除)(%)	9.3898	9.7084	1.2338	7.1828
总资产(万元)	194276.90	205961.02	209992.49	202627.84
归属母公司股东权益(万元)	108099.43	99609.10	88366.58	86240.79
营业收入(万元)	63108.34	117805.87	50537.24	102105.80
营业支出(万元)	41322.94	87469.16	40786.07	81216.46
投资收益(万元)	18.75	–2725.20	28.35	5.85
净利润(万元)	10184.33	10705.24	2851.78	6919.57
营业利润(万元)	14009.13	8261.54	2299.79	7867.57
利润总额(万元)	14054.55	12380.09	4653.86	8823.67

潍坊亚星化学股份有限公司

公司概况					
公司名称	潍坊亚星化学股份有限公司			证券简称	亚星化学
法人代表	孙岩(代)	董秘	孙岩	证券代码	600319
公司网址	www.chinayaxing.com		电子信箱	yan.sun@chinayasing.cn	
电　　话	0536-8591007 8591189		传　　真	0536-8663853 8660047	
办公地址	山东省潍坊市奎文区北宫东街 321 号				
经营范围	生产经营烧碱、聚氯乙烯、氯化聚乙烯、液氯、漂液、非药品易制毒化学品盐酸等				

主要财务指标 指标\报告期	2014.06.30	2013.12.31	2013.06.30	2012.12.31
基本每股收益(元)	–0.2160	0.0300	–0.0950	–1.5100
基本每股收益(扣除后)(元)	–0.2200	–	–0.0960	–1.0000
稀释每股收益(元)	–0.2160	0.0300	–0.0950	–1.5100
每股净资产(元)	0.9781	1.1931	1.0729	1.1653
每股经营现金净流量(元)	0.2415	–0.0506	–0.1767	0.1453
每股现金流量(元)	–0.1799	–0.0669	–0.3925	–0.1599
每股资本公积金(元)	2.2686	2.2686	2.2686	2.2686
每股盈余公积金(元)	0.1578	0.1578	0.1578	0.1578
每股未分配利润(元)	–2.4581	–2.2422	–2.3648	–2.2701
净资产收益率(%)	–22.0779	2.3353	–8.8273	–129.7542
加权净资产收益率(%)	–19.9000	0.0200	–8.4700	–77.6900
净资产收益率(扣除)(%)	–22.5121	–49.1390	–8.9762	–86.5729
总资产(万元)	230492.60	214334.93	244350.94	262301.36
归属母公司股东权益(万元)	30866.83	37652.71	33858.87	36774.81
营业收入(万元)	71195.40	162824.40	86309.39	171339.92
营业支出(万元)	68096.50	155712.62	78808.31	161920.14
投资收益(万元)	–	–	–	103.11
净利润(万元)	–6814.76	879.30	–2988.81	–47716.85
营业利润(万元)	–7728.47	–21187.88	–3733.20	–31161.09
利润总额(万元)	–7597.61	–2275.09	–3682.76	–47144.04

上海振华重工(集团)股份有限公司

公司概况					
公司名称	上海振华重工(集团)股份有限公司			证券简称	振华重工
法人代表	宋海良	董秘	王珏	证券代码	600320
公司网址	www.zpmc.com		电子信箱	zpmc@public.sta.net.cn	
电　　话	021-50390727		传　　真	021-31193316	
办公地址	上海市东方路 3261 号				
经营范围	从事设计、建造、销售大型港口设备、工程船舶及大型金属结构及其部件、配件等				

主要财务指标 指标\报告期	2014.06.30	2013.12.31	2013.06.30	2012.12.31
基本每股收益(元)	0.0100	0.0300	0.0100	–0.2400
基本每股收益(扣除后)(元)	–0.0200	–	–0.0700	–0.2900
稀释每股收益(元)	0.0100	–	0.0100	–0.2400
每股净资产(元)	3.3145	3.3052	3.2624	3.2369
每股经营现金净流量(元)	–0.1597	0.2139	0.0615	0.6983
每股现金流量(元)	0.1415	0.1811	–0.1876	0.0831
每股资本公积金(元)	1.3154	1.3193	1.2987	1.2829
每股盈余公积金(元)	–	0.3463	0.3463	0.3463
每股未分配利润(元)	0.6528	0.6396	0.6175	0.6078
净资产收益率(%)	0.3973	0.9700	0.2982	–7.3441
加权净资产收益率(%)	0.4000	0.9700	0.3000	–7.0900
净资产收益率(扣除)(%)	–0.4954	–6.9550	–1.9996	–8.8614
总资产(万元)	5890954.21	4915473.67	5365891.35	4677969.63
归属母公司股东权益(万元)	1455147.71	1451060.48	1432291.37	1421095.26
营业收入(万元)	1124297.06	2320155.58	1048840.15	1825515.21
营业支出(万元)	1004636.42	2143701.71	970691.34	1736267.04
投资收益(万元)	21695.48	89803.65	2196.79	14109.30
净利润(万元)	5780.98	13983.63	4271.35	–104366.58
营业利润(万元)	3986.80	–17263.74	–24238.65	–128333.28
利润总额(万元)	5840.45	12042.91	4799.50	–117119.05

四川国栋建设股份有限公司

公司概况	公司名称	四川国栋建设股份有限公司			证券简称	国栋建设
	法人代表	王春鸣	董秘	曾莉	证券代码	600321
	公司网址	www.guodong.cn		电子信箱	executive@guodong.cn	
	电 话	028-86119148		传 真	028-86154162	
	办公地址	四川省成都市金盾路52号国栋中央商务大厦28/29楼				
	经营范围	生产销售溅射镀膜玻璃、中空玻璃、钢化及夹胶玻璃等				

	指标\报告期	2014.06.30	2013.12.31	2013.06.30	2012.12.31
主要财务指标	基本每股收益(元)	−0.0130	0.0630	0.0160	0.0040
	基本每股收益(扣除后)(元)	−0.0140	−0.0890	0.0140	−0.0060
	稀释每股收益(元)	−0.0130	0.0630	0.0160	0.0040
	每股净资产(元)	1.7864	1.8200	1.7793	1.7600
	每股经营现金净流量(元)	0.0382	0.0654	0.0033	−0.0358
	每股现金流量(元)	0.0500	−0.2012	−0.1310	0.0933
	每股资本公积金(元)	0.6257	0.6257	0.6126	0.6126
	每股盈余公积金(元)	0.0820	0.0820	0.0753	0.0753
	每股未分配利润(元)	0.0787	0.1120	0.0915	0.0753
	净资产收益率(%)	−0.7452	3.4832	0.9096	0.2106
	加权净资产收益率(%)	−0.7300	3.5500	0.9100	0.2100
	净资产收益率(扣除)(%)	−0.7764	−4.8750	0.7874	−0.3233
	总资产(万元)	338978.74	327429.91	340773.00	346945.62
	归属母公司股东权益(万元)	210953.19	214887.01	210119.87	208208.68
	营业收入(万元)	38301.77	74483.99	42030.69	47311.61
	营业支出(万元)	35813.29	74937.46	36853.03	42841.95
	投资收益(万元)	–	17808.13	–	–
	净利润(万元)	−1572.06	7484.98	1911.19	438.44
	营业利润(万元)	−1529.09	5137.73	803.28	−684.74
	利润总额(万元)	−1463.40	7491.61	1909.97	426.43

天津市房地产发展(集团)股份有限公司

公司概况	公司名称	天津市房地产发展(集团)股份有限公司			证券简称	天房发展
	法人代表	张建台	董秘	杨新喆	证券代码	600322
	公司网址	www.tffzgroup.cn		电子信箱	tffz@sina.com	
	电 话	022-23317185		传 真	022-23317185	
	办公地址	天津市和平区常德道80号				
	经营范围	房地产的开发经营、销售与出租				

	指标\报告期	2014.06.30	2013.12.31	2013.06.30	2012.12.31
主要财务指标	基本每股收益(元)	0.0566	0.1300	0.0722	0.2400
	基本每股收益(扣除后)(元)	0.0565	0.0700	0.0167	0.2200
	稀释每股收益(元)	0.0566	0.1300	0.0722	0.2400
	每股净资产(元)	4.0546	4.0381	4.0554	3.9832
	每股经营现金净流量(元)	−1.1068	−1.3574	−0.3735	−0.0797
	每股现金流量(元)	−0.8094	1.7547	0.2691	0.6049
	每股资本公积金(元)	1.9944	1.9944	1.9944	1.9944
	每股盈余公积金(元)	0.2612	0.2612	0.2559	0.2559
	每股未分配利润(元)	0.7990	0.7824	0.8050	0.7329
	净资产收益率(%)	1.3952	3.2200	1.7800	5.9084
	加权净资产收益率(%)	1.3900	3.2300	1.8000	6.0300
	净资产收益率(扣除)(%)	1.3923	1.8300	0.4116	5.5500
	总资产(万元)	1847072.60	1760448.07	1346267.58	1242340.82
	归属母公司股东权益(万元)	448322.16	446490.16	448400.16	440419.85
	营业收入(万元)	111634.90	174943.66	75603.56	321314.35
	营业支出(万元)	70729.30	108585.72	47860.99	230402.65
	投资收益(万元)	13.00	71.81	−190.27	−700.21
	净利润(万元)	6254.80	14370.44	7980.31	26021.96
	营业利润(万元)	13070.85	16110.59	4262.55	42863.74
	利润总额(万元)	13091.26	24367.67	12447.69	45071.25

瀚蓝环境股份有限公司

公司概况	公司名称	瀚蓝环境股份有限公司			证券简称	瀚蓝环境
	法人代表	金铎	董秘	黄春然	证券代码	600323
	公司网址	www.grandblue.cn		电子信箱	600323@grandblue.cn	
	电 话	0757-86280996		传 真	0757-86328565	
	办公地址	广东省佛山市南海区桂城南海大道建行大厦				
	经营范围	供水业务、污水处理业务和固废处理业务等				

	指标\报告期	2014.06.30	2013.12.31	2013.06.30	2012.12.31
主要财务指标	基本每股收益(元)	0.2400	0.4000	0.1900	0.3700
	基本每股收益(扣除后)(元)	0.2300	0.3900	0.1800	0.3700
	稀释每股收益(元)	0.2400	0.4000	0.1900	0.3700
	每股净资产(元)	4.3581	4.2169	4.0072	3.9131
	每股经营现金净流量(元)	0.3888	0.8573	0.4147	0.8584
	每股现金流量(元)	0.2471	−0.6136	–	0.3120
	每股资本公积金(元)	0.9433	0.9433	0.9433	0.9433
	每股盈余公积金(元)	0.5686	0.5686	0.5162	0.5162
	每股未分配利润(元)	1.8462	1.7050	1.5478	1.4537
	净资产收益率(%)	5.5343	9.5750	4.8437	8.3938
	加权净资产收益率(%)	5.5600	9.9300	4.8400	10.6400
	净资产收益率(扣除)(%)	5.1926	9.2397	4.5110	8.3687
	总资产(万元)	585279.19	542840.40	490692.78	463530.16
	归属母公司股东权益(万元)	252437.49	244259.36	232114.45	226663.97
	营业收入(万元)	52538.90	100144.94	45000.13	88526.80
	营业支出(万元)	31806.87	61592.47	27019.19	52538.62
	投资收益(万元)	3282.10	4766.83	1500.75	2216.76
	净利润(万元)	13970.56	23387.81	11242.91	19025.71
	营业利润(万元)	15686.65	26560.51	12254.34	22357.63
	利润总额(万元)	16836.73	27652.44	13284.08	22433.49

珠海华发实业股份有限公司

公司概况	公司名称	珠海华发实业股份有限公司			证券简称	华发股份
	法人代表	袁小波	董秘	侯贵明	证券代码	600325
	公司网址	www.cnhuafas.com		电子信箱	zqb@cnhuafas.com	
	电 话	0756-8282111		传 真	0756-8281000	
	办公地址	广东省珠海市昌盛路155号				
	经营范围	房地产开发和销售				

	指标\报告期	2014.06.30	2013.12.31	2013.06.30	2012.12.31
主要财务指标	基本每股收益(元)	0.0560	0.6590	0.0690	0.6700
	基本每股收益(扣除后)(元)	0.0560	0.6200	0.0700	0.6400
	稀释每股收益(元)	0.0560	0.6600	0.0690	0.6700
	每股净资产(元)	7.6758	7.8115	7.4035	8.1081
	每股经营现金净流量(元)	−0.9661	1.0670	1.2505	−0.7459
	每股现金流量(元)	−0.9044	3.2230	5.0088	1.2636
	每股资本公积金(元)	1.9857	1.9780	2.0594	2.8329
	每股盈余公积金(元)	0.2501	0.2501	0.2501	0.2501
	每股未分配利润(元)	4.4399	4.5839	4.0941	4.0250
	净资产收益率(%)	0.7288	8.4348	0.9324	8.2393
	加权净资产收益率(%)	0.7100	8.5800	0.8900	8.3800
	净资产收益率(扣除)(%)	0.7351	7.9043	0.9511	7.8492
	总资产(万元)	5577960.55	4372816.72	3567934.80	2896430.16
	归属母公司股东权益(万元)	627145.68	638232.29	604899.84	662465.47
	营业收入(万元)	199606.37	701712.55	178456.38	454733.24
	营业支出(万元)	136448.31	485959.46	114092.13	249366.77
	投资收益(万元)	−100.25	2629.34	–	3334.06
	净利润(万元)	4570.58	53833.77	5640.25	54582.36
	营业利润(万元)	8662.41	85000.76	12011.87	84236.67
	利润总额(万元)	8419.43	85620.54	11946.35	84313.37

西藏天路股份有限公司

公司概况	公司名称	西藏天路股份有限公司			证券简称	西藏天路
	法人代表	多吉罗布	董秘	西虹	证券代码	600326
	公司网址	www.xztianlu.com		电子信箱	xztlgf@263.net	
	电　　话	0891-6902701		传　　真	0891-6903003	
	办公地址	西藏自治区拉萨市夺底路 14 号				
	经营范围	公路工程施工的基础设施建设、主要承担西藏自治区内的公路桥梁的建设任务				

	指标\报告期	2014.06.30	2013.12.31	2013.06.30	2012.12.31
主要财务指标	基本每股收益(元)	-0.0020	0.0100	0.0434	-0.0800
	基本每股收益(扣除后)(元)	-0.0009	0.0100	0.0365	-0.0800
	稀释每股收益(元)	-0.0020	0.0100	0.0434	-0.0800
	每股净资产(元)	1.9488	1.9498	1.9843	1.9401
	每股经营现金净流量(元)	-0.1126	0.3625	0.0394	0.0306
	每股现金流量(元)	0.1324	-0.4616	-0.0750	0.1638
	每股资本公积金(元)	0.3629	0.3629	0.3629	0.3622
	每股盈余公积金(元)	0.1201	0.1201	0.1071	0.1071
	每股未分配利润(元)	0.4648	0.4668	0.5144	0.4709
	净资产收益率(%)	-0.1036	0.4566	2.1894	-3.9828
	加权净资产收益率(%)	-0.1000	0.4600	2.2100	-3.9100
	净资产收益率(扣除)(%)	-0.0466	0.4228	1.8390	-4.0628
	总资产(万元)	300557.48	291716.15	279446.06	271557.23
	归属母公司股东权益(万元)	106639.63	106690.59	108580.63	106164.44
	营业收入(万元)	48087.74	174537.24	64014.50	164025.53
	营业支出(万元)	37750.50	146529.72	52019.66	145043.66
	投资收益(万元)	-69.01	224.34	27.12	-148.57
	净利润(万元)	-110.45	487.19	2377.23	-4228.35
	营业利润(万元)	2675.39	5555.36	4994.71	-1.19
	利润总额(万元)	2625.04	5782.23	5696.77	376.88

无锡商业大厦大东方股份有限公司

公司概况	公司名称	无锡商业大厦大东方股份有限公司			证券简称	大东方
	法人代表	潘霄燕	董秘	陈辉	证券代码	600327
	公司网址	www.eastall.com		电子信箱	cmc@eastall.com	
	电　　话	0510-82702093		传　　真	0510-82700159	
	办公地址	江苏省无锡市中山路 343 号				
	经营范围	国内一般商业百货零售				

	指标\报告期	2014.06.30	2013.12.31	2013.06.30	2012.12.31
主要财务指标	基本每股收益(元)	0.2110	0.3580	0.1610	0.2330
	基本每股收益(扣除后)(元)	0.2030	0.3130	0.1510	0.2080
	稀释每股收益(元)	0.2110	0.3580	0.1610	0.2330
	每股净资产(元)	2.7231	2.6324	2.4358	2.3557
	每股经营现金净流量(元)	-0.0573	0.2107	0.0314	0.4282
	每股现金流量(元)	-0.1174	-0.7140	-0.8137	0.0609
	每股资本公积金(元)	0.0794	0.0794	0.0802	0.0810
	每股盈余公积金(元)	0.3332	0.3332	0.2942	0.2942
	每股未分配利润(元)	1.3104	1.2197	1.0613	0.9805
	净资产收益率(%)	7.7386	13.6065	6.6018	9.8728
	加权净资产收益率(%)	7.8700	14.3600	6.7100	10.1800
	净资产收益率(扣除)(%)	7.4414	11.8729	6.2185	8.8113
	总资产(万元)	457886.44	457066.35	436474.37	471600.84
	归属母公司股东权益(万元)	142067.72	137334.16	127078.35	122900.26
	营业收入(万元)	440327.61	889887.05	442489.61	750138.56
	营业支出(万元)	381810.53	776395.38	385144.93	651685.92
	投资收益(万元)	996.10	3463.86	890.90	2129.68
	净利润(万元)	10994.11	18686.43	8389.42	12133.73
	营业利润(万元)	16464.43	26023.57	14023.30	18662.12
	利润总额(万元)	16969.37	28833.28	14681.68	20437.65

内蒙古兰太实业股份有限公司

公司概况	公司名称	内蒙古兰太实业股份有限公司			证券简称	兰太实业
	法人代表	李德禄	董秘	蔡昌滨	证券代码	600328
	公司网址	www.lantaicn.com		电子信箱	ltzqb@lantaicn.com	
	电　　话	0483-8182016 8182718		传　　真	0483-8182022	
	办公地址	内蒙古自治区阿拉善盟阿拉善左旗乌斯太镇阿拉善经济开发区				
	经营范围	加碘食用盐、化工原料盐、农牧渔业盐产品、金属钠、液氯、CPE 等				

	指标\报告期	2014.06.30	2013.12.31	2013.06.30	2012.12.31
主要财务指标	基本每股收益(元)	0.0190	0.0980	0.1150	-0.0290
	基本每股收益(扣除后)(元)	0.0120	-0.0005	0.0200	-0.0420
	稀释每股收益(元)	0.0190	0.0980	0.1150	-0.0290
	每股净资产(元)	3.5415	3.5102	3.4929	3.3427
	每股经营现金净流量(元)	0.1307	0.2586	0.0325	0.0552
	每股现金流量(元)	-0.2474	-0.3713	-0.1649	-0.1239
	每股资本公积金(元)	1.0329	1.0329	0.9960	0.9960
	每股盈余公积金(元)	0.2297	0.2297	0.2145	0.2145
	每股未分配利润(元)	1.1869	1.1677	1.1938	1.0793
	净资产收益率(%)	0.5416	2.7806	3.2801	-0.8568
	加权净资产收益率(%)	0.5400	2.8500	3.3500	-0.8600
	净资产收益率(扣除)(%)	0.3357	-0.0140	0.4868	-1.2580
	总资产(万元)	711199.61	718596.03	690566.39	677073.55
	归属母公司股东权益(万元)	127181.01	126057.64	125435.82	120044.08
	营业收入(万元)	135183.07	201273.14	87673.63	162896.20
	营业支出(万元)	102471.77	138992.88	60392.38	114107.10
	投资收益(万元)	140.00	7119.72	8735.81	-
	净利润(万元)	688.82	3505.12	4114.45	-1028.58
	营业利润(万元)	-2699.45	5202.78	7218.72	-3808.16
	利润总额(万元)	-2396.00	2064.22	3205.91	-3110.11

天津中新药业集团股份有限公司

公司概况	公司名称	天津中新药业集团股份有限公司			证券简称	中新药业
	法人代表	王志强	董秘	焦艳	证券代码	600329
	公司网址	www.zhongxinyaoye.com		电子信箱	zxyy600329@163.com	
	电　　话	022-27020892		传　　真	022-27020926	
	办公地址	天津市南开区白堤路 17 号				
	经营范围	生产及出售中药、西药、保健品及医疗器械				

	指标\报告期	2014.06.30	2013.12.31	2013.06.30	2012.12.31
主要财务指标	基本每股收益(元)	0.2700	0.4800	0.2600	0.6000
	基本每股收益(扣除后)(元)	0.2600	0.3900	0.2500	0.4700
	稀释每股收益(元)	0.2700	0.4800	0.2600	0.6000
	每股净资产(元)	3.4887	3.2698	3.1389	2.8904
	每股经营现金净流量(元)	0.2353	0.2887	0.1714	0.0281
	每股现金流量(元)	-0.1371	0.4255	0.0266	-0.0433
	每股资本公积金(元)	0.7561	0.7554	0.7443	0.7517
	每股盈余公积金(元)	0.3730	0.3730	0.3270	0.3270
	每股未分配利润(元)	1.3596	1.1413	1.0677	0.8117
	净资产收益率(%)	7.6894	14.5527	8.1529	20.6514
	加权净资产收益率(%)	7.9000	15.4500	8.4900	21.9600
	净资产收益率(扣除)(%)	7.5869	11.9940	7.9885	16.2657
	总资产(万元)	525593.96	526233.15	469734.23	445430.82
	归属母公司股东权益(万元)	257922.98	241738.11	232059.22	213689.62
	营业收入(万元)	333495.98	601013.67	307845.35	512992.60
	营业支出(万元)	223635.67	409402.67	204214.39	333910.90
	投资收益(万元)	3177.83	10549.07	2862.63	27690.75
	净利润(万元)	19832.81	35179.44	18919.49	44129.91
	营业利润(万元)	24717.85	40502.42	22455.58	49990.52
	利润总额(万元)	25073.25	41706.21	22920.02	51743.98

天通控股股份有限公司

公司概况					
公司名称	天通控股股份有限公司			证券简称	天通股份
法人代表	潘建清	董秘	许丽秀	证券代码	600330
公司网址	www.tdgcore.com		电子信箱	xlx@tdgcore.com	
电　话	0573-80701330		传　真	0573-80701300	
办公地址	浙江省海宁市经济开发区双联路 129 号				
经营范围	软磁铁氧体 MnZn 和 NiZn 磁芯的生产和销售				

主要财务指标：指标\报告期	2014.06.30	2013.12.31	2013.06.30	2012.12.31
基本每股收益(元)	0.0250	0.0210	-0.0170	-0.3340
基本每股收益(扣除后)(元)	-0.0060	-0.0850	-0.0220	-0.3560
稀释每股收益(元)	0.0250	0.0210	-0.0170	-0.3340
每股净资产(元)	2.2889	1.9890	1.9597	1.9759
每股经营现金净流量(元)	-0.0242	0.1388	-0.0043	0.0792
每股现金流量(元)	0.0496	0.0059	-	-0.1447
每股资本公积金(元)	1.3025	1.0311	1.0381	1.0377
每股盈余公积金(元)	0.1259	0.1388	0.1388	0.1388
每股未分配利润(元)	-0.1404	-0.1817	-0.2190	-0.2024
净资产收益率(%)	1.0728	1.0366	-0.8495	-16.9271
加权净资产收益率(%)	1.1600	1.0400	-0.8500	-15.6100
净资产收益率(扣除)(%)	-0.2409	-4.2908	-1.1415	-18.0032
总资产(万元)	267781.76	252737.80	248605.10	243460.83
归属母公司股东权益(万元)	148505.28	117117.54	115389.22	116343.93
营业收入(万元)	57292.38	125610.07	55860.69	113032.48
营业支出(万元)	44596.08	99740.00	44784.72	95615.30
投资收益(万元)	713.49	743.38	338.67	875.19
净利润(万元)	1593.20	1214.05	-980.18	-19693.67
营业利润(万元)	480.17	-4374.69	-1201.28	-20339.39
利润总额(万元)	1846.44	1799.12	-778.11	-19072.73

四川宏达股份有限公司

公司概况					
公司名称	四川宏达股份有限公司			证券简称	宏达股份
法人代表	杨骞	董秘	罗晓东	证券代码	600331
公司网址	www.sichuanhongda.com		电子信箱	dshbgs@sinohongda.com	
电　话	028-86141081		传　真	028-86140372	
办公地址	四川省成都市锦里东路 2 号宏达国际广场 28 楼				
经营范围	工业硫酸、普通过磷酸钙、复合肥、锌锭、氧化锌、硝酸钾、氯化氨等				

主要财务指标：指标\报告期	2014.06.30	2013.12.31	2013.06.30	2012.12.31
基本每股收益(元)	-0.0950	0.0256	-0.0927	-0.5116
基本每股收益(扣除后)(元)	-0.1083	-0.0923	-0.1065	-0.5137
稀释每股收益(元)	-0.0950	0.0256	-0.0927	-0.5116
每股净资产(元)	0.6438	0.7403	0.6338	0.7249
每股经营现金净流量(元)	0.0900	0.2239	0.1489	1.3704
每股现金流量(元)	-0.0444	-0.8565	-0.8307	-0.0457
每股资本公积金(元)	0.2453	0.2453	0.2450	0.2450
每股盈余公积金(元)	0.1673	0.1673	0.1673	0.1673
每股未分配利润(元)	-0.7875	-0.6925	-0.8109	-0.7181
净资产收益率(%)	-14.7599	3.4620	-14.6348	-70.5753
加权净资产收益率(%)	-13.7300	3.4700	-13.6700	-52.7100
净资产收益率(扣除)(%)	-16.8141	-12.4704	-16.8003	-70.8646
总资产(万元)	842426.89	787668.39	755091.33	789427.99
归属母公司股东权益(万元)	66440.69	76399.19	65403.48	74806.77
营业收入(万元)	158326.14	351126.01	158592.17	444002.18
营业支出(万元)	133626.07	289169.69	131601.85	401501.55
投资收益(万元)	56.05	19802.11	-	4966.58
净利润(万元)	-9806.58	2644.96	-9571.70	-52795.07
营业利润(万元)	-10268.11	2208.22	-9804.11	-47066.13
利润总额(万元)	-8940.11	8729.89	-8440.88	-47162.45

广州白云山医药集团股份有限公司

公司概况					
公司名称	广州白云山医药集团股份有限公司			证券简称	白 云 山
法人代表	李楚源	董秘	陈静	证券代码	600332
公司网址	www.gybys.com.cn		电子信箱	chenj@gybys.com.cn	
电　话	020-66281217　66281219		传　真	020-66281229	
办公地址	广东省广州市荔湾区沙面北街 45 号				
经营范围	中成药的制造与销售及天然药物和生物医药的研究开发等				

主要财务指标：指标\报告期	2014.06.30	2013.12.31	2013.06.30	2012.12.31
基本每股收益(元)	0.5220	0.7680	0.4660	0.5780
基本每股收益(扣除后)(元)	0.5110	-	0.4580	0.5600
稀释每股收益(元)	0.5220	0.7680	0.4660	0.5780
每股净资产(元)	5.5800	5.2900	5.0400	4.4100
每股经营现金净流量(元)	0.9037	1.0370	1.0587	1.2322
每股现金流量(元)	0.6876	0.6231	0.7962	0.6019
每股资本公积金(元)	1.9289	1.9312	1.9280	2.0999
每股盈余公积金(元)	0.5605	0.5605	0.5179	0.9714
每股未分配利润(元)	2.0964	1.8047	1.6032	2.8013
净资产收益率(%)	9.3500	14.3454	9.0200	9.6490
加权净资产收益率(%)	9.7300	15.7100	10.0200	13.8900
净资产收益率(扣除)(%)	9.1550	13.0538	8.8680	17.2554
总资产(万元)	1379909.02	1224912.32	1193597.56	939420.81
归属母公司股东权益(万元)	720580.43	683176.79	651279.59	556635.23
营业收入(万元)	1002029.03	1760819.33	907247.28	1206264.18
营业支出(万元)	645360.99	1180629.48	582324.34	823193.78
投资收益(万元)	14164.79	21972.51	-	24953.80
净利润(万元)	67365.92	98004.51	58722.94	72903.97
营业利润(万元)	84001.17	112007.36	68076.57	85531.57
利润总额(万元)	85597.16	122919.04	110.69	88106.26

长春燃气股份有限公司

公司概况					
公司名称	长春燃气股份有限公司			证券简称	长春燃气
法人代表	张志超	董秘	孙树怀	证券代码	600333
公司网址	www.ccrq.com.cn		电子信箱	ccrq_zy@163.com	
电　话	0431-85954615　85954383		传　真	0431-85954383	
办公地址	吉林省长春市朝阳区延安大街 421 号				
经营范围	焦炉煤气、冶金焦炭、煤焦油的生产、销售、天然气、液化石油气供应等				

主要财务指标：指标\报告期	2014.06.30	2013.12.31	2013.06.30	2012.12.31
基本每股收益(元)	0.0200	0.0700	0.0100	0.0200
基本每股收益(扣除后)(元)	0.0200	-0.0500	-0.0700	-0.1700
稀释每股收益(元)	0.0200	0.0700	0.0100	0.0200
每股净资产(元)	3.5608	3.5745	3.5113	3.0291
每股经营现金净流量(元)	-0.1952	-0.0322	0.0750	-0.0124
每股现金流量(元)	-0.3489	0.4454	0.2076	-0.0556
每股资本公积金(元)	1.0636	1.0636	1.0638	0.3781
每股盈余公积金(元)	0.2643	0.2643	0.2567	0.2946
每股未分配利润(元)	1.2329	1.2465	1.1907	1.3564
净资产收益率(%)	0.4583	2.0177	0.2487	0.7414
加权净资产收益率(%)	0.4600	2.7000	0.2800	0.7400
净资产收益率(扣除)(%)	0.4451	-1.4578	-1.8070	-5.7705
总资产(万元)	381633.73	374783.99	321909.12	293451.39
归属母公司股东权益(万元)	188586.12	-	185963.73	139800.08
营业收入(万元)	83523.77	174937.15	89519.51	172691.52
营业支出(万元)	65865.96	142200.56	77208.83	150251.75
投资收益(万元)	1322.17	1431.83	822.86	1212.74
净利润(万元)	864.23	3819.81	462.50	1036.44
营业利润(万元)	1258.12	-1654.60	-3046.60	-5073.43
利润总额(万元)	1291.20	4493.43	962.46	545.91

国机汽车股份有限公司

公司概况					
公司名称	国机汽车股份有限公司			证券简称	国机汽车
法人代表	丁宏祥	董秘	谈正国	证券代码	600335
公司网址	www.sinomach-auto.com		电子信箱	600335@sinomach-auto.com	
电　　话	010-88825988		传　　真	010-88825988	
办公地址	北京市海淀区中关村南三街6号中科资源大厦北楼				
经营范围	生产和销售工程机械产品				

主要财务指标 指标\报告期	2014.06.30	2013.12.31	2013.06.30	2012.12.31
基本每股收益(元)	0.6627	1.2163	0.6873	0.9855
基本每股收益(扣除后)(元)	0.6721	1.0596	0.5610	0.9555
稀释每股收益(元)	0.6627	1.2163	0.6873	0.9855
每股净资产(元)	6.8372	6.3718	5.7396	5.2977
每股经营现金净流量(元)	4.1342	-3.5242	0.5939	-9.5466
每股现金流量(元)	1.9244	1.3138	1.6209	-0.5645
每股资本公积金(元)	1.5456	1.5649	1.4801	1.6255
每股盈余公积金(元)	0.1266	0.1266	0.0791	0.0791
每股未分配利润(元)	4.1691	3.6864	3.1824	2.5825
净资产收益率(%)	9.6923	19.0881	11.9715	18.7317
加权净资产收益率(%)	9.9400	20.8600	12.4000	20.0700
净资产收益率(扣除)(%)	9.8297	16.6293	9.7738	18.0358
总资产(万元)	2173785.63	2176806.42	2055112.80	1909593.90
归属母公司股东权益(万元)	382884.35	356824.57	321420.06	295957.35
营业收入(万元)	4574087.89	7488784.39	3330403.04	6240104.86
营业支出(万元)	4451465.84	7285814.63	3247011.00	6067018.49
投资收益(万元)	1250.81	9762.30	8539.38	1008.76
净利润(万元)	37110.12	68111.17	38487.37	55190.56
营业利润(万元)	54063.52	87172.44	46873.66	62472.92
利润总额(万元)	53361.55	92020.42	49300.12	65263.73

澳柯玛股份有限公司

公司概况					
公司名称	澳柯玛股份有限公司			证券简称	澳柯玛
法人代表	李蔚	董秘	孙武	证券代码	600336
公司网址	www.aucma.com.cn		电子信箱	sunwu@aucma.com.cn	
电　　话	0532-86765129		传　　真	0532-86765129	
办公地址	山东省青岛市经济技术开发区前湾港路315号				
经营范围	冷柜系列、水净化设备、车用冷热转换箱、自动售货机、锂电池等				

主要财务指标 指标\报告期	2014.06.30	2013.12.31	2013.06.30	2012.12.31
基本每股收益(元)	0.1114	0.2200	0.2127	0.2400
基本每股收益(扣除后)(元)	0.1066	0.0900	0.0903	0.2000
稀释每股收益(元)	0.1114	0.2200	0.2127	0.2400
每股净资产(元)	1.4596	1.3481	2.6703	2.2500
每股经营现金净流量(元)	-0.2675	0.3475	0.3408	0.0096
每股现金流量(元)	-0.2916	-0.1012	-0.0898	0.2932
每股资本公积金(元)	0.7339	0.7339	2.4626	2.4641
每股盈余公积金(元)	0.0908	0.0908	0.1337	0.1340
每股未分配利润(元)	-0.3651	-0.4765	-0.9260	-1.3514
净资产收益率(%)	7.6357	16.5464	15.9289	21.4791
加权净资产收益率(%)	7.9400	18.0600	17.3000	24.0600
净资产收益率(扣除)(%)	7.3014	6.6638	6.7661	9.0496
总资产(万元)	321960.72	326824.37	343803.30	289148.11
归属母公司股东权益(万元)	99553.07	91951.51	91065.68	76621.03
营业收入(万元)	233713.10	431235.74	226741.54	400282.75
营业支出(万元)	178867.61	337373.66	175130.62	316633.96
投资收益(万元)	308.79	626.75	336.47	101.03
净利润(万元)	7601.56	15214.68	14505.77	16457.49
营业利润(万元)	8930.97	8754.58	8245.92	8255.49
利润总额(万元)	9198.62	17477.89	16371.57	17783.42

美克国际家居用品股份有限公司

公司概况					
公司名称	美克国际家居用品股份有限公司			证券简称	美克家居
法人代表	寇卫平	董秘	黄新	证券代码	600337
公司网址	www.markorfurniture.com		电子信箱	mkzq1@markor.com.cn	
电　　话	0991-3836028		传　　真	0991-3838191	
办公地址	新疆维吾尔自治区乌鲁木齐市经济开发区迎宾路160号				
经营范围	装饰装修材料、实木家具、聚脂家具及配套产品生产及销售等				

主要财务指标 指标\报告期	2014.06.30	2013.12.31	2013.06.30	2012.12.31
基本每股收益(元)	0.1400	0.2700	0.1100	0.0300
基本每股收益(扣除后)(元)	0.1440	0.2410	0.1000	0.0050
稀释每股收益(元)	0.1400	0.2700	0.1100	0.0300
每股净资产(元)	4.1809	4.1833	4.0147	3.9677
每股经营现金净流量(元)	0.0166	0.4877	0.0667	0.3244
每股现金流量(元)	-0.1296	0.0236	-0.1061	-0.2868
每股资本公积金(元)	1.4554	1.4557	1.4419	1.4311
每股盈余公积金(元)	0.2302	0.2300	0.2130	0.2179
每股未分配利润(元)	1.5340	1.5379	1.3988	1.3490
净资产收益率(%)	3.4665	6.3524	2.7267	0.8250
加权净资产收益率(%)	3.4600	6.5800	2.7900	0.8300
净资产收益率(扣除)(%)	3.4480	5.7054	2.3561	0.1232
总资产(万元)	396868.40	377457.92	370285.84	376789.34
归属母公司股东权益(万元)	270427.74	270775.63	259861.86	251028.68
营业收入(万元)	127110.54	267515.93	125260.82	263106.26
营业支出(万元)	60912.58	127266.75	64831.06	139481.17
投资收益(万元)	36.95	993.55	245.85	522.07
净利润(万元)	9374.44	17200.84	7085.65	2071.02
营业利润(万元)	11118.16	21640.83	8194.67	3550.19
利润总额(万元)	11522.61	22604.63	8824.96	5025.66

西藏珠峰工业股份有限公司

公司概况					
公司名称	西藏珠峰工业股份有限公司			证券简称	西藏珠峰
法人代表	黄建荣	董秘	孙华	证券代码	600338
公司网址	www.zfmotor.com		电子信箱	sunhua@zhufenggufen.com	
电　　话	021-66284908		传　　真	021-66284923	
办公地址	上海市闸北区柳营路305号7楼				
经营范围	锌、铟等有色金属冶炼及相关产品生产、销售				

主要财务指标 指标\报告期	2014.06.30	2013.12.31	2013.06.30	2012.12.31
基本每股收益(元)	-0.1800	0.1319	-0.1600	0.4621
基本每股收益(扣除后)(元)	-0.1800	-	-0.1700	-0.2511
稀释每股收益(元)	-0.1800	0.1319	-0.1600	0.4621
每股净资产(元)	-0.0095	0.1719	-0.1414	0.0202
每股经营现金净流量(元)	0.7891	0.0186	0.1173	-0.1139
每股现金流量(元)	0.3150	-0.1191	0.0914	0.0668
每股资本公积金(元)	0.3155	0.3155	0.3155	0.3155
每股盈余公积金(元)	0.0901	0.0901	0.0901	0.0901
每股未分配利润(元)	-1.4561	-1.2747	-1.5682	-1.4066
净资产收益率(%)	-	76.7431	-	2285.3598
加权净资产收益率(%)	-	137.3300	-	-
净资产收益率(扣除)(%)	1925.4637	-244.8569	-	-1241.8409
总资产(万元)	54157.79	53402.59	60895.21	42216.44
归属母公司股东权益(万元)	-150.95	2721.25	-2238.30	320.12
营业收入(万元)	63825.65	156907.42	67756.16	133752.40
营业支出(万元)	63869.71	154272.47	66941.49	129260.78
投资收益(万元)	-46.53	-241.00	-298.35	408.74
净利润(万元)	-2872.21	2088.37	-2558.42	7315.97
营业利润(万元)	-3003.24	-6587.51	-2997.40	-2278.37
利润总额(万元)	-2971.18	2400.32	-2391.94	7786.92

新疆独山子天利高新技术股份有限公司

公司概况

公司名称	新疆独山子天利高新技术股份有限公司			证券简称	天利高新
法人代表	付德新	董秘	唐涛	证券代码	600339
公司网址	www.600339.cc		电子信箱	lgx_xy7262@sina.com	
电　　话	0992-3655959 3658055		传　　真	0992-3659999	
办公地址	新疆维吾尔自治区克拉玛依市独山子区大庆东路2号				
经营范围	许可经营项目：普通货物运输等				

主要财务指标

指标\报告期	2014.06.30	2013.12.31	2013.06.30	2012.12.31
基本每股收益(元)	-0.0895	0.0093	-0.0396	-0.3878
基本每股收益(扣除后)(元)	-0.0971	-0.0378	-0.0411	-0.3947
稀释每股收益(元)	-0.0895	0.0093	-0.0396	-0.3878
每股净资产(元)	1.9409	2.0302	1.9984	2.0335
每股经营现金净流量(元)	0.1499	0.6146	0.2526	0.3791
每股现金流量(元)	0.0660	-0.1669	-0.1298	0.0984
每股资本公积金(元)	0.7788	0.7788	0.7788	0.7794
每股盈余公积金(元)	0.1794	0.1794	0.1794	0.1794
每股未分配利润(元)	-0.0188	0.0707	0.0218	0.0613
净资产收益率(%)	-4.6088	0.4603	-1.9796	-19.0707
加权净资产收益率(%)	-4.5100	0.4600	-1.9600	-17.3200
净资产收益率(扣除)(%)	-5.0003	-1.8600	-2.0568	-19.4112
总资产(万元)	394378.94	389446.07	401744.65	421041.19
归属母公司股东权益(万元)	112213.86	117375.03	115538.32	117569.94
营业收入(万元)	128570.57	305726.21	155648.47	318923.13
营业支出(万元)	113991.98	271092.64	140381.70	305502.65
投资收益(万元)	403.65	1192.71	607.27	385.00
净利润(万元)	-5171.69	540.22	-2287.20	-22421.36
营业利润(万元)	-6558.43	-569.27	-2449.98	-27715.91
利润总额(万元)	-5985.47	2466.75	-2299.79	-27097.88

华夏幸福基业股份有限公司

公司概况

公司名称	华夏幸福基业股份有限公司			证券简称	华夏幸福
法人代表	王文学	董秘	朱洲	证券代码	600340
公司网址	www.cfldcn.com		电子信箱	ir@cfldcn.com	
电　　话	010-56982988		传　　真	010-56982989	
办公地址	北京市朝阳区东三环北路霞光里18号佳程广场A座23层				
经营范围	实业投资、企业管理咨询、建筑装饰材料的销售				

主要财务指标

指标\报告期	2014.06.30	2013.12.31	2013.06.30	2012.12.31
基本每股收益(元)	1.7390	2.0500	1.3370	1.3500
基本每股收益(扣除后)(元)	1.7340	2.0300	1.3370	2.0200
稀释每股收益(元)	1.7390	2.0500	1.3370	1.3500
每股净资产(元)	6.5409	5.0272	6.6927	4.8900
每股经营现金净流量(元)	-1.1914	-2.6264	-0.2427	0.2467
每股现金流量(元)	5.3823	3.4427	2.8368	1.9711
每股资本公积金(元)	0.0120	0.0120	0.0180	0.0180
每股盈余公积金(元)	0.2841	0.2841	0.2827	0.2827
每股未分配利润(元)	5.2448	3.7311	5.3920	3.5937
净资产收益率(%)	26.5928	40.8229	29.9747	41.3216
加权净资产收益率(%)	20.8400	44.3000	34.3600	51.4200
净资产收益率(扣除)(%)	26.5152	40.4771	29.9679	41.2493
总资产(万元)	9899785.45	7409381.09	5763333.95	4319344.80
归属母公司股东权益(万元)	865285.94	665042.39	590239.35	431644.19
营业收入(万元)	1138248.98	2105975.36	878436.89	1207694.10
营业支出(万元)	617075.95	1393903.94	525297.85	728800.69
投资收益(万元)	3512.01	2482.72	-	-111.29
净利润(万元)	230103.69	271489.48	176922.53	178362.43
营业利润(万元)	364750.96	358053.70	-	251481.40
利润总额(万元)	364835.67	358599.32	-	251965.62

陕西航天动力高科技股份有限公司

公司概况

公司名称	陕西航天动力高科技股份有限公司			证券简称	航天动力
法人代表	王新敏	董秘	崔积堂	证券代码	600343
公司网址	www.china-htdl.com		电子信箱	zqb@china-htdl.com	
电　　话	029-81881823		传　　真	029-81881812	
办公地址	陕西省西安市高新技术产业开发区锦业路78号				
经营范围	航天技术流体机械系列液力变矩器、特种泵的研究、设计、试验、生产、销售等				

主要财务指标

指标\报告期	2014.06.30	2013.12.31	2013.06.30	2012.12.31
基本每股收益(元)	0.0253	0.2458	0.0333	0.2370
基本每股收益(扣除后)(元)	0.0183	0.1800	0.0242	0.1800
稀释每股收益(元)	0.0253	0.2458	0.0333	0.2370
每股净资产(元)	3.3920	6.8318	6.6516	4.7397
每股经营现金净流量(元)	-0.1408	0.2402	-0.3098	0.1917
每股现金流量(元)	-0.2236	1.2719	2.2193	-0.1028
每股资本公积金(元)	1.8500	4.7000	4.6923	2.5423
每股盈余公积金(元)	0.0576	0.1153	0.1013	0.1349
每股未分配利润(元)	0.4817	1.0128	0.8545	1.0600
净资产收益率(%)	0.7452	3.3739	0.8758	4.9994
加权净资产收益率(%)	0.7408	3.8700	1.6227	5.1400
净资产收益率(扣除)(%)	0.5391	2.4655	0.6302	3.7751
总资产(万元)	375874.22	378981.17	365856.18	284174.85
归属母公司股东权益(万元)	216477.85	218004.33	212253.76	113602.50
营业收入(万元)	54307.49	138672.19	58629.01	124742.43
营业支出(万元)	44446.48	113222.02	48261.55	100013.63
投资收益(万元)	-	77.45	-	1.98
净利润(万元)	1613.17	7355.29	1858.98	5679.42
营业利润(万元)	1224.23	6415.55	1845.79	5069.05
利润总额(万元)	2199.33	9579.94	2671.34	7663.55

武汉长江通信产业集团股份有限公司

公司概况

公司名称	武汉长江通信产业集团股份有限公司			证券简称	长江通信
法人代表	童国华	董秘	梅勇	证券代码	600345
公司网址	www.ycig.com		电子信箱	sh600345@ycig.com	
电　　话	027-67840308 67840265		传　　真	027-67840308 67840274	
办公地址	湖北省武汉市东湖开发区关东工业园文华路2号				
经营范围	通信、电子、计算机技术及产品的开发、研制、技术服务等				

主要财务指标

指标\报告期	2014.06.30	2013.12.31	2013.06.30	2012.12.31
基本每股收益(元)	0.1600	-0.4000	0.0100	0.5100
基本每股收益(扣除后)(元)	0.1400	-	-0.0600	0.0600
稀释每股收益(元)	0.1600	-0.4000	0.0100	0.5100
每股净资产(元)	5.5944	5.4331	6.0362	6.0236
每股经营现金净流量(元)	-0.2431	-0.2681	-0.8751	-0.1460
每股现金流量(元)	-0.4716	-0.2334	-0.8716	0.4521
每股资本公积金(元)	1.7571	1.7571	1.7505	1.7495
每股盈余公积金(元)	1.2759	1.2759	1.2273	1.2273
每股未分配利润(元)	1.5614	1.4001	2.0584	2.0468
净资产收益率(%)	2.8835	-7.3279	0.1923	8.4741
加权净资产收益率(%)	2.9300	-6.9300	0.1900	8.6700
净资产收益率(扣除)(%)	2.5666	-9.2505	-1.0445	0.9533
总资产(万元)	187338.29	198007.61	198042.41	199525.33
归属母公司股东权益(万元)	110769.21	107575.21	119517.27	119267.32
营业收入(万元)	47746.48	106395.12	44838.28	107704.63
营业支出(万元)	43932.12	96467.28	40451.43	92846.66
投资收益(万元)	6472.46	7397.59	2696.42	17671.98
净利润(万元)	3194.00	-7883.03	229.86	10106.82
营业利润(万元)	2035.30	-12507.38	-548.72	9744.46
利润总额(万元)	2656.17	-11941.03	-373.20	10520.52

大连橡胶塑料机械股份有限公司

公司概况					
公司名称	大连橡胶塑料机械股份有限公司			证券简称	大橡塑
法人代表	洛少宁	董秘	李静	证券代码	600346
公司网址	www.dlrpm.com		电子信箱	office@dlrpm.com	
电话	0411-86641378		传真	0411-86641645	
办公地址	辽宁省大连市甘井子区营辉路18号				
经营范围	从事橡胶机械专用设备、塑料机械专用设备及其零配件的研制、生产和销售				

主要财务指标 指标\报告期	2014.06.30	2013.12.31	2013.06.30	2012.12.31
基本每股收益(元)	-0.3100	0.0500	0.0400	0.0800
基本每股收益(扣除后)(元)	-0.3300	-0.0900	0.0100	-0.0350
稀释每股收益(元)	-0.3100	0.0500	0.0400	0.0800
每股净资产(元)	2.6620	2.3785	2.3761	2.3606
每股经营现金净流量(元)	0.3331	0.5366	0.5333	0.3419
每股现金流量(元)	-0.0392	0.2232	0.0237	-1.2347
每股资本公积金(元)	2.0355	1.4643	1.4643	1.4643
每股盈余公积金(元)	0.0469	0.0565	0.0565	0.0565
每股未分配利润(元)	-0.4011	-0.1164	-0.1226	-0.1623
净资产收益率(%)	-11.4384	1.9306	1.6703	3.3767
加权净资产收益率(%)	-11.4700	1.9400	1.6800	3.4600
净资产收益率(扣除)(%)	-12.1073	-3.8687	0.3618	-1.4871
总资产(万元)	295854.10	288635.10	278605.77	282439.18
归属母公司股东权益(万元)	77288.06	57321.83	57263.42	56889.89
营业收入(万元)	38560.32	121781.25	55324.09	132696.50
营业支出(万元)	32404.56	94399.78	42419.54	105711.90
投资收益(万元)	285.72	110.71	149.92	69.07
净利润(万元)	-8840.51	1106.68	956.48	1921.00
营业利润(万元)	-9085.21	-2180.54	334.53	-1422.55
利润总额(万元)	-8566.71	1143.02	1083.91	1344.11

阳泉煤业(集团)股份有限公司

公司概况					
公司名称	阳泉煤业(集团)股份有限公司			证券简称	阳泉煤业
法人代表	白英	董秘	陆新	证券代码	600348
公司网址	www.yqmy.cc		电子信箱	yqmy600348@sina.com	
电话	0353-7080590 7071015		传真	0353-7080589	
办公地址	山西省阳泉市北大街5号				
经营范围	煤炭生产、洗选加工、销售、电力生产、销售、热力生产、销售等				

主要财务指标 指标\报告期	2014.06.30	2013.12.31	2013.06.30	2012.12.31
基本每股收益(元)	0.1500	0.3900	0.2700	0.9500
基本每股收益(扣除后)(元)	0.1500	-	0.2700	0.9600
稀释每股收益(元)	0.1500	0.3900	0.2700	0.9500
每股净资产(元)	5.5592	5.3420	5.6765	5.4008
每股经营现金净流量(元)	-0.6396	1.0715	-0.2221	0.6998
每股现金流量(元)	-0.6167	-0.6628	-0.4816	-0.9917
每股资本公积金(元)	0.0119	0.0153	0.0158	0.0158
每股盈余公积金(元)	0.6138	0.6138	0.4994	0.4994
每股未分配利润(元)	2.8820	2.8516	2.8434	2.8631
净资产收益率(%)	2.6524	7.2788	4.6911	17.6121
加权净资产收益率(%)	2.3200	6.4500	3.9900	18.3800
净资产收益率(扣除)(%)	2.6622	7.3219	4.7598	17.6747
总资产(万元)	2775931.96	2713534.03	3041773.58	3150137.43
归属母公司股东权益(万元)	1336984.43	1284755.85	1365202.53	1298889.51
营业收入(万元)	1128886.67	2616921.57	1382647.93	3011591.23
营业支出(万元)	959205.85	2189557.12	1164434.04	2434759.08
投资收益(万元)	5023.27	9450.23	4531.88	7904.07
净利润(万元)	35462.12	93515.07	64043.60	228761.53
营业利润(万元)	42063.94	144974.26	93072.98	310252.04
利润总额(万元)	41796.96	144463.90	91764.13	311141.04

山东高速股份有限公司

公司概况					
公司名称	山东高速股份有限公司			证券简称	山东高速
法人代表	孙亮	董秘	王云泉	证券代码	600350
公司网址	www.sdecl.com.cn		电子信箱	wangyq@sdecl.com.cn	
电话	0531-89260052		传真	0531-89260050	
办公地址	山东省济南市奥体中路5006号				
经营范围	从事对高等级公路、桥梁、隧道基础设施的投资、管理、养护等				

主要财务指标 指标\报告期	2014.06.30	2013.12.31	2013.06.30	2012.12.31
基本每股收益(元)	0.2000	0.4830	0.2080	0.4100
基本每股收益(扣除后)(元)	0.1960	0.4540	0.2060	0.4070
稀释每股收益(元)	0.2000	0.4830	0.2080	0.4100
每股净资产(元)	4.0677	4.0185	3.7438	3.6618
每股经营现金净流量(元)	0.0487	0.3809	0.1661	0.2737
每股现金流量(元)	0.1178	0.0278	0.1208	-0.0277
每股资本公积金(元)	1.0169	1.0169	1.0169	1.0169
每股盈余公积金(元)	0.3556	0.3556	0.3054	0.3054
每股未分配利润(元)	1.6951	1.6459	1.4214	1.3395
净资产收益率(%)	4.9219	12.0109	5.5540	11.1962
加权净资产收益率(%)	5.3200	12.5700	5.5200	11.6000
净资产收益率(扣除)(%)	4.8108	11.2893	5.4966	11.1163
总资产(万元)	4257403.27	3906667.91	3284378.17	3128610.59
归属母公司股东权益(万元)	1957040.51	1933366.10	1801189.94	1761772.02
营业收入(万元)	336363.51	583146.32	264239.64	522495.89
营业支出(万元)	156097.00	196097.36	93222.72	188947.58
投资收益(万元)	10757.13	13599.51	12909.00	4691.04
净利润(万元)	96323.01	232214.77	100038.61	197250.77
营业利润(万元)	127644.71	299375.42	136451.94	257886.73
利润总额(万元)	130559.39	305316.05	137832.06	259768.15

亚宝药业集团股份有限公司

公司概况					
公司名称	亚宝药业集团股份有限公司			证券简称	亚宝药业
法人代表	任武贤	董秘	任蓬勃	证券代码	600351
公司网址	www.yabao.com.cn		电子信箱	yabaorpb@vip.sina.com	
电话	0359-3388071 3388078		传真	0359-3388076	
办公地址	山西省运城市风陵渡经济开发区工业大道1号				
经营范围	中西药制剂、化学合成原料药的生产与销售				

主要财务指标 指标\报告期	2014.06.30	2013.12.31	2013.06.30	2012.12.31
基本每股收益(元)	0.1350	0.1700	0.0920	0.1700
基本每股收益(扣除后)(元)	0.1320	0.1200	0.0720	0.1300
稀释每股收益(元)	0.1350	0.1700	0.0920	0.1700
每股净资产(元)	2.5075	2.4328	2.3540	2.3120
每股经营现金净流量(元)	0.1602	0.0821	0.0599	-0.1398
每股现金流量(元)	-0.4927	0.0964	-0.3057	0.4339
每股资本公积金(元)	0.5813	0.5813	0.5813	0.5813
每股盈余公积金(元)	0.1519	0.1519	0.1312	0.1312
每股未分配利润(元)	0.7744	0.6997	0.6415	0.5995
净资产收益率(%)	5.3720	7.0209	3.9080	7.0184
加权净资产收益率(%)	5.4300	7.2000	3.9000	8.7500
净资产收益率(扣除)(%)	5.2534	4.8358	3.0681	5.2285
总资产(万元)	303639.23	320233.52	283201.56	288437.83
归属母公司股东权益(万元)	173518.02	168348.64	162895.10	159989.09
营业收入(万元)	96558.68	162488.28	84400.30	126657.32
营业支出(万元)	44778.55	88563.46	46629.21	61727.27
投资收益(万元)	103.15	805.52	49.07	6.03
净利润(万元)	9321.37	11819.55	6366.01	11228.75
营业利润(万元)	11513.14	9063.23	5927.20	9113.76
利润总额(万元)	11600.04	13014.21	7636.95	12902.34

浙江龙盛集团股份有限公司

公司概况	公司名称	浙江龙盛集团股份有限公司			证券简称	浙江龙盛
	法人代表	阮伟祥	董秘	姚建芳	证券代码	600352
	公司网址	www.longsheng.com		电子信箱	mail@longsheng.com	
	电　话	0575-82048616		传　真	0575-82041589	
	办公地址	浙江省上虞市道墟镇				
	经营范围	染料、助剂、中间体的生产和销售				

主要财务指标 指标\报告期	2014.06.30	2013.12.31	2013.06.30	2012.12.31
基本每股收益(元)	1.0110	0.9084	0.3722	0.5654
基本每股收益(扣除后)(元)	0.9801	0.7768	0.3342	0.1289
稀释每股收益(元)	1.0103	0.9050	0.3705	0.5654
每股净资产(元)	6.7785	6.0453	5.4464	5.2092
每股经营现金净流量(元)	0.8352	0.5885	0.4587	0.7416
每股现金流量(元)	0.0418	0.1415	-0.0586	-0.8976
每股资本公积金(元)	1.7983	1.7913	1.6189	1.5258
每股盈余公积金(元)	0.1560	0.1572	0.1270	0.1288
每股未分配利润(元)	3.8309	3.1157	2.6654	2.5011
净资产收益率(%)	14.8954	14.7220	6.7518	10.8542
加权净资产收益率(%)	15.6400	16.1900	6.9300	11.5600
净资产收益率(扣除)(%)	14.4404	12.5892	6.0630	2.4744
总资产(万元)	2133535.21	1897463.99	1748253.09	1715324.66
归属母公司股东权益(万元)	1035662.57	916389.80	811382.29	764928.96
营业收入(万元)	828599.75	1408582.26	727469.41	764930.84
营业支出(万元)	496480.80	986840.26	527952.75	618074.27
投资收益(万元)	9289.02	10271.10	4990.21	17368.02
净利润(万元)	154265.90	134910.99	54782.54	83026.88
营业利润(万元)	201823.44	169828.39	75101.50	58810.98
利润总额(万元)	202462.31	181752.63	76882.90	96205.02

成都旭光电子股份有限公司

公司概况	公司名称	成都旭光电子股份有限公司			证券简称	旭光股份
	法人代表	葛行	董秘	刘卫东	证券代码	600353
	公司网址	www.xuguang.com.cn		电子信箱	lwd898@163.com	
	电　话	028-83967182		传　真	028-83967187	
	办公地址	四川省成都市新都区新都镇新工大道318号				
	经营范围	电子管、开关管和开关柜及电器元件等三大系列				

主要财务指标 指标\报告期	2014.06.30	2013.12.31	2013.06.30	2012.12.31
基本每股收益(元)	0.1751	0.3190	0.2514	0.4256
基本每股收益(扣除后)(元)	0.0299	0.0575	0.0164	0.0122
稀释每股收益(元)	0.1751	0.3190	0.2514	0.4256
每股净资产(元)	3.6527	3.5391	3.6014	3.4654
每股经营现金净流量(元)	0.0544	0.0210	-0.0310	-0.0577
每股现金流量(元)	-0.3219	0.1975	0.1018	0.2341
每股资本公积金(元)	1.3289	1.3904	1.3904	1.5057
每股盈余公积金(元)	0.3141	0.3141	0.2822	0.2822
每股未分配利润(元)	1.0096	0.8345	0.9288	0.6775
净资产收益率(%)	4.7934	9.0131	6.9796	12.2827
加权净资产收益率(%)	4.7934	9.0800	7.1140	13.6915
净资产收益率(扣除)(%)	0.8179	1.6260	0.4555	0.3516
总资产(万元)	120690.82	117647.41	114887.97	113686.72
归属母公司股东权益(万元)	99301.42	96212.91	97908.97	94209.30
营业收入(万元)	20459.49	44359.44	19441.10	43465.06
营业支出(万元)	16073.95	34465.33	15734.92	35237.66
投资收益(万元)	4435.65	8147.03	7573.02	13040.11
净利润(万元)	4759.95	8671.75	6833.62	11571.45
营业利润(万元)	5707.79	10465.86	8459.45	13332.84
利润总额(万元)	5915.37	10496.27	8442.03	13540.35

甘肃省敦煌种业股份有限公司

公司概况	公司名称	甘肃省敦煌种业股份有限公司			证券简称	敦煌种业
	法人代表	马宗海	董秘	顾生明	证券代码	600354
	公司网址	www.dhseed.com		电子信箱	dhzyzqp@sina.com	
	电　话	0937-2663908		传　真	0937-2663908	
	办公地址	甘肃省酒泉市肃州区肃州路28号				
	经营范围	农作物制种和棉花收购加工业务				

主要财务指标 指标\报告期	2014.06.30	2013.12.31	2013.06.30	2012.12.31
基本每股收益(元)	-0.2844	0.0390	-0.1686	-0.2880
基本每股收益(扣除后)(元)	-0.2851	-0.0090	-0.1688	-0.3060
稀释每股收益(元)	-0.2844	0.0390	-0.1686	-0.2880
每股净资产(元)	1.9461	2.2305	2.0275	2.1961
每股经营现金净流量(元)	0.5271	0.4593	0.5552	1.0979
每股现金流量(元)	-0.8516	-0.6818	-1.2452	1.2492
每股资本公积金(元)	1.1544	1.1544	1.1588	1.1588
每股盈余公积金(元)	0.0689	0.0689	0.0689	0.0689
每股未分配利润(元)	-0.2772	0.0072	-0.2001	-0.0315
净资产收益率(%)	-14.6121	1.7358	-8.3159	-13.1272
加权净资产收益率(%)	-13.6200	1.7500	-7.0300	-12.3300
净资产收益率(扣除)(%)	-14.6521	-0.4028	-8.3260	-13.9239
总资产(万元)	329816.85	410467.76	340958.34	454348.05
归属母公司股东权益(万元)	87147.24	99881.27	90792.72	98342.97
营业收入(万元)	33004.57	187481.18	66347.69	197443.68
营业支出(万元)	26908.05	123570.45	51804.64	148149.36
投资收益(万元)	-228.06	477.38	-272.94	-264.69
净利润(万元)	-12734.03	1733.74	-7550.25	-12909.68
营业利润(万元)	-13986.64	13657.86	-8115.73	-2280.97
利润总额(万元)	-13908.65	15295.48	-8027.34	-2079.71

精伦电子股份有限公司

公司概况	公司名称	精伦电子股份有限公司			证券简称	精伦电子
	法人代表	张学阳	董秘	张万宏	证券代码	600355
	公司网址	www.routon.com		电子信箱	ir@routon.com	
	电　话	027-87921111 3231		传　真	027-87467166	
	办公地址	湖北省武汉市东湖开发区光谷大道70号				
	经营范围	媒体屏产品、二代身份证阅读机具、工业缝纫机伺服控制器等				

主要财务指标 指标\报告期	2014.06.30	2013.12.31	2013.06.30	2012.12.31
基本每股收益(元)	-0.0100	-0.2300	-0.1300	0.0100
基本每股收益(扣除后)(元)	-0.0200	-0.3200	-0.1600	-0.0600
稀释每股收益(元)	-0.0100	-0.2300	-0.1300	0.0100
每股净资产(元)	1.6644	1.6769	1.7767	1.9087
每股经营现金净流量(元)	-0.0679	-0.1114	-0.0902	-0.1757
每股现金流量(元)	-0.0659	0.1000	0.1534	-0.1838
每股资本公积金(元)	1.3293	1.3293	1.3293	1.3293
每股盈余公积金(元)	0.1683	0.1683	0.1683	0.1683
每股未分配利润(元)	-0.8332	-0.8207	-0.7209	-0.5889
净资产收益率(%)	-0.7511	-13.8199	-7.4274	0.7244
加权净资产收益率(%)	-0.7500	-12.9600	-7.1800	0.7300
净资产收益率(扣除)(%)	-1.1730	-19.0134	-8.9481	-3.3131
总资产(万元)	58328.04	57517.13	53805.83	54153.92
归属母公司股东权益(万元)	40951.88	41259.47	43714.61	46961.47
营业收入(万元)	19479.93	31544.66	13022.29	27692.53
营业支出(万元)	13911.33	23171.58	10506.23	18983.90
投资收益(万元)	-465.69	589.76	12.13	-128.46
净利润(万元)	-307.59	-5702.00	-3246.86	340.20
营业利润(万元)	-485.92	-7951.68	-3905.63	-1390.32
利润总额(万元)	-313.15	-5862.34	-3298.92	311.16

牡丹江恒丰纸业股份有限公司

公司概况						
	公司名称	牡丹江恒丰纸业股份有限公司			证券简称	恒丰纸业
	法人代表	徐祥	董秘	张宝利	证券代码	600356
	公司网址	www.hengfengpaper.com		电子信箱	sh356@hengfengpaper.com	
	电　话	0453-6886668		传　真	0453-6886667	
	办公地址	黑龙江省牡丹江市阳明区恒丰路 11 号				
	经营范围	纸、纸浆和纸制品的制造、销售、造纸原辅材料生产等				

主要财务指标	指标＼报告期	2014.06.30	2013.12.31	2013.06.30	2012.12.31
	基本每股收益(元)	0.1000	0.3000	0.1100	0.3900
	基本每股收益(扣除后)(元)	0.1000	0.3000	0.1100	0.3800
	稀释每股收益(元)	0.1000	0.2900	0.1000	0.3300
	每股净资产(元)	6.1777	6.0742	5.8925	5.9157
	每股经营现金净流量(元)	0.6458	0.6979	–0.0850	0.7950
	每股现金流量(元)	0.3022	–0.3600	–0.3836	0.2129
	每股资本公积金(元)	2.7341	2.7340	2.7358	2.5663
	每股盈余公积金(元)	0.5307	0.5307	0.5021	0.5470
	每股未分配利润(元)	1.9129	1.8094	1.6546	1.8023
	净资产收益率(%)	1.6747	4.8086	1.8439	6.5950
	加权净资产收益率(%)	1.6900	5.0500	1.8900	7.2500
	净资产收益率(扣除)(%)	1.6237	4.6984	1.7839	6.4826
	总资产(万元)	268594.44	266116.16	275235.44	277126.96
	归属母公司股东权益(万元)	155881.25	153269.15	148685.24	137007.93
	营业收入(万元)	65135.45	151779.20	64124.51	145032.98
	营业支出(万元)	50449.54	109780.69	47211.39	106197.48
	投资收益(万元)	–	–	–	–19.20
	净利润(万元)	2610.60	7370.16	2741.53	9035.70
	营业利润(万元)	3409.92	10189.17	3457.75	12206.01
	利润总额(万元)	3516.08	10416.13	3576.68	12431.37

国旅联合股份有限公司

公司概况						
	公司名称	国旅联合股份有限公司			证券简称	国旅联合
	法人代表	王东红	董秘	程晓	证券代码	600358
	公司网址	www.cutc.com.cn		电子信箱	chengxiao@cutc.com.cn	
	电　话	025-84700028		传　真	025-84711172	
	办公地址	江苏省南京市汉中路 89 号金鹰国际商城 18 楼 A 座				
	经营范围	旅行服务、旅游综合服务业务、旅游客运业务等				

主要财务指标	指标＼报告期	2014.06.30	2013.12.31	2013.06.30	2012.12.31
	基本每股收益(元)	–0.0610	0.0200	–0.0380	–0.1300
	基本每股收益(扣除后)(元)	–0.0600	–0.2700	–0.1060	–0.1900
	稀释每股收益(元)	–0.0610	0.0200	–0.0380	–0.1300
	每股净资产(元)	1.0001	1.0616	0.9992	1.0374
	每股经营现金净流量(元)	–0.0418	0.0138	–0.0262	–0.0796
	每股现金流量(元)	–0.1935	0.2363	0.0186	–0.3130
	每股资本公积金(元)	0.1337	0.1337	0.1337	0.1337
	每股盈余公积金(元)	0.0190	0.0190	0.0190	0.0190
	每股未分配利润(元)	–0.1526	–0.0911	–0.1535	–0.1153
	净资产收益率(%)	–6.1492	2.2812	–3.8156	–12.5091
	加权净资产收益率(%)	–5.9700	2.3100	–3.7400	–11.7900
	净资产收益率(扣除)(%)	–6.4599	–25.8908	–10.6226	–18.2226
	总资产(万元)	88802.38	105414.15	117289.92	116020.91
	归属母公司股东权益(万元)	43204.07	45860.78	43167.52	44814.61
	营业收入(万元)	4933.54	11856.87	7451.08	15040.07
	营业支出(万元)	638.81	1979.82	825.71	2390.87
	投资收益(万元)	205.55	14983.44	1875.89	385.83
	净利润(万元)	–2656.71	1046.17	–1647.09	–5605.91
	营业利润(万元)	–2571.61	4099.87	–1395.04	–5894.60
	利润总额(万元)	–2642.94	3671.67	–1381.47	–6258.87

新疆塔里木农业综合开发股份有限公司

公司概况						
	公司名称	新疆塔里木农业综合开发股份有限公司			证券简称	新农开发
	法人代表	李远晨	董秘	张春疆	证券代码	600359
	公司网址	www.xnkf.com		电子信箱	zhang-chunjiang@126.com	
	电　话	0997-2134018 2125499		传　真	0997-2125238	
	办公地址	新疆维吾尔自治区阿克苏市南大街 2 号新农大厦 19 层				
	经营范围	农业种植、牧渔养殖、农产品、畜产品的生产、加工及销售等				

主要财务指标	指标＼报告期	2014.06.30	2013.12.31	2013.06.30	2012.12.31
	基本每股收益(元)	0.0160	0.0500	0.0660	0.2100
	基本每股收益(扣除后)(元)	0.0090	–0.0500	0.0630	–0.5400
	稀释每股收益(元)	0.0160	0.0500	0.0660	0.2100
	每股净资产(元)	1.2899	1.2742	1.2470	1.2269
	每股经营现金净流量(元)	–0.3325	0.2276	0.0870	0.2721
	每股现金流量(元)	–0.5274	–0.9246	–0.8414	–0.2090
	每股资本公积金(元)	1.9465	1.9465	1.9465	1.9465
	每股盈余公积金(元)	0.1984	0.1984	0.1984	0.1984
	每股未分配利润(元)	–1.8550	–1.8707	–1.8979	–1.9180
	净资产收益率(%)	1.2175	3.7088	2.5428	4.6862
	加权净资产收益率(%)	1.2200	3.7800	5.2600	18.5500
	净资产收益率(扣除)(%)	0.7223	–3.6944	2.1994	–42.4574
	总资产(万元)	182465.65	191199.50	177319.64	218942.51
	归属母公司股东权益(万元)	41405.01	40900.90	40027.83	39383.96
	营业收入(万元)	29022.50	86809.48	41029.34	135364.62
	营业支出(万元)	22391.40	71861.74	32636.58	115082.29
	投资收益(万元)	3.13	530.68	–	–918.79
	净利润(万元)	504.11	1516.93	2128.50	6735.46
	营业利润(万元)	–944.32	–4246.77	944.44	–7467.24
	利润总额(万元)	–634.05	–1194.04	1059.94	10727.26

吉林华微电子股份有限公司

公司概况						
	公司名称	吉林华微电子股份有限公司			证券简称	华微电子
	法人代表	夏增文	董秘	王晓林	证券代码	600360
	公司网址	www.hwdz.com.cn		电子信箱	hwdz99@hwdz.com.cn	
	电　话	0432-64684562		传　真	0432-64665812	
	办公地址	吉林省吉林市高新区深圳街 99 号				
	经营范围	半导体器件、集成电路、电力电子产品、汽车电子产品、自动化仪表等				

主要财务指标	指标＼报告期	2014.06.30	2013.12.31	2013.06.30	2012.12.31
	基本每股收益(元)	0.0250	0.0600	0.0380	0.0600
	基本每股收益(扣除后)(元)	0.0140	0.0300	0.0330	0.0300
	稀释每股收益(元)	0.0250	0.0600	0.0380	0.0600
	每股净资产(元)	2.6373	2.6319	2.6078	2.4535
	每股经营现金净流量(元)	0.1684	0.2273	0.1021	0.3541
	每股现金流量(元)	0.1918	0.3494	0.1477	–0.1798
	每股资本公积金(元)	0.6622	0.6622	0.6622	0.4410
	每股盈余公积金(元)	0.1194	0.1194	0.1141	0.1242
	每股未分配利润(元)	0.8558	0.8504	0.8316	0.8883
	净资产收益率(%)	0.9631	2.2639	1.3606	2.5796
	加权净资产收益率(%)	0.9600	2.3800	1.4900	2.5900
	净资产收益率(扣除)(%)	0.5496	1.0434	1.1971	1.4233
	总资产(万元)	354139.15	347228.00	331372.79	311477.44
	归属母公司股东权益(万元)	194654.37	194255.74	192476.85	166368.03
	营业收入(万元)	62022.48	124786.55	56631.00	105506.73
	营业支出(万元)	49678.58	98052.06	43017.58	81597.75
	投资收益(万元)	–	2967.30	445.00	458.47
	净利润(万元)	1874.80	4397.78	2618.89	4291.67
	营业利润(万元)	1149.39	4020.49	2530.51	1858.02
	利润总额(万元)	2096.40	4695.83	2903.05	4122.12

北京华联综合超市股份有限公司

公司概况

公司名称	北京华联综合超市股份有限公司			证券简称	华联综超
法人代表	彭小海	董秘	李春生	证券代码	600361
公司网址	www.beijing-hualian.com		电子信箱	zczqb@beijing-hualian.com	
电　　话	010-57391823		传　　真	010-57391823	
办公地址	北京市大兴区青云店镇祥云路北四条208号				
经营范围	商业零售、经营大型综合超市和百货店				

主要财务指标

指标\报告期	2014.06.30	2013.12.31	2013.06.30	2012.12.31
基本每股收益(元)	0.1700	0.0600	0.0400	0.0800
基本每股收益(扣除后)(元)	0.0300	0.0100	0.0300	0.0400
稀释每股收益(元)	0.1700	–	0.0400	–
每股净资产(元)	4.6608	4.5517	4.5357	4.5608
每股经营现金净流量(元)	0.4789	0.9491	0.3394	1.4416
每股现金流量(元)	0.2263	0.9250	0.4434	0.3404
每股资本公积金(元)	2.5183	2.5183	2.5183	2.5183
每股盈余公积金(元)	0.2053	0.2053	0.2053	0.2053
每股未分配利润(元)	0.9373	0.8281	0.8121	0.8372
净资产收益率(%)	3.6294	1.3383	0.9907	1.6910
加权净资产收益率(%)	3.6600	1.3400	0.9800	1.7000
净资产收益率(扣除)(%)	0.5647	0.1215	0.5580	0.8326
总资产(万元)	1107565.31	1129912.91	1038410.92	1010730.91
归属母公司股东权益(万元)	310321.67	303053.76	301989.72	303658.51
营业收入(万元)	679965.56	1274753.48	643816.22	1232333.87
营业支出(万元)	536486.19	1009681.34	510660.07	974411.24
投资收益(万元)	2500.57	3423.07	1350.69	3090.80
净利润(万元)	11262.75	4055.91	2991.87	5134.83
营业利润(万元)	1056.68	1253.12	2909.47	6551.85
利润总额(万元)	12386.00	3565.18	3436.68	7562.64

江西铜业股份有限公司

公司概况

公司名称	江西铜业股份有限公司			证券简称	江西铜业
法人代表	李保民	董秘	黄东风	证券代码	600362
公司网址	www.jxcc.com		电子信箱	jccl@jxcc.com	
电　　话	0701-3777733　3777011		传　　真	0701-3777013	
办公地址	江西省贵溪市冶金大道15号				
经营范围	有色金属矿、稀贵金属矿及非金属矿、有色金属及相关副产品的冶炼等				

主要财务指标

指标\报告期	2014.06.30	2013.12.31	2013.06.30	2012.12.31
基本每股收益(元)	0.3500	1.0300	0.3600	1.5100
基本每股收益(扣除后)(元)	0.1400	0.9000	0.3300	1.2700
稀释每股收益(元)	–	1.0300	0.3600	1.5100
每股净资产(元)	12.7389	12.8577	12.2371	12.3660
每股经营现金净流量(元)	1.1727	1.5111	0.6361	1.8292
每股现金流量(元)	0.3325	0.8629	0.3632	1.6160
每股资本公积金(元)	3.3740	3.3742	3.3823	3.3749
每股盈余公积金(元)	3.9607	3.9607	3.7749	3.7749
每股未分配利润(元)	4.4006	4.5551	4.0697	4.2114
净资产收益率(%)	2.7121	8.0072	2.9273	12.1809
加权净资产收益率(%)	2.7000	8.1600	2.9000	12.7000
净资产收益率(扣除)(%)	1.0955	7.0126	2.6935	10.2629
总资产(万元)	9632922.44	8876665.41	8464213.84	7813348.44
归属母公司股东权益(万元)	4411139.07	4452278.61	4237376.29	4281995.98
营业收入(万元)	9293626.83	17589019.10	8797489.62	15855620.65
营业支出(万元)	9039343.48	16842291.49	8448839.57	15060949.59
投资收益(万元)	68815.50	57403.03	–	83245.50
净利润(万元)	119634.28	356500.92	124040.94	521587.46
营业利润(万元)	167116.58	469507.06	143580.33	618470.74
利润总额(万元)	175052.35	478013.40	147443.94	627487.17

江西联创光电科技股份有限公司

公司概况

公司名称	江西联创光电科技股份有限公司			证券简称	联创光电
法人代表	肖文	董秘	邓哲	证券代码	600363
公司网址	www.lianchuang.com.cn		电子信箱	600363@lianchuang.com.cn	
电　　话	0791-88161979　88161956		传　　真	0791-88162001	
办公地址	江西省南昌市高新技术产业开发区京东大道168号				
经营范围	光电器件、继电器、通信线缆等				

主要财务指标

指标\报告期	2014.06.30	2013.12.31	2013.06.30	2012.12.31
基本每股收益(元)	0.1357	0.3600	0.1012	0.2700
基本每股收益(扣除后)(元)	0.1306	–	0.0981	0.2000
稀释每股收益(元)	0.1357	0.3600	0.1012	0.2700
每股净资产(元)	3.8427	3.7497	3.5061	3.4431
每股经营现金净流量(元)	–0.0085	–0.1885	–0.1130	0.0721
每股现金流量(元)	0.0209	–0.3392	–0.5507	0.5714
每股资本公积金(元)	1.2769	1.2856	1.2969	1.3172
每股盈余公积金(元)	0.2065	0.2065	0.1695	0.1695
每股未分配利润(元)	1.3596	1.2578	1.0398	0.9566
净资产收益率(%)	3.5327	9.4991	2.8875	6.7162
加权净资产收益率(%)	3.5600	9.8600	2.9000	9.3700
净资产收益率(扣除)(%)	3.3991	6.0574	2.7973	4.9893
总资产(万元)	295809.97	280297.83	243980.81	248644.79
归属母公司股东权益(万元)	170413.71	166289.82	155485.52	152695.40
营业收入(万元)	89077.18	160227.27	74858.20	126513.68
营业支出(万元)	75487.10	132797.57	62554.82	104185.10
投资收益(万元)	6384.79	18339.46	4964.39	10845.58
净利润(万元)	6020.15	15796.04	4489.58	10255.38
营业利润(万元)	5602.74	15735.00	4346.68	9973.80
利润总额(万元)	5885.73	16182.87	4531.41	12032.22

通化葡萄酒股份有限公司

公司概况

公司名称	通化葡萄酒股份有限公司			证券简称	通葡股份
法人代表	王鹏	董秘	高振才	证券代码	600365
公司网址	www.tonhwa.com		电子信箱	gaozhencai@163.com	
电　　话	0435-3530506　3949249		传　　真	0435-3949616	
办公地址	吉林省通化市前兴路28号				
经营范围	果露酒、葡萄酒制造、销售、土特产品收购、加工、物资运输等				

主要财务指标

指标\报告期	2014.06.30	2013.12.31	2013.06.30	2012.12.31
基本每股收益(元)	0.0080	0.0500	0.0060	0.0900
基本每股收益(扣除后)(元)	–0.0300	0.0100	0.0060	0.0100
稀释每股收益(元)	0.0080	0.0500	0.0060	0.0900
每股净资产(元)	3.4187	3.4111	3.3659	1.0715
每股经营现金净流量(元)	–0.4063	–0.3353	–0.3012	–0.0648
每股现金流量(元)	0.1781	0.5493	1.0596	0.3775
每股资本公积金(元)	3.7395	3.7395	3.7395	2.0397
每股盈余公积金(元)	0.0358	0.0358	0.0358	0.0511
每股未分配利润(元)	–1.3566	–1.3642	–1.4094	–2.0193
净资产收益率(%)	0.2202	1.4461	0.1227	8.7425
加权净资产收益率(%)	0.4400	2.3700	0.3500	9.1400
净资产收益率(扣除)(%)	–0.7905	0.2127	0.1353	1.3539
总资产(万元)	75137.74	75126.43	78782.73	34903.91
归属母公司股东权益(万元)	68373.13	68222.58	67318.60	15000.79
营业收入(万元)	4240.40	8497.26	3535.84	8421.78
营业支出(万元)	2506.89	3915.00	1432.19	3457.41
投资收益(万元)	594.90	803.07	–	–
净利润(万元)	150.55	986.60	82.61	1311.44
营业利润(万元)	55.00	888.68	174.89	397.91
利润总额(万元)	151.15	927.09	166.41	1506.25

宁波韵升股份有限公司

公司概况					
公司名称	宁波韵升股份有限公司			证券简称	宁波韵升
法人代表	杨齐	董秘	傅健杰	证券代码	600366
公司网址	www.yunsheng.com		电子信箱	fujj@ysweb.com	
电话	0574-87776939		传真	0574-87776466	
办公地址	浙江省宁波市国家高新区扬帆路1号				
经营范围	钕铁硼永磁材料、八音琴和电机产品的生产和销售及进出口贸易				

主要财务指标				
指标\报告期	2014.06.30	2013.12.31	2013.06.30	2012.12.31
基本每股收益(元)	0.2776	0.6806	0.2907	0.8751
基本每股收益(扣除后)(元)	0.2003	–	0.2491	0.7508
稀释每股收益(元)	0.2776	0.6806	0.2907	0.8751
每股净资产(元)	5.9013	5.7742	5.6431	5.3989
每股经营现金净流量(元)	0.0475	0.4664	0.3335	1.8983
每股现金流量(元)	–0.3453	–0.8801	–0.4207	0.9280
每股资本公积金(元)	0.5675	0.5680	0.5803	0.5963
每股盈余公积金(元)	0.5447	0.5447	0.4445	0.4445
每股未分配利润(元)	3.7917	3.6641	3.6743	3.3836
净资产收益率(%)	4.7042	11.7868	5.1508	16.2083
加权净资产收益率(%)	4.6900	12.1200	5.2400	17.2700
净资产收益率(扣除)(%)	3.3943	7.9727	4.4150	13.9072
总资产(万元)	372794.65	394117.99	430104.35	404077.41
归属母公司股东权益(万元)	303623.12	297082.11	290337.12	277770.56
营业收入(万元)	74947.04	213844.26	117204.13	291961.46
营业支出(万元)	50033.06	147842.76	82909.32	182021.56
投资收益(万元)	4929.08	8191.64	2608.78	8043.49
净利润(万元)	14282.92	35016.46	14954.77	45021.94
营业利润(万元)	19434.84	36234.96	16958.30	64617.65
利润总额(万元)	21064.83	43962.36	18219.73	66009.49

贵州红星发展股份有限公司

公司概况					
公司名称	贵州红星发展股份有限公司			证券简称	红星发展
法人代表	纪成友	董秘	万洋	证券代码	600367
公司网址	www.hxfz.com.cn		电子信箱	wanyang@hxfz.com.cn	
电话	0853-6780066 6780388		传真	0853-6780066	
办公地址	贵州省安顺市镇宁县丁旗镇				
经营范围	钡、锶、锰盐产品的研发、生产和销售				

主要财务指标				
指标\报告期	2014.06.30	2013.12.31	2013.06.30	2012.12.31
基本每股收益(元)	–0.0100	0.0100	–0.0900	0.1000
基本每股收益(扣除后)(元)	–0.0100	–0.0600	–0.1300	0.0400
稀释每股收益(元)	–0.0100	0.0100	–0.0900	0.1000
每股净资产(元)	4.0964	4.1200	4.0575	4.1425
每股经营现金净流量(元)	–0.0122	–0.0016	–0.2391	0.1470
每股现金流量(元)	–0.0327	–0.1105	–0.2127	–0.1483
每股资本公积金(元)	0.9756	0.9756	0.9756	0.9756
每股盈余公积金(元)	0.6426	0.6426	0.6256	0.6256
每股未分配利润(元)	1.4744	1.4983	1.4537	1.5390
净资产收益率(%)	–0.3378	0.2721	–2.1032	2.4863
加权净资产收益率(%)	–0.3400	0.2700	–2.0800	2.5200
净资产收益率(扣除)(%)	–0.3617	–1.5202	–3.1514	0.9281
总资产(万元)	178590.60	176662.50	171253.06	173765.50
归属母公司股东权益(万元)	119287.64	119970.83	118154.65	120629.48
营业收入(万元)	51044.41	105306.22	52315.82	115624.41
营业支出(万元)	40086.15	81879.89	39819.30	83864.06
投资收益(万元)	–336.22	–4311.68	–3529.88	–4417.61
净利润(万元)	–402.99	326.39	–2485.07	2999.23
营业利润(万元)	–601.55	–2503.52	–2906.46	2862.11
利润总额(万元)	–587.61	352.44	–1823.75	4991.39

广西五洲交通股份有限公司

公司概况					
公司名称	广西五洲交通股份有限公司			证券简称	五洲交通
法人代表	何国纯	董秘	王权	证券代码	600368
公司网址			电子信箱	wzjt600368@sohu.com	
电话	0771-5518383 5568918		传真	0771-5518111	
办公地址	广西壮族自治区南宁市民族大道115-1号现代国际大厦27层				
经营范围	经营收费公路、桥梁				

主要财务指标				
指标\报告期	2014.06.30	2013.12.31	2013.06.30	2012.12.31
基本每股收益(元)	0.1500	0.2300	0.1900	0.3800
基本每股收益(扣除后)(元)	0.1400	0.2000	0.1800	0.3700
稀释每股收益(元)	0.1500	0.2300	0.1900	0.3800
每股净资产(元)	3.7415	3.5886	3.5473	3.3886
每股经营现金净流量(元)	0.3092	–0.4179	–1.5730	–0.7980
每股现金流量(元)	0.0077	0.3735	0.5002	–0.0685
每股资本公积金(元)	0.8042	0.8042	0.8042	0.8042
每股盈余公积金(元)	0.4053	0.4053	0.3801	0.3801
每股未分配利润(元)	1.5120	1.3791	1.3630	1.2043
净资产收益率(%)	4.1141	6.4104	5.3199	11.2171
加权净资产收益率(%)	4.2000	6.6000	5.4200	11.8000
净资产收益率(扣除)(%)	3.8183	5.6183	5.0807	10.7775
总资产(万元)	1501803.90	1393489.34	1393143.98	1144072.12
归属母公司股东权益(万元)	311963.05	299219.71	295773.41	282540.07
营业收入(万元)	111721.78	617554.93	298739.08	538888.70
营业支出(万元)	64601.51	527198.37	252569.86	444184.55
投资收益(万元)	979.26	1276.79	244.44	–
净利润(万元)	12834.59	19181.05	15734.75	31692.83
营业利润(万元)	12823.22	20598.90	17813.21	38147.62
利润总额(万元)	12920.62	22498.44	18520.05	39125.14

西南证券股份有限公司

公司概况					
公司名称	西南证券股份有限公司			证券简称	西南证券
法人代表	余维佳	董秘	徐鸣镝	证券代码	600369
公司网址	www.swsc.com.cn		电子信箱	xmd@swsc.com.cn	
电话	023-63786433		传真	023-63786477	
办公地址	重庆市江北区桥北苑8号				
经营范围	证券经纪、证券投资、投资银行				

主要财务指标				
指标\报告期	2014.06.30	2013.12.31	2013.06.30	2012.12.31
基本每股收益(元)	0.2000	0.2700	0.1300	0.1500
基本每股收益(扣除后)(元)	0.2000	0.2600	0.1300	0.1500
稀释每股收益(元)	0.2000	0.2700	0.1300	0.1500
每股净资产(元)	5.4737	4.6583	4.5100	4.4799
每股经营现金净流量(元)	0.7316	–0.4170	0.5958	–0.1694
每股现金流量(元)	0.2012	–0.0513	0.0622	–0.4584
每股资本公积金(元)	3.8404	2.9749	2.9676	2.9679
每股盈余公积金(元)	0.1315	0.1598	0.1388	0.1388
每股未分配利润(元)	0.2672	0.2372	0.1597	0.1287
净资产收益率(%)	3.5075	5.8260	2.8800	3.2909
加权净资产收益率(%)	3.9100	5.8800	2.8800	3.3700
净资产收益率(扣除)(%)	3.5022	5.6008	2.8800	3.2801
总资产(万元)	3267186.23	2999786.63	2124505.37	1725671.32
归属母公司股东权益(万元)	1544990.60	1081920.59	1047617.04	1040477.09
营业收入(万元)	150646.75	196412.65	77359.88	126797.08
营业支出(万元)	77781.44	119789.92	43895.12	88428.13
投资收益(万元)	24491.29	88780.57	32680.20	–24231.98
净利润(万元)	54190.59	63032.88	30433.40	34240.75
营业利润(万元)	72865.30	76622.73	33464.76	38368.95
利润总额(万元)	73114.34	70913.14	33546.25	38517.95

江苏三房巷实业股份有限公司

公司概况

公司名称	江苏三房巷实业股份有限公司			证券简称	三房巷
法人代表	卞平刚	董秘	张民	证券代码	600370
公司网址	www.jssfx.com			电子信箱	jssfx@sfxjt.com
电　话	0510-86229867			传　真	0510-86229823
办公地址	江苏省江阴市周庄镇三房巷村				
经营范围	各类棉纱、印染布、涤棉布加工与销售；布匹染整、印花及进出口业务等				

主要财务指标

指标＼报告期	2014.06.30	2013.12.31	2013.06.30	2012.12.31
基本每股收益(元)	0.0548	0.0779	0.0716	0.0919
基本每股收益(扣除后)(元)	0.0523	0.0733	0.0695	0.0891
稀释每股收益(元)	0.0548	0.0779	0.0716	0.0919
每股净资产(元)	3.7339	3.7291	3.7227	3.7012
每股经营现金净流量(元)	0.2174	0.3189	0.0216	0.5730
每股现金流量(元)	0.1471	0.1766	-0.0500	0.4833
每股资本公积金(元)	1.6850	1.6850	1.6850	1.6850
每股盈余公积金(元)	0.3238	0.3238	0.3238	0.3238
每股未分配利润(元)	0.7251	0.7203	0.7139	0.6924
净资产收益率(%)	1.4677	2.0892	1.9225	2.4825
加权净资产收益率(%)	1.4600	2.1000	1.9200	2.5000
净资产收益率(扣除)(%)	1.4006	1.9658	1.8666	2.4065
总资产(万元)	151649.91	152018.89	153021.40	154528.50
归属母公司股东权益(万元)	119072.27	118919.10	118717.06	118029.19
营业收入(万元)	54030.90	132497.23	65250.39	149528.17
营业支出(万元)	49829.85	121219.81	58817.74	137947.41
投资收益(万元)	–	–	–	–
净利润(万元)	1747.65	2484.40	2282.36	2930.11
营业利润(万元)	2390.16	4162.68	3512.15	4138.41
利润总额(万元)	2392.16	4165.67	3513.02	4141.08

万向德农股份有限公司

公司概况

公司名称	万向德农股份有限公司			证券简称	万向德农
法人代表	管大源	董秘	霍光	证券代码	600371
公司网址	www.wxdoneed.com			电子信箱	wxdoneed@163.com
电　话	0451-82368448			传　真	0451-82368448
办公地址	黑龙江省哈尔滨市南岗区玉山路 18 号				
经营范围	专门经营不再分装的包装种子、化肥零售等				

主要财务指标

指标＼报告期	2014.06.30	2013.12.31	2013.06.30	2012.12.31
基本每股收益(元)	-0.0800	-0.1700	0.0500	0.4900
基本每股收益(扣除后)(元)	-0.0900	-0.2400	0.0500	0.3900
稀释每股收益(元)	-0.0800	-0.1700	0.0500	0.4900
每股净资产(元)	1.6526	1.7331	2.5400	2.4873
每股经营现金净流量(元)	0.3364	0.2514	0.3829	0.0080
每股现金流量(元)	-0.2262	0.1864	-0.0921	-0.4062
每股资本公积金(元)	0.0429	0.0429	0.0515	0.0515
每股盈余公积金(元)	0.1987	0.1987	0.2203	0.2203
每股未分配利润(元)	0.4111	0.4915	1.2683	1.2155
净资产收益率(%)	-4.8682	-9.9816	2.0774	19.5806
加权净资产收益率(%)	-4.7500	-9.0900	2.1000	20.3500
净资产收益率(扣除)(%)	-5.1998	-13.9867	2.0710	15.9017
总资产(万元)	88840.10	101312.61	103030.29	103171.05
归属母公司股东权益(万元)	33812.45	35458.52	43307.55	42407.86
营业收入(万元)	18090.12	41301.51	22324.23	66061.87
营业支出(万元)	13179.34	32352.10	15432.98	43718.98
投资收益(万元)	–	543.36	552.50	909.59
净利润(万元)	-1646.07	-3539.34	899.69	8303.72
营业利润(万元)	-1880.18	-5341.24	879.98	8618.12
利润总额(万元)	-1748.29	-5267.32	883.24	9131.56

中航机载电子股份有限公司

公司概况

公司名称	中航机载电子股份有限公司			证券简称	中航电子
法人代表	蔡昌滨	董秘	戚侠	证券代码	600372
公司网址	www.changheauto.com			电子信箱	chccb@tom.com
电　话	010-84409808			传　真	010-84409852
办公地址	北京市朝阳区曙光西里甲 5 号院凤凰置地广场 F 座第九层 901 单元				
经营范围	航空机载照明与控制系统产品的制造业务				

主要财务指标

指标＼报告期	2014.06.30	2013.12.31	2013.06.30	2012.12.31
基本每股收益(元)	0.1538	0.3567	0.1669	0.3509
基本每股收益(扣除后)(元)	0.1223	0.2422	0.1353	0.2421
稀释每股收益(元)	0.1538	0.3567	0.1669	0.3509
每股净资产(元)	2.9490	2.7805	3.6692	3.2620
每股经营现金净流量(元)	-0.3012	0.1734	-0.2775	-0.0092
每股现金流量(元)	-0.0433	0.1335	0.1915	-0.0378
每股资本公积金(元)	0.8221	0.7615	2.0468	2.3430
每股盈余公积金(元)	0.1862	0.1862	0.1274	0.2177
每股未分配利润(元)	0.9117	0.8078	0.4779	0.6625
净资产收益率(%)	5.2169	12.8274	5.1107	10.5012
加权净资产收益率(%)	5.3700	10.3800	4.7800	10.7500
净资产收益率(扣除)(%)	4.1477	8.7108	4.9323	8.9282
总资产(万元)	1361535.71	1323731.18	907086.58	1179039.44
归属母公司股东权益(万元)	518782.49	489128.53	496513.56	573835.48
营业收入(万元)	283671.48	599857.51	280948.40	554375.42
营业支出(万元)	196165.73	407875.30	192516.94	368705.67
投资收益(万元)	19.17	7001.43	595.23	966.07
净利润(万元)	27064.15	62742.27	29362.78	60259.40
营业利润(万元)	32058.76	70851.98	33829.62	70138.87
利润总额(万元)	33714.31	77022.85	36364.44	73955.63

中文天地出版传媒股份有限公司

公司概况

公司名称	中文天地出版传媒股份有限公司			证券简称	中文传媒
法人代表	赵东亮	董秘	吴涤	证券代码	600373
公司网址	www.600373.com.cn			电子信箱	zwcm@600373.com.cn
电　话	0791-85896008			传　真	0791-85896008
办公地址	江西省南昌市红谷滩新区学府大道 299 号				
经营范围	国内版图书、电子、期刊批发、文化艺术品经营				

主要财务指标

指标＼报告期	2014.06.30	2013.12.31	2013.06.30	2012.12.31
基本每股收益(元)	0.3400	1.0000	0.5100	0.8900
基本每股收益(扣除后)(元)	0.3265	0.9900	0.4600	0.8645
稀释每股收益(元)	0.3400	1.0000	0.5100	0.8931
每股净资产(元)	5.0702	8.7064	8.2094	6.8857
每股经营现金净流量(元)	0.1406	2.2063	0.0387	2.1191
每股现金流量(元)	-0.3890	3.3955	1.1807	0.9484
每股资本公积金(元)	2.6302	5.5344	5.5344	4.3706
每股盈余公积金(元)	0.0563	0.1013	0.0936	0.1087
每股未分配利润(元)	1.3837	2.0707	1.5814	1.4063
净资产收益率(%)	6.7928	11.1105	5.7288	12.9702
加权净资产收益率(%)	6.8800	12.3300	6.6100	13.1300
净资产收益率(扣除)(%)	6.4404	11.0748	5.2467	12.5543
总资产(万元)	1229343.90	1194098.40	969954.28	840502.46
归属母公司股东权益(万元)	601162.43	573500.84	540761.03	390587.96
营业收入(万元)	614572.54	1138677.65	444908.89	1000337.15
营业支出(万元)	510296.05	962691.38	367454.66	848883.05
投资收益(万元)	-318.21	1681.24	113.12	-1325.10
净利润(万元)	40835.83	63718.82	30979.07	50660.17
营业利润(万元)	41375.33	68298.44	27604.69	44992.58
利润总额(万元)	47249.78	72242.73	32375.55	52171.29

华菱星马汽车(集团)股份有限公司

公司概况	公司名称	华菱星马汽车(集团)股份有限公司		证券简称	华菱星马
	法人代表	刘汉如	董秘 金方放	证券代码	600375
	公司网址	www.camc.biz		电子信箱	xm600375@163.com
	电话	0555-8323038		传真	0555-8323031
	办公地址	安徽省马鞍山市经济技术开发区			
	经营范围	重卡、专用车及汽车零部件的研发、生产与销售			

主要财务指标	指标\报告期	2014.06.30	2013.12.31	2013.06.30	2012.12.31
	基本每股收益(元)	0.1600	0.5200	0.4100	0.4100
	基本每股收益(扣除后)(元)	0.1500	0.3900	0.3000	0.1800
	稀释每股收益(元)	0.1600	0.5200	0.4100	0.4100
	每股净资产(元)	7.2546	7.3918	7.2479	6.6096
	每股经营现金净流量(元)	0.1544	0.8383	-0.4361	1.8873
	每股现金流量(元)	-0.3332	0.7645	2.0327	0.4556
	每股资本公积金(元)	4.7952	4.7952	4.7952	3.6848
	每股盈余公积金(元)	0.1840	0.1840	0.1829	0.2505
	每股未分配利润(元)	1.2755	1.4126	1.2703	1.6753
	净资产收益率(%)	2.2462	6.0356	4.1765	6.2593
	加权净资产收益率(%)	2.2000	7.3300	6.0800	6.3100
	净资产收益率(扣除)(%)	2.0251	4.5758	3.0161	2.6676
	总资产(万元)	977252.37	839477.17	995671.08	691620.22
	归属母公司股东权益(万元)	403170.33	410792.90	402797.08	268180.24
	营业收入(万元)	304012.98	656050.47	375611.55	447549.94
	营业支出(万元)	255000.95	564212.79	319824.75	388630.49
	投资收益(万元)	-	-	-	-
	净利润(万元)	9056.03	24793.62	16822.75	16786.18
	营业利润(万元)	10121.75	23568.45	14120.21	9336.81
	利润总额(万元)	11079.27	29861.36	19659.87	20235.45

北京首都开发股份有限公司

公司概况	公司名称	北京首都开发股份有限公司		证券简称	首开股份
	法人代表	刘希模	董秘 王怡	证券代码	600376
	公司网址	www.shoukaigufen.com		电子信箱	bcdc@bcdh.com.cn
	电话	010-66428156 66428113		传真	010-66428061
	办公地址	北京市西城区复兴门内大街156号招商国际金融中心D座			
	经营范围	房地产的开发与经营			

主要财务指标	指标\报告期	2014.06.30	2013.12.31	2013.06.30	2012.12.31
	基本每股收益(元)	0.3400	0.5749	0.1600	0.7213
	基本每股收益(扣除后)(元)	0.2982	0.4964	0.1200	1.0533
	稀释每股收益(元)	0.3400	0.5749	0.1600	1.0819
	每股净资产(元)	6.2566	6.2245	5.8154	8.7400
	每股经营现金净流量(元)	0.2910	-3.6904	-2.2420	1.4338
	每股现金流量(元)	0.6365	-0.7228	0.1351	2.1367
	每股资本公积金(元)	1.8159	1.9486	1.9570	3.4454
	每股盈余公积金(元)	0.5317	0.5317	0.4685	0.7028
	每股未分配利润(元)	2.9089	2.7441	2.3899	3.5888
	净资产收益率(%)	5.5099	9.2354	2.7066	12.3828
	加权净资产收益率(%)	5.4200	9.5600	2.7000	12.8700
	净资产收益率(扣除)(%)	4.7666	7.9747	2.0432	12.0554
	总资产(万元)	9434271.49	9211709.77	8470251.64	7086410.09
	归属母公司股东权益(万元)	1402728.88	1395543.51	1303826.32	1305888.24
	营业收入(万元)	981758.33	1350133.97	398259.10	1267554.64
	营业支出(万元)	682539.88	853621.11	234510.80	739985.38
	投资收益(万元)	10714.53	27936.67	8212.92	67380.46
	净利润(万元)	77289.58	128883.87	35289.77	161705.53
	营业利润(万元)	134904.26	179581.72	33170.00	202404.80
	利润总额(万元)	138313.59	190957.68	44440.62	203580.14

江苏宁沪高速公路股份有限公司

公司概况	公司名称	江苏宁沪高速公路股份有限公司		证券简称	宁沪高速
	法人代表	杨根林	董秘 姚永嘉	证券代码	600377
	公司网址	www.jsexpressway.com		电子信箱	jsnh@jsexpwy.com
	电话	025-84362700*301836		传真	025-84466643
	办公地址	江苏省南京市栖霞区仙林大道6号			
	经营范围	沪宁高速公路江苏段、312国道沪宁段、南京至连云港一级公路南京段等			

主要财务指标	指标\报告期	2014.06.30	2013.12.31	2013.06.30	2012.12.31
	基本每股收益(元)	0.2700	0.5375	0.2800	0.4632
	基本每股收益(扣除后)(元)	0.2668	0.5260	0.2700	0.4650
	稀释每股收益(元)	-	-	-	-
	每股净资产(元)	3.7712	3.8899	3.6325	3.7098
	每股经营现金净流量(元)	0.3261	0.6122	0.2950	0.6331
	每股现金流量(元)	0.0202	-0.0550	0.1742	-0.0237
	每股资本公积金(元)	1.4990	1.5045	1.4996	1.5019
	每股盈余公积金(元)	0.5624	0.5624	0.5062	0.5062
	每股未分配利润(元)	0.7098	0.8230	0.6266	0.7017
	净资产收益率(%)	7.0743	13.8175	7.8433	12.4852
	加权净资产收益率(%)	6.6400	14.4900	7.4000	12.9900
	净资产收益率(扣除)(%)	7.0750	13.5147	7.4872	12.5348
	总资产(万元)	2676764.51	2683391.24	2640601.58	2584925.76
	归属母公司股东权益(万元)	1899838.08	1959648.39	1829943.68	1868886.17
	营业收入(万元)	392676.72	761422.67	366847.28	779594.27
	营业支出(万元)	195833.56	369414.38	172019.29	405462.67
	投资收益(万元)	19238.37	31539.95	18160.07	16144.82
	净利润(万元)	134401.07	270774.31	143527.16	233334.46
	营业利润(万元)	180790.57	355716.25	183456.07	317342.71
	利润总额(万元)	180153.30	362749.71	191834.85	314568.99

四川天一科技股份有限公司

公司概况	公司名称	四川天一科技股份有限公司		证券简称	天科股份
	法人代表	古共伟	董秘 魏丹	证券代码	600378
	公司网址	www.tianke.com		电子信箱	ctyc@tianke.com
	电话	028-85963417 85963659		传真	028-85963417
	办公地址	四川省成都市外南机场路常乐2段12号(原地址机场方向500米右侧)			
	经营范围	碳一化学技术及催化剂、变压吸附气体分离技术及装置、合成芳樟醇、维生素E等			

主要财务指标	指标\报告期	2014.06.30	2013.12.31	2013.06.30	2012.12.31
	基本每股收益(元)	0.1260	0.2500	0.1100	0.2300
	基本每股收益(扣除后)(元)	0.1260	0.2500	0.1090	0.2200
	稀释每股收益(元)	0.1260	0.2500	0.1100	0.2300
	每股净资产(元)	2.2786	2.2453	2.1595	2.0628
	每股经营现金净流量(元)	-0.0471	0.3011	0.0944	0.6710
	每股现金流量(元)	-0.1595	0.1068	-0.0248	0.1774
	每股资本公积金(元)	0.5151	0.5151	0.5151	0.5151
	每股盈余公积金(元)	0.1506	0.1506	0.1312	0.1255
	每股未分配利润(元)	0.6045	0.5782	0.5132	0.4222
	净资产收益率(%)	5.5417	11.1841	5.0842	11.2343
	加权净资产收益率(%)	5.5100	11.6900	5.0800	11.7600
	净资产收益率(扣除)(%)	5.5298	11.0443	5.0620	10.2892
	总资产(万元)	109597.84	111645.46	104432.30	105279.65
	归属母公司股东权益(万元)	67719.03	66728.75	64178.77	61305.77
	营业收入(万元)	32775.79	68435.86	30649.02	65701.51
	营业支出(万元)	22649.15	48639.29	22185.53	47051.62
	投资收益(万元)	-15.64	-17.63	-8.27	-25.07
	净利润(万元)	3752.77	7463.04	3262.99	6887.25
	营业利润(万元)	4403.08	8667.00	3851.98	7808.60
	利润总额(万元)	4413.26	8769.71	3863.68	8276.14

陕西宝光真空电器股份有限公司

公司概况	公司名称	陕西宝光真空电器股份有限公司			证券简称	宝光股份
	法人代表	祁勇	董秘	蒋华明	证券代码	600379
	公司网址	www.baoguang.com.cn		电子信箱	office@baoguang.com.cn	
	电话	0917-3561512		传真	0917-3561512	
	办公地址	陕西省宝鸡市宝光路53号				
	经营范围	高、中、低压真空灭弧室、真空断路器、真空开关柜等产品的研制等				

	指标\报告期	2014.06.30	2013.12.31	2013.06.30	2012.12.31
主要财务指标	基本每股收益(元)	0.0690	0.0793	0.0280	0.0655
	基本每股收益(扣除后)(元)	0.0650	0.0654	0.0260	0.0412
	稀释每股收益(元)	0.0690	0.0793	0.0280	0.0655
	每股净资产(元)	1.7031	1.6635	1.6114	1.5975
	每股经营现金净流量(元)	-0.1002	0.1587	-0.1211	0.0790
	每股现金流量(元)	-0.1856	0.0368	-0.1569	-0.0001
	每股资本公积金(元)	0.0321	0.0321	0.0321	0.0321
	每股盈余公积金(元)	0.0952	0.0952	0.0866	0.0866
	每股未分配利润(元)	0.5749	0.5360	0.4909	0.4784
	净资产收益率(%)	4.0755	4.7687	1.7574	4.0973
	加权净资产收益率(%)	4.1230	4.8500	1.7650	4.1800
	净资产收益率(扣除)(%)	3.8280	3.9312	1.6225	2.5816
	总资产(万元)	65574.38	64457.21	65075.06	65778.64
	归属母公司股东权益(万元)	40168.05	39236.08	38007.17	37679.01
	营业收入(万元)	32206.23	59018.92	29442.28	65087.70
	营业支出(万元)	24921.92	44442.51	22428.89	51281.74
	投资收益(万元)	0.11	0.27	0.27	0.28
	净利润(万元)	1637.03	1871.06	667.93	1543.81
	营业利润(万元)	1609.43	1760.18	675.24	1040.83
	利润总额(万元)	1727.68	2151.19	740.00	1710.57

健康元药业集团股份有限公司

公司概况	公司名称	健康元药业集团股份有限公司			证券简称	健康元
	法人代表	朱保国	董秘	邱庆丰	证券代码	600380
	公司网址	www.joincare.com		电子信箱	qiuqingfeng@joincare.com	
	电话	0755-86252388		传真	0755-86252398	
	办公地址	广东省深圳市南山区高新区北区郎山路17号健康元药业集团大厦				
	经营范围	中药、保健品及西药的研究、开发及生产经营				

	指标\报告期	2014.06.30	2013.12.31	2013.06.30	2012.12.31
主要财务指标	基本每股收益(元)	0.1295	0.1770	0.1140	0.1097
	基本每股收益(扣除后)(元)	0.1205	0.1569	0.1031	0.0982
	稀释每股收益(元)	0.1295	0.1770	0.1140	0.1097
	每股净资产(元)	2.7299	2.6418	2.5793	2.5061
	每股经营现金净流量(元)	0.1749	0.4111	0.1953	0.4751
	每股现金流量(元)	0.2976	-0.2729	0.1375	-0.2952
	每股资本公积金(元)	0.2818	0.2828	0.2829	0.2831
	每股盈余公积金(元)	0.1930	0.1930	0.1890	0.1890
	每股未分配利润(元)	1.2871	1.1976	1.1386	1.0646
	净资产收益率(%)	4.7452	6.7003	4.4196	4.3759
	加权净资产收益率(%)	4.7860	6.8750	4.4480	4.3700
	净资产收益率(扣除)(%)	4.4145	5.9397	3.9979	3.9182
	总资产(万元)	1189094.26	1074532.51	1080839.92	975415.94
	归属母公司股东权益(万元)	422004.27	408377.36	398723.59	387397.47
	营业收入(万元)	356650.81	621988.52	291759.38	584996.09
	营业支出(万元)	145648.22	246327.39	115118.89	282345.42
	投资收益(万元)	1297.61	1564.29	-	-421.08
	净利润(万元)	20024.94	27362.45	17622.10	16952.20
	营业利润(万元)	42892.65	65797.89	37482.95	50347.71
	利润总额(万元)	45354.66	70791.11	39789.72	54591.23

青海贤成矿业股份有限公司

公司概况	公司名称	青海贤成矿业股份有限公司			证券简称	*ST贤成
	法人代表	郝立华	董秘	陈定	证券代码	600381
	公司网址	www.xcky.cn		电子信箱	xcsy600381@yahoo.com.cn	
	电话	0971-6336802		传真	0971-6336802	
	办公地址	青海省西宁市城西区昆仑路30号小办公楼四层				
	经营范围	矿产资源,天然气,水泥,水电,火电资源的投资开发				

	指标\报告期	2014.06.30	2013.12.31	2013.06.30	2012.12.31
主要财务指标	基本每股收益(元)	-0.1286	0.0205	-0.4596	-1.1562
	基本每股收益(扣除后)(元)	-0.1271	-	-0.0905	-0.0850
	稀释每股收益(元)	-0.1286	0.0205	-0.4596	-1.1562
	每股净资产(元)	0.6197	-0.0214	-0.1025	1.1227
	每股经营现金净流量(元)	-0.2561	-0.0175	-0.0036	-0.4393
	每股现金流量(元)	-0.4652	-0.0050	-0.0016	-0.7865
	每股资本公积金(元)	11.8111	0.4760	0.3725	0.3352
	每股盈余公积金(元)	0.0804	0.0100	0.0150	0.0100
	每股未分配利润(元)	-12.2690	-1.5077	-1.5064	-1.5282
	净资产收益率(%)	-20.7566	-	-55.7154	-7.4083
	加权净资产收益率(%)	-	-	-	-282.9900
	净资产收益率(扣除)(%)	-20.5056	491.0311	88.3184	-52.6530
	总资产(万元)	152266.83	148899.12	240312.83	313793.81
	归属母公司股东权益(万元)	12326.54	-3423.85	-16411.31	-28679.23
	营业收入(万元)	273.65	416.75	399.76	48010.12
	营业支出(万元)	197.24	166.62	157.04	45300.04
	投资收益(万元)	-162.43	19573.23	3399.86	-297.94
	净利润(万元)	-2558.57	3285.99	-9143.62	-185207.44
	营业利润(万元)	-2768.37	310.49	-11640.34	-108790.40
	利润总额(万元)	-2805.61	805.23	-10952.60	-211916.17

广东明珠集团股份有限公司

公司概况	公司名称	广东明珠集团股份有限公司			证券简称	广东明珠
	法人代表	张文东	董秘	钟健如	证券代码	600382
	公司网址	www.gdmzh.com		电子信箱	gdmzh@gdmzh.com	
	电话	0753-3327282 3338549		传真	0753-3338549	
	办公地址	广东省兴宁市官汕路99号				
	经营范围	以实业投资发展、贸易、建筑安装、房地产开发以及生产等				

	指标\报告期	2014.06.30	2013.12.31	2013.06.30	2012.12.31
主要财务指标	基本每股收益(元)	2.3700	0.5900	0.3200	0.7200
	基本每股收益(扣除后)(元)	0.2200	0.4700	0.2300	0.4800
	稀释每股收益(元)	2.3700	0.5900	0.3200	0.7200
	每股净资产(元)	7.2052	4.8622	4.5928	4.3029
	每股经营现金净流量(元)	-0.3116	-0.0035	0.0205	0.0836
	每股现金流量(元)	2.3747	-0.2750	-0.1312	-0.7196
	每股资本公积金(元)	0.2726	0.2726	0.2726	0.2726
	每股盈余公积金(元)	0.4724	0.4724	0.4121	0.4121
	每股未分配利润(元)	5.4602	3.1172	2.9081	2.6182
	净资产收益率(%)	32.9352	12.1187	6.9647	16.7240
	加权净资产收益率(%)	39.3300	12.8800	7.1800	18.2000
	净资产收益率(扣除)(%)	3.0226	9.6032	5.0266	11.1913
	总资产(万元)	279953.40	189780.83	173619.18	168507.43
	归属母公司股东权益(万元)	246236.49	166163.22	156958.15	147051.66
	营业收入(万元)	4866.78	5453.82	2106.02	28910.21
	营业支出(万元)	1402.77	713.22	378.59	25977.84
	投资收益(万元)	8295.64	17796.15	9613.62	21191.61
	净利润(万元)	81098.51	20136.80	10931.73	24592.97
	营业利润(万元)	10187.73	21548.83	11513.02	26153.62
	利润总额(万元)	115988.06	21359.01	11520.12	26405.70

金地(集团)股份有限公司

公司概况						
	公司名称	金地(集团)股份有限公司			证券简称	金地集团
	法人代表	凌克	董秘	徐家俊	证券代码	600383
	公司网址	www.gemdale.com		电子信箱	ir@gemdale.com	
	电　　话	0755-82039509		传　　真	0755-82039900	
	办公地址	广东省深圳市福田区福强路金地商业大楼				
	经营范围	主要从事房地产开发经营、自有物业管理、兴办各类实体、经营进出口业务				

主要财务指标	指标\报告期	2014.06.30	2013.12.31	2013.06.30	2012.12.31
	基本每股收益(元)	0.0400	0.8100	0.0700	0.8300
	基本每股收益(扣除后)(元)	0.0200	0.4800	0.0600	0.6400
	稀释每股收益(元)	0.0400	0.8100	0.0700	0.8300
	每股净资产(元)	6.3578	6.5111	5.2620	5.2600
	每股经营现金净流量(元)	-0.9925	-0.3491	-1.7585	1.4150
	每股现金流量(元)	-0.0867	-0.5151	-0.6523	0.6645
	每股资本公积金(元)	1.2544	1.2656	1.3431	1.3395
	每股盈余公积金(元)	0.2704	0.2706	0.2233	0.2267
	每股未分配利润(元)	3.7319	3.8564	2.6046	3.1732
	净资产收益率(%)	0.5557	12.3954	1.2913	14.3952
	加权净资产收益率(%)	0.5400	13.1100	1.2000	15.2400
	净资产收益率(扣除)(%)	0.3643	7.4310	1.1746	12.1845
	总资产(万元)	13473447.51	12392633.30	11466640.63	10713765.77
	归属母公司股东权益(万元)	2842907.92	2911433.18	2352923.59	2602061.13
	营业收入(万元)	908387.13	3483584.13	879493.18	3286336.04
	营业支出(万元)	695796.30	2545986.32	631330.14	2228948.89
	投资收益(万元)	-682.77	45054.65	893.29	16157.98
	净利润(万元)	15798.07	360883.50	31539.45	371725.02
	营业利润(万元)	41163.60	626894.17	81082.33	603357.20
	利润总额(万元)	42181.25	631188.04	82079.13	650417.25

山东金泰集团股份有限公司

公司概况						
	公司名称	山东金泰集团股份有限公司			证券简称	ST 金泰
	法人代表	林云	董秘	杨继座	证券代码	600385
	公司网址	www.sdjintai.com.cn		电子信箱	jtjt-jn@263.net	
	电　　话	0531-88902341		传　　真	0531-88902341	
	办公地址	山东省济南市洪楼西路 29 号				
	经营范围	化学原料药、化学药品制剂、中药制剂、生物药品的研制、生产等				

主要财务指标	指标\报告期	2014.06.30	2013.12.31	2013.06.30	2012.12.31
	基本每股收益(元)	0.0700	0.1800	-0.0600	-0.1100
	基本每股收益(扣除后)(元)	0.0800	0.0400	-0.0500	-0.1300
	稀释每股收益(元)	0.0700	0.1800	-0.0600	-0.1100
	每股净资产(元)	0.1867	0.1152	-1.9505	-1.8906
	每股经营现金净流量(元)	0.2194	-0.3125	-0.0016	-0.0085
	每股现金流量(元)	0.2225	0.1459	0.0004	0.0003
	每股资本公积金(元)	2.0191	2.0191	0.1937	0.1937
	每股盈余公积金(元)	0.1106	0.1106	0.1106	0.1106
	每股未分配利润(元)	-2.9478	-3.0137	-3.2548	-3.1949
	净资产收益率(%)	35.2888	157.2629	-3.0747	-5.6666
	加权净资产收益率(%)	43.6500	-	-	-
	净资产收益率(扣除)(%)	42.2927	34.0045	2.4145	5.9880
	总资产(万元)	13450.41	11176.21	2557.28	2536.14
	归属母公司股东权益(万元)	2765.32	1705.93	-28888.92	-28000.66
	营业收入(万元)	66544.76	53793.37	310.44	497.78
	营业支出(万元)	64497.94	51196.21	135.03	188.15
	投资收益(万元)	-	115.58	-1.85	-16.95
	净利润(万元)	975.85	2682.80	-888.26	-1676.69
	营业利润(万元)	1453.11	1016.51	-738.72	-1946.77
	利润总额(万元)	1254.23	2995.02	-934.86	-1653.21

北京巴士传媒股份有限公司

公司概况						
	公司名称	北京巴士传媒股份有限公司			证券简称	北巴传媒
	法人代表	王春杰	董秘	王婕	证券代码	600386
	公司网址	www.bbcm.com.cn		电子信箱	bbcm@bbcm.com.cn	
	电　　话	010-68477383		传　　真	010-68731430	
	办公地址	北京市海淀区紫竹院路 32 号				
	经营范围	设计、制作、代理、发布国内及外商来华广告等				

主要财务指标	指标\报告期	2014.06.30	2013.12.31	2013.06.30	2012.12.31
	基本每股收益(元)	0.2200	0.4300	0.2000	0.4100
	基本每股收益(扣除后)(元)	0.2200	0.4300	0.2000	0.3900
	稀释每股收益(元)	0.2200	0.4300	0.2000	0.4100
	每股净资产(元)	3.9259	3.8986	3.6460	3.6988
	每股经营现金净流量(元)	0.6182	0.4445	0.2542	0.6723
	每股现金流量(元)	0.0680	-0.0427	0.0008	0.4046
	每股资本公积金(元)	1.7706	1.6942	1.6715	1.6665
	每股盈余公积金(元)	0.2947	0.2947	0.2648	0.2648
	每股未分配利润(元)	0.8605	0.9097	0.7098	0.7675
	净资产收益率(%)	5.6258	11.0841	5.5467	10.9675
	加权净资产收益率(%)	5.5200	11.4400	5.3800	11.5600
	净资产收益率(扣除)(%)	5.6022	10.9119	5.4397	10.6397
	总资产(万元)	275598.04	247571.14	241747.55	239072.48
	归属母公司股东权益(万元)	158290.59	157193.51	147007.91	149136.99
	营业收入(万元)	143024.69	310591.66	144078.12	295232.99
	营业支出(万元)	107568.78	234733.34	107914.78	220589.77
	投资收益(万元)	185.38	245.79	-0.08	264.89
	净利润(万元)	8905.04	17423.54	8154.05	16356.63
	营业利润(万元)	12808.80	24952.07	11304.11	23613.56
	利润总额(万元)	12837.48	25121.95	11494.73	24211.60

浙江海越股份有限公司

公司概况						
	公司名称	浙江海越股份有限公司			证券简称	海越股份
	法人代表	吕小奎	董秘	陈海平	证券代码	600387
	公司网址	www.pjgf.cn		电子信箱	haiyue600387@163.com	
	电　　话	0575-87016161		传　　真	0575-87032163	
	办公地址	浙江省诸暨市西施大街 59 号				
	经营范围	交通、能源等基础设施的投资和经营				

主要财务指标	指标\报告期	2014.06.30	2013.12.31	2013.06.30	2012.12.31
	基本每股收益(元)	0.1100	0.1600	0.0800	0.0100
	基本每股收益(扣除后)(元)	0.0300	-	-0.0200	-0.1100
	稀释每股收益(元)	0.1100	0.1600	0.0800	0.0100
	每股净资产(元)	3.1863	2.9016	2.8561	2.6803
	每股经营现金净流量(元)	-1.0205	-0.4938	0.0594	0.2260
	每股现金流量(元)	0.4344	-0.2244	0.7806	0.4313
	每股资本公积金(元)	1.0628	0.8856	0.8722	0.7773
	每股盈余公积金(元)	0.2964	0.2964	0.2894	0.2894
	每股未分配利润(元)	0.8271	0.7195	0.6945	0.6135
	净资产收益率(%)	3.3754	5.6177	2.8341	0.5216
	加权净资产收益率(%)	3.5300	5.8300	2.9200	0.5400
	净资产收益率(扣除)(%)	0.9532	-4.4742	-0.5518	-4.1782
	总资产(万元)	813881.80	683843.81	502011.04	328641.34
	归属母公司股东权益(万元)	123023.97	112030.40	110274.07	103485.63
	营业收入(万元)	159499.55	453277.50	121885.93	192071.15
	营业支出(万元)	155799.23	447105.56	119104.35	187258.28
	投资收益(万元)	8131.73	12308.06	4505.02	4913.29
	净利润(万元)	4152.56	6293.57	3125.31	539.75
	营业利润(万元)	3280.58	1229.74	-1667.31	-4658.48
	利润总额(万元)	3861.38	6414.60	3343.36	3305.12

福建龙净环保股份有限公司

公司概况					
公司名称	福建龙净环保股份有限公司			证券简称	龙净环保
法人代表	周苏华	董秘	陈培敏	证券代码	600388
公司网址	www.longking.com.cn		电子信箱	stock@longking.com.cn	
电　话	0597-2210288		传　真	0597-2290903	
办公地址	福建省龙岩市新罗区陵园路 81 号				
经营范围	环境污染防治设备、工业自动控制系统装置、环保专用仪器、仪表等				

主要财务指标：指标\报告期	2014.06.30	2013.12.31	2013.06.30	2012.12.31
基本每股收益(元)	0.3300	1.0700	0.3100	0.6800
基本每股收益(扣除后)(元)	0.3000	0.7300	0.2700	1.2100
稀释每股收益(元)	0.3300	1.0700	0.3100	0.6800
每股净资产(元)	6.7955	6.5087	5.8987	11.9397
每股经营现金净流量(元)	-0.2721	0.1879	-1.0153	2.1041
每股现金流量(元)	0.1484	0.2929	-0.0340	0.7629
每股资本公积金(元)	2.0780	2.1277	2.2670	5.8981
每股盈余公积金(元)	0.3310	0.3310	0.2584	0.5167
每股未分配利润(元)	3.3928	3.0587	2.3751	4.5265
净资产收益率(%)	4.9167	16.4095	5.2863	11.4012
加权净资产收益率(%)	5.0200	16.9800	5.2000	12.0000
净资产收益率(扣除)(%)	4.4366	11.2888	4.5426	10.1391
总资产(万元)	1006450.00	853501.48	808069.54	744529.22
归属母公司股东权益(万元)	290589.11	278324.23	252241.54	255283.12
营业收入(万元)	226219.16	556821.18	217710.23	424019.30
营业支出(万元)	177181.09	438751.50	167067.01	328312.35
投资收益(万元)	520.08	12857.08	609.03	262.01
净利润(万元)	14287.29	45671.51	13334.25	29105.22
营业利润(万元)	14587.06	50608.85	13620.72	31592.18
利润总额(万元)	16658.89	55205.18	15897.29	35491.62

南通江山农药化工股份有限公司

公司概况					
公司名称	南通江山农药化工股份有限公司			证券简称	江山股份
法人代表	李大军	董秘	宋金华	证券代码	600389
公司网址	www.jsac.com.cn		电子信箱	songjh@jsac.com.cn	
电　话	0513-83558270 83530931		传　真	0513-83521807	
办公地址	江苏省南通市经济技术开发区江山路 998 号				
经营范围	化学农药、有机化学品、无机化学品、高分子聚合物等制造、加工、销售				

主要财务指标：指标\报告期	2014.06.30	2013.12.31	2013.06.30	2012.12.31
基本每股收益(元)	0.8375	1.5293	0.6627	0.1683
基本每股收益(扣除后)(元)	0.8279	1.5119	0.6456	0.1752
稀释每股收益(元)	0.8375	1.5293	0.6627	0.1683
每股净资产(元)	6.4799	6.1123	5.2438	4.7400
每股经营现金净流量(元)	1.2364	3.2385	2.3630	2.2918
每股现金流量(元)	-0.1044	0.0869	0.1157	-0.7318
每股资本公积金(元)	1.0822	1.0822	1.0807	1.0807
每股盈余公积金(元)	0.6445	0.6445	0.4937	0.4937
每股未分配利润(元)	3.7459	3.3784	2.6627	2.1600
净资产收益率(%)	12.9240	25.0193	12.6377	3.5500
加权净资产收益率(%)	12.8227	28.3300	13.1366	3.6200
净资产收益率(扣除)(%)	12.7767	24.7345	12.3118	3.6972
总资产(万元)	311315.43	327259.60	309304.47	324381.74
归属母公司股东权益(万元)	128301.24	121024.04	103827.83	93852.15
营业收入(万元)	166837.99	316257.21	173341.50	300790.54
营业支出(万元)	130631.17	242192.21	138814.57	262963.86
投资收益(万元)	831.49	3095.37	1826.52	1439.05
净利润(万元)	16581.59	30279.39	13121.46	3332.00
营业利润(万元)	21629.49	38400.72	16435.39	4513.98
利润总额(万元)	21916.26	38860.24	16886.58	3911.89

金瑞新材料科技股份有限公司

公司概况					
公司名称	金瑞新材料科技股份有限公司			证券简称	金瑞科技
法人代表	杨应亮	董秘	刘丹	证券代码	600390
公司网址	www.king-ray.com.cn		电子信箱	liudan@crimm.cn	
电　话	0731-88657400 88657300		传　真	0731-88711158	
办公地址	湖南省长沙市岳麓区麓山南路 966 号				
经营范围	电子基础材料、金属材料、超硬材料及其制品、专用设备的技术开发等				

主要财务指标：指标\报告期	2014.06.30	2013.12.31	2013.06.30	2012.12.31
基本每股收益(元)	-0.0330	0.0260	0.0168	0.0140
基本每股收益(扣除后)(元)	-0.0470	-0.2660	-0.0474	-0.1600
稀释每股收益(元)	-0.0330	0.0260	0.0168	0.0140
每股净资产(元)	2.3391	2.3691	4.7828	3.3981
每股经营现金净流量(元)	-0.3456	0.0447	-0.1531	0.4558
每股现金流量(元)	0.0310	0.0319	0.0742	-0.1272
每股资本公积金(元)	1.5043	1.5043	3.9385	2.7616
每股盈余公积金(元)	0.0601	0.0601	0.1201	0.1466
每股未分配利润(元)	-0.2314	-0.1984	-0.2903	-0.5460
净资产收益率(%)	-1.4099	1.0659	0.5450	0.4212
加权净资产收益率(%)	-1.4000	1.2300	0.9200	0.9300
净资产收益率(扣除)(%)	-2.0081	-10.8765	-1.9799	-10.4538
总资产(万元)	194995.06	169281.81	156606.65	157987.36
归属母公司股东权益(万元)	91379.53	92552.49	93421.59	53954.95
营业收入(万元)	61519.68	105277.55	47440.90	109460.56
营业支出(万元)	55667.40	97983.21	43501.63	97777.61
投资收益(万元)	-	8340.91	66.50	3128.25
净利润(万元)	-1288.40	986.51	615.63	495.49
营业利润(万元)	-1420.27	-1596.06	-1348.56	-1301.50
利润总额(万元)	-808.42	854.22	1013.27	1937.54

四川成发航空科技股份有限公司

公司概况					
公司名称	四川成发航空科技股份有限公司			证券简称	成发科技
法人代表	陈锦	董秘	陈育培	证券代码	600391
公司网址	www.fast.avic.com		电子信箱	board-fast@avic.com	
电　话	028-89358665 89358616		传　真	028-89358615	
办公地址	四川省成都市新都区三河街成发工业园				
经营范围	研究、制造、加工、维修销售航空发动机及零部件等				

主要财务指标：指标\报告期	2014.06.30	2013.12.31	2013.06.30	2012.12.31
基本每股收益(元)	0.0700	0.1000	0.0600	0.1100
基本每股收益(扣除后)(元)	0.0700	0.0800	0.0600	0.1100
稀释每股收益(元)	0.0700	0.1000	0.0600	0.1100
每股净资产(元)	5.0580	5.0080	4.9657	4.9342
每股经营现金净流量(元)	-0.0532	0.1289	-0.0846	-0.2260
每股现金流量(元)	-0.1738	-0.0060	0.1281	-0.8794
每股资本公积金(元)	3.0641	3.0641	3.0644	3.0644
每股盈余公积金(元)	0.1987	0.1987	0.1928	0.1928
每股未分配利润(元)	0.7582	0.7207	0.6937	0.6700
净资产收益率(%)	1.3330	1.9289	1.2826	2.2998
加权净资产收益率(%)	1.3400	1.9500	1.2900	2.3200
净资产收益率(扣除)(%)	1.3048	1.6932	1.2880	2.1551
总资产(万元)	432423.64	422592.00	392955.45	358910.30
归属母公司股东权益(万元)	166978.86	165328.66	163933.94	162892.61
营业收入(万元)	89067.18	181504.60	78818.46	157302.07
营业支出(万元)	69357.14	143284.14	60547.91	119691.43
投资收益(万元)	-	-	-	-
净利润(万元)	2225.80	3188.99	2102.66	3746.25
营业利润(万元)	3224.39	4453.65	3006.11	6044.73
利润总额(万元)	3282.99	4898.04	2998.18	6348.25

盛和资源控股股份有限公司

公司概况					
公司名称	盛和资源控股股份有限公司			证券简称	盛和资源
法人代表	胡泽松	董秘	黄厚兵	证券代码	600392
公司网址	www.scshre.com		电子信箱	600392@scshre.com	
电　话	028-85425108		传　真	028-85530349	
办公地址	成都市高新区锦城大道539号盈创动力大厦B1座16楼				
经营范围	研制、开发、生产、销售智能电子设备及其网络系统等				

主要财务指标 指标\报告期	2014.06.30	2013.12.31	2013.06.30	2012.12.31
基本每股收益(元)	0.0198	0.3900	0.0700	0.7000
基本每股收益(扣除后)(元)	0.0195	0.3900	0.0685	0.7000
稀释每股收益(元)	0.0198	0.3900	0.0700	0.7000
每股净资产(元)	2.8419	2.8212	2.4874	2.4200
每股经营现金净流量(元)	-0.3887	-0.6723	-1.0904	0.4467
每股现金流量(元)	-0.1959	-0.6940	-1.1323	0.4174
每股资本公积金(元)	0.0386	0.0386	0.0276	0.0276
每股盈余公积金(元)	-	-	-	-
每股未分配利润(元)	1.8024	1.7826	1.4598	1.3898
净资产收益率(%)	0.6975	13.9226	2.8151	16.9840
加权净资产收益率(%)	0.7000	15.0300	2.8600	21.5900
净资产收益率(扣除)(%)	0.6845	13.7884	2.7532	16.9807
总资产(万元)	144841.56	128803.11	122852.76	116372.37
归属母公司股东权益(万元)	106972.93	106194.19	93630.70	90994.86
营业收入(万元)	50004.96	137469.97	37708.78	74974.75
营业支出(万元)	44030.34	114564.49	32205.61	48776.66
投资收益(万元)	123.06	4.52	-	-
净利润(万元)	746.17	14784.96	2635.83	15454.56
营业利润(万元)	1843.56	17078.53	3056.06	18026.09
利润总额(万元)	1814.65	17377.11	3131.87	18007.63

广州东华实业股份有限公司

公司概况					
公司名称	广州东华实业股份有限公司			证券简称	东华实业
法人代表	杨树坪	董秘	蔡锦鹭	证券代码	600393
公司网址	www.gzdh.com.cn		电子信箱	caijinlu@tom.com	
电　话	020-87379702 87397172		传　真	020-87386297	
办公地址	广东省广州市越秀区寺右新马路170号四楼				
经营范围	房地产开发、出售、出租房屋、房屋拆迁、土建工程电气配套承装、旅游等业务				

主要财务指标 指标\报告期	2014.06.30	2013.12.31	2013.06.30	2012.12.31
基本每股收益(元)	0.0130	0.0800	0.0090	0.0900
基本每股收益(扣除后)(元)	0.0150	0.0900	0.0300	0.0600
稀释每股收益(元)	0.0130	0.0800	0.0090	0.0900
每股净资产(元)	3.1079	3.1949	3.1342	3.1611
每股经营现金净流量(元)	0.1599	-0.1645	-0.1805	-0.4023
每股现金流量(元)	0.5170	0.1226	0.1390	0.0725
每股资本公积金(元)	0.7221	0.7221	0.7221	0.7227
每股盈余公积金(元)	0.3276	0.3276	0.3276	0.3276
每股未分配利润(元)	1.0582	1.1451	1.0845	1.1107
净资产收益率(%)	0.4189	2.6418	0.2977	2.8666
加权净资产收益率(%)	0.4100	2.6600	0.2900	2.9400
净资产收益率(扣除)(%)	0.4699	2.8173	0.9463	2.0182
总资产(万元)	373069.08	334526.44	317683.80	365805.83
归属母公司股东权益(万元)	93236.19	95845.62	94027.19	94832.48
营业收入(万元)	16013.00	48956.38	17359.56	55084.81
营业支出(万元)	6960.26	27388.42	8741.86	34723.76
投资收益(万元)	-	1026.35	591.76	-
净利润(万元)	390.57	2532.01	279.96	2718.42
营业利润(万元)	-237.93	2865.79	282.72	1150.24
利润总额(万元)	-310.32	2921.40	51.00	1093.24

贵州盘江精煤股份有限公司

公司概况					
公司名称	贵州盘江精煤股份有限公司			证券简称	盘江股份
法人代表	张仕和	董秘	张发安	证券代码	600395
公司网址	www.pjgf.cn		电子信箱	pjzfa@163.com	
电　话	0858-3703046 3703068		传　真	0858-3703046	
办公地址	贵州省六盘水市红果经济开发区干沟桥				
经营范围	原煤开采、洗选加工及销售				

主要财务指标 指标\报告期	2014.06.30	2013.12.31	2013.06.30	2012.12.31
基本每股收益(元)	0.1610	0.2900	0.1970	0.9080
基本每股收益(扣除后)(元)	0.1610	0.2840	0.1980	0.9010
稀释每股收益(元)	0.1610	0.2900	0.1970	0.9080
每股净资产(元)	4.2857	4.3607	4.3746	4.5976
每股经营现金净流量(元)	0.1727	0.5476	0.3383	0.8626
每股现金流量(元)	0.0181	-0.0297	0.4323	-0.2042
每股资本公积金(元)	1.4135	1.4135	1.4135	1.4135
每股盈余公积金(元)	0.4480	0.4480	0.4131	0.4131
每股未分配利润(元)	1.2074	1.3463	1.2884	1.5413
净资产收益率(%)	3.7581	6.6479	4.5064	19.7597
加权净资产收益率(%)	3.6680	6.5300	4.2660	20.9100
净资产收益率(扣除)(%)	3.7646	6.5221	4.5222	19.5992
总资产(万元)	1411676.73	1394789.86	1456891.31	1396445.56
归属母公司股东权益(万元)	709307.61	721719.80	724012.92	760928.94
营业收入(万元)	289580.12	578368.61	289611.11	788229.24
营业支出(万元)	193492.72	378417.24	192340.39	460146.91
投资收益(万元)	710.32	-670.83	800.83	2148.05
净利润(万元)	26656.40	47978.89	32626.79	150357.58
营业利润(万元)	26335.80	43025.19	27258.55	180389.62
利润总额(万元)	26245.79	44156.00	26807.81	180291.39

沈阳金山能源股份有限公司

公司概况					
公司名称	沈阳金山能源股份有限公司			证券简称	金山股份
法人代表	彭兴宇	董秘	薛滨	证券代码	600396
公司网址	www.chd.com.cn		电子信箱	zqb600396@126.com	
电　话	024-83996005 83996041		传　真	024-83996039	
办公地址	辽宁省沈阳市和平区南五马路183号泰宸商务大厦B座22-26层				
经营范围	火力发电、风力发电、供暖及供热				

主要财务指标 指标\报告期	2014.06.30	2013.12.31	2013.06.30	2012.12.31
基本每股收益(元)	0.2570	0.6339	0.1646	0.3239
基本每股收益(扣除后)(元)	0.2547	0.6267	0.1544	0.2578
稀释每股收益(元)	0.2570	0.6339	0.1646	0.3239
每股净资产(元)	2.3572	3.8753	3.6725	3.3378
每股经营现金净流量(元)	0.8749	5.1698	2.3935	3.9685
每股现金流量(元)	0.4181	0.0944	0.5315	-0.0620
每股资本公积金(元)	0.5285	0.5766	0.5785	0.5730
每股盈余公积金(元)	0.0850	0.2168	0.1996	0.1996
每股未分配利润(元)	0.7437	2.0819	1.8945	1.5653
净资产收益率(%)	10.7066	16.3563	8.9646	9.7035
加权净资产收益率(%)	11.5600	17.5300	9.4000	10.1300
净资产收益率(扣除)(%)	10.6101	16.1725	8.4079	7.7235
总资产(万元)	1516944.23	1493258.42	1494937.61	1478115.62
归属母公司股东权益(万元)	204762.42	131994.15	125086.46	113686.35
营业收入(万元)	220946.10	441267.10	205100.96	357427.53
营业支出(万元)	148111.82	311001.43	145233.43	269956.94
投资收益(万元)	3445.78	6786.44	5515.68	11045.14
净利润(万元)	21923.04	21589.38	11213.45	11031.58
营业利润(万元)	34059.22	42621.30	20371.33	19222.92
利润总额(万元)	34355.09	42434.29	21451.43	22554.01

安源煤业集团股份有限公司

公司概况	公司名称	安源煤业集团股份有限公司			证券简称	安源煤业
	法人代表	李良仕	董秘	姚培武	证券代码	600397
	公司网址	www.anyuan2002.com		电子信箱	anyuan2002@126.com	
	电　话	0791-87151886		传　真	0791-87151886	
	办公地址	江西省南昌市西湖区丁公路117号煤炭大厦				
	经营范围	煤炭采掘销售、浮法玻璃生产、玻璃深加工及客车制造				

主要财务指标	指标\报告期	2014.06.30	2013.12.31	2013.06.30	2012.12.31
	基本每股收益(元)	0.0208	0.2500	0.0951	0.3400
	基本每股收益(扣除后)(元)	0.0137	0.2400	0.1048	0.3400
	稀释每股收益(元)	0.0208	0.2500	0.0951	0.3400
	每股净资产(元)	3.4600	3.9306	3.7710	7.3039
	每股经营现金净流量(元)	0.0848	0.0500	0.0832	1.3214
	每股现金流量(元)	0.2402	-0.1815	-0.2857	0.8045
	每股资本公积金(元)	1.8654	1.8654	1.8654	4.7308
	每股盈余公积金(元)	0.2424	0.2424	0.1880	0.3761
	每股未分配利润(元)	0.2385	0.7178	0.6164	1.0427
	净资产收益率(%)	0.6002	6.3806	2.5206	9.4191
	加权净资产收益率(%)	0.5300	6.6400	2.5700	9.5000
	净资产收益率(扣除)(%)	0.3965	6.0033	2.7778	9.3068
	总资产(万元)	973850.28	927568.04	895768.48	865304.54
	归属母公司股东权益(万元)	342524.41	389113.66	373318.57	361526.92
	营业收入(万元)	709023.19	1743547.66	865561.23	1677585.50
	营业支出(万元)	671020.31	1636058.44	816019.23	1548819.50
	投资收益(万元)	-	-	-	61.32
	净利润(万元)	2055.83	24827.76	9409.74	34052.50
	营业利润(万元)	3405.84	36679.56	17082.28	50489.25
	利润总额(万元)	4262.04	38814.58	15798.30	51105.27

海澜之家股份有限公司

公司概况	公司名称	海澜之家股份有限公司			证券简称	海澜之家
	法人代表	周建平	董秘	许庆华	证券代码	600398
	公司网址	www.heilanhome.com		电子信箱	600398@heilanhome.com	
	电　话	0510-86121071		传　真	0510-86126877	
	办公地址	江苏省江阴市新桥镇				
	经营范围	高档精纺呢绒、高档西服、衬衫、职业服的生产和销售、染整加工业务				

主要财务指标	指标\报告期	2014.06.30	2013.12.31	2013.06.30	2012.12.31
	基本每股收益(元)	0.2900	0.2200	0.1700	0.1600
	基本每股收益(扣除后)(元)	0.2600	0.2100	0.1700	0.1600
	稀释每股收益(元)	-	0.2200	-	0.1600
	每股净资产(元)	1.3047	3.3385	3.2939	3.1693
	每股经营现金净流量(元)	0.2379	0.4580	1.5194	0.5659
	每股现金流量(元)	0.3556	0.3575	0.9978	0.4654
	每股资本公积金(元)	1.6996	-	0.6686	0.6686
	每股盈余公积金(元)	0.2750	0.3212	0.2171	0.2171
	每股未分配利润(元)	2.0435	2.0129	1.4082	1.2836
	净资产收益率(%)	20.9453	6.5658	3.7846	5.1013
	加权净资产收益率(%)	23.4200	6.7400	28.9600	5.1900
	净资产收益率(扣除)(%)	18.7174	6.4363	3.6102	5.0713
	总资产(万元)	1515341.60	1122575.64	286415.81	295051.47
	归属母公司股东权益(万元)	586181.65	333417.96	212987.19	204926.58
	营业收入(万元)	568341.01	136544.63	351843.25	136804.51
	营业支出(万元)	339937.19	77023.53	219802.84	86688.35
	投资收益(万元)	-	482.33	20.96	132.71
	净利润(万元)	122777.69	14173.50	67170.42	10453.98
	营业利润(万元)	147306.33	18285.55	91003.48	13997.44
	利润总额(万元)	160289.00	17470.16	90832.85	13338.52

抚顺特殊钢股份有限公司

公司概况	公司名称	抚顺特殊钢股份有限公司			证券简称	抚顺特钢
	法人代表	赵明远	董秘	孔德生	证券代码	600399
	公司网址	www.fs-ss.com		电子信箱	kongdesheng@dtsteel.com	
	电　话	024-56676495 56678441		传　真	024-56688966 56676495	
	办公地址	辽宁省抚顺市望花区鞍山路东段8号				
	经营范围	钢冶炼、压延钢加工及冶金技术服务、工业(含液体)制造、销售等				

主要财务指标	指标\报告期	2014.06.30	2013.12.31	2013.06.30	2012.12.31
	基本每股收益(元)	0.0280	0.0446	0.0220	0.0394
	基本每股收益(扣除后)(元)	0.0190	-	0.0160	0.0366
	稀释每股收益(元)	0.0280	0.0446	0.0220	0.0394
	每股净资产(元)	3.3201	3.2923	3.2893	3.2677
	每股经营现金净流量(元)	0.3505	0.3316	0.8796	-0.1223
	每股现金流量(元)	-0.6412	0.5297	0.1430	-0.1902
	每股资本公积金(元)	1.4126	1.4126	1.4126	1.4126
	每股盈余公积金(元)	0.1422	0.1422	0.1362	0.1362
	每股未分配利润(元)	0.7653	0.7375	0.7405	0.7188
	净资产收益率(%)	0.8389	1.3545	0.6575	1.2061
	加权净资产收益率(%)	0.8390	1.3600	0.6580	1.2100
	净资产收益率(扣除)(%)	0.5592	1.0607	0.4953	1.1202
	总资产(万元)	1148494.02	1150868.21	1078669.50	1007726.80
	归属母公司股东权益(万元)	172647.77	171199.39	171045.15	169920.46
	营业收入(万元)	287370.30	545953.93	283351.26	491170.78
	营业支出(万元)	249978.36	475284.39	246696.74	430040.03
	投资收益(万元)	-87.17	1061.81	1.64	-169.72
	净利润(万元)	1448.37	2318.94	1124.69	2049.33
	营业利润(万元)	2462.86	2498.21	1183.36	2923.84
	利润总额(万元)	3031.01	3088.75	1553.39	3119.46

江苏红豆实业股份有限公司

公司概况	公司名称	江苏红豆实业股份有限公司			证券简称	红豆股份
	法人代表	刘连红	董秘	孟晓平	证券代码	600400
	公司网址	www.hongdou.com.cn		电子信箱	hongdou@hongdou.com	
	电　话	0510-66868422 66868278		传　真	0510-88350139	
	办公地址	江苏省无锡市锡山区港下镇				
	经营范围	服装、针织品、服装面料的生产与销售、锦纶丝的生产与销售等				

主要财务指标	指标\报告期	2014.06.30	2013.12.31	2013.06.30	2012.12.31
	基本每股收益(元)	0.0400	0.0900	0.0400	0.0500
	基本每股收益(扣除后)(元)	0.0300	0.0300	0.0400	0.0500
	稀释每股收益(元)	0.0400	0.0900	0.0400	0.0500
	每股净资产(元)	2.5034	2.4924	2.4446	2.4268
	每股经营现金净流量(元)	-0.0637	1.4385	0.5879	0.3954
	每股现金流量(元)	-0.1978	0.4871	0.1413	0.0465
	每股资本公积金(元)	0.4520	0.4520	0.4518	0.4518
	每股盈余公积金(元)	0.1905	0.1905	0.1859	0.1859
	每股未分配利润(元)	0.8610	0.8500	0.8069	0.7891
	净资产收益率(%)	1.6376	3.4316	1.5478	2.0329
	加权净资产收益率(%)	1.6300	3.4800	1.5500	2.0600
	净资产收益率(扣除)(%)	1.2808	1.1891	1.4630	1.9697
	总资产(万元)	711149.77	699647.59	688488.63	683141.64
	归属母公司股东权益(万元)	140293.00	139676.71	136994.81	135995.18
	营业收入(万元)	91300.53	239436.37	85340.50	160692.37
	营业支出(万元)	65817.13	181915.18	60860.12	111450.74
	投资收益(万元)	1042.24	5407.20	2687.48	2435.78
	净利润(万元)	2297.49	4793.14	2120.43	2764.58
	营业利润(万元)	3597.94	5165.84	3093.63	4854.50
	利润总额(万元)	4097.11	5636.80	3241.90	4969.72

海润光伏科技股份有限公司

公司概况

公司名称	海润光伏科技股份有限公司			证券简称	海润光伏
法人代表	任向东	董秘	周宜可	证券代码	600401
公司网址	www.hareonsolar.com		电子信箱	ir@hareon.net	
电　　话	00510-86530938		传　　真	0510-86530766	
办公地址	江苏省江阴市徐霞客镇璜塘工业园区环镇北路 178 号				
经营范围	研究、开发、生产、加工单晶硅片、单晶硅棒、多晶硅锭、多晶硅片				

主要财务指标

指标\报告期	2014.06.30	2013.12.31	2013.06.30	2012.12.31
基本每股收益(元)	0.0049	-0.1955	-0.2459	0.0020
基本每股收益(扣除后)(元)	0.0001	-	-0.2501	-0.3858
稀释每股收益(元)	0.0049	-0.1955	-0.2459	0.0020
每股净资产(元)	2.0817	2.1782	2.1878	2.6643
每股经营现金净流量(元)	-0.2472	1.3351	0.4729	0.0971
每股现金流量(元)	-0.0911	-0.4420	-0.6540	-0.6786
每股资本公积金(元)	1.1580	1.2539	1.2790	0.8026
每股盈余公积金(元)	0.0744	0.0777	0.0777	0.0777
每股未分配利润(元)	-0.1507	-0.1625	-0.2130	0.7729
净资产收益率(%)	0.2363	-8.9741	-11.2388	0.0752
加权净资产收益率(%)	0.0600	-7.8200	-9.2200	0.0700
净资产收益率(扣除)(%)	0.0060	-10.3644	-11.4331	-14.4819
总资产(万元)	1455784.34	1347307.57	1207849.85	1302465.86
归属母公司股东权益(万元)	225338.20	225756.33	226752.57	276129.90
营业收入(万元)	332382.66	475864.34	206047.20	496575.50
营业支出(万元)	279715.61	406585.11	195733.98	451835.77
投资收益(万元)	335.96	1137.99	559.07	370.19
净利润(万元)	532.45	-20259.70	-25484.29	207.59
营业利润(万元)	1575.02	-34706.24	-37163.39	-53428.52
利润总额(万元)	2201.40	-31838.16	-36600.98	-6063.92

河南大有能源股份有限公司

公司概况

公司名称	河南大有能源股份有限公司			证券简称	大有能源
法人代表	贺治强	董秘	张建强	证券代码	600403
公司网址	www.hndyny.com		电子信箱	dsh@hndyny.com	
电　　话	0398-5887735 5886075		传　　真	0398-5897007	
办公地址	河南省三门峡市义马市千秋路 6 号				
经营范围	原煤开采、煤炭批发经营、对煤炭行业的投资、煤炭洗选加工				

主要财务指标

指标\报告期	2014.06.30	2013.12.31	2013.06.30	2012.12.31
基本每股收益(元)	0.0438	0.5000	0.3757	0.7500
基本每股收益(扣除后)(元)	0.0443	0.5100	0.3730	1.3900
稀释每股收益(元)	0.0438	0.5000	0.3757	0.7500
每股净资产(元)	4.3315	4.3422	4.4045	4.1868
每股经营现金净流量(元)	0.0075	0.3055	0.2079	3.4031
每股现金流量(元)	0.0796	-1.1780	-0.3275	1.5586
每股资本公积金(元)	0.1374	0.1374	0.1375	1.2766
每股盈余公积金(元)	0.2183	0.2183	0.2025	0.4050
每股未分配利润(元)	2.7425	2.8488	2.7410	5.1807
净资产收益率(%)	1.0105	11.4977	8.5296	17.8680
加权净资产收益率(%)	1.0100	11.7100	8.7500	19.4500
净资产收益率(扣除)(%)	1.0220	11.6504	8.4676	12.3829
总资产(万元)	1604441.53	1543493.80	1651202.47	1656507.37
归属母公司股东权益(万元)	1035582.87	1038143.87	1053027.13	1000983.23
营业收入(万元)	432460.10	1116583.63	606692.86	1281279.21
营业支出(万元)	328915.70	783054.88	411272.94	861740.04
投资收益(万元)	706.24	2324.57	401.25	-490.92
净利润(万元)	10464.25	119362.85	89818.96	178998.74
营业利润(万元)	19651.07	166041.86	117372.88	240137.45
利润总额(万元)	19487.72	167346.29	118136.01	240598.63

北京动力源科技股份有限公司

公司概况

公司名称	北京动力源科技股份有限公司			证券简称	动力源
法人代表	何振亚	董秘	郭玉洁	证券代码	600405
公司网址	www.dpc.com.cn		电子信箱	gyj@dpc.com.cn	
电　　话	010-83681321		传　　真	010-63783054	
办公地址	北京市丰台区科技园区星火路 8 号				
经营范围	直流电源产品、交流电源产品及相关服务和集中监控系统产品及相关服务				

主要财务指标

指标\报告期	2014.06.30	2013.12.31	2013.06.30	2012.12.31
基本每股收益(元)	0.0890	0.1180	0.0100	0.0730
基本每股收益(扣除后)(元)	0.0550	0.0840	-0.0040	0.0240
稀释每股收益(元)	0.0890	0.1180	0.0100	0.0730
每股净资产(元)	2.6157	2.5265	1.9105	1.7345
每股经营现金净流量(元)	-0.3436	0.0103	-0.1985	0.2056
每股现金流量(元)	-0.3731	0.4871	0.0021	-0.0096
每股资本公积金(元)	0.8855	0.8855	0.3193	0.3193
每股盈余公积金(元)	0.0955	0.0955	0.1028	0.1028
每股未分配利润(元)	0.6347	0.5455	0.4884	0.4787
净资产收益率(%)	3.4087	4.3686	0.5076	3.8846
加权净资产收益率(%)	3.4700	5.6200	0.5100	3.8900
净资产收益率(扣除)(%)	2.1077	3.1102	-0.2204	1.2482
总资产(万元)	172950.09	165827.37	136966.83	130983.67
归属母公司股东权益(万元)	73919.50	71398.92	49266.38	49016.30
营业收入(万元)	39394.59	79326.97	32653.32	77263.81
营业支出(万元)	24915.59	52474.23	21913.06	54514.46
投资收益(万元)	-21.34	-37.04	-27.36	-43.06
净利润(万元)	2519.73	3119.14	250.08	1904.09
营业利润(万元)	1502.20	2453.47	186.54	516.70
利润总额(万元)	2633.70	3510.82	608.72	2037.44

国电南瑞科技股份有限公司

公司概况

公司名称	国电南瑞科技股份有限公司			证券简称	国电南瑞
法人代表	肖世杰	董秘	方飞龙	证券代码	600406
公司网址	www.naritech.cn		电子信箱	fangfeilong@sgepri.sgcc.com.cn	
电　　话	025-83092026		传　　真	025-83422355	
办公地址	江苏省南京市高新技术产业开发区高新路 20 号				
经营范围	电网调度自动化、变电站自动化、农村电网自动化等				

主要财务指标

指标\报告期	2014.06.30	2013.12.31	2013.06.30	2012.12.31
基本每股收益(元)	0.2300	0.6600	0.2200	0.5400
基本每股收益(扣除后)(元)	0.2300	0.5300	0.1800	0.4700
稀释每股收益(元)	0.2300	0.6600	0.2200	0.5400
每股净资产(元)	2.6292	2.4999	1.7982	2.4640
每股经营现金净流量(元)	-0.1162	0.3036	-0.1207	0.5008
每股现金流量(元)	-0.2891	0.1136	-0.4190	0.2836
每股资本公积金(元)	0.4584	0.4584	0.0086	0.2753
每股盈余公积金(元)	0.1766	0.1766	0.1528	0.2720
每股未分配利润(元)	0.9942	0.8649	0.6367	1.5111
净资产收益率(%)	8.7220	26.3552	10.4630	27.0302
加权净资产收益率(%)	8.7700	29.3500	10.5600	31.0100
净资产收益率(扣除)(%)	8.6670	19.2681	10.2665	26.5066
总资产(万元)	1282963.54	1327360.25	772357.10	1076059.82
归属母公司股东权益(万元)	638623.87	607212.56	396632.57	481866.75
营业收入(万元)	363975.72	957563.49	363767.25	830850.22
营业支出(万元)	262603.65	698176.22	276257.81	591196.19
投资收益(万元)	-	-	-	-
净利润(万元)	55700.84	160032.12	53726.38	130249.67
营业利润(万元)	52434.64	148753.11	44262.20	127352.41
利润总额(万元)	60164.60	179555.86	55560.70	148224.80

山西安泰集团股份有限公司

公司概况					
公司名称	山西安泰集团股份有限公司			证券简称	安泰集团
法人代表	李安民	董秘	郭全虎	证券代码	600408
公司网址	www.antaigroup.com		电子信箱	securities_dpt@antaigroup.com	
电　　话	0354-7531034		传　　真	0354-7536786	
办公地址	山西省介休市义安镇				
经营范围	煤炭洗选、焦炭、生铁、水泥及其制品、电力的生产与销售				

主要财务指标：指标\报告期	2014.06.30	2013.12.31	2013.06.30	2012.12.31
基本每股收益(元)	-0.2000	-0.2400	-0.0300	0.0300
基本每股收益(扣除后)(元)	-0.2100	-0.2700	-0.0500	-0.0100
稀释每股收益(元)	-0.2000	-0.2400	-0.0300	0.0300
每股净资产(元)	1.9656	2.1641	2.3800	2.4076
每股经营现金净流量(元)	-0.0863	0.3743	0.5585	-0.2187
每股现金流量(元)	-0.2421	0.3880	0.1014	-0.5163
每股资本公积金(元)	1.4433	1.4433	1.4433	1.4433
每股盈余公积金(元)	0.1316	0.1316	0.1316	0.1316
每股未分配利润(元)	-0.6099	-0.4113	-0.1965	-0.1699
净资产收益率(%)	-10.1061	-11.1524	-1.1183	1.2732
加权净资产收益率(%)	-9.6200	-10.5500	-1.1100	1.2800
净资产收益率(扣除)(%)	-10.8121	-12.5196	-2.1917	-0.6056
总资产(万元)	736426.05	756918.88	706852.24	732121.07
归属母公司股东权益(万元)	197896.71	217881.46	239621.98	242400.46
营业收入(万元)	193745.04	448376.64	215720.55	518869.12
营业支出(万元)	181132.89	418563.72	195830.66	458147.19
投资收益(万元)	-29.19	-30.53	-	-
净利润(万元)	-19999.66	-24299.05	-2679.64	3086.27
营业利润(万元)	-28380.89	-39446.07	-8726.32	-1529.18
利润总额(万元)	-26586.51	-35855.51	-5367.93	4261.42

唐山三友化工股份有限公司

公司概况					
公司名称	唐山三友化工股份有限公司			证券简称	三友化工
法人代表	幺志义	董秘	刘印江	证券代码	600409
公司网址	www.sanyou-chem.com.cn		电子信箱	zhengquanbu@sanyou-chem.com.cn	
电　　话	0315-8519078　8517654		传　　真	0315-8511006	
办公地址	河北省唐山市南堡开发区				
经营范围	生产和销售“三友”牌纯碱				

主要财务指标：指标\报告期	2014.06.30	2013.12.31	2013.06.30	2012.12.31
基本每股收益(元)	0.0840	0.2406	0.1006	0.0624
基本每股收益(扣除后)(元)	0.0856	0.2336	0.0968	0.0237
稀释每股收益(元)	0.0840	0.2406	0.1006	0.0624
每股净资产(元)	3.1546	3.0775	2.9392	2.9200
每股经营现金净流量(元)	0.0412	-0.2315	-0.2319	-0.5780
每股现金流量(元)	0.2153	0.1223	0.0395	0.0184
每股资本公积金(元)	1.2804	1.2050	1.2050	1.2049
每股盈余公积金(元)	0.1140	0.1140	0.1140	0.1140
每股未分配利润(元)	0.7380	0.7341	0.5941	0.5135
净资产收益率(%)	2.6613	7.8175	3.4242	2.1502
加权净资产收益率(%)	2.6700	8.1100	3.4600	2.1800
净资产收益率(扣除)(%)	2.7129	7.5912	3.2926	0.8180
总资产(万元)	1979243.09	1879341.24	1752093.88	1628637.52
归属母公司股东权益(万元)	583723.73	569450.89	543858.44	528390.21
营业收入(万元)	587630.36	1178686.24	561176.89	1048408.99
营业支出(万元)	481273.82	966226.76	470990.97	897298.13
投资收益(万元)	0.72	38.57	25.27	2978.50
净利润(万元)	15534.69	44516.96	18622.70	11361.51
营业利润(万元)	21573.23	50069.48	17737.97	13905.96
利润总额(万元)	21998.07	53051.88	19200.27	15951.43

北京华胜天成科技股份有限公司

公司概况					
公司名称	北京华胜天成科技股份有限公司			证券简称	华胜天成
法人代表	王维航	董秘	代双珠	证券代码	600410
公司网址	www.teamsun.com.cn		电子信箱	securities@teamsun.com.cn	
电　　话	010-82733988		传　　真	010-82733666	
办公地址	北京市海淀区学清路8号科技财富中心A座10-11层				
经营范围	为电信、金融等行业用户提供系统集成及专业服务				

主要财务指标：指标\报告期	2014.06.30	2013.12.31	2013.06.30	2012.12.31
基本每股收益(元)	0.0989	0.0645	0.0855	0.2409
基本每股收益(扣除后)(元)	0.0585	0.0369	0.0829	0.2386
稀释每股收益(元)	-	-	-	-
每股净资产(元)	3.6750	3.5887	3.7125	3.6551
每股经营现金净流量(元)	-0.2595	0.5014	-0.3258	0.2127
每股现金流量(元)	-0.2039	0.9176	0.8870	-0.3414
每股资本公积金(元)	1.0159	1.0461	1.0683	1.0635
每股盈余公积金(元)	0.2614	0.2601	0.2560	0.2560
每股未分配利润(元)	1.4712	1.3627	1.4821	1.3965
净资产收益率(%)	2.7042	1.8014	2.3043	6.6135
加权净资产收益率(%)	2.7200	1.7800	2.3200	6.7200
净资产收益率(扣除)(%)	1.5991	1.0304	2.2329	6.5497
总资产(万元)	650133.65	570736.45	564192.73	455573.78
归属母公司股东权益(万元)	236263.94	231843.21	240670.73	236955.26
营业收入(万元)	211728.70	481601.65	231082.61	523681.18
营业支出(万元)	174501.50	405024.07	194345.17	436880.46
投资收益(万元)	3482.04	183.35	38.77	260.95
净利润(万元)	6389.08	4176.40	5545.83	15671.06
营业利润(万元)	6646.57	3676.08	4858.32	17989.82
利润总额(万元)	7897.72	7047.45	5548.98	19045.07

浙江中国小商品城集团股份有限公司

公司概况					
公司名称	浙江中国小商品城集团股份有限公司			证券简称	小商品城
法人代表	金方平	董秘	鲍江钱	证券代码	600415
公司网址	www.cccgroup.com.cn		电子信箱	600415@cccgroup.com.cn	
电　　话	0579-85182700 85182812		传　　真	0579-85197755	
办公地址	浙江省义乌市福田路105号海洋商务写字楼				
经营范围	市场网点经营、房地产开发销售、酒店服务、商品销售等				

主要财务指标：指标\报告期	2014.06.30	2013.12.31	2013.06.30	2012.12.31
基本每股收益(元)	0.0700	0.2600	0.1500	0.2600
基本每股收益(扣除后)(元)	0.0600	0.2500	0.1400	0.2500
稀释每股收益(元)	0.0700	0.2600	0.1500	0.2600
每股净资产(元)	3.2636	3.1896	3.0785	3.0296
每股经营现金净流量(元)	-0.0552	-0.1196	-0.5373	0.7124
每股现金流量(元)	-0.1432	-0.1314	-0.2530	-0.2686
每股资本公积金(元)	0.5396	0.5396	0.5396	0.5396
每股盈余公积金(元)	0.2311	0.2311	0.2046	0.2046
每股未分配利润(元)	1.4929	1.4189	1.3343	1.2854
净资产收益率(%)	2.2674	8.1498	4.8344	8.5750
加权净资产收益率(%)	2.2900	8.4000	4.8700	8.8600
净资产收益率(扣除)(%)	1.8186	7.8034	4.5907	8.1776
总资产(万元)	2535985.18	2407031.07	1901744.03	1828133.75
归属母公司股东权益(万元)	888218.04	868078.15	837837.05	824548.08
营业收入(万元)	196519.41	365465.34	177693.62	361182.77
营业支出(万元)	96414.79	181587.47	86398.79	188864.08
投资收益(万元)	-1529.07	2744.23	1197.85	2993.39
净利润(万元)	20139.77	70746.63	40504.73	70701.64
营业利润(万元)	27686.32	92772.09	52159.79	90656.65
利润总额(万元)	28867.77	94341.68	54437.47	93541.29

湘潭电机股份有限公司

公司概况	公司名称	湘潭电机股份有限公司			证券简称	湘电股份
	法人代表	周建雄	董秘	刘海强	证券代码	600416
	公司网址	www.xemc.com.cn			电子信箱	mail.xemc.com.cn
	电　　话	0731-58595252			传　　真	0731-58595252
	办公地址	湖南省湘潭市下摄司街 302 号				
	经营范围	大中型交直流电机(含特种电机)的开发、生产和销售业务等				

主要财务指标	指标\报告期	2014.06.30	2013.12.31	2013.06.30	2012.12.31
	基本每股收益(元)	0.0400	0.0800	0.0200	-0.3400
	基本每股收益(扣除后)(元)	0.0300	0.0100	0.0100	-0.4200
	稀释每股收益(元)	0.0400	0.0800	0.0200	-0.3400
	每股净资产(元)	3.5165	3.4713	3.4039	3.3866
	每股经营现金净流量(元)	-0.9478	-0.5225	-0.5341	-2.5920
	每股现金流量(元)	-0.7368	0.3388	-0.7002	-0.8717
	每股资本公积金(元)	1.7062	1.7011	1.7013	1.7013
	每股盈余公积金(元)	0.3022	0.3011	0.2785	0.2785
	每股未分配利润(元)	0.5281	0.4882	0.4565	0.4317
	净资产收益率(%)	1.1650	2.2764	0.7281	-10.0883
	加权净资产收益率(%)	1.1700	2.3000	0.7300	-9.4700
	净资产收益率(扣除)(%)	0.9533	0.2165	0.3976	-12.2986
	总资产(万元)	1681680.37	1569206.07	1449571.43	1367532.95
	归属母公司股东权益(万元)	213972.15	211222.66	207122.60	206070.21
	营业收入(万元)	371825.45	662646.25	309216.08	542450.13
	营业支出(万元)	311587.06	543334.08	251387.47	437008.75
	投资收益(万元)	-259.99	401.54	-105.92	235.71
	净利润(万元)	2493.35	4808.30	1508.09	-20789.04
	营业利润(万元)	2207.97	463.42	1541.35	-25737.17
	利润总额(万元)	2750.21	5955.76	2351.16	-20285.94

安徽江淮汽车股份有限公司

公司概况	公司名称	安徽江淮汽车股份有限公司			证券简称	江淮汽车
	法人代表	安进	董秘	冯梁森	证券代码	600418
	公司网址	www.jac.com.cn			电子信箱	jqgf@jac.com.cn
	电　　话	0551-62296835			传　　真	0551-62296837
	办公地址	安徽省合肥市东流路 176 号				
	经营范围	汽车、汽车底盘及其汽车变速箱等零部件的开发、生产和销售				

主要财务指标	指标\报告期	2014.06.30	2013.12.31	2013.06.30	2012.12.31
	基本每股收益(元)	0.3600	0.7100	0.4100	0.3800
	基本每股收益(扣除后)(元)	0.3200	0.5800	0.3600	0.3000
	稀释每股收益(元)	0.3600	0.7100	0.4100	0.3800
	每股净资产(元)	5.3900	5.3232	4.9691	4.6600
	每股经营现金净流量(元)	-0.1333	1.9285	1.5909	2.3236
	每股现金流量(元)	0.6372	1.1953	1.8312	1.1812
	每股资本公积金(元)	0.9867	1.0591	1.0416	1.0117
	每股盈余公积金(元)	0.8502	0.8502	0.7148	0.7148
	每股未分配利润(元)	2.5492	2.4111	2.2288	1.9347
	净资产收益率(%)	6.6423	13.4105	8.1263	8.2644
	加权净资产收益率(%)	6.5900	14.3300	8.3400	8.3000
	净资产收益率(扣除)(%)	5.9563	10.8378	7.2118	6.3952
	总资产(万元)	2638578.00	2367223.52	2501730.35	1956917.81
	归属母公司股东权益(万元)	692762.70	683977.94	640391.70	598681.84
	营业收入(万元)	1810490.44	3362023.79	1798460.91	2911675.41
	营业支出(万元)	1531344.50	2817524.26	1501174.12	2480231.12
	投资收益(万元)	2683.89	2656.73	2176.26	1981.06
	净利润(万元)	46015.10	91725.00	52039.88	49477.49
	营业利润(万元)	35923.29	85349.13	53475.70	30134.07
	利润总额(万元)	52554.01	103479.10	60037.81	55147.14

新疆天润乳业股份有限公司

公司概况	公司名称	新疆天润乳业股份有限公司			证券简称	天润乳业
	法人代表	刘让	董秘	王巧玲	证券代码	600419
	公司网址	www.xjth.cn			电子信箱	thwql@126.com
	电　　话	0991-3960621 3966085			传　　真	0991-3930026
	办公地址	新疆乌鲁木齐市经济技术开发区(头屯河区)乌昌公路 2702 号				
	经营范围	造纸、纸制品及纸料加工、销售、化工产品(有毒除外)、印刷物资的销售等				

主要财务指标	指标\报告期	2014.06.30	2013.12.31	2013.06.30	2012.12.31
	基本每股收益(元)	0.1000	0.4000	-0.3000	-0.4700
	基本每股收益(扣除后)(元)	0.0700	-0.4200	-0.3100	-0.5100
	稀释每股收益(元)	0.1000	0.4000	-0.3000	-0.4700
	每股净资产(元)	3.0436	2.9390	0.9947	1.2933
	每股经营现金净流量(元)	0.4320	-0.1350	-0.1029	0.0035
	每股现金流量(元)	0.3907	0.7588	-0.1031	-0.1756
	每股资本公积金(元)	3.2628	3.2628	2.1546	2.1546
	每股盈余公积金(元)	0.1886	0.1886	0.2032	0.2032
	每股未分配利润(元)	-1.4077	-1.5124	-2.3631	-2.0646
	净资产收益率(%)	3.4374	13.7239	-30.0103	-36.7288
	加权净资产收益率(%)	3.5000	19.4900	-26.0900	-31.0300
	净资产收益率(扣除)(%)	2.2971	-14.1297	-30.7426	-39.1525
	总资产(万元)	48562.02	45704.75	19675.57	22702.61
	归属母公司股东权益(万元)	26293.66	25389.83	7973.76	10366.70
	营业收入(万元)	17046.66	8748.18	1026.78	16092.81
	营业支出(万元)	13448.67	6592.25	874.74	15634.61
	投资收益(万元)	-	-	-	-
	净利润(万元)	903.83	3484.49	-2392.95	-3807.56
	营业利润(万元)	994.92	-3417.41	-2452.64	-4021.29
	利润总额(万元)	1362.02	3745.07	-2394.25	-3768.78

上海现代制药股份有限公司

公司概况	公司名称	上海现代制药股份有限公司			证券简称	现代制药
	法人代表	周斌	董秘	魏冬松	证券代码	600420
	公司网址	www.shyndec.com			电子信箱	xdzy_weidongsong@sinopharm.com
	电　　话	021-52372865 52373839			传　　真	021-62510787
	办公地址	上海市静安区北京西路 1320 号				
	经营范围	医药产品的开发、生产、经营、医药产品的代理销售				

主要财务指标	指标\报告期	2014.06.30	2013.12.31	2013.06.30	2012.12.31
	基本每股收益(元)	0.3548	0.4615	0.2621	0.4444
	基本每股收益(扣除后)(元)	0.3241	0.3489	0.2207	0.3383
	稀释每股收益(元)	0.3548	0.4615	0.2621	0.4444
	每股净资产(元)	3.8100	3.4587	3.3930	3.4085
	每股经营现金净流量(元)	0.6775	0.7211	0.0569	0.9240
	每股现金流量(元)	0.1471	-0.1068	-0.1135	0.4770
	每股资本公积金(元)	0.2620	0.2620	0.1189	0.6501
	每股盈余公积金(元)	0.2740	0.2740	0.2594	0.2686
	每股未分配利润(元)	2.2775	1.9227	2.0148	1.4899
	净资产收益率(%)	9.3040	13.3430	7.4395	12.8308
	加权净资产收益率(%)	9.7600	13.0500	7.4100	13.7900
	净资产收益率(扣除)(%)	-	10.0882	6.5033	11.7332
	总资产(万元)	375628.31	314561.39	290185.01	271116.62
	归属母公司股东权益(万元)	109727.26	99518.23	97627.22	98075.27
	营业收入(万元)	137156.93	234974.80	127971.31	220164.04
	营业支出(万元)	74618.37	136879.69	77433.95	145145.92
	投资收益(万元)	-6.22	347.38	353.61	-5.44
	净利润(万元)	10209.04	13278.75	7541.92	12786.55
	营业利润(万元)	15816.98	18016.84	12025.65	17100.23
	利润总额(万元)	16872.80	21637.00	12867.45	19942.82

湖北仰帆控股股份有限公司

公司概况					
公司名称	湖北仰帆控股股份有限公司			证券简称	仰帆控股
法人代表	周伟兴	董秘	闻彩兵	证券代码	600421
公司网址			电子信箱		
电　　话	027-87654767		传　　真	027-87654767	
办公地址	湖北省武汉市武昌区武珞路628号亚洲贸易广场B座22层				
经营范围	企业投资开发、房地产开发、经营				

主要财务指标				
指标＼报告期	2014.06.30	2013.12.31	2013.06.30	2012.12.31
基本每股收益(元)	0.0060	0.0700	0.0750	0.6100
基本每股收益(扣除后)(元)	0.0019	–0.0100	0.0750	–0.0300
稀释每股收益(元)	0.0060	0.0700	0.0750	0.6100
每股净资产(元)	0.0226	0.0168	–0.1742	–0.2488
每股经营现金净流量(元)	0.0103	–0.0071	–0.6620	0.3544
每股现金流量(元)	–0.5048	–0.1019	–0.6169	0.6345
每股资本公积金(元)	1.0013	1.0013	0.8062	0.8062
每股盈余公积金(元)	0.1433	0.1433	0.1433	0.1433
每股未分配利润(元)	–2.1220	–2.1278	–2.1237	–2.1983
净资产收益率(%)	25.4856	419.7445	–42.8500	–246.0572
加权净资产收益率(%)	–	–38.0900	–	–110.3300
净资产收益率(扣除)(%)	8.5157	–49.8008	–42.8552	12.2045
总资产(万元)	9030.31	17210.39	1048.85	17234.00
归属母公司股东权益(万元)	441.14	328.71	–3406.72	–4866.68
营业收入(万元)	2811.90	11141.81	4156.57	4918.90
营业支出(万元)	2347.31	10888.15	4092.75	4653.48
投资收益(万元)	–	1156.46	1440.29	–
净利润(万元)	112.43	1379.75	1459.96	11974.81
营业利润(万元)	144.01	1041.03	1461.84	–576.52
利润总额(万元)	218.87	1429.62	1461.84	11992.24

昆明制药集团股份有限公司

公司概况					
公司名称	昆明制药集团股份有限公司			证券简称	昆明制药
法人代表	何勤	董秘	徐朝能	证券代码	600422
公司网址	www.kpc.com.cn		电子信箱	bing.lu@holley.cn	
电　　话	0871-8324311		传　　真	0871-8324267	
办公地址	云南省昆明市国家高新技术开发区科医路166号				
经营范围	天然植物药的生产经营和外购药品的批发零售				

主要财务指标				
指标＼报告期	2014.06.30	2013.12.31	2013.06.30	2012.12.31
基本每股收益(元)	0.4337	0.7118	0.3711	0.5785
基本每股收益(扣除后)(元)	0.3785	0.6553	0.3630	0.5295
稀释每股收益(元)	0.4337	0.7118	0.3711	0.5785
每股净资产(元)	5.2372	5.1534	3.0594	2.9878
每股经营现金净流量(元)	0.6728	0.7093	0.0129	0.6790
每股现金流量(元)	0.6091	0.0248	–0.1696	0.1688
每股资本公积金(元)	2.5014	2.5014	0.6348	0.6348
每股盈余公积金(元)	0.2758	0.2758	0.2423	0.2423
每股未分配利润(元)	1.4522	1.3684	1.1769	1.1057
净资产收益率(%)	8.2816	13.1755	12.1309	19.3623
加权净资产收益率(%)	7.9500	18.1500	10.4600	20.9400
净资产收益率(扣除)(%)	7.2273	12.1292	11.8650	17.7221
总资产(万元)	289877.47	288583.95	232845.69	215176.51
归属母公司股东权益(万元)	178655.00	175799.14	96120.34	93868.01
营业收入(万元)	195258.08	358429.49	177304.06	301602.18
营业支出(万元)	133195.07	253943.49	122560.28	205826.11
投资收益(万元)	1320.50	499.09	–	1.39
净利润(万元)	14795.53	23162.33	11660.25	18175.01
营业利润(万元)	17968.46	26605.26	15205.89	22217.27
利润总额(万元)	18874.59	28362.91	15406.47	24196.67

柳州化工股份有限公司

公司概况					
公司名称	柳州化工股份有限公司			证券简称	柳化股份
法人代表	覃永强	董秘	龙立萍	证券代码	600423
公司网址	www.lzhg.cn		电子信箱	yuanzg2001@163.net	
电　　话	0772-2519434		传　　真	0772-2510401	
办公地址	广西壮族自治区柳州市北雀路67号				
经营范围	以煤为原料、以合成氨为中间产品的系列氨加工产品的生产和销售				

主要财务指标				
指标＼报告期	2014.06.30	2013.12.31	2013.06.30	2012.12.31
基本每股收益(元)	–0.0500	–0.3700	–0.0400	0.1000
基本每股收益(扣除后)(元)	–0.0500	–0.5100	–0.0400	0.0200
稀释每股收益(元)	–0.0500	–0.3700	–0.0400	0.1000
每股净资产(元)	3.2060	3.3363	3.6376	3.7746
每股经营现金净流量(元)	0.9197	1.0373	0.8746	0.7200
每股现金流量(元)	0.3295	0.2526	0.0197	–0.2371
每股资本公积金(元)	1.4182	2.1189	1.5009	1.5526
每股盈余公积金(元)	0.2232	0.2232	0.2232	0.2232
每股未分配利润(元)	0.5452	0.6014	0.9114	1.0416
净资产收益率(%)	–1.4731	–11.1713	–1.7245	2.7483
加权净资产收益率(%)	–1.2000	–10.3600	–1.0600	2.7600
净资产收益率(扣除)(%)	–1.5820	–15.2318	–1.8054	0.4285
总资产(万元)	537978.33	523372.55	425390.95	440382.00
归属母公司股东权益(万元)	128030.07	157752.84	145267.70	152448.05
营业收入(万元)	150984.11	258669.31	162709.38	292952.26
营业支出(万元)	130262.12	231822.50	137389.77	249905.12
投资收益(万元)	–	5392.67	–5.34	3651.86
净利润(万元)	–1885.96	–14883.99	–1611.33	4189.72
营业利润(万元)	–1747.60	–16126.34	–1764.25	3783.65
利润总额(万元)	–1582.98	–15210.76	–1586.34	4320.42

新疆青松建材化工(集团)股份有限公司

公司概况					
公司名称	新疆青松建材化工(集团)股份有限公司			证券简称	青松建化
法人代表	甘军	董秘	尹华军	证券代码	600425
公司网址	www.xjqscc.com		电子信箱	yhj0186@sina.com	
电　　话	0997-2813793 2811282		传　　真	0997-2811675	
办公地址	新疆维吾尔自治区阿克苏市林园				
经营范围	水泥及水泥制品的生产和销售				

主要财务指标				
指标＼报告期	2014.06.30	2013.12.31	2013.06.30	2012.12.31
基本每股收益(元)	–0.1120	0.0600	0.0040	0.1000
基本每股收益(扣除后)(元)	–0.1190	0.0300	0.0023	0.0800
稀释每股收益(元)	–0.1120	0.0600	0.0040	0.1000
每股净资产(元)	3.7469	3.9083	3.8348	7.7841
每股经营现金净流量(元)	0.0132	0.0918	0.0546	0.4392
每股现金流量(元)	0.7114	–2.1242	–1.6055	4.1189
每股资本公积金(元)	2.3221	2.3221	2.3211	5.6422
每股盈余公积金(元)	0.0829	0.0829	0.0764	0.1550
每股未分配利润(元)	0.3268	0.4887	0.4244	0.9626
净资产收益率(%)	–2.9884	1.6078	0.0913	1.8718
加权净资产收益率(%)	–2.9190	1.6200	0.0900	2.4100
净资产收益率(扣除)(%)	–3.1793	0.6482	0.0607	2.0628
总资产(万元)	1279540.88	1185118.24	987796.46	1125433.92
归属母公司股东权益(万元)	516615.09	538867.50	528737.04	536629.30
营业收入(万元)	122792.69	242548.90	108706.49	230053.53
营业支出(万元)	120641.73	210732.70	92036.63	192299.24
投资收益(万元)	648.71	4646.64	1088.70	4250.17
净利润(万元)	–15438.44	8663.86	482.68	11607.99
营业利润(万元)	–28453.43	–9437.82	–3459.89	7081.31
利润总额(万元)	–23949.92	9946.47	1263.66	14798.03

山东华鲁恒升化工股份有限公司

公司概况	公司名称	山东华鲁恒升化工股份有限公司			证券简称	华鲁恒升
	法人代表	常怀春	董秘	高文军	证券代码	600426
	公司网址	www.hl-hengsheng.com		电子信箱	hl600426@sina.com	
	电　话	0534-2465426		传　真	0534-2465017	
	办公地址	山东省德州市德城区天衢西路 24 号				
	经营范围	尿素、DMF 和三甲胺的生产和销售				

主要财务指标	指标＼报告期	2014.06.30	2013.12.31	2013.06.30	2012.12.31
	基本每股收益(元)	0.4320	0.5130	0.1990	0.4740
	基本每股收益(扣除后)(元)	0.4330	0.5110	0.1960	0.4700
	稀释每股收益(元)	0.4320	0.5130	0.1990	0.4740
	每股净资产(元)	6.5067	6.1541	5.9920	5.7907
	每股经营现金净流量(元)	0.8708	1.4543	0.7445	0.5297
	每股现金流量(元)	0.2395	-0.4128	-0.0831	-0.0902
	每股资本公积金(元)	2.4245	2.4245	2.4245	2.4245
	每股盈余公积金(元)	0.3812	0.3812	0.3298	0.3298
	每股未分配利润(元)	2.7002	2.3484	2.2356	2.0364
	净资产收益率(%)	6.6365	8.3413	3.3251	8.1773
	加权净资产收益率(%)	6.7900	8.5800	3.3800	8.5300
	净资产收益率(扣除)(%)	6.6532	8.3053	3.2659	8.1221
	总资产(万元)	1316642.74	1237801.62	1226317.01	1202917.40
	归属母公司股东权益(万元)	620497.00	586865.89	571414.82	552217.99
	营业收入(万元)	470232.49	846941.37	364415.69	700311.92
	营业支出(万元)	391793.92	732398.68	316250.66	598416.86
	投资收益(万元)	-	-	-	-
	净利润(万元)	41179.53	48952.28	19000.02	45156.53
	营业利润(万元)	48644.57	57524.90	21954.87	52884.44
	利润总额(万元)	48523.11	57773.24	22352.96	53242.98

中远航运股份有限公司

公司概况	公司名称	中远航运股份有限公司			证券简称	中远航运
	法人代表	叶伟龙	董秘	李建雄	证券代码	600428
	公司网址	www.coscol.com.cn		电子信箱	info@coscol.com.cn	
	电　话	020-38161888		传　真	020-38162888	
	办公地址	广东省广州市天河区珠江新城花城大道 20 号广州远洋大厦 15-26 楼				
	经营范围	远洋及沿海运输				

主要财务指标	指标＼报告期	2014.06.30	2013.12.31	2013.06.30	2012.12.31
	基本每股收益(元)	0.0070	0.0190	-0.0460	-0.0390
	基本每股收益(扣除后)(元)	-0.0010	-0.0310	-0.0480	0.0090
	稀释每股收益(元)	0.0070	0.0190	-0.0460	-0.0390
	每股净资产(元)	3.8500	3.8348	3.9597	5.1800
	每股经营现金净流量(元)	0.2149	0.1796	-0.0204	0.3592
	每股现金流量(元)	-0.3286	-1.3524	-1.5367	0.0305
	每股资本公积金(元)	1.3401	1.3420	1.7791	2.6552
	每股盈余公积金(元)	0.4737	0.4737	0.4737	0.4737
	每股未分配利润(元)	1.2020	1.1952	0.8590	1.1759
	净资产收益率(%)	0.1756	0.5035	-1.1656	0.2911
	加权净资产收益率(%)	0.1800	0.5000	-1.1000	-0.7500
	净资产收益率(扣除)(%)	-0.0350	-0.8146	-1.2093	0.2372
	总资产(万元)	1712002.55	1752091.00	1728428.57	1915941.59
	归属母公司股东权益(万元)	651368.27	648246.47	669360.57	875200.01
	营业收入(万元)	357181.88	744161.44	363004.09	768991.54
	营业支出(万元)	323897.80	696661.77	339230.33	701003.12
	投资收益(万元)	4235.78	8547.24	3047.84	7673.05
	净利润(万元)	1143.77	3263.88	-7802.31	-6642.12
	营业利润(万元)	1504.02	-7793.00	-7722.49	1907.76
	利润总额(万元)	2950.23	1537.58	-7331.74	3325.64

北京三元食品股份有限公司

公司概况	公司名称	北京三元食品股份有限公司			证券简称	三元股份
	法人代表	张福平	董秘	谷子	证券代码	600429
	公司网址	www.sanyuan.com.cn		电子信箱	zhengquanbu@sanyuan.com.cn	
	电　话	010-56306020 56306096		传　真	010-56306655	
	办公地址	北京市大兴区瀛海瀛昌街 8 号				
	经营范围	乳及乳制品的生产、销售业务				

主要财务指标	指标＼报告期	2014.06.30	2013.12.31	2013.06.30	2012.12.31
	基本每股收益(元)	0.2023	-0.2560	-0.0430	0.0371
	基本每股收益(扣除后)(元)	-0.0858	-0.2724	-0.0444	-0.0409
	稀释每股收益(元)	0.2023	-0.2560	-0.0430	0.0371
	每股净资产(元)	1.9106	1.7826	1.9960	2.0390
	每股经营现金净流量(元)	0.0654	-0.0307	0.0119	0.2248
	每股现金流量(元)	0.0509	-0.1822	-0.1142	-0.1508
	每股资本公积金(元)	1.0282	1.1025	1.1025	1.1016
	每股盈余公积金(元)	0.0858	0.0858	0.0858	0.0858
	每股未分配利润(元)	-0.2060	-0.4084	-0.1954	-0.1524
	净资产收益率(%)	10.5896	-14.3600	-2.1533	1.8178
	加权净资产收益率(%)	10.9567	-13.4000	-2.1303	1.8300
	净资产收益率(扣除)(%)	-4.4919	-15.2810	-2.2239	-2.0082
	总资产(万元)	422257.13	351671.61	358890.84	364564.12
	归属母公司股东权益(万元)	169088.05	157759.83	176642.47	180448.45
	营业收入(万元)	224875.66	378773.19	185105.41	355296.36
	营业支出(万元)	170939.09	298128.95	141842.21	275301.83
	投资收益(万元)	1640.59	4905.16	1451.77	8953.95
	净利润(万元)	17905.80	-22654.30	-3803.61	3280.18
	营业利润(万元)	-8132.98	-29386.90	-5179.60	-5820.83
	利润总额(万元)	17383.69	-27941.46	-5065.48	1321.24

吉林吉恩镍业股份有限公司

公司概况	公司名称	吉林吉恩镍业股份有限公司			证券简称	吉恩镍业
	法人代表	吴术	董秘	王行龙	证券代码	600432
	公司网址	www.jlnickel.com.cn		电子信箱	zhq@jlnickel.com.cn	
	电　话	0432-65610887		传　真	0432-65614429	
	办公地址	吉林省磐石市红旗岭镇红旗大街 54 号				
	经营范围	硫酸镍、高冰镍、电解镍、氢氧化镍、氯化镍、硫酸铜、铜精矿等				

主要财务指标	指标＼报告期	2014.06.30	2013.12.31	2013.06.30	2012.12.31
	基本每股收益(元)	0.0050	0.1200	-0.0800	-0.0300
	基本每股收益(扣除后)(元)	0.0040	-0.1300	-0.0900	-0.4300
	稀释每股收益(元)	0.0050	0.1200	-0.0800	-0.0300
	每股净资产(元)	3.5334	3.6561	3.8149	3.9821
	每股经营现金净流量(元)	-0.1071	0.1019	-0.4584	0.7035
	每股现金流量(元)	1.7910	-0.0891	2.0777	0.2209
	每股资本公积金(元)	1.4236	1.4144	1.3754	1.4195
	每股盈余公积金(元)	0.2805	0.2805	0.2781	0.2781
	每股未分配利润(元)	1.3135	1.3587	1.1570	1.2397
	净资产收益率(%)	0.1341	3.3229	-2.1672	-0.6388
	加权净资产收益率(%)	0.1300	3.0100	-2.1200	-0.6200
	净资产收益率(扣除)(%)	0.1061	-3.5804	-2.2705	-10.7853
	总资产(万元)	2403855.73	1988550.60	2058608.41	1705676.07
	归属母公司股东权益(万元)	286600.43	296551.14	309433.81	322993.98
	营业收入(万元)	142481.84	236934.46	74777.44	249568.52
	营业支出(万元)	114873.84	186999.07	61201.15	220668.92
	投资收益(万元)	-483.38	-421.96	161.85	43461.80
	净利润(万元)	384.37	9854.05	-6705.96	-2063.29
	营业利润(万元)	-4400.91	-17788.39	-10911.10	-6595.50
	利润总额(万元)	-4431.23	2746.61	-10962.94	-5546.84

广东冠豪高新技术股份有限公司

公司概况	公司名称	广东冠豪高新技术股份有限公司			证券简称	冠豪高新
	法人代表	童来明	董秘	陈华春	证券代码	600433
	公司网址	www.guanhao.com		电子信箱	chc@guanhao.com	
	电　话	0759-2820938		传　真	0759-2820680	
	办公地址	广东省湛江市东海岛东海大道313号				
	经营范围	生产和销售热敏记录纸、无碳复写纸及其微胶囊				

主要财务指标	指标＼报告期	2014.06.30	2013.12.31	2013.06.30	2012.12.31
	基本每股收益(元)	0.0600	0.1300	0.0300	0.1700
	基本每股收益(扣除后)(元)	0.0300	0.0500	0.0200	0.0400
	稀释每股收益(元)	0.0600	0.1300	0.0300	0.1700
	每股净资产(元)	1.4689	1.4068	1.3070	2.6750
	每股经营现金净流量(元)	0.0658	0.0777	0.0142	0.1328
	每股现金流量(元)	−0.1211	0.0693	−0.1336	−0.7660
	每股资本公积金(元)	0.0791	0.0791	0.0791	1.1582
	每股盈余公积金(元)	0.0544	0.0544	0.0427	0.0853
	每股未分配利润(元)	0.3353	0.2729	0.1853	0.4315
	净资产收益率(%)	4.2524	9.1869	2.2584	12.7004
	加权净资产收益率(%)	4.3400	9.4900	2.2300	13.4500
	净资产收益率(扣除)(%)	1.9748	3.7107	1.5655	3.1381
	总资产(万元)	317083.77	297923.74	243883.17	220918.39
	归属母公司股东权益(万元)	174835.76	167400.96	155574.54	159202.75
	营业收入(万元)	49847.20	94573.45	46415.21	93119.39
	营业支出(万元)	37767.33	70809.95	35744.70	72640.13
	投资收益(万元)	347.60	9882.52	351.80	15253.17
	净利润(万元)	7434.80	15382.93	3513.47	20219.42
	营业利润(万元)	4154.13	16689.77	3020.20	21266.61
	利润总额(万元)	8844.22	17922.97	4288.71	24011.83

北方导航控制技术股份有限公司

公司概况	公司名称	北方导航控制技术股份有限公司			证券简称	北方导航
	法人代表	苏立航	董秘	赵晗	证券代码	600435
	公司网址	www.bfdh.com.cn		电子信箱	600435@bfdh.com.cn	
	电　话	010-58089788		传　真	010-58089803	
	办公地址	北京市北京经济技术开发区科创十五街2号				
	经营范围	惯性导航制导类产品、精密光机电一体化产品、遥感信息系统技术产品等				

主要财务指标	指标＼报告期	2014.06.30	2013.12.31	2013.06.30	2012.12.31
	基本每股收益(元)	0.0040	0.0300	0.0050	0.0200
	基本每股收益(扣除后)(元)	0.0010	0.0200	−0.0010	−0.0100
	稀释每股收益(元)	0.0040	0.0300	0.0050	0.0200
	每股净资产(元)	2.7678	2.8124	2.7875	2.8810
	每股经营现金净流量(元)	−0.1366	0.3166	0.0033	0.3841
	每股现金流量(元)	−0.4423	0.0851	−0.2424	0.0261
	每股资本公积金(元)	1.0206	1.0206	1.0206	1.0206
	每股盈余公积金(元)	0.1124	0.1124	0.1110	0.1110
	每股未分配利润(元)	0.6325	0.6788	0.6541	0.7494
	净资产收益率(%)	0.1332	1.0941	0.1643	0.5598
	加权净资产收益率(%)	0.1300	1.0800	0.1600	0.5600
	净资产收益率(扣除)(%)	0.0392	0.5526	−0.0531	−0.4466
	总资产(万元)	348153.06	371960.25	346759.67	362939.79
	归属母公司股东权益(万元)	206109.64	209427.89	207577.27	214539.71
	营业收入(万元)	42937.43	105169.86	36116.20	104335.42
	营业支出(万元)	27591.10	72202.57	24417.06	76426.19
	投资收益(万元)	–	4.26	–	1001.80
	净利润(万元)	271.54	2291.33	341.06	1200.91
	营业利润(万元)	2094.46	6690.72	1559.64	3991.96
	利润总额(万元)	2433.22	8266.92	2281.41	5590.80

漳州片仔癀药业股份有限公司

公司概况	公司名称	漳州片仔癀药业股份有限公司			证券简称	片仔癀
	法人代表	刘建顺	董秘	陈金城	证券代码	600436
	公司网址	www.zzpzh.com		电子信箱	pzhych@zzpzh.com	
	电　话	0596-2305239 2301955		传　真	0596-2300313	
	办公地址	福建省漳州市芗城区上街1号				
	经营范围	片仔癀、茵胆平肝胶囊、清热止咳颗粒心舒宝片等中成药的生产经营				

主要财务指标	指标＼报告期	2014.06.30	2013.12.31	2013.06.30	2012.12.31
	基本每股收益(元)	1.3500	2.7300	1.4600	2.2500
	基本每股收益(扣除后)(元)	1.3300	2.5700	1.4300	2.2800
	稀释每股收益(元)	1.3500	2.7300	1.4600	2.2500
	每股净资产(元)	15.6155	15.5779	11.4175	10.7160
	每股经营现金净流量(元)	0.4213	1.7052	0.6509	1.1600
	每股现金流量(元)	−1.0982	1.2995	−0.8371	0.4480
	每股资本公积金(元)	7.0681	7.2943	3.5091	3.6251
	每股盈余公积金(元)	1.3522	1.3522	1.2622	1.2622
	每股未分配利润(元)	6.2068	5.9430	5.6588	4.8414
	净资产收益率(%)	8.6513	17.1480	14.0774	23.2316
	加权净资产收益率(%)	8.3100	21.9200	13.9500	27.4700
	净资产收益率(扣除)(%)	8.4922	16.1108	13.8193	21.2386
	总资产(万元)	320359.29	325929.44	238874.91	223077.46
	归属母公司股东权益(万元)	251228.82	250623.73	159844.47	150023.69
	营业收入(万元)	76495.98	139586.85	71494.68	117115.37
	营业支出(万元)	39126.77	63415.06	33454.56	55132.79
	投资收益(万元)	621.28	2147.67	578.68	516.76
	净利润(万元)	21734.62	42976.84	22501.90	34852.97
	营业利润(万元)	24894.61	49668.16	26363.44	38999.04
	利润总额(万元)	25356.64	50953.37	26840.29	41525.91

通威股份有限公司

公司概况	公司名称	通威股份有限公司			证券简称	通威股份
	法人代表	刘汉元	董秘	李高飞	证券代码	600438
	公司网址	www.tongwei.com.cn		电子信箱	ligaofei@tongwei.com	
	电　话	028-86168551 86168555		传　真	028-85199999	
	办公地址	四川省成都市二环路南四段11号				
	经营范围	生产、销售饲料及饲料添加剂				

主要财务指标	指标＼报告期	2014.06.30	2013.12.31	2013.06.30	2012.12.31
	基本每股收益(元)	0.1033	0.4125	0.0629	0.1396
	基本每股收益(扣除后)(元)	0.0875	0.3888	0.0513	0.1146
	稀释每股收益(元)	0.1033	0.4125	0.0629	0.1396
	每股净资产(元)	2.5676	2.7716	2.1072	2.1521
	每股经营现金净流量(元)	0.3896	1.0115	1.0031	0.5529
	每股现金流量(元)	−0.0453	0.3056	−0.3153	0.4886
	每股资本公积金(元)	0.5695	0.5758	0.0656	0.0656
	每股盈余公积金(元)	0.2074	0.2074	0.2233	0.2233
	每股未分配利润(元)	0.8435	1.0403	0.8775	0.9146
	净资产收益率(%)	4.0218	13.5058	2.9858	6.4861
	加权净资产收益率(%)	3.6600	17.2800	3.0200	6.6100
	净资产收益率(扣除)(%)	3.4096	12.7291	2.4328	5.3256
	总资产(万元)	628620.22	533640.42	474903.90	454116.88
	归属母公司股东权益(万元)	209804.77	226473.11	144874.31	147960.24
	营业收入(万元)	637239.73	1518986.00	582564.76	1349078.53
	营业支出(万元)	567823.55	1370288.34	527717.19	1234510.38
	投资收益(万元)	4221.12	2837.01	74.57	131.33
	净利润(万元)	8437.92	30587.10	4325.68	9596.87
	营业利润(万元)	9154.54	33754.22	3312.85	8526.60
	利润总额(万元)	11579.83	37388.29	5015.90	11835.98

河南瑞贝卡发制品股份有限公司

公司概况	公司名称	河南瑞贝卡发制品股份有限公司		证券简称	瑞贝卡
	法人代表	郑有全	董秘 胡丽平	证券代码	600439
	公司网址	www.rebecca.com.cn		电子信箱	rbk600439@rebeccafashion.cn
	电　话	0374-5136699		传　真	0374-5136567
	办公地址	河南省许昌县尚集产业集聚区昌盛路666号			
	经营范围	发制品的生产和销售			

主要财务指标 指标\报告期	2014.06.30	2013.12.31	2013.06.30	2012.12.31
基本每股收益(元)	0.0886	0.1829	0.0956	0.1681
基本每股收益(扣除后)(元)	0.0880	0.1672	0.0957	0.1492
稀释每股收益(元)	0.0886	0.1829	0.0956	0.1681
每股净资产(元)	2.3842	2.3855	2.3025	2.3067
每股经营现金净流量(元)	-0.0705	0.0478	-0.0036	-0.0889
每股现金流量(元)	-0.0063	-0.4251	-0.1741	0.2257
每股资本公积金(元)	0.4634	0.4634	0.4634	0.4634
每股盈余公积金(元)	0.1620	0.1620	0.1487	0.1487
每股未分配利润(元)	0.9184	0.9098	0.8358	0.8201
净资产收益率(%)	3.7177	7.6688	4.1536	7.2860
加权净资产收益率(%)	3.7400	7.8100	4.1000	7.3800
净资产收益率(扣除)(%)	3.6928	7.0076	4.1544	6.4693
总资产(万元)	420611.90	404471.54	410811.38	424825.14
归属母公司股东权益(万元)	224905.61	225032.68	217203.56	217595.89
营业收入(万元)	97963.73	212914.21	104784.18	224554.65
营业支出(万元)	76737.78	165669.77	84566.83	177519.42
投资收益(万元)	-	800.00	800.00	-
净利润(万元)	8361.32	17257.29	9021.79	15853.27
营业利润(万元)	1668.02	860.40	-178.70	2469.08
利润总额(万元)	9235.95	19506.35	9748.74	18283.83

安徽国通高新管业股份有限公司

公司概况	公司名称	安徽国通高新管业股份有限公司		证券简称	国通管业
	法人代表	陈学东	董秘 钱俊	证券代码	600444
	公司网址	www.guotone.com		电子信箱	gt600444@126.com
	电　话	0551-63817860 63817778		传　真	0551-63817000
	办公地址	安徽省合肥市经济技术开发区繁华大道国通工业园			
	经营范围	PVC波纹管、PE波纹管、燃气管、给水管的研发、生产、销售业务			

主要财务指标 指标\报告期	2014.06.30	2013.12.31	2013.06.30	2012.12.31
基本每股收益(元)	-0.1801	0.0400	-0.0580	-0.3900
基本每股收益(扣除后)(元)	-0.1805	-0.1400	-0.0960	-0.3800
稀释每股收益(元)	-0.1801	0.0400	-0.0580	-0.3900
每股净资产(元)	-0.1337	0.0465	-0.3891	-0.3308
每股经营现金净流量(元)	-0.0109	-0.2946	-0.2822	-0.1650
每股现金流量(元)	-0.2098	-0.0040	-0.3297	0.1176
每股资本公积金(元)	1.0516	1.0516	0.7183	0.7183
每股盈余公积金(元)	0.1520	0.1520	0.1520	0.1520
每股未分配利润(元)	-2.3373	-2.1572	-2.2597	-2.2015
净资产收益率(%)	-134.7778	95.2380	-14.9729	-118.6335
加权净资产收益率(%)	-	-	-	-
净资产收益率(扣除)(%)	135.0768	-309.8143	24.6990	116.2243
总资产(万元)	46960.83	50147.23	47427.01	47356.85
归属母公司股东权益(万元)	-1403.33	488.24	-4085.75	-3472.88
营业收入(万元)	15491.20	42150.30	17242.71	30016.96
营业支出(万元)	14022.15	37909.39	15903.54	27998.58
投资收益(万元)	-	16.56	-	-
净利润(万元)	-1891.37	464.99	-611.76	-4120.00
营业利润(万元)	-2084.59	-2210.05	-1231.81	-5242.38
利润总额(万元)	-2093.05	-166.26	-768.48	-5323.96

深圳市金证科技股份有限公司

公司概况	公司名称	深圳市金证科技股份有限公司		证券简称	金证股份
	法人代表	赵剑	董秘 王凯	证券代码	600446
	公司网址	www.szkingdom.com		电子信箱	wangkai@szkingdom.com
	电　话	0755-86393989		传　真	0755-86393986
	办公地址	广东省深圳市南山区高新南五道金证科技大楼8-9层			
	经营范围	金融证券软件、系统集成及服务			

主要财务指标 指标\报告期	2014.06.30	2013.12.31	2013.06.30	2012.12.31
基本每股收益(元)	0.1686	0.4200	0.1408	0.2700
基本每股收益(扣除后)(元)	0.1624	0.3900	0.1296	0.2200
稀释每股收益(元)	0.1673	0.4100	0.1401	0.2700
每股净资产(元)	2.7156	2.6010	2.3148	2.1700
每股经营现金净流量(元)	-0.3840	0.3380	-0.1255	0.1572
每股现金流量(元)	-0.5330	0.2642	-0.0905	-0.2473
每股资本公积金(元)	0.1546	0.1157	0.1042	0.0682
每股盈余公积金(元)	0.2187	0.2200	0.1823	0.1832
每股未分配利润(元)	1.3422	1.2653	1.0283	0.9202
净资产收益率(%)	6.1794	15.9885	6.0631	12.5390
加权净资产收益率(%)	6.9300	17.5000	6.8000	13.0200
净资产收益率(扣除)(%)	5.9528	14.9944	5.5808	10.0338
总资产(万元)	219988.44	180528.40	168091.14	120209.92
归属母公司股东权益(万元)	71730.08	68304.12	60740.39	56707.91
营业收入(万元)	101433.28	203161.34	83917.20	188301.31
营业支出(万元)	79752.07	161299.34	67147.43	152420.97
投资收益(万元)	-127.44	-241.93	-279.92	29.66
净利润(万元)	4432.49	10920.80	3682.76	7110.40
营业利润(万元)	5624.89	13145.00	4380.88	8225.45
利润总额(万元)	5919.03	13888.57	4947.52	9562.54

华纺股份有限公司

公司概况	公司名称	华纺股份有限公司		证券简称	华纺股份
	法人代表	王力民	董秘 陈宝军	证券代码	600448
	公司网址	www.hfgf.cn		电子信箱	hfzqb@hfgf.cn
	电　话	0543-3288507 3288398		传　真	0543-3288555
	办公地址	山东省滨州市黄河二路819号			
	经营范围	棉纺、毛纺、印染产品的生产、加工、销售和进出口贸易			

主要财务指标 指标\报告期	2014.06.30	2013.12.31	2013.06.30	2012.12.31
基本每股收益(元)	0.0400	0.0500	0.0300	0.0300
基本每股收益(扣除后)(元)	0.0300	0.0200	0.0300	0.1200
稀释每股收益(元)	0.0400	0.0500	0.0300	0.0300
每股净资产(元)	1.9194	1.3159	1.2950	1.2629
每股经营现金净流量(元)	0.1192	0.1715	0.1607	0.0768
每股现金流量(元)	0.6158	0.3274	-0.0242	-0.2479
每股资本公积金(元)	1.5385	1.1777	1.1777	1.1777
每股盈余公积金(元)	0.0188	0.0248	0.0248	0.0248
每股未分配利润(元)	-0.6378	-0.8865	-0.9075	-0.9396
净资产收益率(%)	1.7401	4.0403	2.4801	2.0533
加权净资产收益率(%)	2.2900	4.1200	2.5100	1.9400
净资产收益率(扣除)(%)	1.5472	1.5003	2.1135	9.4359
总资产(万元)	210253.30	170637.33	133664.38	139494.91
归属母公司股东权益(万元)	81069.74	42083.99	41413.30	40386.21
营业收入(万元)	107219.14	222181.31	102334.87	215376.79
营业支出(万元)	99861.44	205159.25	94562.10	197765.06
投资收益(万元)	-	-	3.57	-1363.73
净利润(万元)	1410.69	1700.31	1027.10	829.24
营业利润(万元)	1180.45	487.99	866.30	1304.78
利润总额(万元)	1336.87	1616.82	1018.12	822.25

宁夏建材集团股份有限公司

公司概况	公司名称	宁夏建材集团股份有限公司			证券简称	宁夏建材
	法人代表	尹自波	董秘	武雄	证券代码	600449
	公司网址	www.saimasy.com.cn		电子信箱	wuxiong@sinoma.cn	
	电　话	0951-2085256 2052215		传　真	0951-2085256	
	办公地址	宁夏回族自治区银川市西夏区新小线二公里处				
	经营范围	水泥及水泥熟料的生产与销售				

	指标\报告期	2014.06.30	2013.12.31	2013.06.30	2012.12.31
主要财务指标	基本每股收益(元)	0.2400	0.6300	0.1700	0.1300
	基本每股收益(扣除后)(元)	0.2300	0.6900	0.1700	0.1000
	稀释每股收益(元)	0.2400	0.6300	0.1700	0.1300
	每股净资产(元)	8.5800	8.5232	8.0770	7.9496
	每股经营现金净流量(元)	0.3211	1.2077	0.6534	0.2481
	每股现金流量(元)	-0.0118	-0.8120	-0.9541	-0.7256
	每股资本公积金(元)	4.2549	4.2549	4.2549	4.2549
	每股盈余公积金(元)	0.2766	0.2766	0.2685	0.2685
	每股未分配利润(元)	3.0351	2.9873	2.5398	2.4181
	净资产收益率(%)	2.7729	7.3598	2.1257	1.6106
	加权净资产收益率(%)	2.7500	7.6200	2.1400	1.6200
	净资产收益率(扣除)(%)	2.6751	8.0504	2.0490	1.2151
	总资产(万元)	816728.95	799705.51	770488.18	769783.63
	归属母公司股东权益(万元)	410272.15	407682.29	386337.15	380242.59
	营业收入(万元)	185755.65	420687.37	171643.85	314786.79
	营业支出(万元)	130314.92	301194.03	124592.54	251343.57
	投资收益(万元)	371.08	-7325.99	-3211.12	-6363.71
	净利润(万元)	11376.34	30004.56	8212.48	6124.06
	营业利润(万元)	15957.79	24403.49	11313.64	-3867.47
	利润总额(万元)	18080.88	47194.29	12212.73	15643.38

重庆涪陵电力实业股份有限公司

公司概况	公司名称	重庆涪陵电力实业股份有限公司			证券简称	涪陵电力
	法人代表	张波	董秘	蔡彬	证券代码	600452
	公司网址	www.flepc.com		电子信箱	fldlcaibin@163.com	
	电　话	023-72286777 72286349		传　真	023-72286777 72286349	
	办公地址	重庆市涪陵区望州路20号				
	经营范围	电力供应、销售				

	指标\报告期	2014.06.30	2013.12.31	2013.06.30	2012.12.31
主要财务指标	基本每股收益(元)	0.2200	0.3400	0.1600	0.1800
	基本每股收益(扣除后)(元)	0.2100	0.2400	0.1500	0.1400
	稀释每股收益(元)	0.2200	0.3400	0.1600	0.1800
	每股净资产(元)	2.9026	2.6805	2.4297	2.2700
	每股经营现金净流量(元)	0.6005	0.6184	0.4356	-0.0643
	每股现金流量(元)	0.2752	-0.2922	-0.0545	-0.4092
	每股资本公积金(元)	1.5121	1.5116	1.4424	1.4387
	每股盈余公积金(元)	0.2137	0.2137	0.2137	0.2137
	每股未分配利润(元)	0.1768	-0.0448	-0.2263	-0.3832
	净资产收益率(%)	7.6345	12.6258	6.4568	7.7910
	加权净资产收益率(%)	7.9400	13.8400	6.6800	8.0700
	净资产收益率(扣除)(%)	7.4018	9.0243	6.0865	6.1683
	总资产(万元)	77163.50	73557.98	79534.57	81303.45
	归属母公司股东权益(万元)	46441.57	42888.09	38874.80	36305.63
	营业收入(万元)	56799.50	124392.17	53783.67	111619.23
	营业支出(万元)	50975.84	107310.63	47160.18	98103.84
	投资收益(万元)	657.93	515.64	218.81	318.69
	净利润(万元)	3545.58	5414.95	2510.06	2828.57
	营业利润(万元)	4186.23	4766.27	3013.64	4049.78
	利润总额(万元)	4215.13	6260.15	3092.37	4623.48

西安博通资讯股份有限公司

公司概况	公司名称	西安博通资讯股份有限公司			证券简称	博通股份
	法人代表	张劲峰	董秘	蔡启龙	证券代码	600455
	公司网址	www.butone.com		电子信箱	caiql@butone.com	
	电　话	029-82693206		传　真	029-82693205	
	办公地址	陕西省西安市高新技术开发区东区火炬路3号楼10层C座				
	经营范围	拥有自主知识产权应用软件产品、行业解决方案的研发销售等				

	指标\报告期	2014.06.30	2013.12.31	2013.06.30	2012.12.31
主要财务指标	基本每股收益(元)	0.0100	0.1700	0.0800	0.2600
	基本每股收益(扣除后)(元)	-0.0100	0.0700	0.0700	0.2100
	稀释每股收益(元)	0.0100	0.1700	0.0800	0.2600
	每股净资产(元)	2.0072	2.0021	1.9098	1.8334
	每股经营现金净流量(元)	-0.7836	0.1257	-1.0213	0.9970
	每股现金流量(元)	-1.1502	-1.4994	-1.8607	0.1548
	每股资本公积金(元)	2.3322	2.3322	2.3322	2.3322
	每股盈余公积金(元)	0.1176	0.1176	0.1176	0.1176
	每股未分配利润(元)	-1.4425	-1.4477	-1.5400	-1.6164
	净资产收益率(%)	0.2547	8.4268	4.0002	14.2202
	加权净资产收益率(%)	0.2500	8.8000	4.0800	15.3100
	净资产收益率(扣除)(%)	-0.5905	3.2684	3.4554	11.2174
	总资产(万元)	61984.02	70620.35	71012.44	77500.05
	归属母公司股东权益(万元)	12536.77	12504.84	11928.24	11451.09
	营业收入(万元)	9344.58	26045.64	12349.77	31251.44
	营业支出(万元)	4441.76	15574.92	7174.55	20171.20
	投资收益(万元)	-	567.24	11.43	-28.58
	净利润(万元)	31.93	1053.75	477.16	1628.37
	营业利润(万元)	194.61	1672.02	883.60	1981.08
	利润总额(万元)	298.37	1672.49	940.12	2328.01

宝鸡钛业股份有限公司

公司概况	公司名称	宝鸡钛业股份有限公司			证券简称	宝钛股份
	法人代表	邹武装	董秘	郑海山	证券代码	600456
	公司网址	www.baoti.com		电子信箱	zhenghaishan@baoti.com	
	电　话	0917-3382333 3382666		传　真	0917-3382132	
	办公地址	陕西省宝鸡市钛城路1号				
	经营范围	钛及钛合金材料的生产、加工和销售等				

	指标\报告期	2014.06.30	2013.12.31	2013.06.30	2012.12.31
主要财务指标	基本每股收益(元)	0.0050	0.0271	0.0030	0.0136
	基本每股收益(扣除后)(元)	0.0004	-0.0196	-0.0400	-0.0038
	稀释每股收益(元)	0.0050	0.0271	0.0030	0.0136
	每股净资产(元)	8.3675	8.4125	8.3883	8.4353
	每股经营现金净流量(元)	0.5421	-0.2854	-0.5348	-0.3803
	每股现金流量(元)	0.0801	0.2043	-0.0857	-0.2118
	每股资本公积金(元)	5.5099	5.5099	5.5099	5.5099
	每股盈余公积金(元)	0.4125	0.4125	0.4108	0.4108
	每股未分配利润(元)	1.4452	1.4901	1.4676	1.5147
	净资产收益率(%)	0.0605	0.3222	0.0351	0.1613
	加权净资产收益率(%)	0.0604	0.3200	0.0351	0.1612
	净资产收益率(扣除)(%)	0.0044	-0.2324	-0.4787	-0.0452
	总资产(万元)	659502.35	658879.86	668363.31	629658.95
	归属母公司股东权益(万元)	360025.52	361958.91	360919.34	362943.84
	营业收入(万元)	124695.66	237256.31	123362.32	233621.73
	营业支出(万元)	103461.78	198587.90	101856.97	192365.93
	投资收益(万元)	32.72	397.37	-70.46	-449.16
	净利润(万元)	217.94	1166.40	126.83	585.39
	营业利润(万元)	-196.29	-487.20	-1243.93	840.25
	利润总额(万元)	109.84	1992.94	610.30	1716.02

株洲时代新材料科技股份有限公司

公司概况	公司名称	株洲时代新材料科技股份有限公司			证券简称	时代新材
	法人代表	曾鸿平	董秘	季晓康	证券代码	600458
	公司网址	www.trp.com.cn		电子信箱	tmt@csrzic.com	
	电　话	0731-22837718 22837786		传　真	0731-22837888	
	办公地址	湖南省株洲市天元区海天路 18 号				
	经营范围	轨道交通装备零部件的开发、设计、制造、销售等				

主要财务指标	指标\报告期	2014.06.30	2013.12.31	2013.06.30	2012.12.31
	基本每股收益(元)	0.0900	0.2100	0.1200	0.3100
	基本每股收益(扣除后)(元)	0.0900	0.1800	0.1200	0.2700
	稀释每股收益(元)	0.0900	0.2100	0.1200	0.3100
	每股净资产(元)	4.6716	4.6367	4.5782	3.4551
	每股经营现金净流量(元)	0.1068	−0.2574	−0.2923	0.4445
	每股现金流量(元)	0.7243	0.3236	1.5937	−0.0333
	每股资本公积金(元)	2.6269	2.6269	2.6269	1.2892
	每股盈余公积金(元)	0.1483	0.1483	0.1285	0.1643
	每股未分配利润(元)	0.9015	0.8697	0.8294	1.0022
	净资产收益率(%)	1.9660	3.9640	2.7035	8.8247
	加权净资产收益率(%)	1.9600	5.0200	4.5000	9.1200
	净资产收益率(扣除)(%)	1.9479	3.4031	2.5619	7.8560
	总资产(万元)	674631.30	561765.54	576224.12	423621.91
	归属母公司股东权益(万元)	308992.59	306679.10	302809.46	178748.81
	营业收入(万元)	218144.77	416470.46	202102.79	371940.68
	营业支出(万元)	170658.00	342500.34	163688.46	304712.56
	投资收益(万元)	64.54	13.87	−249.63	293.78
	净利润(万元)	6074.77	12156.87	8186.48	15774.04
	营业利润(万元)	7065.70	11055.71	9291.37	16036.42
	利润总额(万元)	7125.69	13142.55	9831.54	18075.09

贵研铂业股份有限公司

公司概况	公司名称	贵研铂业股份有限公司			证券简称	贵研铂业
	法人代表	汪云曙	董秘	郭俊梅	证券代码	600459
	公司网址	www.sino-platinum.com.cn		电子信箱	stock@ipm.com.cn	
	电　话	0871-8328190		传　真	0871-8326661	
	办公地址	云南省昆明市高新技术产业开发区科技路 988 号				
	经营范围	贵金属和相关产品的生产、综合回收利用和销售等				

主要财务指标	指标\报告期	2014.06.30	2013.12.31	2013.06.30	2012.12.31
	基本每股收益(元)	0.1600	0.4200	0.2100	0.1900
	基本每股收益(扣除后)(元)	0.1500	0.2900	0.1600	0.0700
	稀释每股收益(元)	0.1600	0.4200	0.2100	0.1900
	每股净资产(元)	6.5302	8.3964	8.1839	5.9014
	每股经营现金净流量(元)	−0.2748	−0.1756	−0.7727	0.1269
	每股现金流量(元)	−0.7056	0.6378	1.3415	−0.7553
	每股资本公积金(元)	4.4723	6.1140	6.1104	3.7221
	每股盈余公积金(元)	0.2368	0.3078	0.2907	0.3693
	每股未分配利润(元)	0.8169	0.9736	0.7797	0.8100
	净资产收益率(%)	2.4541	4.7390	2.2851	3.2127
	加权净资产收益率(%)	2.4500	5.3900	2.9000	3.2500
	净资产收益率(扣除)(%)	2.2624	3.2710	1.7131	1.1222
	总资产(万元)	261307.08	239445.39	257182.91	193735.04
	归属母公司股东权益(万元)	170423.35	168559.99	164292.78	93278.26
	营业收入(万元)	300059.86	542658.14	234571.75	422592.48
	营业支出(万元)	286258.79	520350.91	222682.84	400832.17
	投资收益(万元)	249.88	1910.68	1411.75	−1772.30
	净利润(万元)	4182.35	7988.00	3754.28	2996.71
	营业利润(万元)	5284.55	7360.16	4815.14	3495.10
	利润总额(万元)	5676.34	9502.78	5145.90	5422.92

杭州士兰微电子股份有限公司

公司概况	公司名称	杭州士兰微电子股份有限公司			证券简称	士 兰 微
	法人代表	陈向东	董秘	陈越	证券代码	600460
	公司网址	www.silan.com.cn		电子信箱	600460@silan.com.cn	
	电　话	0571-88210880 88212980		传　真	0571-88210763	
	办公地址	浙江省杭州市黄姑山路 4 号				
	经营范围	电子元器件、电子零部件及其他电子产品设计、制造、销售、经营进出口业务				

主要财务指标	指标\报告期	2014.06.30	2013.12.31	2013.06.30	2012.12.31
	基本每股收益(元)	0.0500	0.1300	0.0400	0.0100
	基本每股收益(扣除后)(元)	0.0250	0.0400	0.0170	−0.0500
	稀释每股收益(元)	0.0500	0.1300	0.0400	0.0100
	每股净资产(元)	1.8460	2.3531	2.0313	1.9546
	每股经营现金净流量(元)	0.0400	0.2115	0.0763	0.1937
	每股现金流量(元)	−0.0703	0.2325	−0.0557	−0.1359
	每股资本公积金(元)	0.1592	0.5245	0.2052	0.1709
	每股盈余公积金(元)	0.0843	0.1096	0.1029	0.1029
	每股未分配利润(元)	0.6083	0.7266	0.7311	0.6883
	净资产收益率(%)	2.6733	5.1061	2.1049	1.0769
	加权净资产收益率(%)	2.7000	6.0500	2.1500	1.0800
	净资产收益率(扣除)(%)	1.3383	1.5679	0.8303	−2.7975
	总资产(万元)	384682.38	413386.66	348442.52	335040.81
	归属母公司股东权益(万元)	230230.81	225746.10	176351.65	169689.20
	营业收入(万元)	87099.59	163793.43	74675.81	134902.42
	营业支出(万元)	63154.85	121173.82	56459.45	104768.12
	投资收益(万元)	3082.54	7294.84	2180.58	954.67
	净利润(万元)	6154.78	11526.77	3712.11	1827.30
	营业利润(万元)	4963.78	6368.22	1703.78	−5922.29
	利润总额(万元)	7204.35	12431.50	3809.78	1454.16

江西洪城水业股份有限公司

公司概况	公司名称	江西洪城水业股份有限公司			证券简称	洪城水业
	法人代表	郑克一	董秘	康乐平	证券代码	600461
	公司网址	www.jxhcsy.com		电子信箱	leping6688@sina.com	
	电　话	0791-85235057 85210336		传　真	0791-85226672	
	办公地址	江西省南昌市灌婴路 99 号				
	经营范围	自来水、水表、给排水设备、节水设备、仪器仪表、环保设备的生产、销售等				

主要财务指标	指标\报告期	2014.06.30	2013.12.31	2013.06.30	2012.12.31
	基本每股收益(元)	0.2140	0.3000	0.1670	0.3100
	基本每股收益(扣除后)(元)	0.1864	0.2500	0.1460	0.2700
	稀释每股收益(元)	0.2140	0.3000	0.1670	0.3100
	每股净资产(元)	5.3865	5.2901	5.1529	5.0774
	每股经营现金净流量(元)	0.6931	1.3556	0.5577	1.2020
	每股现金流量(元)	−0.0473	0.0782	0.6161	−0.0224
	每股资本公积金(元)	3.5574	3.5574	3.5574	3.5477
	每股盈余公积金(元)	0.1575	0.1575	0.1404	0.1404
	每股未分配利润(元)	0.6620	0.5679	0.4502	0.3832
	净资产收益率(%)	3.9750	5.7037	3.2403	6.0096
	加权净资产收益率(%)	3.8500	5.8300	3.2400	6.1600
	净资产收益率(扣除)(%)	3.4605	4.7613	2.8273	5.2728
	总资产(万元)	486134.60	463219.12	440928.43	430335.48
	归属母公司股东权益(万元)	177756.14	174572.38	170045.63	167552.71
	营业收入(万元)	66471.69	118766.62	51761.55	104150.15
	营业支出(万元)	44734.60	80402.06	32912.32	66071.12
	投资收益(万元)	907.51	1438.60	1025.15	1100.81
	净利润(万元)	7065.77	9957.00	5509.92	10069.25
	营业利润(万元)	8357.28	11153.37	6408.89	11204.73
	利润总额(万元)	8715.34	11798.42	6752.79	11768.49

延边石岘白麓纸业股份有限公司

公司概况	公司名称	延边石岘白麓纸业股份有限公司			证券简称	石岘纸业
	法人代表	郑艳民	董秘	崔文根	证券代码	600462
	公司网址	www.jlshixian.com		电子信箱	cwg0048@vip.sina.com	
	电　话	0433-3810015		传　真	0433-3810019	
	办公地址	吉林省图们市石岘镇				
	经营范围	新闻纸、胶版纸、商品木浆等产品的生产和销售				

主要财务指标	指标\报告期	2014.06.30	2013.12.31	2013.06.30	2012.12.31
	基本每股收益(元)	0.0038	0.0135	0.2616	1.1494
	基本每股收益(扣除后)(元)	-0.0267	-0.2950	-0.0571	-0.1545
	稀释每股收益(元)	0.0038	0.0135	0.2616	1.1494
	每股净资产(元)	0.6001	0.5963	0.8445	0.5828
	每股经营现金净流量(元)	-0.0095	-0.4157	-0.2107	-0.1847
	每股现金流量(元)	-0.0113	-0.2996	-0.1398	0.4004
	每股资本公积金(元)	1.2047	1.2047	1.2047	1.2047
	每股盈余公积金(元)	0.0408	0.0408	0.0408	0.0408
	每股未分配利润(元)	-1.6455	-1.6492	-1.4011	-1.6627
	净资产收益率(%)	0.6320	2.2611	30.9828	193.9875
	加权净资产收益率(%)	0.6300	2.2900	36.6600	-125.9800
	净资产收益率(扣除)(%)	-4.4481	-49.4780	-6.7625	-23.2821
	总资产(万元)	45602.31	47848.44	62790.95	50007.22
	归属母公司股东权益(万元)	32031.92	31829.47	45075.38	31109.76
	营业收入(万元)	14054.72	30088.05	11796.89	30346.04
	营业支出(万元)	12932.21	33256.31	11489.73	29481.90
	投资收益(万元)	-	-5400.00	-	-
	净利润(万元)	202.46	719.70	13965.62	61353.73
	营业利润(万元)	-1424.82	-15469.34	-3048.20	-13605.02
	利润总额(万元)	202.46	719.70	13965.62	61353.73

北京空港科技园区股份有限公司

公司概况	公司名称	北京空港科技园区股份有限公司			证券简称	空港股份
	法人代表	田建国	董秘	刘彦明	证券代码	600463
	公司网址	www.600463.com.cn		电子信箱	yanm_liu@163.com	
	电　话	010-80489305		传　真	010-80491684	
	办公地址	北京市顺义区空港工业区B区裕民大街甲6号				
	经营范围	高新技术的开发、转让和咨询、销售开发后的产品等				

主要财务指标	指标\报告期	2014.06.30	2013.12.31	2013.06.30	2012.12.31
	基本每股收益(元)	0.1200	0.3000	0.1800	0.2900
	基本每股收益(扣除后)(元)	0.1100	0.2900	0.1700	0.2900
	稀释每股收益(元)	0.1200	0.3000	0.1800	0.2900
	每股净资产(元)	3.1162	3.1010	2.9784	2.9018
	每股经营现金净流量(元)	0.3204	-0.8871	-0.9550	1.3981
	每股现金流量(元)	-0.1003	-0.4883	-0.4434	1.1183
	每股资本公积金(元)	0.3894	0.3894	0.3894	0.3894
	每股盈余公积金(元)	0.2533	0.2533	0.2388	0.2388
	每股未分配利润(元)	1.4735	1.4583	1.3503	1.2736
	净资产收益率(%)	3.6977	9.6475	5.9313	10.1053
	加权净资产收益率(%)	3.6700	9.9700	5.9100	10.4500
	净资产收益率(扣除)(%)	3.4534	9.2242	5.6418	9.9308
	总资产(万元)	255228.94	263999.40	243854.45	245494.39
	归属母公司股东权益(万元)	78527.70	78144.01	75056.89	73125.05
	营业收入(万元)	37925.95	91820.15	41895.96	82983.56
	营业支出(万元)	26813.58	66270.31	28498.69	59410.12
	投资收益(万元)	-11.96	104.43	-17.81	-125.28
	净利润(万元)	2903.69	7538.96	4451.84	7389.52
	营业利润(万元)	3741.74	9894.29	5934.67	10389.27
	利润总额(万元)	4014.13	10359.72	6241.89	10560.94

四川迪康科技药业股份有限公司

公司概况	公司名称	四川迪康科技药业股份有限公司			证券简称	迪康药业
	法人代表	任东川	董秘	蒋黎	证券代码	600466
	公司网址	www.dikangyaoye.com		电子信箱	jiangl@dkyaoye.com	
	电　话	028-87838250		传　真	028-87838281	
	办公地址	四川省成都市高新区西部园区迪康大道1号				
	经营范围	大输液系列、片剂、生物医学材料等产品				

主要财务指标	指标\报告期	2014.06.30	2013.12.31	2013.06.30	2012.12.31
	基本每股收益(元)	0.0216	0.0513	0.0199	0.0488
	基本每股收益(扣除后)(元)	-0.0047	-0.0113	-0.0097	0.0044
	稀释每股收益(元)	0.0216	0.0513	0.0199	0.0488
	每股净资产(元)	1.3555	1.3339	1.3024	1.2825
	每股经营现金净流量(元)	-0.0351	0.0712	-0.0185	0.0342
	每股现金流量(元)	-0.1099	0.0067	-0.0339	-0.0171
	每股资本公积金(元)	0.3266	0.3266	0.3266	0.3266
	每股盈余公积金(元)	0.0487	0.0487	0.0400	0.0400
	每股未分配利润(元)	-0.0198	-0.0415	-0.0643	-0.0841
	净资产收益率(%)	1.5969	3.8473	1.5252	3.8073
	加权净资产收益率(%)	1.6100	3.9200	1.5400	3.8800
	净资产收益率(扣除)(%)	-0.3447	-0.8463	-0.7480	0.3459
	总资产(万元)	67343.06	66705.00	64451.51	64274.36
	归属母公司股东权益(万元)	59507.60	58557.30	57176.51	56304.43
	营业收入(万元)	19325.58	37692.22	18422.74	36500.11
	营业支出(万元)	8081.88	14891.62	8053.71	16458.11
	投资收益(万元)	777.79	1668.79	771.97	1202.91
	净利润(万元)	950.31	2252.86	872.08	2143.67
	营业利润(万元)	662.61	1407.73	489.07	1601.09
	利润总额(万元)	1239.46	2911.20	1097.38	2663.37

山东好当家海洋发展股份有限公司

公司概况	公司名称	山东好当家海洋发展股份有限公司			证券简称	好当家
	法人代表	唐传勤	董秘	戚燕	证券代码	600467
	公司网址	www.sdhaodangjia.com		电子信箱	hdj_600467@sina.com	
	电　话	0631-7438073		传　真	0631-7438073	
	办公地址	山东省威海市荣成市虎山镇沙咀子				
	经营范围	海水养殖、许可范围内水产加工品、速冻食品、饮料的加工、销售等				

主要财务指标	指标\报告期	2014.06.30	2013.12.31	2013.06.30	2012.12.31
	基本每股收益(元)	0.0300	0.1600	0.0900	0.3000
	基本每股收益(扣除后)(元)	0.0300	0.1000	0.0800	0.2700
	稀释每股收益(元)	0.0300	0.1600	0.0900	0.3000
	每股净资产(元)	3.9743	3.9949	3.9267	3.9276
	每股经营现金净流量(元)	0.0292	0.1298	0.1024	0.0209
	每股现金流量(元)	-0.0124	-0.3545	-0.1277	-0.8047
	每股资本公积金(元)	1.5478	1.5478	1.5478	1.5478
	每股盈余公积金(元)	0.2583	0.2583	0.2368	0.2368
	每股未分配利润(元)	1.1682	1.1888	1.1420	1.1429
	净资产收益率(%)	0.7405	3.9389	2.2692	7.5532
	加权净资产收益率(%)	0.7400	3.9800	2.2700	7.8000
	净资产收益率(扣除)(%)	0.7078	2.6106	1.9771	6.9187
	总资产(万元)	440989.27	418339.90	416039.54	385267.86
	归属母公司股东权益(万元)	290324.69	291827.27	286841.42	286906.82
	营业收入(万元)	44303.38	96933.18	50714.69	102868.19
	营业支出(万元)	36207.89	77071.51	39600.95	72019.72
	投资收益(万元)	844.80	632.27	498.87	382.72
	净利润(万元)	2149.90	11494.93	6509.08	21670.59
	营业利润(万元)	1716.83	6413.37	4850.67	19204.31
	利润总额(万元)	1843.33	11477.67	5967.92	21361.60

天津百利特精电气股份有限公司

公司概况	公司名称	天津百利特精电气股份有限公司			证券简称	百利电气
	法人代表	张文利	董秘	刘敏	证券代码	600468
	公司网址	www.benefo.tj.cn			电子信箱	benefo600468@126.com
	电　　话	022-23979181 83969181			传　　真	022-83963876
	办公地址	天津市和平区烟台道 78 号				
	经营范围	输配电设备制造与稀有金属加工等				

主要财务指标	指标＼报告期	2014.06.30	2013.12.31	2013.06.30	2012.12.31
	基本每股收益(元)	0.0333	0.0741	0.0312	0.0641
	基本每股收益(扣除后)(元)	0.0300	0.0457	0.0182	0.0275
	稀释每股收益(元)	0.0333	0.0741	0.0312	0.0641
	每股净资产(元)	1.3526	1.3154	1.2639	1.2465
	每股经营现金净流量(元)	0.0470	0.0223	-0.0131	0.0902
	每股现金流量(元)	0.0043	-0.0866	-0.0297	0.0594
	每股资本公积金(元)	0.0809	0.0769	0.0670	0.0608
	每股盈余公积金(元)	0.0496	0.0496	0.0474	0.0474
	每股未分配利润(元)	0.2221	0.1889	0.1495	0.1383
	净资产收益率(%)	2.4605	5.6302	2.4705	5.1412
	加权净资产收益率(%)	2.4900	5.7700	2.4700	5.3000
	净资产收益率(扣除)(%)	2.2170	3.4719	1.4425	2.2063
	总资产(万元)	138094.53	130195.92	129151.24	120338.07
	归属母公司股东权益(万元)	61702.63	60006.03	57657.64	56863.53
	营业收入(万元)	36053.73	75623.38	35644.73	69837.75
	营业支出(万元)	28192.82	56263.95	26907.50	50096.08
	投资收益(万元)	1890.37	2957.25	1421.40	1652.88
	净利润(万元)	1518.20	3378.46	1424.42	2923.44
	营业利润(万元)	1746.26	4455.02	1676.90	3146.83
	利润总额(万元)	1931.89	4903.12	1935.36	4739.82

风神轮胎股份有限公司

公司概况	公司名称	风神轮胎股份有限公司			证券简称	风神股份
	法人代表	王锋	董秘	韩法强	证券代码	600469
	公司网址	www.aeolustyre.com			电子信箱	hfq@aeolustyre.com
	电　　话	0391-3999080 3999007			传　　真	0391-3999080
	办公地址	河南省焦作市焦东南路 48 号				
	经营范围	轮胎的研制、设计、开发、生产、经营及轮胎进出口等				

主要财务指标	指标＼报告期	2014.06.30	2013.12.31	2013.06.30	2012.12.31
	基本每股收益(元)	0.4940	0.8400	0.4750	0.7300
	基本每股收益(扣除后)(元)	0.4800	0.8200	0.4710	0.7200
	稀释每股收益(元)	0.4940	0.8400	0.4750	0.7300
	每股净资产(元)	6.9846	6.5937	6.2787	5.9575
	每股经营现金净流量(元)	1.2732	0.8346	0.6049	1.8670
	每股现金流量(元)	0.6506	0.0113	0.8726	-0.2436
	每股资本公积金(元)	2.1258	2.1292	2.1334	2.1470
	每股盈余公积金(元)	0.4836	0.4836	0.4182	0.4101
	每股未分配利润(元)	3.3752	2.9809	2.7271	2.3195
	净资产收益率(%)	7.0767	12.6630	6.9242	12.2211
	加权净资产收益率(%)	7.2800	13.3900	7.7800	13.1900
	净资产收益率(扣除)(%)	6.8757	12.4638	6.8565	12.1662
	总资产(万元)	757284.14	722322.87	779396.20	690315.54
	归属母公司股东权益(万元)	261881.69	-	235414.26	220337.17
	营业收入(万元)	399901.06	853818.06	427975.18	890622.05
	营业支出(万元)	311962.91	680794.01	344934.22	723079.29
	投资收益(万元)	181.06	78.05	70.37	146.30
	净利润(万元)	18532.54	31306.16	17807.14	27492.55
	营业利润(万元)	21714.50	37119.18	22024.34	31557.53
	利润总额(万元)	22333.78	37481.54	22211.73	32587.64

安徽六国化工股份有限公司

公司概况	公司名称	安徽六国化工股份有限公司			证券简称	六国化工
	法人代表	陈嘉生	董秘	邢金俄	证券代码	600470
	公司网址	www.liuguo.com			电子信箱	tlxxe@163.com
	电　　话	0562-3801021 3801675			传　　真	0562-3802688
	办公地址	安徽省铜陵市铜港路				
	经营范围	化学肥料(含复混肥料)、磷石膏生产、加工、销售等				

主要财务指标	指标＼报告期	2014.06.30	2013.12.31	2013.06.30	2012.12.31
	基本每股收益(元)	-0.1100	0.0300	0.0300	0.1400
	基本每股收益(扣除后)(元)	-0.1300	-0.0400	0.0200	0.0900
	稀释每股收益(元)	-0.1100	0.0300	0.0300	0.1400
	每股净资产(元)	4.1186	4.3421	4.3409	4.4140
	每股经营现金净流量(元)	0.3973	-0.4339	-1.0363	0.3156
	每股现金流量(元)	0.1549	-0.4013	-0.7697	-0.4472
	每股资本公积金(元)	2.4208	2.4208	2.4208	2.4208
	每股盈余公积金(元)	0.1948	0.1948	0.1809	0.1809
	每股未分配利润(元)	0.4909	0.7018	0.7174	0.7884
	净资产收益率(%)	-2.6915	0.6265	0.6680	3.1045
	加权净资产收益率(%)	-2.5900	0.6200	0.6500	3.1100
	净资产收益率(扣除)(%)	-3.1759	-0.8253	0.4819	2.1155
	总资产(万元)	652756.51	642708.99	649177.01	648075.72
	归属母公司股东权益(万元)	214827.77	226485.43	226422.97	230234.63
	营业收入(万元)	240393.26	571494.83	258403.48	594345.54
	营业支出(万元)	226131.09	535393.64	237966.93	557467.12
	投资收益(万元)	-	1185.61	-	1030.98
	净利润(万元)	-5782.03	1418.98	1512.52	7147.59
	营业利润(万元)	-10720.38	-6897.24	-470.63	3879.70
	利润总额(万元)	-9182.58	-95.49	178.04	6905.84

无锡华光锅炉股份有限公司

公司概况	公司名称	无锡华光锅炉股份有限公司			证券简称	华光股份
	法人代表	王福军	董秘	魏利岩	证券代码	600475
	公司网址	www.wxboiler.com			电子信箱	600475@wxboiler.com
	电　　话	0510-85215556			传　　真	051-85215605
	办公地址	江苏省无锡市城南路 3 号				
	经营范围	电站锅炉、工业锅炉、锅炉辅机、水处理设备、压力容器、烟气脱硫脱硝成套设备的制造、销售				

主要财务指标	指标＼报告期	2014.06.30	2013.12.31	2013.06.30	2012.12.31
	基本每股收益(元)	0.2100	0.2956	0.1700	0.4449
	基本每股收益(扣除后)(元)	0.2052	0.2169	0.1500	0.2525
	稀释每股收益(元)	0.2100	0.2956	0.1700	0.4449
	每股净资产(元)	5.2222	5.1137	5.0864	5.9374
	每股经营现金净流量(元)	-0.3891	0.8251	-0.1798	0.6909
	每股现金流量(元)	-0.5977	-0.7460	-0.9246	-0.3504
	每股资本公积金(元)	0.3498	0.3498	0.5570	0.9521
	每股盈余公积金(元)	0.6759	0.6759	0.5957	0.6616
	每股未分配利润(元)	3.1965	3.0880	2.9337	3.3237
	净资产收益率(%)	3.9941	5.7799	3.2437	7.4935
	加权净资产收益率(%)	4.0400	5.2000	3.6200	7.6800
	净资产收益率(扣除)(%)	3.9299	4.2415	3.0383	5.0275
	总资产(万元)	457001.55	463258.38	441665.26	573962.34
	归属母公司股东权益(万元)	133689.41	130909.73	130212.18	151996.80
	营业收入(万元)	160370.41	332498.63	136177.02	412264.71
	营业支出(万元)	130340.13	271841.11	112255.17	346044.69
	投资收益(万元)	481.26	258.32	-	329.85
	净利润(万元)	5339.68	7566.44	4223.64	11389.89
	营业利润(万元)	9194.55	11320.19	5128.50	12108.62
	利润总额(万元)	9363.16	14819.88	6561.07	16818.25

湖南湘邮科技股份有限公司

公司概况					
公司名称	湖南湘邮科技股份有限公司			证券简称	湘邮科技
法人代表	阎洪生	董秘	汪志刚(代)	证券代码	600476
公司网址	www.copote.com		电子信箱	copote@copote.com	
电　　话	0731-88998688 88998817		传　　真	0731-88998686 88998859	
办公地址	湖南省长沙市高新技术产业开发区麓谷基地玉兰路2号				
经营范围	研制、开发、生产、销售计算机软、硬件及邮电高科技电子产品等				

主要财务指标：指标\报告期	2014.06.30	2013.12.31	2013.06.30	2012.12.31
基本每股收益(元)	-0.0353	-0.3850	-0.0658	0.0380
基本每股收益(扣除后)(元)	-0.0834	-0.3940	-0.0776	-0.1150
稀释每股收益(元)	-0.0353	-0.3850	-0.0658	0.0380
每股净资产(元)	1.3506	1.3860	1.7049	1.7707
每股经营现金净流量(元)	-0.1437	-0.2641	-0.2340	-0.0873
每股现金流量(元)	-0.0213	-0.3307	-0.3433	0.0434
每股资本公积金(元)	0.8139	0.8139	0.8139	0.8139
每股盈余公积金(元)	0.0834	0.0834	0.0834	0.0834
每股未分配利润(元)	-0.5468	-0.5114	-0.1925	-0.1267
净资产收益率(%)	-2.6184	-27.7588	-3.8620	2.1424
加权净资产收益率(%)	-2.5800	-24.3800	-3.7800	2.1700
净资产收益率(扣除)(%)	-6.1754	-28.4594	-4.5527	-6.4980
总资产(万元)	34303.74	35255.88	39566.73	43984.38
归属母公司股东权益(万元)	21754.16	22323.77	27460.08	28520.58
营业收入(万元)	3924.55	23352.06	8105.81	35372.59
营业支出(万元)	3414.22	22423.60	6932.52	32071.16
投资收益(万元)	746.74	149.63	-	2631.23
净利润(万元)	-569.61	-6196.82	-1060.50	611.04
营业利润(万元)	-735.84	-6516.54	-1241.01	227.58
利润总额(万元)	-572.21	-6301.70	-993.61	810.58

浙江杭萧钢构股份有限公司

公司概况					
公司名称	浙江杭萧钢构股份有限公司			证券简称	杭萧钢构
法人代表	单银木	董秘	陈瑞	证券代码	600477
公司网址	www.hxss.com.cn		电子信箱	chen.rui@hxss.com.cn	
电　　话	0571-87246788		传　　真	0571-87247920	
办公地址	浙江省杭州市中河中路258号瑞丰大厦3楼、5楼、7楼				
经营范围	钢结构工程的设计、制作与安装				

主要财务指标：指标\报告期	2014.06.30	2013.12.31	2013.06.30	2012.12.31
基本每股收益(元)	0.0450	0.0960	0.0160	-0.2490
基本每股收益(扣除后)(元)	0.0320	0.0780	0.0090	-0.2390
稀释每股收益(元)	0.0450	0.0960	0.0160	-0.2490
每股净资产(元)	2.0449	1.7017	1.6224	1.6056
每股经营现金净流量(元)	-0.4754	0.1922	0.1735	-0.2017
每股现金流量(元)	0.0219	-0.1106	-0.0871	-0.0733
每股资本公积金(元)	0.4974	0.0617	0.0617	0.0617
每股盈余公积金(元)	0.1281	0.1529	0.1403	0.1403
每股未分配利润(元)	0.4187	0.4866	0.4190	0.4031
净资产收益率(%)	2.0156	5.6518	0.9824	-15.5192
加权净资产收益率(%)	2.3500	5.8200	0.9900	-14.2800
净资产收益率(扣除)(%)	1.4369	4.5735	0.5812	-14.8619
总资产(万元)	641726.68	620085.85	603076.22	571691.11
归属母公司股东权益(万元)	113178.00	78864.72	75193.74	74411.46
营业收入(万元)	165774.08	397376.74	145273.03	304284.30
营业支出(万元)	137390.85	341556.64	125681.85	266470.24
投资收益(万元)	-	-	-	-
净利润(万元)	2281.20	4457.31	738.73	-11548.04
营业利润(万元)	3119.02	7008.88	606.64	-15681.61
利润总额(万元)	4020.88	8351.91	1115.83	-14066.07

湖南科力远新能源股份有限公司

公司概况					
公司名称	湖南科力远新能源股份有限公司			证券简称	科力远
法人代表	钟发平	董秘	伍定军	证券代码	600478
公司网址	www.corun.com		电子信箱	wdj@corun.com	
电　　话	0731-88983638		传　　真	0731-88983623	
办公地址	湖南省长沙市岳麓区长沙国家高新技术产业开发区桐梓坡西路348号				
经营范围	法律、法规、政策允许的新材料、新能源的研究、开发、生产、销售等				

主要财务指标：指标\报告期	2014.06.30	2013.12.31	2013.06.30	2012.12.31
基本每股收益(元)	0.0100	0.0300	0.0200	-0.1800
基本每股收益(扣除后)(元)	-0.0700	-0.1500	-0.1300	-0.2400
稀释每股收益(元)	0.0100	0.0300	0.0200	-0.1800
每股净资产(元)	3.0723	3.0365	3.0718	3.1227
每股经营现金净流量(元)	0.1458	0.4180	0.3497	0.2410
每股现金流量(元)	0.1732	-1.1799	-0.5314	0.6174
每股资本公积金(元)	1.9052	1.9370	1.9052	1.9052
每股盈余公积金(元)	0.0953	0.0953	0.0953	0.0953
每股未分配利润(元)	0.2145	0.2004	0.1897	0.1681
净资产收益率(%)	0.4577	1.0665	0.7057	-5.8940
加权净资产收益率(%)	0.4600	1.0500	0.6900	-5.4200
净资产收益率(扣除)(%)	-2.2307	-4.9047	-4.2067	-7.5646
总资产(万元)	210956.43	191674.28	214198.94	245851.90
归属母公司股东权益(万元)	96724.47	96596.78	96708.90	98308.86
营业收入(万元)	39161.42	113071.15	61948.40	168164.80
营业支出(万元)	31751.11	93437.27	52756.30	149766.03
投资收益(万元)	48.20	-560.60	-374.78	605.39
净利润(万元)	442.66	1019.52	682.45	-5794.31
营业利润(万元)	-1677.59	-3875.70	-3082.63	-6782.35
利润总额(万元)	1001.54	5409.17	5297.54	-4906.57

株洲千金药业股份有限公司

公司概况					
公司名称	株洲千金药业股份有限公司			证券简称	千金药业
法人代表	江端预	董秘	谢爱维	证券代码	600479
公司网址	www.cnqjyy.com		电子信箱	llfy@cnqjyy.com	
电　　话	0731-22496088 22492897		传　　真	0731-22496088	
办公地址	湖南省株洲市天元区株洲大道801号				
经营范围	中成药产品、中药保健品、化学药制品的开发、生产和销售				

主要财务指标：指标\报告期	2014.06.30	2013.12.31	2013.06.30	2012.12.31
基本每股收益(元)	0.1296	0.4060	0.1531	0.3942
基本每股收益(扣除后)(元)	0.1136	0.3920	0.1498	0.3662
稀释每股收益(元)	0.1296	0.4060	0.1531	0.3942
每股净资产(元)	3.4602	3.3076	3.0723	3.1692
每股经营现金净流量(元)	0.3587	0.4515	0.2926	0.6490
每股现金流量(元)	0.1418	0.0798	-0.0694	0.0961
每股资本公积金(元)	0.6836	0.4805	0.4982	0.4982
每股盈余公积金(元)	0.4685	0.4685	0.4319	0.4319
每股未分配利润(元)	1.3081	1.3585	1.1422	1.2391
净资产收益率(%)	3.7444	12.2760	4.9834	12.4389
加权净资产收益率(%)	3.6600	12.5200	4.7200	12.8200
净资产收益率(扣除)(%)	3.2819	11.8503	4.8754	11.5555
总资产(万元)	198916.40	188831.34	175482.31	164521.22
归属母公司股东权益(万元)	105473.53	100820.92	93649.95	96603.52
营业收入(万元)	102577.76	197285.51	85989.12	158342.27
营业支出(万元)	57863.37	100681.71	45110.55	78631.47
投资收益(万元)	354.97	510.36	489.52	1115.96
净利润(万元)	3949.31	12376.79	4666.91	12016.45
营业利润(万元)	4397.86	14998.53	5382.36	15089.04
利润总额(万元)	4783.58	15285.00	5630.14	15128.98

凌云工业股份有限公司

公司概况	公司名称	凌云工业股份有限公司			证券简称	凌云股份
	法人代表	李喜增	董秘	张建华	证券代码	600480
	公司网址	www.lingyun.com.cn		电子信箱	zhangjianhua@lygf.com	
	电　话	0312-3951002		传　真	0312-3951234	
	办公地址	河北省涿州市松林店镇				
	经营范围	生产和销售塑料燃气管道系统、给水管道系统、供热管道系统等				

主要财务指标	指标\报告期	2014.06.30	2013.12.31	2013.06.30	2012.12.31
	基本每股收益(元)	0.2400	0.3700	0.1600	0.3200
	基本每股收益(扣除后)(元)	0.2300	0.3200	0.1400	0.2900
	稀释每股收益(元)	0.2400	0.3700	0.1600	0.3200
	每股净资产(元)	5.4379	5.3175	5.1019	5.0322
	每股经营现金净流量(元)	−0.2698	0.6378	−0.2253	1.2876
	每股现金流量(元)	−0.2614	−0.1367	−0.7665	−0.4621
	每股资本公积金(元)	1.7780	1.7780	1.7780	1.7644
	每股盈余公积金(元)	0.1588	0.1588	0.1340	0.1340
	每股未分配利润(元)	2.5011	2.3807	2.1898	2.1338
	净资产收益率(%)	4.4211	6.9948	3.0579	6.4468
	加权净资产收益率(%)	4.4200	7.1900	3.0500	6.3500
	净资产收益率(扣除)(%)	4.2924	5.9944	2.8287	5.7277
	总资产(万元)	730484.67	666403.19	639513.29	599665.42
	归属母公司股东权益(万元)	196695.85	192340.36	184541.86	182022.19
	营业收入(万元)	313669.59	563282.41	249898.58	488265.72
	营业支出(万元)	249035.25	457366.05	203018.85	393097.24
	投资收益(万元)	1169.79	2900.70	1160.57	2362.71
	净利润(万元)	8696.07	13453.81	5643.06	11734.60
	营业利润(万元)	19528.08	26272.65	11391.04	27221.51
	利润总额(万元)	19916.71	28844.55	12019.06	28935.20

双良节能系统股份有限公司

公司概况	公司名称	双良节能系统股份有限公司			证券简称	双良节能
	法人代表	缪志强	董秘	王晓松	证券代码	600481
	公司网址	www.shuangliang.com		电子信箱	600481@shuangliang.com	
	电　话	0510-86632358		传　真	0510-86630191*481	
	办公地址	江苏省江阴市利港镇西利路 88 号				
	经营范围	研究、开发、生产空调、热泵、空气冷却设备、海水淡化节能设备等				

主要财务指标	指标\报告期	2014.06.30	2013.12.31	2013.06.30	2012.12.31
	基本每股收益(元)	0.1854	0.6425	0.1748	0.2665
	基本每股收益(扣除后)(元)	0.1859	0.6272	0.1685	0.2699
	稀释每股收益(元)	0.1854	0.6423	0.1748	0.2662
	每股净资产(元)	2.6132	3.0780	2.6078	2.6832
	每股经营现金净流量(元)	0.0680	0.9622	0.4457	0.5221
	每股现金流量(元)	−0.4134	−0.2943	−0.2840	0.9895
	每股资本公积金(元)	1.0359	1.0361	1.0335	1.0337
	每股盈余公积金(元)	0.2981	0.2981	0.2331	0.2331
	每股未分配利润(元)	0.2793	0.7439	0.3412	0.4164
	净资产收益率(%)	7.0934	20.8741	6.7035	9.9319
	加权净资产收益率(%)	6.5100	22.4800	7.0500	10.1900
	净资产收益率(扣除)(%)	7.1155	20.3764	6.4607	10.0575
	总资产(万元)	766180.43	729840.92	700017.56	683606.43
	归属母公司股东权益(万元)	211698.15	249350.66	211257.82	217368.67
	营业收入(万元)	306272.57	655922.17	287323.56	582335.49
	营业支出(万元)	258643.72	535725.81	244160.75	498836.70
	投资收益(万元)	−213.41	−286.14	−120.23	28.94
	净利润(万元)	15016.66	52049.71	14161.70	21588.82
	营业利润(万元)	15916.58	56751.29	12268.45	13727.00
	利润总额(万元)	17011.57	72532.29	18397.32	26848.13

风帆股份有限公司

公司概况	公司名称	风帆股份有限公司			证券简称	风帆股份
	法人代表	刘宝生	董秘	张亚光	证券代码	600482
	公司网址	www.sail.com.cn		电子信箱	sh600482@126.com	
	电　话	0312-3208529 3208588		传　真	0312-3215920	
	办公地址	河北省保定市富昌路 8 号				
	经营范围	蓄电池开发、生产、销售等				

主要财务指标	指标\报告期	2014.06.30	2013.12.31	2013.06.30	2012.12.31
	基本每股收益(元)	0.1400	0.2400	0.1200	0.1700
	基本每股收益(扣除后)(元)	0.1200	0.2100	0.1100	0.2000
	稀释每股收益(元)	0.1400	0.2400	0.1200	0.1700
	每股净资产(元)	3.7400	3.6644	2.8001	2.7394
	每股经营现金净流量(元)	0.2773	0.1602	−0.2539	0.6680
	每股现金流量(元)	−0.0120	0.1492	−0.3542	−0.0529
	每股资本公积金(元)	2.3977	2.3977	1.6261	1.6261
	每股盈余公积金(元)	0.1560	0.1560	0.1458	0.1458
	每股未分配利润(元)	0.1778	0.1067	0.0212	−0.0405
	净资产收益率(%)	3.6721	5.9758	4.1690	6.1600
	加权净资产收益率(%)	3.6900	7.9900	4.1900	6.3700
	净资产收益率(扣除)(%)	3.1382	5.1510	3.9097	7.2092
	总资产(万元)	416143.47	413632.08	350831.53	342334.68
	归属母公司股东权益(万元)	198485.47	194716.66	129084.92	126286.27
	营业收入(万元)	282991.86	522367.49	258742.67	472736.62
	营业支出(万元)	249915.00	453497.88	228460.77	403295.96
	投资收益(万元)	20.94	345.12	135.80	65.00
	净利润(万元)	7288.58	11635.88	5381.59	7781.18
	营业利润(万元)	8392.18	13302.88	6871.42	11759.56
	利润总额(万元)	9669.86	15035.33	7265.50	10133.08

福建南纺股份有限公司

公司概况	公司名称	福建南纺股份有限公司			证券简称	福建南纺
	法人代表	陈军华	董秘	李峰	证券代码	600483
	公司网址	www.fjnf.com		电子信箱	nf@fjnf.com	
	电　话	0599-8813009 8813015		传　真	0599-8805190 8809965	
	办公地址	福建省南平市安丰路 63 号				
	经营范围	纺织品、PU 革的制造、经营本公司自产产品及相关的出口业务				

主要财务指标	指标\报告期	2014.06.30	2013.12.31	2013.06.30	2012.12.31
	基本每股收益(元)	0.0215	0.0700	0.0210	0.0800
	基本每股收益(扣除后)(元)	0.0198	0.0400	0.0037	0.0600
	稀释每股收益(元)	0.0215	0.0700	0.0210	0.0800
	每股净资产(元)	2.5518	2.5726	2.5355	2.6080
	每股经营现金净流量(元)	0.2153	0.3477	0.1948	−0.2043
	每股现金流量(元)	−0.0256	−0.0509	0.0954	−0.1645
	每股资本公积金(元)	1.0439	1.0362	1.0524	1.0959
	每股盈余公积金(元)	0.2233	0.2233	0.2169	0.2169
	每股未分配利润(元)	0.2846	0.3131	0.2662	0.2952
	净资产收益率(%)	0.8414	2.8899	0.8277	3.0211
	加权净资产收益率(%)	0.8400	2.8700	0.8200	3.0200
	净资产收益率(扣除)(%)	0.7745	1.4177	0.1446	2.4194
	总资产(万元)	103876.48	113466.01	115054.45	119812.23
	归属母公司股东权益(万元)	73615.23	74215.74	73144.32	75235.70
	营业收入(万元)	49559.15	117970.99	53794.18	132666.35
	营业支出(万元)	44987.53	107991.01	49483.21	122397.15
	投资收益(万元)	96.99	541.74	2.96	270.60
	净利润(万元)	619.38	2144.78	605.40	2272.93
	营业利润(万元)	797.78	1564.58	315.92	2496.00
	利润总额(万元)	918.93	2886.70	944.59	3017.67

北京中创信测科技股份有限公司

公司概况	公司名称	北京中创信测科技股份有限公司			证券简称	中创信测
	法人代表	李军	董秘	王志刚	证券代码	600485
	公司网址	www.zctt.com		电子信箱	investors@zctt.com	
	电　　话	010-62100118 62100102		传　　真	010-62121092	
	办公地址	北京市海淀区中关村南大街甲 18 号北京·国际 C 座 12-14 层				
	经营范围	通信网测试维护产品的研制开发、生产、销售和服务				

	指标＼报告期	2014.06.30	2013.12.31	2013.06.30	2012.12.31
主要财务指标	基本每股收益(元)	0.0320	0.1070	-0.0350	-0.3250
	基本每股收益(扣除后)(元)	0.0130	-0.0630	-0.0360	-0.3320
	稀释每股收益(元)	0.0320	0.1070	-0.0350	-0.3250
	每股净资产(元)	3.3615	3.3290	3.1875	3.2223
	每股经营现金净流量(元)	-0.0142	0.6879	0.0566	0.1618
	每股现金流量(元)	0.0278	0.4049	-0.5192	0.3377
	每股资本公积金(元)	0.9926	0.9926	0.9926	0.9926
	每股盈余公积金(元)	0.2237	0.2237	0.2237	0.2237
	每股未分配利润(元)	1.1452	1.1128	0.9712	1.0060
	净资产收益率(%)	0.9647	3.2088	-1.0907	-10.0814
	加权净资产收益率(%)	0.9700	3.2600	-1.0850	-9.6100
	净资产收益率(扣除)(%)	0.3981	-1.8825	-1.1355	-10.3101
	总资产(万元)	58992.41	59987.83	58591.98	59952.46
	归属母公司股东权益(万元)	46585.32	46135.93	44174.31	44656.12
	营业收入(万元)	9074.80	23282.94	9579.46	24781.87
	营业支出(万元)	3872.61	13391.22	5573.31	14666.14
	投资收益(万元)	226.59	2015.48	14.97	25.05
	净利润(万元)	449.40	1480.39	-481.80	-4501.95
	营业利润(万元)	-134.10	391.34	-930.02	-5037.98
	利润总额(万元)	316.72	1502.65	-482.27	-4066.22

江苏扬农化工股份有限公司

公司概况	公司名称	江苏扬农化工股份有限公司			证券简称	扬农化工
	法人代表	戚明珠	董秘	吴孝举	证券代码	600486
	公司网址	www.yngf.com		电子信箱	stockcom@yngf.com	
	电　　话	0514-85860486		传　　真	0514-85889486	
	办公地址	江苏省扬州市文峰路 39 号				
	经营范围	卫生用、农用拟除虫菊酯系列产品的生产和销售				

	指标＼报告期	2014.06.30	2013.12.31	2013.06.30	2012.12.31
主要财务指标	基本每股收益(元)	0.9580	2.1930	2.1930	1.1270
	基本每股收益(扣除后)(元)	0.9160	-	-	1.1510
	稀释每股收益(元)	0.9580	2.1930	2.1930	1.1270
	每股净资产(元)	9.7045	13.2981	13.2981	11.3865
	每股经营现金净流量(元)	0.8737	4.1369	4.1369	2.5858
	每股现金流量(元)	-0.7542	0.3570	0.3570	1.5064
	每股资本公积金(元)	3.1573	4.9359	4.9359	4.9359
	每股盈余公积金(元)	0.4559	0.6838	0.6838	0.5267
	每股未分配利润(元)	4.8157	6.3059	6.3059	4.6099
	净资产收益率(%)	9.8760	16.4920	16.4920	9.8994
	加权净资产收益率(%)	10.3000	17.8100	17.8100	10.3700
	净资产收益率(扣除)(%)	9.4397	16.4010	16.4010	10.1121
	总资产(万元)	400906.39	364114.20	364114.20	318536.35
	归属母公司股东权益(万元)	250617.08	228948.43	228948.43	196036.51
	营业收入(万元)	160966.39	300458.08	300458.08	221866.27
	营业支出(万元)	120388.42	231018.77	231018.77	182044.37
	投资收益(万元)	578.63	1020.00	1020.00	-
	净利润(万元)	24750.89	37758.20	37758.20	19406.38
	营业利润(万元)	29927.43	46788.40	46788.40	24002.99
	利润总额(万元)	30457.48	45587.26	45587.26	23182.31

江苏亨通光电股份有限公司

公司概况	公司名称	江苏亨通光电股份有限公司			证券简称	亨通光电
	法人代表	尹纪成	董秘	王军	证券代码	600487
	公司网址	www.htgd.com.cn		电子信箱	htgd@htgd.com.cn	
	电　　话	0512-63430985		传　　真	0512-63092355	
	办公地址	江苏省吴江市经济开发区亨通路 100 号				
	经营范围	光纤光缆的生产与销售				

	指标＼报告期	2014.06.30	2013.12.31	2013.06.30	2012.12.31
主要财务指标	基本每股收益(元)	0.2280	1.4050	0.3050	1.6660
	基本每股收益(扣除后)(元)	0.1540	1.0170	0.2250	1.1320
	稀释每股收益(元)	0.2280	1.4050	0.3050	1.6660
	每股净资产(元)	9.3142	13.0738	11.7813	11.8666
	每股经营现金净流量(元)	-0.1336	0.5441	0.3574	3.3389
	每股现金流量(元)	1.3839	-1.0042	-0.3214	0.7614
	每股资本公积金(元)	4.2898	4.2242	4.1261	4.3124
	每股盈余公积金(元)	0.4056	0.8103	0.7368	0.7368
	每股未分配利润(元)	3.6186	7.0393	5.9183	5.8174
	净资产收益率(%)	2.2440	10.7501	2.5846	14.0400
	加权净资产收益率(%)	2.6000	11.2200	2.5600	14.6300
	净资产收益率(扣除)(%)	1.5117	7.7769	1.9113	9.5373
	总资产(万元)	1175572.22	997262.81	997165.59	914047.47
	归属母公司股东权益(万元)	385380.36	270736.05	243970.65	245737.10
	营业收入(万元)	402777.84	858653.32	358741.90	780427.56
	营业支出(万元)	320942.13	685799.78	279799.83	626806.04
	投资收益(万元)	535.67	1159.90	114.06	9141.88
	净利润(万元)	8647.75	29104.28	6305.74	34501.75
	营业利润(万元)	10255.39	30411.30	10104.34	32900.59
	利润总额(万元)	13312.82	40341.88	12247.71	46434.17

天津天药药业股份有限公司

公司概况	公司名称	天津天药药业股份有限公司			证券简称	天药股份
	法人代表	李立群	董秘	王春丽	证券代码	600488
	公司网址	www.kingyork.biz/tianyaoyaoye		电子信箱	tjpc600488@vip.sina.com	
	电　　话	022-24160910		传　　真	022-24160910	
	办公地址	天津市河东区八纬路 109 号				
	经营范围	皮质激素类原料药和制剂的生产和销售、出口				

	指标＼报告期	2014.06.30	2013.12.31	2013.06.30	2012.12.31
主要财务指标	基本每股收益(元)	0.0370	0.0560	0.0420	0.1340
	基本每股收益(扣除后)(元)	0.0140	0.0400	0.0300	0.1160
	稀释每股收益(元)	0.0370	0.0560	0.0420	0.1340
	每股净资产(元)	2.4181	2.3993	2.3862	3.2186
	每股经营现金净流量(元)	0.1191	0.0880	0.0327	0.0277
	每股现金流量(元)	0.0943	0.3477	0.3021	-0.0202
	每股资本公积金(元)	0.6334	0.6334	0.6404	1.4784
	每股盈余公积金(元)	0.1433	0.1417	0.1400	0.2420
	每股未分配利润(元)	0.6455	0.6286	0.6098	1.0456
	净资产收益率(%)	1.5121	2.2524	1.4082	5.6569
	加权净资产收益率(%)	1.5100	2.1200	1.5900	5.4600
	净资产收益率(扣除)(%)	0.5928	1.6181	1.1522	5.4069
	总资产(万元)	306186.95	311159.77	302697.15	280701.57
	归属母公司股东权益(万元)	232341.37	230536.78	229282.92	204107.94
	营业收入(万元)	71396.47	148053.82	82873.67	177126.58
	营业支出(万元)	61984.83	127669.79	71022.18	147135.35
	投资收益(万元)	-68.33	45.08	-211.15	388.70
	净利润(万元)	3513.28	5192.57	3683.92	10896.67
	营业利润(万元)	1646.97	4467.97	3646.16	12082.50
	利润总额(万元)	4461.40	5704.09	4338.98	12405.83

中金黄金股份有限公司

公司概况	公司名称	中金黄金股份有限公司		证券简称	中金黄金
	法人代表	宋鑫	董秘 宋宪彬	证券代码	600489
	公司网址	www.zjgold.com		电子信箱	yw@zjgold.com
	电话	010-56353909 56353910		传真	010-56353902 56353908
	办公地址	北京市东城区安外大街9号			
	经营范围	黄金等有色金属地质勘查、采选、冶炼等			

主要财务指标	指标\报告期	2014.06.30	2013.12.31	2013.06.30	2012.12.31
	基本每股收益(元)	0.1000	0.1500	0.2000	0.5300
	基本每股收益(扣除后)(元)	0.0900	0.1400	0.1900	0.5200
	稀释每股收益(元)	0.1000	0.1500	0.2000	0.5300
	每股净资产(元)	3.4457	3.3891	3.4518	3.4151
	每股经营现金净流量(元)	0.2909	0.2762	0.2223	0.8315
	每股现金流量(元)	0.2576	−0.2573	0.0372	−0.1287
	每股资本公积金(元)	0.5642	0.5642	0.5747	0.5747
	每股盈余公积金(元)	0.1770	0.1770	0.1408	0.1408
	每股未分配利润(元)	1.6941	1.6418	1.7286	1.6916
	净资产收益率(%)	2.7933	4.3215	5.7049	15.4949
	加权净资产收益率(%)	2.8200	4.3300	5.6500	16.7000
	净资产收益率(扣除)(%)	2.6539	3.9863	5.6111	15.1878
	总资产(万元)	2557423.51	2342340.53	2269956.20	2149523.67
	归属母公司股东权益(万元)	1014162.30	997504.37	1015954.27	1005133.31
	营业收入(万元)	1592934.16	3049112.45	1532907.12	3605180.45
	营业支出(万元)	1447472.27	2756133.01	1339700.85	3131594.74
	投资收益(万元)	151.99	917.91	531.91	624.59
	净利润(万元)	28328.89	43107.11	57959.49	155744.48
	营业利润(万元)	56235.17	89108.18	108582.96	281168.58
	利润总额(万元)	59162.00	96256.86	110591.47	288237.75

鹏欣环球资源股份有限公司

公司概况	公司名称	鹏欣环球资源股份有限公司		证券简称	鹏欣资源
	法人代表	何昌明	董秘 关小掬	证券代码	600490
	公司网址	www.pengxinzy.com.cn		电子信箱	guanxj@pengxinzy.com.cn
	电话	021-61677666*7397		传真	021-62429110
	办公地址	上海市虹桥路2188弄41号、47号楼			
	经营范围	医药中间体、农药中间体及有机新材料等精细化工品的生产和销售			

主要财务指标	指标\报告期	2014.06.30	2013.12.31	2013.06.30	2012.12.31
	基本每股收益(元)	0.0280	0.1136	0.0443	0.2374
	基本每股收益(扣除后)(元)	0.0281	–	0.0442	0.2700
	稀释每股收益(元)	0.0280	0.1136	0.0443	0.2374
	每股净资产(元)	1.0931	1.7407	1.6649	2.4700
	每股经营现金净流量(元)	0.1272	0.1437	0.0597	0.3461
	每股现金流量(元)	−0.1672	0.0686	0.0281	0.9165
	每股资本公积金(元)	0.1130	0.8381	0.8381	1.7571
	每股盈余公积金(元)	0.0104	0.0177	0.0177	0.0265
	每股未分配利润(元)	−0.0202	−0.0820	−0.1513	−0.2934
	净资产收益率(%)	2.5631	6.5239	2.6580	8.9212
	加权净资产收益率(%)	2.7000	6.6700	2.6500	6.4600
	净资产收益率(扣除)(%)	2.5720	6.2898	2.6527	8.9212
	总资产(万元)	453034.73	437877.90	438170.64	417247.35
	归属母公司股东权益(万元)	161669.74	151437.29	144842.84	143260.71
	营业收入(万元)	129692.45	221884.91	111922.50	146186.49
	营业支出(万元)	102772.51	173263.64	87357.15	104485.37
	投资收益(万元)	361.79	−332.72	−219.28	1728.94
	净利润(万元)	4143.77	9879.65	3849.87	12780.63
	营业利润(万元)	12882.64	25954.53	13231.87	33591.06
	利润总额(万元)	12826.41	26848.39	13239.54	34096.64

龙元建设集团股份有限公司

公司概况	公司名称	龙元建设集团股份有限公司		证券简称	龙元建设
	法人代表	赖振元	董秘 张丽	证券代码	600491
	公司网址	www.lycg.com.cn		电子信箱	webmaster@lycg.com.cn
	电话	021-65615689		传真	021-65615689
	办公地址	上海市逸仙路768号			
	经营范围	民用、工业、市政及公共设施等各类工程的建筑施工、工程安装			

主要财务指标	指标\报告期	2014.06.30	2013.12.31	2013.06.30	2012.12.31
	基本每股收益(元)	0.0908	0.2300	0.0919	0.4200
	基本每股收益(扣除后)(元)	0.0656	0.1800	0.0717	0.0500
	稀释每股收益(元)	0.0908	0.2300	0.0919	0.4200
	每股净资产(元)	3.3044	3.2757	3.0973	3.1141
	每股经营现金净流量(元)	−0.8300	0.1219	−0.1730	−0.2744
	每股现金流量(元)	−0.3578	0.1876	−0.1308	−0.1774
	每股资本公积金(元)	0.4556	0.4556	0.4556	0.4556
	每股盈余公积金(元)	0.3096	0.3096	0.2753	0.2753
	每股未分配利润(元)	1.4681	1.4516	1.3440	1.3820
	净资产收益率(%)	2.7467	7.1400	2.9683	13.3583
	加权净资产收益率(%)	2.7300	7.3500	2.9100	14.2100
	净资产收益率(扣除)(%)	1.9842	5.4825	2.3134	1.5538
	总资产(万元)	1869691.84	1760474.42	1423562.60	1409345.14
	归属母公司股东权益(万元)	313122.99	310402.05	293496.22	295093.14
	营业收入(万元)	704737.43	1532796.85	595623.50	1399326.85
	营业支出(万元)	641567.21	1401296.53	541449.57	1291651.07
	投资收益(万元)	−12.23	−140.35	−15.52	39548.33
	净利润(万元)	8600.61	22162.85	8711.94	39419.44
	营业利润(万元)	13290.38	33310.76	11306.66	52201.01
	利润总额(万元)	13387.21	34852.22	12123.10	53883.77

福建凤竹纺织科技股份有限公司

公司概况	公司名称	福建凤竹纺织科技股份有限公司		证券简称	凤竹纺织
	法人代表	陈澄清	董秘 陈美珍	证券代码	600493
	公司网址	www.fynex.com.cn		电子信箱	shijinping@fynex.com.cn
	电话	0595-85656506		传真	0595-85656941
	办公地址	福建省晋江市青阳凤竹工业区			
	经营范围	生产、加工针织、机织色布、漂染、染纱、服装,销售自产产品等			

主要财务指标	指标\报告期	2014.06.30	2013.12.31	2013.06.30	2012.12.31
	基本每股收益(元)	0.0025	0.0025	0.0050	0.0444
	基本每股收益(扣除后)(元)	−0.0443	−0.0443	−0.0428	−0.1958
	稀释每股收益(元)	0.0025	0.0025	0.0050	0.0444
	每股净资产(元)	2.3104	2.3104	2.2814	2.2765
	每股经营现金净流量(元)	0.2782	0.2782	0.1010	0.7000
	每股现金流量(元)	0.0852	0.0852	−0.1648	0.1111
	每股资本公积金(元)	0.7019	0.7019	0.7019	0.7019
	每股盈余公积金(元)	0.2975	0.2975	0.2912	0.2912
	每股未分配利润(元)	0.3110	0.3110	0.2883	0.2833
	净资产收益率(%)	0.1062	0.1062	0.2174	1.9522
	加权净资产收益率(%)	0.1063	0.1063	0.2176	1.9715
	净资产收益率(扣除)(%)	−1.9177	−1.9177	−1.8781	−8.6005
	总资产(万元)	117703.21	117703.21	125055.55	128185.32
	归属母公司股东权益(万元)	62843.18	62843.18	62054.88	61919.99
	营业收入(万元)	34672.17	34672.17	41494.59	84698.08
	营业支出(万元)	31648.77	31648.77	38780.28	80446.05
	投资收益(万元)	221.20	221.20	167.61	381.40
	净利润(万元)	66.75	66.75	134.89	1208.83
	营业利润(万元)	−1250.48	−1250.48	−961.89	−6482.02
	利润总额(万元)	41.46	41.46	171.74	2086.11

晋西车轴股份有限公司

公司概况	公司名称	晋西车轴股份有限公司		证券简称	晋西车轴
	法人代表	李照智	董秘	周海红	证券代码	600495
	公司网址	www.jinxiaxle.com.cn		电子信箱	zhh@jinxiaxle.com
	电　话	0351-6628286 6629027		传　真	0351-6628286
	办公地址	山西省太原市和平北路北巷5号			
	经营范围	各类车轴的生产及销售,合金钢等精密锻件生产、销售或委托加工			

主要财务指标	指标\报告期	2014.06.30	2013.12.31	2013.06.30	2012.12.31
	基本每股收益(元)	0.0600	0.3400	0.1000	0.4000
	基本每股收益(扣除后)(元)	0.0400	0.1500	0.0400	0.3600
	稀释每股收益(元)	0.0600	0.3400	0.1000	0.4000
	每股净资产(元)	7.0227	7.0365	5.3733	5.2953
	每股经营现金净流量(元)	-0.4539	0.4049	-0.2672	-0.4326
	每股现金流量(元)	-0.8803	0.9946	-0.5050	-0.5915
	每股资本公积金(元)	4.6362	4.6466	2.6646	2.6646
	每股盈余公积金(元)	0.3046	0.2132	0.2809	0.2544
	每股未分配利润(元)	1.0818	1.1767	1.4279	1.3763
	净资产收益率(%)	1.3758	3.8750	2.9414	7.6403
	加权净资产收益率(%)	1.3600	5.5500	2.9600	7.9200
	净资产收益率(扣除)(%)	0.9169	1.7624	1.2315	6.8370
	总资产(万元)	398197.67	391375.07	267453.18	251126.20
	归属母公司股东权益(万元)	294608.05	295188.90	162402.94	160043.87
	营业收入(万元)	105890.64	283002.27	103977.95	273528.92
	营业支出(万元)	96127.25	252115.31	92393.44	241135.47
	投资收益(万元)	2316.39	917.59	500.00	500.00
	净利润(万元)	4053.32	11438.42	4776.97	12227.83
	营业利润(万元)	5153.86	6573.52	2086.67	12855.97
	利润总额(万元)	5407.00	14662.70	5352.06	15694.50

长江精工钢结构(集团)股份有限公司

公司概况	公司名称	长江精工钢结构(集团)股份有限公司		证券简称	精工钢构
	法人代表	方朝阳	董秘	沈月华	证券代码	600496
	公司网址	www.600496.com		电子信箱	600496@jgsteel.cn
	电　话	021-31215599-6858 0564-3631386		传　真	021-31215599-6870 0564-3630000
	办公地址	安徽省六安市经济技术开发区长江精工工业园			
	经营范围	轻型、高层用钢结构产品及新型墙体材料生产销售等			

主要财务指标	指标\报告期	2014.06.30	2013.12.31	2013.06.30	2012.12.31
	基本每股收益(元)	0.2000	0.4000	0.1800	0.3600
	基本每股收益(扣除后)(元)	0.1400	0.3900	0.1700	0.3500
	稀释每股收益(元)	0.2000	0.4000	0.1800	0.3600
	每股净资产(元)	4.0483	3.9305	3.7067	3.5815
	每股经营现金净流量(元)	0.0827	-0.0159	-0.1199	-0.6181
	每股现金流量(元)	-0.3637	0.2333	0.0305	-0.0469
	每股资本公积金(元)	0.6893	0.7846	0.7143	0.7243
	每股盈余公积金(元)	0.1830	0.1428	0.1815	0.1815
	每股未分配利润(元)	2.1912	0.7836	1.8197	1.6820
	净资产收益率(%)	4.8514	10.2855	4.7946	9.9876
	加权净资产收益率(%)	4.9300	10.7600	4.8700	10.4000
	净资产收益率(扣除)(%)	3.5105	9.8679	4.5789	9.8478
	总资产(万元)	835771.09	838661.33	761769.94	740348.32
	归属母公司股东权益(万元)	237458.79	230550.47	217421.56	210079.59
	营业收入(万元)	297011.66	751971.20	306781.34	613147.76
	营业支出(万元)	251480.51	636993.58	260775.06	515243.98
	投资收益(万元)	-71.87	54.73	3002.22	-783.84
	净利润(万元)	11520.03	23713.30	10424.55	20981.88
	营业利润(万元)	9650.04	27863.62	12320.33	24596.58
	利润总额(万元)	13437.48	28905.90	12889.97	25744.45

云南驰宏锌锗股份有限公司

公司概况	公司名称	云南驰宏锌锗股份有限公司		证券简称	驰宏锌锗
	法人代表	董英	董秘	黎文刚	证券代码	600497
	公司网址	www.chxz.com		电子信箱	ynchxz@chxz.com
	电　话	0874-8966698		传　真	0874-8966789
	办公地址	云南省曲靖市经济技术开发区			
	经营范围	铅、锌、锗系列产品的生产与销售等			

主要财务指标	指标\报告期	2014.06.30	2013.12.31	2013.06.30	2012.12.31
	基本每股收益(元)	0.0566	0.3789	0.2323	0.3344
	基本每股收益(扣除后)(元)	0.0347	0.2116	0.0761	0.2041
	稀释每股收益(元)	0.0566	0.3789	0.2323	0.3344
	每股净资产(元)	4.3200	4.4006	4.2396	4.4402
	每股经营现金净流量(元)	0.2306	0.4981	0.1360	1.2900
	每股现金流量(元)	0.1524	-0.0243	0.1543	0.4530
	每股资本公积金(元)	2.3918	2.3915	2.3673	2.3657
	每股盈余公积金(元)	0.2981	0.2981	0.2776	0.3534
	每股未分配利润(元)	0.6555	0.7490	0.6176	0.7203
	净资产收益率(%)	1.3110	8.0322	4.7429	7.8668
	加权净资产收益率(%)	1.2800	8.8900	5.5600	8.1000
	净资产收益率(扣除)(%)	0.8030	4.4858	1.5546	7.2866
	总资产(万元)	3107012.27	2969920.51	2817304.56	2638667.44
	归属母公司股东权益(万元)	719908.15	733829.10	706984.48	581708.42
	营业收入(万元)	932278.71	1807761.97	738876.82	1301432.07
	营业支出(万元)	842274.63	1623294.68	657811.70	1077278.13
	投资收益(万元)	2738.72	4129.99	652.47	3943.95
	净利润(万元)	9433.66	58942.31	33531.38	45762.08
	营业利润(万元)	11065.66	46952.20	16487.79	65742.58
	利润总额(万元)	12051.46	71070.71	39085.40	65673.30

烽火通信科技股份有限公司

公司概况	公司名称	烽火通信科技股份有限公司		证券简称	烽火通信
	法人代表	童国华	董秘	戈俊	证券代码	600498
	公司网址	www.fiberhome.com.cn		电子信箱	info@fiberhome.com.cn
	电　话	027-87693885		传　真	027-87691704
	办公地址	湖北省武汉市洪山区光谷创业街42号			
	经营范围	光纤通信和相关通信技术、信息技术领域科技开发等			

主要财务指标	指标\报告期	2014.06.30	2013.12.31	2013.06.30	2012.12.31
	基本每股收益(元)	0.2800	0.5400	0.5400	0.5400
	基本每股收益(扣除后)(元)	0.2800	0.4700	0.4600	0.4400
	稀释每股收益(元)	0.2800	0.5400	0.5400	0.5400
	每股净资产(元)	5.9635	5.8466	5.6183	10.9246
	每股经营现金净流量(元)	-0.8025	0.5742	-1.6177	0.7117
	每股现金流量(元)	-1.2897	0.3128	-1.8223	2.9759
	每股资本公积金(元)	2.8188	2.8144	2.8083	6.6072
	每股盈余公积金(元)	0.2815	0.2818	0.2326	0.4658
	每股未分配利润(元)	1.8648	1.7531	1.5785	2.8520
	净资产收益率(%)	4.7515	9.1941	5.5854	9.4287
	加权净资产收益率(%)	4.7600	9.5300	5.6200	10.8700
	净资产收益率(扣除)(%)	4.6608	7.9782	4.7573	7.6769
	总资产(万元)	1410974.23	1435821.05	1211665.16	1253446.97
	归属母公司股东权益(万元)	576495.12	564621.04	542567.98	526961.00
	营业收入(万元)	499484.78	910944.95	433497.86	818295.18
	营业支出(万元)	373823.90	660505.06	328009.37	601652.45
	投资收益(万元)	3296.45	4992.14	3801.79	5377.45
	净利润(万元)	27392.00	51911.71	30304.57	49685.50
	营业利润(万元)	25755.61	49421.82	22653.42	38291.94
	利润总额(万元)	31436.56	69938.56	34373.93	62224.30

广东科达洁能股份有限公司

公司概况						
	公司名称	广东科达洁能股份有限公司			证券简称	科达洁能
	法人代表	边程	董秘	朱亚锋	证券代码	600499
	公司网址	www.kedachina.com.cn		电子信箱	600499@kedachina.com.cn	
	电　话	0757-23833869		传　真	0757-23833869	
	办公地址	广东省佛山市顺德区陈村镇广隆工业园环镇西路 1 号				
	经营范围	陶瓷、石材、墙体材料、节能环保等建材机械设备制造等				

主要财务指标	指标\报告期	2014.06.30	2013.12.31	2013.06.30	2012.12.31
	基本每股收益(元)	0.3820	0.5600	0.2870	0.4270
	基本每股收益(扣除后)(元)	0.3650	0.5230	0.2720	0.3850
	稀释每股收益(元)	0.3770	0.5520	0.2840	0.4270
	每股净资产(元)	4.9228	4.3217	4.0263	3.7195
	每股经营现金净流量(元)	–0.3072	0.0044	0.0253	0.2719
	每股现金流量(元)	0.1131	–0.0316	–0.1298	–0.5038
	每股资本公积金(元)	1.6175	1.1252	1.1028	0.9126
	每股盈余公积金(元)	0.2767	0.2895	0.2448	0.2502
	每股未分配利润(元)	2.0231	1.9011	1.6731	1.5513
	净资产收益率(%)	7.6047	12.8573	7.0250	11.2743
	加权净资产收益率(%)	8.1000	13.8900	7.4500	12.5700
	净资产收益率(扣除)(%)	7.2637	12.0069	6.6463	10.1615
	总资产(万元)	765256.49	642650.29	560075.34	515175.75
	归属母公司股东权益(万元)	343231.66	287934.04	268251.13	242385.46
	营业收入(万元)	216107.82	381189.64	162284.99	266064.31
	营业支出(万元)	162230.32	291495.08	125597.62	199560.99
	投资收益(万元)	2704.90	5607.88	2947.34	4359.41
	净利润(万元)	26101.90	37020.62	18844.66	27327.16
	营业利润(万元)	27593.22	39245.69	19792.01	29213.27
	利润总额(万元)	29037.72	42469.27	21093.73	32792.05

航天晨光股份有限公司

公司概况						
	公司名称	航天晨光股份有限公司			证券简称	航天晨光
	法人代表	伍青	董秘	陆卫杰	证券代码	600501
	公司网址	www.aerosun.cn		电子信箱	stock@aerosun.cn	
	电　话	025-52826007 52826030		传　真	025-52826039	
	办公地址	江苏省南京市江宁经济技术开发区天元中路 188 号				
	经营范围	专用汽车类产品和波纹柔性管类产品				

主要财务指标	指标\报告期	2014.06.30	2013.12.31	2013.06.30	2012.12.31
	基本每股收益(元)	0.0700	0.1000	0.0800	0.0800
	基本每股收益(扣除后)(元)	0.0700	0.0800	0.0700	0.0300
	稀释每股收益(元)	0.0700	0.1000	0.0800	0.0800
	每股净资产(元)	3.0729	3.0300	3.0168	2.9651
	每股经营现金净流量(元)	–0.1856	0.2290	–0.4516	0.1594
	每股现金流量(元)	–0.4087	0.1988	–0.4734	0.1089
	每股资本公积金(元)	1.2843	1.2843	1.2843	1.2843
	每股盈余公积金(元)	0.2039	0.2039	0.1966	0.1966
	每股未分配利润(元)	0.5847	0.5427	0.5359	0.4842
	净资产收益率(%)	2.3443	3.2339	2.7079	2.7959
	加权净资产收益率(%)	2.3500	3.2500	2.7200	2.7600
	净资产收益率(扣除)(%)	2.2595	2.5788	2.2183	1.1459
	总资产(万元)	427601.17	404076.68	429070.59	405416.82
	归属母公司股东权益(万元)	119621.98	117985.49	117439.23	115426.90
	营业收入(万元)	182524.18	376623.95	178281.90	400302.91
	营业支出(万元)	153762.08	305113.22	149375.57	336043.34
	投资收益(万元)	1864.06	1604.10	1608.37	1488.17
	净利润(万元)	2804.34	3815.49	3180.18	3227.23
	营业利润(万元)	3238.26	3689.41	2619.00	2424.18
	利润总额(万元)	3468.41	5059.66	3367.77	4862.29

中化国际(控股)股份有限公司

公司概况						
	公司名称	中化国际(控股)股份有限公司			证券简称	中化国际
	法人代表	潘正义	董秘	刘翔	证券代码	600500
	公司网址	www.sinochemintl.com		电子信箱	ir@sinochem.com	
	电　话	021-61048666 50475048		传　真	021-50470206	
	办公地址	上海市浦东新区世纪大道 88 号金茂大厦 3 区 18 层				
	经营范围	化工原料、精细化工、农用化工、塑料、橡胶制品等的进出口、内销贸易等				

主要财务指标	指标\报告期	2014.06.30	2013.12.31	2013.06.30	2012.12.31
	基本每股收益(元)	0.2700	0.4100	0.2600	0.4100
	基本每股收益(扣除后)(元)	0.0900	0.3300	0.2400	0.1500
	稀释每股收益(元)	0.2700	0.4100	0.2600	0.4100
	每股净资产(元)	5.2078	5.0600	4.6497	4.9800
	每股经营现金净流量(元)	0.4235	0.4072	0.4136	0.4577
	每股现金流量(元)	0.8923	–1.6597	–0.6737	–1.6226
	每股资本公积金(元)	2.0974	2.1112	0.9972	1.3817
	每股盈余公积金(元)	0.2637	0.2637	0.3766	0.3766
	每股未分配利润(元)	1.9264	1.7807	2.4253	2.3123
	净资产收益率(%)	5.1021	5.7719	5.6441	8.1618
	加权净资产收益率(%)	5.1200	8.2000	5.1900	8.3800
	净资产收益率(扣除)(%)	1.6458	4.7118	5.2031	3.2341
	总资产(万元)	3362446.75	2893850.90	3036139.88	3076351.45
	归属母公司股东权益(万元)	1084783.67	1054297.04	668429.53	715520.41
	营业收入(万元)	1910691.78	4681041.35	2424330.44	5444816.27
	营业支出(万元)	1788354.93	4410376.25	2289776.30	5247802.14
	投资收益(万元)	72836.73	36730.63	21531.71	75216.03
	净利润(万元)	55346.84	60853.37	37728.26	58399.51
	营业利润(万元)	75456.31	86050.80	56465.18	77375.48
	利润总额(万元)	79305.98	94396.17	58123.89	88610.49

安徽水利开发股份有限公司

公司概况						
	公司名称	安徽水利开发股份有限公司			证券简称	安徽水利
	法人代表	赵时运	董秘	赵作平	证券代码	600502
	公司网址	www.cahsl.com		电子信箱	ahslzqb@163.com	
	电　话	0552-3950553		传　真	0552-3950276	
	办公地址	安徽省蚌埠市东海大道张公山南侧				
	经营范围	水利水电工程及其他工程施工、小水电和城乡供水				

主要财务指标	指标\报告期	2014.06.30	2013.12.31	2013.06.30	2012.12.31
	基本每股收益(元)	0.2600	0.4000	0.2300	0.5100
	基本每股收益(扣除后)(元)	0.2600	0.3300	0.2200	0.4700
	稀释每股收益(元)	0.2600	0.4000	0.2300	0.5100
	每股净资产(元)	3.3041	3.0913	2.9290	4.0483
	每股经营现金净流量(元)	–1.2481	–0.4431	–0.6313	–0.2735
	每股现金流量(元)	–0.0248	0.1806	–0.0715	–0.0074
	每股资本公积金(元)	0.0544	0.0544	0.0544	0.3816
	每股盈余公积金(元)	0.2535	0.2535	0.1326	0.1988
	每股未分配利润(元)	1.8104	1.5926	1.5405	2.2441
	净资产收益率(%)	7.8015	13.0745	7.8886	19.0290
	加权净资产收益率(%)	8.0100	13.9800	8.0200	20.1500
	净资产收益率(扣除)(%)	7.7755	12.4691	7.6763	17.4374
	总资产(万元)	1121837.65	941643.46	905903.62	816267.52
	归属母公司股东权益(万元)	165844.86	155159.17	147016.31	135463.99
	营业收入(万元)	398831.71	681223.44	365083.35	649019.45
	营业支出(万元)	336955.48	570500.37	303026.51	532875.08
	投资收益(万元)	22.63	880.26	–314.33	–304.99
	净利润(万元)	12938.46	20286.26	11597.55	25777.47
	营业利润(万元)	18914.07	32694.98	19199.06	35418.77
	利润总额(万元)	18971.74	33947.40	19615.09	37587.32

华丽家族股份有限公司

公司概况

公司名称	华丽家族股份有限公司			证券简称	华丽家族
法人代表	林立新	董秘	娄欣	证券代码	600503
公司网址	www.deluxe-family.com		电子信箱	dmb@deluxe-family.com	
电　　话	021-62376199		传　　真	021-62376089	
办公地址	上海市虹桥路2272号虹桥商务中心3楼L座				
经营范围	房地产开发经营				

主要财务指标

指标\报告期	2014.06.30	2013.12.31	2013.06.30	2012.12.31
基本每股收益(元)	0.0054	0.0200	0.0108	0.0311
基本每股收益(扣除后)(元)	0.0054	0.0032	-0.0034	0.0282
稀释每股收益(元)	0.0054	0.0200	0.0108	0.0311
每股净资产(元)	1.7280	1.7296	1.7211	1.7275
每股经营现金净流量(元)	0.1066	0.4848	0.1639	0.1627
每股现金流量(元)	0.0135	-0.0238	-0.0361	-0.1245
每股资本公积金(元)	0.0280	0.0280	0.0286	0.0359
每股盈余公积金(元)	0.1681	0.1681	0.1581	0.1581
每股未分配利润(元)	0.5319	0.5335	0.5344	0.5336
净资产收益率(%)	0.3135	1.1538	0.6296	1.8008
加权净资产收益率(%)	0.3100	1.1600	0.6300	1.8300
净资产收益率(扣除)(%)	0.3121	0.1873	-0.1986	1.6350
总资产(万元)	293262.96	307749.78	342439.98	430404.22
归属母公司股东权益(万元)	196836.12	197016.47	196048.65	196779.19
营业收入(万元)	26596.96	72137.98	39467.18	109536.31
营业支出(万元)	18642.56	51019.63	29353.71	75457.99
投资收益(万元)	--	0.33	0.33	4051.81
净利润(万元)	617.00	2273.15	1234.27	3543.67
营业利润(万元)	1793.96	3068.40	1205.52	9565.56
利润总额(万元)	1796.65	4835.82	2853.42	9780.49

四川西昌电力股份有限公司

公司概况

公司名称	四川西昌电力股份有限公司			证券简称	西昌电力
法人代表	何永祥	董秘	邱永志	证券代码	600505
公司网址	www.xcep.com.cn		电子信箱	xcdlgs@163.net	
电　　话	0834-3830167 3830156		传　　真	0834-3830169	
办公地址	四川省西昌市胜利路66号				
经营范围	生产、开发电力产品及发、供、用电设备、发电、供电、电力、电子设计、安装、调试				

主要财务指标

指标\报告期	2014.06.30	2013.12.31	2013.06.30	2012.12.31
基本每股收益(元)	0.0049	0.1834	0.0464	0.1970
基本每股收益(扣除后)(元)	0.0051	0.1406	0.0411	0.0892
稀释每股收益(元)	0.0049	0.1834	0.0464	0.1970
每股净资产(元)	2.3887	2.4138	2.2768	2.2604
每股经营现金净流量(元)	0.1703	0.4731	0.2017	0.2518
每股现金流量(元)	-0.1089	-0.1717	-0.2654	0.4587
每股资本公积金(元)	0.2090	0.2090	0.2090	0.2090
每股盈余公积金(元)	0.2537	0.2537	0.2335	0.2335
每股未分配利润(元)	0.9260	0.9512	0.8343	0.8179
净资产收益率(%)	0.2047	7.5995	2.0385	8.7142
加权净资产收益率(%)	0.2000	7.8500	2.0300	8.9900
净资产收益率(扣除)(%)	0.2130	5.8258	1.8060	3.9479
总资产(万元)	184855.44	187479.28	179973.28	186738.07
归属母公司股东权益(万元)	87084.42	87999.84	83004.32	82406.01
营业收入(万元)	31867.14	65272.68	30420.74	62054.40
营业支出(万元)	25947.01	46509.35	22527.25	47455.67
投资收益(万元)	-940.30	370.20	-200.07	-249.89
净利润(万元)	178.28	6687.53	1692.02	7181.01
营业利润(万元)	343.58	6348.79	2245.99	5510.23
利润总额(万元)	314.86	7760.72	2156.55	7552.46

新疆库尔勒香梨股份有限公司

公司概况

公司名称	新疆库尔勒香梨股份有限公司			证券简称	香梨股份
法人代表	刘建文	董秘	康莹	证券代码	600506
公司网址	www.xjxlgf.com.cn		电子信箱	xlgf_dmb@163.com	
电　　话	0996-2115936		传　　真	0996-2115935	
办公地址	新疆维吾尔自治区库尔勒市圣果路圣果名苑				
经营范围	农业、林业、果业的种植为主、农副产品的收购加工和销售				

主要财务指标

指标\报告期	2014.06.30	2013.12.31	2013.06.30	2012.12.31
基本每股收益(元)	-0.0450	0.0320	0.0100	-0.0380
基本每股收益(扣除后)(元)	-0.0450	-0.0250	-0.0330	-0.0830
稀释每股收益(元)	-0.0450	0.0320	0.0100	-0.0380
每股净资产(元)	1.8970	1.9423	1.9202	1.9099
每股经营现金净流量(元)	0.3418	-0.0003	0.1965	-0.3055
每股现金流量(元)	0.3410	-0.1438	0.0534	0.0761
每股资本公积金(元)	1.5164	1.5164	1.5164	1.5164
每股盈余公积金(元)	0.2315	0.2315	0.2315	0.2315
每股未分配利润(元)	-0.8509	-0.8056	-0.8277	-0.8380
净资产收益率(%)	-2.3889	1.6702	0.5381	-1.9903
加权净资产收益率(%)	-2.3600	1.6800	0.5400	-1.9700
净资产收益率(扣除)(%)	-2.3635	-1.2777	-1.7166	-4.3561
总资产(万元)	30040.59	30353.53	30438.30	33085.09
归属母公司股东权益(万元)	28019.63	28688.98	28362.46	28209.83
营业收入(万元)	4701.59	11510.79	2031.59	6075.31
营业支出(万元)	4537.70	10331.32	1728.82	5538.77
投资收益(万元)	-	-	-	-
净利润(万元)	-669.35	479.16	152.63	-561.46
营业利润(万元)	-714.25	-335.26	-422.18	-1356.79
利润总额(万元)	-721.37	510.45	217.32	-689.41

方大特钢科技股份有限公司

公司概况

公司名称	方大特钢科技股份有限公司			证券简称	方大特钢
法人代表	钟崇武	董秘	田小龙	证券代码	600507
公司网址	www.fangda-specialsteels.com		电子信箱	fdtg600507@163.com	
电　　话	0791-88392677 88394025		传　　真	0791-88386926	
办公地址	江西省南昌市青山湖区冶金大道475号				
经营范围	汽车钢板弹簧、扭杆弹簧、圆簧、弹簧扁钢、减震器、弹簧专用设备等				

主要财务指标

指标\报告期	2014.06.30	2013.12.31	2013.06.30	2012.12.31
基本每股收益(元)	0.2300	0.4300	0.2100	0.4000
基本每股收益(扣除后)(元)	0.2000	0.3900	0.2000	0.3800
稀释每股收益(元)	0.2200	0.4200	0.1900	0.3700
每股净资产(元)	2.0456	1.9488	1.7971	2.5772
每股经营现金净流量(元)	-0.0974	0.5594	0.8914	0.3910
每股现金流量(元)	0.0990	-0.7028	-0.5886	0.3774
每股资本公积金(元)	0.0434	0.0434	0.0541	0.0442
每股盈余公积金(元)	0.2037	0.2037	0.1901	0.1901
每股未分配利润(元)	0.7724	0.6749	0.5184	1.3076
净资产收益率(%)	11.1214	21.7771	11.7324	15.6173
加权净资产收益率(%)	11.1500	21.1000	9.6600	17.0700
净资产收益率(扣除)(%)	9.8657	19.5550	11.3605	14.8341
总资产(万元)	1047667.00	997515.69	985971.44	1051711.26
归属母公司股东权益(万元)	271260.11	258423.52	233722.01	335177.13
营业收入(万元)	580065.39	1321465.75	636140.39	1335510.16
营业支出(万元)	493670.37	1151141.25	553566.09	1174497.39
投资收益(万元)	199.96	1119.26	204.36	916.52
净利润(万元)	30168.06	56277.03	27421.22	52345.67
营业利润(万元)	39655.17	75064.15	39280.51	74408.62
利润总额(万元)	44221.76	82052.97	40320.34	78394.05

上海大屯能源股份有限公司

公司概况	项目	内容	项目	内容	项目	内容
	公司名称	上海大屯能源股份有限公司			证券简称	上海能源
	法人代表	义宝厚	董秘	戚后勤	证券代码	600508
	公司网址	www.sdtny.com			电子信箱	shdtny@sh163.net
	电　话	021-68864621			传　真	021-68865615
	办公地址	上海市浦东新区浦东南路 256 号(华夏银行大厦 12 层)				
	经营范围	煤炭开采、洗选加工、煤炭销售、铁路运输、矿山采掘设备、洗选设备等				

主要财务指标	指标\报告期	2014.06.30	2013.12.31	2013.06.30	2012.12.31
	基本每股收益(元)	0.0900	0.2100	0.3000	1.2800
	基本每股收益(扣除后)(元)	0.0900	0.2000	0.3100	1.2600
	稀释每股收益(元)	0.0900	0.2100	0.3000	1.2800
	每股净资产(元)	11.1125	11.0085	11.0149	10.9960
	每股经营现金净流量(元)	0.3691	1.0892	0.4310	2.0391
	每股现金流量(元)	-0.0223	0.0492	-0.1666	-0.5802
	每股资本公积金(元)	1.2320	1.2319	1.1493	1.1493
	每股盈余公积金(元)	0.5000	0.5000	0.5000	0.5000
	每股未分配利润(元)	8.0564	7.9711	8.0612	8.1599
	净资产收益率(%)	0.7681	1.9186	2.7359	11.6043
	加权净资产收益率(%)	0.7700	1.9400	2.7100	12.1500
	净资产收益率(扣除)(%)	0.7918	1.8131	2.7998	11.4902
	总资产(万元)	1422317.09	1311742.13	1191728.17	1129799.95
	归属母公司股东权益(万元)	803117.03	795605.36	796064.83	794698.04
	营业收入(万元)	339508.32	846101.30	452066.80	972298.41
	营业支出(万元)	278775.98	722602.61	368881.69	735301.12
	投资收益(万元)	-	8.00	-	35.90
	净利润(万元)	6168.43	15264.52	21779.58	92218.94
	营业利润(万元)	6265.83	19008.80	31135.85	123969.04
	利润总额(万元)	6011.13	20157.52	30438.97	125298.16

新疆天富热电股份有限公司

公司概况	项目	内容	项目	内容	项目	内容
	公司名称	新疆天富热电股份有限公司			证券简称	天富热电
	法人代表	赵磊	董秘	陈志勇	证券代码	600509
	公司网址	www.tfrd.com.cn			电子信箱	tfrd.600509@163.com
	电　话	0993-2901128 2902860			传　真	0993-2901728 2904371
	办公地址	新疆维吾尔自治区石河子市红星路 54 号				
	经营范围	电、热的生产与供应				

主要财务指标	指标\报告期	2014.06.30	2013.12.31	2013.06.30	2012.12.31
	基本每股收益(元)	0.2060	0.3200	0.1880	0.3900
	基本每股收益(扣除后)(元)	0.1800	0.2300	0.1500	0.2900
	稀释每股收益(元)	0.2060	0.3200	0.1880	0.3900
	每股净资产(元)	4.6803	4.7746	4.7776	3.5868
	每股经营现金净流量(元)	0.4335	0.7059	0.2945	0.0204
	每股现金流量(元)	0.1953	-0.6518	0.0404	0.8246
	每股资本公积金(元)	2.8303	2.8303	2.8303	1.5024
	每股盈余公积金(元)	0.2192	0.2192	0.1903	0.2629
	每股未分配利润(元)	0.6307	0.7251	0.7569	0.8215
	净资产收益率(%)	4.3933	6.2724	3.3938	10.9113
	加权净资产收益率(%)	4.2200	7.1300	6.0500	11.3500
	净资产收益率(扣除)(%)	3.7735	4.4945	2.6982	8.1286
	总资产(万元)	1264311.37	1126978.32	999893.91	909730.68
	归属母公司股东权益(万元)	423889.07	432437.35	432703.04	235186.55
	营业收入(万元)	160525.96	310750.34	138573.75	291835.00
	营业支出(万元)	117808.11	228363.16	98210.58	216511.72
	投资收益(万元)	-126.70	162.44	-125.23	-408.85
	净利润(万元)	18622.61	27124.31	14684.94	25661.81
	营业利润(万元)	21664.72	29517.82	17264.29	26329.76
	利润总额(万元)	23246.50	33457.24	18287.55	30078.28

黑牡丹(集团)股份有限公司

公司概况	项目	内容	项目	内容	项目	内容
	公司名称	黑牡丹(集团)股份有限公司			证券简称	黑 牡 丹
	法人代表	戈亚芳	董秘	周明	证券代码	600510
	公司网址	www.blackpeony.com			电子信箱	600510@blackpeony.com
	电　话	0519-68866958			传　真	0519-68866908
	办公地址	江苏省常州市青洋北路 47 号				
	经营范围	牛仔布、服装的制造和加工				

主要财务指标	指标\报告期	2014.06.30	2013.12.31	2013.06.30	2012.12.31
	基本每股收益(元)	0.2300	0.4900	0.1300	0.4300
	基本每股收益(扣除后)(元)	0.2200	0.4400	0.1300	0.2500
	稀释每股收益(元)	0.2300	0.4900	0.1300	0.4300
	每股净资产(元)	5.7685	5.6919	5.3308	5.3312
	每股经营现金净流量(元)	-1.1560	-1.5327	-1.4362	-0.9647
	每股现金流量(元)	-0.3088	0.3151	-0.0351	0.4375
	每股资本公积金(元)	2.1012	2.1012	2.1011	2.1011
	每股盈余公积金(元)	0.4302	0.4302	0.4198	0.4198
	每股未分配利润(元)	2.2354	2.1582	1.8058	1.8103
	净资产收益率(%)	3.9053	8.6648	2.4480	8.1023
	加权净资产收益率(%)	3.8800	8.9500	2.4500	8.3700
	净资产收益率(扣除)(%)	3.8643	7.7711	2.4285	4.7314
	总资产(万元)	1464050.79	1448530.31	1312958.41	1143257.56
	归属母公司股东权益(万元)	458899.86	452805.40	424074.42	424105.52
	营业收入(万元)	355508.39	455705.61	183463.88	367690.65
	营业支出(万元)	291427.97	353154.99	149522.87	289403.09
	投资收益(万元)	10.65	921.94	-27.58	3599.06
	净利润(万元)	17921.24	39234.52	10381.32	34362.34
	营业利润(万元)	35180.58	59174.58	14641.32	38506.79
	利润总额(万元)	35129.78	59034.28	14753.58	52220.48

国药集团药业股份有限公司

公司概况	项目	内容	项目	内容	项目	内容
	公司名称	国药集团药业股份有限公司			证券简称	国药股份
	法人代表	李智明	董秘	吕致远	证券代码	600511
	公司网址	www.cncm.com.cn			电子信箱	lvzhiyuan@cncm.com.cn
	电　话	010-67262920 67271828			传　真	010-67262919 67271828
	办公地址	北京市东城区永外三元西巷甲 12 号				
	经营范围	批发中成药、化学药制剂、化学原料药、抗生素、生化药品、生物制品等				

主要财务指标	指标\报告期	2014.06.30	2013.12.31	2013.06.30	2012.12.31
	基本每股收益(元)	0.5096	0.8595	0.4150	0.7014
	基本每股收益(扣除后)(元)	0.5011	0.8301	0.4144	0.6871
	稀释每股收益(元)	0.5096	0.8595	0.4150	0.7014
	每股净资产(元)	4.6561	4.4011	3.9471	3.7505
	每股经营现金净流量(元)	0.3713	0.3876	0.2578	0.3882
	每股现金流量(元)	0.0003	0.4125	0.0628	0.1980
	每股资本公积金(元)	0.1053	0.0999	0.0903	0.0888
	每股盈余公积金(元)	0.4588	0.4588	0.3846	0.3846
	每股未分配利润(元)	3.0921	2.8424	2.4721	2.2771
	净资产收益率(%)	10.9456	19.5283	10.5145	18.7010
	加权净资产收益率(%)	11.2500	21.1200	10.7800	19.9200
	净资产收益率(扣除)(%)	10.7630	18.8609	10.4985	18.3203
	总资产(万元)	510361.81	507923.94	453988.67	455926.99
	归属母公司股东权益(万元)	222933.38	210724.90	188987.15	179574.86
	营业收入(万元)	558364.45	1008147.42	484111.90	859163.25
	营业支出(万元)	512808.74	933465.51	449955.91	802365.44
	投资收益(万元)	5330.96	8909.43	4001.01	8583.96
	净利润(万元)	24401.34	41150.97	19871.04	33581.58
	营业利润(万元)	29613.22	43671.35	21188.92	29295.36
	利润总额(万元)	31718.89	52781.83	25997.24	42391.45

腾达建设集团股份有限公司

公司概况					
公司名称	腾达建设集团股份有限公司			证券简称	腾达建设
法人代表	徐君明	董秘	王士金	证券代码	600512
公司网址	www.tengdajs.com		电子信箱	zqb@tengdajs.com	
电　话	021-68406906		传　真	021-68406906	
办公地址	浙江省台州市路桥区路桥大道东1号				
经营范围	市政公用工程、房屋建筑工程、公路工程、桥梁工程、公路路面工程等				

主要财务指标 指标\报告期	2014.06.30	2013.12.31	2013.06.30	2012.12.31
基本每股收益(元)	0.0300	0.2000	0.1900	0.0300
基本每股收益(扣除后)(元)	0.0200	0.0300	0.0200	0.0300
稀释每股收益(元)	0.0300	0.2000	0.1900	0.0300
每股净资产(元)	1.5778	1.6173	1.5924	1.4213
每股经营现金净流量(元)	−0.5097	−0.0488	−0.1008	−0.4344
每股现金流量(元)	−0.3031	0.0250	−0.0459	0.0214
每股资本公积金(元)	0.0341	0.0339	0.0339	0.0339
每股盈余公积金(元)	0.1187	0.1187	0.1132	0.1132
每股未分配利润(元)	0.3939	0.4352	0.4231	0.2558
净资产收益率(%)	1.8202	12.6673	11.7607	1.9183
加权净资产收益率(%)	1.7600	13.5100	12.3300	1.9100
净资产收益率(扣除)(%)	1.4665	2.1623	1.2775	1.9037
总资产(万元)	564298.99	553791.49	494826.63	475769.41
归属母公司股东权益(万元)	116272.53	119181.77	117351.14	104743.75
营业收入(万元)	88156.83	185152.76	78636.20	137330.31
营业支出(万元)	78038.74	158273.79	69495.49	117124.66
投资收益(万元)	–	–	–	–
净利润(万元)	2116.41	15097.14	13801.33	2009.30
营业利润(万元)	2704.93	7390.00	2247.71	2485.55
利润总额(万元)	2666.60	21511.02	18639.37	2496.86

江苏联环药业股份有限公司

公司概况					
公司名称	江苏联环药业股份有限公司			证券简称	联环药业
法人代表	姚兴田	董秘	潘和平	证券代码	600513
公司网址	www.lhpharma.com		电子信箱	php@lhpharma.com	
电　话	0514-87813082		传　真	0514-87815079	
办公地址	江苏省扬州市文峰路21号				
经营范围	制造和销售化学原料药、化学药制剂、有机中间体				

主要财务指标 指标\报告期	2014.06.30	2013.12.31	2013.06.30	2012.12.31
基本每股收益(元)	0.1400	0.2400	0.1200	0.2200
基本每股收益(扣除后)(元)	0.1400	0.2300	0.1200	0.2300
稀释每股收益(元)	–	0.2400	–	0.2200
每股净资产(元)	2.6293	2.5634	2.4683	2.3010
每股经营现金净流量(元)	0.0798	0.2372	0.0314	0.5990
每股现金流量(元)	−0.1057	0.1757	−0.1312	0.0931
每股资本公积金(元)	0.5286	0.5286	0.4729	0.6077
每股盈余公积金(元)	0.1609	0.1609	0.1502	0.1453
每股未分配利润(元)	0.9399	0.8739	0.8452	0.7288
净资产收益率(%)	5.3605	9.5414	4.7655	7.5914
加权净资产收益率(%)	5.3500	9.7800	4.7700	9.3700
净资产收益率(扣除)(%)	5.4452	8.7138	4.8608	8.3197
总资产(万元)	67449.93	64947.54	62548.28	60421.84
归属母公司股东权益(万元)	41201.58	40168.20	38678.84	37748.19
营业收入(万元)	33632.45	62330.28	28657.57	57187.96
营业支出(万元)	17355.40	33440.09	15268.15	32500.44
投资收益(万元)	287.84	515.48	169.10	209.80
净利润(万元)	2208.63	3832.61	1843.25	3398.91
营业利润(万元)	2747.53	4661.04	2326.17	4185.78
利润总额(万元)	2705.16	4576.56	2292.35	4126.65

海南海岛建设股份有限公司

公司概况					
公司名称	海南海岛建设股份有限公司			证券简称	海岛建设
法人代表	李爱国	董秘	周志远	证券代码	600515
公司网址	www.zhuxin.biz		电子信箱	zy_zhou@hnair.com	
电　话	0898-66779735 66501070		传　真	0898-66599592	
办公地址	海南省海口市海秀东路8号海南望海国际商业广场7层				
经营范围	商品零售业、旅游宾馆业和房地产业				

主要财务指标 指标\报告期	2014.06.30	2013.12.31	2013.06.30	2012.12.31
基本每股收益(元)	0.0300	0.0780	0.0500	0.4340
基本每股收益(扣除后)(元)	0.0300	−0.0360	0.0400	−0.0530
稀释每股收益(元)	0.0300	0.0780	0.0500	0.4340
每股净资产(元)	1.8977	1.8666	2.1868	2.1363
每股经营现金净流量(元)	0.0523	0.1879	0.0658	0.2916
每股现金流量(元)	0.9042	0.1756	0.8753	0.4884
每股资本公积金(元)	1.4140	1.4140	1.7875	2.4598
每股盈余公积金(元)	0.1081	0.1081	0.1056	0.1081
每股未分配利润(元)	−0.6244	−0.6555	−0.7062	−0.7337
净资产收益率(%)	1.6374	4.1907	2.3079	15.3150
加权净资产收益率(%)	1.6500	2.7000	2.3300	25.1000
净资产收益率(扣除)(%)	1.6294	−1.9187	1.8516	−2.0391
总资产(万元)	319663.89	281387.03	279096.41	294807.86
归属母公司股东权益(万元)	80230.35	78916.69	92452.72	119820.36
营业收入(万元)	51890.35	103670.33	47045.45	85220.82
营业支出(万元)	36157.70	74034.90	35298.58	59500.86
投资收益(万元)	−33.04	−74.60	−9.35	15970.42
净利润(万元)	1313.66	3307.20	2133.71	15117.24
营业利润(万元)	1612.14	3779.13	1582.33	16264.68
利润总额(万元)	1620.65	5609.83	2144.81	16351.43

方大炭素新材料科技股份有限公司

公司概况					
公司名称	方大炭素新材料科技股份有限公司			证券简称	方大炭素
法人代表	何忠华	董秘	安民	证券代码	600516
公司网址	www.fdtsgs.com		电子信箱	anmin516@163.com	
电　话	0931-6239320 6239122		传　真	0931-6239221 6239320	
办公地址	甘肃省兰州市红古区海石湾2号街坊354号				
经营范围	石墨电极、炭砖、炭糊、特种炭素新材料等石墨及炭素制品的生产销售				

主要财务指标 指标\报告期	2014.06.30	2013.12.31	2013.06.30	2012.12.31
基本每股收益(元)	0.1531	0.1451	0.1393	0.2998
基本每股收益(扣除后)(元)	0.1424	0.1490	0.1289	0.2744
稀释每股收益(元)	0.1531	0.1451	0.1393	0.2998
每股净资产(元)	3.3308	3.2227	3.2049	3.2200
每股经营现金净流量(元)	−0.0948	0.3545	−0.2732	0.6219
每股现金流量(元)	−0.1936	0.5508	0.8598	0.4156
每股资本公积金(元)	0.9729	0.9729	0.9740	0.4316
每股盈余公积金(元)	0.1365	0.1365	0.0779	0.1047
每股未分配利润(元)	1.2122	1.1091	1.1439	1.6684
净资产收益率(%)	4.5958	4.2606	3.8801	11.8470
加权净资产收益率(%)	4.6400	5.8400	5.3000	11.5300
净资产收益率(扣除)(%)	4.2738	4.3952	3.5897	10.6486
总资产(万元)	1020241.47	1025210.83	981081.22	822812.96
归属母公司股东权益(万元)	572616.40	554029.71	550973.77	411460.77
营业收入(万元)	178750.53	337344.92	189452.51	395070.62
营业支出(万元)	117603.64	230992.61	126634.29	265714.24
投资收益(万元)	248.21	1815.50	703.82	−29.40
净利润(万元)	26316.09	23605.08	21378.52	46020.53
营业利润(万元)	26735.60	33903.41	27301.39	54203.19
利润总额(万元)	29208.68	33951.68	29836.78	60818.20

上海置信电气股份有限公司

公司概况	公司名称	上海置信电气股份有限公司		证券简称	置信电气
	法人代表	奚国富	董秘 牛希红	证券代码	600517
	公司网址	www.zhixindianqi.com.cn		电子信箱	600517@zhixindianqi.com
	电　话	021-52311588　52311566		传　真	021-52311580
	办公地址	上海市长宁区天山西路588号			
	经营范围	电气领域内的科技咨询、技术开发、转让、服务、生产销售自身开发的产品			

指标\报告期	2014.06.30	2013.12.31	2013.06.30	2012.12.31
基本每股收益(元)	0.0780	0.4140	0.0480	0.2460
基本每股收益(扣除后)(元)	0.0760	0.3950	0.0440	0.2300
稀释每股收益(元)	0.0780	0.4140	0.0480	0.2460
每股净资产(元)	1.6967	3.0644	2.6974	1.8304
每股经营现金净流量(元)	-0.3639	0.1144	-0.4967	0.4592
每股现金流量(元)	-0.2247	0.3221	-0.1696	0.1450
每股资本公积金(元)	0.2007	1.1613	1.1173	0.1294
每股盈余公积金(元)	0.1137	0.2047	0.1883	0.2104
每股未分配利润(元)	0.3822	0.6984	0.3918	0.4906
净资产收益率(%)	4.5726	13.3770	3.2269	13.4390
加权净资产收益率(%)	4.4600	14.1500	3.3700	11.6700
净资产收益率(扣除)(%)	4.4912	12.7738	2.9108	12.5868
总资产(万元)	472605.11	443494.40	390258.09	216430.68
归属母公司股东权益(万元)	211155.53	211871.23	186499.92	113248.61
营业收入(万元)	150840.31	326890.64	112236.34	154592.11
营业支出(万元)	119005.33	257849.92	90580.49	117589.10
投资收益(万元)	-	12.32	-	-
净利润(万元)	9655.32	28342.05	6018.08	15219.44
营业利润(万元)	14565.41	36737.47	7935.37	22328.71
利润总额(万元)	14823.88	38375.37	8743.76	23870.50

康美药业股份有限公司

公司概况	公司名称	康美药业股份有限公司		证券简称	康美药业
	法人代表	马兴田	董秘 邱锡伟	证券代码	600518
	公司网址	www.kangmei.com.cn		电子信箱	kangmei@kangmei.com.cn
	电　话	0755-33187777*8009		传　真	0755-86275777
	办公地址	广东省深圳市福田区下梅林泰科路			
	经营范围	中药饮片、化学药品等的生产与销售等			

指标\报告期	2014.06.30	2013.12.31	2013.06.30	2012.12.31
基本每股收益(元)	0.4670	0.8550	0.4300	0.6550
基本每股收益(扣除后)(元)	0.4610	0.8430	0.4260	0.6570
稀释每股收益(元)	0.4670	0.8550	0.4300	0.6550
每股净资产(元)	5.6756	5.4703	5.0432	4.8124
每股经营现金净流量(元)	0.5859	0.7614	0.4196	0.4586
每股现金流量(元)	-0.0512	1.0769	0.4132	-0.1026
每股资本公积金(元)	2.1586	2.1602	2.1585	2.1573
每股盈余公积金(元)	0.2936	0.2936	0.2107	0.2107
每股未分配利润(元)	2.2234	2.0164	1.6740	1.4444
净资产收益率(%)	8.2274	15.6291	8.5180	13.6206
加权净资产收益率(%)	8.1900	16.6300	8.5400	14.5500
净资产收益率(扣除)(%)	8.1148	15.4062	8.4454	13.6602
总资产(万元)	2474373.03	2225138.90	1958472.27	1795829.29
归属母公司股东权益(万元)	1247899.23	1202763.69	1108851.78	1058098.40
营业收入(万元)	776192.27	1335872.85	610574.94	1116515.48
营业支出(万元)	568230.94	987268.88	440982.42	835606.27
投资收益(万元)	2976.04	4870.54	2778.65	4791.71
净利润(万元)	102670.25	187981.70	94451.84	144119.15
营业利润(万元)	135645.94	217933.64	112741.70	169702.51
利润总额(万元)	137326.91	221401.04	113723.62	169261.39

贵州茅台酒股份有限公司

公司概况	公司名称	贵州茅台酒股份有限公司		证券简称	贵州茅台
	法人代表	袁仁国	董秘 樊宁屏	证券代码	600519
	公司网址	www.moutaichina.com		电子信箱	fnp@moutaichina.com
	电　话	0852-2386002		传　真	0852-2386005
	办公地址	贵州省仁怀市茅台镇			
	经营范围	贵州茅台酒系列产品的生产与销售			

指标\报告期	2014.06.30	2013.12.31	2013.06.30	2012.12.31
基本每股收益(元)	6.3300	14.5800	6.3500	12.8200
基本每股收益(扣除后)(元)	6.3500	14.8800	6.5200	12.9100
稀释每股收益(元)	6.3300	14.5800	6.3500	12.8200
每股净资产(元)	39.6472	41.0547	33.4562	32.8938
每股经营现金净流量(元)	3.7555	12.1896	5.0232	11.4829
每股现金流量(元)	-3.3410	-0.0677	-3.8114	3.6673
每股资本公积金(元)	1.2040	1.3244	1.3244	1.3244
每股盈余公积金(元)	4.6205	4.0656	4.0664	2.9248
每股未分配利润(元)	32.7977	34.6520	27.0654	27.6446
净资产收益率(%)	15.9680	35.5135	20.8673	38.9699
加权净资产收益率(%)	15.6400	39.4300	19.1900	45.0000
净资产收益率(扣除)(%)	16.0124	36.2523	21.4281	39.2431
总资产(万元)	5521813.15	5545415.07	4362071.04	4499820.90
归属母公司股东权益(万元)	4527707.47	4262221.65	3473352.14	3414965.41
营业收入(万元)	1432162.84	3092180.13	1412786.72	2645533.52
营业支出(万元)	98754.33	219392.03	93256.67	204430.65
投资收益(万元)	301.00	301.00	301.00	310.33
净利润(万元)	722985.38	1513663.98	724794.47	1330807.96
营业利润(万元)	1025097.70	2179154.50	1039774.64	1883073.98
利润总额(万元)	1022317.89	2143236.04	1012540.62	1870049.05

铜陵中发三佳科技股份有限公司

公司概况	公司名称	铜陵中发三佳科技股份有限公司		证券简称	中发科技
	法人代表	黄言勇	董秘 申立丰	证券代码	600520
	公司网址	www.chinatrinity.com		电子信箱	office@chinatrinity.com
	电　话	0562-2627520　2627503		传　真	0562-2627555
	办公地址	安徽省铜陵市石城路电子工业区			
	经营范围	半导体集成电路塑封模具与化学建材挤出模具等精密模具的生产等			

指标\报告期	2014.06.30	2013.12.31	2013.06.30	2012.12.31
基本每股收益(元)	-0.1042	0.0597	0.0730	-0.0424
基本每股收益(扣除后)(元)	-0.1197	-0.1926	-0.1327	-0.1414
稀释每股收益(元)	-0.1042	0.0597	0.0730	-0.0424
每股净资产(元)	3.3266	1.7808	1.9259	2.0387
每股经营现金净流量(元)	-0.1776	0.2063	-0.0398	-0.0766
每股现金流量(元)	1.4653	-0.2343	-0.5561	0.3270
每股资本公积金(元)	2.3943	0.7575	0.8982	1.0751
每股盈余公积金(元)	0.0767	0.1075	0.1075	0.1075
每股未分配利润(元)	-0.1443	-0.0842	-0.0798	-0.1439
净资产收益率(%)	-2.5330	3.3514	3.7883	-2.2800
加权净资产收益率(%)	-4.3400	2.8900	2.9000	-2.2500
净资产收益率(扣除)(%)	-2.9118	-10.8157	-6.8887	-7.5922
总资产(万元)	96014.02	63663.51	62877.55	64973.11
归属母公司股东权益(万元)	52703.40	20130.47	21770.33	23045.60
营业收入(万元)	14471.95	32632.33	16226.24	28089.37
营业支出(万元)	11841.80	26003.87	13211.54	21020.48
投资收益(万元)	-	-67.34	-	-
净利润(万元)	-1334.96	674.65	824.74	-479.75
营业利润(万元)	-1522.61	-2464.95	-1453.58	-1664.67
利润总额(万元)	-1305.24	945.68	877.77	-185.48

浙江华海药业股份有限公司

公司概况	公司名称	浙江华海药业股份有限公司		证券简称	华海药业
	法人代表	童建新	董秘	祝永华	证券代码 600521
	公司网址	www.huahaipharm.com		电子信箱	600521@huahaipharm.com
	电　话	0576-85991096		传　真	0576-85016010
	办公地址	浙江省台州市临海市汛桥			
	经营范围	片剂、硬胶囊剂、原料药制造等			

主要财务指标	指标\报告期	2014.06.30	2013.12.31	2013.06.30	2012.12.31
	基本每股收益(元)	0.1600	0.4800	0.2800	0.4800
	基本每股收益(扣除后)(元)	0.1500	0.4200	0.2800	0.4200
	稀释每股收益(元)	0.1600	0.4800	0.2800	0.4800
	每股净资产(元)	3.7929	3.8291	3.6557	3.5453
	每股经营现金净流量(元)	0.0985	0.6243	0.1891	0.4454
	每股现金流量(元)	0.0588	0.3792	1.0805	-0.2019
	每股资本公积金(元)	1.0325	1.0329	1.0332	0.4244
	每股盈余公积金(元)	0.2870	0.2870	0.2402	0.3446
	每股未分配利润(元)	1.4770	1.5130	1.3864	1.7813
	净资产收益率(%)	4.3256	11.9445	7.7685	17.5758
	加权净资产收益率(%)	4.2300	14.2500	10.3600	19.8600
	净资产收益率(扣除)(%)	3.8694	10.5973	7.7280	15.3046
	总资产(万元)	422742.43	446610.41	431332.74	321661.21
	归属母公司股东权益(万元)	297854.41	300697.14	287080.73	194086.48
	营业收入(万元)	115002.52	229640.77	122617.58	201439.10
	营业支出(万元)	66231.46	128925.85	69778.08	120322.84
	投资收益(万元)	2402.39	2156.65	315.59	466.78
	净利润(万元)	12884.07	35916.84	22301.83	34112.31
	营业利润(万元)	14212.49	39984.76	24835.09	35596.94
	利润总额(万元)	14389.48	41229.91	24891.85	40186.64

江苏中天科技股份有限公司

公司概况	公司名称	江苏中天科技股份有限公司		证券简称	中天科技
	法人代表	薛济萍	董秘	杨栋云	证券代码 600522
	公司网址	www.chinaztt.com		电子信箱	zqb@chinaztt.com
	电　话	0513-83599505		传　真	0513-83599504
	办公地址	江苏省南通市经济技术开发区中天路六号			
	经营范围	光纤、光缆、电线、电缆、导线及相关材料和附件等			

主要财务指标	指标\报告期	2014.06.30	2013.12.31	2013.06.30	2012.12.31
	基本每股收益(元)	0.5150	0.7470	0.3250	0.5980
	基本每股收益(扣除后)(元)	0.3830	0.6740	0.3240	0.5640
	稀释每股收益(元)	0.5150	0.7470	0.3250	0.5980
	每股净资产(元)	7.6941	7.4413	6.8271	6.3894
	每股经营现金净流量(元)	-0.0306	0.4173	-0.1537	0.3628
	每股现金流量(元)	0.1427	-0.4321	-0.6502	0.0889
	每股资本公积金(元)	3.0862	3.2510	3.0572	2.9390
	每股盈余公积金(元)	0.3034	0.3034	0.2471	0.2471
	每股未分配利润(元)	3.3098	2.8948	2.5284	2.2037
	净资产收益率(%)	6.6930	10.0437	4.7552	9.3574
	加权净资产收益率(%)	6.7700	11.0500	4.9100	9.5400
	净资产收益率(扣除)(%)	4.9812	9.0519	4.7427	8.8317
	总资产(万元)	960110.19	898525.86	825248.37	787402.48
	归属母公司股东权益(万元)	542054.38	524243.91	480973.42	450136.80
	营业收入(万元)	394274.15	677133.36	324871.52	581220.99
	营业支出(万元)	316896.32	532865.06	255654.67	456273.26
	投资收益(万元)	10315.91	2609.94	-220.14	-209.44
	净利润(万元)	36279.76	52653.49	22871.03	42120.94
	营业利润(万元)	44975.33	61350.16	27984.81	49521.93
	利润总额(万元)	47620.27	66360.36	29402.45	53708.12

贵州贵航汽车零部件股份有限公司

公司概况	公司名称	贵州贵航汽车零部件股份有限公司		证券简称	贵航股份
	法人代表	张晓军	董秘	陈秀	证券代码 600523
	公司网址	www.gzghgf.com		电子信箱	ghgf-zqb@china.com
	电　话	0851-3802670		传　真	0851-3803931
	办公地址	贵州省贵阳市小河区珠江路166号			
	经营范围	汽车、摩托车零部件的开发、制造、销售等			

主要财务指标	指标\报告期	2014.06.30	2013.12.31	2013.06.30	2012.12.31
	基本每股收益(元)	0.1600	0.4500	0.1800	0.4000
	基本每股收益(扣除后)(元)	0.1600	0.3800	0.1800	0.3400
	稀释每股收益(元)	0.1600	0.4500	0.1800	0.4000
	每股净资产(元)	6.0750	6.0530	5.7664	5.7170
	每股经营现金净流量(元)	-0.2642	0.0317	-0.1804	0.6261
	每股现金流量(元)	0.0797	0.1269	-0.4206	0.1755
	每股资本公积金(元)	3.1774	3.1771	3.1683	3.1683
	每股盈余公积金(元)	0.5013	0.5013	0.4448	0.4448
	每股未分配利润(元)	1.3788	1.3639	1.1493	1.1010
	净资产收益率(%)	2.6661	7.5094	3.1431	6.9103
	加权净资产收益率(%)	2.6700	7.7600	3.1100	7.1700
	净资产收益率(扣除)(%)	2.6532	6.2086	3.1100	5.8916
	总资产(万元)	363682.18	322390.69	293447.41	282333.46
	归属母公司股东权益(万元)	175443.59	174805.84	166529.74	165103.51
	营业收入(万元)	145859.54	272025.78	133227.89	261253.40
	营业支出(万元)	117196.42	222032.99	108599.37	208923.89
	投资收益(万元)	3172.43	5906.02	2344.08	5577.59
	净利润(万元)	4677.55	13126.92	5234.23	11409.17
	营业利润(万元)	5981.54	13410.52	6421.37	15260.76
	利润总额(万元)	6034.01	16136.80	6498.02	16117.86

长园集团股份有限公司

公司概况	公司名称	长园集团股份有限公司		证券简称	长园集团
	法人代表	许晓文	董秘	倪昭华	证券代码 600525
	公司网址	www.cyg.com		电子信箱	zqb@cyg.com
	电　话	0755-26719476		传　真	0755-26739900
	办公地址	广东省深圳市南山区高新区科苑中路长园新材料港F栋5楼			
	经营范围	高分子热缩材料、功能材料、辐射加工、机电产品、通信电缆附件等			

主要财务指标	指标\报告期	2014.06.30	2013.12.31	2013.06.30	2012.12.31
	基本每股收益(元)	0.1470	0.3500	0.1148	0.2500
	基本每股收益(扣除后)(元)	0.1274	0.2800	0.1043	0.2000
	稀释每股收益(元)	0.1470	0.3500	0.1148	0.2500
	每股净资产(元)	2.9888	2.9242	2.6556	2.6071
	每股经营现金净流量(元)	-0.1711	0.4050	-0.0191	0.2446
	每股现金流量(元)	-0.2687	0.1424	-0.0796	0.0754
	每股资本公积金(元)	0.2161	0.1886	0.1571	0.1434
	每股盈余公积金(元)	0.1358	0.1358	0.1235	0.1235
	每股未分配利润(元)	1.6369	1.5999	1.3750	1.3402
	净资产收益率(%)	4.9196	12.0353	4.3244	9.4900
	加权净资产收益率(%)	4.9100	12.7300	4.3300	9.7700
	净资产收益率(扣除)(%)	4.2640	9.7207	3.9261	7.8360
	总资产(万元)	501838.34	476909.36	449533.53	427657.97
	归属母公司股东权益(万元)	258087.49	252507.66	229317.49	225127.07
	营业收入(万元)	138509.89	282151.12	116226.78	241322.35
	营业支出(万元)	78791.28	157516.43	64552.88	137483.11
	投资收益(万元)	998.53	3789.64	1.11	716.19
	净利润(万元)	12696.98	30389.95	9916.70	21364.59
	营业利润(万元)	11918.52	27034.89	9786.33	19505.54
	利润总额(万元)	16207.19	36878.96	12916.89	28481.29

浙江菲达环保科技股份有限公司

公司概况	公司名称	浙江菲达环保科技股份有限公司			证券简称	菲达环保
	法人代表	舒英钢	董秘	周明良	证券代码	600526
	公司网址	www.feida.biz		电子信箱	feida@ep.zjbnet.com	
	电　话	0575-87211326		传　真	0575-87214695	
	办公地址	浙江省诸暨市望云路 88 号				
	经营范围	除尘器、气力输送设备				

	指标\报告期	2014.06.30	2013.12.31	2013.06.30	2012.12.31
主要财务指标	基本每股收益(元)	0.0800	0.2100	0.0900	0.1400
	基本每股收益(扣除后)(元)	0.0600	0.1700	0.0600	0.0900
	稀释每股收益(元)	0.0800	0.2100	0.0900	0.1400
	每股净资产(元)	3.2187	6.3861	6.2640	3.9063
	每股经营现金净流量(元)	-0.9038	-0.4749	-0.5946	0.5589
	每股现金流量(元)	-0.1075	1.6025	0.9394	-0.6348
	每股资本公积金(元)	1.6242	4.2484	4.2483	1.3926
	每股盈余公积金(元)	0.0658	0.1316	0.1232	0.1790
	每股未分配利润(元)	0.5306	1.0102	0.8964	1.3392
	净资产收益率(%)	2.3473	3.0864	1.1940	3.4734
	加权净资产收益率(%)	2.3400	3.6200	2.0000	3.5300
	净资产收益率(扣除)(%)	1.8806	2.4323	0.8373	2.3548
	总资产(万元)	455333.46	346029.44	273603.11	212410.81
	归属母公司股东权益(万元)	130965.86	129919.37	127437.08	54687.83
	营业收入(万元)	119474.24	196001.75	94862.62	167620.46
	营业支出(万元)	100237.07	164587.80	80788.02	141125.61
	投资收益(万元)	42.85	58.70	29.55	218.56
	净利润(万元)	3074.13	4009.90	1521.62	1899.55
	营业利润(万元)	3444.84	4687.69	1614.78	2354.46
	利润总额(万元)	4054.05	5512.41	1985.10	2758.07

中铁二局股份有限公司

公司概况	公司名称	中铁二局股份有限公司			证券简称	中铁二局
	法人代表	唐志成	董秘	邓爱民	证券代码	600528
	公司网址	www.crec.com.cn		电子信箱	ztejdb@cregc.com.cn	
	电　话	028-66752888 66752811		传　真	028-66752889	
	办公地址	四川省成都市马家花园 10 号中铁二局大厦				
	经营范围	承担各类型工业、能源、交通、民用等工程项目施工的承包等				

	指标\报告期	2014.06.30	2013.12.31	2013.06.30	2012.12.31
主要财务指标	基本每股收益(元)	0.1149	0.2889	0.1119	0.3982
	基本每股收益(扣除后)(元)	0.1005	0.2805	0.1101	0.3741
	稀释每股收益(元)	-	-	-	-
	每股净资产(元)	4.0892	4.0743	3.8973	3.9054
	每股经营现金净流量(元)	0.1802	0.0923	-1.2310	-0.1359
	每股现金流量(元)	0.8863	-0.5556	-0.1500	0.0902
	每股资本公积金(元)	1.0950	1.0950	1.0950	1.0950
	每股盈余公积金(元)	0.3413	0.3160	0.3082	0.2942
	每股未分配利润(元)	1.6528	1.6633	1.4941	1.5161
	净资产收益率(%)	2.8094	7.0915	2.8723	10.1970
	加权净资产收益率(%)	2.8100	7.2400	2.8400	10.6000
	净资产收益率(扣除)(%)	2.4575	6.8843	2.8248	9.5788
	总资产(万元)	5699741.01	5114677.75	5267249.22	4410779.78
	归属母公司股东权益(万元)	596696.34	594524.55	568698.72	569874.35
	营业收入(万元)	3317184.05	7956690.57	3424180.95	6661103.38
	营业支出(万元)	3128649.76	7532177.00	3254151.88	6298250.28
	投资收益(万元)	2699.72	32196.34	17838.63	23812.29
	净利润(万元)	16763.78	42160.61	16334.78	58110.31
	营业利润(万元)	27048.18	92576.84	35056.37	91432.66
	利润总额(万元)	29663.98	93765.27	35400.93	93615.73

江苏江南高纤股份有限公司

公司概况	公司名称	江苏江南高纤股份有限公司			证券简称	江南高纤
	法人代表	陶国平	董秘	陆正中	证券代码	600527
	公司网址	www.jngx.cn		电子信箱	ngxlzz@163.com	
	电　话	0512-65712564		传　真	0512-65712238	
	办公地址	江苏省苏州市相城区黄埭镇苏阳路				
	经营范围	生产、销售短纤维、涤纶毛条等				

	指标\报告期	2014.06.30	2013.12.31	2013.06.30	2012.12.31
主要财务指标	基本每股收益(元)	0.1000	0.3000	0.1500	0.2700
	基本每股收益(扣除后)(元)	0.1000	0.2900	0.1500	0.2700
	稀释每股收益(元)	0.1000	0.3000	0.1500	0.2700
	每股净资产(元)	2.2500	2.2461	2.0954	2.0400
	每股经营现金净流量(元)	0.0468	0.2166	-0.0136	0.2980
	每股现金流量(元)	-0.0649	0.0245	-0.1508	-0.0781
	每股资本公积金(元)	0.1611	0.1609	0.1602	0.1602
	每股盈余公积金(元)	0.1395	0.1395	0.1103	0.1103
	每股未分配利润(元)	0.9533	0.9457	0.8249	0.7671
	净资产收益率(%)	4.3336	13.2658	7.0526	13.2894
	加权净资产收益率(%)	4.2600	13.9100	7.0000	14.1400
	净资产收益率(扣除)(%)	4.2576	12.9441	6.8736	13.1196
	总资产(万元)	193372.65	192799.50	178599.59	174160.59
	归属母公司股东权益(万元)	180785.13	180157.05	168070.10	163435.55
	营业收入(万元)	71170.47	163374.54	77668.78	152247.88
	营业支出(万元)	60763.15	135356.46	64220.86	127632.75
	投资收益(万元)	899.95	3635.65	2083.22	2676.21
	净利润(万元)	7834.47	23899.35	11853.35	21719.67
	营业利润(万元)	8103.71	25767.04	12837.85	21891.59
	利润总额(万元)	8851.15	26567.25	13191.89	22813.26

山东省药用玻璃股份有限公司

公司概况	公司名称	山东省药用玻璃股份有限公司			证券简称	山东药玻
	法人代表	柴文	董秘	赵海宝	证券代码	600529
	公司网址	www.pharmglass.com		电子信箱	sdyb@pharmglass.com	
	电　话	0533-3259016 3259028		传　真	0533-3249700	
	办公地址	山东省淄博市沂源县药玻路				
	经营范围	各种药用玻璃包装产品的制造、销售				

	指标\报告期	2014.06.30	2013.12.31	2013.06.30	2012.12.31
主要财务指标	基本每股收益(元)	0.2619	0.4800	0.2614	0.4700
	基本每股收益(扣除后)(元)	0.2619	0.4600	0.2528	0.4500
	稀释每股收益(元)	0.2619	0.4800	0.2614	0.4700
	每股净资产(元)	7.9900	7.8871	7.6688	7.5388
	每股经营现金净流量(元)	0.3924	1.0436	0.4272	0.1108
	每股现金流量(元)	0.0654	0.1978	0.1396	-0.2282
	每股资本公积金(元)	2.2794	2.2794	2.2794	2.2794
	每股盈余公积金(元)	0.6963	0.6963	0.6498	0.6498
	每股未分配利润(元)	3.9148	3.8028	3.6354	3.5140
	净资产收益率(%)	3.2784	6.0263	3.4087	6.1756
	加权净资产收益率(%)	3.2700	6.1700	3.4100	6.3300
	净资产收益率(扣除)(%)	3.2776	5.8793	3.2961	5.9170
	总资产(万元)	277239.49	270546.30	266587.75	261214.47
	归属母公司股东权益(万元)	205646.09	202998.27	197379.15	194034.69
	营业收入(万元)	81354.45	154454.50	75892.80	146809.28
	营业支出(万元)	59350.36	110493.56	54551.68	106059.41
	投资收益(万元)	0.39	0.52	0.52	4.29
	净利润(万元)	6741.80	12233.37	6728.07	11982.81
	营业利润(万元)	9019.95	16106.84	8575.43	15359.26
	利润总额(万元)	9021.95	16435.72	8871.88	16030.97

上海交大昂立股份有限公司

公司概况					
公司名称	上海交大昂立股份有限公司			证券简称	交大昂立
法人代表	杨国平	董秘	娄健颖	证券代码	600530
公司网址	www.onlly.com.cn		电子信箱	stock@mail.onlly.com.cn	
电　话	021-54277900 54277820		传　真	021-54277827	
办公地址	上海市宜山路 700 号				
经营范围	生物制品、保健食品、参制品等保健食品的研制、生产和销售				

主要财务指标：指标\报告期	2014.06.30	2013.12.31	2013.06.30	2012.12.31
基本每股收益(元)	0.0810	0.2660	0.1420	0.2670
基本每股收益(扣除后)(元)	0.0790	0.0610	0.0080	0.0010
稀释每股收益(元)	0.0810	0.2660	0.1420	0.2670
每股净资产(元)	4.0653	4.2449	4.1367	4.7132
每股经营现金净流量(元)	-0.0921	-0.7832	-0.0530	0.0641
每股现金流量(元)	0.0899	-0.0933	-0.0549	0.0337
每股资本公积金(元)	2.6619	2.7721	2.7876	3.3563
每股盈余公积金(元)	0.2537	0.2537	0.2387	0.2387
每股未分配利润(元)	0.1497	0.2191	0.1104	0.1182
净资产收益率(%)	1.9821	6.2652	3.4388	5.6546
加权净资产收益率(%)	1.9000	5.9400	3.1600	5.8700
净资产收益率(扣除)(%)	1.9479	1.4280	0.1819	0.0307
总资产(万元)	181959.27	179299.95	162763.52	185454.42
归属母公司股东权益(万元)	126837.00	132441.20	129065.49	147052.19
营业收入(万元)	18261.78	35703.26	19368.22	37527.19
营业支出(万元)	7703.28	13314.88	7134.65	12959.22
投资收益(万元)	1182.19	9433.08	5575.46	10584.83
净利润(万元)	2514.09	8297.72	4438.26	8315.23
营业利润(万元)	3902.66	9062.61	5324.73	10005.00
利润总额(万元)	3948.71	9325.97	5350.63	10134.28

河南豫光金铅股份有限公司

公司概况					
公司名称	河南豫光金铅股份有限公司			证券简称	豫光金铅
法人代表	杨安国	董秘	蔡亮	证券代码	600531
公司网址	www.yggf.com.cn		电子信箱	yuguang@yggf.com.cn	
电　话	0391-6665836		传　真	0391-6688986	
办公地址	河南省济源市荆梁南街 1 号				
经营范围	电解铅、白银、黄金、冰铜、硫酸、次氧化锌的生产和销售				

主要财务指标：指标\报告期	2014.06.30	2013.12.31	2013.06.30	2012.12.31
基本每股收益(元)	0.0400	-1.6900	-0.8300	0.1600
基本每股收益(扣除后)(元)	-0.3900	-1.9900	-0.8900	0.0400
稀释每股收益(元)	0.0400	-1.6900	-0.8300	0.1600
每股净资产(元)	4.5971	4.5461	5.3996	6.3581
每股经营现金净流量(元)	-0.3929	-3.4142	1.8932	0.5148
每股现金流量(元)	0.2409	-0.8957	-0.8822	1.0487
每股资本公积金(元)	2.5969	2.5969	2.5691	2.5969
每股盈余公积金(元)	0.4887	0.4887	0.4887	0.4887
每股未分配利润(元)	0.5080	0.4663	1.3291	2.2052
净资产收益率(%)	0.9067	-37.1510	-15.2989	2.5849
加权净资产收益率(%)	0.8600	-30.7900	-13.9000	2.6200
净资产收益率(扣除)(%)	-8.5819	-43.7139	-16.5345	0.6133
总资产(万元)	876699.70	806075.78	637169.92	737281.57
归属母公司股东权益(万元)	135730.18	134224.96	159422.71	187723.61
营业收入(万元)	422955.45	1129125.40	633898.76	1249683.48
营业支出(万元)	407825.81	1120577.44	640328.52	1201010.87
投资收益(万元)	8211.17	12730.13	10711.72	4378.95
净利润(万元)	1230.67	-49865.95	-24389.88	4852.55
营业利润(万元)	-7683.65	-57233.98	-29670.30	6479.43
利润总额(万元)	1830.34	-47934.56	-25686.13	8819.77

山东宏达矿业股份有限公司

公司概况					
公司名称	山东宏达矿业股份有限公司			证券简称	宏达矿业
法人代表	段连文	董秘	于晓兵	证券代码	600532
公司网址	hd.hdky.net		电子信箱	yxb@hdky.net	
电　话	0533-7608266 7608677		传　真	0533-7608266 7608677	
办公地址	山东省淄博市临淄区凤凰镇南金村				
经营范围	农药及化工原料的生产、销售、火力发电及电力销售等				

主要财务指标：指标\报告期	2014.06.30	2013.12.31	2013.06.30	2012.12.31
基本每股收益(元)	0.1600	0.4100	0.1900	0.4800
基本每股收益(扣除后)(元)	0.1600	0.4100	0.1900	0.4700
稀释每股收益(元)	0.1600	0.4100	0.1900	0.4800
每股净资产(元)	2.7638	2.6754	2.4619	2.2703
每股经营现金净流量(元)	-0.1430	-0.1222	-0.1448	0.0530
每股现金流量(元)	-0.2554	0.1567	-0.1077	-0.3744
每股资本公积金(元)	0.4679	0.4679	0.4679	0.4679
每股盈余公积金(元)	0.0099	0.0099	-	-
每股未分配利润(元)	1.2628	1.1769	0.9613	0.7736
净资产收益率(%)	5.6434	15.4430	7.6230	13.6012
加权净资产收益率(%)	5.7100	16.6800	7.9400	14.5700
净资产收益率(扣除)(%)	5.6276	15.4293	7.6021	13.5489
总资产(万元)	205207.73	194499.31	173414.15	165701.71
归属母公司股东权益(万元)	109511.31	106009.38	97548.44	89955.37
营业收入(万元)	34478.23	68697.51	31388.09	56332.72
营业支出(万元)	24149.31	41582.86	19013.55	37438.23
投资收益(万元)	1904.17	3737.61	1426.94	4325.39
净利润(万元)	6180.17	16370.98	7436.07	12235.02
营业利润(万元)	7552.01	20662.67	9469.19	14984.67
利润总额(万元)	7575.09	20685.49	9496.38	15047.39

南京栖霞建设股份有限公司

公司概况					
公司名称	南京栖霞建设股份有限公司			证券简称	栖霞建设
法人代表	江劲松	董秘	王海刚	证券代码	600533
公司网址	www.chixia.com		电子信箱	invest@chixia.com	
电　话	025-85600533		传　真	025-85502482	
办公地址	江苏省南京市玄武区龙蟠路 9 号				
经营范围	住宅小区综合开发建设、商品房销售、租赁、售后服务等				

主要财务指标：指标\报告期	2014.06.30	2013.12.31	2013.06.30	2012.12.31
基本每股收益(元)	0.0264	0.1642	0.0907	0.3012
基本每股收益(扣除后)(元)	0.0282	0.1655	0.0907	0.3009
稀释每股收益(元)	0.0264	0.1642	0.0907	0.3012
每股净资产(元)	3.3776	3.5284	3.4166	3.4037
每股经营现金净流量(元)	0.2800	0.7682	0.2696	0.2955
每股现金流量(元)	0.4069	-0.0076	0.4036	0.0227
每股资本公积金(元)	1.3808	1.4580	1.4197	1.3976
每股盈余公积金(元)	0.2398	0.2398	0.2061	0.2061
每股未分配利润(元)	0.7570	0.8306	0.7908	0.8001
净资产收益率(%)	0.7811	4.6538	2.6545	8.8497
加权净资产收益率(%)	0.7700	4.7500	2.6500	9.1100
净资产收益率(扣除)(%)	0.8359	4.6892	2.6546	8.8414
总资产(万元)	1501616.54	1402903.58	1371768.06	1215266.56
归属母公司股东权益(万元)	354647.66	370481.55	358741.73	357392.81
营业收入(万元)	123992.80	215727.74	116272.81	264955.61
营业支出(万元)	104059.59	159433.74	76022.17	154285.32
投资收益(万元)	917.35	7803.13	113.90	-2542.66
净利润(万元)	2770.14	17241.51	9522.67	31628.13
营业利润(万元)	3521.64	28803.93	17126.31	57422.10
利润总额(万元)	3265.84	28455.91	17104.76	57341.28

天士力制药集团股份有限公司

公司概况					
公司名称	天士力制药集团股份有限公司			证券简称	天士力
法人代表	闫凯境	董秘	刘俊峰	证券代码	600535
公司网址	www.tasly.com		电子信箱	stock@tasly.com	
电话	022-26736999		传真	022-26736721	
办公地址	天津市北辰区普济河东道2号(天士力现代中药城)				
经营范围	滴丸剂、颗粒剂、硬胶囊剂、软胶囊剂、片剂、丸剂的生产等				

主要财务指标：指标\报告期	2014.06.30	2013.12.31	2013.06.30	2012.12.31
基本每股收益(元)	0.7200	1.0700	0.5800	0.8200
基本每股收益(扣除后)(元)	0.7100	0.9900	0.5000	0.7200
稀释每股收益(元)	0.7200	1.0700	0.5800	0.8200
每股净资产(元)	4.0809	3.7103	3.2449	7.7682
每股经营现金净流量(元)	0.4472	0.3352	0.1988	0.8750
每股现金流量(元)	-0.0789	-0.0970	-0.1365	-0.9799
每股资本公积金(元)	0.2375	0.2713	0.2054	3.1766
每股盈余公积金(元)	0.5063	0.5063	0.4227	0.8305
每股未分配利润(元)	2.3387	1.9679	1.6183	3.2168
净资产收益率(%)	17.6631	28.7113	17.9254	17.8719
加权净资产收益率(%)	17.6300	28.0500	13.1500	21.5700
净资产收益率(扣除)(%)	17.4825	26.6269	15.5542	18.4962
总资产(万元)	1156140.70	1039860.07	897614.60	813985.43
归属母公司股东权益(万元)	421497.60	386690.82	335143.31	424548.77
营业收入(万元)	610863.14	1109787.02	540248.52	934178.84
营业支出(万元)	381564.10	704265.77	348266.80	616173.25
投资收益(万元)	351.22	380.92	270.55	493.97
净利润(万元)	74449.62	110026.15	60020.49	85018.50
营业利润(万元)	98551.88	140140.36	73773.98	104892.30
利润总额(万元)	99077.73	141793.09	73862.60	107995.40

中国软件与技术服务股份有限公司

公司概况					
公司名称	中国软件与技术服务股份有限公司			证券简称	中国软件
法人代表	杨军	董秘	陈复兴	证券代码	600536
公司网址	www.css.com.cn		电子信箱	cfx@css.com.cn	
电话	010-51508699		传真	010-51508661	
办公地址	北京市海淀区学院南路55号中软大厦A座7层董事会办公室				
经营范围	制造医用光学仪器设备、医用红外热像仪等				

主要财务指标：指标\报告期	2014.06.30	2013.12.31	2013.06.30	2012.12.31
基本每股收益(元)	-0.1500	0.2800	0.0600	0.2600
基本每股收益(扣除后)(元)	-0.1900	-0.0800	-0.1100	-0.1100
稀释每股收益(元)	-0.1500	0.2800	0.0600	0.2600
每股净资产(元)	3.6528	7.6753	5.3875	5.6226
每股经营现金净流量(元)	-0.6952	-0.8958	-1.7128	-1.0379
每股现金流量(元)	-1.3023	1.8239	-1.1011	-0.7603
每股资本公积金(元)	1.9528	4.9057	2.6562	2.8587
每股盈余公积金(元)	0.0951	0.1902	0.1999	0.1999
每股未分配利润(元)	0.6936	1.7628	1.7146	1.7276
净资产收益率(%)	-4.0479	3.3579	1.0580	4.5743
加权净资产收益率(%)	-3.9400	4.9300	1.0100	4.4000
净资产收益率(扣除)(%)	-5.1677	-1.0080	-3.9450	-1.9277
总资产(万元)	402561.12	452159.66	358263.44	349032.98
归属母公司股东权益(万元)	180653.27	189795.54	121593.52	126897.78
营业收入(万元)	123494.59	298064.29	114390.78	268056.69
营业支出(万元)	79048.53	184582.36	69916.83	161575.93
投资收益(万元)	686.50	6389.69	6245.49	9485.50
净利润(万元)	-7312.73	6373.09	1286.41	5804.65
营业利润(万元)	-15140.98	-2091.83	-5611.53	-26481.27
利润总额(万元)	-8466.29	11061.46	1411.01	10096.41

亿晶光电科技股份有限公司

公司概况					
公司名称	亿晶光电科技股份有限公司			证券简称	亿晶光电
法人代表	荀建华	董秘	刘党旗	证券代码	600537
公司网址	www.egingpv.com		电子信箱	eging-public@egingpv.com	
电话	0519-82585558		传真	0519-82585550	
办公地址	江苏省金坛市尧塘镇金武路18号				
经营范围	果蔬加工、包括速冻、脱水、保鲜、腌渍、调理果蔬等				

主要财务指标：指标\报告期	2014.06.30	2013.12.31	2013.06.30	2012.12.31
基本每股收益(元)	0.2100	0.1400	0.0100	-1.4200
基本每股收益(扣除后)(元)	0.1900	0.1300	-0.0100	-1.4200
稀释每股收益(元)	0.2100	0.1400	0.0100	-1.4200
每股净资产(元)	2.7538	2.5702	2.4389	2.4283
每股经营现金净流量(元)	0.0989	1.4729	0.2067	-0.3739
每股现金流量(元)	-0.3221	0.8283	0.1093	-0.6801
每股资本公积金(元)	0.0210	-	-	-
每股盈余公积金(元)	0.0060	0.0060	-	-
每股未分配利润(元)	1.7271	1.5644	1.4391	1.4287
净资产收益率(%)	7.7216	5.5156	0.4287	-58.3358
加权净资产收益率(%)	7.9400	5.6700	0.4300	-44.4600
净资产收益率(扣除)(%)	6.8958	5.1008	-0.2636	-58.3797
总资产(万元)	486108.51	483371.70	451793.65	485828.56
归属母公司股东权益(万元)	133799.38	124876.29	118499.90	117986.50
营业收入(万元)	126904.08	269014.09	118638.91	196349.60
营业支出(万元)	99281.84	217302.83	97713.95	196386.10
投资收益(万元)	-	487.53	487.53	707.12
净利润(万元)	10331.47	6887.68	508.04	-68828.36
营业利润(万元)	9256.41	6898.26	290.56	-67859.93
利润总额(万元)	10364.80	6934.63	623.48	-67972.14

北海国发海洋生物产业股份有限公司

公司概况					
公司名称	北海国发海洋生物产业股份有限公司			证券简称	国发股份
法人代表	潘利斌	董秘	李勇	证券代码	600538
公司网址	www.gofar.com.cn		电子信箱	securities@gofar.com.cn	
电话	0779-3200619		传真	0779-3200618	
办公地址	广西壮族自治区北海市北京路9号				
经营范围	藻类、贝类、甲壳类等海洋生物系列产品的研究、开发、生产和销售等				

主要财务指标：指标\报告期	2014.06.30	2013.12.31	2013.06.30	2012.12.31
基本每股收益(元)	-0.0500	0.0400	-0.0300	-0.3900
基本每股收益(扣除后)(元)	-0.0500	-0.0900	-0.0300	-0.3300
稀释每股收益(元)	-0.0500	0.0400	-0.0300	-0.3900
每股净资产(元)	1.5359	0.1593	0.0730	0.1008
每股经营现金净流量(元)	-0.0224	-0.0177	-0.0302	-0.0863
每股现金流量(元)	0.7544	0.0325	-0.0738	0.0238
每股资本公积金(元)	1.2638	0.3196	0.2993	0.2993
每股盈余公积金(元)	0.0788	0.1311	0.1311	0.1311
每股未分配利润(元)	-0.8068	-1.2913	-1.3574	-1.3296
净资产收益率(%)	-1.9784	24.0298	-38.1371	-389.2851
加权净资产收益率(%)	-9.3300	31.9200	-32.0300	-132.1200
净资产收益率(扣除)(%)	-2.1537	-56.2072	-38.3165	-329.7739
总资产(万元)	104897.38	69074.11	62955.77	61397.74
归属母公司股东权益(万元)	71326.46	4448.02	2037.53	2814.58
营业收入(万元)	21520.10	45241.53	25558.60	54298.27
营业支出(万元)	19188.35	38219.04	21895.82	46118.86
投资收益(万元)	-	-	-	-77.97
净利润(万元)	-1411.09	1068.85	-777.05	-10956.75
营业利润(万元)	-1652.05	-2287.54	-448.37	-8506.28
利润总额(万元)	-1349.38	1362.78	-445.35	-10113.89

太原狮头水泥股份有限公司

公司概况					
公司名称	太原狮头水泥股份有限公司			证券简称	狮头股份
法人代表	陈国和	董秘	郝瑛	证券代码	600539
公司网址	www.600539.com.cn		电子信箱	haoying@600539.com.cn	
电　话	0351-2857002 2857006		传　真	0351-2857006	
办公地址	山西省太原市万柏林区开城街1号				
经营范围	水泥、水泥熟料、商品混凝土、新型墙体材料的生产和销售等				

主要财务指标 指标\报告期	2014.06.30	2013.12.31	2013.06.30	2012.12.31
基本每股收益(元)	-0.0467	-0.5700	-0.0880	0.0100
基本每股收益(扣除后)(元)	-0.0469	-0.5800	-0.0930	-0.1600
稀释每股收益(元)	-0.0467	-0.5700	-0.0880	0.0100
每股净资产(元)	2.1654	2.0599	2.5380	2.6258
每股经营现金净流量(元)	-0.1017	0.0104	0.0712	-0.1106
每股现金流量(元)	-0.5433	-1.1408	-0.4549	0.2455
每股资本公积金(元)	2.3755	2.2233	2.2233	2.2233
每股盈余公积金(元)	0.1626	0.1626	0.1626	0.1626
每股未分配利润(元)	-1.3727	-1.3260	-0.8479	-0.7601
净资产收益率(%)	-2.1578	-27.4740	-3.4597	0.4122
加权净资产收益率(%)	-2.1810	-24.1600	-3.4010	0.4100
净资产收益率(扣除)(%)	-2.1641	-28.1838	-3.6358	-5.9759
总资产(万元)	97840.69	91668.94	95605.33	97402.78
归属母公司股东权益(万元)	49803.27	47377.91	58374.92	60394.50
营业收入(万元)	918.31	8199.66	5516.60	28013.17
营业支出(万元)	531.83	8617.07	5450.17	24863.86
投资收益(万元)	-	43.86	23.58	25.64
净利润(万元)	-1074.65	-13016.59	-2019.58	248.95
营业利润(万元)	-1279.00	-13567.33	-2206.49	-3890.23
利润总额(万元)	-1275.86	-13231.05	-2071.34	248.41

新疆赛里木现代农业股份有限公司

公司概况					
公司名称	新疆赛里木现代农业股份有限公司			证券简称	新赛股份
法人代表	马晓宏	董秘	郭玉星	证券代码	600540
公司网址	www.xinsai.com.cn		电子信箱	gmgsgwq@sina.com	
电　话	0909-2268166 2268189		传　真	0909-2268162	
办公地址	新疆维吾尔自治区博乐市红星路158号				
经营范围	棉花种植、加工、销售及食用油的生产、销售等				

主要财务指标 指标\报告期	2014.06.30	2013.12.31	2013.06.30	2012.12.31
基本每股收益(元)	0.0258	-0.1272	0.0195	0.1152
基本每股收益(扣除后)(元)	-0.0161	-	-0.0483	-0.5428
稀释每股收益(元)	0.0258	-0.1272	0.0195	0.1152
每股净资产(元)	2.2634	2.2375	2.3586	2.3387
每股经营现金净流量(元)	-0.1436	0.1558	-0.3273	2.4300
每股现金流量(元)	-0.4666	-0.5834	-1.0871	0.1645
每股资本公积金(元)	1.5425	1.5425	1.5160	1.5160
每股盈余公积金(元)	0.1357	0.1357	0.1357	0.1357
每股未分配利润(元)	-0.4151	-0.4409	-0.2942	-0.3136
净资产收益率(%)	1.1391	-5.6865	0.8251	4.9279
加权净资产收益率(%)	1.1000	-5.5283	0.0060	5.0298
净资产收益率(扣除)(%)	-0.7117	-13.9963	-1.9037	-23.2081
总资产(万元)	267127.51	265701.82	208790.73	241694.46
归属母公司股东权益(万元)	68515.14	67731.64	71398.25	70793.72
营业收入(万元)	29745.60	136101.40	32277.08	266452.14
营业支出(万元)	27914.68	126075.51	29987.71	260397.51
投资收益(万元)	852.53	580.28	605.89	10419.94
净利润(万元)	780.47	-3851.59	589.08	3488.63
营业利润(万元)	-642.92	-9116.98	-1533.91	-6442.57
利润总额(万元)	851.65	-4539.02	518.28	3723.96

甘肃莫高实业发展股份有限公司

公司概况					
公司名称	甘肃莫高实业发展股份有限公司			证券简称	莫高股份
法人代表	赵国柱	董秘	贾洪文	证券代码	600543
公司网址	www.mogao.com		电子信箱	mgjiahw@126.com	
电　话	0931-8776219 8776209		传　真	0931-4890543	
办公地址	甘肃省兰州市城关区东岗西路638号兰州财富中心23层				
经营范围	农产品及加工品、药品的生产和销售等				

主要财务指标 指标\报告期	2014.06.30	2013.12.31	2013.06.30	2012.12.31
基本每股收益(元)	0.0600	-0.2600	0.0800	0.1600
基本每股收益(扣除后)(元)	0.0600	-	0.0800	0.1500
稀释每股收益(元)	0.0600	-0.2600	0.0800	0.1600
每股净资产(元)	3.3317	3.2701	3.6000	3.5608
每股经营现金净流量(元)	0.0569	0.2221	0.1411	0.2696
每股现金流量(元)	-0.1610	-0.7071	0.0954	0.0481
每股资本公积金(元)	1.4510	1.4510	1.4510	1.4510
每股盈余公积金(元)	0.3071	0.3071	0.3071	0.3071
每股未分配利润(元)	0.5737	0.5121	0.8450	0.8028
净资产收益率(%)	1.8482	-7.8807	2.0887	4.3988
加权净资产收益率(%)	1.8700	-7.5100	2.0900	4.5000
净资产收益率(扣除)(%)	1.8435	-8.6131	2.0835	4.0842
总资产(万元)	122764.21	121900.79	129162.15	128875.07
归属母公司股东权益(万元)	106987.10	-	115701.98	114345.06
营业收入(万元)	14455.36	36473.71	16009.61	36127.53
营业支出(万元)	5296.65	18605.22	7210.05	13680.94
投资收益(万元)	639.90	334.58	-	32.62
净利润(万元)	1977.29	-8275.55	2416.62	5029.86
营业利润(万元)	3365.37	-5694.70	3569.02	6742.99
利润总额(万元)	3368.23	-8512.72	3576.94	7155.19

新疆城建(集团)股份有限公司

公司概况					
公司名称	新疆城建(集团)股份有限公司			证券简称	新疆城建
法人代表	刘军	董秘	李若帆	证券代码	600545
公司网址	www.xjcj.com		电子信箱	xjcj888@sina.com	
电　话	0991-4889803 4889812		传　真	0991-4889813	
办公地址	新疆维吾尔自治区乌鲁木齐市南湖南路133号城建大厦22层				
经营范围	城市基础设施建设与运营、城市源水供应、房地产开发与销售等				

主要财务指标 指标\报告期	2014.06.30	2013.12.31	2013.06.30	2012.12.31
基本每股收益(元)	0.0500	0.2600	0.0400	0.2300
基本每股收益(扣除后)(元)	0.0500	0.0065	0.0400	0.0400
稀释每股收益(元)	0.0500	0.2600	0.0400	0.2300
每股净资产(元)	3.1095	3.0565	2.9012	2.8634
每股经营现金净流量(元)	1.0087	0.0339	0.8119	-0.1789
每股现金流量(元)	0.5712	0.3352	0.8635	0.0502
每股资本公积金(元)	0.8317	0.8317	0.8317	0.8317
每股盈余公积金(元)	0.2193	0.2193	0.1767	0.1767
每股未分配利润(元)	1.0556	1.0026	0.8909	0.8532
净资产收益率(%)	1.7051	8.5709	1.3013	8.0475
加权净资产收益率(%)	1.7200	8.8300	1.3100	8.2900
净资产收益率(扣除)(%)	1.4516	0.2123	1.2091	1.3857
总资产(万元)	888647.43	842608.93	861707.83	707158.84
归属母公司股东权益(万元)	210135.13	206552.22	196055.82	193504.62
营业收入(万元)	151108.02	444095.80	78420.89	258749.40
营业支出(万元)	127156.59	397638.32	64760.75	220796.50
投资收益(万元)	501.79	307.99	31.08	1783.78
净利润(万元)	3582.91	17703.45	2551.20	15572.27
营业利润(万元)	9390.73	-138.57	3175.40	4607.75
利润总额(万元)	9523.33	20130.78	3338.15	18406.92

山煤国际能源集团股份有限公司

公司概况	公司名称	山煤国际能源集团股份有限公司			证券简称	山煤国际
	法人代表	郭海	董秘	马凌云	证券代码	600546
	公司网址	www.smgjcoal.com			电子信箱	smzqb@shanxicoal.cn
	电　　话	0351-4645546			传　　真	0351-4645846
	办公地址	山西省太原市长风街 115 号				
	经营范围	煤炭生产和销售等				

	指标\报告期	2014.06.30	2013.12.31	2013.06.30	2012.12.31
主要财务指标	基本每股收益(元)	0.0300	0.1200	0.1500	0.3900
	基本每股收益(扣除后)(元)	0.0200	–	0.1400	0.6800
	稀释每股收益(元)	0.0300	0.1200	0.1500	0.3900
	每股净资产(元)	4.0423	4.0228	8.5020	8.0789
	每股经营现金净流量(元)	0.1310	0.5822	0.5114	–0.6452
	每股现金流量(元)	0.8471	–0.4282	–0.9423	–5.6430
	每股资本公积金(元)	1.1317	1.1317	3.2171	3.2171
	每股盈余公积金(元)	0.1041	0.1041	0.2005	0.2005
	每股未分配利润(元)	1.6304	1.6491	3.6641	3.3598
	净资产收益率(%)	0.7744	3.0596	3.5788	9.5797
	加权净资产收益率(%)	0.7800	3.0600	2.7000	7.0000
	净资产收益率(扣除)(%)	0.5156	0.8121	3.1807	8.3810
	总资产(万元)	5128152.15	4604775.63	4767281.70	4533788.52
	归属母公司股东权益(万元)	801364.93	797505.47	842744.30	800800.89
	营业收入(万元)	3524983.45	8132856.26	4781289.02	9540758.86
	营业支出(万元)	3365896.41	7719116.48	4577699.84	8983139.58
	投资收益(万元)	70.00	40.57	138.71	1154.55
	净利润(万元)	6205.86	24400.81	30160.39	76714.36
	营业利润(万元)	34661.01	116287.44	82849.75	233283.47
	利润总额(万元)	35014.53	113232.75	80468.48	225919.84

山东黄金矿业股份有限公司

公司概况	公司名称	山东黄金矿业股份有限公司			证券简称	山东黄金
	法人代表	陈玉民	董秘	林朴芳	证券代码	600547
	公司网址	www.sdhjgf.com			电子信箱	gold547@sina.com
	电　　话	0531-67710376 67710381			传　　真	0531-67710380
	办公地址	山东省济南市舜华路 2000 号舜泰广场 3 号楼				
	经营范围	黄金开采和选冶加工、同时伴有白银、硫精矿的生产				

	指标\报告期	2014.06.30	2013.12.31	2013.06.30	2012.12.31
主要财务指标	基本每股收益(元)	0.2200	0.7900	0.6800	1.5300
	基本每股收益(扣除后)(元)	0.2200	0.8000	0.6800	1.5500
	稀释每股收益(元)	0.2200	0.7900	0.6800	1.5300
	每股净资产(元)	6.0731	5.9550	5.8688	5.3394
	每股经营现金净流量(元)	0.7006	2.0306	1.2881	1.6758
	每股现金流量(元)	–0.3774	–0.0256	–0.3154	0.0570
	每股资本公积金(元)	–	–	–	–
	每股盈余公积金(元)	0.2531	0.2621	0.3026	0.3023
	每股未分配利润(元)	4.8129	4.6935	4.5603	4.1088
	净资产收益率(%)	3.6099	13.2989	11.5835	28.5741
	加权净资产收益率(%)	3.6200	13.8800	11.9300	32.4100
	净资产收益率(扣除)(%)	3.5983	13.3849	11.5433	29.0570
	总资产(万元)	2175254.11	2189211.21	1748421.78	1745991.51
	归属母公司股东权益(万元)	864246.98	847433.72	835168.24	769771.55
	营业收入(万元)	2468644.55	4616775.88	2803374.76	5022844.32
	营业支出(万元)	2310005.95	4259929.22	2574293.83	4522642.55
	投资收益(万元)	1646.80	6841.11	–2486.12	5031.49
	净利润(万元)	31198.11	112699.61	96741.62	217115.16
	营业利润(万元)	43170.68	149238.33	130156.13	295804.99
	利润总额(万元)	43279.34	148149.93	130590.23	291516.15

深圳高速公路股份有限公司

公司概况	公司名称	深圳高速公路股份有限公司			证券简称	深 高 速
	法人代表	杨海	董秘	吴倩	证券代码	600548
	公司网址	www.sz-expressway.com			电子信箱	secretary@sz-expressway.com
	电　　话	0755-82853338 82853331			传　　真	0755-82853400
	办公地址	广东省深圳市福田区益田路江苏大厦裙楼 2-4 层				
	经营范围	公路和道路的投资和建造、建设管理、经营管理等				

	指标\报告期	2014.06.30	2013.12.31	2013.06.30	2012.12.31
主要财务指标	基本每股收益(元)	0.7780	0.3300	0.1770	0.3140
	基本每股收益(扣除后)(元)	0.2460	0.3800	0.1710	0.3030
	稀释每股收益(元)	0.7780	0.3300	0.1770	0.3140
	每股净资产(元)	5.1922	4.5700	4.4208	4.3730
	每股经营现金净流量(元)	0.3597	0.8076	0.3712	0.7019
	每股现金流量(元)	0.5113	–0.3965	–0.2533	–0.0980
	每股资本公积金(元)	1.4596	1.4595	1.4597	1.4587
	每股盈余公积金(元)	0.7710	0.7710	0.7356	0.7356
	每股未分配利润(元)	1.9616	1.3433	1.2255	1.1787
	净资产收益率(%)	14.9901	7.2154	3.9991	7.1780
	加权净资产收益率(%)	15.7700	7.4000	3.9800	7.3300
	净资产收益率(扣除)(%)	4.7348	8.3054	3.8652	6.9176
	总资产(万元)	2559324.64	2284010.75	2341673.07	2420912.50
	归属母公司股东权益(万元)	1132304.44	997442.04	964072.07	953648.61
	营业收入(万元)	192804.63	327928.11	148904.49	313462.31
	营业支出(万元)	91623.06	152619.73	69304.80	151073.23
	投资收益(万元)	10830.05	18567.66	8931.81	12909.95
	净利润(万元)	169733.02	71969.16	38554.30	68452.67
	营业利润(万元)	77653.84	115280.88	51293.30	93783.05
	利润总额(万元)	228210.58	91417.33	51279.34	93641.92

厦门钨业股份有限公司

公司概况	公司名称	厦门钨业股份有限公司			证券简称	厦门钨业
	法人代表	刘同高	董秘	许火耀	证券代码	600549
	公司网址	www.cxtc.com			电子信箱	xtc@public.xm.fj.cn
	电　　话	0592-5363856			传　　真	0592-5363857
	办公地址	福建省厦门市开元区湖滨南路 619 号 16 层				
	经营范围	钨及有色金属冶炼、加工、钨合金、钨深加工产品的生产和销售				

	指标\报告期	2014.06.30	2013.12.31	2013.06.30	2012.12.31
主要财务指标	基本每股收益(元)	0.2053	0.6738	0.1044	0.7493
	基本每股收益(扣除后)(元)	0.1397	0.5494	0.0560	0.7235
	稀释每股收益(元)	0.2053	0.6738	0.1044	0.7493
	每股净资产(元)	6.1030	6.1001	5.4743	6.0700
	每股经营现金净流量(元)	–0.7813	4.1030	1.3377	2.4806
	每股现金流量(元)	–0.0800	–0.1188	0.1206	0.3825
	每股资本公积金(元)	1.1439	1.1237	1.0891	1.5645
	每股盈余公积金(元)	0.3579	0.3579	0.2955	0.2955
	每股未分配利润(元)	3.4708	3.5155	3.0084	3.1541
	净资产收益率(%)	3.3635	11.0465	1.9065	13.6464
	加权净资产收益率(%)	3.3200	11.4200	1.8000	13.0000
	净资产收益率(扣除)(%)	–	9.0068	1.0227	12.7986
	总资产(万元)	1591554.70	1544954.39	1466296.26	1366099.97
	归属母公司股东权益(万元)	416214.35	416011.80	373335.55	414098.22
	营业收入(万元)	389237.97	987544.99	365404.59	887187.32
	营业支出(万元)	296377.96	685856.01	277785.38	659583.81
	投资收益(万元)	3484.62	12688.10	791.47	775.34
	净利润(万元)	13999.23	45954.62	7117.57	51097.87
	营业利润(万元)	30989.73	131732.86	29062.40	97484.53
	利润总额(万元)	35816.27	133697.53	33112.96	101147.77

保定天威保变电气股份有限公司

公司概况	公司名称	保定天威保变电气股份有限公司			证券简称	*ST 天威
	法人代表	边海青	董秘	张继承	证券代码	600550
	公司网址	www.twbb.com		电子信箱	zjc@twbb.com	
	电　话	0312-3252455		传　真	0312-3230382	
	办公地址	河北省保定市天威西路 2222 号				
	经营范围	变压器、互感器、电抗器等输变电设备及辅助设备、零部件的制造与销售等				

	指标＼报告期	2014.06.30	2013.12.31	2013.06.30	2012.12.31
主要财务指标	基本每股收益(元)	0.1900	-3.8100	-0.8000	-1.1300
	基本每股收益(扣除后)(元)	0.1600	-3.8800	-0.8000	-1.1800
	稀释每股收益(元)	0.1900	-3.8100	-0.8000	-1.1300
	每股净资产(元)	0.0960	0.0462	3.0911	4.1388
	每股经营现金净流量(元)	0.1324	0.4941	0.2980	0.0799
	每股现金流量(元)	-0.2580	0.1046	0.1956	-0.3573
	每股资本公积金(元)	2.2147	2.3528	2.3719	2.6326
	每股盈余公积金(元)	0.2372	0.2372	0.2372	0.2372
	每股未分配利润(元)	-3.3696	-3.5552	-0.5284	0.2565
	净资产收益率(%)	194.5869	-8257.3960	-25.8613	-27.2602
	加权净资产收益率(%)	133.8600	-170.7000	-21.2500	-25.5000
	净资产收益率(扣除)(%)	171.5347	-8395.7588	-25.5453	-30.3766
	总资产(万元)	904614.00	992717.53	1444727.61	1602103.66
	归属母公司股东权益(万元)	13182.90	6337.77	424407.72	568251.99
	营业收入(万元)	221439.10	435899.37	220174.72	342333.18
	营业支出(万元)	176826.18	400410.77	193055.13	322383.61
	投资收益(万元)	30220.85	15576.88	-10879.47	-39902.54
	净利润(万元)	25652.20	-523334.70	-109168.35	-154906.64
	营业利润(万元)	24780.31	-537666.90	-122056.45	-174935.21
	利润总额(万元)	25987.56	-582271.29	-121042.30	-169846.17

时代出版传媒股份有限公司

公司概况	公司名称	时代出版传媒股份有限公司			证券简称	时代出版
	法人代表	王亚非	董秘	刘红	证券代码	600551
	公司网址	www.press-mart.com		电子信箱	luyl@press-mart.com	
	电　话	0551-3533671 3533053		传　真	0551-3533050	
	办公地址	安徽省合肥市蜀山区翡翠路 1118 号出版传媒广场				
	经营范围	出版传媒、印刷复制以及与其密切相关的高新科技研发与成果转化等				

	指标＼报告期	2014.06.30	2013.12.31	2013.06.30	2012.12.31
主要财务指标	基本每股收益(元)	0.4139	0.6854	0.3739	0.6114
	基本每股收益(扣除后)(元)	0.3843	0.5529	0.3266	0.5179
	稀释每股收益(元)	0.4139	0.6854	0.3739	0.6114
	每股净资产(元)	6.8796	6.6755	6.3681	6.1927
	每股经营现金净流量(元)	0.0370	0.6266	0.2076	0.7006
	每股现金流量(元)	-0.2710	-0.5540	-0.9287	0.4024
	每股资本公积金(元)	2.6698	2.6697	2.6750	2.6932
	每股盈余公积金(元)	0.2179	0.2179	0.1897	0.1897
	每股未分配利润(元)	2.9919	2.7880	2.5034	2.3159
	净资产收益率(%)	6.0163	10.2667	5.8706	9.9585
	加权净资产收益率(%)	6.0800	10.6900	5.9200	10.2900
	净资产收益率(扣除)(%)	5.5862	8.2829	5.1284	8.3636
	总资产(万元)	588607.96	546740.76	490285.92	469673.49
	归属母公司股东权益(万元)	347987.52	337666.18	322114.55	313551.04
	营业收入(万元)	253427.59	432407.04	183567.92	313970.14
	营业支出(万元)	221362.83	364873.79	152794.81	253687.14
	投资收益(万元)	2749.87	4038.12	1609.67	3510.13
	净利润(万元)	20935.82	34667.30	18910.07	30926.42
	营业利润(万元)	18713.99	27626.34	17120.83	25585.30
	利润总额(万元)	21651.32	35578.97	19669.25	32175.56

安徽方兴科技股份有限公司

公司概况	公司名称	安徽方兴科技股份有限公司			证券简称	方兴科技
	法人代表	茆令文	董秘	黄晓婷	证券代码	600552
	公司网址	www.fangxingkj.com		电子信箱	chch0254@sina.com	
	电　话	0552-4077780		传　真	0552-4077780	
	办公地址	安徽省蚌埠市黄山大道 8009 号				
	经营范围	浮法玻璃、在线镀膜玻璃、ITO 导电膜玻璃、玻璃深加工制品及新型材料的开发等				

	指标＼报告期	2014.06.30	2013.12.31	2013.06.30	2012.12.31
主要财务指标	基本每股收益(元)	0.1992	0.6500	0.2125	0.7600
	基本每股收益(扣除后)(元)	0.1959	0.5100	0.1900	0.6700
	稀释每股收益(元)	0.1992	0.6500	0.2125	0.7600
	每股净资产(元)	4.6568	6.7513	6.3985	4.4000
	每股经营现金净流量(元)	0.0683	0.4819	0.2636	0.4609
	每股现金流量(元)	-0.5689	2.7369	0.8749	-0.0948
	每股资本公积金(元)	2.6214	4.4321	4.4080	1.8064
	每股盈余公积金(元)	0.0695	0.1042	0.1042	0.2131
	每股未分配利润(元)	0.9659	1.2150	0.8862	1.3841
	净资产收益率(%)	4.2778	8.9625	4.3177	25.7970
	加权净资产收益率(%)	4.3400	11.0700	6.4300	30.5400
	净资产收益率(扣除)(%)	4.2058	7.1016	3.8606	22.7223
	总资产(万元)	231813.63	213204.49	215384.13	106481.75
	归属母公司股东权益(万元)	167175.45	161579.67	153134.33	51522.26
	营业收入(万元)	48149.33	98262.74	49684.57	97092.04
	营业支出(万元)	35645.03	73737.95	37742.09	71829.45
	投资收益(万元)	3.60	11.12	398.80	-213.75
	净利润(万元)	7151.43	14481.62	6611.81	13291.21
	营业利润(万元)	8291.18	14946.42	7285.96	14660.72
	利润总额(万元)	8454.77	17190.99	8433.56	16677.99

上海九龙山旅游股份有限公司

公司概况	公司名称	上海九龙山旅游股份有限公司			证券简称	九龙山
	法人代表	郭亚军	董秘	孙爱林	证券代码	600555
	公司网址	www.ninedragon.com.cn		电子信箱	chenhaiyan@ninedragon.com.cn	
	电　话	021-60625366		传　真	021-60625377	
	办公地址	上海市浦东新区浦东南路 588 号浦发大厦 15 楼				
	经营范围	旅游景点综合经营管理,酒店管理,游艇销售,展览等				

	指标＼报告期	2014.06.30	2013.12.31	2013.06.30	2012.12.31
主要财务指标	基本每股收益(元)	0.0100	0.0200	-0.0200	-0.1400
	基本每股收益(扣除后)(元)	-0.0300	-0.0900	-0.0200	-0.1300
	稀释每股收益(元)	0.0100	0.0200	-0.0200	-0.1400
	每股净资产(元)	1.2647	1.2575	1.2202	1.2375
	每股经营现金净流量(元)	-0.0706	0.0274	-0.0306	-0.0572
	每股现金流量(元)	-0.0554	0.0372	0.0073	-0.0472
	每股资本公积金(元)	0.3098	0.3098	0.3098	0.3098
	每股盈余公积金(元)	0.1039	0.1039	0.1039	0.1039
	每股未分配利润(元)	-0.1518	-0.1603	-0.1986	-0.1812
	净资产收益率(%)	0.6765	1.6624	-1.4203	-11.4813
	加权净资产收益率(%)	0.6800	1.6800	-1.4100	-10.8600
	净资产收益率(扣除)(%)	-2.1790	-7.4045	-1.4745	-10.1858
	总资产(万元)	271977.08	276904.82	288027.84	287630.21
	归属母公司股东权益(万元)	164854.56	163919.17	159057.20	161307.83
	营业收入(万元)	585.83	6742.66	5585.51	13096.82
	营业支出(万元)	464.85	4097.83	2645.87	6634.81
	投资收益(万元)	-127.61	6725.97	-112.31	826.10
	净利润(万元)	1115.23	2724.95	-2259.06	-18520.16
	营业利润(万元)	-3595.79	-5266.02	-2358.03	-17025.12
	利润总额(万元)	1111.66	4344.23	-2271.87	-19114.77

广西北生药业股份有限公司

公司概况	公司名称	广西北生药业股份有限公司			证券简称	北生药业	
	法人代表	何京云	董秘	何京云(代)	证券代码	600556	
	公司网址	www.bsyy.com.cn		电子信箱	bsyy_bh@163.net		
	电话	0779-2228937		传真	0779-2228936		
	办公地址	广西壮族自治区北海市北海大道西16号海富大厦17层D座					
	经营范围	化学药品、抗生素,中药材、中药饮片、中成药,生化药品、生物制品等					

	指标\报告期	2014.06.30	2013.12.31	2013.06.30	2012.12.31
主要财务指标	基本每股收益(元)	0.0001	0.0830	-0.0027	0.0270
	基本每股收益(扣除后)(元)	0.0016	-	-0.0028	-0.0050
	稀释每股收益(元)	0.0001	0.0830	-0.0027	0.0270
	每股净资产(元)	0.0036	0.0035	-0.0798	-0.0772
	每股经营现金净流量(元)	-0.0109	0.0150	-0.0097	0.0032
	每股现金流量(元)	-0.0104	0.0161	-0.0078	0.0500
	每股资本公积金(元)	0.9174	0.9174	0.9194	0.9194
	每股盈余公积金(元)	0.0975	0.0975	0.0975	0.0975
	每股未分配利润(元)	-2.0113	-2.0114	-2.0967	-2.0941
	净资产收益率(%)	2.2786	2373.8353	-3.3235	-35.1634
	加权净资产收益率(%)	-	-	-	-
	净资产收益率(扣除)(%)	45.4622	78.7580	3.5017	6.3228
	总资产(万元)	5530.82	5498.96	5020.33	5146.28
	归属母公司股东权益(万元)	140.73	137.52	-3151.71	-3046.96
	营业收入(万元)	2111.63	4254.01	1790.19	646.53
	营业支出(万元)	1431.01	2928.80	1297.64	287.18
	投资收益(万元)	27.01	-	-	-
	净利润(万元)	3.21	3264.48	-104.75	1071.42
	营业利润(万元)	100.82	241.14	-51.04	85.07
	利润总额(万元)	101.85	3459.11	-45.43	1086.81

江苏康缘药业股份有限公司

公司概况	公司名称	江苏康缘药业股份有限公司			证券简称	康缘药业	
	法人代表	肖伟	董秘	程凡	证券代码	600557	
	公司网址	www.kanion.com		电子信箱	chf@kanion.com		
	电话	0518-85521990		传真	0518-85521990		
	办公地址	江苏省连云港市经济技术开发区江宁工业城					
	经营范围	中成药制剂、保健品制造、销售等					

	指标\报告期	2014.06.30	2013.12.31	2013.06.30	2012.12.31
主要财务指标	基本每股收益(元)	0.3220	0.7100	0.2690	0.5700
	基本每股收益(扣除后)(元)	0.3170	0.6300	0.2520	0.5100
	稀释每股收益(元)	0.3220	0.7100	0.2690	0.5700
	每股净资产(元)	3.9887	4.5206	4.1291	3.8763
	每股经营现金净流量(元)	0.3443	0.9337	0.3663	0.5103
	每股现金流量(元)	-0.0422	-0.1294	-0.2467	0.3619
	每股资本公积金(元)	0.3710	0.6451	0.6451	0.6453
	每股盈余公积金(元)	0.3417	0.4101	0.3403	0.3403
	每股未分配利润(元)	2.2777	2.4674	2.1456	1.8926
	净资产收益率(%)	8.0613	15.8076	7.8233	14.8756
	加权净资产收益率(%)	8.1900	17.0900	8.0700	15.6300
	净资产收益率(扣除)(%)	7.9587	14.0061	7.3331	13.2044
	总资产(万元)	361273.62	343219.37	316964.95	312485.84
	归属母公司股东权益(万元)	198947.56	187895.73	171624.38	161117.08
	营业收入(万元)	123538.73	223030.29	104760.38	190337.37
	营业支出(万元)	32453.39	56501.11	26978.33	47211.46
	投资收益(万元)	-0.10	71.57	34.34	3.41
	净利润(万元)	16037.72	29701.76	13426.66	23967.12
	营业利润(万元)	18894.76	30678.73	14923.18	24291.81
	利润总额(万元)	19191.00	34658.36	15920.68	27450.15

四川大西洋焊接材料股份有限公司

公司概况	公司名称	四川大西洋焊接材料股份有限公司			证券简称	大西洋	
	法人代表	李欣雨	董秘	唐敏	证券代码	600558	
	公司网址	www.weldatlantic.com		电子信箱	dxy600558@vip.163.com		
	电话	0813-5101327		传真	0813-5109042		
	办公地址	四川省自贡市大安区马冲口街2号					
	经营范围	开发、生产、销售电焊条、焊丝、焊剂三大类别、八大系列等					

	指标\报告期	2014.06.30	2013.12.31	2013.06.30	2012.12.31
主要财务指标	基本每股收益(元)	0.1160	0.1924	0.1460	0.2066
	基本每股收益(扣除后)(元)	0.1080	-	0.1430	0.2044
	稀释每股收益(元)	0.1160	0.1924	0.1460	0.2066
	每股净资产(元)	5.7174	5.3127	5.2182	7.7545
	每股经营现金净流量(元)	-0.0665	0.1346	-0.1544	0.8348
	每股现金流量(元)	0.4825	-0.3239	-0.2305	0.7425
	每股资本公积金(元)	3.3861	2.3961	2.3967	4.1764
	每股盈余公积金(元)	0.2461	0.3530	0.3447	0.5057
	每股未分配利润(元)	1.0852	1.5636	1.4768	2.1528
	净资产收益率(%)	1.6938	3.6220	1.8662	2.5969
	加权净资产收益率(%)	2.6630	3.6400	1.8500	2.6600
	净资产收益率(扣除)(%)	1.5806	3.3365	1.8246	2.6354
	总资产(万元)	274560.15	226415.67	201773.79	199245.64
	归属母公司股东权益(万元)	175452.81	110110.60	108151.10	108256.66
	营业收入(万元)	112112.41	218611.07	111429.91	232027.81
	营业支出(万元)	94008.47	187319.72	95749.33	204336.67
	投资收益(万元)	423.04	13.98	-	77.72
	净利润(万元)	2971.78	3988.25	2018.35	2854.80
	营业利润(万元)	4217.39	5516.30	2944.94	4488.82
	利润总额(万元)	4519.06	5893.88	3015.93	4466.54

河北衡水老白干酒业股份有限公司

公司概况	公司名称	河北衡水老白干酒业股份有限公司			证券简称	老白干酒	
	法人代表	刘彦龙	董秘	刘勇	证券代码	600559	
	公司网址	www.hengshuilaobaigan.net		电子信箱	hslbg@hengshuilaobaigan.net		
	电话	0318-2122755		传真	0318-2669976		
	办公地址	河北省衡水市人民东路809号					
	经营范围	衡水老白干酒的生产与销售、商品猪及种猪的饲养与销售					

	指标\报告期	2014.06.30	2013.12.31	2013.06.30	2012.12.31
主要财务指标	基本每股收益(元)	0.1000	0.4700	0.2000	0.8000
	基本每股收益(扣除后)(元)	0.0600	0.4000	0.1900	0.8200
	稀释每股收益(元)	0.1000	0.4700	0.2000	0.8000
	每股净资产(元)	4.5829	4.4603	4.6687	4.4532
	每股经营现金净流量(元)	0.8085	-0.1049	-0.0467	-0.3025
	每股现金流量(元)	-0.0094	-0.0853	0.1423	-0.0131
	每股资本公积金(元)	1.1887	1.1887	1.1887	1.1887
	每股盈余公积金(元)	0.4101	0.4101	0.3267	0.3267
	每股未分配利润(元)	1.8935	1.7921	2.1075	1.9073
	净资产收益率(%)	2.2126	10.4990	4.2891	18.0034
	加权净资产收益率(%)	2.2500	10.4600	5.0700	19.9300
	净资产收益率(扣除)(%)	1.3207	9.0199	4.1003	18.3470
	总资产(万元)	217178.93	185726.37	191052.77	169055.71
	归属母公司股东权益(万元)	64160.38	62443.89	65362.11	62344.55
	营业收入(万元)	66492.33	180270.40	80599.19	166627.04
	营业支出(万元)	23381.02	88840.25	39856.05	76782.62
	投资收益(万元)	-	-	-	-605.80
	净利润(万元)	1419.61	6555.97	2803.45	11224.13
	营业利润(万元)	2076.53	10094.05	3835.79	14776.65
	利润总额(万元)	2832.28	11311.89	4000.35	15268.10

北京金自天正智能控制股份有限公司

公司概况					
公司名称	北京金自天正智能控制股份有限公司			证券简称	金自天正
法人代表	刘义良	董秘	胡邦周	证券代码	600560
公司网址	www.aritime.com		电子信箱	hubangzhou@163.com	
电　话	010-56982304		传　真	010-63713257	
办公地址	北京市丰台区科学城富丰路6号				
经营范围	自动化系统的技术开发、技术转让、技术咨询、技术培训、技术服务				

主要财务指标：指标\报告期	2014.06.30	2013.12.31	2013.06.30	2012.12.31
基本每股收益(元)	0.0900	0.2800	0.1600	0.3500
基本每股收益(扣除后)(元)	0.0696	0.2100	0.1600	0.3700
稀释每股收益(元)	0.0900	0.2800	0.1600	0.3500
每股净资产(元)	3.1381	3.1442	3.0262	2.9728
每股经营现金净流量(元)	-0.1197	0.4762	0.5566	0.8038
每股现金流量(元)	-0.6848	-0.0278	-0.0294	0.6863
每股资本公积金(元)	0.9297	0.9286	0.9274	0.9269
每股盈余公积金(元)	0.2366	0.2366	0.2139	0.2139
每股未分配利润(元)	0.9718	0.9789	0.8850	0.8320
净资产收益率(%)	2.7179	8.8936	5.3848	11.8666
加权净资产收益率(%)	2.6900	9.1700	5.3700	12.5400
净资产收益率(扣除)(%)	2.2165	6.7415	5.2465	12.4429
总资产(万元)	187304.18	193637.83	190490.24	217144.59
归属母公司股东权益(万元)	70182.95	70317.73	67680.45	66485.59
营业收入(万元)	31024.58	103012.24	60010.24	127538.32
营业支出(万元)	24088.32	85878.32	50075.61	107386.66
投资收益(万元)	307.96	327.14	65.69	92.95
净利润(万元)	1907.48	6253.78	3644.46	7889.57
营业利润(万元)	2324.00	5702.83	4323.29	9835.17
利润总额(万元)	2596.46	7577.93	4447.21	9665.74

江西长运股份有限公司

公司概况					
公司名称	江西长运股份有限公司			证券简称	江西长运
法人代表	葛黎明	董秘	黄笑	证券代码	600561
公司网址	www.jxcy.com.cn		电子信箱	dongsihui@jxcy.com.cn	
电　话	0791-6298107		传　真	0791-86217722	
办公地址	江西省南昌市广场南路118号				
经营范围	公路旅客运输、旅游服务、汽车租赁等				

主要财务指标：指标\报告期	2014.06.30	2013.12.31	2013.06.30	2012.12.31
基本每股收益(元)	0.2700	0.6200	0.4100	0.6900
基本每股收益(扣除后)(元)	0.2100	-	0.3200	0.4900
稀释每股收益(元)	0.2700	0.6200	0.4100	0.6900
每股净资产(元)	5.9585	5.8628	5.8096	4.5157
每股经营现金净流量(元)	0.8729	1.5798	0.8957	1.5601
每股现金流量(元)	-0.5670	1.5197	1.4890	0.1698
每股资本公积金(元)	2.0524	2.0524	2.0398	0.4509
每股盈余公积金(元)	0.5312	0.5312	0.4827	0.6161
每股未分配利润(元)	2.3304	2.2443	2.2430	2.4133
净资产收益率(%)	4.4664	9.7593	6.0656	15.2526
加权净资产收益率(%)	4.4400	11.3600	8.1000	15.8300
净资产收益率(扣除)(%)	3.5089	7.0825	4.7117	10.7651
总资产(万元)	416489.61	423978.45	407240.33	353394.64
归属母公司股东权益(万元)	141255.51	138986.89	137724.62	83866.60
营业收入(万元)	132385.22	245386.76	118692.58	216671.02
营业支出(万元)	109164.02	199871.64	91779.12	174212.11
投资收益(万元)	-43.65	1251.64	-128.81	467.95
净利润(万元)	6308.99	13564.12	8353.85	12791.84
营业利润(万元)	7914.37	14105.04	9899.93	9289.75
利润总额(万元)	10989.93	23507.48	13681.31	21087.22

国睿科技股份有限公司

公司概况					
公司名称	国睿科技股份有限公司			证券简称	国睿科技
法人代表	周万幸	董秘	王贵夫	证券代码	600562
公司网址	www.gctc.cn		电子信箱	dmbgs@glarun.com	
电　话	025-57889698		传　真	025-52787018	
办公地址	江苏省南京市江宁经济开发区将军大道39号				
经营范围	通信传输设备,机电一体化设备,工业自动化设备,微波器件等				

主要财务指标：指标\报告期	2014.06.30	2013.12.31	2013.06.30	2012.12.31
基本每股收益(元)	0.2200	0.7400	0.1000	0.9600
基本每股收益(扣除后)(元)	0.2000	0.3800	-0.2000	0.1000
稀释每股收益(元)	0.2200	0.7400	0.1000	0.9600
每股净资产(元)	6.1665	6.0334	5.4309	11.7617
每股经营现金净流量(元)	-0.2948	0.6754	-0.1225	0.7524
每股现金流量(元)	-0.3934	1.0851	0.8305	0.2191
每股资本公积金(元)	1.1660	0.8660	0.8660	5.6684
每股盈余公积金(元)	0.3558	0.3558	0.2921	0.4465
每股未分配利润(元)	3.6448	3.8117	3.2728	4.6467
净资产收益率(%)	7.0236	12.1917	2.4507	12.4873
加权净资产收益率(%)	6.9900	10.7200	2.0300	13.3200
净资产收益率(扣除)(%)	6.5964	5.1714	-4.7644	2.4989
总资产(万元)	129986.53	129689.28	107626.27	158134.13
归属母公司股东权益(万元)	79259.03	77548.08	69804.31	98903.29
营业收入(万元)	35219.40	90407.12	37684.16	98910.10
营业支出(万元)	24343.16	63962.48	24842.14	66725.90
投资收益(万元)	-	81.19	81.19	3202.68
净利润(万元)	5566.87	9454.46	1710.69	12350.35
营业利润(万元)	6270.42	10216.00	1763.27	13835.24
利润总额(万元)	6669.08	11342.06	2412.75	14867.54

厦门法拉电子股份有限公司

公司概况					
公司名称	厦门法拉电子股份有限公司			证券简称	法拉电子
法人代表	曾福生	董秘	许琼玖	证券代码	600563
公司网址	www.faratronic.com		电子信箱	xuqj@faratronic.com.cn	
电　话	0592-6208590　6208778		传　真	0592-6208555	
办公地址	福建省厦门市新园路99号				
经营范围	薄膜电容器、金属化膜及电子变压器的生产及销售				

主要财务指标：指标\报告期	2014.06.30	2013.12.31	2013.06.30	2012.12.31
基本每股收益(元)	0.6800	1.2700	0.5600	1.0800
基本每股收益(扣除后)(元)	0.6800	1.2200	0.5500	1.0400
稀释每股收益(元)	0.6800	1.2700	0.5600	1.0800
每股净资产(元)	7.1591	7.1743	6.4586	6.5019
每股经营现金净流量(元)	0.4784	1.4235	0.6351	1.4032
每股现金流量(元)	-0.7912	0.4519	-0.1718	0.7195
每股资本公积金(元)	1.1646	1.1646	1.1644	1.1644
每股盈余公积金(元)	0.6983	0.6983	0.6983	0.6983
每股未分配利润(元)	4.2962	4.3113	3.5958	3.6392
净资产收益率(%)	9.5674	17.7312	8.6182	16.5444
加权净资产收益率(%)	9.2600	18.7400	8.3300	17.3100
净资产收益率(扣除)(%)	9.5205	16.9382	8.5443	15.9359
总资产(万元)	188270.91	188401.97	168024.04	168961.74
归属母公司股东权益(万元)	161080.27	161420.95	145317.44	146293.70
营业收入(万元)	72204.79	132676.14	61319.18	123193.61
营业支出(万元)	44212.74	81991.39	37809.72	78431.88
投资收益(万元)	217.08	353.41	115.95	328.67
净利润(万元)	15411.13	28621.84	12523.74	24203.46
营业利润(万元)	18863.64	34039.96	15351.90	29203.38
利润总额(万元)	18957.04	35278.79	15485.08	29984.26

重庆市迪马实业股份有限公司

公司概况	公司名称	重庆市迪马实业股份有限公司		证券简称	迪马股份
	法人代表	向志鹏	董秘 张爱明	证券代码	600565
	公司网址	www.chinadima.com		电子信箱	tongyongxiu@chinadima.com
	电　话	023-89021876 89021877		传　真	023-89021878
	办公地址	重庆市南岸区南城大道199号正联大厦21楼			
	经营范围	生产经营专用汽车、有线电视网络产品			

主要财务指标	指标\报告期	2014.06.30	2013.12.31	2013.06.30	2012.12.31
	基本每股收益(元)	0.0800	0.0500	0.0900	0.1600
	基本每股收益(扣除后)(元)	0.1500	0.0400	0.0200	0.1600
	稀释每股收益(元)	0.0800	0.0500	0.0900	0.1600
	每股净资产(元)	2.2587	1.7752	1.7543	1.7486
	每股经营现金净流量(元)	0.0456	-1.5873	-1.0943	1.0724
	每股现金流量(元)	-0.0669	-0.4089	-0.8945	0.2677
	每股资本公积金(元)	0.8811	2.8372	0.0730	0.0607
	每股盈余公积金(元)	0.0603	0.1598	0.0872	0.0872
	每股未分配利润(元)	0.3173	0.6595	0.5941	0.6006
	净资产收益率(%)	3.3527	2.6586	1.3344	9.3562
	加权净资产收益率(%)	4.3800	2.6700	4.8000	9.7900
	净资产收益率(扣除)(%)	3.1170	2.4899	1.1976	8.8996
	总资产(万元)	1986192.73	1947889.67	961931.67	910520.78
	归属母公司股东权益(万元)	430600.18	335264.24	126311.44	125900.77
	营业收入(万元)	275549.01	304984.33	295919.97	308100.92
	营业支出(万元)	213327.54	237533.48	227463.34	229789.13
	投资收益(万元)	4016.27	-150.22	-20.37	508.10
	净利润(万元)	14436.54	3398.06	17479.05	11779.58
	营业利润(万元)	22847.21	11440.17	31176.86	28606.50
	利润总额(万元)	22570.07	11633.43	31377.86	29273.47

湖北济川药业股份有限公司

公司概况	公司名称	湖北济川药业股份有限公司		证券简称	济川药业
	法人代表	曹龙祥	董秘 吴宏亮	证券代码	600566
	公司网址	www.jumpcan.com		电子信箱	jcyy@jumpcan.com
	电　话	0523-89719161		传　真	0523-89719009
	办公地址	江苏省泰兴市大庆西路宝塔湾			
	经营范围	各类阀门、水工机械及环保设备的生产、销售等			

主要财务指标	指标\报告期	2014.06.30	2013.12.31	2013.06.30	2012.12.31
	基本每股收益(元)	0.3290	0.6600	0.3220	0.3900
	基本每股收益(扣除后)(元)	0.2990	-	-0.1350	0.4300
	稀释每股收益(元)	0.3290	0.6600	0.3220	0.3900
	每股净资产(元)	2.5974	3.1326	3.4143	3.5433
	每股经营现金净流量(元)	0.7372	0.7806	1.7414	0.7182
	每股现金流量(元)	0.3471	0.1010	0.2764	-0.0914
	每股资本公积金(元)	2.5734	1.0368	1.9153	0.2618
	每股盈余公积金(元)	0.1020	0.1064	0.1432	0.1262
	每股未分配利润(元)	1.6131	0.9894	0.3558	1.1110
	净资产收益率(%)	12.5695	34.9462	-3.7788	-7.0766
	加权净资产收益率(%)	14.1900	42.3500	23.2200	30.7700
	净资产收益率(扣除)(%)	11.4180	31.2551	-3.9443	-7.4555
	总资产(万元)	277400.33	201445.42	101310.25	156806.89
	归属母公司股东权益(万元)	202972.80	115241.27	47185.26	74968.88
	营业收入(万元)	146744.99	244757.76	125077.20	192013.35
	营业支出(万元)	23802.99	36969.83	17829.36	31465.23
	投资收益(万元)	206.10	206.84	201.25	1711.74
	净利润(万元)	25512.61	40272.40	19697.90	23767.09
	营业利润(万元)	26621.16	41459.00	20487.54	26008.05
	利润总额(万元)	29366.95	46486.86	22853.81	28703.33

安徽山鹰纸业股份有限公司

公司概况	公司名称	安徽山鹰纸业股份有限公司		证券简称	山鹰纸业
	法人代表	吴明武	董秘 洪少杰	证券代码	600567
	公司网址	www.shanyingpaper.com		电子信箱	stock@shanyingpaper.com
	电　话	021-62376587		传　真	021-62376799
	办公地址	上海市长宁区虹桥路2272号虹桥商务大厦6楼F座			
	经营范围	纸、纸板、纸箱的制造，公司生产产品出口及公司生产、科研所需的原辅材料、机械设备等			

主要财务指标	指标\报告期	2014.06.30	2013.12.31	2013.06.30	2012.12.31
	基本每股收益(元)	0.0300	0.0900	0.0500	0.0400
	基本每股收益(扣除后)(元)	0.0200	0.0500	0.0200	-0.0320
	稀释每股收益(元)	0.0300	0.0900	0.0500	0.0400
	每股净资产(元)	2.4067	2.3972	1.8574	1.8208
	每股经营现金净流量(元)	0.0355	0.3502	-0.1389	-0.0749
	每股现金流量(元)	-0.1309	0.2634	-0.0378	-0.1694
	每股资本公积金(元)	1.2595	1.2595	0.5530	0.6805
	每股盈余公积金(元)	0.0177	0.0177	0.0515	0.0161
	每股未分配利润(元)	0.1300	0.1207	0.2529	0.1251
	净资产收益率(%)	1.6599	3.5297	0.0540	-0.9504
	加权净资产收益率(%)	1.6600	6.6000	4.8600	3.6100
	净资产收益率(扣除)(%)	1.1718	1.7843	-0.2275	-1.7234
	总资产(万元)	1811182.21	1815005.45	843146.39	895311.77
	归属母公司股东权益(万元)	591244.00	588928.80	294582.82	170173.69
	营业收入(万元)	394364.58	657806.05	237451.07	416821.78
	营业支出(万元)	324836.67	546864.87	199744.38	342758.24
	投资收益(万元)	-85.63	82.62	134.54	-312.67
	净利润(万元)	9813.81	20787.14	8479.16	6036.31
	营业利润(万元)	10036.68	14606.18	3096.13	11933.84
	利润总额(万元)	13898.60	30452.74	11983.72	4937.92

中珠控股股份有限公司

公司概况	公司名称	中珠控股股份有限公司		证券简称	中珠控股
	法人代表	叶继革	董秘 陈小峥	证券代码	600568
	公司网址	www.zzkg600568.com		电子信箱	zzkg_stock@126.com
	电　话	027-59409632		传　真	027-59409631
	办公地址	湖北省潜江市章华南路特1号			
	经营范围	房地产开发、物业管理、实业投资、基础建设投资、投资管理			

主要财务指标	指标\报告期	2014.06.30	2013.12.31	2013.06.30	2012.12.31
	基本每股收益(元)	0.0294	0.1705	0.1233	0.1645
	基本每股收益(扣除后)(元)	0.0282	0.1813	0.1236	0.0869
	稀释每股收益(元)	0.0294	0.1705	0.1233	0.1645
	每股净资产(元)	2.8800	2.8136	2.7665	2.6432
	每股经营现金净流量(元)	-0.2072	0.0097	0.1649	-0.1322
	每股现金流量(元)	-0.1724	0.1970	0.3058	0.1911
	每股资本公积金(元)	0.4923	0.4553	0.4553	0.4553
	每股盈余公积金(元)	0.1423	0.1423	0.1267	0.1267
	每股未分配利润(元)	1.2454	1.2160	1.1844	1.0611
	净资产收益率(%)	1.0217	6.0587	4.4572	6.2217
	加权净资产收益率(%)	1.0300	6.2500	4.5600	6.3900
	净资产收益率(扣除)(%)	0.9792	6.4435	4.4679	3.2861
	总资产(万元)	295115.54	264091.98	238368.84	225368.08
	归属母公司股东权益(万元)	105474.05	103042.55	101315.41	96799.53
	营业收入(万元)	49458.63	79063.84	61644.67	62788.93
	营业支出(万元)	40633.81	64131.61	52451.47	53126.77
	投资收益(万元)	-15.07	6493.59	2859.38	9795.09
	净利润(万元)	1077.59	6243.03	4515.88	6022.60
	营业利润(万元)	2330.79	8552.73	5532.64	6687.62
	利润总额(万元)	2375.72	7764.98	5518.28	7532.03

安阳钢铁股份有限公司

公司概况					
公司名称	安阳钢铁股份有限公司			证券简称	安阳钢铁
法人代表	李涛	董秘	张宪胜	证券代码	600569
公司网址	www.aysteel.com.cn		电子信箱	aygtdb312@126.com	
电　话	0372-3120175		传　真	0372-3120181	
办公地址	河南省安阳市殷都区梅元庄				
经营范围	钢铁及钢铁延伸产品的生产和销售				

主要财务指标 指标\报告期	2014.06.30	2013.12.31	2013.06.30	2012.12.31
基本每股收益(元)	0.0200	0.0220	-0.2500	-1.4610
基本每股收益(扣除后)(元)	0.0170	0.0090	-0.2450	-1.4710
稀释每股收益(元)	0.0200	0.0220	-0.2500	-1.4610
每股净资产(元)	3.0290	3.0006	2.7448	2.9697
每股经营现金净流量(元)	1.7873	1.3972	0.0502	0.6714
每股现金流量(元)	0.0989	-0.8017	-0.5777	0.0818
每股资本公积金(元)	1.4358	1.4358	1.4358	1.4191
每股盈余公积金(元)	0.7198	0.7198	0.7198	0.7198
每股未分配利润(元)	-0.1492	-0.1690	-0.4411	-0.1907
净资产收益率(%)	0.6518	0.7247	-9.1201	-49.2060
加权净资产收益率(%)	0.6500	0.7300	-8.7600	-39.6000
净资产收益率(扣除)(%)	0.5471	0.2930	-8.9282	-49.5235
总资产(万元)	3360327.56	3182156.68	3370768.09	3220858.28
归属母公司股东权益(万元)	725040.16	718251.57	657011.40	710854.55
营业收入(万元)	1375904.28	2613773.00	1212050.03	2095098.95
营业支出(万元)	1262266.54	2438500.46	1192294.17	2268999.09
投资收益(万元)	-	75.49	-	46.45
净利润(万元)	4725.54	5205.04	-59920.29	-349784.09
营业利润(万元)	4152.45	1083.64	-59487.83	-352744.75
利润总额(万元)	4588.34	4695.62	-60881.93	-349631.30

恒生电子股份有限公司

公司概况					
公司名称	恒生电子股份有限公司			证券简称	恒生电子
法人代表	彭政纲	董秘	童晨晖	证券代码	600570
公司网址	www.hundsun.com		电子信箱	investor@hundsun.com	
电　话	0571-28829702		传　真	0571-28829703	
办公地址	浙江省杭州市滨江区江南大道3588号恒生大厦				
经营范围	计算机软件的技术开发、咨询、服务、成果转让、计算机系统集成等				

主要财务指标 指标\报告期	2014.06.30	2013.12.31	2013.06.30	2012.12.31
基本每股收益(元)	0.1800	0.5200	0.1300	0.3200
基本每股收益(扣除后)(元)	0.1100	0.4400	0.0900	0.2300
稀释每股收益(元)	0.1800	0.5200	0.1300	0.3200
每股净资产(元)	2.6804	2.6708	2.2599	2.1424
每股经营现金净流量(元)	-0.3212	0.6441	-0.2054	0.5436
每股现金流量(元)	-0.0432	-0.0262	0.0653	-0.2733
每股资本公积金(元)	0.1088	0.1238	0.1069	0.0273
每股盈余公积金(元)	0.2785	0.2785	0.2268	0.2246
每股未分配利润(元)	1.2944	1.2699	0.9273	0.8907
净资产收益率(%)	6.8812	19.5943	5.7086	14.9531
加权净资产收益率(%)	6.7600	21.7300	5.7300	15.6700
净资产收益率(扣除)(%)	4.0299	16.5305	4.1046	10.7344
总资产(万元)	216342.32	233869.98	171003.40	184796.56
归属母公司股东权益(万元)	175579.30	165006.06	139617.17	133631.05
营业收入(万元)	46267.06	121054.72	42128.33	100609.15
营业支出(万元)	4160.78	21982.07	9226.13	21067.77
投资收益(万元)	5092.81	10385.27	1362.47	8069.16
净利润(万元)	11394.85	32331.79	7970.16	19981.97
营业利润(万元)	7456.58	28844.91	5677.71	13608.95
利润总额(万元)	11799.46	36821.84	8977.78	22121.32

信雅达系统工程股份有限公司

公司概况					
公司名称	信雅达系统工程股份有限公司			证券简称	信雅达
法人代表	郭华强	董秘	叶晖	证券代码	600571
公司网址	www.sunyard.com		电子信箱	mail@sunyard.com	
电　话	0571-56686627		传　真	0571-56686777	
办公地址	浙江省杭州市滨江区江南大道3888号				
经营范围	电子文档影像、电子商务和信息安全等软件产品的生产、销售、提供系统集成等				

主要财务指标 指标\报告期	2014.06.30	2013.12.31	2013.06.30	2012.12.31
基本每股收益(元)	0.2160	0.4540	0.1510	0.3500
基本每股收益(扣除后)(元)	0.1600	0.3550	0.1380	0.2200
稀释每股收益(元)	0.2160	0.4540	0.1510	0.3500
每股净资产(元)	3.1006	3.0218	2.8227	2.6680
每股经营现金净流量(元)	-0.7237	-0.0294	-0.9008	0.5075
每股现金流量(元)	-0.2049	-0.2230	-0.2878	-0.2055
每股资本公积金(元)	0.6269	0.6249	0.6186	0.6161
每股盈余公积金(元)	0.1931	0.1931	0.1662	0.1661
每股未分配利润(元)	1.2806	1.2038	1.0378	0.8858
净资产收益率(%)	6.9804	15.0259	5.3585	12.9667
加权净资产收益率(%)	6.9100	15.9100	5.2100	13.8100
净资产收益率(扣除)(%)	5.1541	11.7551	4.8889	8.1977
总资产(万元)	109077.90	96536.14	91193.55	90540.91
归属母公司股东权益(万元)	62826.98	61248.43	57211.87	54124.60
营业收入(万元)	38763.22	92436.24	30224.50	71236.32
营业支出(万元)	17199.95	45680.09	13025.22	33683.95
投资收益(万元)	213.61	10.36	-30.28	-188.98
净利润(万元)	4385.55	9203.15	3065.72	7018.16
营业利润(万元)	2257.94	6782.73	1808.45	3476.97
利润总额(万元)	4627.22	10140.41	2923.65	7369.22

浙江康恩贝制药股份有限公司

公司概况					
公司名称	浙江康恩贝制药股份有限公司			证券简称	康恩贝
法人代表	胡季强	董秘	杨俊德	证券代码	600572
公司网址	www.conba.com.cn		电子信箱	yangjd@conbagroup.com	
电　话	0571-87774710 87774828		传　真	0571-87774709	
办公地址	浙江省杭州市高新技术开发区滨江科技经济园滨康路568号				
经营范围	化学原料药、化学药剂、中成药、非酒精饮料、营养食品、蜂产品、卫生材料及敷料的制造、销售等				

主要财务指标 指标\报告期	2014.06.30	2013.12.31	2013.06.30	2012.12.31
基本每股收益(元)	0.3600	0.5160	0.2500	0.4200
基本每股收益(扣除后)(元)	0.2500	0.3060	0.1700	0.3140
稀释每股收益(元)	0.3600	0.5160	0.2500	0.4200
每股净资产(元)	3.1212	2.9244	2.6677	2.6859
每股经营现金净流量(元)	0.3416	0.2907	0.2307	0.3036
每股现金流量(元)	0.0071	-0.9857	-0.8310	1.0102
每股资本公积金(元)	0.7094	0.7087	0.7125	0.8657
每股盈余公积金(元)	0.1902	0.1570	0.1570	0.1406
每股未分配利润(元)	1.2216	1.0588	0.7982	0.6796
净资产收益率(%)	11.4057	17.6283	9.5581	13.5991
加权净资产收益率(%)	11.4700	18.5600	9.2700	19.1000
净资产收益率(扣除)(%)	8.1175	10.4525	6.5492	10.1558
总资产(万元)	584717.09	445384.62	420810.45	453868.99
归属母公司股东权益(万元)	252689.88	236761.50	215973.10	217451.29
营业收入(万元)	167942.72	292415.85	139112.13	273369.12
营业支出(万元)	51957.66	94193.20	44378.02	91127.99
投资收益(万元)	8946.18	12295.42	4169.39	7281.44
净利润(万元)	28821.08	41736.97	20642.87	29571.31
营业利润(万元)	38271.68	48011.11	22521.18	37269.78
利润总额(万元)	41451.37	55321.98	27181.14	41020.78

福建省燕京惠泉啤酒股份有限公司

公司概况	公司名称	福建省燕京惠泉啤酒股份有限公司			证券简称	惠泉啤酒
	法人代表	王启林	董秘	何泽平	证券代码	600573
	公司网址	www.huiquan-beer.com		电子信箱	hqbeer@hqbeer.com	
	电　话	0595-87396105		传　真	0595-87384369	
	办公地址	福建省泉州市惠安县螺城镇建设大街157号				
	经营范围	生产啤酒、对外贸易				

	指标＼报告期	2014.06.30	2013.12.31	2013.06.30	2012.12.31
主要财务指标	基本每股收益(元)	0.0300	0.0800	-0.0200	-0.2900
	基本每股收益(扣除后)(元)	-0.0100	0.0400	-0.0300	-0.3100
	稀释每股收益(元)	-	0.0800	-	-
	每股净资产(元)	4.2605	4.2578	4.1543	4.1800
	每股经营现金净流量(元)	0.3629	0.3151	0.3829	-0.0333
	每股现金流量(元)	-0.0692	0.1652	-0.1207	-0.1279
	每股资本公积金(元)	2.0243	2.0243	2.0243	2.0243
	每股盈余公积金(元)	0.4949	0.4949	0.4870	0.4870
	每股未分配利润(元)	0.7413	0.7386	0.6430	0.6650
	净资产收益率(%)	0.6512	1.9141	-0.5297	-6.8661
	加权净资产收益率(%)	0.6500	1.9300	-0.5300	-6.6000
	净资产收益率(扣除)(%)	-0.2198	0.8234	-0.7644	-7.6725
	总资产(万元)	120577.73	115128.14	117253.29	113332.53
	归属母公司股东权益(万元)	106512.53	106443.94	103856.41	104406.54
	营业收入(万元)	40938.83	79630.65	37979.92	69059.45
	营业支出(万元)	27574.43	54065.12	26671.32	52904.66
	投资收益(万元)	234.63	483.09	146.01	432.52
	净利润(万元)	693.59	2037.40	-550.12	-7168.70
	营业利润(万元)	26.00	1687.51	-537.55	-7486.62
	利润总额(万元)	727.88	2422.93	-415.34	-7254.77

安徽皖江物流(集团)股份有限公司

公司概况	公司名称	安徽皖江物流(集团)股份有限公司			证券简称	皖江物流
	法人代表	孔祥喜	董秘	牛占奎	证券代码	600575
	公司网址	www.wuhuport.com		电子信箱	niu_zhan_kui@163.com	
	电　话	0553-5840528 5840085		传　真	0553-5840085 5840510	
	办公地址	安徽省芜湖市长江中路港一路16号				
	经营范围	煤炭、外贸集装箱、散货、件杂货等货类的装卸中转				

	指标＼报告期	2014.06.30	2013.12.31	2013.06.30	2012.12.31
主要财务指标	基本每股收益(元)	0.0300	0.1100	0.0500	0.1700
	基本每股收益(扣除后)(元)	0.0300	0.1000	0.0500	0.1700
	稀释每股收益(元)	0.0300	0.1100	0.0500	0.1700
	每股净资产(元)	2.0096	1.9730	1.9196	1.8891
	每股经营现金净流量(元)	-0.2989	0.2927	0.2131	-2.5631
	每股现金流量(元)	-0.1557	0.3486	0.1067	0.6178
	每股资本公积金(元)	0.6658	0.6658	0.6658	2.1317
	每股盈余公积金(元)	0.0436	0.0436	0.0163	0.0326
	每股未分配利润(元)	0.2965	0.2617	0.2334	0.6102
	净资产收益率(%)	1.7325	5.5209	2.7748	8.3668
	加权净资产收益率(%)	1.7500	5.6500	2.7900	9.5500
	净资产收益率(扣除)(%)	1.3131	5.2638	2.7279	8.7967
	总资产(万元)	2701877.53	2467098.56	2421114.59	2193822.27
	归属母公司股东权益(万元)	489387.46	480494.17	467468.82	460062.83
	营业收入(万元)	1403865.68	3414514.96	1479214.87	3239070.68
	营业支出(万元)	1344767.35	3279445.57	1414468.16	3095236.83
	投资收益(万元)	590.90	-110.00	18.22	242.13
	净利润(万元)	8478.86	26527.58	12971.48	38492.34
	营业利润(万元)	9845.38	34603.95	18626.68	49168.72
	利润总额(万元)	12592.33	36193.55	18919.07	49808.11

浙江万好万家实业股份有限公司

公司概况	公司名称	浙江万好万家实业股份有限公司			证券简称	万好万家
	法人代表	孔德永	董秘	詹纯伟	证券代码	600576
	公司网址	www.cnwhwh.cn		电子信箱	irm@cn-pg.cn	
	电　话	0571-85866518		传　真	0571-85866566	
	办公地址	浙江省杭州市密渡桥路1号白马大厦12楼				
	经营范围	房地产投资、酒店投资管理				

	指标＼报告期	2014.06.30	2013.12.31	2013.06.30	2012.12.31
主要财务指标	基本每股收益(元)	-0.0350	0.0400	-0.1130	-0.3000
	基本每股收益(扣除后)(元)	-0.0400	-0.0900	-0.0890	-0.2000
	稀释每股收益(元)	-0.0350	0.0400	-0.1130	-0.3000
	每股净资产(元)	2.2623	2.2986	2.1486	2.2613
	每股经营现金净流量(元)	-0.0939	0.0503	-0.5789	-0.2407
	每股现金流量(元)	0.0538	-0.1428	-0.2544	-0.3652
	每股资本公积金(元)	1.3991	1.3991	1.3991	1.3991
	每股盈余公积金(元)	0.2105	0.2105	0.2105	0.2105
	每股未分配利润(元)	-0.3583	-0.3237	-0.4748	-0.3619
	净资产收益率(%)	-1.5331	1.6620	-5.2565	-13.1185
	加权净资产收益率(%)	-1.5200	1.6800	-5.1200	-12.3400
	净资产收益率(扣除)(%)	-1.7659	-3.9403	-4.1212	-9.0086
	总资产(万元)	65718.97	71818.55	80151.71	89739.99
	归属母公司股东权益(万元)	49338.98	50131.37	46859.82	49317.74
	营业收入(万元)	849.59	8003.76	84.95	2060.22
	营业支出(万元)	636.46	5921.05	527.13	2043.79
	投资收益(万元)	-1080.54	2715.83	95.92	-5957.62
	净利润(万元)	-756.41	833.17	-2463.19	-6469.73
	营业利润(万元)	-1137.73	775.67	-2858.39	-5275.80
	利润总额(万元)	-1138.60	753.69	-2858.63	-5105.38

铜陵精达特种电磁线股份有限公司

公司概况	公司名称	铜陵精达特种电磁线股份有限公司			证券简称	精达股份
	法人代表	王世根	董秘	胡孔友	证券代码	600577
	公司网址	www.jingda.cn		电子信箱	zqb@jingda.cn	
	电　话	0562-2809086		传　真	0562-2809086	
	办公地址	安徽省铜陵市经济技术开发区黄山大道北段988号				
	经营范围	漆包电磁线制造和销售				

	指标＼报告期	2014.06.30	2013.12.31	2013.06.30	2012.12.31
主要财务指标	基本每股收益(元)	0.1200	0.1900	0.1110	0.1600
	基本每股收益(扣除后)(元)	0.1170	0.1600	0.1030	0.1000
	稀释每股收益(元)	0.1200	0.1900	0.1110	0.1600
	每股净资产(元)	2.3972	2.2968	2.1921	2.1827
	每股经营现金净流量(元)	0.8254	-0.1644	0.4406	1.1238
	每股现金流量(元)	-0.0888	0.1381	0.0124	-0.5491
	每股资本公积金(元)	0.2575	0.2575	0.3177	0.3177
	每股盈余公积金(元)	0.0835	0.0835	0.0743	0.0743
	每股未分配利润(元)	1.0561	0.9557	0.8804	0.7907
	净资产收益率(%)	5.0199	8.0809	4.9933	7.3427
	加权净资产收益率(%)	5.1100	8.2900	5.0300	7.4500
	净资产收益率(扣除)(%)	4.8600	7.0429	4.6665	4.5434
	总资产(万元)	451101.63	496939.37	440727.40	417873.34
	归属母公司股东权益(万元)	170094.41	162974.95	158077.49	157403.01
	营业收入(万元)	485453.01	954957.91	460453.39	824843.57
	营业支出(万元)	441368.89	871198.42	419187.52	756013.41
	投资收益(万元)	425.00	-30.75	-32.87	966.19
	净利润(万元)	8538.60	13169.77	7893.24	11557.59
	营业利润(万元)	12758.45	17159.15	10920.53	13706.68
	利润总额(万元)	12721.89	18555.15	11287.28	16675.00

北京京能电力股份有限公司

公司概况	公司名称	北京京能电力股份有限公司			证券简称	京能电力
	法人代表	陆海军	董秘	樊俊杰	证券代码	600578
	公司网址	www.jnrd.com.cn		电子信箱	jnrd@263.net	
	电　话	010-65666995		传　真	010-85218610	
	办公地址	北京市朝阳区永安东里16号CBD国际大厦A区22层				
	经营范围	电力、热力产品的生产、销售				

	指标\报告期	2014.06.30	2013.12.31	2013.06.30	2012.12.31
主要财务指标	基本每股收益(元)	0.3100	0.4900	0.2800	0.8300
	基本每股收益(扣除后)(元)	0.3100	0.4800	0.2700	0.3300
	稀释每股收益(元)	0.3100	0.4900	0.2800	0.8300
	每股净资产(元)	3.1535	2.8407	5.3385	4.4600
	每股经营现金净流量(元)	0.4400	0.8271	0.9970	1.6079
	每股现金流量(元)	0.2844	0.2616	0.2064	–0.7644
	每股资本公积金(元)	0.7366	0.7366	2.4732	1.8559
	每股盈余公积金(元)	0.3229	0.3229	0.3248	0.3850
	每股未分配利润(元)	1.0939	0.7812	1.5405	1.2236
	净资产收益率(%)	9.9184	16.7450	9.5230	18.5743
	加权净资产收益率(%)	10.4400	18.9400	11.1700	19.9300
	净资产收益率(扣除)(%)	9.7881	16.6019	9.2879	7.5001
	总资产(万元)	3306616.88	3089150.94	2899423.39	2860174.92
	归属母公司股东权益(万元)	1456074.76	1311654.88	1232472.19	869402.67
	营业收入(万元)	502875.88	1007084.11	512850.66	1008158.29
	营业支出(万元)	326512.45	670052.58	346893.56	739048.85
	投资收益(万元)	80405.49	118477.51	63176.87	100470.85
	净利润(万元)	144419.88	219637.21	117367.92	161485.72
	营业利润(万元)	195039.08	318389.43	168794.82	227444.54
	利润总额(万元)	198682.14	320930.27	170105.85	230547.23

青岛天华院化学工程股份有限公司

公司概况	公司名称	青岛天华院化学工程股份有限公司			证券简称	天华院
	法人代表	肖世猛	董秘	阎建亭	证券代码	600579
	公司网址	www.thy.chemchina.com		电子信箱	thy@sciences.chemchina.com	
	电　话	0931-7313058		传　真	0931-7311554	
	办公地址	甘肃省兰州市西固区合水北路3号				
	经营范围	全钢丝载重子午线轮胎的制造与销售				

	指标\报告期	2014.06.30	2013.12.31	2013.06.30	2012.12.31
主要财务指标	基本每股收益(元)	0.0240	–0.1000	–0.1417	0.1800
	基本每股收益(扣除后)(元)	0.0162	–	–0.1439	–1.3200
	稀释每股收益(元)	0.0240	–0.1000	–0.1417	0.1800
	每股净资产(元)	1.5859	1.5619	–1.5717	–1.3176
	每股经营现金净流量(元)	–0.1548	0.3001	–0.0365	1.1273
	每股现金流量(元)	–0.2083	–0.7859	–1.4425	1.0584
	每股资本公积金(元)	2.8264	2.8264	1.2918	3.1750
	每股盈余公积金(元)	0.0731	0.0731	0.0994	0.1032
	每股未分配利润(元)	–2.3136	–2.3376	–3.9628	–3.4513
	净资产收益率(%)	1.5109	–6.7070	16.1638	–2.9364
	加权净资产收益率(%)	1.5200	–15.6400	–30.6300	75.9700
	净资产收益率(扣除)(%)	1.0223	–17.8347	16.1809	99.9999
	总资产(万元)	141893.78	138008.59	81015.66	248399.44
	归属母公司股东权益(万元)	62839.23	61889.82	–40171.80	21135.46
	营业收入(万元)	27713.77	124590.25	41761.73	150945.09
	营业支出(万元)	21221.87	104172.70	35258.77	131658.51
	投资收益(万元)	–	–	–	–
	净利润(万元)	949.41	–4150.94	–5613.67	7009.88
	营业利润(万元)	–315.65	–6659.48	–5867.38	–30055.94
	利润总额(万元)	1020.55	–2786.38	–5442.74	7614.85

卧龙电气集团股份有限公司

公司概况	公司名称	卧龙电气集团股份有限公司			证券简称	卧龙电气
	法人代表	王建乔	董秘	王海龙	证券代码	600580
	公司网址	www.wolong.com.cn		电子信箱	wanghailong@wolong.com	
	电　话	0575-82176628 82176629		传　真	0575-82176636	
	办公地址	浙江省上虞市人民西路1801号				
	经营范围	设计、生产、销售各种微分电机及其电子控制装置和电动车等产品				

	指标\报告期	2014.06.30	2013.12.31	2013.06.30	2012.12.31
主要财务指标	基本每股收益(元)	0.1325	0.3278	0.1077	0.2111
	基本每股收益(扣除后)(元)	0.1257	0.2849	0.0633	0.0754
	稀释每股收益(元)	0.1325	0.3278	0.1077	0.2111
	每股净资产(元)	3.2849	3.2256	3.7856	3.7119
	每股经营现金净流量(元)	0.0495	0.2436	0.1170	0.5600
	每股现金流量(元)	–0.5064	0.2269	–0.0650	–0.4599
	每股资本公积金(元)	0.9378	0.9210	1.3855	2.5847
	每股盈余公积金(元)	0.1157	0.1157	0.1700	0.1700
	每股未分配利润(元)	1.2324	1.1999	1.2331	1.4801
	净资产收益率(%)	4.0345	10.1624	3.4247	6.5422
	加权净资产收益率(%)	4.0200	10.6800	3.3200	6.7200
	净资产收益率(扣除)(%)	3.8256	6.8716	1.6716	2.0315
	总资产(万元)	864179.59	888878.80	508761.50	729745.36
	归属母公司股东权益(万元)	364793.94	358213.02	260344.00	358294.92
	营业收入(万元)	335052.74	572765.05	278149.67	523701.79
	营业支出(万元)	263397.36	441174.43	221892.69	418133.95
	投资收益(万元)	1057.82	1652.75	1584.77	1807.18
	净利润(万元)	14717.75	36403.20	11956.16	23440.45
	营业利润(万元)	16227.72	26992.08	9709.21	15301.71
	利润总额(万元)	17373.27	35543.87	15896.44	30559.47

新疆八一钢铁股份有限公司

公司概况	公司名称	新疆八一钢铁股份有限公司			证券简称	八一钢铁
	法人代表	沈东新	董秘	董新风	证券代码	600581
	公司网址	www.bygt.com.cn		电子信箱	gfgs@bygt.com.cn	
	电　话	0991-3890166 3881187		传　真	0991-3890266	
	办公地址	新疆维吾尔自治区乌鲁木齐市头屯河区新钢路				
	经营范围	钢铁冶炼、轧制、加工及其延压产品的生产和销售				

	指标\报告期	2014.06.30	2013.12.31	2013.06.30	2012.12.31
主要财务指标	基本每股收益(元)	–0.9400	0.0400	0.0800	–0.0300
	基本每股收益(扣除后)(元)	–0.9400	0.0400	0.0700	–0.0900
	稀释每股收益(元)	–0.9400	0.0400	0.0800	–0.0300
	每股净资产(元)	3.8251	4.7564	4.8020	5.1875
	每股经营现金净流量(元)	0.3080	3.3063	1.2467	–0.0082
	每股现金流量(元)	–0.1500	–0.0353	–0.1591	0.0431
	每股资本公积金(元)	1.3633	1.3633	1.3633	1.7673
	每股盈余公积金(元)	1.0428	1.0428	0.9628	0.9628
	每股未分配利润(元)	0.3963	1.3503	1.4654	1.4568
	净资产收益率(%)	–24.5501	0.9156	1.6373	–0.6513
	加权净资产收益率(%)	–21.9200	0.9100	1.5700	–0.6400
	净资产收益率(扣除)(%)	–24.5682	0.9072	1.5041	–1.9468
	总资产(万元)	2165621.80	2250122.66	2112815.16	2132646.99
	归属母公司股东权益(万元)	293175.29	364556.35	368050.49	397591.87
	营业收入(万元)	1081277.52	2319589.55	1202546.96	2661237.81
	营业支出(万元)	1057729.79	2133598.41	1100567.91	2474202.80
	投资收益(万元)	–	–	–	–
	净利润(万元)	–71974.76	3338.04	6026.25	–2589.48
	营业利润(万元)	–75117.18	8264.17	9059.61	–4182.26
	利润总额(万元)	–75063.94	8296.57	9636.76	1169.73

天地科技股份有限公司

公司概况	公司名称	天地科技股份有限公司			证券简称	天地科技
	法人代表	王金华	董秘	范建	证券代码	600582
	公司网址	www.tdtec.com		电子信箱	fanjian@tdtec.com	
	电　话	010-84262803 84262852		传　真	010-84262838	
	办公地址	北京市朝阳区和平街青年沟路5号				
	经营范围	电子产品、环保设备、矿山机电产品的生产与销售等				

主要财务指标	指标\报告期	2014.06.30	2013.12.31	2013.06.30	2012.12.31
	基本每股收益(元)	0.2900	0.7020	0.2680	0.9350
	基本每股收益(扣除后)(元)	0.2560	0.6260	0.2310	0.8650
	稀释每股收益(元)	0.2900	0.7020	0.2680	0.9350
	每股净资产(元)	5.0124	4.8229	4.4123	4.2527
	每股经营现金净流量(元)	0.0587	-0.1558	-0.2871	0.5892
	每股现金流量(元)	-0.1890	-0.5484	-0.5833	0.1157
	每股资本公积金(元)	0.0527	0.0632	0.0591	0.0528
	每股盈余公积金(元)	0.2146	0.2146	0.1685	0.1685
	每股未分配利润(元)	3.7058	3.5158	3.1272	2.9795
	净资产收益率(%)	5.7857	14.5643	6.0669	21.9821
	加权净资产收益率(%)	5.8300	15.5000	6.0900	24.4100
	净资产收益率(扣除)(%)	5.1019	12.9794	5.2463	20.3433
	总资产(万元)	1905226.76	1892738.43	1773405.40	1749781.64
	归属母公司股东权益(万元)	608460.14	585466.78	535615.19	516245.84
	营业收入(万元)	498774.87	1267414.96	541162.53	1453487.13
	营业支出(万元)	348300.72	929563.37	400173.07	1036170.26
	投资收益(万元)	89.09	245.31	-183.08	28.47
	净利润(万元)	35203.93	85269.37	32495.31	113481.54
	营业利润(万元)	53617.23	115577.74	41572.20	205851.17
	利润总额(万元)	61368.93	131554.39	49017.51	219616.16

海洋石油工程股份有限公司

公司概况	公司名称	海洋石油工程股份有限公司			证券简称	海油工程
	法人代表	周学仲	董秘	刘连举	证券代码	600583
	公司网址	www.cnoocengineering.com		电子信箱	zqblx@mail.cooec.com.cn	
	电　话	022-59898808		传　真	022-59898800	
	办公地址	天津市港保税区海滨十五路199号				
	经营范围	海洋、陆地油气开发工程及配套工程的设计、建造、安装等				

主要财务指标	指标\报告期	2014.06.30	2013.12.31	2013.06.30	2012.12.31
	基本每股收益(元)	0.3900	0.6900	0.2100	0.2200
	基本每股收益(扣除后)(元)	0.3600	0.6100	0.1800	0.1900
	稀释每股收益(元)	0.3900	0.6900	0.2100	0.2200
	每股净资产(元)	4.0599	3.7506	2.8276	2.6332
	每股经营现金净流量(元)	0.3559	0.7620	0.3283	0.4626
	每股现金流量(元)	0.2297	0.1685	0.1065	-0.0503
	每股资本公积金(元)	1.0067	1.0033	0.3680	0.3768
	每股盈余公积金(元)	0.1820	0.1820	0.1575	0.1575
	每股未分配利润(元)	1.7738	1.4823	1.2396	1.0588
	净资产收益率(%)	9.6423	16.5487	7.4526	8.2800
	加权净资产收益率(%)	9.9100	22.5100	7.6900	8.6000
	净资产收益率(扣除)(%)	8.8338	14.7256	6.2223	7.2108
	总资产(万元)	2903403.34	2810420.86	2215837.00	2036751.27
	归属母公司股东权益(万元)	1795034.34	1658281.72	1099760.91	1024151.72
	营业收入(万元)	979012.33	2033921.79	735618.97	1238303.56
	营业支出(万元)	717144.69	1556407.51	598897.61	1007286.59
	投资收益(万元)	12039.27	15305.22	4397.88	157.82
	净利润(万元)	173082.38	274423.68	81960.55	84814.75
	营业利润(万元)	200213.80	308661.19	85526.72	90699.46
	利润总额(万元)	208186.55	325700.62	95555.68	104923.25

江苏长电科技股份有限公司

公司概况	公司名称	江苏长电科技股份有限公司			证券简称	长电科技
	法人代表	王新潮	董秘	朱正义	证券代码	600584
	公司网址	www.cj-elec.com		电子信箱	cdkj@cj-elec.com	
	电　话	0510-86856061		传　真	0510-86199179	
	办公地址	江苏省江阴市滨江中路275号				
	经营范围	集成电路封装、测试和分立器件的生产、销售业务				

主要财务指标	指标\报告期	2014.06.30	2013.12.31	2013.06.30	2012.12.31
	基本每股收益(元)	0.0600	0.0100	0.0239	0.0100
	基本每股收益(扣除后)(元)	0.0427	-0.0006	0.0300	-0.2000
	稀释每股收益(元)	0.0600	0.0100	0.0239	0.0100
	每股净资产(元)	2.8947	2.8511	2.8635	2.8398
	每股经营现金净流量(元)	0.2350	0.9498	0.2464	0.5934
	每股现金流量(元)	0.4231	0.0529	0.1716	0.0403
	每股资本公积金(元)	1.1192	1.1192	1.1192	1.1192
	每股盈余公积金(元)	0.1004	0.1004	0.1004	0.1004
	每股未分配利润(元)	0.6788	0.6362	0.6470	0.6232
	净资产收益率(%)	1.9907	0.4573	0.8340	0.4297
	加权净资产收益率(%)	2.0000	0.4600	0.8400	0.4300
	净资产收益率(扣除)(%)	1.4748	-0.0197	0.8979	-7.1423
	总资产(万元)	835645.54	758252.66	752455.91	701037.93
	归属母公司股东权益(万元)	246955.28	243235.16	244294.27	242276.73
	营业收入(万元)	294481.34	510206.01	248726.23	443615.97
	营业支出(万元)	233594.70	409172.42	198575.37	380428.74
	投资收益(万元)	192.26	-3961.35	-248.58	218.56
	净利润(万元)	4916.10	1112.22	2037.35	1041.00
	营业利润(万元)	7973.33	2680.48	3920.10	-15025.63
	利润总额(万元)	9399.01	7850.98	5055.26	6061.90

安徽海螺水泥股份有限公司

公司概况	公司名称	安徽海螺水泥股份有限公司			证券简称	海螺水泥
	法人代表	郭文叁	董秘	杨开发 赵不渝(香港)	证券代码	600585
	公司网址	www.conch.cn		电子信箱	dms@conch.cn	
	电　话	0553-8398911 8398927		传　真	0553-8398931	
	办公地址	安徽省芜湖市九华山南路1011号 香港中环康乐广场1号怡和大厦40楼				
	经营范围	生产和销售各种优质水泥以及生产各种高标号水泥所需的商品熟料等				

主要财务指标	指标\报告期	2014.06.30	2013.12.31	2013.06.30	2012.12.31
	基本每股收益(元)	1.1000	1.7700	0.5800	1.1900
	基本每股收益(扣除后)(元)	1.0500	1.6900	0.5200	1.0700
	稀释每股收益(元)	1.1000	1.7700	9.4023	9.2279
	每股净资产(元)	11.3240	10.5900	1.1992	2.1717
	每股经营现金净流量(元)	1.5387	2.8680	0.1302	0.0686
	每股现金流量(元)	0.0783	-0.3004	1.9402	2.1023
	每股资本公积金(元)	1.9235	1.9386	0.5000	0.5000
	每股盈余公积金(元)	0.5000	0.5000	5.9637	5.6261
	每股未分配利润(元)	7.9048	7.1563	6.1412	12.9000
	净资产收益率(%)	9.7007	16.7200	6.1400	13.5000
	加权净资产收益率(%)	9.9200	18.0500	-	-
	净资产收益率(扣除)(%)	9.2540	15.9529	8581994.82	8752352.29
	总资产(万元)	9590473.77	9309447.98	4982583.82	4890120.54
	归属母公司股东权益(万元)	6000905.07	5611802.83	2320931.85	4506282.63
	营业收入(万元)	2878448.34	5526167.66	2358708.83	4576620.34
	营业支出(万元)	1847209.55	3701808.22	1659716.76	3244659.98
	投资收益(万元)	-2560.59	-264.07	1692376.45	3306191.62
	净利润(万元)	582129.13	938015.93	-1946.91	411.24
	营业利润(万元)	736551.12	1174267.91	316997.13	646222.97
	利润总额(万元)	784520.90	1263126.62	406081.99	808781.70

山东金晶科技股份有限公司

公司概况					
公司名称	山东金晶科技股份有限公司			证券简称	金晶科技
法人代表	王刚	董秘	董保森	证券代码	600586
公司网址	www.cnggg.cn		电子信箱	dongbaosen@cnggg.cn	
电　话	0533-3586666		传　真	0533-3585586	
办公地址	山东省淄博市高新技术开发区宝石镇王庄				
经营范围	浮法玻璃、在线镀膜玻璃和超白玻璃的生产、销售				

主要财务指标				
指标\报告期	2014.06.30	2013.12.31	2013.06.30	2012.12.31
基本每股收益(元)	0.0300	0.0700	0.0500	-0.2500
基本每股收益(扣除后)(元)	0.0300	-	0.0300	-0.3300
稀释每股收益(元)	0.0300	0.0700	0.0500	-0.2500
每股净资产(元)	2.9289	2.9033	2.8783	2.8331
每股经营现金净流量(元)	0.2744	0.2832	0.0795	0.1469
每股现金流量(元)	0.2057	-0.3176	0.0234	-0.4065
每股资本公积金(元)	1.3166	1.3166	1.3166	1.3166
每股盈余公积金(元)	0.0790	0.0790	0.0760	0.0760
每股未分配利润(元)	0.5332	0.5076	0.4856	0.4404
净资产收益率(%)	0.8753	2.4178	1.5706	-8.9253
加权净资产收益率(%)	0.8800	2.4500	1.5700	-8.9300
净资产收益率(扣除)(%)	0.8696	1.6700	0.8842	-11.6306
总资产(万元)	908346.70	839153.32	852629.72	801390.81
归属母公司股东权益(万元)	416696.50	413049.27	409494.14	403062.50
营业收入(万元)	167165.19	346444.34	162673.91	298698.33
营业支出(万元)	132410.31	287179.68	136833.65	292592.26
投资收益(万元)	-2154.35	-975.20	310.43	-3973.09
净利润(万元)	3647.24	9986.76	6431.64	-35974.60
营业利润(万元)	4786.98	9269.89	3960.52	-46862.18
利润总额(万元)	4830.83	12367.32	6771.31	-35703.22

山东新华医疗器械股份有限公司

公司概况					
公司名称	山东新华医疗器械股份有限公司			证券简称	新华医疗
法人代表	赵毅新	董秘	季跃相	证券代码	600587
公司网址	www.shinva.com		电子信箱	shinva@163.com	
电　话	0533-3587766		传　真	0533-3587768	
办公地址	山东省淄博市高新技术产业开发区新华医疗科技园				
经营范围	消毒灭菌设备、放射诊断治疗设备的生产与销售				

主要财务指标				
指标\报告期	2014.06.30	2013.12.31	2013.06.30	2012.12.31
基本每股收益(元)	0.7900	1.2800	0.6300	0.9800
基本每股收益(扣除后)(元)	0.6800	1.1600	0.5800	0.9300
稀释每股收益(元)	0.7900	1.2800	0.6300	0.9800
每股净资产(元)	12.8176	12.1397	9.0201	8.4936
每股经营现金净流量(元)	0.0646	0.1125	0.3666	0.0624
每股现金流量(元)	0.2080	-0.0701	-0.5836	2.0879
每股资本公积金(元)	7.5756	7.6912	4.7860	4.7860
每股盈余公积金(元)	0.3694	0.3694	0.3195	0.3195
每股未分配利润(元)	3.8699	3.0791	2.9146	2.3881
净资产收益率(%)	6.1701	9.6011	6.9462	11.0470
加权净资产收益率(%)	6.3100	13.2500	7.1300	13.1300
净资产收益率(扣除)(%)	5.2889	8.7070	6.4739	10.4584
总资产(万元)	660935.89	539080.11	394019.31	337838.11
归属母公司股东权益(万元)	254779.59	241305.66	156997.81	147833.00
营业收入(万元)	272474.22	419376.43	191939.84	303556.12
营业支出(万元)	211073.49	323282.75	147599.99	234382.88
投资收益(万元)	-126.54	85.77	50.25	682.57
净利润(万元)	15720.16	23168.02	10905.34	16331.10
营业利润(万元)	20091.90	29737.79	14320.86	21307.46
利润总额(万元)	22758.54	33006.29	15872.82	21968.07

用友软件股份有限公司

公司概况					
公司名称	用友软件股份有限公司			证券简称	用友软件
法人代表	王文京	董秘	欧阳青	证券代码	600588
公司网址	www.yonyou.com		电子信箱	ir@yonyou.com	
电　话	010-62436838　62436637		传　真	010-62436639	
办公地址	北京市海淀区北清路68号				
经营范围	电子计算机软件、硬件及外部设备的技术开发、技术服务等				

主要财务指标				
指标\报告期	2014.06.30	2013.12.31	2013.06.30	2012.12.31
基本每股收益(元)	0.0100	0.5700	0.0600	0.3900
基本每股收益(扣除后)(元)	0.0080	0.4400	-0.0300	0.3600
稀释每股收益(元)	0.0100	0.5700	0.0600	0.3900
每股净资产(元)	2.8583	3.3600	2.8108	3.0600
每股经营现金净流量(元)	-0.3388	0.7620	-0.3731	0.5093
每股现金流量(元)	0.0468	0.4091	-0.6015	0.2956
每股资本公积金(元)	0.5460	0.4594	0.4228	0.5919
每股盈余公积金(元)	0.4487	0.5384	0.4747	0.4651
每股未分配利润(元)	0.8657	1.3272	0.9152	1.0217
净资产收益率(%)	0.3385	16.9776	2.5728	12.6806
加权净资产收益率(%)	0.3200	18.5000	2.4600	12.9100
净资产收益率(扣除)(%)	0.2752	13.0087	-1.2514	11.6186
总资产(万元)	744053.03	722980.39	594199.94	615629.13
归属母公司股东权益(万元)	333114.38	322720.57	269620.97	299356.86
营业收入(万元)	155447.61	436269.08	153949.76	423521.06
营业支出(万元)	55826.14	164534.65	56448.55	149888.76
投资收益(万元)	17.41	8301.55	-	560.41
净利润(万元)	1127.43	54790.23	6936.93	37960.20
营业利润(万元)	-10322.49	31334.07	-1393.56	15656.01
利润总额(万元)	5153.44	64706.47	13196.31	44103.43

广东榕泰实业股份有限公司

公司概况					
公司名称	广东榕泰实业股份有限公司			证券简称	广东榕泰
法人代表	杨宝生	董秘	徐罗旭	证券代码	600589
公司网址	www.rongtai.com.cn		电子信箱	600589@rongtai.com.cn	
电　话	0663-8675710		传　真	0663-8676899	
办公地址	广东省揭阳市榕城区新兴东二路1号				
经营范围	生产、销售氨基塑料及制品和氨基复合材料及制品、甲醛及其辅产品等				

主要财务指标				
指标\报告期	2014.06.30	2013.12.31	2013.06.30	2012.12.31
基本每股收益(元)	0.0600	0.0900	0.0800	0.1800
基本每股收益(扣除后)(元)	0.0600	0.0900	0.0800	0.1100
稀释每股收益(元)	0.0600	0.0900	0.0800	0.1800
每股净资产(元)	3.3769	3.3458	3.3360	3.3100
每股经营现金净流量(元)	-0.0478	0.2145	-0.1814	-0.0472
每股现金流量(元)	-0.2690	0.4037	0.0499	-0.1266
每股资本公积金(元)	0.9361	0.9361	0.9361	0.9361
每股盈余公积金(元)	0.2252	0.2252	0.2161	0.2161
每股未分配利润(元)	1.2156	1.1844	1.1838	1.1578
净资产收益率(%)	1.7514	2.7140	2.4272	5.3007
加权净资产收益率(%)	1.7530	2.7200	2.4400	5.4300
净资产收益率(扣除)(%)	1.7498	2.5565	2.4272	3.2611
总资产(万元)	356139.95	342874.24	342092.99	311301.61
归属母公司股东权益(万元)	203199.95	201325.97	200734.25	199171.46
营业收入(万元)	62540.18	118617.30	59553.64	120307.24
营业支出(万元)	50829.45	97226.04	46112.68	98125.65
投资收益(万元)	-1.22	22.55	-8.77	4888.66
净利润(万元)	3558.82	5464.03	4872.30	10557.47
营业利润(万元)	3989.40	5779.25	5500.04	12138.96
利润总额(万元)	3993.20	6107.87	5500.04	12049.02

泰豪科技股份有限公司

公司概况					
公司名称	泰豪科技股份有限公司			证券简称	泰豪科技
法人代表	杨剑	董秘	李结平	证券代码	600590
公司网址	www.tellhow.com			电子信箱	tsinghua@tellhow.com
电　　话	0791-88110590			传　　真	0791-88106688
办公地址	江西省南昌市高新开发区泰豪大厦				
经营范围	楼宇电气产品、发电机组产品、电力电气产品及光电信息产品等				

主要财务指标	指标\报告期	2014.06.30	2013.12.31	2013.06.30	2012.12.31
	基本每股收益(元)	-0.0800	0.0300	0.0700	0.1400
	基本每股收益(扣除后)(元)	-0.0900	-0.0100	0.0300	0.0800
	稀释每股收益(元)	-0.0800	0.0300	0.0700	0.1400
	每股净资产(元)	4.1890	4.2667	4.4036	4.3614
	每股经营现金净流量(元)	-0.8535	0.4190	-0.4909	1.0092
	每股现金流量(元)	-0.3504	-0.6325	-1.1443	0.7611
	每股资本公积金(元)	2.2717	2.2717	2.2717	2.2957
	每股盈余公积金(元)	0.1423	0.1423	0.1391	0.1391
	每股未分配利润(元)	0.7750	0.8527	0.9928	0.9266
	净资产收益率(%)	-1.8546	0.6874	1.5044	3.1841
	加权净资产收益率(%)	-1.8400	0.6800	1.5100	3.8700
	净资产收益率(扣除)(%)	-2.2191	-0.1827	0.7302	1.7803
	总资产(万元)	625606.79	634412.99	566510.59	594035.19
	归属母公司股东权益(万元)	209586.74	213473.77	220324.18	218211.48
	营业收入(万元)	91312.29	250148.85	96944.57	247807.73
	营业支出(万元)	77112.66	207605.68	77880.46	203330.54
	投资收益(万元)	-3.08	4208.48	2421.02	6450.51
	净利润(万元)	-3887.03	1467.40	3314.55	6947.98
	营业利润(万元)	-5266.55	2401.95	3588.74	8796.09
	利润总额(万元)	-3726.08	3656.74	4303.55	8771.70

福建龙溪轴承(集团)股份有限公司

公司概况					
公司名称	福建龙溪轴承(集团)股份有限公司			证券简称	龙溪股份
法人代表	曾凡沛	董秘	黄继新	证券代码	600592
公司网址	www.ls.com.cn			电子信箱	huang@ls.com.cn
电　　话	0596-2072091			传　　真	0596-2072136
办公地址	福建省漳州市延安北路				
经营范围	轴承、汽车零部件、普通机械、电器机械及器材的制造、销售				

主要财务指标	指标\报告期	2014.06.30	2013.12.31	2013.06.30	2012.12.31
	基本每股收益(元)	0.0630	0.1400	0.0870	0.3200
	基本每股收益(扣除后)(元)	0.0090	-	0.0510	0.2000
	稀释每股收益(元)	0.0630	0.1400	0.0870	0.3200
	每股净资产(元)	4.5751	4.6600	4.6141	4.3112
	每股经营现金净流量(元)	0.0580	0.0921	-0.0602	-0.0820
	每股现金流量(元)	0.1192	0.0781	1.5656	-0.1706
	每股资本公积金(元)	2.1798	2.2297	2.2365	1.4435
	每股盈余公积金(元)	0.3400	0.3400	0.3214	0.4281
	每股未分配利润(元)	1.0471	1.0839	1.0483	1.4323
	净资产收益率(%)	1.3801	2.7272	1.5800	7.5186
	加权净资产收益率(%)	1.3700	3.0200	2.2310	8.2100
	净资产收益率(扣除)(%)	-	-0.4169	0.9300	4.5864
	总资产(万元)	265322.35	280294.85	277836.90	216733.25
	归属母公司股东权益(万元)	182798.27	186193.01	184358.29	129335.11
	营业收入(万元)	40836.11	70510.59	37937.72	72641.15
	营业支出(万元)	29710.50	52425.37	29308.28	50856.42
	投资收益(万元)	1766.60	3995.98	490.51	1537.02
	净利润(万元)	2522.78	5077.93	2909.79	9724.14
	营业利润(万元)	1593.46	1908.96	2481.71	6875.36
	利润总额(万元)	2674.56	4965.30	3548.62	10761.93

大连圣亚旅游控股股份有限公司

公司概况					
公司名称	大连圣亚旅游控股股份有限公司			证券简称	大连圣亚
法人代表	刘达	董秘	丁霞	证券代码	600593
公司网址	www.sunasia.com			电子信箱	dingxia@sunasia.com
电　　话	0411-84685225			传　　真	0411-84685217
办公地址	辽宁省大连市沙河口区中山路608-6-8号				
经营范围	建设、经营水族馆、海洋探险人造景观、游乐园等				

主要财务指标	指标\报告期	2014.06.30	2013.12.31	2013.06.30	2012.12.31
	基本每股收益(元)	-0.0244	0.3536	-0.0477	0.1368
	基本每股收益(扣除后)(元)	-0.0267	0.2888	-0.0486	0.1037
	稀释每股收益(元)	-0.0244	0.3536	-0.0477	0.1368
	每股净资产(元)	3.4389	3.4633	3.0910	3.1387
	每股经营现金净流量(元)	0.2644	1.5773	0.5805	0.8275
	每股现金流量(元)	-0.3529	0.4210	0.5599	0.2313
	每股资本公积金(元)	2.1495	2.1495	2.1785	2.1785
	每股盈余公积金(元)	0.1449	0.1449	0.1449	0.1449
	每股未分配利润(元)	0.1445	0.1688	-0.2324	-0.1847
	净资产收益率(%)	-0.7086	10.2093	-1.5431	4.3575
	加权净资产收益率(%)	-0.7100	10.7100	-1.5300	4.4400
	净资产收益率(扣除)(%)	-0.7778	8.3402	-1.5732	3.3044
	总资产(万元)	70214.47	73754.75	77605.10	70811.03
	归属母公司股东权益(万元)	31637.88	31862.07	28436.96	28875.76
	营业收入(万元)	11035.52	25244.41	8842.83	20913.92
	营业支出(万元)	6104.25	11752.49	5069.72	9833.31
	投资收益(万元)	-	-2.19	-	-
	净利润(万元)	-224.19	3252.90	-438.81	1258.26
	营业利润(万元)	-116.74	3807.45	-564.70	1069.01
	利润总额(万元)	-94.17	4866.53	-551.70	1448.60

贵州益佰制药股份有限公司

公司概况					
公司名称	贵州益佰制药股份有限公司			证券简称	益佰制药
法人代表	窦啟玲	董秘	汪志伟	证券代码	600594
公司网址	www.gzcci.com			电子信箱	600594@gz100.cn
电　　话	0851-4705177			传　　真	0851-4719910
办公地址	贵州省贵阳市白云大道220-1号				
经营范围	胶囊剂、小容量注射剂、洗剂、栓剂、合剂、片剂、颗粒剂、糖浆剂等				

主要财务指标	指标\报告期	2014.06.30	2013.12.31	2013.06.30	2012.12.31
	基本每股收益(元)	0.4260	1.1900	0.3670	0.9270
	基本每股收益(扣除后)(元)	0.4130	1.1370	0.3490	0.8740
	稀释每股收益(元)	0.4260	1.1900	0.3670	0.9270
	每股净资产(元)	7.8606	5.3347	4.4970	4.2661
	每股经营现金净流量(元)	0.7779	1.6007	1.1627	0.7985
	每股现金流量(元)	3.8665	-0.3978	0.6294	0.2764
	每股资本公积金(元)	2.9275	0.3444	0.3301	0.3164
	每股盈余公积金(元)	0.4916	0.5398	0.4369	0.4368
	每股未分配利润(元)	3.4415	3.4505	2.7301	2.5128
	净资产收益率(%)	5.3332	22.3073	8.1573	21.6580
	加权净资产收益率(%)	5.7300	24.7620	8.3720	24.2980
	净资产收益率(扣除)(%)	5.1739	21.3242	7.7691	20.4135
	总资产(万元)	431472.63	320087.25	237748.25	227688.20
	归属母公司股东权益(万元)	311279.75	192382.49	162181.91	153877.76
	营业收入(万元)	125127.16	278490.00	103509.52	225257.55
	营业支出(万元)	23169.02	49682.61	19883.46	41715.96
	投资收益(万元)	344.80	686.53	-4.64	476.84
	净利润(万元)	16601.11	42915.36	13229.72	33326.82
	营业利润(万元)	18567.79	49299.38	14568.32	38101.08
	利润总额(万元)	19147.76	51549.01	15316.13	40393.10

河南中孚实业股份有限公司

公司概况	公司名称	河南中孚实业股份有限公司			证券简称	中孚实业
	法人代表	贺怀钦	董秘	杨萍	证券代码	600595
	公司网址	www.zfsy.com.cn		电子信箱	zfsy@zfsy.com.cn	
	电　　话	0371-64569088		传　　真	0371-64569089	
	办公地址	河南省巩义市新华路31号				
	经营范围	电解铝、铝材、炭素的生产、销售等				

主要财务指标	指标＼报告期	2014.06.30	2013.12.31	2013.06.30	2012.12.31
	基本每股收益(元)	0.0800	-0.5500	-0.1300	0.0400
	基本每股收益(扣除后)(元)	-0.0100	-	-0.1600	-0.0700
	稀释每股收益(元)	0.0800	-0.5500	-0.1300	0.0400
	每股净资产(元)	3.1890	3.1095	3.3597	3.5422
	每股经营现金净流量(元)	0.4299	0.3319	0.1874	0.4289
	每股现金流量(元)	-0.0247	-0.7335	0.3496	0.4023
	每股资本公积金(元)	1.7612	1.7612	1.5190	1.5471
	每股盈余公积金(元)	0.1456	0.1456	0.1674	0.1674
	每股未分配利润(元)	0.2808	0.1990	0.6587	0.8090
	净资产收益率(%)	2.5631	-15.6712	-3.8776	1.0841
	加权净资产收益率(%)	2.5900	-17.0700	-3.7500	1.0900
	净资产收益率(扣除)(%)	-0.4450	-16.8499	-4.8233	-2.0986
	总资产(万元)	2588787.53	2662400.46	2737799.01	2591208.40
	归属母公司股东权益(万元)	555374.73	541526.62	508949.03	536597.01
	营业收入(万元)	508885.33	1066832.31	493824.60	1104223.89
	营业支出(万元)	479375.96	1008768.44	465661.49	994787.98
	投资收益(万元)	2556.87	-689.85	-654.46	2344.77
	净利润(万元)	14234.72	-84863.76	-19735.21	5817.00
	营业利润(万元)	-23098.59	-111756.30	-27952.96	-28865.32
	利润总额(万元)	3449.17	-103707.04	-22161.26	-6261.30

浙江新安化工集团股份有限公司

公司概况	公司名称	浙江新安化工集团股份有限公司			证券简称	新安股份
	法人代表	季诚建	董秘	姜永平	证券代码	600596
	公司网址	www.wynca.com		电子信箱	jiang_yp888@sohu.com	
	电　　话	0571-64715693 64726275		传　　真	0571-64715693 64726275	
	办公地址	浙江省建德市新安江新安东路555号				
	经营范围	农药、化工、新材料及化工机械的制造加工和销售				

主要财务指标	指标＼报告期	2014.06.30	2013.12.31	2013.06.30	2012.12.31
	基本每股收益(元)	0.1330	0.6409	0.3454	0.1933
	基本每股收益(扣除后)(元)	0.1232	0.6037	0.3238	0.0258
	稀释每股收益(元)	0.1330	0.6409	0.3454	0.1933
	每股净资产(元)	6.3773	6.4622	6.1856	5.9469
	每股经营现金净流量(元)	0.0403	1.6137	0.6794	0.7678
	每股现金流量(元)	-0.0550	-0.0720	-0.0002	-0.3557
	每股资本公积金(元)	1.0791	1.0791	1.0786	1.0786
	每股盈余公积金(元)	0.5758	0.5758	0.5163	0.5163
	每股未分配利润(元)	3.6392	3.7262	3.4901	3.2647
	净资产收益率(%)	2.0859	9.9181	5.5841	3.2504
	加权净资产收益率(%)	2.0700	10.3500	5.6900	3.2900
	净资产收益率(扣除)(%)	1.9315	9.3418	5.2344	0.4332
	总资产(万元)	806310.58	723895.97	730956.24	724242.80
	归属母公司股东权益(万元)	433139.52	438904.36	420119.72	403905.47
	营业收入(万元)	402445.59	676532.53	364582.82	611100.67
	营业支出(万元)	341904.00	531713.92	287772.47	529033.20
	投资收益(万元)	2001.35	5292.97	3218.87	8132.39
	净利润(万元)	9034.67	43530.87	23459.76	13128.72
	营业利润(万元)	13609.06	54359.35	28702.33	9667.97
	利润总额(万元)	12831.19	53985.71	28632.96	14385.29

光明乳业股份有限公司

公司概况	公司名称	光明乳业股份有限公司			证券简称	光明乳业
	法人代表	庄国蔚	董秘	沈小燕	证券代码	600597
	公司网址	www.brightdairy.com		电子信箱	600597@brightdairy.com	
	电　　话	021-54584520*5506		传　　真	021-64013337	
	办公地址	上海市吴中路578号				
	经营范围	生产、开发与销售乳、乳制品和饲料以及便利店零售业务				

主要财务指标	指标＼报告期	2014.06.30	2013.12.31	2013.06.30	2012.12.31
	基本每股收益(元)	0.1710	0.3300	0.1208	0.2800
	基本每股收益(扣除后)(元)	0.1628	0.2900	0.1101	0.2700
	稀释每股收益(元)	-	-	-	-
	每股净资产(元)	3.4502	3.4938	3.1841	3.2765
	每股经营现金净流量(元)	-0.5781	1.0660	0.0990	1.0137
	每股现金流量(元)	-0.9165	0.2131	-0.2672	1.0001
	每股资本公积金(元)	1.3964	1.4342	1.3448	1.3688
	每股盈余公积金(元)	0.2975	0.2975	0.2624	0.2623
	每股未分配利润(元)	0.7224	0.7514	0.5757	0.6346
	净资产收益率(%)	4.9553	9.4911	3.7948	7.7557
	加权净资产收益率(%)	4.8100	9.9000	3.6500	10.4000
	净资产收益率(扣除)(%)	4.7197	8.2770	3.4573	7.4596
	总资产(万元)	1272202.40	1156805.22	979213.23	943983.81
	归属母公司股东权益(万元)	422479.50	427811.28	389927.40	401384.55
	营业收入(万元)	987201.49	1629091.01	744318.88	1377507.25
	营业支出(万元)	644598.22	1063042.30	474666.54	893764.00
	投资收益(万元)	29.19	1534.43	52.39	524.74
	净利润(万元)	20935.14	40604.05	14796.82	31130.26
	营业利润(万元)	28573.95	62611.83	20210.15	35526.90
	利润总额(万元)	29812.25	70833.22	21914.28	41907.72

黑龙江北大荒农业股份有限公司

公司概况	公司名称	黑龙江北大荒农业股份有限公司			证券简称	*ST大荒
	法人代表	刘长友	董秘	刘长友(代)	证券代码	600598
	公司网址	www.hacl.cn		电子信箱	600598@hacl.cn	
	电　　话	0451-55195980		传　　真	0451-55195986	
	办公地址	黑龙江省哈尔滨市南岗区汉水路263号				
	经营范围	水稻、小麦、大豆、玉米等粮食作物的生产、精深加工、销售等				

主要财务指标	指标＼报告期	2014.06.30	2013.12.31	2013.06.30	2012.12.31
	基本每股收益(元)	0.5580	-0.2100	0.0260	-0.1100
	基本每股收益(扣除后)(元)	0.2020	-0.1800	0.0370	-0.1000
	稀释每股收益(元)	0.5580	-0.2100	0.0260	-0.1100
	每股净资产(元)	3.3254	2.7477	2.9805	2.9530
	每股经营现金净流量(元)	1.3377	1.0244	0.7715	0.8662
	每股现金流量(元)	0.1984	0.0448	0.0909	-0.4259
	每股资本公积金(元)	1.3903	1.3702	1.3655	1.3655
	每股盈余公积金(元)	0.6363	0.6363	0.5756	0.5683
	每股未分配利润(元)	0.2961	-0.2615	0.0380	0.0189
	净资产收益率(%)	16.7696	-7.7138	0.8867	-3.5773
	加权净资产收益率(%)	18.4300	-7.7400	0.8900	-3.4100
	净资产收益率(扣除)(%)	6.0769	-6.5555	1.2513	-3.2178
	总资产(万元)	1006145.66	1385243.00	1572835.96	1569630.78
	归属母公司股东权益(万元)	591151.71	488456.86	529830.58	524903.24
	营业收入(万元)	316656.11	938855.60	493561.45	1357556.17
	营业支出(万元)	192770.51	693941.80	364006.61	1118204.67
	投资收益(万元)	64283.05	227.56	111.48	442.39
	净利润(万元)	99133.51	-37678.51	4697.82	-18777.44
	营业利润(万元)	97785.10	-41433.06	941.29	-25373.61
	利润总额(万元)	96329.43	-50630.28	-927.26	-30553.38

熊猫烟花集团股份有限公司

公司概况					
公司名称	熊猫烟花集团股份有限公司			证券简称	熊猫烟花
法人代表	李民	董秘	黄叶璞	证券代码	600599
公司网址	www.pandafireworks.com		电子信箱	600599@pandafireworks.com	
电　　话	0731-83620963		传　　真	0731-83620966	
办公地址	湖南省浏阳市浏阳大道 271 号				
经营范围	花炮产品销售、花炮材料销售、纸品销售、印刷包装材料销售、租赁等				

主要财务指标：指标＼报告期	2014.06.30	2013.12.31	2013.06.30	2012.12.31
基本每股收益(元)	0.1830	0.0900	0.2660	0.0710
基本每股收益(扣除后)(元)	0.0320	–	0.0090	0.0280
稀释每股收益(元)	0.1830	0.0900	0.2660	0.0710
每股净资产(元)	4.1523	3.9696	2.3331	2.0657
每股经营现金净流量(元)	–0.0157	0.0083	–0.1259	0.0578
每股现金流量(元)	–0.1205	0.0158	–0.0606	–0.1212
每股资本公积金(元)	2.9041	2.9041	1.0824	1.0824
每股盈余公积金(元)	0.0348	0.0348	0.0458	0.0458
每股未分配利润(元)	0.2086	0.0252	0.1991	–0.0672
净资产收益率(%)	4.4176	1.9206	11.4165	3.4380
加权净资产收益率(%)	4.5170	3.4900	12.1100	3.5000
净资产收益率(扣除)(%)	0.7799	–3.7521	0.3690	1.3479
总资产(万元)	92763.99	88796.68	50010.09	55881.27
归属母公司股东权益(万元)	68928.44	65894.71	29396.92	26027.71
营业收入(万元)	11042.45	16216.06	13345.49	25483.28
营业支出(万元)	7456.28	10266.65	8313.74	15665.25
投资收益(万元)	3513.08	4517.25	4025.00	1297.55
净利润(万元)	3044.99	1265.61	3356.10	894.83
营业利润(万元)	3762.28	1170.56	4400.03	936.84
利润总额(万元)	3732.64	1486.58	4351.72	1007.71

青岛啤酒股份有限公司

公司概况					
公司名称	青岛啤酒股份有限公司			证券简称	青岛啤酒
法人代表	孙明波	董秘	张瑞祥 张学举	证券代码	600600
公司网址	www.tsingtao.com.cn		电子信箱	secretary@tsingtao.com.cn	
电　　话	0532-85713831		传　　真	0532-85713240	
办公地址	山东省青岛市香港中路五四广场青啤大厦				
经营范围	啤酒制造、技术研究、开发、转让、咨询服务、国内商业、自营进出口				

主要财务指标：指标＼报告期	2014.06.30	2013.12.31	2013.06.30	2012.12.31
基本每股收益(元)	1.0400	1.4610	1.0320	1.3020
基本每股收益(扣除后)(元)	0.9230	1.2260	0.7740	1.0880
稀释每股收益(元)	1.0400	1.4610	1.0320	1.3020
每股净资产(元)	10.9666	10.3780	9.9562	9.2288
每股经营现金净流量(元)	2.8636	2.5175	2.8305	2.2973
每股现金流量(元)	0.7789	0.8333	1.8804	0.5322
每股资本公积金(元)	3.0168	3.0168	3.0275	2.9356
每股盈余公积金(元)	0.7842	0.7842	0.6867	0.6867
每股未分配利润(元)	6.1453	5.5556	5.2250	4.5925
净资产收益率(%)	9.4809	14.0748	11.1877	14.1071
加权净资产收益率(%)	9.5400	14.8700	10.5600	14.9100
净资产收益率(扣除)(%)	8.4151	11.8103	7.7784	11.7906
总资产(万元)	2925944.10	2736486.65	2757889.86	2366110.56
归属母公司股东权益(万元)	1481574.30	1402055.90	1345059.82	1246795.30
营业收入(万元)	1695806.81	2829097.84	1497133.83	2578154.40
营业支出(万元)	1014504.83	1700789.40	875343.48	1543386.95
投资收益(万元)	3478.71	22922.55	23247.02	1496.20
净利润(万元)	140466.11	197337.21	139488.12	175886.34
营业利润(万元)	167923.73	235094.17	164540.44	213840.31
利润总额(万元)	188022.74	266653.37	176241.15	248415.62

方正科技集团股份有限公司

公司概况					
公司名称	方正科技集团股份有限公司			证券简称	方正科技
法人代表	易梅	董秘	侯郁波	证券代码	600601
公司网址	www.foundertech.com		电子信箱	ir@founder.com	
电　　话	021-58400030		传　　真	021-58408970	
办公地址	上海市浦东南路 360 号新上海国际大厦 36 层				
经营范围	电子计算机及配件、软件等				

主要财务指标：指标＼报告期	2014.06.30	2013.12.31	2013.06.30	2012.12.31
基本每股收益(元)	0.0325	0.0321	0.0132	0.0367
基本每股收益(扣除后)(元)	0.0293	0.0241	0.0092	0.0138
稀释每股收益(元)	0.0325	0.0321	0.0132	0.0367
每股净资产(元)	2.0073	1.9748	1.9683	1.9558
每股经营现金净流量(元)	–0.0315	0.3335	0.0406	–0.0658
每股现金流量(元)	–0.1675	0.0285	–0.0611	–0.1984
每股资本公积金(元)	0.4093	0.4093	0.4093	0.4093
每股盈余公积金(元)	0.0149	0.0149	0.0081	0.0081
每股未分配利润(元)	0.5865	0.5540	0.5539	0.5407
净资产收益率(%)	1.6174	1.6239	0.6685	1.8753
加权净资产收益率(%)	1.6300	1.6300	0.6700	1.8900
净资产收益率(扣除)(%)	1.4575	1.2189	0.4650	0.7041
总资产(万元)	633305.40	637227.69	625686.60	652565.39
归属母公司股东权益(万元)	440582.56	433437.04	432020.35	429276.12
营业收入(万元)	211279.25	523379.30	263918.51	555503.36
营业支出(万元)	190698.74	484475.45	246657.53	515992.80
投资收益(万元)	34.35	85.16	–	1.88
净利润(万元)	7125.88	7038.54	2888.24	8050.39
营业利润(万元)	7854.52	8031.47	2641.03	6234.20
利润总额(万元)	8735.46	10121.75	3697.01	9630.27

上海仪电电子股份有限公司

公司概况					
公司名称	上海仪电电子股份有限公司			证券简称	仪电电子
法人代表	黄峰	董秘	赵开兰	证券代码	600602
公司网址	www.inesa-e.com		电子信箱	stock@inesa-e.com	
电　　话	021-62980202 34695939		传　　真	021-62982121	
办公地址	上海市徐汇区田林路 168 号 4-5 楼				
经营范围	电视机、平板显示器件、家庭视听设备、微波炉等小家电产品等				

主要财务指标：指标＼报告期	2014.06.30	2013.12.31	2013.06.30	2012.12.31
基本每股收益(元)	0.0375	0.1000	0.0285	0.0900
基本每股收益(扣除后)(元)	–0.0048	0.0100	–0.0010	–0.0600
稀释每股收益(元)	0.0375	0.1000	0.0285	0.0900
每股净资产(元)	2.1725	2.1350	2.0668	2.0406
每股经营现金净流量(元)	–0.0939	–0.0198	–0.0713	–0.0670
每股现金流量(元)	0.4385	0.0325	–0.1244	–0.0233
每股资本公积金(元)	0.9322	0.9321	0.9326	0.9349
每股盈余公积金(元)	0.2754	0.2754	0.2754	0.2754
每股未分配利润(元)	–0.0351	–0.0725	–0.1412	–0.1698
净资产收益率(%)	1.7240	4.5550	1.3810	4.4797
加权净资产收益率(%)	1.7400	4.6600	1.3900	4.5100
净资产收益率(扣除)(%)	–0.2231	0.3940	–0.0468	–3.0688
总资产(万元)	302151.39	284635.20	274472.29	275896.85
归属母公司股东权益(万元)	254825.95	250423.08	242424.73	239349.07
营业收入(万元)	47961.67	113838.21	51958.01	120572.74
营业支出(万元)	39610.69	96734.86	44921.40	102410.24
投资收益(万元)	1773.84	8316.45	4213.01	13311.06
净利润(万元)	4393.15	11406.85	3348.00	10722.19
营业利润(万元)	–1833.46	3265.33	2017.44	7448.05
利润总额(万元)	5161.52	12585.37	3625.86	11743.49

厦门大洲兴业能源控股股份有限公司

公司概况	公司名称	厦门大洲兴业能源控股股份有限公司			证券简称	大洲兴业
	法人代表	陈铁铭	董秘	许燕	证券代码	600603
	公司网址			电子信箱	xy600603@163.com	
	电　话	0592-2033630　2033603		传　真	0592-2035603	
	办公地址	厦门市思明区鹭江道2号厦门第一广场1701室				
	经营范围	新能源产业、新材料产业、房地产综合开发经营等				

主要财务指标	指标\报告期	2014.06.30	2013.12.31	2013.06.30	2012.12.31
	基本每股收益(元)	0.0030	0.6330	-0.0110	0.1570
	基本每股收益(扣除后)(元)	-0.0270	-0.0640	-0.0200	-0.0330
	稀释每股收益(元)	0.0030	0.6330	-0.0110	0.1570
	每股净资产(元)	0.0487	0.0442	-1.4540	-1.4333
	每股经营现金净流量(元)	0.1356	-0.0302	-0.1642	-0.0171
	每股现金流量(元)	0.1057	-0.0424	-0.0409	0.0124
	每股资本公积金(元)	2.5127	2.5127	1.7183	2.6030
	每股盈余公积金(元)	0.3418	0.3418	0.3191	0.3369
	每股未分配利润(元)	-3.8262	-3.8296	-4.4913	-4.2680
	净资产收益率(%)	6.8018	1432.0000	-1.3353	-6.3245
	加权净资产收益率(%)	7.1300	-	-	-
	净资产收益率(扣除)(%)	-55.4182	-145.6691	1.9753	2.3079
	总资产(万元)	37149.25	37142.54	3838.26	38439.08
	归属母公司股东权益(万元)	948.18	859.72	-28300.19	-6079.03
	营业收入(万元)	1857.37	4655.89	1948.74	8130.42
	营业支出(万元)	1271.74	2746.67	1063.51	4623.74
	投资收益(万元)	-	-	-	480.00
	净利润(万元)	64.49	12311.12	-204.08	3063.59
	营业利润(万元)	-125.98	1152.45	-240.52	1527.39
	利润总额(万元)	106.06	12651.55	-62.09	3935.41

上海市北高新股份有限公司

公司概况	公司名称	上海市北高新股份有限公司			证券简称	市北高新
	法人代表	丁明年	董秘	戴勇斌	证券代码	600604
	公司网址	www.shibeiht.com		电子信箱	zhengquan@shibei.com	
	电　话	021-66528130		传　真	021-56770134	
	办公地址	上海市江场三路262号1楼				
	经营范围	生产销售纺纱机械、化纤机械等产品				

主要财务指标	指标\报告期	2014.06.30	2013.12.31	2013.06.30	2012.12.31
	基本每股收益(元)	0.0300	0.3033	0.0916	0.2588
	基本每股收益(扣除后)(元)	0.0289	0.3016	0.0916	0.2573
	稀释每股收益(元)	0.0300	0.3033	0.0916	0.2588
	每股净资产(元)	2.2780	2.2790	2.0673	2.0037
	每股经营现金净流量(元)	-0.0917	-0.4739	-0.0209	0.0113
	每股现金流量(元)	0.0557	-0.4296	-0.1457	-0.7818
	每股资本公积金(元)	0.4816	0.4816	0.4816	0.4816
	每股盈余公积金(元)	0.0409	0.0409	0.0392	0.0392
	每股未分配利润(元)	0.7555	0.7566	0.5465	0.4829
	净资产收益率(%)	1.3153	13.3100	4.4331	12.9142
	加权净资产收益率(%)	1.3200	14.1700	4.4700	13.8100
	净资产收益率(扣除)(%)	1.2704	13.2353	4.4331	12.8416
	总资产(万元)	227808.93	216351.96	152237.64	157579.75
	归属母公司股东权益(万元)	129035.33	129094.10	117102.98	113497.71
	营业收入(万元)	6806.18	42621.82	13815.68	30619.49
	营业支出(万元)	2873.02	18050.52	4826.60	12721.91
	投资收益(万元)	1184.94	5981.51	2451.86	7893.03
	净利润(万元)	1697.23	17182.45	5191.33	14657.35
	营业利润(万元)	1846.01	22546.21	8014.61	17156.78
	利润总额(万元)	1923.35	22677.84	8014.61	17205.87

上海汇通能源股份有限公司

公司概况	公司名称	上海汇通能源股份有限公司			证券简称	汇通能源
	法人代表	郑树昌	董秘	邵宗超	证券代码	600605
	公司网址	www.huitongenergy.com		电子信箱	shaozongchao@sohu.com	
	电　话	021-62560000*108　147		传　真	021-62566022	
	办公地址	上海市南京西路1576号轻工机械大厦4楼				
	经营范围	轻工机械及成套设备的制造、销售				

主要财务指标	指标\报告期	2014.06.30	2013.12.31	2013.06.30	2012.12.31
	基本每股收益(元)	0.0220	0.0452	0.0450	0.0448
	基本每股收益(扣除后)(元)	0.0140	0.0109	0.0180	-0.0386
	稀释每股收益(元)	0.0220	0.0452	0.0450	0.0448
	每股净资产(元)	3.2767	3.2549	3.2550	3.2247
	每股经营现金净流量(元)	0.7751	-0.1861	0.0147	0.6288
	每股现金流量(元)	0.5935	-0.4554	-0.1950	0.5155
	每股资本公积金(元)	0.7915	0.7915	0.7915	0.7915
	每股盈余公积金(元)	0.5398	0.5398	0.5392	0.5392
	每股未分配利润(元)	0.9453	0.9235	0.9243	0.8940
	净资产收益率(%)	0.6662	1.3884	1.3924	1.3893
	加权净资产收益率(%)	0.6680	1.3949	1.3960	1.3990
	净资产收益率(扣除)(%)	0.4365	0.3349	0.5675	-1.1957
	总资产(万元)	94310.93	82902.12	85317.31	86470.53
	归属母公司股东权益(万元)	48280.32	47958.67	47960.59	47513.82
	营业收入(万元)	104808.15	219491.64	103201.51	188665.89
	营业支出(万元)	101821.16	213346.25	99827.44	183374.09
	投资收益(万元)	-75.49	-50.78	-6.98	41.86
	净利润(万元)	321.65	665.87	667.79	660.10
	营业利润(万元)	276.75	210.53	289.62	-616.90
	利润总额(万元)	438.68	771.57	717.08	1021.01

上海金丰投资股份有限公司

公司概况	公司名称	上海金丰投资股份有限公司			证券简称	金丰投资
	法人代表	王文杰	董秘	包永镭	证券代码	600606
	公司网址	www.shjftz.com.cn		电子信箱	shjftz@shjftz.com.cn	
	电　话	021-20770666		传　真	021-20770668	
	办公地址	上海市浦东新区雪野路928号11楼				
	经营范围	新型建材、楼宇设备的研制、开发、生产、销售				

主要财务指标	指标\报告期	2014.06.30	2013.12.31	2013.06.30	2012.12.31
	基本每股收益(元)	-0.4500	0.1300	0.0500	0.2000
	基本每股收益(扣除后)(元)	-0.5200	0.0800	0.0100	0.1000
	稀释每股收益(元)	-0.4500	0.1300	0.0500	0.2000
	每股净资产(元)	3.7694	4.2202	4.1649	4.2156
	每股经营现金净流量(元)	0.2905	0.1187	-0.3197	-0.2282
	每股现金流量(元)	-0.0634	-0.2410	0.0021	-0.0640
	每股资本公积金(元)	1.1276	1.0916	1.1183	1.1593
	每股盈余公积金(元)	0.3073	0.3073	0.2892	0.2892
	每股未分配利润(元)	1.3345	1.8213	1.7574	1.7671
	净资产收益率(%)	-11.8276	3.1832	1.2555	4.8037
	加权净资产收益率(%)	-11.1000	3.1800	1.2400	4.9000
	净资产收益率(扣除)(%)	-13.6722	1.8269	0.2559	2.3161
	总资产(万元)	562807.52	615887.95	618141.61	596631.55
	归属母公司股东权益(万元)	195373.78	218742.22	215875.87	218500.48
	营业收入(万元)	6932.56	89241.92	15614.24	44025.71
	营业支出(万元)	314.04	40412.63	1111.05	11115.24
	投资收益(万元)	3252.54	7647.14	5644.44	13179.57
	净利润(万元)	-23108.05	6963.07	2710.28	10496.06
	营业利润(万元)	-26393.19	8275.82	3303.79	10570.45
	利润总额(万元)	-23201.51	8919.37	3539.40	11996.81

上海宽频科技股份有限公司

公司概况	公司名称	上海宽频科技股份有限公司			证券简称	上海科技
	法人代表	雷升逵	董秘	李丹青	证券代码	600608
	公司网址	www.600608.net		电子信箱	invest@600608.net	
	电　话	021-62317066 62319566		传　真	021-62317066 62319033	
	办公地址	上海市闸北区江场西路 299 弄 1 号楼 1601 室				
	经营范围	通信网络设备、计算机信息工程、集成电路设计与销售等				

主要财务指标	指标＼报告期	2014.06.30	2013.12.31	2013.06.30	2012.12.31
	基本每股收益(元)	−0.0400	−0.0100	−0.0700	0.0800
	基本每股收益(扣除后)(元)	−0.0400	−0.0900	−0.0700	−0.1800
	稀释每股收益(元)	−0.0400	−0.0100	−0.0700	0.0800
	每股净资产(元)	−0.0360	0.0032	−0.0584	0.0157
	每股经营现金净流量(元)	−0.0037	−0.0528	−0.0545	−0.0499
	每股现金流量(元)	−0.0152	0.0133	−0.0538	−0.1412
	每股资本公积金(元)	1.3740	1.3740	1.3770	1.3770
	每股盈余公积金(元)	0.1423	0.1423	0.1423	0.1423
	每股未分配利润(元)	−2.5523	−2.5131	−2.5777	−2.5036
	净资产收益率(%)	–	−302.6307	−1.2689	507.9071
	加权净资产收益率(%)	–	−0.8700	–	−1.1300
	净资产收益率(扣除)(%)	108.7456	−2699.1323	128.0210	−1133.4929
	总资产(万元)	22252.81	22777.58	21069.19	23441.54
	归属母公司股东权益(万元)	−1183.70	103.74	−1921.77	516.73
	营业收入(万元)	11368.22	22241.50	11126.10	21786.02
	营业支出(万元)	10540.53	18407.08	9637.63	18360.95
	投资收益(万元)	−196.71	2073.14	−991.79	5230.92
	净利润(万元)	−1287.44	−313.96	−2438.50	2624.51
	营业利润(万元)	−1376.48	−511.64	−2584.71	692.54
	利润总额(万元)	−1376.70	−284.21	−2529.60	2556.94

金杯汽车股份有限公司

公司概况	公司名称	金杯汽车股份有限公司			证券简称	金杯汽车
	法人代表	祁玉民	董秘	赵晓军	证券代码	600609
	公司网址			电子信箱	stock@syjbauto.com.cn	
	电　话	024-24803399 24815610		传　真	024-24163399	
	办公地址	辽宁省沈阳市沈河区万柳塘路 38 号				
	经营范围	汽车及配件制造				

主要财务指标	指标＼报告期	2014.06.30	2013.12.31	2013.06.30	2012.12.31
	基本每股收益(元)	0.0060	0.0160	0.0310	0.0210
	基本每股收益(扣除后)(元)	−0.0030	−0.0150	0.0070	0.0050
	稀释每股收益(元)	0.0060	0.0160	0.0310	0.0210
	每股净资产(元)	0.3722	0.3666	0.3692	0.3386
	每股经营现金净流量(元)	0.1152	0.3241	0.0033	0.2280
	每股现金流量(元)	0.0555	0.4816	0.0694	0.3640
	每股资本公积金(元)	1.0227	1.0227	1.0069	1.0069
	每股盈余公积金(元)	0.3786	0.3786	0.3786	0.3786
	每股未分配利润(元)	−2.0243	−2.0307	−2.0164	−2.0469
	净资产收益率(%)	1.7237	4.4119	8.2773	6.1984
	加权净资产收益率(%)	1.7400	4.6700	8.6300	6.4000
	净资产收益率(扣除)(%)	−0.8434	−3.9719	1.8590	1.4447
	总资产(万元)	782655.50	756041.86	747584.27	726102.05
	归属母公司股东权益(万元)	40672.99	40056.51	40337.48	36998.63
	营业收入(万元)	271912.54	569012.05	284714.63	504878.67
	营业支出(万元)	230080.23	494652.63	247679.96	441152.70
	投资收益(万元)	123.31	344.94	118.09	205.01
	净利润(万元)	701.09	1767.25	3338.86	2293.31
	营业利润(万元)	8041.63	6224.89	6421.66	8398.79
	利润总额(万元)	9085.75	12474.31	9010.63	11553.49

中国纺织机械股份有限公司

公司概况	公司名称	中国纺织机械股份有限公司			证券简称	S*ST 中纺
	法人代表	叶富才	董秘	程雪莲	证券代码	600610
	公司网址	www.ctmco.com.cn		电子信箱	ctmzjbk@online.sh.cn	
	电　话	021-65432970 512		传　真	021-65455130	
	办公地址	上海市长阳路 1687 号				
	经营范围	纺织机械及有关器材的生产与销售等				

主要财务指标	指标＼报告期	2014.06.30	2013.12.31	2013.06.30	2012.12.31
	基本每股收益(元)	−0.0400	−0.1000	−0.0200	−0.1100
	基本每股收益(扣除后)(元)	−0.0800	−0.1500	−0.0500	−0.1400
	稀释每股收益(元)	−0.0400	−0.1000	−0.0200	−0.1100
	每股净资产(元)	0.1961	0.2445	0.3185	0.3608
	每股经营现金净流量(元)	−0.0606	−0.0818	−0.0505	−0.0776
	每股现金流量(元)	0.0832	−0.0170	−0.0099	−0.0255
	每股资本公积金(元)	0.3224	0.3321	0.3291	0.3486
	每股盈余公积金(元)	–	–	–	–
	每股未分配利润(元)	−1.1262	−1.0876	−1.0106	−0.9878
	净资产收益率(%)	−19.6921	−40.8417	−7.1800	−30.6967
	加权净资产收益率(%)	−17.5300	−32.9900	−6.7300	−26.1200
	净资产收益率(扣除)(%)	−41.5395	−60.1496	−14.5039	−39.8941
	总资产(万元)	35763.58	34907.02	35474.39	36899.75
	归属母公司股东权益(万元)	7004.03	8730.56	11372.79	12885.01
	营业收入(万元)	2994.31	8486.04	4457.81	8365.72
	营业支出(万元)	3100.11	8688.50	4159.88	8072.87
	投资收益(万元)	525.40	1364.53	706.68	1023.30
	净利润(万元)	−1379.24	−3565.71	−816.57	−3955.28
	营业利润(万元)	−1854.62	−3906.82	−941.59	−4283.09
	利润总额(万元)	−1390.30	−3571.66	−828.59	−4042.47

大众交通(集团)股份有限公司

公司概况	公司名称	大众交通(集团)股份有限公司			证券简称	大众交通
	法人代表	杨国平	董秘	赵思渊	证券代码	600611
	公司网址	www.96822.com		电子信箱	dzjt@96822.com	
	电　话	021-64285708 64289122		传　真	021-64285642	
	办公地址	上海市徐汇区中山西路 1515 号大众大厦 22 楼				
	经营范围	企业经营管理咨询、现代物流、交通运输等				

主要财务指标	指标＼报告期	2014.06.30	2013.12.31	2013.06.30	2012.12.31
	基本每股收益(元)	0.1300	0.2600	0.1200	0.2500
	基本每股收益(扣除后)(元)	0.1000	0.1700	0.1100	0.1300
	稀释每股收益(元)	0.1300	0.2600	0.1200	0.2500
	每股净资产(元)	3.5555	3.5045	3.3963	3.4415
	每股经营现金净流量(元)	0.0402	0.2371	0.1845	−0.1108
	每股现金流量(元)	−0.0887	−0.0919	−0.0048	−0.5682
	每股资本公积金(元)	0.6182	0.6195	0.6452	0.7354
	每股盈余公积金(元)	0.5160	0.5160	0.4888	0.4888
	每股未分配利润(元)	1.4213	1.3691	1.2622	1.2173
	净资产收益率(%)	3.7169	7.3905	3.6770	7.1747
	加权净资产收益率(%)	3.7200	7.4700	3.6100	7.3700
	净资产收益率(扣除)(%)	2.7006	4.7111	3.1058	3.7290
	总资产(万元)	1032868.35	1017386.94	1002903.04	966247.65
	归属母公司股东权益(万元)	560373.75	552343.09	535279.95	542410.47
	营业收入(万元)	140395.52	299840.73	140220.35	291297.50
	营业支出(万元)	111788.53	234304.39	108190.67	222533.23
	投资收益(万元)	4508.37	21083.63	5714.22	33475.61
	净利润(万元)	20828.37	40821.01	19682.02	38916.55
	营业利润(万元)	21441.71	50250.79	23212.58	56932.00
	利润总额(万元)	31442.78	61433.08	28505.17	63630.68

老凤祥股份有限公司

公司概况					
公司名称	老凤祥股份有限公司			证券简称	老 凤 祥
法人代表	石力华	董秘	周富良	证券代码	600612
公司网址	www.chinafirstpencil.com		电子信箱	cfp612@126.com	
电　　话	021-54480605 64833388 转 608		传　　真	021-54481529	
办公地址	上海市漕溪路 270 号六楼				
经营范围	黄金首饰、铅笔制造、铅笔机械、化工原料、制笔零件等				

主要财务指标：指标\报告期	2014.06.30	2013.12.31	2013.06.30	2012.12.31
基本每股收益(元)	0.8061	1.7011	0.7479	1.1686
基本每股收益(扣除后)(元)	0.7647	1.3994	0.7327	1.0856
稀释每股收益(元)	0.8061	1.7011	0.7479	1.1686
每股净资产(元)	7.1489	6.3715	5.9967	5.2789
每股经营现金净流量(元)	2.9146	2.9099	3.6703	1.4347
每股现金流量(元)	2.3576	1.7380	3.8785	1.4572
每股资本公积金(元)	1.1526	1.1816	1.1591	1.1891
每股盈余公积金(元)	0.4425	0.4425	0.3610	0.3610
每股未分配利润(元)	4.5545	3.7484	3.4767	2.7288
净资产收益率(%)	11.2761	26.6981	12.4722	22.1369
加权净资产收益率(%)	11.9200	28.7100	13.2700	24.5800
净资产收益率(扣除)(%)	10.6968	21.9634	12.2179	20.5655
总资产(万元)	952624.88	933745.90	897598.54	888500.85
归属母公司股东权益(万元)	373973.97	333302.08	313695.51	276148.69
营业收入(万元)	1835703.74	3298465.57	1817507.96	2555339.90
营业支出(万元)	1688565.62	3035646.37	1684300.16	2345980.49
投资收益(万元)	−166.15	1312.45	41.51	11.35
净利润(万元)	42169.76	88985.47	39124.65	61130.77
营业利润(万元)	71365.94	126439.52	66535.91	100431.72
利润总额(万元)	74635.72	147725.45	67951.48	106656.91

上海神奇制药投资管理股份有限公司

公司概况					
公司名称	上海神奇制药投资管理股份有限公司			证券简称	神奇制药
法人代表	张芝庭	董秘	梅君	证券代码	600613
公司网址	www.shenqipharma.com		电子信箱	mj041@sina.com	
电　　话	021-53750009		传　　真	021-53750010	
办公地址	上海市威海路 128 号长发大厦 613 室				
经营范围	在国家法律允许和政策鼓励的范围内进行投资管理				

主要财务指标：指标\报告期	2014.06.30	2013.12.31	2013.06.30	2012.12.31
基本每股收益(元)	0.2000	0.2900	0.2000	0.2400
基本每股收益(扣除后)(元)	0.2000	–	0.1500	0.0800
稀释每股收益(元)	0.2000	0.2900	0.2000	0.2400
每股净资产(元)	4.1861	4.0122	4.2853	1.3865
每股经营现金净流量(元)	−0.0706	0.1680	0.2295	0.3392
每股现金流量(元)	−0.0577	0.6661	1.5374	−0.0522
每股资本公积金(元)	2.3782	2.3782	2.7621	0.9761
每股盈余公积金(元)	0.0664	0.0664	0.0739	0.1913
每股未分配利润(元)	0.7415	0.5676	0.4493	0.9622
净资产收益率(%)	4.7103	6.2465	2.2480	6.6817
加权净资产收益率(%)	4.8100	9.4000	7.3500	7.2900
净资产收益率(扣除)(%)	4.7242	4.9166	1.6676	6.0776
总资产(万元)	217476.56	199543.26	217926.70	69136.77
归属母公司股东权益(万元)	186304.21	178565.05	171261.80	46289.02
营业收入(万元)	54685.12	92918.42	25148.35	49319.17
营业支出(万元)	10531.21	24001.95	6216.91	13824.06
投资收益(万元)	36.56	160.87	58.09	3.29
净利润(万元)	8775.52	11154.00	3850.01	7343.04
营业利润(万元)	10451.14	12506.84	3683.30	8407.11
利润总额(万元)	10419.58	13720.76	4874.20	8915.72

上海鼎立科技发展(集团)股份有限公司

公司概况					
公司名称	上海鼎立科技发展(集团)股份有限公司			证券简称	鼎立股份
法人代表	许宝星	董秘	姜卫星	证券代码	600614
公司网址	www.600614.com		电子信箱	jiang_wx@600614.com	
电　　话	021-35071889*698		传　　真	021-35080120	
办公地址	上海市杨浦区国权路 39 号财富广场(金座)18 楼				
经营范围	房地产开发、销售、物业管理、建筑材料的销售				

主要财务指标：指标\报告期	2014.06.30	2013.12.31	2013.06.30	2012.12.31
基本每股收益(元)	0.0400	0.0600	0.0460	0.1000
基本每股收益(扣除后)(元)	−0.0100	0.0400	0.0140	−0.0100
稀释每股收益(元)	0.0400	0.0600	0.0460	0.1000
每股净资产(元)	1.5898	1.5715	1.5601	1.5537
每股经营现金净流量(元)	−0.0994	0.2634	0.0188	−0.1238
每股现金流量(元)	0.0210	−0.1040	−0.0800	0.0765
每股资本公积金(元)	0.3443	0.3443	0.3443	0.3443
每股盈余公积金(元)	0.0480	0.0480	0.0404	0.0404
每股未分配利润(元)	0.1975	0.1792	0.1754	0.1689
净资产收益率(%)	2.4084	3.6805	2.9768	6.3721
加权净资产收益率(%)	2.4100	3.6300	2.8500	6.6000
净资产收益率(扣除)(%)	−0.6271	2.3039	0.9045	−0.6601
总资产(万元)	289190.13	270179.03	268844.96	273535.19
归属母公司股东权益(万元)	90207.62	89169.62	88522.65	88157.13
营业收入(万元)	60468.20	128543.03	59727.07	106292.86
营业支出(万元)	50531.89	109620.20	48931.82	92691.05
投资收益(万元)	214.36	481.96	94.00	4567.34
净利润(万元)	2172.52	3281.90	2635.14	5617.49
营业利润(万元)	186.84	3380.20	2862.16	4928.73
利润总额(万元)	3124.94	4738.35	3761.36	6785.04

上海丰华(集团)股份有限公司

公司概况					
公司名称	上海丰华(集团)股份有限公司			证券简称	丰华股份
法人代表	程健	董秘	查大兵	证券代码	600615
公司网址	www.fenghwa.sh.cn		电子信箱	fenghaw600615@163.com	
电　　话	021-50903399 58702762		传　　真	021-58702762	
办公地址	上海市浦东新区浦建路 76 号由由国际广场 901 室				
经营范围	房地产开发、房屋租赁、物业管理、酒店管理、对外投资等				

主要财务指标：指标\报告期	2014.06.30	2013.12.31	2013.06.30	2012.12.31
基本每股收益(元)	0.0370	0.0880	0.0260	0.0050
基本每股收益(扣除后)(元)	−0.0250	−0.0400	−0.0130	−0.0920
稀释每股收益(元)	0.0370	0.0880	0.0260	0.0050
每股净资产(元)	2.5844	2.5470	2.6597	2.6347
每股经营现金净流量(元)	−0.0192	0.0037	0.0062	−0.0586
每股现金流量(元)	0.0333	−2.0050	−1.9545	1.4504
每股资本公积金(元)	2.4467	2.4467	2.4576	2.5946
每股盈余公积金(元)	0.3140	0.3140	0.3140	0.3140
每股未分配利润(元)	−1.1763	−1.2138	−1.1119	−1.3017
净资产收益率(%)	1.4485	3.4540	0.9398	0.1749
加权净资产收益率(%)	1.4590	3.3700	0.9800	0.1800
净资产收益率(扣除)(%)	−0.9719	−1.5859	−0.4718	−3.4964
总资产(万元)	63021.46	62258.41	52938.82	62581.43
归属母公司股东权益(万元)	48592.61	47888.72	50008.22	49014.64
营业收入(万元)	3330.62	7659.09	2733.74	6334.18
营业支出(万元)	2842.62	6414.21	2368.98	6343.45
投资收益(万元)	1150.39	1871.86	706.62	0.43
净利润(万元)	703.88	1654.08	482.71	85.71
营业利润(万元)	705.01	1612.03	451.97	−185.23
利润总额(万元)	755.94	1867.95	495.47	−227.48

上海金枫酒业股份有限公司

公司概况	公司名称	上海金枫酒业股份有限公司			证券简称	金枫酒业
	法人代表	葛俊杰	董秘	张黎云	证券代码	600616
	公司网址	www.jinfengwine.com		电子信箱	lily@jinfengwine.com	
	电　话	021-58352625 50812727*908		传　真	021-58352620	
	办公地址	上海市普陀区宁夏路 777 号(海棠大厦内)				
	经营范围	食品销售管理(非实物方式)、酒、仓储货运、租赁				

	指标＼报告期	2014.06.30	2013.12.31	2013.06.30	2012.12.31
主要财务指标	基本每股收益(元)	0.1300	0.2700	0.1500	0.2400
	基本每股收益(扣除后)(元)	0.1200	0.2600	0.1600	0.2300
	稀释每股收益(元)	0.1300	0.2700	0.1500	0.2400
	每股净资产(元)	3.6811	3.0134	2.9019	2.8470
	每股经营现金净流量(元)	-0.1080	0.3194	-0.0859	0.2219
	每股现金流量(元)	0.2424	-0.1535	-0.4235	0.3863
	每股资本公积金(元)	1.0298	0.0963	0.0963	0.0963
	每股盈余公积金(元)	0.1054	0.1237	0.1034	0.1034
	每股未分配利润(元)	1.5459	1.7934	1.7023	1.6473
	净资产收益率(%)	3.1841	8.8406	5.3392	8.2689
	加权净资产收益率(%)	3.7100	9.0700	5.3400	8.5700
	净资产收益率(扣除)(%)	2.8980	8.6480	5.4148	8.0853
	总资产(万元)	226247.24	159141.71	144964.21	164905.01
	归属母公司股东权益(万元)	189438.85	132188.87	127299.26	124889.25
	营业收入(万元)	44694.49	102585.50	47667.87	95118.02
	营业支出(万元)	21598.03	47674.92	21842.93	44251.74
	投资收益(万元)	720.45	94.67	91.15	172.10
	净利润(万元)	6031.94	11686.35	6796.72	10326.91
	营业利润(万元)	7259.42	15206.84	9171.06	13363.09
	利润总额(万元)	7981.31	15546.71	9043.07	13668.59

山西省国新能源股份有限公司

公司概况	公司名称	山西省国新能源股份有限公司			证券简称	国新能源
	法人代表	刘军	董秘	张帆	证券代码	600617
	公司网址	www.600617.net		电子信箱	zhangfan600617@163.com	
	电　话	0351-7991685		传　真	021-61639683	
	办公地址	山西省太原市高新开发区中心街 6 号				
	经营范围	生产销售聚酯切片、合成纤维及深加工产品、投资兴办企业、销售自产产品				

	指标＼报告期	2014.06.30	2013.12.31	2013.06.30	2012.12.31
主要财务指标	基本每股收益(元)	0.3836	0.7777	0.2911	0.5415
	基本每股收益(扣除后)(元)	0.3378	0.8068	0.2789	0.5100
	稀释每股收益(元)	0.3836	0.7777	0.2911	0.5415
	每股净资产(元)	3.0933	2.0301	-0.4387	5.6915
	每股经营现金净流量(元)	0.0078	1.2678	1.1959	0.8168
	每股现金流量(元)	0.5075	0.6100	1.1862	1.0485
	每股资本公积金(元)	0.7412	0.0066	0.4456	0.4934
	每股盈余公积金(元)	-	-	0.1739	0.0868
	每股未分配利润(元)	1.3521	1.0235	-2.0582	0.8238
	净资产收益率(%)	12.2965	26.9331	-5.9455	22.5235
	加权净资产收益率(%)	13.7200	27.8500	11.4200	25.4300
	净资产收益率(扣除)(%)	10.8295	27.9416	5.9455	-296.9455
	总资产(万元)	1246706.68	1078907.59	2038.39	751559.65
	归属母公司股东权益(万元)	183444.64	114302.48	-7334.96	95159.24
	营业收入(万元)	254605.58	439340.92	199847.63	366848.14
	营业支出(万元)	198173.51	343781.91	161509.42	303015.30
	投资收益(万元)	1388.48	2342.33	1944.34	2832.62
	净利润(万元)	22557.26	30785.19	11523.66	21433.22
	营业利润(万元)	26798.54	43089.17	14491.84	28045.54
	利润总额(万元)	30365.07	41855.14	15267.45	29850.20

上海氯碱化工股份有限公司

公司概况	公司名称	上海氯碱化工股份有限公司			证券简称	氯碱化工
	法人代表	李军	董秘	许沛文	证券代码	600618
	公司网址	www.scacc.com		电子信箱	shxpw@126.com	
	电　话	021-64340601 64342640		传　真	021-64341341	
	办公地址	上海市龙吴路 4747 号				
	经营范围	聚氯乙烯、烧碱、氯系列等基本化工原料及加工产品				

	指标＼报告期	2014.06.30	2013.12.31	2013.06.30	2012.12.31
主要财务指标	基本每股收益(元)	-0.0426	0.0144	0.0035	0.0887
	基本每股收益(扣除后)(元)	-0.0352	-0.1210	0.0027	0.0564
	稀释每股收益(元)	-0.0426	0.0144	0.0035	0.0887
	每股净资产(元)	2.4200	2.4600	2.4488	2.4459
	每股经营现金净流量(元)	-0.0013	0.5016	0.2057	0.5572
	每股现金流量(元)	-0.1135	-0.0006	-0.1245	0.0519
	每股资本公积金(元)	1.3782	1.3778	1.3745	1.3751
	每股盈余公积金(元)	0.0098	0.0098	0.0090	0.0090
	每股未分配利润(元)	0.0278	0.0754	0.0653	0.0619
	净资产收益率(%)	-1.7655	0.5837	0.1414	3.6300
	加权净资产收益率(%)	-1.7480	0.5857	0.1420	3.6921
	净资产收益率(扣除)(%)	-1.4577	-4.9108	0.1094	2.3056
	总资产(万元)	604703.99	599258.10	602753.97	634013.28
	归属母公司股东权益(万元)	279354.83	284820.10	283184.38	282846.46
	营业收入(万元)	299960.86	697421.17	315470.83	634088.36
	营业支出(万元)	273582.29	634419.53	286988.59	570071.41
	投资收益(万元)	2794.20	14412.50	3802.49	10836.07
	净利润(万元)	-4931.92	1662.38	400.50	10254.21
	营业利润(万元)	-4750.65	-8857.98	980.73	9461.94
	利润总额(万元)	-4532.90	3131.37	1005.75	11494.98

上海海立(集团)股份有限公司

公司概况	公司名称	上海海立(集团)股份有限公司			证券简称	海立股份
	法人代表	沈建芳	董秘	罗敏	证券代码	600619
	公司网址	www.highly.cc		电子信箱	luomin@highly.cc	
	电　话	021-58547777 58547618		传　真	021-50326960	
	办公地址	上海市浦东新区金桥出口加工区宁桥路 888 号				
	经营范围	生产销售空调压缩机、冰箱压缩机以及除湿机压缩机等				

	指标＼报告期	2014.06.30	2013.12.31	2013.06.30	2012.12.31
主要财务指标	基本每股收益(元)	0.1000	0.1600	0.0900	0.2300
	基本每股收益(扣除后)(元)	0.0800	0.1000	0.0700	0.2000
	稀释每股收益(元)	0.1000	0.1600	0.0900	0.2300
	每股净资产(元)	3.5495	3.5494	3.4863	3.5418
	每股经营现金净流量(元)	-0.3738	0.6268	0.1046	0.6166
	每股现金流量(元)	0.4092	0.1236	0.2691	-0.0150
	每股资本公积金(元)	1.2488	1.2493	1.2442	1.2498
	每股盈余公积金(元)	0.3341	0.3341	0.3171	0.3171
	每股未分配利润(元)	0.9729	0.9828	0.9327	0.9749
	净资产收益率(%)	2.7793	4.3935	2.5478	6.2514
	加权净资产收益率(%)	2.7400	4.4000	2.4800	7.2400
	净资产收益率(扣除)(%)	2.3151	2.8295	1.8874	5.4319
	总资产(万元)	981685.96	812548.61	832667.47	753098.94
	归属母公司股东权益(万元)	237014.67	237006.32	232795.41	236502.13
	营业收入(万元)	388389.44	662161.96	367260.99	677296.59
	营业支出(万元)	343304.63	578726.64	324930.31	579492.93
	投资收益(万元)	937.61	2455.42	326.64	1058.02
	净利润(万元)	6587.32	10412.92	5931.23	14784.61
	营业利润(万元)	8991.16	12699.94	6016.33	22199.19
	利润总额(万元)	10723.66	16796.09	8301.41	25528.80

上海市天宸股份有限公司

公司概况					
公司名称	上海市天宸股份有限公司			证券简称	天宸股份
法人代表	叶茂菁	董秘	许旭羽	证券代码	600620
公司网址	www.shstc.com		电子信箱	xuxuyu@shstc.com	
电　　话	021-62782233		传　　真	021-62789070	
办公地址	上海市长宁区仙霞路8号29楼				
经营范围	实业投资、信息网络安全产品开发、国内贸易、房地产开发经营				

主要财务指标：指标\报告期	2014.06.30	2013.12.31	2013.06.30	2012.12.31
基本每股收益(元)	0.0926	0.2600	0.3023	0.0300
基本每股收益(扣除后)(元)	0.0922	-0.0500	0.0021	-0.0100
稀释每股收益(元)	0.0926	0.2600	0.3023	0.0300
每股净资产(元)	1.7451	1.8117	1.8538	1.6276
每股经营现金净流量(元)	-0.0337	-0.0663	-0.0469	0.0488
每股现金流量(元)	-0.0588	0.0421	0.3133	-0.2813
每股资本公积金(元)	0.0097	0.0189	0.0173	0.0835
每股盈余公积金(元)	0.2084	0.2084	0.1969	0.1969
每股未分配利润(元)	0.5270	0.5844	0.6396	0.3473
净资产收益率(%)	5.3082	14.2739	16.3093	1.8401
加权净资产收益率(%)	5.2100	15.0400	17.3700	1.9000
净资产收益率(扣除)(%)	5.2847	-2.6699	0.1132	-0.4206
总资产(万元)	92430.87	94239.28	104456.74	99822.48
归属母公司股东权益(万元)	79889.19	82938.47	84865.47	74511.18
营业收入(万元)	1875.56	3626.29	1989.44	5331.90
营业支出(万元)	1630.55	3251.04	1560.75	3478.30
投资收益(万元)	6064.75	18097.15	17887.27	3783.70
净利润(万元)	4240.71	11838.53	13840.98	1371.06
营业利润(万元)	4119.43	12258.13	14494.45	600.46
利润总额(万元)	4144.06	12112.22	14271.47	1490.88

上海华鑫股份有限公司

公司概况					
公司名称	上海华鑫股份有限公司			证券简称	华鑫股份
法人代表	陈靖	董秘	胡之奎	证券代码	600621
公司网址	www.shchinafortune.com		电子信箱	hzk@shchinafortune.com	
电　　话	021-63226000-501 203		传　　真	021-63502688	
办公地址	上海市福州路666号26楼				
经营范围	表面贴装、印刷电路板、网络产品与工程、电子设备、物业经营等				

主要财务指标：指标\报告期	2014.06.30	2013.12.31	2013.06.30	2012.12.31
基本每股收益(元)	0.1684	0.5648	0.1215	0.3493
基本每股收益(扣除后)(元)	0.1657	0.5689	0.0929	0.3481
稀释每股收益(元)	0.1684	0.5648	0.1215	0.3493
每股净资产(元)	3.1895	3.1920	2.7492	2.7365
每股经营现金净流量(元)	0.2755	0.8498	0.2489	-0.1601
每股现金流量(元)	0.1473	1.1309	0.7996	0.3173
每股资本公积金(元)	0.4133	0.4142	0.4148	0.4135
每股盈余公积金(元)	0.3435	0.3435	0.3139	0.3139
每股未分配利润(元)	1.4326	1.4342	1.0206	1.0091
净资产收益率(%)	5.2796	17.6956	4.4197	12.7634
加权净资产收益率(%)	5.2800	19.0600	2.9900	13.3800
净资产收益率(扣除)(%)	5.1941	17.8219	3.3804	12.7210
总资产(万元)	333160.47	337660.39	297797.95	281953.52
归属母公司股东权益(万元)	167157.66	167287.23	144083.23	143412.64
营业收入(万元)	37992.03	111682.78	32148.27	94533.77
营业支出(万元)	19148.80	54646.84	19756.82	56262.30
投资收益(万元)	-40.96	2509.16	961.69	3832.52
净利润(万元)	8825.26	29602.43	6368.09	18304.28
营业利润(万元)	10474.39	36045.65	6020.93	22408.94
利润总额(万元)	10441.59	35239.59	7056.07	21600.07

上海嘉宝实业(集团)股份有限公司

公司概况					
公司名称	上海嘉宝实业(集团)股份有限公司			证券简称	嘉宝集团
法人代表	钱明	董秘	孙红良	证券代码	600622
公司网址	www.jbjt.com		电子信箱	jbdm@jbjt.com	
电　　话	021-59529711		传　　真	021-59536931	
办公地址	上海市嘉定区清河路55号6-7F				
经营范围	实业投资、国内贸易(除专项规定)、劳务服务、进出口业务等				

主要财务指标：指标\报告期	2014.06.30	2013.12.31	2013.06.30	2012.12.31
基本每股收益(元)	0.5380	0.6590	0.3290	0.5890
基本每股收益(扣除后)(元)	0.3370	0.5210	0.3200	0.5340
稀释每股收益(元)	0.5380	0.6590	0.3290	0.5890
每股净资产(元)	5.5684	5.2165	4.8574	4.7065
每股经营现金净流量(元)	0.5145	1.0739	-0.7041	-0.8796
每股现金流量(元)	-0.4438	0.6349	0.1454	-0.4370
每股资本公积金(元)	1.3838	1.3694	1.3398	1.3383
每股盈余公积金(元)	0.3377	0.3377	0.3303	0.3303
每股未分配利润(元)	2.8470	2.5095	2.1872	2.0378
净资产收益率(%)	9.6536	12.6323	6.7811	12.5186
加权净资产收益率(%)	9.7870	13.3600	6.7610	13.0700
净资产收益率(扣除)(%)	6.0603	9.9930	6.5872	11.3455
总资产(万元)	905892.64	789959.67	744127.47	716633.32
归属母公司股东权益(万元)	286387.15	268286.06	249817.62	242056.38
营业收入(万元)	95940.80	189948.53	87434.76	211682.33
营业支出(万元)	51396.67	126180.36	53863.74	158289.13
投资收益(万元)	1526.97	5317.12	2390.00	7387.59
净利润(万元)	27646.54	33890.76	16940.49	30301.99
营业利润(万元)	25868.48	39289.14	21978.62	37627.61
利润总额(万元)	38300.78	47988.96	22158.15	38868.05

双钱集团股份有限公司

公司概况					
公司名称	双钱集团股份有限公司			证券简称	双钱股份
法人代表	刘训峰	董秘	马晓宾	证券代码	600623
公司网址	www.doublecoinholdings.com		电子信箱	wangling@doublecoinholdings.com	
电　　话	021-26067033　26067029		传　　真	021-26067032	
办公地址	上海市虹口区吴淞路290号耀江国际广场办公大楼				
经营范围	轮胎、力车胎、胶鞋及其橡胶制品和前述产品的配件、橡胶原辅材料等				

主要财务指标：指标\报告期	2014.06.30	2013.12.31	2013.06.30	2012.12.31
基本每股收益(元)	0.1880	0.3440	0.1830	0.3280
基本每股收益(扣除后)(元)	0.1390	0.2960	0.1740	0.2800
稀释每股收益(元)	0.1880	0.3440	0.1830	0.3280
每股净资产(元)	3.1452	3.0617	2.8754	2.8040
每股经营现金净流量(元)	-0.2411	0.7595	-0.4385	1.0694
每股现金流量(元)	0.2153	0.2323	0.2997	0.5317
每股资本公积金(元)	0.7950	0.7927	0.7662	0.7790
每股盈余公积金(元)	0.2411	0.2411	0.2021	0.2021
每股未分配利润(元)	1.1094	1.0299	0.9079	0.8252
净资产收益率(%)	5.9623	11.2249	6.3548	11.7142
加权净资产收益率(%)	5.9430	11.7200	6.3110	12.2700
净资产收益率(扣除)(%)	4.4348	9.6827	6.0539	9.9852
总资产(万元)	1374946.71	1133680.78	1211914.00	1074509.95
归属母公司股东权益(万元)	279752.93	272324.75	255759.62	249405.98
营业收入(万元)	700030.08	1433218.23	705601.15	1210157.96
营业支出(万元)	610416.19	1242759.07	616383.86	985301.08
投资收益(万元)	487.26	5225.91	2348.17	1321.30
净利润(万元)	16679.70	30568.17	16253.04	29215.95
营业利润(万元)	15560.78	34239.11	17466.48	37928.25
利润总额(万元)	20866.92	38377.52	18721.67	41191.31

上海复旦复华科技股份有限公司

公司概况					
公司名称	上海复旦复华科技股份有限公司			证券简称	复旦复华
法人代表	王生洪	董秘	任琳芳	证券代码	600624
公司网址	www.forwardgroup.com		电子信箱	shareholder@forwardgroup.com	
电　话	021-63872288		传　真	021-63869700	
办公地址	上海市国权路 525 号				
经营范围	电脑系统、通讯设备、自动化仪表、生物技术、光源照明等				

主要财务指标 指标\报告期	2014.06.30	2013.12.31	2013.06.30	2012.12.31
基本每股收益(元)	0.0482	0.0980	0.0438	0.0810
基本每股收益(扣除后)(元)	0.0460	0.0780	0.0305	0.0370
稀释每股收益(元)	0.0482	0.0980	0.0438	0.0810
每股净资产(元)	1.7289	1.7223	1.6817	1.6778
每股经营现金净流量(元)	0.0647	-0.3864	-0.5782	0.6442
每股现金流量(元)	-0.2061	-0.2143	-0.1629	-0.0902
每股资本公积金(元)	0.2710	0.2710	0.2633	0.2633
每股盈余公积金(元)	0.0407	0.0407	0.0355	0.0355
每股未分配利润(元)	0.4538	0.4486	0.4000	0.3922
净资产收益率(%)	2.7890	5.6711	2.6039	4.8465
加权净资产收益率(%)	2.7600	5.7280	2.5800	4.8700
净资产收益率(扣除)(%)	2.6584	4.5320	1.8114	2.1844
总资产(万元)	153204.78	154108.08	150665.55	131564.56
归属母公司股东权益(万元)	59674.44	59445.77	58046.10	57910.47
营业收入(万元)	47062.11	95165.46	43494.18	86723.74
营业支出(万元)	35799.56	75911.42	34114.87	58936.38
投资收益(万元)	-30.84	-197.22	-91.95	2159.64
净利润(万元)	1664.29	3371.22	1511.48	2806.65
营业利润(万元)	2201.48	3889.10	1626.10	5906.51
利润总额(万元)	2435.75	4947.00	2225.91	4637.69

上海申达股份有限公司

公司概况					
公司名称	上海申达股份有限公司			证券简称	申达股份
法人代表	席时平	董秘	玛天羽	证券代码	600626
公司网址	www.cnshenda.com.cn		电子信箱	600626@sh-shenda.com	
电　话	021-62328282		传　真	021-62317250	
办公地址	上海市江宁路 1500 号申达国际大厦(近澳门路)				
经营范围	纺纱织布、两纱两布、各类纺织品服装、复制品及技术出口等				

主要财务指标 指标\报告期	2014.06.30	2013.12.31	2013.06.30	2012.12.31
基本每股收益(元)	0.1027	0.2710	0.1311	0.2319
基本每股收益(扣除后)(元)	0.0975	-	0.0937	0.1722
稀释每股收益(元)	0.1027	0.2710	0.1311	0.2319
每股净资产(元)	3.0281	3.0254	2.8855	2.8500
每股经营现金净流量(元)	-0.3271	0.0063	-0.3392	0.1997
每股现金流量(元)	-0.4570	-0.2743	-0.7981	-0.0080
每股资本公积金(元)	0.2001	0.2001	0.2001	0.2001
每股盈余公积金(元)	1.3622	1.2801	1.2595	1.1763
每股未分配利润(元)	0.4657	0.5451	0.4258	0.4780
净资产收益率(%)	3.3912	8.9577	4.5433	8.1257
加权净资产收益率(%)	3.3400	9.2200	4.4900	8.3300
净资产收益率(扣除)(%)	3.2213	6.6319	3.2478	6.0337
总资产(万元)	388111.51	378977.94	374802.08	362434.84
归属母公司股东权益(万元)	215069.18	214878.09	204940.97	202732.38
营业收入(万元)	335714.49	695112.78	328949.41	681747.12
营业支出(万元)	307689.54	639124.15	300665.71	630630.98
投资收益(万元)	2528.88	9312.85	3670.73	5475.36
净利润(万元)	7293.51	19248.14	9311.03	16473.41
营业利润(万元)	9547.50	21262.16	9786.05	16454.68
利润总额(万元)	9468.71	25592.25	13039.19	21747.41

上海新世界股份有限公司

公司概况					
公司名称	上海新世界股份有限公司			证券简称	新 世 界
法人代表	徐若海	董秘	王文华	证券代码	600628
公司网址	www.newworld-china.com		电子信箱	nwuser@sh163.net	
电　话	021-63588888 3322		传　真	021-63583331	
办公地址	上海市南京西路 2-88 号				
经营范围	日用百货零售与批发、兼营房地产、酒店、旅游、投资咨询、成衣加工等				

主要财务指标 指标\报告期	2014.06.30	2013.12.31	2013.06.30	2012.12.31
基本每股收益(元)	0.2500	0.4600	0.2600	0.4500
基本每股收益(扣除后)(元)	0.1900	0.3600	0.2000	0.4100
稀释每股收益(元)	0.2500	0.4600	0.2600	0.4500
每股净资产(元)	4.7622	4.5103	4.4567	4.2014
每股经营现金净流量(元)	0.2366	0.7799	0.3174	0.8376
每股现金流量(元)	0.0367	0.2574	-0.1977	-0.3827
每股资本公积金(元)	0.8852	0.8832	0.8785	0.8811
每股盈余公积金(元)	0.4945	0.4948	0.4509	0.4511
每股未分配利润(元)	2.3825	2.1324	2.1273	1.8691
净资产收益率(%)	5.2507	10.1404	5.7927	10.5992
加权净资产收益率(%)	5.3900	10.4300	5.9600	11.0100
净资产收益率(扣除)(%)	4.0622	8.0175	4.5187	9.7581
总资产(万元)	536907.48	522668.10	520830.87	519828.89
归属母公司股东权益(万元)	253251.55	239859.44	237009.34	223430.55
营业收入(万元)	163541.68	345031.97	165385.87	354782.13
营业支出(万元)	118444.23	251754.32	119453.73	258387.08
投资收益(万元)	6.98	-1634.56	10.15	53.70
净利润(万元)	13297.54	24322.66	13729.30	23681.87
营业利润(万元)	14441.65	27713.94	14958.47	31264.95
利润总额(万元)	17331.77	34209.20	17857.21	32421.98

上海棱光实业股份有限公司

公司概况					
公司名称	上海棱光实业股份有限公司			证券简称	棱光实业
法人代表	邱平	董秘	李恒广	证券代码	600629
公司网址			电子信箱	lihg@lengguang.sh.cn	
电　话	021-62192863		传　真	021-62192863	
办公地址	上海市延安西路 2558 号 2 号楼				
经营范围	实业投资、自有房屋出租、石英玻璃、电子仪表、半导体材料、机电设备等				

主要财务指标 指标\报告期	2014.06.30	2013.12.31	2013.06.30	2012.12.31
基本每股收益(元)	-0.0110	0.0400	0.0340	0.0280
基本每股收益(扣除后)(元)	-0.0730	-0.0900	-0.0080	-0.1650
稀释每股收益(元)	-0.0110	0.0400	0.0340	0.0280
每股净资产(元)	2.2194	2.2300	2.2237	2.1901
每股经营现金净流量(元)	0.0720	-0.0611	0.0781	0.3071
每股现金流量(元)	-0.1153	-0.8298	-0.4761	0.6258
每股资本公积金(元)	1.7279	1.7279	1.7279	1.7279
每股盈余公积金(元)	0.1697	0.1697	0.1697	0.1697
每股未分配利润(元)	-0.6781	-0.6676	-0.6738	-0.7075
净资产收益率(%)	-0.4738	1.7887	1.5146	1.2832
加权净资产收益率(%)	-0.4730	1.8050	1.5260	1.2910
净资产收益率(扣除)(%)	-3.2753	-4.0145	-0.3786	-7.5206
总资产(万元)	153081.63	156383.12	157172.95	166287.49
归属母公司股东权益(万元)	77236.33	77602.30	77386.28	76214.19
营业收入(万元)	23790.10	38084.66	19571.15	52476.04
营业支出(万元)	19561.24	27146.27	14282.84	41140.28
投资收益(万元)	88.22	2930.97	2793.33	721.79
净利润(万元)	-365.97	1388.11	1172.09	977.96
营业利润(万元)	-3322.63	-748.15	215.18	-1008.95
利润总额(万元)	-562.21	2653.76	2104.98	3785.95

上海龙头(集团)股份有限公司

公司概况					
公司名称	上海龙头(集团)股份有限公司			证券简称	龙头股份
法人代表	朱勇	董秘	陈峰	证券代码	600630
公司网址	www.shanghaidragon.com.cn		电子信箱	ltdsh@shanghaidragon.com.cn	
电　　话	021-34061116 63159108		传　　真	021-54666630 63158280	
办公地址	上海市制造局路584号A座4楼				
经营范围	纺织品制造业、针织、家用纺织品、服装服饰及纺织品印染等				

主要财务指标：指标\报告期	2014.06.30	2013.12.31	2013.06.30	2012.12.31
基本每股收益(元)	0.0700	0.1200	0.0600	0.1100
基本每股收益(扣除后)(元)	0.0500	–0.2200	0.0400	0.0700
稀释每股收益(元)	0.0700	0.1200	0.0600	0.1100
每股净资产(元)	3.7633	3.6911	3.6267	3.5671
每股经营现金净流量(元)	0.1870	0.1347	–0.0768	0.3369
每股现金流量(元)	0.1215	–0.0003	–0.0582	0.1420
每股资本公积金(元)	2.2150	2.2153	2.2145	2.2143
每股盈余公积金(元)	0.0232	0.0232	0.0232	0.0232
每股未分配利润(元)	0.5251	0.4526	0.3890	0.3296
净资产收益率(%)	1.9272	3.3309	1.6368	3.0128
加权净资产收益率(%)	1.9500	3.3900	1.6500	3.0700
净资产收益率(扣除)(%)	1.4215	–5.8930	1.1226	1.9203
总资产(万元)	253695.05	252187.78	260301.47	257152.75
归属母公司股东权益(万元)	159889.37	156822.59	154084.52	151554.15
营业收入(万元)	189915.95	418914.43	203391.99	472384.49
营业支出(万元)	151324.12	338346.30	164502.12	391398.08
投资收益(万元)	972.50	13209.00	324.38	1302.87
净利润(万元)	3081.46	5223.68	2522.10	4565.99
营业利润(万元)	2934.94	4716.63	2345.70	4975.27
利润总额(万元)	3997.36	6841.62	3386.77	6371.04

浙报传媒集团股份有限公司

公司概况					
公司名称	浙报传媒集团股份有限公司			证券简称	浙报传媒
法人代表	张雪南	董秘	李庆	证券代码	600633
公司网址	www.600633.cn		电子信箱	zdm@8531.cn	
电　　话	0571-85310949 85311338		传　　真	0571-85058016	
办公地址	浙江省杭州市体育场路178号26-27楼				
经营范围	传播与文化产业的投资、开发、管理及咨询服务				

主要财务指标：指标\报告期	2014.06.30	2013.12.31	2013.06.30	2012.12.31
基本每股收益(元)	0.2400	0.7600	0.1800	0.5100
基本每股收益(扣除后)(元)	0.2200	0.7100	0.1800	0.4900
稀释每股收益(元)	0.2400	0.7600	0.1800	0.5100
每股净资产(元)	3.0342	5.9638	0.1800	2.3937
每股经营现金净流量(元)	–0.0353	1.3437	0.1670	0.8192
每股现金流量(元)	–0.2896	0.6223	0.4438	–0.8631
每股资本公积金(元)	1.2559	3.5421	3.5578	0.0439
每股盈余公积金(元)	0.0501	0.1002	0.0677	0.0937
每股未分配利润(元)	0.7283	1.3216	0.9621	1.2752
净资产收益率(%)	7.9914	11.6178	5.3113	21.3378
加权净资产收益率(%)	7.9200	15.4400	9.3700	20.6000
净资产收益率(扣除)(%)	7.1418	10.7480	5.1829	20.6627
总资产(万元)	650902.38	656217.19	625631.40	267461.43
归属母公司股东权益(万元)	360549.58	354335.54	331985.00	103683.91
营业收入(万元)	126808.39	235574.92	94725.21	147542.80
营业支出(万元)	62748.57	122374.29	49937.30	80256.63
投资收益(万元)	7964.51	4278.73	888.93	1019.60
净利润(万元)	28812.80	41165.83	17624.57	22123.83
营业利润(万元)	37737.84	49851.15	21757.67	27133.09
利润总额(万元)	38731.30	52929.58	22477.42	28507.04

上海中技投资控股股份有限公司

公司概况					
公司名称	上海中技投资控股股份有限公司			证券简称	中技控股
法人代表	朱建舟	董秘	戴尔君	证券代码	600634
公司网址	www.600634.com		电子信箱	zpz@zpzchina.com	
电　　话	021-65929055		传　　真	021-65283425	
办公地址	上海市虹口区广粤路437号2幢				
经营范围	房地产开发与经营等				

主要财务指标：指标\报告期	2014.06.30	2013.12.31	2013.06.30	2012.12.31
基本每股收益(元)	0.0800	0.5400	0.2000	0.4400
基本每股收益(扣除后)(元)	0.0500	0.4300	0.1500	–0.0600
稀释每股收益(元)	0.0800	0.5400	0.2000	0.4400
每股净资产(元)	3.9689	5.8367	1.7914	1.9060
每股经营现金净流量(元)	0.1890	1.0649	3.0564	0.8072
每股现金流量(元)	–0.0058	1.5894	2.8964	–0.1096
每股资本公积金(元)	1.9553	3.4329	0.3638	0.6521
每股盈余公积金(元)	0.0839	0.1259	0.2858	0.1483
每股未分配利润(元)	0.9297	1.2779	0.1418	1.3577
净资产收益率(%)	1.9598	5.2283	–8.4774	14.2870
加权净资产收益率(%)	1.9800	12.4200	4.7500	10.6300
净资产收益率(扣除)(%)	1.2611	4.1232	–5.2423	–3.3437
总资产(万元)	705963.07	653927.04	21420.05	471758.26
归属母公司股东权益(万元)	228503.09	224024.82	15622.54	88426.69
营业收入(万元)	150554.80	355248.17	169400.30	268053.47
营业支出(万元)	121770.38	292527.21	140329.88	211685.67
投资收益(万元)	62.62	537.53	393.20	–
净利润(万元)	4478.27	11712.71	4306.63	9531.25
营业利润(万元)	4953.45	13400.53	4615.58	11336.82
利润总额(万元)	6660.45	16144.32	6140.46	13078.51

上海大众公用事业(集团)股份有限公司

公司概况					
公司名称	上海大众公用事业(集团)股份有限公司			证券简称	大众公用
法人代表	杨国平	董秘	梁嘉玮	证券代码	600635
公司网址	www.dzug.cn		电子信箱	master@dzug.cn	
电　　话	021-64280679		传　　真	021-64288727	
办公地址	上海市徐汇区中山西路1515号大众大厦8楼、9楼				
经营范围	交通运输业和城市燃气业等				

主要财务指标：指标\报告期	2014.06.30	2013.12.31	2013.06.30	2012.12.31
基本每股收益(元)	0.0751	0.1700	0.0823	0.2000
基本每股收益(扣除后)(元)	0.0602	0.0600	0.0478	0.0800
稀释每股收益(元)	0.0751	0.1700	0.0823	0.2000
每股净资产(元)	2.3523	2.3993	2.3703	2.3520
每股经营现金净流量(元)	0.4937	0.3237	0.0617	0.2312
每股现金流量(元)	0.4120	–0.1671	–0.1473	0.3643
每股资本公积金(元)	0.3765	0.4285	0.4146	0.4800
每股盈余公积金(元)	0.2221	0.2221	0.2136	0.2136
每股未分配利润(元)	0.7543	0.7494	0.7407	0.6584
净资产收益率(%)	3.1933	7.0700	3.4735	8.7037
加权净资产收益率(%)	3.1600	7.1200	3.4900	8.7700
净资产收益率(扣除)(%)	2.5585	2.5769	2.0151	3.5808
总资产(万元)	1169360.63	1076014.13	1047050.53	1068385.66
归属母公司股东权益(万元)	386923.42	394660.83	389878.73	386867.98
营业收入(万元)	218601.54	387409.29	207253.37	366604.87
营业支出(万元)	202476.08	346815.34	192598.00	330271.40
投资收益(万元)	22579.27	55704.33	30510.74	60824.89
净利润(万元)	12355.81	27902.41	13542.42	33671.88
营业利润(万元)	14206.07	34582.89	17261.27	42186.25
利润总额(万元)	14351.62	36324.79	17270.67	44184.42

上海三爱富新材料股份有限公司

公司概况	公司名称	上海三爱富新材料股份有限公司		证券简称	三 爱 富
	法人代表	魏建华	董秘 李莉	证券代码	600636
	公司网址	www.sh3f.com		电子信箱	bod@sh3f.com
	电 话	021-64823549 64823552		传 真	021-64823550
	办公地址	上海市漕溪路 250 号银海大楼 A805 室			
	经营范围	有机氟原料及其产品的生产和销售			

主要财务指标	指标\报告期	2014.06.30	2013.12.31	2013.06.30	2012.12.31
	基本每股收益(元)	0.0583	0.1840	0.0385	0.3650
	基本每股收益(扣除后)(元)	-0.0175	-0.1270	0.0300	0.4470
	稀释每股收益(元)	0.0583	0.1840	0.0385	0.3650
	每股净资产(元)	4.3764	4.3783	4.3011	4.3530
	每股经营现金净流量(元)	0.0950	0.7718	0.5597	0.4785
	每股现金流量(元)	-0.0954	-0.1812	-0.6312	-0.3564
	每股资本公积金(元)	0.2249	0.2249	0.2937	0.2741
	每股盈余公积金(元)	0.2385	0.2385	0.2125	0.2125
	每股未分配利润(元)	2.9130	2.9149	2.7949	2.8664
	净资产收益率(%)	1.3316	4.2135	0.8953	8.3895
	加权净资产收益率(%)	1.0600	4.2000	0.8900	8.7300
	净资产收益率(扣除)(%)	-0.4009	-2.9036	0.6968	10.2687
	总资产(万元)	358639.02	332473.08	312561.73	363827.55
	归属母公司股东权益(万元)	167158.53	167228.81	164279.31	166263.04
	营业收入(万元)	160535.09	328667.86	150362.18	328833.38
	营业支出(万元)	140492.77	288726.11	128238.21	255859.09
	投资收益(万元)	280.99	951.46	279.25	1157.55
	净利润(万元)	2225.87	7046.19	1470.84	13948.58
	营业利润(万元)	3488.91	-2407.60	5055.65	28670.58
	利润总额(万元)	8156.74	16237.10	5542.05	24045.62

百视通新媒体股份有限公司

公司概况	公司名称	百视通新媒体股份有限公司		证券简称	百 视 通
	法人代表	黎瑞刚	董秘 张建	证券代码	600637
	公司网址	www.bestv.com.cn		电子信箱	dongban@bestv.com.cn
	电 话	021-33396736 33396637		传 真	021-33396636
	办公地址	上海市徐汇区宜山路 757 号百视通大厦			
	经营范围	电子、信息、网络产品的设计、研究、开发、委托加工、销售、维修等			

主要财务指标	指标\报告期	2014.06.30	2013.12.31	2013.06.30	2012.12.31
	基本每股收益(元)	0.3480	0.6100	0.2882	0.6300
	基本每股收益(扣除后)(元)	0.3120	0.5628	0.2797	0.4400
	稀释每股收益(元)	0.3480	0.6100	0.2882	0.6300
	每股净资产(元)	3.6487	3.3405	3.0579	2.7697
	每股经营现金净流量(元)	0.1531	0.6660	0.1483	0.8284
	每股现金流量(元)	-0.1468	0.2616	-0.0432	0.3536
	每股资本公积金(元)	0.9785	0.9783	0.9774	0.9775
	每股盈余公积金(元)	0.0108	0.0108	0.0084	-
	每股未分配利润(元)	1.6615	1.3535	1.0735	0.7937
	净资产收益率(%)	9.5368	18.2065	9.4261	16.7426
	加权净资产收益率(%)	9.9012	19.7857	9.8921	18.2700
	净资产收益率(扣除)(%)	8.5514	16.8469	9.1478	15.9147
	总资产(万元)	552090.16	514924.42	435625.41	388289.77
	归属母公司股东权益(万元)	406369.00	372038.19	340571.62	308476.27
	营业收入(万元)	142901.66	263735.09	112598.29	202774.84
	营业支出(万元)	82406.87	142590.65	54039.31	112937.67
	投资收益(万元)	681.38	3511.15	52.59	3843.35
	净利润(万元)	38754.78	67735.06	32102.65	51646.82
	营业利润(万元)	35095.90	70922.51	36548.14	55411.83
	利润总额(万元)	39804.42	77074.15	37646.52	58333.63

上海新黄浦置业股份有限公司

公司概况	公司名称	上海新黄浦置业股份有限公司		证券简称	新 黄 浦
	法人代表	王伟旭	董秘 李薇洁	证券代码	600638
	公司网址	www.600638.com		电子信箱	stock@600638.com
	电 话	021-63238888		传 真	021-63237777
	办公地址	上海市北京东路 668 号西楼 32 层			
	经营范围	房地产经营、旧危房改造、室内外建筑装潢、物业管理、房产咨询等			

主要财务指标	指标\报告期	2014.06.30	2013.12.31	2013.06.30	2012.12.31
	基本每股收益(元)	0.1089	0.4070	0.1781	0.3710
	基本每股收益(扣除后)(元)	0.0640	0.2910	0.1372	0.3300
	稀释每股收益(元)	0.1089	0.4070	0.1781	0.3710
	每股净资产(元)	5.8493	5.9826	5.8214	5.7765
	每股经营现金净流量(元)	-0.3708	-0.5899	-0.0722	0.6399
	每股现金流量(元)	0.2376	0.8187	0.9397	0.2673
	每股资本公积金(元)	1.8393	1.8536	1.9211	1.9544
	每股盈余公积金(元)	0.5386	0.5386	0.5052	0.5052
	每股未分配利润(元)	2.4678	2.5869	2.3915	2.3135
	净资产收益率(%)	1.8620	6.8007	3.0588	6.4171
	加权净资产收益率(%)	1.8000	6.8400	3.0400	6.6600
	净资产收益率(扣除)(%)	1.0941	4.8620	2.3576	5.7168
	总资产(万元)	985995.78	944287.36	915778.12	842152.75
	归属母公司股东权益(万元)	328240.79	335723.53	326674.61	324158.86
	营业收入(万元)	67177.45	82880.18	27212.20	103385.64
	营业支出(万元)	57107.11	59968.73	12268.69	72739.45
	投资收益(万元)	4203.77	14583.49	3669.16	9036.43
	净利润(万元)	6111.69	22831.66	9992.18	20801.53
	营业利润(万元)	4746.50	19807.39	10611.47	22523.25
	利润总额(万元)	7379.15	27679.24	12866.25	25330.72

上海金桥出口加工区开发股份有限公司

公司概况	公司名称	上海金桥出口加工区开发股份有限公司		证券简称	浦东金桥
	法人代表	黄国平	董秘 沈荣(代)	证券代码	600639
	公司网址	www.58991818.com		电子信箱	daiyn@58991818.com
	电 话	021-50307702		传 真	021-50301533
	办公地址	上海市浦东新区新金桥路 27 号 1 号楼			
	经营范围	房地产开发和销售业务、房地产租赁业务、酒店公寓业务等			

主要财务指标	指标\报告期	2014.06.30	2013.12.31	2013.06.30	2012.12.31
	基本每股收益(元)	0.2339	0.4600	0.2123	0.3594
	基本每股收益(扣除后)(元)	0.2223	0.3980	0.2124	0.3488
	稀释每股收益(元)	0.2339	0.4600	0.2123	0.3594
	每股净资产(元)	5.0647	4.9706	4.7243	4.6273
	每股经营现金净流量(元)	-0.0218	0.2251	-0.1511	-0.0589
	每股现金流量(元)	-0.2746	0.1859	-0.0552	0.0056
	每股资本公积金(元)	0.8860	0.8858	0.8872	0.8925
	每股盈余公积金(元)	0.5944	0.5944	0.5162	0.5162
	每股未分配利润(元)	2.5843	2.4905	2.3210	2.2186
	净资产收益率(%)	4.6174	9.2549	4.4947	7.7668
	加权净资产收益率(%)	4.6000	9.5900	4.5100	8.0100
	净资产收益率(扣除)(%)	4.3897	8.0077	4.4964	7.5370
	总资产(万元)	1030515.16	1030663.01	967704.04	936845.06
	归属母公司股东权益(万元)	470423.38	461682.78	438807.46	429793.60
	营业收入(万元)	96167.08	142865.65	65879.15	112223.21
	营业支出(万元)	42198.98	45251.38	19179.50	39739.59
	投资收益(万元)	2023.31	2297.04	1990.64	2122.44
	净利润(万元)	21721.52	42728.45	19723.03	33381.00
	营业利润(万元)	34164.24	54449.69	26519.51	45434.29
	利润总额(万元)	35592.29	62862.90	26637.56	46731.46

号百控股股份有限公司

公司概况						
公司名称	号百控股股份有限公司			证券简称	号百控股	
法人代表	王玮	董秘	李培忠	证券代码	600640	
公司网址	www.chinasatcomgm.com		电子信箱	yphu@chinasatcomgm.com		
电话	021-62762171		传真	021-62763321		
办公地址	上海市江宁路1207号国脉大厦					
经营范围	无线通信、图像、数据及各类通信产品、通信系统的设计、开发、开通等					

主要财务指标	2014.06.30	2013.12.31	2013.06.30	2012.12.31
指标\报告期	2014.06.30	2013.12.31	2013.06.30	2012.12.31
基本每股收益(元)	0.0793	0.1518	0.0871	0.2477
基本每股收益(扣除后)(元)	0.0299	0.0812	0.0509	0.0581
稀释每股收益(元)	0.0793	0.1518	0.0871	0.2477
每股净资产(元)	4.6360	4.6027	4.5381	4.4509
每股经营现金净流量(元)	–0.1218	0.3664	–0.0015	0.2167
每股现金流量(元)	–1.6990	0.2738	–0.0119	0.0811
每股资本公积金(元)	2.5359	2.5359	2.5359	2.5359
每股盈余公积金(元)	0.4177	0.4177	0.4121	0.4878
每股未分配利润(元)	0.6825	0.6492	0.5901	0.4272
净资产收益率(%)	1.7112	3.2974	1.9203	5.5660
加权净资产收益率(%)	1.7089	3.3526	1.9389	5.6524
净资产收益率(扣除)(%)	0.6458	1.7636	1.1217	1.1963
总资产(万元)	358157.42	360060.52	362690.49	353276.22
归属母公司股东权益(万元)	248197.32	246412.75	242953.01	238287.65
营业收入(万元)	103951.79	186581.91	94313.99	193929.11
营业支出(万元)	83668.16	143182.65	73364.94	136369.92
投资收益(万元)	2520.69	2681.23	1294.30	3028.23
净利润(万元)	4247.25	8125.10	4665.35	13263.04
营业利润(万元)	5085.87	10418.84	5289.69	17329.52
利润总额(万元)	5552.75	11663.83	6031.81	20758.04

上海万业企业股份有限公司

公司概况						
公司名称	上海万业企业股份有限公司			证券简称	万业企业	
法人代表	程光	董秘	吴云韶	证券代码	600641	
公司网址	www.600641.com.cn		电子信箱	wyqy@vip.sina.com		
电话	021-50367718		传真	021-50366858		
办公地址	上海市浦东大道720号9楼					
经营范围	实业投资、资产经营、房地产开发经营、钢材、木材、建筑材料等					

主要财务指标	2014.06.30	2013.12.31	2013.06.30	2012.12.31
指标\报告期	2014.06.30	2013.12.31	2013.06.30	2012.12.31
基本每股收益(元)	0.3003	0.2812	0.0662	0.1378
基本每股收益(扣除后)(元)	0.0183	0.2435	0.0658	0.1355
稀释每股收益(元)	0.3003	0.2812	0.0662	0.1378
每股净资产(元)	4.2688	3.2970	3.1063	3.1016
每股经营现金净流量(元)	0.2368	0.5656	0.4340	0.2066
每股现金流量(元)	0.2507	0.5634	0.1187	–0.3067
每股资本公积金(元)	0.2582	0.0455	0.0466	0.0522
每股盈余公积金(元)	0.9741	0.4527	0.4519	0.4517
每股未分配利润(元)	2.0369	1.8375	1.6234	1.6074
净资产收益率(%)	7.0337	8.5290	2.1314	4.4400
加权净资产收益率(%)	8.7500	8.7700	2.1100	4.5000
净资产收益率(扣除)(%)	0.4295	7.3853	2.1167	4.3671
总资产(万元)	819011.80	802166.20	716943.72	715291.84
归属母公司股东权益(万元)	344133.99	265789.45	250419.74	250041.02
营业收入(万元)	47928.69	182759.29	43362.45	120273.84
营业支出(万元)	34433.15	123273.19	29375.35	79993.43
投资收益(万元)	31984.14	3910.72	179.44	121.22
净利润(万元)	24205.51	22669.07	5337.37	11105.14
营业利润(万元)	32682.18	28421.03	6787.35	15136.56
利润总额(万元)	32647.63	28748.90	6836.18	15156.18

申能股份有限公司

公司概况						
公司名称	申能股份有限公司			证券简称	申能股份	
法人代表	吴建雄	董秘	周燕飞	证券代码	600642	
公司网址	www.shenergy.net.cn		电子信箱	zhengquan@shenergy.com.cn		
电话	021-63900642 33570888		传真	021-33588616		
办公地址	上海市虹井路159号5楼					
经营范围	电力、石油天然气的投资、建设和经营管理					

主要财务指标	2014.06.30	2013.12.31	2013.06.30	2012.12.31
指标\报告期	2014.06.30	2013.12.31	2013.06.30	2012.12.31
基本每股收益(元)	0.2470	0.5370	0.2700	0.3290
基本每股收益(扣除后)(元)	0.2470	0.5300	0.2700	0.3250
稀释每股收益(元)	0.2470	0.5370	0.2700	0.3290
每股净资产(元)	4.6582	4.6448	4.3485	4.2130
每股经营现金净流量(元)	0.6201	0.7371	0.4858	0.6421
每股现金流量(元)	0.2287	0.1011	–0.0006	0.1889
每股资本公积金(元)	0.8826	0.9161	0.8865	0.9900
每股盈余公积金(元)	1.9334	1.9334	1.6980	1.6345
每股未分配利润(元)	0.8422	0.7952	0.7641	0.5898
净资产收益率(%)	5.3023	11.5827	6.2422	8.0195
加权净资产收益率(%)	5.2400	12.1500	6.2500	8.1000
净资产收益率(扣除)(%)	5.2962	11.4396	6.2359	7.9048
总资产(万元)	4105532.58	4140769.81	3763192.53	3761546.18
归属母公司股东权益(万元)	2120443.66	2114311.20	1979464.74	1940838.01
营业收入(万元)	1334587.31	2574539.68	1249206.26	2411798.74
营业支出(万元)	1193487.32	2210320.26	1111481.17	2137253.74
投资收益(万元)	75438.50	151719.49	85048.20	81466.45
净利润(万元)	112432.68	244893.34	123561.42	155646.32
营业利润(万元)	170747.27	379250.88	176785.94	243441.44
利润总额(万元)	171154.79	384708.54	177180.66	248108.25

上海爱建股份有限公司

公司概况						
公司名称	上海爱建股份有限公司			证券简称	爱建股份	
法人代表	范永进	董秘	范永进(代)	证券代码	600643	
公司网址	www.aj.com.cn		电子信箱	dongmi@aj.com.cn		
电话	021-64396600		传真	021-64392118		
办公地址	上海市零陵路599号					
经营范围	实业投资、投资管理、房地产开发、经营及咨询、外经贸部批准的进出口业务					

主要财务指标	2014.06.30	2013.12.31	2013.06.30	2012.12.31
指标\报告期	2014.06.30	2013.12.31	2013.06.30	2012.12.31
基本每股收益(元)	0.2100	0.4300	0.1790	0.3260
基本每股收益(扣除后)(元)	0.2050	0.2290	0.1590	0.2030
稀释每股收益(元)	0.2100	0.4300	0.1790	0.3260
每股净资产(元)	4.4180	4.2648	4.0049	3.8308
每股经营现金净流量(元)	0.2864	–0.7017	0.0052	–0.8304
每股现金流量(元)	0.0182	–0.3088	–0.1194	0.6291
每股资本公积金(元)	2.6944	2.6920	2.6829	2.6886
每股盈余公积金(元)	–	–	–	0.3612
每股未分配利润(元)	0.7211	0.5703	0.3198	–0.2208
净资产收益率(%)	4.7555	10.0802	4.4792	7.5848
加权净资产收益率(%)	4.8100	10.6300	4.5800	10.6600
净资产收益率(扣除)(%)	–	5.3641	3.9757	4.7256
总资产(万元)	693577.62	596319.99	464409.45	444459.71
归属母公司股东权益(万元)	488401.70	471472.27	442738.55	423490.73
营业收入(万元)	13377.25	17823.82	8690.14	23934.09
营业支出(万元)	5724.43	10040.74	5374.50	14999.88
投资收益(万元)	3655.25	14242.89	1862.91	14664.35
净利润(万元)	23225.98	47525.47	19831.33	32120.98
营业利润(万元)	31946.80	59491.09	25046.67	41457.72
利润总额(万元)	32182.51	61576.47	26959.71	42140.29

乐山电力股份有限公司

公司概况						
公司名称	乐山电力股份有限公司			证券简称	乐山电力
法人代表	廖政权	董秘	王迅	证券代码	600644
公司网址	www.lsep.com.cn			电子信箱	600644@vip.163.com
电　　话	0833-2445800			传　　真	0833-2445800
办公地址	四川省乐山市市中区嘉定北路 46 号				
经营范围	电力设施承装、承修、承试等				

主要财务指标	2014.06.30	2013.12.31	2013.06.30	2012.12.31
指标＼报告期	2014.06.30	2013.12.31	2013.06.30	2012.12.31
基本每股收益(元)	0.0873	-0.9146	0.0172	0.1405
基本每股收益(扣除后)(元)	0.0360	-0.9417	0.0093	0.0744
稀释每股收益(元)	0.0873	-0.9146	0.0172	0.1405
每股净资产(元)	1.4768	1.3946	2.3765	2.3594
每股经营现金净流量(元)	0.3395	0.5124	0.2092	0.0277
每股现金流量(元)	0.1502	-0.0375	0.2170	-0.2980
每股资本公积金(元)	0.0201	0.0201	0.0201	0.0201
每股盈余公积金(元)	0.3117	0.3117	0.3117	0.3117
每股未分配利润(元)	0.1500	0.0627	1.0445	1.0273
净资产收益率(%)	5.9134	-65.5822	0.7236	5.9567
加权净资产收益率(%)	6.0800	-47.6600	0.7300	5.7700
净资产收益率(扣除)(%)	2.4375	-67.5272	0.3925	3.1554
总资产(万元)	313382.25	304006.68	369722.27	365614.94
归属母公司股东权益(万元)	48214.10	45529.62	77587.90	77030.49
营业收入(万元)	73975.97	146270.42	68847.51	145015.38
营业支出(万元)	54225.71	114078.88	51247.78	101291.82
投资收益(万元)	2521.06	287.00	287.00	161.65
净利润(万元)	2851.09	-29859.32	561.40	4588.48
营业利润(万元)	803.36	-63129.23	-1896.49	-737.12
利润总额(万元)	709.11	-61716.20	-1454.71	2299.69

中源协和干细胞生物工程股份公司

公司概况						
公司名称	中源协和干细胞生物工程股份公司			证券简称	中源协和
法人代表	李德福	董秘	夏亮	证券代码	600645
公司网址	www.vcanbio.com			电子信箱	zhongyuanxiehe@sohu.com
电　　话	022-58617160			传　　真	022-58617161
办公地址	天津空港经济区东九道 45 号				
经营范围	生命科学开发、干细胞基因工程产业化、风险投资、投资理财、投资咨询等				

主要财务指标	2014.06.30	2013.12.31	2013.06.30	2012.12.31
指标＼报告期	2014.06.30	2013.12.31	2013.06.30	2012.12.31
基本每股收益(元)	0.0600	0.0200	-0.0100	0.0400
基本每股收益(扣除后)(元)	0.0400	-0.0200	-0.0400	-
稀释每股收益(元)	0.0600	0.0200	-0.0100	0.0400
每股净资产(元)	1.2729	1.4358	0.4428	0.4508
每股经营现金净流量(元)	0.2074	0.3170	0.0490	0.2166
每股现金流量(元)	-0.2113	0.5355	-0.0853	0.1146
每股资本公积金(元)	0.7084	0.9262	-	-
每股盈余公积金(元)	0.0663	0.0663	0.0712	0.0712
每股未分配利润(元)	-0.5018	-0.5567	-0.6285	-0.6204
净资产收益率(%)	4.3125	1.4388	-1.8180	9.4850
加权净资产收益率(%)	3.7500	4.0300	-1.8000	8.9600
净资产收益率(扣除)(%)	2.7771	-1.0485	-8.3618	0.4320
总资产(万元)	141919.18	148496.23	126385.76	123342.51
归属母公司股东权益(万元)	44462.44	50150.38	14391.92	14653.56
营业收入(万元)	19364.66	36130.98	16597.27	30034.27
营业支出(万元)	5725.34	10779.48	4590.06	7833.60
投资收益(万元)	-7.89	-180.49	-17.04	475.12
净利润(万元)	1917.45	721.57	-261.64	1389.89
营业利润(万元)	2554.41	353.94	-871.02	2841.03
利润总额(万元)	2790.29	2249.91	162.03	3797.17

上海同达创业投资股份有限公司

公司概况						
公司名称	上海同达创业投资股份有限公司			证券简称	同达创业
法人代表	周立武	董秘	薛玉宝	证券代码	600647
公司网址	www.shtdcy.com			电子信箱	xueyb@126.com
电　　话	021-68871928 61638809			传　　真	021-58792032
办公地址	上海市浦东商城路 660 号乐凯大厦 21 楼				
经营范围	主要经营中式快餐连锁业及产品贸易代理				

主要财务指标	2014.06.30	2013.12.31	2013.06.30	2012.12.31
指标＼报告期	2014.06.30	2013.12.31	2013.06.30	2012.12.31
基本每股收益(元)	-0.1332	0.2416	0.0686	0.1583
基本每股收益(扣除后)(元)	-0.1384	0.1043	0.0615	0.1094
稀释每股收益(元)	-0.1332	0.2416	0.0686	0.1583
每股净资产(元)	1.3861	1.5707	1.3990	1.7923
每股经营现金净流量(元)	-0.3399	0.5831	0.1033	0.4202
每股现金流量(元)	-0.2232	0.6668	0.0093	-0.5550
每股资本公积金(元)	0.0269	0.0053	0.0066	0.0064
每股盈余公积金(元)	0.0926	0.0926	0.0776	0.1008
每股未分配利润(元)	0.2666	0.4728	0.3148	0.6851
净资产收益率(%)	-9.6084	15.3813	4.9030	11.4854
加权净资产收益率(%)	-8.8600	16.3900	4.8500	12.1800
净资产收益率(扣除)(%)	-9.9879	6.6404	4.3964	7.9332
总资产(万元)	43203.97	46600.86	41534.18	43702.57
归属母公司股东权益(万元)	19286.28	21855.36	19465.78	19183.41
营业收入(万元)	6514.79	25291.58	13055.97	25076.57
营业支出(万元)	5200.86	13545.37	7030.91	12612.30
投资收益(万元)	230.16	141.77	-11.08	482.18
净利润(万元)	-1853.11	3361.63	954.41	2203.29
营业利润(万元)	-3110.47	5946.93	2879.09	6095.42
利润总额(万元)	-3128.94	6065.49	2923.81	6219.33

上海外高桥保税区开发股份有限公司

公司概况						
公司名称	上海外高桥保税区开发股份有限公司			证券简称	外高桥
法人代表	舒榕斌	董秘	黄礴	证券代码	600648
公司网址	www.shwgq.com			电子信箱	gudong@shwgq.com
电　　话	021-51980847 51985198			传　　真	021-51980850
办公地址	上海市浦东新区洲海路 999 号森兰国际大厦 B 栋 11-13 层				
经营范围	房地产开发与租赁、贸易及物流、酒店经营管理等				

主要财务指标	2014.06.30	2013.12.31	2013.06.30	2012.12.31
指标＼报告期	2014.06.30	2013.12.31	2013.06.30	2012.12.31
基本每股收益(元)	0.1300	0.5400	0.5200	0.4400
基本每股收益(扣除后)(元)	0.1100	-	0.5160	0.3900
稀释每股收益(元)	0.1300	0.5400	0.5200	0.4400
每股净资产(元)	7.0509	5.3385	5.2438	4.9001
每股经营现金净流量(元)	-0.0536	-0.5815	-0.8958	2.3096
每股现金流量(元)	0.3420	-0.2870	-0.3799	0.5535
每股资本公积金(元)	3.7290	1.6931	1.6149	1.6520
每股盈余公积金(元)	0.3921	0.4404	0.4041	0.4041
每股未分配利润(元)	1.9396	2.2162	2.2347	1.8539
净资产收益率(%)	1.6527	10.0909	9.9326	8.8973
加权净资产收益率(%)	1.9600	10.5200	10.2900	9.3000
净资产收益率(扣除)(%)	1.4675	10.4322	9.8328	7.9244
总资产(万元)	2556655.03	2500258.64	2525119.11	2451167.70
归属母公司股东权益(万元)	800525.09	539607.82	530036.82	495294.81
营业收入(万元)	253721.40	706062.33	398256.80	730433.75
营业支出(万元)	189438.89	500199.93	231749.99	559429.04
投资收益(万元)	3682.62	6278.06	691.44	8886.80
净利润(万元)	13229.90	54451.39	52646.40	44067.96
营业利润(万元)	20781.33	75396.05	79935.24	59911.26
利润总额(万元)	21794.74	74204.98	80689.71	61874.78

上海城投控股股份有限公司

公司概况						
	公司名称	上海城投控股股份有限公司			证券简称	城投控股
	法人代表	安红军	董秘	俞有勤	证券代码	600649
	公司网址	www.sh600649.com		电子信箱	ctkg@600649sh.com	
	电话	021-66981556 66981171		传真	021-66986655	
	办公地址	上海市吴淞路130号19楼				
	经营范围	实业投资、原水供应、自来水开发、污水治理等				

主要财务指标	指标\报告期	2014.06.30	2013.12.31	2013.06.30	2012.12.31
	基本每股收益(元)	0.2200	0.4600	0.2400	0.4500
	基本每股收益(扣除后)(元)	0.2100	0.2600	0.2400	0.1700
	稀释每股收益(元)	0.2200	0.4600	0.2400	0.4500
	每股净资产(元)	4.7771	4.7757	4.6021	4.5451
	每股经营现金净流量(元)	-0.6147	0.2063	-0.3536	-0.2651
	每股现金流量(元)	-0.4192	0.5735	0.0603	-0.0435
	每股资本公积金(元)	1.2210	1.2903	1.3267	1.3562
	每股盈余公积金(元)	0.4712	0.4712	0.4654	0.4676
	每股未分配利润(元)	2.0850	2.0142	1.8100	1.7213
	净资产收益率(%)	4.6291	9.6629	5.3308	9.9054
	加权净资产收益率(%)	4.5700	9.8400	5.2400	10.3900
	净资产收益率(扣除)(%)	4.4870	5.5470	5.2418	3.7635
	总资产(万元)	3574637.81	3439775.77	2937212.57	2968902.52
	归属母公司股东权益(万元)	1427168.25	1426747.75	1374891.65	1357850.22
	营业收入(万元)	293347.57	351659.79	272938.11	518953.97
	营业支出(万元)	190722.25	212274.87	156932.96	408322.32
	投资收益(万元)	9865.23	95364.60	9591.47	140844.60
	净利润(万元)	66065.34	137864.54	73038.44	135207.37
	营业利润(万元)	81651.33	184907.89	97976.01	193856.50
	利润总额(万元)	85100.11	186857.47	98777.69	172212.55

上海锦江国际实业投资股份有限公司

公司概况						
	公司名称	上海锦江国际实业投资股份有限公司			证券简称	锦江投资
	法人代表	杨原平	董秘	濮荣平	证券代码	600650
	公司网址	www.jjtz.com		电子信箱	dshms@jjtz.com	
	电话	021-63218800		传真	021-63213119	
	办公地址	上海市延安东路100号28楼				
	经营范围	宾馆、物业管理、俱乐部、商场、房地产开发经营、车辆服务、洗涤制衣等				

主要财务指标	指标\报告期	2014.06.30	2013.12.31	2013.06.30	2012.12.31
	基本每股收益(元)	0.1860	0.4260	0.1720	0.3350
	基本每股收益(扣除后)(元)	0.1800	-	0.1670	0.3180
	稀释每股收益(元)	-	-	-	-
	每股净资产(元)	3.9446	4.0204	3.7650	3.8400
	每股经营现金净流量(元)	0.1834	0.4685	0.2087	0.5636
	每股现金流量(元)	-0.0969	0.2789	0.0323	0.1601
	每股资本公积金(元)	0.7835	0.7852	0.7833	0.8007
	每股盈余公积金(元)	0.4883	0.4860	0.4743	0.4729
	每股未分配利润(元)	1.6728	1.7492	1.5074	1.5664
	净资产收益率(%)	4.7120	10.8400	4.5792	8.7229
	加权净资产收益率(%)	4.6700	10.8400	4.4400	8.7600
	净资产收益率(扣除)(%)	4.5591	7.9470	4.4474	8.2724
	总资产(万元)	344473.27	332327.27	329645.64	309910.08
	归属母公司股东权益(万元)	217586.93	221767.10	207679.29	211816.33
	营业收入(万元)	105280.40	208859.18	101491.55	202551.52
	营业支出(万元)	83031.99	166949.21	79271.47	162379.70
	投资收益(万元)	7230.03	20391.49	5673.98	13087.99
	净利润(万元)	10252.63	23491.88	9510.10	18476.53
	营业利润(万元)	13668.64	29317.18	12379.82	22475.89
	利润总额(万元)	14495.27	33221.93	13695.74	26571.08

上海飞乐音响股份有限公司

公司概况						
	公司名称	上海飞乐音响股份有限公司			证券简称	飞乐音响
	法人代表	黄峰	董秘	叶盼	证券代码	600651
	公司网址	www.facs.com.cn		电子信箱	office@facs.com.cn	
	电话	021-59900651		传真	021-59978260	
	办公地址	上海市嘉定区嘉新公路1001号				
	经营范围	IC卡、绿色照明、其他电子产品的生产和销售等				

主要财务指标	指标\报告期	2014.06.30	2013.12.31	2013.06.30	2012.12.31
	基本每股收益(元)	0.0260	0.0780	0.0260	0.1420
	基本每股收益(扣除后)(元)	0.0180	0.0490	0.0170	0.1290
	稀释每股收益(元)	0.0260	0.0780	0.0260	0.1420
	每股净资产(元)	1.5975	1.6015	1.5953	1.5541
	每股经营现金净流量(元)	-0.0415	0.0246	-0.1344	0.1988
	每股现金流量(元)	0.0034	-0.0083	-0.0072	-0.1161
	每股资本公积金(元)	0.0074	0.0076	0.0085	-0.0122
	每股盈余公积金(元)	0.0630	0.0630	0.0511	0.0511
	每股未分配利润(元)	0.5274	0.5308	0.5356	0.5152
	净资产收益率(%)	1.6123	4.8529	1.6066	9.1500
	加权净资产收益率(%)	1.6000	4.8610	1.6600	8.7300
	净资产收益率(扣除)(%)	1.1014	3.0326	1.0920	8.2704
	总资产(万元)	256278.48	243647.16	247186.86	228586.47
	归属母公司股东权益(万元)	118065.98	118361.28	117902.17	114858.92
	营业收入(万元)	101220.16	214241.84	101539.68	201404.26
	营业支出(万元)	79019.76	170399.69	80417.92	159162.79
	投资收益(万元)	-958.78	2153.61	-560.56	6826.76
	净利润(万元)	1903.63	5743.90	1894.26	10504.44
	营业利润(万元)	2850.47	3023.30	1585.36	11137.70
	利润总额(万元)	3520.14	7725.26	3222.79	13904.62

上海爱使股份有限公司

公司概况						
	公司名称	上海爱使股份有限公司			证券简称	爱使股份
	法人代表	肖勇	董秘	张亮	证券代码	600652
	公司网址	www.sh-ace.com		电子信箱	zhangliang@sh-ace.com	
	电话	021-64710022 8818 8105		传真	021-64711120	
	办公地址	上海市肇嘉浜路666号				
	经营范围	对石油液化气行业、煤炭及清洁能源的投资、机电设备及四技服务等				

主要财务指标	指标\报告期	2014.06.30	2013.12.31	2013.06.30	2012.12.31
	基本每股收益(元)	-0.0940	0.0100	0.0070	0.3500
	基本每股收益(扣除后)(元)	-0.0990	-0.0600	0.0030	-0.1100
	稀释每股收益(元)	-0.0940	0.0100	0.0070	0.3500
	每股净资产(元)	1.6250	1.7222	1.7447	1.8212
	每股经营现金净流量(元)	0.0276	-0.4398	-0.3875	0.1847
	每股现金流量(元)	0.0602	0.1051	-0.0511	-0.5574
	每股资本公积金(元)	0.0010	0.0010	0.0010	0.0010
	每股盈余公积金(元)	0.0296	0.0296	0.0286	0.0286
	每股未分配利润(元)	0.5944	0.6915	0.6914	0.7915
	净资产收益率(%)	-5.7956	0.4664	0.3988	19.4771
	加权净资产收益率(%)	-5.6300	0.4600	0.3900	20.3600
	净资产收益率(扣除)(%)	-6.0746	-3.4872	0.1635	-6.1318
	总资产(万元)	331913.98	322022.38	329462.49	316770.37
	归属母公司股东权益(万元)	90515.22	95924.97	97179.63	101442.83
	营业收入(万元)	80046.11	185781.01	98226.57	212960.28
	营业支出(万元)	62959.90	121271.38	66166.41	130908.13
	投资收益(万元)	1718.22	3734.41	1770.00	24023.19
	净利润(万元)	-5245.86	447.43	387.52	19758.09
	营业利润(万元)	-9214.03	-1586.88	815.55	20484.55
	利润总额(万元)	-9493.91	1099.80	530.67	24124.51

上海申华控股股份有限公司

公司概况	公司名称	上海申华控股股份有限公司			证券简称	申华控股
	法人代表	祁玉民	董秘	翟锋	证券代码	600653
	公司网址	www.600653.com.cn		电子信箱	stock@600653.com.cn	
	电　话	021-63372010 63372011		传　真	021-63372000	
	办公地址	上海市宁波路1号				
	经营范围	实业投资、兴办各类经济实体、国内商业等				

主要财务指标	指标\报告期	2014.06.30	2013.12.31	2013.06.30	2012.12.31
	基本每股收益(元)	-0.0463	0.0989	0.0026	0.0847
	基本每股收益(扣除后)(元)	-0.0562	-0.1207	-0.0126	-0.1565
	稀释每股收益(元)	-0.0463	0.0989	0.0026	0.0847
	每股净资产(元)	1.1149	1.1618	1.0638	1.0812
	每股经营现金净流量(元)	-0.0591	-0.1007	-0.0163	-0.1167
	每股现金流量(元)	-0.0505	0.1950	0.0965	-0.1194
	每股资本公积金(元)	0.0703	0.0709	0.0692	0.0891
	每股盈余公积金(元)	-	-	-	-
	每股未分配利润(元)	0.0446	0.0909	-0.0054	-0.0080
	净资产收益率(%)	-4.1556	8.5161	0.2398	7.8355
	加权净资产收益率(%)	-4.0700	8.8200	0.2380	8.2590
	净资产收益率(扣除)(%)	-5.0422	-10.3927	-1.1823	-14.4773
	总资产(万元)	781368.38	804873.29	671024.51	595343.83
	归属母公司股东权益(万元)	194700.69	202895.26	185775.45	188813.96
	营业收入(万元)	287123.45	920582.81	447039.71	1315468.83
	营业支出(万元)	275373.76	894564.67	433137.43	1279969.41
	投资收益(万元)	1265.90	40425.66	5861.73	44146.96
	净利润(万元)	-8090.89	17278.67	445.53	14794.52
	营业利润(万元)	-7392.11	15877.24	-549.33	350.85
	利润总额(万元)	-6159.45	22684.60	4347.79	3954.41

上海飞乐股份有限公司

公司概况	公司名称	上海飞乐股份有限公司			证券简称	飞乐股份
	法人代表	黄峰	董秘	张杏兴	证券代码	600654
	公司网址	www.feilo.com.cn		电子信箱	maolijian@feilo.com.cn	
	电　话	021-62512629		传　真	021-62517323	
	办公地址	上海市闸北区永和路398号				
	经营范围	电子元器件、有无线通信设备和信息网络、成套音响系统、工程服务等				

主要财务指标	指标\报告期	2014.06.30	2013.12.31	2013.06.30	2012.12.31
	基本每股收益(元)	0.0400	0.1600	0.0600	0.1400
	基本每股收益(扣除后)(元)	0.0400	0.1000	0.0100	0.1100
	稀释每股收益(元)	0.0400	0.1600	0.0600	0.1400
	每股净资产(元)	1.9621	1.9692	1.8731	1.8500
	每股经营现金净流量(元)	-0.0626	-0.0128	-0.0635	0.0556
	每股现金流量(元)	-0.0481	-0.0579	-0.0889	-0.0977
	每股资本公积金(元)	0.5163	0.5163	0.5186	0.5162
	每股盈余公积金(元)	0.0873	0.0873	0.0716	0.0716
	每股未分配利润(元)	0.3585	0.3657	0.2829	0.2653
	净资产收益率(%)	2.0825	8.0289	3.1828	7.4959
	加权净资产收益率(%)	2.0500	8.2900	3.1800	7.8000
	净资产收益率(扣除)(%)	1.9767	5.2221	0.7963	6.1201
	总资产(万元)	220137.71	216694.01	0.7900	6.3700
	归属母公司股东权益(万元)	148147.21	148686.20	141423.88	139911.43
	营业收入(万元)	89541.79	210378.97	102476.48	201967.01
	营业支出(万元)	80090.23	187297.15	89647.34	172873.21
	投资收益(万元)	6740.05	18276.78	7096.71	11046.29
	净利润(万元)	3085.22	11937.82	4501.25	10487.56
	营业利润(万元)	3588.87	10882.83	3800.09	11307.22
	利润总额(万元)	3751.80	12810.11	5431.81	12173.50

上海豫园旅游商城股份有限公司

公司概况	公司名称	上海豫园旅游商城股份有限公司			证券简称	豫园商城
	法人代表	徐晓亮	董秘	蒋伟	证券代码	600655
	公司网址	www.yuyuantm.com.cn		电子信箱	obd@yuyuantm.com.cn	
	电　话	021-63559999		传　真	021-63550558	
	办公地址	上海市方浜中路269号				
	经营范围	综合百货、黄金饰品、餐饮业、食品、烟酒饮料、进出口贸易等				

主要财务指标	指标\报告期	2014.06.30	2013.12.31	2013.06.30	2012.12.31
	基本每股收益(元)	0.2300	0.6820	0.3640	0.6730
	基本每股收益(扣除后)(元)	0.1910	0.3320	0.1030	0.6060
	稀释每股收益(元)	0.2300	0.6820	0.3640	0.6730
	每股净资产(元)	4.6124	4.5724	4.1810	4.0548
	每股经营现金净流量(元)	0.2452	0.4518	0.1322	1.1537
	每股现金流量(元)	0.3584	-0.1623	-0.1466	0.3436
	每股资本公积金(元)	0.4427	0.4224	0.3490	0.3847
	每股盈余公积金(元)	0.4007	0.4007	0.3805	0.3805
	每股未分配利润(元)	2.7677	2.7480	2.4496	2.2888
	净资产收益率(%)	4.9816	14.9245	8.7007	16.6071
	加权净资产收益率(%)	4.9650	15.8840	8.6930	17.7710
	净资产收益率(扣除)(%)	4.1322	7.2585	2.4599	14.9435
	总资产(万元)	1268434.98	1369734.10	1260423.32	1115393.89
	归属母公司股东权益(万元)	662943.67	657205.79	600946.92	582804.42
	营业收入(万元)	1003820.42	2252277.39	1343766.74	2029770.41
	营业支出(万元)	892838.66	2064108.28	1252033.13	1862649.53
	投资收益(万元)	446.96	85514.58	42262.11	80030.19
	净利润(万元)	33024.89	98084.85	52286.41	96786.89
	营业利润(万元)	37959.17	123687.86	69624.55	109878.13
	利润总额(万元)	41114.82	126892.50	71261.88	113472.49

珠海市博元投资股份有限公司

公司概况	公司名称	珠海市博元投资股份有限公司			证券简称	博元投资
	法人代表	余蒂妮	董秘	王寒朵	证券代码	600656
	公司网址			电子信箱	sh600656@163.com	
	电　话	0756-2660313*817		传　真	0756-2660878	
	办公地址	广东省珠海市香洲区人民西路291号日荣大厦8楼806室				
	经营范围	创业投资、投资咨询与管理、商业的批发零售、实业投资				

主要财务指标	指标\报告期	2014.06.30	2013.12.31	2013.06.30	2012.12.31
	基本每股收益(元)	0.0093	0.0637	0.0203	0.0958
	基本每股收益(扣除后)(元)	-0.0325	-0.0073	0.0262	0.0257
	稀释每股收益(元)	0.0093	0.0637	0.0203	0.0958
	每股净资产(元)	0.4112	0.4019	0.3586	0.3382
	每股经营现金净流量(元)	-0.6067	0.6534	0.0082	-0.0722
	每股现金流量(元)	-0.6123	0.6233	0.0149	-0.0769
	每股资本公积金(元)	2.9772	2.9772	2.9773	2.9772
	每股盈余公积金(元)	0.0333	0.0333	0.0333	0.0333
	每股未分配利润(元)	-3.5994	-3.6087	-3.6521	-3.6724
	净资产收益率(%)	2.2605	15.8479	5.6639	28.3393
	加权净资产收益率(%)	2.2900	17.2100	5.8300	33.0200
	净资产收益率(扣除)(%)	-7.8955	-1.8230	7.3077	7.6072
	总资产(万元)	63630.07	60705.41	63945.36	59232.67
	归属母公司股东权益(万元)	7826.05	7649.14	6825.18	6436.91
	营业收入(万元)	8253.43	25351.00	12615.15	19122.49
	营业支出(万元)	7222.85	20573.01	10258.65	14244.81
	投资收益(万元)	-29.69	-520.08	-51.59	134.50
	净利润(万元)	176.91	1212.23	386.57	1824.18
	营业利润(万元)	80.82	-466.87	359.93	1557.58
	利润总额(万元)	23.91	915.67	247.73	2106.07

信达地产股份有限公司

公司概况	公司名称	信达地产股份有限公司			证券简称	信达地产
	法人代表	贾洪浩	董秘	石爱民	证券代码	600657
	公司网址	www.cindare.com		电子信箱	dongmiban@cnda.com.cn	
	电　话	010-82190959		传　真	010-82190958	
	办公地址	北京市海淀区中关村南大街甲18号北京国际大厦C座16层				
	经营范围	房地产开发、经营、投资及物业管理				

	指标\报告期	2014.06.30	2013.12.31	2013.06.30	2012.12.31
主要财务指标	基本每股收益(元)	0.1500	0.4600	0.1500	0.4000
	基本每股收益(扣除后)(元)	0.1000	0.3600	0.0700	0.3300
	稀释每股收益(元)	0.1500	0.4600	0.1500	0.4000
	每股净资产(元)	4.7649	4.6909	4.3950	4.3295
	每股经营现金净流量(元)	-2.9093	-2.1027	-1.0175	-1.4598
	每股现金流量(元)	1.0026	0.0904	-0.4019	0.2098
	每股资本公积金(元)	1.1539	1.1505	1.1635	1.1808
	每股盈余公积金(元)	-	-	-	-
	每股未分配利润(元)	2.6110	2.5405	2.2315	2.1487
	净资产收益率(%)	3.1584	9.8445	3.4783	9.3008
	加权净资产收益率(%)	3.1700	10.2500	3.4800	9.5500
	净资产收益率(扣除)(%)	2.0727	7.7170	1.5111	7.6932
	总资产(万元)	3091710.03	2441047.95	2105537.67	1956405.63
	归属母公司股东权益(万元)	726289.37	715017.45	669919.97	659928.79
	营业收入(万元)	190611.17	447950.65	138064.32	400725.04
	营业支出(万元)	118116.56	282585.66	86233.36	249025.13
	投资收益(万元)	1692.34	26938.41	14037.55	13319.16
	净利润(万元)	22939.00	70389.92	23301.82	61378.43
	营业利润(万元)	25801.55	79834.02	25942.60	83237.36
	利润总额(万元)	34386.04	89065.33	32075.19	85550.58

北京电子城投资开发股份有限公司

公司概况	公司名称	北京电子城投资开发股份有限公司			证券简称	电子城
	法人代表	王岩	董秘	吕延强	证券代码	600658
	公司网址	www.cwtech.com.cn		电子信箱	bez@bez.com.cn	
	电　话	010-58833515		传　真	010-58833599	
	办公地址	北京市朝阳区酒仙桥北路甲10号院205楼6层(电子城IT产业园B5楼6层)				
	经营范围	移动通信、光通信、计算机硬件及网络开发等				

	指标\报告期	2014.06.30	2013.12.31	2013.06.30	2012.12.31
主要财务指标	基本每股收益(元)	0.7000	0.8600	0.6100	0.7300
	基本每股收益(扣除后)(元)	0.6900	0.8500	0.6000	0.7300
	稀释每股收益(元)	0.7000	0.8600	0.6100	0.7300
	每股净资产(元)	5.0300	4.5990	4.3438	3.9640
	每股经营现金净流量(元)	0.5474	0.1408	0.0518	0.9959
	每股现金流量(元)	0.3027	-0.0444	0.0699	0.8241
	每股资本公积金(元)	1.2586	1.2703	1.2672	1.2733
	每股盈余公积金(元)	0.1090	0.1090	0.0586	0.0586
	每股未分配利润(元)	2.6574	2.2196	2.0180	1.6322
	净资产收益率(%)	13.8467	18.6758	13.9699	18.5157
	加权净资产收益率(%)	14.2100	19.5300	14.3000	20.0600
	净资产收益率(扣除)(%)	-	18.5150	13.8331	18.3560
	总资产(万元)	399663.21	394020.47	410057.72	401036.34
	归属母公司股东权益(万元)	291501.15	266785.07	251981.40	229950.43
	营业收入(万元)	110509.05	146997.75	106949.26	139866.81
	营业支出(万元)	32815.93	53099.83	36860.46	55807.15
	投资收益(万元)	185.29	515.03	250.44	480.42
	净利润(万元)	40363.38	49824.27	35201.57	42576.93
	营业利润(万元)	53135.16	65872.89	46314.28	56135.77
	利润总额(万元)	53514.50	66142.71	46563.58	56324.35

福耀玻璃工业集团股份有限公司

公司概况	公司名称	福耀玻璃工业集团股份有限公司			证券简称	福耀玻璃
	法人代表	曹德旺	董秘	陈向明	证券代码	600660
	公司网址	www.fuyaogroup.com		电子信箱	linwei@fuyaogroup.com	
	电　话	0591-85383777		传　真	0591-85363983	
	办公地址	福建省福清市福耀工业村II区				
	经营范围	生产汽车玻璃、装饰玻璃和其它工业技术玻璃及玻璃安装、售后服务等				

	指标\报告期	2014.06.30	2013.12.31	2013.06.30	2012.12.31
主要财务指标	基本每股收益(元)	0.5200	0.9600	0.4200	0.7600
	基本每股收益(扣除后)(元)	0.5200	0.9100	0.4300	0.7400
	稀释每股收益(元)	0.5200	0.9600	0.4200	0.7600
	每股净资产(元)	3.9377	3.9155	3.3816	3.4800
	每股经营现金净流量(元)	0.7791	1.4171	0.6096	1.2529
	每股现金流量(元)	0.3268	0.0023	-0.0636	-0.1599
	每股资本公积金(元)	0.1048	0.1048	0.1048	0.1048
	每股盈余公积金(元)	0.4541	0.4541	0.3866	0.3866
	每股未分配利润(元)	2.3754	2.3523	1.8830	1.9624
	净资产收益率(%)	13.2860	24.4503	12.4403	21.8708
	加权净资产收益率(%)	13.3200	26.1000	11.6600	23.1300
	净资产收益率(扣除)(%)	13.1310	23.3182	12.7620	21.2834
	总资产(万元)	1638939.80	1458708.35	1382053.72	1304104.09
	归属母公司股东权益(万元)	788719.03	784263.52	677331.94	697170.82
	营业收入(万元)	618114.91	1150120.98	554548.34	1024739.15
	营业支出(万元)	358567.98	673950.63	331428.73	633791.60
	投资收益(万元)	1505.63	2574.78	1458.11	2153.86
	净利润(万元)	104789.08	191754.85	84262.42	152477.08
	营业利润(万元)	126706.56	225807.24	107399.24	181133.91
	利润总额(万元)	128701.96	237904.05	104469.70	186258.30

上海新南洋股份有限公司

公司概况	公司名称	上海新南洋股份有限公司			证券简称	新南洋
	法人代表	钱天东	董秘	朱凯泳	证券代码	600661
	公司网址	www.xin-ny.com		电子信箱	zky@xin-ny.com	
	电　话	021-62826347　62818544		传　真	021-62801900	
	办公地址	上海市番禺路667号六楼				
	经营范围	高新技术产品的生产销售、教育产业投资、技工贸一体化服务等				

	指标\报告期	2014.06.30	2013.12.31	2013.06.30	2012.12.31
主要财务指标	基本每股收益(元)	0.0233	0.0861	0.0157	-0.2868
	基本每股收益(扣除后)(元)	0.0060	0.0138	0.0104	-0.2961
	稀释每股收益(元)	0.0233	0.0861	0.0157	-0.2868
	每股净资产(元)	2.0068	2.0195	1.9592	2.1400
	每股经营现金净流量(元)	-0.0142	0.3428	0.0756	0.1300
	每股现金流量(元)	-0.2611	0.1353	0.0287	-0.0285
	每股资本公积金(元)	0.8220	0.8580	0.8680	1.0600
	每股盈余公积金(元)	0.2564	0.2564	0.2564	0.2564
	每股未分配利润(元)	-0.0714	-0.0947	-0.1651	-0.1808
	净资产收益率(%)	1.1615	4.2629	0.8037	-13.4327
	加权净资产收益率(%)	1.1600	4.1700	0.8400	-12.9600
	净资产收益率(扣除)(%)	0.2974	0.6810	0.5286	-13.8653
	总资产(万元)	92442.87	98659.55	99292.56	100932.11
	归属母公司股东权益(万元)	34853.79	35073.72	34026.22	37087.02
	营业收入(万元)	27299.48	56518.39	25883.32	49898.87
	营业支出(万元)	20164.70	43608.22	19919.05	39642.16
	投资收益(万元)	435.38	2632.65	895.78	-401.25
	净利润(万元)	404.81	1495.17	273.47	-4981.78
	营业利润(万元)	805.54	2119.86	641.99	-4910.80
	利润总额(万元)	1154.35	2627.25	819.77	-4623.94

上海强生控股股份有限公司

公司概况	公司名称	上海强生控股股份有限公司			证券简称	强生控股
	法人代表	洪任初	董秘	虞慧彬	证券代码	600662
	公司网址	www.62580000.com.cn		电子信箱	huibinyu@163.com	
	电　话	021-61353185　61353187		传　真	021-61353135	
	办公地址	上海市南京西路 920 号 18 楼				
	经营范围	汽车出租、公交汽车专线和汽车修理业务等				

主要财务指标	指标\报告期	2014.06.30	2013.12.31	2013.06.30	2012.12.31
	基本每股收益(元)	0.0588	0.1614	0.0531	0.1736
	基本每股收益(扣除后)(元)	0.0548	0.1186	0.0564	0.0884
	稀释每股收益(元)	0.0588	0.1614	0.0531	0.1736
	每股净资产(元)	2.9323	2.8248	2.7406	2.7891
	每股经营现金净流量(元)	–0.2180	0.9587	0.4406	0.4580
	每股现金流量(元)	–0.1497	–0.1660	–0.0201	0.0434
	每股资本公积金(元)	0.7333	0.6846	0.7087	0.7103
	每股盈余公积金(元)	0.3608	0.3608	0.3352	0.3352
	每股未分配利润(元)	0.8382	0.7794	0.6968	0.7436
	净资产收益率(%)	2.0047	5.7150	1.9389	6.2240
	加权净资产收益率(%)	2.0600	5.7426	1.8900	6.3027
	净资产收益率(扣除)(%)	1.8685	4.1985	2.0590	3.1696
	总资产(万元)	632237.73	630227.54	628481.50	612007.77
	归属母公司股东权益(万元)	308882.65	297556.80	288689.71	293791.87
	营业收入(万元)	187915.27	405526.16	188475.14	381394.72
	营业支出(万元)	159143.05	340423.23	156612.67	314999.64
	投资收益(万元)	1315.51	2863.27	1539.11	13570.98
	净利润(万元)	6192.29	17005.29	5597.37	18285.63
	营业利润(万元)	8533.40	19650.54	10180.10	26052.05
	利润总额(万元)	9213.39	26062.44	9919.50	26517.32

上海陆家嘴金融贸易区开发股份有限公司

公司概况	公司名称	上海陆家嘴金融贸易区开发股份有限公司			证券简称	陆家嘴
	法人代表	徐而进	董秘	王辉	证券代码	600663
	公司网址	www.ljz.com.cn		电子信箱	invest@ljz.com.cn	
	电　话	021-33848801		传　真	021-33848818	
	办公地址	上海市浦东新区峨山路 101 号 1 号楼				
	经营范围	房地产开发、经营、销售、出租和中介等				

主要财务指标	指标\报告期	2014.06.30	2013.12.31	2013.06.30	2012.12.31
	基本每股收益(元)	0.3062	0.3062	0.2629	0.5413
	基本每股收益(扣除后)(元)	0.2806	0.2806	0.2421	0.4994
	稀释每股收益(元)	0.3062	0.3062	0.2629	0.5413
	每股净资产(元)	6.1014	6.1014	6.2708	6.2028
	每股经营现金净流量(元)	–1.0592	–1.0592	–0.1144	0.8593
	每股现金流量(元)	–0.8844	–0.8844	0.6408	–0.6588
	每股资本公积金(元)	0.0069	0.0069	0.7252	0.7571
	每股盈余公积金(元)	1.6435	1.6435	1.4957	1.4957
	每股未分配利润(元)	3.4510	3.4510	3.0499	2.9500
	净资产收益率(%)	5.0186	5.0186	4.1921	8.7267
	加权净资产收益率(%)	5.1400	5.1400	4.2200	9.0100
	净资产收益率(扣除)(%)	4.5984	4.5984	3.8611	8.0522
	总资产(万元)	3975381.06	3975381.06	3353856.08	3078307.73
	归属母公司股东权益(万元)	1139552.37	1139552.37	1171191.03	1158491.13
	营业收入(万元)	191144.66	191144.66	167408.74	349208.66
	营业支出(万元)	73323.74	73323.74	55140.66	121839.75
	投资收益(万元)	16006.72	16006.72	11973.27	25457.30
	净利润(万元)	57189.52	57189.52	49097.54	101098.59
	营业利润(万元)	79885.42	79885.42	68096.70	140426.31
	利润总额(万元)	80508.75	80508.75	69127.20	142923.60

哈药集团股份有限公司

公司概况	公司名称	哈药集团股份有限公司			证券简称	哈药股份
	法人代表	张利君	董秘	孟晓东	证券代码	600664
	公司网址	www.hayao.com		电子信箱	mengxd@hayao.com	
	电　话	0451-51870077		传　真	0451-51870277	
	办公地址	黑龙江省哈尔滨市群力新区群力大道 1 号				
	经营范围	医药原料药及制剂、中成药及中药粉针剂、滋补保健品制造、生物制药和医药商业等				

主要财务指标	指标\报告期	2014.06.30	2013.12.31	2013.06.30	2012.12.31
	基本每股收益(元)	0.1700	0.0900	0.1000	0.2600
	基本每股收益(扣除后)(元)	0.1600	0.0700	0.0800	0.3300
	稀释每股收益(元)	0.1700	0.0900	0.1000	0.2600
	每股净资产(元)	4.3514	4.2503	4.2445	4.1494
	每股经营现金净流量(元)	0.3605	0.0739	0.3604	0.2909
	每股现金流量(元)	0.2603	–0.1578	0.2921	0.0316
	每股资本公积金(元)	0.5160	0.5160	0.5031	0.5031
	每股盈余公积金(元)	0.6559	0.6559	0.6510	0.6510
	每股未分配利润(元)	2.1795	2.0784	2.0904	1.9953
	净资产收益率(%)	3.8396	2.0696	2.2404	6.2798
	加权净资产收益率(%)	3.8800	2.1000	2.2700	6.5100
	净资产收益率(扣除)(%)	3.5980	1.6824	1.8185	8.0429
	总资产(万元)	1619583.27	1645534.83	1568733.83	1566717.91
	归属母公司股东权益(万元)	834368.70	814987.49	813876.64	795642.86
	营业收入(万元)	902830.72	1809193.45	910083.23	1766294.69
	营业支出(万元)	634645.75	1274583.42	653695.41	1203332.70
	投资收益(万元)	51.13	1512.49	251.16	347.50
	净利润(万元)	32036.60	16866.89	18233.78	49964.50
	营业利润(万元)	39288.82	23797.86	21390.48	90974.73
	利润总额(万元)	41856.14	29930.61	26567.69	81186.14

天地源股份有限公司

公司概况	公司名称	天地源股份有限公司			证券简称	天地源
	法人代表	俞向前	董秘	刘宇	证券代码	600665
	公司网址	www.tande.cn		电子信箱	liuyu@tande.cn	
	电　话	029-88326035		传　真	029-88325961	
	办公地址	陕西省西安市高新技术开发区科技路 33 号高新国际商务中心 27 层				
	经营范围	房地产开发和经营、自有房屋租赁、物业管理、实业投资、资产管理				

主要财务指标	指标\报告期	2014.06.30	2013.12.31	2013.06.30	2012.12.31
	基本每股收益(元)	0.1509	0.3083	0.2083	0.2800
	基本每股收益(扣除后)(元)	0.1433	0.3118	0.2116	0.2739
	稀释每股收益(元)	0.1509	0.3083	0.2083	0.2800
	每股净资产(元)	2.7992	2.7483	2.6483	2.5250
	每股经营现金净流量(元)	0.1402	–1.6137	–1.2352	–0.3074
	每股现金流量(元)	–0.4625	1.2328	1.2631	–0.3475
	每股资本公积金(元)	0.2327	0.2327	0.2327	0.2327
	每股盈余公积金(元)	0.2644	0.2644	0.2294	0.2294
	每股未分配利润(元)	1.3021	1.2513	1.1861	1.0629
	净资产收益率(%)	5.3892	11.2185	7.8646	11.0889
	加权净资产收益率(%)	5.3400	11.6900	7.9200	11.7400
	净资产收益率(扣除)(%)	5.1193	11.3460	7.9883	10.8475
	总资产(万元)	1156807.26	1156540.50	1059531.53	894443.47
	归属母公司股东权益(万元)	241884.94	237489.51	228844.58	218191.80
	营业收入(万元)	81084.10	269286.45	123633.74	226748.24
	营业支出(万元)	58293.54	185016.59	85832.67	143513.39
	投资收益(万元)	–	–3.35	–	–42.22
	净利润(万元)	13035.58	26642.75	17997.82	24194.97
	营业利润(万元)	16001.34	35752.07	23863.11	34008.55
	利润总额(万元)	16870.20	35348.83	23485.22	34710.59

西南药业股份有限公司

公司概况	公司名称	西南药业股份有限公司			证券简称	西南药业
	法人代表	李标	董秘	钟庆旭	证券代码	600666
	公司网址	www.swp.cn		电子信箱	swp600666@163.com	
	电　话	023-89855125		传　真	023-89855126	
	办公地址	重庆市沙坪坝区天星桥 21 号				
	经营范围	生产、销售片剂、胶囊剂、颗粒剂、粉针剂、大容量注射剂等				

主要财务指标	指标\报告期	2014.06.30	2013.12.31	2013.06.30	2012.12.31
	基本每股收益(元)	0.0900	0.1100	0.1100	0.1400
	基本每股收益(扣除后)(元)	0.0900	0.0700	0.1200	0.1400
	稀释每股收益(元)	0.0900	0.1100	0.1100	0.1400
	每股净资产(元)	1.5544	1.4784	1.5996	1.5052
	每股经营现金净流量(元)	0.4757	-0.1421	0.2664	0.2459
	每股现金流量(元)	-0.0771	-0.2980	0.4113	0.0875
	每股资本公积金(元)	0.0080	0.0080	0.0080	0.0191
	每股盈余公积金(元)	0.1089	0.1089	0.2089	0.2089
	每股未分配利润(元)	0.4374	0.3614	0.3827	0.2772
	净资产收益率(%)	5.7909	7.6339	7.2621	9.3341
	加权净资产收益率(%)	5.9400	7.5700	8.1000	9.3300
	净资产收益率(扣除)(%)	5.6751	4.7867	7.5131	9.1268
	总资产(万元)	230174.92	198169.24	183845.28	162371.89
	归属母公司股东权益(万元)	45100.86	42895.33	46411.83	43671.52
	营业收入(万元)	58568.16	132695.08	62888.15	127079.80
	营业支出(万元)	34815.46	84137.51	39819.37	80676.13
	投资收益(万元)	-72.17	-147.49	-657.84	-679.41
	净利润(万元)	2611.74	3274.58	3504.34	4076.35
	营业利润(万元)	3053.43	3994.95	3814.91	5214.41
	利润总额(万元)	3101.12	4251.86	4032.54	5371.16

无锡市太极实业股份有限公司

公司概况	公司名称	无锡市太极实业股份有限公司			证券简称	太极实业
	法人代表	顾斌	董秘	胡义新	证券代码	600667
	公司网址	www.wxtj.com		电子信箱	wxtj600667@wxtj.com	
	电　话	0510-85419120		传　真	0510-85430760	
	办公地址	江苏省无锡市下甸桥南堍				
	经营范围	化学纤维及制品、化纤产品、化纤机械及配件、纺织机械及配件等				

主要财务指标	指标\报告期	2014.06.30	2013.12.31	2013.06.30	2012.12.31
	基本每股收益(元)	0.0040	0.0100	0.0010	0.0500
	基本每股收益(扣除后)(元)	-0.0220	-0.0300	-0.0010	0.0300
	稀释每股收益(元)	0.0040	0.0100	0.0010	0.0500
	每股净资产(元)	1.3110	1.3095	1.3081	1.3183
	每股经营现金净流量(元)	0.0984	0.9972	0.3189	0.7092
	每股现金流量(元)	-0.0814	0.3818	0.0592	0.1026
	每股资本公积金(元)	0.2562	0.2562	0.2562	0.2562
	每股盈余公积金(元)	0.0210	0.0210	0.0147	0.0147
	每股未分配利润(元)	0.0904	0.0959	0.0927	0.0918
	净资产收益率(%)	0.3388	0.7985	0.0730	3.2247
	加权净资产收益率(%)	0.3400	0.8000	0.0700	4.8300
	净资产收益率(扣除)(%)	-1.6439	-1.9679	-0.1032	2.1177
	总资产(万元)	602499.23	570227.81	575345.34	540714.73
	归属母公司股东权益(万元)	156178.39	155997.54	155835.97	157041.53
	营业收入(万元)	204844.09	397331.70	213641.27	415696.60
	营业支出(万元)	184026.18	355340.49	191429.36	367402.19
	投资收益(万元)	626.11	626.11	626.11	813.42
	净利润(万元)	529.06	1245.68	113.83	5064.15
	营业利润(万元)	1651.18	10050.13	6246.02	16463.15
	利润总额(万元)	5180.01	15567.36	6638.99	19002.93

浙江尖峰集团股份有限公司

公司概况	公司名称	浙江尖峰集团股份有限公司			证券简称	尖峰集团
	法人代表	蒋晓萌	董秘	朱坚卫	证券代码	600668
	公司网址	www.jianfeng.com.cn		电子信箱	jf@jianfeng.com.cn	
	电　话	0579-82320582　82324699		传　真	0579-82324611　82320582	
	办公地址	浙江省金华市婺江东路 88 号				
	经营范围	水泥及药品的生产和销售				

主要财务指标	指标\报告期	2014.06.30	2013.12.31	2013.06.30	2012.12.31
	基本每股收益(元)	0.4900	0.5900	0.2800	0.4800
	基本每股收益(扣除后)(元)	0.4800	0.5700	0.2700	0.4700
	稀释每股收益(元)	0.4900	0.5900	0.2800	0.4800
	每股净资产(元)	5.5674	5.0482	4.6785	4.4030
	每股经营现金净流量(元)	0.3319	0.4374	0.1613	0.3256
	每股现金流量(元)	-0.0777	0.0815	0.7814	0.0311
	每股资本公积金(元)	1.5531	1.5202	1.3108	1.3108
	每股盈余公积金(元)	0.2878	0.2878	0.2761	0.2761
	每股未分配利润(元)	2.7264	2.2402	2.0916	1.8161
	净资产收益率(%)	8.7337	11.6045	5.8889	10.7925
	加权净资产收益率(%)	9.1600	12.4200	6.0700	11.1700
	净资产收益率(扣除)(%)	8.6473	11.2898	5.7479	10.6387
	总资产(万元)	330058.58	320490.43	327030.60	277837.04
	归属母公司股东权益(万元)	191565.44	173699.76	160979.87	151499.92
	营业收入(万元)	108480.56	215139.86	96641.65	164909.55
	营业支出(万元)	81795.28	170931.13	77980.09	132552.59
	投资收益(万元)	9321.31	13522.18	6152.48	14682.60
	净利润(万元)	16730.71	20156.91	9479.95	16350.60
	营业利润(万元)	21152.91	26787.21	11917.14	20865.46
	利润总额(万元)	22170.28	28227.35	12369.45	21920.19

杭州天目山药业股份有限公司

公司概况	公司名称	杭州天目山药业股份有限公司			证券简称	天目药业
	法人代表	胡新笠	董秘	胡新笠(代)	证券代码	600671
	公司网址	www.hztmyy.com		电子信箱	hztmyy@126.com	
	电　话	0571-63722229		传　真	0571-63715400	
	办公地址	浙江省临安市苕溪南路 78 号				
	经营范围	生物制药、中成药、西药、电子产品、机制纸的制造和销售等				

主要财务指标	指标\报告期	2014.06.30	2013.12.31	2013.06.30	2012.12.31
	基本每股收益(元)	-0.0052	0.0200	0.0080	-0.7300
	基本每股收益(扣除后)(元)	-0.0085	-0.0300	0.0054	-0.7200
	稀释每股收益(元)	-0.0052	0.0200	0.0080	-0.7300
	每股净资产(元)	0.6623	0.6674	0.6581	0.6501
	每股经营现金净流量(元)	-0.0184	0.1016	0.0414	-0.1628
	每股现金流量(元)	0.1752	0.1426	0.1017	-0.1765
	每股资本公积金(元)	0.4375	0.4375	0.4375	0.4375
	每股盈余公积金(元)	0.1986	0.1986	0.1986	0.1986
	每股未分配利润(元)	-0.9738	-0.9687	-0.9780	-0.9860
	净资产收益率(%)	-0.7830	2.5940	1.2159	-112.2150
	加权净资产收益率(%)	-0.7799	2.6300	1.2234	-71.8800
	净资产收益率(扣除)(%)	-1.2852	-4.0430	0.8175	-110.7573
	总资产(万元)	33734.33	32458.38	32344.55	29592.45
	归属母公司股东权益(万元)	8064.86	8128.01	8014.62	7917.17
	营业收入(万元)	8557.47	28146.89	14050.44	22907.89
	营业支出(万元)	5960.61	19826.68	10628.49	16794.93
	投资收益(万元)	284.21	476.74	477.04	279.17
	净利润(万元)	-63.15	210.84	97.45	-8884.24
	营业利润(万元)	-215.89	241.68	57.86	-8546.20
	利润总额(万元)	-172.29	288.15	96.20	-8697.28

广东东阳光科技控股股份有限公司

公司概况	公司名称	广东东阳光科技控股股份有限公司			证券简称	东阳光科
	法人代表	郭京平	董秘	陈铁生	证券代码	600673
	公司网址	www.hec-al.com			电子信箱	yzg600673@126.com
	电　话	0769-85370225			传　真	0769-85370230
	办公地址	广东省东莞市长安镇上沙村第五工业区				
	经营范围	亲水箔的产品和销售				

主要财务指标	指标＼报告期	2014.06.30	2013.12.31	2013.06.30	2012.12.31
	基本每股收益(元)	0.0600	0.1800	0.0600	0.1900
	基本每股收益(扣除后)(元)	0.0300	0.1300	0.0300	0.1700
	稀释每股收益(元)	0.0600	0.1800	0.0600	0.1900
	每股净资产(元)	3.6614	2.9640	3.0945	2.8070
	每股经营现金净流量(元)	0.4068	0.8410	0.4191	0.6146
	每股现金流量(元)	0.6804	0.4817	0.5614	0.1103
	每股资本公积金(元)	1.6201	0.8310	1.0791	1.1648
	每股盈余公积金(元)	0.0502	0.0576	0.0402	0.0402
	每股未分配利润(元)	0.9911	1.0754	0.9752	1.0161
	净资产收益率(%)	1.4740	5.9595	1.8882	5.7611
	加权净资产收益率(%)	1.7300	5.7700	1.8500	5.9700
	净资产收益率(扣除)(%)	–	4.2492	1.0026	5.4873
	总资产(万元)	1087348.41	1010683.90	978435.96	891774.63
	归属母公司股东权益(万元)	347674.68	245260.92	256061.25	266540.23
	营业收入(万元)	246678.24	485454.35	230030.84	441511.28
	营业支出(万元)	206287.08	392858.97	189788.97	357190.66
	投资收益(万元)	–116.25	–130.80	237.76	–503.42
	净利润(万元)	5123.78	14616.44	4834.97	15355.74
	营业利润(万元)	6930.03	23141.73	7764.70	26910.10
	利润总额(万元)	9959.72	27960.26	10196.38	28625.76

四川川投能源股份有限公司

公司概况	公司名称	四川川投能源股份有限公司			证券简称	川投能源
	法人代表	黄顺福	董秘	龚圆	证券代码	600674
	公司网址	www.scte.com.cn			电子信箱	gongyuan@invest.com.cn
	电　话	028-86098649			传　真	028-86098648
	办公地址	四川省成都市小南街23号				
	经营范围	电力开发、电力生产经营、电力行业技术服务和咨询等				

主要财务指标	指标＼报告期	2014.06.30	2013.12.31	2013.06.30	2012.12.31
	基本每股收益(元)	0.4347	0.6883	0.3051	0.2124
	基本每股收益(扣除后)(元)	0.4344	–	0.3054	0.2102
	稀释每股收益(元)	0.4347	0.6838	0.3051	0.2124
	每股净资产(元)	5.4681	5.0914	4.5512	4.3086
	每股经营现金净流量(元)	0.1120	0.3334	0.1639	0.3221
	每股现金流量(元)	0.7926	0.0350	0.0841	0.0236
	每股资本公积金(元)	2.5696	2.5525	2.3319	2.3319
	每股盈余公积金(元)	0.4151	0.4164	0.2692	0.2692
	每股未分配利润(元)	1.4834	1.1225	0.9501	0.7075
	净资产收益率(%)	7.8213	13.0290	6.7044	4.8282
	加权净资产收益率(%)	8.1860	14.8641	6.8560	5.2444
	净资产收益率(扣除)(%)	–	13.0038	6.7094	4.7780
	总资产(万元)	1876282.82	1721945.87	1602619.47	1570253.81
	归属母公司股东权益(万元)	1129857.04	1048761.24	897813.02	849952.48
	营业收入(万元)	51962.34	114809.19	54199.16	113712.46
	营业支出(万元)	29659.45	58760.90	28067.54	59542.83
	投资收益(万元)	91048.37	149101.60	58377.18	45748.33
	净利润(万元)	89544.58	136642.72	60192.79	41037.02
	营业利润(万元)	92258.32	145249.27	64854.19	46707.09
	利润总额(万元)	93176.14	145322.13	65390.82	48528.54

中华企业股份有限公司

公司概况	公司名称	中华企业股份有限公司			证券简称	中华企业
	法人代表	朱胜杰	董秘	印学青	证券代码	600675
	公司网址	www.cecl.com.cn			电子信箱	zhqydm@cecl.com.cn
	电　话	021-20772222			传　真	021-20772766
	办公地址	上海市浦东新区雪野路928号6楼				
	经营范围	商品房设计、建造、买卖、租赁及调剂业务等				

主要财务指标	指标＼报告期	2014.06.30	2013.12.31	2013.06.30	2012.12.31
	基本每股收益(元)	0.1620	0.2580	0.1620	0.3330
	基本每股收益(扣除后)(元)	–0.1480	0.2540	0.1740	0.0230
	稀释每股收益(元)	0.1620	0.2580	0.1620	0.3330
	每股净资产(元)	3.1266	3.6863	3.8511	4.3323
	每股经营现金净流量(元)	–0.3476	–0.3447	0.6011	0.2842
	每股现金流量(元)	0.9989	–0.4883	3.0429	0.2083
	每股资本公积金(元)	0.0116	0.0430	0.0077	0.8115
	每股盈余公积金(元)	0.2634	0.3160	0.2845	0.2759
	每股未分配利润(元)	1.8517	2.3273	2.5589	2.2450
	净资产收益率(%)	5.1909	7.0031	5.7147	9.9437
	加权净资产收益率(%)	5.1700	5.8700	4.3900	8.1100
	净资产收益率(扣除)(%)	–4.7314	6.8963	5.4106	0.6326
	总资产(万元)	3926719.47	3638465.12	3106358.88	3463490.25
	归属母公司股东权益(万元)	583762.81	573547.15	599181.59	674061.32
	营业收入(万元)	111399.93	675794.31	248063.98	436633.65
	营业支出(万元)	69707.88	398625.60	115538.40	233572.32
	投资收益(万元)	84455.60	2024.87	1124.93	81354.13
	净利润(万元)	30302.53	40166.35	30254.20	51755.48
	营业利润(万元)	52717.08	72753.85	39239.83	96944.16
	利润总额(万元)	59131.57	75541.95	41217.28	99439.31

上海交运集团股份有限公司

公司概况	公司名称	上海交运集团股份有限公司			证券简称	交运股份
	法人代表	陈辰康	董秘	蒋玮芳	证券代码	600676
	公司网址	www.jygf.cn			电子信箱	jygf@sh163.net
	电　话	021-63172168　63178257			传　真	021-63173388
	办公地址	上海市恒丰路288号				
	经营范围	运输业与物流服务、汽车零部件制造与汽车后服务等				

主要财务指标	指标＼报告期	2014.06.30	2013.12.31	2013.06.30	2012.12.31
	基本每股收益(元)	0.1856	0.3500	0.1810	0.3200
	基本每股收益(扣除后)(元)	0.1740	0.2700	0.1483	0.2500
	稀释每股收益(元)	0.1856	0.3500	0.1810	0.3200
	每股净资产(元)	3.7728	3.6775	3.5112	3.4299
	每股经营现金净流量(元)	0.3004	0.5981	0.1684	0.6746
	每股现金流量(元)	0.1248	–0.2728	–0.3179	0.4595
	每股资本公积金(元)	1.3044	1.2847	1.2848	1.2850
	每股盈余公积金(元)	0.2759	0.2759	0.2458	0.2458
	每股未分配利润(元)	1.1924	1.1168	0.9801	0.8991
	净资产收益率(%)	4.9195	9.4716	5.1563	9.3438
	加权净资产收益率(%)	4.9200	9.8000	5.1400	9.8000
	净资产收益率(扣除)(%)	4.6109	7.3284	4.2250	7.1554
	总资产(万元)	684359.52	671929.07	681115.56	660282.38
	归属母公司股东权益(万元)	325358.80	317135.12	302798.97	295784.35
	营业收入(万元)	449013.77	838128.46	423199.92	785917.31
	营业支出(万元)	394553.81	739275.28	371666.32	697444.53
	投资收益(万元)	2119.63	3673.57	1899.38	3235.33
	净利润(万元)	16005.99	30037.79	15613.21	27637.39
	营业利润(万元)	21138.61	33084.56	19675.10	29477.86
	利润总额(万元)	22918.35	43174.64	23322.17	39362.89

航天通信控股集团股份有限公司

公司概况						
公司概况	公司名称	航天通信控股集团股份有限公司			证券简称	航天通信
	法人代表	敖刚	董秘	徐宏伟	证券代码	600677
	公司网址	www.aerocom.cn		电子信箱	stock@aerocom.cn	
	电　话	0571-87034676 87079526		传　真	0571-87034676	
	办公地址	浙江省杭州市解放路138号航天通信大厦一号楼				
	经营范围	通信产业投资、通信工程、通信设备代维、轻纺产品及原辅材料、针纺织品的生产和销售等				

主要财务指标	指标\报告期	2014.06.30	2013.12.31	2013.06.30	2012.12.31
主要财务指标	基本每股收益(元)	-0.0440	0.1026	0.1157	0.2575
	基本每股收益(扣除后)(元)	-0.1445	-0.4223	-0.0728	-0.2469
	稀释每股收益(元)	-0.0440	0.1026	0.1157	0.2575
	每股净资产(元)	4.2432	4.3058	3.3216	3.2036
	每股经营现金净流量(元)	-2.8672	0.9758	-1.3490	0.2815
	每股现金流量(元)	-2.6276	1.9252	-1.1201	0.1963
	每股资本公积金(元)	1.6137	1.5823	0.0282	0.0282
	每股盈余公积金(元)	0.0094	0.0094	-	-
	每股未分配利润(元)	1.6201	1.7141	2.2934	2.1754
	净资产收益率(%)	-1.0372	1.9097	3.4834	8.0369
	加权净资产收益率(%)	-1.0300	3.0700	3.4900	6.9100
	净资产收益率(扣除)(%)	-3.4054	-7.8584	-2.1906	-7.7072
	总资产(万元)	783584.30	801576.93	726147.95	700946.02
	归属母公司股东权益(万元)	176697.91	179305.89	108340.76	104491.95
	营业收入(万元)	346413.96	884629.42	469921.80	930249.17
	营业支出(万元)	309986.26	803098.73	430773.33	843907.04
	投资收益(万元)	-31.46	-492.33	-41.32	325.06
	净利润(万元)	-1832.69	3424.16	3773.97	8397.86
	营业利润(万元)	-5279.98	-12157.83	731.82	-2729.08
	利润总额(万元)	426.05	14876.44	9011.36	21069.24

四川金顶(集团)股份有限公司

公司概况						
公司概况	公司名称	四川金顶(集团)股份有限公司			证券简称	四川金顶
	法人代表	杨学品	董秘	闫蜀	证券代码	600678
	公司网址	www.scjd.cn		电子信箱	scjd600678@163.com	
	电　话	0833-2218123 2218555		传　真	0833-2218118	
	办公地址	四川省峨眉山市乐都镇				
	经营范围	水泥制造、销售、房地产开发经营、汽车修理、客货运输等				

主要财务指标	指标\报告期	2014.06.30	2013.12.31	2013.06.30	2012.12.31
主要财务指标	基本每股收益(元)	0.0103	0.0138	-0.0090	1.3008
	基本每股收益(扣除后)(元)	-0.0096	-0.0324	-0.2853	-0.2857
	稀释每股收益(元)	0.0103	0.0138	-0.0090	1.3008
	每股净资产(元)	0.1799	0.1718	0.1464	0.1527
	每股经营现金净流量(元)	0.0410	-0.0691	-0.1023	-0.5947
	每股现金流量(元)	-0.0378	-0.1165	-0.1903	0.2215
	每股资本公积金(元)	0.8750	0.8750	0.8750	0.8750
	每股盈余公积金(元)	0.0795	0.0795	0.0795	0.0795
	每股未分配利润(元)	-1.7785	-1.7888	-1.8115	-1.8025
	净资产收益率(%)	5.7148	8.0063	-6.1322	851.9960
	加权净资产收益率(%)	5.8182	8.4692	-6.0042	-
	净资产收益率(扣除)(%)	-5.3373	-18.8384	-9.3954	-186.8343
	总资产(万元)	32926.64	32206.67	14089.08	19223.46
	归属母公司股东权益(万元)	6277.68	5994.58	5110.61	5328.43
	营业收入(万元)	2134.47	3248.50	1187.13	1213.58
	营业支出(万元)	1504.29	2808.55	1097.33	1254.00
	投资收益(万元)	38.73	16.54	16.54	7670.35
	净利润(万元)	358.76	479.94	-313.39	45398.04
	营业利润(万元)	-344.28	625.11	480.16	11465.80
	利润总额(万元)	349.53	479.94	-313.39	41589.39

金山开发建设股份有限公司

公司概况						
公司概况	公司名称	金山开发建设股份有限公司			证券简称	金山开发
	法人代表	周卫中	董秘	刘峰	证券代码	600679
	公司网址	www.jskfjs.com		电子信箱	zj@jskfjs.com	
	电　话	021-31351500 31351508		传　真	021-31351501	
	办公地址	上海市闵行区吴中路369号美恒大厦15楼				
	经营范围	房地产开发经营、城市和绿化建设、旧区改造、商业开发等				

主要财务指标	指标\报告期	2014.06.30	2013.12.31	2013.06.30	2012.12.31
主要财务指标	基本每股收益(元)	-0.0188	0.0248	-0.0130	0.0116
	基本每股收益(扣除后)(元)	-0.0191	-0.0563	-0.0153	-0.0453
	稀释每股收益(元)	-0.0188	0.0248	-0.0130	0.0116
	每股净资产(元)	1.6607	1.6830	1.6301	1.6668
	每股经营现金净流量(元)	-0.1915	0.0416	-0.1110	-0.0510
	每股现金流量(元)	-0.4019	0.1397	-0.0033	-0.0239
	每股资本公积金(元)	0.9415	0.9449	0.9297	0.9535
	每股盈余公积金(元)	0.1632	0.1632	0.1632	0.1632
	每股未分配利润(元)	-0.4438	-0.4249	-0.4627	-0.4497
	净资产收益率(%)	-1.1328	1.4720	-0.7962	0.6931
	加权净资产收益率(%)	-1.1241	1.4800	-0.7816	0.7000
	净资产收益率(扣除)(%)	-1.1480	-3.3479	-0.9380	-2.7150
	总资产(万元)	113029.16	117313.00	119627.44	125016.86
	归属母公司股东权益(万元)	58726.97	59513.84	57641.90	58942.74
	营业收入(万元)	28295.52	70857.19	30937.99	79945.77
	营业支出(万元)	23732.12	62427.52	26524.59	68654.47
	投资收益(万元)	922.05	1709.07	577.12	1064.87
	净利润(万元)	-665.27	876.03	-458.92	408.55
	营业利润(万元)	-567.69	-3109.25	-1159.40	-1217.65
	利润总额(万元)	-567.79	-189.38	-1007.86	890.20

上海普天邮通科技股份有限公司

公司概况						
公司概况	公司名称	上海普天邮通科技股份有限公司			证券简称	上海普天
	法人代表	曹宏斌	董秘	陆贤薇	证券代码	600680
	公司网址	www.shpte.com		电子信箱	zhengquanb@shpte.com	
	电　话	021-64832699 64360900*2371		传　真	021-64832699	
	办公地址	上海市宜山路700号				
	经营范围	设计、生产、销售各类通信设备、元器件、计算机网络及外围配套设备等				

主要财务指标	指标\报告期	2014.06.30	2013.12.31	2013.06.30	2012.12.31
主要财务指标	基本每股收益(元)	0.0080	0.0410	0.0300	-0.2100
	基本每股收益(扣除后)(元)	-0.0080	-	-0.0580	-0.2150
	稀释每股收益(元)	0.0080	-	0.0300	-0.2100
	每股净资产(元)	3.5624	3.5541	3.5437	3.5142
	每股经营现金净流量(元)	-0.4697	-0.7113	-0.0108	-0.3760
	每股现金流量(元)	0.0807	-0.4177	-0.2384	-0.1332
	每股资本公积金(元)	2.2714	2.2714	2.2723	2.2723
	每股盈余公积金(元)	0.3105	0.3105	0.3105	0.3105
	每股未分配利润(元)	-0.0195	-0.0278	-0.0391	-0.0686
	净资产收益率(%)	0.2351	1.1500	0.8334	-5.9343
	加权净资产收益率(%)	0.2400	1.1530	0.8400	-5.7280
	净资产收益率(扣除)(%)	-0.2358	-2.5000	-1.6427	-6.1160
	总资产(万元)	284687.07	272721.94	251384.82	242408.85
	归属母公司股东权益(万元)	136165.78	135845.65	135450.85	134322.05
	营业收入(万元)	73827.33	172550.48	59953.48	126591.70
	营业支出(万元)	64698.13	151705.61	53279.66	112667.04
	投资收益(万元)	175.86	1290.70	399.91	672.43
	净利润(万元)	320.14	1557.31	1128.81	-7971.04
	营业利润(万元)	-385.69	-2166.48	-2331.32	-8149.99
	利润总额(万元)	331.32	2142.10	1028.30	-7872.00

万鸿集团股份有限公司

公司概况						
	公司名称	万鸿集团股份有限公司			证券简称	万鸿集团
	法人代表	戚围岳	董秘	许伟文	证券代码	600681
	公司网址	www.winowner.com		电子信箱	wdf94639@sina.com	
	电　话	027-88066666		传　真	027-88066666	
	办公地址	湖北省武汉市汉阳区阳新路特1号				
	经营范围	对酒店业、制造业、商业、旅游业、房地产业进行项目投资、装饰装修等				

主要财务指标	指标\报告期	2014.06.30	2013.12.31	2013.06.30	2012.12.31
	基本每股收益(元)	–	–0.0200	–0.0300	0.0100
	基本每股收益(扣除后)(元)	–	–	0.0100	0.0100
	稀释每股收益(元)	–	–0.0200	–0.0300	0.0100
	每股净资产(元)	0.0736	0.0732	0.0632	0.0958
	每股经营现金净流量(元)	–0.0122	–0.0305	0.0216	–0.0143
	每股现金流量(元)	–0.0127	–0.0120	0.0402	0.0343
	每股资本公积金(元)	2.0762	2.0762	2.0762	2.0762
	每股盈余公积金(元)	0.1041	0.1041	0.1041	0.1041
	每股未分配利润(元)	–3.1067	–3.1071	–3.1171	–3.0845
	净资产收益率(%)	0.5233	–30.7865	–51.5041	11.8300
	加权净资产收益率(%)	0.5200	–26.6800	–81.9100	13.7300
	净资产收益率(扣除)(%)	0.5195	19.4919	12.2432	11.4305
	总资产(万元)	17243.58	16595.21	18526.69	17401.45
	归属母公司股东权益(万元)	1851.66	1841.97	1590.08	2409.04
	营业收入(万元)	2692.20	7824.71	4345.65	8611.35
	营业支出(万元)	2175.99	6384.05	–	7100.10
	投资收益(万元)	–	–	–	–
	净利润(万元)	9.69	–567.08	–818.96	284.93
	营业利润(万元)	94.19	679.86	–	486.45
	利润总额(万元)	94.26	–348.87	–	485.98

南京新街口百货商店股份有限公司

公司概况						
	公司名称	南京新街口百货商店股份有限公司			证券简称	南京新百
	法人代表	杨怀珍	董秘	潘利建	证券代码	600682
	公司网址	www.njxb.com		电子信箱	dsh.yj@njxb.com	
	电　话	025-84717494 84761696		传　真	025-84717494 84761696	
	办公地址	江苏省南京市中山南路1号				
	经营范围	预包装食品、散装食品(炒货、蜜饯、糕点、茶叶)、保健食品、冷热饮品销售等				

主要财务指标	指标\报告期	2014.06.30	2013.12.31	2013.06.30	2012.12.31
	基本每股收益(元)	0.2500	0.3800	0.2000	0.5300
	基本每股收益(扣除后)(元)	0.2500	0.3700	0.2000	0.2900
	稀释每股收益(元)	0.2500	0.3800	0.2000	0.5300
	每股净资产(元)	4.1409	3.8828	3.7402	3.5408
	每股经营现金净流量(元)	–0.4576	0.9389	0.2417	0.7978
	每股现金流量(元)	–0.5014	1.1258	–0.1789	0.2860
	每股资本公积金(元)	1.1539	1.1499	1.1412	1.1424
	每股盈余公积金(元)	0.5748	0.5748	0.5137	0.5137
	每股未分配利润(元)	1.4121	1.1581	1.0852	0.8848
	净资产收益率(%)	6.1340	9.7204	5.3604	15.0169
	加权净资产收益率(%)	6.3400	10.1600	5.5100	15.9300
	净资产收益率(扣除)(%)	6.0117	9.5278	5.4111	8.2873
	总资产(万元)	449501.21	441925.25	374762.15	374510.10
	归属母公司股东权益(万元)	148376.80	139130.36	134019.18	126875.51
	营业收入(万元)	170480.64	335336.02	152475.67	285013.13
	营业支出(万元)	129860.19	257682.17	116630.50	222198.13
	投资收益(万元)	462.51	406.13	–	9510.27
	净利润(万元)	9101.47	13524.08	7184.01	19052.81
	营业利润(万元)	12453.74	17366.17	9552.45	22217.42
	利润总额(万元)	12425.68	17534.72	9448.23	22258.60

京投银泰股份有限公司

公司概况						
	公司名称	京投银泰股份有限公司			证券简称	京投银泰
	法人代表	田振清	董秘	杨锟	证券代码	600683
	公司网址	www.600683.com		电子信箱	ir@600683.com	
	电　话	010-65636620 65636622		传　真	010-85172628	
	办公地址	北京市朝阳区建国门外大街2号银泰中心C座17层				
	经营范围	百货零售、对外贸易和房地产开发与经营等业务				

主要财务指标	指标\报告期	2014.06.30	2013.12.31	2013.06.30	2012.12.31
	基本每股收益(元)	–0.1900	0.1000	–0.0100	0.1200
	基本每股收益(扣除后)(元)	–0.3100	–0.8300	–0.3500	–0.5900
	稀释每股收益(元)	–0.1900	0.1000	–0.0100	0.1200
	每股净资产(元)	2.3003	2.5191	2.4044	2.4834
	每股经营现金净流量(元)	0.9971	–11.2025	–12.8435	–0.9826
	每股现金流量(元)	0.4831	0.9050	0.2184	–0.1589
	每股资本公积金(元)	0.4425	0.4425	0.4425	0.4425
	每股盈余公积金(元)	0.1430	0.1430	0.1256	0.1240
	每股未分配利润(元)	0.7148	0.9336	0.8363	0.9170
	净资产收益率(%)	–8.1619	3.9939	–0.5850	4.7017
	加权净资产收益率(%)	–7.7600	4.0100	–0.5700	4.8100
	净资产收益率(扣除)(%)	–13.4941	–32.7630	–14.5273	–23.5665
	总资产(万元)	2584205.63	2400991.34	2350429.32	1499204.09
	归属母公司股东权益(万元)	170401.75	186606.11	178111.31	183968.29
	营业收入(万元)	11838.54	99627.47	47624.73	112222.99
	营业支出(万元)	10826.20	92864.80	44444.55	60024.91
	投资收益(万元)	–5625.59	50744.79	13338.17	6205.00
	净利润(万元)	–13907.95	7452.88	–1041.92	8649.69
	营业利润(万元)	–16474.29	7678.11	–1577.24	13065.45
	利润总额(万元)	–16506.51	10811.98	–791.34	14768.84

广州珠江实业开发股份有限公司

公司概况						
	公司名称	广州珠江实业开发股份有限公司			证券简称	珠江实业
	法人代表	郑暑平	董秘	黄静	证券代码	600684
	公司网址	www.gzzjsy.com		电子信箱	gzzjsy@gzzjsy.com	
	电　话	020-83752828 83752439		传　真	020-83752663	
	办公地址	广东省广州市越秀区环市东路362-366号好世界广场30楼				
	经营范围	经营土地开发、承建、销售、租赁商品房等				

主要财务指标	指标\报告期	2014.06.30	2013.12.31	2013.06.30	2012.12.31
	基本每股收益(元)	0.3400	0.9500	0.5200	0.7300
	基本每股收益(扣除后)(元)	0.3400	–	0.5200	1.0900
	稀释每股收益(元)	0.3400	0.9500	0.5200	1.0900
	每股净资产(元)	4.2023	3.8615	5.3623	3.0500
	每股经营现金净流量(元)	–1.4667	0.7862	0.6420	1.2669
	每股现金流量(元)	–1.6811	0.3614	1.4869	1.3617
	每股资本公积金(元)	0.4812	0.4812	0.7218	0.7218
	每股盈余公积金(元)	0.3173	0.3173	0.3680	0.3680
	每股未分配利润(元)	2.4038	2.0630	3.2725	2.4902
	净资产收益率(%)	8.1095	24.5545	14.5889	23.7830
	加权净资产收益率(%)	8.4500	27.3300	15.7400	26.9900
	净资产收益率(扣除)(%)	8.1136	24.5042	14.5685	23.7582
	总资产(万元)	584357.52	526310.02	494840.41	358953.08
	归属母公司股东权益(万元)	199249.43	183091.31	169500.38	144772.21
	营业收入(万元)	95681.22	233705.91	118146.62	179718.50
	营业支出(万元)	52941.36	124254.28	62281.71	93129.58
	投资收益(万元)	18.84	252.67	51.91	221.30
	净利润(万元)	16158.12	44957.12	24728.17	34431.24
	营业利润(万元)	22299.73	59997.79	32980.37	46110.11
	利润总额(万元)	22275.64	59842.86	32974.43	45934.16

广州广船国际股份有限公司

公司概况						
	公司名称	广州广船国际股份有限公司			证券简称	广船国际
	法人代表	韩广德	董秘	施卫东	证券代码	600685
	公司网址	www.chinagsi.com		电子信箱	chenlpaa@chinagsi.com	
	电　话	020-81891712*3155 2995		传　真	020-81891575	
	办公地址	广东省广州市荔湾区芳村大道南40号				
	经营范围	造船、钢结构工程以及机电产品等				

主要财务指标：指标\报告期	2014.06.30	2013.12.31	2013.06.30	2012.12.31
基本每股收益(元)	-0.2631	0.0211	-0.0412	0.0161
基本每股收益(扣除后)(元)	-0.2481	-0.3514	0.0253	-0.0600
稀释每股收益(元)	-0.2631	0.0211	-0.0412	0.0161
每股净资产(元)	5.0136	6.0702	6358.0000	6.4457
每股经营现金净流量(元)	-1.3014	-0.4313	-1.1581	-0.2296
每股现金流量(元)	-1.4170	0.1291	-	1.2288
每股资本公积金(元)	3.1826	3.3110	0.9966	1.0514
每股盈余公积金(元)	0.4315	0.6914	0.6718	0.6718
每股未分配利润(元)	0.3981	1.0755	3.6885	3.7225
净资产收益率(%)	-5.2474	0.3484	1353.3000	0.2491
加权净资产收益率(%)	-5.6400	0.3300	-0.9700	0.2500
净资产收益率(扣除)(%)	-4.3279	-5.7898	0.4562	-0.9305
总资产(万元)	2194566.75	2155886.12	1076668.09	1126855.37
归属母公司股东权益(万元)	516668.52	390956.38	408871.23	414511.45
营业收入(万元)	388688.42	416607.20	263699.83	642408.34
营业支出(万元)	381196.68	386756.77	248476.08	597085.55
投资收益(万元)	796.45	20247.27	-	3370.68
净利润(万元)	-27111.59	1359.97	-4243.89	1032.75
营业利润(万元)	-38137.91	-6336.33	-19346.57	-24186.92
利润总额(万元)	-27566.84	2808.00	-18000.53	2753.50

厦门金龙汽车集团股份有限公司

公司概况						
	公司名称	厦门金龙汽车集团股份有限公司			证券简称	金龙汽车
	法人代表	廉小强	董秘	唐祝敏	证券代码	600686
	公司网址	www.xmklm.com.cn		电子信箱	kinglong@xmklm.com.cn	
	电　话	0592-2969815		传　真	0592-2960686	
	办公地址	福建省厦门市厦禾路668号22-23层				
	经营范围	大、中、轻型客车的生产和销售等				

主要财务指标：指标\报告期	2014.06.30	2013.12.31	2013.06.30	2012.12.31
基本每股收益(元)	0.1800	0.5200	0.1400	0.4700
基本每股收益(扣除后)(元)	0.1400	0.3000	0.0700	0.2900
稀释每股收益(元)	0.1800	0.5200	0.1400	0.4700
每股净资产(元)	5.1204	5.1390	4.7405	4.7496
每股经营现金净流量(元)	-5.8966	1.5867	-2.4832	2.0917
每股现金流量(元)	-5.5877	1.1406	-2.5578	0.8770
每股资本公积金(元)	0.6967	0.6967	0.6760	0.6812
每股盈余公积金(元)	0.6045	0.6045	0.5384	0.5384
每股未分配利润(元)	2.8126	2.8328	2.5264	2.5300
净资产收益率(%)	3.5116	10.0953	3.0214	9.9768
加权净资产收益率(%)	3.4800	10.5400	2.9900	10.4000
净资产收益率(扣除)(%)	2.7364	5.7460	1.4188	6.1957
总资产(万元)	1632721.40	1608870.08	1575587.97	1465987.58
归属母公司股东权益(万元)	226626.75	227450.12	209813.15	210214.25
营业收入(万元)	922389.53	2081230.68	989842.77	1916870.68
营业支出(万元)	814191.31	1821423.46	885827.73	1679785.58
投资收益(万元)	3005.69	5935.80	1782.96	2724.87
净利润(万元)	7958.19	22961.82	6339.35	20972.73
营业利润(万元)	14831.63	38360.50	7646.72	34629.92
利润总额(万元)	17421.86	53435.56	14026.73	52150.08

甘肃刚泰控股(集团)股份有限公司

公司概况						
	公司名称	甘肃刚泰控股(集团)股份有限公司			证券简称	刚泰控股
	法人代表	徐建刚	董秘	张秦	证券代码	600687
	公司网址	www.gangtaikonggu.com		电子信箱	gangtaikonggu@163.com	
	电　话	0931-8186582		传　真	0931-8186566	
	办公地址	上海浦东新区陆家嘴环路958号华能联合大厦18楼				
	经营范围	实业投资、矿业投资、货运代理、设备、自有房屋租赁、装卸、仓储服务、物流信息咨询等				

主要财务指标：指标\报告期	2014.06.30	2013.12.31	2013.06.30	2012.12.31
基本每股收益(元)	0.1030	0.3100	0.2960	0.5670
基本每股收益(扣除后)(元)	0.1020	0.4720	-0.0700	0.3980
稀释每股收益(元)	0.1030	0.3100	0.2960	0.5670
每股净资产(元)	2.8693	3.6688	1.2860	2.8478
每股经营现金净流量(元)	-0.6203	-2.0180	-1.1737	0.1827
每股现金流量(元)	-0.2843	0.4724	-0.2318	0.2545
每股资本公积金(元)	1.3717	2.0832	-	0.5247
每股盈余公积金(元)	0.0192	0.0249	-	0.3911
每股未分配利润(元)	0.4628	0.5479	0.2860	1.6751
净资产收益率(%)	3.5857	6.4623	22.9872	15.6495
加权净资产收益率(%)	3.5800	16.2800	24.2800	17.0500
净资产收益率(扣除)(%)	3.5453	9.8420	-5.4816	13.9784
总资产(万元)	226814.60	203272.56	80689.34	98106.17
归属母公司股东权益(万元)	140668.45	138355.58	40454.57	46008.11
营业收入(万元)	81717.41	140799.62	41025.97	152066.91
营业支出(万元)	72441.67	117407.10	36316.96	137431.97
投资收益(万元)	431.34	3287.40	15321.50	679.66
净利润(万元)	5043.98	8940.95	9299.39	7200.03
营业利润(万元)	6798.03	16990.66	12245.49	10021.17
利润总额(万元)	6801.97	17108.20	12279.88	10537.74

中国石化上海石油化工股份有限公司

公司概况						
	公司名称	中国石化上海石油化工股份有限公司			证券简称	上海石化
	法人代表	王治卿	董秘	张经明	证券代码	600688
	公司网址	www.spc.com.cn		电子信箱	tom@spc.com.cn	
	电　话	021-57943143 52377880		传　真	021-57940050 52375091	
	办公地址	上海市金山区金一路48号				
	经营范围	原油加工、油品、化工产品、合成纤维及单体、塑料及制品、针纺织原料及制品等				

主要财务指标：指标\报告期	2014.06.30	2013.12.31	2013.06.30	2012.12.31
基本每股收益(元)	-0.0150	0.1860	0.0410	-0.1430
基本每股收益(扣除后)(元)	-0.0150	-	0.0430	-0.2390
稀释每股收益(元)	-0.0150	0.1860	0.0410	-0.1430
每股净资产(元)	1.5883	1.6510	2.3131	1.4990
每股经营现金净流量(元)	0.0774	0.5075	0.4689	-0.2238
每股现金流量(元)	0.0175	-0.0026	0.0183	0.0097
每股资本公积金(元)	0.0457	0.0457	0.4048	0.4048
每股盈余公积金(元)	0.3865	0.3865	0.7155	0.7155
每股未分配利润(元)	0.1531	0.2183	0.1880	0.1272
净资产收益率(%)	-0.9614	11.2359	2.6301	-9.5641
加权净资产收益率(%)	-0.9430	11.7800	2.6670	-9.0280
净资产收益率(扣除)(%)	-0.9160	9.2573	2.7841	-10.6205
总资产(万元)	3371273.10	3691593.30	3591472.10	3680579.90
归属母公司股东权益(万元)	1715362.90	1783161.70	1665438.40	1619041.90
营业收入(万元)	5137427.70	11553982.90	5711092.20	9307225.40
营业支出(万元)	4501769.60	10047700.00	5001947.20	8604107.20
投资收益(万元)	-6571.60	12066.70	3766.40	2923.00
净利润(万元)	-16491.10	200354.50	43802.00	-154846.60
营业利润(万元)	-16387.00	192215.90	64163.90	-225629.70
利润总额(万元)	-16876.10	239287.00	60932.20	-203297.40

上海三毛企业(集团)股份有限公司

公司概况	公司名称	上海三毛企业(集团)股份有限公司			证券简称	*ST 三毛
	法人代表	张文卿	董秘	沈磊	证券代码	600689
	公司网址	www.600689.com		电子信箱	shendby@600689.com	
	电 话	021-63059496		传 真	021-63018850 601	
	办公地址	上海市斜土路 791 号				
	经营范围	生产、销售毛条、毛纱、纺织品及服装、销售自产产品等				

主要财务指标	指标\报告期	2014.06.30	2013.12.31	2013.06.30	2012.12.31
	基本每股收益(元)	-0.0740	-0.2300	0.0130	-0.2400
	基本每股收益(扣除后)(元)	-0.0800	-0.5700	-0.3050	-0.4800
	稀释每股收益(元)	-0.0740	-0.2300	0.0130	-0.2400
	每股净资产(元)	1.5100	1.5800	1.7939	1.8000
	每股经营现金净流量(元)	0.0083	-0.6815	-0.7174	-0.2796
	每股现金流量(元)	-0.0564	-0.4999	-0.4554	-0.2838
	每股资本公积金(元)	1.1412	1.1429	1.1049	1.1278
	每股盈余公积金(元)	0.1921	0.1921	0.1921	0.1921
	每股未分配利润(元)	-0.8243	-0.7508	-0.5031	-0.5160
	净资产收益率(%)	-4.8747	-14.8180	0.7197	-13.0766
	加权净资产收益率(%)	-4.7600	-13.8700	0.7200	-12.3100
	净资产收益率(扣除)(%)	-5.2786	-35.8818	-17.0164	-26.6419
	总资产(万元)	88226.24	88589.66	85199.52	118300.36
	归属母公司股东权益(万元)	30328.22	31841.52	36054.98	36255.56
	营业收入(万元)	63340.66	165721.02	106532.90	262346.56
	营业支出(万元)	59583.22	154719.40	99305.53	248349.72
	投资收益(万元)	555.54	4794.34	5501.22	626.78
	净利润(万元)	-1478.41	-4718.27	259.48	-4741.00
	营业利润(万元)	-1452.17	-5443.92	-572.28	-8166.80
	利润总额(万元)	-1439.95	-4685.99	303.45	-3860.06

青岛海尔股份有限公司

公司概况	公司名称	青岛海尔股份有限公司			证券简称	青岛海尔
	法人代表	梁海山	董秘	明国珍	证券代码	600690
	公司网址	www.haier.com		电子信箱	9999@haier.com	
	电 话	0532-88931670		传 真	0532-88931689	
	办公地址	山东省青岛市崂山区海尔信息产业园内				
	经营范围	空调器、电冰箱、电冰柜、洗碗机、燃气灶等家电产品的生产与销售				

主要财务指标	指标\报告期	2014.06.30	2013.12.31	2013.06.30	2012.12.31
	基本每股收益(元)	0.9470	1.5320	0.7910	1.2180
	基本每股收益(扣除后)(元)	0.9010	-	0.7620	1.1830
	稀释每股收益(元)	0.9450	1.5300	0.7880	1.2150
	每股净资产(元)	6.0159	5.3172	4.5554	4.1450
	每股经营现金净流量(元)	1.3721	2.3928	1.2870	2.0553
	每股现金流量(元)	1.3968	1.5374	0.7243	1.4375
	每股资本公积金(元)	0.4250	0.2160	0.1536	0.1589
	每股盈余公积金(元)	0.7178	0.7178	0.6407	0.6433
	每股未分配利润(元)	3.8637	3.3764	2.7462	2.3352
	净资产收益率(%)	15.7453	28.8112	17.3503	29.3790
	加权净资产收益率(%)	16.0500	32.8400	17.4500	33.7800
	净资产收益率(扣除)(%)	14.9724	25.9836	16.7298	28.5489
	总资产(万元)	6741916.83	6109278.89	5417872.23	4968831.67
	归属母公司股东权益(万元)	1636830.60	1449416.35	1228089.39	1112854.65
	营业收入(万元)	4700071.78	8648772.36	4305624.31	7985659.78
	营业支出(万元)	3525218.24	6458610.91	3237602.21	5970387.08
	投资收益(万元)	31426.96	62187.36	29651.73	54258.65
	净利润(万元)	257724.31	416815.29	213286.01	326945.94
	营业利润(万元)	380014.42	616854.34	314600.49	526991.35
	利润总额(万元)	396558.34	671397.41	324758.32	542826.85

阳煤化工股份有限公司

公司概况	公司名称	阳煤化工股份有限公司			证券简称	阳煤化工
	法人代表	闫文泉	董秘	杨印生	证券代码	600691
	公司网址			电子信箱	lj_wang@163.com	
	电 话	0351-7255821 7255820		传 真	0351-7255820	
	办公地址	山西省太原市高新区科技街阳煤大厦				
	经营范围	电碳制品、机械密封、粉末冶金产品的生产、销售等				

主要财务指标	指标\报告期	2014.06.30	2013.12.31	2013.06.30	2012.12.31
	基本每股收益(元)	-0.3300	-0.0152	0.0700	0.2082
	基本每股收益(扣除后)(元)	-0.3900	-0.0495	0.0600	0.0801
	稀释每股收益(元)	-0.3300	-0.0152	0.0700	0.2082
	每股净资产(元)	2.9821	3.0468	3.1589	7.7136
	每股经营现金净流量(元)	0.6151	0.7626	0.1681	1.2962
	每股现金流量(元)	0.8528	-0.6155	-0.1387	2.2902
	每股资本公积金(元)	2.3578	2.1031	2.1359	6.8393
	每股盈余公积金(元)	0.0270	0.0270	0.0270	0.0674
	每股未分配利润(元)	-0.4230	-0.0973	-0.0161	-0.2052
	净资产收益率(%)	-10.9227	-0.4997	2.1794	4.6356
	加权净资产收益率(%)	-11.2900	-0.5000	2.2400	5.6800
	净资产收益率(扣除)(%)	-12.9399	-1.6236	1.8940	1.7851
	总资产(万元)	2959554.89	2511268.40	2399586.15	2213421.18
	归属母公司股东权益(万元)	437731.57	447227.61	463684.27	453311.00
	营业收入(万元)	812144.35	2509064.65	1197757.16	1759131.54
	营业支出(万元)	795417.67	2341627.77	1096952.56	1588890.25
	投资收益(万元)	-5660.06	-8784.77	49.78	10509.01
	净利润(万元)	-47812.20	-2234.73	10269.75	21013.80
	营业利润(万元)	-67037.84	4704.28	26507.97	53498.65
	利润总额(万元)	-57241.98	12810.45	28239.44	62757.33

上海亚通股份有限公司

公司概况	公司名称	上海亚通股份有限公司			证券简称	亚通股份
	法人代表	张忠	董秘	蔡福生	证券代码	600692
	公司网址	www.shanghiyateng.com		电子信箱	chinayatong@online.sh.cn	
	电 话	021-69695918		传 真	021-69691970	
	办公地址	上海市崇明县城桥镇寒山寺路 297 号				
	经营范围	房地产开发、宾馆服务业、煤炭、金属材料、农业机械及配件、汽车配件、化工产品等				

主要财务指标	指标\报告期	2014.06.30	2013.12.31	2013.06.30	2012.12.31
	基本每股收益(元)	0.0359	0.0743	0.0260	0.0561
	基本每股收益(扣除后)(元)	0.0103	0.0655	0.0240	0.0413
	稀释每股收益(元)	0.0359	0.0743	0.0260	0.0561
	每股净资产(元)	1.4783	1.4424	1.3942	1.3681
	每股经营现金净流量(元)	-0.0797	0.7277	0.4359	0.1030
	每股现金流量(元)	0.0302	-0.1007	-0.0501	0.0533
	每股资本公积金(元)	0.1741	0.1741	0.1741	0.1741
	每股盈余公积金(元)	0.1497	0.1497	0.1497	0.1497
	每股未分配利润(元)	0.1546	0.1187	0.0704	0.0444
	净资产收益率(%)	2.4297	5.1487	1.8668	4.1022
	加权净资产收益率(%)	2.4300	5.2800	1.8800	4.1900
	净资产收益率(扣除)(%)	0.6991	4.5407	1.7319	3.0176
	总资产(万元)	112965.27	117149.95	122828.40	136060.87
	归属母公司股东权益(万元)	52002.48	50738.98	49042.12	48126.60
	营业收入(万元)	24238.32	46419.71	26713.74	61427.26
	营业支出(万元)	20671.58	34542.31	20914.16	47321.16
	投资收益(万元)	912.26	401.46	173.30	299.18
	净利润(万元)	1263.50	2612.39	915.52	1974.27
	营业利润(万元)	1316.02	3669.80	1410.77	3337.07
	利润总额(万元)	1812.38	3794.49	1476.93	3667.62

福建东百集团股份有限公司

公司概况	公司名称	福建东百集团股份有限公司			证券简称	东百集团
	法人代表	朱红志	董秘	刘夷	证券代码	600693
	公司网址	www.dongbai.com		电子信箱	db600693@126.com	
	电　话	0591-87531724		传　真	0591-87531804	
	办公地址	福建省福州市八一七北路84号东百大厦18层				
	经营范围	百货零售为主业、兼营商业物业管理、广告信息、酒店餐饮、房地产开发业务				

	指标＼报告期	2014.06.30	2013.12.31	2013.06.30	2012.12.31
主要财务指标	基本每股收益(元)	0.4952	0.1638	0.1316	0.1119
	基本每股收益(扣除后)(元)	0.0862	0.1524	0.1400	0.1340
	稀释每股收益(元)	0.4952	0.1638	0.1316	0.1119
	每股净资产(元)	3.6028	3.1076	3.0728	2.9412
	每股经营现金净流量(元)	−1.4480	−2.0962	−0.4087	0.4045
	每股现金流量(元)	–	−0.7872	0.2109	0.3418
	每股资本公积金(元)	0.1233	0.1233	0.1207	0.1207
	每股盈余公积金(元)	0.4523	0.4523	0.4387	0.4387
	每股未分配利润(元)	2.0271	1.5319	1.5133	1.3818
	净资产收益率(%)	13.7449	5.2711	4.2816	3.8038
	加权净资产收益率(%)	14.7600	5.4200	4.3800	3.6900
	净资产收益率(扣除)(%)	0.0024	4.9049	4.5404	4.5567
	总资产(万元)	359410.26	330365.92	283493.43	231408.04
	归属母公司股东权益(万元)	123657.00	106660.46	105464.56	100949.00
	营业收入(万元)	90700.34	203673.65	108058.07	206852.84
	营业支出(万元)	70397.56	160821.22	85040.78	162197.72
	投资收益(万元)	19136.51	1155.92	–	−1823.35
	净利润(万元)	16996.54	5622.20	4515.56	3839.95
	营业利润(万元)	20753.54	8315.31	6642.15	9139.03
	利润总额(万元)	20800.76	7825.95	6599.26	8145.18

大商股份有限公司

公司概况	公司名称	大商股份有限公司			证券简称	大商股份
	法人代表	牛钢	董秘	孟浩	证券代码	600694
	公司网址	www.dsjt.com		电子信箱	dashanggufen@126.com	
	电　话	0411-83643215		传　真	0411-83880798	
	办公地址	辽宁省大连市中山区青三街1号				
	经营范围	商品零售兼批发、加工服务、仓储、农副产品收购、电子计算机技术服务等				

	指标＼报告期	2014.06.30	2013.12.31	2013.06.30	2012.12.31
主要财务指标	基本每股收益(元)	2.5500	4.0100	2.3700	3.3300
	基本每股收益(扣除后)(元)	2.4900	4.1800	2.4000	3.1300
	稀释每股收益(元)	2.5500	4.0100	2.3700	3.3300
	每股净资产(元)	19.4243	18.0912	16.4511	15.0778
	每股经营现金净流量(元)	1.5234	6.0851	3.0317	7.9424
	每股现金流量(元)	−1.8607	2.9108	0.9695	4.1907
	每股资本公积金(元)	4.9532	4.9532	4.9532	4.9532
	每股盈余公积金(元)	1.3205	1.3205	1.0708	1.0708
	每股未分配利润(元)	12.1506	10.8175	9.4271	8.0538
	净资产收益率(%)	13.1438	22.1844	14.4300	22.0611
	加权净资产收益率(%)	13.1800	24.2000	14.5900	24.5700
	净资产收益率(扣除)(%)	12.8360	23.0868	14.6000	20.7468
	总资产(万元)	1427933.07	1499700.34	1441205.95	1423302.17
	归属母公司股东权益(万元)	570527.12	531371.99	483200.08	442862.32
	营业收入(万元)	1699589.33	3374688.60	1756781.34	3185909.95
	营业支出(万元)	1327759.13	2679320.31	1392674.84	2552903.56
	投资收益(万元)	46.32	299.35	136.64	871.38
	净利润(万元)	74988.80	117881.54	69709.63	97700.40
	营业利润(万元)	102652.97	167141.07	93986.20	132628.59
	利润总额(万元)	104996.33	162002.70	92917.35	139718.68

上海大江食品集团股份有限公司

公司概况	公司名称	上海大江食品集团股份有限公司			证券简称	大江股份
	法人代表	俞乃奋	董秘	李冬青	证券代码	600695
	公司网址	www.dajiang.com		电子信箱	dajiang@dajiang.com	
	电　话	021-34225027 34225030		传　真	021-60200779	
	办公地址	上海市徐汇区宜山路810号贝岭大厦10F				
	经营范围	食用农产品(含生猪产品)、乳制品(不含婴幼儿配方乳粉)、酒类等				

	指标＼报告期	2014.06.30	2013.12.31	2013.06.30	2012.12.31
主要财务指标	基本每股收益(元)	−0.0400	0.1500	0.2200	−0.1989
	基本每股收益(扣除后)(元)	−0.0400	−0.1200	−0.0600	−0.2100
	稀释每股收益(元)	−0.0400	0.1500	0.2200	−0.1989
	每股净资产(元)	0.5346	0.5710	0.6232	0.4069
	每股经营现金净流量(元)	−0.0408	−0.0502	−0.0326	−0.1594
	每股现金流量(元)	−0.0337	0.0267	0.0367	−0.0293
	每股资本公积金(元)	0.5481	0.5481	0.5314	0.5314
	每股盈余公积金(元)	0.1090	0.1090	0.1090	0.1090
	每股未分配利润(元)	−1.1225	−1.0861	−1.0172	−1.2335
	净资产收益率(%)	−6.8158	25.8270	34.7101	−47.2031
	加权净资产收益率(%)	−6.5900	30.6800	42.0000	−72.8600
	净资产收益率(扣除)(%)	−6.6753	−21.7761	−9.8870	−51.8216
	总资产(万元)	43176.18	46267.59	53005.33	53423.51
	归属母公司股东权益(万元)	38128.25	40726.98	44443.75	29017.29
	营业收入(万元)	10479.97	29196.84	9470.53	33310.75
	营业支出(万元)	9978.53	27011.71	8564.60	29675.78
	投资收益(万元)	–	20171.13	19995.67	1561.29
	净利润(万元)	−2598.73	10518.57	15426.46	−13697.07
	营业利润(万元)	−2545.19	10839.35	15601.22	−13130.25
	利润总额(万元)	−2598.73	10517.38	15426.17	−12945.31

上海多伦实业股份有限公司

公司概况	公司名称	上海多伦实业股份有限公司			证券简称	多伦股份
	法人代表	鲜言	董秘	鲜言(代)	证券代码	600696
	公司网址			电子信箱	duolun600696@126.com	
	电　话	021-56715833		传　真	021-56716233	
	办公地址	上海浦东新区世纪大道88号金茂大厦3804B室				
	经营范围	生产与销售高级挂釉石质墙地砖、马赛克及其原材料、窑业机械设备等				

	指标＼报告期	2014.06.30	2013.12.31	2013.06.30	2012.12.31
主要财务指标	基本每股收益(元)	−0.0330	0.0260	0.0680	0.0710
	基本每股收益(扣除后)(元)	−0.0340	0.0280	0.0690	0.0730
	稀释每股收益(元)	−0.0330	0.0260	0.0680	0.0710
	每股净资产(元)	1.5067	1.5401	1.5825	1.5142
	每股经营现金净流量(元)	0.0294	0.0992	−0.0414	−0.0183
	每股现金流量(元)	0.0292	−0.0178	−0.0190	−0.1446
	每股资本公积金(元)	0.0878	0.0878	0.0878	0.0878
	每股盈余公积金(元)	0.0719	0.0719	0.0680	0.0680
	每股未分配利润(元)	0.3469	0.3804	0.4267	0.3585
	净资产收益率(%)	−2.2217	1.6831	4.3144	4.7133
	加权净资产收益率(%)	−2.1970	1.7000	4.4090	4.8300
	净资产收益率(扣除)(%)	−2.2240	1.8147	4.3438	4.8363
	总资产(万元)	116270.46	106719.25	98737.56	93637.12
	归属母公司股东权益(万元)	51311.31	52451.30	53893.64	51568.48
	营业收入(万元)	999.92	10984.45	4899.57	26486.23
	营业支出(万元)	581.71	8611.56	2672.80	19923.44
	投资收益(万元)	−384.83	523.09	1330.85	1719.43
	净利润(万元)	−1139.99	882.82	2325.16	2430.59
	营业利润(万元)	−1195.94	780.45	2545.87	4144.37
	利润总额(万元)	−1195.55	728.97	2518.71	4026.50

长春欧亚集团股份有限公司

公司概况					
公司名称	长春欧亚集团股份有限公司			证券简称	欧亚集团
法人代表	曹和平	董秘	席汝珍	证券代码	600697
公司网址	www.cn-eurasiagroup.com		电子信箱	ccoyjt@sina.com	
电　话	0431-87666905		传　真	0431-87666813	
办公地址	吉林省长春市飞跃路 2686 号				
经营范围	经销百货、五金、交电、日用杂品、食品业、纺织服装等				

主要财务指标：指标\报告期	2014.06.30	2013.12.31	2013.06.30	2012.12.31
基本每股收益(元)	0.7300	1.5400	0.6200	1.2700
基本每股收益(扣除后)(元)	0.7200	1.4600	0.5900	1.2300
稀释每股收益(元)	0.7300	1.5400	0.6200	1.2700
每股净资产(元)	9.1692	8.4435	7.8091	7.1917
每股经营现金净流量(元)	0.0535	3.2473	0.1630	3.6040
每股现金流量(元)	-1.5235	0.4667	-2.0496	0.2570
每股资本公积金(元)	2.1637	1.9174	1.9075	1.9068
每股盈余公积金(元)	0.5000	0.5000	0.5000	0.5000
每股未分配利润(元)	5.5060	5.0266	4.4015	3.7849
净资产收益率(%)	7.9823	18.2586	7.8960	17.6428
加权净资产收益率(%)	8.3100	19.6600	8.2200	18.8300
净资产收益率(扣除)(%)	7.8018	17.3438	7.5617	17.1702
总资产(万元)	1061374.22	947718.99	793519.75	750415.81
归属母公司股东权益(万元)	145870.75	134325.76	124232.77	114412.14
营业收入(万元)	574967.98	1031518.50	515037.80	859074.29
营业支出(万元)	477260.12	858889.12	438032.53	720654.59
投资收益(万元)	-55.99	-191.33	-62.88	-203.64
净利润(万元)	11643.89	24526.02	9809.41	20185.46
营业利润(万元)	23273.25	41326.11	16721.46	33598.29
利润总额(万元)	23902.68	43535.20	17267.10	34283.33

湖南天雁机械股份有限公司

公司概况					
公司名称	湖南天雁机械股份有限公司			证券简称	湖南天雁
法人代表	连刚	董秘	袁天奇	证券代码	600698
公司网址	www.tyen.com.cn		电子信箱	tyen5617@163.com	
电　话	0734-8532012		传　真	0734-8532003	
办公地址	湖南省衡阳市石鼓区合江套路 195 号				
经营范围	增压器，活塞环，冷却风扇，节温器，气门及其他发动机零部件的设计等				

主要财务指标：指标\报告期	2014.06.30	2013.12.31	2013.06.30	2012.12.31
基本每股收益(元)	0.0244	0.0607	0.0360	0.0657
基本每股收益(扣除后)(元)	0.0160	-	0.0326	0.0009
稀释每股收益(元)	0.0244	0.0607	0.0360	0.0657
每股净资产(元)	0.7281	0.7037	0.6790	0.6430
每股经营现金净流量(元)	0.0074	0.0181	-0.0539	0.1852
每股现金流量(元)	0.0170	-0.1283	-0.0756	0.1587
每股资本公积金(元)	0.3850	0.3850	0.3850	0.3850
每股盈余公积金(元)	0.0864	0.0864	0.0864	0.0864
每股未分配利润(元)	-0.7433	-0.7678	-0.7925	-0.8285
净资产收益率(%)	3.3548	8.6305	5.3072	10.2122
加权净资产收益率(%)	3.4100	9.0200	5.4500	10.7600
净资产收益率(扣除)(%)	2.1975	6.7002	4.8077	0.1404
总资产(万元)	109371.53	101495.69	111947.68	100328.14
归属母公司股东权益(万元)	70761.47	68387.54	65987.44	62485.33
营业收入(万元)	31956.96	64132.35	42927.20	91811.09
营业支出(万元)	23643.41	46056.61	31047.40	69575.96
投资收益(万元)	-	-	-	-85.09
净利润(万元)	2373.93	5902.21	3502.11	6381.16
营业利润(万元)	1910.11	5266.76	3834.05	1878.02
利润总额(万元)	2729.06	6819.84	4163.66	7687.39

辽源均胜电子股份有限公司

公司概况					
公司名称	辽源均胜电子股份有限公司			证券简称	均胜电子
法人代表	王剑峰	董秘	叶树平	证券代码	600699
公司网址	www.joyson.cn		电子信箱	600699@joyson.cn	
电　话	0437-5095910 0574-87907001		传　真	0437-3520181 0574-87402859	
办公地址	浙江省宁波市高新区聚贤路 1266 号				
经营范围	电子产品、电子元件、汽车电子装置(车身电子控制系统)、光电机一体化产品等				

主要财务指标：指标\报告期	2014.06.30	2013.12.31	2013.06.30	2012.12.31
基本每股收益(元)	0.2460	0.4700	0.1960	0.3600
基本每股收益(扣除后)(元)	0.2270	-	0.1900	0.3900
稀释每股收益(元)	0.2460	0.4700	0.1960	0.3600
每股净资产(元)	3.8137	3.5965	3.2293	2.7700
每股经营现金净流量(元)	0.2697	1.0225	0.3122	1.0452
每股现金流量(元)	-0.0986	0.0246	-0.0657	0.2080
每股资本公积金(元)	1.7471	1.7615	1.7481	1.3736
每股盈余公积金(元)	0.0654	0.0654	0.0465	0.0511
每股未分配利润(元)	1.2390	1.0034	0.7522	0.6241
净资产收益率(%)	6.4528	12.6322	5.7034	12.3329
加权净资产收益率(%)	6.6400	14.3600	6.5400	12.5400
净资产收益率(扣除)(%)	5.9552	12.4081	5.5192	9.1560
总资产(万元)	619482.92	574596.12	548923.67	517279.38
归属母公司股东权益(万元)	242605.22	228787.65	205427.29	160564.98
营业收入(万元)	338238.23	610382.65	281175.33	535845.86
营业支出(万元)	276501.11	493889.62	229431.51	441123.31
投资收益(万元)	3.93	-	-	14.22
净利润(万元)	15654.80	28900.86	11716.32	20684.94
营业利润(万元)	19830.47	37979.35	15707.82	30013.70
利润总额(万元)	21426.28	38564.87	16187.46	31171.13

哈尔滨工大高新技术产业开发股份有限公司

公司概况					
公司名称	哈尔滨工大高新技术产业开发股份有限公司			证券简称	工大高新
法人代表	张大成	董秘	吕莹	证券代码	600701
公司网址	hit-hi-tech.cn		电子信箱	lvying-hit@vip.sina.com	
电　话	0451-86269034 86269018		传　真	0451-86209032	
办公地址	黑龙江省哈尔滨市南岗区西大直街 118 号				
经营范围	高新技术及产品的开发、生产、销售和技术服务、技术咨询、技术培训、技术转让等				

主要财务指标：指标\报告期	2014.06.30	2013.12.31	2013.06.30	2012.12.31
基本每股收益(元)	-0.0410	0.0249	0.0030	0.0497
基本每股收益(扣除后)(元)	-0.0440	0.0222	0.0030	0.0478
稀释每股收益(元)	-0.0410	0.0249	0.0030	0.0497
每股净资产(元)	1.7961	1.8369	1.8232	1.8206
每股经营现金净流量(元)	0.2430	0.0855	0.1473	0.3206
每股现金流量(元)	0.1477	0.3505	0.0666	0.0248
每股资本公积金(元)	0.1985	0.5031	0.1921	0.1921
每股盈余公积金(元)	0.1761	0.1761	0.1698	0.1698
每股未分配利润(元)	0.4215	0.4623	0.4614	0.4587
净资产收益率(%)	-2.2767	1.3555	0.1462	2.7326
加权净资产收益率(%)	-2.0800	1.3611	0.1500	2.7705
净资产收益率(扣除)(%)	-2.4665	1.2090	0.1438	2.6272
总资产(万元)	298253.49	259914.19	203138.82	199306.57
归属母公司股东权益(万元)	89583.85	106815.31	90939.11	90806.11
营业收入(万元)	37913.85	83579.54	35338.99	88875.85
营业支出(万元)	24977.06	57087.13	23316.21	60645.87
投资收益(万元)	-3.36	-7.30	-3.88	1.13
净利润(万元)	-2039.58	1241.98	133.00	2481.41
营业利润(万元)	-1962.22	2115.87	221.24	2782.98
利润总额(万元)	-1791.88	2252.73	225.47	2909.76

四川沱牌舍得酒业股份有限公司

公司概况	公司名称	四川沱牌舍得酒业股份有限公司			证券简称	沱牌舍得
	法人代表	李家顺	董秘	马力军	证券代码	600702
	公司网址	www.tuopaishede.cn		电子信箱	tuopai@tuopaishede.cn	
	电　　话	0825-6618268　6618269		传　　真	0825-6618269	
	办公地址	四川省遂宁市射洪县沱牌镇沱牌大道999号				
	经营范围	粮食收购、酒类及纯净水生产、销售、普通货运、危险货物运输等				

	指标\报告期	2014.06.30	2013.12.31	2013.06.30	2012.12.31
主要财务指标	基本每股收益(元)	0.0310	0.0349	0.0838	1.0965
	基本每股收益(扣除后)(元)	0.0296	0.0309	0.0835	1.0953
	稀释每股收益(元)	0.0310	0.0349	0.0838	1.0965
	每股净资产(元)	6.6685	6.6374	7.0163	6.9325
	每股经营现金净流量(元)	−0.2687	0.3087	0.2315	1.1890
	每股现金流量(元)	0.1207	−0.2344	−0.3213	−0.1778
	每股资本公积金(元)	2.3697	2.3697	2.3697	2.3697
	每股盈余公积金(元)	0.7283	0.7283	0.6436	0.6436
	每股未分配利润(元)	2.5704	2.5394	3.0029	2.9192
	净资产收益率(%)	0.4655	0.5259	1.1938	15.8171
	加权净资产收益率(%)	0.4700	0.5100	1.2000	16.9400
	净资产收益率(扣除)(%)	0.4439	0.4650	1.1904	15.7992
	总资产(万元)	349640.90	340789.58	329628.41	346331.92
	归属母公司股东权益(万元)	224927.68	223880.73	236659.53	233834.21
	营业收入(万元)	73111.47	141859.17	75522.26	195946.15
	营业支出(万元)	37146.30	56164.43	25519.78	77739.93
	投资收益(万元)	1026.60	477.09	686.32	1976.60
	净利润(万元)	1046.95	1177.42	2825.32	36985.76
	营业利润(万元)	1584.71	4810.09	5317.64	49603.65
	利润总额(万元)	1648.91	4947.40	5327.47	49684.74

三安光电股份有限公司

公司概况	公司名称	三安光电股份有限公司			证券简称	三安光电
	法人代表	林秀成	董秘	王庆	证券代码	600703
	公司网址	www.sanan-e.com		电子信箱	600703@sanan.cn	
	电　　话	0592-5937117　5903387		传　　真	0592-5937117　5903387	
	办公地址	福建省厦门市思明区吕岭路1721-1725号				
	经营范围	电子工业技术研究、咨询服务、电子产品生产、销售等				

	指标\报告期	2014.06.30	2013.12.31	2013.06.30	2012.12.31
主要财务指标	基本每股收益(元)	0.4200	0.7200	0.3200	0.5600
	基本每股收益(扣除后)(元)	0.3200	0.5300	0.2800	0.3800
	稀释每股收益(元)	0.4200	0.7200	0.3200	0.5600
	每股净资产(元)	6.6153	4.8251	4.3041	4.1840
	每股经营现金净流量(元)	0.0250	0.5300	0.1770	0.2802
	每股现金流量(元)	1.8085	−0.4939	−0.1424	0.0296
	每股资本公积金(元)	3.9117	2.1849	2.0588	2.0588
	每股盈余公积金(元)	0.1059	0.1170	0.0857	0.0857
	每股未分配利润(元)	1.5982	1.5256	1.1599	1.0394
	净资产收益率(%)	6.3095	14.8688	7.4469	13.4100
	加权净资产收益率(%)	6.6600	16.0900	7.3800	13.9300
	净资产收益率(扣除)(%)	4.7654	10.8962	6.5284	9.0939
	总资产(万元)	1736877.14	1334608.38	1216938.33	1164314.83
	归属母公司股东权益(万元)	1055400.64	696750.44	621523.95	604171.60
	营业收入(万元)	217695.63	373206.74	167422.43	336315.82
	营业支出(万元)	127996.61	237938.54	106084.01	246334.52
	投资收益(万元)	−236.27	496.27	1.31	1788.53
	净利润(万元)	66590.31	103598.77	46284.47	81004.16
	营业利润(万元)	60340.63	80716.56	39467.65	50983.10
	利润总额(万元)	79753.05	126398.87	55359.21	101456.30

浙江物产中大元通集团股份有限公司

公司概况	公司名称	浙江物产中大元通集团股份有限公司			证券简称	物产中大
	法人代表	陈继达	董秘	颜亮	证券代码	600704
	公司网址	www.zhongda.com		电子信箱	stock@zhongda.com	
	电　　话	0571-85777029		传　　真	0571-85778008	
	办公地址	浙江省杭州市中大广场A座				
	经营范围	主要从事各类服装、纺织品、食品、茶叶等进出口贸易等				

	指标\报告期	2014.06.30	2013.12.31	2013.06.30	2012.12.31
主要财务指标	基本每股收益(元)	0.3133	0.3133	0.3372	0.5417
	基本每股收益(扣除后)(元)	0.2182	0.2182	0.2975	0.4178
	稀释每股收益(元)	0.3133	0.3133	0.3372	0.5417
	每股净资产(元)	5.5119	5.5119	5.0520	4.9700
	每股经营现金净流量(元)	−0.5540	−0.5540	−1.4992	−0.6693
	每股现金流量(元)	1.0431	1.0431	−0.1320	0.3985
	每股资本公积金(元)	1.3685	1.3685	1.4253	1.5033
	每股盈余公积金(元)	0.3164	0.3164	0.2523	0.2523
	每股未分配利润(元)	2.8271	2.8271	2.3744	2.2172
	净资产收益率(%)	5.6836	5.6836	6.6750	10.8935
	加权净资产收益率(%)	5.7500	5.7500	6.5900	12.0700
	净资产收益率(扣除)(%)	3.9594	3.9594	5.8879	8.4027
	总资产(万元)	2919637.29	2919637.29	2621036.36	2426960.15
	归属母公司股东权益(万元)	435727.23	435727.23	399370.72	393108.86
	营业收入(万元)	1782745.23	1782745.23	1823774.38	3949097.68
	营业支出(万元)	1659017.78	1659017.78	1670032.53	3641682.53
	投资收益(万元)	10575.43	10575.43	1124.77	9058.82
	净利润(万元)	24764.83	24764.83	26658.05	42823.38
	营业利润(万元)	46352.79	46352.79	52165.11	79742.15
	利润总额(万元)	46570.52	46570.52	51918.44	89082.64

中航投资控股股份有限公司

公司概况	公司名称	中航投资控股股份有限公司			证券简称	中航投资
	法人代表	孟祥泰	董秘	王晓峰	证券代码	600705
	公司网址	www.aviccapital.com		电子信箱	dongmi@aviccapital.com	
	电　　话	010-65675115　0451-84878698		传　　真	010-65675911　0451-84878701	
	办公地址	北京市朝阳区东三环中路乙10号艾维克大厦20层				
	经营范围	实业投资、股权投资、投资咨询				

	指标\报告期	2014.06.30	2013.12.31	2013.06.30	2012.12.31
主要财务指标	基本每股收益(元)	0.6600	0.5500	0.2700	0.5300
	基本每股收益(扣除后)(元)	0.6400	−	0.2600	0.4600
	稀释每股收益(元)	0.6600	3.2799	0.2700	0.5300
	每股净资产(元)	6.2923	3.2799	3.7584	3.4844
	每股经营现金净流量(元)	−9.6453	1.0053	−9.1691	2.2840
	每股现金流量(元)	−7.9901	2.4688	−9.4459	2.6558
	每股资本公积金(元)	3.8784	1.1138	1.4867	1.5232
	每股盈余公积金(元)	0.0008	0.0010	0.0597	0.0606
	每股未分配利润(元)	1.3022	1.0292	1.1828	0.9137
	净资产收益率(%)	9.5477	16.9084	7.2900	13.6146
	加权净资产收益率(%)	13.2900	15.1400	7.5600	15.7000
	净资产收益率(扣除)(%)	9.2341	15.5060	6.8821	12.0635
	总资产(万元)	8098690.59	8500960.48	5899187.72	6518939.01
	归属母公司股东权益(万元)	1174360.23	499347.88	572209.34	536939.35
	营业收入(万元)	128684.10	187849.16	80263.51	157305.67
	营业支出(万元)	56749.94	92344.55	43007.61	76611.24
	投资收益(万元)	96347.78	31168.46	18882.12	29237.80
	净利润(万元)	112124.74	84431.51	41714.16	72978.12
	营业利润(万元)	209923.55	242838.89	123133.49	206050.12
	利润总额(万元)	211365.27	247646.68	123693.22	213022.25

西安曲江文化旅游股份有限公司

公司概况	公司名称	西安曲江文化旅游股份有限公司			证券简称	曲江文旅
	法人代表	贾涛	董秘	高艳	证券代码	600706
	公司网址	www.qjtourism.com		电子信箱	cadsh@pub.xaonline.com	
	电　话	029-89129355		传　真	029-89129350	
	办公地址	陕西省西安市曲江新区雁塔南路 292 号曲江文化大厦 6-7 层				
	经营范围	景区运营管理业务、酒店餐饮管理业务、旅行社业务、演出演艺业务等				

主要财务指标	指标\报告期	2014.06.30	2013.12.31	2013.06.30	2012.12.31
	基本每股收益(元)	0.1300	0.4700	0.1700	0.4900
	基本每股收益(扣除后)(元)	0.1300	0.4200	0.1100	0.4500
	稀释每股收益(元)	0.1300	0.4700	0.1700	0.4900
	每股净资产(元)	4.3365	4.2096	3.9044	3.7375
	每股经营现金净流量(元)	-0.5060	0.1230	-1.0391	0.5074
	每股现金流量(元)	-1.0029	0.9552	0.4104	0.5141
	每股资本公积金(元)	2.4984	2.4984	2.4984	2.4984
	每股盈余公积金(元)	-	-	-	-
	每股未分配利润(元)	0.8381	0.7113	0.4061	0.2391
	净资产收益率(%)	2.9248	11.2154	4.2752	10.5467
	加权净资产收益率(%)	2.9700	11.8800	4.3700	10.4300
	净资产收益率(扣除)(%)	2.9268	10.0486	2.7169	9.6718
	总资产(万元)	185481.11	195710.77	185252.50	175449.34
	归属母公司股东权益(万元)	77843.79	75567.03	70088.34	67091.92
	营业收入(万元)	52672.49	129765.87	52450.98	114000.37
	营业支出(万元)	34700.79	84194.74	35827.33	77491.42
	投资收益(万元)	-	2.53	-	-
	净利润(万元)	2276.76	8475.11	2996.42	7075.95
	营业利润(万元)	2397.75	9063.67	2382.21	6497.43
	利润总额(万元)	2395.94	10278.19	3715.37	7218.40

彩虹显示器件股份有限公司

公司概况	公司名称	彩虹显示器件股份有限公司			证券简称	彩虹股份
	法人代表	郭盟权	董秘	龙涛	证券代码	600707
	公司网址	www.chgf.com.cn		电子信箱	gfoffice@ch.com.cn	
	电　话	029-38016998 38016958		传　真	029-38016950	
	办公地址	陕西省咸阳市秦都区新产业聚积园(玉泉西路西延段)				
	经营范围	显示器件的生产、开发与经营				

主要财务指标	指标\报告期	2014.06.30	2013.12.31	2013.06.30	2012.12.31
	基本每股收益(元)	-0.0920	0.1020	-0.0770	-2.3380
	基本每股收益(扣除后)(元)	-0.0990	-0.3060	-0.1100	-2.2980
	稀释每股收益(元)	-0.0920	0.1020	-0.0770	-2.3380
	每股净资产(元)	3.2102	2.7750	2.5964	2.6735
	每股经营现金净流量(元)	-0.0746	0.0513	-0.0475	-0.0772
	每股现金流量(元)	-0.5547	-0.2556	-0.1435	-0.7865
	每股资本公积金(元)	5.7537	5.2262	5.2262	5.2262
	每股盈余公积金(元)	0.3124	0.3124	0.3124	0.3124
	每股未分配利润(元)	-3.8559	-3.7635	-3.9421	-3.8651
	净资产收益率(%)	-2.8777	3.6583	-2.9683	-87.4449
	加权净资产收益率(%)	-3.0900	3.8400	-2.9800	-56.5800
	净资产收益率(扣除)(%)	-3.0981	11.0446	-4.2304	-85.9376
	总资产(万元)	707285.22	734796.29	773700.09	800293.24
	归属母公司股东权益(万元)	236513.45	204452.05	191294.33	196972.48
	营业收入(万元)	5543.75	23959.90	12448.12	24869.23
	营业支出(万元)	6079.04	20102.15	10728.67	26923.08
	投资收益(万元)	1137.24	24478.29	1595.77	316.35
	净利润(万元)	-6806.26	7479.56	-5678.16	-172242.46
	营业利润(万元)	-8942.02	-6534.42	-8395.40	-224101.43
	利润总额(万元)	-8296.43	2196.81	-5981.05	-221328.48

上海海博股份有限公司

公司概况	公司名称	上海海博股份有限公司			证券简称	海博股份
	法人代表	闻淼	董秘	熊波	证券代码	600708
	公司网址	www.hb600708.com		电子信箱	xiongbo-sh@sohu.com	
	电　话	021-61132700 61132819		传　真	021-61132819	
	办公地址	上海市徐汇区宜山路 829 号				
	经营范围	工业品加工、批发、零售，有色金属加工、经销，农副产品加工、批发、零售等				

主要财务指标	指标\报告期	2014.06.30	2013.12.31	2013.06.30	2012.12.31
	基本每股收益(元)	0.1483	0.3161	0.1121	0.2962
	基本每股收益(扣除后)(元)	0.1152	0.1219	0.0694	0.1006
	稀释每股收益(元)	0.1483	0.3161	0.1121	0.2962
	每股净资产(元)	2.9300	2.8800	2.6789	2.6685
	每股经营现金净流量(元)	0.3988	0.9876	0.4830	0.9514
	每股现金流量(元)	0.1545	0.1496	0.0607	-0.0292
	每股资本公积金(元)	0.1139	0.1139	0.1139	0.1124
	每股盈余公积金(元)	0.1591	0.1591	0.0874	0.0878
	每股未分配利润(元)	1.6547	1.6064	1.4741	1.4620
	净资产收益率(%)	5.0562	10.9634	4.1838	11.0993
	加权净资产收益率(%)	5.1000	11.3900	4.1900	11.5600
	净资产收益率(扣除)(%)	3.9280	4.2283	2.5921	3.7685
	总资产(万元)	501195.75	394126.73	384002.61	386156.07
	归属母公司股东权益(万元)	149713.68	147154.67	136722.16	136190.35
	营业收入(万元)	204519.28	253447.16	108656.44	210985.53
	营业支出(万元)	167434.62	205198.67	81307.98	167360.32
	投资收益(万元)	902.89	1284.92	1047.60	1066.59
	净利润(万元)	7569.80	16133.16	5720.15	15116.13
	营业利润(万元)	11014.74	8874.50	8280.68	3233.88
	利润总额(万元)	12575.61	25988.96	9952.95	21158.76

常林股份有限公司

公司概况	公司名称	常林股份有限公司			证券简称	常林股份
	法人代表	吴培国	董秘	梁逢源	证券代码	600710
	公司网址	www.changlin.com.cn		电子信箱	lfy@changlin.com.cn	
	电　话	0519-86781168 86781158		传　真	0519-86750025	
	办公地址	江苏省常州市新北区黄河西路 898 号				
	经营范围	工程、林业、矿山、环保采运机械产品的研制、生产、销售及维修等				

主要财务指标	指标\报告期	2014.06.30	2013.12.31	2013.06.30	2012.12.31
	基本每股收益(元)	-0.0900	-0.3400	-0.1200	0.0200
	基本每股收益(扣除后)(元)	-0.1100	-0.3400	-0.1200	-0.0700
	稀释每股收益(元)	-0.0900	-0.3400	-0.1200	0.0200
	每股净资产(元)	2.8400	2.9234	3.1417	3.2603
	每股经营现金净流量(元)	-0.1328	-0.1026	-0.1672	-0.1457
	每股现金流量(元)	-0.0209	-0.3258	-0.2084	-0.0472
	每股资本公积金(元)	0.8687	0.8687	0.8687	0.8687
	每股盈余公积金(元)	0.2094	0.2094	0.2094	0.2094
	每股未分配利润(元)	0.7582	0.8441	1.0618	1.1818
	净资产收益率(%)	-3.0229	-11.5523	-3.8205	0.4607
	加权净资产收益率(%)	-2.9800	-10.9200	-3.7500	0.4600
	净资产收益率(扣除)(%)	-3.9988	-11.6998	-3.9132	-2.2918
	总资产(万元)	285949.77	280193.50	320658.70	308576.85
	归属母公司股东权益(万元)	181842.10	187180.67	201161.13	208752.55
	营业收入(万元)	55189.83	115003.23	62896.95	136798.62
	营业支出(万元)	50679.38	107794.44	58943.33	122147.42
	投资收益(万元)	1245.60	-3836.87	515.07	1880.96
	净利润(万元)	-5496.91	-21623.63	-7685.36	961.70
	营业利润(万元)	-7336.32	-20718.93	-7898.68	-4610.42
	利润总额(万元)	-5557.61	-20458.64	-7676.79	1130.17

盛屯矿业集团股份有限公司

公司概况					
公司名称	盛屯矿业集团股份有限公司			证券简称	盛屯矿业
法人代表	陈东	董秘	江艳	证券代码	600711
公司网址	www.600711.com		电子信箱	zouyp@600711.com	
电话	0592-5891697 5891693		传真	0592-5891699	
办公地址	福建省厦门市思明区金桥路 101 号办公楼第四层东侧 A 区				
经营范围	有色金属采选业务、综合贸易业务等				

主要财务指标 指标\报告期	2014.06.30	2013.12.31	2013.06.30	2012.12.31
基本每股收益(元)	0.0300	0.2410	-0.0100	0.0800
基本每股收益(扣除后)(元)	0.0330	0.2350	-0.0200	0.0360
稀释每股收益(元)	0.0300	0.2410	-0.0100	0.0800
每股净资产(元)	5.7870	5.3643	5.1187	2.6100
每股经营现金净流量(元)	-0.4619	0.5690	0.0544	0.1588
每股现金流量(元)	0.7430	0.4136	0.0517	-0.4527
每股资本公积金(元)	4.6118	4.1625	4.1621	2.3005
每股盈余公积金(元)	0.0061	-	-	-
每股未分配利润(元)	0.1691	0.2018	-0.0434	-0.0497
净资产收益率(%)	0.3873	4.3617	-0.2195	3.1137
加权净资产收益率(%)	0.5500	4.5380	-0.5400	3.1500
净资产收益率(扣除)(%)	0.4328	4.2602	-0.3892	1.1947
总资产(万元)	503382.76	391876.95	374787.93	186113.85
归属母公司股东权益(万元)	346539.55	243268.51	232130.52	95505.21
营业收入(万元)	131486.90	203757.14	34054.54	136941.53
营业支出(万元)	121524.97	176146.66	30098.52	126339.73
投资收益(万元)	-240.97	174.50	275.20	1092.72
净利润(万元)	1342.25	10610.63	-509.46	2973.73
营业利润(万元)	870.42	11487.54	-1230.67	2469.32
利润总额(万元)	876.88	11595.76	-977.66	2569.64

南宁百货大楼股份有限公司

公司概况					
公司名称	南宁百货大楼股份有限公司			证券简称	南宁百货
法人代表	黄永干	董秘	周宁星	证券代码	600712
公司网址	www.nnbh.com.cn		电子信箱	dshoffice@nnbh.cn	
电话	0771-2610906 2098826		传真	0771-2610906	
办公地址	广西壮族自治区南宁市朝阳路 39 号				
经营范围	商品零售、批发、进出口贸易、广告、物业管理等				

主要财务指标 指标\报告期	2014.06.30	2013.12.31	2013.06.30	2012.12.31
基本每股收益(元)	0.0100	0.0311	0.0300	0.1183
基本每股收益(扣除后)(元)	0.0120	0.0232	0.0300	0.1190
稀释每股收益(元)	0.0100	0.0311	0.0300	0.1183
每股净资产(元)	1.9709	1.9668	1.9610	1.9672
每股经营现金净流量(元)	-0.4092	0.1497	-0.1509	-0.0073
每股现金流量(元)	-0.4611	0.2183	-0.1820	-0.1953
每股资本公积金(元)	0.6791	0.6791	0.6746	0.6746
每股盈余公积金(元)	0.0702	0.0702	0.0632	0.0632
每股未分配利润(元)	0.2216	0.2176	0.2232	0.2294
净资产收益率(%)	0.7105	1.5837	1.5183	6.0122
加权净资产收益率(%)	0.7000	1.5800	1.5200	6.1500
净资产收益率(扣除)(%)	0.5960	1.1815	1.4487	6.0472
总资产(万元)	198573.43	218919.51	195211.27	210148.16
归属母公司股东权益(万元)	107343.49	107125.48	106807.12	107146.25
营业收入(万元)	130613.98	289511.39	149742.72	264149.93
营业支出(万元)	111808.09	245769.48	127317.47	222006.64
投资收益(万元)	16.93	90.86	31.95	73.15
净利润(万元)	762.66	1696.56	1621.63	6441.84
营业利润(万元)	1068.96	2473.99	2230.27	8148.42
利润总额(万元)	1213.47	2971.57	2317.43	8111.31

南京医药股份有限公司

公司概况					
公司名称	南京医药股份有限公司			证券简称	南京医药
法人代表	陶昀	董秘	李文骏	证券代码	600713
公司网址	www.njyy.com		电子信箱	jiang_xiaojun@njyy.com	
电话	025-84552687 84552606		传真	025-84552606	
办公地址	南京市雨花台区小行尤家凹 1 号(南京国际健康产业园)8 号楼				
经营范围	经营药品、医疗器械、化学试剂、玻璃仪器四类商品研制、开发、生产、销售				

主要财务指标 指标\报告期	2014.06.30	2013.12.31	2013.06.30	2012.12.31
基本每股收益(元)	0.0370	0.0560	0.0270	0.0160
基本每股收益(扣除后)(元)	0.0260	-0.0240	-0.0180	-0.4210
稀释每股收益(元)	0.0370	-	-	-
每股净资产(元)	1.4546	1.4629	1.4528	1.4405
每股经营现金净流量(元)	0.2808	-0.5108	-0.5593	0.2425
每股现金流量(元)	-0.1903	-0.2337	-0.3902	0.1080
每股资本公积金(元)	0.3736	0.4741	0.4609	0.4723
每股盈余公积金(元)	0.0794	0.0794	0.0794	0.0794
每股未分配利润(元)	0.0016	-0.0356	-0.0875	-0.1112
净资产收益率(%)	2.5567	3.6740	1.6305	1.0830
加权净资产收益率(%)	2.5300	3.8400	1.8200	1.1200
净资产收益率(扣除)(%)	1.7930	-1.6560	-1.4768	-29.2110
总资产(万元)	1027107.82	986963.28	948008.96	922704.90
归属母公司股东权益(万元)	100888.22	105281.21	100765.37	99911.01
营业收入(万元)	1073692.95	1873779.04	946820.04	1802422.04
营业支出(万元)	1008380.62	1754350.26	887924.87	1666083.92
投资收益(万元)	579.40	7363.73	2956.97	9352.78
净利润(万元)	2579.36	3868.07	1893.74	1082.04
营业利润(万元)	4965.94	10749.82	5269.45	-4008.25
利润总额(万元)	5188.97	12123.48	7192.18	5782.09

青海金瑞矿业发展股份有限公司

公司概况					
公司名称	青海金瑞矿业发展股份有限公司			证券简称	金瑞矿业
法人代表	程国勋	董秘	李军颜	证券代码	600714
公司网址			电子信箱	ljyjrky@163.com	
电话	0971-6321867 6321653		传真	0971-6330915	
办公地址	青海省西宁市新宁路 36 号				
经营范围	锶系列产品的研究、生产、开发、加工和销售等				

主要财务指标 指标\报告期	2014.06.30	2013.12.31	2013.06.30	2012.12.31
基本每股收益(元)	0.0274	0.0800	0.0493	0.0400
基本每股收益(扣除后)(元)	0.0177	0.0700	0.0504	0.0360
稀释每股收益(元)	0.0274	0.0800	0.0493	0.0400
每股净资产(元)	1.7119	1.6519	1.6330	1.5763
每股经营现金净流量(元)	-0.1904	-0.0051	-0.3938	0.2353
每股现金流量(元)	-0.0722	-0.1342	-0.4825	0.4074
每股资本公积金(元)	0.3612	0.3612	0.3612	0.3612
每股盈余公积金(元)	0.1141	0.1141	0.1141	0.1141
每股未分配利润(元)	0.1119	0.0845	0.0560	0.0067
净资产收益率(%)	1.5982	5.0234	3.0192	2.6861
加权净资产收益率(%)	1.6400	5.1300	3.0700	2.8300
净资产收益率(扣除)(%)	1.0314	4.3449	3.0835	2.3099
总资产(万元)	130326.32	122422.98	140054.55	131969.84
归属母公司股东权益(万元)	46804.32	45021.62	44647.13	43096.00
营业收入(万元)	23872.02	56994.23	32625.57	51274.13
营业支出(万元)	16916.33	40530.98	22408.90	35936.59
投资收益(万元)	-	-	-	-
净利润(万元)	748.01	2268.80	1347.98	1157.60
营业利润(万元)	1097.89	3236.41	2190.05	2479.64
利润总额(万元)	1475.48	3645.02	2161.36	2678.63

松辽汽车股份有限公司

公司概况					
公司名称	松辽汽车股份有限公司			证券简称	松辽汽车
法人代表	李小平	董秘	孙华东	证券代码	600715
公司网址				电子信箱	slqccom@163.com
电　话	024-31387078 31387050			传　真	024-31387077
办公地址	辽宁省沈阳市苏家屯白松路22号				
经营范围	汽车车身配套及汽车零部件制造与销售等				

主要财务指标 指标\报告期	2014.06.30	2013.12.31	2013.06.30	2012.12.31
基本每股收益(元)	-0.0300	-0.1200	0.0200	0.0200
基本每股收益(扣除后)(元)	-0.0500	-0.1500	-0.0400	-0.0900
稀释每股收益(元)	-0.0300	-0.1200	0.0200	0.0200
每股净资产(元)	0.0133	0.0438	0.1845	0.1700
每股经营现金净流量(元)	0.0497	-0.1227	-0.0240	-0.2167
每股现金流量(元)	0.0187	-0.0278	-0.0254	-0.1809
每股资本公积金(元)	1.9921	1.9921	1.9921	1.9921
每股盈余公积金(元)	0.0416	0.0416	0.0416	0.0416
每股未分配利润(元)	-3.0204	-2.9900	-2.8493	-2.8682
净资产收益率(%)	-229.0154	-278.1423	10.2340	14.9356
加权净资产收益率(%)	-106.7600	-116.3400	10.7700	16.1400
净资产收益率(扣除)(%)	-388.9792	-350.2760	-22.6294	-55.4147
总资产(万元)	20764.05	23119.03	24115.77	25857.91
归属母公司股东权益(万元)	298.46	981.97	4136.58	3713.24
营业收入(万元)	100.25	5347.54	4027.33	12042.43
营业支出(万元)	8.96	4744.73	3771.28	11170.71
投资收益(万元)	-	-	-	-
净利润(万元)	-683.51	-2731.27	423.34	554.60
营业利润(万元)	-1314.58	-3697.60	-993.97	-2030.37
利润总额(万元)	-837.25	-2991.47	365.45	1431.91

江苏凤凰置业投资股份有限公司

公司概况					
公司名称	江苏凤凰置业投资股份有限公司			证券简称	凤凰股份
法人代表	陈海燕	董秘	毕胜	证券代码	600716
公司网址				电子信箱	fhzy@ppm.cn
电　话	025-83566267 83566255			传　真	025-83566299
办公地址	江苏省南京市中央路389号凤凰国际大厦六楼				
经营范围	房地产投资及其他投资、房屋租赁、物业管理				

主要财务指标 指标\报告期	2014.06.30	2013.12.31	2013.06.30	2012.12.31
基本每股收益(元)	0.0749	0.3073	0.0146	0.1023
基本每股收益(扣除后)(元)	0.0781	0.3060	0.0100	0.3972
稀释每股收益(元)	0.0749	0.3073	0.0146	0.1023
每股净资产(元)	2.8312	2.7563	2.4635	2.4490
每股经营现金净流量(元)	0.0179	-0.5630	-0.7672	0.0125
每股现金流量(元)	-0.5801	0.0976	-0.5938	-0.3693
每股资本公积金(元)	0.2568	0.2568	0.2568	0.2568
每股盈余公积金(元)	0.1441	0.1441	0.0855	0.0855
每股未分配利润(元)	1.4302	1.3553	1.1211	1.1066
净资产收益率(%)	2.6444	11.1502	0.5917	4.1782
加权净资产收益率(%)	5.3800	11.8100	0.5900	4.2800
净资产收益率(扣除)(%)	2.7590	11.1033	0.5402	16.2189
总资产(万元)	762169.16	782052.45	710863.78	681724.87
归属母公司股东权益(万元)	209675.64	204130.87	182449.53	181369.97
营业收入(万元)	51957.76	161615.20	19603.05	174474.91
营业支出(万元)	32952.48	93003.45	13387.10	95235.02
投资收益(万元)	1001.04	1001.04	1001.04	-1.59
净利润(万元)	5544.76	22760.90	1079.56	7578.02
营业利润(万元)	7882.62	30589.69	415.29	39533.83
利润总额(万元)	7574.51	30635.78	541.13	17466.81

天津港股份有限公司

公司概况					
公司名称	天津港股份有限公司			证券简称	天 津 港
法人代表	郑庆跃	董秘	孙埠	证券代码	600717
公司网址	www.tianjin-port.com			电子信箱	sunbu@tianjin-port.com
电　话	022-25706615 25702708			传　真	022-25706615
办公地址	天津市塘沽区津港路99号				
经营范围	商品储存、中转联运、汽车运输、装卸搬运、集装箱储运、拆装箱及相关业务				

主要财务指标 指标\报告期	2014.06.30	2013.12.31	2013.06.30	2012.12.31
基本每股收益(元)	0.3600	0.6400	0.3400	0.6000
基本每股收益(扣除后)(元)	0.3600	0.6300	0.3300	0.6000
稀释每股收益(元)	0.3600	0.6400	0.3400	0.6000
每股净资产(元)	7.7373	7.5751	7.2689	7.1267
每股经营现金净流量(元)	0.5323	0.6643	0.4307	0.9946
每股现金流量(元)	-0.0529	0.0972	0.5792	0.2565
每股资本公积金(元)	2.1441	2.1447	2.1351	2.1498
每股盈余公积金(元)	0.6568	0.6568	0.5794	0.5794
每股未分配利润(元)	3.9364	3.7736	3.5545	3.3975
净资产收益率(%)	4.6412	8.4139	4.6786	8.4128
加权净资产收益率(%)	4.6900	8.6700	4.7200	8.7300
净资产收益率(扣除)(%)	4.5913	8.2644	4.5551	8.3572
总资产(万元)	3174729.00	2988747.83	2826414.67	2552308.25
归属母公司股东权益(万元)	1295812.98	1268644.97	1217378.92	1193552.48
营业收入(万元)	1064379.73	1662605.22	750782.47	1349334.62
营业支出(万元)	911771.39	1361810.58	604869.99	1033808.30
投资收益(万元)	16217.61	29141.48	14953.08	21706.02
净利润(万元)	60141.79	106743.20	56958.31	100410.68
营业利润(万元)	96078.76	175230.21	91362.39	164625.77
利润总额(万元)	99867.91	182553.44	93019.15	165488.72

东软集团股份有限公司

公司概况					
公司名称	东软集团股份有限公司			证券简称	东软集团
法人代表	刘积仁	董秘	王楠	证券代码	600718
公司网址	www.neusoft.com			电子信箱	investor@neusoft.com
电　话	024-83662115			传　真	024-23783375
办公地址	辽宁省沈阳市浑南新区新秀街2号东软软件园				
经营范围	软件开发和软件服务、系统集成及提供全面解决方案、医疗系统产品生产和销售等				

主要财务指标 指标\报告期	2014.06.30	2013.12.31	2013.06.30	2012.12.31
基本每股收益(元)	0.1100	0.3300	0.1500	0.3700
基本每股收益(扣除后)(元)	0.0800	0.1800	0.1000	0.2600
稀释每股收益(元)	0.1100	0.3300	0.1500	0.3700
每股净资产(元)	4.3463	4.3416	4.1583	4.1702
每股经营现金净流量(元)	-0.7737	0.2475	-0.6930	0.2584
每股现金流量(元)	-0.7606	0.0545	-0.8738	0.2863
每股资本公积金(元)	0.2943	0.2929	0.2902	0.2902
每股盈余公积金(元)	0.5861	0.5861	0.5436	0.5436
每股未分配利润(元)	2.5222	2.5228	2.3837	2.3806
净资产收益率(%)	2.5167	7.7103	3.6819	8.9135
加权净资产收益率(%)	2.4900	7.8800	3.6200	9.3200
净资产收益率(扣除)(%)	1.7617	4.0466	2.4048	6.2418
总资产(万元)	896586.49	937645.08	813771.71	850143.33
归属母公司股东权益(万元)	533543.54	532976.26	510472.09	511933.77
营业收入(万元)	324486.69	745275.32	317500.51	696019.50
营业支出(万元)	221268.93	530868.06	220283.00	472972.09
投资收益(万元)	2775.82	8592.92	3629.10	11212.41
净利润(万元)	13427.70	41093.87	18794.99	45631.39
营业利润(万元)	6139.59	24136.75	14913.53	40949.74
利润总额(万元)	18459.58	44513.02	22431.38	54266.85

大连热电股份有限公司

公司概况					
公司名称	大连热电股份有限公司			证券简称	大连热电
法人代表	赵文旗	董秘	沈军	证券代码	600719
公司网址	www.dlrd.com		电子信箱	shenjun_dl@163.com	
电　话	0411-84498988 84498968		传　真	0411-84438755	
办公地址	辽宁省大连市西岗区沿海街90号				
经营范围	集中供热、热电联产、供热工程设计及安装检修等				

主要财务指标 指标\报告期	2014.06.30	2013.12.31	2013.06.30	2012.12.31
基本每股收益(元)	0.0940	0.0205	0.0400	0.0140
基本每股收益(扣除后)(元)	0.0930	-0.0498	0.0390	-0.1250
稀释每股收益(元)	0.0940	0.0205	0.0400	0.0140
每股净资产(元)	3.6411	3.5472	3.5665	3.5316
每股经营现金净流量(元)	0.8489	1.7166	0.1629	0.3827
每股现金流量(元)	0.1306	0.3784	-0.0164	0.0153
每股资本公积金(元)	1.5051	1.5051	1.5051	1.5051
每股盈余公积金(元)	0.7811	0.7811	0.7768	0.7768
每股未分配利润(元)	0.3549	0.2610	0.2846	0.2497
净资产收益率(%)	2.5791	0.5786	1.1190	0.3942
加权净资产收益率(%)	2.6130	0.5800	1.1240	0.3950
净资产收益率(扣除)(%)	2.5557	-1.4043	1.0949	-3.5525
总资产(万元)	114867.54	139516.12	149728.04	148018.75
归属母公司股东权益(万元)	73658.59	71758.86	72151.09	71444.84
营业收入(万元)	40785.92	67450.02	38480.82	67037.38
营业支出(万元)	31581.11	56952.79	31325.51	58255.14
投资收益(万元)	-	-	-	-
净利润(万元)	1899.73	415.16	807.40	281.61
营业利润(万元)	2397.44	-1007.73	1051.63	-1940.93
利润总额(万元)	2420.48	484.42	1076.53	213.28

甘肃祁连山水泥集团股份有限公司

公司概况					
公司名称	甘肃祁连山水泥集团股份有限公司			证券简称	祁连山
法人代表	脱利成	董秘	罗鸿基	证券代码	600720
公司网址	www.qlssn.com		电子信箱	qlssn@163.com	
电　话	0931-4900698 4900606		传　真	0931-4900697	
办公地址	甘肃省兰州市城关区酒泉路力行新村3号祁连山大厦				
经营范围	水泥研究开发制造、批发零售、水泥装备的研制、安装、修理等				

主要财务指标 指标\报告期	2014.06.30	2013.12.31	2013.06.30	2012.12.31
基本每股收益(元)	0.3327	0.6000	0.1839	0.2700
基本每股收益(扣除后)(元)	0.3264	0.6000	0.1849	0.2600
稀释每股收益(元)	0.3327	0.6000	0.1839	0.2700
每股净资产(元)	5.6901	5.3485	6.3958	6.2033
每股经营现金净流量(元)	0.6447	1.2597	1.0972	1.1291
每股现金流量(元)	0.1348	-0.4446	-0.1461	-0.1028
每股资本公积金(元)	1.7147	1.7147	2.5291	2.5291
每股盈余公积金(元)	0.2824	0.2824	0.3168	0.3168
每股未分配利润(元)	2.5870	2.2543	2.4366	2.2527
净资产收益率(%)	5.8473	11.1922	2.8749	4.6850
加权净资产收益率(%)	6.0300	11.8200	2.9200	5.9700
净资产收益率(扣除)(%)	5.7364	11.1721	2.8903	4.3604
总资产(万元)	1129221.64	1093247.59	1086359.09	1012968.03
归属母公司股东权益(万元)	441717.33	415200.76	381924.52	370425.36
营业收入(万元)	279085.35	581302.56	231227.39	424822.48
营业支出(万元)	197484.67	409699.86	172092.62	334750.87
投资收益(万元)	1725.57	9399.65	2713.35	6123.85
净利润(万元)	25828.59	46470.01	10980.03	17354.34
营业利润(万元)	26576.88	49697.03	12597.19	9218.96
利润总额(万元)	32171.18	67570.95	15048.92	22308.05

新疆百花村股份有限公司

公司概况					
公司名称	新疆百花村股份有限公司			证券简称	百花村
法人代表	刘威东	董秘	吕政田	证券代码	600721
公司网址	www.xjbhc.net		电子信箱	xjbhc@hotmail.com	
电　话	0991-2356629 2356619		传　真	0991-2356600	
办公地址	新疆维吾尔自治区乌鲁木齐市中山路141号				
经营范围	电子计算机软硬件的开发销售及培训、电子元器件、五金交电租赁等				

主要财务指标 指标\报告期	2014.06.30	2013.12.31	2013.06.30	2012.12.31
基本每股收益(元)	-0.1942	0.0111	0.0509	0.0761
基本每股收益(扣除后)(元)	-0.1990	-	-0.1263	0.0549
稀释每股收益(元)	-0.1942	3.6304	0.0509	0.0761
每股净资产(元)	3.4378	3.6304	3.5953	3.5023
每股经营现金净流量(元)	0.3410	0.0247	0.1628	1.2721
每股现金流量(元)	0.3341	-0.4287	0.0777	-0.2589
每股资本公积金(元)	2.3099	2.3099	2.1923	2.1923
每股盈余公积金(元)	0.0932	0.0932	0.0816	0.0816
每股未分配利润(元)	0.0318	0.2260	0.2654	0.2264
净资产收益率(%)	-5.6486	0.3065	1.4151	2.1735
加权净资产收益率(%)	-5.5000	0.3200	1.4400	2.1900
净资产收益率(扣除)(%)	-5.7885	-5.2811	-3.5140	1.5688
总资产(万元)	434310.92	443868.01	439282.29	441812.56
归属母公司股东权益(万元)	92424.80	97603.37	96661.38	94159.53
营业收入(万元)	43546.45	118170.97	55626.39	111886.98
营业支出(万元)	35937.02	86669.32	40373.76	72636.95
投资收益(万元)	10.64	607.53	910.22	-45.78
净利润(万元)	-5220.68	299.17	1367.85	2046.54
营业利润(万元)	-7983.21	-2216.94	-1013.04	6752.40
利润总额(万元)	-7755.75	3373.90	3131.92	7444.25

河北金牛化工股份有限公司

公司概况					
公司名称	河北金牛化工股份有限公司			证券简称	金牛化工
法人代表	赫孟合	董秘	郝利辉	证券代码	600722
公司网址	www.hbjnhg.com		电子信箱	gqhlh.good@163.com	
电　话	0317-8885004 8885059		传　真	0317-8885061 5299390	
办公地址	河北省沧州市临港化工园区化工大道				
经营范围	聚氯乙烯树脂、烧碱和水泥的生产、销售等				

主要财务指标 指标\报告期	2014.06.30	2013.12.31	2013.06.30	2012.12.31
基本每股收益(元)	-0.1598	-0.2347	0.0028	0.2118
基本每股收益(扣除后)(元)	-0.1540	-0.2476	-0.0805	-0.1869
稀释每股收益(元)	-0.1598	-0.2347	0.0028	0.2118
每股净资产(元)	1.1998	1.3580	1.6118	1.9005
每股经营现金净流量(元)	-0.0367	0.2194	0.0445	-0.8184
每股现金流量(元)	-0.4155	-0.1731	-0.1527	0.9370
每股资本公积金(元)	2.4184	2.4184	2.4315	2.7261
每股盈余公积金(元)	0.1308	0.1308	0.1308	0.1308
每股未分配利润(元)	-2.3578	-2.1981	-1.9606	-1.9634
净资产收益率(%)	-13.3156	-17.2799	0.1718	6.0262
加权净资产收益率(%)	-12.5000	-15.2700	0.1456	-
净资产收益率(扣除)(%)	-12.8399	-18.2330	-4.9925	-8.1879
总资产(万元)	309527.78	295401.69	277256.41	282953.83
归属母公司股东权益(万元)	81622.04	92390.77	109651.80	129292.78
营业收入(万元)	85027.13	193540.53	115037.72	198533.97
营业支出(万元)	83675.44	189760.38	110852.73	183036.21
投资收益(万元)	395.85	184.57	11.41	278.56
净利润(万元)	-10868.49	-15965.02	188.41	10297.68
营业利润(万元)	-9537.39	-20990.21	-5107.18	-101.42
利润总额(万元)	-9898.97	-14696.91	436.84	12926.13

北京首商集团股份有限公司

公司概况	公司名称	北京首商集团股份有限公司			证券简称	首商股份
	法人代表	刘毅	董秘	王健	证券代码	600723
	公司网址	www.xdsc.com.cn		电子信箱	ssgf600723@126.com	
	电　　话	010-82270256		传　　真	010-82270251	
	办公地址	北京市西城区北三环中路23号燕莎盛世大厦二层				
	经营范围	购销针纺织品、百货、五金交电化工、机械电器设备、电动自行车、土产品等				

	指标＼报告期	2014.06.30	2013.12.31	2013.06.30	2012.12.31
主要财务指标	基本每股收益(元)	0.2065	0.5000	0.3538	0.6040
	基本每股收益(扣除后)(元)	0.1911	0.4830	0.3362	0.6090
	稀释每股收益(元)	–	–	–	–
	每股净资产(元)	4.3322	4.2857	4.1396	4.0357
	每股经营现金净流量(元)	0.0181	0.7238	0.1228	1.2787
	每股现金流量(元)	–0.1915	–0.8382	–0.8021	0.7948
	每股资本公积金(元)	1.2531	1.2531	1.2531	1.2531
	每股盈余公积金(元)	0.3358	0.3358	0.2634	0.2634
	每股未分配利润(元)	1.7432	1.6968	1.6230	1.5192
	净资产收益率(%)	4.7664	11.6661	8.5480	14.9758
	加权净资产收益率(%)	4.7000	11.6700	8.4000	16.1900
	净资产收益率(扣除)(%)	4.4111	11.2661	8.1222	15.0815
	总资产(万元)	622395.98	645152.35	623191.07	616343.05
	归属母公司股东权益(万元)	285234.16	282173.29	272552.54	265714.98
	营业收入(万元)	602455.40	1206708.17	621234.40	1222543.31
	营业支出(万元)	474619.84	947605.45	490210.03	962692.03
	投资收益(万元)	–	–79.56	23.95	–
	净利润(万元)	13595.39	32918.49	23297.74	39792.98
	营业利润(万元)	32814.02	71366.18	44118.42	80966.53
	利润总额(万元)	33945.45	72707.60	45450.37	80711.43

宁波富达股份有限公司

公司概况	公司名称	宁波富达股份有限公司			证券简称	宁波富达
	法人代表	庄立峰	董秘	赵立明	证券代码	600724
	公司网址	www.fuda.com		电子信箱	syq@fuda.com	
	电　　话	0574-87647859		传　　真	0574-87647853	
	办公地址	浙江省宁波市海曙区解放南路208号建设大厦18楼				
	经营范围	家用电力器具、电机、文具、鞋帽、工艺品、水暖管件、塑料制品、模具等				

	指标＼报告期	2014.06.30	2013.12.31	2013.06.30	2012.12.31
主要财务指标	基本每股收益(元)	0.3926	0.2813	0.1661	0.2409
	基本每股收益(扣除后)(元)	0.3857	0.2586	0.1525	0.2323
	稀释每股收益(元)	0.3926	0.2813	0.1661	0.2409
	每股净资产(元)	2.9180	2.6454	2.5302	2.4639
	每股经营现金净流量(元)	–0.3506	1.1362	0.8011	1.0084
	每股现金流量(元)	–0.1956	–0.3126	–0.0927	0.6386
	每股资本公积金(元)	0.1800	0.1800	0.1800	0.1798
	每股盈余公积金(元)	0.1271	0.1271	0.1117	0.1117
	每股未分配利润(元)	1.6109	1.3383	1.2385	1.1723
	净资产收益率(%)	13.4545	10.6336	6.5658	9.7772
	加权净资产收益率(%)	14.0130	11.0833	6.6087	10.1699
	净资产收益率(扣除)(%)	13.2169	9.7764	6.0264	9.4264
	总资产(万元)	1913644.45	1991207.38	2104718.68	2141636.39
	归属母公司股东权益(万元)	421714.55	382318.00	365673.26	356086.06
	营业收入(万元)	369371.68	508500.18	160515.45	518656.53
	营业支出(万元)	201655.39	372956.73	93451.55	292756.59
	投资收益(万元)	–	1270.19	1196.38	193.00
	净利润(万元)	56739.44	40654.29	24009.55	34815.37
	营业利润(万元)	98960.72	64264.65	36952.92	83011.80
	利润总额(万元)	101212.29	71966.09	40186.82	90036.57

云南云维股份有限公司

公司概况	公司名称	云南云维股份有限公司			证券简称	云维股份
	法人代表	陈伟	董秘	李斌	证券代码	600725
	公司网址	www.ywgf.cn		电子信箱	libin@ywgf.cn	
	电　　话	0874-3068588 3064195		传　　真	0874-3068590 3064195	
	办公地址	云南省曲靖市沾益县盘江镇花山工业区				
	经营范围	化工及化纤材料、水泥、纯碱、氯化铵、氧气产品生产和销售等				

	指标＼报告期	2014.06.30	2013.12.31	2013.06.30	2012.12.31
主要财务指标	基本每股收益(元)	–0.5900	0.0600	–0.5700	–1.9000
	基本每股收益(扣除后)(元)	–0.6000	–0.9400	–0.5700	–1.9500
	稀释每股收益(元)	–0.5900	0.0600	–0.5700	–1.9000
	每股净资产(元)	1.6503	2.2459	1.6326	2.2581
	每股经营现金净流量(元)	0.4442	1.2698	–0.6869	–0.4822
	每股现金流量(元)	0.0607	0.8401	–0.4318	0.8190
	每股资本公积金(元)	2.3184	2.3184	2.3299	2.3829
	每股盈余公积金(元)	0.2016	0.2016	0.1980	0.2016
	每股未分配利润(元)	–1.8852	–1.2966	–1.9257	–1.3592
	净资产收益率(%)	–35.6646	2.7865	–34.7087	–84.1369
	加权净资产收益率(%)	–30.1600	2.8300	–29.2300	–58.8000
	净资产收益率(扣除)(%)	–36.5055	–41.8051	–35.1076	–88.6885
	总资产(万元)	1314995.95	1357399.11	1591206.97	1634729.30
	归属母公司股东权益(万元)	101697.32	138403.23	100604.07	139149.06
	营业收入(万元)	302153.92	847400.97	498283.58	940171.45
	营业支出(万元)	290971.55	771153.78	459912.80	937335.63
	投资收益(万元)	3078.87	30958.88	–	–58.63
	净利润(万元)	–36269.92	3856.55	–34918.37	–117075.65
	营业利润(万元)	–48869.39	–27740.40	–34956.98	–136777.67
	利润总额(万元)	–46965.55	2236.73	–34522.76	–135785.71

华电能源股份有限公司

公司概况	公司名称	华电能源股份有限公司			证券简称	华电能源
	法人代表	霍利	董秘	梅君超	证券代码	600726
	公司网址	www.hdenergy.com		电子信箱	hdenergy@hdenergy.com	
	电　　话	0451-82525998 82525778		传　　真	0451-82525878	
	办公地址	黑龙江省哈尔滨市南岗区大成街209号				
	经营范围	建设、经营、维修电厂，生产销售电力，电力行业的技术服务、技术咨询等				

	指标＼报告期	2014.06.30	2013.12.31	2013.06.30	2012.12.31
主要财务指标	基本每股收益(元)	0.1347	0.0072	–0.0040	–0.2314
	基本每股收益(扣除后)(元)	0.1221	–	–0.0150	–0.3300
	稀释每股收益(元)	0.1347	0.0072	–0.0040	–0.2314
	每股净资产(元)	1.6516	1.5133	1.4851	1.4866
	每股经营现金净流量(元)	0.8996	1.1705	0.6052	0.8580
	每股现金流量(元)	–0.6675	0.0335	–0.1910	0.4756
	每股资本公积金(元)	0.7631	0.7631	0.7520	0.7672
	每股盈余公积金(元)	0.1419	0.1419	0.1419	0.1419
	每股未分配利润(元)	–0.2620	–0.3966	–0.4154	–0.4035
	净资产收益率(%)	8.1533	0.4789	–0.0776	–15.7702
	加权净资产收益率(%)	8.5200	0.4800	–0.0800	–14.4600
	净资产收益率(扣除)(%)	7.3955	–2.4944	–1.0272	–21.9293
	总资产(万元)	2235217.22	2354841.49	2263164.36	2315509.10
	归属母公司股东权益(万元)	324817.27	297609.53	292075.72	297484.75
	营业收入(万元)	493365.53	1023792.20	506017.71	1087741.11
	营业支出(万元)	407152.28	907005.08	445336.20	1003673.21
	投资收益(万元)	195.40	9091.74	531.61	2241.35
	净利润(万元)	26483.44	1425.14	–764.73	–45511.68
	营业利润(万元)	29521.83	2592.48	210.51	–48424.71
	利润总额(万元)	33148.00	10092.93	3573.58	–40765.76

山东鲁北化工股份有限公司

公司概况	公司名称	山东鲁北化工股份有限公司			证券简称	鲁北化工
	法人代表	陈树常	董秘	张金增	证券代码	600727
	公司网址	www.lubeichem.com		电子信箱	lubeichem@lubei.com.cn	
	电　　话	0543-6451265		传　　真	0543-6451265	
	办公地址	山东省滨州市无棣县埕口镇				
	经营范围	磷复肥、硫酸、水泥、烧碱、溴素、电等产品的生产和销售				

主要财务指标	指标＼报告期	2014.06.30	2013.12.31	2013.06.30	2012.12.31
	基本每股收益(元)	0.0200	0.0400	0.0300	0.0500
	基本每股收益(扣除后)(元)	0.0100	0.0300	0.0300	0.0300
	稀释每股收益(元)	0.0200	0.0400	0.0300	0.0500
	每股净资产(元)	2.9326	2.9156	2.9102	2.8775
	每股经营现金净流量(元)	0.0032	0.2259	-0.0570	0.2700
	每股现金流量(元)	-0.0034	-0.1051	-0.1317	-0.4914
	每股资本公积金(元)	2.4906	2.4906	2.4033	2.4033
	每股盈余公积金(元)	0.5002	0.5002	0.5002	0.5002
	每股未分配利润(元)	-1.0771	-1.0955	-1.0143	-1.0486
	净资产收益率(%)	0.6278	1.3847	1.1773	1.8350
	加权净资产收益率(%)	0.6300	1.3900	1.1800	1.6100
	净资产收益率(扣除)(%)	0.4723	0.8583	1.1763	0.8678
	总资产(万元)	130383.05	131146.37	125016.66	130765.83
	归属母公司股东权益(万元)	-	102332.87	102143.41	100995.23
	营业收入(万元)	25392.70	49564.71	28627.60	84501.74
	营业支出(万元)	20953.51	37966.06	21776.18	70640.25
	投资收益(万元)	-9.59	-18.99	-	-3.41
	净利润(万元)	646.18	1417.02	1202.49	1853.29
	营业利润(万元)	654.92	2405.49	2257.73	4488.20
	利润总额(万元)	646.18	2383.38	2236.13	3989.14

佳都新太科技股份有限公司

公司概况	公司名称	佳都新太科技股份有限公司			证券简称	佳都新太
	法人代表	刘伟	董秘	刘颖	证券代码	600728
	公司网址	www.pci-suntektech.com		电子信箱	info@pci-suntektech.com	
	电　　话	020-85550260		传　　真	020-85577907	
	办公地址	广东省广州市天河软件园建工路4号				
	经营范围	计算机新产品生产、研制及其工程承接、计算机软、硬件的技术引进等				

主要财务指标	指标＼报告期	2014.06.30	2013.12.31	2013.06.30	2012.12.31
	基本每股收益(元)	0.0336	0.1820	0.0422	0.2540
	基本每股收益(扣除后)(元)	0.0052	0.0331	0.0266	0.1073
	稀释每股收益(元)	0.0336	0.1820	0.0422	0.2540
	每股净资产(元)	2.2040	2.1702	2.0247	1.4838
	每股经营现金净流量(元)	-0.2869	-0.2955	-0.5606	0.2542
	每股现金流量(元)	-0.4248	-0.3288	-0.9085	1.3657
	每股资本公积金(元)	1.9476	1.9476	2.3997	2.5651
	每股盈余公积金(元)	0.1432	0.1432	0.1767	0.1973
	每股未分配利润(元)	-0.8852	-0.9188	-1.5496	-1.3565
	净资产收益率(%)	1.5259	8.3844	-0.9304	7.0300
	加权净资产收益率(%)	1.5400	10.2300	2.1100	20.0100
	净资产收益率(扣除)(%)	0.2356	1.1075	-1.5575	4.9303
	总资产(万元)	211545.54	220469.65	108153.15	209795.11
	归属母公司股东权益(万元)	110147.63	108458.73	73455.37	87228.40
	营业收入(万元)	85713.32	211541.65	86294.89	160911.44
	营业支出(万元)	70916.14	178357.75	72957.69	129887.58
	投资收益(万元)	-	401.47	80.90	-3.29
	净利润(万元)	1680.76	9093.61	2151.97	12129.43
	营业利润(万元)	278.94	6190.28	1240.54	9655.14
	利润总额(万元)	2372.46	10216.16	2181.88	12444.66

重庆百货大楼股份有限公司

公司概况	公司名称	重庆百货大楼股份有限公司			证券简称	重庆百货
	法人代表	何谦	董秘	尹向东	证券代码	600729
	公司网址	www.e-cbest.com		电子信箱	cbhqh@126.com	
	电　　话	023-63822594		传　　真	023-63845365	
	办公地址	重庆市渝中区民权路28号(英利国际金融中心)第30层、31层、32层				
	经营范围	批发、零售预包装食品、散装食品、粮油制品、副食品、其他食品、乳制品等				

主要财务指标	指标＼报告期	2014.06.30	2013.12.31	2013.06.30	2012.12.31
	基本每股收益(元)	1.0500	2.1000	1.2700	1.8500
	基本每股收益(扣除后)(元)	1.0400	2.0600	1.2700	1.8200
	稀释每股收益(元)	1.0500	2.1000	1.2700	1.8500
	每股净资产(元)	11.1805	10.7234	9.4455	8.9900
	每股经营现金净流量(元)	-0.7066	1.0540	0.0503	2.9586
	每股现金流量(元)	-1.3353	-0.7050	-	-4.1051
	每股资本公积金(元)	2.2572	2.2572	1.0973	1.2614
	每股盈余公积金(元)	0.6960	0.6960	0.5905	0.5905
	每股未分配利润(元)	7.2273	6.8253	6.7578	6.0082
	净资产收益率(%)	9.4101	17.9762	13.5875	21.4136
	加权净资产收益率(%)	9.4900	22.4500	13.6300	22.6800
	净资产收益率(扣除)(%)	9.3211	17.6165	13.4322	20.8689
	总资产(万元)	1010472.39	1146077.25	981571.66	1100459.80
	归属母公司股东权益(万元)	454521.10	438174.70	352404.92	330564.06
	营业收入(万元)	1514701.67	3024637.14	1601043.65	2814178.69
	营业支出(万元)	1256942.50	2526732.57	1356354.66	2391594.82
	投资收益(万元)	329.74	1663.38	819.55	1087.45
	净利润(万元)	42770.75	78365.29	47327.27	69198.44
	营业利润(万元)	50784.63	91955.88	56686.07	80551.32
	利润总额(万元)	50912.06	92771.64	56564.38	81661.20

中国高科集团股份有限公司

公司概况	公司名称	中国高科集团股份有限公司			证券简称	中国高科
	法人代表	余丽	董秘	刘玮	证券代码	600730
	公司网址	www.chinahitech.com.cn		电子信箱	liuwei@china-hi-tech.com	
	电　　话	010-82529555		传　　真	010-82524580	
	办公地址	北京市海淀区成府路298号中关村方正大厦8层				
	经营范围	实业投资、创业投资、技术及商品展示、投资及经济技术咨询服务等				

主要财务指标	指标＼报告期	2014.06.30	2013.12.31	2013.06.30	2012.12.31
	基本每股收益(元)	0.4779	0.3300	-0.0441	0.0800
	基本每股收益(扣除后)(元)	0.4769	-	-0.0444	0.0600
	稀释每股收益(元)	0.4779	0.3300	-0.0441	0.0800
	每股净资产(元)	4.6235	4.1456	2.5727	2.6168
	每股经营现金净流量(元)	-0.4766	2.1844	-0.1109	2.1559
	每股现金流量(元)	-2.3239	2.5997	-0.0729	1.5244
	每股资本公积金(元)	1.2892	1.2892	0.1907	0.1907
	每股盈余公积金(元)	0.1559	0.1559	0.1551	0.1559
	每股未分配利润(元)	2.1784	1.7005	1.2269	1.3726
	净资产收益率(%)	10.3362	7.9095	-1.7134	2.7106
	加权净资产收益率(%)	10.9000	10.9800	-1.7000	2.9300
	净资产收益率(扣除)(%)	10.3139	6.6346	-1.7256	2.1336
	总资产(万元)	279878.22	335645.37	203682.65	197269.04
	归属母公司股东权益(万元)	135618.98	121601.11	75464.68	79759.41
	营业收入(万元)	51763.36	79203.02	10113.97	40392.43
	营业支出(万元)	24043.63	48986.80	6199.67	26131.88
	投资收益(万元)	-319.14	201.65	-343.19	-678.17
	净利润(万元)	14017.87	9618.08	-1293.04	2301.18
	营业利润(万元)	21311.98	12861.20	-578.79	3576.15
	利润总额(万元)	21353.50	13070.03	-564.10	3901.14

湖南海利化工股份有限公司

公司概况	公司名称	湖南海利化工股份有限公司			证券简称	湖南海利
	法人代表	黄明智	董秘	刘洪波	证券代码	600731
	公司网址	www.hnhlc.com			电子信箱	sh600731@sina.com
	电　话	0731-85357830 85357829			传　真	0731-85540475
	办公地址	湖南省长沙市芙蓉中路二段 251 号				
	经营范围	化肥、化工产品、农药开发、生产及自产产品销售等				

主要财务指标	指标\报告期	2014.06.30	2013.12.31	2013.06.30	2012.12.31
	基本每股收益(元)	0.0143	0.0310	0.0199	0.0330
	基本每股收益(扣除后)(元)	0.0103	0.0140	0.0115	0.1110
	稀释每股收益(元)	0.0143	0.0310	0.0199	0.0330
	每股净资产(元)	2.4315	2.4131	1.5067	1.4734
	每股经营现金净流量(元)	0.1235	0.0705	0.2044	0.4914
	每股现金流量(元)	-0.3647	0.7071	0.0235	-0.2530
	每股资本公积金(元)	1.7225	1.7225	0.8619	0.8619
	每股盈余公积金(元)	0.0867	0.0867	0.1138	0.1107
	每股未分配利润(元)	-0.3858	-0.4001	-0.4885	-0.5414
	净资产收益率(%)	0.5891	0.9905	1.3196	2.2813
	加权净资产收益率(%)	0.5900	2.1000	1.3300	2.2900
	净资产收益率(扣除)(%)	0.4221	0.4418	0.7615	7.5934
	总资产(万元)	157526.67	176191.68	150247.17	142458.76
	归属母公司股东权益(万元)	79585.36	78985.28	38619.68	36836.74
	营业收入(万元)	56996.83	110369.66	55689.01	118906.41
	营业支出(万元)	44817.50	84392.31	42786.04	90571.64
	投资收益(万元)	-	9.41	0.18	7.50
	净利润(万元)	468.81	782.36	509.63	834.79
	营业利润(万元)	1264.64	2041.42	1306.79	3096.02
	利润总额(万元)	1416.63	2447.81	1560.74	2507.28

上海新梅置业股份有限公司

公司概况	公司名称	上海新梅置业股份有限公司			证券简称	上海新梅
	法人代表	张静静	董秘	何婧	证券代码	600732
	公司网址	www.shinmay.com.cn			电子信箱	xm600732@shinmay.com.cn
	电　话	021-51005380 51004092			传　真	021-51005370
	办公地址	上海市天目中路 585 号新梅大厦 21 楼				
	经营范围	房地产开发与经营、物业管理、建筑装潢、实业投资、资产经营等				

主要财务指标	指标\报告期	2014.06.30	2013.12.31	2013.06.30	2012.12.31
	基本每股收益(元)	0.0022	-0.0600	-0.0179	0.0150
	基本每股收益(扣除后)(元)	0.0012	-0.0600	-0.0179	-0.0210
	稀释每股收益(元)	0.0022	-0.0600	-0.0179	0.0150
	每股净资产(元)	1.1411	1.1389	1.1809	2.3786
	每股经营现金净流量(元)	-0.0040	-0.1878	-0.1992	0.0318
	每股现金流量(元)	0.0427	-0.1600	-0.1842	0.1138
	每股资本公积金(元)	0.0154	0.0154	0.0154	0.1484
	每股盈余公积金(元)	0.0598	0.0598	0.0598	0.1077
	每股未分配利润(元)	0.0659	0.0637	0.1057	1.1225
	净资产收益率(%)	0.1884	-5.2574	-1.5173	0.6789
	加权净资产收益率(%)	0.1000	-4.8800	-1.4161	0.6600
	净资产收益率(扣除)(%)	0.1874	-5.2607	-1.5172	-0.9373
	总资产(万元)	91409.15	95403.50	129124.12	158194.50
	归属母公司股东权益(万元)	50935.82	50839.85	52712.87	58988.13
	营业收入(万元)	11058.87	1827.63	1024.31	8190.46
	营业支出(万元)	8251.84	682.08	387.07	4509.23
	投资收益(万元)	-	49.51	-	-
	净利润(万元)	95.97	-2672.85	-799.83	380.11
	营业利润(万元)	52.26	-2734.40	-806.85	389.24
	利润总额(万元)	51.76	-2732.13	-806.92	389.24

成都前锋电子股份有限公司

公司概况	公司名称	成都前锋电子股份有限公司			证券简称	S 前 锋
	法人代表	杨晓斌	董秘	邓红光	证券代码	600733
	公司网址				电子信箱	denghongguang@sina.com
	电　话	028-86316723 86316733			传　真	028-86316767
	办公地址	四川省成都市武侯区人民南路四段 1 号				
	经营范围	电子、通信、计算机、光机电一体化技术的开发、研制、技术服务及咨询等				

主要财务指标	指标\报告期	2014.06.30	2013.12.31	2013.06.30	2012.12.31
	基本每股收益(元)	0.0353	0.1980	0.1176	0.1380
	基本每股收益(扣除后)(元)	-0.0189	0.1550	0.0424	0.1380
	稀释每股收益(元)	0.0353	0.1980	0.1176	0.1380
	每股净资产(元)	1.5276	1.4882	1.3501	1.2320
	每股经营现金净流量(元)	-0.1394	-0.0950	-0.0776	-0.4198
	每股现金流量(元)	-0.4506	-0.0532	0.0100	-0.3929
	每股资本公积金(元)	0.3673	0.3673	0.3673	0.3673
	每股盈余公积金(元)	0.0176	0.0176	0.0176	0.0176
	每股未分配利润(元)	0.1427	0.1074	-0.0348	-0.1530
	净资产收益率(%)	2.3107	13.2958	8.7522	11.1651
	加权净资产收益率(%)	2.3377	14.8700	9.0732	11.8300
	净资产收益率(扣除)(%)	-1.2402	10.4318	3.1819	11.1691
	总资产(万元)	50162.44	51141.70	52811.58	60411.53
	归属母公司股东权益(万元)	30183.82	29486.36	26676.76	24341.94
	营业收入(万元)	702.35	17767.26	10266.04	21822.71
	营业支出(万元)	334.18	8549.43	7154.16	11894.76
	投资收益(万元)	-	492.62	-	-
	净利润(万元)	697.46	3909.67	2323.43	2717.79
	营业利润(万元)	-401.85	5234.11	1484.16	3871.43
	利润总额(万元)	650.99	5315.39	2969.10	3864.71

福建实达集团股份有限公司

公司概况	公司名称	福建实达集团股份有限公司			证券简称	实达集团
	法人代表	景百孚	董秘	吴波	证券代码	600734
	公司网址	www.start.com.cn			电子信箱	wb600734@163.com
	电　话	0591-83725878 83709680			传　真	0591-83708128
	办公地址	福建省福州市洪山园路 68 号招标大厦 A 座六楼				
	经营范围	电子计算机及其外部设备、仪器仪表及电传、办公设备等				

主要财务指标	指标\报告期	2014.06.30	2013.12.31	2013.06.30	2012.12.31
	基本每股收益(元)	-0.0652	0.0208	-0.0562	-0.1123
	基本每股收益(扣除后)(元)	-0.0910	-	-0.1173	-0.2048
	稀释每股收益(元)	-0.0652	0.0208	-0.0562	-0.1123
	每股净资产(元)	0.3806	0.4458	0.3843	0.4414
	每股经营现金净流量(元)	-0.2943	-0.1083	0.6721	-0.1239
	每股现金流量(元)	-0.0200	0.0076	0.0016	-0.4375
	每股资本公积金(元)	0.5513	0.5513	0.5669	0.5677
	每股盈余公积金(元)	0.0788	0.0788	0.0788	0.0788
	每股未分配利润(元)	-1.2515	-1.1863	-1.2634	-1.2072
	净资产收益率(%)	-17.1313	4.6718	-14.6341	-25.4532
	加权净资产收益率(%)	-15.7797	4.6096	-13.6218	-21.4898
	净资产收益率(扣除)(%)	-23.9183	-13.2663	-14.5371	-46.4077
	总资产(万元)	140743.43	120149.10	111272.92	106334.55
	归属母公司股东权益(万元)	13379.42	15671.48	13509.06	15516.89
	营业收入(万元)	1008.50	11082.58	2394.37	13544.67
	营业支出(万元)	583.52	9375.88	1428.87	11439.72
	投资收益(万元)	-	2693.51	-101.04	387.87
	净利润(万元)	-2292.07	732.14	-1976.93	-3949.55
	营业利润(万元)	-5650.34	-1859.90	-2974.20	-7615.58
	利润总额(万元)	-5006.79	-1411.69	-3015.96	-6672.41

山东新华锦国际股份有限公司

公司概况	公司名称	山东新华锦国际股份有限公司			证券简称	新 华 锦
	法人代表	张建华	董秘	盛强	证券代码	600735
	公司网址	www.hikinginternational.com		电子信箱	600735@hiking.cn	
	电　　话	0532-85967156　85967622		传　　真	0532-85877680	
	办公地址	山东省青岛市崂山区松岭路 127 号				
	经营范围	备案范围内的进出口业务、纺织品、针织品、工艺美术品的加工、销售				

主要财务指标	指标＼报告期	2014.06.30	2013.12.31	2013.06.30	2012.12.31
	基本每股收益(元)	0.0888	0.1830	0.0881	0.2209
	基本每股收益(扣除后)(元)	0.0892	0.1741	0.0880	0.0099
	稀释每股收益(元)	0.0888	0.1830	0.0881	0.2209
	每股净资产(元)	2.4424	2.3424	2.2642	2.1900
	每股经营现金净流量(元)	0.1769	0.4475	0.2531	0.3828
	每股现金流量(元)	0.0262	0.0238	0.0746	−0.0498
	每股资本公积金(元)	1.0878	1.0887	1.0901	1.0882
	每股盈余公积金(元)	0.1004	0.1004	0.1004	0.1004
	每股未分配利润(元)	0.3066	0.2178	0.1230	0.0348
	净资产收益率(%)	3.6342	7.8111	3.8914	10.0879
	加权净资产收益率(%)	3.7100	8.0700	3.9600	10.3200
	净资产收益率(扣除)(%)	3.6513	7.4327	3.8875	0.3882
	总资产(万元)	89421.12	89645.48	90147.56	90954.26
	归属母公司股东权益(万元)	61231.47	58724.57	56762.40	54902.88
	营业收入(万元)	63940.78	133980.07	70609.31	165150.51
	营业支出(万元)	49810.02	103729.19	55928.73	131124.98
	投资收益(万元)	68.41	121.19	56.67	505.39
	净利润(万元)	2225.29	4587.04	2208.86	5538.54
	营业利润(万元)	4919.09	9111.76	4268.78	10598.25
	利润总额(万元)	4901.17	9285.70	4271.00	10672.86

苏州新区高新技术产业股份有限公司

公司概况	公司名称	苏州新区高新技术产业股份有限公司			证券简称	苏州高新
	法人代表	徐明	董秘	缪凯	证券代码	600736
	公司网址	www.sndht.com		电子信箱	miao.k@c-snd.com	
	电　　话	0512-67379010　67379025		传　　真	0512-60379060	
	办公地址	江苏省苏州市高新区科发路 101 号致远国际商务大厦 18 楼				
	经营范围	房地产开发、基础设施的开发与经营等				

主要财务指标	指标＼报告期	2014.06.30	2013.12.31	2013.06.30	2012.12.31
	基本每股收益(元)	0.0553	0.2200	0.0780	0.1728
	基本每股收益(扣除后)(元)	0.0182	0.0900	0.0540	0.1570
	稀释每股收益(元)	0.0553	0.2200	0.0780	0.1728
	每股净资产(元)	3.2079	3.2187	3.0806	3.0725
	每股经营现金净流量(元)	−0.3308	−0.8803	−0.3121	−0.2502
	每股现金流量(元)	0.7954	0.0199	−0.4992	0.4520
	每股资本公积金(元)	0.5865	0.5865	0.5878	0.6058
	每股盈余公积金(元)	0.2227	0.2227	0.2047	0.2047
	每股未分配利润(元)	1.3988	1.4095	1.2881	1.2621
	净资产收益率(%)	1.7229	6.7551	2.5323	5.6255
	加权净资产收益率(%)	1.7100	6.7900	2.5300	5.7800
	净资产收益率(扣除)(%)	0.5659	2.7961	1.7525	5.1105
	总资产(万元)	2195612.56	2007832.27	1921228.22	1816739.83
	归属母公司股东权益(万元)	339360.71	340495.98	325892.27	325038.34
	营业收入(万元)	149619.48	339324.36	107765.03	277112.84
	营业支出(万元)	103375.41	256026.00	67202.32	181414.63
	投资收益(万元)	1078.26	8940.69	3861.25	2166.88
	净利润(万元)	5846.74	23000.97	8252.42	18284.93
	营业利润(万元)	6591.57	16289.99	12896.74	26779.61
	利润总额(万元)	11424.68	34850.92	13587.57	29590.06

中粮屯河股份有限公司

公司概况	公司名称	中粮屯河股份有限公司			证券简称	中粮屯河
	法人代表	夏令和	董秘	蒋学工	证券代码	600737
	公司网址	www.cofcotunhe.com		电子信箱	jiangxg@cofco.com	
	电　　话	0991-6173332　5571888		传　　真	0991-5571600	
	办公地址	新疆维吾尔自治区乌鲁木齐市黄河路 2 号招商银行大厦 20 楼				
	经营范围	番茄、糖、林果三大产业等				

主要财务指标	指标＼报告期	2014.06.30	2013.12.31	2013.06.30	2012.12.31
	基本每股收益(元)	0.0030	0.0472	0.0250	−0.3963
	基本每股收益(扣除后)(元)	−0.0160	−0.1915	−0.0670	−0.7561
	稀释每股收益(元)	0.0030	0.0472	0.0250	−0.3963
	每股净资产(元)	2.9254	2.9335	2.7631	3.7989
	每股经营现金净流量(元)	0.5079	0.4092	0.3558	0.2151
	每股现金流量(元)	0.8635	−0.0606	0.8417	−1.3226
	每股资本公积金(元)	2.0117	2.0138	1.8966	2.4314
	每股盈余公积金(元)	0.0686	0.0686	0.0546	0.1114
	每股未分配利润(元)	−0.1162	−0.0895	−0.1402	0.2562
	净资产收益率(%)	0.1129	1.3343	1.0586	−10.4317
	加权净资产收益率(%)	0.1130	1.4800	1.2940	−9.9700
	净资产收益率(扣除)(%)	−0.5422	−5.4172	−2.3605	−38.1103
	总资产(万元)	1213831.71	1171724.39	1217587.79	1246741.61
	归属母公司股东权益(万元)	600257.50	601925.02	566961.70	382021.96
	营业收入(万元)	382260.21	1126462.30	496457.90	1012856.40
	营业支出(万元)	344095.17	1019374.75	444273.89	899162.49
	投资收益(万元)	−1601.84	12516.74	−408.20	11780.55
	净利润(万元)	677.66	8031.72	5119.04	−39851.44
	营业利润(万元)	321.88	−5812.53	−4641.82	−38278.52
	利润总额(万元)	1781.51	11744.67	7141.83	−31522.77

兰州民百(集团)股份有限公司

公司概况	公司名称	兰州民百(集团)股份有限公司			证券简称	兰州民百
	法人代表	张　宏	董秘	成志坚	证券代码	600738
	公司网址	www.lzminbai.com		电子信箱	lzminbaiczj@126.com	
	电　　话	0931-8473891		传　　真	0931-8473866	
	办公地址	甘肃省兰州市城关区中山路 120 号 8-10 楼				
	经营范围	日用百货、五金交电、化工产品(不含危险品)、黄金饰品、预包装食品等				

主要财务指标	指标＼报告期	2014.06.30	2013.12.31	2013.06.30	2012.12.31
	基本每股收益(元)	0.1600	0.2990	0.1770	0.2390
	基本每股收益(扣除后)(元)	0.1590	0.2970	0.1780	0.3380
	稀释每股收益(元)	0.1600	0.2990	0.1770	0.2390
	每股净资产(元)	2.8507	2.7910	2.6678	3.6972
	每股经营现金净流量(元)	−0.2816	0.1010	−0.1231	0.6181
	每股现金流量(元)	−0.1279	−0.3170	−0.4023	1.0743
	每股资本公积金(元)	1.0841	1.0841	1.0841	1.9568
	每股盈余公积金(元)	0.1099	0.1099	0.0909	0.1276
	每股未分配利润(元)	0.6567	0.5970	0.4928	0.6128
	净资产收益率(%)	5.6031	10.7279	6.6367	9.0880
	加权净资产收益率(%)	5.6600	11.0700	6.6800	19.2000
	净资产收益率(扣除)(%)	–	10.1466	6.6672	18.6601
	总资产(万元)	172579.59	176162.06	171255.64	184860.08
	归属母公司股东权益(万元)	–	102950.51	98405.21	97152.50
	营业收入(万元)	63092.07	142800.55	75359.07	138256.67
	营业支出(万元)	47160.40	111963.38	58031.75	108936.84
	投资收益(万元)	–	62.50	–	375.00
	净利润(万元)	5891.90	11044.42	6530.82	8829.19
	营业利润(万元)	7893.33	13976.58	8245.35	11814.27
	利润总额(万元)	7909.66	13928.13	8215.32	11759.23

辽宁成大股份有限公司

公司概况					
公司名称	辽宁成大股份有限公司			证券简称	辽宁成大
法人代表	尚书志	董秘	于占洋	证券代码	600739
公司网址	www.chengda.com.cn		电子信箱	stocks@chengda.com.cn	
电　话	0411-82512731 82512618		传　真	0411-82691187	
办公地址	辽宁省大连市中山区人民路 71 号				
经营范围	针、棉、毛织品、服装进出口业务及国家统一经营外的商品进出口业务等				

主要财务指标 指标\报告期	2014.06.30	2013.12.31	2013.06.30	2012.12.31
基本每股收益(元)	0.2648	0.6202	0.3120	0.5092
基本每股收益(扣除后)(元)	0.2655	0.4299	0.3016	0.4844
稀释每股收益(元)	0.2648	0.6202	0.3120	0.5092
每股净资产(元)	8.4393	8.1585	7.8963	7.5926
每股经营现金净流量(元)	-0.0563	0.2439	-0.3682	0.0108
每股现金流量(元)	-0.1311	-0.0349	-0.3742	-0.0372
每股资本公积金(元)	0.0770	0.0629	0.1044	0.1140
每股盈余公积金(元)	0.5141	0.5141	0.5141	0.5141
每股未分配利润(元)	6.8463	6.5815	6.2733	5.9613
净资产收益率(%)	3.1381	7.6020	3.9511	6.7063
加权净资产收益率(%)	3.1900	7.8800	4.0300	6.9600
净资产收益率(扣除)(%)	3.1460	5.2699	3.8191	6.3798
总资产(万元)	1819760.61	1789112.20	1713194.46	1599389.36
归属母公司股东权益(万元)	1151718.82	1113400.36	1077617.93	1036164.36
营业收入(万元)	451392.23	1033385.45	427329.06	1029387.71
营业支出(万元)	379619.37	889094.02	346635.65	869965.94
投资收益(万元)	35683.01	90546.52	30781.51	51248.31
净利润(万元)	36142.45	84640.59	42577.72	69488.04
营业利润(万元)	48353.25	113506.18	58628.82	95313.98
利润总额(万元)	48572.39	113908.74	59281.56	96028.46

山西焦化股份有限公司

公司概况					
公司名称	山西焦化股份有限公司			证券简称	山西焦化
法人代表	郭文仓	董秘	李峰	证券代码	600740
公司网址	www.sxjh.com.cn		电子信箱	sjgf@public.lf.sx.cn	
电　话	0357-6626012 6625471		传　真	0357-6625045	
办公地址	山西省临汾市洪洞县广胜寺镇				
经营范围	焦炭及其相关化工产品的生产、销售等				

主要财务指标 指标\报告期	2014.06.30	2013.12.31	2013.06.30	2012.12.31
基本每股收益(元)	0.0200	0.0237	0.0200	0.0500
基本每股收益(扣除后)(元)	0.0290	-0.0288	0.0600	0.0100
稀释每股收益(元)				0.0500
每股净资产(元)	3.6899	3.6644	3.6658	2.2615
每股经营现金净流量(元)	0.3100	-1.3207	0.0591	1.0023
每股现金流量(元)	0.3528	0.4882	1.2273	0.5466
每股资本公积金(元)	2.9433	2.9433	2.9433	1.6719
每股盈余公积金(元)	0.2935	0.2935	0.2935	0.3973
每股未分配利润(元)	-0.5547	-0.5754	-0.5772	-0.8095
净资产收益率(%)	0.5626	0.6183	0.5699	2.3200
加权净资产收益率(%)	0.5600	0.6800	0.7800	2.3500
净资产收益率(扣除)(%)	0.7988	-0.7509	1.5647	0.6196
总资产(万元)	993560.69	858329.28	925740.32	892295.83
归属母公司股东权益(万元)	282538.49	280579.39	280689.63	127935.30
营业收入(万元)	258734.54	587448.16	293278.73	572192.03
营业支出(万元)	232764.54	545338.00	266949.31	517953.84
投资收益(万元)	144.03	7346.08	64.94	60.33
净利润(万元)	1589.44	1734.89	1599.65	2968.14
营业利润(万元)	2543.05	5769.41	4779.05	1515.07
利润总额(万元)	1752.28	2046.84	1800.33	3447.86

华域汽车系统股份有限公司

公司概况					
公司名称	华域汽车系统股份有限公司			证券简称	华域汽车
法人代表	陈虹	董秘	茅其炜	证券代码	600741
公司网址	www.huayu-auto.com		电子信箱	huayuqiche@huayu-auto.com	
电　话	021-22011701		传　真	021-22011790	
办公地址	上海市威海路 489 号				
经营范围	汽车、摩托车、拖拉机等交通运输车辆和工程机械的零部件及其总成的设计、研发和销售等				

主要财务指标 指标\报告期	2014.06.30	2013.12.31	2013.06.30	2012.12.31
基本每股收益(元)	0.8850	1.3400	0.6640	1.2010
基本每股收益(扣除后)(元)	0.8770	1.2630	0.6550	1.1730
稀释每股收益(元)	-	-	-	-
每股净资产(元)	7.5639	7.2100	7.6950	7.4598
每股经营现金净流量(元)	1.2338	2.6295	1.2185	1.8684
每股现金流量(元)	0.8678	0.1563	0.5679	0.1948
每股资本公积金(元)	2.3920	2.4233	3.5529	3.5732
每股盈余公积金(元)	0.3383	0.3383	0.2342	0.2342
每股未分配利润(元)	3.8336	3.4484	2.9079	2.6525
净资产收益率(%)	11.7053	18.5850	8.6287	16.1061
加权净资产收益率(%)	11.6200	18.1900	8.5500	17.5300
净资产收益率(扣除)(%)	11.5940	17.5178	8.5104	15.7250
总资产(万元)	5914618.19	5427073.84	5327153.14	4823998.71
归属母公司股东权益(万元)	1953912.34	1862487.63	1987773.47	1927028.23
营业收入(万元)	3662391.06	6932947.10	3325260.80	5788922.31
营业支出(万元)	3126081.66	5845283.51	2807033.50	4843639.17
投资收益(万元)	142261.36	253759.91	109440.26	181336.00
净利润(万元)	228710.61	346144.23	171519.85	310369.10
营业利润(万元)	359943.27	707368.24	344014.32	612130.65
利润总额(万元)	363630.72	718809.47	346460.20	622218.19

长春一汽富维汽车零部件股份有限公司

公司概况					
公司名称	长春一汽富维汽车零部件股份有限公司			证券简称	一汽富维
法人代表	金毅	董秘	李文东	证券代码	600742
公司网址	www.fawfw.com.cn		电子信箱	fw_fw@faw.com.cn	
电　话	0431-85765685 85765755		传　真	0431-85765338	
办公地址	吉林省长春市汽车产业开发区东风南街 1399 号				
经营范围	汽车零部件系列产品的研制、生产和销售等				

主要财务指标 指标\报告期	2014.06.30	2013.12.31	2013.06.30	2012.12.31
基本每股收益(元)	1.1400	1.7400	0.8300	1.8500
基本每股收益(扣除后)(元)	1.1400	1.7300	0.8300	1.8300
稀释每股收益(元)	1.1400	1.7400	0.8300	1.8500
每股净资产(元)	15.7184	14.9090	14.0037	13.7166
每股经营现金净流量(元)	0.5702	1.1156	0.7075	2.1725
每股现金流量(元)	-0.0154	-0.7882	-0.3099	0.5422
每股资本公积金(元)	2.5987	2.5987	2.5987	2.5987
每股盈余公积金(元)	2.2290	2.2290	2.0706	2.0706
每股未分配利润(元)	9.8550	9.0606	8.3092	8.0368
净资产收益率(%)	7.2807	11.6854	5.9443	13.4809
加权净资产收益率(%)	7.3900	12.1700	5.8900	14.3700
净资产收益率(扣除)(%)	7.2600	11.6101	5.9344	13.3732
总资产(万元)	598916.28	570289.67	530288.98	478495.71
归属母公司股东权益(万元)	332480.31	315360.41	296210.03	290138.77
营业收入(万元)	557990.68	947248.64	428075.74	767635.53
营业支出(万元)	527964.13	896595.06	405561.11	724736.99
投资收益(万元)	20774.62	37883.97	17019.02	36664.55
净利润(万元)	24206.91	36851.03	17607.69	39113.24
营业利润(万元)	27846.52	44600.42	22151.57	46266.31
利润总额(万元)	27944.57	44867.43	22195.53	46692.87

华远地产股份有限公司

公司概况

公司名称	华远地产股份有限公司			证券简称	华远地产
法人代表	任志强	董秘	窦志康	证券代码	600743
公司网址	www.hy-online.com		电子信箱	douzk@hy-online.com	
电话	010-68036966 68036688		传真	010-68012167	
办公地址	北京市西城区北展北街11号华远企业中心11号楼				
经营范围	房地产开发销售等				

主要财务指标

指标\报告期	2014.06.30	2013.12.31	2013.06.30	2012.12.31
基本每股收益(元)	0.1290	0.3600	0.1260	0.3400
基本每股收益(扣除后)(元)	0.1290	0.3600	0.1270	0.3400
稀释每股收益(元)	0.1290	0.3600	0.1260	0.3400
每股净资产(元)	1.8900	1.8800	1.6470	1.7996
每股经营现金净流量(元)	-1.4437	-0.5011	-0.1228	0.5692
每股现金流量(元)	-0.4498	0.0689	-0.4753	1.1717
每股资本公积金(元)	0.0220	0.0220	0.0220	0.0253
每股盈余公积金(元)	0.1189	0.1189	0.0981	0.1129
每股未分配利润(元)	0.7509	0.7414	0.5269	0.6614
净资产收益率(%)	6.8452	19.1756	7.6300	19.0302
加权净资产收益率(%)	6.7200	21.0300	7.7900	20.5300
净资产收益率(扣除)(%)	6.8187	19.2422	7.6988	19.1219
总资产(万元)	1840207.35	1738032.19	1388970.55	1309594.99
归属母公司股东权益(万元)	343865.62	342139.36	299374.29	284434.95
营业收入(万元)	382356.01	472939.33	161235.78	307954.00
营业支出(万元)	307311.11	288982.05	93310.60	148422.75
投资收益(万元)	935.13	1162.09	383.47	442.73
净利润(万元)	23538.19	65607.28	22842.21	54128.53
营业利润(万元)	34279.76	116481.98	32399.73	81655.56
利润总额(万元)	34400.30	116149.48	32101.11	81316.98

大唐华银电力股份有限公司

公司概况

公司名称	大唐华银电力股份有限公司			证券简称	华银电力
法人代表	王琳	董秘	周浩	证券代码	600744
公司网址	www.hypower.com.cn		电子信箱	hy600744@188.com	
电话	0731-85388088 85388028		传真	0731-85510188	
办公地址	湖南省长沙市芙蓉中路3段255号				
经营范围	电力生产和销售、电力规划、勘测设计、科研、电力工程施工、设备安装等				

主要财务指标

指标\报告期	2014.06.30	2013.12.31	2013.06.30	2012.12.31
基本每股收益(元)	-0.2721	0.0200	-0.2975	0.1400
基本每股收益(扣除后)(元)	-0.2810	-0.1300	-0.3035	-0.5900
稀释每股收益(元)	-0.2721	0.0200	-0.2975	0.1400
每股净资产(元)	1.7972	2.0391	1.6317	2.0241
每股经营现金净流量(元)	1.9117	2.0109	0.8914	1.7847
每股现金流量(元)	-0.0967	0.1166	0.2684	-0.2523
每股资本公积金(元)	2.5028	2.4726	2.4726	2.4726
每股盈余公积金(元)	0.1942	0.1942	0.1942	0.1942
每股未分配利润(元)	-1.8997	-1.6276	-2.0350	-1.6426
净资产收益率(%)	-15.1418	0.7371	-18.2303	6.8450
加权净资产收益率(%)	-14.1900	0.7400	-16.7100	6.7500
净资产收益率(扣除)(%)	-15.6345	-6.4174	-18.5989	-28.1522
总资产(万元)	1627922.34	1654990.63	1606591.84	1630337.12
归属母公司股东权益(万元)	127897.87	145113.86	116119.36	144044.18
营业收入(万元)	289746.61	745552.03	303101.71	810264.62
营业支出(万元)	269756.04	664088.40	288160.06	720674.31
投资收益(万元)	100.14	1194.64	302.00	5402.32
净利润(万元)	-19365.99	1069.68	-21168.86	9859.84
营业利润(万元)	-19167.52	-8278.14	-21425.15	11272.34
利润总额(万元)	-18615.55	2602.09	-21299.12	14599.26

中茵股份有限公司

公司概况

公司名称	中茵股份有限公司			证券简称	中茵股份
法人代表	高建荣	董秘	吴年有	证券代码	600745
公司网址	www.joinin-holding.com		电子信箱	nianyouwu@163.com	
电话	0714-6350569		传真	0714-6353158	
办公地址	湖北省黄石市团城山开发区广会路18号(黄石托尼洛·兰博基尼酒店)B1层				
经营范围	房地产开发、经营以及物业管理等				

主要财务指标

指标\报告期	2014.06.30	2013.12.31	2013.06.30	2012.12.31
基本每股收益(元)	0.0600	0.1600	0.0700	0.3100
基本每股收益(扣除后)(元)	0.0600	0.0400	-0.0060	0.2700
稀释每股收益(元)	0.0600	0.1600	0.0700	0.3100
每股净资产(元)	2.6734	2.6123	2.5174	2.4474
每股经营现金净流量(元)	-1.5560	1.6274	0.2776	0.7331
每股现金流量(元)	-0.1399	-0.1923	-0.0600	-0.1654
每股资本公积金(元)	0.7670	0.7670	0.7670	0.7670
每股盈余公积金(元)	0.1318	0.1318	0.1318	0.1318
每股未分配利润(元)	0.7744	0.7131	0.6187	0.5486
净资产收益率(%)	2.2929	6.2954	2.7821	12.5740
加权净资产收益率(%)	2.3200	6.5000	2.8200	13.4200
净资产收益率(扣除)(%)	2.3677	1.6256	-0.2254	10.9697
总资产(万元)	677637.48	633648.30	568344.21	521526.29
归属母公司股东权益(万元)	87522.01	85518.51	82414.24	80121.36
营业收入(万元)	75806.59	236779.61	90018.61	135307.44
营业支出(万元)	54721.84	145482.27	47465.23	83336.68
投资收益(万元)	-66.55	-479.77	-	-
净利润(万元)	2006.77	5383.71	2292.88	10074.42
营业利润(万元)	3990.40	9529.48	2939.92	15264.59
利润总额(万元)	3892.77	15754.89	6905.56	16748.61

江苏索普化工股份有限公司

公司概况

公司名称	江苏索普化工股份有限公司			证券简称	江苏索普
法人代表	胡宗贵	董秘	范立明	证券代码	600746
公司网址	www.sopo.com.cn		电子信箱	jssopo@sopo.com.cn	
电话	0511-88995020 88995001		传真	0511-83362036	
办公地址	江苏省镇江市谏壁镇越河街50号				
经营范围	化工原料及产品的制造销售、电力、蒸汽生产等				

主要财务指标

指标\报告期	2014.06.30	2013.12.31	2013.06.30	2012.12.31
基本每股收益(元)	0.0326	0.0916	0.0204	-0.1333
基本每股收益(扣除后)(元)	0.0334	0.0896	0.0215	-0.1569
稀释每股收益(元)	0.0326	0.0916	0.0204	-0.1333
每股净资产(元)	1.4312	1.4212	1.3506	1.3295
每股经营现金净流量(元)	0.0556	0.2124	0.0422	0.2006
每股现金流量(元)	-0.0548	0.0500	-0.0725	-0.1429
每股资本公积金(元)	0.2032	0.2032	0.2032	0.2032
每股盈余公积金(元)	0.1149	0.1149	0.1058	0.1058
每股未分配利润(元)	0.1076	0.1030	0.0410	0.0205
净资产收益率(%)	2.2760	6.4472	1.5123	-10.0296
加权净资产收益率(%)	2.2661	6.6600	1.5246	-9.5500
净资产收益率(扣除)(%)	2.3354	6.3014	1.5945	-11.8008
总资产(万元)	58726.16	62410.46	66999.21	71776.23
归属母公司股东权益(万元)	43856.35	43547.51	41386.66	40737.98
营业收入(万元)	34765.86	73623.16	37379.21	73974.17
营业支出(万元)	30626.16	64136.45	33787.12	71590.74
投资收益(万元)	2.66	2.52	-	183.52
净利润(万元)	998.15	2807.58	625.89	-4085.84
营业利润(万元)	1397.74	3723.51	870.37	-6198.54
利润总额(万元)	1362.98	3775.35	825.00	-5893.09

大连大显控股股份有限公司

公司概况					
公司名称	大连大显控股股份有限公司			证券简称	大连控股
法人代表	代威	董秘	王薇	证券代码	600747
公司网址	www.dl-hold.com		电子信箱	wangwei@daxian.cn	
电　话	0411-88853117-7714		传　真	0411-88853122	
办公地址	辽宁省大连市甘井子区革镇堡				
经营范围	多种金属矿业投资、开发及技术咨询、房屋租赁、仓储等				

主要财务指标 指标\报告期	2014.06.30	2013.12.31	2013.06.30	2012.12.31
基本每股收益(元)	-0.0500	0.0400	-0.0168	-0.1100
基本每股收益(扣除后)(元)	-0.0500	-0.0700	-0.0473	-0.1400
稀释每股收益(元)	-0.0500	0.0400	-0.0168	-0.1100
每股净资产(元)	1.4101	0.7038	0.6319	0.6530
每股经营现金净流量(元)	-0.0973	-0.2213	0.1345	0.0134
每股现金流量(元)	0.8634	0.0965	0.2150	-0.1693
每股资本公积金(元)	0.6803	0.0303	0.0165	0.0209
每股盈余公积金(元)	0.0789	0.1085	0.1085	0.1085
每股未分配利润(元)	-0.3491	-0.4350	-0.4931	-0.4764
净资产收益率(%)	-2.3317	5.8729	-2.6507	-17.5839
加权净资产收益率(%)	-6.6400	6.1400	-2.6000	-16.1500
净资产收益率(扣除)(%)	-2.3316	-10.5217	-7.4855	-22.0953
总资产(万元)	262061.05	120421.01	122334.14	151777.77
归属母公司股东权益(万元)	206483.09	74907.74	67255.98	69498.06
营业收入(万元)	40661.62	42175.48	11250.05	26280.21
营业支出(万元)	40871.45	41398.57	10719.48	23435.63
投资收益(万元)	-52.62	2851.43	3100.14	3209.21
净利润(万元)	-4814.52	4399.29	-1782.79	-12220.45
营业利润(万元)	-4805.26	-5533.05	-1937.07	-13707.86
利润总额(万元)	-4805.23	4218.13	-1939.80	-13436.70

上海实业发展股份有限公司

公司概况					
公司名称	上海实业发展股份有限公司			证券简称	上实发展
法人代表	陆申	董秘	阚兆森	证券代码	600748
公司网址	www.sidlgroup.com		电子信箱	sid748@sidlgroup.com	
电　话	021-53858859		传　真	021-53858879	
办公地址	上海市淮海中路98号金钟广场20层				
经营范围	房地产开发和经营、实业投资、资产经营、国内贸易、信息服务等				

主要财务指标 指标\报告期	2014.06.30	2013.12.31	2013.06.30	2012.12.31
基本每股收益(元)	0.6300	0.4000	0.2700	0.5900
基本每股收益(扣除后)(元)	0.1100	0.3000	0.2400	0.1600
稀释每股收益(元)	0.6300	0.4000	0.2700	0.5900
每股净资产(元)	5.2213	4.5846	4.6738	4.4049
每股经营现金净流量(元)	-1.5589	2.1445	0.1874	0.1328
每股现金流量(元)	-1.6683	1.4415	-0.1162	1.5810
每股资本公积金(元)	1.2347	1.2354	1.3972	1.3972
每股盈余公积金(元)	0.2166	0.2166	0.2034	0.2034
每股未分配利润(元)	2.7700	2.1327	2.0731	1.8043
净资产收益率(%)	12.0886	8.7590	5.7523	13.3841
加权净资产收益率(%)	12.8700	8.7900	5.9200	13.4500
净资产收益率(扣除)(%)	2.0801	6.4917	5.1444	3.5425
总资产(万元)	1922841.76	2055704.94	1882737.84	1951931.08
归属母公司股东权益(万元)	565655.15	496680.89	506342.05	477215.50
营业收入(万元)	57876.06	390462.01	218380.36	366666.96
营业支出(万元)	29287.71	233485.88	132774.90	237496.07
投资收益(万元)	66679.99	-367.42	-5296.92	39617.44
净利润(万元)	68379.90	43504.08	29126.55	63871.05
营业利润(万元)	83250.67	71853.41	41287.85	91882.37
利润总额(万元)	83884.34	76335.43	43804.97	106213.62

西藏旅游股份有限公司

公司概况					
公司名称	西藏旅游股份有限公司			证券简称	西藏旅游
法人代表	欧阳旭	董秘	欧阳旭(代)	证券代码	600749
公司网址	www.tibetyalu.com		电子信箱	xzly@tibetyalu.com	
电　话	0891-6339150		传　真	0891-6339041	
办公地址	西藏自治区拉萨市林廓东路6号				
经营范围	旅游、酒店和有线电视网络等				

主要财务指标 指标\报告期	2014.06.30	2013.12.31	2013.06.30	2012.12.31
基本每股收益(元)	-0.0814	0.0413	-0.0909	0.0592
基本每股收益(扣除后)(元)	-0.0747	0.0371	-0.0892	0.0584
稀释每股收益(元)	-0.0814	0.0413	-0.0909	0.0592
每股净资产(元)	3.4003	3.4817	3.3745	3.4654
每股经营现金净流量(元)	-0.0059	0.3614	0.2201	0.4285
每股现金流量(元)	0.3488	-0.4753	0.0497	-0.6934
每股资本公积金(元)	2.3029	2.3029	2.3029	2.3029
每股盈余公积金(元)	0.0071	0.0071	0.0039	0.0039
每股未分配利润(元)	0.0904	0.1718	0.0677	0.1586
净资产收益率(%)	-2.3931	1.1856	-2.6933	1.7075
加权净资产收益率(%)	-2.3648	1.1900	-2.5948	1.7200
净资产收益率(扣除)(%)	-2.1970	1.0652	-2.6437	1.6847
总资产(万元)	129717.52	116828.61	119440.55	112682.22
归属母公司股东权益(万元)	64313.08	65852.15	63825.21	65544.22
营业收入(万元)	5235.08	17844.69	6169.42	16262.02
营业支出(万元)	3137.08	8227.12	3512.04	7033.22
投资收益(万元)	-	-	-	-
净利润(万元)	-1539.07	780.77	-1719.01	1119.19
营业利润(万元)	-1464.38	1176.76	-1555.88	1640.79
利润总额(万元)	-1590.51	1281.49	-1587.57	1651.92

江中药业股份有限公司

公司概况					
公司名称	江中药业股份有限公司			证券简称	江中药业
法人代表	钟虹光	董秘	吴伯帆	证券代码	600750
公司网址	www.jzjt.com		电子信箱	jzyy@jzjt.com	
电　话	0791-88169323		传　真	0791-88164029	
办公地址	江西省南昌市高新区火炬大道788号				
经营范围	中成药片剂、冲剂、胶囊剂、保健食品生产经营等				

主要财务指标 指标\报告期	2014.06.30	2013.12.31	2013.06.30	2012.12.31
基本每股收益(元)	0.3100	0.5500	0.3700	0.7200
基本每股收益(扣除后)(元)	0.3100	0.4300	0.2600	0.7200
稀释每股收益(元)	0.3100	0.5500	0.3700	0.7200
每股净资产(元)	6.3531	6.6828	6.4954	6.4292
每股经营现金净流量(元)	0.4002	0.3597	-0.0408	0.7276
每股现金流量(元)	0.1668	-0.7792	-0.8712	1.3361
每股资本公积金(元)	1.8226	2.2977	2.2977	2.2977
每股盈余公积金(元)	0.5655	0.5452	0.5452	0.5452
每股未分配利润(元)	2.9651	2.8399	2.6525	2.5863
净资产收益率(%)	5.0316	8.2841	5.6390	11.2644
加权净资产收益率(%)	4.6600	8.4800	5.5800	11.7100
净资产收益率(扣除)(%)	4.9237	6.4722	3.9558	11.2187
总资产(万元)	322732.95	299239.72	295881.04	322886.59
归属母公司股东权益(万元)	190593.74	207934.41	202105.53	200043.37
营业收入(万元)	138890.87	277786.13	129470.97	319184.47
营业支出(万元)	67539.20	173090.89	81708.23	198307.73
投资收益(万元)	-20.68	3486.30	3467.08	-221.13
净利润(万元)	9589.83	17225.54	11396.66	22533.61
营业利润(万元)	11627.76	20234.80	13725.77	26776.86
利润总额(万元)	11886.80	20954.44	14108.60	26930.99

天津市海运股份有限公司

公司概况

公司名称	天津市海运股份有限公司			证券简称	天津海运
法人代表	黄玗	董秘	张延波	证券代码	600751
公司网址	www.tjtmsc.com		电子信箱	tmsc900938@163.com	
电　话	022-58679088		传　真	022-58679130	
办公地址	天津市天津空港经济区中心大道华盈大厦八层				
经营范围	国际船舶集装箱运输、仓储服务、陆海联运、集装箱租赁买卖等				

主要财务指标

指标\报告期	2014.06.30	2013.12.31	2013.06.30	2012.12.31
基本每股收益(元)	0.0076	-0.1459	-0.0287	0.6531
基本每股收益	0.0047	-	-0.0308	-0.1892
稀释每股收益(元)	0.0076	-0.1459	-0.0287	0.6531
每股净资产(元)	0.0551	0.0469	0.1634	0.3480
每股经营现金净流量(元)	-0.0075	0.1657	0.1347	0.0569
每股现金流量(元)	0.4582	-0.0124	0.1287	0.0524
每股资本公积金(元)	0.4104	0.4104	0.4104	1.5556
每股盈余公积金(元)	0.1247	0.1247	0.1247	0.2259
每股未分配利润(元)	-1.4828	-1.4904	-1.3732	-2.4361
净资产收益率(%)	13.8080	-311.1188	-17.5501	187.6605
加权净资产收益率(%)	14.9200	-122.0000	-17.1600	-82.0000
净资产收益率(扣除)(%)	8.5463	-344.0411	-18.8796	-54.3551
总资产(万元)	73505.04	32036.26	60793.00	62593.17
归属母公司股东权益	4919.52	4186.16	14585.53	17145.30
营业收入(万元)	20325.37	33537.89	12864.16	12677.02
营业成本(万元)	16520.45	29203.76	13428.70	12632.73
投资收益(万元)	-	-	-	-2527.80
净利润(万元)	679.29	-13023.93	-2559.77	32174.96
营业利润(万元)	418.53	-14205.74	-2755.58	29705.65
利润总额(万元)	677.38	-13015.21	-2561.67	32191.40

河南东方银星投资股份有限公司

公司概况

公司名称	河南东方银星投资股份有限公司			证券简称	东方银星
法人代表	李大明	董秘	温泉	证券代码	600753
公司网址	www.bingxiong.com.cn		电子信箱	wqq728@163.com	
电　话	0370-2790609		传　真	0370-2790630	
办公地址	河南省商丘市神火大道99号悦华大酒店25层东方银星				
经营范围	房地产项目投资、实业投资、化工产品等				

主要财务指标

指标\报告期	2014.06.30	2013.12.31	2013.06.30	2012.12.31
基本每股收益(元)	-0.0110	-0.0030	-0.0030	0.0120
基本每股收益	-0.0110	-0.0010	-0.0030	-0.0030
稀释每股收益(元)	-0.0110	-0.0030	-0.0030	-0.0120
每股净资产(元)	0.7780	0.7890	0.7892	0.7924
每股经营现金净流量(元)	-0.0035	0.0030	-0.0005	0.0003
每股现金流量(元)	-0.0035	0.0030	-0.0005	0.0003
每股资本公积金(元)	1.1050	1.1050	1.1050	1.1050
每股盈余公积金(元)	-	-	-	-
每股未分配利润(元)	-1.3270	-1.3161	-1.3158	-1.3127
净资产收益率(%)	-1.4051	-0.4324	-0.4007	1.4557
加权净资产收益率(%)	-1.4800	-0.4300	-0.4000	1.4500
净资产收益率(扣除)(%)	-1.3596	-0.7088	-0.3574	-0.3537
总资产(万元)	23098.44	22688.10	22960.46	22930.44
归属母公司股东权益	9958.78	10098.71	10101.90	10142.38
营业收入(万元)	132.15	1078.34	533.28	1410.63
营业成本(万元)	86.53	915.76	487.95	1086.21
投资收益(万元)	-	-	-	-
净利润(万元)	-139.94	-43.67	-40.48	147.64
营业利润(万元)	-143.19	65.78	-41.32	353.34
利润总额(万元)	-147.73	37.87	-48.61	293.62

上海锦江国际酒店发展股份有限公司

公司概况

公司名称	上海锦江国际酒店发展股份有限公司			证券简称	锦江股份
法人代表	俞敏亮	董秘	胡暋	证券代码	600754
公司网址	www.jinjianghotels.sh.cn		电子信箱	jjir@jinjianghotels.com	
电　话	021-63217132		传　真	021-63217720	
办公地址	上海市浦东新区杨高南路889号东锦江大酒店商住楼四层(B区域)				
经营范围	宾馆、餐饮、食品生产线及连锁经营、旅游等				

主要财务指标

指标\报告期	2014.06.30	2013.12.31	2013.06.30	2012.12.31
基本每股收益(元)	0.3088	0.6257	0.2786	0.6120
基本每股收益	0.1875	0.3625	0.2057	0.4871
稀释每股收益(元)	-	-	-	-
每股净资产(元)	6.9028	7.2005	6.6846	7.0393
每股经营现金净流量(元)	0.3241	1.0595	0.4787	0.9211
每股现金流量(元)	-0.2130	-0.1209	-0.4762	0.2619
每股资本公积金(元)	3.4626	3.6891	3.5203	3.7837
每股盈余公积金(元)	0.7995	0.7995	0.7995	0.7995
每股未分配利润(元)	1.6406	1.7119	1.3647	1.4561
净资产收益率(%)	4.4730	8.6903	4.1677	8.6934
加权净资产收益率(%)	4.3500	8.8700	3.8900	8.9900
净资产收益率(扣除)(%)	2.7169	5.0338	3.0778	6.9195
总资产(万元)	679635.23	708306.68	684589.99	541217.29
归属母公司股东权益	416405.64	434363.41	403239.66	424641.19
营业收入(万元)	136855.28	268441.09	120332.09	233599.22
营业成本(万元)	14137.31	30075.56	14077.65	27493.25
投资收益(万元)	15492.72	24671.64	8059.92	17571.55
净利润(万元)	18626.33	37747.33	16805.75	36915.71
营业利润(万元)	22154.40	46970.77	19548.09	44469.15
利润总额(万元)	23706.81	49664.79	21593.97	46886.59

厦门国贸集团股份有限公司

公司概况

公司名称	厦门国贸集团股份有限公司			证券简称	厦门国贸
法人代表	何福龙	董秘	陈晓华	证券代码	600755
公司网址	www.itg.com.cn		电子信箱	itgchina@itg.com.cn	
电　话	0592-5161888		传　真	0592-5160280	
办公地址	福建省厦门市思明区湖滨南路国贸大厦18层				
经营范围	从事进出口贸易、房地产开发与经营、投资以及其他服务贸易等				

主要财务指标

指标\报告期	2014.06.30	2013.12.31	2013.06.30	2012.12.31
基本每股收益(元)	0.3500	0.7100	0.2200	0.2900
基本每股收益	0.2700	0.3300	0.1600	0.1900
稀释每股收益(元)	0.3500	0.7100	0.2200	0.2900
每股净资产(元)	4.2739	4.1463	3.6913	3.5743
每股经营现金净流量(元)	-3.5534	-0.5170	3.0004	1.6890
每股现金流量(元)	0.1319	0.2736	1.4496	0.3784
每股资本公积金(元)	0.7436	0.7487	0.7849	0.7817
每股盈余公积金(元)	0.1973	0.1973	0.1781	0.1781
每股未分配利润(元)	2.3583	2.2284	1.7545	1.6395
净资产收益率(%)	8.1874	17.0794	5.8255	8.1267
加权净资产收益率(%)	8.1700	18.3800	5.8700	8.2800
净资产收益率(扣除)(%)	6.3334	7.9927	4.4584	5.3570
总资产(万元)	3363535.76	2836517.76	2706843.01	2411264.04
归属母公司股东权益	568788.88	551800.67	491244.84	475674.15
营业收入(万元)	2719003.80	4906847.87	2351234.48	4183513.53
营业成本(万元)	2555387.27	4608714.38	2203143.71	3914258.72
投资收益(万元)	20419.04	52080.23	3395.01	19992.99
净利润(万元)	46568.74	94244.32	28617.22	38656.60
营业利润(万元)	62603.94	144768.45	53189.16	71343.77
利润总额(万元)	64564.52	142175.39	55973.21	73841.61

浪潮软件股份有限公司

公司概况

公司名称	浪潮软件股份有限公司			证券简称	浪潮软件
法人代表	王柏华	董秘	申宝伟	证券代码	600756
公司网址	www.inspur.com		电子信箱	600756@inspur.com	
电　　话	0531-85105606		传　　真	0531-85105600	
办公地址	山东省济南市高新区浪潮路 1036 号				
经营范围	通信及计算机软硬件技术开发、生产、销售等				

主要财务指标

指标\报告期	2014.06.30	2013.12.31	2013.06.30	2012.12.31
基本每股收益(元)	0.0360	0.0200	-0.2120	0.1420
基本每股收益	0.0250	0.0100	-0.2210	0.1300
稀释每股收益(元)	0.0360	0.0200	-0.2120	0.1420
每股净资产(元)	2.7869	2.7588	2.5420	2.8001
每股经营现金净流量(元)	-0.5254	0.2452	-0.4521	0.1074
每股现金流量(元)	-0.5415	-0.5101	-0.4016	-0.0683
每股资本公积金(元)	0.2797	0.3856	0.2882	0.2914
每股盈余公积金(元)	0.2833	0.2833	0.2790	0.2790
每股未分配利润(元)	1.2239	1.1975	0.9747	1.2296
净资产收益率(%)	1.3034	0.5467	-8.3349	5.5019
加权净资产收益率(%)	1.2900	0.5400	-7.8600	5.1700
净资产收益率(扣除)(%)	0.9061	0.1888	-8.6929	4.6088
总资产(万元)	154160.36	144328.75	120203.73	136732.59
归属母公司股东权益	77683.11	79901.21	70856.58	78052.15
营业收入(万元)	35574.31	87607.88	35150.68	71649.12
营业成本(万元)	23999.82	61353.70	25844.31	50219.33
投资收益(万元)	2626.98	-129.76	-4097.36	3876.57
净利润(万元)	1012.55	420.43	-5905.47	3950.47
营业利润(万元)	323.20	330.48	-6299.34	3934.94
利润总额(万元)	879.83	1257.69	-5682.16	4388.42

长江出版传媒股份有限公司

公司概况

公司名称	长江出版传媒股份有限公司			证券简称	长江传媒
法人代表	孙永平	董秘	万智	证券代码	600757
公司网址	www.cjcb.com.cn		电子信箱	cjcbcm@163.com	
电　　话	027-87673688		传　　真	027-87673688	
办公地址	湖北省武汉市武昌区雄楚大街 268 号 B 座 11-12 楼				
经营范围	公开发行的国内版图书、报刊、电子出版物等				

主要财务指标

指标\报告期	2014.06.30	2013.12.31	2013.06.30	2012.12.31
基本每股收益(元)	0.1700	0.3500	0.2000	0.3100
基本每股收益	0.1100	0.2800	0.1900	0.2500
稀释每股收益(元)	0.1700	0.3500	0.2000	0.3100
每股净资产(元)	3.8356	3.6645	3.0158	2.8400
每股经营现金净流量(元)	-0.0199	0.2200	0.0875	0.2553
每股现金流量(元)	-0.0855	0.2508	-0.0590	0.0669
每股资本公积金(元)	1.5085	1.5096	0.8337	0.8508
每股盈余公积金(元)	-	-	-	-
每股未分配利润(元)	1.3271	1.1550	1.1821	0.9845
净资产收益率(%)	4.4862	8.5039	6.5539	11.0782
加权净资产收益率(%)	4.5900	11.0800	6.7400	11.7600
净资产收益率(扣除)(%)	2.9418	6.7050	6.2843	8.6972
总资产(万元)	711198.17	637758.07	482443.18	451735.13
归属母公司股东权益	465507.36	444746.62	313550.61	294779.16
营业收入(万元)	225461.14	420806.85	172651.90	348569.21
营业成本(万元)	165219.01	294374.36	112611.65	235678.41
投资收益(万元)	2547.12	6075.55	966.13	1015.57
净利润(万元)	20883.42	37820.75	20549.80	32656.33
营业利润(万元)	13475.87	32472.22	19480.26	26092.68
利润总额(万元)	20539.76	38339.07	20253.76	33513.48

辽宁红阳能源投资股份有限公司

公司概况

公司名称	辽宁红阳能源投资股份有限公司			证券简称	红阳能源
法人代表	林守信	董秘	田英东	证券代码	600758
公司网址			电子信箱	hynydm@163.com	
电　　话	024-86131586		传　　真	024-86801050	
办公地址	辽宁省沈阳市皇姑区黄河南大街 96-6 号启运商务大厦 4 楼				
经营范围	能源投资开发、电力、热力生产、销售、城市集中供热、供汽、供热等				

主要财务指标

指标\报告期	2014.06.30	2013.12.31	2013.06.30	2012.12.31
基本每股收益(元)	0.0477	0.0800	0.0362	0.0800
基本每股收益	0.0475	0.0800	0.0362	0.0800
稀释每股收益(元)	0.0477	0.0800	0.0362	0.0800
每股净资产(元)	1.6254	1.6100	1.5600	1.5500
每股经营现金净流量(元)	0.0134	0.3807	-0.2619	0.4742
每股现金流量(元)	-0.0791	-0.3241	-0.4314	0.0934
每股资本公积金(元)	0.0480	0.0480	0.0480	0.0480
每股盈余公积金(元)	0.0464	0.0464	0.0431	0.0431
每股未分配利润(元)	0.5310	0.5133	0.4683	0.4620
净资产收益率(%)	2.9339	5.2585	2.3215	5.2100
加权净资产收益率(%)	2.9500	5.3600	2.3200	5.3500
净资产收益率(扣除)(%)	2.9206	5.2615	2.3216	5.1212
总资产(万元)	69291.07	74042.83	53900.98	61026.06
归属母公司股东权益	33756.79	33389.45	32385.50	32256.70
营业收入(万元)	14695.58	26520.35	13289.83	24080.47
营业成本(万元)	12263.56	21250.13	11327.49	19474.77
投资收益(万元)	-	-	-	-
净利润(万元)	990.38	1755.79	751.84	1680.11
营业利润(万元)	1230.78	2318.34	882.52	1929.97
利润总额(万元)	1374.24	2492.05	1054.97	2384.76

洲际油气股份有限公司

公司概况

公司名称	洲际油气股份有限公司			证券简称	洲际油气
法人代表	姜亮	董秘	樊辉	证券代码	600759
公司网址	www.600759.com		电子信箱	zhgf@600759.com	
电　　话	0898-66590595 66787367		传　　真	0898-66757661	
办公地址	海南省海口市国贸大道 2 号海南时代广场 17 层				
经营范围	高新技术项目及产品的投资、开发、生产与经营等				

主要财务指标

指标\报告期	2014.06.30	2013.12.31	2013.06.30	2012.12.31
基本每股收益(元)	0.0075	0.0373	0.0192	0.3092
基本每股收益	-0.0628	-0.0405	0.0062	0.1145
稀释每股收益(元)	0.0075	0.0373	0.0192	0.3092
每股净资产(元)	1.8479	1.8572	1.8383	1.9107
每股经营现金净流量(元)	-0.0838	0.3961	0.0236	-0.3928
每股现金流量(元)	-0.4624	0.3804	-0.0271	-0.6871
每股资本公积金(元)	0.3632	0.3672	0.3664	0.3650
每股盈余公积金(元)	0.0303	0.0303	0.0272	0.0272
每股未分配利润(元)	0.4554	0.4596	0.4447	0.5185
净资产收益率(%)	0.4039	2.0061	1.0425	16.1811
加权净资产收益率(%)	0.1007	1.9900	1.0223	17.4200
净资产收益率(扣除)(%)	-3.4011	-2.1822	0.3357	5.9945
总资产(万元)	965212.95	692952.46	584180.07	580990.83
归属母公司股东权益	225469.24	226597.04	224289.13	233123.06
营业收入(万元)	35267.45	164335.89	77357.54	169157.26
营业成本(万元)	27584.87	141822.67	66896.10	138700.97
投资收益(万元)	11543.46	7870.27	3267.50	34850.06
净利润(万元)	910.78	4545.84	2338.16	37721.76
营业利润(万元)	4272.17	3716.96	3290.99	50529.41
利润总额(万元)	4288.65	15219.72	3288.49	50523.81

中航黑豹股份有限公司

公司概况					
公司名称	中航黑豹股份有限公司			证券简称	中航黑豹
法人代表	李晓义	董秘	严楠	证券代码	600760
公司网址	www.heibao.com.cn		电子信箱	yannan2323@163.com	
电　　话	0631-8087751		传　　真	0631-8352228	
办公地址	山东省文登市龙山路107号				
经营范围	微型汽、柴油载重汽车及其配件制造、厢式柴油专用汽车制造等				

主要财务指标 指标\报告期	2014.06.30	2013.12.31	2013.06.30	2012.12.31
基本每股收益(元)	-0.1600	0.0500	-0.0900	-0.1000
基本每股收益	-0.1700	-0.3900	-0.2800	-0.2800
稀释每股收益(元)	-0.1600	0.0500	-0.0900	-0.1000
每股净资产(元)	2.0126	2.1716	2.0297	2.1203
每股经营现金净流量(元)	-0.2312	0.2065	0.1042	0.6271
每股现金流量(元)	-0.0711	-0.3614	-0.3028	0.1839
每股资本公积金(元)	1.6019	1.6019	1.6019	1.6019
每股盈余公积金(元)	0.0410	0.0410	0.0402	0.0402
每股未分配利润(元)	-0.6303	-0.4714	-0.6124	-0.5217
净资产收益率(%)	-7.8986	2.3604	-4.4677	-4.9321
加权净资产收益率(%)	-7.6000	2.3900	-4.3700	-4.8100
净资产收益率(扣除)(%)	-8.3697	-18.0720	-13.9759	-13.4245
总资产(万元)	329911.21	354354.69	336326.08	325949.72
归属母公司股东权益	69423.73	74907.25	70011.26	73139.16
营业收入(万元)	142013.05	318727.01	140941.06	300289.67
营业成本(万元)	131211.73	297162.07	132549.09	280161.04
投资收益(万元)	-46.78	-	-	-
净利润(万元)	-5483.52	1768.09	-3127.90	-3607.27
营业利润(万元)	-6279.49	-15669.30	-9700.37	-12915.88
利润总额(万元)	-5751.88	5492.59	-216.00	-3477.05

安徽合力股份有限公司

公司概况					
公司名称	安徽合力股份有限公司			证券简称	安徽合力
法人代表	张德进	董秘	张孟青	证券代码	600761
公司网址	www.helichina.com		电子信箱	zmq@helichina.com	
电　　话	0551-63689611　63689002		传　　真	0551-63689787	
办公地址	安徽省合肥市经济技术开发区方兴大道668号				
经营范围	叉车、装载机、工程机械、矿山起重运输机械及配件、铸锻件、热处理件制造及销售				

主要财务指标 指标\报告期	2014.06.30	2013.12.31	2013.06.30	2012.12.31
基本每股收益(元)	0.6100	0.9800	0.4000	0.6800
基本每股收益	0.4500	0.8100	0.3900	0.5900
稀释每股收益(元)	0.6100	0.9800	0.4000	0.6800
每股净资产(元)	5.8954	6.6395	6.1436	5.8727
每股经营现金净流量(元)	0.5036	1.2889	0.4900	0.7101
每股现金流量(元)	0.0423	0.1444	0.0296	-0.0972
每股资本公积金(元)	0.9015	1.0818	1.0818	1.0818
每股盈余公积金(元)	0.6423	0.7708	0.6819	0.6819
每股未分配利润(元)	3.3515	3.7869	3.3798	3.1090
净资产收益率(%)	10.3889	14.7115	7.8263	11.5800
加权净资产收益率(%)	10.4900	15.6100	7.8700	12.1000
净资产收益率(扣除)(%)	7.5711	12.1489	7.5485	10.0046
总资产(万元)	555413.66	507272.22	498223.27	466448.96
归属母公司股东权益	363638.29	341280.82	315787.70	301867.53
营业收入(万元)	358286.70	655335.08	331808.36	597571.91
营业成本(万元)	285028.79	526933.58	266757.67	489665.81
投资收益(万元)	1515.16	1825.00	517.73	1448.49
净利润(万元)	37777.90	50207.60	24714.48	34942.69
营业利润(万元)	35742.12	55187.00	30477.91	40960.46
利润总额(万元)	46299.65	63652.46	31083.42	45182.71

通策医疗投资股份有限公司

公司概况					
公司名称	通策医疗投资股份有限公司			证券简称	通策医疗
法人代表	赵玲玲	董秘	黄浴华	证券代码	600763
公司网址	www.tcmedical.com.cn		电子信箱	huangyuhua@eetop.com	
电　　话	0571-88868808　88970616		传　　真	0571-87283502	
办公地址	浙江省杭州市天目山路327号合生国贸中心5号楼				
经营范围	投资管理、医疗器材的经营、进出口业务技术开发、技术咨询、技术培训和技术服务等				

主要财务指标 指标\报告期	2014.06.30	2013.12.31	2013.06.30	2012.12.31
基本每股收益(元)	0.3200	0.6300	0.3000	0.5700
基本每股收益	0.2700	0.5800	0.2600	0.5400
稀释每股收益(元)	0.3200	0.6300	0.3000	0.5700
每股净资产(元)	3.5561	3.2399	2.9151	2.6136
每股经营现金净流量(元)	0.2086	0.8363	0.2767	0.7015
每股现金流量(元)	-0.0026	0.6594	0.2236	-0.7153
每股资本公积金(元)	1.2365	1.2365	1.2365	1.2365
每股盈余公积金(元)	0.0115	0.0115	0.0115	0.0115
每股未分配利润(元)	1.3081	0.9919	0.6670	0.3655
净资产收益率(%)	8.8910	19.3325	10.3435	21.7273
加权净资产收益率(%)	9.3100	21.4000	10.9100	24.3800
净资产收益率(扣除)(%)	7.6254	17.7932	8.9530	20.7949
总资产(万元)	68112.37	64476.73	55713.88	50675.58
归属母公司股东权益	57011.57	51942.48	46734.67	41900.68
营业收入(万元)	25619.45	46301.52	20117.14	37893.98
营业成本(万元)	15478.18	25446.11	10813.41	20371.33
投资收益(万元)	214.06	-312.99	-310.45	-137.52
净利润(万元)	5069.09	10041.80	4833.99	9103.87
营业利润(万元)	6443.24	13641.97	5816.91	12129.45
利润总额(万元)	6718.76	13877.67	6151.54	12496.61

中电广通股份有限公司

公司概况					
公司名称	中电广通股份有限公司			证券简称	中电广通
法人代表	李建军	董秘	杨琼	证券代码	600764
公司网址	www.cecgt.com		电子信箱	qyang@cecgt.com	
电　　话	010-88578860		传　　真	010-88578825	
办公地址	北京市海淀区中关村南大街17号3号楼(韦伯时代中心C座)21层				
经营范围	智能光网络平台业务、计算机系统集成与分销业务等				

主要财务指标 指标\报告期	2014.06.30	2013.12.31	2013.06.30	2012.12.31
基本每股收益(元)	0.0020	0.0140	0.0150	0.1650
基本每股收益	0.0020	0.0140	0.0180	0.0390
稀释每股收益(元)	0.0020	0.0140	0.0150	0.1650
每股净资产(元)	1.8273	1.8350	1.8572	1.8666
每股经营现金净流量(元)	-0.1149	-0.2321	-0.4344	0.0191
每股现金流量(元)	-0.2300	0.1529	-0.1767	-0.1045
每股资本公积金(元)	0.1471	0.1468	0.1347	0.1347
每股盈余公积金(元)	0.1902	0.1902	0.1902	0.1902
每股未分配利润(元)	0.5622	0.5702	0.5716	0.5791
净资产收益率(%)	0.1075	0.7697	0.8341	8.8460
加权净资产收益率(%)	0.1100	0.7600	0.8300	9.1300
净资产收益率(扣除)(%)	0.1235	0.7425	0.9466	2.1070
总资产(万元)	157611.95	148875.90	132400.89	135547.62
归属母公司股东权益	60250.31	60503.30	61238.09	61546.59
营业收入(万元)	31235.41	80801.54	34891.99	133192.90
营业成本(万元)	25976.02	70700.45	30605.60	121352.05
投资收益(万元)	2109.46	3581.35	1848.63	3778.49
净利润(万元)	64.75	465.70	510.77	5444.42
营业利润(万元)	1114.47	1250.28	1238.97	6223.28
利润总额(万元)	1164.42	1305.24	1163.12	7447.90

中航重机股份有限公司

公司概况	公司名称	中航重机股份有限公司			证券简称	中航重机
	法人代表	黎学勤	董秘	孙继兵	证券代码	600765
	公司网址	www.avichm.com		电子信箱	invest@avichm.com	
	电　话	010-57827107 57827109		传　真	010-57827102	
	办公地址	北京市朝阳区安定门外小关东里 14 号 A 座				
	经营范围	股权投资及经营管理、军民共用液压件、液压系统、锻件、换热器等				

	指标\报告期	2014.06.30	2013.12.31	2013.06.30	2012.12.31
主要财务指标	基本每股收益(元)	0.1200	0.2000	0.1200	0.2700
	基本每股收益	0.1100	0.1700	0.1100	-0.0100
	稀释每股收益(元)	0.1200	0.2000	0.1200	0.2700
	每股净资产(元)	4.3983	4.3107	4.2148	4.1321
	每股经营现金净流量(元)	-0.0928	0.2675	-0.1421	-0.1617
	每股现金流量(元)	-0.1907	-0.6233	-0.6850	-0.1120
	每股资本公积金(元)	1.6141	1.6098	1.6029	1.6007
	每股盈余公积金(元)	0.1237	0.1237	0.1131	0.1131
	每股未分配利润(元)	1.6469	1.5648	1.4988	1.4183
	净资产收益率(%)	2.7762	4.5713	2.8595	6.6398
	加权净资产收益率(%)	2.7900	4.6700	2.8700	6.9000
	净资产收益率(扣除)(%)	2.5623	3.8639	2.6862	-0.1649
	总资产(万元)	1274311.28	1212856.32	1123953.12	1076039.97
	归属母公司股东权益	342187.50	335375.02	327910.00	321476.43
	营业收入(万元)	311044.30	638585.70	294089.68	537202.38
	营业成本(万元)	250740.31	523654.33	236741.71	430790.18
	投资收益(万元)	-622.04	-4445.92	-1454.22	32826.13
	净利润(万元)	9499.90	15330.86	9376.44	21345.25
	营业利润(万元)	9739.62	15771.10	10806.38	35202.06
	利润总额(万元)	10757.59	19207.19	11656.99	38768.29

烟台园城黄金股份有限公司

公司概况	公司名称	烟台园城黄金股份有限公司			证券简称	园城黄金
	法人代表	徐成义	董秘	刘昌喜	证券代码	600766
	公司网址	www.ytycgf.com		电子信箱	yuanyuan82827@126.com	
	电　话	0535-6636299		传　真	0535-6636299	
	办公地址	山东省烟台市芝罘区南大街 261 号				
	经营范围	药品的生产和销售、商品零售及批发、房地产、印刷、旅游等				

	指标\报告期	2014.06.30	2013.12.31	2013.06.30	2012.12.31
主要财务指标	基本每股收益(元)	0.0500	0.0100	-0.0060	0.2500
	基本每股收益	0.0300	0.0040	-0.0060	-0.1300
	稀释每股收益(元)	0.0500	0.0100	-0.0060	0.2500
	每股净资产(元)	0.1625	0.1129	0.1357	0.1161
	每股经营现金净流量(元)	0.0415	0.0914	0.0053	0.1902
	每股现金流量(元)	-0.0056	0.0216	-0.0014	-0.0281
	每股资本公积金(元)	1.0484	1.0436	1.0574	1.0574
	每股盈余公积金(元)	-	-	-	-
	每股未分配利润(元)	-1.8859	-1.9320	-1.9217	-1.9412
	净资产收益率(%)	28.3739	8.1560	-4.0645	239.0790
	加权净资产收益率(%)	-	7.6300	-	-
	净资产收益率(扣除)(%)	19.6282	3.3480	-4.7438	-112.9520
	总资产(万元)	22842.09	29992.14	25538.28	25942.02
	归属母公司股东权益	3643.36	2532.11	3041.73	2604.36
	营业收入(万元)	1463.35	1214.64	60.19	10224.62
	营业成本(万元)	279.11	302.68	3.97	7213.85
	投资收益(万元)	82.69	0.58	236.19	1862.56
	净利润(万元)	1033.76	206.52	-123.63	5665.48
	营业利润(万元)	581.83	56.90	-144.29	-3855.77
	利润总额(万元)	1140.72	219.23	-123.63	5661.58

运盛(上海)实业股份有限公司

公司概况	公司名称	运盛(上海)实业股份有限公司			证券简称	运盛实业
	法人代表	钱仁高	董秘	姜慧芳	证券代码	600767
	公司网址	www.winsan.cn		电子信箱	600767@winsan.cn	
	电　话	021-50720222		传　真	021-50720222	
	办公地址	上海市浦东新区仁庆路 509 号 12 号楼				
	经营范围	城市基础设施开发及其配套服务、城市供水、能源、交通、工业等				

	指标\报告期	2014.06.30	2013.12.31	2013.06.30	2012.12.31
主要财务指标	基本每股收益(元)	-0.0520	-0.1710	-0.0370	0.1010
	基本每股收益	-0.0530	-0.1990	-0.0440	0.0950
	稀释每股收益(元)	-0.0520	-0.1710	-0.0370	0.1010
	每股净资产(元)	0.9459	0.9981	1.1325	1.1696
	每股经营现金净流量(元)	-0.0695	-0.1974	-0.0565	-0.0573
	每股现金流量(元)	-0.0085	-0.0997	-0.1004	0.0101
	每股资本公积金(元)	0.1561	0.1561	0.1561	0.1561
	每股盈余公积金(元)	0.0181	0.0181	0.0181	0.0181
	每股未分配利润(元)	-0.2259	-0.1737	-0.0393	-0.0022
	净资产收益率(%)	-5.5231	-17.1738	-3.2735	8.6411
	加权净资产收益率(%)	-5.3750	-15.8150	-3.2210	9.0320
	净资产收益率(扣除)(%)	-5.6128	-19.9161	-3.8652	8.1625
	总资产(万元)	58720.64	58125.50	62404.41	62548.23
	归属母公司股东权益	32256.37	34036.71	38619.57	39886.07
	营业收入(万元)	659.19	26427.11	21715.52	52408.63
	营业成本(万元)	373.76	24972.16	20921.19	38917.24
	投资收益(万元)	256.51	442.05	219.51	242.14
	净利润(万元)	-1781.56	-5845.38	-1264.19	3446.58
	营业利润(万元)	-1793.21	-6591.66	-1520.08	3522.97
	利润总额(万元)	-1764.26	-5860.60	-1291.54	3763.72

宁波富邦精业集团股份有限公司

公司概况	公司名称	宁波富邦精业集团股份有限公司			证券简称	宁波富邦
	法人代表	郑锦浩	董秘	魏会兵	证券代码	600768
	公司网址	www.600768.com.cn		电子信箱	fbjy@600768.com.cn	
	电　话	0574-87410501 87410500		传　真	0574-87410501	
	办公地址	浙江省宁波市鄞州区天童北路 702 号工业城办公大楼三楼				
	经营范围	有色金属复合材料、新型合金材料、铝及铝合金板、带、箔及制品等				

	指标\报告期	2014.06.30	2013.12.31	2013.06.30	2012.12.31
主要财务指标	基本每股收益(元)	-0.1910	-0.2850	-0.0950	0.0380
	基本每股收益	-0.1930	-0.2980	-0.0970	-0.1540
	稀释每股收益(元)	-0.1910	-0.2850	-0.0950	0.0380
	每股净资产(元)	0.5557	0.7467	0.9387	1.0436
	每股经营现金净流量(元)	0.0902	-0.0580	-0.2214	-0.2033
	每股现金流量(元)	0.0508	-0.4367	-0.3419	-0.5323
	每股资本公积金(元)	0.0578	0.0573	0.0599	0.0697
	每股盈余公积金(元)	0.1018	0.1018	0.1018	0.1018
	每股未分配利润(元)	-0.6039	-0.4125	-0.2231	-0.1279
	净资产收益率(%)	-34.4383	-38.1067	-10.1346	3.6755
	加权净资产收益率(%)	-29.3900	-31.7900	-9.6000	3.6500
	净资产收益率(扣除)(%)	-34.6554	-39.9738	-10.3705	-14.7549
	总资产(万元)	67057.38	70593.68	66286.84	69460.30
	归属母公司股东权益	7432.98	9986.77	12554.55	13957.40
	营业收入(万元)	40293.64	89572.05	41736.50	97746.72
	营业成本(万元)	40353.59	87929.07	40727.46	94211.98
	投资收益(万元)	74.38	198.58	150.58	1037.40
	净利润(万元)	-2559.79	-3805.63	-1272.36	513.00
	营业利润(万元)	-2487.95	-3822.74	-1211.44	-1094.44
	利润总额(万元)	-2514.93	-3761.58	-1227.40	556.32

武汉祥龙电业股份有限公司

公司概况	公司名称	武汉祥龙电业股份有限公司		证券简称	祥龙电业
	法人代表	杨雄	董秘 曹文明	证券代码	600769
	公司网址	www.whghjt.com		电子信箱	pxldy@public.wh.hb.cn
	电话	027-87602482		传真	027-87600367
	办公地址	湖北省武汉市洪山区葛化街化工路31号			
	经营范围	发电、供电、供热及基本化工原料产品的生产和销售等			

主要财务指标	指标\报告期	2014.06.30	2013.12.31	2013.06.30	2012.12.31
	基本每股收益(元)	0.0015	1.3800	-0.2526	-1.9100
	基本每股收益	-0.0028	-0.4400	-0.2500	-1.9200
	稀释每股收益(元)	0.0015	1.3800	-0.2526	-1.9100
	每股净资产(元)	0.0946	0.0931	-1.5349	-1.2823
	每股经营现金净流量(元)	-0.0165	-1.2141	-0.1400	-0.3880
	每股现金流量(元)	-0.1404	0.1809	-0.0413	-0.0544
	每股资本公积金(元)	0.9791	0.9791	0.9791	0.9791
	每股盈余公积金(元)	0.1154	0.1154	0.1154	0.1154
	每股未分配利润(元)	-1.9999	-2.0014	-3.6294	-3.3767
	净资产收益率(%)	1.5523	1477.5200	-16.4594	-148.9505
	加权净资产收益率(%)	1.5600	-231.3100	17.9400	-
	净资产收益率(扣除)(%)	-2.9202	-476.0349	16.4668	149.6494
	总资产(万元)	10026.81	10663.12	50294.67	55453.18
	归属母公司股东权益	3545.57	3490.53	-57556.12	-48082.75
	营业收入(万元)	312.65	3199.63	0.90	27227.94
	营业成本(万元)	256.95	3137.01	-	31730.25
	投资收益(万元)	135.20	24.96	-	-
	净利润(万元)	55.04	51573.27	-9473.38	-71619.49
	营业利润(万元)	43.71	-36614.08	-9477.63	-71955.53
	利润总额(万元)	54.70	51573.27	-9473.38	-71619.49

江苏综艺股份有限公司

公司概况	公司名称	江苏综艺股份有限公司		证券简称	综艺股份
	法人代表	陈义	董秘 顾政巍	证券代码	600770
	公司网址	www.600770.com		电子信箱	600770dm@jsmail.com.cn
	电话	0513-86639999 86639987		传真	0513-86563501 86639987
	办公地址	江苏省南通市通州区兴东镇综艺数码城			
	经营范围	新能源、太阳能电池、组件及应用产品的开发、销售、服务等			

主要财务指标	指标\报告期	2014.06.30	2013.12.31	2013.06.30	2012.12.31
	基本每股收益(元)	0.0100	-0.6100	-0.0700	0.0300
	基本每股收益	0.0100	-0.6200	-0.0900	-0.0280
	稀释每股收益(元)	0.0100	-0.6100	-0.0700	0.0300
	每股净资产(元)	2.7141	2.1490	2.6237	2.9361
	每股经营现金净流量(元)	-0.0123	0.5204	0.1637	0.0541
	每股现金流量(元)	0.7214	-0.1828	-0.0077	-0.3401
	每股资本公积金(元)	1.7348	1.1808	1.1606	1.2978
	每股盈余公积金(元)	0.0506	0.0595	0.0595	0.0595
	每股未分配利润(元)	0.0323	0.0272	0.5680	0.6922
	净资产收益率(%)	0.3365	-28.6172	-2.8276	1.0035
	加权净资产收益率(%)	0.4300	-24.2200	-2.6700	0.9800
	净资产收益率(扣除)(%)	0.2837	-28.8212	-3.2545	-0.9686
	总资产(万元)	621982.64	507872.69	590033.53	637910.64
	归属母公司股东权益	352834.22	237382.67	289814.48	324319.87
	营业收入(万元)	30912.14	37150.59	19923.74	50278.96
	营业成本(万元)	21231.09	31735.34	17179.35	44743.89
	投资收益(万元)	8409.80	3970.27	4795.22	48774.87
	净利润(万元)	1187.20	-67932.30	-8194.87	3254.58
	营业利润(万元)	7624.90	-84970.43	-9736.98	19300.82
	利润总额(万元)	7832.69	-84282.88	-8487.77	25587.82

广誉远中药股份有限公司

公司概况	公司名称	广誉远中药股份有限公司		证券简称	广誉远
	法人代表	张斌	董秘 郑延莉	证券代码	600771
	公司网址	www.topsun.com		电子信箱	irm@topsun.com
	电话	029-88332288		传真	029-88330835
	办公地址	陕西省西安市高新区高新六路52号立人科技园A座六层			
	经营范围	中药原料药、西药原料药、片剂、硬胶囊剂、软胶囊剂、颗粒剂等			

主要财务指标	指标\报告期	2014.06.30	2013.12.31	2013.06.30	2012.12.31
	基本每股收益(元)	0.0200	0.0800	0.0400	1.4600
	基本每股收益	0.0090	0.2700	-0.0800	-0.6600
	稀释每股收益(元)	0.0200	0.0800	0.0400	1.4600
	每股净资产(元)	0.2101	0.1947	0.2265	0.0870
	每股经营现金净流量(元)	-0.0329	-0.0771	0.1796	-0.0786
	每股现金流量(元)	-0.1252	0.1223	0.0414	-0.0111
	每股资本公积金(元)	1.7890	1.7890	1.7040	1.6011
	每股盈余公积金(元)	0.1215	0.1215	0.1215	0.1215
	每股未分配利润(元)	-2.7003	-2.7158	-2.5990	-2.6355
	净资产收益率(%)	7.3545	-41.2197	16.1273	1676.4537
	加权净资产收益率(%)	7.6400	-171.2000	23.3000	-65.2100
	净资产收益率(扣除)(%)	4.2772	-140.1319	-36.9187	-759.1639
	总资产(万元)	54164.03	52612.92	51175.09	72121.03
	归属母公司股东权益	5123.05	4746.28	5521.32	2120.97
	营业收入(万元)	16207.04	26811.13	13020.60	26065.38
	营业成本(万元)	3594.32	10923.66	5848.16	13044.94
	投资收益(万元)	-264.52	686.61	-	0.78
	净利润(万元)	376.78	-1956.40	890.44	35557.15
	营业利润(万元)	1039.27	-6581.37	-2195.74	-16374.58
	利润总额(万元)	1194.59	-2466.65	825.54	35651.15

西藏城市发展投资股份有限公司

公司概况	公司名称	西藏城市发展投资股份有限公司		证券简称	西藏城投
	法人代表	朱贤麟	董秘 符蓉	证券代码	600773
	公司网址	www.600773sh.com		电子信箱	xzct600773@163.com
	电话	021-63536929		传真	021-63535429
	办公地址	西藏自治区拉萨市金珠西路75号2楼 上海市天目中路380号北方大厦23楼			
	经营范围	对房地产投资、开发销售、咨询服务、矿业投资、金融投资等			

主要财务指标	指标\报告期	2014.06.30	2013.12.31	2013.06.30	2012.12.31
	基本每股收益(元)	0.0670	0.1200	0.0950	0.1800
	基本每股收益	0.0340	0.1100	0.0890	0.1200
	稀释每股收益(元)	0.0670	0.1200	0.0950	0.1800
	每股净资产(元)	2.1903	2.1436	2.1142	2.0372
	每股经营现金净流量(元)	1.7415	-0.0994	-2.0920	-0.8174
	每股现金流量(元)	-0.1156	-1.0864	-1.4556	-0.4911
	每股资本公积金(元)	-	-	-	-
	每股盈余公积金(元)	0.1475	0.1475	0.1320	0.1320
	每股未分配利润(元)	1.0428	0.9962	0.9822	0.9052
	净资产收益率(%)	3.0420	5.8062	4.4932	8.6089
	加权净资产收益率(%)	3.0700	5.9500	4.5800	8.8800
	净资产收益率(扣除)(%)	1.5370	5.0677	4.2068	5.9870
	总资产(万元)	818446.42	887419.97	867018.63	863465.28
	归属母公司股东权益	126094.25	123409.88	121713.31	117280.73
	营业收入(万元)	53565.20	67675.57	43953.48	74736.34
	营业成本(万元)	42104.21	40992.41	26248.28	46797.95
	投资收益(万元)	1486.32	313.28	-133.01	-231.40
	净利润(万元)	3835.79	7165.39	5468.86	10096.62
	营业利润(万元)	2718.05	10339.04	7403.34	11182.26
	利润总额(万元)	5248.27	10323.06	7382.63	14005.62

武汉市汉商集团股份有限公司

公司概况	公司名称	武汉市汉商集团股份有限公司			证券简称	汉商集团
	法人代表	张宪华	董秘	冯振宇	证券代码	600774
	公司网址	www.whhsg.com			电子信箱	hsjt@public.wh.hb.cn
	电　　话	027-84843197 68849119			传　　真	027-84842384
	办公地址	湖北省武汉市汉阳大道134号				
	经营范围	商贸业、会议展览、旅游服务等				

主要财务指标	指标＼报告期	2014.06.30	2013.12.31	2013.06.30	2012.12.31
	基本每股收益(元)	0.0320	0.1000	0.0280	0.1300
	基本每股收益	0.0160	0.0900	0.0280	0.1200
	稀释每股收益(元)	0.0320	0.1000	0.0280	0.1300
	每股净资产(元)	3.1243	3.0923	3.0029	3.0152
	每股经营现金净流量(元)	0.0493	0.4961	0.0855	0.5516
	每股现金流量(元)	0.2055	0.0793	–0.1101	–0.1416
	每股资本公积金(元)	0.7630	0.7630	0.7415	0.7415
	每股盈余公积金(元)	0.4037	0.4037	0.3783	0.3783
	每股未分配利润(元)	0.9576	0.9257	0.8831	0.8953
	净资产收益率(%)	1.0228	3.0942	0.9253	4.2164
	加权净资产收益率(%)	1.0300	3.1300	0.9200	4.3100
	净资产收益率(扣除)(%)	0.5129	3.0319	0.9405	4.0934
	总资产(万元)	169141.77	166941.24	164166.95	166628.75
	归属母公司股东权益	54542.21	53984.37	52424.02	52637.27
	营业收入(万元)	48292.05	100293.16	52066.40	91838.96
	营业成本(万元)	34968.26	73375.64	38717.18	66701.05
	投资收益(万元)	–53.05	2507.25	142.94	3170.05
	净利润(万元)	557.84	1670.41	485.06	2219.37
	营业利润(万元)	377.42	1700.00	439.14	1595.05
	利润总额(万元)	637.48	1759.03	431.43	1672.97

南京熊猫电子股份有限公司

公司概况	公司名称	南京熊猫电子股份有限公司			证券简称	南京熊猫
	法人代表	夏德传	董秘	沈见龙	证券代码	600775
	公司网址	www.panda.cn			电子信箱	dms@panda.cn
	电　　话	025-84801144			传　　真	025-84820729
	办公地址	江苏省南京市中山东路301号				
	经营范围	无线电通信设备、广播电视设备、五金交电、电子元器件等				

主要财务指标	指标＼报告期	2014.06.30	2013.12.31	2013.06.30	2012.12.31
	基本每股收益(元)	0.0931	0.2300	0.1265	0.2000
	基本每股收益	0.0617	0.0600	0.1122	0.0900
	稀释每股收益(元)	0.0931	0.2300	0.1265	0.2000
	每股净资产(元)	3.4452	3.4171	3.3087	2.5721
	每股经营现金净流量(元)	–0.0716	–0.0947	–0.0900	–0.1255
	每股现金流量(元)	–0.6780	1.0187	1.4163	0.0523
	每股资本公积金(元)	1.6445	1.6436	1.6436	0.7120
	每股盈余公积金(元)	0.2538	0.2538	0.2416	0.3370
	每股未分配利润(元)	0.5469	0.5197	0.4236	0.5231
	净资产收益率(%)	2.7035	5.8552	2.7701	7.8085
	加权净资产收益率(%)	2.7000	7.6200	4.7800	8.0600
	净资产收益率(扣除)(%)	1.7907	1.5386	2.4574	3.5285
	总资产(万元)	422677.57	413805.95	445909.19	311625.61
	归属母公司股东权益	314835.50	312269.80	302361.57	168475.60
	营业收入(万元)	116450.84	247948.51	92974.80	243004.23
	营业成本(万元)	100793.91	212825.23	79120.17	215832.27
	投资收益(万元)	9372.63	14734.50	11203.65	19080.60
	净利润(万元)	8511.64	18283.92	8375.69	13155.41
	营业利润(万元)	6517.93	6323.93	6884.52	7726.86
	利润总额(万元)	9128.12	20054.64	8002.60	15532.03

东方通信股份有限公司

公司概况	公司名称	东方通信股份有限公司			证券简称	东方通信
	法人代表	张泽熙	董秘	蔡祝平	证券代码	600776
	公司网址	www.eastcom.com			电子信箱	webmaster@eastcom.com
	电　　话	0571-86676198			传　　真	0571-86676197
	办公地址	浙江省杭州市滨江高新技术开发区东信大道66号				
	经营范围	移动通信、IC卡、传输设备、ATM系列等				

主要财务指标	指标＼报告期	2014.06.30	2013.12.31	2013.06.30	2012.12.31
	基本每股收益(元)	0.0490	0.1542	0.0640	0.1530
	基本每股收益	0.0220	–	0.0390	0.0970
	稀释每股收益(元)	0.0490	–	0.0640	0.1530
	每股净资产(元)	2.1730	2.1837	2.0904	2.1059
	每股经营现金净流量(元)	–0.3449	–0.1509	–0.2005	–0.0422
	每股现金流量(元)	–0.1663	–0.2174	–0.0273	0.0376
	每股资本公积金(元)	0.6972	0.6972	0.6936	0.6936
	每股盈余公积金(元)	0.0519	0.0519	0.0472	0.0472
	每股未分配利润(元)	0.4239	0.4347	0.3496	0.3651
	净资产收益率(%)	2.2660	7.0629	3.0844	7.2813
	加权净资产收益率(%)	2.2400	7.2200	3.0300	7.4580
	净资产收益率(扣除)(%)	1.0159	3.7917	1.8571	4.6193
	总资产(万元)	348584.37	343976.51	335618.31	341712.10
	归属母公司股东权益	272924.13	274275.74	262553.85	264503.64
	营业收入(万元)	175928.44	343722.03	179667.20	329829.16
	营业成本(万元)	156183.40	300593.21	160018.60	285996.02
	投资收益(万元)	2554.34	7211.37	2619.96	10167.93
	净利润(万元)	6184.38	19371.71	8098.21	19259.23
	营业利润(万元)	4930.46	14684.28	6699.60	15795.23
	利润总额(万元)	7262.12	23895.49	10764.13	20085.99

烟台新潮实业股份有限公司

公司概况	公司名称	烟台新潮实业股份有限公司			证券简称	新潮实业
	法人代表	黄万珍	董秘	何再权	证券代码	600777
	公司网址	www.xinchaoshiye.com			电子信箱	hezaiquan@126.com
	电　　话	0535-2109779			传　　真	0535-2103111
	办公地址	山东省烟台市莱山区港城东大街301号南山世纪大厦B座14楼				
	经营范围	毛、棉麻产品生产、同轴及数据电缆、宽带网络产品的生产、销售等				

主要财务指标	指标＼报告期	2014.06.30	2013.12.31	2013.06.30	2012.12.31
	基本每股收益(元)	–0.0300	0.0600	0.0700	–0.1200
	基本每股收益	–0.0300	0.0400	0.0700	–0.1600
	稀释每股收益(元)	–0.0300	0.0600	0.0700	–0.1200
	每股净资产(元)	1.9180	1.9500	1.9646	1.8900
	每股经营现金净流量(元)	–0.4488	–0.3261	0.1144	0.2864
	每股现金流量(元)	–0.0683	0.2998	0.3185	–0.0694
	每股资本公积金(元)	0.7672	0.7690	0.7716	0.7716
	每股盈余公积金(元)	0.1486	0.1486	0.1486	0.1486
	每股未分配利润(元)	0.0022	0.0276	0.0444	–0.0276
	净资产收益率(%)	–1.3216	2.8376	3.6649	–6.2230
	加权净资产收益率(%)	–1.3100	2.8700	3.7300	–6.0000
	净资产收益率(扣除)(%)	–1.3779	2.1013	3.6214	–8.2773
	总资产(万元)	450036.82	599680.70	595617.87	566126.14
	归属母公司股东权益	119956.46	121652.78	122868.16	118365.12
	营业收入(万元)	45868.83	198975.27	110428.07	41780.34
	营业成本(万元)	29145.29	144320.14	78632.04	36300.71
	投资收益(万元)	–1855.53	30.13	30.13	60.00
	净利润(万元)	–1585.35	3452.06	4503.04	–7365.81
	营业利润(万元)	3166.40	22312.93	16463.34	–12595.54
	利润总额(万元)	3266.34	23612.93	16532.34	–9116.87

新疆友好(集团)股份有限公司

公司概况

公司名称	新疆友好(集团)股份有限公司			证券简称	友好集团
法人代表	聂如旋	董秘	王建平	证券代码	600778
公司网址	www.xjyh.com.cn		电子信箱	yhzqb@mail.xj.cninfo.net	
电　　话	0991-4541008 4553700		传　　真	0991-4815090	
办公地址	新疆维吾尔自治区乌鲁木齐市友好南路668号				
经营范围	食盐、保健食品和其他预包装食品、乳制品等				

主要财务指标

指标\报告期	2014.06.30	2013.12.31	2013.06.30	2012.12.31
基本每股收益(元)	0.2032	0.9269	0.8420	1.0760
基本每股收益	0.1746	0.7112	0.8310	1.0221
稀释每股收益(元)	0.2032	0.9269	0.8420	1.0760
每股净资产(元)	5.2316	5.2503	5.1159	4.6791
每股经营现金净流量(元)	1.2842	2.3023	0.9047	1.5669
每股现金流量(元)	-0.1918	1.0567	0.4855	-1.0601
每股资本公积金(元)	1.5373	1.4791	1.4298	1.5049
每股盈余公积金(元)	0.3010	0.3010	0.2177	0.2177
每股未分配利润(元)	2.3934	2.4701	2.4683	1.9565
净资产收益率(%)	3.8844	17.6546	16.4547	22.9955
加权净资产收益率(%)	3.6800	17.5100	17.1300	25.9500
净资产收益率(扣除)(%)	3.3370	13.5467	16.2441	21.8436
总资产(万元)	709267.61	736823.10	688360.38	781286.85
归属母公司股东权益	162960.72	163541.43	159355.16	145749.69
营业收入(万元)	390443.41	960186.34	506130.05	790972.19
营业成本(万元)	295374.09	682784.67	353050.53	566044.99
投资收益(万元)	1897.75	6121.44	4233.61	4024.90
净利润(万元)	6329.97	28872.64	26221.43	33515.92
营业利润(万元)	15183.31	92146.20	65077.70	88655.63
利润总额(万元)	15830.82	98496.24	65480.05	91127.44

四川水井坊股份有限公司

公司概况

公司名称	四川水井坊股份有限公司			证券简称	水井坊
法人代表	陈寿祺	董秘	张宗俊	证券代码	600779
公司网址	www.swellfun.com		电子信箱	dongshiban@swellfun.com	
电　　话	028-86252847		传　　真	028-86695460	
办公地址	四川省成都市金牛区全兴路9号				
经营范围	生产销售酒、生物材料及其制品等				

主要财务指标

指标\报告期	2014.06.30	2013.12.31	2013.06.30	2012.12.31
基本每股收益(元)	-0.2491	-0.3143	0.2744	0.6913
基本每股收益	-0.2549	-	0.0027	0.6739
稀释每股收益(元)	-0.2491	-0.3143	0.2744	0.6913
每股净资产(元)	3.0759	3.3250	3.9137	3.8693
每股经营现金净流量(元)	-0.1944	-0.9021	-0.5565	0.1281
每股现金流量(元)	-0.2632	0.0136	0.3869	-0.5705
每股资本公积金(元)	0.8177	0.8177	0.8177	0.8177
每股盈余公积金(元)	0.7259	0.7259	0.7101	0.7101
每股未分配利润(元)	0.5323	0.7813	1.3859	1.3415
净资产收益率(%)	-8.0973	-9.4540	7.0102	17.8660
加权净资产收益率(%)	-7.7800	-8.7900	6.9100	19.0000
净资产收益率(扣除)(%)	-8.2861	-15.3283	0.0677	17.4152
总资产(万元)	191956.11	206157.49	237519.91	265221.37
归属母公司股东权益	150272.65	162440.74	191201.36	189034.37
营业收入(万元)	14186.19	48574.63	41135.41	163618.61
营业成本(万元)	4904.69	14605.13	9592.15	31390.15
投资收益(万元)	-	12744.37	12744.37	470.47
净利润(万元)	-12168.10	-15357.07	13403.54	33772.96
营业利润(万元)	-14961.62	-15349.81	13838.75	50998.60
利润总额(万元)	-14583.33	-15893.12	18271.06	53909.59

山西通宝能源股份有限公司

公司概况

公司名称	山西通宝能源股份有限公司			证券简称	通宝能源
法人代表	刘建中	董秘	梁丽星	证券代码	600780
公司网址	www.600780.net		电子信箱	tecllx@vip.163.com	
电　　话	0351-7021857 7031995		传　　真	0351-7031995	
办公地址	山西省太原市长治路272号				
经营范围	火力发电、配电业务等				

主要财务指标

指标\报告期	2014.06.30	2013.12.31	2013.06.30	2012.12.31
基本每股收益(元)	0.2602	0.3343	0.1834	0.3232
基本每股收益	0.2615	0.3446	0.1856	0.3156
稀释每股收益(元)	0.2602	0.3343	0.1834	0.3232
每股净资产(元)	3.5097	3.3593	3.2085	3.0814
每股经营现金净流量(元)	0.6728	1.2370	0.5938	1.0422
每股现金流量(元)	0.1456	0.0599	0.3457	-0.1377
每股资本公积金(元)	0.8906	0.8906	0.8907	0.8475
每股盈余公积金(元)	0.2375	0.2375	0.2131	0.2131
每股未分配利润(元)	1.3809	1.2308	1.1043	1.0209
净资产收益率(%)	7.4133	9.9506	5.7171	10.4896
加权净资产收益率(%)	7.5800	10.3500	5.8300	10.8400
净资产收益率(扣除)(%)	7.4509	10.2587	5.7847	10.2436
总资产(万元)	818295.76	809395.72	781750.52	740207.16
归属母公司股东权益	402390.91	385139.78	367852.48	353287.93
营业收入(万元)	320664.32	641354.68	311945.23	605850.44
营业成本(万元)	250869.82	514902.79	253903.33	495466.51
投资收益(万元)	-509.38	-1051.34	-774.85	-1897.85
净利润(万元)	29830.39	38323.68	21030.43	37058.46
营业利润(万元)	40669.68	54841.74	30001.73	49653.27
利润总额(万元)	40258.54	53042.61	29923.67	50810.82

辅仁药业集团实业股份有限公司

公司概况

公司名称	辅仁药业集团实业股份有限公司			证券简称	辅仁药业
法人代表	朱文臣	董秘	张海杰	证券代码	600781
公司网址	www.shfuren.cn		电子信箱	furen@shfuren.cn	
电　　话	021-51573876 51573829		传　　真	021-51573830	
办公地址	河南省郑州市花园路25号辅仁大厦9楼				
经营范围	服装、服饰、鞋帽、家用纺织装饰品及床上用品的生产、加工及销售等				

主要财务指标

指标\报告期	2014.06.30	2013.12.31	2013.06.30	2012.12.31
基本每股收益(元)	0.0780	0.1100	0.0657	0.0600
基本每股收益	0.0577	-	0.0463	0.0200
稀释每股收益(元)	0.0780	0.1100	0.0657	0.0600
每股净资产(元)	1.6436	1.5656	1.5207	1.4550
每股经营现金净流量(元)	-0.0516	0.4915	0.1289	0.6918
每股现金流量(元)	0.2877	0.0597	-0.1472	0.0694
每股资本公积金(元)	0.5887	0.5887	0.5887	0.5887
每股盈余公积金(元)	0.0615	0.0615	0.0615	0.0615
每股未分配利润(元)	-0.0066	-0.0846	-0.1295	-0.1951
净资产收益率(%)	4.7469	7.0603	4.3172	4.2992
加权净资产收益率(%)	4.8600	7.3200	4.4100	4.3900
净资产收益率(扣除)(%)	3.5080	4.0007	3.0463	1.4952
总资产(万元)	109931.60	90712.82	84482.92	85624.62
归属母公司股东权益	29189.12	27803.54	27006.44	25840.51
营业收入(万元)	19507.77	39037.53	18318.90	34728.26
营业成本(万元)	12145.04	23011.92	10587.02	22409.67
投资收益(万元)	-	17.06	-	0.86
净利润(万元)	1385.58	1963.02	1165.93	1110.94
营业利润(万元)	1496.36	1810.12	1262.68	866.51
利润总额(万元)	1989.21	2844.50	1605.92	1853.66

新余钢铁股份有限公司

公司概况	公司名称	新余钢铁股份有限公司			证券简称	新钢股份
	法人代表	熊小星	董秘	姚红江	证券代码	600782
	公司网址	www.xinsteel.com.cn		电子信箱	ir_600782@163.com	
	电　话	0790-6290782 6292577		传　真	0790-6294999	
	办公地址	江西省新余市冶金路 1 号				
	经营范围	生产销售钢丝、钢绞线、铝包钢线三大系列产品				

主要财务指标	指标＼报告期	2014.06.30	2013.12.31	2013.06.30	2012.12.31
	基本每股收益(元)	-0.0100	0.0800	-0.1600	-0.7500
	基本每股收益	-0.0200	0.0400	-0.1700	-0.7600
	稀释每股收益(元)	-0.0100	0.0800	-0.1600	-0.7500
	每股净资产(元)	5.4653	5.4785	5.2378	5.4004
	每股经营现金净流量(元)	-0.0212	-0.1428	0.1789	0.2153
	每股现金流量(元)	-0.3290	-0.4466	0.1375	0.1992
	每股资本公积金(元)	4.0778	4.0778	4.0778	4.0778
	每股盈余公积金(元)	0.1611	0.1611	0.1457	0.1457
	每股未分配利润(元)	0.2265	0.2401	0.0143	0.1769
	净资产收益率(%)	-0.2493	1.4357	-3.1044	-13.8793
	加权净资产收益率(%)	-0.2500	1.4500	-3.0600	-12.9500
	净资产收益率(扣除)(%)	-	0.8025	-3.2725	-14.1185
	总资产(万元)	3172591.18	3191464.38	3025124.63	3028765.41
	归属母公司股东权益	761565.73	763409.20	729855.90	752513.29
	营业收入(万元)	1632560.87	3371077.38	1699191.71	3561662.71
	营业成本(万元)	1545286.21	3197780.93	1636195.95	3518771.13
	投资收益(万元)	-167.74	33.98	126.25	-1210.67
	净利润(万元)	-1898.41	10959.90	-22657.59	-104443.83
	营业利润(万元)	-2098.59	8715.02	-30030.44	-135889.66
	利润总额(万元)	-148.56	15078.96	-28298.75	-134271.44

鲁信创业投资集团股份有限公司

公司概况	公司名称	鲁信创业投资集团股份有限公司			证券简称	鲁信创投
	法人代表	崔剑波	董秘	苗西红	证券代码	600783
	公司网址	www.600783.cn		电子信箱	lxgx600783@sina.com	
	电　话	0531-86566770		传　真	0531-86969598	
	办公地址	山东省济南市经十路 9999 号黄金时代广场 C 座 4 层				
	经营范围	磨具、磨料、硅碳棒、金属镁、耐火材料及制品的生产、销售等				

主要财务指标	指标＼报告期	2014.06.30	2013.12.31	2013.06.30	2012.12.31
	基本每股收益(元)	0.3000	0.2900	0.2200	0.2400
	基本每股收益	0.3000	-	0.2200	0.2300
	稀释每股收益(元)	0.3000	0.2900	0.2200	0.2400
	每股净资产(元)	4.4010	4.0976	3.9817	3.9190
	每股经营现金净流量(元)	-0.0986	-0.1218	-0.0529	-0.0281
	每股现金流量(元)	0.3495	-0.1846	0.0152	0.0262
	每股资本公积金(元)	1.0518	1.0482	1.0077	1.0071
	每股盈余公积金(元)	0.1356	0.1356	0.1218	0.1218
	每股未分配利润(元)	2.2179	1.9203	1.8555	1.7900
	净资产收益率(%)	6.7618	7.1773	5.4126	6.1005
	加权净资产收益率(%)	7.0000	7.3400	5.4600	6.2800
	净资产收益率(扣除)(%)	6.7621	7.1379	5.4091	5.9663
	总资产(万元)	492273.29	437684.93	414121.25	406668.63
	归属母公司股东权益	327591.98	305012.33	296379.81	291717.70
	营业收入(万元)	10846.55	23464.54	10488.53	26094.49
	营业成本(万元)	7576.85	15593.40	7421.07	16647.05
	投资收益(万元)	30766.77	38514.46	26576.79	28022.29
	净利润(万元)	22150.96	21891.79	16041.98	17796.27
	营业利润(万元)	27381.80	29195.50	20888.24	22060.14
	利润总额(万元)	27380.56	29266.03	20897.11	22601.27

鲁银投资集团股份有限公司

公司概况	公司名称	鲁银投资集团股份有限公司			证券简称	鲁银投资
	法人代表	孙佃民	董秘	孙凯	证券代码	600784
	公司网址	www.luyin.cn		电子信箱	luyin784@163.com	
	电　话	0531-82024156		传　真	0531-82024179	
	办公地址	山东省济南市经十路 10777 号东楼 26-30 层				
	经营范围	股权投资、经营与管理、投资高新材料、生物医药、网络技术等高科技产业				

主要财务指标	指标＼报告期	2014.06.30	2013.12.31	2013.06.30	2012.12.31
	基本每股收益(元)	0.0520	0.1900	0.0410	0.2200
	基本每股收益	0.0530	0.0900	0.0410	0.1100
	稀释每股收益(元)	0.0520	0.1900	0.0410	0.2200
	每股净资产(元)	2.4568	1.9856	1.8367	1.8201
	每股经营现金净流量(元)	0.0908	-1.1079	-1.0211	-0.9777
	每股现金流量(元)	-0.6217	0.3993	-0.3232	0.2334
	每股资本公积金(元)	0.6337	0.0684	0.0689	0.0683
	每股盈余公积金(元)	0.1344	0.1538	0.1381	0.1381
	每股未分配利润(元)	0.6829	0.7583	0.6273	0.6126
	净资产收益率(%)	2.0375	9.6835	2.4326	11.8906
	加权净资产收益率(%)	2.8700	10.1400	2.4200	12.5400
	净资产收益率(扣除)(%)	2.0576	4.6412	2.4399	5.7723
	总资产(万元)	553560.04	571470.32	505487.77	448806.85
	归属母公司股东权益	139588.72	98606.23	91213.02	90388.84
	营业收入(万元)	207304.86	582393.13	269068.12	458029.12
	营业成本(万元)	181893.24	545457.46	252657.11	437490.91
	投资收益(万元)	1233.37	2486.76	1250.03	7847.95
	净利润(万元)	2844.13	9548.58	2218.83	10747.75
	营业利润(万元)	5617.34	10042.34	5216.29	10976.51
	利润总额(万元)	5561.78	15033.23	5207.80	12002.58

银川新华百货商业集团股份有限公司

公司概况	公司名称	银川新华百货商业集团股份有限公司			证券简称	新华百货
	法人代表	曲奎	董秘	李宝生	证券代码	600785
	公司网址	www.xhds.com.cn		电子信箱	lbs99@vip.163.com	
	电　话	0951-6071161		传　真	0951-6071161	
	办公地址	宁夏回族自治区银川市解放西街 2 号(新华百货老大楼写字楼)7 楼				
	经营范围	商业零售业务、乳制品生产销售业务等				

主要财务指标	指标＼报告期	2014.06.30	2013.12.31	2013.06.30	2012.12.31
	基本每股收益(元)	0.9332	0.9700	0.7062	1.1700
	基本每股收益	0.6039	0.9500	0.7030	1.1600
	稀释每股收益(元)	0.9332	0.9700	0.7062	1.1700
	每股净资产(元)	7.5301	7.4569	7.1937	6.7875
	每股经营现金净流量(元)	-0.3710	1.0667	0.3081	1.8198
	每股现金流量(元)	-0.3487	-0.8917	-0.3528	-1.1138
	每股资本公积金(元)	0.9876	1.0896	1.0909	1.0909
	每股盈余公积金(元)	0.7033	0.7651	0.6538	0.6538
	每股未分配利润(元)	4.8392	4.6023	4.4490	4.0428
	净资产收益率(%)	12.0598	13.0176	9.8165	17.2055
	加权净资产收益率(%)	12.3400	13.3500	9.8900	18.1800
	净资产收益率(扣除)(%)	7.8048	12.7853	9.7728	17.1154
	总资产(万元)	373981.82	396491.09	355645.44	343244.35
	归属母公司股东权益	169903.05	154680.35	149219.32	140794.11
	营业收入(万元)	343812.13	660495.93	336098.66	599982.99
	营业成本(万元)	272301.20	535470.40	271569.52	487603.61
	投资收益(万元)	12094.49	2911.93	1431.10	2360.99
	净利润(万元)	20489.98	20135.68	14648.16	24224.33
	营业利润(万元)	28540.45	28228.87	20122.41	32434.30
	利润总额(万元)	28388.26	28700.10	20196.33	32615.09

中储发展股份有限公司

公司概况					
公司名称	中储发展股份有限公司			证券简称	中储股份
法人代表	韩铁林	董秘	薛斌	证券代码	600787
公司网址	www.cmstd.com.cn		电子信箱	zhengquanbu@cmstd.com.cn	
电　话	010-83673502		传　真	010-83673332	
办公地址	北京市丰台区南四环西路 188 号 6 区 18 号楼				
经营范围	商品储存、加工、维修、包装、代展、检验、库场设备租赁等				

主要财务指标

指标\报告期	2014.06.30	2013.12.31	2013.06.30	2012.12.31
基本每股收益(元)	0.2169	0.3641	0.1050	0.4786
基本每股收益	0.0600	0.2452	0.0849	0.2448
稀释每股收益(元)	0.2169	0.3641	0.1050	0.4786
每股净资产(元)	3.1900	6.0214	5.9149	5.3297
每股经营现金净流量(元)	0.5000	–0.2313	–0.0449	0.8735
每股现金流量(元)	–0.0696	0.3493	–0.2031	0.0211
每股资本公积金(元)	2.8891	2.9046	2.9492	2.3311
每股盈余公积金(元)	0.8359	0.8359	0.7239	0.8013
每股未分配利润(元)	1.6647	1.2809	1.2417	1.1973
净资产收益率(%)	6.7897	5.9984	3.5520	8.9804
加权净资产收益率(%)	6.9403	6.1220	3.9102	9.2171
净资产收益率(扣除)(%)	1.8768	4.0401	2.8692	4.5927
总资产(万元)	1233695.36	1387693.03	1279280.16	1183374.61
归属母公司股东权益	594182.99	559935.20	550034.26	447747.55
营业收入(万元)	1186495.28	2783906.88	1388538.18	2678097.62
营业成本(万元)	1144401.26	2694933.04	1339863.85	2569274.98
投资收益(万元)	38418.88	9368.46	2736.46	8387.89
净利润(万元)	40343.34	33587.21	19537.25	40209.51
营业利润(万元)	53480.87	39859.86	24369.52	37616.82
利润总额(万元)	54646.75	44922.80	26287.12	55745.12

山东鲁抗医药股份有限公司

公司概况					
公司名称	山东鲁抗医药股份有限公司			证券简称	鲁抗医药
法人代表	杜建方	董秘	田立新	证券代码	600789
公司网址	www.lkpc.com		电子信箱	tlx600789@163.com	
电　话	0537-2983174　2983060		传　真	0537-2983097	
办公地址	山东省济宁市太白楼西路 152 号				
经营范围	化学原料药及制剂、医药生产用化工原料、辅料及中间体、兽用药等				

主要财务指标

指标\报告期	2014.06.30	2013.12.31	2013.06.30	2012.12.31
基本每股收益(元)	–0.0900	0.0200	–0.0400	–0.2300
基本每股收益	–0.0900	–0.2900	–0.0900	–0.2600
稀释每股收益(元)	–0.0900	0.0200	–0.0400	–0.2300
每股净资产(元)	2.5407	2.6265	2.5674	2.6113
每股经营现金净流量(元)	0.2139	0.4410	0.0377	0.1981
每股现金流量(元)	0.0013	0.2685	0.2872	–0.0808
每股资本公积金(元)	1.1692	1.1690	1.1698	1.1724
每股盈余公积金(元)	0.2590	0.2590	0.2590	0.2590
每股未分配利润(元)	0.1125	0.1985	0.1386	0.1798
净资产收益率(%)	–3.3852	0.7108	–1.6059	–8.8127
加权净资产收益率(%)	–3.3300	0.7100	–1.5900	–8.3900
净资产收益率(扣除)(%)	–3.6159	–11.1194	–3.6108	–9.9555
总资产(万元)	411387.47	407476.40	428696.69	398517.13
归属母公司股东权益	147758.16	152751.71	149312.68	151864.64
营业收入(万元)	115780.30	221068.53	117323.76	233945.43
营业成本(万元)	96656.32	184096.27	101055.90	201432.95
投资收益(万元)	733.69	5276.47	399.38	617.11
净利润(万元)	–5001.87	1085.79	–2397.88	–13383.43
营业利润(万元)	–5454.89	–11491.41	–5186.26	–13783.73
利润总额(万元)	–5077.06	812.74	–2171.49	–12685.88

浙江中国轻纺城集团股份有限公司

公司概况					
公司名称	浙江中国轻纺城集团股份有限公司			证券简称	轻 纺 城
法人代表	翁桂珍	董秘	张伟夫	证券代码	600790
公司网址	www.qfcgroup.com		电子信箱	zwf@qfcgroup.com	
电　话	0575-84116158　84135815		传　真	0575-84116045	
办公地址	浙江省绍兴市绍兴县柯桥镇鉴湖路 1 号中轻大厦				
经营范围	市场开发建设、市场租赁、市场物业管理、仓储运输服务、劳动服务等				

主要财务指标

指标\报告期	2014.06.30	2013.12.31	2013.06.30	2012.12.31
基本每股收益(元)	0.2400	0.4500	0.3200	0.2800
基本每股收益	0.1900	0.4000	0.2700	0.3200
稀释每股收益(元)	0.2400	0.4500	0.3200	0.2800
每股净资产(元)	4.0020	3.9884	3.8868	3.8620
每股经营现金净流量(元)	–0.1972	0.9794	–0.1380	1.2154
每股现金流量(元)	–0.3880	0.3211	–0.0827	–0.1648
每股资本公积金(元)	2.1754	2.1773	2.1179	2.3042
每股盈余公积金(元)	0.1924	0.1924	0.1509	0.1509
每股未分配利润(元)	0.6342	0.6186	0.6180	0.4069
净资产收益率(%)	5.8848	11.3646	8.5689	5.9104
加权净资产收益率(%)	5.8400	11.4500	8.4800	9.4400
净资产收益率(扣除)(%)	4.7843	10.0382	6.8245	6.9487
总资产(万元)	728895.84	773655.54	658330.46	702246.51
归属母公司股东权益	322313.84	321219.49	313033.98	311036.83
营业收入(万元)	41369.67	67956.75	33990.60	44805.91
营业成本(万元)	14510.65	29442.23	14012.75	20935.47
投资收益(万元)	7091.60	18951.83	15267.42	11628.09
净利润(万元)	18967.48	36505.36	25534.83	18383.49
营业利润(万元)	24429.76	40574.15	26195.07	21577.16
利润总额(万元)	24906.51	45206.37	30913.06	21694.87

京能置业股份有限公司

公司概况					
公司名称	京能置业股份有限公司			证券简称	京能置业
法人代表	徐京付	董秘	朱兆梅	证券代码	600791
公司网址	www.beih-zy.com		电子信箱	jnzy@beih-zy.com	
电　话	010-62698709　62698639		传　真	010-62698709	
办公地址	北京市海淀区彩和坊路 8 号天创科技大厦 12 层西侧				
经营范围	房地产开发、房地产代理销售、租赁、室内装饰等				

主要财务指标

指标\报告期	2014.06.30	2013.12.31	2013.06.30	2012.12.31
基本每股收益(元)	0.1000	0.3500	0.1000	0.3700
基本每股收益	0.1000	0.3500	0.1000	0.3700
稀释每股收益(元)	0.1000	0.3500	0.1000	0.3700
每股净资产(元)	3.0774	3.0294	2.7831	2.7362
每股经营现金净流量(元)	1.1259	3.0998	0.0852	–1.6975
每股现金流量(元)	0.4861	4.8725	–0.3734	–0.6464
每股资本公积金(元)	0.3286	0.3286	0.3308	0.3308
每股盈余公积金(元)	0.0976	0.0976	0.0631	0.0631
每股未分配利润(元)	1.6512	1.6032	1.3891	1.3423
净资产收益率(%)	3.1826	11.4023	3.4798	13.3432
加权净资产收益率(%)	3.2100	11.9800	3.5100	13.8800
净资产收益率(扣除)(%)	3.1744	11.4272	3.4873	13.3473
总资产(万元)	704476.85	704540.62	481806.23	492970.02
归属母公司股东权益	139368.72	137197.52	126038.85	123917.32
营业收入(万元)	78113.92	147311.92	29187.05	107836.34
营业成本(万元)	29608.12	68364.11	13369.48	47976.70
投资收益(万元)	–	–1550.55	–	–1332.77
净利润(万元)	4435.59	15643.70	4385.92	16534.58
营业利润(万元)	19080.72	38585.34	10150.72	35676.01
利润总额(万元)	19093.42	38549.90	10141.33	35662.42

云南煤业能源股份有限公司

公司概况					
公司名称	云南煤业能源股份有限公司			证券简称	云煤能源
法人代表	张鸿鸣	董秘	张小可	证券代码	600792
公司网址	www.ymnygf.com		电子信箱	ymny600792@163.com	
电　话	0871-3155475		传　真	0871-3114525	
办公地址	云南省昆明市拓东路75号集成广场5楼				
经营范围	焦炭、焦炉煤气、煤焦油深加工和苯加氢深加工等产品				

指标\报告期	2014.06.30	2013.12.31	2013.06.30	2012.12.31
基本每股收益(元)	0.0110	0.1300	0.1130	-0.2300
基本每股收益	-0.0020	0.1700	0.1390	-0.1300
稀释每股收益(元)	0.0110	0.1300	0.1130	-0.2300
每股净资产(元)	6.7585	6.4150	5.7435	5.9939
每股经营现金净流量(元)	-0.7022	0.1654	0.9483	-0.8054
每股现金流量(元)	0.3357	0.3502	0.3262	-0.4846
每股资本公积金(元)	4.6094	4.2888	3.3713	3.7324
每股盈余公积金(元)	0.2403	0.2403	0.2971	0.2971
每股未分配利润(元)	0.8875	0.8765	1.0587	0.9493
净资产收益率(%)	0.1628	1.6968	1.9634	-3.7712
加权净资产收益率(%)	0.1700	2.2700	1.8600	-3.7000
净资产收益率(扣除)(%)	-0.0237	2.1773	2.4204	-2.3203
总资产(万元)	632880.55	616380.20	603689.47	601361.71
归属母公司股东权益	334518.29	317516.29	229869.86	239889.23
营业收入(万元)	247372.31	647313.72	346785.59	659964.79
营业成本(万元)	226663.36	596110.65	321279.74	628756.93
投资收益(万元)	-	-	-	3.67
净利润(万元)	544.55	5387.63	4513.18	-9046.69
营业利润(万元)	-28.21	5256.88	4594.40	-13973.54
利润总额(万元)	353.10	4833.09	4812.66	-12786.37

宜宾纸业股份有限公司

公司概况					
公司名称	宜宾纸业股份有限公司			证券简称	ST宜纸
法人代表	易从	董秘	王强	证券代码	600793
公司网址	www.yb-zy.com		电子信箱	ybzydsh@163.com	
电　话	0831-3560668		传　真	0831-3561965	
办公地址	四川省宜宾市岷江西路54号				
经营范围	生产经营纸及纸制品等				

指标\报告期	2014.06.30	2013.12.31	2013.06.30	2012.12.31
基本每股收益(元)	-0.0397	0.0689	0.0058	0.5324
基本每股收益	-0.0397	-0.0547	-0.0480	-0.1001
稀释每股收益(元)	-0.0397	0.0689	0.0058	0.5324
每股净资产(元)	0.2722	0.3118	0.2488	0.2429
每股经营现金净流量(元)	-0.0108	-0.0758	-0.1106	-0.2863
每股现金流量(元)	0.0266	-0.3362	-0.0968	-1.5727
每股资本公积金(元)	1.0007	1.0007	1.0007	1.0007
每股盈余公积金(元)	0.0348	0.0348	0.0348	0.0348
每股未分配利润(元)	-1.7633	-1.7237	-1.7867	-1.7926
净资产收益率(%)	-14.5741	22.0897	2.3481	219.1351
加权净资产收益率(%)	-13.5800	24.8300	2.3800	-
净资产收益率(扣除)(%)	-14.5907	-17.5445	-19.2982	-41.2071
总资产(万元)	158814.07	129895.88	100847.39	82045.27
归属母公司股东权益	2865.88	3283.56	2619.74	2558.23
营业收入(万元)	3.74	1054.32	92.36	1860.68
营业成本(万元)	4.89	1010.54	59.13	1680.32
投资收益(万元)	-	175.48	0.85	239.81
净利润(万元)	-417.68	725.33	61.51	5605.97
营业利润(万元)	-418.15	-575.24	-505.56	-896.09
利润总额(万元)	-417.68	725.33	61.51	5605.97

张家港保税科技股份有限公司

公司概况					
公司名称	张家港保税科技股份有限公司			证券简称	保税科技
法人代表	徐品云	董秘	邓永清	证券代码	600794
公司网址	www.zftc.net		电子信箱	dengyq@zftc.net	
电　话	0512-58320358 58320165		传　真	0512-58320652 58320655	
办公地址	江苏省张家港市保税区北京路保税科技大厦六楼				
经营范围	生物高新技术应用、开发、高新技术及电子商务、网络应用开发等				

指标\报告期	2014.06.30	2013.12.31	2013.06.30	2012.12.31
基本每股收益(元)	0.1900	0.3600	0.1700	0.3800
基本每股收益	0.1900	0.3800	0.1700	0.3800
稀释每股收益(元)	0.1900	0.3600	0.1700	0.3800
每股净资产(元)	2.1859	2.1087	1.9163	3.7007
每股经营现金净流量(元)	0.0496	-0.0555	-0.0885	1.2697
每股现金流量(元)	-0.3705	-0.0643	0.0934	1.2507
每股资本公积金(元)	0.0885	0.0886	0.0901	1.1802
每股盈余公积金(元)	0.0844	0.0844	0.0587	0.1174
每股未分配利润(元)	1.0129	0.9357	0.7675	1.4032
净资产收益率(%)	8.5673	17.2999	8.9200	18.5733
加权净资产收益率(%)	8.7200	18.6700	9.0800	27.6900
净资产收益率(扣除)(%)	8.6928	17.8595	8.8242	18.6950
总资产(万元)	249325.08	279720.86	218211.18	213248.00
归属母公司股东权益	103687.96	100028.30	90899.91	87772.32
营业收入(万元)	25214.07	39270.21	18279.30	37189.53
营业成本(万元)	7291.45	9538.37	4708.16	9805.62
投资收益(万元)	527.30	-79.46	-30.10	-4.60
净利润(万元)	8883.30	17304.77	8108.29	16302.25
营业利润(万元)	12698.05	22057.58	9925.56	19911.35
利润总额(万元)	12522.81	21558.30	10006.25	19706.40

国电电力发展股份有限公司

公司概况					
公司名称	国电电力发展股份有限公司			证券简称	国电电力
法人代表	陈飞虎	董秘	李忠军	证券代码	600795
公司网址	www.600795.com.cn		电子信箱	lizhongjun@600795.com.cn	
电　话	010-58682100		传　真	010-64829902	
办公地址	北京市朝阳区安慧北里安园19号楼				
经营范围	电力、热力生产、销售、电网经营、新能源项目、高新技术、环保产业的开发与应用等				

指标\报告期	2014.06.30	2013.12.31	2013.06.30	2012.12.31
基本每股收益(元)	0.1700	0.3640	0.1830	0.3350
基本每股收益	0.1650	0.3400	0.1660	0.2490
稀释每股收益(元)	0.1610	0.3500	0.1690	0.3070
每股净资产(元)	2.2618	2.2237	2.0792	2.0988
每股经营现金净流量(元)	0.7155	1.3465	0.7687	0.9365
每股现金流量(元)	0.0701	-0.1913	-0.1683	0.0646
每股资本公积金(元)	0.2523	0.2566	0.3461	0.4237
每股盈余公积金(元)	0.1503	0.1503	0.1246	0.1246
每股未分配利润(元)	0.8015	0.7593	0.6085	0.5505
净资产收益率(%)	7.6123	16.3884	8.2592	14.2498
加权净资产收益率(%)	7.5710	16.6230	8.1300	17.0510
净资产收益率(扣除)(%)	7.2789	15.2868	7.9909	11.0683
总资产(万元)	23355121.88	24067709.57	21531593.99	22020194.63
归属母公司股东权益	3897701.35	3831454.11	3582486.97	3616285.79
营业收入(万元)	3107634.49	6630684.76	3176664.29	6194804.66
营业成本(万元)	2214447.20	4858825.94	2369051.18	4908078.13
投资收益(万元)	71084.96	186618.80	74444.30	289875.71
净利润(万元)	296714.09	627915.61	314563.77	515312.13
营业利润(万元)	564758.39	1107905.45	508584.10	771513.34
利润总额(万元)	577248.23	1109900.93	527651.38	812875.82

浙江钱江生物化学股份有限公司

公司概况						
	公司名称	浙江钱江生物化学股份有限公司			证券简称	钱江生化
	法人代表	高云跃	董秘	宋将林	证券代码	600796
	公司网址	www.600796.com		电子信箱	qjbioch@600796.com	
	电话	0573-87038237		传真	0573-87035640	
	办公地址	浙江省海宁市硖石镇西山路598号7楼				
	经营范围	兽药生产业务、饲料添加剂的生产与销售等				

主要财务指标	指标\报告期	2014.06.30	2013.12.31	2013.06.30	2012.12.31
	基本每股收益(元)	0.1000	0.1000	0.0600	0.0600
	基本每股收益	0.0800	0.0100	0.0100	-0.1300
	稀释每股收益(元)	0.1000	0.1000	0.0600	0.0600
	每股净资产(元)	1.8371	1.7678	1.7233	1.6658
	每股经营现金净流量(元)	0.0656	0.2481	0.1966	0.5309
	每股现金流量(元)	-0.0929	0.1711	0.0275	0.0295
	每股资本公积金(元)	0.1247	0.1247	0.1247	0.1247
	每股盈余公积金(元)	0.2432	0.2432	0.2343	0.2343
	每股未分配利润(元)	0.4702	0.4016	0.3669	0.3088
	净资产收益率(%)	5.3671	5.7514	3.3689	3.5107
	加权净资产收益率(%)	5.4700	5.9200	3.4300	3.5800
	净资产收益率(扣除)(%)	4.4320	0.3167	0.4706	-7.6619
	总资产(万元)	117695.59	114099.17	125651.22	133211.46
	归属母公司股东权益	55369.60	53281.29	51940.70	50206.51
	营业收入(万元)	19581.27	48212.09	24528.41	44594.18
	营业成本(万元)	14832.54	37221.06	18726.27	35720.13
	投资收益(万元)	2203.52	465.44	172.37	-88.67
	净利润(万元)	2971.75	3064.44	1749.82	1762.59
	营业利润(万元)	2820.87	2366.14	1249.47	-8820.67
	利润总额(万元)	3257.99	4340.31	2458.19	2649.36

浙大网新科技股份有限公司

公司概况						
	公司名称	浙大网新科技股份有限公司			证券简称	浙大网新
	法人代表	史烈	董秘	许克菲	证券代码	600797
	公司网址	www.insigma.com.cn		电子信箱	xukefei@insigma.com.cn	
	电话	0571-87950500		传真	0571-87988110	
	办公地址	浙江省杭州市西湖区西园一路18号浙大网新软件园A楼15层				
	经营范围	计算机及网络系统、电子商务、计算机系统集成、电子工程的研究开发等				

主要财务指标	指标\报告期	2014.06.30	2013.12.31	2013.06.30	2012.12.31
	基本每股收益(元)	-0.0200	0.0400	0.0200	-0.0400
	基本每股收益	-0.0400	-0.0300	-0.0100	-0.0900
	稀释每股收益(元)	-0.0200	0.0400	0.0200	-0.0400
	每股净资产(元)	2.1578	2.1914	2.1958	2.1715
	每股经营现金净流量(元)	-0.4188	0.2510	-0.1054	-0.0536
	每股现金流量(元)	-0.3572	0.0653	-0.2560	-0.1823
	每股资本公积金(元)	0.3124	0.3156	0.3477	0.3474
	每股盈余公积金(元)	0.1167	0.1167	0.1148	0.1145
	每股未分配利润(元)	0.7554	0.7862	0.7590	0.7345
	净资产收益率(%)	-0.9720	1.9858	1.0093	-1.9186
	加权净资产收益率(%)	-0.3500	1.9800	1.0100	-1.8900
	净资产收益率(扣除)(%)	-1.6651	-1.4635	-0.5089	-4.1731
	总资产(万元)	494411.37	497895.00	457395.53	487202.07
	归属母公司股东权益	179479.93	182276.40	184293.67	182846.04
	营业收入(万元)	221646.09	520523.66	207934.97	498491.63
	营业成本(万元)	186218.74	434246.42	173337.76	414795.76
	投资收益(万元)	1535.60	3620.30	4333.24	191.62
	净利润(万元)	-1744.59	3619.57	1860.01	-3508.10
	营业利润(万元)	-2356.38	3912.14	816.62	-2567.23
	利润总额(万元)	-994.46	7009.19	2189.60	156.39

宁波海运股份有限公司

公司概况						
	公司名称	宁波海运股份有限公司			证券简称	宁波海运
	法人代表	褚敏	董秘	黄敏辉	证券代码	600798
	公司网址	www.nbmc.com.cn		电子信箱	hminhui@nbmc.com.cn	
	电话	0574-87659140		传真	0574-87355051	
	办公地址	浙江省宁波市北岸财富中心1幢				
	经营范围	沿海、内河(长江)货物运输、国际远洋运输和交通基础设施等				

主要财务指标	指标\报告期	2014.06.30	2013.12.31	2013.06.30	2012.12.31
	基本每股收益(元)	-0.0059	0.0068	-0.0258	-0.1384
	基本每股收益	-0.0069	-0.0125	-0.0264	-0.1601
	稀释每股收益(元)	-0.0059	0.0068	-0.0258	-0.1384
	每股净资产(元)	2.1984	2.2139	2.1820	2.2089
	每股经营现金净流量(元)	0.1940	0.5576	0.2217	0.3533
	每股现金流量(元)	-0.1233	0.0926	-0.0061	-0.2619
	每股资本公积金(元)	0.7200	0.7200	0.7200	0.7200
	每股盈余公积金(元)	0.2496	0.2496	0.2438	0.2438
	每股未分配利润(元)	0.2360	0.2519	0.2251	0.2508
	净资产收益率(%)	-0.2683	0.3086	-1.1803	-6.2658
	加权净资产收益率(%)	-0.2700	0.3100	-1.1700	-6.0500
	净资产收益率(扣除)(%)	-0.3117	-0.5640	-1.2089	-7.2462
	总资产(万元)	640034.16	663850.50	676313.60	678863.67
	归属母公司股东权益	191516.71	192865.02	190094.25	192431.47
	营业收入(万元)	49635.37	106167.02	51639.68	102234.59
	营业成本(万元)	36555.15	78811.11	40159.42	85152.02
	投资收益(万元)	33.54	66.50	-25.66	60.05
	净利润(万元)	-513.93	595.27	-2243.68	-12057.36
	营业利润(万元)	-1886.42	-3966.81	-3853.33	-16942.42
	利润总额(万元)	-1803.21	-2245.20	-3798.69	-15055.41

天津环球磁卡股份有限公司

公司概况						
	公司名称	天津环球磁卡股份有限公司			证券简称	ST 磁 卡
	法人代表	郭锴	董秘	李金宏	证券代码	600800
	公司网址	www.gmcc.com.cn		电子信箱	jrzqb@gmcc.com.cn	
	电话	022-58585662 58585858*2191		传真	022-58585633	
	办公地址	天津市河西区解放南路325号				
	经营范围	软件系统设计、网络集成技术及高科技产品的开发等				

主要财务指标	指标\报告期	2014.06.30	2013.12.31	2013.06.30	2012.12.31
	基本每股收益(元)	-0.0361	-0.0468	0.0177	0.0357
	基本每股收益	-0.0359	-	0.0131	-0.1086
	稀释每股收益(元)	-0.0361	-0.0468	0.0177	0.0357
	每股净资产(元)	0.0869	0.1231	0.1291	0.1113
	每股经营现金净流量(元)	-0.0299	-0.2459	-0.3576	-0.0764
	每股现金流量(元)	-0.0323	0.0680	-0.0605	0.0272
	每股资本公积金(元)	0.2520	0.2520	0.2024	0.2510
	每股盈余公积金(元)	0.0736	0.0736	0.0736	0.0736
	每股未分配利润(元)	-1.2386	-1.2025	-1.1469	-1.1557
	净资产收益率(%)	-41.5075	-38.0545	13.7287	25.7745
	加权净资产收益率(%)	-34.3600	-32.0800	9.9700	22.8600
	净资产收益率(扣除)(%)	-41.3346	-52.3984	10.2278	-97.6118
	总资产(万元)	68256.81	70301.01	61809.53	85949.67
	归属母公司股东权益	5313.40	7522.27	7888.61	10322.40
	营业收入(万元)	6362.79	18161.62	7923.89	14347.84
	营业成本(万元)	4669.19	14149.22	4747.84	12558.68
	投资收益(万元)	229.58	-1441.21	224.69	3949.17
	净利润(万元)	-2205.46	-2862.56	1083.01	2184.43
	营业利润(万元)	-2398.16	-6348.09	635.80	-4090.85
	利润总额(万元)	-2337.24	-3358.82	911.97	2953.09

华新水泥股份有限公司

公司概况	公司名称	华新水泥股份有限公司			证券简称	华新水泥
	法人代表	李叶青	董秘	王锡明	证券代码	600801
	公司网址	www.huaxincem.com		电子信箱	investor@huaxincem.com	
	电　话	027-87773896 87773898		传　真	027-87773992	
	办公地址	湖北省武汉市光谷大道特1号国际企业中心5号楼				
	经营范围	水泥、商品混凝土及其他建材制品、包装制品制造、销售等				

主要财务指标	指标\报告期	2014.06.30	2013.12.31	2013.06.30	2012.12.31
	基本每股收益(元)	0.3400	1.2600	0.2400	0.5900
	基本每股收益	0.3000	–	0.2100	0.5400
	稀释每股收益(元)	0.3400	–	0.2400	0.5900
	每股净资产(元)	6.0523	9.3451	8.4625	8.2696
	每股经营现金净流量(元)	1.0158	0.1590	0.9108	2.6257
	每股现金流量(元)	–0.1248	–1.0227	–0.9708	0.0275
	每股资本公积金(元)	1.6852	3.2943	3.2895	3.2941
	每股盈余公积金(元)	0.2842	0.4547	0.3707	0.3707
	每股未分配利润(元)	3.0852	4.5985	3.8045	3.6051
	净资产收益率(%)	5.5549	13.5073	4.4845	7.1841
	加权净资产收益率(%)	5.5900	14.3500	4.5100	7.1800
	净资产收益率(扣除)(%)	4.9006	12.7195	4.0076	6.4849
	总资产(万元)	2557353.77	2582467.96	2430016.08	2329141.85
	归属母公司股东权益	905712.77	874046.78	791496.26	773457.73
	营业收入(万元)	726735.14	1598435.53	662526.86	1252052.72
	营业成本(万元)	–516621.24	1152043.97	499872.86	946589.45
	投资收益(万元)	340.36	971.44	–265.59	–118.72
	净利润(万元)	50311.05	118060.16	35494.43	55565.88
	营业利润(万元)	64426.64	159669.14	42735.39	72302.99
	利润总额(万元)	80795.11	178490.38	52562.77	90497.01

福建水泥股份有限公司

公司概况	公司名称	福建水泥股份有限公司			证券简称	福建水泥
	法人代表	郑盛端	董秘	蔡宣能	证券代码	600802
	公司网址	www.fjcement.com		电子信箱	cement@pub5.fz.fj.cn	
	电　话	0591-87617751		传　真	0591-88561717	
	办公地址	福建省福州市杨桥东路118号宏杨新城建福大厦				
	经营范围	建筑材料制造及技术服务、工业生产(不含汽车)、大型货车维修等				

主要财务指标	指标\报告期	2014.06.30	2013.12.31	2013.06.30	2012.12.31
	基本每股收益(元)	0.0260	0.0500	–0.2080	0.0720
	基本每股收益	–0.0640	–0.3150	–0.2420	–0.5600
	稀释每股收益(元)	0.0260	0.0500	–0.2080	0.0720
	每股净资产(元)	2.7739	2.7625	2.6724	3.3043
	每股经营现金净流量(元)	0.3557	0.6504	–0.0297	–0.2821
	每股现金流量(元)	–0.5097	–0.1592	–0.5334	1.4794
	每股资本公积金(元)	1.3411	1.3577	1.4926	1.9208
	每股盈余公积金(元)	0.1116	0.1116	0.1026	0.1026
	每股未分配利润(元)	0.3118	0.2854	0.0678	0.2745
	净资产收益率(%)	0.9526	1.8054	–7.7944	2.1681
	加权净资产收益率(%)	0.9700	1.5000	–7.0700	2.1000
	净资产收益率(扣除)(%)	–2.3043	–11.4136	–9.0546	–18.0333
	总资产(万元)	471445.13	469252.02	435183.19	442148.20
	归属母公司股东权益	105927.78	105492.39	102052.92	126182.24
	营业收入(万元)	90986.82	181957.85	70606.79	161881.18
	营业成本(万元)	73270.32	160006.81	65618.91	148298.02
	投资收益(万元)	3222.77	11191.11	2407.24	26835.33
	净利润(万元)	1009.06	1904.58	–7954.41	2735.72
	营业利润(万元)	2895.57	968.07	–9302.25	3178.87
	利润总额(万元)	3794.31	4116.60	–7467.30	2686.91

河北威远生物化工股份有限公司

公司概况	公司名称	河北威远生物化工股份有限公司			证券简称	威远生化
	法人代表	王玉锁	董秘	王东英	证券代码	600803
	公司网址	www.veyong.com		电子信箱	veyong@veyong.com	
	电　话	0311-85915898		传　真	0311-85915998	
	办公地址	河北省石家庄市和平东路393号				
	经营范围	生物化工产品、精细化工产品的制造、销售等				

主要财务指标	指标\报告期	2014.06.30	2013.12.31	2013.06.30	2012.12.31
	基本每股收益(元)	0.4100	0.7500	0.4800	0.7200
	基本每股收益	0.4000	0.4700	0.1400	0.1500
	稀释每股收益(元)	0.4100	0.7500	0.4800	0.7200
	每股净资产(元)	4.2097	3.7886	3.0554	9.3073
	每股经营现金净流量(元)	0.4203	0.6877	0.3093	2.1084
	每股现金流量(元)	0.1122	0.3894	0.5405	–0.3351
	每股资本公积金(元)	0.7698	0.7595	0.1570	4.1312
	每股盈余公积金(元)	0.1117	0.1117	0.0313	0.3505
	每股未分配利润(元)	2.3001	1.8933	1.8428	3.7656
	净资产收益率(%)	9.6630	18.5559	15.7770	23.0065
	加权净资产收益率(%)	10.1900	21.3300	14.2200	25.9400
	净资产收益率(扣除)(%)	9.4583	7.7405	1.5062	5.6926
	总资产(万元)	867248.21	857627.66	860013.88	829113.38
	归属母公司股东权益	414990.17	373476.27	281713.92	290230.41
	营业收入(万元)	257912.57	470756.37	227967.82	417602.31
	营业成本(万元)	173814.25	309944.55	143665.06	273994.28
	投资收益(万元)	35.34	11.13	6.44	21.15
	净利润(万元)	40100.48	69301.71	44445.87	66771.77
	营业利润(万元)	53632.71	95709.42	57119.53	85929.79
	利润总额(万元)	54536.17	96070.62	57236.14	86944.61

鹏博士电信传媒集团股份有限公司

公司概况	公司名称	鹏博士电信传媒集团股份有限公司			证券简称	鹏 博 士
	法人代表	杨学平	董秘	任春晓	证券代码	600804
	公司网址	www.drpeng.com.cn		电子信箱	pbs804@126.com	
	电　话	028-86755190 86742976		传　真	028-86622006	
	办公地址	四川省成都市顺城大街229号顺城大厦5楼				
	经营范围	计算机软件、通信产品的开发、生产和销售等				

主要财务指标	指标\报告期	2014.06.30	2013.12.31	2013.06.30	2012.12.31
	基本每股收益(元)	0.2100	0.3000	0.1600	0.1500
	基本每股收益	0.2100	0.3100	0.1600	0.1100
	稀释每股收益(元)	0.2100	0.2900	0.1600	0.1500
	每股净资产(元)	3.2942	3.1110	2.9677	2.7859
	每股经营现金净流量(元)	1.0791	2.2007	0.7839	0.7668
	每股现金流量(元)	0.0592	0.0364	0.2542	0.1822
	每股资本公积金(元)	1.2490	1.1746	1.0894	1.0701
	每股盈余公积金(元)	0.0966	0.0969	0.0632	0.0632
	每股未分配利润(元)	0.9487	0.8395	0.8151	0.6526
	净资产收益率(%)	6.4433	9.3742	5.4760	5.5382
	加权净资产收益率(%)	6.5600	10.1000	5.6600	5.6800
	净资产收益率(扣除)(%)	6.2712	9.7271	5.4957	4.5804
	总资产(万元)	1296324.15	1230980.42	1195646.52	866536.54
	归属母公司股东权益	456953.94	429979.31	397233.08	372899.63
	营业收入(万元)	335890.91	581834.52	267728.11	256021.71
	营业成本(万元)	140169.84	262357.60	126162.63	172078.18
	投资收益(万元)	198.95	5291.52	7951.20	18053.61
	净利润(万元)	29443.14	40307.15	21752.42	20651.74
	营业利润(万元)	35567.31	52165.73	28170.58	20871.37
	利润总额(万元)	36531.26	52848.22	28087.11	24361.85

江苏悦达投资股份有限公司

公司概况					
公司名称	江苏悦达投资股份有限公司			证券简称	悦达投资
法人代表	陈云华	董秘	王佩萍	证券代码	600805
公司网址	www.yueda.com		电子信箱	yd600805@126.com	
电　　话	0515-88202863 88202867		传　　真	0515-88334601	
办公地址	江苏省盐城市世纪大道东路2号				
经营范围	实业投资、资产管理、财务顾问、社会经济咨询服务、机械设备等				

主要财务指标 指标\报告期	2014.06.30	2013.12.31	2013.06.30	2012.12.31
基本每股收益(元)	0.5800	1.5200	0.7500	1.3100
基本每股收益	0.4800	1.4700	0.6700	1.2900
稀释每股收益(元)	0.5800	1.5200	0.7500	1.3100
每股净资产(元)	7.0832	6.1353	5.3634	5.6899
每股经营现金净流量(元)	0.2967	0.3794	0.2484	0.5239
每股现金流量(元)	1.5756	-0.8648	-0.0684	0.8155
每股资本公积金(元)	0.8434	0.3237	0.3237	0.3884
每股盈余公积金(元)	0.7574	0.7574	0.5892	0.7071
每股未分配利润(元)	4.4824	4.0543	3.4505	3.5944
净资产收益率(%)	8.1623	24.7539	13.9241	27.5595
加权净资产收益率(%)	9.0000	28.4900	14.6000	31.5600
净资产收益率(扣除)(%)	6.7205	23.9847	12.4929	27.2422
总资产(万元)	1153839.33	951581.45	962995.93	923546.28
归属母公司股东权益	602704.01	522048.26	456365.70	403457.24
营业收入(万元)	98541.49	211026.72	96788.62	232039.32
营业成本(万元)	84888.68	154164.38	70023.28	168882.46
投资收益(万元)	62017.18	134358.74	65204.33	124297.76
净利润(万元)	49194.35	129227.20	63544.64	111190.92
营业利润(万元)	44008.56	142369.99	68632.66	131333.32
利润总额(万元)	52698.12	147040.54	70434.23	132728.35

沈机集团昆明机床股份有限公司

公司概况					
公司名称	沈机集团昆明机床股份有限公司			证券简称	昆明机床
法人代表	王兴	董秘	罗涛	证券代码	600806
公司网址	www.kmtcl.com.cn		电子信箱	luotao@kmtcl.com.cn	
电　　话	0871-6166612 6166623		传　　真	0871-6166288	
办公地址	云南省昆明市茨坝路23号				
经营范围	设计、开发、生产及销售机床系列产品及配件、光电一体化产品等				

主要财务指标 指标\报告期	2014.06.30	2013.12.31	2013.06.30	2012.12.31
基本每股收益(元)	-0.0726	0.0140	-0.0821	-0.1400
基本每股收益	-0.0878	-0.0470	-0.0825	-0.1600
稀释每股收益(元)	-0.0726	0.0140	-0.0821	-0.1400
每股净资产(元)	2.4095	2.4963	2.4002	2.4823
每股经营现金净流量(元)	-0.0165	-0.1461	-0.0759	0.0143
每股现金流量(元)	0.1034	0.0936	0.0459	-0.1622
每股资本公积金(元)	0.0372	0.0514	0.0514	0.0514
每股盈余公积金(元)	0.2205	0.2205	0.2194	0.2194
每股未分配利润(元)	1.1519	1.2244	1.1294	1.2115
净资产收益率(%)	-3.0115	0.5612	-3.4212	-5.5542
加权净资产收益率(%)	-2.9500	0.5600	-3.3600	-5.3900
净资产收益率(扣除)(%)	-3.6451	-1.8928	-3.4373	-6.4427
总资产(万元)	292344.54	279327.02	269359.36	254875.22
归属母公司股东权益	127966.14	132573.67	127468.68	131829.66
营业收入(万元)	38843.43	106283.53	35321.70	108631.11
营业成本(万元)	30053.99	83711.70	29231.91	88045.34
投资收益(万元)	848.98	58.94	-118.78	299.64
净利润(万元)	-3853.71	744.02	-4360.98	-7322.02
营业利润(万元)	-5020.31	-3007.85	-5085.55	-10936.37
利润总额(万元)	-4958.57	866.49	-5058.81	-9524.03

山东天业恒基股份有限公司

公司概况					
公司名称	山东天业恒基股份有限公司			证券简称	天业股份
法人代表	曾昭秦	董秘	蒋涛	证券代码	600807
公司网址	www.tyanhome.com.cn		电子信箱	600807@vip.163.com	
电　　话	0531-86171188		传　　真	0531-86171188	
办公地址	山东省济南市历下区龙奥北路1577号天业中心3号楼				
经营范围	商业零售兼批发				

主要财务指标 指标\报告期	2014.06.30	2013.12.31	2013.06.30	2012.12.31
基本每股收益(元)	0.0400	0.0600	-0.1500	0.0500
基本每股收益	0.0300	0.0600	0.0200	0.0500
稀释每股收益(元)	0.0400	0.0600	-0.1500	0.0500
每股净资产(元)	0.4896	1.5778	1.5350	1.5309
每股经营现金净流量(元)	-0.2344	-0.5796	-0.8056	-0.7854
每股现金流量(元)	-0.3243	0.8215	0.0361	0.1923
每股资本公积金(元)	-	0.6850	0.1724	0.1724
每股盈余公积金(元)	-	-	0.0847	0.0847
每股未分配利润(元)	-0.4460	-0.8927	0.2779	0.2738
净资产收益率(%)	8.3355	3.8590	1.1766	2.9733
加权净资产收益率(%)	9.1800	3.9000	-24.2600	3.0200
净资产收益率(扣除)(%)	3.6456	3.9507	1.1659	3.5104
总资产(万元)	354575.36	323294.45	270427.37	250710.93
归属母公司股东权益	23663.70	20603.71	49295.22	49164.80
营业收入(万元)	27713.42	75703.56	24282.53	48731.96
营业成本(万元)	18659.61	57165.00	17471.43	32550.10
投资收益(万元)	-	-	-	-
净利润(万元)	1972.49	1955.37	-7013.92	1461.81
营业利润(万元)	2201.06	3112.95	-7000.52	2315.65
利润总额(万元)	2175.34	3066.18	-6930.87	2048.84

马鞍山钢铁股份有限公司

公司概况					
公司名称	马鞍山钢铁股分有限公司			证券简称	马钢股份
法人代表	丁毅	董秘	任天宝	证券代码	600808
公司网址	www.magang.com.cn		电子信箱	mggfdms@magang.com.cn	
电　　话	0555-2888158 2875251		传　　真	0555-2887284	
办公地址	安徽省马鞍山市九华西路8号				
经营范围	钢铁产品的生产和销售等				

主要财务指标 指标\报告期	2014.06.30	2013.12.31	2013.06.30	2012.12.31
基本每股收益(元)	-0.0950	0.0204	-0.0430	-0.5020
基本每股收益	-0.1030	-0.0580	-0.0510	-0.5130
稀释每股收益(元)	-0.0950	0.0200	-0.0430	-0.5020
每股净资产(元)	2.9104	3.0038	2.9476	3.0032
每股经营现金净流量(元)	0.1802	0.6612	0.4881	0.7262
每股现金流量(元)	0.3531	-0.6253	-0.1481	-0.3325
每股资本公积金(元)	1.0816	1.0816	1.0816	1.0816
每股盈余公积金(元)	0.4921	0.4921	0.4871	0.4871
每股未分配利润(元)	0.3301	0.4250	0.3782	0.4214
净资产收益率(%)	-3.2584	0.6797	-1.4663	-16.7047
加权净资产收益率(%)	-3.2100	0.6800	-1.4500	-15.3000
净资产收益率(扣除)(%)	-3.5343	-1.9269	-1.7329	-17.0762
总资产(万元)	7329917.83	7182161.80	7718457.16	7601116.40
归属母公司股东权益	2241180.28	2313144.56	2269890.25	2312664.42
营业收入(万元)	2886435.20	7384888.34	3695256.23	7440436.40
营业成本(万元)	2782293.44	7039396.26	3524379.54	7284027.46
投资收益(万元)	7434.38	28900.47	6938.29	61391.10
净利润(万元)	-73026.62	15722.02	-33282.31	-386323.25
营业利润(万元)	-84428.07	-55830.91	-32788.83	-389566.17
利润总额(万元)	-74482.62	32214.54	-24611.40	-374631.76

山西杏花村汾酒厂股份有限公司

公司概况	公司名称	山西杏花村汾酒厂股份有限公司		证券简称	山西汾酒
	法人代表	李秋喜	董秘	李秋喜(代)	证券代码	600809
	公司网址	www.fenjiu.com.cn		电子信箱	sxfj@fenjiu.com.cn
	电　话	0358-7220255 7329321		传　真	0358-7220394
	办公地址	山西省汾阳市杏花村			
	经营范围	生产及销售汾酒、竹叶青酒及其系列酒并提供广告服务等			

主要财务指标	指标\报告期	2014.06.30	2013.12.31	2013.06.30	2012.12.31
	基本每股收益(元)	0.4159	1.1092	1.1384	1.5330
	基本每股收益	0.4238	1.1173	1.1412	1.5422
	稀释每股收益(元)	0.4159	1.1092	1.1384	1.5330
	每股净资产(元)	4.4946	4.4221	4.4473	4.1027
	每股经营现金净流量(元)	0.4031	-0.3533	-0.2891	1.2002
	每股现金流量(元)	-0.1432	-1.7535	-1.1053	0.5017
	每股资本公积金(元)	0.2781	0.2781	0.2781	0.2781
	每股盈余公积金(元)	0.5449	0.5449	0.4079	0.4079
	每股未分配利润(元)	2.6458	2.5800	2.7462	2.4077
	净资产收益率(%)	9.2523	25.0839	25.5988	37.3651
	加权净资产收益率(%)	9.1000	25.6200	24.8600	44.1100
	净资产收益率(扣除)(%)	9.4296	25.2663	25.6606	37.5909
	总资产(万元)	547208.59	581669.46	578809.75	611215.48
	归属母公司股东权益	389164.50	382885.34	385064.54	355228.02
	营业收入(万元)	229977.00	608719.99	406459.76	647876.39
	营业成本(万元)	72762.93	151765.12	96606.78	163443.95
	投资收益(万元)	-	28.43	28.00	0.43
	净利润(万元)	36006.56	96042.48	98572.05	132731.45
	营业利润(万元)	49440.59	148483.62	139442.46	201514.44
	利润总额(万元)	47360.81	144063.96	136953.22	196576.12

神马实业股份有限公司

公司概况	公司名称	神马实业股份有限公司		证券简称	神马股份
	法人代表	王良	董秘	刘臻	证券代码	600810
	公司网址	www.shenma.com		电子信箱	liuzhen600810@126.com
	电　话	0375-3921231		传　真	0375-3921500
	办公地址	河南省平顶山市建设路63号			
	经营范围	帘子布、工业用布、化学纤维及制品的制造、加工、销售等			

主要财务指标	指标\报告期	2014.06.30	2013.12.31	2013.06.30	2012.12.31
	基本每股收益(元)	0.1200	0.0445	-0.1200	-0.7300
	基本每股收益	0.1200	-	-0.1200	-0.7601
	稀释每股收益(元)	0.1200	0.0445	-0.1200	-0.7273
	每股净资产(元)	5.3009	5.1830	5.0214	5.1400
	每股经营现金净流量(元)	2.2154	0.1674	0.8077	-0.3444
	每股现金流量(元)	0.5174	0.3741	0.5503	0.1342
	每股资本公积金(元)	4.1476	4.1476	4.1482	4.1482
	每股盈余公积金(元)	0.5267	0.5267	0.5267	0.5267
	每股未分配利润(元)	-0.3733	-0.4913	-0.6600	-0.5358
	净资产收益率(%)	2.2251	0.8586	-2.4733	-14.1506
	加权净资产收益率(%)	2.2500	0.8600	-2.4500	-13.1400
	净资产收益率(扣除)(%)	2.2584	0.6329	-2.4802	-14.7886
	总资产(万元)	748385.56	662695.07	1042471.37	957292.58
	归属母公司股东权益	234449.83	229233.07	222087.38	227333.17
	营业收入(万元)	555515.02	1469421.60	876182.97	1709804.86
	营业成本(万元)	526319.38	1422219.60	-	1665255.53
	投资收益(万元)	5974.61	9114.80	-	-2902.31
	净利润(万元)	5216.76	1968.15	-5492.91	-32169.00
	营业利润(万元)	5514.18	5447.28	-6029.50	-35344.54
	利润总额(万元)	5438.09	6460.88	-5990.86	-33974.74

东方集团股份有限公司

公司概况	公司名称	东方集团股份有限公司		证券简称	东方集团
	法人代表	张宏伟	董秘	邢龙	证券代码	600811
	公司网址	www.china-orient.com		电子信箱	dfjt@orientgroup.com.cn
	电　话	0451-53666028		传　真	0451-53666028
	办公地址	黑龙江省哈尔滨市南岗区花园街235号			
	经营范围	商业银行、人寿保险业务、建材连锁超市、港口交通、加工制造业和房地产开发等			

主要财务指标	指标\报告期	2014.06.30	2013.12.31	2013.06.30	2012.12.31
	基本每股收益(元)	0.2865	0.6246	0.3161	0.5704
	基本每股收益	0.2794	0.5979	0.3089	0.4900
	稀释每股收益(元)	0.2865	0.6246	0.3161	0.5704
	每股净资产(元)	5.3746	5.0529	4.7900	4.4071
	每股经营现金净流量(元)	0.2216	0.9551	0.0666	-0.4860
	每股现金流量(元)	-0.0495	0.1221	-0.0630	-0.2980
	每股资本公积金(元)	1.2834	1.2180	1.2595	1.1965
	每股盈余公积金(元)	0.9355	0.9355	0.8167	0.8167
	每股未分配利润(元)	2.1552	1.8987	1.7090	1.3929
	净资产收益率(%)	5.3306	12.3608	6.6045	12.9428
	加权净资产收益率(%)	5.4900	13.2000	6.8800	13.8200
	净资产收益率(扣除)(%)	5.1980	11.8326	6.4535	11.0874
	总资产(万元)	1768985.14	1693924.76	1612487.34	1481511.11
	归属母公司股东权益	895843.77	842227.38	797730.08	734580.99
	营业收入(万元)	303248.37	822443.42	422562.21	647270.18
	营业成本(万元)	294812.64	791814.11	405940.04	610657.07
	投资收益(万元)	77781.04	143572.11	74046.81	133973.22
	净利润(万元)	47753.42	104106.11	52686.03	95075.54
	营业利润(万元)	44352.57	100056.83	52305.56	84540.61
	利润总额(万元)	45533.77	102486.77	52483.45	83895.77

华北制药股份有限公司

公司概况	公司名称	华北制药股份有限公司		证券简称	华北制药
	法人代表	王社平	董秘	杨海静	证券代码	600812
	公司网址	www.ncpc.com		电子信箱	yanghaijing@ncpc.com
	电　话	0311-86696493 85992039		传　真	0311-86060942
	办公地址	河北省石家庄市和平东路388号			
	经营范围	医药化工产品的生产及销售等			

主要财务指标	指标\报告期	2014.06.30	2013.12.31	2013.06.30	2012.12.31
	基本每股收益(元)	0.0070	0.0100	0.0060	0.0160
	基本每股收益	0.0030	-0.0880	-0.0320	-0.2870
	稀释每股收益(元)	0.0070	0.0100	0.0060	0.0160
	每股净资产(元)	3.1698	2.9299	2.9227	2.9500
	每股经营现金净流量(元)	-0.1084	-0.0979	-0.0832	-0.0464
	每股现金流量(元)	0.1381	-0.4015	-0.2873	0.0820
	每股资本公积金(元)	2.1143	1.8718	1.8687	1.8687
	每股盈余公积金(元)	0.1103	0.1305	0.1241	0.1241
	每股未分配利润(元)	-0.0547	-0.0722	-0.0699	-0.0388
	净资产收益率(%)	0.2008	0.3381	0.1998	0.4370
	加权净资产收益率(%)	0.2300	0.3300	0.2000	1.0200
	净资产收益率(扣除)(%)	0.0762	-2.9854	-1.0885	-7.6611
	总资产(万元)	1531503.75	1456008.85	1390249.18	1354090.77
	归属母公司股东权益	516930.98	403912.55	402923.21	407222.22
	营业收入(万元)	557864.04	1243814.37	655508.23	1112570.62
	营业成本(万元)	484065.47	1116222.82	600212.53	1005308.27
	投资收益(万元)	1087.89	2294.07	1097.52	4773.38
	净利润(万元)	1037.87	1365.53	805.13	1779.72
	营业利润(万元)	1114.99	-11516.58	-3727.28	-26348.58
	利润总额(万元)	1785.23	2380.08	1449.77	2508.20

杭州解百集团股份有限公司

公司概况						
公司名称	杭州解百集团股份有限公司			证券简称	杭州解百	
法人代表	周自力	董秘	诸雪强	证券代码	600814	
公司网址	www.jiebai.cn			电子信箱	zxq600814@vip.sina.com	
电　话	0571-87016888*8373			传　真	0571-87068081	
办公地址	浙江省杭州市上城区解放路251号					
经营范围	百货零售、批发以及酒店、进出口业务等					

主要财务指标 指标\报告期	2014.06.30	2013.12.31	2013.06.30	2012.12.31
基本每股收益(元)	0.0900	0.2000	0.1500	0.2500
基本每股收益	0.0600	0.1900	0.1500	0.2400
稀释每股收益(元)	0.0900	0.2000	0.1500	0.2500
每股净资产(元)	2.6526	2.6353	2.5684	2.4989
每股经营现金净流量(元)	-0.2166	0.1124	-0.1508	0.1099
每股现金流量(元)	-0.2801	-0.5065	-0.3876	-0.0284
每股资本公积金(元)	0.1243	0.1224	0.1069	0.1139
每股盈余公积金(元)	0.3319	0.3319	0.3074	0.3074
每股未分配利润(元)	1.1964	1.1810	1.1541	1.0776
净资产收益率(%)	3.2201	7.6978	5.9009	9.9766
加权净资产收益率(%)	3.1900	7.9600	5.9200	10.3700
净资产收益率(扣除)(%)	2.1521	7.1684	5.9227	9.5341
总资产(万元)	115215.32	128569.58	122198.98	140661.46
归属母公司股东权益	82330.68	81794.68	79720.10	77560.46
营业收入(万元)	80946.60	209955.02	99439.08	214648.02
营业成本(万元)	65807.08	175024.84	80074.47	175262.24
投资收益(万元)	446.77	148.38	150.67	297.54
净利润(万元)	2651.10	6296.39	4704.22	7737.91
营业利润(万元)	3050.47	8473.08	6785.99	10369.92
利润总额(万元)	3748.43	8669.21	6515.45	10371.67

厦门厦工机械股份有限公司

公司概况						
公司名称	厦门厦工机械股份有限公司			证券简称	厦工股份	
法人代表	许振明	董秘	王智勇	证券代码	600815	
公司网址	www.xiagong.com			电子信箱	stock@xiagong.com	
电　话	0592-6389300			传　真	0592-6389301	
办公地址	福建省厦门市灌口南路668号之八					
经营范围	装载、挖掘机等工程机械产品及其配件制造、加工和销售等					

主要财务指标 指标\报告期	2014.06.30	2013.12.31	2013.06.30	2012.12.31
基本每股收益(元)	0.0014	-0.6200	-0.0500	0.1600
基本每股收益	-0.0900	-0.6700	-0.0800	-0.2700
稀释每股收益(元)	0.0014	-0.6200	-0.0500	0.1600
每股净资产(元)	4.2390	4.2369	4.8068	4.9020
每股经营现金净流量(元)	-0.7276	0.2540	-0.1681	-1.5745
每股现金流量(元)	-0.4409	-0.4533	-0.6244	1.0914
每股资本公积金(元)	2.1039	2.1039	2.1037	2.1036
每股盈余公积金(元)	0.2860	0.2860	0.2860	0.2860
每股未分配利润(元)	0.8494	0.8480	1.4180	1.5132
净资产收益率(%)	0.0334	-14.5205	-0.9408	2.7088
加权净资产收益率(%)	0.0300	-13.4500	-0.9300	3.3900
净资产收益率(扣除)(%)	-2.0594	-15.8538	-1.7489	-4.6264
总资产(万元)	1145514.14	1160527.87	1215887.03	1174238.58
归属母公司股东权益	406502.88	406302.82	460956.14	470085.48
营业收入(万元)	245805.03	649741.49	378038.10	814983.42
营业成本(万元)	219059.65	586023.57	335713.15	727450.68
投资收益(万元)	631.39	-2374.88	-994.20	38310.16
净利润(万元)	135.66	-58997.27	-4336.69	12733.47
营业利润(万元)	-8973.54	-75594.93	-10228.89	11513.39
利润总额(万元)	1090.64	-69744.79	-5848.63	14438.29

安信信托投资股份有限公司

公司概况						
公司名称	安信信托投资股份有限公司			证券简称	安信信托	
法人代表	王少钦	董秘	武国建	证券代码	600816	
公司网址	www.anxintrust.com			电子信箱	ax600816@126.com	
电　话	021-63410710			传　真	021-63410712	
办公地址	上海市广东路689号海通证券大厦29层					
经营范围	主要从事信托、证券、实业等业务					

主要财务指标 指标\报告期	2014.06.30	2013.12.31	2013.06.30	2012.12.31
基本每股收益(元)	1.2077	0.6157	0.2432	0.2371
基本每股收益	1.2078	0.5037	0.2428	0.0702
稀释每股收益(元)	1.2077	0.6157	0.2432	0.2371
每股净资产(元)	2.9120	1.9043	1.5318	1.3886
每股经营现金净流量(元)	-1.1093	0.8462	-0.9317	0.3352
每股现金流量(元)	-0.3500	-0.2330	-0.7060	0.0746
每股资本公积金(元)	0.0850	0.0850	0.0850	0.0850
每股盈余公积金(元)	0.0883	0.0883	0.0267	0.0267
每股未分配利润(元)	1.6388	0.6310	0.3581	0.2149
净资产收益率(%)	41.4738	32.3327	15.8789	17.0771
加权净资产收益率(%)	48.1500	37.4000	16.2900	18.6700
净资产收益率(扣除)(%)	41.4760	26.4506	15.8507	5.0530
总资产(万元)	197075.28	160046.15	110826.72	95114.26
归属母公司股东权益	132238.70	86476.43	69561.93	63057.35
营业收入(万元)	88068.37	-	19983.66	49287.92
营业成本(万元)	-	-	-	1891.58
投资收益(万元)	-	634.60	163.06	6646.05
净利润(万元)	54844.46	27960.18	11045.68	10768.34
营业利润(万元)	73129.76	40197.20	14877.29	15251.54
利润总额(万元)	73125.95	40162.70	14727.57	16612.14

西安宏盛科技发展股份有限公司

公司概况						
公司名称	西安宏盛科技发展股份有限公司			证券简称	ST宏盛	
法人代表	马婷婷	董秘	谢斌	证券代码	600817	
公司网址				电子信箱	hs600817@163.com	
电　话	029-88661759			传　真	029-88661759	
办公地址	陕西省西安市曲江新区雁南五路商通大道曲江综合服务中心					
经营范围	主要从事信托、证券、实业等业务					

主要财务指标 指标\报告期	2014.06.30	2013.12.31	2013.06.30	2012.12.31
基本每股收益(元)	0.0026	0.0200	0.0070	10.9500
基本每股收益	0.0016	-0.0050	0.0070	0.0200
稀释每股收益(元)	0.0026	0.0200	0.0070	10.9500
每股净资产(元)	0.7767	0.7463	0.7381	0.7300
每股经营现金净流量(元)	-0.3879	-0.1498	0.0607	0.3257
每股现金流量(元)	-0.1956	0.2590	0.1658	0.0922
每股资本公积金(元)	1.3193	1.2914	1.2914	1.2914
每股盈余公积金(元)	0.0512	0.0512	0.0512	0.0512
每股未分配利润(元)	-1.5937	-1.5963	-1.6044	-1.6116
净资产收益率(%)	0.3290	2.0629	0.9846	1498.3911
加权净资产收益率(%)	0.1540	2.0800	0.4580	-
净资产收益率(扣除)(%)	0.2102	-0.6138	1.0137	2.5380
总资产(万元)	66504.62	80399.40	92915.61	76575.84
归属母公司股东权益	12498.18	12008.09	11877.32	11760.38
营业收入(万元)	1567.03	5152.46	2623.20	4158.15
营业成本(万元)	-	2671.22	-	1361.53
投资收益(万元)	-	-	-	111467.63
净利润(万元)	41.12	247.71	116.94	176216.46
营业利润(万元)	242.22	813.92	603.55	112875.22
利润总额(万元)	256.43	1596.39	600.09	177556.85

中路股份有限公司

公司概况					
公司名称	中路股份有限公司			证券简称	中路股份
法人代表	陈荣	董秘	袁志坚	证券代码	600818
公司网址	www.600818.cn			电子信箱	600818@zhonglu.com.cn
电　　话	021-50596906			传　　真	021-68458517
办公地址	上海市浦东新区南六公路 818 号				
经营范围	自行车及零部件、助力车、特种车辆和与自行车相关的配套产品等				

主要财务指标 指标\报告期	2014.06.30	2013.12.31	2013.06.30	2012.12.31
基本每股收益(元)	0.0200	0.0300	0.0200	0.0600
基本每股收益	0.0300	–	–0.0100	–0.1200
稀释每股收益(元)	0.0200	–	0.0200	0.0600
每股净资产(元)	1.1564	1.1778	1.1883	1.3210
每股经营现金净流量(元)	–0.0682	0.0314	–0.0830	0.0134
每股现金流量(元)	–0.1355	0.0687	0.0170	0.0260
每股资本公积金(元)	0.0180	0.0180	0.0384	0.0539
每股盈余公积金(元)	0.0364	0.0364	0.0354	0.0389
每股未分配利润(元)	0.1020	0.1234	0.1146	0.2281
净资产收益率(%)	1.6068	2.5800	1.7535	4.2683
加权净资产收益率(%)	1.5700	2.5800	1.7400	4.3900
净资产收益率(扣除)(%)	2.2881	–5.6032	–0.7061	–9.0286
总资产(万元)	71777.95	73034.10	72619.21	74012.43
归属母公司股东权益	37172.48	37860.97	38199.16	38602.16
营业收入(万元)	32611.30	66015.15	29104.57	53562.15
营业成本(万元)	27203.97	57971.48	24580.24	46947.36
投资收益(万元)	276.06	5434.43	2974.92	5098.38
净利润(万元)	597.30	984.88	669.81	1647.66
营业利润(万元)	566.50	3944.47	2143.75	1832.09
利润总额(万元)	653.52	4175.28	2230.57	2300.10

上海耀皮玻璃集团股份有限公司

公司概况					
公司名称	上海耀皮玻璃集团股份有限公司			证券简称	耀皮玻璃
法人代表	赵健	董秘	金闽丽	证券代码	600819
公司网址	www.sypglass.com			电子信箱	stock@sypglass.com
电　　话	021-61633599 61633522			传　　真	021-58801554
办公地址	上海市浦东新区张东路 1388 号 4-5 幢				
经营范围	生产和销售透明浮法玻璃、本体着色浮法玻璃及其深加工系列产品等				

主要财务指标 指标\报告期	2014.06.30	2013.12.31	2013.06.30	2012.12.31
基本每股收益(元)	0.0300	0.1600	0.0900	0.0800
基本每股收益	0.0020	0.0900	0.0600	–0.1700
稀释每股收益(元)	0.0300	0.1600	0.0900	0.0800
每股净资产(元)	3.3977	3.4048	2.9411	2.8769
每股经营现金净流量(元)	0.1365	0.2454	0.1902	0.3969
每股现金流量(元)	–0.6468	0.7439	–0.1182	–0.3097
每股资本公积金(元)	1.1722	1.1722	0.4390	0.4390
每股盈余公积金(元)	0.5111	0.5111	0.6458	0.6458
每股未分配利润(元)	0.7144	0.7214	0.8563	0.7921
净资产收益率(%)	0.9707	3.7429	3.0345	2.7514
加权净资产收益率(%)	0.9600	5.5200	3.0500	2.7800
净资产收益率(扣除)(%)	0.0484	2.0172	2.0682	–5.7693
总资产(万元)	764500.71	723619.75	641759.96	646938.12
归属母公司股东权益	317661.09	318317.33	215069.18	210370.95
营业收入(万元)	119844.15	249110.36	110707.79	230763.19
营业成本(万元)	93845.35	186507.16	84138.00	188822.92
投资收益(万元)	1152.45	1465.81	730.88	–856.85
净利润(万元)	3083.42	11914.25	6526.35	5788.24
营业利润(万元)	–1887.64	1058.65	1112.33	–15483.88
利润总额(万元)	3187.33	9791.40	3150.76	5164.29

上海隧道工程股份有限公司

公司概况					
公司名称	上海隧道工程股份有限公司			证券简称	隧道股份
法人代表	张焰	董秘	田军	证券代码	600820
公司网址	www.stec.net			电子信箱	stecodd@stec.net
电　　话	021-58301000			传　　真	021-65419227
办公地址	上海市徐汇区宛平南路 1099 号				
经营范围	建筑业、土木工程建设项目总承包、隧道、市政、建筑、公路及桥梁、交通等				

主要财务指标 指标\报告期	2014.06.30	2013.12.31	2013.06.30	2012.12.31
基本每股收益(元)	0.2300	0.9928	0.2400	0.8863
基本每股收益	0.2000	0.8258	0.2000	0.6860
稀释每股收益(元)	0.2100	0.9928	0.2400	0.8863
每股净资产(元)	4.8552	9.5674	8.7187	8.4899
每股经营现金净流量(元)	0.3442	0.5365	–1.0020	1.5234
每股现金流量(元)	0.1934	–0.0371	–0.6522	0.2137
每股资本公积金(元)	2.0751	4.5327	4.2110	4.2079
每股盈余公积金(元)	0.1838	0.3858	0.3281	0.3281
每股未分配利润(元)	1.4661	3.4347	2.9700	2.7697
净资产收益率(%)	4.7262	10.3769	5.3941	10.4397
加权净资产收益率(%)	5.3700	11.1400	7.3400	11.0200
净资产收益率(扣除)(%)	4.0422	8.6313	4.5143	8.0805
总资产(万元)	6001855.65	5705426.36	4932404.06	4935950.10
归属母公司股东权益	1323285.39	1242482.87	1132265.06	1102554.33
营业收入(万元)	987794.14	2350113.85	936622.07	2198897.36
营业成本(万元)	859645.54	2056020.29	824876.68	1915432.68
投资收益(万元)	58271.53	137083.28	63485.94	130366.40
净利润(万元)	62541.35	128930.90	61075.93	115103.76
营业利润(万元)	68403.12	136512.96	65458.05	127616.64
利润总额(万元)	79696.69	165926.06	80204.27	161173.51

天津劝业场(集团)股份有限公司

公司概况					
公司名称	天津劝业场(集团)股份有限公司			证券简称	津劝业
法人代表	回金普	董秘	赵虹	证券代码	600821
公司网址	www.qyc.com.cn			电子信箱	tjqy600821@yahoo.com.cn
电　　话	022-27304989			传　　真	022-27304989
办公地址	天津市和平区和平路 290 号				
经营范围	商业、各类物资的批发及零售、洗染、摄影、其他居民服务、日用品修理等				

主要财务指标 指标\报告期	2014.06.30	2013.12.31	2013.06.30	2012.12.31
基本每股收益(元)	0.0140	0.0300	0.0120	0.0200
基本每股收益	0.0110	0.0200	0.0110	–0.0200
稀释每股收益(元)	0.0140	0.0300	0.0120	0.0200
每股净资产(元)	1.4266	1.4129	1.3902	1.3782
每股经营现金净流量(元)	0.0322	–0.2534	–0.1168	0.1230
每股现金流量(元)	–0.3535	–0.1288	0.0766	–0.1378
每股资本公积金(元)	0.4295	0.4295	0.4294	0.4295
每股盈余公积金(元)	0.2301	0.2301	0.2301	0.2301
每股未分配利润(元)	–0.2330	–0.2467	–0.2694	–0.2814
净资产收益率(%)	0.9631	2.4555	0.8600	1.6820
加权净资产收益率(%)	0.9700	2.4900	0.8700	1.7000
净资产收益率(扣除)(%)	0.7368	1.5154	0.8000	–1.3000
总资产(万元)	184307.00	196175.94	173046.29	172924.37
归属母公司股东权益	59384.76	58812.74	57868.23	57371.98
营业收入(万元)	36356.47	86246.02	50340.49	75215.67
营业成本(万元)	31523.85	73294.32	43928.63	62355.28
投资收益(万元)	4548.90	15737.74	–	17413.82
净利润(万元)	571.96	1444.15	500.54	964.98
营业利润(万元)	431.88	1454.04	522.40	1891.03
利润总额(万元)	571.96	1444.15	500.54	1905.63

上海物资贸易股份有限公司

公司概况						
	公司名称	上海物资贸易股份有限公司			证券简称	上海物贸
	法人代表	秦青林	董秘	谭存阳	证券代码	600822
	公司网址	www.600822sh.com		电子信箱	600822@shwuzi.com	
	电　话	021-63231818		传　真	021-63292367	
	办公地址	上海市黄浦区南苏州路325号				
	经营范围	燃料油、金属材料、化工原料、建材、汽车等机电产品的经营及进出口贸易等				

主要财务指标	指标\报告期	2014.06.30	2013.12.31	2013.06.30	2012.12.31
	基本每股收益(元)	0.0157	0.0400	0.0163	-1.2000
	基本每股收益	0.0039	-	0.0126	-1.3000
	稀释每股收益(元)	0.0157	0.0400	0.0163	-1.2000
	每股净资产(元)	1.9639	1.9461	1.9764	1.9665
	每股经营现金净流量(元)	0.6681	2.6123	1.3373	-2.5286
	每股现金流量(元)	0.3374	-0.5913	-0.0819	0.9223
	每股资本公积金(元)	1.3577	1.3561	1.4059	1.4113
	每股盈余公积金(元)	0.1073	0.1073	0.1073	0.1073
	每股未分配利润(元)	-0.4941	-0.5098	-0.5301	-0.5464
	净资产收益率(%)	0.7975	1.8841	0.8239	-60.8271
	加权净资产收益率(%)	0.8000	1.8700	0.8300	-44.7100
	净资产收益率(扣除)(%)	-	-19.2106	0.6396	-66.1787
	总资产(万元)	1164804.07	1047297.34	1222857.99	1189155.77
	归属母公司股东权益	97402.06	96520.45	98022.16	97532.73
	营业收入(万元)	3684362.97	9750165.39	5116557.61	9527021.44
	营业成本(万元)	3641586.20	9668563.53	5076852.94	9488615.13
	投资收益(万元)	1515.33	30192.41	1490.89	9721.43
	净利润(万元)	776.76	1818.50	807.63	-59326.30
	营业利润(万元)	3766.98	16266.10	3490.62	-55835.87
	利润总额(万元)	4574.88	10115.53	4180.82	-54348.85

上海世茂股份有限公司

公司概况						
	公司名称	上海世茂股份有限公司			证券简称	世茂股份
	法人代表	许薇薇	董秘	俞峰	证券代码	600823
	公司网址	www.shimaoco.com		电子信箱	600823@shimao.com.cn	
	电　话	021-20203388		传　真	021-20203399	
	办公地址	上海市银城中路68号时代金融中心43楼				
	经营范围	实业投资、房地产综合开发、本公司商标特许经营、针纺织品等				

主要财务指标	指标\报告期	2014.06.30	2013.12.31	2013.06.30	2012.12.31
	基本每股收益(元)	0.6100	1.4000	0.6000	1.1700
	基本每股收益	0.5000	1.1600	0.5300	0.9300
	稀释每股收益(元)	0.6100	1.4000	0.6000	1.1700
	每股净资产(元)	12.7534	12.1325	11.5185	10.7270
	每股经营现金净流量(元)	0.1196	2.1341	0.4325	1.4928
	每股现金流量(元)	-0.5817	0.5850	-0.6255	-0.2406
	每股资本公积金(元)	6.1818	6.0251	6.1264	5.9376
	每股盈余公积金(元)	0.2293	0.2293	0.2263	0.2263
	每股未分配利润(元)	5.3292	4.8687	4.1592	3.5579
	净资产收益率(%)	4.7869	11.5699	5.2198	10.8800
	加权净资产收益率(%)	4.9200	12.1500	5.4400	11.8600
	净资产收益率(扣除)(%)	3.9566	9.5819	4.5774	8.6334
	总资产(万元)	6098575.92	5008770.02	4069490.82	3708448.63
	归属母公司股东权益	1492907.92	1420229.68	1348352.43	1255700.41
	营业收入(万元)	611680.80	1015346.99	417042.49	678598.24
	营业成本(万元)	395279.40	590897.38	262227.50	391805.68
	投资收益(万元)	9489.60	-213.94	-2118.03	23506.49
	净利润(万元)	71464.23	164319.01	70380.64	136634.45
	营业利润(万元)	134905.44	234873.20	85177.23	179955.77
	利润总额(万元)	137305.68	242054.32	88108.88	188069.20

上海益民商业集团股份有限公司

公司概况						
	公司名称	上海益民商业集团股份有限公司			证券简称	益民集团
	法人代表	杨传华	董秘	钱国富	证券代码	600824
	公司网址	www.yimingroup.com		电子信箱	yimin@yimingroup.com	
	电　话	021-64339888		传　真	021-64721377	
	办公地址	上海市淮海中路809号甲				
	经营范围	百货零售业等				

主要财务指标	指标\报告期	2014.06.30	2013.12.31	2013.06.30	2012.12.31
	基本每股收益(元)	0.1270	0.1880	0.1210	0.1700
	基本每股收益	0.1200	0.1390	0.1120	0.1650
	稀释每股收益(元)	0.1270	0.1880	0.1210	0.1700
	每股净资产(元)	1.9639	1.8971	2.2615	2.1163
	每股经营现金净流量(元)	0.2386	0.1650	0.3067	0.0816
	每股现金流量(元)	0.1123	-0.0337	0.1169	-0.1321
	每股资本公积金(元)	0.1541	0.1542	0.1857	0.1853
	每股盈余公积金(元)	0.1876	0.1876	0.2028	0.2028
	每股未分配利润(元)	0.6221	0.5553	0.8731	0.7283
	净资产收益率(%)	6.4589	9.9043	6.4024	9.6545
	加权净资产收益率(%)	6.5000	10.2400	6.6200	10.0200
	净资产收益率(扣除)(%)	6.1131	7.3163	5.9598	9.3800
	总资产(万元)	279439.40	239251.15	247742.52	236091.63
	归属母公司股东权益	172495.97	166631.19	165536.28	154905.08
	营业收入(万元)	165842.15	297986.63	163909.08	260465.22
	营业成本(万元)	124769.79	226361.16	123363.28	189402.56
	投资收益(万元)	680.30	643.50	217.11	348.07
	净利润(万元)	11141.34	16503.66	10598.32	14955.33
	营业利润(万元)	15500.64	18675.12	14121.00	20374.64
	利润总额(万元)	15651.83	23881.92	15068.08	20840.88

上海新华传媒股份有限公司

公司概况						
	公司名称	上海新华传媒股份有限公司			证券简称	新华传媒
	法人代表	裘新	董秘	王左国	证券代码	600825
	公司网址	www.xhmedia.com		电子信箱	xhcm600825@gmail.com	
	电　话	021-60376284		传　真	021-60376284	
	办公地址	上海市徐汇区漕溪北路331号新华中心(中金国际广场A座)7-8楼				
	经营范围	图书报刊、电子出版物零售(连锁经营)、图书报刊、电子出版物批发等				

主要财务指标	指标\报告期	2014.06.30	2013.12.31	2013.06.30	2012.12.31
	基本每股收益(元)	0.0230	0.0600	0.0320	0.1000
	基本每股收益	0.0060	-	0.0090	-0.0020
	稀释每股收益(元)	0.0230	0.0600	0.0320	0.1000
	每股净资产(元)	2.4061	2.3827	2.4643	2.4324
	每股经营现金净流量(元)	-0.0500	0.1113	0.0640	0.0303
	每股现金流量(元)	-0.2850	0.2387	0.4905	0.1826
	每股资本公积金(元)	0.5333	0.5333	0.6079	0.6079
	每股盈余公积金(元)	0.1338	0.1338	0.1249	0.1249
	每股未分配利润(元)	0.7390	0.7156	0.7315	0.6995
	净资产收益率(%)	0.9733	2.3899	1.2974	4.2880
	加权净资产收益率(%)	0.9800	2.3750	1.3100	4.3400
	净资产收益率(扣除)(%)	0.2606	-2.1106	0.3631	-0.0688
	总资产(万元)	608579.62	620307.72	618295.68	599088.60
	归属母公司股东权益	251407.93	248961.02	257495.49	254154.82
	营业收入(万元)	85897.20	184747.77	81152.15	179549.11
	营业成本(万元)	57878.27	121583.72	51694.50	120068.51
	投资收益(万元)	575.39	6245.44	-466.17	6199.25
	净利润(万元)	2446.91	5949.85	3340.68	10898.14
	营业利润(万元)	2715.14	7445.85	4044.00	10598.03
	利润总额(万元)	3898.47	11015.80	5627.42	15534.72

上海兰生股份有限公司

公司概况	公司名称	上海兰生股份有限公司		证券简称	兰生股份
	法人代表	戴柳	董秘 杨敏	证券代码	600826
	公司网址	www.lansheng.com		电子信箱	yangmin@lansheng.com
	电　话	021-51991608 51991611		传　真	021-33772705*608 611
	办公地址	上海市中山北二路 1800 号			
	经营范围	主营自营和代理各类商品及技术的进出口业务、国内贸易等			

主要财务指标	指标\报告期	2014.06.30	2013.12.31	2013.06.30	2012.12.31
	基本每股收益(元)	0.0980	0.1200	0.0950	0.1200
	基本每股收益	0.0980	0.1100	0.0950	0.1100
	稀释每股收益(元)	0.0980	0.1200	0.0950	0.1200
	每股净资产(元)	4.8424	5.4832	4.6705	4.9119
	每股经营现金净流量(元)	-0.0266	-0.0324	-0.0647	0.0129
	每股现金流量(元)	0.0590	0.0922	-0.0131	-0.0439
	每股资本公积金(元)	2.9839	3.7227	3.0060	3.3029
	每股盈余公积金(元)	0.4261	0.4261	0.4148	0.4148
	每股未分配利润(元)	0.4325	0.3345	0.2497	0.1943
	净资产收益率(%)	2.0232	2.2208	2.0433	2.4016
	加权净资产收益率(%)	1.9000	2.4300	1.9900	3.0200
	净资产收益率(扣除)(%)	2.0175	2.0632	2.0395	2.3313
	总资产(万元)	266736.18	305969.96	262396.63	278855.59
	归属母公司股东权益	203693.16	230647.90	196460.93	206614.92
	营业收入(万元)	58479.80	123909.22	63001.98	132631.29
	营业成本(万元)	54839.74	118407.05	60199.96	126954.12
	投资收益(万元)	3724.60	5695.52	4217.98	5690.97
	净利润(万元)	4121.17	5122.30	4014.31	4962.09
	营业利润(万元)	4082.38	4995.05	4101.78	4936.24
	利润总额(万元)	4097.84	5265.38	4112.59	5015.01

上海百联集团股份有限公司

公司概况	公司名称	上海百联集团股份有限公司		证券简称	百联股份
	法人代表	马新生	董秘 董小春	证券代码	600827
	公司网址	www.bailian.sh.cn		电子信箱	yy600827@163.com
	电　话	021-63223344 63229537		传　真	021-63517447
	办公地址	上海市六合路 58 号新一百大厦 13 楼			
	经营范围	综合百货、医疗器械、装潢装饰材料、服装针纺织品、五金交电等			

主要财务指标	指标\报告期	2014.06.30	2013.12.31	2013.06.30	2012.12.31
	基本每股收益(元)	0.4200	0.4300	0.4300	0.6800
	基本每股收益	0.4000	0.4100	0.4100	0.6300
	稀释每股收益(元)	0.4200	0.4300	0.4300	0.6800
	每股净资产(元)	7.4739	7.5054	–	7.1163
	每股经营现金净流量(元)	0.2935	2.2313	1.3407	0.9703
	每股现金流量(元)	0.1912	1.4072	1.4136	-0.5456
	每股资本公积金(元)	2.7660	1.7300	2.7550	2.8958
	每股盈余公积金(元)	0.5245	0.5245	0.4984	0.4984
	每股未分配利润(元)	3.1773	2.9920	2.8460	2.7167
	净资产收益率(%)	5.5565	8.0120	–	9.5480
	加权净资产收益率(%)	5.4600	5.8600	5.8600	10.0800
	净资产收益率(扣除)(%)	5.3226	–	–	8.8029
	总资产(万元)	3960954.77	4090239.94	3865907.85	3898594.30
	归属母公司股东权益	1287371.08	1297420.05	1223790.86	1225781.73
	营业收入(万元)	2658785.74	2721482.84	2721482.84	4926286.57
	营业成本(万元)	2076262.62	2140102.68	2140102.68	3849298.77
	投资收益(万元)	15604.80	14687.46	14687.46	32376.36
	净利润(万元)	71532.58	73950.51	73950.51	153597.06
	营业利润(万元)	117667.84	122402.04	122402.04	197375.34
	利润总额(万元)	121658.65	127703.77	127703.77	213083.42

成商集团股份有限公司

公司概况	公司名称	成商集团股份有限公司		证券简称	成商集团
	法人代表	高宏彪	董秘 郑怡	证券代码	600828
	公司网址	www.cpds.cn		电子信箱	cpds_600828@cpds.cn
	电　话	028-86665088		传　真	028-86652529
	办公地址	四川省成都市东御街 19 号			
	经营范围	批发、零售商品等			

主要财务指标	指标\报告期	2014.06.30	2013.12.31	2013.06.30	2012.12.31
	基本每股收益(元)	0.2892	0.3585	0.1451	0.2641
	基本每股收益	0.1436	0.3018	0.1410	0.2612
	稀释每股收益(元)	0.2892	0.3585	0.1451	0.2641
	每股净资产(元)	2.1547	1.9555	1.7421	1.6270
	每股经营现金净流量(元)	0.0740	0.3706	0.0503	0.3913
	每股现金流量(元)	0.0154	-0.0783	-0.1034	0.0085
	每股资本公积金(元)	0.0529	0.0529	0.0529	0.0529
	每股盈余公积金(元)	0.2391	0.2391	0.1960	0.1960
	每股未分配利润(元)	0.8627	0.6635	0.4932	0.3781
	净资产收益率(%)	13.4202	18.3329	8.3289	16.2319
	加权净资产收益率(%)	14.0700	20.1000	8.6100	17.5800
	净资产收益率(扣除)(%)	6.6648	15.4345	8.0932	16.0561
	总资产(万元)	236147.64	231088.88	221798.99	223206.68
	归属母公司股东权益	122912.86	111551.64	99378.15	92812.35
	营业收入(万元)	113396.72	221211.09	111527.96	214640.18
	营业成本(万元)	88528.99	165635.11	86322.95	163690.07
	投资收益(万元)	11763.28	3699.77	533.50	699.39
	净利润(万元)	16495.18	20450.61	8277.12	15065.20
	营业利润(万元)	21231.66	26935.12	11618.53	20071.72
	利润总额(万元)	21132.12	28410.08	11929.63	20343.34

哈药集团三精制药股份有限公司

公司概况	公司名称	哈药集团三精制药股份有限公司		证券简称	三精制药
	法人代表	刘占滨	董秘 林本松	证券代码	600829
	公司网址	www.sanjing.com.cn		电子信箱	linbs@hayao.com
	电　话	0451-84675166		传　真	0451-84675166
	办公地址	黑龙江省哈尔滨市香坊区哈平路 233 号			
	经营范围	医药制造、医药经销和投资管理等			

主要财务指标	指标\报告期	2014.06.30	2013.12.31	2013.06.30	2012.12.31
	基本每股收益(元)	0.1164	0.0111	-0.0579	0.6277
	基本每股收益	0.1069	-0.0436	-0.1077	0.5711
	稀释每股收益(元)	0.1164	0.0111	-0.0579	0.6277
	每股净资产(元)	3.7280	3.7446	3.6761	3.7339
	每股经营现金净流量(元)	0.7057	-0.2730	0.3362	0.3821
	每股现金流量(元)	0.6684	-0.4899	0.2823	0.1304
	每股资本公积金(元)	0.2260	0.2260	0.2264	0.2264
	每股盈余公积金(元)	0.5127	0.5127	0.5027	0.5027
	每股未分配利润(元)	1.9893	2.0059	1.9470	2.0048
	净资产收益率(%)	3.1222	0.2976	-1.5739	16.8097
	加权净资产收益率(%)	3.1200	0.3000	-1.5600	18.3500
	净资产收益率(扣除)(%)	2.8687	-1.1639	-2.9295	15.2951
	总资产(万元)	343947.39	370106.61	393891.06	405149.76
	归属母公司股东权益	216183.28	217146.19	213170.30	216525.42
	营业收入(万元)	103890.91	317700.49	156118.46	406838.53
	营业成本(万元)	47976.28	187629.50	95739.59	200634.47
	投资收益(万元)	23.07	-938.49	-378.23	47.21
	净利润(万元)	6749.61	646.21	-3355.12	36397.33
	营业利润(万元)	6986.10	443.11	-3689.52	41171.03
	利润总额(万元)	7664.75	5629.29	244.24	46051.68

香溢融通控股集团股份有限公司

公司概况	公司名称	香溢融通控股集团股份有限公司			证券简称	香溢融通
	法人代表	孙建华	董秘	林蔚晴	证券代码	600830
	公司网址	www.sunnyloantop.cn		电子信箱	slt@sunnyloantop.cn	
	电　话	0574-87315310		传　真	0574-87294676	
	办公地址	浙江省宁波市西河街158号				
	经营范围	商业、广告、进出口、餐饮服务、娱乐及旅游等				

主要财务指标	指标\报告期	2014.06.30	2013.12.31	2013.06.30	2012.12.31
	基本每股收益(元)	0.1010	0.3600	0.1110	0.2460
	基本每股收益	0.0230	0.0100	0.0200	0.0630
	稀释每股收益(元)	0.1010	0.3600	0.1110	0.2460
	每股净资产(元)	3.9486	3.9669	3.7178	3.6572
	每股经营现金净流量(元)	0.1777	0.6933	0.2019	0.0853
	每股现金流量(元)	0.1689	0.1779	0.1460	0.0039
	每股资本公积金(元)	1.1555	1.1545	1.1545	1.1545
	每股盈余公积金(元)	0.2157	0.2101	0.1946	0.1886
	每股未分配利润(元)	1.5775	1.6023	1.3687	1.3142
	净资产收益率(%)	2.5511	9.0657	2.9732	6.7312
	加权净资产收益率(%)	2.5080	9.4340	2.9770	6.9170
	净资产收益率(扣除)(%)	0.5844	0.2634	0.5334	1.7127
	总资产(万元)	241219.90	232847.23	237797.30	231868.60
	归属母公司股东权益	179394.04	180223.36	168906.71	166156.46
	营业收入(万元)	52890.84	107410.55	54091.76	127353.49
	营业成本(万元)	38027.67	79811.10	41933.56	102118.23
	投资收益(万元)	158.01	6208.46	–	20.22
	净利润(万元)	4576.57	16338.51	5021.86	11184.30
	营业利润(万元)	6796.61	21873.70	6804.88	15688.45
	利润总额(万元)	7398.15	23240.05	7731.95	17069.35

陕西广电网络传媒(集团)股份有限公司

公司概况	公司名称	陕西广电网络传媒(集团)股份有限公司			证券简称	广电网络
	法人代表	晏兆祥	董秘	杨莎	证券代码	600831
	公司网址	www.600831.com		电子信箱	600831@china.com	
	电　话	029-87991255 87991258		传　真	029-87991266	
	办公地址	陕西省西安市曲江新区行政商务区曲江·首座大厦				
	经营范围	有线电视网络运营、广告代理、影视制作等				

主要财务指标	指标\报告期	2014.06.30	2013.12.31	2013.06.30	2012.12.31
	基本每股收益(元)	0.1380	0.2432	0.1490	0.2488
	基本每股收益	0.1320	0.2618	0.1470	0.2534
	稀释每股收益(元)	–	–	–	–
	每股净资产(元)	3.1100	2.9800	2.8900	2.7800
	每股经营现金净流量(元)	0.6160	1.4707	0.6678	1.3767
	每股现金流量(元)	0.4421	–0.1180	0.0730	0.0668
	每股资本公积金(元)	0.7682	0.7686	0.7698	0.7698
	每股盈余公积金(元)	0.1235	0.1235	0.1060	0.1060
	每股未分配利润(元)	1.2161	1.0885	1.0123	0.9028
	净资产收益率(%)	4.4300	8.1604	5.1800	8.9500
	加权净资产收益率(%)	4.5200	8.4400	5.2400	9.3200
	净资产收益率(扣除)(%)	4.2300	8.7800	5.0900	9.1200
	总资产(万元)	501455.67	450065.06	435437.66	400048.04
	归属母公司股东权益	175109.12	167942.82	162725.62	156557.63
	营业收入(万元)	113050.84	203180.63	102922.55	172400.36
	营业成本(万元)	75078.78	121239.10	–	98364.55
	投资收益(万元)	80.01	582.93	–	503.89
	净利润(万元)	7755.10	13704.74	8421.74	14016.61
	营业利润(万元)	7603.60	15367.40	–	14766.01
	利润总额(万元)	7949.02	14384.94	–	14532.23

上海东方明珠(集团)股份有限公司

公司概况	公司名称	上海东方明珠(集团)股份有限公司			证券简称	东方明珠
	法人代表	徐辉	董秘	徐晓珺	证券代码	600832
	公司网址	www.opg.cn		电子信箱	huyong@opg.cn	
	电　话	021-58791888		传　真	021-58828222	
	办公地址	上海市浦东世纪大道1号				
	经营范围	旅游观光、媒体广告、信息传输、实业投资等				

主要财务指标	指标\报告期	2014.06.30	2013.12.31	2013.06.30	2012.12.31
	基本每股收益(元)	0.1910	0.2150	0.0930	0.1720
	基本每股收益	0.1030	0.1410	0.0430	0.1110
	稀释每股收益(元)	0.1910	0.2150	0.0930	0.1720
	每股净资产(元)	2.4583	2.3932	2.3932	2.3816
	每股经营现金净流量(元)	–0.1119	0.5886	0.0206	0.2141
	每股现金流量(元)	0.1132	0.0455	0.2442	–0.2876
	每股资本公积金(元)	0.5353	0.6609	0.6025	0.6836
	每股盈余公积金(元)	0.2368	0.2368	0.2246	0.2246
	每股未分配利润(元)	0.6861	0.4955	0.5661	0.4734
	净资产收益率(%)	7.7552	8.9738	3.8743	7.2205
	加权净资产收益率(%)	7.6900	9.0000	3.8200	7.4000
	净资产收益率(扣除)(%)	4.1447	5.8795	1.8021	4.6521
	总资产(万元)	1456224.65	1420691.97	1350515.14	1208254.62
	归属母公司股东权益	783285.84	762567.33	762560.41	758858.62
	营业收入(万元)	188905.11	362642.99	163184.93	312474.26
	营业成本(万元)	120311.04	246021.40	122443.87	220931.95
	投资收益(万元)	31351.73	20235.10	19085.30	24824.24
	净利润(万元)	60745.46	68431.58	29543.76	54793.05
	营业利润(万元)	77476.75	92369.32	43434.36	78374.43
	利润总额(万元)	84857.67	100412.55	43883.50	80334.20

上海第一医药股份有限公司

公司概况	公司名称	上海第一医药股份有限公司			证券简称	第一医药
	法人代表	陆琨	董秘	孙炳	证券代码	600833
	公司网址	www.dyyy.com.cn		电子信箱	shcred@online.sh.cn	
	电　话	021-64337282		传　真	021-64337191	
	办公地址	上海市徐汇区小木桥路681号20楼				
	经营范围	经销化学原料药、化学药制剂、生物制品、中西药、百货等				

主要财务指标	指标\报告期	2014.06.30	2013.12.31	2013.06.30	2012.12.31
	基本每股收益(元)	0.0869	0.1500	0.0848	0.1600
	基本每股收益	0.0862	0.1400	0.0846	0.1600
	稀释每股收益(元)	0.0869	0.1500	0.0848	0.1600
	每股净资产(元)	2.5236	2.3719	2.1749	2.2092
	每股经营现金净流量(元)	0.1469	0.0292	0.0926	0.2521
	每股现金流量(元)	0.1547	–0.0372	0.0901	–0.0207
	每股资本公积金(元)	0.9700	0.9052	0.7270	0.8461
	每股盈余公积金(元)	0.1279	0.1279	0.1117	0.1117
	每股未分配利润(元)	0.4257	0.3387	0.3362	0.2513
	净资产收益率(%)	3.4437	6.4761	3.9009	7.3928
	加权净资产收益率(%)	3.5500	6.7100	3.8200	7.9600
	净资产收益率(扣除)(%)	3.4148	5.9572	3.8900	7.1638
	总资产(万元)	93841.84	91616.26	83014.82	89226.78
	归属母公司股东权益	56297.41	52912.95	48518.02	49283.48
	营业收入(万元)	72197.12	134839.48	68905.33	135767.04
	营业成本(万元)	61389.60	112840.28	57967.95	112323.09
	投资收益(万元)	336.36	320.57	288.64	259.45
	净利润(万元)	1938.73	3426.68	1892.63	3643.43
	营业利润(万元)	2403.21	4160.44	2340.06	5167.67
	利润总额(万元)	2424.92	4490.47	2349.53	5312.50

上海申通地铁股份有限公司

公司概况						
公司名称	上海申通地铁股份有限公司			证券简称	申通地铁	
法人代表	俞光耀	董秘	孙斯惠	证券代码	600834	
公司网址	sunsihui@shtmetro.com			电子信箱	600834@shtmetro.com	
电话	021-54259985 54259971			传真	021-54257330	
办公地址	上海市桂林路909号3号楼2楼					
经营范围	地铁经营及相关综合开发、轨道交通投资、附设分支机构等					

主要财务指标 指标\报告期	2014.06.30	2013.12.31	2013.06.30	2012.12.31
基本每股收益(元)	0.0894	0.2525	0.1381	0.2326
基本每股收益	0.0888	0.2525	0.1381	0.2325
稀释每股收益(元)	0.0894	0.2525	0.1381	0.2326
每股净资产(元)	2.7273	2.7195	2.6038	2.5347
每股经营现金净流量(元)	-0.5362	0.4445	0.2555	0.4682
每股现金流量(元)	-0.4486	0.3202	0.0031	0.2369
每股资本公积金(元)	0.1707	0.1724	0.1711	0.1700
每股盈余公积金(元)	0.3868	0.3868	0.3629	0.3629
每股未分配利润(元)	1.1698	1.1604	1.0698	1.0018
净资产收益率(%)	3.2781	9.2855	5.3024	9.1748
加权净资产收益率(%)	3.2300	9.6200	5.3000	9.5200
净资产收益率(扣除)(%)	3.2548	9.2856	5.3024	9.1723
总资产(万元)	199563.05	184758.74	173876.73	177207.77
归属母公司股东权益	130195.88	129825.05	124301.94	121001.24
营业收入(万元)	35369.84	71685.86	35037.90	71950.34
营业成本(万元)	29895.77	56638.40	27573.89	57094.71
投资收益(万元)	-	7.40	-	1.90
净利润(万元)	4268.00	12054.91	6590.95	11101.57
营业利润(万元)	3515.77	11304.06	5840.00	9523.03
利润总额(万元)	5694.66	16426.08	8393.51	14807.93

上海机电股份有限公司

公司概况						
公司名称	上海机电股份有限公司			证券简称	上海机电	
法人代表	陈鸿	董秘	司文培	证券代码	600835	
公司网址	www.chinasec.cn			电子信箱	shjddm@chinasec.cn	
电话	021-68547168			传真	021-68547170 68547550	
办公地址	上海市浦东新区民生路1286号汇商大厦9楼					
经营范围	机电一体化产品、设备的设计、生产、销售自产产品等					

主要财务指标 指标\报告期	2014.06.30	2013.12.31	2013.06.30	2012.12.31
基本每股收益(元)	0.4500	0.9200	0.2800	0.6900
基本每股收益	0.4400	0.8100	0.4200	0.7500
稀释每股收益(元)	0.4500	0.9200	0.2800	0.6900
每股净资产(元)	5.7884	5.6265	5.0148	4.9911
每股经营现金净流量(元)	0.9504	1.7198	0.9082	3.0507
每股现金流量(元)	0.9155	-0.6402	-0.5714	3.1232
每股资本公积金(元)	1.6158	1.6248	1.5752	1.5625
每股盈余公积金(元)	1.2917	1.2913	1.2773	1.2773
每股未分配利润(元)	1.8867	1.7163	1.1610	1.0932
净资产收益率(%)	7.7930	16.4019	5.5407	13.7816
加权净资产收益率(%)	7.7800	17.4900	5.4400	13.3900
净资产收益率(扣除)(%)	7.6691	14.4234	8.3189	14.9756
总资产(万元)	2873750.24	2712045.98	2541944.86	2574367.66
归属母公司股东权益	592001.09	575443.07	512880.36	510456.24
营业收入(万元)	1013631.66	1990707.71	938154.00	1774325.09
营业成本(万元)	803809.03	1567077.06	754287.63	1429519.92
投资收益(万元)	18228.21	24325.69	5298.57	43706.04
净利润(万元)	46134.67	94383.35	28417.10	70348.94
营业利润(万元)	97131.24	172652.93	72682.29	149953.61
利润总额(万元)	101418.98	208157.15	74320.46	167913.84

上海界龙实业集团股份有限公司

公司概况						
公司名称	上海界龙实业集团股份有限公司			证券简称	界龙实业	
法人代表	费屹立	董秘	楼福良	证券代码	600836	
公司网址	www.jielong-printing.com			电子信箱	loufl@jielongcorp.com	
电话	021-58600836			传真	021-58926698	
办公地址	上海市浦东新区杨高中路2112号(南洋泾路与杨高中路交叉口)					
经营范围	包装装潢、彩色印刷、特种印刷、电脑制品、照相制版等					

主要财务指标 指标\报告期	2014.06.30	2013.12.31	2013.06.30	2012.12.31
基本每股收益(元)	0.0130	0.0340	0.0050	0.0260
基本每股收益	-0.0450	-0.0240	-0.0090	-0.0110
稀释每股收益(元)	0.0130	0.0340	0.0050	0.0260
每股净资产(元)	1.3633	1.3703	1.3804	1.3757
每股经营现金净流量(元)	0.3407	0.9234	0.3686	0.4126
每股现金流量(元)	0.2597	0.0866	-0.2216	-0.0078
每股资本公积金(元)	0.0038	0.0039	0.0126	0.0131
每股盈余公积金(元)	0.0410	0.0410	0.0332	0.0332
每股未分配利润(元)	0.3185	0.3255	0.3345	0.3293
净资产收益率(%)	0.9569	2.4776	0.3786	1.8724
加权净资产收益率(%)	0.9500	2.4600	0.3800	1.8900
净资产收益率(扣除)(%)	-3.2714	-1.7150	-0.6198	-0.7813
总资产(万元)	359379.45	331843.34	347974.53	350339.38
归属母公司股东权益	42747.89	42968.80	43282.87	43135.67
营业收入(万元)	49556.85	191734.19	78267.98	148917.49
营业成本(万元)	40937.55	159463.03	65905.38	125174.84
投资收益(万元)	183.21	1207.40	56.50	61.17
净利润(万元)	409.04	1064.60	163.86	807.65
营业利润(万元)	-1386.82	2419.17	308.11	1154.37
利润总额(万元)	435.99	3004.62	755.61	2372.07

海通证券股份有限公司

公司概况						
公司名称	海通证券股份有限公司			证券简称	海通证券	
法人代表	王开国	董秘	金晓斌	证券代码	600837	
公司网址	www.htsec.com			电子信箱	jinxb@htsec.com	
电话	021-23219000			传真	021-63410707	
办公地址	上海市广东路689号海通证券大厦					
经营范围	证券经纪、证券自营、证券承销与保荐、证券投资咨询等					

主要财务指标 指标\报告期	2014.06.30	2013.12.31	2013.06.30	2012.12.31
基本每股收益(元)	0.3000	0.4200	0.2800	0.3300
基本每股收益	0.2900	0.4100	0.2700	0.3100
稀释每股收益(元)	0.3000	0.4200	0.2800	0.3300
每股净资产(元)	6.6100	6.4172	6.2683	6.1222
每股经营现金净流量(元)	-0.1336	-1.5149	0.6270	-0.9742
每股现金流量(元)	0.5225	0.3430	0.4794	0.1881
每股资本公积金(元)	3.4042	3.3956	3.3801	3.3846
每股盈余公积金(元)	0.2706	0.2706	0.2344	0.2344
每股未分配利润(元)	1.4332	1.2530	1.2184	1.0605
净资产收益率(%)	4.5442	6.5603	4.4363	5.1462
加权净资产收益率(%)	4.5500	6.7000	4.4500	5.6600
净资产收益率(扣除)(%)	4.3622	6.3851	4.3226	4.8882
总资产(万元)	21571116.07	16912360.37	13942451.35	12648210.40
归属母公司股东权益	6334689.22	6150699.15	6008000.40	5867968.32
营业收入(万元)	671405.85	1045495.40	566687.34	914088.20
营业成本(万元)	138483.61	511527.37	211549.45	513632.80
投资收益(万元)	161122.86	331191.62	156245.11	203293.40
净利润(万元)	287751.78	403502.40	267193.20	303754.29
营业利润(万元)	373579.09	533968.03	355137.89	400455.39
利润总额(万元)	385971.76	545474.77	361602.31	412723.84

上海九百股份有限公司

公司概况					
公司名称	上海九百股份有限公司			证券简称	上海九百
法人代表	龚祥荣	董秘	张敏	证券代码	600838
公司网址	www.shjb600838.com		电子信箱	shjb838@sina.com	
电　　话	021-62729898 918 838		传　　真	021-62569821	
办公地址	上海市常德路 940 号				
经营范围	日用百货、家用电器、针纺织品、文教用品等的零售与批发等				

主要财务指标 指标＼报告期	2014.06.30	2013.12.31	2013.06.30	2012.12.31
基本每股收益(元)	0.0344	0.1183	0.0422	0.0642
基本每股收益	0.0352	–	0.0422	0.0644
稀释每股收益(元)	0.0344	1.7982	0.0422	0.0642
每股净资产(元)	1.8334	1.7982	1.7379	1.6968
每股经营现金净流量(元)	–0.0061	0.0135	–0.0276	–0.1172
每股现金流量(元)	–0.1511	0.1539	–0.0469	0.0002
每股资本公积金(元)	0.4690	0.4682	0.4641	0.4651
每股盈余公积金(元)	0.0889	0.0889	0.0757	0.0757
每股未分配利润(元)	0.2755	0.2411	0.1982	0.1560
净资产收益率(%)	1.8771	6.5804	2.4285	3.7836
加权净资产收益率(%)	1.9000	6.7700	2.4600	3.7000
净资产收益率(扣除)(%)	1.9196	2.7566	2.4306	3.7929
总资产(万元)	104601.16	108347.76	108074.35	107692.45
归属母公司股东权益	73497.22	72085.01	69671.28	68020.96
营业收入(万元)	5656.58	14063.75	7736.73	16639.46
营业成本(万元)	3091.14	9167.33	5051.06	11572.33
投资收益(万元)	3726.86	8026.62	4337.70	8127.99
净利润(万元)	1379.59	4743.47	1691.97	2573.64
营业利润(万元)	1410.83	1996.42	1693.82	2617.36
利润总额(万元)	1379.59	4845.46	1692.33	2611.01

四川长虹电器股份有限公司

公司概况					
公司名称	四川长虹电器股份有限公司			证券简称	四川长虹
法人代表	赵勇	董秘	杨军	证券代码	600839
公司网址	www.changhong.com		电子信箱	mx.tan@changhong.com	
电　　话	0816-2418486 2418436		传　　真	0816-2418518 2417949	
办公地址	四川省绵阳市高新区绵兴东路 35 号				
经营范围	家用电器、电子产品及零配件、通信设备、计算机及其他电子设备等				

主要财务指标 指标＼报告期	2014.06.30	2013.12.31	2013.06.30	2012.12.31
基本每股收益(元)	–0.0392	0.1110	0.0492	0.0705
基本每股收益	–0.0911	0.0878	0.0432	0.0164
稀释每股收益(元)	–0.0392	0.1110	0.0492	0.0705
每股净资产(元)	2.9695	3.0423	3.0408	2.9362
每股经营现金净流量(元)	0.2829	0.6259	0.1351	0.1559
每股现金流量(元)	1.2470	0.0479	–0.3430	0.3272
每股资本公积金(元)	0.8222	0.8355	0.8880	0.8316
每股盈余公积金(元)	0.7485	0.7485	0.7458	0.7458
每股未分配利润(元)	0.4011	0.4603	0.4112	0.3620
净资产收益率(%)	–1.3214	3.6491	1.6184	2.4002
加权净资产收益率(%)	–1.3127	3.7107	1.6467	2.4321
净资产收益率(扣除)(%)	–3.0685	2.8859	1.4208	0.5585
总资产(万元)	6395660.50	5883700.85	5714255.35	5454554.07
归属母公司股东权益	1370781.25	1404415.73	1403716.95	1355424.60
营业收入(万元)	2726537.00	5887527.47	2802767.26	5233414.91
营业成本(万元)	2324018.15	4913394.76	2348291.46	4399023.81
投资收益(万元)	1162.98	–7953.73	–15615.07	4980.00
净利润(万元)	–18113.38	51248.16	22717.93	32532.81
营业利润(万元)	–13803.42	55048.53	27303.46	–5504.89
利润总额(万元)	18131.81	101631.74	47902.69	52771.40

上海柴油机股份有限公司

公司概况					
公司名称	上海柴油机股份有限公司			证券简称	上柴股份
法人代表	肖国普	董秘	汪宏彬	证券代码	600841
公司网址	www.sdec.com.cn		电子信箱	sdecdsh@sdec.com.cn	
电　　话	021-60652207 60652288		传　　真	021-65749845	
办公地址	上海市杨浦区军工路 2636 号				
经营范围	柴油机、工程机械、油泵及配件、柴油电站、船用成套机组等				

主要财务指标 指标＼报告期	2014.06.30	2013.12.31	2013.06.30	2012.12.31
基本每股收益(元)	0.1100	0.2400	0.1300	0.2400
基本每股收益	0.1040	0.2100	0.1030	0.1900
稀释每股收益(元)	–	–	–	–
每股净资产(元)	3.8696	3.8221	3.6793	3.6519
每股经营现金净流量(元)	–0.0222	0.1879	0.0290	0.4537
每股现金流量(元)	–0.2729	–0.5028	–0.3966	0.6623
每股资本公积金(元)	1.3005	1.3013	1.2829	1.2993
每股盈余公积金(元)	0.5499	0.5499	0.5230	0.5230
每股未分配利润(元)	1.0155	0.9682	0.8795	0.8251
净资产收益率(%)	2.7490	6.1985	3.4019	6.4184
加权净资产收益率(%)	2.7500	6.3400	3.3700	7.0700
净资产收益率(扣除)(%)	2.6884	5.5223	2.8115	5.1517
总资产(万元)	561042.39	547230.96	540031.67	496571.70
归属母公司股东权益	335375.89	331261.17	319765.48	317382.98
营业收入(万元)	159958.60	298085.89	153001.95	302996.28
营业成本(万元)	129669.28	233338.09	123638.69	240478.48
投资收益(万元)	2352.47	2881.36	1022.36	928.04
净利润(万元)	9219.37	20533.39	10878.17	20370.97
营业利润(万元)	9381.06	20141.78	10531.86	18057.59
利润总额(万元)	9726.45	22665.62	12017.08	22242.47

上工申贝(集团)股份有限公司

公司概况					
公司名称	上工申贝(集团)股份有限公司			证券简称	上工申贝
法人代表	张敏	董秘	张建国	证券代码	600843
公司网址	www.sgsbgroup.com		电子信箱	sgsb@sgsbgroup.com	
电　　话	021-68407515 68407700 1223		传　　真	021-63302939	
办公地址	上海市浦东新区世纪大道 1500 号东方大厦 12 楼 A-D 室				
经营范围	研发、生产、维修缝制设备及零部件、缝纫机专用设备、制衣、塑料制品等				

主要财务指标 指标＼报告期	2014.06.30	2013.12.31	2013.06.30	2012.12.31
基本每股收益(元)	0.0839	0.1772	0.0683	0.0929
基本每股收益	0.0838	0.0858	0.0684	0.0642
稀释每股收益(元)	0.0839	0.1772	0.0683	0.0929
每股净资产(元)	2.7054	1.7730	1.5982	1.5691
每股经营现金净流量(元)	–0.0342	0.1555	–0.0703	0.3089
每股现金流量(元)	0.0412	–0.0342	–0.1062	0.2293
每股资本公积金(元)	1.7234	0.8859	0.8408	0.8553
每股盈余公积金(元)	0.0083	0.0101	0.0101	0.0101
每股未分配利润(元)	0.0708	–0.0067	–0.1156	–0.1839
净资产收益率(%)	2.8200	9.9953	4.2757	5.9184
加权净资产收益率(%)	3.6846	10.6907	4.2622	5.8147
净资产收益率(扣除)(%)	2.8158	4.8376	4.2782	3.9523
总资产(万元)	268223.10	204791.65	179619.65	162663.33
归属母公司股东权益	148416.80	79589.42	71740.75	70434.58
营业收入(万元)	96989.02	181393.47	87142.33	150612.61
营业成本(万元)	66130.37	129651.38	60681.44	106777.71
投资收益(万元)	1138.97	5343.74	1187.07	1060.51
净利润(万元)	4185.42	7955.20	3067.43	4168.63
营业利润(万元)	9054.99	14439.39	7627.04	9135.30
利润总额(万元)	9075.72	15345.36	7639.53	10477.58

丹化化工科技股份有限公司

公司概况						
公司名称	丹化化工科技股份有限公司			证券简称	丹化科技	
法人代表	曾晓宁	董秘	沈雅芸	证券代码	600844	
公司网址			电子信箱	syy@600844.com		
电　话	021-64015596 64016400		传　真	021-64016411		
办公地址	上海市闵行区虹许路 788 号 61 室					
经营范围	煤化工产品、石油化工产品及其衍生物的技术开发、技术转让等					

主要财务指标 指标＼报告期	2014.06.30	2013.12.31	2013.06.30	2012.12.31
基本每股收益(元)	-0.0069	-0.2238	-0.1853	0.0356
基本每股收益	-0.0475	-0.2330	-0.1889	-0.1755
稀释每股收益(元)	-0.0069	-0.2238	-0.1853	0.0356
每股净资产(元)	1.0616	1.0686	1.1070	1.2929
每股经营现金净流量(元)	0.2270	0.3054	-0.0872	0.4486
每股现金流量(元)	-0.0276	-0.0700	-0.1736	0.1940
每股资本公积金(元)	1.0250	1.0250	1.0250	1.0250
每股盈余公积金(元)	0.0721	0.0721	0.0721	0.0721
每股未分配利润(元)	-1.0355	-1.0285	-0.9901	-0.8042
净资产收益率(%)	-0.6535	-20.9433	-16.7425	2.7565
加权净资产收益率(%)	-0.6513	-18.9600	-15.4400	2.7900
净资产收益率(扣除)(%)	-4.4712	-21.8096	-17.0671	-13.5780
总资产(万元)	345364.55	357709.89	355319.94	374382.57
归属母公司股东权益	82661.96	83202.14	86196.04	100666.75
营业收入(万元)	41912.95	74376.45	23803.43	110216.05
营业成本(万元)	35469.04	68444.48	31449.63	97356.55
投资收益(万元)	18.49	-1629.10	-1525.32	-3369.11
净利润(万元)	-540.18	-17425.24	-14431.34	2774.84
营业利润(万元)	-7299.41	-31583.57	-25288.45	-2558.62
利润总额(万元)	-430.19	-30411.56	-24697.25	-1087.39

上海宝信软件股份有限公司

公司概况						
公司名称	上海宝信软件股份有限公司			证券简称	宝信软件	
法人代表	王力	董秘	陈健(大)	证券代码	600845	
公司网址	www.baosight.com		电子信箱	investor@baosight.com		
电　话	021-20378893		传　真	021-20378895		
办公地址	上海市浦东新区张江高科技园区郭守敬路 515 号					
经营范围	计算机、自动化、网络通讯系统及软硬件产品的研究、设计、开发、制造等					

主要财务指标 指标＼报告期	2014.06.30	2013.12.31	2013.06.30	2012.12.31
基本每股收益(元)	0.3740	0.8510	0.4140	0.7630
基本每股收益	0.3450	0.7570	0.3980	0.6550
稀释每股收益(元)	0.3740	0.8510	0.4140	0.7630
每股净资产(元)	6.4877	4.9367	4.5035	4.3216
每股经营现金净流量(元)	-0.2798	0.5793	-0.4657	0.1693
每股现金流量(元)	0.5534	0.3159	-0.4205	-0.1989
每股资本公积金(元)	1.7422	0.0714	0.0722	0.0796
每股盈余公积金(元)	0.4717	0.5038	0.4960	0.4960
每股未分配利润(元)	3.2760	3.3644	2.9377	2.7512
净资产收益率(%)	5.6431	17.2377	9.1933	17.6342
加权净资产收益率(%)	6.2200	18.5000	9.3000	19.0800
净资产收益率(扣除)(%)	5.2054	15.3295	8.8482	15.1590
总资产(万元)	460468.85	407654.57	361095.29	323615.14
归属母公司股东权益	236236.77	168299.81	153531.75	147506.05
营业收入(万元)	160645.81	358128.66	152487.75	364299.94
营业成本(万元)	111215.36	272959.68	114939.15	289392.23
投资收益(万元)	-40.94	6157.78	-	565.86
净利润(万元)	13331.05	29011.10	14114.60	26011.46
营业利润(万元)	14972.27	28117.16	15354.53	25628.07
利润总额(万元)	16216.20	33026.43	16081.07	30852.31

上海同济科技实业股份有限公司

公司概况						
公司名称	上海同济科技实业股份有限公司			证券简称	同济科技	
法人代表	丁洁民	董秘	骆君君	证券代码	600846	
公司网址	www.tjkjsy.com.cn		电子信箱	tjkjsy@tjkjsy.com.cn		
电　话	021-65985860		传　真	021-33626510		
办公地址	上海市四平路 1398 号同济联合广场 B 座 20 层					
经营范围	实业投资、教育产业投资及人才培训、房地产投资与开发经营及咨询服务等					

主要财务指标 指标＼报告期	2014.06.30	2013.12.31	2013.06.30	2012.12.31
基本每股收益(元)	0.0900	0.2600	0.0800	0.1900
基本每股收益	0.0800	0.2400	0.0700	0.1600
稀释每股收益(元)	0.0900	0.2600	0.0800	0.1900
每股净资产(元)	2.4935	2.4552	2.2742	2.2460
每股经营现金净流量(元)	-0.8585	1.8008	0.2669	0.0881
每股现金流量(元)	0.0367	-0.2715	-0.2435	-0.0847
每股资本公积金(元)	0.3618	0.3369	0.3364	0.3648
每股盈余公积金(元)	0.1570	0.1570	0.1449	0.1449
每股未分配利润(元)	0.9747	0.9614	0.7929	0.7364
净资产收益率(%)	3.7431	10.4693	3.3618	8.2392
加权净资产收益率(%)	3.7500	10.8800	3.3500	8.5600
净资产收益率(扣除)(%)	3.1030	9.6543	2.9445	7.2999
总资产(万元)	711532.11	655484.00	679880.38	671656.51
归属母公司股东权益	155782.56	153390.67	142081.52	140324.54
营业收入(万元)	170422.94	370609.70	183795.17	232809.44
营业成本(万元)	145232.77	306681.57	155178.35	188339.64
投资收益(万元)	1871.40	7545.01	1393.94	5165.60
净利润(万元)	5831.03	16058.93	4776.54	11561.58
营业利润(万元)	10444.95	23580.47	7657.24	18141.76
利润总额(万元)	12356.28	26022.93	9027.72	21617.51

重庆万里新能源股份有限公司

公司概况						
公司名称	重庆万里新能源股份有限公司			证券简称	万里股份	
法人代表	刘悉承	董秘	张晶	证券代码	600847	
公司网址	www.cqwanli.net.cn		电子信箱	cqwanli2010@126.com		
电　话	023-85532408		传　真	023-85532408		
办公地址	重庆市江津区双福街道创业大道 2 号					
经营范围	生产和销售各类铅酸蓄电池等					

主要财务指标 指标＼报告期	2014.06.30	2013.12.31	2013.06.30	2012.12.31
基本每股收益(元)	0.0146	-0.1300	-0.0204	0.0400
基本每股收益	0.0143	-0.1200	-0.0022	0.0400
稀释每股收益(元)	-	-0.1300	-	0.0400
每股净资产(元)	4.6414	4.6268	0.5457	0.5661
每股经营现金净流量(元)	0.1354	-0.3821	0.0638	-0.0387
每股现金流量(元)	-0.4116	0.4683	0.0235	-0.0371
每股资本公积金(元)	4.1134	4.1134	0.2474	0.2455
每股盈余公积金(元)	-	-	-	-
每股未分配利润(元)	-0.4720	-0.4866	-0.7017	-0.6794
净资产收益率(%)	0.3148	-1.9408	-3.7435	7.4687
加权净资产收益率(%)	0.3200	-6.5000	-3.6700	7.8600
净资产收益率(扣除)(%)	0.3083	-1.7606	-0.4055	6.9151
总资产(万元)	83733.11	83757.30	30886.30	30513.98
归属母公司股东权益	70660.12	70437.71	4837.78	5018.88
营业收入(万元)	7486.37	13994.08	7130.04	14444.88
营业成本(万元)	6301.70	12182.29	6103.41	11557.12
投资收益(万元)	-	-	-	-
净利润(万元)	222.41	-1367.05	-181.10	374.85
营业利润(万元)	242.57	-1145.89	74.60	323.93
利润总额(万元)	247.12	-1367.05	-181.10	348.59

上海自动化仪表股份有限公司

公司概况	公司名称	上海自动化仪表股份有限公司			证券简称	自仪股份
	法人代表	曹俊	董秘	车海辚	证券代码	600848
	公司网址	www.saic.sh.cn		电子信箱	bod@saic.sh.cn	
	电　话	021-66987559		传　真	021-66987559	
	办公地址	上海市广中西路 191 号				
	经营范围	设计、制造自动化控制系统、自动化仪器仪表及其元器件和成套装置等				

	指标\报告期	2014.06.30	2013.12.31	2013.06.30	2012.12.31
主要财务指标	基本每股收益(元)	0.0106	0.0302	0.0129	0.0250
	基本每股收益	-0.0545	-0.0877	-0.0203	-0.1260
	稀释每股收益(元)	-	-	-	-
	每股净资产(元)	0.4971	0.4865	0.4692	0.4568
	每股经营现金净流量(元)	-0.2727	0.0670	-0.1798	0.0224
	每股现金流量(元)	-0.2018	-0.0102	-0.1733	0.0572
	每股资本公积金(元)	0.5634	0.5634	0.5634	0.5638
	每股盈余公积金(元)	0.0570	0.0570	0.0570	0.0570
	每股未分配利润(元)	-1.1233	-1.1339	-1.1512	-1.1641
	净资产收益率(%)	2.1231	6.1990	2.7385	5.5331
	加权净资产收益率(%)	2.1500	6.3900	2.7800	5.6900
	净资产收益率(扣除)(%)	-	-18.0241	-4.3336	-27.6075
	总资产(万元)	186397.82	178452.32	179204.00	168556.46
	归属母公司股东权益	19848.56	19426.50	18736.42	18237.69
	营业收入(万元)	54240.67	107941.46	53276.74	104415.87
	营业成本(万元)	46115.01	88970.55	44365.98	86429.20
	投资收益(万元)	1097.80	2427.21	938.36	5357.29
	净利润(万元)	421.40	1204.26	513.11	1009.11
	营业利润(万元)	-2176.68	-3500.78	-811.96	-1824.68
	利润总额(万元)	421.40	1204.93	513.11	1059.21

上海华东电脑股份有限公司

公司概况	公司名称	上海华东电脑股份有限公司			证券简称	华东电脑
	法人代表	游小明	董秘	侯志平	证券代码	600850
	公司网址	www.shecc.com		电子信箱	dm@shecc.com	
	电　话	021-33390000		传　真	021-33390011	
	办公地址	上海市徐汇区桂平路 391 号新漕河泾国际商务中心 B 幢 27 楼				
	经营范围	计算机、电子及通信设备、系统集成、软件开发及软件工程和电子工程设计与施工等				

	指标\报告期	2014.06.30	2013.12.31	2013.06.30	2012.12.31
主要财务指标	基本每股收益(元)	0.2781	0.7450	0.2156	0.5938
	基本每股收益	0.2651	0.5461	0.2050	0.5644
	稀释每股收益(元)	0.2781	0.7450	0.2156	0.5938
	每股净资产(元)	3.8737	3.8409	3.6660	3.6513
	每股经营现金净流量(元)	-0.6127	0.2287	-0.9820	-0.1952
	每股现金流量(元)	-0.9418	0.1921	-1.3579	-0.1866
	每股资本公积金(元)	-	0.0622	-	-
	每股盈余公积金(元)	-	0.0028	0.0979	0.0979
	每股未分配利润(元)	2.8785	2.8579	2.5726	2.5570
	净资产收益率(%)	7.1793	19.3956	5.8811	16.2634
	加权净资产收益率(%)	7.1300	19.1500	5.8900	17.7000
	净资产收益率(扣除)(%)	6.8438	14.2172	5.5929	15.4563
	总资产(万元)	340186.26	381225.22	273656.25	307820.23
	归属母公司股东权益	124635.76	126052.31	117951.18	117479.39
	营业收入(万元)	244748.26	536876.18	226939.62	496340.99
	营业成本(万元)	206400.23	455060.22	192351.88	427038.47
	投资收益(万元)	-205.93	2508.76	-255.84	539.42
	净利润(万元)	8948.01	23968.96	7118.33	19106.11
	营业利润(万元)	11741.22	27993.91	10072.15	23246.44
	利润总额(万元)	12579.12	32364.67	10740.73	25163.42

上海海欣集团股份有限公司

公司概况	公司名称	上海海欣集团股份有限公司			证券简称	海欣股份
	法人代表	俞锋	董秘	何莉莉	证券代码	600851
	公司网址	www.haixin.com.cn		电子信箱	hxsecretary@haixin.com	
	电　话	021-63917000		传　真	021-63917678	
	办公地址	上海市福州路 666 号金陵海欣大厦 18 楼				
	经营范围	研究开发、生产涤纶、腈纶等化纤类及动植物混纺纱及其面料、毛毯、玩具等				

	指标\报告期	2014.06.30	2013.12.31	2013.06.30	2012.12.31
主要财务指标	基本每股收益(元)	0.0169	0.0542	0.0419	0.0429
	基本每股收益	0.0167	-	-0.0066	0.0193
	稀释每股收益(元)	0.0169	-	0.0419	0.0429
	每股净资产(元)	2.4161	2.4783	2.2411	2.3863
	每股经营现金净流量(元)	-0.0601	-0.0295	-0.0720	0.0282
	每股现金流量(元)	-0.0634	-0.0095	-0.0520	-0.0275
	每股资本公积金(元)	1.1039	1.1855	0.9579	1.1461
	每股盈余公积金(元)	0.3186	0.3186	0.3084	0.3084
	每股未分配利润(元)	0.0079	-0.0090	-0.0110	-0.0530
	净资产收益率(%)	0.6980	2.1860	1.8706	1.7967
	加权净资产收益率(%)	0.6891	2.2300	1.8119	1.9100
	净资产收益率(扣除)(%)	0.6930	0.7970	-0.2941	0.8067
	总资产(万元)	424867.13	438866.59	403874.46	434911.20
	归属母公司股东权益	291634.04	299142.02	270510.46	288039.06
	营业收入(万元)	45561.33	126164.39	50270.82	131135.52
	营业成本(万元)	36342.56	102620.92	41958.49	105480.64
	投资收益(万元)	7444.97	19031.69	13658.75	9865.90
	净利润(万元)	2035.59	6539.29	5060.13	5175.25
	营业利润(万元)	1868.39	8120.43	5919.43	6726.90
	利润总额(万元)	1546.92	8333.55	5919.93	6491.60

龙建路桥股份有限公司

公司概况	公司名称	龙建路桥股份有限公司			证券简称	龙建股份
	法人代表	陈亮	董秘	王征宇	证券代码	600853
	公司网址	www.longjianlq.com		电子信箱	zhengyu-wang@sohu.com	
	电　话	0451-82281860 82281430		传　真	0451-82281253	
	办公地址	黑龙江省哈尔滨市南岗区嵩山路 109 号				
	经营范围	路工程施工总承包特级、公路路面工程专业承包壹级等				

	指标\报告期	2014.06.30	2013.12.31	2013.06.30	2012.12.31
主要财务指标	基本每股收益(元)	0.0063	0.0321	0.0086	0.0332
	基本每股收益	-0.0079	0.0307	0.0057	0.0315
	稀释每股收益(元)	0.0063	0.0321	0.0086	0.0332
	每股净资产(元)	1.4600	1.4625	1.4455	1.4404
	每股经营现金净流量(元)	-0.5456	0.0259	0.1887	-0.2768
	每股现金流量(元)	-0.2960	0.6308	0.1216	-0.0059
	每股资本公积金(元)	0.1870	0.1870	0.1870	0.1870
	每股盈余公积金(元)	0.0087	0.0087	0.0080	0.0080
	每股未分配利润(元)	0.2533	0.2570	0.2342	0.2356
	净资产收益率(%)	0.4337	2.1931	0.5951	2.3100
	加权净资产收益率(%)	0.4321	2.2098	0.5948	2.3285
	净资产收益率(扣除)(%)	-0.5388	2.0982	0.3949	2.1885
	总资产(万元)	668283.06	701615.21	604546.79	610724.19
	归属母公司股东权益	78373.22	78507.56	77594.72	77320.57
	营业收入(万元)	204972.22	565373.68	211782.19	650300.40
	营业成本(万元)	186470.91	521368.11	192629.08	601067.14
	投资收益(万元)	-	-	-	-
	净利润(万元)	339.93	1721.75	461.76	1782.64
	营业利润(万元)	549.74	850.84	1258.44	1249.03
	利润总额(万元)	1565.41	2969.83	1465.57	3345.58

江苏春兰制冷设备股份有限公司

公司概况	公司名称	江苏春兰制冷设备股份有限公司		证券简称	春兰股份
	法人代表	徐群	董秘 徐来林	证券代码	600854
	公司网址	www.chunlan.com	电子信箱	clgfzqb@chunlan.com	
	电　话	0523-86663663 86217958	传　真	0523-86663839 82129858	
	办公地址	江苏省泰州市春兰工业园区春兰路1号			
	经营范围	生产、销售空调器及洗涤械和贸易等			
主要财务指标	指标\报告期	2014.06.30	2013.12.31	2013.06.30	2012.12.31
	基本每股收益(元)	0.0670	0.0593	0.0630	0.0231
	基本每股收益	0.0622	0.0437	0.0532	-0.0106
	稀释每股收益(元)	0.0670	0.0593	0.0630	0.0231
	每股净资产(元)	3.7241	3.6751	3.6788	3.6158
	每股经营现金净流量(元)	-0.0050	0.1639	0.0609	-0.0781
	每股现金流量(元)	-0.0231	-0.0360	0.0533	-0.1320
	每股资本公积金(元)	2.9522	2.9522	2.9522	2.9522
	每股盈余公积金(元)	1.0025	1.0025	1.0025	1.0025
	每股未分配利润(元)	-1.2306	-1.2796	-1.2758	-1.3389
	净资产收益率(%)	1.7995	1.6129	1.7137	0.6379
	加权净资产收益率(%)	1.8114	1.6260	1.7285	0.6399
	净资产收益率(扣除)(%)	1.6708	1.1884	1.4471	-0.2925
	总资产(万元)	261505.21	261586.26	273784.68	277759.02
	归属母公司股东权益	193451.13	190905.02	191100.75	187825.94
	营业收入(万元)	29646.05	96725.84	42399.05	74792.34
	营业成本(万元)	20671.79	69529.31	31205.78	55989.03
	投资收益(万元)	5929.05	4595.31	4736.51	1969.54
	净利润(万元)	3481.13	3079.09	3274.81	1198.13
	营业利润(万元)	2735.64	1699.80	2736.96	-2207.78
	利润总额(万元)	2965.50	4155.30	3334.35	710.39

北京航天长峰股份有限公司

公司概况	公司名称	北京航天长峰股份有限公司		证券简称	航天长峰
	法人代表	全春来	董秘 刘金成	证券代码	600855
	公司网址	www.ascf.com.cn	电子信箱	liujincheng@china-ccf.cn	
	电　话	010-68386000 88525777	传　真	010-88219811	
	办公地址	北京市海淀区永定路51号航天数控大楼			
	经营范围	电子信息产品、数控机床、医疗器械及制药机械、环保产业等			
主要财务指标	指标\报告期	2014.06.30	2013.12.31	2013.06.30	2012.12.31
	基本每股收益(元)	0.0403	0.0949	0.0592	0.0662
	基本每股收益	0.0016	0.0676	0.0229	0.0199
	稀释每股收益(元)	0.0403	0.0949	0.0592	0.0662
	每股净资产(元)	2.4408	2.4208	2.3885	2.3420
	每股经营现金净流量(元)	-0.2031	0.1241	-0.2560	-0.4900
	每股现金流量(元)	-0.1932	0.2258	-0.1420	-0.5886
	每股资本公积金(元)	0.8097	0.8092	0.8125	0.8252
	每股盈余公积金(元)	0.0522	0.0522	0.0498	0.0796
	每股未分配利润(元)	0.5788	0.5595	0.5262	0.4372
	净资产收益率(%)	1.6527	3.9187	2.4768	2.8249
	加权净资产收益率(%)	1.6590	3.9800	2.5010	2.8700
	净资产收益率(扣除)(%)	0.0673	2.7928	0.9569	0.8487
	总资产(万元)	163653.29	156088.90	159798.32	136373.23
	归属母公司股东权益	80939.70	80279.08	79206.26	77665.42
	营业收入(万元)	29368.45	98105.07	41554.57	87899.00
	营业成本(万元)	21240.01	73299.86	31137.07	67649.40
	投资收益(万元)	100.00	206.62	70.00	1175.54
	净利润(万元)	1337.66	3145.91	1961.80	2193.95
	营业利润(万元)	662.31	6148.99	1954.23	3925.09
	利润总额(万元)	2326.90	7563.38	3400.40	4603.98

长春百货大楼集团股份有限公司

公司概况	公司名称	长春百货大楼集团股份有限公司		证券简称	长百集团
	法人代表	林大湑	董秘 孙永成	证券代码	600856
	公司网址	www.changbai.com.cn	电子信箱	syc99999@sina.com	
	电　话	0431-88965414	传　真	0431-88920704	
	办公地址	吉林省长春市人民大街1881号			
	经营范围	零售百货、针纺织品、五金、交电、食品、副食品、通讯器材、工艺美术品等			
主要财务指标	指标\报告期	2014.06.30	2013.12.31	2013.06.30	2012.12.31
	基本每股收益(元)	0.0040	0.0700	0.0270	0.0400
	基本每股收益	0.0030	0.0600	0.0290	0.0300
	稀释每股收益(元)	0.0040	0.0700	0.0270	0.0400
	每股净资产(元)	0.5599	0.5563	0.5089	0.4824
	每股经营现金净流量(元)	0.0302	0.2120	0.0828	0.2371
	每股现金流量(元)	-0.0098	0.0664	-0.1480	0.1339
	每股资本公积金(元)	0.3751	0.3751	0.3751	0.3751
	每股盈余公积金(元)	0.1277	0.1277	0.1277	0.1277
	每股未分配利润(元)	-0.9430	-0.9466	-0.9940	-1.0205
	净资产收益率(%)	0.6331	13.2877	5.2103	8.0841
	加权净资产收益率(%)	0.6400	14.2300	5.3500	8.4200
	净资产收益率(扣除)(%)	0.5887	11.4129	5.6352	5.9729
	总资产(万元)	45480.13	46688.46	42202.78	45487.74
	归属母公司股东权益	13147.23	13063.99	11950.76	11328.09
	营业收入(万元)	18150.33	40613.41	19172.67	39200.31
	营业成本(万元)	13615.33	30528.20	14339.46	29045.36
	投资收益(万元)	-72.72	264.34	30.40	-346.82
	净利润(万元)	83.24	1735.90	622.67	915.77
	营业利润(万元)	77.35	1542.09	672.38	712.78
	利润总额(万元)	83.19	1734.82	621.60	915.20

哈工大首创科技股份有限公司

公司概况	公司名称	哈工大首创科技股份有限公司		证券简称	工大首创
	法人代表	徐峻	董秘 钟山	证券代码	600857
	公司网址	www.hitsc.com	电子信箱	zhongshan@hitsc.com	
	电　话	0574-87367060 87367521	传　真	0574-87367996	
	办公地址	浙江省宁波市海曙区和义路77号汇金大厦21层			
	经营范围	商业和旅游饮食服务、计算机软、硬件开发和销售及系统集成等			
主要财务指标	指标\报告期	2014.06.30	2013.12.31	2013.06.30	2012.12.31
	基本每股收益(元)	0.1220	0.1590	0.0830	0.1640
	基本每股收益	0.1220	0.1560	0.0810	0.1610
	稀释每股收益(元)	0.1220	0.1590	0.0830	0.1640
	每股净资产(元)	2.5165	2.4542	2.3774	2.3459
	每股经营现金净流量(元)	-0.1041	0.2160	0.0546	0.1431
	每股现金流量(元)	0.1149	-0.1286	-0.3093	0.0509
	每股资本公积金(元)	0.2945	0.2945	0.2941	0.2953
	每股盈余公积金(元)	0.2312	0.2312	0.2149	0.2149
	每股未分配利润(元)	0.9908	0.9285	0.8684	0.8357
	净资产收益率(%)	4.8579	6.4842	3.4780	7.0121
	加权净资产收益率(%)	4.8800	6.6300	3.4600	7.1900
	净资产收益率(扣除)(%)	4.8584	6.3462	3.4134	6.8697
	总资产(万元)	72450.87	74045.02	71121.08	70328.52
	归属母公司股东权益	56449.42	55053.47	53329.49	52622.20
	营业收入(万元)	59879.60	147575.33	83182.06	118367.03
	营业成本(万元)	53016.76	133407.53	75520.82	105720.79
	投资收益(万元)	1291.97	1078.46	-70.22	936.38
	净利润(万元)	2742.23	3569.78	1854.80	3689.92
	营业利润(万元)	3271.46	4524.81	2475.15	4559.62
	利润总额(万元)	3271.04	4626.08	2521.04	4658.90

银座集团股份有限公司

公司概况	公司名称	银座集团股份有限公司			证券简称	银座股份
	法人代表	张文生	董秘	张美清	证券代码	600858
	公司网址	www.yinzuostock.com		电子信箱	600858@sina.com	
	电话	0531-83175518 86988888		传真	0531-86966666	
	办公地址	山东省济南市泺源大街22号中银大厦20层				
	经营范围	商品零售与批发业务等				

	指标\报告期	2014.06.30	2013.12.31	2013.06.30	2012.12.31
主要财务指标	基本每股收益(元)	0.3098	0.5124	0.3267	0.6663
	基本每股收益	0.3143	0.4817	0.2982	0.6366
	稀释每股收益(元)	0.3098	0.5124	0.3267	0.6663
	每股净资产(元)	5.6525	5.4127	5.2300	4.9703
	每股经营现金净流量(元)	1.9346	1.8359	0.6385	1.2850
	每股现金流量(元)	-0.4230	0.4519	-0.7068	1.1007
	每股资本公积金(元)	1.8565	1.8565	1.8565	1.8565
	每股盈余公积金(元)	0.1416	0.1416	0.1258	0.1258
	每股未分配利润(元)	2.6545	2.4147	2.2448	1.9881
	净资产收益率(%)	5.4804	9.4670	6.2500	13.4057
	加权净资产收益率(%)	5.5600	9.8700	6.3600	14.3600
	净资产收益率(扣除)(%)	5.5612	8.8992	5.7051	12.8087
	总资产(万元)	1221421.67	1246053.01	1139336.54	1174266.28
	归属母公司股东权益	293967.47	281497.21	271837.88	258488.47
	营业收入(万元)	718351.51	1421787.62	726667.72	1353604.99
	营业成本(万元)	579373.02	1155801.36	596163.58	1097662.46
	投资收益(万元)	-	-	-	-
	净利润(万元)	16110.72	26649.21	16989.88	31652.25
	营业利润(万元)	25065.80	41691.73	22268.86	44765.62
	利润总额(万元)	23727.56	42152.48	23036.96	46209.81

北京王府井百货(集团)股份有限公司

公司概况	公司名称	北京王府井百货(集团)股份有限公司			证券简称	王府井
	法人代表	刘冰	董秘	岳继鹏	证券代码	600859
	公司网址	www.wfj.com.cn		电子信箱	wfjdshh@126.com	
	电话	010-65125960		传真	010-65133133	
	办公地址	北京市东城区王府井大街253号				
	经营范围	综合百货业的经营和管理等				

	指标\报告期	2014.06.30	2013.12.31	2013.06.30	2012.12.31
主要财务指标	基本每股收益(元)	0.8170	1.5000	0.8000	1.4550
	基本每股收益	0.6830	1.2730	0.7670	1.4340
	稀释每股收益(元)	0.8170	1.5000	0.8000	1.4550
	每股净资产(元)	14.2976	13.5342	13.5383	12.8135
	每股经营现金净流量(元)	-1.3686	1.9988	-0.5617	3.7587
	每股现金流量(元)	-1.6246	-2.3463	-1.0126	3.7886
	每股资本公积金(元)	6.9392	6.9927	6.9963	7.0719
	每股盈余公积金(元)	1.9275	1.3620	1.1736	1.1736
	每股未分配利润(元)	4.4310	4.1795	4.3684	3.5681
	净资产收益率(%)	5.7138	11.0820	5.9118	11.3545
	加权净资产收益率(%)	5.8700	11.3350	6.0740	11.8760
	净资产收益率(扣除)(%)	4.7804	9.4063	5.6624	11.1897
	总资产(万元)	1305789.19	1404014.28	1384165.13	1452269.80
	归属母公司股东权益	661646.75	626319.73	626510.80	592969.54
	营业收入(万元)	943313.19	1978985.06	1003187.28	1826436.67
	营业成本(万元)	749222.24	1586685.40	807508.75	1473029.52
	投资收益(万元)	5624.68	8592.53	209.92	-1088.17
	净利润(万元)	37804.88	69408.45	37038.12	67328.62
	营业利润(万元)	53310.24	97195.89	51768.95	90633.75
	利润总额(万元)	53564.80	98240.96	52250.88	91650.51

北京京城机电股份有限公司

公司概况	公司名称	北京京城机电股份有限公司			证券简称	京城股份
	法人代表	胡传忠	董秘	姜驰	证券代码	600860
	公司网址	www.btic.com.cn		电子信箱	jcgf@btic.com.cn	
	电话	010-67365383		传真	010-87392058	
	办公地址	北京市朝阳区天盈北路9号				
	经营范围	开发、设计、销售、修理、安装印刷机械、锻压设备、包装机械等				

	指标\报告期	2014.06.30	2013.12.31	2013.06.30	2012.12.31
主要财务指标	基本每股收益(元)	0.0500	-0.2600	-0.0400	-0.2900
	基本每股收益	-0.1100	-0.1800	-0.0500	-0.4100
	稀释每股收益(元)	0.0500	-0.2600	-0.0400	-0.2900
	每股净资产(元)	2.1315	1.9042	1.3490	1.3933
	每股经营现金净流量(元)	-0.0225	-0.5370	-0.3521	-0.1426
	每股现金流量(元)	-0.2026	-0.4375	-0.5597	0.4955
	每股资本公积金(元)	1.5017	1.3239	1.2390	2.8027
	每股盈余公积金(元)	0.1082	0.1082	0.1023	0.1023
	每股未分配利润(元)	-0.4784	-0.5277	-0.9923	-0.5004
	净资产收益率(%)	2.3144	-13.4697	-3.2901	-8.6624
	加权净资产收益率(%)	2.5600	-8.3600	-3.2400	-8.3000
	净资产收益率(扣除)(%)	-5.0184	-9.5383	-3.6342	-29.4557
	总资产(万元)	286435.02	282936.09	148291.21	380293.20
	归属母公司股东权益	89950.20	80357.33	56925.90	143675.01
	营业收入(万元)	93685.75	282819.43	157650.53	304527.55
	营业成本(万元)	82413.80	240226.49	133457.70	254315.63
	投资收益(万元)	42.39	492.44	197.47	1446.13
	净利润(万元)	2081.80	-10823.90	-2128.63	-12445.69
	营业利润(万元)	-5007.09	-10825.67	-1924.83	-11684.33
	利润总额(万元)	2752.09	-10500.44	-1662.30	-10952.77

北京城乡贸易中心股份有限公司

公司概况	公司名称	北京城乡贸易中心股份有限公司			证券简称	北京城乡
	法人代表	王禄征	董秘	陈红	证券代码	600861
	公司网址	www.bjcx.com.cn		电子信箱	bg8225@sina.com	
	电话	010-68296595		传真	010-68216933	
	办公地址	北京市海淀区复兴路甲23号				
	经营范围	商品零售及批发、公共饮食业、物资供销业、仓储业、日用品修理等				

	指标\报告期	2014.06.30	2013.12.31	2013.06.30	2012.12.31
主要财务指标	基本每股收益(元)	0.1450	0.2936	0.1486	0.2815
	基本每股收益	0.1410	0.2578	0.1451	0.2595
	稀释每股收益(元)	0.1450	0.2936	0.1486	0.2815
	每股净资产(元)	6.9483	6.9531	6.7789	6.7590
	每股经营现金净流量(元)	0.5752	-0.9329	-0.5710	-0.3662
	每股现金流量(元)	0.9460	-0.4148	-0.3689	0.3958
	每股资本公积金(元)	2.7438	2.7436	2.7143	2.7131
	每股盈余公积金(元)	1.8874	1.8874	1.8534	1.8534
	每股未分配利润(元)	1.3172	1.3222	1.2112	1.1925
	净资产收益率(%)	2.0870	4.2228	2.1922	4.1646
	加权净资产收益率(%)	2.0600	4.2900	2.1800	4.2200
	净资产收益率(扣除)(%)	2.0286	3.7081	2.1406	3.8396
	总资产(万元)	415086.00	353581.40	336330.10	329495.96
	归属母公司股东权益	220126.05	220278.63	214757.72	214128.54
	营业收入(万元)	117297.73	246042.53	130544.76	224964.58
	营业成本(万元)	95861.53	200970.14	107889.97	179059.63
	投资收益(万元)	77.14	223.48	65.75	41.65
	净利润(万元)	4594.01	9301.89	4707.91	8917.56
	营业利润(万元)	6776.15	12434.16	6560.35	12145.45
	利润总额(万元)	6931.23	13861.41	6824.56	12814.06

南通科技投资集团股份有限公司

公司概况	公司名称	南通科技投资集团股份有限公司			证券简称	南通科技
	法人代表	王建华	董秘	储健	证券代码	600862
	公司网址	www.tonmac.com.cn		电子信箱	ntmt@public.nt.js.cn	
	电　话	0513-83580382 81110523		传　真	0513-85512271	
	办公地址	江苏省南通市港闸区永和路1号				
	经营范围	实业投资、机床及其零配件的研发、制造、销售等				

	指标\报告期	2014.06.30	2013.12.31	2013.06.30	2012.12.31
主要财务指标	基本每股收益(元)	-0.1453	0.0040	0.0039	0.0600
	基本每股收益	-0.1453	-0.1410	-0.0275	0.0300
	稀释每股收益(元)	-0.1453	0.0040	0.0039	0.0600
	每股净资产(元)	1.8067	2.0437	2.0691	2.0653
	每股经营现金净流量(元)	0.0119	-0.2347	0.5361	-0.3765
	每股现金流量(元)	-0.0965	0.4090	0.7884	-0.6674
	每股资本公积金(元)	0.3936	0.3936	0.3946	0.3946
	每股盈余公积金(元)	0.0597	0.0597	0.0581	0.0581
	每股未分配利润(元)	0.3534	0.5904	0.6164	0.6126
	净资产收益率(%)	-8.0435	0.2132	0.1867	3.0468
	加权净资产收益率(%)	-8.0400	0.2100	0.1900	3.0800
	净资产收益率(扣除)(%)	-8.0435	-6.9195	-1.3285	1.5292
	总资产(万元)	662184.69	597431.47	518082.90	451831.92
	归属母公司股东权益	115253.62	130372.04	131996.37	131749.94
	营业收入(万元)	29129.33	102162.58	57478.41	139718.80
	营业成本(万元)	26181.16	75419.90	42329.10	101515.80
	投资收益(万元)	547.72	638.92	96.29	1256.61
	净利润(万元)	-9270.42	277.94	246.43	4014.17
	营业利润(万元)	-9010.41	-4270.18	295.27	9869.76
	利润总额(万元)	-8646.15	5023.35	2463.52	11634.80

内蒙古蒙电华能热电股份有限公司

公司概况	公司名称	内蒙古蒙电华能热电股份有限公司			证券简称	内蒙华电
	法人代表	吴景龙	董秘	袁敏	证券代码	600863
	公司网址	www.nmhdwz.com		电子信箱	nmhd@nmhdwz.com	
	电　话	0471-6222388		传　真	0471-6228410	
	办公地址	内蒙古自治区呼和浩特市锡林南路工艺厂巷电力科技楼				
	经营范围	火力发电、供应、蒸汽、热水的生产、供应、销售、维护和管理等				

	指标\报告期	2014.06.30	2013.12.31	2013.06.30	2012.12.31
主要财务指标	基本每股收益(元)	0.1400	0.3600	0.1300	0.3600
	基本每股收益	0.1400	0.3700	0.1300	0.5200
	稀释每股收益(元)	0.1400	0.3600	0.1300	0.3600
	每股净资产(元)	2.7249	2.8050	3.9894	3.8911
	每股经营现金净流量(元)	0.4093	1.2611	0.7953	1.4677
	每股现金流量(元)	0.1325	-0.0378	0.0616	-0.0388
	每股资本公积金(元)	0.8709	0.8717	1.8121	1.8000
	每股盈余公积金(元)	0.2287	0.2287	0.2866	0.2866
	每股未分配利润(元)	0.6161	0.7046	0.8758	0.8005
	净资产收益率(%)	7.7600	12.6700	7.4023	12.9020
	加权净资产收益率(%)	7.2600	13.1600	7.2900	13.3300
	净资产收益率(扣除)(%)	7.8285	13.1200	7.1973	12.5900
	总资产(万元)	3649631.47	3560479.31	3598638.30	3608231.05
	归属母公司股东权益	1055021.53	1086058.19	1029760.58	1004378.28
	营业收入(万元)	571617.11	1215299.61	540864.93	1106112.86
	营业成本(万元)	428715.78	914998.45	401528.33	822790.61
	投资收益(万元)	52779.77	81935.19	48627.57	75102.68
	净利润(万元)	81889.42	137563.09	76226.09	129584.98
	营业利润(万元)	141009.81	247326.22	129626.65	232433.80
	利润总额(万元)	139725.00	247293.95	131756.92	234586.53

哈尔滨哈投投资股份有限公司

公司概况	公司名称	哈尔滨哈投投资股份有限公司			证券简称	哈投股份
	法人代表	智大勇	董秘	徐建伟	证券代码	600864
	公司网址			电子信箱	sbrd27@sohu.com	
	电　话	0451-51939831		传　真	0451-51939831	
	办公地址	黑龙江省哈尔滨市松北区创新二路277号哈尔滨经济创新研发中心大厦29层				
	经营范围	热力、电力供应等				

	指标\报告期	2014.06.30	2013.12.31	2013.06.30	2012.12.31
主要财务指标	基本每股收益(元)	0.1150	0.6000	0.5700	0.5100
	基本每股收益	0.1050	0.0800	0.0810	0.1200
	稀释每股收益(元)	0.1150	0.6000	0.5700	0.5100
	每股净资产(元)	5.4684	5.5444	5.7414	4.9092
	每股经营现金净流量(元)	-0.7484	0.3750	-0.6663	0.1953
	每股现金流量(元)	-0.8970	-0.0900	-0.0856	0.5406
	每股资本公积金(元)	1.6788	1.8563	1.8386	1.5807
	每股盈余公积金(元)	0.4708	0.4708	0.4113	0.4113
	每股未分配利润(元)	2.3492	2.2343	2.5094	1.9390
	净资产收益率(%)	2.1025	10.9077	9.9352	10.4508
	加权净资产收益率(%)	2.0880	11.4800	10.7110	10.9800
	净资产收益率(扣除)(%)	1.9281	1.3885	1.4100	2.3469
	总资产(万元)	462793.29	524722.16	510710.04	518167.87
	归属母公司股东权益	298780.07	302936.38	313695.68	268228.82
	营业收入(万元)	64619.35	112680.89	58967.88	97467.06
	营业成本(万元)	48963.23	87923.09	46225.47	75382.45
	投资收益(万元)	1472.95	39553.12	36626.10	34550.66
	净利润(万元)	6281.93	33043.51	31166.38	28032.05
	营业利润(万元)	8065.55	41489.02	41125.73	34567.98
	利润总额(万元)	8288.95	45153.00	40830.25	37621.75

百大集团股份有限公司

公司概况	公司名称	百大集团股份有限公司			证券简称	百大集团
	法人代表	陈顺华	董秘	彭永梅	证券代码	600865
	公司网址	www.baidagroup.com		电子信箱	invest@baidagroup.com	
	电　话	0571-85823016		传　真	0571-85174900	
	办公地址	浙江省杭州市庆春东路1-1号西子联合大厦18楼				
	经营范围	批发、零售、百货、五金、交电、针、纺织品、化工产品等				

	指标\报告期	2014.06.30	2013.12.31	2013.06.30	2012.12.31
主要财务指标	基本每股收益(元)	0.2460	0.3200	0.1170	0.2300
	基本每股收益	0.1070	0.1600	0.1150	0.1900
	稀释每股收益(元)	0.2460	0.3200	0.1170	0.2300
	每股净资产(元)	3.3890	3.2430	3.0360	2.9188
	每股经营现金净流量(元)	-0.0064	1.8598	1.3145	0.6088
	每股现金流量(元)	0.1227	-0.2260	-0.1043	-0.3739
	每股资本公积金(元)	0.6205	0.6205	0.6205	0.6205
	每股盈余公积金(元)	0.3825	0.3825	0.3751	0.3751
	每股未分配利润(元)	1.3860	1.2399	1.0404	0.9231
	净资产收益率(%)	7.2602	9.9956	3.8606	7.9204
	加权净资产收益率(%)	7.3500	10.5200	3.9400	7.7700
	净资产收益率(扣除)(%)	3.1557	4.9148	3.7955	6.4764
	总资产(万元)	220069.44	281182.37	507074.22	484667.01
	归属母公司股东权益	127508.35	122013.34	114227.21	109817.31
	营业收入(万元)	52777.81	123401.71	68531.44	122526.54
	营业成本(万元)	38233.58	93877.97	52483.97	94437.54
	投资收益(万元)	2412.88	13282.03	-	496.33
	净利润(万元)	9257.42	12196.02	4409.90	8697.94
	营业利润(万元)	11382.02	14649.22	4952.11	8979.82
	利润总额(万元)	11337.72	14884.47	4948.16	10157.19

广东肇庆星湖生物科技股份有限公司

公司概况	公司名称	广东肇庆星湖生物科技股份有限公司		证券简称	星湖科技
	法人代表	莫仕文	董秘　钟济祥	证券代码	600866
	公司网址	www.starlake.com.cn		电子信箱	zhongjx@starlake.com.cn
	电　　话	0758-2291130		传　　真	0758-2239449
	办公地址	广东省肇庆市工农北路 67 号			
	经营范围	化学药品原药制造业(包括肌苷、利巴韦林、脯氨酸等)			

	指标＼报告期	2014.06.30	2013.12.31	2013.06.30	2012.12.31
主要财务指标	基本每股收益(元)	-0.2713	0.0368	-0.0947	-0.3686
	基本每股收益	-0.2720	-0.4560	-0.2579	-0.5416
	稀释每股收益(元)	-0.2713	0.0368	-0.0947	-0.3686
	每股净资产(元)	2.4141	2.6758	2.5984	2.7222
	每股经营现金净流量(元)	-0.1313	-0.0512	-0.0772	-0.5015
	每股现金流量(元)	0.4607	-0.0087	-0.0094	-0.5434
	每股资本公积金(元)	0.9137	0.9041	0.9582	0.9873
	每股盈余公积金(元)	0.3141	0.3141	0.3097	0.3097
	每股未分配利润(元)	0.1864	0.4576	0.3306	0.4253
	净资产收益率(%)	-11.2370	1.3740	-3.6435	-13.5386
	加权净资产收益率(%)	-10.6800	1.3500	-3.5400	-12.3700
	净资产收益率(扣除)(%)	-11.2660	-17.0420	-9.9247	-19.8958
	总资产(万元)	253559.94	260373.60	340239.18	333261.68
	归属母公司股东权益	132871.07	147273.33	143015.67	149829.74
	营业收入(万元)	38091.14	90280.45	46660.99	109120.05
	营业成本(万元)	33478.62	84054.17	44901.54	106767.19
	投资收益(万元)	-2240.65	12321.09	124.42	6773.54
	净利润(万元)	-14930.71	2023.51	-5210.82	-20284.89
	营业利润(万元)	-14988.40	-13990.71	-15622.25	-26622.63
	利润总额(万元)	-14766.47	709.49	-6754.40	-22514.87

通化东宝药业股份有限公司

公司概况	公司名称	通化东宝药业股份有限公司		证券简称	通化东宝
	法人代表	李一奎	董秘　王君业	证券代码	600867
	公司网址	www.thdb.com		电子信箱	thdbwjy@qq.com
	电　　话	0435-5088025 5088126		传　　真	0435- 5088002
	办公地址	吉林省通化市通化县东宝新村			
	经营范围	硬胶囊剂、片剂(含激素类)、颗粒剂、小容量注射剂、原料药等			

	指标＼报告期	2014.06.30	2013.12.31	2013.06.30	2012.12.31
主要财务指标	基本每股收益(元)	0.1500	0.2000	0.1300	0.0800
	基本每股收益	0.1400	0.2000	0.1200	0.0600
	稀释每股收益(元)	0.1500	0.2000	0.1300	0.0800
	每股净资产(元)	1.9063	2.1377	2.0625	2.5273
	每股经营现金净流量(元)	0.1820	0.2373	0.1321	0.2503
	每股现金流量(元)	0.0548	0.0982	-0.0755	-0.1538
	每股资本公积金(元)	0.0967	0.1072	0.1036	0.3276
	每股盈余公积金(元)	0.2375	0.2613	0.2393	0.2871
	每股未分配利润(元)	0.5721	0.7692	0.7197	0.9125
	净资产收益率(%)	7.6344	9.2364	6.1035	3.1966
	加权净资产收益率(%)	7.4400	9.4300	5.8000	3.1300
	净资产收益率(扣除)(%)	7.5204	9.1691	6.0305	2.3829
	总资产(万元)	277523.21	269445.25	246679.34	238012.00
	归属母公司股东权益	195321.56	199118.13	192111.66	196170.39
	营业收入(万元)	65568.11	120424.04	55168.22	99152.78
	营业成本(万元)	20020.03	38541.54	18093.48	35729.64
	投资收益(万元)	292.26	558.46	370.32	825.59
	净利润(万元)	14911.57	18391.34	11725.62	6270.82
	营业利润(万元)	17147.71	20657.66	13512.36	4895.47
	利润总额(万元)	17407.73	21177.66	13678.61	6706.24

广东梅雁吉祥水电股份有限公司

公司概况	公司名称	广东梅雁吉祥水电股份有限公司		证券简称	梅雁吉祥
	法人代表	温增勇	董秘　胡苏平	证券代码	600868
	公司网址	www.chinameiyan.com		电子信箱	mysd@chinameiyan.com
	电　　话	0753-2218286		传　　真	0753-2218286
	办公地址	广东省梅州市梅县新县城沿江南路 1 号			
	经营范围	电力生产业、房产开发与经营、养殖业、电子计算机生产销售等			

	指标＼报告期	2014.06.30	2013.12.31	2013.06.30	2012.12.31
主要财务指标	基本每股收益(元)	0.0070	0.0136	0.0090	0.0187
	基本每股收益	0.0020	0.0109	0.0020	-0.0239
	稀释每股收益(元)	0.0070	0.0136	0.0090	0.0187
	每股净资产(元)	1.1589	1.1575	1.1529	1.1442
	每股经营现金净流量(元)	0.0280	0.0646	0.0240	0.0522
	每股现金流量(元)	-0.0149	0.0217	0.0054	-0.0055
	每股资本公积金(元)	0.2186	0.2186	0.2186	0.2186
	每股盈余公积金(元)	0.0226	0.0226	0.0176	0.0176
	每股未分配利润(元)	-0.0823	-0.0840	-0.0838	-0.0926
	净资产收益率(%)	0.5765	1.1751	0.7641	1.6326
	加权净资产收益率(%)	0.5800	1.1800	0.7600	1.6500
	净资产收益率(扣除)(%)	0.2111	0.9407	0.1799	-2.0902
	总资产(万元)	287248.83	288492.11	292476.61	300112.70
	归属母公司股东权益	219981.59	219710.35	218844.21	217185.88
	营业收入(万元)	20884.54	48623.45	20929.58	59977.14
	营业成本(万元)	14034.99	33566.65	14938.14	49054.39
	投资收益(万元)	-115.15	84.00	47.51	4107.06
	净利润(万元)	1268.19	2581.81	1672.25	3545.83
	营业利润(万元)	597.58	1826.44	304.40	-941.95
	利润总额(万元)	1390.42	2412.05	1598.23	3252.61

远东智慧能源股份有限公司

公司概况	公司名称	远东智慧能源股份有限公司		证券简称	智慧能源
	法人代表	蒋锡培	董秘　万俊	证券代码	600869
	公司网址	www.600869.com		电子信箱	vanbb@126.com
	电　　话	0510-87249788		传　　真	0510-87249922
	办公地址	江苏省宜兴市高塍远东大道 6 号			
	经营范围	电线电缆,电缆材料,电缆附件,电力金具的设计、制造等			

	指标＼报告期	2014.06.30	2013.12.31	2013.06.30	2012.12.31
主要财务指标	基本每股收益(元)	0.1000	0.3059	0.0900	-0.1435
	基本每股收益	0.1000	-	0.0900	0.2050
	稀释每股收益(元)	0.1000	0.3059	0.0900	-0.1435
	每股净资产(元)	3.0646	3.0609	2.8475	2.9550
	每股经营现金净流量(元)	0.2844	0.5169	0.2671	1.1512
	每股现金流量(元)	-0.1390	-0.2176	-0.2313	-1.0513
	每股资本公积金(元)	1.5224	1.5224	1.5224	1.5224
	每股盈余公积金(元)	0.1667	0.1667	0.1402	0.1402
	每股未分配利润(元)	0.3755	0.3718	0.1849	0.2923
	净资产收益率(%)	3.3850	9.9951	3.2512	-4.8579
	加权净资产收益率(%)	3.3300	10.1711	3.0800	-4.5500
	净资产收益率(扣除)(%)	3.1269	3.8808	3.2535	6.9377
	总资产(万元)	963305.69	995587.70	900487.83	920062.78
	归属母公司股东权益	303412.30	303042.09	281918.23	292553.51
	营业收入(万元)	479857.87	1157436.14	523030.56	988029.40
	营业成本(万元)	394911.71	965139.97	436316.25	821059.20
	投资收益(万元)	343.47	1951.07	-675.96	-40986.37
	净利润(万元)	10270.64	30289.45	9165.59	-14211.92
	营业利润(万元)	9376.86	11938.09	9552.99	-17495.20
	利润总额(万元)	11978.59	35554.23	11914.92	-11954.33

厦门华侨电子股份有限公司

公司概况	公司名称	厦门华侨电子股份有限公司		证券简称	厦华电子
	法人代表	王玲玲	董秘 王玲玲(代)	证券代码	600870
	公司网址	www.iprima.com.cn		电子信箱	SH600870@126.com
	电　话	0592-5510275		传　真	0592-5510262
	办公地址	中国福建省厦门市湖里区嘉禾路 386 号之二 2101 K			
	经营范围	主营彩色电视机、彩色监视器等产品			

主要财务指标	指标\报告期	2014.06.30	2013.12.31	2013.06.30	2012.12.31
	基本每股收益(元)	-0.4371	-1.0269	-0.0491	0.0263
	基本每股收益	-0.2912	-	-0.2174	-0.1429
	稀释每股收益(元)	-0.4371	-1.0269	-0.0491	0.0263
	每股净资产(元)	0.0052	0.0055	0.2048	0.1583
	每股经营现金净流量(元)	-0.1078	-0.1592	-0.0334	-0.3941
	每股现金流量(元)	-0.0776	-0.0725	-0.1504	-0.4182
	每股资本公积金(元)	4.3574	4.2470	3.4061	3.4024
	每股盈余公积金(元)	0.1051	0.1051	0.1051	0.1051
	每股未分配利润(元)	-5.4902	-5.0531	-4.3579	-4.3858
	净资产收益率(%)	-8400.5098	-18839.2255	13.6506	11.7518
	加权净资产收益率(%)	-263.2500	-303.5600	-34.2200	-1.1300
	净资产收益率(扣除)(%)	-5595.9853	-15281.8436	-38.9605	-63.9683
	总资产(万元)	13118.28	80345.47	81233.53	105608.07
	归属母公司股东权益	272.25	19103.17	10717.66	8283.21
	营业收入(万元)	20988.06	118769.14	52854.90	292704.75
	营业成本(万元)	18432.89	112051.62	49562.17	260603.93
	投资收益(万元)	8455.83	-7.77	-4.56	-3.74
	净利润(万元)	-22870.49	-53729.76	-2570.80	973.42
	营业利润(万元)	-6771.35	-43477.90	-11305.05	-4511.98
	利润总额(万元)	-23012.40	-53582.57	-2286.10	1526.88

中石化石油工程技术服务股份有限公司

公司概况	公司名称	中石化石油工程技术服务股份有限公司		证券简称	石化油服
	法人代表	焦方正	董秘 李洪海	证券代码	600871
	公司网址	http://ssc.sinopec.com		电子信箱	ir.ssc@sinopec.com
	电　话	010-59960871		传　真	010-59961033
	办公地址	北京市朝阳区吉市口路 9 号			
	经营范围	化纤及化工产品的生产及销售等			

主要财务指标	指标\报告期	2014.06.30	2013.12.31	2013.06.30	2012.12.31
	基本每股收益(元)	-0.2920	-0.2420	-0.0810	-0.0600
	基本每股收益	-0.2900	-0.2360	-0.0800	-0.0640
	稀释每股收益(元)	-0.2920	-0.2420	-0.0810	-0.0600
	每股净资产(元)	0.8910	1.1830	2.0150	1.4250
	每股经营现金净流量(元)	-0.0428	-0.1789	-0.1813	-0.2419
	每股现金流量(元)	-0.0038	-0.0127	-0.0303	-0.3449
	每股资本公积金(元)	0.1911	0.1911	0.7867	0.7867
	每股盈余公积金(元)	0.0334	0.0334	0.0501	0.0501
	每股未分配利润(元)	-0.3337	-0.0420	0.1777	0.3005
	净资产收益率(%)	-32.7382	-20.4921	-6.0981	-4.2268
	加权净资产收益率(%)	-28.1300	-18.5900	-5.9200	-4.1100
	净资产收益率(扣除)(%)	-32.5766	-19.9232	-5.9471	-4.4779
	总资产(万元)	883978.80	1062930.40	1133593.10	1113820.40
	归属母公司股东权益	534628.60	709648.80	805900.80	854933.80
	营业收入(万元)	792442.30	1767717.10	871799.10	1698791.60
	营业成本(万元)	804686.40	1776554.40	881247.50	1657282.40
	投资收益(万元)	202.60	3.10	-295.90	1023.00
	净利润(万元)	-175027.90	-145421.70	-49144.50	-36136.70
	营业利润(万元)	-166785.30	-117563.10	-57933.80	-56198.70
	利润总额(万元)	-167649.60	-121566.70	-59556.10	-53953.80

中炬高新技术实业(集团)股份有限公司

公司概况	公司名称	中炬高新技术实业(集团)股份有限公司		证券简称	中炬高新
	法人代表	熊炜	董秘 彭海泓	证券代码	600872
	公司网址	www.jonjee.com		电子信箱	penghaihong@jonjee.com
	电　话	0760-85596818 2033		传　真	0760-85596877
	办公地址	广东省中山市中山火炬高技术产业开发区火炬大厦			
	经营范围	城市基础设施的投资、房地产经营、物业管理等			

主要财务指标	指标\报告期	2014.06.30	2013.12.31	2013.06.30	2012.12.31
	基本每股收益(元)	0.1922	0.2672	0.1086	0.1578
	基本每股收益	0.1888	0.2486	0.1039	0.1094
	稀释每股收益(元)	0.1922	0.2672	0.1086	0.1578
	每股净资产(元)	2.7883	2.6771	2.5604	2.4453
	每股经营现金净流量(元)	0.1345	0.1695	0.0836	0.3039
	每股现金流量(元)	-0.1494	0.0009	-0.0769	-0.1093
	每股资本公积金(元)	0.3727	0.3727	0.3646	0.3581
	每股盈余公积金(元)	0.2189	0.2189	0.2189	0.2189
	每股未分配利润(元)	1.1983	1.0871	0.9786	0.8700
	净资产收益率(%)	6.8928	9.9799	4.2416	6.4533
	加权净资产收益率(%)	7.0300	10.4100	4.3400	6.6700
	净资产收益率(扣除)(%)	6.7714	9.2871	4.0559	4.4756
	总资产(万元)	378877.75	369612.26	349851.62	349508.87
	归属母公司股东权益	222124.00	213267.24	203974.59	194798.64
	营业收入(万元)	133041.54	231819.07	111236.40	175433.83
	营业成本(万元)	86621.60	159275.70	78688.71	125436.09
	投资收益(万元)	346.61	1214.22	492.52	1993.40
	净利润(万元)	15310.63	21283.78	8651.87	12570.88
	营业利润(万元)	18092.19	25424.92	10610.06	11773.66
	利润总额(万元)	18086.83	26235.75	10621.07	14532.01

梅花生物科技集团股份有限公司

公司概况	公司名称	梅花生物科技集团股份有限公司		证券简称	梅花生物
	法人代表	孟庆山	董秘 杨慧兴	证券代码	600873
	公司网址	www.meihuagrp.com		电子信箱	yanghuixing@meihuagrp.com
	电　话	0316-2359652		传　真	0316-2359670
	办公地址	河北省廊坊市经济技术开发区华祥路 66 号			
	经营范围	味精、氨基酸、有机肥等生物发酵领域等			

主要财务指标	指标\报告期	2014.06.30	2013.12.31	2013.06.30	2012.12.31
	基本每股收益(元)	0.0400	0.1300	0.0800	0.2200
	基本每股收益	0.0200	0.0700	0.0500	0.2100
	稀释每股收益(元)	0.0400	0.1300	0.0800	0.2200
	每股净资产(元)	2.5251	2.5825	2.5235	2.0239
	每股经营现金净流量(元)	0.0218	0.3163	0.0010	0.4835
	每股现金流量(元)	-0.0869	-0.0074	-0.0428	-0.3960
	每股资本公积金(元)	0.7208	0.7208	0.7208	0.0692
	每股盈余公积金(元)	0.0576	0.0576	0.0509	0.0584
	每股未分配利润(元)	0.7467	0.8041	0.7518	0.8963
	净资产收益率(%)	1.6870	5.0292	2.8071	11.0892
	加权净资产收益率(%)	1.6600	5.5000	3.2500	11.3000
	净资产收益率(扣除)(%)	0.9892	2.7040	2.0245	10.2169
	总资产(万元)	1934427.12	1871359.03	1930641.30	1709831.48
	归属母公司股东权益	784869.49	802710.90	784358.74	548128.65
	营业收入(万元)	461165.77	778038.33	392150.89	746967.81
	营业成本(万元)	379033.51	632510.28	314499.43	576807.40
	投资收益(万元)	382.69	5211.22	137.93	-305.46
	净利润(万元)	13240.85	40369.76	22017.60	60783.23
	营业利润(万元)	9943.61	33334.45	20993.92	69628.72
	利润总额(万元)	16054.31	49964.64	27881.87	79194.87

天津创业环保集团股份有限公司

公司概况				
公司名称	天津创业环保集团股份有限公司		证券简称	创业环保
法人代表	张文辉	董秘	付亚娜 卢伟强(香港)	证券代码	600874
公司网址	www.tjcep.com	电子信箱	fu_yn@tjcep.com	
电　话	022-23930128	传　真	022-23930126	
办公地址	天津市南开区卫津南路76号创业环保大厦			
经营范围	污水与自来水以及其他水处理设施的投资、建设、设计、管理、经营等			

主要财务指标：指标\报告期	2014.06.30	2013.12.31	2013.06.30	2012.12.31
基本每股收益(元)	0.1000	0.2000	0.0800	0.1900
基本每股收益	0.1000	0.1900	0.0800	0.1800
稀释每股收益(元)	0.1000	0.2000	0.0800	0.1900
每股净资产(元)	2.8070	2.7862	2.6700	2.6487
每股经营现金净流量(元)	0.2661	0.4004	0.0914	0.3463
每股现金流量(元)	0.0411	-0.0014	0.1607	0.2158
每股资本公积金(元)	0.2679	0.2679	0.2679	0.2679
每股盈余公积金(元)	0.2615	0.2615	0.2459	0.2459
每股未分配利润(元)	1.2776	1.2568	1.1563	1.1349
净资产收益率(%)	3.5933	7.0891	3.0484	7.1155
加权净资产收益率(%)	3.6100	7.2700	3.0500	7.3300
净资产收益率(扣除)(%)	3.5511	6.7519	2.9816	6.6975
总资产(万元)	1137979.40	1107375.10	1089885.10	1030699.40
归属母公司股东权益	400627.30	397649.40	381076.40	378022.90
营业收入(万元)	86176.90	174986.10	85135.50	163732.00
营业成本(万元)	48724.50	105758.00	50941.80	95118.80
投资收益(万元)	54.00	-303.00	-106.70	-554.10
净利润(万元)	14395.80	28189.90	11616.90	26898.10
营业利润(万元)	19814.50	36868.70	15967.80	35166.70
利润总额(万元)	20030.20	38751.60	16394.50	37280.00

东方电气股份有限公司

公司概况				
公司名称	东方电气股份有限公司		证券简称	东方电气
法人代表	斯泽夫	董秘	龚丹	证券代码	600875
公司网址	www.dec-ltd.cn	电子信箱	dsb@dongfang.com	
电　话	028-87583666	传　真	028-87583551	
办公地址	四川省成都市金牛区蜀汉路333号			
经营范围	水力发电设备、汽轮发电机、交直流电机、控制设备制造销售等			

主要财务指标：指标\报告期	2014.06.30	2013.12.31	2013.06.30	2012.12.31
基本每股收益(元)	0.4200	1.1700	0.5900	1.0900
基本每股收益	0.4000	1.1200	0.5700	1.0100
稀释每股收益(元)	0.4200	1.1700	0.5900	1.0900
每股净资产(元)	9.0883	8.8298	8.2652	7.8240
每股经营现金净流量(元)	0.0658	1.4989	0.4426	-0.0891
每股现金流量(元)	-0.6071	1.5866	0.4975	-0.6763
每股资本公积金(元)	2.4902	2.4799	2.4908	2.5322
每股盈余公积金(元)	0.2887	0.2887	0.2263	0.2263
每股未分配利润(元)	5.3102	5.0714	4.5532	4.0713
净资产收益率(%)	4.6086	13.2783	7.1618	13.9757
加权净资产收益率(%)	4.6500	14.1000	7.2900	14.8400
净资产收益率(扣除)(%)	4.3991	12.6628	6.9418	12.9118
总资产(万元)	7883230.13	7783670.31	7687112.96	7832705.66
归属母公司股东权益	1821167.92	1769376.90	1656224.22	1567810.54
营业收入(万元)	1898416.83	4239079.67	2046710.67	3807920.25
营业成本(万元)	1595965.72	3374286.67	1671311.92	3000192.27
投资收益(万元)	4646.83	22655.84	6732.52	17966.52
净利润(万元)	83929.44	234943.16	118615.49	219112.93
营业利润(万元)	96007.87	277693.21	138741.76	248221.53
利润总额(万元)	100322.42	278749.21	143577.97	261865.86

洛阳玻璃股份有限公司

公司概况				
公司名称	洛阳玻璃股份有限公司		证券简称	洛阳玻璃
法人代表	马立云	董秘	吴知新 叶沛森(香港)	证券代码	600876
公司网址	www.zhglb.com	电子信箱	lywzhx@126.com	
电　话	0379-63908507 63908637	传　真	0379-63251984	
办公地址	河南省洛阳市西工区唐宫中路9号			
经营范围	生产玻璃、深加工制品、机械成套设备、电器与配件、销售自产产品等			

主要财务指标：指标\报告期	2014.06.30	2013.12.31	2013.06.30	2012.12.31
基本每股收益(元)	0.0645	-0.1980	-0.0946	0.0102
基本每股收益	-0.1237	-0.2538	-0.0983	-0.1256
稀释每股收益(元)	0.0645	-0.1980	-0.0946	0.0102
每股净资产(元)	0.1313	0.0666	0.1698	0.2642
每股经营现金净流量(元)	0.0136	0.0220	-0.0112	0.0175
每股现金流量(元)	0.0394	-0.0550	-0.1045	0.0298
每股资本公积金(元)	1.7148	1.7148	1.7148	1.7148
每股盈余公积金(元)	0.1027	0.1027	0.1027	0.1027
每股未分配利润(元)	-2.6872	-2.7517	-2.6484	-2.5537
净资产收益率(%)	49.1531	-297.1862	-55.7262	3.8548
加权净资产收益率(%)	65.2700	-119.7800	-43.6200	3.9300
净资产收益率(扣除)(%)	-94.2466	-381.0192	-57.9004	-47.5322
总资产(万元)	126223.86	122652.83	121961.19	130278.23
归属母公司股东权益	6564.76	3330.61	8490.08	13212.50
营业收入(万元)	26563.39	37573.50	13331.77	55368.72
营业成本(万元)	25030.11	32272.88	11007.85	44065.94
投资收益(万元)	9339.46	241.06	241.06	179.32
净利润(万元)	3226.78	-9898.10	-4731.20	509.31
营业利润(万元)	2935.92	-13552.73	-5152.22	-6426.55
利润总额(万元)	3053.34	-10756.68	-4949.73	423.22

中国嘉陵工业股份有限公司(集团)

公司概况				
公司名称	中国嘉陵工业股份有限公司(集团)		证券简称	中国嘉陵
法人代表	洪耕	董秘	叶宇昕	证券代码	600877
公司网址	www.jialing.com.cn	电子信箱	zqc@jialing.com.cn	
电　话	023-61954095	传　真	023-61951111	
办公地址	重庆市璧山县永嘉大道111号			
经营范围	摩托车及其发动机、零部件的制造和销售等			

主要财务指标：指标\报告期	2014.06.30	2013.12.31	2013.06.30	2012.12.31
基本每股收益(元)	-0.0401	-0.3494	-0.0401	-0.3494
基本每股收益	-0.0309	-	2013-06-30	2012-12-31
稀释每股收益(元)	-0.0401	-0.3494	-0.1956	0.0215
每股净资产(元)	0.2268	0.2673	-0.1876	-0.3285
每股经营现金净流量(元)	0.0429	-0.0871	-0.1956	0.0215
每股现金流量(元)	-0.0337	0.0638	0.4213	0.6163
每股资本公积金(元)	0.1619	0.1619	-0.0667	-0.0815
每股盈余公积金(元)	0.8521	0.8521	0.0478	0.0190
每股未分配利润(元)	-1.7986	-1.7585	0.1619	0.1619
净资产收益率(%)	-17.6638	-130.6981	0.8521	0.8521
加权净资产收益率(%)	-16.2200	-79.0800	-1.6048	-1.4092
净资产收益率(扣除)(%)	-13.6183	-130.1424	-46.4278	3.4816
总资产(万元)	273202.74	269143.08	-37.7100	3.5000
归属母公司股东权益	15590.99	18370.86	-44.5138	-53.3057
营业收入(万元)	76595.10	157520.31	269789.15	292936.14
营业成本(万元)	67197.33	139088.33	28958.62	42354.45
投资收益(万元)	5505.72	3447.84	76382.48	189668.40
净利润(万元)	-2753.97	-24010.36	68953.26	171691.06
营业利润(万元)	-1341.35	-21572.31	1857.76	10762.45
利润总额(万元)	-2749.21	-24416.32	-13444.86	1474.62

航天时代电子技术股份有限公司

公司概况	公司名称	航天时代电子技术股份有限公司		证券简称	航天电子
	法人代表	刘眉玄	董秘 吕凡	证券代码	600879
	公司网址	www.catec-ltd.cn		电子信箱	lufan@catec-ltd.cn
	电　话	027-84792199 010-88106362		传　真	027-84792102
	办公地址	湖北省武汉市经济技术开发区高科技园			
	经营范围	民用航天与运载火箭及配套装备、计算机技术及软硬件、电子测量与自动控制等			

主要财务指标	指标\报告期	2014.06.30	2013.12.31	2013.06.30	2012.12.31
	基本每股收益(元)	0.0780	0.2490	0.0930	0.2530
	基本每股收益	0.0710	0.2320	0.0840	0.1980
	稀释每股收益(元)	0.0780	0.2490	0.0930	0.2530
	每股净资产(元)	4.8480	4.7668	4.6147	4.2596
	每股经营现金净流量(元)	-0.4685	0.0097	-0.1722	-0.0543
	每股现金流量(元)	0.2416	-0.0757	0.2005	0.0680
	每股资本公积金(元)	1.8315	1.8315	1.8315	0.9665
	每股盈余公积金(元)	0.1031	0.1031	0.1017	0.1304
	每股未分配利润(元)	1.9076	1.8294	1.6815	2.1627
	净资产收益率(%)	1.6142	4.6475	1.5656	5.9429
	加权净资产收益率(%)	1.6280	5.5050	2.1760	6.0890
	净资产收益率(扣除)(%)	1.4616	4.3361	1.4198	4.6469
	总资产(万元)	960951.48	858472.15	844941.26	766554.48
	归属母公司股东权益	503965.78	495524.90	479716.47	345468.24
	营业收入(万元)	178171.68	410648.48	174671.48	371402.29
	营业成本(万元)	135827.22	312880.51	131675.75	277703.01
	投资收益(万元)	-43.10	122.60	-84.09	1558.30
	净利润(万元)	8134.79	23029.53	7510.59	20530.90
	营业利润(万元)	9865.56	26549.53	9551.90	22051.99
	利润总额(万元)	10813.99	28324.87	10490.25	25814.84

成都博瑞传播股份有限公司

公司概况	公司名称	成都博瑞传播股份有限公司		证券简称	博瑞传播
	法人代表	孙旭军	董秘 张跃铭	证券代码	600880
	公司网址	www.b-raymedia.com		电子信箱	dongmi@b-ray.com.cn
	电　话	028-87651183 62560962		传　真	028-62560793
	办公地址	四川省成都市锦江区三色路38号“博瑞·创意成都”大厦A座23楼			
	经营范围	信息传播服务(不含国家限制项目)、报刊投递服务、高科技产品开发等			

主要财务指标	指标\报告期	2014.06.30	2013.12.31	2013.06.30	2012.12.31
	基本每股收益(元)	0.1400	0.5300	0.1800	0.4600
	基本每股收益	0.1400	0.5200	0.2800	0.4500
	稀释每股收益(元)	0.1400	0.5300	0.1800	0.4600
	每股净资产(元)	3.2020	5.0930	3.6501	3.5934
	每股经营现金净流量(元)	0.2877	0.4553	0.1162	-0.1253
	每股现金流量(元)	-0.0289	0.7370	-0.0835	-0.5433
	每股资本公积金(元)	0.7367	1.7787	0.3834	0.3834
	每股盈余公积金(元)	0.2463	0.3941	0.3973	0.3973
	每股未分配利润(元)	1.2142	1.9131	1.8690	1.8124
	净资产收益率(%)	4.4842	9.7134	7.8531	12.6643
	加权净资产收益率(%)	4.5000	13.5200	7.8300	13.2700
	净资产收益率(扣除)(%)	4.2832	9.4341	7.7831	12.6139
	总资产(万元)	491608.55	483738.11	323865.89	313570.66
	归属母公司股东权益	350079.95	348020.60	229216.78	225659.81
	营业收入(万元)	75962.71	151809.64	70321.88	134980.08
	营业成本(万元)	38051.13	78112.18	34952.45	71689.00
	投资收益(万元)	-309.91	-250.26	-502.64	-296.00
	净利润(万元)	15698.37	33804.65	18000.51	28578.30
	营业利润(万元)	22243.53	48556.24	25032.63	37059.50
	利润总额(万元)	23110.50	50135.42	25240.46	37866.26

吉林亚泰(集团)股份有限公司

公司概况	公司名称	吉林亚泰(集团)股份有限公司		证券简称	亚泰集团
	法人代表	宋尚龙	董秘 田奎武	证券代码	600881
	公司网址	www.yatai.com		电子信箱	tkw@yatai.com
	电　话	0431-84956688		传　真	0431-84951400
	办公地址	吉林省长春市吉林大路1801号			
	经营范围	房地产、水泥、证券、制药等			

主要财务指标	指标\报告期	2014.06.30	2013.12.31	2013.06.30	2012.12.31
	基本每股收益(元)	0.0600	0.1100	0.1000	0.2100
	基本每股收益	0.0500	-	0.0900	0.0100
	稀释每股收益(元)	0.0600	0.1100	0.1000	0.2100
	每股净资产(元)	4.2259	4.2415	4.2364	4.2430
	每股经营现金净流量(元)	-0.1028	-0.8062	-1.6618	-2.2395
	每股现金流量(元)	0.2845	0.1784	-0.1771	-0.7637
	每股资本公积金(元)	1.8146	1.7920	1.8095	1.8180
	每股盈余公积金(元)	0.1826	0.1826	0.1756	0.1756
	每股未分配利润(元)	1.2207	1.2580	1.2462	1.2476
	净资产收益率(%)	1.4821	2.7077	2.3279	4.9173
	加权净资产收益率(%)	1.4700	2.8700	2.3000	4.9700
	净资产收益率(扣除)(%)	1.2614	0.6944	2.0163	0.1892
	总资产(万元)	4997480.84	4883894.98	4762467.59	4325048.26
	归属母公司股东权益	800690.71	803643.72	802677.19	803935.20
	营业收入(万元)	671215.04	1344822.42	622266.97	1162526.96
	营业成本(万元)	481917.90	1028300.12	438068.17	860674.53
	投资收益(万元)	23578.05	41544.73	24234.81	45100.38
	净利润(万元)	11866.64	21759.89	18685.35	39531.56
	营业利润(万元)	27922.13	17006.86	40105.56	27761.28
	利润总额(万元)	31661.14	49544.00	45176.07	71761.85

山东华联矿业控股股份有限公司

公司概况	公司名称	山东华联矿业控股股份有限公司		证券简称	华联矿业
	法人代表	齐银山	董秘 米常军	证券代码	600882
	公司网址			电子信箱	hualianzqb@163.com
	电　话	0533-3389666		传　真	0533-3389666
	办公地址	山东省淄博市沂源县东里镇			
	经营范围	矿石销售、货物进出口、矿山设备及备品备件的销售等			

主要财务指标	指标\报告期	2014.06.30	2013.12.31	2013.06.30	2012.12.31
	基本每股收益(元)	0.3300	0.5500	0.3200	0.8900
	基本每股收益	0.3200	-	0.3200	0.8700
	稀释每股收益(元)	0.3300	3.6274	0.3200	0.8900
	每股净资产(元)	3.9429	3.6274	3.5888	3.2516
	每股经营现金净流量(元)	0.2346	0.8518	0.5395	0.9202
	每股现金流量(元)	0.1950	-0.0971	-0.1133	-0.5035
	每股资本公积金(元)	-	-	-	-
	每股盈余公积金(元)	0.2901	0.2901	0.2290	0.2290
	每股未分配利润(元)	2.5305	2.2270	2.2576	1.9350
	净资产收益率(%)	8.3311	15.2476	8.9887	17.5177
	加权净资产收益率(%)	8.7200	15.9300	9.4300	19.2500
	净资产收益率(扣除)(%)	8.1562	14.9917	8.8966	17.2669
	总资产(万元)	195117.34	177465.34	169538.64	185411.28
	归属母公司股东权益	157416.04	144819.04	143280.26	129814.40
	营业收入(万元)	53227.86	100161.21	45719.72	133671.16
	营业成本(万元)	30302.44	58856.91	23699.48	88807.13
	投资收益(万元)	141.04	418.15	325.49	442.99
	净利润(万元)	13114.54	22081.39	12878.98	22740.49
	营业利润(万元)	17579.61	30080.34	17092.12	30137.23
	利润总额(万元)	17939.32	30575.72	17279.57	30606.07

云南博闻科技实业股份有限公司

公司概况	公司名称	云南博闻科技实业股份有限公司			证券简称	博闻科技
	法人代表	刘志波	董秘	杨庆宏	证券代码	600883
	公司网址	www.ynbowin.com			电子信箱	600883dsh@ynbowin.com
	电　话	0871-7197370			传　真	0871-7197694
	办公地址	云南省昆明市官渡区春城路 219 号东航投资大厦 806 室				
	经营范围	计算机硬件生产、软件开发和网络开发、信息服务等				

	指标＼报告期	2014.06.30	2013.12.31	2013.06.30	2012.12.31
主要财务指标	基本每股收益(元)	-0.0528	0.0280	0.0138	0.0410
	基本每股收益	-0.0557	-0.0187	0.0125	0.0167
	稀释每股收益(元)	-0.0528	0.0280	0.0138	0.0410
	每股净资产(元)	2.8276	2.9002	2.9144	2.9208
	每股经营现金净流量(元)	0.0168	-0.0130	-0.0072	0.0026
	每股现金流量(元)	0.0759	-0.0010	0.0137	-0.0291
	每股资本公积金(元)	0.5881	0.5881	0.6008	0.6009
	每股盈余公积金(元)	0.2279	0.2279	0.2267	0.2251
	每股未分配利润(元)	1.0114	1.0841	1.0870	1.0790
	净资产收益率(%)	-1.8659	0.9666	0.4725	1.4099
	加权净资产收益率(%)	-1.8659	0.9600	0.4725	1.4100
	净资产收益率(扣除)(%)	-1.9688	-0.6442	0.4302	0.5702
	总资产(万元)	72215.85	73746.64	74631.80	74060.86
	归属母公司股东权益	66756.44	68471.08	68804.84	68582.58
	营业收入(万元)	898.80	3491.62	2247.27	7605.24
	营业成本(万元)	919.79	3408.01	2215.14	6725.14
	投资收益(万元)	-860.14	2179.43	802.58	2504.83
	净利润(万元)	-1245.60	661.85	325.13	966.91
	营业利润(万元)	-1270.57	1192.61	343.15	1943.61
	利润总额(万元)	-1245.60	1009.36	346.32	2164.53

宁波杉杉股份有限公司

公司概况	公司名称	宁波杉杉股份有限公司			证券简称	杉杉股份
	法人代表	庄巍	董秘	钱程	证券代码	600884
	公司网址	www.ssgf.net			电子信箱	ssgf@shanshan.com
	电　话	0574-88208337			传　真	0574-88208375
	办公地址	浙江省宁波市鄞州区日丽中路 777 号杉杉商务大厦 8 层				
	经营范围	服装、针织品、皮革制品的制造、加工、批发、零售等				

	指标＼报告期	2014.06.30	2013.12.31	2013.06.30	2012.12.31
主要财务指标	基本每股收益(元)	0.2900	0.4470	0.2250	0.3870
	基本每股收益	0.2900	0.3540	0.1900	0.1960
	稀释每股收益(元)	0.2900	0.4470	0.2250	0.3870
	每股净资产(元)	8.0254	7.8298	7.3044	7.8807
	每股经营现金净流量(元)	-0.6397	-0.3083	0.0332	0.1572
	每股现金流量(元)	0.5600	-0.1201	-0.0014	-0.1655
	每股资本公积金(元)	3.8066	3.8281	3.5359	4.2780
	每股盈余公积金(元)	0.3975	0.3975	0.3828	0.3828
	每股未分配利润(元)	2.8334	2.6039	2.3966	2.2312
	净资产收益率(%)	3.6075	5.7132	3.0854	4.9060
	加权净资产收益率(%)	3.6490	5.1600	2.9680	5.1800
	净资产收益率(扣除)(%)	3.6181	4.5152	2.6074	2.4907
	总资产(万元)	847837.93	745005.14	742893.41	762390.83
	归属母公司股东权益	329731.77	321694.82	300109.06	323783.57
	营业收入(万元)	187219.09	404792.07	176708.11	375588.83
	营业成本(万元)	145249.84	317670.16	136768.65	290100.85
	投资收益(万元)	13270.96	16642.82	10610.37	14978.45
	净利润(万元)	11895.19	18378.91	9259.66	15884.98
	营业利润(万元)	11867.47	16712.69	8975.08	15696.33
	利润总额(万元)	11668.37	18844.49	9740.02	17809.98

宏发科技股份有限公司

公司概况	公司名称	宏发科技股份有限公司			证券简称	宏发股份
	法人代表	郭满金	董秘	林旦旦	证券代码	600885
	公司网址	www.hongfa.com			电子信箱	zqb@hongfa.com
	电　话	0592-6106688 6196768			传　真	0592-6106678
	办公地址	福建省厦门市集美北部工业区孙坂南路 91-101 号				
	经营范围	研制,生产和销售继电器,低压电器,接触器,自动化设备等				

	指标＼报告期	2014.06.30	2013.12.31	2013.06.30	2012.12.31
主要财务指标	基本每股收益(元)	0.3900	0.6900	0.2900	0.8000
	基本每股收益	0.3624	0.6000	0.2700	0.7400
	稀释每股收益(元)	0.3900	0.6900	0.2900	0.8000
	每股净资产(元)	4.4658	4.0797	2.5730	2.3452
	每股经营现金净流量(元)	0.1763	0.8660	0.4190	0.6734
	每股现金流量(元)	-0.4257	1.8449	0.0127	-0.1846
	每股资本公积金(元)	1.2590	1.2590	-	-
	每股盈余公积金(元)	0.2697	0.1808	0.1429	0.1402
	每股未分配利润(元)	1.9467	1.6444	1.4360	1.2084
	净资产收益率(%)	8.7596	15.1216	11.1518	24.9710
	加权净资产收益率(%)	9.1500	25.6000	11.6000	28.0600
	净资产收益率(扣除)(%)	8.1152	13.1550	10.4294	23.0766
	总资产(万元)	452180.18	437589.08	317358.97	296190.17
	归属母公司股东权益	237568.96	217030.70	122639.49	111779.79
	营业收入(万元)	197815.25	342522.63	167489.54	300825.86
	营业成本(万元)	131402.62	223832.19	114773.47	203187.29
	投资收益(万元)	-	2450.09	-	895.76
	净利润(万元)	20810.08	32818.46	13676.51	27912.52
	营业利润(万元)	31244.99	53621.34	22778.41	43234.44
	利润总额(万元)	33575.58	57388.88	24219.72	46512.09

国投电力控股股份有限公司

公司概况	公司名称	国投电力控股股份有限公司			证券简称	国投电力
	法人代表	胡刚	董秘	杨林	证券代码	600886
	公司网址	www.sdicpower.com			电子信箱	gtdl@sdicpower.com
	电　话	010-88006378			传　真	010-88006368
	办公地址	北京市西城区西直门南小街 147 号国投 5 号楼 12 层				
	经营范围	投资建设、经营管理以电力生产为主的能源项目等				

	指标＼报告期	2014.06.30	2013.12.31	2013.06.30	2012.12.31
主要财务指标	基本每股收益(元)	0.2971	0.5265	0.1978	0.1872
	基本每股收益	0.2655	0.5222	0.1957	0.2711
	稀释每股收益(元)	0.2971	0.5265	0.1791	0.1753
	每股净资产(元)	2.8712	2.7203	2.3852	3.4903
	每股经营现金净流量(元)	1.1325	2.2395	0.9233	2.4448
	每股现金流量(元)	0.3596	-0.3226	-0.3661	0.3076
	每股资本公积金(元)	0.9420	0.9420	0.9051	1.8386
	每股盈余公积金(元)	0.0589	0.0589	0.0461	0.0854
	每股未分配利润(元)	0.8703	0.7193	0.4340	0.5663
	净资产收益率(%)	10.3464	17.9052	7.4018	8.5778
	加权净资产收益率(%)	10.3600	21.3000	8.6600	8.6200
	净资产收益率(扣除)(%)	9.2454	17.7581	7.3203	7.7641
	总资产(万元)	16383612.45	15955876.60	15197586.28	14589634.59
	归属母公司股东权益	1948401.25	1845992.14	1554185.88	1228697.99
	营业收入(万元)	1462168.12	2833898.11	1216884.12	2386700.77
	营业成本(万元)	809701.52	1685939.09	780668.83	1783099.34
	投资收益(万元)	44962.53	54815.44	23193.85	19601.47
	净利润(万元)	201589.37	330527.90	115037.40	105394.92
	营业利润(万元)	366656.17	653147.31	225156.20	226351.31
	利润总额(万元)	383193.50	657894.26	0.1978	231798.18

内蒙古伊利实业集团股份有限公司

公司概况					
公司名称	内蒙古伊利实业集团股份有限公司			证券简称	伊利股份
法人代表	潘刚	董秘	胡利平	证券代码	600887
公司网址	www.yili.com		电子信箱	huliping@yili.com	
电　　话	0471-3350092		传　　真	0471-3601621	
办公地址	内蒙古自治区呼和浩特市金山开发区金山大道 8 号				
经营范围	乳制品制造、食品、饮料加工、农畜产品及饲料加工等				

主要财务指标 指标\报告期	2014.06.30	2013.12.31	2013.06.30	2012.12.31
基本每股收益(元)	0.7500	1.6500	0.6300	1.0700
基本每股收益	0.6800	-	0.4000	0.8300
稀释每股收益(元)	0.7500	1.6500	0.6300	1.0000
每股净资产(元)	8.1745	7.8932	7.1794	4.5882
每股经营现金净流量(元)	0.2881	2.6799	1.6084	1.5066
每股现金流量(元)	2.3565	3.1575	2.0170	-0.9718
每股资本公积金(元)	3.6320	3.6902	3.6686	1.1538
每股盈余公积金(元)	0.4476	0.4476	0.3375	0.4275
每股未分配利润(元)	3.0837	2.7614	2.1844	2.0073
净资产收益率(%)	13.7300	19.7657	11.9555	23.4114
加权净资产收益率(%)	13.3200	23.1500	14.0500	25.9700
净资产收益率(扣除)(%)	12.5205	13.6485	7.5285	18.1153
总资产(万元)	3940198.74	3287738.76	2951536.93	2046326.68
归属母公司股东权益	1669978.65	1612509.93	1453693.23	733490.02
营业收入(万元)	2728630.52	4777886.58	2402122.33	4199069.21
营业成本(万元)	1824813.02	3408275.81	1660779.31	2950494.92
投资收益(万元)	7647.18	13138.55	984.35	2652.41
净利润(万元)	229287.28	318723.96	173796.61	171720.63
营业利润(万元)	250339.22	265901.13	131302.79	161565.85
利润总额(万元)	268448.17	306037.74	149544.49	208676.18

新疆众和股份有限公司

公司概况					
公司名称	新疆众和股份有限公司			证券简称	新疆众和
法人代表	孙健	董秘	杨波	证券代码	600888
公司网址	www.joinworld.com		电子信箱	yangbo@joinworld.com	
电　　话	0991-6689800		传　　真	0991-6689882	
办公地址	新疆维吾尔自治区乌鲁木齐市喀什东路 18 号				
经营范围	高纯铝、电子铝箔、腐蚀箔、化成箔等电子元器件原料的生产、销售等				

主要财务指标 指标\报告期	2014.06.30	2013.12.31	2013.06.30	2012.12.31
基本每股收益(元)	-0.0971	0.1357	0.0905	0.2405
基本每股收益	-0.1207	0.0640	0.0524	0.1826
稀释每股收益(元)	-0.0971	0.1357	0.0905	0.2405
每股净资产(元)	5.6537	5.8008	5.7557	6.8986
每股经营现金净流量(元)	-0.2063	0.2928	-0.3530	0.1414
每股现金流量(元)	0.3883	0.0754	-0.1960	-2.9841
每股资本公积金(元)	3.0181	3.0181	3.0181	3.8221
每股盈余公积金(元)	0.2860	0.2860	0.2728	0.3274
每股未分配利润(元)	1.3496	1.4967	1.4647	1.7491
净资产收益率(%)	-1.7178	2.3401	1.5720	4.1839
加权净资产收益率(%)	-1.6884	2.3500	1.5616	4.2600
净资产收益率(扣除)(%)	-2.1350	1.1039	0.9104	2.6475
总资产(万元)	856250.12	808110.99	812621.12	724635.43
归属母公司股东权益	362531.94	371964.85	369067.38	368628.78
营业收入(万元)	214606.73	372165.96	168636.18	224979.80
营业成本(万元)	199717.49	321385.02	141837.67	184261.98
投资收益(万元)	-	159.51	-	155.81
净利润(万元)	-6227.67	8704.31	5801.68	15423.08
营业利润(万元)	-7038.08	3534.90	3650.08	9785.09
利润总额(万元)	-5504.52	8942.87	6521.61	16446.56

南京化纤股份有限公司

公司概况					
公司名称	南京化纤股份有限公司			证券简称	南京化纤
法人代表	钟书高	董秘	陈波	证券代码	600889
公司网址	www.ncfc.cn		电子信箱	cb_008@126.com	
电　　话	025-84208005		传　　真	025-84208919	
办公地址	江苏省南京市六合红山精细化工园内				
经营范围	化学纤维生产、主要产品为粘胶长、短丝等				

主要财务指标 指标\报告期	2014.06.30	2013.12.31	2013.06.30	2012.12.31
基本每股收益(元)	0.0050	0.0800	0.0430	0.0500
基本每股收益	0.0004	0.0900	0.0420	0.0400
稀释每股收益(元)	0.0050	0.0800	0.0430	0.0500
每股净资产(元)	3.0610	3.0564	3.0203	2.9771
每股经营现金净流量(元)	0.2907	1.2907	0.5458	0.1985
每股现金流量(元)	-0.6836	0.7327	0.0483	0.1242
每股资本公积金(元)	0.7022	0.7022	0.7028	0.7028
每股盈余公积金(元)	0.4774	0.4774	0.4521	0.4521
每股未分配利润(元)	0.8814	0.8769	0.8654	0.8222
净资产收益率(%)	0.1481	2.6147	1.4306	1.5435
加权净资产收益率(%)	0.1500	2.6500	1.4400	1.5600
净资产收益率(扣除)(%)	0.0135	2.9471	1.3997	1.3380
总资产(万元)	328157.20	351004.89	375393.03	355166.93
归属母公司股东权益	93992.83	93853.64	92745.16	91418.35
营业收入(万元)	73234.09	205223.19	57376.01	151921.02
营业成本(万元)	62788.74	156998.93	47489.63	121789.07
投资收益(万元)	-1041.19	-3504.84	-713.51	-2538.83
净利润(万元)	139.19	2453.97	1326.81	1411.07
营业利润(万元)	982.23	14290.26	1337.21	5997.75
利润总额(万元)	1108.69	13968.91	1365.88	6124.31

中房置业股份有限公司

公司概况					
公司名称	中房置业股份有限公司			证券简称	中房股份
法人代表	林玲	董秘	桂红植	证券代码	600890
公司网址	www.credholding.com		电子信箱	guihongzhi@credholding.com	
电　　话	010-82608847		传　　真	010-82611808	
办公地址	北京市海淀区苏州街 18 号院长远天地大厦 C 座二层				
经营范围	房地产开发、物业管理、制造销售动力机械、激光打印机、数字照相机等				

主要财务指标 指标\报告期	2014.06.30	2013.12.31	2013.06.30	2012.12.31
基本每股收益(元)	-0.0050	0.0256	-0.0130	-0.0264
基本每股收益	-0.0240	0.0017	-0.0240	-0.0264
稀释每股收益(元)	-0.0050	0.0256	-0.0130	-0.0264
每股净资产(元)	0.5632	0.5683	0.5295	0.5427
每股经营现金净流量(元)	-0.0332	-0.0245	-0.0086	-0.0110
每股现金流量(元)	-0.1346	0.0783	-0.0086	-0.0130
每股资本公积金(元)	0.0351	0.0351	0.0351	0.0351
每股盈余公积金(元)	0.1466	0.1466	0.1466	0.1466
每股未分配利润(元)	-0.6185	-0.6134	-0.6522	-0.6390
净资产收益率(%)	-0.9116	4.5049	-2.4990	-4.8702
加权净资产收益率(%)	-0.9100	4.5900	-2.4700	-4.7500
净资产收益率(扣除)(%)	-4.2927	0.3001	-2.8718	-4.8720
总资产(万元)	41437.15	39477.56	35865.46	36789.28
归属母公司股东权益	32620.46	32917.83	30668.51	31434.91
营业收入(万元)	595.20	6362.11	414.82	1254.11
营业成本(万元)	560.14	2134.58	425.14	1174.06
投资收益(万元)	-19.51	-52.17	-	-69.31
净利润(万元)	-297.37	1482.92	-766.41	-1530.96
营业利润(万元)	-1400.33	616.91	-730.82	-1727.35
利润总额(万元)	-297.40	1893.47	-731.69	-1726.78

哈尔滨秋林集团股份有限公司

公司概况						
公司名称	哈尔滨秋林集团股份有限公司				证券简称	秋林集团
法人代表	刘宏强	董秘	朱宁		证券代码	600891
公司网址	www.qlgroup.com.cn			电子信箱	zqb@qlgroup.com.cn	
电　话	0451-53644632			传　真	0451-53649282	
办公地址	黑龙江省哈尔滨市南岗区东大直街319号					
经营范围	零售兼批发百货、食品、副食品、纺织品、节目录像带等业务					

主要财务指标

指标\报告期	2014.06.30	2013.12.31	2013.06.30	2012.12.31
基本每股收益(元)	0.0800	0.1100	0.0600	0.1600
基本每股收益	0.0800	0.0900	0.0600	0.1500
稀释每股收益(元)	0.0800	0.1100	0.0600	0.1600
每股净资产(元)	2.5811	2.5008	2.5247	2.4649
每股经营现金净流量(元)	-0.0299	0.3414	0.0272	0.1612
每股现金流量(元)	0.0021	0.2417	0.0424	0.2886
每股资本公积金(元)	1.0566	1.0566	1.0746	1.0566
每股盈余公积金(元)	0.1074	0.1074	0.0933	0.0933
每股未分配利润(元)	0.4171	0.3368	0.3568	0.2890
净资产收益率(%)	3.1105	4.4709	2.4984	6.6913
加权净资产收益率(%)	3.1600	4.5100	2.5300	7.1500
净资产收益率(扣除)(%)	3.0793	3.4187	2.4892	5.9651
总资产(万元)	120315.83	122078.76	116929.90	118380.60
归属母公司股东权益	84020.72	81407.23	82187.60	79394.74
营业收入(万元)	19369.10	38121.51	18659.38	37807.44
营业成本(万元)	12787.93	25831.06	12956.57	26351.60
投资收益(万元)	23.30	16.08	6.96	147.96
净利润(万元)	2613.49	3639.62	2053.35	5312.53
营业利润(万元)	3508.76	5172.50	2665.17	6091.50
利润总额(万元)	3512.74	5246.17	2671.01	6792.26

宝诚投资股份有限公司

公司概况						
公司名称	宝诚投资股份有限公司				证券简称	宝诚股份
法人代表	姚建辉	董秘	李敏斌		证券代码	600892
公司网址				电子信箱	bcinvst@163.com	
电　话	0755-82359089			传　真	0755-82610489	
办公地址	广东省深圳市罗湖区笋岗东路3012号中民时代广场B座2103室					
经营范围	投资与资产管理、销售金属矿石、金属材料、建筑材料、五金交电、机械设备等					

主要财务指标

指标\报告期	2014.06.30	2013.12.31	2013.06.30	2012.12.31
基本每股收益(元)	0.0006	0.0400	0.0393	0.2300
基本每股收益	0.0006	0.0400	0.0393	0.1700
稀释每股收益(元)	0.0006	0.0400	0.0393	0.2300
每股净资产(元)	0.0991	0.0984	0.0929	0.0537
每股经营现金净流量(元)	1.2443	0.3002	-0.0718	-0.2773
每股现金流量(元)	-0.3114	0.1330	-0.1995	-0.2907
每股资本公积金(元)	2.2492	2.2492	2.2492	2.2492
每股盈余公积金(元)	0.1361	0.1361	0.1361	0.1361
每股未分配利润(元)	-3.2862	-3.2868	-3.2923	-3.3316
净资产收益率(%)	0.6537	45.4689	64.8096	636.0809
加权净资产收益率(%)	0.6600	58.8500	53.5700	-
净资产收益率(扣除)(%)	0.6537	44.6420	64.8096	507.3742
总资产(万元)	15640.18	24505.93	25414.13	27165.15
归属母公司股东权益	625.43	621.34	586.73	338.82
营业收入(万元)	6784.71	60570.79	36175.41	68357.73
营业成本(万元)	6254.06	58394.48	34893.16	65224.20
投资收益(万元)	-	-	-	72.56
净利润(万元)	4.09	282.52	247.90	1445.68
营业利润(万元)	97.37	395.39	327.78	669.27
利润总额(万元)	94.98	402.25	327.78	1114.51

西安航空动力股份有限公司

公司概况						
公司名称	西安航空动力股份有限公司				证券简称	航空动力
法人代表	张民生	董秘	赵岳		证券代码	600893
公司网址	www.xaec.com			电子信箱	hkdl2008@xaec.com	
电　话	029-86152008 86150271			传　真	029-86629636	
办公地址	陕西省西安市未央区徐家湾					
经营范围	航空发动机、燃气轮机、烟气透平动力装置、航天发动机及其零部件等					

主要财务指标

指标\报告期	2014.06.30	2013.12.31	2013.06.30	2012.12.31
基本每股收益(元)	0.1300	0.3000	0.0600	0.2700
基本每股收益	0.0600	0.2900	0.0200	0.2500
稀释每股收益(元)	0.1300	0.3000	0.0600	0.2700
每股净资产(元)	7.1893	4.1174	3.9131	3.8734
每股经营现金净流量(元)	-1.6525	0.2916	-1.4683	0.1622
每股现金流量(元)	0.5805	-0.1492	-0.4576	-0.0242
每股资本公积金(元)	5.6586	7.7173	2.1930	2.1930
每股盈余公积金(元)	0.1261	0.2256	0.0650	0.0650
每股未分配利润(元)	0.3757	0.5391	0.6449	0.6108
净资产收益率(%)	1.6787	7.3518	2.9428	6.9103
加权净资产收益率(%)	2.2300	7.6100	1.1700	7.1300
净资产收益率(扣除)(%)	0.8030	7.1262	0.3700	6.4771
总资产(万元)	4327867.37	3659079.67	865278.13	849827.91
归属母公司股东权益	1400989.32	1037161.00	426357.25	422030.59
营业收入(万元)	1107395.75	792744.60	956170.71	710396.99
营业成本(万元)	960614.47	674523.36	824788.36	601178.41
投资收益(万元)	8581.67	-1182.90	2857.24	-519.96
净利润(万元)	23518.74	32981.40	10606.60	29163.41
营业利润(万元)	17132.51	37488.94	2614.74	32215.42
利润总额(万元)	30767.57	38652.41	21339.52	34326.40

广州广日股份有限公司

公司概况						
公司名称	广州广日股份有限公司				证券简称	广日股份
法人代表	潘胜燊	董秘	蔡志雯		证券代码	600894
公司网址	www.guangrigf.com			电子信箱	grgf@guangrigf.com	
电　话	020-38371213			传　真	020-38339503	
办公地址	广东省广州市天河区珠江新城华利路59号保利大厦东塔13楼					
经营范围	生产、加工、销售冶金产品、焦碳化工产品、各种气体、炉料和有关原材料等					

主要财务指标

指标\报告期	2014.06.30	2013.12.31	2013.06.30	2012.12.31
基本每股收益(元)	0.3859	1.0956	0.3027	0.5632
基本每股收益	0.3852	0.6951	0.3014	0.0652
稀释每股收益(元)	0.3859	1.0956	0.3027	0.5632
每股净资产(元)	4.6255	3.7984	2.9956	2.6937
每股经营现金净流量(元)	-0.0892	0.4693	-0.0108	0.8566
每股现金流量(元)	0.8485	0.4794	0.0155	-0.0370
每股资本公积金(元)	2.8244	2.3195	2.3135	2.3135
每股盈余公积金(元)	0.2555	0.2807	0.2807	0.2807
每股未分配利润(元)	0.5294	0.1856	-0.6073	-0.9100
净资产收益率(%)	7.7650	28.8439	10.1038	20.5606
加权净资产收益率(%)	9.4700	33.7500	10.6400	24.0000
净资产收益率(扣除)(%)	7.7516	18.3001	10.0606	2.3798
总资产(万元)	677009.19	547754.08	478070.34	406220.35
归属母公司股东权益	397770.94	299509.24	236212.15	212404.23
营业收入(万元)	211751.43	407947.88	184324.98	465911.68
营业成本(万元)	163919.07	318875.50	147060.76	413866.86
投资收益(万元)	16942.93	32562.87	13711.89	25850.90
净利润(万元)	30888.34	86390.26	23866.34	43671.50
营业利润(万元)	35225.96	62365.06	27865.77	18620.52
利润总额(万元)	35296.19	99274.29	27992.43	51821.83

上海张江高科技园区开发股份有限公司

公司概况	公司名称	上海张江高科技园区开发股份有限公司			证券简称	张江高科
	法人代表	陈干锦	董秘	朱攀	证券代码	600895
	公司网址	www.600895.com		电子信箱	investors@600895.com	
	电　　话	021-38959000		传　　真	021-50800492	
	办公地址	上海市浦东新区松涛路 560 号 8 层				
	经营范围	房地产开发与经营、公司受让地块内的土地开发与土地使用权经营等				

	指标\报告期	2014.06.30	2013.12.31	2013.06.30	2012.12.31
主要财务指标	基本每股收益(元)	0.0700	0.2400	0.0600	0.2400
	基本每股收益	-0.0200	0.0800	0.0200	0.2300
	稀释每股收益(元)	0.0700	0.2400	0.0600	0.2400
	每股净资产(元)	4.4909	4.4608	4.3125	4.1600
	每股经营现金净流量(元)	0.0398	0.0957	-0.2458	0.5559
	每股现金流量(元)	-0.1308	-0.6050	-0.6396	0.0487
	每股资本公积金(元)	1.9696	1.9726	2.0391	1.8610
	每股盈余公积金(元)	0.2814	0.2814	0.2744	0.2744
	每股未分配利润(元)	1.3076	0.2562	1.0653	1.0864
	净资产收益率(%)	1.5088	5.3919	1.3653	5.7408
	加权净资产收益率(%)	1.5100	5.5800	1.3800	5.8100
	净资产收益率(扣除)(%)	-0.3638	1.8880	0.4633	5.5621
	总资产(万元)	1786345.07	1205001.18	1774597.89	1824082.73
	归属母公司股东权益	695502.03	690841.20	667869.44	644589.89
	营业收入(万元)	72422.91	191873.54	61111.70	226507.20
	营业成本(万元)	45743.56	110215.03	29738.94	111386.53
	投资收益(万元)	20850.08	56636.21	22550.28	30510.00
	净利润(万元)	10493.86	37249.53	9118.60	37004.33
	营业利润(万元)	14477.45	48097.29	11872.27	43164.78
	利润总额(万元)	14941.08	46914.49	12013.93	43515.28

中海(海南)海盛船务股份有限公司

公司概况	公司名称	中海(海南)海盛船务股份有限公司			证券简称	中海海盛
	法人代表	黄小文	董秘	胡小波	证券代码	600896
	公司网址	www.haishengshipping.com		电子信箱	x.b.hu@haishengshipping.com	
	电　　话	0898-68583985 68583777		传　　真	0898-68581486	
	办公地址	海南省海口市龙昆北路 2 号珠江广场帝豪大厦 25-26 层				
	经营范围	国际船舶危险品运输、国际船舶普通货物运输、国内沿海及长江中下游普通货船等				

	指标\报告期	2014.06.30	2013.12.31	2013.06.30	2012.12.31
主要财务指标	基本每股收益(元)	-0.1600	0.0300	-0.1600	0.0300
	基本每股收益	-0.1600	-0.4500	-0.1600	-0.4500
	稀释每股收益(元)	-0.1600	0.0300	-0.1600	0.0300
	每股净资产(元)	2.3829	2.7356	2.3829	2.7356
	每股经营现金净流量(元)	0.0320	0.1377	0.0320	0.1377
	每股现金流量(元)	0.2437	0.0674	2013-06-30	2012-12-31
	每股资本公积金(元)	1.0108	1.1965	-0.2200	-0.6400
	每股盈余公积金(元)	0.2345	0.2345	-0.2200	-0.5400
	每股未分配利润(元)	0.1316	0.2964	-0.2200	-0.6400
	净资产收益率(%)	-6.5411	1.2410	2.6602	2.9029
	加权净资产收益率(%)	-6.0800	1.2000	-0.0134	-0.0271
	净资产收益率(扣除)(%)	-6.8581	-16.4386	-0.0240	-0.0367
	总资产(万元)	556104.98	559327.96	1.3788	1.4031
	归属母公司股东权益	138523.75	159025.19	0.2334	0.2334
	营业收入(万元)	45335.62	104287.79	0.0428	0.2636
	营业成本(万元)	42344.97	107044.35	-8.3973	-22.0396
	投资收益(万元)	570.45	29439.08	-8.0400	-20.0100
	净利润(万元)	-9061.02	1973.49	-8.4209	-18.7116
	营业利润(万元)	-9191.15	1792.89	573243.98	570737.54
	利润总额(万元)	-8600.63	2651.85	154643.62	168597.26

厦门国际航空港股份有限公司

公司概况	公司名称	厦门国际航空港股份有限公司			证券简称	厦门空港
	法人代表	孙长力	董秘	朱昭	证券代码	600897
	公司网址	www.iport.com.cn		电子信箱	600897@iport.com.cn	
	电　　话	0592-5706078		传　　真	0592-5730699	
	办公地址	福建省厦门市高崎国际机场内厦门机场发展股份有限公司办公楼				
	经营范围	空运输、提供候机楼设施的使用保障和服务等				

	指标\报告期	2014.06.30	2013.12.31	2013.06.30	2012.12.31
主要财务指标	基本每股收益(元)	0.7985	1.4775	0.6947	1.2688
	基本每股收益	0.7687	1.4399	0.6798	1.2267
	稀释每股收益(元)	0.7985	1.4775	0.6947	1.2688
	每股净资产(元)	8.9182	8.5697	7.7944	7.4896
	每股经营现金净流量(元)	0.9264	1.8921	0.8547	1.5871
	每股现金流量(元)	-0.9950	1.6729	-1.0137	0.9775
	每股资本公积金(元)	0.8994	0.8994	0.8994	0.8994
	每股盈余公积金(元)	1.1549	1.1549	1.0218	1.0218
	每股未分配利润(元)	5.8638	5.5154	4.8732	4.5684
	净资产收益率(%)	8.9532	17.2407	8.9135	16.9408
	加权净资产收益率(%)	8.9800	18.4700	9.0100	18.4000
	净资产收益率(扣除)(%)	8.6200	16.8019	8.7218	16.3791
	总资产(万元)	319921.17	306985.95	280759.18	269051.89
	归属母公司股东权益	265591.77	255214.13	232123.85	223048.15
	营业收入(万元)	67347.88	125413.60	60377.68	111893.45
	营业成本(万元)	30870.78	57817.72	28095.00	51357.53
	投资收益(万元)	1039.32	1616.66	523.29	2081.23
	净利润(万元)	23779.08	44000.69	20690.29	37786.23
	营业利润(万元)	32999.30	61458.24	28933.86	53081.96
	利润总额(万元)	33401.68	61543.42	29126.62	52969.35

三联商社股份有限公司

公司概况	公司名称	三联商社股份有限公司			证券简称	三联商社
	法人代表	何阳青	董秘	邵杰	证券代码	600898
	公司网址	www.sanlianshop.com		电子信箱	slss600898db@163.com	
	电　　话	0531-81675201 81675202		传　　真	0531-81675313	
	办公地址	山东省济南市历下区趵突泉北路 12 号				
	经营范围	五金交电及电子产品、机械设备、日用百货、文具用品、健身器材、家具等				

	指标\报告期	2014.06.30	2013.12.31	2013.06.30	2012.12.31
主要财务指标	基本每股收益(元)	0.0552	0.1099	0.0448	0.0930
	基本每股收益	0.0531	0.1042	0.0445	0.1039
	稀释每股收益(元)	0.0552	0.1099	0.0448	0.0930
	每股净资产(元)	1.3109	1.2557	1.1906	1.1458
	每股经营现金净流量(元)	0.0290	0.2091	0.1480	0.4406
	每股现金流量(元)	-0.0815	-0.3626	-0.2681	0.2050
	每股资本公积金(元)	0.1785	0.1785	0.1785	0.1785
	每股盈余公积金(元)	0.0884	0.0884	0.0884	0.0884
	每股未分配利润(元)	0.0439	-0.0113	-0.0764	-0.1212
	净资产收益率(%)	4.2103	8.7515	3.7605	8.1203
	加权净资产收益率(%)	4.3000	9.1500	3.8300	8.4600
	净资产收益率(扣除)(%)	4.0518	8.2945	3.7398	9.0663
	总资产(万元)	65645.70	62526.04	59216.01	58318.29
	归属母公司股东权益	33102.36	31708.64	30064.23	28933.66
	营业收入(万元)	42000.61	81112.34	39911.32	73919.43
	营业成本(万元)	36171.28	68766.08	33873.34	62171.95
	投资收益(万元)	476.26	746.24	92.73	226.58
	净利润(万元)	1393.72	2774.98	1130.57	2349.49
	营业利润(万元)	1858.47	3732.56	1512.44	3622.28
	利润总额(万元)	1860.44	3753.26	1520.76	3251.72

中国长江电力股份有限公司

公司概况						
公司名称	中国长江电力股份有限公司				证券简称	长江电力
法人代表	卢纯	董秘	楼坚		证券代码	600900
公司网址	www.cypc.com.cn		电子信箱		cypc@cypc.com.cn	
电　话	010-58688900		传　真		010-58688898	
办公地址	北京市西城区金融大街19号富凯大厦B座					
经营范围	电力生产、经营和投资、电力生产技术咨询、水电工程检修维护					

主要财务指标：指标\报告期	2014.06.30	2013.12.31	2013.06.30	2012.12.31
基本每股收益(元)	0.2057	0.5497	0.1725	0.6274
基本每股收益	0.2014	–	0.1722	0.6182
稀释每股收益(元)	0.2057	0.5497	0.1725	0.6274
每股净资产(元)	4.6586	4.7381	4.3509	4.5382
每股经营现金净流量(元)	0.3563	1.0964	0.3559	1.3007
每股现金流量(元)	0.0263	0.0434	0.1745	–0.1338
每股资本公积金(元)	1.8627	1.8675	1.8574	1.8855
每股盈余公积金(元)	0.6748	0.6748	0.5669	0.5669
每股未分配利润(元)	1.1219	1.1967	0.9273	1.0864
净资产收益率(%)	4.4145	11.6025	3.9658	13.8248
加权净资产收益率(%)	4.2900	11.9200	3.7400	14.5200
净资产收益率(扣除)(%)	4.3230	11.3451	3.9580	13.6230
总资产(万元)	14909851.76	14960719.73	15636717.71	15523284.55
归属母公司股东权益	7686702.50	7817903.47	7179053.61	7487979.77
营业收入(万元)	969859.75	2269763.74	897295.00	2578197.12
营业成本(万元)	452310.71	953464.09	444981.82	935859.58
投资收益(万元)	67012.94	136148.23	0.32	101825.86
净利润(万元)	339331.40	907074.11	284706.50	1035201.10
营业利润(万元)	372386.42	970281.56	288513.47	1145146.55
利润总额(万元)	431523.31	1173006.92	358565.48	1357683.46

山东滨州渤海活塞股份有限公司

公司概况						
公司名称	山东滨州渤海活塞股份有限公司				证券简称	渤海活塞
法人代表	林风华	董秘	王洪波		证券代码	600960
公司网址	www.bhpiston.com		电子信箱		dsh@bhpiston.com	
电　话	0543-3288868		传　真		0543-3288899	
办公地址	山东省滨州市渤海二十一路569号					
经营范围	活塞、机械、汽车等部件的生产销售等					

主要财务指标：指标\报告期	2014.06.30	2013.12.31	2013.06.30	2012.12.31
基本每股收益(元)	0.3200	0.2800	0.2000	0.2000
基本每股收益	0.1400	–	0.2000	0.2300
稀释每股收益(元)	0.3200	0.2800	0.2000	0.2000
每股净资产(元)	6.1144	4.6129	5.8580	5.6542
每股经营现金净流量(元)	–0.0849	0.8707	0.3246	1.7575
每股现金流量(元)	1.0955	–0.1315	1.4556	0.1380
每股资本公积金(元)	3.4395	1.3528	2.0586	2.0586
每股盈余公积金(元)	0.2055	0.3183	0.3800	0.3800
每股未分配利润(元)	1.4694	1.9418	2.4194	2.2156
净资产收益率(%)	3.9432	6.1475	3.4791	4.5574
加权净资产收益率(%)	5.9200	6.3300	3.5400	4.6500
净资产收益率(扣除)(%)	1.7417	5.5339	3.3374	4.0333
总资产(万元)	303016.55	209455.66	240911.31	204666.46
归属母公司股东权益	200520.51	97642.11	95381.26	92062.90
营业收入(万元)	64299.14	127977.82	65293.21	141418.93
营业成本(万元)	47610.34	95427.54	49058.36	117906.74
投资收益(万元)	358.35	40.44	4.52	–0.38
净利润(万元)	7906.99	6002.55	3318.37	4195.66
营业利润(万元)	3892.05	6646.32	3788.24	4439.17
利润总额(万元)	9178.96	7297.88	3954.10	4998.68

株洲冶炼集团股份有限公司

公司概况						
公司名称	株洲冶炼集团股份有限公司				证券简称	株冶集团
法人代表	曹修运	董秘	刘伟清		证券代码	600961
公司网址	www.torchcn.com		电子信箱		zytorch@torchcn.com	
电　话	0731-28392172		传　真		0731-28390145	
办公地址	湖南省株洲市石峰区清水塘					
经营范围	锌及锌合金、工业硫酸的生产和销售等					

主要财务指标：指标\报告期	2014.06.30	2013.12.31	2013.06.30	2012.12.31
基本每股收益(元)	0.0200	0.0400	–0.3700	–1.1800
基本每股收益	–0.0900	–0.6100	–0.4100	–1.3000
稀释每股收益(元)	0.0200	0.0400	–0.3700	–1.1800
每股净资产(元)	1.3558	1.3321	1.0443	1.5334
每股经营现金净流量(元)	0.0143	1.0695	–0.4629	0.7491
每股现金流量(元)	–0.1644	0.1805	0.1799	–0.0624
每股资本公积金(元)	1.6442	1.6442	1.7631	1.8909
每股盈余公积金(元)	0.1803	0.1803	0.1803	0.1803
每股未分配利润(元)	–1.4696	–1.4874	–1.8990	–1.5314
净资产收益率(%)	1.3100	3.3035	–35.2037	–76.6535
加权净资产收益率(%)	1.3200	3.0700	–28.5200	–55.3400
净资产收益率(扣除)(%)	–6.4078	–46.1274	–38.9876	–84.8844
总资产(万元)	620818.07	586741.30	635944.16	593391.89
归属母公司股东权益	71514.51	70260.65	55080.33	80879.48
营业收入(万元)	725978.28	1616974.45	706548.97	1224609.37
营业成本(万元)	690077.08	1576132.30	676860.62	1207138.97
投资收益(万元)	3185.29	15316.42	3665.66	2761.29
净利润(万元)	936.84	2321.06	–19390.29	–61996.92
营业利润(万元)	–4848.57	–19464.32	–22939.77	–62966.85
利润总额(万元)	1235.98	2748.95	–19296.28	–59494.51

国投中鲁果汁股份有限公司

公司概况						
公司名称	国投中鲁果汁股份有限公司				证券简称	国投中鲁
法人代表	郝建	董秘	庞甲青		证券代码	600962
公司网址	www.sdiczl.com		电子信箱		600962@sdiczl.com	
电　话	010-88009021		传　真		010-88009099	
办公地址	北京市西城区阜成门外大街2号万通新世界广场B座21层					
经营范围	许可经营项目为生产浓缩果蔬汁、饮料、农副产品的深加工等					

主要财务指标：指标\报告期	2014.06.30	2013.12.31	2013.06.30	2012.12.31
基本每股收益(元)	–0.1230	–0.3572	–0.1410	0.1263
基本每股收益	–0.1250	–0.3913	–0.1610	0.0355
稀释每股收益(元)	–0.1230	–0.3572	–0.1410	0.1263
每股净资产(元)	3.2920	3.4138	3.6307	3.8221
每股经营现金净流量(元)	1.3698	0.8743	2.0772	–0.6843
每股现金流量(元)	1.1779	–0.3698	–0.5403	0.1912
每股资本公积金(元)	2.0091	2.0091	2.0091	2.0091
每股盈余公积金(元)	0.1393	0.1393	0.1393	0.1393
每股未分配利润(元)	0.1414	0.2639	0.4805	0.6714
净资产收益率(%)	–3.7228	–10.4640	–3.8820	3.3050
加权净资产收益率(%)	–3.6600	–9.8800	–3.7700	3.3200
净资产收益率(扣除)(%)	–3.7916	–11.4620	–4.4218	0.9287
总资产(万元)	226718.82	226333.63	188042.14	252300.03
归属母公司股东权益	86319.57	89514.19	95199.57	100220.36
营业收入(万元)	44333.09	124529.87	68929.09	149946.81
营业成本(万元)	35701.98	111719.30	61493.47	125319.49
投资收益(万元)	–	–	–	1048.96
净利润(万元)	–3213.53	–9366.79	–3695.66	3312.31
营业利润(万元)	–2963.94	–10760.69	–4634.69	3726.46
利润总额(万元)	–2890.50	–9627.93	–3775.58	5565.31

岳阳林纸股份有限公司

公司概况					
公司名称	岳阳林纸股份有限公司			证券简称	岳阳林纸
法人代表	黄欣	董秘	施湘燕	证券代码	600963
公司网址	www.yypaper.com		电子信箱	zq@tigerfp.com	
电　话	0730-8590683		传　真	0730-8562203	
办公地址	湖南省岳阳市岳阳楼区城陵矶光明路				
经营范围	纸浆、机制纸的制造、销售等				

主要财务指标

指标\报告期	2014.06.30	2013.12.31	2013.06.30	2012.12.31
基本每股收益(元)	-0.0900	0.0200	-0.1220	-0.2600
基本每股收益	-0.1080	-0.1600	-0.1430	-0.3400
稀释每股收益(元)	-0.0900	0.0200	-0.1220	-0.2600
每股净资产(元)	5.0508	5.1468	5.0081	5.1305
每股经营现金净流量(元)	1.0030	0.2290	-0.1875	0.0207
每股现金流量(元)	0.0726	0.1062	-0.0849	-0.3582
每股资本公积金(元)	3.6676	3.6676	3.6699	3.6699
每股盈余公积金(元)	0.1449	0.1449	0.1357	0.1357
每股未分配利润(元)	0.2382	0.3342	0.2025	0.3248
净资产收益率(%)	-1.7811	0.3608	-2.4427	-4.0762
加权净资产收益率(%)	-1.7600	0.3600	-2.4100	-4.9300
净资产收益率(扣除)(%)	-2.1349	-3.1478	-2.8627	-5.3505
总资产(万元)	1713862.78	1732780.84	1694959.77	1659825.43
归属母公司股东权益	526881.06	536891.31	522429.65	535191.25
营业收入(万元)	312922.73	660956.21	319642.18	654247.97
营业成本(万元)	267437.39	561688.95	280280.83	555707.57
投资收益(万元)	-	-	-	-
净利润(万元)	-9384.36	1937.06	-12761.60	-21815.51
营业利润(万元)	-11484.57	-18539.03	-15220.52	-33831.90
利润总额(万元)	-9381.18	3404.10	-12751.89	-25943.04

河北福成五丰食品股份有限公司

公司概况					
公司名称	河北福成五丰食品股份有限公司			证券简称	福成五丰
法人代表	李高生	董秘	宋宝贤	证券代码	600965
公司网址	www.fucheng.net		电子信箱	songbaoxian@vip.sina.com	
电　话	010-61595607 0316-3319003 603		传　真	010-61595618	
办公地址	河北省三河市燕郊高新技术园区华冠大街 12 号				
经营范围	肉牛养殖、屠宰、加工及活牛和牛肉产品的销售等				

主要财务指标

指标\报告期	2014.06.30	2013.12.31	2013.06.30	2012.12.31
基本每股收益(元)	0.0700	0.2200	0.1200	0.1400
基本每股收益	0.0600	0.1800	0.0700	0.0433
稀释每股收益(元)	0.0700	0.2200	0.1200	0.1400
每股净资产(元)	2.2453	2.1802	1.8691	2.9057
每股经营现金净流量(元)	0.1551	0.1612	-0.0358	0.3088
每股现金流量(元)	0.0469	-0.0373	-0.0794	0.2210
每股资本公积金(元)	0.5430	0.5430	0.5543	1.2742
每股盈余公积金(元)	0.1168	0.1168	0.1129	0.1522
每股未分配利润(元)	0.5856	0.5204	0.2018	0.4793
净资产收益率(%)	2.9004	10.2506	6.1203	3.7895
加权净资产收益率(%)	2.9400	10.7000	5.6000	7.7400
净资产收益率(扣除)(%)	2.6491	8.2673	5.3876	9.8690
总资产(万元)	116008.48	116212.18	66799.99	108804.24
归属母公司股东权益	91195.10	88550.10	52222.76	81184.86
营业收入(万元)	50410.65	102667.31	47906.24	96942.36
营业成本(万元)	32028.75	65202.54	30528.36	62832.22
投资收益(万元)	-	39.17	-	75.34
净利润(万元)	2645.00	9076.92	4682.76	5834.28
营业利润(万元)	3052.87	9479.02	3873.45	6291.48
利润总额(万元)	3348.67	11820.62	6285.65	7302.87

山东博汇纸业股份有限公司

公司概况					
公司名称	山东博汇纸业股份有限公司			证券简称	博汇纸业
法人代表	杨延智	董秘	杨国栋	证券代码	600966
公司网址	www.bohui.net		电子信箱	zqb@bohui.com	
电　话	0533-8539966		传　真	0533-8539966	
办公地址	山东省淄博市桓台县马桥镇工业路北首				
经营范围	从事胶印纸、书写纸、包装纸、纸板、造纸木浆的生产、销售等				

主要财务指标

指标\报告期	2014.06.30	2013.12.31	2013.06.30	2012.12.31
基本每股收益(元)	0.0916	-0.3620	-0.1517	0.0139
基本每股收益	0.0389	-0.4702	-0.1511	0.0077
稀释每股收益(元)	0.0916	-0.3620	-0.1517	0.0139
每股净资产(元)	5.8484	5.7364	6.1082	6.1034
每股经营现金净流量(元)	0.1776	-1.5851	-0.0439	-0.0858
每股现金流量(元)	0.9245	-0.4628	0.1609	-0.1892
每股资本公积金(元)	2.6164	2.3868	2.3868	2.3868
每股盈余公积金(元)	0.3557	0.3893	0.3893	0.3893
每股未分配利润(元)	1.8764	1.9604	2.1757	2.3274
净资产收益率(%)	1.4532	-6.3110	0.0775	0.2278
加权净资产收益率(%)	1.4900	-6.1200	-0.0300	0.2300
净资产收益率(扣除)(%)	0.6178	-8.1971	0.0831	0.1254
总资产(万元)	1429787.25	1515100.84	1373743.03	1057159.36
归属母公司股东权益	322962.50	289470.13	300335.66	307990.89
营业收入(万元)	311478.59	571530.39	230666.70	499951.44
营业成本(万元)	256438.73	488971.63	198930.39	433330.05
投资收益(万元)	-	-	-	-
净利润(万元)	4693.27	-18268.26	-7655.41	701.59
营业利润(万元)	4353.60	-21656.66	-8365.42	3404.05
利润总额(万元)	7953.27	-21616.62	-8421.16	3829.15

包头北方创业股份有限公司

公司概况					
公司名称	包头北方创业股份有限公司			证券简称	北方创业
法人代表	白晓光	董秘	程天罡	证券代码	600967
公司网址	www.bfcy.cc		电子信箱	bfcyctg@163.com	
电　话	0472-3116791 3117903		传　真	0472-3117182	
办公地址	内蒙古自治区包头市青山区民主路				
经营范围	研制、开发、生产、销售铁路车辆、压力容器、车辆配件及进出口等				

主要财务指标

指标\报告期	2014.06.30	2013.12.31	2013.06.30	2012.12.31
基本每股收益(元)	0.2610	0.5660	0.1970	0.4920
基本每股收益	0.2620	0.5700	0.1930	0.4780
稀释每股收益(元)	0.2610	0.5660	0.1970	0.4920
每股净资产(元)	2.8776	4.8039	4.5956	8.5665
每股经营现金净流量(元)	-0.4119	0.4530	0.3293	-0.8535
每股现金流量(元)	-0.1942	0.2825	1.0035	0.7376
每股资本公积金(元)	0.8877	2.3979	2.3979	5.7930
每股盈余公积金(元)	0.1001	0.1803	0.1328	0.2656
每股未分配利润(元)	0.8784	1.2122	1.0495	1.4881
净资产收益率(%)	9.0550	11.7725	7.7345	8.6994
加权净资产收益率(%)	9.3100	12.3900	7.9700	15.4400
净资产收益率(扣除)(%)	9.1098	11.8665	7.5731	8.4513
总资产(万元)	381064.24	354599.41	360515.33	343991.52
归属母公司股东权益	236774.83	219600.49	210077.38	195799.53
营业收入(万元)	186428.12	320351.56	172760.69	306671.67
营业成本(万元)	145666.14	263029.63	139926.54	254359.77
投资收益(万元)	-	-	-	53.13
净利润(万元)	21439.86	25852.49	16248.43	17033.47
营业利润(万元)	25213.96	30699.40	18980.37	18365.76
利润总额(万元)	25060.17	30516.82	19432.88	19085.31

湖南郴电国际发展股份有限公司

公司概况						
	公司名称	湖南郴电国际发展股份有限公司			证券简称	郴电国际
	法人代表	付国	董秘	袁志勇	证券代码	600969
	公司网址	www.chinacdi.com		电子信箱	cdizqb@chinacdi.com	
	电　　话	0735-2339226 2339232		传　　真	0735-2339206 2339226	
	办公地址	湖南省郴州市青年大道民生路口万国大厦				
	经营范围	电力供应和中、小水电综合开发等				

主要财务指标	指标\报告期	2014.06.30	2013.12.31	2013.06.30	2012.12.31
	基本每股收益(元)	0.3013	0.6020	0.2427	0.5236
	基本每股收益	0.2966	0.5674	0.2415	0.4744
	稀释每股收益(元)	0.3013	0.6020	0.2427	0.5236
	每股净资产(元)	7.5161	7.3484	6.9286	5.8397
	每股经营现金净流量(元)	0.8497	1.6173	0.6013	2.0559
	每股现金流量(元)	-1.0139	0.9369	1.9627	-0.5783
	每股资本公积金(元)	5.0748	5.0272	4.9655	3.9527
	每股盈余公积金(元)	0.1890	0.1890	0.1566	0.1566
	每股未分配利润(元)	1.2193	1.0987	0.7719	0.6956
	净资产收益率(%)	4.0083	8.1917	3.5033	8.9655
	加权净资产收益率(%)	4.0300	9.1600	4.0700	10.4300
	净资产收益率(扣除)(%)	3.9464	7.7209	3.4851	8.1234
	总资产(万元)	546595.77	534523.58	529174.77	478790.75
	归属母公司股东权益	158039.98	154513.62	145686.83	122789.71
	营业收入(万元)	107910.80	219588.07	103211.09	209592.88
	营业成本(万元)	86000.92	171412.51	81480.87	166123.48
	投资收益(万元)	122.22	-5.34	25.19	247.90
	净利润(万元)	6334.65	12657.27	5103.85	11008.76
	营业利润(万元)	8610.07	21838.66	10131.30	20359.87
	利润总额(万元)	8740.39	22367.45	10166.64	21328.89

中国中材国际工程股份有限公司

公司概况						
	公司名称	中国中材国际工程股份有限公司			证券简称	中材国际
	法人代表	宋寿顺	董秘	蒋中文	证券代码	600970
	公司网址	www.sinoma.com.cn		电子信箱	600970@sinoma.com.cn	
	电　　话	010-64399502 64399501		传　　真	010-64399500	
	办公地址	北京市朝阳区望京北路16号中材国际大厦				
	经营范围	大中型新型干法水泥生产线的建设、包括水泥生产线的研发与设计、装备采购等				

主要财务指标	指标\报告期	2014.06.30	2013.12.31	2013.06.30	2012.12.31
	基本每股收益(元)	0.2900	0.0800	0.3800	0.6800
	基本每股收益	0.2900	-0.0200	0.3600	0.6500
	稀释每股收益(元)	0.2900	0.0800	0.3800	0.6800
	每股净资产(元)	4.2579	3.9079	4.2137	4.2691
	每股经营现金净流量(元)	0.0319	-0.1669	0.9300	1.0333
	每股现金流量(元)	0.2389	-0.1606	0.9291	0.3770
	每股资本公积金(元)	0.1380	0.1246	0.1402	0.3313
	每股盈余公积金(元)	0.2850	0.2850	0.2730	0.2803
	每股未分配利润(元)	2.7885	2.5273	2.8258	2.6606
	净资产收益率(%)	6.7400	2.0913	9.1199	16.0432
	加权净资产收益率(%)	7.0900	1.9500	8.6900	15.2100
	净资产收益率(扣除)(%)	6.7956	-0.5940	8.4672	15.6229
	总资产(万元)	2470690.77	2367452.36	2360713.50	2146001.15
	归属母公司股东权益	465511.91	427251.69	460680.56	466742.00
	营业收入(万元)	1089846.61	2073156.89	852788.72	2125116.81
	营业成本(万元)	962343.93	1801989.46	729294.06	1800066.29
	投资收益(万元)	584.50	1016.04	23.27	951.56
	净利润(万元)	31373.52	8934.97	42013.75	74880.29
	营业利润(万元)	36403.10	20642.80	49966.72	98112.82
	利润总额(万元)	40116.55	31265.50	53865.97	102344.02

安徽恒源煤电股份有限公司

公司概况						
	公司名称	安徽恒源煤电股份有限公司			证券简称	恒源煤电
	法人代表	龚乃勤	董秘	郝宗典	证券代码	600971
	公司网址	www.ahhymd.com.cn		电子信箱	hymd600971@163.com	
	电　　话	0557-3982147		传　　真	0557-3982260	
	办公地址	安徽省宿州市西昌路157号				
	经营范围	煤炭开采、洗选、销售、铁路运输、公路运输(限分公司经营)、进出口业务等				

主要财务指标	指标\报告期	2014.06.30	2013.12.31	2013.06.30	2012.12.31
	基本每股收益(元)	0.0459	0.3100	0.2208	0.7500
	基本每股收益	0.0477	0.3000	0.2154	0.7300
	稀释每股收益(元)	0.0459	0.3100	0.2208	0.7500
	每股净资产(元)	7.0614	6.9670	6.9598	6.8500
	每股经营现金净流量(元)	0.3861	0.6219	0.1471	1.5172
	每股现金流量(元)	1.0000	0.2272	-0.2329	0.1612
	每股资本公积金(元)	2.1043	2.1043	2.1043	2.1043
	每股盈余公积金(元)	0.4910	0.4910	0.4599	0.4619
	每股未分配利润(元)	3.0443	3.0984	2.8943	3.0782
	净资产收益率(%)	0.6500	4.4396	1.3617	10.6771
	加权净资产收益率(%)	0.4400	4.4700	3.1700	11.4300
	净资产收益率(扣除)(%)	0.6755	4.3742	1.2831	10.6344
	总资产(万元)	1454529.01	1336606.33	1315605.21	1345334.38
	归属母公司股东权益	706139.62	696699.84	695979.03	686703.23
	营业收入(万元)	377240.35	814026.62	385849.23	913946.47
	营业成本(万元)	324020.92	673830.91	318152.80	709874.29
	投资收益(万元)	49.67	35.62	3.02	107.55
	净利润(万元)	4590.25	30930.69	22084.21	75168.66
	营业利润(万元)	5770.34	39351.25	26287.33	93507.46
	利润总额(万元)	5571.02	40318.75	27252.35	96473.09

宝胜科技创新股份有限公司

公司概况						
	公司名称	宝胜科技创新股份有限公司			证券简称	宝胜股份
	法人代表	孙振华	董秘	夏成军	证券代码	600973
	公司网址	www.baoshengcable.com		电子信箱	bsxcj@vip.sina.com	
	电　　话	0514-88248910		传　　真	0514-88248897	
	办公地址	江苏省扬州市宝应县安宜镇苏中路1号				
	经营范围	电线电缆及电缆附件开发、制造、销售及相关的生产技术开发等				

主要财务指标	指标\报告期	2014.06.30	2013.12.31	2013.06.30	2012.12.31
	基本每股收益(元)	0.1000	0.2420	0.1400	0.2450
	基本每股收益	0.1000	-	0.1200	0.3080
	稀释每股收益(元)	0.1000	0.2330	0.1400	0.2450
	每股净资产(元)	5.0025	4.8225	6.1351	6.3116
	每股经营现金净流量(元)	-0.1154	-2.8593	-1.7818	1.0413
	每股现金流量(元)	0.7376	-0.9306	-1.6417	1.3034
	每股资本公积金(元)	2.1551	2.0822	2.8748	3.1881
	每股盈余公积金(元)	0.2400	0.2400	0.3016	0.3016
	每股未分配利润(元)	1.6053	1.5004	1.9588	1.8220
	净资产收益率(%)	2.0958	5.0081	2.2303	5.2301
	加权净资产收益率(%)	2.1300	5.0300	2.0700	5.6100
	净资产收益率(扣除)(%)	2.0759	4.6302	2.0215	4.8798
	总资产(万元)	754090.06	678590.47	617535.28	592571.05
	归属母公司股东权益	205794.59	198391.04	186954.79	192335.77
	营业收入(万元)	489492.07	980786.30	454387.73	856947.47
	营业成本(万元)	449685.51	901019.88	419256.52	784033.32
	投资收益(万元)	-	-28.12	-	521.48
	净利润(万元)	4313.13	9935.68	4169.71	10059.36
	营业利润(万元)	5368.70	11359.48	4485.82	10537.27
	利润总额(万元)	5420.11	12303.05	4950.50	12344.91

湖南新五丰股份有限公司

公司概况						
公司名称	湖南新五丰股份有限公司			证券简称	新五丰	
法人代表	邱卫	董秘	罗雁飞	证券代码	600975	
公司网址	www.newwf.com		电子信箱	nwf_123456@126.com		
电话	0731-84449588*811		传真	0731-84449593		
办公地址	湖南省长沙市芙蓉区五一西路2号"第一大道"19、20楼					
经营范围	畜禽养殖、农业种植、政策允许的农副产品销售、研制、开发、生产等					

主要财务指标 指标\报告期	2014.06.30	2013.12.31	2013.06.30	2012.12.31
基本每股收益(元)	-0.1700	0.0600	0.0200	0.0900
基本每股收益	-0.1800	0.0200	0.0100	0.0600
稀释每股收益(元)	-0.1700	0.0600	0.0200	0.0900
每股净资产(元)	2.2167	2.3603	2.3672	2.3522
每股经营现金净流量(元)	-0.0459	-0.1058	0.0018	-0.1607
每股现金流量(元)	-0.1033	0.0226	-0.1343	0.2049
每股资本公积金(元)	0.7450	0.7180	0.7180	0.7180
每股盈余公积金(元)	0.1721	0.1721	0.1574	0.1574
每股未分配利润(元)	0.2996	0.4703	0.4918	0.4768
净资产收益率(%)	-7.7000	2.4643	0.6354	3.8252
加权净资产收益率(%)	-7.4400	2.4600	0.6400	3.9000
净资产收益率(扣除)(%)	-8.2508	0.7870	0.5091	2.3630
总资产(万元)	121206.90	120305.81	93125.11	92058.37
归属母公司股东权益	51950.37	55317.03	55478.17	55125.67
营业收入(万元)	56406.47	113008.76	51149.68	103794.42
营业成本(万元)	56758.71	104547.89	48399.04	94055.62
投资收益(万元)	36.92	91.63	-	418.86
净利润(万元)	-4000.16	1363.16	352.50	2108.64
营业利润(万元)	-6156.27	-3294.81	-2831.44	104.73
利润总额(万元)	-4416.57	1046.84	150.96	2070.28

武汉健民药业集团股份有限公司

公司概况						
公司名称	武汉健民药业集团股份有限公司			证券简称	武汉健民	
法人代表	刘勤强	董秘		证券代码	600976	
公司网址	www.whjm.com		电子信箱	mingde.du@holley.cn		
电话	027-84523350		传真	027-84523350		
办公地址	湖北省武汉市汉阳区鹦鹉大道484号					
经营范围	中成药的研究、制造、开发及经营等					

主要财务指标 指标\报告期	2014.06.30	2013.12.31	2013.06.30	2012.12.31
基本每股收益(元)	0.4000	0.6300	0.3200	0.5400
基本每股收益	0.3600	0.5100	0.2700	0.4100
稀释每股收益(元)	0.4000	0.6300	0.3200	0.5400
每股净资产(元)	5.9717	5.9522	5.6471	5.7071
每股经营现金净流量(元)	0.0580	0.2957	-0.0129	0.6400
每股现金流量(元)	-0.1102	-0.9341	-0.5867	0.1579
每股资本公积金(元)	2.0835	2.0835	2.0835	2.0835
每股盈余公积金(元)	0.8081	0.8081	0.7534	0.7534
每股未分配利润(元)	2.0801	2.0606	1.8102	1.8701
净资产收益率(%)	6.6890	10.5035	5.6676	9.4180
加权净资产收益率(%)	6.7000	10.7200	5.6400	9.5400
净资产收益率(扣除)(%)	-	8.6228	4.7085	7.0936
总资产(万元)	146968.62	144538.34	146851.19	126099.74
归属母公司股东权益	91604.99	91306.64	86625.93	87545.43
营业收入(万元)	90640.37	199239.11	118279.39	153974.52
营业成本(万元)	65195.94	154895.24	93525.35	117239.42
投资收益(万元)	1497.50	1433.93	662.96	970.17
净利润(万元)	6127.50	9590.35	4909.64	8245.07
营业利润(万元)	7148.97	10795.94	5715.82	9365.02
利润总额(万元)	7151.05	10906.24	5723.59	9528.82

广东省宜华木业股份有限公司

公司概况						
公司名称	广东省宜华木业股份有限公司			证券简称	宜华木业	
法人代表	刘绍喜	董秘	刘伟宏	证券代码	600978	
公司网址	www.yihuatimber.com		电子信箱	securities.yt@yihua.com		
电话	0754-85100989		传真	0754-85100797		
办公地址	广东省汕头市澄海区莲下镇槐东工业区					
经营范围	木家具、木地板、等木制品的生产和销售等					

主要财务指标 指标\报告期	2014.06.30	2013.12.31	2013.06.30	2012.12.31
基本每股收益(元)	0.2300	0.3600	0.2100	0.2600
基本每股收益	0.2300	0.3500	0.2100	0.2700
稀释每股收益(元)	0.2300	0.3600	0.2100	0.2600
每股净资产(元)	4.1580	4.0475	3.9015	3.7707
每股经营现金净流量(元)	0.1091	0.5815	0.1210	0.4673
每股现金流量(元)	1.0037	0.5158	0.0388	-0.5213
每股资本公积金(元)	1.6584	1.2872	1.2852	1.2811
每股盈余公积金(元)	0.1680	0.2161	0.1865	0.1865
每股未分配利润(元)	1.3465	1.5650	1.4481	1.3183
净资产收益率(%)	5.1721	8.7997	5.3765	6.9389
加权净资产收益率(%)	6.6100	9.1300	5.4700	7.1600
净资产收益率(扣除)(%)	5.1491	8.7511	5.3703	7.1040
总资产(万元)	1087885.48	862524.42	832985.14	797861.23
归属母公司股东权益	616578.48	466534.90	449707.48	434631.63
营业收入(万元)	220208.87	409095.47	182816.44	334766.82
营业成本(万元)	145081.10	279953.21	120789.67	232839.67
投资收益(万元)	-	-	-	-
净利润(万元)	31889.92	41053.54	24178.43	30158.59
营业利润(万元)	39127.94	49318.48	29188.12	37209.13
利润总额(万元)	39323.87	49642.65	29188.84	36403.92

四川广安爱众股份有限公司

公司概况						
公司名称	四川广安爱众股份有限公司			证券简称	广安爱众	
法人代表	罗庆红	董秘	何非	证券代码	600979	
公司网址	www.sc-aaa.com		电子信箱	aaa@sc-aaa.com		
电话	0826-2983066 2983218		传真	0826-2983358		
办公地址	四川省广安市广安区渠江北路86号					
经营范围	水力发电和电力供应、天然气供应、自来水生产和供应等					

主要财务指标 指标\报告期	2014.06.30	2013.12.31	2013.06.30	2012.12.31
基本每股收益(元)	0.0760	0.1121	0.0395	0.1118
基本每股收益	0.0634	0.0912	0.0378	0.0838
稀释每股收益(元)	0.0760	0.1121	0.0395	0.1118
每股净资产(元)	2.1830	2.1568	2.0786	1.6562
每股经营现金净流量(元)	0.1379	0.4922	0.2010	0.4086
每股现金流量(元)	-0.1007	-0.0244	0.1294	0.1847
每股资本公积金(元)	0.7656	0.7656	0.7591	0.2567
每股盈余公积金(元)	0.0506	0.0506	0.0434	0.0525
每股未分配利润(元)	0.3641	0.3381	0.2740	0.3449
净资产收益率(%)	3.4829	5.1222	1.8799	6.7500
加权净资产收益率(%)	3.5039	5.3700	2.2676	6.8600
净资产收益率(扣除)(%)	2.9021	4.1679	1.8007	5.0626
总资产(万元)	601103.18	435792.45	405772.53	363507.60
归属母公司股东权益	156715.83	154837.22	149219.11	98194.08
营业收入(万元)	72184.84	125168.69	58374.71	110245.80
营业成本(万元)	47313.90	84391.40	40683.57	72944.03
投资收益(万元)	-1128.77	60.00	43.97	377.34
净利润(万元)	5458.31	7931.09	2805.14	6629.12
营业利润(万元)	5631.72	7729.85	3103.42	6841.48
利润总额(万元)	7086.43	9662.54	3322.62	8808.29

北矿磁材科技股份有限公司

公司概况

公司名称	北矿磁材科技股份有限公司			证券简称	北矿磁材
法人代表	蒋开喜	董秘	李阳	证券代码	600980
公司网址	www.magmat.com			电子信箱	magmat@magmat.com
电　　话	010-59069867			传　　真	010-59069929
办公地址	北京市大兴区北兴路东段22号1号楼A座8层				
经营范围	磁性材料和磁器件的研发、生产和销售等				

主要财务指标

指标\报告期	2014.06.30	2013.12.31	2013.06.30	2012.12.31
基本每股收益(元)	0.0142	0.1064	0.0248	-0.1491
基本每股收益	0.0102	-0.0247	0.0179	-0.1467
稀释每股收益(元)	0.0142	0.1064	0.0248	-0.1491
每股净资产(元)	1.9909	1.9747	1.8902	1.8619
每股经营现金净流量(元)	0.0602	-0.0047	0.0028	-0.0118
每股现金流量(元)	-0.0653	0.0467	-0.1179	-0.0240
每股资本公积金(元)	1.3076	1.3057	1.3027	1.2993
每股盈余公积金(元)	0.1448	0.1448	0.1448	0.1448
每股未分配利润(元)	-0.4615	-0.4758	-0.5573	-0.5821
净资产收益率(%)	0.7148	5.3876	1.3141	-8.0102
加权净资产收益率(%)	0.7200	5.5500	1.3200	-7.6700
净资产收益率(扣除)(%)	0.5135	-1.2506	0.9462	-7.8797
总资产(万元)	32073.73	31907.25	30225.34	30660.40
归属母公司股东权益	25881.40	25671.37	24572.48	24204.35
营业收入(万元)	12252.25	25217.74	11495.90	27490.72
营业成本(万元)	10306.77	21260.87	9437.70	25251.55
投资收益(万元)	-0.98	-10.14	1.80	912.95
净利润(万元)	185.00	1383.07	322.90	-1938.81
营业利润(万元)	201.82	-394.10	192.72	-2404.04
利润总额(万元)	256.81	1316.55	288.18	-2425.30

江苏汇鸿股份有限公司

公司概况

公司名称	江苏汇鸿股份有限公司			证券简称	汇鸿股份
法人代表	蒋金华	董秘	王胜华	证券代码	600981
公司网址	www.jstex.com			电子信箱	board@jstex.com
电　　话	025-86648112			传　　真	025-84400800
办公地址	江苏省南京市户部街15号				
经营范围	纺织品及服装的进出口业务等				

主要财务指标

指标\报告期	2014.06.30	2013.12.31	2013.06.30	2012.12.31
基本每股收益(元)	0.0231	0.0645	0.0319	0.0667
基本每股收益	0.0045	0.0643	0.0178	0.0151
稀释每股收益(元)	0.0231	0.0645	0.0319	0.0667
每股净资产(元)	1.8273	1.7985	1.6957	1.7102
每股经营现金净流量(元)	-0.0193	0.5101	0.1173	-0.3557
每股现金流量(元)	0.0533	0.2982	0.0456	0.1062
每股资本公积金(元)	0.0125	0.0067	-0.0634	-0.0470
每股盈余公积金(元)	0.2947	0.2947	0.2934	0.2934
每股未分配利润(元)	0.5204	0.4973	0.4659	0.4640
净资产收益率(%)	1.2631	3.5880	1.8817	3.9014
加权净资产收益率(%)	1.2800	3.7400	1.8600	3.7800
净资产收益率(扣除)(%)	0.2488	3.5746	1.0483	0.8822
总资产(万元)	489278.05	430774.30	387442.70	372397.98
归属母公司股东权益	94310.12	92819.50	87518.39	88264.27
营业收入(万元)	452479.63	856561.94	334594.72	682158.88
营业成本(万元)	433605.13	815581.41	318808.59	648133.62
投资收益(万元)	613.34	3362.92	792.91	4856.69
净利润(万元)	1191.24	3330.33	1646.82	3443.57
营业利润(万元)	1600.62	2616.84	2389.51	5097.79
利润总额(万元)	1989.79	4027.49	2455.61	5468.49

宁波热电股份有限公司

公司概况

公司名称	宁波热电股份有限公司			证券简称	宁波热电
法人代表	顾剑波	董秘	乐碧宏	证券代码	600982
公司网址	www.nbtp.com.cn			电子信箱	nbtp@nbtp.com.cn
电　　话	0574-86897102			传　　真	0574-87008281
办公地址	浙江省宁波市海曙区解放北路128号新金穗大厦A座10楼				
经营范围	电力电量、热量、灰渣的生产及其咨询服务、热力供应等				

主要财务指标

指标\报告期	2014.06.30	2013.12.31	2013.06.30	2012.12.31
基本每股收益(元)	0.2304	0.8504	0.0964	0.4091
基本每股收益	0.0242	0.0810	0.0262	0.2878
稀释每股收益(元)	-	0.8504	0.0964	0.4091
每股净资产(元)	2.9544	5.8714	5.3194	5.0957
每股经营现金净流量(元)	0.0649	1.1709	0.8868	0.4724
每股现金流量(元)	1.2797	0.5470	-0.2964	0.8690
每股资本公积金(元)	1.4108	2.4112	2.6008	2.3439
每股盈余公积金(元)	0.0596	0.2649	0.2544	0.2544
每股未分配利润(元)	0.4863	2.2108	1.4675	1.4961
净资产收益率(%)	4.3859	14.4834	1.8116	8.0286
加权净资产收益率(%)	9.4500	15.4800	1.8300	8.9900
净资产收益率(扣除)(%)	0.4600	1.3794	0.4934	5.6470
总资产(万元)	286901.95	176706.07	172314.69	163407.19
归属母公司股东权益	220673.59	98639.00	89365.75	85607.41
营业收入(万元)	40155.58	77283.43	33341.11	101710.49
营业成本(万元)	26620.98	64480.41	27461.58	85041.42
投资收益(万元)	2426.81	13593.38	2737.16	885.18
净利润(万元)	9678.50	14286.24	1618.91	6873.08
营业利润(万元)	12759.63	14520.53	3097.96	7085.80
利润总额(万元)	16971.90	16678.40	3115.79	7989.78

合肥荣事达三洋电器股份有限公司

公司概况

公司名称	合肥荣事达三洋电器股份有限公司			证券简称	合肥三洋
法人代表	金友华	董秘	方斌	证券代码	600983
公司网址	www.hf-sanyo.cn			电子信箱	hs1029@hf-sanyo.com
电　　话	0551-5338028			传　　真	0551-5320313
办公地址	安徽省合肥市高新技术产业开发区北区L-2号				
经营范围	洗衣机、冰箱、冷冻箱、冷藏箱、微波炉、洁身器等				

主要财务指标

指标\报告期	2014.06.30	2013.12.31	2013.06.30	2012.12.31
基本每股收益(元)	0.3690	0.6800	0.3650	0.5700
基本每股收益	0.3530	0.6500	0.3500	0.5400
稀释每股收益(元)	0.3690	0.6800	0.3650	0.5700
每股净资产(元)	3.8978	3.6087	3.2927	2.9780
每股经营现金净流量(元)	-0.2549	1.1799	0.2317	0.7037
每股现金流量(元)	-0.4854	0.9303	0.1479	0.3161
每股资本公积金(元)	0.0314	0.0314	0.0314	0.0314
每股盈余公积金(元)	0.3980	0.3980	0.3299	0.3299
每股未分配利润(元)	2.4684	2.1793	1.9314	1.6167
净资产收益率(%)	9.4694	18.8619	11.0762	19.1324
加权净资产收益率(%)	9.8000	20.6700	11.6300	21.0400
净资产收益率(扣除)(%)	9.0533	17.9229	10.6578	18.0079
总资产(万元)	508931.75	566852.28	435775.98	408888.64
归属母公司股东权益	207674.09	192270.91	175436.66	158669.01
营业收入(万元)	257986.89	532532.43	253843.93	401575.77
营业成本(万元)	179999.24	349873.55	166649.22	266693.58
投资收益(万元)	-	-73.83	-55.50	-45.14
净利润(万元)	19665.58	36265.90	19431.65	30357.11
营业利润(万元)	22023.82	39381.37	21311.00	32719.10
利润总额(万元)	23040.64	41522.27	22174.51	34819.48

陕西建设机械股份有限公司

公司概况						
公司名称	陕西建设机械股份有限公司			证券简称	建设机械	
法人代表	杨宏军	董秘	白海红	证券代码	600984	
公司网址	www.scmc-xa.com		电子信箱	scmc600984@163.com		
电　话	029-82592288		传　真	029-825292287		
办公地址	陕西省西安市金花北路 418 号					
经营范围	工程、建筑机械、起重机械成套装备、矿山机械成套装备、金属结构产品及相关配件等					

主要财务指标				
指标 \ 报告期	2014.06.30	2013.12.31	2013.06.30	2012.12.31
基本每股收益(元)	-0.1121	-0.5213	-0.4598	0.0485
基本每股收益	-0.1149	-0.5429	-0.4862	0.0471
稀释每股收益(元)	-0.1121	-0.5213	-0.4598	0.0485
每股净资产(元)	2.8366	2.9495	3.0698	2.0600
每股经营现金净流量(元)	-0.1314	-0.5811	-0.1151	-0.5586
每股现金流量(元)	-0.0131	-0.0975	0.3272	0.0132
每股资本公积金(元)	2.7692	2.7692	2.7558	1.7708
每股盈余公积金(元)	0.0683	0.0683	0.0683	0.1166
每股未分配利润(元)	-1.0103	-0.8982	-0.7543	-0.8274
净资产收益率(%)	-3.9526	-14.0150	-8.7770	2.3532
加权净资产收益率(%)	-3.8800	-22.2600	-25.1200	2.4000
净资产收益率(扣除)(%)	-4.0510	-14.5959	-9.2816	2.2862
总资产(万元)	112469.82	106335.95	112431.47	101154.88
归属母公司股东权益	68519.97	71245.98	74153.24	29160.11
营业收入(万元)	17047.55	45237.42	17918.47	70489.24
营业成本(万元)	14147.66	40630.03	16087.70	53721.51
投资收益(万元)	-	-	-	-
净利润(万元)	-2708.32	-9985.15	-6508.40	686.18
营业利润(万元)	-3103.05	-10777.67	-7616.76	456.04
利润总额(万元)	-3035.64	-10349.21	-7242.59	477.35

安徽雷鸣科化股份有限公司

公司概况						
公司名称	安徽雷鸣科化股份有限公司			证券简称	雷鸣科化	
法人代表	张治海	董秘	赵世通	证券代码	600985	
公司网址	www.lmkh.com		电子信箱	lmkhzqb@lmkh.com		
电　话	0561-4948188 4948135		传　真	0561-3091910		
办公地址	安徽省淮北市东山路 148 号					
经营范围	民用爆破器材、高岭土产品的制造、加工、销售等					

主要财务指标				
指标 \ 报告期	2014.06.30	2013.12.31	2013.06.30	2012.12.31
基本每股收益(元)	0.3500	0.4700	0.2600	0.2700
基本每股收益	0.3500	0.4600	0.2500	0.2800
稀释每股收益(元)	0.3500	0.4700	0.2600	0.2700
每股净资产(元)	5.9255	5.5583	5.4256	5.1495
每股经营现金净流量(元)	0.2456	0.7216	-0.0107	0.4252
每股现金流量(元)	0.0958	0.0524	-0.1823	0.3663
每股资本公积金(元)	2.9681	2.9681	2.9643	2.9643
每股盈余公积金(元)	0.2064	0.2064	0.2004	0.2004
每股未分配利润(元)	1.5943	1.2437	1.1342	0.8787
净资产收益率(%)	5.9154	8.4751	4.7098	4.0202
加权净资产收益率(%)	6.1100	8.7600	4.8300	7.4800
净资产收益率(扣除)(%)	5.8865	8.3275	4.6175	4.0706
总资产(万元)	141400.94	131856.65	126029.45	119999.14
归属母公司股东权益	103837.18	97401.02	95076.19	90237.85
营业收入(万元)	49332.58	93992.08	39174.84	66740.24
营业成本(万元)	30191.29	56858.54	24541.94	45383.05
投资收益(万元)	210.44	396.74	44.53	211.77
净利润(万元)	6142.36	8254.86	4477.88	3627.72
营业利润(万元)	7867.46	11257.72	5526.95	5877.22
利润总额(万元)	7930.87	11478.14	5624.66	5850.23

科达集团股份有限公司

公司概况						
公司名称	科达集团股份有限公司			证券简称	科达股份	
法人代表	刘锋杰	董秘	姜志涛	证券代码	600986	
公司网址	www.keda-group.com		电子信箱	jiangzhitao@dkc.cn		
电　话	0546-8304191		传　真	0546-8304191		
办公地址	山东省东营市府前大街 65 号					
经营范围	公路、市政公用、建筑工程设计、设计总承包及技术咨询等					

主要财务指标				
指标 \ 报告期	2014.06.30	2013.12.31	2013.06.30	2012.12.31
基本每股收益(元)	0.0400	0.1200	0.0300	0.0600
基本每股收益	0.0650	-0.0300	0.0300	0.0600
稀释每股收益(元)	0.0400	0.1200	0.0300	0.0600
每股净资产(元)	2.1539	2.1171	2.0807	2.0478
每股经营现金净流量(元)	-0.1497	-1.5158	-1.5621	0.2114
每股现金流量(元)	0.2285	0.0262	-0.3760	0.4186
每股资本公积金(元)	0.3173	0.3173	0.3151	0.3151
每股盈余公积金(元)	0.3025	0.3025	0.2932	0.2932
每股未分配利润(元)	0.5341	0.4974	0.4725	0.4395
净资产收益率(%)	1.7062	5.5199	1.5850	2.9681
加权净资产收益率(%)	1.7200	5.5900	1.6000	3.0100
净资产收益率(扣除)(%)	3.0234	-1.1828	1.4398	2.7512
总资产(万元)	442247.00	412806.90	334732.58	280704.09
归属母公司股东权益	72212.09	70980.01	69760.66	68654.97
营业收入(万元)	36269.40	90793.83	31069.14	150846.63
营业成本(万元)	29450.68	79541.42	25375.81	131132.61
投资收益(万元)	1128.56	1709.79	757.96	390.99
净利润(万元)	1232.08	3918.05	1105.68	2037.77
营业利润(万元)	3168.55	-2714.18	1037.40	1677.18
利润总额(万元)	1550.46	9361.98	1248.33	2030.13

浙江航民股份有限公司

公司概况						
公司名称	浙江航民股份有限公司			证券简称	航民股份	
法人代表	朱重庆	董秘	李军晓	证券代码	600987	
公司网址	www.hmgf.com		电子信箱	hmgf@hmgf.com		
电　话	0571-82551588		传　真	0571-82553288		
办公地址	浙江省杭州市萧山区瓜沥镇航民村					
经营范围	纺织、印染及相关原辅材料的生产和销售、煤炭的采购、销售等					

主要财务指标				
指标 \ 报告期	2014.06.30	2013.12.31	2013.06.30	2012.12.31
基本每股收益(元)	0.2790	0.6500	0.2250	0.4400
基本每股收益	0.2510	0.6200	0.2120	0.4300
稀释每股收益(元)	0.2790	0.6500	0.2250	0.4400
每股净资产(元)	3.3880	3.3088	2.9018	4.2167
每股经营现金净流量(元)	0.4674	0.7519	0.4543	0.9698
每股现金流量(元)	0.1327	0.2397	0.1842	0.3937
每股资本公积金(元)	0.1632	0.1632	0.1642	0.7475
每股盈余公积金(元)	0.2569	0.2569	0.2064	0.3096
每股未分配利润(元)	1.9679	1.8887	1.5312	2.1596
净资产收益率(%)	8.2402	19.5566	7.7472	15.8082
加权净资产收益率(%)	8.1700	21.1000	7.7500	16.7600
净资产收益率(扣除)(%)	7.3953	18.7396	7.3017	15.2386
总资产(万元)	360361.87	345332.51	299626.76	281561.09
归属母公司股东权益	215243.93	210213.69	184353.18	178593.88
营业收入(万元)	159235.67	293079.25	141373.42	254791.48
营业成本(万元)	120363.41	211449.73	107807.87	195602.37
投资收益(万元)	2163.51	1834.81	644.28	352.74
净利润(万元)	17736.45	41110.70	14282.26	28232.46
营业利润(万元)	26074.58	58147.95	20993.18	38395.09
利润总额(万元)	26242.98	58656.48	21337.38	39440.86

赤峰吉隆黄金矿业股份有限公司

公司概况	公司名称	赤峰吉隆黄金矿业股份有限公司			证券简称	赤峰黄金
	法人代表	赵美光	董秘	周新兵	证券代码	600988
	公司网址	www.600988.com.cn		电子信箱	A600988@126.com	
	电　话	0476-8283822		传　真	0476-8283075	
	办公地址	内蒙古自治区赤峰市新城玉龙大街金帝大厦B座1区				
	经营范围	黄金矿产品销售;对采矿业的投资与管理				

主要财务指标	指标\报告期	2014.06.30	2013.12.31	2013.06.30	2012.12.31
	基本每股收益(元)	0.1600	0.8100	0.1600	1.2400
	基本每股收益	0.1600	0.7900	0.1600	1.2000
	稀释每股收益(元)	0.1600	0.8100	0.1600	1.2400
	每股净资产(元)	1.2096	2.1073	1.4418	1.3000
	每股经营现金净流量(元)	0.0307	1.3729	0.3897	0.5213
	每股现金流量(元)	-0.2482	-0.1270	-0.3879	0.3992
	每股资本公积金(元)	-0.0019	-	-	-
	每股盈余公积金(元)	-	-	-	-
	每股未分配利润(元)	0.2078	1.0962	0.4601	0.3019
	净资产收益率(%)	13.2009	38.2027	10.9725	64.4930
	加权净资产收益率(%)	14.1100	47.2300	11.5800	91.1600
	净资产收益率(扣除)(%)	13.1604	37.3266	10.9821	62.6532
	总资产(万元)	139222.78	145816.90	71253.23	50628.43
	归属母公司股东权益	68533.68	59701.24	40847.87	36887.95
	营业收入(万元)	32239.81	58161.89	14847.06	57397.90
	营业成本(万元)	14078.58	16265.24	5314.35	17954.24
	投资收益(万元)	-13.51	-	-	-
	净利润(万元)	9047.05	22807.50	4482.02	23790.14
	营业利润(万元)	13072.92	30552.85	6180.65	31084.02
	利润总额(万元)	13132.25	31250.26	6175.40	31988.92

安徽四创电子股份有限公司

公司概况	公司名称	安徽四创电子股份有限公司			证券简称	四创电子
	法人代表	陈信平	董秘	刘永跃	证券代码	600990
	公司网址	www.sun-create.com		电子信箱	liuyongyue@sun-create.com	
	电　话	0551-5391324 5391323		传　真	0551-5391322	
	办公地址	安徽省合肥市高新技术产业开发区香樟大道199号				
	经营范围	雷达整机及其配套产品、集成电路、广播电视及微波通信产品等				

主要财务指标	指标\报告期	2014.06.30	2013.12.31	2013.06.30	2012.12.31
	基本每股收益(元)	0.0616	0.3976	0.0512	0.4113
	基本每股收益	0.0273	-	0.0093	0.3204
	稀释每股收益(元)	0.0616	0.3976	0.0512	0.4113
	每股净资产(元)	6.1789	6.1573	5.8280	4.0270
	每股经营现金净流量(元)	-2.1240	-0.0276	-1.4753	1.6113
	每股现金流量(元)	-2.5823	2.9306	0.9930	1.0120
	每股资本公积金(元)	3.0459	3.0459	3.0459	1.0080
	每股盈余公积金(元)	0.3456	0.3456	0.3207	0.3728
	每股未分配利润(元)	1.7873	1.7658	1.4614	1.6462
	净资产收益率(%)	0.9964	6.0819	0.7758	10.2146
	加权净资产收益率(%)	0.9980	7.4800	1.1700	10.6000
	净资产收益率(扣除)(%)	0.4417	4.3515	0.1406	7.9554
	总资产(万元)	204237.17	208607.08	155221.76	129495.27
	归属母公司股东权益	84466.16	84171.33	79670.20	47358.04
	营业收入(万元)	41180.98	111666.78	30069.49	100303.30
	营业成本(万元)	32303.58	90138.41	23056.74	82189.37
	投资收益(万元)	92.00	134.90	-	-
	净利润(万元)	841.65	5119.19	618.07	4837.46
	营业利润(万元)	445.33	4528.82	133.31	4238.66
	利润总额(万元)	1024.44	6109.89	759.63	5552.37

贵州钢绳股份有限公司

公司概况	公司名称	贵州钢绳股份有限公司			证券简称	贵绳股份
	法人代表	黄忠渠	董秘	杨期屏	证券代码	600992
	公司网址	www.gzgs.com.cn		电子信箱	yqp@gzgs.com.cn	
	电　话	0852-8419247 8419570		传　真	0852-8419075 8419570	
	办公地址	贵州省遵义市桃溪路47号				
	经营范围	钢丝、钢绳产品及相关设备、材料、技术的研究、生产、加工、销售等				

主要财务指标	指标\报告期	2014.06.30	2013.12.31	2013.06.30	2012.12.31
	基本每股收益(元)	0.0418	0.1228	0.0518	0.1008
	基本每股收益	0.0418	0.0957	0.0520	0.0816
	稀释每股收益(元)	0.0418	0.1228	0.0518	0.1008
	每股净资产(元)	5.4046	5.3928	5.2594	5.2575
	每股经营现金净流量(元)	-0.3011	-0.1173	-0.3246	-0.5744
	每股现金流量(元)	-0.4792	1.6677	-0.3616	-1.0123
	每股资本公积金(元)	3.4288	3.4288	2.8929	2.8929
	每股盈余公积金(元)	0.2321	0.2321	0.3338	0.3338
	每股未分配利润(元)	0.7437	0.7319	1.0326	1.0308
	净资产收益率(%)	0.7733	1.5266	0.9853	1.9179
	加权净资产收益率(%)	0.7700	2.3100	0.9800	1.9100
	净资产收益率(扣除)(%)	0.7735	1.1904	0.9884	1.5518
	总资产(万元)	189431.41	191435.12	149643.95	146915.15
	归属母公司股东权益	132461.15	132172.09	86448.19	86418.23
	营业收入(万元)	92721.95	192797.67	94963.63	156086.92
	营业成本(万元)	81032.37	167924.87	82317.97	136637.05
	投资收益(万元)	-	-	-	10.00
	净利润(万元)	1024.33	2017.70	851.82	1657.45
	营业利润(万元)	1206.03	1816.45	1011.54	1643.37
	利润总额(万元)	1205.80	2339.25	1008.41	2015.59

马应龙药业集团股份有限公司

公司概况	公司名称	马应龙药业集团股份有限公司			证券简称	马应龙
	法人代表	陈平	董秘	夏有章	证券代码	600993
	公司网址	www.mayinglong.cn		电子信箱	xiayouzhang@sohu.com	
	电　话	027-87389583 87291519		传　真	027-87291724	
	办公地址	湖北省武汉市武昌南湖周家湾100号				
	经营范围	中西药制造、企业经营本企业自产产品及相关技术的出口业务等				

主要财务指标	指标\报告期	2014.06.30	2013.12.31	2013.06.30	2012.12.31
	基本每股收益(元)	0.3900	0.5600	0.3600	0.5200
	基本每股收益	0.3700	0.5100	0.3300	0.4200
	稀释每股收益(元)	0.3900	0.5600	0.3600	0.5200
	每股净资产(元)	4.5244	4.3003	4.0894	3.8923
	每股经营现金净流量(元)	-0.0398	0.3919	0.0797	0.5104
	每股现金流量(元)	-0.1023	-0.0384	0.0441	0.5571
	每股资本公积金(元)	0.3638	0.3637	0.3568	0.3568
	每股盈余公积金(元)	0.7393	0.7393	0.6784	0.6784
	每股未分配利润(元)	2.4249	2.2018	2.0578	1.8608
	净资产收益率(%)	8.7040	13.0673	8.7305	13.4664
	加权净资产收益率(%)	8.7600	13.7700	8.7700	14.2200
	净资产收益率(扣除)(%)	8.2483	11.8704	8.1540	10.7993
	总资产(万元)	209745.82	202747.29	198238.12	184287.37
	归属母公司股东权益	150018.70	142588.52	135594.76	129061.06
	营业收入(万元)	80251.55	160228.25	78208.96	154203.45
	营业成本(万元)	44454.18	91652.26	43434.50	90082.76
	投资收益(万元)	929.80	1092.51	677.41	-234.38
	净利润(万元)	13057.62	18632.44	11838.07	17379.84
	营业利润(万元)	14571.33	20286.49	13544.61	18737.51
	利润总额(万元)	14708.23	21507.84	13836.51	19938.24

云南文山电力股份有限公司

公司概况					
公司名称	云南文山电力股份有限公司			证券简称	文山电力
法人代表	杨育鉴	董秘	段登奇	证券代码	600995
公司网址	www.wsdl.com.cn		电子信箱	wsdl@wsdl.sina.net	
电　话	0871-63191628 63199266		传　真	0871-63190838	
办公地址	云南省昆明市东风东路 48 号金泰大厦 19 楼				
经营范围	水力发电、供电和配电等				

主要财务指标 指标\报告期	2014.06.30	2013.12.31	2013.06.30	2012.12.31
基本每股收益(元)	0.2100	0.2700	0.1800	0.3000
基本每股收益	0.2100	0.2300	0.1800	0.2700
稀释每股收益(元)	0.2100	0.2700	0.1800	0.3000
每股净资产(元)	2.9088	2.7836	2.6887	2.6130
每股经营现金净流量(元)	0.3844	1.1592	0.2265	0.6098
每股现金流量(元)	0.1362	-0.1901	-0.0002	0.0583
每股资本公积金(元)	0.3244	0.3244	0.3244	0.3244
每股盈余公积金(元)	0.2671	0.2671	0.2401	0.2401
每股未分配利润(元)	1.3173	1.1921	1.1243	1.0485
净资产收益率(%)	7.2265	9.7231	6.5368	11.3456
加权净资产收益率(%)	7.3500	10.0600	6.5100	12.0300
净资产收益率(扣除)(%)	7.1541	8.3446	6.5485	10.2970
总资产(万元)	266573.46	267465.42	266826.59	247744.71
归属母公司股东权益	139194.11	133202.72	128661.75	125036.62
营业收入(万元)	100155.78	203181.30	93968.51	171034.07
营业成本(万元)	75658.79	158396.90	69845.66	129352.90
投资收益(万元)	25.92	-170.30	-261.39	933.79
净利润(万元)	10058.86	12951.37	8410.39	14186.12
营业利润(万元)	12427.97	13217.90	10278.71	15438.91
利润总额(万元)	12546.47	15360.97	10268.14	17027.35

开滦能源化工股份有限公司

公司概况					
公司名称	开滦能源化工股份有限公司			证券简称	开滦股份
法人代表	张文学	董秘	侯树忠	证券代码	600997
公司网址	www.kkcc.com.cn		电子信箱	kcc@kailuan.com.cn	
电　话	0315-2812013 3026971		传　真	0315-3026507	
办公地址	河北省唐山市新华东道 70 号东楼				
经营范围	煤炭及伴生资源开采、原煤洗选加工、煤炭产品的经营销售等				

主要财务指标 指标\报告期	2014.06.30	2013.12.31	2013.06.30	2012.12.31
基本每股收益(元)	0.0800	0.2000	0.1400	0.4000
基本每股收益	0.0800	0.2000	0.1400	0.4000
稀释每股收益(元)	0.0800	0.2000	0.1400	0.4000
每股净资产(元)	5.7281	5.6544	5.6055	5.5673
每股经营现金净流量(元)	0.7730	1.2120	0.5517	1.2724
每股现金流量(元)	0.6409	-1.2798	-0.9369	0.5065
每股资本公积金(元)	0.8315	0.8315	0.8315	0.8315
每股盈余公积金(元)	0.7222	0.7222	0.7033	0.7033
每股未分配利润(元)	3.0106	2.9889	2.9455	2.9239
净资产收益率(%)	1.4610	3.6065	2.5275	7.0977
加权净资产收益率(%)	1.4700	3.6500	2.5300	7.3300
净资产收益率(扣除)(%)	1.4598	3.5874	2.5319	7.1075
总资产(万元)	2118715.33	2052212.12	2091738.83	2104659.42
归属母公司股东权益	707210.26	698113.31	692075.17	687363.69
营业收入(万元)	743233.50	1717616.67	875867.24	1909126.67
营业成本(万元)	657399.00	1515011.81	770695.25	1679535.12
投资收益(万元)	1666.76	3017.37	1444.09	1997.55
净利润(万元)	10332.42	25177.19	17492.24	48787.27
营业利润(万元)	18266.17	39990.18	26311.58	71170.42
利润总额(万元)	18201.81	40105.85	26229.03	71126.61

九州通医药集团股份有限公司

公司概况					
公司名称	九州通医药集团股份有限公司			证券简称	九 州 通
法人代表	刘宝林	董秘	林新扬	证券代码	600998
公司网址	www.jztey.com		电子信箱	hsk1109mail@sina.com	
电　话	010-60210333 027-84672240		传　真	010-60210333 027-84451256	
办公地址	湖北省武汉市汉阳区龙阳大道特 8 号				
经营范围	批发中药饮片、中成药、中药材、化学药制剂、抗生素制剂、抗生素原料药等				

主要财务指标 指标\报告期	2014.06.30	2013.12.31	2013.06.30	2012.12.31
基本每股收益(元)	0.1394	0.3400	0.1251	0.2900
基本每股收益	0.1168	0.2600	0.1017	0.2100
稀释每股收益(元)	0.1394	0.3400	0.1251	0.2900
每股净资产(元)	4.4634	3.5900	3.3624	3.2300
每股经营现金净流量(元)	-1.0595	0.0975	-0.6088	-0.2597
每股现金流量(元)	-0.3074	0.5476	-0.3372	0.1308
每股资本公积金(元)	2.3042	1.3101	1.2940	1.2855
每股盈余公积金(元)	0.0953	0.1080	0.0845	0.0845
每股未分配利润(元)	1.0639	1.1718	0.9839	0.8588
净资产收益率(%)	2.9086	9.3720	3.7201	8.9984
加权净资产收益率(%)	3.2300	9.8300	3.8000	9.6800
净资产收益率(扣除)(%)	2.4378	7.1757	3.0258	6.6293
总资产(万元)	2221432.14	1859618.56	1667501.32	1480396.93
归属母公司股东权益	718441.90	509952.52	477640.10	458661.66
营业收入(万元)	1991251.66	3343804.97	1616176.85	2950766.28
营业成本(万元)	1858071.64	3120838.41	1513574.27	2761692.46
投资收益(万元)	304.57	5767.27	367.36	9131.38
净利润(万元)	20896.41	47792.78	17768.83	41272.08
营业利润(万元)	23021.48	51330.58	18063.40	49281.22
利润总额(万元)	27501.94	60677.72	22455.73	55245.06

招商证券股份有限公司

公司概况					
公司名称	招商证券股份有限公司			证券简称	招商证券
法人代表	宫少林	董秘	邓晓力	证券代码	600999
公司网址	www.newone.com.cn		电子信箱	ir@cmschina.com.cn	
电　话	0755-82943666		传　真	0755-82944669	
办公地址	广东省深圳市福田区益田路江苏大厦 A 座 38-45 层				
经营范围	证券经纪、证券投资咨询、与证券交易、证券投资活动有关的财务顾问等				

主要财务指标 指标\报告期	2014.06.30	2013.12.31	2013.06.30	2012.12.31
基本每股收益(元)	0.2812	0.4784	0.2246	0.3531
基本每股收益	0.2806	0.4794	0.2246	0.3521
稀释每股收益(元)	0.2812	0.4784	0.2246	0.3531
每股净资产(元)	6.8682	5.8268	5.6040	5.5278
每股经营现金净流量(元)	0.0330	-3.9538	-2.1363	-0.6817
每股现金流量(元)	1.5086	-0.7043	0.8166	-0.4522
每股资本公积金(元)	3.3685	2.0086	2.0342	2.0332
每股盈余公积金(元)	0.3488	0.4346	0.3907	0.3907
每股未分配利润(元)	1.5136	1.5933	1.4714	1.3888
净资产收益率(%)	3.4206	8.2096	4.0085	6.3883
加权净资产收益率(%)	4.5800	8.4400	4.0000	6.5300
净资产收益率(扣除)(%)	3.4131	8.2281	4.0080	6.3698
总资产(万元)	10719741.21	8315718.00	8888915.75	7553650.15
归属母公司股东权益	3989117.30	2715931.60	2612095.49	2576563.97
营业收入(万元)	360149.30	608656.48	290424.85	466571.93
营业成本(万元)	191979.02	342973.26	159081.30	279667.24
投资收益(万元)	101853.82	164333.45	95232.52	153043.80
净利润(万元)	136450.24	222966.89	104705.75	164599.80
营业利润(万元)	168170.28	265683.21	131343.54	186904.70
利润总额(万元)	168566.61	264801.83	131360.28	187515.05

唐山港集团股份有限公司

公司概况						
公司名称	唐山港集团股份有限公司				证券简称	唐山港
法人代表	孙文仲	董秘	杨光		证券代码	601000
公司网址	www.jtport.com.cn		电子信箱		tspgc@china.com	
电话	027-2916417 2916409 2916324		传真		0315-2916409	
办公地址	河北省唐山市海港经济开发区唐山港大厦					
经营范围	码头和其他港口设施经营、在港口内从事货物装卸、驳运、仓储经营等					

主要财务指标 指标\报告期	2014.06.30	2013.12.31	2013.06.30	2012.12.31
基本每股收益(元)	0.2500	0.4400	0.2200	0.3200
基本每股收益	0.2500	0.4200	0.2200	0.3100
稀释每股收益(元)	0.2500	0.4400	0.2200	0.3200
每股净资产(元)	3.1361	2.9538	2.7400	2.5561
每股经营现金净流量(元)	0.1612	0.5018	0.1365	0.5586
每股现金流量(元)	0.0359	0.0250	-0.1306	-0.0065
每股资本公积金(元)	0.7049	0.7288	0.7304	0.7278
每股盈余公积金(元)	0.1474	0.1474	0.1164	0.1164
每股未分配利润(元)	1.2615	1.0614	0.8803	0.7053
净资产收益率(%)	7.9746	14.7998	8.2095	12.4417
加权净资产收益率(%)	8.1500	15.9200	8.4600	13.2200
净资产收益率(扣除)(%)	7.9317	14.2430	7.8631	12.2646
总资产(万元)	1384691.59	1284055.67	1142474.70	1112893.62
归属母公司股东权益	636738.08	599721.67	556313.90	518977.99
营业收入(万元)	261407.85	454991.53	231793.79	395103.30
营业成本(万元)	162123.41	271507.48	136779.25	240714.63
投资收益(万元)	1380.98	5907.40	1501.23	1266.52
净利润(万元)	50777.51	88757.62	45670.41	64569.52
营业利润(万元)	74157.42	124759.23	64764.56	92192.96
利润总额(万元)	74538.26	125894.83	65684.46	93498.78

大同煤业股份有限公司

公司概况						
公司名称	大同煤业股份有限公司				证券简称	大同煤业
法人代表	张有喜	董秘	钱建军		证券代码	601001
公司网址	www.dtmy.com.cn		电子信箱		dtqianjianjun@126.com	
电话	0352-7010476 7010167		传真		0352-7011070	
办公地址	山西省大同市矿区新平旺					
经营范围	煤炭采掘、洗选加工、销售					

主要财务指标 指标\报告期	2014.06.30	2013.12.31	2013.06.30	2012.12.31
基本每股收益(元)	0.4900	-0.8400	-0.8400	0.0400
基本每股收益	-0.2600	-	-	0.0300
稀释每股收益(元)	0.4900	-0.8400	-0.8400	0.0400
每股净资产(元)	4.8825	4.3751	4.3751	5.5449
每股经营现金净流量(元)	-0.2912	0.6623	0.6623	0.5179
每股现金流量(元)	1.0507	-0.4427	-0.4427	-1.3463
每股资本公积金(元)	0.6763	0.6838	0.6838	0.6763
每股盈余公积金(元)	0.5255	0.5255	0.5255	0.5255
每股未分配利润(元)	1.6136	1.1256	1.1256	1.9744
净资产收益率(%)	9.9956	-19.1271	-19.1271	0.6749
加权净资产收益率(%)	10.0000	-10.6500	-10.6500	0.6700
净资产收益率(扣除)(%)	-5.4116	-19.2534	-19.2534	0.5316
总资产(万元)	2214498.35	2019591.21	2019591.21	2152087.30
归属母公司股东权益	817178.23	732259.50	732259.50	928051.40
营业收入(万元)	455060.23	1084363.30	1084363.30	1727998.70
营业成本(万元)	282009.60	722855.30	722855.30	1244252.50
投资收益(万元)	1695.22	5758.00	5758.00	-
净利润(万元)	81682.23	-140060.30	-140060.30	6263.00
营业利润(万元)	-1877.17	-16789.70	-16789.70	154438.70
利润总额(万元)	123296.41	-16753.60	-16753.60	153359.30

晋亿实业股份有限公司

公司概况						
公司名称	晋亿实业股份有限公司				证券简称	晋亿实业
法人代表	蔡永龙	董秘	涂志清		证券代码	601002
公司网址	www.gem-year.com		电子信箱		tzq@gem-year.net	
电话	0573-84185042 84185001*630		传真		0573-84184488	
办公地址	浙江省嘉兴市嘉善经济开发区晋亿大道8号					
经营范围	各类紧固件产成品、中间产品的研发、生产和销售等					

主要财务指标 指标\报告期	2014.06.30	2013.12.31	2013.06.30	2012.12.31
基本每股收益(元)	0.1200	0.1100	-0.0040	-0.0160
基本每股收益	0.1110	0.0900	-0.0170	-0.0420
稀释每股收益(元)	0.1200	0.1100	-0.0040	-0.0160
每股净资产(元)	2.8844	2.8601	2.2813	2.2824
每股经营现金净流量(元)	0.0505	0.1170	-0.1732	0.7200
每股现金流量(元)	-0.0832	-0.0696	-0.2253	0.1451
每股资本公积金(元)	1.3895	1.3895	0.8958	0.8958
每股盈余公积金(元)	0.1521	0.1521	0.1537	0.1537
每股未分配利润(元)	0.3337	0.3140	0.2293	0.2330
净资产收益率(%)	4.1488	3.7013	-0.1631	-0.7005
加权净资产收益率(%)	4.1000	4.3400	-0.1600	-0.7000
净资产收益率(扣除)(%)	3.8455	3.0947	-0.7278	-1.8619
总资产(万元)	464582.99	439385.32	464040.81	415108.50
归属母公司股东权益	228639.82	226719.46	168466.45	168550.45
营业收入(万元)	166115.81	273272.28	116805.59	259633.87
营业成本(万元)	126638.66	224729.26	99406.25	226799.52
投资收益(万元)	158.31	170.95	26.29	136.46
净利润(万元)	9485.83	8391.63	-274.72	-1180.75
营业利润(万元)	12527.26	9595.05	-1276.75	-3288.74
利润总额(万元)	13387.09	11141.52	-210.44	-1099.60

柳州钢铁股份有限公司

公司概况						
公司名称	柳州钢铁股份有限公司				证券简称	柳钢股份
法人代表	施沛润	董秘	班俊超		证券代码	601003
公司网址	www.liusteel.com		电子信箱		liscl@163.com	
电话	0772-2595971		传真		0772-2595998	
办公地址	广西壮族自治区柳州市北雀路117号					
经营范围	烧结、炼铁、炼钢及其副产品的销售、钢材轧制、加工及其副产品的销售等					

主要财务指标 指标\报告期	2014.06.30	2013.12.31	2013.06.30	2012.12.31
基本每股收益(元)	0.0780	0.0846	-0.0327	0.0478
基本每股收益	0.0770	0.0717	-0.0364	0.0210
稀释每股收益(元)	0.0780	0.0846	-0.0327	0.0478
每股净资产(元)	2.2659	2.1889	2.0730	2.1056
每股经营现金净流量(元)	0.9303	0.9367	0.7810	-0.7148
每股现金流量(元)	0.3224	0.1775	0.5051	-0.3696
每股资本公积金(元)	0.0813	0.0813	0.0813	0.0813
每股盈余公积金(元)	0.3652	0.3652	0.3567	0.3567
每股未分配利润(元)	0.8193	0.7413	0.6324	0.6652
净资产收益率(%)	3.4439	3.8631	-1.5791	2.2717
加权净资产收益率(%)	3.5000	3.9400	-1.5700	2.3000
净资产收益率(扣除)(%)	3.3966	3.2740	-1.7563	0.9960
总资产(万元)	2384751.33	2375142.01	2643271.09	2253973.32
归属母公司股东权益	580705.42	560961.94	531273.49	539626.09
营业收入(万元)	1846914.39	3684887.87	1815433.95	3727636.16
营业成本(万元)	1726405.61	3504349.55	1741851.09	3554205.61
投资收益(万元)	43.41	100.96	57.61	-60.21
净利润(万元)	19998.72	21670.63	-8389.57	12258.79
营业利润(万元)	23218.44	20008.89	-9311.71	4465.97
利润总额(万元)	23527.90	23751.65	-8389.57	12573.05

重庆钢铁股份有限公司

公司概况	公司名称	重庆钢铁股份有限公司			证券简称	重庆钢铁
	法人代表	朱建派	董秘	游晓安	证券代码	601005
	公司网址	www.cqgt.cn		电子信箱	yxa@email.cqgt.cn	
	电　话	023-68873311 68983482		传　真	023-68873189	
	办公地址	重庆市长寿区经济技术开发区钢城大道一号				
	经营范围	中厚钢板、钢坯、型材、线材及焦化副产品的生产和销售				

主要财务指标	指标\报告期	2014.06.30	2013.12.31	2013.06.30	2012.12.31
	基本每股收益(元)	-0.2130	-1.2520	-0.6440	0.0570
	基本每股收益	-0.3110	-1.2530	-0.6460	-1.0780
	稀释每股收益(元)	-0.2130	-1.2520	-0.6440	0.0570
	每股净资产(元)	2.0229	2.2356	1.7644	2.4083
	每股经营现金净流量(元)	0.3508	0.4408	-0.2242	3.0665
	每股现金流量(元)	-0.0141	-0.6482	-1.5984	1.2077
	每股资本公积金(元)	1.4992	1.4988	0.6400	0.6400
	每股盈余公积金(元)	0.1368	0.1368	0.3502	0.3502
	每股未分配利润(元)	-0.6134	-0.4003	-0.2267	0.4172
	净资产收益率(%)	-10.5338	-25.1986	-36.4942	2.3674
	加权净资产收益率(%)	-10.0100	-72.4600	-30.8600	2.4000
	净资产收益率(扣除)(%)	-15.3538	-25.2016	-36.6407	-44.7690
	总资产(万元)	4829477.40	4804597.70	3050378.50	3110639.90
	归属母公司股东权益	897341.30	991730.30	305795.70	417397.60
	营业收入(万元)	602485.60	1756344.60	929469.80	1845877.60
	营业成本(万元)	632467.00	1788446.20	939497.80	1840270.90
	投资收益(万元)	-	-150.50	-	36927.40
	净利润(万元)	-94523.70	-249901.80	-111597.80	9881.30
	营业利润(万元)	-145407.10	-249997.10	-111959.30	-202450.20
	利润总额(万元)	-94521.60	-249589.10	-111382.20	10182.50

大秦铁路股份有限公司

公司概况	公司名称	大秦铁路股份有限公司			证券简称	大秦铁路
	法人代表	杨绍清	董秘	黄松青	证券代码	601006
	公司网址	www.daqintielu.com		电子信箱	dqtl@daqintielu.com	
	电　话	0351-2620620		传　真	0351-2620604	
	办公地址	山西省大同市站北街14号 山西省太原市建设北路202号				
	经营范围	以煤炭运输为主的铁路货物运输业务以及旅客运输业务				

主要财务指标	指标\报告期	2014.06.30	2013.12.31	2013.06.30	2012.12.31
	基本每股收益(元)	0.4800	0.8500	0.4400	0.7700
	基本每股收益	0.4900	0.8600	0.4400	0.7800
	稀释每股收益(元)	0.4800	0.8500	0.4400	0.7700
	每股净资产(元)	5.2376	5.1843	4.7670	4.7212
	每股经营现金净流量(元)	0.5017	0.9928	0.4428	0.8705
	每股现金流量(元)	-0.0373	0.0637	0.0340	0.2101
	每股资本公积金(元)	1.6741	1.6741	1.6752	1.6766
	每股盈余公积金(元)	0.5160	0.5160	0.4306	0.4306
	每股未分配利润(元)	2.0476	1.9942	1.6613	1.6160
	净资产收益率(%)	9.2283	16.4668	9.1436	16.3881
	加权净资产收益率(%)	9.0300	17.3400	8.9400	17.4200
	净资产收益率(扣除)(%)	9.2609	16.5773	9.2026	16.4754
	总资产(万元)	10267560.84	10395531.64	9894338.76	10056750.85
	归属母公司股东权益	7786635.00	7707335.31	7087051.67	7021791.12
	营业收入(万元)	2638146.44	5134273.97	2456545.19	4620050.27
	营业成本(万元)	1612310.72	3230678.76	1485129.34	2847870.75
	投资收益(万元)	118006.64	269299.29	137072.12	206556.65
	净利润(万元)	718571.72	1269154.02	648013.91	1150403.07
	营业利润(万元)	925719.40	1619434.49	825798.25	1478989.75
	利润总额(万元)	922331.31	1607077.68	820235.15	1470634.94

金陵饭店股份有限公司

公司概况	公司名称	金陵饭店股份有限公司			证券简称	金陵饭店
	法人代表	李建伟	董秘	张胜新	证券代码	601007
	公司网址	www.jinlinghotel.com		电子信箱	securities@jinlinghotel.com	
	电　话	025-87707858		传　真	025-84711666	
	办公地址	江苏省南京市汉中路2号				
	经营范围	酒店经营、主要提供住宿、餐饮、会议等综合性服务				

主要财务指标	指标\报告期	2014.06.30	2013.12.31	2013.06.30	2012.12.31
	基本每股收益(元)	0.0520	0.2410	0.0810	0.3670
	基本每股收益	0.0400	0.2320	0.0770	0.3410
	稀释每股收益(元)	0.0520	0.2410	0.0810	0.3670
	每股净资产(元)	4.5403	4.4883	4.4439	4.3627
	每股经营现金净流量(元)	0.1742	0.1764	0.1352	0.3724
	每股现金流量(元)	-0.3193	-0.0679	-0.4516	-0.2899
	每股资本公积金(元)	1.4575	1.4575	1.4575	1.4575
	每股盈余公积金(元)	0.2456	0.2456	0.2245	0.2245
	每股未分配利润(元)	1.8371	1.7852	1.7619	1.6807
	净资产收益率(%)	1.1441	5.3616	1.8268	8.4200
	加权净资产收益率(%)	1.1510	5.4400	1.8440	8.7900
	净资产收益率(扣除)(%)	0.8902	5.1680	1.7355	7.8273
	总资产(万元)	305159.38	300510.78	255373.81	246383.83
	归属母公司股东权益	136208.11	134649.73	133315.79	130880.40
	营业收入(万元)	27011.14	53471.37	24641.83	60662.79
	营业成本(万元)	12906.96	22790.53	9798.99	25316.76
	投资收益(万元)	682.76	4130.17	651.75	5486.23
	净利润(万元)	1558.38	7219.33	2435.39	11018.51
	营业利润(万元)	1873.69	9166.90	3436.16	14667.68
	利润总额(万元)	2122.73	9154.24	3437.35	15172.42

江苏连云港港口股份有限公司

公司概况	公司名称	江苏连云港港口股份有限公司			证券简称	连云港
	法人代表	李春宏	董秘	沙晓春	证券代码	601008
	公司网址	www.jlpcl.com		电子信箱	shaxiaochun@jlpcl.com	
	电　话	0518-82389269 82387588		传　真	0518-82380588	
	办公地址	江苏省连云港市连云区中华路18号				
	经营范围	装卸业务、堆存业务、港务管理业务等				

主要财务指标	指标\报告期	2014.06.30	2013.12.31	2013.06.30	2012.12.31
	基本每股收益(元)	0.0510	0.2000	0.1210	0.1900
	基本每股收益	0.0440	0.1800	0.1120	0.1700
	稀释每股收益(元)	0.0510	0.2000	0.1210	0.1900
	每股净资产(元)	3.1293	3.1281	3.2442	3.5849
	每股经营现金净流量(元)	0.0087	0.1068	-0.0378	0.2432
	每股现金流量(元)	-0.2379	-0.1967	-0.5959	0.3752
	每股资本公积金(元)	1.5906	1.5906	1.6479	2.0497
	每股盈余公积金(元)	0.1247	0.1247	0.1376	0.1376
	每股未分配利润(元)	0.4140	0.4129	0.4587	0.3976
	净资产收益率(%)	1.6352	5.0387	3.7339	5.8609
	加权净资产收益率(%)	1.6300	5.6200	3.3300	5.1000
	净资产收益率(扣除)(%)	1.4068	4.4799	3.4517	5.3578
	总资产(万元)	633493.85	633846.73	438976.12	574386.35
	归属母公司股东权益	317687.51	317568.62	263312.70	290964.77
	营业收入(万元)	75808.41	154227.58	76705.32	161521.01
	营业成本(万元)	58361.62	116152.20	53922.72	119529.65
	投资收益(万元)	4037.19	7919.37	3845.26	5561.45
	净利润(万元)	5194.97	16001.20	9831.76	15141.58
	营业利润(万元)	3834.44	14091.55	10981.83	14302.99
	利润总额(万元)	5040.40	17997.76	11427.66	17338.92

南京银行股份有限公司

公司概况	公司名称	南京银行股份有限公司			证券简称	南京银行
	法人代表	林复	董秘	汤哲新	证券代码	601009
	公司网址	www.njcb.com.cn		电子信箱	boardoffice@njcb.com.cn	
	电　话	025-86775055		传　真	025-86775054	
	办公地址	江苏省南京市玄武区中山路288号				
	经营范围	吸收公众存款、发放短期、中期和长期贷款、办理国内结算等				

	指标\报告期	2014.06.30	2013.12.31	2013.06.30	2012.12.31
主要财务指标	基本每股收益(元)	0.9700	1.5100	0.8100	1.3500
	基本每股收益	0.9600	–	0.8100	1.3500
	稀释每股收益(元)	0.9700	1.5100	0.8100	1.3500
	每股净资产(元)	9.8300	8.9600	8.7100	8.2900
	每股经营现金净流量(元)	21.2355	22.4430	14.5833	3.7536
	每股现金流量(元)	0.4774	0.8436	1.8972	-1.5786
	每股资本公积金(元)	3.4029	3.0382	3.4940	3.4827
	每股盈余公积金(元)	0.6822	0.5315	0.5315	0.5315
	每股未分配利润(元)	3.0317	2.6769	2.4690	2.0655
	净资产收益率(%)	9.8259	16.9118	9.2981	16.2993
	加权净资产收益率(%)	10.0400	17.5600	9.3000	17.3500
	净资产收益率(扣除)(%)	9.7764	16.8403	9.2649	16.2686
	总资产(万元)	51373287.60	43405729.30	41002065.30	34379215.40
	归属母公司股东权益	2917365.90	2658999.10	2585005.00	2461832.70
	营业收入(万元)	743210.30	1047829.40	512375.20	911445.30
	营业成本(万元)	384364.10	491660.50	211730.90	415661.20
	投资收益(万元)	29797.40	37247.70	15238.60	48102.10
	净利润(万元)	286656.10	449685.70	240355.10	401260.30
	营业利润(万元)	358846.20	556168.90	300644.30	495784.10
	利润总额(万元)	362165.50	560852.10	302305.80	498040.40

文峰大世界连锁发展股份有限公司

公司概况	公司名称	文峰大世界连锁发展股份有限公司			证券简称	文峰股份
	法人代表	徐长江	董秘	张凯	证券代码	601010
	公司网址	www.wfdsj.com.cn		电子信箱	wf@wfdsj.cn	
	电　话	0513-85505666 8968		传　真	0513-85121565	
	办公地址	江苏省南通市青年东路1号				
	经营范围	百货、超市、电器销售专业店的连锁经营等				

	指标\报告期	2014.06.30	2013.12.31	2013.06.30	2012.12.31
主要财务指标	基本每股收益(元)	0.3400	0.5200	0.2800	0.5700
	基本每股收益	0.3400	0.4900	0.2600	0.4400
	稀释每股收益(元)	0.3400	0.5200	0.2800	0.5700
	每股净资产(元)	5.0763	5.0954	4.8543	7.3620
	每股经营现金净流量(元)	-0.1576	0.3988	-0.1157	0.9001
	每股现金流量(元)	-0.4021	-0.7090	-1.0042	-0.7532
	每股资本公积金(元)	2.5972	2.5960	2.5957	4.3936
	每股盈余公积金(元)	0.3156	0.3156	0.2510	0.3765
	每股未分配利润(元)	1.1635	1.1837	1.0076	1.5919
	净资产收益率(%)	6.6939	10.2123	5.7603	11.5282
	加权净资产收益率(%)	6.5300	10.4600	5.6000	12.1600
	净资产收益率(扣除)(%)	6.6701	9.6543	5.4438	8.9436
	总资产(万元)	670978.85	696335.25	585631.38	645343.07
	归属母公司股东权益	375239.25	376648.40	358831.30	362801.40
	营业收入(万元)	411273.60	717850.89	376775.53	642600.34
	营业成本(万元)	329891.75	591618.94	312891.75	531032.16
	投资收益(万元)	85.61	1489.86	1327.91	10920.90
	净利润(万元)	25118.24	38464.28	20669.90	41824.31
	营业利润(万元)	35943.13	52233.82	28851.39	55204.36
	利润总额(万元)	35483.19	52795.73	28909.54	55901.46

七台河宝泰隆煤化工股份有限公司

公司概况	公司名称	七台河宝泰隆煤化工股份有限公司			证券简称	宝泰隆
	法人代表	焦云	董秘	王维舟	证券代码	601011
	公司网址	www.btlgf.com		电子信箱	wwz0451@163.com	
	电　话	0464-2915999 2919908		传　真	0464-2915999 2919908	
	办公地址	黑龙江省七台河市桃山区景丰路117号宝泰隆矿业大厦5层				
	经营范围	生产、储存煤焦油、生产、销售粗苯等				

	指标\报告期	2014.06.30	2013.12.31	2013.06.30	2012.12.31
主要财务指标	基本每股收益(元)	0.0891	0.0300	0.0101	0.1900
	基本每股收益	0.0640	-0.0100	-0.0715	0.1200
	稀释每股收益(元)	0.0891	0.0300	0.0101	0.1900
	每股净资产(元)	7.3859	7.2805	7.2538	7.2305
	每股经营现金净流量(元)	0.2787	0.5920	0.4089	0.1340
	每股现金流量(元)	-0.3312	-0.5566	-0.3226	-0.7766
	每股资本公积金(元)	4.5993	4.5993	4.5993	4.5993
	每股盈余公积金(元)	0.1358	0.1358	0.1358	0.1358
	每股未分配利润(元)	1.5815	1.4924	1.4723	1.4622
	净资产收益率(%)	1.2064	0.4139	0.1386	2.5940
	加权净资产收益率(%)	1.2200	0.4200	0.1400	2.5900
	净资产收益率(扣除)(%)	0.8658	-0.0862	-0.9851	1.6962
	总资产(万元)	537096.70	534533.20	512055.84	512208.70
	归属母公司股东权益	285832.62	281755.32	280722.68	279820.14
	营业收入(万元)	90846.82	189198.36	86616.86	225867.48
	营业成本(万元)	69000.44	158119.74	72547.62	188729.96
	投资收益(万元)	-69.88	2676.52	104.52	3446.04
	净利润(万元)	3448.27	1166.28	389.14	7258.54
	营业利润(万元)	2846.84	-871.87	-3864.67	6844.69
	利润总额(万元)	4231.44	1468.70	226.75	9966.88

西安隆基硅材料股份有限公司

公司概况	公司名称	西安隆基硅材料股份有限公司			证券简称	隆基股份
	法人代表	钟宝申	董秘	李振国(代)	证券代码	601012
	公司网址	www.longi-silicon.com		电子信箱	longi@longi-silicon.com	
	电　话	029-81566863		传　真	029-81566685	
	办公地址	陕西省西安市长安区航天中路388号				
	经营范围	单晶硅棒、硅片的研发、生产、销售等				

	指标\报告期	2014.06.30	2013.12.31	2013.06.30	2012.12.31
主要财务指标	基本每股收益(元)	0.2100	0.1300	0.0400	-0.1100
	基本每股收益	0.2000	–	0.0300	-0.2400
	稀释每股收益(元)	0.2100	0.1300	0.0400	-0.1100
	每股净资产(元)	5.6583	5.5013	5.4085	5.3696
	每股经营现金净流量(元)	0.2215	0.1061	0.4128	-0.1424
	每股现金流量(元)	-0.0143	-1.0097	-0.6468	1.5106
	每股资本公积金(元)	2.7103	2.7103	2.7103	2.7103
	每股盈余公积金(元)	0.0409	0.0409	0.0379	0.0379
	每股未分配利润(元)	1.9071	1.7502	1.6603	1.6214
	净资产收益率(%)	3.6578	2.3943	0.7193	-1.8907
	加权净资产收益率(%)	3.6900	2.4200	0.7200	-2.1300
	净资产收益率(扣除)(%)	3.4509	1.3845	0.5879	-4.2237
	总资产(万元)	520124.93	468772.24	446739.46	472809.03
	归属母公司股东权益	304711.88	296258.71	291260.63	289165.53
	营业收入(万元)	145658.70	228046.06	97189.95	170832.51
	营业成本(万元)	121595.59	200084.30	84834.24	148508.06
	投资收益(万元)	13.83	-29.24	-17.44	4569.22
	净利润(万元)	11145.79	7093.18	2095.10	-5467.22
	营业利润(万元)	10931.97	7286.74	2631.22	-11072.03
	利润总额(万元)	11675.33	9298.41	3058.38	-7518.13

宁波港股份有限公司

公司概况	公司名称	宁波港股份有限公司			证券简称	宁 波 港
	法人代表	徐华江	董秘	蒋伟	证券代码	601018
	公司网址	www.nbport.com.cn		电子信箱	ird@nbport.com.cn	
	电 话	0574-27686151 27698636		传 真	0574-27687001	
	办公地址	浙江省宁波市北仑区明州路 301 号宁波港大厦				
	经营范围	码头开发经营、管理、港口货物的装卸、堆存、仓储、包装、灌装等				

主要财务指标	指标\报告期	2014.06.30	2013.12.31	2013.06.30	2012.12.31
	基本每股收益(元)	0.1300	0.2200	0.1200	0.2100
	基本每股收益	0.1200	0.2100	0.1000	0.1900
	稀释每股收益(元)	0.1300	0.2200	0.1200	0.2100
	每股净资产(元)	2.2900	2.1400	2.1386	2.1200
	每股经营现金净流量(元)	0.1431	0.2598	0.1663	0.0622
	每股现金流量(元)	0.0242	-0.0176	0.0471	-0.0949
	每股资本公积金(元)	0.6123	0.6133	0.6125	0.6194
	每股盈余公积金(元)	0.0963	0.0856	0.0775	0.0703
	每股未分配利润(元)	0.5758	0.5421	0.4454	0.4271
	净资产收益率(%)	5.5765	9.8704	5.3988	9.8777
	加权净资产收益率(%)	5.5600	10.1700	5.5400	10.3000
	净资产收益率(扣除)(%)	–	9.2147	4.8281	8.7547
	总资产(万元)	4299027.90	4162340.20	4132730.70	3607844.80
	归属母公司股东权益	–	2877121.00	2737400.10	2709720.70
	营业收入(万元)	590865.60	1139553.60	562572.40	780219.60
	营业成本(万元)	-368662.10	730650.70	360743.00	415850.80
	投资收益(万元)	39039.00	80974.60	45482.20	73580.80
	净利润(万元)	163665.40	283982.00	147785.40	267657.20
	营业利润(万元)	194996.70	360291.80	186007.20	300402.30
	利润总额(万元)	211148.20	366543.00	189381.70	345403.70

江苏玉龙钢管股份有限公司

公司概况	公司名称	江苏玉龙钢管股份有限公司			证券简称	玉龙股份
	法人代表	唐永清	董秘	徐卫东	证券代码	601028
	公司网址	www.yulongsteelpipe.com		电子信箱	zqb@china-yulong.com	
	电 话	0510-83896205 83896210		传 真	0510-83896205	
	办公地址	江苏省无锡市玉祁镇玉龙路 15 号				
	经营范围	钢材轧制、石油钻杆及配套接头、回转支承的制造、加工、销售等				

主要财务指标	指标\报告期	2014.06.30	2013.12.31	2013.06.30	2012.12.31
	基本每股收益(元)	0.1700	0.4700	0.2000	0.3700
	基本每股收益	0.1500	0.4600	0.2000	0.3400
	稀释每股收益(元)	0.1700	0.4700	0.2000	0.3700
	每股净资产(元)	6.2270	6.3113	6.0559	6.1023
	每股经营现金净流量(元)	-0.3532	-0.3838	-0.9257	1.4065
	每股现金流量(元)	0.0554	-0.4250	-0.6822	-1.6987
	每股资本公积金(元)	2.6766	2.6766	2.6640	2.6640
	每股盈余公积金(元)	0.2991	0.2991	0.2600	0.2600
	每股未分配利润(元)	2.2472	2.3316	2.1276	2.1739
	净资产收益率(%)	2.6594	7.3620	3.3642	6.0749
	加权净资产收益率(%)	2.6100	7.5500	3.3300	6.1800
	净资产收益率(扣除)(%)	2.4320	7.1760	3.3196	5.5758
	总资产(万元)	317736.13	314832.18	365783.03	284958.85
	归属母公司股东权益	199338.36	202037.78	192273.52	193747.33
	营业收入(万元)	108860.28	271515.06	116781.40	246491.14
	营业成本(万元)	93167.74	225496.92	97518.75	216868.96
	投资收益(万元)	70.87	34.73	–	–
	净利润(万元)	5301.30	14873.92	6468.47	11769.99
	营业利润(万元)	5760.08	18511.94	8363.20	15260.32
	利润总额(万元)	6205.99	18641.16	8469.18	16262.10

第一拖拉机股份有限公司

公司概况	公司名称	第一拖拉机股份有限公司			证券简称	一拖股份
	法人代表	赵剡水	董秘	于丽娜	证券代码	601038
	公司网址	www.first-tractor.com.cn		电子信箱	msc0038@ytogroup.com	
	电 话	0379-64967038 64961467		传 真	0379-64967438	
	办公地址	河南省洛阳市建设路 154 号				
	经营范围	拖拉机、收获机、农机具等农业机械产品、柴油机、自行电站等				

主要财务指标	指标\报告期	2014.06.30	2013.12.31	2013.06.30	2012.12.31
	基本每股收益(元)	0.1129	0.2229	0.1870	0.3627
	基本每股收益	0.1042	0.1506	0.1728	0.3098
	稀释每股收益(元)	0.1129	0.2229	0.1870	0.3627
	每股净资产(元)	4.5394	4.4923	4.4187	4.3844
	每股经营现金净流量(元)	-0.3668	-0.1324	-0.7942	0.4936
	每股现金流量(元)	-0.6448	0.0009	-0.2301	0.3620
	每股资本公积金(元)	2.1454	2.1831	2.1341	2.2495
	每股盈余公积金(元)	0.3281	0.3281	0.3041	0.3041
	每股未分配利润(元)	1.0723	1.0194	1.0097	0.9026
	净资产收益率(%)	2.4869	4.9610	4.3827	7.3570
	加权净资产收益率(%)	2.4900	5.0000	4.1900	8.5000
	净资产收益率(扣除)(%)	2.2951	3.3529	3.8700	6.3561
	总资产(万元)	1228751.73	1171021.64	1186932.39	1098837.29
	归属母公司股东权益	452080.85	450311.32	440060.66	441708.21
	营业收入(万元)	543630.08	1096543.67	660093.25	1142129.94
	营业成本(万元)	451963.03	930515.25	564114.67	993251.88
	投资收益(万元)	3843.95	3898.66	2908.71	5709.12
	净利润(万元)	11242.78	22194.98	18623.39	32496.38
	营业利润(万元)	12116.89	22848.57	24776.14	43074.31
	利润总额(万元)	13504.24	33396.33	25588.10	46148.68

赛轮股份有限公司

公司概况	公司名称	赛轮股份有限公司			证券简称	赛轮股份
	法人代表	杜玉岱	董秘	宋军	证券代码	601058
	公司网址	www.sailuntyre.com.cn		电子信箱	zibenguihua@sailuntyre.com	
	电 话	0532-68862851		传 真	0532-68862850	
	办公地址	山东省青岛市四方区郑州路 43 号橡胶谷 B 栋				
	经营范围	轮胎、橡胶制品、机械设备、模具、化工产品的研发、生产、销售等				

主要财务指标	指标\报告期	2014.06.30	2013.12.31	2013.06.30	2012.12.31
	基本每股收益(元)	0.4400	0.6500	0.3400	0.4200
	基本每股收益	0.4100	0.5800	0.3300	0.4200
	稀释每股收益(元)	0.4400	0.6500	0.3400	0.4200
	每股净资产(元)	6.6184	6.3600	5.3749	5.1883
	每股经营现金净流量(元)	1.8233	0.5367	0.5780	1.5973
	每股现金流量(元)	0.7512	0.0982	0.0705	1.6595
	每股资本公积金(元)	3.8470	3.8470	2.8458	2.8458
	每股盈余公积金(元)	0.1594	0.1594	0.1294	0.1294
	每股未分配利润(元)	1.6467	1.4032	1.4083	1.2140
	净资产收益率(%)	6.7014	8.6387	6.4042	8.1731
	加权净资产收益率(%)	5.8400	11.9400	6.4300	8.4200
	净资产收益率(扣除)(%)	6.1441	7.7391	6.0902	8.0359
	总资产(万元)	1124839.74	831632.78	780910.99	723938.09
	归属母公司股东权益	294781.95	283433.88	203170.63	196119.56
	营业收入(万元)	491160.11	802186.40	402325.23	707477.46
	营业成本(万元)	412170.34	698855.58	358578.24	638205.54
	投资收益(万元)	1130.43	8497.55	3567.13	1389.21
	净利润(万元)	19754.65	24485.09	13011.39	16028.99
	营业利润(万元)	22033.40	26325.10	14373.54	17116.37
	利润总额(万元)	24817.85	28752.89	15109.06	18408.31

中国神华能源股份有限公司

公司概况					
公司名称	中国神华能源股份有限公司			证券简称	中国神华
法人代表	张玉卓	董秘	黄清	证券代码	601088
公司网址	www.shenhuachina.com		电子信箱	1088@csec.com	
电　　话	010-58133399 58133355		传　　真	010-58131804 58131814	
办公地址	北京市东城区安定门西滨河路22号				
经营范围	煤炭生产、销售、电力生产、热力生产和供应、相关铁路、港口等运输服务				

主要财务指标 指标\报告期	2014.06.30	2013.12.31	2013.06.30	2012.12.31
基本每股收益(元)	1.0830	2.2970	1.2270	2.4390
基本每股收益	1.0780	2.2570	1.2090	2.3900
稀释每股收益(元)	1.0830	2.2970	1.2270	2.4390
每股净资产(元)	13.9510	13.6900	12.9934	12.7250
每股经营现金净流量(元)	1.6129	2.7294	0.9443	3.7512
每股现金流量(元)	1.2638	-0.6689	-0.5495	-0.5075
每股资本公积金(元)	3.9084	3.9058	4.1131	4.3811
每股盈余公积金(元)	0.5748	0.5748	0.5748	0.5748
每股未分配利润(元)	8.2078	8.0345	6.9816	6.8062
净资产收益率(%)	7.7649	16.7711	9.2784	18.8308
加权净资产收益率(%)	7.5900	16.8100	9.0000	19.8100
净资产收益率(扣除)(%)	7.7263	16.4843	9.3086	18.7791
总资产(万元)	55499900.00	50767400.00	47237200.00	46797400.00
归属母公司股东权益	27748000.00	27236200.00	25843900.00	25969500.00
营业收入(万元)	12919700.00	28379700.00	12866200.00	25457500.00
营业成本(万元)	8403000.00	18771300.00	8146200.00	16273400.00
投资收益(万元)	20200.00	82000.00	46100.00	53400.00
净利润(万元)	2154600.00	4567800.00	2440100.00	4850600.00
营业利润(万元)	3317100.00	7015500.00	3593500.00	6793200.00
利润总额(万元)	3333400.00	6976800.00	3576700.00	6810400.00

中南出版传媒集团股份有限公司

公司概况					
公司名称	中南出版传媒集团股份有限公司			证券简称	中南传媒
法人代表	龚曙光	董秘	高军	证券代码	601098
公司网址	www.zncmjt.com		电子信箱	zncmjt@zncmjt.com	
电　　话	0731-84405062 85891098		传　　真	0731-84405056	
办公地址	湖南省长沙市营盘东路38号				
经营范围	从事出版、发行、报纸与新媒体经营、印刷、印刷物资销售				

主要财务指标 指标\报告期	2014.06.30	2013.12.31	2013.06.30	2012.12.31
基本每股收益(元)	0.3600	0.6200	0.2700	0.5200
基本每股收益	0.3500	0.5700	0.2500	0.4900
稀释每股收益(元)	0.3600	0.6200	0.2700	0.5200
每股净资产(元)	5.2942	5.1376	4.7901	4.7100
每股经营现金净流量(元)	0.2945	0.7123	0.0988	0.6102
每股现金流量(元)	0.3454	0.4163	-0.1671	0.4451
每股资本公积金(元)	2.5291	2.5291	2.5291	2.5291
每股盈余公积金(元)	0.1547	0.1547	0.1072	0.1072
每股未分配利润(元)	1.6104	1.4538	1.1537	1.0714
净资产收益率(%)	6.7362	12.0368	5.6504	11.1231
加权净资产收益率(%)	6.7500	12.6000	5.6200	11.6500
净资产收益率(扣除)(%)	6.5327	11.0988	5.2839	10.4092
总资产(万元)	1400388.68	1301260.80	1216813.45	1184916.47
归属母公司股东权益	950840.43	922710.16	860294.90	845506.91
营业收入(万元)	386356.22	803304.93	336168.07	693036.32
营业成本(万元)	224698.99	488101.61	198476.47	425155.75
投资收益(万元)	1146.31	2470.81	1414.28	2496.30
净利润(万元)	64050.27	111064.53	48609.79	94046.44
营业利润(万元)	58143.84	102925.12	46232.73	85774.37
利润总额(万元)	66469.06	114186.89	49845.25	92096.24

太平洋证券股份有限公司

公司概况					
公司名称	太平洋证券股份有限公司			证券简称	太平洋
法人代表	李长伟	董秘	许弟伟	证券代码	601099
公司网址	www.tpyzq.com		电子信箱	jiangyy@tpyzq.com.cn	
电　　话	0871-8885858*8191		传　　真	0871-8898100	
办公地址	云南省昆明市青年路389号志远大厦18层				
经营范围	证券承销和上市推荐、证券自营买卖、证券代理买卖等业务				

主要财务指标 指标\报告期	2014.06.30	2013.12.31	2013.06.30	2012.12.31
基本每股收益(元)	0.0760	0.0450	0.0120	0.0430
基本每股收益	0.0760	-	0.0130	0.0420
稀释每股收益(元)	0.0760	0.0450	0.0120	0.0430
每股净资产(元)	2.5478	1.3200	1.3025	1.2911
每股经营现金净流量(元)	-0.8178	-0.2469	0.0185	-0.4448
每股现金流量(元)	0.7982	-0.2798	0.0285	-0.5514
每股资本公积金(元)	1.2766	0.0001	-0.0001	0.0009
每股盈余公积金(元)	0.0488	0.0695	0.0651	0.0651
每股未分配利润(元)	0.1248	0.1119	0.1072	0.0948
净资产收益率(%)	2.4036	3.4168	0.9533	3.3017
加权净资产收益率(%)	4.1300	3.4500	0.9600	3.3100
净资产收益率(扣除)(%)	2.3973	3.4571	0.9919	3.2678
总资产(万元)	997060.56	462990.04	438268.80	448011.47
归属母公司股东权益	599662.99	218336.46	215383.24	213498.18
营业收入(万元)	40654.21	48642.42	22733.14	52580.21
营业成本(万元)	21358.96	37962.82	19337.57	42734.46
投资收益(万元)	13613.67	12247.92	6973.95	13084.11
净利润(万元)	14413.37	7460.05	2053.23	7049.13
营业利润(万元)	19295.24	10679.60	3395.57	9845.75
利润总额(万元)	19345.87	10629.04	3284.58	9942.48

江苏恒立高压油缸股份有限公司

公司概况					
公司名称	江苏恒立高压油缸股份有限公司			证券简称	恒立油缸
法人代表	汪立平	董秘	刘莉	证券代码	601100
公司网址	www.hengli-js.com		电子信箱	hlzqb@hengli-mail.cn	
电　　话	0519-86163673		传　　真	0519-86153331	
办公地址	江苏省常州市武进区高新技术产业开发区龙潜路99号				
经营范围	高压油缸的生产、销售等				

主要财务指标 指标\报告期	2014.06.30	2013.12.31	2013.06.30	2012.12.31
基本每股收益(元)	0.1000	0.3500	0.2400	0.4400
基本每股收益	0.0800	0.3000	0.2300	0.4100
稀释每股收益(元)	0.1000	0.3500	0.2400	0.4400
每股净资产(元)	5.4247	5.4510	5.3431	5.2484
每股经营现金净流量(元)	0.0806	0.4017	0.0661	0.3787
每股现金流量(元)	-0.3238	-1.0000	-0.7432	-0.6855
每股资本公积金(元)	3.3112	3.3112	3.3129	3.3070
每股盈余公积金(元)	0.1554	0.1554	0.1184	0.1184
每股未分配利润(元)	0.9543	0.9830	0.9100	0.8216
净资产收益率(%)	1.8667	6.4471	4.5174	8.3239
加权净资产收益率(%)	1.8900	6.6000	4.5600	8.5400
净资产收益率(扣除)(%)	1.4274	5.5316	4.2416	7.7841
总资产(万元)	387609.95	385407.70	381773.33	381470.55
归属母公司股东权益	341753.18	343414.19	336614.13	330647.23
营业收入(万元)	58237.12	122973.99	69153.32	104514.61
营业成本(万元)	42497.41	80903.22	43593.09	63919.12
投资收益(万元)	767.97	850.68	158.11	323.44
净利润(万元)	6379.43	22140.13	15206.23	27522.80
营业利润(万元)	6551.32	23104.88	17223.57	30420.00
利润总额(万元)	7590.44	25903.57	18160.83	32229.59

北京昊华能源股份有限公司

公司概况	公司名称	北京昊华能源股份有限公司			证券简称	昊华能源
	法人代表	耿养谋	董秘	关杰	证券代码	601101
	公司网址	www.bjhhny.com		电子信箱	hhny@bjhhny.com	
	电　话	010-69839412		传　真	010-69839412	
	办公地址	北京市门头沟区新桥南大街2号				
	经营范围	商品煤开采、洗选、煤制品加工、销售等				

	指标\报告期	2014.06.30	2013.12.31	2013.06.30	2012.12.31
主要财务指标	基本每股收益(元)	0.0700	0.4400	0.3100	0.7500
	基本每股收益	0.0700	0.4400	0.3100	0.7500
	稀释每股收益(元)	0.0700	0.4400	0.3100	0.7500
	每股净资产(元)	5.5995	5.6455	5.6732	5.7999
	每股经营现金净流量(元)	0.2388	0.2934	0.3685	0.6768
	每股现金流量(元)	0.3464	–0.1380	0.7495	–0.6181
	每股资本公积金(元)	2.2676	2.3068	2.4085	2.6957
	每股盈余公积金(元)	0.7030	0.7030	0.6527	0.6527
	每股未分配利润(元)	1.4171	1.4876	1.4103	1.3194
	净资产收益率(%)	1.2056	7.7692	5.4802	12.9883
	加权净资产收益率(%)	1.1900	7.7000	5.3800	13.4500
	净资产收益率(扣除)(%)	1.2200	7.8296	5.4780	12.8705
	总资产(万元)	1370232.20	1275066.72	1313994.36	1158617.81
	归属母公司股东权益	671939.02	677457.22	680784.16	695984.74
	营业收入(万元)	286848.89	727411.56	382815.23	693313.19
	营业成本(万元)	225014.34	537310.84	271899.67	444890.90
	投资收益(万元)	–10.79	–22.97	–21.20	–88.73
	净利润(万元)	8100.61	52633.33	37308.31	90396.85
	营业利润(万元)	9899.67	66799.14	46803.82	122854.04
	利润总额(万元)	9772.40	66413.28	46816.86	123952.47

中国第一重型机械股份公司

公司概况	公司名称	中国第一重型机械股份公司			证券简称	中国一重
	法人代表	吴生富	董秘	刘长钢	证券代码	601106
	公司网址	www.cfhi.com		电子信箱	liu.changren@cfhi.com	
	电　话	0452-6810123 6805591		传　真	0452-6810111 6810077	
	办公地址	黑龙江省齐齐哈尔市富拉尔基区红宝石办事处厂前路9号				
	经营范围	重型机械及成套设备、金属制品的设计、制造、安装、修理等				

	指标\报告期	2014.06.30	2013.12.31	2013.06.30	2012.12.31
主要财务指标	基本每股收益(元)	–0.1021	0.0026	–0.0587	0.0045
	基本每股收益	–0.1059	–0.0222	–0.0607	–0.0326
	稀释每股收益(元)	–0.1021	2.5563	–0.0587	0.0045
	每股净资产(元)	2.4536	2.5563	2.4961	2.5555
	每股经营现金净流量(元)	–0.1306	0.2271	–0.0234	–0.2867
	每股现金流量(元)	–0.0718	0.1228	–0.1035	0.1454
	每股资本公积金(元)	1.2871	1.2871	1.2871	1.2871
	每股盈余公积金(元)	0.0192	0.0192	0.0192	0.0192
	每股未分配利润(元)	0.1470	0.2498	0.1885	0.2485
	净资产收益率(%)	–4.1597	0.1029	–2.3518	0.1756
	加权净资产收益率(%)	–4.0738	0.1029	–2.2984	0.1757
	净资产收益率(扣除)(%)	–4.3149	–0.8695	–2.4304	–1.2764
	总资产(万元)	3676245.97	3569803.81	3584153.00	3618633.04
	归属母公司股东权益	1604159.61	1671323.46	1631980.21	1670784.45
	营业收入(万元)	337631.00	836875.58	337625.46	831852.00
	营业成本(万元)	333193.52	713514.03	305445.01	676886.33
	投资收益(万元)	2132.79	6626.10	1649.58	2598.57
	净利润(万元)	–66727.82	1719.87	–38381.59	2933.99
	营业利润(万元)	–67645.61	2946.67	–37056.30	–22037.90
	利润总额(万元)	–66783.35	15550.23	–35488.58	8178.84

四川成渝高速公路股份有限公司

公司概况	公司名称	四川成渝高速公路股份有限公司			证券简称	四川成渝
	法人代表	周黎明	董秘	张永年	证券代码	601107
	公司网址	www.cygs.com		电子信箱	cygszh@163.com	
	电　话	028-85527510		传　真	028-85530753	
	办公地址	四川省成都市武侯祠大街252号				
	经营范围	高速公路的运营管理和投资建设				

	指标\报告期	2014.06.30	2013.12.31	2013.06.30	2012.12.31
主要财务指标	基本每股收益(元)	0.1810	0.3304	0.1558	0.3862
	基本每股收益	0.1783	0.3265	0.1540	0.3803
	稀释每股收益(元)	0.1810	0.3304	0.1558	0.3862
	每股净资产(元)	3.6992	3.5985	3.4243	3.3529
	每股经营现金净流量(元)	0.1963	–0.0055	0.0437	0.5613
	每股现金流量(元)	0.4604	–0.0348	0.1635	0.0358
	每股资本公积金(元)	0.6072	0.6077	0.6301	0.6140
	每股盈余公积金(元)	0.9909	0.9909	0.8528	0.8569
	每股未分配利润(元)	1.0993	0.9983	0.9408	0.8819
	净资产收益率(%)	4.8928	9.1806	4.5485	11.5177
	加权净资产收益率(%)	4.9100	9.5100	4.5400	12.0500
	净资产收益率(扣除)(%)	4.8207	9.0729	4.4982	11.3426
	总资产(万元)	2670801.76	2396951.87	2189584.11	1933838.35
	归属母公司股东权益	1131250.27	1100449.96	1047160.10	1025322.47
	营业收入(万元)	409613.97	713486.24	270263.05	420995.18
	营业成本(万元)	298691.19	507757.02	176437.79	230510.82
	投资收益(万元)	639.06	2701.16	679.63	2266.38
	净利润(万元)	55350.01	101027.94	47629.80	118093.10
	营业利润(万元)	70832.54	129172.19	58983.10	141893.44
	利润总额(万元)	71820.37	130040.20	59605.04	143982.74

中国国际航空股份有限公司

公司概况	公司名称	中国国际航空股份有限公司			证券简称	中国国航
	法人代表	蔡剑江	董秘	饶昕瑜	证券代码	601111
	公司网址	www.airchina.com.cn		电子信箱	zhijieqin@airchina.com	
	电　话	010-61462558 61461959		传　真	010-61462805	
	办公地址	北京市天竺空港经济开发区天柱路30号				
	经营范围	国际、国内定期和不定期航空客、货、邮和行李运输业务等				

	指标\报告期	2014.06.30	2013.12.31	2013.06.30	2012.12.31
主要财务指标	基本每股收益(元)	0.0400	0.2700	0.0900	0.4000
	基本每股收益	–0.0010	0.2400	0.0800	0.3000
	稀释每股收益(元)	–	0.2700	–	–
	每股净资产(元)	4.1116	4.1387	3.9497	3.9006
	每股经营现金净流量(元)	0.6078	1.3326	0.4916	0.9633
	每股现金流量(元)	–0.4356	0.2273	0.1617	–0.2729
	每股资本公积金(元)	1.3671	1.4000	1.3531	1.2793
	每股盈余公积金(元)	0.4189	0.3999	0.3810	0.3547
	每股未分配利润(元)	1.5957	1.6237	1.4746	1.5028
	净资产收益率(%)	0.8818	6.1281	2.1650	9.7644
	加权净资产收益率(%)	0.8800	6.3000	2.1700	10.1900
	净资产收益率(扣除)(%)	–0.0143	5.3412	1.7988	7.1076
	总资产(万元)	20394866.00	20536188.30	19691658.00	18541845.20
	归属母公司股东权益	5379989.60	5415419.00	5168068.70	5028608.40
	营业收入(万元)	4911730.10	9762825.30	4585831.30	9984055.10
	营业成本(万元)	4229922.20	8264565.20	3953070.40	8077414.50
	投资收益(万元)	24684.90	82508.70	17050.10	34500.10
	净利润(万元)	47438.10	331861.30	111889.20	491015.90
	营业利润(万元)	–31577.80	395929.80	123581.20	565699.90
	利润总额(万元)	51180.40	458338.80	151208.20	699965.20

义乌华鼎锦纶股份有限公司

公司概况	公司名称	义乌华鼎锦纶股份有限公司			证券简称	华鼎锦纶
	法人代表	丁尔民	董秘	胡方波	证券代码	601113
	公司网址	www.hdnylon.com		电子信箱	zq@hdnylon.com	
	电　　话	0579-85261479		传　　真	0579-85261475	
	办公地址	浙江省金华市义乌市北苑工业区雪峰西路 751 号				
	经营范围	锦纶纤维、差别化化学纤维的生产、销售				

主要财务指标	指标\报告期	2014.06.30	2013.12.31	2013.06.30	2012.12.31
	基本每股收益(元)	-0.0400	0.1200	0.0600	0.1200
	基本每股收益	-0.0500	0.1000	0.0600	0.1000
	稀释每股收益(元)	-0.0400	0.1200	0.0600	0.1200
	每股净资产(元)	2.6614	2.7522	2.6892	2.6780
	每股经营现金净流量(元)	-0.2419	0.3246	0.4063	0.8339
	每股现金流量(元)	-0.5053	-0.0136	0.0311	0.1752
	每股资本公积金(元)	1.1193	1.1193	1.1193	1.1193
	每股盈余公积金(元)	0.0737	0.0737	0.0623	0.0623
	每股未分配利润(元)	0.4685	0.5593	0.5077	0.4964
	净资产收益率(%)	-1.5339	4.5158	2.2783	4.4425
	加权净资产收益率(%)	-1.4900	4.5900	2.2600	4.2500
	净资产收益率(扣除)(%)	-1.8194	3.7801	2.0689	3.5934
	总资产(万元)	342455.76	307761.86	264175.71	254893.84
	归属母公司股东权益	170330.93	176143.72	172110.62	171389.39
	营业收入(万元)	76650.92	169605.27	80159.46	177138.67
	营业成本(万元)	70300.48	147387.19	69334.56	155404.34
	投资收益(万元)	–	–	–	0.06
	净利润(万元)	-2612.79	7954.32	3921.23	7613.90
	营业利润(万元)	-2800.13	8391.05	4631.93	6744.11
	利润总额(万元)	-2413.19	9785.36	4879.16	9036.46

三江购物俱乐部股份有限公司

公司概况	公司名称	三江购物俱乐部股份有限公司			证券简称	三江购物
	法人代表	陈念慈	董秘	泮霄波	证券代码	601116
	公司网址	www.sanjiang.com		电子信箱	sj@sanjiang.com	
	电　　话	0574-83886810 83886893		传　　真	0574-83886806	
	办公地址	浙江省宁波市孝闻街 29 弄中西大厦				
	经营范围	社区平价超市的连锁经营等				

主要财务指标	指标\报告期	2014.06.30	2013.12.31	2013.06.30	2012.12.31
	基本每股收益(元)	0.1696	0.3653	0.2242	0.4289
	基本每股收益	0.1474	0.3051	0.1813	0.3904
	稀释每股收益(元)	0.1696	0.3653	0.2242	0.4289
	每股净资产(元)	3.7850	3.8154	3.6739	3.6508
	每股经营现金净流量(元)	0.0279	0.4189	0.3610	0.7500
	每股现金流量(元)	-0.3243	0.0860	0.1860	0.4399
	每股资本公积金(元)	1.6292	1.6292	1.6288	1.6299
	每股盈余公积金(元)	0.1719	0.1719	0.1374	0.1374
	每股未分配利润(元)	0.9839	1.0143	0.9077	0.8835
	净资产收益率(%)	4.4798	9.5750	6.1021	11.7468
	加权净资产收益率(%)	4.3850	9.8300	6.0128	12.2600
	净资产收益率(扣除)(%)	3.8937	7.9955	4.9342	10.6938
	总资产(万元)	286674.37	308699.68	292355.37	304603.71
	归属母公司股东权益	155470.86	156721.78	150909.04	149959.30
	营业收入(万元)	231605.66	468962.08	244433.35	512345.29
	营业成本(万元)	187308.17	376584.55	198684.20	415162.74
	投资收益(万元)	–	6.65	–	5.56
	净利润(万元)	6964.85	15006.16	9208.57	17615.44
	营业利润(万元)	8431.63	16500.94	9901.77	21469.63
	利润总额(万元)	9648.40	19815.49	12256.01	23781.39

中国化学工程股份有限公司

公司概况	公司名称	中国化学工程股份有限公司			证券简称	中国化学
	法人代表	金克宁	董秘	周耀君	证券代码	601117
	公司网址	www.cncec.com.cn		电子信箱	zhouyj@cncec.com.cn	
	电　　话	010-59765697 59765657		传　　真	010-59765659	
	办公地址	北京市东城区东直门内大街 2 号				
	经营范围	工程承包、勘察、设计及服务、其他业务等				

主要财务指标	指标\报告期	2014.06.30	2013.12.31	2013.06.30	2012.12.31
	基本每股收益(元)	0.3700	0.6800	0.3200	0.6300
	基本每股收益	0.3600	0.6700	0.3200	0.6100
	稀释每股收益(元)	0.3700	0.6800	0.3200	0.6300
	每股净资产(元)	4.5440	4.2684	3.9279	3.6460
	每股经营现金净流量(元)	-0.1646	0.4193	0.1954	0.6073
	每股现金流量(元)	-0.3187	-0.4918	0.1032	0.3092
	每股资本公积金(元)	1.1047	1.1047	1.1050	1.0890
	每股盈余公积金(元)	0.0429	0.0429	0.0236	0.0236
	每股未分配利润(元)	2.4112	2.1461	1.8050	1.5497
	净资产收益率(%)	8.0357	15.9499	8.1554	17.1365
	加权净资产收益率(%)	8.2000	17.1500	8.4100	18.4800
	净资产收益率(扣除)(%)	7.8986	15.6047	8.1307	16.7327
	总资产(万元)	7500889.63	7144904.64	6545806.54	5909360.51
	归属母公司股东权益	2241542.27	2105593.67	1937648.04	1799399.07
	营业收入(万元)	3312198.99	6172769.01	2780292.72	5412648.87
	营业成本(万元)	2912256.29	5275934.21	2395304.23	4615185.08
	投资收益(万元)	10222.27	2783.62	106.88	-132.60
	净利润(万元)	180122.82	335839.34	158019.95	308353.57
	营业利润(万元)	216536.91	412431.09	196316.54	380487.92
	利润总额(万元)	220587.12	421271.54	196914.68	388201.09

海南天然橡胶产业集团股份有限公司

公司概况	公司名称	海南天然橡胶产业集团股份有限公司			证券简称	海南橡胶
	法人代表	林进挺	董秘	董敬军	证券代码	601118
	公司网址	www.hirub.cn		电子信箱	info@hirub.cn	
	电　　话	0898-31669317		传　　真	0898-31661486	
	办公地址	海南省海口市滨海大道 103 号财富广场				
	经营范围	天然橡胶的种植、加工、销售以及橡胶林木的采伐和销售等				

主要财务指标	指标\报告期	2014.06.30	2013.12.31	2013.06.30	2012.12.31
	基本每股收益(元)	0.0010	0.0397	0.0400	0.0755
	基本每股收益	-0.0590	-0.0770	-0.0200	0.0600
	稀释每股收益(元)	0.0010	0.0397	0.0400	0.0755
	每股净资产(元)	2.2800	2.3096	2.3088	2.3080
	每股经营现金净流量(元)	-0.1348	0.0891	0.1911	-0.1178
	每股现金流量(元)	-0.0321	0.1070	0.1232	-0.3854
	每股资本公积金(元)	0.9628	0.9733	0.9766	0.9614
	每股盈余公积金(元)	0.0894	0.0894	0.0853	0.0853
	每股未分配利润(元)	0.2289	0.2481	0.2479	0.2623
	净资产收益率(%)	0.0432	1.7199	1.5426	3.2707
	加权净资产收益率(%)	0.0400	1.7200	1.5200	3.1700
	净资产收益率(扣除)(%)	-2.5949	-3.3502	-1.0360	2.6170
	总资产(万元)	1265304.04	1201744.11	1132405.37	1112351.58
	归属母公司股东权益	896298.98	907957.68	907634.05	907297.33
	营业收入(万元)	467518.06	1169473.29	538911.75	1167413.48
	营业成本(万元)	446618.46	1114585.29	508888.96	1074411.18
	投资收益(万元)	19467.19	36608.31	16993.59	-2900.12
	净利润(万元)	387.37	15615.93	14000.92	29675.38
	营业利润(万元)	-7989.79	8735.56	8130.84	20910.37
	利润总额(万元)	-215.06	20325.50	13108.16	31487.92

北京四方继保自动化股份有限公司

公司概况	公司名称	北京四方继保自动化股份有限公司			证券简称	四方股份
	法人代表	张伟峰	董秘	郗沭阳	证券代码	601126
	公司网址	www.sf-auto.com		电子信箱	ir@sf-auto.com	
	电　话	010-62961515		传　真	010-62981004	
	办公地址	北京市海淀区上地信息产业基地四街9号				
	经营范围	制造电力系统的继电保护装置、自动控制设备等				

	指标\报告期	2014.06.30	2013.12.31	2013.06.30	2012.12.31
主要财务指标	基本每股收益(元)	0.2454	0.9200	0.2593	0.7300
	基本每股收益	0.2370	0.9000	0.2589	0.7100
	稀释每股收益(元)	0.2443	0.9100	0.2569	0.7200
	每股净资产(元)	7.8152	7.8394	7.1183	7.0934
	每股经营现金净流量(元)	–0.6676	–0.1526	–0.7104	0.0293
	每股现金流量(元)	–0.7421	–0.1963	–0.7823	–1.6295
	每股资本公积金(元)	4.4139	4.4074	4.3405	4.3226
	每股盈余公积金(元)	0.2905	0.2905	0.2161	0.2161
	每股未分配利润(元)	2.1109	2.1415	1.5616	1.5547
	净资产收益率(%)	3.1261	11.6238	3.6090	10.2147
	加权净资产收益率(%)	3.0700	12.2400	3.5400	10.2600
	净资产收益率(扣除)(%)	3.0191	11.3827	3.6029	9.8925
	总资产(万元)	474426.78	470936.22	421116.36	427026.65
	归属母公司股东权益	317764.04	318746.43	289425.09	288415.19
	营业收入(万元)	128990.42	305255.01	125062.22	234870.00
	营业成本(万元)	73870.40	181653.80	72094.12	130799.13
	投资收益(万元)	1193.03	5387.51	1088.18	–192.81
	净利润(万元)	9933.77	37050.33	10445.44	29460.80
	营业利润(万元)	8325.54	31250.57	9883.96	26875.98
	利润总额(万元)	11310.48	42720.36	12354.56	36742.87

宁波博威合金材料股份有限公司

公司概况	公司名称	宁波博威合金材料股份有限公司			证券简称	博威合金
	法人代表	谢识才	董秘	章培嘉	证券代码	601137
	公司网址	www.pwalloy.com		电子信箱	zpj@pwalloy.com	
	电　话	0574-82829383 82829375		传　真	0574-82829378	
	办公地址	浙江省宁波市鄞州区云龙镇太平桥				
	经营范围	有色合金材料、高温超导材料、铜合金制品、不锈钢制品、钛金属制品的制造、加工等				

	指标\报告期	2014.06.30	2013.12.31	2013.06.30	2012.12.31
主要财务指标	基本每股收益(元)	0.1700	0.3900	0.2000	0.5000
	基本每股收益	0.1700	0.3900	0.1800	0.4500
	稀释每股收益(元)	0.1700	0.3900	0.2000	0.5000
	每股净资产(元)	9.1175	9.0966	8.9113	8.8961
	每股经营现金净流量(元)	–0.6391	–1.2091	–0.7413	0.5381
	每股现金流量(元)	–0.3503	–0.9535	–0.7525	–1.6348
	每股资本公积金(元)	6.4025	6.4025	6.4025	6.4025
	每股盈余公积金(元)	0.2217	0.2217	0.1898	0.1898
	每股未分配利润(元)	1.5034	1.4856	1.3279	1.3067
	净资产收益率(%)	1.8408	4.2964	2.2585	5.6084
	加权净资产收益率(%)	1.8300	4.3600	2.2400	5.7100
	净资产收益率(扣除)(%)	1.8769	4.2524	2.0130	5.1127
	总资产(万元)	272108.57	260539.84	239743.22	228323.55
	归属母公司股东权益	196027.30	195576.85	191593.96	191266.88
	营业收入(万元)	146190.23	243524.97	120293.03	236941.07
	营业成本(万元)	131336.57	217385.40	107928.90	213445.68
	投资收益(万元)	–493.60	–687.35	–121.22	37.60
	净利润(万元)	3608.51	8402.77	4327.16	10727.07
	营业利润(万元)	3931.90	8347.68	3858.31	11236.80
	利润总额(万元)	4246.94	9415.50	4866.87	11825.42

深圳市燃气集团股份有限公司

公司概况	公司名称	深圳市燃气集团股份有限公司			证券简称	深圳燃气
	法人代表	李真	董秘	杨光	证券代码	601139
	公司网址	www.szgas.com.cn		电子信箱	xgq@szgas.com.cn	
	电　话	0755-83601139		传　真	0755-83601139	
	办公地址	广东省深圳市福田区中康北路深燃大厦				
	经营范围	从事深圳市管道燃气供应、液化石油气批发、瓶装液化石油气零售、燃气投资业务				

	指标\报告期	2014.06.30	2013.12.31	2013.06.30	2012.12.31
主要财务指标	基本每股收益(元)	0.2200	0.3600	0.2500	0.2700
	基本每股收益	0.2200	0.3100	0.2000	0.2500
	稀释每股收益(元)	0.2000	0.3500	0.2500	0.2700
	每股净资产(元)	2.6000	2.5100	2.2400	2.1200
	每股经营现金净流量(元)	0.3762	0.6530	0.2095	0.3115
	每股现金流量(元)	–0.2277	0.8056	0.0205	–0.4111
	每股资本公积金(元)	0.5070	0.5015	0.4960	0.4905
	每股盈余公积金(元)	0.1249	0.1249	0.0922	0.0922
	每股未分配利润(元)	0.8010	0.7202	0.6501	0.5319
	净资产收益率(%)	8.6088	14.1961	11.3211	12.5957
	加权净资产收益率(%)	8.5900	16.0600	11.4100	13.2900
	净资产收益率(扣除)(%)	8.5705	12.1701	9.1273	11.7237
	总资产(万元)	1278737.66	1208062.14	1022016.22	967946.55
	归属母公司股东权益	514936.66	498030.35	444340.64	419508.67
	营业收入(万元)	462439.78	857454.99	407110.07	896788.17
	营业成本(万元)	370156.24	685410.02	314553.72	746399.72
	投资收益(万元)	11506.86	10219.13	10282.42	12942.03
	净利润(万元)	44329.58	70701.06	50304.40	52840.07
	营业利润(万元)	55524.21	80380.43	52147.35	66777.61
	利润总额(万元)	55804.56	93624.82	65127.92	69161.60

重庆水务集团股份有限公司

公司概况	公司名称	重庆水务集团股份有限公司			证券简称	重庆水务
	法人代表	李祖伟	董秘	邱贤成	证券代码	601158
	公司网址	www.cncqsw.com		电子信箱	swjtdsb@cqswjt.com	
	电　话	023-63860827		传　真	023-63860827	
	办公地址	重庆市渝中区龙家湾1号				
	经营范围	自来水销售、污水处理服务等				

	指标\报告期	2014.06.30	2013.12.31	2013.06.30	2012.12.31
主要财务指标	基本每股收益(元)	0.1800	0.3900	0.1900	0.3900
	基本每股收益	0.1700	0.3700	0.1900	0.3600
	稀释每股收益(元)	0.1800	0.3900	0.1900	0.3900
	每股净资产(元)	2.6290	2.7142	2.5029	2.5811
	每股经营现金净流量(元)	0.2516	0.4736	0.1904	0.4129
	每股现金流量(元)	–0.3097	0.2496	0.0988	0.2294
	每股资本公积金(元)	0.9443	0.9444	0.9312	0.9404
	每股盈余公积金(元)	0.1695	0.1695	0.1345	0.1345
	每股未分配利润(元)	0.5152	0.6003	0.4372	0.5063
	净资产收益率(%)	7.0360	14.4088	7.7081	15.2437
	加权净资产收益率(%)	6.8100	14.7700	7.4500	15.9700
	净资产收益率(扣除)(%)	6.4849	13.6178	7.4361	13.9701
	总资产(万元)	2044641.53	1988207.47	1894917.70	1793656.49
	归属母公司股东权益	1261937.89	1302816.21	1201372.27	1238937.89
	营业收入(万元)	223205.95	399957.54	191430.11	396873.66
	营业成本(万元)	112090.15	198918.13	96461.39	208242.59
	投资收益(万元)	10551.07	34297.23	12453.97	33636.07
	净利润(万元)	88789.62	187720.35	92602.77	188859.42
	营业利润(万元)	82758.01	174527.69	91022.56	172403.42
	利润总额(万元)	89851.66	194491.38	93378.75	186961.80

兴业银行股份有限公司

公司概况	公司名称	兴业银行股份有限公司			证券简称	兴业银行
	法人代表	高建平	董秘	唐斌	证券代码	601166
	公司网址	www.cib.com.cn		电子信箱	irm@cib.com.cn	
	电话	0591-87824863		传真	0591-87842633	
	办公地址	福建省福州市湖东路154号				
	经营范围	公司业务、同业业务、资金业务、零售业务四大类				

主要财务指标	指标\报告期	2014.06.30	2013.12.31	2013.06.30	2012.12.31
	基本每股收益(元)	1.3400	2.1600	1.1400	2.1500
	基本每股收益	1.3300	2.1500	1.1300	2.1400
	稀释每股收益(元)	1.3400	2.1600	1.1400	2.1500
	每股净资产(元)	11.5700	10.4900	14.5100	13.3500
	每股经营现金净流量(元)	8.6052	10.9762	16.5504	9.1876
	每股现金流量(元)	7.6304	-6.7191	3.6179	-0.5914
	每股资本公积金(元)	2.6321	2.4271	3.9639	3.9380
	每股盈余公积金(元)	0.5156	0.5156	0.5234	0.5234
	每股未分配利润(元)	5.7783	4.8985	6.7455	5.6120
	净资产收益率(%)	11.5802	20.6293	11.7404	20.4733
	加权净资产收益率(%)	11.9000	22.3900	12.0600	26.6500
	净资产收益率(扣除)(%)	11.4913	20.5227	11.7143	20.3949
	总资产(万元)	394820000.00	367743500.00	357727800.00	325097500.00
	归属母公司股东权益	22043600.00	19976900.00	18430400.00	16957700.00
	营业收入(万元)	5940800.00	10928700.00	5346400.00	8761900.00
	营业成本(万元)	-	5520900.00	2482300.00	4155100.00
	投资收益(万元)	84600.00	2200.00	80300.00	-34600.00
	净利润(万元)	2552700.00	4121100.00	2163800.00	3471800.00
	营业利润(万元)	3324500.00	5407800.00	2864100.00	4606800.00
	利润总额(万元)	3342900.00	5426100.00	2865800.00	4619300.00

北京银行股份有限公司

公司概况	公司名称	北京银行股份有限公司			证券简称	北京银行
	法人代表	闫冰竹	董秘	杨书剑	证券代码	601169
	公司网址	www.bankofbeijing.com.cn		电子信箱	snow@bankofbeijing.com.cn	
	电话	010-66426500 66223826		传真	010-66426519 66223833	
	办公地址	北京市西城区金融大街丙17号北京银行大厦				
	经营范围	吸收公众存款、发放短期、中期和长期贷款、办理国内结算等				

主要财务指标	指标\报告期	2014.06.30	2013.12.31	2013.06.30	2012.12.31
	基本每股收益(元)	0.8400	1.5300	0.8900	1.3800
	基本每股收益	0.8400	-	0.8800	1.3800
	稀释每股收益(元)	0.8400	1.5300	0.8900	1.3800
	每股净资产(元)	9.9400	8.8800	8.6300	8.1400
	每股经营现金净流量(元)	2.7610	2.3684	5.6123	-0.4961
	每股现金流量(元)	1.5030	2.1081	8.5501	-5.6745
	每股资本公积金(元)	2.7850	2.5434	2.9407	2.9345
	每股盈余公积金(元)	0.7740	0.7740	0.6210	0.6188
	每股未分配利润(元)	3.5680	2.7426	2.5521	2.0679
	净资产收益率(%)	10.1100	17.2300	10.2700	16.0000
	加权净资产收益率(%)	10.6300	18.0500	10.4100	18.3000
	净资产收益率(扣除)(%)	10.0900	17.1900	10.1900	16.0000
	总资产(万元)	147560600.00	133676400.00	120245182.20	111996892.60
	归属母公司股东权益	8750300.00	7811400.00	7595157.10	7161678.60
	营业收入(万元)	1822000.00	3066515.40	1573400.00	2781686.00
	营业成本(万元)	-	1389591.30	-	1306206.60
	投资收益(万元)	14400.00	27683.90	-	35792.00
	净利润(万元)	884700.00	1345930.80	780100.00	1167480.80
	营业利润(万元)	1139600.00	1676924.10	976800.00	1475479.40
	利润总额(万元)	1141000.00	1682126.20	979700.00	1476953.50

西部矿业股份有限公司

公司概况	公司名称	西部矿业股份有限公司			证券简称	西部矿业
	法人代表	汪海涛	董秘	周淦	证券代码	601168
	公司网址	www.westmining.com		电子信箱	huhd@westmining.com	
	电话	0971-6108188		传真	0971-6122926	
	办公地址	青海省西宁市五四大街52号				
	经营范围	铜、铅、锌等有色金属矿和锰等黑色金属矿的探矿、采矿、选矿、冶炼等				

主要财务指标	指标\报告期	2014.06.30	2013.12.31	2013.06.30	2012.12.31
	基本每股收益(元)	0.0500	0.1500	0.0400	0.0200
	基本每股收益	0.0300	0.0200	0.0400	-0.1200
	稀释每股收益(元)	-	-	-	0.0200
	每股净资产(元)	4.7633	4.7651	4.6574	4.7224
	每股经营现金净流量(元)	-0.8218	0.6939	0.2842	0.6027
	每股现金流量(元)	-1.0377	0.3770	0.0929	-0.6424
	每股资本公积金(元)	2.2785	2.2828	2.2710	2.2828
	每股盈余公积金(元)	0.2010	0.2010	0.1993	0.1993
	每股未分配利润(元)	1.2556	1.2562	1.1606	1.2164
	净资产收益率(%)	1.0371	3.0806	0.9476	0.3779
	加权净资产收益率(%)	1.0400	3.0900	0.9400	0.3700
	净资产收益率(扣除)(%)	0.6137	0.3688	0.9023	-2.5089
	总资产(万元)	2572081.97	2818273.49	2710188.03	2614822.66
	归属母公司股东权益	1135092.28	1135534.97	1109858.33	1125339.40
	营业收入(万元)	935893.06	2527151.98	1063244.63	1982921.54
	营业成本(万元)	870755.70	2395519.14	1000200.46	1856417.52
	投资收益(万元)	-629.96	70477.44	13115.99	51781.51
	净利润(万元)	11771.89	34981.72	10516.86	4252.64
	营业利润(万元)	19933.12	75537.86	16615.88	-13833.68
	利润总额(万元)	20537.02	53497.19	15437.54	-12714.54

杭州前进齿轮箱集团股份有限公司

公司概况	公司名称	杭州前进齿轮箱集团股份有限公司			证券简称	杭齿前进
	法人代表	茅建荣	董秘	欧阳建国	证券代码	601177
	公司网址	www.chinaadvance.com		电子信箱	ouy@chinaadvance.com	
	电话	0571-83802671		传真	0571-83802049	
	办公地址	浙江省杭州市萧山区萧金路45号				
	经营范围	齿轮箱、变速箱、可调螺旋桨、公路车桥及非公路车桥、调速离合器等				

主要财务指标	指标\报告期	2014.06.30	2013.12.31	2013.06.30	2012.12.31
	基本每股收益(元)	0.0512	0.0596	0.0373	0.1714
	基本每股收益	0.0242	-0.0294	0.0171	0.0534
	稀释每股收益(元)	0.0512	0.0596	0.0373	0.1714
	每股净资产(元)	4.3351	4.3017	4.2890	4.2767
	每股经营现金净流量(元)	0.1532	0.3476	0.1428	0.1683
	每股现金流量(元)	0.0570	-0.0136	-0.1589	-0.3042
	每股资本公积金(元)	2.1583	2.1583	2.1677	2.1724
	每股盈余公积金(元)	0.1188	0.1154	0.1117	0.1101
	每股未分配利润(元)	1.0654	1.0355	1.0168	1.0011
	净资产收益率(%)	1.1811	1.3865	0.8686	4.0068
	加权净资产收益率(%)	1.1800	1.3900	0.8700	4.0500
	净资产收益率(扣除)(%)	0.5575	-0.6833	0.3991	1.2487
	总资产(万元)	381436.03	376255.61	338405.61	326737.95
	归属母公司股东权益	173430.33	172093.35	171584.64	171093.41
	营业收入(万元)	96362.09	184987.99	96069.29	168074.28
	营业成本(万元)	77369.48	151282.87	78849.07	131626.49
	投资收益(万元)	2452.18	-430.68	-376.15	649.15
	净利润(万元)	2048.32	2386.07	1490.44	6855.29
	营业利润(万元)	1429.77	-316.22	757.73	3544.32
	利润总额(万元)	2626.85	2602.86	1769.12	7079.43

中国西电电气股份有限公司

公司概况	公司名称	中国西电电气股份有限公司			证券简称	中国西电
	法人代表	张雅林	董秘	田喜民	证券代码	601179
	公司网址	www.xdect.com.cn		电子信箱	dsh@xd.com.cn	
	电　话	029-88832083		传　真	029-88832084	
	办公地址	陕西省西安市高新区唐兴路7号A座				
	经营范围	输配电及控制设备研发、设计、制造、销售、检测、相关设备成套、技术研究等				

主要财务指标	指标\报告期	2014.06.30	2013.12.31	2013.06.30	2012.12.31
	基本每股收益(元)	0.0640	0.0700	0.0340	0.0270
	基本每股收益	0.0610	0.0520	0.0310	0.0090
	稀释每股收益(元)	–	–	–	–
	每股净资产(元)	3.4356	3.4500	3.2586	3.2295
	每股经营现金净流量(元)	–0.0636	0.0566	–0.0745	0.2615
	每股现金流量(元)	–0.5675	0.4846	–0.2258	–0.1384
	每股资本公积金(元)	2.2000	2.2007	2.0060	2.0142
	每股盈余公积金(元)	0.0481	0.0481	0.0438	0.0438
	每股未分配利润(元)	0.1778	0.1939	0.2031	0.1686
	净资产收益率(%)	1.8599	1.8193	1.0581	0.8360
	加权净资产收益率(%)	1.8490	2.1000	1.0630	0.8400
	净资产收益率(扣除)(%)	1.7832	1.3682	0.9369	0.2747
	总资产(万元)	3273176.30	3249817.47	2939952.19	2923542.66
	归属母公司股东权益	1761051.81	1768431.23	1419760.57	1407084.92
	营业收入(万元)	640827.22	1305173.43	582340.00	1248082.55
	营业成本(万元)	494218.26	1020904.47	455780.06	998729.23
	投资收益(万元)	3318.90	5837.71	3106.77	4230.64
	净利润(万元)	32754.32	32173.38	15021.91	11762.87
	营业利润(万元)	37645.39	29724.40	17752.44	12249.35
	利润总额(万元)	39371.25	38160.87	18870.48	19937.80

中国铁建股份有限公司

公司概况	公司名称	中国铁建股份有限公司			证券简称	中国铁建
	法人代表	孟凤朝	董秘	余兴喜	证券代码	601186
	公司网址	www.crcc.cn		电子信箱	ir@crcc.cn	
	电　话	010-52688600		传　真	010-52688302	
	办公地址	北京市海淀区复兴路40号东院				
	经营范围	工程承包、勘察设计咨询、工业制造、房地产开发、资本运营及物流等				

主要财务指标	指标\报告期	2014.06.30	2013.12.31	2013.06.30	2012.12.31
	基本每股收益(元)	0.4000	0.8400	0.3900	0.7000
	基本每股收益	0.3800	0.7700	0.3700	0.6600
	稀释每股收益(元)	–	–	–	–
	每股净资产(元)	6.8274	6.5643	6.1022	5.8329
	每股经营现金净流量(元)	–0.9753	–0.7549	–0.7916	0.3826
	每股现金流量(元)	–	0.0001	0.5102	0.4551
	每股资本公积金(元)	2.7187	2.7213	2.7468	2.7175
	每股盈余公积金(元)	0.1209	0.1209	0.0987	0.0987
	每股未分配利润(元)	2.9675	2.6936	2.2321	1.9874
	净资产收益率(%)	5.9156	12.7732	6.2079	11.7822
	加权净资产收益率(%)	5.9700	13.5900	6.4600	12.7100
	净资产收益率(扣除)(%)	5.5153	11.7839	5.9254	11.2824
	总资产(万元)	57820750.10	55301859.60	52167916.30	48068343.80
	归属母公司股东权益	8423322.20	8098689.40	7528632.20	7184091.90
	营业收入(万元)	26169363.50	58678959.00	23603762.30	48431292.80
	营业成本(万元)	23517563.70	52724789.60	21233396.90	43288901.10
	投资收益(万元)	–541.80	–2217.20	–	18693.50
	净利润(万元)	498294.10	1034465.80	475543.50	862912.70
	营业利润(万元)	623913.00	1228341.20	565430.90	1085616.20
	利润总额(万元)	649889.90	1303974.00	672.90	1106383.30

黑龙江交通发展股份有限公司

公司概况	公司名称	黑龙江交通发展股份有限公司			证券简称	龙江交通
	法人代表	孙熠嵩	董秘	戴琦	证券代码	601188
	公司网址	www.hljjt.com		电子信箱	htdc@hljjt.com	
	电　话	0451-51688007		传　真	0451-51688007	
	办公地址	黑龙江省哈尔滨市道里区群力第五大道1688号				
	经营范围	投资、开发、建设和经营管理收费公路、公路养护服务、园林绿化等				

主要财务指标	指标\报告期	2014.06.30	2013.12.31	2013.06.30	2012.12.31
	基本每股收益(元)	0.1640	0.1941	0.0570	0.1014
	基本每股收益	0.1050	–	0.0520	0.0900
	稀释每股收益(元)	0.1640	0.1941	0.0570	0.1014
	每股净资产(元)	2.5415	2.4330	2.2116	2.1654
	每股经营现金净流量(元)	0.1502	–0.0719	0.0349	–0.1823
	每股现金流量(元)	0.1510	–0.0208	–0.0239	0.0024
	每股资本公积金(元)	0.9593	0.9593	0.9070	0.9526
	每股盈余公积金(元)	0.0376	0.0376	0.0150	0.0221
	每股未分配利润(元)	0.5446	0.4360	0.2896	0.3072
	净资产收益率(%)	6.4353	7.4064	2.5851	4.6829
	加权净资产收益率(%)	6.5000	8.2000	2.6100	7.9400
	净资产收益率(扣除)(%)	4.1469	7.6968	2.3736	4.3208
	总资产(万元)	426982.20	401881.18	372739.17	389805.02
	归属母公司股东权益	334435.94	320151.34	268310.15	276846.03
	营业收入(万元)	21886.18	44774.06	20241.42	41576.19
	营业成本(万元)	8189.86	19620.87	8370.30	16697.90
	投资收益(万元)	8902.58	14458.74	6490.33	8792.30
	净利润(万元)	21521.94	23711.60	12012.05	20788.25
	营业利润(万元)	25560.79	28387.70	12934.55	24768.64
	利润总额(万元)	25548.21	27757.70	13964.87	24967.81

江苏江南水务股份有限公司

公司概况	公司名称	江苏江南水务股份有限公司			证券简称	江南水务
	法人代表	龚国贤	董秘	朱杰	证券代码	601199
	公司网址	www.jsjnsw.com		电子信箱	master@jsjnsw.com	
	电　话	0510-86276771 86276730		传　真	0510-86276730	
	办公地址	江苏省江阴市延陵路224号 江苏省江阴市长江路141-143号				
	经营范围	自来水制售、自来水排水及相关水处理业务、供水工程的设计及技术咨询等				

主要财务指标	指标\报告期	2014.06.30	2013.12.31	2013.06.30	2012.12.31
	基本每股收益(元)	0.3100	0.6200	0.2800	0.5900
	基本每股收益	0.3000	0.5800	0.2400	0.5400
	稀释每股收益(元)	0.3100	0.6200	0.2800	0.5900
	每股净资产(元)	7.9951	7.8730	7.5207	7.4900
	每股经营现金净流量(元)	0.7841	1.9621	0.9313	1.7898
	每股现金流量(元)	–0.0120	–0.5073	0.2843	–0.0337
	每股资本公积金(元)	4.6680	4.6680	4.6680	4.6680
	每股盈余公积金(元)	0.2632	0.2632	0.2201	0.2201
	每股未分配利润(元)	2.0313	1.9141	1.6139	1.5844
	净资产收益率(%)	3.8424	7.9104	3.7160	7.9406
	加权净资产收益率(%)	3.8300	8.1400	3.6700	8.2500
	净资产收益率(扣除)(%)	3.7898	7.3505	3.1910	7.2017
	总资产(万元)	315591.10	302085.33	279460.69	253616.18
	归属母公司股东权益	186926.59	184071.01	175833.09	175045.55
	营业收入(万元)	29383.45	58555.73	25505.14	52316.53
	营业成本(万元)	13392.39	26329.18	11088.08	22271.15
	投资收益(万元)	606.58	785.28	169.30	442.79
	净利润(万元)	7182.51	14560.81	6533.94	13899.60
	营业利润(万元)	9713.98	18813.67	8129.95	17634.12
	利润总额(万元)	9522.34	19640.90	8855.18	18669.21

四川东材科技集团股份有限公司

公司概况	公司名称	四川东材科技集团股份有限公司			证券简称	东材科技
	法人代表	于少波	董秘	周乔	证券代码	601208
	公司网址	www.emtco.cn		电子信箱	zhouqiao@emtco.cn	
	电　话	0816-2289750		传　真	0816-2289750	
	办公地址	四川省绵阳市游仙区三星路188号				
	经营范围	绝缘材料、高分子材料、精细化工材料的生产、销售等				

主要财务指标	指标\报告期	2014.06.30	2013.12.31	2013.06.30	2012.12.31
	基本每股收益(元)	0.1100	0.1100	0.0700	0.2200
	基本每股收益	0.1000	–	0.0600	0.1700
	稀释每股收益(元)	0.1100	0.1100	0.0700	0.2200
	每股净资产(元)	3.4265	3.3998	3.3508	3.4853
	每股经营现金净流量(元)	0.1868	–0.0871	0.0512	0.3677
	每股现金流量(元)	–0.0873	–0.7932	–0.5595	–0.7561
	每股资本公积金(元)	1.8809	1.8664	1.8617	1.8617
	每股盈余公积金(元)	0.0899	0.0899	0.0681	0.0681
	每股未分配利润(元)	0.4557	0.4435	0.4210	0.5555
	净资产收益率(%)	3.2760	3.2272	1.9553	6.2526
	加权净资产收益率(%)	3.2500	3.2000	1.8800	6.2600
	净资产收益率(扣除)(%)	2.8921	2.5703	1.6739	4.7429
	总资产(万元)	258187.77	243905.90	253302.03	239840.84
	归属母公司股东权益	210991.98	209346.59	206331.30	214612.02
	营业收入(万元)	69510.37	109121.77	53291.69	103824.05
	营业成本(万元)	52194.75	86895.39	41785.28	80467.62
	投资收益(万元)	–	313.62	97.89	–
	净利润(万元)	6912.17	6756.08	4034.48	13418.92
	营业利润(万元)	7223.89	6653.31	4034.83	11865.30
	利润总额(万元)	8195.95	7982.94	4776.10	15788.59

内蒙古君正能源化工股份有限公司

公司概况	公司名称	内蒙古君正能源化工股份有限公司			证券简称	内蒙君正
	法人代表	黄辉	董秘	张杰	证券代码	601216
	公司网址	www.junzhenggroup.com		电子信箱	junzheng@junzhenggroup.com	
	电　话	0473-6921035		传　真	0473-6921034	
	办公地址	内蒙古自治区鄂尔多斯市鄂托克旗蒙西工业园区				
	经营范围	电力生产、电力供应、热力生产和供应、商业贸易、化工产品				

主要财务指标	指标\报告期	2014.06.30	2013.12.31	2013.06.30	2012.12.31
	基本每股收益(元)	0.1982	0.4002	0.1984	0.3302
	基本每股收益	0.1983	0.3872	0.1903	0.3107
	稀释每股收益(元)	0.1982	0.4002	0.1984	0.3302
	每股净资产(元)	4.8377	4.5763	4.3503	4.1996
	每股经营现金净流量(元)	0.0967	0.0694	–0.0410	0.1838
	每股现金流量(元)	–0.0049	–0.0485	–0.2547	–0.5008
	每股资本公积金(元)	1.9477	1.9430	1.9175	1.9175
	每股盈余公积金(元)	0.1166	0.1166	0.0899	0.0899
	每股未分配利润(元)	1.7653	1.5081	1.3331	1.1846
	净资产收益率(%)	6.5559	8.7444	4.5609	7.8617
	加权净资产收益率(%)	6.7000	9.1500	4.6200	8.1000
	净资产收益率(扣除)(%)	6.5594	8.4610	4.3754	7.3982
	总资产(万元)	1107939.64	968791.53	832760.91	790300.13
	归属母公司股东权益	619222.30	585764.79	556839.54	537547.09
	营业收入(万元)	240476.76	346156.69	165979.22	364914.27
	营业成本(万元)	167433.83	234805.03	112599.60	255155.84
	投资收益(万元)	9471.99	–892.65	70.19	–4699.85
	净利润(万元)	40595.85	51221.40	25396.69	42260.50
	营业利润(万元)	44886.22	55294.78	28984.88	45509.50
	利润总额(万元)	46239.05	61806.03	30200.23	52155.64

江苏吉鑫风能科技股份有限公司

公司概况	公司名称	江苏吉鑫风能科技股份有限公司			证券简称	吉鑫科技
	法人代表	包士金	董秘	朱陶芸	证券代码	601218
	公司网址	www.jyjxm.com		电子信箱	jixin@jyjxm.com	
	电　话	0510-86157378		传　真	0510-86017708	
	办公地址	江苏省江阴市云亭街道工业园区那巷路8号				
	经营范围	大型风力发电机组零部件的研发、生产及销售				

主要财务指标	指标\报告期	2014.06.30	2013.12.31	2013.06.30	2012.12.31
	基本每股收益(元)	0.0341	0.0201	0.0056	0.0112
	基本每股收益	0.0373	0.0194	0.0039	–0.0037
	稀释每股收益(元)	0.0341	0.0201	0.0056	0.0112
	每股净资产(元)	2.3050	2.2708	2.2563	4.9516
	每股经营现金净流量(元)	0.0308	0.2051	–0.1346	–0.1863
	每股现金流量(元)	–0.2125	0.1148	–0.0651	–0.0245
	每股资本公积金(元)	0.5943	0.5943	0.5943	2.5074
	每股盈余公积金(元)	0.0983	0.0983	0.0959	0.2110
	每股未分配利润(元)	0.6124	0.5782	0.5662	1.2332
	净资产收益率(%)	1.4807	0.8868	0.2500	0.4991
	加权净资产收益率(%)	1.4800	0.8900	0.2500	0.5000
	净资产收益率(扣除)(%)	1.6203	0.8553	0.1717	–0.0753
	总资产(万元)	369845.73	383041.97	392507.14	372368.23
	归属母公司股东权益	228598.07	225213.20	223775.41	223215.98
	营业收入(万元)	74992.77	140002.42	60083.68	124272.19
	营业成本(万元)	62475.88	115105.92	49355.13	101934.16
	投资收益(万元)	–226.98	–234.70	84.77	502.95
	净利润(万元)	3384.88	1997.22	559.43	1114.07
	营业利润(万元)	4664.74	2155.68	618.42	1444.43
	利润总额(万元)	4274.47	2239.17	681.11	1388.94

江苏林洋电子股份有限公司

公司概况	公司名称	江苏林洋电子股份有限公司			证券简称	林洋电子
	法人代表	陆永华	董秘	岑蓉蓉	证券代码	601222
	公司网址	www.linyang.com.cn		电子信箱	dsh@linyang.com.cn	
	电　话	0513-83356525		传　真	0513-83356525	
	办公地址	江苏省南通市启东市经济开发区林洋路666号				
	经营范围	仪器仪表、电子设备、电力电气设备、自动化设备、集成电路、光伏设备等				

主要财务指标	指标\报告期	2014.06.30	2013.12.31	2013.06.30	2012.12.31
	基本每股收益(元)	0.3800	1.0500	0.3300	0.8600
	基本每股收益	0.3700	1.0400	0.3300	0.7800
	稀释每股收益(元)	0.3800	1.0500	0.3300	0.8600
	每股净资产(元)	7.5213	7.3432	6.6073	6.6299
	每股经营现金净流量(元)	–0.1104	0.6911	0.0309	0.4451
	每股现金流量(元)	–1.1804	0.2073	–0.2693	–0.4201
	每股资本公积金(元)	3.9096	3.9130	3.8934	3.8934
	每股盈余公积金(元)	0.2784	0.2784	0.1794	0.1794
	每股未分配利润(元)	2.3351	2.1545	1.5366	1.5571
	净资产收益率(%)	5.0601	14.2444	4.9870	12.8463
	加权净资产收益率(%)	5.0500	15.0500	4.8900	13.7700
	净资产收益率(扣除)(%)	4.9749	14.1346	4.9307	11.6215
	总资产(万元)	323458.73	326131.00	326937.70	326934.36
	归属母公司股东权益	267141.16	260814.85	234749.82	235552.84
	营业收入(万元)	84396.64	199144.96	76148.39	191374.85
	营业成本(万元)	54049.74	125381.57	48525.47	125184.68
	投资收益(万元)	431.15	1347.03	390.16	1003.69
	净利润(万元)	13517.74	37151.48	11707.06	30259.79
	营业利润(万元)	15793.21	43507.69	13761.46	32745.68
	利润总额(万元)	16099.23	43941.73	13931.08	35588.74

陕西煤业股份有限公司

公司概况						
公司名称	陕西煤业股份有限公司			证券简称	陕西煤业	
法人代表	杨照乾	董秘	张茹敏	证券代码	601225	
公司网址	www.shxcoal.com		电子信箱	shaanxicoal@shxcoal.com		
电　话	029-81772610		传　真	029-81772601		
办公地址	陕西省西安市高新区锦业一路2号					
经营范围	提供电子产品设计制造服务(DMS)、设计、生产、加工新型电子元器件等					

主要财务指标 指标\报告期	2014.06.30	2013.12.31	2013.06.30	2012.12.31
基本每股收益(元)	0.0800	0.3900	0.3000	0.7100
基本每股收益	0.0800	–	0.3000	0.7200
稀释每股收益(元)	–	0.3900	–	0.7100
每股净资产(元)	3.4768	3.4349	3.3592	3.2939
每股经营现金净流量(元)	0.0346	0.6631	0.3272	0.5465
每股现金流量(元)	0.3555	–0.5226	–0.5284	0.2828
每股资本公积金(元)	0.7270	0.4956	0.4937	0.4937
每股盈余公积金(元)	0.1480	0.1645	0.1153	0.1153
每股未分配利润(元)	1.5285	1.7399	1.7021	1.6517
净资产收益率(%)	2.3752	11.2770	8.9410	21.6452
加权净资产收益率(%)	2.3900	11.5200	8.7000	23.4700
净资产收益率(扣除)(%)	2.3656	11.2915	9.0378	21.9309
总资产(万元)	8968949.22	8198652.16	8057758.64	8403047.53
归属母公司股东权益	3476820.65	3091440.88	3023309.07	2964534.00
营业收入(万元)	2111956.24	4321852.25	1944523.72	4426006.18
营业成本(万元)	1365583.90	2877250.94	1106726.66	2540334.84
投资收益(万元)	31130.33	76705.39	39779.97	94427.82
净利润(万元)	82580.85	348622.38	270315.10	641680.38
营业利润(万元)	231621.53	754719.94	523585.66	1235253.06
利润总额(万元)	229350.00	746876.15	512953.64	1219441.96

环旭电子股份有限公司

公司概况						
公司名称	环旭电子股份有限公司			证券简称	环旭电子	
法人代表	张洪本	董秘	刘丹阳	证券代码	601231	
公司网址	www.usish.com		电子信箱	public@usish.com		
电　话	021-58968418		传　真	021-58968415		
办公地址	上海市张江高科技园区集成电路产业区张东路1558号					
经营范围	提供电子产品设计制造服务(DMS)、设计、生产、加工新型电子元器件等					

主要财务指标 指标\报告期	2014.06.30	2013.12.31	2013.06.30	2012.12.31
基本每股收益(元)	0.3400	0.5600	0.2600	0.6500
基本每股收益	0.3200	0.5100	0.2500	0.6300
稀释每股收益(元)	–	–	–	–
每股净资产(元)	3.9300	3.7570	3.4666	3.4033
每股经营现金净流量(元)	0.7705	1.3110	1.1442	–0.0067
每股现金流量(元)	0.4919	1.1182	0.7981	–0.1817
每股资本公积金(元)	0.6732	0.6732	0.6797	0.6797
每股盈余公积金(元)	0.1818	0.1818	0.1602	0.1602
每股未分配利润(元)	2.1145	1.9416	1.6687	1.5976
净资产收益率(%)	8.6724	14.8437	7.5976	18.8002
加权净资产收益率(%)	8.6800	15.7200	7.5300	21.5600
净资产收益率(扣除)(%)	8.1485	13.6136	7.2530	18.0434
总资产(万元)	900942.06	847839.98	728028.90	813602.49
归属母公司股东权益	397654.90	380103.30	350728.02	344322.88
营业收入(万元)	695083.60	1427234.67	647879.49	1333529.46
营业成本(万元)	598536.81	1257072.75	560514.49	1151622.10
投资收益(万元)	2234.58	2843.63	1321.57	1127.58
净利润(万元)	34486.08	56421.31	26646.80	64733.37
营业利润(万元)	39948.31	61653.09	31208.59	74282.00
利润总额(万元)	40237.36	63117.21	31427.32	76307.48

桐昆集团股份有限公司

公司概况						
公司名称	桐昆集团股份有限公司			证券简称	桐昆股份	
法人代表	陈士良	董秘	周军	证券代码	601233	
公司网址	www.zjtkjt.com		电子信箱	zj@zjtkjt.com		
电　话	0573-88187878 88182269		传　真	0573-88187838 88187776		
办公地址	浙江省桐乡市经济开发区光明路199号					
经营范围	民用涤纶长丝的研发、生产和销售					

主要财务指标 指标\报告期	2014.06.30	2013.12.31	2013.06.30	2012.12.31
基本每股收益(元)	–0.0300	0.0700	0.0500	0.2700
基本每股收益	–0.0400	0.0100	0.0500	0.2600
稀释每股收益(元)	–0.0300	0.0700	0.0500	0.2700
每股净资产(元)	6.9680	6.9706	6.9749	7.0258
每股经营现金净流量(元)	2.2015	0.2469	0.7348	0.1932
每股现金流量(元)	–0.4513	0.0109	–0.2664	–1.1008
每股资本公积金(元)	2.9037	2.9036	2.9036	2.9036
每股盈余公积金(元)	0.2490	0.2490	0.2248	0.2248
每股未分配利润(元)	2.8172	2.8482	2.8473	2.8977
净资产收益率(%)	–0.4447	1.0711	0.7110	3.8021
加权净资产收益率(%)	–0.4400	1.0700	0.7100	3.8800
净资产收益率(扣除)(%)	–0.6395	0.1492	0.6666	3.6359
总资产(万元)	1465035.45	1540951.68	1351163.28	1306828.86
归属母公司股东权益	671437.08	671685.60	672100.48	677004.81
营业收入(万元)	1180455.79	2213787.48	1002515.76	1842057.25
营业成本(万元)	1125844.48	2130833.86	954143.35	1733929.53
投资收益(万元)	1301.92	790.16	220.05	284.78
净利润(万元)	–2985.83	7194.64	4778.64	25740.07
营业利润(万元)	1186.82	2371.18	7043.73	34791.71
利润总额(万元)	3091.14	13237.86	6948.48	35849.25

广州汽车集团股份有限公司

公司概况						
公司名称	广州汽车集团股份有限公司			证券简称	广汽集团	
法人代表	张房有	董秘	卢飒	证券代码	601238	
公司网址	www.gagc.com.cn		电子信箱	ir@gagc.com.cn		
电　话	020-83150886		传　真	020-83151081		
办公地址	广东省广州市天河区珠江新城兴国路23号广汽中心					
经营范围	汽车工业及配套工业的投资业务、汽车工业技术开发、技术转让及技术咨询服务等					

主要财务指标 指标\报告期	2014.06.30	2013.12.31	2013.06.30	2012.12.31
基本每股收益(元)	0.2700	0.4100	0.1900	0.1800
基本每股收益	0.2500	0.4800	0.1800	0.1800
稀释每股收益(元)	0.2700	0.4100	0.1900	0.1800
每股净资产(元)	5.3363	5.1683	5.0006	4.8314
每股经营现金净流量(元)	0.0136	0.1520	–0.0055	0.1486
每股现金流量(元)	–0.3906	0.6020	0.7745	–0.3059
每股资本公积金(元)	1.3830	1.3832	1.3784	1.3784
每股盈余公积金(元)	0.2533	0.2533	0.2002	0.2002
每股未分配利润(元)	2.6995	2.5314	2.4218	2.2525
净资产收益率(%)	5.0238	8.0249	3.7859	3.6462
加权净资产收益率(%)	5.0600	8.2800	3.8500	3.6800
净资产收益率(扣除)(%)	4.6941	9.2789	3.6765	3.6367
总资产(万元)	5626779.12	5778989.69	5521578.11	4938173.17
归属母公司股东权益	3433933.42	3325780.83	3217926.37	3108985.40
营业收入(万元)	1076639.67	1882419.85	824726.46	1296386.04
营业成本(万元)	935160.17	1611301.06	728757.47	1189057.78
投资收益(万元)	217078.21	399535.01	185399.37	264391.92
净利润(万元)	172515.20	266892.19	121826.63	113358.38
营业利润(万元)	163064.78	299947.21	115688.43	95705.56
利润总额(万元)	180577.65	264572.20	119313.54	99983.64

庞大汽贸集团股份有限公司

公司概况					
公司名称	庞大汽贸集团股份有限公司			证券简称	庞大集团
法人代表	庞庆华	董秘	刘中英	证券代码	601258
公司网址	www.pdqmjt.com		电子信箱	pdgroup@pdqmjt.com	
电　　话	010-53010230		传　　真	010-53010226	
办公地址	北京市朝阳区五环外王四营乡黄厂路甲3号庞大双龙培训中心四楼				
经营范围	汽车经销及维修养护				

主要财务指标：指标\报告期	2014.06.30	2013.12.31	2013.06.30	2012.12.31
基本每股收益(元)	0.0200	0.0800	0.1100	-0.3100
基本每股收益	-0.0300	-0.0200	0.1000	-0.3600
稀释每股收益(元)	-	-	-	-
每股净资产(元)	3.4638	3.4480	3.4744	3.3678
每股经营现金净流量(元)	1.3387	4.2693	2.7578	-0.7617
每股现金流量(元)	-0.1486	1.2937	1.3397	0.3205
每股资本公积金(元)	1.6338	1.6338	1.6340	1.6344
每股盈余公积金(元)	0.0828	0.0828	0.0828	0.0828
每股未分配利润(元)	0.7477	0.7310	0.7577	0.6506
净资产收益率(%)	0.4820	2.3319	3.0811	-9.3437
加权净资产收益率(%)	0.4800	2.4000	3.1300	-9.0000
净资产收益率(扣除)(%)	-0.8757	-0.4884	2.8402	-10.5555
总资产(万元)	6377913.82	6506391.57	6268601.52	6288798.67
归属母公司股东权益	908025.62	903886.30	910803.02	882870.88
营业收入(万元)	3103553.33	6398528.32	2958290.91	5779667.95
营业成本(万元)	2789632.20	5692611.03	2587395.50	5169849.70
投资收益(万元)	12001.13	4820.70	171.46	-233.71
净利润(万元)	4376.44	21077.48	28062.50	-82493.03
营业利润(万元)	9486.07	53683.38	59329.40	-56946.71
利润总额(万元)	16018.08	78941.32	61677.01	-44665.52

中国农业银行股份有限公司

公司概况					
公司名称	中国农业银行股份有限公司			证券简称	农业银行
法人代表	蒋超良	董秘	朱皋鸣	证券代码	601288
公司网址	www.abchina.com		电子信箱	ir@abchina.com	
电　　话	010-85109619		传　　真	010-85108557	
办公地址	北京市东城区建国门内大街69号				
经营范围	吸收公众存款、发放短期、中期、长期贷款、办理国内外结算等				

主要财务指标：指标\报告期	2014.06.30	2013.12.31	2013.06.30	2012.12.31
基本每股收益(元)	0.3200	0.5100	0.2800	0.4500
基本每股收益	0.3200	0.5100	0.2800	0.4400
稀释每股收益(元)	0.3200	0.5100	0.2800	0.4500
每股净资产(元)	2.7901	2.6000	2.4300	2.3086
每股经营现金净流量(元)	1.4766	0.1012	-0.4852	0.9823
每股现金流量(元)	1.1692	-0.4284	-0.8710	0.9570
每股资本公积金(元)	0.2846	0.2340	0.2971	0.3013
每股盈余公积金(元)	0.1869	0.1867	0.1356	0.1355
每股未分配利润(元)	0.8390	0.7497	0.5731	0.6419
净资产收益率(%)	11.4800	19.7264	11.6950	19.3506
加权净资产收益率(%)	11.5200	20.8900	23.2200	20.7400
净资产收益率(扣除)(%)	11.4589	19.6486	11.6562	19.1955
总资产(万元)	1600661200.00	1456210200.00	1422260100.00	1324434200.00
归属母公司股东权益	90621600.00	84310800.00	78966800.00	74981500.00
营业收入(万元)	26663500.00	46262500.00	23495800.00	42196400.00
营业成本(万元)	13204200.00	24961300.00	11561800.00	23499300.00
投资收益(万元)	-169300.00	376900.00	341400.00	-4800.00
净利润(万元)	10403200.00	16631500.00	9235200.00	14509400.00
营业利润(万元)	13459300.00	21301200.00	11934000.00	18697100.00
利润总额(万元)	13558400.00	21417400.00	11950200.00	18792700.00

中国北车股份有限公司

公司概况					
公司名称	中国北车股份有限公司			证券简称	中国北车
法人代表	崔殿国	董秘	谢纪龙	证券代码	601299
公司网址	www.chinacnr.com		电子信箱	ir@chinacnr.com	
电　　话	010-51897290		传　　真	010-52608380	
办公地址	北京市丰台区芳城园一区15号楼				
经营范围	铁路机车车辆(含动车组)、城市轨道车辆、工程机械、机电设备等				

主要财务指标：指标\报告期	2014.06.30	2013.12.31	2013.06.30	2012.12.31
基本每股收益(元)	0.2200	0.4000	0.1500	0.3400
基本每股收益	0.2100	0.3800	0.1400	0.3000
稀释每股收益(元)	0.2200	0.4000	0.1500	0.3400
每股净资产(元)	3.7311	3.6609	3.4264	3.3736
每股经营现金净流量(元)	-0.9246	0.4735	-0.4751	0.1740
每股现金流量(元)	0.8022	-0.1226	0.0024	0.2408
每股资本公积金(元)	1.7330	1.5003	1.5288	1.5022
每股盈余公积金(元)	0.0504	0.0598	0.0483	0.0483
每股未分配利润(元)	0.9405	1.0926	0.8441	0.8067
净资产收益率(%)	5.0787	10.9278	4.4326	9.7193
加权净资产收益率(%)	5.7700	11.4300	4.4300	10.6100
净资产收益率(扣除)(%)	4.9371	10.3760	4.2325	8.5358
总资产(万元)	14894056.30	12015891.70	11461330.60	10658199.40
归属母公司股东权益	4574198.70	3778034.20	3536103.50	3467113.50
营业收入(万元)	3880520.20	9724066.50	3690034.50	9226092.10
营业成本(万元)	3108957.20	8010339.30	3050263.50	7870674.30
投资收益(万元)	16134.50	25143.80	-	24028.30
净利润(万元)	232307.70	412855.90	156318.20	339974.90
营业利润(万元)	284503.40	482614.00	189397.00	364229.80
利润总额(万元)	289130.90	509913.10	197911.20	415462.70

骆驼集团股份有限公司

公司概况					
公司名称	骆驼集团股份有限公司			证券简称	骆驼股份
法人代表	刘国本	董秘	王从强	证券代码	601311
公司网址	www.chinacamel.com		电子信箱	ir@chinacamel.com	
电　　话	0710-3340127		传　　真	0710-3345951	
办公地址	湖北省襄阳市樊城区汉江北路65号				
经营范围	蓄电池及零部件的制造与销售				

主要财务指标：指标\报告期	2014.06.30	2013.12.31	2013.06.30	2012.12.31
基本每股收益(元)	0.3400	0.6200	0.2300	0.5700
基本每股收益	0.3100	0.5700	0.2100	0.4600
稀释每股收益(元)	0.3400	0.6200	0.2300	0.5700
每股净资产(元)	4.2496	4.0839	3.6916	3.6200
每股经营现金净流量(元)	0.2451	0.6788	0.1582	0.3423
每股现金流量(元)	-0.2518	-0.7527	-0.5230	0.2984
每股资本公积金(元)	1.2235	1.2138	1.2041	1.1957
每股盈余公积金(元)	0.1346	0.1346	0.0815	0.0815
每股未分配利润(元)	1.8921	1.7362	1.4060	1.3431
净资产收益率(%)	8.0225	15.0869	6.3071	15.6067
加权净资产收益率(%)	8.0100	15.6900	6.2300	16.2400
净资产收益率(扣除)(%)	7.2362	13.9708	5.7613	12.4234
总资产(万元)	559725.91	528074.76	484349.84	486220.33
归属母公司股东权益	361995.32	347883.53	314463.14	308392.43
营业收入(万元)	234428.66	461961.12	202383.21	397277.61
营业成本(万元)	180618.90	361132.61	161689.45	316056.49
投资收益(万元)	2859.30	1644.98	225.23	-264.75
净利润(万元)	29041.10	52484.85	19833.60	48129.77
营业利润(万元)	33014.03	56498.81	21860.19	43133.20
利润总额(万元)	34708.52	61505.69	24483.79	54426.77

江南嘉捷电梯股份有限公司

公司概况						
公司概况	公司名称	江南嘉捷电梯股份有限公司			证券简称	江南嘉捷
	法人代表	金志峰	董秘	邹克雷	证券代码	601313
	公司网址	www.sjec.com.cn		电子信箱	stock@sjec.com.cn	
	电　话	0512-62741520		传　真	0512-62860300	
	办公地址	江苏省苏州市工业园区唯新路 28 号				
	经营范围	电梯、自动扶梯、自动人行道、停车设备及配件、电气机械和器材的生产、销售等				

主要财务指标	指标\报告期	2014.06.30	2013.12.31	2013.06.30	2012.12.31
	基本每股收益(元)	0.2196	0.4405	0.1749	0.3672
	基本每股收益	0.2135	0.4187	0.1725	0.3609
	稀释每股收益(元)	0.2196	0.4405	0.1749	0.3672
	每股净资产(元)	3.3932	3.2944	3.2768	5.8561
	每股经营现金净流量(元)	0.6818	0.5364	0.3336	0.9402
	每股现金流量(元)	0.0510	-0.6202	-0.2908	3.2596
	每股资本公积金(元)	0.9099	1.1350	1.0981	2.6936
	每股盈余公积金(元)	0.1593	0.1532	0.1149	0.2136
	每股未分配利润(元)	1.2837	1.2638	1.0405	1.9237
	净资产收益率(%)	6.4760	13.1675	5.2536	11.0503
	加权净资产收益率(%)	6.4700	13.1800	5.3600	12.1200
	净资产收益率(扣除)(%)	6.2958	12.5171	5.1807	10.8607
	总资产(万元)	266390.61	248581.07	242988.37	229148.74
	归属母公司股东权益	135883.91	137159.08	136425.90	131177.69
	营业收入(万元)	117952.67	242300.28	104708.26	199214.18
	营业成本(万元)	84716.34	177068.33	77162.91	150433.39
	投资收益(万元)	201.84	771.46	-	-
	净利润(万元)	8799.78	18060.48	7167.32	14495.53
	营业利润(万元)	11022.90	22511.06	9037.03	18096.79
	利润总额(万元)	11113.24	22798.79	9153.54	18408.59

中国平安保险(集团)股份有限公司

公司概况						
公司概况	公司名称	中国平安保险(集团)股份有限公司			证券简称	中国平安
	法人代表	马明哲	董秘	金绍樑	证券代码	601318
	公司网址	www.pingan.com		电子信箱	pr@pingan.com.cn	
	电　话	04008866338		传　真	0755-82431029	
	办公地址	广东省深圳市福田中心区福华三路星河发展中心办公十五至十八楼				
	经营范围	以保险业务为核心的，以统一品牌向客户提供包括保险、银行、证券、信托等				

主要财务指标	指标\报告期	2014.06.30	2013.12.31	2013.06.30	2012.12.31
	基本每股收益(元)	2.7000	3.5600	2.2600	2.5300
	基本每股收益	2.6900	3.5800	2.2900	2.5400
	稀释每股收益(元)	2.5500	3.5600	2.2600	2.5300
	每股净资产(元)	26.0844	23.0800	21.8200	20.1600
	每股经营现金净流量(元)	15.7986	27.4303	13.3724	35.4847
	每股现金流量(元)	4.7288	-0.2538	-7.9149	17.2316
	每股资本公积金(元)	11.2393	10.4859	10.3230	10.6267
	每股盈余公积金(元)	0.8820	0.8820	0.8820	0.8820
	每股未分配利润(元)	12.8978	10.6492	9.5551	7.5926
	净资产收益率(%)	10.3454	15.4092	10.3672	12.5600
	加权净资产收益率(%)	10.9000	16.4000	10.7000	13.8000
	净资产收益率(扣除)(%)	10.3100	15.5154	10.4899	12.5914
	总资产(万元)	380122500.00	336031200.00	317257200.00	284426600.00
	归属母公司股东权益	20648800.00	18270900.00	17275600.00	15961700.00
	营业收入(万元)	23633600.00	36263100.00	18947400.00	29937200.00
	营业成本(万元)	20382000.00	31629200.00	16189800.00	26699700.00
	投资收益(万元)	3378000.00	5491700.00	2799700.00	3299600.00
	净利润(万元)	2136200.00	2815400.00	1791000.00	2005000.00
	营业利润(万元)	3251600.00	4633900.00	2757600.00	3237500.00
	利润总额(万元)	3262100.00	4622400.00	2735100.00	3233800.00

交通银行股份有限公司

公司概况						
公司概况	公司名称	交通银行股份有限公司			证券简称	交通银行
	法人代表	牛锡明	董秘	杜江龙	证券代码	601328
	公司网址	www.bankcomm.com		电子信箱	investor@bankcomm.com	
	电　话	021-58766688		传　真	021-58798398	
	办公地址	上海市浦东新区银城中路 188 号				
	经营范围	个人金融业务、公司金融业务、基金业务、国际业务、信用卡业务等				

主要财务指标	指标\报告期	2014.06.30	2013.12.31	2013.06.30	2012.12.31
	基本每股收益(元)	0.5000	0.8400	0.4700	0.8800
	基本每股收益	0.4900	0.8400	0.4700	0.8800
	稀释每股收益(元)	0.5000	0.8400	-	0.8800
	每股净资产(元)	5.9317	5.6500	5.3400	5.1158
	每股经营现金净流量(元)	-0.1379	1.8742	0.8932	1.0315
	每股现金流量(元)	0.1347	-0.3798	-0.2778	0.8344
	每股资本公积金(元)	1.5050	1.4608	1.5152	1.5136
	每股盈余公积金(元)	1.8346	1.4746	1.3914	1.1169
	每股未分配利润(元)	0.6707	0.9066	0.6326	1.0485
	净资产收益率(%)	8.3480	14.8477	17.5100	15.3646
	加权净资产收益率(%)	16.7700	15.4900	17.5300	18.4300
	净资产收益率(扣除)(%)	8.2971	14.7802	8.7751	15.2322
	总资产(万元)	628393600.00	596093700.00	571760200.00	527337900.00
	归属母公司股东权益	44050300.00	41956100.00	39637100.00	37991800.00
	营业收入(万元)	9042300.00	16443500.00	8481200.00	14733700.00
	营业成本(万元)	4360500.00	8491900.00	3978300.00	7296200.00
	投资收益(万元)	-239000.00	100600.00	92800.00	93600.00
	净利润(万元)	3677300.00	6229500.00	3482700.00	5836900.00
	营业利润(万元)	4681800.00	7951600.00	4502900.00	7437500.00
	利润总额(万元)	4719500.00	7990900.00	4506000.00	7521100.00

广深铁路股份有限公司

公司概况						
公司概况	公司名称	广深铁路股份有限公司			证券简称	广深铁路
	法人代表	李文新	董秘	郭向东	证券代码	601333
	公司网址	www.gsrc.com		电子信箱	ir@gsrc.com	
	电　话	0755-25588150		传　真	0755-25591480	
	办公地址	广东省深圳市和平路 1052 号				
	经营范围	铁路客货运输服务、铁路设施技术服务、国内货运代理、铁路货运代理等				

主要财务指标	指标\报告期	2014.06.30	2013.12.31	2013.06.30	2012.12.31
	基本每股收益(元)	0.0500	0.1800	0.0900	0.1900
	基本每股收益	0.0600	0.1900	0.1000	0.2000
	稀释每股收益(元)	0.0500	0.1800	0.0900	0.1900
	每股净资产(元)	3.7287	3.7623	3.6744	3.6627
	每股经营现金净流量(元)	0.0944	0.2896	0.1243	0.3311
	每股现金流量(元)	0.0982	-0.0370	0.0357	-0.0977
	每股资本公积金(元)	1.6323	1.6323	1.6326	1.6326
	每股盈余公积金(元)	0.3573	0.3573	0.3391	0.3391
	每股未分配利润(元)	0.7391	0.7727	0.7026	0.6910
	净资产收益率(%)	1.2446	4.7798	2.4938	5.0835
	加权净资产收益率(%)	1.2300	4.8500	2.4800	5.1600
	净资产收益率(扣除)(%)	1.5245	5.1476	2.7398	5.3493
	总资产(万元)	3351063.78	3323198.80	3274321.03	3286718.21
	归属母公司股东权益	2641257.95	2665054.19	2602758.34	2594518.96
	营业收入(万元)	716812.98	1580067.74	762618.38	1509188.60
	营业成本(万元)	598747.21	1239523.78	595612.86	1177092.00
	投资收益(万元)	617.72	1013.15	488.43	1615.97
	净利润(万元)	32872.05	127383.94	64907.67	131893.66
	营业利润(万元)	53518.80	183927.19	95672.60	184755.41
	利润总额(万元)	43742.12	170175.15	86349.43	175813.48

新华人寿保险股份有限公司

公司概况	公司名称	新华人寿保险股份有限公司			证券简称	新华保险
	法人代表	康典	董秘	朱迎	证券代码	601336
	公司网址	www.newchinalife.com		电子信箱	ir@newchinalife.com	
	电　话	010-85213233		传　真	010-85213219 35898555	
	办公地址	北京市朝阳区建国门外大街甲12号新华保险大厦				
	经营范围	人民币、外币的人身保险等				

	指标\报告期	2014.06.30	2013.12.31	2013.06.30	2012.12.31
主要财务指标	基本每股收益(元)	1.2000	1.4200	0.7000	0.9400
	基本每股收益	1.2000	1.4400	0.7100	0.9400
	稀释每股收益(元)	1.2000	1.4200	0.7000	0.9400
	每股净资产(元)	13.8773	12.6000	12.0800	11.4968
	每股经营现金净流量(元)	9.3673	18.0144	9.9538	17.3885
	每股现金流量(元)	4.1442	-2.0821	-1.1721	1.2728
	每股资本公积金(元)	7.5917	7.3679	7.5615	7.6817
	每股盈余公积金(元)	0.4673	0.4673	0.3205	0.3205
	每股未分配利润(元)	4.3490	3.2978	2.8750	2.1740
	净资产收益率(%)	8.6577	11.2485	5.8038	8.1767
	加权净资产收益率(%)	9.0400	11.7600	5.9500	8.6900
	净资产收益率(扣除)(%)	8.6577	11.4469	5.9179	8.1321
	总资产(万元)	61200400.00	56584900.00	53104800.00	49369300.00
	归属母公司股东权益	4329100.00	3931200.00	3768200.00	3587000.00
	营业收入(万元)	8129200.00	12959400.00	6269100.00	11692100.00
	营业成本(万元)	-7677000.00	12452400.00	6013800.00	11435600.00
	投资收益(万元)	1440800.00	2608700.00	1212000.00	1833600.00
	净利润(万元)	374800.00	442200.00	218700.00	293300.00
	营业利润(万元)	452200.00	507000.00	255300.00	256500.00
	利润总额(万元)	452300.00	495900.00	249600.00	228800.00

百隆东方股份有限公司

公司概况	公司名称	百隆东方股份有限公司			证券简称	百隆东方
	法人代表	杨卫新	董秘	华敬东	证券代码	601339
	公司网址	www.broseastern.com		电子信箱	broseastern@bros.com.cn	
	电　话	0574-86389999		传　真	0574-87149581	
	办公地址	浙江省宁波市江东区江东北路475号和丰创意广场意庭楼17楼				
	经营范围	色纺纱的研发、生产和销售				

	指标\报告期	2014.06.30	2013.12.31	2013.06.30	2012.12.31
主要财务指标	基本每股收益(元)	0.3200	0.6800	0.4200	0.3700
	基本每股收益	0.2500	0.4300	0.3600	0.2900
	稀释每股收益(元)	0.3200	0.6800	0.4200	0.3700
	每股净资产(元)	8.4061	8.2880	8.0302	7.7303
	每股经营现金净流量(元)	-0.0757	0.7818	-0.0775	1.6780
	每股现金流量(元)	0.1962	-0.2876	0.1338	-0.2284
	每股资本公积金(元)	4.1457	4.1457	4.0502	4.0795
	每股盈余公积金(元)	0.2872	0.2872	0.2205	0.2267
	每股未分配利润(元)	2.9670	2.8499	2.7354	2.4048
	净资产收益率(%)	3.8201	8.1667	5.2068	4.3344
	加权净资产收益率(%)	3.8000	8.4600	5.2100	5.3700
	净资产收益率(扣除)(%)	2.9818	5.2087	4.4959	3.3847
	总资产(万元)	982614.00	889054.01	820691.57	867629.12
	归属母公司股东权益	630460.25	621599.37	602268.11	579773.81
	营业收入(万元)	231847.42	427336.12	218960.99	477016.43
	营业成本(万元)	183875.42	343655.99	174570.31	405484.35
	投资收益(万元)	8020.45	15851.50	8858.99	581.01
	净利润(万元)	24083.93	50763.88	31358.79	25129.94
	营业利润(万元)	30149.14	55366.24	34020.64	25772.23
	利润总额(万元)	31011.63	58834.26	35186.67	30385.28

西安陕鼓动力股份有限公司

公司概况	公司名称	西安陕鼓动力股份有限公司			证券简称	陕鼓动力
	法人代表	印建安	董秘	章击舟	证券代码	601369
	公司网址	www.shaangu.com		电子信箱	securities@shaangu.com	
	电　话	029-81871035		传　真	029-81871038	
	办公地址	陕西省西安市高新区沣惠南路8号				
	经营范围	大型压缩机、鼓风机、通风机及各种透平机械的开发、制造、销售等				

	指标\报告期	2014.06.30	2013.12.31	2013.06.30	2012.12.31
主要财务指标	基本每股收益(元)	0.1100	0.5600	0.3400	0.6300
	基本每股收益	0.0700	0.4600	0.3100	0.5400
	稀释每股收益(元)	0.1100	0.5600	0.3400	0.6300
	每股净资产(元)	3.4787	3.7104	3.4532	3.4600
	每股经营现金净流量(元)	-0.0368	0.1055	-0.2122	0.1250
	每股现金流量(元)	-0.1904	-0.4428	-0.4680	-0.1449
	每股资本公积金(元)	1.0526	1.0525	1.0161	1.0161
	每股盈余公积金(元)	0.4976	0.4976	0.4345	0.4345
	每股未分配利润(元)	0.9143	1.1495	0.9943	1.0039
	净资产收益率(%)	3.3000	15.0579	9.8572	18.1071
	加权净资产收益率(%)	3.1900	16.0200	9.8500	19.1300
	净资产收益率(扣除)(%)	2.0427	12.5002	9.0677	15.5372
	总资产(万元)	1389373.88	1461718.54	1411220.39	1477054.04
	归属母公司股东权益	570078.67	608057.04	565902.37	566803.99
	营业收入(万元)	250302.28	628852.74	358118.81	604174.47
	营业成本(万元)	185214.88	436998.95	244679.71	389737.45
	投资收益(万元)	7546.58	18905.07	4542.82	16619.28
	净利润(万元)	18812.70	91560.51	55782.02	102631.72
	营业利润(万元)	20584.06	102988.60	63367.32	112143.31
	利润总额(万元)	22259.68	106112.84	64898.29	114810.40

兴业证券股份有限公司

公司概况	公司名称	兴业证券股份有限公司			证券简称	兴业证券
	法人代表	兰荣	董秘	胡平生	证券代码	601377
	公司网址	www.xyzq.com.cn		电子信箱	xyzqdmc@xyzq.com.cn	
	电　话	0591-38507869 38565565		传　真	0591-38281508 38565802	
	办公地址	福建省福州市湖东路268号 上海市浦东新区民生路1199弄证大五道口广场1号楼22层				
	经营范围	证券经纪、投资银行、资产管理、基金管理、证券自营等				

	指标\报告期	2014.06.30	2013.12.31	2013.06.30	2012.12.31
主要财务指标	基本每股收益(元)	0.2331	0.2700	0.1751	0.2200
	基本每股收益	0.2211	0.2600	0.1610	0.2000
	稀释每股收益(元)	0.2331	0.2700	0.1751	0.2200
	每股净资产(元)	5.1727	5.0019	4.8924	3.9600
	每股经营现金净流量(元)	0.0192	-1.7966	-0.2154	-0.1988
	每股现金流量(元)	1.9203	0.3065	1.1293	-0.4126
	每股资本公积金(元)	2.4724	2.4557	2.4471	1.3161
	每股盈余公积金(元)	0.2365	0.2365	0.2134	0.2522
	每股未分配利润(元)	1.0752	0.9221	0.8898	0.9858
	净资产收益率(%)	4.5055	5.1745	3.2128	5.4693
	加权净资产收益率(%)	4.5500	5.8700	4.0400	5.5600
	净资产收益率(扣除)(%)	4.2734	4.9028	2.9540	5.1275
	总资产(万元)	4825503.14	3558617.95	2930227.78	2270383.35
	归属母公司股东权益	1344906.62	1300492.32	1272030.85	870952.21
	营业收入(万元)	196546.27	310355.34	158236.84	253944.53
	营业成本(万元)	112800.63	211998.58	100182.09	184072.47
	投资收益(万元)	39027.95	89041.29	48984.06	53561.29
	净利润(万元)	60594.34	67294.07	40867.38	47635.03
	营业利润(万元)	83745.63	98356.77	58054.75	69872.06
	利润总额(万元)	88730.87	103550.76	62633.08	74757.26

怡球金属资源再生(中国)股份有限公司

公司概况	公司名称	怡球金属资源再生(中国)股份有限公司			证券简称	怡球资源
	法人代表	黄崇胜	董秘	叶国梁	证券代码	601388
	公司网址	www.yechiu.com.cn		电子信箱	yeh@yechiu.com.cn	
	电　　话	0512-53703986		传　　真	0512-53703910	
	办公地址	江苏省苏州市太仓市浮桥镇沪浮璜公路 88 号				
	经营范围	通过回收废铝资源、进行再生铝合金锭的生产和销售				

主要财务指标	指标\报告期	2014.06.30	2013.12.31	2013.06.30	2012.12.31
	基本每股收益(元)	0.0100	0.2200	0.1800	0.4400
	基本每股收益	0.0100	–	0.1700	0.4100
	稀释每股收益(元)	0.0100	0.2200	0.1800	0.4400
	每股净资产(元)	5.4783	5.4356	5.4432	5.4309
	每股经营现金净流量(元)	0.7821	–0.2083	–0.2990	0.3301
	每股现金流量(元)	0.3268	–1.5468	–0.0946	1.6727
	每股资本公积金(元)	3.0086	3.0086	3.0086	3.0086
	每股盈余公积金(元)	0.2288	0.2288	0.1585	0.1585
	每股未分配利润(元)	1.4468	1.4330	1.4593	1.3839
	净资产收益率(%)	0.2512	4.0366	3.2218	7.3773
	加权净资产收益率(%)	0.2500	4.0400	3.1800	9.3900
	净资产收益率(扣除)(%)	0.1008	3.9417	3.1376	6.9594
	总资产(万元)	365313.74	370433.11	375944.22	369856.52
	归属母公司股东权益	224609.89	222858.40	223172.02	222668.43
	营业收入(万元)	231096.47	487704.49	240457.41	529517.86
	营业成本(万元)	221219.52	461381.71	225005.42	485927.02
	投资收益(万元)	114.20	535.31	147.34	272.99
	净利润(万元)	564.16	8995.96	7190.12	16426.93
	营业利润(万元)	772.80	13028.45	9553.71	18233.24
	利润总额(万元)	984.22	12747.88	9622.91	19029.19

中国中铁股份有限公司

公司概况	公司名称	中国中铁股份有限公司			证券简称	中国中铁
	法人代表	李长进	董秘	于腾群	证券代码	601390
	公司网址	www.crec.cn		电子信箱	ir@crec.cn	
	电　　话	010-51878413		传　　真	010-51878417	
	办公地址	北京市海淀区复兴路 69 号中国中铁广场 A 座				
	经营范围	土木工程建筑和线路、管道、设备安装的总承包等				

主要财务指标	指标\报告期	2014.06.30	2013.12.31	2013.06.30	2012.12.31
	基本每股收益(元)	0.1900	0.4400	0.1640	0.3500
	基本每股收益	0.1900	0.3800	0.1400	0.3000
	稀释每股收益(元)	–	–	–	–
	每股净资产(元)	4.1917	4.0673	3.7585	3.6791
	每股经营现金净流量(元)	–0.4543	0.3755	–0.3329	–0.1965
	每股现金流量(元)	–0.1835	0.3707	0.3786	0.3526
	每股资本公积金(元)	1.4526	1.4598	1.4277	1.4324
	每股盈余公积金(元)	0.1253	0.1253	0.1061	0.1061
	每股未分配利润(元)	1.6247	1.5007	1.2424	1.1309
	净资产收益率(%)	4.5484	10.8210	4.3569	9.3853
	加权净资产收益率(%)	4.5800	11.3900	4.3900	9.9000
	净资产收益率(扣除)(%)	4.5760	9.2693	3.7189	8.0519
	总资产(万元)	66142843.20	62820053.00	60568496.40	55083292.70
	归属母公司股东权益	8928217.90	8663344.90	8005653.60	7796296.20
	营业收入(万元)	27622417.20	55879866.30	24679043.60	48268840.00
	营业成本(万元)	24844136.60	50184304.70	22319454.70	43175356.10
	投资收益(万元)	3403.80	108193.20	57957.60	102409.20
	净利润(万元)	406089.40	937463.40	348801.00	739014.90
	营业利润(万元)	592097.00	1236071.00	484843.00	979018.10
	利润总额(万元)	607769.60	1351078.70	513767.50	1063555.60

中国工商银行股份有限公司

公司概况	公司名称	中国工商银行股份有限公司			证券简称	工商银行
	法人代表	姜建清	董秘	胡浩	证券代码	601398
	公司网址	www.icbc.com.cn		电子信箱	ir@icbc.com.cn	
	电　　话	010-66108608 66106114		传　　真	010-66107571	
	办公地址	北京市西城区复兴门内大街 55 号				
	经营范围	提供银行及相关金融服务等				

主要财务指标	指标\报告期	2014.06.30	2013.12.31	2013.06.30	2012.12.31
	基本每股收益(元)	0.4200	0.7500	0.4000	0.6800
	基本每股收益	0.4200	0.7500	0.3900	0.6800
	稀释每股收益(元)	0.4200	0.7400	0.3900	0.6700
	每股净资产(元)	3.8600	3.6300	3.3500	3.2200
	每股经营现金净流量(元)	1.1898	–0.0055	0.4082	1.5260
	每股现金流量(元)	0.7042	–0.6951	–0.2001	1.0106
	每股资本公积金(元)	0.3717	0.3074	0.3663	0.3676
	每股盈余公积金(元)	0.3531	0.3525	0.2808	0.2805
	每股未分配利润(元)	1.6144	1.4569	1.2211	1.0656
	净资产收益率(%)	10.9310	20.6139	11.8093	21.2029
	加权净资产收益率(%)	21.7700	21.9200	23.2500	23.0200
	净资产收益率(扣除)(%)	10.8997	20.5266	11.7800	21.1185
	总资产(万元)	2030367700.00	1891775200.00	1872335300.00	1754221700.00
	归属母公司股东权益	135485700.00	127413400.00	117150700.00	112499700.00
	营业收入(万元)	32842500.00	58963700.00	29860700.00	53694500.00
	营业成本(万元)	–13491900.00	25259100.00	–12021400.00	22948700.00
	投资收益(万元)	182700.00	307800.00	281600.00	470700.00
	净利润(万元)	14810000.00	26264900.00	13834700.00	23853200.00
	营业利润(万元)	19350600.00	33704600.00	17839300.00	30745800.00
	利润总额(万元)	19409000.00	33853700.00	17884100.00	30868700.00

汕头东风印刷股份有限公司

公司概况	公司名称	汕头东风印刷股份有限公司			证券简称	东风股份
	法人代表	黄佳儿	董秘	邓夏恩	证券代码	601515
	公司网址	www.dfp.com.cn		电子信箱	zqb@dfp.com.cn	
	电　　话	0754-88118555		传　　真	0754-88118494	
	办公地址	广东省汕头市潮汕路金园工业城北郊工业区(二围工业区)、4A2-2 片区、2M4 片区、13-02 片区 A-F 座				
	经营范围	烟标印制及相关包装材料的设计、生产与销售				

主要财务指标	指标\报告期	2014.06.30	2013.12.31	2013.06.30	2012.12.31
	基本每股收益(元)	0.3300	1.2600	0.3100	1.0900
	基本每股收益	0.3100	1.2100	0.3000	1.0900
	稀释每股收益(元)	0.3300	1.2600	0.3100	1.0900
	每股净资产(元)	2.4706	4.2862	4.2994	4.0569
	每股经营现金净流量(元)	0.0544	0.7789	0.4157	1.2367
	每股现金流量(元)	–0.1760	–0.2015	0.2010	0.7937
	每股资本公积金(元)	0.1374	1.2748	1.2748	1.2748
	每股盈余公积金(元)	0.1152	0.2304	0.1604	0.1604
	每股未分配利润(元)	1.2179	1.7841	1.8646	1.6204
	净资产收益率(%)	13.1906	29.4830	14.5167	26.4786
	加权净资产收益率(%)	14.1300	29.3600	14.5000	31.2900
	净资产收益率(扣除)(%)	12.5939	28.1226	13.9849	26.5169
	总资产(万元)	365954.36	322356.67	308569.99	278689.53
	归属母公司股东权益	274727.85	238313.88	239045.59	225561.01
	营业收入(万元)	97886.58	180152.67	90998.76	176509.74
	营业成本(万元)	45867.89	83632.96	42990.65	84342.95
	投资收益(万元)	6435.30	14290.27	6758.90	4981.22
	净利润(万元)	36238.24	70262.06	34701.46	59725.48
	营业利润(万元)	42840.10	84453.93	41779.45	72375.02
	利润总额(万元)	42544.45	83808.97	41021.96	71818.23

吉林高速公路股份有限公司

公司概况						
	公司名称	吉林高速公路股份有限公司			证券简称	吉林高速
	法人代表	韩增义	董秘	张向东	证券代码	601518
	公司网址	www.jlgsgl.com		电子信箱	jlgs@jlgsgl.com	
	电　话	0431-84622188 84664798		传　真	0431-84622168 84664798	
	办公地址	吉林省长春市经济开发区浦东路 4488 号				
	经营范围	公路投资、开发、建设、养护和经营管理、建筑材料生产、经销等				

主要财务指标	指标\报告期	2014.06.30	2013.12.31	2013.06.30	2012.12.31
	基本每股收益(元)	0.1200	0.2400	0.1100	0.2400
	基本每股收益	0.1200	0.2400	0.1100	0.2300
	稀释每股收益(元)	0.1200	0.2400	0.1100	0.2400
	每股净资产(元)	1.9250	1.8686	1.8031	1.6943
	每股经营现金净流量(元)	0.0771	0.3734	0.5146	0.3982
	每股现金流量(元)	-0.3851	-0.0846	0.3799	0.6214
	每股资本公积金(元)	0.2614	0.2614	0.2614	0.2614
	每股盈余公积金(元)	0.0846	0.0846	0.0609	0.0609
	每股未分配利润(元)	0.5790	0.5226	0.4807	0.3719
	净资产收益率(%)	6.2562	12.7515	6.0326	13.9784
	加权净资产收益率(%)	6.2800	13.4200	6.2200	14.9100
	净资产收益率(扣除)(%)	6.2550	12.6145	6.0319	13.7196
	总资产(万元)	423294.65	423712.22	419974.47	368187.89
	归属母公司股东权益	233539.51	226693.27	218747.04	205551.01
	营业收入(万元)	30109.65	78573.28	36544.91	76208.47
	营业成本(万元)	6773.48	24783.96	10782.64	21074.43
	投资收益(万元)	-	-	-	-
	净利润(万元)	14610.72	28906.74	13196.03	28732.69
	营业利润(万元)	19857.52	39116.87	17908.12	38255.28
	利润总额(万元)	19861.30	39535.92	17906.66	38991.02

上海大智慧股份有限公司

公司概况						
	公司名称	上海大智慧股份有限公司			证券简称	大智慧
	法人代表	张长虹	董秘	王玫	证券代码	601519
	公司网址	www.gw.com.cn		电子信箱	ir@gw.com.cn	
	电　话	021-20219261		传　真	021-33848922	
	办公地址	上海市浦东新区杨高南路 428 号 1 号楼				
	经营范围	计算机软件服务、第二类增值电信业务中的信息服务业务等				

主要财务指标	指标\报告期	2014.06.30	2013.12.31	2013.06.30	2012.12.31
	基本每股收益(元)	0.0090	0.0060	-0.0730	-0.1480
	基本每股收益	-0.1590	-0.0150	-0.0780	-0.2150
	稀释每股收益(元)	0.0090	0.0060	-0.0730	-0.1480
	每股净资产(元)	1.4785	1.6145	1.5287	2.0927
	每股经营现金净流量(元)	-0.0450	-0.0427	-0.0311	-0.1821
	每股现金流量(元)	-0.3223	-0.2756	-0.1951	-0.4452
	每股资本公积金(元)	0.5146	0.6660	0.6661	1.1659
	每股盈余公积金(元)	0.0176	0.0194	0.0194	0.0252
	每股未分配利润(元)	-0.0525	-0.0672	-0.1543	-0.0957
	净资产收益率(%)	0.5826	0.3997	-5.2773	-9.1789
	加权净资产收益率(%)	0.5900	0.4000	-5.1400	-8.6900
	净资产收益率(扣除)(%)	-10.7562	-0.9555	-5.6086	-10.2873
	总资产(万元)	354666.58	343494.51	299761.00	308251.60
	归属母公司股东权益	293880.40	291738.95	276237.19	290882.07
	营业收入(万元)	42945.58	89426.23	32735.42	47013.84
	营业成本(万元)	17946.92	17568.94	8251.14	16107.87
	投资收益(万元)	40333.99	23302.16	88.67	555.45
	净利润(万元)	1712.06	1166.14	-14577.81	-26699.88
	营业利润(万元)	-650.06	402.65	-15042.91	-28103.81
	利润总额(万元)	1740.15	4292.12	-14197.22	-25385.32

东吴证券股份有限公司

公司概况						
	公司名称	东吴证券股份有限公司			证券简称	东吴证券
	法人代表	范力	董秘	魏纯	证券代码	601555
	公司网址	www.dwjq.com.cn		电子信箱	dwzqdb@gsjq.com.cn	
	电　话	0512-62601555		传　真	0512-62938812	
	办公地址	江苏省苏州市工业园区星阳街 5 号				
	经营范围	证券经纪、投资银行、证券自营、资产管理、基金管理、直接投资等				

主要财务指标	指标\报告期	2014.06.30	2013.12.31	2013.06.30	2012.12.31
	基本每股收益(元)	0.1700	0.1900	0.1000	0.1400
	基本每股收益	0.1600	0.1900	0.0900	0.1400
	稀释每股收益(元)	0.1700	0.1900	0.1000	0.1400
	每股净资产(元)	4.0499	3.9145	3.8322	3.7900
	每股经营现金净流量(元)	0.4468	-1.5638	0.1840	-0.8331
	每股现金流量(元)	0.8863	-0.2490	0.1833	-1.7387
	每股资本公积金(元)	2.1665	2.1375	2.1510	2.1528
	每股盈余公积金(元)	0.0824	0.0824	0.0651	0.0651
	每股未分配利润(元)	0.5133	0.4069	0.3631	0.3176
	净资产收益率(%)	4.1088	4.8874	2.4941	3.7185
	加权净资产收益率(%)	4.1600	4.9700	2.4900	3.7600
	净资产收益率(扣除)(%)	3.9935	4.8300	2.4265	3.7333
	总资产(万元)	2285994.41	1884405.73	1597847.95	1577020.26
	归属母公司股东权益	809986.23	782907.51	766445.41	757699.71
	营业收入(万元)	108831.91	159870.86	77226.63	139834.89
	营业成本(万元)	65097.18	108896.77	51944.73	105214.99
	投资收益(万元)	31035.00	43107.73	25522.79	22441.99
	净利润(万元)	33281.07	38263.62	19115.67	28174.81
	营业利润(万元)	43734.73	50974.09	25281.90	34619.90
	利润总额(万元)	44979.78	51614.90	25973.02	34519.33

华锐风电科技(集团)股份有限公司

公司概况						
	公司名称	华锐风电科技(集团)股份有限公司			证券简称	*ST 锐电
	法人代表		董秘	魏晓静	证券代码	601558
	公司网址	www.sinovel.com		电子信箱	investor@sinovelwind.com	
	电　话	010-62515566		传　真	010-62511713	
	办公地址	北京市海淀区中关村大街 59 号文化大厦				
	经营范围	开发、设计、销售风力发电设备等				

主要财务指标	指标\报告期	2014.06.30	2013.12.31	2013.06.30	2012.12.31
	基本每股收益(元)	-0.0700	-0.8600	-0.1100	-0.1400
	基本每股收益	-0.0800	-	-0.1300	-0.1600
	稀释每股收益(元)	-0.0700	-0.8600	-0.1100	-0.1400
	每股净资产(元)	2.1745	2.2664	2.9857	3.0630
	每股经营现金净流量(元)	0.0104	-0.5218	-0.3171	-0.1034
	每股现金流量(元)	-0.2386	-0.6464	-0.4012	-1.1479
	每股资本公积金(元)	1.8107	1.8311	1.8174	1.7761
	每股盈余公积金(元)	0.1247	0.1247	0.1247	0.1247
	每股未分配利润(元)	-0.7698	-0.6988	0.0445	0.1584
	净资产收益率(%)	-3.2677	-37.8217	-3.8143	-4.7316
	加权净资产收益率(%)	-3.2000	-32.1700	-3.7700	-4.4800
	净资产收益率(扣除)(%)	-3.4808	-30.2793	-4.3680	-5.3348
	总资产(万元)	2173127.80	2401945.19	2803338.21	2867653.99
	归属母公司股东权益	874244.04	911170.66	1200382.62	1231441.31
	营业收入(万元)	205090.87	366187.47	138838.71	401814.52
	营业成本(万元)	179822.40	341724.22	128735.52	383530.24
	投资收益(万元)	673.44	12514.13	10188.36	1688.60
	净利润(万元)	-28568.04	-344620.57	-45786.04	-58267.09
	营业利润(万元)	-33178.43	-274801.08	-52172.48	-76100.51
	利润总额(万元)	-30952.34	-335639.75	-52965.58	-67858.73

九牧王股份有限公司

公司概况	公司名称	九牧王股份有限公司			证券简称	九 牧 王
	法人代表	林聪颖	董秘	吴徽荣	证券代码	601566
	公司网址	www.jiumuwang.com		电子信箱	ir@joeone.net	
	电 话	0592-2955789		传 真	0592-2955997	
	办公地址	福建省厦门市思明区宜兰路1号				
	经营范围	生产纺织品、服装、皮革服饰、家具、运动鞋及相关技术的交流和推广				

	指标\报告期	2014.06.30	2013.12.31	2013.06.30	2012.12.31
主要财务指标	基本每股收益(元)	0.3800	0.9300	0.5000	1.1600
	基本每股收益	0.3500	0.9000	0.5100	1.1400
	稀释每股收益(元)	0.3800	0.9300	0.5000	1.1600
	每股净资产(元)	7.5005	7.8128	7.4020	7.5910
	每股经营现金净流量(元)	0.3151	0.9661	0.3732	0.9665
	每股现金流量(元)	-0.1049	-1.7110	-0.4851	0.1150
	每股资本公积金(元)	4.5092	4.4992	4.5156	4.5064
	每股盈余公积金(元)	0.3375	0.3375	0.2813	0.2813
	每股未分配利润(元)	1.6553	1.9777	1.6066	1.8046
	净资产收益率(%)	5.0350	11.8887	6.7822	15.2172
	加权净资产收益率(%)	4.7900	12.0500	6.4000	16.0800
	净资产收益率(扣除)(%)	4.7179	11.5906	6.8427	14.9648
	总资产(万元)	512335.04	521353.07	517534.27	510949.67
	归属母公司股东权益	433878.25	451943.09	428326.23	439256.57
	营业收入(万元)	97109.18	250153.93	116378.86	260055.68
	营业成本(万元)	41531.44	108037.87	49305.50	109762.10
	投资收益(万元)	3000.18	2446.11	1043.17	491.45
	净利润(万元)	21845.86	53730.22	29050.03	66842.34
	营业利润(万元)	26815.71	66593.66	38881.76	75957.85
	利润总额(万元)	28479.82	68319.02	38536.20	77223.95

宁波三星电气股份有限公司

公司概况	公司名称	宁波三星电气股份有限公司			证券简称	三星电气
	法人代表	郑坚江	董秘	缪锡雷	证券代码	601567
	公司网址	www.sanxing.com		电子信箱	stock@mail.sanxing.com	
	电 话	0574-88072272		传 真	0574-88072271	
	办公地址	浙江省宁波市鄞州工业园区(宁波市鄞州区姜山镇)				
	经营范围	仪器仪表、电能表、变压器、开关柜、配电自动化设备及相关配件的研发、制造、加工等				

	指标\报告期	2014.06.30	2013.12.31	2013.06.30	2012.12.31
主要财务指标	基本每股收益(元)	0.2600	0.7000	0.2100	0.6600
	基本每股收益	0.2500	0.6700	0.2100	0.6500
	稀释每股收益(元)	0.2600	0.7000	0.2100	0.6600
	每股净资产(元)	5.8435	5.5866	5.5902	5.3803
	每股经营现金净流量(元)	-0.9575	0.6741	-0.4363	1.5502
	每股现金流量(元)	-0.2372	-1.7561	-1.5591	-0.2892
	每股资本公积金(元)	2.7176	2.7176	2.7176	2.7176
	每股盈余公积金(元)	0.2783	0.2783	0.2133	0.2133
	每股未分配利润(元)	1.8471	1.5891	1.6594	1.4495
	净资产收益率(%)	4.4150	12.6133	3.7556	12.2731
	加权净资产收益率(%)	4.5200	12.8500	3.8200	12.6600
	净资产收益率(扣除)(%)	4.2432	12.0772	3.7126	12.1430
	总资产(万元)	450043.23	373836.65	351196.75	365459.65
	归属母公司股东权益	234031.24	223745.01	223888.72	215481.91
	营业收入(万元)	99648.28	224668.31	96778.02	256175.13
	营业成本(万元)	61238.77	147653.10	66687.37	180381.94
	投资收益(万元)	1136.61	2331.11	967.77	223.61
	净利润(万元)	10332.49	28221.73	8408.34	26446.33
	营业利润(万元)	13937.51	30986.64	9741.49	28284.80
	利润总额(万元)	14180.29	32791.22	9854.70	30892.90

会稽山绍兴酒股份有限公司

公司概况	公司名称	会稽山绍兴酒股份有限公司			证券简称	会稽山
	法人代表	金建顺	董秘	金雪泉	证券代码	601579
	公司网址	www.kuaijishanwine.com		电子信箱	ir_kjs@kuaijishanwine.com	
	电 话	0575-81188579		传 真	0575-84889773	
	办公地址	浙江省绍兴市柯桥区鉴湖路1053号				
	经营范围	黄酒的研发、生产和销售等				

	指标\报告期	2014.06.30	2013.12.31	2013.06.30	2012.12.31
主要财务指标	基本每股收益(元)	0.2300	0.4100	0.2500	0.4200
	基本每股收益	0.2300	0.4100	0.2500	0.4100
	稀释每股收益(元)	0.2300	0.4100	-	0.4200
	每股净资产(元)	3.3900	3.1600	-	2.7592
	每股经营现金净流量(元)	-0.5956	0.4649	-	0.5200
	每股现金流量(元)	-0.6815	-0.0273	-	-0.0736
	每股资本公积金(元)	0.8447	0.8447	-	0.8557
	每股盈余公积金(元)	0.1869	0.1869	-	0.1493
	每股未分配利润(元)	1.3612	1.1301	-	0.7542
	净资产收益率(%)	6.8120	13.0770	-	15.3710
	加权净资产收益率(%)	7.0500	13.9400	8.8100	16.3300
	净资产收益率(扣除)(%)	-	12.9541	-	15.0187
	总资产(万元)	201441.32	206882.25	-	185603.18
	归属母公司股东权益	101786.13	94852.92	-	82776.77
	营业收入(万元)	43948.53	93381.43	47658.01	97482.11
	营业成本(万元)	22817.63	50651.88	24672.19	53518.15
	投资收益(万元)	-	-	-	-
	净利润(万元)	6933.21	12404.33	7624.30	12723.27
	营业利润(万元)	9714.55	17038.01	10484.57	17286.64
	利润总额(万元)	9704.46	17109.21	10590.51	17562.61

北京北辰实业股份有限公司

公司概况	公司名称	北京北辰实业股份有限公司			证券简称	北辰实业
	法人代表	贺江川	董秘	郭川	证券代码	601588
	公司网址	www.beijingns.com.cn		电子信箱	northstar@beijingns.com.cn	
	电 话	010-64991277		传 真	010-64991352	
	办公地址	北京市朝阳区北辰东路8号汇欣大厦A座707				
	经营范围	房地产开发、物业管理、物业出租、娱乐及餐饮、酒店及百货业等				

	指标\报告期	2014.06.30	2013.12.31	2013.06.30	2012.12.31
主要财务指标	基本每股收益(元)	0.0700	0.2000	0.1100	0.1900
	基本每股收益	0.0700	0.1900	0.1100	0.1900
	稀释每股收益(元)	0.0700	0.2000	0.1100	0.1900
	每股净资产(元)	3.1506	3.1399	3.0482	3.0025
	每股经营现金净流量(元)	0.0136	0.3368	0.2117	0.1406
	每股现金流量(元)	0.3966	0.1840	0.6815	-0.0687
	每股资本公积金(元)	1.0982	1.0982	1.0982	1.0982
	每股盈余公积金(元)	0.2134	0.2134	0.2030	0.2030
	每股未分配利润(元)	0.8390	0.8283	0.7470	0.7013
	净资产收益率(%)	2.2432	6.2857	3.4666	6.2653
	加权净资产收益率(%)	2.2300	6.4300	3.4600	6.4300
	净资产收益率(扣除)(%)	2.2407	6.1930	3.4634	6.2814
	总资产(万元)	3487846.97	3210332.57	3175172.82	2948382.38
	归属母公司股东权益	1060808.90	1057215.02	1026340.44	1010949.70
	营业收入(万元)	258989.78	550499.08	286675.46	573590.39
	营业成本(万元)	138710.94	281956.31	158085.52	315059.60
	投资收益(万元)	-5.46	1493.91	-67.85	-172.12
	净利润(万元)	23796.00	66453.50	35578.93	63338.77
	营业利润(万元)	37549.94	93508.54	49379.13	82595.34
	利润总额(万元)	37585.13	93209.73	49431.00	82283.25

江苏鹿港科技股份有限公司

公司概况

公司名称	江苏鹿港科技股份有限公司			证券简称	鹿港科技
法人代表	钱文龙	董秘	邹国栋	证券代码	601599
公司网址	www.lugangwool.com		电子信箱	info@lugangwool.com	
电　　话	0512-58353258 58353239		传　　真	0512-58470080	
办公地址	江苏省张家港市塘桥镇鹿苑工业区				
经营范围	各类针织毛纺纱线以及高档精纺呢绒面料生产与销售等				

主要财务指标

指标＼报告期	2014.06.30	2013.12.31	2013.06.30	2012.12.31
基本每股收益(元)	0.1100	0.0400	0.0800	0.0300
基本每股收益	0.0900	-0.0040	0.0400	-0.0100
稀释每股收益(元)	0.1100	0.0400	0.0800	0.0300
每股净资产(元)	3.0647	2.9997	3.0337	3.0047
每股经营现金净流量(元)	0.3908	0.7412	0.6248	0.4060
每股现金流量(元)	-0.4418	0.4814	0.7958	-0.5334
每股资本公积金(元)	1.2529	1.2529	1.2481	1.2481
每股盈余公积金(元)	0.0523	0.0523	0.0449	0.0449
每股未分配利润(元)	0.7606	0.6959	0.7417	0.7118
净资产收益率(%)	3.7417	1.3850	2.6353	1.0651
加权净资产收益率(%)	3.7600	1.3900	2.6400	1.0600
净资产收益率(扣除)(%)	2.9085	-0.1244	1.4201	-0.3036
总资产(万元)	279934.08	257794.08	257086.87	221348.74
归属母公司股东权益	97458.69	95389.88	96472.39	95549.50
营业收入(万元)	120297.32	184419.21	104811.58	167126.94
营业成本(万元)	103730.91	158786.19	89380.61	146421.84
投资收益(万元)	1096.25	252.87	122.32	-
净利润(万元)	3646.60	1321.13	2542.37	1017.69
营业利润(万元)	3717.45	1781.13	2898.95	933.90
利润总额(万元)	4167.07	2217.69	3580.63	1649.86

中国铝业股份有限公司

公司概况

公司名称	中国铝业股份有限公司			证券简称	中国铝业
法人代表	熊维平	董秘	许波	证券代码	601600
公司网址	www.chalco.com.cn		电子信箱	ir@chalco.com.cn	
电　　话	010-82298322		传　　真	010-82298158	
办公地址	北京市海淀区西直门北大街62号				
经营范围	氧化铝、原铝及铝加工产品的生产及销售等				

主要财务指标

指标＼报告期	2014.06.30	2013.12.31	2013.06.30	2012.12.31
基本每股收益(元)	-0.3000	0.0700	-0.0500	-0.6100
基本每股收益	-0.3400	-0.5800	-0.2500	-0.6400
稀释每股收益(元)	-0.3000	0.0700	-0.0500	-0.6100
每股净资产(元)	2.9853	3.2798	3.1729	3.2412
每股经营现金净流量(元)	0.3476	0.6101	0.1229	0.0830
每股现金流量(元)	0.6981	0.1714	0.0994	-0.1130
每股资本公积金(元)	1.0163	1.0162	1.0157	1.0343
每股盈余公积金(元)	0.4338	0.4338	0.4338	0.4338
每股未分配利润(元)	0.5327	0.8376	0.7214	0.7675
净资产收益率(%)	-10.2130	2.1369	-1.4537	-18.7835
加权净资产收益率(%)	-9.7300	2.1500	-1.4400	-17.2400
净资产收益率(扣除)(%)	-11.3495	-17.5992	-7.8801	-19.8011
总资产(万元)	20624055.70	19950705.40	20248809.60	17501688.20
归属母公司股东权益	4037452.60	4435772.50	4291245.20	4383511.80
营业收入(万元)	7009202.20	17303809.90	7664102.10	14947882.10
营业成本(万元)	-6934281.90	16929084.60	7509427.70	14840644.00
投资收益(万元)	43237.10	766115.60	175451.30	23335.90
净利润(万元)	-412343.20	94789.10	-62380.00	-823375.40
营业利润(万元)	-415947.20	-89719.90	-212429.40	-988749.90
利润总额(万元)	-379469.60	106176.20	-70860.00	-909206.20

中国太平洋保险(集团)股份有限公司

公司概况

公司名称	中国太平洋保险(集团)股份有限公司			证券简称	中国太保
法人代表	高国富	董秘	方林	证券代码	601601
公司网址	www.cpic.com.cn		电子信箱	ir@cpic.com.cn	
电　　话	021-58767282		传　　真	021-68870791	
办公地址	上海市浦东新区银城中路190号交银金融大厦南楼				
经营范围	人民币和外币的各种财产保险、短期健康保险和意外伤害保险业务				

主要财务指标

指标＼报告期	2014.06.30	2013.12.31	2013.06.30	2012.12.31
基本每股收益(元)	0.7600	1.0200	0.6000	0.5900
基本每股收益	0.7500	1.0200	0.6000	0.5800
稀释每股收益(元)	0.7600	1.0200	0.6000	0.5900
每股净资产(元)	11.7348	10.9200	10.6300	10.6100
每股经营现金净流量(元)	2.6427	4.9784	3.1610	5.7519
每股现金流量(元)	0.4925	-0.6240	0.3983	1.1062
每股资本公积金(元)	7.2538	6.7962	6.9210	7.1591
每股盈余公积金(元)	0.3409	0.3409	0.2977	0.2977
每股未分配利润(元)	3.1469	2.7912	2.4154	2.1624
净资产收益率(%)	6.4397	9.3576	5.6736	5.2788
加权净资产收益率(%)	6.6000	9.5000	5.6000	6.1000
净资产收益率(扣除)(%)	6.3955	9.3293	5.6435	5.2268
总资产(万元)	82139100.00	72353300.00	72120700.00	68150200.00
归属母公司股东权益	10634100.00	9896800.00	9630600.00	9617700.00
营业收入(万元)	11414500.00	19313700.00	10406800.00	17145100.00
营业成本(万元)	10503100.00	18126900.00	9718000.00	16540700.00
投资收益(万元)	1754400.00	3227700.00	1590800.00	2237400.00
净利润(万元)	684800.00	926100.00	546400.00	507700.00
营业利润(万元)	911400.00	1186800.00	688800.00	604400.00
利润总额(万元)	917900.00	1191400.00	692800.00	611300.00

上海医药集团股份有限公司

公司概况

公司名称	上海医药集团股份有限公司			证券简称	上海医药
法人代表	楼定波	董秘	韩敏	证券代码	601607
公司网址	www.pharm-sh.com.cn		电子信箱	pharm@pharm-sh.com.cn	
电　　话	021-63730908		传　　真	021-63289333	
办公地址	上海市太仓路200号上海医药大厦				
经营范围	原料药和各种剂型等				

主要财务指标

指标＼报告期	2014.06.30	2013.12.31	2013.06.30	2012.12.31
基本每股收益(元)	0.4902	0.8341	0.4424	0.7635
基本每股收益	0.4452	0.7688	0.4208	0.6675
稀释每股收益(元)	0.4902	0.8341	0.4424	0.7635
每股净资产(元)	9.8781	9.6522	9.2665	9.1633
每股经营现金净流量(元)	0.1008	0.3620	0.1260	0.4280
每股现金流量(元)	-0.5056	-0.2438	-0.3695	-0.4663
每股资本公积金(元)	5.2681	5.2713	5.2750	5.3724
每股盈余公积金(元)	0.3188	0.3188	0.2983	0.2983
每股未分配利润(元)	3.2993	3.0691	2.6988	2.4985
净资产收益率(%)	4.9621	8.6420	4.7743	8.3317
加权净资产收益率(%)	4.9900	8.8700	4.7600	8.6200
净资产收益率(扣除)(%)	4.5068	7.9646	4.5414	7.2850
总资产(万元)	6315269.69	5631152.16	5420161.84	5106903.80
归属母公司股东权益	2656142.48	2595381.24	2491685.43	2463929.93
营业收入(万元)	4401301.63	7822281.74	3871790.18	6807811.78
营业成本(万元)	3843432.36	6798014.25	3358307.03	5879260.09
投资收益(万元)	29914.84	55181.54	24846.10	38900.60
净利润(万元)	131800.29	224292.51	118960.94	205287.17
营业利润(万元)	185632.94	307430.85	165007.76	279588.11
利润总额(万元)	191710.29	326084.64	170918.44	308772.68

中信重工机械股份有限公司

公司概况						
公司名称	中信重工机械股份有限公司			证券简称	中信重工
法人代表	任沁新	董秘	梁慧	证券代码	601608
公司网址	www.citichmc.com		电子信箱	citic_hic@citic.com	
电　话	0379-64088999		传　真	0379-64088108	
办公地址	河南省洛阳市涧西区建设路 206 号				
经营范围	重型成套机械设备及零部件、铸锻件的设计、制造、销售等				

主要财务指标：指标\报告期	2014.06.30	2013.12.31	2013.06.30	2012.12.31
基本每股收益(元)	0.1000	0.1800	0.1300	0.3600
基本每股收益	0.0900	0.1600	0.1300	0.3500
稀释每股收益(元)	0.1000	0.1800	0.1300	0.3600
每股净资产(元)	2.9041	2.8645	2.8102	2.7372
每股经营现金净流量(元)	-0.0795	0.0166	-0.0991	0.3022
每股现金流量(元)	-0.1397	0.1470	0.1753	0.9510
每股资本公积金(元)	0.9295	0.9295	0.9295	0.9295
每股盈余公积金(元)	0.1839	0.1597	0.1355	0.1121
每股未分配利润(元)	0.7943	0.7789	0.7514	0.7002
净资产收益率(%)	3.3598	6.3667	4.6513	11.6130
加权净资产收益率(%)	3.3500	6.5100	4.6700	15.8200
净资产收益率(扣除)(%)	3.1413	5.6572	4.5245	11.1249
总资产(万元)	1835197.34	1758601.64	1776216.89	1644613.23
归属母公司股东权益	795712.12	784876.10	769985.05	749991.99
营业收入(万元)	285022.74	508311.11	301656.32	723580.81
营业成本(万元)	202134.58	328094.43	209073.08	495643.93
投资收益(万元)	4687.01	8049.19	3582.13	4671.88
净利润(万元)	26734.29	49971.03	35814.04	87096.46
营业利润(万元)	23162.15	42619.92	34725.73	87780.62
利润总额(万元)	30023.20	57096.96	40404.54	98083.58

上海广电电气(集团)股份有限公司

公司概况					
公司名称	上海广电电气(集团)股份有限公司			证券简称	广电电气
法人代表	赵淑文	董秘	马小丰	证券代码	601616
公司网址	www.sgeg.cn		电子信箱	office@csge.com	
电　话	021-67101516 67101661		传　真	021-67101890	
办公地址	上海市奉贤区南桥镇环城东路 123 弄 1 号				
经营范围	高低压输配电成套设备、各类元器件及零配件、流体设备的生产销售等				

主要财务指标：指标\报告期	2014.06.30	2013.12.31	2013.06.30	2012.12.31
基本每股收益(元)	0.0231	0.0585	0.0248	0.0392
基本每股收益	0.0186	0.0382	0.0194	0.0173
稀释每股收益(元)	0.0231	0.0585	0.0248	0.0392
每股净资产(元)	2.6857	2.7124	2.6985	2.7552
每股经营现金净流量(元)	-0.0501	0.0918	-0.0052	0.0862
每股现金流量(元)	-0.0620	-0.5933	-0.1359	-0.4626
每股资本公积金(元)	1.4331	1.4331	1.4496	1.4362
每股盈余公积金(元)	0.0919	0.0919	0.0855	0.0860
每股未分配利润(元)	0.1613	0.1882	0.1640	0.2334
净资产收益率(%)	0.8605	2.1578	1.0623	1.5309
加权净资产收益率(%)	0.8500	2.1500	0.9000	1.4300
净资产收益率(扣除)(%)	0.6941	1.4080	0.8649	0.6275
总资产(万元)	317597.45	326401.38	332413.57	325692.58
归属母公司股东权益	250465.36	252957.22	251652.54	256943.40
营业收入(万元)	44923.61	110675.16	50799.15	91452.52
营业成本(万元)	34713.75	88227.22	38746.28	68334.01
投资收益(万元)	3265.68	5083.46	1580.88	2786.92
净利润(万元)	2155.34	5458.20	2308.24	3662.51
营业利润(万元)	2063.52	3434.07	2145.00	1697.03
利润总额(万元)	2553.93	5915.11	2729.54	4435.91

中国冶金科工股份有限公司

公司概况					
公司名称	中国冶金科工股份有限公司			证券简称	中国中冶
法人代表	国文清	董秘	康承业	证券代码	601618
公司网址	www.mccchina.com		电子信箱	ir@mccchina.com	
电　话	010-59868666		传　真	010-59868999	
办公地址	北京市朝阳区曙光西里 28 号中冶大厦　香港湾仔港湾道 1 号会展广场办公大楼 32 楼 3205 室				
经营范围	工程承包、资源开发、装备制造与房地产开发等				

主要财务指标：指标\报告期	2014.06.30	2013.12.31	2013.06.30	2012.12.31
基本每股收益(元)	0.0900	0.1600	0.0800	-0.3600
基本每股收益	0.0700	0.1000	0.0400	-0.5700
稀释每股收益(元)	-	-	-	-
每股净资产(元)	2.3453	2.3308	2.2433	2.1533
每股经营现金净流量(元)	-0.3000	1.0477	-0.2150	0.2295
每股现金流量(元)	-0.4047	-0.0440	-0.5014	-0.5566
每股资本公积金(元)	0.9629	0.9740	0.9593	0.9620
每股盈余公积金(元)	0.0220	0.0220	0.0151	0.0151
每股未分配利润(元)	0.3783	0.3446	0.2729	0.1955
净资产收益率(%)	4.0370	6.6924	3.4534	-16.8935
加权净资产收益率(%)	4.0000	6.9500	3.5200	-15.5300
净资产收益率(扣除)(%)	3.1871	4.2961	1.9578	-26.2762
总资产(万元)	33434490.30	32288443.90	33081878.70	32622652.30
归属母公司股东权益	4481850.30	4454130.00	4286872.80	4118410.80
营业收入(万元)	9616655.20	20269024.10	9115321.00	22111969.80
营业成本(万元)	8429686.90	17511226.10	7918585.60	19517314.80
投资收益(万元)	54107.20	34281.20	52853.40	354407.60
净利润(万元)	180933.50	298086.40	148041.10	-694335.50
营业利润(万元)	272112.70	442144.50	199893.60	-829205.50
利润总额(万元)	317761.30	529651.30	239740.90	-785883.70

中国人寿保险股份有限公司

公司概况					
公司名称	中国人寿保险股份有限公司			证券简称	中国人寿
法人代表	杨明生	董秘	郑勇	证券代码	601628
公司网址	www.e-chinalife.com		电子信箱	ir@e-chinalife.com	
电　话	010-63631191 63631068		传　真	010-66575112 66575722	
办公地址	北京市西城区金融大街 16 号				
经营范围	人寿保险、健康保险、意外伤害保险等各类人身保险业务等				

主要财务指标：指标\报告期	2014.06.30	2013.12.31	2013.06.30	2012.12.31
基本每股收益(元)	0.6500	0.8800	0.5700	0.3900
基本每股收益	0.6500	0.8600	0.5700	0.3900
稀释每股收益(元)	0.6500	0.8800	0.5700	0.3900
每股净资产(元)	8.5100	7.8000	8.1600	7.8200
每股经营现金净流量(元)	1.4318	2.4161	1.5121	4.6765
每股现金流量(元)	0.7733	-1.7025	-0.6488	0.4765
每股资本公积金(元)	1.6988	1.3334	2.0013	2.0963
每股盈余公积金(元)	1.5308	1.4434	1.3560	1.3169
每股未分配利润(元)	3.6303	3.3665	3.2381	2.8442
净资产收益率(%)	7.6509	11.2399	7.0230	5.0031
加权净资产收益率(%)	7.8900	11.2200	7.1100	5.3800
净资产收益率(扣除)(%)	7.6671	11.0534	7.0455	4.9985
总资产(万元)	212011400.00	197294100.00	198403500.00	189891600.00
归属母公司股东权益	24058600.00	22033100.00	23064300.00	22108500.00
营业收入(万元)	24374000.00	42361300.00	25253800.00	40537900.00
营业成本(万元)	22082400.00	39471000.00	23231100.00	39442400.00
投资收益(万元)	4745600.00	9591100.00	4940000.00	8000600.00
净利润(万元)	1840700.00	2476500.00	1619800.00	1106100.00
营业利润(万元)	2291600.00	2890300.00	2022700.00	1095500.00
利润总额(万元)	2286400.00	2945100.00	2015700.00	1096800.00

长城汽车股份有限公司

公司概况	公司名称	长城汽车股份有限公司			证券简称	长城汽车
	法人代表	魏建军	董秘	徐辉	证券代码	601633
	公司网址	www.gwm.com.cn		电子信箱	zqb@gwm.com.cn	
	电　话	0312-2197813		传　真	0312-2197812	
	办公地址	河北省保定市朝阳南大街2266号				
	经营范围	汽车整车及汽车零部件的研发、生产及销售				

	指标\报告期	2014.06.30	2013.12.31	2013.06.30	2012.12.31
主要财务指标	基本每股收益(元)	1.3000	2.7000	1.3400	1.8700
	基本每股收益	1.2800	2.6300	1.3200	1.8100
	稀释每股收益(元)	-	-	-	-
	每股净资产(元)	9.6826	9.2018	7.8449	7.0714
	每股经营现金净流量(元)	1.6969	2.9710	1.6281	1.4255
	每股现金流量(元)	0.0205	-0.0240	0.3568	-0.2336
	每股资本公积金(元)	1.4639	1.4639	1.4663	1.4663
	每股盈余公积金(元)	0.7500	0.7500	0.7290	0.7290
	每股未分配利润(元)	6.4699	5.9901	4.6516	3.8782
	净资产收益率(%)	13.4233	29.3745	17.1252	26.4600
	加权净资产收益率(%)	13.3800	33.4100	17.5700	29.8800
	净资产收益率(扣除)(%)	-	28.5301	16.8169	25.6544
	总资产(万元)	5061200.00	5260480.89	4488228.09	4256939.65
	归属母公司股东权益	2945848.14	2799589.80	2386736.41	2151424.40
	营业收入(万元)	2852737.33	5678431.43	2641683.86	4315996.66
	营业成本(万元)	2037995.51	4053799.47	1876554.01	3156150.14
	投资收益(万元)	669.38	5917.63	3027.89	1932.29
	净利润(万元)	395431.37	822364.84	408733.21	569244.90
	营业利润(万元)	469877.04	966803.73	487258.06	666340.17
	利润总额(万元)	476651.50	991972.18	493137.20	684103.63

株洲旗滨集团股份有限公司

公司概况	公司名称	株洲旗滨集团股份有限公司			证券简称	旗滨集团
	法人代表	俞其兵	董秘	钟碰辉	证券代码	601636
	公司网址	www.kibinggroup.com		电子信箱	phyy99@163.com	
	电　话	0596-5699668		传　真	0596-5699660	
	办公地址	福建省漳州市东山县西埔镇环岛路8号				
	经营范围	玻璃及制品生产、销售、玻璃加工、装卸劳务等				

	指标\报告期	2014.06.30	2013.12.31	2013.06.30	2012.12.31
主要财务指标	基本每股收益(元)	0.1590	0.5580	0.2390	0.2890
	基本每股收益	0.1480	0.4590	0.2290	0.0670
	稀释每股收益(元)	0.1590	0.5580	0.2390	0.2890
	每股净资产(元)	4.6782	4.5076	4.1562	3.9850
	每股经营现金净流量(元)	0.5846	2.1283	0.8921	-0.0503
	每股现金流量(元)	1.6109	-0.4019	0.1474	0.1744
	每股资本公积金(元)	2.5234	2.1020	2.0689	2.0378
	每股盈余公积金(元)	0.1134	0.1371	0.1177	0.1177
	每股未分配利润(元)	1.0411	1.2686	0.9696	0.8299
	净资产收益率(%)	3.0035	12.3715	5.7583	7.1297
	加权净资产收益率(%)	3.4100	13.1800	5.7100	7.1100
	净资产收益率(扣除)(%)	2.8010	10.1747	5.5040	1.6488
	总资产(万元)	1000107.68	782561.49	773944.37	684494.23
	归属母公司股东权益	392598.40	312928.51	288545.53	276771.89
	营业收入(万元)	192019.50	352595.37	163771.94	268453.56
	营业成本(万元)	152226.67	250425.86	120755.33	226132.14
	投资收益(万元)	-	-	-	-
	净利润(万元)	11791.72	38713.84	16615.44	19733.02
	营业利润(万元)	13136.34	37517.05	19124.80	5142.83
	利润总额(万元)	14169.94	44751.58	19696.62	22999.28

平顶山天安煤业股份有限公司

公司概况	公司名称	平顶山天安煤业股份有限公司			证券简称	平煤股份
	法人代表	刘银志	董秘	黄爱军	证券代码	601666
	公司网址	www.pmta.com.cn		电子信箱	pmta@pmjt.com.cn	
	电　话	0375-2749515		传　真	0375-2726426	
	办公地址	河南省平顶山市矿工中路21号				
	经营范围	煤炭开采、煤炭洗选加工及煤炭销售				

	指标\报告期	2014.06.30	2013.12.31	2013.06.30	2012.12.31
主要财务指标	基本每股收益(元)	0.0281	0.2824	0.1828	0.4750
	基本每股收益	0.0281	0.2816	0.1833	0.4691
	稀释每股收益(元)	0.0281	0.2824	0.1828	0.4750
	每股净资产(元)	4.9905	4.8495	4.9418	4.7250
	每股经营现金净流量(元)	0.0477	-1.4458	-0.5226	-0.1238
	每股现金流量(元)	0.0391	-0.0437	0.8871	-0.4635
	每股资本公积金(元)	1.1526	1.1522	1.1522	1.1522
	每股盈余公积金(元)	0.6704	0.6704	0.6372	0.6372
	每股未分配利润(元)	2.0385	2.0104	1.9441	1.9043
	净资产收益率(%)	0.5624	5.8230	3.6984	10.0518
	加权净资产收益率(%)	0.5705	5.9223	3.7530	10.4700
	净资产收益率(扣除)(%)	0.5630	5.8063	3.7083	9.9289
	总资产(万元)	2701034.49	2650373.42	2461739.82	2086175.31
	归属母公司股东权益	1178344.64	1145049.29	1166842.76	1115654.19
	营业收入(万元)	855591.30	1915197.25	928069.59	2216935.37
	营业成本(万元)	712177.80	1519978.32	741131.80	1789161.22
	投资收益(万元)	-1694.91	1191.69	125.45	220.00
	净利润(万元)	6627.57	66676.29	43154.09	112143.78
	营业利润(万元)	15815.61	116215.44	61957.95	142062.09
	利润总额(万元)	15807.96	116650.81	61679.99	144164.91

中国建筑股份有限公司

公司概况	公司名称	中国建筑股份有限公司			证券简称	中国建筑
	法人代表	易军	董秘	孟庆禹	证券代码	601668
	公司网址	www.cscec.com		电子信箱	ir@cscec.com	
	电　话	010-88083288		传　真	010-88082678	
	办公地址	北京市海淀区三里河路15号				
	经营范围	勘察、设计、施工、安装、咨询、开发、装饰、生产、批发、零售、进出口等				

	指标\报告期	2014.06.30	2013.12.31	2013.06.30	2012.12.31
主要财务指标	基本每股收益(元)	0.4000	0.6800	0.2900	0.5200
	基本每股收益	0.3800	0.6200	0.2600	0.4900
	稀释每股收益(元)	0.3900	0.6700	0.2900	0.5200
	每股净资产(元)	4.1800	3.9346	3.5600	3.3953
	每股经营现金净流量(元)	-1.0917	0.0873	-0.5115	0.0798
	每股现金流量(元)	-0.2459	0.1633	0.1345	0.8229
	每股资本公积金(元)	0.9609	0.9793	0.9821	1.0099
	每股盈余公积金(元)	0.0525	0.0525	0.0341	0.0341
	每股未分配利润(元)	2.1228	1.8726	1.5065	1.3186
	净资产收益率(%)	9.4126	17.2815	8.2343	15.4482
	加权净资产收益率(%)	9.6000	18.6000	8.3300	16.5200
	净资产收益率(扣除)(%)	9.1388	17.7012	7.3210	14.5482
	总资产(万元)	87094589.10	78382110.10	73793176.00	65169416.50
	归属母公司股东权益	12552776.10	11803675.50	10674185.30	10185837.80
	营业收入(万元)	37494094.40	68104799.00	30193393.70	57151583.50
	营业成本(万元)	32860961.60	60021983.50	26566019.00	50183538.70
	投资收益(万元)	128681.90	537383.60	298447.00	299569.60
	净利润(万元)	1181539.40	2039851.20	878945.30	1573523.60
	营业利润(万元)	2076848.50	3820983.40	1710531.10	2938120.50
	利润总额(万元)	2125701.70	3879860.00	1734568.80	3016093.40

中国电力建设股份有限公司

公司概况

公司名称	中国电力建设股份有限公司			证券简称	中国电建
法人代表	范集湘	董秘	王志平	证券代码	601669
公司网址	www.sinohydro.com		电子信箱	zgsd@sinohydro.com	
电　话	010-58381999		传　真	010-58381621	
办公地址	北京市海淀区车公庄西路 22 号				
经营范围	水利、电力、公路、铁路、港口与航道、机场、房屋、市政工程设施等				

主要财务指标

指标\报告期	2014.06.30	2013.12.31	2013.06.30	2012.12.31
基本每股收益(元)	0.2225	0.4746	0.2313	0.4299
基本每股收益	0.2224	0.4716	0.2303	0.4055
稀释每股收益(元)	0.2225	0.4746	0.2313	0.4299
每股净资产(元)	3.5707	3.5297	3.3178	3.2219
每股经营现金净流量(元)	0.0646	0.5625	-0.2432	0.2326
每股现金流量(元)	1.0072	0.2417	0.1986	-0.6151
每股资本公积金(元)	1.0453	1.0937	1.1236	1.1218
每股盈余公积金(元)	0.0383	0.0383	0.0238	0.0252
每股未分配利润(元)	1.4721	1.3926	1.1545	1.0592
净资产收益率(%)	6.2304	13.4456	7.0027	13.2371
加权净资产收益率(%)	6.1200	14.1000	6.9900	14.2100
净资产收益率(扣除)(%)	6.2290	13.3600	6.9723	12.5866
总资产(万元)	26061495.16	23146386.78	20958017.18	18438519.09
归属母公司股东权益	3427885.83	3388478.35	3185044.38	3090433.30
营业收入(万元)	7520442.14	14483700.85	6599068.08	12705584.96
营业成本(万元)	6548560.17	12387486.85	5690216.28	10947123.52
投资收益(万元)	2348.33	24667.82	3066.33	14871.97
净利润(万元)	213571.20	455599.68	222057.91	412703.01
营业利润(万元)	286327.79	632177.37	300409.13	536035.06
利润总额(万元)	287202.97	637187.08	302469.76	556221.28

河南明泰铝业股份有限公司

公司概况

公司名称	河南明泰铝业股份有限公司			证券简称	明泰铝业
法人代表	马廷义	董秘	雷鹏	证券代码	601677
公司网址	www.hngymt.com		电子信箱	mtly@hngymt.com	
电　话	0371-67898155		传　真	0371-67898155	
办公地址	河南省巩义市回郭镇开发区				
经营范围	制造空调箔、电缆箔、铜箔、防盗瓶盖带、铝板、铜板等				

主要财务指标

指标\报告期	2014.06.30	2013.12.31	2013.06.30	2012.12.31
基本每股收益(元)	0.1300	0.1500	0.0800	0.1600
基本每股收益	0.1100	0.1200	0.0700	0.1100
稀释每股收益(元)	0.1300	0.1500	0.0800	0.1600
每股净资产(元)	6.3293	6.3031	6.2343	6.2549
每股经营现金净流量(元)	2.0132	-0.3583	-0.4638	0.0800
每股现金流量(元)	-0.4427	-1.2116	-0.5749	-0.8092
每股资本公积金(元)	3.4384	3.4384	3.4384	3.4384
每股盈余公积金(元)	0.1782	0.1782	0.1682	0.1682
每股未分配利润(元)	1.7126	1.6864	1.6277	1.6483
净资产收益率(%)	1.9934	2.3514	1.2741	2.5249
加权净资产收益率(%)	2.0000	2.3600	1.2600	2.5400
净资产收益率(扣除)(%)	1.6762	1.9337	1.0851	1.6966
总资产(万元)	435368.58	339219.54	352640.90	326508.03
归属母公司股东权益	253803.93	252754.60	249996.59	250821.40
营业收入(万元)	299214.55	565261.85	266762.71	526359.59
营业成本(万元)	283324.17	537064.25	251666.18	501785.86
投资收益(万元)	362.27	621.56	-	128.23
净利润(万元)	5059.33	5943.20	3185.19	6333.08
营业利润(万元)	6413.23	8535.60	3957.19	5628.85
利润总额(万元)	7320.91	9437.59	4755.72	8725.25

滨化集团股份有限公司

公司概况

公司名称	滨化集团股份有限公司			证券简称	滨化股份
法人代表	张忠正	董秘	刘宝刚	证券代码	601678
公司网址	www.befar.com		电子信箱	befar@befar.com	
电　话	0543-2118571		传　真	0543-2118592	
办公地址	山东省滨州市黄河五路 869 号				
经营范围	有机、无机化工产品的生产、加工与销售等				

主要财务指标

指标\报告期	2014.06.30	2013.12.31	2013.06.30	2012.12.31
基本每股收益(元)	0.3520	0.3800	0.2124	0.5600
基本每股收益	0.3527	0.3300	0.1777	0.5600
稀释每股收益(元)	0.3520	0.3800	0.2124	0.5600
每股净资产(元)	6.3625	6.1502	5.9900	5.9168
每股经营现金净流量(元)	0.2202	0.2430	0.2359	1.2135
每股现金流量(元)	-0.2244	-0.6046	-0.4092	0.5776
每股资本公积金(元)	2.7316	2.7316	2.7308	2.7308
每股盈余公积金(元)	0.2629	0.2629	0.2199	0.2199
每股未分配利润(元)	2.3554	2.1533	2.0259	1.9635
净资产收益率(%)	5.5329	6.2244	3.5464	9.3837
加权净资产收益率(%)	5.6500	6.3700	3.5700	9.2700
净资产收益率(扣除)(%)	5.5438	5.3435	2.9663	9.4170
总资产(万元)	650321.86	641185.68	557132.12	558185.72
归属母公司股东权益	419926.32	405912.74	395340.54	390506.74
营业收入(万元)	276230.22	410023.89	193759.37	421038.92
营业成本(万元)	225604.98	344854.29	163575.07	332027.12
投资收益(万元)	591.88	6163.30	3587.25	5893.45
净利润(万元)	23234.21	25265.78	14020.33	36643.80
营业利润(万元)	30366.84	29536.91	16111.58	49927.96
利润总额(万元)	29952.94	32205.70	17727.30	49232.82

华泰证券股份有限公司

公司概况

公司名称	华泰证券股份有限公司			证券简称	华泰证券
法人代表	吴万善	董秘	姜健	证券代码	601688
公司网址	www.htsc.com.cn		电子信箱	bgs@mail.htsc.com.cn	
电　话	025-83290511 84457777		传　真	025-84579938	
办公地址	江苏省南京市中山东路 90 号华泰证券大厦				
经营范围	证券经纪业务、证券自营、证券承销业务等				

主要财务指标

指标\报告期	2014.06.30	2013.12.31	2013.06.30	2012.12.31
基本每股收益(元)	0.2600	0.3949	0.2300	0.2885
基本每股收益	0.2614	0.3822	0.2300	0.2872
稀释每股收益(元)	0.2600	0.3949	0.2300	0.2885
每股净资产(元)	6.4920	6.3747	6.1767	6.1039
每股经营现金净流量(元)	1.3686	-3.7216	-2.2087	-1.6931
每股现金流量(元)	1.7022	-0.8111	0.4750	-2.1220
每股资本公积金(元)	3.0678	3.0655	3.0310	3.0370
每股盈余公积金(元)	0.2326	0.2326	0.1963	0.1963
每股未分配利润(元)	1.6939	1.5798	1.5241	1.4441
净资产收益率(%)	4.0679	6.1955	3.7250	4.7267
加权净资产收益率(%)	4.0600	6.3200	3.6900	4.8000
净资产收益率(扣除)(%)	4.0263	5.9953	3.6702	4.7058
总资产(万元)	11093145.95	9824826.31	9532057.14	7927109.21
归属母公司股东权益	3635539.14	3569858.16	3458938.84	3418183.12
营业收入(万元)	431973.17	716653.63	363589.84	588319.94
营业成本(万元)	235554.90	425084.30	195247.89	376699.84
投资收益(万元)	87362.06	154698.83	76699.35	116796.92
净利润(万元)	147891.75	221170.94	128844.16	161568.08
营业利润(万元)	196418.27	291569.33	168341.95	211620.10
利润总额(万元)	198485.47	293708.68	170870.15	212279.93

山西潞安环保能源开发股份有限公司

公司概况				
公司名称	山西潞安环保能源开发股份有限公司		证券简称	潞安环能
法人代表	李晋平	董秘　毛永红	证券代码	601699
公司网址	www.luanhn.com		电子信箱	mao601699@163.com
电　话	0355-5923838 5968816		传　真	0355-5925912 5924899
办公地址	山西省长治市襄垣县侯堡镇			
经营范围	煤炭采掘、洗选加工、销售等			

主要财务指标：指标\报告期	2014.06.30	2013.12.31	2013.06.30	2012.12.31
基本每股收益(元)	0.2100	0.6600	0.4100	1.1200
基本每股收益	0.2100	0.6600	0.4100	1.1200
稀释每股收益(元)	0.2100	0.6600	0.4100	1.1200
每股净资产(元)	7.7877	7.4146	7.4474	6.9620
每股经营现金净流量(元)	0.5870	0.7317	0.4764	1.5042
每股现金流量(元)	0.5016	0.4170	0.7037	−0.5537
每股资本公积金(元)	0.6067	0.2552	0.2642	0.2642
每股盈余公积金(元)	0.9523	0.9523	0.8394	0.8394
每股未分配利润(元)	3.8308	3.6240	3.4822	3.4085
净资产收益率(%)	2.6553	8.9608	5.5015	16.0205
加权净资产收益率(%)	2.7200	9.2500	5.5600	16.0200
净资产收益率(扣除)(%)	2.7083	8.9534	5.5378	16.0689
总资产(万元)	4828372.25	4560120.77	4291328.33	3961280.39
归属母公司股东权益	1792020.06	1706162.51	1713705.92	1602016.19
营业收入(万元)	784016.64	1919996.63	947403.05	2006529.91
营业成本(万元)	555551.75	1222799.25	612369.00	1182620.10
投资收益(万元)	4093.07	7540.16	4193.64	7611.05
净利润(万元)	47584.02	152885.98	94280.18	256651.51
营业利润(万元)	51562.85	195997.53	111442.43	304464.02
利润总额(万元)	50162.46	195071.59	110105.96	300532.06

常熟风范电力设备股份有限公司

公司概况				
公司名称	常熟风范电力设备股份有限公司		证券简称	风范股份
法人代表	范建刚	董秘　陈良东	证券代码	601700
公司网址	www.cstower.cn		电子信箱	chenld@cstower.cn
电　话	0512-52122997		传　真	0512-52401600
办公地址	江苏省苏州市常熟市尚湖镇工业集中区西区人民南路8号			
经营范围	输变电铁塔、风力发电设备、通讯铁塔、钢杆管、钢结构件、电力设备研发、加工、制造等			

主要财务指标：指标\报告期	2014.06.30	2013.12.31	2013.06.30	2012.12.31
基本每股收益(元)	0.2300	0.4900	0.2400	0.6800
基本每股收益	0.2000	0.3900	0.1700	0.6800
稀释每股收益(元)	0.2300	0.4900	0.2400	0.6800
每股净资产(元)	6.0285	6.0805	5.8649	11.7515
每股经营现金净流量(元)	−0.0243	−0.5581	−0.1817	0.4920
每股现金流量(元)	0.5228	−1.8180	−1.3167	3.4158
每股资本公积金(元)	4.1046	4.0631	4.0653	9.1306
每股盈余公积金(元)	0.1521	0.1521	0.1086	0.2172
每股未分配利润(元)	0.7718	0.8653	0.6910	1.4038
净资产收益率(%)	3.7569	7.8020	4.0767	5.8210
加权净资产收益率(%)	3.6800	8.2100	4.0400	5.9400
净资产收益率(扣除)(%)	3.3692	6.2538	2.9074	5.7831
总资产(万元)	379114.93	338136.72	326945.38	316328.20
归属母公司股东权益	273306.13	275664.56	257584.93	258063.90
营业收入(万元)	103431.43	183028.12	80381.65	165205.82
营业成本(万元)	82533.34	149801.31	66543.97	131472.58
投资收益(万元)	286.42	541.38	563.14	-
净利润(万元)	10267.79	21507.42	10501.03	15021.80
营业利润(万元)	10814.51	20294.01	8789.49	17740.15
利润总额(万元)	12160.49	25315.24	12333.11	17855.19

郑州煤矿机械集团股份有限公司

公司概况				
公司名称	郑州煤矿机械集团股份有限公司		证券简称	郑煤机
法人代表	焦承尧	董秘　鲍雪良	证券代码	601717
公司网址	www.zzmj.com		电子信箱	deyuelou@tom.com
电　话	0371-67891023 67891015		传　真	0371-67891000
办公地址	河南省郑州市经济技术开发区第九大街167号			
经营范围	设计、加工、制造矿山机械设备、环保设备、通用机械、电站设备等			

主要财务指标：指标\报告期	2014.06.30	2013.12.31	2013.06.30	2012.12.31
基本每股收益(元)	0.1500	0.5300	0.3300	1.1200
基本每股收益	0.1400	0.5200	0.3300	1.1000
稀释每股收益(元)	0.1500	0.5300	0.3300	1.1200
每股净资产(元)	5.8613	5.8718	5.6813	5.6509
每股经营现金净流量(元)	0.0326	−0.3280	−0.3442	0.2143
每股现金流量(元)	−0.4809	−1.1242	−0.5501	0.7648
每股资本公积金(元)	2.1149	2.1133	2.1271	2.1271
每股盈余公积金(元)	0.3103	0.3103	0.2578	0.2578
每股未分配利润(元)	2.4360	2.4481	2.2964	2.2659
净资产收益率(%)	2.6096	9.1052	5.8163	17.3473
加权净资产收益率(%)	2.5700	9.2700	5.6800	23.5400
净资产收益率(扣除)(%)	2.4712	8.8279	5.7828	17.0437
总资产(万元)	1310843.94	1263456.06	1285320.24	1299513.88
归属母公司股东权益	950186.56	951884.87	921013.49	916077.84
营业收入(万元)	318257.45	805531.06	377763.55	1021285.38
营业成本(万元)	255697.31	619012.24	280120.16	746821.24
投资收益(万元)	2035.43	255.52	388.31	2916.17
净利润(万元)	24795.63	86671.24	53569.31	158914.67
营业利润(万元)	28434.58	98379.07	62966.40	188186.58
利润总额(万元)	28919.33	100366.96	63393.99	191092.82

际华集团股份有限公司

公司概况				
公司名称	际华集团股份有限公司		证券简称	际华集团
法人代表	李学成	董秘　王兴智	证券代码	601718
公司网址	www.jihuachina.com		电子信箱	ir@jihuachina.com
电　话	010-63706008		传　真	010-63706008
办公地址	北京市丰台区南四环西路188号十五区6号楼			
经营范围	职业装、职业鞋靴、防护装具、纺织印染、皮革皮鞋等			

主要财务指标：指标\报告期	2014.06.30	2013.12.31	2013.06.30	2012.12.31
基本每股收益(元)	0.1400	0.2500	0.1100	0.2200
基本每股收益	0.0900	0.1300	0.0900	0.1500
稀释每股收益(元)	0.1400	0.2500	0.1100	0.2200
每股净资产(元)	2.9191	2.8204	2.6838	2.6065
每股经营现金净流量(元)	−0.1024	0.3123	−0.0589	0.0863
每股现金流量(元)	−0.2024	0.0924	−0.1675	0.1786
每股资本公积金(元)	1.0992	1.0991	1.0996	1.1014
每股盈余公积金(元)	0.0182	0.0182	0.0119	0.0119
每股未分配利润(元)	0.8013	0.7026	0.5718	0.4931
净资产收益率(%)	4.6826	8.7122	4.0486	8.3168
加权净资产收益率(%)	4.7600	8.9600	4.1100	8.6200
净资产收益率(扣除)(%)	−0.1024	4.6040	3.1782	5.9399
总资产(万元)	1882686.21	1870575.22	1796365.01	1688041.56
归属母公司股东权益	1125891.17	1087823.04	1035157.53	1005325.12
营业收入(万元)	1349893.42	2671796.54	1593634.70	2648638.74
营业成本(万元)	1240610.43	2453115.88	1486827.26	2446742.36
投资收益(万元)	1013.97	1320.79	137.52	2243.35
净利润(万元)	52720.67	94773.62	41908.89	83611.22
营业利润(万元)	39853.78	67632.27	41581.10	75479.35
利润总额(万元)	64788.19	125056.81	52834.88	105424.55

上海电气集团股份有限公司

公司概况	公司名称	上海电气集团股份有限公司			证券简称	上海电气
	法人代表	黄迪南	董秘	伏蓉	证券代码	601727
	公司网址	www.shanghai-electric.com		电子信箱	ir@shanghai-electric.com	
	电　话	021-33261888		传　真	021-34695780	
	办公地址	上海市徐汇区钦江路212号				
	经营范围	电站及输配电、机电一体化、交通运输、环保设备的相关装备制造业产品的设计、制造、销售				

主要财务指标	指标＼报告期	2014.06.30	2013.12.31	2013.06.30	2012.12.31
	基本每股收益(元)	0.1011	0.1921	0.1138	0.2122
	基本每股收益	0.0864	0.1400	0.0868	0.1700
	稀释每股收益(元)	0.1011	0.1921	0.1138	0.2122
	每股净资产(元)	2.5408	2.5115	2.4151	2.3789
	每股经营现金净流量(元)	−0.1576	0.5598	0.0806	0.5203
	每股现金流量(元)	0.1372	0.0207	0.1714	0.0049
	每股资本公积金(元)	0.3496	0.3469	0.3280	0.3316
	每股盈余公积金(元)	0.3036	0.3018	0.2680	0.2585
	每股未分配利润(元)	0.8867	0.8629	0.8211	0.7868
	净资产收益率(%)	3.9780	7.6470	4.7129	8.9184
	加权净资产收益率(%)	3.9400	7.8600	4.6900	8.9800
	净资产收益率(扣除)(%)	3.4011	5.4736	3.5926	7.2012
	总资产(万元)	13448492.20	12929271.40	12312657.80	11869953.70
	归属母公司股东权益	3258180.90	3220595.40	3097092.10	3050656.20
	营业收入(万元)	3608708.90	7921493.10	3856511.20	7707674.30
	营业成本(万元)	2882960.30	6384549.80	3140063.50	6180927.90
	投资收益(万元)	45142.80	86120.60	32645.50	91240.70
	净利润(万元)	129593.40	246279.20	145962.10	272070.70
	营业利润(万元)	255793.90	431177.90	236503.30	509552.00
	利润总额(万元)	285086.80	549735.30	283393.70	580355.80

中国南车股份有限公司

公司概况	公司名称	中国南车股份有限公司			证券简称	中国南车
	法人代表	郑昌泓	董秘	邵仁强	证券代码	601766
	公司网址	www.csrgc.com.cn		电子信箱	csr@csrgc.com	
	电　话	010-51862188		传　真	010-63984785	
	办公地址	北京市海淀区西四环中路16号				
	经营范围	轨道交通装备制造				

主要财务指标	指标＼报告期	2014.06.30	2013.12.31	2013.06.30	2012.12.31
	基本每股收益(元)	0.1500	0.3000	0.1100	0.3000
	基本每股收益	0.1400	0.2400	0.0900	0.2700
	稀释每股收益(元)	0.1500	0.3000	0.1100	0.3000
	每股净资产(元)	2.7017	2.6487	2.3895	2.3731
	每股经营现金净流量(元)	−0.3441	0.3921	−0.2355	0.1735
	每股现金流量(元)	0.0430	−0.0321	−0.1615	−0.5451
	每股资本公积金(元)	0.7372	0.7448	0.6790	0.6771
	每股盈余公积金(元)	0.0756	0.0756	0.0555	0.0555
	每股未分配利润(元)	0.8915	0.8321	0.6582	0.6423
	净资产收益率(%)	5.5292	11.3238	4.4308	12.2406
	加权净资产收益率(%)	5.5000	12.0100	4.3900	13.3600
	净资产收益率(扣除)(%)	5.2607	9.2038	3.6674	10.8687
	总资产(万元)	14230638.69	12112941.24	10582078.12	10521730.08
	归属母公司股东权益	3729114.96	3655990.30	3298283.77	3275542.70
	营业收入(万元)	5041607.61	9788629.95	3692858.58	9045624.22
	营业成本(万元)	4065639.64	8046890.22	3051885.86	7394431.38
	投资收益(万元)	20378.90	49007.88	30021.91	58919.91
	净利润(万元)	206191.08	413997.16	146140.59	400945.84
	营业利润(万元)	300437.67	505303.00	176734.79	495830.84
	利润总额(万元)	323219.22	593347.09	201798.72	559267.01

力帆实业(集团)股份有限公司

公司概况	公司名称	力帆实业(集团)股份有限公司			证券简称	力帆股份
	法人代表	尹明善	董秘	汤晓东	证券代码	601777
	公司网址	www.lifan.com		电子信箱	tzzqb@lifan.com	
	电　话	023-61663050		传　真	023-65213175	
	办公地址	重庆市北碚区蔡家岗镇凤栖路16号				
	经营范围	主要从事摩托车、汽车、通用汽油机的研发、生产及销售				

主要财务指标	指标＼报告期	2014.06.30	2013.12.31	2013.06.30	2012.12.31
	基本每股收益(元)	0.2358	0.4391	0.1857	0.3378
	基本每股收益	0.2440	0.4072	0.1787	0.2639
	稀释每股收益(元)	0.2358	0.4391	0.1857	0.3378
	每股净资产(元)	5.6751	5.6555	5.1617	5.1604
	每股经营现金净流量(元)	0.4593	−0.5147	0.2237	−0.6721
	每股现金流量(元)	−1.2986	0.4334	0.5780	0.6821
	每股资本公积金(元)	3.2971	3.2644	3.3392	3.3317
	每股盈余公积金(元)	0.1985	0.1985	0.1376	0.1376
	每股未分配利润(元)	1.2161	1.2303	0.6981	0.7123
	净资产收益率(%)	4.1554	7.4249	3.5986	6.5465
	加权净资产收益率(%)	4.0700	7.8300	3.5700	6.6900
	净资产收益率(扣除)(%)	–	6.8854	3.4626	5.1147
	总资产(万元)	1839061.70	1757848.60	1542594.04	1404951.96
	归属母公司股东权益	573403.46	571422.06	491105.89	490979.62
	营业收入(万元)	489958.55	1007323.69	467002.15	867873.94
	营业成本(万元)	392702.18	816036.36	376211.44	710312.54
	投资收益(万元)	17224.09	17312.65	1766.22	2015.99
	净利润(万元)	23827.38	42427.59	17673.09	32142.13
	营业利润(万元)	24703.94	27556.02	13248.90	26910.14
	利润总额(万元)	25528.14	45038.69	19699.16	34643.07

光大证券股份有限公司

公司概况	公司名称	光大证券股份有限公司			证券简称	光大证券
	法人代表	薛峰	董秘	胡世明	证券代码	601788
	公司网址	www.ebscn.com		电子信箱	ebs@ebscn.com	
	电　话	021-22169999		传　真	021-22169964 62151789	
	办公地址	上海市静安区新闸路1508号				
	经营范围	证券经纪、证券投资咨询、与证券交易、证券投资活动有关的财务顾问等				

主要财务指标	指标＼报告期	2014.06.30	2013.12.31	2013.06.30	2012.12.31
	基本每股收益(元)	0.1115	0.0600	0.2373	0.2934
	基本每股收益	0.1101	0.1622	0.2346	0.2653
	稀释每股收益(元)	0.1115	0.0602	0.2373	0.2934
	每股净资产(元)	6.8722	6.6812	6.4776	6.4870
	每股经营现金净流量(元)	−1.3269	0.3978	−1.6771	0.3650
	每股现金流量(元)	1.2811	−0.5863	0.7507	0.0636
	每股资本公积金(元)	3.2311	3.1326	2.8418	2.9965
	每股盈余公积金(元)	0.4376	0.4376	0.4249	0.4249
	每股未分配利润(元)	1.3776	1.2861	1.4036	1.2583
	净资产收益率(%)	1.6224	0.9011	3.6627	4.5235
	加权净资产收益率(%)	1.6600	0.9300	3.5900	4.5600
	净资产收益率(扣除)(%)	1.6025	2.4277	3.6221	4.0898
	总资产(万元)	7219862.67	5384573.60	5922823.98	5827157.02
	归属母公司股东权益	2348931.22	2283622.72	2214040.66	2217247.91
	营业收入(万元)	192214.07	401954.46	239242.33	365170.10
	营业成本(万元)	148485.23	321925.37	130215.14	238638.89
	投资收益(万元)	13659.42	−11360.89	62030.95	44148.99
	净利润(万元)	38108.16	20577.72	81094.59	100296.87
	营业利润(万元)	43728.83	80029.09	109027.19	126531.21
	利润总额(万元)	44755.68	48634.89	110592.35	136040.89

宁波建工股份有限公司

公司概况					
公司名称	宁波建工股份有限公司			证券简称	宁波建工
法人代表	徐文卫	董秘	李长春	证券代码	601789
公司网址	www.jiangong.com.cn		电子信箱	nbjiangong@gmail.com	
电　话	0574-87066873 87066661		传　真	0574-87888090	
办公地址	浙江省宁波市江东区宁穿路538号				
经营范围	承包境外房屋建筑、机电安装和境内国际招标工程等				

主要财务指标 指标\报告期	2014.06.30	2013.12.31	2013.06.30	2012.12.31
基本每股收益(元)	0.1893	0.4769	0.2067	0.3361
基本每股收益	0.1772	0.4594	0.1994	0.3277
稀释每股收益(元)	0.1893	0.4769	0.2067	0.3361
每股净资产(元)	4.2736	4.2288	3.9655	3.7289
每股经营现金净流量(元)	-1.2358	-0.3036	-0.0082	0.1155
每股现金流量(元)	0.1354	-0.5670	-0.0292	0.7102
每股资本公积金(元)	2.0669	2.0669	2.0681	1.8950
每股盈余公积金(元)	0.1114	0.1114	0.0800	0.0844
每股未分配利润(元)	1.0880	1.0486	0.8133	0.7494
净资产收益率(%)	4.4304	10.9827	4.9859	7.8068
加权净资产收益率(%)	4.3800	11.8200	5.3600	10.7100
净资产收益率(扣除)(%)	4.1455	10.5799	4.8093	7.6123
总资产(万元)	963968.96	866184.56	781561.85	772220.46
归属母公司股东权益	208569.36	206380.73	193533.85	172499.74
营业收入(万元)	617539.61	1349932.54	606388.19	947681.13
营业成本(万元)	558618.06	1230794.51	553399.44	864872.86
投资收益(万元)	198.97	1344.39	134.19	291.80
净利润(万元)	9240.48	22666.26	9649.47	13466.75
营业利润(万元)	13309.52	33164.82	13818.15	19946.38
利润总额(万元)	14256.74	33006.12	13745.07	19579.89

甘肃蓝科石化高新装备股份有限公司

公司概况					
公司名称	甘肃蓝科石化高新装备股份有限公司			证券简称	蓝科高新
法人代表	张延丰	董秘	解庆	证券代码	601798
公司网址	www.lanpec.com		电子信箱	lanpec@lanpec.com	
电　话	0931-7639858 021-57208870		传　真	0931-7663346 021-57208182	
办公地址	甘肃省兰州市安宁区蓝科路8号				
经营范围	本企业科技成果产业化产品、机械成套设备的制造、加工、销售等				

主要财务指标 指标\报告期	2014.06.30	2013.12.31	2013.06.30	2012.12.31
基本每股收益(元)	0.0890	0.2600	0.1510	0.3290
基本每股收益	0.0820	0.2470	0.1410	0.2860
稀释每股收益(元)	0.0890	0.2600	0.1510	0.3290
每股净资产(元)	5.4486	5.3655	5.3324	4.9300
每股经营现金净流量(元)	-0.0518	0.1555	0.1568	0.0366
每股现金流量(元)	-0.0173	-0.6045	-0.0968	-0.3755
每股资本公积金(元)	2.8121	2.6494	2.6494	2.6494
每股盈余公积金(元)	0.0554	0.0581	0.0614	0.0566
每股未分配利润(元)	1.5784	1.6556	1.6137	1.4680
净资产收益率(%)	1.5983	4.8522	2.8237	6.3617
加权净资产收益率(%)	1.6400	4.9300	2.8700	6.3300
净资产收益率(扣除)(%)	1.4742	4.6048	2.6499	5.5302
总资产(万元)	284582.96	285388.65	300383.88	283422.41
归属母公司股东权益	193167.16	171694.46	170637.32	165710.03
营业收入(万元)	38517.00	91738.35	36578.38	84789.29
营业成本(万元)	27723.51	59835.37	23644.27	56059.38
投资收益(万元)	-	-	-	-
净利润(万元)	3087.44	8330.88	4818.34	10541.98
营业利润(万元)	3478.80	9582.98	5349.60	10774.91
利润总额(万元)	3794.48	10086.69	5698.60	12399.11

常州星宇车灯股份有限公司

公司概况					
公司名称	常州星宇车灯股份有限公司			证券简称	星宇股份
法人代表	周晓萍	董秘	黄和发	证券代码	601799
公司网址	www.xyl.cn		电子信箱	xingyu@xyl.cn	
电　话	0519-85156063		传　真	0519-85113616	
办公地址	江苏省常州市新北区秦岭路182号				
经营范围	汽车车灯、摩托车车灯、塑料工业配件的制造及销售				

主要财务指标 指标\报告期	2014.06.30	2013.12.31	2013.06.30	2012.12.31
基本每股收益(元)	0.4654	0.9087	0.4021	0.7880
基本每股收益	0.4276	0.8469	0.3971	0.7371
稀释每股收益(元)	0.4654	0.9087	0.4021	0.7880
每股净资产(元)	7.6218	7.8797	7.3678	7.6200
每股经营现金净流量(元)	0.4022	0.9267	0.5017	0.1169
每股现金流量(元)	-0.2637	-2.1142	-0.9533	-2.0333
每股资本公积金(元)	5.0761	5.0695	5.0645	5.0605
每股盈余公积金(元)	0.4133	0.3661	0.3156	0.2752
每股未分配利润(元)	1.1321	1.4439	0.9877	1.2806
净资产收益率(%)	6.1060	11.5327	5.4579	10.3381
加权净资产收益率(%)	5.7400	11.9000	5.5300	10.6500
净资产收益率(扣除)(%)	5.6108	10.7485	5.3894	9.6698
总资产(万元)	274655.99	284453.78	250560.05	232845.07
归属母公司股东权益	182676.69	188867.84	176597.96	182608.38
营业收入(万元)	88014.75	163230.31	75447.83	131816.18
营业成本(万元)	68108.80	123074.73	57242.43	97641.64
投资收益(万元)	2514.39	4039.81	529.83	278.57
净利润(万元)	11154.29	21781.64	9638.62	18878.33
营业利润(万元)	12693.11	24955.06	10598.66	20632.01
利润总额(万元)	12861.68	25263.44	10740.62	22066.63

中国交通建设股份有限公司

公司概况					
公司名称	中国交通建设股份有限公司			证券简称	中国交建
法人代表	刘起涛	董秘	刘文生	证券代码	601800
公司网址	www.ccccltd.cn		电子信箱	ir@ccccltd.cn	
电　话	010-82016562		传　真	010-82016524	
办公地址	北京市西城区德胜门外大街85号				
经营范围	基建设计、基建建设、疏浚和装备制造四大板块				

主要财务指标 指标\报告期	2014.06.30	2013.12.31	2013.06.30	2012.12.31
基本每股收益(元)	0.3600	0.7500	0.3300	0.7500
基本每股收益	0.3500	0.6800	0.3000	0.7300
稀释每股收益(元)	0.3600	0.7500	0.3300	0.7500
每股净资产(元)	6.0342	5.9047	5.5076	5.4155
每股经营现金净流量(元)	-1.0834	0.4309	-0.6566	0.8226
每股现金流量(元)	-0.5247	0.8183	-0.5224	1.4075
每股资本公积金(元)	1.6417	1.6970	1.7090	1.7735
每股盈余公积金(元)	0.1554	0.1554	0.0869	0.0869
每股未分配利润(元)	3.1381	2.9665	2.6162	2.4696
净资产收益率(%)	5.9540	12.7100	6.0095	13.6768
加权净资产收益率(%)	5.9200	13.2900	5.9500	14.7500
净资产收益率(扣除)(%)	5.7443	11.5274	5.4118	13.2233
总资产(万元)	58848596.48	51799191.81	47425279.80	43444032.61
归属母公司股东权益	9760163.17	9550629.12	8908420.47	8759154.11
营业收入(万元)	15856328.27	33248676.52	14137315.26	29622738.53
营业成本(万元)	13778271.20	28916630.27	12336916.76	25526606.84
投资收益(万元)	58146.78	161886.41	94005.64	70639.14
净利润(万元)	581083.22	1213884.42	534784.60	1197976.31
营业利润(万元)	743767.13	1523866.53	672817.64	1493818.36
利润总额(万元)	761364.95	1570998.51	699185.76	1518601.19

安徽新华传媒股份有限公司

公司概况					
公司名称	安徽新华传媒股份有限公司			证券简称	皖新传媒
法人代表	曹杰	董秘	曹杰(代)	证券代码	601801
公司网址	www.ahsxhsd.com		电子信箱	wxcmdb@tom.com	
电　　话	0551-62661323 62634712		传　　真	0551-62661179 62634712	
办公地址	安徽省合肥市包河区北京路 8 号				
经营范围	出版物的批发、零售、文体用品零售、音像出版、广告传媒等				

主要财务指标：指标\报告期	2014.06.30	2013.12.31	2013.06.30	2012.12.31
基本每股收益(元)	0.3700	0.6700	0.3100	0.5500
基本每股收益	0.3100	0.5300	0.2800	0.4900
稀释每股收益(元)	0.3700	0.6700	0.3100	0.5500
每股净资产(元)	5.5157	5.0764	4.7184	4.5500
每股经营现金净流量(元)	0.2644	0.3451	0.0738	0.5564
每股现金流量(元)	-0.4025	0.2227	-0.6609	-0.2461
每股资本公积金(元)	1.8047	1.7311	1.7250	1.6970
每股盈余公积金(元)	0.3154	0.3154	0.2488	0.2488
每股未分配利润(元)	2.3956	2.0300	1.7446	1.6010
净资产收益率(%)	6.6285	13.1118	6.6474	12.0561
加权净资产收益率(%)	6.9000	13.8800	6.6500	12.6400
净资产收益率(扣除)(%)	5.6429	10.4701	5.8851	10.7585
总资产(万元)	676397.55	624928.77	568014.88	535776.94
归属母公司股东权益	501930.39	461954.68	429372.40	413758.13
营业收入(万元)	251106.44	459575.62	189049.36	364311.51
营业成本(万元)	191575.56	335436.77	131021.98	247323.31
投资收益(万元)	2711.87	10164.54	2619.86	7673.14
净利润(万元)	33270.59	60570.52	28542.16	49883.21
营业利润(万元)	31378.07	60444.01	28367.37	52736.03
利润总额(万元)	33589.58	61619.40	29123.85	50683.12

中海油田服务股份有限公司

公司概况					
公司名称	中海油田服务股份有限公司			证券简称	中海油服
法人代表	李勇	董秘	杨海江	证券代码	601808
公司网址	www.cosl.com.cn		电子信箱	cosl@cosl.com.cn	
电　　话	010-84521685		传　　真	010-84521325	
办公地址	北京市东城区朝阳门内大街 2 号 凯恒大厦 B 座 11 层 10 号(1110 室)				
经营范围	涉及石油及天然气勘探、开发及生产的各个阶段				

主要财务指标：指标\报告期	2014.06.30	2013.12.31	2013.06.30	2012.12.31
基本每股收益(元)	0.9300	1.4900	0.7100	1.0100
基本每股收益	0.9100	1.4500	0.6900	1.0600
稀释每股收益(元)	-	-	0.7100	-
每股净资产(元)	9.2808	8.2839	7.5309	7.1617
每股经营现金净流量(元)	0.9595	1.8827	0.6812	1.9413
每股现金流量(元)	-0.2833	-0.0476	0.0243	0.9273
每股资本公积金(元)	2.5932	1.7929	1.7996	1.7962
每股盈余公积金(元)	0.5257	0.5581	0.5581	0.5581
每股未分配利润(元)	5.3189	5.1181	4.3315	3.9341
净资产收益率(%)	9.9901	18.0349	9.3942	14.1622
加权净资产收益率(%)	10.3000	19.3400	9.4900	15.0300
净资产收益率(扣除)(%)	9.7159	17.5369	9.2231	14.7366
总资产(万元)	8512712.44	7926228.24	7484125.06	7470954.33
归属母公司股东权益	4428410.43	3723866.16	3385402.35	3219390.97
营业收入(万元)	1627796.94	2795793.48	1270699.96	2262851.79
营业成本(万元)	1044381.15	1918794.90	858573.14	1594618.86
投资收益(万元)	23952.98	39211.58	16292.75	26980.19
净利润(万元)	442402.20	671596.71	318032.02	455935.37
营业利润(万元)	500965.29	739571.70	349487.73	532328.46
利润总额(万元)	506604.38	751960.56	356301.53	543680.78

中国光大银行股份有限公司

公司概况					
公司名称	中国光大银行股份有限公司			证券简称	光大银行
法人代表	唐双宁	董秘	蔡允革	证券代码	601818
公司网址	www.cebbank.com		电子信箱	ir@cebbank.com	
电　　话	010-63636363		传　　真	010-63636713	
办公地址	北京市西城区太平桥大街 25 号中国光大中心				
经营范围	银行业务、零售银行业务、资金业务等				

主要财务指标：指标\报告期	2014.06.30	2013.12.31	2013.06.30	2012.12.31
基本每股收益(元)	0.3400	0.6600	0.3700	0.5800
基本每股收益	0.3400	0.6600	0.3700	0.5800
稀释每股收益(元)	0.3400	0.6600	0.3700	0.5800
每股净资产(元)	3.5300	3.3027	3.1400	2.8200
每股经营现金净流量(元)	1.1694	-0.0151	1.8707	6.7270
每股现金流量(元)	-0.4477	-0.4558	-0.8337	-0.4633
每股资本公积金(元)	0.6986	0.6203	0.5040	0.5010
每股盈余公积金(元)	0.1971	0.1988	0.1622	0.1622
每股未分配利润(元)	0.9985	0.8383	0.7774	0.4665
净资产收益率(%)	9.6050	17.4800	11.7600	20.6600
加权净资产收益率(%)	9.7000	21.4800	12.2950	22.5400
净资产收益率(扣除)(%)	9.5841	17.4177	11.7412	20.6143
总资产(万元)	266957800.00	241508600.00	247116800.00	227929500.00
归属母公司股东权益	16496100.00	15283900.00	12687000.00	11417800.00
营业收入(万元)	3746000.00	6530600.00	3378200.00	5991600.00
营业成本(万元)	-	3102100.00	-	2840500.00
投资收益(万元)	-11400.00	-47500.00	-	-36100.00
净利润(万元)	1584500.00	2671500.00	1491700.00	2359100.00
营业利润(万元)	2071100.00	3428500.00	1939600.00	3151100.00
利润总额(万元)	2077100.00	3442100.00	1942800.00	3159000.00

中国石油天然气股份有限公司

公司概况					
公司名称	中国石油天然气股份有限公司			证券简称	中国石油
法人代表	周吉平	董秘	吴恩来	证券代码	601857
公司网址	www.petrochina.com.cn		电子信箱	jh_dong@petrochina.com.cn	
电　　话	010-59985667 59986959		传　　真	010-59985667 59986959	
办公地址	北京市东城区东直门北大街 9 号				
经营范围	原油和天然气的勘探、开发、生产和销售等				

主要财务指标：指标\报告期	2014.06.30	2013.12.31	2013.06.30	2012.12.31
基本每股收益(元)	0.3700	0.7100	0.3600	0.6300
基本每股收益	-	-	-	-
稀释每股收益(元)	0.3700	0.7100	0.3600	0.6300
每股净资产(元)	6.4231	6.1897	6.0171	5.8143
每股经营现金净流量(元)	0.7293	1.5765	0.5576	1.3074
每股现金流量(元)	0.2080	0.0438	0.5830	-0.0971
每股资本公积金(元)	0.6329	0.6320	0.6319	0.6331
每股盈余公积金(元)	0.9565	0.9565	0.8831	0.8831
每股未分配利润(元)	3.8435	3.6287	3.4981	3.2711
净资产收益率(%)	5.7948	11.4381	5.9496	10.8400
加权净资产收益率(%)	5.8000	11.4000	6.0000	11.1000
净资产收益率(扣除)(%)	-	10.2973	4.4951	11.2440
总资产(万元)	242628100.00	234200400.00	234141500.00	216883700.00
归属母公司股东权益	117556400.00	113285000.00	110126400.00	106414700.00
营业收入(万元)	115396800.00	225812400.00	110109600.00	219529600.00
营业成本(万元)	-86631400.00	170184000.00	83776200.00	163481900.00
投资收益(万元)	629600.00	1076900.00	477800.00	878700.00
净利润(万元)	6812200.00	12957700.00	6552100.00	11532300.00
营业利润(万元)	9254300.00	15171100.00	6674800.00	16543100.00
利润总额(万元)	9571400.00	17801600.00	9376100.00	16681000.00

中海集装箱运输股份有限公司

公司概况	公司名称	中海集装箱运输股份有限公司			证券简称	中海集运
	法人代表	张国发	董秘	俞震	证券代码	601866
	公司网址	www.cscl.com.cn		电子信箱	yym@cnshipping.com	
	电　话	021-65966666		传　真	021-65966498	
	办公地址	上海市浦东新区民生路628号航运科研大厦				
	经营范围	国内沿海及长江中下游普通货船、国内沿海外贸集装箱内支线班轮运输等				

	指标\报告期	2014.06.30	2013.12.31	2013.06.30	2012.12.31
主要财务指标	基本每股收益(元)	0.0394	-0.2265	-0.1083	0.0447
	基本每股收益	-0.0415	-0.2543	-0.1110	-0.0671
	稀释每股收益(元)	0.0394	-0.2265	-0.1083	0.0447
	每股净资产(元)	2.0759	2.0347	2.1512	2.2707
	每股经营现金净流量(元)	0.0575	-0.0871	-0.0334	0.0191
	每股现金流量(元)	-0.1187	0.0661	-0.1513	0.1504
	每股资本公积金(元)	1.4696	1.4699	1.4699	1.4699
	每股盈余公积金(元)	0.1166	0.1166	0.1166	0.1166
	每股未分配利润(元)	-0.1198	-0.4306	-0.3124	-0.2040
	净资产收益率(%)	1.8980	-11.1316	-5.0358	1.9703
	加权净资产收益率(%)	1.9200	-10.5200	-4.9000	1.9900
	净资产收益率(扣除)(%)	-	-12.4998	-5.1603	-2.9566
	总资产(万元)	5161552.67	-	5017649.41	5120526.29
	归属母公司股东权益	2425281.14	2377145.97	2513319.23	2652857.66
	营业收入(万元)	1754997.16	3434101.92	1623901.14	3342483.90
	营业成本(万元)	1756901.56	3622437.82	1700039.14	3356602.38
	投资收益(万元)	102663.04	35074.73	4496.43	10194.00
	净利润(万元)	46031.78	-264614.92	-126565.05	52269.16
	营业利润(万元)	34254.29	-294215.89	-137307.07	-143896.78
	利润总额(万元)	51210.84	-250886.03	-122114.75	15172.53

招商局能源运输股份有限公司

公司概况	公司名称	招商局能源运输股份有限公司			证券简称	招商轮船
	法人代表	李建红	董秘	孔康	证券代码	601872
	公司网址	www.cmenergyshipping.com		电子信箱	ir@cmeshipping.com	
	电　话	0755-88237361　021-63217396		传　真	021-63238238	
	办公地址	上海市中山东一路9号三楼(外滩9号楼)				
	经营范围	本公司主营业务为远洋油轮及散货船运输				

	指标\报告期	2014.06.30	2013.12.31	2013.06.30	2012.12.31
主要财务指标	基本每股收益(元)	0.0537	-0.4600	-0.0291	0.0200
	基本每股收益	0.0566	-0.4300	-0.0302	0.0100
	稀释每股收益(元)	0.0537	-0.4600	-0.0291	0.0200
	每股净资产(元)	2.1577	2.0968	2.5443	2.6100
	每股经营现金净流量(元)	0.1365	0.1040	0.0542	0.1445
	每股现金流量(元)	0.0673	-0.9627	-0.8174	0.6139
	每股资本公积金(元)	1.2628	1.2652	1.2620	1.2622
	每股盈余公积金(元)	0.0255	0.0255	0.0226	0.0226
	每股未分配利润(元)	0.2341	0.1804	0.6167	0.6518
	净资产收益率(%)	2.4891	-22.0587	-1.1447	0.7400
	加权净资产收益率(%)	2.5200	-18.9100	-1.1000	0.7900
	净资产收益率(扣除)(%)	2.6230	-20.5600	-1.1851	0.4263
	总资产(万元)	1848707.68	1689926.78	1976714.31	1971255.40
	归属母公司股东权益	1018627.63	989869.55	1201121.18	1230633.70
	营业收入(万元)	119073.65	256687.69	129973.40	286958.40
	营业成本(万元)	97319.57	264064.11	143882.45	280255.72
	投资收益(万元)	16618.95	25821.47	10970.86	7796.20
	净利润(万元)	25354.77	-218352.33	-13749.07	9107.11
	营业利润(万元)	29490.97	-197788.94	-11817.33	9578.12
	利润总额(万元)	28063.05	-213837.43	-11893.45	12948.01

浙江正泰电器股份有限公司

公司概况	公司名称	浙江正泰电器股份有限公司			证券简称	正泰电器
	法人代表	南存辉	董秘	王国荣	证券代码	601877
	公司网址	www.chint.net		电子信箱	chintzqb@chint.com	
	电　话	0577-62877777　021-56777777		传　真	0577-62763701　021-56777777	
	办公地址	浙江省乐清市北白象镇正泰工业园区正泰路1号				
	经营范围	低压电器研发、制造、销售等				

	指标\报告期	2014.06.30	2013.12.31	2013.06.30	2012.12.31
主要财务指标	基本每股收益(元)	0.8000	1.5300	0.6600	1.2600
	基本每股收益	0.7800	1.4600	0.6300	1.1400
	稀释每股收益(元)	0.8000	1.5300	0.6600	1.2600
	每股净资产(元)	5.4198	5.2094	4.6944	4.5175
	每股经营现金净流量(元)	0.7418	0.6326	0.0201	2.5357
	每股现金流量(元)	0.0653	-1.9698	-1.7458	-0.7210
	每股资本公积金(元)	2.0501	2.0412	1.9965	1.8771
	每股盈余公积金(元)	0.5319	0.5321	0.4027	0.4027
	每股未分配利润(元)	1.8404	1.6375	1.2982	1.2393
	净资产收益率(%)	14.8181	29.3601	14.0364	27.7876
	加权净资产收益率(%)	14.5700	31.1100	13.8700	24.1600
	净资产收益率(扣除)(%)	14.3892	27.9073	13.4913	25.2898
	总资产(万元)	1140255.01	1100655.70	1023361.08	990014.19
	归属母公司股东权益	546455.57	525114.28	471784.11	454005.18
	营业收入(万元)	584959.00	1195650.72	541464.86	1070316.34
	营业成本(万元)	398849.49	817872.00	379998.85	749873.17
	投资收益(万元)	2427.77	4154.55	1610.86	2729.79
	净利润(万元)	80974.14	154173.94	66221.50	126157.28
	营业利润(万元)	103809.53	198071.16	87956.59	166607.67
	利润总额(万元)	103741.83	200145.95	87522.91	167016.56

大连港股份有限公司

公司概况	公司名称	大连港股份有限公司			证券简称	大 连 港
	法人代表	惠凯	董秘	桂玉娣	证券代码	601880
	公司网址	www.dlport.cn		电子信箱	zhuhb@dlport.cn	
	电　话	0411-87599900　87599899		传　真	0411-87599897	
	办公地址	辽宁省大连市大连国际物流园区金港路新港商务大厦				
	经营范围	国际、国内货物装卸、运输、中转、仓储等港口业务和物流服务等				

	指标\报告期	2014.06.30	2013.12.31	2013.06.30	2012.12.31
主要财务指标	基本每股收益(元)	0.0643	0.1542	0.0875	0.1356
	基本每股收益	0.0552	0.1211	0.0746	0.1200
	稀释每股收益(元)	0.0643	-	0.0875	0.1400
	每股净资产(元)	3.0400	3.0400	2.9681	2.9292
	每股经营现金净流量(元)	0.0744	0.3646	0.1139	0.2948
	每股现金流量(元)	-0.0788	-0.0724	-0.0294	0.0596
	每股资本公积金(元)	1.3813	1.3819	1.3816	1.3781
	每股盈余公积金(元)	0.1205	0.1205	0.1062	0.1062
	每股未分配利润(元)	0.5356	0.5314	0.4761	0.4421
	净资产收益率(%)	2.1100	5.0769	2.9480	4.6287
	加权净资产收益率(%)	2.1100	5.1700	2.9400	4.6900
	净资产收益率(扣除)(%)	-	3.9867	2.5124	4.1093
	总资产(万元)	2661956.84	2722610.91	2724245.69	2782878.04
	归属母公司股东权益	1346642.89	1344474.42	1313693.60	1296456.19
	营业收入(万元)	329787.26	698198.02	334127.68	464455.90
	营业成本(万元)	257895.74	539440.28	243953.51	305668.94
	投资收益(万元)	7802.35	18905.27	9652.01	17087.37
	净利润(万元)	28441.89	68258.26	38727.62	60008.98
	营业利润(万元)	29577.42	66891.96	45173.27	69820.62
	利润总额(万元)	43496.06	102588.90	57222.75	90648.16

江河创建集团股份有限公司

公司概况					
公司名称	江河创建集团股份有限公司			证券简称	江河创建
法人代表	刘载望	董秘	刘中岳	证券代码	601886
公司网址	www.janghogroup.com		电子信箱	wangpeng@jangho.com	
电　话	010-60411166		传　真	010-60411666	
办公地址	北京市顺义区牛汇北五街5号				
经营范围	制造各类幕墙、门窗、钢结构产品等				

主要财务指标 指标\报告期	2014.06.30	2013.12.31	2013.06.30	2012.12.31
基本每股收益(元)	0.1500	0.2600	0.1600	0.4300
基本每股收益	0.1300	0.2400	0.1600	0.4100
稀释每股收益(元)	0.1500	0.2600	0.1600	0.4300
每股净资产(元)	4.5047	4.1552	4.0497	7.9994
每股经营现金净流量(元)	-0.4097	-0.1863	-1.0187	-0.4293
每股现金流量(元)	-0.0685	-0.6536	-1.3116	1.1060
每股资本公积金(元)	1.9223	1.5922	1.5918	4.1760
每股盈余公积金(元)	0.1650	0.1700	0.1472	0.2945
每股未分配利润(元)	1.4034	1.3703	1.3019	2.5269
净资产收益率(%)	3.4067	6.2493	4.1606	10.6815
加权净资产收益率(%)	3.7100	6.4100	4.1000	11.0000
净资产收益率(扣除)(%)	2.9719	5.6794	3.9772	10.3029
总资产(万元)	1800847.68	1517389.19	1278800.00	1244205.46
归属母公司股东权益	519862.10	465386.13	453566.82	447966.58
营业收入(万元)	696874.88	1190204.79	525168.23	898920.45
营业成本(万元)	594733.24	997893.83	433224.57	721319.36
投资收益(万元)	-4987.89	8263.25	3062.59	-18.79
净利润(万元)	17710.13	29083.22	18870.91	47849.63
营业利润(万元)	17965.92	27215.29	21956.41	53486.64
利润总额(万元)	20939.26	30379.37	22921.08	55520.04

中国国旅股份有限公司

公司概况					
公司名称	中国国旅股份有限公司			证券简称	中国国旅
法人代表	王为民	董秘	薛军	证券代码	601888
公司网址	www.citsgroup.net		电子信箱	citszq@citsgroup.com.cn	
电　话	0554-8661922		传　真	010-84479312	
办公地址	北京市东城区东直门外小街甲2号A座8层				
经营范围	旅游服务及旅游商品相关项目的投资与管理等				

主要财务指标 指标\报告期	2014.06.30	2013.12.31	2013.06.30	2012.12.31
基本每股收益(元)	0.8710	1.4070	0.9140	1.1430
基本每股收益	0.8690	1.3660	0.8840	1.0600
稀释每股收益(元)	0.8710	1.4070	0.9140	1.1430
每股净资产(元)	9.7659	9.2858	6.9243	6.3642
每股经营现金净流量(元)	0.3836	1.5060	0.8010	1.4461
每股现金流量(元)	-0.7077	3.1959	0.4523	0.8598
每股资本公积金(元)	4.9286	4.9286	2.7330	2.7330
每股盈余公积金(元)	0.1572	0.1572	0.1737	0.1737
每股未分配利润(元)	3.7565	3.2850	3.0879	2.5237
净资产收益率(%)	8.9237	14.2810	13.2028	17.9564
加权净资产收益率(%)	9.0200	18.2100	13.5200	19.5600
净资产收益率(扣除)(%)	8.9028	13.8675	12.7686	16.6539
总资产(万元)	1337509.27	1296142.22	995815.90	893026.97
归属母公司股东权益	953385.90	906514.33	609341.28	560045.67
营业收入(万元)	894942.12	1744818.82	784551.81	1613391.99
营业成本(万元)	659042.31	1328995.82	578587.31	1263900.98
投资收益(万元)	6631.52	10747.73	6332.10	11066.58
净利润(万元)	85077.73	129459.61	80450.15	100563.95
营业利润(万元)	126249.39	189359.90	113576.45	144757.11
利润总额(万元)	126665.98	195693.08	117792.31	156251.22

江苏亚星锚链股份有限公司

公司概况					
公司名称	江苏亚星锚链股份有限公司			证券简称	亚星锚链
法人代表	陶安祥	董秘	肖莉莉	证券代码	601890
公司网址	www.asac.cn		电子信箱	whq@asac.cn	
电　话	0523-84686986		传　真	0523-84686659	
办公地址	江苏省靖江市东兴镇何德村江苏亚星锚链股份有限公司办公楼				
经营范围	船用锚链、船舶配件及锚链附件产品制造				

主要财务指标 指标\报告期	2014.06.30	2013.12.31	2013.06.30	2012.12.31
基本每股收益(元)	0.1200	-0.0448	0.0600	0.1606
基本每股收益	0.1000	-0.0837	0.0500	0.1353
稀释每股收益(元)	0.1200	-0.0448	0.0600	0.1606
每股净资产(元)	5.9973	5.8743	5.9826	5.9783
每股经营现金净流量(元)	0.0371	-0.0844	0.0457	0.7752
每股现金流量(元)	-0.2592	-0.7580	-0.2728	-0.0051
每股资本公积金(元)	3.9464	3.9464	3.9456	3.9456
每股盈余公积金(元)	0.0869	0.0869	0.0869	0.0869
每股未分配利润(元)	0.9640	0.8410	0.9502	0.9459
净资产收益率(%)	2.0502	-0.7632	1.0749	2.6860
加权净资产收益率(%)	2.0700	-0.7600	1.0700	2.7000
净资产收益率(扣除)(%)	1.7325	-1.4253	0.8595	2.2627
总资产(万元)	385807.86	372115.80	382297.69	378622.84
归属母公司股东权益	280673.74	274919.43	279985.85	279784.39
营业收入(万元)	77883.71	140881.67	67293.32	186420.22
营业成本(万元)	58738.34	114557.22	53484.81	151640.63
投资收益(万元)	441.56	1475.08	10.40	270.67
净利润(万元)	5754.30	-2098.25	3009.47	7515.04
营业利润(万元)	6985.13	-3028.91	2959.36	8850.28
利润总额(万元)	7177.96	-1909.38	3673.55	10228.50

中国中煤能源股份有限公司

公司概况					
公司名称	中国中煤能源股份有限公司			证券简称	中煤能源
法人代表	王安	董秘	周东洲	证券代码	601898
公司网址	www.chinacoalenergy.com		电子信箱	ird@chinacoal.com	
电　话	010-82236028		传　真	010-82256479	
办公地址	北京市朝阳区黄寺大街1号				
经营范围	煤炭的生产和销售、煤焦化产品的生产、煤矿装备制造、煤矿工程的勘探、咨询等				

主要财务指标 指标\报告期	2014.06.30	2013.12.31	2013.06.30	2012.12.31
基本每股收益(元)	0.0500	0.2700	0.2100	0.7000
基本每股收益	0.0400	-	0.2000	0.6800
稀释每股收益(元)	0.0500	0.2700	0.2100	0.7000
每股净资产(元)	6.5800	6.5939	6.5510	6.4948
每股经营现金净流量(元)	0.0403	0.7158	0.2872	0.9409
每股现金流量(元)	0.3172	-0.1501	-0.3574	-0.5796
每股资本公积金(元)	2.8216	2.8187	2.8166	2.8115
每股盈余公积金(元)	0.3011	0.3011	0.2823	0.2823
每股未分配利润(元)	2.2322	2.2615	2.2170	2.2112
净资产收益率(%)	0.7870	4.0898	3.1564	10.7794
加权净资产收益率(%)	0.7900	4.1300	3.1800	11.0100
净资产收益率(扣除)(%)	0.6719	3.8621	3.0880	10.4679
总资产(万元)	23142744.20	21494362.60	19236779.10	18387529.30
归属母公司股东权益	8724158.30	8742677.30	8685729.40	8611259.40
营业收入(万元)	3543458.40	8231648.20	4039816.90	8729167.00
营业成本(万元)	2389073.30	5614196.30	2692798.30	5571570.50
投资收益(万元)	7337.70	8512.40	8621.20	7391.70
净利润(万元)	68630.30	357560.20	274153.80	928140.10
营业利润(万元)	133947.40	589113.80	447585.10	1330672.40
利润总额(万元)	139345.20	602150.60	448676.40	1341198.70

紫金矿业集团股份有限公司

公司概况

公司名称	紫金矿业集团股份有限公司			证券简称	紫金矿业
法人代表	陈景河	董秘	刘强	证券代码	601899
公司网址	www.zjky.cn		电子信箱	lq@zjky.cn	
电　　话	0592-2933662		传　　真	0592-2933580	
办公地址	福建省上杭县紫金大道1号　厦门市湖里区泗水道599号海富中心19-22层				
经营范围	以黄金为主导产业的矿产资源的勘探、采矿、选矿、冶炼及矿产品销售				

主要财务指标

指标\报告期	2014.06.30	2013.12.31	2013.06.30	2012.12.31
基本每股收益(元)	0.0510	0.1000	0.0500	0.2400
基本每股收益	0.0540	0.1100	0.0590	0.2400
稀释每股收益(元)	0.0510	0.1000	0.0500	0.2400
每股净资产(元)	1.2506	1.2724	1.2318	1.2920
每股经营现金净流量(元)	0.8149	4.0748	0.9340	2.4792
每股现金流量(元)	0.2214	-1.0570	-0.6829	0.6407
每股资本公积金(元)	3.4027	3.4215	3.4815	3.5626
每股盈余公积金(元)	0.6095	0.6080	0.6049	0.6049
每股未分配利润(元)	7.5562	7.8241	7.3130	7.8096
净资产收益率(%)	4.1029	7.6971	4.0870	18.4915
加权净资产收益率(%)	3.9800	7.6500	3.8900	19.7000
净资产收益率(扣除)(%)	-	8.7513	4.7584	18.2500
总资产(万元)	7399400.60	6689838.91	6719023.63	6735442.10
归属母公司股东权益	2706923.84	2761225.78	2686701.13	2818158.88
营业收入(万元)	2398605.39	4977151.19	2598763.41	4841471.92
营业成本(万元)	2010193.53	4084648.01	2150970.68	3637486.41
投资收益(万元)	41261.04	1376.76	8644.37	63988.46
净利润(万元)	110940.19	212535.38	109805.02	521120.90
营业利润(万元)	190211.12	402165.52	211690.97	860582.70
利润总额(万元)	184982.00	383470.16	208436.77	855605.93

方正证券股份有限公司

公司概况

公司名称	方正证券股份有限公司			证券简称	方正证券
法人代表	雷杰	董秘	何其聪	证券代码	601901
公司网址	www.foundersc.com		电子信箱	pub@foundersc.com	
电　　话	0731-85832367		传　　真	0731-85832366	
办公地址	湖南省长沙市芙蓉区芙蓉中路二段华侨国际大厦22-24层				
经营范围	证券经纪、投资银行、证券自营、资产管理、基金管理、直接投资等				

主要财务指标

指标\报告期	2014.06.30	2013.12.31	2013.06.30	2012.12.31
基本每股收益(元)	0.1300	0.1800	0.0700	0.0922
基本每股收益	0.1200	0.1801	0.0700	0.0832
稀释每股收益(元)	0.1300	0.1813	0.0700	0.0922
每股净资产(元)	2.6781	2.5300	2.4665	2.3700
每股经营现金净流量(元)	0.0975	-0.6795	0.0207	-0.7675
每股现金流量(元)	0.3177	0.0172	-0.0098	-0.8225
每股资本公积金(元)	0.9979	0.9803	0.9903	0.9561
每股盈余公积金(元)	0.0546	0.0546	0.0369	0.0369
每股未分配利润(元)	0.4372	0.3110	0.2863	0.2200
净资产收益率(%)	4.7102	7.1518	2.6907	3.8957
加权净资产收益率(%)	4.8500	7.3800	2.7600	3.9300
净资产收益率(扣除)(%)	4.6645	7.1056	2.6861	3.5151
总资产(万元)	4777206.42	3659836.46	2922612.94	2798475.48
归属母公司股东权益	1633618.85	1545949.35	1504566.47	1443189.21
营业收入(万元)	192218.81	344154.14	143465.69	233162.41
营业成本(万元)	-	209135.22	97820.53	170872.23
投资收益(万元)	55939.76	70505.00	27489.10	30654.19
净利润(万元)	76946.44	110562.52	40484.12	56222.16
营业利润(万元)	94398.29	135018.92	46940.51	62290.18
利润总额(万元)	95434.91	135987.20	47190.42	66639.04

北京京运通科技股份有限公司

公司概况

公司名称	北京京运通科技股份有限公司			证券简称	京运通
法人代表	冯焕培	董秘	张文慧	证券代码	601908
公司网址	www.jingyuntong.com		电子信箱	ir@jytcorp.com	
电　　话	010-80803979		传　　真	010-80803016-8298	
办公地址	北京市北京经济技术开发区经海四路158号				
经营范围	生产半导体及光伏精密设备等				

主要财务指标

指标\报告期	2014.06.30	2013.12.31	2013.06.30	2012.12.31
基本每股收益(元)	0.0500	0.0700	0.0100	0.0900
基本每股收益	0.0300	-0.1000	0.0060	0.0600
稀释每股收益(元)	0.0500	0.0700	0.0100	0.0900
每股净资产(元)	4.2931	4.2669	4.2152	4.2307
每股经营现金净流量(元)	-0.4315	-0.1110	-0.1374	0.4217
每股现金流量(元)	-0.0321	-1.2118	-0.0889	-0.8662
每股资本公积金(元)	2.2090	2.2090	2.2090	2.2090
每股盈余公积金(元)	0.1473	0.1473	0.1390	0.1390
每股未分配利润(元)	0.9367	0.9105	0.8673	0.8827
净资产收益率(%)	1.0755	1.5513	0.3446	2.0862
加权净资产收益率(%)	1.0800	1.5600	0.3400	2.0700
净资产收益率(扣除)(%)	0.7624	-2.3837	0.1403	1.5326
总资产(万元)	482935.40	452997.96	454138.04	446470.34
归属母公司股东权益	369105.28	366854.92	362412.90	363743.28
营业收入(万元)	26157.56	46586.71	23362.45	56853.30
营业成本(万元)	15259.75	38740.72	16732.95	41814.58
投资收益(万元)	2136.36	2244.82	1022.02	1141.79
净利润(万元)	3969.90	5690.95	1248.88	7588.33
营业利润(万元)	4395.53	-8590.28	1633.50	5020.51
利润总额(万元)	4754.96	6982.25	2507.11	8406.21

国投新集能源股份有限公司

公司概况

公司名称	国投新集能源股份有限公司			证券简称	国投新集
法人代表	陈培	董秘	马文杰	证券代码	601918
公司网址	www.sdicxinji.com.cn		电子信箱	601918@sdicxinji.com.cn	
电　　话	0554-8661819 8661912		传　　真	0554-8661922	
办公地址	安徽省淮南市山南新区民惠街国投新集办公园区				
经营范围	煤炭开采、洗选加工、火力发电				

主要财务指标

指标\报告期	2014.06.30	2013.12.31	2013.06.30	2012.12.31
基本每股收益(元)	-0.2500	0.0060	0.0500	0.5170
基本每股收益	-0.2600	0.0700	-0.0100	0.7100
稀释每股收益(元)	-0.2500	0.0060	0.0500	0.7200
每股净资产(元)	3.1300	3.3508	4.8352	3.3700
每股经营现金净流量(元)	0.0255	0.1964	0.2975	0.9169
每股现金流量(元)	0.1190	-0.0652	-0.1208	-0.0780
每股资本公积金(元)	0.6418	0.6418	1.1001	1.1001
每股盈余公积金(元)	0.2892	0.2892	0.3942	0.3942
每股未分配利润(元)	1.0762	1.3261	2.2298	2.1590
净资产收益率(%)	-7.9804	0.1718	1.4631	15.3220
加权净资产收益率(%)	-7.7100	0.1700	1.4800	16.1700
净资产收益率(扣除)(%)	-8.1616	-2.0820	-0.2829	15.0869
总资产(万元)	2809595.63	2692450.62	2536559.27	2508879.40
归属母公司股东权益	811118.31	868041.25	894700.84	873848.27
营业收入(万元)	332673.71	781214.73	340983.17	885205.85
营业成本(万元)	323607.01	642083.56	269747.55	575985.92
投资收益(万元)	1921.51	11586.00	9070.09	318.68
净利润(万元)	-64730.68	1491.44	13090.01	133890.92
营业利润(万元)	-62576.72	5176.61	16500.60	181510.20
利润总额(万元)	-62554.87	12859.98	20634.85	183940.34

中国远洋控股股份有限公司

公司概况	公司名称	中国远洋控股股份有限公司		证券简称	中国远洋
	法人代表	马泽华	董秘	郭华伟	证券代码	601919
	公司网址	www.chinacosco.com		电子信箱	guohuawei@chinacosco.com
	电　话	022-66270898		传　真	022-66270899
	办公地址	天津市天津空港经济区中心大道与东七道交口远航商务中心12号楼二层			
	经营范围	国际船舶普通货物运输、国际船舶集装箱运输			

	指标\报告期	2014.06.30	2013.12.31	2013.06.30	2012.12.31
主要财务指标	基本每股收益(元)	-0.2200	0.0200	-0.1000	-0.9400
	基本每股收益	-0.2000	-0.7000	-0.4700	-0.9300
	稀释每股收益(元)	-0.2200	0.0200	-0.1000	-0.9400
	每股净资产(元)	2.1676	2.3710	2.2988	2.4605
	每股经营现金净流量(元)	0.1369	-0.2289	-0.3328	-0.5185
	每股现金流量(元)	-1.0145	0.1806	0.8859	-0.0611
	每股资本公积金(元)	2.7559	2.7592	2.7758	2.7812
	每股盈余公积金(元)	0.0834	0.0834	0.0635	0.0635
	每股未分配利润(元)	-1.2122	-0.9893	-1.0883	-0.9917
	净资产收益率(%)	-10.2809	0.9721	-4.2155	-38.0284
	加权净资产收益率(%)	-9.8200	0.9600	-4.0700	-31.9500
	净资产收益率(扣除)(%)	-9.3201	-29.6401	-20.2557	-37.7698
	总资产(万元)	15116443.54	16192581.08	16722130.19	16527968.07
	归属母公司股东权益	2214526.13	2422258.46	2348484.43	2514159.83
	营业收入(万元)	2994038.25	6193413.65	3021373.52	7207566.31
	营业成本(万元)	2808469.35	6142553.81	3059584.42	7245172.02
	投资收益(万元)	84617.05	989894.93	553668.04	172856.18
	净利润(万元)	-227673.19	23546.99	-98996.78	-955913.92
	营业利润(万元)	-55616.54	439320.99	211065.16	-600893.28
	利润总额(万元)	-138093.77	374373.20	197393.28	-739732.12

江苏凤凰出版传媒股份有限公司

公司概况	公司名称	江苏凤凰出版传媒股份有限公司			证券简称	凤凰传媒
	法人代表	陈海燕	董秘	徐云祥	证券代码	601928
	公司网址	www.ppm.cn		电子信箱	xuyx@ppm.cn	
	电　话	025-51883301 51883338		传　真	025-51883338 51883366	
	办公地址	江苏省南京市百子亭34号				
	经营范围	图书出版物及音像制品的出版、发行及文化用品销售				

	指标\报告期	2014.06.30	2013.12.31	2013.06.30	2012.12.31
主要财务指标	基本每股收益(元)	0.2300	0.3700	0.2000	0.3600
	基本每股收益	0.1900	0.3100	0.1700	0.3100
	稀释每股收益(元)	0.2300	0.3700	0.2000	0.3600
	每股净资产(元)	3.9000	3.7423	3.7785	3.5729
	每股经营现金净流量(元)	0.2182	0.4096	0.1968	0.4269
	每股现金流量(元)	-0.1850	-0.5760	0.1103	-0.4900
	每股资本公积金(元)	1.1068	1.3025	1.1964	1.1962
	每股盈余公积金(元)	0.5531	0.5531	0.5107	0.5107
	每股未分配利润(元)	1.2061	0.9797	1.0394	0.8339
	净资产收益率(%)	5.8057	9.8704	5.4376	10.1973
	加权净资产收益率(%)	5.6900	9.8500	5.4400	10.1400
	净资产收益率(扣除)(%)	4.9803	8.1797	4.6899	8.6472
	总资产(万元)	1544987.80	1553358.26	1395861.95	1328090.41
	归属母公司股东权益	992500.76	984325.99	961602.36	909278.90
	营业收入(万元)	420243.68	731587.11	383033.05	670580.23
	营业成本(万元)	261622.43	454917.03	239818.09	414091.51
	投资收益(万元)	7281.32	11182.50	6215.44	7401.75
	净利润(万元)	57621.79	94004.06	50862.90	92721.78
	营业利润(万元)	48514.22	84424.41	49257.08	73003.02
	利润总额(万元)	59718.38	94981.24	51023.00	93594.31

吉视传媒股份有限公司

公司概况	公司名称	吉视传媒股份有限公司			证券简称	吉视传媒
	法人代表	王胜杰	董秘	麻卫东	证券代码	601929
	公司网址	www.jishimedia.com		电子信箱	fanenhui@jishimedia.com	
	电　话	0431-88789022 85321577		传　真	0431-88789990 8532879	
	办公地址	吉林省长春市新民大街1027-1号				
	经营范围	有线电视业务、广播电视节目传输服务业务等				

	指标\报告期	2014.06.30	2013.12.31	2013.06.30	2012.12.31
主要财务指标	基本每股收益(元)	0.1837	0.2739	0.0636	0.2838
	基本每股收益	0.1637	0.2406	0.0592	0.2739
	稀释每股收益(元)	0.1837	0.2739	0.0636	0.2838
	每股净资产(元)	3.0455	2.9158	2.7200	2.8678
	每股经营现金净流量(元)	0.1978	0.7362	0.1883	0.5011
	每股现金流量(元)	0.1081	-0.1557	-0.2315	0.3401
	每股资本公积金(元)	0.9986	0.9986	1.0130	1.1424
	每股盈余公积金(元)	0.2996	0.2319	0.2093	0.1420
	每股未分配利润(元)	0.7474	0.6854	0.4977	0.5835
	净资产收益率(%)	6.0321	9.3947	2.3395	9.5654
	加权净资产收益率(%)	6.1100	9.7900	2.3100	10.9000
	净资产收益率(扣除)(%)	5.3736	8.2515	2.1775	9.2306
	总资产(万元)	645385.66	631595.61	547632.15	553786.61
	归属母公司股东权益	447052.27	428012.35	399260.06	400922.07
	营业收入(万元)	102024.71	192127.14	83090.27	176360.35
	营业成本(万元)	51061.27	103990.11	47507.19	88256.72
	投资收益(万元)	191.03	717.27	-	-
	净利润(万元)	26966.52	40210.41	9340.88	38349.98
	营业利润(万元)	25242.47	36509.70	10100.47	38787.18
	利润总额(万元)	26965.78	40410.58	10747.27	40150.09

永辉超市股份有限公司

公司概况	公司名称	永辉超市股份有限公司			证券简称	永辉超市
	法人代表	张轩松	董秘	张经仪	证券代码	601933
	公司网址	www.yonghui.com.cn		电子信箱	bod.yh@yonghui.cn	
	电　话	0591-83787308		传　真	0591-83787308	
	办公地址	福建省福州市西二环中路436号				
	经营范围	农副产品、粮油及制品、食品饮料、酒及其他副食品、零售乳制品等				

	指标\报告期	2014.06.30	2013.12.31	2013.06.30	2012.12.31
主要财务指标	基本每股收益(元)	0.1400	0.4600	0.1300	0.3300
	基本每股收益	0.1200	0.4000	0.1100	0.5900
	稀释每股收益(元)	0.1400	0.4600	0.1300	0.3300
	每股净资产(元)	1.8551	3.6320	2.9794	5.7522
	每股经营现金净流量(元)	0.1843	1.0873	0.7853	2.3863
	每股现金流量(元)	0.0050	0.3222	0.1553	-0.2575
	每股资本公积金(元)	0.2502	1.5003	0.9963	2.9925
	每股盈余公积金(元)	0.0511	0.1021	0.0701	0.1403
	每股未分配利润(元)	0.5539	1.0295	0.9130	1.6194
	净资产收益率(%)	7.4990	12.1926	8.5023	11.3676
	加权净资产收益率(%)	7.5100	14.4800	8.5100	11.8300
	净资产收益率(扣除)(%)	6.3923	10.6724	7.4372	10.2526
	总资产(万元)	1318788.26	1297281.28	1085656.00	1090684.85
	归属母公司股东权益	603727.18	590997.82	457576.30	441708.67
	营业收入(万元)	1770339.02	3054281.67	1441273.94	2468431.80
	营业成本(万元)	1426302.79	2468191.08	1162303.40	1993064.72
	投资收益(万元)	518.77	-83.74	-	1348.03
	净利润(万元)	45273.72	72058.12	38904.62	50211.62
	营业利润(万元)	56850.09	80125.12	41931.65	56800.87
	利润总额(万元)	57971.66	94546.22	50591.78	66361.80

中国建设银行股份有限公司

公司概况						
	公司名称	中国建设银行股份有限公司			证券简称	建设银行
	法人代表	王洪章	董秘	陈彩虹	证券代码	601939
	公司网址	www.ccb.com		电子信箱	ir@ccb.com	
	电　话	010-66215533		传　真	010-66218888	
	办公地址	北京市西城区金融大街25号　香港中环干诺道中1号友邦金融中心12楼				
	经营范围	吸收公众存款、发放短期、中期、长期贷款等				

主要财务指标	指标\报告期	2014.06.30	2013.12.31	2013.06.30	2012.12.31
	基本每股收益(元)	0.5200	0.8600	0.4800	0.7700
	基本每股收益	0.5200	0.8500	0.4800	0.7700
	稀释每股收益(元)	0.5200	0.8600	0.4800	0.7700
	每股净资产(元)	4.5500	4.2600	3.9700	3.7700
	每股经营现金净流量(元)	0.3581	0.1837	0.3069	1.4752
	每股现金流量(元)	-0.1261	-1.2325	0.1305	0.7618
	每股资本公积金(元)	0.5421	0.5421	0.5414	0.5408
	每股盈余公积金(元)	0.4319	0.4319	0.3469	0.3469
	每股未分配利润(元)	1.9381	1.7763	1.4875	1.5641
	净资产收益率(%)	11.4826	20.1376	12.0631	20.5132
	加权净资产收益率(%)	11.4850	21.2300	11.9500	21.9800
	净资产收益率(扣除)(%)	11.4207	20.0021	12.0125	20.4191
	总资产(万元)	1639979000.00	1536321000.00	1485921400.00	1397282800.00
	归属母公司股东权益	113791400.00	106595100.00	99237400.00	94166800.00
	营业收入(万元)	28709700.00	50860800.00	25140100.00	46074600.00
	营业成本(万元)	-	23063600.00	-9687800.00	21046000.00
	投资收益(万元)	260100.00	631800.00	350200.00	632700.00
	净利润(万元)	13066200.00	21465700.00	11971100.00	19317900.00
	营业利润(万元)	16854300.00	27797200.00	15452300.00	25028600.00
	利润总额(万元)	16951600.00	27980600.00	15518900.00	25143900.00

金堆城钼业股份有限公司

公司概况						
	公司名称	金堆城钼业股份有限公司			证券简称	金钼股份
	法人代表	张继祥	董秘	秦国政	证券代码	601958
	公司网址	www.jdcmoly.com		电子信箱	jdc@jdcmoly.com	
	电　话	029-88320076　88320019		传　真	029-88320330	
	办公地址	陕西省西安市高新技术产业开发区锦业一路88号金钼股份综合楼A座				
	经营范围	钼炉料、钼化工、钼金属产品和硫酸产品的生产与销售等				

主要财务指标	指标\报告期	2014.06.30	2013.12.31	2013.06.30	2012.12.31
	基本每股收益(元)	0.0300	0.0600	0.0400	0.1600
	基本每股收益	0.0200	0.0500	0.0300	0.1400
	稀释每股收益(元)	0.0300	0.0600	0.0400	0.1600
	每股净资产(元)	4.0674	4.0584	4.0626	4.1600
	每股经营现金净流量(元)	-0.0245	0.1033	0.0824	0.3435
	每股现金流量(元)	-0.1404	-0.3066	-0.1404	-0.1233
	每股资本公积金(元)	2.0902	2.0902	2.0902	2.0902
	每股盈余公积金(元)	0.2295	0.2295	0.2235	0.2235
	每股未分配利润(元)	0.5628	0.5742	0.5626	0.6851
	净资产收益率(%)	0.7016	1.3595	0.9229	3.8883
	加权净资产收益率(%)	0.7000	1.3500	0.9000	3.9000
	净资产收益率(扣除)(%)	0.6032	1.1628	0.8272	3.3652
	总资产(万元)	1574898.62	1549550.73	1523846.60	1478098.74
	归属母公司股东权益	1312404.57	1309474.98	1310838.09	1342362.81
	营业收入(万元)	413273.67	861601.01	437440.91	857388.07
	营业成本(万元)	378118.64	791600.30	402874.15	757843.60
	投资收益(万元)	1072.22	1670.78	1030.67	1703.75
	净利润(万元)	9208.30	17802.26	12097.61	52194.91
	营业利润(万元)	14653.62	27264.21	15407.93	57204.18
	利润总额(万元)	14869.96	28153.96	15608.66	63273.64

中国汽车工程研究院股份有限公司

公司概况						
	公司名称	中国汽车工程研究院股份有限公司			证券简称	中国汽研
	法人代表	任晓常	董秘	刘旭黎	证券代码	601965
	公司网址	www.caeri.com.cn		电子信箱	ir@caeri.com.cn	
	电　话	023-68825531　68851877		传　真	023-68821361	
	办公地址	重庆市北部新区金渝大道9号				
	经营范围	低速货车、摩托车及零部件、检测设备产品的研究、技术开发、技术转让等				

主要财务指标	指标\报告期	2014.06.30	2013.12.31	2013.06.30	2012.12.31
	基本每股收益(元)	0.2300	0.6600	0.2200	0.5300
	基本每股收益	0.1600	0.5600	0.2220	0.4900
	稀释每股收益(元)	0.2300	0.6600	0.2200	0.5300
	每股净资产(元)	5.0900	5.0624	4.6280	4.5000
	每股经营现金净流量(元)	0.1844	0.5463	0.2023	0.3130
	每股现金流量(元)	-0.6708	-0.0872	-0.8331	2.0735
	每股资本公积金(元)	2.5026	2.5026	2.5026	2.5026
	每股盈余公积金(元)	0.1233	0.1233	0.0661	0.0661
	每股未分配利润(元)	1.4629	1.4364	1.0593	0.9348
	净资产收益率(%)	4.4502	13.0147	4.8513	10.3193
	加权净资产收益率(%)	4.4000	13.4900	4.8600	14.1300
	净资产收益率(扣除)(%)	3.2375	11.0230	4.8011	9.4613
	总资产(万元)	402311.63	397049.82	378018.62	364403.94
	归属母公司股东权益	326085.23	324389.46	296558.18	288579.13
	营业收入(万元)	69467.89	150023.45	72970.06	114319.65
	营业成本(万元)	48546.70	93706.58	50923.95	66561.46
	投资收益(万元)	475.58	2058.85	-51.73	-304.70
	净利润(万元)	14511.50	42218.19	14386.91	29779.35
	营业利润(万元)	14102.03	43941.15	17569.08	32767.28
	利润总额(万元)	17964.51	49309.38	17554.80	35683.03

中国银行股份有限公司

公司概况						
	公司名称	中国银行股份有限公司			证券简称	中国银行
	法人代表	田国立	董秘	范耀胜	证券代码	601988
	公司网址	www.boc.cn		电子信箱	ir@bankofchina.com	
	电　话	010-66596688　66592638		传　真	010-66594568　66016871	
	办公地址	北京市西城区复兴门内大街1号				
	经营范围	吸收人民币存款、发放短期、中期和长期贷款、办理结算、办理票据贴现等				

主要财务指标	指标\报告期	2014.06.30	2013.12.31	2013.06.30	2012.12.31
	基本每股收益(元)	0.3200	0.5600	0.2900	0.5000
	基本每股收益	0.3200	0.5600	0.2900	0.5000
	稀释每股收益(元)	0.3100	0.5400	0.2800	0.4800
	每股净资产(元)	3.4569	3.3100	3.0400	2.9500
	每股经营现金净流量(元)	1.5856	0.7977	-0.3968	0.9455
	每股现金流量(元)	1.4754	0.2802	-0.8781	0.1967
	每股资本公积金(元)	0.4409	0.4216	0.4278	0.4397
	每股盈余公积金(元)	0.2876	0.2872	0.2348	0.2341
	每股未分配利润(元)	1.2813	1.1586	0.9826	0.8701
	净资产收益率(%)	9.2910	16.9833	9.4950	16.9075
	加权净资产收益率(%)	18.5700	18.0400	9.4650	18.1300
	净资产收益率(扣除)(%)	9.1935	16.8558	9.4450	16.8026
	总资产(万元)	1546909600.00	1387429900.00	1325620600.00	1268061500.00
	归属母公司股东权益	96573300.00	92391600.00	84997800.00	82467700.00
	营业收入(万元)	23492400.00	40750800.00	20608400.00	36609100.00
	营业成本(万元)	11349500.00	19531700.00	9623500.00	17849300.00
	投资收益(万元)	131400.00	249000.00	425300.00	434500.00
	净利润(万元)	8972400.00	15691100.00	8072100.00	13965600.00
	营业利润(万元)	12142900.00	21219100.00	10984900.00	18759800.00
	利润总额(万元)	12195000.00	21277700.00	11025100.00	18767300.00

中国船舶重工股份有限公司

公司概况					
公司名称	中国船舶重工股份有限公司			证券简称	中国重工
法人代表	李长印	董秘	杨晓英	证券代码	601989
公司网址	www.csicl.com.cn		电子信箱	investors@csicl.com.cn	
电　话	010-88508596		传　真	010-88475234	
办公地址	北京市海淀区昆明湖南路72号				
经营范围	船用动力及部件、船用辅机和运输设备及其他				

主要财务指标 指标\报告期	2014.06.30	2013.12.31	2013.06.30	2012.12.31
基本每股收益(元)	0.0900	0.2000	0.1100	0.2400
基本每股收益	0.0800	–	0.1000	0.1900
稀释每股收益(元)	0.0800	0.1900	0.1100	0.2300
每股净资产(元)	3.1889	3.0934	2.8814	2.8505
每股经营现金净流量(元)	–0.0108	–0.0859	–0.2404	–0.4886
每股现金流量(元)	1.0823	–0.0318	–0.1418	0.0355
每股资本公积金(元)	1.2360	1.2056	0.8962	0.9024
每股盈余公积金(元)	0.0738	0.0837	0.0759	0.0759
每股未分配利润(元)	0.8748	0.9679	0.9050	0.8702
净资产收益率(%)	2.3948	6.1361	3.4446	8.5556
加权净资产收益率(%)	2.3900	6.3300	3.7300	8.7500
净资产收益率(扣除)(%)	2.3098	5.4342	3.3354	6.6448
总资产(万元)	20843500.26	19408053.50	17567831.88	17916399.39
归属母公司股东权益	5590590.14	5042560.80	4226362.94	4180995.87
营业收入(万元)	2542792.38	5126917.81	2872601.13	5850138.19
营业成本(万元)	2231173.59	4378187.67	2565682.48	5070452.78
投资收益(万元)	2598.82	6234.74	4753.62	5636.81
净利润(万元)	133884.50	293537.80	166634.85	357707.53
营业利润(万元)	119430.50	289366.10	141954.66	318663.05
利润总额(万元)	160501.82	341040.61	195294.03	440512.10

大唐国际发电股份有限公司

公司概况					
公司名称	大唐国际发电股份有限公司			证券简称	大唐发电
法人代表	陈进行	董秘	周刚	证券代码	601991
公司网址	www.dtpower.com		电子信箱	zhougang@dtpower.com	
电　话	010-88008678 88008682		传　真	010-88008684	
办公地址	北京市西城区广宁伯街9号				
经营范围	建设、经营电厂、销售电力、热力、电力设备的检修调试等				

主要财务指标 指标\报告期	2014.06.30	2013.12.31	2013.06.30	2012.12.31
基本每股收益(元)	0.1484	0.2650	0.1419	0.2978
基本每股收益	0.1428	0.3070	0.1217	0.1644
稀释每股收益(元)	0.1484	0.2650	0.1419	0.2978
每股净资产(元)	3.3262	3.2998	3.1427	3.1172
每股经营现金净流量(元)	1.0586	2.2590	1.0201	1.6294
每股现金流量(元)	–0.0267	0.2455	0.2081	0.0109
每股资本公积金(元)	0.7905	0.7967	0.7473	0.7670
每股盈余公积金(元)	1.2493	1.1298	1.1056	1.0626
每股未分配利润(元)	0.2436	0.3347	0.2409	0.2369
净资产收益率(%)	4.4610	8.0301	4.5144	9.5704
加权净资产收益率(%)	4.4000	8.2600	4.4500	9.8800
净资产收益率(扣除)(%)	4.2945	9.3028	3.8731	5.2728
总资产(万元)	29687245.10	29332330.10	27987062.70	27118208.70
归属母公司股东权益	4427128.10	4392091.60	4182977.00	4142179.40
营业收入(万元)	3484254.70	7522745.80	3701001.60	7759810.30
营业成本(万元)	2489778.60	5407777.20	2812235.10	6076409.00
投资收益(万元)	24036.70	114423.90	66003.20	251101.20
净利润(万元)	197493.30	352688.50	188837.40	396424.50
营业利润(万元)	386844.00	798839.90	367687.00	705069.00
利润总额(万元)	408069.20	810378.50	388546.10	749776.50

北京金隅股份有限公司

公司概况					
公司名称	北京金隅股份有限公司			证券简称	金隅股份
法人代表	蒋卫平	董秘	吴向勇	证券代码	601992
公司网址	www.bbmg.com.cn		电子信箱	wuxiangyong@bbmg.com.cn	
电　话	010-66410128		传　真	010-66410889	
办公地址	北京市东城区北三环东路36号环球贸易中心D座				
经营范围	包括水泥、新型建筑材料、房地产开发和物业投资及管理等				

主要财务指标 指标\报告期	2014.06.30	2013.12.31	2013.06.30	2012.12.31
基本每股收益(元)	0.3000	0.7500	0.3000	0.6900
基本每股收益	0.2400	0.6000	0.2300	0.4500
稀释每股收益(元)	0.3000	0.7500	0.3000	0.6900
每股净资产(元)	6.2868	6.1349	5.5735	5.3467
每股经营现金净流量(元)	–1.0604	–0.1307	0.0948	1.0063
每股现金流量(元)	–0.3125	0.5390	0.2629	–0.3662
每股资本公积金(元)	1.6996	1.3659	1.2525	1.2602
每股盈余公积金(元)	0.1486	0.1660	0.1355	0.1356
每股未分配利润(元)	3.4281	3.5996	3.1817	2.9506
净资产收益率(%)	4.5900	12.2343	5.4416	12.9500
加权净资产收益率(%)	4.8600	12.3500	5.5300	13.8200
净资产收益率(扣除)(%)	3.6291	9.7191	4.1201	8.3744
总资产(万元)	10285384.63	9883954.96	8911580.70	8316180.36
归属母公司股东权益	3008004.33	2628013.96	2387549.18	2291198.43
营业收入(万元)	2063780.91	4478975.93	2038662.28	3405409.60
营业成本(万元)	1548169.11	3479988.35	1601338.93	2572469.14
投资收益(万元)	178.10	–3474.61	–2369.66	–714.27
净利润(万元)	138064.91	321518.35	129900.21	296871.36
营业利润(万元)	179028.00	326469.76	142679.61	309719.34
利润总额(万元)	208666.20	399372.37	172260.91	395760.17

广西丰林木业集团股份有限公司

公司概况					
公司名称	广西丰林木业集团股份有限公司			证券简称	丰林集团
法人代表	崔建国	董秘	钟兰	证券代码	601996
公司网址	www.fenglingroup.com		电子信箱	ir@fenglingroup.com	
电　话	0771-4016666-8616		传　真	0771-4010400	
办公地址	广西壮族自治区南宁市白沙大道22号丰林集团				
经营范围	园林设计、营林造林、林产品销售(国家专控除外)、中密度纤维板生产等				

主要财务指标 指标\报告期	2014.06.30	2013.12.31	2013.06.30	2012.12.31
基本每股收益(元)	0.1200	0.1900	0.1000	0.1500
基本每股收益	0.1200	0.1700	0.1000	0.1500
稀释每股收益(元)	0.1200	0.1900	0.1000	0.1500
每股净资产(元)	3.5599	3.4903	3.3941	3.3469
每股经营现金净流量(元)	0.1193	0.1412	0.1084	0.2160
每股现金流量(元)	–0.0281	–0.5840	–0.2817	–0.2087
每股资本公积金(元)	1.5478	1.5377	1.5377	1.5377
每股盈余公积金(元)	0.0968	0.0979	0.0724	0.0724
每股未分配利润(元)	0.9153	0.8548	0.7840	0.7369
净资产收益率(%)	3.3863	5.5413	2.8620	4.4775
加权净资产收益率(%)	3.4000	5.6600	2.8700	4.5500
净资产收益率(扣除)(%)	3.3780	4.9187	2.8535	4.3884
总资产(万元)	198843.70	196941.97	173046.38	170014.64
归属母公司股东权益	166928.60	163665.62	159151.33	156940.96
营业收入(万元)	55067.84	90315.70	38320.10	85733.48
营业成本(万元)	44713.99	75218.15	31577.04	71886.39
投资收益(万元)	38.49	0.31	0.31	0.21
净利润(万元)	5652.68	9069.23	4554.94	7026.97
营业利润(万元)	3367.96	3199.46	2126.69	1904.46
利润总额(万元)	5899.99	9726.55	4790.94	6935.32

中信银行股份有限公司

公司概况						
	公司名称	中信银行股份有限公司			证券简称	中信银行
	法人代表	常振明	董秘	李欣	证券代码	601998
	公司网址	bank.ecitic.com		电子信箱	ir_cncb@citicbank.com	
	电　　话	010-65558000		传　　真	010-65550809	
	办公地址	北京市东城区朝阳门北大街8号富华大厦C座				
	经营范围	从事银行及相关金融服务等				

主要财务指标	指标＼报告期	2014.06.30	2013.12.31	2013.06.30	2012.12.31
	基本每股收益(元)	0.4700	0.8400	0.4400	0.6600
	基本每股收益	0.4700	0.8300	0.4300	0.6600
	稀释每股收益(元)	0.4700	0.8400	0.4400	0.6600
	每股净资产(元)	5.1100	4.8200	4.5100	4.2400
	每股经营现金净流量(元)	1.9252	–2.9117	1.0127	–1.1846
	每股现金流量(元)	2.2023	–2.9321	0.0882	–3.0405
	每股资本公积金(元)	1.0281	0.9561	1.0443	1.0542
	每股盈余公积金(元)	0.3312	0.3312	0.2503	0.2503
	每股未分配利润(元)	1.8581	1.6391	1.5116	1.2254
	净资产收益率(%)	9.2082	17.3647	9.6591	15.6446
	加权净资产收益率(%)	18.7900	18.4800	19.7500	16.7000
	净资产收益率(扣除)(%)	9.1927	17.2552	9.5918	15.5644
	总资产(万元)	431118700.00	364119300.00	343694500.00	295993900.00
	归属母公司股东权益	23928700.00	22560100.00	21110700.00	19835600.00
	营业收入(万元)	6210600.00	10455800.00	4987800.00	8943500.00
	营业成本(万元)	–3262700.00	5227300.00	2278300.00	4793100.00
	投资收益(万元)	229000.00	19100.00	37300.00	103900.00
	净利润(万元)	2203400.00	3917500.00	2039100.00	3103200.00
	营业利润(万元)	2947900.00	5228500.00	2709500.00	4150400.00
	利润总额(万元)	2950300.00	5254900.00	2724300.00	4160900.00

北方联合出版传媒(集团)股份有限公司

公司概况						
	公司名称	北方联合出版传媒(集团)股份有限公司			证券简称	出版传媒
	法人代表	李家巍	董秘	费宏伟	证券代码	601999
	公司网址	www.nupmg.com.cn		电子信箱	fhw0509@sohu.com	
	电　　话	024-23284236 23284128		传　　真	024-23284232	
	办公地址	辽宁省沈阳市和平区十一纬路29号				
	经营范围	图书、报刊、音像、电子出版物编辑出版、出版物总批发、批发与分销、零售等				

主要财务指标	指标＼报告期	2014.06.30	2013.12.31	2013.06.30	2012.12.31
	基本每股收益(元)	0.0400	0.1300	0.0500	0.1200
	基本每股收益	0.0200	0.0400	0.0400	0.0400
	稀释每股收益(元)	0.0400	0.1300	0.0500	0.1200
	每股净资产(元)	3.1812	3.1807	3.1006	3.0913
	每股经营现金净流量(元)	–0.0537	–0.0514	–0.2439	0.2049
	每股现金流量(元)	–0.1853	–0.8697	–0.2357	0.1973
	每股资本公积金(元)	1.0088	1.0089	1.0088	1.0097
	每股盈余公积金(元)	0.1847	0.1847	0.1617	0.1617
	每股未分配利润(元)	0.9877	0.9871	0.9301	0.9200
	净资产收益率(%)	1.2464	3.9967	1.5194	3.9794
	加权净资产收益率(%)	1.2400	4.0500	1.5100	4.0600
	净资产收益率(扣除)(%)	0.6422	1.3322	1.2136	1.2485
	总资产(万元)	267357.99	261233.94	252011.17	246877.71
	归属母公司股东权益	175258.68	175228.22	170815.57	170303.89
	营业收入(万元)	72607.34	132786.95	57091.77	126805.80
	营业成本(万元)	58628.13	100873.93	42870.89	96721.39
	投资收益(万元)	113.84	615.97	240.07	894.17
	净利润(万元)	2184.36	7003.38	2595.40	6777.14
	营业利润(万元)	1016.09	1668.25	1826.20	483.78
	利润总额(万元)	2295.06	6987.58	2612.04	6835.77

人民网股份有限公司

公司概况						
	公司名称	人民网股份有限公司			证券简称	人 民 网
	法人代表	马利	董秘	刘楠	证券代码	603000
	公司网址	www.people.com.cn		电子信箱	ir@people.cn	
	电　　话	010-65369999		传　　真	010-65369999	
	办公地址	北京市朝阳区金台西路2号				
	经营范围	互联网新闻信息服务及其他综合信息服务等				

主要财务指标	指标＼报告期	2014.06.30	2013.12.31	2013.06.30	2012.12.31
	基本每股收益(元)	0.1700	0.9900	0.3600	0.8300
	基本每股收益	0.1700	0.9800	0.3500	0.7900
	稀释每股收益(元)	0.1700	0.9900	0.3600	0.8300
	每股净资产(元)	4.0622	8.3102	7.5595	7.7555
	每股经营现金净流量(元)	0.1107	0.9287	0.0294	0.3358
	每股现金流量(元)	–1.6355	2.3580	2.1645	1.8314
	每股资本公积金(元)	2.2671	5.5699	5.4413	5.4413
	每股盈余公积金(元)	0.1288	0.2576	0.1608	0.1608
	每股未分配利润(元)	0.6706	1.4932	0.9664	1.1529
	净资产收益率(%)	4.2840	11.8786	4.8085	9.8100
	加权净资产收益率(%)	4.1000	12.3100	4.5800	13.0800
	净资产收益率(扣除)(%)	4.0850	11.8292	4.6351	9.2795
	总资产(万元)	278949.73	278809.08	251073.32	244483.80
	归属母公司股东权益	224574.21	229713.54	208962.46	214379.94
	营业收入(万元)	61963.30	102790.67	41258.72	70802.36
	营业成本(万元)	25663.37	44098.02	19495.79	26766.23
	投资收益(万元)	3055.52	926.79	53.96	–
	净利润(万元)	9620.71	27286.65	10047.87	21030.60
	营业利润(万元)	16142.08	30232.21	10159.06	21185.66
	利润总额(万元)	16863.80	30502.82	10524.15	22444.47

浙江奥康鞋业股份有限公司

公司概况						
	公司名称	浙江奥康鞋业股份有限公司			证券简称	奥康国际
	法人代表	王振滔	董秘	陈文馗	证券代码	603001
	公司网址	www.aokang.com		电子信箱	aks@Aokang.com	
	电　　话	0577-67915188		传　　真	0577-67915188	
	办公地址	浙江省温州市永嘉县瓯北镇东瓯工业区奥康工业园				
	经营范围	鞋及制鞋材料、皮具、服装的研发、生产、销售等				

主要财务指标	指标＼报告期	2014.06.30	2013.12.31	2013.06.30	2012.12.31
	基本每股收益(元)	0.3944	0.6839	0.5306	1.3725
	基本每股收益	0.3443	0.6191	0.5151	1.3387
	稀释每股收益(元)	0.3944	0.6839	0.5306	1.3725
	每股净资产(元)	9.4506	9.2766	9.1299	8.9927
	每股经营现金净流量(元)	0.0477	0.1366	–0.6995	0.0086
	每股现金流量(元)	–0.7995	–2.1889	–2.8953	3.9692
	每股资本公积金(元)	4.8126	4.8126	4.8126	4.8126
	每股盈余公积金(元)	0.2335	0.2335	0.2071	0.2071
	每股未分配利润(元)	3.4045	3.2305	3.1102	2.9730
	净资产收益率(%)	4.1740	7.3725	5.8122	14.2352
	加权净资产收益率(%)	4.2100	7.4900	5.8600	18.5100
	净资产收益率(扣除)(%)	3.6433	6.6743	5.6414	13.8837
	总资产(万元)	472089.60	477869.15	451632.57	509530.37
	归属母公司股东权益	378950.72	371972.25	366089.25	360587.97
	营业收入(万元)	145096.58	279620.90	149194.46	345510.95
	营业成本(万元)	90624.81	167739.15	87693.89	217114.97
	投资收益(万元)	1046.98	1794.38	455.02	48.20
	净利润(万元)	15815.99	27423.47	21277.68	51330.37
	营业利润(万元)	19300.68	36207.51	27333.63	64563.25
	利润总额(万元)	20702.71	37534.44	28122.93	66149.30

宏昌电子材料股份有限公司

公司概况					
公司名称	宏昌电子材料股份有限公司			证券简称	宏昌电子
法人代表	林瑞荣	董秘	黄兴安	证券代码	603002
公司网址	www.graceepoxy.com		电子信箱	stock@graceepoxy.com	
电　　话	020-82266156		传　　真	020-32021356	
办公地址	广东省广州市萝岗区云埔一路一号之二				
经营范围	电子级环氧树脂的生产和销售等				

主要财务指标 指标\报告期	2014.06.30	2013.12.31	2013.06.30	2012.12.31
基本每股收益(元)	0.0800	0.1700	0.0800	0.1300
基本每股收益	0.0500	0.1300	0.0800	0.1300
稀释每股收益(元)	0.0800	0.1700	0.0800	0.1300
每股净资产(元)	2.2599	2.2325	2.1425	2.1000
每股经营现金净流量(元)	-0.1369	0.1138	-0.1213	0.3463
每股现金流量(元)	-0.0543	-1.0482	-0.1332	0.9845
每股资本公积金(元)	0.6345	0.6345	0.6345	0.6345
每股盈余公积金(元)	0.0747	0.0747	0.0595	0.0595
每股未分配利润(元)	0.5501	0.5228	0.4480	0.4057
净资产收益率(%)	3.5108	7.5377	3.6511	5.6832
加权净资产收益率(%)	3.4900	7.7700	3.6700	6.9000
净资产收益率(扣除)(%)	-	5.9383	3.6005	5.3715
总资产(万元)	136587.61	134346.76	137663.83	137893.77
归属母公司股东权益	90394.87	89298.77	85698.44	84010.65
营业收入(万元)	58336.11	120738.53	59226.36	123048.51
营业成本(万元)	52610.71	108585.62	53276.85	112182.74
投资收益(万元)	1233.51	1390.26	-	-
净利润(万元)	3173.60	6731.05	3128.92	4774.46
营业利润(万元)	3605.91	7485.96	3677.42	5085.87
利润总额(万元)	3775.96	7775.96	3728.42	5393.85

上海龙宇燃油股份有限公司

公司概况					
公司名称	上海龙宇燃油股份有限公司			证券简称	龙宇燃油
法人代表	徐增增	董秘	谢毅	证券代码	603003
公司网址	www.lyrysh.com		电子信箱	lyry@lyrysh.com	
电　　话	021-58300945 58301681-1185		传　　真	021-58308810	
办公地址	上海市浦东新区东方路 710 号 19 楼				
经营范围	船用燃料油的供应等				

主要财务指标 指标\报告期	2014.06.30	2013.12.31	2013.06.30	2012.12.31
基本每股收益(元)	0.0243	-0.2600	-0.1669	0.3500
基本每股收益	0.0286	-0.2500	-0.1737	0.3400
稀释每股收益(元)	0.0243	-0.2600	-0.1669	0.3500
每股净资产(元)	3.8880	3.8610	3.9531	4.1693
每股经营现金净流量(元)	0.8082	1.2923	0.4245	-2.7186
每股现金流量(元)	0.1064	-0.3520	-0.5816	-1.0355
每股资本公积金(元)	1.7038	1.7038	1.7038	1.7038
每股盈余公积金(元)	0.0923	0.0923	0.0923	0.0923
每股未分配利润(元)	1.0878	1.0636	1.1538	1.3707
净资产收益率(%)	0.6239	-6.6588	-4.2213	6.9269
加权净资产收益率(%)	0.6300	-6.3200	-4.0800	9.5700
净资产收益率(扣除)(%)	0.7345	-6.4280	-4.3942	6.7367
总资产(万元)	145090.03	121742.19	148976.28	168188.47
归属母公司股东权益	78537.10	77992.07	79851.84	84219.92
营业收入(万元)	206791.10	450127.43	197750.11	777174.80
营业成本(万元)	202307.45	442524.73	195432.33	751533.86
投资收益(万元)	131.02	-446.77	-25.23	-112.55
净利润(万元)	489.99	-5193.35	-3370.80	5833.84
营业利润(万元)	449.92	-5380.91	-3506.11	7562.82
利润总额(万元)	587.84	-4878.54	-3117.05	8234.77

苏州晶方半导体科技股份有限公司

公司概况					
公司名称	苏州晶方半导体科技股份有限公司			证券简称	晶方科技
法人代表	王蔚	董秘	段佳国	证券代码	603005
公司网址	www.wlcsp.com		电子信箱	info@wlcsp.com	
电　　话	0512-67730001		传　　真	0512-67730808	
办公地址	江苏省苏州工业园区汀兰巷 29 号				
经营范围	研发、生产、制造、封装和测试集成电路产品等				

主要财务指标 指标\报告期	2014.06.30	2013.12.31	2013.06.30	2012.12.31
基本每股收益(元)	0.3900	0.8100	0.3800	0.7300
基本每股收益	0.3600	0.7600	0.3800	0.6800
稀释每股收益(元)	0.3900	0.8100	0.3800	0.7300
每股净资产(元)	6.4864	3.9619	3.5300	3.3100
每股经营现金净流量(元)	0.4217	1.0756	0.4489	0.7784
每股现金流量(元)	2.6558	0.0263	-0.1261	0.1183
每股资本公积金(元)	3.5903	0.9697	0.9697	0.9697
每股盈余公积金(元)	0.2116	0.2531	0.1696	0.1696
每股未分配利润(元)	1.6848	1.7395	1.3941	1.1701
净资产收益率(%)	5.8693	20.4764	10.8192	21.9927
加权净资产收益率(%)	6.4500	20.9400	10.4500	22.3100
净资产收益率(扣除)(%)	5.3970	19.3176	10.6981	20.5158
总资产(万元)	176096.91	106131.89	81627.95	68051.89
归属母公司股东权益	147043.97	75077.76	66948.94	62707.99
营业收入(万元)	27157.56	45043.32	19853.23	33733.28
营业成本(万元)	12570.79	19694.61	8803.89	14690.93
投资收益(万元)	-	-	-	-
净利润(万元)	8630.39	15373.22	7243.36	13791.18
营业利润(万元)	9416.72	17152.77	8379.46	15472.44
利润总额(万元)	10125.62	18122.42	8474.87	16562.01

上海联明机械股份有限公司

公司概况					
公司名称	上海联明机械股份有限公司			证券简称	联明股份
法人代表	徐涛明	董秘	林晓峰	证券代码	603006
公司网址	www.shanghailmjx.com		电子信箱	lmjx@shanghailm.com	
电　　话	021-58560017		传　　真	021-58566599	
办公地址	上海市浦东新区川沙路 905 号				
经营范围	生产精冲模、精密型腔模、模具标准件、汽车关键零部件，销售自产产品等				

主要财务指标 指标\报告期	2014.06.30	2013.12.31	2013.06.30	2012.12.31
基本每股收益(元)	0.5478	1.0000	0.5396	-
基本每股收益	0.5436	-	0.5308	-
稀释每股收益(元)	0.5478	1.0000	0.5396	-
每股净资产(元)	6.7045	5.5286	-	-
每股经营现金净流量(元)	0.1269	0.8423	-	-
每股现金流量(元)	1.8189	-0.1544	-	-
每股资本公积金(元)	2.2024	0.4069	-	-
每股盈余公积金(元)	0.2377	0.3169	-	-
每股未分配利润(元)	3.2644	3.8048	-	-
净资产收益率(%)	6.1278	18.1775	-	-
加权净资产收益率(%)	9.4400	19.9900	11.2600	-
净资产收益率(扣除)(%)	6.0812	17.8294	-	-
总资产(万元)	69354.88	47768.73	-	-
归属母公司股东权益	53635.64	33171.44	-	-
营业收入(万元)	21735.83	40499.19	19132.35	-
营业成本(万元)	15617.93	29559.85	13798.95	-
投资收益(万元)	-	-	-	-
净利润(万元)	3286.69	6029.74	3237.88	-
营业利润(万元)	4193.13	7914.05	4147.53	-
利润总额(万元)	4226.48	8068.03	4218.28	-

喜临门家具股份有限公司

公司概况

公司名称	喜临门家具股份有限公司			证券简称	喜临门
法人代表	陈阿裕	董秘	杨刚	证券代码	603008
公司网址	www.chinabed.com		电子信箱	xilinmen@chinabed.com	
电话	0575-85159531		传真	0575-85151221	
办公地址	浙江省绍兴市越城区灵芝镇二环北路1号				
经营范围	床垫、软床及其他家具产品的设计研发、生产和销售等				

主要财务指标

指标\报告期	2014.06.30	2013.12.31	2013.06.30	2012.12.31
基本每股收益(元)	0.1600	0.3800	0.1300	0.5700
基本每股收益	0.1600	0.3800	0.1300	0.5500
稀释每股收益(元)	0.1600	0.3800	0.1300	0.5700
每股净资产(元)	3.6396	3.4799	3.2310	4.8274
每股经营现金净流量(元)	-0.1083	0.3144	-0.0152	0.6439
每股现金流量(元)	0.1555	-0.1793	-0.2961	0.3168
每股资本公积金(元)	1.4817	1.4817	1.4817	2.7225
每股盈余公积金(元)	0.1213	0.1213	0.0903	0.1354
每股未分配利润(元)	1.0366	0.8770	0.6591	0.9695
净资产收益率(%)	4.3874	10.9668	4.1086	10.0354
加权净资产收益率(%)	4.3900	11.4000	4.0400	16.5500
净资产收益率(扣除)(%)	4.3064	10.8278	3.9730	9.6459
总资产(万元)	175844.74	150932.74	129883.43	124838.04
归属母公司股东权益	114646.70	109616.68	101776.93	101375.29
营业收入(万元)	55160.95	102189.42	42421.59	89711.61
营业成本(万元)	34517.22	64350.48	27531.82	57593.89
投资收益(万元)	-	330.09	-	-
净利润(万元)	5030.01	12021.39	4181.61	10173.40
营业利润(万元)	5994.91	14710.57	5293.54	11353.66
利润总额(万元)	6001.23	14532.40	5025.84	11978.60

上海北特科技股份有限公司

公司概况

公司名称	上海北特科技股份有限公司			证券简称	北特科技
法人代表	靳坤	董秘	包维义	证券代码	603009
公司网址	www.sh-beite.com		电子信箱	weiyi.bao@sh-beite.com	
电话	021-39900388		传真	021-39900887	
办公地址	上海市嘉定区华亭镇高石路(北新村内)				
经营范围	汽车转向器零部件与减震器零部件的研发、生产与销售				

主要财务指标

指标\报告期	2014.06.30	2013.12.31	2013.06.30	2012.12.31
基本每股收益(元)	0.2800	0.2300	0.2300	-
基本每股收益	0.2700	0.2200	0.2200	-
稀释每股收益(元)	0.2800	-	-	-
每股净资产(元)	3.4000	-	-	-
每股经营现金净流量(元)	0.6716	-	-	-
每股现金流量(元)	-0.0778	-	-	-
每股资本公积金(元)	0.1622	-	-	-
每股盈余公积金(元)	0.1250	-	-	-
每股未分配利润(元)	2.1136	-	-	-
净资产收益率(%)	8.2734	-	-	-
加权净资产收益率(%)	8.6300	8.2800	8.2800	-
净资产收益率(扣除)(%)	8.0745	-	-	-
总资产(万元)	71020.93	-	-	-
归属母公司股东权益	27206.14	-	-	-
营业收入(万元)	30362.78	24536.72	24536.72	-
营业成本(万元)	23144.22	18893.04	18893.04	-
投资收益(万元)	-	-	-	-
净利润(万元)	2250.87	1802.00	1802.00	-
营业利润(万元)	2871.45	2018.50	2018.50	-
利润总额(万元)	2939.09	2061.03	2061.03	-

四川和邦股份有限公司

公司概况

公司名称	四川和邦股份有限公司			证券简称	和邦股份
法人代表	贺正刚	董秘	莫融	证券代码	603077
公司网址	www.hebang.cn		电子信箱	mr@hebang.cn	
电话	028-62050230		传真	028-62050290	
办公地址	四川省乐山市五通桥区				
经营范围	化工制造及盐矿、磷矿的开发				

主要财务指标

指标\报告期	2014.06.30	2013.12.31	2013.06.30	2012.12.31
基本每股收益(元)	0.7190	0.1400	0.0460	0.8600
基本每股收益	0.0420	-	0.0450	0.8400
稀释每股收益(元)	0.7190	0.1400	0.0460	0.8600
每股净资产(元)	9.4418	7.3115	7.2602	7.5660
每股经营现金净流量(元)	0.1283	-0.9055	-0.3787	0.2999
每股现金流量(元)	-0.0319	-2.3711	-1.9174	2.2081
每股资本公积金(元)	4.9418	3.8828	3.8828	3.8828
每股盈余公积金(元)	0.2429	0.2729	0.2627	0.2627
每股未分配利润(元)	3.2484	2.1532	2.1121	2.4202
净资产收益率(%)	14.1057	1.9585	1.2655	9.8362
加权净资产收益率(%)	17.2800	1.9400	1.2300	14.8900
净资产收益率(扣除)(%)	0.8239	1.8038	1.2273	9.6714
总资产(万元)	881356.29	558242.96	520855.73	504643.44
归属母公司股东权益	477326.11	329017.20	326708.25	340471.22
营业收入(万元)	91647.46	160266.40	64837.91	173777.09
营业成本(万元)	73689.94	129546.99	50247.07	108521.09
投资收益(万元)	65242.13	3173.44	1428.42	2737.57
净利润(万元)	67329.97	6443.73	4134.37	33489.37
营业利润(万元)	67708.90	7033.52	4651.64	38421.84
利润总额(万元)	67732.09	7048.60	4656.64	38977.83

长白山旅游股份有限公司

公司概况

公司名称	长白山旅游股份有限公司			证券简称	长白山
法人代表	杨龙	董秘	孟令辉	证券代码	603099
公司网址	www.cbmt.com.cn		电子信箱	changbaishan@vip.126.com	
电话	0433-5310177		传真	0433-5310777	
办公地址	吉林省长白山保护开发区池北区白林西区和平街				
经营范围	公路客运，货运，旅游车辆租赁，配件维修				

主要财务指标

指标\报告期	2014.06.30	2013.12.31	2013.06.30	2012.12.31
基本每股收益(元)	-0.0340	0.3100	-0.0650	0.3700
基本每股收益	-0.0400	0.3000	-0.0650	0.3600
稀释每股收益(元)	-	0.3100	-	0.3700
每股净资产(元)	2.1200	2.1900	-	1.9200
每股经营现金净流量(元)	-0.0385	0.4477	-	0.5171
每股现金流量(元)	-	0.1772	-	0.1990
每股资本公积金(元)	0.3869	0.3869	-	0.3869
每股盈余公积金(元)	0.0996	0.0996	-	0.0689
每股未分配利润(元)	0.5768	0.6571	-	0.4325
净资产收益率(%)	-1.6190	14.2150	-	19.2750
加权净资产收益率(%)	-1.5900	15.2600	-3.5100	21.4100
净资产收益率(扣除)(%)	-	13.6487	-	18.7153
总资产(万元)	45448.90	47914.76	-	43197.67
归属母公司股东权益	42356.03	43797.42	-	38337.75
营业收入(万元)	5108.49	23315.36	4324.27	25001.82
营业成本(万元)	4445.25	10441.81	3946.77	9691.19
投资收益(万元)	-	-	-	-
净利润(万元)	-685.59	6225.68	-1305.27	7389.57
营业利润(万元)	-1032.88	8057.95	-1480.19	9655.57
利润总额(万元)	-911.94	8289.98	-1466.36	9939.08

重庆川仪自动化股份有限公司

公司概况					
公司名称	重庆川仪自动化股份有限公司			证券简称	川仪股份
法人代表	向晓波	董秘	杨利	证券代码	603100
公司网址	www.sicc.com.cn		电子信箱	cyzqb@sicc.com.cn	
电　话	023-67033458		传　真	023-67032746	
办公地址	重庆市北碚区人民村1号				
经营范围	工业自动控制系统装置及工程成套的研发、生产、销售、技术咨询、服务等				

主要财务指标：指标\报告期	2014.06.30	2013.12.31	2013.06.30	2012.12.31
基本每股收益(元)	0.2600	0.2600	0.2400	0.4300
基本每股收益	0.2500	0.2500	0.2300	0.4000
稀释每股收益(元)	0.2600	0.2600	0.2400	0.4300
每股净资产(元)	3.4700	3.4700	–	3.7400
每股经营现金净流量(元)	-0.3707	-0.3837	–	0.7925
每股现金流量(元)	-0.4132	-0.7547	–	-0.3161
每股资本公积金(元)	0.6077	0.6077	–	1.2662
每股盈余公积金(元)	0.1658	0.1658	–	0.1324
每股未分配利润(元)	1.6987	1.5843	–	1.3383
净资产收益率(%)	7.6130	14.2800	–	11.5840
加权净资产收益率(%)	7.6300	12.8400	6.3300	12.1700
净资产收益率(扣除)(%)	7.2122	–	–	10.6369
总资产(万元)	353750.86	334278.29	–	308180.40
归属母公司股东权益	102427.17	99054.38	–	110237.62
营业收入(万元)	165521.67	318721.72	159337.89	324775.02
营业成本(万元)	123424.91	236017.50	119476.01	244171.46
投资收益(万元)	3191.39	5865.40	2625.65	3364.00
净利润(万元)	7797.79	14142.04	7076.83	12770.37
营业利润(万元)	8264.51	15431.84	8030.87	16802.42
利润总额(万元)	8768.59	17046.62	8331.91	17777.91

南京康尼机电股份有限公司

公司概况					
公司名称	南京康尼机电股份有限公司			证券简称	康尼机电
法人代表	金元贵	董秘	徐庆	证券代码	603111
公司网址	www.kn-nanjing.com		电子信箱	ir@ kn-nanjing.com	
电　话	025-83497082		传　真	025-83497082	
办公地址	江苏省南京市南京经济技术开发区恒达路19号				
经营范围	轨道交通门系统的研发、制造和销售及提供轨道交通装备配套产品与技术服务				

主要财务指标：指标\报告期	2014.06.30	2013.12.31	2013.06.30	2012.12.31
基本每股收益(元)	0.3400	0.5400	0.2300	0.5700
基本每股收益	0.3300	0.5000	0.2000	0.5000
稀释每股收益(元)	–	0.5400	–	0.5700
每股净资产(元)	2.0200	1.9800	–	1.6562
每股经营现金净流量(元)	0.1454	0.4448	–	0.6228
每股现金流量(元)	-0.3996	0.3635	–	-0.0036
每股资本公积金(元)	0.0598	0.0598	–	0.0598
每股盈余公积金(元)	0.2162	0.2162	–	0.1665
每股未分配利润(元)	0.7387	0.7002	–	0.4298
净资产收益率(%)	16.7955	27.3290	–	34.6860
加权净资产收益率(%)	16.9600	28.0400	13.0400	36.6200
净资产收益率(扣除)(%)	16.2647	25.0958	–	30.4224
总资产(万元)	140955.94	136883.62	–	109581.15
归属母公司股东权益	43656.55	42808.91	–	35874.48
营业收入(万元)	61413.17	104144.25	43526.34	99978.00
营业成本(万元)	38163.71	63950.31	26581.46	62835.67
投资收益(万元)	–	–	–	–
净利润(万元)	7332.32	11699.08	5004.60	12443.27
营业利润(万元)	8115.66	11101.51	4392.13	12247.33
利润总额(万元)	8599.34	13664.80	5721.97	15178.47

北京翠微大厦股份有限公司

公司概况					
公司名称	北京翠微大厦股份有限公司			证券简称	翠微股份
法人代表	张丽君	董秘	姜荣生	证券代码	603123
公司网址	www.cwjt.com		电子信箱	dshbgs@cwjt.com	
电　话	010-68241688		传　真	010-68159573	
办公地址	北京市海淀区复兴路33号				
经营范围	以百货零售业务为主				

主要财务指标：指标\报告期	2014.06.30	2013.12.31	2013.06.30	2012.12.31
基本每股收益(元)	0.2000	0.4300	0.3000	0.5200
基本每股收益	0.1900	0.4100	0.2900	0.5100
稀释每股收益(元)	–	–	–	0.5200
每股净资产(元)	5.5053	5.4863	5.3579	5.2532
每股经营现金净流量(元)	0.0449	0.5477	0.4041	1.6500
每股现金流量(元)	-0.4315	-0.2343	-0.0689	1.7895
每股资本公积金(元)	2.8874	2.8874	2.8874	2.8874
每股盈余公积金(元)	0.3170	0.3170	0.3058	0.2772
每股未分配利润(元)	1.3009	1.2820	1.1647	1.0886
净资产收益率(%)	3.6138	7.8946	5.6870	9.1514
加权净资产收益率(%)	3.5600	8.0900	5.6700	11.0100
净资产收益率(扣除)(%)	3.4433	7.4948	5.5042	8.8735
总资产(万元)	309984.02	328851.38	327580.06	342579.40
归属母公司股东权益	169562.97	168979.35	165024.06	161799.08
营业收入(万元)	217913.54	468585.14	247612.79	494786.76
营业成本(万元)	172516.35	374276.76	198314.95	394946.07
投资收益(万元)	161.42	108.00	108.00	108.00
净利润(万元)	6127.62	13340.27	9384.98	14806.93
营业利润(万元)	8058.29	17298.58	12260.35	19468.24
利润总额(万元)	8309.76	18201.39	12644.83	20045.51

中材节能股份有限公司

公司概况					
公司名称	中材节能股份有限公司			证券简称	中材节能
法人代表	张奇	董秘	杨泽学	证券代码	603126
公司网址	www.sinoma-ec.cn		电子信箱	sinoma-ec@sinoma-ec.cn	
电　话	022-86341590		传　真	022-86896201	
办公地址	天津市北辰科技园区中捷科技园火炬大厦				
经营范围	泥行业余热发电项目的投资、技术开发、工程设计与咨询等				

主要财务指标：指标\报告期	2014.06.30	2013.12.31	2013.06.30	2012.12.31
基本每股收益(元)	0.1600	0.2800	0.1400	0.1600
基本每股收益	0.1500	0.2000	0.0900	0.1500
稀释每股收益(元)	0.1562	0.2800	–	–
每股净资产(元)	3.2100	3.1400	–	3.2100
每股经营现金净流量(元)	0.1244	0.2425	–	-0.1352
每股现金流量(元)	-0.0229	0.0137	–	-0.4031
每股资本公积金(元)	0.4466	0.4466	–	0.4413
每股盈余公积金(元)	0.1632	0.1632	–	0.1412
每股未分配利润(元)	1.5913	1.5202	–	1.3167
净资产收益率(%)	4.8711	8.8650	–	4.8711
加权净资产收益率(%)	4.8600	9.3600	4.7200	4.8600
净资产收益率(扣除)(%)	4.7753	6.2819	–	–
总资产(万元)	208772.37	201568.71	–	190778.52
归属母公司股东权益	104844.78	102618.65	–	94864.54
营业收入(万元)	51980.99	105977.43	46859.73	120395.74
营业成本(万元)	40274.31	84750.68	38749.48	93713.26
投资收益(万元)	509.01	857.38	200.86	240.52
净利润(万元)	5107.07	9096.68	4552.69	13702.43
营业利润(万元)	5542.13	7349.04	3530.89	13758.55
利润总额(万元)	6420.85	10650.44	5593.96	16327.13

港中旅华贸国际物流股份有限公司

公司概况					
公司名称	港中旅华贸国际物流股份有限公司			证券简称	华贸物流
法人代表	张震	董秘	林世宽	证券代码	603128
公司网址	www.ctsfreight.com		电子信箱	ird@ctsfreight.com	
电　话	021-63588811		传　真	021-63582311	
办公地址	上海市南京西路338号天安中心20楼				
经营范围	承办海运、陆运、空运进出口货物、过境货物等				

主要财务指标：指标＼报告期	2014.06.30	2013.12.31	2013.06.30	2012.12.31
基本每股收益(元)	0.1200	0.2000	0.1000	0.2100
基本每股收益	0.1100	0.1900	0.0900	0.1900
稀释每股收益(元)	0.1200	0.2000	0.1000	0.2100
每股净资产(元)	3.2720	3.2264	3.1159	3.1024
每股经营现金净流量(元)	0.4639	-0.5616	-0.0899	-0.4303
每股现金流量(元)	-0.1235	-0.1816	-0.1360	0.6578
每股资本公积金(元)	1.6027	1.5956	1.5860	1.5860
每股盈余公积金(元)	0.0476	0.0476	0.0379	0.0379
每股未分配利润(元)	0.7161	0.6789	0.5843	0.5653
净资产收益率(%)	3.7346	6.3007	3.1772	6.1394
加权净资产收益率(%)	3.7100	6.4000	3.1400	8.0000
净资产收益率(扣除)(%)	3.2775	5.9789	3.0157	5.6263
总资产(万元)	306069.23	291578.38	273412.11	274536.32
归属母公司股东权益	130880.83	129056.68	124637.55	124096.32
营业收入(万元)	404459.21	853335.44	404754.46	748601.53
营业成本(万元)	379688.49	806593.66	383255.83	704804.05
投资收益(万元)	-	-	-	-
净利润(万元)	4887.91	8131.54	3959.94	7618.82
营业利润(万元)	5594.80	10559.93	5083.78	9449.30
利润总额(万元)	6425.62	11179.17	5352.30	10290.95

渤海轮渡股份有限公司

公司概况					
公司名称	渤海轮渡股份有限公司			证券简称	渤海轮渡
法人代表	刘建君	董秘	宁武	证券代码	603167
公司网址	www.bohailundu.cn		电子信箱	zqb@bohailundu.cn	
电　话	0535-6291223		传　真	0535-6291223	
办公地址	山东省烟台市芝罘区环海路2号				
经营范围	烟台至大连、蓬莱至大连、蓬莱至旅顺客滚船运输业务、船舶配件销售、代理销售船票				

主要财务指标：指标＼报告期	2014.06.30	2013.12.31	2013.06.30	2012.12.31
基本每股收益(元)	0.2800	0.4900	0.2800	0.5100
基本每股收益	0.1362	0.3600	0.1600	0.3300
稀释每股收益(元)	0.2800	0.4900	0.2800	0.5100
每股净资产(元)	5.5090	5.3780	5.1730	5.0600
每股经营现金净流量(元)	0.4404	0.7245	0.2929	0.7239
每股现金流量(元)	0.0805	0.0119	0.1741	-0.0056
每股资本公积金(元)	2.2075	2.2075	2.2075	2.2075
每股盈余公积金(元)	0.3012	0.3012	0.2530	0.2530
每股未分配利润(元)	2.0003	1.8693	1.7125	1.6023
净资产收益率(%)	5.1004	9.0204	5.4153	8.6937
加权净资产收益率(%)	5.1400	9.2900	5.3800	13.0100
净资产收益率(扣除)(%)	2.4715	6.7155	3.0506	5.5310
总资产(万元)	333265.69	286438.15	286625.55	274090.45
归属母公司股东权益	265203.75	258898.24	249030.35	243728.43
营业收入(万元)	49830.65	116568.27	55732.62	105561.70
营业成本(万元)	37543.37	84306.18	40962.49	75094.57
投资收益(万元)	-87.23	7.53	21.90	96.24
净利润(万元)	13526.51	23353.61	13485.72	21189.10
营业利润(万元)	8764.43	23223.33	10119.04	17992.10
利润总额(万元)	18061.06	31179.88	17970.66	28273.28

浙江莎普爱思药业股份有限公司

公司概况					
公司名称	浙江莎普爱思药业股份有限公司			证券简称	莎普爱思
法人代表	陈德康	董秘	吴建国	证券代码	603168
公司网址	www.zjspas.com		电子信箱	zjspas@zjspas.com	
电　话	0573-85021168		传　真	0573-85021168	
办公地址	浙江省平湖市城北路甪钿桥				
经营范围	滴眼液、大输液等药品的研发、生产和销售等				

主要财务指标：指标＼报告期	2014.06.30	2013.12.31	2013.06.30	2012.12.31
基本每股收益(元)	1.3100	2.1200	0.9200	-
基本每股收益	1.2600	-	0.9100	-
稀释每股收益(元)	1.3100	2.1200	0.9200	-
每股净资产(元)	10.6445	7.2100	-	-
每股经营现金净流量(元)	1.1649	2.4053	-	-
每股现金流量(元)	5.0279	0.2841	-	-
每股资本公积金(元)	5.0653	0.8291	-	-
每股盈余公积金(元)	0.5024	0.6700	-	-
每股未分配利润(元)	4.0768	4.7112	-	-
净资产收益率(%)	9.1988	29.4595	-	-
加权净资产收益率(%)	17.4700	33.6200	15.6200	-
净资产收益率(扣除)(%)	8.8883	28.7637	-	-
总资产(万元)	97181.78	59756.55	-	-
归属母公司股东权益	69561.73	35330.70	-	-
营业收入(万元)	38088.23	62814.07	29353.76	-
营业成本(万元)	11111.52	19424.55	9017.42	-
投资收益(万元)	-	-	-	-
净利润(万元)	6398.83	10408.24	4506.01	-
营业利润(万元)	7342.26	11859.60	5296.31	-
利润总额(万元)	7558.28	12085.89	5315.80	-

江苏亚邦染料股份有限公司

公司概况					
公司名称	江苏亚邦染料股份有限公司			证券简称	亚邦股份
法人代表	许旭东	董秘	刘洪亮	证券代码	603188
公司网址	www.yabangdyes.com		电子信箱	lsliu@sohu.com	
电　话	0519-88316008		传　真	0519-88231528	
办公地址	江苏省常州市武进区牛塘镇亚邦大楼201室				
经营范围	纺织染料及染料中间体的研发、生产、销售及相关技术服务等				

主要财务指标：指标＼报告期	2014.06.30	2013.12.31	2013.06.30	2012.12.31
基本每股收益(元)	1.8268	1.2000	-	0.5800
基本每股收益	1.8300	-	-	-
稀释每股收益(元)	-	-	-	-
每股净资产(元)	5.2300	4.4000	-	3.6000
每股经营现金净流量(元)	1.3022	0.6139	-	0.4243
每股现金流量(元)	0.4493	-0.4920	-	0.1692
每股资本公积金(元)	0.8407	0.8407	-	0.8407
每股盈余公积金(元)	0.3582	0.3582	-	0.2411
每股未分配利润(元)	2.9966	2.1698	-	1.4860
净资产收益率(%)	34.9340	27.2637	-	16.1009
加权净资产收益率(%)	37.9200	30.7600	-	16.8300
净资产收益率(扣除)(%)	35.0359	-	-	-
总资产(万元)	252174.68	214122.28	-	197567.06
归属母公司股东权益	112952.71	95144.40	-	77820.78
营业收入(万元)	142178.66	191089.46	-	160535.75
营业成本(万元)	70790.23	126329.70	-	117931.06
投资收益(万元)	237.92	904.87	-	754.06
净利润(万元)	39458.58	25939.90	-	12529.81
营业利润(万元)	49089.15	32013.63	-	15102.87
利润总额(万元)	48947.34	32012.94	-	15381.30

佛山市海天调味食品股份有限公司

公司概况	公司名称	佛山市海天调味食品股份有限公司			证券简称	海天味业
	法人代表	庞康	董秘	张欣	证券代码	603288
	公司网址	www.haitian-food.com		电子信箱	obd@haday.cn	
	电话	0757-82836083		传真	0757-82873730	
	办公地址	广东省佛山市文沙路16号				
	经营范围	专注于调味品的生产和销售				

主要财务指标	指标\报告期	2014.06.30	2013.12.31	2013.06.30	2012.12.31
	基本每股收益(元)	0.7400	2.2600	0.6100	1.7000
	基本每股收益	0.6900	2.1700	0.5700	-
	稀释每股收益(元)	0.7400	2.2600	0.6100	1.7000
	每股净资产(元)	4.3244	5.5055	5.3100	5.1500
	每股经营现金净流量(元)	0.0720	2.7148	-0.4876	3.0536
	每股现金流量(元)	-0.2045	-0.1281	-1.6713	1.2929
	每股资本公积金(元)	1.5956	1.8801	1.8801	1.8801
	每股盈余公积金(元)	0.2190	0.4611	0.3109	0.3109
	每股未分配利润(元)	1.5127	2.1706	2.1265	1.9615
	净资产收益率(%)	16.9219	41.0383	22.8808	33.0033
	加权净资产收益率(%)	19.0000	45.0000	24.0000	38.0000
	净资产收益率(扣除)(%)	15.9148	39.4999	21.5264	32.8666
	总资产(万元)	789632.73	672212.33	489759.88	611020.44
	归属母公司股东权益	647357.46	391443.90	377559.41	365892.75
	营业收入(万元)	502679.67	840158.93	440265.50	706959.16
	营业成本(万元)	295606.49	510551.43	266550.56	443427.59
	投资收益(万元)	-	-	-	-
	净利润(万元)	109545.35	160641.88	86388.75	120756.69
	营业利润(万元)	127596.47	189615.25	99660.73	148306.74
	利润总额(万元)	135444.29	197561.92	106445.13	148963.57

安徽应流机电股份有限公司

公司概况	公司名称	安徽应流机电股份有限公司			证券简称	应流股份
	法人代表	杜应流	董秘	林欣	证券代码	603308
	公司网址	www.yingliugroup.com		电子信箱	ylgf@yingliugroup.cn	
	电话	0551-63737776		传真	0551-63737880	
	办公地址	安徽省合肥市经济技术开发区繁华大道566号				
	经营范围	通用设备,工程机械设备,交通运输设备零部件制造,销售与技术开发等				

主要财务指标	指标\报告期	2014.06.30	2013.12.31	2013.06.30	2012.12.31
	基本每股收益(元)	0.2000	0.5100	0.2800	0.5500
	基本每股收益	0.1900	0.4800	0.2700	-
	稀释每股收益(元)	0.2000	0.5100	0.2800	0.5500
	每股净资产(元)	4.4092	3.5662	3.3379	3.0591
	每股经营现金净流量(元)	-0.1018	0.7583	0.5049	0.3780
	每股现金流量(元)	0.4516	0.4291	0.3875	-0.1727
	每股资本公积金(元)	1.8895	0.8043	0.8043	0.8043
	每股盈余公积金(元)	0.0945	0.1181	0.0916	0.0916
	每股未分配利润(元)	1.4280	1.6477	1.4458	1.1657
	净资产收益率(%)	4.3532	14.2587	8.3930	17.9218
	加权净资产收益率(%)	4.6200	15.3500	8.7600	19.6900
	净资产收益率(扣除)(%)	4.2487	13.5152	7.9958	17.2656
	总资产(万元)	430135.96	375172.24	355358.83	331957.65
	归属母公司股东权益	176371.56	114118.76	106813.23	97889.97
	营业收入(万元)	71247.16	133385.76	72691.04	136727.27
	营业成本(万元)	45479.17	85259.34	46679.22	88733.76
	投资收益(万元)	-	149.70	149.70	149.70
	净利润(万元)	7677.82	16271.80	8964.87	17543.62
	营业利润(万元)	9125.77	18328.32	10438.04	20427.45
	利润总额(万元)	9321.01	19283.95	10928.81	21143.54

广东依顿电子科技股份有限公司

公司概况	公司名称	广东依顿电子科技股份有限公司			证券简称	依顿电子
	法人代表	李永强	董秘	林海	证券代码	603328
	公司网址	www.ellingtonpcb.com		电子信箱	ellington@ellingtonpcb.com	
	电话	0760-22813684		传真	0760-85401052	
	办公地址	广东省中山市三角镇高平化工区				
	经营范围	生产线路板、覆铜板、液晶显示器及其附件				

主要财务指标	指标\报告期	2014.06.30	2013.12.31	2013.06.30	2012.12.31
	基本每股收益(元)	0.3800	0.8100	0.3500	-
	基本每股收益	0.3800	-	0.3400	-
	稀释每股收益(元)	0.3800	0.8100	0.3500	-
	每股净资产(元)	7.7442	5.8300	-	-
	每股经营现金净流量(元)	0.2187	1.3422	-	-
	每股现金流量(元)	2.8693	0.9106	-	-
	每股资本公积金(元)	2.7778	0.3528	-	-
	每股盈余公积金(元)	0.3658	0.4483	-	-
	每股未分配利润(元)	3.5949	4.0241	-	-
	净资产收益率(%)	4.0220	13.8242	-	-
	加权净资产收益率(%)	6.3400	14.8500	6.6500	-
	净资产收益率(扣除)(%)	4.0150	-	-	-
	总资产(万元)	449441.85	309406.72	-	-
	归属母公司股东权益	378690.37	232672.64	-	-
	营业收入(万元)	122059.45	259349.02	119876.91	-
	营业成本(万元)	90945.01	190364.75	89214.56	-
	投资收益(万元)	-	-	-	-
	净利润(万元)	15230.88	32165.04	13798.56	-
	营业利润(万元)	20564.32	41833.28	17446.66	-
	利润总额(万元)	20600.14	41934.38	17514.69	-

四川明星电缆股份有限公司

公司概况	公司名称	四川明星电缆股份有限公司			证券简称	明星电缆
	法人代表	盛业武	董秘	姜向东	证券代码	603333
	公司网址	www.mxdl.cn		电子信箱	securities@mxdlgroup.cn	
	电话	0833-2595155		传真	0833-2595155	
	办公地址	四川省乐山市高新区迎宾大道18号				
	经营范围	专业从事特种电线电缆的研发、生产、销售和服务等				

主要财务指标	指标\报告期	2014.06.30	2013.12.31	2013.06.30	2012.12.31
	基本每股收益(元)	-0.0400	0.0100	0.0500	0.1800
	基本每股收益	-0.0500	-	0.0500	0.1700
	稀释每股收益(元)	-0.0400	0.0100	0.0500	0.1800
	每股净资产(元)	2.9315	2.9777	3.0180	3.0133
	每股经营现金净流量(元)	0.0785	-0.2889	-0.4295	0.1818
	每股现金流量(元)	-0.2038	-1.0422	-0.7796	1.1601
	每股资本公积金(元)	1.2592	1.2592	1.2592	1.2592
	每股盈余公积金(元)	0.0755	0.0755	0.0742	0.0742
	每股未分配利润(元)	0.5968	0.6431	0.6847	0.6799
	净资产收益率(%)	-1.4424	0.4177	1.7474	5.3006
	加权净资产收益率(%)	-1.4300	0.4200	1.7300	6.8800
	净资产收益率(扣除)(%)	-1.5725	0.3702	1.7825	4.9451
	总资产(万元)	188468.24	202379.63	234628.23	242887.03
	归属母公司股东权益	152437.54	154844.33	156939.87	156693.60
	营业收入(万元)	25448.37	98677.61	55186.41	115411.45
	营业成本(万元)	21695.74	77936.66	42100.63	85298.61
	投资收益(万元)	123.70	20.12	20.12	14.74
	净利润(万元)	-2198.79	646.76	2742.30	8305.72
	营业利润(万元)	-2464.33	690.83	3291.17	9142.88
	利润总额(万元)	-2334.86	788.83	3226.23	9834.02

日出东方太阳能股份有限公司

公司概况

公司名称	日出东方太阳能股份有限公司			证券简称	日出东方
法人代表	徐新建	董秘	刘伟	证券代码	603366
公司网址	www.solareast.com		电子信箱	zqb@solareast.com	
电　　话	0518-85959992		传　　真	0518-85807993	
办公地址	江苏省连云港海宁工贸园瀛洲南路 199 号				
经营范围	太阳能热水器、太阳能热利用产品、太阳能采暖系统、太阳能空调系统等				

主要财务指标

指标\报告期	2014.06.30	2013.12.31	2013.06.30	2012.12.31
基本每股收益(元)	0.4300	0.7700	0.4100	1.1900
基本每股收益	0.4300	0.7300	0.4000	1.1600
稀释每股收益(元)	0.4300	0.7700	0.4100	1.1900
每股净资产(元)	8.7062	8.8017	8.4402	8.7419
每股经营现金净流量(元)	0.0098	0.7715	0.1340	1.4925
每股现金流量(元)	0.1222	-3.8198	-0.8575	5.6512
每股资本公积金(元)	5.7966	5.7966	5.7966	5.7966
每股盈余公积金(元)	0.2853	0.2853	0.2109	0.2109
每股未分配利润(元)	1.6241	1.7196	1.4325	1.7341
净资产收益率(%)	4.9910	8.7452	4.8385	12.2032
加权净资产收益率(%)	4.8700	8.8900	4.6900	16.9200
净资产收益率(扣除)(%)	4.9133	8.3154	4.7916	11.9334
总资产(万元)	440224.03	457932.42	448627.19	456586.01
归属母公司股东权益	348246.85	352066.64	337609.50	349675.46
营业收入(万元)	142646.85	308809.94	158125.34	336479.32
营业成本(万元)	92025.32	209157.81	106825.57	222696.49
投资收益(万元)	4193.66	2221.64	62.05	8.00
净利润(万元)	17381.05	30789.09	16335.18	42671.69
营业利润(万元)	20343.78	35078.28	19415.38	49009.15
利润总额(万元)	20662.11	36304.63	19601.56	50400.95

江苏今世缘酒业股份有限公司

公司概况

公司名称	江苏今世缘酒业股份有限公司			证券简称	今世缘
法人代表	周素明	董秘	王卫东	证券代码	603369
公司网址	www.jinshiyuan.com.cn		电子信箱	zqtzb01@jinshiyuan.com.cn	
电　　话	0517-80895528　82433619		传　　真	0517-80898228	
办公地址	江苏省涟水县高沟镇今世缘大道 1 号				
经营范围	白酒生产和销售				

主要财务指标

指标\报告期	2014.06.30	2013.12.31	2013.06.30	2012.12.31
基本每股收益(元)	1.0181	1.5140	1.0854	1.5037
基本每股收益	1.0153	-	1.0797	-
稀释每股收益(元)	1.0181	1.5140	1.0854	1.5037
每股净资产(元)	6.6897	5.0800	-	4.0303
每股经营现金净流量(元)	0.2608	1.1005	-	-
每股现金流量(元)	1.4669	0.3531	-	-
每股资本公积金(元)	1.9805	0.5064	-	-
每股盈余公积金(元)	0.2543	0.2835	-	-
每股未分配利润(元)	3.4549	3.2945	-	-
净资产收益率(%)	13.6485	29.7773	-	-
加权净资产收益率(%)	18.9800	33.8400	24.9900	-
净资产收益率(扣除)(%)	13.6106	29.5700	-	-
总资产(万元)	412354.91	336626.18	-	-
归属母公司股东权益	335688.07	228797.50	-	-
营业收入(万元)	141251.31	251542.17	152488.81	259375.68
营业成本(万元)	44682.04	74000.22	46766.85	73314.38
投资收益(万元)	-	40.00	-	80.00
净利润(万元)	45816.51	68129.74	48842.39	67667.90
营业利润(万元)	60208.84	90890.93	67157.66	90740.37
利润总额(万元)	60380.87	91461.55	67508.40	90542.35

锦州新华龙钼业股份有限公司

公司概况

公司名称	锦州新华龙钼业股份有限公司			证券简称	新华龙
法人代表	郭光华	董秘	高文重	证券代码	603399
公司网址	www.ncdmoly.com		电子信箱	xhldsh@163.com	
电　　话	0416-3198622　3198621		传　　真	0416-3168802	
办公地址	辽宁省锦州市经济技术开发区天山路一段 50 号				
经营范围	从事钼炉料、钼化工、钼金属等钼系列产品的生产、加工、销售业务				

主要财务指标

指标\报告期	2014.06.30	2013.12.31	2013.06.30	2012.12.31
基本每股收益(元)	0.0700	0.2200	0.0800	0.4300
基本每股收益	0.0400	0.1700	0.1000	0.4000
稀释每股收益(元)	-	-	-	0.4300
每股净资产(元)	3.0236	4.1552	4.0350	3.9623
每股经营现金净流量(元)	0.4977	-2.5560	-1.5865	-1.2287
每股现金流量(元)	0.2396	-0.5296	-0.1847	-0.0365
每股资本公积金(元)	0.9881	1.7833	1.7833	1.7833
每股盈余公积金(元)	0.1065	0.1491	0.1260	0.1260
每股未分配利润(元)	0.8763	1.1667	1.0854	1.0284
净资产收益率(%)	2.2002	5.2105	2.7770	8.9710
加权净资产收益率(%)	2.2100	5.3300	2.7900	14.1000
净资产收益率(扣除)(%)	1.2593	4.1196	2.5367	8.3953
总资产(万元)	237368.29	226893.03	215682.22	169606.63
归属母公司股东权益	107247.49	105275.21	102229.95	100388.43
营业收入(万元)	115653.71	219764.57	101980.77	258221.26
营业成本(万元)	107063.94	204511.27	94261.80	239896.15
投资收益(万元)	-	-	-	-
净利润(万元)	2359.64	5485.32	2838.97	9005.86
营业利润(万元)	1839.63	5862.31	3285.10	11312.98
利润总额(万元)	3166.44	7343.00	3578.04	12060.93

贵人鸟股份有限公司

公司概况

公司名称	贵人鸟股份有限公司			证券简称	贵人鸟
法人代表	林天福	董秘	周世勇	证券代码	603555
公司网址	www.k-bird.com		电子信箱	ir@k-bird.com	
电　　话	0592-5725650		传　　真	0592-2170000	
办公地址	福建省厦门市湖里区泗水道 629 号五缘湾营运中心翔安商务大厦 18 楼				
经营范围	贵人鸟品牌运动鞋,运动服装的研发,设计,生产和销售				

主要财务指标

指标\报告期	2014.06.30	2013.12.31	2013.06.30	2012.12.31
基本每股收益(元)	0.2740	0.8066	0.3310	1.0057
基本每股收益	0.2400	0.7429	0.3250	0.9616
稀释每股收益(元)	0.2740	0.8066	0.3310	1.0057
每股净资产(元)	3.3997	2.5103	2.2800	2.4500
每股经营现金净流量(元)	0.3188	0.3849	0.2917	0.8918
每股现金流量(元)	0.8918	-0.1699	-0.0188	0.6469
每股资本公积金(元)	1.3660	0.0873	0.0873	0.0873
每股盈余公积金(元)	0.1851	0.2165	0.1328	0.1328
每股未分配利润(元)	0.8486	1.2065	1.0649	1.2335
净资产收益率(%)	7.8534	32.1341	14.5027	40.9872
加权净资产收益率(%)	7.6800	33.3400	13.9900	50.2600
净资产收益率(扣除)(%)	6.8794	29.5932	14.2020	39.1923
总资产(万元)	369966.74	275474.93	285078.94	254132.29
归属母公司股东权益	208741.48	131788.30	119962.04	128814.31
营业收入(万元)	99511.26	240592.14	122908.20	285542.51
营业成本(万元)	59221.80	142824.22	73743.22	169322.57
投资收益(万元)	-	-	-	-
净利润(万元)	16393.32	42348.99	17397.74	52797.34
营业利润(万元)	19529.09	52246.56	22742.35	59988.06
利润总额(万元)	22242.46	56711.45	23223.31	62690.88

辽宁禾丰牧业股份有限公司

公司概况	公司名称	辽宁禾丰牧业股份有限公司			证券简称	禾丰牧业
	法人代表	金卫东	董秘	冯阳	证券代码	603609
	公司网址	www.wellhope-ag.com		电子信箱	hefeng@wellhope-ag.com	
	电　　话	024-88081409		传　　真	024-88082333	
	办公地址	辽宁省沈阳市沈北新区辉山大街169号				
	经营范围	饲料及饲料添加剂加工、生产、销售；粮食收购等				

	指标\报告期	2014.06.30	2013.12.31	2013.06.30	2012.12.31
主要财务指标	基本每股收益(元)	0.1900	0.3700	0.1800	0.5000
	基本每股收益	0.1800	0.3100	0.1500	0.4600
	稀释每股收益(元)	0.1900	0.3700	0.1800	0.5000
	每股净资产(元)	3.7700	3.6200	–	3.3102
	每股经营现金净流量(元)	0.2616	0.2945	–	0.2758
	每股现金流量(元)	–0.1089	0.1767	–	–0.1030
	每股资本公积金(元)	0.0779	0.0779	–	0.0779
	每股盈余公积金(元)	0.2757	0.2757	–	0.2473
	每股未分配利润(元)	2.4174	2.2712	–	1.9850
	净资产收益率(%)	4.9380	10.1350	–	15.1730
	加权净资产收益率(%)	5.0400	10.6400	5.3100	16.1500
	净资产收益率(扣除)(%)	4.7395	8.6261	–	14.0071
	总资产(万元)	348705.78	354394.85	–	305006.38
	归属母公司股东权益	178790.51	171858.23	–	156940.34
	营业收入(万元)	397639.45	852545.91	365177.01	813851.95
	营业成本(万元)	359699.81	778924.56	331264.56	737931.09
	投资收益(万元)	914.15	2583.63	2038.22	415.29
	净利润(万元)	8828.77	17417.88	8484.58	23812.81
	营业利润(万元)	11159.36	20431.36	10746.57	29412.21
	利润总额(万元)	11514.36	23048.80	11727.38	32029.68

苏州纽威阀门股份有限公司

公司概况	公司名称	苏州纽威阀门股份有限公司			证券简称	纽威股份
	法人代表	王保庆	董秘	张涛	证券代码	603699
	公司网址	www.newayvalve.com		电子信箱	dshbgs@neway.com.cn	
	电　　话	0512-66626468		传　　真	0512-66626478	
	办公地址	江苏省苏州市苏州新区湘江路999号				
	经营范围	工业阀门的设计、制造和销售				

	指标\报告期	2014.06.30	2013.12.31	2013.06.30	2012.12.31
主要财务指标	基本每股收益(元)	0.3400	0.6700	0.3000	0.4200
	基本每股收益	0.3300	0.6500	0.2800	0.4100
	稀释每股收益(元)	0.3400	0.6700	0.3000	0.4200
	每股净资产(元)	2.7786	1.7876	1.7700	1.4700
	每股经营现金净流量(元)	0.2339	0.5885	0.1169	0.6324
	每股现金流量(元)	0.1681	0.1289	–0.0801	0.1384
	每股资本公积金(元)	1.0522	–0.0006	–0.0005	–0.0005
	每股盈余公积金(元)	0.1539	0.1347	0.1041	0.0743
	每股未分配利润(元)	0.5878	0.6750	0.6871	0.4151
	净资产收益率(%)	12.0909	37.6825	17.1700	28.2600
	加权净资产收益率(%)	12.1600	40.3000	18.7500	29.3600
	净资产收益率(扣除)(%)	11.8727	36.2673	16.1437	27.5812
	总资产(万元)	370368.37	293156.40	266118.76	274195.37
	归属母公司股东权益	208397.33	125133.05	123990.14	103167.62
	营业收入(万元)	124716.47	245806.03	118657.12	219825.18
	营业成本(万元)	69679.12	135252.08	63860.17	137267.54
	投资收益(万元)	201.60	436.90	232.01	164.51
	净利润(万元)	25197.06	47153.23	21293.23	29155.52
	营业利润(万元)	30927.81	56672.20	25944.27	36300.57
	利润总额(万元)	31316.07	57996.16	26313.15	36728.49

隆鑫通用动力股份有限公司

公司概况	公司名称	隆鑫通用动力股份有限公司			证券简称	隆鑫通用
	法人代表	高勇	董秘	黄经雨	证券代码	603766
	公司网址	www.loncinindustries.com		电子信箱	security@loncinindustry.com	
	电　　话	023-89028829		传　　真	023-89028051	
	办公地址	重庆市经济技术开发区白鹤工业园				
	经营范围	摩托车及发动机、通用动力机械产品的研发、生产及销售等				

	指标\报告期	2014.06.30	2013.12.31	2013.06.30	2012.12.31
主要财务指标	基本每股收益(元)	0.3982	0.6900	0.3511	0.6200
	基本每股收益	0.3930	0.6200	0.3228	0.5900
	稀释每股收益(元)	0.3982	0.6900	0.3511	0.6200
	每股净资产(元)	4.6900	4.4853	4.1905	4.0100
	每股经营现金净流量(元)	0.3900	0.6798	0.4736	0.6051
	每股现金流量(元)	–0.0500	0.0541	–0.1423	0.2455
	每股资本公积金(元)	0.8612	0.8513	0.8688	0.8688
	每股盈余公积金(元)	0.1890	0.1890	0.1105	0.1105
	每股未分配利润(元)	2.6352	2.4450	2.2111	2.0350
	净资产收益率(%)	8.4982	15.3926	8.3795	14.3797
	加权净资产收益率(%)	8.6300	16.2200	8.4400	17.3000
	净资产收益率(扣除)(%)	8.3868	13.8310	7.7043	13.7539
	总资产(万元)	581452.01	554462.33	543171.66	532806.50
	归属母公司股东权益	374834.84	358825.59	335237.01	321145.93
	营业收入(万元)	341533.25	650548.61	332715.55	644481.85
	营业成本(万元)	273886.19	526687.78	268557.74	527642.66
	投资收益(万元)	800.35	2570.10	688.83	1323.17
	净利润(万元)	31854.27	55232.67	28091.08	46179.83
	营业利润(万元)	36404.27	62896.79	33896.12	55017.27
	利润总额(万元)	39382.42	65641.27	34723.60	57180.42

杭州福斯特光伏材料股份有限公司

公司概况	公司名称	杭州福斯特光伏材料股份有限公司			证券简称	福斯特
	法人代表	林建华	董秘	周光大	证券代码	603806
	公司网址	www.firstpvm.com		电子信箱	fst-zqb@firstpvm.com	
	电　　话	0571-61076968		传　　真	0571-63816860	
	办公地址	浙江省临安市锦北街道保锦路				
	经营范围	EVA 太阳能电池胶膜,太阳能电池背板,热熔胶膜				

	指标\报告期	2014.06.30	2013.12.31	2013.06.30	2012.12.31
主要财务指标	基本每股收益(元)	0.6300	1.7400	–	1.4700
	基本每股收益	0.6100	1.4400	–	1.4300
	稀释每股收益(元)	0.6300	1.7400	–	1.4700
	每股净资产(元)	5.8900	5.5600	–	5.2700
	每股经营现金净流量(元)	0.1143	1.1900	–	0.9284
	每股现金流量(元)	–0.4534	–0.3997	–	0.7889
	每股资本公积金(元)	0.0008	0.0008	–	0.0008
	每股盈余公积金(元)	0.6039	0.4372	–	0.3294
	每股未分配利润(元)	4.2843	4.1208	–	3.9372
	净资产收益率(%)	10.7030	31.3268	–	27.8931
	加权净资产收益率(%)	10.9200	33.3200	–	32.4100
	净资产收益率(扣除)(%)	10.4239	–	–	–
	总资产(万元)	235908.03	234736.34	–	210258.78
	归属母公司股东权益	201404.49	190108.78	–	180143.74
	营业收入(万元)	113853.33	195741.12	–	219380.04
	营业成本(万元)	78874.48	120260.86	–	122151.06
	投资收益(万元)	479.82	864.00	–	–
	净利润(万元)	21555.71	59555.04	–	50247.68
	营业利润(万元)	26020.59	69818.78	–	57085.06
	利润总额(万元)	26268.28	69819.91	–	58599.71

洛阳栾川钼业集团股份有限公司

公司概况					
公司名称	洛阳栾川钼业集团股份有限公司			证券简称	洛阳钼业
法人代表	李朝春	董秘	张新晖	证券代码	603993
公司网址	www.chinamoly.com		电子信箱	cmoc03993@gmail.com	
电话	0379-68658017		传真	0379-68658030	
办公地址	河南省洛阳市栾川县城东新区画眉山路伊河以北				
经营范围	矿产资源的采选、冶炼、深加工及勘探、矿产资源系列产品、化工产品的出口等				

主要财务指标				
指标\报告期	2014.06.30	2013.12.31	2013.06.30	2012.12.31
基本每股收益(元)	0.1980	0.2300	0.1192	0.2100
基本每股收益	0.1400	0.1900	0.1082	0.1800
稀释每股收益(元)	–	–	–	–
每股净资产(元)	2.4897	2.3991	2.2817	2.2737
每股经营现金净流量(元)	1.2254	1.3511	1.0479	1.5821
每股现金流量(元)	1.8977	0.3358	–0.2070	–1.2958
每股资本公积金(元)	7.9814	7.9814	7.9814	7.9814
每股盈余公积金(元)	0.6943	0.6943	0.6943	0.6943
每股未分配利润(元)	2.4633	2.1735	1.6127	1.6169
净资产收益率(%)	7.9513	9.6418	5.2226	9.1000
加权净资产收益率(%)	8.0000	9.8800	5.1100	9.5000
净资产收益率(扣除)(%)	5.6239	7.9603	4.7418	7.6068
总资产(万元)	2252972.00	2189913.85	1634970.17	1574931.52
归属母公司股东权益	1263796.79	1217827.55	1158222.87	1154153.50
营业收入(万元)	370626.50	553646.92	268973.28	571089.39
营业成本(万元)	233409.64	373346.83	181382.36	400921.68
投资收益(万元)	37470.76	37341.80	13768.71	15104.26
净利润(万元)	100488.36	117420.37	60489.03	105030.47
营业利润(万元)	126661.76	100996.09	66068.53	104697.93
利润总额(万元)	122468.69	123618.22	66588.74	109695.70

主要财务指标				
指标\报告期	2014.06.30	2013.12.31	2013.06.30	2012.12.31
基本每股收益(元)				
基本每股收益				
稀释每股收益(元)				
每股净资产(元)				
每股经营现金净流量(元)				
每股现金流量(元)				
每股资本公积金(元)				
每股盈余公积金(元)				
每股未分配利润(元)				
净资产收益率(%)				
加权净资产收益率(%)				
净资产收益率(扣除)(%)				
总资产(万元)				
归属母公司股东权益				
营业收入(万元)				
营业成本(万元)				
投资收益(万元)				
净利润(万元)				
营业利润(万元)				
利润总额(万元)				

主要财务指标				
指标\报告期	2014.06.30	2013.12.31	2013.06.30	2012.12.31
基本每股收益(元)				
基本每股收益				
稀释每股收益(元)				
每股净资产(元)				
每股经营现金净流量(元)				
每股现金流量(元)				
每股资本公积金(元)				
每股盈余公积金(元)				
每股未分配利润(元)				
净资产收益率(%)				
加权净资产收益率(%)				
净资产收益率(扣除)(%)				
总资产(万元)				
归属母公司股东权益				
营业收入(万元)				
营业成本(万元)				
投资收益(万元)				
净利润(万元)				
营业利润(万元)				
利润总额(万元)				

主要财务指标				
指标\报告期	2014.06.30	2013.12.31	2013.06.30	2012.12.31
基本每股收益(元)				
基本每股收益				
稀释每股收益(元)				
每股净资产(元)				
每股经营现金净流量(元)				
每股现金流量(元)				
每股资本公积金(元)				
每股盈余公积金(元)				
每股未分配利润(元)				
净资产收益率(%)				
加权净资产收益率(%)				
净资产收益率(扣除)(%)				
总资产(万元)				
归属母公司股东权益				
营业收入(万元)				
营业成本(万元)				
投资收益(万元)				
净利润(万元)				
营业利润(万元)				
利润总额(万元)				

上海仪电电子股份有限公司

公司概况					
公司名称	上海仪电电子股份有限公司			证券简称	仪电B股
法人代表	刘家雄	董秘	赵开兰	证券代码	900901
公司网址	www.inesa-e.com		电子信箱	stock@inesa-e.com	
电　话	021-62980202 34695939		传　真	021-62982121	
办公地址	上海市徐汇区田林路168号4-5楼				
经营范围	电视机、平板显示器件、家庭视听设备、微波炉等小家电产品等				

主要财务指标 指标\报告期	2014.06.30	2013.12.31	2013.06.30	2012.12.31
基本每股收益(元)	0.0375	0.1000	0.0285	0.0900
基本每股收益	-0.0048	0.0100	-0.0010	-0.0600
稀释每股收益(元)	0.0375	0.1000	0.0285	0.0900
每股净资产(元)	2.1725	2.1350	2.0668	2.0406
每股经营现金净流量(元)	-0.0939	-0.0198	-0.0713	-0.0670
每股现金流量(元)	0.4385	0.0325	-0.1244	-0.0233
每股资本公积金(元)	0.9322	0.9321	0.9326	0.9349
每股盈余公积金(元)	0.2754	0.2754	0.2754	0.2754
每股未分配利润(元)	-0.0351	-0.0725	-0.1412	-0.1698
净资产收益率(%)	1.7240	4.5550	1.3810	4.4797
加权净资产收益率(%)	1.7400	4.6600	1.3900	4.5100
净资产收益率(扣除)(%)	-0.2231	0.3940	-0.0468	-3.0688
总资产(万元)	302151.39	284635.20	274472.29	275896.85
归属母公司股东权益	254825.95	250423.08	242424.73	239349.07
营业收入(万元)	47961.67	113838.21	51958.01	120572.74
营业成本(万元)	39610.69	96734.86	44921.40	102410.24
投资收益(万元)	1773.84	8316.45	4213.01	13311.06
净利润(万元)	4393.15	11406.85	3348.00	10722.19
营业利润(万元)	-1833.46	3265.33	2017.44	7448.05
利润总额(万元)	5161.52	12585.37	3625.86	11743.49

上海市北高新股份有限公司

公司概况					
公司名称	上海市北高新股份有限公司			证券简称	市北B股
法人代表	丁明年	董秘	胡申	证券代码	900902
公司网址	www.shibeiht.com		电子信箱	libolibo918@sina.com	
电　话	021-66528130		传　真	021-56770134	
办公地址	上海市江场三路262号1楼				
经营范围	生产销售纺纱机械、化纤机械等产品				

主要财务指标 指标\报告期	2014.06.30	2013.12.31	2013.06.30	2012.12.31
基本每股收益(元)	0.0300	0.3033	0.0916	0.2588
基本每股收益	0.0289	0.3016	0.0916	0.2573
稀释每股收益(元)	0.0300	0.3033	0.0916	0.2588
每股净资产(元)	2.2780	2.2790	2.0673	2.0037
每股经营现金净流量(元)	-0.0917	-0.4739	-0.0209	0.0113
每股现金流量(元)	0.0557	-0.4296	-0.1457	-0.7818
每股资本公积金(元)	0.4816	0.4816	0.4816	0.4816
每股盈余公积金(元)	0.0409	0.0409	0.0392	0.0392
每股未分配利润(元)	0.7555	0.7566	0.5465	0.4829
净资产收益率(%)	1.3153	13.3100	4.4331	12.9142
加权净资产收益率(%)	1.3200	14.1700	4.4700	13.8100
净资产收益率(扣除)(%)	1.2704	13.2353	4.4331	12.8416
总资产(万元)	227808.93	216351.96	152237.64	157579.75
归属母公司股东权益	129035.33	129094.10	117102.98	113497.71
营业收入(万元)	6806.18	42621.82	13815.68	30619.49
营业成本(万元)	2873.02	18050.52	4826.60	12721.91
投资收益(万元)	1184.94	5981.51	2451.86	7893.03
净利润(万元)	1697.23	17182.45	5191.33	14657.35
营业利润(万元)	1846.01	22546.21	8014.61	17156.78
利润总额(万元)	1923.35	22677.84	8014.61	17205.87

大众交通(集团)股份有限公司

公司概况					
公司名称	大众交通(集团)股份有限公司			证券简称	大众B股
法人代表	杨国平	董秘	赵思渊	证券代码	900903
公司网址	www.96822.com		电子信箱	dzjt@96822.com	
电　话	021-64466666(总机) 64289122		传　真	021-64285642	
办公地址	上海市徐汇区中山西路1515号大众大厦22楼				
经营范围	出租车运输、公共汽车运输、货运、车辆租赁、进出口代理等				

主要财务指标 指标\报告期	2014.06.30	2013.12.31	2013.06.30	2012.12.31
基本每股收益(元)	0.1300	0.2600	0.1200	0.2500
基本每股收益	0.1000	0.1700	0.1100	0.1300
稀释每股收益(元)	0.1300	0.2600	0.1200	0.2500
每股净资产(元)	3.5555	3.5045	3.3963	3.4415
每股经营现金净流量(元)	0.0402	0.2371	0.1845	-0.1108
每股现金流量(元)	-0.0887	-0.0919	-0.0048	-0.5682
每股资本公积金(元)	0.6182	0.6195	0.6452	0.7354
每股盈余公积金(元)	0.5160	0.5160	0.4888	0.4888
每股未分配利润(元)	1.4213	1.3691	1.2622	1.2173
净资产收益率(%)	3.7169	7.3905	3.6770	7.1747
加权净资产收益率(%)	3.7200	7.4700	3.6100	7.3700
净资产收益率(扣除)(%)	2.7006	4.7111	3.1058	3.7290
总资产(万元)	1032868.35	1017386.94	1002903.04	966247.65
归属母公司股东权益	560373.75	552343.09	535279.95	542410.47
营业收入(万元)	140395.52	299840.73	140220.35	291297.50
营业成本(万元)	111788.53	234304.39	108190.67	222533.23
投资收益(万元)	4508.37	21083.63	5714.22	33475.61
净利润(万元)	20828.37	40821.01	19682.02	38916.55
营业利润(万元)	21441.71	50250.79	23212.58	56932.00
利润总额(万元)	31442.78	61433.08	28505.17	63630.68

上海神奇制药投资管理股份有限公司

公司概况					
公司名称	上海神奇制药投资管理股份有限公司			证券简称	神奇B股
法人代表	张芝庭	董秘	冯斌(代)	证券代码	900904
公司网址	www.shenqipharma.com		电子信箱	mj041@sina.com	
电　话	021-53750009		传　真	021-53750010	
办公地址	上海市威海路128号长发大厦613室				
经营范围	在国家法律允许和政策鼓励的范围内进行投资管理等				

主要财务指标 指标\报告期	2014.06.30	2013.12.31	2013.06.30	2012.12.31
基本每股收益(元)	0.2000	0.2900	0.2000	0.2400
基本每股收益	0.2000	-	0.1500	0.0800
稀释每股收益(元)	0.2000	0.2900	0.2000	0.2400
每股净资产(元)	4.1861	4.0122	4.2853	1.3865
每股经营现金净流量(元)	-0.0706	0.1680	0.2295	0.3392
每股现金流量(元)	-0.0577	0.6661	1.5374	-0.0522
每股资本公积金(元)	2.3782	2.3782	2.7621	0.9761
每股盈余公积金(元)	0.0664	0.0664	0.0739	0.1913
每股未分配利润(元)	0.7415	0.5676	0.4493	0.9622
净资产收益率(%)	4.7103	6.2465	2.2480	6.6817
加权净资产收益率(%)	4.8100	9.4000	7.3500	7.2900
净资产收益率(扣除)(%)	4.7242	4.9166	1.6676	6.0776
总资产(万元)	217476.56	199543.26	217926.70	69136.77
归属母公司股东权益	186304.21	178565.05	171261.80	46289.02
营业收入(万元)	54685.12	92918.42	25148.35	49319.17
营业成本(万元)	10531.21	24001.95	6216.91	13824.06
投资收益(万元)	36.56	160.87	58.09	3.29
净利润(万元)	8775.52	11154.00	3850.01	7343.04
营业利润(万元)	10451.14	12506.84	3683.30	8407.11
利润总额(万元)	10419.58	13720.76	4874.20	8915.72

老凤祥股份有限公司

公司概况	公司名称	老凤祥股份有限公司			证券简称	老凤祥 B
	法人代表	石力华	董秘	周富良	证券代码	900905
	公司网址	www.chinafirstpencil.com		电子信箱	cfp612@126.com	
	电　　话	021-54480605 64833388 转 608		传　　真	021-54481529	
	办公地址	上海市漕溪路 270 号六楼				
	经营范围	生产经营金银制品、珠宝、钻石与相关产品及设备等				

主要财务指标	指标\报告期	2014.06.30	2013.12.31	2013.06.30	2012.12.31
	基本每股收益(元)	0.8061	1.7011	0.7479	1.1686
	基本每股收益	0.7647	1.3994	0.7327	1.0856
	稀释每股收益(元)	0.8061	1.7011	0.7479	1.1686
	每股净资产(元)	7.1489	6.3715	5.9967	5.2789
	每股经营现金净流量(元)	2.9146	2.9099	3.6703	1.4347
	每股现金流量(元)	2.3576	1.7380	3.8785	1.4572
	每股资本公积金(元)	1.1526	1.1816	1.1591	1.1891
	每股盈余公积金(元)	0.4425	0.4425	0.3610	0.3610
	每股未分配利润(元)	4.5545	3.7484	3.4767	2.7288
	净资产收益率(%)	11.2761	26.6981	12.4722	22.1369
	加权净资产收益率(%)	11.9200	28.7100	13.2700	24.5800
	净资产收益率(扣除)(%)	10.6968	21.9634	12.2179	20.5655
	总资产(万元)	952624.88	933745.90	897598.54	888500.85
	归属母公司股东权益	373973.97	333302.08	313695.51	276148.69
	营业收入(万元)	1835703.74	3298465.57	1817507.96	2555339.90
	营业成本(万元)	1688565.62	3035646.37	1684300.16	2345980.49
	投资收益(万元)	-166.15	1312.45	41.51	11.35
	净利润(万元)	42169.76	88985.47	39124.65	61130.77
	营业利润(万元)	71365.94	126439.52	66535.91	100431.72
	利润总额(万元)	74635.72	147725.45	67951.48	106656.91

中国纺织机械股份有限公司

公司概况	公司名称	中国纺织机械股份有限公司			证券简称	*ST 中纺 B
	法人代表	叶富才	董秘	程雪莲	证券代码	900906
	公司网址	www.ctmco.com.cn		电子信箱	ctmzjbk@online.sh.cn	
	电　　话	021-65432970*512		传　　真	021-65455130	
	办公地址	上海市长阳路 1687 号				
	经营范围	纺织机械及有关器材的生产与销售业务等				

主要财务指标	指标\报告期	2014.06.30	2013.12.31	2013.06.30	2012.12.31
	基本每股收益(元)	-0.0400	-0.1000	-0.0200	-0.1100
	基本每股收益	-0.0800	-0.1500	-0.0500	-0.1400
	稀释每股收益(元)	-0.0400	-0.1000	-0.0200	-0.1100
	每股净资产(元)	0.1961	0.2445	0.3185	0.3608
	每股经营现金净流量(元)	-0.0606	-0.0818	-0.0505	-0.0776
	每股现金流量(元)	0.0832	-0.0170	-0.0099	-0.0255
	每股资本公积金(元)	0.3224	0.3321	0.3291	0.3486
	每股盈余公积金(元)	-	-	-	-
	每股未分配利润(元)	-1.1262	-1.0876	-1.0106	-0.9878
	净资产收益率(%)	-19.6921	-40.8417	-7.1800	-30.6967
	加权净资产收益率(%)	-17.5300	-32.9900	-6.7300	-26.1200
	净资产收益率(扣除)(%)	-41.5395	-60.1496	-14.5039	-39.8941
	总资产(万元)	35763.58	34907.02	35474.39	36899.75
	归属母公司股东权益	7004.03	8730.56	11372.79	12885.01
	营业收入(万元)	2994.31	8486.04	4457.81	8365.72
	营业成本(万元)	3100.11	8688.50	4159.88	8072.87
	投资收益(万元)	525.40	1364.53	706.68	1023.30
	净利润(万元)	-1379.24	-3565.71	-816.57	-3955.28
	营业利润(万元)	-1854.62	-3906.82	-941.59	-4283.09
	利润总额(万元)	-1390.30	-3571.66	-828.59	-4042.47

上海鼎立科技发展(集团)股份有限公司

公司概况	公司名称	上海鼎立科技发展(集团)股份有限公司			证券简称	鼎立 B 股
	法人代表	许宝星	董秘	姜卫星	证券代码	900907
	公司网址	www.600614.com		电子信箱	qian_hx@600614.com	
	电　　话	021-35071889		传　　真	021-35080120	
	办公地址	上海市杨浦区国权路 39 号财富广场(金座)18 楼				
	经营范围	国家鼓励和允许的范围内进行投资等				

主要财务指标	指标\报告期	2014.06.30	2013.12.31	2013.06.30	2012.12.31
	基本每股收益(元)	0.0400	0.0600	0.0460	0.1000
	基本每股收益	-0.0100	0.0400	0.0140	-0.0100
	稀释每股收益(元)	0.0400	0.0600	0.0460	0.1000
	每股净资产(元)	1.5898	1.5715	1.5601	1.5537
	每股经营现金净流量(元)	-0.0994	0.2634	0.0188	-0.1238
	每股现金流量(元)	0.0210	-0.1040	-0.0800	0.0765
	每股资本公积金(元)	0.3443	0.3443	0.3443	0.3443
	每股盈余公积金(元)	0.0480	0.0480	0.0404	0.0404
	每股未分配利润(元)	0.1975	0.1792	0.1754	0.1689
	净资产收益率(%)	2.4084	3.6805	2.9768	6.3721
	加权净资产收益率(%)	2.4100	3.6300	2.8500	6.6000
	净资产收益率(扣除)(%)	-0.6271	2.3039	0.9045	-0.6601
	总资产(万元)	289190.13	270179.03	268844.96	273535.19
	归属母公司股东权益	90207.62	89169.62	88522.65	88157.13
	营业收入(万元)	60468.20	128543.03	59727.07	106292.86
	营业成本(万元)	50531.89	109620.20	48931.82	92691.05
	投资收益(万元)	214.36	481.96	94.00	4567.34
	净利润(万元)	2172.52	3281.90	2635.14	5617.49
	营业利润(万元)	186.84	3380.20	2862.16	4928.73
	利润总额(万元)	3124.94	4738.35	3761.36	6785.04

上海氯碱化工股份有限公司

公司概况	公司名称	上海氯碱化工股份有限公司			证券简称	氯碱 B 股
	法人代表	李军	董秘	许沛文	证券代码	900908
	公司网址	www.scacc.com		电子信箱	shxpw@126.com	
	电　　话	021-64340601 64342640		传　　真	021-64341341 64341438	
	办公地址	上海市龙吴路 4747 号				
	经营范围	聚氯乙烯、烧碱、氯系列等基本化工原料及加工产品等				

主要财务指标	指标\报告期	2014.06.30	2013.12.31	2013.06.30	2012.12.31
	基本每股收益(元)	-0.0426	0.0144	0.0035	0.0887
	基本每股收益	-0.0352	-0.1210	0.0027	0.0564
	稀释每股收益(元)	-0.0426	0.0144	0.0035	0.0887
	每股净资产(元)	2.4200	2.4600	2.4488	2.4459
	每股经营现金净流量(元)	-0.0013	0.5016	0.2057	0.5572
	每股现金流量(元)	-0.1135	-0.0006	-0.1245	0.0519
	每股资本公积金(元)	1.3782	1.3778	1.3745	1.3751
	每股盈余公积金(元)	0.0098	0.0098	0.0090	0.0090
	每股未分配利润(元)	0.0278	0.0754	0.0653	0.0619
	净资产收益率(%)	-1.7655	0.5837	0.1414	3.6300
	加权净资产收益率(%)	-1.7480	0.5857	0.1420	3.6921
	净资产收益率(扣除)(%)	-1.4577	-4.9108	0.1094	2.3056
	总资产(万元)	604703.99	599258.10	602753.97	634013.28
	归属母公司股东权益	279354.83	284820.10	283184.38	282846.46
	营业收入(万元)	299960.86	697421.17	315470.83	634088.36
	营业成本(万元)	273582.29	634419.53	286988.59	570071.41
	投资收益(万元)	2794.20	14412.50	3802.49	10836.07
	净利润(万元)	-4931.92	1662.38	400.50	10254.21
	营业利润(万元)	-4750.65	-8857.98	980.73	9461.94
	利润总额(万元)	-4532.90	3131.37	1005.75	11494.98

双钱集团股份有限公司

公司概况	公司名称	双钱集团股份有限公司			证券简称	双钱 B 股
	法人代表	刘训峰	董秘	马晓宾	证券代码	900909
	公司网址	www.doublecoinholdings.com		电子信箱	wangling@doublecoinholdings.com	
	电　话	021-26067000 26067034		传　真	021-26067025 26067032	
	办公地址	上海市虹口区吴淞路 290 号耀江国际广场办公大楼				
	经营范围	轮胎、力车胎、胶鞋及其橡胶制品和前述产品的配件、橡胶原辅材料、橡胶机械等				

	指标＼报告期	2014.06.30	2013.12.31	2013.06.30	2012.12.31
主要财务指标	基本每股收益(元)	0.1880	0.3440	0.1830	0.3280
	基本每股收益	0.1390	0.2960	0.1740	0.2800
	稀释每股收益(元)	0.1880	0.3440	0.1830	0.3280
	每股净资产(元)	3.1452	3.0617	2.8754	2.8040
	每股经营现金净流量(元)	−0.2411	0.7595	−0.4385	1.0694
	每股现金流量(元)	0.2153	0.2323	0.2997	0.5317
	每股资本公积金(元)	0.7950	0.7927	0.7662	0.7790
	每股盈余公积金(元)	0.2411	0.2411	0.2021	0.2021
	每股未分配利润(元)	1.1094	1.0299	0.9079	0.8252
	净资产收益率(%)	5.9623	11.2249	6.3548	11.7142
	加权净资产收益率(%)	5.9430	11.7200	6.3110	12.2700
	净资产收益率(扣除)(%)	4.4348	9.6827	6.0539	9.9852
	总资产(万元)	1374946.71	1133680.78	1211914.00	1074509.95
	归属母公司股东权益	279752.93	272324.75	255759.62	249405.98
	营业收入(万元)	700030.08	1433218.23	705601.15	1210157.96
	营业成本(万元)	610416.19	1242759.07	616383.86	985301.08
	投资收益(万元)	487.26	5225.91	2348.17	1321.30
	净利润(万元)	16679.70	30568.17	16253.04	29215.95
	营业利润(万元)	15560.78	34239.11	17466.48	37928.25
	利润总额(万元)	20866.92	38377.52	18721.67	41191.31

上海海立(集团)股份有限公司

公司概况	公司名称	上海海立(集团)股份有限公司			证券简称	海立 B 股
	法人代表	沈建芳	董秘	罗敏	证券代码	900910
	公司网址	www.highly.cc		电子信箱	heartfelt@highly.cc	
	电　话	021-58547777(总机)		传　真	021-50326960	
	办公地址	上海市浦东新区金桥出口加工区宁桥路 888 号				
	经营范围	研发、生产制冷设备及零部件、汽车零部件、家用电器及相关的材料等				

	指标＼报告期	2014.06.30	2013.12.31	2013.06.30	2012.12.31
主要财务指标	基本每股收益(元)	0.1000	0.1600	0.0900	0.2300
	基本每股收益	0.0800	0.1000	0.0700	0.2000
	稀释每股收益(元)	0.1000	0.1600	0.0900	0.2300
	每股净资产(元)	3.5495	3.5494	3.4863	3.5418
	每股经营现金净流量(元)	−0.3738	0.6268	0.1046	0.6166
	每股现金流量(元)	0.4092	0.1236	0.2691	−0.0150
	每股资本公积金(元)	1.2488	1.2493	1.2442	1.2498
	每股盈余公积金(元)	0.3341	0.3341	0.3171	0.3171
	每股未分配利润(元)	0.9729	0.9828	0.9327	0.9749
	净资产收益率(%)	2.7793	4.3935	2.5478	6.2514
	加权净资产收益率(%)	2.7400	4.4000	2.4800	7.2400
	净资产收益率(扣除)(%)	2.3151	2.8295	1.8874	5.4319
	总资产(万元)	981685.96	812548.61	832667.47	753098.94
	归属母公司股东权益	237014.67	237006.32	232795.41	236502.13
	营业收入(万元)	388389.44	662161.96	367260.99	677296.59
	营业成本(万元)	343304.63	578726.64	324930.31	579492.93
	投资收益(万元)	937.61	2455.42	326.64	1058.02
	净利润(万元)	6587.32	10412.92	5931.23	14784.61
	营业利润(万元)	8991.16	12699.94	6016.33	22199.19
	利润总额(万元)	10723.66	16796.09	8301.41	25528.80

上海金桥出口加工区开发股份有限公司

公司概况	公司名称	上海金桥出口加工区开发股份有限公司			证券简称	金桥 B 股
	法人代表	黄国平	董秘	沈荣(代)	证券代码	900911
	公司网址	www.58991818.com		电子信箱	daiyn@58991818.com	
	电　话	021-50307702 50307770		传　真	021-50301533	
	办公地址	上海市浦东新区新金桥路 27 号 1 号楼				
	经营范围	在依法取得的地块上从事房地产开发、经营、销售、出租和中介等				

	指标＼报告期	2014.06.30	2013.12.31	2013.06.30	2012.12.31
主要财务指标	基本每股收益(元)	0.2339	0.4600	0.2123	0.3594
	基本每股收益	0.2223	0.3980	0.2124	0.3488
	稀释每股收益(元)	0.2339	0.4600	0.2123	0.3594
	每股净资产(元)	5.0647	4.9706	4.7243	4.6273
	每股经营现金净流量(元)	−0.0218	0.2251	−0.1511	−0.0589
	每股现金流量(元)	−0.2746	0.1859	−0.0552	0.0056
	每股资本公积金(元)	0.8860	0.8858	0.8872	0.8925
	每股盈余公积金(元)	0.5944	0.5944	0.5162	0.5162
	每股未分配利润(元)	2.5843	2.4905	2.3210	2.2186
	净资产收益率(%)	4.6174	9.2549	4.4947	7.7668
	加权净资产收益率(%)	4.6000	9.5900	4.5100	8.0100
	净资产收益率(扣除)(%)	4.3897	8.0077	4.4964	7.5370
	总资产(万元)	1030515.16	1030663.01	967704.04	936845.06
	归属母公司股东权益	470423.38	461682.78	438807.46	429793.60
	营业收入(万元)	96167.08	142865.65	65879.15	112223.21
	营业成本(万元)	42198.98	45251.38	19179.50	39739.59
	投资收益(万元)	2023.31	2297.04	1990.64	2122.44
	净利润(万元)	21721.52	42728.45	19723.03	33381.00
	营业利润(万元)	34164.24	54449.69	26519.51	45434.29
	利润总额(万元)	35592.29	62862.90	26637.56	46731.46

上海外高桥保税区开发股份有限公司

公司概况	公司名称	上海外高桥保税区开发股份有限公司			证券简称	外高 B 股
	法人代表	舒榕斌	董秘	黄磷	证券代码	900912
	公司网址	www.shwgq.com		电子信箱	gudong@shwgq.com	
	电　话	021-51980847		传　真	021-51980850	
	办公地址	上海市浦东新区洲海路 999 号森兰国际大厦 B 栋 11-13 层				
	经营范围	受让地块内的房地产经营、工程承包、商业、保税区内的转口贸易等				

	指标＼报告期	2014.06.30	2013.12.31	2013.06.30	2012.12.31
主要财务指标	基本每股收益(元)	0.1300	0.5400	0.5200	0.4400
	基本每股收益	0.1100	−	0.5160	0.3900
	稀释每股收益(元)	0.1300	0.5400	0.5200	0.4400
	每股净资产(元)	7.0509	5.3385	5.2438	4.9001
	每股经营现金净流量(元)	−0.0536	−0.5815	−0.8958	2.3096
	每股现金流量(元)	0.3420	−0.2870	−0.3799	0.5535
	每股资本公积金(元)	3.7290	1.6931	1.6149	1.6520
	每股盈余公积金(元)	0.3921	0.4404	0.4041	0.4041
	每股未分配利润(元)	1.9396	2.2162	2.2347	1.8539
	净资产收益率(%)	1.6527	10.0909	9.9326	8.8973
	加权净资产收益率(%)	1.9600	10.5200	10.2900	9.3000
	净资产收益率(扣除)(%)	1.4675	10.4322	9.8328	7.9244
	总资产(万元)	2556655.03	2500258.64	2525119.11	2451167.70
	归属母公司股东权益	800525.09	539607.82	530036.82	495294.81
	营业收入(万元)	253721.40	706062.33	398256.80	730433.75
	营业成本(万元)	189438.89	500199.93	231749.99	559429.04
	投资收益(万元)	3682.62	6278.06	691.44	8886.80
	净利润(万元)	13229.90	54451.39	52646.40	44067.96
	营业利润(万元)	20781.33	75396.05	79935.24	59911.26
	利润总额(万元)	21794.74	74204.98	80689.71	61874.78

山西省国新能源股份有限公司

公司概况	公司名称	山西省国新能源股份有限公司		证券简称	国新B股
	法人代表	刘军	董秘	张帆	证券代码	900913
	公司网址	www.600617.com.cn		电子信箱	zhangfan600617@163.com
	电　话	0351-7991601		传　真	0351-7991621
	办公地址	山西省太原市高新开发区中心街6号			
	经营范围	新能源企业的经营管理及相关咨询服务			

主要财务指标	指标\报告期	2014.06.30	2013.12.31	2013.06.30	2012.12.31
	基本每股收益(元)	0.3836	0.7777	0.2911	0.5415
	基本每股收益	0.3378	0.8068	0.2789	0.5100
	稀释每股收益(元)	0.3836	0.7777	0.2911	0.5415
	每股净资产(元)	3.0933	2.0301	-0.4387	5.6915
	每股经营现金净流量(元)	0.0078	1.2678	1.1959	0.8168
	每股现金流量(元)	0.5075	0.6100	1.1862	1.0485
	每股资本公积金(元)	0.7412	0.0066	0.4456	0.4934
	每股盈余公积金(元)	-	-	0.1739	0.0868
	每股未分配利润(元)	1.3521	1.0235	-2.0582	0.8238
	净资产收益率(%)	12.2965	26.9331	-5.9455	22.5235
	加权净资产收益率(%)	13.7200	27.8500	11.4200	25.4300
	净资产收益率(扣除)(%)	10.8295	27.9416	5.9455	-296.9455
	总资产(万元)	1246706.68	1078907.59	2038.39	751559.65
	归属母公司股东权益	183444.64	114302.48	-7334.96	95159.24
	营业收入(万元)	254605.58	439340.92	199847.63	366848.14
	营业成本(万元)	198173.51	343781.91	161509.42	303015.30
	投资收益(万元)	1388.48	2342.33	1944.34	2832.62
	净利润(万元)	22557.26	30785.19	11523.66	21433.22
	营业利润(万元)	26798.54	43089.17	14491.84	28045.54
	利润总额(万元)	30365.07	41855.14	15267.45	29850.20

上海锦江国际实业投资股份有限公司

公司概况	公司名称	上海锦江国际实业投资股份有限公司		证券简称	锦投B股
	法人代表	杨原平	董秘	濮荣平	证券代码	900914
	公司网址	www.jjtz.com		电子信箱	dshms@jjtz.com
	电　话	021-63218800		传　真	021-63213119
	办公地址	上海市延安东路100号28楼			
	经营范围	车辆服务、物流服务(普通货物的仓储、装卸、加工、包装、配送)等			

主要财务指标	指标\报告期	2014.06.30	2013.12.31	2013.06.30	2012.12.31
	基本每股收益(元)	0.1860	0.4260	0.1720	0.3350
	基本每股收益	0.1800	-	0.1670	0.3180
	稀释每股收益(元)	-	-	-	-
	每股净资产(元)	3.9446	4.0204	3.7650	3.8400
	每股经营现金净流量(元)	0.1834	0.4685	0.2087	0.5636
	每股现金流量(元)	-0.0969	0.2789	0.0323	0.1601
	每股资本公积金(元)	0.7835	0.7852	0.7833	0.8007
	每股盈余公积金(元)	0.4883	0.4860	0.4743	0.4729
	每股未分配利润(元)	1.6728	1.7492	1.5074	1.5664
	净资产收益率(%)	4.7120	10.8400	4.5792	8.7229
	加权净资产收益率(%)	4.6700	10.8400	4.4400	8.7600
	净资产收益率(扣除)(%)	4.5591	7.9470	4.4474	8.2724
	总资产(万元)	344473.27	332327.27	329645.64	309910.08
	归属母公司股东权益	217586.93	221767.10	207679.29	211816.33
	营业收入(万元)	105280.40	208859.18	101491.55	202551.52
	营业成本(万元)	83031.99	166949.21	79271.47	162379.70
	投资收益(万元)	7230.03	20391.49	5673.98	13087.99
	净利润(万元)	10252.63	23491.88	9510.10	18476.53
	营业利润(万元)	13668.64	29317.18	12379.82	22475.89
	利润总额(万元)	14495.27	33221.93	13695.74	26571.08

中路股份有限公司

公司概况	公司名称	中路股份有限公司		证券简称	中路B股
	法人代表	陈荣	董秘	袁志坚	证券代码	900915
	公司网址	www.600818.cn		电子信箱	600818@cnforever.com
	电　话	021-50596906		传　真	021-68458517
	办公地址	上海市浦东新区南六公路818号			
	经营范围	生产自行车及零部件、助力车(含燃气助力车)、手动轮椅车等			

主要财务指标	指标\报告期	2014.06.30	2013.12.31	2013.06.30	2012.12.31
	基本每股收益(元)	0.1720	0.3350	0.0200	0.0600
	基本每股收益	0.1670	0.3180	-0.0100	-0.1200
	稀释每股收益(元)	-	-	0.0200	0.0600
	每股净资产(元)	3.7650	3.8400	1.1883	1.3210
	每股经营现金净流量(元)	0.2087	0.5636	-0.0830	0.0134
	每股现金流量(元)	0.0323	0.1601	0.0170	0.0260
	每股资本公积金(元)	0.7833	0.8007	0.0384	0.0539
	每股盈余公积金(元)	0.4743	0.4729	0.0354	0.0389
	每股未分配利润(元)	1.5074	1.5664	0.1146	0.2281
	净资产收益率(%)	4.5792	8.7229	1.7535	4.2683
	加权净资产收益率(%)	4.4400	8.7600	1.7400	4.3900
	净资产收益率(扣除)(%)	4.4474	8.2724	-0.7061	-9.0286
	总资产(万元)	329645.64	309910.08	72619.21	74012.43
	归属母公司股东权益	207679.29	211816.33	38199.16	38602.16
	营业收入(万元)	101491.55	202551.52	29104.57	53562.15
	营业成本(万元)	79271.47	162379.70	24580.24	46947.36
	投资收益(万元)	5673.98	13087.99	2974.92	5098.38
	净利润(万元)	9510.10	18476.53	669.81	1647.66
	营业利润(万元)	12379.82	22475.89	2143.75	1832.09
	利润总额(万元)	13695.74	26571.08	2230.57	2300.10

金山开发建设股份有限公司

公司概况	公司名称	金山开发建设股份有限公司		证券简称	金山开发
	法人代表	周卫中	董秘	刘峰	证券代码	900916
	公司网址	www.jskfjs.com		电子信箱	lyl@phoenix.com.cn
	电　话	021-31351500　31351518		传　真	021-31351501
	办公地址	上海市吴中路369号美恒大厦15楼			
	经营范围	房地产开发经营、城市和绿化建设、旧区改造、商业开发等			

主要财务指标	指标\报告期	2014.06.30	2013.12.31	2013.06.30	2012.12.31
	基本每股收益(元)	-0.0188	0.0248	-0.0130	0.0116
	基本每股收益	-0.0191	-0.0563	-0.0153	-0.0453
	稀释每股收益(元)	-0.0188	0.0248	-0.0130	0.0116
	每股净资产(元)	1.6607	1.6830	1.6301	1.6668
	每股经营现金净流量(元)	-0.1915	0.0416	-0.1110	-0.0510
	每股现金流量(元)	-0.4019	0.1397	-0.0033	-0.0239
	每股资本公积金(元)	0.9415	0.9449	0.9297	0.9535
	每股盈余公积金(元)	0.1632	0.1632	0.1632	0.1632
	每股未分配利润(元)	-0.4438	-0.4249	-0.4627	-0.4497
	净资产收益率(%)	-1.1328	1.4720	-0.7962	0.6931
	加权净资产收益率(%)	-1.1241	1.4800	-0.7816	0.7000
	净资产收益率(扣除)(%)	-1.1480	-3.3479	-0.9380	-2.7150
	总资产(万元)	113029.16	117313.00	119627.44	125016.86
	归属母公司股东权益	58726.97	59513.84	57641.90	58942.74
	营业收入(万元)	28295.52	70857.19	30937.99	79945.77
	营业成本(万元)	23732.12	62427.52	26524.59	68654.47
	投资收益(万元)	922.05	1709.07	577.12	1064.87
	净利润(万元)	-665.27	876.03	-458.92	408.55
	营业利润(万元)	-567.69	-3109.25	-1159.40	-1217.65
	利润总额(万元)	-567.79	-189.38	-1007.86	890.20

上海海欣集团股份有限公司

公司概况					
公司名称	上海海欣集团股份有限公司			证券简称	海欣 B 股
法人代表	俞锋	董秘	何莉莉	证券代码	900917
公司网址	www.haixin.com.cn		电子信箱	hxsecretary@haixin.com	
电　　话	021-63917000		传　　真	021-63917678	
办公地址	上海市福州路 666 号金陵海欣大厦 18 楼				
经营范围	纺织行业中的长毛绒产品的生产加工和销售等				

主要财务指标 指标＼报告期	2014.06.30	2013.12.31	2013.06.30	2012.12.31
基本每股收益(元)	0.0169	0.0542	0.0419	0.0429
基本每股收益	0.0167	–	–0.0066	0.0193
稀释每股收益(元)	0.0169	–	0.0419	0.0429
每股净资产(元)	2.4161	2.4783	2.2411	2.3863
每股经营现金净流量(元)	–0.0601	–0.0295	–0.0720	0.0282
每股现金流量(元)	–0.0634	–0.0095	–0.0520	–0.0275
每股资本公积金(元)	1.1039	1.1855	0.9579	1.1461
每股盈余公积金(元)	0.3186	0.3186	0.3084	0.3084
每股未分配利润(元)	0.0079	–0.0090	–0.0110	–0.0530
净资产收益率(%)	0.6980	2.1860	1.8706	1.7967
加权净资产收益率(%)	0.6891	2.2300	1.8119	1.9100
净资产收益率(扣除)(%)	0.6930	0.7970	–0.2941	0.8067
总资产(万元)	424867.13	438866.59	403874.46	434911.20
归属母公司股东权益	291634.04	299142.02	270510.46	288039.06
营业收入(万元)	45561.33	126164.39	50270.82	131135.52
营业成本(万元)	36342.56	102620.92	41958.49	105480.64
投资收益(万元)	7444.97	19031.69	13658.75	9865.90
净利润(万元)	2035.59	6539.29	5060.13	5175.25
营业利润(万元)	1868.39	8120.43	5919.43	6726.90
利润总额(万元)	1546.92	8333.55	5919.93	6491.60

上海耀皮玻璃集团股份有限公司

公司概况					
公司名称	上海耀皮玻璃集团股份有限公司			证券简称	耀皮 B 股
法人代表	赵健	董秘	金闽丽	证券代码	900918
公司网址	www.sypglass.com		电子信箱	stock@sypglass.com	
电　　话	021-61633599 61633522		传　　真	021-58801554	
办公地址	上海市浦东新区张东路 1388 号 4-5 幢				
经营范围	生产和销售透明浮法玻璃、本体着色浮法玻璃及其深加工系列产品				

主要财务指标 指标＼报告期	2014.06.30	2013.12.31	2013.06.30	2012.12.31
基本每股收益(元)	0.0300	0.1600	0.0900	0.0800
基本每股收益	0.0020	0.0900	0.0600	–0.1700
稀释每股收益(元)	0.0300	0.1600	0.0900	0.0800
每股净资产(元)	3.3977	3.4048	2.9411	2.8769
每股经营现金净流量(元)	0.1365	0.2454	0.1902	0.3969
每股现金流量(元)	–0.6468	0.7439	–0.1182	–0.3097
每股资本公积金(元)	1.1722	1.1722	0.4390	0.4390
每股盈余公积金(元)	0.5111	0.5111	0.6458	0.6458
每股未分配利润(元)	0.7144	0.7214	0.8563	0.7921
净资产收益率(%)	0.9707	3.7429	3.0345	2.7514
加权净资产收益率(%)	0.9600	5.5200	3.0500	2.7800
净资产收益率(扣除)(%)	0.0484	2.0172	2.0682	–5.7693
总资产(万元)	764500.71	723619.75	641759.96	646938.12
归属母公司股东权益	317661.09	318317.33	215069.18	210370.95
营业收入(万元)	119844.15	249110.36	110707.79	230763.19
营业成本(万元)	93845.35	186507.16	84138.00	188822.92
投资收益(万元)	1152.45	1465.81	730.88	–856.85
净利润(万元)	3083.42	11914.25	6526.35	5788.24
营业利润(万元)	–1887.64	1058.65	1112.33	–15483.88
利润总额(万元)	3187.33	9791.40	3150.76	5164.29

上海大江(集团)股份有限公司

公司概况					
公司名称	上海大江(集团)股份有限公司			证券简称	大江 B 股
法人代表	俞乃奋	董秘	李冬青	证券代码	900919
公司网址	www.dajiang.com		电子信箱	dajiang@dajiang.com	
电　　话	021-34225027 34225030		传　　真	021-34225056	
办公地址	上海市徐汇区宜山路 810 号贝岭大厦 10F				
经营范围	食用农产品(含生猪产品)、乳制品(不含婴幼儿配方乳粉)、酒类等				

主要财务指标 指标＼报告期	2014.06.30	2013.12.31	2013.06.30	2012.12.31
基本每股收益(元)	–0.0400	0.1500	0.2200	–0.1989
基本每股收益	–0.0400	–0.1200	–0.0600	–0.2100
稀释每股收益(元)	–0.0400	0.1500	0.2200	–0.1989
每股净资产(元)	0.5346	0.5710	0.6232	0.4069
每股经营现金净流量(元)	–0.0408	–0.0502	–0.0326	–0.1594
每股现金流量(元)	–0.0337	0.0267	0.0367	–0.0293
每股资本公积金(元)	0.5481	0.5481	0.5314	0.5314
每股盈余公积金(元)	0.1090	0.1090	0.1090	0.1090
每股未分配利润(元)	–1.1225	–1.0861	–1.0172	–1.2335
净资产收益率(%)	–6.8158	25.8270	34.7101	–47.2031
加权净资产收益率(%)	–6.5900	30.6800	42.0000	–72.8600
净资产收益率(扣除)(%)	–6.6753	–21.7761	–9.8870	–51.8216
总资产(万元)	43176.18	46267.59	53005.33	53423.51
归属母公司股东权益	38128.25	40726.98	44443.75	29017.29
营业收入(万元)	10479.97	29196.84	9470.53	33310.75
营业成本(万元)	9978.53	27011.71	8564.60	29675.78
投资收益(万元)	–	20171.13	19995.67	1561.29
净利润(万元)	–2598.73	10518.57	15426.46	–13697.07
营业利润(万元)	–2545.19	10839.35	15601.22	–13130.25
利润总额(万元)	–2598.73	10517.38	15426.17	–12945.31

上海柴油机股份有限公司

公司概况					
公司名称	上海柴油机股份有限公司			证券简称	上柴 B 股
法人代表	肖国普	董秘	汪宏彬	证券代码	900920
公司网址	www.sdec.com.cn		电子信箱	sdecdsh@sdec.com.cn	
电　　话	021-60652207		传　　真	021-65749845	
办公地址	上海市杨浦区军工路 2636 号				
经营范围	柴油机、工程机械、油泵及配件、柴油电站、船用成套机组、机电设备及配件等				

主要财务指标 指标＼报告期	2014.06.30	2013.12.31	2013.06.30	2012.12.31
基本每股收益(元)	0.1100	0.2400	0.1300	0.2400
基本每股收益	0.1040	0.2100	0.1030	0.1900
稀释每股收益(元)	–	–	–	–
每股净资产(元)	3.8696	3.8221	3.6793	3.6519
每股经营现金净流量(元)	–0.0222	0.1879	0.0290	0.4537
每股现金流量(元)	–0.2729	–0.5028	–0.3966	0.6623
每股资本公积金(元)	1.3005	1.3013	1.2829	1.2993
每股盈余公积金(元)	0.5499	0.5499	0.5230	0.5230
每股未分配利润(元)	1.0155	0.9682	0.8795	0.8251
净资产收益率(%)	2.7490	6.1985	3.4019	6.4184
加权净资产收益率(%)	2.7500	6.3400	3.3700	7.0700
净资产收益率(扣除)(%)	2.6884	5.5223	2.8115	5.1517
总资产(万元)	561042.39	547230.96	540031.67	496571.70
归属母公司股东权益	335375.89	331261.17	319765.48	317382.98
营业收入(万元)	159958.60	298085.89	153001.95	302996.28
营业成本(万元)	129669.28	233338.09	123638.69	240478.48
投资收益(万元)	2352.47	2881.36	1022.36	928.04
净利润(万元)	9219.37	20533.39	10878.17	20370.97
营业利润(万元)	9381.06	20141.78	10531.86	18057.59
利润总额(万元)	9726.45	22665.62	12017.08	22242.47

丹化化工科技股份有限公司

公司概况	公司名称	丹化化工科技股份有限公司			证券简称	丹科B股	
	法人代表	曾晓宁	董秘	沈雅芸	证券代码	900921	
	公司网址			电子信箱	syy@600844.com		
	电　话	021-64015596 64016400		传　真	021-64016411		
	办公地址	上海市闵行区虹许路788号61室					
	经营范围	煤化工产品、石油化工产品及其衍生物的技术开发、技术转让等					

主要财务指标	指标\报告期	2014.06.30	2013.12.31	2013.06.30	2012.12.31
	基本每股收益(元)	-0.0069	-0.2238	-0.1853	0.0356
	基本每股收益	-0.0475	-0.2330	-0.1889	-0.1755
	稀释每股收益(元)	-0.0069	-0.2238	-0.1853	0.0356
	每股净资产(元)	1.0616	1.0686	1.1070	1.2929
	每股经营现金净流量(元)	0.2270	0.3054	-0.0872	0.4486
	每股现金流量(元)	-0.0276	-0.0700	-0.1736	0.1940
	每股资本公积金(元)	1.0250	1.0250	1.0250	1.0250
	每股盈余公积金(元)	0.0721	0.0721	0.0721	0.0721
	每股未分配利润(元)	-1.0355	-1.0285	-0.9901	-0.8042
	净资产收益率(%)	-0.6535	-20.9433	-16.7425	2.7565
	加权净资产收益率(%)	-0.6513	-18.9600	-15.4400	2.7900
	净资产收益率(扣除)(%)	-4.4712	-21.8096	-17.0671	-13.5780
	总资产(万元)	345364.55	357709.89	355319.94	374382.57
	归属母公司股东权益	82661.96	83202.14	86196.04	100666.75
	营业收入(万元)	41912.95	74376.45	23803.43	110216.05
	营业成本(万元)	35469.04	68444.48	31449.63	97356.55
	投资收益(万元)	18.49	-1629.10	-1525.32	-3369.11
	净利润(万元)	-540.18	-17425.24	-14431.34	2774.84
	营业利润(万元)	-7299.41	-31583.57	-25288.45	-2558.62
	利润总额(万元)	-430.19	-30411.56	-24697.25	-1087.39

上海三毛企业(集团)股份有限公司

公司概况	公司名称	上海三毛企业(集团)股份有限公司			证券简称	*ST三毛B	
	法人代表	张文卿	董秘	沈磊	证券代码	900922	
	公司网址	www.600689.com		电子信箱	shendby@hotmail.com		
	电　话	021-63059496		传　真	021-63018850#601		
	办公地址	上海市斜土路791号					
	经营范围	在国家允许投资的领域依法进行投资、公司自有房产的对外租赁等					

主要财务指标	指标\报告期	2014.06.30	2013.12.31	2013.06.30	2012.12.31
	基本每股收益(元)	-0.0740	-0.2300	0.0130	-0.2400
	基本每股收益	-0.0800	-0.5700	-0.3050	-0.4800
	稀释每股收益(元)	-0.0740	-0.2300	0.0130	-0.2400
	每股净资产(元)	1.5100	1.5800	1.7939	1.8000
	每股经营现金净流量(元)	0.0083	-0.6815	-0.7174	-0.2796
	每股现金流量(元)	-0.0564	-0.4999	-0.4554	-0.2838
	每股资本公积金(元)	1.1412	1.1429	1.1049	1.1278
	每股盈余公积金(元)	0.1921	0.1921	0.1921	0.1921
	每股未分配利润(元)	-0.8243	-0.7508	-0.5031	-0.5160
	净资产收益率(%)	-4.8747	-14.8180	0.7197	-13.0766
	加权净资产收益率(%)	-4.7600	-13.8700	0.7200	-12.3100
	净资产收益率(扣除)(%)	-5.2786	-35.8818	-17.0164	-26.6419
	总资产(万元)	88226.24	88589.66	85199.52	118300.36
	归属母公司股东权益	30328.22	31841.52	36054.98	36255.56
	营业收入(万元)	63340.66	165721.02	106532.90	262346.56
	营业成本(万元)	59583.22	154719.40	99305.53	248349.72
	投资收益(万元)	555.54	4794.34	5501.22	626.78
	净利润(万元)	-1478.41	-4718.27	259.48	-4741.00
	营业利润(万元)	-1452.17	-5443.92	572.28	-8166.80
	利润总额(万元)	-1439.95	-4685.99	303.45	-3860.06

上海百联集团股份有限公司

公司概况	公司名称	上海百联集团股份有限公司			证券简称	百联B股	
	法人代表	马新生	董秘	董小春	证券代码	900923	
	公司网址	www.bailian.sh.cn		电子信箱	yy600827@163.com		
	电　话	021-63223344 63229537		传　真	021-63517447		
	办公地址	上海市六合路58号新一百大厦13楼					
	经营范围	综合百货、医疗器械、装潢装饰材料、服装针纺织品等					

主要财务指标	指标\报告期	2014.06.30	2013.12.31	2013.06.30	2012.12.31
	基本每股收益(元)	0.4200	0.6000	0.4300	–
	基本每股收益	0.4000	–	0.4100	–
	稀释每股收益(元)	0.4200	0.6000	0.4300	–
	每股净资产(元)	7.4739	7.5054	–	–
	每股经营现金净流量(元)	0.2935	–	–	–
	每股现金流量(元)	0.1912	–	–	–
	每股资本公积金(元)	2.7660	2.9827	–	–
	每股盈余公积金(元)	0.5245	0.5245	–	–
	每股未分配利润(元)	3.1773	2.9920	–	–
	净资产收益率(%)	5.5565	8.0120	–	–
	加权净资产收益率(%)	5.4600	8.2200	5.8600	–
	净资产收益率(扣除)(%)	5.3226	–	–	–
	总资产(万元)	3960954.77	4084073.29	–	–
	归属母公司股东权益	1287371.08	1292795.07	–	–
	营业收入(万元)	2658785.74	–	2721482.84	–
	营业成本(万元)	2076262.62	–	2140102.68	–
	投资收益(万元)	15604.80	–	14687.46	–
	净利润(万元)	71532.58	–	73950.51	–
	营业利润(万元)	117667.84	–	122402.04	–
	利润总额(万元)	121658.65	–	127703.77	–

上工申贝(集团)股份有限公司

公司概况	公司名称	上工申贝(集团)股份有限公司			证券简称	上工B股	
	法人代表	张敏	董秘	张建国	证券代码	900924	
	公司网址	www.sgsbgroup.com		电子信箱	sgsb@sgsbgroup.com		
	电　话	021-68407515 68407700*1223		传　真	021-63302939		
	办公地址	上海市浦东新区世纪大道1500号东方大厦12楼A-D室					
	经营范围	生产销售缝制设备及零部件、缝纫机专用设备、技术开发与咨询					

主要财务指标	指标\报告期	2014.06.30	2013.12.31	2013.06.30	2012.12.31
	基本每股收益(元)	0.0839	0.1772	0.0683	0.0929
	基本每股收益	0.0838	0.0858	0.0684	0.0642
	稀释每股收益(元)	0.0839	0.1772	0.0683	0.0929
	每股净资产(元)	2.7054	1.7730	1.5982	1.5691
	每股经营现金净流量(元)	-0.0342	0.1555	-0.0703	0.3089
	每股现金流量(元)	0.0412	-0.0342	-0.1062	0.2293
	每股资本公积金(元)	1.7234	0.8859	0.8408	0.8553
	每股盈余公积金(元)	0.0083	0.0101	0.0101	0.0101
	每股未分配利润(元)	0.0708	-0.0067	-0.1156	-0.1839
	净资产收益率(%)	2.8200	9.9953	4.2757	5.9184
	加权净资产收益率(%)	3.6846	10.6907	4.2622	5.8147
	净资产收益率(扣除)(%)	2.8158	4.8376	4.2782	3.9523
	总资产(万元)	268223.10	204791.65	179619.65	162663.33
	归属母公司股东权益	148416.80	79589.42	71740.75	70434.58
	营业收入(万元)	96989.02	181393.47	87142.33	150612.61
	营业成本(万元)	66130.37	129651.38	60681.44	106777.71
	投资收益(万元)	1138.97	5343.74	1187.07	1060.51
	净利润(万元)	4185.42	7955.20	3067.43	4168.63
	营业利润(万元)	9054.99	14439.39	7627.04	9135.30
	利润总额(万元)	9075.72	15345.36	7639.53	10477.58

上海机电股份有限公司

公司概况					
公司名称	上海机电股份有限公司			证券简称	机电B股
法人代表	徐建国	董秘	司文培	证券代码	900925
公司网址	www.chinasec.cn		电子信箱	shjddm@chinasec.cn	
电　话	021-68547168		传　真	021-68547170 68547550	
办公地址	上海市浦东新区民生路1286号汇商大厦9楼				
经营范围	机电一体化产品、设备的设计、生产、销售自产产品等				

主要财务指标

指标\报告期	2014.06.30	2013.12.31	2013.06.30	2012.12.31
基本每股收益(元)	0.4500	0.9200	0.2800	0.6900
基本每股收益	0.4400	0.8100	0.4200	0.7500
稀释每股收益(元)	0.4500	0.9200	0.2800	0.6900
每股净资产(元)	5.7884	5.6265	5.0148	4.9911
每股经营现金净流量(元)	0.9504	1.7198	0.9082	3.0507
每股现金流量(元)	0.9155	-0.6402	-0.5714	3.1232
每股资本公积金(元)	1.6158	1.6248	1.5752	1.5625
每股盈余公积金(元)	1.2917	1.2913	1.2773	1.2773
每股未分配利润(元)	1.8867	1.7163	1.1610	1.0932
净资产收益率(%)	7.7930	16.4019	5.5407	13.7816
加权净资产收益率(%)	7.7800	17.4900	5.4400	13.3900
净资产收益率(扣除)(%)	7.6691	14.4234	8.3189	14.9756
总资产(万元)	2873750.24	2712045.98	2541944.86	2574367.66
归属母公司股东权益	592001.09	575443.07	512880.36	510456.24
营业收入(万元)	1013631.66	1990707.71	938154.00	1774325.09
营业成本(万元)	803809.03	1567077.06	754287.63	1429519.92
投资收益(万元)	18228.21	24325.69	5298.57	43706.04
净利润(万元)	46134.67	94383.35	28417.10	70348.94
营业利润(万元)	97131.24	172652.93	72682.29	149953.61
利润总额(万元)	101418.98	208157.15	74320.46	167913.84

上海宝信软件股份有限公司

公司概况					
公司名称	上海宝信软件股份有限公司			证券简称	宝信B股
法人代表	王力	董秘	陈健	证券代码	900926
公司网址	www.baosight.com		电子信箱	investor@baosight.com	
电　话	021-20378893		传　真	021-20378893	
办公地址	上海市浦东新区张江高科技园区郭守敬路515号				
经营范围	计算机、自动化、网络通讯系统及软硬件产品的研究、设计、开发、制造等				

主要财务指标

指标\报告期	2014.06.30	2013.12.31	2013.06.30	2012.12.31
基本每股收益(元)	0.3740	0.8510	0.4140	0.7630
基本每股收益	0.3450	0.7570	0.3980	0.6550
稀释每股收益(元)	0.3740	0.8510	0.4140	0.7630
每股净资产(元)	6.4877	4.9367	4.5035	4.3216
每股经营现金净流量(元)	-0.2798	0.5793	-0.4657	0.1693
每股现金流量(元)	0.5534	0.3159	-0.4205	-0.1989
每股资本公积金(元)	1.7422	0.0714	0.0722	0.0796
每股盈余公积金(元)	0.4717	0.5038	0.4960	0.4960
每股未分配利润(元)	3.2760	3.3644	2.9377	2.7512
净资产收益率(%)	5.6431	17.2377	9.1933	17.6342
加权净资产收益率(%)	6.2200	18.5000	9.3000	19.0800
净资产收益率(扣除)(%)	5.2054	15.3295	8.8482	15.1590
总资产(万元)	460468.85	407654.57	361095.29	323615.14
归属母公司股东权益	236236.77	168299.81	153531.75	147506.05
营业收入(万元)	160645.81	358128.66	152487.75	364299.94
营业成本(万元)	111215.36	272959.68	114939.15	289392.23
投资收益(万元)	-40.94	6157.78	-	565.86
净利润(万元)	13331.05	29011.10	14114.60	26011.46
营业利润(万元)	14972.27	28117.16	15354.53	25628.07
利润总额(万元)	16216.20	33026.43	16081.07	30852.31

上海物资贸易股份有限公司

公司概况					
公司名称	上海物资贸易股份有限公司			证券简称	物贸B股
法人代表	秦青林	董秘	谭存阳	证券代码	900927
公司网址	www.600822sh.com		电子信箱	600822@shwuzi.com	
电　话	021-63231818		传　真	021-63292367	
办公地址	上海市黄浦区南苏州路325号				
经营范围	金属材料、化轻原料、建材、木材、汽车(含小轿车)及配件、机电设备、燃料等				

主要财务指标

指标\报告期	2014.06.30	2013.12.31	2013.06.30	2012.12.31
基本每股收益(元)	0.0157	0.0400	0.0163	-1.2000
基本每股收益	0.0039	-	0.0126	-1.3000
稀释每股收益(元)	0.0157	0.0400	0.0163	-1.2000
每股净资产(元)	1.9639	1.9461	1.9764	1.9665
每股经营现金净流量(元)	0.6681	2.6123	1.3373	-2.5286
每股现金流量(元)	0.3374	-0.5913	-0.0819	0.9223
每股资本公积金(元)	1.3577	1.3561	1.4059	1.4113
每股盈余公积金(元)	0.1073	0.1073	0.1073	0.1073
每股未分配利润(元)	-0.4941	-0.5098	-0.5301	-0.5464
净资产收益率(%)	0.7975	1.8841	0.8239	-60.8271
加权净资产收益率(%)	0.8000	1.8700	0.8300	-44.7100
净资产收益率(扣除)(%)	-	-19.2106	0.6396	-66.1787
总资产(万元)	1164804.07	1047297.34	1222857.99	1189155.77
归属母公司股东权益	97402.06	96520.45	98022.16	97532.73
营业收入(万元)	3684362.97	9750165.39	5116557.61	9527021.44
营业成本(万元)	3641586.20	9668563.53	5076852.94	9488615.13
投资收益(万元)	1515.33	30192.41	1490.89	9721.43
净利润(万元)	776.76	1818.50	807.63	-59326.30
营业利润(万元)	3766.98	16266.10	3490.62	-55835.87
利润总额(万元)	4574.88	10115.53	4180.82	-54348.85

上海自动化仪表股份有限公司

公司概况					
公司名称	上海自动化仪表股份有限公司			证券简称	自仪B股
法人代表	曹俊	董秘	车海辚	证券代码	900928
公司网址	www.saic.sh.cn		电子信箱	bod@saic.sh.cn	
电　话	021-66987559		传　真	021-54262329	
办公地址	上海市广中西路191号				
经营范围	设计、制造自动化控制系统、自动化仪器仪表及其元器件和成套装置等				

主要财务指标

指标\报告期	2014.06.30	2013.12.31	2013.06.30	2012.12.31
基本每股收益(元)	0.0106	0.0302	0.0129	0.0250
基本每股收益	-0.0545	-0.0877	-0.0203	-0.1260
稀释每股收益(元)	-	-	-	-
每股净资产(元)	0.4971	0.4865	0.4692	0.4568
每股经营现金净流量(元)	-0.2727	0.0670	-0.1798	0.0224
每股现金流量(元)	-0.2018	-0.0102	-0.1733	0.0572
每股资本公积金(元)	0.5634	0.5634	0.5634	0.5638
每股盈余公积金(元)	0.0570	0.0570	0.0570	0.0570
每股未分配利润(元)	-1.1233	-1.1339	-1.1512	-1.1641
净资产收益率(%)	2.1231	6.1990	2.7385	5.5331
加权净资产收益率(%)	2.1500	6.3900	2.7800	5.6900
净资产收益率(扣除)(%)	-	-18.0241	-4.3336	-27.6075
总资产(万元)	186397.82	178452.32	179204.00	168556.46
归属母公司股东权益	19848.56	19426.50	18736.42	18237.69
营业收入(万元)	54240.67	107941.46	53276.74	104415.87
营业成本(万元)	46115.01	88970.55	44365.98	86429.20
投资收益(万元)	1097.80	2427.21	938.36	5357.29
净利润(万元)	421.40	1204.26	513.11	1009.11
营业利润(万元)	-2176.68	-3500.78	-811.96	-1824.68
利润总额(万元)	421.40	1204.93	513.11	1059.21

上海锦江国际旅游股份有限公司

公司概况	公司名称	上海锦江国际旅游股份有限公司			证券简称	锦旅B股
	法人代表	邵晓明	董秘	沈赟	证券代码	900929
	公司网址	www.jjtravel.com		电子信箱	scits@scits.com	
	电　话	021-63299090		传　真	021-63296636	
	办公地址	上海市延安东路100号联谊大厦27楼				
	经营范围	入境、国内、出国旅游及客票代理、非贸易物据、运、报关等				

主要财务指标	指标\报告期	2014.06.30	2013.12.31	2013.06.30	2012.12.31
	基本每股收益(元)	0.2642	0.4406	0.2355	0.3179
	基本每股收益	0.1899	0.2594	0.1601	0.1000
	稀释每股收益(元)	–	–	–	–
	每股净资产(元)	6.6804	6.7884	6.3565	6.8012
	每股经营现金净流量(元)	0.1364	0.1250	0.3506	–0.1697
	每股现金流量(元)	–0.2631	–0.1052	0.6760	–1.1109
	每股资本公积金(元)	3.4660	3.6173	3.3905	3.9107
	每股盈余公积金(元)	–	1.0680	1.0249	1.0249
	每股未分配利润(元)	1.1464	1.1032	0.9412	0.8656
	净资产收益率(%)	3.9555	6.4912	3.7052	4.6736
	加权净资产收益率(%)	3.8700	6.4200	3.3600	4.7500
	净资产收益率(扣除)(%)	–	3.8208	2.5186	1.4932
	总资产(万元)	146304.77	134995.64	140762.27	137350.96
	归属母公司股东权益	88553.00	89985.01	84259.64	90154.00
	营业收入(万元)	88749.56	211633.22	88629.23	208643.03
	营业成本(万元)	79194.67	190271.62	79139.24	188801.56
	投资收益(万元)	3586.11	5293.79	–	4370.61
	净利润(万元)	3502.68	5841.09	3122.03	4213.48
	营业利润(万元)	3741.22	6515.63	3672.39	5053.98
	利润总额(万元)	3952.50	7058.84	3701.63	5442.54

上海普天邮通科技股份有限公司

公司概况	公司名称	上海普天邮通科技股份有限公司			证券简称	沪普天B
	法人代表	曹宏斌	董秘	陆贤薇	证券代码	900930
	公司网址	www.shpte.com		电子信箱	zhengquanb@shpte.com	
	电　话	021-64832699 64360900*2371		传　真	021-64832699	
	办公地址	上海市宜山路700号				
	经营范围	开发、生产各类通信设备、元器件、计算机网络及外围设备等				

主要财务指标	指标\报告期	2014.06.30	2013.12.31	2013.06.30	2012.12.31
	基本每股收益(元)	0.2642	0.4406	0.2355	0.3179
	基本每股收益	0.1899	0.2594	0.1601	0.1000
	稀释每股收益(元)	–	–	–	–
	每股净资产(元)	6.6804	6.7884	6.3565	6.8012
	每股经营现金净流量(元)	0.1364	0.1250	0.3506	–0.1697
	每股现金流量(元)	–0.2631	–0.1052	0.6760	–1.1109
	每股资本公积金(元)	3.4660	3.6173	3.3905	3.9107
	每股盈余公积金(元)	–	1.0680	1.0249	1.0249
	每股未分配利润(元)	1.1464	1.1032	0.9412	0.8656
	净资产收益率(%)	3.9555	6.4912	3.7052	4.6736
	加权净资产收益率(%)	3.8700	6.4200	3.3600	4.7500
	净资产收益率(扣除)(%)	–	3.8208	2.5186	1.4932
	总资产(万元)	146304.77	134995.64	140762.27	137350.96
	归属母公司股东权益	88553.00	89985.01	84259.64	90154.00
	营业收入(万元)	88749.56	211633.22	88629.23	208643.03
	营业成本(万元)	79194.67	190271.62	79139.24	188801.56
	投资收益(万元)	3586.11	5293.79	–	4370.61
	净利润(万元)	3502.68	5841.09	3122.03	4213.48
	营业利润(万元)	3741.22	6515.63	3672.39	5053.98
	利润总额(万元)	3952.50	7058.84	3701.63	5442.54

上海陆家嘴金融贸易区开发股份有限公司

公司概况	公司名称	上海陆家嘴金融贸易区开发股份有限公司			证券简称	陆家B股
	法人代表	徐而进	董秘	王辉	证券代码	900932
	公司网址	www.ljz.com.cn		电子信箱	invest@ljz.com.cn	
	电　话	021-33848801		传　真	021-33848594 33848818	
	办公地址	上海市浦东新区峨山路101号1号楼				
	经营范围	房地产开发、经营、销售、出租和中介等				

主要财务指标	指标\报告期	2014.06.30	2013.12.31	2013.06.30	2012.12.31
	基本每股收益(元)	0.3062	0.7528	0.2629	0.5413
	基本每股收益	0.2806	0.6073	0.2421	0.4994
	稀释每股收益(元)	0.3062	0.7528	0.2629	0.5413
	每股净资产(元)	6.1014	6.0351	6.2708	6.2028
	每股经营现金净流量(元)	–1.0592	0.3072	–0.1144	0.8593
	每股现金流量(元)	–0.8844	0.9694	0.6408	–0.6588
	每股资本公积金(元)	0.0069	0.0208	0.7252	0.7571
	每股盈余公积金(元)	1.6435	1.6435	1.4957	1.4957
	每股未分配利润(元)	3.4510	3.3708	3.0499	2.9500
	净资产收益率(%)	5.0186	12.4734	4.1921	8.7267
	加权净资产收益率(%)	5.1400	11.6900	4.2200	9.0100
	净资产收益率(扣除)(%)	4.5984	10.0624	3.8611	8.0522
	总资产(万元)	3975381.06	3853844.01	3353856.08	3078307.73
	归属母公司股东权益	1139552.37	1127163.40	1171191.03	1158491.13
	营业收入(万元)	191144.66	450969.92	167408.74	349208.66
	营业成本(万元)	73323.74	185747.11	55140.66	121839.75
	投资收益(万元)	16006.72	51592.29	11973.27	25457.30
	净利润(万元)	57189.52	140595.94	49097.54	101098.59
	营业利润(万元)	79885.42	198576.52	68096.70	140426.31
	利润总额(万元)	80508.75	200435.16	69127.20	142923.60

华新水泥股份有限公司

公司概况	公司名称	华新水泥股份有限公司			证券简称	华新B股
	法人代表	李叶青	董秘	王锡明	证券代码	900933
	公司网址	www.huaxincem.com		电子信箱	investor@huaxincem.com	
	电　话	027-87773898 87773896		传　真	027-87773962	
	办公地址	湖北省武汉市关山二路特1号国际企业中心5号楼				
	经营范围	水泥、商品混凝土及其他建材制品、包装制品制造、销售等				

主要财务指标	指标\报告期	2014.06.30	2013.12.31	2013.06.30	2012.12.31
	基本每股收益(元)	0.3400	1.2600	0.2400	0.5900
	基本每股收益	0.3000	–	0.2100	0.5400
	稀释每股收益(元)	0.3400	–	0.2400	0.5900
	每股净资产(元)	6.0523	9.3451	8.4625	8.2696
	每股经营现金净流量(元)	1.0158	0.1590	0.9108	2.6257
	每股现金流量(元)	–0.1248	–1.0227	–0.9708	0.0275
	每股资本公积金(元)	1.6852	3.2943	3.2895	3.2941
	每股盈余公积金(元)	0.2842	0.4547	0.3707	0.3707
	每股未分配利润(元)	3.0852	4.5985	3.8045	3.6051
	净资产收益率(%)	5.5549	13.5073	4.4845	7.1841
	加权净资产收益率(%)	5.5900	14.3500	4.5100	7.1800
	净资产收益率(扣除)(%)	4.9006	12.7195	4.0076	6.4849
	总资产(万元)	2557353.77	2582467.96	2430016.08	2329141.85
	归属母公司股东权益	905712.77	874046.78	791496.26	773457.73
	营业收入(万元)	726735.14	1598435.53	662526.86	1252052.72
	营业成本(万元)	–516621.24	1152043.97	499872.86	946589.45
	投资收益(万元)	340.36	971.44	–265.59	–118.72
	净利润(万元)	50311.05	118060.16	35494.43	55565.88
	营业利润(万元)	64426.64	159669.14	42735.39	72302.99
	利润总额(万元)	80795.11	178490.38	52562.77	90497.01

上海锦江国际酒店发展股份有限公司

公司概况					
公司名称	上海锦江国际酒店发展股份有限公司			证券简称	锦江 B 股
法人代表	俞敏亮	董秘	胡暋	证券代码	900934
公司网址	www.jinjianghotels.sh.cn	电子信箱	jjir@jinjianghotels.com		
电　话	021-63217132	传　真	021-63217720		
办公地址	上海市延安东路 100 号 25 楼				
经营范围	宾馆、餐饮、食品生产线及连锁经营、旅游等				

主要财务指标：指标\报告期	2014.06.30	2013.12.31	2013.06.30	2012.12.31
基本每股收益(元)	0.3088	0.6257	0.2786	0.6120
基本每股收益	0.1875	0.3625	0.2057	0.4871
稀释每股收益(元)	–	–	–	–
每股净资产(元)	6.9028	7.2005	6.6846	7.0393
每股经营现金净流量(元)	0.3241	1.0595	0.4787	0.9211
每股现金流量(元)	–0.2130	–0.1209	–0.4762	0.2619
每股资本公积金(元)	3.4626	3.6891	3.5203	3.7837
每股盈余公积金(元)	0.7995	0.7995	0.7995	0.7995
每股未分配利润(元)	1.6406	1.7119	1.3647	1.4561
净资产收益率(%)	4.4730	8.6903	4.1677	8.6934
加权净资产收益率(%)	4.3500	8.8700	3.8900	8.9900
净资产收益率(扣除)(%)	2.7169	5.0338	3.0778	6.9195
总资产(万元)	679635.23	708306.68	684589.99	541217.29
归属母公司股东权益	416405.64	434363.41	403239.66	424641.19
营业收入(万元)	136855.28	268441.09	120332.09	233599.22
营业成本(万元)	14137.31	30075.56	14077.65	27493.25
投资收益(万元)	15492.72	24671.64	8059.92	17571.55
净利润(万元)	18626.33	37747.33	16805.75	36915.71
营业利润(万元)	22154.40	46970.77	19548.09	44469.15
利润总额(万元)	23706.81	49664.79	21593.97	46886.59

上海阳晨投资股份有限公司

公司概况					
公司名称	上海阳晨投资股份有限公司			证券简称	阳晨 B 股
法人代表	李建勇	董秘	仲辉	证券代码	900935
公司网址		电子信箱	zh900935@hotmail.com		
电　话	021-63901001 63901800	传　真	021-63901001 63901007		
办公地址	上海市吴淞路 130 号城投控股大厦 16 楼				
经营范围	城市污水处理等环保项目和其他市政基础设施的投资、经营、管理及相关的咨询服务等				

主要财务指标：指标\报告期	2014.06.30	2013.12.31	2013.06.30	2012.12.31
基本每股收益(元)	0.0380	0.1500	0.0250	0.1400
基本每股收益	0.0380	0.0900	0.0250	0.1000
稀释每股收益(元)	0.0380	0.1500	0.0250	0.1400
每股净资产(元)	2.3124	2.3148	2.1890	2.1636
每股经营现金净流量(元)	0.3593	1.2823	0.5963	1.4062
每股现金流量(元)	–0.1298	0.1103	0.2127	0.1709
每股资本公积金(元)	0.5876	0.5876	0.5889	0.5889
每股盈余公积金(元)	0.0833	0.0833	0.0828	0.0828
每股未分配利润(元)	0.6416	0.6440	0.5172	0.4919
净资产收益率(%)	5.5565	6.5886	1.1573	6.6541
加权净资产收益率(%)	1.6300	6.8100	1.1600	6.8700
净资产收益率(扣除)(%)	1.6262	3.9278	1.1406	4.4195
总资产(万元)	187306.57	195022.05	203686.52	203785.95
归属母公司股东权益	56560.94	56619.25	53541.38	52921.76
营业收入(万元)	21545.99	45103.09	21728.24	45236.40
营业成本(万元)	15177.93	30963.51	14782.18	30161.89
投资收益(万元)	–	–	–	–
净利润(万元)	920.07	3730.44	619.62	3521.45
营业利润(万元)	2625.99	4648.97	2162.74	4138.22
利润总额(万元)	2625.67	9202.60	2175.58	8268.66

内蒙古鄂尔多斯羊绒制品股份有限公司

公司概况					
公司名称	内蒙古鄂尔多斯羊绒制品股份有限公司			证券简称	鄂资 B 股
法人代表	张奕龄	董秘	曾广春	证券代码	900936
公司网址	www.chinaerdos.com	电子信箱	zeng_gc@chinaerdos.com		
电　话	0477-8543509 8543776	传　真	0477-8536699		
办公地址	内蒙古自治区鄂尔多斯市东胜区达拉特南路 102 号				
经营范围	生产无毛绒、羊绒纱、羊绒衫并销售公司自产产品				

主要财务指标：指标\报告期	2014.06.30	2013.12.31	2013.06.30	2012.12.31
基本每股收益(元)	0.1700	0.7100	0.2400	0.6100
基本每股收益	0.1000	0.5000	0.2100	0.3600
稀释每股收益(元)	0.1700	0.7100	0.2400	0.6100
每股净资产(元)	6.4943	6.4325	5.9788	5.8195
每股经营现金净流量(元)	1.0106	2.5008	–0.6939	3.6801
每股现金流量(元)	0.0523	0.4395	0.9479	–0.7452
每股资本公积金(元)	1.2580	1.2571	1.2578	1.2598
每股盈余公积金(元)	0.4633	0.4633	0.4336	0.4344
每股未分配利润(元)	3.6851	3.6336	3.1905	3.0484
净资产收益率(%)	2.6414	11.1010	4.0494	10.4332
加权净资产收益率(%)	2.6300	11.6600	4.0800	10.8500
净资产收益率(扣除)(%)	1.4692	7.7773	3.5303	6.2153
总资产(万元)	4205118.86	3902040.88	3734374.73	3334805.23
归属母公司股东权益	670216.32	663833.47	617011.31	600568.20
营业收入(万元)	703516.35	1391020.37	660589.22	1350842.61
营业成本(万元)	486451.35	986060.32	480014.69	964570.79
投资收益(万元)	7729.37	19318.22	–	13101.59
净利润(万元)	17702.96	73692.47	24985.46	62658.25
营业利润(万元)	35113.59	107135.03	52227.11	93339.86
利润总额(万元)	51951.37	140114.17	52491.31	118507.28

华电能源股份有限公司

公司概况					
公司名称	华电能源股份有限公司			证券简称	华电 B 股
法人代表	霍利	董秘	梅君超	证券代码	900937
公司网址	www.hdenergy.com	电子信箱	hdenergy@hdenergy.com		
电　话	0451-82525998 82525778	传　真	0451-82525878		
办公地址	黑龙江省哈尔滨市南岗区大成街 209 号				
经营范围	建设、经营、维修电厂、生产销售电力、电力行业的技术服务、技术咨询等				

主要财务指标：指标\报告期	2014.06.30	2013.12.31	2013.06.30	2012.12.31
基本每股收益(元)	0.1347	0.0072	–0.0040	–0.2314
基本每股收益	0.1221	–	–0.0150	–0.3300
稀释每股收益(元)	0.1347	0.0072	–0.0040	–0.2314
每股净资产(元)	1.6516	1.5133	1.4851	1.4866
每股经营现金净流量(元)	0.8996	1.1705	0.6052	0.8580
每股现金流量(元)	–0.6675	0.0335	–0.1910	0.4756
每股资本公积金(元)	0.7631	0.7631	0.7520	0.7672
每股盈余公积金(元)	0.1419	0.1419	0.1419	0.1419
每股未分配利润(元)	–0.2620	–0.3966	–0.4154	–0.4035
净资产收益率(%)	8.1533	0.4789	–0.0776	–15.7702
加权净资产收益率(%)	8.5200	0.4800	–0.0800	–14.4600
净资产收益率(扣除)(%)	7.3955	–2.4944	–1.0272	–21.9293
总资产(万元)	2235217.22	2354841.49	2263164.36	2315509.10
归属母公司股东权益	324817.27	297609.53	292075.72	297484.75
营业收入(万元)	493365.53	1023792.20	506017.71	1087741.11
营业成本(万元)	407152.28	907005.08	445336.20	1003673.21
投资收益(万元)	195.40	9091.74	531.61	2241.35
净利润(万元)	26483.44	1425.14	–764.73	–45511.68
营业利润(万元)	29521.83	2592.48	210.51	–48424.71
利润总额(万元)	33148.00	10092.93	3573.58	–40765.76

天津市海运股份有限公司

公司概况	公司名称	天津市海运股份有限公司			证券简称	天 海 B
	法人代表	黄玕	董秘	张延波	证券代码	900938
	公司网址	www.newtmsc.com		电子信箱	tmsc900938@163.com	
	电　话	022-58679088		传　真	022-58679130	
	办公地址	天津市天津空港经济区中心大道华盈大厦八层				
	经营范围	国际船舶集装箱运输、仓储服务、陆海联运、集装箱租赁买卖、自有船舶等				

主要财务指标	指标＼报告期	2014.06.30	2013.12.31	2013.06.30	2012.12.31
	基本每股收益(元)	0.0076	−0.1459	−0.0287	0.6531
	基本每股收益	0.0047	–	−0.0308	−0.1892
	稀释每股收益(元)	0.0076	−0.1459	−0.0287	0.6531
	每股净资产(元)	0.0551	0.0469	0.1634	0.3480
	每股经营现金净流量(元)	−0.0075	0.1657	0.1347	0.0569
	每股现金流量(元)	0.4582	−0.0124	0.1287	0.0524
	每股资本公积金(元)	0.4104	0.4104	0.4104	1.5556
	每股盈余公积金(元)	0.1247	0.1247	0.1247	0.2259
	每股未分配利润(元)	−1.4828	−1.4904	−1.3732	−2.4361
	净资产收益率(%)	13.8080	−311.1188	−17.5501	187.6605
	加权净资产收益率(%)	14.9200	−122.0000	−17.1600	−82.0000
	净资产收益率(扣除)(%)	8.5463	−344.0411	−18.8796	−54.3551
	总资产(万元)	73505.04	32036.26	60793.00	62593.17
	归属母公司股东权益	4919.52	4186.16	14585.53	17145.30
	营业收入(万元)	20325.37	33537.89	12864.16	12677.02
	营业成本(万元)	16520.45	29203.76	13428.70	12632.73
	投资收益(万元)	–	–	–	−2527.80
	净利润(万元)	679.29	−13023.93	−2559.77	32174.96
	营业利润(万元)	418.53	−14205.74	−2755.58	29705.65
	利润总额(万元)	677.38	−13015.21	−2561.67	32191.40

上海汇丽建材股份有限公司

公司概况	公司名称	上海汇丽建材股份有限公司			证券简称	汇 丽 B
	法人代表	金永良	董秘	詹琳	证券代码	900939
	公司网址	www.huili.com		电子信箱	stock@huili.com	
	电　话	021-58138717 58138712		传　真	021-58134499	
	办公地址	上海市浦东新区康桥东路 299 号				
	经营范围	生产化学建筑材料、装饰材料及配套建筑五金等				

主要财务指标	指标＼报告期	2014.06.30	2013.12.31	2013.06.30	2012.12.31
	基本每股收益(元)	0.0030	−0.0400	−0.0040	0.0200
	基本每股收益	0.0030	−0.0280	−0.0040	−0.0010
	稀释每股收益(元)	0.0030	−0.0400	−0.0040	0.0200
	每股净资产(元)	0.2800	0.2767	0.3129	0.3172
	每股经营现金净流量(元)	−0.0056	0.0102	0.0034	0.0492
	每股现金流量(元)	−0.0216	0.0203	0.0123	−0.0144
	每股资本公积金(元)	0.3708	0.3708	0.3708	0.3708
	每股盈余公积金(元)	0.0998	0.0998	0.0998	0.0998
	每股未分配利润(元)	−1.1905	−1.1938	−1.1577	−1.1533
	净资产收益率(%)	1.1766	−14.6401	−1.4017	6.7115
	加权净资产收益率(%)	1.1800	−13.6400	−1.3900	7.1400
	净资产收益率(扣除)(%)	0.9553	−10.2707	−1.4102	−0.1982
	总资产(万元)	7666.46	7920.40	8370.92	8567.69
	归属母公司股东权益	5082.46	5022.66	5678.39	5757.98
	营业收入(万元)	409.33	1077.14	407.70	1555.99
	营业成本(万元)	184.70	607.98	190.56	1127.36
	投资收益(万元)	85.01	242.37	−23.51	373.49
	净利润(万元)	59.80	−735.32	−79.60	386.45
	营业利润(万元)	59.10	−525.20	−81.37	−12.44
	利润总额(万元)	59.07	−794.34	−80.89	385.43

上海大名城企业股份有限公司

公司概况	公司名称	上海大名城企业股份有限公司			证券简称	大名城 B
	法人代表	俞培俤	董秘	张燕琦	证券代码	900940
	公司网址	www.greattown.cn		电子信箱	zhangyanqi@greattown.cn	
	电　话	021-62470088 62478900		传　真	021-62479099	
	办公地址	上海市闵行区红松东路 1116 号上海虹桥元一大厦 5 楼				
	经营范围	房地产综合开发、建造、销售商品房、物业管理、物业租赁等				

主要财务指标	指标＼报告期	2014.06.30	2013.12.31	2013.06.30	2012.12.31
	基本每股收益(元)	0.0565	0.1690	0.1378	0.1250
	基本每股收益	0.0578	0.1497	0.1243	0.1230
	稀释每股收益(元)	0.0565	0.1690	0.1378	0.1250
	每股净资产(元)	1.7941	1.7376	1.7064	1.5686
	每股经营现金净流量(元)	−1.0102	−1.9852	−0.4708	−0.7317
	每股现金流量(元)	0.4173	0.3894	0.4399	0.2584
	每股资本公积金(元)	0.2724	0.2724	0.2724	0.2724
	每股盈余公积金(元)	0.1501	0.1501	0.1501	0.1501
	每股未分配利润(元)	0.3716	0.3150	0.2838	0.1460
	净资产收益率(%)	3.1510	9.7262	8.0758	7.9695
	加权净资产收益率(%)	3.2000	10.2200	8.4200	8.3000
	净资产收益率(扣除)(%)	3.2189	8.6135	7.2820	7.8403
	总资产(万元)	2001766.75	1508641.30	1292809.60	1038549.14
	归属母公司股东权益	271187.84	262642.84	257927.53	237097.75
	营业收入(万元)	113207.31	293989.32	139688.68	167645.01
	营业成本(万元)	55032.90	159137.33	65562.86	88896.77
	投资收益(万元)	10.85	7591.54	6480.45	300.46
	净利润(万元)	8545.00	25545.09	20829.78	18895.55
	营业利润(万元)	19719.01	59985.94	43072.14	34245.65
	利润总额(万元)	19327.15	57687.87	41367.83	33962.96

东方通信股份有限公司

公司概况	公司名称	东方通信股份有限公司			证券简称	东信 B 股
	法人代表	张泽熙	董秘	蔡祝平	证券代码	900941
	公司网址	www.eastcom.com		电子信箱	webmaster@eastcom.com	
	电　话	0571-86676198		传　真	0571-86676197	
	办公地址	浙江省杭州市滨江高新技术开发区东信大道 66 号				
	经营范围	移动通信、程控交换、光电传输、激光照排设备、电子自助服务设备等				

主要财务指标	指标＼报告期	2014.06.30	2013.12.31	2013.06.30	2012.12.31
	基本每股收益(元)	0.0490	0.1542	0.0640	0.1530
	基本每股收益	0.0220	–	0.0390	0.0970
	稀释每股收益(元)	0.0490	–	0.0640	0.1530
	每股净资产(元)	2.1730	2.1837	2.0904	2.1059
	每股经营现金净流量(元)	−0.3449	−0.1509	−0.2005	−0.0422
	每股现金流量(元)	−0.1663	−0.2174	−0.0273	0.0376
	每股资本公积金(元)	0.6972	0.6972	0.6936	0.6936
	每股盈余公积金(元)	0.0519	0.0519	0.0472	0.0472
	每股未分配利润(元)	0.4239	0.4347	0.3496	0.3651
	净资产收益率(%)	2.2660	7.0629	3.0844	7.2813
	加权净资产收益率(%)	2.2400	7.2200	3.0300	7.4580
	净资产收益率(扣除)(%)	1.0159	3.7917	1.8571	4.6193
	总资产(万元)	348584.37	343976.51	335618.31	341712.10
	归属母公司股东权益	272924.13	274275.74	262553.85	264503.64
	营业收入(万元)	175928.44	343722.03	179667.20	329829.16
	营业成本(万元)	156183.40	300593.21	160018.60	285996.02
	投资收益(万元)	2554.34	7211.37	2619.96	10167.93
	净利润(万元)	6184.38	19371.71	8098.21	19259.23
	营业利润(万元)	4930.46	14684.28	6699.60	15795.23
	利润总额(万元)	7262.12	23895.49	10764.13	20085.99

黄山旅游发展股份有限公司

公司概况					
公司名称	黄山旅游发展股份有限公司			证券简称	黄山旅游
法人代表	黄林沐	董秘	黄慧敏	证券代码	900942
公司网址	www.huangshan.com.cn			电子信箱	hshhm666@126.com
电　　话	0559-5580567 5580526			传　　真	0559-5580505
办公地址	安徽省黄山市黄山风景区温泉				
经营范围	旅游接待、服务、旅游商品开发、销售、旅游运输、饮食服务等				

主要财务指标：指标\报告期	2014.06.30	2013.12.31	2013.06.30	2012.12.31
基本每股收益(元)	0.2388	0.3100	0.1538	0.5100
基本每股收益	0.2371	0.3000	0.1520	0.5500
稀释每股收益(元)	0.2388	0.3100	0.1538	0.5100
每股净资产(元)	4.5071	4.3083	4.1870	4.0332
每股经营现金净流量(元)	0.1724	0.5107	0.0518	0.7666
每股现金流量(元)	-0.1657	-0.0303	-0.2398	0.1644
每股资本公积金(元)	0.2797	0.2797	0.2797	0.2797
每股盈余公积金(元)	0.5291	0.5291	0.4968	0.4968
每股未分配利润(元)	2.6984	2.4995	2.4105	2.2567
净资产收益率(%)	5.2989	7.0816	3.6736	12.6250
加权净资产收益率(%)	5.4200	7.3200	3.7400	13.2300
净资产收益率(扣除)(%)	5.2615	7.0134	3.6314	12.3063
总资产(万元)	336787.58	335506.85	332467.75	337967.68
归属母公司股东权益	212443.46	203071.73	197354.96	190104.97
营业收入(万元)	62182.01	129409.03	56991.41	147652.02
营业成本(万元)	33669.37	68276.94	32441.30	74302.20
投资收益(万元)	183.32	-172.04	-99.27	762.90
净利润(万元)	11257.13	14380.81	7249.99	24000.82
营业利润(万元)	15886.85	23106.65	10823.38	34996.62
利润总额(万元)	15999.08	23201.59	10933.74	35813.82

上海开开实业股份有限公司

公司概况					
公司名称	上海开开实业股份有限公司			证券简称	开开 B 股
法人代表	盛佩英	董秘	刘光靓	证券代码	900943
公司网址	www.chinesekk.com			电子信箱	dm@chinesekk.com
电　　话	021-62712138 62712135			传　　真	021-62712138
办公地址	上海市新闸路 921 号二楼国际丽都				
经营范围	生产衬衫、羊毛衫、针绵织品、服装、鞋帽、纺织面料等				

主要财务指标：指标\报告期	2014.06.30	2013.12.31	2013.06.30	2012.12.31
基本每股收益(元)	0.1800	0.1000	0.0600	0.2500
基本每股收益	0.0100	0.0800	0.0400	0.2600
稀释每股收益(元)	0.1800	0.1000	0.0600	0.2500
每股净资产(元)	1.6842	1.5555	1.4344	1.4111
每股经营现金净流量(元)	0.0326	0.0592	0.0497	0.0956
每股现金流量(元)	-0.0046	-0.1357	0.0292	0.2971
每股资本公积金(元)	0.1813	0.1936	0.1220	0.1338
每股盈余公积金(元)	0.1389	0.1389	0.1317	0.1317
每股未分配利润(元)	0.3640	0.2231	0.1807	0.1455
净资产收益率(%)	10.4476	6.7321	3.8461	17.7425
加权净资产收益率(%)	10.8200	7.2000	3.8300	16.2200
净资产收益率(扣除)(%)	0.8327	4.8433	2.9551	18.0748
总资产(万元)	102131.87	101504.17	98079.66	97508.79
归属母公司股东权益	40926.54	37798.94	34854.96	34289.02
营业收入(万元)	44511.41	85943.90	41977.99	81801.73
营业成本(万元)	35805.27	67899.86	32494.52	64695.73
投资收益(万元)	3719.05	327.34	100.67	5930.34
净利润(万元)	4275.86	2544.68	1340.56	6083.73
营业利润(万元)	4539.66	3096.49	1567.60	6232.34
利润总额(万元)	4775.99	3647.64	1763.57	6873.97

海南航空股份有限公司

公司概况					
公司名称	海南航空股份有限公司			证券简称	海航 B 股
法人代表	辛笛	董秘	黄琪珺	证券代码	900945
公司网址	www.hnair.com			电子信箱	qj_huang@hnair.com
电　　话	0898-66739961			传　　真	0898-66739960
办公地址	海南省海口市国兴大道 7 号新海航大厦				
经营范围	国际、国内(含港澳)航空客货邮运输业务、与航空运输相关的服务业务等				

主要财务指标：指标\报告期	2014.06.30	2013.12.31	2013.06.30	2012.12.31
基本每股收益(元)	0.0396	0.1730	0.0531	0.1770
基本每股收益	0.0122	0.1470	0.0403	0.1020
稀释每股收益(元)	0.0396	0.1730	0.0531	0.1770
每股净资产(元)	2.1143	2.0858	1.9560	3.9069
每股经营现金净流量(元)	0.3973	0.6432	0.2659	1.6739
每股现金流量(元)	0.2565	-0.1591	-	0.6626
每股资本公积金(元)	0.4571	0.5585	0.4633	1.9274
每股盈余公积金(元)	0.0655	0.0700	0.0540	0.1079
每股未分配利润(元)	0.5917	0.5771	0.4388	0.8717
净资产收益率(%)	1.8744	8.2846	2.7075	8.1000
加权净资产收益率(%)	1.8300	9.0000	2.4900	11.0000
净资产收益率(扣除)(%)	0.5756	7.0711	2.1450	4.6808
总资产(万元)	11529987.90	11228072.30	9836171.10	9271914.40
归属母公司股东权益	2575639.20	2686952.40	2382848.60	2379757.30
营业收入(万元)	1798935.90	3023136.20	1590207.10	2886758.50
营业成本(万元)	1450160.30	2350115.80	1257350.10	2155764.10
投资收益(万元)	26794.20	60626.50	-	18824.10
净利润(万元)	48278.90	210505.20	64674.50	192778.70
营业利润(万元)	15830.50	226521.70	68477.60	199190.20
利润总额(万元)	60827.10	267265.50	82838.10	265371.40

湖南天雁机械股份有限公司

公司概况					
公司名称	湖南天雁机械股份有限公司			证券简称	天雁 B 股
法人代表	连刚	董秘	袁天奇	证券代码	900946
公司网址	www.tyen.com.cn			电子信箱	tyen5617@163.com
电　　话	0734-8532012			传　　真	0734-8532003
办公地址	湖南省衡阳市石鼓区合江套路 195 号				
经营范围	摩托车及零配件的设计、开发、生产、销售等				

主要财务指标：指标\报告期	2014.06.30	2013.12.31	2013.06.30	2012.12.31
基本每股收益(元)	0.0244	0.0607	0.0360	0.0657
基本每股收益	0.0160	-	0.0326	0.0009
稀释每股收益(元)	0.0244	0.0607	0.0360	0.0657
每股净资产(元)	0.7281	0.7037	0.6790	0.6430
每股经营现金净流量(元)	0.0074	0.0181	-0.0539	0.1852
每股现金流量(元)	0.0170	-0.1283	-0.0756	0.1587
每股资本公积金(元)	0.3850	0.3850	0.3850	0.3850
每股盈余公积金(元)	0.0864	0.0864	0.0864	0.0864
每股未分配利润(元)	-0.7433	-0.7678	-0.7925	-0.8285
净资产收益率(%)	3.3548	8.6305	5.3072	10.2122
加权净资产收益率(%)	3.4100	9.0200	5.4500	10.7600
净资产收益率(扣除)(%)	2.1975	6.7002	4.8077	0.1404
总资产(万元)	109371.53	101495.69	111947.68	100328.14
归属母公司股东权益	70761.47	68387.54	65987.44	62485.33
营业收入(万元)	31956.96	64132.35	42927.20	91811.09
营业成本(万元)	23643.41	46056.61	31047.40	69575.96
投资收益(万元)	-	-	-	-85.09
净利润(万元)	2373.93	5902.21	3502.11	6381.16
营业利润(万元)	1910.11	5266.76	3834.05	1878.02
利润总额(万元)	2729.06	6819.84	4163.66	7687.39

上海振华重工(集团)股份有限公司

公司概况	公司名称	上海振华重工(集团)股份有限公司			证券简称	振华B股
	法人代表	宋海良	董秘	王珏	证券代码	900947
	公司网址	www.zpmc.com		电子信箱	zpmc@public.sta.net.cn	
	电　话	021-50390727		传　真	021-31193316	
	办公地址	上海市浦东南路3470号				
	经营范围	设计、建造、安装和承包大型港口装卸系统和设备、海上重型装备等				

	指标\报告期	2014.06.30	2013.12.31	2013.06.30	2012.12.31
主要财务指标	基本每股收益(元)	0.0100	0.0300	0.0100	-0.2400
	基本每股收益	-0.0200	-	-0.0700	-0.2900
	稀释每股收益(元)	0.0100	-	0.0100	-0.2400
	每股净资产(元)	3.3145	3.3052	3.2624	3.2369
	每股经营现金净流量(元)	-0.1597	0.2139	0.0615	0.6983
	每股现金流量(元)	0.1415	0.1811	-0.1876	0.0831
	每股资本公积金(元)	1.3154	1.3193	1.2987	1.2829
	每股盈余公积金(元)	-	0.3463	0.3463	0.3463
	每股未分配利润(元)	0.6528	0.6396	0.6175	0.6078
	净资产收益率(%)	0.3973	0.9700	0.2982	-7.3441
	加权净资产收益率(%)	0.4000	0.9700	0.3000	-7.0900
	净资产收益率(扣除)(%)	-0.4954	-6.9550	-1.9996	-8.8614
	总资产(万元)	5890954.21	4915473.67	5365891.35	4677969.63
	归属母公司股东权益	1455147.71	1451060.48	1432291.37	1421095.26
	营业收入(万元)	1124297.06	2320155.58	1048840.15	1825515.21
	营业成本(万元)	1004636.42	2143701.71	970691.34	1736267.04
	投资收益(万元)	21695.48	89803.65	2196.79	14109.30
	净利润(万元)	5780.98	13983.63	4271.35	-104366.58
	营业利润(万元)	3986.80	-17263.74	-24238.65	-128333.28
	利润总额(万元)	5840.45	12042.91	4799.50	-117119.05

内蒙古伊泰煤炭股份有限公司

公司概况	公司名称	内蒙古伊泰煤炭股份有限公司			证券简称	伊泰B股
	法人代表	张东海	董秘	廉涛	证券代码	900948
	公司网址	www.yitaicoal.com		电子信箱	ir@yitaicoal.com	
	电　话	0477-8565642　8565731		传　真	0477-8565415	
	办公地址	内蒙古自治区鄂尔多斯市东胜区天骄北路伊泰大厦				
	经营范围	原煤的生产、运输、销售业务和酒店经营及公路经营业务				

	指标\报告期	2014.06.30	2013.12.31	2013.06.30	2012.12.31
主要财务指标	基本每股收益(元)	0.4600	1.0600	0.6700	2.1500
	基本每股收益	0.4700	1.0800	0.6600	3.1000
	稀释每股收益(元)	-	1.0600	-	-
	每股净资产(元)	6.6382	6.4996	12.2021	12.1078
	每股经营现金净流量(元)	1.2268	1.7504	1.3446	5.1268
	每股现金流量(元)	1.8204	-0.7674	0.4651	1.1526
	每股资本公积金(元)	0.4746	0.4767	0.9287	0.9287
	每股盈余公积金(元)	0.4078	0.4078	0.6794	0.6794
	每股未分配利润(元)	4.7559	4.6154	9.5944	9.4998
	净资产收益率(%)	6.9379	16.2868	10.9653	33.6146
	加权净资产收益率(%)	7.0100	16.8700	11.0100	31.0800
	净资产收益率(扣除)(%)	7.1267	16.5792	10.7666	24.2664
	总资产(万元)	5402853.08	4548450.76	4403042.12	4136714.36
	归属母公司股东权益	2160061.29	2114982.06	1985293.58	1969940.92
	营业收入(万元)	1274048.20	2506354.91	1189507.08	3246332.47
	营业成本(万元)	851303.00	1590322.42	730898.36	2023798.87
	投资收益(万元)	3726.49	3419.37	-1043.68	23148.11
	净利润(万元)	149862.20	344462.83	217693.77	662188.08
	营业利润(万元)	215306.05	464815.79	279290.48	838418.07
	利润总额(万元)	208909.24	463386.33	289126.59	871831.71

江苏新城地产股份有限公司

公司概况	公司名称	江苏新城地产股份有限公司			证券简称	新城B股
	法人代表	王振华	董秘	唐云龙	证券代码	900950
	公司网址	www.900950.com		电子信箱	xcgf@900950.com	
	电　话	021-32522907		传　真	021-32522909	
	办公地址	上海中山北路3000号长城大厦22楼				
	经营范围	房地产开发与经营、物业管理、房产租赁、室内、外装饰工程、建筑材料、装潢材料销售等				

	指标\报告期	2014.06.30	2013.12.31	2013.06.30	2012.12.31
主要财务指标	基本每股收益(元)	0.1756	1.0102	0.2526	0.8259
	基本每股收益	0.1756	0.9650	0.2481	0.8187
	稀释每股收益(元)	0.1756	1.0102	0.2526	0.8259
	每股净资产(元)	4.2344	4.1585	3.3964	3.2388
	每股经营现金净流量(元)	-0.7055	-	-1.6244	1.2542
	每股现金流量(元)	-0.6787	-	-0.5053	-0.2777
	每股资本公积金(元)	0.0438	-	0.0361	0.0311
	每股盈余公积金(元)	0.1267	-	0.1150	0.1150
	每股未分配利润(元)	3.0639	-	2.2454	2.0928
	净资产收益率(%)	-	24.2930	7.4375	25.4990
	加权净资产收益率(%)	4.1700	27.4700	7.5800	29.2400
	净资产收益率(扣除)(%)	3.9787	23.2066	7.3061	25.2780
	总资产(万元)	3674301.83	3388221.35	3283358.35	2928064.74
	归属母公司股东权益	674620.60	662524.52	541115.59	516008.08
	营业收入(万元)	333580.39	1658396.94	350388.62	1430044.73
	营业成本(万元)	229919.70	1191419.47	235169.68	1044851.47
	投资收益(万元)	213.79	-481.66	-	-6.77
	净利润(万元)	27974.34	160947.01	40245.42	131576.83
	营业利润(万元)	38950.30	211380.23	53590.08	180344.11
	利润总额(万元)	39182.67	220485.72	53742.77	181224.85

大化集团大连化工股份有限公司

公司概况	公司名称	大化集团大连化工股份有限公司			证券简称	*ST大化B
	法人代表	刘平芹	董秘	周魏	证券代码	900951
	公司网址	www.dahuagf.com		电子信箱	dhjtdlhuagong@sina.com	
	电　话	0411-86893436		传　真	0411-85187331	
	办公地址	辽宁省大连市普湾新区松木岛化工园区				
	经营范围	纯碱、氯化铵及副产品的生产及销售、技术开发、售后服务、境内外企业的合作与投资				

	指标\报告期	2014.06.30	2013.12.31	2013.06.30	2012.12.31
主要财务指标	基本每股收益(元)	-0.0900	-0.4600	-0.1900	-0.1300
	基本每股收益	-0.0800	-0.4600	-0.1900	-0.1400
	稀释每股收益(元)	-0.0900	-0.4600	-0.1900	-0.1300
	每股净资产(元)	0.0848	0.1651	0.4494	0.6293
	每股经营现金净流量(元)	-0.0052	1.0944	-0.0710	0.4177
	每股现金流量(元)	0.0530	-0.0201	0.0039	-0.0230
	每股资本公积金(元)	0.8342	0.8342	0.8342	0.8342
	每股盈余公积金(元)	0.0560	0.0560	0.0560	0.0560
	每股未分配利润(元)	-1.8148	-1.7251	-1.4505	-1.2609
	净资产收益率(%)	-105.7373	-281.2057	-42.1763	-20.9338
	加权净资产收益率(%)	-71.7700	-116.8800	-35.1400	-18.9500
	净资产收益率(扣除)(%)	-89.9024	-281.3856	-42.2762	-22.2968
	总资产(万元)	106399.59	112946.70	102221.48	96984.74
	归属母公司股东权益	2332.04	4539.61	12357.59	17305.26
	营业收入(万元)	45592.26	81878.73	40560.33	96564.39
	营业成本(万元)	45201.91	87443.84	42972.58	94982.37
	投资收益(万元)	-	-	-	-
	净利润(万元)	-2465.84	-12765.65	-5211.98	-3622.65
	营业利润(万元)	-2096.56	-12773.81	-5224.32	-3858.53
	利润总额(万元)	-2465.84	-12765.65	-5211.98	-3622.65

锦州港股份有限公司

公司概况					
公司名称	锦州港股份有限公司			证券简称	锦港 B 股
法人代表	张宏伟	董秘	李桂萍	证券代码	900952
公司网址	www.jinzhouport.com		电子信箱	jzcjhga@mail.jzptt.ln.cn	
电　话	0416-3586462 3586234		传　真	0416-3582431	
办公地址	辽宁省锦州市经济技术开发区锦港大街一段 1 号				
经营范围	港口装卸、仓储及船货代理服务				

主要财务指标 指标＼报告期	2014.06.30	2013.12.31	2013.06.30	2012.12.31
基本每股收益(元)	0.0650	0.1000	0.0510	0.0800
基本每股收益	0.0620	0.0800	0.0350	0.0600
稀释每股收益(元)	0.0650	0.1000	0.0510	0.0800
每股净资产(元)	2.8568	2.8135	2.6418	2.6173
每股经营现金净流量(元)	0.0701	0.2683	0.1628	0.3097
每股现金流量(元)	-0.2865	0.4146	-0.0090	-0.0112
每股资本公积金(元)	1.3302	1.3302	1.0707	1.0707
每股盈余公积金(元)	0.1470	0.1470	0.1748	0.1748
每股未分配利润(元)	0.3768	0.3363	0.3964	0.3718
净资产收益率(%)	2.2922	2.7459	1.9134	3.2111
加权净资产收益率(%)	2.3000	3.7300	1.9100	3.2600
净资产收益率(扣除)(%)	2.1573	2.1194	1.3311	2.2216
总资产(万元)	1170433.74	1119838.47	1018435.18	1025320.91
归属母公司股东权益	572016.05	563353.91	412595.92	408761.87
营业收入(万元)	121837.85	184463.03	75443.89	116869.27
营业成本(万元)	88604.64	132340.87	50859.39	75400.44
投资收益(万元)	-617.86	1375.27	1293.82	-410.21
净利润(万元)	13111.93	15469.38	7894.70	13125.78
营业利润(万元)	18200.95	19975.50	10678.87	14324.46
利润总额(万元)	18627.99	22700.82	11316.83	19335.67

恒天凯马股份有限公司

公司概况					
公司名称	恒天凯马股份有限公司			证券简称	凯 马 B
法人代表	傅伟民	董秘	范弘斐	证券代码	900953
公司网址	www.kama.com.cn		电子信箱	fhf@kama.com.cn	
电　话	021-52046619 62036446		传　真	021-62030851	
办公地址	上海市中山北路 1958 号华源世界广场 6 楼				
经营范围	内燃机、农用运输车、拖拉机整机及其零部件的研究开发、生产、技术咨询、销售等				

主要财务指标 指标＼报告期	2014.06.30	2013.12.31	2013.06.30	2012.12.31
基本每股收益(元)	0.0110	0.0082	0.0121	0.0115
基本每股收益	0.0085	-0.0184	-0.0091	0.0059
稀释每股收益(元)	0.0110	0.0082	0.0121	0.0115
每股净资产(元)	1.5462	1.5351	1.5389	1.5260
每股经营现金净流量(元)	0.0677	0.5031	0.2493	0.3694
每股现金流量(元)	-0.1666	0.0512	-0.0488	-0.0529
每股资本公积金(元)	0.8570	0.8570	0.8572	0.8568
每股盈余公积金(元)	-	-	-	-
每股未分配利润(元)	-0.3123	-0.3233	-0.3194	-0.3315
净资产收益率(%)	0.7137	0.5332	0.7860	0.7512
加权净资产收益率(%)	0.7200	0.5300	0.7900	0.7500
净资产收益率(扣除)(%)	0.5490	-1.1981	-0.5904	0.3858
总资产(万元)	399026.65	410516.69	422243.85	401127.85
归属母公司股东权益	98953.70	98244.32	98491.71	97662.51
营业收入(万元)	280367.33	540687.49	295987.58	558187.14
营业成本(万元)	258117.78	495510.43	273539.48	514471.00
投资收益(万元)	-	-15.45	-15.45	-
净利润(万元)	706.27	523.84	774.14	733.68
营业利润(万元)	2305.39	2342.86	1021.99	3493.89
利润总额(万元)	2576.34	4309.91	2457.92	4006.20

上海九龙山旅游股份有限公司

公司概况					
公司名称	上海九龙山旅游股份有限公司			证券简称	九龙山 B
法人代表	郭亚军	董秘	孙爱林	证券代码	900955
公司网址	www.ninedragon.com.cn		电子信箱	ailin_sun@hnair.com	
电　话	021-60625366		传　真	021-60625377	
办公地址	上海市浦东新区浦东南路 588 号浦发大厦 15 楼				
经营范围	旅游景点综合经营管理,酒店管理,游艇销售,展览等				

主要财务指标 指标＼报告期	2014.06.30	2013.12.31	2013.06.30	2012.12.31
基本每股收益(元)	0.0100	0.0200	-0.0200	-0.1400
基本每股收益	-0.0300	-0.0900	-0.0200	-0.1300
稀释每股收益(元)	0.0100	0.0200	-0.0200	-0.1400
每股净资产(元)	1.2647	1.2575	1.2202	1.2375
每股经营现金净流量(元)	-0.0706	0.0274	-0.0306	-0.0572
每股现金流量(元)	-0.0554	0.0372	0.0073	-0.0472
每股资本公积金(元)	0.3098	0.3098	0.3098	0.3098
每股盈余公积金(元)	0.1039	0.1039	0.1039	0.1039
每股未分配利润(元)	-0.1518	-0.1603	-0.1986	-0.1812
净资产收益率(%)	0.6765	1.6624	-1.4203	-11.4813
加权净资产收益率(%)	0.6800	1.6800	-1.4100	-10.8600
净资产收益率(扣除)(%)	-2.1790	-7.4045	-1.4745	-10.1858
总资产(万元)	271977.08	276904.82	288027.84	287630.21
归属母公司股东权益	164854.56	163919.17	159057.20	161307.83
营业收入(万元)	585.83	6742.66	5585.51	13096.82
营业成本(万元)	464.85	4097.83	2645.87	6634.81
投资收益(万元)	-127.61	6725.97	-112.31	826.10
净利润(万元)	1115.23	2724.95	-2259.06	-18520.16
营业利润(万元)	-3595.79	-5266.02	-2358.03	-17025.12
利润总额(万元)	1111.66	4344.23	-2271.87	-19114.77

黄石东贝电器股份有限公司

公司概况					
公司名称	黄石东贝电器股份有限公司			证券简称	东贝 B 股
法人代表	杨百昌	董秘	陆丽华	证券代码	900956
公司网址	www.donper.com		电子信箱	stock@donper.com	
电　话	0714-5415858		传　真	0714-5415858	
办公地址	湖北省黄石市经济技术开发区金山大道东 6 号				
经营范围	制冷压缩机、压缩机电机的生产和销售、高新技术产品开发、生产、咨询				

主要财务指标 指标＼报告期	2014.06.30	2013.12.31	2013.06.30	2012.12.31
基本每股收益(元)	0.1060	0.3990	0.1020	0.2580
基本每股收益	0.0800	0.2310	0.0860	0.2480
稀释每股收益(元)	0.1060	0.3990	0.1020	0.2580
每股净资产(元)	3.9244	3.8189	3.5228	3.4204
每股经营现金净流量(元)	0.7347	0.2244	-0.3664	1.3748
每股现金流量(元)	0.6393	-0.1270	0.3575	0.0227
每股资本公积金(元)	0.8090	0.8090	0.8090	0.8090
每股盈余公积金(元)	0.1615	0.1615	0.1532	0.1532
每股未分配利润(元)	1.9555	1.8492	1.5606	1.4582
净资产收益率(%)	2.7067	10.4548	2.9066	7.5287
加权净资产收益率(%)	2.7400	11.0300	2.9500	8.8900
净资产收益率(扣除)(%)	2.0352	6.0413	2.4377	7.2562
总资产(万元)	406978.38	-	422387.06	380798.59
归属母公司股东权益	92223.62	89743.26	82786.35	80380.09
营业收入(万元)	226955.02	426403.18	239045.69	411588.17
营业成本(万元)	202659.25	372217.86	214376.25	360114.00
投资收益(万元)	-23.90	5361.91	-18.98	-94.81
净利润(万元)	2496.22	9382.48	2406.26	6051.57
营业利润(万元)	3461.05	16073.32	3749.32	11103.99
利润总额(万元)	4715.89	15313.84	4236.91	11532.96

上海凌云实业发展股份有限公司

公司概况					
公司名称	上海凌云实业发展股份有限公司			证券简称	凌云B股
法人代表	于爱新	董秘	陈新华	证券代码	900957
公司网址	www.elingyun.com		电子信箱	lingyun@elingyun.com	
电　　话	021-68400880		传　　真	021-68401110	
办公地址	上海市浦东新区源深路1088号葛洲坝大厦12楼1201室				
经营范围	房地产开发销售、旅游景点设施的开发与经营、办学及教育产业投资等				

主要财务指标

指标\报告期	2014.06.30	2013.12.31	2013.06.30	2012.12.31
基本每股收益(元)	0.0104	0.0200	0.0140	0.0200
基本每股收益	0.0104	−0.0700	−0.0786	−0.0400
稀释每股收益(元)	0.0104	0.0200	0.0140	0.0200
每股净资产(元)	1.1214	1.1111	1.1045	1.0905
每股经营现金净流量(元)	0.0176	−0.0437	−0.0169	−0.0279
每股现金流量(元)	−0.1468	0.1750	0.2610	0.0194
每股资本公积金(元)	0.5782	0.5782	0.5782	0.5782
每股盈余公积金(元)	–	–	–	–
每股未分配利润(元)	−0.4568	−0.4671	−0.4737	−0.4877
净资产收益率(%)	0.9231	1.8510	1.2640	1.8937
加权净资产收益率(%)	0.9300	1.8700	1.2800	1.9100
净资产收益率(扣除)(%)	0.9230	−6.0724	−7.1119	−3.6456
总资产(万元)	40662.04	39543.45	39509.26	39143.45
归属母公司股东权益	39137.20	38775.93	38545.40	38058.20
营业收入(万元)	26.50	1134.37	324.91	1059.99
营业成本(万元)	25.69	1043.34	329.77	946.61
投资收益(万元)	611.53	3347.57	2802.82	1364.24
净利润(万元)	361.27	717.73	487.20	720.69
营业利润(万元)	355.04	473.67	89.35	736.14
利润总额(万元)	355.07	707.81	481.64	736.09

主要财务指标

指标\报告期	2014.06.30	2013.12.31	2013.06.30	2012.12.31
基本每股收益(元)				
基本每股收益				
稀释每股收益(元)				
每股净资产(元)				
每股经营现金净流量(元)				
每股现金流量(元)				
每股资本公积金(元)				
每股盈余公积金(元)				
每股未分配利润(元)				
净资产收益率(%)				
加权净资产收益率(%)				
净资产收益率(扣除)(%)				
总资产(万元)				
归属母公司股东权益				
营业收入(万元)				
营业成本(万元)				
投资收益(万元)				
净利润(万元)				
营业利润(万元)				
利润总额(万元)				

主要财务指标

指标\报告期	2014.06.30	2013.12.31	2013.06.30	2012.12.31
基本每股收益(元)				
基本每股收益				
稀释每股收益(元)				
每股净资产(元)				
每股经营现金净流量(元)				
每股现金流量(元)				
每股资本公积金(元)				
每股盈余公积金(元)				
每股未分配利润(元)				
净资产收益率(%)				
加权净资产收益率(%)				
净资产收益率(扣除)(%)				
总资产(万元)				
归属母公司股东权益				
营业收入(万元)				
营业成本(万元)				
投资收益(万元)				
净利润(万元)				
营业利润(万元)				
利润总额(万元)				

主要财务指标

指标\报告期	2014.06.30	2013.12.31	2013.06.30	2012.12.31
基本每股收益(元)				
基本每股收益				
稀释每股收益(元)				
每股净资产(元)				
每股经营现金净流量(元)				
每股现金流量(元)				
每股资本公积金(元)				
每股盈余公积金(元)				
每股未分配利润(元)				
净资产收益率(%)				
加权净资产收益率(%)				
净资产收益率(扣除)(%)				
总资产(万元)				
归属母公司股东权益				
营业收入(万元)				
营业成本(万元)				
投资收益(万元)				
净利润(万元)				
营业利润(万元)				
利润总额(万元)				

平安银行股份有限公司

公司概况						
公司名称	平安银行股份有限公司			证券简称	平安银行	
法人代表	孙建一	董秘	周强	证券代码	000001	
公司网址	www.bank.pingan.com		电子信箱	pabdsh@pingan.com.cn		
电　　话	0755-82080387		传　　真	0755-82080386		
办公地址	广东省深圳市罗湖区深南东路 5047 号					
经营范围	办理人民币存、贷、结算、汇兑业务、人民币票据承兑和贴现等					

主要财务指标　指标\报告期	2014.06.30	2013.12.31	2013.06.30	2012.12.31
基本每股收益(元)	0.8800	1.5500	0.7700	1.6400
基本每股收益	0.8800	1.3300	0.7600	1.6300
稀释每股收益(元)	0.8800	1.5500	0.7700	1.6400
每股净资产(元)	10.5857	11.7700	11.1700	10.3500
每股经营现金净流量(元)	4.6761	9.6286	3.5135	36.2752
每股现金流量(元)	4.4190	0.9492	-5.3538	20.3320
每股资本公积金(元)	4.3886	5.4337	4.9067	7.8343
每股盈余公积金(元)	0.3811	0.4573	0.3452	0.5526
每股未分配利润(元)	3.3709	3.1470	3.2527	4.5046
净资产收益率(%)	8.3300	13.5900	8.2300	15.8100
加权净资产收益率(%)	8.6200	16.5700	8.5200	16.7800
净资产收益率(扣除)(%)	8.3388	13.5300	8.2200	15.7800
总资产(万元)	213647500.00	189174100.00	182699800.00	160653700.00
归属母公司股东权益	12094000.00	11208100.00	9154200.00	8479900.00
营业收入(万元)	3473300.00	5218900.00	2342600.00	3974900.00
营业成本(万元)	-268100.00	3223400.00	-182400.00	2220600.00
投资收益(万元)	217300.00	34700.00	51000.00	62300.00
净利润(万元)	1007200.00	1523100.00	753100.00	1340300.00
营业利润(万元)	1334500.00	1995500.00	989400.00	1754300.00
利润总额(万元)	1332800.00	2004000.00	990600.00	1755200.00

万科企业股份有限公司

公司概况						
公司名称	万科企业股份有限公司			证券简称	万科 A	
法人代表	王石	董秘	谭华杰	证券代码	000002	
公司网址	www.vanke.com		电子信箱	ir@vanke.com		
电　　话	0755-25606666		传　　真	0755-25531696		
办公地址	广东省深圳市盐田区大梅沙环梅路 33 号万科中心					
经营范围	公司为专业化房地产公司、主要产品为商品住宅					

主要财务指标　指标\报告期	2014.06.30	2013.12.31	2013.06.30	2012.12.31
基本每股收益(元)	0.4400	1.3700	0.4100	1.1400
基本每股收益	0.4140	1.3700	0.4100	1.1400
稀释每股收益(元)	0.4400	1.3700	0.4100	1.1400
每股净资产(元)	6.9800	6.9800	6.0500	5.8000
每股经营现金净流量(元)	0.3116	0.1747	-0.8891	0.3389
每股现金流量(元)	-0.1173	-0.7368	-1.3504	1.5921
每股资本公积金(元)	0.7547	0.7746	0.8066	0.7898
每股盈余公积金(元)	1.8280	1.8280	1.5451	1.5476
每股未分配利润(元)	3.3590	3.3325	2.6570	2.4272
净资产收益率(%)	6.2500	19.6600	6.8400	19.6600
加权净资产收益率(%)	6.1300	21.5400	6.9100	21.4500
净资产收益率(扣除)(%)	5.9324	19.6500	6.8074	19.6000
总资产(万元)	50177429.35	47920532.35	43224196.02	37880161.51
归属母公司股东权益	7688847.46	7689598.33	6664462.72	6382555.39
营业收入(万元)	4096190.21	13541879.11	4139034.56	10311624.51
营业成本(万元)	2829841.41	9279765.08	2748887.90	6542161.43
投资收益(万元)	130913.37	100518.78	38754.35	92868.80
净利润(万元)	480923.81	1511854.94	455630.49	1255118.24
营业利润(万元)	685626.04	2426133.84	710521.10	2101304.08
利润总额(万元)	712247.47	2429101.12	713341.23	2107018.51

深圳中国农大科技股份有限公司

公司概况						
公司名称	深圳中国农大科技股份有限公司			证券简称	国农科技	
法人代表	江玉明	董秘	杨斌	证券代码	000004	
公司网址	www.sz000004.cn		电子信箱	gnkjsz@163.com		
电　　话	0755-83521596		传　　真	0755-83521727		
办公地址	广东省深圳市福田区商报路奥林匹克大厦 6 楼 D-E					
经营范围	房地产开发和销售、生物制药的研发与销售					

主要财务指标　指标\报告期	2014.06.30	2013.12.31	2013.06.30	2012.12.31
基本每股收益(元)	-0.0560	-0.0123	0.0006	0.0239
基本每股收益	-0.0545	-	-0.0055	0.0288
稀释每股收益(元)	-0.0560	-0.0123	0.0006	0.0239
每股净资产(元)	0.8540	0.9100	0.9230	0.9223
每股经营现金净流量(元)	-0.0918	-0.2506	-0.1244	0.2091
每股现金流量(元)	-0.1888	0.0029	0.0083	-0.0107
每股资本公积金(元)	0.0073	0.0073	0.0073	0.0073
每股盈余公积金(元)	0.1318	0.1318	0.1318	0.1318
每股未分配利润(元)	-0.2851	-0.2290	-0.2160	-0.2167
净资产收益率(%)	-6.5627	-1.3522	0.0698	2.5890
加权净资产收益率(%)	-6.3500	-0.7004	0.0700	2.5900
净资产收益率(扣除)(%)	-6.3817	-2.6819	-0.5985	3.1225
总资产(万元)	27596.42	24215.21	19825.21	19291.36
归属母公司股东权益	7171.41	7642.05	7751.15	7745.38
营业收入(万元)	2743.01	7278.46	3527.57	9736.33
营业成本(万元)	1132.38	3457.00	1803.10	5307.94
投资收益(万元)	-12.79	119.53	149.26	242.88
净利润(万元)	-470.64	-103.34	5.41	200.53
营业利润(万元)	-354.92	1148.78	594.12	1400.36
利润总额(万元)	-355.07	1120.30	598.97	1070.75

深圳世纪星源股份有限公司

公司概况						
公司名称	深圳世纪星源股份有限公司			证券简称	世纪星源	
法人代表	丁芃	董秘	罗晓春	证券代码	000005	
公司网址	www.fountain.com.cn		电子信箱	fountain@sfc.com.cn		
电　　话	0755-82208888		传　　真	0755-82207055		
办公地址	广东省深圳市人民南路发展中心大厦 13 楼					
经营范围	房地产、酒店、物业管理、商务咨询、顾问、计算机软件开发、投资及其他第三产业					

主要财务指标　指标\报告期	2014.06.30	2013.12.31	2013.06.30	2012.12.31
基本每股收益(元)	-0.0276	-0.0463	-0.0246	0.0241
基本每股收益	-0.0276	-	-0.0246	-0.0843
稀释每股收益(元)	-0.0276	-0.0463	-0.0246	0.0241
每股净资产(元)	0.6551	0.6827	0.7214	0.7460
每股经营现金净流量(元)	-0.1042	-0.1222	-0.1290	0.1963
每股现金流量(元)	0.0007	-0.0029	-0.0034	0.0032
每股资本公积金(元)	0.2943	0.2943	0.2943	0.2943
每股盈余公积金(元)	0.1635	0.1635	0.1635	0.1635
每股未分配利润(元)	-0.6375	-0.6099	-0.5882	-0.5637
净资产收益率(%)	-4.2102	-6.7834	-3.4044	3.2285
加权净资产收益率(%)	-4.1200	-6.4100	-3.3500	3.2800
净资产收益率(扣除)(%)	-4.2198	-7.1635	-3.4165	-11.2935
总资产(万元)	159289.93	118865.39	117609.75	131970.24
归属母公司股东权益	59902.43	62424.43	65964.25	68209.94
营业收入(万元)	2385.65	5206.17	2208.47	9942.12
营业成本(万元)	1982.94	3886.38	2125.73	6413.05
投资收益(万元)	-	-491.60	-	3417.22
净利润(万元)	-2521.99	-4234.48	-2245.69	2202.16
营业利润(万元)	-2527.74	-4471.78	-2253.65	-464.96
利润总额(万元)	-2521.99	-4234.48	-2245.69	2649.39

深圳市振业(集团)股份有限公司

公司概况	公司名称	深圳市振业(集团)股份有限公司			证券简称	深振业 A
	法人代表	李永明	董秘	彭庆伟	证券代码	000006
	公司网址	www.zhenye.com		电子信箱	szzygp@126.com	
	电　话	0755-25863061 25863893		传　真	0755-25863012	
	办公地址	广东省深圳市罗湖区宝安南路 2014 号振业大厦 B 座 11-17 层				
	经营范围	房地产开发、销售及租赁				

主要财务指标	指标\报告期	2014.06.30	2013.12.31	2013.06.30	2012.12.31
	基本每股收益(元)	0.0364	0.5156	0.2001	0.4572
	基本每股收益	0.0291	0.5140	0.1999	0.4785
	稀释每股收益(元)	0.0364	0.5156	0.2001	0.4572
	每股净资产(元)	2.8767	3.0318	2.7186	2.5600
	每股经营现金净流量(元)	-0.1068	-0.6595	0.0851	1.6968
	每股现金流量(元)	0.1460	0.1296	0.7289	0.9013
	每股资本公积金(元)	0.5153	0.5518	0.5541	0.5251
	每股盈余公积金(元)	0.6529	0.6529	0.5732	0.6019
	每股未分配利润(元)	0.7085	0.8271	0.5913	0.5607
	净资产收益率(%)	1.2650	17.0069	7.3610	17.8593
	加权净资产收益率(%)	1.2000	18.4400	7.4500	19.7100
	净资产收益率(扣除)(%)	1.0107	16.9523	7.3530	17.8034
	总资产(万元)	1100960.00	1006853.64	1041335.32	934343.03
	归属母公司股东权益	388349.31	409295.83	367013.27	345561.98
	营业收入(万元)	49148.84	461085.50	117052.25	307624.51
	营业成本(万元)	29758.29	307943.56	63864.29	171773.06
	投资收益(万元)	506.52	877.97	877.97	727.17
	净利润(万元)	4914.19	69608.58	27015.78	61715.08
	营业利润(万元)	5074.12	92382.03	35433.63	84311.18
	利润总额(万元)	6401.31	92627.52	35475.00	84518.47

深圳市零七股份有限公司

公司概况	公司名称	深圳市零七股份有限公司			证券简称	零七股份
	法人代表	丁玮	董秘	冯军武	证券代码	000007
	公司网址	www.sz000007.com		电子信箱	stock0007@126.com	
	电　话	0755-83280053 83280055		传　真	0755-83280089	
	办公地址	广东省深圳市福田区华强北路现代之窗大厦 A 座 25 楼				
	经营范围	投资兴办实业、房地产开发与销售等				

主要财务指标	指标\报告期	2014.06.30	2013.12.31	2013.06.30	2012.12.31
	基本每股收益(元)	-0.0170	0.1007	0.0041	0.0287
	基本每股收益	-0.0285	-	-0.0483	0.0387
	稀释每股收益(元)	-0.0170	0.1007	0.0041	0.0287
	每股净资产(元)	1.6421	1.5023	0.9184	1.2476
	每股经营现金净流量(元)	0.0993	0.8350	0.2884	-1.0767
	每股现金流量(元)	-0.3231	0.0528	-0.0982	0.0470
	每股资本公积金(元)	1.8298	1.6706	1.1748	1.5082
	每股盈余公积金(元)	0.0390	0.0390	0.0390	0.0390
	每股未分配利润(元)	-1.2247	-1.2077	-1.2953	-1.3085
	净资产收益率(%)	-1.0343	6.7055	0.4470	3.0312
	加权净资产收益率(%)	-1.1400	7.4200	0.3300	3.0800
	净资产收益率(扣除)(%)	-1.7346	-7.8024	-5.2593	2.3710
	总资产(万元)	68539.59	65751.19	59192.29	78968.00
	归属母公司股东权益	37926.60	34699.03	21210.89	28610.25
	营业收入(万元)	5806.96	21434.85	6619.56	31266.49
	营业成本(万元)	1199.77	7322.00	1652.66	17328.78
	投资收益(万元)	-	-	-	-
	净利润(万元)	-392.26	2326.75	94.81	663.59
	营业利润(万元)	-861.58	1577.78	-692.72	938.89
	利润总额(万元)	-497.01	2238.08	-69.72	895.02

广东宝利来投资股份有限公司

公司概况	公司名称	广东宝利来投资股份有限公司			证券简称	宝利来
	法人代表	周瑞堂	董秘	邱大庆	证券代码	000008
	公司网址			电子信箱	sqdq@163.com	
	电　话	0755-26433212		传　真	0755-26433485	
	办公地址	广东省深圳市南山区东滨路 4285 号锦兴小区管理楼 2 楼				
	经营范围	开发生产加工基地、首期生产经营禽畜、仓储、国内商业、进出口业务等				

主要财务指标	指标\报告期	2014.06.30	2013.12.31	2013.06.30	2012.12.31
	基本每股收益(元)	0.0300	0.0700	0.0350	0.1300
	基本每股收益	0.0200	0.0700	0.0350	0.0300
	稀释每股收益(元)	0.0300	0.0700	0.0350	0.1300
	每股净资产(元)	1.8848	1.8563	1.8161	3.5627
	每股经营现金净流量(元)	0.0785	0.2200	0.0801	0.5709
	每股现金流量(元)	-0.0521	0.1259	0.1434	0.3157
	每股资本公积金(元)	0.9521	0.9521	0.9521	2.9042
	每股盈余公积金(元)	0.0148	0.0148	0.0148	0.0295
	每股未分配利润(元)	-0.0821	-0.1105	-0.1507	-0.3710
	净资产收益率(%)	1.5088	4.0381	1.9125	7.2400
	加权净资产收益率(%)	1.5200	4.1200	1.9100	7.2400
	净资产收益率(扣除)(%)	1.2630	3.9038	1.9054	0.6813
	总资产(万元)	63212.43	62662.60	61020.84	61382.96
	归属母公司股东权益	57221.78	56358.44	55137.16	54082.64
	营业收入(万元)	14450.57	30444.82	14837.88	33148.08
	营业成本(万元)	8045.67	16684.34	8205.94	16876.34
	投资收益(万元)	60.33	6.95	6.95	8.89
	净利润(万元)	863.34	2275.80	1054.52	3912.90
	营业利润(万元)	1161.65	3027.79	1338.30	4902.54
	利润总额(万元)	1222.89	3012.11	1315.32	4919.30

中国宝安集团股份有限公司

公司概况	公司名称	中国宝安集团股份有限公司			证券简称	中国宝安
	法人代表	陈政立	董秘	郭山清	证券代码	000009
	公司网址	www.chinabaoan.com		电子信箱	zgbajt@163.net	
	电　话	0755-25170336 25170382		传　真	0755-25170300 25170367	
	办公地址	广东省深圳市笋岗东路 1002 号宝安广场 A 座 28-29 层				
	经营范围	高新技术产业、生物医药业和房地产业				

主要财务指标	指标\报告期	2014.06.30	2013.12.31	2013.06.30	2012.12.31
	基本每股收益(元)	0.1530	0.2300	0.0210	0.1300
	基本每股收益	-0.0810	-	0.0620	-0.1800
	稀释每股收益(元)	0.1530	0.2300	0.0210	0.1300
	每股净资产(元)	2.6666	2.5525	2.7508	2.7400
	每股经营现金净流量(元)	-0.0710	0.0641	-0.0975	0.3215
	每股现金流量(元)	0.3309	-0.2961	-0.2351	0.6329
	每股资本公积金(元)	0.3215	0.3608	0.5159	0.5036
	每股盈余公积金(元)	0.1157	0.1157	0.0983	0.0983
	每股未分配利润(元)	1.2473	1.0938	1.1531	1.1547
	净资产收益率(%)	6.8796	9.1326	1.0336	5.3681
	加权净资产收益率(%)	7.0300	9.3700	1.0400	5.8800
	净资产收益率(扣除)(%)	-3.6577	-4.2459	2.5884	-6.7218
	总资产(万元)	1376305.16	1361180.14	1329649.46	1317133.00
	归属母公司股东权益	334484.76	320173.03	300041.07	298914.45
	营业收入(万元)	181400.00	415502.40	198555.20	402459.04
	营业成本(万元)	116567.26	266820.71	121668.47	259936.89
	投资收益(万元)	31484.59	55051.58	5467.11	29847.06
	净利润(万元)	23011.11	29240.00	3101.22	16046.07
	营业利润(万元)	33988.57	47335.71	16756.01	37765.01
	利润总额(万元)	35256.35	50426.54	18633.73	41204.29

北京深华新股份有限公司

公司概况	公司名称	北京深华新股份有限公司			证券简称	深华新
	法人代表	贾明辉	董秘	支佐	证券代码	000010
	公司网址				电子信箱	shenhuaxin000010@163.com
	电话	010-68784092			传真	010-68784093
	办公地址	北京市西城区车公庄大街甲4号物华大厦19层B1904				
	经营范围	投资与资产管理、房地产开发等				

主要财务指标	指标\报告期	2014.06.30	2013.12.31	2013.06.30	2012.12.31
	基本每股收益(元)	-0.0109	0.0053	0.0129	0.0643
	基本每股收益	-0.0108	-	0.0057	0.0012
	稀释每股收益(元)	-0.0109	0.0053	0.0129	0.0643
	每股净资产(元)	1.0446	1.0551	4.2500	0.3800
	每股经营现金净流量(元)	-0.0744	0.0072	-0.0229	-0.0167
	每股现金流量(元)	-0.0999	0.7370	3.0611	0.0250
	每股资本公积金(元)	0.2245	0.2245	3.9809	0.3766
	每股盈余公积金(元)	0.0146	0.0146	0.0172	0.0584
	每股未分配利润(元)	-0.1985	-0.1876	-0.7612	-0.4568
	净资产收益率(%)	-1.0441	0.5061	1.2176	1.9126
	加权净资产收益率(%)	-1.0400	0.8200	1.9800	18.6300
	净资产收益率(扣除)(%)	-1.0313	-0.6486	0.3494	0.3072
	总资产(万元)	79496.53	102778.96	108143.39	53417.51
	归属母公司股东权益	61427.64	62045.07	62481.92	14556.25
	营业收入(万元)	10713.95	36238.44	13908.88	41611.96
	营业成本(万元)	8632.00	25129.02	9352.34	27688.91
	投资收益(万元)	-251.09	-	-	66.75
	净利润(万元)	-641.37	314.01	760.80	3782.02
	营业利润(万元)	-612.72	1181.69	71.97	5517.22
	利润总额(万元)	-611.27	950.73	797.13	5674.38

深圳市物业发展(集团)股份有限公司

公司概况	公司名称	深圳市物业发展(集团)股份有限公司			证券简称	深物业 A
	法人代表	陈玉刚	董秘	范维平	证券代码	000011
	公司网址	www.szwuye.com.cn			电子信箱	000011touzizhe@163.com
	电话	0755-82211020			传真	0755-82210610 82212043
	办公地址	广东省深圳市人民南路国贸大厦39、42层				
	经营范围	房地产开发及商品房销售、商品楼宇的建筑、管理、房屋租赁等				

主要财务指标	指标\报告期	2014.06.30	2013.12.31	2013.06.30	2012.12.31
	基本每股收益(元)	0.1881	0.5048	0.5933	0.6299
	基本每股收益	0.1736	-	-	0.5600
	稀释每股收益(元)	0.1881	-	0.5933	0.6299
	每股净资产(元)	2.9635	3.0249	3.1138	2.5217
	每股经营现金净流量(元)	-0.3186	0.1853	0.2125	1.3519
	每股现金流量(元)	-0.6878	0.3011	0.1783	0.5510
	每股资本公积金(元)	0.2013	0.2015	0.1070	0.2015
	每股盈余公积金(元)	0.2039	0.2039	0.1726	0.1726
	每股未分配利润(元)	1.5694	1.6314	1.8452	1.1579
	净资产收益率(%)	6.3456	16.6876	19.0543	24.9806
	加权净资产收益率(%)	6.1900	18.1900	21.0600	28.4200
	净资产收益率(扣除)(%)	5.8564	16.6542	18.9888	22.4603
	总资产(万元)	358833.82	387325.27	377578.70	395070.59
	归属母公司股东权益	176617.39	180278.13	185574.96	150315.65
	营业收入(万元)	50136.76	161922.72	134819.41	186129.88
	营业成本(万元)	23083.52	74484.75	55317.86	84193.23
	投资收益(万元)	626.17	516.48	439.01	314.58
	净利润(万元)	11207.45	30084.06	35360.10	37542.21
	营业利润(万元)	14402.97	42358.63	45909.76	48539.82
	利润总额(万元)	14781.26	42293.45	45968.69	48704.81

中国南玻集团股份有限公司

公司概况	公司名称	中国南玻集团股份有限公司			证券简称	南 玻 A
	法人代表	曾南	董秘	周红	证券代码	000012
	公司网址	www.csgholding.com			电子信箱	securities@csgholding.com
	电话	0755-26860666			传真	0755-26860641
	办公地址	广东省深圳市蛇口工业区工业六路一号南玻大厦				
	经营范围	高级浮法玻璃原片、工程玻璃、精细玻璃、汽车玻璃、新型电子元器件等				

主要财务指标	指标\报告期	2014.06.30	2013.12.31	2013.06.30	2012.12.31
	基本每股收益(元)	0.2800	0.7400	0.1700	0.1300
	基本每股收益	0.1200	-	0.1600	0.0600
	稀释每股收益(元)	0.2800	-	0.1700	0.1300
	每股净资产(元)	3.8640	3.8779	3.3003	3.2844
	每股经营现金净流量(元)	0.2799	0.8186	0.3408	0.8316
	每股现金流量(元)	0.0049	-0.0825	-0.0359	-0.0900
	每股资本公积金(元)	0.6718	0.6704	0.6613	0.6654
	每股盈余公积金(元)	0.3686	0.3686	0.3268	0.3268
	每股未分配利润(元)	1.8167	1.8328	1.3049	1.2845
	净资产收益率(%)	7.3475	20.5200	5.1644	4.0308
	加权净资产收益率(%)	7.3800	20.5200	5.1000	4.0400
	净资产收益率(扣除)(%)	3.0294	7.5295	4.7180	1.7033
	总资产(万元)	1479696.06	1507886.68	1531412.80	1433580.97
	归属母公司股东权益	801914.35	804789.41	684919.57	681621.08
	营业收入(万元)	326268.17	773379.61	353696.58	699435.80
	营业成本(万元)	243859.30	550130.07	251467.81	535580.29
	投资收益(万元)	32076.21	92737.61	43.20	7166.64
	净利润(万元)	58921.04	153592.97	35371.97	27474.62
	营业利润(万元)	62251.08	187060.76	48566.24	34646.84
	利润总额(万元)	67819.44	193517.89	52555.87	45857.29

沙河实业股份有限公司

公司概况	公司名称	沙河实业股份有限公司			证券简称	沙河股份
	法人代表	陈勇	董秘	王凡	证券代码	000014
	公司网址	www.shahe.cn			电子信箱	wangyanling88@126.com
	电话	0755-86091298 86090823			传真	0755-86090688
	办公地址	广东省深圳市南山区白石路2222号沙河世纪楼				
	经营范围	房地产开发与销售				

主要财务指标	指标\报告期	2014.06.30	2013.12.31	2013.06.30	2012.12.31
	基本每股收益(元)	0.1240	0.1426	-0.0348	0.1386
	基本每股收益	0.1182	0.1349	-0.0347	0.1294
	稀释每股收益(元)	0.1240	0.1426	-0.0348	0.1386
	每股净资产(元)	3.1239	3.0149	2.8376	2.8974
	每股经营现金净流量(元)	-0.7571	0.3679	-0.0466	0.4582
	每股现金流量(元)	0.5273	-0.3359	0.1115	0.2625
	每股资本公积金(元)	0.0491	0.0491	0.0491	0.0491
	每股盈余公积金(元)	0.8821	0.8821	0.8776	0.8451
	每股未分配利润(元)	1.1927	1.0837	0.9108	1.0032
	净资产收益率(%)	3.9690	4.7284	-1.2250	4.7847
	加权净资产收益率(%)	4.0300	4.8300	-1.2100	4.8900
	净资产收益率(扣除)(%)	3.7829	4.4744	-1.2238	4.4666
	总资产(万元)	212977.72	189271.58	195651.23	202050.26
	归属母公司股东权益	63010.69	60812.34	57235.78	58441.16
	营业收入(万元)	19218.54	56395.03	24989.30	42130.95
	营业成本(万元)	7566.97	33771.11	16527.47	22971.46
	投资收益(万元)	-	-	-	170.00
	净利润(万元)	2500.91	2875.44	-701.12	2796.22
	营业利润(万元)	4081.49	4764.88	831.64	4167.97
	利润总额(万元)	4058.93	4951.58	836.90	4241.02

康佳集团股份有限公司

公司概况						
公司名称	康佳集团股份有限公司			证券简称	深康佳 A
法人代表	吴斯远	董秘	肖庆	证券代码	000016
公司网址	www.konka.com			电子信箱	szkonka@konka.com
电　　话	0755-26608866			传　　真	0755-26601139 26600082
办公地址	广东省深圳市南山区华侨城				
经营范围	研究开发、生产经营电视机、冰箱、洗衣机、日用小家电等家用电器产品等				

主要财务指标				
指标＼报告期	2014.06.30	2013.12.31	2013.06.30	2012.12.31
基本每股收益(元)	0.0377	0.0375	0.0337	0.0381
基本每股收益	–0.1428	–0.0573	0.0115	–0.0449
稀释每股收益(元)	0.0377	0.0375	0.0337	0.0381
每股净资产(元)	3.4187	3.3892	3.3846	3.3585
每股经营现金净流量(元)	1.0033	1.8964	1.8868	–0.2984
每股现金流量(元)	–0.1158	0.7869	0.7851	0.1475
每股资本公积金(元)	1.0585	1.0585	1.0568	1.0569
每股盈余公积金(元)	0.7043	0.7043	0.6871	0.6871
每股未分配利润(元)	0.6406	0.6130	0.6263	0.6026
净资产收益率(%)	1.1021	1.1068	0.9950	1.1334
加权净资产收益率(%)	1.1100	1.1100	1.0000	1.1400
净资产收益率(扣除)(%)	–4.1772	–1.6914	0.3412	–1.3376
总资产(万元)	1515866.61	1574328.43	1512773.84	1656291.72
归属母公司股东权益	411597.53	408045.82	407497.96	404359.15
营业收入(万元)	839830.05	2000673.69	942139.93	1833786.17
营业成本(万元)	701056.78	1666098.16	783577.75	1503809.05
投资收益(万元)	26644.01	5498.52	–	742.11
净利润(万元)	4536.01	4516.30	4054.77	4582.92
营业利润(万元)	2898.36	–6949.59	1886.74	–12021.58
利润总额(万元)	8316.31	18206.09	5969.63	9182.61

深圳中华自行车(集团)股份有限公司

公司概况					
公司名称	深圳中华自行车(集团)股份有限公司			证券简称	深中华 A
法人代表	罗桂友	董秘	孙龙龙	证券代码	000017
公司网址	www.cbc.com.cn			电子信箱	dmc@szcbc.com
电　　话	0755-28181666			传　　真	0755-28181009
办公地址	深圳市笋岗东路 3002 号万通大厦 1201 室				
经营范围	生产装配各种类型的自行车及自行车零件、部件、配件、机械产品、运动机械等				

主要财务指标				
指标＼报告期	2014.06.30	2013.12.31	2013.06.30	2012.12.31
基本每股收益(元)	0.0034	2.8570	–0.0531	–0.0951
基本每股收益	–0.0049	0.0079	0.0040	–0.1007
稀释每股收益(元)	0.0034	2.8570	–0.0531	–0.0951
每股净资产(元)	0.0161	0.0127	–3.1536	–3.1000
每股经营现金净流量(元)	0.0050	–0.0512	–0.0373	–0.0127
每股现金流量(元)	0.0046	–0.0464	–0.0372	0.0505
每股资本公积金(元)	1.1387	1.1387	0.8825	0.8825
每股盈余公积金(元)	0.0593	0.0593	0.0593	0.0593
每股未分配利润(元)	–2.1819	–2.1853	–5.0954	–5.0423
净资产收益率(%)	21.1157	22492.4800	–1.6842	–3.0678
加权净资产收益率(%)	23.6100	–	1.7000	–
净资产收益率(扣除)(%)	–30.3455	62.2561	–0.1264	3.2477
总资产(万元)	7108.02	15151.14	15729.79	16264.91
归属母公司股东权益	887.80	700.33	–173873.49	–170945.13
营业收入(万元)	8566.66	27111.17	10490.35	29282.70
营业成本(万元)	8032.68	24322.56	9213.92	26306.51
投资收益(万元)	–	7293.40	–	–
净利润(万元)	187.46	157522.39	–2928.36	–5244.32
营业利润(万元)	–172.86	779.84	–2932.20	–5520.12
利润总额(万元)	315.08	166885.88	–2928.10	–5212.66

深圳中冠纺织印染股份有限公司

公司概况					
公司名称	深圳中冠纺织印染股份有限公司			证券简称	中冠 A
法人代表	胡永峰	董秘	张金良	证券代码	000018
公司网址	www.udcgroup.com			电子信箱	wux@udcgroup.com
电　　话	0755-83668425 83667895			传　　真	0755-83668427
办公地址	广东省深圳市龙岗区葵涌镇白石岗葵鹏路 26 号				
经营范围	各类纯棉、纯麻、涤棉、麻棉、混纺高档面料以及成衣产品的印染生产、加工和销售				

主要财务指标				
指标＼报告期	2014.06.30	2013.12.31	2013.06.30	2012.12.31
基本每股收益(元)	0.0040	0.0486	–0.0200	–0.0015
基本每股收益	0.0040	–	–0.0100	0.0018
稀释每股收益(元)	0.0040	0.0486	–0.0200	–0.0015
每股净资产(元)	0.7527	0.7468	0.6747	0.7027
每股经营现金净流量(元)	0.0160	0.0101	0.0115	–0.0023
每股现金流量(元)	–0.0192	0.0667	–0.0204	–0.0069
每股资本公积金(元)	0.2345	0.2344	0.2345	0.2353
每股盈余公积金(元)	0.1579	0.1579	0.1579	0.1579
每股未分配利润(元)	–0.6345	–0.6389	–0.7118	–0.6874
净资产收益率(%)	0.5799	6.5032	–3.6134	–0.2081
加权净资产收益率(%)	0.5800	6.7000	–3.5300	–0.2100
净资产收益率(扣除)(%)	0.5814	–4.5213	–1.4971	0.2524
总资产(万元)	19527.51	17050.28	16487.96	17200.26
归属母公司股东权益	12732.10	12632.01	11411.95	11885.24
营业收入(万元)	507.75	2699.90	499.06	1109.57
营业成本(万元)	144.60	946.10	207.33	541.34
投资收益(万元)	85.72	84.98	–7.11	258.22
净利润(万元)	73.83	821.48	–412.36	–24.73
营业利润(万元)	74.02	844.56	–170.85	26.42
利润总额(万元)	73.83	1023.45	–412.36	–28.92

深圳市深宝实业股份有限公司

公司概况					
公司名称	深圳市深宝实业股份有限公司			证券简称	深深宝 A
法人代表	郑煜曦	董秘	李亦研	证券代码	000019
公司网址	www.sbsy.com.cn			电子信箱	shenbao@sbsy.com.cn
电　　话	0755-82027522			传　　真	0755-82027522
办公地址	广东省深圳市福田区竹子林四路紫竹七道 26 号教育科技大厦塔楼 20 层南半层				
经营范围	生产食品罐头、饮料、土产品等				

主要财务指标				
指标＼报告期	2014.06.30	2013.12.31	2013.06.30	2012.12.31
基本每股收益(元)	–0.0777	0.1740	–0.0237	0.2970
基本每股收益	–0.0943	–0.1291	–0.0429	–0.1346
稀释每股收益(元)	–0.0777	0.1740	–0.0237	0.2970
每股净资产(元)	3.1027	3.8283	3.6194	3.8430
每股经营现金净流量(元)	0.0558	–0.0475	–0.0472	–0.1930
每股现金流量(元)	0.2795	–0.4591	–0.2523	–0.2548
每股资本公积金(元)	1.7211	2.2771	2.2659	2.2659
每股盈余公积金(元)	0.1495	0.1794	0.1597	0.1597
每股未分配利润(元)	0.2322	0.3718	0.1938	0.4174
净资产收益率(%)	–2.5030	4.5457	–0.6536	7.7295
加权净资产收益率(%)	–2.4700	4.5200	–0.6200	8.0400
净资产收益率(扣除)(%)	–3.0397	–3.3730	–1.1863	–3.5032
总资产(万元)	140234.62	133663.86	133427.61	122299.46
归属母公司股东权益	93416.83	96051.71	90810.17	96421.67
营业收入(万元)	11825.02	43831.87	22974.34	31079.03
营业成本(万元)	9648.77	36757.55	19508.30	25746.98
投资收益(万元)	285.31	6826.67	0.67	10564.13
净利润(万元)	–2338.21	4366.22	–593.50	7452.95
营业利润(万元)	–2593.70	4200.84	–755.42	7405.16
利润总额(万元)	–2404.59	6200.35	–142.39	7688.32

深圳中恒华发股份有限公司

公司概况	公司名称	深圳中恒华发股份有限公司		证券简称	深华发 A
	法人代表	李中秋	董秘 翁小珏	证券代码	000020
	公司网址	www.hwafa.com		电子信箱	hwafainvestor@126.com
	电　话	0755-83352206 61389198		传　真	0755-61389001
	办公地址	广东省深圳市福田区华发北路 411 栋华发大厦东座六层			
	经营范围	生产经营各种彩色电视机、液晶显示器、液晶显示屏、收录机、音响设备、电子表等			

主要财务指标	指标＼报告期	2014.06.30	2013.12.31	2013.06.30	2012.12.31
	基本每股收益(元)	0.0051	-0.0230	0.0070	0.0114
	基本每股收益	0.0037	-	0.0100	0.0147
	稀释每股收益(元)	0.0051	-0.0230	0.0070	0.0114
	每股净资产(元)	0.9716	0.9665	0.9964	0.9895
	每股经营现金净流量(元)	-0.6660	-0.2449	-0.1009	0.0650
	每股现金流量(元)	0.8247	-0.1750	0.0270	-0.0265
	每股资本公积金(元)	0.3867	0.3867	0.3867	0.3867
	每股盈余公积金(元)	0.2733	0.2733	0.2733	0.2733
	每股未分配利润(元)	-0.6884	-0.6935	-0.6636	-0.6705
	净资产收益率(%)	0.5292	-2.3815	0.6975	1.1571
	加权净资产收益率(%)	0.5300	-2.3500	0.7000	1.1600
	净资产收益率(扣除)(%)	0.3779	-2.1685	0.9987	1.3765
	总资产(万元)	118764.03	73134.85	73171.77	68164.51
	归属母公司股东权益	27511.96	27366.36	28214.90	28018.11
	营业收入(万元)	36662.18	62682.10	30273.28	72389.15
	营业成本(万元)	32692.16	55659.89	26351.35	63712.75
	投资收益(万元)	-	-	-	-
	净利润(万元)	145.59	-651.74	196.80	324.19
	营业利润(万元)	154.15	-761.52	365.99	560.65
	利润总额(万元)	209.67	-759.52	233.77	463.21

深圳长城开发科技股份有限公司

公司概况	公司名称	深圳长城开发科技股份有限公司		证券简称	长城开发
	法人代表	谭文鋕	董秘 葛伟强	证券代码	000021
	公司网址	www.kaifa.cn		电子信箱	stock@kaifa.cn
	电　话	0755-83200095 83205285		传　真	0755-83275075
	办公地址	广东省深圳市福田区彩田路 7006 号			
	经营范围	开发、生产、经营计算机软、硬件系统及其外部设备、通讯设备、电子仪器仪表及其零部件等			

主要财务指标	指标＼报告期	2014.06.30	2013.12.31	2013.06.30	2012.12.31
	基本每股收益(元)	-0.0059	0.1710	0.0663	0.0709
	基本每股收益	0.0688	-0.0117	0.0081	-0.0043
	稀释每股收益(元)	-0.0059	0.1710	0.0663	0.0709
	每股净资产(元)	3.2539	3.2981	3.0361	3.0158
	每股经营现金净流量(元)	0.1156	0.3051	0.2246	0.2182
	每股现金流量(元)	-0.2313	0.2608	0.1470	-0.2883
	每股资本公积金(元)	0.6385	0.6306	0.2773	0.2925
	每股盈余公积金(元)	0.6782	0.6782	0.7467	0.7467
	每股未分配利润(元)	0.9824	1.0383	1.0596	1.0133
	净资产收益率(%)	-0.1810	4.7385	2.1844	2.3515
	加权净资产收益率(%)	-0.1800	5.4700	2.1800	2.2800
	净资产收益率(扣除)(%)	0.0021	-0.3246	0.2660	-0.1424
	总资产(万元)	1445918.94	1372655.18	1176406.35	1018136.37
	归属母公司股东权益	478729.00	485235.45	400548.27	397872.98
	营业收入(万元)	768998.02	1503953.20	742941.34	1639951.69
	营业成本(万元)	744431.51	1468490.02	730208.57	1598357.42
	投资收益(万元)	-623.17	4840.01	1306.89	1900.84
	净利润(万元)	-866.54	22993.12	8749.69	9356.10
	营业利润(万元)	-407.63	24441.68	7213.89	5328.69
	利润总额(万元)	573.16	25009.23	7463.28	5844.92

深圳赤湾港航股份有限公司

公司概况	公司名称	深圳赤湾港航股份有限公司		证券简称	深赤湾 A
	法人代表	郑少平	董秘 步丹	证券代码	000022
	公司网址	www.szcwh.com		电子信箱	cwh@cndi.com
	电　话	0755-26694222		传　真	0755-26684117
	办公地址	广东省深圳市赤湾石油大厦 8 楼			
	经营范围	港口装卸、堆存、运输、代理及其他业务			

主要财务指标	指标＼报告期	2014.06.30	2013.12.31	2013.06.30	2012.12.31
	基本每股收益(元)	0.3650	0.7800	0.4580	0.7240
	基本每股收益	0.3620	0.7800	0.4570	0.7210
	稀释每股收益(元)	0.3650	0.7800	0.4580	0.7240
	每股净资产(元)	6.0998	6.1229	5.8030	5.7045
	每股经营现金净流量(元)	0.4384	1.3915	0.5550	1.0833
	每股现金流量(元)	0.1044	0.6214	0.4786	-0.2543
	每股资本公积金(元)	0.2576	0.2577	0.2575	0.2573
	每股盈余公积金(元)	0.8066	0.7502	0.7502	0.7207
	每股未分配利润(元)	4.0515	4.1329	3.8114	3.7454
	净资产收益率(%)	5.9838	12.7385	7.9002	12.6998
	加权净资产收益率(%)	5.8500	13.2600	7.8000	13.1500
	净资产收益率(扣除)(%)	5.9268	12.7277	7.8795	12.6315
	总资产(万元)	747042.66	734652.92	741066.47	678113.05
	归属母公司股东权益	393290.53	394784.64	374159.09	367803.21
	营业收入(万元)	87598.12	178077.48	86523.58	178384.61
	营业成本(万元)	46266.61	91013.47	39022.23	84460.14
	投资收益(万元)	4442.87	10205.46	4602.23	8351.89
	净利润(万元)	23533.86	50289.45	29559.49	46710.33
	营业利润(万元)	33813.44	75928.29	43177.86	73708.49
	利润总额(万元)	34264.65	75998.85	43325.27	74089.46

深圳市天地(集团)股份有限公司

公司概况	公司名称	深圳市天地(集团)股份有限公司		证券简称	深天地 A
	法人代表	杨国富	董秘 侯剑	证券代码	000023
	公司网址	www.sztiansi.com		电子信箱	std000023@vip.163.com
	电　话	0755-86154212		传　真	0755-86154040
	办公地址	广东省深圳市南山区高新技术产业园(北区)朗山路东物商业大楼 10 楼			
	经营范围	商品混凝土及其原材料的生产、销售			

主要财务指标	指标＼报告期	2014.06.30	2013.12.31	2013.06.30	2012.12.31
	基本每股收益(元)	0.0217	0.1083	0.0686	0.0373
	基本每股收益	0.0169	-	0.0725	-0.0952
	稀释每股收益(元)	0.0217	0.1083	0.0686	0.0373
	每股净资产(元)	2.5071	2.5255	2.4857	2.4471
	每股经营现金净流量(元)	-0.4048	0.2111	0.1900	-0.5820
	每股现金流量(元)	-0.2582	-0.7424	-0.9019	0.4213
	每股资本公积金(元)	0.7374	0.7374	0.7374	0.7374
	每股盈余公积金(元)	0.3120	0.3120	0.3088	0.3088
	每股未分配利润(元)	0.4577	0.4760	0.4396	0.4010
	净资产收益率(%)	0.8651	4.2895	2.7603	1.5230
	加权净资产收益率(%)	0.8600	4.3700	2.7800	1.5600
	净资产收益率(扣除)(%)	0.6757	3.9717	2.9176	-3.8893
	总资产(万元)	132821.98	134491.35	116057.72	121904.49
	归属母公司股东权益	34788.17	35042.23	34491.16	33955.35
	营业收入(万元)	45877.06	106953.84	44867.72	87794.89
	营业成本(万元)	41065.69	92887.90	37830.32	78315.82
	投资收益(万元)	17.61	202.91	95.11	50.49
	净利润(万元)	300.97	1503.15	952.08	517.13
	营业利润(万元)	-29.70	2171.16	1213.34	-1234.42
	利润总额(万元)	39.24	2160.21	1162.27	4061.15

招商局地产控股股份有限公司

公司概况	公司名称	招商局地产控股股份有限公司			证券简称	招商地产
	法人代表	孙承铭	董秘	刘宁	证券代码	000024
	公司网址	www.cmpd.cn			电子信箱	cmpdir@cmhk.com
	电　话	0755-26819600			传　真	0755-26818666
	办公地址	广东省深圳市南山区蛇口工业区兴华路六号南海意库三号楼				
	经营范围	房地产开发经营、科研技术服务、兴办实业				

主要财务指标	指标\报告期	2014.06.30	2013.12.31	2013.06.30	2012.12.31
	基本每股收益(元)	0.6900	2.4500	0.9900	1.9300
	基本每股收益	0.7154	2.2857	1.2914	1.9493
	稀释每股收益(元)	0.6900	2.4500	0.9900	1.9300
	每股净资产(元)	10.7580	15.5625	14.9446	13.6200
	每股经营现金净流量(元)	-2.8465	0.2888	-0.7427	2.9691
	每股现金流量(元)	-2.1933	3.5039	3.0066	2.6545
	每股资本公积金(元)	2.9557	4.9188	5.0209	4.8838
	每股盈余公积金(元)	0.4400	0.6601	0.5985	0.5985
	每股未分配利润(元)	6.3316	8.9377	8.2738	7.0885
	净资产收益率(%)	6.4428	15.7234	9.9384	14.1846
	加权净资产收益率(%)	6.5300	16.7300	10.3800	15.1900
	净资产收益率(扣除)(%)	6.6501	14.6795	8.6410	14.3094
	总资产(万元)	14095400.30	13404044.70	11751579.95	10919724.27
	归属母公司股东权益	2771207.62	2672550.20	2566439.35	2339351.55
	营业收入(万元)	1604715.57	3256781.39	1613356.83	2529676.22
	营业成本(万元)	1039106.83	1904510.23	869251.13	1294503.76
	投资收益(万元)	14331.84	56927.03	28217.98	557.25
	净利润(万元)	178543.47	420215.21	255063.10	331826.69
	营业利润(万元)	334479.74	792721.21	473809.21	623436.07
	利润总额(万元)	335856.89	796717.95	473447.93	619950.04

深圳市特力(集团)股份有限公司

公司概况	公司名称	深圳市特力(集团)股份有限公司			证券简称	特力A
	法人代表	吕航	董秘	吕航(代)	证券代码	000025
	公司网址	www.tellus.cn			电子信箱	ir@tellus.cn
	电　话	0755-83989335　83989339			传　真	0755-83989386
	办公地址	广东省深圳市福田区深南中路中核大厦十五楼				
	经营范围	汽车销售、汽车检测维修及配件销售、物业租赁及服务等				

主要财务指标	指标\报告期	2014.06.30	2013.12.31	2013.06.30	2012.12.31
	基本每股收益(元)	0.0244	0.0313	0.0170	0.0324
	基本每股收益	0.0237	-0.0704	-0.0150	-0.0684
	稀释每股收益(元)	0.0244	0.0313	0.0170	0.0324
	每股净资产(元)	0.8928	0.8687	0.8542	0.8384
	每股经营现金净流量(元)	-0.0190	-0.0119	0.1484	-0.0352
	每股现金流量(元)	-0.0332	0.0364	0.0787	-0.0035
	每股资本公积金(元)	0.0383	0.0386	0.0385	0.0396
	每股盈余公积金(元)	0.0134	0.0134	0.0134	0.0134
	每股未分配利润(元)	-0.1589	-0.1834	-0.1977	-0.2147
	净资产收益率(%)	2.7358	3.6063	1.9910	3.8696
	加权净资产收益率(%)	2.7700	3.6700	2.0100	3.9500
	净资产收益率(扣除)(%)	2.6518	-8.1076	-1.8142	-8.1553
	总资产(万元)	74175.79	70099.82	68546.59	64491.13
	归属母公司股东权益	19666.61	19135.20	18817.29	18467.54
	营业收入(万元)	22869.25	48672.93	22208.73	41964.27
	营业成本(万元)	19529.81	38755.87	18308.76	33641.96
	投资收益(万元)	784.15	855.09	-	490.78
	净利润(万元)	538.04	690.07	374.64	714.63
	营业利润(万元)	513.32	1652.78	266.37	-516.69
	利润总额(万元)	535.58	1417.92	286.26	923.65

飞亚达(集团)股份有限公司

公司概况	公司名称	飞亚达(集团)股份有限公司			证券简称	飞亚达A
	法人代表	赖伟宣	董秘	陈立彬	证券代码	000026
	公司网址	www.fiytagroup.com			电子信箱	investor@fiyta.com.cn
	电　话	0755-86013669　86013992			传　真	0755-83348369
	办公地址	广东省深圳市南山区高新南一道飞亚达科技大厦20楼				
	经营范围	生产经营各种指针式石英表及其机芯、零部件、各种计时仪器等				

主要财务指标	指标\报告期	2014.06.30	2013.12.31	2013.06.30	2012.12.31
	基本每股收益(元)	0.2250	0.3310	0.1760	0.2950
	基本每股收益	0.2190	0.3240	0.1730	0.2880
	稀释每股收益(元)	0.2250	0.3310	0.1760	0.2950
	每股净资产(元)	4.0423	3.9118	3.8502	3.6833
	每股经营现金净流量(元)	0.3513	0.2013	0.3412	0.1167
	每股现金流量(元)	0.1329	-0.0834	-0.1144	-0.1007
	每股资本公积金(元)	1.3380	1.3380	1.3380	1.3380
	每股盈余公积金(元)	0.3990	0.3990	0.3783	0.3783
	每股未分配利润(元)	1.3207	1.1959	1.1612	0.9853
	净资产收益率(%)	5.5605	8.4693	4.5693	8.0186
	加权净资产收益率(%)	5.5800	8.6900	4.6800	8.1800
	净资产收益率(扣除)(%)	5.4276	8.2762	4.5019	7.8270
	总资产(万元)	368955.07	355870.26	330345.72	332676.38
	归属母公司股东权益	158769.80	153643.47	151222.64	144667.76
	营业收入(万元)	164261.48	310349.70	150835.38	302396.25
	营业成本(万元)	103806.07	199012.51	97086.97	198232.61
	投资收益(万元)	-50.46	158.92	10.84	151.87
	净利润(万元)	8828.39	13012.51	6909.74	11600.37
	营业利润(万元)	10231.75	14763.11	8165.27	12994.43
	利润总额(万元)	10495.68	15147.67	8296.79	13648.68

深圳能源集团股份有限公司

公司概况	公司名称	深圳能源集团股份有限公司			证券简称	深圳能源
	法人代表	高自民	董秘	秦飞	证券代码	000027
	公司网址	www.sec.com.cn			电子信箱	ir@sec.com.cn
	电　话	0755-83684138			传　真	0755-83684128
	办公地址	广东省深圳市福田区深南中路2068号华能大厦5、33、35-36、38-41层				
	经营范围	各种常规能源和新能源的开发、生产、购销等				

主要财务指标	指标\报告期	2014.06.30	2013.12.31	2013.06.30	2012.12.31
	基本每股收益(元)	0.3910	0.5498	0.2408	0.3651
	基本每股收益	0.3906	0.5500	-	0.3400
	稀释每股收益(元)	-	-	-	-
	每股净资产(元)	6.2971	6.1738	5.8564	5.7392
	每股经营现金净流量(元)	0.6078	0.8681	0.3979	0.9983
	每股现金流量(元)	0.2682	-0.3374	-0.2859	0.2176
	每股资本公积金(元)	1.7005	1.7020	1.6872	1.6874
	每股盈余公积金(元)	0.9793	0.9793	0.9507	0.9507
	每股未分配利润(元)	2.6765	2.5539	2.2728	2.1471
	净资产收益率(%)	6.2085	8.9046	4.1113	6.3608
	加权净资产收益率(%)	6.1800	8.7400	4.1200	6.5000
	净资产收益率(扣除)(%)	6.2029	8.8739	4.0998	5.9729
	总资产(万元)	3643813.02	3339350.53	3187081.19	3235921.28
	归属母公司股东权益	1664332.85	1631719.48	1547848.68	1516860.96
	营业收入(万元)	616377.76	1235078.24	536974.26	1282848.23
	营业成本(万元)	451825.72	971979.45	436323.26	1067788.04
	投资收益(万元)	21788.79	14736.78	9871.12	-3904.65
	净利润(万元)	103329.83	145298.69	63636.79	96483.88
	营业利润(万元)	125092.13	157663.17	60738.02	96019.46
	利润总额(万元)	149875.23	221739.83	97060.07	161369.53

国药集团一致药业股份有限公司

公司概况

公司名称	国药集团一致药业股份有限公司			证券简称	国药一致
法人代表	闫志刚	董秘	陈常兵	证券代码	000028
公司网址	www.szaccord.com.cn		电子信箱	0028@szaccord.com.cn	
电　话	0755-25875195		传　真	0755-25875147	
办公地址	广东省深圳市福田区八卦四路15号一致药业大厦				
经营范围	中成药、化学原料药、化学药制剂、抗生素原料药、抗生素制剂等				

主要财务指标

指标\报告期	2014.06.30	2013.12.31	2013.06.30	2012.12.31
基本每股收益(元)	1.0730	1.8100	0.9050	1.6500
基本每股收益	1.0030	1.7600	0.9030	1.5500
稀释每股收益(元)	1.0730	1.8100	0.9050	1.6500
每股净资产(元)	12.2928	7.7903	6.8889	6.1633
每股经营现金净流量(元)	-1.3367	1.6138	0.8269	1.1243
每股现金流量(元)	0.8588	0.6150	-	0.0446
每股资本公积金(元)	5.1301	0.0200	0.0198	0.0193
每股盈余公积金(元)	0.3995	0.5027	0.3448	0.3448
每股未分配利润(元)	5.7633	6.2676	5.5242	4.7992
净资产收益率(%)	7.8338	23.1868	13.1381	26.7910
加权净资产收益率(%)	10.3900	26.0000	13.8100	30.5100
净资产收益率(扣除)(%)	7.3249	22.5449	13.1071	25.2395
总资产(万元)	1249010.17	1105789.69	1012088.76	929583.99
归属母公司股东权益	445776.33	224475.77	198502.51	177594.30
营业收入(万元)	1161264.24	2119946.64	1013171.27	1801175.92
营业成本(万元)	1062676.77	1943608.19	927945.53	1640871.99
投资收益(万元)	2359.57	4247.32	-	3874.07
净利润(万元)	34921.40	52048.82	26079.47	47579.25
营业利润(万元)	41679.02	64500.84	32872.57	57146.45
利润总额(万元)	44391.87	65910.22	32874.24	60331.68

深圳经济特区房地产(集团)股份有限公司

公司概况

公司名称	深圳经济特区房地产(集团)股份有限公司			证券简称	深深房A
法人代表	周建国	董秘	陈继	证券代码	000029
公司网址	www.sfjt.com.cn		电子信箱	spg@163.net	
电　话	0755-82293000 4718 4715		传　真	0755-82294024	
办公地址	广东省深圳市罗湖区人民南路深房广场47楼				
经营范围	房地产开发及商品房销售、物业租赁及管理、建筑装饰安装、商品零售及贸易等				

主要财务指标

指标\报告期	2014.06.30	2013.12.31	2013.06.30	2012.12.31
基本每股收益(元)	0.0343	0.2256	0.0129	0.1056
基本每股收益	0.0341	-	0.0095	0.1001
稀释每股收益(元)	0.0343	-	0.0129	0.1056
每股净资产(元)	1.8758	1.8419	1.6306	1.6165
每股经营现金净流量(元)	0.1977	0.1927	0.3454	0.0271
每股现金流量(元)	0.0314	0.0549	0.1280	0.1371
每股资本公积金(元)	0.9670	0.9670	0.9670	0.9670
每股盈余公积金(元)	0.0049	0.0049	0.0049	0.0049
每股未分配利润(元)	-0.1049	-0.1393	-0.3520	-0.3649
净资产收益率(%)	1.8303	12.2504	0.7911	6.5315
加权净资产收益率(%)	1.8500	13.0500	0.7900	6.7500
净资产收益率(扣除)(%)	1.8154	11.9593	0.5831	6.1901
总资产(万元)	438904.83	421509.93	421515.24	371277.08
归属母公司股东权益	189764.31	186334.71	164964.24	163537.61
营业收入(万元)	57307.44	211648.27	32068.79	103014.87
营业成本(万元)	43280.78	154717.01	24670.70	70130.36
投资收益(万元)	-	-2.53	-	153.31
净利润(万元)	3473.24	22826.83	1305.03	10681.45
营业利润(万元)	4970.86	29728.36	1565.82	13797.67
利润总额(万元)	5008.57	30387.50	1908.79	13725.79

富奥汽车零部件股份有限公司

公司概况

公司名称	富奥汽车零部件股份有限公司			证券简称	富奥股份
法人代表	金毅	董秘	王晓平	证券代码	000030
公司网址	www.fawer.com.cn		电子信箱	000030@fawer.com.cn	
电　话	0431-85122797		传　真	0431-85122756	
办公地址	吉林省长春汽车经济技术开发区东风南街777号				
经营范围	汽车零部件及相关产品的研究、设计、制造，国内销售及售后服务				

主要财务指标

指标\报告期	2014.06.30	2013.12.31	2013.06.30	2012.12.31
基本每股收益(元)	0.2500	0.4400	0.2500	0.4600
基本每股收益	0.2400	-	0.2400	-0.0133
稀释每股收益(元)	0.2500	0.4400	0.2500	0.4600
每股净资产(元)	3.0807	2.9222	2.7257	-0.0057
每股经营现金净流量(元)	0.1420	-0.0577	-0.1114	0.3337
每股现金流量(元)	0.1366	-0.2066	-0.1718	0.1296
每股资本公积金(元)	0.3918	0.3883	0.3893	0.6117
每股盈余公积金(元)	0.1883	0.1883	0.1423	0.1650
每股未分配利润(元)	1.4977	1.3443	1.1910	1.1332
净资产收益率(%)	8.2136	14.3082	8.0286	-223.9300
加权净资产收益率(%)	8.2900	15.4100	8.3600	15.8000
净资产收益率(扣除)(%)	7.9135	14.1482	7.9222	232.4232
总资产(万元)	727940.24	711034.74	674825.02	626992.18
归属母公司股东权益	400092.12	379506.22	353985.57	325845.60
营业收入(万元)	263067.81	522780.24	254292.70	482831.64
营业成本(万元)	212851.85	427134.20	207890.65	399194.31
投资收益(万元)	23222.54	43757.70	21879.17	41630.88
净利润(万元)	32861.85	54300.64	28420.02	46733.97
营业利润(万元)	36342.22	61370.31	32040.69	52348.28
利润总额(万元)	37628.94	62203.56	32487.27	57065.63

中粮地产(集团)股份有限公司

公司概况

公司名称	中粮地产(集团)股份有限公司			证券简称	中粮地产
法人代表	周政	董秘	崔捷	证券代码	000031
公司网址	www.cofco-property.cn		电子信箱	cofco-property@cofco.com	
电　话	0755-23999291 23999288		传　真	0755-23999299	
办公地址	广东省深圳市福田区福华一路1号大中华国际交易广场35层				
经营范围	商品房开发与销售、物业租赁、来料加工等				

主要财务指标

指标\报告期	2014.06.30	2013.12.31	2013.06.30	2012.12.31
基本每股收益(元)	0.0800	0.2900	0.0600	0.2800
基本每股收益	-0.0100	0.1100	-0.0600	0.0700
稀释每股收益(元)	0.0800	0.2900	0.0600	0.2800
每股净资产(元)	2.9596	2.9815	2.6186	2.6946
每股经营现金净流量(元)	-0.8475	-1.8095	0.7723	1.4574
每股现金流量(元)	0.2169	0.0048	0.4715	1.1117
每股资本公积金(元)	0.3750	0.4424	0.2642	0.4206
每股盈余公积金(元)	0.3447	0.3447	0.2700	0.2647
每股未分配利润(元)	1.2377	1.1921	1.0819	1.0074
净资产收益率(%)	2.5551	9.8853	2.2806	10.4597
加权净资产收益率(%)	2.5300	10.4800	2.2700	10.8200
净资产收益率(扣除)(%)	-0.2861	3.7500	-2.3033	2.5170
总资产(万元)	4375163.14	4060271.72	3542677.46	3499902.63
归属母公司股东权益	536799.23	540771.85	474940.75	488719.60
营业收入(万元)	235275.02	1017864.01	292342.80	794488.96
营业成本(万元)	130431.68	709908.67	204364.67	561092.56
投资收益(万元)	7978.47	35869.42	16406.32	41265.42
净利润(万元)	13715.69	53457.01	10617.66	51118.40
营业利润(万元)	37538.52	122460.58	30194.43	100113.08
利润总额(万元)	38899.39	122643.48	30114.23	99540.13

深圳市桑达实业股份有限公司

公司概况					
公司名称	深圳市桑达实业股份有限公司			证券简称	深桑达A
法人代表	周剑	董秘	钟彦	证券代码	000032
公司网址	www.sedind.com		电子信箱	sed@sedind.com	
电　话	0755-86316073		传　真	0755-86316006	
办公地址	广东省深圳市南山区科技园科技路1号桑达科技大厦15-17层				
经营范围	电子设备、电子器件、电子消费通信产品及房地产开发等				

主要财务指标 指标\报告期	2014.06.30	2013.12.31	2013.06.30	2012.12.31
基本每股收益(元)	-0.0400	0.0400	0.0900	0.7700
基本每股收益	-0.0500	-	0.0800	-0.1000
稀释每股收益(元)	-0.0400	0.0400	0.0900	0.7700
每股净资产(元)	3.7217	3.7650	3.9930	3.9100
每股经营现金净流量(元)	0.1246	-0.2345	0.0187	0.1093
每股现金流量(元)	0.2109	-0.4640	-0.0078	0.3337
每股资本公积金(元)	0.8899	0.8899	0.8899	0.8899
每股盈余公积金(元)	0.8762	0.8622	0.8524	0.8524
每股未分配利润(元)	0.9425	0.9992	1.2377	1.1525
净资产收益率(%)	-1.1478	0.9680	2.1335	19.7404
加权净资产收益率(%)	-1.1400	0.9400	2.1600	21.9000
净资产收益率(扣除)(%)	-1.2355	0.3528	2.0204	-2.5497
总资产(万元)	141019.09	150140.89	157071.52	169200.96
归属母公司股东权益	86666.27	87674.49	92981.76	90971.99
营业收入(万元)	72137.88	162544.09	77139.74	151687.46
营业成本(万元)	64736.68	137469.53	63765.60	131765.08
投资收益(万元)	6.51	16.04	-	26218.28
净利润(万元)	-994.79	848.68	1983.79	17958.27
营业利润(万元)	-961.81	3186.10	3932.65	23404.21
利润总额(万元)	-867.79	4009.69	4111.44	23275.52

深圳新都酒店股份有限公司

公司概况					
公司名称	深圳新都酒店股份有限公司			证券简称	*ST新都
法人代表	闻心达	董秘	张静	证券代码	000033
公司网址	www.szcphotel.com		电子信箱	szcph@szcphhotel.com	
电　话	0755-82320888 543		传　真	0755-82344699	
办公地址	广东省深圳市春风路1号新都酒店24楼				
经营范围	经营酒店、商场、餐厅及酒店附设的车队、康乐设施等				

主要财务指标 指标\报告期	2014.06.30	2013.12.31	2013.06.30	2012.12.31
基本每股收益(元)	-0.0470	0.0106	-0.0089	-0.0773
基本每股收益	-0.0303	-	-0.0178	-0.1300
稀释每股收益(元)	-0.0470	0.0106	-0.0089	-0.0773
每股净资产(元)	0.7784	0.8254	0.8059	0.8148
每股经营现金净流量(元)	-0.0110	0.1300	0.0081	0.0419
每股现金流量(元)	-0.1752	0.1789	0.1755	-0.1926
每股资本公积金(元)	0.3045	0.3045	0.3045	0.3045
每股盈余公积金(元)	0.0298	0.0298	0.0298	0.0298
每股未分配利润(元)	-0.5560	-0.5090	-0.5284	-0.5196
净资产收益率(%)	-6.0364	1.2823	-1.1016	-9.4915
加权净资产收益率(%)	-5.8600	1.2800	-1.1000	-9.0600
净资产收益率(扣除)(%)	-3.8826	-4.2176	-2.2083	-9.8426
总资产(万元)	50876.15	56494.18	56671.77	46970.62
归属母公司股东权益	25639.79	27187.51	26546.45	26838.89
营业收入(万元)	4042.03	8028.33	3315.03	6700.97
营业成本(万元)	2117.71	4018.90	1850.74	3898.54
投资收益(万元)	-	421.86	415.00	51.25
净利润(万元)	-1547.72	348.62	-292.44	-2547.41
营业利润(万元)	-995.50	223.56	-292.44	-2295.53
利润总额(万元)	-1547.72	348.62	-292.44	-2279.46

深圳市深信泰丰(集团)股份有限公司

公司概况					
公司名称	深圳市深信泰丰(集团)股份有限公司			证券简称	深信泰丰
法人代表	晏群	董秘	孙德志	证券代码	000034
公司网址			电子信箱	coolsunsun@126.com	
电　话	0755-27596457 27596453		传　真	0755-27596456	
办公地址	深圳市宝安区宝城23区大宝路风采轩5号楼社区服务中心三楼				
经营范围	购销饲料、农副产品、浓缩饲料添加剂、兴办种、养殖业等				

主要财务指标 指标\报告期	2014.06.30	2013.12.31	2013.06.30	2012.12.31
基本每股收益(元)	0.1440	0.0500	0.0140	0.0100
基本每股收益	-0.0120	0.0030	-	0.0030
稀释每股收益(元)	0.1440	0.0500	0.0140	0.0100
每股净资产(元)	0.4348	0.2964	0.2636	0.2495
每股经营现金净流量(元)	-0.0842	0.0203	0.0011	-0.0223
每股现金流量(元)	0.0441	0.0783	-0.0195	-0.0572
每股资本公积金(元)	1.7896	1.7952	1.7952	1.7952
每股盈余公积金(元)	0.1836	0.1836	0.1836	0.1836
每股未分配利润(元)	-2.5384	-2.6825	-2.7153	-2.7294
净资产收益率(%)	33.1496	15.8049	5.3526	4.4948
加权净资产收益率(%)	39.1200	17.1600	5.5000	4.6000
净资产收益率(扣除)(%)	-2.7411	0.8553	0.0125	1.3032
总资产(万元)	45322.67	37821.13	19240.33	19355.21
归属母公司股东权益	15565.56	10608.69	9437.13	8931.99
营业收入(万元)	24127.40	53305.86	22971.42	45728.86
营业成本(万元)	21393.57	46948.85	19959.90	39678.59
投资收益(万元)	5600.29	-	-	-
净利润(万元)	5159.92	1676.69	505.13	401.48
营业利润(万元)	5099.75	2168.43	40.37	70.52
利润总额(万元)	5216.04	1895.64	544.32	517.42

中国天楹股份有限公司

公司概况					
公司名称	中国天楹股份有限公司			证券简称	中国天楹
法人代表	严圣军	董秘	高清	证券代码	000035
公司网址	www.ctyi.com.cn		电子信箱	gq@ctyi.com.cn	
电　话	0513-80688810 0755-26688451		传　真	0513-80688820	
办公地址	江苏省海安县城黄海大道(西)268号				
经营范围	开发、生产、销售数字移动电话机				

主要财务指标 指标\报告期	2014.06.30	2013.12.31	2013.06.30	2012.12.31
基本每股收益(元)	0.1500	5.9900	0.1100	-3.3700
基本每股收益	0.1500	-0.0200	-0.0150	0.1200
稀释每股收益(元)	0.1500	5.9900	0.1100	-3.3700
每股净资产(元)	2.6788	0.0660	-9.7974	-9.8330
每股经营现金净流量(元)	0.2192	-0.4492	0.3049	-2.0906
每股现金流量(元)	0.0143	0.0398	-0.1832	0.0029
每股资本公积金(元)	1.0960	2.1185	0.2502	0.2502
每股盈余公积金(元)	0.0354	0.0531	0.0901	0.0901
每股未分配利润(元)	0.5473	0.5664	-11.1378	-11.1734
净资产收益率(%)	6.3327	9070.5485	-0.3636	-34.2333
加权净资产收益率(%)	6.5700	-87.5700	6.2400	-41.3000
净资产收益率(扣除)(%)	6.2954	-27.1320	0.1482	-1.2293
总资产(万元)	223216.61	198753.03	9481.67	30790.29
归属母公司股东权益	95411.30	88778.17	-185125.93	-185799.04
营业收入(万元)	17211.31	4092.28	11110.08	9589.47
营业成本(万元)	7012.70	3623.98	3955.58	2409.25
投资收益(万元)	-	-	-	2444.26
净利润(万元)	6042.15	113154.70	3607.03	-63605.24
营业利润(万元)	6194.15	-457.86	3472.75	4796.64
利润总额(万元)	6674.54	113154.70	3765.23	-63605.24

华联控股股份有限公司

公司概况						
公司名称	华联控股股份有限公司			证券简称	华联控股	
法人代表	董炳根	董秘	孔庆富	证券代码	000036	
公司网址	www.udcgroup.com		电子信箱	hlkg000036@udcgroup.com		
电话	0755-83667450 83667257		传真	0755-83667583		
办公地址	广东省深圳市福田区深南中路2008号华联大厦11层					
经营范围	投资兴办实业、生产经营各种布料、服装、化纤和纺织机械等					

主要财务指标	2014.06.30	2013.12.31	2013.06.30	2012.12.31
指标\报告期	2014.06.30	2013.12.31	2013.06.30	2012.12.31
基本每股收益(元)	0.0011	0.0710	0.0020	0.0525
基本每股收益	0.0015	–	0.0021	0.0522
稀释每股收益(元)	0.0011	0.0710	0.0020	0.0525
每股净资产(元)	1.6664	1.6673	1.6009	1.6045
每股经营现金净流量(元)	–0.5880	–0.2365	–0.1051	–0.1484
每股现金流量(元)	–0.4681	0.0051	–0.2235	0.1382
每股资本公积金(元)	0.1395	0.1415	0.1441	0.1497
每股盈余公积金(元)	0.0857	0.0857	0.0857	0.0857
每股未分配利润(元)	0.4412	0.4401	0.3711	0.3691
净资产收益率(%)	0.0670	4.2593	0.1229	3.2725
加权净资产收益率(%)	0.0700	4.3400	0.1200	3.3300
净资产收益率(扣除)(%)	0.0884	0.9753	0.1301	3.2509
总资产(万元)	380926.89	419588.74	425741.77	426724.36
归属母公司股东权益	187281.81	187388.95	179919.98	180326.39
营业收入(万元)	11414.97	19260.80	9034.26	34811.97
营业成本(万元)	4831.30	9354.58	4497.94	13077.15
投资收益(万元)	969.30	12983.91	1569.47	3747.72
净利润(万元)	125.44	7981.44	221.19	5901.24
营业利润(万元)	952.40	12600.82	1424.11	11644.10
利润总额(万元)	896.87	12977.68	1401.00	11692.77

深圳南山热电股份有限公司

公司概况						
公司名称	深圳南山热电股份有限公司			证券简称	深南电A	
法人代表	杨海贤	董秘	胡琴	证券代码	000037	
公司网址	www.nsrd.com.cn		电子信箱	public@nspower.com.cn		
电话	0755-26948888		传真	0755-26003684		
办公地址	广东省深圳市南山区华侨城汉唐大厦16、17楼					
经营范围	供电、供热、提供相关技术咨询和技术服务等					

主要财务指标	2014.06.30	2013.12.31	2013.06.30	2012.12.31
指标\报告期	2014.06.30	2013.12.31	2013.06.30	2012.12.31
基本每股收益(元)	–0.1200	0.0900	–0.1700	–0.3400
基本每股收益	–0.1300	–	–0.1800	–0.5400
稀释每股收益(元)	–	0.0900	–	–0.3400
每股净资产(元)	2.5314	2.6562	2.4013	2.5700
每股经营现金净流量(元)	0.6472	0.8001	0.8385	0.1759
每股现金流量(元)	0.3249	0.0186	0.1510	–0.1700
每股资本公积金(元)	0.6017	0.6017	0.6033	0.6033
每股盈余公积金(元)	0.5523	0.5523	0.5523	0.5523
每股未分配利润(元)	0.3774	0.5022	0.2457	0.4141
净资产收益率(%)	–4.9317	3.3165	–7.0151	–13.1999
加权净资产收益率(%)	–4.8100	3.3700	–6.7800	–13.2000
净资产收益率(扣除)(%)	–5.0555	–4.8063	–7.6607	–20.8708
总资产(万元)	554975.80	544029.14	556704.63	553606.77
归属母公司股东权益	152580.77	160105.55	144738.41	154891.94
营业收入(万元)	52739.76	111042.78	56547.69	126544.58
营业成本(万元)	75646.50	161320.60	91116.42	208726.48
投资收益(万元)	–127.01	7926.40	–	–
净利润(万元)	–7524.78	5309.91	–10153.53	–20445.56
营业利润(万元)	–38538.43	–80440.74	–49689.32	–121113.90
利润总额(万元)	–9977.82	9510.68	–11373.81	–23214.50

深圳大通实业股份有限公司

公司概况						
公司名称	深圳大通实业股份有限公司			证券简称	深大通	
法人代表	许亚楠	董秘	王小连	证券代码	000038	
公司网址	www.chinadatong.com		电子信箱	datongstock@163.com		
电话	0755-26921699		传真	0755-26910599		
办公地址	广东省深圳市福田区深南大道6023号耀华创建大厦904-905					
经营范围	房地产开发和经营					

主要财务指标	2014.06.30	2013.12.31	2013.06.30	2012.12.31
指标\报告期	2014.06.30	2013.12.31	2013.06.30	2012.12.31
基本每股收益(元)	–0.1130	0.0210	–0.0350	0.0220
基本每股收益	–0.0800	–	–	0.0262
稀释每股收益(元)	–0.1130	0.0210	–0.0350	0.0216
每股净资产(元)	1.5407	1.6540	1.5663	1.6612
每股经营现金净流量(元)	–0.0454	0.4672	0.3591	0.5503
每股现金流量(元)	–0.0455	0.0310	–0.0791	0.0729
每股资本公积金(元)	0.2322	0.2322	0.2001	0.2261
每股盈余公积金(元)	0.0612	0.0612	0.0612	0.0612
每股未分配利润(元)	0.2473	0.3607	0.3050	0.3400
净资产收益率(%)	–7.3587	1.2503	–2.2306	1.3271
加权净资产收益率(%)	–5.5600	1.0500	–2.1600	1.3400
净资产收益率(扣除)(%)	–5.2007	1.2907	–2.1755	1.6104
总资产(万元)	67603.30	68091.56	61973.88	61015.63
归属母公司股东权益	14825.52	15916.49	15072.50	15659.04
营业收入(万元)	5246.63	16843.56	2894.44	20623.68
营业成本(万元)	5229.92	12299.22	2479.13	15905.51
投资收益(万元)	–	–	–	–
净利润(万元)	–1090.96	199.00	–336.20	207.80
营业利润(万元)	–967.93	1189.43	–431.50	1144.36
利润总额(万元)	–1441.88	1180.09	–440.71	1092.97

中国国际海运集装箱(集团)股份有限公司

公司概况						
公司名称	中国国际海运集装箱(集团)股份有限公司			证券简称	中集集团	
法人代表	李建红	董秘	于玉群	证券代码	000039	
公司网址	www.cimc.com		电子信箱	shareholder@cimc.com		
电话	0755-26691130 26802706		传真	0755-26826579 26813950		
办公地址	广东省深圳市南山区蛇口港湾大道2号中集集团研发中心					
经营范围	现代化交通运输装备、能源、食品、化工等装备的制造及服务业务					

主要财务指标	2014.06.30	2013.12.31	2013.06.30	2012.12.31
指标\报告期	2014.06.30	2013.12.31	2013.06.30	2012.12.31
基本每股收益(元)	0.3885	0.8200	0.2073	0.7300
基本每股收益	0.3554	0.5000	0.1928	0.6400
稀释每股收益(元)	0.3845	0.8100	0.2070	0.7300
每股净资产(元)	7.8700	7.7652	7.3600	7.3292
每股经营现金净流量(元)	–1.1893	1.0329	–1.1349	0.8424
每股现金流量(元)	–0.5341	–0.0811	–0.4373	–0.8135
每股资本公积金(元)	0.2832	0.2658	0.4312	0.3495
每股盈余公积金(元)	1.1714	1.1724	1.1493	1.1493
每股未分配利润(元)	5.7100	5.5962	5.0077	5.0304
净资产收益率(%)	4.9380	10.5462	2.8157	9.9373
加权净资产收益率(%)	4.8900	11.0000	2.7800	10.0000
净资产收益率(扣除)(%)	4.5167	6.4965	2.6180	8.7453
总资产(万元)	8249419.60	7260597.20	6877032.00	6299238.00
归属母公司股东权益	2095967.80	2067403.70	1960302.40	1951317.60
营业收入(万元)	3204612.80	5787441.10	2858515.80	5433405.70
营业成本(万元)	2686864.00	4824236.00	2416041.60	4460125.70
投资收益(万元)	3812.80	50867.70	–4511.70	–9785.10
净利润(万元)	103502.90	218032.10	55197.20	193908.10
营业利润(万元)	125481.00	337083.50	111716.90	263944.10
利润总额(万元)	126822.70	356272.00	116004.60	290738.00

宝安鸿基地产集团股份有限公司

公司概况					
公司名称	宝安鸿基地产集团股份有限公司			证券简称	宝安地产
法人代表	陈泰泉	董秘	沈蜀江	证券代码	000040
公司网址	www.bahjdc.com.cn		电子信箱	sz000040@bahjdc.com	
电　　话	0755-82367726		传　　真	0755-82367753	
办公地址	广东省深圳市罗湖区东门中路1011号鸿基大厦25-27楼				
经营范围	房地产开发及物业管理				

主要财务指标 指标\报告期	2014.06.30	2013.12.31	2013.06.30	2012.12.31
基本每股收益(元)	0.0200	0.2200	0.1500	0.4100
基本每股收益	0.0200	0.1600	0.0010	0.3000
稀释每股收益(元)	0.0200	0.2200	0.1500	0.4100
每股净资产(元)	2.6675	2.6888	2.6078	2.5017
每股经营现金净流量(元)	-0.4294	-1.0044	-0.5201	-0.6786
每股现金流量(元)	-0.0061	0.2654	0.0503	-0.4037
每股资本公积金(元)	0.6572	0.6760	0.6663	0.6683
每股盈余公积金(元)	0.2732	0.2732	0.2319	0.2319
每股未分配利润(元)	0.7371	0.7396	0.7095	0.6015
净资产收益率(%)	0.6566	8.1599	5.6772	16.5078
加权净资产收益率(%)	0.6300	8.4000	5.7500	17.8600
净资产收益率(扣除)(%)	0.6817	6.1277	0.0564	12.0648
总资产(万元)	403658.56	396057.60	334463.53	286835.03
归属母公司股东权益	125265.36	126265.83	122461.07	117479.12
营业收入(万元)	33945.54	81511.08	21334.99	86088.67
营业成本(万元)	23125.76	46964.67	10515.51	38192.13
投资收益(万元)	-228.15	2872.52	5667.20	5257.50
净利润(万元)	822.55	10303.19	6952.37	19393.22
营业利润(万元)	1203.20	15700.47	8534.14	27530.38
利润总额(万元)	1160.36	16784.56	9664.28	27219.68

深圳市中洲投资控股股份有限公司

公司概况					
公司名称	深圳市中洲投资控股股份有限公司			证券简称	中洲控股
法人代表	姚日波	董秘	尹善峰	证券代码	000042
公司网址	www.cctzkg.com		电子信箱	dongshihui@zztzkg.com	
电　　话	0755-88393698　88393605		传　　真	0755-88393600	
办公地址	广东省深圳市福田区百花五路长源楼				
经营范围	房地产开发及商品房销售、管理、承接建筑安装工程、自有物业租赁				

主要财务指标 指标\报告期	2014.06.30	2013.12.31	2013.06.30	2012.12.31
基本每股收益(元)	0.5868	1.6934	0.4382	1.7200
基本每股收益	0.5692	1.3128	0.3803	1.7183
稀释每股收益(元)	0.5868	1.6934	0.4382	1.7200
每股净资产(元)	6.8384	12.8032	11.9470	12.1147
每股经营现金净流量(元)	0.1533	0.6922	0.7218	1.5174
每股现金流量(元)	1.1994	1.4751	2.0217	0.3979
每股资本公积金(元)	1.2211	2.4423	2.4030	2.9271
每股盈余公积金(元)	0.8855	1.7710	1.7710	1.7710
每股未分配利润(元)	3.7318	7.5899	6.7730	6.4165
净资产收益率(%)	8.5810	13.2263	7.3362	14.1978
加权净资产收益率(%)	8.8900	13.7600	7.3100	14.2000
净资产收益率(扣除)(%)	8.3229	10.2538	3.1835	14.1839
总资产(万元)	1294713.25	799817.34	805548.86	751671.22
归属母公司股东权益	327508.91	306588.75	286086.70	290101.17
营业收入(万元)	134530.40	221298.38	58991.01	269826.31
营业成本(万元)	64930.95	113956.02	26797.19	136349.20
投资收益(万元)	350.02	17714.20	15962.80	1881.77
净利润(万元)	28104.06	40550.22	20987.97	41188.03
营业利润(万元)	38221.20	58606.68	28107.84	56798.64
利润总额(万元)	38286.67	58538.82	28174.29	56724.37

中航地产股份有限公司

公司概况					
公司名称	中航地产股份有限公司			证券简称	中航地产
法人代表	肖临骏	董秘	杨祥	证券代码	000043
公司网址	www.carec.com.cn		电子信箱	dongm@carec.com.cn	
电　　话	0755-83244582　83244503		传　　真	0755-83688903	
办公地址	广东省深圳市福田区振华路163号飞亚达大厦六楼				
经营范围	工业实业、旅游服务业、房地产等				

主要财务指标 指标\报告期	2014.06.30	2013.12.31	2013.06.30	2012.12.31
基本每股收益(元)	-0.0393	0.7003	-0.0490	0.6214
基本每股收益	-0.1029	0.4732	-0.0934	0.2047
稀释每股收益(元)	-0.0393	0.7003	-0.0490	0.6214
每股净资产(元)	4.6192	4.8602	4.2040	4.3781
每股经营现金净流量(元)	-3.7908	-2.0542	-1.9276	-1.0861
每股现金流量(元)	0.0007	-0.2304	0.3678	0.7517
每股资本公积金(元)	0.7968	0.8002	0.8948	0.9197
每股盈余公积金(元)	0.2372	0.2372	0.2030	0.2030
每股未分配利润(元)	2.5804	2.8197	2.1047	2.2537
净资产收益率(%)	-0.8505	14.4085	-1.1650	14.1900
加权净资产收益率(%)	-0.8100	15.0400	-1.1000	15.0500
净资产收益率(扣除)(%)	-2.2270	9.7360	-2.2205	4.6754
总资产(万元)	2050879.45	1771804.52	1734750.90	1442614.37
归属母公司股东权益	308081.00	324156.42	280391.43	292004.65
营业收入(万元)	196512.58	622457.37	119672.90	418532.44
营业成本(万元)	140657.18	434647.67	84968.86	286360.93
投资收益(万元)	3769.47	-21.28	-169.31	100.27
净利润(万元)	-2620.23	46705.92	-3266.69	41442.86
营业利润(万元)	-1463.81	56026.85	-3456.58	66731.32
利润总额(万元)	-1470.99	74099.57	159.65	67788.57

深圳市纺织(集团)股份有限公司

公司概况					
公司名称	深圳市纺织(集团)股份有限公司			证券简称	深纺织A
法人代表	王滨	董秘	李江	证券代码	000045
公司网址	www.chinasthc.com		电子信箱	jiangp@chinasthc.com	
电　　话	0755-83776043		传　　真	0755-83776139	
办公地址	广东省深圳市福田区华强北路3号深纺大厦6楼				
经营范围	生产、加工纺织品、针织品、服装、装饰布、带、商标带、工艺品等				

主要财务指标 指标\报告期	2014.06.30	2013.12.31	2013.06.30	2012.12.31
基本每股收益(元)	-0.0400	0.1000	-0.0200	-0.2400
基本每股收益	-0.0800	-	-0.0600	-0.2700
稀释每股收益(元)	-0.0400	-	-0.0200	-0.2400
每股净资产(元)	4.4715	4.5365	4.4610	3.8720
每股经营现金净流量(元)	-0.1788	-0.3686	-0.1124	-0.4610
每股现金流量(元)	0.2136	1.4150	1.0110	-0.7032
每股资本公积金(元)	3.1494	3.1717	3.1966	2.4632
每股盈余公积金(元)	0.1181	0.1181	0.0723	0.1088
每股未分配利润(元)	0.2040	0.2468	0.1921	0.3000
净资产收益率(%)	-0.9557	2.0551	-0.1612	-6.2155
加权净资产收益率(%)	-0.9500	2.3100	-0.4500	-6.0600
净资产收益率(扣除)(%)	-1.7792	-7.0271	-1.0712	-6.9073
总资产(万元)	279691.49	285175.97	280845.78	188066.07
归属母公司股东权益	226489.27	229784.66	225958.95	130301.20
营业收入(万元)	47162.38	113109.86	57634.80	84511.45
营业成本(万元)	43413.81	108793.80	52791.40	80907.09
投资收益(万元)	2002.37	25804.86	2190.83	742.80
净利润(万元)	-2164.45	4722.26	-804.13	-8098.89
营业利润(万元)	-1420.27	7787.12	-668.80	-10614.40
利润总额(万元)	-826.33	10201.85	-72.14	-9765.95

泛海建设集团股份有限公司

公司概况						
	公司名称	泛海建设集团股份有限公司			证券简称	泛海控股
	法人代表	韩晓生	董秘	陈怀东	证券代码	000046
	公司网址	www.fhjs.cn		电子信箱	chd@fhkg.com	
	电　　话	010-85259683 85259601		传　　真	010-85259797	
	办公地址	北京市东城区建国门内大街 28 号民生金融中心 C 座 22 层				
	经营范围	房地产开发经营、国内外项目投资等				

主要财务指标	指标\报告期	2014.06.30	2013.12.31	2013.06.30	2012.12.31
	基本每股收益(元)	0.0370	0.2592	0.0443	0.1716
	基本每股收益	0.0368	0.2540	0.0442	0.1692
	稀释每股收益(元)	0.0370	0.2592	0.0443	0.1716
	每股净资产(元)	1.9161	2.0266	1.8112	1.8671
	每股经营现金净流量(元)	-0.3601	-0.6201	-0.4010	-0.3744
	每股现金流量(元)	0.0823	0.1621	0.5130	0.5059
	每股资本公积金(元)	0.5879	0.5879	0.5869	0.5871
	每股盈余公积金(元)	0.1045	0.1045	0.0855	0.0855
	每股未分配利润(元)	0.2218	0.3348	0.1389	0.1946
	净资产收益率(%)	1.9285	12.7891	2.4446	9.1910
	加权净资产收益率(%)	1.8100	13.3100	2.4100	9.4700
	净资产收益率(扣除)(%)	1.9210	12.5319	2.4380	9.0615
	总资产(万元)	4457589.23	4073803.91	3647844.36	3093476.07
	归属母公司股东权益	873210.65	923606.30	825424.65	850912.67
	营业收入(万元)	144304.77	593750.69	154072.19	444540.10
	营业成本(万元)	62115.51	267289.49	64877.65	191941.20
	投资收益(万元)	-	-	-	-161.76
	净利润(万元)	16839.66	118120.81	20178.07	78207.70
	营业利润(万元)	24640.75	155645.62	27682.68	96265.81
	利润总额(万元)	24993.40	156736.29	27937.16	96656.87

深圳市康达尔(集团)股份有限公司

公司概况						
	公司名称	深圳市康达尔(集团)股份有限公司			证券简称	康达尔
	法人代表	罗爱华	董秘	朱文学	证券代码	000048
	公司网址	www.kondarl.com		电子信箱	a000048@126.com	
	电　　话	0755-25425020*330		传　　真	0755-25420155	
	办公地址	广东省深圳市罗湖区深南东路 1086 号集浩大厦二、三楼				
	经营范围	养殖肉鸡、鸡苗、禽蛋、生产制造肉制品、饮料、鸡场设备、自酿鲜啤等				

主要财务指标	指标\报告期	2014.06.30	2013.12.31	2013.06.30	2012.12.31
	基本每股收益(元)	0.0143	-0.0231	0.0912	0.0717
	基本每股收益	-0.0108	-	-0.0092	-0.0411
	稀释每股收益(元)	0.0143	-0.0231	0.0912	0.0717
	每股净资产(元)	1.0454	1.0306	1.1447	1.0522
	每股经营现金净流量(元)	0.5456	-0.1945	-0.1782	-0.0644
	每股现金流量(元)	0.1247	-0.2985	-0.2870	-0.5900
	每股资本公积金(元)	0.1091	0.1091	0.1139	0.1139
	每股盈余公积金(元)	0.0024	0.0024	0.0024	0.0024
	每股未分配利润(元)	-0.0955	-0.1098	0.0024	-0.0867
	净资产收益率(%)	1.3636	-2.2398	7.9716	6.7394
	加权净资产收益率(%)	0.3400	-2.2100	8.3000	7.0400
	净资产收益率(扣除)(%)	-1.0297	-12.6442	-0.8037	-3.8303
	总资产(万元)	161519.00	133056.56	133771.44	121173.40
	归属母公司股东权益	40851.86	40273.40	44729.88	41198.53
	营业收入(万元)	73095.01	156530.62	68102.28	145335.30
	营业成本(万元)	64222.90	139534.46	60536.51	130009.86
	投资收益(万元)	132.65	289.61	180.26	183.06
	净利润(万元)	557.06	-902.03	3565.67	2800.86
	营业利润(万元)	795.77	-4181.89	215.77	-747.20
	利润总额(万元)	1157.98	1106.78	5298.15	4950.00

深圳市德赛电池科技股份有限公司

公司概况						
	公司名称	深圳市德赛电池科技股份有限公司			证券简称	德赛电池
	法人代表	刘其	董秘	游虹	证券代码	000049
	公司网址	www.desaybattery.com		电子信箱	ir@desaybattery.com	
	电　　话	0755-86299888		传　　真	0755-86299889	
	办公地址	广东省深圳市南山区高新科技园南区高新南一道德赛科技大厦 26 楼				
	经营范围	无汞碱锰电池、一次锂电池、锌空气电池、镍氢电池、锂聚合物电池等				

主要财务指标	指标\报告期	2014.06.30	2013.12.31	2013.06.30	2012.12.31
	基本每股收益(元)	0.4227	1.5057	0.5211	1.0498
	基本每股收益	0.4123	1.4654	0.5153	1.1805
	稀释每股收益(元)	0.4227	1.5057	0.5211	1.0498
	每股净资产(元)	2.9000	3.9022	2.9513	2.6975
	每股经营现金净流量(元)	3.5813	0.4026	2.4233	2.5005
	每股现金流量(元)	0.7705	0.2469	0.6995	0.6821
	每股资本公积金(元)	0.0398	0.0594	0.0874	0.0547
	每股盈余公积金(元)	0.1825	0.2737	0.1989	0.1473
	每股未分配利润(元)	1.6725	2.5748	1.6650	1.4955
	净资产收益率(%)	14.5741	38.5866	17.6565	38.9158
	加权净资产收益率(%)	15.2700	45.6200	18.2300	40.0900
	净资产收益率(扣除)(%)	14.2184	37.5527	17.4610	43.7644
	总资产(万元)	206865.59	337109.30	141000.73	186126.56
	归属母公司股东权益	59521.08	53393.18	40382.63	36909.58
	营业收入(万元)	223763.39	440249.88	142754.98	319523.09
	营业成本(万元)	197117.15	376296.86	117693.43	266350.98
	投资收益(万元)	255.92	501.94	-295.74	496.08
	净利润(万元)	8674.68	20602.60	7130.14	14363.65
	营业利润(万元)	14695.26	33827.58	11549.33	23873.84
	利润总额(万元)	14876.56	33946.13	11679.17	21473.26

天马微电子股份有限公司

公司概况						
	公司名称	天马微电子股份有限公司			证券简称	深天马 A
	法人代表	由镭	董秘	刘长清	证券代码	000050
	公司网址	www.tianma.cn		电子信箱	sztmzq@tianma.cn	
	电　　话	0755-86225886 26094882		传　　真	0755-86225772	
	办公地址	广东省深圳市南山区马家龙工业城 64 栋 7 层				
	经营范围	制造销售各类液晶显示器及与之相关的材料、设备和产品等				

主要财务指标	指标\报告期	2014.06.30	2013.12.31	2013.06.30	2012.12.31
	基本每股收益(元)	0.1420	0.2500	0.0370	0.0948
	基本每股收益	0.1250	0.0734	0.0280	-0.0500
	稀释每股收益(元)	0.1420	0.2500	0.0370	0.0948
	每股净资产(元)	2.6280	2.5878	2.3591	2.3910
	每股经营现金净流量(元)	0.2390	2.4758	0.7216	1.4227
	每股现金流量(元)	-0.7655	0.8630	-0.0636	-0.2465
	每股资本公积金(元)	0.9472	0.9501	0.9344	0.9390
	每股盈余公积金(元)	0.1827	0.1827	0.1668	0.1668
	每股未分配利润(元)	0.5094	0.4676	0.2709	0.2936
	净资产收益率(%)	5.3935	9.6596	1.5805	3.9633
	加权净资产收益率(%)	5.4400	10.0400	1.5700	4.0400
	净资产收益率(扣除)(%)	4.7677	2.8370	1.1711	-2.1388
	总资产(万元)	757250.74	797676.13	759583.05	780318.84
	归属母公司股东权益	150907.51	148603.38	135467.52	137301.16
	营业收入(万元)	248559.19	451937.77	225110.68	433354.44
	营业成本(万元)	197825.61	369934.36	187932.18	371096.53
	投资收益(万元)	221.18	653.29	122.82	-911.48
	净利润(万元)	8139.24	14354.52	2141.11	5441.68
	营业利润(万元)	13361.54	12560.85	4256.72	-6120.43
	利润总额(万元)	14888.63	31960.31	5142.00	14972.30

方大集团股份有限公司

公司概况	公司名称	方大集团股份有限公司			证券简称	方大集团
	法人代表	熊建明	董秘	周志刚	证券代码	000055
	公司网址	www.fangda.com		电子信箱	zqb@fangda.com	
	电话	0755-26788571 6622		传真	0755-26788353	
	办公地址	广东省深圳市南山区高新区科技南十二路方大大厦二十楼				
	经营范围	建筑幕墙系统及材料、轨道交通设备等				

主要财务指标	指标\报告期	2014.06.30	2013.12.31	2013.06.30	2012.12.31
	基本每股收益(元)	0.0500	0.1100	0.0500	0.0300
	基本每股收益	0.0500	0.0900	0.0800	0.0100
	稀释每股收益(元)	0.0500	0.1100	0.0500	0.0300
	每股净资产(元)	1.5573	1.5334	1.4737	1.4514
	每股经营现金净流量(元)	-0.3548	0.2068	0.0014	0.0783
	每股现金流量(元)	0.0554	0.0595	0.0099	-0.0793
	每股资本公积金(元)	0.1047	0.1046	0.1061	0.1061
	每股盈余公积金(元)	0.0613	0.0613	0.0403	0.0403
	每股未分配利润(元)	0.3913	0.3675	0.3273	0.3051
	净资产收益率(%)	3.4588	7.3819	3.5288	2.2709
	加权净资产收益率(%)	3.4900	7.6100	3.5400	2.3000
	净资产收益率(扣除)(%)	3.3654	5.8927	3.3701	0.6701
	总资产(万元)	312559.01	259955.75	248287.87	232780.29
	归属母公司股东权益	117873.81	116063.97	111543.33	109861.22
	营业收入(万元)	82279.27	174762.08	73682.80	139790.14
	营业成本(万元)	66844.74	142536.92	58449.38	114506.65
	投资收益(万元)	96.91	30.09	-	344.82
	净利润(万元)	4077.00	8567.69	3936.16	2494.84
	营业利润(万元)	4261.07	9439.91	4349.95	1139.22
	利润总额(万元)	4359.03	10065.05	4533.19	1954.69

深圳市国际企业股份有限公司

公司概况	公司名称	深圳市国际企业股份有限公司			证券简称	深国商
	法人代表	郑康豪	董秘	曹剑	证券代码	000056
	公司网址	www.china-ia.com		电子信箱	cj000056@21cn.com	
	电话	0755-82281888 82285565		传真	0755-82285573	
	办公地址	广东省深圳市福田区金田路 2028 号皇岗商务中心主楼 6 楼				
	经营范围	商品零售、经营房地产、代购、代销、种植、销售林木、进出口业务等				

主要财务指标	指标\报告期	2014.06.30	2013.12.31	2013.06.30	2012.12.31
	基本每股收益(元)	-0.4400	10.5100	-0.1800	0.0800
	基本每股收益	-0.4300	-0.5560	-0.1600	-0.3130
	稀释每股收益(元)	-0.4400	10.5100	-0.1800	0.0800
	每股净资产(元)	9.6869	10.1258	-0.5587	-0.3798
	每股经营现金净流量(元)	-1.2187	-1.8255	-0.9120	-0.6628
	每股现金流量(元)	0.0284	0.0015	-0.0048	-0.0499
	每股资本公积金(元)	0.3100	0.3100	0.3100	0.3100
	每股盈余公积金(元)	0.5701	0.5701	0.5701	0.5701
	每股未分配利润(元)	7.8068	8.2457	-2.4388	-2.2599
	净资产收益率(%)	-4.5307	103.7503	-32.0330	-21.6792
	加权净资产收益率(%)	-4.3400	103.5700	-	-20.4000
	净资产收益率(扣除)(%)	-4.4389	-5.4880	27.8826	82.4479
	总资产(万元)	791669.86	780328.37	218414.38	200648.14
	归属母公司股东权益	213985.81	223680.89	-12342.47	-8388.81
	营业收入(万元)	3735.21	3529.28	1230.90	8062.25
	营业成本(万元)	2243.39	2440.91	970.47	6461.34
	投资收益(万元)	-	90.00	-	10014.24
	净利润(万元)	-9695.08	232069.70	-3953.66	1818.63
	营业利润(万元)	-15812.32	526281.63	-5825.61	-1583.77
	利润总额(万元)	-16138.74	523685.03	-6379.70	-1557.70

深圳赛格股份有限公司

公司概况	公司名称	深圳赛格股份有限公司			证券简称	深赛格
	法人代表	王立	董秘	郑丹	证券代码	000058
	公司网址	www.segcl.com.cn		电子信箱	segcl@segcl.com.cn	
	电话	0755-83747939		传真	0755-83975237	
	办公地址	广东省深圳市福田区华强北路群星广场 A 座 31 层				
	经营范围	投资电子电器产品、电子化工、计算机、兴办实业、电子信息系统等				

主要财务指标	指标\报告期	2014.06.30	2013.12.31	2013.06.30	2012.12.31
	基本每股收益(元)	0.0480	0.0692	0.0506	0.0581
	基本每股收益	0.0468	0.0623	0.0496	0.0578
	稀释每股收益(元)	0.0480	0.0692	0.0506	0.0581
	每股净资产(元)	1.6410	1.5931	1.5739	1.5235
	每股经营现金净流量(元)	-0.1330	-0.1561	-0.0773	-0.0586
	每股现金流量(元)	0.3743	-0.1498	-0.0398	-0.2438
	每股资本公积金(元)	0.5155	0.5155	0.5151	0.5153
	每股盈余公积金(元)	0.1311	0.1311	0.1311	0.1311
	每股未分配利润(元)	-0.0057	-0.0536	-0.0723	-0.1229
	净资产收益率(%)	2.9232	4.3463	3.2119	3.8127
	加权净资产收益率(%)	2.9700	4.4400	3.2600	3.8800
	净资产收益率(扣除)(%)	2.8528	3.9123	3.1484	3.7945
	总资产(万元)	248615.66	213494.06	178694.15	174069.73
	归属母公司股东权益	128782.17	125022.44	123523.28	119567.29
	营业收入(万元)	31614.14	59735.83	27984.81	46380.75
	营业成本(万元)	24834.92	48641.12	21267.19	35584.90
	投资收益(万元)	1173.15	1307.78	869.46	1584.97
	净利润(万元)	3764.58	5433.87	3967.41	4558.71
	营业利润(万元)	6934.75	10297.25	6403.86	7402.12
	利润总额(万元)	7045.79	10525.27	6552.59	7349.53

北方华锦化学工业股份有限公司

公司概况	公司名称	北方华锦化学工业股份有限公司			证券简称	华锦股份
	法人代表	李春建	董秘	王维良	证券代码	000059
	公司网址	www.huajinchem.com		电子信箱	huajincorp@163.com	
	电话	0427-5855742		传真	0427-5855742	
	办公地址	辽宁省盘锦市双台子区红旗大街				
	经营范围	无机化工产品、石油及石油化工产品生产与销售等				

主要财务指标	指标\报告期	2014.06.30	2013.12.31	2013.06.30	2012.12.31
	基本每股收益(元)	-0.6400	-0.1293	-0.2700	0.0163
	基本每股收益	-0.6360	-0.1251	-0.2720	0.0086
	稀释每股收益(元)	-0.6400	-0.1293	-0.2700	0.0163
	每股净资产(元)	5.3466	5.9741	5.8268	6.1001
	每股经营现金净流量(元)	-0.8871	1.5165	0.2345	-1.7522
	每股现金流量(元)	0.0127	-1.1447	-0.5531	1.7352
	每股资本公积金(元)	3.2007	3.2007	3.2007	3.2007
	每股盈余公积金(元)	0.1891	0.1891	0.1613	0.1613
	每股未分配利润(元)	0.9407	1.5765	1.4625	1.7336
	净资产收益率(%)	-11.8915	-2.1637	-4.6521	0.2680
	加权净资产收益率(%)	-11.2100	-2.0000	-4.5500	0.2700
	净资产收益率(扣除)(%)	-11.9165	-0.0200	-4.6730	0.1403
	总资产(万元)	2983353.76	2844402.69	3017453.76	3275327.84
	归属母公司股东权益	641866.77	717199.39	699509.53	732314.99
	营业收入(万元)	1792333.79	4155791.14	2134311.89	3600870.11
	营业成本(万元)	1670687.13	3733014.84	1936603.02	3167588.78
	投资收益(万元)	-	-	-	-
	净利润(万元)	-76327.44	-15517.83	-32542.23	1962.65
	营业利润(万元)	-75294.80	-12233.93	-28198.76	19736.88
	利润总额(万元)	-75078.40	-12906.42	-28002.74	21982.13

深圳市中金岭南有色金属股份有限公司

公司概况	公司名称	深圳市中金岭南有色金属股份有限公司			证券简称	中金岭南
	法人代表	朱伟	董秘	彭玲	证券代码	000060
	公司网址	www.nonfemet.com		电子信箱	dsh@nonfemet.com.cn	
	电　话	0755-82839363		传　真	0755-83474889	
	办公地址	广东省深圳市福田区深南大道6013号中国有色大厦24-26楼				
	经营范围	采选、冶炼、制造、加工有色金属矿产品、冶炼产品、深加工产品及综合利用产品等				

主要财务指标	指标\报告期	2014.06.30	2013.12.31	2013.06.30	2012.12.31
	基本每股收益(元)	0.0800	0.2000	0.0600	0.2100
	基本每股收益	0.0700	0.1500	0.0600	0.2300
	稀释每股收益(元)	0.0800	0.2000	0.0600	0.2100
	每股净资产(元)	2.9910	2.8919	2.6714	2.7219
	每股经营现金净流量(元)	0.1186	0.4707	0.0268	0.7208
	每股现金流量(元)	-0.1354	0.0310	-0.0377	0.0206
	每股资本公积金(元)	0.1858	0.1855	0.0138	0.0312
	每股盈余公积金(元)	0.3279	0.3279	0.3123	0.3123
	每股未分配利润(元)	1.5124	1.4659	1.3844	1.3262
	净资产收益率(%)	2.5580	6.9248	2.1788	7.7075
	加权净资产收益率(%)	2.6100	7.1300	2.1200	7.9400
	净资产收益率(扣除)(%)	2.3983	5.1390	2.1180	8.4379
	总资产(万元)	1457131.21	1444966.51	1411152.98	1407318.09
	归属母公司股东权益	617019.22	596583.63	551092.24	561514.23
	营业收入(万元)	832337.00	2111772.07	403081.98	1839954.74
	营业成本(万元)	762397.94	1965393.08	329345.78	1624794.22
	投资收益(万元)	1521.68	1955.13	-8.31	3109.97
	净利润(万元)	15781.56	41312.24	12007.41	43278.87
	营业利润(万元)	18039.05	31138.55	9524.17	77871.55
	利润总额(万元)	19411.49	47695.93	9918.78	68848.42

深圳市农产品股份有限公司

公司概况	公司名称	深圳市农产品股份有限公司			证券简称	农产品
	法人代表	陈少群	董秘	刘雄佳	证券代码	000061
	公司网址	www.szap.com		电子信箱	ir@szap.com	
	电　话	0755-82589021		传　真	0755-82589021	
	办公地址	广东省深圳市福田区深南大道7028号时代科技大厦13楼				
	经营范围	开发、建设、经营、管理农产品批发市场等				

主要财务指标	指标\报告期	2014.06.30	2013.12.31	2013.06.30	2012.12.31
	基本每股收益(元)	0.0180	0.0666	0.0224	0.0346
	基本每股收益	0.0113	-	0.0219	-0.0561
	稀释每股收益(元)	0.0180	0.0666	0.0224	0.0346
	每股净资产(元)	2.8364	2.8685	2.8358	2.3058
	每股经营现金净流量(元)	0.1955	0.1121	0.0194	0.2057
	每股现金流量(元)	0.0064	-0.0280	0.0543	-0.2043
	每股资本公积金(元)	1.4877	1.4877	1.4988	0.8578
	每股盈余公积金(元)	0.1055	0.1055	0.1055	0.1251
	每股未分配利润(元)	0.2435	0.2755	0.2317	0.3232
	净资产收益率(%)	0.6333	2.2863	0.7670	1.4994
	加权净资产收益率(%)	0.6300	2.3500	0.8000	1.5000
	净资产收益率(扣除)(%)	0.3976	-0.1546	0.7492	-2.4347
	总资产(万元)	1282789.52	1222338.98	1128225.88	1061663.88
	归属母公司股东权益	481330.70	486765.74	481224.02	318971.26
	营业收入(万元)	84050.38	216863.38	111300.80	168197.69
	营业成本(万元)	43193.94	133963.35	64715.56	108642.73
	投资收益(万元)	1102.82	11277.36	961.94	11563.57
	净利润(万元)	3048.47	11128.83	3691.12	4782.53
	营业利润(万元)	11553.25	21056.62	12662.97	-2144.91
	利润总额(万元)	13835.59	29129.40	13568.35	14802.27

深圳华强实业股份有限公司

公司概况	公司名称	深圳华强实业股份有限公司			证券简称	深圳华强
	法人代表	胡新安	董秘	王瑛	证券代码	000062
	公司网址	www.szhq0062.com		电子信箱	wying@szhq.com	
	电　话	0755-83216296 83030136		传　真	0755-83365392 83217367	
	办公地址	广东省深圳市福田区华强北路华强广场A座5楼				
	经营范围	投资兴办各类实业(具体项目需另行申报)、经营国内商业等				

主要财务指标	指标\报告期	2014.06.30	2013.12.31	2013.06.30	2012.12.31
	基本每股收益(元)	0.5260	0.6180	0.1120	0.4220
	基本每股收益	0.5230	0.6270	0.1080	0.4160
	稀释每股收益(元)	0.5260	0.6180	0.1120	0.4220
	每股净资产(元)	3.1475	2.9278	2.2928	2.3420
	每股经营现金净流量(元)	0.3343	1.5687	0.5404	0.1977
	每股现金流量(元)	0.0750	-0.4502	-0.2335	0.5521
	每股资本公积金(元)	0.0013	0.0075	-0.1219	-0.1107
	每股盈余公积金(元)	0.3068	0.3068	0.2931	0.2931
	每股未分配利润(元)	1.8394	1.6135	1.1217	1.1597
	净资产收益率(%)	16.7070	21.0994	4.8897	18.0036
	加权净资产收益率(%)	16.8900	23.6700	4.8400	17.1400
	净资产收益率(扣除)(%)	16.6099	21.4297	4.6950	17.7520
	总资产(万元)	400389.91	487347.88	490646.82	499794.94
	归属母公司股东权益	209921.70	195272.79	152918.23	156202.01
	营业收入(万元)	183223.97	207583.51	57302.72	155896.53
	营业成本(万元)	101908.99	93016.11	28149.18	73374.13
	投资收益(万元)	-34.31	4579.40	3120.33	4088.90
	净利润(万元)	35071.60	41201.42	7477.31	28121.99
	营业利润(万元)	44404.29	51020.74	8772.05	39111.32
	利润总额(万元)	44514.58	50829.50	9034.35	39621.90

中兴通讯股份有限公司

公司概况	公司名称	中兴通讯股份有限公司			证券简称	中兴通讯
	法人代表	侯为贵	董秘	冯健雄	证券代码	000063
	公司网址	www.zte.com.cn		电子信箱	fengjianxiong@zte.com.cn	
	电　话	0755-26770282		传　真	0755-26770286	
	办公地址	广东省深圳市南山区高新技术产业园科技南路中兴通讯大厦				
	经营范围	生产程控交换系统、多媒体通讯系统、通讯传输系统、研制等				

主要财务指标	指标\报告期	2014.06.30	2013.12.31	2013.06.30	2012.12.31
	基本每股收益(元)	0.3300	0.3900	0.0900	-0.8300
	基本每股收益	0.2700	0.0200	0.2200	-1.2200
	稀释每股收益(元)	0.3300	0.3900	0.0900	-0.8300
	每股净资产(元)	6.9100	6.5500	6.3200	6.2400
	每股经营现金净流量(元)	0.2081	0.7490	-1.2619	0.4506
	每股现金流量(元)	-1.1831	-0.7393	-1.9604	0.5807
	每股资本公积金(元)	2.7482	2.7612	2.7389	2.7054
	每股盈余公积金(元)	0.4693	0.4693	0.4615	0.4615
	每股未分配利润(元)	2.9271	2.5989	2.3299	2.2398
	净资产收益率(%)	4.7505	6.0253	1.4278	13.2402
	加权净资产收益率(%)	4.8600	6.1700	1.4400	-12.4600
	净资产收益率(扣除)(%)	3.9256	0.3240	3.4652	-19.4885
	总资产(万元)	10185287.80	10007949.70	10257880.20	10744630.60
	归属母公司股东权益	2374912.30	2253264.80	2171235.30	2145658.30
	营业收入(万元)	3769730.90	7523372.40	3750478.40	8411887.40
	营业成本(万元)	2550983.00	5312590.40	2723417.40	6409154.60
	投资收益(万元)	-7637.30	91440.60	-	125888.60
	净利润(万元)	112820.60	135765.70	31001.20	-284096.20
	营业利润(万元)	-21004.90	-149309.40	-77267.30	-500216.20
	利润总额(万元)	164398.60	182784.30	74178.10	-198320.00

北方国际合作股份有限公司

公司概况	公司名称	北方国际合作股份有限公司			证券简称	北方国际
	法人代表	王粤涛	董秘	杜晓东	证券代码	000065
	公司网址	www.norinco-intl.com		电子信箱	bfgj@norinco-intl.com	
	电　话	010-83916913 68137579		传　真	010-83528922	
	办公地址	北京市石景山区政达路6号院北方国际大厦19-22层				
	经营范围	各类型工业、能源、交通、民用工程建设项目的施工总承包等				

主要财务指标	指标\报告期	2014.06.30	2013.12.31	2013.06.30	2012.12.31
	基本每股收益(元)	0.1600	0.7400	0.1100	0.5700
	基本每股收益	0.1600	0.7400	0.1300	0.7400
	稀释每股收益(元)	0.1600	0.7400	0.1100	0.5700
	每股净资产(元)	3.2500	3.7880	3.1825	4.0253
	每股经营现金净流量(元)	-1.4482	3.5894	0.7042	-0.0379
	每股现金流量(元)	-1.3340	3.8393	1.0026	-0.2110
	每股资本公积金(元)	0.5686	0.6823	0.5686	0.8870
	每股盈余公积金(元)	0.2170	0.2604	0.2170	0.2820
	每股未分配利润(元)	1.4641	1.8453	1.4641	1.8562
	净资产收益率(%)	4.9155	19.5158	4.1571	18.3092
	加权净资产收益率(%)	4.9500	21.4700	4.1900	19.9900
	净资产收益率(扣除)(%)	-	19.4783	4.1544	18.3158
	总资产(万元)	420612.78	398252.07	420612.78	318957.80
	归属母公司股东权益	82341.68	79990.52	82341.68	65385.16
	营业收入(万元)	134685.81	295825.69	79805.86	166035.70
	营业成本(万元)	118045.58	254393.03	77076.12	155833.56
	投资收益(万元)	-17.58	401.35	276.98	17599.53
	净利润(万元)	4047.53	15610.81	2793.74	11971.49
	营业利润(万元)	6654.30	26562.17	2744.95	13125.30
	利润总额(万元)	6658.19	26605.56	2748.57	13119.28

中国长城计算机深圳股份有限公司

公司概况	公司名称	中国长城计算机深圳股份有限公司			证券简称	长城电脑
	法人代表	杨军	董秘	郭镇	证券代码	000066
	公司网址	www.greatwall.cn		电子信箱	stock@greatwall.com.cn	
	电　话	0755-26634759		传　真	0755-26631106	
	办公地址	广东省深圳市南山区科技工业园长城计算机大厦				
	经营范围	电子计算机硬件、软件系统及网络系统、电子产品、液晶电视等				

主要财务指标	指标\报告期	2014.06.30	2013.12.31	2013.06.30	2012.12.31
	基本每股收益(元)	-0.0640	0.0220	0.0030	-0.1810
	基本每股收益	-0.0540	-	-0.1220	-0.2400
	稀释每股收益(元)	-0.0640	0.0220	0.0030	-0.1810
	每股净资产(元)	1.8334	2.0261	2.0770	2.1320
	每股经营现金净流量(元)	0.2845	0.4874	-1.6005	3.4473
	每股现金流量(元)	0.6877	-0.5011	-1.0408	0.8074
	每股资本公积金(元)	0.4728	0.6168	0.6143	0.6159
	每股盈余公积金(元)	0.2614	0.2614	0.2553	0.2553
	每股未分配利润(元)	0.4167	0.4808	0.4677	0.4646
	净资产收益率(%)	-3.4964	1.0995	0.1519	-8.4881
	加权净资产收益率(%)	-3.3000	1.0460	0.1500	-8.0200
	净资产收益率(扣除)(%)	-2.9668	-13.3162	-5.8752	-11.2348
	总资产(万元)	4106658.70	3922552.65	3846377.20	3918362.04
	归属母公司股东权益	242666.57	268177.81	274908.11	282190.83
	营业收入(万元)	3517802.80	7785863.66	3632536.63	7975162.46
	营业成本(万元)	3173405.49	7126875.45	3308955.27	7324987.49
	投资收益(万元)	-7576.57	2493.85	-1893.95	43353.33
	净利润(万元)	-8484.49	2948.63	417.53	-23952.76
	营业利润(万元)	-56761.45	-189845.70	-74356.61	-117746.31
	利润总额(万元)	-43089.88	-43388.94	-18190.12	29490.49

深圳华控赛格股份有限公司

公司概况	公司名称	深圳华控赛格股份有限公司			证券简称	华控赛格
	法人代表	黄俞	董秘	丁勤	证券代码	000068
	公司网址	www.huakongseg.com.cn		电子信箱	sz_hksg@163.com	
	电　话	0755-28339059 28339057		传　真	0755-89938787	
	办公地址	广东省深圳市大工业区兰竹东路23号				
	经营范围	生产经营彩管玻壳及其材料、玻璃器材、平面显示器件玻璃及其材料等				

主要财务指标	指标\报告期	2014.06.30	2013.12.31	2013.06.30	2012.12.31
	基本每股收益(元)	-0.0319	-0.0415	-0.0198	0.0035
	基本每股收益	-0.0319	-0.0384	-0.0180	-0.0491
	稀释每股收益(元)	-0.0319	-0.0415	-0.0198	0.0035
	每股净资产(元)	0.1865	0.2184	0.2401	0.2599
	每股经营现金净流量(元)	0.0282	-0.2217	-0.1918	-0.1188
	每股现金流量(元)	0.0820	-0.0312	0.1318	-0.0130
	每股资本公积金(元)	0.8749	0.8749	0.8749	0.8749
	每股盈余公积金(元)	0.1759	0.1759	0.1759	0.1759
	每股未分配利润(元)	-1.8643	-1.8324	-1.8107	-1.7909
	净资产收益率(%)	-17.0925	-18.9992	-8.2328	1.3588
	加权净资产收益率(%)	-15.7500	-17.3500	-7.9100	1.3900
	净资产收益率(扣除)(%)	-17.0947	-17.5771	-7.5121	-18.9048
	总资产(万元)	58430.62	59159.84	84741.98	42625.79
	归属母公司股东权益	16722.29	19580.55	21528.32	23300.69
	营业收入(万元)	2412.24	72175.73	42531.41	10495.43
	营业成本(万元)	2069.50	70528.37	41693.16	9917.67
	投资收益(万元)	-	-	-	-
	净利润(万元)	-2858.26	-3720.14	-1772.38	316.61
	营业利润(万元)	-2920.07	-3433.38	-1617.23	-3643.39
	利润总额(万元)	-2919.67	-3720.14	-1772.38	316.61

深圳华侨城股份有限公司

公司概况	公司名称	深圳华侨城股份有限公司			证券简称	华侨城A
	法人代表	刘平春	董秘	陈跃华	证券代码	000069
	公司网址	www.octholding.com		电子信箱	000069ir@chinaoct.com	
	电　话	0755-26909069		传　真	0755-26600936	
	办公地址	广东省深圳市南山区华侨城集团办公大楼				
	经营范围	旅游综合、房地产和纸包装业务				

主要财务指标	指标\报告期	2014.06.30	2013.12.31	2013.06.30	2012.12.31
	基本每股收益(元)	0.2631	0.6062	0.2501	0.5294
	基本每股收益	0.2710	0.5404	0.2010	0.5265
	稀释每股收益(元)	0.2631	0.6062	0.2501	0.5294
	每股净资产(元)	3.4755	3.2816	2.9202	2.7400
	每股经营现金净流量(元)	-0.8102	0.9899	0.1195	0.9830
	每股现金流量(元)	0.0713	0.0352	-0.0420	0.4091
	每股资本公积金(元)	0.0961	0.0958	0.0859	0.0850
	每股盈余公积金(元)	0.2640	0.2640	0.2374	0.2374
	每股未分配利润(元)	2.1199	1.9256	1.6028	1.4227
	净资产收益率(%)	7.5710	18.4739	8.5646	19.3267
	加权净资产收益率(%)	7.7400	20.1600	8.7300	21.3500
	净资产收益率(扣除)(%)	7.7988	16.4677	6.8823	19.2189
	总资产(万元)	8978015.65	8787876.45	8469775.60	7299822.54
	归属母公司股东权益	2527185.30	2386226.65	2123405.92	1991936.91
	营业收入(万元)	1359660.95	2815638.21	1061850.86	2228442.62
	营业成本(万元)	560209.02	1323650.60	466562.45	1069993.19
	投资收益(万元)	5065.13	43493.17	45064.94	43976.63
	净利润(万元)	191332.77	440828.79	181860.45	384976.65
	营业利润(万元)	311226.25	648280.46	277542.35	531087.03
	利润总额(万元)	311544.90	690862.38	279952.10	534041.03

深圳市特发信息股份有限公司

公司概况	公司名称	深圳市特发信息股份有限公司		证券简称	特发信息
	法人代表	王宝	董秘：张大军	证券代码	000070
	公司网址	www.sdgi.com.cn		电子信箱	zhangdj@sdgi.com.cn
	电　　话	0755-26506648 26506649		传　　真	0755-26506800
	办公地址	广东省深圳市南山区高新区中区科丰路2号特发信息港大厦B栋18楼			
	经营范围	光纤、光缆、铝电解电容器的研发、生产、销售以及通信系统集成及技术服务等			

主要财务指标	指标\报告期	2014.06.30	2013.12.31	2013.06.30	2012.12.31
	基本每股收益(元)	0.0967	0.2283	0.1561	0.1900
	基本每股收益	0.0896	0.1600	0.0936	0.1800
	稀释每股收益(元)	0.0967	0.2283	0.1561	0.1900
	每股净资产(元)	3.8351	3.7684	3.6961	3.3868
	每股经营现金净流量(元)	0.1355	0.0531	-0.0411	0.3259
	每股现金流量(元)	-0.2416	-0.1632	0.3389	-0.2579
	每股资本公积金(元)	2.2188	2.2188	2.2192	1.9989
	每股盈余公积金(元)	0.1163	0.1163	0.1021	0.1107
	每股未分配利润(元)	0.5000	0.4333	0.3748	0.2772
	净资产收益率(%)	2.5216	6.0187	4.1690	5.5643
	加权净资产收益率(%)	2.5300	6.2400	4.3000	5.7300
	净资产收益率(扣除)(%)	2.3361	4.1163	2.5000	5.4260
	总资产(万元)	240030.78	225346.69	214910.70	199167.11
	归属母公司股东权益	103931.75	102123.95	100163.20	84669.56
	营业收入(万元)	75724.50	157195.03	67107.47	161008.75
	营业成本(万元)	60263.72	127451.89	54076.97	132905.92
	投资收益(万元)	180.68	1408.76	1413.44	17.85
	净利润(万元)	2620.79	6146.55	4175.80	4711.28
	营业利润(万元)	3791.69	6708.59	4292.97	6311.86
	利润总额(万元)	3863.56	7195.22	4485.94	6167.29

深圳市海王生物工程股份有限公司

公司概况	公司名称	深圳市海王生物工程股份有限公司		证券简称	海王生物
	法人代表	张思民	董秘：张全礼	证券代码	000078
	公司网址	www.neptunus.com		电子信箱	sz000078@vip.sina.com
	电　　话	0755-26980336		传　　真	0755-26968995
	办公地址	广东省深圳市南山区科技园高新技术北区朗山二路海王工业城			
	经营范围	生产经营生物化学原料、制品、试剂及其它相关制品等			

主要财务指标	指标\报告期	2014.06.30	2013.12.31	2013.06.30	2012.12.31
	基本每股收益(元)	0.0723	0.1644	0.0742	0.0905
	基本每股收益	0.0679	-	0.0625	0.0572
	稀释每股收益(元)	0.0723	0.1644	0.0742	0.0905
	每股净资产(元)	2.0065	2.0806	2.0028	1.2925
	每股经营现金净流量(元)	-0.3342	-0.1682	-0.4490	-0.1252
	每股现金流量(元)	-0.2025	0.3770	-0.0809	0.2965
	每股资本公积金(元)	1.9625	2.1090	2.1210	1.6251
	每股盈余公积金(元)	0.0313	0.0313	0.0313	0.0351
	每股未分配利润(元)	-0.9873	-1.0596	-1.1494	-1.3676
	净资产收益率(%)	3.6054	7.6883	3.5041	7.0037
	加权净资产收益率(%)	3.4100	8.8300	4.4500	7.2200
	净资产收益率(扣除)(%)	3.3832	-1.5417	2.9513	4.4258
	总资产(万元)	897704.44	801924.21	641918.27	586351.65
	归属母公司股东权益	146817.43	152241.11	146550.99	84336.43
	营业收入(万元)	469350.64	799343.40	376515.90	641802.17
	营业成本(万元)	401023.12	678294.22	320123.72	544796.49
	投资收益(万元)	-147.53	0.43	-0.18	18.78
	净利润(万元)	5293.43	11704.80	5135.23	5906.70
	营业利润(万元)	11350.00	8874.99	10792.07	7833.59
	利润总额(万元)	11834.98	34833.78	11742.88	10818.45

深圳市盐田港股份有限公司

公司概况	公司名称	深圳市盐田港股份有限公司		证券简称	盐 田 港
	法人代表	李冰	董秘：冯强	证券代码	000088
	公司网址	www.yantian-port.com		电子信箱	ytg000088@sina.cn
	电　　话	0755-25290180		传　　真	0755-25290932
	办公地址	广东省深圳市盐田区盐田港海港大厦十八层-十九层			
	经营范围	码头的开发与经营、货物装卸与运输、港口配套交通设施建设与经营等			

主要财务指标	指标\报告期	2014.06.30	2013.12.31	2013.06.30	2012.12.31
	基本每股收益(元)	0.1152	0.2000	0.0937	0.2111
	基本每股收益	0.0901	0.2000	0.0937	0.2114
	稀释每股收益(元)	0.1152	0.2000	0.0937	0.2111
	每股净资产(元)	2.5264	2.4442	2.3480	2.3543
	每股经营现金净流量(元)	0.0351	0.0552	0.0346	0.0509
	每股现金流量(元)	-0.0116	0.0067	-0.0132	0.0461
	每股资本公积金(元)	0.2652	0.2652	0.2753	0.2753
	每股盈余公积金(元)	0.4141	0.4141	0.3978	0.3978
	每股未分配利润(元)	0.8471	0.7650	0.6749	0.6812
	净资产收益率(%)	4.5590	8.1832	3.9908	8.9671
	加权净资产收益率(%)	4.6200	8.3900	3.9100	9.0300
	净资产收益率(扣除)(%)	3.5659	8.1847	3.9905	8.9782
	总资产(万元)	586969.79	558708.47	530922.85	529263.61
	归属母公司股东权益	490670.24	474709.94	456036.95	457259.40
	营业收入(万元)	13813.79	30769.55	14267.68	31646.51
	营业成本(万元)	5960.22	12640.07	5900.58	12983.78
	投资收益(万元)	15971.57	33437.39	15531.68	35505.52
	净利润(万元)	22369.55	38846.45	18199.55	41002.84
	营业利润(万元)	21398.00	46602.75	21350.44	47623.30
	利润总额(万元)	28035.66	46613.95	21353.32	47565.59

深圳市机场股份有限公司

公司概况	公司名称	深圳市机场股份有限公司		证券简称	深圳机场
	法人代表	汪洋	董秘：孙郑岭	证券代码	000089
	公司网址	www.szairport.com		电子信箱	szjc@szairport.cn
	电　　话	0755-23456331		传　　真	0755-23456327
	办公地址	广东省深圳市宝安国际机场信息大楼			
	经营范围	航空客货地面运输及过港保障与服务等			

主要财务指标	指标\报告期	2014.06.30	2013.12.31	2013.06.30	2012.12.31
	基本每股收益(元)	0.0744	0.2971	0.1908	0.3428
	基本每股收益	0.0740	0.2962	0.1902	0.3416
	稀释每股收益(元)	0.0744	0.2511	0.1575	0.2835
	每股净资产(元)	4.6481	4.6055	4.5001	4.3394
	每股经营现金净流量(元)	0.2853	0.5482	0.2105	0.4944
	每股现金流量(元)	0.0526	-0.1459	-0.1221	-0.2020
	每股资本公积金(元)	0.7747	0.7767	0.7751	0.7754
	每股盈余公积金(元)	0.4038	0.4038	0.3824	0.3824
	每股未分配利润(元)	2.4696	2.4250	2.3426	2.1816
	净资产收益率(%)	1.6016	6.4467	4.2406	7.8994
	加权净资产收益率(%)	1.6100	6.6500	4.3000	8.1800
	净资产收益率(扣除)(%)	1.5920	6.4262	4.2260	7.8721
	总资产(万元)	1254326.42	1186131.97	1059492.59	1040252.70
	归属母公司股东权益	786363.13	779156.72	760629.03	733466.34
	营业收入(万元)	141288.82	254643.22	121215.69	247330.06
	营业成本(万元)	107947.13	167972.38	70988.06	145796.80
	投资收益(万元)	184.68	-3201.36	-670.26	3220.81
	净利润(万元)	12594.24	50229.61	32255.19	57939.80
	营业利润(万元)	19620.39	68975.88	43457.16	76684.76
	利润总额(万元)	19721.32	69172.09	43616.57	76961.29

深圳市天健(集团)股份有限公司

公司概况	项目	内容	项目	内容	项目	内容
公司概况	公司名称	深圳市天健(集团)股份有限公司			证券简称	天健集团
	法人代表	辛杰	董秘	高建柏	证券代码	000090
	公司网址	www.tagen.cn	电子信箱	luweihong@tagen.cn		
	电　话	0755-82990659　82992565	传　真	0755-83990006		
	办公地址	广东省深圳市福田区滨河大道 5020 号证券大厦 20、21、23、24 层				
	经营范围	提供商品住宅的开发及销售、工程施工劳务、物业租赁服务				

主要财务指标	指标\报告期	2014.06.30	2013.12.31	2013.06.30	2012.12.31
主要财务指标	基本每股收益(元)	0.0621	0.6849	0.1830	0.4527
	基本每股收益	0.0598	0.6751	0.1837	0.3876
	稀释每股收益(元)	0.0621	0.6849	0.1830	0.4527
	每股净资产(元)	5.9133	6.0830	5.9718	6.4131
	每股经营现金净流量(元)	-0.7550	1.0004	-0.5349	1.2955
	每股现金流量(元)	-0.5065	1.2732	-0.7631	1.0984
	每股资本公积金(元)	2.4925	2.5183	2.9101	3.1966
	每股盈余公积金(元)	0.8284	0.8284	0.7832	0.8616
	每股未分配利润(元)	1.5802	1.7242	1.2674	1.3428
	净资产收益率(%)	1.0497	11.2594	3.0650	7.7653
	加权净资产收益率(%)	1.0100	10.7600	2.8400	7.8800
	净资产收益率(扣除)(%)	1.0114	11.0979	3.0769	6.0436
	总资产(万元)	1067612.84	979152.33	865253.24	857827.95
	归属母公司股东权益	326729.20	336106.08	329959.06	322129.50
	营业收入(万元)	177704.28	451391.44	192545.77	308057.85
	营业成本(万元)	147517.76	343671.32	154122.16	239301.86
	投资收益(万元)	759.67	1436.95	1139.51	4598.54
	净利润(万元)	3429.64	37843.49	10113.16	25014.40
	营业利润(万元)	5467.61	46441.68	13719.45	26175.40
	利润总额(万元)	5550.11	46932.08	13666.83	30336.33

深圳市广聚能源股份有限公司

公司概况	项目	内容	项目	内容	项目	内容
公司概况	公司名称	深圳市广聚能源股份有限公司			证券简称	广聚能源
	法人代表	张桂泉	董秘	嵇元弘	证券代码	000096
	公司网址	www.gj000096.com	电子信箱	gjnygf@126.com		
	电　话	0755-86000096	传　真	0755-86331111		
	办公地址	广东省深圳市南山区海德三道天利中央商务广场 22 楼				
	经营范围	油品、液化石油气销售及电力投资等				

主要财务指标	指标\报告期	2014.06.30	2013.12.31	2013.06.30	2012.12.31
主要财务指标	基本每股收益(元)	0.1300	0.1300	0.0500	0.0400
	基本每股收益	0.0900	-	0.0480	0.0300
	稀释每股收益(元)	0.1300	0.1300	0.0500	0.0400
	每股净资产(元)	3.5931	3.5092	3.4347	3.4098
	每股经营现金净流量(元)	-0.0778	0.0706	-0.0046	0.0454
	每股现金流量(元)	0.0180	0.3042	-0.0210	0.1151
	每股资本公积金(元)	0.6821	0.7105	0.7122	0.7177
	每股盈余公积金(元)	0.6035	0.6035	0.5873	0.5873
	每股未分配利润(元)	1.3191	1.2074	1.1471	1.1162
	净资产收益率(%)	3.6673	3.6313	1.4841	1.1211
	加权净资产收益率(%)	3.7100	3.6800	1.4900	1.1200
	净资产收益率(扣除)(%)	2.5181	3.0945	1.3883	0.8071
	总资产(万元)	205443.39	204836.32	199131.44	199009.70
	归属母公司股东权益	189717.75	185283.17	181351.36	180035.81
	营业收入(万元)	47725.68	86828.41	41563.98	96516.92
	营业成本(万元)	42798.21	79571.63	38925.79	89915.32
	投资收益(万元)	5582.11	8184.82	2479.36	1755.99
	净利润(万元)	6957.46	6728.13	2691.41	2018.30
	营业利润(万元)	7538.89	7991.07	3107.68	2522.80
	利润总额(万元)	7543.51	7653.70	3114.67	2742.08

中信海洋直升机股份有限公司

公司概况	项目	内容	项目	内容	项目	内容
公司概况	公司名称	中信海洋直升机股份有限公司			证券简称	中信海直
	法人代表	毕为	董秘	徐树田	证券代码	000099
	公司网址	www.china-cohc.com	电子信箱	susx@china-cohc.com		
	电　话	0755-26723146　26971630	传　真	0755-26723146		
	办公地址	广东省深圳市南山区南海大道 21 号深圳直升机场				
	经营范围	陆上石油服务、海上石油服务、人工降水、医疗救护、航空探矿等				

主要财务指标	指标\报告期	2014.06.30	2013.12.31	2013.06.30	2012.12.31
主要财务指标	基本每股收益(元)	0.1473	0.3711	0.1579	0.2781
	基本每股收益	0.1469	0.3252	0.1332	0.2700
	稀释每股收益(元)	0.1473	0.3635	0.1491	0.2740
	每股净资产(元)	4.3481	4.2739	3.9298	3.8219
	每股经营现金净流量(元)	0.0477	0.5347	0.1436	0.3987
	每股现金流量(元)	-0.0472	-1.1309	-0.7747	1.2032
	每股资本公积金(元)	1.5006	1.4955	1.1786	1.1786
	每股盈余公积金(元)	0.3331	0.3336	0.3335	0.3335
	每股未分配利润(元)	1.5145	1.4448	1.4177	1.3098
	净资产收益率(%)	3.3850	7.9179	4.0177	7.2770
	加权净资产收益率(%)	3.4000	9.3100	4.0600	8.1200
	净资产收益率(扣除)(%)	3.3767	6.9402	3.3907	7.1457
	总资产(万元)	390079.63	383999.04	365621.53	353102.64
	归属母公司股东权益	247371.76	242728.42	201834.15	196291.50
	营业收入(万元)	58698.62	118719.34	52129.26	109140.01
	营业成本(万元)	39410.90	87733.02	37880.50	76272.81
	投资收益(万元)	-	1505.26	-	-
	净利润(万元)	8373.72	19218.97	8108.99	14284.08
	营业利润(万元)	10976.57	21290.63	11225.66	18759.35
	利润总额(万元)	11514.48	26858.30	11293.84	19434.84

TCL 集团股份有限公司

公司概况	项目	内容	项目	内容	项目	内容
公司概况	公司名称	TCL 集团股份有限公司			证券简称	TCL 集团
	法人代表	李东生	董秘	廖骞	证券代码	000100
	公司网址	www.tcl.com	电子信箱	ir@tcl.com		
	电　话	0755-33968898　33313811	传　真	0755-33313819		
	办公地址	广东省惠州市仲恺高新区惠风三路 17 号 TCL 科技大厦				
	经营范围	研究、开发、生产、销售电子产品及通讯设备、新型光电、液晶显示器件等				

主要财务指标	指标\报告期	2014.06.30	2013.12.31	2013.06.30	2012.12.31
主要财务指标	基本每股收益(元)	0.1667	0.2484	0.0911	0.0939
	基本每股收益	0.0620	0.1071	0.0565	0.0309
	稀释每股收益(元)	0.1665	0.2481	0.0908	0.0938
	每股净资产(元)	1.7881	1.6607	1.4701	1.3858
	每股经营现金净流量(元)	0.3266	0.6074	0.4437	0.4619
	每股现金流量(元)	-0.0726	-0.0615	-0.0250	-0.2926
	每股资本公积金(元)	0.3221	0.2433	0.2285	0.1831
	每股盈余公积金(元)	0.0798	0.0884	0.0772	0.0774
	每股未分配利润(元)	0.3920	0.3216	0.1600	0.1244
	净资产收益率(%)	8.7194	14.8858	5.0206	6.7773
	加权净资产收益率(%)	9.0000	15.8400	6.2100	6.6400
	净资产收益率(扣除)(%)	3.2420	6.4155	2.8952	2.2274
	总资产(万元)	8419846.60	7808063.70	8256125.50	7974479.30
	归属母公司股东权益	1690195.50	1416831.60	1249602.60	1174629.40
	营业收入(万元)	4379287.30	8532408.60	3906206.00	6944835.13
	营业成本(万元)	3609284.70	7035881.20	3222080.10	5810800.94
	投资收益(万元)	28867.70	32624.40	23767.10	29432.33
	净利润(万元)	147374.50	210906.70	77248.20	79608.60
	营业利润(万元)	89351.20	127518.00	65702.80	24319.55
	利润总额(万元)	230208.80	362846.30	136021.10	164014.17

宜华地产股份有限公司

公司概况	公司名称	宜华地产股份有限公司			证券简称	宜华地产
	法人代表	刘绍生	董秘	谢文贤	证券代码	000150
	公司网址	www.yihuarealestate.com		电子信箱	securities.yre@yihua.com	
	电　话	0754-85899788		传　真	0754-85890788	
	办公地址	广东省汕头市澄海区文冠路口右侧宜都花园				
	经营范围	房地产开发与销售等				

	指标＼报告期	2014.06.30	2013.12.31	2013.06.30	2012.12.31
主要财务指标	基本每股收益(元)	0.0213	0.2800	0.0333	0.0100
	基本每股收益	-0.0094	0.2900	0.0334	0.0100
	稀释每股收益(元)	0.0213	0.2800	0.0333	0.0100
	每股净资产(元)	2.4797	2.4584	2.2081	2.1748
	每股经营现金净流量(元)	-0.0187	-2.4658	-0.7402	-0.0016
	每股现金流量(元)	-0.3233	0.2984	0.6441	0.0322
	每股资本公积金(元)	0.9337	0.9337	0.9337	0.9337
	每股盈余公积金(元)	0.0541	0.0541	0.0541	0.0541
	每股未分配利润(元)	0.4919	0.4706	0.2203	0.1869
	净资产收益率(%)	0.8584	11.5378	1.5102	0.3308
	加权净资产收益率(%)	0.8300	12.2400	1.5200	0.3300
	净资产收益率(扣除)(%)	-0.3801	11.7343	1.5109	0.2573
	总资产(万元)	268474.46	271615.09	231040.73	165546.71
	归属母公司股东权益	80342.58	79652.88	71543.17	70462.73
	营业收入(万元)	7954.10	72926.01	2229.55	8490.45
	营业成本(万元)	5557.44	48701.53	1535.66	5082.74
	投资收益(万元)	1296.55	1282.10	1302.82	-97.05
	净利润(万元)	689.70	9190.15	1080.44	233.08
	营业利润(万元)	923.77	12625.60	1198.01	651.71
	利润总额(万元)	940.49	12352.19	1197.30	726.34

中成进出口股份有限公司

公司概况	公司名称	中成进出口股份有限公司			证券简称	中成股份
	法人代表	刘学义	董秘	何剑波	证券代码	000151
	公司网址	www.complant-ltd.com.cn		电子信箱	complant@complant-ltd.com	
	电　话	010-84759518		传　真	010-64218032	
	办公地址	北京市东城区安定门西滨河路9号				
	经营范围	成套设备及技术进出口业务和境外投资经营业务				

	指标＼报告期	2014.06.30	2013.12.31	2013.06.30	2012.12.31
主要财务指标	基本每股收益(元)	0.2853	0.3150	0.1261	0.1480
	基本每股收益	0.2849	0.3140	-	0.1480
	稀释每股收益(元)	0.2853	0.3150	0.1261	0.1480
	每股净资产(元)	3.2767	3.2831	3.0930	3.0384
	每股经营现金净流量(元)	2.2963	2.4668	-0.0143	1.8320
	每股现金流量(元)	2.0373	2.4403	-0.1118	1.8233
	每股资本公积金(元)	1.4934	1.4934	1.4934	1.4934
	每股盈余公积金(元)	0.3452	0.3452	0.3113	0.3113
	每股未分配利润(元)	0.4324	0.4399	0.2853	0.2291
	净资产收益率(%)	8.7074	9.5820	4.0775	4.8639
	加权净资产收益率(%)	8.7000	9.9500	4.1100	4.9900
	净资产收益率(扣除)(%)	8.6957	9.5694	4.0753	4.8631
	总资产(万元)	316899.93	248991.19	164598.65	166585.50
	归属母公司股东权益	96983.16	97174.37	91545.43	89931.24
	营业收入(万元)	91123.37	155511.73	56914.30	167426.49
	营业成本(万元)	77044.69	130418.05	47522.11	150132.63
	投资收益(万元)	19.18	63.89	22.86	26.09
	净利润(万元)	8444.70	9311.30	3732.81	4374.21
	营业利润(万元)	11505.66	15043.71	5383.54	6417.71
	利润总额(万元)	11520.83	15045.08	5385.67	6429.75

安徽丰原药业股份有限公司

公司概况	公司名称	安徽丰原药业股份有限公司			证券简称	丰原药业
	法人代表	徐桦木	董秘	张军	证券代码	000153
	公司网址	www.bbcayy.com		电子信箱	xlyyzj@sohu.com	
	电　话	0551-4846153 4846018		传　真	0551-4846000	
	办公地址	安徽省合肥市包河工业区纬四路16号				
	经营范围	生物药、中药、化学合成药及其制剂等方面的研究、开发、生产和销售				

	指标＼报告期	2014.06.30	2013.12.31	2013.06.30	2012.12.31
主要财务指标	基本每股收益(元)	0.0600	0.0914	0.0415	0.0731
	基本每股收益	0.0455	0.0574	0.0281	0.0400
	稀释每股收益(元)	0.0600	0.0914	0.0415	0.0731
	每股净资产(元)	3.2856	3.2473	3.1977	2.8236
	每股经营现金净流量(元)	0.0931	-0.2253	0.0453	0.1756
	每股现金流量(元)	-0.1461	0.7791	0.9099	0.0293
	每股资本公积金(元)	1.5731	1.5949	1.5949	1.0255
	每股盈余公积金(元)	0.0866	0.0866	0.0866	0.1040
	每股未分配利润(元)	0.6258	0.5658	0.5162	0.6941
	净资产收益率(%)	1.8274	2.6980	1.1893	2.5906
	加权净资产收益率(%)	1.8400	2.9000	1.3500	2.6200
	净资产收益率(扣除)(%)	1.3860	1.6946	0.8064	1.3244
	总资产(万元)	210418.46	198102.26	182262.49	145048.72
	归属母公司股东权益	102556.31	101360.41	99812.84	73415.86
	营业收入(万元)	84604.43	152989.81	71170.88	165776.45
	营业成本(万元)	63951.34	113125.59	53342.67	127683.50
	投资收益(万元)	-	367.69	367.69	366.98
	净利润(万元)	1874.07	2734.66	1187.09	1901.89
	营业利润(万元)	2119.33	2852.81	1396.17	1457.15
	利润总额(万元)	2732.61	4114.91	1885.34	2528.40

川化股份有限公司

公司概况	公司名称	川化股份有限公司			证券简称	川化股份
	法人代表	王诚	董秘	赖劲松	证券代码	000155
	公司网址	www.scwltd.com		电子信箱	scc@scwltd.com	
	电　话	028-89301891 89300888		传　真	028-89301890	
	办公地址	四川省成都市青白江区大弯镇团结路311号				
	经营范围	肥料制造、基础化学原料的制造销售等				

	指标＼报告期	2014.06.30	2013.12.31	2013.06.30	2012.12.31
主要财务指标	基本每股收益(元)	-0.5100	-1.3500	-0.3400	0.0200
	基本每股收益	-0.4900	-	-0.3500	-0.1700
	稀释每股收益(元)	-0.5100	-1.3500	-0.3400	0.0200
	每股净资产(元)	1.0606	1.5600	2.5642	2.9000
	每股经营现金净流量(元)	0.1274	-0.2505	-0.3453	0.7990
	每股现金流量(元)	-0.1563	-0.0854	-0.4489	0.3667
	每股资本公积金(元)	1.7240	1.7240	1.7240	1.7240
	每股盈余公积金(元)	0.4200	0.4200	0.4200	0.4200
	每股未分配利润(元)	-2.1728	-1.6655	-0.6550	-0.3178
	净资产收益率(%)	-47.8273	-86.3764	-13.1518	0.8408
	加权净资产收益率(%)	-38.7100	-60.4700	-12.3500	0.8400
	净资产收益率(扣除)(%)	-46.0281	-87.7952	-13.4645	-5.7248
	总资产(万元)	274717.73	293344.93	308947.63	320688.18
	归属母公司股东权益	49849.98	73320.51	120515.11	136133.83
	营业收入(万元)	66972.43	181091.99	74322.06	211982.08
	营业成本(万元)	66559.54	170188.10	69334.77	172492.67
	投资收益(万元)	72.09	-139.54	-	471.49
	净利润(万元)	-23841.90	-63331.61	-15849.92	1144.60
	营业利润(万元)	-28555.99	-66658.94	-19692.86	-10572.70
	利润总额(万元)	-29035.33	-65215.15	-18950.66	212.44

华数传媒控股股份有限公司

公司概况					
公司名称	华数传媒控股股份有限公司			证券简称	华数传媒
法人代表	励怡青	董秘	查勇	证券代码	000156
公司网址	www.wasu.com		电子信箱	000156@wasu.com	
电　话	0571-28327789		传　真	0571-28327791	
办公地址	浙江省杭州市西湖区莲花街莲花商务中心A座8楼				
经营范围	杭州地区有线电视网络及全国范围内新媒体业务				

主要财务指标	2014.06.30	2013.12.31	2013.06.30	2012.12.31
指标\报告期	2014.06.30	2013.12.31	2013.06.30	2012.12.31
基本每股收益(元)	0.1460	0.2300	0.1230	0.1700
基本每股收益	0.1390	0.2200	0.1100	0.1600
稀释每股收益(元)	0.1460	0.2200	0.1230	0.1600
每股净资产(元)	1.7271	1.5816	0.8825	0.8142
每股经营现金净流量(元)	0.7615	1.6105	0.9940	1.8219
每股现金流量(元)	−0.5432	0.7307	0.1369	−0.0281
每股资本公积金(元)	1.2839	1.2839	0.3642	0.4749
每股盈余公积金(元)	0.0495	0.0495	0.0364	0.0387
每股未分配利润(元)	1.3210	1.0131	1.1025	0.7960
净资产收益率(%)	8.4260	14.0009	12.9891	19.8216
加权净资产收益率(%)	8.8000	24.8900	14.0800	22.4700
净资产收益率(扣除)(%)	8.0682	13.1797	12.5578	19.4684
总资产(万元)	510261.55	508453.25	372528.78	347211.43
归属母公司股东权益	198045.44	181358.19	96808.81	89320.99
营业收入(万元)	114511.57	180118.48	88153.64	155094.26
营业成本(万元)	65192.17	100596.49	47881.42	88344.38
投资收益(万元)	−81.73	−268.44	−160.39	−218.79
净利润(万元)	16687.25	25391.70	13532.46	17704.86
营业利润(万元)	19781.82	19112.55	11246.66	11893.29
利润总额(万元)	22732.40	25629.87	13682.58	18169.82

中联重科股份有限公司

公司概况					
公司名称	中联重科股份有限公司			证券简称	中联重科
法人代表	詹纯新	董秘	申柯	证券代码	000157
公司网址	www.zoomlion.com		电子信箱	157@zoomlion.com	
电　话	0731-85650157		传　真	0731-85651157	
办公地址	湖南省长沙市银盆南路361号				
经营范围	开发、生产、销售工程机械、环卫机械、汽车起重机及其专用底盘等				

主要财务指标	2014.06.30	2013.12.31	2013.06.30	2012.12.31
指标\报告期	2014.06.30	2013.12.31	2013.06.30	2012.12.31
基本每股收益(元)	0.1200	0.5000	0.3800	0.9500
基本每股收益	0.1100	0.4800	0.3700	0.9300
稀释每股收益(元)	0.1200	0.5000	0.3800	0.9500
每股净资产(元)	5.3715	5.4009	5.4654	5.2949
每股经营现金净流量(元)	−0.5976	0.0956	0.1501	0.3842
每股现金流量(元)	−0.0974	−0.4447	−0.2826	0.5297
每股资本公积金(元)	1.7090	1.7090	1.8946	1.8953
每股盈余公积金(元)	0.3765	0.3765	0.3391	0.3391
每股未分配利润(元)	2.2958	2.3290	2.2454	2.0683
净资产收益率(%)	2.1744	9.2241	6.8998	17.9649
加权净资产收益率(%)	2.1400	9.2100	6.8800	19.0700
净资产收益率(扣除)(%)	1.9957	8.9282	6.8103	17.4986
总资产(万元)	9211999.43	8953715.77	8890394.04	8897446.46
归属母公司股东权益	4139276.21	4161908.73	4211617.62	4080214.17
营业收入(万元)	1398878.79	3854177.53	2016475.72	4807117.35
营业成本(万元)	993742.05	2730008.98	1369076.62	3254561.19
投资收益(万元)	1337.08	4104.87	2791.13	3587.36
净利润(万元)	90005.82	383897.28	290591.43	733004.90
营业利润(万元)	115129.18	453423.65	367138.50	890898.91
利润总额(万元)	111857.95	452191.08	358871.39	885814.07

石家庄常山纺织股份有限公司

公司概况					
公司名称	石家庄常山纺织股份有限公司			证券简称	常山股份
法人代表	汤彰明	董秘	池俊平	证券代码	000158
公司网址	www.changshantex.com		电子信箱	chijunp52@sohu.com	
电　话	0311-86673856		传　真	0311-86673929	
办公地址	河北省石家庄市和平东路183号				
经营范围	天然纤维和人造纤维的纺织产品、针织品、服装加工等				

主要财务指标	2014.06.30	2013.12.31	2013.06.30	2012.12.31
指标\报告期	2014.06.30	2013.12.31	2013.06.30	2012.12.31
基本每股收益(元)	−0.0700	0.0240	−0.0500	0.0160
基本每股收益	−0.1500	–	−0.1060	−0.1200
稀释每股收益(元)	−0.0700	0.0240	−0.0500	0.0160
每股净资产(元)	3.3284	3.3970	3.3252	3.3762
每股经营现金净流量(元)	−0.1039	−0.0766	−0.2107	−0.1686
每股现金流量(元)	−0.2489	−0.5811	−0.2141	0.2544
每股资本公积金(元)	1.5533	1.5532	1.5539	1.5568
每股盈余公积金(元)	0.2572	0.2572	0.2542	0.2542
每股未分配利润(元)	0.5178	0.5866	0.5171	0.5652
净资产收益率(%)	−2.0658	0.7193	−1.4477	0.4847
加权净资产收益率(%)	−2.0400	0.7200	−1.4400	0.4900
净资产收益率(扣除)(%)	−4.6429	−4.6349	−3.1928	−3.6563
总资产(万元)	559112.85	577323.92	567306.95	571686.69
归属母公司股东权益	239263.83	244196.85	239034.97	242704.09
营业收入(万元)	221362.54	585739.53	306575.12	502251.42
营业成本(万元)	218394.11	565424.16	297246.34	476639.94
投资收益(万元)	224.00	513.25	13.93	510.89
净利润(万元)	−4942.61	1756.59	−3460.45	1176.31
营业利润(万元)	−15598.12	−24471.42	−18645.21	−12192.73
利润总额(万元)	−4798.56	2157.52	−3276.85	1590.56

新疆国际实业股份有限公司

公司概况					
公司名称	新疆国际实业股份有限公司			证券简称	国际实业
法人代表	丁治平	董秘	李润起	证券代码	000159
公司网址	www.xjgjsy.com		电子信箱	zqb@xjgjsy.com	
电　话	0991-5854232		传　真	0991-2861579	
办公地址	新疆维吾尔自治区乌鲁木齐市北京南路358号大成国际大厦9楼				
经营范围	焦炭、煤炭及深加工产品的生产与销售等				

主要财务指标	2014.06.30	2013.12.31	2013.06.30	2012.12.31
指标\报告期	2014.06.30	2013.12.31	2013.06.30	2012.12.31
基本每股收益(元)	0.0146	0.0739	0.0686	0.2079
基本每股收益	−0.0441	–	0.1715	0.1000
稀释每股收益(元)	0.0146	0.0739	0.0686	0.2079
每股净资产(元)	4.3060	4.2848	4.2809	4.3016
每股经营现金净流量(元)	0.0962	0.1131	−0.2353	0.1689
每股现金流量(元)	−0.2991	0.3707	0.3235	−0.2205
每股资本公积金(元)	0.8101	0.7706	0.7451	0.7850
每股盈余公积金(元)	0.2692	0.2692	0.2384	0.2329
每股未分配利润(元)	2.2423	2.2577	2.3032	2.2851
净资产收益率(%)	0.3401	1.7236	1.6030	4.8340
加权净资产收益率(%)	0.3400	1.7200	1.5900	4.8700
净资产收益率(扣除)(%)	−1.0250	2.0896	4.0057	2.3903
总资产(万元)	302493.90	298299.77	296261.97	298700.49
归属母公司股东权益	207178.71	206159.36	205969.12	206968.12
营业收入(万元)	44930.07	106847.86	53841.45	140030.91
营业成本(万元)	41165.74	82793.56	40561.07	120471.50
投资收益(万元)	3800.35	9693.01	7332.21	2563.16
净利润(万元)	704.52	3553.29	3301.62	10004.86
营业利润(万元)	913.51	5410.65	3155.38	11353.12
利润总额(万元)	994.40	6063.34	3315.01	12202.94

江苏吴江中国东方丝绸市场股份有限公司

公司概况	公司名称	江苏吴江中国东方丝绸市场股份有限公司			证券简称	东方市场
	法人代表	计高雄	董秘	汪钟颖	证券代码	000301
	公司网址	www.cesm.com.cn		电子信箱	wangzy.2006@yahoo.com.cn	
	电　话	0512-63573480 63527635		传　真	0512-63552272	
	办公地址	江苏省吴江市盛泽镇市场路丝绸股份大厦				
	经营范围	房地产开发、营业房出租、热电、石油、天然气等				

主要财务指标	指标\报告期	2014.06.30	2013.12.31	2013.06.30	2012.12.31
	基本每股收益(元)	0.0835	0.2700	0.1032	0.1300
	基本每股收益	0.0714	0.1500	0.0863	0.1100
	稀释每股收益(元)	0.0835	0.2700	0.1032	0.1300
	每股净资产(元)	2.5058	2.4296	2.3118	2.2086
	每股经营现金净流量(元)	-0.2781	0.1326	0.0684	0.4004
	每股现金流量(元)	-0.0088	0.0261	-0.0401	0.0410
	每股资本公积金(元)	0.5153	0.5225	0.5225	0.5225
	每股盈余公积金(元)	0.1656	0.1656	0.1382	0.1382
	每股未分配利润(元)	0.8249	0.7414	0.6511	0.5479
	净资产收益率(%)	3.3308	11.1520	4.4632	5.9210
	加权净资产收益率(%)	3.3800	11.6800	4.5700	6.0500
	净资产收益率(扣除)(%)	2.8504	6.2196	3.7325	4.9846
	总资产(万元)	398362.54	366670.73	363894.28	358278.18
	归属母公司股东权益	305267.10	295981.87	281635.23	269065.16
	营业收入(万元)	37324.53	102700.10	58573.89	87532.47
	营业成本(万元)	21101.43	60688.29	38371.32	58645.17
	投资收益(万元)	968.35	1009.76	495.62	882.99
	净利润(万元)	10167.88	33007.89	12570.07	15931.35
	营业利润(万元)	13919.20	29530.44	15460.74	21036.91
	利润总额(万元)	13838.70	44694.07	16612.76	21057.79

美的集团股份有限公司

公司概况	公司名称	美的集团股份有限公司			证券简称	美的集团
	法人代表	方洪波	董秘	江鹏	证券代码	000333
	公司网址	www.midea.com.cn		电子信箱	IR@midea.com	
	电　话	0757-26605456 26334559		传　真	0757-26651991	
	办公地址	广东省佛山市顺德区北滘镇美的大道6号美的总部大楼B区26-28楼				
	经营范围	生产经营家用电器,电机及零部件等				

主要财务指标	指标\报告期	2014.06.30	2013.12.31	2013.06.30	2012.12.31
	基本每股收益(元)	1.5700	4.3300	1.0600	3.2600
	基本每股收益	1.5800	3.1800	2.1300	-
	稀释每股收益(元)	1.5700	4.3300	1.0600	3.2600
	每股净资产(元)	8.4747	19.4787	16.9100	14.3100
	每股经营现金净流量(元)	3.1243	5.9622	3.5694	8.0896
	每股现金流量(元)	-1.0756	2.5024	3.4047	-0.8100
	每股资本公积金(元)	3.0269	9.2632	3.0184	3.0373
	每股盈余公积金(元)	0.1351	0.3377	0.0664	0.0664
	每股未分配利润(元)	4.3983	9.0760	13.1375	10.4906
	净资产收益率(%)	18.5000	16.1884	15.6527	-
	加权净资产收益率(%)	18.9700	24.8700	16.9500	23.9200
	净资产收益率(扣除)(%)	18.6625	11.8834	12.5852	0.0212
	总资产(万元)	11808955.78	9694602.48	9457204.87	8773652.70
	归属母公司股东权益	3572751.08	3284743.10	1690972.50	1431353.09
	营业收入(万元)	7733085.18	12097500.31	6593947.91	10259811.05
	营业成本(万元)	5734328.33	9281806.31	5081856.38	7944903.59
	投资收益(万元)	42644.71	99797.90	43747.56	53451.82
	净利润(万元)	661013.28	531745.81	264683.46	325929.10
	营业利润(万元)	832803.25	932365.08	551498.05	700485.96
	利润总额(万元)	874834.35	1001177.20	572189.36	770951.10

潍柴动力股份有限公司

公司概况	公司名称	潍柴动力股份有限公司			证券简称	潍柴动力
	法人代表	谭旭光	董秘	戴立新	证券代码	000338
	公司网址	www.weichaipower.com		电子信箱	weichai@weichai.com	
	电　话	0536-2297068 8197069		传　真	0536-8197073	
	办公地址	山东省潍坊市高新技术产业开发区福寿东街197号甲				
	经营范围	柴油机及配套产品的设计、开发、生产、销售、维修、进出口等				

主要财务指标	指标\报告期	2014.06.30	2013.12.31	2013.06.30	2012.12.31
	基本每股收益(元)	1.8800	1.7900	1.0400	1.5000
	基本每股收益	1.1000	1.6700	0.9800	1.3200
	稀释每股收益(元)	-	1.7900	1.0400	1.5000
	每股净资产(元)	15.7928	13.8664	13.2185	12.4390
	每股经营现金净流量(元)	0.3442	2.8852	0.3675	1.3786
	每股现金流量(元)	0.2465	1.2493	-0.6373	0.3910
	每股资本公积金(元)	0.5576	0.3521	0.4037	0.4213
	每股盈余公积金(元)	1.3421	1.3421	1.1505	1.1505
	每股未分配利润(元)	12.8692	11.1361	10.6851	9.8722
	净资产收益率(%)	11.9236	12.8802	7.8893	12.0268
	加权净资产收益率(%)	12.6400	13.5800	8.0600	12.6200
	净资产收益率(扣除)(%)	6.9544	12.0601	7.4253	10.6516
	总资产(万元)	12843549.48	7852180.87	7788112.22	6632036.29
	归属母公司股东权益	3157476.46	2772317.36	2642787.96	2486935.12
	营业收入(万元)	3411143.46	5831171.34	3092161.90	4816539.48
	营业成本(万元)	2714379.97	4628777.71	2463998.71	3877504.41
	投资收益(万元)	174367.09	1154.29	1182.00	25150.83
	净利润(万元)	376483.62	357079.14	208496.74	299099.69
	营业利润(万元)	441443.37	445625.02	271113.92	371886.56
	利润总额(万元)	447615.22	460874.58	275350.80	395981.38

许继电气股份有限公司

公司概况	公司名称	许继电气股份有限公司			证券简称	许继电气
	法人代表	李富生	董秘	冷俊	证券代码	000400
	公司网址	www.xjec.com		电子信箱	gszl@xjgc.com	
	电　话	0374-3212348 3212022		传　真	0374-3363549	
	办公地址	河南省许昌市许继大道1298号				
	经营范围	生产经营电网自动化、继电保护及控制装置等				

主要财务指标	指标\报告期	2014.06.30	2013.12.31	2013.06.30	2012.12.31
	基本每股收益(元)	0.3141	1.0634	0.3692	0.6752
	基本每股收益	0.3327	1.0630	0.3661	0.8546
	稀释每股收益(元)	0.3141	1.0634	0.3692	0.6752
	每股净资产(元)	4.8437	6.6874	5.9933	7.4113
	每股经营现金净流量(元)	-0.2327	1.6510	1.5629	1.3156
	每股现金流量(元)	-0.4649	1.2856	0.8229	-1.6708
	每股资本公积金(元)	0.8136	1.2875	1.2112	1.5746
	每股盈余公积金(元)	0.3361	0.6906	0.5202	0.6762
	每股未分配利润(元)	2.6940	5.4164	3.2619	4.1605
	净资产收益率(%)	6.4152	15.9010	6.1609	11.8431
	加权净资产收益率(%)	6.4300	17.1800	6.2900	12.4200
	净资产收益率(扣除)(%)	6.5619	15.8957	6.1092	11.5305
	总资产(万元)	990802.12	1037760.16	731516.78	692557.02
	归属母公司股东权益	488399.34	412804.74	294721.69	280346.84
	营业收入(万元)	325741.47	715462.55	266191.97	661180.63
	营业成本(万元)	231133.92	523629.45	189478.55	484236.51
	投资收益(万元)	-108.04	6.98	-17.00	1002.49
	净利润(万元)	31331.90	52291.17	18502.33	33201.63
	营业利润(万元)	45403.62	74638.44	28003.18	53550.93
	利润总额(万元)	48455.73	88645.34	33962.39	67231.41

唐山冀东水泥股份有限公司

公司概况	公司名称	唐山冀东水泥股份有限公司			证券简称	冀东水泥
	法人代表	张增光	董秘	韩保平	证券代码	000401
	公司网址	www.jdsn.com.cn		电子信箱	zqb@jdsn.com.cn	
	电　话	0315-3244005		传　真	0315-3244005	
	办公地址	河北省唐山市丰润区林荫路				
	经营范围	生产和销售水泥、熟料以及石灰石开采和销售				

主要财务指标	指标＼报告期	2014.06.30	2013.12.31	2013.06.30	2012.12.31
	基本每股收益(元)	-0.1300	0.2560	-0.1240	0.1340
	基本每股收益	-0.1480	0.2010	-0.1320	0.0930
	稀释每股收益(元)	-0.1300	0.2560	-0.1240	0.1340
	每股净资产(元)	8.6014	8.8313	8.4480	8.6405
	每股经营现金净流量(元)	0.7016	0.9018	0.4275	0.7095
	每股现金流量(元)	0.2828	-0.5260	0.0189	0.0584
	每股资本公积金(元)	3.8063	3.8063	3.8021	3.7711
	每股盈余公积金(元)	0.6317	0.6317	0.5716	0.5716
	每股未分配利润(元)	3.1634	3.3934	3.0743	3.2978
	净资产收益率(%)	-1.5111	2.8944	-1.4621	1.5476
	加权净资产收益率(%)	-1.4900	2.9200	-1.4400	1.5600
	净资产收益率(扣除)(%)	-1.7212	2.2786	-1.5589	1.0740
	总资产(万元)	4380597.54	4309422.14	4358224.14	4150403.13
	归属母公司股东权益	1159052.84	1190043.06	1138390.78	1164330.18
	营业收入(万元)	707076.78	1571073.45	655101.06	1461333.96
	营业成本(万元)	575864.50	1170762.44	528347.90	1115633.90
	投资收益(万元)	-1076.35	24730.55	6602.51	23855.35
	净利润(万元)	-17514.98	34445.00	-16644.31	18019.27
	营业利润(万元)	-50156.85	-2789.38	-36151.23	-15263.72
	利润总额(万元)	-34952.25	44438.69	-26665.02	22731.99

金融街控股股份有限公司

公司概况	公司名称	金融街控股股份有限公司			证券简称	金融街
	法人代表	刘世春	董秘	张晓鹏	证券代码	000402
	公司网址	www.jrjkg.com		电子信箱	investors@jrjkg.com	
	电　话	010-66573088 66573955		传　真	010-66573956	
	办公地址	北京市西城区金融大街丙17号北京银行大厦11-12层				
	经营范围	房地产开发、销售商品房、物业管理、新技术及产品项目投资等				

主要财务指标	指标＼报告期	2014.06.30	2013.12.31	2013.06.30	2012.12.31
	基本每股收益(元)	0.1200	0.9600	0.2500	0.7500
	基本每股收益	0.1000	0.8700	0.2100	0.4300
	稀释每股收益(元)	0.1200	0.9600	0.2500	0.7500
	每股净资产(元)	7.2320	7.3607	6.6551	6.5390
	每股经营现金净流量(元)	-0.5857	-0.9600	0.3946	-0.6362
	每股现金流量(元)	-0.3339	-0.5307	-0.4754	0.7090
	每股资本公积金(元)	2.4309	2.4317	2.4310	2.4152
	每股盈余公积金(元)	0.2776	0.2776	0.2332	0.2332
	每股未分配利润(元)	3.5235	3.6515	2.9909	2.8906
	净资产收益率(%)	1.6880	12.9772	3.7605	11.4640
	加权净资产收益率(%)	1.6600	13.7900	3.7500	11.9700
	净资产收益率(扣除)(%)	1.4367	11.7804	3.1696	6.5998
	总资产(万元)	8373691.74	7607057.64	6900579.57	7003032.77
	归属母公司股东权益	2189186.89	2228153.77	2014544.81	1979405.31
	营业收入(万元)	431746.05	1988257.20	647735.31	1723386.81
	营业成本(万元)	274724.02	1242141.07	437833.53	1181112.82
	投资收益(万元)	195.88	9996.27	9987.68	359.91
	净利润(万元)	36952.44	289151.73	75757.74	226919.78
	营业利润(万元)	60711.40	468675.21	120274.59	357222.11
	利润总额(万元)	68043.97	471408.11	126360.04	366348.84

振兴生化股份有限公司

公司概况	公司名称	振兴生化股份有限公司			证券简称	*ST 生化
	法人代表	史跃武	董秘	原建民(代)	证券代码	000403
	公司网址			电子信箱	zxzqb000403@163.com	
	电　话	0351-7038633 7038636		传　真	0351-7038776	
	办公地址	山西省太原市长治路227号高新国际大厦16层				
	经营范围	生物医药和工程机械产品的研究、开发、生产和销售				

主要财务指标	指标＼报告期	2014.06.30	2013.12.31	2013.06.30	2012.12.31
	基本每股收益(元)	0.3700	0.2600	0.2000	0.1200
	基本每股收益	0.0700	-	0.1966	0.2500
	稀释每股收益(元)	0.3700	0.2600	0.2000	0.1200
	每股净资产(元)	1.4734	1.1019	1.0412	1.0868
	每股经营现金净流量(元)	0.1402	0.3339	0.0556	0.5822
	每股现金流量(元)	0.0290	-0.0803	0.0257	-0.0691
	每股资本公积金(元)	0.4179	0.4179	0.4179	0.8257
	每股盈余公积金(元)	0.2228	0.2228	0.2228	0.2869
	每股未分配利润(元)	-0.1672	-0.5388	-0.5994	-1.0257
	净资产收益率(%)	25.2186	23.4000	18.9355	14.1585
	加权净资产收益率(%)	28.8600	26.5000	20.9200	15.2400
	净资产收益率(扣除)(%)	4.9866	16.5494	18.8785	22.9423
	总资产(万元)	125985.79	118715.64	116632.85	106794.63
	归属母公司股东权益	40162.89	30034.36	28380.28	23006.33
	营业收入(万元)	15822.85	47771.58	24272.14	46982.42
	营业成本(万元)	6323.40	19068.04	9471.69	17875.27
	投资收益(万元)	-	-	-	4.10
	净利润(万元)	10128.53	7028.03	5373.95	3257.35
	营业利润(万元)	2447.85	5886.55	6370.28	5313.23
	利润总额(万元)	10581.26	8863.90	6389.52	2736.03

华意压缩机股份有限公司

公司概况	公司名称	华意压缩机股份有限公司			证券简称	华意压缩
	法人代表	刘体斌	董秘	王华清	证券代码	000404
	公司网址	www.hua-yi.cn		电子信箱	hyzq@hua-yi.cn	
	电　话	0798-8470237 8470228		传　真	0798-8470221	
	办公地址	江西省景德镇市高新区长虹大道1号				
	经营范围	无氟压缩机、电冰箱及其配件的生产和销售等				

主要财务指标	指标＼报告期	2014.06.30	2013.12.31	2013.06.30	2012.12.31
	基本每股收益(元)	0.2513	0.2985	0.1937	0.3172
	基本每股收益	0.2508	0.2531	-	0.3062
	稀释每股收益(元)	0.2513	0.2985	0.1937	0.3172
	每股净资产(元)	3.6616	3.4405	3.3173	2.1042
	每股经营现金净流量(元)	0.0897	0.0171	-0.6975	0.8611
	每股现金流量(元)	0.1346	0.8803	0.5774	0.1934
	每股资本公积金(元)	1.9718	1.9718	1.9617	0.7954
	每股盈余公积金(元)	0.0076	0.0076	0.0012	0.1346
	每股未分配利润(元)	0.6789	0.4576	0.3560	0.1708
	净资产收益率(%)	6.8632	8.3735	5.4298	15.0748
	加权净资产收益率(%)	7.0500	9.2200	6.1900	16.3200
	净资产收益率(扣除)(%)	6.8493	7.0981	5.2155	14.5501
	总资产(万元)	688561.58	636541.71	648908.43	472912.30
	归属母公司股东权益	204912.54	192539.72	185643.19	68299.69
	营业收入(万元)	415407.95	671000.04	415550.39	560143.25
	营业成本(万元)	352362.39	565903.82	359882.21	481786.32
	投资收益(万元)	539.86	673.20	-	314.22
	净利润(万元)	14063.60	16122.26	10080.06	10296.04
	营业利润(万元)	24080.16	24987.87	17221.03	18665.68
	利润总额(万元)	24126.27	28550.28	17781.71	19298.15

山东胜利股份有限公司

公司概况	公司名称	山东胜利股份有限公司			证券简称	胜利股份
	法人代表	王鹏	董秘	杜以宏	证券代码	000407
	公司网址	www.vicome.com		电子信箱	sd000407@yahoo.com.cn	
	电　　话	0531-86920495 88725757		传　　真	0531-86018518	
	办公地址	山东省济南市高新区港兴三路北段济南药谷1号楼B座27-33F				
	经营范围	生物产业、塑胶产业、农化产业和贸易产业				

主要财务指标	指标\报告期	2014.06.30	2013.12.31	2013.06.30	2012.12.31
	基本每股收益(元)	0.0207	0.0300	0.0060	-0.2200
	基本每股收益	-0.0553	0.0200	-0.0006	-0.2200
	稀释每股收益(元)	0.0207	0.0300	0.0060	-0.2200
	每股净资产(元)	1.7385	1.7161	1.6916	1.6848
	每股经营现金净流量(元)	-0.1642	0.0264	-0.1955	0.0703
	每股现金流量(元)	0.0806	-0.1580	-0.2243	0.1027
	每股资本公积金(元)	0.0217	0.0217	0.0217	0.0218
	每股盈余公积金(元)	0.1799	0.1799	0.1580	0.1580
	每股未分配利润(元)	0.5343	0.5137	0.5094	0.5039
	净资产收益率(%)	1.1889	1.8472	0.3269	-12.8087
	加权净资产收益率(%)	1.2000	1.8700	0.3300	-12.0500
	净资产收益率(扣除)(%)	-3.1790	1.3761	-0.0334	-13.0091
	总资产(万元)	363792.54	349105.96	344475.48	317520.14
	归属母公司股东权益	112870.10	111414.53	109826.69	109381.78
	营业收入(万元)	124096.62	223281.59	109883.54	218665.97
	营业成本(万元)	112236.03	202367.45	98038.01	199434.84
	投资收益(万元)	5243.10	16790.14	-197.76	297.11
	净利润(万元)	1341.86	2058.00	359.04	-14010.41
	营业利润(万元)	1427.02	3889.61	-367.14	-16430.19
	利润总额(万元)	1437.58	4567.88	62.57	-16320.19

金谷源控股股份有限公司

公司概况	公司名称	金谷源控股股份有限公司			证券简称	金谷源
	法人代表	路联	董秘	张春生	证券代码	000408
	公司网址			电子信箱	dsh000408@126.com	
	电　　话	010-62021686		传　　真	010-62016515	
	办公地址	河北省邯郸市峰峰矿区彭城镇彭东街9号				
	经营范围	矿业投资及管理、投资与投资管理、资产管理、矿业技术开发等				

主要财务指标	指标\报告期	2014.06.30	2013.12.31	2013.06.30	2012.12.31
	基本每股收益(元)	0.0150	0.0857	0.0190	0.0183
	基本每股收益	-0.0173	-	0.0190	0.0329
	稀释每股收益(元)	0.0150	0.0857	0.0190	0.0183
	每股净资产(元)	0.7865	0.7715	0.7049	0.6859
	每股经营现金净流量(元)	-0.0025	-0.0139	0.0077	0.0464
	每股现金流量(元)	-0.0027	-0.0140	0.0077	0.0168
	每股资本公积金(元)	0.5695	0.5695	0.5695	0.5695
	每股盈余公积金(元)	0.0775	0.0775	0.0775	0.0775
	每股未分配利润(元)	-0.8605	-0.8755	-0.9421	-0.9611
	净资产收益率(%)	1.9092	11.1022	2.7017	2.6653
	加权净资产收益率(%)	1.9300	0.1200	2.7400	3.7700
	净资产收益率(扣除)(%)	-2.2016	-11.6965	2.7017	3.7191
	总资产(万元)	48387.01	50702.48	42419.11	45103.54
	归属母公司股东权益	19844.30	19465.43	17784.85	17304.35
	营业收入(万元)	5642.06	19260.85	13665.81	3325.33
	营业成本(万元)	5363.95	18871.36	13084.24	1415.49
	投资收益(万元)	-410.49	-56.35	-40.73	319.89
	净利润(万元)	378.87	2161.08	480.50	461.21
	营业利润(万元)	-1332.89	-1672.84	473.44	1742.21
	利润总额(万元)	595.90	2024.82	473.44	578.65

山东地矿股份有限公司

公司概况	公司名称	山东地矿股份有限公司			证券简称	山东地矿
	法人代表	胡向东	董秘	李永刚	证券代码	000409
	公司网址			电子信箱	stock000409@163.com	
	电　　话	0531-88550409 88195618		传　　真	0531-88195618	
	办公地址	山东省济南市历下区经十路11890号山东地矿股份有限公司				
	经营范围	矿石的开采、加工及矿产品销售				

主要财务指标	指标\报告期	2014.06.30	2013.12.31	2013.06.30	2012.12.31
	基本每股收益(元)	0.0600	0.2700	0.1100	0.2700
	基本每股收益	0.0600	0.2300	0.1100	0.2500
	稀释每股收益(元)	0.0600	0.2700	0.1100	0.2700
	每股净资产(元)	2.3068	2.2497	2.0961	1.9927
	每股经营现金净流量(元)	-0.1939	0.0944	-0.0811	0.1532
	每股现金流量(元)	-0.1383	0.0352	-0.1118	-0.3228
	每股资本公积金(元)	0.9808	0.9808	0.9927	0.9808
	每股盈余公积金(元)	-	-	-	-
	每股未分配利润(元)	0.3249	0.2682	0.1091	-
	净资产收益率(%)	2.4572	11.9209	5.2035	8.5500
	加权净资产收益率(%)	2.4900	12.6800	5.3300	8.5500
	净资产收益率(扣除)(%)	2.4824	10.4149	5.1664	7.7014
	总资产(万元)	238957.76	177691.39	121855.36	119842.34
	归属母公司股东权益	109042.50	106346.98	99085.54	94197.56
	营业收入(万元)	19188.21	40903.57	16694.62	29904.96
	营业成本(万元)	9622.57	15440.12	6065.96	10851.95
	投资收益(万元)	77.43	1324.98	-84.93	-
	净利润(万元)	2679.39	12677.49	5155.89	8058.42
	营业利润(万元)	4319.44	17096.15	6982.12	11098.84
	利润总额(万元)	4293.71	17006.71	7025.44	11060.96

沈阳机床股份有限公司

公司概况	公司名称	沈阳机床股份有限公司			证券简称	张广宁
	法人代表	关锡友	董秘	张景龙	证券代码	000410
	公司网址	www.smtcl.com		电子信箱	smtcl@smtcl.com	
	电　　话	024-25190865		传　　真	024-25190877	
	办公地址	辽宁省沈阳市经济技术开发区开发大路17甲1号				
	经营范围	机械设备制造、机床制造、机械加工、进出口贸易等				

主要财务指标	指标\报告期	2014.06.30	2013.12.31	2013.06.30	2012.12.31
	基本每股收益(元)	0.0100	0.0300	0.0100	0.0400
	基本每股收益	-0.0770	-0.1138	0.0100	-0.0300
	稀释每股收益(元)	0.0100	0.0300	0.0100	0.0400
	每股净资产(元)	3.5067	3.4993	3.5994	2.8466
	每股经营现金净流量(元)	-0.9647	-1.7552	-0.8921	-2.3375
	每股现金流量(元)	-0.2233	1.2178	1.2293	-1.1428
	每股资本公积金(元)	1.6281	1.6281	1.7394	0.6683
	每股盈余公积金(元)	0.1480	0.1480	0.1480	0.2077
	每股未分配利润(元)	0.7175	0.7048	0.6932	0.9540
	净资产收益率(%)	0.3621	0.7127	0.3721	1.5002
	加权净资产收益率(%)	0.3600	0.8500	0.4800	1.5000
	净资产收益率(扣除)(%)	-2.1856	-2.8623	0.3527	-1.1357
	总资产(万元)	1955978.91	1637264.19	1543296.85	1312244.57
	归属母公司股东权益	268428.67	267861.15	275524.54	155275.75
	营业收入(万元)	381946.27	737906.29	372854.76	778688.12
	营业成本(万元)	283396.27	552326.65	276919.68	580592.81
	投资收益(万元)	-97.32	-100.53	-111.65	150.80
	净利润(万元)	971.95	1909.16	1025.35	2329.41
	营业利润(万元)	-6772.02	-4271.87	4218.14	1279.89
	利润总额(万元)	2165.00	6982.13	4264.19	6428.27

浙江英特集团股份有限公司

公司概况					
公司名称	浙江英特集团股份有限公司			证券简称	英特集团
法人代表	冯志斌	董秘	包志虎	证券代码	000411
公司网址	www.intmedic.com		电子信箱	bao_zhihu@sina.com	
电　话	0571-85068752 85067873		传　真	0571-85068752	
办公地址	浙江省杭州市滨江区江南大道96号·中化大厦				
经营范围	实业投资、投资管理、市场营销策划、医药信息咨询等				

主要财务指标：指标\报告期	2014.06.30	2013.12.31	2013.06.30	2012.12.31
基本每股收益(元)	0.1593	0.3600	0.2371	0.3300
基本每股收益	0.1523	0.2700	0.1633	0.3000
稀释每股收益(元)	0.1593	0.3600	0.2371	0.3300
每股净资产(元)	2.7688	2.6136	2.4857	2.2568
每股经营现金净流量(元)	-0.8567	0.3650	-0.7303	0.3347
每股现金流量(元)	0.8445	0.1369	0.6263	-0.8483
每股资本公积金(元)	0.2333	0.2374	0.2296	0.2378
每股盈余公积金(元)	0.0707	0.0707	0.0707	0.0707
每股未分配利润(元)	1.4648	1.3055	1.1854	0.9483
净资产收益率(%)	5.7551	13.6651	9.5377	14.4563
加权净资产收益率(%)	5.9200	14.6700	10.0000	15.5200
净资产收益率(扣除)(%)	5.4991	10.4379	6.5679	13.1470
总资产(万元)	556163.80	479760.88	513774.51	411020.51
归属母公司股东权益	57438.94	54218.54	51565.30	46817.42
营业收入(万元)	682624.49	1236930.44	589400.82	1058995.45
营业成本(万元)	644797.69	1161006.42	552128.98	992218.29
投资收益(万元)	123.86	4035.26	4000.27	558.35
净利润(万元)	3305.66	7409.03	4918.17	6768.07
营业利润(万元)	10225.73	23466.40	15183.04	19319.83
利润总额(万元)	9848.09	23784.95	14806.86	19940.99

东旭光电科技股份有限公司

公司概况					
公司名称	东旭光电科技股份有限公司			证券简称	东旭光电
法人代表	李兆廷	董秘	付股芳	证券代码	000413
公司网址	www.bseg.com.cn		电子信箱	bs@bseg.cn	
电　话	0311-86917775 68297016		传　真	0311-86917775	
办公地址	北京市海淀区复兴路甲23号临5院　河北省石家庄市高新区黄河大道9号				
经营范围	电真空玻璃器件及配套的电子元器件等				

主要财务指标：指标\报告期	2014.06.30	2013.12.31	2013.06.30	2012.12.31
基本每股收益(元)	0.1500	0.5100	0.1500	0.1600
基本每股收益	0.1000	-	-	-
稀释每股收益(元)	0.1500	0.5100	0.1500	0.1600
每股净资产(元)	2.2965	6.4382	2.2965	1.1849
每股经营现金净流量(元)	-0.5507	-2.0346	-1.0156	-0.4404
每股现金流量(元)	-0.2980	2.6071	4.1960	0.9332
每股资本公积金(元)	1.1556	5.4669	5.3660	1.0553
每股盈余公积金(元)	0.0101	0.0304	0.0304	0.0717
每股未分配利润(元)	0.1307	-0.0591	-0.3419	-0.9421
净资产收益率(%)	6.5508	6.3522	6.5508	13.6362
加权净资产收益率(%)	6.7700	9.4300	6.7700	14.6300
净资产收益率(扣除)(%)	-	4.4125	-	10.7973
总资产(万元)	1095535.59	903297.84	838176.86	310976.68
归属母公司股东权益	622121.04	581367.37	546720.98	45381.12
营业收入(万元)	90997.47	93190.07	25504.24	19129.71
营业成本(万元)	43307.17	40980.34	10859.21	6462.85
投资收益(万元)	-	-	-	-
净利润(万元)	40753.67	36929.73	11396.76	6188.24
营业利润(万元)	35337.00	39890.80	8820.58	10166.04
利润总额(万元)	53416.97	54738.41	19578.60	12523.72

渤海租赁股份有限公司

公司概况					
公司名称	渤海租赁股份有限公司			证券简称	渤海租赁
法人代表	王浩	董秘	马伟华	证券代码	000415
公司网址	www.bohaileasing.com		电子信箱	bohaileasing@gmail.com	
电　话	0991-2327723 2327727		传　真	0991-2327709	
办公地址	新疆维吾尔自治区乌鲁木齐市新华北路165号广汇中天广场41楼				
经营范围	市政基础设施租赁、电力设施和设备租赁、交通运输基础设施和设备租赁以及新能源等				

主要财务指标：指标\报告期	2014.06.30	2013.12.31	2013.06.30	2012.12.31
基本每股收益(元)	0.2953	0.8300	0.2259	0.6100
基本每股收益	0.2656	0.4800	0.1786	0.2800
稀释每股收益(元)	0.2953	0.8300	0.2259	0.6100
每股净资产(元)	5.2787	4.4590	5.8519	9.9800
每股经营现金净流量(元)	1.2654	50.9335	1.7323	2.7417
每股现金流量(元)	1.3116	9.6317	0.3811	-3.6879
每股资本公积金(元)	3.1956	29.9093	4.1863	8.3005
每股盈余公积金(元)	0.0409	0.7999	0.0183	0.0183
每股未分配利润(元)	1.1777	20.8854	0.7507	0.7464
净资产收益率(%)	4.9264	18.5972	3.8605	6.9507
加权净资产收益率(%)	5.8300	7.9600	3.9500	5.6700
净资产收益率(扣除)(%)	4.4302	10.6947	3.0523	5.0502
总资产(万元)	6538584.50	5712536.10	3310158.19	4788094.30
归属母公司股东权益	936600.70	565955.50	742749.00	1266909.40
营业收入(万元)	326317.00	637649.20	298215.50	546941.80
营业成本(万元)	170790.50	323095.10	166475.40	281686.80
投资收益(万元)	1177.90	346.70	-1.92	-4390.00
净利润(万元)	46140.60	105252.10	41293.50	77532.00
营业利润(万元)	64371.00	145216.70	54929.80	102457.70
利润总额(万元)	73145.00	162071.50	64901.20	111617.60

民生控股股份有限公司

公司概况					
公司名称	民生控股股份有限公司			证券简称	民生控股
法人代表	王宏	董秘	张颖	证券代码	000416
公司网址			电子信箱	sz000416@163.com	
电　话	010-85259007 85259036		传　真	010-85259595	
办公地址	北京市东城区建国门内大街28号民生金融中心C座20层				
经营范围	股权投资、资产管理、资本经营及相关咨询与服务				

主要财务指标：指标\报告期	2014.06.30	2013.12.31	2013.06.30	2012.12.31
基本每股收益(元)	0.0068	0.0084	-0.0092	0.1104
基本每股收益	0.0081	0.0137	0.0062	0.0138
稀释每股收益(元)	0.0068	0.0084	-0.0092	0.1104
每股净资产(元)	1.4871	1.4806	1.4624	1.5222
每股经营现金净流量(元)	-0.0191	-0.0051	0.0080	0.0605
每股现金流量(元)	-0.5496	0.0163	-0.1036	-0.2249
每股资本公积金(元)	0.0512	0.1138	0.0198	0.0198
每股盈余公积金(元)	0.0527	0.0527	0.0515	0.0515
每股未分配利润(元)	0.3832	0.3764	0.3911	0.4509
净资产收益率(%)	0.4598	0.5668	-0.6715	7.2500
加权净资产收益率(%)	0.4500	0.5600	-0.5900	7.5200
净资产收益率(扣除)(%)	0.5455	0.9261	0.4245	0.9100
总资产(万元)	90385.85	96853.46	93670.99	96164.82
归属母公司股东权益	79093.31	82060.48	77781.22	80962.90
营业收入(万元)	23133.35	48225.85	24372.37	48574.13
营业成本(万元)	19281.95	39335.07	20137.16	39824.45
投资收益(万元)	3100.01	2059.98	1056.75	465.99
净利润(万元)	363.63	446.32	-491.20	5870.71
营业利润(万元)	653.01	2484.58	207.85	10296.46
利润总额(万元)	666.45	2515.71	240.11	10305.30

合肥百货大楼集团股份有限公司

公司概况					
公司名称	合肥百货大楼集团股份有限公司			证券简称	合肥百货
法人代表	郑晓燕	董秘	戴登安	证券代码	000417
公司网址	www.hfbh.com.cn		电子信箱	daidengan@163.com	
电　话	0551-65771035		传　真	0551-65771005	
办公地址	安徽省合肥市长江西路 689 号				
经营范围	综合百货、进出口等				

主要财务指标：指标 \ 报告期	2014.06.30	2013.12.31	2013.06.30	2012.12.31
基本每股收益(元)	0.2901	0.5613	0.3112	0.5243
基本每股收益	0.2753	0.5167	–	0.4813
稀释每股收益(元)	0.2901	0.5613	0.3112	0.5243
每股净资产(元)	3.9930	3.8830	3.6234	3.4122
每股经营现金净流量(元)	0.1312	0.4813	0.4221	0.8534
每股现金流量(元)	–0.2681	–0.2032	–0.3556	0.0516
每股资本公积金(元)	0.4055	0.4055	0.3960	0.3960
每股盈余公积金(元)	0.6230	0.6230	0.5311	0.5311
每股未分配利润(元)	1.9645	1.8544	1.6963	1.4851
净资产收益率(%)	7.2646	14.4542	8.5897	15.3659
加权净资产收益率(%)	7.2000	15.4100	8.7200	16.4000
净资产收益率(扣除)(%)	6.8955	13.3064	8.4500	14.1060
总资产(万元)	752082.98	751770.56	8.5800	15.0600
归属母公司股东权益	311409.12	302828.60	680736.60	666444.34
营业收入(万元)	527485.64	991000.71	282583.52	266109.36
营业成本(万元)	430413.32	812505.94	540675.95	910549.96
投资收益(万元)	1103.90	5118.13	444117.64	745900.02
净利润(万元)	22622.64	43771.52	85.53	122.25
营业利润(万元)	32174.45	61008.30	24273.00	40890.18
利润总额(万元)	33544.57	64244.47	34143.36	60297.43

无锡小天鹅股份有限公司

公司概况					
公司名称	无锡小天鹅股份有限公司			证券简称	小天鹅 A
法人代表	方洪波	董秘	周斯秀	证券代码	000418
公司网址	www.littleswan.com		电子信箱	zhaoyl@littleswan.com.cn	
电　话	0510-81082320　81082377		传　真	0510-83720879	
办公地址	江苏省无锡市国家高新技术开发区长江南路 18 号				
经营范围	家用电器及零配件等的生产、销售和技术服务等				

主要财务指标：指标 \ 报告期	2014.06.30	2013.12.31	2013.06.30	2012.12.31
基本每股收益(元)	0.5000	0.6500	0.3500	0.5400
基本每股收益	0.4300	–	0.3000	0.5400
稀释每股收益(元)	0.5000	0.6500	0.3500	0.5400
每股净资产(元)	6.3892	6.1802	5.8766	5.8281
每股经营现金净流量(元)	1.3045	1.4307	1.4722	0.5451
每股现金流量(元)	0.8797	0.4191	0.2346	–1.5598
每股资本公积金(元)	1.7941	1.7857	1.7856	1.7857
每股盈余公积金(元)	0.4600	0.4600	0.4279	0.4279
每股未分配利润(元)	3.1403	2.9401	2.6681	2.6187
净资产收益率(%)	7.8285	10.5746	5.9448	9.1798
加权净资产收益率(%)	7.7800	10.8800	5.8200	9.5900
净资产收益率(扣除)(%)	6.7431	7.9373	5.0233	9.2772
总资产(万元)	968639.39	922252.74	813196.49	840370.54
归属母公司股东权益	404110.91	390889.77	371685.59	368621.05
营业收入(万元)	497405.70	872795.60	399822.43	689986.39
营业成本(万元)	365531.51	654962.19	300581.09	533991.46
投资收益(万元)	5637.81	11686.19	3858.17	5562.27
净利润(万元)	31635.85	41335.01	22096.15	33838.77
营业利润(万元)	40993.43	52144.23	26869.44	40445.62
利润总额(万元)	41680.03	54862.13	27891.28	44557.16

长沙通程控股股份有限公司

公司概况					
公司名称	长沙通程控股股份有限公司			证券简称	通程控股
法人代表	周兆达	董秘	杨格艺	证券代码	000419
公司网址	www.e-tongcheng.com		电子信箱	gege1608@126.com	
电　话	0731-85534994		传　真	0731-85535588	
办公地址	湖南省长沙市劳动西路 589 号				
经营范围	综合零售、食品、饮料及烟草制品专门零售、文化、体育用品及器材专门零售等				

主要财务指标：指标 \ 报告期	2014.06.30	2013.12.31	2013.06.30	2012.12.31
基本每股收益(元)	0.1365	0.2791	0.1627	0.2858
基本每股收益	0.1107	0.1911	0.1233	0.2761
稀释每股收益(元)	0.1365	0.2791	0.1627	0.2858
每股净资产(元)	3.3989	3.2624	3.2459	3.0832
每股经营现金净流量(元)	–0.1245	0.5541	–0.0007	0.7198
每股现金流量(元)	0.1385	0.1050	–0.1198	0.0380
每股资本公积金(元)	0.8898	0.8898	0.8898	0.8898
每股盈余公积金(元)	0.1863	0.1863	0.1581	0.1581
每股未分配利润(元)	1.3228	1.1863	1.1980	1.0353
净资产收益率(%)	4.0174	8.5564	5.0116	9.2687
加权净资产收益率(%)	4.1000	8.8000	5.1400	9.3700
净资产收益率(扣除)(%)	3.2579	5.8569	3.7994	8.9535
总资产(万元)	348635.31	381494.46	354592.08	370739.02
归属母公司股东权益	184758.38	177335.85	176440.63	167598.18
营业收入(万元)	219801.80	426394.02	214460.81	387019.48
营业成本(万元)	177888.59	342833.86	172616.12	299770.25
投资收益(万元)	1592.71	5644.19	3318.00	1050.45
净利润(万元)	7422.54	15173.50	8842.45	15534.09
营业利润(万元)	10002.82	18753.87	11065.07	20732.21
利润总额(万元)	10282.08	20670.39	11766.42	21458.31

吉林化纤股份有限公司

公司概况					
公司名称	吉林化纤股份有限公司			证券简称	吉林化纤
法人代表	宋德武	董秘	徐建国	证券代码	000420
公司网址	www.jlhxjt.com		电子信箱	xjg6806@163.com	
电　话	0432-63502452　63502331		传　真	0432-63502329	
办公地址	吉林省吉林市昌邑区九站街 516-1 号				
经营范围	生产和销售粘胶长丝和粘胶短纤维等				

主要财务指标：指标 \ 报告期	2014.06.30	2013.12.31	2013.06.30	2012.12.31
基本每股收益(元)	0.3079	–1.0404	–0.2965	0.0262
基本每股收益	–0.2201	–1.5074	–0.3144	–0.4400
稀释每股收益(元)	0.3079	–1.0404	–0.2965	0.0262
每股净资产(元)	0.6013	0.3217	1.0656	1.3621
每股经营现金净流量(元)	0.1073	–0.3702	0.1952	0.1597
每股现金流量(元)	–0.5844	0.1651	0.1642	0.1361
每股资本公积金(元)	1.2009	1.2293	1.2293	1.2293
每股盈余公积金(元)	0.5036	0.5036	0.5036	0.5036
每股未分配利润(元)	–2.1033	–2.4112	–1.6673	–1.3708
净资产收益率(%)	51.2160	–323.4227	–27.8234	1.9259
加权净资产收益率(%)	64.7400	–124.5000	–24.4300	1.9200
净资产收益率(扣除)(%)	–36.6013	–275.8552	–29.5030	–32.3596
总资产(万元)	297536.74	399860.56	373587.39	345054.02
归属母公司股东权益	22743.43	12167.88	40306.82	51521.55
营业收入(万元)	57297.09	139498.27	69766.86	154958.82
营业成本(万元)	54617.95	140290.70	68624.11	143369.53
投资收益(万元)	16034.80	–	–	1066.45
净利润(万元)	11648.37	–39353.67	–11214.73	992.27
营业利润(万元)	4261.25	–37104.10	–14638.20	–24946.30
利润总额(万元)	10554.80	–36190.22	–13755.10	111.93

南京中北(集团)股份有限公司

公司概况	公司名称	南京中北(集团)股份有限公司			证券简称	南京中北
	法人代表	潘明	董秘	陈刚	证券代码	000421
	公司网址	www.zhong-bei.com		电子信箱	securities@zhong-bei.com	
	电话	025-86383698 86383611		传真	025-86383600	
	办公地址	江苏省南京市建邺区应天大街927号				
	经营范围	汽车出租、跨省市公路客运、客车租赁、汽车维修、汽车票代办等				

主要财务指标	指标\报告期	2014.06.30	2013.12.31	2013.06.30	2012.12.31
	基本每股收益(元)	0.3302	0.1891	0.0903	0.2661
	基本每股收益	0.0757	0.1669	0.0865	0.1058
	稀释每股收益(元)	0.3302	0.1891	0.0903	0.2661
	每股净资产(元)	3.0730	2.7235	2.5718	2.4972
	每股经营现金净流量(元)	0.4970	0.5425	0.8367	1.0529
	每股现金流量(元)	-0.0089	-0.2512	-0.2690	-0.0819
	每股资本公积金(元)	0.3545	0.2853	0.2323	0.2280
	每股盈余公积金(元)	0.2046	0.2046	0.1713	0.1713
	每股未分配利润(元)	1.5143	1.2341	1.1686	1.0983
	净资产收益率(%)	10.7455	6.9419	3.5106	10.6574
	加权净资产收益率(%)	11.3300	7.2400	3.5500	11.0400
	净资产收益率(扣除)(%)	2.4619	6.1297	3.3650	4.2378
	总资产(万元)	206789.65	241292.92	249672.28	259057.93
	归属母公司股东权益	108071.27	95782.33	90446.96	87824.26
	营业收入(万元)	81415.03	166570.98	59956.20	175932.72
	营业成本(万元)	80237.53	165631.20	62114.98	165704.08
	投资收益(万元)	11137.77	1741.10	618.22	5723.49
	净利润(万元)	11612.75	6649.07	3175.22	9359.76
	营业利润(万元)	-4411.03	-19613.94	-9347.87	-23524.25
	利润总额(万元)	13423.25	13292.84	5304.89	14474.38

湖北宜化化工股份有限公司

公司概况	公司名称	湖北宜化化工股份有限公司			证券简称	湖北宜化
	法人代表	虞云峰	董秘	强炜	证券代码	000422
	公司网址	www.hbyh.cn		电子信箱	zyj@hbyh.cn	
	电话	010-63704082		传真	010-63704177	
	办公地址	北京市丰台区南四环西四路188号总部基地15区3号楼				
	经营范围	化肥、化工产品的生产与销售等				

主要财务指标	指标\报告期	2014.06.30	2013.12.31	2013.06.30	2012.12.31
	基本每股收益(元)	0.0360	0.0760	0.2290	0.9650
	基本每股收益	0.0010	-	0.1820	0.8800
	稀释每股收益(元)	0.0360	0.0760	0.2290	0.9650
	每股净资产(元)	6.8500	6.8073	6.9769	6.9000
	每股经营现金净流量(元)	0.8556	3.1873	0.8292	4.5027
	每股现金流量(元)	0.1095	1.3295	-0.0411	-2.1580
	每股资本公积金(元)	1.9989	1.9989	1.9972	2.0507
	每股盈余公积金(元)	0.4218	0.4218	0.3549	0.3549
	每股未分配利润(元)	3.3383	3.3021	3.5222	3.3933
	净资产收益率(%)	0.5288	1.1116	3.2840	14.0969
	加权净资产收益率(%)	0.5300	1.1000	3.2700	15.3300
	净资产收益率(扣除)(%)	0.0154	-0.2537	2.6019	12.8050
	总资产(万元)	3621579.07	3535488.90	3062016.39	2964849.82
	归属母公司股东权益	615042.71	611204.49	626431.51	619276.63
	营业收入(万元)	940222.36	1927997.96	833799.16	1935160.25
	营业成本(万元)	784401.64	1644561.36	684320.59	1552910.15
	投资收益(万元)	800.78	2471.86	1014.97	7.78
	净利润(万元)	3252.35	6794.02	20592.25	86641.54
	营业利润(万元)	5671.15	21543.01	39166.00	150801.13
	利润总额(万元)	9542.78	31908.15	44101.98	160552.82

山东东阿阿胶股份有限公司

公司概况	公司名称	山东东阿阿胶股份有限公司			证券简称	东阿阿胶
	法人代表	秦玉峰	董秘	吴怀锋	证券代码	000423
	公司网址	www.dongeejiao.com		电子信箱	wuhf@dongeejiao.com	
	电话	0635-3264069		传真	0635-3260786	
	办公地址	山东省聊城市东阿县阿胶街78号				
	经营范围	中成药、生物制药、保健食品、药用辅料、医疗器械、包装印刷等生产经营				

主要财务指标	指标\报告期	2014.06.30	2013.12.31	2013.06.30	2012.12.31
	基本每股收益(元)	0.9502	1.8392	0.8289	1.5905
	基本每股收益	0.8623	1.7647	0.7975	1.4345
	稀释每股收益(元)	0.9502	1.8392	0.8289	1.5905
	每股净资产(元)	8.6233	7.6487	7.3219	6.4930
	每股经营现金净流量(元)	0.1251	1.3441	-0.3535	1.3120
	每股现金流量(元)	-0.2753	-1.1831	-0.2406	1.8119
	每股资本公积金(元)	1.0938	1.0692	1.0528	1.0528
	每股盈余公积金(元)	0.7128	0.7128	0.7128	0.7128
	每股未分配利润(元)	5.8172	4.8671	4.5568	3.7279
	净资产收益率(%)	11.0190	24.0461	11.3211	24.4955
	加权净资产收益率(%)	11.6800	25.8000	12.0000	26.8200
	净资产收益率(扣除)(%)	10.0000	23.0726	10.8923	22.0935
	总资产(万元)	659886.13	597972.50	564327.56	532565.59
	归属母公司股东权益	563985.58	500238.78	478869.43	424656.18
	营业收入(万元)	172662.21	401630.44	175300.04	305607.43
	营业成本(万元)	60303.58	146655.74	67681.85	80529.50
	投资收益(万元)	5594.58	4580.57	2066.74	11603.04
	净利润(万元)	62142.71	120287.82	54213.26	104021.81
	营业利润(万元)	72526.62	141804.81	64892.70	123302.79
	利润总额(万元)	74471.96	143705.47	65366.30	124459.56

徐工集团工程机械股份有限公司

公司概况	公司名称	徐工集团工程机械股份有限公司			证券简称	徐工机械
	法人代表	王民	董秘	费广胜	证券代码	000425
	公司网址	www.xcmg.com		电子信箱	fgs@xcmg.com	
	电话	0516-87565621		传真	0516-87565610	
	办公地址	江苏省徐州经济技术开发区驮蓝山路26号				
	经营范围	从事工程机械及成套设备、专用汽车、建筑工程机械、矿山机械、环卫机械等				

主要财务指标	指标\报告期	2014.06.30	2013.12.31	2013.06.30	2012.12.31
	基本每股收益(元)	0.3700	0.7300	0.4100	1.1800
	基本每股收益	0.3400	0.6700	0.3700	1.0600
	稀释每股收益(元)	0.3300	0.7200	0.4100	1.1800
	每股净资产(元)	9.5637	9.3966	8.8893	8.4642
	每股经营现金净流量(元)	0.1806	-0.1857	0.0719	-1.6859
	每股现金流量(元)	-0.6617	-0.1840	-0.0785	-0.6716
	每股资本公积金(元)	3.6429	3.6429	3.4405	3.3118
	每股盈余公积金(元)	0.3365	0.3365	0.2894	0.2894
	每股未分配利润(元)	4.6899	4.4172	4.1594	3.8631
	净资产收益率(%)	3.8968	7.7827	4.6400	14.1474
	加权净资产收益率(%)	3.8900	8.3500	4.7400	15.1300
	净资产收益率(扣除)(%)	3.5981	7.1517	4.2140	12.5298
	总资产(万元)	4984080.26	4909674.32	4857894.95	4555182.94
	归属母公司股东权益	1972757.89	1938299.50	1833643.86	1745962.97
	营业收入(万元)	1340359.52	2699474.30	1373386.12	3218381.42
	营业成本(万元)	1061750.18	2110886.96	1072248.71	2519822.49
	投资收益(万元)	226.92	1063.85	561.06	325.74
	净利润(万元)	76873.58	150851.73	84468.69	243773.54
	营业利润(万元)	89626.39	161024.45	94921.62	246569.24
	利润总额(万元)	96378.57	177024.39	103248.76	277428.85

内蒙古兴业矿业股份有限公司

公司概况	公司名称	内蒙古兴业矿业股份有限公司			证券简称	兴业矿业
	法人代表	吉兴业	董秘	孙凯	证券代码	000426
	公司网址	www.ddjc.com.cn		电子信箱	nmxyky@vip.sina.com	
	电　话	0476-8833387		传　真	0476-8833383	
	办公地址	内蒙古自治区赤峰市新城区玉龙大街 76 号兴业大厦				
	经营范围	有色金属采选、冶炼、加工、销售等				

主要财务指标	指标\报告期	2014.06.30	2013.12.31	2013.06.30	2012.12.31
	基本每股收益(元)	0.2253	0.1441	0.1170	0.2691
	基本每股收益	0.0017	0.1455	0.1172	0.2994
	稀释每股收益(元)	0.2253	0.1441	0.1170	0.2691
	每股净资产(元)	4.7710	4.5731	3.9733	3.8509
	每股经营现金净流量(元)	-0.2228	0.0217	-0.0685	0.3436
	每股现金流量(元)	-0.4500	0.5135	0.0281	-0.5364
	每股资本公积金(元)	2.5724	1.0054	1.5308	1.5308
	每股盈余公积金(元)	0.1794	0.0701	0.2241	0.2241
	每股未分配利润(元)	0.9771	0.3016	1.1426	1.0490
	净资产收益率(%)	4.7222	2.5424	3.2383	7.6874
	加权净资产收益率(%)	4.8200	4.0400	3.2700	7.9800
	净资产收益率(扣除)(%)	0.0350	2.5671	3.2433	7.7761
	总资产(万元)	415230.00	425784.78	326671.07	332555.70
	归属母公司股东权益	284801.88	272990.07	174008.26	168646.46
	营业收入(万元)	46868.51	82690.45	44859.52	88450.31
	营业成本(万元)	37586.99	46991.36	24154.28	45762.18
	投资收益(万元)	14087.99	1574.92	1574.92	600.00
	净利润(万元)	13449.01	6940.63	5634.93	12964.51
	营业利润(万元)	13040.18	8642.72	7632.90	16150.32
	利润总额(万元)	13069.74	8545.32	7614.52	15949.23

华天酒店集团股份有限公司

公司概况	公司名称	华天酒店集团股份有限公司			证券简称	华天酒店
	法人代表	陈纪明	董秘	易欣	证券代码	000428
	公司网址	www.huatian-hotel.com		电子信箱	huatianzqb@163.com	
	电　话	0731-84442888 80928		传　真	0731-84449370 84442270	
	办公地址	长沙市芙蓉区解放东路 300 号华天大酒店贵宾楼五楼				
	经营范围	提供住宿、餐饮、洗衣、物业清洗服务、房地产开发、销售等				

主要财务指标	指标\报告期	2014.06.30	2013.12.31	2013.06.30	2012.12.31
	基本每股收益(元)	-0.0600	0.1700	0.0870	0.1400
	基本每股收益	-0.0561	0.1600	0.0873	0.0700
	稀释每股收益(元)	-0.0600	0.1700	0.0870	0.1400
	每股净资产(元)	2.2276	2.3008	2.2220	2.1649
	每股经营现金净流量(元)	0.2836	0.2979	0.7070	0.5596
	每股现金流量(元)	0.3304	-0.0222	-0.0637	-0.1826
	每股资本公积金(元)	0.1623	0.1623	0.1623	0.1623
	每股盈余公积金(元)	0.0778	0.0778	0.0478	0.0478
	每股未分配利润(元)	0.9874	1.0607	1.0119	0.9548
	净资产收益率(%)	-2.5249	7.2097	3.9188	6.5600
	加权净资产收益率(%)	-2.4800	7.4400	3.9800	6.5600
	净资产收益率(扣除)(%)	-2.5187	7.0567	3.9274	3.2968
	总资产(万元)	870777.93	804044.45	754838.32	671199.29
	归属母公司股东权益	160145.64	165412.28	159746.71	155643.29
	营业收入(万元)	76105.26	178099.14	90445.45	164512.69
	营业成本(万元)	38640.96	64602.20	36197.66	66292.65
	投资收益(万元)	21.79	55.66	40.22	37.00
	净利润(万元)	-4043.47	11925.76	6260.19	10209.12
	营业利润(万元)	-3185.75	18719.12	9152.10	11477.01
	利润总额(万元)	-3199.11	18987.39	9136.24	17456.81

广东省高速公路发展股份有限公司

公司概况	公司名称	广东省高速公路发展股份有限公司			证券简称	粤高速 A
	法人代表	朱战良	董秘	左江	证券代码	000429
	公司网址	www.gpedcl.com		电子信箱	fengxw2007@163.com	
	电　话	020-29004609 29004522		传　真	020-38787002	
	办公地址	广东省广州市天河区珠江新城珠江东路 32 号利通广场 45,46 层				
	经营范围	主营高速公路、等级公路、桥梁的建设施工、公路、桥梁的收费和养护管理等				

主要财务指标	指标\报告期	2014.06.30	2013.12.31	2013.06.30	2012.12.31
	基本每股收益(元)	0.1400	0.1000	0.0500	0.1400
	基本每股收益	0.1400	-	0.0500	0.1500
	稀释每股收益(元)	0.1400	-	0.0500	0.1400
	每股净资产(元)	3.4405	3.3712	3.3610	3.4000
	每股经营现金净流量(元)	0.3985	0.6025	0.2638	0.4941
	每股现金流量(元)	-0.0187	0.1416	0.1643	-0.1754
	每股资本公积金(元)	1.2845	1.3069	1.3526	1.3831
	每股盈余公积金(元)	0.1859	0.1859	0.1628	0.1628
	每股未分配利润(元)	0.9701	0.8783	0.8456	0.8498
	净资产收益率(%)	4.1200	3.0100	1.3635	4.1180
	加权净资产收益率(%)	4.1500	3.0100	1.3500	4.2000
	净资产收益率(扣除)(%)	4.0803	1.6884	1.3492	4.4867
	总资产(万元)	1266478.41	1269447.55	1314641.85	1315456.55
	归属母公司股东权益	432510.55	423799.91	422521.60	426886.00
	营业收入(万元)	68871.69	132750.61	62997.56	110571.68
	营业成本(万元)	36961.46	92330.30	40343.56	64911.38
	投资收益(万元)	22169.11	47559.71	17103.69	33897.27
	净利润(万元)	17819.29	12777.77	5761.19	17578.97
	营业利润(万元)	23562.31	21798.95	7835.79	26163.19
	利润总额(万元)	23463.18	7147.59	7959.29	23338.38

张家界旅游集团股份有限公司

公司概况	公司名称	张家界旅游集团股份有限公司			证券简称	张家界
	法人代表	袁祖荣	董秘	朱洪武	证券代码	000430
	公司网址	www.zjjgf.com.cn		电子信箱	000430wuyan@sina.cn	
	电　话	0744-8288630		传　真	0744-8353597	
	办公地址	湖南省张家界市三角坪 145 号张家界国际大酒店三楼				
	经营范围	旅游资源开发、旅游基础设施建设、旅游配套服务、与旅游有关的高科技开发等				

主要财务指标	指标\报告期	2014.06.30	2013.12.31	2013.06.30	2012.12.31
	基本每股收益(元)	0.0619	0.1627	0.0331	0.3154
	基本每股收益	0.0617	0.1597	0.0319	0.3080
	稀释每股收益(元)	0.0619	0.1627	0.0331	0.3154
	每股净资产(元)	1.4177	1.3538	1.2191	1.1940
	每股经营现金净流量(元)	0.0910	0.2651	0.0259	0.3878
	每股现金流量(元)	-0.0889	0.0559	0.0217	-0.0376
	每股资本公积金(元)	0.3015	0.3015	0.3015	0.3015
	每股盈余公积金(元)	0.0780	0.0780	0.0780	0.0780
	每股未分配利润(元)	0.0306	-0.0313	-0.1609	-0.1940
	净资产收益率(%)	4.3651	12.0199	2.7168	26.4171
	加权净资产收益率(%)	4.4700	12.7700	2.7500	30.5000
	净资产收益率(扣除)(%)	4.3486	11.7993	2.6138	25.7990
	总资产(万元)	63423.66	60277.24	57093.70	51300.68
	归属母公司股东权益	45486.17	43433.09	39114.09	38307.66
	营业收入(万元)	17025.24	50031.99	20538.58	68249.97
	营业成本(万元)	10252.77	33295.29	14524.14	45475.06
	投资收益(万元)	-	-	-	-
	净利润(万元)	1985.50	5220.61	1062.63	10119.78
	营业利润(万元)	2987.80	7380.76	1714.95	13330.89
	利润总额(万元)	2969.52	7521.15	1769.03	13669.51

山东晨鸣纸业集团股份有限公司

公司概况	公司名称	山东晨鸣纸业集团股份有限公司			证券简称	晨鸣纸业
	法人代表	陈洪国	董秘	王春方	证券代码	000488
	公司网址	www.chenmingpaper.com		电子信箱	chenmmingpaper@163.com	
	电　　话	0536-2158008　2158168		传　　真	0536-2158977	
	办公地址	山东省寿光市农圣东街2199号				
	经营范围	机制纸及板纸和造纸原料、造纸机械、电力、热力的生产与销售等				

	指标＼报告期	2014.06.30	2013.12.31	2013.06.30	2012.12.31
主要财务指标	基本每股收益(元)	0.1200	0.3500	0.1600	0.1100
	基本每股收益	0.0300	0.2000	0.0700	-0.0800
	稀释每股收益(元)	0.1200	0.3500	0.1600	0.1100
	每股净资产(元)	7.0416	7.1071	6.6370	6.6727
	每股经营现金净流量(元)	0.6640	0.5683	0.4398	0.9490
	每股现金流量(元)	0.0954	-0.8185	-0.3612	0.0129
	每股资本公积金(元)	3.1755	3.1409	3.0957	3.1109
	每股盈余公积金(元)	0.5846	0.5731	0.5490	0.5490
	每股未分配利润(元)	2.2739	2.4003	2.1165	2.0123
	净资产收益率(%)	1.7782	5.0617	2.4362	1.6064
	加权净资产收益率(%)	1.7200	5.1100	2.4000	1.6300
	净资产收益率(扣除)(%)	0.4240	2.8930	0.9831	-1.1612
	总资产(万元)	5046577.47	4752188.36	4751126.21	4772542.19
	归属母公司股东权益	1363543.77	1403988.82	1368570.13	1375949.62
	营业收入(万元)	908202.06	2038889.01	1002790.14	1976167.92
	营业成本(万元)	737899.86	1665188.60	825134.98	1669376.83
	投资收益(万元)	2121.82	2370.60	518.32	-3552.50
	净利润(万元)	24246.11	71065.53	33340.95	22103.48
	营业利润(万元)	2205.33	40354.09	9731.69	-41622.83
	利润总额(万元)	26173.66	86629.17	39408.16	-1614.00

山东高速路桥集团股份有限公司

公司概况	公司名称	山东高速路桥集团股份有限公司			证券简称	山东路桥
	法人代表	于少明	董秘	于少明(代)	证券代码	000498
	公司网址	www.sdluqiao.com		电子信箱	sdlq000498@163.com	
	电　　话	0531-87069908		传　　真	0531-87069902	
	办公地址	山东省济南市经五路330号				
	经营范围	公路,桥梁工程,隧道工程,市政工程,建筑工程,交通工程,港口与航道工程等				

	指标＼报告期	2014.06.30	2013.12.31	2013.06.30	2012.12.31
主要财务指标	基本每股收益(元)	0.0822	0.2332	0.0980	0.3234
	基本每股收益	0.0825	0.2228	-	0.2012
	稀释每股收益(元)	0.0822	0.2332	0.0980	0.3234
	每股净资产(元)	2.1484	2.0556	1.9096	1.8043
	每股经营现金净流量(元)	-0.0540	0.4302	-0.1138	-0.4472
	每股现金流量(元)	-0.0729	0.1092	-0.1786	-0.1276
	每股资本公积金(元)	-0.3350	-0.3350	-0.3350	-0.3350
	每股盈余公积金(元)	0.0557	0.0557	0.0415	0.0415
	每股未分配利润(元)	0.6288	0.5750	0.5007	0.4366
	净资产收益率(%)	3.8264	11.3456	5.1308	11.4598
	加权净资产收益率(%)	3.9200	12.1400	5.2900	12.4400
	净资产收益率(扣除)(%)	3.8416	11.1313	5.0903	11.1490
	总资产(万元)	921402.04	942007.63	851401.43	884469.19
	归属母公司股东权益	240645.97	230259.05	213896.33	202103.32
	营业收入(万元)	257042.46	716133.91	231958.50	655441.35
	营业成本(万元)	219280.26	613313.49	199550.08	564523.19
	投资收益(万元)	-	-	-	-
	净利润(万元)	9208.02	26124.38	10974.63	23160.57
	营业利润(万元)	13122.48	35839.99	14338.88	31423.47
	利润总额(万元)	13073.72	36449.06	14454.65	32116.68

武汉武商集团股份有限公司

公司概况	公司名称	武汉武商集团股份有限公司			证券简称	鄂武商A
	法人代表	刘江超	董秘	李轩	证券代码	000501
	公司网址	www.wushang.com.cn		电子信箱	xuanl528@163.com	
	电　　话	027-85714295		传　　真	027-85714011	
	办公地址	湖北省武汉市江汉区解放大道690号				
	经营范围	百货、五金、交电、家具、其他食品、针纺织品、日用杂品、酒等				

	指标＼报告期	2014.06.30	2013.12.31	2013.06.30	2012.12.31
主要财务指标	基本每股收益(元)	0.7300	0.9200	0.5300	0.7900
	基本每股收益	0.7500	0.9200	0.5300	0.7900
	稀释每股收益(元)	0.7300	0.9200	0.5300	0.7900
	每股净资产(元)	6.4366	5.7087	5.3218	4.7917
	每股经营现金净流量(元)	0.1380	3.6376	1.1247	4.2683
	每股现金流量(元)	-0.8855	-0.1818	-1.0217	-0.2043
	每股资本公积金(元)	1.0537	1.0536	1.0534	1.0535
	每股盈余公积金(元)	0.7257	0.7257	0.5879	0.5879
	每股未分配利润(元)	3.6572	2.9294	2.6805	2.1502
	净资产收益率(%)	11.3074	16.0623	9.9640	16.5563
	加权净资产收益率(%)	11.9900	17.4700	10.4900	18.0000
	净资产收益率(扣除)(%)	11.6088	16.1192	10.0337	16.4128
	总资产(万元)	1192412.18	1263438.24	1062456.05	1103855.50
	归属母公司股东权益	326493.97	289570.68	269947.10	243057.29
	营业收入(万元)	857847.81	1684205.59	853119.38	1490150.63
	营业成本(万元)	683625.38	1341307.38	683299.60	1186463.88
	投资收益(万元)	317.10	1162.15	921.77	92.74
	净利润(万元)	36918.13	46511.83	26897.56	40241.36
	营业利润(万元)	51457.42	87405.01	47611.21	72607.84
	利润总额(万元)	49783.97	86082.00	46484.49	73079.36

绿景控股股份有限公司

公司概况	公司名称	绿景控股股份有限公司			证券简称	绿景控股
	法人代表	余斌	董秘	王斌	证券代码	000502
	公司网址	www.000502.cn		电子信箱	ljkgdmb@163.com	
	电　　话	020-22082999　22082969		传　　真	020-22082922	
	办公地址	广东省广州市天河区林和中路8号海航大厦35楼				
	经营范围	房地产开发经营、室内外装饰装修工程、花木园林工程设计等				

	指标＼报告期	2014.06.30	2013.12.31	2013.06.30	2012.12.31
主要财务指标	基本每股收益(元)	0.0027	0.0400	-0.0242	-0.0600
	基本每股收益	-0.0145	-0.0500	-0.0335	-0.0800
	稀释每股收益(元)	0.0027	0.0400	-0.0242	-0.0600
	每股净资产(元)	1.0879	1.0852	1.0233	1.0475
	每股经营现金净流量(元)	-0.0511	0.0424	-0.0086	-0.7047
	每股现金流量(元)	0.1352	0.0419	-0.0088	-0.7200
	每股资本公积金(元)	0.1233	0.1233	0.1233	0.1233
	每股盈余公积金(元)	0.0373	0.0373	0.0373	0.0373
	每股未分配利润(元)	-0.0727	-0.0754	-0.1373	-0.1131
	净资产收益率(%)	0.2478	3.4745	-2.3637	-5.9000
	加权净资产收益率(%)	0.2500	3.5400	-2.3400	-5.7300
	净资产收益率(扣除)(%)	-1.3338	-4.8595	-3.2728	-7.9858
	总资产(万元)	29155.91	30970.24	29772.11	30013.92
	归属母公司股东权益	20106.55	20056.72	18912.80	19359.85
	营业收入(万元)	1401.03	2901.82	851.95	3338.93
	营业成本(万元)	784.05	1628.38	556.10	1988.58
	投资收益(万元)	619.23	955.26	169.99	342.80
	净利润(万元)	49.82	696.88	-447.04	-1142.93
	营业利润(万元)	325.71	-115.37	-330.19	-1179.17
	利润总额(万元)	336.03	-91.85	-328.22	-945.61

海虹企业(控股)股份有限公司

公司概况	公司名称	海虹企业(控股)股份有限公司			证券简称	海虹控股
	法人代表	康健	董秘	肖琴	证券代码	000503
	公司网址	www.searainbow.com		电子信箱	ir@searainbow.com	
	电话	0898-68510496 010-64424355		传真	0898-68510469 68510669	
	办公地址	海南省海口市文华路18号文华大酒店七层				
	经营范围	主要集中在医药、以联众游戏为代表的数字娱乐、高科技化纤等业务				

	指标\报告期	2014.06.30	2013.12.31	2013.06.30	2012.12.31
主要财务指标	基本每股收益(元)	0.0103	0.0144	0.0080	0.0268
	基本每股收益	-0.0008	-0.0182	-0.0106	-0.0138
	稀释每股收益(元)	0.0103	0.0144	0.0080	0.0268
	每股净资产(元)	1.4124	1.3977	1.4070	1.4183
	每股经营现金净流量(元)	-0.0998	0.1776	-0.0349	0.0733
	每股现金流量(元)	-0.0393	0.1512	-0.0644	0.1852
	每股资本公积金(元)	-0.0146	-0.0099	-0.0130	0.0074
	每股盈余公积金(元)	0.0038	0.0038	0.0038	0.0038
	每股未分配利润(元)	0.5913	0.5810	0.5746	0.5666
	净资产收益率(%)	0.7275	1.0331	0.5694	1.8900
	加权净资产收益率(%)	0.7200	1.0100	0.5600	1.9400
	净资产收益率(扣除)(%)	-0.0547	-1.3019	1.3509	-0.9745
	总资产(万元)	140081.29	142804.43	141358.83	147846.50
	归属母公司股东权益	126951.49	125630.08	126463.65	127481.92
	营业收入(万元)	9944.13	20590.66	11274.30	19293.68
	营业成本(万元)	3813.79	8720.28	3139.65	7019.42
	投资收益(万元)	72.61	1232.24	947.48	1946.95
	净利润(万元)	923.61	1297.82	720.13	2409.46
	营业利润(万元)	937.87	2174.90	946.88	3630.98
	利润总额(万元)	938.18	2464.58	919.19	3511.64

北京赛迪传媒投资股份有限公司

公司概况	公司名称	北京赛迪传媒投资股份有限公司			证券简称	*ST 传媒
	法人代表	黄志刚	董秘	陈勇	证券代码	000504
	公司网址	www.ccidmedia.com		电子信箱	zq000504@ccidmedia.com	
	电话	010-88558399		传真	010-88558366	
	办公地址	北京市海淀区紫竹院路66号赛迪大厦17层				
	经营范围	对高新技术企业资讯、媒体、文化传播项目投资管理、技术开发、技术咨询等				

	指标\报告期	2014.06.30	2013.12.31	2013.06.30	2012.12.31
主要财务指标	基本每股收益(元)	-0.0291	0.0400	-0.0423	-0.4800
	基本每股收益	-0.0300	-	-0.0427	-0.0400
	稀释每股收益(元)	-0.0291	0.0400	-0.0423	-0.4800
	每股净资产(元)	0.0081	0.0034	-0.1160	0.4096
	每股经营现金净流量(元)	-0.0848	-0.0377	-0.0123	-0.0137
	每股现金流量(元)	-0.0835	0.0632	-0.0055	-0.0622
	每股资本公积金(元)	0.2114	0.1776	0.1448	0.1448
	每股盈余公积金(元)	0.1109	0.1109	0.1109	0.1109
	每股未分配利润(元)	-1.3141	-1.2850	-1.3717	-1.3293
	净资产收益率(%)	-356.9161	1307.9736	-11.5207	1.0667
	加权净资产收益率(%)	-1711.5100	-86.0000	44.6100	-289.0000
	净资产收益率(扣除)(%)	-368.2914	-2151.5074	36.8235	726.9024
	总资产(万元)	9689.14	12589.47	6235.59	7605.99
	归属母公司股东权益	253.63	105.52	-3614.99	-2296.53
	营业收入(万元)	904.58	2628.09	1011.55	7681.66
	营业成本(万元)	665.86	2740.17	1411.92	4787.69
	投资收益(万元)	32.89	12.55	-397.19	-
	净利润(万元)	-905.25	1380.15	-1318.46	-14923.12
	营业利润(万元)	-972.11	-2669.35	-1354.31	-16728.79
	利润总额(万元)	-942.30	2202.92	-1354.10	-15119.52

海南珠江控股股份有限公司

公司概况	公司名称	海南珠江控股股份有限公司			证券简称	*ST 珠江
	法人代表	郑清	董秘	俞翠红	证券代码	000505
	公司网址			电子信箱	hnpearlriver@21cn.net	
	电话	0898-68581888 68581199		传真	0898-68581026	
	办公地址	海南省海口市滨海大道珠江广场帝豪大厦29楼				
	经营范围	工业投资、热带种植业、海产养殖、房地产开发经营、酒店投资与管理等				

	指标\报告期	2014.06.30	2013.12.31	2013.06.30	2012.12.31
主要财务指标	基本每股收益(元)	-0.1800	0.0300	-0.1500	-0.3000
	基本每股收益	-0.1800	-	-0.1700	-0.3700
	稀释每股收益(元)	-0.1800	-	-0.1500	-0.3000
	每股净资产(元)	0.0724	0.2735	0.3379	0.5568
	每股经营现金净流量(元)	-0.3673	-0.1072	-0.1028	-0.1414
	每股现金流量(元)	0.0390	-0.0080	-0.0233	0.0311
	每股资本公积金(元)	0.8893	0.9081	1.1552	1.2231
	每股盈余公积金(元)	0.2566	0.2566	0.2566	0.2566
	每股未分配利润(元)	-2.0735	-1.8912	-2.0739	-1.9228
	净资产收益率(%)	-248.8335	7.6100	-44.6935	-53.3922
	加权净资产收益率(%)	-104.1300	7.6100	-33.7600	-41.5500
	净资产收益率(扣除)(%)	-252.4902	-150.3291	-50.5352	-65.6446
	总资产(万元)	144661.78	123771.38	139881.61	142476.43
	归属母公司股东权益	3088.40	11671.42	14421.57	23762.56
	营业收入(万元)	12468.45	22530.82	10722.30	20401.51
	营业成本(万元)	9175.62	16602.15	7783.99	14846.66
	投资收益(万元)	39.33	17744.52	255.65	2377.85
	净利润(万元)	-7684.98	1348.95	-6445.50	-12687.36
	营业利润(万元)	-7946.01	240.60	-6560.70	-12598.47
	利润总额(万元)	-7989.25	1163.00	-6560.50	-12520.92

中润资源投资股份有限公司

公司概况	公司名称	中润资源投资股份有限公司			证券简称	中润资源
	法人代表	李明吉	董秘	贺明	证券代码	000506
	公司网址	www.sdzr.com		电子信箱	zhongruntouzi@126.com	
	电话	0531-81665777		传真	0531-81665888	
	办公地址	山东省济南市经十路13777号中润世纪广场17栋				
	经营范围	矿产资源勘探与开发投资、矿产品加工与销售、公司股权投资				

	指标\报告期	2014.06.30	2013.12.31	2013.06.30	2012.12.31
主要财务指标	基本每股收益(元)	-0.1225	0.2084	0.2382	0.3426
	基本每股收益	-0.1225	-	0.2383	0.4159
	稀释每股收益(元)	-0.1225	0.2084	0.2382	0.3426
	每股净资产(元)	1.6706	1.7912	1.8291	1.6300
	每股经营现金净流量(元)	-0.0926	-0.0368	0.0715	0.2725
	每股现金流量(元)	-0.0964	0.0563	0.2803	-0.1256
	每股资本公积金(元)	0.0182	0.0300	0.0324	0.0389
	每股盈余公积金(元)	0.0839	0.0839	0.0619	0.0743
	每股未分配利润(元)	0.5614	0.6839	0.7356	0.8469
	净资产收益率(%)	-7.3328	11.6342	13.0227	20.9868
	加权净资产收益率(%)	-7.0800	12.1900	13.6500	23.4300
	净资产收益率(扣除)(%)	-7.3380	4.3344	13.0271	21.2313
	总资产(万元)	332548.14	338434.58	313692.81	514784.07
	归属母公司股东权益	155197.21	166409.16	169922.17	151649.82
	营业收入(万元)	16799.42	90719.44	67168.51	107061.49
	营业成本(万元)	19968.23	81264.67	60328.41	71660.02
	投资收益(万元)	-	21933.73	32585.45	26830.44
	净利润(万元)	-11380.37	19360.41	22128.45	31826.49
	营业利润(万元)	-15339.67	6781.06	25105.45	35193.65
	利润总额(万元)	-15323.44	18973.25	25095.56	34877.64

珠海港股份有限公司

公司概况					
公司名称	珠海港股份有限公司			证券简称	珠 海 港
法人代表	欧辉生	董秘	薛楠	证券代码	000507
公司网址	www.0507.com.cn		电子信箱	zph916@163.com	
电 话	0756-3292216 3292215		传 真	0756-3321889	
办公地址	广东省珠海市情侣南路278号				
经营范围	港口及其配套设施的项目投资、电力项目投资等				

主要财务指标 指标\报告期	2014.06.30	2013.12.31	2013.06.30	2012.12.31
基本每股收益(元)	-0.0342	0.1210	0.0187	0.2298
基本每股收益	-0.0404	0.1029	0.0101	0.2300
稀释每股收益(元)	-0.0342	0.1210	0.0187	0.2298
每股净资产(元)	3.0586	3.0977	2.9978	3.0563
每股经营现金净流量(元)	0.0377	0.0163	0.1152	0.0015
每股现金流量(元)	-0.0622	0.1780	0.5884	-0.5981
每股资本公积金(元)	0.9610	0.9662	0.9662	0.7025
每股盈余公积金(元)	0.1704	0.1704	0.1704	0.2167
每股未分配利润(元)	0.9269	0.9611	0.8612	1.1372
净资产收益率(%)	-1.1172	3.7658	0.5586	8.1798
加权净资产收益率(%)	-1.1100	4.0100	0.6500	8.7200
净资产收益率(扣除)(%)	-1.3193	3.2034	0.3000	7.3753
总资产(万元)	454786.76	393112.59	389766.21	353829.46
归属母公司股东权益	241488.97	244572.44	236687.64	189797.58
营业收入(万元)	69314.47	129110.21	55131.84	65437.55
营业成本(万元)	60517.25	112405.89	47832.49	52620.94
投资收益(万元)	-1755.23	11055.05	2301.93	21333.58
净利润(万元)	-2697.84	9209.99	1322.06	15525.03
营业利润(万元)	-2407.07	8114.99	930.56	15597.80
利润总额(万元)	-1992.50	9915.18	1572.12	16083.52

华塑控股股份有限公司

公司概况					
公司名称	华塑控股股份有限公司			证券简称	华塑控股
法人代表	郭宏杰	董秘	郭宏杰	证券代码	000509
公司网址			电子信箱	dm000509@163.com	
电 话	028-85365657		传 真	028-85365657	
办公地址	四川省成都市武科东三路9号				
经营范围	计算机软件开发、生产、开发、生产、销售电子产品及元器件等				

主要财务指标 指标\报告期	2014.06.30	2013.12.31	2013.06.30	2012.12.31
基本每股收益(元)	-0.0316	0.0840	-0.0980	-0.3400
基本每股收益	-0.0333	-0.4428	-0.0980	-0.4532
稀释每股收益(元)	-0.0316	0.0840	-0.0980	-0.3400
每股净资产(元)	0.0858	0.3872	-0.8996	-0.8011
每股经营现金净流量(元)	-0.0532	-0.1172	-0.0911	0.1065
每股现金流量(元)	-0.0346	0.8114	0.0383	0.0158
每股资本公积金(元)	0.2037	2.9738	1.8709	1.8714
每股盈余公积金(元)	0.0350	0.1156	0.1156	0.1156
每股未分配利润(元)	-1.1529	-3.7022	-3.8861	-3.7881
净资产收益率(%)	-36.8003	21.6866	-10.8969	-42.9157
加权净资产收益率(%)	-45.5300	-22.5500	-	56.2800
净资产收益率(扣除)(%)	-38.7563	-114.3588	10.8010	56.6402
总资产(万元)	71101.84	72114.38	46451.91	45110.56
归属母公司股东权益	7083.08	9680.22	-22492.04	-20028.97
营业收入(万元)	8425.45	27204.64	12127.38	30405.89
营业成本(万元)	7032.26	26095.41	11529.74	30352.55
投资收益(万元)	-	11682.31	-	21.43
净利润(万元)	-2606.60	2099.32	-2450.92	-8595.57
营业利润(万元)	-2775.99	75.37	-2582.93	-11093.40
利润总额(万元)	-2637.44	1757.33	-2604.49	-8988.39

四川金路集团股份有限公司

公司概况					
公司名称	四川金路集团股份有限公司			证券简称	金路集团
法人代表	张昌德	董秘	刘邦洪	证券代码	000510
公司网址	www.jinlugroup.cn		电子信箱	lbh808@163.com	
电 话	0838-2207936 2301092		传 真	0838-2207936	
办公地址	四川省德阳市岷江西路二段57号金路大厦				
经营范围	生产销售PVC树脂、烧碱系列化工原料及其加工产品等				

主要财务指标 指标\报告期	2014.06.30	2013.12.31	2013.06.30	2012.12.31
基本每股收益(元)	-0.0921	-0.2852	-0.1293	0.0263
基本每股收益	-0.0968	-0.3132	-0.1399	-0.2934
稀释每股收益(元)	-0.0921	-0.2852	-0.1293	0.0263
每股净资产(元)	1.3599	1.4478	1.6064	1.7358
每股经营现金净流量(元)	0.1036	0.1991	-0.1305	0.1490
每股现金流量(元)	0.0681	-0.3565	-0.2443	-0.0367
每股资本公积金(元)	0.0731	0.0731	0.0731	0.0731
每股盈余公积金(元)	0.1717	0.1717	0.1717	0.1717
每股未分配利润(元)	0.1029	0.1951	0.3509	0.4802
净资产收益率(%)	-6.7745	-19.6961	-8.0496	1.5126
加权净资产收益率(%)	-6.5700	-17.9000	-7.7400	1.5300
净资产收益率(扣除)(%)	-7.1150	-21.6317	-8.7107	-16.9046
总资产(万元)	188954.10	184214.68	207001.79	230127.27
归属母公司股东权益	82844.02	88198.85	97859.38	105739.65
营业收入(万元)	98537.14	200553.80	93536.68	217266.51
营业成本(万元)	95662.58	200243.95	94258.83	213309.47
投资收益(万元)	8.70	23.17	27.20	9038.05
净利润(万元)	-5612.27	-17371.72	-7877.28	1599.43
营业利润(万元)	-6029.40	-21148.46	-9145.45	-10214.55
利润总额(万元)	-5538.87	-19002.10	-8476.99	469.11

银基烯碳新材料股份有限公司

公司概况					
公司名称	银基烯碳新材料股份有限公司			证券简称	烯碳新材
法人代表	王大明	董秘	孙家庆	证券代码	000511
公司网址	www.iigdl.com		电子信箱	yjzq@ingin.com.cn	
电 话	024-22903598		传 真	024-22921377	
办公地址	辽宁省沈阳市沈河区青年大街109号				
经营范围	土地整理、房地产开发、物业管理、酒店投资经营等				

主要财务指标 指标\报告期	2014.06.30	2013.12.31	2013.06.30	2012.12.31
基本每股收益(元)	0.0100	0.0600	0.0100	0.0400
基本每股收益	0.0100	-	0.0100	0.0300
稀释每股收益(元)	0.0100	0.0600	0.0100	0.0400
每股净资产(元)	1.4727	1.4609	1.4115	1.4036
每股经营现金净流量(元)	-0.0132	0.1983	-0.0687	0.2031
每股现金流量(元)	-0.0375	-0.1192	-0.1435	0.1176
每股资本公积金(元)	0.0281	0.0281	0.0281	0.0281
每股盈余公积金(元)	0.1085	0.1085	0.1079	0.1079
每股未分配利润(元)	0.3361	0.3243	0.2755	0.2676
净资产收益率(%)	0.8005	3.9257	0.5651	2.6195
加权净资产收益率(%)	0.8000	4.0000	0.5400	2.6500
净资产收益率(扣除)(%)	0.9271	3.1287	0.5774	2.4329
总资产(万元)	330997.43	331465.18	313744.05	384789.08
归属母公司股东权益	170071.48	168709.99	163008.07	162086.98
营业收入(万元)	69379.23	63682.98	28830.53	66665.90
营业成本(万元)	67076.31	51785.31	23959.63	52078.20
投资收益(万元)	1673.75	3883.98	587.81	382.80
净利润(万元)	1361.49	6623.01	921.09	4245.83
营业利润(万元)	1611.35	9598.19	1073.44	4361.52
利润总额(万元)	1395.79	9471.19	1051.77	4240.24

丽珠医药集团股份有限公司

公司概况	公司名称	丽珠医药集团股份有限公司			证券简称	丽珠集团
	法人代表	朱保国	董秘	杨亮	证券代码	000513
	公司网址	www.livzon.com.cn		电子信箱	lirucai2008@livzon.com.cn	
	电　话	0756-8135888		传　真	0756-8886002	
	办公地址	广东省珠海市拱北桂花北路132号丽珠大厦				
	经营范围	医药产品的研发、生产及销售				

	指标\报告期	2014.06.30	2013.12.31	2013.06.30	2012.12.31
主要财务指标	基本每股收益(元)	0.9800	1.6500	0.8800	1.4900
	基本每股收益	0.9200	1.3400	0.8400	1.3400
	稀释每股收益(元)	0.9800	1.6500	0.8800	1.4900
	每股净资产(元)	11.7837	11.3101	10.5417	10.1718
	每股经营现金净流量(元)	0.6884	1.4878	0.6284	2.0085
	每股现金流量(元)	0.0105	-1.4463	0.7912	-0.8574
	每股资本公积金(元)	0.7265	0.7384	0.7387	0.7409
	每股盈余公积金(元)	1.6948	1.6948	1.6580	1.6580
	每股未分配利润(元)	8.4376	7.9538	7.2189	6.8421
	净资产收益率(%)	8.3489	14.5756	8.3181	14.6832
	加权净资产收益率(%)	8.3400	15.3400	8.2700	15.1700
	净资产收益率(扣除)(%)	7.7762	13.8179	7.9675	13.1711
	总资产(万元)	714502.49	656600.61	664398.05	563375.40
	归属母公司股东权益	348468.87	334464.86	311742.03	300801.58
	营业收入(万元)	262847.43	461868.00	216226.18	394352.53
	营业成本(万元)	99803.86	169461.51	80883.91	156968.81
	投资收益(万元)	666.43	453.95	308.70	413.66
	净利润(万元)	29093.41	48750.24	25931.04	44167.15
	营业利润(万元)	34486.98	59055.69	30852.32	51875.28
	利润总额(万元)	36721.72	62894.05	32209.96	56031.27

重庆渝开发股份有限公司

公司概况	公司名称	重庆渝开发股份有限公司			证券简称	渝开发
	法人代表	徐平	董秘	谢勇彬	证券代码	000514
	公司网址	www.cqukf.com		电子信箱	xybfisher@sohu.com	
	电　话	023-63855506　63856995		传　真	023-63826995	
	办公地址	重庆市南岸区铜元局刘家花园96号				
	经营范围	房地产开发(壹级)、房屋销售及租赁、房地产信息咨询、城市基础设施等				

	指标\报告期	2014.06.30	2013.12.31	2013.06.30	2012.12.31
主要财务指标	基本每股收益(元)	0.0899	0.1499	0.0663	0.0700
	基本每股收益	0.0889	0.0430	0.0388	0.0200
	稀释每股收益(元)	0.0899	0.1499	0.0663	0.0700
	每股净资产(元)	3.2143	3.1544	3.0708	3.3250
	每股经营现金净流量(元)	-0.1384	0.2599	0.5697	-0.6845
	每股现金流量(元)	-0.3668	0.0735	0.1791	0.2344
	每股资本公积金(元)	1.4058	1.4058	1.4058	1.6464
	每股盈余公积金(元)	0.1123	0.1123	0.0907	0.0997
	每股未分配利润(元)	0.6962	0.6363	0.5744	0.5789
	净资产收益率(%)	2.7958	4.7521	2.1588	2.3158
	加权净资产收益率(%)	2.8200	4.8600	2.1700	2.3400
	净资产收益率(扣除)(%)	2.7655	1.3642	1.2638	0.6798
	总资产(万元)	725679.59	761727.37	704882.66	676637.33
	归属母公司股东权益	271211.65	266160.38	259105.72	255046.22
	营业收入(万元)	85220.45	92368.66	29255.22	60825.30
	营业成本(万元)	66643.23	68669.98	19803.48	33915.19
	投资收益(万元)	-66.95	11891.95	2459.18	-56.96
	净利润(万元)	7582.58	12648.29	5593.63	5906.44
	营业利润(万元)	5480.98	11537.82	5614.36	681.79
	利润总额(万元)	5512.52	10613.75	6198.40	2598.16

西安开元投资集团股份有限公司

公司概况	公司名称	西安开元投资集团股份有限公司			证券简称	开元投资
	法人代表	王爱萍	董秘	管港	证券代码	000516
	公司网址	www.ky000516.com		电子信箱	kyig@ky000516.com	
	电　话	029-87217854		传　真	029-87217705	
	办公地址	陕西省西安市解放市场6号				
	经营范围	百货零售业与医疗服务等				

	指标\报告期	2014.06.30	2013.12.31	2013.06.30	2012.12.31
主要财务指标	基本每股收益(元)	0.1940	0.1700	0.1280	0.1600
	基本每股收益	0.1870	0.2200	-	0.1400
	稀释每股收益(元)	0.1940	0.1700	0.1280	0.1600
	每股净资产(元)	1.9372	1.7934	1.7514	1.6730
	每股经营现金净流量(元)	0.1034	0.4596	0.0909	0.6800
	每股现金流量(元)	-0.5530	-0.0179	-0.0434	0.7565
	每股资本公积金(元)	0.0733	0.0733	0.0733	0.0733
	每股盈余公积金(元)	0.1418	0.1418	0.1356	0.1356
	每股未分配利润(元)	0.7222	0.5783	0.5425	0.4641
	净资产收益率(%)	10.0068	9.4992	7.3309	9.3037
	加权净资产收益率(%)	10.2600	9.8300	7.3900	9.6300
	净资产收益率(扣除)(%)	9.6379	12.1984	7.4295	8.4908
	总资产(万元)	316761.73	361163.91	355980.84	363354.73
	归属母公司股东权益	138206.32	127943.45	124949.77	119356.96
	营业收入(万元)	195752.11	356567.36	187868.92	340264.32
	营业成本(万元)	156206.49	284949.70	152175.50	275222.10
	投资收益(万元)	298.67	226.66	440.88	1972.72
	净利润(万元)	13829.98	12153.58	9159.91	11104.57
	营业利润(万元)	16962.99	18841.96	11416.75	16855.04
	利润总额(万元)	17082.84	16042.34	11433.43	15975.79

荣安地产股份有限公司

公司概况	公司名称	荣安地产股份有限公司			证券简称	荣安地产
	法人代表	王久芳	董秘	胡约翰	证券代码	000517
	公司网址	www.rongan.com.cn		电子信箱	stock@000517.com	
	电　话	0574-87312566		传　真	0574-87310668	
	办公地址	浙江省宁波市海曙区灵桥路513号天封大厦11楼、15楼、16楼				
	经营范围	房地产开发和经营等				

	指标\报告期	2014.06.30	2013.12.31	2013.06.30	2012.12.31
主要财务指标	基本每股收益(元)	0.2035	0.4283	0.1837	0.3998
	基本每股收益	0.1077	0.3310	0.1349	0.3456
	稀释每股收益(元)	0.2035	0.4283	0.1837	0.3998
	每股净资产(元)	3.2344	3.0670	2.8235	2.6398
	每股经营现金净流量(元)	-0.4181	1.3059	0.8195	2.7132
	每股现金流量(元)	-0.2179	-0.0060	-0.1362	-0.0738
	每股资本公积金(元)	0.0620	0.0620	0.0631	0.0631
	每股盈余公积金(元)	0.0325	0.0325	-	-
	每股未分配利润(元)	2.1399	1.9724	1.7604	1.5767
	净资产收益率(%)	6.2910	13.9635	6.5058	15.1439
	加权净资产收益率(%)	6.4200	15.0100	6.7200	16.7800
	净资产收益率(扣除)(%)	3.3299	10.7934	4.7772	13.0918
	总资产(万元)	639744.52	822511.24	903884.74	1072878.55
	归属母公司股东权益	343273.30	325499.83	299655.49	280160.41
	营业收入(万元)	258250.89	464184.77	248356.58	205605.45
	营业成本(万元)	215894.71	355938.65	195758.05	114769.68
	投资收益(万元)	10884.07	12.18	59.26	10576.54
	净利润(万元)	21594.17	45451.28	19495.09	42427.15
	营业利润(万元)	28774.16	59863.93	25187.51	63160.22
	利润总额(万元)	28338.06	59470.63	24810.58	50321.32

江苏四环生物股份有限公司

公司概况	公司名称	江苏四环生物股份有限公司			证券简称	四环生物
	法人代表	孙国建	董秘	周扬	证券代码	000518
	公司网址	www.shsw000518.com		电子信箱	0518shsw@163.com	
	电　话	0510-86408558		传　真	0510-86408558	
	办公地址	江苏省无锡市江阴市滨江开发区定山路10号				
	经营范围	原料药、片剂、酒剂、注射剂及生物制品的制造、销售等				

主要财务指标	指标＼报告期	2014.06.30	2013.12.31	2013.06.30	2012.12.31
	基本每股收益(元)	0.0222	−0.0687	−0.0011	0.0098
	基本每股收益	0.0194	–	0.0020	–
	稀释每股收益(元)	0.0222	−0.0687	−0.0011	0.0098
	每股净资产(元)	0.6779	0.6557	0.7233	0.7244
	每股经营现金净流量(元)	0.0073	−0.0185	0.0251	0.0530
	每股现金流量(元)	−0.0184	−0.0548	−0.0488	−0.0046
	每股资本公积金(元)	0.0254	0.0254	0.0254	0.0254
	每股盈余公积金(元)	0.0368	0.0368	0.0368	0.0368
	每股未分配利润(元)	−0.3843	−0.4065	−0.3389	−0.3378
	净资产收益率(%)	3.2761	−10.4743	−0.1587	1.3497
	加权净资产收益率(%)	3.3300	−9.9500	−0.1600	1.3900
	净资产收益率(扣除)(%)	2.8587	−10.9289	0.2774	0.0822
	总资产(万元)	83390.42	82258.39	92886.99	91285.33
	归属母公司股东权益	69797.72	67511.07	74464.24	74582.38
	营业收入(万元)	13180.55	20874.51	10757.20	26246.70
	营业成本(万元)	5484.27	10383.32	5263.15	13417.98
	投资收益(万元)	338.15	485.46	–	300.00
	净利润(万元)	2286.65	−7071.30	−118.14	1006.67
	营业利润(万元)	2666.81	−9126.47	197.77	1782.81
	利润总额(万元)	2666.95	−9411.40	−126.91	2110.34

湖南江南红箭股份有限公司

公司概况	公司名称	湖南江南红箭股份有限公司			证券简称	江南红箭
	法人代表	张振华	董秘	吴庆斌	证券代码	000519
	公司网址	www.yhdle.com		电子信箱	wuqb@zhongnan.net	
	电　话	0377-67319278　67319211		传　真	0377-67318220	
	办公地址	河南省方城县中南公司院内				
	经营范围	各型内燃机的关键基础件——气缸套、铝活塞的生产、销售等				

主要财务指标	指标＼报告期	2014.06.30	2013.12.31	2013.06.30	2012.12.31
	基本每股收益(元)	0.2600	0.6200	0.2100	0.5800
	基本每股收益	0.2500	0.5300	−0.0300	−0.0406
	稀释每股收益(元)	0.2600	0.6200	0.2100	0.5800
	每股净资产(元)	5.1174	4.8641	1.7755	1.8058
	每股经营现金净流量(元)	−0.1474	−0.1685	−0.6223	0.7172
	每股现金流量(元)	−1.2132	1.4843	−1.1289	0.5698
	每股资本公积金(元)	1.7839	1.7913	0.3369	3.1328
	每股盈余公积金(元)	0.0679	0.0679	0.2621	0.2621
	每股未分配利润(元)	2.2622	2.0022	0.1765	5.7377
	净资产收益率(%)	5.0811	10.6106	−1.7058	1.6512
	加权净资产收益率(%)	5.2100	17.8100	6.4400	18.0500
	净资产收益率(扣除)(%)	4.9964	5.5098	−1.6341	−2.2477
	总资产(万元)	465780.82	491859.56	49280.88	321712.96
	归属母公司股东权益	377669.41	358981.69	33939.45	193701.71
	营业收入(万元)	98215.73	208028.91	91314.10	216137.30
	营业成本(万元)	61581.97	130984.03	60948.00	142013.15
	投资收益(万元)	133.07	–	–	787.70
	净利润(万元)	19189.72	38089.93	12882.89	34961.81
	营业利润(万元)	23163.55	45316.92	15072.65	39340.92
	利润总额(万元)	23458.70	46125.52	15589.71	41898.31

合肥美菱股份有限公司

公司概况	公司名称	合肥美菱股份有限公司			证券简称	美菱电器
	法人代表	刘体斌	董秘	李霞	证券代码	000521
	公司网址	www.meiling.com		电子信箱	lixia@meiling.com	
	电　话	0551-2219021		传　真	0551-2219021	
	办公地址	安徽省合肥市经济技术开发区莲花路2163号				
	经营范围	制冷电器、空调器、洗衣机、电脑数控注塑机、电脑热水器、塑料制品等				

主要财务指标	指标＼报告期	2014.06.30	2013.12.31	2013.06.30	2012.12.31
	基本每股收益(元)	0.2083	0.3589	0.1777	0.2517
	基本每股收益	0.1881	–	0.1711	0.2213
	稀释每股收益(元)	0.2083	–	0.1777	0.2517
	每股净资产(元)	4.3823	4.1733	4.0473	3.8702
	每股经营现金净流量(元)	−0.3567	0.7057	−0.1876	0.5494
	每股现金流量(元)	0.6246	0.7039	0.3341	0.3923
	每股资本公积金(元)	1.9363	1.9364	1.9409	1.9412
	每股盈余公积金(元)	0.4424	0.4424	0.4255	0.4255
	每股未分配利润(元)	1.0054	0.7970	0.6827	0.5051
	净资产收益率(%)	4.7540	8.9100	4.3898	6.5024
	加权净资产收益率(%)	4.6400	8.9100	4.4900	6.6700
	净资产收益率(扣除)(%)	4.2922	7.8599	4.2264	5.7169
	总资产(万元)	1017032.78	852217.18	950851.63	788614.04
	归属母公司股东权益	334696.05	318733.05	309106.92	295578.77
	营业收入(万元)	634438.91	1053893.39	595144.46	930687.82
	营业成本(万元)	478049.57	799475.68	452635.41	709409.33
	投资收益(万元)	−78.43	−14.95	75.13	−24.87
	净利润(万元)	15910.63	27406.82	13569.16	19219.79
	营业利润(万元)	18020.67	27606.27	16236.61	10106.62
	利润总额(万元)	19779.17	30610.88	16791.94	23225.54

广州市浪奇实业股份有限公司

公司概况	公司名称	广州市浪奇实业股份有限公司			证券简称	广州浪奇
	法人代表	傅勇国	董秘	陈建斌	证券代码	000523
	公司网址	www.lonkey.com.cn		电子信箱	dm@lonkey.com.cn	
	电　话	020-82162933　82161128		传　真	020-82162986	
	办公地址	广东省广州市天河区黄埔大道东128号				
	经营范围	“浪奇”、“高富力”和“维可倚”等品牌的洗涤用品和磺酸、精甘油、AES等化工原料的开发、生产和销售				

主要财务指标	指标＼报告期	2014.06.30	2013.12.31	2013.06.30	2012.12.31
	基本每股收益(元)	0.0294	0.0720	0.0250	0.0520
	基本每股收益	0.0291	–	0.0240	0.0400
	稀释每股收益(元)	0.0294	0.0720	0.0250	0.0520
	每股净资产(元)	2.3560	2.3470	2.2985	2.2917
	每股经营现金净流量(元)	−0.1203	0.2793	−0.0767	−0.0629
	每股现金流量(元)	−0.1538	−0.1230	−0.1877	−0.4964
	每股资本公积金(元)	0.9974	0.9978	0.9960	0.9942
	每股盈余公积金(元)	0.1030	0.1030	0.0956	0.0956
	每股未分配利润(元)	0.2556	0.2462	0.2069	0.2019
	净资产收益率(%)	1.2460	3.0582	1.0885	2.2938
	加权净资产收益率(%)	1.2400	3.1800	1.1000	2.3200
	净资产收益率(扣除)(%)	1.2337	2.4829	1.0657	1.7075
	总资产(万元)	263146.30	249586.63	187505.29	184055.59
	归属母公司股东权益	104879.06	104480.30	102319.91	102017.50
	营业收入(万元)	212999.16	408699.94	176029.65	322250.16
	营业成本(万元)	201474.67	382975.89	165591.24	302981.77
	投资收益(万元)	−302.46	581.97	−290.59	−632.39
	净利润(万元)	1306.89	3195.24	1113.76	2340.07
	营业利润(万元)	1496.27	2889.89	1377.42	2141.93
	利润总额(万元)	1532.66	3593.34	1354.37	2710.11

广州市东方宾馆股份有限公司

公司概况	公司名称	广州市东方宾馆股份有限公司			证券简称	东方宾馆
	法人代表	冯劲	董秘	郑定全	证券代码	000524
	公司网址	www.hoteldongfang.com		电子信箱	gzdongfanghotel@126.com	
	电　话	020-86662791		传　真	020-86662791	
	办公地址	广东省广州市流花路 120 号				
	经营范围	旅馆业、餐饮业、旅游业和场地出租等				

	指标\报告期	2014.06.30	2013.12.31	2013.06.30	2012.12.31
主要财务指标	基本每股收益(元)	0.0470	0.1300	0.0640	0.1100
	基本每股收益	0.0370	0.1100	0.0600	0.1100
	稀释每股收益(元)	0.0470	0.1300	0.0640	0.1100
	每股净资产(元)	2.3195	2.3707	2.2653	2.2589
	每股经营现金净流量(元)	0.0275	0.2028	0.0545	0.3320
	每股现金流量(元)	−0.1014	−0.3043	−0.4397	0.3011
	每股资本公积金(元)	1.1060	1.1071	1.0652	1.0870
	每股盈余公积金(元)	0.1135	0.1135	0.1018	0.1018
	每股未分配利润(元)	0.1000	0.1501	0.0984	0.0701
	净资产收益率(%)	2.0242	5.3841	2.8352	5.0844
	加权净资产收益率(%)	1.9600	5.5200	2.8200	5.1600
	净资产收益率(扣除)(%)	1.5852	4.7755	2.5640	4.8224
	总资产(万元)	73308.68	76122.29	72383.89	74091.40
	归属母公司股东权益	62550.78	63931.03	61090.45	60915.46
	营业收入(万元)	12603.44	31667.59	15123.64	32878.58
	营业成本(万元)	5717.09	14477.40	6754.25	15471.95
	投资收益(万元)	577.72	622.89	352.95	298.67
	净利润(万元)	1266.16	3442.12	1732.02	3097.20
	营业利润(万元)	1599.83	4507.96	2232.64	4081.83
	利润总额(万元)	1638.40	4581.62	2275.04	4136.22

南京红太阳股份有限公司

公司概况	公司名称	南京红太阳股份有限公司			证券简称	红 太 阳
	法人代表	杨寿海	董秘	夏曙	证券代码	000525
	公司网址			电子信箱	redsunir@163.com	
	电　话	025-87132156 87132155		传　真	025-87132166	
	办公地址	江苏省南京市江宁区竹山南路 589 号				
	经营范围	农药、三药中间体及精细化工产品的生产、销售、技术咨询和服务等				

	指标\报告期	2014.06.30	2013.12.31	2013.06.30	2012.12.31
主要财务指标	基本每股收益(元)	0.5674	0.7330	0.3228	0.5630
	基本每股收益	0.5560	0.7200	0.3160	0.5600
	稀释每股收益(元)	0.5674	0.7330	0.3228	0.5630
	每股净资产(元)	7.2693	6.6749	6.2808	6.5746
	每股经营现金净流量(元)	0.4766	2.0205	0.6039	0.5742
	每股现金流量(元)	−0.2812	−0.2968	−0.0529	0.1325
	每股资本公积金(元)	3.9311	3.9311	3.9311	4.5580
	每股盈余公积金(元)	0.1879	0.1879	0.1756	0.1756
	每股未分配利润(元)	2.0785	1.5111	1.1412	0.8089
	净资产收益率(%)	7.8048	10.9868	5.1395	8.5608
	加权净资产收益率(%)	8.1400	10.5700	5.2800	8.8900
	净资产收益率(扣除)(%)	7.6502	10.7902	5.0279	9.1515
	总资产(万元)	1086595.73	1030724.31	926876.42	1015871.35
	归属母公司股东权益	368731.70	338580.61	318589.32	333494.98
	营业收入(万元)	330581.49	724132.48	328822.97	717536.60
	营业成本(万元)	265418.91	622961.00	286121.64	641560.75
	投资收益(万元)	4.26	650.24	−110.06	202.35
	净利润(万元)	28778.95	37199.26	16373.99	28549.71
	营业利润(万元)	31085.63	41673.81	17306.19	30052.44
	利润总额(万元)	34707.79	46292.80	20843.02	36459.69

厦门银润投资股份有限公司

公司概况	公司名称	厦门银润投资股份有限公司			证券简称	银润投资
	法人代表	张浩	董秘	王寅	证券代码	000526
	公司网址			电子信箱	wangy@insightsh.com	
	电　话	021-54222877		传　真	021-52432015	
	办公地址	福建省厦门市湖滨北路 57 号 Bingo 城际商务中心 309、310 室 上海市虹桥路 1438 号古北国际财富中心(GIFC)0802 室				
	经营范围	对工业、商业、房地产业、文化行业的投资、房地产开发、经营等				

	指标\报告期	2014.06.30	2013.12.31	2013.06.30	2012.12.31
主要财务指标	基本每股收益(元)	−0.0126	−0.0694	−0.0041	0.0382
	基本每股收益	−0.0127	–	–	−0.0261
	稀释每股收益(元)	−0.0126	−0.0694	−0.0041	0.0382
	每股净资产(元)	1.5927	1.6053	1.6717	1.6758
	每股经营现金净流量(元)	−0.0098	−0.0462	0.0027	−0.0604
	每股现金流量(元)	−0.4327	0.2283	0.3909	−0.1596
	每股资本公积金(元)	0.6036	0.6036	0.6036	0.6036
	每股盈余公积金(元)	0.0477	0.0477	0.0477	0.0477
	每股未分配利润(元)	−0.0586	−0.0460	0.0203	0.0245
	净资产收益率(%)	−0.7923	−4.3215	−0.2300	2.2881
	加权净资产收益率(%)	−0.7800	−4.2300	−0.2300	2.3100
	净资产收益率(扣除)(%)	−0.7944	−4.3485	−0.2472	−1.5494
	总资产(万元)	19502.72	19795.62	20297.42	20313.82
	归属母公司股东权益	15321.28	15442.67	16080.89	16120.79
	营业收入(万元)	544.24	1016.82	509.03	6520.64
	营业成本(万元)	150.48	355.95	92.09	5190.44
	投资收益(万元)	–	–	–	−2.45
	净利润(万元)	−121.39	−667.36	−39.90	368.86
	营业利润(万元)	−79.49	−585.64	7.86	517.52
	利润总额(万元)	−79.06	−580.03	7.67	515.97

广西柳工机械股份有限公司

公司概况	公司名称	广西柳工机械股份有限公司			证券简称	柳　工
	法人代表	曾光安	董秘	黄华琳	证券代码	000528
	公司网址	www.liugong.com		电子信箱	stock@liugong.com	
	电　话	0772-3886510 3887266		传　真	0772-3691147 3887266	
	办公地址	广西壮族自治区柳州市柳太路 1 号				
	经营范围	装载机、挖掘机、压路机、叉车、起重机、摊铺机、平地机、滑移装载机等				

	指标\报告期	2014.06.30	2013.12.31	2013.06.30	2012.12.31
主要财务指标	基本每股收益(元)	0.1424	0.2979	0.2321	0.2474
	基本每股收益	0.1134	0.2300	0.2100	0.1400
	稀释每股收益(元)	0.1424	0.2979	0.2321	0.2474
	每股净资产(元)	8.1918	8.2952	8.2069	8.2607
	每股经营现金净流量(元)	0.3092	0.9629	−0.4800	0.5132
	每股现金流量(元)	0.0114	0.5590	−0.6640	0.3962
	每股资本公积金(元)	3.1288	3.1288	3.1288	3.1288
	每股盈余公积金(元)	0.6275	0.6275	0.6275	0.6275
	每股未分配利润(元)	3.4432	3.5508	3.4851	3.5030
	净资产收益率(%)	1.7381	3.5908	2.8278	2.9946
	加权净资产收益率(%)	1.7100	3.6000	2.7800	3.0100
	净资产收益率(扣除)(%)	1.3849	2.7204	2.5632	1.7047
	总资产(万元)	2187832.68	2217990.03	2215143.34	2258392.48
	归属母公司股东权益	921775.57	933407.41	923479.32	929526.95
	营业收入(万元)	564556.19	1258468.75	663658.25	1262966.66
	营业成本(万元)	439004.60	998437.72	527958.53	1053138.54
	投资收益(万元)	−770.12	597.26	407.00	1697.63
	净利润(万元)	16021.35	33516.85	26113.93	27835.55
	营业利润(万元)	18347.14	32729.32	31518.79	19701.88
	利润总额(万元)	22177.12	42287.15	34393.72	33807.55

广东广弘控股股份有限公司

公司概况						
	公司名称	广东广弘控股股份有限公司			证券简称	广弘控股
	法人代表	周凯	董秘	苏东明	证券代码	000529
	公司网址	www.ghkg000529.com			电子信箱	sdm@ghkg000529.com
	电　　话	020-83603985 83603995			传　　真	020-83603989
	办公地址	广东省广州市东风中路437号越秀城市广场南塔19楼				
	经营范围	食品冷藏设备的经营与管理、实业投资、资本运营管理、货物进出口等				

主要财务指标	指标\报告期	2014.06.30	2013.12.31	2013.06.30	2012.12.31
	基本每股收益(元)	0.0700	0.1400	0.0700	0.1100
	基本每股收益	0.0700	0.1200	0.0600	0.0800
	稀释每股收益(元)	0.0700	0.1400	0.0700	0.1100
	每股净资产(元)	1.6276	1.5588	1.4884	1.4209
	每股经营现金净流量(元)	0.1791	0.0595	–0.1472	0.0952
	每股现金流量(元)	0.1908	–0.0186	–0.2496	–0.1016
	每股资本公积金(元)	0.9845	0.9845	0.9845	0.9845
	每股盈余公积金(元)	0.0648	0.0648	0.0648	0.0648
	每股未分配利润(元)	–0.4218	–0.4906	–0.5609	–0.6284
	净资产收益率(%)	4.2287	8.8428	4.5353	7.3929
	加权净资产收益率(%)	4.3200	9.2500	4.6400	7.6800
	净资产收益率(扣除)(%)	4.1780	7.4127	3.9512	5.8879
	总资产(万元)	146761.47	130453.85	117199.80	120548.99
	归属母公司股东权益	95016.98	90999.04	86893.02	82952.15
	营业收入(万元)	94120.67	184576.47	83686.44	156932.60
	营业成本(万元)	82167.55	160615.62	70214.01	136905.75
	投资收益(万元)	883.94	822.03	324.83	602.28
	净利润(万元)	4017.95	8046.88	3940.86	6132.61
	营业利润(万元)	5057.05	7908.31	4117.00	5749.04
	利润总额(万元)	5935.32	11294.77	5628.50	8993.92

大连冷冻机股份有限公司

公司概况						
	公司名称	大连冷冻机股份有限公司			证券简称	大冷股份
	法人代表	纪志坚	董秘	宋文宝	证券代码	000530
	公司网址	www.daleng.cn			电子信箱	000530@bingshan.com
	电　　话	0411-86538130			传　　真	0411-86654530
	办公地址	辽宁省大连市沙河口区西南路888号				
	经营范围	制冷设备及配套辅机、阀门、配件以及制冷工程所需配套产品的加工、制造				

主要财务指标	指标\报告期	2014.06.30	2013.12.31	2013.06.30	2012.12.31
	基本每股收益(元)	0.1900	0.4400	0.1900	0.3300
	基本每股收益	0.1800	–	0.1800	0.3500
	稀释每股收益(元)	0.1900	0.4400	0.1900	0.3300
	每股净资产(元)	5.4879	5.4484	5.1979	5.1678
	每股经营现金净流量(元)	–0.0074	0.0218	0.0107	–0.1910
	每股现金流量(元)	–0.0926	–0.0671	–0.1274	–0.4436
	每股资本公积金(元)	1.6709	1.6710	1.6710	1.6709
	每股盈余公积金(元)	1.5274	1.4443	1.4028	1.3418
	每股未分配利润(元)	1.2897	1.3331	1.1242	1.1550
	净资产收益率(%)	3.4608	8.0233	3.5794	6.4762
	加权净资产收益率(%)	3.4900	8.2700	3.6100	6.6300
	净资产收益率(扣除)(%)	3.3211	6.3559	3.4288	6.8437
	总资产(万元)	301304.22	296739.02	293835.40	293719.07
	归属母公司股东权益	192085.95	190701.82	181935.18	180880.07
	营业收入(万元)	77491.23	153570.69	79212.42	152197.93
	营业成本(万元)	60995.04	116700.10	62088.65	114814.57
	投资收益(万元)	5633.43	8854.18	4407.06	6848.77
	净利润(万元)	6647.76	15300.61	6512.24	11714.21
	营业利润(万元)	6823.25	13246.73	6657.05	11591.77
	利润总额(万元)	7307.57	18474.52	7159.71	13328.50

广州恒运企业集团股份有限公司

公司概况						
	公司名称	广州恒运企业集团股份有限公司			证券简称	穗恒运A
	法人代表	郭晓光	董秘	张晖	证券代码	000531
	公司网址	www.hengyun.com.cn			电子信箱	zhanghui@hengyun.com.cn
	电　　话	020-82068252			传　　真	020-82068252
	办公地址	广东省广州市开发区开发大道235号恒运大厦6~6M层				
	经营范围	电力、热力的生产和销售等				

主要财务指标	指标\报告期	2014.06.30	2013.12.31	2013.06.30	2012.12.31
	基本每股收益(元)	1.0275	1.0157	0.4476	0.8568
	基本每股收益	1.1513	1.1630	0.4558	0.8593
	稀释每股收益(元)	1.0275	1.0157	0.4476	0.8568
	每股净资产(元)	8.1777	7.3592	7.0087	6.6986
	每股经营现金净流量(元)	0.2738	4.0842	2.1032	4.9260
	每股现金流量(元)	1.3474	0.6567	0.9063	1.9209
	每股资本公积金(元)	3.5477	3.4567	3.6743	3.6317
	每股盈余公积金(元)	0.6960	0.6960	0.6268	0.6268
	每股未分配利润(元)	2.9340	2.2066	1.7077	1.4401
	净资产收益率(%)	12.5643	13.8014	6.3864	12.7910
	加权净资产收益率(%)	13.2300	14.2200	6.4400	13.7200
	净资产收益率(扣除)(%)	14.0782	15.8031	6.5029	12.8271
	总资产(万元)	808536.78	838791.52	833230.18	789624.89
	归属母公司股东权益	280119.17	252084.56	240078.30	229454.37
	营业收入(万元)	279563.81	328064.05	136606.56	314395.54
	营业成本(万元)	185124.74	229562.22	98489.99	241405.62
	投资收益(万元)	5981.63	3326.89	1398.76	7485.23
	净利润(万元)	35194.93	34791.17	15332.25	29349.40
	营业利润(万元)	65516.30	59078.36	21943.25	39776.11
	利润总额(万元)	59889.45	52394.50	21602.41	39711.36

力合股份有限公司

公司概况						
	公司名称	力合股份有限公司			证券简称	力合股份
	法人代表	李东义	董秘	高小军	证券代码	000532
	公司网址	www.chinalihe.com			电子信箱	gaoxiaojun@chinalihe.com
	电　　话	0756-3612810			传　　真	0756-3612812
	办公地址	广东省珠海市香洲区唐家湾镇唐家大学路101号清华科技园创业大楼第六层东楼				
	经营范围	微电子、电力电子、环境保护产品的开发、生产及销售等				

主要财务指标	指标\报告期	2014.06.30	2013.12.31	2013.06.30	2012.12.31
	基本每股收益(元)	0.0420	0.1532	0.0720	0.1233
	基本每股收益	–0.0040	0.0520	0.0160	0.0221
	稀释每股收益(元)	0.0420	0.1532	0.0720	0.1233
	每股净资产(元)	1.9482	1.9760	1.8868	1.8744
	每股经营现金净流量(元)	–0.0006	0.1063	0.0564	0.0916
	每股现金流量(元)	0.1875	0.0393	–0.0816	–0.2957
	每股资本公积金(元)	0.1956	0.2152	0.2068	0.2268
	每股盈余公积金(元)	0.1196	0.1196	0.1161	0.1161
	每股未分配利润(元)	0.6330	0.6411	0.5640	0.5315
	净资产收益率(%)	2.1481	7.7518	3.8402	6.5799
	加权净资产收益率(%)	2.1100	7.9500	3.7900	6.6200
	净资产收益率(扣除)(%)	–0.1839	2.6308	0.8289	1.1791
	总资产(万元)	109012.28	108393.70	99878.56	96694.71
	归属母公司股东权益	67156.09	68114.18	65041.03	64611.15
	营业收入(万元)	9900.76	21876.76	9591.45	20295.24
	营业成本(万元)	6078.73	13159.59	5887.95	13419.03
	投资收益(万元)	2857.39	6542.54	3698.53	5444.03
	净利润(万元)	1442.59	5280.05	2497.70	4251.35
	营业利润(万元)	3210.53	9033.87	4507.13	6198.19
	利润总额(万元)	3250.42	9661.32	4861.35	7411.80

广东万家乐股份有限公司

公司概况	公司名称	广东万家乐股份有限公司			证券简称	万家乐
	法人代表	李智	董秘	刘永霖	证券代码	000533
	公司网址	www.chinamacro.cn		电子信箱	macro@macro.com.cn	
	电话	0757-22321218 22321232		传真	0757-22321200 22321237	
	办公地址	广东省佛山市顺德区大良街道顺峰山工业区				
	经营范围	燃气用具、家用电器、机电产品、塑料机械设备、纸类包装印刷品等				

主要财务指标	指标\报告期	2014.06.30	2013.12.31	2013.06.30	2012.12.31
	基本每股收益(元)	0.0900	0.2600	0.0900	0.1071
	基本每股收益	0.0700	0.1400	0.0510	0.0800
	稀释每股收益(元)	0.0900	0.2600	0.0900	0.1071
	每股净资产(元)	1.7730	1.7844	1.6083	1.5201
	每股经营现金净流量(元)	0.0655	0.0642	-0.0201	0.0313
	每股现金流量(元)	0.2969	0.3337	-0.0997	0.0821
	每股资本公积金(元)	0.0844	0.0844	0.0844	0.0844
	每股盈余公积金(元)	0.1145	0.1145	0.1145	0.1145
	每股未分配利润(元)	0.5742	0.5856	0.4095	0.3213
	净资产收益率(%)	4.9997	14.8104	5.4842	7.0448
	加权净资产收益率(%)	4.8500	15.9900	5.6400	7.1700
	净资产收益率(扣除)(%)	3.8799	7.7485	3.1694	5.3045
	总资产(万元)	374700.19	383215.56	226988.28	241706.22
	归属母公司股东权益	122484.50	123268.85	111105.43	105012.20
	营业收入(万元)	174924.68	231085.12	113050.09	197395.78
	营业成本(万元)	120932.85	166823.01	80548.32	146444.60
	投资收益(万元)	1301.91	17722.32	3083.44	6199.80
	净利润(万元)	6123.81	18256.65	6093.23	7397.87
	营业利润(万元)	9942.66	18969.83	5171.63	8785.16
	利润总额(万元)	10278.86	22594.53	7175.42	9412.42

万泽实业股份有限公司

公司概况	公司名称	广东万泽实业股份有限公司			证券简称	万泽股份
	法人代表	林伟光	董秘	黄曼华	证券代码	000534
	公司网址	www.wedgeind.com		电子信箱	wzgf0534@163.com	
	电话	0754-88857191 88857179		传真	0754-88857199 88857179	
	办公地址	广东省汕头市珠池路23号光明大厦B幢9楼				
	经营范围	电力供应、蒸汽热供应、投资建设电厂、电站等、机械部件零售等				

主要财务指标	指标\报告期	2014.06.30	2013.12.31	2013.06.30	2012.12.31
	基本每股收益(元)	0.1000	0.3100	0.0454	0.2700
	基本每股收益	0.1000	-	0.0373	0.2500
	稀释每股收益(元)	0.1000	0.3100	0.0454	0.2700
	每股净资产(元)	2.7106	2.6030	2.3292	2.3169
	每股经营现金净流量(元)	0.4371	1.1540	0.0480	0.4733
	每股现金流量(元)	-0.2652	0.4641	0.2341	0.0819
	每股资本公积金(元)	0.7523	0.7448	0.7307	0.7137
	每股盈余公积金(元)	0.1543	0.1543	0.1543	0.1543
	每股未分配利润(元)	0.8040	0.7039	0.4442	0.4488
	净资产收益率(%)	3.6901	11.7217	1.9475	11.4194
	加权净资产收益率(%)	3.7700	12.3300	1.9400	12.4200
	净资产收益率(扣除)(%)	2.6670	11.1082	1.6030	10.1795
	总资产(万元)	360704.35	319879.49	339159.41	297632.67
	归属母公司股东权益	134593.27	129253.52	115657.14	115044.89
	营业收入(万元)	26643.69	112234.96	25418.28	63659.05
	营业成本(万元)	11078.37	57404.54	11515.63	31386.13
	投资收益(万元)	-1092.35	-1986.23	-905.59	-581.48
	净利润(万元)	4966.62	15150.71	2252.45	13137.48
	营业利润(万元)	6329.84	24975.70	4465.31	19384.42
	利润总额(万元)	7410.94	24092.70	4258.22	19101.63

华映科技(集团)股份有限公司

公司概况	公司名称	华映科技(集团)股份有限公司			证券简称	华映科技
	法人代表	刘治军	董秘	陈伟	证券代码	000536
	公司网址	www.cpttg.com		电子信箱	gw@cptf.com.cn	
	电话	0591-88022590		传真	0591-88022061	
	办公地址	福建省福州市马尾区儒江西路6号1#楼三、四层				
	经营范围	电机制造、机电产品的贸易、金属材料的经营等				

主要财务指标	指标\报告期	2014.06.30	2013.12.31	2013.06.30	2012.12.31
	基本每股收益(元)	0.2225	0.4436	0.2670	0.4687
	基本每股收益	0.1465	-	0.2617	0.3044
	稀释每股收益(元)	0.2225	0.4436	0.2670	0.4687
	每股净资产(元)	3.8772	3.4983	3.5289	3.6386
	每股经营现金净流量(元)	1.1839	0.0815	0.5738	0.3545
	每股现金流量(元)	0.4829	-0.5211	-0.2715	0.4578
	每股资本公积金(元)	1.6174	1.4610	0.9764	2.1412
	每股盈余公积金(元)	0.6546	0.6546	0.3471	0.6439
	每股未分配利润(元)	0.6052	0.3827	1.2054	0.3298
	净资产收益率(%)	5.7385	12.6800	7.5659	11.3910
	加权净资产收益率(%)	6.0300	13.2900	7.3200	11.6900
	净资产收益率(扣除)(%)	3.7781	17.5819	7.4153	8.3663
	总资产(万元)	974101.31	962648.06	669886.75	899865.80
	归属母公司股东权益	271596.86	245051.39	247196.32	288248.85
	营业收入(万元)	340110.08	554385.39	266788.24	430834.67
	营业成本(万元)	293833.65	399460.75	195044.98	332412.79
	投资收益(万元)	132.68	7205.18	572.92	2904.45
	净利润(万元)	15585.46	31072.48	21405.39	32834.53
	营业利润(万元)	20916.76	78454.83	39268.36	51219.07
	利润总额(万元)	29080.88	50421.85	40558.46	57914.45

天津广宇发展股份有限公司

公司概况	公司名称	天津广宇发展股份有限公司			证券简称	广宇发展
	法人代表	王志华	董秘	韩玉卫	证券代码	000537
	公司网址	www.tjgy.sdln.sgcc.com.cn		电子信箱	tjgyfz@163.com	
	电话	022-58921183 58921176		传真	022-58921188	
	办公地址	天津市南开区霞光道1号宁泰广场15层03-04单元				
	经营范围	房地产开发及商品房销售、对住宿酒店及餐饮酒店投资等				

主要财务指标	指标\报告期	2014.06.30	2013.12.31	2013.06.30	2012.12.31
	基本每股收益(元)	0.3500	0.7000	0.3400	0.5500
	基本每股收益	0.2500	0.5400	0.3300	0.5500
	稀释每股收益(元)	0.3500	0.7000	0.3400	0.5500
	每股净资产(元)	3.3339	2.9827	2.6191	2.2790
	每股经营现金净流量(元)	0.1379	1.6890	0.7183	1.5024
	每股现金流量(元)	0.1386	1.3547	0.5382	1.0042
	每股资本公积金(元)	0.1690	0.1690	0.1690	0.1690
	每股盈余公积金(元)	0.1274	0.1274	0.1236	0.1236
	每股未分配利润(元)	2.0375	1.6863	1.3265	0.9863
	净资产收益率(%)	10.5349	23.5932	12.9874	23.9764
	加权净资产收益率(%)	11.1200	26.7500	13.8900	27.2400
	净资产收益率(扣除)(%)	7.3814	17.9593	12.6473	24.0042
	总资产(万元)	443278.17	415146.92	340066.87	328401.07
	归属母公司股东权益	170934.24	152926.40	134286.39	116846.13
	营业收入(万元)	61367.18	148746.41	93991.77	178054.51
	营业成本(万元)	30425.88	71700.06	47272.61	80845.38
	投资收益(万元)	6610.89	8946.58	6020.85	4004.53
	净利润(万元)	18007.83	36080.27	17440.25	28015.55
	营业利润(万元)	25922.90	51620.12	34024.73	57867.34
	利润总额(万元)	25960.39	51681.11	34064.58	57786.87

云南白药集团股份有限公司

公司概况	公司名称	云南白药集团股份有限公司		证券简称	云南白药
	法人代表	王明辉	董秘 吴伟	证券代码	000538
	公司网址	www.yunnanbaiyao.com.cn		电子信箱	wuwei@yunnanbaiyao.com.cn
	电　话	0871-6324159 6226106		传　真	0871-6324159
	办公地址	云南省昆明市呈贡区云南白药街3686号			
	经营范围	化学原料药、化学药制剂、中成药、中药材、生物制品、保健食品等			

主要财务指标	指标\报告期	2014.06.30	2013.12.31	2013.06.30	2012.12.31
	基本每股收益(元)	1.0900	3.3400	1.3500	2.2800
	基本每股收益	1.0200	2.6900	1.3100	2.2400
	稀释每股收益(元)	1.0900	3.3400	1.3500	2.2800
	每股净资产(元)	9.4218	13.0048	11.0136	10.2410
	每股经营现金净流量(元)	1.1118	0.4921	0.5457	1.1370
	每股现金流量(元)	-0.1299	0.4636	1.1115	0.8460
	每股资本公积金(元)	1.1952	1.9100	1.7851	1.9299
	每股盈余公积金(元)	0.5492	0.8239	0.6120	0.6120
	每股未分配利润(元)	6.6767	9.3871	7.6148	6.6995
	净资产收益率(%)	11.5192	25.7117	12.2484	22.2622
	加权净资产收益率(%)	11.7500	28.9400	12.3400	24.9000
	净资产收益率(扣除)(%)	10.8450	20.6627	11.9123	22.0596
	总资产(万元)	1382793.24	1314713.38	1251699.44	1080417.28
	归属母公司股东权益	981180.83	911124.49	764639.18	711000.26
	营业收入(万元)	862740.65	1581479.09	731144.12	1381524.21
	营业成本(万元)	604219.06	1111838.49	510312.45	959254.63
	投资收益(万元)	2979.91	68486.50	1113.65	67.00
	净利润(万元)	113024.20	232145.38	93656.24	158284.57
	营业利润(万元)	129794.20	263893.06	105321.21	179540.11
	利润总额(万元)	132544.67	270131.10	108344.87	183034.53

广东电力发展股份有限公司

公司概况	公司名称	广东电力发展股份有限公司		证券简称	粤电力A
	法人代表	潘力	董秘 刘维	证券代码	000539
	公司网址	www.ged.com.cn		电子信箱	ged@ged.com.cn
	电　话	020-87570276 87570251		传　真	020-85138084
	办公地址	广东省广州市天河东路2号粤电广场南塔23-26楼			
	经营范围	电力项目的投资、建设和经营管理、电力的生产和销售、电力行业技术咨询和服务			

主要财务指标	指标\报告期	2014.06.30	2013.12.31	2013.06.30	2012.12.31
	基本每股收益(元)	0.3800	0.7100	0.3100	0.4300
	基本每股收益	0.3800	-	0.3080	0.3700
	稀释每股收益(元)	0.3800	0.7100	0.3100	0.4300
	每股净资产(元)	4.5290	4.3552	3.9483	3.7153
	每股经营现金净流量(元)	1.0363	2.2193	1.2167	1.7946
	每股现金流量(元)	0.1753	0.3573	0.6372	-0.2804
	每股资本公积金(元)	1.1510	1.1530	1.1413	1.1486
	每股盈余公积金(元)	1.0996	0.9608	0.9608	0.9041
	每股未分配利润(元)	1.2784	1.2414	0.8462	0.6626
	净资产收益率(%)	8.2989	16.1975	7.8582	10.4503
	加权净资产收益率(%)	8.2700	17.4900	8.0200	11.9800
	净资产收益率(扣除)(%)	8.3225	16.7922	7.7929	6.3857
	总资产(万元)	6762911.03	6791871.90	6787504.90	6570865.95
	归属母公司股东权益	1981550.40	1905491.41	1727473.25	1625532.23
	营业收入(万元)	1497131.36	3083075.73	1454702.75	2948927.36
	营业成本(万元)	1098244.31	2268431.83	1102586.83	2333541.12
	投资收益(万元)	35011.66	74152.58	37935.54	32011.12
	净利润(万元)	164446.05	308642.86	135748.43	169872.90
	营业利润(万元)	296946.97	554949.42	239642.61	353419.88
	利润总额(万元)	296014.55	558048.66	241727.88	357957.79

中天城投集团股份有限公司

公司概况	公司名称	中天城投集团股份有限公司		证券简称	中天城投
	法人代表	罗玉平	董秘 谭忠游	证券代码	000540
	公司网址	www.ztcn.cn		电子信箱	tan.zhongyou@gmail.com
	电　话	0851-5860976		传　真	0851-5865112
	办公地址	贵州省贵阳市中华中路1号峰会国际大厦			
	经营范围	壹级房地产开发、城市基础设施及配套项目开发、拆迁安置及服务等			

主要财务指标	指标\报告期	2014.06.30	2013.12.31	2013.06.30	2012.12.31
	基本每股收益(元)	0.7487	0.8441	0.3948	0.3429
	基本每股收益	0.5014	-	0.3624	0.1019
	稀释每股收益(元)	0.7487	0.8441	0.3948	0.3429
	每股净资产(元)	3.1025	2.6419	2.1466	1.8507
	每股经营现金净流量(元)	0.3575	-0.1260	-0.8998	-1.2140
	每股现金流量(元)	-0.2883	0.1968	-0.4617	0.7409
	每股资本公积金(元)	0.1028	0.0910	0.0329	0.0318
	每股盈余公积金(元)	0.1751	0.1751	0.1207	0.1207
	每股未分配利润(元)	1.8246	1.3759	0.9930	0.6981
	净资产收益率(%)	24.1332	31.7860	18.3940	18.5271
	加权净资产收益率(%)	25.5000	37.7900	19.4300	18.8900
	净资产收益率(扣除)(%)	16.1614	29.8507	16.8822	5.5082
	总资产(万元)	3946395.59	3645048.98	2924007.13	2589850.88
	归属母公司股东权益	399468.74	340165.96	274507.55	236664.31
	营业收入(万元)	519540.42	757626.05	273685.82	355425.16
	营业成本(万元)	355541.39	439926.07	158176.75	234510.68
	投资收益(万元)	-61.37	643.86	642.86	2.03
	净利润(万元)	96404.61	108125.28	50493.03	43847.05
	营业利润(万元)	85746.44	138723.14	62951.99	19068.19
	利润总额(万元)	126525.81	147057.85	68483.23	60102.32

佛山电器照明股份有限公司

公司概况	公司名称	佛山电器照明股份有限公司		证券简称	佛山照明
	法人代表	潘杰	董秘 林奕辉	证券代码	000541
	公司网址	www.chinafsl.com		电子信箱	fsldsh@126.com
	电　话	0757-82966062 82810239		传　真	0757-82816276
	办公地址	广东省佛山市禅城区汾江北路64号			
	经营范围	研究、开发、生产电光源产品、电光源设备、电光源配套器件等			

主要财务指标	指标\报告期	2014.06.30	2013.12.31	2013.06.30	2012.12.31
	基本每股收益(元)	0.1931	0.2600	0.1564	0.4100
	基本每股收益	0.1729	-	0.1500	0.2500
	稀释每股收益(元)	0.1931	0.2600	0.1564	0.4100
	每股净资产(元)	2.9845	2.9539	2.8572	3.0147
	每股经营现金净流量(元)	0.1415	0.2092	0.0120	0.4470
	每股现金流量(元)	-0.0371	-0.0897	-0.2545	0.3012
	每股资本公积金(元)	0.6287	0.6311	0.6354	0.6393
	每股盈余公积金(元)	0.6361	0.6361	0.6361	0.6361
	每股未分配利润(元)	0.7197	0.6866	0.5857	0.7393
	净资产收益率(%)	6.4699	8.7121	5.4738	13.5747
	加权净资产收益率(%)	6.6800	8.6900	5.6300	14.0600
	净资产收益率(扣除)(%)	5.7942	8.5482	5.2455	8.1372
	总资产(万元)	367304.61	337378.16	351695.51	344827.43
	归属母公司股东权益	292056.91	289058.19	279599.67	295010.70
	营业收入(万元)	154305.88	252667.98	120826.04	220191.07
	营业成本(万元)	115621.73	189030.78	92567.52	163042.95
	投资收益(万元)	1811.54	-687.01	-94.51	20768.96
	净利润(万元)	18895.91	25183.14	15304.73	40046.67
	营业利润(万元)	22573.96	24542.37	13161.91	48335.11
	利润总额(万元)	22891.85	29914.91	19259.88	47206.30

安徽省皖能股份有限公司

公司概况	公司名称	安徽省皖能股份有限公司			证券简称	皖能电力
	法人代表	张飞飞	董秘	李春英	证券代码	000543
	公司网址	www.wenergy.cn		电子信箱	wn000543@wenergy.cn	
	电　话	0551-2225811		传　真	0551-2225800	
	办公地址	安徽省合肥市马鞍山路76号能源大厦5、8-10层				
	经营范围	公司主营电力、节能及相关项目投资、经营				

	指标\报告期	2014.06.30	2013.12.31	2013.06.30	2012.12.31
主要财务指标	基本每股收益(元)	0.4500	1.1100	0.4500	0.4800
	基本每股收益	0.4500	1.0700	0.4100	0.3600
	稀释每股收益(元)	0.4500	1.1100	0.4500	0.4800
	每股净资产(元)	6.4404	6.3395	5.5657	5.9486
	每股经营现金净流量(元)	1.7445	3.1410	1.6858	2.5118
	每股现金流量(元)	-0.0426	0.3201	0.3473	0.2122
	每股资本公积金(元)	2.9592	3.0124	2.8903	3.1415
	每股盈余公积金(元)	0.7598	0.7598	0.7248	0.9875
	每股未分配利润(元)	1.7213	1.5672	0.9507	0.8197
	净资产收益率(%)	7.0510	16.4149	6.9903	6.9968
	加权净资产收益率(%)	7.1100	18.1200	7.8300	8.5800
	净资产收益率(扣除)(%)	6.9353	15.8066	6.3670	6.8340
	总资产(万元)	2186810.12	2183025.86	2017332.93	2000815.58
	归属母公司股东权益	678285.11	667654.73	586167.29	459830.89
	营业收入(万元)	672895.16	1256777.39	530066.99	1046283.69
	营业成本(万元)	551926.28	1004563.19	434035.40	937571.34
	投资收益(万元)	13149.41	29220.66	13250.03	19766.87
	净利润(万元)	47828.89	109595.15	40974.86	37067.52
	营业利润(万元)	105647.50	215546.79	76406.81	56591.94
	利润总额(万元)	106182.41	221003.08	79179.58	61177.34

中原环保股份有限公司

公司概况	公司名称	中原环保股份有限公司			证券简称	中原环保
	法人代表	李建平	董秘	郑玉民	证券代码	000544
	公司网址	www.zhongyuanep.com		电子信箱	zyhb@zhongyuanep.com	
	电　话	0371-65376969　65376616		传　真	0371-65629981	
	办公地址	河南省郑州市郑东新区商务外环路3号中华大厦15A				
	经营范围	污水、污泥处理、养殖、种植,中水利用、供热及管网维修等				

	指标\报告期	2014.06.30	2013.12.31	2013.06.30	2012.12.31
主要财务指标	基本每股收益(元)	0.1300	0.2200	0.1300	0.3800
	基本每股收益	0.1100	0.1400	0.1200	0.1500
	稀释每股收益(元)	0.1300	0.2200	0.1300	0.3800
	每股净资产(元)	3.1803	3.0830	2.9940	2.8613
	每股经营现金净流量(元)	-0.0592	0.3113	-0.0825	0.2916
	每股现金流量(元)	0.1064	0.0217	-0.0998	-0.7103
	每股资本公积金(元)	1.7525	1.7525	1.7525	1.7525
	每股盈余公积金(元)	0.0904	0.0904	0.0826	0.0826
	每股未分配利润(元)	0.3374	0.2401	0.1589	0.0262
	净资产收益率(%)	4.1583	7.1919	4.4319	13.1316
	加权净资产收益率(%)	4.2200	7.4600	4.5300	14.0500
	净资产收益率(扣除)(%)	3.5057	4.4061	4.1529	5.1058
	总资产(万元)	198120.38	185244.53	160472.86	143021.33
	归属母公司股东权益	85695.98	83075.56	80676.31	77100.86
	营业收入(万元)	25304.34	49037.05	23508.28	42014.85
	营业成本(万元)	17461.59	34616.47	14922.78	28726.87
	投资收益(万元)	750.00	-	-	-
	净利润(万元)	3563.53	5974.70	3575.45	10124.55
	营业利润(万元)	4061.90	4199.20	4151.17	3938.71
	利润总额(万元)	4797.07	7209.80	4451.24	5974.34

吉林金浦钛业股份有限公司

公司概况	公司名称	吉林金浦钛业股份有限公司			证券简称	金浦钛业
	法人代表	郭金东	董秘	汤巍	证券代码	000545
	公司网址	www.nthcl.com		电子信箱	nj000545@sina.cn	
	电　话	025-83799778		传　真	025-58366500	
	办公地址	江苏省南京市六合区南京化工园大纬东路229号				
	经营范围	生产经营原料药、医药中间体、中西药制剂、化工产品、保健品等				

	指标\报告期	2014.06.30	2013.12.31	2013.06.30	2012.12.31
主要财务指标	基本每股收益(元)	0.0700	0.3600	0.2000	0.5800
	基本每股收益	0.0200	0.1900	0.1400	0.0300
	稀释每股收益(元)	0.0700	0.3600	0.2000	0.5800
	每股净资产(元)	2.5283	2.4587	2.2813	4.1649
	每股经营现金净流量(元)	-0.0883	0.5379	0.0696	0.4303
	每股现金流量(元)	-0.4937	0.0189	-0.2751	0.1711
	每股资本公积金(元)	-0.7399	-0.7399	-0.7399	-0.4626
	每股盈余公积金(元)	0.2019	0.2019	0.2019	0.4172
	每股未分配利润(元)	2.0663	1.9967	1.8193	3.4859
	净资产收益率(%)	2.7539	12.5897	5.7939	13.0954
	加权净资产收益率(%)	2.7900	13.4400	5.9700	13.9200
	净资产收益率(扣除)(%)	0.9263	6.7439	4.0403	-144.6373
	总资产(万元)	121770.74	117342.65	109028.28	116889.74
	归属母公司股东权益	77534.30	75399.10	69960.00	65906.61
	营业收入(万元)	38445.36	84214.21	44275.73	108805.18
	营业成本(万元)	33641.43	67870.12	35565.41	87623.46
	投资收益(万元)	103.45	2.44	-	1.02
	净利润(万元)	2135.20	9492.50	4053.39	8630.76
	营业利润(万元)	949.12	5803.81	3296.24	9184.80
	利润总额(万元)	2396.07	10962.69	4805.89	10030.83

吉林光华控股集团股份有限公司

公司概况	公司名称	吉林光华控股集团股份有限公司			证券简称	光华控股
	法人代表	赵辉	董秘	王函颖	证券代码	000546
	公司网址			电子信箱	ghkg000546@126.com	
	电　话	0571-86602265		传　真	0571-85286821	
	办公地址	浙江省杭州市滨江区江虹路1750号润和信雅达创意中心1号楼22楼				
	经营范围	房地产开发和销售				

	指标\报告期	2014.06.30	2013.12.31	2013.06.30	2012.12.31
主要财务指标	基本每股收益(元)	-0.0348	0.1216	-0.0338	0.0295
	基本每股收益	-0.0414	-0.0322	-0.0337	0.0311
	稀释每股收益(元)	-0.0348	0.1216	-0.0338	0.0295
	每股净资产(元)	1.0115	1.0218	0.8687	0.8770
	每股经营现金净流量(元)	0.0521	-0.1192	-0.0972	0.3733
	每股现金流量(元)	0.0150	-0.3496	-0.1725	0.2508
	每股资本公积金(元)	0.6658	0.6412	0.6807	0.6553
	每股盈余公积金(元)	0.0190	0.0190	0.0190	0.0190
	每股未分配利润(元)	-0.6733	-0.6385	-0.8310	-0.7972
	净资产收益率(%)	-3.4404	11.9010	-3.8869	3.3598
	加权净资产收益率(%)	-3.4200	12.8700	-3.8700	3.4000
	净资产收益率(扣除)(%)	-4.0910	-3.1524	-3.8788	3.5426
	总资产(万元)	26043.34	29008.60	44926.80	42292.07
	归属母公司股东权益	17145.25	17319.36	14724.97	14865.68
	营业收入(万元)	3878.03	8946.03	2789.81	11878.10
	营业成本(万元)	3552.75	7168.96	2088.48	8218.71
	投资收益(万元)	-497.27	4713.33	-	-
	净利润(万元)	-589.87	2061.18	-572.34	499.45
	营业利润(万元)	-514.05	3260.02	-464.17	1209.91
	利润总额(万元)	-428.52	2393.37	-452.76	1187.29

神州学人集团股份有限公司

公司概况	公司名称	神州学人集团股份有限公司			证券简称	闽福发A
	法人代表	王勇	董秘	吴小兰	证券代码	000547
	公司网址	www.szxrjt.com		电子信箱	fufa@szxrjt.com	
	电　话	0591-83283128		传　真	0591-83296358	
	办公地址	福建省福州市台江区五一南路17号工行五一支行13层				
	经营范围	电子、电子计算机、通讯、网络信息、环境保护等				

主要财务指标	指标\报告期	2014.06.30	2013.12.31	2013.06.30	2012.12.31
	基本每股收益(元)	0.0900	0.1700	0.0900	0.1400
	基本每股收益	–	–0.0100	–0.0200	0.0400
	稀释每股收益(元)	0.0900	0.1700	0.0900	0.1400
	每股净资产(元)	2.1525	1.9575	2.5627	1.9452
	每股经营现金净流量(元)	0.0892	–0.1349	–0.0109	0.0085
	每股现金流量(元)	0.2529	–0.1333	–0.1374	–0.1749
	每股资本公积金(元)	0.6116	0.3844	0.3835	0.5179
	每股盈余公积金(元)	0.0643	0.0653	0.0602	0.0512
	每股未分配利润(元)	0.4767	0.5077	0.4547	0.3760
	净资产收益率(%)	3.7436	8.4710	4.6133	7.4119
	加权净资产收益率(%)	4.8800	8.4800	4.5600	7.6400
	净资产收益率(扣除)(%)	0.0561	–0.7159	–1.1425	2.1136
	总资产(万元)	325675.25	283729.57	278108.35	258501.87
	归属母公司股东权益	204185.64	163428.10	158484.49	162401.03
	营业收入(万元)	28224.87	53615.02	12665.10	42355.70
	营业成本(万元)	20118.27	35501.92	8465.41	25167.47
	投资收益(万元)	8082.82	14957.92	7906.18	8887.93
	净利润(万元)	7643.83	13843.92	7311.38	12037.08
	营业利润(万元)	9222.12	15663.79	7743.91	16068.48
	利润总额(万元)	9276.32	16250.66	7783.24	16028.30

湖南投资集团股份有限公司

公司概况	公司名称	湖南投资集团股份有限公司			证券简称	湖南投资
	法人代表	张玉玺	董秘	马宁	证券代码	000548
	公司网址	www.hntz.com.cn		电子信箱	hntz0548@126.com	
	电　话	0731-82327666		传　真	0731-82327566	
	办公地址	湖南省长沙市芙蓉中路508号之三君逸康年大酒店十二楼				
	经营范围	投资建设并收费经营公路、桥梁及各类城市基础设施等				

主要财务指标	指标\报告期	2014.06.30	2013.12.31	2013.06.30	2012.12.31
	基本每股收益(元)	0.0200	0.0200	0.0200	0.0600
	基本每股收益	–	0.0200	0.0190	0.0400
	稀释每股收益(元)	0.0200	0.0200	0.0200	0.0600
	每股净资产(元)	2.9673	2.9471	2.9959	2.9767
	每股经营现金净流量(元)	0.0345	0.2024	0.0633	0.1413
	每股现金流量(元)	–0.0411	–0.3058	–0.3044	0.1754
	每股资本公积金(元)	0.9595	0.9595	0.9597	0.9603
	每股盈余公积金(元)	0.1984	0.1984	0.1956	0.1956
	每股未分配利润(元)	0.8094	0.7892	0.8405	0.8207
	净资产收益率(%)	0.6789	0.7253	0.6610	2.0561
	加权净资产收益率(%)	0.6800	0.7200	0.6700	2.0800
	净资产收益率(扣除)(%)	0.6610	0.7923	0.6263	1.2470
	总资产(万元)	193950.93	194224.91	199665.36	216013.51
	归属母公司股东权益	148130.44	147123.69	149557.62	148601.30
	营业收入(万元)	10617.74	22142.35	12553.58	23162.20
	营业成本(万元)	3580.88	7732.13	4759.28	7168.44
	投资收益(万元)	119.46	302.16	177.43	450.54
	净利润(万元)	1005.61	1067.14	988.56	3055.37
	营业利润(万元)	1814.94	3030.42	1931.84	4296.28
	利润总额(万元)	1850.14	2889.20	2000.97	5723.01

江铃汽车股份有限公司

公司概况	公司名称	江铃汽车股份有限公司			证券简称	江铃汽车
	法人代表	王锡高	董秘	宛虹	证券代码	000550
	公司网址	www.jmc.com.cn		电子信箱	relations@jmc.com.cn	
	电　话	0791-85235675　85266178		传　真	0791-85232839	
	办公地址	江西省南昌市迎宾北大道509号				
	经营范围	生产和销售轻型汽车以及相关的零部件				

主要财务指标	指标\报告期	2014.06.30	2013.12.31	2013.06.30	2012.12.31
	基本每股收益(元)	1.3500	1.9700	1.0900	1.7600
	基本每股收益	1.0500	1.7700	1.0600	1.7600
	稀释每股收益(元)	1.3500	1.9700	1.0900	1.7600
	每股净资产(元)	11.1899	10.6310	9.7480	9.3600
	每股经营现金净流量(元)	1.4556	3.6452	1.7301	2.6250
	每股现金流量(元)	0.9863	1.0661	0.5225	0.2024
	每股资本公积金(元)	0.9725	0.9725	0.9707	0.9725
	每股盈余公积金(元)	0.5000	0.5000	0.5000	0.5000
	每股未分配利润(元)	8.7175	8.1586	7.2773	6.8912
	净资产收益率(%)	12.0545	18.5056	11.1414	18.7669
	加权净资产收益率(%)	11.9300	19.5600	10.9600	19.5500
	净资产收益率(扣除)(%)	9.3643	16.6307	10.9114	16.5196
	总资产(万元)	1782447.12	1648374.77	1493121.33	1311135.44
	归属母公司股东权益	965929.21	917685.45	841458.54	808287.20
	营业收入(万元)	1227492.97	2088970.57	967075.71	1747470.71
	营业成本(万元)	923637.48	1552306.07	715492.71	1310762.69
	投资收益(万元)	1157.06	1235.03	615.82	180.14
	净利润(万元)	116437.66	169823.24	93750.37	151690.37
	营业利润(万元)	106645.77	175347.72	109486.03	171722.52
	利润总额(万元)	134219.47	192708.75	110083.61	189524.40

创元科技股份有限公司

公司概况	公司名称	创元科技股份有限公司			证券简称	创元科技
	法人代表	董柏	董秘	周成明	证券代码	000551
	公司网址	www.000551.cn		电子信箱	dmc@000551.cn	
	电　话	0512-68241551		传　真	0512-68245551	
	办公地址	江苏省苏州市苏州工业园区苏桐路37号				
	经营范围	空气净化设备、洁净产品、停车设备、仪器仪表、磨具磨料、高压绝缘子等				

主要财务指标	指标\报告期	2014.06.30	2013.12.31	2013.06.30	2012.12.31
	基本每股收益(元)	0.0600	0.1000	0.0500	0.0100
	基本每股收益	0.0500	0.0200	0.0300	–0.0400
	稀释每股收益(元)	0.0600	0.1000	0.0500	0.0100
	每股净资产(元)	3.2814	3.2173	3.1709	3.1217
	每股经营现金净流量(元)	–0.0535	0.5231	0.1207	0.2838
	每股现金流量(元)	–0.2885	0.2650	–0.0629	–0.2942
	每股资本公积金(元)	0.7491	0.7491	0.7532	0.7532
	每股盈余公积金(元)	0.3549	0.3549	0.3504	0.3504
	每股未分配利润(元)	1.1774	1.1133	1.0672	1.0181
	净资产收益率(%)	1.9529	3.1907	1.6446	0.3988
	加权净资产收益率(%)	1.9700	3.2400	1.6600	0.4000
	净资产收益率(扣除)(%)	1.5900	0.7676	1.0904	–1.2753
	总资产(万元)	329271.29	342398.10	329727.01	323220.56
	归属母公司股东权益	131282.06	128718.32	126860.03	124892.39
	营业收入(万元)	118166.40	223373.49	108630.21	201565.97
	营业成本(万元)	88725.42	168836.42	83333.54	155855.10
	投资收益(万元)	214.43	2649.59	–149.01	875.46
	净利润(万元)	2563.87	4106.96	2086.33	498.04
	营业利润(万元)	5375.25	8006.56	4325.66	1339.13
	利润总额(万元)	6212.90	10787.22	5339.38	4821.67

甘肃靖远煤电股份有限公司

公司概况	公司名称	甘肃靖远煤电股份有限公司			证券简称	靖远煤电
	法人代表	梁习明	董秘	王文建	证券代码	000552
	公司网址			电子信箱	jingymd@163.com	
	电　话	0931-8508220 0943-6658330		传　真	0931-8508220 0943-6658330	
	办公地址	甘肃省白银市平川区大桥路1号				
	经营范围	煤炭开采、洗选、销售、洁净能源的再加工利用、燃煤和瓦斯发电等				

	指标\报告期	2014.06.30	2013.12.31	2013.06.30	2012.12.31
主要财务指标	基本每股收益(元)	0.2559	0.5960	0.2848	0.6223
	基本每股收益	0.2566	0.5820	0.2845	0.8260
	稀释每股收益(元)	0.2559	0.5960	0.2848	0.6223
	每股净资产(元)	3.8200	3.5087	3.3282	11.9422
	每股经营现金净流量(元)	-0.0219	0.6424	0.3744	0.5952
	每股现金流量(元)	0.0580	0.0143	0.2002	3.4553
	每股资本公积金(元)	-0.1275	-0.1275	-0.2157	2.1701
	每股盈余公积金(元)	0.2141	0.2141	0.1542	0.6231
	每股未分配利润(元)	2.0225	1.7666	1.5153	5.2562
	净资产收益率(%)	6.7037	16.9855	8.5564	21.0601
	加权净资产收益率(%)	6.9800	18.3900	9.2300	22.9700
	净资产收益率(扣除)(%)	6.7171	16.5858	8.5479	9.2706
	总资产(万元)	609222.64	573491.47	548661.98	508311.62
	归属母公司股东权益	274633.80	252240.53	239261.27	212416.04
	营业收入(万元)	158490.86	372429.55	173989.57	405561.96
	营业成本(万元)	108587.80	269761.79	123098.38	282375.39
	投资收益(万元)	-	-	-	-
	净利润(万元)	18394.63	42844.23	20472.06	44735.07
	营业利润(万元)	21014.58	49742.39	24056.22	55570.71
	利润总额(万元)	20952.60	50303.47	24080.04	56177.12

湖北沙隆达股份有限公司

公司概况	公司名称	湖北沙隆达股份有限公司			证券简称	沙隆达A
	法人代表	李作荣	董秘	李忠禧	证券代码	000553
	公司网址	www.sanonda.cn		电子信箱	sld@agr.chemchina.com	
	电　话	0716-8208632 8208232		传　真	0716-8321099	
	办公地址	湖北省荆州市北京东路93号				
	经营范围	农药与化工产品的生产和销售等				

	指标\报告期	2014.06.30	2013.12.31	2013.06.30	2012.12.31
主要财务指标	基本每股收益(元)	0.4856	0.5402	0.2146	0.1747
	基本每股收益	0.4841	0.5492	0.2166	0.1788
	稀释每股收益(元)	0.4856	0.5402	0.2146	0.1747
	每股净资产(元)	3.0464	2.6033	2.2741	2.1100
	每股经营现金净流量(元)	0.6299	1.3465	0.7108	0.3933
	每股现金流量(元)	0.0772	0.3955	0.6306	-0.0748
	每股资本公积金(元)	0.4431	0.4431	0.4431	0.4480
	每股盈余公积金(元)	0.2127	0.2127	0.1560	0.1560
	每股未分配利润(元)	1.3561	0.9205	0.6516	0.4866
	净资产收益率(%)	15.9399	20.7486	9.4379	8.2649
	加权净资产收益率(%)	17.1500	22.8800	9.6600	8.6200
	净资产收益率(扣除)(%)	15.8919	21.0959	9.5269	8.4574
	总资产(万元)	314779.37	270827.12	285756.69	240549.44
	归属母公司股东权益	180933.28	154618.96	135062.68	125553.68
	营业收入(万元)	170028.14	307846.73	151968.83	234514.65
	营业成本(万元)	117648.98	-	121087.18	195240.67
	投资收益(万元)	-	465.67	225.42	-
	净利润(万元)	28840.66	32081.20	12747.05	10376.90
	营业利润(万元)	39203.45	44217.18	17221.34	14586.54
	利润总额(万元)	39320.40	43437.03	17064.80	14265.87

中国石化山东泰山石油股份有限公司

公司概况	公司名称	中国石化山东泰山石油股份有限公司			证券简称	泰山石油
	法人代表	冯东青	董秘	李支清	证券代码	000554
	公司网址			电子信箱	tssyfgm@163.com	
	电　话	0538-6269630		传　真	0538-8265450	
	办公地址	山东省泰安市东岳大街104号				
	经营范围	汽油、柴油、煤油的批发和零售、许可证范围内的天然气经营等				

	指标\报告期	2014.06.30	2013.12.31	2013.06.30	2012.12.31
主要财务指标	基本每股收益(元)	0.0075	0.0253	0.0124	0.0492
	基本每股收益	0.0106	-	0.0154	0.0600
	稀释每股收益(元)	0.0075	0.0253	0.0124	0.0492
	每股净资产(元)	1.8950	1.8875	1.8746	1.8622
	每股经营现金净流量(元)	-0.1169	0.3484	0.0356	0.2723
	每股现金流量(元)	-0.1593	0.0303	-0.0480	-0.0937
	每股资本公积金(元)	0.3945	0.3945	0.3945	0.3945
	每股盈余公积金(元)	0.2265	0.2265	0.2229	0.2229
	每股未分配利润(元)	0.2740	0.2665	0.2572	0.2448
	净资产收益率(%)	0.3942	1.3420	0.6630	2.6439
	加权净资产收益率(%)	0.4200	1.3500	0.6700	2.6600
	净资产收益率(扣除)(%)	0.5587	2.2067	0.8202	2.9974
	总资产(万元)	101383.74	112720.99	99860.59	99724.72
	归属母公司股东权益	91109.86	90750.67	90130.39	89532.82
	营业收入(万元)	195856.17	382481.81	182597.30	383821.38
	营业成本(万元)	184886.48	362482.35	173353.97	362474.37
	投资收益(万元)	-36.64	41.10	-4.49	-31.62
	净利润(万元)	359.18	1217.86	597.57	2367.20
	营业利润(万元)	902.72	3191.29	1185.43	3660.71
	利润总额(万元)	703.38	2202.03	1043.84	3289.49

神州数码信息服务股份有限公司

公司概况	公司名称	神州数码信息服务股份有限公司			证券简称	神州信息
	法人代表	郭为	董秘	辛昕	证券代码	000555
	公司网址	www.dcits.com		电子信箱	dcits-ir@dcits.com	
	电　话	010-61853676		传　真	010-62694810	
	办公地址	北京市海淀区苏州街16号神州数码大厦五层资本证券部				
	经营范围	经销电器,以及提供TEC5200综合业务接入网,VE-NET100等产品				

	指标\报告期	2014.06.30	2013.12.31	2013.06.30	2012.12.31
主要财务指标	基本每股收益(元)	0.2484	0.8000	0.2454	0.9600
	基本每股收益	0.2025	0.7200	-0.0494	-0.0880
	稀释每股收益(元)	0.2484	0.8000	0.2454	0.9600
	每股净资产(元)	4.5793	4.4103	-1.5669	-1.5176
	每股经营现金净流量(元)	-0.3892	0.3736	-2.7490	0.5932
	每股现金流量(元)	-0.2898	1.1727	-3.5027	0.9504
	每股资本公积金(元)	1.8970	1.9574	0.5983	2.1255
	每股盈余公积金(元)	0.0054	0.0054	0.0247	0.0003
	每股未分配利润(元)	1.5075	1.2590	-3.1899	1.8394
	净资产收益率(%)	5.4252	13.3938	-3.1512	18.5255
	加权净资产收益率(%)	5.4800	14.2300	4.6000	20.2300
	净资产收益率(扣除)(%)	4.4223	12.1700	3.1512	-79.1313
	总资产(万元)	589348.28	603282.43	698.72	566034.52
	归属母公司股东权益	197466.83	190176.35	-14200.81	166320.93
	营业收入(万元)	291276.80	771343.81	330879.61	783313.22
	营业成本(万元)	241013.82	652859.87	277916.95	658726.01
	投资收益(万元)	3956.59	3313.28	1367.53	23829.54
	净利润(万元)	10712.95	25471.88	7837.01	30811.72
	营业利润(万元)	9246.17	22820.33	7361.00	34236.55
	利润总额(万元)	9741.19	28018.88	9195.27	37947.01

广夏(银川)实业股份有限公司

公司概况						
	公司名称	广夏(银川)实业股份有限公司			证券简称	*ST 广夏
	法人代表	孟虎	董秘	王清杰	证券代码	000557
	公司网址	www.guangxia.com.cn		电子信箱	guangxiayinchuan@sina.com	
	电　话	0951-3975696		传　真	0951-3975696	
	办公地址	宁夏回族自治区银川市金凤区北京中路 168 号 C 座办公楼一楼				
	经营范围	生态农业产业化、天然物产的种植、加工和销售等				

主要财务指标	指标\报告期	2014.06.30	2013.12.31	2013.06.30	2012.12.31
	基本每股收益(元)	0.0040	0.0050	-0.0010	0.5330
	基本每股收益	0.0010	-	0.0010	-0.0020
	稀释每股收益(元)	0.0040	0.0050	-0.0010	0.5330
	每股净资产(元)	0.2074	0.2032	0.1969	0.1970
	每股经营现金净流量(元)	-0.0018	-0.0207	-0.0012	-0.0788
	每股现金流量(元)	-0.0098	-0.0548	-0.0012	0.3760
	每股资本公积金(元)	1.4827	1.4827	1.4827	1.4827
	每股盈余公积金(元)	0.0025	0.0025	0.0025	0.0025
	每股未分配利润(元)	-2.2778	-2.2821	-2.2883	-2.2873
	净资产收益率(%)	2.0574	2.5697	-0.5192	269.0570
	加权净资产收益率(%)	0.3000	3.0000	-0.5200	0.4700
	净资产收益率(扣除)(%)	0.3034	3.6565	0.5751	-1.1207
	总资产(万元)	27653.27	29294.12	28429.69	28753.85
	归属母公司股东权益	14231.91	13939.10	13510.76	13580.90
	营业收入(万元)	358.80	1069.44	179.61	376.49
	营业成本(万元)	144.41	312.95	84.09	202.83
	投资收益(万元)	-	-	-	709.50
	净利润(万元)	292.81	358.20	-70.14	36540.37
	营业利润(万元)	82.52	422.79	-70.02	14356.29
	利润总额(万元)	331.99	422.72	-70.26	36543.02

莱茵达置业股份有限公司

公司概况						
	公司名称	莱茵达置业股份有限公司			证券简称	莱茵置业
	法人代表	高继胜	董秘	徐超	证券代码	000558
	公司网址	www.lander.com.cn		电子信箱	lyzy000558@126.com	
	电　话	0571-87851738		传　真	0571-87851739	
	办公地址	浙江省杭州市文三路 535 号莱茵达大厦 20 楼				
	经营范围	房地产开发及经营、实业投资、房产租赁经营等				

主要财务指标	指标\报告期	2014.06.30	2013.12.31	2013.06.30	2012.12.31
	基本每股收益(元)	0.0300	0.1100	0.0500	0.1000
	基本每股收益	0.0247	0.1000	0.0483	0.0900
	稀释每股收益(元)	0.0300	0.1100	0.0500	0.1000
	每股净资产(元)	1.4518	1.4208	1.3658	1.3797
	每股经营现金净流量(元)	0.1127	1.1981	0.5266	0.4879
	每股现金流量(元)	-0.4531	-0.0668	-0.0499	0.3068
	每股资本公积金(元)	0.0359	0.0359	-	0.0652
	每股盈余公积金(元)	0.0966	0.0966	0.0994	0.1002
	每股未分配利润(元)	0.3194	0.2883	0.2664	0.2143
	净资产收益率(%)	2.1412	7.5389	3.8162	7.2330
	加权净资产收益率(%)	2.1600	7.6500	3.7100	7.6000
	净资产收益率(扣除)(%)	1.7794	6.6931	3.5329	6.3201
	总资产(万元)	572561.17	626379.75	576943.33	587788.08
	归属母公司股东权益	91505.01	89545.68	86079.87	86956.66
	营业收入(万元)	102506.55	209523.35	119687.14	117566.02
	营业成本(万元)	87806.40	169051.44	100060.91	92042.03
	投资收益(万元)	2636.32	3489.26	2313.28	3880.23
	净利润(万元)	1959.33	6750.76	3284.96	6289.56
	营业利润(万元)	5806.70	9614.52	4201.88	5575.88
	利润总额(万元)	5754.51	10107.29	4179.54	6055.41

万向钱潮股份有限公司

公司概况						
	公司名称	万向钱潮股份有限公司			证券简称	万向钱潮
	法人代表	鲁冠球	董秘	许小建	证券代码	000559
	公司网址	www.wxqc.com.cn		电子信箱	wxqc@wanxiang.com.cn	
	电　话	0571-82832999		传　真	0571-82602132	
	办公地址	浙江省杭州市萧山经济技术开发区万向路				
	经营范围	汽车零部件及相关机电产品的开发、制造和销售等				

主要财务指标	指标\报告期	2014.06.30	2013.12.31	2013.06.30	2012.12.31
	基本每股收益(元)	0.1830	0.3330	0.1380	0.2900
	基本每股收益	0.1730	0.2100	0.1060	0.1600
	稀释每股收益(元)	0.1830	0.3330	0.1380	0.2900
	每股净资产(元)	1.9062	2.1673	2.1803	2.2920
	每股经营现金净流量(元)	0.2951	0.8404	0.2416	0.4252
	每股现金流量(元)	0.4010	-0.0871	0.6248	-0.4077
	每股资本公积金(元)	0.3680	0.6416	0.7720	0.7973
	每股盈余公积金(元)	0.0925	0.1110	0.0857	0.0857
	每股未分配利润(元)	0.4457	0.4147	0.3226	0.7184
	净资产收益率(%)	9.6248	15.3667	5.7576	9.0885
	加权净资产收益率(%)	9.7400	12.7200	6.4400	10.7800
	净资产收益率(扣除)(%)	9.0525	9.5481	4.8778	6.8602
	总资产(万元)	1131117.98	974268.96	1023125.26	943311.58
	归属母公司股东权益	364451.75	345306.81	347373.46	414479.11
	营业收入(万元)	496771.34	926215.81	474490.32	882969.55
	营业成本(万元)	390276.18	743024.27	385430.80	730280.56
	投资收益(万元)	7083.58	13131.02	5607.48	16625.44
	净利润(万元)	35077.58	53062.31	26383.20	46155.46
	营业利润(万元)	42482.85	63498.37	30459.25	47965.81
	利润总额(万元)	44735.56	69796.32	33901.23	58747.49

昆明百货大楼(集团)股份有限公司

公司概况						
	公司名称	昆明百货大楼(集团)股份有限公司			证券简称	昆百大 A
	法人代表	何道峰	董秘	文彬	证券代码	000560
	公司网址			电子信箱	wbin0823@vip.sina.com	
	电　话	0871-3623414		传　真	0871-3623414	
	办公地址	云南省昆明市东风西路 1 号				
	经营范围	商业、房地产业和旅游服务等				

主要财务指标	指标\报告期	2014.06.30	2013.12.31	2013.06.30	2012.12.31
	基本每股收益(元)	0.3416	0.4464	0.0696	0.6285
	基本每股收益	0.2775	0.3587	0.0391	0.3014
	稀释每股收益(元)	0.3416	0.4464	0.0696	0.6285
	每股净资产(元)	7.0886	6.4226	6.0483	6.0382
	每股经营现金净流量(元)	-0.5510	-0.1740	-0.8050	-1.3223
	每股现金流量(元)	0.5843	0.0472	3.2304	-0.7428
	每股资本公积金(元)	1.5534	1.1291	1.0774	0.9696
	每股盈余公积金(元)	0.4155	0.4155	0.3999	0.4167
	每股未分配利润(元)	4.1197	3.8781	3.5710	3.6518
	净资产收益率(%)	4.8194	6.8105	1.1039	10.4092
	加权净资产收益率(%)	5.1700	7.1800	1.1500	10.1800
	净资产收益率(扣除)(%)	3.9152	5.4719	0.6206	4.9912
	总资产(万元)	435530.88	481483.66	465423.18	395164.19
	归属母公司股东权益	121540.10	110121.25	103702.63	99345.82
	营业收入(万元)	99147.73	179113.85	87533.39	276873.74
	营业成本(万元)	57561.27	111855.91	56888.03	197735.69
	投资收益(万元)	2157.54	2614.56	-70.10	259.26
	净利润(万元)	5857.53	7499.81	1144.77	10341.13
	营业利润(万元)	11724.87	11933.62	2842.84	20723.51
	利润总额(万元)	11783.45	12269.37	3450.33	21382.75

陕西烽火电子股份有限公司

公司概况	公司名称	陕西烽火电子股份有限公司			证券简称	烽火电子
	法人代表	唐大楷	董秘	吴亚兵	证券代码	000561
	公司网址	www.fenghuo.cn		电子信箱	sxfh769@163.com	
	电　话	0917-3626561		传　真	0917-3625666	
	办公地址	陕西省宝鸡市清姜路72号				
	经营范围	军民用通信装备及电声器材科研生产等				

主要财务指标	指标\报告期	2014.06.30	2013.12.31	2013.06.30	2012.12.31
	基本每股收益(元)	0.0100	0.0500	-0.0400	0.0600
	基本每股收益	0.0100	0.0400	-	0.0500
	稀释每股收益(元)	0.0100	0.0500	-0.0400	0.0600
	每股净资产(元)	1.5353	1.5256	1.3722	1.4157
	每股经营现金净流量(元)	-0.2650	0.1490	-0.0724	-0.0823
	每股现金流量(元)	-0.2401	0.1565	-0.1559	-0.0571
	每股资本公积金(元)	0.0803	0.0803	0.0281	0.0281
	每股盈余公积金(元)	-	-	-	-
	每股未分配利润(元)	0.4416	0.4320	0.3373	0.3807
	净资产收益率(%)	0.6300	3.3586	-3.1665	3.9303
	加权净资产收益率(%)	0.6500	3.5600	-3.1200	4.0300
	净资产收益率(扣除)(%)	0.6235	2.8422	-3.3083	3.6518
	总资产(万元)	177663.90	166656.60	148800.46	162319.54
	归属母公司股东权益	91478.94	90902.66	81763.18	84352.23
	营业收入(万元)	30727.86	79138.92	26153.34	90506.49
	营业成本(万元)	17982.65	46950.24	16828.19	57868.83
	投资收益(万元)	47.19	27.55	5.05	0.01
	净利润(万元)	576.28	3053.03	-2589.05	3315.26
	营业利润(万元)	1289.41	2530.17	-2388.27	3209.20
	利润总额(万元)	1343.46	3219.31	-2262.73	3522.03

宏源证券股份有限公司

公司概况	公司名称	宏源证券股份有限公司			证券简称	宏源证券
	法人代表	冯戎	董秘	阳昌云	证券代码	000562
	公司网址	www.hysec.com		电子信箱	hyzq@hysec.com	
	电　话	0991-2301870		传　真	0991-2301779	
	办公地址	新疆维吾尔自治区乌鲁木齐市文艺路233号宏源大厦				
	经营范围	证券经纪、证券投资咨询、与证券交易、证券投资活动有关的财务顾问等				

主要财务指标	指标\报告期	2014.06.30	2013.12.31	2013.06.30	2012.12.31
	基本每股收益(元)	0.1800	0.3100	0.2100	0.2500
	基本每股收益	0.1800	0.3100	0.2100	0.5000
	稀释每股收益(元)	0.1800	0.3100	0.2100	0.5000
	每股净资产(元)	3.8005	3.7260	3.6356	7.4490
	每股经营现金净流量(元)	1.4702	-0.1135	-0.6430	-1.8573
	每股现金流量(元)	0.3420	0.0880	-0.3299	-0.1049
	每股资本公积金(元)	1.4931	1.5032	1.5117	4.0216
	每股盈余公积金(元)	0.2013	0.2013	0.1749	0.3498
	每股未分配利润(元)	0.7192	0.6345	0.6149	1.4093
	净资产收益率(%)	4.8597	8.2922	5.7823	5.8645
	加权净资产收益率(%)	4.8400	8.3500	5.5600	7.8800
	净资产收益率(扣除)(%)	-	8.3160	5.7911	5.8275
	总资产(万元)	4025407.80	3458961.91	3082274.17	3351183.95
	归属母公司股东权益	1509701.43	1480051.93	1444221.59	1479538.98
	营业收入(万元)	214716.31	411851.06	242861.70	329586.89
	营业成本(万元)	115384.67	244510.22	131089.10	211489.11
	投资收益(万元)	40720.44	137978.28	77691.15	91349.42
	净利润(万元)	73367.21	122729.24	83509.70	86768.00
	营业利润(万元)	99331.64	167340.83	111772.60	118097.78
	利润总额(万元)	100206.51	166912.97	111589.08	118526.61

陕西省国际信托股份有限公司

公司概况	公司名称	陕西省国际信托股份有限公司			证券简称	陕国投A
	法人代表	薛季民	董秘	郑彦	证券代码	000563
	公司网址	www.siti.com.cn		电子信箱	office@siti.com.cn	
	电　话	029-81870262 81870266		传　真	029-88851989	
	办公地址	陕西省西安市高新区科技路50号金桥国际广场C座				
	经营范围	受托经营资金信托业务、受托经营动产、不动产及其他财产的信托业务等				

主要财务指标	指标\报告期	2014.06.30	2013.12.31	2013.06.30	2012.12.31
	基本每股收益(元)	0.1807	0.2577	0.1529	0.2457
	基本每股收益	0.1540	0.2048	0.1482	0.5108
	稀释每股收益(元)	0.1807	0.2577	0.1529	0.2457
	每股净资产(元)	3.0328	2.8892	5.9253	5.6410
	每股经营现金净流量(元)	-0.4924	-0.0708	-0.6550	-1.0044
	每股现金流量(元)	-0.5834	0.1109	-0.2640	0.7264
	每股资本公积金(元)	1.2351	1.2423	3.6868	3.6887
	每股盈余公积金(元)	0.0955	0.0955	0.1465	0.1465
	每股未分配利润(元)	0.6225	0.4718	0.9609	0.6747
	净资产收益率(%)	5.9586	8.9210	5.4202	7.9879
	加权净资产收益率(%)	6.0700	9.2400	5.5500	10.8300
	净资产收益率(扣除)(%)	5.0784	-	-	-
	总资产(万元)	402664.70	392918.84	372174.58	356088.66
	归属母公司股东权益	368378.61	350943.22	342726.63	326282.59
	营业收入(万元)	42725.04	83277.51	35851.44	57630.88
	营业成本(万元)	13398.62	42626.33	11758.28	22923.81
	投资收益(万元)	7093.94	14651.46	4327.59	4090.45
	净利润(万元)	21950.11	31307.61	18576.39	26063.00
	营业利润(万元)	29326.42	40651.18	24093.16	34707.07
	利润总额(万元)	29355.70	41845.86	24856.91	34805.18

西安民生集团股份有限公司

公司概况	公司名称	西安民生集团股份有限公司			证券简称	西安民生
	法人代表	马永庆	董秘	杜璟	证券代码	000564
	公司网址	www.cnminsheng.com		电子信箱	dujin@minsheng.cn	
	电　话	029-87481871		传　真	029-87481871	
	办公地址	陕西省西安市解放路103号				
	经营范围	国内商业、物资供销业、仓储服务、计算机软件开发、销售等				

主要财务指标	指标\报告期	2014.06.30	2013.12.31	2013.06.30	2012.12.31
	基本每股收益(元)	0.0761	0.1345	0.0793	0.2036
	基本每股收益	0.0597	-	0.0766	0.1816
	稀释每股收益(元)	0.0761	0.1345	0.0793	0.2036
	每股净资产(元)	3.5646	3.5081	3.4525	3.9063
	每股经营现金净流量(元)	0.8427	1.3449	0.2953	1.4104
	每股现金流量(元)	1.2068	-0.0918	0.9023	2.7125
	每股资本公积金(元)	1.6814	1.6710	1.6874	2.3794
	每股盈余公积金(元)	0.1968	0.1968	0.1827	0.1857
	每股未分配利润(元)	0.6864	0.6403	0.5824	0.5669
	净资产收益率(%)	2.1355	3.8339	2.2958	3.6216
	加权净资产收益率(%)	2.1500	3.2000	2.0100	5.4500
	净资产收益率(扣除)(%)	1.6735	2.8003	2.2187	3.4620
	总资产(万元)	757270.12	670926.69	658497.84	624279.93
	归属母公司股东权益	168717.42	166043.63	163413.12	195573.63
	营业收入(万元)	202083.96	389903.85	196500.31	357429.57
	营业成本(万元)	152467.62	294755.70	156849.86	274012.69
	投资收益(万元)	649.41	52.60	-54.69	142.95
	净利润(万元)	3603.01	6365.98	3751.58	7055.91
	营业利润(万元)	3942.33	6987.06	4578.86	8381.12
	利润总额(万元)	4052.19	7306.87	4468.66	8411.06

重庆三峡油漆股份有限公司

公司概况	公司名称	重庆三峡油漆股份有限公司			证券简称	渝三峡A
	法人代表	苏中俊	董秘	楼晓波	证券代码	000565
	公司网址	www.sanxia.com		电子信箱	sxyq000565@163.com	
	电　话	023-61525006		传　真	023-61525007	
	办公地址	重庆市江津区德感工业园区				
	经营范围	各类涂料、合成树脂及印铁包装桶的生产、开发、销售等				

主要财务指标	指标\报告期	2014.06.30	2013.12.31	2013.06.30	2012.12.31
	基本每股收益(元)	0.1730	0.2100	0.1170	0.3500
	基本每股收益	0.1200	–	0.1000	–0.0300
	稀释每股收益(元)	0.1730	0.2100	0.1170	0.3500
	每股净资产(元)	3.5653	3.4454	3.3513	3.2840
	每股经营现金净流量(元)	–0.1251	0.0634	0.0224	0.3707
	每股现金流量(元)	–0.1331	–0.6314	–0.7841	0.7901
	每股资本公积金(元)	1.0832	1.0866	1.0866	1.0866
	每股盈余公积金(元)	0.4344	0.4344	0.4156	0.4156
	每股未分配利润(元)	1.0478	0.9245	0.8490	0.7817
	净资产收益率(%)	4.8618	6.1374	3.5000	10.5954
	加权净资产收益率(%)	4.7600	6.3100	3.5100	11.1500
	净资产收益率(扣除)(%)	3.3669	5.1646	2.9856	–0.8550
	总资产(万元)	92710.08	96947.77	94807.61	104917.70
	归属母公司股东权益	61835.95	59756.54	58123.38	56956.22
	营业收入(万元)	25419.87	55057.75	25367.37	52131.21
	营业成本(万元)	19303.70	41882.12	19168.51	40485.28
	投资收益(万元)	1885.55	2018.79	1000.99	5646.56
	净利润(万元)	3006.33	3667.50	2034.34	6034.72
	营业利润(万元)	2944.84	3425.73	1742.94	2646.59
	利润总额(万元)	3019.12	4014.83	2041.95	5113.93

海南海药股份有限公司

公司概况	公司名称	海南海药股份有限公司			证券简称	海南海药
	法人代表	刘悉承	董秘	张晖	证券代码	000566
	公司网址	www.haiyao.com.cn		电子信箱	hnhy000566@21cn.com	
	电　话	0898-68653568		传　真	0898-68656780	
	办公地址	海南省海口市秀英区南海大道西66号				
	经营范围	精细化工产品、化学原料药、中药材、土特产品、中药成药、西药成药等				

主要财务指标	指标\报告期	2014.06.30	2013.12.31	2013.06.30	2012.12.31
	基本每股收益(元)	0.1900	0.1900	0.1200	0.1600
	基本每股收益	0.1500	0.0900	0.0900	0.1100
	稀释每股收益(元)	0.1900	0.1900	0.1200	0.1600
	每股净资产(元)	3.1443	2.9984	2.9386	2.8183
	每股经营现金净流量(元)	–0.0846	0.3671	–0.0968	0.0048
	每股现金流量(元)	–0.7891	0.2173	–0.3670	–0.5225
	每股资本公积金(元)	1.4170	1.4135	1.3722	1.3725
	每股盈余公积金(元)	0.0515	0.0515	0.0482	0.0482
	每股未分配利润(元)	0.6760	0.5338	0.5183	0.3975
	净资产收益率(%)	6.1147	6.3205	4.1114	5.5356
	加权净资产收益率(%)	6.2000	6.5600	4.2000	5.7600
	净资产收益率(扣除)(%)	4.6880	2.9270	3.2216	3.9655
	总资产(万元)	365532.67	347191.60	332463.35	276151.18
	归属母公司股东权益	155702.22	148477.91	145515.95	139557.02
	营业收入(万元)	72670.58	101848.36	56037.97	94988.77
	营业成本(万元)	47733.73	58866.61	35767.98	55319.61
	投资收益(万元)	1304.90	3437.01	1356.71	–20.42
	净利润(万元)	9520.73	9384.50	5982.69	7725.28
	营业利润(万元)	9975.52	11907.84	6943.77	7766.72
	利润总额(万元)	10722.81	12754.83	7454.31	8844.31

海南海德实业股份有限公司

公司概况	公司名称	海南海德实业股份有限公司			证券简称	海德股份
	法人代表	丁波	董秘	陈默	证券代码	000567
	公司网址	www.000567.com		电子信箱	haide@hainan.net	
	电　话	0898-66978321　66978322		传　真	0898-66978319	
	办公地址	海南省海口市龙昆南路72号耀江商厦三层				
	经营范围	信息产业、高新技术产业、房地产开发经营、房地产销售代理服务等				

主要财务指标	指标\报告期	2014.06.30	2013.12.31	2013.06.30	2012.12.31
	基本每股收益(元)	0.0419	0.0180	0.0078	–0.0907
	基本每股收益	0.0432	0.0180	0.0078	0.0503
	稀释每股收益(元)	0.0419	0.0180	0.0078	–0.0907
	每股净资产(元)	1.2916	1.2496	1.2394	1.2316
	每股经营现金净流量(元)	–0.2249	–0.5754	–0.0369	–0.0849
	每股现金流量(元)	–0.2243	–0.0103	0.1947	–0.1291
	每股资本公积金(元)	0.7720	0.7720	0.7720	0.7720
	每股盈余公积金(元)	0.0040	0.0040	0.0040	0.0040
	每股未分配利润(元)	–0.4844	–0.5263	–0.5366	–0.5444
	净资产收益率(%)	3.2477	1.4438	0.6285	–7.3624
	加权净资产收益率(%)	3.3000	1.4500	0.7800	–7.1000
	净资产收益率(扣除)(%)	3.3462	1.4429	0.6290	4.0834
	总资产(万元)	29380.94	27498.74	21441.44	21568.63
	归属母公司股东权益	19528.66	18894.43	18739.40	18621.62
	营业收入(万元)	179.48	1272.21	35.28	1128.41
	营业成本(万元)	64.24	595.32	9.41	557.41
	投资收益(万元)	1043.30	713.80	447.00	747.56
	净利润(万元)	634.23	272.80	117.78	–1371.01
	营业利润(万元)	574.61	175.51	118.18	765.81
	利润总额(万元)	555.40	175.51	118.19	–1364.74

泸州老窖股份有限公司

公司概况	公司名称	泸州老窖股份有限公司			证券简称	泸州老窖
	法人代表	谢明	董秘	曾颖	证券代码	000568
	公司网址	www.lzlj.com.cn		电子信箱	lzlj@lzlj.com.cn	
	电　话	0830-2398826		传　真	0830-2398864	
	办公地址	四川省泸州市南光路泸州老窖营销网络指挥中心				
	经营范围	泸州老窖系列酒的生产、销售等				

主要财务指标	指标\报告期	2014.06.30	2013.12.31	2013.06.30	2012.12.31
	基本每股收益(元)	0.6840	2.4600	1.2950	3.1400
	基本每股收益	0.6780	2.4512	1.2930	2.9500
	稀释每股收益(元)	0.6840	2.4600	1.2950	3.1400
	每股净资产(元)	6.9696	7.5378	6.4635	6.9400
	每股经营现金净流量(元)	0.8391	0.8747	0.4899	3.4190
	每股现金流量(元)	0.7838	–1.1357	0.4453	2.7127
	每股资本公积金(元)	0.4624	0.4624	0.5450	0.5018
	每股盈余公积金(元)	1.0000	1.0000	0.9973	1.0000
	每股未分配利润(元)	4.5077	5.0742	3.9212	4.4377
	净资产收益率(%)	9.8065	32.5302	20.0415	45.2448
	加权净资产收益率(%)	10.3100	33.1500	22.4600	46.8800
	净资产收益率(扣除)(%)	9.7268	32.4788	20.0050	42.4904
	总资产(万元)	1398801.35	1373429.00	1505928.03	1557297.64
	归属母公司股东权益	977311.79	1056808.45	906189.43	970334.99
	营业收入(万元)	363705.05	1043112.47	525576.12	1155635.39
	营业成本(万元)	180825.55	448714.52	213158.30	396953.39
	投资收益(万元)	3405.39	9034.67	4294.05	37835.49
	净利润(万元)	95840.07	343782.29	181614.00	439025.72
	营业利润(万元)	130788.38	467535.42	248286.84	608936.40
	利润总额(万元)	131866.75	467970.01	248813.60	615206.95

常柴股份有限公司

公司概况					
公司名称	常柴股份有限公司			证券简称	苏常柴 A
法人代表	薛国俊	董秘	石建春	证券代码	000570
公司网址	www.changchai.com.cn		电子信箱	ccsjc@changchai.com	
电　　话	0519-68683155 86610041		传　　真	0519-86630954	
办公地址	江苏省常州市怀德中路 123 号				
经营范围	农用柴油机、农用运输车、联合收割机等产品的制造与销售等				

主要财务指标 指标\报告期	2014.06.30	2013.12.31	2013.06.30	2012.12.31
基本每股收益(元)	0.0600	0.1300	0.0700	0.1000
基本每股收益	0.0600	0.1300	0.0700	0.0700
稀释每股收益(元)	0.0600	0.1300	0.0700	0.1000
每股净资产(元)	3.2687	3.2235	3.1546	3.2869
每股经营现金净流量(元)	-0.0541	0.0559	0.1544	0.5439
每股现金流量(元)	-0.2396	-0.0465	0.0626	0.2970
每股资本公积金(元)	0.7996	0.7996	0.7996	0.9779
每股盈余公积金(元)	0.5159	0.5159	0.5030	0.5030
每股未分配利润(元)	0.9407	0.8956	0.8447	0.7987
净资产收益率(%)	1.8695	4.1840	2.2511	3.0042
加权净资产收益率(%)	1.8800	4.1400	2.2000	3.0500
净资产收益率(扣除)(%)	1.8267	3.9761	2.2699	2.0506
总资产(万元)	301082.67	304234.93	315934.45	311648.91
归属母公司股东权益	183494.25	180957.71	177088.39	184519.32
营业收入(万元)	133987.62	292759.31	159770.27	295553.61
营业成本(万元)	118548.48	253062.53	143296.09	264992.97
投资收益(万元)	147.27	1596.95	1235.28	1210.95
净利润(万元)	3430.34	7571.24	3986.52	5543.40
营业利润(万元)	4063.12	9831.92	4748.74	4975.52
利润总额(万元)	4224.42	9899.14	4722.24	6680.77

新大洲控股股份有限公司

公司概况					
公司名称	新大洲控股股份有限公司			证券简称	新大洲 A
法人代表	赵序宏	董秘	任春雨	证券代码	000571
公司网址	www.sundiro.com		电子信箱	renchunyu@sundiro.com	
电　　话	0898-68590005 021-61050111		传　　真	0898-68590005 021-61050136	
办公地址	海南省海口市桂林洋开发区灵桂大道 351 号 上海市长宁区红宝石路 500 号东银中心 B 栋 2801 室				
经营范围	煤炭、电石、电动车的生产经营、物流运输和物业管理等				

主要财务指标 指标\报告期	2014.06.30	2013.12.31	2013.06.30	2012.12.31
基本每股收益(元)	0.0684	0.1421	0.0598	0.1168
基本每股收益	0.0635	0.1103	0.0602	0.1200
稀释每股收益(元)	0.0684	0.1421	0.0598	0.1168
每股净资产(元)	2.6340	2.5028	2.4222	2.4205
每股经营现金净流量(元)	-0.2355	-0.0897	-0.0909	0.1760
每股现金流量(元)	0.4526	-0.2028	-0.1410	0.0940
每股资本公积金(元)	0.7891	0.6047	0.6047	0.6047
每股盈余公积金(元)	0.0629	0.0625	0.0555	0.0555
每股未分配利润(元)	0.7819	0.8354	0.7601	0.7603
净资产收益率(%)	2.3890	5.6786	2.4700	4.8246
加权净资产收益率(%)	2.6800	5.7900	2.4600	6.3200
净资产收益率(扣除)(%)	2.2182	4.4058	2.4851	5.0020
总资产(万元)	398843.45	333421.13	283163.22	282126.58
归属母公司股东权益	214425.93	184223.46	178291.30	178166.54
营业收入(万元)	42907.78	103011.27	42759.68	105684.61
营业成本(万元)	27180.41	59701.38	25941.51	62058.06
投资收益(万元)	5190.13	8398.89	3112.87	7553.05
净利润(万元)	5123.34	10461.31	4403.52	8595.75
营业利润(万元)	8065.18	20757.24	8005.98	17268.49
利润总额(万元)	8472.85	20803.67	7883.51	16890.46

海马汽车集团股份有限公司

公司概况					
公司名称	海马汽车集团股份有限公司			证券简称	海马汽车
法人代表	秦全权	董秘	肖丹	证券代码	000572
公司网址	www.haima.com		电子信箱	000572@haima.com	
电　　话	0898-66822672		传　　真	0898-66820329	
办公地址	海南省海口市金盘工业区金牛路 2 号				
经营范围	汽车产业投资、实业投资、房地产投资、汽车租赁、仓储运输等				

主要财务指标 指标\报告期	2014.06.30	2013.12.31	2013.06.30	2012.12.31
基本每股收益(元)	0.0758	0.1814	0.0738	0.1000
基本每股收益	0.0720	0.1354	0.0535	0.0698
稀释每股收益(元)	0.0758	0.1814	0.0738	0.1000
每股净资产(元)	4.3281	4.2473	4.1416	4.0620
每股经营现金净流量(元)	0.1801	0.0321	0.2752	-0.0728
每股现金流量(元)	0.0548	-0.4034	-0.0025	-0.7893
每股资本公积金(元)	2.3075	2.3034	2.3048	2.2989
每股盈余公积金(元)	0.0501	0.0501	0.0498	0.0498
每股未分配利润(元)	0.9702	0.8944	0.7871	0.7132
净资产收益率(%)	1.7522	4.2721	1.7827	2.4621
加权净资产收益率(%)	1.7700	4.3700	1.8100	2.5000
净资产收益率(扣除)(%)	1.6639	3.1883	1.2924	1.7174
总资产(万元)	1478832.49	1382271.17	1317113.22	1269010.65
归属母公司股东权益	711816.71	698529.39	681150.84	668045.11
营业收入(万元)	563465.72	1023522.98	491596.59	846130.24
营业成本(万元)	477969.66	855446.72	413872.61	712887.64
投资收益(万元)	2694.15	3469.10	289.62	-1835.50
净利润(万元)	12472.12	29841.86	12142.74	16447.80
营业利润(万元)	18699.26	52132.71	24149.59	31435.82
利润总额(万元)	19821.01	63783.74	28650.04	39520.42

东莞宏远工业区股份有限公司

公司概况					
公司名称	东莞宏远工业区股份有限公司			证券简称	粤宏远 A
法人代表	周明轩	董秘	鄢国根	证券代码	000573
公司网址	www.winnerway.com.cn		电子信箱	0573@21cn.com	
电　　话	0769-22412655		传　　真	0769-22412655	
办公地址	广东省东莞市宏远工业区宏远大厦 16 楼				
经营范围	开发经营工业区、房地产开发等				

主要财务指标 指标\报告期	2014.06.30	2013.12.31	2013.06.30	2012.12.31
基本每股收益(元)	0.0299	0.1882	0.1432	0.1020
基本每股收益	-	0.0872	0.0255	0.1032
稀释每股收益(元)	0.0299	0.1882	0.1432	0.1020
每股净资产(元)	2.5686	2.5383	2.4948	2.3500
每股经营现金净流量(元)	-0.0963	-0.0678	-0.0483	0.0201
每股现金流量(元)	0.0166	-0.0586	0.1413	0.0565
每股资本公积金(元)	0.8887	0.8887	0.8887	0.8887
每股盈余公积金(元)	0.3417	0.3417	0.3300	0.3300
每股未分配利润(元)	0.3346	0.3047	0.2713	0.1281
净资产收益率(%)	1.1657	7.4130	5.7399	4.3396
加权净资产收益率(%)	1.1700	7.7000	5.9100	4.3600
净资产收益率(扣除)(%)	1.1590	3.4368	1.0215	4.3914
总资产(万元)	291782.29	292535.21	287600.87	260023.17
归属母公司股东权益	159960.63	158075.22	155367.65	146347.51
营业收入(万元)	53165.22	102679.91	55685.67	79746.15
营业成本(万元)	38750.21	62130.05	32724.31	50599.19
投资收益(万元)	91.25	45.72	-260.50	2070.68
净利润(万元)	1864.66	11718.04	8917.94	6350.87
营业利润(万元)	2322.95	15733.97	10734.64	9850.24
利润总额(万元)	2336.43	15344.16	10657.16	9759.08

江门甘蔗化工厂(集团)股份有限公司

公司概况					
公司名称	江门甘蔗化工厂(集团)股份有限公司			证券简称	广东甘化
法人代表	麦庆华	董秘	沙伟	证券代码	000576
公司网址	www.gdganhua.com		电子信箱	gdgh@gdganhua.com	
电　话	0750-3277650 3277651		传　真	0750-3277666	
办公地址	广东省江门市甘化路62号				
经营范围	经营本企业和本企业成员企业自产产品及相关技术的出口业务等				

主要财务指标 指标\报告期	2014.06.30	2013.12.31	2013.06.30	2012.12.31
基本每股收益(元)	0.0140	0.0900	0.0172	0.1500
基本每股收益	0.0172	–	–0.0200	–0.0800
稀释每股收益(元)	0.0140	0.0900	0.0172	0.1500
每股净资产(元)	2.2948	2.2808	2.2120	0.5405
每股经营现金净流量(元)	–0.0415	–0.1808	–0.3469	–0.2918
每股现金流量(元)	–0.1467	0.2297	0.2596	0.0621
每股资本公积金(元)	1.9155	1.9155	1.9137	0.5224
每股盈余公积金(元)	0.0435	0.0435	0.0435	0.0597
每股未分配利润(元)	–0.6676	–0.6816	–0.7485	–1.0460
净资产收益率(%)	0.6110	3.5521	0.6379	27.0167
加权净资产收益率(%)	0.6100	4.8900	1.4100	31.2500
净资产收益率(扣除)(%)	0.0887	–0.5781	–0.6412	–14.6800
总资产(万元)	150821.52	147680.37	119971.68	91991.41
归属母公司股东权益	101627.24	101006.27	97959.38	17451.72
营业收入(万元)	22425.10	45111.73	21386.43	46904.60
营业成本(万元)	20408.74	41424.95	19600.04	42845.44
投资收益(万元)	–	1582.48	–	–0.74
净利润(万元)	620.97	3587.85	624.93	4714.88
营业利润(万元)	89.13	1808.08	–480.39	–2541.67
利润总额(万元)	620.01	3816.34	623.43	4769.75

无锡威孚高科技集团股份有限公司

公司概况					
公司名称	无锡威孚高科技集团股份有限公司			证券简称	威孚高科
法人代表	陈学军	董秘	周卫星	证券代码	000581
公司网址	www.weifu.com.cn		电子信箱	wfjt@public1.wx.js.cn	
电　话	0510-82719579		传　真	0510-82751025	
办公地址	江苏省无锡市人民西路107号				
经营范围	柴油燃油喷射系统产品和汽车后处理系统产品的生产和销售等				

主要财务指标 指标\报告期	2014.06.30	2013.12.31	2013.06.30	2012.12.31
基本每股收益(元)	0.8200	1.0900	0.5200	0.9000
基本每股收益	0.8100	0.9900	0.7500	1.2900
稀释每股收益(元)	0.8200	1.0900	0.5200	0.9000
每股净资产(元)	9.8915	9.4107	13.3057	12.7269
每股经营现金净流量(元)	0.3858	0.7880	0.4684	1.7140
每股现金流量(元)	–0.1088	–0.1412	–0.3880	2.4804
每股资本公积金(元)	3.6122	3.6552	5.5217	5.4250
每股盈余公积金(元)	0.4250	0.4250	0.5000	0.5000
每股未分配利润(元)	4.8531	4.3292	6.2841	5.8019
净资产收益率(%)	8.3298	11.5431	5.8781	10.2741
加权净资产收益率(%)	8.4100	12.1200	5.9400	11.3600
净资产收益率(扣除)(%)	8.1418	10.5521	5.6366	9.8508
总资产(万元)	1423847.73	1307423.27	1267052.85	1105597.39
归属母公司股东权益	1009132.49	960076.52	904968.40	865598.08
营业收入(万元)	352981.99	558930.77	287896.50	501528.34
营业成本(万元)	266854.76	416980.73	222140.61	377347.76
投资收益(万元)	53705.06	64249.33	29898.97	39621.93
净利润(万元)	84058.58	110822.15	53195.38	88932.69
营业利润(万元)	93504.13	123236.69	60882.74	102538.39
利润总额(万元)	93605.75	125730.96	60607.40	103801.69

北海港股份有限公司

公司概况					
公司名称	北海港股份有限公司			证券简称	北 海 港
法人代表	黄葆源	董秘	何典治	证券代码	000582
公司网址	www.bhport.cn		电子信箱	000582abc@163.com	
电　话	0779-3922254 3922206		传　真	0779-3906387	
办公地址	广西壮族自治区北海市海角路145号				
经营范围	投资兴建港口、码头、装卸管理及服务、交通运输等				

主要财务指标 指标\报告期	2014.06.30	2013.12.31	2013.06.30	2012.12.31
基本每股收益(元)	0.3650	0.7000	0.3240	0.6600
基本每股收益	0.3600	–	0.0980	0.2841
稀释每股收益(元)	0.3650	0.7000	0.3240	0.6600
每股净资产(元)	4.2278	4.4871	3.0238	2.9168
每股经营现金净流量(元)	0.5216	1.0971	3.2967	1.5339
每股现金流量(元)	–0.0192	–0.0917	0.0676	0.3098
每股资本公积金(元)	0.8803	0.8803	1.1861	0.8827
每股盈余公积金(元)	0.3393	0.3393	0.2249	0.2728
每股未分配利润(元)	2.0009	2.2650	0.6042	1.6340
净资产收益率(%)	8.6329	15.5453	3.2666	9.9800
加权净资产收益率(%)	7.8200	16.8600	8.1900	19.1500
净资产收益率(扣除)(%)	8.5120	1.8924	3.2490	9.7405
总资产(万元)	866679.21	856785.41	146986.90	850364.31
归属母公司股东权益	351812.71	373397.37	42974.65	315345.65
营业收入(万元)	196515.25	372154.27	177260.98	420773.58
营业成本(万元)	140735.49	259282.39	121887.11	311390.35
投资收益(万元)	19.13	91.78	3.55	42.58
净利润(万元)	30371.58	58045.84	26925.39	54968.17
营业利润(万元)	35579.39	67593.55	31397.86	64425.67
利润总额(万元)	36201.36	68692.85	31883.04	64577.67

四川友利投资控股股份有限公司

公司概况					
公司名称	四川友利投资控股股份有限公司			证券简称	友利控股
法人代表	李峰林	董秘	李峰林(代)	证券代码	000584
公司网址	www.uoli.com.cn		电子信箱	nfyuoli@163.com	
电　话	028-86757539 86518664		传　真	028-86741677	
办公地址	四川省成都市蜀都大道暑袜北三街20号				
经营范围	销售新型纺织及包装材料、自有房屋租赁、物业管理等				

主要财务指标 指标\报告期	2014.06.30	2013.12.31	2013.06.30	2012.12.31
基本每股收益(元)	0.2318	0.9693	0.4354	0.1088
基本每股收益	0.2310	–	0.6524	0.1047
稀释每股收益(元)	0.2318	–	0.4354	–
每股净资产(元)	3.0519	5.0273	4.7059	4.0589
每股经营现金净流量(元)	0.4712	0.7461	0.0684	–0.1751
每股现金流量(元)	0.0622	0.7632	0.0191	–0.4265
每股资本公积金(元)	1.1131	2.1668	2.1616	2.1677
每股盈余公积金(元)	0.0788	0.1183	0.0644	0.0644
每股未分配利润(元)	0.8599	1.7422	1.4799	0.8268
净资产收益率(%)	7.5957	19.2801	13.8783	2.6807
加权净资产收益率(%)	7.0400	21.3400	14.9100	2.6900
净资产收益率(扣除)(%)	7.5705	19.2072	13.8642	2.5792
总资产(万元)	365721.25	358960.12	329461.03	372319.42
归属母公司股东权益	187178.17	205557.78	192416.09	165960.14
营业收入(万元)	108893.23	276579.75	175636.18	155349.54
营业成本(万元)	75522.04	188071.88	114891.09	134418.96
投资收益(万元)	8.87	–	–	–
净利润(万元)	14217.49	39631.70	26704.16	4448.83
营业利润(万元)	20068.53	54247.82	36314.11	5753.33
利润总额(万元)	20012.58	54392.87	36366.62	6009.12

东北电气发展股份有限公司

公司概况	公司名称	东北电气发展股份有限公司			证券简称	东北电气
	法人代表	苏伟国	董秘	苏伟国(代)	证券代码	000585
	公司网址	www.nee.com.cn		电子信箱	nee@nee.com.cn	
	电　话	0417-6897567 6897566		传　真	0417-6897565	
	办公地址	辽宁省营口市鲅鱼圈区新泰路1号				
	经营范围	生产制造输变电设备及附件、销售自产产品并提供相关售后服务等				

主要财务指标	指标\报告期	2014.06.30	2013.12.31	2013.06.30	2012.12.31
	基本每股收益(元)	-0.0021	0.0100	-0.0005	0.0100
	基本每股收益	-0.0021	0.0040	-0.0005	0.0010
	稀释每股收益(元)	-0.0021	0.0100	-0.0005	0.0100
	每股净资产(元)	0.3271	0.3202	0.3098	0.3112
	每股经营现金净流量(元)	-0.0297	0.0360	-0.0037	-0.0038
	每股现金流量(元)	-0.0290	0.0381	-0.0105	0.0313
	每股资本公积金(元)	1.0115	1.0115	1.0115	1.0115
	每股盈余公积金(元)	0.1243	0.1243	0.1243	0.1243
	每股未分配利润(元)	-1.7753	-1.7732	-1.7851	-1.7846
	净资产收益率(%)	-0.6231	3.5349	-0.1654	4.0992
	加权净资产收益率(%)	-0.6300	3.6000	-0.1700	4.1800
	净资产收益率(扣除)(%)	-0.6350	1.1546	-0.1824	0.2505
	总资产(万元)	47189.94	46273.10	48448.43	49820.55
	归属母公司股东权益	28570.80	27969.33	27057.47	27178.25
	营业收入(万元)	7052.75	19597.41	7506.35	21722.08
	营业成本(万元)	5017.86	13848.72	4864.80	15625.76
	投资收益(万元)	-0.63	67.90	-0.93	-0.62
	净利润(万元)	-178.02	988.68	-44.75	1114.10
	营业利润(万元)	-161.49	699.03	71.41	656.24
	利润总额(万元)	-158.09	1274.32	76.02	1289.58

四川汇源光通信股份有限公司

公司概况	公司名称	四川汇源光通信股份有限公司			证券简称	汇源通信
	法人代表	徐小文	董秘	乔扬	证券代码	000586
	公司网址	www.schy.com.cn		电子信箱	daihongb@163.com	
	电　话	028-85516608		传　真	028-85516606	
	办公地址	四川省成都市人民南路三段2号汇日央扩国际广场28楼				
	经营范围	制造电线、电缆、光缆、电工器材、通信设备、信息传输等				

主要财务指标	指标\报告期	2014.06.30	2013.12.31	2013.06.30	2012.12.31
	基本每股收益(元)	0.0110	0.0800	0.0740	0.0300
	基本每股收益	0.0070	-	-0.0080	-0.0100
	稀释每股收益(元)	0.0110	0.0800	0.0740	0.0300
	每股净资产(元)	1.0708	1.0599	1.0657	0.9859
	每股经营现金净流量(元)	-0.2214	0.0788	-0.0977	0.1359
	每股现金流量(元)	-0.2097	-0.1218	-0.0177	0.0866
	每股资本公积金(元)	0.3016	0.3016	0.3088	0.3032
	每股盈余公积金(元)	0.0922	0.0922	0.0922	0.0922
	每股未分配利润(元)	-0.3230	-0.3339	-0.3353	-0.4094
	净资产收益率(%)	1.0132	7.1278	6.9591	2.6838
	加权净资产收益率(%)	1.0200	7.3700	7.2500	2.7200
	净资产收益率(扣除)(%)	0.6324	-2.6914	-0.7148	-1.1862
	总资产(万元)	47259.58	48947.25	47428.22	51415.51
	归属母公司股东权益	20712.99	20503.11	20614.22	19071.96
	营业收入(万元)	17796.41	41242.40	17121.49	43874.87
	营业成本(万元)	14493.66	33879.72	13649.62	34167.36
	投资收益(万元)	17.88	1011.97	939.10	746.31
	净利润(万元)	209.87	1461.41	1434.57	511.85
	营业利润(万元)	-24.88	1164.04	1012.99	275.92
	利润总额(万元)	109.91	1853.89	1547.01	950.36

金叶珠宝股份有限公司

公司概况	公司名称	金叶珠宝股份有限公司			证券简称	金叶珠宝
	法人代表	朱要文	董秘	赵国文	证券代码	000587
	公司网址	www.goldzb.com.cn		电子信箱	jinye000587@163.com	
	电　话	010-64100338		传　真	010-64106991	
	办公地址	北京市朝阳区东三环北路2号南银大厦19层				
	经营范围	加工、销售贵金属首饰、珠宝玉器、工艺美术品、金银回收等				

主要财务指标	指标\报告期	2014.06.30	2013.12.31	2013.06.30	2012.12.31
	基本每股收益(元)	0.1200	0.2600	0.1000	0.3200
	基本每股收益	0.1200	0.2400	0.1000	0.3100
	稀释每股收益(元)	0.1200	0.2600	0.1000	0.3200
	每股净资产(元)	2.2044	2.1400	1.9817	1.8767
	每股经营现金净流量(元)	1.0731	1.2701	0.7787	-0.4657
	每股现金流量(元)	0.3590	-0.0038	0.0192	-0.1942
	每股资本公积金(元)	0.7060	0.7060	0.7060	0.7060
	每股盈余公积金(元)	0.0396	0.0396	0.0324	0.0324
	每股未分配利润(元)	0.4589	0.3945	0.2434	0.1384
	净资产收益率(%)	5.5714	12.3030	5.2971	16.9683
	加权净资产收益率(%)	5.6500	13.1100	5.4400	18.5400
	净资产收益率(扣除)(%)	5.0446	11.3589	5.0981	16.3450
	总资产(万元)	342248.72	221511.67	220125.18	194818.97
	归属母公司股东权益	122814.53	119228.03	110407.81	104559.37
	营业收入(万元)	431851.65	883138.32	355762.02	642682.22
	营业成本(万元)	408160.87	835874.59	335493.15	600270.25
	投资收益(万元)	-	-	-	-
	净利润(万元)	6842.47	14668.66	5848.44	17741.91
	营业利润(万元)	7948.56	17888.01	8086.96	23446.45
	利润总额(万元)	8715.06	19221.35	8347.98	24226.12

贵州轮胎股份有限公司

公司概况	公司名称	贵州轮胎股份有限公司			证券简称	黔轮胎A
	法人代表	马世春	董秘	李尚武	证券代码	000589
	公司网址	www.gztyre.com		电子信箱	jiang_dk@sina.com	
	电　话	0851-4763651 4767251		传　真	0851-4767826	
	办公地址	贵州省贵阳市百花大道41号				
	经营范围	轮胎生产与销售等				

主要财务指标	指标\报告期	2014.06.30	2013.12.31	2013.06.30	2012.12.31
	基本每股收益(元)	0.1500	0.3600	0.1900	0.2600
	基本每股收益	0.1500	-	0.1600	0.1700
	稀释每股收益(元)	0.1500	0.3600	0.1900	0.2600
	每股净资产(元)	4.7966	4.8699	4.7101	4.5764
	每股经营现金净流量(元)	0.0679	0.3255	0.8470	2.2042
	每股现金流量(元)	1.4585	-0.0661	0.3822	0.2068
	每股资本公积金(元)	2.3669	1.7851	1.7851	1.7851
	每股盈余公积金(元)	0.1968	0.3121	0.2752	0.2752
	每股未分配利润(元)	1.2340	1.7751	1.6513	1.5169
	净资产收益率(%)	2.3950	7.2932	4.1267	5.7300
	加权净资产收益率(%)	2.9200	7.5200	4.1400	5.8500
	净资产收益率(扣除)(%)	2.3758	6.3008	3.3564	3.6681
	总资产(万元)	948708.43	757152.82	715680.49	673526.89
	归属母公司股东权益	371958.00	238092.51	230278.04	223741.56
	营业收入(万元)	301094.69	647766.67	326814.57	659659.94
	营业成本(万元)	236304.17	520155.92	267040.76	550991.42
	投资收益(万元)	1222.20	1234.88	1234.88	1175.07
	净利润(万元)	8908.53	17364.48	9502.92	12820.29
	营业利润(万元)	10619.42	20754.09	9479.76	12411.50
	利润总额(万元)	10716.08	23554.57	11567.04	16616.48

紫光古汉集团股份有限公司

公司概况

公司名称	紫光古汉集团股份有限公司			证券简称	紫光古汉
法人代表	乔志城	董秘	曹定兴	证券代码	000590
公司网址	www.guhan.com			电子信箱	stocks@guhan.com
电　　话	0734-8239335			传　　真	0734-8239335
办公地址	湖南省衡阳市蒸湘区蔡伦路33号				
经营范围	研制、开发、生产口服液、大输液、片剂、原料药、丸剂、冲剂、酒剂等				

主要财务指标

指标\报告期	2014.06.30	2013.12.31	2013.06.30	2012.12.31
基本每股收益(元)	0.0089	−0.7364	0.0764	0.6162
基本每股收益	−0.0017	−0.7340	0.0765	0.1493
稀释每股收益(元)	0.0089	−0.7364	0.0764	0.6162
每股净资产(元)	1.2166	1.2068	2.0895	2.1429
每股经营现金净流量(元)	−0.0907	0.0185	0.0788	0.0884
每股现金流量(元)	−0.0738	−0.4296	−0.0734	0.5874
每股资本公积金(元)	0.6850	0.6840	0.6838	0.6838
每股盈余公积金(元)	0.2055	0.2055	0.2055	0.2055
每股未分配利润(元)	−0.6739	−0.6828	0.2001	0.2536
净资产收益率(%)	0.7295	−61.0182	3.6552	28.7530
加权净资产收益率(%)	0.7300	−44.4100	3.5000	32.3800
净资产收益率(扣除)(%)	−0.1411	−60.8215	3.6612	6.9691
总资产(万元)	52393.33	55256.19	65730.15	70401.76
归属母公司股东权益	27169.97	26951.07	46664.00	47858.14
营业收入(万元)	9396.84	25600.07	17489.58	36342.04
营业成本(万元)	4669.59	12547.83	8188.38	17795.18
投资收益(万元)	86.41	–	–	12454.05
净利润(万元)	198.19	−16445.05	1705.66	13760.63
营业利润(万元)	143.83	−12846.97	2196.18	18608.56
利润总额(万元)	395.64	−16550.67	2193.95	18423.56

重庆桐君阁股份有限公司

公司概况

公司名称	重庆桐君阁股份有限公司			证券简称	桐君阁
法人代表	袁永红	董秘	刘燕	证券代码	000591
公司网址	www.tjgcq.com			电子信箱	tjg000591@163.com
电　　话	023-89885208			传　　真	023-89885208
办公地址	重庆市渝中区解放西路1号				
经营范围	中西成药生产及销售等				

主要财务指标

指标\报告期	2014.06.30	2013.12.31	2013.06.30	2012.12.31
基本每股收益(元)	0.0688	0.1207	0.0684	0.1107
基本每股收益	0.0684	−0.0190	–	0.0380
稀释每股收益(元)	0.0688	0.1207	0.0684	0.1107
每股净资产(元)	1.7040	1.6559	1.5732	1.5070
每股经营现金净流量(元)	0.2769	−0.0680	0.3315	0.6915
每股现金流量(元)	−0.0671	−0.7769	0.1093	−0.0963
每股资本公积金(元)	0.1009	0.1008	0.0703	0.0724
每股盈余公积金(元)	0.2316	0.2316	0.2230	0.2230
每股未分配利润(元)	0.3716	0.3236	0.2799	0.2115
净资产收益率(%)	4.0385	7.2861	4.3489	7.3489
加权净资产收益率(%)	4.0700	7.7000	4.4500	7.6300
净资产收益率(扣除)(%)	4.0119	−1.1458	4.0986	2.5224
总资产(万元)	310001.10	317117.79	300189.03	292446.00
归属母公司股东权益	46798.44	45477.27	43205.33	41385.53
营业收入(万元)	248854.28	463530.82	239460.28	470828.48
营业成本(万元)	212814.74	396458.05	203835.56	404643.15
投资收益(万元)	1.00	65.85	44.11	8.00
净利润(万元)	1889.93	3313.52	1878.97	3041.40
营业利润(万元)	1299.02	−891.95	1471.21	936.48
利润总额(万元)	1309.95	2894.77	1590.24	3148.82

中福海峡(平潭)发展股份有限公司

公司概况

公司名称	中福海峡(平潭)发展股份有限公司			证券简称	平潭发展
法人代表	刘平山	董秘	杨佳熠	证券代码	000592
公司网址	www.000592.com			电子信箱	zfsy000592@126.com
电　　话	0591-87871990-102			传　　真	0591-87383288
办公地址	福建省福州市鼓楼区五四路159号世界金龙大厦23层				
经营范围	造林、营林、林产品加工与销售等				

主要财务指标

指标\报告期	2014.06.30	2013.12.31	2013.06.30	2012.12.31
基本每股收益(元)	0.0355	0.0513	0.0151	0.0142
基本每股收益	0.0189	–	0.0126	0.0069
稀释每股收益(元)	0.0355	0.0513	0.0151	0.0142
每股净资产(元)	1.2941	1.2586	1.2224	1.2072
每股经营现金净流量(元)	0.0168	−0.0829	−0.1089	0.0930
每股现金流量(元)	−0.0185	−0.2590	−0.2739	−0.0130
每股资本公积金(元)	0.6436	0.6436	0.6435	0.6434
每股盈余公积金(元)	0.0390	0.0390	0.0390	0.0390
每股未分配利润(元)	−0.3884	−0.4239	−0.4601	−0.4752
净资产收益率(%)	2.7435	4.0764	1.2337	1.1740
加权净资产收益率(%)	2.7800	4.1600	1.2400	1.1800
净资产收益率(扣除)(%)	1.4637	3.7724	1.0324	0.5713
总资产(万元)	181580.92	182690.28	180799.53	182524.12
归属母公司股东权益	109666.85	106658.09	103584.33	102300.34
营业收入(万元)	38624.59	85786.05	38634.42	72728.51
营业成本(万元)	31448.72	71550.83	32244.26	62345.04
投资收益(万元)	165.20	157.64	46.81	376.89
净利润(万元)	3008.76	4347.86	1277.94	1200.96
营业利润(万元)	706.97	1857.01	862.47	−791.98
利润总额(万元)	3313.34	5195.95	1549.12	1916.42

四川大通燃气开发股份有限公司

公司概况

公司名称	四川大通燃气开发股份有限公司			证券简称	大通燃气
法人代表	李占通	董秘	郑蜀闽	证券代码	000593
公司网址	www.dtrq.com			电子信箱	dtrq_db@163.com
电　　话	028-68539558			传　　真	028-68539800
办公地址	四川省成都市建设路55号				
经营范围	城市管道燃气、零售商业等				

主要财务指标

指标\报告期	2014.06.30	2013.12.31	2013.06.30	2012.12.31
基本每股收益(元)	0.0080	0.1800	0.0110	0.0730
基本每股收益	0.0080	0.0770	0.0110	0.0530
稀释每股收益(元)	0.0080	0.1800	0.0110	0.0730
每股净资产(元)	2.3214	2.3838	1.5147	1.5037
每股经营现金净流量(元)	−0.0326	0.0728	−0.0226	0.0573
每股现金流量(元)	−0.5665	1.0863	−0.1809	−0.1699
每股资本公积金(元)	0.9649	0.9649	0.1537	0.1537
每股盈余公积金(元)	0.0150	0.0150	0.0107	0.0107
每股未分配利润(元)	0.3415	0.4039	0.3503	0.3393
净资产收益率(%)	0.3260	5.8591	0.7301	4.8637
加权净资产收益率(%)	0.3200	11.0000	0.7300	4.7900
净资产收益率(扣除)(%)	0.3265	2.5880	0.7188	3.5154
总资产(万元)	74425.49	90595.37	58672.96	62732.18
归属母公司股东权益	64984.49	66732.23	33829.83	33582.83
营业收入(万元)	20678.07	45996.82	22104.92	45042.66
营业成本(万元)	14943.35	32333.97	16140.53	31917.90
投资收益(万元)	83.09	2447.41	−3.25	237.91
净利润(万元)	211.84	3909.89	247.01	1633.38
营业利润(万元)	305.81	4840.04	415.67	1828.80
利润总额(万元)	305.33	5265.51	422.44	2063.87

西北轴承股份有限公司

公司概况	公司名称	西北轴承股份有限公司			证券简称	西北轴承
	法人代表	张立忠	董秘	高筱刚	证券代码	000595
	公司网址	www.nxz.com.cn		电子信箱	gxg3603@163.com	
	电话	0951-2036188		传真	0951-2024242	
	办公地址	宁夏回族自治区银川市西夏区北京西路 630 号				
	经营范围	各类滚动轴承的生产和销售等				

	指标\报告期	2014.06.30	2013.12.31	2013.06.30	2012.12.31
主要财务指标	基本每股收益(元)	-0.1340	-0.5100	-0.1460	0.0400
	基本每股收益	-0.1740	-0.5400	-0.1510	-0.3700
	稀释每股收益(元)	-0.1340	-0.5400	-0.1460	-0.3700
	每股净资产(元)	0.9801	1.1141	1.4689	1.0329
	每股经营现金净流量(元)	-0.1076	-0.0385	-0.0595	0.1735
	每股现金流量(元)	-0.1398	0.2849	0.4756	0.0448
	每股资本公积金(元)	1.3865	1.3865	1.3865	0.9348
	每股盈余公积金(元)	0.0379	0.0379	0.0379	0.0433
	每股未分配利润(元)	-1.4443	-1.3103	-0.9555	-0.9452
	净资产收益率(%)	-13.6749	-43.3453	-8.7226	3.6220
	加权净资产收益率(%)	-12.8700	-47.8500	-15.2500	3.6900
	净资产收益率(扣除)(%)	-17.7695	-45.1685	-8.9963	-36.1440
	总资产(万元)	108049.23	105565.44	99394.12	84241.45
	归属母公司股东权益	24276.26	27596.02	36383.97	22395.84
	营业收入(万元)	19709.12	32487.36	19251.51	37367.75
	营业成本(万元)	19230.30	31932.06	18334.68	32599.78
	投资收益(万元)	-	25.50	25.50	-
	净利润(万元)	-3319.76	-11961.59	-3173.64	811.17
	营业利润(万元)	-4307.66	-12462.56	-3272.77	-7716.35
	利润总额(万元)	-3313.65	-11959.43	-3173.19	811.20

安徽古井贡酒股份有限公司

公司概况	公司名称	安徽古井贡酒股份有限公司			证券简称	古井贡酒
	法人代表	梁金辉	董秘	叶长青	证券代码	000596
	公司网址	www.gujing.com		电子信箱	ycq@gujing.com.cn	
	电话	0558-5712231 5710057		传真	0558-5317706	
	办公地址	安徽省亳州市古井镇				
	经营范围	古井、古井贡、老八大和野太阳品牌及其系列酒的生产和销售				

	指标\报告期	2014.06.30	2013.12.31	2013.06.30	2012.12.31
主要财务指标	基本每股收益(元)	0.7100	1.2400	0.7500	1.4400
	基本每股收益	0.6900	1.1800	0.7300	1.4100
	稀释每股收益(元)	0.7100	1.2400	0.7500	1.4400
	每股净资产(元)	7.7984	7.4320	6.9391	6.7027
	每股经营现金净流量(元)	-0.1513	1.2674	0.2834	2.1582
	每股现金流量(元)	-0.5578	-2.1897	-2.2288	0.6506
	每股资本公积金(元)	2.5756	2.5697	2.5658	2.5755
	每股盈余公积金(元)	0.5101	0.5101	0.4343	0.4343
	每股未分配利润(元)	3.7127	3.3522	2.9390	2.6928
	净资产收益率(%)	9.1108	16.6189	10.7526	21.4958
	加权净资产收益率(%)	9.3300	17.4700	10.9400	23.8000
	净资产收益率(扣除)(%)	8.8895	15.8693	10.4837	21.0913
	总资产(万元)	590889.90	581693.46	515978.79	530812.75
	归属母公司股东权益	392728.57	374275.63	349454.15	337548.81
	营业收入(万元)	239015.89	458057.57	230695.47	419705.73
	营业成本(万元)	73408.34	138413.71	72652.15	122083.11
	投资收益(万元)	5465.21	1005.04	58.15	-
	净利润(万元)	35780.62	62200.49	37575.28	72558.93
	营业利润(万元)	47344.41	82455.61	49778.53	95390.17
	利润总额(万元)	48474.81	85191.12	50972.97	97242.71

东北制药集团股份有限公司

公司概况	公司名称	东北制药集团股份有限公司			证券简称	东北制药
	法人代表	魏海军	董秘	张利东	证券代码	000597
	公司网址	www.negpf.com.cn		电子信箱	dystock@negpf.com.cn	
	电话	024-25806963		传真	024-25806100	
	办公地址	辽宁省沈阳市经济技术开发区昆明湖街 8 号				
	经营范围	生产和销售化学原料药品及制剂药品、经营医药产品批发及零售等				

	指标\报告期	2014.06.30	2013.12.31	2013.06.30	2012.12.31
主要财务指标	基本每股收益(元)	0.2350	-0.5000	-0.0980	0.0200
	基本每股收益	-0.0310	-0.6200	-0.1260	-1.0600
	稀释每股收益(元)	0.2350	-0.5000	-0.0980	0.0200
	每股净资产(元)	4.7432	4.5038	4.9046	4.9900
	每股经营现金净流量(元)	-0.1754	-0.7980	-0.4409	0.2579
	每股现金流量(元)	-0.7318	2.1218	0.0379	-0.0075
	每股资本公积金(元)	2.5105	2.5060	2.5045	2.4901
	每股盈余公积金(元)	0.2996	0.2996	0.2996	0.2996
	每股未分配利润(元)	0.9368	0.7020	1.1042	1.2022
	净资产收益率(%)	4.9500	-11.1055	-1.9975	0.8905
	加权净资产收益率(%)	5.0800	-10.5300	-1.9800	0.4900
	净资产收益率(扣除)(%)	-0.6558	-13.8638	-2.5740	-21.6007
	总资产(万元)	793799.87	755459.63	641633.18	599327.55
	归属母公司股东权益	158333.50	150341.93	163721.77	166521.66
	营业收入(万元)	235849.66	387059.12	203041.47	386491.31
	营业成本(万元)	156837.45	267581.97	142845.06	290844.61
	投资收益(万元)	-	-	-	-50.45
	净利润(万元)	7838.14	-16696.27	-3270.41	810.37
	营业利润(万元)	1359.68	-20288.40	-3949.26	-33239.92
	利润总额(万元)	10473.67	-15896.40	-2997.70	4245.18

成都市兴蓉投资股份有限公司

公司概况	公司名称	成都市兴蓉投资股份有限公司			证券简称	兴蓉投资
	法人代表	杨光	董秘	沈青峰	证券代码	000598
	公司网址	www.xrtz.cn		电子信箱	xrtz000598@xrtz.cn	
	电话	028-85913967		传真	028-85007805	
	办公地址	四川省成都市航空路 1 号国航世纪中心 B 栋 2 层				
	经营范围	自来水、污水处理、污泥处理、环保项目的投资、设计、建设等				

	指标\报告期	2014.06.30	2013.12.31	2013.06.30	2012.12.31
主要财务指标	基本每股收益(元)	0.1300	0.2600	0.1500	0.6300
	基本每股收益	0.1300	0.2500	-	0.6100
	稀释每股收益(元)	0.1300	0.2600	0.1500	-
	每股净资产(元)	2.3746	2.2675	2.1545	3.7582
	每股经营现金净流量(元)	0.1879	0.3615	0.1734	0.8482
	每股现金流量(元)	-0.0335	0.0921	0.4211	-0.2731
	每股资本公积金(元)	0.5992	0.5992	0.5992	1.6051
	每股盈余公积金(元)	0.0371	0.0371	0.0223	0.0576
	每股未分配利润(元)	0.7383	0.6312	0.5331	1.0909
	净资产收益率(%)	5.5619	11.0101	6.3436	16.7634
	加权净资产收益率(%)	5.6800	12.4700	7.5700	18.0400
	净资产收益率(扣除)(%)	5.3718	10.7709	6.2529	16.3012
	总资产(万元)	1054666.04	1040298.01	1034183.15	834600.09
	归属母公司股东权益	709097.20	677121.19	643382.68	433003.25
	营业收入(万元)	121422.36	241665.00	115640.60	215184.58
	营业成本(万元)	59946.68	125743.84	56480.14	103901.84
	投资收益(万元)	101.05	-	-	25.29
	净利润(万元)	39439.12	74551.85	40813.34	72586.24
	营业利润(万元)	44830.55	86729.78	47999.66	83467.73
	利润总额(万元)	46732.06	88248.67	48218.49	84706.17

青岛双星股份有限公司

公司概况	公司名称	青岛双星股份有限公司		证券简称	青岛双星
	法人代表	柴永森	董秘	刘兵	证券代码	000599
	公司网址	www.doublestar.com.cn		电子信箱	gqb@doublestar.com.cn
	电　　话	0532-67710729		传　　真	0532-67710729
	办公地址	山东省青岛市黄岛区大连路 577 号 15 楼			
	经营范围	橡胶轮胎、机械、绣品的制造、销售、国内外贸易等			

主要财务指标	指标\报告期	2014.06.30	2013.12.31	2013.06.30	2012.12.31
	基本每股收益(元)	0.0500	0.0500	0.0200	0.0400
	基本每股收益	0.0300	–	–	0.0040
	稀释每股收益(元)	0.0500	0.0500	0.0200	0.0400
	每股净资产(元)	3.0102	2.9698	2.9287	2.9188
	每股经营现金净流量(元)	0.6824	0.9069	0.1446	0.5214
	每股现金流量(元)	–0.2570	0.4938	–0.0836	–0.0207
	每股资本公积金(元)	0.8841	0.8841	0.8841	0.8841
	每股盈余公积金(元)	0.0764	0.0764	0.0762	0.0762
	每股未分配利润(元)	1.0401	1.0011	0.9683	0.9585
	净资产收益率(%)	1.6263	1.7755	0.6768	1.3716
	加权净资产收益率(%)	1.6400	1.7900	0.6800	1.3800
	净资产收益率(扣除)(%)	0.9687	0.6328	0.1553	0.1519
	总资产(万元)	467135.35	486201.36	481421.97	481420.18
	归属母公司股东权益	157983.99	155861.50	153704.78	153189.33
	营业收入(万元)	220931.39	527177.30	263199.42	590851.07
	营业成本(万元)	194991.17	473775.51	237697.12	537616.49
	投资收益(万元)	–	–	–	15.00
	净利润(万元)	2569.37	2767.29	1040.28	2101.21
	营业利润(万元)	2364.89	2768.06	615.54	1372.19
	利润总额(万元)	3705.75	5039.98	1649.49	3764.91

河北建投能源投资股份有限公司

公司概况	公司名称	河北建投能源投资股份有限公司		证券简称	建投能源
	法人代表	米大斌	董秘	姚勖	证券代码	000600
	公司网址	www.jei.com.cn		电子信箱	jei@jei.com.cn
	电　　话	0311-85518633		传　　真	0311-85518601
	办公地址	河北省石家庄市裕华西路 9 号裕园广场 A 座 17 层			
	经营范围	投资建设、经营管理以电力生产为主的能源项目			

主要财务指标	指标\报告期	2014.06.30	2013.12.31	2013.06.30	2012.12.31
	基本每股收益(元)	0.6710	0.7830	0.2810	0.1090
	基本每股收益	0.6150	–	0.2680	0.0990
	稀释每股收益(元)	0.6710	0.7830	0.2810	0.1090
	每股净资产(元)	4.3420	3.9629	3.4513	3.2307
	每股经营现金净流量(元)	1.1537	3.3228	1.5751	1.6496
	每股现金流量(元)	–0.1182	–0.0861	–0.0652	0.0427
	每股资本公积金(元)	2.2892	2.3650	1.8124	1.8129
	每股盈余公积金(元)	0.0847	0.1498	0.1233	0.1233
	每股未分配利润(元)	0.9681	1.0169	0.5156	0.2945
	净资产收益率(%)	13.6535	19.7550	7.8554	3.3747
	加权净资产收益率(%)	15.8000	21.7700	8.4800	3.4200
	净资产收益率(扣除)(%)	12.5083	18.9399	7.7549	3.0587
	总资产(万元)	2335151.38	2141135.75	1742695.98	1700952.89
	归属母公司股东权益	701297.12	414043.11	315332.11	295177.46
	营业收入(万元)	538777.44	870175.07	441249.42	642009.66
	营业成本(万元)	352762.54	646205.62	343515.96	536881.48
	投资收益(万元)	31329.10	24922.36	11340.92	12385.86
	净利润(万元)	95751.45	71528.26	29513.80	9961.48
	营业利润(万元)	147959.22	126482.94	53739.15	23198.51
	利润总额(万元)	148669.61	124559.63	54351.03	24461.89

广东韶能集团股份有限公司

公司概况	公司名称	广东韶能集团股份有限公司		证券简称	韶能股份
	法人代表	陈来泉	董秘	胡启金	证券代码	000601
	公司网址	www.shaoneng.com.cn		电子信箱	shaonenggf@163.com
	电　　话	0751-8153162		传　　真	0751-8535226
	办公地址	广东省韶关市武江区沿江路 16 号			
	经营范围	公司主营业务范围包括电力、水泥、机械加工等			

主要财务指标	指标\报告期	2014.06.30	2013.12.31	2013.06.30	2012.12.31
	基本每股收益(元)	0.1718	0.2000	0.1740	0.1500
	基本每股收益	0.1562	–	0.1684	0.1000
	稀释每股收益(元)	0.1718	0.2000	0.1740	0.1500
	每股净资产(元)	3.4265	3.3346	3.5342	3.3800
	每股经营现金净流量(元)	0.3728	0.7634	0.3913	0.6963
	每股现金流量(元)	0.0778	0.0835	0.5647	–0.1260
	每股资本公积金(元)	1.4700	1.4700	1.6995	1.5609
	每股盈余公积金(元)	0.3930	0.3780	0.3631	0.4115
	每股未分配利润(元)	0.5636	0.4867	0.4717	0.4036
	净资产收益率(%)	5.0140	5.7437	4.5711	4.3840
	加权净资产收益率(%)	5.0200	5.7100	5.0100	4.4700
	净资产收益率(扣除)(%)	4.5575	5.5966	4.4236	2.8556
	总资产(万元)	883659.19	868972.42	925492.18	848717.84
	归属母公司股东权益	370246.67	360324.46	381889.31	312463.76
	营业收入(万元)	145761.64	233966.45	124324.56	214890.74
	营业成本(万元)	96904.10	155332.93	72636.37	149428.50
	投资收益(万元)	355.57	78.98	17.84	13.00
	净利润(万元)	18564.13	20695.78	17456.42	13698.27
	营业利润(万元)	23451.78	30262.16	27232.68	15139.88
	利润总额(万元)	25336.65	30970.83	28000.69	20247.40

盛达矿业股份有限公司

公司概况	公司名称	盛达矿业股份有限公司		证券简称	盛达矿业
	法人代表	朱胜利	董秘	代继陈	证券代码	000603
	公司网址	www.sdjt.com		电子信箱	sdky603@163.com
	电　　话	010-56933771		传　　真	010-56933779
	办公地址	北京市丰台区南方庄 158 号盛达大厦 2 层			
	经营范围	对有色金属矿采选业进行投资、矿山工程技术咨询服务、销售矿产品等			

主要财务指标	指标\报告期	2014.06.30	2013.12.31	2013.06.30	2012.12.31
	基本每股收益(元)	0.1700	0.5700	0.3000	0.6800
	基本每股收益	0.1700	0.5600	0.3000	0.6700
	稀释每股收益(元)	0.1700	0.5700	0.3000	0.6800
	每股净资产(元)	1.0841	0.9159	1.6536	1.3483
	每股经营现金净流量(元)	1.5598	4.9791	2.5149	4.6455
	每股现金流量(元)	1.0672	–4.1002	1.8837	–0.6306
	每股资本公积金(元)	–	–	–	–
	每股盈余公积金(元)	–	–	–	–
	每股未分配利润(元)	4.8132	3.9112	7.7921	6.1957
	净资产收益率(%)	15.5170	62.6660	18.0039	50.5573
	加权净资产收益率(%)	16.8200	43.9100	19.8900	56.2500
	净资产收益率(扣除)(%)	15.5631	61.6516	18.0600	49.4391
	总资产(万元)	85060.64	78104.52	121356.54	105072.10
	归属母公司股东权益	54747.17	46252.07	83504.95	68087.80
	营业收入(万元)	28253.94	84299.93	42057.76	92284.65
	营业成本(万元)	5917.96	14636.31	6289.18	11786.74
	投资收益(万元)	–	–	–	–
	净利润(万元)	8495.10	28984.31	15034.11	34423.36
	营业利润(万元)	18457.91	60553.61	31876.68	71472.09
	利润总额(万元)	18417.77	61495.80	31802.15	72156.30

渤海水业股份有限公司

公司概况	公司名称	渤海水业股份有限公司		证券简称	渤海股份
	法人代表	刘逸荣	董秘 江波	证券代码	000605
	公司网址	www.bohai-water.com		电子信箱	dongmi@binhaiwater.com
	电　话	022-23916822		传　真	022-23916822
	办公地址	天津市南开区红旗南路 325 号			
	经营范围	生物医药、中西药的研究开发等			

	指标\报告期	2014.06.30	2013.12.31	2013.06.30	2012.12.31
主要财务指标	基本每股收益(元)	0.0649	-0.1304	0.0600	0.0560
	基本每股收益	0.0634	-	-0.0219	0.0556
	稀释每股收益(元)	0.0649	-0.1304	0.0600	0.0560
	每股净资产(元)	4.7541	2.7543	0.5894	3.1700
	每股经营现金净流量(元)	0.3335	0.0631	0.6831	0.0339
	每股现金流量(元)	-0.8052	4.2098	-0.7827	0.0765
	每股资本公积金(元)	2.5193	4.3980	1.9882	1.9882
	每股盈余公积金(元)	0.1361	0.3698	0.1022	0.1022
	每股未分配利润(元)	1.0987	2.8372	-2.5010	-2.4788
	净资产收益率(%)	1.1478	-3.5807	-3.7596	9.1544
	加权净资产收益率(%)	1.1600	-23.8600	2.7000	9.5900
	净资产收益率(扣除)(%)	1.1216	-3.5679	-3.7225	9.0843
	总资产(万元)	254496.95	234891.96	17376.86	13787.49
	归属母公司股东权益	92701.04	61749.21	5494.72	5701.29
	营业收入(万元)	34901.57	7144.92	31387.30	5823.98
	营业成本(万元)	26448.02	4842.42	23811.47	3693.88
	投资收益(万元)	-837.08	-	-218.21	35.00
	净利润(万元)	1064.03	-1215.35	1434.90	521.92
	营业利润(万元)	1516.48	-1217.89	1796.12	557.26
	利润总额(万元)	1572.83	-1222.35	1864.72	561.11

青海明胶股份有限公司

公司概况	公司名称	青海明胶股份有限公司		证券简称	青海明胶
	法人代表	连良桂	董秘 华彧民	证券代码	000606
	公司网址	www.my0606.com.cn		电子信箱	zongcb@my0606.com.cn
	电　话	022-59852166 0971-8013495		传　真	022-59852168 0971-5226338
	办公地址	青海省西宁市城北区纬一路 18 号			
	经营范围	明胶系列产品、硬胶囊系列产品生产与销售等			

	指标\报告期	2014.06.30	2013.12.31	2013.06.30	2012.12.31
主要财务指标	基本每股收益(元)	-0.0466	0.0564	-0.0096	0.0076
	基本每股收益	-0.0465	-0.0860	-0.0223	-0.0148
	稀释每股收益(元)	-0.0466	0.0564	-0.0096	0.0076
	每股净资产(元)	1.8736	1.9402	1.9743	2.0738
	每股经营现金净流量(元)	-0.0145	-0.0896	-0.0239	0.0818
	每股现金流量(元)	0.0061	-0.1607	-0.2283	0.5992
	每股资本公积金(元)	0.8177	0.8177	0.9179	1.0078
	每股盈余公积金(元)	0.0593	0.0593	0.0593	0.0593
	每股未分配利润(元)	-0.0035	0.0631	-0.0029	0.0067
	净资产收益率(%)	-2.4874	2.9071	-0.4877	0.3145
	加权净资产收益率(%)	-2.4300	2.6800	-0.4654	0.4900
	净资产收益率(扣除)(%)	-2.4793	-4.4313	-1.1279	-0.6127
	总资产(万元)	139625.86	145660.23	148822.74	150786.31
	归属母公司股东权益	88454.53	91598.96	93209.79	97909.24
	营业收入(万元)	17626.55	37640.00	17872.94	31506.85
	营业成本(万元)	16620.61	30346.82	14112.29	23363.82
	投资收益(万元)	201.56	8450.65	1120.60	1683.04
	净利润(万元)	-2200.20	2662.88	-454.60	307.93
	营业利润(万元)	-2537.68	2520.41	-252.03	658.67
	利润总额(万元)	-2544.66	2965.74	-58.27	1049.39

浙江华媒控股股份有限公司

公司概况	公司名称	浙江华媒控股股份有限公司		证券简称	华媒控股
	法人代表	赵晴	董秘 高坚强	证券代码	000607
	公司网址	www.000607.cn		电子信箱	ir000607@hbjt.com.cn
	电　话	0571-85098807		传　真	0571-85155005-8807
	办公地址	浙江省杭州市下城区体育场路 218 号			
	经营范围	设计、制作、代理、发布国内各类广告等			

	指标\报告期	2014.06.30	2013.12.31	2013.06.30	2012.12.31
主要财务指标	基本每股收益(元)	0.0050	0.0300	0.0180	0.0400
	基本每股收益	0.0010	0.0200	0.0150	0.0300
	稀释每股收益(元)	0.0050	0.0300	0.0180	0.0400
	每股净资产(元)	0.7709	0.7597	0.7599	0.7275
	每股经营现金净流量(元)	-0.1696	0.1794	-0.2368	0.1021
	每股现金流量(元)	-0.3145	-0.1005	-0.4363	0.0581
	每股资本公积金(元)	0.0363	0.0363	0.0188	0.0195
	每股盈余公积金(元)	0.0834	0.0834	0.0834	0.0834
	每股未分配利润(元)	-0.3432	-0.3479	-0.3419	-0.3734
	净资产收益率(%)	0.6113	3.3477	2.3552	6.0475
	加权净资产收益率(%)	0.6200	3.4300	2.3900	5.6400
	净资产收益率(扣除)(%)	0.1778	2.3513	1.9743	4.2632
	总资产(万元)	201865.31	195491.90	191115.76	201466.08
	归属母公司股东权益	37598.26	37055.23	37062.36	35482.44
	营业收入(万元)	84945.43	225095.80	100670.07	176791.92
	营业成本(万元)	61165.27	169048.30	75357.81	129878.28
	投资收益(万元)	-58.55	-362.05	-182.19	-3208.37
	净利润(万元)	229.83	1240.49	872.90	2145.80
	营业利润(万元)	239.61	2558.18	1880.56	-903.27
	利润总额(万元)	1269.69	4816.46	2851.50	4935.91

阳光新业地产股份有限公司

公司概况	公司名称	阳光新业地产股份有限公司		证券简称	阳光股份
	法人代表	唐军	董秘 李峻	证券代码	000608
	公司网址	www.yangguangxinye.com		电子信箱	yangguangxinye@yangguangxinye.com
	电　话	010-68361088		传　真	010-88365280
	办公地址	北京市西城区西直门外大街 112 号阳光大厦 11 层			
	经营范围	房地产开发经营、装饰装修工程、自有商品房的租赁等			

	指标\报告期	2014.06.30	2013.12.31	2013.06.30	2012.12.31
主要财务指标	基本每股收益(元)	0.0300	0.2600	0.1600	0.3500
	基本每股收益	-	0.2200	0.0400	0.3100
	稀释每股收益(元)	0.0300	0.2600	0.1600	0.3500
	每股净资产(元)	5.3337	3.9151	3.7381	3.7342
	每股经营现金净流量(元)	0.0208	-0.5971	-0.2430	-0.7978
	每股现金流量(元)	-0.0348	0.7216	0.2252	-0.5561
	每股资本公积金(元)	1.0472	1.0472	0.7173	0.7173
	每股盈余公积金(元)	0.1275	0.1275	0.1242	0.1242
	每股未分配利润(元)	3.1589	3.1606	1.8965	1.8925
	净资产收益率(%)	0.5309	6.5148	1.1769	9.4804
	加权净资产收益率(%)	0.5300	6.6600	2.9100	9.9500
	净资产收益率(扣除)(%)	-0.5588	5.6619	0.9356	8.2680
	总资产(万元)	1224451.20	1044164.30	774351.40	682980.10
	归属母公司股东权益	399981.20	400108.60	280322.30	280030.70
	营业收入(万元)	24402.50	68985.10	31191.00	54597.80
	营业成本(万元)	3949.70	9069.80	6355.70	14170.50
	投资收益(万元)	191.40	3454.60	162.00	28474.50
	净利润(万元)	2123.60	19127.40	11649.50	26548.00
	营业利润(万元)	-370.50	23347.30	20892.50	27882.60
	利润总额(万元)	4446.40	24856.40	21787.70	32368.50

北京绵世投资集团股份有限公司

公司概况					
公司名称	北京绵世投资集团股份有限公司			证券简称	绵世股份
法人代表	郑宽	董秘	祖国	证券代码	000609
公司网址	www.mainstreets.cn		电子信箱	lgc@mainstreets.cn	
电　话	010-65275609		传　真	010-65279466	
办公地址	北京市东城区建国门内大街19号中纺大厦3层				
经营范围	资产经营、投资开发经营房地产业及物业管理等				

主要财务指标：指标\报告期	2014.06.30	2013.12.31	2013.06.30	2012.12.31
基本每股收益(元)	-0.0237	0.3490	-0.0592	0.2837
基本每股收益	-0.0290	-	-0.0336	0.1566
稀释每股收益(元)	-0.0237	0.3490	-0.0592	0.2837
每股净资产(元)	3.8690	3.8927	3.5109	3.5701
每股经营现金净流量(元)	0.2583	0.2858	0.3031	0.5953
每股现金流量(元)	-0.6896	-0.4735	-1.1049	-0.0654
每股资本公积金(元)	0.0401	0.0401	0.0665	0.0665
每股盈余公积金(元)	0.3577	0.3577	0.1718	0.1718
每股未分配利润(元)	2.4712	2.4949	2.2727	2.3318
净资产收益率(%)	-0.6125	8.9655	-1.6850	7.9464
加权净资产收益率(%)	-0.6100	9.3600	-1.6700	8.0500
净资产收益率(扣除)(%)	-0.7506	3.5864	-0.9568	4.3860
总资产(万元)	196220.80	179258.66	177624.16	158130.34
归属母公司股东权益	115333.53	116039.96	104659.22	106422.70
营业收入(万元)	1703.07	31395.30	714.47	16695.75
营业成本(万元)	539.15	20370.80	290.06	11130.14
投资收益(万元)	1990.85	9682.68	1164.57	3686.18
净利润(万元)	-706.42	10403.55	-1763.48	8456.78
营业利润(万元)	-294.25	12169.71	-2099.39	4733.36
利润总额(万元)	-295.93	11486.36	-2383.02	4202.38

西安旅游股份有限公司

公司概况					
公司名称	西安旅游股份有限公司			证券简称	西安旅游
法人代表	谢平伟	董秘	梦蕾	证券代码	000610
公司网址	www.xatourism.com		电子信箱	xatour@000610.com	
电　话	029-82065555 82065529		传　真	029-82065500	
办公地址	陕西省西安市碑林区南二环西段27号旅游大厦7层				
经营范围	旅游饭店、餐饮、服务经营和石油开发、开采及旅游景区、景点的开发经营等				

主要财务指标：指标\报告期	2014.06.30	2013.12.31	2013.06.30	2012.12.31
基本每股收益(元)	-0.0640	0.0436	-0.0456	0.1074
基本每股收益	-0.0654	-0.1118	-0.0663	0.1049
稀释每股收益(元)	-0.0640	0.0436	-0.0456	0.1074
每股净资产(元)	2.2552	2.3492	2.2464	2.2982
每股经营现金净流量(元)	-0.0906	-0.0649	-0.1156	0.3718
每股现金流量(元)	-0.5095	0.4425	-0.0830	0.0170
每股资本公积金(元)	0.4792	0.4792	0.4792	0.4792
每股盈余公积金(元)	0.1807	0.1807	0.1728	0.1728
每股未分配利润(元)	0.5954	0.6893	0.5943	0.6462
净资产收益率(%)	-2.8365	3.0207	-1.4178	3.4790
加权净资产收益率(%)	-2.7600	1.8600	-1.9900	4.7300
净资产收益率(扣除)(%)	-2.9014	-4.7577	-2.9528	4.5662
总资产(万元)	60248.00	64278.15	62690.07	62658.35
归属母公司股东权益	44371.18	46220.01	44197.25	45217.36
营业收入(万元)	25999.02	67102.96	26145.52	85123.00
营业成本(万元)	21319.28	56113.55	20975.02	65122.32
投资收益(万元)	-152.59	3645.63	22.71	185.54
净利润(万元)	-1258.58	852.23	-898.14	1573.11
营业利润(万元)	-1322.43	909.60	-1563.00	3172.97
利润总额(万元)	-1284.00	2043.77	-894.25	2517.51

内蒙古四海科技股份有限公司

公司概况					
公司名称	内蒙古四海科技股份有限公司			证券简称	四海股份
法人代表	赵伟	董秘	赵伟(代)	证券代码	000611
公司网址	www.timegroup.com.cn		电子信箱	sd000611@163.com	
电　话	010-87923689 87923669		传　真	010-87923689	
办公地址	北京市东城区永定门西滨河路8号院中海地产广场东塔11层				
经营范围	生产、开发、销售工业、民用产品、国内贸易、金银制品、餐饮等				

主要财务指标：指标\报告期	2014.06.30	2013.12.31	2013.06.30	2012.12.31
基本每股收益(元)	-0.0380	0.0400	0.0040	-0.1400
基本每股收益	-0.0378	-	-0.0410	-0.0200
稀释每股收益(元)	-0.0380	0.0400	0.0040	-0.1400
每股净资产(元)	1.8127	1.8507	1.8197	1.8153
每股经营现金净流量(元)	-0.0550	-0.1325	-0.0862	-0.4900
每股现金流量(元)	-0.0550	-0.1362	-0.0873	-0.0862
每股资本公积金(元)	0.4305	0.4305	0.4305	0.4305
每股盈余公积金(元)	-	-	-	-
每股未分配利润(元)	0.3821	0.4202	0.3892	0.3848
净资产收益率(%)	-2.1012	1.9138	0.2409	-7.8949
加权净资产收益率(%)	-2.0800	1.9300	0.2400	-7.6000
净资产收益率(扣除)(%)	-2.0826	-0.5595	-2.2585	-0.9109
总资产(万元)	72231.58	73976.80	65589.77	73031.24
归属母公司股东权益	58335.39	59561.12	58562.32	58420.58
营业收入(万元)	2843.60	115368.94	60446.76	18310.13
营业成本(万元)	3225.13	113003.19	59490.16	16702.48
投资收益(万元)	-129.69	1242.23	1338.27	-4055.64
净利润(万元)	-1225.73	1139.87	141.07	-4612.23
营业利润(万元)	-1297.91	1343.39	-138.65	-4462.24
利润总额(万元)	-1308.73	1351.85	-123.82	-4459.40

焦作万方铝业股份有限公司

公司概况					
公司名称	焦作万方铝业股份有限公司			证券简称	焦作万方
法人代表	蒋英刚	董秘	贾东焰	证券代码	000612
公司网址	www.jzwfly.com.cn		电子信箱	mdy668@126.com	
电　话	0391-2535888		传　真	0391-2535597	
办公地址	河南省焦作市马村区待王镇东				
经营范围	铝冶炼及加工、铝制品、金属材料销售、普通货物运输等				

主要财务指标：指标\报告期	2014.06.30	2013.12.31	2013.06.30	2012.12.31
基本每股收益(元)	0.0900	0.4130	0.2320	-0.0320
基本每股收益	0.0940	0.3320	-	-0.1400
稀释每股收益(元)	0.0900	0.4130	0.2320	-0.0320
每股净资产(元)	3.7639	3.7010	6.6908	5.0982
每股经营现金净流量(元)	0.3047	-0.0279	-0.3126	0.6772
每股现金流量(元)	-0.0924	0.2845	-0.0347	-0.7017
每股资本公积金(元)	1.3145	1.3108	2.7595	0.4492
每股盈余公积金(元)	0.2288	0.2351	0.3975	0.5377
每股未分配利润(元)	1.1540	1.0940	2.4316	3.0295
净资产收益率(%)	2.3712	6.0776	2.8639	-0.6274
加权净资产收益率(%)	2.4200	7.0500	4.0200	-0.6300
净资产收益率(扣除)(%)	2.4634	4.8887	1.9223	-2.8315
总资产(万元)	750493.65	719379.99	668925.32	615116.17
归属母公司股东权益	452047.22	432643.06	434532.48	244804.65
营业收入(万元)	245074.43	561566.13	278829.01	612380.27
营业成本(万元)	230214.78	533220.50	274125.13	623282.32
投资收益(万元)	10132.73	23092.62	15452.29	23869.79
净利润(万元)	10718.80	26294.12	12444.67	-1535.86
营业利润(万元)	12280.10	22156.01	6193.77	-16489.68
利润总额(万元)	12240.11	28032.89	11584.56	-9295.43

海南大东海旅游中心股份有限公司

公司概况					
公司名称	海南大东海旅游中心股份有限公司			证券简称	大东海 A
法人代表	黎愿斌	董秘	汪宏娟	证券代码	000613
公司网址	www.cninfo.com.cn		电子信箱	hnddh@21cn.com	
电　　话	0898-88219921		传　　真	0898-88214998	
办公地址	海南省三亚市大东海				
经营范围	房地产开发经营、住宿及饮食业、旅游服务业等				

主要财务指标：指标\报告期	2014.06.30	2013.12.31	2013.06.30	2012.12.31
基本每股收益(元)	-0.0023	-0.0060	-0.0013	0.0058
基本每股收益	-0.0025	-	-0.0015	-0.0002
稀释每股收益(元)	-0.0023	-0.0060	-0.0013	0.0058
每股净资产(元)	0.2226	0.2250	0.2297	0.2310
每股经营现金净流量(元)	-	0.0072	0.0081	0.0038
每股现金流量(元)	-0.0004	-0.0230	0.0065	0.0077
每股资本公积金(元)	0.1487	0.1487	0.1487	0.1487
每股盈余公积金(元)	-	-	-	-
每股未分配利润(元)	-0.9261	-0.9237	-0.9190	-0.9177
净资产收益率(%)	-1.0467	-2.6850	-0.5763	2.5277
加权净资产收益率(%)	-1.0400	-2.6500	-0.5700	2.5600
净资产收益率(扣除)(%)	-1.1197	-2.7872	-0.6659	-0.0811
总资产(万元)	11101.03	11396.09	11776.08	11578.60
归属母公司股东权益	8106.34	8191.18	8362.92	8411.12
营业收入(万元)	1168.65	2366.08	1477.88	3218.47
营业成本(万元)	0.53	0.78	0.51	302.65
投资收益(万元)	-	-	-	96.18
净利润(万元)	-84.85	-219.93	-48.20	212.60
营业利润(万元)	-90.77	-228.30	-55.69	87.36
利润总额(万元)	-84.85	-219.93	-48.20	212.60

湖北金环股份有限公司

公司概况					
公司名称	湖北金环股份有限公司			证券简称	湖北金环
法人代表	陈闽建	董秘	李红	证券代码	000615
公司网址	www.000615.com.cn		电子信箱	lihong8878@sohu.com	
电　　话	0710-2105321 2108234		传　　真	0710-2108233 2105321	
办公地址	湖北省襄阳市樊城区陈家湖				
经营范围	粘胶纤维、玻璃纸(含食品包装用)制造、销售等				

主要财务指标：指标\报告期	2014.06.30	2013.12.31	2013.06.30	2012.12.31
基本每股收益(元)	0.0110	-0.1700	-0.0400	0.0200
基本每股收益	-0.0140	-	-0.0300	0.0500
稀释每股收益(元)	0.0110	-0.1700	-0.0400	0.0200
每股净资产(元)	2.8541	2.8684	2.9247	3.0093
每股经营现金净流量(元)	0.5219	-0.2820	0.0735	0.5126
每股现金流量(元)	0.0073	-0.1975	-0.1284	0.3263
每股资本公积金(元)	0.6384	0.6641	0.5841	0.6319
每股盈余公积金(元)	0.6007	0.6007	0.6007	0.6007
每股未分配利润(元)	0.6150	0.6036	0.7400	0.7767
净资产收益率(%)	0.3999	-6.0349	-1.2574	0.6800
加权净资产收益率(%)	0.4000	-5.6700	-1.2400	0.6900
净资产收益率(扣除)(%)	-0.4814	-10.0874	-1.1867	1.6156
总资产(万元)	133579.80	120407.85	147822.49	146594.77
归属母公司股东权益	60414.35	60716.95	61908.92	63700.91
营业收入(万元)	36519.02	64391.92	31643.70	73014.86
营业成本(万元)	33193.65	58577.88	28232.92	63615.92
投资收益(万元)	15.64	998.02	203.72	-2202.81
净利润(万元)	241.59	-3664.21	-780.52	433.17
营业利润(万元)	143.80	-5101.34	-892.24	1618.80
利润总额(万元)	204.40	-4668.68	-819.43	883.58

亿城投资集团股份有限公司

公司概况					
公司名称	亿城投资集团股份有限公司			证券简称	亿城投资
法人代表	朱卫军	董秘	吴建国	证券代码	000616
公司网址	www.yeland.com.cn		电子信箱	ir@yeland.com.cn	
电　　话	010-58816885		传　　真	010-58816666	
办公地址	北京市海淀区长春桥路 11 号万柳亿城中心 A 座 16-17 层				
经营范围	房地产项目开发、销售商品房、自有房屋物业管理、智能教育开发、基础教育等				

主要财务指标：指标\报告期	2014.06.30	2013.12.31	2013.06.30	2012.12.31
基本每股收益(元)	0.1800	0.1500	0.1300	0.2300
基本每股收益	-0.0800	0.0600	0.0800	0.2100
稀释每股收益(元)	0.1800	0.1500	0.1300	0.2300
每股净资产(元)	2.9908	2.9646	2.8202	3.2657
每股经营现金净流量(元)	-0.0401	-1.3041	-0.1726	1.0192
每股现金流量(元)	0.8055	-0.4778	0.1620	0.6495
每股资本公积金(元)	0.1408	0.2689	0.1408	0.3699
每股盈余公积金(元)	0.1281	0.1281	0.1240	0.1499
每股未分配利润(元)	1.7219	1.5677	1.5554	1.7458
净资产收益率(%)	5.8938	5.0362	4.7147	8.2701
加权净资产收益率(%)	5.7900	5.3800	4.7800	8.5600
净资产收益率(扣除)(%)	-2.5929	2.0979	2.9462	6.4094
总资产(万元)	1005164.84	1174786.17	1103358.64	1164040.07
归属母公司股东权益	427760.27	424008.14	403358.52	389221.14
营业收入(万元)	40761.51	259195.12	159015.59	255596.33
营业成本(万元)	26876.53	187944.16	112323.10	138176.85
投资收益(万元)	50803.61	9966.91	5912.34	1270.11
净利润(万元)	25211.38	21353.92	19017.06	32188.91
营业利润(万元)	43964.75	25860.03	22201.40	44760.89
利润总额(万元)	43934.79	27870.11	23483.28	47481.39

济南柴油机股份有限公司

公司概况					
公司名称	济南柴油机股份有限公司			证券简称	石油济柴
法人代表	杨元建	董秘	刘明怀	证券代码	000617
公司网址	www.jichai.com		电子信箱	liuminghuai@cnpc.com.cn	
电　　话	0531-87422326 87423353		传　　真	0531-87423177 87422578	
办公地址	山东省济南市经十西路 11966 号				
经营范围	柴油机、气体发动机、柴油及气体发电机组的制造、销售、租赁、修理等				

主要财务指标：指标\报告期	2014.06.30	2013.12.31	2013.06.30	2012.12.31
基本每股收益(元)	-0.1000	0.0300	0.0500	-0.1000
基本每股收益	-0.1400	-0.1000	0.0200	-0.3500
稀释每股收益(元)	-0.1000	0.0300	0.0500	-0.1000
每股净资产(元)	2.3709	2.4687	2.4712	2.4183
每股经营现金净流量(元)	-0.5610	-0.1476	-0.1183	0.1280
每股现金流量(元)	-0.2186	-0.2206	-0.4783	-0.1263
每股资本公积金(元)	0.1175	0.1175	0.1018	0.1018
每股盈余公积金(元)	0.3034	0.3034	0.3045	0.3045
每股未分配利润(元)	0.9497	1.0478	1.0648	1.0116
净资产收益率(%)	-4.1386	1.3869	2.1501	-4.0760
加权净资产收益率(%)	-4.0500	1.4100	2.1700	-3.9400
净资产收益率(扣除)(%)	-5.7823	-4.0798	0.8694	-14.6489
总资产(万元)	224654.02	233415.43	252490.55	280926.51
归属母公司股东权益	68171.61	70983.81	71057.74	69534.89
营业收入(万元)	48134.38	162472.72	91636.67	155063.54
营业成本(万元)	42206.99	142263.87	82152.70	133703.28
投资收益(万元)	-	-	-	6424.62
净利润(万元)	-2821.37	984.46	1527.80	-2834.27
营业利润(万元)	-3442.45	-959.79	1218.95	-3488.47
利润总额(万元)	-2690.90	1004.72	2030.29	-1612.37

芜湖海螺型材科技股份有限公司

公司概况	公司名称	芜湖海螺型材科技股份有限公司			证券简称	海螺型材
	法人代表	任勇	董秘	周小川	证券代码	000619
	公司网址	profile.conch.cn		电子信箱	hlxc@conch.cn	
	电　话	0553-8396868　8396856		传　真	0553-8396808	
	办公地址	安徽省芜湖市镜湖区文化路39号芜湖海螺国际大酒店17-19层				
	经营范围	塑料型材、板材、门窗、五金制品、钢龙骨制造、销售、安装等				

主要财务指标	指标\报告期	2014.06.30	2013.12.31	2013.06.30	2012.12.31
	基本每股收益(元)	0.1799	0.3876	0.1801	0.5602
	基本每股收益	0.1342	0.3345	0.1758	0.4649
	稀释每股收益(元)	0.1799	0.3876	0.1801	0.5602
	每股净资产(元)	6.4514	6.3715	6.1613	6.0812
	每股经营现金净流量(元)	0.6435	0.9606	0.7473	0.9785
	每股现金流量(元)	0.0862	-0.2015	0.3540	0.9939
	每股资本公积金(元)	1.2139	1.2139	1.2113	1.2113
	每股盈余公积金(元)	0.6680	0.6680	0.6254	0.6254
	每股未分配利润(元)	3.5695	3.4896	3.3247	3.2446
	净资产收益率(%)	2.7886	6.0836	2.9224	9.2116
	加权净资产收益率(%)	2.8100	6.2200	2.9400	9.6100
	净资产收益率(扣除)(%)	2.0796	5.2502	2.8540	7.6455
	总资产(万元)	448497.61	434575.26	449891.31	448768.68
	归属母公司股东权益	232249.22	229372.64	221806.33	218924.23
	营业收入(万元)	190407.34	405265.47	188096.21	419643.91
	营业成本(万元)	163683.94	348663.90	161992.43	360747.08
	投资收益(万元)	57.05	-	-	-
	净利润(万元)	6476.59	13954.02	6482.10	20166.52
	营业利润(万元)	7773.73	17739.65	9291.78	24493.38
	利润总额(万元)	10017.98	20060.27	9502.09	28931.45

新华联不动产股份有限公司

公司概况	公司名称	新华联不动产股份有限公司			证券简称	新华联
	法人代表	丁伟	董秘	杭冠宇	证券代码	000620
	公司网址	www.xhlbdc.com		电子信箱	xin000620@126.com	
	电　话	010-65857900		传　真	010-65088900	
	办公地址	北京市朝阳区东四环中路道家园18号新华联大厦16层				
	经营范围	房地产开发、销售自行开发后的商品房等				

主要财务指标	指标\报告期	2014.06.30	2013.12.31	2013.06.30	2012.12.31
	基本每股收益(元)	0.1200	0.3200	0.1900	0.3700
	基本每股收益	0.0500	-	0.1400	0.2900
	稀释每股收益(元)	0.1200	0.3200	0.1900	0.3700
	每股净资产(元)	2.0603	2.0412	2.0163	1.8900
	每股经营现金净流量(元)	-2.3877	-7.9109	-0.6425	-0.4150
	每股现金流量(元)	-0.7364	2.7760	1.2516	1.3567
	每股资本公积金(元)	0.2396	0.2475	0.4101	0.4323
	每股盈余公积金(元)	0.5464	0.5464	0.5464	0.5483
	每股未分配利润(元)	5.4998	5.4253	5.1772	4.7217
	净资产收益率(%)	7.2918	15.5899	11.6342	18.9633
	加权净资产收益率(%)	5.8100	16.1500	10.9100	21.3000
	净资产收益率(扣除)(%)	2.3685	9.8030	9.1961	17.0791
	总资产(万元)	2076474.82	1826439.50	1206871.35	1065867.61
	归属母公司股东权益	329226.58	326181.44	280878.92	302675.62
	营业收入(万元)	85909.64	260117.69	122013.89	253766.15
	营业成本(万元)	61213.44	158307.76	65574.81	132322.88
	投资收益(万元)	6337.56	20280.41	15553.86	9084.75
	净利润(万元)	19343.55	50851.48	38202.35	59804.85
	营业利润(万元)	19336.84	69598.65	49645.07	81024.05
	利润总额(万元)	23696.65	69706.04	49674.03	80880.31

恒立实业发展集团股份有限公司

公司概况	公司名称	恒立实业发展集团股份有限公司			证券简称	恒立实业
	法人代表	刘炬	董秘	李滔	证券代码	000622
	公司网址	www.yyhengli.com		电子信箱	yueyuan421@.163.com	
	电　话	0730-8245282		传　真	0730-8245129	
	办公地址	湖南省岳阳市金鹗中路228号景源商务中心				
	经营范围	从事汽车空调设备的制造、销售、安装、维修、加工、销售机械设备等				

主要财务指标	指标\报告期	2014.06.30	2013.12.31	2013.06.30	2012.12.31
	基本每股收益(元)	-0.0200	0.0200	-0.0100	0.0400
	基本每股收益	-0.0240	-	-0.0110	-0.0700
	稀释每股收益(元)	-0.0200	0.0200	-0.0100	0.0400
	每股净资产(元)	0.5343	0.5572	0.5216	1.6002
	每股经营现金净流量(元)	-0.0370	-0.1082	-0.0233	0.0479
	每股现金流量(元)	-0.0716	-0.1592	-0.0247	0.5442
	每股资本公积金(元)	0.4302	0.4302	0.4302	0.4302
	每股盈余公积金(元)	0.0030	0.0030	0.0030	0.0030
	每股未分配利润(元)	-0.8988	-0.8759	-0.9116	-0.8998
	净资产收益率(%)	-4.2784	4.2748	-2.2673	5.5800
	加权净资产收益率(%)	-4.1900	4.3700	-2.2400	5.5800
	净资产收益率(扣除)(%)	-4.5343	-5.1734	-2.3320	-4.4033
	总资产(万元)	41120.99	43000.28	42065.94	43138.59
	归属母公司股东权益	22721.90	23694.04	22178.33	22681.17
	营业收入(万元)	3406.46	18308.09	4335.11	12885.82
	营业成本(万元)	3004.07	16445.68	3514.33	10177.20
	投资收益(万元)	-	-	-	-
	净利润(万元)	-972.14	1012.87	-502.84	516.68
	营业利润(万元)	-1080.45	-1187.56	-452.07	-760.27
	利润总额(万元)	-1002.41	1104.67	-431.00	805.40

吉林敖东药业集团股份有限公司

公司概况	公司名称	吉林敖东药业集团股份有限公司			证券简称	吉林敖东
	法人代表	李秀林	董秘	陈永丰	证券代码	000623
	公司网址	www.jlaod.com		电子信箱	000623@jlaod.com	
	电　话	0433-6238973		传　真	0433-6238973	
	办公地址	吉林省敦化市敖东大街2158号				
	经营范围	种植养殖、商业(国家专项控制、专营除外)、机械修理、仓储等				

主要财务指标	指标\报告期	2014.06.30	2013.12.31	2013.06.30	2012.12.31
	基本每股收益(元)	0.6000	1.1800	0.4700	0.7200
	基本每股收益	0.6000	-	0.4600	0.6300
	稀释每股收益(元)	0.6000	1.1800	0.4700	0.7200
	每股净资产(元)	12.3515	11.8235	11.1755	10.8138
	每股经营现金净流量(元)	0.0799	0.2250	0.0064	0.3046
	每股现金流量(元)	0.1505	0.1396	-0.1732	0.3161
	每股资本公积金(元)	0.3628	0.3394	0.4009	0.4135
	每股盈余公积金(元)	0.9053	0.9053	0.7923	0.7923
	每股未分配利润(元)	10.0834	9.5787	8.9823	8.6080
	净资产收益率(%)	4.8951	10.0119	4.2439	6.6832
	加权净资产收益率(%)	4.9900	10.4700	4.3000	6.9200
	净资产收益率(扣除)(%)	4.8339	7.0984	4.1290	5.8320
	总资产(万元)	1267790.38	1210637.73	1143442.84	1096146.96
	归属母公司股东权益	1104765.42	1057536.18	999582.09	967230.02
	营业收入(万元)	113430.66	195686.12	86460.58	144546.32
	营业成本(万元)	33294.78	62743.87	27666.78	49902.63
	投资收益(万元)	35682.59	93089.71	30430.96	48275.30
	净利润(万元)	54078.99	105878.94	42420.78	64641.72
	营业利润(万元)	55948.81	112465.00	43324.25	63894.19
	利润总额(万元)	57467.66	119083.57	44529.32	68257.86

重庆长安汽车股份有限公司

公司概况				
公司名称	重庆长安汽车股份有限公司		证券简称	长安汽车
法人代表	徐留平	董秘 黎军 王锟(代)	证券代码	000625
公司网址	www.changan.com.cn		电子信箱	cazqc@changan.com.cn
电话	023-67594008		传真	023-67866055
办公地址	重庆市江北区建新东路260号			
经营范围	乘用车和商用车的开发、制造和销售等			

主要财务指标 指标\报告期	2014.06.30	2013.12.31	2013.06.30	2012.12.31
基本每股收益(元)	0.7800	0.7500	0.2600	0.3100
基本每股收益	0.7600	0.7100	0.2800	0.2300
稀释每股收益(元)	0.7800	0.7500	0.2600	0.3100
每股净资产(元)	4.6252	4.0272	3.5585	3.3269
每股经营现金净流量(元)	0.7595	0.3930	0.7190	0.1098
每股现金流量(元)	0.6978	0.0397	0.5225	-0.1401
每股资本公积金(元)	0.7278	0.8265	0.6584	0.6625
每股盈余公积金(元)	0.3895	0.3895	0.3091	0.3091
每股未分配利润(元)	2.5101	1.8323	1.5951	1.3588
净资产收益率(%)	16.8227	18.6685	8.0214	9.3239
加权净资产收益率(%)	17.6100	20.4400	7.6300	9.6600
净资产收益率(扣除)(%)	16.5208	17.6981	7.8318	6.9100
总资产(万元)	6052773.54	5451210.77	5018192.22	4611760.48
归属母公司股东权益	2156660.33	1886361.67	1659279.59	1551293.53
营业收入(万元)	2420673.06	3848186.23	2021106.66	2946258.88
营业成本(万元)	1999548.25	3174779.88	1700406.55	2404008.71
投资收益(万元)	408404.02	450660.23	180477.16	186854.12
净利润(万元)	362809.30	350564.05	123050.34	144640.96
营业利润(万元)	353009.82	313053.29	120598.20	92247.71
利润总额(万元)	361529.71	331556.15	124658.20	132743.39

连云港如意集团股份有限公司

公司概况				
公司名称	连云港如意集团股份有限公司		证券简称	如意集团
法人代表	秦兆平	董秘 谭卫	证券代码	000626
公司网址	www.ideal-group.com.cn		电子信箱	ruyidongmi@ideal-group.com.cn
电话	0518-85153595		传真	0518-85150105
办公地址	江苏省连云港市新浦北郊路6号			
经营范围	自营和代理各类商品和技术的进出口业务、国内贸易			

主要财务指标 指标\报告期	2014.06.30	2013.12.31	2013.06.30	2012.12.31
基本每股收益(元)	0.1894	0.1808	0.1475	0.0779
基本每股收益	-0.4913	-0.6300	-0.5791	-0.1730
稀释每股收益(元)	0.1894	0.1808	0.1475	0.0779
每股净资产(元)	2.2785	2.0874	2.1105	1.9646
每股经营现金净流量(元)	-2.7508	-0.7986	-1.8404	0.0212
每股现金流量(元)	-0.8358	2.5585	2.6442	-1.4360
每股资本公积金(元)	0.1527	0.1527	0.1740	0.1740
每股盈余公积金(元)	-	-	-	-
每股未分配利润(元)	1.1375	0.9482	0.9497	0.8022
净资产收益率(%)	8.3114	8.6627	6.9867	3.9647
加权净资产收益率(%)	8.6800	8.8400	7.2400	4.3700
净资产收益率(扣除)(%)	-21.5601	-30.2256	-27.4412	-8.8039
总资产(万元)	970496.63	558179.76	774774.61	505118.02
归属母公司股东权益	46140.40	42269.90	42737.37	39783.09
营业收入(万元)	2188118.40	4519482.42	2038741.38	3630769.97
营业成本(万元)	2176847.80	4481614.29	2026870.06	3564480.14
投资收益(万元)	44271.19	50573.92	27938.87	18307.54
净利润(万元)	3834.90	3661.72	2985.94	1577.28
营业利润(万元)	10842.05	20219.39	11286.96	3301.43
利润总额(万元)	13184.27	20301.75	11486.52	7376.39

天茂实业集团股份有限公司

公司概况				
公司名称	天茂实业集团股份有限公司		证券简称	天茂集团
法人代表	肖云华	董秘 易廷浩	证券代码	000627
公司网址	www.biocause.com		电子信箱	tmjt@biocause.net
电话	0724-2223218		传真	0724-2217652
办公地址	湖北省荆门市杨湾路132号			
经营范围	化工产品(不含危险化学品、需经审批的项目持有效许可证经营)的生产、销售等			

主要财务指标 指标\报告期	2014.06.30	2013.12.31	2013.06.30	2012.12.31
基本每股收益(元)	0.1310	-0.0750	-0.0130	0.0090
基本每股收益	-0.0400	-	-0.0130	-0.0690
稀释每股收益(元)	0.1310	-0.0750	-0.0130	0.0090
每股净资产(元)	1.1608	1.0312	1.0905	1.1063
每股经营现金净流量(元)	-0.0966	0.0964	0.0440	0.0693
每股现金流量(元)	-0.0157	-0.0451	-0.0451	0.0581
每股资本公积金(元)	0.0818	0.0852	0.0836	0.0861
每股盈余公积金(元)	0.0589	0.0589	0.0589	0.0589
每股未分配利润(元)	0.0038	-0.1270	-0.0654	-0.0523
净资产收益率(%)	11.2604	-7.2368	-1.1943	0.7897
加权净资产收益率(%)	11.9200	-7.0000	-1.1800	0.7900
净资产收益率(扣除)(%)	-3.4560	-7.9108	-1.2123	-6.2375
总资产(万元)	238603.11	215695.16	212049.30	206472.77
归属母公司股东权益	157125.53	139579.64	147607.82	149747.67
营业收入(万元)	46102.80	96795.07	41704.23	77973.62
营业成本(万元)	47100.00	97750.25	41219.61	75322.24
投资收益(万元)	30778.06	126.98	1506.09	10208.21
净利润(万元)	17692.90	-10101.10	-1762.83	1182.49
营业利润(万元)	25165.64	-14110.64	-2635.12	1490.95
利润总额(万元)	25228.91	-12856.44	-2608.32	1499.68

成都高新发展股份有限公司

公司概况				
公司名称	成都高新发展股份有限公司		证券简称	高新发展
法人代表	陈明乾	董秘 杨砚琪	证券代码	000628
公司网址	www.cdgxfz.com		电子信箱	cdgxfz000628@163.com
电话	028-85137070 85130316		传真	028-85184099
办公地址	四川省成都市高新技术产业开发区九兴大道8号			
经营范围	高新技术产品的开发、生产、经营、高新技术的交流转让等			

主要财务指标 指标\报告期	2014.06.30	2013.12.31	2013.06.30	2012.12.31
基本每股收益(元)	-0.0590	0.0640	-0.0230	0.0370
基本每股收益	-0.0590	0.0150	-0.0710	0.0390
稀释每股收益(元)	-0.0590	0.0640	-0.0230	0.0370
每股净资产(元)	0.8769	0.9597	0.8730	0.8900
每股经营现金净流量(元)	0.4836	0.6134	0.7315	0.6008
每股现金流量(元)	1.1789	-0.5095	1.0815	0.4888
每股资本公积金(元)	1.5057	1.5300	1.5297	1.5282
每股盈余公积金(元)	0.0443	0.0443	0.0443	0.0443
每股未分配利润(元)	-1.6731	-1.6145	-1.7009	-1.6783
净资产收益率(%)	-6.6774	6.6450	-2.5842	4.1867
加权净资产收益率(%)	-6.3800	6.8800	-2.5500	4.6000
净资产收益率(扣除)(%)	-6.7585	1.5684	-8.1513	4.4053
总资产(万元)	344560.12	334533.16	283060.25	285855.42
归属母公司股东权益	19245.70	21063.83	19161.60	19625.29
营业收入(万元)	83341.49	207840.71	69497.51	140671.03
营业成本(万元)	72951.95	178664.05	57941.70	111976.56
投资收益(万元)	276.31	725.67	16.50	965.82
净利润(万元)	-1285.12	1399.69	-495.17	821.66
营业利润(万元)	-1011.64	2807.21	-654.70	1532.77
利润总额(万元)	-988.84	3950.97	482.74	1373.14

攀钢集团钒钛资源股份有限公司

公司概况						
	公司名称	攀钢集团钒钛资源股份有限公司			证券简称	攀钢钒钛
	法人代表	张大德	董秘	张景凡	证券代码	000629
	公司网址	www.pzhsteel.com.cn/pgvt		电子信箱	psv@pzhsteel.com.cn	
	电　　话	0812-3385366		传　　真	0812-3385285	
	办公地址	四川省攀枝花市东区大渡口街 87 号				
	经营范围	钢铁(包括型材、热轧板材、冷轧板材等)及钒产品的制造、销售业务等				

主要财务指标	指标\报告期	2014.06.30	2013.12.31	2013.06.30	2012.12.31
	基本每股收益(元)	0.0686	0.0639	0.0401	0.0690
	基本每股收益	0.0632	0.0636	0.0400	0.0663
	稀释每股收益(元)	0.0686	0.0639	0.0401	0.0690
	每股净资产(元)	1.8266	1.7212	1.7506	1.7556
	每股经营现金净流量(元)	0.0569	0.0381	–0.3751	0.1817
	每股现金流量(元)	–0.0460	0.1074	–0.0156	–0.4006
	每股资本公积金(元)	0.6459	0.6458	0.6421	0.6338
	每股盈余公积金(元)	0.1644	0.1644	0.1633	0.1633
	每股未分配利润(元)	0.0631	–0.0055	–0.0283	–0.0684
	净资产收益率(%)	3.7529	3.7138	2.2915	3.9289
	加权净资产收益率(%)	3.8600	3.6800	2.2900	4.0000
	净资产收益率(扣除)(%)	3.4582	3.6963	2.3939	3.7788
	总资产(万元)	3820970.86	3574947.96	3583636.47	3106087.92
	归属母公司股东权益	1569019.10	1478430.72	1503729.22	1508054.11
	营业收入(万元)	787096.95	1560188.26	785666.00	1560259.97
	营业成本(万元)	567489.97	1147861.42	584898.32	1142739.77
	投资收益(万元)	–1270.60	17864.33	2085.32	–28550.23
	净利润(万元)	58883.69	54906.32	34458.63	59250.20
	营业利润(万元)	78016.61	89086.07	53386.07	88842.09
	利润总额(万元)	82823.27	89893.55	51885.46	91769.96

铜陵有色金属集团股份有限公司

公司概况						
	公司名称	铜陵有色金属集团股份有限公司			证券简称	铜陵有色
	法人代表	杨军	董秘	吴和平	证券代码	000630
	公司网址	www.tlys.cn		电子信箱	tlys@126.com	
	电　　话	0562-2825029 5860159		传　　真	0562-2825082	
	办公地址	安徽省铜陵市长江西路有色大院西楼				
	经营范围	铜、金、银、稀有金属及相关产品、硫酸、铝型材生产、加工等				

主要财务指标	指标\报告期	2014.06.30	2013.12.31	2013.06.30	2012.12.31
	基本每股收益(元)	0.1600	0.4000	0.2100	0.6500
	基本每股收益	0.1100	–	0.1800	0.5300
	稀释每股收益(元)	0.1600	0.4000	0.2100	0.6500
	每股净资产(元)	7.8211	7.8364	7.6961	7.5837
	每股经营现金净流量(元)	0.3333	0.4181	–0.3500	–0.5043
	每股现金流量(元)	2.6074	–0.5842	0.5161	0.0789
	每股资本公积金(元)	2.3158	2.4104	2.4299	2.4457
	每股盈余公积金(元)	0.6218	0.6218	0.5739	0.5828
	每股未分配利润(元)	3.8523	3.7951	3.6526	3.5315
	净资产收益率(%)	2.0098	5.1395	2.7584	8.5694
	加权净资产收益率(%)	2.0000	5.2200	2.7700	8.9000
	净资产收益率(扣除)(%)	1.4591	3.2916	2.3031	6.9927
	总资产(万元)	4464861.98	3974739.81	4100638.84	3989282.02
	归属母公司股东权益	1111852.27	1114031.83	1094077.65	1078103.95
	营业收入(万元)	4052913.05	7616473.43	3416774.06	7725877.05
	营业成本(万元)	3911956.01	7412930.29	3310216.04	7440068.72
	投资收益(万元)	–404.12	3150.56	–2993.53	4167.81
	净利润(万元)	22346.52	57256.21	30178.76	92387.04
	营业利润(万元)	23550.34	52610.50	25662.99	83538.23
	利润总额(万元)	28070.09	70514.57	31302.22	108056.29

顺发恒业股份公司

公司概况						
	公司名称	顺发恒业股份公司			证券简称	顺发恒业
	法人代表	管大源	董秘	程捷	证券代码	000631
	公司网址	www.sfhy.cn		电子信箱	chengjie@sfhy.cn	
	电　　话	0431-85180631		传　　真	0431-81150631	
	办公地址	吉林省长春市朝阳区延安大路 1 号盛世国际写字间 3026 室				
	经营范围	房地产经营开发、物业管理、装修装饰、房屋和土木工程建设业等				

主要财务指标	指标\报告期	2014.06.30	2013.12.31	2013.06.30	2012.12.31
	基本每股收益(元)	0.2000	0.5800	0.0400	0.5600
	基本每股收益	0.2000	0.5800	0.0400	0.5a600
	稀释每股收益(元)	0.2000	0.5800	0.0400	0.5600
	每股净资产(元)	3.0181	2.8762	2.3322	2.6906
	每股经营现金净流量(元)	–0.9690	–0.9121	–0.2594	0.9520
	每股现金流量(元)	–0.1975	–0.1005	–0.3004	0.3128
	每股资本公积金(元)	0.2068	0.2068	0.2053	0.2045
	每股盈余公积金(元)	0.2091	0.2091	0.1489	0.1489
	每股未分配利润(元)	1.6022	1.4603	0.9780	1.3372
	净资产收益率(%)	6.6902	20.2801	1.7510	20.7670
	加权净资产收益率(%)	6.8300	21.4800	1.5100	22.8000
	净资产收益率(扣除)(%)	6.6294	20.2961	1.6331	20.7392
	总资产(万元)	1374435.37	1288284.40	1193933.33	1107757.73
	归属母公司股东权益	315544.41	300707.06	243829.51	281302.39
	营业收入(万元)	110705.43	280805.64	34301.22	276612.00
	营业成本(万元)	63803.22	170314.68	20841.67	159343.47
	投资收益(万元)	–	67.49	–	–500.00
	净利润(万元)	21110.40	60983.75	4269.54	58417.97
	营业利润(万元)	27597.58	75158.69	5067.89	80997.05
	利润总额(万元)	27759.88	74848.31	5403.71	80771.24

福建三木集团股份有限公司

公司概况						
	公司名称	福建三木集团股份有限公司			证券简称	三木集团
	法人代表	兰隽	董秘	兰隽(代)	证券代码	000632
	公司网址	www.san-mu.com		电子信箱	sanmugroup@126.com	
	电　　话	0591-83355146		传　　真	0591-83341504	
	办公地址	福建省福州市群众东路 93 号三木大厦				
	经营范围	房地产综合开发(一级资质)及国际贸易等				

主要财务指标	指标\报告期	2014.06.30	2013.12.31	2013.06.30	2012.12.31
	基本每股收益(元)	0.0118	0.0302	0.0123	0.0298
	基本每股收益	–0.1583	–0.1098	–	–0.1593
	稀释每股收益(元)	0.0118	0.0302	0.0123	0.0298
	每股净资产(元)	2.6832	2.6714	2.6531	2.6408
	每股经营现金净流量(元)	–0.6428	–0.3798	–0.3469	0.2918
	每股现金流量(元)	–0.3477	0.5787	0.1528	0.2174
	每股资本公积金(元)	1.3844	1.3845	1.3840	1.3841
	每股盈余公积金(元)	0.0164	0.0164	0.0164	0.0164
	每股未分配利润(元)	0.2824	0.2706	0.2527	0.2403
	净资产收益率(%)	0.4413	1.1308	0.4641	1.1283
	加权净资产收益率(%)	0.4400	1.1400	0.4700	1.8800
	净资产收益率(扣除)(%)	–5.8994	–4.1087	–2.8218	–6.0321
	总资产(万元)	648025.98	568252.85	549330.19	492914.11
	归属母公司股东权益	124908.31	124357.70	123504.81	122933.25
	营业收入(万元)	188665.70	522771.25	219418.98	467189.93
	营业成本(万元)	174525.66	487017.12	205524.09	439680.46
	投资收益(万元)	120.14	209.82	7.96	8764.93
	净利润(万元)	551.22	1406.26	573.23	1387.03
	营业利润(万元)	4795.43	6340.84	2875.23	3492.11
	利润总额(万元)	5167.48	7036.87	3262.97	3439.09

沈阳合金投资股份有限公司

	公司名称	沈阳合金投资股份有限公司			证券简称	合金投资
公司概况	法人代表	吴岩	董秘	杜坚毅(代)	证券代码	000633
	公司网址	www.hjinv.com			电子信箱	jianyi@hjinv.com
	电　话	024-89350633			传　真	024-23769620
	办公地址	辽宁省沈阳市浑南新区天赐街 7-1 号曙光大厦 A 座 10 楼				
	经营范围	投资入股、国内贸易等				

	指标\报告期	2014.06.30	2013.12.31	2013.06.30	2012.12.31
主要财务指标	基本每股收益(元)	-0.0381	0.0151	0.0053	0.0062
	基本每股收益	-0.0380	-0.0001	0.0053	-0.0300
	稀释每股收益(元)	-0.0381	0.0151	0.0053	0.0062
	每股净资产(元)	0.5509	0.5890	0.5792	0.5739
	每股经营现金净流量(元)	-0.0596	-0.0868	-0.0861	-0.0235
	每股现金流量(元)	-0.1221	0.0302	-0.0393	0.0680
	每股资本公积金(元)	0.1243	0.1243	0.1275	0.1275
	每股盈余公积金(元)	0.1690	0.1690	0.1690	0.1690
	每股未分配利润(元)	-0.7424	-0.7043	-0.7173	-0.7226
	净资产收益率(%)	-6.9158	2.5677	0.9236	1.0769
	加权净资产收益率(%)	-6.6800	2.6000	0.9300	1.0800
	净资产收益率(扣除)(%)	-6.8944	-0.0161	0.9243	-5.2992
	总资产(万元)	27850.59	29524.62	31307.11	31683.47
	归属母公司股东权益	21215.87	22683.11	22306.70	22100.68
	营业收入(万元)	4764.29	13059.41	7687.57	16149.61
	营业成本(万元)	4593.02	12242.70	7242.44	15678.26
	投资收益(万元)	-3.49	29.70	38.46	221.35
	净利润(万元)	-1467.24	582.43	206.02	238.00
	营业利润(万元)	-1462.71	-163.28	197.69	-1291.69
	利润总额(万元)	-1467.24	557.73	197.52	250.64

宁夏英力特化工股份有限公司

	公司名称	宁夏英力特化工股份有限公司			证券简称	英力特
公司概况	法人代表	秦江玉	董秘	李学军	证券代码	000635
	公司网址	www.yinglitechem.com			电子信箱	ylt_zqb@yinglitechem.com
	电　话	0952-3689323			传　真	0952-3689589
	办公地址	宁夏回族自治区石嘴山市惠农区钢电路				
	经营范围	电石及其系列延伸产品的生产和销售等				

	指标\报告期	2014.06.30	2013.12.31	2013.06.30	2012.12.31
主要财务指标	基本每股收益(元)	0.2450	0.2540	0.1680	0.1120
	基本每股收益	0.2340	0.1830	-	0.0250
	稀释每股收益(元)	0.2450	0.2540	0.1680	0.1120
	每股净资产(元)	9.1987	9.0537	8.9613	8.8431
	每股经营现金净流量(元)	0.5094	0.8860	0.2651	0.6877
	每股现金流量(元)	0.2577	0.0621	-0.0399	-0.3708
	每股资本公积金(元)	6.1981	6.1981	6.1981	6.1981
	每股盈余公积金(元)	0.2507	0.2507	0.2200	0.2200
	每股未分配利润(元)	1.7434	1.5984	1.5432	1.4250
	净资产收益率(%)	2.6629	2.8065	1.8767	1.1329
	加权净资产收益率(%)	2.6700	2.8400	1.8900	1.3200
	净资产收益率(扣除)(%)	2.5489	2.0197	1.6057	0.2574
	总资产(万元)	347346.50	355172.47	370339.70	362596.92
	归属母公司股东权益	278800.43	274405.63	271606.04	268024.29
	营业收入(万元)	95118.68	273994.93	138673.94	272068.49
	营业成本(万元)	75263.98	234165.38	119879.00	238916.60
	投资收益(万元)	34.06	312.13	328.27	543.69
	净利润(万元)	7424.20	7701.20	5097.19	3036.56
	营业利润(万元)	9770.60	8010.11	6250.56	2921.94
	利润总额(万元)	10160.25	10576.52	6784.34	3962.39

广东风华高新科技股份有限公司

	公司名称	广东风华高新科技股份有限公司			证券简称	风华高科
公司概况	法人代表	李泽中	董秘	陈绪运	证券代码	000636
	公司网址	www.fenghua-advanced.com			电子信箱	000636@china-fenghua.com
	电　话	0758-2844724			传　真	0758-2865223
	办公地址	广东省肇庆市风华路 18 号风华电子工业城				
	经营范围	研究、开发、生产、销售各类型高科技新型电子元器件等				

	指标\报告期	2014.06.30	2013.12.31	2013.06.30	2012.12.31
主要财务指标	基本每股收益(元)	0.0600	0.1300	0.0600	0.1100
	基本每股收益	0.0300	0.0300	0.0500	0.0100
	稀释每股收益(元)	0.0600	0.1300	0.0600	0.1100
	每股净资产(元)	3.4914	3.3736	3.2498	3.2000
	每股经营现金净流量(元)	0.0041	0.1464	0.0405	0.1744
	每股现金流量(元)	-0.0615	-0.2022	-0.2141	0.0256
	每股资本公积金(元)	1.4867	1.4287	1.3457	1.3548
	每股盈余公积金(元)	0.3957	0.3957	0.3778	0.3778
	每股未分配利润(元)	0.6123	0.5525	0.5269	0.4695
	净资产收益率(%)	1.7125	3.8809	1.7686	3.4119
	加权净资产收益率(%)	1.7600	4.0300	1.7800	3.1700
	净资产收益率(扣除)(%)	1.0342	0.9202	1.3863	0.5485
	总资产(万元)	354522.03	386891.17	325333.49	327886.66
	归属母公司股东权益	234260.07	226355.25	218051.27	214633.16
	营业收入(万元)	107791.10	223070.15	103018.73	208456.80
	营业成本(万元)	89790.85	187794.24	86920.29	176139.77
	投资收益(万元)	1930.03	4284.81	1017.76	6082.25
	净利润(万元)	4011.75	8784.58	3856.55	7323.16
	营业利润(万元)	4070.91	5826.12	3530.09	5945.21
	利润总额(万元)	4700.13	10802.00	4270.16	8066.27

茂名石化实华股份有限公司

	公司名称	茂名石化实华股份有限公司			证券简称	茂化实华
公司概况	法人代表	刘华	董秘	梁杰	证券代码	000637
	公司网址	www.mhsh0637.com.cn			电子信箱	mhsh000637@163.net
	电　话	0668-2276176 2231342			传　真	0668-2281965
	办公地址	广东省茂名市官渡路 162 号				
	经营范围	生产销售聚丙烯及其制品、石油化工产品、水泥、电器机械制造等				

	指标\报告期	2014.06.30	2013.12.31	2013.06.30	2012.12.31
主要财务指标	基本每股收益(元)	0.0710	0.0900	0.0480	0.0700
	基本每股收益	0.0670	-	0.0430	0.0600
	稀释每股收益(元)	0.0710	0.0900	0.0480	0.0700
	每股净资产(元)	1.5846	1.5131	1.4673	1.4595
	每股经营现金净流量(元)	0.1168	0.0867	0.1254	0.0629
	每股现金流量(元)	-0.0476	0.0364	-0.1027	-0.0035
	每股资本公积金(元)	0.0131	0.0131	0.0118	0.0115
	每股盈余公积金(元)	0.3369	0.3369	0.3289	0.3289
	每股未分配利润(元)	0.2337	0.1631	0.1262	0.1182
	净资产收益率(%)	4.4565	6.1370	3.2707	4.5300
	加权净资产收益率(%)	4.1700	6.2500	2.9900	4.5300
	净资产收益率(扣除)(%)	4.2462	5.0456	2.9129	4.2200
	总资产(万元)	124115.88	103980.96	104803.47	94127.77
	归属母公司股东权益	82381.33	78661.33	76280.90	75876.84
	营业收入(万元)	190360.87	324450.27	172490.83	353816.24
	营业成本(万元)	175185.79	301344.18	162007.06	338629.99
	投资收益(万元)	307.93	1050.12	569.82	-115.63
	净利润(万元)	3671.31	4827.42	2494.94	3443.66
	营业利润(万元)	8498.86	9398.12	4581.06	4888.16
	利润总额(万元)	8417.85	9556.03	4579.76	4904.20

万方城镇投资发展股份有限公司

公司概况					
公司名称	万方城镇投资发展股份有限公司			证券简称	万方发展
法人代表	张晖	董秘	董知	证券代码	000638
公司网址	www.vanfund.cn		电子信箱	vanfund@vanfund.cn	
电　　话	010-64656161		传　　真	010-64656767	
办公地址	北京市朝阳区曙光西里甲一号第三置业大厦A座30层				
经营范围	房地产开发及开发的商品房销售等				

主要财务指标　指标\报告期	2014.06.30	2013.12.31	2013.06.30	2012.12.31
基本每股收益(元)	0.0132	-0.0389	-0.0057	0.0323
基本每股收益	-	-	-	-0.0600
稀释每股收益(元)	0.0132	-0.0389	-0.0057	0.0323
每股净资产(元)	0.7401	0.7011	0.6910	0.6900
每股经营现金净流量(元)	-0.6988	-0.6340	0.2184	-0.1352
每股现金流量(元)	-0.2378	-0.1225	0.5624	4.2243
每股资本公积金(元)	0.2454	0.2195	0.1762	1.3524
每股盈余公积金(元)	0.0157	0.0157	0.0157	0.0314
每股未分配利润(元)	-0.5209	-0.5341	-0.5009	-0.9904
净资产收益率(%)	1.7790	-5.5464	-0.8200	2.3204
加权净资产收益率(%)	-4.6300	-5.7400	-0.8200	2.3800
净资产收益率(扣除)(%)	-4.2009	-6.9364	-2.3944	-4.6848
总资产(万元)	118509.21	119553.60	132001.99	102148.91
归属母公司股东权益	22900.22	21691.36	21380.78	21556.10
营业收入(万元)	9439.66	9950.95	8948.50	4855.66
营业成本(万元)	8784.65	8800.17	8387.90	4200.33
投资收益(万元)	1799.66	-	-	1910.77
净利润(万元)	407.39	-1203.09	-175.32	500.19
营业利润(万元)	768.62	-1403.90	-133.80	1035.06
利润总额(万元)	927.62	-1102.39	-133.80	1033.36

西王食品股份有限公司

公司概况					
公司名称	西王食品股份有限公司			证券简称	西王食品
法人代表	王棣	董秘	马立东	证券代码	000639
公司网址	www.xwsp.cc		电子信箱	wangjianxiang@xiwang.com.cn	
电　　话	0543-4868888		传　　真	0543-4868888	
办公地址	山东省滨州市邹平县西王工业园				
经营范围	生产销售食用油、结晶葡萄糖、果葡糖、果糖、玉米淀粉、糊精等				

主要财务指标　指标\报告期	2014.06.30	2013.12.31	2013.06.30	2012.12.31
基本每股收益(元)	0.2600	0.9600	0.3000	0.7600
基本每股收益	0.2500	0.9600	0.3010	0.7400
稀释每股收益(元)	0.2600	0.9600	0.3000	0.7600
每股净资产(元)	6.1099	6.1504	5.4939	5.4400
每股经营现金净流量(元)	-0.8874	1.7314	-1.5462	2.0141
每股现金流量(元)	-0.4319	0.2755	-0.9282	0.2065
每股资本公积金(元)	2.2836	2.2836	2.2836	2.2836
每股盈余公积金(元)	0.3239	0.3239	0.2583	0.2583
每股未分配利润(元)	2.5025	2.5430	1.9521	1.8977
净资产收益率(%)	4.2472	15.6224	5.5399	13.9659
加权净资产收益率(%)	4.1300	16.5800	5.4400	14.1300
净资产收益率(扣除)(%)	4.1011	15.5714	5.4726	13.6520
总资产(万元)	155328.29	143635.22	158646.21	143084.55
归属母公司股东权益	115063.86	115826.56	103463.48	102439.77
营业收入(万元)	77085.26	242732.98	101027.87	248045.97
营业成本(万元)	54480.94	182780.92	78239.06	191874.28
投资收益(万元)	-	-	-	23.28
净利润(万元)	4886.98	18094.86	5731.78	14306.63
营业利润(万元)	5312.22	19532.67	6355.37	15567.56
利润总额(万元)	5509.92	19603.89	6437.32	15662.52

仁和药业股份有限公司

公司概况					
公司名称	仁和药业股份有限公司			证券简称	仁和药业
法人代表	梅强	董秘	姜锋	证券代码	000650
公司网址	www.renheyaoye.com		电子信箱	rh000650@126.com	
电　　话	0791-83896755		传　　真	0791-83896755	
办公地址	江西省南昌市红谷滩新区红谷中大道998号绿地中央广场B区元创国际18层				
经营范围	中药材种植、药材种苗培植、纸箱生产、销售、计算机软件开发、设计等				

主要财务指标　指标\报告期	2014.06.30	2013.12.31	2013.06.30	2012.12.31
基本每股收益(元)	0.1263	0.2000	0.1514	0.2600
基本每股收益	0.1250	-	0.1452	0.2300
稀释每股收益(元)	0.1263	0.2000	0.1514	0.2600
每股净资产(元)	1.8614	1.8436	1.7875	1.6360
每股经营现金净流量(元)	0.2061	0.2154	0.0738	0.1857
每股现金流量(元)	-0.0305	0.0905	0.0205	0.2077
每股资本公积金(元)	0.3077	0.3077	0.2961	0.2961
每股盈余公积金(元)	0.1309	0.1309	0.1071	0.1071
每股未分配利润(元)	0.4228	0.4051	0.3843	0.2328
净资产收益率(%)	6.7834	10.6319	8.4728	15.7619
加权净资产收益率(%)	6.6200	11.3000	8.8500	18.3600
净资产收益率(扣除)(%)	6.7166	9.8897	8.1226	13.5034
总资产(万元)	238190.74	232871.72	225021.47	209486.60
归属母公司股东权益	184403.89	182642.42	177078.84	162075.28
营业收入(万元)	101150.00	179937.58	86195.68	208751.92
营业成本(万元)	57289.48	99951.21	46363.16	126524.61
投资收益(万元)	491.87	646.14	277.63	275.16
净利润(万元)	12508.77	19418.28	15003.56	25546.11
营业利润(万元)	17382.00	26227.04	19080.96	30901.41
利润总额(万元)	17542.57	27647.78	20146.71	34505.61

珠海格力电器股份有限公司

公司概况					
公司名称	珠海格力电器股份有限公司			证券简称	格力电器
法人代表	董明珠	董秘	望靖东	证券代码	000651
公司网址	www.gree.com.cn		电子信箱	gree0651@gree.com.cn	
电　　话	0756-8669232		传　　真	0756-8622581	
办公地址	广东省珠海市前山金鸡西路				
经营范围	生产销售空调器、自营空调器出口业务及其相关零配件的进出口业务等				

主要财务指标　指标\报告期	2014.06.30	2013.12.31	2013.06.30	2012.12.31
基本每股收益(元)	1.9000	3.6100	1.3300	2.4700
基本每股收益	2.1200	-	1.0800	2.3400
稀释每股收益(元)	1.9000	3.6100	1.3300	2.4700
每股净资产(元)	11.8981	11.4975	9.1992	8.8900
每股经营现金净流量(元)	6.4183	4.3120	5.2369	6.1202
每股现金流量(元)	5.8420	2.6227	4.3357	4.9975
每股资本公积金(元)	1.0554	1.0559	1.0351	1.0596
每股盈余公积金(元)	0.9835	0.9835	0.9835	0.9835
每股未分配利润(元)	8.8441	8.4431	6.1771	5.8421
净资产收益率(%)	15.9780	31.4337	14.5116	27.5946
加权净资产收益率(%)	15.2700	35.7700	14.2500	31.3800
净资产收益率(扣除)(%)	17.8522	25.7580	11.7723	26.1570
总资产(万元)	13020556.29	13370210.34	11040830.05	10756689.99
归属母公司股东权益	3578800.90	3458281.03	2766994.67	2674313.44
营业收入(万元)	5786578.64	11862794.82	5289568.25	9931619.63
营业成本(万元)	3865218.07	8038593.98	3829376.29	7320307.74
投资收益(万元)	32603.34	71733.72	19453.15	-2049.44
净利润(万元)	571815.29	1087067.28	401534.38	737966.63
营业利润(万元)	680748.31	1226301.01	471153.93	802630.79
利润总额(万元)	698215.29	1289192.39	498230.17	876270.93

天津泰达股份有限公司

公司概况	公司名称	天津泰达股份有限公司			证券简称	泰达股份
	法人代表	张秉军	董秘	谢剑琳	证券代码	000652
	公司网址	www.tedastock.com		电子信箱	dm@tedastock.com	
	电　话	022-23201272		传　真	022-23201277	
	办公地址	天津市河西区解放南路256号泰达大厦20层				
	经营范围	交通、能源、高科技工业投资、空气液体净化过滤材料、化纤等				

	指标\报告期	2014.06.30	2013.12.31	2013.06.30	2012.12.31
主要财务指标	基本每股收益(元)	-0.0151	0.0788	-0.0348	-0.1324
	基本每股收益	-0.0216	-0.0712	-0.0389	-0.1400
	稀释每股收益(元)	-0.0151	0.0788	-0.0348	-0.1324
	每股净资产(元)	1.3761	1.4349	1.3206	1.3544
	每股经营现金净流量(元)	-0.8387	0.6280	0.1479	0.3048
	每股现金流量(元)	-0.1237	1.3354	1.0003	-0.0992
	每股资本公积金(元)	0.0169	0.0506	0.0499	0.0489
	每股盈余公积金(元)	0.1819	0.1819	0.1819	0.1819
	每股未分配利润(元)	0.1774	0.2025	0.0888	0.1236
	净资产收益率(%)	-1.0956	5.4934	-2.6370	-9.7955
	加权净资产收益率(%)	-1.0600	5.6600	-2.6000	-9.3600
	净资产收益率(扣除)(%)	-1.5665	-4.9653	-2.9433	-10.6892
	总资产(万元)	2080050.08	1980770.43	1902733.92	1647739.01
	归属母公司股东权益	203057.70	211736.23	194866.13	199856.79
	营业收入(万元)	323103.99	1014388.37	309332.40	595253.71
	营业成本(万元)	298708.06	913516.98	271574.73	511774.95
	投资收益(万元)	6526.71	7821.24	3786.77	7148.46
	净利润(万元)	-2224.69	11631.44	-5138.60	-19576.94
	营业利润(万元)	-3209.23	26249.45	4111.63	20936.81
	利润总额(万元)	-1063.40	66969.19	4962.87	22867.44

山东金岭矿业股份有限公司

公司概况	公司名称	山东金岭矿业股份有限公司			证券简称	金岭矿业
	法人代表	刘圣刚	董秘	王新	证券代码	000655
	公司网址	www.sdjlky.com		电子信箱	sz000655@163.com	
	电　话	0533-3088888		传　真	0533-3089666	
	办公地址	山东省淄博市张店区中埠镇				
	经营范围	铁矿开采、铁精粉、铜精粉、钴精粉的生产、销售等				

	指标\报告期	2014.06.30	2013.12.31	2013.06.30	2012.12.31
主要财务指标	基本每股收益(元)	0.1400	0.4400	0.1500	0.3600
	基本每股收益	0.1360	0.4430	0.1490	0.3580
	稀释每股收益(元)	0.1400	0.4400	0.1500	0.3550
	每股净资产(元)	5.1010	5.0598	4.8625	4.7118
	每股经营现金净流量(元)	0.1982	0.1696	0.3572	0.7294
	每股现金流量(元)	-0.0643	-0.1288	0.1562	-0.9851
	每股资本公积金(元)	0.8197	0.8197	0.8197	0.8197
	每股盈余公积金(元)	0.4517	0.4517	0.4091	0.4091
	每股未分配利润(元)	2.8109	2.7750	2.6270	2.4781
	净资产收益率(%)	2.6643	8.6868	3.0628	7.5399
	加权净资产收益率(%)	2.6600	8.9500	3.1100	7.8400
	净资产收益率(扣除)(%)	2.6690	8.7553	3.0705	7.6064
	总资产(万元)	378496.82	359483.69	341870.84	333600.88
	归属母公司股东权益	303680.79	301228.59	289483.12	280510.71
	营业收入(万元)	87934.04	163722.75	67228.34	131751.75
	营业成本(万元)	60508.46	101527.72	42469.19	82877.05
	投资收益(万元)	545.17	988.71	529.12	2036.89
	净利润(万元)	8090.89	26167.15	8866.20	21150.14
	营业利润(万元)	10037.48	35201.24	12290.13	28035.44
	利润总额(万元)	10018.56	34989.84	12260.28	27768.99

金科地产集团股份有限公司

公司概况	公司名称	金科地产集团股份有限公司			证券简称	金科股份
	法人代表	黄红云	董秘	刘忠海	证券代码	000656
	公司网址	www.jinke.com		电子信箱	ir@jinke.com	
	电　话	023-63023656		传　真	023-63023656	
	办公地址	重庆市北部新区春兰三路1号地矿大厦10楼				
	经营范围	房地产开发、物业管理;制造、加工、销售钢材、锰铁、机械加工等				

	指标\报告期	2014.06.30	2013.12.31	2013.06.30	2012.12.31
主要财务指标	基本每股收益(元)	0.3900	0.8500	0.6800	1.1000
	基本每股收益	0.2700	-	0.6700	1.0200
	稀释每股收益(元)	0.3900	0.8500	0.6800	1.1000
	每股净资产(元)	6.7494	6.7776	6.5775	5.9955
	每股经营现金净流量(元)	-4.6144	-3.8997	-1.0465	-0.2698
	每股现金流量(元)	0.2613	-1.5343	-0.3691	2.4022
	每股资本公积金(元)	0.5726	0.6344	0.6016	0.6016
	每股盈余公积金(元)	0.0238	0.2599	0.1858	0.1858
	每股未分配利润(元)	5.1531	4.8834	4.7901	4.2080
	净资产收益率(%)	5.7738	12.5325	10.3690	18.4188
	加权净资产收益率(%)	5.6100	13.3400	10.7900	21.1100
	净资产收益率(扣除)(%)	3.9795	11.3330	10.1708	17.0206
	总资产(万元)	7805418.34	6239505.53	5870305.25	5201520.94
	归属母公司股东权益	781945.00	785216.45	762031.32	694601.43
	营业收入(万元)	435792.20	1606961.52	764328.35	1034865.57
	营业成本(万元)	302832.65	1188628.19	534318.00	663640.66
	投资收益(万元)	2842.00	-627.47	-455.89	351.43
	净利润(万元)	45147.67	98407.15	79015.29	127937.52
	营业利润(万元)	49701.20	120784.98	100244.03	161748.29
	利润总额(万元)	66202.18	126731.28	102238.79	165934.63

中钨高新材料股份有限公司

公司概况	公司名称	中钨高新材料股份有限公司			证券简称	中钨高新
	法人代表	杨伯华	董秘	李俊利	证券代码	000657
	公司网址			电子信箱	zwgx000657@126.com	
	电　话	0731-22165522 22165587		传　真	0731-22165500	
	办公地址	湖南省株洲市天元区黄河北路100号日盛华尔兹大厦21楼				
	经营范围	硬质合金和钨、钼、钽、铌等有色金属及其深加工产品和装备的研制、开发、生产、销售等				

	指标\报告期	2014.06.30	2013.12.31	2013.06.30	2012.12.31
主要财务指标	基本每股收益(元)	-0.3200	0.3006	0.2000	0.2939
	基本每股收益	-0.3400	-0.0700	0.0147	-0.2488
	稀释每股收益(元)	-0.3200	0.3006	0.2000	0.2939
	每股净资产(元)	5.2072	6.6105	1.2800	1.2664
	每股经营现金净流量(元)	-0.3649	0.6151	2.8354	0.9004
	每股现金流量(元)	-0.1964	1.6165	1.6369	-2.1060
	每股资本公积金(元)	4.3601	4.3599	0.9768	10.2161
	每股盈余公积金(元)	0.0763	0.0763	0.2154	0.2154
	每股未分配利润(元)	-0.2207	0.1165	-0.9121	-0.4023
	净资产收益率(%)	-6.0734	4.5477	1.0945	6.3270
	加权净资产收益率(%)	-5.8700	6.2700	4.3000	6.5100
	净资产收益率(扣除)(%)	-6.5893	-0.5101	1.1468	-19.6460
	总资产(万元)	1016582.16	961864.73	39700.55	853491.90
	归属母公司股东权益	327354.86	348459.79	28490.10	244901.62
	营业收入(万元)	380596.79	1123729.67	472646.26	848956.90
	营业成本(万元)	344456.20	997578.34	405005.52	725639.72
	投资收益(万元)	24.50	31.19	20.00	2987.04
	净利润(万元)	-19881.57	15846.96	10750.69	15494.97
	营业利润(万元)	-21016.78	11542.45	8887.32	11241.98
	利润总额(万元)	-18873.65	22290.07	13870.04	20754.56

珠海中富实业股份有限公司

公司概况						
公司名称	珠海中富实业股份有限公司				证券简称	*ST 中富
法人代表	陈志俊	董秘	陈立上		证券代码	000659
公司网址	www.zhongfu.com.cn		电子信箱		zfzjb@zhongfu.com.cn	
电　　话	0756-8931098		传　　真		0756-8812870	
办公地址	广东省珠海市保税区联锋路					
经营范围	生产和销售自产的饮料容器、瓶胚、PET高级饮料瓶、纸杯、防冒瓶盖等					

主要财务指标：指标\报告期	2014.06.30	2013.12.31	2013.06.30	2012.12.31
基本每股收益(元)	0.0700	-0.8600	-0.0500	-0.1400
基本每股收益	0.0100	-	-0.0500	-0.1400
稀释每股收益(元)	0.0700	-0.8600	-0.0500	-0.1400
每股净资产(元)	0.9089	0.8386	1.5691	1.6481
每股经营现金净流量(元)	0.1745	0.2360	-0.0440	0.4848
每股现金流量(元)	-0.1953	-0.3032	-0.3162	0.3577
每股资本公积金(元)	0.2264	0.2287	0.1350	0.1602
每股盈余公积金(元)	0.2845	0.2845	0.2845	0.2845
每股未分配利润(元)	-0.5797	-0.6509	0.1606	0.2132
净资产收益率(%)	7.8322	-102.9970	-3.3328	-8.5618
加权净资产收益率(%)	8.1500	-69.4700	-3.2500	-8.1800
净资产收益率(扣除)(%)	0.9898	-102.5989	-3.4586	-8.3247
总资产(万元)	421114.65	455394.82	599155.47	594310.13
归属母公司股东权益	116856.25	107816.86	201738.10	211902.38
营业收入(万元)	130232.70	279562.33	138478.04	311358.90
营业成本(万元)	103624.49	244093.36	119529.24	267142.88
投资收益(万元)	90.88	1361.76	822.53	-19.53
净利润(万元)	9152.39	-111048.18	-6723.45	-18142.55
营业利润(万元)	3506.33	-114857.50	-6523.40	-15074.27
利润总额(万元)	11843.44	-115361.26	-6186.40	-15627.80

索芙特股份有限公司

公司概况						
公司名称	索芙特股份有限公司				证券简称	索 芙 特
法人代表	梁国坚	董秘	李博		证券代码	000662
公司网址	www.softto.com.cn		电子信箱		redsunsec@163.com	
电　　话	0774-3863880 3863686		传　　真		0774-3863582	
办公地址	广西壮族自治区梧州市新兴二路137号					
经营范围	精细化工产业、化妆品制造业、化学药品原药制药业、化学药品制造业等					

主要财务指标：指标\报告期	2014.06.30	2013.12.31	2013.06.30	2012.12.31
基本每股收益(元)	-0.1140	-0.2173	-0.0641	0.0514
基本每股收益	-0.1164	-	-0.0659	-0.5495
稀释每股收益(元)	-0.1140	-0.2173	-0.0641	0.0514
每股净资产(元)	1.8415	1.9554	2.1088	2.1729
每股经营现金净流量(元)	0.1383	-1.0727	-0.3779	0.7372
每股现金流量(元)	0.1815	-0.8995	-0.7930	1.4237
每股资本公积金(元)	0.9301	0.9301	0.9301	0.9301
每股盈余公积金(元)	0.2080	0.2080	0.2080	0.2080
每股未分配利润(元)	-0.2953	-0.1813	-0.0281	0.0360
净资产收益率(%)	-6.1916	-11.1126	-3.0395	2.3670
加权净资产收益率(%)	-6.0100	-10.5300	-2.9900	2.2800
净资产收益率(扣除)(%)	-6.3208	-10.8187	-3.1250	-25.2891
总资产(万元)	89221.58	88646.17	91787.79	111558.26
归属母公司股东权益	53032.05	56312.28	60730.65	62576.59
营业收入(万元)	22164.83	50652.81	23451.90	57681.51
营业成本(万元)	19617.91	42204.36	19489.12	50330.09
投资收益(万元)	7.77	-136.68	-6.16	17697.59
净利润(万元)	-3283.55	-6257.77	-1845.89	1481.17
营业利润(万元)	-3752.36	-6223.53	-1864.39	2873.64
利润总额(万元)	-3661.53	-6402.57	-1819.09	2673.14

长春高新技术产业(集团)股份有限公司

公司概况						
公司名称	长春高新技术产业(集团)股份有限公司				证券简称	长春高新
法人代表	杨占民	董秘	周伟群		证券代码	000661
公司网址	www.cchn.com.cn		电子信箱		cchn@public.cc.jl.cn	
电　　话	0431-85666367		传　　真		0431-85675390	
办公地址	吉林省长春市同志街2400号火炬大厦5层					
经营范围	高新技术产品的开发、生产、销售及服务、基础设施的开发建设、物业管理等					

主要财务指标：指标\报告期	2014.06.30	2013.12.31	2013.06.30	2012.12.31
基本每股收益(元)	0.8100	2.1600	1.1300	2.2800
基本每股收益	0.8000	2.3000	0.9500	2.2600
稀释每股收益(元)	0.8100	2.1600	1.1300	2.2800
每股净资产(元)	9.4926	9.0823	8.0069	7.0759
每股经营现金净流量(元)	1.3943	3.7965	1.4137	3.1063
每股现金流量(元)	-0.0573	1.2738	0.0398	1.3402
每股资本公积金(元)	1.9969	1.9967	1.9521	1.9521
每股盈余公积金(元)	0.6460	0.6460	0.4748	0.4748
每股未分配利润(元)	5.8497	5.4397	4.5800	3.6491
净资产收益率(%)	8.5330	23.8020	14.1000	32.2620
加权净资产收益率(%)	8.5300	26.5000	14.1200	38.4700
净资产收益率(扣除)(%)	8.4377	25.3113	11.8221	31.9622
总资产(万元)	296651.46	280464.02	244781.26	231437.79
归属母公司股东权益	124662.79	119274.89	105151.63	92925.90
营业收入(万元)	87604.12	204869.23	96433.01	176118.72
营业成本(万元)	13832.83	38454.63	18307.37	31790.01
投资收益(万元)	-37.04	-14.83	0.76	7.07
净利润(万元)	10637.42	28389.82	14852.12	29979.75
营业利润(万元)	21143.32	55188.61	25511.53	46940.79
利润总额(万元)	20551.81	51802.93	24069.30	47571.45

福建省永安林业(集团)股份有限公司

公司概况						
公司名称	福建省永安林业(集团)股份有限公司				证券简称	永安林业
法人代表	吴景贤	董秘	谢红		证券代码	000663
公司网址	www.yonglin.com		电子信箱		info@yonglin.com	
电　　话	0598-3614875 3600083		传　　真		0598-3633415	
办公地址	福建省永安市燕江东路819号					
经营范围	(竹)材采运、加工、林化产品制造等					

主要财务指标：指标\报告期	2014.06.30	2013.12.31	2013.06.30	2012.12.31
基本每股收益(元)	-0.0400	0.0500	-0.0500	0.0500
基本每股收益	-0.1500	-0.1700	-0.1400	-0.2100
稀释每股收益(元)	-0.0400	0.0500	-0.0500	0.0500
每股净资产(元)	1.5322	1.6398	1.6026	1.7343
每股经营现金净流量(元)	-0.0325	0.2353	-0.0475	0.6029
每股现金流量(元)	0.0320	-0.2485	-0.2833	0.2133
每股资本公积金(元)	0.5605	0.6265	0.6962	0.7758
每股盈余公积金(元)	0.0838	0.0838	0.0838	0.0838
每股未分配利润(元)	-0.1121	-0.0704	-0.1775	-0.1253
净资产收益率(%)	-2.7216	3.3452	-3.2567	3.0728
加权净资产收益率(%)	-1.3100	3.2500	-2.4900	3.0800
净资产收益率(扣除)(%)	-9.4947	-10.5635	-8.6932	-12.2014
总资产(万元)	132553.53	135472.47	136275.48	145991.21
归属母公司股东权益	31066.82	33249.42	32493.40	35165.39
营业收入(万元)	20066.28	45893.19	19545.39	45689.83
营业成本(万元)	17226.23	40028.73	17311.48	38048.52
投资收益(万元)	1634.04	3521.62	1310.71	4440.13
净利润(万元)	-845.52	1112.24	-1058.23	1080.58
营业利润(万元)	-1306.72	-1648.75	-1828.78	-196.81
利润总额(万元)	-612.85	1378.59	-913.96	1382.65

湖北省广播电视信息网络股份有限公司

公司概况					
公司名称	湖北省广播电视信息网络股份有限公司			证券简称	湖北广电
法人代表	吕值友	董秘	祁国钧	证券代码	000665
公司网址	www.hrtn.net			电子信箱	hbsgdwl@163.com
电话	027-86653990			传真	027-86653873
办公地址	湖北省武汉市中北路 101 号(楚商大厦)				
经营范围	有线电视网络运营				

主要财务指标 指标\报告期	2014.06.30	2013.12.31	2013.06.30	2012.12.31
基本每股收益(元)	0.2600	0.4700	0.2400	0.6600
基本每股收益	0.2600	0.4300	0.2300	0.6200
稀释每股收益(元)	0.2600	0.4700	0.2400	0.6600
每股净资产(元)	6.1508	5.9699	5.7329	5.4969
每股经营现金净流量(元)	0.3469	1.5950	0.5425	1.3880
每股现金流量(元)	-0.2463	0.0074	-0.1381	0.2310
每股资本公积金(元)	3.1942	3.1942	3.1942	3.1942
每股盈余公积金(元)	0.1154	0.1154	0.0713	0.0713
每股未分配利润(元)	1.8412	1.6603	1.4674	1.2313
净资产收益率(%)	4.2418	7.9239	4.1172	8.4217
加权净资产收益率(%)	4.3000	8.2500	4.2000	8.6300
净资产收益率(扣除)(%)	4.2389	7.2161	4.0274	7.9669
总资产(万元)	332355.62	331350.41	321076.28	324130.06
归属母公司股东权益	239120.19	232087.16	222872.98	213696.78
营业收入(万元)	56890.60	115362.93	57439.36	106134.61
营业成本(万元)	30025.86	60408.22	29915.35	57369.73
投资收益(万元)	36.97	284.93	83.46	121.61
净利润(万元)	10143.11	18390.38	9176.20	17996.94
营业利润(万元)	10113.34	16734.07	8952.81	17001.65
利润总额(万元)	10120.50	18376.83	9152.99	17973.52

经纬纺织机械股份有限公司

公司概况					
公司名称	经纬纺织机械股份有限公司			证券简称	经纬纺机
法人代表	叶茂新	董秘	叶雪华	证券代码	000666
公司网址	www.jwgf.com			电子信箱	yxh@jwgf.com
电话	010-84534078-8188 8501			传真	010-84534135
办公地址	北京市朝阳区亮马桥路 39 号第一上海中心七层				
经营范围	开发、生产、销售纺织机械及其配套件等				

主要财务指标 指标\报告期	2014.06.30	2013.12.31	2013.06.30	2012.12.31
基本每股收益(元)	0.3100	0.8400	0.4300	0.7000
基本每股收益	0.2900	0.7300	0.4200	0.4800
稀释每股收益(元)	0.3100	0.8400	0.4300	0.7000
每股净资产(元)	7.4599	7.2630	6.8517	6.6745
每股经营现金净流量(元)	1.5080	3.3750	1.5861	2.5445
每股现金流量(元)	1.4797	4.0581	2.3922	3.7619
每股资本公积金(元)	2.6583	2.6747	2.6757	2.8363
每股盈余公积金(元)	1.1653	1.1653	1.0416	1.0416
每股未分配利润(元)	2.4720	2.2637	1.9791	1.7132
净资产收益率(%)	4.1340	11.5716	6.3075	9.1547
加权净资产收益率(%)	4.1900	12.0600	3.7400	11.7100
净资产收益率(扣除)(%)	3.9225	10.0695	6.1624	6.2193
总资产(万元)	1992951.75	1886348.68	1766753.04	1555348.73
归属母公司股东权益	525273.99	511406.83	482446.06	469970.85
营业收入(万元)	242734.93	567548.40	271294.03	506193.04
营业成本(万元)	203739.96	481512.12	232868.20	419821.03
投资收益(万元)	3865.03	-703.36	-1480.75	7312.81
净利润(万元)	21713.00	59177.83	30430.46	43024.28
营业利润(万元)	123003.62	239488.81	131303.89	178905.17
利润总额(万元)	124415.13	247544.87	132355.59	189549.88

美好置业集团股份有限公司

公司概况					
公司名称	美好置业集团股份有限公司			证券简称	美好集团
法人代表	刘道明	董秘	冯娴	证券代码	000667
公司网址	www.000667.com			电子信箱	ir@000667.com
电话	027-87838669 0871-3610134			传真	027-87836606 0871-3625615
办公地址	湖北省武汉市武昌区东湖路 10 号水果湖广场 5 楼				
经营范围	房地产开发销售及投资等				

主要财务指标 指标\报告期	2014.06.30	2013.12.31	2013.06.30	2012.12.31
基本每股收益(元)	0.0200	0.0200	0.0300	0.0600
基本每股收益	0.0200	0.0200	0.0300	0.0300
稀释每股收益(元)	0.0200	0.0200	0.0300	0.0600
每股净资产(元)	2.1161	2.1005	2.0981	2.0943
每股经营现金净流量(元)	-0.2757	-0.1897	-0.2440	-0.7305
每股现金流量(元)	0.0954	-0.0215	0.0452	-0.2817
每股资本公积金(元)	0.6050	0.6050	0.6013	0.5978
每股盈余公积金(元)	0.0976	0.0976	0.0840	0.0840
每股未分配利润(元)	0.4135	0.3980	0.4128	0.4126
净资产收益率(%)	0.7367	0.9614	1.2032	3.0530
加权净资产收益率(%)	0.7400	0.9600	1.2000	3.1100
净资产收益率(扣除)(%)	0.7339	0.9983	1.2429	1.3028
总资产(万元)	1679948.61	1508048.74	1449437.62	1304326.97
归属母公司股东权益	541643.18	537653.01	541279.03	540315.36
营业收入(万元)	108998.91	346525.76	96260.53	177237.17
营业成本(万元)	79391.56	275184.08	64322.89	122881.54
投资收益(万元)	762.64	2125.15	711.24	14383.71
净利润(万元)	3990.17	5169.14	6512.54	16495.65
营业利润(万元)	6794.00	13184.66	10712.94	24797.28
利润总额(万元)	6824.17	12941.44	10433.21	24726.88

荣丰控股集团股份有限公司

公司概况					
公司名称	荣丰控股集团股份有限公司			证券简称	荣丰控股
法人代表	王征	董秘	王焕新(代)	证券代码	000668
公司网址	www.rfholding.cn			电子信箱	ir@rfholding.cn
电话	010-51757691			传真	010-51757611
办公地址	上海市浦东新区世纪大道 1200 号 1908 室				
经营范围	房地产开发经营、商品房销售、租赁、物业管理、建筑装修、园林绿化等				

主要财务指标 指标\报告期	2014.06.30	2013.12.31	2013.06.30	2012.12.31
基本每股收益(元)	-0.1400	0.0100	0.0100	0.0100
基本每股收益	-0.1400	-	0.0100	-0.0200
稀释每股收益(元)	-0.1400	0.0100	0.0100	0.0100
每股净资产(元)	4.4126	4.5641	4.5613	4.5600
每股经营现金净流量(元)	-0.2338	-1.1274	0.6526	-0.6708
每股现金流量(元)	0.5369	1.4392	0.2354	0.1863
每股资本公积金(元)	0.5480	0.5480	0.5480	0.5480
每股盈余公积金(元)	0.7597	0.7597	0.7597	0.7597
每股未分配利润(元)	2.1049	2.2564	2.2536	2.2544
净资产收益率(%)	-3.2090	0.2638	0.2009	0.2642
加权净资产收益率(%)	-3.1600	0.2600	0.2000	0.2600
净资产收益率(扣除)(%)	-3.2095	0.7421	0.1728	-0.4736
总资产(万元)	164638.21	152121.15	111142.41	111537.91
归属母公司股东权益	64794.86	67020.78	66978.55	66990.80
营业收入(万元)	9330.66	11835.19	3866.95	7010.18
营业成本(万元)	8964.19	2910.61	1072.07	1601.64
投资收益(万元)	177.10	618.95	618.95	562.68
净利润(万元)	-2079.08	176.82	134.59	176.97
营业利润(万元)	-2168.97	1994.63	859.79	508.37
利润总额(万元)	-2159.90	1646.70	887.71	1240.55

中油金鸿能源投资股份有限公司

公司概况	公司名称	中油金鸿能源投资股份有限公司		证券简称	金鸿能源
	法人代表	陈义和	董秘 焦玉文	证券代码	000669
	公司网址	www.spjhe.com	电子信箱	jyw000669@163.com	
	电　话	010-82809145-188	传　真	010-82809491	
	办公地址	北京市东城区鼓楼外大街26号荣宝大厦			
	经营范围	以医药、医疗器械、保护膜的生产经营、保健品经营等			

主要财务指标	指标\报告期	2014.06.30	2013.12.31	2013.06.30	2012.12.31
	基本每股收益(元)	0.4026	1.1146	0.3712	1.4784
	基本每股收益	0.3903	1.1057	0.5565	1.4610
	稀释每股收益(元)	0.4026	1.1146	0.3712	1.4784
	每股净资产(元)	5.3880	7.6749	7.1172	6.5603
	每股经营现金净流量(元)	0.4139	1.9115	0.3724	0.6405
	每股现金流量(元)	0.5598	-1.0880	-0.5223	0.4219
	每股资本公积金(元)	1.3355	2.5033	2.5033	2.5033
	每股盈余公积金(元)	0.1703	0.2555	0.1307	0.1307
	每股未分配利润(元)	2.8800	3.9161	3.4832	2.9263
	净资产收益率(%)	7.4719	14.5226	7.8241	15.4327
	加权净资产收益率(%)	7.3400	14.5200	8.1400	16.6200
	净资产收益率(扣除)(%)	7.2435	14.4065	7.8186	15.2505
	总资产(万元)	660062.87	575559.91	525386.64	488702.11
	归属母公司股东权益	217428.12	206477.06	191472.22	176491.17
	营业收入(万元)	109306.22	167700.73	75374.77	131357.22
	营业成本(万元)	72133.36	101849.01	44427.01	74745.58
	投资收益(万元)	305.26	87.50	155.15	-174.24
	净利润(万元)	16246.10	29985.89	14981.05	27237.42
	营业利润(万元)	24412.74	44954.70	21876.33	38560.68
	利润总额(万元)	25131.48	45340.08	21890.97	38992.16

盈方微电子股份有限公司

公司概况	公司名称	盈方微电子股份有限公司		证券简称	盈方微
	法人代表	史浩樑	董秘 张韵	证券代码	000670
	公司网址	www.sunyoungchina.com	电子信箱	jzc1976@hotmail.com	
	电　话	021-32506689	传　真	021-62263030	
	办公地址	上海市长宁区江苏路398号舜元企业发展大厦17楼三单元			
	经营范围	工业、商业、房地产行业的投资经营及相关资询与服务			

主要财务指标	指标\报告期	2014.06.30	2013.12.31	2013.06.30	2012.12.31
	基本每股收益(元)	0.0041	0.0212	0.0206	0.0090
	基本每股收益	-0.0126	0.0211	0.0205	0.0082
	稀释每股收益(元)	0.0041	0.0212	0.0206	0.0090
	每股净资产(元)	1.7866	0.7925	0.7919	0.7713
	每股经营现金净流量(元)	0.0008	0.7187	-0.0379	-0.1200
	每股现金流量(元)	0.2555	1.5109	-0.0571	-0.0318
	每股资本公积金(元)	-0.4898	0.4811	1.9742	1.9742
	每股盈余公积金(元)	0.0042	0.1145	0.2039	0.2039
	每股未分配利润(元)	0.0824	2.2206	-2.3861	-2.4067
	净资产收益率(%)	0.1468	2.6685	2.5982	1.1656
	加权净资产收益率(%)	0.6300	2.7000	2.6300	1.1700
	净资产收益率(扣除)(%)	-0.4533	2.6576	2.5831	1.0632
	总资产(万元)	73857.87	18912.78	40783.09	29956.63
	归属母公司股东权益	48633.36	11221.08	21556.92	20996.82
	营业收入(万元)	6436.90	10714.74	10306.30	11777.81
	营业成本(万元)	3713.84	4595.68	6089.57	8392.56
	投资收益(万元)	-	-	-	-
	净利润(万元)	71.40	575.65	1406.97	244.73
	营业利润(万元)	-144.88	1130.15	1401.76	728.37
	利润总额(万元)	188.71	1133.20	1638.08	749.45

阳光城集团股份有限公司

公司概况	公司名称	阳光城集团股份有限公司		证券简称	阳光城
	法人代表	林腾蛟	董秘 廖剑锋	证券代码	000671
	公司网址	www.yango.com.cn	电子信箱	000671@yango.com.cn	
	电　话	0591-83353145 88089227	传　真	0591-88089227	
	办公地址	福建省福州市鼓楼区乌山西路68号			
	经营范围	房地产业务为主、以贸易业务为补充等			

主要财务指标	指标\报告期	2014.06.30	2013.12.31	2013.06.30	2012.12.31
	基本每股收益(元)	0.1800	0.6400	0.1400	0.5500
	基本每股收益	0.1700	0.6100	0.1200	0.8200
	稀释每股收益(元)	0.1700	0.6200	0.1300	0.5500
	每股净资产(元)	3.2606	3.1370	2.1653	4.0961
	每股经营现金净流量(元)	-4.4108	-5.2357	-0.5759	0.2059
	每股现金流量(元)	0.2440	1.5743	2.0454	0.4882
	每股资本公积金(元)	0.5620	0.5537	0.0440	0.3424
	每股盈余公积金(元)	0.0565	0.0565	0.0324	0.1972
	每股未分配利润(元)	1.6421	1.5268	1.0888	2.5565
	净资产收益率(%)	5.3783	19.8982	6.3751	25.4428
	加权净资产收益率(%)	5.4400	24.8200	6.3200	27.3000
	净资产收益率(扣除)(%)	5.0666	19.1170	5.5969	20.0557
	总资产(万元)	4276614.11	3271061.99	2230605.05	1644534.42
	归属母公司股东权益	340421.65	327510.29	220513.97	219554.24
	营业收入(万元)	307150.90	744418.50	283192.23	545234.63
	营业成本(万元)	217003.02	522711.90	207927.68	405950.49
	投资收益(万元)	832.87	1242.11	1477.06	-969.76
	净利润(万元)	18308.75	65168.51	14058.08	55860.67
	营业利润(万元)	25149.94	88709.16	22292.38	61869.51
	利润总额(万元)	25360.22	89140.48	21952.33	73177.43

甘肃上峰水泥股份有限公司

公司概况	公司名称	甘肃上峰水泥股份有限公司		证券简称	上峰水泥
	法人代表	俞锋	董秘 瞿辉	证券代码	000672
	公司网址	www.sfsn.cn	电子信箱	sfsn123@sina.com	
	电　话	0562-8758037	传　真	0562-8758117	
	办公地址	甘肃省白银市白银区五一街8号铜城商厦四楼			
	经营范围	商业经营和酒店服务业务			

主要财务指标	指标\报告期	2014.06.30	2013.12.31	2013.06.30	2012.12.31
	基本每股收益(元)	0.2500	0.3500	0.0500	0.1800
	基本每股收益	0.2500	0.3300	0.0263	0.0033
	稀释每股收益(元)	0.2500	0.3500	0.0500	0.1800
	每股净资产(元)	2.0416	1.7940	1.5017	0.1219
	每股经营现金净流量(元)	0.4065	0.6416	0.2463	0.6997
	每股现金流量(元)	0.0219	-0.0564	-0.0736	0.0201
	每股资本公积金(元)	-0.5922	-0.5894	-0.5895	-0.4565
	每股盈余公积金(元)	0.1055	0.1055	0.0921	0.1252
	每股未分配利润(元)	1.4222	1.1700	0.9077	1.1737
	净资产收益率(%)	12.3546	17.8669	2.9839	3.4772
	加权净资产收益率(%)	13.1500	19.8500	3.0500	9.1700
	净资产收益率(扣除)(%)	12.2139	16.6594	1.4421	248.8820
	总资产(万元)	325422.02	331097.33	359251.87	357911.93
	归属母公司股东权益	166110.18	145961.23	122179.91	116510.93
	营业收入(万元)	136794.62	254372.76	101072.14	210259.52
	营业成本(万元)	95690.99	192852.82	86087.20	179430.22
	投资收益(万元)	14.27	-505.69	-341.24	-548.26
	净利润(万元)	20522.24	26078.76	3645.71	10570.81
	营业利润(万元)	26280.68	30881.85	1726.60	7047.39
	利润总额(万元)	27573.37	34974.08	5123.78	14169.87

当代东方投资股份有限公司

公司概况	公司名称	当代东方投资股份有限公司			证券简称	当代东方
	法人代表	李荣福	董秘	陈雁峰	证券代码	000673
	公司网址			电子信箱	sxddtz@126.com	
	电　　话	0352-5115996 5115991		传　　真	0352-5115998	
	办公地址	山西省大同市魏都大道 730 号益丰商务大厦 A 座 18 层 A1A2				
	经营范围	硅酸盐水泥及熟料的生产及销售				

主要财务指标	指标\报告期	2014.06.30	2013.12.31	2013.06.30	2012.12.31
	基本每股收益(元)	0.0100	0.0109	0.0070	0.0150
	基本每股收益	0.0110	-0.0114	-	-0.0100
	稀释每股收益(元)	0.0100	0.0109	0.0070	0.0151
	每股净资产(元)	0.0646	0.0543	0.0501	0.0434
	每股经营现金净流量(元)	0.0339	0.0013	0.0204	0.0202
	每股现金流量(元)	0.0332	-0.0010	0.0201	0.0202
	每股资本公积金(元)	0.1598	0.1598	0.1598	0.1598
	每股盈余公积金(元)	0.1187	0.1187	0.1187	0.1187
	每股未分配利润(元)	-1.2139	-1.2242	-1.2284	-1.2351
	净资产收益率(%)	15.9726	20.0506	13.3349	34.9091
	加权净资产收益率(%)	17.3600	22.2800	14.2900	42.2900
	净资产收益率(扣除)(%)	16.9597	-21.0051	-15.5883	-12.3027
	总资产(万元)	10439.72	8177.19	8514.01	7870.63
	归属母公司股东权益	1343.73	1129.10	1041.61	902.71
	营业收入(万元)	1221.03	1679.22	663.42	1617.10
	营业成本(万元)	226.08	852.33	281.39	690.15
	投资收益(万元)	-	-	-	-
	净利润(万元)	214.63	226.39	138.90	315.13
	营业利润(万元)	227.72	-391.69	-262.79	-251.95
	利润总额(万元)	214.45	226.39	138.90	315.13

河南思达高科技股份有限公司

公司概况	公司名称	河南思达高科技股份有限公司			证券简称	*ST 思达
	法人代表	刘双河	董秘	尤笑冰	证券代码	000676
	公司网址	www.hnstar.com		电子信箱	hn9708@126.com	
	电　　话	0371-65793081 65793200		传　　真	0371-65793200	
	办公地址	河南省郑州市郑东新区 CBD 商务外环路 27 号景峰国际 24 层				
	经营范围	仪器、仪表、工业自动化设备、电子计算机软硬件及网络设备的开发等				

主要财务指标	指标\报告期	2014.06.30	2013.12.31	2013.06.30	2012.12.31
	基本每股收益(元)	-0.0533	0.0669	-0.0270	-0.4373
	基本每股收益	-0.0622	-	-0.0301	-0.4493
	稀释每股收益(元)	-0.0533	0.0669	-0.0270	-0.4373
	每股净资产(元)	0.6161	0.6694	0.5217	0.5500
	每股经营现金净流量(元)	-0.0421	0.0907	0.0139	0.0189
	每股现金流量(元)	-0.1806	0.2178	0.0136	-0.1014
	每股资本公积金(元)	0.2127	0.2127	0.1589	0.1589
	每股盈余公积金(元)	0.1010	0.1010	0.1010	0.1010
	每股未分配利润(元)	-0.6976	-0.6443	-0.7382	-0.7112
	净资产收益率(%)	-8.6496	9.9933	-5.1701	-79.7093
	加权净资产收益率(%)	-8.2900	10.9800	-5.6200	-49.0600
	净资产收益率(扣除)(%)	-10.0975	-6.4762	-5.7631	-81.8956
	总资产(万元)	67361.39	72235.43	80862.60	81515.85
	归属母公司股东权益	19380.73	21057.09	16411.35	17259.84
	营业收入(万元)	15249.15	44041.13	21513.36	48281.61
	营业成本(万元)	9554.32	30899.81	15544.01	36620.12
	投资收益(万元)	9.48	27.52	-528.47	-
	净利润(万元)	-1676.36	2104.30	-848.49	-13757.70
	营业利润(万元)	-2290.05	-2234.55	-1348.82	-15736.14
	利润总额(万元)	-1978.38	1987.63	-1235.89	-15297.91

恒天海龙股份有限公司

公司概况	公司名称	恒天海龙股份有限公司			证券简称	恒天海龙
	法人代表	申孝忠	董秘	申孝忠(代)	证券代码	000677
	公司网址	www.helon.cn		电子信箱	hthlbgs@163.com	
	电　　话	0536-2275007		传　　真	0536-7252140	
	办公地址	山东省潍坊市寒亭区海龙路 555 号				
	经营范围	粘胶纤维、棉浆粕、帘帆布的生产与销售等				

主要财务指标	指标\报告期	2014.06.30	2013.12.31	2013.06.30	2012.12.31
	基本每股收益(元)	-0.2224	-0.3021	-0.0649	1.2843
	基本每股收益	-0.2200	-0.3982	-0.1500	-0.8176
	稀释每股收益(元)	-0.2224	-0.3021	-0.0649	1.2843
	每股净资产(元)	0.3812	0.6037	0.7592	0.9057
	每股经营现金净流量(元)	-0.0384	0.0590	0.0051	-0.4522
	每股现金流量(元)	-0.1062	0.2962	0.1486	-0.2021
	每股资本公积金(元)	0.6694	0.6694	0.6742	0.6694
	每股盈余公积金(元)	0.2461	0.2461	0.2461	0.2461
	每股未分配利润(元)	-1.5343	-1.3118	-1.1611	-1.0097
	净资产收益率(%)	-58.3480	-50.0439	13.9312	141.7990
	加权净资产收益率(%)	-45.1700	-40.0300	-7.4300	-
	净资产收益率(扣除)(%)	-58.6674	-65.9705	-20.1710	-90.2657
	总资产(万元)	309854.58	332804.75	417771.37	364206.84
	归属母公司股东权益	32936.61	52154.46	65591.28	78254.57
	营业收入(万元)	83382.23	235924.78	107631.34	106005.90
	营业成本(万元)	87934.25	237131.57	107734.69	121112.70
	投资收益(万元)	-	2217.58	-	66208.72
	净利润(万元)	-19217.85	-26100.10	-5606.58	110964.16
	营业利润(万元)	-19351.09	-38149.17	-15725.05	-70431.58
	利润总额(万元)	-19245.89	-29709.11	-7761.24	110042.68

襄阳汽车轴承股份有限公司

公司概况	公司名称	襄阳汽车轴承股份有限公司			证券简称	襄阳轴承
	法人代表	高少兵	董秘	廖永高	证券代码	000678
	公司网址	www.zxy.com.cn		电子信箱	xf_lyg@163.com	
	电　　话	0710-3577209 3577678		传　　真	0710-3564019	
	办公地址	湖北省襄阳市襄城区轴承路一号				
	经营范围	轴承及其零部件的生产、科研、销售及相关业务等				

主要财务指标	指标\报告期	2014.06.30	2013.12.31	2013.06.30	2012.12.31
	基本每股收益(元)	0.0380	0.0100	0.0040	0.0200
	基本每股收益	0.0140	-	-0.0230	-0.0600
	稀释每股收益(元)	0.0380	0.0100	0.0040	0.0200
	每股净资产(元)	2.5192	2.4819	2.4699	1.7523
	每股经营现金净流量(元)	-0.1532	-0.1770	-0.1622	-0.1944
	每股现金流量(元)	-0.2517	0.3568	0.4098	0.0337
	每股资本公积金(元)	1.3178	1.3178	1.3187	0.5419
	每股盈余公积金(元)	0.1705	0.1705	0.1689	0.2407
	每股未分配利润(元)	0.0220	-0.0155	-0.0177	-0.0304
	净资产收益率(%)	1.4910	0.2965	0.1473	0.9211
	加权净资产收益率(%)	1.5000	0.4900	0.1500	0.9200
	净资产收益率(扣除)(%)	0.5641	-2.6704	-0.9328	-3.1574
	总资产(万元)	227314.48	215384.54	162195.42	131905.03
	归属母公司股东权益	108092.47	106493.75	105977.86	52756.84
	营业收入(万元)	71691.36	91903.78	40677.21	76135.59
	营业成本(万元)	62043.85	80828.18	36865.37	65452.39
	投资收益(万元)	-	13.05	6.88	-544.69
	净利润(万元)	1611.61	315.73	156.13	485.95
	营业利润(万元)	537.65	-2480.49	-1234.61	-1567.34
	利润总额(万元)	1716.29	673.99	112.03	747.68

大连友谊(集团)股份有限公司

公司概况					
公司名称	大连友谊(集团)股份有限公司			证券简称	大连友谊
法人代表	田益群	董秘	孙锡娟	证券代码	000679
公司网址	www.dlyy.com.cn		电子信箱	sunxj@dlyy.com.cn	
电　话	0411-82802712 82691470		传　真	0411-82650892	
办公地址	辽宁省大连市中山区七一街1号				
经营范围	商品零售、酒店、对船供应、旅游、进出口贸易、仓储、免税商品等				

主要财务指标 指标\报告期	2014.06.30	2013.12.31	2013.06.30	2012.12.31
基本每股收益(元)	0.1810	0.4495	0.1790	0.4260
基本每股收益	0.1810	0.4490	0.1790	0.4300
稀释每股收益(元)	0.1810	0.4495	0.1790	0.4260
每股净资产(元)	4.3606	4.1797	3.9135	3.9446
每股经营现金净流量(元)	-0.9114	-1.4545	-1.1938	0.3076
每股现金流量(元)	2.2146	-1.3107	-1.8148	-0.8861
每股资本公积金(元)	0.2270	0.2265	0.2310	0.2407
每股盈余公积金(元)	0.4301	0.4301	0.4229	0.4229
每股未分配利润(元)	2.7036	2.5231	2.2596	2.2810
净资产收益率(%)	4.1397	10.7534	4.5758	10.8013
加权净资产收益率(%)	4.2300	11.0600	4.4400	11.2800
净资产收益率(扣除)(%)	4.1415	10.7423	4.5720	10.8187
总资产(万元)	1028060.90	946584.13	945203.12	961761.15
归属母公司股东权益	155413.02	148963.47	139477.56	140585.65
营业收入(万元)	181815.98	363199.77	172046.38	337732.74
营业成本(万元)	128518.34	248669.38	121818.67	228616.94
投资收益(万元)	7.82	119.87	5.52	-79.63
净利润(万元)	6433.68	16018.70	6382.23	15185.10
营业利润(万元)	12952.09	34505.66	13043.81	31966.35
利润总额(万元)	12948.27	34410.47	13052.84	31934.65

山推工程机械股份有限公司

公司概况					
公司名称	山推工程机械股份有限公司			证券简称	山推股份
法人代表	张秀文	董秘	王强	证券代码	000680
公司网址	www.shantui.com		电子信箱	wangq@shantui.com	
电　话	0537-2909532 2907336		传　真	0537-2315986 2340411	
办公地址	山东省济宁市高新区327国道58号				
经营范围	建筑工程机械、矿山机械、农田基本建设机械、收获机械及配件的研究、开发等				

主要财务指标 指标\报告期	2014.06.30	2013.12.31	2013.06.30	2012.12.31
基本每股收益(元)	0.0369	-0.2789	0.0293	0.0269
基本每股收益	0.0107	-	0.0199	-0.0500
稀释每股收益(元)	0.0369	-0.2789	0.0293	0.0269
每股净资产(元)	3.4584	3.4205	3.7169	3.6863
每股经营现金净流量(元)	0.5053	0.2715	0.0688	0.5083
每股现金流量(元)	0.0565	-0.2741	-0.2077	-0.3368
每股资本公积金(元)	0.9601	0.9600	0.7928	0.7932
每股盈余公积金(元)	0.3063	0.3063	0.3230	0.3230
每股未分配利润(元)	1.2047	1.1678	1.5997	1.5704
净资产收益率(%)	1.0674	-7.7055	0.7870	0.7294
加权净资产收益率(%)	1.0700	-7.8500	0.7900	0.7200
净资产收益率(扣除)(%)	0.3081	-8.6852	0.5362	-1.3920
总资产(万元)	1230157.01	1258007.05	1373830.82	1330569.92
归属母公司股东权益	429116.23	424413.98	423260.82	419779.92
营业收入(万元)	454184.51	1013537.10	577739.49	1048474.70
营业成本(万元)	391175.00	893443.26	503352.60	902293.19
投资收益(万元)	4020.48	12382.07	5389.44	545.08
净利润(万元)	4580.36	-32703.30	3330.92	3061.70
营业利润(万元)	511.48	42998.67	2128.10	5269.98
利润总额(万元)	4707.14	-37929.27	3882.74	5417.46

视觉(中国)文化发展股份有限公司

公司概况					
公司名称	视觉(中国)文化发展股份有限公司			证券简称	视觉中国
法人代表	廖杰	董秘	孙晓蔷	证券代码	000681
公司网址	www.chinafareast.com		电子信箱	ss000681@163.com	
电　话	0519-85130681		传　真	0519-85132666	
办公地址	北京市朝阳区酒仙桥北路7号电通时代广场A区				
经营范围	开发,生产,销售计算机软硬件和网络安全产品以及自营出品服装等				

主要财务指标 指标\报告期	2014.06.30	2013.12.31	2013.06.30	2012.12.31
基本每股收益(元)	0.0809	0.0200	0.0400	0.0300
基本每股收益	0.0806	-0.0200	0.0300	0.0300
稀释每股收益(元)	0.0809	0.0200	0.0400	0.0300
每股净资产(元)	1.8841	0.7516	0.7682	0.7292
每股经营现金净流量(元)	0.1219	-0.1853	0.3023	0.1026
每股现金流量(元)	2.2097	-0.0924	0.1479	-0.3153
每股资本公积金(元)	24.7062	2.1161	0.4599	0.4599
每股盈余公积金(元)	0.0115	0.0164	0.1449	0.1449
每股未分配利润(元)	3.4333	3.4528	-0.8365	-0.8756
净资产收益率(%)	3.4468	2.9848	5.0839	4.4777
加权净资产收益率(%)	7.7500	3.0300	5.2200	4.5800
净资产收益率(扣除)(%)	3.4327	-2.6970	3.9094	4.0303
总资产(万元)	142398.04	30783.87	21807.13	19474.87
归属母公司股东权益	126230.20	20056.49	15268.56	14492.33
营业收入(万元)	18686.41	10548.59	11017.65	3608.38
营业成本(万元)	8555.46	7181.95	4441.63	903.98
投资收益(万元)	26.63	402.12	9.52	83.93
净利润(万元)	4350.85	445.87	3080.90	648.92
营业利润(万元)	5833.77	1258.22	3809.67	1231.10
利润总额(万元)	5844.26	1307.72	3877.13	1251.17

东方电子股份有限公司

公司概况					
公司名称	东方电子股份有限公司			证券简称	东方电子
法人代表	丁振华	董秘	王清刚	证券代码	000682
公司网址	www.dongfangelec.com		电子信箱	zhengquan@dongfang-china.com	
电　话	0535-5520066		传　真	0535-5520069	
办公地址	山东省烟台市芝罘区机场路2号				
经营范围	电力自动化及工业自动化控制系统、电子产品及通信设备、电气机械及器材等				

主要财务指标 指标\报告期	2014.06.30	2013.12.31	2013.06.30	2012.12.31
基本每股收益(元)	0.0156	0.0373	0.0126	0.0251
基本每股收益	0.0094	0.0208	0.0055	0.0153
稀释每股收益(元)	0.0156	0.0373	0.0126	0.0251
每股净资产(元)	1.4602	1.4646	1.4400	1.4276
每股经营现金净流量(元)	-0.0661	0.1220	-0.0195	-0.0107
每股现金流量(元)	-0.1035	0.0769	-0.0318	-0.0034
每股资本公积金(元)	0.3494	0.3494	0.3494	0.3494
每股盈余公积金(元)	0.0078	0.0078	0.0065	0.0065
每股未分配利润(元)	0.1036	0.1080	0.0846	0.0720
净资产收益率(%)	1.0659	2.5467	0.8725	1.7581
加权净资产收益率(%)	1.0600	2.5800	0.8800	1.7700
净资产收益率(扣除)(%)	0.6418	1.4199	0.3806	1.0732
总资产(万元)	274123.59	267877.36	243883.39	240067.75
归属母公司股东权益	142829.65	143264.55	140852.36	139641.62
营业收入(万元)	75203.95	166529.40	70202.36	143772.64
营业成本(万元)	47765.01	104644.29	45978.16	93652.83
投资收益(万元)	670.02	922.83	628.10	471.94
净利润(万元)	1522.37	3648.49	1228.91	2454.98
营业利润(万元)	2513.88	6462.33	2971.46	3929.39
利润总额(万元)	5001.57	10563.77	4279.29	6995.91

内蒙古远兴能源股份有限公司

公司概况						
	公司名称	内蒙古远兴能源股份有限公司			证券简称	远兴能源
	法人代表	贺占海	董秘	纪玉虎	证券代码	000683
	公司网址	www.yuanxing.com		电子信箱	yxny@berun.cc	
	电　话	0477-8139874 8139873		传　真	0477-8139833	
	办公地址	内蒙古自治区鄂尔多斯市东胜区鄂托克西街博源大厦十二层				
	经营范围	化工产品及其原材料的生产、销售等				

主要财务指标	指标\报告期	2014.06.30	2013.12.31	2013.06.30	2012.12.31
	基本每股收益(元)	-0.1000	0.0400	-0.1500	0.1300
	基本每股收益	-0.1000	-0.3100	-0.1500	0.0600
	稀释每股收益(元)	-0.1000	0.0200	-0.1500	0.1300
	每股净资产(元)	3.0142	3.1173	2.9427	3.0977
	每股经营现金净流量(元)	0.4462	0.5932	0.2464	0.8766
	每股现金流量(元)	-0.3929	0.0800	0.2280	0.1382
	每股资本公积金(元)	0.1967	0.1967	0.1959	0.1959
	每股盈余公积金(元)	0.2964	0.2964	0.2521	0.2521
	每股未分配利润(元)	1.4644	1.5618	1.4253	1.5918
	净资产收益率(%)	-3.2328	1.1239	-4.9803	4.3365
	加权净资产收益率(%)	-3.1800	1.1300	-4.8500	4.3400
	净资产收益率(扣除)(%)	-3.2786	-10.0044	-5.2267	1.7853
	总资产(万元)	1207550.14	1175553.15	1050744.44	998243.21
	归属母公司股东权益	231434.78	239351.37	225946.05	237836.82
	营业收入(万元)	216353.83	339934.52	150460.74	366230.26
	营业成本(万元)	178376.96	250867.52	110500.91	225733.81
	投资收益(万元)	-77.96	-2051.58	-1057.21	1063.30
	净利润(万元)	-7481.93	2690.10	-11252.87	10307.66
	营业利润(万元)	-6121.50	-10674.02	-8144.25	35976.95
	利润总额(万元)	-5912.15	10714.62	-7030.82	37255.11

中山公用事业集团股份有限公司

公司概况						
	公司名称	中山公用事业集团股份有限公司			证券简称	中山公用
	法人代表	陈爱学	董秘	黄焕明	证券代码	000685
	公司网址	www.zpug.net		电子信箱	zpug@zpug.net	
	电　话	0760-88380018 89886813		传　真	0760-88380000 88380022	
	办公地址	广东省中山市兴中道18号财兴大厦北座				
	经营范围	公用事业的投资及管理、市场的经营及管理、投资及投资策划、咨询和管理等业务				

主要财务指标	指标\报告期	2014.06.30	2013.12.31	2013.06.30	2012.12.31
	基本每股收益(元)	0.3600	0.7800	0.3000	0.4700
	基本每股收益	0.3600	-	0.2800	0.4500
	稀释每股收益(元)	0.3600	0.7800	0.3000	0.4700
	每股净资产(元)	8.5408	8.4000	7.9491	7.7660
	每股经营现金净流量(元)	0.0450	0.4022	0.1494	0.3495
	每股现金流量(元)	-0.2586	0.0278	-0.0495	-0.6535
	每股资本公积金(元)	0.5828	0.8108	0.7681	0.7772
	每股盈余公积金(元)	0.5645	0.5645	0.4956	0.4956
	每股未分配利润(元)	6.3905	6.1918	5.6855	5.4968
	净资产收益率(%)	4.2549	9.3020	3.6692	6.0662
	加权净资产收益率(%)	4.2500	9.6900	3.7400	6.2700
	净资产收益率(扣除)(%)	4.1974	6.9857	3.5525	5.8571
	总资产(万元)	851636.43	855943.40	786200.14	764524.95
	归属母公司股东权益	665060.36	667278.14	618985.70	605004.19
	营业收入(万元)	54230.67	86746.76	48494.35	81851.27
	营业成本(万元)	35171.24	57594.82	31723.22	55814.37
	投资收益(万元)	23498.51	60344.33	20056.36	34341.74
	净利润(万元)	28297.83	60844.16	23414.10	36685.24
	营业利润(万元)	30932.34	65294.78	24381.49	36184.07
	利润总额(万元)	31442.66	67635.95	25344.34	37661.91

东北证券股份有限公司

公司概况						
	公司名称	东北证券股份有限公司			证券简称	东北证券
	法人代表	矫正中	董秘	徐冰	证券代码	000686
	公司网址	www.nesc.cn		电子信箱	dbzq@nesc.cn	
	电　话	0431-85096806		传　真	0431-85096816	
	办公地址	吉林省长春市自由大路1138号东北证券大厦				
	经营范围	证券经纪业务、投资银行业务、证券投资业务等				

主要财务指标	指标\报告期	2014.06.30	2013.12.31	2013.06.30	2012.12.31
	基本每股收益(元)	0.1700	0.4900	0.1600	0.2000
	基本每股收益	0.1700	0.4800	0.3100	0.1800
	稀释每股收益(元)	0.1700	0.4900	0.1600	0.2000
	每股净资产(元)	3.9991	7.6000	7.4300	7.3600
	每股经营现金净流量(元)	0.0139	-2.4227	-0.8986	-3.3211
	每股现金流量(元)	0.5495	-1.0605	-1.2458	-1.7399
	每股资本公积金(元)	1.4113	3.6804	3.6854	3.7374
	每股盈余公积金(元)	0.1805	0.3611	0.3150	0.3150
	每股未分配利润(元)	1.0462	1.8334	1.7956	1.6812
	净资产收益率(%)	4.2381	6.4573	4.2341	2.0899
	加权净资产收益率(%)	4.3400	6.5600	4.2000	3.3600
	净资产收益率(扣除)(%)	4.1649	6.3504	4.2164	1.8377
	总资产(万元)	2432524.78	1993260.92	1864741.69	1647797.31
	归属母公司股东权益	782698.21	743434.80	726687.30	720571.30
	营业收入(万元)	108282.04	176704.02	94291.06	120027.27
	营业成本(万元)	65234.38	120016.44	57627.54	104487.62
	投资收益(万元)	18702.69	61850.46	37868.68	15031.94
	净利润(万元)	33171.73	48005.74	30768.81	15059.51
	营业利润(万元)	43047.66	56687.57	36663.52	15539.65
	利润总额(万元)	43900.32	57773.84	36844.28	17964.96

恒天天鹅股份有限公司

公司概况						
	公司名称	恒天天鹅股份有限公司			证券简称	恒天天鹅
	法人代表	王东兴	董秘	李斌	证券代码	000687
	公司网址	www.bd-swan.com		电子信箱	bdswan@bd-swan.cn	
	电　话	0312-3322326 3322262		传　真	0312-3322055	
	办公地址	河北省保定市新市区盛兴西路1369号				
	经营范围	粘胶纤维制造、销售、粘胶纤维的原辅材料的加工、销售等				

主要财务指标	指标\报告期	2014.06.30	2013.12.31	2013.06.30	2012.12.31
	基本每股收益(元)	-0.0770	-0.2100	-0.0620	0.0110
	基本每股收益	-0.0860	-0.2130	-0.0630	-0.1070
	稀释每股收益(元)	-0.0770	-0.2100	-0.0620	0.0110
	每股净资产(元)	1.7777	1.8774	2.0089	2.0792
	每股经营现金净流量(元)	-0.0706	-0.1642	-0.1357	-0.0977
	每股现金流量(元)	0.4775	-0.6751	-0.5375	0.8434
	每股资本公积金(元)	1.0396	1.1019	1.0442	1.0538
	每股盈余公积金(元)	0.0237	0.0237	0.0237	0.0237
	每股未分配利润(元)	-0.2857	-0.2091	-0.0589	0.0017
	净资产收益率(%)	-4.3048	-11.1653	-3.0189	0.4958
	加权净资产收益率(%)	-4.1400	-10.6000	-3.0100	0.5600
	净资产收益率(扣除)(%)	-4.8104	-11.3400	-3.1276	-4.8987
	总资产(万元)	278820.79	277902.52	276196.22	289042.72
	归属母公司股东权益	134633.74	145144.74	152150.26	157469.73
	营业收入(万元)	37630.39	78487.31	38793.04	86658.90
	营业成本(万元)	36518.25	76236.79	36963.51	80729.36
	投资收益(万元)	1035.94	927.14	45.85	11246.80
	净利润(万元)	-5795.66	-15875.46	-4663.27	780.72
	营业利润(万元)	-5654.05	-16516.97	-4802.96	1249.00
	利润总额(万元)	-5645.24	-16266.22	-4636.55	1542.88

建新矿业股份有限责任公司

公司概况	公司名称	建新矿业股份有限责任公司			证券简称	建新矿业
	法人代表	刘建民	董秘	熊为民	证券代码	000688
	公司网址	www.zarvagroup.com		电子信箱	weimingxiong1999@hotmail.com	
	电　话	023-63067268 63067269		传　真	023-63067269 63067268	
	办公地址	重庆市北部新区新南路164号水晶国际808室				
	经营范围	电子计算机及网络服务器,微晶玻璃板材,节能灯及电子镇流器的制造等				

	指标\报告期	2014.06.30	2013.12.31	2013.06.30	2012.12.31
主要财务指标	基本每股收益(元)	0.0827	0.2482	0.1129	0.2043
	基本每股收益	0.0828	0.2492	0.1151	-0.0470
	稀释每股收益(元)	0.0827	0.2482	0.1129	0.2043
	每股净资产(元)	0.9377	0.8539	0.7300	1.7382
	每股经营现金净流量(元)	-0.0164	0.1897	0.0486	0.3302
	每股现金流量(元)	0.0698	-0.1079	-0.0254	-1.1036
	每股资本公积金(元)	0.2368	0.2368	0.2368	2.4998
	每股盈余公积金(元)	0.1355	0.1355	0.1355	0.3834
	每股未分配利润(元)	-0.4513	-0.5340	-0.6693	-2.2134
	净资产收益率(%)	8.8242	29.0629	15.4612	33.2574
	加权净资产收益率(%)	9.2400	33.8100	16.7900	28.5200
	净资产收益率(扣除)(%)	8.8289	27.6099	14.0725	21.5666
	总资产(万元)	144614.74	114355.33	113791.37	107954.07
	归属母公司股东权益	106648.68	97117.32	83019.23	69860.91
	营业收入(万元)	35533.08	66968.92	30940.71	63837.71
	营业成本(万元)	21155.61	26589.66	12457.46	28173.28
	投资收益(万元)	-	-	-	117.39
	净利润(万元)	9410.93	28225.10	12835.75	23233.92
	营业利润(万元)	11217.98	33478.96	15351.63	27944.61
	利润总额(万元)	11210.29	33762.29	15342.91	28033.35

广东宝丽华新能源股份有限公司

公司概况	公司名称	广东宝丽华新能源股份有限公司			证券简称	宝新能源
	法人代表	宁远喜	董秘	刘沣	证券代码	000690
	公司网址	www.baolihua.com.cn		电子信箱	bxnygd@yahoo.com.cn	
	电　话	0753-2511298 020-38773338		传　真	0753-2511398 020-38770958	
	办公地址	广东省梅县华侨城香港大道宝丽华综合大楼 广州市天河北路中信广场61楼01-03号				
	经营范围	洁净煤燃烧技术发电和可再生能源发电、新能源电力生产、销售、开发等				

	指标\报告期	2014.06.30	2013.12.31	2013.06.30	2012.12.31
主要财务指标	基本每股收益(元)	0.3100	0.6400	0.3100	0.2600
	基本每股收益	0.2500	0.6100	0.3100	0.2500
	稀释每股收益(元)	0.3100	0.6400	0.3100	0.2600
	每股净资产(元)	2.6145	2.6558	2.2919	2.2191
	每股经营现金净流量(元)	0.5222	1.5843	0.5852	0.7753
	每股现金流量(元)	0.0225	0.9622	0.0854	0.1061
	每股资本公积金(元)	0.1906	0.2400	0.2071	0.2880
	每股盈余公积金(元)	0.3183	0.3183	0.2834	0.2900
	每股未分配利润(元)	1.1056	1.0975	0.8015	0.6411
	净资产收益率(%)	11.7851	24.1484	13.5431	11.7792
	加权净资产收益率(%)	11.5800	26.4200	13.5000	13.0100
	净资产收益率(扣除)(%)	9.4750	23.1375	13.5441	11.2093
	总资产(万元)	952549.40	982389.88	919395.19	953298.27
	归属母公司股东权益	451425.26	458554.73	395720.97	383149.30
	营业收入(万元)	239336.24	565557.27	257512.52	395075.97
	营业成本(万元)	155823.87	369211.66	165281.24	296473.44
	投资收益(万元)	10806.30	9608.12	1029.89	1733.52
	净利润(万元)	53201.12	110733.63	53593.00	45131.98
	营业利润(万元)	70623.88	147563.46	70044.76	62059.00
	利润总额(万元)	70678.11	144442.95	68076.97	62209.72

海南亚太实业发展股份有限公司

公司概况	公司名称	海南亚太实业发展股份有限公司			证券简称	亚太实业
	法人代表	龚成辉	董秘	马世虎	证券代码	000691
	公司网址			电子信箱	hnyt000691@163.com	
	电　话	0898-68528293		传　真	0898-68528695	
	办公地址	海南省海口市国贸大道56号北京大厦26楼G座				
	经营范围	旅游业开发、高科技开发、商业贸易、建材、旅游工艺品、普通机械的批发、零售等				

	指标\报告期	2014.06.30	2013.12.31	2013.06.30	2012.12.31
主要财务指标	基本每股收益(元)	0.0007	0.0081	0.0008	0.0035
	基本每股收益	0.0008	-	-	0.0051
	稀释每股收益(元)	0.0007	0.0081	0.0008	0.0035
	每股净资产(元)	0.4630	0.4618	0.4544	0.4536
	每股经营现金净流量(元)	0.0130	0.0068	0.0111	-0.0022
	每股现金流量(元)	0.0201	0.0067	0.0111	-0.0022
	每股资本公积金(元)	0.3703	0.3698	0.3698	0.3698
	每股盈余公积金(元)	0.0471	0.0471	0.0471	0.0471
	每股未分配利润(元)	-0.9544	-0.9551	-0.9624	-0.9632
	净资产收益率(%)	0.1508	1.7594	0.1658	0.7706
	加权净资产收益率(%)	0.1400	0.0200	0.1700	0.7700
	净资产收益率(扣除)(%)	0.1643	1.7839	0.1801	1.1274
	总资产(万元)	31778.64	28551.83	25493.19	24761.48
	归属母公司股东权益	14968.10	14927.03	14688.76	14664.40
	营业收入(万元)	1105.05	2249.45	1435.87	4848.93
	营业成本(万元)	494.24	1363.65	726.16	2751.47
	投资收益(万元)	-16.37	236.03	-195.90	-604.74
	净利润(万元)	22.57	262.63	24.36	113.00
	营业利润(万元)	164.99	423.98	218.58	768.03
	利润总额(万元)	162.29	418.79	215.25	685.13

沈阳惠天热电股份有限公司

公司概况	公司名称	沈阳惠天热电股份有限公司			证券简称	惠天热电
	法人代表	李久旭	董秘	马晓荣	证券代码	000692
	公司网址	www.htrd.cn		电子信箱	htrdcor@mail.sy.ln.cn	
	电　话	024-22905836 22928062		传　真	024-22939480	
	办公地址	辽宁省沈阳市沈河区热闹路47号				
	经营范围	供暖、设备安装、工业管道、土建工程施工、非标准结构件制造、安装等				

	指标\报告期	2014.06.30	2013.12.31	2013.06.30	2012.12.31
主要财务指标	基本每股收益(元)	0.0960	0.0800	0.0567	0.1100
	基本每股收益	0.0840	0.0085	0.0204	-0.0622
	稀释每股收益(元)	0.0960	0.0800	0.0567	0.1100
	每股净资产(元)	2.4302	4.7576	4.7357	4.6769
	每股经营现金净流量(元)	-0.8187	0.1670	-1.8844	0.6337
	每股现金流量(元)	0.2168	-1.0989	-1.1596	-0.3767
	每股资本公积金(元)	0.7140	2.4281	2.4281	2.4281
	每股盈余公积金(元)	0.2189	0.4379	0.4255	0.4255
	每股未分配利润(元)	0.4471	0.8023	0.7931	0.7364
	净资产收益率(%)	3.9483	1.6446	1.1974	2.2872
	加权净资产收益率(%)	3.9500	1.6600	1.2000	2.3200
	净资产收益率(扣除)(%)	3.4548	0.1796	0.4305	-1.3298
	总资产(万元)	358870.77	367894.34	299278.42	330983.64
	归属母公司股东权益	129488.01	126749.36	126167.50	124600.35
	营业收入(万元)	83926.55	155819.70	85694.64	150752.82
	营业成本(万元)	69165.41	138453.74	77669.74	135673.37
	投资收益(万元)	-	787.24	-1.83	3110.01
	净利润(万元)	5112.54	2084.50	1510.71	2849.91
	营业利润(万元)	6207.72	918.86	609.05	31.91
	利润总额(万元)	7056.83	3392.78	1900.85	4188.81

成都华泽钴镍材料股份有限公司

公司概况	公司名称	成都华泽钴镍材料股份有限公司			证券简称	华泽钴镍
	法人代表	王涛	董秘	吴锋	证券代码	000693
	公司网址	www.hzmetal.com		电子信箱	hz_bgs@hznc.com.cn	
	电　话	028-86758751		传　真	028-86758751	
	办公地址	成都市温江区凤溪大道北段 666 号双子国际写字楼西楼 1512 室				
	经营范围	有色金属,矿产品的生产和销售等				

主要财务指标	指标\报告期	2014.06.30	2013.12.31	2013.06.30	2012.12.31
	基本每股收益(元)	0.1271	0.2693	0.0357	0.4456
	基本每股收益	0.1270	-	−0.0880	−0.2770
	稀释每股收益(元)	0.1271	0.2693	0.0357	0.4456
	每股净资产(元)	2.2954	2.1582	−0.9419	9.2819
	每股经营现金净流量(元)	0.3786	0.2788	−1.1061	0.5396
	每股现金流量(元)	0.1039	−0.1344	−1.1346	0.4816
	每股资本公积金(元)	−0.0562	−0.0562	1.2033	0.4623
	每股盈余公积金(元)	0.0299	0.0299	-	0.0217
	每股未分配利润(元)	1.2077	1.0802	−3.1453	1.3794
	净资产收益率(%)	5.5549	9.5301	−1.0635	−28.6703
	加权净资产收益率(%)	5.6700	10.0600	1.3500	16.2600
	净资产收益率(扣除)(%)	5.5494	9.1118	9.2927	−80.7971
	总资产(万元)	409594.01	341111.73	10990.09	222749.52
	归属母公司股东权益	124754.43	117296.41	−18150.62	104850.93
	营业收入(万元)	367935.51	440777.19	133055.35	126234.30
	营业成本(万元)	352589.39	415193.61	127473.52	97432.60
	投资收益(万元)	-	9.83	-	0.14
	净利润(万元)	6930.00	11178.47	1428.81	15632.94
	营业利润(万元)	8804.75	12486.29	1400.16	17789.43
	利润总额(万元)	8811.67	13063.50	1495.38	19112.02

天津滨海能源发展股份有限公司

公司概况	公司名称	天津滨海能源发展股份有限公司			证券简称	滨海能源
	法人代表	陈德强	董秘	郭锐	证券代码	000695
	公司网址	www.binhaienergy.com		电子信箱	bhe_ir@126.com	
	电　话	022-66202230		传　真	022-66202232	
	办公地址	天津市开发区第十一大街 27 号				
	经营范围	生产、销售热力、电力、发电、燃汽、自来水及上述系统设备及零配件等				

主要财务指标	指标\报告期	2014.06.30	2013.12.31	2013.06.30	2012.12.31
	基本每股收益(元)	−0.0240	0.0100	−0.0230	0.0100
	基本每股收益	−0.0260	0.0100	−0.0230	0.0100
	稀释每股收益(元)	−0.0240	0.0100	−0.0230	0.0100
	每股净资产(元)	1.3974	1.4192	1.3797	1.3900
	每股经营现金净流量(元)	0.0930	0.3082	0.1229	0.8727
	每股现金流量(元)	−0.0614	−0.1305	−0.1023	0.0438
	每股资本公积金(元)	0.3755	0.3735	0.3714	0.3638
	每股盈余公积金(元)	0.0549	0.0549	0.0549	0.0549
	每股未分配利润(元)	−0.0330	−0.0092	−0.0466	−0.0238
	净资产收益率(%)	−1.7031	1.0334	−1.6529	0.9911
	加权净资产收益率(%)	−1.7100	1.0400	−1.6500	1.0000
	净资产收益率(扣除)(%)	−1.8638	0.8060	−1.6906	1.0628
	总资产(万元)	107625.95	115491.43	117375.73	118994.82
	归属母公司股东权益	31043.18	31527.63	30648.72	30984.83
	营业收入(万元)	35945.85	72858.24	40741.09	78287.77
	营业成本(万元)	33788.08	69633.10	38376.10	74930.72
	投资收益(万元)	−6.10	2.64	10.62	17.79
	净利润(万元)	−528.68	325.81	−506.60	307.08
	营业利润(万元)	−330.87	−2741.82	−384.13	−2466.91
	利润总额(万元)	−264.36	492.35	−368.58	774.50

陕西炼石有色资源股份有限公司

公司概况	公司名称	陕西炼石有色资源股份有限公司			证券简称	炼石有色
	法人代表	张政	董秘	赵卫军	证券代码	000697
	公司网址	www.lsmin.com		电子信箱	bzhao0697@sohu.com	
	电　话	029-33675902　33675903		传　真	029-33675902	
	办公地址	陕西省咸阳市西咸新区世纪大道 55 号启迪科技会展中心 1602 室				
	经营范围	钼、铼及其他有色金属矿产的开发、贸易、新材料、冶炼新技术的研发、投资等				

主要财务指标	指标\报告期	2014.06.30	2013.12.31	2013.06.30	2012.12.31
	基本每股收益(元)	0.0464	0.1327	0.0558	0.0925
	基本每股收益	0.0430	0.1325	0.0555	0.0920
	稀释每股收益(元)	0.0464	0.1327	0.0558	0.0925
	每股净资产(元)	2.4358	1.1623	1.0853	1.0296
	每股经营现金净流量(元)	−0.0529	0.3772	0.1266	0.0452
	每股现金流量(元)	0.1730	0.3136	0.1277	0.0265
	每股资本公积金(元)	1.0126	−0.2985	−0.2985	−0.2985
	每股盈余公积金(元)	0.0393	0.0457	0.0325	0.0325
	每股未分配利润(元)	0.3839	0.4150	0.3513	0.2956
	净资产收益率(%)	1.7282	11.4200	5.1368	8.9799
	加权净资产收益率(%)	2.4400	12.1100	5.2700	10.5100
	净资产收益率(扣除)(%)	1.6003	11.3984	5.1193	8.8967
	总资产(万元)	150622.53	72567.22	65988.04	59958.44
	归属母公司股东权益	136326.74	55918.32	52214.59	49532.45
	营业收入(万元)	9722.14	22620.10	9782.63	21203.24
	营业成本(万元)	4533.45	10682.02	4579.84	9986.50
	投资收益(万元)	189.97	-	-	-
	净利润(万元)	2355.97	6385.86	2682.13	4447.96
	营业利润(万元)	2831.25	7884.37	3305.00	5719.22
	利润总额(万元)	2846.44	7898.65	3315.73	5768.00

沈阳化工股份有限公司

公司概况	公司名称	沈阳化工股份有限公司			证券简称	沈阳化工
	法人代表	王大壮	董秘	杨志国	证券代码	000698
	公司网址	www.sychem.com		电子信箱	000698@126.com	
	电　话	024-25553506		传　真	024-25553060	
	办公地址	辽宁省沈阳市铁西区卫工北街 46 号				
	经营范围	化工产品、化工设备、压力容器、防腐设备等				

主要财务指标	指标\报告期	2014.06.30	2013.12.31	2013.06.30	2012.12.31
	基本每股收益(元)	−0.0640	0.0600	−0.1850	−0.2400
	基本每股收益	−0.1000	−0.2700	−0.2260	−0.3500
	稀释每股收益(元)	−0.0640	0.0600	−0.1850	−0.2400
	每股净资产(元)	4.6276	4.6873	4.4560	4.6313
	每股经营现金净流量(元)	−0.3033	0.6296	0.0451	−0.0055
	每股现金流量(元)	−0.1891	0.6444	0.1466	0.0414
	每股资本公积金(元)	2.0460	2.0460	2.0460	2.0460
	每股盈余公积金(元)	0.3973	0.3973	0.3886	0.3886
	每股未分配利润(元)	1.1804	1.2440	1.0113	1.1967
	净资产收益率(%)	−1.3741	1.1934	−4.1628	−5.2606
	加权净资产收益率(%)	−1.3700	1.2000	−4.0800	−5.1300
	净资产收益率(扣除)(%)	−2.1659	−5.8400	−5.0613	−7.6129
	总资产(万元)	701161.54	702097.33	706998.87	701723.47
	归属母公司股东权益	305848.29	309795.31	294507.25	306098.31
	营业收入(万元)	516654.38	1053113.08	454494.39	1026065.19
	营业成本(万元)	494513.94	1003761.14	434240.42	980908.80
	投资收益(万元)	-	-	-	-
	净利润(万元)	−4202.70	3697.00	−12259.84	−16102.52
	营业利润(万元)	−6596.29	−20511.64	−15151.19	−25242.21
	利润总额(万元)	−4172.26	4023.09	−12504.80	−17890.52

江南模塑科技股份有限公司

公司概况	公司名称	江南模塑科技股份有限公司			证券简称	模塑科技
	法人代表	曹克波	董秘	单陈燕	证券代码	000700
	公司网址	www.000700.com		电子信箱	scy@000700.com	
	电　话	0510-86242802		传　真	0510-86242818	
	办公地址	江苏省江阴市周庄镇长青路8号				
	经营范围	汽车零部件、塑料制品、模具、塑钢门窗、模塑高科技产品的开发、研制等				

	指标\报告期	2014.06.30	2013.12.31	2013.06.30	2012.12.31
主要财务指标	基本每股收益(元)	0.4530	0.7020	0.4420	0.5910
	基本每股收益	0.3850	–	0.4318	0.2620
	稀释每股收益(元)	0.4530	0.7020	0.4420	0.5910
	每股净资产(元)	4.2196	4.4782	4.1838	3.8700
	每股经营现金净流量(元)	0.7787	1.4833	0.7912	1.0061
	每股现金流量(元)	0.2657	–0.0557	–0.0437	–0.0815
	每股资本公积金(元)	0.8696	0.9823	0.9481	0.9442
	每股盈余公积金(元)	–	0.4878	0.4683	0.4683
	每股未分配利润(元)	2.3499	2.0081	1.7674	1.4550
	净资产收益率(%)	10.7403	15.6869	10.5720	15.2900
	加权净资产收益率(%)	10.4200	16.8700	10.7300	15.2900
	净资产收益率(扣除)(%)	9.1186	13.6846	10.3213	6.7709
	总资产(万元)	393392.94	388782.18	405090.16	403135.56
	归属母公司股东权益	130402.67	138395.63	129296.66	119525.16
	营业收入(万元)	161267.89	290113.60	138672.54	246438.78
	营业成本(万元)	123221.81	219197.15	104588.13	181430.08
	投资收益(万元)	2855.23	5630.77	3838.48	781.11
	净利润(万元)	14005.61	21709.95	13669.26	18278.02
	营业利润(万元)	16391.79	25788.32	15309.66	18077.72
	利润总额(万元)	16899.39	25061.10	15697.12	20771.25

厦门信达股份有限公司

公司概况	公司名称	厦门信达股份有限公司			证券简称	厦门信达
	法人代表	杜少华	董秘	范丹	证券代码	000701
	公司网址	www.xindeco.com		电子信箱	board@xindeco.com.cn	
	电　话	0592-5608098		传　真	0592-6021391	
	办公地址	福建省厦门市湖里区兴隆路27号信息大厦第七层				
	经营范围	网络信息服务及信息产品的开发与生产、商业批发零售、贸易和房地产开发等				

	指标\报告期	2014.06.30	2013.12.31	2013.06.30	2012.12.31
主要财务指标	基本每股收益(元)	0.1519	1.0100	0.2527	0.3200
	基本每股收益	0.0716	0.0700	0.1617	–0.2100
	稀释每股收益(元)	0.1519	1.0100	0.2527	0.3200
	每股净资产(元)	5.4525	4.2777	3.5658	3.3860
	每股经营现金净流量(元)	–11.1762	0.1271	–6.9129	–4.4224
	每股现金流量(元)	–0.4463	4.4237	0.3156	–0.2992
	每股资本公积金(元)	2.5689	0.8250	0.8588	0.8588
	每股盈余公积金(元)	0.2803	0.3627	0.2219	0.2219
	每股未分配利润(元)	1.6166	2.0989	1.4862	1.3034
	净资产收益率(%)	2.4690	23.5214	7.0870	9.5834
	加权净资产收益率(%)	3.9900	26.1100	7.1900	9.6400
	净资产收益率(扣除)(%)	1.1644	1.6383	4.5347	–6.2005
	总资产(万元)	1204104.36	846495.94	911382.25	541483.85
	归属母公司股东权益	169509.51	102770.82	85668.84	81348.56
	营业收入(万元)	1101936.30	2564946.91	1064827.74	1752463.55
	营业成本(万元)	1052741.77	2491443.11	1029729.27	1683161.15
	投资收益(万元)	1391.16	20205.16	550.86	13704.93
	净利润(万元)	4185.27	24173.19	6071.32	7795.97
	营业利润(万元)	5787.41	30157.74	9235.44	17540.98
	利润总额(万元)	8854.64	35692.83	11009.12	20154.61

湖南正虹科技发展股份有限公司

公司概况	公司名称	湖南正虹科技发展股份有限公司			证券简称	正虹科技
	法人代表	夏壮华	董秘	刘浩	证券代码	000702
	公司网址	www.chinazhjt.com.cn		电子信箱	dms@chinazhjt.com.cn	
	电　话	0730-5715016		传　真	0730-5715017	
	办公地址	湖南省岳阳市屈原管理区营田镇正虹科技大楼				
	经营范围	各类饲料的研制、生产、销售、饲料原料销售等				

	指标\报告期	2014.06.30	2013.12.31	2013.06.30	2012.12.31
主要财务指标	基本每股收益(元)	0.0194	–0.0984	0.0277	0.0142
	基本每股收益	–0.0363	–	–0.0064	–0.0086
	稀释每股收益(元)	0.0194	–0.0984	0.0277	0.0142
	每股净资产(元)	1.6055	1.6372	1.7518	1.7042
	每股经营现金净流量(元)	0.0592	0.1310	0.1144	0.3796
	每股现金流量(元)	0.0612	–0.2295	–0.1304	0.1090
	每股资本公积金(元)	0.8001	0.8512	0.8398	0.8198
	每股盈余公积金(元)	0.0970	0.0970	0.0970	0.0970
	每股未分配利润(元)	–0.2915	–0.3109	–0.1849	–0.2125
	净资产收益率(%)	1.2101	–6.0111	1.5787	0.8359
	加权净资产收益率(%)	1.2000	–5.8900	1.6000	0.8400
	净资产收益率(扣除)(%)	–2.2605	–8.4465	–0.3649	–0.5075
	总资产(万元)	81163.52	72868.53	82041.43	91203.10
	归属母公司股东权益	42807.78	43652.27	46709.64	45440.87
	营业收入(万元)	85135.05	202409.84	91748.17	196603.26
	营业成本(万元)	79573.64	188095.10	85110.98	181158.93
	投资收益(万元)	1050.76	431.89	513.40	25.14
	净利润(万元)	518.02	–2623.98	737.38	379.82
	营业利润(万元)	163.84	–2509.53	629.49	415.98
	利润总额(万元)	790.93	–1808.70	1046.22	827.14

恒逸石化股份有限公司

公司概况	公司名称	恒逸石化股份有限公司			证券简称	恒逸石化
	法人代表	邱建林	董秘	郭丹	证券代码	000703
	公司网址	www.hengyishihua.com		电子信箱	hysh@hengyi.com	
	电　话	0571-83871991		传　真	0571-83871992	
	办公地址	浙江省杭州市萧山区市心北路260号恒逸·南岸明珠3栋24楼				
	经营范围	实业投资、生产和销售化学纤维、化工原料及产品等				

	指标\报告期	2014.06.30	2013.12.31	2013.06.30	2012.12.31
主要财务指标	基本每股收益(元)	–0.0500	0.3700	0.0900	0.2700
	基本每股收益	0.0200	0.3200	0.0600	0.1600
	稀释每股收益(元)	–0.0500	0.3700	0.0900	0.2700
	每股净资产(元)	4.5933	4.7500	4.4675	4.4755
	每股经营现金净流量(元)	0.0943	0.1626	0.5205	0.1337
	每股现金流量(元)	0.8109	0.3283	0.1528	–1.7463
	每股资本公积金(元)	0.0368	0.0368	0.0360	0.0360
	每股盈余公积金(元)	0.2303	0.2303	0.2139	0.2139
	每股未分配利润(元)	3.3005	3.4547	3.1914	3.2026
	净资产收益率(%)	–1.1393	7.7952	1.9880	6.0764
	加权净资产收益率(%)	–1.1100	7.9400	1.9600	6.0800
	净资产收益率(扣除)(%)	0.4262	6.6718	1.3528	3.6627
	总资产(万元)	2663766.42	2380553.75	2256519.38	2124052.60
	归属母公司股东权益	529876.62	547687.55	515364.52	516286.29
	营业收入(万元)	1436491.35	3075060.94	1443974.13	3267162.85
	营业成本(万元)	1374106.28	2999139.05	1419748.37	3126499.43
	投资收益(万元)	–8746.95	26385.44	10160.57	11453.71
	净利润(万元)	–6037.01	42693.32	10245.47	31371.54
	营业利润(万元)	–4859.74	48375.83	9793.53	30182.88
	利润总额(万元)	–2818.75	55034.02	13466.34	49527.35

浙江震元股份有限公司

公司概况	公司名称	浙江震元股份有限公司			证券简称	浙江震元
	法人代表	宋逸婷	董秘	周黔莉	证券代码	000705
	公司网址	www.zjzy.com		电子信箱	000705@zjzy.com	
	电　话	0575-85144161		传　真	0575-85148805	
	办公地址	浙江省绍兴市解放北路 289 号				
	经营范围	从事药品、中药饮片的生产经营和销售等				

	指标\报告期	2014.06.30	2013.12.31	2013.06.30	2012.12.31
主要财务指标	基本每股收益(元)	0.2000	0.3900	0.1900	0.3604
	基本每股收益	0.1900	0.3500	0.1906	0.3235
	稀释每股收益(元)	0.2000	0.3900	0.1900	0.3604
	每股净资产(元)	7.2262	6.9949	6.7666	6.6037
	每股经营现金净流量(元)	-0.1752	0.1041	-0.4312	0.7571
	每股现金流量(元)	-0.3241	-0.7655	-0.7505	2.4145
	每股资本公积金(元)	4.4107	4.3818	4.3472	4.3263
	每股盈余公积金(元)	0.2139	0.2139	0.1962	0.1962
	每股未分配利润(元)	1.6017	1.3992	1.2232	1.0812
	净资产收益率(%)	2.8015	5.5142	2.8375	4.3212
	加权净资产收益率(%)	2.8500	5.6800	2.8685	7.3200
	净资产收益率(扣除)(%)	2.6963	4.9816	2.8162	3.8794
	总资产(万元)	176171.02	174372.41	167746.08	165225.25
	归属母公司股东权益	120722.49	116858.20	113044.29	110322.71
	营业收入(万元)	102275.26	201814.76	100204.23	181221.11
	营业成本(万元)	87089.32	172103.84	85550.45	155351.96
	投资收益(万元)	206.70	287.40	287.40	285.77
	净利润(万元)	3382.06	6443.81	3207.64	4767.27
	营业利润(万元)	4371.33	7450.84	3828.63	5481.41
	利润总额(万元)	4326.00	7837.15	3748.07	5938.38

湖北双环科技股份有限公司

公司概况	公司名称	湖北双环科技股份有限公司			证券简称	双环科技
	法人代表	李元海	董秘	张拥军	证券代码	000707
	公司网址	www.hbshkj.cn		电子信箱	sh0707@163.com	
	电　话	0712-3591099		传　真	0712-3591099	
	办公地址	湖北省应城市东马坊团结大道 26 号				
	经营范围	生产销售纯碱、氯化铵和氯化聚乙烯				

	指标\报告期	2014.06.30	2013.12.31	2013.06.30	2012.12.31
主要财务指标	基本每股收益(元)	0.0258	-1.4301	-0.1982	0.0197
	基本每股收益	-0.0285	-	-0.2255	-0.2030
	稀释每股收益(元)	0.0258	-1.4301	-0.1982	0.0197
	每股净资产(元)	3.0891	3.0650	4.3032	4.5118
	每股经营现金净流量(元)	0.5590	-0.1911	0.2733	1.2927
	每股现金流量(元)	0.1217	-0.4732	-0.3958	0.1113
	每股资本公积金(元)	1.5849	1.5865	1.5871	1.5927
	每股盈余公积金(元)	0.4526	0.4526	0.4526	0.4526
	每股未分配利润(元)	0.0468	0.0210	1.2629	1.4611
	净资产收益率(%)	0.8340	-46.6586	-4.6056	0.4357
	加权净资产收益率(%)	0.8400	-37.6700	-4.5600	0.4800
	净资产收益率(扣除)(%)	-0.9212	-48.7396	-5.2412	-4.4948
	总资产(万元)	933003.31	896483.09	869272.44	843973.49
	归属母公司股东权益	143379.54	142262.57	199730.21	209411.66
	营业收入(万元)	202255.84	372206.97	249908.85	459725.00
	营业成本(万元)	174671.43	353140.96	223398.66	389756.08
	投资收益(万元)	-58.27	-753.86	-54.48	5303.28
	净利润(万元)	1195.82	-66377.71	-9198.87	912.36
	营业利润(万元)	-1573.87	-71244.45	-10238.53	-6911.01
	利润总额(万元)	1565.75	-67383.21	-8561.76	1569.67

大冶特殊钢股份有限公司

公司概况	公司名称	大冶特殊钢股份有限公司			证券简称	大冶特钢
	法人代表	俞亚鹏	董秘	郭培锋	证券代码	000708
	公司网址	www.dayesteel.com.cn		电子信箱	dytg0708@163.com	
	电　话	0714-6297373		传　真	0714-6297280	
	办公地址	湖北省黄石市黄石大道 316 号				
	经营范围	钢铁冶炼、钢材轧制、金属改制、压延加工、钢铁材料检测				

	指标\报告期	2014.06.30	2013.12.31	2013.06.30	2012.12.31
主要财务指标	基本每股收益(元)	0.2930	0.4490	0.2470	0.4860
	基本每股收益	0.2920	0.4360	0.2380	0.3690
	稀释每股收益(元)	0.2930	0.4490	0.2470	0.4860
	每股净资产(元)	7.0784	6.9855	6.7835	6.5367
	每股经营现金净流量(元)	0.2775	0.2815	0.0861	0.1622
	每股现金流量(元)	0.0936	0.0196	0.1031	-0.5941
	每股资本公积金(元)	1.0807	1.0807	1.0807	1.0807
	每股盈余公积金(元)	0.5031	0.5031	0.5031	0.5031
	每股未分配利润(元)	4.4946	4.4017	4.1997	3.9529
	净资产收益率(%)	4.1381	6.4237	3.6381	7.4284
	加权净资产收益率(%)	4.1500	6.6400	3.7100	7.5500
	净资产收益率(扣除)(%)	4.1209	6.2479	3.5107	5.6439
	总资产(万元)	453972.72	450173.47	422582.04	429405.73
	归属母公司股东权益	318108.11	313932.63	304857.43	293766.48
	营业收入(万元)	380723.94	743771.03	375718.56	812273.45
	营业成本(万元)	341780.70	672651.30	341328.87	744554.27
	投资收益(万元)	-	-	-	-
	净利润(万元)	13163.65	20166.15	11090.95	21822.09
	营业利润(万元)	15273.11	23083.25	12591.35	20355.42
	利润总额(万元)	15337.48	23577.56	13048.18	26182.86

河北钢铁股份有限公司

公司概况	公司名称	河北钢铁股份有限公司			证券简称	河北钢铁
	法人代表	于勇	董秘	李卜海	证券代码	000709
	公司网址	www.hebgtgf.com		电子信箱	hbgtgf@hebgtjt.com	
	电　话	0311-66770709		传　真	0311-66778711	
	办公地址	河北省石家庄市桥西区裕华西路 40 号				
	经营范围	钢铁冶炼、钢材轧制及销售等				

	指标\报告期	2014.06.30	2013.12.31	2013.06.30	2012.12.31
主要财务指标	基本每股收益(元)	0.0310	0.0110	0.0070	0.0100
	基本每股收益	0.0260	-	0.0040	0.0100
	稀释每股收益(元)	0.0310	0.0110	0.0070	0.0100
	每股净资产(元)	4.0242	4.0081	4.0082	4.0060
	每股经营现金净流量(元)	0.8796	1.0861	-0.2338	0.5094
	每股现金流量(元)	0.0526	0.1437	-0.1291	-0.1380
	每股资本公积金(元)	2.1854	2.1854	2.1854	2.1854
	每股盈余公积金(元)	0.1731	0.1731	0.1731	0.1731
	每股未分配利润(元)	0.6528	0.6415	0.6377	0.6305
	净资产收益率(%)	0.7791	0.2730	0.1800	0.2572
	加权净资产收益率(%)	0.7800	0.2700	0.1800	0.2600
	净资产收益率(扣除)(%)	0.6520	-0.1442	0.0881	0.1911
	总资产(万元)	16359454.68	16689804.12	15275136.26	15478404.76
	归属母公司股东权益	4273192.08	4256006.00	4256176.15	4254160.44
	营业收入(万元)	5067615.15	11025499.22	5480952.19	11162979.57
	营业成本(万元)	4606839.35	10088405.66	5071431.67	10240620.18
	投资收益(万元)	18208.19	31553.00	13082.09	22226.31
	净利润(万元)	33293.04	11617.59	7660.55	10942.65
	营业利润(万元)	41005.69	15062.20	11155.26	20555.62
	利润总额(万元)	41676.67	23111.05	13372.69	23110.52

成都天兴仪表股份有限公司

公司概况						
	公司名称	成都天兴仪表股份有限公司			证券简称	天兴仪表
	法人代表	文武	董秘	叶秀松	证券代码	000710
	公司网址	www.txyb.com.cn		电子信箱	china0710@163.com	
	电　　话	028-84613721		传　　真	028-84600581	
	办公地址	四川省成都市外东十陵镇公司办公楼				
	经营范围	摩托车与汽车部品的设计、生产、加工和销售				

主要财务指标	指标＼报告期	2014.06.30	2013.12.31	2013.06.30	2012.12.31
	基本每股收益(元)	–0.0305	–0.0407	–0.0178	0.0026
	基本每股收益	0.0028	0.1325	–0.0179	–
	稀释每股收益(元)	–0.0305	–0.0407	–0.0178	0.0026
	每股净资产(元)	0.7330	0.7635	0.7630	0.7807
	每股经营现金净流量(元)	–0.1327	0.1034	–0.0936	0.3192
	每股现金流量(元)	–0.0104	–0.1245	–0.1642	0.1759
	每股资本公积金(元)	0.2596	0.2596	0.2396	0.2396
	每股盈余公积金(元)	0.0729	0.0729	0.0729	0.0729
	每股未分配利润(元)	–0.6073	–0.5769	–0.5539	–0.5361
	净资产收益率(%)	–4.1549	–5.3334	–2.3318	0.3329
	加权净资产收益率(%)	–3.9100	–5.3600	–2.2800	0.3400
	净资产收益率(扣除)(%)	0.3754	–5.3506	–2.3398	0.0042
	总资产(万元)	42280.23	41008.45	41564.28	34101.80
	归属母公司股东权益	11083.40	11543.91	11535.92	11804.91
	营业收入(万元)	15705.50	26223.48	14829.23	33107.76
	营业成本(万元)	14537.70	22942.62	13179.29	28934.94
	投资收益(万元)	879.63	933.43	–	–
	净利润(万元)	–460.51	–615.69	–268.99	39.30
	营业利润(万元)	–473.81	–91.37	–270.34	39.54
	利润总额(万元)	–467.44	–88.72	–269.10	91.28

黑龙江天伦置业股份有限公司

公司概况						
	公司名称	黑龙江天伦置业股份有限公司			证券简称	天伦置业
	法人代表	肖志辉	董秘	刘欣	证券代码	000711
	公司网址	www.tlzy.com.cn		电子信箱	hljtlzy@126.com	
	电　　话	020-38303068 38303219		传　　真	020-38303000	
	办公地址	广东省广州市天河路45号天伦大厦25楼				
	经营范围	房地产开发与经营(三级)、网络与电子信息技术开发应用、软件开发等				

主要财务指标	指标＼报告期	2014.06.30	2013.12.31	2013.06.30	2012.12.31
	基本每股收益(元)	–0.1300	–0.1700	–0.0500	0.0100
	基本每股收益	–0.1300	–	–0.0500	0.0100
	稀释每股收益(元)	–0.1300	–0.1700	–0.0500	0.0100
	每股净资产(元)	1.8914	2.0225	2.2235	2.2718
	每股经营现金净流量(元)	0.0047	0.1056	–0.0026	0.1515
	每股现金流量(元)	0.4744	–0.0617	0.1892	–1.3538
	每股资本公积金(元)	0.0937	0.0937	0.1735	0.1735
	每股盈余公积金(元)	0.1886	0.1886	0.1886	0.1886
	每股未分配利润(元)	0.6050	0.7391	0.8613	0.9096
	净资产收益率(%)	–7.0901	–8.4316	–2.1713	0.6015
	加权净资产收益率(%)	–6.8500	–8.0900	–2.1500	0.6000
	净资产收益率(扣除)(%)	–7.0746	–8.9961	–2.2757	0.5648
	总资产(万元)	122843.53	109640.05	95930.47	77814.92
	归属母公司股东权益	30433.05	32541.10	35775.45	36552.23
	营业收入(万元)	3838.02	6320.73	2979.60	6126.46
	营业成本(万元)	1495.51	2086.01	786.10	1654.79
	投资收益(万元)	–	6.43	6.43	292.79
	净利润(万元)	–2157.73	–2743.72	–776.78	219.87
	营业利润(万元)	–2034.88	–2922.02	–652.45	336.97
	利润总额(万元)	–2039.58	–2784.68	–655.43	333.73

广东锦龙发展股份有限公司

公司概况						
	公司名称	广东锦龙发展股份有限公司			证券简称	锦龙股份
	法人代表	杨志茂	董秘	张丹丹	证券代码	000712
	公司网址	www.jlgf.com		电子信箱	jlgf000712@163.com	
	电　　话	0763-3369393		传　　真	0763-3362693	
	办公地址	广东省清远市方正二街1号锦龙大厦				
	经营范围	自来水的生产和供应业等				

主要财务指标	指标＼报告期	2014.06.30	2013.12.31	2013.06.30	2012.12.31
	基本每股收益(元)	0.2600	0.1180	0.1060	0.0670
	基本每股收益	0.0300	0.1180	0.1030	0.0700
	稀释每股收益(元)	0.2600	0.1180	0.1060	0.0670
	每股净资产(元)	2.6529	4.9479	4.9628	4.9569
	每股经营现金净流量(元)	0.0846	0.6305	0.0256	0.0730
	每股现金流量(元)	0.4686	3.0276	–2.4732	2.9660
	每股资本公积金(元)	0.8264	2.6114	2.6383	2.6384
	每股盈余公积金(元)	0.1049	0.2054	0.2054	0.2016
	每股未分配利润(元)	0.7216	1.1311	1.1191	1.1169
	净资产收益率(%)	9.7344	2.3854	2.1369	1.0624
	加权净资产收益率(%)	10.0500	2.3700	2.1400	1.7800
	净资产收益率(扣除)(%)	1.1049	2.2254	2.0670	1.0236
	总资产(万元)	1125566.64	1028582.50	290225.46	271291.79
	归属母公司股东权益	237696.96	221666.14	222334.99	222070.14
	营业收入(万元)	35647.09	12905.40	4692.90	9479.45
	营业成本(万元)	515.40	5985.59	2247.82	4977.11
	投资收益(万元)	32294.15	12811.54	6294.29	4756.03
	净利润(万元)	23138.43	5287.64	4751.08	2359.34
	营业利润(万元)	25958.55	9721.50	5322.51	3555.63
	利润总额(万元)	25748.64	9989.06	5356.54	3657.24

合肥丰乐种业股份有限公司

公司概况						
	公司名称	合肥丰乐种业股份有限公司			证券简称	丰乐种业
	法人代表	陈茂新	董秘	顾晓新	证券代码	000713
	公司网址	www.fengle.com.cn		电子信箱	flzq@fengle.com.cn	
	电　　话	0551-2239888 2239955		传　　真	0551-2239957	
	办公地址	安徽省合肥市长江西路501号丰乐大厦				
	经营范围	农作物种子、农药、专用肥、植物生长素、农化产品、薄荷油及其衍生产品等				

主要财务指标	指标＼报告期	2014.06.30	2013.12.31	2013.06.30	2012.12.31
	基本每股收益(元)	0.0487	0.1866	0.0449	0.2289
	基本每股收益	–0.0092	0.0362	0.0448	0.1843
	稀释每股收益(元)	0.0487	0.1866	0.0449	0.2289
	每股净资产(元)	4.3464	4.3154	4.0295	4.0287
	每股经营现金净流量(元)	0.0356	0.6730	0.2308	0.1785
	每股现金流量(元)	–0.1307	–0.0275	–0.2799	–0.1413
	每股资本公积金(元)	1.8309	1.8309	1.6894	1.6894
	每股盈余公积金(元)	0.2616	0.2616	0.2350	0.2350
	每股未分配利润(元)	1.1870	1.1650	1.0499	1.0549
	净资产收益率(%)	1.1200	4.3239	1.1150	5.6809
	加权净资产收益率(%)	1.1200	4.5400	1.1100	5.6800
	净资产收益率(扣除)(%)	–0.2114	0.8395	1.1117	4.5753
	总资产(万元)	194496.65	199844.31	181233.53	184362.12
	归属母公司股东权益	129904.75	128977.15	120431.13	120409.59
	营业收入(万元)	61919.51	169393.49	65133.77	184320.30
	营业成本(万元)	51760.11	141639.74	52875.63	148080.53
	投资收益(万元)	–2.22	4451.76	568.02	320.40
	净利润(万元)	1458.81	5576.84	1342.86	6840.32
	营业利润(万元)	133.46	5371.20	1426.34	6112.50
	利润总额(万元)	1866.82	6001.94	1430.39	7378.39

中兴-沈阳商业大厦(集团)股份有限公司

公司概况	公司名称	中兴-沈阳商业大厦(集团)股份有限公司		证券简称	中兴商业
	法人代表	刘芝旭	董秘 姜莉	证券代码	000715
	公司网址	www.zxbusiness.com		电子信箱	zxstock@vip.sina.com
	电话	024-23838888-3715 3703		传真	024-23408889
	办公地址	辽宁省沈阳市和平区太原北街 86 号			
	经营范围	国内一般商业贸易、汽车修理、汽车配件、仓储搬运等			

主要财务指标 指标\报告期	2014.06.30	2013.12.31	2013.06.30	2012.12.31
基本每股收益(元)	0.1530	0.3800	0.1810	0.3600
基本每股收益	0.1502	0.3686	0.1800	0.3521
稀释每股收益(元)	0.1530	0.3800	0.1810	0.3600
每股净资产(元)	4.7137	4.5605	4.4288	4.2483
每股经营现金净流量(元)	0.0020	0.5661	0.3174	0.9986
每股现金流量(元)	-1.2082	0.3293	0.2424	0.7290
每股资本公积金(元)	1.1352	1.1352	1.1352	1.1352
每股盈余公积金(元)	0.4615	0.4615	0.4185	0.4185
每股未分配利润(元)	2.1170	1.9638	1.8752	1.6946
净资产收益率(%)	3.2492	8.3813	4.0770	8.4627
加权净资产收益率(%)	3.3000	8.6700	4.1600	8.7600
净资产收益率(扣除)(%)	3.1858	8.0816	4.0739	8.2869
总资产(万元)	227267.53	220179.62	220007.82	217181.21
归属母公司股东权益	131514.12	127240.93	123567.29	118529.48
营业收入(万元)	168256.38	347950.59	188171.53	336476.10
营业成本(万元)	136522.16	286038.35	155458.29	274752.83
投资收益(万元)	0.16	-	-	-
净利润(万元)	4273.19	10664.49	5037.80	10030.85
营业利润(万元)	5646.79	14328.77	6692.61	13487.76
利润总额(万元)	5758.01	14837.91	6697.72	13765.67

南方黑芝麻集团股份有限公司

公司概况	公司名称	南方黑芝麻集团股份有限公司		证券简称	南方食品
	法人代表	韦清文	董秘 龙耐坚	证券代码	000716
	公司网址	www.nfsp.com.cn		电子信箱	zmh09nf@sina.com
	电话	0771-5308096 5308080		传真	0771-5308639
	办公地址	广西壮族自治区南宁市双拥路 36 号			
	经营范围	对食品、管道燃气、物流、房地产、物业管理、航空服务项目的投资等			

主要财务指标 指标\报告期	2014.06.30	2013.12.31	2013.06.30	2012.12.31
基本每股收益(元)	0.1510	0.1890	0.0950	0.1350
基本每股收益	0.1150	-	0.0740	0.0390
稀释每股收益(元)	0.1510	0.1890	0.0950	0.1350
每股净资产(元)	3.4774	3.3885	3.3273	1.9327
每股经营现金净流量(元)	-0.2610	0.4369	-0.4325	0.0795
每股现金流量(元)	-0.4194	0.7781	0.7838	-0.0265
每股资本公积金(元)	1.9771	1.9771	2.2239	1.5112
每股盈余公积金(元)	0.1086	0.1086	0.0367	0.0845
每股未分配利润(元)	0.3916	0.3028	0.0667	0.1802
净资产收益率(%)	4.3325	4.9356	2.8577	5.3925
加权净资产收益率(%)	4.3300	5.3600	4.7000	8.0000
净资产收益率(扣除)(%)	3.3165	4.6144	1.7109	4.8852
总资产(万元)	137283.26	145906.57	139225.77	120271.46
归属母公司股东权益	85543.20	83357.62	81852.49	49483.03
营业收入(万元)	62879.89	130553.13	52224.60	92008.27
营业成本(万元)	45824.44	91006.46	39118.37	63272.36
投资收益(万元)	318.74	1145.50	971.53	74.72
净利润(万元)	3706.18	4114.21	2339.08	2936.32
营业利润(万元)	2736.08	4101.33	1821.34	1289.04
利润总额(万元)	3613.91	4604.04	2376.27	3577.09

广东韶钢松山股份有限公司

公司概况	公司名称	广东韶钢松山股份有限公司		证券简称	韶钢松山
	法人代表	王三武	董秘 刘二	证券代码	000717
	公司网址	www.sgss.com.cn		电子信箱	sgss@sgis.com.cn
	电话	0751-8787265		传真	0751-8787676
	办公地址	广东省韶关市曲江区			
	经营范围	制造、加工、销售钢铁冶金产品、金属制品、焦炭、煤化工产品等			

主要财务指标 指标\报告期	2014.06.30	2013.12.31	2013.06.30	2012.12.31
基本每股收益(元)	-0.3042	0.0500	0.0066	-1.1700
基本每股收益	-0.3046	-0.0300	-0.0237	-1.1500
稀释每股收益(元)	-0.3042	0.0500	0.0066	-1.1700
每股净资产(元)	1.4890	1.7966	2.5298	1.6355
每股经营现金净流量(元)	0.8033	0.6573	0.8038	1.2526
每股现金流量(元)	0.3265	-0.1825	0.1955	-0.0395
每股资本公积金(元)	1.3404	1.3438	2.3746	1.4874
每股盈余公积金(元)	0.2642	0.2642	0.3828	0.3828
每股未分配利润(元)	-1.1097	-0.8055	-1.2215	-1.2281
净资产收益率(%)	-20.4283	2.3343	0.2599	-71.4758
加权净资产收益率(%)	-18.5200	2.8600	0.3200	-52.7000
净资产收益率(扣除)(%)	-20.4564	-1.3491	-0.9374	-70.4744
总资产(万元)	2157404.54	2164707.68	2104961.57	2068484.76
归属母公司股东权益	360263.81	434696.31	422348.26	273042.74
营业收入(万元)	1013610.95	1917103.40	900965.96	1925984.46
营业成本(万元)	1024483.48	1852274.21	873651.44	1992158.09
投资收益(万元)	-12.69	-501.12	-	-
净利润(万元)	-73595.93	10147.03	1097.53	-195159.46
营业利润(万元)	-74525.42	58.35	-489.81	-180562.43
利润总额(万元)	-74306.34	13623.67	2678.22	-181590.99

苏宁环球股份有限公司

公司概况	公司名称	苏宁环球股份有限公司		证券简称	苏宁环球
	法人代表	张桂平	董秘 刘登华	证券代码	000718
	公司网址	www.suning-universal.com		电子信箱	suning@suning.com.cn
	电话	025-83247946		传真	025-83247136
	办公地址	江苏省南京市鼓楼区广州路 188 号 17 楼			
	经营范围	房地产开发经营与混凝土生产销售等			

主要财务指标 指标\报告期	2014.06.30	2013.12.31	2013.06.30	2012.12.31
基本每股收益(元)	0.0240	0.2400	0.3350	0.4200
基本每股收益	0.0220	-	0.3347	0.4200
稀释每股收益(元)	0.0240	0.2400	0.3350	0.4200
每股净资产(元)	2.0364	2.1126	2.6854	2.4500
每股经营现金净流量(元)	-0.2805	1.1619	0.1833	1.0078
每股现金流量(元)	0.0042	0.2754	0.0414	0.0231
每股资本公积金(元)	-	-	0.0636	0.0636
每股盈余公积金(元)	-	-	0.1508	0.1508
每股未分配利润(元)	1.0364	1.1126	1.4709	1.2355
净资产收益率(%)	1.1720	11.2878	12.4908	17.2424
加权净资产收益率(%)	1.1500	10.4500	12.9400	18.8700
净资产收益率(扣除)(%)	1.0637	11.2804	12.4654	17.3015
总资产(万元)	2332022.48	2069685.73	2085955.40	1913843.82
归属母公司股东权益	416080.94	431637.73	548674.30	500572.16
营业收入(万元)	53062.72	672056.45	336315.23	440613.40
营业成本(万元)	25896.54	479998.58	178553.28	256396.51
投资收益(万元)	-752.72	-1505.45	-752.72	-1505.45
净利润(万元)	4875.14	48722.28	68534.07	86310.42
营业利润(万元)	7290.91	93497.59	113874.35	118078.57
利润总额(万元)	7890.14	93616.66	114062.18	117963.04

中原大地传媒股份有限公司

公司概况					
公司名称	中原大地传媒股份有限公司			证券简称	大地传媒
法人代表	王爱	董秘	毋晓冬	证券代码	000719
公司网址	www.zyddcm.com		电子信箱	www.zyddcm.com	
电　　话	0371-87528527		传　　真	0371-87528528	
办公地址	河南省郑州市金水东路39号中国(河南)出版产业园A座				
经营范围	对新闻、出版、教育、文化、广播、电影、电视节目等进行互联网信息服务等				

主要财务指标 指标\报告期	2014.06.30	2013.12.31	2013.06.30	2012.12.31
基本每股收益(元)	0.3500	0.6500	0.2700	0.4500
基本每股收益	0.3100	0.6200	0.2700	0.4400
稀释每股收益(元)	0.3500	0.6500	0.2700	0.4500
每股净资产(元)	4.7800	4.5835	4.1958	3.9239
每股经营现金净流量(元)	0.2238	0.3349	-0.0803	0.7197
每股现金流量(元)	-0.0931	0.2541	-1.0264	0.3675
每股资本公积金(元)	1.7783	1.7783	1.7678	1.7678
每股盈余公积金(元)	0.1258	0.1258	0.0986	0.0986
每股未分配利润(元)	1.8746	1.6794	1.3294	1.0576
净资产收益率(%)	7.2244	14.1611	6.4784	11.4281
加权净资产收益率(%)	7.2600	15.2800	6.7000	12.1200
净资产收益率(扣除)(%)	6.4581	13.4020	6.4404	11.2533
总资产(万元)	301079.31	293365.83	267734.41	259631.69
归属母公司股东权益	210130.09	201545.98	184494.63	172542.40
营业收入(万元)	149251.41	288532.11	119081.10	227151.84
营业成本(万元)	122398.05	227386.22	91602.39	177442.86
投资收益(万元)	11.07	89.38	98.92	238.04
净利润(万元)	15179.88	28541.06	11952.23	19718.30
营业利润(万元)	11097.36	24652.53	10402.11	15565.53
利润总额(万元)	15113.27	29235.51	11686.10	19187.28

山东新能泰山发电股份有限公司

公司概况					
公司名称	山东新能泰山发电股份有限公司			证券简称	新能泰山
法人代表	王文宗	董秘	刘昭营	证券代码	000720
公司网址	www.sz000720.com		电子信箱	xnts@sz000720.com	
电　　话	0538-8232022		传　　真	0538-8232000	
办公地址	山东省泰安市普照寺路5号				
经营范围	电力生产、销售、电线电缆、电子产品、电器机械及器材、输变电设备等				

主要财务指标 指标\报告期	2014.06.30	2013.12.31	2013.06.30	2012.12.31
基本每股收益(元)	0.0415	0.0390	0.0407	0.0400
基本每股收益	0.0414	-	0.0306	-0.0122
稀释每股收益(元)	0.0415	0.0390	0.0407	0.0396
每股净资产(元)	0.9452	0.9034	0.9057	0.8643
每股经营现金净流量(元)	0.1830	0.8231	0.5727	0.4892
每股现金流量(元)	0.0470	0.0188	0.0486	-0.0188
每股资本公积金(元)	0.3428	0.3428	0.3428	0.3428
每股盈余公积金(元)	0.1655	0.1655	0.1655	0.1655
每股未分配利润(元)	-0.5635	-0.6050	-0.6033	-0.6440
净资产收益率(%)	4.3956	4.3183	4.4982	4.5829
加权净资产收益率(%)	4.5000	4.4100	4.6000	4.6900
净资产收益率(扣除)(%)	4.3886	2.8962	3.3800	-1.4059
总资产(万元)	549595.41	553029.99	550231.63	564489.47
归属母公司股东权益	81614.54	78002.02	78200.16	74630.48
营业收入(万元)	144006.25	290188.60	143989.96	304557.28
营业成本(万元)	119138.09	245524.82	121200.72	267352.78
投资收益(万元)	8.97	77.31	23.39	72.17
净利润(万元)	3587.47	3368.40	3517.59	3420.22
营业利润(万元)	5950.95	5185.32	4383.40	-810.90
利润总额(万元)	5970.32	6644.24	5510.33	6381.21

西安饮食股份有限公司

公司概况					
公司名称	西安饮食股份有限公司			证券简称	西安饮食
法人代表	胡昌民	董秘	李虎成	证券代码	000721
公司网址	www.xcsg.com		电子信箱	xcsg@xcsg.com	
电　　话	029-82065865		传　　真	029-82065899	
办公地址	陕西省西安市碑林区南二环西段27号西安旅游大厦6层				
经营范围	国内商业、物资供销业、物业管理、投资项目信息咨询及中介服务等				

主要财务指标 指标\报告期	2014.06.30	2013.12.31	2013.06.30	2012.12.31
基本每股收益(元)	0.0054	0.0659	0.0419	0.0796
基本每股收益	-0.0483	-0.0328	0.0389	0.0381
稀释每股收益(元)	0.0054	0.0659	0.0419	0.0796
每股净资产(元)	1.3706	2.8153	3.5420	2.7235
每股经营现金净流量(元)	-0.0069	0.1242	0.0390	0.1797
每股现金流量(元)	-0.0469	-0.0023	1.0665	-0.1234
每股资本公积金(元)	0.1108	0.8816	1.3989	0.6003
每股盈余公积金(元)	0.0887	0.1774	0.2076	0.2076
每股未分配利润(元)	0.1711	0.7564	0.9354	0.9156
净资产收益率(%)	0.3957	2.1060	1.1828	2.9243
加权净资产收益率(%)	0.3300	2.3800	1.8100	2.9500
净资产收益率(扣除)(%)	-3.5261	-1.0480	1.0989	1.6695
总资产(万元)	106616.93	101976.29	98323.70	82542.34
归属母公司股东权益	68399.73	70250.08	70672.71	54340.89
营业收入(万元)	25327.72	58616.75	28734.48	65859.74
营业成本(万元)	10236.80	23319.74	11544.34	27152.69
投资收益(万元)	478.68	2137.36	-	-
净利润(万元)	270.64	1479.45	835.89	1589.08
营业利润(万元)	-2017.78	2279.39	1373.38	2394.62
利润总额(万元)	1080.21	2845.49	1452.44	2794.19

湖南发展集团股份有限公司

公司概况					
公司名称	湖南发展集团股份有限公司			证券简称	湖南发展
法人代表	杨国平	董秘	苏千里	证券代码	000722
公司网址	www.hnfzgf.com		电子信箱	hnfz@hnfzgf.com	
电　　话	0731-88789296		传　　真	0731-88789256	
办公地址	湖南省长沙市天心区芙蓉中路三段142号B座光大发展大厦第27楼				
经营范围	水力发电项目综合经营、房地产项目投资、土地资源、矿产资源的储备及综合经营等				

主要财务指标 指标\报告期	2014.06.30	2013.12.31	2013.06.30	2012.12.31
基本每股收益(元)	0.2300	0.3400	0.2200	0.3400
基本每股收益	0.2300	0.3300	-	0.3100
稀释每股收益(元)	0.2300	0.3400	0.2200	0.3400
每股净资产(元)	5.0876	4.8589	4.7407	4.5182
每股经营现金净流量(元)	0.1915	0.3681	0.1932	0.4300
每股现金流量(元)	0.1827	-0.0698	-0.0641	0.1817
每股资本公积金(元)	4.6056	4.6056	4.6056	4.6056
每股盈余公积金(元)	0.0205	0.0205	0.0205	0.0205
每股未分配利润(元)	-0.5385	-0.7673	-0.8854	-1.1079
净资产收益率(%)	4.4963	7.0105	4.6930	7.4572
加权净资产收益率(%)	4.6000	7.2700	4.8100	7.7500
净资产收益率(扣除)(%)	4.4896	6.8214	4.4982	6.9216
总资产(万元)	304728.76	286410.81	224429.76	213218.56
归属母公司股东权益	236146.41	225528.55	220044.66	209717.96
营业收入(万元)	15182.97	24018.51	14421.40	25760.46
营业成本(万元)	5253.14	10068.07	5285.67	9483.17
投资收益(万元)	4011.96	5938.12	2058.44	3084.35
净利润(万元)	10617.86	15810.59	10326.70	15639.12
营业利润(万元)	10549.23	15688.06	10286.16	15613.26
利润总额(万元)	10564.98	15724.98	10326.70	15639.12

山西美锦能源股份有限公司

公司概况	公司名称	山西美锦能源股份有限公司		证券简称	美锦能源
	法人代表	姚锦龙	董秘 朱庆华	证券代码	000723
	公司网址	www.mjenergy.com		电子信箱	meijinenergy@126.com
	电　　话	0351-4236095		传　　真	0351-4236092
	办公地址	山西省太原市迎泽区劲松北路 31 号哈伯中心 12 层			
	经营范围	焦化厂、煤矿、煤层气的开发、投资、批发零售焦炭、金属材料、建材等			

	指标\报告期	2014.06.30	2013.12.31	2013.06.30	2012.12.31
主要财务指标	基本每股收益(元)	-0.0100	0.1300	0.0700	-0.1100
	基本每股收益	-0.0200	-	0.0700	-0.2100
	稀释每股收益(元)	-0.0100	0.1300	0.0700	-0.1100
	每股净资产(元)	1.5972	1.6233	1.5587	1.5800
	每股经营现金净流量(元)	0.1576	0.4761	0.2255	-0.4653
	每股现金流量(元)	0.1458	0.1835	-0.0651	-0.4934
	每股资本公积金(元)	0.1625	0.1625	0.1625	0.3250
	每股盈余公积金(元)	0.0756	0.0756	0.0756	0.1512
	每股未分配利润(元)	0.3253	0.3552	0.2934	1.6462
	净资产收益率(%)	-0.9288	8.1346	4.5119	-6.8309
	加权净资产收益率(%)	-0.9200	8.2500	4.3400	-6.6200
	净资产收益率(扣除)(%)	-0.9831	8.1297	4.5113	-6.6905
	总资产(万元)	69884.98	89079.24	65540.53	78355.26
	归属母公司股东权益	44594.71	45321.82	43517.41	44248.34
	营业收入(万元)	50300.40	126336.65	63500.21	119316.26
	营业成本(万元)	44743.11	109506.22	55908.49	111654.77
	投资收益(万元)	-	-	-	3.01
	净利润(万元)	-414.21	3686.76	1963.46	-3022.56
	营业利润(万元)	-548.57	5759.80	2948.08	-4262.22
	利润总额(万元)	-512.74	5763.13	2948.49	-4357.28

京东方科技集团股份有限公司

公司概况	公司名称	京东方科技集团股份有限公司		证券简称	京东方 A
	法人代表	王东升	董秘 刘洪峰	证券代码	000725
	公司网址	www.boe.com.cn		电子信箱	xiaozhaoxiong@boe.com.cn
	电　　话	010-64318888		传　　真	010-64366264
	办公地址	北京市朝阳区酒仙桥路 10 号			
	经营范围	电子产品、通信设备、电子计算机软硬件的制造及购销等			

	指标\报告期	2014.06.30	2013.12.31	2013.06.30	2012.12.31
主要财务指标	基本每股收益(元)	0.0500	0.1740	0.0640	0.0190
	基本每股收益	0.0290	-	-	-0.0400
	稀释每股收益(元)	0.0500	0.1740	0.0640	0.0190
	每股净资产(元)	2.1071	2.0894	1.9788	1.9145
	每股经营现金净流量(元)	0.0922	0.6624	0.2757	0.2284
	每股现金流量(元)	0.6941	0.2158	0.6548	0.0441
	每股资本公积金(元)	1.0967	1.1395	1.1356	1.1348
	每股盈余公积金(元)	0.0141	0.0369	0.0369	0.0369
	每股未分配利润(元)	-0.0023	-0.0830	-0.1935	-0.2571
	净资产收益率(%)	1.4008	8.3300	3.2116	0.9972
	加权净资产收益率(%)	2.3800	8.7000	3.2600	1.0000
	净资产收益率(扣除)(%)	0.7401	6.0668	2.8683	-2.1021
	总资产(万元)	12793520.50	9253845.15	8837457.75	6710536.09
	归属母公司股东权益	7435743.32	2825181.54	2675576.88	2588695.97
	营业收入(万元)	1611317.16	3377428.56	1625432.61	2577158.34
	营业成本(万元)	1263011.85	2570382.34	1246133.46	2279033.25
	投资收益(万元)	692.44	760.05	162.50	-547.53
	净利润(万元)	104163.57	235336.57	85928.89	25813.34
	营业利润(万元)	77957.10	225784.41	104942.57	-72417.49
	利润总额(万元)	131891.90	302241.34	118857.16	18605.20

鲁泰纺织股份有限公司

公司概况	公司名称	鲁泰纺织股份有限公司		证券简称	鲁　泰 A
	法人代表	刘石祯	董秘 秦桂玲	证券代码	000726
	公司网址	www.lttc.com.cn		电子信箱	qinguiling@lttc.com.cn
	电　　话	0533-5285166		传　　真	0533-5418805
	办公地址	山东省淄博市淄川区松龄东路 81 号			
	经营范围	生产销售棉纱、色织布、衬衣、服装饰品、保健内衣等纺织品及配套系列产品等			

	指标\报告期	2014.06.30	2013.12.31	2013.06.30	2012.12.31
主要财务指标	基本每股收益(元)	0.5000	1.0400	0.4300	0.7100
	基本每股收益	0.5000	-	0.4100	0.6700
	稀释每股收益(元)	0.5000	-	0.4300	0.7100
	每股净资产(元)	6.3889	6.2650	5.3761	5.2223
	每股经营现金净流量(元)	0.4175	1.5212	0.4885	1.1601
	每股现金流量(元)	-0.4474	-0.0317	-0.3676	0.0882
	每股资本公积金(元)	1.0521	1.0471	1.2134	1.2193
	每股盈余公积金(元)	0.6900	0.6900	0.5766	0.5742
	每股未分配利润(元)	3.6546	3.5356	2.8644	2.7051
	净资产收益率(%)	7.8094	17.9000	7.7054	13.4351
	加权净资产收益率(%)	7.8100	17.9000	7.6000	13.5700
	净资产收益率(扣除)(%)	7.7949	15.5143	7.2841	12.7267
	总资产(万元)	812945.77	841194.86	795262.71	815327.91
	归属母公司股东权益	610647.39	598805.41	540106.54	526870.13
	营业收入(万元)	311422.66	647824.50	306049.53	590104.99
	营业成本(万元)	213785.03	448192.36	218457.49	431615.03
	投资收益(万元)	2127.89	2218.63	1764.97	2005.41
	净利润(万元)	47688.03	99925.67	41617.59	70785.75
	营业利润(万元)	55286.59	116994.26	49606.69	76780.98
	利润总额(万元)	56959.75	122435.62	51325.29	79879.73

南京华东电子信息科技股份有限公司

公司概况	公司名称	南京华东电子信息科技股份有限公司		证券简称	华东科技
	法人代表	梁生元	董秘 胡进文	证券代码	000727
	公司网址	www.huadongtech.com		电子信箱	hjw@huadongtech.com
	电　　话	025-68192836 68192835		传　　真	025-68192828
	办公地址	江苏省南京市经济技术开发区恒通大道 19-1 号			
	经营范围	电子产品、平板显示器件及模块、石英晶体产品、电子线路产品等			

	指标\报告期	2014.06.30	2013.12.31	2013.06.30	2012.12.31
主要财务指标	基本每股收益(元)	0.0146	0.0288	-0.1365	-0.1342
	基本每股收益	-0.0450	-0.3056	-0.1396	-0.2533
	稀释每股收益(元)	0.0146	0.0288	-0.1365	-0.1342
	每股净资产(元)	0.9868	0.9722	1.1471	1.2836
	每股经营现金净流量(元)	0.0866	-0.0814	-0.0670	0.3890
	每股现金流量(元)	0.0473	-0.2573	-0.1557	0.2331
	每股资本公积金(元)	1.0098	1.0098	1.3501	1.3501
	每股盈余公积金(元)	0.2760	0.2760	0.2760	0.2760
	每股未分配利润(元)	-1.2990	-1.3137	-1.4790	-1.3425
	净资产收益率(%)	1.4831	2.9640	-11.9005	-10.4582
	加权净资产收益率(%)	1.4900	2.2200	-11.2300	-9.4000
	净资产收益率(扣除)(%)	-4.5643	-31.4377	-12.1708	-19.7361
	总资产(万元)	99507.50	92771.19	114870.06	119011.61
	归属母公司股东权益	35442.92	34917.26	41199.21	46102.11
	营业收入(万元)	42694.11	81977.43	37937.46	80865.44
	营业成本(万元)	37948.15	75107.27	36066.90	73879.48
	投资收益(万元)	17.20	5370.58	-66.96	3160.85
	净利润(万元)	525.67	1034.96	-4902.90	-4821.44
	营业利润(万元)	-1876.84	-9616.07	-6866.51	-9784.74
	利润总额(万元)	809.75	-1334.51	-6670.49	-6998.12

国元证券股份有限公司

公司概况					
公司名称	国元证券股份有限公司			证券简称	国元证券
法人代表	蔡咏	董秘	陈新	证券代码	000728
公司网址	www.gyzq.com.cn		电子信箱	dshbgs@gyzq.com.cn	
电　话	0551-2207323　2207968		传　真	0551-2207322	
办公地址	安徽省合肥市梅山路18号安徽国际金融中心A座国元证券				
经营范围	证券经纪、证券投资咨询、与证券交易、证券投资活动有关的财务顾问等				

主要财务指标 指标\报告期	2014.06.30	2013.12.31	2013.06.30	2012.12.31
基本每股收益(元)	0.3100	0.3400	0.1500	0.2100
基本每股收益	0.3100	0.3300	0.1500	0.2100
稀释每股收益(元)	0.3100	0.3400	0.1500	0.2100
每股净资产(元)	8.1800	7.8997	7.6962	7.6100
每股经营现金净流量(元)	0.0724	-3.7450	-1.3956	-1.4134
每股现金流量(元)	0.1208	-1.3666	-1.4952	-1.5786
每股资本公积金(元)	5.0467	4.9797	4.9597	4.9179
每股盈余公积金(元)	0.3361	0.3361	0.3081	0.3081
每股未分配利润(元)	1.1858	0.9767	0.8733	0.8228
净资产收益率(%)	3.7789	4.2804	1.9567	2.7214
加权净资产收益率(%)	3.8400	4.3700	1.9600	2.7400
净资产收益率(扣除)(%)	3.7853	4.2328	1.9610	2.7353
总资产(万元)	3307921.52	3032993.46	2486623.81	2288595.75
归属母公司股东权益	1606391.91	1551583.08	1511602.77	1494490.16
营业收入(万元)	139192.73	198492.76	85062.80	153116.47
营业成本(万元)	60698.99	115059.90	48478.10	101709.13
投资收益(万元)	60796.50	60914.17	26560.11	27429.15
净利润(万元)	60703.54	66413.19	29577.34	40670.70
营业利润(万元)	78493.74	83432.86	36584.71	51407.34
利润总额(万元)	78363.20	84446.96	36519.55	51162.55

北京燕京啤酒股份有限公司

公司概况					
公司名称	北京燕京啤酒股份有限公司			证券简称	燕京啤酒
法人代表	李福成	董秘	刘翔宇	证券代码	000729
公司网址	www.yanjing.com.cn		电子信箱	yanjing@public.bta.net.cn	
电　话	010-89490729		传　真	010-89495569	
办公地址	北京市顺义区双河路9号				
经营范围	啤酒、矿泉水、啤酒原料、饲料、酵母、塑料箱的制造和销售等				

主要财务指标 指标\报告期	2014.06.30	2013.12.31	2013.06.30	2012.12.31
基本每股收益(元)	0.2100	0.2530	0.2100	0.2460
基本每股收益	0.1700	0.1940	0.1730	0.1790
稀释每股收益(元)	0.2100	0.2530	0.2100	0.2460
每股净资产(元)	4.3066	4.1806	4.1210	3.8661
每股经营现金净流量(元)	0.6206	1.1015	0.6123	0.5285
每股现金流量(元)	0.2472	0.0848	0.3297	-0.0236
每股资本公积金(元)	1.6138	1.6146	1.6091	1.2825
每股盈余公积金(元)	0.4749	0.4749	0.4243	0.4722
每股未分配利润(元)	1.2180	1.0911	1.0876	1.1114
净资产收益率(%)	4.8067	5.7972	4.5561	6.3184
加权净资产收益率(%)	4.8500	6.2600	5.2700	6.5500
净资产收益率(扣除)(%)	3.9350	4.4458	3.7726	4.6116
总资产(万元)	1972793.63	1890535.76	1944327.13	1822370.96
归属母公司股东权益	1209572.31	1174093.41	1156903.12	975248.74
营业收入(万元)	775740.67	1374838.39	736695.95	1303334.65
营业成本(万元)	461555.31	833801.94	426229.25	802486.73
投资收益(万元)	230.39	9295.78	8018.43	4960.52
净利润(万元)	58140.84	68064.11	52710.02	61619.87
营业利润(万元)	69578.05	89350.33	72211.85	69308.49
利润总额(万元)	81211.24	101574.42	73792.43	85551.61

四川美丰化工股份有限公司

公司概况					
公司名称	四川美丰化工股份有限公司			证券简称	四川美丰
法人代表	张晓彬	董秘	王东	证券代码	000731
公司网址	www.scmeif.com		电子信箱	mfzqb@163.com	
电　话	0838-2304235		传　真	0838-2304228	
办公地址	四川省德阳市天山南路三段55号				
经营范围	公司属化肥生产行业，主要经营化学肥料、尿素、碳酸氢胺、合成氨等				

主要财务指标 指标\报告期	2014.06.30	2013.12.31	2013.06.30	2012.12.31
基本每股收益(元)	-0.2127	0.2984	0.1173	0.6006
基本每股收益	-0.2196	0.1720	0.1109	0.6528
稀释每股收益(元)	-0.2127	0.2984	0.1173	0.5102
每股净资产(元)	4.6968	4.9678	4.8095	4.6065
每股经营现金净流量(元)	-0.1166	0.2826	-0.0236	0.6679
每股现金流量(元)	-0.6497	0.4899	0.1419	0.0163
每股资本公积金(元)	1.0835	1.0835	1.1014	0.3137
每股盈余公积金(元)	0.6985	0.6985	0.6528	0.7687
每股未分配利润(元)	1.9132	2.1859	2.0516	2.5241
净资产收益率(%)	-4.5277	5.7942	2.2503	13.0386
加权净资产收益率(%)	-4.2300	6.1500	2.4800	13.6800
净资产收益率(扣除)(%)	-4.6761	3.3393	2.1418	14.1713
总资产(万元)	453079.04	482312.56	469828.78	445368.56
归属母公司股东权益	277810.00	293835.83	284471.58	231399.46
营业收入(万元)	233696.73	576790.14	323013.86	650658.57
营业成本(万元)	227982.54	536839.77	305433.06	592002.83
投资收益(万元)	-58.44	9697.76	1056.54	2904.09
净利润(万元)	-12578.31	17025.45	6401.49	30171.27
营业利润(万元)	-11926.64	20078.61	7033.59	37037.00
利润总额(万元)	-12077.19	20354.78	7445.28	31741.22

泰禾集团股份有限公司

公司概况					
公司名称	泰禾集团股份有限公司			证券简称	泰禾集团
法人代表	黄其森	董秘	洪再春	证券代码	000732
公司网址	www.thaihot.com.cn		电子信箱	dongmi@thaihot.com.cn	
电　话	0591-87730503		传　真	0591-87731800	
办公地址	福建省福州市湖东路43号奥林匹克大厦6楼				
经营范围	房地产、农药双主业经营				

主要财务指标 指标\报告期	2014.06.30	2013.12.31	2013.06.30	2012.12.31
基本每股收益(元)	0.4170	0.7161	0.3935	0.3159
基本每股收益	0.4178	0.7131	0.4008	0.2516
稀释每股收益(元)	0.4170	0.7161	0.3935	0.3159
每股净资产(元)	3.3834	3.1939	2.8517	2.1393
每股经营现金净流量(元)	-13.6003	-11.2481	-8.0446	-0.7889
每股现金流量(元)	-2.5053	3.8109	-0.9352	2.0267
每股资本公积金(元)	0.5659	0.7934	0.6920	0.4548
每股盈余公积金(元)	0.0830	0.0830	0.0715	0.0715
每股未分配利润(元)	1.7345	1.3175	1.0883	0.6130
净资产收益率(%)	12.3235	22.4194	14.2022	14.7676
加权净资产收益率(%)	12.8300	26.2300	16.3900	14.9800
净资产收益率(扣除)(%)	12.3479	22.3254	14.0546	11.3879
总资产(万元)	5346563.21	3569537.01	2367114.90	1364851.71
归属母公司股东权益	344149.69	324877.97	290070.91	217599.94
营业收入(万元)	225343.62	612849.96	216945.26	262569.59
营业成本(万元)	115220.44	392742.46	118323.18	171884.62
投资收益(万元)	23.22	117.27	100.03	3551.82
净利润(万元)	42411.36	72835.84	40028.78	32134.24
营业利润(万元)	53051.41	92698.31	52993.18	32309.03
利润总额(万元)	52958.46	94054.33	53490.36	37625.39

中国振华(集团)科技股份有限公司

公司概况						
	公司名称	中国振华(集团)科技股份有限公司			证券简称	振华科技
	法人代表	靳宏荣	董秘	齐靖	证券代码	000733
	公司网址	www.czst.com.cn		电子信箱	qijing@czelec.com.cn	
	电　话	0851-6301078 6301022		传　真	0851-6302674	
	办公地址	贵州省贵阳市乌当区新添大道北段 268 号				
	经营范围	自产自销电子产品、机械产品、贸易、建筑、经济信息咨询、技术咨询、开发等				

主要财务指标	指标\报告期	2014.06.30	2013.12.31	2013.06.30	2012.12.31
	基本每股收益(元)	0.1700	0.2800	0.1400	0.2400
	基本每股收益	0.1800	–	0.1200	0.0600
	稀释每股收益(元)	0.1700	0.2800	0.1400	0.2400
	每股净资产(元)	6.9457	6.2232	6.0741	5.9900
	每股经营现金净流量(元)	–0.0979	0.2377	–0.2132	0.0625
	每股现金流量(元)	0.6184	–0.3480	–0.5342	–0.0942
	每股资本公积金(元)	4.8066	4.9254	3.9623	3.9665
	每股盈余公积金(元)	0.2314	0.3033	0.2662	0.2662
	每股未分配利润(元)	0.9076	1.0151	0.8456	0.7554
	净资产收益率(%)	2.2041	4.4644	2.1428	3.9650
	加权净资产收益率(%)	2.4600	4.5200	2.0200	4.0100
	净资产收益率(扣除)(%)	2.2607	1.8208	2.0074	1.0197
	总资产(万元)	513401.03	442927.33	388310.91	370459.07
	归属母公司股东权益	325991.61	259415.31	217525.06	214445.45
	营业收入(万元)	197677.21	297274.22	155407.40	297389.38
	营业成本(万元)	151615.80	231512.71	116261.65	238345.14
	投资收益(万元)	957.74	4981.07	736.36	2981.14
	净利润(万元)	7185.27	9949.61	5122.11	8502.74
	营业利润(万元)	9315.01	9519.03	6012.56	8219.14
	利润总额(万元)	9474.46	12137.39	6602.65	11339.39

罗牛山股份有限公司

公司概况						
	公司名称	罗牛山股份有限公司			证券简称	罗牛山
	法人代表	徐自力	董秘	张慧	证券代码	000735
	公司网址	www.luoniushan.com		电子信箱	lns@luoniushan.com	
	电　话	0898-68581213 68585243		传　真	0898-68581830	
	办公地址	海南省海口市珠江广场帝豪大厦 9 楼				
	经营范围	种养植业、兴办工业、房地产开发经营、建筑装璜工程、农副畜水产品及饲料销售等				

主要财务指标	指标\报告期	2014.06.30	2013.12.31	2013.06.30	2012.12.31
	基本每股收益(元)	0.0272	0.0320	–0.0218	0.0240
	基本每股收益	–0.0590	–	–0.0603	–0.0880
	稀释每股收益(元)	0.0272	0.0320	–0.0218	0.0240
	每股净资产(元)	1.9214	1.9421	1.8707	1.9300
	每股经营现金净流量(元)	–0.0318	0.2081	0.1711	–0.0823
	每股现金流量(元)	–0.2137	0.0529	0.0825	0.3062
	每股资本公积金(元)	0.2647	0.2926	0.2824	0.3125
	每股盈余公积金(元)	0.1389	0.1389	0.1247	0.1247
	每股未分配利润(元)	0.5178	0.5106	0.4637	0.4926
	净资产收益率(%)	1.4146	1.6586	–1.1662	0.8617
	加权净资产收益率(%)	1.3000	1.6600	–1.1400	1.2100
	净资产收益率(扣除)(%)	–3.0713	4.0050	–3.2233	–4.2217
	总资产(万元)	418986.66	428647.63	463527.47	436241.35
	归属母公司股东权益	169106.55	170930.90	164648.94	169844.95
	营业收入(万元)	54029.10	171953.19	48742.41	85129.58
	营业成本(万元)	49195.29	140425.50	46886.06	70236.34
	投资收益(万元)	7052.50	8068.72	1571.39	3756.29
	净利润(万元)	2392.13	2834.99	–1920.19	2082.21
	营业利润(万元)	2105.24	2400.02	–6002.38	–1336.53
	利润总额(万元)	4144.72	6486.77	–1740.68	3888.61

中房地产股份有限公司

公司概况						
	公司名称	中房地产股份有限公司			证券简称	中房地产
	法人代表	沈东进	董秘	田玉利	证券代码	000736
	公司网址	www.china-propertyholding.com		电子信箱	zqb@000736.net	
	电　话	023-67530016		传　真	023-67530016	
	办公地址	重庆市渝北区洪湖东路 9 号财富大厦 B 座 9 楼				
	经营范围	房地产开发、住宅建设及产业化、土地开发与土地整理等				

主要财务指标	指标\报告期	2014.06.30	2013.12.31	2013.06.30	2012.12.31
	基本每股收益(元)	0.2800	0.2000	0.2700	0.4200
	基本每股收益	0.1100	–	0.2700	0.1300
	稀释每股收益(元)	0.2800	0.2000	0.2700	0.4200
	每股净资产(元)	5.6975	5.4372	5.5081	5.2344
	每股经营现金净流量(元)	–1.1210	–5.3483	–0.5449	1.0019
	每股现金流量(元)	1.4707	–0.2089	0.4932	1.0321
	每股资本公积金(元)	1.7052	1.7095	1.7095	1.7095
	每股盈余公积金(元)	0.1516	0.1516	0.1221	0.1221
	每股未分配利润(元)	2.8407	2.5762	2.6765	2.4028
	净资产收益率(%)	4.9948	3.7296	4.9684	8.0300
	加权净资产收益率(%)	5.1100	3.8000	5.1000	8.0300
	净资产收益率(扣除)(%)	1.9925	5.6500	4.8758	2.4928
	总资产(万元)	550372.04	464542.31	312830.77	283492.18
	归属母公司股东权益	169326.76	161590.98	163697.43	155564.24
	营业收入(万元)	46180.47	85465.62	61698.47	64029.67
	营业成本(万元)	–	59092.62	–	45062.06
	投资收益(万元)	6917.44	1030.93	567.30	8608.20
	净利润(万元)	8457.48	6026.74	8133.20	12503.18
	营业利润(万元)	10884.59	11745.05	10484.19	13774.79
	利润总额(万元)	10823.01	6475.54	10662.88	14237.40

南风化工集团股份有限公司

公司概况						
	公司名称	南风化工集团股份有限公司			证券简称	南风化工
	法人代表	胡文强	董秘	高翔林	证券代码	000737
	公司网址	www.nafine.com		电子信箱	nafine@nafine.com	
	电　话	0359-8967016 8967017		传　真	0359-8967035	
	办公地址	山西省运城市红旗东街 376 号				
	经营范围	主要生产销售无机盐系列产品、日用化工及其他精细化工产品、化学肥料系列产品等				

主要财务指标	指标\报告期	2014.06.30	2013.12.31	2013.06.30	2012.12.31
	基本每股收益(元)	–0.1616	–0.2389	–0.0820	0.2553
	基本每股收益	–0.1641	–0.3077	–0.0916	–0.6359
	稀释每股收益(元)	–0.1616	–0.2389	–0.0820	0.2553
	每股净资产(元)	0.4593	0.6210	0.7887	0.8707
	每股经营现金净流量(元)	0.0769	–0.4242	–0.6002	0.0557
	每股现金流量(元)	–0.0405	–0.4838	–0.1296	0.3091
	每股资本公积金(元)	1.1468	1.1468	1.1534	1.1534
	每股盈余公积金(元)	0.1620	0.1620	0.1620	0.1620
	每股未分配利润(元)	–1.8494	–1.6878	–1.5267	–1.4446
	净资产收益率(%)	–35.1918	–38.4706	–10.4035	29.3262
	加权净资产收益率(%)	–29.9300	–32.0300	–9.8900	34.3700
	净资产收益率(扣除)(%)	–35.7229	–49.5478	–11.6173	–73.0351
	总资产(万元)	348228.03	324690.86	333019.28	334896.01
	归属母公司股东权益	25206.48	34077.08	43278.33	47780.76
	营业收入(万元)	137746.84	274604.32	143469.28	257218.94
	营业成本(万元)	109082.83	214761.59	111769.53	209688.65
	投资收益(万元)	–776.79	–2059.20	–723.68	45480.35
	净利润(万元)	–8870.61	–13109.66	–4502.48	14012.26
	营业利润(万元)	–9025.55	–15513.48	–4128.03	13751.12
	利润总额(万元)	–8886.13	–11470.94	–3602.67	15825.26

中航动力控制股份有限公司

公司概况	公司名称	中航动力控制股份有限公司			证券简称	中航动控
	法人代表	张登馨	董秘	杨刚强	证券代码	000738
	公司网址	www.aaec.com.cn		电子信箱	zhdk@aaec.com.cn	
	电　话	0510-85706075 85707738		传　真	0510-85500738	
	办公地址	江苏省无锡市梁溪路792号				
	经营范围	航空、航天发动机控制系统产品的研制、生产、销售、修理等				

	指标＼报告期	2014.06.30	2013.12.31	2013.06.30	2012.12.31
主要财务指标	基本每股收益(元)	0.0874	0.2012	0.0946	0.2086
	基本每股收益	0.0861	–	0.0898	0.1900
	稀释每股收益(元)	0.0874	0.2012	0.0946	0.2086
	每股净资产(元)	3.9148	3.8428	2.8730	2.8360
	每股经营现金净流量(元)	–0.1198	0.1163	–0.0182	0.2111
	每股现金流量(元)	–0.7292	0.8966	–0.2248	–0.1020
	每股资本公积金(元)	2.3280	2.3280	1.3663	1.3663
	每股盈余公积金(元)	0.0254	0.0254	0.0312	0.0231
	每股未分配利润(元)	0.5538	0.4864	0.4696	0.4452
	净资产收益率(%)	2.2328	4.6185	3.2912	7.3567
	加权净资产收益率(%)	2.2500	6.2200	3.3100	7.6300
	净资产收益率(扣除)(%)	2.1992	3.9949	3.1252	6.7214
	总资产(万元)	644391.48	646799.88	481885.35	473578.56
	归属母公司股东权益	448497.16	440253.13	270876.72	267393.24
	营业收入(万元)	124232.17	261212.52	116146.44	222138.53
	营业成本(万元)	97019.52	202499.22	90053.25	166173.39
	投资收益(万元)	931.15	–130.45	–33.21	–18.36
	净利润(万元)	10013.88	20333.03	8915.16	19671.19
	营业利润(万元)	11457.67	21717.11	10209.06	21908.61
	利润总额(万元)	11698.39	25022.89	10726.53	24030.66

普洛药业股份有限公司

公司概况	公司名称	普洛药业股份有限公司			证券简称	普洛药业
	法人代表	徐文财	董秘	葛向全	证券代码	000739
	公司网址	www.apeloa.com		电子信箱	000739@apeloa.com	
	电　话	0579-86557527 86559672		传　真	0532-83890739 86558122	
	办公地址	浙江省东阳市横店江南路333号				
	经营范围	医药化工产品的研制、生产和销售等				

	指标＼报告期	2014.06.30	2013.12.31	2013.06.30	2012.12.31
主要财务指标	基本每股收益(元)	0.2560	0.2073	0.1034	0.3662
	基本每股收益	0.1520	0.1874	0.0994	0.0200
	稀释每股收益(元)	0.2560	0.2073	0.1034	0.3662
	每股净资产(元)	1.8896	2.1980	2.0934	3.6082
	每股经营现金净流量(元)	0.2622	0.2335	0.0954	0.8970
	每股现金流量(元)	0.0871	0.0779	–0.1440	0.1467
	每股资本公积金(元)	0.0909	0.4182	0.4197	1.3570
	每股盈余公积金(元)	0.0573	0.0745	0.0731	0.1593
	每股未分配利润(元)	0.7414	0.7052	0.6006	1.0919
	净资产收益率(%)	10.9314	9.3375	4.7381	10.1494
	加权净资产收益率(%)	11.5200	10.2000	5.2900	10.6900
	净资产收益率(扣除)(%)	6.4913	8.4411	4.5567	0.5615
	总资产(万元)	482661.29	466225.62	432898.67	410722.07
	归属母公司股东权益	200315.72	179233.96	170709.54	135114.21
	营业收入(万元)	220295.82	389976.48	195823.31	348008.82
	营业成本(万元)	167790.45	301699.31	155819.00	267273.09
	投资收益(万元)	7831.15	–8.94	–	14.72
	净利润(万元)	21897.21	16735.88	8088.43	13713.32
	营业利润(万元)	23492.76	18548.20	9598.66	14355.19
	利润总额(万元)	24789.40	20574.24	10020.02	16827.95

长城信息产业股份有限公司

公司概况	公司名称	长城信息产业股份有限公司			证券简称	长城信息
	法人代表	何明	董秘	王习发	证券代码	000748
	公司网址	www.gwi.com.cn		电子信箱	gwizqb@gwi.com.cn	
	电　话	0731-84932861		传　真	0731-84932862	
	办公地址	湖南省长沙市经济技术开发区东三路5号				
	经营范围	计算机终端及外部设备、金融机具、税控机具及商用电子设备、计量仪表等				

	指标＼报告期	2014.06.30	2013.12.31	2013.06.30	2012.12.31
主要财务指标	基本每股收益(元)	0.0749	0.2500	0.0342	0.1800
	基本每股收益	0.0196	0.1800	–0.0002	0.1200
	稀释每股收益(元)	0.0749	0.2500	0.0342	0.1800
	每股净资产(元)	3.4695	3.4646	3.2456	3.2614
	每股经营现金净流量(元)	–0.8715	–0.1542	–0.8003	0.1043
	每股现金流量(元)	–0.4666	–0.0407	–1.0133	0.0306
	每股资本公积金(元)	1.1657	1.1657	1.1657	1.1657
	每股盈余公积金(元)	0.2636	0.2636	0.2384	0.2384
	每股未分配利润(元)	1.0402	1.0353	0.8415	0.8573
	净资产收益率(%)	2.1601	7.3056	1.0527	5.4900
	加权净资产收益率(%)	2.1500	7.5400	1.0400	5.5900
	净资产收益率(扣除)(%)	0.5649	5.1002	–0.0062	3.6057
	总资产(万元)	313008.54	283889.16	238631.70	235882.41
	归属母公司股东权益	130301.21	130115.56	121892.93	122487.60
	营业收入(万元)	71055.34	165741.23	60276.84	150239.85
	营业成本(万元)	58278.96	130606.89	48533.98	122972.12
	投资收益(万元)	1542.78	3019.84	1722.14	947.87
	净利润(万元)	2814.59	9505.76	1283.13	6723.75
	营业利润(万元)	52.42	5884.45	–266.70	2752.64
	利润总额(万元)	3028.99	10236.99	1363.79	9030.13

国海证券股份有限公司

公司概况	公司名称	国海证券股份有限公司			证券简称	国海证券
	法人代表	张雅锋	董秘	刘健	证券代码	000750
	公司网址	www.ghzq.com.cn		电子信箱	dshbgs@ghzq.com.cn	
	电　话	0771-5569592 5539038		传　真	0771-5530903	
	办公地址	广西壮族自治区南宁市滨湖路46号国海大厦				
	经营范围	证券经纪、证券投资咨询、与证券交易、证券投资活动有关的财务顾问等				

	指标＼报告期	2014.06.30	2013.12.31	2013.06.30	2012.12.31
主要财务指标	基本每股收益(元)	0.1100	0.1500	0.1000	0.0700
	基本每股收益	0.1000	0.1500	–	0.0600
	稀释每股收益(元)	0.1100	0.1500	0.1000	0.0700
	每股净资产(元)	2.7303	2.6762	1.6003	1.1900
	每股经营现金净流量(元)	0.4385	–1.2694	–0.1502	0.2923
	每股现金流量(元)	0.0352	0.1648	0.0189	0.1689
	每股资本公积金(元)	1.1938	1.1856	0.0388	0.0386
	每股盈余公积金(元)	0.1047	0.1047	0.1186	0.1186
	每股未分配利润(元)	0.2225	0.1766	0.2057	0.1344
	净资产收益率(%)	3.8794	4.9935	6.3270	4.8679
	加权净资产收益率(%)	3.8800	9.8600	6.4200	4.9400
	净资产收益率(扣除)(%)	3.7499	4.8944	6.2551	4.1797
	总资产(万元)	2111725.00	1458632.48	1208516.08	1138384.44
	归属母公司股东权益	630805.91	618298.66	286766.16	273952.73
	营业收入(万元)	98006.52	181876.08	89775.98	145972.34
	营业成本(万元)	65315.51	135700.64	63061.96	125420.23
	投资收益(万元)	16099.93	15162.52	12026.62	19300.13
	净利润(万元)	24471.51	30874.59	18143.83	13335.87
	营业利润(万元)	32691.01	46175.44	26714.03	20552.11
	利润总额(万元)	33830.29	47415.31	26979.50	23549.25

葫芦岛锌业股份有限公司

公司概况	公司名称	葫芦岛锌业股份有限公司			证券简称	锌业股份
	法人代表	王明辉	董秘	刘建平	证券代码	000751
	公司网址	www.hldxygf.com		电子信箱	xy@hldxygf.com	
	电　话	0429-2024121		传　真	0429-2101801	
	办公地址	辽宁省葫芦岛市龙港区锌厂路24号				
	经营范围	锌、铜冶炼及深加工产品、硫酸、硫酸铜、镉、铟综合利用产品加工、重有色金属及制品加工				

	指标\报告期	2014.06.30	2013.12.31	2013.06.30	2012.12.31
主要财务指标	基本每股收益(元)	0.0310	2.9600	0.0400	-2.4700
	基本每股收益	0.0080	-	0.0640	-2.8400
	稀释每股收益(元)	0.0310	2.9600	0.0400	-2.4700
	每股净资产(元)	1.3417	1.3111	-2.9623	-3.0259
	每股经营现金净流量(元)	-0.0641	-0.2080	0.1329	-0.7518
	每股现金流量(元)	-0.0939	0.2325	0.0979	-0.1304
	每股资本公积金(元)	0.9342	0.9355	0.5261	0.5275
	每股盈余公积金(元)	0.2637	0.2637	0.3349	0.3349
	每股未分配利润(元)	-0.8562	-0.8874	-4.8233	-4.8883
	净资产收益率(%)	2.3245	225.8317	-2.1944	-103.6801
	加权净资产收益率(%)	2.3500	-328.2200	-1.9200	-215.0800
	净资产收益率(扣除)(%)	0.5717	6.7248	-2.1515	93.9573
	总资产(万元)	304900.85	368120.77	304258.99	321890.26
	归属母公司股东权益	189162.34	184952.21	-328849.61	-335915.07
	营业收入(万元)	191760.82	418680.83	208699.25	444243.22
	营业成本(万元)	175545.58	379743.24	188175.84	482236.55
	投资收益(万元)	514.30	-	-	5914.95
	净利润(万元)	4397.05	417453.18	6315.07	-348277.17
	营业利润(万元)	1079.61	14462.58	6187.19	-314348.73
	利润总额(万元)	4395.17	414548.51	6328.42	-347009.24

西藏银河科技发展股份有限公司

公司概况	公司名称	西藏银河科技发展股份有限公司			证券简称	西藏发展
	法人代表	闫清江	董秘	杨岚岚	证券代码	000752
	公司网址			电子信箱	xzfz752@163.com	
	电　话	0891-6389377 028-65317117		传　真	0891-6389377 028-65317117	
	办公地址	西藏自治区拉萨市色拉路36号				
	经营范围	生产、销售啤酒、饮料、饲料、养殖业、藏红花系列产品的开发等				

	指标\报告期	2014.06.30	2013.12.31	2013.06.30	2012.12.31
主要财务指标	基本每股收益(元)	0.0375	0.4917	0.5249	0.0848
	基本每股收益	0.0375	-	0.0508	0.0645
	稀释每股收益(元)	0.0375	0.4917	0.5249	0.0848
	每股净资产(元)	2.9313	2.8938	2.9370	2.4120
	每股经营现金净流量(元)	0.0402	0.3789	0.0888	0.8188
	每股现金流量(元)	0.1996	1.7744	1.5891	0.4899
	每股资本公积金(元)	0.0909	0.0909	0.0909	0.0909
	每股盈余公积金(元)	0.1935	0.1935	0.1461	0.1461
	每股未分配利润(元)	1.6469	1.6094	1.7000	1.1752
	净资产收益率(%)	1.2783	16.9900	17.8717	3.5141
	加权净资产收益率(%)	1.2900	18.5000	19.6300	3.5500
	净资产收益率(扣除)(%)	1.2802	16.6198	1.2591	2.6745
	总资产(万元)	137048.64	135440.52	132220.17	114900.87
	归属母公司股东权益	77314.61	76326.28	77466.84	63622.22
	营业收入(万元)	18717.55	45017.00	21755.44	47519.36
	营业成本(万元)	13236.67	30992.42	14667.86	33747.31
	投资收益(万元)	-514.15	11736.30	12499.20	-1101.29
	净利润(万元)	988.34	12967.81	13844.62	2235.72
	营业利润(万元)	3620.59	19771.14	16693.90	7153.85
	利润总额(万元)	3617.23	20585.87	16699.10	8426.57

福建漳州发展股份有限公司

公司概况	公司名称	福建漳州发展股份有限公司			证券简称	漳州发展
	法人代表	庄文海	董秘	李勤	证券代码	000753
	公司网址	www.zzdc.com.cn		电子信箱	zzdc753@sina.cn	
	电　话	0596-2671753		传　真	0596-2671876	
	办公地址	福建省漳州市胜利东路漳州发展广场21楼				
	经营范围	城市基础设施开发与建设、市政工程的投资与管理等				

	指标\报告期	2014.06.30	2013.12.31	2013.06.30	2012.12.31
主要财务指标	基本每股收益(元)	0.0700	0.2700	0.0500	0.2000
	基本每股收益	0.0610	0.1450	0.0530	0.1960
	稀释每股收益(元)	0.0700	0.2700	0.0500	0.2000
	每股净资产(元)	2.0202	2.0005	1.7814	2.2658
	每股经营现金净流量(元)	-1.2152	0.0795	0.5493	-1.0489
	每股现金流量(元)	-0.7979	0.7018	0.5602	0.0663
	每股资本公积金(元)	0.2986	0.2986	0.2986	0.6882
	每股盈余公积金(元)	0.0579	0.0579	0.0426	0.0554
	每股未分配利润(元)	0.6638	0.6441	0.4402	0.5223
	净资产收益率(%)	3.4505	13.6431	3.0207	11.6787
	加权净资产收益率(%)	3.4700	14.5800	3.0500	12.4000
	净资产收益率(扣除)(%)	2.9984	7.2574	2.9505	8.6533
	总资产(万元)	337137.66	342656.62	313558.48	289204.95
	归属母公司股东权益	83070.09	82259.69	73249.44	71669.43
	营业收入(万元)	172427.92	306035.77	125531.70	272448.19
	营业成本(万元)	149644.81	267450.24	110286.46	236987.14
	投资收益(万元)	-1.81	8816.55	673.59	1313.45
	净利润(万元)	2866.37	11222.75	2212.62	8370.03
	营业利润(万元)	4679.27	15134.61	2833.85	8347.01
	利润总额(万元)	5053.19	15351.63	2869.17	10725.12

山西三维集团股份有限公司

公司概况	公司名称	山西三维集团股份有限公司			证券简称	*ST 三维
	法人代表	王玉柱	董秘	梁国胜	证券代码	000755
	公司网址	www.sxsanwei.com		电子信箱	sxsw000755@126.com	
	电　话	0357-6663175 6663123		传　真	0357-6663566	
	办公地址	山西省临汾市洪洞县赵城镇				
	经营范围	化工产品、化纤产品及焦炭的生产、销售及出口贸易等				

	指标\报告期	2014.06.30	2013.12.31	2013.06.30	2012.12.31
主要财务指标	基本每股收益(元)	0.0400	-0.8100	-0.2600	-0.6180
	基本每股收益	0.0410	-0.8290	-0.2800	-0.6100
	稀释每股收益(元)	0.0400	-0.8100	-0.2600	-0.6180
	每股净资产(元)	3.6136	3.3275	3.8935	4.1437
	每股经营现金净流量(元)	-0.1103	-0.7514	0.0660	0.0471
	每股现金流量(元)	-0.0872	-0.3553	-0.0603	0.1737
	每股资本公积金(元)	2.4290	2.1921	2.1960	2.1988
	每股盈余公积金(元)	0.2811	0.2811	0.2811	0.2811
	每股未分配利润(元)	-0.1056	-0.1499	0.3991	0.6590
	净资产收益率(%)	1.2280	-24.3095	-6.6739	-14.9145
	加权净资产收益率(%)	1.2800	-21.6500	-6.4100	-13.8900
	净资产收益率(扣除)(%)	1.1341	-24.9283	-7.2858	-14.7186
	总资产(万元)	600296.72	671931.67	707872.76	718279.25
	归属母公司股东权益	169574.82	156146.35	182706.29	194449.26
	营业收入(万元)	212997.25	560705.80	191580.55	716061.13
	营业成本(万元)	184290.36	542324.10	179328.23	694803.19
	投资收益(万元)	-	55.02	55.02	126.17
	净利润(万元)	2082.30	-37958.39	-12193.70	-29001.16
	营业利润(万元)	1007.17	-48000.79	-16768.23	-39971.61
	利润总额(万元)	1166.38	-46780.51	-15650.39	-40321.40

山东新华制药股份有限公司

公司概况					
公司名称	山东新华制药股份有限公司			证券简称	新华制药
法人代表	张代铭	董秘	郭磊	证券代码	000756
公司网址	www.xhzy.com		电子信箱	xhzy@xhzy.com	
电　　话	0533-2196024		传　　真	0533-2287508	
办公地址	山东省淄博市高新区鲁泰大道1号				
经营范围	开发、制造及销售化学原料药、制剂、化工及其他产品				

主要财务指标：指标\报告期	2014.06.30	2013.12.31	2013.06.30	2012.12.31
基本每股收益(元)	0.0900	0.0800	0.0100	0.0500
基本每股收益	0.0300	-0.1000	-0.0400	-0.0400
稀释每股收益(元)	0.0900	0.0800	0.0100	0.0500
每股净资产(元)	3.9100	3.8500	3.7200	3.8000
每股经营现金净流量(元)	0.2618	0.2026	0.0118	0.0827
每股现金流量(元)	-0.0678	-0.2028	-0.4854	0.2352
每股资本公积金(元)	1.4526	1.4588	1.4054	1.4797
每股盈余公积金(元)	0.4389	0.4389	0.4303	0.4303
每股未分配利润(元)	1.0194	0.9520	0.8912	0.8903
净资产收益率(%)	2.2400	2.0884	0.2900	1.3621
加权净资产收益率(%)	2.2500	2.0900	0.2900	1.3800
净资产收益率(扣除)(%)	0.7300	-2.6149	0.9654	-1.1739
总资产(万元)	393131.34	384935.32	362585.68	362827.04
归属母公司股东权益	178746.17	175952.99	170339.19	173728.79
营业收入(万元)	173681.68	316965.32	161713.43	297151.96
营业成本(万元)	142010.47	265628.90	136373.37	244720.11
投资收益(万元)	472.28	711.95	160.68	579.15
净利润(万元)	3998.65	3674.54	498.78	2366.36
营业利润(万元)	2356.97	-4386.24	-1304.63	-1870.52
利润总额(万元)	5274.44	5051.59	928.07	3498.11

四川浩物机电股份有限公司

公司概况					
公司名称	四川浩物机电股份有限公司			证券简称	浩物股份
法人代表	姜阳	董秘	徐琳	证券代码	000757
公司网址	hwgf757.com		电子信箱	hwgf757@hwgf757.com	
电　　话	0832-2202757		传　　真	0832-2202720	
办公地址	四川省内江市市中区甜城大道经济技术开发区				
经营范围	机械制造业和电子产品制造业				

主要财务指标：指标\报告期	2014.06.30	2013.12.31	2013.06.30	2012.12.31
基本每股收益(元)	0.0300	0.1500	0.1100	0.1000
基本每股收益	0.0300	0.1000	-	0.1000
稀释每股收益(元)	0.0300	0.1500	0.1100	0.1000
每股净资产(元)	1.4181	0.3275	0.2860	0.1568
每股经营现金净流量(元)	0.0364	0.2634	0.0464	0.2375
每股现金流量(元)	0.4896	-0.2770	-0.3570	0.4270
每股资本公积金(元)	1.8394	1.4377	1.4334	1.4173
每股盈余公积金(元)	0.1505	0.1855	0.1855	0.1855
每股未分配利润(元)	-1.8395	-2.2957	-2.3329	-2.4460
净资产收益率(%)	1.9671	45.9017	39.5592	64.2121
加权净资产收益率(%)	6.4800	61.6000	53.0200	139.8500
净资产收益率(扣除)(%)	2.5322	29.2022	18.5088	66.7395
总资产(万元)	92527.47	51577.44	49595.73	59289.75
归属母公司股东权益	51949.51	11996.63	10477.15	5744.25
营业收入(万元)	19580.74	44278.21	22620.60	47958.91
营业成本(万元)	14147.38	31335.03	15820.37	34292.76
投资收益(万元)	-23.02	-	-	-
净利润(万元)	1021.88	5506.66	4144.68	3688.50
营业利润(万元)	1630.48	4185.80	2314.51	5081.68
利润总额(万元)	1285.01	6327.90	4694.22	4911.53

中国有色金属建设股份有限公司

公司概况					
公司名称	中国有色金属建设股份有限公司			证券简称	中色股份
法人代表	罗涛	董秘	杜斌	证券代码	000758
公司网址	www.nfc.com.cn		电子信箱	dubin@nfc-china.com	
电　　话	010-84427227		传　　真	010-84427222	
办公地址	北京市朝阳区安定路10号中国有色大厦				
经营范围	从事国际工程承包、开发国内外有色金属资源、装备制造、国际技术承包等				

主要财务指标：指标\报告期	2014.06.30	2013.12.31	2013.06.30	2012.12.31
基本每股收益(元)	0.0470	0.0860	0.0280	0.2320
基本每股收益	0.0270	-	0.0170	0.0320
稀释每股收益(元)	0.0470	0.0860	0.0280	0.2320
每股净资产(元)	4.3841	4.3194	4.2706	3.2791
每股经营现金净流量(元)	-0.2405	-1.0148	0.2996	-1.4844
每股现金流量(元)	0.4566	-0.3516	0.1098	0.5189
每股资本公积金(元)	1.9427	1.9429	1.9436	0.4791
每股盈余公积金(元)	0.2348	0.2348	0.2239	0.2875
每股未分配利润(元)	1.2508	1.2040	1.1550	1.5822
净资产收益率(%)	1.0670	1.9246	0.5418	8.0586
加权净资产收益率(%)	1.0800	2.1400	0.6700	8.3100
净资产收益率(扣除)(%)	0.6155	0.7030	0.3241	0.9629
总资产(万元)	1859292.12	1691268.17	1654889.39	1559713.31
归属母公司股东权益	431698.76	425328.89	420517.99	251397.42
营业收入(万元)	770965.35	1786586.58	879636.51	1450599.97
营业成本(万元)	709866.61	1663252.27	814393.58	1324978.13
投资收益(万元)	2453.92	6477.86	2683.54	23548.12
净利润(万元)	4606.93	8185.84	2278.37	20259.23
营业利润(万元)	2816.08	13066.79	6112.62	25932.74
利润总额(万元)	6994.22	24969.44	7999.65	29644.51

中百控股集团股份有限公司

公司概况					
公司名称	中百控股集团股份有限公司			证券简称	中百集团
法人代表	汪爱群	董秘	刘聪	证券代码	000759
公司网址	www.whzb.com		电子信箱	whzbyxh@sina.com	
电　　话	027-82814019 82832006		传　　真	027-82832006	
办公地址	湖北省武汉市硚口区古田二路南泥湾大道65-71号汇丰企业总部8号楼B座				
经营范围	商业零售及商品的网上销售、农产品加工等				

主要财务指标：指标\报告期	2014.06.30	2013.12.31	2013.06.30	2012.12.31
基本每股收益(元)	0.1500	0.2500	0.1700	0.3000
基本每股收益	0.1100	0.2300	0.1600	0.2800
稀释每股收益(元)	0.1500	0.2500	0.1700	0.3000
每股净资产(元)	4.3132	4.2854	4.3998	4.2339
每股经营现金净流量(元)	0.5329	1.0908	0.8639	1.4933
每股现金流量(元)	0.1466	-0.1189	-0.3356	-0.2022
每股资本公积金(元)	1.5801	1.5801	1.5795	1.5795
每股盈余公积金(元)	0.3890	0.3890	0.3531	0.3531
每股未分配利润(元)	1.3441	1.3163	1.4673	1.3013
净资产收益率(%)	3.4265	5.8529	3.7711	7.1136
加权净资产收益率(%)	3.3900	5.8400	3.8400	7.3800
净资产收益率(扣除)(%)	2.4557	5.2620	3.5896	6.5165
总资产(万元)	881605.90	885496.38	762769.42	790831.95
归属母公司股东权益	293736.72	291844.08	299638.64	288338.87
营业收入(万元)	875323.46	1647845.40	848368.28	1570411.48
营业成本(万元)	704964.98	1318322.88	691745.18	1258212.43
投资收益(万元)	2908.43	913.71	912.27	1150.83
净利润(万元)	10064.89	17081.46	11299.77	20511.41
营业利润(万元)	14018.03	24157.70	16285.21	29628.84
利润总额(万元)	14952.56	26457.18	17010.55	31983.83

斯太尔动力股份有限公司

公司概况						
公司概况	公司名称	斯太尔动力股份有限公司			证券简称	斯太尔
	法人代表	刘晓疆	董秘	孙琛	证券代码	000760
	公司网址	www.hbbothwin.com		电子信箱	bytz000760@126.com	
	电　　话	0519-80583902		传　　真	0519-80583879	
	办公地址	江苏省常州市武进国家高新区阳湖西路 66 号海关大楼 3 楼				
	经营范围	汽车配件制造及销售等				

主要财务指标	指标＼报告期	2014.06.30	2013.12.31	2013.06.30	2012.12.31
	基本每股收益(元)	0.0027	0.0100	0.0048	0.0200
	基本每股收益	0.0042	0.0100	–	0.0100
	稀释每股收益(元)	0.0027	0.0100	0.0048	0.0200
	每股净资产(元)	2.9405	2.9412	0.7921	0.7873
	每股经营现金净流量(元)	–0.1253	–0.0239	–0.0154	–0.2825
	每股现金流量(元)	–0.4071	1.6748	0.0644	0.0896
	每股资本公积金(元)	2.0264	2.0264	–	–
	每股盈余公积金(元)	0.0332	0.0332	0.0774	0.0774
	每股未分配利润(元)	–0.1158	–0.1184	–0.2853	–0.2901
	净资产收益率(%)	0.0906	0.2103	0.6054	2.4762
	加权净资产收益率(%)	0.0900	1.1100	0.6100	2.5100
	净资产收益率(扣除)(%)	0.1429	0.1585	0.3100	1.0962
	总资产(万元)	242547.48	240726.04	86002.38	82450.89
	归属母公司股东权益	162117.50	162153.93	18760.98	18647.40
	营业收入(万元)	37627.08	63204.42	35930.65	61701.56
	营业成本(万元)	27697.78	54678.82	31713.88	53881.46
	投资收益(万元)	183.00	10.00	–	182.59
	净利润(万元)	146.93	341.08	113.58	461.76
	营业利润(万元)	139.18	819.22	79.56	590.78
	利润总额(万元)	54.39	931.38	134.98	933.90

本钢板材股份有限公司

公司概况						
公司概况	公司名称	本钢板材股份有限公司			证券简称	本钢板材
	法人代表	汪澍	董秘	张吉臣	证券代码	000761
	公司网址			电子信箱	bgbczjc761@126.com	
	电　　话	0414-7828360 7828734		传　　真	0414-7824158 7827004	
	办公地址	辽宁省本溪市平山区人民路 16 号				
	经营范围	钢铁冶炼及压延加工等				

主要财务指标	指标＼报告期	2014.06.30	2013.12.31	2013.06.30	2012.12.31
	基本每股收益(元)	0.0600	0.0880	0.0500	0.0250
	基本每股收益	0.0490	–	0.0500	–0.0750
	稀释每股收益(元)	0.0600	0.0880	0.0500	0.0250
	每股净资产(元)	4.8895	4.8815	4.9086	4.8727
	每股经营现金净流量(元)	–0.3898	0.8571	0.2529	0.5688
	每股现金流量(元)	–0.6350	0.2284	–0.4302	0.2981
	每股资本公积金(元)	2.9065	2.9065	2.8134	3.2726
	每股盈余公积金(元)	0.3051	0.3051	0.2978	0.2978
	每股未分配利润(元)	0.6753	0.6698	0.7948	0.6092
	净资产收益率(%)	1.1341	1.8003	1.0880	0.4886
	加权净资产收益率(%)	1.1400	1.7500	1.0900	0.4900
	净资产收益率(扣除)(%)	0.9963	0.3677	1.0069	–1.5414
	总资产(万元)	4283031.15	4305030.73	3751539.62	4309446.16
	归属母公司股东权益	1533359.34	1530833.77	1539345.92	1624347.38
	营业收入(万元)	1981267.63	4032934.45	2072586.23	4058087.06
	营业成本(万元)	1813912.61	3775197.96	1922925.32	3757591.45
	投资收益(万元)	1355.52	1695.65	27.12	208.72
	净利润(万元)	17389.43	27559.30	16331.34	7935.89
	营业利润(万元)	18943.81	18355.02	18490.66	–3645.29
	利润总额(万元)	19961.12	35736.05	20155.92	26850.94

西藏矿业发展股份有限公司

公司概况						
公司概况	公司名称	西藏矿业发展股份有限公司			证券简称	西藏矿业
	法人代表	曾泰	董秘	王迎春	证券代码	000762
	公司网址			电子信箱	xzkydsh@sina.com	
	电　　话	0891-6872095 028-85355661		传　　真	0891-6873132 028-85351955	
	办公地址	西藏自治区拉萨市中和国际城金珠二路 8 号				
	经营范围	铬铁矿开采和销售、铬铁合金加工与销售、铜、锂、硼等矿的开采等				

主要财务指标	指标＼报告期	2014.06.30	2013.12.31	2013.06.30	2012.12.31
	基本每股收益(元)	–0.0359	0.0423	0.0447	–0.2678
	基本每股收益	–0.0482	0.0392	0.0433	–0.3068
	稀释每股收益(元)	–0.0359	0.0423	0.0447	–0.2678
	每股净资产(元)	3.5626	3.6273	3.6289	3.5826
	每股经营现金净流量(元)	–0.0111	–0.2238	–0.1803	0.1001
	每股现金流量(元)	0.3375	–0.5209	–0.2682	–0.2235
	每股资本公积金(元)	2.4696	2.4787	2.4787	2.4787
	每股盈余公积金(元)	0.1102	0.1102	0.1102	0.1102
	每股未分配利润(元)	–0.0243	0.0316	0.0341	–0.0107
	净资产收益率(%)	–1.0075	1.1660	1.2319	–7.4744
	加权净资产收益率(%)	–1.0000	1.1700	1.2400	–7.1400
	净资产收益率(扣除)(%)	–1.3532	1.0804	1.1944	–8.5626
	总资产(万元)	331800.83	259098.62	262730.47	251651.47
	归属母公司股东权益	169570.74	172650.67	172728.41	170521.22
	营业收入(万元)	24229.18	71881.57	21384.17	51050.99
	营业成本(万元)	21315.90	56569.10	14298.13	37267.06
	投资收益(万元)	79.27	592.41	231.30	2046.82
	净利润(万元)	–1708.49	2013.03	2127.91	–12745.42
	营业利润(万元)	–2578.09	3679.91	2741.83	–18272.28
	利润总额(万元)	–2149.69	3332.93	2553.22	–18359.68

通化金马药业集团股份有限公司

公司概况						
公司概况	公司名称	通化金马药业集团股份有限公司			证券简称	通化金马
	法人代表	刘立成	董秘	贾伟林	证券代码	000766
	公司网址	www.thjm.cn		电子信箱	thjmjt@163.com	
	电　　话	0435-3910232 3907298		传　　真	0435-3907298 3910232	
	办公地址	吉林省通化市江南路 100-1 号				
	经营范围	生产中西成药、生化制剂、营养及保健制品等				

主要财务指标	指标＼报告期	2014.06.30	2013.12.31	2013.06.30	2012.12.31
	基本每股收益(元)	0.0204	0.0100	0.0109	0.0100
	基本每股收益	0.0267	0.0100	0.0057	0.0100
	稀释每股收益(元)	0.0204	0.0100	0.0109	0.0100
	每股净资产(元)	1.4776	1.3698	1.3886	1.3799
	每股经营现金净流量(元)	0.1690	0.2293	0.0036	–0.0145
	每股现金流量(元)	–0.0065	0.0180	0.0335	–0.0177
	每股资本公积金(元)	2.0391	1.9517	1.9687	1.9709
	每股盈余公积金(元)	0.2420	0.2420	0.2420	0.2420
	每股未分配利润(元)	–1.8035	–1.8238	–1.8220	–1.8329
	净资产收益率(%)	1.4300	0.6653	0.7844	0.6224
	加权净资产收益率(%)	1.3800	0.6900	0.7800	0.6300
	净资产收益率(扣除)(%)	1.7983	0.3730	0.4072	0.8664
	总资产(万元)	115668.02	110699.24	94021.39	89489.06
	归属母公司股东权益	66346.71	61508.09	62351.79	61960.48
	营业收入(万元)	9242.76	14778.18	6529.51	12764.76
	营业成本(万元)	3640.78	7223.43	3275.19	5730.20
	投资收益(万元)	2209.10	2863.70	1894.69	1933.91
	净利润(万元)	913.76	409.21	489.09	385.66
	营业利润(万元)	1137.03	324.82	136.82	685.82
	利润总额(万元)	857.64	520.10	371.99	507.74

山西漳泽电力股份有限公司

公司概况					
公司名称	山西漳泽电力股份有限公司			证券简称	漳泽电力
法人代表	文生元	董秘	王一峰	证券代码	000767
公司网址	www.zhangzepower.com		电子信箱	info@zhangzepower.com	
电　　话	0351-7785891　7785895		传　　真	0351-7785894	
办公地址	山西省太原市晋阳街南一条10号				
经营范围	电力商品生产和销售、热力商品生产与销售、燃料、材料、电力高新技术等				

主要财务指标 指标\报告期	2014.06.30	2013.12.31	2013.06.30	2012.12.31
基本每股收益(元)	0.0800	0.2200	0.0400	0.2100
基本每股收益	0.0600	–	–	–0.3100
稀释每股收益(元)	0.0800	0.2200	0.0400	0.2100
每股净资产(元)	2.1294	2.0610	2.0321	0.5966
每股经营现金净流量(元)	0.7624	0.9816	0.5487	0.3163
每股现金流量(元)	0.2279	0.6097	0.8272	–0.9464
每股资本公积金(元)	0.9069	0.9167	1.0213	0.5062
每股盈余公积金(元)	0.0419	0.0380	0.0161	0.0274
每股未分配利润(元)	0.1805	0.0964	–0.0053	–0.0654
净资产收益率(%)	3.9504	9.8055	1.6323	7.8097
加权净资产收益率(%)	4.0200	9.3200	1.8700	8.1000
净资产收益率(扣除)(%)	3.0308	8.5274	1.5300	15.9337
总资产(万元)	3045570.09	3045685.70	2933698.43	1498345.93
归属母公司股东权益	479904.70	462267.25	457992.60	194339.00
营业收入(万元)	522080.05	915111.41	436060.02	545333.46
营业成本(万元)	426243.36	749779.09	367572.60	466640.95
投资收益(万元)	–1690.08	11324.77	1512.19	–
净利润(万元)	18958.13	45545.43	7475.98	14264.99
营业利润(万元)	30807.16	67807.56	20409.69	19660.31
利润总额(万元)	33967.16	75602.32	20658.57	21321.42

中航飞机股份有限公司

公司概况					
公司名称	中航飞机股份有限公司			证券简称	中航飞机
法人代表	方玉峰	董秘	雷阎正	证券代码	000768
公司网址	www.aircraft_co.avic.com		电子信箱	zhfj000768@avic.com	
电　　话	029-86833097　86833107		传　　真	029-81668080	
办公地址	陕西省西安市阎良区西飞大道一号				
经营范围	飞机、飞行器零部件的设计、试验、生产、维修、改装、销售、服务及相关业务等				

主要财务指标 指标\报告期	2014.06.30	2013.12.31	2013.06.30	2012.12.31
基本每股收益(元)	–0.0289	0.1300	0.0286	0.0900
基本每股收益	–0.0516	0.1154	0.0216	0.1555
稀释每股收益(元)	–0.0289	0.1300	0.0286	0.0900
每股净资产(元)	4.3214	4.3623	4.2589	4.3200
每股经营现金净流量(元)	–0.6494	0.7134	–1.2210	–0.2744
每股现金流量(元)	–0.4509	0.4130	–0.5935	–0.4300
每股资本公积金(元)	2.7150	2.7150	2.7150	2.7150
每股盈余公积金(元)	0.3261	0.3261	0.3142	0.3143
每股未分配利润(元)	0.2584	0.3024	0.2107	0.2832
净资产收益率(%)	–0.6697	3.0309	0.6713	2.1953
加权净资产收益率(%)	–0.6700	3.0500	0.6600	2.1800
净资产收益率(扣除)(%)	–1.1932	2.6450	0.5061	3.3780
总资产(万元)	3265761.50	3211089.06	3164097.87	2935515.99
归属母公司股东权益	1146827.04	1157682.23	1130229.80	1147097.74
营业收入(万元)	703718.60	1728565.32	788340.96	1558778.88
营业成本(万元)	638089.99	1533616.89	714742.09	1389314.48
投资收益(万元)	218.01	273.81	1611.06	2316.81
净利润(万元)	–7680.73	35088.59	7587.54	25182.04
营业利润(万元)	–14812.33	39238.43	6402.25	22457.13
利润总额(万元)	–7512.85	44389.49	6773.08	29858.98

广发证券股份有限公司

公司概况					
公司名称	广发证券股份有限公司			证券简称	广发证券
法人代表	孙树明	董秘	罗斌华	证券代码	000776
公司网址	www.gf.com.cn		电子信箱	lbh@gf.com.cn	
电　　话	020-87550265　87550565		传　　真	020-87553600　87554163	
办公地址	广东省广州市天河区天河北路183-187号大都会广场5楼、18楼、19楼、36楼、38楼、39楼、41-44楼				
经营范围	证券代理买卖、自营买卖、证券承销和上市推荐等业务等				

主要财务指标 指标\报告期	2014.06.30	2013.12.31	2013.06.30	2012.12.31
基本每股收益(元)	0.2800	0.4800	0.2300	0.3700
基本每股收益	0.2800	–	–	0.3800
稀释每股收益(元)	0.2800	0.4800	0.2300	0.3700
每股净资产(元)	5.9500	5.8500	5.6529	5.5800
每股经营现金净流量(元)	0.1121	–1.4677	–1.5877	–1.1767
每股现金流量(元)	1.0677	–0.7377	0.3498	–0.2552
每股资本公积金(元)	1.6034	1.5905	1.6298	1.6370
每股盈余公积金(元)	–	0.4357	0.3955	0.3955
每股未分配利润(元)	2.0182	1.9352	1.8106	1.7306
净资产收益率(%)	4.7542	8.1169	4.0697	6.6310
加权净资产收益率(%)	4.7400	8.3300	4.0600	6.8000
净资产收益率(扣除)(%)	4.7527	8.1183	4.0612	6.8039
总资产(万元)	12555133.87	11734899.56	10294502.45	8997632.42
归属母公司股东权益	3523160.94	3465011.85	3346089.50	3304868.01
营业收入(万元)	463398.43	820754.07	383306.88	697138.03
营业成本(万元)	251185.57	474485.42	210269.77	426834.13
投资收益(万元)	133003.42	329556.56	149312.08	196775.63
净利润(万元)	167499.01	281250.10	136176.97	219145.71
营业利润(万元)	212212.86	346268.65	173037.11	270303.91
利润总额(万元)	212287.05	347731.33	173416.80	268521.94

中核苏阀科技实业股份有限公司

公司概况					
公司名称	中核苏阀科技实业股份有限公司			证券简称	中核科技
法人代表	张宗列	董秘	袁德钢	证券代码	000777
公司网址	www.chinasufa.com		电子信箱	sales2@chinasufa.com	
电　　话	0512-66672245		传　　真	0512-67526983	
办公地址	江苏省苏州市国家高新技术产业开发区珠江路501号				
经营范围	各类工业用阀门的设计、制造和销售等				

主要财务指标 指标\报告期	2014.06.30	2013.12.31	2013.06.30	2012.12.31
基本每股收益(元)	0.0946	0.3018	0.0815	0.2840
基本每股收益	0.0837	0.2749	0.1353	0.2300
稀释每股收益(元)	0.0946	0.3018	0.0815	0.2300
每股净资产(元)	2.7053	4.7992	4.6441	4.6174
每股经营现金净流量(元)	–0.1805	0.8227	0.0515	–0.0096
每股现金流量(元)	–0.2869	0.3366	–0.1779	–0.4562
每股资本公积金(元)	0.6507	1.6712	1.6712	1.6712
每股盈余公积金(元)	0.2337	0.4207	0.3892	0.3892
每股未分配利润(元)	0.8209	1.7072	1.5836	1.5569
净资产收益率(%)	3.4984	6.2882	3.1590	6.1499
加权净资产收益率(%)	3.4900	6.3300	3.1400	6.1800
净资产收益率(扣除)(%)	3.0921	5.7283	2.9143	4.9819
总资产(万元)	189419.27	183120.29	182023.45	173396.79
归属母公司股东权益	103725.22	102226.64	98923.35	98354.51
营业收入(万元)	53726.53	94161.53	48728.99	81213.04
营业成本(万元)	40931.89	68471.83	35923.16	58202.32
投资收益(万元)	1657.73	3251.92	1509.58	2553.76
净利润(万元)	3628.68	6428.25	3124.95	6048.73
营业利润(万元)	3331.11	6147.46	3091.67	4593.34
利润总额(万元)	3940.68	6983.86	3415.78	6226.52

新兴铸管股份有限公司

公司概况	公司名称	新兴铸管股份有限公司			证券简称	新兴铸管
	法人代表	李成章	董秘	曾耀赣	证券代码	000778
	公司网址	www.xinxing-pipes.com		电子信箱	xxzg0778@163.com	
	电　话	0310-5792011 5793247		传　真	0310-5796999	
	办公地址	河北省武安市上洛阳村北(2672 厂区)				
	经营范围	离心球墨铸铁管及配套管件、钢铁冶炼及压延加工、铸造制品等				

主要财务指标	指标\报告期	2014.06.30	2013.12.31	2013.06.30	2012.12.31
	基本每股收益(元)	0.1393	0.5263	0.2138	0.6604
	基本每股收益	-0.0094	0.0035	0.1778	0.4600
	稀释每股收益(元)	0.1393	0.5263	0.2138	0.6604
	每股净资产(元)	4.4303	6.5389	6.3312	6.2470
	每股经营现金净流量(元)	0.6672	0.0156	-0.0573	1.2395
	每股现金流量(元)	0.0900	1.2462	0.0569	-0.3167
	每股资本公积金(元)	1.9885	2.9881	2.4274	2.4536
	每股盈余公积金(元)	0.2374	0.3500	0.4268	0.4188
	每股未分配利润(元)	1.1967	2.1923	2.4704	2.3645
	净资产收益率(%)	3.1440	6.4935	3.3773	10.5700
	加权净资产收益率(%)	3.1500	8.1700	3.3700	10.7200
	净资产收益率(扣除)(%)	-0.2124	0.0426	2.8091	7.2873
	总资产(万元)	5279968.32	5114490.17	4464585.37	4020421.55
	归属母公司股东权益	1614099.84	1588204.97	1213601.62	1197476.61
	营业收入(万元)	3378788.15	6301444.40	3315476.28	5881632.49
	营业成本(万元)	3220700.16	5993182.92	3144688.97	5525321.64
	投资收益(万元)	-57.48	123891.49	4197.22	16507.45
	净利润(万元)	50747.99	103129.78	40987.53	126586.66
	营业利润(万元)	-5661.41	136606.23	50574.34	138471.20
	利润总额(万元)	54882.88	150185.23	59111.89	179404.68

兰州三毛实业股份有限公司

公司概况	公司名称	兰州三毛实业股份有限公司			证券简称	*ST 派神
	法人代表	阮英	董秘	单小东	证券代码	000779
	公司网址	www.chinapaishen.com		电子信箱	sxd@chinapaishen.com	
	电　话	0931-7551627		传　真	0931-7555200 7551627	
	办公地址	甘肃省兰州市西固区玉门街 486 号				
	经营范围	精纺呢绒系列产品的生产和销售等				

主要财务指标	指标\报告期	2014.06.30	2013.12.31	2013.06.30	2012.12.31
	基本每股收益(元)	-0.0780	-0.1800	-0.0720	-0.0700
	基本每股收益	-0.0780	-0.2000	-0.0820	-0.0700
	稀释每股收益(元)	-0.0780	-0.1800	-0.0720	-0.0700
	每股净资产(元)	1.3957	1.4733	1.5794	1.6517
	每股经营现金净流量(元)	0.3621	-0.1510	-0.0815	0.0153
	每股现金流量(元)	0.2116	0.1306	0.1768	-0.0134
	每股资本公积金(元)	1.7260	1.7260	1.7260	1.7260
	每股盈余公积金(元)	0.1869	0.1869	0.1869	0.1869
	每股未分配利润(元)	-1.5171	-1.4396	-1.3335	-1.2612
	净资产收益率(%)	-5.5587	-12.1041	-4.5767	-4.1759
	加权净资产收益率(%)	-5.4100	-11.4100	-4.4700	-4.0900
	净资产收益率(扣除)(%)	-5.5934	-13.4276	-5.1829	-4.4512
	总资产(万元)	47093.19	38686.17	40004.38	40837.40
	归属母公司股东权益	26022.19	27468.70	29445.89	30793.55
	营业收入(万元)	12912.31	22915.76	9063.98	26264.67
	营业成本(万元)	11679.70	21166.50	8238.80	22761.27
	投资收益(万元)	-	-	-	-
	净利润(万元)	-1446.51	-3324.85	-1347.66	-1285.89
	营业利润(万元)	-1455.53	-3688.38	-1526.15	-1370.69
	利润总额(万元)	-1446.51	-3324.85	-1347.66	-1285.89

内蒙古平庄能源股份有限公司

公司概况	公司名称	内蒙古平庄能源股份有限公司			证券简称	平庄能源
	法人代表	张志	董秘	张建忠	证券代码	000780
	公司网址	www.nmgpzny.com		电子信箱	pznyzjz@163.com	
	电　话	0476-3324281 3328400		传　真	0476-3328220	
	办公地址	内蒙古自治区赤峰市元宝山区平庄镇哈河街平庄能源公司				
	经营范围	煤炭生产、洗选加工、销售(仅限分公司经营)				

主要财务指标	指标\报告期	2014.06.30	2013.12.31	2013.06.30	2012.12.31
	基本每股收益(元)	-0.0400	0.0400	0.0400	0.4000
	基本每股收益	-0.0400	-	0.0400	0.4100
	稀释每股收益(元)	-0.0400	0.0400	0.0400	0.4000
	每股净资产(元)	4.6237	4.5814	4.6383	4.5969
	每股经营现金净流量(元)	0.0452	-0.2672	-0.5800	0.0160
	每股现金流量(元)	0.0110	-0.4706	-0.6906	-0.5613
	每股资本公积金(元)	1.4291	1.4291	1.4291	1.4291
	每股盈余公积金(元)	0.2337	0.2337	0.2196	0.2196
	每股未分配利润(元)	1.5244	1.5754	1.5940	1.6030
	净资产收益率(%)	-0.7800	0.7972	0.8843	8.8067
	加权净资产收益率(%)	-0.7900	0.8000	0.8800	9.0000
	净资产收益率(扣除)(%)	-0.7721	0.8169	0.8935	9.0175
	总资产(万元)	569725.01	560024.16	537162.80	583533.70
	归属母公司股东权益	468985.67	464689.41	470470.51	466264.13
	营业收入(万元)	117593.95	299785.28	130824.80	359031.23
	营业成本(万元)	89888.74	225900.23	95342.24	246663.82
	投资收益(万元)	-	-	-	-
	净利润(万元)	-3657.03	3704.39	4160.59	41062.39
	营业利润(万元)	-1382.31	9105.22	5549.29	50014.56
	利润总额(万元)	-1417.33	8999.31	5498.45	49184.07

广东新会美达锦纶股份有限公司

公司概况	公司名称	广东新会美达锦纶股份有限公司			证券简称	美达股份
	法人代表	梁柏松	董秘	朱明辉	证券代码	000782
	公司网址	www.meidanylon.com		电子信箱	meida@meidanylon.com	
	电　话	0750-6107981 6109778		传　真	0750-6103091	
	办公地址	广东省江门市新会区江会路上浅口				
	经营范围	锦纶 6 切片、纺丝、印染的生产与销售等				

主要财务指标	指标\报告期	2014.06.30	2013.12.31	2013.06.30	2012.12.31
	基本每股收益(元)	-0.0900	0.0300	0.0200	0.0900
	基本每股收益	-0.0900	0.0050	0.0200	0.0400
	稀释每股收益(元)	-0.0900	0.0300	0.0200	0.0900
	每股净资产(元)	2.4329	2.5616	2.5611	2.5669
	每股经营现金净流量(元)	0.7043	-0.4879	-0.7061	0.6150
	每股现金流量(元)	-0.1833	0.1484	0.0200	-0.1160
	每股资本公积金(元)	0.8143	0.8140	0.8155	0.8212
	每股盈余公积金(元)	0.1422	0.1422	0.1363	0.1363
	每股未分配利润(元)	0.4947	0.6230	0.6216	0.6231
	净资产收益率(%)	-3.6270	1.0081	0.7234	3.4154
	加权净资产收益率(%)	-3.7400	1.0100	0.7200	3.4500
	净资产收益率(扣除)(%)	-	0.1837	0.6006	1.5508
	总资产(万元)	242578.49	261803.62	240535.18	210387.71
	归属母公司股东权益	98412.25	103621.93	103598.49	103835.66
	营业收入(万元)	165663.78	370008.07	182765.22	381129.05
	营业成本(万元)	158168.60	346495.63	171214.80	353860.21
	投资收益(万元)	1746.78	552.79	478.50	457.55
	净利润(万元)	-3569.50	1044.62	749.39	3546.39
	营业利润(万元)	-4445.66	710.59	572.98	2403.00
	利润总额(万元)	-4236.02	1557.90	717.82	4577.48

长江证券股份有限公司

公司概况					
公司名称	长江证券股份有限公司			证券简称	长江证券
法人代表	杨泽柱	董秘	徐锦文	证券代码	000783
公司网址	www.cjsc.com		电子信箱	xujw@cjsc.com.cn	
电话	027-65799866		传真	027-85481726	
办公地址	湖北省武汉市江汉区新华路特8号				
经营范围	证券代理买卖、代理证券的还本付息、分红派息等				

主要财务指标 指标\报告期	2014.06.30	2013.12.31	2013.06.30	2012.12.31
基本每股收益(元)	0.1400	0.4200	0.1000	0.2900
基本每股收益	0.1400	0.4200	0.1000	0.2700
稀释每股收益(元)	0.1400	0.4200	0.1000	0.2900
每股净资产(元)	2.6900	5.3500	5.1200	5.1100
每股经营现金净流量(元)	1.3400	-0.9810	-0.2967	-0.7569
每股现金流量(元)	1.5977	-0.4720	-0.3155	-0.9339
每股资本公积金(元)	2.2594	2.2531	2.2447	2.2373
每股盈余公积金(元)	0.3454	0.3454	0.3031	0.3031
每股未分配利润(元)	1.1087	1.0795	0.9877	0.9825
净资产收益率(%)	5.1869	7.9326	4.0068	5.6372
加权净资产收益率(%)	5.1200	8.1000	3.9200	5.7900
净资产收益率(扣除)(%)	5.1204	7.8800	3.9673	5.2184
总资产(万元)	3709060.32	3157622.50	2945474.11	3126939.32
归属母公司股东权益	1276418.04	1267999.20	1214347.23	1211612.29
营业收入(万元)	176374.20	304793.99	135683.30	228608.15
营业成本(万元)	92131.19	178054.03	73884.01	150753.41
投资收益(万元)	39954.16	76865.64	43149.88	44129.94
净利润(万元)	66206.00	100585.84	48656.27	68301.41
营业利润(万元)	84243.00	126739.96	61799.29	77854.74
利润总额(万元)	84457.43	127624.38	62438.33	84621.55

武汉中商集团股份有限公司

公司概况					
公司名称	武汉中商集团股份有限公司			证券简称	武汉中商
法人代表	郝健	董秘	易国华	证券代码	000785
公司网址	www.zhongshang.com.cn		电子信箱	whliur@163.com	
电话	027-87362507		传真	027-87307723	
办公地址	湖北省武汉市武昌区中南路9号				
经营范围	百货、日用杂品销售、超级市场零售、物流配送、仓储服务等				

主要财务指标 指标\报告期	2014.06.30	2013.12.31	2013.06.30	2012.12.31
基本每股收益(元)	0.1200	0.1700	0.1500	0.2300
基本每股收益	0.1300	0.1200	0.1300	0.2000
稀释每股收益(元)	0.1200	0.1700	0.1500	0.2300
每股净资产(元)	3.3815	3.2636	3.2567	3.1287
每股经营现金净流量(元)	0.1923	1.2709	0.5796	1.1924
每股现金流量(元)	-0.2195	-0.9875	0.0260	0.6700
每股资本公积金(元)	0.2930	0.2930	0.3020	0.3272
每股盈余公积金(元)	0.8356	0.8356	0.8273	0.8273
每股未分配利润(元)	1.2529	1.1349	1.1274	0.9741
净资产收益率(%)	3.4879	5.1798	4.7058	7.3214
加权净资产收益率(%)	3.5500	5.2600	4.8000	7.6000
净资产收益率(扣除)(%)	3.7661	3.5488	3.8545	6.3820
总资产(万元)	293706.40	301141.26	287795.96	289985.37
归属母公司股东权益	84950.47	81987.46	81815.24	78598.94
营业收入(万元)	220776.20	431008.66	218100.66	419966.79
营业成本(万元)	176061.84	344238.47	175321.22	335019.90
投资收益(万元)	301.16	996.34	1025.80	383.52
净利润(万元)	2963.01	4246.81	3850.10	5754.56
营业利润(万元)	6155.28	8081.67	5909.25	9479.76
利润总额(万元)	5965.66	9182.94	6301.98	10236.06

北新集团建材股份有限公司

公司概况					
公司名称	北新集团建材股份有限公司			证券简称	北新建材
法人代表	王兵	董秘	史可平	证券代码	000786
公司网址	www.bnbm.com.cn		电子信箱	skp@bnbm.com.cn	
电话	010-68138786		传真	010-68138822	
办公地址	北京市海淀区复兴路17号国海广场2号楼15层				
经营范围	新型建材材料、新型墙体材料、化工产品、装饰材料、能源技术及产品等				

主要财务指标 指标\报告期	2014.06.30	2013.12.31	2013.06.30	2012.12.31
基本每股收益(元)	0.7270	1.5740	0.5400	1.1770
基本每股收益	0.6810	1.4220	-	1.1050
稀释每股收益(元)	0.7270	1.5740	0.5400	1.1770
每股净资产(元)	7.6871	7.3898	6.3550	6.1331
每股经营现金净流量(元)	0.8280	2.6171	0.7202	1.9715
每股现金流量(元)	0.5850	0.1437	0.5804	-0.2302
每股资本公积金(元)	0.8870	0.8870	0.8870	0.8870
每股盈余公积金(元)	0.6662	0.6662	0.6662	0.6662
每股未分配利润(元)	5.1340	4.8366	3.8018	3.5799
净资产收益率(%)	9.4619	21.3049	8.4910	19.1858
加权净资产收益率(%)	9.3800	23.2800	8.4300	20.6900
净资产收益率(扣除)(%)	8.8576	19.2468	7.8625	18.0195
总资产(万元)	1190615.40	1058892.69	1051675.29	941831.38
归属母公司股东权益	442126.32	425024.07	365508.59	352745.61
营业收入(万元)	381540.59	749008.28	327291.39	668515.80
营业成本(万元)	268256.77	526319.99	233437.61	491003.33
投资收益(万元)	87.82	486.42	54.53	597.70
净利润(万元)	41833.70	90550.98	31035.50	67677.22
营业利润(万元)	63035.90	133593.00	49309.18	99892.00
利润总额(万元)	66592.62	143984.93	52227.82	104876.13

北大医药股份有限公司

公司概况					
公司名称	北大医药股份有限公司			证券简称	北大医药
法人代表	李国军	董秘	任秀文	证券代码	000788
公司网址	www.pku-hc.com		电子信箱	zqb@pku-hc.com	
电话	023-67525366		传真	023-67525300	
办公地址	重庆市渝北区洪湖东路9号财富大厦B座19楼				
经营范围	研制开发、生产销售医药原料药及制剂产品等				

主要财务指标 指标\报告期	2014.06.30	2013.12.31	2013.06.30	2012.12.31
基本每股收益(元)	0.0700	0.1300	0.0900	0.1300
基本每股收益	0.0600	0.1200	0.0900	0.1100
稀释每股收益(元)	0.0700	0.1300	0.0900	0.1300
每股净资产(元)	1.9761	1.9191	1.8737	1.7842
每股经营现金净流量(元)	0.0483	0.1495	0.0155	0.1614
每股现金流量(元)	-0.0015	0.1824	0.4460	0.3067
每股资本公积金(元)	0.3342	0.3342	0.3193	0.3200
每股盈余公积金(元)	0.0714	0.0714	0.0636	0.0636
每股未分配利润(元)	0.5709	0.5138	0.4909	0.4007
净资产收益率(%)	3.4317	6.8213	5.0585	7.1635
加权净资产收益率(%)	3.4800	7.0800	5.1800	7.3900
净资产收益率(扣除)(%)	3.1246	6.0380	4.7340	6.3289
总资产(万元)	456245.17	422905.76	429330.06	364065.26
归属母公司股东权益	117774.71	114378.19	111668.55	106334.19
营业收入(万元)	117876.55	231646.93	110683.86	194794.12
营业成本(万元)	95334.75	189836.37	89250.92	158729.15
投资收益(万元)	29.61	145.82	3.48	106.15
净利润(万元)	4041.62	7802.05	5648.79	7617.24
营业利润(万元)	4631.93	8861.67	6596.34	8572.88
利润总额(万元)	5070.18	9762.24	7027.08	9692.65

江西万年青水泥股份有限公司

公司概况	公司名称	江西万年青水泥股份有限公司			证券简称	江西水泥
	法人代表	江尚文	董秘	方真	证券代码	000789
	公司网址	www.wnq.com.cn		电子信箱	wnqzqb@sohu.com	
	电　　话	0791-88120789		传　　真	0791-88160230	
	办公地址	江西省南昌市高新技术开发区京东大道 399 号万年青科技园				
	经营范围	硅酸盐水泥熟料及硅酸盐水泥的生产和销售				

主要财务指标	指标\报告期	2014.06.30	2013.12.31	2013.06.30	2012.12.31
	基本每股收益(元)	0.6165	1.0721	0.3240	0.4785
	基本每股收益	–	1.0629	0.2985	0.4417
	稀释每股收益(元)	0.6165	1.0721	0.3240	0.4785
	每股净资产(元)	5.4336	5.1365	4.3885	4.1651
	每股经营现金净流量(元)	1.0335	2.6039	0.8565	1.4165
	每股现金流量(元)	−0.2229	−0.1807	−0.2996	0.2258
	每股资本公积金(元)	1.2027	1.2220	1.2220	1.2228
	每股盈余公积金(元)	0.1932	0.1932	0.1464	0.1464
	每股未分配利润(元)	3.0377	2.7213	2.0201	1.7959
	净资产收益率(%)	11.3451	20.8725	7.3870	11.1843
	加权净资产收益率(%)	11.3200	23.1300	7.4900	12.1000
	净资产收益率(扣除)(%)	11.1957	20.6926	6.8028	10.3247
	总资产(万元)	825117.50	784569.59	731980.75	719083.93
	归属母公司股东权益	222187.15	210034.51	179451.09	170316.05
	营业收入(万元)	285856.51	617900.22	253149.90	465843.26
	营业成本(万元)	210743.61	456642.23	198374.98	374423.97
	投资收益(万元)	1443.66	1242.68	1192.74	3218.02
	净利润(万元)	25207.41	43839.41	13255.99	19048.73
	营业利润(万元)	41946.30	86379.03	23338.89	29566.20
	利润总额(万元)	47336.16	93770.12	28912.84	39310.17

成都华神集团股份有限公司

公司概况	公司名称	成都华神集团股份有限公司			证券简称	华神集团
	法人代表	周蕴瑾	董秘	曾云莎	证券代码	000790
	公司网址	www.huasungrp.com		电子信箱	hsjt@huasungrp.com	
	电　　话	028-66616656 66616680		传　　真	028-66616656	
	办公地址	四川省成都市十二桥路 37 号新 1 号华神大厦 A 座 6 楼				
	经营范围	高新技术产品开发生产、经营、中西制剂、原料药的生产等				

主要财务指标	指标\报告期	2014.06.30	2013.12.31	2013.06.30	2012.12.31
	基本每股收益(元)	0.0352	0.1301	0.0498	0.0875
	基本每股收益	0.0352	0.1194	0.0402	0.0758
	稀释每股收益(元)	0.0352	0.1301	0.0498	0.0875
	每股净资产(元)	1.5065	1.5213	1.4409	1.5600
	每股经营现金净流量(元)	−0.1351	0.0906	−0.0151	−0.1327
	每股现金流量(元)	−0.1778	−0.0317	−0.0492	−0.2440
	每股资本公积金(元)	0.0993	0.0993	0.0993	0.2093
	每股盈余公积金(元)	0.1813	0.1799	0.1669	0.1826
	每股未分配利润(元)	0.2259	0.2420	0.1748	0.1685
	净资产收益率(%)	2.3375	8.5511	3.4535	6.1700
	加权净资产收益率(%)	2.3000	8.8800	3.4500	6.6100
	净资产收益率(扣除)(%)	2.3392	7.8471	2.7894	4.8560
	总资产(万元)	98954.08	101181.58	94655.27	91183.98
	归属母公司股东权益	57975.60	58544.60	55453.46	54587.94
	营业收入(万元)	27379.55	65780.99	28955.90	58053.09
	营业成本(万元)	14931.94	42271.57	18353.45	36168.15
	投资收益(万元)	12.46	249.21	−164.20	963.84
	净利润(万元)	1355.20	5006.23	1915.09	3367.13
	营业利润(万元)	1663.04	5650.78	2126.01	3679.92
	利润总额(万元)	1661.90	5763.53	2196.97	3911.43

甘肃电投能源发展股份有限公司

公司概况	公司名称	甘肃电投能源发展股份有限公司			证券简称	甘肃电投
	法人代表	李宁平	董秘	寇世民	证券代码	000791
	公司网址			电子信箱	zhangli7605@126.com	
	电　　话	9031-8378559		传　　真	0931-8378560	
	办公地址	甘肃省兰州市城关区北滨河东路 69 号甘肃投资集团大厦 24 楼				
	经营范围	以水力发电为主的可再生能源，新能源的投资开发，高科技研发，生产经营及相关信息咨询服务				

主要财务指标	指标\报告期	2014.06.30	2013.12.31	2013.06.30	2012.12.31
	基本每股收益(元)	0.0063	0.4541	0.0933	0.4549
	基本每股收益	0.0064	0.4570	0.0932	0.4560
	稀释每股收益(元)	0.0063	0.4541	0.0933	0.4549
	每股净资产(元)	4.7858	4.8705	4.5097	4.5100
	每股经营现金净流量(元)	0.3190	1.7593	0.6116	1.5940
	每股现金流量(元)	0.2972	−0.2798	−0.2508	0.1789
	每股资本公积金(元)	2.8660	2.8660	2.8660	2.8660
	每股盈余公积金(元)	0.0437	0.0437	0.0131	0.0131
	每股未分配利润(元)	0.8761	0.9608	0.6306	0.6283
	净资产收益率(%)	0.1320	9.3233	2.0694	10.0900
	加权净资产收益率(%)	0.1300	9.7000	2.0700	10.6300
	净资产收益率(扣除)(%)	0.1332	9.3831	2.0674	10.1156
	总资产(万元)	1360233.26	1317941.35	1304389.04	1312952.55
	归属母公司股东权益	345609.69	351725.25	325672.45	325504.65
	营业收入(万元)	54448.02	160067.67	65011.99	156524.95
	营业成本(万元)	33495.08	78903.31	34842.29	74487.70
	投资收益(万元)	2745.59	7392.89	3433.59	7188.58
	净利润(万元)	456.07	32792.24	6739.44	32850.16
	营业利润(万元)	380.23	37571.42	8017.47	36584.48
	利润总额(万元)	375.39	37324.10	8024.35	36479.26

青海盐湖工业股份有限公司

公司概况	公司名称	青海盐湖工业股份有限公司			证券简称	盐湖股份
	法人代表	王兴富	董秘	李勇	证券代码	000792
	公司网址	www.qhyhgf.com		电子信箱	yhjf0792@sina.com	
	电　　话	0979-8448123		传　　真	0979-8434445	
	办公地址	青海省格尔木市黄河路 28 号				
	经营范围	氯化钾产品的开发、生产、销售				

主要财务指标	指标\报告期	2014.06.30	2013.12.31	2013.06.30	2012.12.31
	基本每股收益(元)	0.2700	0.6616	0.5168	1.5871
	基本每股收益	0.2681	0.6372	0.5092	1.4393
	稀释每股收益(元)	0.2700	0.6616	0.5168	1.5871
	每股净资产(元)	10.5600	10.3177	10.1318	10.0158
	每股经营现金净流量(元)	−0.3842	0.0842	0.5169	0.9350
	每股现金流量(元)	−0.2118	0.1040	0.9619	0.1379
	每股资本公积金(元)	3.7195	3.7192	3.7193	3.7521
	每股盈余公积金(元)	0.8964	0.8964	0.8068	0.8068
	每股未分配利润(元)	4.7645	4.5614	4.5063	4.3204
	净资产收益率(%)	2.5581	6.4118	5.1008	15.8457
	加权净资产收益率(%)	2.5800	6.5100	5.0500	17.0700
	净资产收益率(扣除)(%)	2.5393	6.0688	5.0259	14.3701
	总资产(万元)	5758588.91	5380066.72	4735238.30	4244004.61
	归属母公司股东权益	1678994.20	1641045.91	1611473.73	1593027.89
	营业收入(万元)	420369.79	809457.26	412891.48	827080.73
	营业成本(万元)	204875.32	393042.65	187166.19	365554.30
	投资收益(万元)	991.07	1673.61	1200.00	1078.38
	净利润(万元)	42949.71	105220.66	82198.27	252426.23
	营业利润(万元)	38115.65	81987.26	80754.38	234364.94
	利润总额(万元)	54931.19	143114.21	105627.51	321977.48

华闻传媒投资集团股份有限公司

公司概况	公司名称	华闻传媒投资集团股份有限公司			证券简称	华闻传媒
	法人代表	温子健	董秘	金日	证券代码	000793
	公司网址	www.000793.com		电子信箱	hwm@000793.com	
	电　话	0898-66254650 66196060		传　真	0898-66254650 66255636	
	办公地址	海南省海口市海甸四东路民生大厦				
	经营范围	传播与文化产业的投资、开发、管理及咨询服务、信息集成等				

主要财务指标	指标＼报告期	2014.06.30	2013.12.31	2013.06.30	2012.12.31
	基本每股收益(元)	0.3305	0.3875	0.1793	0.2158
	基本每股收益	0.1859	0.2026	0.0931	0.1806
	稀释每股收益(元)	0.3305	0.3875	0.1793	0.2158
	每股净资产(元)	2.6883	2.3975	1.9106	2.2453
	每股经营现金净流量(元)	0.0622	0.5046	0.2998	0.1303
	每股现金流量(元)	-0.1081	0.1877	-0.0761	-0.1334
	每股资本公积金(元)	0.6314	0.6311	0.0793	0.1277
	每股盈余公积金(元)	0.1260	0.1260	0.1711	0.2176
	每股未分配利润(元)	0.9280	0.6374	0.6571	0.8979
	净资产收益率(%)	12.2951	11.9061	9.3831	8.8231
	加权净资产收益率(%)	12.9000	19.7800	8.9600	10.2900
	净资产收益率(扣除)(%)	6.9159	6.2259	4.8720	8.1640
	总资产(万元)	763770.89	717747.72	614216.25	623351.58
	归属母公司股东权益	496334.07	442638.03	259864.01	305388.95
	营业收入(万元)	165799.09	374955.80	179378.02	425140.21
	营业成本(万元)	86567.20	221613.00	111259.21	263225.94
	投资收益(万元)	35442.68	41652.62	14497.61	6008.52
	净利润(万元)	61025.00	52700.74	24383.40	29347.82
	营业利润(万元)	75396.41	94900.28	35057.53	71614.34
	利润总额(万元)	75745.68	103395.39	43406.75	72448.93

太原双塔刚玉股份有限公司

公司概况	公司名称	太原双塔刚玉股份有限公司			证券简称	太原刚玉
	法人代表	杜建奎	董秘	周玉旺	证券代码	000795
	公司网址	www.twin-tower.com		电子信箱	tygydmc@twin-tower.com	
	电　话	0351-4935313		传　真	0351-5501211	
	办公地址	山西省太原市民营经济开发区工业新区赵庄企业大道				
	经营范围	稀土永磁材料与制品、棕刚玉系列产品、物流设备与控制和信息系统等				

主要财务指标	指标＼报告期	2014.06.30	2013.12.31	2013.06.30	2012.12.31
	基本每股收益(元)	-0.0330	-0.5700	-0.1030	0.0500
	基本每股收益	-0.0500	-0.6200	-0.1100	0.0040
	稀释每股收益(元)	-0.0330	-0.5700	-0.1030	0.0500
	每股净资产(元)	0.7398	0.7724	1.2420	1.3454
	每股经营现金净流量(元)	0.5011	-0.4999	-0.3532	0.2220
	每股现金流量(元)	-0.1561	0.1830	-0.0260	0.1340
	每股资本公积金(元)	1.4462	1.4462	1.4462	1.4462
	每股盈余公积金(元)	0.1114	0.1114	0.1114	0.1114
	每股未分配利润(元)	-1.8179	-1.7853	-1.3157	-1.2122
	净资产收益率(%)	-4.4063	-74.1880	-8.3306	3.9165
	加权净资产收益率(%)	-4.3100	-54.1100	-8.0000	3.8900
	净资产收益率(扣除)(%)	-7.3141	-80.1134	-9.0866	0.2766
	总资产(万元)	170239.78	153373.69	179272.75	177283.36
	归属母公司股东权益	20477.53	21379.84	34377.27	37241.11
	营业收入(万元)	39372.83	88884.15	44960.94	140960.71
	营业成本(万元)	32294.95	84200.05	38932.77	118821.45
	投资收益(万元)	-	-42.26	-	-
	净利润(万元)	-902.31	-15861.27	-2863.84	1458.56
	营业利润(万元)	-1617.93	-17532.21	-3249.42	891.80
	利润总额(万元)	-916.85	-15858.91	-2919.62	2095.30

易食集团股份有限公司

公司概况	公司名称	易食集团股份有限公司			证券简称	易食股份
	法人代表	何家福	董秘	祝郁文	证券代码	000796
	公司网址	www.efoodgroup.com.cn		电子信箱	yuw_zhu@hnair.com	
	电　话	0898-66552208		传　真	0898-66552231	
	办公地址	海南省海口市美兰区国兴大道7号海航大厦11层				
	经营范围	百货、纺织品、摩托车、普通机械、电器设备、塑料制品、化工产品及原料等				

主要财务指标	指标＼报告期	2014.06.30	2013.12.31	2013.06.30	2012.12.31
	基本每股收益(元)	0.0397	0.1877	0.0430	0.0512
	基本每股收益	0.0314	0.0664	0.0420	0.0545
	稀释每股收益(元)	0.0397	0.1877	0.0430	0.0512
	每股净资产(元)	2.1010	2.0676	1.9335	1.8905
	每股经营现金净流量(元)	0.4111	0.1915	-0.0912	0.2808
	每股现金流量(元)	0.5002	0.8318	0.8011	-0.8912
	每股资本公积金(元)	1.3568	1.3568	1.3568	1.3568
	每股盈余公积金(元)	0.2064	0.2064	0.2064	0.2064
	每股未分配利润(元)	-0.4622	-0.4956	-0.6297	-0.6727
	净资产收益率(%)	1.8890	9.0777	2.2266	2.7066
	加权净资产收益率(%)	1.5600	9.4600	2.2500	2.7300
	净资产收益率(扣除)(%)	1.4922	5.1330	2.1844	2.8835
	总资产(万元)	132154.19	128048.62	125694.85	99224.91
	归属母公司股东权益	51799.42	50976.15	47669.06	46607.68
	营业收入(万元)	29019.07	64678.83	28671.27	54805.12
	营业成本(万元)	15522.21	33851.14	14620.63	29825.84
	投资收益(万元)	609.12	2153.92	51.16	236.65
	净利润(万元)	978.51	4627.46	1061.38	1261.47
	营业利润(万元)	3210.01	8929.79	3359.66	5024.32
	利润总额(万元)	3414.12	8996.68	3380.24	4953.85

中国武夷实业股份有限公司

公司概况	公司名称	中国武夷实业股份有限公司			证券简称	中国武夷
	法人代表	丘亮新	董秘	林金铸	证券代码	000797
	公司网址	www.chinawuyi.com.cn		电子信箱	gzb@chinawuyi.com.cn	
	电　话	0591-83170122 83170123		传　真	0591-83170222	
	办公地址	福建省福州市五四路89号置地广场33层				
	经营范围	投资开发、国际工程承包及外经外贸等				

主要财务指标	指标＼报告期	2014.06.30	2013.12.31	2013.06.30	2012.12.31
	基本每股收益(元)	0.1100	0.2700	0.1200	0.2500
	基本每股收益	0.1000	0.1900	0.0400	0.2400
	稀释每股收益(元)	0.1100	0.2700	0.1200	0.2500
	每股净资产(元)	3.5431	3.4643	3.2967	3.2069
	每股经营现金净流量(元)	-0.5320	-2.4044	-1.4797	1.8837
	每股现金流量(元)	-0.1380	-2.3158	-1.1899	2.1165
	每股资本公积金(元)	1.3280	1.3572	1.3354	1.3645
	每股盈余公积金(元)	0.0480	0.0480	0.0159	0.0159
	每股未分配利润(元)	1.1428	1.0364	0.9201	0.8012
	净资产收益率(%)	3.0024	7.7169	3.6069	7.8569
	加权净资产收益率(%)	3.0400	8.0100	3.6600	8.0900
	净资产收益率(扣除)(%)	2.7433	5.3967	1.1654	7.5355
	总资产(万元)	753779.18	710630.44	694230.61	670850.93
	归属母公司股东权益	137986.41	134918.35	128388.96	124892.36
	营业收入(万元)	98952.24	238593.42	93282.28	236086.55
	营业成本(万元)	73335.60	170622.52	65200.16	173110.77
	投资收益(万元)	2.44	151.95	-25.04	-137.40
	净利润(万元)	4142.96	10411.50	4630.87	9812.73
	营业利润(万元)	7055.55	23228.88	10394.48	22643.37
	利润总额(万元)	7110.75	24119.29	10989.35	22266.69

中水集团远洋股份有限公司

公司概况	公司名称	中水集团远洋股份有限公司			证券简称	中水渔业
	法人代表	吴湘峰	董秘	陈明	证券代码	000798
	公司网址	www.cofc.com.cn		电子信箱	chenming@cofc.com.cn	
	电　　话	010-88067461 88067448		传　　真	010-88067463	
	办公地址	北京市西城区西单民丰胡同31号中水大厦6层				
	经营范围	远洋水产品的捕捞、储运、加工、销售和进出口等				

	指标\报告期	2014.06.30	2013.12.31	2013.06.30	2012.12.31
主要财务指标	基本每股收益(元)	-0.0112	0.1700	-0.0172	0.1700
	基本每股收益	-0.0104	-	-	-0.1100
	稀释每股收益(元)	-0.0112	0.1700	-0.0172	0.1700
	每股净资产(元)	2.5542	2.6198	2.2720	2.3838
	每股经营现金净流量(元)	-0.2219	0.2916	-0.3307	0.0445
	每股现金流量(元)	-0.3451	0.2560	-0.3360	-0.1346
	每股资本公积金(元)	1.0490	1.0474	1.0409	1.0409
	每股盈余公积金(元)	0.1963	0.1963	0.1713	0.1849
	每股未分配利润(元)	0.4194	0.4856	0.1615	0.3870
	净资产收益率(%)	-0.4385	6.4891	-1.9119	7.6531
	加权净资产收益率(%)	-0.4300	6.6000	-1.8700	6.8400
	净资产收益率(扣除)(%)	-0.4055	-4.1178	-6.4629	5.3236
	总资产(万元)	88693.16	93460.98	85441.94	93484.75
	归属母公司股东权益	81596.03	83689.54	72580.43	80485.92
	营业收入(万元)	15820.04	29613.10	11853.85	50383.65
	营业成本(万元)	17591.56	32245.07	13843.81	42975.02
	投资收益(万元)	649.97	9447.86	300.94	-94.80
	净利润(万元)	-357.83	5430.68	-550.31	5381.74
	营业利润(万元)	-4597.91	-3371.86	-4635.44	-2034.71
	利润总额(万元)	-400.19	5631.86	-495.67	6869.04

酒鬼酒股份有限公司

公司概况	公司名称	酒鬼酒股份有限公司			证券简称	酒鬼酒
	法人代表	赵公微	董秘	张儒平	证券代码	000799
	公司网址	www.china000799.com		电子信箱	jgj000799@jg000799.com	
	电　　话	0731-88186030		传　　真	0731-88186005	
	办公地址	湖南省吉首市振武营酒鬼工业园				
	经营范围	生产、销售酒鬼酒系列白酒和湘泉系列白酒等				

	指标\报告期	2014.06.30	2013.12.31	2013.06.30	2012.12.31
主要财务指标	基本每股收益(元)	-0.1369	-0.1129	0.0945	1.5248
	基本每股收益	-0.2019	-	0.0686	1.4109
	稀释每股收益(元)	-0.1369	-0.1129	0.0945	1.5248
	每股净资产(元)	5.2970	5.4339	5.6413	5.7468
	每股经营现金净流量(元)	-0.3616	-1.4405	-1.0636	0.6707
	每股现金流量(元)	-0.5367	-1.3111	-1.5076	-0.2544
	每股资本公积金(元)	3.5739	3.5739	3.5739	3.5739
	每股盈余公积金(元)	0.6019	0.6019	0.6019	0.6019
	每股未分配利润(元)	0.1212	0.2581	0.4655	0.5710
	净资产收益率(%)	-2.5839	-2.0776	1.6758	26.5329
	加权净资产收益率(%)	-2.5500	-2.0300	1.6300	30.5900
	净资产收益率(扣除)(%)	-3.8110	0.3387	1.2160	24.5508
	总资产(万元)	203193.75	217728.35	217439.51	257261.17
	归属母公司股东权益	172115.69	176562.99	183303.19	186729.92
	营业收入(万元)	17854.27	68463.16	37954.86	165213.10
	营业成本(万元)	7624.81	19778.84	9574.65	35752.49
	投资收益(万元)	183.39	1046.80	426.30	3817.47
	净利润(万元)	-4447.30	-3668.36	3071.85	49544.96
	营业利润(万元)	-6598.22	755.18	3449.23	64284.57
	利润总额(万元)	-4722.76	-4458.04	4022.87	65305.29

一汽轿车股份有限公司

公司概况	公司名称	一汽轿车股份有限公司			证券简称	一汽轿车
	法人代表	许宪平	董秘	陈清华	证券代码	000800
	公司网址	www.fawcar.com.cn		电子信箱	fawcar0800@faw.com.cn	
	电　　话	0431-85781108 85781107		传　　真	0431-85781100	
	办公地址	吉林省长春市高新技术产业开发区蔚山路4888号				
	经营范围	轿车整车及配件的生产与销售等				

	指标\报告期	2014.06.30	2013.12.31	2013.06.30	2012.12.31
主要财务指标	基本每股收益(元)	0.1940	0.6188	0.3852	-0.4648
	基本每股收益	0.1921	0.6100	0.3816	-0.4800
	稀释每股收益(元)	0.1940	0.6188	0.3852	-0.4648
	每股净资产(元)	5.4672	5.2888	5.0597	4.6740
	每股经营现金净流量(元)	0.2158	0.8564	0.2825	0.9276
	每股现金流量(元)	-0.2281	-0.0531	-0.1581	-0.2657
	每股资本公积金(元)	1.5292	1.5258	1.5303	1.5298
	每股盈余公积金(元)	0.6127	0.6127	0.6127	0.6127
	每股未分配利润(元)	2.3252	2.1502	1.9166	1.5314
	净资产收益率(%)	3.5491	11.7002	7.6135	-9.9445
	加权净资产收益率(%)	3.6100	12.4200	7.9200	-9.4700
	净资产收益率(扣除)(%)	3.5140	11.4576	7.5417	-10.2358
	总资产(万元)	2187828.91	2108628.04	1906974.70	1633056.29
	归属母公司股东权益	889782.42	860748.28	823458.31	760692.09
	营业收入(万元)	1589183.45	2967513.14	1344011.03	2338490.47
	营业成本(万元)	1218732.95	2271839.31	996428.14	1970677.95
	投资收益(万元)	12475.51	20088.93	9684.80	17189.03
	净利润(万元)	31579.00	100709.37	62694.27	-75647.26
	营业利润(万元)	27445.74	113248.44	65161.17	-98135.91
	利润总额(万元)	27127.33	115434.03	65115.77	-95876.38

四川九洲电器股份有限公司

公司概况	公司名称	四川九洲电器股份有限公司			证券简称	四川九洲
	法人代表	霞晖	董秘	程晓伟	证券代码	000801
	公司网址	www.jiuzhoutech.com		电子信箱	dsb@jiuzhoutech.com	
	电　　话	0816-2336252		传　　真	0816-2336335	
	办公地址	四川省绵阳市科创园区九洲大道259号				
	经营范围	电子音响设备、卫星电视接收系统、整机装饰件的制造、加工销售和安装等				

	指标\报告期	2014.06.30	2013.12.31	2013.06.30	2012.12.31
主要财务指标	基本每股收益(元)	0.0677	0.1560	0.0740	0.1665
	基本每股收益	0.0241	-	0.0499	0.1300
	稀释每股收益(元)	0.0677	0.1560	0.0740	0.1665
	每股净资产(元)	3.1606	3.0628	2.9816	2.9075
	每股经营现金净流量(元)	0.0855	0.0969	-0.0964	-0.3546
	每股现金流量(元)	-0.3643	-0.1502	-0.4848	0.8168
	每股资本公积金(元)	1.1420	1.1117	1.1117	1.1117
	每股盈余公积金(元)	0.0809	0.0809	0.0687	0.0687
	每股未分配利润(元)	0.9389	0.8713	0.8015	0.7275
	净资产收益率(%)	2.1414	5.0923	2.4829	5.1453
	加权净资产收益率(%)	2.1800	5.2200	2.5100	6.7100
	净资产收益率(扣除)(%)	0.7639	3.3827	1.6747	3.8979
	总资产(万元)	318006.68	318922.37	283251.87	283673.66
	归属母公司股东权益	145352.09	140852.67	137118.63	133713.15
	营业收入(万元)	110578.88	247072.06	101795.09	275673.32
	营业成本(万元)	89475.46	203932.58	83121.28	231265.11
	投资收益(万元)	971.94	81.56	42.20	5.76
	净利润(万元)	3112.58	7172.61	3404.46	6879.93
	营业利润(万元)	943.87	5558.68	2959.83	6030.11
	利润总额(万元)	3395.39	8489.21	4310.28	8049.48

北京京西风光旅游开发股份有限公司

公司概况						
	公司名称	北京京西风光旅游开发股份有限公司			证券简称	北京旅游
	法人代表	熊震宇	董秘	陈晨	证券代码	000802
	公司网址	www.bj-tour.com.cn		电子信箱	000802@ibjtour.com	
	电 话	010-60869807 60869802		传 真	010-60869910	
	办公地址	北京市门头沟区石龙工业区泰安路5号1号楼				
	经营范围	旅游项目投资及管理、旅游开发服务、生产销售旅游产品、酒店客房等				

主要财务指标	指标\报告期	2014.06.30	2013.12.31	2013.06.30	2012.12.31
	基本每股收益(元)	0.0168	0.0868	0.0305	0.1442
	基本每股收益	0.0069	0.0031	0.0100	0.0664
	稀释每股收益(元)	0.0168	0.0868	0.0305	0.1442
	每股净资产(元)	2.2632	2.2663	2.2100	4.3890
	每股经营现金净流量(元)	-0.0688	0.0462	0.0484	0.2215
	每股现金流量(元)	0.0013	0.4731	0.5979	-0.6754
	每股资本公积金(元)	1.1666	1.1666	1.1666	3.3332
	每股盈余公积金(元)	0.0296	0.0296	0.0216	0.0433
	每股未分配利润(元)	0.0670	0.0702	0.0218	0.0126
	净资产收益率(%)	0.7444	3.8300	1.3789	3.2862
	加权净资产收益率(%)	0.7400	3.8800	1.3800	3.3300
	净资产收益率(扣除)(%)	0.3037	0.1366	0.2865	1.5133
	总资产(万元)	109562.07	109910.33	111342.99	95375.37
	归属母公司股东权益	84863.73	84982.00	82869.92	82289.69
	营业收入(万元)	8239.72	16286.12	8669.48	16611.32
	营业成本(万元)	3067.55	7814.91	3975.59	7507.29
	投资收益(万元)	109.22	2772.99	1159.94	3.32
	净利润(万元)	631.70	3254.78	1142.70	2704.20
	营业利润(万元)	577.60	2877.79	1408.83	1557.27
	利润总额(万元)	1075.53	4364.54	1456.92	3497.89

四川金宇汽车城(集团)股份有限公司

公司概况						
	公司名称	四川金宇汽车城(集团)股份有限公司			证券简称	金宇车城
	法人代表	胡先林	董秘	罗雄飞	证券代码	000803
	公司网址	www.000803.cn		电子信箱	scjymy@vip.sina.com	
	电 话	0817-6170888 8128111		传 真	0817-6170777	
	办公地址	四川省南充市嘉陵区都尉路三段200号光亚大厦4楼				
	经营范围	汽车贸易、二手车交易、摩托车交易、汽车(摩托车)配件研发制造、维修等				

主要财务指标	指标\报告期	2014.06.30	2013.12.31	2013.06.30	2012.12.31
	基本每股收益(元)	0.0100	0.0300	-0.1100	0.0600
	基本每股收益	-0.0100	-	-0.1100	0.0569
	稀释每股收益(元)	0.0100	0.0300	-0.1100	0.0600
	每股净资产(元)	1.1649	1.1531	0.9148	1.0200
	每股经营现金净流量(元)	-0.4320	-0.7257	0.0980	-0.0874
	每股现金流量(元)	-0.0516	0.1428	0.0686	-0.0678
	每股资本公积金(元)	0.1574	0.1574	0.0593	0.0593
	每股盈余公积金(元)	0.1887	0.1887	0.1887	0.1887
	每股未分配利润(元)	-0.1811	-0.1930	-0.3332	-0.2263
	净资产收益率(%)	1.0195	2.8882	-11.6831	6.3157
	加权净资产收益率(%)	1.0200	3.0600	-9.9400	6.6000
	净资产收益率(扣除)(%)	-0.8248	1.8690	-11.5960	5.5732
	总资产(万元)	50254.95	49082.03	37553.53	28626.57
	归属母公司股东权益	14879.87	14728.17	11684.82	13049.97
	营业收入(万元)	7077.50	17703.41	6902.64	15108.22
	营业成本(万元)	4979.47	13032.82	6761.38	12554.73
	投资收益(万元)	0.04	27.10	-	4.99
	净利润(万元)	151.70	425.38	-1365.15	824.19
	营业利润(万元)	268.32	988.05	-1352.47	916.71
	利润总额(万元)	542.73	1110.64	-1362.66	1030.01

北海银河产业投资股份有限公司

公司概况						
	公司名称	北海银河产业投资股份有限公司			证券简称	银河投资
	法人代表	唐新林	董秘	卢安军	证券代码	000806
	公司网址	www.yinhetech.com		电子信箱	yhtech@yinhetech.com	
	电 话	0779-3202636		传 真	0779-3926916	
	办公地址	广西壮族自治区北海市银河软件科技园综合办公楼				
	经营范围	输配电、控制设备制造及电子信息业等				

主要财务指标	指标\报告期	2014.06.30	2013.12.31	2013.06.30	2012.12.31
	基本每股收益(元)	-0.0181	0.0175	-0.0235	0.0345
	基本每股收益	-0.0665	-0.0366	-0.0395	-0.0085
	稀释每股收益(元)	-0.0181	0.0175	-0.0235	0.0345
	每股净资产(元)	1.1188	1.1949	1.1521	1.2009
	每股经营现金净流量(元)	0.0189	0.0916	0.0141	0.4337
	每股现金流量(元)	-0.0066	-0.0324	-0.0527	-0.1249
	每股资本公积金(元)	0.5100	0.5679	0.5662	0.5914
	每股盈余公积金(元)	0.1329	0.1329	0.1329	0.1329
	每股未分配利润(元)	-0.5240	-0.5059	-0.5469	-0.5234
	净资产收益率(%)	-1.6180	1.4618	-2.0436	2.8694
	加权净资产收益率(%)	-1.5600	1.4600	-2.0200	2.9200
	净资产收益率(扣除)(%)	-5.9475	-3.0598	-3.4281	-0.7064
	总资产(万元)	200462.06	208305.58	207923.10	211041.25
	归属母公司股东权益	78228.81	83547.43	80556.45	83967.22
	营业收入(万元)	27899.75	78407.67	37674.73	95730.57
	营业成本(万元)	20541.01	56349.45	27565.91	73652.99
	投资收益(万元)	3877.42	4654.15	1012.68	2329.35
	净利润(万元)	-1265.43	1221.27	-1646.24	2409.38
	营业利润(万元)	-2864.53	1795.20	-1903.41	2250.29
	利润总额(万元)	-2417.37	2145.92	-1531.99	3454.29

云南铝业股份有限公司

公司概况						
	公司名称	云南铝业股份有限公司			证券简称	云铝股份
	法人代表	田永	董秘	饶罡	证券代码	000807
	公司网址	www.ylgf.com		电子信箱	stock@ylgf.com	
	电 话	0871-67455268		传 真	0871-67455605 67455399	
	办公地址	云南省昆明市呈贡区七甸街道				
	经营范围	铝冶炼和铝加工产品的生产和销售等				

主要财务指标	指标\报告期	2014.06.30	2013.12.31	2013.06.30	2012.12.31
	基本每股收益(元)	-0.1900	0.0100	-0.0800	0.0090
	基本每股收益	-	-	-0.1150	-0.0800
	稀释每股收益(元)	-0.1900	0.0100	-0.0800	0.0090
	每股净资产(元)	2.3422	2.5331	2.4367	2.5500
	每股经营现金净流量(元)	0.8822	1.5072	0.0011	0.6212
	每股现金流量(元)	0.4422	-0.1995	0.0684	-0.5917
	每股资本公积金(元)	1.1922	1.1962	1.1857	1.1870
	每股盈余公积金(元)	0.2101	0.2101	0.2061	0.2061
	每股未分配利润(元)	-0.0652	0.1265	0.0365	0.1501
	净资产收益率(%)	-8.1874	0.4127	-3.4311	0.3450
	加权净资产收益率(%)	-7.8700	0.4100	-3.3300	0.3400
	净资产收益率(扣除)(%)	-8.8089	-6.3132	-4.7270	-3.1315
	总资产(万元)	2387279.82	2296688.17	2088628.78	1881928.07
	归属母公司股东权益	360500.13	389889.28	375051.24	392360.65
	营业收入(万元)	934866.69	1492791.94	575743.94	1069272.77
	营业成本(万元)	907238.44	1424872.44	550418.28	1007544.02
	投资收益(万元)	-263.78	109.79	-93.13	1354.86
	净利润(万元)	-29515.70	1609.27	-12868.27	1353.76
	营业利润(万元)	-58333.38	-52595.20	-25055.63	-19978.80
	利润总额(万元)	-55312.87	-13380.18	-15021.38	4799.94

铁岭新城投资控股股份有限公司

公司概况						
	公司名称	铁岭新城投资控股股份有限公司			证券简称	铁岭新城
	法人代表	韩广林	董秘	迟峰	证券代码	000809
	公司网址	www.kf.tielingnewcity.com		电子信箱	cf0140@sina.com	
	电　话	024-74997822		传　真	024-74997890	
	办公地址	辽宁省铁岭市凡河新区金沙江路 11 号				
	经营范围	区域土地征用、市政基础设施建设、土地开发、项目开发、投资、管理咨询				

主要财务指标	指标\报告期	2014.06.30	2013.12.31	2013.06.30	2012.12.31
	基本每股收益(元)	0.0600	1.2900	0.1800	1.1500
	基本每股收益	0.0600	–	0.1800	1.1500
	稀释每股收益(元)	0.0600	1.2900	0.1800	1.1500
	每股净资产(元)	6.3376	6.2741	5.1667	4.9839
	每股经营现金净流量(元)	–1.3477	–0.1912	–0.1372	–0.1642
	每股现金流量(元)	–0.1012	0.4143	–0.2384	0.0006
	每股资本公积金(元)	0.0582	0.0582	0.0582	0.0582
	每股盈余公积金(元)	0.3579	0.3579	0.3579	0.3579
	每股未分配利润(元)	4.9216	4.8580	3.7506	3.5678
	净资产收益率(%)	1.0032	20.5636	3.5384	23.0853
	加权净资产收益率(%)	1.0100	22.9200	3.6000	26.1100
	净资产收益率(扣除)(%)	0.9839	20.5237	3.5037	23.0305
	总资产(万元)	621496.16	564917.20	458029.90	438465.73
	归属母公司股东权益	348482.00	344986.20	284099.24	274044.54
	营业收入(万元)	18557.17	168607.00	35620.86	139647.76
	营业成本(万元)	6412.40	52889.20	15633.13	39451.06
	投资收益(万元)	–	–	–	–
	净利润(万元)	3495.80	70941.66	10052.66	63263.92
	营业利润(万元)	4544.34	96589.50	14277.46	85892.89
	利润总额(万元)	4633.98	96725.98	14349.23	86040.89

华润锦华股份有限公司

公司概况						
	公司名称	华润锦华股份有限公司			证券简称	华润锦华
	法人代表	向明	董秘	蔡惠鹏	证券代码	000810
	公司网址	www.hrjh.com.cn		电子信箱	hrjh@hrjh.com.cn	
	电　话	0825-2287329 2282974		传　真	0825-2283399	
	办公地址	四川省遂宁市城区遂州中路 309 号				
	经营范围	纺纱、织布、纺织品制造、销售等				

主要财务指标	指标\报告期	2014.06.30	2013.12.31	2013.06.30	2012.12.31
	基本每股收益(元)	–0.0887	0.0287	0.0588	0.0272
	基本每股收益	–0.0876	–	0.0575	–0.0176
	稀释每股收益(元)	–0.0887	0.0287	0.0588	0.0272
	每股净资产(元)	3.7229	3.8116	3.8418	3.8129
	每股经营现金净流量(元)	0.2365	0.8858	0.2079	0.9985
	每股现金流量(元)	–0.1216	–0.0610	0.0001	–0.1896
	每股资本公积金(元)	0.7605	0.7605	0.7605	0.7605
	每股盈余公积金(元)	0.2114	0.2114	0.2114	0.2114
	每股未分配利润(元)	1.7511	1.8398	1.8699	1.8411
	净资产收益率(%)	–2.3832	0.7528	1.5307	0.7132
	加权净资产收益率(%)	–2.3600	0.7500	1.5400	0.7000
	净资产收益率(扣除)(%)	–2.3519	0.5876	1.4955	–0.4614
	总资产(万元)	102318.73	109194.37	113300.32	113020.31
	归属母公司股东权益	48273.50	49423.96	49814.37	49440.87
	营业收入(万元)	43868.14	112175.50	55168.64	113102.21
	营业成本(万元)	41083.29	99330.59	47389.91	99257.12
	投资收益(万元)	–	1.49	–	1168.77
	净利润(万元)	–1150.46	372.09	762.50	352.63
	营业利润(万元)	–794.65	2299.76	2014.54	2553.72
	利润总额(万元)	–812.60	2474.67	2037.94	2214.63

烟台冰轮股份有限公司

公司概况						
	公司名称	烟台冰轮股份有限公司			证券简称	烟台冰轮
	法人代表	李增群	董秘	孙秀欣	证券代码	000811
	公司网址	www.yantaimoon.cn		电子信箱	zqb@yantaimoon.cn	
	电　话	0535-6697075 6243558		传　真	0535-6243558	
	办公地址	山东省烟台市芝罘区冰轮路 1 号				
	经营范围	制冷空调设备、机械设备零配件、塑料制品(不含农膜)、装饰材料等				

主要财务指标	指标\报告期	2014.06.30	2013.12.31	2013.06.30	2012.12.31
	基本每股收益(元)	0.1600	0.6400	0.2800	0.3600
	基本每股收益	0.1500	0.3900	0.1900	0.3600
	稀释每股收益(元)	0.1600	0.6400	0.2800	0.3600
	每股净资产(元)	3.6693	3.8109	3.3063	3.1364
	每股经营现金净流量(元)	0.1072	0.2067	0.0073	0.3802
	每股现金流量(元)	0.1872	0.0927	–0.1277	0.0971
	每股资本公积金(元)	0.7976	1.0992	0.9617	0.9717
	每股盈余公积金(元)	0.4214	0.4214	0.3644	0.3644
	每股未分配利润(元)	1.4666	1.3111	1.0049	0.8257
	净资产收益率(%)	4.2370	16.8549	8.4439	11.4595
	加权净资产收益率(%)	4.0000	18.5100	8.5200	12.3000
	净资产收益率(扣除)(%)	4.1135	10.2602	5.6132	11.3409
	总资产(万元)	237870.27	255499.51	228816.29	224027.65
	归属母公司股东权益	144791.48	150378.20	130465.87	123762.90
	营业收入(万元)	69491.64	152779.03	85120.93	152286.18
	营业成本(万元)	51210.99	107985.07	62556.46	114870.35
	投资收益(万元)	3318.61	19453.30	8139.71	11336.08
	净利润(万元)	6134.76	25346.16	11016.43	14182.59
	营业利润(万元)	7053.01	26404.70	10176.90	13417.65
	利润总额(万元)	6937.20	28356.41	11878.78	15030.33

陕西金叶科教集团股份有限公司

公司概况						
	公司名称	陕西金叶科教集团股份有限公司			证券简称	陕西金叶
	法人代表	袁汉源	董秘	闫凯	证券代码	000812
	公司网址	www.jinyegroup.cn		电子信箱	zhaotj_812@126.com	
	电　话	029-81778556 81778561		传　真	029-81778533	
	办公地址	陕西省西安市高新区锦业路 1 号都市之门 B 座 19 层				
	经营范围	烟标及卷烟过滤材料生产销售、教育产业等				

主要财务指标	指标\报告期	2014.06.30	2013.12.31	2013.06.30	2012.12.31
	基本每股收益(元)	0.0738	0.1620	0.0714	0.1852
	基本每股收益	0.0726	0.1362	0.0715	0.1160
	稀释每股收益(元)	0.0738	0.1620	0.0714	0.1852
	每股净资产(元)	1.8999	1.8261	1.7155	1.6441
	每股经营现金净流量(元)	–0.1064	0.2031	0.0293	0.0303
	每股现金流量(元)	–0.0660	0.1143	0.0187	–0.1967
	每股资本公积金(元)	0.0341	0.0341	0.0341	0.0341
	每股盈余公积金(元)	0.1755	0.1755	0.1648	0.1648
	每股未分配利润(元)	0.6902	0.6165	0.5165	0.4452
	净资产收益率(%)	3.8822	8.8716	4.1607	11.2667
	加权净资产收益率(%)	3.9600	9.3900	4.2500	11.5300
	净资产收益率(扣除)(%)	3.8225	7.4599	4.1658	7.0491
	总资产(万元)	160322.46	152880.79	141873.84	137314.68
	归属母公司股东权益	84995.29	81695.63	76745.56	73552.42
	营业收入(万元)	31696.96	63718.88	34641.27	57285.35
	营业成本(万元)	20519.23	42044.99	23012.84	37318.74
	投资收益(万元)	78.81	286.11	–	3177.55
	净利润(万元)	3299.65	7247.70	3193.14	8286.90
	营业利润(万元)	5355.52	9479.18	5163.12	12172.82
	利润总额(万元)	5418.08	10831.90	5159.08	12256.09

新疆天山毛纺织股份有限公司

公司概况					
公司名称	新疆天山毛纺织股份有限公司			证券简称	天山纺织
法人代表	武宪章	董秘	魏哲明	证券代码	000813
公司网址	www.chinatianshan.com		电子信箱	www.chinatianshan.com	
电　话	0991-4336068 4336069		传　真	0991-4310456	
办公地址	新疆维吾尔自治区乌鲁木齐市新市区银川路235号				
经营范围	羊绒纱、羊绒衫、羊毛衫及混纺衫的生产销售等				

主要财务指标 指标\报告期	2014.06.30	2013.12.31	2013.06.30	2012.12.31
基本每股收益(元)	0.0303	0.0599	0.0309	-0.0219
基本每股收益	0.0001	-0.0934	-0.0566	-0.0938
稀释每股收益(元)	0.0303	0.0599	0.0309	-0.0219
每股净资产(元)	2.4632	2.4327	1.0571	1.1052
每股经营现金净流量(元)	0.1347	0.3649	0.1491	0.1606
每股现金流量(元)	0.1999	-0.1350	-0.0426	-0.3001
每股资本公积金(元)	2.3015	2.3015	1.4394	2.5757
每股盈余公积金(元)	0.0991	0.0991	0.1275	0.1275
每股未分配利润(元)	-0.9330	-0.9633	-1.5039	-1.3113
净资产收益率(%)	1.2288	2.3088	-4.5575	-3.3738
加权净资产收益率(%)	1.2400	2.7300	1.5300	-1.0900
净资产收益率(扣除)(%)	0.0026	-3.1269	-5.3531	-8.4095
总资产(万元)	200262.51	190050.55	59936.75	191744.72
归属母公司股东权益	115153.39	113725.74	38420.48	86909.89
营业收入(万元)	21433.14	56917.58	25892.87	30231.61
营业成本(万元)	14304.96	35420.69	14683.77	24284.98
投资收益(万元)	0.97	4.82	-	-
净利润(万元)	1414.97	2625.65	1339.46	-947.94
营业利润(万元)	2418.43	10448.96	6461.84	-1171.36
利润总额(万元)	3829.40	11872.86	6743.60	433.09

中冶美利纸业股份有限公司

公司概况					
公司名称	中冶美利纸业股份有限公司			证券简称	美利纸业
法人代表	严肃	董秘	邵进华	证券代码	000815
公司网址	www.china-meili.com		电子信箱	yky1662@126.com	
电　话	0955-7679298 7679339		传　真	0955-7679216	
办公地址	宁夏回族自治区中卫市沙坡头区柔远镇				
经营范围	机制纸、板纸、加工纸等中、高档文化用纸及生活用纸的生产、经营等				

主要财务指标 指标\报告期	2014.06.30	2013.12.31	2013.06.30	2012.12.31
基本每股收益(元)	-0.4300	-0.7500	-0.2600	0.0800
基本每股收益	-0.4500	-	-0.2400	-0.1600
稀释每股收益(元)	-0.4300	-0.7500	-0.2600	0.0800
每股净资产(元)	1.0280	1.4076	1.9130	2.1010
每股经营现金净流量(元)	-0.1482	-0.9241	-0.5737	-0.1627
每股现金流量(元)	-0.0061	-0.2177	-0.1556	-0.0395
每股资本公积金(元)	1.0634	1.0136	1.0261	0.9584
每股盈余公积金(元)	0.2179	0.2179	0.2179	0.2179
每股未分配利润(元)	-1.2533	-0.8239	-0.3310	-0.0753
净资产收益率(%)	-41.7736	-53.1810	-13.3659	3.7236
加权净资产收益率(%)	-35.2600	-42.7000	-12.7400	3.7900
净资产收益率(扣除)(%)	-43.3198	-63.1034	-12.7499	-7.5420
总资产(万元)	241595.34	247236.24	301584.46	313460.56
归属母公司股东权益	32566.71	44593.08	60603.61	66558.11
营业收入(万元)	31131.27	55318.55	26046.95	136275.13
营业成本(万元)	32688.17	57095.56	25618.75	119093.80
投资收益(万元)	-	1238.95	-31.83	-475.42
净利润(万元)	-13604.29	-23715.05	-8100.23	2478.37
营业利润(万元)	-13709.81	-26167.75	-7873.22	-4329.19
利润总额(万元)	-13602.64	-24052.18	-8200.43	3411.80

江苏江淮动力股份有限公司

公司概况					
公司名称	江苏江淮动力股份有限公司			证券简称	江淮动力
法人代表	胡尔广	董秘	王乃强	证券代码	000816
公司网址	www.jdchina.com		电子信箱	jhdl000816@sina.com	
电　话	0515-88881908		传　真	0515-88881816	
办公地址	江苏省盐城经济技术开发区希望大道南路58号				
经营范围	内燃机、发电机、电动机、水泵、榨油机、农业机械制造等				

主要财务指标 指标\报告期	2014.06.30	2013.12.31	2013.06.30	2012.12.31
基本每股收益(元)	0.0338	0.0800	0.0691	0.0900
基本每股收益	0.0300	-	0.0500	0.0500
稀释每股收益(元)	0.0338	0.0800	0.0691	0.0900
每股净资产(元)	2.3350	1.5620	1.5560	1.4977
每股经营现金净流量(元)	0.0131	-0.2265	0.0185	0.3410
每股现金流量(元)	0.8644	-0.2857	-0.0382	-0.4469
每股资本公积金(元)	0.8805	0.0005	0.0011	0.0005
每股盈余公积金(元)	0.0648	0.0844	0.0694	0.0694
每股未分配利润(元)	0.4031	0.4880	0.4914	0.4324
净资产收益率(%)	1.2227	5.3756	4.4402	6.0527
加权净资产收益率(%)	1.8000	5.4900	4.5400	4.7400
净资产收益率(扣除)(%)	1.2492	4.1740	3.4361	3.4336
总资产(万元)	696305.82	542556.52	549891.99	527288.49
归属母公司股东权益	331284.17	170068.97	169415.52	163068.16
营业收入(万元)	118918.48	277353.48	159836.66	288596.22
营业成本(万元)	98418.50	231232.48	132506.96	239199.62
投资收益(万元)	-338.56	1940.35	1422.09	750.24
净利润(万元)	4050.67	9142.31	7522.31	9869.95
营业利润(万元)	3949.07	9064.97	7770.72	12236.81
利润总额(万元)	4382.91	9266.98	8422.15	12395.27

方大锦化化工科技股份有限公司

公司概况					
公司名称	方大锦化化工科技股份有限公司			证券简称	方大化工
法人代表	闫奎兴	董秘	张晓东	证券代码	000818
公司网址			电子信箱	fdhgzqb@126.com	
电　话	0429-2709065 2709000		传　真	0429-2709818	
办公地址	辽宁省葫芦岛市连山区化工街				
经营范围	烧碱、氯、氯化苯、盐酸、环氧丙烷、聚醚、丙二醇、聚氯乙烯等化工产品的生产与销售等				

主要财务指标 指标\报告期	2014.06.30	2013.12.31	2013.06.30	2012.12.31
基本每股收益(元)	0.0396	-0.1268	-0.0695	0.0264
基本每股收益	0.0509	-0.1815	-	-0.0943
稀释每股收益(元)	0.0396	-0.1268	-0.0695	0.0264
每股净资产(元)	2.8289	2.7892	2.8417	2.9111
每股经营现金净流量(元)	0.0244	0.1376	0.0133	0.0494
每股现金流量(元)	-0.0165	0.0183	0.0795	-0.1049
每股资本公积金(元)	1.8329	1.8329	1.8279	1.8279
每股盈余公积金(元)	0.0544	0.0544	0.0544	0.0544
每股未分配利润(元)	-0.0584	-0.0980	-0.0406	0.0288
净资产收益率(%)	1.4009	-4.5475	-2.4450	0.9100
加权净资产收益率(%)	1.4100	-4.3600	-2.4200	0.9100
净资产收益率(扣除)(%)	1.8006	-6.5068	-3.6001	-3.2392
总资产(万元)	274633.24	276150.47	274391.91	271497.25
归属母公司股东权益	192366.67	189667.92	193232.51	197957.02
营业收入(万元)	135910.40	265339.97	124370.46	268351.52
营业成本(万元)	121108.44	254406.86	121065.30	252531.83
投资收益(万元)	-	-617.98	291.16	-1103.11
净利润(万元)	2694.92	-8625.10	-4724.51	1792.38
营业利润(万元)	3505.94	-16187.88	-7674.38	-8502.33
利润总额(万元)	2737.17	-11369.65	-4866.89	2517.70

岳阳兴长石化股份有限公司

公司概况					
公司名称	岳阳兴长石化股份有限公司			证券简称	岳阳兴长
法人代表	李华	董秘	谭人杰	证券代码	000819
公司网址	www.yyxc0819.com		电子信箱	yyxczqbu@163.com	
电　话	0730-8829916 8452599		传　真	0730-8829752	
办公地址	湖南省岳阳市岳阳大道岳阳兴长大厦九楼				
经营范围	开发、生产、销售石油化工产品(不含成品油)、塑料及其制品等				

主要财务指标				
指标\报告期	2014.06.30	2013.12.31	2013.06.30	2012.12.31
基本每股收益(元)	0.0400	0.2930	0.1190	0.2900
基本每股收益	0.0410	0.3000	0.1300	0.2900
稀释每股收益(元)	0.0400	0.2930	0.1190	0.2900
每股净资产(元)	2.5902	2.8557	2.6933	2.7126
每股经营现金净流量(元)	-0.0007	0.4778	0.0873	0.3753
每股现金流量(元)	-0.1166	-0.0119	-0.1146	0.2514
每股资本公积金(元)	0.3529	0.3882	0.3882	0.3882
每股盈余公积金(元)	0.5638	0.6202	0.6202	0.6202
每股未分配利润(元)	0.6735	0.8474	0.6850	0.7043
净资产收益率(%)	1.5259	10.2634	4.8524	10.6900
加权净资产收益率(%)	1.5110	10.5300	4.7100	10.6900
净资产收益率(扣除)(%)	1.5776	10.4887	4.8440	10.7071
总资产(万元)	71776.76	72758.67	67572.76	67222.39
归属母公司股东权益	60711.78	60850.77	57390.22	57801.67
营业收入(万元)	56055.03	192457.73	89278.37	202569.64
营业成本(万元)	51717.24	174811.87	82156.69	186412.15
投资收益(万元)	-137.40	-198.66	-157.61	3.63
净利润(万元)	926.43	6245.35	2784.80	6180.88
营业利润(万元)	1173.61	8750.77	3750.07	8789.38
利润总额(万元)	1132.55	8565.25	3753.29	8591.59

金城造纸股份有限公司

公司概况					
公司名称	金城造纸股份有限公司			证券简称	金城股份
法人代表	李恩明	董秘	高丽君	证券代码	000820
公司网址	www.jinchengpaper.com		电子信箱	glj04168285085@sina.com	
电　话	0416-8350006 8350777		传　真	0416-8350004	
办公地址	辽宁省锦州市凌海市金城街金城造纸股份有限公司办公楼				
经营范围	主营机制纸及纸板，粘合剂的制造，销售，兼营造纸技术的咨询，服务等				

主要财务指标				
指标\报告期	2014.06.30	2013.12.31	2013.06.30	2012.12.31
基本每股收益(元)	0.0116	0.0600	0.0100	2.1000
基本每股收益	0.0129	-	0.0109	0.0278
稀释每股收益(元)	0.0116	0.0600	0.0100	2.1000
每股净资产(元)	0.8010	0.7621	0.7203	0.5330
每股经营现金净流量(元)	0.0487	-0.1775	-0.1777	-1.2850
每股现金流量(元)	0.0848	-0.0560	-0.0858	0.1504
每股资本公积金(元)	1.5723	1.5449	1.5449	1.3712
每股盈余公积金(元)	0.3122	0.3122	0.3122	0.3122
每股未分配利润(元)	-2.0835	-2.0950	-2.1368	-2.1504
净资产收益率(%)	1.4423	7.2586	1.8862	394.1900
加权净资产收益率(%)	1.5000	8.5400	2.1400	-
净资产收益率(扣除)(%)	1.6163	-2.1727	1.5073	5.2225
总资产(万元)	76988.82	68292.64	71532.84	65757.70
归属母公司股东权益	23054.17	21935.02	20733.92	15342.84
营业收入(万元)	14300.61	24224.87	10665.04	18847.83
营业成本(万元)	11654.56	19440.26	8549.02	14060.46
投资收益(万元)	-	880.00	-	220.00
净利润(万元)	332.52	1592.18	391.08	60480.55
营业利润(万元)	504.03	347.29	457.73	-6722.99
利润总额(万元)	463.93	1453.10	536.29	59527.99

湖北京山轻工机械股份有限公司

公司概况					
公司名称	湖北京山轻工机械股份有限公司			证券简称	京山轻机
法人代表	李健	董秘	谢杏平	证券代码	000821
公司网址	www.jspackmach.com		电子信箱	jsqj000821@jspackmach.com	
电　话	0724-7210972		传　真	0724-7210972	
办公地址	湖北省荆门市京山县经济技术开发区轻机工业园				
经营范围	纸制品包装机械、印刷机械的生产、销售				

主要财务指标				
指标\报告期	2014.06.30	2013.12.31	2013.06.30	2012.12.31
基本每股收益(元)	-0.0320	0.0300	-0.0500	-0.2400
基本每股收益	-0.0300	-0.1100	-0.0800	-0.2900
稀释每股收益(元)	-0.0320	0.0300	-0.0500	-0.2400
每股净资产(元)	3.0668	3.1057	3.0294	3.0859
每股经营现金净流量(元)	-0.0105	-0.1061	-0.1771	0.3399
每股现金流量(元)	-0.4468	0.5172	-0.0684	-0.1607
每股资本公积金(元)	1.3571	1.3571	1.3571	1.3571
每股盈余公积金(元)	0.4514	0.4514	0.4514	0.4514
每股未分配利润(元)	0.2669	0.3091	0.2294	0.2796
净资产收益率(%)	-1.0519	0.9498	-1.6567	-7.8158
加权净资产收益率(%)	-1.0400	0.9500	-1.6200	-7.8200
净资产收益率(扣除)(%)	-1.1240	-3.3993	-2.4801	-9.3328
总资产(万元)	186391.35	188262.40	142395.90	146106.01
归属母公司股东权益	105876.38	107221.65	104587.28	106535.65
营业收入(万元)	43846.32	72404.81	30172.24	52055.92
营业成本(万元)	34283.54	60232.21	25571.61	47385.37
投资收益(万元)	-184.11	4319.97	447.94	496.88
净利润(万元)	-1113.71	1018.44	-1732.70	-8326.63
营业利润(万元)	-698.45	-259.36	-1596.15	-9088.66
利润总额(万元)	-504.97	1477.88	-1503.31	-8233.99

山东海化股份有限公司

公司概况					
公司名称	山东海化股份有限公司			证券简称	*ST 海化
法人代表	汤全荣	董秘	吴炳顺	证券代码	000822
公司网址	www.chinahaihua.com		电子信箱	hhgf@wfhaihua.sina.net	
电　话	0536-5329931 5329379		传　真	0536-5329879	
办公地址	山东省潍坊市滨海经济开发区				
经营范围	纯碱、工业溴及溴素、醋酸乙酯、苯胺、二氯甲烷、三氯甲烷、盐酸等				

主要财务指标				
指标\报告期	2014.06.30	2013.12.31	2013.06.30	2012.12.31
基本每股收益(元)	0.0300	-1.2600	-0.2800	-0.5800
基本每股收益	0.0100	-1.2400	-0.2900	-0.6200
稀释每股收益(元)	0.0300	-1.2600	-0.2800	-0.5800
每股净资产(元)	2.2698	2.2390	3.2198	3.4995
每股经营现金净流量(元)	0.3077	0.1617	-0.0482	0.3804
每股现金流量(元)	-0.0983	0.2133	-0.0490	-0.0028
每股资本公积金(元)	1.6745	1.6746	1.6748	1.6746
每股盈余公积金(元)	0.3716	0.3716	0.3716	0.3716
每股未分配利润(元)	-0.7819	-0.8099	0.1679	0.4513
净资产收益率(%)	1.2341	-56.3313	-8.8032	-16.6047
加权净资产收益率(%)	1.2400	-43.9600	-8.4400	-15.1400
净资产收益率(扣除)(%)	0.2671	-55.3305	-8.8544	-17.6928
总资产(万元)	519039.63	543360.44	592617.24	599592.43
归属母公司股东权益	203170.85	200412.01	288200.79	313234.64
营业收入(万元)	247519.89	431531.42	202217.76	494309.08
营业成本(万元)	220806.47	417649.78	199064.47	487186.80
投资收益(万元)	231.41	-77.52	-32.26	3073.26
净利润(万元)	2507.23	-112894.77	-25371.01	-52011.73
营业利润(万元)	489.87	-115000.99	-34556.71	-76481.01
利润总额(万元)	3119.69	-113890.85	-34356.72	-74693.39

广东汕头超声电子股份有限公司

公司概况						
公司名称	广东汕头超声电子股份有限公司				证券简称	超声电子
法人代表	李大淳	董秘	陈东屏		证券代码	000823
公司网址	www.gd-goworld.com		电子信箱	csdz@gd-goworld.com		
电　　话	0754-88192281*3012 3033		传　　真	0754-83931233		
办公地址	广东省汕头市龙湖区龙江路12号					
经营范围	制造、加工、销售超声电子仪器、仪器仪表、电子元器件、电子材料等					

主要财务指标	2014.06.30	2013.12.31	2013.06.30	2012.12.31
指标\报告期	2014.06.30	2013.12.31	2013.06.30	2012.12.31
基本每股收益(元)	0.1559	0.3029	0.1023	0.4251
基本每股收益	0.1559	0.2939	0.0970	0.4193
稀释每股收益(元)	0.1559	0.3029	0.1023	0.4251
每股净资产(元)	5.0682	4.4240	4.2658	4.3102
每股经营现金净流量(元)	0.0769	0.8571	0.4763	0.6911
每股现金流量(元)	0.3827	0.4768	0.0867	-0.0263
每股资本公积金(元)	2.7017	1.8092	1.8159	1.8426
每股盈余公积金(元)	0.2402	0.2928	0.2629	0.2629
每股未分配利润(元)	1.1263	1.3221	1.1870	1.2047
净资产收益率(%)	2.8004	6.8471	2.3984	9.8616
加权净资产收益率(%)	3.2300	6.9000	2.3500	10.1200
净资产收益率(扣除)(%)	2.7995	6.6442	2.2643	9.7273
总资产(万元)	463727.11	397344.74	362398.56	356321.26
归属母公司股东权益	272143.68	194849.81	187881.29	189835.24
营业收入(万元)	184368.03	354424.95	167634.40	364084.13
营业成本(万元)	146576.05	282337.74	135500.51	288993.36
投资收益(万元)	-	372.52	-	157.38
净利润(万元)	7621.05	13341.58	4506.20	18720.83
营业利润(万元)	12511.65	20397.19	7135.36	27526.85
利润总额(万元)	12538.86	20914.03	7473.36	27915.40

山西太钢不锈钢股份有限公司

公司概况						
公司名称	山西太钢不锈钢股份有限公司				证券简称	太钢不锈
法人代表	李晓波	董秘	杨贵龙		证券代码	000825
公司网址	www.tisco.com.cn		电子信箱	tgbx@tisco.com.cn		
电　　话	0351-3017728 3017729		传　　真	0351-3017729		
办公地址	山西省太原市尖草坪街2号					
经营范围	不锈钢及其他黑色钢材、钢坯、钢锭、金属制品的生产、销售等					

主要财务指标	2014.06.30	2013.12.31	2013.06.30	2012.12.31
指标\报告期	2014.06.30	2013.12.31	2013.06.30	2012.12.31
基本每股收益(元)	0.0680	0.1110	0.0590	0.1940
基本每股收益	0.0670	-	0.0550	0.1840
稀释每股收益(元)	0.0680	0.1110	0.0590	0.1940
每股净资产(元)	4.3621	4.3239	4.2662	4.2583
每股经营现金净流量(元)	0.3157	0.7015	0.1649	1.2135
每股现金流量(元)	-0.1791	0.0149	-0.0649	0.0574
每股资本公积金(元)	1.1805	1.1803	1.1725	1.1725
每股盈余公积金(元)	0.3291	0.3291	0.3151	0.3151
每股未分配利润(元)	1.8532	1.8157	1.7777	1.7691
净资产收益率(%)	1.5483	2.5568	1.3716	4.5585
加权净资产收益率(%)	1.5500	2.5800	1.3700	4.6600
净资产收益率(扣除)(%)	1.5432	2.3465	1.2952	4.3205
总资产(万元)	7662172.46	7581141.98	7028403.29	6946669.58
归属母公司股东权益	2484733.42	2463005.40	2430151.26	2425616.29
营业收入(万元)	4671599.90	10502032.48	5437866.54	10351528.44
营业成本(万元)	4328628.34	9836127.44	5068986.63	9582907.85
投资收益(万元)	1601.25	1813.02	355.14	-49.20
净利润(万元)	38471.54	62973.64	33332.75	110571.81
营业利润(万元)	28655.35	45392.34	23291.53	95625.96
利润总额(万元)	27451.40	50582.91	24810.89	100186.28

桑德环境资源股份有限公司

公司概况						
公司名称	桑德环境资源股份有限公司				证券简称	桑德环境
法人代表	文一波	董秘	马勒思		证券代码	000826
公司网址	www.soundenvironmental.cn		电子信箱	ss000826@126.com		
电　　话	0717-6442936		传　　真	0717-6442830		
办公地址	湖北省宜昌市西陵区绿萝路77号					
经营范围	固体废弃物处置系统工程设计、承建及固体废弃物处置设备系统集成业务等					

主要财务指标	2014.06.30	2013.12.31	2013.06.30	2012.12.31
指标\报告期	2014.06.30	2013.12.31	2013.06.30	2012.12.31
基本每股收益(元)	0.3710	0.9100	0.2670	0.7700
基本每股收益	0.3670	0.8900	0.3410	0.8400
稀释每股收益(元)	0.3710	0.9100	0.2670	0.7700
每股净资产(元)	5.5530	6.7880	6.1990	7.7051
每股经营现金净流量(元)	-0.6929	-0.0181	0.5162	-0.2091
每股现金流量(元)	-0.4184	-0.5404	-1.6052	3.4933
每股资本公积金(元)	2.3224	3.2625	3.2253	4.5175
每股盈余公积金(元)	0.2227	0.2907	0.2061	0.2664
每股未分配利润(元)	2.0079	2.2349	1.7676	1.9619
净资产收益率(%)	6.6759	13.3467	5.6040	11.2021
加权净资产收益率(%)	6.8800	14.1600	5.6600	23.5800
净资产收益率(扣除)(%)	6.6038	13.0821	5.5026	10.9383
总资产(万元)	875491.86	744725.35	593418.42	641820.58
归属母公司股东权益	468463.57	438768.74	399039.29	385833.96
营业收入(万元)	171113.02	268383.39	103608.00	211213.78
营业成本(万元)	112900.93	173952.90	63783.86	129979.79
投资收益(万元)	-771.09	-411.44	-2.27	-
净利润(万元)	31274.25	58560.97	22362.28	42916.61
营业利润(万元)	35602.99	67037.32	26015.64	49425.16
利润总额(万元)	36329.53	68875.38	26680.46	50988.06

东莞发展控股股份有限公司

公司概况						
公司名称	东莞发展控股股份有限公司				证券简称	东莞控股
法人代表	尹锦容	董秘	黄勇		证券代码	000828
公司网址	www.dgholdings.cn		电子信箱	dgkg@dgholdings.cn		
电　　话	0769-22083320 22083321		传　　真	0769-22083320		
办公地址	广东省东莞市东城区莞樟大道55号					
经营范围	东莞高速公路的投资、建设、经营					

主要财务指标	2014.06.30	2013.12.31	2013.06.30	2012.12.31
指标\报告期	2014.06.30	2013.12.31	2013.06.30	2012.12.31
基本每股收益(元)	0.2509	0.3850	0.1977	0.3417
基本每股收益	0.2298	0.3495	0.1810	0.3251
稀释每股收益(元)	0.2509	0.3850	0.1977	0.3417
每股净资产(元)	3.5494	3.4781	3.2907	3.2530
每股经营现金净流量(元)	0.0043	0.5295	0.2349	0.5185
每股现金流量(元)	0.0302	-0.2649	-0.1169	0.1022
每股资本公积金(元)	1.1009	1.1005	1.1003	1.1004
每股盈余公积金(元)	0.3921	0.3921	0.3536	0.3536
每股未分配利润(元)	1.0565	0.9856	0.8368	0.7991
净资产收益率(%)	7.0681	11.0688	6.0077	10.5028
加权净资产收益率(%)	6.9000	11.4400	6.1900	10.8400
净资产收益率(扣除)(%)	6.4741	10.0473	5.4999	9.9931
总资产(万元)	553165.29	524510.80	520177.77	502932.83
归属母公司股东权益	368968.78	361554.79	342070.66	338155.47
营业收入(万元)	42704.49	76477.53	35561.88	73762.54
营业成本(万元)	13306.50	26858.10	11369.57	24924.16
投资收益(万元)	10325.63	13526.51	6998.60	8518.32
净利润(万元)	26079.15	40019.79	20550.57	35515.86
营业利润(万元)	33319.50	50074.56	25510.78	44501.70
利润总额(万元)	33567.85	50537.73	25766.04	45146.67

天音通信控股股份有限公司

公司概况					
公司名称	天音通信控股股份有限公司			证券简称	天音控股
法人代表	黄绍文	董秘	孙海龙	证券代码	000829
公司网址	www.chinatelling.com		电子信箱	dongmi@chinatelling.com	
电　　话	010-58300807　58300000		传　　真	010-58300808	
办公地址	北京市西城区德外大街117号德胜尚城D座				
经营范围	移动电话销售及白酒、水果的生产与销售等				

主要财务指标

指标＼报告期	2014.06.30	2013.12.31	2013.06.30	2012.12.31
基本每股收益(元)	0.2020	0.0300	-0.0530	-0.0200
基本每股收益	-0.1990	0.0200	-0.0530	-0.0300
稀释每股收益(元)	0.2020	0.0300	-0.0530	-0.0200
每股净资产(元)	2.5097	2.3072	2.2323	2.2853
每股经营现金净流量(元)	-0.5541	0.5522	-1.0832	-0.2613
每股现金流量(元)	-0.4059	-0.0324	-1.3391	-0.1344
每股资本公积金(元)	0.2527	0.2527	0.2598	0.2598
每股盈余公积金(元)	0.1057	0.1057	0.1057	0.1057
每股未分配利润(元)	1.1513	0.9488	0.8668	0.9198
净资产收益率(%)	8.0520	1.2581	-2.3755	-1.0450
加权净资产收益率(%)	8.3900	1.2600	-2.3500	-1.0400
净资产收益率(扣除)(%)	-	0.9924	-2.4085	-1.1440
总资产(万元)	1138389.62	1154519.17	861982.42	928686.41
归属母公司股东权益	237640.56	218469.75	211373.00	216394.26
营业收入(万元)	1685159.63	2985234.22	1317808.33	3259037.97
营业成本(万元)	1592813.09	2772993.78	1229960.05	3054451.73
投资收益(万元)	47826.25	176.91	148.05	468.29
净利润(万元)	19135.47	2748.49	-5021.26	-2261.21
营业利润(万元)	19507.34	2159.24	-9305.38	-6474.65
利润总额(万元)	19972.84	3532.80	-9227.09	-6347.60

鲁西化工集团股份有限公司

公司概况					
公司名称	鲁西化工集团股份有限公司			证券简称	鲁西化工
法人代表	张金成	董秘	蔡英强	证券代码	000830
公司网址	www.luxichemical.com		电子信箱	lclxhg@public.lcptt.sd.cn	
电　　话	0635-3481198		传　　真	0635-3481044	
办公地址	山东省聊城市高新技术产业开发区化工新材料产业园				
经营范围	化学肥料及安全生产许可证范围内化工原料的生产销售				

主要财务指标

指标＼报告期	2014.06.30	2013.12.31	2013.06.30	2012.12.31
基本每股收益(元)	0.1200	0.2090	0.1600	0.2320
基本每股收益	0.1100	-	0.1560	0.1980
稀释每股收益(元)	0.1200	0.2090	0.1600	0.2320
每股净资产(元)	3.9523	3.8307	3.7885	3.6206
每股经营现金净流量(元)	0.5250	0.4082	0.4148	1.0376
每股现金流量(元)	0.1371	-0.1950	-0.2415	-0.0132
每股资本公积金(元)	1.4906	1.4906	1.4914	1.5041
每股盈余公积金(元)	0.1769	0.1769	0.1473	0.1473
每股未分配利润(元)	1.2774	1.1575	1.1387	0.9782
净资产收益率(%)	3.0330	5.4517	4.2523	6.3836
加权净资产收益率(%)	3.0800	5.6000	4.3200	6.5100
净资产收益率(扣除)(%)	2.7891	4.9465	4.1049	5.4105
总资产(万元)	1908093.45	1788104.55	1609882.74	1650282.70
归属母公司股东权益	578951.78	561145.96	554963.77	532320.13
营业收入(万元)	600225.99	1105640.67	559175.60	1022683.46
营业成本(万元)	511648.97	957325.28	479821.86	896761.98
投资收益(万元)	445.54	1223.43	498.75	263.93
净利润(万元)	17559.39	30592.15	23456.70	33951.96
营业利润(万元)	21480.29	34793.32	32187.27	36551.73
利润总额(万元)	23373.97	38305.25	33290.20	43607.30

五矿稀土股份有限公司

公司概况					
公司名称	五矿稀土股份有限公司			证券简称	五矿稀土
法人代表	赵勇	董秘	杨兴龙	证券代码	000831
公司网址	www.cmreltd.com		电子信箱	cmre@cmreltd.com	
电　　话	0797-8398390		传　　真	0797-8398385	
办公地址	江西省赣州市章江南大道18号豪德银座A栋14、15层				
经营范围	稀土冶炼分离及稀土技术研发及服务				

主要财务指标

指标＼报告期	2014.06.30	2013.12.31	2013.06.30	2012.12.31
基本每股收益(元)	-0.0430	0.2310	0.0110	0.2920
基本每股收益	-0.0520	0.2200	0.0110	-0.5910
稀释每股收益(元)	-0.0430	0.2310	0.0110	0.2920
每股净资产(元)	2.6585	2.6982	2.2895	2.2745
每股经营现金净流量(元)	0.4389	-0.5622	-0.2889	0.0458
每股现金流量(元)	0.4337	-0.5954	-0.5383	0.1922
每股资本公积金(元)	0.9434	0.9434	0.7493	0.7493
每股盈余公积金(元)	0.1393	0.1393	0.1413	0.1413
每股未分配利润(元)	0.5520	0.5949	0.3823	0.3718
净资产收益率(%)	-1.6146	8.4710	0.4598	12.8308
加权净资产收益率(%)	-1.6000	9.3200	0.4600	13.6600
净资产收益率(扣除)(%)	-1.9475	8.0973	0.4647	-17.5731
总资产(万元)	263086.81	288381.28	223202.88	278017.94
归属母公司股东权益	260773.75	264664.58	221318.48	219867.61
营业收入(万元)	1396.07	170543.28	26559.70	401839.26
营业成本(万元)	1362.67	129307.66	20373.06	324929.22
投资收益(万元)	4.00	52.12	52.12	419.52
净利润(万元)	-4210.50	22419.86	1017.55	28210.88
营业利润(万元)	-6351.01	28807.67	1574.20	36389.87
利润总额(万元)	-5182.94	30163.24	1596.40	49611.72

广西贵糖(集团)股份有限公司

公司概况					
公司名称	广西贵糖(集团)股份有限公司			证券简称	贵糖股份
法人代表	但昭学	董秘	杨正	证券代码	000833
公司网址	www.guitang.com		电子信箱	gtgfgs@ppp.nn.gx.cn	
电　　话	0775-4201833　4201380		传　　真	0775-4260833	
办公地址	广西壮族自治区贵港市广西贵糖(集团)股份有限公司办公大楼				
经营范围	食糖、纸、酒精及轻质碳酸钙的制造、销售等				

主要财务指标

指标＼报告期	2014.06.30	2013.12.31	2013.06.30	2012.12.31
基本每股收益(元)	-0.0500	-0.3600	-0.1600	0.0500
基本每股收益	-0.0800	-0.3400	-0.1500	0.0700
稀释每股收益(元)	-0.0500	-0.3600	-0.1600	0.0500
每股净资产(元)	2.7188	2.7716	2.9664	3.1300
每股经营现金净流量(元)	-0.6683	-0.0631	-0.4886	0.2195
每股现金流量(元)	0.0922	-0.4724	-0.4499	0.1202
每股资本公积金(元)	0.7548	0.7548	0.7548	0.7548
每股盈余公积金(元)	0.2895	0.2895	0.2895	0.2895
每股未分配利润(元)	0.6745	0.7273	0.9221	1.0857
净资产收益率(%)	-1.9408	-12.9332	-5.5145	1.5128
加权净资产收益率(%)	-1.9200	-12.1500	-5.3700	1.3100
净资产收益率(扣除)(%)	-2.9369	-12.1830	-4.9331	-0.9660
总资产(万元)	116345.37	110632.20	115406.43	130765.12
归属母公司股东权益	80494.85	82057.08	87826.46	92669.67
营业收入(万元)	51735.45	110774.67	61465.48	109518.12
营业成本(万元)	46286.32	101965.30	58450.36	96275.33
投资收益(万元)	20.05	-7.84	1.83	6.29
净利润(万元)	-1562.23	-10612.59	-4843.21	1401.89
营业利润(万元)	-2183.52	-10245.04	-4335.05	-326.21
利润总额(万元)	-1439.41	-10876.75	-4935.81	969.04

四川圣达实业股份有限公司

公司概况

公司名称	四川圣达实业股份有限公司			证券简称	四川圣达
法人代表	申西杰	董秘	赵璐	证券代码	000835
公司网址	www.000835.com		电子信箱	zhaol@sdsycorp.com	
电　　话	028-85322086		传　　真	028-85322166	
办公地址	四川省成都市天府大道南段2028号石化大厦17楼				
经营范围	炼焦、合成材料制造、矿产品、建材及化工产品批发等				

主要财务指标

指标\报告期	2014.06.30	2013.12.31	2013.06.30	2012.12.31
基本每股收益(元)	0.0740	0.0193	0.0125	-0.1138
基本每股收益	-0.0678	-	0.0303	-0.1116
稀释每股收益(元)	0.0740	0.0193	0.0125	-0.1138
每股净资产(元)	1.4062	1.3808	1.4040	1.3905
每股经营现金净流量(元)	-0.0216	-0.2410	-0.2415	0.1966
每股现金流量(元)	0.1174	-0.3047	-0.2782	0.1567
每股资本公积金(元)	0.0376	0.0376	0.0345	0.0376
每股盈余公积金(元)	0.1369	0.1369	0.1369	0.1369
每股未分配利润(元)	0.1842	0.1103	0.1034	0.0909
净资产收益率(%)	5.2598	1.3995	0.8894	-8.1826
加权净资产收益率(%)	5.2200	1.3800	0.8900	-8.0100
净资产收益率(扣除)(%)	-4.8179	1.2272	2.1604	-8.0235
总资产(万元)	52083.41	54851.91	59414.82	65023.95
归属母公司股东权益	42941.31	42166.21	42875.22	42463.04
营业收入(万元)	21701.72	98247.42	54790.63	112814.38
营业成本(万元)	19490.45	85830.89	48362.85	102398.36
投资收益(万元)	5085.81	-	-	-
净利润(万元)	2258.64	590.11	381.32	-3474.57
营业利润(万元)	2395.67	1161.19	1353.85	-2492.82
利润总额(万元)	2413.35	1224.97	629.10	-2569.35

天津鑫茂科技股份有限公司

公司概况

公司名称	天津鑫茂科技股份有限公司			证券简称	鑫茂科技
法人代表	杜克荣	董秘	韩伟	证券代码	000836
公司网址	www.xinmaokeji.com.cn		电子信箱	whan@xinmaokeji.com.cn	
电　　话	022-83710888 23080182		传　　真	022-83710199	
办公地址	天津市新产业园区华苑产业区华天道3号				
经营范围	计算机软件、硬件、信息系统集成、信息处理与服务、光机电一体化等				

主要财务指标

指标\报告期	2014.06.30	2013.12.31	2013.06.30	2012.12.31
基本每股收益(元)	-0.2024	0.0471	0.1717	0.0634
基本每股收益	-0.2028	-0.3257	-0.2012	-0.0872
稀释每股收益(元)	-0.2024	0.0471	0.1717	0.0634
每股净资产(元)	2.3930	2.5953	2.7200	2.5783
每股经营现金净流量(元)	0.1629	-0.0240	-0.1127	0.2220
每股现金流量(元)	0.0630	0.1134	-0.0816	-0.1220
每股资本公积金(元)	0.8122	0.8122	0.8122	0.8122
每股盈余公积金(元)	0.1548	0.1548	0.1397	0.1397
每股未分配利润(元)	0.4261	0.6285	0.7683	0.6265
净资产收益率(%)	-8.4561	1.8133	6.3141	2.4600
加权净资产收益率(%)	-8.1100	1.8200	6.4500	2.4900
净资产收益率(扣除)(%)	-8.4735	-12.5494	-7.3975	-3.3815
总资产(万元)	248853.87	245579.43	247908.75	235286.08
归属母公司股东权益	69993.99	75912.75	79559.67	75413.70
营业收入(万元)	44562.72	110471.03	42706.50	129863.37
营业成本(万元)	40769.71	98675.74	38063.75	108063.37
投资收益(万元)	-	84.45	-	3747.99
净利润(万元)	-5918.76	1376.55	5023.47	1855.69
营业利润(万元)	-7043.54	-8350.54	-6388.43	5791.19
利润总额(万元)	-7023.64	3407.12	4633.96	7095.05

陕西秦川机械发展股份有限公司

公司概况

公司名称	陕西秦川机械发展股份有限公司			证券简称	秦川发展
法人代表	龙兴元	董秘	谭明	证券代码	000837
公司网址	www.qcde.cn		电子信箱	tanming@qinchuan.com	
电　　话	0917-3670748 3670654		传　　真	0917-3390957	
办公地址	陕西省宝鸡市姜谭路22号				
经营范围	金属切削机床、塑料加工机械、液压系统、液压件、汽车零部件、功能部件等				

主要财务指标

指标\报告期	2014.06.30	2013.12.31	2013.06.30	2012.12.31
基本每股收益(元)	-0.0432	-0.0840	-0.0104	0.0340
基本每股收益	-0.0700	-0.1379	-	-0.0434
稀释每股收益(元)	-0.0432	-0.0840	-0.0104	0.0340
每股净资产(元)	3.0592	3.1005	3.1749	3.1823
每股经营现金净流量(元)	0.0095	-0.2325	-0.1991	-0.4474
每股现金流量(元)	0.4059	0.1580	0.0853	-0.1889
每股资本公积金(元)	0.3087	0.3086	0.3075	0.3031
每股盈余公积金(元)	0.2682	0.2682	0.2682	0.2682
每股未分配利润(元)	1.4988	1.5420	1.6155	1.6260
净资产收益率(%)	-1.4118	-2.7100	-0.3290	0.9786
加权净资产收益率(%)	-1.4000	-2.6800	-0.3300	1.0700
净资产收益率(扣除)(%)	-2.2893	-4.4487	-1.1311	-1.2812
总资产(万元)	251102.23	227835.94	225311.38	210551.35
归属母公司股东权益	106679.94	108118.53	110713.58	110972.91
营业收入(万元)	89615.03	128538.27	62112.10	119114.01
营业成本(万元)	80949.57	112093.88	51829.58	100399.30
投资收益(万元)	-38.62	32.84	14.06	-12.60
净利润(万元)	-1506.06	-2929.99	-364.23	1186.46
营业利润(万元)	-2239.77	-5639.44	-1192.24	-1337.85
利润总额(万元)	-1078.30	-3591.70	-218.94	1659.23

国兴融达地产股份有限公司

公司概况

公司名称	国兴融达地产股份有限公司			证券简称	国兴地产
法人代表	鲜先念	董秘	刘晓林	证券代码	000838
公司网址	www.gxland.com.cn		电子信箱	liuxiaolin@gxland.com.cn	
电　　话	010-59696377		传　　真	010-59696397	
办公地址	北京市朝阳区建国路79号华贸中心2号写字楼1005-1006				
经营范围	房地产开发、销售自行开发的商品房				

主要财务指标

指标\报告期	2014.06.30	2013.12.31	2013.06.30	2012.12.31
基本每股收益(元)	0.2749	0.3300	-0.0501	0.1726
基本每股收益	0.2747	0.3298	-0.0501	0.1716
稀释每股收益(元)	0.2749	0.3300	-0.0501	0.1726
每股净资产(元)	2.2923	2.1174	1.7385	1.8374
每股经营现金净流量(元)	-0.2697	0.7597	0.4907	-0.1256
每股现金流量(元)	1.5422	0.6528	-0.0641	0.3906
每股资本公积金(元)	0.6674	0.6674	0.6674	0.6674
每股盈余公积金(元)	0.0293	0.0204	0.0204	0.0204
每股未分配利润(元)	0.5957	0.4296	0.0507	0.1497
净资产收益率(%)	11.9942	15.5843	-2.8798	9.3947
加权净资产收益率(%)	12.4700	16.6900	-0.0500	9.8600
净资产收益率(扣除)(%)	11.9844	15.5739	-2.8798	9.3395
总资产(万元)	243474.97	203616.35	169260.55	159016.48
归属母公司股东权益	41491.19	38324.65	31466.74	33257.01
营业收入(万元)	33331.23	44359.46	568.87	27906.07
营业成本(万元)	19666.22	25227.65	317.48	16596.22
投资收益(万元)	-	-	-	-
净利润(万元)	4976.54	5972.63	-906.19	3124.41
营业利润(万元)	6451.40	8305.47	-909.69	4353.01
利润总额(万元)	6455.49	8310.77	-906.19	4377.49

中信国安信息产业股份有限公司

公司概况	公司名称	中信国安信息产业股份有限公司			证券简称	中信国安
	法人代表	罗宁	董秘	廖小同	证券代码	000839
	公司网址	www.citicguoaninfo.com		电子信箱	liaoxt@citicguoaninfo.com	
	电　话	010-65068509 65008037		传　真	010-65061482	
	办公地址	北京市朝阳区关东店北街1号国安大厦五层				
	经营范围	信息产业、广告行业项目的投资、卫星通讯工程、计算机信息传输网络工程等				

	指标\报告期	2014.06.30	2013.12.31	2013.06.30	2012.12.31
主要财务指标	基本每股收益(元)	0.0493	0.0832	0.0476	0.1084
	基本每股收益	0.0370	0.0212	0.0324	0.0210
	稀释每股收益(元)	–	0.0832	0.0476	0.1084
	每股净资产(元)	3.6549	3.6901	3.6590	3.6925
	每股经营现金净流量(元)	–0.1091	–0.2315	–0.0748	–0.1764
	每股现金流量(元)	0.1406	–0.2047	–0.4136	0.1251
	每股资本公积金(元)	1.2450	1.2294	1.2340	1.2151
	每股盈余公积金(元)	0.2410	0.2410	0.2281	0.2281
	每股未分配利润(元)	1.1689	1.2196	1.1970	1.2493
	净资产收益率(%)	1.3482	2.2555	1.3020	2.9358
	加权净资产收益率(%)	1.3200	2.2500	1.3000	2.9300
	净资产收益率(扣除)(%)	1.0132	0.5747	0.8864	0.5695
	总资产(万元)	1298948.64	1195453.47	1136708.79	1174606.67
	归属母公司股东权益	573067.26	578575.54	573707.09	578961.37
	营业收入(万元)	102986.20	213008.32	91799.42	200922.69
	营业成本(万元)	85116.13	174371.27	71611.44	158369.03
	投资收益(万元)	19114.76	40798.74	16422.07	44103.63
	净利润(万元)	7725.96	13050.05	7469.76	16997.28
	营业利润(万元)	7256.93	8168.92	5926.14	12499.29
	利润总额(万元)	8332.69	14438.16	7581.89	16212.70

河北承德露露股份有限公司

公司概况	公司名称	河北承德露露股份有限公司			证券简称	承德露露
	法人代表	管大源	董秘	王新国	证券代码	000848
	公司网址	www.lolo.com.cn		电子信箱	wjh@lolo.com.cn	
	电　话	0314-2059888 2120117		传　真	0314-2059100	
	办公地址	河北省承德市高新技术产业开发区(西区8号)				
	经营范围	饮料、罐头食品的开发、生产与销售、马口铁包装罐的生产和销售等				

	指标\报告期	2014.06.30	2013.12.31	2013.06.30	2012.12.31
主要财务指标	基本每股收益(元)	0.5300	0.8300	0.4100	0.5500
	基本每股收益	0.5100	0.8000	0.5000	0.5500
	稀释每股收益(元)	0.5300	0.8300	0.4100	0.5500
	每股净资产(元)	2.2594	2.5179	2.5018	1.9861
	每股经营现金净流量(元)	0.0595	0.7813	–0.2018	0.8151
	每股现金流量(元)	–0.2560	0.4089	–0.2282	–0.0271
	每股资本公积金(元)	0.0345	0.0431	0.0431	0.0431
	每股盈余公积金(元)	0.3588	0.4485	0.3981	0.3981
	每股未分配利润(元)	0.8661	1.0263	1.0606	0.5448
	净资产收益率(%)	23.2407	33.0363	20.6151	27.8968
	加权净资产收益率(%)	23.0600	36.5300	22.9800	28.0600
	净资产收益率(扣除)(%)	22.6776	31.9186	19.9522	27.4715
	总资产(万元)	147083.19	187536.39	135053.10	154735.32
	归属母公司股东权益	113382.44	101082.76	100438.04	79732.60
	营业收入(万元)	153339.82	263255.54	147404.25	213782.51
	营业成本(万元)	87718.09	162739.01	90296.91	132069.73
	投资收益(万元)	–33.19	–49.56	–32.09	–277.38
	净利润(万元)	26350.84	33394.01	20705.44	22242.83
	营业利润(万元)	35403.26	44383.64	27575.58	30629.49
	利润总额(万元)	36254.12	45894.17	28466.96	31093.77

安徽华茂纺织股份有限公司

公司概况	公司名称	安徽华茂纺织股份有限公司			证券简称	华茂股份
	法人代表	詹灵芝	董秘	左志鹏	证券代码	000850
	公司网址	www.chinahuamao.net		电子信箱	aqfz@mail.hf.ah.cn	
	电　话	0556-5919818 5919977		传　真	0556-5919819 5919978	
	办公地址	安徽省安庆市纺织南路80号				
	经营范围	棉、毛、麻、丝和人造纤维的纯、混纺纱线及其织物、针织品、服装、印染加工等				

	指标\报告期	2014.06.30	2013.12.31	2013.06.30	2012.12.31
主要财务指标	基本每股收益(元)	0.0290	0.2000	0.1860	0.3700
	基本每股收益	0.0180	–0.0700	0.0140	–0.1900
	稀释每股收益(元)	0.0290	0.2000	0.1860	0.3700
	每股净资产(元)	2.8183	3.1516	2.8797	3.4054
	每股经营现金净流量(元)	0.1524	0.1409	0.0268	0.6290
	每股现金流量(元)	0.0498	–0.0526	–0.0024	–0.0873
	每股资本公积金(元)	0.3556	0.6675	0.4104	1.0723
	每股盈余公积金(元)	0.2594	0.2594	0.2379	0.2379
	每股未分配利润(元)	1.2033	1.2247	1.2314	1.0952
	净资产收益率(%)	1.0156	6.3765	6.4663	10.9167
	加权净资产收益率(%)	0.9800	6.4700	6.0700	12.5700
	净资产收益率(扣除)(%)	0.6327	–2.0641	0.4718	–5.7101
	总资产(万元)	595684.32	616601.61	579283.72	668335.28
	归属母公司股东权益	265949.07	297405.19	271743.64	321356.32
	营业收入(万元)	91368.68	205829.87	98159.87	205928.74
	营业成本(万元)	82023.05	190471.73	93330.89	204995.39
	投资收益(万元)	4877.56	27064.17	24289.60	58816.01
	净利润(万元)	2700.90	18963.91	17571.86	35081.44
	营业利润(万元)	1419.85	15809.65	19456.52	26067.75
	利润总额(万元)	2830.39	21024.82	19853.33	40056.73

大唐高鸿数据网络技术股份有限公司

公司概况	公司名称	大唐高鸿数据网络技术股份有限公司			证券简称	高鸿股份
	法人代表	付景林	董秘	王芊	证券代码	000851
	公司网址	www.gohigh.com.cn		电子信箱	wangqian@gohigh.com.cn	
	电　话	010-62301907		传　真	010-62301900	
	办公地址	北京市海淀区学院路40号大唐电信集团主楼11层				
	经营范围	多业务宽带电信网络产品、通信器材、通信终端设备、仪器仪表等				

	指标\报告期	2014.06.30	2013.12.31	2013.06.30	2012.12.31
主要财务指标	基本每股收益(元)	0.0310	0.1011	0.0518	0.0718
	基本每股收益	0.0070	0.0170	0.0450	0.0580
	稀释每股收益(元)	0.0310	0.1011	0.0518	0.0718
	每股净资产(元)	4.1861	4.1551	4.0940	4.1028
	每股经营现金净流量(元)	–0.9043	0.2915	–0.6327	–0.0709
	每股现金流量(元)	–1.3428	–0.0867	–1.6389	1.6961
	每股资本公积金(元)	2.8985	2.8985	2.8868	2.8874
	每股盈余公积金(元)	0.0333	0.0226	0.0226	0.0226
	每股未分配利润(元)	0.2543	0.2340	0.1846	0.1929
	净资产收益率(%)	0.7414	2.4339	1.2644	1.1813
	加权净资产收益率(%)	0.7400	2.4500	1.2500	2.2300
	净资产收益率(扣除)(%)	0.1669	0.4061	1.0948	0.9528
	总资产(万元)	592716.50	550734.52	405427.39	359048.39
	归属母公司股东权益	215978.35	214377.18	211224.60	211682.03
	营业收入(万元)	257144.88	619835.86	230627.26	461685.97
	营业成本(万元)	234124.92	588528.27	216331.38	433185.44
	投资收益(万元)	1116.38	4365.19	33.82	281.63
	净利润(万元)	1601.17	5217.64	2670.74	2500.57
	营业利润(万元)	5276.50	5251.30	3426.21	3376.98
	利润总额(万元)	5668.81	10651.75	4000.85	4045.72

江汉石油钻头股份有限公司

公司概况					
公司名称	江汉石油钻头股份有限公司			证券简称	江钻股份
法人代表	张召平	董秘	王一兵	证券代码	000852
公司网址	www.kingdream.com.cn		电子信箱	security@kingdream.com	
电　话	027-87925236		传　真	027-87925067	
办公地址	湖北省武汉市东湖新技术开发区庙山小区华工园一路 5 号				
经营范围	制造、销售石油钻采设备等				

主要财务指标：指标\报告期	2014.06.30	2013.12.31	2013.06.30	2012.12.31
基本每股收益(元)	0.0200	0.2600	0.1300	0.3300
基本每股收益	0.0200	0.2400	0.1300	0.3000
稀释每股收益(元)	0.0200	0.2600	0.1300	0.3300
每股净资产(元)	2.8066	2.8363	2.7091	2.7770
每股经营现金净流量(元)	–0.1272	0.0844	–0.2427	0.4131
每股现金流量(元)	–0.1015	0.0164	–0.1046	0.0388
每股资本公积金(元)	0.2570	0.2570	0.2570	0.2570
每股盈余公积金(元)	0.4530	0.4530	0.4230	0.4230
每股未分配利润(元)	1.0966	1.1263	1.0291	1.0971
净资产收益率(%)	0.7234	9.1392	4.8759	11.7431
加权净资产收益率(%)	0.7100	9.2900	5.4100	12.0900
净资产收益率(扣除)(%)	0.7060	8.6153	4.8812	10.9402
总资产(万元)	234267.50	233982.76	233737.06	217408.02
归属母公司股东权益	112374.38	113563.45	108473.70	111192.67
营业收入(万元)	72400.71	186804.88	84649.88	184053.60
营业成本(万元)	57861.30	142748.74	63487.76	137205.98
投资收益(万元)	–	–	–	–
净利润(万元)	812.93	10378.79	5289.03	13057.48
营业利润(万元)	697.84	10694.94	6028.06	14006.26
利润总额(万元)	690.87	11630.86	6022.89	15037.99

唐山冀东装备工程股份有限公司

公司概况					
公司名称	唐山冀东装备工程股份有限公司			证券简称	冀东装备
法人代表	张增光	董秘	朱凤春	证券代码	000856
公司网址	www.jdzbgc.com		电子信箱	tstc856@sohu.com	
电　话	0315-8216998		传　真	0315-3338198	
办公地址	河北省唐山市路北区大庆道 1 号				
经营范围	资本运营、运营管理、水泥机械设备及配件、普通机械设备及配件制造等				

主要财务指标：指标\报告期	2014.06.30	2013.12.31	2013.06.30	2012.12.31
基本每股收益(元)	–0.1000	0.0400	–0.1000	0.1900
基本每股收益	–0.1000	0.0300	–0.1100	0.1800
稀释每股收益(元)	–0.1000	0.0400	–0.1000	0.1900
每股净资产(元)	2.1993	2.1682	2.0254	2.1119
每股经营现金净流量(元)	0.2390	–0.0614	0.0018	0.0396
每股现金流量(元)	0.0276	–0.1371	–0.0842	0.2065
每股资本公积金(元)	1.5535	1.4207	1.4207	1.3976
每股盈余公积金(元)	0.1583	0.1583	0.1583	0.1583
每股未分配利润(元)	–0.5125	–0.4110	–0.5536	–0.4486
净资产收益率(%)	–4.6158	1.7369	–5.1801	8.9053
加权净资产收益率(%)	–4.6500	1.7600	–5.0700	9.3300
净资产收益率(扣除)(%)	–4.6106	1.3464	–5.2621	8.6274
总资产(万元)	229359.75	210044.29	177524.66	184917.00
归属母公司股东权益	49924.23	49217.91	45975.86	47939.05
营业收入(万元)	64891.50	139233.54	58749.55	159824.20
营业成本(万元)	58115.01	118230.19	53398.93	135614.65
投资收益(万元)	–13.21	–11.47	–15.50	–
净利润(万元)	–2304.40	854.86	–2381.62	4269.11
营业利润(万元)	–2930.82	1291.51	–3356.13	5172.56
利润总额(万元)	–2934.60	1558.19	–3299.12	5330.36

宜宾五粮液股份有限公司

公司概况					
公司名称	宜宾五粮液股份有限公司			证券简称	五 粮 液
法人代表	刘中国	董秘	彭智辅	证券代码	000858
公司网址	www.wuliangye.com.cn		电子信箱	000858-wly@sohu.com	
电　话	0831-3566858 3567000		传　真	0831-3555958	
办公地址	四川省宜宾市翠屏区岷江西路 150 号				
经营范围	酒类产品及相关辅助产品(瓶盖、商标、标识及包装制品)的生产经营				

主要财务指标：指标\报告期	2014.06.30	2013.12.31	2013.06.30	2012.12.31
基本每股收益(元)	1.0540	2.1000	1.5260	2.6170
基本每股收益	1.0520	2.1530	1.5640	2.6150
稀释每股收益(元)	1.0540	2.1000	1.5260	2.6170
每股净资产(元)	9.8624	9.5082	8.9334	8.2078
每股经营现金净流量(元)	–0.4813	0.3843	0.3946	2.3050
每股现金流量(元)	–1.5065	–0.5485	–0.5504	1.6582
每股资本公积金(元)	0.2511	0.2511	0.2511	0.2511
每股盈余公积金(元)	1.4960	1.4960	1.1485	1.1478
每股未分配利润(元)	7.1153	6.7610	6.5338	5.8089
净资产收益率(%)	10.6894	22.0900	17.0772	31.8869
加权净资产收益率(%)	10.5100	23.7100	17.0100	36.8200
净资产收益率(扣除)(%)	10.6682	22.6478	17.5116	31.8555
总资产(万元)	4469832.11	4412950.21	4505406.27	4524763.61
归属母公司股东权益	3743727.62	3609263.98	3391085.93	3115659.82
营业收入(万元)	1166253.28	2471858.86	1551987.76	2720104.60
营业成本(万元)	285724.84	661041.09	437669.72	801572.44
投资收益(万元)	–576.43	429.89	–246.54	300.72
净利润(万元)	400181.32	797281.50	579103.45	993487.28
营业利润(万元)	553787.23	1143243.29	822728.42	1370213.53
利润总额(万元)	554754.34	1124707.94	801884.05	1373866.61

安徽国风塑业股份有限公司

公司概况					
公司名称	安徽国风塑业股份有限公司			证券简称	国风塑业
法人代表	黄琼宜	董秘	胡静	证券代码	000859
公司网址	www.guofeng.com		电子信箱	ir@guofeng.com	
电　话	0551-2753527		传　真	0551-2753500	
办公地址	安徽省合肥市高新技术产业开发区天智路 36 号				
经营范围	塑胶建材及附件、塑料薄膜、其他塑料制品、非金属新型材料及金属制品的制造等				

主要财务指标：指标\报告期	2014.06.30	2013.12.31	2013.06.30	2012.12.31
基本每股收益(元)	–0.0033	–0.0900	–0.0564	0.0100
基本每股收益	–0.0467	–0.0931	–0.0689	–0.0511
稀释每股收益(元)	–0.0033	–0.0900	–0.0564	0.0100
每股净资产(元)	2.4284	2.1176	2.1544	2.2108
每股经营现金净流量(元)	–0.0206	0.0324	0.0063	0.0282
每股现金流量(元)	0.3045	0.0260	0.0079	–0.0842
每股资本公积金(元)	1.3367	0.9898	0.9898	0.9898
每股盈余公积金(元)	0.0979	0.1324	0.1324	0.1324
每股未分配利润(元)	–0.0061	–0.0046	0.0322	0.0886
净资产收益率(%)	–0.1113	–4.4013	–2.6174	0.5100
加权净资产收益率(%)	–0.1500	–4.3100	–2.5800	0.5100
净资产收益率(扣除)(%)	–1.5881	–6.3798	–3.1994	–2.3114
总资产(万元)	190069.37	142904.27	143248.29	132521.31
归属母公司股东权益	138131.43	89039.12	90587.03	92958.04
营业收入(万元)	63377.29	136061.59	65061.27	142915.18
营业成本(万元)	57894.75	125407.73	60301.68	129513.77
投资收益(万元)	98.12	3.46	3.46	115.27
净利润(万元)	–153.79	–3918.91	–2371.00	474.05
营业利润(万元)	–1826.80	–5525.78	–2806.54	–1521.11
利润总额(万元)	–149.90	–4267.01	–2365.71	196.06

北京顺鑫农业股份有限公司

公司概况	公司名称	北京顺鑫农业股份有限公司		证券简称	顺鑫农业
	法人代表	王泽	董秘 安元芝	证券代码	000860
	公司网址	www.000860.com		电子信箱	sxnygf000860@163.com
	电　　话	010-69420860		传　　真	010-69443137
	办公地址	北京市顺义区站前街 1 号院 1 号楼顺鑫国际商务中心 12 层			
	经营范围	从事白酒生产与销售、肉食品加工与销售、良种繁育、农业科技服务等			

主要财务指标	指标＼报告期	2014.06.30	2013.12.31	2013.06.30	2012.12.31
	基本每股收益(元)	0.5614	0.4507	0.3310	0.2869
	基本每股收益	0.5628	0.4486	0.3294	0.2816
	稀释每股收益(元)	0.5614	0.4507	0.3310	0.2869
	每股净资产(元)	8.7033	6.9810	6.8859	6.5800
	每股经营现金净流量(元)	0.8632	1.6969	1.1652	-0.6442
	每股现金流量(元)	5.7329	-1.0284	-0.2332	1.6947
	每股资本公积金(元)	4.9046	2.8009	2.8256	2.8256
	每股盈余公积金(元)	0.4993	0.6496	0.5787	0.5787
	每股未分配利润(元)	2.2994	2.5304	2.4816	2.1756
	净资产收益率(%)	4.9577	6.4563	4.8064	4.3604
	加权净资产收益率(%)	7.7800	6.6400	4.7000	4.4000
	净资产收益率(扣除)(%)	4.9696	6.4265	4.7832	4.2802
	总资产(万元)	1755337.57	1378947.71	1304737.42	1247959.75
	归属母公司股东权益	496601.25	306142.63	301975.28	288557.42
	营业收入(万元)	580155.73	907235.54	478804.02	834195.47
	营业成本(万元)	384361.15	624154.58	313104.05	610425.58
	投资收益(万元)	29.88	655.20	153.51	501.65
	净利润(万元)	24620.03	19765.43	14514.21	12582.13
	营业利润(万元)	35618.18	30322.87	20354.86	20500.17
	利润总额(万元)	35553.09	30003.83	20288.92	20506.18

广东海印集团股份有限公司

公司概况	公司名称	广东海印集团股份有限公司		证券简称	海印股份
	法人代表	邵建明	董秘 潘尉	证券代码	000861
	公司网址	www.000861.com		电子信箱	ir000861@163.com
	电　　话	020-28828222		传　　真	020-28828899*8222
	办公地址	广东省广州市越秀区东华南路 98 号海印中心			
	经营范围	销售日用百货、市场商品信息咨询服务、出租柜台、物业管理等			

主要财务指标	指标＼报告期	2014.06.30	2013.12.31	2013.06.30	2012.12.31
	基本每股收益(元)	0.2200	0.8100	0.3100	0.8700
	基本每股收益	0.1862	0.6700	0.2000	0.8630
	稀释每股收益(元)	0.2200	0.8100	0.3100	0.8700
	每股净资产(元)	4.6603	3.7619	3.2642	3.3973
	每股经营现金净流量(元)	-0.0713	0.2680	0.0741	0.4886
	每股现金流量(元)	0.8940	0.0865	0.5790	-0.6535
	每股资本公积金(元)	1.2082	0.0178	-	-
	每股盈余公积金(元)	0.1155	0.1389	0.0277	0.2228
	每股未分配利润(元)	2.3366	2.6235	2.2365	2.0389
	净资产收益率(%)	4.0541	21.4749	9.5017	25.7553
	加权净资产收益率(%)	8.4000	22.3700	9.0800	30.2800
	净资产收益率(扣除)(%)	3.4336	17.7233	6.0845	25.4016
	总资产(万元)	789981.77	497137.15	442592.34	404943.69
	归属母公司股东权益	275919.20	186054.72	160660.61	160537.43
	营业收入(万元)	99436.08	211907.47	101645.08	213579.01
	营业成本(万元)	59579.01	122216.59	66522.37	118470.22
	投资收益(万元)	-20.73	271.32	291.56	-103.61
	净利润(万元)	11186.02	39762.34	15152.47	42752.41
	营业利润(万元)	14927.39	46198.26	14833.57	55316.57
	利润总额(万元)	16674.59	52911.17	19825.66	55856.42

宁夏银星能源股份有限公司

公司概况	公司名称	宁夏银星能源股份有限公司		证券简称	银星能源
	法人代表	王顺祥	董秘 刘伟盛	证券代码	000862
	公司网址	www.nxyxny.com.cn		电子信箱	wylws0862@sina.com
	电　　话	0951-2051879		传　　真	0951-2051906 2051900
	办公地址	宁夏回族自治区银川市西夏区六盘山西路 166 号			
	经营范围	风力发电、风电设备制造、太阳能发电设备等			

主要财务指标	指标＼报告期	2014.06.30	2013.12.31	2013.06.30	2012.12.31
	基本每股收益(元)	-0.0585	-0.5231	-0.1719	0.0200
	基本每股收益	-0.0698	-0.5172	-0.2274	-0.2883
	稀释每股收益(元)	-0.0585	-0.5200	-0.1719	0.0200
	每股净资产(元)	0.5854	0.6439	0.9951	1.1670
	每股经营现金净流量(元)	0.5691	1.4428	0.4271	0.7742
	每股现金流量(元)	-0.1325	-0.6502	-0.5732	0.4159
	每股资本公积金(元)	1.4235	1.4235	1.4235	1.4235
	每股盈余公积金(元)	0.0865	0.0865	0.0865	0.0865
	每股未分配利润(元)	-1.9246	-1.8661	-1.5150	-1.3430
	净资产收益率(%)	-9.9967	-81.2366	-17.2768	1.6990
	加权净资产收益率(%)	-9.5200	-57.7700	-15.9000	1.7100
	净资产收益率(扣除)(%)	-11.9222	-80.3310	-21.2355	-24.7043
	总资产(万元)	464816.46	475923.37	497871.63	510710.76
	归属母公司股东权益	16570.01	18226.47	28166.72	33033.03
	营业收入(万元)	44376.78	92571.56	39685.47	94225.19
	营业成本(万元)	29927.15	70324.78	27005.37	77329.44
	投资收益(万元)	-66.33	-2970.07	-2946.03	90.43
	净利润(万元)	-1656.45	-14806.56	-4866.30	561.24
	营业利润(万元)	-1601.87	-15023.70	-5533.21	-11312.19
	利润总额(万元)	-1395.69	-14492.96	-4210.23	-1280.42

三湘股份有限公司

公司概况	公司名称	三湘股份有限公司		证券简称	三湘股份
	法人代表	黄辉	董秘 徐玉	证券代码	000863
	公司网址	www.sxgf.com		电子信箱	sxgf000863@sxgf.com
	电　　话	021-65364018		传　　真	021-65363840
	办公地址	上海市杨浦区逸仙路 333 号 501 室			
	经营范围	投资兴办实业(具体项目另行申报)、国内贸易等			

主要财务指标	指标＼报告期	2014.06.30	2013.12.31	2013.06.30	2012.12.31
	基本每股收益(元)	0.0500	0.6500	0.0900	0.5900
	基本每股收益	0.0400	-	-	0.5800
	稀释每股收益(元)	0.0500	0.6500	0.0900	0.5900
	每股净资产(元)	2.5419	2.4900	1.9335	1.8400
	每股经营现金净流量(元)	-2.6207	-0.8676	-2.0743	2.5152
	每股现金流量(元)	-0.5038	-1.5804	-2.4058	1.8396
	每股资本公积金(元)	0.0007	0.0007	0.0007	0.0004
	每股盈余公积金(元)	0.3949	0.3949	0.2673	0.2673
	每股未分配利润(元)	6.5699	6.4074	4.7909	4.4982
	净资产收益率(%)	2.0403	26.1029	4.8308	31.8640
	加权净资产收益率(%)	2.0600	30.0200	4.9500	37.9000
	净资产收益率(扣除)(%)	1.4714	25.5621	4.6730	31.2627
	总资产(万元)	914099.80	807609.34	623244.47	521716.07
	归属母公司股东权益	187767.72	183936.63	142823.38	135918.47
	营业收入(万元)	67968.56	277695.75	25193.32	188650.95
	营业成本(万元)	39621.52	167138.00	12640.99	121137.21
	投资收益(万元)	2222.35	11009.42	10836.99	12343.76
	净利润(万元)	3831.09	48012.77	6899.52	43309.04
	营业利润(万元)	4456.84	63078.03	7459.47	46161.36
	利润总额(万元)	5881.60	64409.58	7764.91	47253.01

安徽安凯汽车股份有限公司

公司概况	公司名称	安徽安凯汽车股份有限公司			证券简称	安凯客车
	法人代表	戴茂方	董秘	李永祥	证券代码	000868
	公司网址	www.ankai.com		电子信箱	zqb@ankai.com	
	电　　话	0551-2297712　62298574		传　　真	0551-2297710	
	办公地址	安徽省合肥市包河区葛淝路1号				
	经营范围	大中型客车、底盘生产销售、汽车配件销售、汽车设计、维修、咨询、实验等				

	指标\报告期	2014.06.30	2013.12.31	2013.06.30	2012.12.31
主要财务指标	基本每股收益(元)	0.0200	-0.0500	0.0400	0.1400
	基本每股收益	-0.0300	-0.1800	0.0200	0.0600
	稀释每股收益(元)	0.0200	-0.0500	0.0400	0.1400
	每股净资产(元)	1.7601	1.7440	1.8615	1.8792
	每股经营现金净流量(元)	-0.7802	-0.2089	-0.1932	0.6006
	每股现金流量(元)	-0.4539	-0.7825	-0.2064	0.4494
	每股资本公积金(元)	0.5536	0.5536	0.5861	0.5861
	每股盈余公积金(元)	0.0546	0.0546	0.0539	0.0539
	每股未分配利润(元)	0.1518	0.1358	0.2783	0.2428
	净资产收益率(%)	0.9102	-2.8628	1.9085	7.1923
	加权净资产收益率(%)	0.9200	-2.7700	1.9200	7.3400
	净资产收益率(扣除)(%)	-1.8602	-10.6020	1.1947	3.1446
	总资产(万元)	460652.30	443719.83	455145.48	414970.35
	归属母公司股东权益	122423.63	121309.39	131056.81	132301.22
	营业收入(万元)	225028.67	353904.68	205646.65	384136.35
	营业成本(万元)	207905.60	333519.54	184562.30	331963.91
	投资收益(万元)	-90.04	1462.35	619.00	470.07
	净利润(万元)	1114.24	-3472.80	2501.24	9515.52
	营业利润(万元)	-10413.14	-31003.12	1408.46	4971.64
	利润总额(万元)	2891.23	-4524.48	2546.85	11615.23

烟台张裕葡萄酿酒股份有限公司

公司概况	公司名称	烟台张裕葡萄酿酒股份有限公司			证券简称	张　裕A
	法人代表	孙利强	董秘	曲为民	证券代码	000869
	公司网址	www.changyu.com.cn		电子信箱	quwm@changyu.com.cn	
	电　　话	0535-6633656		传　　真	0535-6633639	
	办公地址	山东省烟台市大马路56号				
	经营范围	葡萄酒、白兰地、香槟酒和保健酒的酿制、生产与销售等				

	指标\报告期	2014.06.30	2013.12.31	2013.06.30	2012.12.31
主要财务指标	基本每股收益(元)	0.9300	1.5300	1.0800	2.4800
	基本每股收益	0.9200	-	1.0700	2.4400
	稀释每股收益(元)	0.9300	1.5300	1.0800	2.4800
	每股净资产(元)	9.9875	9.0570	9.7068	8.6264
	每股经营现金净流量(元)	1.2979	1.0724	0.5969	1.8995
	每股现金流量(元)	0.9463	-0.8837	-0.1361	0.4461
	每股资本公积金(元)	0.8215	0.8215	0.8201	0.8201
	每股盈余公积金(元)	0.5000	0.5000	0.5000	0.5000
	每股未分配利润(元)	7.6663	6.7355	7.3867	6.3063
	净资产收益率(%)	9.3198	16.8837	11.1303	28.7654
	加权净资产收益率(%)	9.7700	17.3000	11.7900	31.1300
	净资产收益率(扣除)(%)	9.2009	16.3870	11.0723	28.3431
	总资产(万元)	861401.37	800153.24	824971.63	812313.46
	归属母公司股东权益	684605.14	620827.97	665367.84	591310.42
	营业收入(万元)	230199.02	432094.86	253937.82	564353.06
	营业成本(万元)	75430.24	135789.80	75969.21	140108.90
	投资收益(万元)	-	-	-	-
	净利润(万元)	63804.13	104818.59	74057.42	170092.81
	营业利润(万元)	83904.39	135687.22	98051.37	223776.89
	利润总额(万元)	84828.32	139710.67	98504.97	227017.58

吉林电力股份有限公司

公司概况	公司名称	吉林电力股份有限公司			证券简称	吉电股份
	法人代表	陶新建	董秘	宋新阳	证券代码	000875
	公司网址	www.cpijl.com		电子信箱	jdgf875@cpijl.com	
	电　　话	0431-81150933　81150815		传　　真	0431-81150997	
	办公地址	吉林省长春市人民大街9699号				
	经营范围	火电、水电、供热、工业供气、新能源的开发、投资、建设、生产与销售等				

	指标\报告期	2014.06.30	2013.12.31	2013.06.30	2012.12.31
主要财务指标	基本每股收益(元)	-0.0600	0.0500	0.0578	-0.5300
	基本每股收益	0.0630	0.0189	0.0310	-0.5622
	稀释每股收益(元)	-0.0600	0.0500	0.0578	-0.5300
	每股净资产(元)	2.5291	2.5851	2.4337	2.3271
	每股经营现金净流量(元)	0.4263	0.9904	0.5462	1.9828
	每股现金流量(元)	-0.4552	0.8779	-0.1227	-0.8665
	每股资本公积金(元)	1.9115	1.9299	2.0041	1.9553
	每股盈余公积金(元)	0.0674	0.0674	0.1173	0.1173
	每股未分配利润(元)	-0.4497	-0.3937	-0.6877	-0.7367
	净资产收益率(%)	-2.2145	1.1288	2.3769	-22.9631
	加权净资产收益率(%)	-2.1800	2.1500	2.4300	-20.5300
	净资产收益率(扣除)(%)	2.4923	0.4208	1.2747	-24.1573
	总资产(万元)	1810412.32	1864327.46	1617578.52	1597872.29
	归属母公司股东权益	369409.33	380286.22	204210.72	196012.59
	营业收入(万元)	215673.81	434698.23	212481.25	438371.94
	营业成本(万元)	170770.39	359627.36	170493.46	407759.85
	投资收益(万元)	1070.41	2799.52	159.74	2772.54
	净利润(万元)	-8180.68	4262.09	4853.94	-44839.73
	营业利润(万元)	-8187.42	-109.01	4376.21	-48532.10
	利润总额(万元)	-7663.92	2396.92	5233.30	-45999.77

新希望六和股份有限公司

公司概况	公司名称	新希望六和股份有限公司			证券简称	新希望
	法人代表	刘畅	董秘	向川	证券代码	000876
	公司网址	www.newhopeagri.com		电子信箱	gfdsb@newhopegroup.com	
	电　　话	028-82000876　85953835		传　　真	028-85950022	
	办公地址	四川省成都市锦江工业园区金石路376号				
	经营范围	配合饲料、浓缩饲料、精料补充料的生产、加工、销售等				

	指标\报告期	2014.06.30	2013.12.31	2013.06.30	2012.12.31
主要财务指标	基本每股收益(元)	0.5500	1.0900	0.4900	0.9800
	基本每股收益	0.5200	1.0500	0.5000	0.9700
	稀释每股收益(元)	0.5500	1.0900	0.4900	0.9800
	每股净资产(元)	7.8018	7.4933	6.8946	6.4702
	每股经营现金净流量(元)	-0.1322	0.9114	-0.0754	1.1809
	每股现金流量(元)	0.2740	0.0854	-0.4216	0.4825
	每股资本公积金(元)	0.9678	0.9606	0.9814	0.9030
	每股盈余公积金(元)	0.5042	0.5042	0.4307	0.4426
	每股未分配利润(元)	5.3884	5.0888	4.5468	4.1785
	净资产收益率(%)	7.0121	14.5804	7.0824	15.1853
	加权净资产收益率(%)	7.0400	15.6800	7.2400	16.5500
	净资产收益率(扣除)(%)	6.7060	14.0763	7.2317	14.9480
	总资产(万元)	3147219.77	2953511.33	2807220.72	2469880.08
	归属母公司股东权益	1355694.60	1302095.18	1198051.58	1124305.32
	营业收入(万元)	3207809.77	6939524.79	3090983.92	7323832.64
	营业成本(万元)	3026790.64	6531140.07	2915383.29	6931636.34
	投资收益(万元)	127242.16	213523.55	113343.81	181121.93
	净利润(万元)	95062.27	189850.65	84851.25	170728.65
	营业利润(万元)	136679.13	282028.27	123881.37	244917.83
	利润总额(万元)	137796.97	280980.14	122032.63	247497.51

新疆天山水泥股份有限公司

公司概况					
公司名称	新疆天山水泥股份有限公司			证券简称	天山股份
法人代表	张丽荣	董秘	刘洪涛	证券代码	000877
公司网址	www.sinoma-tianshan.cn		电子信箱	liuhongtao@sinoma-tianshan.cn	
电　话	0991-6686791 6686798		传　真	0991-6686782	
办公地址	新疆维吾尔自治区乌鲁木齐市河北东路 1256 号天合大厦				
经营范围	水泥及其相关产品的生产、经营及销售等				

主要财务指标 指标\报告期	2014.06.30	2013.12.31	2013.06.30	2012.12.31
基本每股收益(元)	-0.0226	0.3200	0.0937	0.3700
基本每股收益	-0.0383	0.1900	-	0.3100
稀释每股收益(元)	-0.0226	0.3200	0.0937	0.3700
每股净资产(元)	7.4640	7.5824	7.3201	7.3454
每股经营现金净流量(元)	0.2275	0.2407	-0.1354	0.3733
每股现金流量(元)	0.1971	0.0985	0.9987	-0.7914
每股资本公积金(元)	4.0608	4.0625	4.0290	4.0445
每股盈余公积金(元)	0.2051	0.2051	0.1833	0.1833
每股未分配利润(元)	2.1349	2.2575	2.0545	2.0709
净资产收益率(%)	-0.3023	4.1989	1.2795	4.9300
加权净资产收益率(%)	-0.3000	4.2600	1.2700	5.1100
净资产收益率(扣除)(%)	-0.5131	2.5714	1.1634	4.1988
总资产(万元)	2214288.78	2132889.91	2208804.03	1915653.07
归属母公司股东权益	656908.87	667329.98	644243.00	646473.61
营业收入(万元)	291287.87	791094.14	346381.85	769918.01
营业成本(万元)	223953.42	622522.94	274093.92	613540.60
投资收益(万元)	16.00	5613.63	-446.30	1161.40
净利润(万元)	-1985.53	28020.35	8242.92	31870.97
营业利润(万元)	-8385.17	10741.12	1606.40	14955.69
利润总额(万元)	1972.01	44743.60	11141.79	49750.95

云南铜业股份有限公司

公司概况					
公司名称	云南铜业股份有限公司			证券简称	云南铜业
法人代表	武建强	董秘	彭捍东	证券代码	000878
公司网址	www.yunnan-copper.com		电子信箱	ytdm@yunnancopper.com	
电　话	0871-3106732 3106792		传　真	0871-3106735	
办公地址	云南省昆明市人民东路 111 号				
经营范围	生产和销售电解铜、异型铜线杆为主、工业硫酸、黄金、白银等附加产品为辅				

主要财务指标 指标\报告期	2014.06.30	2013.12.31	2013.06.30	2012.12.31
基本每股收益(元)	0.0100	-1.0600	-0.5770	0.0200
基本每股收益	0.0040	-1.1200	-0.5880	-0.1400
稀释每股收益(元)	0.0100	-1.0600	-0.5770	0.0200
每股净资产(元)	3.8206	3.8118	4.2645	4.8829
每股经营现金净流量(元)	1.1684	2.9984	2.0241	1.7043
每股现金流量(元)	-0.3470	-0.6386	-0.4091	0.3231
每股资本公积金(元)	3.0758	3.0945	3.0401	3.1066
每股盈余公积金(元)	0.3141	0.3141	0.3141	0.3141
每股未分配利润(元)	-0.6151	-0.6249	-0.1455	0.4320
净资产收益率(%)	0.2570	-27.7109	-13.5426	0.3598
加权净资产收益率(%)	0.2600	-24.3300	-12.6300	0.3600
净资产收益率(扣除)(%)	0.0681	-29.2851	-13.7849	-2.8040
总资产(万元)	2616988.20	2658986.37	2807493.66	3176878.56
归属母公司股东权益	541151.59	539902.57	604019.87	691614.63
营业收入(万元)	2968193.73	5010029.89	1541965.89	4082585.95
营业成本(万元)	2867022.41	4956016.04	1531588.52	3795175.93
投资收益(万元)	2216.39	3298.97	1350.36	14349.52
净利润(万元)	1387.79	-149611.64	-81799.77	2488.70
营业利润(万元)	4526.16	-154836.81	-79660.15	10104.34
利润总额(万元)	6870.05	-138778.31	-77093.56	27474.44

潍柴重机股份有限公司

公司概况					
公司名称	潍柴重机股份有限公司			证券简称	潍柴重机
法人代表	谭旭光	董秘	华观发	证券代码	000880
公司网址	www.weichaihm.com		电子信箱	huagf@weichaihm.com	
电　话	0536-2297972 2297071		传　真	0536-2297969	
办公地址	山东省潍坊市民生东街 26 号				
经营范围	内燃机及配件生产、销售、发电机及发电机组的生产、销售等				

主要财务指标 指标\报告期	2014.06.30	2013.12.31	2013.06.30	2012.12.31
基本每股收益(元)	0.1200	0.1400	0.1200	0.2700
基本每股收益	0.1100	0.1300	0.1100	0.2500
稀释每股收益(元)	0.1200	0.1400	0.1200	0.2700
每股净资产(元)	4.4934	4.3686	4.3425	4.2738
每股经营现金净流量(元)	1.0191	-0.2479	0.0667	0.3355
每股现金流量(元)	0.4656	-0.6353	-0.1536	-1.3195
每股资本公积金(元)	2.1336	2.1336	2.1336	2.1336
每股盈余公积金(元)	0.2428	0.2298	0.2279	0.2184
每股未分配利润(元)	1.1035	0.9926	0.9687	0.9119
净资产收益率(%)	2.7585	3.2540	2.6788	6.2557
加权净资产收益率(%)	2.8000	3.2900	2.8500	6.4300
净资产收益率(扣除)(%)	2.5567	2.9271	2.5865	5.9443
总资产(万元)	339897.09	289908.01	284668.90	278035.72
归属母公司股东权益	124062.75	120617.58	119895.40	118001.11
营业收入(万元)	150278.59	232374.05	111412.90	210501.41
营业成本(万元)	133571.02	204040.97	99153.82	186277.97
投资收益(万元)	1734.63	2217.82	960.81	1171.64
净利润(万元)	3422.24	3924.84	3211.76	7381.79
营业利润(万元)	3714.01	3973.91	3583.08	7914.26
利润总额(万元)	4008.53	4437.67	3713.29	8346.61

中国大连国际合作(集团)股份有限公司

公司概况					
公司名称	中国大连国际合作(集团)股份有限公司			证券简称	大连国际
法人代表	朱明义	董秘	崔巧会	证券代码	000881
公司网址	www.cdigstock.com		电子信箱	cdigstock@china-cdig.com	
电　话	0411-83780358 83780066		传　真	0411-83780186	
办公地址	辽宁省大连市西岗区黄河路 219 号外经贸大厦				
经营范围	对外承包工程、承担国家经援项目、国际劳务技术合作等				

主要财务指标 指标\报告期	2014.06.30	2013.12.31	2013.06.30	2012.12.31
基本每股收益(元)	0.1600	0.3500	0.2100	0.6500
基本每股收益	0.0800	0.2900	0.1700	0.4800
稀释每股收益(元)	0.1600	0.3500	0.2100	0.6500
每股净资产(元)	5.2746	5.1929	5.0848	5.0145
每股经营现金净流量(元)	-1.9418	1.4095	-0.2021	2.6692
每股现金流量(元)	-2.0418	0.5944	-1.3880	0.4951
每股资本公积金(元)	0.8213	0.8213	0.8213	0.8213
每股盈余公积金(元)	0.4731	0.4731	0.4301	0.4301
每股未分配利润(元)	3.1989	3.1370	3.0431	2.9293
净资产收益率(%)	3.0679	6.7545	4.2054	12.9700
加权净资产收益率(%)	3.0700	6.8800	4.2100	13.7400
净资产收益率(扣除)(%)	1.5886	5.5290	3.3515	9.5200
总资产(万元)	642917.94	613132.38	556959.23	613558.84
归属母公司股东权益	162942.31	160419.27	157078.80	154906.65
营业收入(万元)	92197.79	199764.54	67872.49	266502.74
营业成本(万元)	73877.93	156283.00	49341.11	204443.34
投资收益(万元)	54.29	1169.93	1151.49	11485.94
净利润(万元)	4998.92	10835.45	6605.77	20092.48
营业利润(万元)	5834.99	10695.78	7122.10	34186.63
利润总额(万元)	7946.22	15583.11	9086.79	32864.43

北京华联商厦股份有限公司

公司概况	公司名称	北京华联商厦股份有限公司		证券简称	华联股份
	法人代表	赵国清	董秘	周剑军	证券代码	000882
	公司网址	www.bhgmall.com.cn		电子信箱	hlgf000882@sina.com
	电　话	010-57391951		传　真	010-57391951
	办公地址	北京市大兴区青云店镇祥云路北四条208号创新中心2号楼三层办公区			
	经营范围	销售百货和商业地产开发与购物中心运营管理等			

主要财务指标	指标\报告期	2014.06.30	2013.12.31	2013.06.30	2012.12.31
	基本每股收益(元)	0.0166	0.0610	0.0296	0.0490
	基本每股收益	0.0156	–	0.0293	0.0360
	稀释每股收益(元)	0.0166	0.0610	0.0296	0.0490
	每股净资产(元)	2.6551	2.6690	2.6902	2.7083
	每股经营现金净流量(元)	0.0735	–0.1576	0.1659	–0.0301
	每股现金流量(元)	–0.4258	1.1965	0.2036	–0.7846
	每股资本公积金(元)	1.5602	1.5667	1.5094	1.5122
	每股盈余公积金(元)	0.0298	0.0298	0.0545	0.0545
	每股未分配利润(元)	0.0650	0.0724	0.1262	0.1416
	净资产收益率(%)	0.6252	1.1060	1.1008	1.8230
	加权净资产收益率(%)	0.6200	2.2500	1.0900	1.8200
	净资产收益率(扣除)(%)	0.5881	0.7856	1.0889	1.3282
	总资产(万元)	1305959.67	1330485.49	785979.86	738492.58
	归属母公司股东权益	591051.01	594144.58	288375.21	290317.42
	营业收入(万元)	63061.30	109398.02	51707.36	84842.11
	营业成本(万元)	29857.46	53875.73	25064.18	38732.10
	投资收益(万元)	3472.02	5451.91	1672.27	3570.10
	净利润(万元)	3695.24	6571.53	3174.41	5292.36
	营业利润(万元)	4002.16	6367.09	4251.81	6236.03
	利润总额(万元)	4290.49	7360.09	4298.53	6527.59

湖北能源集团股份有限公司

公司概况	公司名称	湖北能源集团股份有限公司			证券简称	湖北能源
	法人代表	肖宏江	董秘	周江	证券代码	000883
	公司网址	www.hbny.com.cn		电子信箱	zq@hbny.com.cn	
	电　话	027-86621100		传　真	027-86621109	
	办公地址	湖北省武汉市武昌区徐东大街96号				
	经营范围	能源投资、开发与管理、国家政策允许范围内的其他经营业务等				

主要财务指标	指标\报告期	2014.06.30	2013.12.31	2013.06.30	2012.12.31
	基本每股收益(元)	0.1900	0.3500	0.2200	0.3000
	基本每股收益	0.1900	–	0.2200	0.3100
	稀释每股收益(元)	0.1900	0.3500	0.2200	0.3000
	每股净资产(元)	5.1328	5.0430	4.9889	4.8100
	每股经营现金净流量(元)	0.4286	0.7567	0.2932	1.2148
	每股现金流量(元)	0.0150	–0.6368	–0.3664	0.0697
	每股资本公积金(元)	2.8800	2.8707	2.8714	2.8696
	每股盈余公积金(元)	0.1142	0.1142	0.0979	0.0979
	每股未分配利润(元)	1.1379	1.0577	1.0196	0.8412
	净资产收益率(%)	3.7053	6.9976	4.3777	5.2059
	加权净资产收益率(%)	3.7000	7.1100	4.4400	6.5500
	净资产收益率(扣除)(%)	3.6711	7.1782	4.3457	5.2526
	总资产(万元)	3303133.43	3168746.18	3205633.36	3210405.18
	归属母公司股东权益	1372707.70	1348674.88	1334212.25	1286014.02
	营业收入(万元)	339172.98	1108969.91	357704.32	1029636.73
	营业成本(万元)	227748.46	923303.54	260732.32	824939.19
	投资收益(万元)	18740.46	31536.41	16071.53	11720.21
	净利润(万元)	50863.37	94375.53	58408.37	66949.16
	营业利润(万元)	64794.83	125936.48	70177.68	85865.17
	利润总额(万元)	75970.96	122078.88	70748.47	84231.75

河南同力水泥股份有限公司

公司概况	公司名称	河南同力水泥股份有限公司			证券简称	同力水泥
	法人代表	郭海泉	董秘	侯绍民	证券代码	000885
	公司网址	www.tlcement.com		电子信箱	tlsn000885@163.com	
	电　话	0371-69158113 69158315		传　真	0371-69158112	
	办公地址	河南省郑州市农业路41号投资大厦A座8、9层				
	经营范围	水泥制造业				

主要财务指标	指标\报告期	2014.06.30	2013.12.31	2013.06.30	2012.12.31
	基本每股收益(元)	0.1495	0.1555	0.0639	0.3848
	基本每股收益	0.1438	0.1305	0.0507	0.4700
	稀释每股收益(元)	0.1495	0.1555	0.0639	0.3848
	每股净资产(元)	4.3593	4.0344	3.9383	5.0315
	每股经营现金净流量(元)	1.0530	0.9775	0.2097	2.1813
	每股现金流量(元)	–0.0784	–0.0758	0.2069	–0.3400
	每股资本公积金(元)	2.5242	2.2368	2.2360	3.2056
	每股盈余公积金(元)	0.1074	0.1195	0.0818	0.1063
	每股未分配利润(元)	0.6560	0.6003	0.5463	0.6272
	净资产收益率(%)	3.0824	3.8549	1.6218	9.9413
	加权净资产收益率(%)	3.6400	3.9400	1.6400	10.5900
	净资产收益率(扣除)(%)	2.9661	3.2346	1.2866	9.3758
	总资产(万元)	486783.34	519567.09	529226.03	521766.26
	归属母公司股东权益	206978.87	172188.17	168085.09	165187.41
	营业收入(万元)	196354.65	400142.69	184239.49	412030.78
	营业成本(万元)	153835.69	319359.84	152397.00	318454.12
	投资收益(万元)	10.50	–	–	–
	净利润(万元)	6379.92	6637.69	2726.08	16421.82
	营业利润(万元)	5798.76	–619.42	–195.45	16130.97
	利润总额(万元)	13790.32	24688.35	9415.19	37970.35

海南高速公路股份有限公司

公司概况	公司名称	海南高速公路股份有限公司			证券简称	海南高速
	法人代表	温国明	董秘	陈求仲	证券代码	000886
	公司网址	www.hi-expressway.com		电子信箱	hainangaosu@126.com	
	电　话	0898-66768394		传　真	0898-66790647	
	办公地址	海南省海口市蓝天路16号高速公路大楼				
	经营范围	高等级公路勘测、设计、养护、管理服务、房地产开发经营等				

主要财务指标	指标\报告期	2014.06.30	2013.12.31	2013.06.30	2012.12.31
	基本每股收益(元)	0.0430	0.1370	0.0770	0.0930
	基本每股收益	0.0310	0.1390	0.0670	0.0860
	稀释每股收益(元)	0.0430	0.1370	0.0770	0.0930
	每股净资产(元)	2.7625	2.7690	2.7085	2.6279
	每股经营现金净流量(元)	–0.1203	0.0658	–0.0363	0.3294
	每股现金流量(元)	–0.0164	–0.2479	–0.3433	0.4101
	每股资本公积金(元)	0.9584	0.9584	0.9582	0.9565
	每股盈余公积金(元)	0.3451	0.3451	0.3368	0.3368
	每股未分配利润(元)	0.4510	0.4584	0.4068	0.3294
	净资产收益率(%)	1.5391	4.9581	2.8600	3.5400
	加权净资产收益率(%)	1.5400	5.0900	2.9000	3.6100
	净资产收益率(扣除)(%)	1.1363	5.0059	2.4649	3.2814
	总资产(万元)	323657.55	321539.20	301903.21	298381.91
	归属母公司股东权益	273164.20	273804.86	267821.36	259856.83
	营业收入(万元)	8159.80	49594.28	19644.66	34312.25
	营业成本(万元)	3080.39	17186.92	7482.77	13839.02
	投资收益(万元)	3163.86	4874.27	2546.27	5034.69
	净利润(万元)	4204.30	13575.41	7659.65	9200.82
	营业利润(万元)	3588.08	17119.64	7590.03	10782.44
	利润总额(万元)	5046.43	17013.36	8997.20	11077.32

安徽中鼎密封件股份有限公司

公司概况	公司名称	安徽中鼎密封件股份有限公司			证券简称	中鼎股份
	法人代表	夏鼎湖	董秘	饶建民	证券代码	000887
	公司网址	www.zhongdinggroup.com		电子信箱	rjm@zhongdinggroup.com	
	电　话	0563-4181887		传　真	0563-4181880*6071	
	办公地址	安徽省宁国市经济技术开发区				
	经营范围	液压气动密封件、汽车非轮胎橡胶制品(制动、减震除外)生产和销售等				

主要财务指标	指标\报告期	2014.06.30	2013.12.31	2013.06.30	2012.12.31
	基本每股收益(元)	0.2600	0.3600	0.2500	0.4800
	基本每股收益	0.2300	0.3100	0.1900	0.5100
	稀释每股收益(元)	0.2600	0.3600	0.2400	0.4800
	每股净资产(元)	2.4045	2.0555	1.9259	1.7648
	每股经营现金净流量(元)	0.1491	0.4356	0.0528	0.7032
	每股现金流量(元)	-0.0082	-0.1345	-0.1496	0.5093
	每股资本公积金(元)	0.2608	0.1531	0.1268	0.2275
	每股盈余公积金(元)	0.1760	0.1796	0.1515	0.2728
	每股未分配利润(元)	0.9847	0.7396	0.6581	1.7007
	净资产收益率(%)	10.8053	17.5064	12.8038	27.1273
	加权净资产收益率(%)	11.8800	19.0100	13.0100	31.4300
	净资产收益率(扣除)(%)	9.5303	14.7653	9.7230	15.8435
	总资产(万元)	554400.17	414164.89	428956.09	390692.72
	归属母公司股东权益	264822.03	221869.24	206534.27	190487.80
	营业收入(万元)	227754.87	416169.36	196146.61	336902.07
	营业成本(万元)	158850.00	298987.65	136290.04	238441.73
	投资收益(万元)	3180.40	4446.78	4452.63	23564.15
	净利润(万元)	28614.90	38841.42	26444.18	51674.17
	营业利润(万元)	34376.35	48131.76	28937.45	62748.24
	利润总额(万元)	35193.54	50869.70	31983.15	64569.54

峨眉山旅游股份有限公司

公司概况	公司名称	峨眉山旅游股份有限公司			证券简称	峨眉山 A
	法人代表	马元祝	董秘	张华仙	证券代码	000888
	公司网址	www.ems517.com		电子信箱	000888@ems517.com	
	电　话	0833-5544568 5528075		传　真	0833-5526666	
	办公地址	四川省峨眉山市名山南路41号				
	经营范围	提供旅游、索道运输、旅店、中餐、西餐、酒水、茶座、游艺室、音乐厅等				

主要财务指标	指标\报告期	2014.06.30	2013.12.31	2013.06.30	2012.12.31
	基本每股收益(元)	0.2043	0.4856	0.1254	0.8029
	基本每股收益	0.2088	0.4916	-	0.8142
	稀释每股收益(元)	0.2043	0.4856	0.1254	0.8029
	每股净资产(元)	6.1790	6.0547	4.4344	4.4890
	每股经营现金净流量(元)	0.2613	0.9258	0.4019	1.0451
	每股现金流量(元)	-0.4545	1.5649	-0.2559	-0.1609
	每股资本公积金(元)	2.6213	2.6213	1.0687	1.0687
	每股盈余公积金(元)	0.4222	0.4222	0.4252	0.4252
	每股未分配利润(元)	2.1355	2.0112	1.9405	1.9952
	净资产收益率(%)	3.3060	7.1593	2.8272	17.8863
	加权净资产收益率(%)	3.3200	10.4600	2.7900	19.2900
	净资产收益率(扣除)(%)	3.3798	7.2482	2.7297	18.1385
	总资产(万元)	196947.19	193139.30	131432.75	130163.32
	归属母公司股东权益	162789.27	159515.05	104291.38	105576.26
	营业收入(万元)	42265.46	82596.38	36615.33	95110.70
	营业成本(万元)	24792.80	46870.90	21787.93	50598.88
	投资收益(万元)	42.30	136.68	6.56	-44.79
	净利润(万元)	5381.87	11420.18	2948.51	18883.72
	营业利润(万元)	6497.16	13617.78	3297.49	22587.27
	利润总额(万元)	6355.93	13407.42	3418.11	22285.16

茂业物流股份有限公司

公司概况	公司名称	茂业物流股份有限公司			证券简称	茂业物流
	法人代表	刘宏	董秘	焦海青	证券代码	000889
	公司网址	www.hlsc.com.cn		电子信箱	hlsc000889@163.com	
	电　话	0335-3733868 3280602		传　真	0335-3023349	
	办公地址	河北省秦皇岛市海港区河北大街146号金原国际商务大厦				
	经营范围	针纺织品、日用百货、土产日杂、服装鞋帽、五金交电、化工产品等				

主要财务指标	指标\报告期	2014.06.30	2013.12.31	2013.06.30	2012.12.31
	基本每股收益(元)	0.1381	0.2085	0.1304	0.2475
	基本每股收益	0.1352	0.2216	0.1313	0.1931
	稀释每股收益(元)	0.1381	0.2085	0.1304	0.2475
	每股净资产(元)	2.7071	2.6110	2.5329	2.4275
	每股经营现金净流量(元)	0.0043	0.2748	0.1483	0.3967
	每股现金流量(元)	-0.0637	-0.2427	-0.2617	-0.0165
	每股资本公积金(元)	0.9370	0.9370	0.9370	0.9370
	每股盈余公积金(元)	0.0864	0.0864	0.0655	0.0655
	每股未分配利润(元)	0.6837	0.5876	0.5304	0.4250
	净资产收益率(%)	5.1007	7.9865	5.1479	10.1959
	加权净资产收益率(%)	5.1700	8.2900	5.2400	10.6200
	净资产收益率(扣除)(%)	4.9943	8.4879	5.1838	7.9566
	总资产(万元)	173262.16	172221.54	172848.73	182952.35
	归属母公司股东权益	120607.06	116326.39	112845.13	108149.81
	营业收入(万元)	95947.33	210635.52	111489.44	192649.15
	营业成本(万元)	76059.35	171747.88	92083.67	151577.44
	投资收益(万元)	50.00	50.00	-	50.00
	净利润(万元)	6151.85	9290.38	5809.12	11026.80
	营业利润(万元)	8278.77	14731.52	8123.20	15525.33
	利润总额(万元)	8432.81	14003.99	8095.47	15572.81

江苏法尔胜股份有限公司

公司概况	公司名称	江苏法尔胜股份有限公司			证券简称	法尔胜
	法人代表	蒋纬球	董秘	张文栋	证券代码	000890
	公司网址	www.fasten.com.cn		电子信箱	zhang_wendong@chinafasten.com	
	电　话	0510-86119890		传　真	0510-86102007	
	办公地址	江苏省江阴市澄江中路165号				
	经营范围	钢丝、钢丝绳、缆索、光缆等产品的生产及销售、钢材的销售等				

主要财务指标	指标\报告期	2014.06.30	2013.12.31	2013.06.30	2012.12.31
	基本每股收益(元)	0.0110	0.0169	0.0140	0.0274
	基本每股收益	0.0098	0.0171	0.0120	-0.0653
	稀释每股收益(元)	0.0110	0.0169	0.0140	0.0274
	每股净资产(元)	2.7171	2.7261	2.7576	2.7440
	每股经营现金净流量(元)	0.5219	-0.2926	-0.1181	1.0372
	每股现金流量(元)	0.1189	0.2548	0.1669	-0.3810
	每股资本公积金(元)	1.2225	1.2225	1.2372	1.2372
	每股盈余公积金(元)	0.1914	0.1914	0.1914	0.1914
	每股未分配利润(元)	0.3032	0.3123	0.3291	0.3154
	净资产收益率(%)	0.4044	0.6184	0.4937	1.0002
	加权净资产收益率(%)	0.4000	0.6100	0.4900	1.0000
	净资产收益率(扣除)(%)	0.3600	0.6257	0.4355	-2.3803
	总资产(万元)	313033.22	322857.24	317093.98	292737.18
	归属母公司股东权益	103152.45	103494.58	104691.27	104174.44
	营业收入(万元)	75074.00	156644.49	78509.97	175841.42
	营业成本(万元)	64132.95	130755.10	64941.28	149863.12
	投资收益(万元)	919.88	1203.26	1215.41	4892.31
	净利润(万元)	417.16	640.04	516.83	1041.97
	营业利润(万元)	1027.20	2820.59	1838.44	2002.04
	利润总额(万元)	1059.20	2822.94	1885.03	2179.12

星美联合股份有限公司

公司概况

公司名称	星美联合股份有限公司		证券简称	星美联合
法人代表	何家盛	董秘	徐虹	证券代码	000892
公司网址			电子信箱	stellarmegaunion@yahoo.cn
电　话	023-88639066		传　真	023-88639061
办公地址	重庆市江北区北城天街15号富力海洋广场2幢1402室			
经营范围	通信产业投资、通信设备制造、通信工程及技术咨询等			

主要财务指标

指标\报告期	2014.06.30	2013.12.31	2013.06.30	2012.12.31
基本每股收益(元)	-0.0026	-0.0015	0.0009	0.0033
基本每股收益	-0.0027	-0.0018	0.0008	0.0024
稀释每股收益(元)	-0.0026	-0.0015	0.0009	0.0033
每股净资产(元)	0.0103	0.0130	0.0154	0.0145
每股经营现金净流量(元)	-0.0034	-0.0024	0.0010	0.0004
每股现金流量(元)	-0.0034	-0.0024	0.0010	0.0004
每股资本公积金(元)	0.2144	0.2144	0.2144	0.2144
每股盈余公积金(元)	-	-	-	-
每股未分配利润(元)	-1.2041	-1.2014	-1.1990	-1.1999
净资产收益率(%)	-25.6254	-11.5137	5.9416	22.7600
加权净资产收益率(%)	-22.7100	-10.8900	6.1200	25.6900
净资产收益率(扣除)(%)	-25.8478	-14.2185	5.2047	16.6000
总资产(万元)	437.66	582.26	718.51	677.96
归属母公司股东权益	427.10	536.54	636.11	598.32
营业收入(万元)	-	1096.60	715.84	1165.54
营业成本(万元)	0.95	843.46	477.59	690.82
投资收益(万元)	-	-	-	-
净利润(万元)	-109.44	-61.78	37.80	136.20
营业利润(万元)	-111.69	-39.96	77.06	173.47
利润总额(万元)	-110.74	-20.61	83.31	210.35

广州东凌粮油股份有限公司

公司概况

公司名称	广州东凌粮油股份有限公司		证券简称	东凌粮油
法人代表	赖宁昌	董秘	程晓娜	证券代码	000893
公司网址	www.dongling.cn		电子信箱	stock@dongling.cn
电　话	020-85506292		传　真	020-85506216
办公地址	广东省广州市珠江新城珠江东路32号利通广场29楼			
经营范围	植物油加工业等			

主要财务指标

指标\报告期	2014.06.30	2013.12.31	2013.06.30	2012.12.31
基本每股收益(元)	-0.8400	0.5700	0.1200	0.1600
基本每股收益	-0.8300	0.5200	0.1200	-0.3200
稀释每股收益(元)	-0.8400	0.5700	0.1200	0.1600
每股净资产(元)	1.7277	4.0003	3.3828	1.5512
每股经营现金净流量(元)	-0.7919	-4.8089	1.2071	-2.7883
每股现金流量(元)	-0.2867	-1.1557	0.7052	3.0295
每股资本公积金(元)	1.1342	2.2014	1.9985	0.0437
每股盈余公积金(元)	0.0774	0.1161	0.0820	0.0986
每股未分配利润(元)	-0.4746	0.6916	0.3088	0.4173
净资产收益率(%)	-48.3700	13.3872	3.3549	10.5970
加权净资产收益率(%)	-37.7500	17.6100	4.7000	11.1900
净资产收益率(扣除)(%)	-48.1085	12.2314	3.3270	-20.7618
总资产(万元)	770379.22	621209.10	692412.69	681118.91
归属母公司股东权益	70433.05	108718.87	90245.31	34435.74
营业收入(万元)	605817.04	1006020.03	489497.45	831682.05
营业成本(万元)	610332.03	980404.71	480800.44	817821.85
投资收益(万元)	-12582.35	-2657.07	-4711.39	6545.64
净利润(万元)	-34068.48	14554.45	3027.63	3649.16
营业利润(万元)	-35619.37	15220.55	3319.39	6012.59
利润总额(万元)	-35388.17	16633.33	3736.21	6525.73

河南双汇投资发展股份有限公司

公司概况

公司名称	河南双汇投资发展股份有限公司		证券简称	双汇发展
法人代表	万隆	董秘	祁勇耀	证券代码	000895
公司网址	www.shuanghui.net		电子信箱	0895@shuanghui.net
电　话	0395-2676158 2676530		传　真	0395-2693259
办公地址	河南省漯河市双汇路1号双汇大厦			
经营范围	畜禽屠宰、加工销售肉类食品、肉类罐头、速冻肉制品等			

主要财务指标

指标\报告期	2014.06.30	2013.12.31	2013.06.30	2012.12.31
基本每股收益(元)	0.9985	1.7500	0.7680	1.3100
基本每股收益	0.8949	1.6600	0.7430	2.2700
稀释每股收益(元)	0.9985	1.7500	0.7680	1.3100
每股净资产(元)	6.1197	6.5198	5.4814	10.6670
每股经营现金净流量(元)	0.5139	1.7583	0.5138	4.1419
每股现金流量(元)	-1.2436	-0.1283	-0.6640	1.5379
每股资本公积金(元)	1.1263	1.0748	1.0217	2.9336
每股盈余公积金(元)	0.5853	0.5707	0.3127	0.6254
每股未分配利润(元)	3.4081	3.8743	3.1470	6.1079
净资产收益率(%)	16.3157	26.8915	14.0115	24.5829
加权净资产收益率(%)	15.9600	30.4400	13.9800	27.9300
净资产收益率(扣除)(%)	14.6232	25.4050	13.5559	16.5364
总资产(万元)	1796705.88	1974614.20	1670622.42	1669508.40
归属母公司股东权益	1346695.21	1434725.06	1206218.67	1173676.48
营业收入(万元)	2104311.63	4495045.83	2030654.16	3970454.82
营业成本(万元)	1645566.13	3621616.88	1621730.00	3256362.60
投资收益(万元)	9131.63	8139.94	3166.05	5293.31
净利润(万元)	219722.41	385819.71	169009.86	288523.47
营业利润(万元)	271203.90	492580.13	220805.43	363247.47
利润总额(万元)	290070.43	514755.62	226006.35	391088.99

天津津滨发展股份有限公司

公司概况

公司名称	天津津滨发展股份有限公司		证券简称	津滨发展
法人代表	华志忠	董秘	于志丹	证券代码	000897
公司网址	www.jbdc.com.cn		电子信箱	ZM@TEDA.TJ.CN
电　话	022-66223226		传　真	022-66223273
办公地址	天津市经济技术开发区黄海路98号津滨杰座2区B座			
经营范围	基础设施开发、建设、经营、各类物资、商品的批发、零售等			

主要财务指标

指标\报告期	2014.06.30	2013.12.31	2013.06.30	2012.12.31
基本每股收益(元)	0.0105	-0.3326	-0.0745	0.0427
基本每股收益	0.0104	-0.2677	-0.0749	-0.0766
稀释每股收益(元)	0.0105	-0.3326	-0.0745	0.0427
每股净资产(元)	0.8143	0.8038	1.0619	1.1364
每股经营现金净流量(元)	0.1366	0.3265	0.1330	0.8825
每股现金流量(元)	-0.0536	-0.9785	-0.0626	0.6184
每股资本公积金(元)	0.1160	0.1160	0.1160	0.1160
每股盈余公积金(元)	0.0402	0.0402	0.0402	0.0402
每股未分配利润(元)	-0.3418	-0.3523	-0.0942	-0.0197
净资产收益率(%)	1.2890	-41.3768	-7.0147	3.7600
加权净资产收益率(%)	1.3000	-34.2800	-6.7800	3.8300
净资产收益率(扣除)(%)	1.2825	-33.3047	-7.0556	-6.7404
总资产(万元)	759866.81	813406.56	1033873.37	1058815.76
归属母公司股东权益	131699.07	130001.50	171744.54	183791.95
营业收入(万元)	117983.89	254247.46	85527.92	250264.16
营业成本(万元)	85529.01	215879.74	75410.33	208851.13
投资收益(万元)	-	45.00	-	20544.54
净利润(万元)	1697.57	-53790.44	-12047.40	6907.31
营业利润(万元)	7155.47	-29216.38	-13908.73	4560.04
利润总额(万元)	7191.97	-39708.91	-13772.58	9596.47

鞍钢股份有限公司

公司概况	公司名称	鞍钢股份有限公司			证券简称	鞍钢股份	
	法人代表	张晓刚	董秘	马连勇	证券代码	000898	
	公司网址	www.ansteel.com.cn		电子信箱	ansteel@ansteel.com.cn		
	电　　话	0412-6734878 8416578		传　　真	0412-6722093 6727772		
	办公地址	辽宁省鞍山市铁西区鞍钢厂区					
	经营范围	黑色金属冶炼及钢压延加工等					

	指标\报告期	2014.06.30	2013.12.31	2013.06.30	2012.12.31
主要财务指标	基本每股收益(元)	0.0800	0.1060	0.0970	–0.5560
	基本每股收益	0.0750	0.0960	0.0880	–0.5640
	稀释每股收益(元)	0.0800	0.1060	0.0970	–0.5560
	每股净资产(元)	6.5554	6.5000	6.4971	6.5500
	每股经营现金净流量(元)	0.1914	1.4600	1.4738	0.3549
	每股现金流量(元)	0.0122	–0.2760	–0.0216	0.0778
	每股资本公积金(元)	4.3030	4.3035	4.3041	4.4340
	每股盈余公积金(元)	0.4948	0.4948	0.4948	0.4948
	每股未分配利润(元)	0.7513	0.6985	0.6889	0.6108
	净资产收益率(%)	1.2170	1.6374	1.4935	–8.9210
	加权净资产收益率(%)	1.2200	1.6400	1.5000	–8.2900
	净资产收益率(扣除)(%)	1.1470	1.4779	1.3509	–8.7493
	总资产(万元)	9128600.00	9286500.00	8811600.00	10333700.00
	归属母公司股东权益	4742700.00	4702600.00	4700500.00	4735800.00
	营业收入(万元)	3817700.00	7532900.00	3692200.00	7821400.00
	营业成本(万元)	3415400.00	6692900.00	3242300.00	7589200.00
	投资收益(万元)	40500.00	55500.00	28400.00	41400.00
	净利润(万元)	57700.00	77000.00	70200.00	–402500.00
	营业利润(万元)	77400.00	66400.00	57800.00	–539000.00
	利润总额(万元)	81800.00	72800.00	63200.00	–532000.00

江西赣能股份有限公司

公司概况	公司名称	江西赣能股份有限公司			证券简称	赣能股份	
	法人代表	姚迪明	董秘	李声意	证券代码	000899	
	公司网址	www.000899.com		电子信箱	ganneng@000899.com		
	电　　话	0791-88109899		传　　真	0791-88106119		
	办公地址	江西省南昌市高新技术开发区火炬大街199号					
	经营范围	火力、水力发电、节能项目开发等					

	指标\报告期	2014.06.30	2013.12.31	2013.06.30	2012.12.31
主要财务指标	基本每股收益(元)	0.2723	0.6817	0.2903	0.2550
	基本每股收益	0.2700	0.6782	0.2888	0.1600
	稀释每股收益(元)	0.2723	0.6817	0.2903	0.2550
	每股净资产(元)	2.9030	2.7279	2.3201	2.0351
	每股经营现金净流量(元)	0.6463	1.1952	0.5779	1.4274
	每股现金流量(元)	0.1286	–0.0562	0.0639	–0.2972
	每股资本公积金(元)	0.9350	0.9322	0.9157	0.9210
	每股盈余公积金(元)	0.2844	0.2844	0.2388	0.2388
	每股未分配利润(元)	0.6837	0.5114	0.1656	–0.1248
	净资产收益率(%)	9.3800	24.9891	12.5127	12.5309
	加权净资产收益率(%)	9.5000	28.6200	13.3300	13.2600
	净资产收益率(扣除)(%)	9.3807	24.8611	12.4474	7.7071
	总资产(万元)	600755.17	613745.05	612360.13	618211.12
	归属母公司股东权益	187732.43	176409.85	150038.52	131606.58
	营业收入(万元)	130780.47	264909.01	120551.16	257005.85
	营业成本(万元)	95236.52	191708.74	87055.56	213173.92
	投资收益(万元)	3029.48	5449.35	2466.61	12440.83
	净利润(万元)	17609.36	44083.26	18773.94	16491.47
	营业利润(万元)	22849.32	44047.46	18770.23	16466.99
	利润总额(万元)	22866.56	44007.52	18773.94	16491.47

现代投资股份有限公司

公司概况	公司名称	现代投资股份有限公司			证券简称	现代投资	
	法人代表	宋伟杰	董秘	马玉国	证券代码	000900	
	公司网址	www.xdtz.net		电子信箱	dongban@xdtz.net		
	电　　话	0731-88749800 88749898		传　　真	0731-88749896		
	办公地址	湖南省长沙市天心区芙蓉南路二段128号现代广场					
	经营范围	投资经营公路、桥梁、隧道和渡口、投资高新技术产业、广告业等					

	指标\报告期	2014.06.30	2013.12.31	2013.06.30	2012.12.31
主要财务指标	基本每股收益(元)	0.1700	0.6900	0.2600	0.8300
	基本每股收益	0.1600	0.6700	0.4400	1.0400
	稀释每股收益(元)	0.1700	0.6900	0.2600	0.8300
	每股净资产(元)	6.0981	7.8104	9.8402	9.3771
	每股经营现金净流量(元)	0.8209	1.3742	1.2367	1.7293
	每股现金流量(元)	–0.3980	0.6099	1.2943	–4.2652
	每股资本公积金(元)	1.0136	1.6239	2.4047	2.3860
	每股盈余公积金(元)	0.6670	0.8671	1.0397	1.0397
	每股未分配利润(元)	3.4157	4.3171	5.3932	4.9489
	净资产收益率(%)	2.8172	8.8768	4.5159	11.5453
	加权净资产收益率(%)	2.7800	9.2100	4.6200	9.9900
	净资产收益率(扣除)(%)	2.5565	8.5898	4.4659	11.0493
	总资产(万元)	1635256.94	1609094.88	1321696.91	1174213.68
	归属母公司股东权益	617060.34	607941.13	589183.42	561455.02
	营业收入(万元)	100832.67	175415.48	88439.57	168960.99
	营业成本(万元)	41152.89	68069.07	37496.54	60117.75
	投资收益(万元)	2218.58	2037.71	109.99	1412.29
	净利润(万元)	17383.56	53965.42	26606.97	64821.68
	营业利润(万元)	22941.07	71573.25	35374.53	84085.09
	利润总额(万元)	23307.54	72151.10	35769.04	86472.73

航天科技控股集团股份有限公司

公司概况	公司名称	航天科技控股集团股份有限公司			证券简称	航天科技	
	法人代表	郭友智	董秘	王玉伟	证券代码	000901	
	公司网址	www.as-hitecn.com		电子信箱	simoe@sina.com		
	电　　话	010-83636110 83636291		传　　真	010-83636060		
	办公地址	北京市丰台区科学城海鹰路1号海鹰科技大厦15,16层					
	经营范围	汽车电子、环保监测、航天产品的研发、生产和销售的高新技术企业等					

	指标\报告期	2014.06.30	2013.12.31	2013.06.30	2012.12.31
主要财务指标	基本每股收益(元)	0.0676	0.1900	0.0678	0.1570
	基本每股收益	0.0490	0.1100	0.0598	0.0800
	稀释每股收益(元)	0.0676	0.1900	0.0678	0.1570
	每股净资产(元)	3.3815	3.3337	3.1923	3.1400
	每股经营现金净流量(元)	–0.1876	–0.1434	–0.2347	–0.2648
	每股现金流量(元)	0.0930	–0.1278	–0.2319	–0.4082
	每股资本公积金(元)	0.9535	0.9535	0.9361	0.9361
	每股盈余公积金(元)	0.2067	0.2067	0.2028	0.2028
	每股未分配利润(元)	1.2190	1.1714	1.0527	1.0049
	净资产收益率(%)	2.0002	5.7117	2.1248	4.9947
	加权净资产收益率(%)	2.0100	5.9000	2.1400	4.5200
	净资产收益率(扣除)(%)	1.4489	3.3298	1.8722	2.5960
	总资产(万元)	172691.72	162159.48	143142.28	135437.58
	归属母公司股东权益	84660.17	83463.20	79922.50	78711.96
	营业收入(万元)	66467.84	132616.39	54512.14	130788.11
	营业成本(万元)	54967.37	108806.62	44477.72	108708.21
	投资收益(万元)	824.10	846.60	839.10	693.40
	净利润(万元)	1693.37	4767.20	1698.17	3931.39
	营业利润(万元)	1168.50	3339.70	1593.97	3587.71
	利润总额(万元)	2239.50	6018.67	2143.20	5134.05

湖北新洋丰肥业股份有限公司

公司概况					
公司名称	湖北新洋丰肥业股份有限公司			证券简称	新洋丰
法人代表	杨才学	董秘	宋帆	证券代码	000902
公司网址	www.xinyf.com		电子信箱	zjswb@hbyf.com.cn	
电　话	0724-8706677		传　真	0724-8706679	
办公地址	湖北省荆门市掇刀区月亮湖北路附7号				
经营范围	新型复混肥料、磷铵、化工原料及化肥系列产品等				

主要财务指标 指标\报告期	2014.06.30	2013.12.31	2013.06.30	2012.12.31
基本每股收益(元)	0.4600	−0.1600	0.4300	−0.1700
基本每股收益	0.3800	−0.1700	−0.1300	−0.1800
稀释每股收益(元)	0.4600	−0.1600	0.4300	−0.1700
每股净资产(元)	4.0094	0.6285	0.6627	0.8280
每股经营现金净流量(元)	0.6342	−0.0459	0.3699	−0.1922
每股现金流量(元)	0.4263	0.0253	0.1168	−0.4338
每股资本公积金(元)	0.0233	0.6855	0.1420	0.1795
每股盈余公积金(元)	0.1174	0.3113	0.0523	0.0523
每股未分配利润(元)	2.8165	4.1195	−0.5315	−0.4037
净资产收益率(%)	11.5490	−25.7704	−19.2828	−20.6790
加权净资产收益率(%)	12.2600	−22.6300	14.2000	−18.7400
净资产收益率(扣除)(%)	9.4990	−26.4522	−19.4893	−21.1746
总资产(万元)	512846.64	468105.99	118957.13	114776.87
归属母公司股东权益	241286.03	213321.55	17097.52	21362.14
营业收入(万元)	403156.06	176788.65	385070.04	156528.40
营业成本(万元)	331700.53	166717.27	310059.45	148790.97
投资收益(万元)	–	−22.90	2422.69	101.31
净利润(万元)	27866.93	−4178.62	25971.84	−4417.48
营业利润(万元)	29563.12	−4550.52	36924.18	−4724.25
利润总额(万元)	32105.92	−4468.85	37593.02	−4620.67

昆明云内动力股份有限公司

公司概况					
公司名称	昆明云内动力股份有限公司			证券简称	云内动力
法人代表	杨波	董秘	杨波(代)	证券代码	000903
公司网址	www.yunneidongli.com		电子信箱	assets@yunneidongli.com	
电　话	0871-5625802		传　真	0871-5633176	
办公地址	云南省昆明市经济技术开发区经景路66号				
经营范围	多缸、小缸、径多缸柴油机及轻型载货车的开发、生产和销售等				

主要财务指标 指标\报告期	2014.06.30	2013.12.31	2013.06.30	2012.12.31
基本每股收益(元)	0.1260	0.2160	0.1180	0.1000
基本每股收益	0.0800	–	0.0680	0.0700
稀释每股收益(元)	0.1260	0.2160	0.1180	0.1000
每股净资产(元)	4.1211	3.9948	3.8960	3.8283
每股经营现金净流量(元)	0.1780	0.5272	0.2956	0.3776
每股现金流量(元)	−0.2173	0.4678	−0.5985	0.2247
每股资本公积金(元)	1.8579	1.8579	1.8579	1.8579
每股盈余公积金(元)	0.3260	0.3260	0.2983	0.2983
每股未分配利润(元)	0.9372	0.8109	0.7399	0.6722
净资产收益率(%)	3.0646	5.4185	3.0193	2.5993
加权净资产收益率(%)	3.1100	5.5400	3.0300	2.6200
净资产收益率(扣除)(%)	1.9516	2.1084	1.7415	1.8155
总资产(万元)	547085.73	553504.28	577440.70	549751.12
归属母公司股东权益	280547.32	271949.79	265226.63	260617.98
营业收入(万元)	119532.44	257115.09	130983.06	238171.04
营业成本(万元)	94460.58	201739.10	103327.06	195843.99
投资收益(万元)	250.00	580.00	600.00	−1915.51
净利润(万元)	8597.53	14735.61	8007.95	6774.28
营业利润(万元)	6712.35	12709.37	7537.51	4233.46
利润总额(万元)	9585.72	16502.84	9134.92	5031.25

厦门港务发展股份有限公司

公司概况					
公司名称	厦门港务发展股份有限公司			证券简称	厦门港务
法人代表	柯东	董秘	刘翔	证券代码	000905
公司网址	www.xmgw.com.cn		电子信箱	liux@xmgw.com.cn	
电　话	0592-5826220		传　真	0592-5826223	
办公地址	福建省厦门市湖里区东港北路31号港务大厦20层				
经营范围	码头及港口设施、货物装卸、仓储、综合物流、转运、多式联运等				

主要财务指标 指标\报告期	2014.06.30	2013.12.31	2013.06.30	2012.12.31
基本每股收益(元)	0.1700	0.6200	0.1700	0.4500
基本每股收益	0.1300	0.2600	0.1400	0.2100
稀释每股收益(元)	0.1700	0.6200	0.1700	0.4500
每股净资产(元)	4.4132	4.3124	3.8577	3.7379
每股经营现金净流量(元)	−0.2643	0.3470	0.0107	0.4054
每股现金流量(元)	−0.5649	−0.1462	−0.2115	0.2505
每股资本公积金(元)	0.4913	0.4913	0.4909	0.4909
每股盈余公积金(元)	0.3838	0.3838	0.3250	0.3250
每股未分配利润(元)	2.5229	2.4232	2.0299	1.9119
净资产收益率(%)	3.8455	14.3809	4.3546	12.0719
加权净资产收益率(%)	3.8600	15.4500	4.4000	12.8400
净资产收益率(扣除)(%)	2.8359	5.9733	3.5037	5.7126
总资产(万元)	476020.70	418896.12	378905.37	362533.44
归属母公司股东权益	234339.21	228987.13	204846.07	198483.22
营业收入(万元)	342999.00	477942.15	157497.96	299543.36
营业成本(万元)	323866.80	440430.19	139602.31	260226.42
投资收益(万元)	−95.27	2649.05	213.81	249.10
净利润(万元)	9011.46	32930.50	8920.22	23960.78
营业利润(万元)	11069.68	23746.35	11066.27	19954.15
利润总额(万元)	14334.03	47776.06	13632.27	36002.59

物产中拓股份有限公司

公司概况					
公司名称	物产中拓股份有限公司			证券简称	物产中拓
法人代表	袁仁军	董秘	潘洁	证券代码	000906
公司网址	www.zmd.com.cn		电子信箱	zmd000906@zmd.com.cn	
电　话	0731-84588390 84588392		传　真	0731-84588490 84588458	
办公地址	湖南省长沙市芙蓉区五一大道235号湘域中央1栋3-4楼				
经营范围	金属材料、钢铁炉料、铁合金、焦炭、矿产品经营等				

主要财务指标 指标\报告期	2014.06.30	2013.12.31	2013.06.30	2012.12.31
基本每股收益(元)	0.1500	0.2100	0.1100	0.0600
基本每股收益	0.1000	0.1100	–	0.0300
稀释每股收益(元)	0.1500	0.2100	0.1100	0.0600
每股净资产(元)	3.2446	3.1403	3.0391	3.0235
每股经营现金净流量(元)	−0.6384	0.5931	0.2264	1.2779
每股现金流量(元)	0.0826	0.4920	0.7969	−0.2332
每股资本公积金(元)	1.4622	1.4619	1.4652	1.5069
每股盈余公积金(元)	0.0882	0.0882	0.0812	0.0812
每股未分配利润(元)	0.6942	0.5902	0.4928	0.4354
净资产收益率(%)	4.7475	6.7435	3.5327	1.9909
加权净资产收益率(%)	4.7900	6.9200	3.5400	2.0100
净资产收益率(扣除)(%)	3.0329	3.6499	0.9910	1.0404
总资产(万元)	644080.12	436348.98	574955.51	387816.81
归属母公司股东权益	107269.11	103820.19	100475.82	99958.50
营业收入(万元)	993917.12	2373768.90	1112735.47	2481367.11
营业成本(万元)	966948.86	2323596.31	1093107.59	2445492.51
投资收益(万元)	705.65	−724.82	−409.57	2495.81
净利润(万元)	5092.65	7001.12	3549.49	1990.12
营业利润(万元)	5917.92	12669.69	6756.79	−1635.23
利润总额(万元)	8000.91	12571.12	6085.02	3108.79

湖南天一科技股份有限公司

公司概况					
公司名称	湖南天一科技股份有限公司			证券简称	天一科技
法人代表	王海	董秘	唐治	证券代码	000908
公司网址	www.hntane.com		电子信箱	tzhi8282@163.com	
电　　话	0731-88913156		传　　真	0731-88913156	
办公地址	湖南省长沙市韶山北路338号华盛花园3栋7层				
经营范围	稠油泵、油气混输泵、工业潜污泵、系列潜水电泵等				

主要财务指标 指标\报告期	2014.06.30	2013.12.31	2013.06.30	2012.12.31
基本每股收益(元)	-0.0545	0.0120	-0.0531	-0.2171
基本每股收益	-0.0606	-0.0751	-0.0544	-0.2240
稀释每股收益(元)	-0.0545	0.0120	-0.0531	-0.2171
每股净资产(元)	-0.0369	0.0177	-0.2582	-0.2160
每股经营现金净流量(元)	-0.0458	-0.0123	-0.0201	0.0013
每股现金流量(元)	-0.0156	0.0350	0.0240	-0.0020
每股资本公积金(元)	0.6244	0.6244	0.4028	0.4028
每股盈余公积金(元)	0.0803	0.0803	0.0803	0.0803
每股未分配利润(元)	-1.7415	-1.6870	-1.7413	-1.6990
净资产收益率(%)	147.8620	68.1701	-16.3592	-100.5341
加权净资产收益率(%)	-567.2000	12.2900	-40.4600	-202.1500
净资产收益率(扣除)(%)	164.3985	-425.6827	21.0602	103.7492
总资产(万元)	35102.53	36249.50	36691.30	37013.29
归属母公司股东权益	-1032.59	494.22	-7230.06	-6047.28
营业收入(万元)	4924.45	16730.79	6917.38	14526.71
营业成本(万元)	4061.31	13161.07	5824.88	12197.57
投资收益(万元)	-1.75	2085.77	-4.39	-3.31
净利润(万元)	-1526.81	336.91	-1487.39	-6079.58
营业利润(万元)	-1544.73	245.95	-1434.29	-6194.88
利润总额(万元)	-1535.00	328.68	-1495.39	-6107.65

数源科技股份有限公司

公司概况					
公司名称	数源科技股份有限公司			证券简称	数源科技
法人代表	章国经	董秘	丁毅	证券代码	000909
公司网址	www.soyea.com.cn		电子信箱	stock@soyea.com.cn	
电　　话	0571-88271018		传　　真	0571-88271038	
办公地址	浙江省杭州市西湖区教工路一号				
经营范围	数字(模拟)彩色电视机、数字视音频产品、数字电子计算机及外部设备[illegible]				

主要财务指标 指标\报告期	2014.06.30	2013.12.31	2013.06.30	2012.12.3[illegible]
基本每股收益(元)	0.0800	0.1100	0.0700	0.14[illegible]
基本每股收益	0.0600	0.0300	0.0500	0.17[illegible]
稀释每股收益(元)	0.0800	0.1100	0.0700	0.14[illegible]
每股净资产(元)	2.3981	2.3477	2.2574	3.28[illegible]
每股经营现金净流量(元)	0.5678	-2.0760	-0.6060	0.12[illegible]
每股现金流量(元)	-1.8768	0.9626	-0.2844	-0.60[illegible]
每股资本公积金(元)	0.7756	0.8077	0.7586	1.63[illegible]
每股盈余公积金(元)	0.0391	0.0391	0.0299	0.04[illegible]
每股未分配利润(元)	0.5833	0.5009	0.4690	0.59[illegible]
净资产收益率(%)	3.4365	4.7182	3.0820	6.60[illegible]
加权净资产收益率(%)	3.4500	4.9400	3.1300	6.75[illegible]
净资产收益率(扣除)(%)	2.3487	1.3197	2.1008	5.22[illegible]
总资产(万元)	470341.60	469669.55	370364.01	357825.[illegible]
归属母公司股东权益	70503.25	69022.84	66367.97	64322.[illegible]
营业收入(万元)	49278.52	139946.02	55051.13	126149.[illegible]
营业成本(万元)	42735.71	118997.77	45633.98	108930.[illegible]
投资收益(万元)	1409.68	1656.34	120.19	1086.[illegible]
净利润(万元)	2422.81	3256.62	2045.46	4250.[illegible]
营业利润(万元)	2830.20	4212.21	2570.58	4438.[illegible]
利润总额(万元)	3154.75	5228.62	3042.50	5719.[illegible]

大亚科技股份有限公司

公司概况					
公司名称	大亚科技股份有限公司			证券简称	大亚科技
法人代表	陈兴康	董秘	宋立柱	证券代码	000910
公司网址	www.daretechnology.com		电子信箱	slzdy@cndare.com	
电　　话	0511-86981046		传　　真	0511-86885000	
办公地址	江苏省丹阳市经济技术开发区金陵西路95号				
经营范围	涉及森工业、包装业及汽配业等				

主要财务指标 指标\报告期	2014.06.30	2013.12.31	2013.06.30	2012.12.31
基本每股收益(元)	0.0900	0.2500	0.0600	0.2300
基本每股收益	0.0800	0.2500	0.0600	0.2300
稀释每股收益(元)	0.0900	0.2500	0.0600	0.2300
每股净资产(元)	4.7935	4.7483	4.5207	4.4808
每股经营现金净流量(元)	0.3085	2.2866	0.2412	2.0323
每股现金流量(元)	-0.8021	0.8387	0.2504	0.4711
每股资本公积金(元)	0.6862	0.6862	0.6353	0.6353
每股盈余公积金(元)	0.3737	0.3737	0.3412	0.3412
每股未分配利润(元)	2.7543	2.7129	2.5621	2.5181
净资产收益率(%)	1.9081	5.2073	1.4160	5.2421
加权净资产收益率(%)	1.9100	5.3900	1.4200	5.3600
净资产收益率(扣除)(%)	1.7499	5.2941	1.3959	5.0960
总资产(万元)	874246.02	875766.43	897947.64	879026.73
归属母公司股东权益	252859.15	250474.81	238468.36	236363.96
营业收入(万元)	374366.52	818979.72	351654.69	831251.80
营业成本(万元)	279407.04	614289.87	264867.71	631716.56
投资收益(万元)	-1077.80	-3593.03	-1956.28	-2662.47
净利润(万元)	4824.69	13043.06	3376.78	12390.48
营业利润(万元)	5282.16	15036.64	1966.39	11129.97
利润总额(万元)	11963.66	30936.38	8700.98	30067.53

南宁糖业股份有限公司

公司概况					
公司名称	南宁糖业股份有限公司			证券简称	南宁糖业
法人代表	肖凌	董秘	王国庆	证券代码	000911
公司网址	www.nnsugar.com		电子信箱	nnty@nnsugar.com	
电　　话	0771-4914317		传　　真	0771-4910755	
办公地址	广西壮族自治区南宁市国凯大道9号1号楼				
经营范围	机制糖、机制纸、蔗渣浆、酒精的生产、加工、销售和提供售后服务等				

主要财务指标 指标\报告期	2014.06.30	2013.12.31	2013.06.30	2012.12.3[illegible]
基本每股收益(元)	-0.1800	0.1700	-0.4200	-1.08[illegible]
基本每股收益	-0.2100	-0.9100	-0.4200	-1.09[illegible]
稀释每股收益(元)	-0.1800	0.1700	-0.4200	-1.08[illegible]
每股净资产(元)	4.5116	4.6967	3.3371	3.75[illegible]
每股经营现金净流量(元)	-3.4887	2.7592	-3.2328	-0.31[illegible]
每股现金流量(元)	-3.1973	-1.6077	-4.4829	3.15[illegible]
每股资本公积金(元)	3.5586	3.5609	2.7911	2.79[illegible]
每股盈余公积金(元)	0.5270	0.5270	0.5270	0.52[illegible]
每股未分配利润(元)	-0.5739	-0.3912	-0.9810	-0.56[illegible]
净资产收益率(%)	-4.0502	3.6673	-12.5118	-28.83[illegible]
加权净资产收益率(%)	-3.9700	4.4800	-11.7800	-24.91[illegible]
净资产收益率(扣除)(%)	-4.5718	-19.3161	-12.7669	-29.15[illegible]
总资产(万元)	554956.27	578039.19	543481.15	586739.4[illegible]
归属母公司股东权益	129321.76	134625.86	95655.06	107623.1[illegible]
营业收入(万元)	124057.46	439900.45	173086.08	331170.9[illegible]
营业成本(万元)	109564.94	382408.79	153277.91	289546.9[illegible]
投资收益(万元)	-	-414.77	-99.42	-61.0[illegible]
净利润(万元)	-5237.82	4937.12	-11968.13	-31031.1
营业利润(万元)	-5055.38	-25638.14	-13152.21	-38189.1
利润总额(万元)	-4344.82	11027.50	-12759.77	-37789.6

四川泸天化股份有限公司

公司概况	公司名称	四川泸天化股份有限公司		证券简称	泸天化
	法人代表	邹仲平	董秘	张斌	证券代码	000912
	公司网址	www.sclth.com		电子信箱	lth@lthcn.com
	电　　话	0830-4125103 4122370		传　　真	0830-4122156
	办公地址	四川省泸州市纳溪区			
	经营范围	化肥、化工原材料的生产与销售等			

主要财务指标	2014.06.30	2013.12.31	2013.06.30	2012.12.31
基本每股收益(元)	-0.3655	-0.5086	0.0120	0.0271
基本每股收益	-0.2979	-	0.0110	-0.0200
稀释每股收益(元)	-0.3655	-0.5086	0.0120	0.0271
每股净资产(元)	2.9376	3.3335	3.8569	3.8669
每股经营现金净流量(元)	0.1319	0.4189	0.3425	-0.9512
每股现金流量(元)	-1.1039	0.3818	0.1974	-0.1322
每股资本公积金(元)	1.1282	1.2844	1.0948	1.0948
每股盈余公积金(元)	0.7246	0.7246	0.7246	0.7246
每股未分配利润(元)	0.0463	0.4118	0.9977	0.9859
净资产收益率(%)	-12.4424	-15.2562	0.3055	0.7007
加权净资产收益率(%)	-11.1400	-14.1300	0.3000	0.6900
净资产收益率(扣除)(%)	-10.1404	-15.3977	0.2883	-0.4265
总资产(万元)	1324732.26	1380793.30	1283413.82	1310781.93
归属母公司股东权益	171851.34	202565.78	225630.01	226211.80
营业收入(万元)	220543.25	407080.90	244725.63	416793.00
营业成本(万元)	208249.10	354808.36	209941.01	343214.05
投资收益(万元)	-1031.00	-5181.92	-257.22	2947.23
净利润(万元)	-21382.42	-29751.24	-1106.00	1584.98
营业利润(万元)	-28975.41	-40198.77	-205.94	10812.27
利润总额(万元)	-28833.77	-39920.38	-121.10	10067.62

浙江钱江摩托股份有限公司

公司概况	公司名称	浙江钱江摩托股份有限公司		证券简称	钱江摩托
	法人代表	林华中	董秘	王海斌	证券代码	000913
	公司网址	www.qjmotor.com		电子信箱	qjmt@qjmotor.com
	电　　话	0576-86192111		传　　真	0576-86139081
	办公地址	浙江省温岭市经济开发区			
	经营范围	生产、研究、设计和开发摩托车及配件，销售自产产品并提供产品售后服务			

主要财务指标	2014.06.30	2013.12.31	2013.06.30	2012.12.31
基本每股收益(元)	-0.1200	0.0300	0.0300	0.0200
基本每股收益	-0.1000	-0.1200	-0.0100	-0.0200
稀释每股收益(元)	-0.1200	0.0300	0.0300	0.0200
每股净资产(元)	4.8148	4.9383	4.9293	5.0529
每股经营现金净流量(元)	-0.6353	-0.0828	0.0671	0.3733
每股现金流量(元)	-0.0744	-0.0541	0.1574	0.0362
每股资本公积金(元)	2.9482	2.9482	2.9482	2.9923
每股盈余公积金(元)	0.2670	0.2670	0.2670	0.2670
每股未分配利润(元)	0.5989	0.7216	0.7182	0.7918
净资产收益率(%)	-2.5495	0.6047	0.5357	0.3980
加权净资产收益率(%)	-2.5200	0.6000	0.5200	0.5600
净资产收益率(扣除)(%)	-2.0249	-2.4554	-0.2081	-0.3017
总资产(万元)	406977.59	410964.10	412962.64	396575.83
归属母公司股东权益	218368.25	223971.72	223561.39	229167.45
营业收入(万元)	130920.92	328739.68	165037.07	367286.02
营业成本(万元)	107724.27	271861.82	135929.32	312917.64
投资收益(万元)	-115.04	5226.50	503.37	180.82
净利润(万元)	-5567.34	1354.26	1197.69	912.19
营业利润(万元)	-6704.20	2342.15	2036.90	1751.24
利润总额(万元)	-6569.65	2949.58	1950.24	1848.42

山东山大华特科技股份有限公司

公司概况	公司名称	山东山大华特科技股份有限公司		证券简称	山大华特
	法人代表	张兆亮	董秘	范智胜	证券代码	000915
	公司网址	www.sd-wit.com		电子信箱	wit@sd-wit.com
	电　　话	0531-85198600 85198606		传　　真	0531-85198080
	办公地址	山东省济南市经十路17703号华特广场			
	经营范围	环保、医药和电子信息产品的生产销售等			

主要财务指标	2014.06.30	2013.12.31	2013.06.30	2012.12.31
基本每股收益(元)	0.4200	0.8500	0.4400	0.6700
基本每股收益	0.4200	-	0.4400	0.6700
稀释每股收益(元)	0.4200	0.8500	0.4400	0.6700
每股净资产(元)	4.5806	4.2621	3.8542	3.5131
每股经营现金净流量(元)	0.5604	1.1986	0.4839	0.9070
每股现金流量(元)	-0.1647	0.0701	-0.0680	0.6798
每股资本公积金(元)	0.1919	0.1919	0.1919	0.1932
每股盈余公积金(元)	0.1907	0.1907	0.1568	0.1568
每股未分配利润(元)	3.1981	2.8796	2.5056	2.1631
净资产收益率(%)	9.1372	19.9515	11.4805	19.2000
加权净资产收益率(%)	9.3600	21.9700	11.7400	21.2400
净资产收益率(扣除)(%)	9.0902	19.8055	11.5585	19.0423
总资产(万元)	167029.40	159174.13	145950.91	134187.68
归属母公司股东权益	82568.25	76826.34	69474.27	63325.55
营业收入(万元)	59727.91	109534.17	49509.14	83025.00
营业成本(万元)	24272.61	36164.02	15977.96	25496.57
投资收益(万元)	-	65.97	20.96	81.04
净利润(万元)	7544.46	15328.04	7975.97	12159.07
营业利润(万元)	14978.57	31768.61	16669.46	25679.79
利润总额(万元)	15201.68	32018.73	16693.67	25903.73

华北高速公路股份有限公司

公司概况	公司名称	华北高速公路股份有限公司		证券简称	华北高速
	法人代表	郑海军	董秘	郝继业	证券代码	000916
	公司网址	www.hbgsgl.com.cn		电子信箱	hbgs000916@sina.com
	电　　话	010-58021999 58021227		传　　真	010-58021229
	办公地址	北京市经济技术开发区东环北路9号			
	经营范围	投资开发,建设和经营收费公路;车辆及机械设备租赁,咨询服务等			

主要财务指标	2014 06.30	2013.12.31	2013.06.30	2012.12.31
基本每股收益(元)	0.1482	0.2500	0.1119	0.1900
基本每股收益	0.1455	0.2350	0.1100	0.1700
稀释每股收益(元)	0.1482	0.2500	0.1119	0.1900
每股净资产(元)	3.7957	3.7668	3.5882	3.5890
每股经营现金净流量(元)	0.1778	0.2116	0.0303	0.2956
每股现金流量(元)	0.2779	-0.2409	-0.2373	-0.1670
每股资本公积金(元)	1.3125	1.3518	1.3087	1.3415
每股盈余公积金(元)	0.4688	0.4688	0.4466	0.4466
每股未分配利润(元)	1.0143	0.9461	0.8329	0.8010
净资产收益率(%)	3.9049	6.5669	3.1186	5.1788
加权净资产收益率(%)	3.9200	6.7400	3.1200	5.1900
净资产收益率(扣除)(%)	3.8340	6.2378	3.1267	4.7567
总资产(万元)	468340.52	466216.07	421386.44	425160.82
归属母公司股东权益	413726.09	410578.47	391111.88	391204.85
营业收入(万元)	35937.43	66415.49	30411.68	63193.29
营业成本(万元)	14750.54	29617.54	13320.36	35560.68
投资收益(万元)	1515.89	3463.36	1513.86	3574.94
净利润(万元)	16155.39	26962.30	12197.18	20259.77
营业利润(万元)	21516.88	35222.06	16004.11	24594.14
利润总额(万元)	21999.58	35889.34	15975.81	25817.06

湖南电广传媒股份有限公司

公司概况	公司名称	湖南电广传媒股份有限公司			证券简称	电广传媒
	法人代表	龙秋云	董秘	廖朝晖	证券代码	000917
	公司网址	www.tik.com.cn		电子信箱	directorate@tik.com.cn	
	电　话	731-84252333-8371		传　真	0731-84252096	
	办公地址	湖南省长沙市浏阳河大桥东湖南金鹰影视文化城				
	经营范围	影视节目的制作、发行和销售、有线电视网络及信息传播服务等				

主要财务指标	指标\报告期	2014.06.30	2013.12.31	2013.06.30	2012.12.31
	基本每股收益(元)	0.1600	0.4800	0.2700	0.6300
	基本每股收益	0.1600	–	0.2700	0.3600
	稀释每股收益(元)	0.1600	0.4800	0.2700	0.6300
	每股净资产(元)	6.8705	6.7076	4.1622	3.9763
	每股经营现金净流量(元)	–0.5534	1.3741	0.2930	0.5321
	每股现金流量(元)	–2.2570	1.9352	–0.4286	0.2136
	每股资本公积金(元)	4.3570	4.3589	1.4864	1.5702
	每股盈余公积金(元)	0.1423	0.1423	0.1985	0.1985
	每股未分配利润(元)	1.3727	1.2081	1.4794	1.2095
	净资产收益率(%)	2.3964	5.0868	6.4829	14.5279
	加权净资产收益率(%)	2.4300	11.4100	6.6300	18.0000
	净资产收益率(扣除)(%)	2.3060	4.7182	6.4124	8.3286
	总资产(万元)	1414670.58	1694141.77	1361806.57	1335759.42
	归属母公司股东权益	973929.38	950835.67	422859.06	403975.60
	营业收入(万元)	253504.85	510278.46	242016.78	406367.52
	营业成本(万元)	161647.29	319911.27	145840.06	240240.82
	投资收益(万元)	7503.15	24549.45	13987.05	37185.48
	净利润(万元)	23338.93	48366.69	27413.69	58689.06
	营业利润(万元)	27083.35	60726.63	32227.72	68437.07
	利润总额(万元)	28106.38	64358.19	32625.78	69412.26

嘉凯城集团股份有限公司

公司概况	公司名称	嘉凯城集团股份有限公司			证券简称	嘉凯城
	法人代表	边华才	董秘	李怀彬	证券代码	000918
	公司网址	www.calxon-group.com		电子信箱	xuexiaoqiao@calxon-group.com	
	电　话	0571-87376666 87376620		传　真	0571-87922209	
	办公地址	浙江省杭州市教工路 18 号欧美中心 AB 座 19-20 楼				
	经营范围	房地产开发和经营等				

主要财务指标	指标\报告期	2014.06.30	2013.12.31	2013.06.30	2012.12.31
	基本每股收益(元)	–0.0700	0.0300	0.0110	0.0600
	基本每股收益	–0.0700	0.0120	–0.0400	0.0400
	稀释每股收益(元)	–0.0700	0.0300	0.0110	0.0600
	每股净资产(元)	2.3075	2.3776	2.3823	2.3449
	每股经营现金净流量(元)	–0.3281	–0.3857	–0.2503	0.9055
	每股现金流量(元)	–0.6630	–0.1352	–0.4082	0.5497
	每股资本公积金(元)	–0.4836	–0.4836	–0.4836	–0.5097
	每股盈余公积金(元)	0.1029	0.1029	0.1029	0.1029
	每股未分配利润(元)	1.6882	1.7584	1.7631	1.7517
	净资产收益率(%)	–3.0406	1.3325	0.4780	2.6367
	加权净资产收益率(%)	–3.0400	1.3400	0.4800	2.6700
	净资产收益率(扣除)(%)	–2.9458	0.5138	0.0652	1.8087
	总资产(万元)	3446405.65	3219124.70	3009259.07	2831842.55
	归属母公司股东权益	416310.99	428969.40	429818.41	423062.09
	营业收入(万元)	269063.61	1124779.03	245080.97	775448.90
	营业成本(万元)	230641.33	901638.34	199677.64	565575.38
	投资收益(万元)	–952.62	–1194.35	–231.14	–234.02
	净利润(万元)	–12658.41	5715.83	2054.37	11154.72
	营业利润(万元)	–12711.31	43607.22	1086.85	23271.73
	利润总额(万元)	–13177.56	44572.85	2806.20	28495.70

金陵药业股份有限公司

公司概况	公司名称	金陵药业股份有限公司			证券简称	金陵药业
	法人代表	沈志龙	董秘	徐俊扬	证券代码	000919
	公司网址	www.jlyy000919.com		电子信箱	jlyy@jlpharm.com	
	电　话	025-83118511		传　真	025-83112486	
	办公地址	江苏省南京市中央路 238 号金陵药业大厦				
	经营范围	中西药原料和制剂、生化制品、医药包装制品、医疗器械、保健食品等				

主要财务指标	指标\报告期	2014.06.30	2013.12.31	2013.06.30	2012.12.31
	基本每股收益(元)	0.2171	0.3093	0.1628	0.2848
	基本每股收益	0.2173	0.2965	0.1746	0.2545
	稀释每股收益(元)	0.2171	0.3093	0.1628	0.2848
	每股净资产(元)	4.4264	4.3694	4.3732	4.2110
	每股经营现金净流量(元)	0.2078	0.5381	0.2211	0.4605
	每股现金流量(元)	–0.4339	–0.0498	–0.0214	0.0716
	每股资本公积金(元)	0.9363	0.9363	0.9366	0.9372
	每股盈余公积金(元)	0.5781	0.5781	0.5587	0.5587
	每股未分配利润(元)	1.9120	1.8549	1.8778	1.7150
	净资产收益率(%)	4.9050	7.0789	3.7232	6.7641
	加权净资产收益率(%)	4.9400	7.1900	3.7900	6.8500
	净资产收益率(扣除)(%)	4.9101	6.7852	3.9933	6.0438
	总资产(万元)	335980.99	330439.85	333467.76	319888.42
	归属母公司股东权益	223092.61	220217.56	220408.37	212233.03
	营业收入(万元)	138157.88	260571.38	127905.53	230493.42
	营业成本(万元)	102013.48	199079.26	98017.88	175317.97
	投资收益(万元)	597.71	1650.46	1016.31	–1008.77
	净利润(万元)	10942.66	15589.03	8206.21	14355.63
	营业利润(万元)	15998.40	24582.95	12390.26	21802.29
	利润总额(万元)	15932.40	24220.38	12294.39	22384.75

南方汇通股份有限公司

公司概况	公司名称	南方汇通股份有限公司			证券简称	南方汇通
	法人代表	黄纪湘	董秘	周海泉	证券代码	000920
	公司网址	www.csrgc.com.cn/g2557.aspx		电子信箱	dshbgs@nfht.com.cn	
	电　话	0851-4470866		传　真	0851-4470866	
	办公地址	贵州省贵阳市都拉营				
	经营范围	铁路运输设备开发、制造、销售、修理、弹簧及锻铸件制品的生产、销售等				

主要财务指标	指标\报告期	2014.06.30	2013.12.31	2013.06.30	2012.12.31
	基本每股收益(元)	0.0510	0.1500	0.0520	0.1400
	基本每股收益	0.0185	0.1000	0.0417	0.1200
	稀释每股收益(元)	0.0510	0.1500	0.0520	0.1400
	每股净资产(元)	2.5345	2.5604	2.3908	2.3697
	每股经营现金净流量(元)	0.0287	0.2265	–0.1499	0.2963
	每股现金流量(元)	–0.2721	0.2715	–0.1859	–0.1748
	每股资本公积金(元)	1.1891	1.2664	1.1997	1.2302
	每股盈余公积金(元)	0.1391	0.1391	0.1391	0.1391
	每股未分配利润(元)	0.2062	0.1548	0.0519	0.0004
	净资产收益率(%)	2.0300	6.0308	2.1547	5.9168
	加权净资产收益率(%)	1.9900	6.3100	2.1500	6.3900
	净资产收益率(扣除)(%)	0.7302	3.7677	1.7481	5.0166
	总资产(万元)	242168.15	247121.03	198048.35	199508.30
	归属母公司股东权益	106956.10	108047.69	100889.68	100002.75
	营业收入(万元)	94570.87	228454.64	91140.59	221066.82
	营业成本(万元)	74070.28	185233.57	72644.89	176902.95
	投资收益(万元)	212.27	395.39	–	491.84
	净利润(万元)	2171.18	6516.14	2173.86	5916.93
	营业利润(万元)	4027.70	10709.92	4493.90	12002.77
	利润总额(万元)	6329.67	14384.50	5497.97	13150.02

海信科龙电器股份有限公司

公司概况						
公司概况	公司名称	海信科龙电器股份有限公司			证券简称	海信科龙
	法人代表	汤业国	董秘	夏峰	证券代码	000921
	公司网址	www.kelon.com		电子信箱	kelonsec@hisense.com	
	电　话	0757-25935622		传　真	0757-28028085	
	办公地址	广东省佛山市顺德区容桂街道容港路8号				
	经营范围	开发、制造电冰箱等家用电器、产品内、外销售和提供售后服务、运输自营产品等				

主要财务指标	指标\报告期	2014.06.30	2013.12.31	2013.06.30	2012.12.31
	基本每股收益(元)	0.4500	0.9200	0.5200	0.5301
	基本每股收益	0.4200	0.8000	0.4998	0.4410
	稀释每股收益(元)	0.4500	0.9200	0.5200	0.5301
	每股净资产(元)	2.4997	2.0300	1.6369	1.1167
	每股经营现金净流量(元)	0.0738	0.1616	0.0585	0.8110
	每股现金流量(元)	0.1965	–0.0300	–0.0251	0.0863
	每股资本公积金(元)	1.5696	1.5502	1.5503	1.5521
	每股盈余公积金(元)	0.1069	0.1072	0.1072	0.1072
	每股未分配利润(元)	–0.1845	–0.6354	–1.0285	–1.5504
	净资产收益率(%)	17.9565	45.0755	31.8901	47.4699
	加权净资产收益率(%)	19.8500	58.1600	37.9200	61.9500
	净资产收益率(扣除)(%)	16.9022	39.2146	30.5344	39.4950
	总资产(万元)	1559401.53	1196470.93	1249404.02	920033.46
	归属母公司股东权益	339582.22	274873.11	221640.04	151204.22
	营业收入(万元)	1539753.78	2436002.13	1299287.00	1895891.53
	营业成本(万元)	1206274.38	1903983.79	1025022.49	1503403.35
	投资收益(万元)	18676.02	34702.51	15405.60	33525.44
	净利润(万元)	60976.97	123900.51	70681.26	71776.47
	营业利润(万元)	69744.63	122544.47	75550.10	68559.58
	利润总额(万元)	74152.67	132274.83	76502.22	74285.40

哈尔滨电气集团佳木斯电机股份有限公司

公司概况						
公司概况	公司名称	哈尔滨电气集团佳木斯电机股份有限公司			证券简称	佳电股份
	法人代表	赵明	董秘	王红霞	证券代码	000922
	公司网址	www.jemlc.com		电子信箱	hdjtjdgf000922@163.com	
	电　话	0454-8848800		传　真	0454-8467700	
	办公地址	黑龙江省佳木斯市前进区光复路766号				
	经营范围	开发、制造、销售继电器及继电保护装置和系统、自动化成套设备及系统等				

主要财务指标	指标\报告期	2014.06.30	2013.12.31	2013.06.30	2012.12.31
	基本每股收益(元)	0.1900	0.3200	0.1400	0.3600
	基本每股收益	0.1900	–	0.1400	0.1000
	稀释每股收益(元)	0.1900	0.3200	0.1400	0.3600
	每股净资产(元)	3.1450	2.9511	2.7658	2.6438
	每股经营现金净流量(元)	–0.1184	0.2649	0.1017	0.0634
	每股现金流量(元)	–0.0180	0.0449	0.0280	0.0205
	每股资本公积金(元)	0.7590	0.7240	0.7221	0.7221
	每股盈余公积金(元)	0.2299	0.2299	0.2259	0.2259
	每股未分配利润(元)	1.1561	0.9972	0.8177	0.6958
	净资产收益率(%)	6.1021	10.9581	5.0597	13.8052
	加权净资产收益率(%)	6.3000	11.5200	5.1500	14.2000
	净资产收益率(扣除)(%)	5.9419	10.5157	5.0090	2.8169
	总资产(万元)	322388.48	292568.55	288171.70	283255.92
	归属母公司股东权益	164340.21	154676.19	144963.52	138572.23
	营业收入(万元)	121914.74	267389.24	120576.61	295047.39
	营业成本(万元)	92975.50	211346.55	94834.72	225637.39
	投资收益(万元)	–	376.95	–	–
	净利润(万元)	10058.75	16949.55	7334.72	19130.24
	营业利润(万元)	11721.23	17116.28	8633.72	19500.62
	利润总额(万元)	12032.29	19185.73	8725.14	22387.38

河北宣化工程机械股份有限公司

公司概况						
公司概况	公司名称	河北宣化工程机械股份有限公司			证券简称	河北宣工
	法人代表	冯喜京	董秘	庞廷闽	证券代码	000923
	公司网址	www.hbxg.com		电子信箱	webmaster@hbxg.com	
	电　话	0313-3186075　3186222		传　真	0313-3186026	
	办公地址	河北省张家口市宣化区东升路21号				
	经营范围	推土机、装载机、挖掘机及其配件的生产和销售等				

主要财务指标	指标\报告期	2014.06.30	2013.12.31	2013.06.30	2012.12.31
	基本每股收益(元)	0.0098	0.0207	0.0137	0.0273
	基本每股收益	0.0087	–	0.0139	–0.1612
	稀释每股收益(元)	0.0098	0.0207	0.0137	0.0273
	每股净资产(元)	2.6334	2.6390	2.9916	3.0159
	每股经营现金净流量(元)	0.3237	–0.8401	–0.7414	0.0261
	每股现金流量(元)	–0.0293	–0.0425	–0.2785	0.2722
	每股资本公积金(元)	1.1275	1.1429	1.5025	1.5405
	每股盈余公积金(元)	0.0857	0.0857	0.0836	0.0836
	每股未分配利润(元)	0.4202	0.4105	0.4055	0.3918
	净资产收益率(%)	0.3714	0.7848	0.4579	0.9041
	加权净资产收益率(%)	0.3700	0.7100	0.4600	0.9000
	净资产收益率(扣除)(%)	0.3313	–6.8489	0.4634	–5.3465
	总资产(万元)	163357.50	152729.44	157122.38	144496.87
	归属母公司股东权益	52142.04	52252.64	59234.26	59714.67
	营业收入(万元)	16208.19	37266.49	20411.46	42598.99
	营业成本(万元)	13235.00	33740.79	16125.05	37281.84
	投资收益(万元)	201.78	5681.84	376.51	5356.20
	净利润(万元)	193.67	410.07	271.25	539.88
	营业利润(万元)	190.28	522.20	426.13	1168.82
	利润总额(万元)	218.15	535.26	421.81	1105.09

浙江众合机电股份有限公司

公司概况						
公司概况	公司名称	浙江众合机电股份有限公司			证券简称	众合机电
	法人代表	潘丽春	董秘	李军	证券代码	000925
	公司网址	www.unitedmne.com		电子信箱	unitedmne@unitedmne.net	
	电　话	0571-87959003　87959026		传　真	0571-87959022	
	办公地址	浙江省杭州市滨江区江汉路1785号双城国际4号楼17层				
	经营范围	单晶硅及其制品、半导体元器件和新型节能材料的开发、制造等				

主要财务指标	指标\报告期	2014.06.30	2013.12.31	2013.06.30	2012.12.31
	基本每股收益(元)	–0.0655	–0.4800	0.0080	0.1200
	基本每股收益	–0.0745	–	–0.0140	0.0300
	稀释每股收益(元)	–0.0655	–0.4800	0.0080	0.1200
	每股净资产(元)	2.9870	3.0952	3.5533	3.5201
	每股经营现金净流量(元)	0.1211	0.6312	0.2773	0.2642
	每股现金流量(元)	0.2412	–0.0182	–0.1549	0.2142
	每股资本公积金(元)	2.4102	2.4415	2.4173	2.3810
	每股盈余公积金(元)	0.0516	0.0510	0.0510	0.0527
	每股未分配利润(元)	–0.3922	–0.3224	0.1630	0.1601
	净资产收益率(%)	–2.2185	–15.4211	0.2287	3.2685
	加权净资产收益率(%)	–2.1500	–14.6500	0.2400	3.3200
	净资产收益率(扣除)(%)	–2.5229	–17.6195	–0.4683	0.9336
	总资产(万元)	323510.44	307272.36	300070.23	307609.07
	归属母公司股东权益	91974.61	96364.94	110628.26	106073.13
	营业收入(万元)	64065.88	141190.10	47588.67	127718.60
	营业成本(万元)	52580.27	120182.66	39372.10	106322.81
	投资收益(万元)	375.27	390.33	272.86	19.72
	净利润(万元)	–2040.50	–14860.58	252.98	3467.00
	营业利润(万元)	–2036.77	–16952.57	164.57	2083.69
	利润总额(万元)	–2029.37	–15423.17	552.11	4313.85

湖北福星科技股份有限公司

公司概况					
公司名称	湖北福星科技股份有限公司			证券简称	福星股份
法人代表	谭少群	董秘	汤文华	证券代码	000926
公司网址	www.chinafxkj.com		电子信箱	fxkj0926@chinafxkj.com	
电　话	0712-8740018 8741411		传　真	0712-8740018	
办公地址	湖北省汉川市沉湖镇福星街 1 号				
经营范围	金属丝、绳及其制品的制造、销售、出口业务、商品房销售等				

主要财务指标：指标\报告期	2014.06.30	2013.12.31	2013.06.30	2012.12.31
基本每股收益(元)	0.3200	0.9400	0.3900	0.8600
基本每股收益	0.2500	0.8200	0.2900	0.8600
稀释每股收益(元)	0.3200	0.9400	0.3900	0.8600
每股净资产(元)	9.6491	9.5120	8.5980	8.0910
每股经营现金净流量(元)	-2.2151	0.1051	1.3767	1.0800
每股现金流量(元)	-0.0181	0.9210	0.9914	-0.1643
每股资本公积金(元)	3.2616	3.2616	2.8858	2.6199
每股盈余公积金(元)	0.5993	0.5993	0.4954	0.4954
每股未分配利润(元)	4.7852	4.6649	4.2168	3.9757
净资产收益率(%)	3.3195	9.9144	4.5489	10.6039
加权净资产收益率(%)	3.3400	10.8900	4.6800	10.4300
净资产收益率(扣除)(%)	2.2718	8.5818	3.3995	10.6734
总资产(万元)	2786443.99	2711098.87	2536759.41	2549746.40
归属母公司股东权益	687357.79	677591.41	612480.61	576364.14
营业收入(万元)	375322.15	766268.24	315043.18	624451.09
营业成本(万元)	289058.20	567285.27	235688.04	449062.53
投资收益(万元)	5789.09	1565.32	1322.68	-
净利润(万元)	22817.16	67179.46	27861.28	61117.04
营业利润(万元)	38985.17	97534.26	38767.84	81804.97
利润总额(万元)	38625.00	94964.65	37747.44	81018.26

天津一汽夏利汽车股份有限公司

公司概况					
公司名称	天津一汽夏利汽车股份有限公司			证券简称	一汽夏利
法人代表	许宪平	董秘	孟君奎	证券代码	000927
公司网址	www.tjfaw.com.cn		电子信箱	xiali@mail.zlnet.com.cn	
电　话	022-87915000 3074		传　真	022-87915111	
办公地址	天津市西青区京福公路 578 号				
经营范围	轿车、汽车发动机、汽车零部件、内燃机配件的制造及其售后服务等				

主要财务指标：指标\报告期	2014.06.30	2013.12.31	2013.06.30	2012.12.31
基本每股收益(元)	-0.2731	-0.3009	0.0029	0.0214
基本每股收益	-0.2992	-0.4438	-0.1196	-0.0176
稀释每股收益(元)	-0.2731	-0.3009	0.0029	0.0214
每股净资产(元)	1.7181	1.9911	2.2949	2.3004
每股经营现金净流量(元)	-0.5928	-1.0452	-0.2994	-0.6422
每股现金流量(元)	0.3523	-0.2180	0.3951	-0.0448
每股资本公积金(元)	0.8399	0.8399	0.8399	0.8399
每股盈余公积金(元)	0.3030	0.3030	0.3030	0.3030
每股未分配利润(元)	-0.4256	-0.1525	0.1500	0.1571
净资产收益率(%)	-15.8945	-15.1103	0.1251	0.9319
加权净资产收益率(%)	-14.7300	-14.0300	0.1200	0.9300
净资产收益率(扣除)(%)	-17.4137	-22.2869	-5.2124	-0.7646
总资产(万元)	767882.19	819028.36	900350.18	899352.75
归属母公司股东权益	274072.39	317608.18	366084.17	366950.48
营业收入(万元)	157591.88	562374.59	306536.11	750195.35
营业成本(万元)	175381.88	568164.41	304902.49	720533.95
投资收益(万元)	27773.02	97289.37	55186.00	129337.79
净利润(万元)	-43562.38	-47991.67	458.13	3419.58
营业利润(万元)	-47301.19	-69614.80	-18560.59	-1194.09
利润总额(万元)	-43137.52	-46817.35	979.19	5110.59

中钢集团吉林炭素股份有限公司

公司概况					
公司名称	中钢集团吉林炭素股份有限公司			证券简称	*ST 吉炭
法人代表	杨光	董秘	王晓影	证券代码	000928
公司网址	www.jlts.cn		电子信箱	6813637@qq.com	
电　话	0432-62749800		传　真	0432-62749800	
办公地址	吉林省吉林市昌邑区和平街九号				
经营范围	炭素及石墨制品的研究、开发、生产、加工、技术服务等				

主要财务指标：指标\报告期	2014.06.30	2013.12.31	2013.06.30	2012.12.31
基本每股收益(元)	-0.8400	-1.4063	-0.6300	-0.6362
基本每股收益	-0.8500	-1.5976	-0.7629	-0.7014
稀释每股收益(元)	-0.8400	-1.4063	-0.6300	-0.6362
每股净资产(元)	0.4852	1.3180	2.1366	2.8319
每股经营现金净流量(元)	0.1954	-0.4454	-0.3235	0.2055
每股现金流量(元)	0.0689	-0.2132	-0.0179	0.0675
每股资本公积金(元)	3.1055	3.1054	3.1432	3.2167
每股盈余公积金(元)	0.3311	0.3311	0.3311	0.3311
每股未分配利润(元)	-3.9610	-3.1234	-2.3422	-1.7171
净资产收益率(%)	-172.6502	-106.7000	-29.2537	-22.4645
加权净资产收益率(%)	-92.9100	-67.7800	-25.1600	-20.7000
净资产收益率(扣除)(%)	-176.1331	-121.2191	-35.7061	-24.7680
总资产(万元)	193208.19	211291.55	232208.87	244937.51
归属母公司股东权益	13724.89	37285.39	60443.84	80113.15
营业收入(万元)	69228.28	143622.96	72355.47	150097.53
营业成本(万元)	77158.74	154486.10	75648.80	138034.40
投资收益(万元)	-712.55	3666.99	2857.16	-649.73
净利润(万元)	-23696.06	-39783.50	-17682.09	-17997.05
营业利润(万元)	-24086.41	-40167.50	-17911.71	-19722.80
利润总额(万元)	-23584.23	-39742.70	-17631.54	-17954.04

兰州黄河企业股份有限公司

公司概况					
公司名称	兰州黄河企业股份有限公司			证券简称	兰州黄河
法人代表	杨世江	董秘	魏福新	证券代码	000929
公司网址	www.yellowriver.net.cn		电子信箱	wfx0523@sina.com	
电　话	0931-8449039		传　真	0931-8449005	
办公地址	甘肃省兰州市城关区庆阳路 219 号金运大厦 22 层				
经营范围	啤酒、麦芽、饲料的生产、批发零售,建筑材料普通机械、农业技术开发及推广等				

主要财务指标：指标\报告期	2014.06.30	2013.12.31	2013.06.30	2012.12.31
基本每股收益(元)	0.0770	0.1370	0.0628	0.1170
基本每股收益	0.0994	0.0587	0.0531	0.0630
稀释每股收益(元)	0.0770	0.1370	0.0628	0.1170
每股净资产(元)	3.3476	3.3006	3.2295	3.1667
每股经营现金净流量(元)	0.6277	0.6241	0.7772	0.2728
每股现金流量(元)	0.0755	0.6440	0.3114	0.2078
每股资本公积金(元)	1.0371	1.0371	1.0371	1.0371
每股盈余公积金(元)	0.1258	0.1258	0.1153	0.1153
每股未分配利润(元)	1.1847	1.1377	1.0771	1.0143
净资产收益率(%)	2.3005	4.1355	1.9449	3.6951
加权净资产收益率(%)	2.3100	4.2200	1.9600	3.8700
净资产收益率(扣除)(%)	2.9707	1.7785	1.6449	1.9898
总资产(万元)	146107.89	143913.98	142422.66	139204.39
归属母公司股东权益	62187.56	61314.21	59992.37	58825.61
营业收入(万元)	45131.31	88767.83	50142.51	81644.00
营业成本(万元)	26645.05	56800.68	32613.77	50260.29
投资收益(万元)	368.48	2402.08	1999.16	-195.86
净利润(万元)	1430.64	2535.64	1166.77	2173.66
营业利润(万元)	4478.94	5857.19	2927.87	6132.50
利润总额(万元)	4661.86	6471.98	2947.82	6265.02

中粮生物化学(安徽)股份有限公司

公司概况						
	公司名称	中粮生物化学(安徽)股份有限公司			证券简称	中粮生化
	法人代表	岳国君	董秘	王海	证券代码	000930
	公司网址	www.zlahsh.com		电子信箱	zlahshstock@163.com	
	电　话	0552-4926909		传　真	0552-4926758	
	办公地址	安徽省蚌埠市中粮大道1号				
	经营范围	生物工程的科研开发、有机酸及其饲料级赖氨酸盐酸盐等产品的生产、销售、储存等				

主要财务指标	指标\报告期	2014.06.30	2013.12.31	2013.06.30	2012.12.31
	基本每股收益(元)	0.0250	0.0530	0.0440	0.1900
	基本每股收益	0.0190	0.0210	0.0290	0.1570
	稀释每股收益(元)	0.0250	0.0530	0.0440	0.1900
	每股净资产(元)	2.9858	2.9782	2.9719	3.0043
	每股经营现金净流量(元)	0.1457	0.7649	0.1013	0.2786
	每股现金流量(元)	0.0599	−0.1014	−0.0848	−0.0542
	每股资本公积金(元)	0.9571	0.9571	0.9571	0.9571
	每股盈余公积金(元)	0.1733	0.1733	0.1546	0.1546
	每股未分配利润(元)	0.8368	0.8320	0.8425	0.8181
	净资产收益率(%)	0.8312	1.7658	1.4954	6.4439
	加权净资产收益率(%)	0.8300	1.7800	1.5000	6.6200
	净资产收益率(扣除)(%)	0.6475	0.7216	0.9847	5.2195
	总资产(万元)	692076.02	655138.83	686779.05	685912.92
	归属母公司股东权益	287953.29	287223.68	286608.88	283968.14
	营业收入(万元)	349198.28	733986.39	375821.38	773037.18
	营业成本(万元)	307171.32	665267.17	343662.22	695551.65
	投资收益(万元)	–	366.45	366.45	366.45
	净利润(万元)	2393.38	5071.75	4285.82	18298.76
	营业利润(万元)	1263.45	−14397.37	−8932.58	−9675.73
	利润总额(万元)	5100.54	5414.25	6176.93	26504.12

北京中关村科技发展(控股)股份有限公司

公司概况						
	公司名称	北京中关村科技发展(控股)股份有限公司			证券简称	中关村
	法人代表	侯占军	董秘	黄志宇	证券代码	000931
	公司网址	www.centek.com.cn		电子信箱	investor@centek.com.cn	
	电　话	010-57768018		传　真	010-57768100	
	办公地址	北京市海淀区中关村南大街31号神舟大厦8层				
	经营范围	高新技术和产品的开发、销售、科技项目、建设项目投资				

主要财务指标	指标\报告期	2014.06.30	2013.12.31	2013.06.30	2012.12.31
	基本每股收益(元)	−0.0627	−0.2918	−0.0389	0.0443
	基本每股收益	−0.0717	−0.3089	−0.0406	−0.0479
	稀释每股收益(元)	−0.0627	−0.2918	−0.0389	0.0443
	每股净资产(元)	0.8566	0.8345	1.0870	1.1279
	每股经营现金净流量(元)	−0.6000	0.7371	−0.0093	−0.0440
	每股现金流量(元)	−0.5334	0.5387	−0.0314	0.0417
	每股资本公积金(元)	1.4347	1.3499	1.3494	1.3514
	每股盈余公积金(元)	0.1230	0.1230	0.1230	0.1230
	每股未分配利润(元)	−1.7010	−1.6384	−1.3855	−1.3466
	净资产收益率(%)	−7.3167	−34.9676	−3.5788	3.9268
	加权净资产收益率(%)	−7.4100	−29.7400	−3.5100	4.0000
	净资产收益率(扣除)(%)	−8.3702	−37.0095	−3.7376	−4.2464
	总资产(万元)	404888.28	434543.79	389854.12	419613.84
	归属母公司股东权益	57809.95	56317.79	73352.49	76113.15
	营业收入(万元)	111931.62	360517.79	138513.91	327053.70
	营业成本(万元)	91715.32	305191.80	113426.00	270659.72
	投资收益(万元)	−24.48	−693.25	100.83	6250.39
	净利润(万元)	−4229.76	−19693.01	−2625.17	2988.84
	营业利润(万元)	−4426.02	−17660.53	−1515.98	6448.01
	利润总额(万元)	−3632.34	−17410.32	−1579.57	6712.30

湖南华菱钢铁股份有限公司

公司概况						
	公司名称	湖南华菱钢铁股份有限公司			证券简称	华菱钢铁
	法人代表	曹慧泉	董秘	阳向宏	证券代码	000932
	公司网址	www.valin.cn		电子信箱	valinsteel@163.com	
	电　话	0731-89952818　89952811		传　真	0731-82245196	
	办公地址	湖南省长沙市天心区湘府西路222号华菱园主楼				
	经营范围	主要从事钢坯、无缝钢管、线材、螺纹钢、热轧超薄带钢卷、冷轧板卷、镀锌板等				

主要财务指标	指标\报告期	2014.06.30	2013.12.31	2013.06.30	2012.12.31
	基本每股收益(元)	0.0063	0.0351	−0.1272	−1.0792
	基本每股收益	−0.0095	−0.1254	−0.1343	−1.0869
	稀释每股收益(元)	0.0063	0.0351	−0.1272	−1.0792
	每股净资产(元)	3.3703	3.3567	3.1812	3.3125
	每股经营现金净流量(元)	0.7931	0.2917	0.1986	1.9189
	每股现金流量(元)	0.4590	−0.1829	−0.0871	−1.5397
	每股资本公积金(元)	2.3328	2.3262	2.3121	2.3152
	每股盈余公积金(元)	0.2780	0.2780	0.2779	0.2779
	每股未分配利润(元)	−0.2366	−0.2429	−0.4051	−0.2779
	净资产收益率(%)	0.1871	1.0450	−3.9972	−32.5793
	加权净资产收益率(%)	0.1900	1.0500	−3.9200	−27.9800
	净资产收益率(扣除)(%)	−0.2826	−3.7354	−4.2213	−32.8116
	总资产(万元)	7115108.04	7079060.60	6627546.06	6563815.45
	归属母公司股东权益	1016351.14	1012250.23	959347.19	998937.96
	营业收入(万元)	2908597.95	5965206.68	2829387.80	5925613.41
	营业成本(万元)	2681387.69	5649575.29	2677894.60	5829064.27
	投资收益(万元)	1722.06	36485.47	2916.09	5031.64
	净利润(万元)	1901.21	10578.05	−38347.42	−325446.75
	营业利润(万元)	−2608.74	−10494.12	−37880.42	−338029.90
	利润总额(万元)	5397.09	16566.31	−36186.89	−335695.83

河南神火煤电股份有限公司

公司概况						
	公司名称	河南神火煤电股份有限公司			证券简称	神火股份
	法人代表	崔建友	董秘	李宏伟	证券代码	000933
	公司网址	www.shenhuo.com		电子信箱	shenhuogufen@163.com	
	电　话	0370-5982722　5982466		传　真	0370-5180086　5125596	
	办公地址	河南省永城市东城区光明路17号				
	经营范围	煤炭、发电(自发自用)、氧化铝、铝产品的生产、销售				

主要财务指标	指标\报告期	2014.06.30	2013.12.31	2013.06.30	2012.12.31
	基本每股收益(元)	−0.1870	0.0620	0.1150	0.1140
	基本每股收益	−0.1870	−0.0020	0.0880	0.1070
	稀释每股收益(元)	−0.1870	0.0620	0.1150	0.1140
	每股净资产(元)	3.6992	3.9867	3.9549	3.8853
	每股经营现金净流量(元)	−0.2719	0.7558	0.2999	0.8775
	每股现金流量(元)	0.0357	−0.0814	0.3261	0.5626
	每股资本公积金(元)	1.0206	1.1421	1.0215	1.0215
	每股盈余公积金(元)	0.3102	0.3102	0.3054	0.3054
	每股未分配利润(元)	1.2340	1.4291	1.5122	1.4259
	净资产收益率(%)	−5.0576	1.5437	2.9412	2.7293
	加权净资产收益率(%)	−4.8300	1.5700	2.9600	3.2200
	净资产收益率(扣除)(%)	−5.0486	−0.0492	2.4126	2.5696
	总资产(万元)	4964434.79	4430074.34	4124403.94	3970601.12
	归属母公司股东权益	703034.06	753992.85	751620.54	738399.10
	营业收入(万元)	1110614.86	2568720.23	1360773.07	2798499.87
	营业成本(万元)	1004488.98	2367009.39	1246687.07	2571773.07
	投资收益(万元)	3765.50	12036.97	7583.41	10974.27
	净利润(万元)	−35556.88	11696.35	21839.11	20152.92
	营业利润(万元)	−31905.72	−4946.25	20244.30	35753.73
	利润总额(万元)	−31855.36	11533.40	27357.86	36700.99

四川双马水泥股份有限公司

公司概况	公司名称	四川双马水泥股份有限公司			证券简称	四川双马
	法人代表	高希文	董秘	胡军	证券代码	000935
	公司网址	www.cement.com.cn		电子信箱	public.sm@cn.lafarge.com	
	电话	028-65195245 65195289		传真	028-65195291	
	办公地址	四川省成都市高新区盛和一路88号康普雷斯大厦1栋1单元25层				
	经营范围	水泥的生产和销售				

	指标\报告期	2014.06.30	2013.12.31	2013.06.30	2012.12.31
主要财务指标	基本每股收益(元)	0.0400	0.1100	0.0100	0.0100
	基本每股收益	0.0300	0.0200	-0.0100	-0.0400
	稀释每股收益(元)	0.0400	0.1100	0.0100	0.0100
	每股净资产(元)	3.3036	3.2665	3.1628	3.1553
	每股经营现金净流量(元)	0.3989	0.5810	0.2755	0.4407
	每股现金流量(元)	0.1995	0.3077	0.0014	-0.2281
	每股资本公积金(元)	0.7715	0.7715	0.7715	0.7715
	每股盈余公积金(元)	0.0505	0.0505	0.0505	0.0505
	每股未分配利润(元)	1.4816	1.4445	1.3408	1.3333
	净资产收益率(%)	1.1235	3.4031	0.2370	0.4377
	加权净资产收益率(%)	1.1300	3.4600	0.2400	0.4400
	净资产收益率(扣除)(%)	0.9161	0.4910	-0.2895	-1.1991
	总资产(万元)	482008.05	481765.06	472374.57	489481.49
	归属母公司股东权益	203457.26	201171.41	194786.84	194325.26
	营业收入(万元)	100900.48	201715.68	96673.80	186490.40
	营业成本(万元)	80322.02	166676.21	81639.44	169667.40
	投资收益(万元)	9.60	6039.06	43.38	2457.07
	净利润(万元)	2285.84	6846.16	461.58	850.61
	营业利润(万元)	10860.32	22045.11	5893.96	1749.58
	利润总额(万元)	11463.90	23938.08	7259.30	3972.97

江苏华西村股份有限公司

公司概况	公司名称	江苏华西村股份有限公司			证券简称	华西股份
	法人代表	孙云丰	董秘	卞武彪	证券代码	000936
	公司网址	www.jshuaxicun.com		电子信箱	chinahuaxi@263.net	
	电话	0510-86217188 86217149		传真	0510-86217177	
	办公地址	江苏省江阴市华士镇华西村塔群2号4005室				
	经营范围	化工原料、化学纤维品的制造、危险化学品的销售				

	指标\报告期	2014.06.30	2013.12.31	2013.06.30	2012.12.31
主要财务指标	基本每股收益(元)	0.0220	0.0600	0.0200	0.1900
	基本每股收益	0.0210	0.0300	-0.0030	0.0700
	稀释每股收益(元)	0.0220	0.0600	0.0200	0.1900
	每股净资产(元)	2.3751	2.4375	2.3704	2.4741
	每股经营现金净流量(元)	-0.0499	0.1521	-0.0250	0.0186
	每股现金流量(元)	-0.1357	0.0386	-0.1200	0.1230
	每股资本公积金(元)	0.2776	0.3217	0.2942	0.3682
	每股盈余公积金(元)	0.1518	0.1518	0.1511	0.1511
	每股未分配利润(元)	0.9457	0.9640	0.9251	0.9548
	净资产收益率(%)	0.9125	2.4580	0.8580	7.4824
	加权净资产收益率(%)	0.8900	2.4200	0.8300	7.6200
	净资产收益率(扣除)(%)	0.8992	1.4000	-0.1383	2.8618
	总资产(万元)	291239.24	285492.50	300938.12	297405.49
	归属母公司股东权益	177660.91	182331.20	177308.66	185068.57
	营业收入(万元)	101129.07	221351.03	110259.12	265085.14
	营业成本(万元)	94873.44	211866.87	105844.27	250352.59
	投资收益(万元)	927.22	5013.65	3012.12	13801.44
	净利润(万元)	1621.15	4481.73	1521.32	13847.58
	营业利润(万元)	2226.57	6028.99	2348.75	18152.47
	利润总额(万元)	2267.01	6178.08	2406.30	18621.19

冀中能源股份有限公司

公司概况	公司名称	冀中能源股份有限公司			证券简称	冀中能源
	法人代表	郭周克	董秘	陈立军	证券代码	000937
	公司网址	www.jznygf.com		电子信箱	000937@vip.163.com	
	电话	0319-2098828 2068312		传真	0319-2068666	
	办公地址	河北省邢台市中兴西大街191号				
	经营范围	煤炭、建材和电力				

	指标\报告期	2014.06.30	2013.12.31	2013.06.30	2012.12.31
主要财务指标	基本每股收益(元)	0.0228	0.5119	0.3421	0.9731
	基本每股收益	0.0122	-	0.3168	0.9113
	稀释每股收益(元)	0.0228	0.5119	0.3421	0.9731
	每股净资产(元)	6.6340	6.6823	6.6693	6.4719
	每股经营现金净流量(元)	0.0601	2.3538	0.6348	1.0643
	每股现金流量(元)	-0.3225	-0.1844	-0.0417	-0.5467
	每股资本公积金(元)	1.0307	1.0308	0.9261	0.9469
	每股盈余公积金(元)	0.6893	0.6893	0.6240	0.6240
	每股未分配利润(元)	3.8058	3.8830	3.7784	3.6864
	净资产收益率(%)	0.3435	7.6608	5.1290	15.0349
	加权净资产收益率(%)	0.3400	7.8300	5.1400	15.2700
	净资产收益率(扣除)(%)	0.1839	7.3985	4.7504	14.0802
	总资产(万元)	4147751.43	4110192.45	4362783.07	4010751.98
	归属母公司股东权益	1534357.16	1545540.97	1542538.15	1496886.12
	营业收入(万元)	1072346.67	2583369.86	1454502.25	3007239.51
	营业成本(万元)	855028.72	1958795.94	1117666.52	2164455.41
	投资收益(万元)	4864.34	6817.31	4703.45	5310.77
	净利润(万元)	5270.42	118400.38	79116.96	225055.58
	营业利润(万元)	7471.30	161179.45	117685.83	299553.57
	利润总额(万元)	10971.94	176340.05	124586.20	318014.47

紫光股份有限公司

公司概况	公司名称	紫光股份有限公司			证券简称	紫光股份
	法人代表	王济武	董秘	张蔚	证券代码	000938
	公司网址	www.thunis.com		电子信箱	thunis@thunis.com	
	电话	010-62770008		传真	010-62770880	
	办公地址	北京市海淀区清华大学紫光大楼				
	经营范围	技术开发、技术推广、技术转让、技术咨询、技术服务等				

	指标\报告期	2014.06.30	2013.12.31	2013.06.30	2012.12.31
主要财务指标	基本每股收益(元)	0.1940	0.4900	0.1260	0.3510
	基本每股收益	0.1780	0.4690	0.1250	0.2810
	稀释每股收益(元)	0.1940	0.4900	0.1260	0.3510
	每股净资产(元)	7.9819	4.9545	4.5804	4.5845
	每股经营现金净流量(元)	-2.6883	0.6009	-1.3016	-0.6303
	每股现金流量(元)	-0.4859	0.0576	-0.8092	0.1762
	每股资本公积金(元)	5.3523	2.4693	2.4594	2.5390
	每股盈余公积金(元)	0.3541	0.3541	0.3051	0.3051
	每股未分配利润(元)	1.2754	1.1311	0.8158	0.7404
	净资产收益率(%)	2.4342	9.8866	2.7408	7.6542
	加权净资产收益率(%)	3.8300	10.2800	2.7300	8.2100
	净资产收益率(扣除)(%)	2.2344	9.4749	2.7380	6.1272
	总资产(万元)	416827.94	322178.77	264085.79	269173.06
	归属母公司股东权益	164490.46	102102.49	94392.51	94478.39
	营业收入(万元)	445017.68	852003.73	345837.81	653382.34
	营业成本(万元)	425202.52	811962.58	330137.47	624607.26
	投资收益(万元)	1017.70	2304.91	-	3995.85
	净利润(万元)	4003.96	10094.46	2587.09	7231.56
	营业利润(万元)	6714.54	16845.71	3680.96	11188.83
	利润总额(万元)	6751.82	17820.71	3684.80	11598.90

武汉凯迪电力股份有限公司

公司概况					
公司名称	武汉凯迪电力股份有限公司			证券简称	凯迪电力
法人代表	李林芝	董秘	张鸿健	证券代码	000939
公司网址	www.china-kaidi.com		电子信箱	Kaidi@public.wh.hb.cn	
电话	027-67869018 67869270		传真	027-67869018	
办公地址	湖北省武汉市东湖新技术开发区江夏大道特1号				
经营范围	电力、新能源、化工、环保、水处理、仪器仪表、热工、机电一体化、计算机的开发等				

主要财务指标 指标\报告期	2014.06.30	2013.12.31	2013.06.30	2012.12.31
基本每股收益(元)	0.0900	0.0700	0.0500	0.0400
基本每股收益	0.0900	–	0.0400	0.0400
稀释每股收益(元)	0.0900	0.0700	0.0500	0.0400
每股净资产(元)	2.7450	2.6561	2.7601	2.5553
每股经营现金净流量(元)	0.3068	0.7551	0.3302	–0.3781
每股现金流量(元)	0.2316	–0.0965	–0.0440	0.0835
每股资本公积金(元)	–0.0359	–0.0243	0.0736	0.0496
每股盈余公积金(元)	0.2417	0.2417	0.2415	0.2415
每股未分配利润(元)	1.5241	1.4352	1.4158	1.3667
净资产收益率(%)	3.2385	2.5867	1.7803	1.3703
加权净资产收益率(%)	3.2900	2.4700	1.9000	1.3400
净资产收益率(扣除)(%)	3.1726	0.8695	1.6051	1.4500
总资产(万元)	1345319.58	1195615.21	1160194.66	1194990.90
归属母公司股东权益	258935.30	250548.80	260358.33	251339.58
营业收入(万元)	131454.74	220883.24	101963.91	263919.71
营业成本(万元)	99311.64	171122.62	72787.86	197594.38
投资收益(万元)	545.80	4411.94	1282.97	167.94
净利润(万元)	8385.69	6480.92	4635.26	3444.15
营业利润(万元)	9105.96	5267.20	6554.54	8477.47
利润总额(万元)	10450.24	6888.80	6616.59	11753.82

云南南天电子信息产业股份有限公司

公司概况					
公司名称	云南南天电子信息产业股份有限公司			证券简称	南天信息
法人代表	雷坚	董秘	姜东	证券代码	000948
公司网址	www.nantian.com.cn		电子信箱	shily@nantian.com.cn	
电话	0871-3366327 68279182		传真	0871-63317397	
办公地址	云南省昆明市环城东路455号				
经营范围	软件开发、系统集成、金融专用设备以及医药产品的研究开发及生产经营				

主要财务指标 指标\报告期	2014.06.30	2013.12.31	2013.06.30	2012.12.31
基本每股收益(元)	–0.1643	0.0403	–0.2118	0.0276
基本每股收益	–0.1792	–0.2016	–0.2300	–0.0403
稀释每股收益(元)	–0.1643	0.0403	–0.2117	0.0276
每股净资产(元)	5.5142	5.6984	5.3536	5.5805
每股经营现金净流量(元)	–1.8318	0.5424	–1.2502	–0.0905
每股现金流量(元)	–1.5125	1.1609	–1.2060	–0.3982
每股资本公积金(元)	3.2271	3.2271	3.0397	3.0348
每股盈余公积金(元)	0.2619	0.2619	0.2789	0.2789
每股未分配利润(元)	1.0251	1.2094	1.0350	1.2668
净资产收益率(%)	–2.9788	0.6744	–3.9558	0.4943
加权净资产收益率(%)	–2.9300	0.7200	–3.8700	0.4900
净资产收益率(扣除)(%)	–3.2492	–3.3770	–4.2917	–0.7214
总资产(万元)	230530.59	256727.36	234267.07	219171.91
归属母公司股东权益	135932.54	140526.35	123992.26	129246.77
营业收入(万元)	65238.41	215619.25	68771.86	182656.66
营业成本(万元)	50896.42	173371.28	54593.54	141651.96
投资收益(万元)	1002.98	2145.92	1256.68	2211.01
净利润(万元)	–4050.60	947.77	–4904.83	638.83
营业利润(万元)	–4537.60	–1024.65	–5579.97	–1642.77
利润总额(万元)	–4103.31	1354.68	–5088.05	710.03

新乡化纤股份有限公司

公司概况					
公司名称	新乡化纤股份有限公司			证券简称	新乡化纤
法人代表	邵长金	董秘	王文新	证券代码	000949
公司网址	www.bailu.com		电子信箱	xxbailu@263.net	
电话	0373-3978861 3978813		传真	0373-3911359	
办公地址	河南省新乡市凤泉区锦园路1号				
经营范围	粘胶长丝、粘胶短纤、氨纶				

主要财务指标 指标\报告期	2014.06.30	2013.12.31	2013.06.30	2012.12.31
基本每股收益(元)	0.0509	0.0366	0.0018	–0.1685
基本每股收益	0.0483	–	–	–0.1704
稀释每股收益(元)	0.0509	0.0366	0.0018	–0.1685
每股净资产(元)	2.1399	2.0891	2.0543	2.0525
每股经营现金净流量(元)	0.2631	–0.2781	–0.1600	0.8385
每股现金流量(元)	0.1505	–0.0694	–0.0417	–0.0770
每股资本公积金(元)	0.6848	0.6848	0.6848	0.6848
每股盈余公积金(元)	0.2147	0.2147	0.2147	0.2147
每股未分配利润(元)	0.2405	0.1896	0.1549	0.1531
净资产收益率(%)	2.3770	1.7502	0.0891	–8.2118
加权净资产收益率(%)	2.4100	1.7700	0.0900	–7.8900
净资产收益率(扣除)(%)	2.2548	1.8951	–0.0272	–8.3039
总资产(万元)	432482.41	430745.85	449012.35	442103.50
归属母公司股东权益	177446.91	173228.96	170348.80	170197.05
营业收入(万元)	145804.65	326945.35	162329.85	341065.98
营业成本(万元)	123123.83	288457.81	145629.69	324329.52
投资收益(万元)	–61.52	–134.52	–89.84	–21.78
净利润(万元)	4217.94	3031.91	151.75	–13976.21
营业利润(万元)	4578.51	3928.80	–54.79	–16499.63
利润总额(万元)	4833.70	3633.60	178.32	–16315.18

重庆建峰化工股份有限公司

公司概况					
公司名称	重庆建峰化工股份有限公司			证券简称	建峰化工
法人代表	何平	董秘	田军	证券代码	000950
公司网址	www.jfhggf.com		电子信箱	jfhggf@jfhggf.com	
电话	023-72596038 72597832		传真	023-72591275	
办公地址	重庆市涪陵区白涛街道				
经营范围	化肥及相关产品的生产、销售				

主要财务指标 指标\报告期	2014.06.30	2013.12.31	2013.06.30	2012.12.31
基本每股收益(元)	–0.3277	0.0100	0.0404	0.2000
基本每股收益	–0.3301	–0.1100	0.0359	0.1800
稀释每股收益(元)	–0.3277	0.0100	0.0404	0.2000
每股净资产(元)	3.7378	4.0603	4.0897	4.0482
每股经营现金净流量(元)	–0.4349	0.6720	0.1878	0.5833
每股现金流量(元)	–0.0022	–0.1194	0.0938	–0.2296
每股资本公积金(元)	1.7871	1.7871	1.7871	1.7871
每股盈余公积金(元)	0.1846	0.1846	0.1685	0.1685
每股未分配利润(元)	0.7657	1.0934	1.1329	1.0925
净资产收益率(%)	–8.7676	0.2993	0.9888	5.0069
加权净资产收益率(%)	–8.4000	0.3000	0.9900	4.9600
净资产收益率(扣除)(%)	–8.8317	–2.8155	0.8776	4.3735
总资产(万元)	690247.00	654918.86	559255.75	518328.94
归属母公司股东权益	223816.67	243417.02	244893.46	242408.07
营业收入(万元)	168605.00	343722.84	182495.84	332265.65
营业成本(万元)	168244.64	308618.42	160991.16	281931.36
投资收益(万元)	127.23	925.93	318.59	745.22
净利润(万元)	–19623.29	727.78	2421.50	12137.13
营业利润(万元)	–19608.64	–5346.04	2875.95	13848.14
利润总额(万元)	–19595.15	899.01	2874.22	13867.01

中国重汽集团济南卡车股份有限公司

公司概况					
公司名称	中国重汽集团济南卡车股份有限公司			证券简称	中国重汽
法人代表	于有德	董秘	张峰	证券代码	000951
公司网址	www.jntruck.com		电子信箱	cnhtc000951@163.com	
电　　话	0531-85587586 85587588		传　　真	0531-85587003	
办公地址	山东省济南市市中区党家庄镇南首				
经营范围	载重汽车、专用汽车、重型专用车底盘、客车底盘、汽车配件制造等				

主要财务指标 指标\报告期	2014.06.30	2013.12.31	2013.06.30	2012.12.31
基本每股收益(元)	0.6800	0.9100	0.4400	0.1100
基本每股收益	0.6500	0.7800	0.4200	–0.0200
稀释每股收益(元)	0.6800	0.9100	0.4400	0.1100
每股净资产(元)	10.1510	9.7447	9.2781	8.8672
每股经营现金净流量(元)	0.7613	0.2659	1.3429	2.6120
每股现金流量(元)	–0.0876	–0.2320	–0.3699	–6.0424
每股资本公积金(元)	1.6310	1.6310	1.6310	1.6310
每股盈余公积金(元)	1.1161	1.1161	1.1161	1.1161
每股未分配利润(元)	6.4039	5.9976	5.5310	5.1201
净资产收益率(%)	6.6621	9.3128	4.7517	1.2496
加权净资产收益率(%)	6.8900	9.7500	4.8700	1.2500
净资产收益率(扣除)(%)	6.4044	7.9931	4.5320	–0.2388
总资产(万元)	1775576.09	1574859.58	1643290.51	1374646.16
归属母公司股东权益	425757.74	408717.75	389145.87	371913.06
营业收入(万元)	1223594.32	2145351.24	1027211.57	1936953.81
营业成本(万元)	1095750.56	1933495.03	921558.71	1791886.90
投资收益(万元)	–	–	–	–
净利润(万元)	28364.48	38062.96	18491.09	4647.33
营业利润(万元)	46850.09	53773.26	30164.32	2827.66
利润总额(万元)	49695.37	66630.61	31983.67	17362.91

湖北广济药业股份有限公司

公司概况					
公司名称	湖北广济药业股份有限公司			证券简称	广济药业
法人代表	何谧	董秘	宋天德(代)	证券代码	000952
公司网址	www.guangjipharm.com		电子信箱	stock@guangjipharm.com	
电　　话	0713-6216068		传　　真	0713-6216068	
办公地址	湖北省武穴市江堤路1号				
经营范围	生产经营医药原料药、医药制剂、食品添加剂、饲料添加剂等				

主要财务指标 指标\报告期	2014.06.30	2013.12.31	2013.06.30	2012.12.31
基本每股收益(元)	–0.0920	0.0100	0.0030	–0.3800
基本每股收益	–0.1450	–0.2630	–0.1080	–0.4340
稀释每股收益(元)	–0.0920	0.0100	0.0030	–0.3800
每股净资产(元)	2.7566	2.8482	2.8417	2.8563
每股经营现金净流量(元)	0.5138	0.3781	0.0600	0.4292
每股现金流量(元)	0.0622	–0.1207	–0.0722	–0.1084
每股资本公积金(元)	0.2689	0.2689	0.2696	0.2867
每股盈余公积金(元)	0.3012	0.3012	0.3012	0.3012
每股未分配利润(元)	1.1864	1.2780	1.2709	1.2684
净资产收益率(%)	–3.3229	0.3378	0.0904	–13.2922
加权净资产收益率(%)	–3.2700	0.3400	0.0900	–12.4400
净资产收益率(扣除)(%)	–5.2520	–9.2278	–3.8172	–15.1889
总资产(万元)	158870.82	155182.51	156242.69	155597.20
归属母公司股东权益	69384.09	71689.67	71527.45	71895.00
营业收入(万元)	23044.16	48708.04	22756.21	39415.63
营业成本(万元)	20006.84	42720.22	20403.27	38056.24
投资收益(万元)	30.96	2508.11	–14.42	67.26
净利润(万元)	–2305.59	242.20	64.66	–9556.41
营业利润(万元)	–4010.77	–5806.21	–3930.26	–11870.84
利润总额(万元)	–2430.91	–642.76	–520.00	–10195.78

广西河池化工股份有限公司

公司概况					
公司名称	广西河池化工股份有限公司			证券简称	河池化工
法人代表	李春敢	董秘	覃丽芳	证券代码	000953
公司网址	www.hechihuagong.com.cn		电子信箱	hchg000953@126.com	
电　　话	0778-2266832 2266867		传　　真	0778-2266867	
办公地址	广西河池市六甲镇				
经营范围	从事化肥等产品的生产与销售等				

主要财务指标 指标\报告期	2014.06.30	2013.12.31	2013.06.30	2012.12.31
基本每股收益(元)	–0.3674	0.1019	–0.0537	–0.0537
基本每股收益	–0.3734	–0.7290	–0.0765	–0.1708
稀释每股收益(元)	–0.3674	0.1019	–0.0537	–0.0537
每股净资产(元)	1.1906	1.8416	1.9839	2.3269
每股经营现金净流量(元)	–0.3423	0.0304	0.0533	0.0499
每股现金流量(元)	–0.2556	0.1603	–0.0371	–0.2491
每股资本公积金(元)	1.2282	1.5124	1.8044	2.0884
每股盈余公积金(元)	0.1193	0.1193	0.1193	0.1193
每股未分配利润(元)	–1.1619	–0.7945	–0.9501	–0.8964
净资产收益率(%)	–30.8540	5.5317	–2.7089	–2.3073
加权净资产收益率(%)	–26.0000	3.9600	–2.9100	–2.9200
净资产收益率(扣除)(%)	–31.3620	–39.6479	–3.8567	–7.3387
总资产(万元)	201519.99	218832.01	204831.71	207243.58
归属母公司股东权益	35011.61	54153.67	58338.04	68423.49
营业收入(万元)	24831.46	79210.62	44732.18	91491.61
营业成本(万元)	31663.29	87491.32	43558.18	88174.11
投资收益(万元)	–	24050.23	200.01	420.43
净利润(万元)	–10802.50	2995.62	–1580.32	–1578.76
营业利润(万元)	–10984.02	2373.56	–2260.08	–5012.49
利润总额(万元)	–10802.50	2995.62	–1580.32	–1578.76

欣龙控股(集团)股份有限公司

公司概况					
公司名称	欣龙控股(集团)股份有限公司			证券简称	欣龙控股
法人代表	郭开铸	董秘	徐继光(代)	证券代码	000955
公司网址	www.xinlong-holding.com		电子信箱	xlkg@xinlong-holding.com	
电　　话	0898-68581055 68585274		传　　真	0898-68582799	
办公地址	海南省海口市龙昆北路2号珠江广场帝豪大厦17层				
经营范围	水刺、热轧、浆点等无纺布卷材、深加工产品的生产和销售等				

主要财务指标 指标\报告期	2014.06.30	2013.12.31	2013.06.30	2012.12.31
基本每股收益(元)	–0.0226	–0.1000	–0.0243	0.0016
基本每股收益	–0.0300	–0.1100	–0.0200	–0.0500
稀释每股收益(元)	–0.0226	–0.1000	–0.0243	0.0016
每股净资产(元)	1.2268	1.2494	1.3309	1.7534
每股经营现金净流量(元)	–0.0006	–0.0553	0.0018	0.0153
每股现金流量(元)	0.1191	–0.3093	0.0565	0.6305
每股资本公积金(元)	0.8356	0.8356	0.8361	1.3865
每股盈余公积金(元)	–	–	–	–
每股未分配利润(元)	–0.6088	–0.5863	–0.5052	–0.6331
净资产收益率(%)	–1.8386	–7.9459	–1.3674	0.0908
加权净资产收益率(%)	3.7700	–7.9500	3.6700	0.0900
净资产收益率(扣除)(%)	–2.1156	–8.5747	–1.7485	–2.6927
总资产(万元)	98063.99	100740.68	109632.61	105967.98
归属母公司股东权益	66050.98	67265.38	71653.64	72616.82
营业收入(万元)	13191.52	22614.29	9871.74	22764.05
营业成本(万元)	11739.29	20130.17	8381.98	18960.25
投资收益(万元)	92.25	420.88	280.00	–
净利润(万元)	–1214.40	–5344.82	–979.82	65.96
营业利润(万元)	–1355.08	–5382.99	–1015.13	–2747.93
利润总额(万元)	–1218.71	–5330.44	–962.83	60.23

中通客车控股股份有限公司

公司概况					
公司名称	中通客车控股股份有限公司			证券简称	中通客车
法人代表	李树朋	董秘	王兴富	证券代码	000957
公司网址	www.zhongtong.com		电子信箱	zhongtong0957@zhongtong.com	
电　　话	0635-8322765　8325577		传　　真	0635-8328905	
办公地址	山东省聊城市建设东路10号				
经营范围	客车、挂车、汽车底盘及专用配件的开发、制造、销售等				

主要财务指标 指标\报告期	2014.06.30	2013.12.31	2013.06.30	2012.12.31
基本每股收益(元)	0.8600	0.4400	0.1900	0.2400
基本每股收益	0.0500	0.2400	0.1800	0.1900
稀释每股收益(元)	0.8600	0.4400	0.1900	0.2400
每股净资产(元)	4.1356	3.3441	3.0809	2.8817
每股经营现金净流量(元)	−1.9576	1.0925	−0.3976	0.5830
每股现金流量(元)	−1.3704	0.3051	−0.5328	0.3698
每股资本公积金(元)	0.5785	0.5785	0.5785	0.5785
每股盈余公积金(元)	0.2900	0.2900	0.2328	0.2328
每股未分配利润(元)	2.2062	1.4275	1.2356	1.0465
净资产收益率(%)	20.7626	13.1029	6.1363	8.4130
加权净资产收益率(%)	22.7600	14.1300	6.3500	8.8600
净资产收益率(扣除)(%)	1.2893	7.3221	5.8240	6.5258
总资产(万元)	354746.56	325532.05	316656.85	271030.93
归属母公司股东权益	98635.68	79757.82	73481.06	68729.48
营业收入(万元)	156163.10	321670.81	156009.35	286838.07
营业成本(万元)	133143.57	268926.31	129551.92	244303.57
投资收益(万元)	21596.55	101.00	47.83	77.59
净利润(万元)	20479.38	10450.61	4509.02	5782.19
营业利润(万元)	22925.24	9196.33	5248.99	5475.84
利润总额(万元)	25363.42	12606.65	5459.91	6799.99

石家庄东方热电股份有限公司

公司概况					
公司名称	石家庄东方热电股份有限公司			证券简称	东方热电
法人代表	安建国	董秘	王世荣	证券代码	000958
公司网址	www.dfrdjt.com		电子信箱	dfrd0958@sina.com	
电　　话	0311-85053913		传　　真	0311-85053924	
办公地址	河北省石家庄市建华南大街161号				
经营范围	热力、电力的生产与销售等				

主要财务指标 指标\报告期	2014.06.30	2013.12.31	2013.06.30	2012.12.31
基本每股收益(元)	0.2500	2.2300	0.2000	−0.2200
基本每股收益	0.2500	0.1600	0.0700	−0.4000
稀释每股收益(元)	0.2500	2.2300	0.2000	−0.2200
每股净资产(元)	1.7215	1.4733	−2.3152	−2.5125
每股经营现金净流量(元)	−0.2514	0.5459	0.2861	0.1891
每股现金流量(元)	−1.6169	1.6381	0.1771	−0.0520
每股资本公积金(元)	2.4742	2.4742	1.9395	1.9395
每股盈余公积金(元)	0.1531	0.1531	0.2472	0.2472
每股未分配利润(元)	−1.9058	−2.1540	−5.5019	−5.6992
净资产收益率(%)	14.4183	93.8357	−8.5227	−8.7715
加权净资产收益率(%)	15.5400	−159.7600	−	9.4600
净资产收益率(扣除)(%)	14.5596	6.7709	−3.1875	15.8923
总资产(万元)	151465.74	226518.38	128570.15	137902.85
归属母公司股东权益	83217.31	71218.78	−69335.46	−75244.72
营业收入(万元)	40819.43	72777.51	44708.69	85741.26
营业成本(万元)	34080.92	70226.74	41774.21	87932.54
投资收益(万元)	9524.86	11045.08	5082.67	6557.54
净利润(万元)	11998.54	66828.61	5909.26	−6600.08
营业利润(万元)	12116.09	4735.42	2210.04	−12325.48
利润总额(万元)	12047.12	67414.59	5937.51	−6879.34

北京首钢股份有限公司

公司概况					
公司名称	北京首钢股份有限公司			证券简称	首钢股份
法人代表	靳伟	董秘	章雁	证券代码	000959
公司网址	www.sggf.com.cn		电子信箱	office@sggf.com.cn	
电　　话	010-88293727		传　　真	010-68873028	
办公地址	北京市石景山路99号				
经营范围	钢铁冶炼、钢压延加工、冶金技术开发、咨询、转让、服务等				

主要财务指标 指标\报告期	2014.06.30	2013.12.31	2013.06.30	2012.12.31
基本每股收益(元)	0.0018	−0.0772	−0.0201	−0.1204
基本每股收益	−0.0164	−	−0.0912	−0.1237
稀释每股收益(元)	0.0018	−0.0772	−0.0201	−0.1204
每股净资产(元)	3.9309	2.3982	2.3852	2.4756
每股经营现金净流量(元)	0.2261	0.1313	0.8903	0.1110
每股现金流量(元)	0.0180	−0.0718	−0.0130	−0.2307
每股资本公积金(元)	2.5276	6.8905	1.1597	1.1595
每股盈余公积金(元)	0.2534	0.4488	0.3984	0.3984
每股未分配利润(元)	0.1491	0.2507	−0.1738	−0.0831
净资产收益率(%)	0.0450	−3.2202	−3.8009	−4.8624
加权净资产收益率(%)	0.0400	−3.1700	−0.4200	−4.7800
净资产收益率(扣除)(%)	−0.4178	−3.5253	−3.8244	−4.9982
总资产(万元)	5956473.34	6462882.82	1559876.25	1611836.44
归属母公司股东权益	2079212.31	2548512.64	707589.80	734400.56
营业收入(万元)	1266280.53	925019.08	1401200.53	1010338.22
营业成本(万元)	1190631.79	916004.23	1328036.38	1022641.67
投资收益(万元)	10861.65	21172.66	−1554.66	29145.52
净利润(万元)	936.02	−22909.40	−10609.76	−35709.51
营业利润(万元)	−3922.27	−35111.51	−12484.57	−54709.65
利润总额(万元)	−3418.54	−33920.52	−11830.98	−53490.47

云南锡业股份有限公司

公司概况					
公司名称	云南锡业股份有限公司			证券简称	锡业股份
法人代表	高文翔	董秘	潘文皓	证券代码	000960
公司网址	www.ytl.com.cn		电子信箱	xygf000960@ytc.cn	
电　　话	0873-3118606		传　　真	0873-3118622	
办公地址	云南省个旧市金湖东路121号云南锡业股份有限公司证券部				
经营范围	有色金属锡及其深加工产品的生产和销售业务等				

主要财务指标 指标\报告期	2014.06.30	2013.12.31	2013.06.30	2012.12.31
基本每股收益(元)	0.1474	−1.2777	−1.0191	0.0641
基本每股收益	0.1091	−1.3700	−1.0400	0.0336
稀释每股收益(元)	0.1474	−1.2777	−1.0191	0.0641
每股净资产(元)	6.2771	6.1293	6.4789	4.8900
每股经营现金净流量(元)	1.4805	1.8972	−0.2040	0.3051
每股现金流量(元)	−0.1311	0.7666	2.0127	0.0358
每股资本公积金(元)	4.5310	4.5310	4.5328	1.6203
每股盈余公积金(元)	0.3835	0.3835	0.3835	0.4871
每股未分配利润(元)	0.3768	0.2294	0.5753	1.7956
净资产收益率(%)	2.3485	−18.9997	−12.9431	0.6732
加权净资产收益率(%)	2.3800	−22.0200	−20.9300	1.2100
净资产收益率(扣除)(%)	1.7374	−20.4170	−13.2060	1.0548
总资产(万元)	2200566.51	2265756.54	2600958.62	2395902.45
归属母公司股东权益	722632.05	705623.24	745859.73	443108.65
营业收入(万元)	1118586.05	2192176.98	1046676.85	1627714.94
营业成本(万元)	1030047.84	2187275.14	1007382.42	1472285.24
投资收益(万元)	2809.79	422.29	1045.55	−2460.21
净利润(万元)	16970.79	−134066.15	−96537.24	5815.32
营业利润(万元)	18122.05	−165518.66	−113857.82	3539.37
利润总额(万元)	20272.38	−157087.17	−112811.02	6576.62

江苏中南建设集团股份有限公司

公司概况	公司名称	江苏中南建设集团股份有限公司				证券简称	中南建设
	法人代表	陈锦石	董秘	智刚		证券代码	000961
	公司网址	www.zhongnanconstruction.cn		电子信箱		zhongnan@zhongnangroup.cn	
	电话	0513-82738286		传真		0513-80901830	
	办公地址	江苏省海门市常乐镇中南大厦					
	经营范围	土木工程建筑和房地产开发					

	指标\报告期	2014.06.30	2013.12.31	2013.06.30	2012.12.31
主要财务指标	基本每股收益(元)	0.4400	1.0400	0.4200	0.8800
	基本每股收益	0.4500	1.0000	0.4100	0.8700
	稀释每股收益(元)	0.4400	1.0400	0.4200	0.8800
	每股净资产(元)	6.9925	6.6247	5.8586	5.5432
	每股经营现金净流量(元)	-5.4365	-3.5785	0.0611	-0.2379
	每股现金流量(元)	0.1049	0.9314	1.4701	1.1797
	每股资本公积金(元)	0.6201	0.6829	0.5369	0.5369
	每股盈余公积金(元)	0.1981	0.2099	0.1823	0.1823
	每股未分配利润(元)	5.1744	4.7320	4.1394	3.8240
	净资产收益率(%)	6.3272	15.6321	7.0907	15.9442
	加权净资产收益率(%)	6.4600	17.2000	7.2200	17.3500
	净资产收益率(扣除)(%)	6.4147	15.1548	7.0168	15.6882
	总资产(万元)	7503232.95	6511210.35	5428692.37	4783818.27
	归属母公司股东权益	816616.42	773653.82	684190.66	647355.45
	营业收入(万元)	950604.63	1832640.84	731479.19	1303456.42
	营业成本(万元)	709780.25	1293435.09	505498.69	878891.18
	投资收益(万元)	-7.20	920.30	-0.70	54.52
	净利润(万元)	51668.98	120938.29	48513.60	103215.79
	营业利润(万元)	74414.79	209993.06	78297.11	157962.03
	利润总额(万元)	73464.90	213281.98	78959.55	159794.44

宁夏东方钽业股份有限公司

公司概况	公司名称	宁夏东方钽业股份有限公司				证券简称	东方钽业
	法人代表	张创奇	董秘	叶照贯		证券代码	000962
	公司网址	www.otic.com.cn		电子信箱		zhqb@otic.public.yc.nx.cn	
	电话	0952-2098563 2098507		传真		0952-2098562	
	办公地址	宁夏回族自治区石嘴山市大武口区冶金路					
	经营范围	钽、铌、铍、钛、镁等有色金属材料的生产、加工、开发、科研与销售等					

	指标\报告期	2014.06.30	2013.12.31	2013.06.30	2012.12.31
主要财务指标	基本每股收益(元)	-0.1762	0.0080	0.0742	0.2364
	基本每股收益	-0.1946	-0.0790	0.0397	-0.0200
	稀释每股收益(元)	-0.1762	0.0080	0.0742	0.2364
	每股净资产(元)	5.3220	5.5211	5.5858	5.5502
	每股经营现金净流量(元)	0.2085	-0.1899	-0.0178	0.1288
	每股现金流量(元)	-0.4264	-0.0059	-0.3695	-0.8393
	每股资本公积金(元)	2.7157	2.7157	2.7177	2.7155
	每股盈余公积金(元)	0.5407	0.5407	0.5381	0.5381
	每股未分配利润(元)	1.0511	1.2573	1.3261	1.2920
	净资产收益率(%)	-3.3111	0.1455	1.3281	4.2595
	加权净资产收益率(%)	-3.2500	0.1500	1.3300	4.3300
	净资产收益率(扣除)(%)	-3.6569	-1.4224	0.7112	-0.3150
	总资产(万元)	444567.00	474241.38	483605.15	462963.04
	归属母公司股东权益	234610.68	243389.86	246239.06	244671.08
	营业收入(万元)	171336.93	287343.07	140885.28	224849.03
	营业成本(万元)	166349.47	264577.52	127967.82	197416.20
	投资收益(万元)	-84.90	308.67	272.29	474.61
	净利润(万元)	-7768.17	354.10	3270.41	10421.74
	营业利润(万元)	-8742.59	-3281.42	2341.57	-321.26
	利润总额(万元)	-7785.93	979.13	4011.06	12036.29

华东医药股份有限公司

公司概况	公司名称	华东医药股份有限公司				证券简称	华东医药
	法人代表	李邦良	董秘	陈波		证券代码	000963
	公司网址	www.eastchinapharm.com		电子信箱		hz000963@126.com	
	电话	0571-89903300		传真		0571-89903300	
	办公地址	浙江省杭州市莫干山路866号					
	经营范围	医药原料药、制剂生产、医药产品经营					

	指标\报告期	2014.06.30	2013.12.31	2013.06.30	2012.12.31
主要财务指标	基本每股收益(元)	0.8968	1.3200	0.7669	1.0800
	基本每股收益	0.8964	1.2800	-	1.0700
	稀释每股收益(元)	0.8968	1.3200	0.7669	1.0800
	每股净资产(元)	6.1253	5.9285	5.3716	4.6048
	每股经营现金净流量(元)	1.0986	1.0989	0.7450	1.4807
	每股现金流量(元)	0.9545	0.2729	1.3451	0.0008
	每股资本公积金(元)	0.0182	0.0182	0.0182	0.0182
	每股盈余公积金(元)	0.4341	0.4341	0.3326	0.3326
	每股未分配利润(元)	4.6730	4.4762	4.0208	3.2539
	净资产收益率(%)	14.6408	22.3437	14.2766	23.5111
	加权净资产收益率(%)	14.0600	25.1500	15.3700	26.6400
	净资产收益率(扣除)(%)	14.6339	21.5357	13.6297	23.1718
	总资产(万元)	869841.48	767341.36	769517.80	653873.23
	归属母公司股东权益	265873.74	257331.95	233161.78	199874.25
	营业收入(万元)	911116.64	1671798.64	810524.15	1457923.04
	营业成本(万元)	698153.58	1334137.94	643587.83	1172985.22
	投资收益(万元)	481.55	727.66	307.82	791.12
	净利润(万元)	38925.99	57497.59	33287.53	46992.72
	营业利润(万元)	69630.70	92483.92	51731.69	78267.29
	利润总额(万元)	68666.90	94229.40	53057.31	78752.08

天津天保基建股份有限公司

公司概况	公司名称	天津天保基建股份有限公司				证券简称	天保基建
	法人代表	孙亚宁	董秘	秦峰		证券代码	000965
	公司网址	www.tbjijian.com		电子信箱		dongmi@tbjijian.com	
	电话	022-84866617		传真		022-84866667	
	办公地址	天津市天津空港经济区西五道35号汇津广场1号楼					
	经营范围	水泥产品的制造、销售及房地产开发等					

	指标\报告期	2014.06.30	2013.12.31	2013.06.30	2012.12.31
主要财务指标	基本每股收益(元)	0.1900	0.2400	0.1200	0.2300
	基本每股收益	0.1900	0.2100	0.1200	0.1800
	稀释每股收益(元)	0.1900	0.2400	0.1200	0.2300
	每股净资产(元)	4.0950	3.7626	3.6392	3.5400
	每股经营现金净流量(元)	-0.0386	0.3343	-0.0022	0.0739
	每股现金流量(元)	1.1932	0.5843	0.2646	-0.3991
	每股资本公积金(元)	1.8740	1.1749	1.1749	1.1749
	每股盈余公积金(元)	0.0543	0.0792	0.0699	0.0699
	每股未分配利润(元)	1.1666	1.5086	1.3944	1.2972
	净资产收益率(%)	3.5776	6.4207	3.2478	6.4810
	加权净资产收益率(%)	4.7100	6.6200	3.2800	6.6000
	净资产收益率(扣除)(%)	3.5769	5.5783	3.1733	5.1276
	总资产(万元)	608719.40	529135.00	474506.41	461773.37
	归属母公司股东权益	413154.86	260499.90	251957.09	245228.02
	营业收入(万元)	81321.52	87218.66	54340.17	110588.19
	营业成本(万元)	51685.34	54740.36	35862.85	77641.43
	投资收益(万元)	771.40	-	-	318.16
	净利润(万元)	14781.11	16725.79	8182.98	15893.32
	营业利润(万元)	18927.74	18441.87	10053.69	20515.20
	利润总额(万元)	19858.49	22294.48	11230.69	21567.99

国电长源电力股份有限公司

公司概况	公司名称	国电长源电力股份有限公司			证券简称	长源电力
	法人代表	张玉新	董秘	张玉新(代)	证券代码	000966
	公司网址	www.cydl.com.cn		电子信箱	sec@cydl.com.cn	
	电　　话	027-88717131　88717003		传　　真	027-88717130	
	办公地址	湖北省武汉市洪山区徐东大街 113 号国电大厦 24-29 楼				
	经营范围	电力、热力生产、煤炭的生产和销售等				

主要财务指标	指标\报告期	2014.06.30	2013.12.31	2013.06.30	2012.12.31
	基本每股收益(元)	0.5799	0.5280	0.4152	0.1527
	基本每股收益	0.5681	1.2073	0.3994	0.0514
	稀释每股收益(元)	0.5799	0.5280	0.4152	0.1527
	每股净资产(元)	3.5890	3.0091	2.8963	2.4811
	每股经营现金净流量(元)	2.6113	3.6172	2.7206	4.5306
	每股现金流量(元)	−0.0591	−0.2278	−0.0061	−0.6968
	每股资本公积金(元)	2.9023	2.9023	2.9023	2.9023
	每股盈余公积金(元)	0.0781	0.0781	0.0781	0.0781
	每股未分配利润(元)	−0.3952	−0.9750	−1.0879	−1.5031
	净资产收益率(%)	16.1566	17.5469	14.3348	6.1542
	加权净资产收益率(%)	17.5800	19.2300	15.4400	6.3400
	净资产收益率(扣除)(%)	15.8283	40.1203	13.7899	2.0723
	总资产(万元)	1082769.21	1116294.70	1156310.04	1236100.34
	归属母公司股东权益	198880.67	166748.26	160496.53	137489.75
	营业收入(万元)	325266.48	757522.78	347752.93	717788.44
	营业成本(万元)	248053.81	600251.21	280613.67	634735.27
	投资收益(万元)	−732.56	4144.86	−511.83	3584.96
	净利润(万元)	32132.41	29259.13	23006.78	8461.40
	营业利润(万元)	47193.61	91730.49	32068.39	11826.68
	利润总额(万元)	47271.84	44560.59	32532.80	16015.51

浙江上风实业股份有限公司

公司概况	公司名称	浙江上风实业股份有限公司			证券简称	上风高科
	法人代表	周光宗	董秘	刘开明	证券代码	000967
	公司网址	www.sfgk.com.cn		电子信箱	sfgk@infore.com	
	电　　话	0575-82360805　26335291		传　　真	0575-82360805	
	办公地址	浙江省绍兴市上虞区上浦镇上浦经济开发区				
	经营范围	研制、开发、生产通风机、风冷、水冷、空调设备、环保设备等				

主要财务指标	指标\报告期	2014 06.30	2013.12.31	2013.06.30	2012.12.31
	基本每股收益(元)	0.1130	0.2200	0.0960	0.1900
	基本每股收益	0.0230	–	0.0060	–
	稀释每股收益(元)	0.1130	0.2200	0.0960	0.1900
	每股净资产(元)	3.4562	3.2465	3.1703	3.6660
	每股经营现金净流量(元)	0.2911	−0.2611	−0.2076	0.5739
	每股现金流量(元)	−0.0920	0.0114	−0.0422	−0.1086
	每股资本公积金(元)	1.7244	1.5879	1.6315	2.1146
	每股盈余公积金(元)	0.1759	0.1759	0.1545	0.1854
	每股未分配利润(元)	0.5559	0.4827	0.3843	0.3661
	净资产收益率(%)	3.2741	6.6449	3.0252	6.3057
	加权净资产收益率(%)	3.3600	6.8000	2.9700	7.0200
	净资产收益率(扣除)(%)	0.6777	0.0392	0.1987	0.0769
	总资产(万元)	238336.33	245093.17	186625.06	185339.08
	归属母公司股东权益	85096.85	79932.93	78056.57	75219.13
	营业收入(万元)	147561.03	270524.63	135142.98	257642.47
	营业成本(万元)	132441.28	249300.36	125346.48	235173.40
	投资收益(万元)	3477.65	6234.00	2942.34	6682.55
	净利润(万元)	2786.15	5311.49	2361.35	4743.06
	营业利润(万元)	3563.48	5622.96	2676.99	5697.11
	利润总额(万元)	3382.20	6360.15	2946.14	7128.13

太原煤气化股份有限公司

公司概况	公司名称	太原煤气化股份有限公司			证券简称	煤 气 化
	法人代表	王锁奎	董秘	杨军(代)	证券代码	000968
	公司网址	www.tymqh.com		电子信箱	mqh000968@126.com	
	电　　话	0351-6019778　6019365		传　　真	0351-6019034	
	办公地址	山西省太原市和平南路 83 号				
	经营范围	生产和销售煤炭、精中煤、焦炭、煤气、煤化工等产品				

主要财务指标	指标\报告期	2014.06.30	2013.12.31	2013.06.30	2012.12.31
	基本每股收益(元)	−0.6064	0.0885	−0.3456	−0.6852
	基本每股收益	−0.5983	−1.7170	−0.3389	−0.7551
	稀释每股收益(元)	−0.6064	0.0885	−0.3456	−0.6852
	每股净资产(元)	4.8421	5.3773	4.9765	5.2755
	每股经营现金净流量(元)	−0.7662	−0.6060	−0.5431	0.7795
	每股现金流量(元)	1.2424	−0.4663	0.0362	0.2200
	每股资本公积金(元)	1.1366	1.1366	1.1366	1.1366
	每股盈余公积金(元)	0.5058	0.5058	0.4779	0.4779
	每股未分配利润(元)	1.7994	2.4158	2.0096	2.3552
	净资产收益率(%)	−12.5230	1.6464	−6.9441	−12.9900
	加权净资产收益率(%)	−11.8600	1.6600	−6.7400	−11.9900
	净资产收益率(扣除)(%)	−12.3570	−31.9300	−6.8098	−14.3137
	总资产(万元)	1339050.10	1170879.80	1045129.46	945435.66
	归属母公司股东权益	248763.31	276254.90	255664.37	271029.36
	营业收入(万元)	88300.71	208565.17	106708.35	331231.27
	营业成本(万元)	83081.54	186149.37	79913.74	274808.79
	投资收益(万元)	–	–	–	–
	净利润(万元)	−31152.73	4548.22	−17753.50	−35202.57
	营业利润(万元)	−34738.07	−86313.00	−13496.43	−23416.45
	利润总额(万元)	−35646.38	5467.47	−14461.65	−21515.63

安泰科技股份有限公司

公司概况	公司名称	安泰科技股份有限公司			证券简称	安泰科技
	法人代表	才让	董秘	张晋华	证券代码	000969
	公司网址	www.atmcn.com		电子信箱	securities@atmcn.com	
	电　　话	010-62188403		传　　真	010-62182695	
	办公地址	北京市海淀区学院南路 76 号				
	经营范围	先进金属材料及制品的研发和生产销售				

主要财务指标	指标\报告期	2014.06.30	2013.12.31	2013.06.30	2012.12.31
	基本每股收益(元)	0.0148	0.0730	0.0373	0.0854
	基本每股收益	0.0039	0.0575	–	0.0961
	稀释每股收益(元)	0.0148	0.0730	0.0373	0.0854
	每股净资产(元)	3.7930	3.7972	3.7632	3.8459
	每股经营现金净流量(元)	−0.0439	0.5734	0.1380	0.6775
	每股现金流量(元)	−0.1610	−0.4921	−0.2922	0.5634
	每股资本公积金(元)	1.7753	1.7744	1.7739	1.7739
	每股盈余公积金(元)	0.4155	0.4155	0.4003	0.4003
	每股未分配利润(元)	0.6021	0.6073	0.5890	0.6695
	净资产收益率(%)	0.3914	1.9218	0.9915	2.2751
	加权净资产收益率(%)	0.3900	1.8800	0.9700	2.2100
	净资产收益率(扣除)(%)	0.0937	1.5155	0.8813	2.4863
	总资产(万元)	776813.48	749777.85	767503.79	761226.59
	归属母公司股东权益	327255.58	327618.61	324690.00	331634.35
	营业收入(万元)	208328.76	384844.61	190268.99	381870.50
	营业成本(万元)	179826.93	329774.99	162204.13	320491.55
	投资收益(万元)	522.84	−713.10	−406.37	−646.08
	净利润(万元)	1280.86	6296.09	3219.46	7359.68
	营业利润(万元)	2366.43	6155.93	3416.46	9522.53
	利润总额(万元)	2739.00	7834.28	3902.53	12711.04

北京中科三环高技术股份有限公司

公司概况						
公司名称	北京中科三环高技术股份有限公司				证券简称	中科三环
法人代表	王震西	董秘	赵寅鹏		证券代码	000970
公司网址	www.san-huan.com.cn		电子信箱		security@san-huan.com.cn	
电　话	010-62656017		传　真		010-62670793	
办公地址	北京市海淀区中关村东路 66 号甲 1 号楼 27 层					
经营范围	稀土永磁和新型磁性材料及其应用产品的研究开发、生产和销售					

主要财务指标：指标＼报告期	2014.06.30	2013.12.31	2013.06.30	2012.12.31
基本每股收益(元)	0.1500	0.3200	0.1700	0.6200
基本每股收益	0.1467	0.3100	0.1500	1.1900
稀释每股收益(元)	0.1500	0.3200	0.1700	0.6200
每股净资产(元)	3.3577	3.3057	3.1563	6.1747
每股经营现金净流量(元)	0.0233	0.3852	0.1478	3.5213
每股现金流量(元)	–0.3962	–0.2080	–0.1914	2.1352
每股资本公积金(元)	0.4012	0.4012	0.4029	1.3059
每股盈余公积金(元)	0.1723	0.1723	0.1524	0.3048
每股未分配利润(元)	1.7842	1.7322	1.6011	3.5639
净资产收益率(%)	4.5275	9.6835	5.3573	19.7171
加权净资产收益率(%)	4.5400	10.0400	5.3600	23.0700
净资产收益率(扣除)(%)	4.3678	9.2440	4.7783	18.8828
总资产(万元)	532993.52	540597.55	505199.86	517985.10
归属母公司股东权益	357663.41	352122.05	336213.64	328862.02
营业收入(万元)	191896.05	363866.90	173006.27	493384.51
营业成本(万元)	146567.74	260241.69	119879.97	330226.03
投资收益(万元)	–299.16	–2109.23	–2167.54	–409.46
净利润(万元)	16193.36	34097.91	18011.95	64842.16
营业利润(万元)	21211.64	44920.88	23091.24	92520.61
利润总额(万元)	22427.48	47962.39	26408.67	96707.84

湖北蓝鼎控股股份有限公司

公司概况						
公司名称	湖北蓝鼎控股股份有限公司				证券简称	蓝鼎控股
法人代表	曹雨云	董秘	张继红		证券代码	000971
公司网址	www.mai-ya.com		电子信箱		ir@mai-ya.com	
电　话	0728-3275828		传　真		0728-3275829	
办公地址	湖北省仙桃市仙桃大道西端 19 号万钜国际大厦					
经营范围	棉、化纤纺织及印染精加工、毛纺织和染整精加工、纺织品等					

主要财务指标：指标＼报告期	2014.06.30	2013.12.31	2013.06.30	2012.12.31
基本每股收益(元)	–0.0430	–0.0600	–0.0540	0.0300
基本每股收益	–0.0450	–0.2100	–0.0950	–0.3000
稀释每股收益(元)	–0.0430	–0.0600	–0.0540	0.0300
每股净资产(元)	0.0457	0.0958	0.0198	0.1388
每股经营现金净流量(元)	–0.0479	0.0067	–0.0434	–0.2422
每股现金流量(元)	–0.0031	–0.2302	–0.1879	0.2018
每股资本公积金(元)	0.7142	0.7216	0.6361	0.7011
每股盈余公积金(元)	0.1966	0.1966	0.1966	0.1966
每股未分配利润(元)	–1.8651	–1.8224	–1.8128	–1.7589
净资产收益率(%)	–93.4649	–66.1949	–271.9239	23.7356
加权净资产收益率(%)	–60.3800	–54.0700	–67.9700	43.6000
净资产收益率(扣除)(%)	–97.4372	–216.5962	–480.3452	–218.5748
总资产(万元)	14894.02	15795.59	40687.65	51289.66
归属母公司股东权益	1111.62	2329.57	481.97	3374.37
营业收入(万元)	2321.00	10506.43	5243.20	20401.94
营业成本(万元)	2233.34	10840.69	5498.63	20063.07
投资收益(万元)	126.66	3402.76	1184.67	442.28
净利润(万元)	–1038.98	–1542.06	–1310.59	800.93
营业利润(万元)	–983.98	–1605.83	–1313.02	–7061.74
利润总额(万元)	–1038.98	–1542.06	–1310.59	800.93

新疆中基实业股份有限公司

公司概况						
公司名称	新疆中基实业股份有限公司				证券简称	新中基
法人代表	曾超	董秘	顾永新		证券代码	000972
公司网址	www.chalkistomato.com		电子信箱		guyongxin@chalkistomato.com	
电　话	0991-8852972 8852110		传　真		0991-8816688	
办公地址	新疆维吾尔自治区乌鲁木齐市青年路北一巷 8 号					
经营范围	大包装浓缩番茄酱、去皮番茄和番茄丁、小罐番茄制品等					

主要财务指标：指标＼报告期	2014.06.30	2013.12.31	2013.06.30	2012.12.31
基本每股收益(元)	–0.0353	–0.4741	–0.1276	0.0800
基本每股收益	–0.0345	–	–0.1298	–0.6611
稀释每股收益(元)	–0.0345	–0.4741	–0.1298	0.0800
每股净资产(元)	1.1375	0.0594	0.4074	0.5367
每股经营现金净流量(元)	–0.0358	0.4477	0.4095	–0.0367
每股现金流量(元)	–0.1656	–0.2135	0.0764	0.1397
每股资本公积金(元)	0.9978	1.1128	1.0800	1.0806
每股盈余公积金(元)	0.1808	0.1808	0.1808	0.1808
每股未分配利润(元)	–1.0411	–2.1161	–1.8552	–1.7276
净资产收益率(%)	–3.1029	–798.8256	–31.3190	15.4647
加权净资产收益率(%)	–84.6300	–158.2000	–26.9800	26.5300
净资产收益率(扣除)(%)	–3.0363	–826.4917	–31.8688	–123.1627
总资产(万元)	195265.26	270544.62	351022.09	372616.29
归属母公司股东权益	87731.81	13702.46	31422.72	41398.49
营业收入(万元)	20124.92	95494.43	60172.18	124596.21
营业成本(万元)	18049.45	84624.85	53373.19	102008.24
投资收益(万元)	–30.99	–632.43	–20.03	–791.60
净利润(万元)	–2722.25	–36567.92	–9841.27	6402.15
营业利润(万元)	–2916.43	–48160.87	–11109.47	–56728.27
利润总额(万元)	–2974.90	–46769.84	–10936.70	7443.63

佛山佛塑科技集团股份有限公司

公司概况						
公司名称	佛山佛塑科技集团股份有限公司				证券简称	佛塑科技
法人代表	李曼莉	董秘	何水秀		证券代码	000973
公司网址	www.fspg.com.cn		电子信箱		dmb@fspg.com.cn	
电　话	0757-83988189		传　真		0757-83988186	
办公地址	广东省佛山市禅城区汾江中路 85 号					
经营范围	各类塑料制品、粘胶制品、各类包装及印刷复合制品和塑料加工设备等					

主要财务指标：指标＼报告期	2014.06.30	2013.12.31	2013.06.30	2012.12.31
基本每股收益(元)	0.0300	0.0800	0.0300	0.1400
基本每股收益	0.0200	0.0600	0.0200	0.0800
稀释每股收益(元)	0.0300	0.0800	0.0300	0.1400
每股净资产(元)	2.1040	2.1055	2.0939	2.1100
每股经营现金净流量(元)	0.0777	0.3027	–0.0691	0.5473
每股现金流量(元)	–0.0655	–0.0619	–0.1569	0.0238
每股资本公积金(元)	0.3298	0.3278	0.3640	0.3898
每股盈余公积金(元)	0.1835	0.1835	0.1799	0.1799
每股未分配利润(元)	0.5907	0.5943	0.5499	0.6030
净资产收益率(%)	1.2546	3.8775	1.0509	6.2016
加权净资产收益率(%)	1.2500	3.9400	1.2700	6.9300
净资产收益率(扣除)(%)	0.9514	2.6947	0.9729	3.9924
总资产(万元)	505217.60	510632.78	462068.62	510833.25
归属母公司股东权益	203543.99	203693.93	192392.65	199640.57
营业收入(万元)	124793.38	301924.58	137672.86	392497.55
营业成本(万元)	106693.69	250893.20	116310.49	334297.22
投资收益(万元)	5772.66	6057.51	3596.02	7963.20
净利润(万元)	2553.69	7898.32	2527.90	13357.64
营业利润(万元)	3971.81	12104.47	4414.62	17990.00
利润总额(万元)	4528.97	13758.82	4623.89	19648.09

银泰资源股份有限公司

公司概况	公司名称	银泰资源股份有限公司			证券简称	银泰资源
	法人代表	杨海飞	董秘	刘黎明	证券代码	000975
	公司网址			电子信箱	975@scd.cn	
	电　　话	010-85171856		传　　真	010-65668256	
	办公地址	北京市朝阳区建国门外大街2号银泰中心C座6层01单元				
	经营范围	高新技术产业项目、城市基础设施建设项目、环保建设等				

	指标\报告期	2014.06.30	2013.12.31	2013.06.30	2012.12.31
主要财务指标	基本每股收益(元)	0.0710	0.4453	0.2006	0.0260
	基本每股收益	0.0601	0.1930	0.0036	0.0337
	稀释每股收益(元)	0.0710	0.4453	0.2006	0.0260
	每股净资产(元)	3.2972	3.4242	3.2054	1.5168
	每股经营现金净流量(元)	–0.0625	0.2742	–0.1795	0.7763
	每股现金流量(元)	–0.5156	0.5304	–0.2807	0.7556
	每股资本公积金(元)	1.9277	1.9277	1.9553	0.1684
	每股盈余公积金(元)	0.0996	0.0996	0.0643	0.1120
	每股未分配利润(元)	0.2533	0.3823	0.1761	0.2364
	净资产收益率(%)	2.1528	12.5430	5.8133	1.7126
	加权净资产收益率(%)	2.1100	14.0227	6.5000	1.7200
	净资产收益率(扣除)(%)	1.8216	5.4358	0.1044	2.2189
	总资产(万元)	451373.87	478560.25	460635.77	165828.13
	归属母公司股东权益	357936.76	371724.42	347972.85	94485.68
	营业收入(万元)	18442.71	59373.40	772.65	25617.96
	营业成本(万元)	1488.32	7445.90	44.47	14612.50
	投资收益(万元)	1675.18	34427.86	31117.19	–
	净利润(万元)	7705.58	46625.39	20228.80	1618.12
	营业利润(万元)	12529.52	66129.18	22607.18	2304.52
	利润总额(万元)	12450.85	65970.78	22602.73	2312.49

广东开平春晖股份有限公司

公司概况	公司名称	广东开平春晖股份有限公司			证券简称	春晖股份
	法人代表	方振颖	董秘	陈伟奇	证券代码	000976
	公司网址	www.my0976.com		电子信箱	my0976@my0976.com	
	电　　话	0750-2276949 2228111*286		传　　真	0750-2276959	
	办公地址	广东省开平市长沙港口路10号				
	经营范围	涤纶长丝、锦纶长丝、高粘切片、瓶级切片及化纤产品的生产和销售等				

	指标\报告期	2014 06.30	2013.12.31	2013.06.30	2012.12.31
主要财务指标	基本每股收益(元)	–0.1000	–0.1700	–0.0800	0.0200
	基本每股收益	–0.1000	–	–0.0795	–0.1200
	稀释每股收益(元)	–0.1000	–0.1700	–0.0800	0.0200
	每股净资产(元)	0.6435	0.7406	0.8282	0.9076
	每股经营现金净流量(元)	–0.0127	–0.1928	–0.1915	–0.0547
	每股现金流量(元)	–0.0179	–0.1622	–0.1451	–0.0638
	每股资本公积金(元)	0.6114	0.6114	0.6114	0.6114
	每股盈余公积金(元)	0.1347	0.1347	0.1347	0.1347
	每股未分配利润(元)	–1.1027	–1.0055	–0.9179	–0.8385
	净资产收益率(%)	–15.1013	–22.5425	–9.5791	2.4186
	加权净资产收益率(%)	–13.9900	–20.2600	–9.1400	2.4200
	净资产收益率(扣除)(%)	–15.3534	–22.5472	–9.5970	–13.6091
	总资产(万元)	86815.26	94754.28	99724.15	107069.16
	归属母公司股东权益	37748.08	43448.53	48588.57	53242.92
	营业收入(万元)	52689.58	123273.44	56822.89	131994.42
	营业成本(万元)	53489.09	125443.83	58463.63	132565.87
	投资收益(万元)	–	–	–	9.50
	净利润(万元)	–5700.46	–9794.39	–4654.35	1287.74
	营业利润(万元)	–5803.12	–9808.09	–4663.05	–7236.40
	利润总额(万元)	–5707.96	–9806.06	–4654.35	1287.74

浪潮电子信息产业股份有限公司

公司概况	公司名称	浪潮电子信息产业股份有限公司			证券简称	浪潮信息
	法人代表	张磊	董秘	李丰	证券代码	000977
	公司网址	www.inspur.com		电子信箱	lclifeng@inspur.com	
	电　　话	0531-85106229		传　　真	0531-85106222	
	办公地址	山东省济南市浪潮路1036号				
	经营范围	计算机及软件、电子产品及其他通讯设备、商业机具、电子工业用控制设备等				

	指标\报告期	2014.06.30	2013.12.31	2013.06.30	2012.12.31
主要财务指标	基本每股收益(元)	0.2178	0.6726	0.1294	0.5414
	基本每股收益	0.0524	0.2994	0.0269	0.1427
	稀释每股收益(元)	0.2178	0.6726	0.1294	0.5414
	每股净资产(元)	4.4007	4.9546	4.5529	5.4005
	每股经营现金净流量(元)	–0.8319	–3.8356	–2.0137	–1.3964
	每股现金流量(元)	1.3141	–0.3605	–0.2585	–0.3329
	每股资本公积金(元)	2.1089	1.4513	1.6145	2.7097
	每股盈余公积金(元)	0.1557	0.3475	0.3228	0.3228
	每股未分配利润(元)	1.1361	2.1557	1.6156	1.6078
	净资产收益率(%)	4.7768	13.5763	5.6828	6.0112
	加权净资产收益率(%)	6.3500	12.7000	5.0700	9.9800
	净资产收益率(扣除)(%)	1.1491	6.0424	0.5913	2.6418
	总资产(万元)	513966.92	343944.68	284006.56	235164.13
	归属母公司股东权益	211171.20	106523.06	97886.35	121266.34
	营业收入(万元)	286762.06	422374.34	199872.76	284949.36
	营业成本(万元)	250428.78	349961.62	168625.79	230352.02
	投资收益(万元)	9619.21	1889.14	723.73	1504.63
	净利润(万元)	10087.31	14461.86	5562.64	11639.60
	营业利润(万元)	12110.86	10404.98	4513.63	7246.03
	利润总额(万元)	12890.23	15891.47	6741.42	12939.41

桂林旅游股份有限公司

公司概况	公司名称	桂林旅游股份有限公司			证券简称	桂林旅游
	法人代表	章熙骏	董秘	黄锡军	证券代码	000978
	公司网址	www.guilintravel.com		电子信箱	gtcl000978@163.com	
	电　　话	0773-3558976 3558955		传　　真	0773-3558955	
	办公地址	广西壮族自治区桂林市翠竹路27-2号				
	经营范围	公路旅行客运、游船客运、旅游工艺品制造、销售等				

	指标\报告期	2014 06.30	2013.12.31	2013.06.30	2012.12.31
主要财务指标	基本每股收益(元)	–0.0920	0.0300	–0.0580	0.1620
	基本每股收益	–0.0960	–0.0160	–0.0770	0.1300
	稀释每股收益(元)	–0.0920	0.0300	–0.0580	0.1620
	每股净资产(元)	3.8620	3.9546	4.0286	4.1293
	每股经营现金净流量(元)	–0.3034	0.0767	–0.0460	0.3242
	每股现金流量(元)	0.3832	0.0391	–0.3091	–0.5822
	每股资本公积金(元)	2.6963	2.6964	2.7020	2.6980
	每股盈余公积金(元)	0.1839	0.1825	0.1928	0.1761
	每股未分配利润(元)	–0.0182	0.0756	0.1338	0.1025
	净资产收益率(%)	–2.3931	0.7476	–1.3577	4.0832
	加权净资产收益率(%)	–2.3600	0.7500	–1.4800	4.1300
	净资产收益率(扣除)(%)	–2.4858	–0.4014	–1.9119	3.0771
	总资产(万元)	314612.61	277671.07	239988.20	227179.01
	归属母公司股东权益	139071.16	142404.35	145069.84	143198.30
	营业收入(万元)	18902.37	44430.41	19213.95	50217.60
	营业成本(万元)	12197.18	25394.82	12066.77	26517.87
	投资收益(万元)	462.14	2083.88	616.66	3008.30
	净利润(万元)	–3328.13	1064.59	–2097.29	5847.14
	营业利润(万元)	–3848.87	–900.93	–3215.44	5854.85
	利润总额(万元)	–2703.67	784.38	–2374.74	7124.31

中弘控股股份有限公司

公司概况					
公司名称	中弘控股股份有限公司			证券简称	中弘股份
法人代表	王永红	董秘	金洁	证券代码	000979
公司网址	www.zhonghongholdings.com		电子信箱	jinjie139@126.com	
电　　话	010-59279999 9979		传　　真	010-59279979	
办公地址	北京市朝阳区朝阳北路五里桥一街非中心 1 号院 25 号楼				
经营范围	房地产开发、实业投资、管理、经营及咨询、基础建设投资、商品房销售等				

主要财务指标 指标\报告期	2014.06.30	2013.12.31	2013.06.30	2012.12.31
基本每股收益(元)	0.2900	0.1100	0.2400	0.5700
基本每股收益	0.2900	0.0600	0.1500	0.9900
稀释每股收益(元)	0.2900	0.1100	0.2400	0.5700
每股净资产(元)	1.5245	1.2344	2.5932	1.4611
每股经营现金净流量(元)	–1.7984	–0.7455	0.3420	0.3548
每股现金流量(元)	–0.0065	0.5455	–0.1579	0.0406
每股资本公积金(元)	–	–	–	0.0296
每股盈余公积金(元)	0.0471	0.0471	–	0.0485
每股未分配利润(元)	0.4774	0.1873	1.5932	1.6980
净资产收益率(%)	19.0282	9.2113	9.1117	38.7539
加权净资产收益率(%)	21.0300	8.3600	8.4000	37.1800
净资产收益率(扣除)(%)	19.0089	4.5064	5.7313	36.3483
总资产(万元)	1630786.86	1160940.44	896546.39	898822.94
归属母公司股东权益	293165.43	237381.34	262452.20	280973.89
营业收入(万元)	231753.03	111939.45	84894.95	381259.72
营业成本(万元)	119101.61	48460.29	32452.71	151890.07
投资收益(万元)	1079.07	2122.41	3026.70	8666.09
净利润(万元)	55784.09	21865.79	23913.79	108888.31
营业利润(万元)	62276.60	17543.12	25261.81	122510.39
利润总额(万元)	62249.75	29497.72	32542.79	138482.25

黄山金马股份有限公司

公司概况					
公司名称	黄山金马股份有限公司			证券简称	金马股份
法人代表	燕根水	董秘	杨海峰	证券代码	000980
公司网址	www.hsjinma.com		电子信箱	hsh_wangfei@126.com	
电　　话	0559-6537831		传　　真	0559-6537888	
办公地址	安徽省黄山市歙县经济技术开发区				
经营范围	车用仪表及车用零部件、防盗门的生产和销售等				

主要财务指标 指标\报告期	2014.06.30	2013.12.31	2013.06.30	2012.12.31
基本每股收益(元)	0.0600	0.1200	0.1000	0.0900
基本每股收益	0.0400	0.1200	0.1000	0.0500
稀释每股收益(元)	0.0600	0.1200	0.1000	0.0900
每股净资产(元)	3.8036	3.7572	3.8968	3.8552
每股经营现金净流量(元)	–0.0917	0.1391	0.0592	0.6218
每股现金流量(元)	–0.2289	1.4091	–0.1634	–0.1313
每股资本公积金(元)	2.3995	2.3995	2.3223	2.3223
每股盈余公积金(元)	0.0331	0.0331	0.0532	0.0532
每股未分配利润(元)	0.3709	0.3246	0.5213	0.4797
净资产收益率(%)	1.6120	1.9657	2.6077	2.2540
加权净资产收益率(%)	1.6200	3.1700	2.6000	2.2800
净资产收益率(扣除)(%)	–	1.8884	2.6010	1.2062
总资产(万元)	273956.85	280962.66	198685.67	185964.24
归属母公司股东权益	200880.86	198432.80	123528.92	122209.68
营业收入(万元)	50557.88	90247.60	49912.63	84370.32
营业成本(万元)	40489.31	69124.21	40042.85	70378.02
投资收益(万元)	–	–	–	–
净利润(万元)	3238.16	3900.58	3221.24	2754.62
营业利润(万元)	2386.80	4750.89	3933.04	2172.30
利润总额(万元)	3834.99	4898.18	3942.23	3684.58

银亿房地产股份有限公司

公司概况					
公司名称	银亿房地产股份有限公司			证券简称	银亿股份
法人代表	熊续强	董秘	罗瑞华	证券代码	000981
公司网址	www.chinayinyi.cn		电子信箱	000981@chinayinyi.cn	
电　　话	0574-87037581 87653687		传　　真	0574-87653689	
办公地址	浙江省宁波市江北区人民路 132 号银亿外滩大厦 6 楼				
经营范围	房地产开发、经营、商品房销售、物业管理、装饰装修、房屋租赁等				

主要财务指标 指标\报告期	2014.06.30	2013.12.31	2013.06.30	2012.12.31
基本每股收益(元)	0.3100	0.7400	0.2300	0.8400
基本每股收益	0.3000	–	0.2300	0.8200
稀释每股收益(元)	0.3100	0.7400	0.2300	0.8400
每股净资产(元)	5.2638	8.9669	4.5743	4.3442
每股经营现金净流量(元)	–3.7735	–0.0649	–0.7719	–1.0051
每股现金流量(元)	–2.8842	3.1089	–0.7087	0.7750
每股资本公积金(元)	1.2387	1.2387	1.2387	1.2387
每股盈余公积金(元)	0.4151	0.4159	0.4181	0.4181
每股未分配利润(元)	6.8814	6.3124	5.6293	5.2126
净资产收益率(%)	5.9676	14.9555	5.0426	19.2387
加权净资产收益率(%)	6.1500	15.9000	5.1700	21.2800
净资产收益率(扣除)(%)	5.7753	13.9089	5.0288	18.8368
总资产(万元)	2577341.31	2401348.20	1989101.76	1877067.48
归属母公司股东权益	452165.09	425218.62	392934.36	373173.15
营业收入(万元)	263192.89	460486.94	160440.57	354905.99
营业成本(万元)	174211.43	301792.36	113686.52	205351.38
投资收益(万元)	828.82	14310.92	9840.04	12194.15
净利润(万元)	26983.30	63593.76	19814.18	71793.64
营业利润(万元)	37314.68	85084.38	27981.78	87211.63
利润总额(万元)	38274.97	97581.50	27910.77	88000.88

宁夏中银绒业股份有限公司

公司概况					
公司名称	宁夏中银绒业股份有限公司			证券简称	中银绒业
法人代表	马生国	董秘	陈晓非	证券代码	000982
公司网址	www.zhongyincashmere.com		电子信箱	chenxiaofei@zhongyincashmere.com	
电　　话	0951-4038950 8934 8935		传　　真	0951-4519290	
办公地址	宁夏回族自治区灵武市羊绒工业园区中银大道南侧				
经营范围	无毛绒、绒条、羊绒纱、羊绒衫等的内销与出口等				

主要财务指标 指标\报告期	2014.06.30	2013.12.31	2013.06.30	2012.12.31
基本每股收益(元)	0.1300	0.3900	0.2500	0.4700
基本每股收益	0.1200	–	0.2400	0.4200
稀释每股收益(元)	0.1300	0.3900	0.2500	0.4700
每股净资产(元)	4.3527	2.7339	2.5926	2.3688
每股经营现金净流量(元)	–0.0136	–0.7434	–0.1450	–0.5616
每股现金流量(元)	0.1302	0.0432	0.7545	0.0487
每股资本公积金(元)	2.5237	0.7522	0.7522	0.7563
每股盈余公积金(元)	0.0500	0.0698	0.0368	0.0368
每股未分配利润(元)	0.7925	0.9501	0.8436	0.5919
净资产收益率(%)	2.5598	14.3058	9.7085	16.4767
加权净资产收益率(%)	4.3100	15.2500	10.0900	25.5000
净资产收益率(扣除)(%)	2.2796	12.0495	9.1302	14.8392
总资产(万元)	1114510.32	853852.75	669696.60	505258.11
归属母公司股东权益	436485.86	196529.20	186369.49	170283.97
营业收入(万元)	135686.19	311065.20	141499.14	242606.04
营业成本(万元)	106624.65	244337.11	108159.36	181996.29
投资收益(万元)	–	4.10	4.10	9.84
净利润(万元)	11173.23	28115.13	18093.66	28057.09
营业利润(万元)	7522.95	19167.69	15432.45	23710.16
利润总额(万元)	12569.51	31817.24	20056.20	32289.73

山西西山煤电股份有限公司

公司概况	公司名称	山西西山煤电股份有限公司			证券简称	西山煤电
	法人代表	薛道成	董秘	支亚毅	证券代码	000983
	公司网址	www.xsmd.com.cn/web/shangShiGongSi		电子信箱	zqb000983@163.com	
	电　话	0351-6217295 6137052		传　真	0351-6127434	
	办公地址	山西省太原市西矿街318号				
	经营范围	煤炭生产、洗选加工、电力生产及销售、矿山开发及设计施工、矿用电力器材生产、经营等				

	指标\报告期	2014.06.30	2013.12.31	2013.06.30	2012.12.31
主要财务指标	基本每股收益(元)	0.1183	0.3352	0.2838	0.5745
	基本每股收益	0.1161	0.3226	0.2807	0.5700
	稀释每股收益(元)	0.1183	0.3352	0.2838	0.5745
	每股净资产(元)	5.2627	5.0840	5.2913	4.7687
	每股经营现金净流量(元)	0.4902	0.7895	0.4966	0.8629
	每股现金流量(元)	0.0878	-0.7080	-0.1002	-0.5384
	每股资本公积金(元)	0.2963	0.2963	0.2578	0.2578
	每股盈余公积金(元)	0.5408	0.5408	0.5322	0.5322
	每股未分配利润(元)	2.9951	2.8767	2.8340	2.5862
	净资产收益率(%)	2.2487	6.5925	5.3634	12.0470
	加权净资产收益率(%)	2.2900	6.7900	5.6400	12.5000
	净资产收益率(扣除)(%)	2.2068	6.3451	5.3050	11.9387
	总资产(万元)	4703082.66	4616216.77	4599595.67	4512586.25
	归属母公司股东权益	1658381.09	1602072.40	1667402.62	1502713.41
	营业收入(万元)	1225271.58	2950013.15	1527519.52	3122877.73
	营业成本(万元)	887746.48	2123254.24	1077396.42	2237664.09
	投资收益(万元)	1350.47	11697.87	1219.66	4607.43
	净利润(万元)	37292.68	105616.28	89428.77	181032.08
	营业利润(万元)	49287.93	162210.75	137720.53	277754.61
	利润总额(万元)	50327.62	168164.18	138994.16	280861.54

大庆华科股份有限公司

公司概况	公司名称	大庆华科股份有限公司			证券简称	大庆华科
	法人代表	徐永宁	董秘	孟凡礼	证券代码	000985
	公司网址	www.huake.com		电子信箱	huake@huake.com	
	电　话	0459-6280287		传　真	0459-6282351	
	办公地址	黑龙江省大庆市高新技术产业开发区建设路239号				
	经营范围	生产销售石油化工产品、生产销售药品、保健食品等、进出口业务等				

	指标\报告期	2014.06.30	2013.12.31	2013.06.30	2012.12.31
主要财务指标	基本每股收益(元)	0.1420	0.0800	0.0020	-0.0100
	基本每股收益	0.1410	0.0784	0.0020	0.0020
	稀释每股收益(元)	0.1420	0.0800	0.0020	-0.0100
	每股净资产(元)	3.9129	3.8176	3.6477	3.6442
	每股经营现金净流量(元)	0.7216	0.4229	0.1845	0.5444
	每股现金流量(元)	0.4177	-0.0863	0.1557	-0.2642
	每股资本公积金(元)	1.9974	1.9974	1.9180	1.9180
	每股盈余公积金(元)	0.3206	0.3206	0.3139	0.3139
	每股未分配利润(元)	0.5125	0.4205	0.3494	0.3477
	净资产收益率(%)	3.6303	2.0827	0.0484	-0.3403
	加权净资产收益率(%)	3.6500	2.1300	0.0500	-0.3300
	净资产收益率(扣除)(%)	3.5989	2.0537	0.0443	0.0544
	总资产(万元)	66484.68	61417.66	64665.37	60019.68
	归属母公司股东权益	50727.27	49491.09	47288.19	47243.61
	营业收入(万元)	73907.93	117538.91	51583.85	119379.37
	营业成本(万元)	65142.92	106702.29	46987.36	109308.03
	投资收益(万元)	10.63	10.63	10.63	10.63
	净利润(万元)	1341.57	1030.74	22.87	-160.78
	营业利润(万元)	2355.54	1136.05	20.63	82.84
	利润总额(万元)	2374.27	1152.95	22.87	-256.03

广州友谊集团股份有限公司

公司概况	公司名称	广州友谊集团股份有限公司			证券简称	广州友谊
	法人代表	房向前	董秘	江国源	证券代码	000987
	公司网址	www.cgzfs.com		电子信箱	gzfs@cgzfs.com	
	电　话	020-83483236 83575401		传　真	020-83572228	
	办公地址	广东省广州市越秀区环市东路369号				
	经营范围	百货零售等				

	指标\报告期	2014.06.30	2013.12.31	2013.06.30	2012.12.31
主要财务指标	基本每股收益(元)	0.3600	0.8600	0.4700	1.0600
	基本每股收益	0.3500	0.7800	0.4500	0.9700
	稀释每股收益(元)	0.3600	0.8600	0.4700	1.0600
	每股净资产(元)	5.6820	5.8239	5.4294	5.4634
	每股经营现金净流量(元)	-0.6325	0.8903	-0.2850	1.1657
	每股现金流量(元)	-1.4752	-0.9999	-1.9102	1.1337
	每股资本公积金(元)	0.1676	0.1676	0.1676	0.1676
	每股盈余公积金(元)	1.0963	1.0963	1.0060	1.0060
	每股未分配利润(元)	3.4181	3.5600	3.2558	3.2898
	净资产收益率(%)	6.3026	14.7757	8.5831	19.4594
	加权净资产收益率(%)	5.9700	15.4800	8.4300	20.8500
	净资产收益率(扣除)(%)	6.0780	13.4441	8.2260	17.7412
	总资产(万元)	335793.60	360800.49	331661.80	356008.58
	归属母公司股东权益	203959.68	209052.78	194891.52	196111.69
	营业收入(万元)	170557.58	409205.49	213078.80	446053.92
	营业成本(万元)	129672.96	319162.39	166716.36	345551.97
	投资收益(万元)	673.93	4027.89	966.87	4320.56
	净利润(万元)	12854.81	30888.99	16727.74	38162.25
	营业利润(万元)	17649.41	41302.88	22886.05	51106.04
	利润总额(万元)	17775.17	41685.83	22841.73	51717.16

华工科技产业股份有限公司

公司概况	公司名称	华工科技产业股份有限公司			证券简称	华工科技
	法人代表	熊新华	董秘	刘含树	证券代码	000988
	公司网址	www.hgtech.com.cn		电子信箱	0988@hgtech.com.cn	
	电　话	027-87180126		传　真	027-87180167	
	办公地址	湖北省武汉市东湖高新技术开发区华中科技大学科技园6路1号				
	经营范围	激光器、激光加工设备及成套设备、激光全息综合防伪标识等				

	指标\报告期	2014.06.30	2013.12.31	2013.06.30	2012.12.31
主要财务指标	基本每股收益(元)	0.0600	0.0600	0.0300	0.1700
	基本每股收益	0.0500	-	0.0100	0.0600
	稀释每股收益(元)	0.0600	0.0600	0.0300	0.1700
	每股净资产(元)	3.0331	2.9809	2.9494	2.9362
	每股经营现金净流量(元)	-0.0241	0.0988	-0.0796	-0.0549
	每股现金流量(元)	-0.0576	-0.0137	-0.1352	-0.0490
	每股资本公积金(元)	0.9888	0.9892	0.9880	0.9880
	每股盈余公积金(元)	0.0831	0.0831	0.0733	0.0733
	每股未分配利润(元)	0.9460	0.8945	0.8703	0.8549
	净资产收益率(%)	2.0282	1.9885	0.8595	5.7409
	加权净资产收益率(%)	2.0400	2.0000	0.8600	5.8500
	净资产收益率(扣除)(%)	1.6428	-0.8855	0.4874	1.9126
	总资产(万元)	441098.92	417296.57	407076.74	396904.92
	归属母公司股东权益	270287.11	265633.64	262826.49	261647.79
	营业收入(万元)	112454.39	177737.49	85287.27	175433.89
	营业成本(万元)	84255.26	132841.26	64039.13	132156.24
	投资收益(万元)	-29.41	8041.12	-70.97	7456.62
	净利润(万元)	5482.09	5282.22	2258.92	15020.82
	营业利润(万元)	6494.18	6153.03	2836.59	13070.86
	利润总额(万元)	7669.81	8550.50	3935.28	17550.37

九芝堂股份有限公司

公司概况				
公司名称	九芝堂股份有限公司		证券简称	九芝堂
法人代表	张峥	董秘 徐向平	证券代码	000989
公司网址	www.hnjzt.com		电子信箱	hnjzt@hnjzt.com
电话	0731-84499762		传真	0731-84499759
办公地址	湖南省长沙市芙蓉中路一段129号			
经营范围	生产、销售(限自产)片剂、颗粒剂、茶剂、丸剂等			

主要财务指标：指标\报告期	2014.06.30	2013.12.31	2013.06.30	2012.12.31
基本每股收益(元)	0.2400	0.7600	0.2200	0.3700
基本每股收益	0.2000	0.3500	–	0.3000
稀释每股收益(元)	0.2400	0.7600	0.2200	0.3700
每股净资产(元)	4.8220	5.1781	4.9268	4.9255
每股经营现金净流量(元)	0.3066	0.0956	0.2130	0.2949
每股现金流量(元)	-1.3485	-0.3770	-1.7494	-0.4623
每股资本公积金(元)	1.9747	1.9747	2.2602	2.2776
每股盈余公积金(元)	0.5697	0.5697	0.4462	0.4462
每股未分配利润(元)	1.2777	1.6338	1.2205	1.2018
净资产收益率(%)	5.0585	14.5896	4.4388	7.6107
加权净资产收益率(%)	4.6900	14.9000	4.3500	7.7100
净资产收益率(扣除)(%)	4.1508	6.7484	3.2552	6.0715
总资产(万元)	185080.17	189108.43	187556.92	184066.48
归属母公司股东权益	143506.46	154103.55	146624.44	146586.43
营业收入(万元)	66537.13	121184.41	61072.53	104241.50
营业成本(万元)	29587.89	53737.26	27054.89	47396.40
投资收益(万元)	922.09	11934.57	1642.90	1964.60
净利润(万元)	7259.23	22483.05	6508.40	11156.22
营业利润(万元)	7732.94	24726.82	7614.92	12631.49
利润总额(万元)	8360.57	27048.43	8046.84	13420.19

诚志股份有限公司

公司概况				
公司名称	诚志股份有限公司		证券简称	诚志股份
法人代表	龙大伟	董秘 邹勇华	证券代码	000990
公司网址	www.chengzhi.com.cn		电子信箱	chengzhi@chengzhi.com.cn
电话	0791-83826898		传真	0791-83826899
办公地址	江西省南昌市经济技术开发区玉屏东大街299号清华科技园(江西)华江大厦			
经营范围	液晶材料、医药中间体、中西药、生命科学及生物工程、精细及日用化工产品等			

主要财务指标：指标\报告期	2014.06.30	2013.12.31	2013.06.30	2012.12.31
基本每股收益(元)	0.0370	0.1750	0.0550	0.0920
基本每股收益	0.0220	0.1420	–	0.0300
稀释每股收益(元)	0.0370	0.1750	0.0550	0.0920
每股净资产(元)	5.5586	5.5569	5.4422	5.4141
每股经营现金净流量(元)	-0.4880	0.6526	-0.4302	0.3755
每股现金流量(元)	-0.5594	0.2258	-0.0159	-1.3507
每股资本公积金(元)	3.2382	3.2471	3.2471	3.2471
每股盈余公积金(元)	0.1683	0.1683	0.1328	0.1328
每股未分配利润(元)	1.1684	1.1611	1.0768	1.0419
净资产收益率(%)	0.6705	3.1438	1.0098	1.6937
加权净资产收益率(%)	0.7000	3.2000	1.0000	1.7000
净资产收益率(扣除)(%)	0.3873	2.5475	0.7809	0.5622
总资产(万元)	343217.36	333004.15	341833.39	303354.00
归属母公司股东权益	165108.05	165057.70	161650.49	160815.67
营业收入(万元)	192289.24	399993.53	218494.55	338321.15
营业成本(万元)	175581.32	367274.71	204283.02	311087.30
投资收益(万元)	158.26	3527.54	2637.72	2416.01
净利润(万元)	1107.12	5189.06	1632.42	2723.69
营业利润(万元)	1209.62	6549.80	1680.24	1976.34
利润总额(万元)	1757.81	7770.58	2143.44	4269.44

福建闽东电力股份有限公司

公司概况				
公司名称	福建闽东电力股份有限公司		证券简称	闽东电力
法人代表	何邦恒	董秘 陈凌旭	证券代码	000993
公司网址	www.mdep.com.cn		电子信箱	mdep@mdep.com.cn
电话	0593-2768888 2768811		传真	0593-2098993
办公地址	福建省宁德市蕉城区环城路143号华隆大厦8-10楼			
经营范围	电力生产和电力开发等			

主要财务指标：指标\报告期	2014.06.30	2013.12.31	2013.06.30	2012.12.31
基本每股收益(元)	0.1300	0.1600	0.1500	0.1500
基本每股收益	0.0900	0.1400	0.1300	0.1500
稀释每股收益(元)	0.1300	0.1600	0.1500	0.1500
每股净资产(元)	4.4248	4.3594	4.3368	4.1895
每股经营现金净流量(元)	0.2222	0.4547	-0.2180	0.4991
每股现金流量(元)	0.2333	-0.5635	0.0377	0.7546
每股资本公积金(元)	2.7910	2.7910	2.7859	2.7859
每股盈余公积金(元)	0.0967	0.0967	0.0857	0.0857
每股未分配利润(元)	0.5371	0.4716	0.4652	0.3179
净资产收益率(%)	2.9481	3.7815	3.3970	3.5953
加权净资产收益率(%)	2.9700	3.8600	3.4600	3.6500
净资产收益率(扣除)(%)	1.9214	3.1625	2.9824	3.5402
总资产(万元)	427343.83	418655.26	432663.48	359312.89
归属母公司股东权益	165046.51	162605.21	161762.70	156267.64
营业收入(万元)	43630.33	167848.05	76096.10	123690.82
营业成本(万元)	21356.35	120911.93	54960.41	93888.05
投资收益(万元)	304.04	3423.21	2043.94	2479.87
净利润(万元)	4865.80	6148.88	5495.06	5618.28
营业利润(万元)	7402.88	10284.43	7514.28	7097.55
利润总额(万元)	7612.63	11676.04	8374.74	7387.12

甘肃皇台酒业股份有限公司

公司概况				
公司名称	甘肃皇台酒业股份有限公司		证券简称	皇台酒业
法人代表	卢鸿毅	董秘 刘峰	证券代码	000995
公司网址	www.huangtaijiuye.com		电子信箱	htjy000995@126.com
电话	0935-6139865		传真	0935-6139888
办公地址	甘肃省武威市凉州区西关街新建路55号			
经营范围	白酒、葡萄酒生产、批发零售、自产副产品的批发零售等			

主要财务指标：指标\报告期	2014.06.30	2013.12.31	2013.06.30	2012.12.31
基本每股收益(元)	-0.0300	-0.1700	-0.0030	0.0600
基本每股收益	-0.0300	-0.0200	-0.0030	0.0700
稀释每股收益(元)	-0.0300	-0.1700	-0.0030	0.0600
每股净资产(元)	0.8568	0.8844	1.0463	1.0496
每股经营现金净流量(元)	-0.0897	-0.0592	0.0238	0.1248
每股现金流量(元)	-0.1176	-0.0482	0.0956	0.2379
每股资本公积金(元)	1.4284	1.4284	1.4284	1.4284
每股盈余公积金(元)	0.0330	0.0330	0.0330	0.0330
每股未分配利润(元)	-1.6047	-1.5771	-1.4152	-1.4119
净资产收益率(%)	-3.2165	-18.6780	-0.3165	5.4430
加权净资产收益率(%)	-3.1600	-17.0800	-0.3200	5.6000
净资产收益率(扣除)(%)	-3.2160	-1.8630	-0.3193	6.2065
总资产(万元)	50323.13	46844.16	48373.84	44786.95
归属母公司股东权益	15200.84	15689.78	18561.56	18620.31
营业收入(万元)	3120.16	10788.51	4054.53	13392.63
营业成本(万元)	1082.15	3880.73	1250.31	5203.81
投资收益(万元)	–	0.88	-0.36	163.51
净利润(万元)	-488.94	-2930.53	-58.75	1013.49
营业利润(万元)	-481.86	134.44	149.47	1931.75
利润总额(万元)	-481.94	-2503.79	149.98	1789.58

中国中期投资股份有限公司

公司概况	公司名称	中国中期投资股份有限公司			证券简称	中国中期
	法人代表	姜新	董秘	徐朝武	证券代码	000996
	公司网址	www.cifco996.com			电子信箱	000996@cifco.net.cn
	电　话	010-82335682			传　真	010-82335506
	办公地址	北京市朝阳区光华路 14 号中国中期大厦 A 座 6 层				
	经营范围	期货经纪业、汽车服务业、物流服务业等				

	指标＼报告期	2014.06.30	2013.12.31	2013.06.30	2012.12.31
主要财务指标	基本每股收益(元)	0.0281	0.0800	0.0299	0.2979
	基本每股收益	0.0280	–	0.0343	0.0480
	稀释每股收益(元)	0.0281	0.0800	0.0299	0.2979
	每股净资产(元)	2.4697	2.4405	2.3943	2.3944
	每股经营现金净流量(元)	–0.5866	–0.0084	–0.0132	–0.0122
	每股现金流量(元)	0.0034	–0.3733	–0.3463	0.1234
	每股资本公积金(元)	0.6480	0.6468	0.6508	0.6508
	每股盈余公积金(元)	0.1819	0.1819	0.1710	0.1710
	每股未分配利润(元)	0.6399	0.6117	0.5725	0.5726
	净资产收益率(%)	1.1393	3.2775	1.2472	12.4400
	加权净资产收益率(%)	1.1500	3.3000	1.2500	12.4400
	净资产收益率(扣除)(%)	1.1356	3.2077	1.4344	2.0046
	总资产(万元)	79084.65	63012.17	63539.03	62873.58
	归属母公司股东权益	56803.95	56130.78	55068.91	55072.08
	营业收入(万元)	30834.22	9483.87	4262.70	8485.98
	营业成本(万元)	29728.97	8669.99	3618.56	7450.80
	投资收益(万元)	1012.05	3021.54	1137.29	11553.20
	净利润(万元)	647.17	1839.68	686.83	6850.72
	营业利润(万元)	645.52	1805.49	678.15	9135.88
	利润总额(万元)	646.83	1845.27	688.67	9078.29

福建新大陆电脑股份有限公司

公司概况	公司名称	福建新大陆电脑股份有限公司			证券简称	新大陆
	法人代表	胡钢	董秘	王栋	证券代码	000997
	公司网址	www.newlandcomputer.com			电子信箱	newlandzq@newlandcomputer.com
	电　话	0591-83979997			传　真	0591-83979997
	办公地址	福建省福州市马尾区儒江西路 1 号新大陆科技园				
	经营范围	电子计算机及其外部设备、税控收款机的制造、销售、租赁等				

	指标＼报告期	2014.06.30	2013.12.31	2013.06.30	2012.12.31
主要财务指标	基本每股收益(元)	0.2000	0.4300	0.1100	0.1600
	基本每股收益	0.1800	0.4200	0.1300	0.1200
	稀释每股收益(元)	0.2000	0.4300	0.1100	0.1600
	每股净资产(元)	3.3351	3.1870	2.8678	2.8300
	每股经营现金净流量(元)	0.0068	0.9067	0.3170	0.3245
	每股现金流量(元)	–0.3937	0.0522	0.0064	0.4814
	每股资本公积金(元)	0.9531	0.9531	0.9529	0.9519
	每股盈余公积金(元)	0.2113	0.2113	0.1879	0.1879
	每股未分配利润(元)	1.1687	1.0207	0.7243	0.6923
	净资产收益率(%)	5.9380	13.5483	3.9052	5.5480
	加权净资产收益率(%)	6.0300	14.3100	3.8700	5.7000
	净资产收益率(扣除)(%)	5.4767	13.3062	4.6368	4.1277
	总资产(万元)	368500.00	369372.09	339950.05	298339.56
	归属母公司股东权益	170177.01	162623.32	146331.76	144613.93
	营业收入(万元)	78266.77	185982.30	61982.55	134564.85
	营业成本(万元)	44688.17	111520.76	39198.07	88880.00
	投资收益(万元)	112.75	–1281.02	–1563.57	847.64
	净利润(万元)	10105.19	22032.70	5714.50	8023.20
	营业利润(万元)	12282.44	25695.48	6112.88	6694.18
	利润总额(万元)	13501.48	28950.45	6948.85	9963.10

袁隆平农业高科技股份有限公司

公司概况	公司名称	袁隆平农业高科技股份有限公司			证券简称	隆平高科
	法人代表	伍跃时	董秘	陈志新	证券代码	000998
	公司网址	www.lpht.com.cn			电子信箱	lpht@lpht.com.cn
	电　话	0731-82183881　82183880			传　真	0731-82183881　82183880
	办公地址	湖南省长沙市车站北路 459 号证券大厦 9 楼				
	经营范围	以杂交水稻、蔬菜为主的高科技农作物种子、种苗的培育、繁殖、推广和销售等				

	指标＼报告期	2014.06.30	2013.12.31	2013.06.30	2012.12.31
主要财务指标	基本每股收益(元)	0.2700	0.4500	0.2500	0.4100
	基本每股收益	0.2300	0.2600	0.2270	0.1800
	稀释每股收益(元)	0.2700	0.4500	0.2500	0.4100
	每股净资产(元)	3.4336	3.1725	3.0393	2.9367
	每股经营现金净流量(元)	0.0035	0.4958	0.3159	0.5035
	每股现金流量(元)	–0.3414	0.2029	–0.4132	–0.1506
	每股资本公积金(元)	1.0249	1.0292	0.8441	0.8441
	每股盈余公积金(元)	0.1656	0.1656	0.1561	0.1561
	每股未分配利润(元)	1.2516	0.9865	1.0460	0.9430
	净资产收益率(%)	7.7194	11.7890	8.3243	14.0090
	加权净资产收益率(%)	8.0200	14.6200	8.2600	14.9400
	净资产收益率(扣除)(%)	6.8432	6.7137	7.4568	6.2113
	总资产(万元)	364770.76	383277.98	333320.82	359165.45
	归属母公司股东权益	171008.35	158008.41	126373.34	122107.22
	营业收入(万元)	72655.30	188471.63	84562.55	170530.98
	营业成本(万元)	46523.62	124363.62	57222.78	114270.11
	投资收益(万元)	360.30	8027.86	2005.31	11679.00
	净利润(万元)	13200.85	18627.68	10519.75	17106.00
	营业利润(万元)	10310.71	27073.30	13892.71	22624.52
	利润总额(万元)	12068.81	30980.39	16420.91	28737.20

华润三九医药股份有限公司

公司概况	公司名称	华润三九医药股份有限公司			证券简称	华润三九
	法人代表	宋清	董秘	周辉	证券代码	000999
	公司网址	www.999.com.cn			电子信箱	000999@999.com.cn
	电　话	0755-83360999-393692			传　真	0755-83360999*396006
	办公地址	广东省深圳市龙华新区观澜高新园区观清路 1 号				
	经营范围	药品的开发、生产、销售、相关技术开发、转让、服务等				

	指标＼报告期	2014.06.30	2013.12.31	2013.06.30	2012.12.31
主要财务指标	基本每股收益(元)	0.6300	1.2100	0.6200	1.0400
	基本每股收益	0.6300	1.1800	0.6000	1.0200
	稀释每股收益(元)	0.6300	1.2100	0.6200	1.0400
	每股净资产(元)	6.9118	6.2814	5.7327	5.4242
	每股经营现金净流量(元)	0.5786	1.4991	0.7127	1.2416
	每股现金流量(元)	0.3653	0.0247	0.3906	–0.6569
	每股资本公积金(元)	1.1737	1.1741	1.1782	1.2966
	每股盈余公积金(元)	0.4372	0.4372	0.3776	0.3776
	每股未分配利润(元)	4.3072	3.6771	3.1862	2.7901
	净资产收益率(%)	9.1170	19.2086	10.6393	19.0983
	加权净资产收益率(%)	9.5500	20.8600	11.0400	21.0100
	净资产收益率(扣除)(%)	9.0486	18.7724	10.5457	18.8835
	总资产(万元)	1047874.12	1024249.15	943237.23	867397.42
	归属母公司股东权益	676597.34	614882.31	561172.52	534029.46
	营业收入(万元)	381879.68	780160.37	383137.37	694346.57
	营业成本(万元)	157312.64	308987.12	145913.12	270600.36
	投资收益(万元)	3147.71	347.56	50.23	92.93
	净利润(万元)	61684.16	118110.48	60232.77	102108.89
	营业利润(万元)	74592.20	141178.90	74146.22	126908.44
	利润总额(万元)	75137.47	143297.40	74677.67	128979.56

重庆宗申动力机械股份有限公司

公司概况	公司名称	重庆宗申动力机械股份有限公司			证券简称	宗申动力
	法人代表	左宗申	董秘	李建平	证券代码	001696
	公司网址	www.zsengine.com		电子信箱	zsdl001696@zsengine.com	
	电　话	023-66372632		传　真	023-66372648	
	办公地址	重庆市巴南区宗申工业园				
	经营范围	开发、生产和销售各类摩托车发动机、通用动力机械及零配件等				

主要财务指标	指标\报告期	2014.06.30	2013.12.31	2013.06.30	2012.12.31
	基本每股收益(元)	0.1739	0.2600	0.1327	0.2900
	基本每股收益	0.1803	–	0.1318	0.2900
	稀释每股收益(元)	0.1739	0.2600	0.1327	0.2900
	每股净资产(元)	2.7248	2.5809	2.4745	2.4518
	每股经营现金净流量(元)	0.0991	–0.0859	0.2394	0.2995
	每股现金流量(元)	–0.2751	–0.0999	0.2901	–0.0813
	每股资本公积金(元)	0.4764	0.4764	0.5934	0.5934
	每股盈余公积金(元)	0.1701	0.1701	0.1638	0.1639
	每股未分配利润(元)	1.0919	0.9480	0.7893	0.7066
	净资产收益率(%)	6.3832	10.3861	5.3608	11.5970
	加权净资产收益率(%)	6.5200	10.2900	5.2700	12.7900
	净资产收益率(扣除)(%)	6.6185	10.0078	5.3280	11.4975
	总资产(万元)	568801.35	487861.64	482491.58	457940.67
	归属母公司股东权益	311995.61	295519.22	293602.92	290908.83
	营业收入(万元)	234270.37	436448.96	224483.85	426265.03
	营业成本(万元)	184715.53	361056.67	186434.82	355066.96
	投资收益(万元)	1578.30	3995.63	2204.47	4908.57
	净利润(万元)	19915.34	30693.00	15739.36	33736.61
	营业利润(万元)	24627.11	35848.52	18750.15	39001.92
	利润总额(万元)	25316.25	37220.91	19065.06	39656.78

河南豫能控股股份有限公司

公司概况	公司名称	河南豫能控股股份有限公司			证券简称	豫能控股
	法人代表	郑晓彬	董秘	王璞	证券代码	001896
	公司网址	www.yuneng.com.cn		电子信箱	wangpu@yuneng.com.cn	
	电　话	0371-69515111		传　真	0371-69515114	
	办公地址	河南省郑州市农业路东 41 号投资大厦 B 座 8–12 层				
	经营范围	电力开发、生产和销售(国家专项规定的除外)、高新技术开发、推广及服务等				

主要财务指标	指标\报告期	2014.06.30	2013.12.31	2013.06.30	2012.12.31
	基本每股收益(元)	0.3348	0.4673	0.1745	0.0692
	基本每股收益	0.3177	0.3726	0.1745	0.0700
	稀释每股收益(元)	0.3348	0.4673	0.1745	0.0692
	每股净资产(元)	1.7997	1.4649	1.1721	0.9977
	每股经营现金净流量(元)	1.0723	1.5331	1.0407	1.5516
	每股现金流量(元)	0.2001	–0.1890	0.0420	0.0197
	每股资本公积金(元)	2.0316	2.0316	2.0316	2.0316
	每股盈余公积金(元)	0.2294	0.2294	0.2294	0.2294
	每股未分配利润(元)	–1.4612	–1.7960	–2.0888	–2.2633
	净资产收益率(%)	18.6020	31.8972	14.8852	6.9337
	加权净资产收益率(%)	20.5100	37.9500	16.0800	7.1800
	净资产收益率(扣除)(%)	17.6529	25.4331	14.7041	7.3783
	总资产(万元)	469039.78	468608.99	480110.33	507897.44
	归属母公司股东权益	112185.64	91316.90	73065.31	62189.41
	营业收入(万元)	166145.29	350019.58	166947.32	380202.54
	营业成本(万元)	118844.90	275454.96	138895.89	338802.67
	投资收益(万元)	–	–	–	200.10
	净利润(万元)	20868.73	29127.50	10875.91	4312.06
	营业利润(万元)	30411.22	39120.93	13166.44	5884.67
	利润总额(万元)	30642.60	39483.06	13364.73	5084.48

公司概况	公司名称				证券简称	
	法人代表		董秘	李建平	证券代码	
	公司网址			电子信箱		
	电　话			传　真		
	办公地址					
	经营范围					

主要财务指标	指标\报告期	2014.06.30	2013.12.31	2013.06.30	2012.12.31
	基本每股收益(元)				
	基本每股收益				
	稀释每股收益(元)				
	每股净资产(元)				
	每股经营现金净流量(元)				
	每股现金流量(元)				
	每股资本公积金(元)				
	每股盈余公积金(元)				
	每股未分配利润(元)				
	净资产收益率(%)				
	加权净资产收益率(%)				
	净资产收益率(扣除)(%)				
	总资产(万元)				
	归属母公司股东权益				
	营业收入(万元)				
	营业成本(万元)				
	投资收益(万元)				
	净利润(万元)				
	营业利润(万元)				
	利润总额(万元)				

公司概况	公司名称				证券简称	
	法人代表		董秘	李建平	证券代码	
	公司网址			电子信箱		
	电　话			传　真		
	办公地址					
	经营范围					

主要财务指标	指标\报告期	2014.06.30	2013.12.31	2013.06.30	2012.12.31
	基本每股收益(元)				
	基本每股收益				
	稀释每股收益(元)				
	每股净资产(元)				
	每股经营现金净流量(元)				
	每股现金流量(元)				
	每股资本公积金(元)				
	每股盈余公积金(元)				
	每股未分配利润(元)				
	净资产收益率(%)				
	加权净资产收益率(%)				
	净资产收益率(扣除)(%)				
	总资产(万元)				
	归属母公司股东权益				
	营业收入(万元)				
	营业成本(万元)				
	投资收益(万元)				
	净利润(万元)				
	营业利润(万元)				
	利润总额(万元)				

深圳市物业发展(集团)股份有限公司

公司概况						
	公司名称	深圳市物业发展(集团)股份有限公司			证券简称	深物业 B
	法人代表	陈玉刚	董秘	范维平	证券代码	200011
	公司网址	www.szwuye.com.cn		电子信箱	000011touzizhe@163.com	
	电　话	0755-82211020		传　真	0755-82210610 82212043	
	办公地址	广东省深圳市人民南路国贸大厦 39、42 层				
	经营范围	房地产开发及商品房销售、商品楼宇的建筑、管理、房屋租赁、建设监理等				

主要财务指标	指标\报告期	2014.06.30	2013.12.31	2013.06.30	2012.12.31
	基本每股收益(元)	0.1881	0.5048	0.5933	0.6299
	基本每股收益	0.1736	–	–	0.5600
	稀释每股收益(元)	0.1881	–	0.5933	0.6299
	每股净资产(元)	2.9635	3.0249	3.1138	2.5217
	每股经营现金净流量(元)	–0.3186	0.1853	0.2125	1.3519
	每股现金流量(元)	–0.6878	0.3011	0.1783	0.5510
	每股资本公积金(元)	0.2013	0.2015	0.1070	0.2015
	每股盈余公积金(元)	0.2039	0.2039	0.1726	0.1726
	每股未分配利润(元)	1.5694	1.6314	1.8452	1.1579
	净资产收益率(%)	6.3456	16.6876	19.0543	24.9806
	加权净资产收益率(%)	6.1900	18.1900	21.0600	28.4200
	净资产收益率(扣除)(%)	5.8564	16.6542	18.9888	22.4603
	总资产(万元)	358833.82	387325.27	377578.70	395070.59
	归属母公司股东权益	176617.39	180278.13	185574.96	150315.65
	营业收入(万元)	50136.76	161922.72	134819.41	186129.88
	营业成本(万元)	23083.52	74484.75	55317.86	84193.23
	投资收益(万元)	626.17	516.48	439.01	314.58
	净利润(万元)	11207.45	30084.06	35360.10	37542.21
	营业利润(万元)	14402.97	42358.63	45909.76	48539.82
	利润总额(万元)	14781.26	42293.45	45968.69	48704.81

中国南玻集团股份有限公司

公司概况						
	公司名称	中国南玻集团股份有限公司			证券简称	南玻 B
	法人代表	曾南	董秘	周红	证券代码	200012
	公司网址	www.csgholding.com		电子信箱	securities@csgholding.com	
	电　话	0755-26860666		传　真	0755-26860641	
	办公地址	广东省深圳市蛇口工业区工业六路一号南玻大厦				
	经营范围	高级浮法玻璃、特种玻璃、工程玻璃、汽车玻璃、精细玻璃、彩色滤光片等				

主要财务指标	指标\报告期	2014.06.30	2013.12.31	2013.06.30	2012.12.31
	基本每股收益(元)	0.2800	0.7400	0.1700	0.1300
	基本每股收益	0.1200	–	0.1600	0.0600
	稀释每股收益(元)	0.2800	–	0.1700	0.1300
	每股净资产(元)	3.8640	3.8779	3.3003	3.2844
	每股经营现金净流量(元)	0.2799	0.8186	0.3408	0.8316
	每股现金流量(元)	0.0049	–0.0825	–0.0359	–0.0900
	每股资本公积金(元)	0.6718	0.6483	0.6613	0.6654
	每股盈余公积金(元)	0.3686	0.3686	0.3268	0.3268
	每股未分配利润(元)	1.8167	1.8869	1.3049	1.2845
	净资产收益率(%)	7.3475	20.5200	5.1644	4.0308
	加权净资产收益率(%)	7.3800	20.5200	5.1000	4.0400
	净资产收益率(扣除)(%)	3.0294	7.5295	4.7180	1.7033
	总资产(万元)	1479696.06	1507886.68	1531412.80	1433580.97
	归属母公司股东权益	801914.35	804789.41	684919.57	681621.08
	营业收入(万元)	326268.17	773379.61	353696.58	699435.80
	营业成本(万元)	243859.30	550130.07	251467.81	535580.29
	投资收益(万元)	32076.21	92737.61	43.20	7166.64
	净利润(万元)	58921.04	153592.97	35371.97	27474.62
	营业利润(万元)	62251.08	187060.76	48566.24	34646.84
	利润总额(万元)	67819.44	193517.89	52555.87	45857.29

康佳集团股份有限公司

公司概况						
	公司名称	康佳集团股份有限公司			证券简称	深康佳 B
	法人代表	吴斯远	董秘	肖庆	证券代码	200016
	公司网址	www.konka.com		电子信箱	szkonka@konka.com	
	电　话	0755-26608866		传　真	0755-26600082	
	办公地址	广东省深圳市南山区华侨城				
	经营范围	研究开发、生产经营电视机、冰箱、洗衣机、日用小家电等家用电器产品等				

主要财务指标	指标\报告期	2014.06.30	2013.12.31	2013.06.30	2012.12.31
	基本每股收益(元)	0.0377	0.0375	0.0337	0.0381
	基本每股收益	–0.1428	–0.0573	0.0115	–0.0449
	稀释每股收益(元)	0.0377	0.0375	0.0337	0.0381
	每股净资产(元)	3.4187	3.3892	3.3846	3.3585
	每股经营现金净流量(元)	1.0033	1.8964	1.8868	–0.2984
	每股现金流量(元)	–0.1158	0.7869	0.7851	0.1475
	每股资本公积金(元)	1.0585	1.0911	1.0568	1.0569
	每股盈余公积金(元)	0.7043	0.7043	0.6871	0.6871
	每股未分配利润(元)	0.6406	0.5804	0.6263	0.6026
	净资产收益率(%)	1.1021	1.1068	0.9950	1.1334
	加权净资产收益率(%)	1.1100	1.1100	1.0000	1.1400
	净资产收益率(扣除)(%)	–4.1772	–1.6914	0.3412	–1.3376
	总资产(万元)	1515866.61	1574328.43	1512773.84	1656291.72
	归属母公司股东权益	411597.53	408045.82	407497.96	404359.15
	营业收入(万元)	839830.05	2000673.69	942139.93	1833786.17
	营业成本(万元)	701056.78	1666098.16	783577.75	1503809.05
	投资收益(万元)	26644.01	5498.52	–	742.11
	净利润(万元)	4536.01	4516.30	4054.77	4582.92
	营业利润(万元)	2898.36	–6949.59	1886.74	–12021.58
	利润总额(万元)	8316.31	18206.09	5969.63	9182.61

深圳中华自行车(集团)股份有限公司

公司概况						
	公司名称	深圳中华自行车(集团)股份有限公司			证券简称	深中华 B
	法人代表	罗桂友	董秘	孙龙龙	证券代码	200017
	公司网址	www.cbc.com.cn		电子信箱	cbc@szcbc.com	
	电　话	0755-28181666		传　真	0755-28181009	
	办公地址	广东省深圳市笋岗东路 3002 号万通大厦 1201 室				
	经营范围	生产装配各种类型的自行车及自行车零件、部件、配件、机械产品等				

主要财务指标	指标\报告期	2014.06.30	2013.12.31	2013.06.30	2012.12.31
	基本每股收益(元)	0.0034	2.8570	–0.0531	–0.0951
	基本每股收益	–0.0049	0.0079	0.0040	–0.1007
	稀释每股收益(元)	0.0034	2.8570	–0.0531	–0.0951
	每股净资产(元)	0.0161	0.0127	–3.1536	–3.1000
	每股经营现金净流量(元)	0.0050	–0.0512	–0.0373	–0.0127
	每股现金流量(元)	0.0046	–0.0464	–0.0372	0.0505
	每股资本公积金(元)	1.1387	1.1387	0.8825	0.8825
	每股盈余公积金(元)	0.0593	0.0593	0.0593	0.0593
	每股未分配利润(元)	–2.1819	–2.1853	–5.0954	–5.0423
	净资产收益率(%)	21.1157	22492.4800	–1.6842	–3.0678
	加权净资产收益率(%)	23.6100	–	1.7000	–
	净资产收益率(扣除)(%)	–30.3455	62.2561	–0.1264	3.2477
	总资产(万元)	7108.02	15151.14	15729.79	16264.91
	归属母公司股东权益	887.80	700.33	–173873.49	–170945.13
	营业收入(万元)	8566.66	27111.17	10490.35	29282.70
	营业成本(万元)	8032.68	24322.56	9213.92	26306.51
	投资收益(万元)	–	7293.40	–	–
	净利润(万元)	187.46	157522.39	–2928.36	–5244.32
	营业利润(万元)	–172.86	779.84	–2932.20	–5520.12
	利润总额(万元)	315.08	166885.88	–2928.10	–5212.66

深圳中冠纺织印染股份有限公司

公司概况	公司名称	深圳中冠纺织印染股份有限公司			证券简称	中冠 B
	法人代表	胡永峰	董秘	张金良	证券代码	200018
	公司网址	www.udcgroup.com		电子信箱	wux@udcgroup.com	
	电　话	0755-83668425 83667895		传　真	0755-83668427	
	办公地址	广东省深圳市龙岗区葵涌镇白石岗葵鹏路 26 号				
	经营范围	各类纯棉、纯麻、涤棉、麻棉、混纺高档面料以及成衣产品的印染生产、加工和销售业务				

	指标\报告期	2014.06.30	2013.12.31	2013.06.30	2012.12.31
主要财务指标	基本每股收益(元)	0.0040	0.0486	-0.0200	-0.0015
	基本每股收益	0.0040	-	-0.0100	0.0018
	稀释每股收益(元)	0.0040	0.0486	-0.0200	-0.0015
	每股净资产(元)	0.7527	0.7468	0.6747	0.7027
	每股经营现金净流量(元)	0.0160	0.0101	0.0115	-0.0023
	每股现金流量(元)	-0.0192	0.0667	-0.0204	-0.0069
	每股资本公积金(元)	0.2345	0.2344	0.2345	0.2353
	每股盈余公积金(元)	0.1579	0.1579	0.1579	0.1579
	每股未分配利润(元)	-0.6345	-0.6389	-0.7118	-0.6874
	净资产收益率(%)	0.5799	6.5032	-3.6134	-0.2081
	加权净资产收益率(%)	0.5800	6.7000	-3.5300	-0.2100
	净资产收益率(扣除)(%)	0.5814	-4.5213	-1.4971	0.2524
	总资产(万元)	19527.51	17050.28	16487.96	17200.26
	归属母公司股东权益	12732.10	12632.01	11411.95	11885.24
	营业收入(万元)	507.75	2699.90	499.06	1109.57
	营业成本(万元)	144.60	946.10	207.33	541.34
	投资收益(万元)	85.72	84.98	-7.11	258.22
	净利润(万元)	73.83	821.48	-412.36	-24.73
	营业利润(万元)	74.02	844.56	-170.85	26.42
	利润总额(万元)	73.83	1023.45	-412.36	-28.92

深圳市深宝实业股份有限公司

公司概况	公司名称	深圳市深宝实业股份有限公司			证券简称	深深宝 B
	法人代表	郑煜曦	董秘	李亦研	证券代码	200019
	公司网址	www.sbsy.com.cn		电子信箱	lyy@sbsy.com.cn	
	电　话	0755-82027522		传　真	0755-82027522	
	办公地址	广东省深圳市福田区竹子林四路紫竹七道 26 号教育科技大厦塔楼 20 层南半层				
	经营范围	生产食品罐头、饮料、土产品等				

	指标\报告期	2014.06.30	2013.12.31	2013.06.30	2012.12.31
主要财务指标	基本每股收益(元)	-0.0777	0.1740	-0.0237	0.2970
	基本每股收益	-0.0943	-0.1291	-0.0429	-0.1346
	稀释每股收益(元)	-0.0777	0.1740	-0.0237	0.2970
	每股净资产(元)	3.1027	3.8283	3.6194	3.8430
	每股经营现金净流量(元)	0.0558	-0.0475	-0.0472	-0.1930
	每股现金流量(元)	0.2795	-0.4591	-0.2523	-0.2548
	每股资本公积金(元)	1.7211	2.2771	2.2659	2.2659
	每股盈余公积金(元)	0.1495	0.1794	0.1597	0.1597
	每股未分配利润(元)	0.2322	0.3718	0.1938	0.4174
	净资产收益率(%)	-2.5030	4.5457	-0.6536	7.7295
	加权净资产收益率(%)	-2.4700	4.5200	-0.6200	8.0400
	净资产收益率(扣除)(%)	-3.0397	-3.3730	-1.1863	-3.5032
	总资产(万元)	140234.62	112683.12	133427.61	122299.46
	归属母公司股东权益	93416.83	96051.71	90810.17	96421.67
	营业收入(万元)	11825.02	43831.87	22974.34	31079.03
	营业成本(万元)	9648.77	36757.55	19508.30	25746.98
	投资收益(万元)	285.31	6826.67	0.67	10564.13
	净利润(万元)	-2338.21	4366.22	-593.50	7452.95
	营业利润(万元)	-2593.70	4200.84	-755.42	7405.16
	利润总额(万元)	-2404.59	6200.35	-142.39	7688.32

深圳中恒华发股份有限公司

公司概况	公司名称	深圳中恒华发股份有限公司			证券简称	深华发 B
	法人代表	李中秋	董秘	翁小珏	证券代码	200020
	公司网址	www.hwafa.com		电子信箱	hwafainvestor@126.com	
	电　话	0755-83352206 61389198		传　真	0755-61389001	
	办公地址	广东省深圳市福田区华发北路 411 栋华发大厦东座六层				
	经营范围	生产经营各种彩色电视机、液晶显示器、液晶显示屏等				

	指标\报告期	2014.06.30	2013.12.31	2013.06.30	2012.12.31
主要财务指标	基本每股收益(元)	0.0051	-0.0230	0.0070	0.0114
	基本每股收益	0.0037	-	0.0100	0.0147
	稀释每股收益(元)	0.0051	-0.0230	0.0070	0.0114
	每股净资产(元)	0.9716	0.9665	0.9964	0.9895
	每股经营现金净流量(元)	-0.6660	-0.2449	-0.1009	0.0650
	每股现金流量(元)	0.8247	-0.1750	0.0270	-0.0265
	每股资本公积金(元)	0.3867	0.3867	0.3867	0.3867
	每股盈余公积金(元)	0.2733	0.2733	0.2733	0.2733
	每股未分配利润(元)	-0.6884	-0.6935	-0.6636	-0.6705
	净资产收益率(%)	0.5292	-2.3815	0.6975	1.1571
	加权净资产收益率(%)	0.5300	-2.3500	0.7000	1.1600
	净资产收益率(扣除)(%)	0.3779	-2.1685	0.9987	1.3765
	总资产(万元)	118764.03	73134.85	73171.77	68164.51
	归属母公司股东权益	27511.96	27366.36	28214.90	28018.11
	营业收入(万元)	36662.18	62682.10	30273.28	72389.15
	营业成本(万元)	32692.16	55659.89	26351.35	63712.75
	投资收益(万元)	-	-	-	-
	净利润(万元)	145.59	-651.74	196.80	324.19
	营业利润(万元)	154.15	-761.52	365.99	560.65
	利润总额(万元)	209.67	-759.52	233.77	463.21

深圳赤湾港航股份有限公司

公司概况	公司名称	深圳赤湾港航股份有限公司			证券简称	深赤湾 B
	法人代表	郑少平	董秘	步丹	证券代码	200022
	公司网址	www.szcwh.com		电子信箱	cwh@cndi.com	
	电　话	0755-26694222		传　真	0755-26684117	
	办公地址	广东省深圳市赤湾石油大厦 8 楼				
	经营范围	集装箱和散杂货的港口装卸、仓储、运输及其他配套服务等				

	指标\报告期	2014.06.30	2013.12.31	2013.06.30	2012.12.31
主要财务指标	基本每股收益(元)	0.3650	0.7800	0.4580	0.7240
	基本每股收益	0.3620	0.7800	0.4570	0.7210
	稀释每股收益(元)	0.3650	0.7800	0.4580	0.7240
	每股净资产(元)	6.0998	6.1229	5.8030	5.7045
	每股经营现金净流量(元)	0.4384	1.3915	0.5550	1.0833
	每股现金流量(元)	0.1044	0.6214	0.4786	-0.2543
	每股资本公积金(元)	0.2576	0.2577	0.2575	0.2573
	每股盈余公积金(元)	0.8066	0.7502	0.7502	0.7207
	每股未分配利润(元)	4.0515	4.1329	3.8114	3.7454
	净资产收益率(%)	5.9838	12.7385	7.9002	12.6998
	加权净资产收益率(%)	5.8500	13.2600	7.8000	13.1500
	净资产收益率(扣除)(%)	5.9268	12.7277	7.8795	12.6315
	总资产(万元)	747042.66	734652.92	741066.47	678113.05
	归属母公司股东权益	393290.53	394784.64	374159.09	367803.21
	营业收入(万元)	87598.12	178077.48	86523.58	178384.61
	营业成本(万元)	46266.61	91013.47	39022.23	84460.14
	投资收益(万元)	4442.87	10205.46	4602.23	8351.89
	净利润(万元)	23533.86	50289.45	29559.49	46710.33
	营业利润(万元)	33813.44	75928.29	43177.86	73708.49
	利润总额(万元)	34264.65	75998.85	43325.27	74089.46

招商局地产控股股份有限公司

公司概况	公司名称	招商局地产控股股份有限公司		证券简称	招商局B
	法人代表	孙承铭	董秘　刘宁	证券代码	200024
	公司网址	www.cmpd.cn		电子信箱	cmpdir@cmhk.com
	电　话	0755-26819600		传　真	0755-26818666
	办公地址	广东省深圳市南山区蛇口工业区兴华路六号南海意库三号楼			
	经营范围	房地产开发经营、科研技术服务、兴办实业等			

主要财务指标	指标＼报告期	2014.06.30	2013.12.31	2013.06.30	2012.12.31
	基本每股收益(元)	0.6900	2.4500	0.9900	1.9300
	基本每股收益	0.7154	2.2857	1.2914	1.9493
	稀释每股收益(元)	0.6900	2.4500	0.9900	1.9300
	每股净资产(元)	10.7580	15.5625	14.9446	13.6200
	每股经营现金净流量(元)	-2.8465	0.2888	-0.7427	2.9691
	每股现金流量(元)	-2.1933	3.5039	3.0066	2.6545
	每股资本公积金(元)	2.9557	4.9257	5.0209	4.8838
	每股盈余公积金(元)	0.4400	0.6601	0.5985	0.5985
	每股未分配利润(元)	6.3316	8.9309	8.2738	7.0885
	净资产收益率(%)	6.4428	15.7234	9.9384	14.1846
	加权净资产收益率(%)	6.5300	16.7300	10.3800	15.1900
	净资产收益率(扣除)(%)	6.6501	14.6795	8.6410	14.3094
	总资产(万元)	14095400.30	13404044.70	11751579.95	10919724.27
	归属母公司股东权益	2771207.62	2672550.20	2566439.35	2339351.55
	营业收入(万元)	1604715.57	3256781.39	1613356.83	2529676.22
	营业成本(万元)	1039106.83	1904510.23	869251.13	1294503.76
	投资收益(万元)	14331.84	56927.03	28217.98	557.25
	净利润(万元)	178543.47	420215.21	255063.10	331826.69
	营业利润(万元)	334479.74	792721.21	473809.21	623436.07
	利润总额(万元)	335856.89	796717.95	473447.93	619950.04

深圳市特力(集团)股份有限公司

公司概况	公司名称	深圳市特力(集团)股份有限公司		证券简称	特力B
	法人代表	吕航	董秘　吕航(代)	证券代码	200025
	公司网址	www.tellus.cn		电子信箱	sztljtgf@public.szptt.net.cn
	电　话	0755-83989335　83989339		传　真	0755-83989386
	办公地址	广东省深圳市福田区深南中路中核大厦十五楼			
	经营范围	汽车销售、汽车检测维修及配件销售、物业租赁及服务等			

主要财务指标	指标＼报告期	2014.06.30	2013.12.31	2013.06.30	2012.12.31
	基本每股收益(元)	0.0244	0.0313	0.0170	0.0324
	基本每股收益	0.0237	-0.0704	-0.0150	-0.0684
	稀释每股收益(元)	0.0244	0.0313	0.0170	0.0324
	每股净资产(元)	0.8928	0.8687	0.8542	0.8384
	每股经营现金净流量(元)	-0.0190	-0.0119	0.1648	-0.0352
	每股现金流量(元)	-0.0332	0.0364	0.1139	-0.0035
	每股资本公积金(元)	0.0383	0.0386	0.0385	0.0396
	每股盈余公积金(元)	0.0134	0.0134	0.0134	0.0134
	每股未分配利润(元)	-0.1589	-0.2241	-0.1977	-0.2147
	净资产收益率(%)	2.7358	3.6063	1.9910	3.8696
	加权净资产收益率(%)	2.7700	3.6700	2.0100	3.9500
	净资产收益率(扣除)(%)	2.6518	-8.1076	-1.8142	-8.1553
	总资产(万元)	74175.79	70218.02	68546.59	64491.13
	归属母公司股东权益	19666.61	18237.10	18817.29	18467.54
	营业收入(万元)	22869.25	48672.93	22208.73	41964.27
	营业成本(万元)	19529.81	38755.87	18308.76	33641.96
	投资收益(万元)	784.15	855.09	-	490.78
	净利润(万元)	538.04	690.07	374.64	714.63
	营业利润(万元)	513.32	1652.78	266.37	-516.69
	利润总额(万元)	535.58	1417.92	286.26	923.65

飞亚达(集团)股份有限公司

公司概况	公司名称	飞亚达(集团)股份有限公司		证券简称	飞亚达B
	法人代表	赖伟宣	董秘　陆万军	证券代码	200026
	公司网址	www.fiytagroup.com		电子信箱	investor@fiyta.com.cn
	电　话	0755-86013669　86013992		传　真	0755-83348369
	办公地址	广东省深圳市南山区高新南一道飞亚达科技大厦20楼			
	经营范围	钟表及其零配件的设计、开发、制造、销售和维修等			

主要财务指标	指标＼报告期	2014.06.30	2013.12.31	2013.06.30	2012.12.31
	基本每股收益(元)	0.2250	0.3310	0.1760	0.2950
	基本每股收益	0.2190	0.3240	0.1730	0.2880
	稀释每股收益(元)	0.2250	0.3310	0.1760	0.2950
	每股净资产(元)	4.0423	3.9118	3.8502	3.6833
	每股经营现金净流量(元)	0.3513	0.2013	0.3412	0.1167
	每股现金流量(元)	0.1329	-0.0834	-0.1144	-0.1007
	每股资本公积金(元)	1.3380	1.3380	1.3380	1.3380
	每股盈余公积金(元)	0.3990	0.3990	0.3783	0.3783
	每股未分配利润(元)	1.3207	1.1959	1.1612	0.9853
	净资产收益率(%)	5.5605	8.4693	4.5693	8.0186
	加权净资产收益率(%)	5.5800	8.6900	4.6800	8.1800
	净资产收益率(扣除)(%)	5.4276	8.2762	4.5019	7.8270
	总资产(万元)	368955.07	355870.26	330345.72	332676.38
	归属母公司股东权益	158769.80	153643.47	151222.64	144667.76
	营业收入(万元)	164261.48	310349.70	150835.38	302396.25
	营业成本(万元)	103806.07	199012.51	97086.97	198232.61
	投资收益(万元)	-50.46	158.92	10.84	151.87
	净利润(万元)	8828.39	13012.51	6909.74	11600.37
	营业利润(万元)	10231.75	14763.11	8165.27	12994.43
	利润总额(万元)	10495.68	15147.67	8296.79	13648.68

国药集团一致药业股份有限公司

公司概况	公司名称	国药集团一致药业股份有限公司		证券简称	一致B
	法人代表	闫志刚	董秘　陈常兵	证券代码	200028
	公司网址	www.szaccord.com.cn		电子信箱	investor@szaccord.com.cn
	电　话	0755-25875195		传　真	0755-25875147
	办公地址	广东省深圳市福田区八卦四路15号一致药业大厦			
	经营范围	中成药、化学原料药、化学药制剂、抗生素原料药、抗生素制剂、生化药品等			

主要财务指标	指标＼报告期	2014.06.30	2013.12.31	2013.06.30	2012.12.31
	基本每股收益(元)	1.0730	1.8100	0.9050	1.6500
	基本每股收益	1.0030	1.7600	0.9030	1.5500
	稀释每股收益(元)	1.0730	1.8100	0.9050	1.6500
	每股净资产(元)	12.2928	7.7903	6.8889	6.1633
	每股经营现金净流量(元)	-1.3367	1.6138	0.8269	1.1243
	每股现金流量(元)	0.8588	0.6150	-0.1334	0.0446
	每股资本公积金(元)	5.1301	0.0200	0.0198	0.0193
	每股盈余公积金(元)	0.3995	0.5027	0.3448	0.3448
	每股未分配利润(元)	5.7633	6.2676	5.5242	4.7992
	净资产收益率(%)	7.8338	23.1868	13.1381	26.7910
	加权净资产收益率(%)	10.3900	26.0000	13.8100	30.5100
	净资产收益率(扣除)(%)	7.3249	22.5449	13.1071	25.2395
	总资产(万元)	1249010.17	1105789.69	1012088.76	929583.99
	归属母公司股东权益	445776.33	224475.77	198502.51	177594.30
	营业收入(万元)	1161264.24	2119946.64	1013171.27	1801175.92
	营业成本(万元)	1062676.77	1943608.19	927945.53	1640871.99
	投资收益(万元)	2359.57	4247.32	-	3874.07
	净利润(万元)	34921.40	52048.82	26079.47	47579.25
	营业利润(万元)	41679.02	64500.84	32872.57	57146.45
	利润总额(万元)	44391.87	65910.22	32874.24	60331.68

深圳经济特区房地产(集团)股份有限公司

公司概况	公司名称	深圳经济特区房地产(集团)股份有限公司			证券简称	深深房 B
	法人代表	周建国	董秘	陈继	证券代码	200029
	公司网址	www.sfjt.com.cn		电子信箱	spg@163.net	
	电　话	0755-82293000 4718 4715		传　真	0755-82294024	
	办公地址	广东省深圳市罗湖区人民南路深房广场 47 楼				
	经营范围	房地产开发及商品房销售、物业租赁及管理、建筑装饰安装、商品零售及贸易等				

主要财务指标	指标\报告期	2014.06.30	2013.12.31	2013.06.30	2012.12.31
	基本每股收益(元)	0.0343	0.2256	0.0129	0.1056
	基本每股收益	0.0341	–	0.0095	0.1001
	稀释每股收益(元)	0.0343	–	0.0129	0.1056
	每股净资产(元)	1.8758	1.8419	1.6306	1.6165
	每股经营现金净流量(元)	0.1977	0.1927	0.3454	0.0271
	每股现金流量(元)	0.0314	0.0549	0.1280	0.1371
	每股资本公积金(元)	0.9670	0.9670	0.9670	0.9670
	每股盈余公积金(元)	0.0049	0.0049	0.0049	0.0049
	每股未分配利润(元)	–0.1049	–0.1393	–0.3520	–0.3649
	净资产收益率(%)	1.8303	12.2504	0.7911	6.5315
	加权净资产收益率(%)	1.8500	13.0500	0.7900	6.7500
	净资产收益率(扣除)(%)	1.8154	11.9593	0.5831	6.1901
	总资产(万元)	438904.83	421509.93	421515.24	371277.08
	归属母公司股东权益	189764.31	186334.71	164964.24	163537.61
	营业收入(万元)	57307.44	211648.27	32068.79	103014.87
	营业成本(万元)	43280.78	154717.01	24670.70	70130.36
	投资收益(万元)	–	–2.53	–	153.31
	净利润(万元)	3473.24	22826.83	1305.03	10681.45
	营业利润(万元)	4970.86	29728.36	1565.82	13797.67
	利润总额(万元)	5008.57	30387.50	1908.79	13725.79

富奥汽车零部件股份有限公司

公司概况	公司名称	富奥汽车零部件股份有限公司			证券简称	富　奥 B
	法人代表	金毅	董秘	王晓平	证券代码	200030
	公司网址	www.fawer.com.cn		电子信箱	000030@fawer.com.cn	
	电　话	0431-85122797		传　真	0431-85122756	
	办公地址	吉林省长春汽车经济技术开发区东风南街 777 号				
	经营范围	汽车零部件及相关产品的研究,设计,制造等				

主要财务指标	指标\报告期	2014.06.30	2013.12.31	2013.06.30	2012.12.31
	基本每股收益(元)	0.2500	0.4400	0.2500	0.4600
	基本每股收益	0.2400	–	0.2400	–0.0133
	稀释每股收益(元)	0.2500	0.4400	0.2500	0.4600
	每股净资产(元)	3.0807	2.9222	2.7257	–0.0057
	每股经营现金净流量(元)	0.1420	–0.0577	–0.1114	0.3337
	每股现金流量(元)	0.1366	–0.2066	–0.1718	0.1296
	每股资本公积金(元)	0.3918	0.3883	0.3893	0.6117
	每股盈余公积金(元)	0.1883	0.1883	0.1423	0.1650
	每股未分配利润(元)	1.4977	1.2984	1.1910	1.1332
	净资产收益率(%)	8.2136	14.3082	8.0286	–223.9300
	加权净资产收益率(%)	8.2900	15.4100	8.3600	15.8000
	净资产收益率(扣除)(%)	7.9135	14.1482	7.9222	232.4232
	总资产(万元)	727940.24	710368.64	674825.02	626992.18
	归属母公司股东权益	400092.12	374113.63	353985.57	325845.60
	营业收入(万元)	263067.81	522780.24	254292.70	482831.64
	营业成本(万元)	212851.85	427134.20	207890.65	399194.31
	投资收益(万元)	23222.54	43757.70	21879.17	41630.88
	净利润(万元)	32861.85	54300.64	28420.02	46733.97
	营业利润(万元)	36342.22	61370.31	32040.69	52348.28
	利润总额(万元)	37628.94	62203.56	32487.27	57065.63

深圳南山热电股份有限公司

公司概况	公司名称	深圳南山热电股份有限公司			证券简称	深南电 B
	法人代表	杨海贤	董秘	胡琴	证券代码	200037
	公司网址	www.nsrd.com.cn		电子信箱	public@nspower.com.cn	
	电　话	0755-26948888		传　真	0755-26003684	
	办公地址	广东省深圳市南山区华侨城汉唐大厦 16、17 楼				
	经营范围	供电、供热、提供相关技术咨询和技术服务等				

主要财务指标	指标\报告期	2014.06.30	2013.12.31	2013.06.30	2012.12.31
	基本每股收益(元)	–0.1200	0.0900	–0.1700	–0.3400
	基本每股收益	–0.1300	–	–0.1800	–0.5400
	稀释每股收益(元)	–	0.0900	–	–0.3400
	每股净资产(元)	2.5314	2.6562	2.4013	2.5700
	每股经营现金净流量(元)	0.6472	0.8001	0.8385	0.1759
	每股现金流量(元)	0.3249	0.0186	0.1510	–0.1700
	每股资本公积金(元)	0.6017	0.6017	0.6033	0.6033
	每股盈余公积金(元)	0.5523	0.5523	0.5523	0.5523
	每股未分配利润(元)	0.3774	0.5022	0.2457	0.4141
	净资产收益率(%)	–4.9317	3.3165	–7.0151	–13.1999
	加权净资产收益率(%)	–4.8100	3.3700	–6.7800	–13.2000
	净资产收益率(扣除)(%)	–5.0555	–4.8063	–7.6607	–20.8708
	总资产(万元)	554975.80	544029.14	556704.63	553606.77
	归属母公司股东权益	152580.77	160105.55	144738.41	154891.94
	营业收入(万元)	52739.76	111042.78	56547.69	126544.58
	营业成本(万元)	75646.50	161320.60	91116.42	208726.48
	投资收益(万元)	–127.01	7926.40	–	–
	净利润(万元)	–7524.78	5309.91	–10153.53	–20445.56
	营业利润(万元)	–38538.43	–80440.74	–49689.32	–121113.90
	利润总额(万元)	–9977.82	9510.68	–11373.81	–23214.50

深圳市纺织(集团)股份有限公司

公司概况	公司名称	深圳市纺织(集团)股份有限公司			证券简称	深纺织 B
	法人代表	王滨	董秘	李江	证券代码	200045
	公司网址	www.chinasthc.com		电子信箱	jiangp@chinasthc.com	
	电　话	0755-83776043		传　真	0755-83776139	
	办公地址	广东省深圳市福田区华强北路 3 号深纺大厦 6 楼				
	经营范围	生产、加工纺织品、针织品、服装、装饰布、带、商标带、自行车、工艺品等				

主要财务指标	指标\报告期	2014.06.30	2013.12.31	2013.06.30	2012.12.31
	基本每股收益(元)	–0.0400	0.1000	–0.0200	–0.2400
	基本每股收益	–0.0800	–	–0.0600	–0.2700
	稀释每股收益(元)	–0.0400	–	–0.0200	–0.2400
	每股净资产(元)	4.4715	4.5365	4.4610	3.8720
	每股经营现金净流量(元)	–0.1788	–0.3686	–0.1124	–0.4610
	每股现金流量(元)	0.2136	1.4150	1.0110	–0.7032
	每股资本公积金(元)	3.1494	3.1717	3.1966	2.4632
	每股盈余公积金(元)	0.1181	0.1181	0.0723	0.1088
	每股未分配利润(元)	0.2040	0.2468	0.1921	0.3000
	净资产收益率(%)	–0.9557	2.0551	–0.1612	–6.2155
	加权净资产收益率(%)	–0.9500	2.3100	–0.4500	–6.0600
	净资产收益率(扣除)(%)	–1.7792	–7.0271	–1.0712	–6.9073
	总资产(万元)	279691.49	285175.97	280845.78	188066.07
	归属母公司股东权益	226489.27	229784.66	225958.95	130301.20
	营业收入(万元)	47162.38	113109.86	57634.80	84511.45
	营业成本(万元)	43413.81	108793.80	52791.40	80907.09
	投资收益(万元)	2002.37	25804.86	2190.83	742.80
	净利润(万元)	–2164.45	4722.26	–804.13	–8098.89
	营业利润(万元)	–1420.27	7787.12	–668.80	–10614.40
	利润总额(万元)	–826.33	10201.85	–72.14	–9765.95

深圳赤湾石油基地股份有限公司

公司概况	公司名称	深圳赤湾石油基地股份有限公司			证券简称	深基地 B
	法人代表	田俊彦	董秘	宋涛	证券代码	200053
	公司网址	www.chiwanbase.com		电子信箱	sa@chiwanbase.com	
	电　　话	0755-26694211		传　　真	0755-26694227	
	办公地址	中国广东省深圳市蛇口赤湾石油大厦 14 楼				
	经营范围	经营码头、港口服务、堆场、仓库及办公室的租赁业务、提供劳务服务等				

主要财务指标	指标\报告期	2014.06.30	2013.12.31	2013.06.30	2012.12.31
	基本每股收益(元)	0.5200	0.9000	0.4200	0.7000
	基本每股收益	0.5000	–	0.4200	0.6900
	稀释每股收益(元)	0.5200	0.9000	0.4200	0.7000
	每股净资产(元)	6.9103	6.3876	5.9079	5.5835
	每股经营现金净流量(元)	0.5922	1.8884	0.8378	1.4210
	每股现金流量(元)	–0.3346	–2.8622	–2.0244	2.1303
	每股资本公积金(元)	1.0154	1.0154	1.0154	1.0154
	每股盈余公积金(元)	1.2671	1.2345	1.1694	1.1441
	每股未分配利润(元)	3.6130	3.1264	2.7150	2.4177
	净资产收益率(%)	7.5132	14.0914	7.1705	12.5962
	加权净资产收益率(%)	7.8100	15.0700	7.3300	13.2300
	净资产收益率(扣除)(%)	7.2765	13.8283	7.0283	12.3552
	总资产(万元)	483253.10	450106.46	442569.96	447908.65
	归属母公司股东权益	159352.32	147298.65	136236.80	128755.95
	营业收入(万元)	35027.20	69183.26	32491.43	57859.19
	营业成本(万元)	12085.22	25286.05	11279.89	23007.90
	投资收益(万元)	3806.94	9546.79	3492.59	7711.07
	净利润(万元)	11972.51	20756.44	9768.89	16218.30
	营业利润(万元)	15058.77	27267.19	12532.58	19651.33
	利润总额(万元)	15666.95	27785.49	12792.08	20151.98

重庆建设摩托车股份有限公司

公司概况	公司名称	重庆建设摩托车股份有限公司			证券简称	建摩 B
	法人代表	李华光	董秘	滕峰	证券代码	200054
	公司网址	www.jianshe.com.cn		电子信箱	cqjsmc@jianshe.com.cn	
	电　　话	023-66295333		传　　真	023-66295333	
	办公地址	重庆市巴南区花溪工业园建设大道 1 号				
	经营范围	摩托车、电动车、汽车零部件、配件、机械产品研发、加工制造及其相关的技术服务等				

主要财务指标	指标\报告期	2014.06.30	2013.12.31	2013.06.30	2012.12.31
	基本每股收益(元)	–0.5023	0.1010	–0.2775	–1.2040
	基本每股收益	–0.4777	–	–0.0694	–0.3070
	稀释每股收益(元)	–0.5023	0.1010	–0.2775	–1.2040
	每股净资产(元)	0.7658	1.2681	0.2290	0.2983
	每股经营现金净流量(元)	0.8766	1.3642	–0.0385	0.1892
	每股现金流量(元)	–1.2668	0.7423	0.0145	–0.1664
	每股资本公积金(元)	8.0462	8.0462	1.2626	1.2626
	每股盈余公积金(元)	1.0529	1.0529	0.2632	0.2632
	每股未分配利润(元)	–9.3332	–8.8349	–2.2969	–2.2275
	净资产收益率(%)	–65.5884	7.9648	–30.3005	–100.8997
	加权净资产收益率(%)	–49.3900	8.1300	–26.3100	–67.0100
	净资产收益率(扣除)(%)	–62.3712	–65.3629	–31.1073	–103.0697
	总资产(万元)	264225.62	274395.30	291650.93	288517.07
	归属母公司股东权益	9142.14	15091.51	10932.58	14244.23
	营业收入(万元)	94717.09	188583.15	92646.56	182340.04
	营业成本(万元)	83040.97	162178.11	79411.42	159482.81
	投资收益(万元)	1715.81	3835.97	2896.29	4304.35
	净利润(万元)	–5996.18	1205.74	–3312.62	–14372.38
	营业利润(万元)	–5679.18	–10130.07	–3353.81	–14574.72
	利润总额(万元)	–5973.30	970.01	–3265.60	–14231.53

方大集团股份有限公司

公司概况	公司名称	方大集团股份有限公司			证券简称	方大 B
	法人代表	熊建明	董秘	周志刚	证券代码	200055
	公司网址	www.fangda.com		电子信箱	zqb@fangda.com	
	电　　话	0755-26788571 转 6622		传　　真	0755-26788353	
	办公地址	广东省深圳市南山区高新区科技南十二路方大大厦二十楼				
	经营范围	生产经营新型建筑材料、复合材料、金属制品、金属结构、环保设备及器材等				

主要财务指标	指标\报告期	2014.06.30	2013.12.31	2013.06.30	2012.12.31
	基本每股收益(元)	0.0500	0.1100	0.0500	0.0300
	基本每股收益	0.0500	0.0900	0.0800	0.0100
	稀释每股收益(元)	0.0500	0.1100	0.0500	0.0300
	每股净资产(元)	1.5573	1.5334	1.4737	1.4514
	每股经营现金净流量(元)	–0.3548	0.2068	0.0014	0.0783
	每股现金流量(元)	0.0554	0.0595	0.0099	–0.0793
	每股资本公积金(元)	0.1047	0.1046	0.1061	0.1061
	每股盈余公积金(元)	0.0613	0.0613	0.0403	0.0403
	每股未分配利润(元)	0.3913	0.3675	0.3273	0.3051
	净资产收益率(%)	3.4588	7.3819	3.5288	2.2709
	加权净资产收益率(%)	3.4900	7.6100	3.5400	2.3000
	净资产收益率(扣除)(%)	3.3654	5.8927	3.3701	0.6701
	总资产(万元)	312559.01	259955.75	248287.87	232780.29
	归属母公司股东权益	117873.81	116063.97	111543.33	109861.22
	营业收入(万元)	82279.27	174762.08	73682.80	139790.14
	营业成本(万元)	66844.74	142536.92	58449.38	114506.65
	投资收益(万元)	96.91	30.09	–	344.82
	净利润(万元)	4077.00	8567.69	3936.16	2494.84
	营业利润(万元)	4261.07	9439.91	4349.95	1139.22
	利润总额(万元)	4359.03	10065.05	4533.19	1954.69

深圳市国际企业股份有限公司

公司概况	公司名称	深圳市国际企业股份有限公司			证券简称	深国商 B
	法人代表	郑康豪	董秘	曹剑	证券代码	200056
	公司网址	www.china-ia.com		电子信箱	cj000056@21cn.com	
	电　　话	0755-82281888　82285565		传　　真	0755-82566573	
	办公地址	广东省深圳市福田区金田路 2028 号皇岗商务中心主楼 6 楼				
	经营范围	商业、房地产开发、物业管理和林业种植等				

主要财务指标	指标\报告期	2014.06.30	2013.12.31	2013.06.30	2012.12.31
	基本每股收益(元)	–0.4400	10.5100	–0.1800	0.0800
	基本每股收益	–0.4300	–0.5560	–0.1600	–0.3130
	稀释每股收益(元)	–0.4400	10.5100	–0.1800	0.0800
	每股净资产(元)	9.6869	10.1258	–0.5587	–0.3798
	每股经营现金净流量(元)	–1.2187	–1.8255	–0.9120	–0.6628
	每股现金流量(元)	0.0284	0.0015	–0.0048	–0.0499
	每股资本公积金(元)	0.3100	0.3100	0.3100	0.3100
	每股盈余公积金(元)	0.5701	0.5701	0.5701	0.5701
	每股未分配利润(元)	7.8068	8.2457	–2.4388	–2.2599
	净资产收益率(%)	–4.5307	103.7503	–32.0330	–21.6792
	加权净资产收益率(%)	–4.3400	103.5700	–	–20.4000
	净资产收益率(扣除)(%)	–4.4389	–5.4880	27.8826	82.4479
	总资产(万元)	791669.86	780328.37	218414.38	200648.14
	归属母公司股东权益	213985.81	223680.89	–12342.47	–8388.81
	营业收入(万元)	3735.21	3529.28	1230.90	8062.25
	营业成本(万元)	2243.39	2440.91	970.47	6461.34
	投资收益(万元)	–	90.00	–	10014.24
	净利润(万元)	–9695.08	232069.70	–3953.66	1818.63
	营业利润(万元)	–15812.32	526281.63	–5825.61	–1583.77
	利润总额(万元)	–16138.74	523685.03	–6379.70	–1557.70

深圳赛格股份有限公司

公司概况					
公司名称	深圳赛格股份有限公司			证券简称	深赛格 B
法人代表	王立	董秘	郑丹	证券代码	200058
公司网址	www.segcl.com.cn		电子信箱	segcl@segcl.com.cn	
电　话	0755-83747939		传　真	0755-83975237	
办公地址	广东省深圳市福田区华强北路群星广场 A 座 31 层				
经营范围	投资电子电器产品、电子化工、计算机、兴办实业、电子信息系统等				

主要财务指标：指标＼报告期	2014.06.30	2013.12.31	2013.06.30	2012.12.31
基本每股收益(元)	0.0480	0.0692	0.0506	0.0581
基本每股收益	0.0468	0.0623	0.0496	0.0578
稀释每股收益(元)	0.0480	0.0692	0.0506	0.0581
每股净资产(元)	1.6410	1.5931	1.5739	1.5235
每股经营现金净流量(元)	–0.1330	–0.1561	–0.0773	–0.0586
每股现金流量(元)	0.3743	–0.1498	–0.0398	–0.2438
每股资本公积金(元)	0.5155	0.5152	0.5151	0.5153
每股盈余公积金(元)	0.1311	0.1311	0.1311	0.1311
每股未分配利润(元)	–0.0057	–0.0536	–0.0723	–0.1229
净资产收益率(%)	2.9232	4.3463	3.2119	3.8127
加权净资产收益率(%)	2.9700	4.4400	3.2600	3.8800
净资产收益率(扣除)(%)	2.8528	3.9123	3.1484	3.7945
总资产(万元)	248615.66	213494.06	178694.15	174069.73
归属母公司股东权益	128782.17	125022.44	123523.28	119567.29
营业收入(万元)	31614.14	59735.83	27984.81	46380.75
营业成本(万元)	24834.92	48641.12	21267.19	35584.90
投资收益(万元)	1173.15	1307.78	869.46	1584.97
净利润(万元)	3764.58	5433.87	3967.41	4558.71
营业利润(万元)	6934.75	10297.25	6403.86	7402.12
利润总额(万元)	7045.79	10525.27	6552.59	7349.53

山东航空股份有限公司

公司概况					
公司名称	山东航空股份有限公司			证券简称	山航 B
法人代表	于海田	董秘	董钱堂	证券代码	200152
公司网址	www.shandongair.com.cn		电子信箱	fanp@shandongair.com.cn	
电　话	0531-85698229 85698678		传　真	0531-85698767*8679	
办公地址	山东省济南市历下区二环东路 5746 号山东航空大厦				
经营范围	国际、国内航空客货运输业务、酒店餐饮(仅限分支机构)、航空器维修等				

主要财务指标：指标＼报告期	2014.06.30	2013.12.31	2013.06.30	2012.12.31
基本每股收益(元)	0.1200	0.9700	0.2100	1.4700
基本每股收益	–0.0400	0.3400	–	1.2300
稀释每股收益(元)	0.1200	0.9700	0.2100	1.4700
每股净资产(元)	6.6372	6.7703	6.0036	6.1976
每股经营现金净流量(元)	1.6946	3.5280	0.9234	4.3158
每股现金流量(元)	–0.3543	0.7228	0.4221	–0.2120
每股资本公积金(元)	0.1885	0.1885	0.1885	0.1885
每股盈余公积金(元)	0.7434	0.7434	0.6441	0.6441
每股未分配利润(元)	4.7053	4.8384	4.1709	4.3650
净资产收益率(%)	1.7602	14.3671	3.4299	23.7918
加权净资产收益率(%)	1.7100	15.0800	3.3000	26.3600
净资产收益率(扣除)(%)	–0.6706	5.0902	0.7291	19.7715
总资产(万元)	1199277.94	1147489.57	1157746.42	1126134.14
归属母公司股东权益	265486.78	276196.61	240142.19	247905.59
营业收入(万元)	556429.02	1142715.79	552471.09	1099302.49
营业成本(万元)	492575.31	970986.56	469298.12	857627.24
投资收益(万元)	–284.13	1416.32	49.25	1439.45
净利润(万元)	4673.01	38908.18	8236.60	58981.09
营业利润(万元)	–2596.95	27398.86	4067.36	64125.42
利润总额(万元)	6267.37	53094.68	12218.12	78104.88

承德南江股份有限公司

公司概况					
公司名称	承德南江股份有限公司			证券简称	南江 B
法人代表	李卫民	董秘	李文英	证券代码	200160
公司网址	www.dxtex.com		电子信箱	liwm@nanjianggroup.com	
电　话	0314-3115048 3115049		传　真	0314-3111475	
办公地址	河北省承德市承德县下板城镇				
经营范围	各种针织服装、各种纱线及化纤合成丝和各种纸制品的生产和销售等				

主要财务指标：指标＼报告期	2014.06.30	2013.12.31	2013.06.30	2012.12.31
基本每股收益(元)	0.0300	0.1300	0.1200	0.0500
基本每股收益	–0.0200	–	–0.0100	–0.0020
稀释每股收益(元)	0.0300	0.1300	0.1200	0.0500
每股净资产(元)	0.3243	0.2969	0.2845	0.1627
每股经营现金净流量(元)	–0.0564	–0.2896	–0.2302	–0.0062
每股现金流量(元)	–0.0122	–0.0050	0.0035	0.1146
每股资本公积金(元)	0.6463	0.6463	0.6463	0.6463
每股盈余公积金(元)	0.1087	0.1087	0.1087	0.1087
每股未分配利润(元)	–1.4307	–1.4581	–1.4705	–1.5923
净资产收益率(%)	8.4403	45.2104	42.8146	28.6300
加权净资产收益率(%)	8.8100	58.4200	54.4800	36.0100
净资产收益率(扣除)(%)	–4.8911	–2.6774	–3.9471	–1.4981
总资产(万元)	48139.27	38076.33	38161.83	19361.71
归属母公司股东权益	22903.26	20970.15	20091.59	11489.47
营业收入(万元)	21683.24	36395.23	1681.87	7951.20
营业成本(万元)	21814.32	33908.33	1200.37	5842.40
投资收益(万元)	12.14	16.46	7.79	1.57
净利润(万元)	1933.12	9480.68	8602.13	3289.44
营业利润(万元)	–1333.09	–47.89	–299.81	–671.59
利润总额(万元)	1720.25	13123.06	9095.35	3943.82

广东雷伊(集团)股份有限公司

公司概况					
公司名称	广东雷伊(集团)股份有限公司			证券简称	雷伊 B
法人代表	陈鸿成	董秘	徐巍	证券代码	200168
公司网址	www.200168.com		电子信箱	xw@200168.com	
电　话	0755-82250045		传　真	0755-82251182	
办公地址	广东省深圳市福田区福华三路国际商会中心 4003-4008				
经营范围	西服、时装、制服和针织品等各类服装的生产、加工和销售等				

主要财务指标：指标＼报告期	2014.06.30	2013.12.31	2013.06.30	2012.12.31
基本每股收益(元)	0.0131	0.0200	0.0225	0.0800
基本每股收益	0.0139	–	0.0200	–0.0160
稀释每股收益(元)	0.0131	0.0200	0.0225	0.0800
每股净资产(元)	1.1509	1.1378	1.1387	1.1162
每股经营现金净流量(元)	–0.1636	0.2050	0.0122	0.1697
每股现金流量(元)	–0.1636	0.1091	0.0079	0.0626
每股资本公积金(元)	0.1636	0.1636	0.1636	0.1636
每股盈余公积金(元)	0.2700	0.2700	0.2700	0.2700
每股未分配利润(元)	–0.2827	–0.2959	–0.2949	–0.3175
净资产收益率(%)	1.1421	1.8998	1.9803	7.3303
加权净资产收益率(%)	1.1500	1.9200	2.0000	7.6100
净资产收益率(扣除)(%)	1.2102	1.0046	2.0503	–1.5622
总资产(万元)	44881.53	48721.71	48221.61	52664.55
归属母公司股东权益	36668.82	36250.02	36279.81	35561.35
营业收入(万元)	5657.30	14845.88	10139.20	30098.29
营业成本(万元)	3712.97	9563.99	6655.19	22684.96
投资收益(万元)	–	–	–	0.51
净利润(万元)	418.80	688.67	718.46	2606.74
营业利润(万元)	848.17	1696.81	1330.33	501.02
利润总额(万元)	795.27	1685.19	1304.92	3795.74

东旭光电科技股份有限公司

公司概况	公司名称	东旭光电科技股份有限公司		证券简称	东旭 B
	法人代表	李兆廷	董秘	付殷芳	证券代码	200413
	公司网址			电子信箱	bs@bseg.cn
	电　话	0311-86917775 010-68297016		传　真	0311-86917775 010-68297016
	办公地址	北京市海淀区复兴路甲 23 号临 5 院;河北省石家庄市高新区黄河大道 9 号			
	经营范围	平板显示玻璃基板产业投资、建设与运营及相关的技术开发、技术咨询等			

主要财务指标	指标\报告期	2014.06.30	2013.12.31	2013.06.30	2012.12.31
	基本每股收益(元)	0.1500	0.5100	0.1500	0.1600
	基本每股收益	0.1000	–	–	–
	稀释每股收益(元)	0.1500	0.5100	0.1500	0.1600
	每股净资产(元)	2.2965	6.4382	2.2965	1.1849
	每股经营现金净流量(元)	–0.5507	–2.0346	–1.0156	–0.4404
	每股现金流量(元)	–0.2980	2.6071	4.1960	0.9332
	每股资本公积金(元)	1.1556	5.4669	5.3660	1.0553
	每股盈余公积金(元)	0.0101	0.0304	0.0304	0.0717
	每股未分配利润(元)	0.1307	–0.0591	–0.3419	–0.9421
	净资产收益率(%)	6.5508	6.3522	6.5508	13.6362
	加权净资产收益率(%)	6.7700	9.4300	6.7700	14.6300
	净资产收益率(扣除)(%)	–	4.4125	–	10.7973
	总资产(万元)	1095535.59	903297.84	838176.86	310976.68
	归属母公司股东权益	622121.04	581367.37	546720.98	45381.12
	营业收入(万元)	90997.47	93190.07	25504.24	19129.71
	营业成本(万元)	43307.17	40980.34	10859.21	6462.85
	投资收益(万元)	–	–	–	–
	净利润(万元)	40753.67	36929.73	11396.76	6188.24
	营业利润(万元)	35337.00	39890.80	8820.58	10166.04
	利润总额(万元)	53416.97	54738.41	19578.60	12523.72

无锡小天鹅股份有限公司

公司概况	公司名称	无锡小天鹅股份有限公司		证券简称	小天鹅 B
	法人代表	方洪波	董秘	周斯秀	证券代码	200418
	公司网址	www.littleswan.com		电子信箱	zhaoyl@littleswan.com.cn
	电　话	0510-81082320 81082377		传　真	0510-83720879
	办公地址	江苏省无锡市国家高新技术开发区长江南路 18 号			
	经营范围	家用电器及零配件等的生产、销售和技术服务等			

主要财务指标	指标\报告期	2014.06.30	2013.12.31	2013.06.30	2012.12.31
	基本每股收益(元)	0.5000	0.6500	0.3500	0.5400
	基本每股收益	0.4300	–	0.3000	0.5400
	稀释每股收益(元)	0.5000	0.6500	0.3500	0.5400
	每股净资产(元)	6.3892	6.1802	5.8766	5.8281
	每股经营现金净流量(元)	1.3045	1.4307	1.4722	0.5451
	每股现金流量(元)	0.8797	0.4191	0.2346	–1.5598
	每股资本公积金(元)	1.7941	1.7854	1.7856	1.7857
	每股盈余公积金(元)	0.4600	0.4600	0.4279	0.4279
	每股未分配利润(元)	3.1403	2.9401	2.6681	2.6187
	净资产收益率(%)	7.8285	10.5746	5.9448	9.1798
	加权净资产收益率(%)	7.7800	10.8800	5.8200	9.5900
	净资产收益率(扣除)(%)	6.7431	7.9373	5.0233	9.2772
	总资产(万元)	968639.39	922252.74	813196.49	840370.54
	归属母公司股东权益	404110.91	390889.77	371685.59	368621.05
	营业收入(万元)	497405.70	872795.60	399822.43	689986.39
	营业成本(万元)	365531.51	654962.19	300581.09	533991.46
	投资收益(万元)	5637.81	11686.19	3858.17	5562.27
	净利润(万元)	31635.85	41335.01	22096.15	33838.77
	营业利润(万元)	40993.43	52144.23	26869.44	40445.62
	利润总额(万元)	41680.03	54862.13	27891.28	44557.16

广东省高速公路发展股份有限公司

公司概况	公司名称	广东省高速公路发展股份有限公司		证券简称	粤高速 B
	法人代表	朱战良	董秘	左江	证券代码	200429
	公司网址	www.gpedcl.com		电子信箱	fengxw2007@163.com
	电　话	020-29004609 29004522		传　真	020-38787002
	办公地址	广东省广州市天河区珠江新城珠江东路 32 号利通广场 45,46 层			
	经营范围	主营高速公路、等级公路、桥梁的建设施工、公路、桥梁的收费和养护管理等			

主要财务指标	指标\报告期	2014.06.30	2013.12.31	2013.06.30	2012.12.31
	基本每股收益(元)	0.1400	0.1000	0.0500	0.1400
	基本每股收益	0.1400	–	0.0500	0.1500
	稀释每股收益(元)	0.1400	–	0.0500	0.1400
	每股净资产(元)	3.4405	3.3712	3.3610	3.4000
	每股经营现金净流量(元)	0.3985	0.6025	0.2638	0.4941
	每股现金流量(元)	–0.0187	0.1416	0.1643	–0.1754
	每股资本公积金(元)	1.2845	1.2209	1.3526	1.3831
	每股盈余公积金(元)	0.1859	0.1859	0.1628	0.1628
	每股未分配利润(元)	0.9701	0.8783	0.8456	0.8498
	净资产收益率(%)	4.1200	3.0100	1.3635	4.1180
	加权净资产收益率(%)	4.1500	3.0100	1.3500	4.2000
	净资产收益率(扣除)(%)	4.0803	1.6884	1.3492	4.4867
	总资产(万元)	1266478.41	1269447.55	1314641.85	1315456.55
	归属母公司股东权益	432510.55	423799.91	422521.60	426886.00
	营业收入(万元)	68871.69	132750.61	62997.56	110571.68
	营业成本(万元)	36961.46	92330.30	40343.56	64911.38
	投资收益(万元)	22169.11	47559.71	17103.69	33897.27
	净利润(万元)	17819.29	12777.77	5761.19	17578.97
	营业利润(万元)	23562.31	21798.95	7835.79	26163.19
	利润总额(万元)	23463.18	7147.59	7959.29	23338.38

南京普天通信股份有限公司

公司概况	公司名称	南京普天通信股份有限公司		证券简称	宁通信 B
	法人代表	王虹	董秘	张沈卫	证券代码	200468
	公司网址	www.postel.com.cn		电子信箱	zsw@postel.com.cn
	电　话	025-58962072 58962010		传　真	025-52409954
	办公地址	江苏省南京市秦淮区普天路 1 号			
	经营范围	研发、制造、销售各类通信设备和电气设备等			

主要财务指标	指标\报告期	2014.06.30	2013.12.31	2013.06.30	2012.12.31
	基本每股收益(元)	–0.0440	0.0200	–0.0130	0.0300
	基本每股收益	–0.0612	–0.1000	–0.0160	0.0100
	稀释每股收益(元)	–0.0440	0.0200	–0.0130	0.0300
	每股净资产(元)	1.7379	1.7824	1.7460	1.7572
	每股经营现金净流量(元)	–0.2629	0.2172	–0.6291	0.5975
	每股现金流量(元)	–0.2043	–0.1286	–0.6928	0.5546
	每股资本公积金(元)	0.8622	0.8622	0.8622	0.8622
	每股盈余公积金(元)	0.0027	0.0027	0.0027	0.0027
	每股未分配利润(元)	–0.1112	–0.0674	–0.1028	–0.0902
	净资产收益率(%)	–2.5208	1.2783	–0.7244	1.4651
	加权净资产收益率(%)	–2.4900	1.2900	–0.7200	1.4800
	净资产收益率(扣除)(%)	–3.5231	–5.4467	–0.9233	0.4051
	总资产(万元)	219674.66	210719.46	209732.69	209017.48
	归属母公司股东权益	37363.79	38321.05	37537.93	37780.55
	营业收入(万元)	117302.37	242938.03	120755.75	266777.54
	营业成本(万元)	100824.25	206870.38	104300.82	227167.63
	投资收益(万元)	22.70	1935.50	–188.32	327.00
	净利润(万元)	–941.87	489.86	–271.92	553.52
	营业利润(万元)	–415.03	2148.40	78.90	2684.21
	利润总额(万元)	18.51	2618.36	211.65	3201.79

山东晨鸣纸业集团股份有限公司

公司概况						
公司名称	山东晨鸣纸业集团股份有限公司				证券简称	晨鸣 B
法人代表	陈洪国	董秘	王春方		证券代码	200488
公司网址	www.chenmingpaper.com			电子信箱	chenmingpaper@163.com	
电　话	0536-2158008 852-25010088			传　真	0536-2158977 852-25010088	
办公地址	山东省寿光市农圣东街 2199 号					
经营范围	机制纸及板纸和造纸原料、造纸机械、电力、热力的生产与销售等					

主要财务指标：指标\报告期	2014.06.30	2013.12.31	2013.06.30	2012.12.31
基本每股收益(元)	0.1200	0.3500	0.1600	0.1100
基本每股收益	0.0300	0.2000	0.0700	-0.0800
稀释每股收益(元)	0.1200	0.3500	0.1600	0.1100
每股净资产(元)	7.0416	7.1071	6.6370	6.6727
每股经营现金净流量(元)	0.6640	0.5683	0.4398	0.9490
每股现金流量(元)	0.0954	-0.8185	-0.3612	0.0129
每股资本公积金(元)	3.1755	3.1409	3.0957	3.1109
每股盈余公积金(元)	0.5846	0.5731	0.5490	0.5490
每股未分配利润(元)	2.2739	2.4003	2.1165	2.0123
净资产收益率(%)	1.7782	5.0617	2.4362	1.6064
加权净资产收益率(%)	1.7200	5.1100	2.4000	1.6300
净资产收益率(扣除)(%)	0.4240	2.8930	0.9831	-1.1612
总资产(万元)	5046577.47	4752188.36	4751126.21	4772542.19
归属母公司股东权益	1363543.77	1403988.82	1368570.13	1375949.62
营业收入(万元)	908202.06	2038889.01	1002790.14	1976167.92
营业成本(万元)	737899.86	1665188.60	825134.98	1669376.83
投资收益(万元)	2121.82	2370.60	518.32	-3552.50
净利润(万元)	24246.11	71065.53	33340.95	22103.48
营业利润(万元)	2205.33	40354.09	9731.69	-41622.83
利润总额(万元)	26173.66	86629.17	39408.16	-1614.00

海南珠江控股股份有限公司

公司概况						
公司名称	海南珠江控股股份有限公司				证券简称	珠江 B
法人代表	郑清	董秘	俞翠红		证券代码	200505
公司网址				电子信箱	hnpearlriver@21cn.net	
电　话	0898-68581888 68581199			传　真	0898-68581026	
办公地址	海南省海口市滨海大道珠江广场帝豪大厦 29 楼					
经营范围	房地产开发经营及综合投资等					

主要财务指标：指标\报告期	2014.06.30	2013.12.31	2013.06.30	2012.12.31
基本每股收益(元)	-0.1800	0.0300	-0.1500	-0.3000
基本每股收益	-0.1800	-	-0.1700	-0.3700
稀释每股收益(元)	-0.1800	-	-0.1500	-0.3000
每股净资产(元)	0.0724	0.2735	0.3379	0.5568
每股经营现金净流量(元)	-0.3673	-0.1072	-0.1028	-0.1414
每股现金流量(元)	0.0390	-0.0080	-0.0233	0.0311
每股资本公积金(元)	0.8893	0.9081	1.1552	1.2231
每股盈余公积金(元)	0.2566	0.2566	0.2566	0.2566
每股未分配利润(元)	-2.0735	-1.8912	-2.0739	-1.9228
净资产收益率(%)	-248.8335	7.6100	-44.6935	-53.3922
加权净资产收益率(%)	-104.1300	7.6100	-33.7600	-41.5500
净资产收益率(扣除)(%)	-252.4902	-150.3291	-50.5352	-65.6446
总资产(万元)	144661.78	123771.38	139881.61	142476.43
归属母公司股东权益	3088.40	11671.42	14421.57	23762.56
营业收入(万元)	12468.45	22530.82	10722.30	20401.51
营业成本(万元)	9175.62	16602.15	7783.99	14846.66
投资收益(万元)	39.33	17744.52	255.65	2377.85
净利润(万元)	-7684.98	1348.95	-6445.50	-12687.36
营业利润(万元)	-7946.01	240.60	-6560.70	-12598.47
利润总额(万元)	-7989.25	1163.00	-6560.50	-12520.92

厦门灿坤实业股份有限公司

公司概况						
公司名称	厦门灿坤实业股份有限公司				证券简称	闽灿坤 B
法人代表	潘志荣	董秘	孙美美		证券代码	200512
公司网址	www.eupa.cn			电子信箱	mm_sun@tkl.tsannkuen.com	
电　话	0596-6268103 6268161			传　真	0596-6268104	
办公地址	福建省漳州市台商投资区灿坤工业园					
经营范围	开发、生产家用电器、电子、轻工产品、现代化办公用品等					

主要财务指标：指标\报告期	2014.06.30	2013.12.31	2013.06.30	2012.12.31
基本每股收益(元)	0.0800	0.2500	0.0600	0.1200
基本每股收益	0.0900	-	-	0.0700
稀释每股收益(元)	0.0800	0.2500	0.0600	0.1200
每股净资产(元)	2.7502	2.8086	2.6180	2.6325
每股经营现金净流量(元)	-0.1784	0.8942	-0.3419	0.5809
每股现金流量(元)	-3.6156	0.4031	0.8676	0.2871
每股资本公积金(元)	1.5020	1.5020	1.5020	1.5020
每股盈余公积金(元)	0.0620	0.0620	0.0330	0.0330
每股未分配利润(元)	0.1922	0.2521	0.0834	0.1122
净资产收益率(%)	2.9141	9.0398	2.1481	4.3970
加权净资产收益率(%)	2.8200	9.3600	2.1200	4.4200
净资产收益率(扣除)(%)	3.3435	3.1761	0.1458	2.7042
总资产(万元)	209987.70	169080.13	180273.11	167984.78
归属母公司股东权益	50987.25	52069.32	48535.25	48804.93
营业收入(万元)	89021.63	203738.28	87784.42	233911.93
营业成本(万元)	76197.44	176522.72	76266.28	202763.15
投资收益(万元)	1400.01	1682.38	357.63	897.41
净利润(万元)	1485.80	4706.94	1042.57	2145.97
营业利润(万元)	1402.55	4943.23	863.53	2048.90
利润总额(万元)	2210.46	5798.67	1251.85	3486.69

合肥美菱股份有限公司

公司概况						
公司名称	合肥美菱股份有限公司				证券简称	皖美菱 B
法人代表	刘体斌	董秘	李霞		证券代码	200521
公司网址	www.meiling.com			电子信箱	lixia@meiling.com	
电　话	0551-2219021			传　真	0551-2219021	
办公地址	安徽省合肥市经济技术开发区莲花路 2163 号					
经营范围	制冷电器、空调器、洗衣机、电脑数控注塑机、电脑热水器、塑料制品等					

主要财务指标：指标\报告期	2014.06.30	2013.12.31	2013.06.30	2012.12.31
基本每股收益(元)	0.2083	0.3589	0.1777	0.2517
基本每股收益	0.1881	-	0.1711	0.2213
稀释每股收益(元)	0.2083	-	0.1777	0.2517
每股净资产(元)	4.3823	4.1733	4.0473	3.8702
每股经营现金净流量(元)	-0.3567	0.7057	-0.1876	0.5494
每股现金流量(元)	0.6246	0.7039	0.3341	0.3923
每股资本公积金(元)	1.9363	1.9364	1.9409	1.9412
每股盈余公积金(元)	0.4424	0.4424	0.4255	0.4255
每股未分配利润(元)	1.0054	0.7970	0.6827	0.5051
净资产收益率(%)	4.7540	8.9100	4.3898	6.5024
加权净资产收益率(%)	4.6400	8.9100	4.4900	6.6700
净资产收益率(扣除)(%)	4.2922	7.8599	4.2264	5.7169
总资产(万元)	1017032.78	852217.18	950851.63	788614.04
归属母公司股东权益	334696.05	318733.05	309106.92	295578.77
营业收入(万元)	634438.91	1053893.39	595144.46	930687.82
营业成本(万元)	478049.57	799475.68	452635.41	709409.33
投资收益(万元)	-78.43	-14.95	75.13	-24.87
净利润(万元)	15910.63	27406.82	13569.16	19219.79
营业利润(万元)	18020.67	27606.27	16236.61	10106.62
利润总额(万元)	19779.17	30610.88	16791.94	23225.54

大连冷冻机股份有限公司

公司概况

公司名称	大连冷冻机股份有限公司			证券简称	大 冷 B
法人代表	纪志坚	董秘	宋文宝	证券代码	200530
公司网址	www.daleng.cn		电子信箱	000530@bingshan.com	
电 话	0411-86538130		传 真	0411-86654530	
办公地址	辽宁省大连市沙河口区西南路 888 号				
经营范围	制冷设备及配套辅机、阀门、配件以及制冷工程所需配套产品的加工、制造等				

主要财务指标

指标\报告期	2014.06.30	2013.12.31	2013.06.30	2012.12.31
基本每股收益(元)	0.1900	0.4400	0.1900	0.3300
基本每股收益	0.1800	–	0.1800	0.3500
稀释每股收益(元)	0.1900	0.4400	0.1900	0.3300
每股净资产(元)	5.4879	5.4484	5.1979	5.1678
每股经营现金净流量(元)	–0.0074	0.0218	0.0107	–0.1910
每股现金流量(元)	–0.0926	–0.0671	–0.1274	–0.4436
每股资本公积金(元)	1.6709	1.6630	1.6710	1.6709
每股盈余公积金(元)	1.5274	1.4443	1.4028	1.3418
每股未分配利润(元)	1.2897	1.3331	1.1242	1.1550
净资产收益率(%)	3.4608	8.0233	3.5794	6.4762
加权净资产收益率(%)	3.4900	8.2700	3.6100	6.6300
净资产收益率(扣除)(%)	3.3211	6.3559	3.4288	6.8437
总资产(万元)	301304.22	296739.02	293835.40	293719.07
归属母公司股东权益	192085.95	190701.82	181935.18	180880.07
营业收入(万元)	77491.23	153570.69	79212.42	152197.93
营业成本(万元)	60995.04	116700.10	62088.65	114814.57
投资收益(万元)	5633.43	8854.18	4407.06	6848.77
净利润(万元)	6647.76	15300.61	6512.24	11714.21
营业利润(万元)	6823.25	13246.73	6657.05	11591.77
利润总额(万元)	7307.57	18474.52	7159.71	13328.50

广东电力发展股份有限公司

公司概况

公司名称	广东电力发展股份有限公司			证券简称	粤电力 B
法人代表	潘力	董秘	刘维	证券代码	200539
公司网址	www.ged.com.cn		电子信箱	ged@ged.com.cn	
电 话	020-87570276 87570251		传 真	020-85138084	
办公地址	广东省广州市天河东路 2 号粤电广场南塔 23-26 楼				
经营范围	电力项目的投资、建设和经营管理、电力的生产和销售、电力行业技术咨询和服务等				

主要财务指标

指标\报告期	2014.06.30	2013.12.31	2013.06.30	2012.12.31
基本每股收益(元)	0.3800	0.7100	0.3100	0.4300
基本每股收益	0.3800	–	0.3080	0.3700
稀释每股收益(元)	0.3800	0.7100	0.3100	0.4300
每股净资产(元)	4.5290	4.3552	3.9483	3.7153
每股经营现金净流量(元)	1.0363	2.2193	1.2167	1.7946
每股现金流量(元)	0.1753	0.3573	0.6372	–0.2804
每股资本公积金(元)	1.1510	1.1400	1.1413	1.1486
每股盈余公积金(元)	1.0996	0.9608	0.9608	0.9041
每股未分配利润(元)	1.2784	1.2414	0.8462	0.6626
净资产收益率(%)	8.2989	16.1975	7.8582	10.4503
加权净资产收益率(%)	8.2700	17.4900	8.0200	11.9800
净资产收益率(扣除)(%)	8.3225	16.7922	7.7929	6.3857
总资产(万元)	6762911.03	6791871.90	6787504.90	6570865.95
归属母公司股东权益	1981550.40	1905491.41	1727473.25	1625532.23
营业收入(万元)	1497131.36	3083075.73	1454702.75	2948927.36
营业成本(万元)	1098244.31	2268431.83	1102586.83	2333541.12
投资收益(万元)	35011.66	74152.58	37935.54	32011.12
净利润(万元)	164446.05	308642.86	135748.43	169872.90
营业利润(万元)	296946.97	554949.42	239642.61	353419.88
利润总额(万元)	296014.55	558048.66	241727.88	357957.79

佛山电器照明股份有限公司

公司概况

公司名称	佛山电器照明股份有限公司			证券简称	粤照明 B
法人代表	潘杰	董秘	林奕辉	证券代码	200541
公司网址	www.chinafsl.com		电子信箱	fsl-yh@126.com	
电 话	0757-82966062 82810239		传 真	0757-82816276	
办公地址	广东省佛山市禅城区汾江北路 64 号				
经营范围	研究、开发、生产电光源产品、电光源设备、电光源配套器件、电光源原材料等				

主要财务指标

指标\报告期	2014.06.30	2013.12.31	2013.06.30	2012.12.31
基本每股收益(元)	0.1931	0.2600	0.1564	0.4100
基本每股收益	0.1729	–	0.1500	0.2500
稀释每股收益(元)	0.1931	0.2600	0.1564	0.4100
每股净资产(元)	2.9845	2.9539	2.8572	3.0147
每股经营现金净流量(元)	0.1415	0.2092	0.0120	0.4470
每股现金流量(元)	–0.0371	–0.0897	–0.2545	0.3012
每股资本公积金(元)	0.6287	0.6028	0.6354	0.6393
每股盈余公积金(元)	0.6361	0.6361	0.6361	0.6361
每股未分配利润(元)	0.7197	0.6866	0.5857	0.7393
净资产收益率(%)	6.4699	8.7121	5.4738	13.5747
加权净资产收益率(%)	6.6800	8.6900	5.6300	14.0600
净资产收益率(扣除)(%)	5.7942	8.5482	5.2455	8.1372
总资产(万元)	367304.61	337378.16	351695.51	344827.43
归属母公司股东权益	292056.91	289058.19	279599.67	295010.70
营业收入(万元)	154305.88	252667.98	120826.04	220191.07
营业成本(万元)	115621.73	189030.78	92567.52	163042.95
投资收益(万元)	1811.54	–687.01	–94.51	20768.96
净利润(万元)	18895.91	25183.14	15304.73	40046.67
营业利润(万元)	22573.96	24542.37	13161.91	48335.11
利润总额(万元)	22891.85	29914.91	19259.88	47206.30

江铃汽车股份有限公司

公司概况

公司名称	江铃汽车股份有限公司			证券简称	江 铃 B
法人代表	王锡高	董秘	宛虹	证券代码	200550
公司网址	www.jmc.com.cn		电子信箱	relations@jmc.com.cn	
电 话	0791-85235675 85266178		传 真	0791-85232839	
办公地址	江西省南昌市迎宾北大道 509 号				
经营范围	生产和销售轻型汽车以及相关的零部件等				

主要财务指标

指标\报告期	2014.06.30	2013.12.31	2013.06.30	2012.12.31
基本每股收益(元)	1.3500	1.9700	1.0900	1.7600
基本每股收益	1.0500	1.7700	1.0600	1.7600
稀释每股收益(元)	1.3500	1.9700	1.0900	1.7600
每股净资产(元)	11.1899	10.6310	9.7480	9.3600
每股经营现金净流量(元)	1.4556	3.6452	1.7301	2.6250
每股现金流量(元)	0.9863	1.0661	0.5225	0.2024
每股资本公积金(元)	0.9725	0.9711	0.9707	0.9725
每股盈余公积金(元)	0.5000	0.5000	0.5000	0.5000
每股未分配利润(元)	8.7175	8.1566	7.2773	6.8912
净资产收益率(%)	12.0545	18.5056	11.1414	18.7669
加权净资产收益率(%)	11.9300	19.5600	10.9600	19.5500
净资产收益率(扣除)(%)	9.3643	16.6307	10.9114	16.5196
总资产(万元)	1782447.12	1648469.95	1493121.33	1311135.44
归属母公司股东权益	965929.21	917399.93	841458.54	808287.20
营业收入(万元)	1227492.97	2088970.57	967075.71	1747470.71
营业成本(万元)	923637.48	1552306.07	715492.71	1310762.69
投资收益(万元)	1157.06	1235.03	615.82	180.14
净利润(万元)	116437.66	169823.24	93750.37	151690.37
营业利润(万元)	106645.77	175347.72	109486.03	171722.52
利润总额(万元)	134219.47	192708.75	110083.61	189524.40

湖北沙隆达股份有限公司

公司概况					
公司名称	湖北沙隆达股份有限公司			证券简称	沙隆达 B
法人代表	李作荣	董秘	李忠禧	证券代码	200553
公司网址	www.sanonda.cn		电子信箱	sld@agr.chemchina.com	
电　话	0716-8208632 8208232		传　真	0716-8321099	
办公地址	湖北省荆州市北京东路 93 号				
经营范围	农药、兽药、化工产品的制造和销售、农药、兽药、化工产品及其中间体等				

主要财务指标				
指标\报告期	2014.06.30	2013.12.31	2013.06.30	2012.12.31
基本每股收益(元)	0.4856	0.5402	0.2146	0.1747
基本每股收益	0.4841	0.5492	0.2166	0.1788
稀释每股收益(元)	0.4856	0.5402	0.2146	0.1747
每股净资产(元)	3.0464	2.6033	2.2741	2.1100
每股经营现金净流量(元)	0.6299	1.3465	0.7108	0.3933
每股现金流量(元)	0.0772	0.3955	0.6306	-0.0748
每股资本公积金(元)	0.4431	0.4431	0.4431	0.4480
每股盈余公积金(元)	0.2127	0.2127	0.1560	0.1560
每股未分配利润(元)	1.3561	0.9205	0.6516	0.4866
净资产收益率(%)	15.9399	20.7486	9.4379	8.2649
加权净资产收益率(%)	17.1500	22.8800	9.6600	8.6200
净资产收益率(扣除)(%)	15.8919	21.0959	9.5269	8.4574
总资产(万元)	314779.37	270827.12	285756.69	240549.44
归属母公司股东权益	180933.28	154618.96	135062.68	125553.68
营业收入(万元)	170028.14	307846.73	151968.83	234514.65
营业成本(万元)	117648.98	-	121087.18	195240.67
投资收益(万元)	-	465.67	225.42	-
净利润(万元)	28840.66	32081.20	12747.05	10376.90
营业利润(万元)	39203.45	44217.18	17221.34	14586.54
利润总额(万元)	39320.40	43437.03	17064.80	14265.87

常柴股份有限公司

公司概况					
公司名称	常柴股份有限公司			证券简称	苏常柴 B
法人代表	薛国俊	董秘	石建春	证券代码	200570
公司网址	www.changchai.com.cn		电子信箱	ccsjc@changchai.com	
电　话	0519-68683155 86610041		传　真	0519-86630954	
办公地址	江苏省常州市怀德中路 123 号				
经营范围	农用柴油机、农用运输车、联合收割机等产品的制造与销售等				

主要财务指标				
指标\报告期	2014.06.30	2013.12.31	2013.06.30	2012.12.31
基本每股收益(元)	0.0600	0.1300	0.0700	0.1000
基本每股收益	0.0600	0.1300	0.0700	0.0700
稀释每股收益(元)	0.0600	0.1300	0.0700	0.1000
每股净资产(元)	3.2687	3.2235	3.1546	3.2869
每股经营现金净流量(元)	-0.0541	0.0559	0.1544	0.5439
每股现金流量(元)	-0.2396	-0.0465	0.0626	0.2970
每股资本公积金(元)	0.7996	0.3046	0.7996	0.9779
每股盈余公积金(元)	0.5159	0.5159	0.5030	0.5030
每股未分配利润(元)	0.9407	0.8956	0.8447	0.7987
净资产收益率(%)	1.8695	4.1840	2.2511	3.0042
加权净资产收益率(%)	1.8800	4.1400	2.2000	3.0500
净资产收益率(扣除)(%)	1.8267	3.9761	2.2699	2.0506
总资产(万元)	301082.67	304234.93	315934.45	311648.91
归属母公司股东权益	183494.25	180957.71	177088.39	184519.32
营业收入(万元)	133987.62	292759.31	159770.27	295553.61
营业成本(万元)	118548.48	253062.53	143296.09	264992.97
投资收益(万元)	147.27	1596.95	1235.28	1210.95
净利润(万元)	3430.34	7571.24	3986.52	5543.40
营业利润(万元)	4063.12	9831.92	4748.74	4975.52
利润总额(万元)	4224.42	9899.14	4722.24	6680.77

无锡威孚高科技集团股份有限公司

公司概况					
公司名称	无锡威孚高科技集团股份有限公司			证券简称	苏威孚 B
法人代表	陈学军	董秘	周卫星	证券代码	200581
公司网址	www.weifu.com.cn		电子信箱	wfjt@public1.wx.js.cn	
电　话	0510-82719579		传　真	0510-82751025	
办公地址	江苏省无锡市人民西路 107 号				
经营范围	柴油燃油喷射系统产品和汽车后处理系统产品的生产和销售等				

主要财务指标				
指标\报告期	2014.06.30	2013.12.31	2013.06.30	2012.12.31
基本每股收益(元)	0.8200	1.0900	0.5200	0.9000
基本每股收益	0.8100	0.9900	0.7500	1.2900
稀释每股收益(元)	0.8200	1.0900	0.5200	0.9000
每股净资产(元)	9.8915	9.4107	13.3057	12.7269
每股经营现金净流量(元)	0.3858	0.7880	0.4684	1.7140
每股现金流量(元)	-0.1088	-0.1412	-0.3880	2.4804
每股资本公积金(元)	3.6122	3.6552	5.5217	5.4250
每股盈余公积金(元)	0.4250	0.4250	0.5000	0.5000
每股未分配利润(元)	4.8531	4.3292	6.2841	5.8019
净资产收益率(%)	8.3298	11.5431	5.8781	10.2741
加权净资产收益率(%)	8.4100	12.1200	5.9400	11.3600
净资产收益率(扣除)(%)	8.1418	10.5521	5.6366	9.8508
总资产(万元)	1423847.73	1307423.27	1267052.85	1105597.39
归属母公司股东权益	1009132.49	960076.52	904968.40	865598.08
营业收入(万元)	352981.99	558930.77	287896.50	501528.34
营业成本(万元)	266854.76	416980.73	222140.61	377347.76
投资收益(万元)	53705.06	64249.33	29898.97	39621.93
净利润(万元)	84058.58	110822.15	53195.38	88932.69
营业利润(万元)	93504.13	123236.69	60882.74	102538.39
利润总额(万元)	93605.75	125730.96	60607.40	103801.69

安徽古井贡酒股份有限公司

公司概况					
公司名称	安徽古井贡酒股份有限公司			证券简称	古井贡 B
法人代表	梁金辉	董秘	叶长青	证券代码	200596
公司网址	www.gujing.com		电子信箱	ycq@gujing.com.cn	
电　话	0558-5712231 5710057		传　真	0558-5317706	
办公地址	安徽省亳州市古井镇				
经营范围	生产白酒、啤酒、葡萄酒、酿酒设备、包装材料、玻璃瓶、酒精、饲料、油脂等				

主要财务指标				
指标\报告期	2014.06.30	2013.12.31	2013.06.30	2012.12.31
基本每股收益(元)	0.7100	1.2400	0.7500	1.4400
基本每股收益	0.6900	1.1800	0.7300	1.4100
稀释每股收益(元)	0.7100	1.2400	0.7500	1.4400
每股净资产(元)	7.7984	7.4320	6.9391	6.7027
每股经营现金净流量(元)	-0.1513	1.2674	0.2834	2.1582
每股现金流量(元)	-0.5578	-2.1897	-2.2288	0.6506
每股资本公积金(元)	2.5756	2.5714	2.5658	2.5755
每股盈余公积金(元)	0.5101	0.5101	0.4343	0.4343
每股未分配利润(元)	3.7127	3.3522	2.9390	2.6928
净资产收益率(%)	9.1108	16.6189	10.7526	21.4958
加权净资产收益率(%)	9.3300	17.4700	10.9400	23.8000
净资产收益率(扣除)(%)	8.8895	15.8693	10.4837	21.0913
总资产(万元)	590889.90	581693.46	515978.79	530812.75
归属母公司股东权益	392728.57	374275.63	349454.15	337548.81
营业收入(万元)	239015.89	458057.57	230695.47	419705.73
营业成本(万元)	73408.34	138413.71	72652.15	122083.11
投资收益(万元)	5465.21	1005.04	58.15	-
净利润(万元)	35780.62	62200.49	37575.28	72558.93
营业利润(万元)	47344.41	82455.61	49778.53	95390.17
利润总额(万元)	48474.81	85191.12	50972.97	97242.71

海南大东海旅游中心股份有限公司

公司概况						
	公司名称	海南大东海旅游中心股份有限公司			证券简称	大东海 B
	法人代表	黎愿斌	董秘	汪宏娟	证券代码	200613
	公司网址			电子信箱	hnddht@21cn.com	
	电　　话	0898-88219921		传　　真	0898-88214998	
	办公地址	海南省三亚市大东海				
	经营范围	房地产开发经营、住宿及饮食业、旅游服务业等				

主要财务指标	指标＼报告期	2014.06.30	2013.12.31	2013.06.30	2012.12.31
	基本每股收益(元)	–0.0023	–0.0060	–0.0013	0.0058
	基本每股收益	–0.0025	–	–0.0015	–0.0002
	稀释每股收益(元)	–0.0023	–0.0060	–0.0013	0.0058
	每股净资产(元)	0.2226	0.2250	0.2297	0.2310
	每股经营现金净流量(元)	–	0.0072	0.0081	0.0038
	每股现金流量(元)	–0.0004	–0.0230	0.0065	0.0077
	每股资本公积金(元)	0.1487	0.1487	0.1487	0.1487
	每股盈余公积金(元)	–	–	–	–
	每股未分配利润(元)	–0.9261	–0.9237	–0.9190	–0.9177
	净资产收益率(%)	–1.0467	–2.6850	–0.5763	2.5277
	加权净资产收益率(%)	–1.0400	–2.6500	–0.5700	2.5600
	净资产收益率(扣除)(%)	–1.1197	–2.7872	–0.6659	–0.0811
	总资产(万元)	11101.03	11396.09	11776.08	11578.60
	归属母公司股东权益	8106.34	8191.18	8362.92	8411.12
	营业收入(万元)	1168.65	2366.08	1477.88	3218.47
	营业成本(万元)	0.53	0.78	0.51	302.65
	投资收益(万元)	–	–	–	96.18
	净利润(万元)	–84.85	–219.93	–48.20	212.60
	营业利润(万元)	–90.77	–228.30	–55.69	87.36
	利润总额(万元)	–84.85	–219.93	–48.20	212.60

重庆长安汽车股份有限公司

公司概况						
	公司名称	重庆长安汽车股份有限公司			证券简称	长 安 B
	法人代表	徐留平	董秘	黎军 王锟(代)	证券代码	200625
	公司网址	www.changan.com.cn		电子信箱	cazqc@changan.com.cn	
	电　　话	023-67594008		传　　真	023-67866055	
	办公地址	重庆市江北区建新东路 260 号				
	经营范围	乘用车和商用车的开发、制造和销售等				

主要财务指标	指标＼报告期	2014.06.30	2013.12.31	2013.06.30	2012.12.31
	基本每股收益(元)	0.7800	0.7500	0.2600	0.3100
	基本每股收益	0.7600	0.7100	0.2800	0.2300
	稀释每股收益(元)	0.7800	0.7500	0.2600	0.3100
	每股净资产(元)	4.6252	4.0272	3.5585	3.3269
	每股经营现金净流量(元)	0.7595	0.3930	0.7190	0.1098
	每股现金流量(元)	0.6978	0.0397	0.5225	–0.1401
	每股资本公积金(元)	0.7278	0.7745	0.6584	0.6625
	每股盈余公积金(元)	0.3895	0.3895	0.3091	0.3091
	每股未分配利润(元)	2.5101	1.8323	1.5951	1.3588
	净资产收益率(%)	16.8227	18.6685	8.0214	9.3239
	加权净资产收益率(%)	17.6100	20.4400	7.6300	9.6600
	净资产收益率(扣除)(%)	16.5208	17.6981	7.8318	6.9100
	总资产(万元)	6052773.54	5451210.77	5018192.22	4611760.48
	归属母公司股东权益	2156660.33	1886361.67	1659279.59	1551293.53
	营业收入(万元)	2420673.06	3848186.23	2021106.66	2946258.88
	营业成本(万元)	1999548.25	3174779.88	1700406.55	2404008.71
	投资收益(万元)	408404.02	450660.23	180477.16	186854.12
	净利润(万元)	362809.30	350564.05	123050.34	144640.96
	营业利润(万元)	353009.82	313053.29	120598.20	92247.71
	利润总额(万元)	361529.71	331556.15	124658.20	132743.39

瓦房店轴承股份有限公司

公司概况						
	公司名称	瓦房店轴承股份有限公司			证券简称	瓦 轴 B
	法人代表	丛红	董秘	孙娜娟	证券代码	200706
	公司网址	www.zwz-200706.com		电子信箱	zwz2308@126.com	
	电　　话	0411-39116369 39116731		传　　真	0411-39116738	
	办公地址	辽宁省瓦房店市北共济街一段 1 号				
	经营范围	轴承、机械设备、汽车零配件及相关产品的制造与销售、机械设备和房屋的租赁等				

主要财务指标	指标＼报告期	2014.06.30	2013.12.31	2013.06.30	2012.12.31
	基本每股收益(元)	–0.0400	0.0100	0.0600	0.1100
	基本每股收益	–0.0500	–	–	0.0500
	稀释每股收益(元)	–0.0400	0.0100	0.0600	0.1100
	每股净资产(元)	3.6948	3.7381	3.8221	3.7654
	每股经营现金净流量(元)	0.1395	0.1745	–0.0504	0.3243
	每股现金流量(元)	0.1150	0.0015	0.0426	–0.0054
	每股资本公积金(元)	1.2141	1.2141	1.2064	1.2064
	每股盈余公积金(元)	0.3265	0.3265	0.3211	0.3211
	每股未分配利润(元)	1.1542	1.1975	1.2945	1.2378
	净资产收益率(%)	–1.1730	0.1343	1.4838	2.7889
	加权净资产收益率(%)	–1.1700	0.1300	1.4900	2.8100
	净资产收益率(扣除)(%)	–1.3768	–0.2979	1.3607	1.2307
	总资产(万元)	394223.23	371779.79	381780.67	361836.02
	归属母公司股东权益	148751.72	150496.64	153876.62	151593.41
	营业收入(万元)	164101.32	307978.02	154740.35	309256.32
	营业成本(万元)	149048.70	276114.14	137587.99	275249.56
	投资收益(万元)	226.12	760.93	571.15	491.65
	净利润(万元)	–1744.92	202.18	2283.21	4227.85
	营业利润(万元)	–2101.54	–529.09	2144.62	1578.11
	利润总额(万元)	–1744.92	176.98	2367.46	4485.86

京东方科技集团股份有限公司

公司概况						
	公司名称	京东方科技集团股份有限公司			证券简称	京东方 B
	法人代表	王东升	董秘	刘洪峰	证券代码	200725
	公司网址	www.boe.com.cn		电子信箱	xiaozhaoxiong@boe.com.cn	
	电　　话	010-64318888		传　　真	010-64366264	
	办公地址	北京市朝阳区酒仙桥路 10 号				
	经营范围	电子产品、通信设备、电子计算机软硬件的制造及购销等				

主要财务指标	指标＼报告期	2014.06.30	2013.12.31	2013.06.30	2012.12.31
	基本每股收益(元)	0.0500	0.1740	0.0640	0.0190
	基本每股收益	0.0290	–	–	–0.0400
	稀释每股收益(元)	0.0500	0.1740	0.0640	0.0190
	每股净资产(元)	2.1071	2.0894	1.9788	1.9145
	每股经营现金净流量(元)	0.0922	0.6624	0.2757	0.2284
	每股现金流量(元)	0.6941	0.2158	0.6548	0.0441
	每股资本公积金(元)	1.0967	1.1351	1.1356	1.1348
	每股盈余公积金(元)	0.0141	0.0369	0.0369	0.0369
	每股未分配利润(元)	–0.0023	–0.0830	–0.1935	–0.2571
	净资产收益率(%)	1.4008	8.3300	3.2116	0.9972
	加权净资产收益率(%)	2.3800	8.7000	3.2600	1.0000
	净资产收益率(扣除)(%)	0.7401	6.0668	2.8683	–2.1021
	总资产(万元)	12793520.50	9253845.15	8837457.75	6710536.09
	归属母公司股东权益	7435743.32	2825181.54	2675576.88	2588695.97
	营业收入(万元)	1611317.16	3377428.56	1625432.61	2577158.34
	营业成本(万元)	1263011.85	2570382.34	1246133.46	2279033.25
	投资收益(万元)	692.44	760.05	162.50	–547.53
	净利润(万元)	104163.57	235336.57	85928.89	25813.34
	营业利润(万元)	77957.10	225784.41	104942.57	–72417.49
	利润总额(万元)	131891.90	302241.34	118857.16	18605.20

鲁泰纺织股份有限公司

公司概况					
公司名称	鲁泰纺织股份有限公司			证券简称	鲁 泰 B
法人代表	刘石祯	董秘	秦桂玲	证券代码	200726
公司网址	www.lttc.com.cn		电子信箱	lttc@lttc.com.cn	
电 话	0533-5285166		传 真	0533-5282188-234 235	
办公地址	山东省淄博市淄川区松龄东路81号 山东省淄博市高新技术开发区铭波路11号				
经营范围	生产销售棉纱、色织布、衬衣、服装饰品、保健内衣等纺织品及配套系列产品等				

主要财务指标 指标\报告期	2014.06.30	2013.12.31	2013.06.30	2012.12.31
基本每股收益(元)	0.5000	1.0400	0.4300	0.7100
基本每股收益	0.5000	–	0.4100	0.6700
稀释每股收益(元)	0.5000	–	0.4300	0.7100
每股净资产(元)	6.3889	6.2650	5.3761	5.2223
每股经营现金净流量(元)	0.4175	1.5212	0.4885	1.1601
每股现金流量(元)	–0.4474	–0.0317	–0.3676	0.0882
每股资本公积金(元)	1.0521	1.0471	1.2134	1.2193
每股盈余公积金(元)	0.6900	0.6900	0.5766	0.5742
每股未分配利润(元)	3.6546	3.5356	2.8644	2.7051
净资产收益率(%)	7.8094	17.9000	7.7054	13.4351
加权净资产收益率(%)	7.8100	17.9000	7.6000	13.5700
净资产收益率(扣除)(%)	7.7949	15.5143	7.2841	12.7267
总资产(万元)	812945.77	841194.86	795262.71	815327.91
归属母公司股东权益	610647.39	598805.41	540106.54	526870.13
营业收入(万元)	311422.66	647824.50	306049.53	590104.99
营业成本(万元)	213785.03	448192.36	218457.49	431615.03
投资收益(万元)	2127.89	2218.63	1764.97	2005.41
净利润(万元)	47688.03	99925.67	41617.59	70785.75
营业利润(万元)	55286.59	116994.26	49606.69	76780.98
利润总额(万元)	56959.75	122435.62	51325.29	79879.73

本钢板材股份有限公司

公司概况					
公司名称	本钢板材股份有限公司			证券简称	本钢板 B
法人代表	汪澍	董秘	张吉臣	证券代码	200761
公司网址			电子信箱	bgbczjc761@126.com	
电 话	024-7828360 7828734		传 真	0414-7824158	
办公地址	辽宁省本溪市平山区人民路16号				
经营范围	钢铁冶炼及压延加工等				

主要财务指标 指标\报告期	2014.06.30	2013.12.31	2013.06.30	2012.12.31
基本每股收益(元)	0.0600	0.0880	0.0500	0.0250
基本每股收益	0.0490	–	0.0500	–0.0750
稀释每股收益(元)	0.0600	0.0880	0.0500	0.0250
每股净资产(元)	4.8895	4.8815	4.9086	4.8727
每股经营现金净流量(元)	–0.3898	0.8571	0.2529	0.5688
每股现金流量(元)	–0.6350	0.2284	–0.4302	0.2981
每股资本公积金(元)	2.9065	2.9065	2.8134	3.2726
每股盈余公积金(元)	0.3051	0.3051	0.2978	0.2978
每股未分配利润(元)	0.6753	0.6698	0.7948	0.6092
净资产收益率(%)	1.1341	1.8003	1.0880	0.4886
加权净资产收益率(%)	1.1400	1.7500	1.0900	0.4900
净资产收益率(扣除)(%)	0.9963	0.3677	1.0069	–1.5414
总资产(万元)	4283031.15	4305030.73	3751539.62	4309446.16
归属母公司股东权益	1533359.34	1530833.77	1539345.92	1624347.38
营业收入(万元)	1981267.63	4032934.45	2072586.23	4058087.06
营业成本(万元)	1813912.61	3775197.96	1922925.32	3757591.45
投资收益(万元)	1355.52	1695.65	27.12	208.72
净利润(万元)	17389.43	27559.30	16331.34	7935.89
营业利润(万元)	18943.81	18355.02	18490.66	–3645.29
利润总额(万元)	19961.12	35736.05	20155.92	26850.94

杭州汽轮机股份有限公司

公司概况					
公司名称	杭州汽轮机股份有限公司			证券简称	杭汽轮 B
法人代表	聂忠海	董秘	俞昌权	证券代码	200771
公司网址	www.htc.cn		电子信箱	ychq@htc.cn	
电 话	0571-85780432 85780198		传 真	0571-85780433	
办公地址	浙江省杭州市石桥路357号				
经营范围	汽轮机、燃气轮机等旋转类、往复类机械设备及辅机设备、备品配件的设计等				

主要财务指标 指标\报告期	2014.06.30	2013.12.31	2013.06.30	2012.12.31
基本每股收益(元)	0.2600	0.8700	0.3100	0.9700
基本每股收益	0.2400	0.8200	0.2900	0.8900
稀释每股收益(元)	0.2600	0.8700	0.3100	0.9700
每股净资产(元)	5.6722	5.6113	5.0426	5.1354
每股经营现金净流量(元)	0.1589	0.4903	0.1490	1.0314
每股现金流量(元)	–0.1483	–0.3239	–0.4902	0.6158
每股资本公积金(元)	0.1851	0.1851	0.1843	0.1851
每股盈余公积金(元)	0.7743	0.7743	0.6877	0.6877
每股未分配利润(元)	3.6898	3.6297	3.1570	3.2489
净资产收益率(%)	4.5869	15.4423	6.1262	18.9843
加权净资产收益率(%)	4.5300	16.1300	5.8400	20.5700
净资产收益率(扣除)(%)	4.2417	14.5792	5.7871	17.3740
总资产(万元)	776045.35	764564.88	768866.54	744771.60
归属母公司股东权益	427688.58	423094.21	380213.54	387215.69
营业收入(万元)	174336.26	506464.37	201974.58	457538.34
营业成本(万元)	107444.69	341154.96	135003.39	290923.12
投资收益(万元)	3366.82	6977.19	6469.61	16361.87
净利润(万元)	19617.49	65335.62	23292.62	73510.20
营业利润(万元)	25973.43	85474.68	33717.01	100418.70
利润总额(万元)	26737.60	86597.02	33646.17	101281.68

烟台张裕葡萄酿酒股份有限公司

公司概况					
公司名称	烟台张裕葡萄酿酒股份有限公司			证券简称	张 裕 B
法人代表	孙利强	董秘	曲为民	证券代码	200869
公司网址	www.changyu.com.cn		电子信箱	quwm@changyu.com.cn	
电 话	0535-6633656		传 真	0535-6633639	
办公地址	山东省烟台市大马路56号				
经营范围	葡萄酒、白兰地、香槟酒和保健酒的酿制、生产与销售等				

主要财务指标 指标\报告期	2014.06.30	2013.12.31	2013.06.30	2012.12.31
基本每股收益(元)	0.9300	1.5300	1.0800	2.4800
基本每股收益	0.9200	–	1.0700	2.4400
稀释每股收益(元)	0.9300	1.5300	1.0800	2.4800
每股净资产(元)	9.9875	9.0570	9.7068	8.6264
每股经营现金净流量(元)	1.2979	1.0724	0.5969	1.8995
每股现金流量(元)	0.9463	–0.8837	–0.1361	0.4461
每股资本公积金(元)	0.8215	0.8215	0.8201	0.8201
每股盈余公积金(元)	0.5000	0.5000	0.5000	0.5000
每股未分配利润(元)	7.6663	6.7355	7.3867	6.3063
净资产收益率(%)	9.3198	16.8837	11.1303	28.7654
加权净资产收益率(%)	9.7700	17.3000	11.7900	31.1300
净资产收益率(扣除)(%)	9.2009	16.3870	11.0723	28.3431
总资产(万元)	861401.37	800153.24	824971.63	812313.46
归属母公司股东权益	684605.14	620827.97	665367.84	591310.42
营业收入(万元)	230199.02	432094.86	253937.82	564353.06
营业成本(万元)	75430.24	135789.80	75969.21	140108.90
投资收益(万元)	–	–	–	–
净利润(万元)	63804.13	104818.59	74057.42	170092.81
营业利润(万元)	83904.39	135687.22	98051.37	223776.89
利润总额(万元)	84828.32	139710.67	98504.97	227017.58

第四编
中国基金市场

第一章 中国基金市场概况

证券投资基金托管人名录(2014年8月)

序号	托管人名称	注册地域	取得托管资格时间	网址	地址
1	中国工商银行股份有限公司	北京	1998年2月24日	www.icbc.com.cn	北京市西城区复兴门内大街55号
2	中国农业银行股份有限公司	北京	1998年5月29日	www.abchina.com	北京市海淀区复兴路甲23号
3	中国银行股份有限公司	北京	1998年7月7日	www.boc.cn	北京市西城区复兴门内大街1号
4	中国建设银行股份有限公司	北京	1998年3月18日	www.ccb.com	北京市西城区金融大街25号
5	交通银行股份有限公司	上海	1998年7月3日	www.bankcomm.com	上海市银城中路188号
6	华夏银行股份有限公司	北京	2005年2月23日	www.hxb.com.cn	北京市东城区建国门内大街22号华夏银行大厦
7	中国光大银行股份有限公司	北京	2002年10月23日	www.cebbank.com	北京市西城区复兴门外大街6号光大大厦
8	招商银行股份有限公司	深圳	2002年11月6日	www.cmbchina.com	广东省深圳市深南大道7088号招商银行大厦
9	中信银行股份有限公司	北京	2004年8月18日	www.ecitic.com	北京市东城区朝阳门北大街8号富华大厦C座
10	中国民生银行股份有限公司	北京	2004年7月9日	www.cmbc.com.cn	北京市西城区复兴门内大街2号
11	兴业银行股份有限公司	福建	2005年4月25日	www.cib.com.cn	上海市江宁路168号兴业大厦9层
12	上海浦东发展银行股份有限公司	上海	2003年9月10日	www.spdb.com.cn	上海市中山东一路12号
13	北京银行股份有限公司	北京	2008年6月3日	www.bankofbeijing.com.cn	北京市西城区金融大街丙17号
14	深圳发展银行股份有限公司	深圳	2008年8月6日	www.sdb.com.cn	广东省深圳市深南东路5047号
15	广东发展银行股份有限公司	广东	2009年5月4日	www.gdb.com.cn	广东省广州市农林下路83号广发银行大厦
16	中国邮政储蓄银行有限责任公司	北京	2009年7月16日	www.psbc.com	北京市西城区宣武门西大街131号
17	上海银行股份有限公司	上海	2009年8月18日	www.bankofshanghai.com	上海市银城中路168号
18	渤海银行股份有限公司	天津	2010年6月29日	www.cbhb.com.cn	天津市河西区马场道201－205号
19	宁波银行股份有限公司	宁波	2012年10月30日	www.nbcb.com.cn	浙江省宁波市鄞州区宁南南路700号
20	浙商银行股份有限公司	杭州	2013年11月13日	www.czbank.com	杭州市上城区庆春路288号
21	海通证券股份有限公司	上海	2013年12月27日	www.htsec.com	上海市广东路689号1001A1001B室
22	国信证券股份有限公司	深圳	2013年12月31日	www.guosen.com.cn	中国深圳市红岭中路国信证券大厦
23	徽商银行股份有限公司	安徽	2014年1月3日	www.hsbank.com.cn	安徽省合肥市安庆路79号天徽大厦A座
24	广州农村商业银行股份有限公司	广州	2014年1月9日	www.grcbank.com	广州市珠江新城华夏路1号
25	招商证券股份有限公司	深圳	2014年1月10日	www.newone.com.cn	深圳市福田区益田路江苏大厦38－45层
26	中国证券登记结算有限责任公司	北京	2014年3月4日	www.chinaclear.com.cn	北京市西城区太平桥大街17号
27	包商银行股份有限公司	内蒙古	2014年2月10日	www.bsb.com.cn	内蒙古自治区包头市青山区钢铁大街6号
28	恒丰银行股份有限公司	烟台	2014年2月10日	www.egbank.com.cn	烟台市南大街248号
29	杭州银行股份有限公司	杭州	2014年3月17日	www.hzbank.com.cn	杭州市庆春路46号杭州银行大厦27楼
30	南京银行股份有限公司	南京	2014年4月9日	www.njcb.com.cn	江苏省南京市玄武区中山路288号
31	广发证券股份有限公司	广州	2014年5月20日	www.gf.com.cn	广州市天河北路183号大都会广场41楼
32	国泰君安证券股份有限公司	上海	2014年5月20日	www.gtja.com	上海市浦东新区银城中路168号上海银行大厦29楼
33	江苏银行股份有限公司	南京	2014年6月23日	www.jsbchina.cn	江苏省南京市玄武区洪武北路55号
34	中国银河证券股份有限公司	北京	2014年6月24日	www.chinastock.com.cn	北京市西城区金融大街35号国际企业大厦C座

基金管理公司名录(2014年8月)

序号	公司名称	公司代码	注册资本(万元)	注册地点	成立时间	网址	地址	电话
1	国泰基金管理有限公司	50010000	11000	上海	1998年3月	www.gtfund.com	上海市浦东新区世纪大道100号上海环球金融中心39楼	4008－888－688 021－38569000
2	南方基金管理有限公司	50020000	15000	深圳	1998年3月	www.southernfund.com	深圳市福田中心区福华一路6号免税商务大厦31－33层	400－889－8899
3	华夏基金管理有限公司	50030000	23800	北京	1998年3月	www.ChinaAMC.com	北京市西城区金融大街33号通泰大厦B座3层	400－818－6666
4	华安基金管理有限公司	50040000	15000	上海	1998年5月	www.huaan.com.cn	上海市世纪大道8号上海国金中心2期31、32层	40088－50099
5	博时基金管理有限公司	50050000	25000	深圳	1998年7月	www.bosera.com	深圳市福田区深南大道招商银行大厦29－30层	95105568

序号	公司名称	公司代码	注册资本（万元）	注册地点	成立时间	网　址	地　址	电　话
6	鹏华基金管理有限公司	50060000	15000	深圳	1998 年 12 月	www. phfund. com. cn	深圳市福田区福华三路 168 号深圳国际商会中心第 43 层	400－6788－999
7	长盛基金管理有限公司	50070000	15000	深圳	1999 年 3 月	www. csfunds. com. cn	深圳市福田区福中三路 1006 号诺德中心 8 层 GH 单元	400－888－2666
8	嘉实基金管理有限公司	50080000	15000	上海	1999 年 3 月	www. jsfund. cn	上海市浦东新区世纪大道 8 号上海国金中心二期 23 楼 01－03 单元	400－600－8800
9	大成基金管理有限公司	50090000	20000	深圳	1999 年 4 月	www. dcfund. com	深圳市福田区深南大道 7088 号招商银行大厦 32－33 层	400－888－5558
10	富国基金管理有限公司	50100000	18000	上海	1999 年 4 月	www. fullgoal. com. cn	上海市浦东新区世纪大道 8 号上海国金中心二期 16－17 楼	400－888－0688 95105686
11	易方达基金管理有限公司	50110000	12000	广东	2001 年 4 月	www. efunds. com. cn	中国广州市体育西路 189 号城建大厦 19、25、27、28 楼	400－881－8088
12	宝盈基金管理有限公司	50120000	10000	深圳	2001 年 5 月	www. byfunds. com	深圳市深南大道 6008 号特区报业大厦 15 楼	400－8888－300
13	融通基金管理有限公司	50130000	12500	深圳	2001 年 5 月	www. rtfund. com	深圳市南山区华侨城汉唐大厦 13、14 层	400－883－8088
14	银华基金管理有限公司	50140000	20000	深圳	2001 年 5 月	www. yhfund. com. cn	北京市东城区东长安街 1 号东方广场东方经贸城中二办公楼 15 层	400－678－3333
15	长城基金管理有限公司	50150000	15000	深圳	2001 年 12 月	www. ccfund. com. cn	深圳市福田区益田路 6009 号新世界商务中心 40－41 层	400－8868－666
16	银河基金管理有限公司	50160000	15000	上海	2002 年 5 月	www. galaxyasset. com	上海市浦东新区世纪大道 1568 号 15 层	400－820－0860
17	泰达宏利基金管理有限公司	50170000	18000	北京	2002 年 7 月	www. aateda. com	北京市西城区金融大街 7 号英蓝国际金融中心南楼三层	400－698－8888
18	国投瑞银基金管理有限公司	50180000	10000	深圳	2002 年 6 月	www. ubssdic. com	中国广东省深圳市福田区金田路 4028 号荣超经贸中心 46 层	400－880－6868
19	万家基金管理有限公司	50190000	10000	上海	2002 年 8 月	www. ttasset. com	上海市浦东新区福山路 450 号新天国际大厦 23 层	400－888－0800
20	金鹰基金管理有限公司	50200000	25000	广东	2002 年 12 月	www. gefund. com. cn	广州沿江中路 298 号江湾商业中心大厦 22 层	020－83936180
21	招商基金管理有限公司	50210000	21000	深圳	2002 年 12 月	www. cmfchina. com	深圳市福田区深南大道 7088 号招商银行大厦 28 层	400－887－9555
22	华宝兴业基金管理有限公司	50220000	15000	上海	2003 年 2 月	www. fsfund. com	上海浦东新区世纪大道 100 号上海环球金融中心 58 层	400－700－5588
23	摩根士丹利华鑫基金管理有限公司	50230000	22750	深圳	2003 年 3 月	www. msfunds. com. cn	深圳市福田区中心四路 1 号嘉里建设广场一期二座 17 楼	400－8888－668
24	国联安基金管理有限公司	50240000	15000	上海	2003 年 3 月	www. gtja－allianz. com	上海市陆家嘴环路 1318 号星展银行大厦 9 楼	4007000365
25	海富通基金管理有限公司	50250000	15000	上海	2003 年 4 月	www. hftfund. com	上海市浦东新区陆家嘴花园石桥路 66 号东亚银行金融大厦 36－37 层	40088－40099
26	长信基金管理有限责任公司	50260000	15000	上海	2003 年 4 月	www. cxfund. com. cn	上海市银城中路 68 号时代金融中心 9 楼	400－700－5566
27	泰信基金管理有限公司	50270000	20000	上海	2003 年 5 月	www. ftfund. com	上海市浦东新区浦东南路 256 号华夏银行大厦 37 层	400－888－5988
28	天治基金管理有限公司	50280000	16000	上海	2003 年 5 月	www. chinanature. com. cn	上海市浦东新区莲振路 298 号 4 号楼 231 室	400－886－4800
29	景顺长城基金管理有限公司	50290000	13000	深圳	2003 年 6 月	www. invescogreatwall. com	深圳市福田区中心四路 1 号嘉里建设广场第一座 21 层	4008888606
30	广发基金管理有限公司	50300000	12000	广东	2003 年 7 月	www. gffunds. com. cn	珠海市拱北情侣南路 255 号四层	95105828
31	兴业全球基金管理有限公司	50310000	15000	上海	2003 年 9 月	www. xyfunds. com. cn	上海市浦东新区张杨路 500 号时代广场 20 楼	400－678－0099
32	诺安基金管理有限公司	50330000	15000	深圳	2003 年 12 月	www. lionfund. com. cn	深圳市深南大道 4013 号兴业银行大厦 19－20 层	400－888－8998
33	申万菱信基金管理有限公司	50340000	15000	上海	2003 年 12 月	www. swbnpp. com	上海市淮海中路 300 号香港新世界大厦 40 层	400－880－8588
34	中海基金管理有限公司	50350000	14666. 67	上海	2004 年 3 月	www. zhfund. com	上海市浦东新区银城中路 68 号 2905－2908 及 30 层整层	400－888－9788
35	光大保德信基金管理有限公司	50360000	16000	上海	2004 年 4 月	www. epf. com. cn	上海市延安东路 222 号外滩中心 46 楼	400－820－2888
36	华富基金管理有限公司	50370000	12000	上海	2004 年 3 月	www. hffund. com	上海市陆家嘴环路 1000 号 31 层	400－700－8001
37	上投摩根基金管理有限公司	50380000	25000	上海	2004 年 4 月	www. 51fund. com	上海浦东新区富城路 99 号震旦大厦 20 楼	4008894888
38	东方基金管理有限责任公司	50390000	20000	北京	2004 年 6 月	www. orient－fund. com	北京市西城区锦什坊街 28 号 1 至 4 层	010－66578578
39	中银基金管理有限公司	50400000	10000	上海	2004 年 6 月	www. bociim. com	中国上海浦东银城中路 200 号中银大厦 45 层	400－888－5566
40	东吴基金管理有限公司	50410000	10000	上海	2004 年 8 月	www. scfund. com. cn	上海市源深路 279 号	021－50509666
41	国海富兰克林基金管理有限公司	50420000	22000	南宁	2004 年 9 月	www. ftsfund. com	中国广西壮族自治区南宁市总部路 1 号中国—东盟科技企业孵化基地一期 C－6 栋二层	021－38789555
42	天弘基金管理有限公司	50430000	51430	天津	2004 年 10 月	www. thfund. com. cn	天津市河西区马场道 59 号天津国际经济贸易中心 A 座 16 层	400－710－9999
43	华泰柏瑞基金管理有限公司	50440000	20000	上海	2004 年 11 月	www. aig－huatai. com	上海浦东民生路 1199 弄证大五道口广场 1 号楼 17 层	400－888－0001
44	新华基金管理有限公司	50450000	16000	重庆	2004 年 12 月	www. ncfund. com. cn	重庆市江北区建新东路 85 号附一号 1 层 1－1	400－710－8866
45	汇添富基金管理有限公司	50460000	10000	上海	2005 年 1 月	www. htffund. com	上海市富城路 99 号震旦大厦 21 楼	400－888－9918
46	工银瑞信基金管理有限公司	50470000	20000	北京	2005 年 6 月	www. icbccs. com. cn	北京市西城区金融大街丙 17 号北京银行大厦 8 层	400－811－9999
47	交银施罗德基金管理有限公司	50480000	20000	上海	2005 年 7 月	www. jysld. com	上海市浦东新区世纪大道 201 号渣打银行大厦 10 楼	400－700－5000
48	信诚基金管理有限公司	50490000	20000	上海	2005 年 8 月	www. citicprufunds. com. cn	上海市浦东新区世纪大道 8 号上海国金中心汇丰银行大楼 9 层	400－666－0066
49	建信基金管理有限责任公司	50500000	20000	北京	2005 年 9 月	www. ccbfund. cn	北京市西城区金融大街 7 号英蓝国际金融中心 16 层	400－81－95533
50	华商基金管理有限公司	50510000	10000	北京	2005 年 9 月	www. hsfund. com	北京市西城区平安里西大街 28 号院中海国际中心 19 层	400－700－8880

序号	公司名称	公司代码	注册资本（万元）	注册地点	成立时间	网　址	地　址	电　话
51	汇丰晋信基金管理有限公司	50520000	20000	上海	2005年10月	www.hsbcjt.cn	上海市富城路99号震旦大厦35楼	021-38789998
52	益民基金管理有限公司	50530000	10000	重庆	2005年12月	www.ymfund.com	北京市宣武区宣武门外大街10号庄胜广场中央办公楼南翼13A	400-650-8808
53	中邮创业基金管理有限公司	50540000	10000	北京	2006年2月	www.postfund.com.cn	北京市海淀区西直门北大街60号首钢国际大厦10层	400-880-1618
54	信达澳银基金管理有限公司	50550000	10000	深圳	2006年4月	www.fscinda.com	广东省深圳市福田区深南大道7088号招商银行大厦24楼	400-8888-118
55	诺德基金管理有限公司	50560000	10000	上海	2006年5月	www.lordabbettchina.com	上海市陆家嘴环路1233号汇亚大厦12楼	400-888-0009
56	中欧基金管理有限公司	50570000	18800	上海	2006年5月	www.lcfunds.com	上海市浦东新区花园石桥路66号东亚银行金融大厦8层	021-68609700
57	金元惠理基金管理有限公司	50580000	24500	上海	2006年11月	www.jykbc.com	上海浦东新区陆家嘴花园石桥路33号花旗集团大厦3608室	400-666-0666
58	浦银安盛基金管理有限公司	50590000	28000	上海	2007年7月	www.py-axa.com	上海市淮海中路381号中环广场38楼	400-8828-999
59	农银汇理基金管理有限公司	50600000	20000	上海	2008年2月	www.abc-ca.com	上海市浦东新区世纪大道1600号浦项商务广场7层	021-61095599
60	民生加银基金管理有限公司	50610000	30000	深圳	2008年10月	www.msjyfund.com.cn/	深圳市福田区益田路6009号新世界商务中心42楼	400-8888-388
61	纽银梅隆西部基金管理有限公司	50620000	30000	上海	2010年6月	www.bnyfund.com	上海市浦东新区世纪大道100号上海环球金融中心19楼	021-38572999
62	浙商基金管理有限公司	50630000	30000	杭州	2010年9月	www.zsfund.com	浙江省杭州市下城区环城北路208号1801室	0571-2819000
63	平安大华基金管理有限公司	50640000	30000	深圳	2010年12月	fund.pingan.com	深圳市福田区金田路大中华国际交易广场第八层	400-800-4800
64	富安达基金管理有限公司	50650000	16000	上海	2011年4月	www.fadfunds.com	上海市浦东新区世纪大道1568号29楼	400-630-6999
65	财通基金管理有限公司	50660000	20000	上海	2011年5月	www.ctfund.com	上海市虹口区吴淞路619号505室	400-820-9888
66	方正富邦基金管理有限公司	50670000	20000	北京	2011年6月	www.founderff.com	北京市西城区太平桥大街18号丰融国际大厦11层	400-818-0990
67	长安基金管理有限公司	50680000	20000	上海	2011年8月	www.changanfunds.com	上海市虹口区丰镇路806号3幢371室	400-820-9688
68	国金通用基金管理有限公司	50690000	28000	北京	2011年10月	www.gfund.com	北京市怀柔区府前街三号楼3-6	4000-2000-18
69	安信基金管理有限责任公司	50700000	35000	深圳	2011年11月	www.essencefund.com	广东省深圳市福田区益田路6009号新世界商务中心36层	4008-088-088
70	德邦基金管理有限公司	50710000	12000	上海	2012年2月	www.dbfund.com.cn	上海市虹口区吴淞路218号宝矿国际大厦35层	4008-217-788
71	华宸未来基金管理有限公司	50720000	20000	上海	2012年3月	www.hcmiraefund.com	上海市虹口区四川北路859号中信广场16楼	021-26066999
72	红塔红土基金管理有限公司	50730000	20000	深圳	2012年5月	www.htamc.com.cn	深圳市南山区粤兴二道6号武汉大学深圳产学研大楼B815房	0755-61865878
73	英大基金管理有限公司	50740000	12000	北京	2012年6月	www.ydamc.com	北京市朝阳区东三环中路1号环球金融中心西塔22楼2201	010-57835666
74	江信基金管理有限公司	50750000	10000	北京	2012年12月	www.jxfund.cn	北京市海淀区北三环西路99号西海国际中心A座20层	010-57380999
75	中原英石基金管理有限公司	50760000	20000	上海	2012年12月	www.acfund.com.cn	上海市邯郸路135号5幢101室	021-38874600
76	华润元大基金管理有限公司	50770000	20000	深圳	2012年12月	www.cryuantafund.com	广东省深圳市南山区粤兴二道6号武汉大学深圳产学研大楼B815房	0755-88399008
77	前海开源基金管理有限公司	50780000	15000	深圳	2012年12月	暂无	深圳市南山区粤兴二道6号武汉大学深圳产学研大楼B815房	0755-88601888
78	东海基金管理有限责任公司	50790000	15000	上海	2013年2月	暂无	上海市虹口区丰镇路806号3幢360室	021-60586916
79	中加基金管理有限公司	50800000	30000	北京	2013年3月	www.bobbns.com.cn	北京市顺义区仁和镇顺泽大街65号	4000095526
80	兴业基金管理有限公司	50810000	50000	福建	2013年3月	暂无	福建省福州市五四路137号信和广场25楼	4000095561
81	道富基金管理有限公司	50820000	30000	北京	2013年5月	www.ssga-fund.com	北京市门头沟区石龙经济开发区永安路20号3号楼3层	010-85003210
82	国开泰富基金管理有限责任公司	50830000	20000	北京	2013年6月	暂无	北京市怀柔区北房镇幸福西街3号416室	暂无
83	中信建投基金管理有限公司	50840000	15000	北京	2013年8月	暂无	北京市怀柔区桥梓镇八龙桥雅苑3号楼1室	暂无
84	上银基金管理有限公司	50850000	30000	上海	2013年8月	暂无	上海市浦东新区秀浦路2388号3幢528室	暂无
85	鑫元基金管理有限公司	50860000	20000	上海	2013年8月	www.xyamc.com	上海市浦东新区富城路99号震旦大厦31楼	400-606-6188
86	永赢基金管理有限公司	50870000	15000	浙江	2013年10月	暂无	浙江省宁波市江东区中山东路466号	暂无
87	华福基金管理有限责任公司	50880000	10000	福建	2013年10月	暂无	福建省福州市平潭县潭城镇西航路西航住宅新区11号楼四楼	暂无
88	国寿安保基金管理有限公司	50890000	58800	上海	2013年10月	暂无	上海市虹口区丰镇路806号3幢306号	暂无
89	圆信永丰基金管理有限公司	50900000	20000	福建	2013年11月	暂无	福建省厦门市展鸿路82号厦门金融中心大厦21楼2102单元	暂无
90	中金基金管理有限公司	50910000	10000	北京	2014年1月	暂无	北京市朝阳区建国门外大街1号国贸写字楼2座26层	暂无
91	北信瑞丰基金管理有限公司	50920000	17000	北京	2014年3月	暂无	北京平谷区平谷镇林荫北街13号1幢802室	暂无
92	红土创新基金管理有限公司	50970000	10000	深圳	2014年6月	暂无	深圳市前海深港合作区前湾一路1号A栋201室	0755-33011866
93	嘉合基金管理有限公司	50940000	10000	上海	2014年6月	www.haoamc.com	上海市虹口区广纪路738号1幢329室	021-60168300
94	创金合信基金管理有限公司	50990000	17000	深圳	2014年7月	暂无	深圳市前海深港合作区前湾一路1号201室	0755-23838000
95	九泰基金管理有限公司	50980000	10000	北京	2014年7月	www.jtamc.com	北京市丰台区丽泽路8号院1号楼801-16室	010-52601666

公开募集基金销售机构名录(2014 年 9 月)

1、商业银行(98 家)

(1)全国性商业银行(18 家)

编号	机构名称	网址	联系地址	电话	核准时间
1	中国工商银行	www. icbc. com. cn	北京市西城区复兴门内大街 55 号	95588	2001 年 8 月
2	中国农业银行	www. abchina. com	北京市东城区建国门内大街 69 号	95599	2001 年 12 月
3	中国银行	www. boc. cn	北京市西城区复兴门内大街 1 号	95566	2001 年 12 月
4	中国建设银行	www. ccb. com	北京市西城区金融大街 25 号	95533	2001 年 7 月
5	交通银行	www. bankcomm. com	上海市银城中路 188 号	95559	2001 年 9 月
6	中信银行	www. ecitic. com	北京市东城区朝阳门北大街 8 号富华大厦 C 座	95558	2002 年 1 月
7	平安银行	www. bank. pingan. com	广东省深圳市深南东路 5047 号	95501 95511 - 3	2002 年 5 月
8	上海浦东发展银行	www. spdb. com. cn	上海市中山东一路 12 号	95528	2002 年 7 月
9	招商银行	www. cmbchina. com	广东省深圳市深南大道 7088 号招商银行大厦	95555	2001 年 12 月
10	兴业银行	www. cib. com. cn	上海市江宁路 168 号兴业大厦 9 层	95561	2002 年 8 月
11	中国民生银行	www. cmbc. com. cn	北京市西城区复兴门内大街 2 号	95568	2002 年 9 月
12	中国光大银行	www. cebbank. com	北京市西城区复兴门外大街 6 号光大大厦	95595	2003 年 1 月
13	华夏银行	www. hxb. com. cn	北京市东城区建国门内大街 22 号华夏银行大厦	95577	2004 年 11 月
14	广发银行	www. gdb. com. cn	广州市农林下路 83 号广发银行大厦	95508	2005 年 7 月
15	中国邮政储蓄银行	www. psbc. com	北京市西城区金融大街 3 号	95580	2006 年 7 月
16	浙商银行	www. czbank. com	杭州市庆春路 288 号	95527	2008 年 8 月
17	渤海银行	www. cbhb. com. cn	天津市河西区马场道 - 205 号	4008888811	2009 年 10 月
18	恒丰银行	www. egbank. com. cn	山东省烟台市南大街 248 号	4008138888	2014 年 1 月

(2)城市商业银行(50 家)

编号	机构名称	网址	联系地址	电话	核准时间
1	北京银行	www. bankofbeijing. com. cn	北京市西城区金融大街丙 17 号	010 - 96169	2004 年 10 月
2	上海银行	www. bankofshanghai. com. cn	上海市黄浦区中山东二路 585 号	021 - 962888	2005 年 1 月
3	宁波银行	www. nbcb. com. cn	宁波市中山东路 294 号	96528	2008 年 2 月
4	青岛银行	www. qdcb. com	青岛市香港中路 68 号	0532 - 96588	2008 年 5 月
5	徽商银行	www. hsbank. com. cn	合肥市安庆路 79 号徽商银行大厦	96588	2008 年 7 月
6	东莞银行	www. dongguanbank. cn	东莞市城区运河东一路 193 号	0769 - 22118118	2008 年 10 月
7	南京银行	www. njcb. com. cn	南京市淮海路 50 号	025 - 96400	2008 年 10 月
8	杭州银行	www. hccb. com. cn	杭州市凤起路 432 号	96523	2009 年 1 月
9	临商银行	www. lsbchina. com	临沂市沂蒙路 336 号	4006996588	2009 年 2 月
10	温州银行	www. wzcb. com. cn	温州市车站大道温州银行大楼	0577 - 96699	2009 年 5 月
11	汉口银行	www. hkbchina. com	武汉市建设大道 933 号	027 - 82656666	2009 年 6 月
12	江苏银行	www. jsbchina. cn	南京市洪武北路 55 号置地广场	4008696098	2009 年 9 月
13	洛阳银行	www. bankofluoyang. com. cn	洛阳新区开元大道 256 号	96699	2010 年 1 月
14	乌鲁木齐商业银行	www. uccb. com. cn	乌鲁木齐市新华北路 8 号	96518	2010 年 2 月
15	烟台银行	www. ytcb. com	山东省烟台市芝罘区海港路 25 - 18 号	4008311777	2010 年 6 月
16	齐商银行	www. qsbank. cc	山东省淄博市张店区金晶大道 105 号	0533 - 96588	2010 年 9 月
17	浙江民泰商业银行	www. mintaibank. com	浙江省温岭市三星大道 168 号	0576 - 86109988	2010 年 10 月
18	大连银行	www. bankofdl. com	大连市中山区中山路 88 号	4006640099	2010 年 10 月
19	哈尔滨银行	www. hrbcb. com. cn	哈尔滨市道里区尚志大街 160 号	4006096358	2010 年 10 月
20	重庆银行	www. cqcbank. com	重庆市渝中区邹容路 153 号	96899、4007096899	2010 年 11 月
21	浙江稠州商业银行	www. czcb. com. cn	浙江省义乌市江滨路义乌乐园东侧	0571 - 96527	2010 年 11 月
22	天津银行	www. tccb. com. cn	天津市河西区友谊路 15 号	022 - 960296	2011 年 2 月
23	河北银行	www. sccb. com. cn	河北省石家庄市平安北大街 28 号	0311 - 96368	2011 年 5 月
24	嘉兴银行	www. jxccb. com	浙江省嘉兴市建国南路 409 号	0573 - 96528	2011 年 6 月
25	广州银行	www. gzcb. com. cn	广州市广州大道北 195 号	020 - 96699	2011 年 7 月
26	西安银行	www. 96779. com. cn	西安市东四路 35 号	029 - 96779	2011 年 9 月
27	长沙银行	www. cscb. cn	湖南省长沙市芙蓉中路 1 段 433 号	96511	2011 年 9 月
28	金华银行	www. jhccb. com. cn	浙江省金华市金东区光南路 668 号	0579 - 96528	2011 年 9 月
29	包商银行	www. bsb. com. cn	内蒙古包头市青山区钢铁大街 6 号	96016(内蒙)	2011 年 9 月

编号	机构名称	网址	联系地址	电话	核准时间
30	郑州银行	www.zzbank.cn	郑州市郑东新区商务外环22号郑银大厦	4000967585	2012年4月
31	厦门银行	www.xmccb.com	厦门市思明区湖滨北路101号商业银行大厦	0592－96319	2012年5月
32	吉林银行	www.jlbank.com.cn	吉林省长春市东南湖大道1817号	400－88－96666	2012年10月
33	苏州银行	www.suzhoubank.com	江苏省苏州市吴中区东吴北路143号	96067	2012年12月
34	珠海华润银行	www.crbank.com.cn	广东省珠海市香洲区吉大九洲大道东1346号	4008800338	2012年12月
35	威海市商业银行	www.whccb.com	山东省威海市宝泉路9号财政大厦	96636、40000－96636	2013年2月
36	南充市商业银行	www.cgnb.com	四川省南充市文化路301号	028－96869	2013年2月
37	长安银行	www.ccabchina.com	西安市高新技术产业开发区高新四路13号朗臣大厦	029－96669	2013年6月
38	晋商银行	www.jshbank.com	山西省太原市万柏林区长风西街一号丽华大厦	95105588	2013年8月
39	富滇银行	www.fudian－bank.com	云南省昆明市官渡区昆明市拓东路41号	0871－96533	2013年8月
40	昆仑银行	www.klb.cn	新疆维吾尔自治区乌鲁木齐市民主路75号金新信托大厦	4006696569	2013年9月
41	日照银行	www.bankofrizhao.com	山东省日照市烟台路197号	400－68－96588	2013年12月
42	南昌银行	www.nccb.com	江西省南昌市中山路159号	0791－96266	2013年12月
43	潍坊银行	www.wfccb.com	山东省潍坊市胜利东街5139号	0536－96588	2013年12月
44	福建海峡银行	www.fjhxbank.com	福建省福州市六一北路158号	400－893－9999	2013年12月
45	绍兴银行	www.sxccb.com	浙江省绍兴市越城区中兴南路1号	0575－96528	2013年12月
46	攀枝花市商业银行	ebank.pzhccb.com	四川省攀枝花东区机场路88号	400－10－96998	2013年3月
47	广东华兴银行	www.ghbank.com.cn	广东省广州市天河区天河路533号	400－830－8001	2014年4月
48	成都银行	www.bocd.com.cn	四川省成都市青羊区西御街16号	028－96511	2014年7月
49	龙江银行	www.lj－bank.com	黑龙江省哈尔滨市道里区友谊路436号	400－645－8888	2014年8月
50	泉州银行	www.qzccbank.com	福建省泉州市丰泽区云鹿路3号	0595－96312	2014年8月

（3）农村商业银行（20家）

编号	机构名称	网址	联系地址	电话	核准时间
1	上海农商银行	www.shrcb.com	上海市延安西路728号华敏翰尊国际	021－962999	2008年2月
2	北京农商银行	www.bjrcb.com	北京市西城区阜成门内大街410号	96198	2008年4月
3	张家港农村商业银行	www.zrcbank.com	江苏省张家港市人民中路66号	0512－96065	2009年12月
4	深圳农村商业银行	www.961200.net	深圳市深南东路3038号合作金融大厦	961200	2010年1月
5	东莞农村商业银行	www.dgrcc.com	东莞市城区南城路2号	0769－961122	2011年2月
6	常熟农村商业银行	www.csrcbank.com	江苏省常熟市新世纪大道58号	962000	2011年7月
7	顺德农村商业银行	www.sdebank.com	广东省佛山市顺德区大良新城区拥翠路2号	0757－22223388	2011年8月
8	重庆农村商业银行（业务网点仅限于县级支行及城市地区网点，不包括三农服务性网点）	www.cqrcb.com	重庆市江北区洋河东路10号	966866	2011年8月
9	吴江农村商业银行	www.wjrcb.com	江苏省吴江市中山南路1777号	96068	2011年9月
10	江南农村商业银行	www.jnbank.cc	江苏省常州市延陵中路668号	96005	2011年9月
11	江阴农村商业银行	www.jybank.com.cn	江苏省江阴市澄江中路1号	0510－96078	2011年9月
12	昆山农村商业银行	www.96079.com.cn	江苏省昆山市前进中路219号	0512－57379216	2011年10月
13	广州农村商业银行	www.961111.cn	广东省广州市天河区珠江新城华夏路1号	961111	2012年7月
14	成都农村商业银行（业务网点仅限于非三农服务性网点）	www.cdrcb.com	四川省成都市武侯区科华中路新5号	028－962711	2012年9月
15	杭州联合农村商业银行	www.urcb.com	浙江省杭州市建国中路99号	96592、96596	2013年2月
16	山东寿光农村商业银行	www.sdnxs.com	山东省潍坊市寿光市银海路19号	0536－96633	2013年9月
17	无锡农村商业银行	www.wrcb.com.cn	江苏省无锡市崇安区解放北路1号	0510－96058	2013年11月
18	浙江绍兴瑞丰农村商业银行	www.borf.cn	浙江省绍兴市柯桥笛扬路1363号	400－88－96596	2014年1月
19	浙江温州龙湾农村商业银行股份有限公司	www.lwrcb.com	浙江省温州市龙湾区永强大道衙前段	4008296596	2014年2月
20	广东南海农村商业银行	www.nanhaibank.com	广东省佛山市南海区桂城南海大道北26号农商银行大厦	96138	2014年3月

(4)在华外资法人银行(10 家)

编号	机构名称	网址	联系地址	电话	核准时间
1	渣打银行	www.standardchartered.com.cn	上海市浦东新区世纪大道 201 号	8008208088	2013 年 6 月
2	大华银行	www.uobchina.com.cn	上海市浦东新区东园路 111 号 1 层 105 单元,2 层,3 层	400-888-6826	2013 年 6 月
3	花旗银行	www.citibank.com.cn	上海市浦东新区花园石桥路 33 号花旗集团大厦	8008301880 8008201268	2013 年 6 月
4	东亚银行	www.hkbea.com.cn	上海市浦东新区花园石桥路 66 号	8008303811	2013 年 6 月
5	恒生银行	www.hangseng.com.cn	上海市浦东新区陆家嘴环路 1000 号恒生银行大厦 34 楼、36 楼及浦东南路 528 号 27 楼	8008-30-8008 4008-30-8008	2013 年 6 月
6	星展银行	www.dbs.com.cn	上海市浦东新区陆家嘴环路 1318 号 1301、1801 单元	4008-208-988	2013 年 6 月
7	汇丰银行	www.hsbc.com.cn	上海市浦东新区世纪大道 8 号上海国金中心汇丰银行大楼	8008208828 8008208878	2013 年 6 月
8	南洋商业银行	www.ncbchina.cn	上海市浦东新区世纪大道 800 号三层、六层至九层	800-830-2066 400-830-2066	2013 年 6 月
9	摩根大通银行	www.jpmorganchina.com.cn	北京市西城区金融大街 7 号北京英蓝国际金融中心 19 层	4008102580 021-52002368	2013 年 9 月
10	华侨银行	www.ocbc.com.cn	上海市浦东新区源深路 1155 号华侨银行大厦	400-670-2888	2013 年 10 月

2、证券公司(98 家)

编号	机构名称	网址	联系地址	电话	核准时间
1	国泰君安证券	www.gtja.com	上海市延平路 135 号	4008888666	2002 年 7 月
2	广发证券	www.gf.com.cn	广东省广州市天河北路 183 号大都会广场 42 楼	020-87555888-875	2002 年 8 月
3	国信证券	www.guosen.com.cn	深圳市红岭中路 1012 号国信证券大厦 26 层	8008108868	2002 年 8 月
4	招商证券	www.newone.com.cn	深圳市福田区益田路江苏大厦 A 座 39-45 层	95565	2002 年 8 月
5	华泰联合证券	www.lhzq.com	深圳市深南东路 5047 号发展银行大厦 25 层	4008888555	2002 年 8 月
6	中信证券	www.cs.ecitic.com	北京市朝阳区新源南路 6 号京城大厦三层	95558	2002 年 8 月
7	海通证券	www.htsec.com	上海市淮海中路 98 号金钟广场 19 层	4008888001	2002 年 10 月
8	申银万国证券	www.sywg.com.cn	上海市常熟路 171 号	021-962505	2002 年 10 月
9	西南证券	www.swsc.com.cn	重庆市渝中区临江支路 2 号合景国际大厦 A 座 22-25 层	023-63786187	2003 年 1 月
10	华龙证券	www.hlzqgs.com	甘肃省兰州市城关区静宁路 308 号	0931-8730264	2003 年 1 月
11	大同证券	www.dtsbc.com.cn	山西省太原市青年路 8 号	0351-4167056	2003 年 1 月
12	民生证券	www.mszq.com	北京市朝阳区朝外大街 16 号中国人寿大厦 1901	4006198888	2003 年 1 月
13	山西证券	www.sxzq.net	山西省太原市府西街 69 号山西国际贸易中心	0351-8686868	2003 年 1 月
14	长江证券	www.cjsc.com.cn	武汉市江汉区新华路特 8 号	4008888999	2003 年 2 月
15	中信万通证券	www.zxwt.com.cn	青岛市东海西路 28 号	96577	2003 年 2 月
16	广州证券	www.gzs.com.cn	广州市先烈中路 69 号东山广场主楼 5 楼	020-961303	2003 年 2 月
17	兴业证券	www.xyzq.com.cn	上海浦东陆家嘴东路 166 号/福州市湖东路 99 号标力大厦 18 层	021-68419974	2003 年 2 月
18	华泰证券	www.htsc.com.cn	南京市中山东路 90 号华泰证券大厦	4008888168	2003 年 2 月
19	渤海证券	www.ewww.com.cn	天津市河西区宾水道 3 号	022-28455588	2003 年 2 月
20	中信证券(浙江)	www.bigsun.com.cn	杭州市中河南路 11 号万凯庭院商务楼 A 座	0571-96598	2003 年 2 月
21	万联证券	www.wlzq.com.cn	广州市东风东路 836 号东峻广场 3 座 34-35 层	4008888133	2003 年 2 月
22	国元证券	www.gyzq.com.cn	安徽省合肥市寿春路 179 号国元大厦	4008888777	2003 年 2 月
23	湘财证券	www.xcsc.com	上海市浦东新区陆家嘴环路 958 号华能联合大厦 5 楼	021-68865111	2003 年 3 月
24	东吴证券	www.dwjq.com.cn	江苏省苏州市爱河桥路 28 号	0512-96288	2003 年 12 月
25	东方证券	www.dfzq.com.cn	上海市中山南路 318 号 2 号楼	021-962506	2004 年 4 月
26	光大证券	www.ebscn.com	上海市浦东南路 528 号上海证券大厦南塔 16 楼	4008888788	2004 年 4 月
27	上海证券	www.962518.com	上海市九江路 111 号 4 楼	021-962518	2004 年 5 月
28	国联证券	www.glsc.com.cn	江苏省无锡市县前东街 168 号国联大厦 6 层	0510-82588168	2004 年 6 月
29	浙商证券	www.stocke.com.cn	深圳市福田区益田路江苏大厦 A 座	95105665	2004 年 6 月
30	平安证券	www.xmpb.com	深圳市福田区八卦岭八卦三路平安大厦	95511	2004 年 8 月
31	华安证券	www.huaans.com.cn	安徽省合肥市阜南路 166 号 A 座	96518	2004 年 8 月
32	东北证券	www.nesc.cn	吉林省长春市自由大路 1138 号证券大厦	0431-9668899	2004 年 7 月
33	南京证券	www.njzq.com.cn	南京市玄武区鼓楼大钟亭 8 号	025-83364032	2004 年 8 月
34	长城证券	www.cc168.com.cn	深圳市福田区深南大道 6008 号特区报业大厦	0755-82288968	2004 年 8 月
35	国海证券	www.ghzq.com.cn	广西自治区南宁市滨湖路 46 号	4008888100	2004 年 9 月
36	财富证券	www.cfzq.com	湖南省长沙市芙蓉中路二段 80 号顺天财富中心	0731-4403360	2004 年 9 月
37	东莞证券	www.dgzq.com.cn	广东省东莞市莞城区可园南路 1 号金源中心	0769-961130	2004 年 9 月
38	中原证券	www.ccnew.com	河南郑州市经三路 15 号广汇国际贸易大厦	0371-967218	2004 年 10 月

编号	机构名称	网址	联系地址	电话	核准时间
39	国都证券	www.guodu.com	北京市东城区东直门南大街3号国华投资大厦	8008108809	2004年11月
40	恒泰证券	www.cnht.com.cn	内蒙古呼和浩特市新城区东风路111号	0471-4961259	2004年11月
41	中银国际证券	www.bocichina.com	上海市浦东银城中路200号中银大厦	021-68604866	2004年11月
42	齐鲁证券	www.qlzq.com.cn	山东省济南市经十路128号	0531-82084184	2004年11月
43	华西证券	www.hx168.com.cn	成都市陕西街239号	4008888818	2004年11月
44	国盛证券	www.gsstock.com	江西省南昌市永叔路15号信达大厦	0791-6285337	2004年11月
45	新时代证券	www.xsdzq.cn	北京市西城区月坛北街2号月坛大厦15层	010-68083601	2004年11月
46	华林证券	www.chinalions.com	深圳市福田区民田路178号华融大厦6楼	4008802888	2004年11月
47	中金公司	www.cicc.com.cn	北京市建国门外大街1号国贸大厦2座	010-85679238	2004年12月
48	宏源证券	www.ehongyuan.com	新疆自治区乌鲁木齐市建设路2号宏源大厦	010-62294600	2004年12月
49	华福证券	www.hfzq.com.cn	福建省福州市鼓楼区温泉街道五四路157号	0591-96326	2005年1月
50	世纪证券	www.csco.com.cn	深圳市深南大道7088号招商银行大厦	0755-83199599	2005年2月
51	德邦证券	www.tebon.com.cn	上海浦东新区福山路500号城建国际中心26楼	021-68761616-8125	2005年2月
52	金元证券	www.jyzq.com.cn	深圳市福田区益田路4001号时代金融中心	4008888228	2005年4月
53	西部证券	www.westsecu.com	陕西省西安市东新街232号信托大厦	029-87419999	2005年4月
54	东海证券	www.longone.com.cn	上海市浦东新区东方路989号中达广场	0519-8166222	2004年9月
55	中航证券	www.scstock.com	南昌市抚河北路291号江西教育出版大厦	0791-6768763	2005年4月
56	第一创业证券	www.firstcapital.com.cn	深圳市罗湖区笋岗路12号中民时代广场B座	0755-25832686	2005年3月
57	中信建投证券	www.csc108.com	北京市东城区朝内大街188号	4008888108	2005年12月
58	财通证券	www.ctsec.com	浙江省杭州市解放路111号	0571-96336	2006年7月
59	安信证券	www.essences.com.cn	深圳市福田区金田路4018号安联大厦	0755-82825555	2007年4月
60	银河证券	www.chinastock.com.cn	北京市西城区金融街35号国际企业大厦C座	4008888888	2007年5月
61	华鑫证券	www.cfsc.com.cn	上海市肇嘉浜路750号	021-64339000	2008年1月
62	瑞银证券	www.ubs.com/cn	北京市西城区金融大街7号英蓝国际金融中心	010-58328888	2008年2月
63	国金证券	www.gjzq.com.cn	成都市东城根上街95号	4006666598	2008年3月
64	中投证券	www.cjis.cn	深圳市福田区益田路与福华三路交界处深圳国际商会中心	4006008008	2008年3月
65	中山证券	www.zszq.com.cn	深圳市福田区益田路江苏大厦B座	0755-82943750	2008年3月
66	红塔证券	www.hongtazq.com	昆明市北京路155号附1号红塔大厦	0871-3577927	2008年3月
67	日信证券	www.rxzq.com.cn	北京西城区闹市口1号长安兴融中心西楼11层	010-88086830	2008年5月
68	西藏同信证券	www.xzsec.com	上海市永和路118弄东方企业园24号	4008811177	2008年5月
69	方正证券	www.foundersc.com	长沙芙蓉中路二段200号	0731-95571	2008年6月
70	联讯证券	www.lxzq.com.cn	广东省惠州市下埔路14号	0752-2119397	2008年6月
71	天源证券	www.tyzq.com.cn	深圳市民田路新华保险大厦18楼	0755-3333118-8806	2008年8月
72	江海证券	www.jhzq.com.cn	哈尔滨市香坊区赣水路56号	0451-82269280	2008年8月
73	银泰证券	www.ytzq.net	深圳市福田区竹子林四路紫竹七道18号光大银行大厦	0755-83703759	2008年12月
74	民族证券	www.e5618.com	北京市西城区金融大街5号新盛大厦A座6-9层	4008895618	2008年12月
75	华宝证券	www.cnhbstock.com	上海市陆家嘴环路166号未来资产大厦	021-38929908	2009年1月
76	厦门证券	www.xmzq.com.cn	厦门市莲前西路2号莲富大厦17楼	0592-5163588	2009年1月
77	爱建证券	www.ajzq.com	上海市南京西路758号(博爱大厦)20层-25层	021-32229888	2009年1月
78	英大证券	www.vsun.com	深圳市深南中路华能大厦30楼	0755-26982993	2009年3月
79	信达证券	www.cindasc.com	北京市西城区三里河东路5号中商大厦10层	4008008899	2009年7月
80	东兴证券	www.dxzq.net	北京市西城区金融大街5号新盛大厦B座12-15层	010-66555383	2009年7月
81	华融证券	www.hrsec.com.cn	北京市西城区月坛北街26号恒华国际商务中心A座9层	010-58568162	2009年9月
82	天风证券	www.tfzq.com	武汉市东湖新技术开发区关东园路2号高科大厦四楼	028-86712334	2009年11月
83	大通证券	www.estock.com	大连市中山区延安路1号保嘉大厦	4008169169	2009年12月
84	财达证券	www.s10000.com	石家庄市桥西区自强路35号庄家金融大厦	4006128888	2009年12月
85	中天证券	www.stockren.com	沈阳市和平区光荣街23甲	4006180315	2010年1月
86	财富里昂证券	www.cf-clsa.com	上海市浦东新区福山路500号城建中心15楼	021-38784818	2010年2月
87	五矿证券	www.wkzq.com.cn	深圳市福田区荣超经贸中心47楼	40018-40028	2010年4月
88	高华证券	www.ghsl.cn	北京市西城区金融大街7号英蓝国际中心18楼	010-66273000	2010年5月
89	华创证券	www.hczq.com	贵州省贵阳市中华北路216号华创大厦	0851-960872	2010年6月
90	恒泰长财证券	www.cczq.net	吉林省长春市珠江路439号长财大厦	0431-82951765	2010年7月
91	万和证券	www.wanhesec.com	深圳市福田区深南大道7028号时代科技大厦20层西厅	0755-25170332	2010年9月
92	中邮证券	www.cnpsec.com.cn	陕西省西安市太白北路320号华弘大厦	4008888005	2010年11月
93	首创证券	www.sczq.com.cn	北京市西城区德胜门外大街115号德胜尚城E座	4006200620	2011年2月

编号	机构名称	网址	联系地址	电话	核准时间
94	国开证券	www.stockfly.com.cn	北京市东城区东直门南大街3号国华投资大厦17层	010－85285202 010－85285217	2011年5月
95	太平洋证券	www.tpyzq.com	云南省昆明市青年路389号志远大厦18层	0871－8898130	2012年11月
96	开源证券	www.sxkyzq.com	陕西省西安市雁塔区锦业路1号都市之门B座5层	4008608866	2012年12月
97	诚浩证券	www.chstock.com	辽宁省沈阳市沈河区热闹路51号	024－22955438	2013年2月
98	宏信证券	www.hx818.com	四川省成都市人民南路二段18号川信大厦10楼	4008－366－366	2013年6月

基金管理公司从事特定客户资产管理业务子公司名录(2014年8月)

序号	公司名称	母公司名称	注册资本（万元）	注册地点	批复时间	办公地址	电话
1	工银瑞信投资管理有限公司	工银瑞信基金管理有限公司	5000	上海	2012年11月	北京市西城区金融大街丙17号北京银行大厦7层	400－811－9999
2	嘉实资本管理有限公司	嘉实基金管理有限公司	30000	北京	2012年11月	北京市东城区建国门北大街8号华润大厦8层	010－65215588
3	深圳平安大华汇通财富管理有限公司	平安大华基金管理有限公司	3000	深圳	2012年11月	广东省深圳市福田区金田路大中华国际交易广场8楼	400－800－4800
4	华夏资本管理有限公司	华夏基金管理有限公司	5000	深圳	2012年12月	北京市西城区金融大街33号通泰大厦B座12层	400－818－6666
5	北京方正富邦创融资产管理有限公司	方正富邦基金管理有限公司	2000	北京	2012年12月	北京市西城区太平桥大街18号北区11层	010－57303700
6	长安财富资产管理有限公司	长安基金管理有限公司	5000	上海	2012年12月	上海市浦东新区民生路1199弄证大五道口金融大厦1号楼6层	400－820－9688
7	富安达资产管理(上海)有限公司	富安达基金管理有限公司	2000	上海	2012年12月	上海市浦东新区世纪大道1568号29楼	021－61870999
8	上海兴全睿众资产管理有限公司	兴业全球基金管理有限公司	2000	上海	2012年12月	上海市浦东新区张杨路500号华润时代广场19楼	021－38824536
9	北京千石创富资本管理有限公司	国金通用基金管理有限公司	2000	北京	2012年12月	北京市海淀区西三环北路87号国际财经中心D座14层	010－88005615 400－0200－018
10	深圳市红塔资产管理有限公司	红塔红土基金管理有限公司	2000	深圳	2012年12月	广东省深圳市南山区侨香路4068号智慧广场A座801	0755－36855888
11	鹏华资产管理(深圳)有限公司	鹏华基金管理有限公司	3000	深圳	2012年12月	广东省深圳市福田区福田中心区福华三路国际商会中心42楼	0755－88262500
12	北京天地方中资产管理有限公司	天弘基金管理有限公司	2000	北京	2012年12月	北京市西城区月坛北街2号月坛大厦C602	010－83571761
13	民生加银资产管理有限公司	民生加银基金管理有限公司	12500	广州	2013年1月	北京市西城区菜市口大街1号院2号楼开元名都大酒店12层	010－63506800
14	上海新东吴优胜资产管理有限公司	东吴基金管理有限公司	2000	上海	2013年1月	上海市黄浦区西藏南路1208号东吴证券大厦5楼	021－63122829
15	上海锐懿资产管理有限公司	泰信基金管理有限公司	2000	上海	2013年1月	上海市浦东新区浦东南路256号华夏银行大厦36层	021－20899315 021－20899319
16	万家共赢资产管理有限公司	万家基金管理有限公司	6000	上海	2013年1月	上海市浦东新区浦电路360号6楼B单元	021－38619936
17	首誉资产管理有限公司	中邮创业基金管理有限公司	5000	深圳	2013年1月	北京市海淀区西直门北大街60号首钢国际大厦7层	010－82295160
18	招商财富资产管理有限公司	招商基金管理有限公司	10000	深圳	2013年2月	广东省深圳市深南大道7888号东海国际中心B座3楼01B单元	0755－23986999
19	博时资本管理有限公司	博时基金管理有限公司	5000	深圳	2013年2月	广东省深圳市福田区深南大道7028号时代科技大厦19楼西	0755－83169999
20	德邦创新资本有限责任公司	德邦基金管理有限公司	5000	上海	2013年2月	上海市浦东新区福山路388号宏嘉大厦28楼	021－20830800
21	上海金元百利资产管理有限公司	金元惠理基金管理有限公司	3054.4	上海	2013年2月	上海市浦东新区花园石桥路33号花旗集团大厦36楼3606室	021－68885823
22	上海聚潮资产管理有限公司	浙商基金管理有限公司	2000	上海	2013年2月	上海市浦东新区陆家嘴西路99号万向大厦10层	021－60350842
23	汇添富资本管理有限公司	汇添富基金管理有限公司	5000	上海	2013年2月	中国上海市浦东新区富城路99号震旦大楼22楼	021－28932888
24	信达新兴财富(北京)资产管理有限公司	信达澳银基金管理有限公司	2000	北京	2013年2月	北京市西城区月坛北街26号605室	010－58569988
25	银华财富资本管理(北京)有限公司	银华基金管理有限公司	2000	北京	2013年3月	北京市东城区东长安街1号东方广场C2座3层	010－58163000
26	深圳华宸未来资产管理有限公司	华宸未来基金管理有限公司	2000	深圳	2013年3月	上海市虹口区四川北路1318号盛邦国际大厦805室	400－920－0699 021－56779396
27	国泓资产管理有限公司	益民基金管理有限公司	5000	北京	2013年3月	北京市西城区宣武门外大街10号庄胜广场中央办公楼南翼13A层	010－63105556
28	深圳新华富时资产管理有限公司	新华基金管理有限公司	2000	深圳	2013年3月	北京市西城区西直门外大街1号院2号楼20层	010－68726666
29	中信信诚资产管理有限公司	信诚基金管理有限公司	5000	上海	2013年4月	上海市浦东新区陆家嘴富城路99号震旦国际大楼12楼01室	021－68649783
30	深圳市融通资本财富管理有限公司	融通基金管理有限公司	2000	深圳	2013年4月	深圳市南山区华侨城汉唐大厦13层	0755－26947585

序号	公司名称	母公司名称	注册资本（万元）	注册地点	批复时间	办公地址	电话
31	国泰元鑫资产管理有限公司	国泰基金管理有限公司	5000	上海	2013年5月	上海市虹口区东大名路558号新华保险大厦11楼01－03A	021－56515336
32	上海华富利得资产管理有限公司	华富基金管理有限公司	3500	上海	2013年5月	上海市浦东新区浦东南路528号南楼S1903、S1904	021－68869296
33	上海财通资产管理有限公司	财通基金管理有限公司	2000	上海	2013年5月	上海市浦东新区花园石桥路66号东亚银行金融大厦2203－2204室	021－50709999
34	建信资本管理有限责任公司	建信基金管理有限责任公司	5000	上海	2013年5月	北京市西城区闹市口大街1号院长安兴融中心2号楼5B	010－58528008
35	瑞元资本管理有限公司	广发基金管理有限公司	5000	珠海	2013年6月	广东省广州市海珠区琶洲大道东3号保利国际广场东裙楼	9510－5828
36	易方达资产管理有限公司	易方达基金管理有限公司	12000	珠海	2013年6月	广东省广州市天河区珠江新城珠江东路30号广州银行大厦42F	020－85102799
37	兴业财富资产管理有限公司	兴业基金管理有限公司	20000	上海	2013年6月	上海市静安区江宁路168号7楼	021－22211888
38	天治资产管理有限公司	天治基金管理有限公司	5000	北京	2013年6月	北京市西城区金融大街17号投资广场A座20层东区	010－66215855
39	深圳前海金鹰资产管理有限公司	金鹰基金管理有限公司	2000	深圳	2013年7月	广东省深圳市福田区益田路6009号新世界中心25层	0755－82772770
40	中海恒信资产管理（上海）有限公司	中海基金管理有限公司	2000	上海	2013年7月	上海市浦东新区银城中路68号时代金融中心3002－3003单元	021－38429800
41	国投瑞银资本管理有限公司	国投瑞银基金管理有限公司	5000	深圳	2013年7月	北京市西城区金融大街7号英蓝国际7号815室	0755－83160000 400－880－6868
42	富国资产管理（上海）有限公司	富国基金管理有限公司	2000	上海	2013年7月	上海市浦东新区世纪大道8号国金中心二期16层	021－20361602
43	长城嘉信资产管理有限公司	长城基金管理有限公司	5000	深圳	2013年7月	广东省深圳市福田区益田路6009号41层	0755－23980445
44	上海长江财富资产管理有限公司	长信基金管理有限责任公司	2000	上海	2013年8月	上海市浦东新区世纪大道1589号11楼	021－61522010
45	深圳中欧盛世资本管理有限公司	中欧基金管理有限公司	2000	深圳	2013年8月	上海浦东新区花园石桥路66号东亚银行金融大厦7层	021－68609600
46	东方汇智资产管理有限公司	东方基金管理有限责任公司	5000	深圳	2013年8月	北京市西城区锦什坊街28号恒奥中心D座2层	010－66295888
47	上海瑞京资产管理有限公司	东海基金管理有限责任公司	2000	上海	2013年8月	上海市浦东新区世纪大道1528号陆家嘴基金大厦15楼	021－61622155 021－60586959
48	诺安资产管理有限公司	诺安基金管理有限公司	5000	北京	2013年8月	北京市朝阳区光华路甲14号诺安基金大厦15层	010－59027869
49	前海开源资产管理（深圳）有限公司	前海开源基金管理有限公司	2000	深圳	2013年8月	广东省深圳市福田区深南大道7006号万科富春东方大厦2206	400－166－6998
50	农银汇理（上海）资产管理有限公司	农银汇理基金管理有限公司	2000	上海	2013年8月	上海市浦东新区世纪大道1600号1幢3室	021－61095588
51	景顺长城资产管理（深圳）有限公司	景顺长城基金管理有限公司	3000	深圳	2013年9月	广东省深圳市福田区中心四路1号嘉里建设广场第一座22层	0755－22381600
52	道富资产管理有限公司	道富基金管理有限公司	5000	北京	2013年9月	北京市东城区建国门内大街28号民生金融中心A座7层	010－85003210
53	华安未来资产管理（上海）有限公司	华安基金管理有限公司	3000	上海	2013年9月	上海市浦东新区世纪大道8号国金中心二期31楼	021－38969999
54	大成创新资本管理有限公司	大成基金管理有限公司	10000	深圳	2013年10月	广东省深圳市福田区深南大道7088号招商银行大厦32层	400－888－5558
55	南方资本管理有限公司	南方基金管理有限公司	20000	深圳	2013年10月	广东省深圳市福田区福华一路六号免税大厦22层	0755－82763888
56	长盛创富资产管理有限公司	长盛基金管理有限公司	5000	北京	2013年10月	北京市海淀区北太平庄路18号城建大厦A座20层	400－888－2666
57	上海浦银安盛资产管理有限公司	浦银安盛基金管理有限公司	2000	上海	2013年11月	上海市淮海中路381号中环广场38楼	021－23212888
58	安信乾盛财富管理（深圳）有限公司	安信基金管理有限责任公司	2000	深圳	2013年11月	广东省深圳市福田区益田路6009号新世界商务中心36层	400－808－8088
59	中铁宝盈资产管理有限公司	宝盈基金管理有限公司	5000	深圳	2013年11月	广东省深圳市深南大道6008号特区报业大厦C座22层	400－888－8300
60	交银施罗德资产管理有限公司	交银施罗德基金管理有限公司	5000	上海	2013年11月	上海市浦东新区世纪大道201号渣打银行大厦10楼	021－61055050
61	深圳华润元大资产管理有限公司	华润元大基金管理有限公司	3000	深圳	2013年11月	广东省深圳市福田区中心西路嘉里建设广场1－1嘉里建设广场第3座7层	0755－83399008
62	国海富兰克林资产管理（上海）有限公司	国海富兰克林基金管理有限公司	2000	上海	2013年11月	上海市浦东新区世纪大道8号国金中心2期9楼	021－38555555
63	鑫沅资产管理有限公司	鑫元基金管理有限公司	5000	上海	2014年1月	上海市浦东新区富城路99号震旦国际大厦31层	021－20892000
64	北银丰业资产管理有限公司	中加基金管理有限公司	10000	深圳	2014年2月	北京市丰台区南四环西路188号17区15号楼8层	－
65	上银瑞金资产管理（上海）有限公司	上银基金管理有限公司	3000	上海	2014年3月	上海市浦东新区世纪大道1528号陆家嘴基金大厦12楼	021－60232799

序号	公司名称	母公司名称	注册资本（万元）	注册地点	批复时间	办公地址	电话
66	申万菱信(上海)资产管理有限公司	申万菱信基金管理有限公司	2000	上海	2014 年 3 月	上海市黄浦区淮海中路 300 号香港新世界大厦 35 楼	400 - 880 - 8588
67	永赢资产管理有限公司	永赢基金管理有限公司	5000	上海	2014 年 3 月	上海市浦东新区世纪大道 210 号 21 世纪大厦 27 楼	021 - 51690111
68	银河资本资产管理有限公司	银河基金管理有限公司	5000	上海	2014 年 4 月	北京市西城区金融大街 35 号国际企业大厦 C 座 12 楼	010 - 66053770
69	北京国开泰富资产管理有限公司	国开泰富基金管理有限责任公司	2000	北京	2014 年 4 月	北京市东城区朝阳门北大街 7 号五矿广场 C 座 10 层	010 - 59363299
70	上海富诚海富通资产管理有限公司	海富通基金管理有限公司	2000	上海	2014 年 7 月	上海市浦东新区陆家嘴花园石桥路 66 号东亚银行金融大厦 36 - 37 层	40088 - 40099
71	柏瑞爱建资产管理(上海)有限公司	华泰柏瑞基金管理有限公司	10000	上海	2014 年 8 月	上海市浦东新区外高桥保税区马吉路 88 号(C 区 C4 地块)3 号楼	021 - 38601577

QFII 名录(8 月)

序号	中文名称	外文名称	国别/地区	托管行	批准日期
1	瑞士银行	UBS AG	瑞士	花旗银行	2003 - 5 - 23
2	野村证券株式会社	Nomura Securities Co. ,Ltd.	日本	农业银行	2003 - 5 - 23
3	摩根士丹利国际股份有限公司	Morgan Stanley & Co. International PLC.	英国	汇丰银行	2003 - 6 - 5
4	花旗环球金融有限公司	Citigroup Global Markets Limited	英国	德意志银行	2003 - 6 - 5
5	高盛公司	Goldman, Sachs & Co.	美国	汇丰银行	2003 - 7 - 4
6	德意志银行	Deutsche Bank Aktiengesellschaft	德国	花旗银行	2003 - 7 - 30
7	香港上海汇丰银行有限公司	The Hongkong and Shanghai Banking Corporation Limited	中国香港	建设银行	2003 - 8 - 4
8	荷兰安智银行股份有限公司	ING Bank N. V.	荷兰	渣打银行	2003 - 9 - 10
9	摩根大通银行	JPMorgan Chase Bank, National Association	美国	汇丰银行	2003 - 9 - 30
10	瑞士信贷(香港)有限公司	Credit Suisse (Hong Kong) Limited	中国香港	工商银行	2003 - 10 - 24
11	渣打银行(香港)有限公司	Standard Chartered Bank (Hong Kong) Limited	香港	中国银行	2003 - 12 - 11
12	日兴资产管理有限公司	Nikko Asset Management Co. ,Ltd.	日本	交通银行	2003 - 12 - 11
13	美林国际	Merrill Lynch International	英国	汇丰银行	2004 - 4 - 30
14	恒生银行有限公司	Hang Seng Bank Limited	中国香港	建设银行	2004 - 5 - 10
15	大和证券资本市场株式会社	Daiwa Securities Capital Markets Co. ,Ltd.	日本	工商银行	2004 - 5 - 10
16	比尔及梅林达盖茨信托基金会	Bill & Melinda Gates Foundation Trust	美国	汇丰银行	2004 - 7 - 19
17	景顺资产管理有限公司	INVESCO Asset Management Limited	英国	中国银行	2004 - 8 - 4
18	苏格兰皇家银行有限公司	The Royal Bank of Scotland N. V.	荷兰	汇丰银行	2004 - 9 - 2
19	法国兴业银行	Société Générale	法国	汇丰银行	2004 - 9 - 2
20	巴克莱银行	Barclays Bank PLC	英国	渣打银行	2004 - 9 - 15
21	德国商业银行	Commerzbank AG	德国	工商银行	2004 - 9 - 27
22	法国巴黎银行	BNP Paribas	法国	工商银行	2004 - 9 - 29
23	加拿大鲍尔公司	Power Corporation of Canada	加拿大	建设银行	2004 - 10 - 15
24	东方汇理银行	Credit Agrigole Corporate and Investment Bank	法国	汇丰银行	2004 - 10 - 15
25	高盛国际资产管理公司	Goldman Sachs Asset Management International	英国	汇丰银行	2005 - 5 - 9
26	马丁可利投资管理有限公司	Martin Currie Investment Management Ltd	英国	花旗银行	2005 - 10 - 25
27	新加坡政府投资有限公司	GIC Private Limited	新加坡	渣打银行	2005 - 10 - 25
28	柏瑞投资有限责任公司	PineBridge Investment LLC	美国	中国银行	2005 - 11 - 14
29	淡马锡富敦投资有限公司	Temasek Fullerton Alpha Pte Ltd	新加坡	汇丰银行	2005 - 11 - 15
30	JF 资产管理有限公司	JF Asset Management Limited	中国香港	建设银行	2005 - 12 - 28
31	日本第一生命保险株式会社	The Dai - ichi Life Insurance Company, Limited	日本	中国银行	2005 - 12 - 28
32	星展银行有限公司	DBS Bank Ltd	新加坡	农业银行	2006 - 2 - 13
33	安保资本投资有限公司	AMP Capital Investors Limited	澳大利亚	建设银行	2006 - 4 - 10
34	加拿大丰业银行	The Bank of Nova Scotia	加拿大	中国银行	2006 - 4 - 10
35	比联金融产品英国有限公司	KBC Financial Products UK Limited	英国	花旗银行	2006 - 4 - 10
36	法国爱德蒙得洛希尔银行	La Compagnie Financierr Edmond de Rothschild Banque	法国	中国银行	2006 - 4 - 10
37	耶鲁大学	Yale University	美国	汇丰银行	2006 - 4 - 14
38	摩根士丹利投资管理公司	Morgan Stanley Investment Management Inc.	美国	汇丰银行	2006 - 7 - 7
39	瀚亚投资(香港)有限公司	Eastspring Investment(Hong Kong) Limited	中国香港	农业银行	2006 - 7 - 7
40	斯坦福大学	Stanford University	美国	汇丰银行	2006 - 8 - 5

序号	中文名称	外文名称	国别/地区	托管行	批准日期
41	通用电气资产管理公司	GE Asset Management Incorporated	美国	汇丰银行	2006-8-5
42	大华银行有限公司	United Overseas Bank Limited	新加坡	工商银行	2006-8-5
43	施罗德投资管理有限公司	Schroder Investment Mangement Limited	英国	交通银行	2006-8-29
44	汇丰环球投资管理(香港)有限公司	HSBC Global Asset Management (Hong Kong) Limited	香港	交通银行	2006-9-5
45	瑞穗证券株式会社	Mizuho Securities Co.,Ltd	日本	建设银行	2006-9-5
46	瑞银环球资产管理(新加坡)有限公司	UBS Global Asset Management (Singapore) Ltd	新加坡	花旗银行	2006-9-25
47	三井住友资产管理株式会社	Sumitomo Mitsui Asset Management Company, Limited	日本	花旗银行	2006-9-25
48	挪威中央银行	Norges Bank	挪威	汇丰银行	2006-10-24
49	百达资产管理有限公司	Pictet Asset Management Limited	英国	汇丰银行	2006-10-25
50	哥伦比亚大学	The Trustees of Columbia University in the City of New York	美国	汇丰银行	2008-3-12
51	荷宝基金管理公司	Robeco Institutional Asset management B. V.	荷兰	花旗银行	2008-5-5
52	道富环球投资管理亚洲有限公司	State Street Global Advisors Asia Limited	香港	渣打银行	2008-5-16
53	铂金投资管理有限公司	Platinum Investment Company Limited	澳大利亚	汇丰银行	2008-6-2
54	比利时联合资产管理有限公司	KBC Asset Management N. V.	比利时	工商银行	2008-6-2
55	未来资产基金管理公司	Mirae Asset Global Investments Co., Ltd.	韩国	工商银行	2008-7-25
56	安达国际控股有限公司	ACE INA International Holdings, Ltd.	美国	工商银行	2008-8-5
57	魁北克储蓄投资集团	Caisse de dép? t et placement du Québec	加拿大	汇丰银行	2008-8-22
58	哈佛大学	President and Fellows of Harvard College	美国	工商银行	2008-8-22
59	三星资产运用株式会社	Samsung Investment Trust Management Co., Ltd.	韩国	中国银行	2008-8-25
60	联博有限公司	AllianceBernstein Limited	英国	汇丰银行	2008-8-28
61	华侨银行有限公司	Oversea-Chinese Banking Corporation Limited	新加坡	建设银行	2008-8-28
62	首域投资管理(英国)有限公司	First State Investment Management (UK) Limited	英国	花旗银行	2008-9-11
63	大和证券投资信托株式会社	DAIWA Asset Management Co.	日本	中国银行	2008-9-11
64	壳牌资产管理有限公司	Shell Asset Management Company B. V.	荷兰	花旗银行	2008-9-12
65	普信投资公司	T. Rowe Price Associates, Inc.	美国	汇丰银行	2008-9-12
66	瑞士信贷银行股份有限公司	Credit Suisse AG	瑞士	工商银行	2008-10-14
67	大华资产管理有限公司	UOB Asset Management Ltd	新加坡	工商银行	2008-11-28
68	阿布达比投资局	ABU Dhabi Investment Authority	阿联酋	汇丰银行	2008-12-3
69	德盛安联资产管理卢森堡	Allianz Global Investors Luxembourg S. A.	卢森堡	工商银行	2008-12-16
70	资本国际公司	Capital International, Inc.	美国	汇丰银行	2008-12-18
71	三菱日联摩根士丹利证券股份有限公司	Mitsubishi UFJ Morgan Stanley Securities Co., Ltd.	日本	中国银行	2008-12-29
72	韩华资产运用株式会社	Hanwha Investment Trust Management Co., Ltd.	韩国	花旗银行	2009-2-5
73	安石股票投资管理(美国)有限公司	Ashmore Equities Investment Management(US) LLC	美国	汇丰银行	2009-2-10
74	DWS投资管理有限公司	DWS Investment S. A.	卢森堡	汇丰银行	2009-2-24
75	韩国产业银行	The Korea Development Bank	韩国	建设银行	2009-4-23
76	韩国友利银行股份有限公司	Woori Bank Co., Ltd	韩国	工商银行	2009-5-4
77	马来西亚国家银行	Bank Negara Malaysia	马来西亚	汇丰银行	2009-5-19
78	罗祖儒投资管理(香港)有限公司	Lloyd George Management (Hong Kong) Limited	香港	汇丰银行	2009-5-27
79	邓普顿投资顾问有限公司	Templeton Investment Counsel, LLC	美国	汇丰银行	2009-6-5
80	东亚联丰投资管理有限公司	BEA Union Investment Management Limited	中国香港	工商银行	2009-6-18
81	三井住友信托银行股份有限公司	The Sumitomo Trust & Banking Co., Ltd.	日本	花旗银行	2009-6-26
82	韩国投资信托运用株式会社	Korea Investment Trust Management Co., Ltd	韩国	工商银行	2009-7-21
83	霸菱资产管理有限公司	Baring Asset Management Limited	英国	汇丰银行	2009-8-6
84	安石投资管理有限公司	Ashmore Investment Management Limited	英国	工商银行	2009-9-14
85	纽约梅隆资产管理国际有限公司	BNY Mellon Asset Management International Limited	英国	建设银行	2009-11-6
86	宏利资产管理(香港)有限公司	Manulife Asset Management (Hong Kong) Limited	中国香港	花旗银行	2009-11-20
87	野村资产管理株式会社	Nomura Asset Management CO., LTD	日本	工商银行	2009-11-23
88	东洋资产运用(株)	Tongyang Asset Management Corp.	韩国	花旗银行	2009-12-11
89	加拿大皇家银行	Royal Bank of Canada	加拿大	工商银行	2009-12-23
90	英杰华投资集团全球服务有限公司	Aviva Investors Global Services Limited	英国	工商银行	2009-12-28
91	常青藤资产管理公司	Ivy Investment Management Company	美国	汇丰银行	2010-2-8
92	达以安资产管理公司	DIAM Co., Ltd.	日本	汇丰银行	2010-4-20
93	法国欧菲资产管理公司	OFI Asset Management	法国	渣打银行	2010-5-21
94	安本亚洲资产管理公司	Aberdeen Asset Management Asia Limited	新加坡	花旗银行	2010-7-6
95	KB资产运用	KB Asset Management Co., Ltd.	韩国	花旗银行	2010-8-9

序号	中文名称	外文名称	国别/地区	托管行	批准日期
96	富达基金(香港)有限公司	Fidelity Investments Management (Hong Kong) Limited	中国香港	汇丰银行	2010-9-1
97	美盛投资(欧洲)有限公司	Legg Mason Investements (Europe) Limited	英国	花旗银行	2010-10-8
98	香港金融管理局	Hong Kong Monetary Authority	中国香港	花旗银行	2010-10-27
99	富邦证券投资信托股份有限公司	Fubon Securities Investment Trust Co. Ltd.	中国台湾	建设银行	2010-10-29
100	群益证券投资信托股份有限公司	Capital Securities Investment Trust Corporation	中国台湾	汇丰银行	2010-10-29
101	蒙特利尔银行投资公司	BMO Investments Inc.	加拿大	工商银行	2010-12-6
102	瑞士宝盛银行	Bank Julius Bear & Co.,Ltd	瑞士	花旗银行	2010-12-14
103	科提比资产运用株式会社	KTB Asset Management Co.,Ltd	韩国	建设银行	2010-12-28
104	领先资产管理	Lyxor Asset Management	法国	建设银行	2011-2-16
105	元大宝来证券投资信托股份有限公司	Yuanta Securities Investment Trust Co.,Ltd.	中国台湾	花旗银行	2011-3-4
106	忠利保险有限公司	Assicurazioni Generali S. p. A.	意大利	工商银行	2011-3-18
107	西班牙对外银行有限公司	Banco Bilbao Vizcaya Argentaria, S. A.	西班牙	中信银行	2011-5-6
108	国泰证券投资信托股份有限公司	Cathay Securities Investment Trust Co., Ltd.	台湾	汇丰银行	2011-6-9
109	复华证券投资信托股份有限公司	Fuh Hwa Securities Investment Trust Co. Ltd.	中国台湾	花旗银行	2011-6-9
110	东简资产管理公司	Comgest S. A.	法国	德意志银行	2011-6-24
111	东方汇理资产管理香港有限公司	Amundi Hong Kong Limited	中国香港	建设银行	2011-7-14
112	贝莱德机构信托公司	BlackRock Institutional Trust Company, N. A.	美国	花旗银行	2011-7-14
113	GMO 有限责任公司	Grantham, Mayo, Van Otterloo & Co. LLC	美国	汇丰银行	2011-8-9
114	新加坡金融管理局	Monetary Authority of Singapore	新加坡	汇丰银行	2011-10-8
115	中国人寿保险股份有限公司(台湾)	China Life Insurance Co., Ltd. (Taiwan)	中国台湾	建设银行	2011-10-26
116	新光人寿保险股份有限公司	Shin Kong Life Insurance Co., Ltd.	中国台湾	花旗银行	2011-10-26
117	普林斯顿大学	Princeton University	美国	汇丰银行	2011-11-25
118	新光投信株式会社	Shinko Asset Management Co., Ltd.	日本	汇丰银行	2011-11-25
119	加拿大年金计划投资委员会	Canada Pension Plan Investment Board	加拿大	汇丰银行	2011-12-9
120	泛达公司	Van Eck Associates Corporation	美国	工商银行	2011-12-9
121	瀚博环球投资公司	Hansberger Global Investors, Inc.	美国	渣打银行	2011-12-13
122	安耐德合伙人有限公司	EARNEST Partners LLC	美国	建设银行	2011-12-13
123	泰国银行	Bank of Thailand	泰国	汇丰银行	2011-12-16
124	科威特政府投资局	Kuwait Investment Authority	科威特	工商银行	2011-12-21
125	北美信托环球投资公司	Northern Trust Global Investments Limited	英国	交通银行	2011-12-21
126	台湾人寿保险股份有限公司	Taiwan Life Insurance Co., Ltd.	中国台湾	工商银行	2011-12-21
127	韩国银行	The Bank of Korea	韩国	汇丰银行	2011-12-21
128	安大略省教师养老金计划委员会	Ontario Teachers´Pension Plan Board	加拿大	汇丰银行	2011-12-22
129	韩国投资公司	Korea Investment Corporation	韩国	汇丰银行	2011-12-28
130	罗素投资爱尔兰有限公司	Russell Investments Ireland Limited	爱尔兰	汇丰银行	2011-12-28
131	迈世勒资产管理有限责任公司	Metzler Asset Management GmbH	德国	工商银行	2011-12-31
132	华宜资产运用有限公司	HI Asset Management Co., Linmited.	韩国	工商银行	2011-12-31
133	新韩法国巴黎资产运用株式会社	Shinhan BNP Paribas Asset Management Co., Ltd.	韩国	汇丰银行	2012-1-5
134	家庭医生退休基金	Stichting Pensioenfonds voor Huisartsen	荷兰	汇丰银行	2012-1-5
135	国民年金公团(韩国)	National Pension Service	韩国	花旗银行	2012-1-5
136	三商美邦人寿保险股份有限公司	Mercuries Life Insurance Co,Ltd	台湾	汇丰银行	2012-1-30
137	保德信证券投资信托股份有限公司	Prudential Financial Securities Investment Trust Enterprise	中国台湾	汇丰银行	2012-1-31
138	信安环球投资有限公司	Principal Global Investors LLC	美国	建设银行	2012-1-31
139	医院管理局公积金计划	Hospital Authority Provident Fund Scheme	香港	汇丰银行	2012-1-31
140	全球人寿保险股份有限公司	TransGlobe Life Insurance Inc.	中国台湾	花旗银行	2012-2-3
141	大众信托基金有限公司	Public Mutual Berhad	马来西亚	花旗银行	2012-2-3
142	明治安田资产管理有限公司	Meiji Yasuda Asset Management Company Ltd.	日本	花旗银行	2012-2-27
143	国泰人寿保险股份有限公司	Cathay Life Insurance Co., LTD.	中国台湾	中国银行	2012-2-28
144	三井住友银行株式会社	Sumitomo Mitsui Banking Corporation	日本	中国银行	2012-2-28
145	富邦人寿保险股份有限公司	Fubon Life Insurance Co. Ltd	中国台湾	花旗银行	2012-3-1
146	友邦保险有限公司	AIA Company Limited	中国香港	中国银行	2012-3-5
147	纽伯格伯曼欧洲有限公司	Neuberger Berman Europe Limited	英国	工商银行	2012-3-5
148	马来西亚国库控股公司	KHAZANAH NASIONAL BERHAD	马来西亚	工商银行	2012-3-7
149	资金研究与管理公司	Capital Research and Management Company	美国	汇丰银行	2012-3-9
150	日本东京海上资产管理株式会社	Tokio Marine Asset Management Co.,Ltd	日本	汇丰银行	2012-3-14

序号	中文名称	外文名称	国别/地区	托管行	批准日期
151	韩亚大投证券株式会社	Hana Daetoo Securities Co, Ltd	韩国	花旗银行	2012 - 3 - 29
152	兴元资产管理有限公司	Genesis Asset Managers, LLP	美国	德意志银行	2012 - 3 - 30
153	伦敦市投资管理有限公司	City of London Investment Managementi Company Limited	英国	汇丰银行	2012 - 3 - 30
154	摩根资产管理(英国)有限公司	JPMorgan Asset Management (UK) Limited	英国	工商银行	2012 - 3 - 30
155	冈三资产管理股份有限公司	Okasan Asset Management Co. , Ltd	日本	汇丰银行	2012 - 3 - 30
156	预知投资管理公司	Prescient Investment Management PTY LTD	南非	工商银行	2012 - 4 - 18
157	东部资产运用株式会社	Dongbu Asset Management Co. , Ltd.	韩国	建设银行	2012 - 4 - 20
158	骏利资产管理有限公司	Janus Capital Management LLC	美国	汇丰银行	2012 - 4 - 20
159	瑞穗投信投资顾问有限公司	Mizuho Asset Management Co. , Ltd.	日本	汇丰银行	2012 - 4 - 26
160	瀚森全球投资有限公司	Henderson Global Investors Limited	英国	渣打银行	2012 - 4 - 28
161	欧利盛资产管理有限公司	Eurizon Capital S. A.	卢森堡	工商银行	2012 - 5 - 2
162	中银国际英国保诚资产管理有限公司	BOCI - Prudential Asset Management Limited	中国香港	渣打银行	2012 - 5 - 3
163	富敦资金管理有限公司	Fullerton Fund Management Company Ltd	新加坡	工商银行	2012 - 5 - 4
164	利安资金管理公司	Lion Global Investors Limited	新加坡	花旗银行	2012 - 5 - 7
165	忠利基金管理有限公司	GENERAIL Fund Management S. A.	卢森堡	建设银行	2012 - 5 - 23
166	威廉博莱公司	William Blair & Company, L. L. C.	美国	汇丰银行	2012 - 5 - 24
167	天达资产管理有限公司	Investec Asset Management Limited	英国	花旗银行	2012 - 5 - 28
168	安智投资管理亚太(香港)有限公司	ING Investment Management Aisa Pacific (Hong Kong) Limited	中国香港	花旗银行	2012 - 6 - 4
169	三菱日联资产管理公司	Mitsubishi UFJ Asset Management Co. , Ltd	日本	汇丰银行	2012 - 6 - 4
170	中银集团人寿保险有限公司	BOC Group Life Assurance Company Limited	中国香港	农业银行	2012 - 7 - 12
171	霍尔资本有限公司	Hall Capital Partners LLC	美国	花旗银行	2012 - 8 - 6
172	得克萨斯大学体系董事会	Board of Regents of The University of Texas System	美国	汇丰银行	2012 - 8 - 6
173	南山人寿保险股份有限公司	Nan Shan Life Insurance Company, Ltd.	台湾	工商银行	2012 - 8 - 6
174	SUVA 瑞士国家工伤保险机构	Suva	瑞士	花旗银行	2012 - 8 - 13
175	不列颠哥伦比亚省投资管理公司	British Columbia Investment Management Corporation	加拿大	汇丰银行	2012 - 8 - 17
176	惠理基金管理香港有限公司	Value Partners Hong Kong Limited	中国香港	汇丰银行	2012 - 8 - 21
177	安大略退休金管理委员会	Ontario Pension Board	加拿大	中国银行	2012 - 8 - 29
178	教会养老基金	The Church Pension Fund	美国	工商银行	2012 - 8 - 31
179	麦格理银行有限公司	Macquarie Bank Limited	澳大利亚	汇丰银行	2012 - 9 - 4
180	瑞典第二国家养老金	Andra AP - fonden	瑞典	汇丰银行	2012 - 9 - 20
181	海通资产管理(香港)有限公司	Hai Tong Asset Management (HK) Limited	中国香港	交通银行	2012 - 9 - 20
182	IDG 资本管理(香港)有限公司	IDG CAPITAL MANAGEMENT (HK) LIMITED	中国香港	建设银行	2012 - 9 - 20
183	杜克大学	Duke University	美国	工商银行	2012 - 9 - 24
184	卡塔尔控股有限责任公司	Qatar Holding LLC	卡塔尔	农业银行	2012 - 9 - 25
185	瑞士盈丰银行股份有限公司	EFG Bank AG	瑞士	花旗银行	2012 - 9 - 26
186	海拓投资管理公司	Cutwater Investor Services Corporation	美国	中国银行	2012 - 10 - 26
187	奥博医疗顾问有限公司	OrbiMed Advisors LLC	美国	花旗银行	2012 - 10 - 26
188	新思路投资有限公司	New Silk Road Investment Pte. Ltd.	新加坡	汇丰银行	2012 - 10 - 26
189	贝莱德资产管理北亚有限公司	BlackRock Asset Management North Asia Limited	中国香港	花旗银行	2012 - 10 - 26
190	摩根证券投资信托股份有限公司	JPMorgan Asset Management Taiwan	中国台湾	建设银行	2012 - 11 - 5
191	全球保险集团美国投资管理有限公司	AEGON USA Investment Management, LLC	美国	花旗银行	2012 - 11 - 5
192	鼎晖投资咨询新加坡有限公司	CDH Investment Advisory Private Limited	新加坡	建设银行	2012 - 11 - 7
193	瑞典北欧斯安银行有限公司	Skandinaviska Enskilda Banken AB(publ)	瑞典	中国银行	2012 - 11 - 12
194	嘉实国际资产管理有限公司	Harvest Global Investments Limited	中国香港	中国银行	2012 - 11 - 12
195	灰石投资管理有限公司	Greystone Managed Investments Inc.	加拿大	工商银行	2012 - 11 - 21
196	统一证券投资信托股份有限公司	Uni - President Assets Management Corporation	台湾	汇丰银行	2012 - 11 - 21
197	大和住银投信投资顾问株式会社	Daiwa SB Investments Ltd.	日本	农业银行	2012 - 11 - 19
198	毕盛资产管理有限公司	APS Asset Management Pte Ltd	新加坡	建设银行	2012 - 11 - 27
199	中信证券国际投资管理(香港)有限公司	CITIC Securities International Investment Management (HK) Limited	中国香港	工商银行	2012 - 12 - 11
200	太平洋投资策略有限公司	Pacific Alliance Investment Management (HK) Limited	中国香港	建设银行	2012 - 12 - 11
201	易方达资产管理(香港)有限公司	E Fund Management (Hongkong) Co. , Limited	中国香港	汇丰银行	2012 - 12 - 11
202	高瓴资本管理有限公司	Hillhouse Capital Management Pte. Ltd.	新加坡	建设银行	2012 - 12 - 11
203	永丰证券投资信托股份有限公司	SinoPac Securities Investment Trust Co. , Ltd	中国台湾	工商银行	2012 - 12 - 13
204	华夏基金(香港)有限公司	China Asset Management (Hong Kong) Limited	香港	汇丰银行	2012 - 12 - 25
205	宜思投资管理有限责任公司	East Capital AB	瑞典	花旗银行	2013 - 1 - 7

序号	中文名称	外文名称	国别/地区	托管行	批准日期
206	第一金证券投资信托股份有限公司	First Securities Investment Trust Co., Ltd.	中国台湾	汇丰银行	2013-1-24
207	太平洋投资管理公司亚洲私营有限公司	PIMCO Asia Pte Ltd	新加坡	汇丰银行	2013-1-24
208	瑞银环球资产管理(香港)有限公司	UBS Global Asset Management (Hong Kong) Limited	中国香港	花旗银行	2013-1-24
209	南方东英资产管理有限公司	CSOP Asset Management Limited	中国香港	渣打银行	2013-1-31
210	EJS投资管理有限公司	EJS Investment Management S. A.	瑞士	交通银行	2013-1-31
211	国泰君安资产管理(亚洲)有限公司	Guotai Junan Assets (Asia) Limited	中国香港	交通银行	2013-2-21
212	泰康资产管理(香港)有限公司	Taikang Asset Management (HK) Company Limited	中国香港	工商银行	2013-2-22
213	招商证券资产管理(香港)有限公司	CMS Asset Management (HK) Co., Limited	中国香港	交通银行	2013-2-22
214	现代证券株式会社	Hyundai Securities Co., Ltd	韩国	建设银行	2013-3-22
215	工银亚洲投资管理有限公司	ICBC (Asia) Investment Management Company Limited	中国香港	建设银行	2013-3-25
216	亚洲资本再保险集团私人有限公司	Asia Capital Reinsurance Group Pte. Ltd.	新加坡	花旗银行	2013-4-11
217	AZ基金管理股份有限公司	AZ Fund Management S. A.	卢森堡	德意志银行	2013-4-11
218	台新证券投资信托股份有限公司	Taishin Securities Investment Trust Co., Ltd.	中国台湾	建设银行	2013-4-27
219	海富通资产管理(香港)有限公司	HFT Investment Management (HK) Limited	中国香港	花旗银行	2013-5-7
220	汇丰中华证券投资信托股份有限公司	HSBC Global Asset Management (Taiwan) Limited	中国台湾	交通银行	2013-5-10
221	太平资产管理(香港)有限公司	Taiping Assets Management (HK) Company Limited	中国香港	建设银行	2013-5-15
222	中国国际金融香港资产管理有限公司	China International Capital Corporation Hong Kong Asset Management Limited	中国香港	建设银行	2013-5-16
223	中国光大资产管理有限公司	China Everbright Assets Management Limited	中国香港	汇丰银行	2013-5-30
224	博时基金(国际)有限公司	Bosera Asset Management (International) Co., Ltd.	中国香港	汇丰银行	2013-6-4
225	兆丰国际证券投资信托股份有限公司	Mega International Investment Trust Co., Ltd.	中国台湾	德意志银行	2013-6-4
226	法国巴黎投资管理亚洲有限公司	BNP Paribas Investment Partners Asia Limited	中国香港	中国银行	2013-6-19
227	圣母大学	University of Notre Dame du Lac	美国	汇丰银行	2013-6-19
228	纽堡亚洲	Newport Asia LLC	美国	汇丰银行	2013-7-15
229	华南永昌证券投资信托股份有限公司	HUA NAN INVESTMENT TRUST CORPORATION	中国台湾	花旗银行	2013-7-15
230	景林资产管理香港有限公司	Greenwoods Asset Management Hong Kong Limited	中国香港	汇丰银行	2013-7-15
231	中国信托人寿保险股份有限公司	CTBC Life Insurance Co., Ltd.	中国台湾	中国银行	2013-8-20
232	凯思博投资管理(香港)有限公司	Keywise Capital Management (HK) Limited	中国香港	工商银行	2013-8-20
233	富邦产物保险股份有限公司	FUBON INSURANCE COMPANY LIMITED	中国台湾	工商银行	2013-8-26
234	欧特咨询有限公司	Alta Advisers Limited	英国	汇丰银行	2013-8-26
235	盛树投资管理有限公司	Flowering Tree Investment Manangement Pte. Ltd.	新加坡	汇丰银行	2013-8-26
236	广发国际资产管理有限公司	GF International Investment Management Limited	中国香港	工商银行	2013-9-26
237	梅奥诊所	Mayo Clinic	美国	汇丰银行	2013-9-29
238	国信证券(香港)资产管理有限公司	Guosen Securities (HK) Asset Management Company Limited	中国香港	花旗银行	2013-9-29
239	新加坡科技资产管理有限公司	ST Asset Management Ltd	新加坡	渣打银行	2013-10-18
240	政府养老基金(泰国)	Government Pension Fund	泰国	建设银行	2013-10-24
241	狮诚控股国际私人有限公司	SeaTown Holdings International Pte. Ltd.	新加坡	汇丰银行	2013-10-30
242	CSAM资产管理有限公司	CSAM Asset Management Pte Ltd	新加坡	花旗银行	2013-10-30
243	中国人寿富兰克林资产管理有限公司	China Life Franklin Asset Management Co., Limited	中国香港	建设银行	2013-10-30
244	福特基金会	The Ford Foundation	美国	汇丰银行	2013-10-31
245	瑞银韩亚资产运用株式会社	UBS Hana Asset Management Co., Ltd.	韩国	花旗银行	2013-10-31
246	国泰世华商业银行股份有限公司	Cathay United Bank Co., Ltd.	中国台湾	工商银行	2013-11-7
247	立陶宛银行	Bank of Lithuania	立陶宛	汇丰银行	2013-11-23
248	富兰克林华美证券投资信托股份有限公司	Franklin Templeton SinoAM SIM Inc.	中国台湾	农业银行	2013-11-23
249	中国信托商业银行股份有限公司	CTBC Bank Co., Ltd.	中国台湾	中国银行	2013-11-23
250	华盛顿大学	The Washington University	美国	汇丰银行	2014-1-23
251	澳门金融管理局	Monetary Authority of Macao	中国澳门	中国银行	2014-1-27
252	史帝夫尼可洛司股份有限公司	Stifel Nicolaus & Company, Inc.	美国	花旗银行	2014-1-27
253	职总英康保险合作社有限公司	NTUC Income Insurance Co-operative Limited	新加坡	花旗银行	2014-1-27
254	Invesco PowerShares资产管理有限公司	Invesco PowerShares Capital Management LLC	美国	建设银行	2014-1-27
255	苏黎世欧洲再保险股份有限公司	European Reinsurance Company of Zurich Ltd	瑞士	花旗银行	2014-1-27
256	Nordea投资管理公司	Nordea Investment Management AB	瑞典	汇丰银行	2014-1-27
257	华顿证券投资信托股份有限公司	Paradigm Asset Management Co., Ltd.	中国台湾	工商银行	2014-3-11
258	喀斯喀特有限责任公司	Cascade Investment, L. L. C.	美国	德意志银行	2014-3-11
259	铭基国际投资公司	Matthews International Capital Management, LLC	美国	汇丰银行	2014-3-12
260	奥本海默基金公司	Oppenheimer Funds, Inc.	美国	汇丰银行	2014-3-19

序号	中文名称	外文名称	国别/地区	托管行	批准日期
261	高观投资有限公司	Overlook Investments Limited	中国香港	汇丰银行	2014-4-8
262	台新国际商业银行股份有限公司	Taishin International Bank	中国台湾	建设银行	2014-6-3
263	花旗集团基金管理有限公司	Citigroup First Investment Management Limited	中国香港	德意志银行	2014-6-16
264	爱斯普乐基金管理公司	ASSETPLUS Investment Management Co., Ltd.	韩国	花旗银行	2014-7-24
265	彭博家族基金会	The Bloomberg Family Foundation Inc.	美国	汇丰银行	2014-7-25
266	石溪集团	The Rock Creek Group, LP.	美国	汇丰银行	2014

RQFII 名录(8 月)

序号	中文名称	英文名称	注册地	批准日期
1	南方东英资产管理有限公司		中国香港	2011.12.21
2	易方达资产管理(香港)有限公司		中国香港	2011.12.21
3	嘉实国际资产管理有限公司		中国香港	2011.12.21
4	华夏基金(香港)有限公司		中国香港	2011.12.21
5	大成国际资产管理有限公司		中国香港	2011.12.21
6	汇添富资产管理(香港)有限公司		中国香港	2011.12.21
7	博时基金(国际)有限公司		中国香港	2011.12.21
8	海富通资产管理(香港)有限公司		中国香港	2011.12.21
9	华安资产管理(香港)有限公司		中国香港	2011.12.21
10	中国国际金融(香港)有限公司		中国香港	2011.12.22
11	国信证券(香港)金融控股有限公司		中国香港	2011.12.22
12	光大证券金融控股有限公司		中国香港	2011.12.22
13	华泰金融控股(香港)有限公司		中国香港	2011.12.22
14	国泰君安金融控股有限公司		中国香港	2011.12.22
15	海通国际控股有限公司		中国香港	2011.12.22
16	广发控股(香港)有限公司		中国香港	2011.12.22
17	招商证券国际有限公司		中国香港	2011.12.22
18	申银万国(香港)有限公司		中国香港	2011.12.22
19	中信证券国际有限公司		中国香港	2011.12.22
20	安信国际金融控股有限公司		中国香港	2011.12.22
21	国元证券(香港)有限公司		中国香港	2011.12.22
22	工银瑞信资产管理(国际)有限公司		中国香港	2012.08.07
23	广发国际资产管理有限公司		中国香港	2012.08.07
24	上投摩根资产管理(香港)有限公司		中国香港	2012.10.26
25	国投瑞银资产管理(香港)有限公司		中国香港	2012.12.17
26	富国资产管理(香港)有限公司		中国香港	2012.12.17
27	诺安基金(香港)有限公司		中国香港	2013.02.22
28	泰康资产管理(香港)有限公司	Taikang Asset Management (Hong Kong) Company Limited	中国香港	2013.03.14
29	建银国际资产管理有限公司	CCB International Asset Management Limited	中国香港	2013.03.25
30	兴证(香港)金融控股有限公司		中国香港	2013.04.25
31	中国人寿富兰克林资产管理有限公司	China Life Franklin Asset Management Co., Limited	中国香港	2013.05.15
32	农银国际资产管理有限公司	ABCI Asset Management Limited	中国香港	2013.05.15
33	中投证券(香港)金融控股有限公司		中国香港	2013.05.16
34	东方金融控股(香港)有限公司		中国香港	2013.05.23
35	工银亚洲投资管理有限公司	ICBC (Asia) Investment Management Company Limited	中国香港	2013.06.04
36	恒生投资管理有限公司	Hang Seng Investment Management Limited	中国香港	2013.06.04
37	太平资产管理(香港)有限公司	Taiping Assets Management (HK) Company Limited	中国香港	2013.06.19
38	中银香港资产管理有限公司	BOCHK Asset Management Limited	中国香港	2013.07.15
39	南华资产管理(香港)有限公司	Nanhua Asset Management (Hong Kong) Corporation Limited	中国香港	2013.07.15
40	长江证券控股(香港)有限公司		中国香港	2013.07.15
41	中国平安资产管理(香港)有限公司	Ping An of China Asset Management (Hong Kong) Company Limited	中国香港	2013.07.19
42	信达国际资产管理有限公司	Cinda International Asset Management Limited	中国香港	2013.07.19
43	丰收投资管理(香港)有限公司	Income Partners Asset Management (HK) Limited	中国香港	2013.07.19
44	汇丰环球投资管理(香港)有限公司	HSBC Global Asset Management (Hong Kong) Limited	中国香港	2013.07.19
45	东亚银行有限公司	The Bank of East Asia, Limited	中国香港	2013.08.15
46	永丰金资产管理(亚洲)有限公司	SinoPac Asset Management (Asia) Ltd.	中国香港	2013.08.15
47	交银国际资产管理有限公司	BOCOM International Asset Management Limited	中国香港	2013.08.20
48	中国东方国际资产管理有限公司	China Orient International Asset Management Limited	中国香港	2013.08.20

序号	中文名称	英文名称	注册地	批准日期
49	惠理基金管理香港有限公司	Value Partners Hong Kong Limited	中国香港	2013.08.20
50	柏瑞投资香港有限公司	PineBridge Investments Hong Kong Limited	中国香港	2013.09.26
51	创兴银行有限公司	Chong Hing Bank Limited	中国香港	2013.09.26
52	香港沪光国际投资管理有限公司	Shanghai International Asset Management (Hong Kong) Company Limited	中国香港	2013.10.30
53	中国光大资产管理有限公司	China Everbright Assets Management Limited	中国香港	2013.10.30
54	中信建投(国际)金融控股有限公司		中国香港	2013.10.30
55	JF资产管理有限公司	JF Asset Management Limited	中国香港	2013.10.30
56	未来资产环球投资(香港)有限公司	Mirae Asset Global Investments (Hong Kong) Limited	中国香港	2013.10.30
57	粤海证券有限公司	Guangdong Securites Limited	中国香港	2013.12.06
58	中国银河国际金融控股有限公司		中国香港	2013.12.11
59	安石投资管理有限公司	Ashmore Investment Management Limited	英国	2013.12.17
60	瑞银环球资产管理(香港)有限公司	UBS Global Asset Management (Hong Kong) Limited	中国香港	2013.12.19
61	永隆资产管理有限公司	Wing Lung Asset Management Limited	中国香港	2013.12.30
62	景林资产管理香港有限公司	Greenwoods Asset Management Hong Kong Limited	中国香港	2014.01.10
63	华宝兴业资产管理(香港)有限公司	Fortune SG Asset Management (Hong Kong) Co., Limited	中国香港	2014.01.20
64	易亚投资管理有限公司	Enhanced Investment Products Limited	中国香港	2014.01.27
65	麦格理基金管理(香港)有限公司	Macquarie Funds Management Hong Kong Limited	中国香港	2014.01.27
66	道富环球投资管理亚洲有限公司	State Street Global Advisors Asia Limited	中国香港	2014.01.27
67	嘉理资产管理有限公司	Galaxy Asset Management (H.K.) Limited	中国香港	2014.03.06
68	施罗德投资管理(香港)有限公司	Schroder Investment Management (Hong Kong) Limited	中国香港	2014.03.06
69	贝莱德资产管理北亚有限公司	BlackRock Asset Management North Asia Limited	中国香港	2014.03.11
70	交银施罗德资产管理(香港)有限公司	BOCOM Schroder Asset Management (Hong Kong) Company Limited	中国香港	2014.03.12
71	越秀资产管理有限公司	Yue Xiu Asset Management Limited	中国香港	2014.03.26
72	润晖投资管理香港有限公司	Cephei Capital Management (Hong Kong) Limited	中国香港	2014.03.27
73	赤子之心资本亚洲有限公司	Pureheart Capital Asia Limited	中国香港	2014.04.15
74	招商资产(香港)有限公司	China Merchants Asset Management (Hong Kong) Company Limited	中国香港	2014.05.21
75	富达基金(香港)有限公司	FIL Investment Management (Hong Kong) Limited	中国香港	2014.05.21
76	日兴资产管理亚洲有限公司	Nikko Asset Management Asia Ltd	新加坡	2014.05.21
77	毕盛资产管理有限公司	APS Asset Management Pte Ltd	新加坡	2014.05.21
78	富敦资金管理有限公司	Fullerton Fund Management Company Ltd	新加坡	2014.05.21
79	辉立资本管理(香港)有限公司	Phillip Capital Management (HK) Ltd	中国香港	2014.06.03
80	长盛基金(香港)有限公司	Changsheng Fund Management (H.K.) Limited	中国香港	2014.06.12
81	贝莱德顾问(英国)有限公司	BlackRock Advisors (UK) Limited	英国	2014.06.13
82	汇丰环球资产管理(英国)有限公司	HSBC Global Asset Management (UK) Limited	英国	2014.06.16
83	齐鲁国际控股有限公司	Qilu International Holdings Limited	中国香港	2014.06.27
84	三星资产运用(香港)有限公司	Samsung Asset Management (Hong Kong) Limited	中国香港	2014.06.30
85	新思路投资有限公司	New Silk Road Investment Pte. Ltd.	新加坡	2014.07.24
86	新华资产管理(香港)有限公司	New China Asset Management (Hong Kong) Limited	中国香港	2014.07.24
87	元富证券(香港)有限公司	Masterlink Securites (Hong Kong) Corporation Limited	中国香港	2014.07.28
88	国泰君安基金管理有限公司	Guotai Junan Fund Management Limited	中国香港	2014.08.11
89	高泰盆景资产管理(香港)有限公司	Gottex Penjing Asset Management (HK) Limited	中国香港	2014.08.11
90	联博香港有限公司	AllianceBernstein Hong Kong Limited	中国香港	2014.08.12
91	财通国际资产管理有限公司	Caitong International Asset Management Co., Limited	中国香港	2014.08.12
92	元大宝来证券(香港)有限公司	Yuanta Securities (Hong Kong) Company Limited	中国香港	2014.08.15
93	安本亚洲资产管理有限公司	Aberdeen Asset Management Asia Limited	新加坡	2014.08.15
94	法国巴黎资产管理	BNP Paribas Asset Management	法国	2014.08.27
95	天达资产管理有限公司	Investec Asset Management Limited	英国	2014.08.28

2013年基金托管人托管基金资产净值和份额规模汇总统计表(资产净值口径)

序号	托管银行简称	托管资格批复日期	数据截止日期	托管基金数量(只)(证监会主代码口径)	托管基金资产净值(亿元)	托管基金资产净值市场占比	托管基金资产净值排名	托管基金份额规模(亿份)	托管基金份额规模市场占比	托管基金份额规模排名
1	工商银行	1998-2-24	2013-12-31	385	8632.87	28.75%	1/19	8951.47	28.71%	1/19
2	建设银行	1998-3-18	2013-12-31	369	6294.7	20.97%	2/19	6305.15	20.22%	2/19
3	中国银行	1998-7-7	2013-12-31	247	4578.38	15.25%	3/19	4829.92	15.49%	3/19
4	农业银行	1998-5-29	2013-12-31	189	2960	9.86%	4/19	3095.65	9.93%	4/19
5	中信银行	2004-8-18	2013-12-31	31	2125.71	7.08%	5/19	2133.9	6.84%	6/19

序号	托管银行简称	托管资格批复日期	数据截止日期	托管基金数量(只)(证监会主代码口径)	托管基金资产净值(亿元)	托管基金资产净值市场占比	托管基金资产净值排名	托管基金份额规模(亿份)	托管基金份额规模市场占比	托管基金份额规模排名
6	交通银行	1998－7－3	2013－12－31	101	1930.46	6.43%	6/19	2253.38	7.23%	5/19
7	招商银行	2002－11－6	2013－12－31	71	1268.74	4.23%	7/19	1286.24	4.13%	7/19
8	民生银行	2004－7－9	2013－12－31	28	571.06	1.90%	8/19	623.47	2.00%	8/19
9	光大银行	2002－10－23	2013－12－31	25	498.41	1.66%	9/19	534.17	1.71%	9/19
10	兴业银行	2005－4－26	2013－12－31	22	370.81	1.24%	10/19	350.78	1.13%	10/19
11	浦发银行	2003－9－10	2013－12－31	17	287.98	0.96%	11/19	300.76	0.96%	11/19
12	华夏银行	2005－2－23	2013－12－31	12	175.97	0.59%	12/19	197.93	0.63%	12/19
13	邮政储蓄银行	2009－7－16	2013－12－31	21	117.55	0.39%	13/19	107.71	0.35%	13/19
14	北京银行	2008－6－3	2013－12－31	6	73.71	0.25%	14/19	73.06	0.23%	14/19
15	广东发展银行	2009－5－4	2013－12－31	12	56.34	0.19%	15/19	55.74	0.18%	15/19
16	上海银行	2009－8－18	2013－12－31	8	49.42	0.16%	16/19	48.87	0.16%	16/19
17	宁波银行	2012－11－5	2013－12－31	2	19.21	0.0640%	17/19	19.2	0.0616%	17/19
18	平安银行	2008－8－6	2013－12－31	5	12.02	0.0400%	18/19	12.52	0.0402%	18/19
19	渤海银行	2010－6－29	2013－12－31	1	0.92	0.0030%	19/19	0.86	0.0028%	19/19
合计				1552	30024.24	100.00%		31180.8	100.00%	

序号	托管银行简称	托管资格批复日期	数据截止日期	托管基金数量(只)(证监会主代码口径)	托管基金资产净值(亿元)	托管基金资产净值市场占比	托管基金资产净值排名	托管基金份额规模(亿份)	托管基金份额规模市场占比	托管基金份额规模排名
1	工商银行	1998－2－24	2013－12－31	304	8409.28	29.34%	1/18	9168.25	28.91%	1/18
2	建设银行	1998－3－18	2013－12－31	285	6418.96	22.39%	2/18	6879.44	21.69%	2/18
3	中国银行	1998－7－7	2013－12－31	189	4949.88	17.27%	3/18	5534.95	17.45%	3/18
4	农业银行	1998－5－29	2013－12－31	144	3050.75	10.64%	4/18	3504.35	11.05%	4/18
5	中信银行	2004－8－18	2013－12－31	20	208.37	0.73%	11/18	243.03	0.77%	11/18
6	交通银行	1998－7－3	2013－12－31	76	2189.38	7.64%	5/18	2700.49	8.52%	5/18
7	招商银行	2002－11－6	2013－12－31	53	1067.85	3.73%	6/18	1152.31	3.63%	6/18
8	民生银行	2004－7－9	2013－12－31	19	637.38	2.22%	8/18	704.29	2.22%	8/18
9	光大银行	2002－10－23	2013－12－31	21	723.59	2.52%	7/18	796.74	2.51%	7/18
10	兴业银行	2005－4－26	2013－12－31	16	320.85	1.12%	10/18	312.28	0.98%	10/18
11	浦发银行	2003－9－10	2013－12－31	10	339.96	1.19%	9/18	348.43	1.10%	9/18
12	华夏银行	2005－2－23	2013－12－31	9	187	0.65%	12/18	213.97	0.67%	12/18
13	邮政储蓄银行	2009－7－16	2013－12－31	17	116.28	0.41%	13/18	108.2	0.34%	13/18
14	北京银行	2008－6－3	2013－12－31	1	15.69	0.05%	14/18	15.29	0.05%	14/18
15	广东发展银行	2009－5－4	2013－12－31	4	11.38	0.0397%	16/18	11.03	0.0348%	15/18
16	上海银行	2009－8－18	2013－12－31	2	11.95	0.0417%	15/18	10.88	0.0343%	16/18
17	平安银行	2008－8－6	2013－12－31	3	3.74	0.0130%	17/18	4.76	0.0150%	17/18
18	渤海银行	2010－6－29	2013－12－31	1	1.49	0.0052%	18/18	1.39	0.0044%	18/18
合计				1174	28663.78	100.00%		31710.09	100.00%	

2013年证券投资基金市场数据统计

截至2013年12月底,我国境内共有基金管理公司89家,其中合资公司47家,内资公司42家;管理资产合计42213.10亿元,其中管理的公募基金规模30020.71亿元,非公开募集资产规模12192.39亿元。

类别	基金数量(只)	份额(亿份)	净值(亿元)	份额(亿份)	净值(亿元)
公募基金	1552	31179.84	30020.71	30044.58	29169.87
封闭式基金	137	2121.81	2150.84	2185.04	2231.82
开放式基金	1415	29058.03	27869.87	27859.53	26938.05
其中:股票型	611	11722.02	10958.45	11995.25	11352.61
其中:混合型	287	5919.76	5626.59	5898.09	5713.11
其中:债券型	341	3176.76	3224.84	2865.2	2949.11
其中:货币型	94	7478.71	7475.90	6331.61	6331.74
其中:QDII	82	760.78	584.09	769.39	591.48
非公开募集资产	-	-	12192.39	-	11541.85
合计	1552	31179.84	42213.10	30044.58	40711.72

2013 年第四季度全球共同基金发展情况

（中国基金业协会整理发布）

美国投资公司协会（ICI）代表国际投资基金协会（IIFA）——由世界各国、地区的投资基金协会组成的联合会——定期汇编全球统计数据。2013 年第四季度收集了全球 42 个国家（地区）的统计数据。

2013 年四季度末，全球共同基金资产比上季度上升 4%，增至 30.05 万亿美元。所有类型基金 2013 年三季度现金净流入 1910 亿美元，四季度净流入 2520 亿美元。长期基金三季度现金净流入 900 亿美元，四季度净流入 2030 亿美元，全年净流入 9550 亿美元。股票型基金四季度净流入 1450 亿美元，三季度现金净流入为 770 亿美元。债券型基金四季度净流入 150 亿美元，较三季度现金净流出 550 亿美元有所降低。货币市场基金四季度净流入 490 亿美元，低于三季度的 1010 亿美元。

由于美元贬值因素，以美元计价的共同基金资产的增加有所高估。例如，2013 年第四季度，欧洲以美元计价的共同基金资产增加了 4.8%，如以欧元计价，则是增加了 2.6%（图 1）。

图 1　全球共同基金资产规模

以美元计价，至 2013 年四季度末，股票型基金资产规模上升 7.2% 至 13.3 万亿美元，占全部资产规模上升的 75% 以上；债券型基金资产规模稳定在 7.1 万亿美元；货币市场基金资产规模上升了 1.5%；混合型基金资产规模上升 5.2%（图 2）。

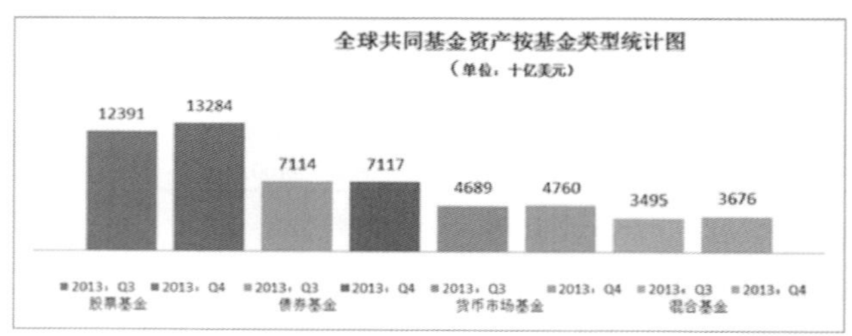

图 2　全球共同基金资产按基金类型统计图

2013 年四季度，全球共同基金现金净流入 2520 亿美元，股票型基金现金净流入 1450 亿美元，三季度现金净流入 770 亿美元。在美洲，股票型基金 2013 年四季度现金净流入 980 亿美元，三季度现金净流入 420 亿美元。在欧洲，股票型基金 2013 年四季度现金净流入 540 亿美元，三季度现金净流入 360 亿美元。

与 2013 年三季度的 550 亿美元相比，四季度全球债券型基金现金净流出放缓至 150 亿美元。在美洲和欧洲，四季度债券型基金分别出现 350 亿美元净流出和 40 亿美元净流入。在亚太地区，2013 年三季度和四季度债券型基金净流入分别为 20 亿美元和 150 亿美元。

表 1　全球共同基金净销售额

（单位：十亿美元）

	2012				2013			
	Q1	Q2	Q3	Q4	Q1	Q2	Q3	Q4
全部基金	193	111	181	424	331	114	191	252
长期基金	274	150	195	287	450	212	90	203
股票型基金	-9	-18	-57	17	144	45	77	145
债券型基金	215	163	194	214	190	54	-55	-15
混合型基金	57	2	49	43	98	73	62	70
其他基金	10	3	8	12	19	40	6	3
货币市场基金	-81	-39	-14	137	-119	-99	101	49

注释：2012 年第一季度、2013 的第三季度包含了 40 个国家（地区）的数据；2012 年的第二季度、第四季度、2013 年第一季度至第四季度包含了 42 个国家（地区）的数据。净销售额 = 新增销售额 + 红利再投资 - 赎回 + 净转换。由于约数操作，各部分之的与部计略有误差。

2013 年三季度和四季度，全球混合型基金现金净流入分别为 620 亿美元和 700 亿美元。在美洲和欧洲，混合型基金四季度现金净流入分别为 270 亿美元和 410 亿美元。

2013 年第三季度和第四季度，全球货币市场基金现金净流入分别为 1010 亿美元和 490 亿美元。货币市场基金现金净流入主要发生在美洲和亚太地区，分别是 370 亿美元和 410 亿美元，欧洲地区为 280 亿美元。

截至 2013 年第四季度末，全球共同基金资产的 44% 为股票型基金，24% 为债券型基金，12% 为混合型基金，16% 为货币市场基金（图 3）。

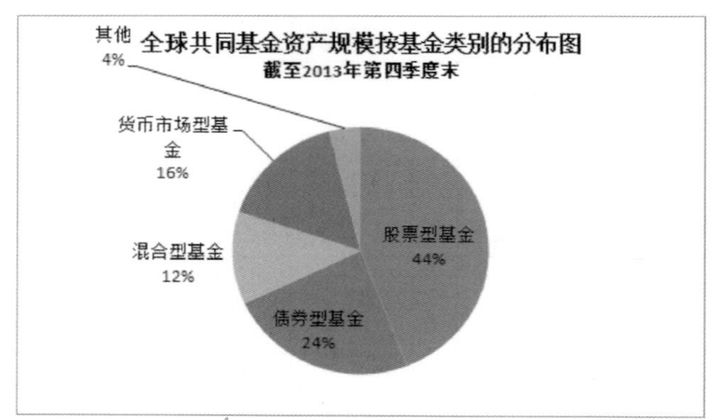

图 3　全球共同基金资产规模按基金类别的分布图

按照区域，截至 2013 年第四季度末，全球资产的 57% 在美洲，31% 在欧洲，12% 在非洲和亚太地区（图 4）。

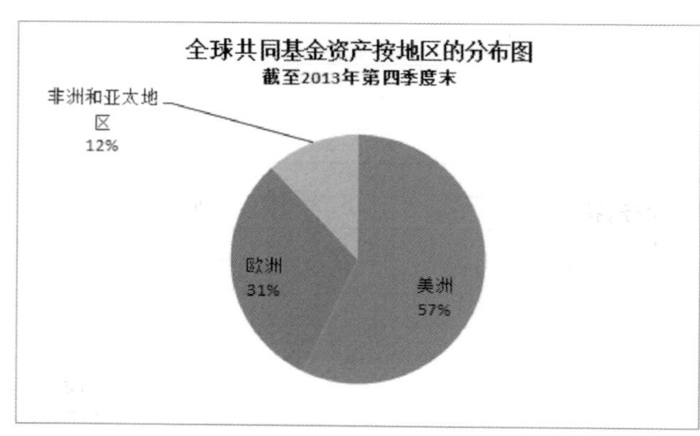

图 4　全球共同基金资产按地区的分布图

截至2013年第四季度末，全球共同基金共有76,200只。按照基金类型，37%为股票型基金，23%为混合型基金，19%为债券型基金，4%为货币市场基金（图5）。

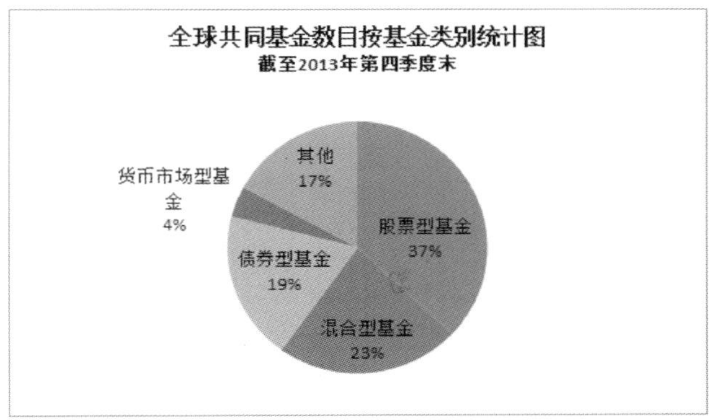

图5　全球共同基金数目按基金类别统计图

注释：其他/未分类基金包括爱尔兰的全部基金。

2013年中国基金业十大新闻

一、新《基金法》及相关配套政策相继施行引发蝴蝶效应

6月1日，新修订的《证券投资基金法》正式施行，在此前后，与新基金法配套的一系列政策法规也相继落地。

新基金法创新了基金管理人制度、强化了基金从业人员的诚信义务、加大了对基金持有人的权益保护力度、确认了私募证券投资基金的合法地位、创新了行政监管机制、夯实了行业自律机制，同时还增设了基金业中介机构的制度设计，从多方面打开了行业发展的制度空间。

新基金法及其相关配套政策相继施行的蝴蝶效应，引发了诸如股权激励破局、资管业务扩容、基金高管流动等多方面变局，将从长远角度深刻影响行业发展。

二、基金资产管理规模首破4万亿非公业务大扩容

中国证券投资基金业协会统计显示，截至11月末，88家基金管理公司管理资产合计40711.72亿元，其中公募基金规模29169.87亿元，非公开募集资产规模11541.85亿元。这是迄今官方公布的数据中，基金资产管理规模首次突破4万亿。

与去年末相比，今年前11个月，公募资产规模增长1.8%，而非公募规模涨幅达52.6%。根据基金业协会统计口径，非公资产仅限社保、企业年金和专户。若考虑基金子公司管理的资产，年内基金非公业务增幅将更加惊人。

在公募发展短期难现趋势性机会的背景下，基金公司纷纷将非公领域作为业务突破口。然而在非公扩容过程中，基金也存在诸如盲目追求规模、忽视风险控制等现象，并引起监管层注意。在项目风险凸显、注册资本薄弱的背景下，基金非公业务，特别是基金子公司业务需要进一步探索可持续发展模式。

三、大资管启幕券商保险进军公募

6月1日，《资产管理机构开展公募证券投资基金管理业务暂行规定》正式施行。《规定》对证券公司、保险资产管理公司、私募证券基金管理机构开展公募基金管理业务设置基本条件，意味着公募基金行业正式向其他合格资产管理机构敞开大门。

8月29日，东方证券资产管理有限公司领取公开募集证券投资基金管理业务资格的牌照，成为首家获得该资格的券商；11月6日，由国寿资产管理有限公司和安保资本投资有限公司共同出资设立的国寿安保基金管理有限公司正式挂牌成立，成为首家保险系基金公司。

行业藩篱的打破，为包括基金在内的资管机构涉足其他行业的领域、建立开放、包容、多元的财富管理行业埋下伏笔。资管领域逐渐形成短兵相接的竞争格局，混业时代正式来临。基金同信托、银行、保险等机构的竞争与合作格局或将重构。

四、互联网金融大热催生首只规模破千亿基金

6月中旬，天弘基金与支付宝合作推出"余额宝"，凭借高流量的互联网平台和高于银行活期利率的收益受到市场追捧。截至11月14日，"余额宝"挂钩的天弘增利宝货币基金规模突破1000亿，成为国内首只达到千亿规模的基金。

今年以来，基金四面出击频繁"触网"，牵手阿里、腾讯、百度、苏宁易购、网易、数米、京东等电商及第三方平台，在为平台客户提供理财服务的同时谋求自身规模扩容。

基金销售渠道长期受制于银行垄断，造成基金议价能力低下、渠道拥挤等弊端。尽管互联网平台短期不足以撼动银行的地位，但其对销售渠道的多元化体系形成意义重大；同时，网络营销时代，基金的话术规范和后台风控能力也应引起业内重视。

五、新法释放空间基金股权激励破局

12月27日，《国务院关于管理公开募集基金的基金管理公司有关问题的批复》发布，规定符合一定条件的专业人士可以担任基金管理公司的主要股东和非主要股东。

根据新基金法规定，公募基金管理人可以实行专业人士持股计划，建立长效激励约束机制。国务院的批复将其进一步细化，意味着业内高度关注的基金从业人员股权激励问题将在不远的将来进入正式实施阶段。

8月8日，原富国基金总经理窦玉明被选为中欧基金董事长并待证监会批复，此前中欧基金股权变更并增加注册资本，新引入北京百骏投资持股比例达到30%，被坊间传作是为窦玉明持股铺路。

制度变革为基金公司向核心投研和高级管理人员实施股权激励提供了法律依据，同时，也为基金行业突破人才困局、改善治理结构、为其长期稳定发展创造了条件。

六、基金高管频繁变更大资管时代人才竞争更激烈

今年以来基金高管变动升温。截至12月27日，共有38家基金公司高管发生变动，其中25位基金公司董事长、总经理、副总经理离职。包括范勇宏、窦玉明、陈志民等业内知名人士相继离开原基金公司职位。

大佬密集变动的背后，已不再局限于那些诸如股东方与管理层角力的"老故事"。新基金法的施行和混业时代的到来，使得公募高管既可以在另一家基金公司谋求包括股权激励在内的更高职业规划，也可以在另一个平台上（保险、私募等）切入大资管市场。

因此，随着资管时代群雄并起，行业人才竞争将更加激烈。作为轻资产、重人力的基金业，如何吸引人、留着人，已成为迫在眉睫的现实课题；而股权激励的颁具则为行业缓解人才困局提供了新的视角。

七、货基T+0大行其道推进利率市场化进程

去年末试水的货币基金T+0服务，今年已演绎成货基争夺银行活期储蓄的重要手段并被日益推广。

T+0技术的广泛运用，使得货基在保持收益率高于活期储蓄的同时，同样具备良好的流动性。加之广泛嫁接于互联网金融平台，年内货币基金迅速成为散户“活钱”的投资标的。基金业协会数据统计显示，今年前11月货币基金资产规模增长超过1500亿份。

值得一提的是，货基的风行，还在倒逼利率市场化进程的推进。部分银行为了争夺客户，不惜降低身份，主动同基金公司合作推广与贷记卡借记卡挂钩、具备T+0功能的货币基金，这种动摇银行自身储蓄的行为，在一年之前根本无法想象。

八、借成长股上位股基证明其赚钱能力

今年成长股的结构性行情基本贯穿首尾，股基整体表现优于前三年。

统计显示，截至12月27日，股票型基金年内平均净值增长率将近10%，这也是近4年来股基整体表现最好的一年，在经历了多年震荡行情之后，股基在今年为自己的赚钱能力正名。

需要指出的是，整体表现亮眼的背后，是股基业绩的巨大分化：部分押注新兴产业的偏股型基金成为最大赢家，中邮战略新兴产业、长盛电子、银河主题策略等基金年内涨幅超过70%；而部分蓝筹主题基金则损失严重，部分资源类基金年内跌幅超过20%。

九、债市走弱债基表现疲软

与股基的重挺腰杆相比，年内债基表现疲软，出现净值和规模双降的局面。

统计显示，截至12月27日，有195只债基（A/B/C分开算）面值跌破1元；前11月，新债基首募超过3500亿，债基整体却较去年末萎缩800多亿份，净赎回超2成；同时，年内有27只债基宣布延长募集期。

究其原因，一方面缘于年内持续的资金面紧张和债市核查风暴，基础市场的走弱拖累了债基表现；另一方面，货币基金凭借高收益、高流动性吸引大量低风险资金沉淀，降低了债基的人气；同时，基金公司在债市行情研判、合规风控以及债基投资风格偏离度的把握方面也存在值得反思的地方。

十、监管力度提升

在进一步“放松管制”的同时，管理层在规范市场、打击违法违规行为方面的力度也在提升。

4月19日，证监会决定对在“换购风波”中未能勤勉尽责的南方基金采取责令整改3个月、赔偿持有人4799万余元等监管措施；9月6日，对在“马乐案”中管理缺位的博时基金采取责令整改6个月等监管措施。年内监管层向大公司开刀，处罚力度行业罕见。

3月，易方达基金原固定收益副总经理马喜德涉嫌挪用资金受审；4月，万家基金原固定收益总监邹昱被公安部门带走调查；9月，原博时精选股票基金经理马乐因涉嫌利用未公开信息交易罪被批准逮捕；同月，招商基金确认其前副总经理杨奕被监管机构调查；12月，证监会确认新疆证监局主办了一起上海某基金经理涉嫌利用未公开信息交易的案件，目前案件还在办理中。

此外，3月，交银施罗德基金原基金经理郑拓因利用未公开信息交易罪被判处有期徒刑3年，并处罚金600万元；10月，李旭利利用未公开信息交易罪名成立，维持一审有期徒刑4年的原判，罚金1800万，违法所得一千余万予以追缴。

放松管制与加强监管并行不悖。年内监管层加大了对基金市场违法、违规行为的惩处力度，保护了投资者利益，维护了公平竞争原则，对提升行业信誉、促进其稳定健康发展有推动作用。

第二章　基金托管机构

中国工商银行资产托管部

1998 年 2 月，经中国人民银行和中国证监会批准，中国工商银行成为大陆第一家具备证券投资基金托管资格的商业银行。资产托管部是中国工商银行从事资产托管业务的专业机构，内设综合管理处、证券投资基金处、委托资产一处、委托资产二处、全球资产托管处、研究发展处、信息服务处、内部风险控制处、运营一处，运营二处，运营三处、交易监督处和业务外包中心，在国内设有 5 家托管分部。目前，除西藏外，工商银行境内 37 家一级（直属）分行全部开办资产托管业务，部分境外分支机构也具备了托管服务能力。截至 2013 年 12 月末，资产托管部总部共有员工逾 176 人，90% 以上具有大学本科以上学历和基金从业资格，部门经理以上管理人员均具有研究生以上学历或高级技术职称。

中国工商银行是国内目前资产托管品种最多、托管规模最大、托管服务最优的银行，连续十三年保持市场份额第一的优势，截至 2013 年末，托管资产规模超过 46000 亿元，建立了门类齐全的托管产品体系，同时在国内率先开展绩效评估、风险管理等托管增值服务，可以为各类客户提供个性化的托管服务。中国工商银行始终引领市场创新，自开展托管服务以来，先后参与开发并托管了国内绝大多数的创新产品，在国内首家通过 ISAE3402（即原 SAS70）国际审计专项认证并将其年度化，首家实施资产托管业务灾难恢复应急演练并将其制度化，创新能力、服务水平和风险控制能力得到市场的高度认可。

业务优势

一、国内最早资产托管银行，具有经验优势

1998 年 2 月，经中国证监会、中国人民银行核准，工商银行成为中国大陆第一家获得证券投资基金托管资格的银行。同年 3 月，在国内首家托管基金开元和基金金泰。此后，伴随中国证券市场的对外开放和快速发展，工商银行托管服务迅猛发展，引领国内同业。

二、国内最佳托管银行，具有品牌优势

在证监会和人民银行组织的历次对基金托管人年度综合测评中，工商银行均为业内第一。自 2004 年以来连续多年获得 42 项境内外权威财经媒体评选的最佳托管银行奖项，是国内获奖最多的托管银行。

三、国内最大的资产托管银行，具有市场优势

截至 2013 年末，工商银行托管各类资产规模净值超过 46000 亿元，连续十五年保持市场份额第一，已经具有门类齐全的托管产品业务体系，是国内托管业务品种最全、托管规模最大的托管银行。

四、拥有国内最大的客户群，具有客户资源优势

工商银行与国内证券公司、基金管理公司等机构和企业客户建立了长期合作关系，开办了丰富的银证合作、银信合作、银基合作和银保合作业务，是国内银行间债券市场、同业拆借、证券抵押融资市场的主要成员，与国内外众多大中型金融机构和大型企业集团建立了密切的托管业务合作关系，是中国境内拥有客户最多的托管银行，在客户中具有极高认同度。

五、率先托管国内几乎所有创新金融产品，具有创新优势

自 1998 年以来，工商银行率先推出指数基金、债券型基金、保本型基金、货币市场基金、LOF、ETF、复制基金和创新封闭式基金等创新产品托管服务，成为国内首家对保险资产进行全过程、全金额托管的银行、首家 QFII、QDII 及 ESCROW 资产托管银行、首家企业年金基金托管银行和首批资产证券化产品托管银行，紧跟市场创新发展步伐，最大化的满足了客户需求。

六、中国最大的清算银行，具有资金运行效率优势

工商银行拥有先进的资金清算系统，是中国结算业务量最大的商业银行。工商银行托管业务资金清算依托强大的资金结算网络和清算系统，可实行托管资金结算直通式处理，消除资金在途和手工清算风险，从而保证资金清算的安全和快捷。跨行资金清算通过 CNAPS 现代化支付系统，为托管资产的资金跨行清算提供快速、安全、可靠的系统支付。

七、拥有强大的托管技术信息系统，具有科技优势

工商银行是中国大陆唯一一家自主研发托管业务系统的商业银行，自行研究、开发并投产了五代托管业务综合系统。2007 年 7 月，自主研发的第四代托管系统正式投入使用，全面支持新、旧及国际会计核算准则，为全球托管业务下多会计准则、跨市场、多估值方式、多报表营运提供了坚实的技术保障。2011 年 7 月，第五代托管系统顺利投产，标志着工商银行成为我国托管银行业内首家采用标准化流程处理方式的托管银行。同期，全球托管系统境外延伸项目（香港二期）成功投产，使工银亚洲具备在香港本地开展基本托管业务的能力。

八、建立严密的资产托管风险防范体系，具有风控优势

工商银行托管服务始终将风险管理与业务发展放在同等重要的地位。工商银行建立并实施多层次的资产托管业务风险控制体系。2005 年，国内首家引入并通过 SAS70 内控审计国际认证，并将其作为一项常规化制度化的内控举措。自 2007 年成功实施国内托管行业首次灾备应急演练以来，工商银行每年实施一次托管业务灾备应急演练，2009 年国内首家实施托管业务灾备应急随机演练。灾备应急演练已成为工商银行一项常规化制度化的内控举措，保证托管业务在遭遇突发事件或灾难时能够连续正常运营。

九、拥有专业的绩效评估系统，具有增值服务优势

绩效评估和风险分析系统是工商银行和国外业务合作伙伴共同开发的项目之一，其设计与国际标准接轨，并能够从本行以及外部数据供应商处获得强大的数据信息支持，可以实现对多种绩效指标和风险指标的计算，并能够根据客户需要，提供多层次业绩归因分析和多种报告组合。2011 年 7 月，工商银行自主研发的绩效评估系统（一期项目）顺利投产，在业内率先实现自主研发并投产绩效评估业务系统，有助于未来在统一的内部系统平台和统一的业务处理流程上为托管业务客户提供优质高效的一站式绩效评估服务。

十、拥有强大的咨询系统，具有信息优势

工商银行建立了信息咨询管理制度，设立了专司信息搜集和管理的信息服务团队，形成了通过因特网、电话、传真、邮寄和人工为客户提供信息咨询的多维信息服务体系。依托业务资源优势，建立了全面、庞大的底层信息数据库，且每天进行实时数据更新。同时，工商银行积极联系国内外信息资讯商，以提升全球托管信息资讯处理能力。

十一、担当多项专业技术小组组长和行业规范制定者，具有专业优势

工商银行是中国银行业协会托管业务专业委员会主任单位，率先倡导并组织所有会员单位共同签署了《中国银行业托管业务自律公约》，召集会员单位积极研究国内托管行业热点问题，先后组织行业专家完成了多项课题研究，为推动行业建设承担起应尽的社会责任。工商银行资产托管业务多位专家还被多家监管机构和行业协会聘任为专家小组成员，在许多重要的会议中作为唯一的托管银行代表被邀参加讨论，发表的观点和意见得到了肯定和采纳，为托管行业建设积极献计献策。

十二、积极搭建全球托管网络，具有跨境服务优势

目前，工商银行除西藏分行以外全部 37 家一级（直属）分行均已获得开办托管业务授权，国内托管业务网络布设基本完成。同时，工商银行充分利用境内外分支机构和客户资源，积极推进全球托管网络平台建设，培养具备条件的境外分支机构开办全球托管业务，全球化托管服务网络建设已初具规模。此外，工商银行加大与国际托管银行的合作力度，与全球知名大型托管银行建立良好合作关系，QFII、QDII、ESCROW 等全球托管业务发展列中资行首位。

荣誉成就

2004 年 3 月，在香港《亚洲货币》公布的首次针对中国大陆进行的最佳托管银行评选中，中国工商银行被评为唯一的“中国最佳托管银行”，截至 2013 年我行先后获得英国《全球托管人》、香港《财资》、美国《环球金融》、内地《证券时报》、《上海证券报》、《亚洲投资者》等境内外权威财经媒体评选的共计 42 项最佳托管银行大奖，本行资产托管部周月秋总经理 2010 年获得《财资》首次设立的年度最佳托管银行家个人大奖，2011 年获得《金融理财》授予的“资产托管杰出成就奖”，2012 年当选证券投资基金业协会兼职副会长，是唯一被选举为副会长的银行业代表。工商银行是获得奖项最多的国内托管银行，优良的服务品质获得国内外金融领域的持续认可和广泛好评，国际影响力和品牌知名度与日俱增。

中国建设银行投资托管业务部

1998 年 3 月，经中国证券监督管理委员会和中国人民银行核准，中国建设银行成为我国第二家具有证券投资基金托管人资格的托管银行。目前，中国建设银行总行设立投资托管业务部，负责全行各类投资托管业务的经营与管理，具体职责包括承担投资托管业务的整体规划、市场开发和营销、托管产品研究和设计、业务运营服务、风险防范和控制等工作。

经过监管部门批准或认可，目前，中国建设银行现具有证券投资基金、保险资产、券商资产、合格境外机构投资者境内证券投资、合格境内机构投资者境外证券投资、养老金、信托财产、特定客户资产、银行理财产品及股权投资基金等十多个大类二十余个品种托管业务资格，是托管业务品种最全的银行之一。投资托管业务涉及的市场包括国内交易所市场、银行间市场、产权市场、柜台交易市场以及国外所有成熟市场和部分新兴市场；合作客户由基金公司扩展到保险公司、证券公司、信托公司、养老金公司、企业年金客户、境外投资机构、产业投资基金、私募股权基金、商业银行、高端客户等社会各界方方面面的企业和个人；提供的服务不仅包括账户开立、财产保管、资金清算、会计核算、资产估值、投资监督等常规服务，还包括风险绩效评价、报告定制、公司服务、会计外包等增值服务和创新服务。

经过 16 年的发展，中国建设银行托管能力实现巨大飞跃。投资托管规模已由 1998 年的不足百亿元增长到 2013 年末的 3.1 万亿元，增长了 1400 余倍；年结算交易量已达 30 万笔，清算资金金额突破 10 万亿元。

近年来，中国建设银行不断加大科技投入，集中力量开发与建设全流程、自动化的新一代托管业务系统，全力打造托管业务核心竞争力，加速推进托管全球化布局，以在更广泛领域为客户提供更加安全、便捷、及时的服务，带来更加贴身、创新和灵活的产品。

中国建设银行以服务客户为己任，以持续创新为发展动力，托管能力和服务水平得到业界和社会的普遍认可。连续两次以行业最高分获得业内权威机构英国《全球托管人》杂志“中国最佳托管银行”奖，并连续四年获得该奖项；多次在香港《财资》杂志、《首席财务官》杂志、《每日经济新闻》、“和讯网”等权威专业媒体上获奖。2005 年至今，中国建设银行已获得国内外各类奖项二十多个，已成为国内最具规模和市场竞争力的托管银行之一。

亮点与优势

经过十六年的经营与积淀，中国建设银行在投资托管业务领域积累了丰富的市场及运作经验，培养了大批专业人才，在业内树立了良好的信誉与品牌形象，与国内外众多知名企业建立了稳固长久的业务合作关系。中国建设银行投资托管业务得到了包括行业监管部门、主管部门、专业评价机构、合作客户乃至托管同行的一致认可。

1. 国内最大最具市场竞争力的托管银行之一。历经十多年的潜心发展，中国建设银行投资托管业务实现了巨大飞跃。2013 年末投资托管规模已突破 3 万亿元，达到 3.1 万亿元，比业务开办初期的 1998 年增长了 1400 余倍。年资金结算量已达 30 万笔，年结算金额超过 10 万亿元。中国建设银行已成为国内最具规模和市场竞争力的托管银行之一。

2. 国内牌照最多服务最全的托管银行之一。中国建设银行托管业务紧紧抓住国内金融市场改革开放的有利时机，积极申请各类业务牌照，持续扩大业务服务范围，不断涉猎新兴业务品种，抢占市场先机。业务品种由最初的封闭式基金托管拓展到开放式基金托管、合格境外机构投资者（QFII）托管、养老金托管、保险资产托管、券商资产托管、信托财产保管、合格境内机构投资者（QDII）托管、特定客户资产托管、银行理财产品托管及股权投资基金托管等各类业务品种；涉及市场已由最初的国内交易所市场扩大到交易所市场、银行间市场、产权市场和柜台交易市场，以及国外所有成熟市场和部分新兴市场；合作客户由基金公司扩展为基金公司、保险公司、证券公司、信托公司、养老金公司、企业年金客户、境外投资机构、产业投资基金、私募股权基金、商业银行、各类专户投资者等社会各界方方面面的企业和个人；提供的服务不仅包括账户开立、财产保管、资金清算、会计核算、资产估值、投资监督等常规服务，还包括风险绩效评价、报告定制、公司服务、会计外包等增值服务和创新服务。中国建设银行已发展成为国内托管业务体系最完善、牌照最多、产品最全、服务范围最广的托管银行之一，并仍在继续发展和完善。

3. 实现业务系统由外购向自主研发的飞跃。业内托管业务系统早期大多以外购为主，子系统之间相互割裂，随着业务发展弊端逐渐显露。为突破业务发展瓶颈，中国建设银行投入巨大力量进行新一代托管系统研发，积极推进全流程、自动化托管系统建设，全力打造"国内领先、世界一流"的新一代托管系统。目前已成功实现了新一代托管系统一期上线，清算系统与全行核心系统实现直连支付，指令电子化工作加速推进，运营自动化能力、业务处理效率和风控能力得到了质的飞跃。

4. 内控与风险管理能力得到国际权威专业机构的高度认可。中国建设银行托管业务高度重视客户托管资产的安全，始终把内控风险管理工作放在首位。在业内首创生产运营双备份机制，实现总行与上海备份中心互为热切；通过全行托管业务风险管理制度体系建设和实施、岗位隔离、员工从业行为规范制定和执行、内外部业务检查、总分行条线化管理以及积极引入内外部审计等有效措施，严格内控管理，规范业务操作和员工行为，切实防范经营风险和道德风险。新一代托管应用一期系统上线后，实现了监督工作的自动化与前移，事中监督事项检查自动化，业务处理集中监控，重点业务实时监控等重要功能，内控风险管理能力进一步提升。自 2008 年起，中国建设银行每年聘请国际上的权威专业外部审计机构进行 ISAE3402（原 SAS70）审计，审计范围覆盖所有产品和所有环节，已连续六年获得外部审计机构出具的无保留意见审计报告，风控能力得到国际权威机构、监管部门和业界的高度认可。

5. 始终引领行业创新与发展。中国建设银行在托管业务领域不断探索，积极创新，大胆尝试，业内首批开办封闭式、开放式、QDII 等各类基金产品托管业务，国内首家推出创新型封闭式债券基金、联接基金、债券型理财基金、QDII 专户基金等业务，业内唯一一家上报五个行业系列指数 ETF 基金；首家取得保险公司委托资产管理托管业务资格，首家开办保险资金股指期货托管业务，首家推出"托保通"综合金融服务解决方案；业内首批获得养老金托管业务资格，独家开办基本养老保险个人账户基金托管业务，赢得铁路、电力系统半数年金托管业务，后端集合养老金业务居市场第一。中国建设银行也是国内最早涉猎受托资产外包服务业务的托管银行之一。

6. 蝉联业内最高声誉。中国建设银行连续两次以行业最高分获得业内权威机构英国《全球托管人》杂志"中国最佳托管银行"奖，并连续四年获得该奖项；多次在香港《财资》杂志、《首席财务官》杂志、《每日经济新闻》、"和讯网"等权威专业媒体上获奖。2005 年至今，中国建设银行已获得国内外各类奖项二十多个，托管能力和服务水平得到业界和社会的普遍认可。

中国银行股份有限公司

一、基本情况

1912 年 2 月，经孙中山先生批准，中国银行正式成立。在中华人民共和国成立前的 37 年间，中国银行先后是当时的国家中央银行、国际汇兑银行和外贸专业银行。在动荡的历史年代，中国银行作为民族金融的支柱，以服务大众、振兴民族金融业为己任，稳健经营，锐意进取，各项业务取得了长足发展。中华人民共和国成立后，中国银行成为国家指定的外汇外贸专业银行，继续保持和发扬了顽强创业的企业精神，为国家对外经贸发展、开展经济建设作出了贡献。1994 年，随着金融体制改革的深化，中国银行由外汇外贸专业银行向功能完善、服务全面的国有商业银行转化。1994 年和 1995 年，中国银行分别成为香港地区、澳门地区的发钞银行。2004 年 8 月 26 日，中国银行股份有限公司在北京注册成立，中国银行成为国家控股的股份制商业银行，标志中国银行向建立拥有良好公司治理机制的现代化股份制商业银行的目标迈出了一大步，中国银行历史翻开了新的一页。中国银行于 2006 年 6 月 1 日在香港联合交易所（股份代号：3988）上市，同年 7 月 5 日亦在上海证券交易所（股份代号：601988）挂牌上市，进一步扩大了中国银行在国际市场和国内市场的实力和影响力，为中国银行的百年品牌再添美誉。中国银行是国内主要金融服务提供商之一，业务范围涵盖商业银行、投资银行和保险领域，旗下有中银香港、中银国际、中银保险、中银基金、中银航空租赁、中银投资等控股金融机构。商业银行为中国银行的主营业务，包括公司金融、个人金融和金融市场等业务。目前，中国银行曾先后 8 次被《欧洲货币》评选为"中国最佳银行"和"中国最佳国内银行"，连续 20 年入选美国《财富》杂志"世界 500 强"企业，多次被《财资》评为"中国最佳国内银行"，被美国《环球金融》杂志评为"中国最佳外汇银行"。在美国斯坦福大学和 IDG 集团评选的全球竞争力品牌"中国 TOP10"中，中国银行榜上有名。在 A + H 资本市场整体上市后，中国银行荣获《投资者关系》"最佳 IPO 投资者关系奖"等多个重要奖项。2010 年中国银行在《亚洲银行家》亚洲零售银行卓越大奖评选中获"中国区贸易金融奖""亚太区最佳网点建设奖""亚太地区人民币业务清算奖"。2011 年，中国银行荣获《21 世纪经济报道》评选的"亚洲最具影响力银行""年度最佳中资私人银行""最佳企业公民奖"；荣获英国《金融时报》中国银行业产品创新奖。2012 年，中国银行荣获中国银行业协会"年度贸易金融"大奖；荣获英国《银行家》"2012 年度中国最佳银行"；荣获"中国资产托管服务公众满意最佳典范品牌"称号等。

作为中国金融行业的百年品牌，中国银行在注重稳健经营的同时积极进取，不断创新，创造了国内银行业的许多第一，在国际结算、外汇资金和贸易融资等领域得到业界和客户的广泛认可和赞誉。中国银行是中国国际化程度最高的银行。1929 年，中国银行在伦敦设立第一家海外分行，此后在世界各大金融中心相继开设分支机构。中国银行在国内同业中率先引进国际管理技术人才和经营理念，不断向国际化一流大银行的目标迈进。截至 2012 年末，除在中国内地外，中国银行在香港、澳门及 36 个国家和地区拥有分支机构，海外员工数量超过 22,000 名，拥有广泛的国际银行网络。

二、托管业务介绍

1998 年 7 月，经中国证监会和中国人民银行核准，中国银行成为国内首批五家从事基金托管业务的银行之一，同年 10 月总行基金托管部成立。2005 年初正式更名为"托管及投资者服务部"，进一步体现了以客户为中心的经营理念。

经过近 15 年的发展，中国银行拥有目前业内最为齐全的托管业务资质，取得了所有监管机构开办托管业务的批复，依托遍布全球一万多家境内外分支机构的网络优势，为全球客户的单一或全球市场投资提供本地托管与跨境托管服务。截至 2012 年末,中银集团托管资产规模逾 4 万亿元,是业内领先的大型托管银行。

1. 托管业务起步早,托管经验丰富。中国银行托管业务起步于 1998 年。2003 年率先为中资保险公司的境内投资提供托管服务,2005 年首开中资银行跨境托管之先河。多年的业务运营,使中国银行积累了丰富的托管业务经验。经过十余年的持续努力,中国银行托管业务领域和范围不断拓宽,拥有全面的业务资格、业内最为齐全和丰富的托管产品线,服务手段和内容不断深化,风险管理能力不断增强,积累了丰富的托管运作经验。

2. 产品创新引领市场。中国银行致力于通过创新满足客户需求、引领市场潮流。在几乎所有的托管领域,中国银行均是首家或首批实践者。中国银行首批获得基金、保险、企业年金等托管资格,是国内首家社保资金托管银行与保险资金全托管银行之一,并首批为交易所交易基金(ETF)、QFII、QDII、RQFII、企业年金、信托计划、银行理财、券商资产管理计划等金融产品提供托管服务,RQFII 市场份额占全行业第一;中国银行也是最早涉足机构客户 QDII、资产证券化等创新业务的托管银行,2012 年托管业内单一规模最大的开元信贷资产证券化项目。在托管服务方面,中国银行先后率先推出绩效评估、公司行动、风险分析等托管增值服务,并在业内首家推出"一站式"跨境托管服务。2012 年更是抓住金融监管新政的历史机遇,成功推出业内居于领先地位的资本市场重大创新—跨境 ETF 及联接基金托管,境内跨市场沪深 300EFT 及联接基金,全面推进金融资产托管创新。

3. 托管客户类型全面。中国银行拥有最为齐全的托管客户群,其中不但包括以社保基金与保险公司为代表的保险保障类机构、大型央企、主要的基金公司、证券公司、信托公司、商业银行和高端个人客户等客户,还包括众多国际知名金融机构客户。

4. 领先的"一站式"跨境托管能力。中国银行依托海外机构优势,在国内同业中率先构建海内外一体化的托管综合服务平台。以中国银行担任全球托管行,在不同市场委任海外机构或外资托管行,建立全球托管网络,实现 7×24 小时全球服务,即"总行 + 主要海外机构(或外资托管行)"的托管模式,为机构和个人投资者的全球投资活动提供全面托管及相关金融服务。目前中国银行的托管境外投资客户数量和规模居市场领先地位。

5. 托管信息科技水平持续提升。中国银行立足于"国际一流托管银行"的目标,首创的全球托管系统(GCS)获中国人民银行评选的"2012 年度银行科技发展奖"二等奖,也成为国内首家与中央国债登记结算公司系统对接直联的托管银行。中国银行通过自主开发与外部购买相结合,构建了功能强大的系统平台,可向客户提供全方位、全流程的托管服务。

6. 严密完善的风险内控体系。2012 年中国银行托管业务已连续六年通过两种国际托管专业审计准则(最新标准为 ISAE3402 和 SSAE16),取得无保留意见的内控审计报告。中国银行通过建立严格的管理制度和规范的操作流程,结合业务经办复核、风控人员检查和系统管控等方式,有效控制账户管理、清算交收、核算估值、投资监督等业务过程中的潜在风险。为防止正常业务行为的意外中断,中国银行还制定了完备的"业务可持续计划(BCP)"应急预案,以保证业务的持续性和托管资金的安全性。

7. 卓越的品牌声誉:经过不懈的努力,"中银托管"品牌在业内建立起较高知名度,蜚声海外,取得了境内外客户、监管机构及同业的认同,近年来获得多项荣誉:2012 年获得《经济》杂志"中国资产托管服务公众满意最佳典范品牌",《首席财务官》杂志"最佳资产托管奖",《金融理财》杂志"年度金牌创新力托管银行"等奖项。

中国农业银行托管业务部

1998 年 6 月,经中国证监会和中国人民银行批准,中国农业银行成为国内首批获取证券投资基金托管业务资格的商业银行之一。同年 7 月,中国农业银行证券投资基金托管部成立。2004 年 9 月,证券投资基金托管部更名为托管业务部。2007 年 9 月,托管业务部下设成立二级部养老金管理中心。

多年以来,中国农业银行托管业务坚持"主业突出、适度多元"的发展战略,目前已全面覆盖证券投资基金、券商资产管理计划、信托计划、基金专户理财产品、保险资金、QFII、QDII、企业年金基金、股权投资基金、公益基金等所有托管业务品种,成为国内托管产品体系最为完善的托管银行之一。截至 2014 年末,本行托管资产规模达 49,640.42 亿元,较上年末增长 38.43%;其中保险资产托管规模 19,268.33 亿元,居同业首位,较上年末增长 12.87%,当年实现托管及其他受托业务佣金收入 31.14 亿元。

中国农业银行严格履行托管人职责。托管业务部严格按照有关法律法规和规范性文件,为客户提供资产保管、资金清算、资产核算估值及投资监督等优质服务,并按照国际标准构建科学有效的业务营运系统和风险管理体系,成功通过美国 SAS70 内部控制审计。

中国农业银行着力加强能力建设,品牌声誉进一步提升,在 2010 年首届"'金牌理财'TOP10 颁奖盛典"中,我行成绩突出,获"最佳托管银行"奖。2010 年再次荣获《首席财务官》杂志颁发的"最佳资产托管奖"。

中国农业银行大力加强人才队伍建设。经过多年的业务实践,托管业务部已锻炼出一只专业水平高、业务素质好、服务能力强的高素质团队,拥有一大批高级会计师、高级经济师、高级工程师、律师等金融、技术和法律专家。部门高管人员、各业务负责人和主要业务骨干均具有长期的资本市场工作经验,精通国内外证券市场和托管业务的运作。

中国农业银行高度重视客户服务工作。托管业务部内专门组建了新产品研发团队,配备了多名具有资深经验的博士和高级研究人员,具有雄厚的新产品研发力量,可以根据客户个性化需求,开展新产品、新业务的研发工作。此外,托管业务部充分利用总行网站(www.95599.cn),为投资者及时提供了新闻公告、基金净值、理财知识、证券法规等资讯服务。

中国农业银行着力提升创新服务水平。托管业务部依托全行系统强大的系统资源优势,在做好资产保管、资金清算和资产估值等基础服务的同时,不断加大创新力度,为客户提供市场信息、收益代收、现金管理、代理投票、绩效评估、风险分析等多种增值服务。

中国农业银行托管业务部全体员工将继续本着"开拓进取、勤勉尽责、诚实守信、严谨自律"的执业原则,以科学严谨的风险管理和内部控制体系、高效安全的业务营运和技术保障系统、开拓创新的托管服务团队,为广大客户提供安全、专业、高效的托管服务,切实维护资产委托人利益。

交通银行总行资产托管部

【业务概况】

交通银行总行设资产托管部。现有员工具有多年基金、证券和银行的从业经验，具备基金从业资格以及经济师、会计师、工程师和律师等中高级专业技术职称，员工的学历层次较高，专业分布合理，职业技能优良，职业道德素质过硬，是一支诚实勤勉、积极进取、开拓创新、奋发向上的资产托管从业人员队伍。

【服务品种】

证券投资基金托管

交通银行自1998年7月获得基金托管资格，从封闭式基金托管起步，一直致力于业务的创新和发展，如今交通银行的证券投资基金托管业务已经发展成为一项比较成熟、有较高知名度、市场竞争能力较强的中间业务品种，曾先后托管了国内第一只开放式基金、第一只纯债券基金、第一只伞型基金、首批货币市场基金之一、首只跟踪上证50指数的基金、第一只生命周期型基金，创造了多个第一。

全国社保基金资产托管

2002年底，交通银行从全国社会保障基金理事会托管人招标中脱颖而出，成为全国社保基金首批两家托管行之一。交通银行以高度社会责任感，勤勉尽责地履行托管人义务，为全国社保基金提供高质量的托管服务。

保险资金托管业务

2005年3月，保监会核准交通银行从事保险公司股票资产托管业务。保险资金托管业务是交通银行接受保险行业客户的委托，对其委托资产提供托管服务。具体包括：为委托资产分别开立银行账户和证券账户，安全保管各类资产；为委托资产提供安全、高效的资金清算服务，并执行资产委托人和投资管理人发送的其他资金清算指令；为委托资产单独建账，进行会计核算；对各投资管理人的投资行为进行监控，确保其投资符合监管部门的要求、符合事先确定的投资范围和投资比例；及时与投资管理人进行账务核对；按要求向监管部门提供各类报表；编制托管报告；保管与各保险行业客户有关的重要合同及业务资料等。

券商集合/定向资产管理计划托管

交通银行根据与证券公司签订的《集合资产管理计划托管协议》或《定向资产管理合同》，为资产管理计划的资产提供资产保管、资金清算、会计核算、交易监管等托管服务。

企业年金托管

2005年8月，经劳动和社会保障部批准，交通银行成为首批获得企业年金基金托管业务资格的商业银行之一。如今交通银行企业年金托管客户涉及电力、航空、铁路运输、烟草、金融、石化、港口、基础设施建设等行业的多家大型企业，而且获得了国内多个省市地方社保的整体移交托管项目。

国际托管

2003年9月，交通银行托管了首个QFII项目：日兴资产管理公司的封闭式基金——“日兴中国人民币国债母基金”，这是中国首个QFII基金项目。目前交通银行不仅为QFII资产提供托管服务，而且与知名的全球托管银行展开了紧密合作，为境内合格的机构投资者投资境外市场搭建高效的服务平台。

信托资金保管

信托资金保管业务是指交通银行根据国家颁布的有关法律法规的规定和信托资产托管合同的约定，作为信托资金保管人，接受受托人的委托，对信托资产进行保管，办理信托资金名下清算、核算、估值及其资金往来等业务，并对信托财产的投资情况、收益分配情况等进行监督。曾托管首只银行、信托公司、担保公司合作的新型理财产品——得利宝“宝蓝”系列人民币理财产品。

私募股权基金托管

私募股权基金托管业务是指交通银行作为托管人，为有限合伙型、公司型、信托契约型等各种组织形式的私募股权投资基金提供的基金项下资金清算、核算、估值、投资监督等托管服务的总称。目前私募股权基金包括产业投资基金、创业投资基金、私募PE基金等。

资产证券化类产品托管

2006年5月交通银行开始托管由东方证券股份有限公司作为计划管理人的远东首期租赁资产支持收益专项资产管理计划。远东首期租赁资产支持收益专项资产计划是中国金融市场上首只上市交易的国内租赁业资产证券化项目，也是交通银行托管的首只资产证券化创新产品，它的获批标志着交通银行在资产证券化托管业务上的突破。

基金管理公司特定资产管理计划托管业务

基金管理公司特定资产管理计划托管业务是指基金管理公司向特定客户募集资金或接受特定客户财产委托，为资产委托人的利益进行证券投资，托管银行为该委托财产提供托管服务的业务。2008年3月交通银行与客户签订了国内首单基金公司特定资产管理计划的资产管理合同。

中国光大银行投资与托管业务部

2002年10月，经中国人民银行和中国证券监督管理委员会批准同意，中国光大银行成为继工、农、中、建、交行后第六家获得证券投资基金托管资格的国内商业银行。中国光大银行投资与托管业务部拥有一支高素质的员工队伍。人员知识构成中，涉及证券、基金、银行、会计、计算机、法律、国际金融等专业。能够为基金托管业务提供全方位的知识支持。50%以上人员具有海外金融机构培训经历。

截至2013年9月30日，中国光大银行股份有限公司托管国投瑞银创新动力股票型证券投资基金、国投瑞银景气行业证券投资基金、国投瑞银融华债券型证券投资基金、摩根士丹利华鑫资源优选混合型证券投资基金（LOF）、摩根士丹利华鑫基础行业证券投资基金、工银瑞信保本混合型证券投资基金、博时转债增强债券型证券投资基金、大成策略回报股票型证券投资基金、大成货币市场证券投资基金、建信恒稳价值混合型证券投资基金、光大保德信量化核心证券投资基金、光大保德信添天利季度开放短期理财债券型证券投资基金、国联安双佳信用分级债券型证券投资基金、泰信先行策略开放式证券投资基金、招商安本增利债券型证券投资基金、中欧新动力股票型证券投资基金（LOF）、国金通用国鑫灵活配置混合型发起式证券投资基金、农银汇理深证100指数增强型证券投资基金、益民核心增长灵活配置混合型证券投资基金、建信纯债债券型证券投资基金、兴业商业模式优选股票型证券投资基金、工银瑞信保本2号混合型发起式证券投资基金、国金通用沪深300指数分级证券投资基金，共23只证券投资基金，托管基金资产规模463.82亿元。同时，开展了证券公司集合资产管理计划、专户理财、企业年金基金、QDII、银行理财、保险债权投资计划等资产的托管及信托公司资金信托计划、产业投资基金、股权基金等产品的保管业务。

作为国内获得基金托管人资格的首批股份制银行，近年来，光大银行始终以“忠诚守护，勤勉尽责”为宗旨，牢固树立“阳光托管”的品牌与服务理念，坚持“在发展中创新，在创新中发展”的工作思路，长期致力于向委托人、投资人提供优质的托管服务，努力促进基金业生态环境发展、提高托管人增值服务水平。

目前，光大银行具有证券投资基金、QFII 境内证券投资、全国社会保障基金、企业年金基金、保险资金等全部资产托管资质，产品链延伸至包括证券投资基金、企业年金基金、信托计划资金、券商集合资产管理计划、基金专户理财、券商专户理财、私募基金、银行理财、QDII、产业投资基金、股权基金及企业债等在内的 10 多类品种。

资产托管业务开办以来，光大银行在业务运做上积累了丰富的实践经验，培养了一批专业人才，为客户打造了高效的“一站式”托管服务，创造了业内的多项第一：首批获得企业年金基金托管人和账户管理人双资格；最早将托管机制引入银行理财产品；首家托管证券公司集合资产管理计划；托管业内规模最大的文化产业基金；首次举办“托管银行投资绩效评估与风险管理研讨会”；首次开展投资者教育活动，等。

依托光大集团的综合经营优势，光大银行将致力于不断整合集团内部的保险、证券、信托、基金、资产管理公司等多种金融资源，努力为客户提供全方位托管服务，在为客户创造价值的过程中实现自身的不断发展。

招商银行资产托管部

2002 年 8 月，招商银行成立基金托管部；2005 年 8 月，经报中国证监会同意，更名为资产托管部，下设业务支持室、产品管理室、业务营运室、稽核监察室 4 个职能处室，现有员工 52 人。2002 年 11 月，经中国人民银行和中国证监会批准获得证券投资基金托管业务资格，成为国内第一家获得该项业务资格的上市银行；2003 年 4 月，正式办理基金托管业务。招商银行作为托管业务资质最全的商业银行，拥有证券投资基金托管、受托投资管理托管、合格境外机构投资者托管（QFII）、全国社会保障基金托管、保险资金托管、企业年金基金托管等业务资格。

招商银行确立“因势而变、先您所想”的托管理念和“财富所托、信守承诺”的托管核心价值，独创“6S 托管银行”品牌体系，以“保护您的业务、保护您的财富”为历史使命，不断创新托管系统、服务和产品：在业内率先推出“网上托管银系统”、托管业务综合系统和“6 心”托管服务标准，首家发布私募基金绩效分析报告，开办国内首个托管银行网站，成功托管国内第一只券商集合资产管理计划、第一只 FOF、第一只信托资金计划、第一只股权私募基金、第一家实现货币市场基金赎回资金 T + 1 到账、第一只境外银行 QDII 基金、第一只红利 ETF 基金、第一只“1 + N”基金专户理财、第一家大小非解禁资产、第一单 TOT 保管，实现从单一托管服务商向全面投资者服务机构的转变，得到了同业认可。

经过十年发展，招商银行资产托管规模快速壮大。2012 年招商银行加大高收益托管产品营销力度，新增托管公募开放式基金 13 只，新增首发公募开放式基金托管规模 433 亿元。克服国内证券市场震荡下行的不利形势，托管费收入、托管资产均创出历史新高，实现托管费收入 6.54 亿元，较上年增长 28.17%，托管资产余额 1.08 万亿元，较年初增长 112.85%。作为公益慈善基金的首个独立第三方托管人，成功签约“壹基金”公益资金托管，为我国公益慈善资金监管、信息披露进行有益探索，该项目荣获 2012 中国金融品牌「金象奖」“十大公益项目”奖；三度蝉联获《财资》“中国最佳托管专业银行”。

截至 2013 年 10 月 31 日，招商银行股份有限公司托管了招商安泰系列证券投资基金（含招商安泰股票型投资基金、招商安泰平衡型证券投资基金和招商安泰债券投资基金），招商现金增值证券投资基金、华夏经典配置混合型证券投资基金、长城久泰沪深 300 指数证券投资基金、华夏货币市场基金、光大保德信货币市场证券投资基金、华泰柏瑞金字塔稳本增利债券型证券投资基金、海富通强化回报混合型证券投资基金、光大保德信新增长股票型证券投资基金、富国天合稳健优选股票型证券投资基金、上证红利交易型开放式指数证券投资基金、德盛优势股票型证券投资基金、华富成长趋势股票型证券投资基金、光大保德信优势配置股票型证券投资基金、益民多利债券型证券投资基金、德盛红利股票证券投资基金、上证中央企业 50 交易型开放式指数证券投资基金、上投摩根行业轮动股票型证券投资基金、中银蓝筹精选灵活配置混合型证券投资基金、南方策略优化股票型证券投资基金、兴全合润分级股票型证券投资基金、中邮核心主题股票型证券投资基金、长盛沪深 300 指数证券投资基金（LOF）、中银价值精选灵活配置混合型基金、中银稳健双利债券型证券投资基金、银河创新成长股票型证券投资基金、嘉实多利分级债券型证券投资基金、国泰保本混合型证券投资基金、华宝兴业可转债债券型证券投资基金、建信双利策略主题分级股票型证券投资基金、诺安保本混合型证券投资基金、鹏华新兴产业股票型证券投资基金、博时裕祥分级债券型证券投资基金、上证国有企业 100 交易型开放式指数证券投资基金、华安可转换债券债券型证券投资基金、中银转债增强债券型证券投资基金、富国低碳环保股票型证券投资基金、诺安油气能源股票证券投资基金（QDII - LOF）、中银中小盘成长股票型证券投资基金、国泰成长优选股票型证券投资基金、兴全轻资产投资股票型证券投资基金（LOF）、易方达纯债债券型证券投资基金、中银沪深 300 等权重指数证券投资基金（LOF）、中银保本混合型证券投资基金、嘉实增强收益定期开放债券型证券投资基金、工银瑞信 14 天理财债券型发起式证券投资基金、鹏华中小企业纯债债券型发起式证券投资基金、诺安双利债券型发起式证券投资基金、中银纯债债券型证券投资基金、南方安心保本混合型证券投资基金、中银理财 7 天债券型证券投资基金、中海惠裕纯债分级债券型发起式证券投资基金、建信双月安心理财债券型证券投资基金、中银理财 30 天债券型证券投资基金、广发新经济股票型发起式证券投资基金、中银稳健添利债券型发起式证券投资基金、博时亚洲票息收益债券型证券投资基金、工银瑞信增利分级债券型证券投资基金、鹏华丰利分级债券型发起式证券投资基金、中银消费主题股票型证券投资基金、工银瑞信信用纯债一年定期开放债券型证券投资基金、浦银安盛 6 个月定期开放债券型证券投资基金、工银瑞信保本 3 号混合型证券投资基金、博时月月薪定期支付债券型证券投资基金、中银保本二号混合型证券投资基金共 67 只开放式基金及其他托管资产，托管资产为 17299.09 亿元。

招商银行始终把维护投资者利益作为工作宗旨，认真履行托管人职责，严格按照法律法规和托管协议规定，安全保管委托资产，监控托管资产投资运作，建立了全面的风险管理和内部控制体系：在组织体系上，赋予稽核监察室在总经理直接领导下，以“独立、客观、公正”的监督原则，对各项托管业务、各个业务环节进行全方位、全程的风险监控；在管理制度上，健全了基金托管业务的规章制度、岗位职责、各项业务管理办法和操作规程，从业务管理、操作流程、会计核算、内控监察、系统管理、应急处理和内部管理等方面建立了一整套完备的管理制度体系；在监督体制上，充分开发托管系统监督自动化监督功能，采取了事前预防、事中监控和事后稽核的监督方式，实行了“自控、互控、监控”三道风险控制防线，对投资管理人投资行为和对投资组合进行实时和事后监督；在应急处理方面，建立了托管系统异地灾备中心，对各类突发事件建立了完备应急方案，对重要岗位人员、主要业务系统、软件和数据建立了备份，确保托管资产保管安全性和托管业务持续正常运营。

按照“零差错”的高标准和高要求，招商银行致力于为托管客户提供高效、便利、周到、全面的金融服务。招商银行注重从细节入手，强化流程化控制，不断规范和优化托管业务流程处理，提高业务操作效率；深入研究托管新业务、新规则和新政策，与投资管理人积极合作，不断探索和改进资产估值核算体系；依托招商银行企业银行“现金池”管理技术，整合托管客户个性化需求和托管资金管理要求，设计托管资产“直通式”处理模式，对托管业务进行不落地处理，总行对托管资产账户远程控制，实现托管资金异地清算“零在途”，委托人或投资管理人可突破托管资金帐户开户地域的限制，享受网上托管集中化处理的资金账户实时查询及业务信息本地化服务，托管资金清算效率较高，业务操作风险得到有效控制，为投资人、基金管理公司、证券公司、信托投资公司及其他资产管理公司提供优质托管服务，在业界得到了广泛的认同和肯定。

本着“诚实信用、勤勉尽责、服务创新、追求卓越”的经营宗旨，招商银行将在安全保管托管资产、合规稳健高效运作的前提下，追求卓越、锐意创新，不断满足客户多样性、差异性的业务需求，为投资者和资产管理人提供安全、优质、高效的托管服务。

兴业银行资产托管部

兴业银行股份有限公司于2005年4月26日取得基金托管资格，基金托管资格批准文号：证监基金字［2005］74号，办公地点常设上海。兴业银行股份有限公司总行设资产托管部，托管的业务品种涵盖了证券投资基金、基金公司特定客户资产、证券公司集合资产管理计划、证券公司定向资产、保险资金、集合资金信托、单一资金信托、合格境内机构投资者资产（QDII）、商业银行理财产品、产业投资基金、私募股权基金、直投基金、资产证券化资金、基本养老保险个人账户基金、账户监管类资产等多个业务门类。资产托管部下设综合管理处、市场处、委托资产管理处、科技支持处、稽核监察处、运营管理处、期货业务管理处、期货存管结算处、养老金管理中心等处室，共有员工97人，业务岗位人员均具有基金从业资格。截止2013年12月31日，兴业银行已托管开放式基金22只——兴全趋势投资混合型证券投资基金（LOF）、长盛货币市场基金、光大保德信红利股票型证券投资基金、兴全货币市场证券投资基金、兴全全球视野股票型证券投资基金、万家和谐增长混合型证券投资基金、中欧新趋势股票型证券投资基金（LOF）、天弘永利债券型证券投资基金、万家双引擎灵活配置混合型证券投资基金、天弘永定价值成长股票型证券投资基金、兴全有机增长灵活配置混合型证券投资基金、中欧沪深300指数增强型证券投资基金、民生加银内需增长股票型证券投资基金、兴全保本混合型证券投资基金、中邮战略新兴产业证券投资基金、银河领先债券型证券投资基金、工银瑞信60天理财债券型证券投资基金、银河沪深300成长增强指数分级证券投资基金、工银瑞信金融地产行业股票型证券投资基金、华安沪深300量化增强证券投资基金、国金通用鑫盈货币市场证券投资基金、易方达裕惠回报债券型证券投资基金，托管基金财产规模370.81亿元。

兴业银行资产托管业务发展迅速，成立以来，我行已托管了证券投资基金、券商集合理财计划、集合资金信托计划、以及QDII、股权投资基金等各类产品，资产托管业务规模及市场占有率在同类商业银行中居于前列。目前，本行已经能够开展八大类资产托管业务，包括：证券投资基金托管业务、证券公司委托资产托管业务、信托资金托管业务、合格境内机构投资者资产托管业务、社会保障基金托管业务、股权投资基金托管业务、商业银行理财产品托管业务、非投资类委托资产托管业务等。

客户需求是我行营销活动的起点，服务源自真诚是我行资产托管业务的服务宗旨。高学历、经验丰富的专业化托管从业人员、严密有效的风险控制体系、先进完善的托管系统是我行托管业务蓬勃发展的坚实基础。通过发挥全行资源优势和借助本行强大的结算、销售渠道，兴业银行在市场分析、产品研发、营销策划、募集发行到持续销售等环节上力求为客户资产管理提供更多的优质服务。

我们承诺：兴业银行将严格恪守托管业务操守，凭借我行专业化服务能力和处事认真负责的原则，在依法全力保障客户资产安全的前提下，努力实现客户资产运用的多元化需求。我行将通过提供专业化服务、强化服务品质、持续关注细节，树立兴业一流资产托管业务品牌。

上海浦东发展银行资产托管部

一、概况

上海浦东发展银行于2003年2月正式成立了独立的总行基金托管部，2005年正式更名为上海浦东发展银行资产托管部。资产托管部下设证券托管处、客户资产托管处、养老金业务处、内控管理处、运营管理处五个职能部门，在2003年12月成立了深圳分部。资产托管部全体人员均在本科学历以上，其中硕士以上学历占70%；均具有多年金融从业经历，100%以上人员具有基金从业资格。

上海浦东发展银行于2003年9月10日获得基金托管资格，截止到2013年6月30日，共托管国泰金龙行业精选基金、国泰金龙债券基金、天治财富增长基金、嘉实优质企业基金、广发小盘成长基金、汇添富货币基金、长信金利趋势基金、国联安货币基金、银华永泰积极债券基金、国联安中债信用债指数基金、长信利众分级债券型基金、华富保本混合型基金12只开放式证券投资基金，托管基金资产净值总规模为268.92亿元。

二、产品与服务

充分满足您需求的专业优势，拥有全面的托管业务资格。获准证券投资基金、证券公司受托理财业务、资金信托计划、投资连接保险、中比产业投资基金、全国社保基金、基本养老个人账户基金等多项资产托管业务资格。个性化的托管服务。根据您的要求并结合资产管理人的特点,向您提供全面的个性化资产托管服务。完善的托管业务内控体系。“制度先行”和“风控优先”的指导思想下,建立了科学合理的组织架构、完善的业务规章制度和内部控制制度,确保托管业务平稳运行。高素质的专业化员工队伍。员工学历均在本科以上,硕士以上学历者占70%,全员具有基金从业资格,绝大部分骨干具有多年金融从业经历和丰富的业务经验。1993 年始任上海市养老保险基金独家代理行,现为中国第一个由银行担保的“嘉实 - 浦安保本基金”托管银行、中国第一家规范运作的中外合资产业基金“中比直接股权投资基金”的独家托管银行。

值得您充分信赖的技术系统自主开发的托管业务综合处理系统(SAFEs),采用国内第三代托管行业最新技术平台,支持多个托管业务产品在共同的技术平台上独立运行,个性化、模块化、权限控制自动化的特色处于国内领先地位。

托管人是托管财产忠实的守护者。随着我国资本市场日新月异的发展,我们深知,作为资产所有人,您不仅需要专业的投资机构运作您的资金,以实现资金的保值增值,同时您更需要一位诚信可靠、服务周到的托管人全面保障您的资产安全;作为资产管理人,您在受人之托、为人理财的同时,亦需携手一家专业、专注、经验丰富的托管机构作为合作伙伴,共赢财富天下!

“笃守诚信、严格自律、勤勉尽责、创造卓越”,上海浦东发展银行致力于打造资产托管业务品牌,更关注于对客户的服务与承诺!在全面借鉴和重构国内外托管模式的基础上,我们不仅为您创新推出了系列资产托管产品,还为您配备了高效的资金清算网络、先进的托管业务综合处理系统、完善的内部风险控制制度以及专业的托管运作团队,以确保为您提供优质的资产托管服务!

“创富之旅,真情守护”,我们确信,您未来的战略规划和每一步目标落实,都将获得我们个性化的服务与专业化的托管支持!

中国民生银行资产托管部

中国民生银行股份有限公司于 2004 年 7 月 9 日获得基金托管资格,成为《中华人民共和国证券投资基金法》颁布后首家获批从事基金托管业务的银行。为了更好地发挥后发优势,大力发展托管业务,中国民生银行股份有限公司资产托管部从成立伊始就本着充分保护基金持有人的利益、为客户提供高品质托管服务的原则,高起点地建立系统、完善制度、组织人员。资产托管部目前共有员工 52 人,平均年龄 33 岁,100% 员工拥有大学本科以上学历,80% 以上员工具有硕士以上文凭。基金业务人员 100% 都具有基金从业资格。

截止到 2013 年 12 月 31 日,本行共托管基金 28 只,分别为天治品质优选混合型证券投资基金、融通易支付货币市场证券投资基金、东方精选混合型开放式证券投资基金、天治天得利货币市场基金、东方金账簿货币市场基金、长信增利动态策略证券投资基金、华商领先企业混合型证券投资基金、银华深证 100 指数分级证券投资基金、华商策略精选灵活配置混合型证券投资基金、光大保德信信用添益债券型证券投资基金、工银瑞信添颐债券型证券投资基金、建信深证基本面 60 交易型开放式指数证券投资基金、建信深证基本面 60 交易型开放式指数证券投资基金联接基金、国投瑞银瑞源保本混合型证券投资基金、浙商聚潮新思维混合型证券投资基金、建信转债增强债券型证券投资基金、工银瑞信睿智深证 100 指数分级证券投资基金、农银汇理行业轮动股票型证券投资基金、建信月盈安心理财债券型证券投资基金、中银美丽中国股票型证券投资基金、建信消费升级混合型证券投资基金、摩根士丹利华鑫纯债稳定增利 18 个月定期开放债券型证券投资基金、建信安心保本混合型证券投资基金、德邦德利货币市场基金、中银互利分级债券型证券投资基金、工银瑞信添福债券型证券投资基金、中银中高等级债券型证券投资基金和汇添富全额宝货币市场基金。托管基金资产净值为 571.06 亿元。

中国民生银行股份有限公司基金托管业务内部风险控制组织结构由中国民生银行股份有限公司稽核部、资产托管部内设稽核监督处及资产托管部各业务处室共同组成。总行稽核部对各业务部门风险控制工作进行指导、监督。资产托管部内设独立、专职的内部稽核监督处,负责拟定托管业务风险控制工作总体思路与计划,组织、指导、协调、监督各业务处室风险控制工作的实施。各业务处室在各自职责范围内实施具体的风险控制措施。

中国民生银行股份有限公司从控制环境、风险评估、控制活动、信息沟通、监控等五个方面构建了托管业务风险控制体系。

(1)坚持风险管理与业务发展同等重要的理念。托管业务是商业银行新兴的中间业务,中国民生银行股份有限公司资产托管部从成立之日起就特别强调规范运作,一直将建立一个系统、高效的风险防范和控制体系作为工作重点。随着市场环境的变化和托管业务的快速发展,新问题新情况不断出现,中国民生银行股份有限公司资产托管部始终将风险管理放在与业务发展同等重要的位置,视风险防范和控制为托管业务生存和发展的生命线。

(2)实施全员风险管理。完善的风险管理体系需要从上至下每个员工的共同参与,只有这样,风险控制制度和措施才会全面、有效。中国民生银行股份有限公司资产托管部实施全员风险管理,将风险控制责任落实到具体业务处室和业务岗位,每位员工对自己岗位职责范围内的风险负责。

(3)建立分工明确、相互牵制的风险控制组织结构。托管部通过建立纵向双人制,横向多处室制的内部组织结构,形成不同处室、不同岗位相互制衡的组织结构。

(4)以制度建设作为风险管理的核心。中国民生银行股份有限公司资产托管部十分重视内部控制制度的建设,已经建立了一整套内部风险控制制度,包括业务管理办法、内部控制制度、员工行为规范、岗位职责及涵括所有后台运作环节的操作手册。以上制度随着外部环境和业务的发展还会不断增加和完善。

(5)制度的执行和监督是风险控制的关键。制度执行比编写制度更重要,制度落实检查是风险控制管理的有力保证。中国民生银行股份有限公司资产托管部内部设置专职稽核监督处,依照有关法律规章,每两月对业务的运行进行一次稽核检查。总行稽核部也不定期对资产托管部进行稽核检查。

(6)将先进的技术手段运用于风险控制中。在风险管理中,技术控制风险比制度控制风险更加可靠,可将人为不确定因素降至最低。托管业务系统需求不仅从业务方面而且从风险控制方面都要经过多方论证,托管业务技术系统具有较强的自动风险控制功能。

中信银行托管部

2004年8月18日，经中国证监会和中国银监会核准，中信银行获得证券投资基金托管资格。中信银行托管部内设市场发展部、托管营运部、投资者服务部和企业年金部四个职能部门，拥有一批高素质的专业托管人才，90%以上人员具有基金从业资格，40%以上的人员具有硕士研究生以上学历，90%以上人员具有三年以上银行或证券基金从业经历。截至2013年12月31日，中信银行已托管31只开放式证券投资基金及证券公司资产管理产品、信托产品、企业年金、股权基金、QDII等其他托管资产，总托管规模逾2万亿元人民币。

中信银行托管部建立了一套独立、先进的托管业务技术系统，业务功能完善、系统处理能力强，各种安全防范设施稳定可靠，具备安全保管财产的条件和资金核算清算和投资监督能力，配备了独立的门禁系统和电话录音、录像监控系统，确保托管业务运作相对独立。托管中心积聚了一批高素质的员工队伍，具有丰富的资金清算、会计核算、市场营销、风险控制等方面的经验，为托管业务安全运作打下了坚实的基础。

为保障托管业务健康发展，我行制订了一整套完善的规章制度；建立了科学的风险控制流程，营造良好的内部控制环境，形成自控、互控、监控三道防线；加强了系统安全性建设，建立了数据备份中心和应急处理方案，具备应急处理能力。

中信银行托管部各项资产托管规模突破七千亿元，业务涵盖了证券投资基金、信托资产、券商集合及定向资产、QDII、资产证券化、产业基金（创业投资基金）、PE（私募）股权基金、企业年金八大领域。确立了以托管产品门类齐全、服务专业化和开拓创新为特征的行业形象与市场地位。

华夏银行资产托管部

一、概况

2005年2月23日，华夏银行股份有限公司经中国证券监督管理委员会和中国银行业监督管理委员会核准，获得证券投资基金托管资格，是《证券投资基金托管资格管理办法》实施后取得证券投资基金托管资格的第一家银行。该项资格的获得，为华夏银行开拓托管业务领域、增加托管业务品种奠定了基础，使得华夏银行在中间业务领域的竞争实力得到进一步提升。华夏银行资产托管部内设市场综合室、交易管理室、风险管理室和销售管理室4个职能处室。资产托管部共有员工32人，高管人员拥有硕士以上学位或高级职称。

自成立以来，华夏银行基金托管部本着“诚实信用、勤勉尽责”的行业精神，始终遵循“安全保管基金资产，提供优质托管服务”的原则，坚持以客户为中心的服务理念，依托严格的内控管理、先进的技术系统、优秀的业务团队、丰富的业务经验，严格履行法律和托管协议所规定的各项义务，为广大基金份额持有人和资产管理机构提供安全、高效、专业的托管服务，取得了优异业绩。截至2013年6月末，已托管长城货币市场基金、国联安德盛精选股票基金、万家货币市场基金、诺安优化收益债券型基金、益民红利成长混合型基金、东吴行业轮动股票基金、申万菱信稳益宝债券型证券投资基金、诺德双翼分级债券型证券投资基金、浙商沪深300指数分级证券投资基金、华商大盘量化精选灵活配置混合型证券投资基金、万家强化收益定期开放债券型证券投资基金及其他受托资产产品，托管各类资产规模5043.29亿元。

二、产品与服务

华夏银行可以为客户提供的托管业务产品已基本覆盖境内市场主要托管业务品种：开放式证券投资基金托管；全国社会保障基金托管；基本养老保险基金托管；券商集合理财产品托管；QDII（境外代客理财产品）托管；信托资产托管；企业年金托管；其他受托资产托管。华夏银行向客户提供的服务，可分为基础托管服务和增值托管服务：基础托管服务包括：资产保管；安全保管托管资产；独立建账、分别核算，保证所托管资产的独立、完整；为委托人开立与管理银行存款账户、资金清算账户；为委托人开立与管理证券账户。增值服务包括：市场资讯及深度研究报告等信息服务；现金管理；报表/报告定制；风险预警服务；投资绩效分析；公司行动服务，如代领股息、红利、代理投票表决服务等。

三、完善的内控体系

华夏银行托管业务建立了前后台分离、相互制约的管理组织结构，各部门、岗位在自身职责范围内落实其岗位风险控制责任，相互制衡。为防范风险，在加强教育培训和员工自律的基础上，制定了27项基金业务内控规章制度，使基金托管业务一开始就走上制度化、规范化的道路。同时，开展多种形式地检查监督，定期向监管部门上报基金监督和内控监察稽核报告，持续建立和完善风险评估、风险预警机制和重大可疑情况报告制度，确保内控体系的有效性。

华夏银行资产托管部承诺，我们将努力做到“诚实信用，勤勉尽责”，切实履行托管人职责，保护委托人利益；保证会计核算的完整规范；保证资金清算的及时、安全、准确；保证交易监督完整、高效；严格管理，加强内控，防范风险。

平安银行资产托管部

平安银行于2008年1月4日经深圳市银监局核准，获得运营信托保管业务资格；2008年8月6日经中国证监会和中国银监会核准，获得证券投资基金托管资格；2010年1月2日经中国银监会核准，获得全国社会保障基金托管资格；2013年3月29日经中国保监会核准，获得保险资产托管资格。平安银行已具备八大类20多种资产托管服务，与多家基金公司、证券公司、信托公司、商业银行等展开了紧密的合作。

平安银行总行设资产托管部，下设企划分析、运营管理、营销管理和投资监督、系统支持、运营外包6个团队，现有员工38人。

截止2013年12月末，平安银行已托管华富价值增长灵活配置混合型证券投资基金、华富量子生命力股票型证券投资基金、平安大华日增利货币市场基金、长信可转债债券型证券投资基金、招商保证金快线货币市场基金共5只基金。

平安银行自2008年8月获得资产托管资格以来，凭借专业的托管团队、行业领先的清算系统、完善的风险测控体系以及标准化的操作流程，率先在业内提出托管业务“投资指令”1小时处理的服务承诺，以优质、高效、安全的特色，获得众多信托、证券和基金公司的肯定。

一站式服务无需来回奔波于资产管理机构和托管银行；大集中处理总行资产托管部集中作业，估值核算、资金清算、财务信息披露等运营标准统一；直通化操作履行1小时完成划款指令的承诺；风险控制措施完善覆盖托管业务各范围领域的业务制度，符合相关法律法规的流程监控，确保受托资金安全。

集团资源整合优势有效地为全国社保、商业银行、证券、基金、私募管理人、信托等客户提供专业化的托管服务的同时，依托大股东资源优势，为合作伙伴提供产品销售、托管服务、客户服务等全面解决方案，不断提供创新的增值服务。

广东发展银行资产托管部

广东发展银行股份有限公司于 2009 年 5 月 4 日获得中国证监会、银监会核准开办证券投资基金托管业务，基金托管业务批准文号：证监许可[2009]363 号。广东发展银行股份有限公司总行设资产托管部，是从事资产托管业务的职能部门，内设业务运行团队、监督稽核团队和市场营销团队，部门全体人员均具备本科以上学历和基金从业资格，部门经理以上人员均具备研究生以上学历。

截止到 2013 年 12 月末，本行共托管中欧盛世成长分级股票型证券投资基金、国泰聚信价值优势灵活配置混合型证券投资基金、长安沪深 300 非周期行业指数证券投资基金、中海惠丰纯债分级债券型证券投资基金、新华安享惠金定期开放债券型证券投资基金、广发全球医疗保健指数证券投资基金、中银主题策略股票型证券投资基金、金鹰元安保本混合型证券投资基金、中欧增强回报债券型证券投资基金（LOF）、安信鑫发优选灵活配置混合型证券投资基金、广发天天红发起式货币市场基金、长安货币市场证券投资基金共 12 只基金。

上海银行资产托管部

上海银行股份有限公司于 2009 年 8 月 21 日获得中国证监会、银监会核准开办证券投资基金托管业务，批准文号：中国证监会证监许可[2009]814 号。上海银行股份有限公司总行下设资产托管部，是从事资产托管业务的职能部门，内设托管运作团队、稽核监督团队、运行保障团队和市场拓展团队，平均年龄 30 岁，100% 员工拥有大学本科以上学历，业务岗位人员均具有基金从业资格。

截至 2013 年 12 月 30 日，上海银行已托管 7 只证券投资基金，分别为：天治成长精选股票型证券投资基金、浦银安盛增利分级债券型证券投资基金、中证财通中国可持续发展 100（ECPIESG）指数增强型证券投资基金、鹏华双债增利债券型证券投资基金、浦银安盛季季添利定期开放债券型证券投资基金、鹏华双债保利债券型证券投资基金、鹏华丰信分级债券型证券投资基金，托管基金的资产净值合计 52.13 亿元。

专业、高效的客户服务体系。专业的托管服务团队针对不同托管客户量身定做托管服务方案，并为各个客户配备专门的对口业务人员，全程负责客户的各种业务需求。

采用总行直管的托管业务运营模式，机制灵活、反应迅速、服务高效。

以托管服务为基础的综合金融服务平台。适应于金融创新的需要和客户的多元金融需求，上海银行以托管服务为基础，在不断开发和动态完善托管产品及服务的同时，整合投资银行、财富管理、电子银行、公司金融和同业金融等行内资源，为客户提供全方位、全流程的综合金融服务，提升客户服务价值。

动态增强的业务创新能力。上海银行从系统建设、队伍培养等多方面着手，不断增强和提升托管服务能力，积极探索另类投资服务等新型托管业务。目前上海银行已获批成为上海市外商股权投资基金托管试点银行、天津市发改委备案的股权投资基金托管银行，具备了较为全面的另类投资业务的托管资质。

广泛多元的业务合作对象。作为总部位于上海的商业银行，依托上海国际金融中心丰富的金融资源，上海银行与各类金融机构建立紧密深厚的合作关系，为包括基金公司、证券公司、信托公司、股权投资基金管理公司、商业银行等各类机构提供资产托管服务，形成了托管产品及服务多元化发展的格局。

安全先进的资产托管系统。上海银行稳定、高效的资产托管业务系统为业务的发展提供了强有力的支撑。紧跟市场发展，及时响应客户需求，不断加大科技投入，持续优化升级，陆续开发和完善了股指期货、伞形信托、ETF、商品期货、另类投资服务等各类新产品的托管功能，较好地满足了客户需求。

健全严密的资产托管制度。制定并完善了覆盖托管业务各个环节的规章制度和流程规范，建立了完备的内部控制体系。通过严密的风险管理组织架构、健全的制度体系、独立的稽核监督机制，确保了托管业务运作的规范稳健发展，保证受托资产的安全完整，最大限度地维护投资人的利益。

中国邮政储蓄银行托管业务部

2009 年 7 月 23 日，中国邮政储蓄银行经中国证券监督管理委员会和中国银业监督管理委员会联合批准，获得证券投资基金托管资格，是我国第 16 家托管银行。中国邮政储蓄银行自取得证券投资基金托管资格，目前可托管证券投资基金、基金管理公司特定客户资产管理计划、银行理财产品、信托产品、证券公司集合资产管理计划等类型产品。中国邮政储蓄银行作为一家新兴的托管银行，从开放式基金、一对多专户理财等产品的托管起步，将持续致力于托管业务的创新和发展，为投资者和合作伙伴提供安全可靠、优质精心的资产托管服务。拥有一支专业化、年轻化的托管业务团队，所有人员均具有本科以上学历和金融学、会计学的专业背景。

截至 2013 年 12 月 31 日，中国邮政储蓄银行托管的证券投资基金共 21 只，包括中欧中小盘股票型证券投资基金（LOF）（166006）、长信中短债证券投资基金（519985）、东方保本混合型开放式证券投资基金（400013）、万家添利分级债券型证券投资基金（161908）、长信利鑫分级债券型证券投资基金（163003）、天弘丰利分级债券型证券投资基金（164208）、鹏华丰泽分级债券型证券投资基金（160618）、东方增长中小盘混合型开放式证券投资基金（400015）、长安宏观策略股票型证券投资基金（740001）、金鹰持久回报分级债券型证券投资基金（162105）、中欧信用增利分级债券型证券投资基金（166012）、农银汇理消费主题股票型证券投资基金（660012）、浦银安盛中证锐联基本面 400 指数证券投资基金（519117）、天弘现金管家货币市场基金（420006）、汇丰晋信恒生 A 股行业龙头指数证券投资基金（540012）、华安安心收益债券型证券投资基金（040036）、东方强化收益债券型证券投资基金（400016）、中欧纯债分级债券型证券投资基金（166016）、东方安心收益保本混合型证券投资基金（400020）、银河岁岁回报定期开放债券型证券投资基金（519662）、中欧纯债添利分级债券型证券投资基金

(166021)。托管的特定客户资产管理计划共 25 只,其中 11 只已到期,包括南方 - 灵活配置之出口复苏 1 号资产管理计划、景顺长城基金 - 邮储银行 - 稳健配置型特定多个客户资产管理计划、银华灵活精选资产管理计划、长盛灵活配置资产管理计划、富国基金 - 邮储银行 - 绝对回报策略混合型资产管理计划、光大保德信 - 邮储银行 - 灵活配置 1 号客户资产管理计划、大成 - 邮储银行 - 灵活配置 1 号特定多个客户资产管理计划、银华灵活配置资产管理计划、长盛 - 邮储 - 灵活配置 2 号资产管理计划、南方灵活配置 2 号资产管理计划、鹏华基金鹏诚理财高息债分级 2 号资产管理计划、华安基金 - 增益分级债券型特定多个客户资产管理计划、农银汇理 - 邮储 - 国投信托雨燕 1 号悦达债券 1 号资产管理计划、华商 - 邮储 - 瑞熙 1 号一对一资产管理计划等。至今,中国邮政储蓄银行已形成涵盖证券投资基金、基金公司特定客户资产管理计划、信托计划、银行理财产品(本外币)、私募基金、证券公司资产管理计划、保险资金等多种资产类型的托管产品体系,托管规模达 5,169.20 亿元。

中国邮政储蓄银行坚持以客户为中心、以服务为基础的经营理念,依托专业的托管团队、灵活的托管业务系统、规范的托管管理制度、健全的内控体系、运作高效的业务处理模式,为广大基金份额持有人和众多资产管理机构提供安全、高效、专业、全面的托管服务,并获得了合作伙伴一致好评。

渤海银行基金托管部

渤海银行是 1996 年至今国务院批准新设立的唯一一家全国性股份制商业银行,是第一家在发起设立阶段就引进境外战略投资者的中资商业银行,是第一家总部设在天津的全国性股份制商业银行。

渤海银行由天津泰达投资控股有限公司、渣打银行(香港)有限公司、中国远洋运输(集团)总公司、国家开发投资公司、宝钢集团有限公司、天津信托有限责任公司和天津商汇投资(控股)有限公司等 7 家股东发起设立。2005 年 12 月 30 日成立,2006 年 2 月正式对外营业。

渤海银行在发展规划中将建设公司治理完善、依法合规经营、业务特色鲜明、经营业绩优良的现代银行作为长期愿景。明确提出要将渤海银行建设成为能够为股东持续创造价值的银行,成为能够为客户提供"卓越体验"服务的银行,成为能够为员工提供最佳发展机会的银行,成为能够以创新领先同业的银行。自成立以来,不断发挥后发优势、国际化优势和先行先试的政策优势,各项成长性指标领先于同业,呈现出持续、健康发展的良好态势。

截至 2014 年末,渤海银行资产总额突破 6500 亿元。目前,已在全国设立了 18 家一级分行、14 家二级分行、88 家支行,下辖分支机构网点总数达到 120 家,网点布局覆盖了环渤海、长三角、珠三角及中西部地区的重点城市。

在英国《银行家》杂志公布的"全球银行 1000 强"和《亚洲银行家》杂志公布的"亚洲银行 500 强"排名中,渤海银行综合排名逐年大幅提升,分别从 2009 年的 603 位和 199 位,提升至 2014 年的 230 位和 2C14 年的 63 位。2014 年,在各类机构组织的一系列评选活动中,渤海银行先后获得"最具成长性全国性商业银行奖"、"年度最值得信赖银行奖"、"年度最佳金融创新银行奖"、"年度优秀金融品牌奖"等多项殊荣。

北京银行资产托管部

北京银行总行设资产托管部,下设资金清算岗、会计核算岗、投资监督岗、风险稽核岗、市场营销岗等岗位,北京银行资产托管部充分发挥作为新兴托管行的高起点优势,陆续引进优秀人才,搭建了由高素质人才组成的专业团队。截至 2013 年 9 月末,北京银行资产托管部所有员工均拥有大学本科以上学历,其中拥有研究生以上学历的员工占比 70%。

作为国内首家获得证券投资基金托管业务资格的城市商业银行,北京银行资产托管部秉持"严谨、专业、高效"的经营理念,严格履行托管人的各项职责,切实维护基金持有人的合法权益,为基金提供高质量的托管服务。经过多年稳步发展,北京银行托管资产规模不断扩大,托管业务品种不断增加,已形成包括证券投资基金、基金专户理财、证券公司资产管理计划、信托计划、银行理财、保险资金、股权投资基金等产品在内的托管产品体系,北京银行专业高效的托管服务赢得了客户的广泛高度认同。

截至 2013 年 12 月末,北京银行已托管银河增利债券型发起式证券投资基金、银河通利分级债券型证券投资基金、天弘弘利债券型证券投资基金基金、景顺长城景颐双利债券型证券投资基金、鹏华双债加利债券型证券投资基金、嘉实保证金理财场内实时申赎货币市场基金等共 6 只基金。

宁波银行资产托管部

宁波银行自 2012 年获得证券投资基金资产托管的资格以来,秉承"诚实信用、勤勉尽责"的宗旨,依靠严密科学的风险管理和内部控制体系、规范的管理模式、先进的营运系统和专业的服务团队,严格履行资产托管人职责,为境内外广大投资者、金融资产管理机构和企业客户提供安全、高效、专业的托管服务,展现优异的市场形象和影响力。建立了国内托管银行中丰富和成熟的产品线。拥有包括证券投资基金、信托资产、QDII 资产、股权投资基金、证券公司集合资产管理计划、证券公司定向资产管理计划、基金公司特定客户资产管理等门类齐全的托管产品体系,同时在国内率先开展绩效评估、风险管理等增值服务,可以为各类客户提供个性化的托管服务。截至 2013 年 11 月末,宁波银行共托管 1 只证券投资基金,为国泰淘金互联网债券型证券投资基金。

截至 2013 年 11 月末,宁波银行资产托管部共有员工 16 人,平均年龄 30 岁,100% 以上员工拥有大学本科以上学历,高管人员均拥有研究生以上学历或高级技术职称。

第三章　基金管理公司

国泰基金管理有限公司

【基本情况】

法定名称：国泰基金管理有限公司
英文名称：GUOTAI ASSET MANAGEMENT CO.，LTD.
办公地址：上海市世纪大道100号上海环球金融中心39层
法人代表：陈勇胜
总 经 理：陈勇胜（代）
成立时间：1998年3月5日
公司属性：中外合资
注册资本：1.1亿元
联系电话：021－38561600
客服热线：400－888－8688
传真号码：021－38561800
邮政编码：200001
公司网址：www.gtfund.com

【公司概况】

国泰基金成立于1998年3月，是国内首批规范成立的基金管理公司之一。历经16年的市场磨砺，公司稳步发展，目前进入了新的发展阶段。2010年全球领先的保险集团之一意大利忠利集团正式收购公司部分股权，国泰基金变身为中外合资基金公司，并在投资管理、产品研发、风险控制、基金营销等多方面与之展开交流与合作，得到了显著提高。目前公司已拥有包括公募基金、社保基金投资管理人、企业年金投资管理人、特定客户资产管理业务和合格境内机构投资者等业务资格，是行业内极少数拥有并开展多类业务的资产管理公司之一。

自1998年3月23日公开发行国内第一只封闭式基金——基金金泰以来，国泰基金的产品线不断得到丰富和完善。目前公司旗下共管理着47只公募基金（1只封闭式基金和46只开放式基金）和包括专户、年金、社保、投资咨询在内的近60个资产委托组合，形成了丰富的资产管理产品线，能够满足不同风险偏好投资者的需求。

17年来，国泰基金始终秉承"以最大的专业性和勤勉为投资人实现长期稳定的财富增值"的经营宗旨，赢得了包括全国社会保障基金理事会在内的数百万投资人的信任。在为投资者创造物质财富的同时，也不忘承担社会责任，通过"红蜡烛助教计划"开展支学助教活动，积极践行"和谐社会"的价值观，为社会精神财富的创造贡献力量。截止2014年，国泰基金"红蜡烛助教计划"已历时8年，在全国范围内完成助教20次、捐助"红蜡烛图书馆"12座、"红蜡烛·梦想中心"多媒体教室4个、助养学生128人、捐书图书21287本、受益师生近6000人次。

【公司大事记】

1998年3月5日，经中国证监会批准，国泰基金管理有限公司在上海成立。成为境内首批规范成立的基金公司之一。

1998年3月27日，国泰基金旗下首只基金——基金金泰成立，4月7日在上交所上市。

1999年10月21日，基金金鑫成立，11月26日在上交所上市。

2000年4月26日，在对原珠江基金清理规范后设立基金金盛，6月30日在深交所上市。

2000年5月16日，在对原建业基金、沈阳公众基金、陕建基金清理规范后设立基金金鼎，8月4日在上交所上市。

2000年8月22日，国泰基金增资扩股，注册资本从6000万元增加为1.1亿元人民币。

2001年9月3日，国泰基金与瑞士银行资产管理集团签定《投资与业务合作协议》。

2002年5月8日，国泰基金第一只开放式基金——国泰金鹰增长基金成立。

2002年6月，国泰北京分公司获批设立。

2003年12月9日，国泰基金首只伞形基金——金龙系列基金成立。

2004年4月，国泰基金荣获首届《上海证券报》"最佳服务基金公司奖"。

2004年8月，在首届《中国证券报》基金金牛奖评审中，国泰基金的旗下管理的三只基金获殊荣，在所有基金公司中名列第一：国泰金鹰增长基金荣获"开放式基金金牛奖"；基金金盛荣获"封闭式基金金牛奖"；基金金泰荣获"封闭式基金金牛奖"。

2004年9月，国泰基金获得全国社会保障基金理事会投资管理人资格。

2004年11月10日，国泰基金旗下首只保本基金——国泰金象保本基金成立。

2005年6月21日，国泰货币基金成立。

2005年9月，国泰基金完成档案升级工作，成为业内首家获得档案二级先进资质的公司。

2006年4月28日，国泰金鹿保本基金成立。

2006年9月29日，国泰金鹏蓝筹价值基金成立。

2006年12月，封闭式基金金盛荣获《中国证券报》第四届中国基金业金牛奖"封闭式持续优胜金牛基金"的称号。

2007年4月，在《中国证券报》第三届基金金牛奖评选中，基金金盛荣获"封闭式持续优胜金牛基金"奖。

2007年4月11日，基金金鼎"封转开"为国泰金鼎价值精选基金成立。

2007年5月，在《证券时报》第二届明星基金评选中，基金金盛荣获"封闭式明星基金"奖。

2007年5月18日，国泰金牛创新成长基金成立。

2007年9月7日，国泰基金启动"红蜡烛助教计划"。

2007年10月，国泰基金获得劳动和社会保障部企业年金投资管理资格。

2007年10月，建银投资正式入主国泰基金，成为第一大股东。

2007年12月14日，国泰沪深300指数基金成立。

2008年1月，国泰金龙行业精选基金荣获《证券时报》"三年持续回报明星基金奖"。

2008年2月，国泰基金首批获得特定客户资产管理业务资格。

2008年4月，国泰基金获得合格境内机构投资人资格，成为业内少数拥有"全牌照"管理资格的基金管理公司。

2008年5月，国泰基金签下"一对一"专户理财第一单。

2008年6月，国泰金鹿保本增值基金转入第二个保本周期(二年)。

2008年11月，国泰基金上海总部搬迁至上海环球金融中心。

2009年1月，国泰深圳分公司获批设立。

2009年1月，国泰金龙债券基金荣获《中国证券报》"2008年度开放式债券型金牛基金"、《上海证券报》2008年度"金基金－债券型基金奖"、《证券时报》"2008年度债券型明星基金奖"。

2009年2月，国泰基金与纳斯达克OMX集团签署独家许可协议，使用纳斯达克100指数在中国开发场内交易产品。

2009年3月11日，国泰双利债券基金成立。

2009年3月26日，国泰基金总经理金旭在纳斯达克参加开市敲钟仪式，这也是境内基金行业获此邀请的第一人。

2009年5月27日，国泰区位优势基金成立。

2009年6月，国泰基金首个"红蜡烛图书室"在山东临沂建成。

2009年7月，国泰基金与意大利忠利保险有限公司正式签署《全面合作及投资备忘录》。

2009年9月，国泰基金第2个和第3个"红蜡烛图书室"在河南大别山和甘肃迭部建成。

2009年9月23日，国泰基金首只"一对多"产品——国泰隆金顺利发行结束。

2009年10月19日，国泰金盛"封转开"为国泰中小盘成长基金成立。

2009年11月，国泰基金第4个"红蜡烛图书馆"在陕西延安建成。

2010年2月10日，国泰估值优势分级封闭基金成立。

2010年3月22日，国内首只海外指数基金——国泰纳斯达克100指数基金获批正式发行。

2010年4月29日，国泰纳斯达克100指数基金(QDII)成立。

2010年5月，国泰基金荣获《证券时报》5项大奖，国泰基金管理公司荣获"2009年度十大明星基金公司"、国泰金龙行业混合基金荣获"2009年度三年持续回报积极混合型明星基金奖"、国泰金牛创新股票基金荣获"2009年度股票型明星基金奖"、国泰金马稳健混合基金荣获"2009年度积极混合型明星基金奖"、国泰金鹏蓝筹混合基金荣获"200年度积极混合型明星基金奖"。

2010年6月，国泰基金荣获《上海证券报》2项大奖，国泰金鹰增长股票基金荣获"2009年度金基金三年期分红奖"、国泰金牛创新成长基金荣获"2009年度金基金一年期产品奖"。

2010年6月21日，国泰基金对外发布公告，公司股东中国建银投资有限责任公司、万联证券有限责任公司已将其所持有的国泰基金管理有限公司合计30%的股权转让给意大利忠利集团。国泰基金正式成为合资基金公司，公司目前股东结构为：中国建银投资有限责任公司出资比例为60%、意大利忠利集团出资比例为30%、中国电力财务有限公司出资比例为10%。

2010年8月13日，国泰基金第16只开放式基金——国泰价值经典股票基金(LOF)成立。

2011年3月，上证180金融交易型开放式指数证券投资基金及其联接基金成立。

2011年4月，荣获《证券时报》2010年度十大明星基金公司奖。

2011年4月，国泰保本混合型证券投资基金成立。

2011年4月，国泰基金首个"红蜡烛图书室"在山东临沂建成。

2011年4月，金旭总经理在哈佛中国年会发表演讲，并获得论坛组委会授予的社会责任奖。

2011年8月，国泰事件驱动策略股票型证券投资基金成立。

2011年9月，金旭总经理等公司高管带队，由公司员工、股东单位代表、渠道和客户代表组成的4支队伍再次奔赴甘肃、湖北等地，连续第4年开展助学支教活动。

2011年12月，国泰信用互利分级债券型证券投资基金成立。

2012年3月，中小板300成长交易型开放式指数证券投资基金及其联接基金成立。

2012年3月，国泰成长优选股票型证券投资基金成立。

2012年3月，荣获《上海证券报》金基金评选"2011年度金基金·海外投资回报公司奖"。旗下国泰金牛创新基金获"三年期金基金·股票型基金奖"。国泰金龙行业精选基金获"一年期金基金·分红基金奖"。荣获《中国证券报》金牛基金评选"2011年度十大金牛基金公司奖"。旗下国泰金牛创新基金获"三年期金牛股票型基金奖"。荣获《证券时报》明星基金评选"五年持续回报明星基金公司奖"、"2011年度十大明星基金公司奖"。旗下国泰金牛创新基金获"三年期持续回报股票型明星基金奖'。国泰金鹰增长基金获"五年期持续回报股票型明星基金奖"。国泰金龙行业精选基金获"五年期持续回报积极混合型明星基金奖"。

2012年5月，国泰大宗商品配置证券投资基金(LOF)成立，成为国泰基金旗下第二只QDII产品。

2013年，公司荣获《上海证券报》"金基金十年卓越公司奖"。

2013年，国泰金龙债券荣获《中国证券报》评选"2012年度债券型金牛基金奖"。

2013年，国泰金鹰增长荣获《上海证券报》"金基金十年投资回报奖"、《证券时报》"五年持续回报股票型明星基金奖"。

2013年，国泰基金首家子公司国泰元鑫资产管理有限公司成立。

2013年，国泰上证5年期国债ETF及其联接基金超市场预期成功发行，国内首只黄金ETF国泰黄金、首只跨国ETF国泰纳斯达克100也随即闪亮登场。

2014年，公司荣获《中国证券报》颁发的"海外投资金牛基金公司奖"、《上海证券报》颁发的"金基金·海外投资回报基金管理公司奖"。

2014年，国泰金牛创新基金荣获《中国证券报》颁发的"五年期股票型金牛基金奖"、《上海证券报》颁发的"五年期股票型金基金奖"。

2014年，国泰金鑫封闭基金荣获《中国证券报》颁发的"三年期封闭式金牛基金奖"、晨星(中国)颁发的"晨星基金

(封闭式)奖"。

2014 年,国泰金鼎价值精选荣获《上海证券报》颁发的"金基金·2013 年度偏股混合型基金奖"。

【股东概况】

排序	股东名称	持股比例
1	中国建银投资有限责任公司	60%
2	意大利忠利集团	30%
3	中国电力财务有限公司	10%

【旗下基金】

基金代码	基金简称	基金类型
020001	国泰金鹰增长	股票型
020010	国泰金牛创新	股票型
020015	国泰区位优势	股票型
020023	国泰事件驱动	股票型
020026	国泰成长优选股票	股票型
160211	国泰中小盘成长	股票型
160215	国泰价值经典	股票型
160212	国泰估值优势	股票型
519606	国泰金鑫股票	股票型
020002	国泰金龙债券 A	债券型
020012	国泰金龙债券 C	债券型
020019	国泰双利债券 A	债券型
020020	国泰双利债券 C	债券型
160217	国泰互利分级债券	债券型
020027	国泰信用债 A	债券型
020028	国泰信用债 C	债券型
020029	国泰 6 个月短期理财债券基金 A	债券型
020030	国泰 6 个月短期理财债券基金 B	债券型
020033	国泰民安增利债券 A	债券型
020034	国泰民安增利债券 C	债券型
000302	国泰淘金互联网债券	债券型
020003	国泰金龙行业精选	混合型
020005	国泰金马稳健	混合型
020009	国泰金鹏蓝筹	混合型
519021	国泰金鼎价值	混合型
519020	国泰金泰平衡	混合型
000362	国泰聚信价值 A	混合型
000363	国泰聚信价值 C	混合型
020018	国泰金鹿保本 2 期	保本型
020022	国泰保本	保本型
000199	国泰目标收益保本混合	保本型
020011	国泰沪深 300	指数型
160211	国泰沪深 300	指数型
160215	国泰价值经典	指数型
020021	国泰上证 180 金融联接	指数型
510230	国泰上证 180 金融 ETF	指数型
159917	国泰中小板 300 成长	指数型
020025	国泰中小板 300 成长 ETF 联接	指数型
160218	国泰国证房地产指数分级	指数型
150117	国泰国证房地产 A	指数型
150118	国泰国证房地产 B	指数型
511010	国泰上证 5 年期国债 ETF	指数型
002035	国泰上证 5 年期国债 ETF 联接基金 A	指数型
002036	国泰上证 5 年期国债 ETF 联接基金 C	指数型
160212	国泰估值优势	指数型
518800	国泰黄金	指数型
160219	国泰国证医药卫生行业指数分级	指数型
150130	国泰医药 A	指数型
150131	国泰医药 B	指数型
160213	国泰纳斯达克 100	QDII
160216	国泰大宗商品	QDII
000103	国泰中国企业境外高收益债券	QDII
000193	国泰美国房地产开发股票	QDII
020007	国泰货币	货币型
020031	国泰现金管理货币市场基金 A	货币型
020032	国泰现金管理货币市场基金 B	货币型
500011	国泰金鑫	封闭式

【公司高管】

陈勇胜,董事长,硕士,20 年证券从业经历。1982 年起在中国建设银行总行、中国投资银行总行工作。历任综合计划处、资金处副处长、国际结算部副总经理(主持工作)。1992 年起任国泰证券公司国际业务部总经理,公司总经理助理兼北京分公司总经理,1998 年 3 月起任国泰基金管理公司总经理,1999 年 10 月起任董事长。

南方基金管理有限公司

【基本情况】

法定名称:南方基金管理有限公司

英文名称:China Southern Fund Management Co. ,Ltd.

注册地址:深圳市深南大道 4009 号投资大厦 7 层

办公地址:深圳市福田中心区福华一路 6 号

免税商务大厦 31 - 33 层

法人代表:吴万善

总 经 理:杨小松

成立时间:1998 年 3 月 6 日

公司属性:中资

注册资本:1.5 亿元

联系电话:0755 - 82763888

客服热线:400 - 889 - 8899

传真号码:0755 - 82763889

邮政编码:518048

公司网址:www. southernfund. com

【公司概况】

1998 年 3 月 6 日,经中国证监会批准,南方基金管理有限公司作为国内首批规范的基金管理公司正式成立,成为我国"新基金时代"的起始标志。南方基金总部设在深圳,注册资本 1.5 亿元。股东结构为:华泰证券股份有限公司(45%);深圳市投资控股有限公司(30%);厦门国际信托有限公司(15%);兴业证券股份有限公司(10%)。目前,公司在北京、上海、合肥等地设有分公司,在香港地区设有子公司——南方东英资产管理有限公司,这也是境内基金公司获批成立的第一家境外分支机构。

公司拥有一支高素质、经验丰富的专业化团队。现有员工 390 余人,超过 55% 的员工具有硕士以上学历,近 70% 的员工具有 7 年以上的证券从业经历,其中投研人员的平均证券从业年限为 8 年,40% 的投研人员具有海外学习或工作经验。

公司经历了中国证券市场多次牛熊市交替的长期考验,以持续优秀的投资业绩、完善周到的客户服务,赢得了广大基金投资人、社保理事会、企业年金客户、专户客户的认可和信赖。截止 2012 年末，公司管理资产规模 2271 亿元，位居行业前列。旗下管理公募基金共 39 只，其中开放式基金 37 只、封闭式基金 2 只，公募基金资产管理规模 1526 亿元，累计向基金持有人分红达 495 亿元，拥有客户数量突破 1200 万人。私募业务管理规模近 745 亿元，在行业中持续保持领先地位。南方基金已经发展成为国内产品种类最丰富、业务领域最全面、经营业绩优秀、资产管理规模最大的基金管理公司之一。

【公司大事记】

1998 年，南方基金管理有限公司管理的国内第一只规范的封闭式证券投资基金——基金开元成功发行上市，开创了中国基金业的新纪元。

2001 年 9 月，南方基金管理公司首批推出了开放式基金——南方稳健成长基金，引领行业潮流。

2002 年 9 月，南方基金管理有限公司又率先推出了国内首只债券型开放式基金——南方宝元债券型基金。

2002 年 12 月，南方基金管理有限公司在全国社会保障基金投资管理人评选中力拔头筹。

2003 年 5 月，南方基金管理公司再次引领行业之先，推出了国内首只保本型开放式基金——南方避险增值基金，并以 51.93 亿的首发规模创下国内开放式基金的新纪录。

2004 年 3 月，南方现金增利基金以 80.49 亿再次刷新国内开放式基金的首发纪录，成为国内发行规模最大的一只基金。

2004 年 8 月，南方积极配置基金正式发行，成为国内首只上市开放式基金（LOF）。

2005 年 5 月，南方高增长基金正式开始发行。

2005 年 8 月，南方基金管理有限公司获得首批企业年金基金投资管理人资格。

2006 年 3 月，南方多利基金正式发行，为国内第一只规范的中短债类基金，首发规模达 89.77 亿元。

2006 年 6 月，南方稳健贰号基金发行，首发规模达 52.57 亿元，成为国内第一只复制基金。

2006 年 11 月，南方绩优成长基金发行，首发规模达 124.77 亿元，成为到发行结束之日止发行时间最短的百亿基金。

2006 年 11 月，南方高增长基金每基金单位分红高达 0.747 元，创下基金单次分红的最高纪录，并引来投资者的踊跃申购，两天之内申购量超过 100 亿元。

2007 年 4 月，南方稳健贰号基金实施拆分，投资者申购踊跃，一天之内申购量约 300 亿元，启动比例确认机制，确认比例只有约 1/4。

2007 年 5 月，由于南方金元封转开而来的南方成份精选基金集中申购，发行当日结束发行，发行规模接近预计上限，发行规模 107.59 亿元。

2007 年 7 月，南方基金首家获得基金 QDII 业务资格。

2007 年 8 月，南方基金管理资产规模突破 2000 亿元。

2007 年 9 月，国内首只股票型 QDII 产品——南方全球精选配置基金发行，一天之内认购量约 500 亿元，经主管机关和相关部门批准后，该基金最后以 40 亿美元（折合人民币约 300 亿元）的额度进行比例确认。

2007 年 11 月 9 日，基金隆元终止上市，并成功实现封转开，变更为旗下第十二只开放式证券投资基金——南方隆元产业主题（股票型）。

2007 年 12 月 6 日，南方隆元产业主题基金集中申购，募集规模 92.61 亿元。

2008 年 2 月 18 日，首批获得特定客户资产管理业务资格。

2008 年 3 月 21 日，发行、成立旗下第 13 只开放式证券投资基金——南方盛元红利（股票型），募集规模 62.17 亿元。

2008 年 6 月 18 日，发行、成立旗下第 14 只开放式证券投资基金——南方优选价值（股票型），募集规模 11.39 亿元。

2008 年 6 月 27 日，中国证监会核准公司在香港设立南方东英资产管理有限公司。

2008 年 11 月 12 日，发行、成立旗下第 15 只开放式证券投资基金——南方恒元保本混合型基金，募集规模 22.11 亿元。

2009 年 3 月 26 日，发行、成立旗下第 16 只开放式证券投资基金——南方沪深 300 指数证券投资基金，募集规模15.81 亿元。

2009 年 9 月 2 日，南方基金－光大银行首只专户“一对多”产品获批，南方基金成为国内首批拿到专户“一对多”产品批文的基金公司之一。

2009 年 9 月 25 日，发行、成立旗下第 17 只开放式证券投资基金——南方中证 500 指数证券投资基金（LOF），募集规模为 32.23 亿元。

2009 年 9 月 28 日，发行、成立旗下第 1 只一对多理财产品——南方－光大－灵活配置 1 号资产管理计划。

2009 年 12 月 4 日，发行、成立旗下第 18 只开放式证券投资基金——深证成份交易型开放式指数证券投资基金（ETF），募集规模为 41.28 亿元。

2009 年 12 月 9 日，发行、成立旗下第 19 只开放式证券投资基金——南方深证成份交易型开放式指数证券投资基金联接基金，募集规模为 32.72 亿元。

2010 年 3 月 31 日，发行、成立旗下第 20 只开放式证券投资基金——南方策略优化股票型证券投资基金，募集规模为 22 亿元。

2010 年 8 月 27 日，发行、成立旗下第 21 只开放式证券投资基金——中证南方小康产业交易型开放式指数证券投资基金，募集规模为 6.56 亿元。

2010 年 8 月 27 日，发行、成立旗下第 22 只开放式证券投资基金——中证南方小康产业交易型开放式指数证券投资基金联接基金，募集规模为 8.99 亿元。

2010 年 11 月 3 日，发行、成立旗下第 23 只开放式证券投资基金——南方广利回报债券型证券投资基金，募集规模为 45.65 亿元。

2010 年 12 月 9 日，发行、成立旗下第 24 只开放式证券投资基金——南方金砖四国指数证券投资基金，募集规模为 6.36 亿元。

2011 年 1 月 30 日，发行、成立旗下第 25 只开放式证券投资基金——南方优选成长混合型证券投资基金，募集规模为 22.17 亿元。

2011 年 5 月 17 日，发行、成立旗下第 26 只开放式证券投资基金——中证 50 债券指数证券投资基金（LOF），为国内首只债券指数 LOF 基金，募集规模为 28.26 亿元。

2011 年 6 月 21 日，发行、成立旗下第 27 只开放式证券投资基金——南方保本混合型证券投资基金，募集规模为 49.6 亿元。

2011 年 9 月 16 日，发行、成立旗下第 28 只开放式证券投资基金——上证 380 交易型开放式指数证券投资基金（ETF），募集规模为 3.3 亿元。

2011 年 9 月 20 日，发行、成立旗下第 29 只开放式证券投资基金——南方上证 380 交易型开放式指数基金联接基金，募集规模为 3.24 亿元。

2011 年 9 月 26 日，发行、成立旗下第 30 只开放式证券投资基金——南方中国中小盘股票指数证券投资基金，募集规模为 3 亿元。

2011 年 12 月 21 日，首批获得人民币境外合格机构投资者（RQFII）资格。

2012 年 3 月 13 日，发行、成立旗下第 31 只开放式证券投资基金——南方新兴消费增长分级股票型证券投资基金，募集规模为 19.3 亿元。

2012 年 5 月 17 日，发行、成立旗下第 32 只开放式证券投资基金——南方金利定期开放债券型证券投资基金，募集规模为 16.2 亿元。

2012 年 7 月 20 日，发行、成立旗下第 33 只开放式证券投资基金——南方润元纯债债券型证券投资基金，募集规模为 85.62 亿元。

2012 年 8 月 14 日，发行、成立旗下第一只短期理财基金、旗下第 34 只开放式证券投资基金 - 南方理财 14 天债券型证券投资基金，募集规模为 70.09 亿元。

2012 年 9 月 25 日，发行、成立旗下第 35 只开放式证券投资基金——南方金粮油商品股票型证券投资基金，募集规模为 33.73 亿元。

2012 年 10 月 12 日，入选保险资金投资管理人。

2012 年 10 月 19 日，发行、成立旗下第 36 只开放式证券投资基金——南方理财 60 天债券型证券投资基金，募集规模为 51.08 亿元。

2012 年 12 月 21 日，发行、成立旗下第 37 只开放式证券投资基金——南方安心保本混合型证券投资基金，募集规模为 24.41 亿元。

2013 年 7 月 23 日，发行、成立旗下第 42 只开放式证券投资基金——南方稳利 1 年定期开放债券型证券投资基金，募集规模为 8.56 亿元。

2013 年 11 月 12 日，发行、成立旗下第 43 只开放式证券投资基金——南方丰元信用增强债券型证券投资基金，募集规模为 7.25 亿元。

2013 年 11 月 28 日，发行、成立旗下第 44 只开放式证券投资基金——南方聚利 1 年定期开放债券型证券投资基金（LOF），募集规模为 2.95 亿元。

2014 年 1 月 21 日，发行、成立旗下第 45 只开放式证券投资基金——南方现金通货币市场基金，募集规模为 2.12 亿元。

2014 年 1 月 23 日，发行、成立旗下第 46 只开放式证券投资基金——南方医药保健灵活配置混合型证券投资基金，募集规模为 15.86 亿元。

2014 年 2 月 26 日，发行、成立旗下第 47 只开放式证券投资基金——南方新优享灵活配置混合型证券投资基金，募集规模为 21.43 亿元。

2014 年 4 月 25 日，发行、成立旗下第 48 只开放式证券投资基金——南方通利债券型证券投资基金，募集规模为 6.69 亿元。

2014 年 6 月 9 日，发行、成立旗下第 49 只开放式证券投资基金——中国梦灵活配置混合型证券投资基金，募集规模为 11.94 亿元。

2014 年 6 月 23 日，发行、成立旗下第 50 只开放式证券投资基金——南方薪金宝货币市场基金，募集规模为 2.72 亿元。

2014 年 7 月 25 日，发行、成立旗下第 51 只开放式证券投资基金——南方启元债券型证券投资基金，募集规模为 9.52 亿元。

2014 年 10 月 30 日，发行、成立旗下第 52 只开放式证券投资基金——中证 500 医药卫生指数交易型开放式指数证券投资基金，募集规模为 11.83 亿元。

2014 年 12 月 1 日，发行、成立旗下第 53 只开放式证券投资基金——南方绝对收益策略定期开放混合型发起式证券投资基金，募集规模为 15.01 亿元。

2014 年 12 月 5 日，发行、成立旗下第 54 只开放式证券投资基金——南方理财金交易型货币市场基金，募集规模为 35.56 亿元。

2014 年 12 月 23 日，发行、成立旗下第 55 只开放式证券投资基金——南方恒生交易型开放式指数证券投资基金，募集规模为 2.87 亿元。

2015 年 1 月 27 日，发行、成立旗下第 56 只开放式证券投资基金——南方产业活力股票型证券投资基金，募集规模为 18.52 亿元 。

【公司荣誉】

公司奖：

南方日报社 2011 年度南方金融社会责任奖

上海证券报社 2011 年度金基金——海外投资回报公司

股市动态分析 2011 品牌管理与营销策划十佳基金公司

北京商报社 2011 最佳社会责任奖——南方基金

网易金钻奖——2011 年度最佳债券基金品牌

每日经济新闻第二届中国高端私人理财金鼎奖——最佳基金公司

凤凰网 2011 年度最具影响力基金品牌

理财周报 2012 年中国最佳社会责任基金公司

银行间市场清算所股份有限公司 2011 年度基金信托类结算成员前五名

南方日报社 2011 年度南方金融社会责任奖

上海证券报社 2011 年度金基金——海外投资回报公司

股市动态分析 2011 品牌管理与营销策划十佳基金公司

北京商报社 2011 最佳社会责任奖——南方基金

网易金钻奖——2011 年度最佳债券基金品牌

每日经济新闻第二届中国高端私人理财金鼎奖——最佳基金公司

凤凰网 2011 年度最具影响力基金品牌

理财周报 2012 年中国最佳社会责任基金公司

基金奖：

南方日报社 2012 最佳金融营销创意奖——南方“壹定投”微视频营销策划

中国证券报 2011 年一年期股票型金牛基金奖——南方成份

人物奖：

和讯网 2011 年度第九届中国财经风云榜年度最佳基金经理——韩亚庆

股市动态分析 2011 年基金行业最佳品牌与营销策划经理——冯飞、齐东宇

【股东概况】

排序	股东名称	持股比例
1	华泰证券有限责任公司	45%
2	深圳市投资控股有限公司	30%
3	厦门国际信托投资股份有限公司	15%
4	兴业证券股份有限公司	10%

【旗下基金】

基金代码	基金简称	基金类型
160105	南方积配	股票型
160106	南方高增	股票型
202003	南方绩优	股票型
202005	南方成份	股票型
202007	南方隆元	股票型
202009	南方盛元	股票型
202011	南方价值	股票型
202019	南方策略	股票型
160127	南方消费	股票型
150049	南方消费收益	股票型
150050	南方消费进取	股票型
202027	南方金粮油	股票型
202001	南方稳健	混合型
202002	南稳贰号	混合型
202023	南方优选成长	混合型
000452	南方医保	混合型
202202	南方避险	保本型
202211	南方恒元	保本型
202212	南方保本	保本型
202213	南方安心	保本型
202015	南方 300 联接	指数型
159925	南方 300(ETF)	指数型
160119	南方 500	指数型
510050	500ETF	指数型
202017	南方深成 ETF	指数型
159903	深成 ETF	指数型
202021	南方小康	指数型
510160	南方小康 ETF	指数型
202025	南方 380	指数型
510290	380ETF	指数型
202801	南方全球	QDII
160121	南方金砖	QDII
160125	南方中国	QDII
202101	南方宝元	债券型
202102	南方多利 C	债券型
202103	南方多利 A	债券型
202105	南方广利 A/B	债券型
202107	南方广利 C	债券型
160123	南方 50 债 A	债券型
160124	南方 50 债 C	债券型
160128	南方金利 A	债券型
160129	南方金利 C	债券型
202108	南方润元 A/B	债券型
202110	南方润元 C	债券型
160130	南方永利	债券型
000022	南方中票 A	债券型
000023	南方中票 C	债券型
000086	南方稳利	债券型
000355	南方丰元 A	债券型
000356	南方丰元 C	债券型
160131	南方聚利	债券型
202301	南方现金 A	货币型
202302	南方现金 B	货币型
202303	南方理财 14 天 A	理财型
202304	南方理财 14 天 B	理财型
202305	南方理财 60 天 A	理财型
202306	南方理财 60 天 B	理财型
202307	南方理财 30 天 A	理财型
202308	南方理财 30 天 B	理财型
184698	基金天元	封闭式

【公司高管】

吴万善先生，董事长，中共党员，工商管理硕士，高级经济师。历任中国人民银行江苏省分行金融管理处科员、中国人民银行南京市分行江宁支行科员、华泰证券有限责任公司发行部副经理、总经理助理、副总经理、总裁，现任华泰证券有限责任公司董事长兼党委副书记、南方基金管理有限公司董事长代总裁。

杨小松先生，董事，中共党员，经济学硕士，注册会计师。历任德勤国际会计师行会计专业翻译，光大银行证券部职员，美国 NASDAQ 实习职员，证监会处长、副主任。2012 年加入南方基金，担任督察长，现任南方基金管理有限公司董事、总裁、党委副书记。

鲍文革先生，督察长，中国民主同盟盟员，经济学硕士。历任财政部中华会计师事务所审计师，南方证券有限公司投行部及计划财务部总经理助理，1998 年加入南方基金，历任运作保障部总监、公司监事、财务负责人、总经理助理，现任南方基金管理有限公司督察长、南方东英资产管理有限公司(香港)董事。

华夏基金管理有限公司

【基本情况】

法定名称：华夏基金管理有限公司
英文名称：CHINA ASSET MANAGEMENT CO., LTD.
注册地址：北京市顺义区天竺空港工业区 A 区
办公地址：北京市西城区金融大街 33 号通泰大厦 B 座 8 层
法人代表：杨明辉
总 经 理：滕天鸣
成立时间：1998 年 4 月 9 日
注册资本：2.38 亿元
公司属性：中资
联系电话：(010) 88066508
客服热线：400－818－6666
传真号码：(010) 88066566
邮政编码：100032
公司网址：www.chinaamc.com

【公司概况】

华夏基金管理有限公司成立于 1998 年 4 月 9 日，是经中国证监会批准成立的首批全国性基金管理公司之一。公司总部设在北京，在北京、上海、深圳、成都、南京、杭州、广州和青岛设有分公司，在香港及深圳设有子公司。公司是首批全国社保基金管理人、首批企业年金基金管理人、境内首批 QDII 基金管理人、境内首只 ETF 基金管理人，以及特定客户资产管理人、保险资金投资管理人，香港子公司是首批 RQFII 基金管理人。华夏基金是业务领域最广泛的基金管理公司之一。

华夏基金规范运作、稳健经营，以雄厚的综合实力持续保持了行业的领先地位。公司拥有 17 年投资管理经验，是管理基金规模最大的基金管理公司之一。公司服务机构客户 35000 余户，服务公众持有人约 2000 万户。华夏基金秉承“为信任奉献回报”的企业宗旨，注重将投资收益及时转化为红利，为投资人创造了丰厚的回报，累计为持有人分红超过 1000 亿元。

华夏基金的核心使命即为投资人创造良好的回报。华夏基金在业内最早提出了“研究创造价值”的投资理念，始终将投资业绩放在首位，打造了业内规模最大、最优秀的投资团队。华夏基金投资研究团队吸收了大批海内外专业人士，选拔了知名高校的优秀人才，构建了精英荟萃的投研平台，建立了一支约 200 人的业内最大的买方投研团队，基金经理具有丰富的经验，平均从业经验 10 年以上。

在公募基金方面，华夏基金建立了完善的基金产品线，可以满足投资者各类投资需求。公司旗下共有 46 只公募基金，主动管理的基金囊括了货币型、理财型、债券型、混合型以及股票型等 5 大类不同风险收益特征的品种；在被动管理方面，公司构建了覆盖综合指数、权重股指数、中小盘指数、行业指数以及海外市场指数的完善的产品线。在互联网方面，华夏基金是中国基金行业中唯一一家与腾讯、百度、阿里巴巴三大互联网公司全面开展合作的基金公司，公司管理的电商规模近 1000 亿元。

华夏基金机构业务包括全国社保基金、养老金业务、专户理财业务、机构客户公募基金组合管理业务及海外机构业务。作为境内最早的社保基金管理机构，华夏基金经过 14 年的管理实践，管理的社保资产有效规模名列前茅。华夏基金已被 188 家大中型企业年金客户确定为投资管理人，公司管理的企业年金运作规模超过 500 亿元，继续居于基金行业第一位。华夏基金还受到了多家境外主权基金、中央银行、政府养老金等国际投资者的认可，为美国、韩国、日本、马来西亚、德国等国家及中国香港、台湾等地区的海(境)外机构客户提供专业的投资管理和顾问服务。

17 年来，华夏基金凭借规范的经营管理及良好的品牌声誉，获得了业界的广泛认可，多次荣获境内外各大权威奖项。华夏基金八次获得《中国证券报》评选的“金牛基金管理公司奖”，八次获得《上海证券报》评选的“金基金 top 公司大奖”，五次获得《证券时报》评选的“明星基金公司奖”，并多次获得《亚洲投资者》、《亚洲资产管理》以及《财资》等境外权威机构评选的“中国最佳基金管理公司奖”。

【股东概况】

公司股权结构如下：

持股单位	持股占总股本比例
中信证券股份有限公司	59%
南方工业资产管理有限责任公司	11%
山东省农村经济开发投资公司	10%
POWER CORPORATION OF CANADA	10%
青岛海鹏科技投资有限公司	10%
合计	100%

【旗下基金】

基金代码	基金简称	类型
288002	华夏收入	股票型
000021	华夏优势增长	股票型
000031	华夏复兴	股票型
160314	华夏行业精选	股票型
000061	华夏盛世精选	股票型
000001	华夏成长	混合型
000011	华夏大盘精选	混合型
002001	华夏回报	混合型
002011	华夏红利	混合型
002021	华夏回报二号	混合型
519029	华夏平稳增长	混合型
160311	华夏蓝筹	混合型
002031	华夏策略精选	混合型
288001	华夏经典	混合型
519908	华夏兴华	混合型
000121	华夏永福养老理财	混合型
000041	华夏全球精选	QDII
001061	华夏收益债券 A	QDII
001063	华夏收益债券 C	QDII
001065	华夏收益债券现汇	QDII
159920	华夏恒生 ETF	QDII
000071	华夏恒生 ETF 联接	QDII
000075	华夏恒生 ETF 联接现汇	QDII
001001	华夏债券 A/B	债券型
001003	华夏债券 C	债券型
001011	华夏希望债券 A	债券型
001013	华夏希望债券 C	债券型
288102	中信双利	债券型
001021	华夏亚债中国债指 A	债券型
001023	华夏亚债中国债指 B	债券型
001031	华夏安康优选债券 A	债券型
001033	华夏安康优选债券 C	债券型
000014	华夏一年定开债券*	债券型
000015	华夏纯债债券 A	债券型
000016	华夏纯债债券 C	债券型
000047	华夏双债债券 A	债券型
000048	华夏双债债券 C	债券型
003003	华夏现金增利 A/E	货币型
288101	华夏货币 A	货币型
288201	华夏货币 B	货币型
519800	华夏保证金货币 A	货币型
519801	华夏保证金货币 B	货币型
000343	华夏财富宝货币	货币型
510050	华夏上证 50ETF	指数型
159902	华夏中小板 ETF	指数型
000051	华夏沪深 300	指数型
510330	华夏沪深 300ETF	指数型
510610	华夏能源 ETF	指数型
510620	华夏材料 ETF	指数型
510630	华夏消费 ETF	指数型
510650	华夏金融 ETF	指数型
510660	华夏医药 ETF	指数型
001057	华夏理财 30 天债券 A	理财型
001058	华夏理财 30 天债券 B	理财型
001077	华夏理财 21 天 A	理财型

基金代码	基金简称	类型
001078	华夏理财 21 天 B	理财型
500018	华夏兴和	封闭式

【公司高管】

杨明辉先生，董事长，硕士，高级经济师。现任中信证券股份有限公司董事总经理、党委委员。曾任纺织部北京纺织机械研究所工程师、室副主任，中信兴业信托投资公司纺织处项目经理，中国国际信托投资公司证券部项目经理，中信证券北京营业部副总经理，中信证券公司董事、襄理、副总经理，中信控股公司董事、常务副总裁并兼任中信证券董事、中信信托董事、信诚基金管理有限公司董事长，中国建银投资证券有限责任公司党委副书记、执行董事、总裁。

滕天鸣先生，总经理，硕士。曾任机构理财部总经理、公司总经理助理、公司副总经理等。

方瑞枝女士，督察长，硕士。曾在中国金融出版社工作。

华安基金管理有限公司

【基本情况】

法定名称：华安基金管理有限公司

英文名称：Hua An Fund Management Co., Ltd.

注册地址：上海市浦东新区世纪大道 8 号上海国金中心二期 31、32 层

办公地址：上海市浦东新区世纪大道 8 号上海国金中心二期 31、32 层

法人代表：朱仲群

总 经 理：李　勍

成立时间：1998 年 6 月 4 日

公司属性：中资

注册资本：1.5 亿元

联系电话：021 - 38969999

客服电话：40088 - 50099

传真号码：021 - 68863223

邮政编码：200120

公司网址：www.huaan.com.cn

【公司概况】

华安基金管理有限公司经中国证监会证监基金字[1998]20 号文批准于 1998 年 6 月设立，是国内首批基金管理公司之一，注册资本 1.5 亿元，公司总部设在上海陆家嘴金融贸易区。目前的股东为上海电气(集团)总公司、上海国际信托有限公司、上海工业投资(集团)有限公司、上海锦江国际投资管理有限公司和国泰君安投资管理股份有限公司。

截至 2013 年 12 月 31 日，华安基金共有 47 只公募基金。公募基金管理规模达到 838.62 亿元，15 年稳居行业前 10。从业绩上来看，股票投资能力有 12 年居行业前 1/2，7 年居前 1/3，5 年居前 1/4。

截至 2013 年 12 月 31 日，华安基金管理有限公司旗下共管理了华安安顺封闭 1 只封闭式证券投资基金，华安创新混合、华安中国 A 股增强指数、华安现金富利货币、华安宝利配置混合、华安宏利股票、华安中小盘成长股票、华安策略优选股票、华安核心优选股票、华安稳定收益债券、华安动态灵活混合、华安强化收益债券、华安行业轮动股票、华安上证 180ETF、华安上证 180ETF 联接、华安上证龙头企业 ETF、龙头 ETF 联接、华安升级主题股票、华安稳固收益债券、华安可转换债基金、华安深证 300 指数基金(LOF)、华安科技动力股票、华安四季红债券、华安香港精选股票、华安大中华升级股票、华安标普石油指数基金(QDII - LOF)、华安月月鑫短期理财债券、华安季季鑫短期理财债券、华安月安鑫短期理财债券、华安七日鑫短期理财债券、华安沪深 300 指数分级、华安逆向策略、华安日日鑫货币、华安安心收益债券、华安信用增强债券、华安保本混合、华安纯债债券、华安双债债券、华安易富黄金 ETF、华安年年红债券、华安生态优先、华安中证细分医药 ETF、华安中证细分地产 ETF 等 47 只开放式基金。

【公司大事记】

1999 年 6 月，华安获准成为第一批可管理两只基金的基金管理公司。

2001 年 2 月，华安被“机构投资者论坛”(Institutional Investor)吸收为第一个中国大陆会员。

2001 年 9 月，推出了国内第一只开放式基金——华安创新证券投资基金。

2002 年 9 月，推出了国内第一只开放式指数型证券投资基金——华安 180 指数增强型证券投资基金。

2003 年 4 月，成为业内第一家参照“实时企业”(Real Time Company)的要求，推出 7 * 24 小时“全天候”理财服务的基金管理公司。

2003 年 12 月，推出了国内第一只准货币市场基金——华安现金富利基金。

2006 年 9 月，推出中国第一只外币基金产品——华安国际配置基金。

2007 年 4 月，华安旗下封闭式基金安瑞到期，转型为开放式基金——华安中小盘成长基金。

2007 年 8 月，华安旗下封闭式基金安久到期，转型为开放式基金——华安策略优选基金，申购首日突破 700 亿。

2007 年 10 月，华安旗下中国第一只开放式基金华安创新分拆，净值回归 1 元。

2007 年 12 月，华安基金管理公司管理资产规模突破 1000 亿，服务客户近 600 万

2008 年 4 月，推出了旗下第一只债券型基金——华安稳定收益债券型基金，进一步完善了产品线。

2008 年 5 月，举行了公司十周年庆典暨华安全新品牌形象和 LOGO 发布会。十年再上路，华安以全新的品牌形象和投资者一起再出发。

2008 年 10 月，推出了旗下第十一只开放式证券投资基金——华安核心优选股票型证券投资基金。

2009 年 4 月，推出了旗下第二只债券型基金——华安强化收益债券型证券投资基金。

2009 年 9 月，推出旗下第十三只开放式证券投资基金——华安上证 180 交易型开放式指数证券投资基金联接基金，实现了基金业的创新，使得投资者能够以投资于普通开放式基金的资本量投资于交易型开放式指数基金。

2009 年 12 月，推出旗下第十四只开放式证券投资基金——华安动态灵活配置混合型证券投资基金。

2010 年 9 月，推出了第二只海外投资基金(QDII)华安香港精选股票型证券投资基金。

2010 年 5 月，推出旗下第十五只开放式证券投资基金——华安行业轮动股票型证券投资基金。

2011 年 9 月，国内第一只开放式基金——华安创新混合

配置基金发行十周年。至今中国开放式基金已然走过十年风雨岁月。

2011 年 12 月,上证 180ETF 正式纳入融资融券标的证券。

2011 年 12 月,旗下全资子公司——华安资产管理(香港)有限公司的 RQFII(人民币合格境外机构投资者)资格正式获得证监会批准,成为成功入围首批获准该项资格的机构之一。

2011 年 12 月,华安基金总部搬迁至上海国金中心。

2012 年 4 月,国内首批固定组合类创新基金破茧,华安月月鑫、季季鑫短期理财基金正式获批。

2013 年 6 月,国内首批黄金 ETF 获批——华安易富黄金 ETF,开创了黄金投资新时代。

【股东概况】

排序	股东名称	持股数量(万股)	持股比例
1	上海国际信托投资有限公司	3000.00	20%
1	上海电气(集团)总公司	3000.00	20%
1	上海锦江国际投资管理有限公司	3000.00	20%
1	国泰君安投资管理股份有限公司	3000.00	20%
1	上海工业投资(集团)有限公司	3000.00	20%

【旗下基金】

基金代码	基金简称	类型
040005	华安宏利	股票型
040007	华安中小盘成长	股票型
040008	华安策略优选	股票型
040011	华安核心	股票型
040016	华安行业轮动	股票型
040020	华安升级主题?	股票型
040025	华安科技动力?	股票型
040035	华安逆向策略	股票型
519002	华安安信消费服务	股票型
000294	华安生态	股票型
040001	华安创新	混合型
040004	华安宝利配置	混合型
040015	华安动态灵活配置	混合型
000072	华安保本	混合型
040002	华安中国 A 股	指数型
510180	180ETF	指数型
040180	华安 180ETF 联接	指数型
040190	华安龙头 ETF 联接	指数型
160415	华安深证 300 指数(LOF)	指数型
160417	华安沪深 300 指数分级	指数型
150104	华安沪深 300 指数分级 A	指数型
150105	华安沪深 300 指数分级 B	指数型
000216	华安黄金易(ETF 联接)A	指数型
000217	华安黄金易(ETF 联接)C	指数型
000312	华安沪深 300 增强 A	指数型
000313	华安沪深 300 增强 C	指数型
040003	华安现金富利 A	货币型
040013	华安现金富利 B	货币型
040018	华安香港精选股票	QDII
040021	华安大中华股票	QDII
160416	华安石油指数	QDII
040046	华安纳指 100	QDII
040047	华安纳指 100(钞)	QDII
040048	华安纳指 100(汇)	QDII
040009	华安稳定收益债券 A	债券型
040010	华安稳定收益债券 B	债券型
040012	华安强化收益债券 A	债券型
040013	华安强化收益债券 B	债券型
040019	华安稳固收益债券	债券型
040022	华安可转债债券 A	债券型
040023	华安可转债债券 B	债券型
040026	华安信用四季红债券	债券型
040036	华安安心收益债券 A	债券型
040037	华安安心收益债券 B	债券型
040045	华安信用增强债券	债券型
040040	华安纯债债券 A	债券型
040041	华安纯债债券 C	债券型
000149	华安双债添利债券 A	债券型
000150	华安双债添利债券 C	债券型
000227	华安年年红债券	债券型
040038	华安日日鑫货币 A	理财型
040039	华安日日鑫货币 B	理财型
040042	华安七日鑫 A	理财型
040043	华安七日鑫 B	理财型
040028	华安月月鑫短期理财 A	理财型
040029	华安月月鑫短期理财 B	理财型
040030	华安季季鑫短期理财 A	理财型
040031	华安季季鑫短期理财 B	理财型
040033	华安月安鑫短期理财债券 A	理财型
040034	华安月安鑫短期理财债券 B	理财型
500009	华安安顺	封闭式

【公司高管】

朱仲群先生,研究生学历。历任中国人民银行人事司、办公厅副处长、处长,国家开发银行办公厅处长,中国光大银行大连分行行长助理、监察室副主任,中国平安人寿保险股份有限公司北京分公司党委副书记兼副总经理、党委书记兼总经理,长城人寿保险股份有限公司总经理、副董事长、董事,现任上海国际集团有限公司总经理助理,华安基金管理有限公司董事长。

李勍先生,大学学历,高级管理人员工商管理硕士(EMBA)。历任中国兴南(集团)公司证券投资部副总经理,北京汇正财经顾问有限公司董事总经理,上海证券交易所深圳办事处主任,中国投资信息有限公司董事总经理,现任华安基金管理有限公司董事、总裁。

薛珍女士,研究生学历,11 年证券、基金从业经验,曾任华东政法大学副教授,中国证监会上海证管办机构处副处长,中国证监会上海监管局信息调研处处长,中国证监会上海监管局法制工作处处长,现任华安基金管理有限公司督察长。

博时基金管理有限公司

【基本情况】

法定名称:博时基金管理有限公司

英文名称:Boshi Fund Management Co., Ltd.

办公地址:深圳市福田区深南大道 7088 号招商银行大厦 29－30 层

法人代表:杨　鹇

总 经 理:吴姚东

成立时间:1998 年 7 月 13 日
公司属性:中资
注册资本:2.5 亿元
联系电话:0755 - 83169999
客服热线:95105568
传真号码:0755 - 83195140
公司网址:www.bosera.com

【公司概况】

博时基金管理有限公司成立于 1998 年 7 月 13 日,是中国内地首批成立的五家基金管理公司之一。注册资本 2.5 亿元人民币,总部设在深圳,在北京、上海、郑州、沈阳、成都设有分公司。同时,博时基金公司拥有博时基金(国际)有限公司和博时资本管理有限公司两家全资子公司。博时基金公司的股东为招商证券股份有限公司、中国长城资产管理公司、天津港(集团)有限公司、璟安股权投资有限公司、上海盛业股权投资基金有限公司、上海丰益股权投资基金有限公司、广厦建设集团有限责任公司。博时基金公司的经营范围包括基金募集、基金销售、资产管理和中国证监会许可的其他业务,是一家为客户提供专业投资服务的资产管理机构。

"为国民创造财富"是博时的使命。博时基金公司的投资理念是"做投资价值的发现者"。我们的股票投资强调以内部研究为基础的基本面分析,持续挖掘业绩稳定增长、有核心竞争力、有成长潜力的上市公司。我们坚信股票的二级市场价格终将反映企业的内在价值,坚守对企业的深入把握这一获取收益、规避风险的根本方法。

截至 2013 年 12 月 31 日,博时基金共管理博时价值增长混合基金、博时沪深 300 指数基金、博时现金收益货币基金、博时精选股票基金、博时主题行业股票(LOF)基金、博时稳定价值债券基金、博时平衡配置混合基金、博时价值增长贰号混合基金、博时第三产业股票基金、博时新兴成长股票基金、博时特许价值股票基金、博时信用债券基金、博时策略混合基金、博时上证超大盘 ETF 基金、博时上证超大盘 ETF 联接基金、博时创业成长股票基金、博时大中华亚太精选股票(QDII)基金、博时宏观回报债券基金、博时转债增强债券基金、博时行业轮动股票基金、博时抗通胀增强回报(QDII - FOF)基金、博时卓越品牌股票基金、博时深证基本面 200ETF 基金、博时深证基本面 200ETF 联接基金、博时裕祥分级债券基金、博时回报混合基金、博时天颐债券基金、博时上证自然资源 ETF 基金、博时上证自然资源 ETF 联接基金、博时标普 500ETF 基金、博时标普 500ETF 联接(QDII)基金、博时医疗保健行业股票基金、博时信用债纯债基金、博时安心收益定期开放债券基金、博时理财 30 天债券基金、博时亚洲票息收益债券(QDII)基金、博时安盈债券基金、博时岁岁增利一年定期开放债券基金、博时上证企债 30ETF 基金、博时裕益灵活配置混合基金、博时内需增长灵活配置混合基金、博时灵活配置混合基金、博时月月薪定期支付债券基金、博时双月薪定期支付债券基金、博时安丰 18 个月定期开放债券基金、博时双债增强债券基金等 46 只开放式基金和博时裕隆封闭 1 只封闭式基金,并且受全国社会保障基金理事会委托管理部分社保基金,以及多个企业年金账户、特定资产管理账户。截至 2013 年 12 月 31 日,博时管理的公募基金资产规模超过 1052 亿元人民币,累计分红超过 608 亿元人民币。博时基金公司是目前我国资产管理规模最大的基金公司之一,养老金资产管理规模在同业中名列前茅。

【公司大事记】

1998 年 7 月 13 日,经中国证监会证监基字[1998]26 号文件批准,博时基金管理有限公司在北京正式成立。

2008 年 1 月 7 日,由中国证券报主办、银河证券、天相投资顾问公司和中信证券协办的"第五届中国基金业金牛奖"评选结果揭晓,博时、华夏、易方达等 10 家基金管理公司荣获 2007 年度"金牛基金管理公司"称号。博时旗下两只基金同时获奖,基金裕隆获评为"2007 年度封闭式金牛基金",博时主题行业获评为"2007 年度开放式股票型金牛基金"。

2008 年 1 月 10 日,由网易财经主办、《基金观察》协办的"中国基金十年高峰论坛暨 2007 年中国十大金钻基金公司颁奖盛典"中,博时等 10 家基金管理公司荣获"2007 年中国十大金钻基金公司"称号,同时博时还荣获"2007 年最具人气基金公司"称号。

2008 年 1 月 16 日,由《理财周刊》、《第一理财网》、《北京青年报》、《广州日报》等联合举办"2007 年度理财产品评选"颁奖典礼在上海举行,博时第三产业成长基金荣获"2007 年度基金产品金奖"的称号。

2008 年 1 月 20 日由国内著名财经网站和讯网主办的"2007 年度中国财经风云榜"在北京揭晓,博时荣获"中国十大品牌基金公司"、"中国基金业杰出电子商务奖"两项荣誉,博时总裁肖风荣获"中国基金业杰出掌门人奖",博时主题行业基金经理邓晓峰荣获"中国十大明星基金经理"。

2008 年 1 月 20 日,由《21 世纪经济报道》主办的 21 世纪中国资本市场年会在北京举行,会上颁发了"中国赢基金奖"。博时基金公司获得"2007 年中国基金公司综合实力大奖"和"2007 年中国基金管理公司最佳最快成长奖"的荣誉。

2008 年 1 月 22 日,由华夏时报主办的"2007 华夏机构投资者年会暨华夏理财总评榜颁奖盛典"在北京举行,博时等 3 家基金管理公司荣获"最佳基金事件营销奖"称号。

2008 年 1 月 23 日,《卓越理财》杂志、金融界网站、中央人民广播电台都市之声联合举办的"卓越 2007 金融理财排行榜"颁奖典礼在北京举行,博时裕富荣获"卓越 2007 金融理财排行榜最受欢迎基金产品奖"。

2008 年 2 月 1 日,全国银行间同业拆借中心根据交易成员 2007 年参与银行间本币市场交易的成绩和交易中遵章守法、恪守信用情况以及对交易系统建设的支持,选出了 120 家"2007 年度优秀交易成员",博时位列其中,这是博时基金连续四年当选"全国银行间市场优秀交易成员"。

2008 年 2 月 20 日,经证券期货业科学技术奖励委员会和中国证监会批准,证券期货业首届科学技术奖获奖项目在北京揭晓,在信息系统的建设与应用方面创造了基金行业 6 项第一的博时基金公司荣获证券期货业首届科学技术奖最佳创新奖。

2008 年 2 月 21 日,由中国企业年金网主办的 2007 年度优秀企业年金基金管理机构评选结果日前揭晓,博时基金荣获"2007 年度最佳企业年金投资管理人"称号。

2008 年 2 月 28 日,由金融界网站和清华大学中国金融研究中心主办的首届"影响力·基金年会暨 2007BOB 基金评选颁奖"在北京举行,博时等 10 家基金管理公司荣获"2007 年度 BOB 基金公司"称号,同时博时旗下的"博时主题行业基金"、"博时精选股票基金"和"基金裕隆"还荣获"2007 年度 BOB 最佳基金产品"称号(注:BOB 即 Best of thebest,优中最优)。

2008 年 3 月 18 日,由东方财富网、新民晚报联合主办的

“2007 年百姓最喜爱的十大股票基金评选”系列活动结果在上海揭晓：经过一个月的读者投票和专家评选，博时主题行业基金被评为“2007 年百姓最喜爱的十大股票基金”。

2008 年 3 月 22 日，由证券时报社主办、安信证券协办的“2007 年度中国明星基金暨最佳托管银行评选”颁奖典礼在深圳举行。博时凭借公司综合实力荣获“2007 年度十大明星基金公司”称号。同时，博时主题行业基金获“2007 年度股票型基金明星奖”，基金裕阳荣获“2007 年度封闭式基金明星奖”。

2008 年 3 月 28 日，上海证券报第五届“金基金”奖及“中国基金业十年杰出贡献奖”在北京揭晓。博时荣获“中国基金业十年杰出贡献奖”，博时主题行业基金荣获 2007 年度股票型“金基金”奖。

2008 年 4 月 27 日 2008 年 4 月 27 日，由《北京青年报》杂志主办的“2008 年北青基金年度财星榜”颁奖典礼在北京举行，博时基金公司荣获“金牌价值团队”奖。

2008 年 5 月 15 日博时公司及员工共向地震灾区捐款 300 万元。在 5 月 12 日四川汶川县发生强烈地震后，博时基金发扬“扶贫济困，奉献爱心”的公司传统，公司及员工向地震灾区捐款 100 万元，以帮助四川灾区同胞，缓解燃眉之急。5 月 15 日，为进一步支持抗灾重建工作，博时公司追加捐款 200 万元，至此，博时基金公司和员工共捐款 300 万元。

2008 年 5 月 20 日，博时基金荣获“2008 亿万网民心目中的中国十大品牌基金公司”奖，肖风总经理荣获“2008 年影响中国基金业发展的十佳领导人”奖。2008 年 4 月，百度财经进行了为期一个月的“2008 亿万网民心目中的理财品牌榜评选”活动，博时基金公司和公司总经理肖风先生分别获十佳品牌基金公司及十佳领导人的称号。

2008 年 6 月 2 日，世界品牌实验室（World Brand Lab）发布了 2008 年（第五届）《中国 500 最具价值品牌排行榜》。在这份基于财务分析、消费者行为分析和品牌强度分析而获得的中国品牌国家队阵容中，博时以 32.68 亿元的品牌价值荣居 234 位。博时在基金公司中位居榜首。

2008 年 6 月 21 日，博时主题行业基金获评为“十大最受重庆市民喜爱基金产品”。2008 年 6 月 21 日，由重庆市渝中区人民政府、21 世纪经济报道报社、重庆商报社联合举办的“2008 中国（西部）资本市场高峰会暨首届重庆理财节投资产品重庆汇展”在解放碑盛大开幕。经过一个半月的读者短信和网络投票，博时主题行业基金被评为“十大最受市民喜爱基金产品”。

2008 年 7 月 3 日，博时基金获中国最佳客户服务中心管理奖。2008 年 7 月 3 日，中国最佳客户服务评选揭晓，博时基金获中国最佳客户服务中心管理奖。中国最佳客户服务评选至今已经连续成功举办了三届，对推动“中国服务”品牌化起到了积极的推动作用。

2008 年 7 月 10 日，博时基金公司自今年起在中国科学院设立博时奖学金，用以支持该院金融与金融与经济管理、数学和系统科学领域的研究生教育。2008 年 7 月 10 日，中科院首次颁发博时奖学金，14 名来自金融与经济管理、数学和系统科学领域的优秀研究生共获发奖金 5 万元。博时奖学金分“特等奖”和“优秀奖”两个等级，每年颁发“特等奖”4 名，奖金为每人 5000 元；“优秀奖”10 名，奖金每人 3000 元。获奖者由中科院在该院金融与金融与经济管理、数学和系统科学领域中选出，面向对象全部为博士或硕士研究生。

2008 年 7 月 13 日，2008 年 7 月 13 日，作为国内资产管理规模最大的基金公司之一的博时基金迎来了自己十周岁的生日，博时基金决定从公司经营收入中捐资 100 万元参与援建灾区特殊教育学校的方式来庆祝自己的生日。据介绍，博时基金此次参与援建的是四川什邡市特殊教育学校，经过多次考察论证，博时基金发现相对于灾区普通学校的在校生，特殊学校的少年儿童是一个受到关注不多、更需要帮助的群体，为此，博时基金从公司经营收入中出资 100 万元，与其他组织机构一起参与什邡市特殊学校的援建工作，至此，博时基金及员工为地震灾区累计捐款、捐物超过 400 万元。

2008 年 9 月 20 日，博时基金获评“2008 中国最受尊敬基金公司”。2008 年 9 月 20 日，由《理财周报》主办的“2008 中国基金业领袖峰会”在上海举行，博时在会上被授予“2008 中国最受尊敬基金公司”的称号。

2008 年 10 月 25 日，博时三获年度行业十佳雇主企业称号。2008 年 10 月 25 日，由《北大商业评论》、国际人力资源管理协会和国家劳动和社会保障部职业杂志社联合举办的第五届中国人力资源管理年度盛典暨 2008 中国人力资源年度评选结果在北京揭晓，博时公司获得 2008 年度“中国行业十佳雇主企业”称号。这是博时公司第三次获得该项荣誉。

2008 年 11 月 4 日，博时荣获《美国机构投资者》杂志 2008 年中国最大资产管理人第二名。2008 年 11 月 4 日，全球权威性的投资管理类杂志《Institutional Investor》在上海宣布了中国 2008 前 20 名基金排名榜，博时基金以 353 亿美元的资产总值位列第二。

2008 年 11 月 9 日，博时第三产业基金荣获“金算盘奖”。2008 年 11 月 9 日，由证券日报社主办的“第四届中国证券市场年会”在北京举行，博时第三产业基金在会上获颁“2008 年中国证券市场开放式基金金算盘奖”。

2008 年 12 月 18 日，博时荣获“2008 年最有影响力基金品牌奖”。2008 年 12 月 18 日，博时基金在“2008 搜狐金融理财网络盛典”的网络评选中获得“2008 年最有影响力基金品牌奖”。搜狐理财频道自 2005 年起，率先推出“搜狐金融理财网络盛典”活动。该活动采用网络调查与网络投票相结合，业界权威人士参与评论的形式，对金融机构进行年度专项评价与颁奖。至今已连续举办三届，影响深远。

2008 年 12 月 28 日，博时获评“年度最佳基金公司”。2008 年 12 月 28 日，博时基金在金融时报社主办的“2008 中国最佳金融机构排行榜”的评选中获得“年度最佳基金公司”奖。该评选由金融时报社联合中国社会科学院金融研究所首次举办发布。采用了核心数据排名与来自国务院发展研究中心金融研究所、中国人民银行、中国银监会、中国证监会和中国保监会以及高校和业内专家的意见相结合的方式完成。

2009 年 1 月 8 日，和讯第六届中国财经风云榜，博时荣获四大奖项。2009 年 1 月 8 日和讯“第六届中国财经风云榜”在北京正式发布结果，博时基金公司获得“2008 年度品牌基金公司”、“2008 年度最佳投资者关系基金公司”、“2008 年度最佳基金网上交易平台”三项大奖，同时博时稳定价值债券投资基金基金经理过钧获得“2008 年度稳健投资基金经理”奖项。

2009 年 1 月 14 日，博时蝉联“2008 年度金牛基金公司”大奖，旗下五基金同时荣获业绩优胜奖项。在 2009 年 1 月份揭晓的第六届中国基金业金牛奖评选中，博时获得 6 个奖项，成为获奖最多的基金公司之一。此次博时基金蝉联获得“金牛基金管理公司”的称号，基金裕隆、博时主题行业、博时平衡配置分别获得“封闭式持续优胜金牛基金”、“开放式股票型持续优胜金牛基金”和“2008 年度同业领先开放式混合型基金”的奖项。另外,博时稳定价值、博时现金收益分别获得“2008 年度开放式债券型金牛基金”和“2008 年度开放式货币市场金牛基金”奖项。本届金牛奖评选指导委员会由来自证监会、银监会、保监会、劳动和社会保障部、全国社保基金理事会、中国证券业协会、主要商业银行及主协办方的相关领导、专家学者构成。

2009 年 1 月 18 日,博时荣获“最佳基金投研团队”奖。2009 年 1 月 18 日,博时基金在 2008 年华夏理财总评榜“金蝉奖”的评选中获得“最佳基金投研团队”奖。本届颁奖盛典由华夏时报主办,中国证券业协会、中国金融学会、中国注册理财规划师协会、德胜基金研究中心协办,Bankrate(中国)提供专业技术支持并由 BTV - 5 作为独家电视合作伙伴对颁奖盛典进行全程录播。

2009 年 1 月 20 日,博时再度荣获《亚洲资产管理》两项大奖。2009 年 1 月 20 日,博时公司独家荣获《亚洲资产管理》(AsiaAsset Management)杂志颁发的两项大奖,公司获得“最佳中国基金公司奖”,公司副总裁李全获得“2008 年度亚太地区最佳营销人物奖”。

2009 年 2 月 20 日,博时基金获得“2008 年度十佳投资基金公司”,该评选由中国金融品牌主流媒体宣传联盟主办。其按投资业绩打分制为基金公司的投资能力进行一个排名,具体为投资收益排名在前 10% 的基金品种打 3 分,为投资收益排名在前 20% 的基金品种打 2 分,为投资收益排名在前 30% 的基金品种打 1 分,为投资收益排名在后 10% 的基金品种打 - 3 分,为投资收益排名在后 20% 的基金品种打 - 2 分,为投资收益排名在后 30% 的基金品种打 - 1 分,基金公司的分值按其旗下所有基金品种的得分累加所得,最终得出 2008 年度十佳投资基金公司。

2009 年 3 月 3 日,“晨星(中国)2008 年度基金奖”颁奖典礼于 2009 年 3 月 3 日在香港举行,博时公司旗下博时平衡配置基金荣获开放式配置型基金提名奖。截至 2008 年 12 月 31 日,该基金过去一年回报在同类基金中名列前茅,同时被晨星评为两年期五星级基金。统计数据显示,博时平衡配置基金自 2006 年 5 月 31 日成立以来,至 2009 年 2 月 27 日,在遭遇 2008 年股市深幅调整的情况下,投资回报率为 109.34%。

2009 年 3 月 4 日,博时主题行业基金获得“2008 年(第三届)钻石基金 TOP10”荣誉。“2008 年钻石基金 TOP10”的榜单是由《投资有道》杂志社、国际知名基金评级权威机构 LIPPER 汤森路透理柏、以及国内财经专家学者团评出。评选对象为成立时间超过 2 年的基金。

2009 年 3 月 9 日,博时在由《21 世纪经济报道》主办的“21 世纪中国赢基金奖”的评选中,蝉联“中国基金公司综合实力大奖”。同时,博时荣获“中国基金公司最佳研究团队奖”。本次评选由中国人民大学金融信息中心以及理柏评级作为学术支持,采取公司申报、专家评定、数量化方法相结合的方法。

2009 年 3 月 17 日,2008 - 2009 年度《钱经》中国财富管理年会于 3 月 17 日在北京召开,会议由中国主流媒体理财联盟主办,钱经杂志承办,博时获得两个奖项:2008 - 2009 年度暨第二届中国理财总评榜“中国基金业发展成就奖”和 2008 - 2009 年度暨第二届中国理财总评榜“最具竞争力基金公司”。

2009 年 3 月 20 日,2009 年“理柏中国基金奖”于 3 月 20 日揭晓,博时获得三个奖项,其中博时平衡配置基金分别获得一年期平衡混合型和二年期平衡混合型两项大奖;博时主题行业基金获得二年期股票型基金奖。理柏基金奖是一项国际大奖,是全球基金管理业的传统年度奖项。该奖的评级依据是:“稳定回报”,即经过波动风险调整后,表现要能持续优于同类基金,只有业绩稳定性最优的基金,能够获奖。

2009 年 3 月 20 日,在由证券时报社主办的“2008 年度中国明星基金及最佳托管银行”评选中,博时基金荣获三个奖项:“2008 年度十大明星基金公司奖”;博时稳定价值获“2008 年度债券型明星基金奖”;基金裕隆获得“三年持续回报封闭式明星基金奖”。

2009 年 3 月 27 日,由上海证券报、中国证券网主办的第六届“金基金”系列评选活动日前揭晓。根据业内 30 多位专家、机构及超过 38 万个人投资者的评选结果,我司荣获“2008 年度最佳风险控制奖”,同时,博时平衡配置基金、基金裕隆分别荣获“2008 年度积极配置型金基金”、“2008 年度三年期封闭式金基金”称号。

2009 年 3 月 29 日,博时基金获评为“中国企业信息化 500 强”。2008 年度中国企业信息化 500 强大会 3 月 29 日至 30 日在北京召开。据了解,国家信息化测评中心每年面向全国最大的数千家企业,进行企业信息化发展水平的调查。今年是该中心连续第 6 年发布“中国企业信息化 500 强”调查和测评结果。

2009 年 4 月 3 日,博时基金跻身广东综合纳税百强。2008 年度广东综合纳税百强发布会 4 月 3 日在广州召开,博时基金以逾 4.2 亿元纳税总额,跻身广东综合纳税百强,排名第 73 位,这是博时基金首次跻身该排行榜。

2009 年 4 月 9 日,在由金融界网站、中国社会工作协会主办的“2008 中国金融企业慈善榜”发布活动中,博时基金荣获“金融行业卓越贡献奖”。

2009 年 4 月 22 日,备受关注的第六届“深圳知名品牌”评价活动经过严格的评审正式揭晓,本届评选共有 48 个品牌获此殊荣,另外共有 42 个第三届“深圳知名品牌”通过复审,可继续享有该称号三年。博时作为基金行业唯一入选的品牌顺利通过复审,继续享有“深圳知名品牌”称号三年。

2009 年 6 月 16 日,世界品牌实验室(World Brand Lab)在北京发布了 2009 年(第六届)《中国 500 最具价值品牌排行榜》。在这份中国品牌国家队阵容中,博时以 35.52 亿元的品牌价值,位居第 230 位,在基金行业中继续位居榜首,这也是博时第六次上榜。在前六次的评估中,博时基金分别以 2004 年 19.68 亿元、2005 年 22.53 亿元、2006 年 24.28 亿元、2007 年 25.45 亿元、2008 年 32.68 亿元的品牌价值榜上有名。

2009 年 9 月 22 日,博时在由《理财周报》主办的“2009 中国最受尊敬基金公司”评选中,荣获此次评选的最高奖项——“2009 中国基金行业卓越贡献大奖”,同时,还获得“2009 最佳公司治理基金公司”、“2009 最佳品牌塑造基金公司”两项大奖。支持“2009 中国最受尊敬基金公司评选活动”的各家机构有:西南财经大学信托与理财研究所、理柏(LIPPER)、德圣、上海国家会计学院。

2009 年 9 月 25 日,博时在由证券时报社主办的第十届中国优秀财经证券网站评选中荣获“年度最佳基金网站”奖项。作为中国资本市场权威的财经类媒体—证券时报倾力打造的“中国优秀财经证券网站”评选活动,始于 2000 年,已经成为金融业界范围最广、最具权威性的品牌评选活动,成为引领中国金融机构网络发展的旗帜。

2009 年 12 月 23 日,博时基金在由搜狐网主办的 2009 搜狐金融理财网络盛典中,荣获“2009 年最有影响力基金品牌奖”奖项。“搜狐金融理财网络盛典”是搜狐网在金融理财领域最大规模的年度活动,它由年度论坛及金融机构评选组成,是对目前市场上券商、银行、保险公司、基金公司等金融机构的服务、品牌等进行综合评价,已连续举办三届,影响力巨大,被誉为中国理财界的“奥斯卡”。

2010 年 1 月 20 日,博时基金在“影响中国 2009 腾讯网络盛典”评选活动中荣获“2009 年度最佳投研团队”奖项。“影响中国 2009 腾讯网络盛典”是由腾讯网携手北京电视台、财经杂志、21 世纪经济报道、央视商道栏目以及中国国际广播电台中国之声联合主办的,各项参评产品经过前期专家团严格筛选,并由网民投票选出最佳的年度大奖。此次活动受到了网友的热烈欢迎,共有超过 325 万 QQ 网友参与了投票。

2010 年 1 月 21 日,博时基金在 2009 第三届中国机构投资者年会暨“金蝉奖”颁奖盛典中获得“最佳基金管理团队”奖。本届颁奖盛典由华夏时报、CCTV 财经频道主办,天相投资顾问有限公司、中期期货有限公司航美传媒集团联合主办。

2010 年 1 月 22 日,博时基金在由和讯网发起、中国证券市场研究设计中心(SEEC)等机构联合主办的 2009 第七届财经风云榜大型网络评选活动中,获得“十大品牌基金公司”奖。该评选已经连续成功举办六届,历届评选,均设置了包括银行、证券、保险、基金、期货以及上市公司等金融及相关行业的多个奖项,已经成为金融及相关行业盘点一年收获,展望产业未来的最具权威及影响力的年度评选之一,也是国内主流财经媒体密切关注和广泛报道的重要财经年度盛事。

2010 年 4 月,在中金在线举办的“2009 年度财经排行榜”基金网友投票评选活动中,博时基金获得“2009 年度十大品牌基金公司”奖项。

2010 年 5 月 23 日,第七届中国基金业金牛奖评奖结果揭晓,博时基金 2010 年连续第三次荣获中国基金业最具权威的“金牛基金公司”奖,并获得首次设立的“金牛特别贡献奖”,旗下基金博时裕隆封闭、博时主题行业股票、博时平衡配置混合和博时现金收益货币均蝉联金牛奖项,分别获得“三年期封闭式持续优胜金牛基金”、“三年期开放式股票型持续优胜金牛基金”、“三年期开放式混合型持续优胜金牛基金”和“2009 年度开放式货币市场金牛基金”奖项。由中国证券报社主办,中国银河证券股份有限公司、天相投资顾问有限公司、招商证券股份有限公司和海通证券股份有限公司协办的中国基金业金牛奖,被誉为中国基金业的“奥斯卡”。

2010 年 6 月 24 日,由上海证券报社主办、中国银河证券基金研究中心和晨星资讯(深圳)有限公司提供技术支持的第七届中国“金基金奖”评选揭晓,博时基金共获得三项大奖,其中,公司荣誉为:2009 年度“金基金 · TOP 公司奖”;旗下博时主题行业股票证券投资基金获得了 2009 年度“金基金 · 三年期主动型股票基金奖”;博时平衡配置混合型证券投资基金获得了 2009 年度“金基金? 三年期平衡型基金奖”。

2010 年 6 月 28 日,世界品牌实验室(World Brand Lab)在北京发布了 2010 年(第七六届)《中国 500 最具价值品牌排行榜》。在这份中国品牌国家队阵容中,博时以 38.36 亿元的品牌价值,位居第 228 位,在基金行业中继续位居榜首,这也是博时连续第七次上榜。在前七次的评估中,博时基金分别以 2004 年 19.68 亿元、2005 年 22.53 亿元、2006 年 24.28 亿元、2007 年 25.45 亿元、2008 年 32.68 亿元、2009 年 35.52 亿元的品牌价值榜上有名。

2010 年 7 月 27 日,博时大中华亚太精选股票型基金(QDII)公告成立,该基金首次募集资金 5.55 亿元。

2010 年 7 月 27 日,博时宏观回报基金,该基金首次募集资金 21.49 亿元。

2010 年 8 月 11 日,博时基金郑州分公司正式成立。

2010 年 11 月 2 日“2010 新浪金麒麟论坛”于 2010 年 11 月 2 日召开,博时基金荣获“2010 年度基金公司网民最满意奖”。博时基金为客户服务的完善与优化所付出的努力,多年来已逐步被投资者所注意,被业界与媒体认可与赞同。

2010 年 11 月 5 日,博时基金沈阳分公司正式成立。

2010 年 11 月 24 日,博时转债增强债券型基金公告成立,该基金首次募集资金 36.35 亿元。

2010 年 12 月 10 日,博时行业轮动股票型基金公告成立,该基金首次募集资金 14 亿元。

2011 年 1 月 19 日,博时公司获得由《亚洲资产管理》(*Asia Asset Management*)杂志颁发的“2010 年度中国最佳投资者教育奖”,博时上证超大盘 ETF 获得“2010 年度中国最佳新发 ETF 奖”,博时大中华亚太精选股票基金(QDII)获得“2010 年度中国最佳新发 QDII 基金奖”。

2011 年 4 月 8 日,在由上海证券报社主办,中国银河证券股份有限公司、晨星资讯(深圳)有限公司和上海证券有限责任公司三家基金评价机构担任技术支持的“金基金”奖的评选中,博时平衡配置混合型证券投资基金获得 2010 年度“金基金三年期产品奖 · 平衡型基金奖”,博时稳定价值债券投资基金获得 2010 年度“金基金三年期产品奖? 债券基金奖”。

2011 年 4 月 22 日,博时卓越品牌股票基金(LOF)公告成立,该基金首次募集资金 2.66 亿元。

2011 年 4 月 25 日,博时抗通胀增强回报基金(QDII - FOF)公告成立,该基金首次募集资金 19.41 亿元。

2011 年 6 月 10 日,深证 200 基本面 ETF 公告成立,该基金首次募集资金 44.03 亿元。

2011 年 6 月 10 日,博时裕祥债券分级基金公告成立,该基金首次募集资金 40.02 亿元;博时深证 200 基本面 ETF 联接基金公告成立,该基金首次募集资金 2.89 亿元。

2011 年 6 月 28 日,世界品牌实验室发布了 2011 年中国 500 最具价值品牌榜。博时基金管理公司凭着 2010 年持续的品牌创新和优秀的客户服务,品牌价值一年内提升了近 20 亿元,达到 56.24 亿元,位列品牌榜 227 名,连续 8 年成为国内最具品牌价值的基金公司。作为中国首批成立的基金管理公司之一,博时积极倡导并实践“价值投资”理念,得到了广大投资者的持续认同。自 2004 年起,在世界品牌实验室发布的年度榜单中,博时基金的品牌价值分别为 19.68 亿、22.53 亿、24.28 亿、25.45 亿、32.68 亿、35.52 亿、38.36 亿、56.24 亿,排名从第 281 位逐年攀升至 227 位。

2011 年 7 月 8 日,在“第二届基金投资者网上集体接待日”活动会后,全景网向出席活动的 66 家基金公司代表宣读了“基金品牌”奖结果,对基金业内在品牌建设及投资者服务方面取得卓越成绩的公司予以表彰。“基金品牌”奖有“基金五星品牌奖”、“基金品牌建设进步奖”及“基金投资者最佳服务奖”三项。博时基金荣获“2010 年基金五星品牌奖”、“2010 ~2011 基金投资者最佳服务奖”。

2011 年 7 月 11 日,全球知名商业杂志《福布斯》中文版发布了 2011 年中国基金排行榜,共有 50 只公募基金产品登上各类型榜单。其中,博时主题行业股票(LOF)荣登 2011 中国最佳股票型基金榜单。

2011 年 10 月 10 日,博时基金荣获香港知名财经杂志《资本杂志》颁发「资本卓越大中华退休组合基金大奖」,以表扬博时基金在国内养老金的卓越表现。

2011年10月26日，由《理财周报》主办的2011中国基金业领袖峰会在深圳举行。博时基金管理公司荣获“2011中国最佳资产配置基金公司”奖项。

2011年11月8日，博时回报灵活配置基金公告成立，该基金首次募集资金6.06亿元。

2011年11月25日，由新财富杂志主办的第九届新财富最佳分析师颁奖典礼在深圳举办，博时基金管理公司荣获“第四届新财富最具慧眼基金管理公司”奖项。

2011年11月25日，“2011第一财经年会? CFV颁奖晚宴”在北京金融街威斯汀大酒店成功举行。本次颁奖揭晓了“2011第一财经金融价值榜”各类奖项，其中，博时基金荣获“年度基金理财品牌”奖。

2011年11月25日，“2011第一财经年会? CFV颁奖晚宴”在北京金融街威斯汀大酒店成功举行。本次颁奖揭晓了“2011第一财经金融价值榜”各类奖项，其中，博时基金荣获“年度基金理财品牌”奖。

2011年12月，“博时抗通胀增强回报基金”营销事件荣获2011中国金融品牌「金象奖」之“2011中国金融品牌年度十大营销事件”。“2011中国金融品牌「金象奖」”评选活动是由中国最具影响力的财富管理媒体《理财周报》与扬特品牌同盟(The Brand Union)、威汉营销传播集团(WE Marketing Group)，益普索(Ipsos)等全球领先的品牌策略机构及调研机构联合举办的“中国金融品牌成长促进计划”的重要组成部分。

2011年12月3日，由和讯网主办的“2011基金业突围与可持续发展暨基金行业财经风云榜颁奖典礼”在深圳举行，博时基金获得了和讯财经风云榜基金行业类评选中的“2011年度十大品牌基金公司”和“2011年度最佳基金产品创意主题”两项大奖。2011年度中国财经风云榜评选由和讯网发起，中国证券市场研究设计中心(SEEC)等联合主办，涉及银行、基金、保险、期货、外汇、证券、上市公司、地产、汽车，以及财经新闻等十大领域，已经成为金融行业最权威、最有影响力的年度评选之一，得到国内主流媒体的密切关注和广泛报道。

2011年12月9日，由东方财富网主办的“2011东方财富风云榜”在北京正式揭晓，博时基金荣获“2011年度最佳企业年金投资管理人”。

2011年12月9日，由证券时报主办的“第十二届金融IT创新暨优秀财经网站评选”结果揭晓，博时基荣获“最佳客服热线”奖项，成为基金行业内唯一获此殊荣的公司。“中国优秀财经证券网站”评选活动经过十多年的发展，已经成为金融业界范围最广、影响最大、最具权威性的品牌评选活动之一。

2012年1月30日，博时抗通胀增强回报基金在《亚洲资产管理》(*Asia Asset Management*)举办的“2011年卓越之最表现大奖”中获大会颁发的“中国最佳新发QDII基金”奖项，这也是博时基金连续两年获得该奖项。

2012年2月28日，由凤凰网主办的“2012金凤凰金融盛典暨2011年度颁奖礼”在北京举行。博时基金荣获“2011年最具影响力基金投研团队奖”。

2012年3月26日，在证券时报“2011年度中国基金业明星奖”评选中，博时基金共获得七项大奖：博时基金管理有限公司获得“2011年度十大明星基金公司奖”、博时特许价值股票基金获得“三年持续回报股票型明星基金奖”、博时主题行业股票基金和博时特许价值股票基金获得“2011年度股票型明星基金奖”、博时价值增长基金和博时价值增长贰号基金获得“2011年度平衡混合型明星基金奖”、博时裕隆封闭获得“2011年度封闭式明星基金奖”。

2012年3月28日，由中国证券报社主办，银河证券、天相投顾、招商证券、海通证券协办的“2012年金牛基金论坛暨第九届中国基金业金牛奖颁奖盛典”在京举行。博时基金荣膺六项大奖，分别是：博时基金荣获“金牛基金管理公司”、博时裕隆封闭荣获“五年期封闭式金牛基金”、博时主题行业荣获“五年期股票型金牛基金”、博时第三产业荣获“2011年度股票型金牛基金”、博时特许价值荣获“2011年度股票型金牛基金”、博时价值增长荣获“2011年度混合型金牛基金”。

2012年3月28日，由理财周报主办的“2012中国金融品牌管理者年会暨2011中国金融品牌「金象奖」颁奖典礼”在京举行。“博时抗通胀增强回报基金”营销事件荣获2011中国金融品牌「金象奖」之“2011中国金融品牌年度十大营销事件”。

2012年4月6日，由北京青年报、北青传媒共同打造的“财星榜”及商业行业最佳合作伙伴奖上周末在北京揭晓，博时基金被评为年度金牌基金公司。

2012年4月20日，由上海证券报社主办的第九届中国“金基金”奖评选揭晓，博时基金管理有限公司获得2011年度“金基金·TOP公司奖”，博时主题行业股票基金获得2011年度“五年期金基金·股票型基金奖”，博时价值增长混合基金获得2011年度“一年期金基金·偏股混合型基金奖”。本次金基金奖评选由上海证券报社主办，中国银河证券股份有限公司、晨星资讯(深圳)有限公司和上海证券有限责任公司三家基金评价机构担任技术支持，评审委员会由政府部门专家学者、商业银行基金托管部负责人和业内知名资深人士构成，各基金持有人也通过网络投票参与了“金基金”奖的评选。

2012年5月25日，在由21世纪经济报道主办的“2011年度赢基金奖”评选中，博时基金荣获“2011年度中国最佳基金公司”奖项。

2012年6月28日，世界品牌实验室(WBL)在北京发布2012年(第九届)《中国500最具价值品牌》排行榜，博时基金以61.92亿元的品牌价值位列第220名，成为入选该榜单四家基金公司中的第一名。

2012年10月30日，在由理财周报主办的2012中国基金业领袖峰会上，主办方发布了2012中国最受尊敬基金公司榜单。博时基金共获三项大奖，其中博时基金公司获得“2012中国最受尊敬基金公司”和“2012中国最佳价值发现基金公司”两个奖项，公司总裁何宝获得“2012基金公司最受尊敬总裁”奖项。

2012年12月5日，在证券时报主办的“2012金融IT创新暨优秀财经网站评选”中，博时基金荣获“最佳网上交易基金平台”和“最佳客服热线”两个项奖，以表彰博时在电子商务和客户服务方面的优秀成绩。由证券时报主办的“金融IT创新暨优秀财经网站”评选活动经过十多年的发展，已经成为金融业界范围最广、影响最大、最具权威性的品牌评选活动之一。

2012年12月14日，东方财富风云榜颁奖典礼在上海举行，博时基金荣获“2012年度最佳企业年金投资管理人”奖项。“2012东方财富风云榜”由东方财富网主办，分众传媒协办，长江商学院、复旦大学管理学院和上海交通大学上海高级金融学院作为学术支持单位。

2013年3月29日，由证券时报社主办的2012年度中国基金业明星奖颁奖典礼暨明星基金论坛在北京举行。博时主题行业基金荣获“2012年度股票型明星基金奖”。

2013 年 3 月 30 日，由中国证券报社主办的第十届中国基金业金牛奖颁奖典礼暨 2013 金牛基金论坛在北京举行。博时基金蝉联“金牛基金管理公司”奖，博时基金价值组投资总监、博时主题行业基金经理邓晓峰获得“金牛基金十周年特别奖”，博时现金收益荣获“2012 年度货币市场金牛基金”。

2013 年 6 月 26 日，世界品牌实验室（WBL）在京发布 2013 年度（第十届）《中国 500 最具价值品牌》排行榜，博时基金以 81.65 亿的品牌价值位列第 216 名，品牌价值一年内提升了近 20 亿元，排名逐年上升。

2013 年 9 月 24 日，由理财周报主办的 2013 中国基金业领袖峰会暨“寻找中国最受尊敬基金公司”颁奖典礼在上海举行，博时基金共获得三个奖项，分别是：2013 中国最佳资产配置基金公司、2013 中国最佳价值发现基金公司、2013 中国最佳基金公司投资总监（姜文涛先生）。

2013 年 12 月 20 日，东方财富网在北京中国大饭店举办“东财互联网金融圆桌论坛”和“2013 东方财富风云榜颁奖盛典”活动，我司获得“最佳企业年金奖”。

【公司荣誉】

2012 年 1 月 12 日，2012 搜狐金融德胜论坛、搜狐基金经理人年会在北京举行。博时基金荣获搜狐年度评选两项大奖，分别是：博时抗通胀增强回报获得“2011 最有影响力基金新产品奖”，博时平衡配置基金经理皮敏获得“2011 优秀基金经理人奖”。

2012 年 1 月 30 日，博时抗通胀增强回报基金在《亚洲资产管理》（*Asia Asset Management*）举办的“2011 年卓越之最表现大奖”中获大会颁发的“中国最佳新发 QDII 基金”奖项，这也是我司连续两年获得该奖项。

2012 年 2 月 28 日，由凤凰网主办的“2012 金凤凰金融盛典暨 2011 年度颁奖礼”在北京举行。博时基金荣获“2011 年最具影响力基金投研团队奖”。

2012 年 3 月 26 日，在证券时报“2011 年度中国基金业明星奖”评选中，我司共获得七项大奖：博时基金管理有限公司获得“2011 年度十大明星基金公司奖”、博时特许价值股票基金获得“三年持续回报股票型明星基金奖”、博时主题行业股票基金和博时特许价值股票基金获得“2011 年度股票型明星基金奖”、博时价值增长基金和博时价值增长贰号基金获得“2011 年度平衡混合型明星基金奖”、博时裕隆封闭获得“2011 年度封闭式明星基金奖”。

2012 年 3 月 26 日，在“晨星 2012 年度基金奖”评选中，我司旗下两只产品获得提名：博时主题行业股票基金获“晨星 2012 年度股票型基金奖”提名、博时价值增长混合基金获“晨星 2012 年度混合型基金奖”提名。

2012 年 3 月 28 日，由中国证券报社主办，银河证券、天相投顾、招商证券、海通证券协办的“2012 年金牛基金论坛暨第九届中国基金业金牛奖颁奖盛典”在京举行。博时基金荣膺六项大奖，分别是：博时基金荣获“金牛基金管理公司”、博时裕隆封闭荣获“五年期封闭式金牛基金”、博时主题行业荣获“五年期股票型金牛基金”、博时第三产业荣获“2011 年度股票型金牛基金”、博时特许价值荣获“2011 年度股票型金牛基金”、博时价值增长荣获“2011 年度混合型金牛基金”。

2012 年 3 月 28 日，由理财周报主办的“2012 中国金融品牌管理者年会暨 2011 中国金融品牌「金象奖」颁奖典礼”在京举行。“博时抗通胀增强回报基金”营销事件荣获 2011 中国金融品牌「金象奖」之“2011 中国金融品牌年度十大营销事件”。

2012 年 3 月 30 日，由中金在线与厦门大学金融研究所联合主办的“中金在线 2012 年金融高峰论坛”隆重举行，并揭晓“中金在线 2011 年度财经排行榜”，博时基金荣获“最佳投资者教育基金公司”和“十佳品牌基金公司”奖项，基金经理皮敏荣获“十佳明星基金经理”奖项。

2012 年 4 月 6 日，由北京青年报、北青传媒共同打造的“财星榜”及商业行业最佳合作伙伴奖上周末在北京揭晓，博时基金被评为年度金牌基金公司。

2012 年 4 月 9 日，由《股市动态分析》杂志社主办的“2011 基金行业品牌与营销策划排行榜”揭晓，博时抗通胀增强回报基金荣获“基金新产品营销策划案例”奖项。

2012 年 4 月 20 日，由上海证券报社主办的第九届中国“金基金”奖评选揭晓，博时基金管理有限公司获得 2011 年度“金基金？TOP 公司奖”，博时主题行业股票基金获得 2011 年度“五年期金基金 · 股票型基金奖”，博时价值增长混合基金获得 2011 年度“一年期金基金 · 偏股混合型基金奖”。本次金基金奖评选由上海证券报社主办，中国银河证券股份有限公司、晨星资讯（深圳）有限公司和上海证券有限责任公司三家基金评价机构担任技术支持，评审委员会由政府部门专家学者、商业银行基金托管部负责人和业内知名资深人士构成，各基金持有人也通过网络投票参与了“金基金”奖的评选。

2012 年 5 月 25 日，在《由 21 世纪经济报道》主办的“2011 年度赢基金奖”评选中，博时基金荣获“2011 年度中国最佳基金公司”奖项。

2012 年 6 月 28 日，世界品牌实验室（WBL）在北京发布 2012 年（第九届）《中国 500 最具价值品牌》排行榜，博时基金以 61.92 亿元的品牌价值位列第 220 名，成为入选该榜单四家基金公司中的第一名。

2012 年 10 月 30 日，在由理财周报主办的 2012 中国基金业领袖峰会上，主办方发布了 2012 中国最受尊敬基金公司榜单。博时基金共获三项大奖，其中博时基金公司获得“2012 中国最受尊敬基金公司”和“2012 中国最佳价值发现基金公司”两个奖项，公司总裁何宝获得“2012 基金公司最受尊敬总裁”奖项。

2012 年 11 月 20 日，由网易主办的“2012 网易金融论坛暨金钻奖评选盛典”在北京举行。博时基金荣获“最佳货币基金品牌”。

2012 年 12 月 5 日，在证券时报主办的“2012 金融 IT 创新暨优秀财经网站评选”中，博时基金荣获“最佳网上交易基金平台”和“最佳客服热线”两个项奖，以表彰博时在电子商务和客户服务方面的优秀成绩。由证券时报主办的“金融 IT 创新暨优秀财经网站”评选活动经过十多年的发展，已经成为金融业界范围最广、影响最大、最具权威性的品牌评选活动之一。

2012 年 12 月 12 日，在经济观察报“2011 – 2012 年度中国卓越金融奖”评选活动中，博时基金凭借出色的线上服务水平和便利的电子交易平台，荣获“年度卓越基金公司电子服务奖”，成为唯一获此殊荣的基金公司。

2012 年 12 月 12 日，在南方都市报主办的“金砖奖—2012 金融行业年度评鉴”颁奖典礼上，博时基金荣获“最佳风险控制奖”，“金砖奖—2012 金融行业年度评鉴”由南都全媒体发起，以“创新、服务、责任、共荣”为评选标准，从传媒的视角针对金融行业进行深度剖析，最终筛选出行业实力超群、产品服务创新领先的精英企业、精品产品。

2012年12月14日，东方财富风云榜颁奖典礼在上海举行，博时基金荣获“2012年度最佳企业年金投资管理人”奖项。“2012东方财富风云榜”由东方财富网主办，分众传媒协办，长江商学院、复旦大学管理学院和上海交通大学上海高级金融学院作为学术支持单位。活动旨在依托主办方东方财富网强大的媒体平台，汇集全国亿万高端财经用户，推选出2012年度财经行业各领域最优秀的企业榜单。

2013年3月29日，由证券时报社主办的2012年度中国基金业明星奖颁奖典礼暨明星基金论坛在北京举行。博时主题行业基金荣获“2012年度股票型明星基金奖”。

2013年3月30日，由中国证券报社主办的第十届中国基金业金牛奖颁奖典礼暨2013金牛基金论坛在北京举行。博时基金蝉联“金牛基金管理公司”奖，博时基金价值组投资总监、博时主题行业基金经理邓晓峰获得“金牛基金十周年特别奖”，博时现金收益荣获“2012年度货币市场金牛基金”。

2013年6月26日，世界品牌实验室（WBL）在京发布2013年度（第十届）《中国500最具价值品牌》排行榜，博时基金以81.65亿的品牌价值位列第216名，品牌价值一年内提升了近20亿元，排名逐年上升。

2013年9月24日，由理财周报主办的2013中国基金业领袖峰会暨“寻找中国最受尊敬基金公司”颁奖典礼在上海举行，我司共获得三个奖项，分别是：2013中国最佳资产配置基金公司、2013中国最佳价值发现基金公司、2013中国最佳基金公司投资总监（姜文涛先生）。

2013年12月20日，东方财富网在北京中国大饭店举办“东财互联网金融圆桌论坛”和“2013东方财富风云榜颁奖盛典”活动，我司获得“最佳企业年金奖”。

2013年12月28日，在北京娱乐信报主办的第五届首都金融业服务创新大赛中，博时标普500ETF、博时上证企债30ETF荣获年度最具创新力基金产品。

2014年1月9日，金融界网站在北京举办“第二届领航中国2013金融行业年度颁奖典礼”，博时基金荣获“2013金融界领航中国年度评选基金公司最佳品牌奖”。

2014年1月11日，在和讯网主办的2013年第十一届财经风云榜基金行业评选中，博时基金荣获“2013年度基金业最佳投资者关系奖”。

2014年6月16日，大智慧在上海发布“智慧财经巅峰榜”，博时基金荣获“十佳基金公司”奖项，基金经理张溪冈荣获智慧财经巅峰榜“最佳基金经理”奖项。

2014年8月27日，21世纪网在苏州主办“2014中国资本市场高峰论坛暨颁奖典礼”，博时亚洲票息收益债券（QDII）基金获评“2014中国QDII基金国民投资热点奖”。

2014年9月1日，《投资者报》发布“公募基金投资总监牛人榜”年化收益率排行榜单，博时基金股票投资部价值组投资总监兼博时主题行业股票基金经理邓晓峰登上“公募总监五年以上年化收益率排行榜”。

2014年9月18日，中国基金报“首届中国最佳基金经理评选”揭晓，博时大中华亚太精选基金经理张溪冈获评“海外投资最佳基金经理”。

【股东概况】

排序	股东名称	持股数量（万股）	持股比例
1	招商证券股份有限公司	12250	49%
2	中国长城资产管理公司	6250	25%
3	天津港（集团）有限公司	1500	6%
4	璟安实业有限公司	1500	6%
5	上海盛业资产管理有限公司	1500	6%
6	丰益实业发展有限公司	1500	6%
7	广厦建设集团有限责任公司	500	2%

【旗下基金】

基金代码	基金简称	类型
050004	博时精选股票	股票型
050008	博时第三产业	股票型
050009	博时新兴成长	股票型
050010	博时特许价值	股票型
160505	博时主题	股票型
050014	博时创业成长	股票型
160512	博时卓越品牌	股票型
050018	博时行业轮动股票	股票型
050026	博时医疗保健行业股票	股票型
050001	博时价值增长	混合型
050007	博时平衡配置	混合型
050201	博时价值增长贰号	混合型
050012	博时策略混合	混合型
050022	博时回报混合	混合型
000219	博时裕隆混合	混合型
000936	博时产业新动力	混合型
000264	博时内需增长混合	混合型
000178	博时混合	混合型
050002	博时沪深300	指数型
510020	博时上证超大盘ETF	指数型
050013	博时上证超大盘联接	指数型
159908	博时深证200ETF	指数型
159937	博时黄金ETF	指数型
050021	博时深证基本面200ETF联接	指数型
510410	博时上证自然资源	指数型
050024	博时上证自然资源ETF联接	指数型
511210	博时上证企债30ETF	指数型
513500	博时标普500ETF	指数型
050006	博时稳定价值债券B	债券型
050106	博时稳定价值债券A	债券型
050011	博时信用A	债券型
051011	博时信用B	债券型
050111	博时信用C	债券型
050016	博时宏观债券A	债券型
051016	博时宏观债券B	债券型
050116	博时宏观债券C	债券型
050019	博时转债增强债券A	债券型
050119	博时转债增强债券C	债券型
160513	博时裕祥分级债券	债券型
160514	博时裕祥分级债券A	债券型
150043	博时裕祥分级债券B	债券型
050023	博时天颐债券A	债券型
050123	博时天颐债券C	债券型
050027	博时信用债纯债	债券型
050028	博时安心收益定期开放债券A	债券型
050128	博时安心收益定期开放债券C	债券型
000084	博时安盈债券A	债券型
000085	博时安盈债券C	债券型
000200	博时岁岁增利一年定期开放债券	债券型
000246	博时月月薪定期支付债券	债券型
160515	博时安丰18个月定开债（LOF）	债券型

基金代码	基金简称	类型
000280	博时双债增强债券 A	债券型
000281	博时双债增强债券 C	债券型
000277	博时双月薪定期支付债券	债券型
050003	博时现金收益	货币型
050029	博时理财 30 天债券 A	理财型
050129	博时理财 30 天债券 B	理财型
050015	博时大中华亚太精选	QDII
050020	博时抗通胀增强	QDII
050025	博时标普 500 指数	QDII
050030	博时亚洲票息收益债券	QDII
184692	基金裕隆	封闭式

【公司高管】

杨鹇女士,硕士,董事长。1983 年起先后在中国银行国际金融研究所、香港中银集团、招商银行证券部、深圳中大投资管理公司、长盛基金管理公司、中信基金管理有限公司工作。现任招商证券股份有限公司董事、总经理。

吴姚东先生,博士,北京大学光华管理学院 EMBA,董事。1990 年至 1996 年曾任职于湖北省鄂城钢铁厂,历任团委干部、下属合资公司副总经理等职。2002 年进入招商证券股份有限公司,历任国际业务部分析师、招商证券武汉营业部副总经理(主持工作)、招商证券(香港)公司副总经理(主持工作)兼国际业务部董事、总裁办公室总经理、董事总经理,公司总裁助理。2013 年 5 月加入博时基金管理有限公司,任公司总经理。现任公司总经理,兼任博时基金(国际)有限公司董事会副主席兼总裁(CEO)、博时资本管理有限公司副董事长兼总经理。

孙麒清女士,商法学硕士。曾供职于广东深港律师事务所。2002 年加入博时基金管理有限公司,曾任监察法律部法律顾问,现任公司督察长兼监察法律部总经理。

鹏华基金管理有限责任公司

【基本情况】

法定名称:鹏华基金管理有限责任公司
英文名称:Penghua Fund Management Co. , Ltd.
注册地址:深圳市福田区福华三路与益田路交汇处深圳国际商会中心 43 层
办公地址:深圳市福田区福华三路与益田路交汇处深圳国际商会中心 43 层
法人代表:何　如
总 经 理:邓召明
成立时间:1998 年 12 月 22 日
公司性质:中外合资
注册资本:1.5 亿元
联系电话:0755 - 82021150
传真号码:0755 - 82021125
邮政编码:518001
公司网址:www. phfund. com. cn

【公司概况】

鹏华基金管理有限公司于 1998 年 12 月 22 日成立,注册资本 15,000 万元人民币,总部设在深圳,在北京、上海、广州、武汉设有分公司,在深圳前海设立全资子公司鹏华资产管理(深圳)有限公司。股东由国信证券股份有限公司、意大利欧利盛资本资产管理股份公司(Eurizon Capital SGR S. p. A.)、深圳市北融信投资发展有限公司组成,三家股东的出资比例分别为 50%、49%、1%,业务范围包括基金募集、基金销售、资产管理及中国证监会许可的其他业务。

凭借丰富的管理经验和强大的投研实力,鹏华基金在继续做大做强传统业务的同时,积极向非传统业务领域拓展。2013 年 1 月 4 日,鹏华基金全资子公司鹏华资产管理(深圳)有限公司在深圳前海注册成立,业务范围为特定客户资产管理业务以及中国证监会许可的其他业务,为广大个人/机构投资者、上市公司提供多样化的投资理财服务。

伴随着基金行业创新和变革的加速推进,鹏华基金全体员工扎实工作、努力进取,实现了业绩规模的稳健增长;公司整体运营稳健有序,品牌价值不断提升,团队建设成效显现。截至 2014 年 9 月 30 日,公司管理资产总规模达到 1541. 92 亿元,管理 1 只封闭式基金、52 只开放式基金、8 只全国社保投资组合。

【公司大事记】

1998 年 12 月 22 日,鹏华基金管理有限公司经中国证监会批准正式成立,注册资本金 8000 万元。

2001 年 09 月 26 日,公司注册资本由 8000 万元增加到 15000 万元。

2002 年 08 月 12 日,鹏华基金管理有限公司北京分公司在北京注册成立。

2002 年 08 月 15 日,鹏华基金管理有限公司上海分公司在上海注册成立。

2002 年 12 月 13 日,全国社会保障基金理事会正式签发《关于投资管理人评审有关问题的通知》的文件(社保基金办[2002]53 号),鹏华基金被确定为全国社会保障基金首批投资管理人。

2007 年 6 月 22 日,经中国证券监督管理委员会批准,公司原股东深圳市北融信投资发展有限公司、方正证券有限责任公司、安徽国元信托投资有限责任公司将其持有的占本公司总股本 49% 的股权一次性整体转让给意大利欧利盛金融集团股份公司(Eurizon Capital SGR S. p. A.)),中国商务部于 6 月 27 日向本公司颁发了外商投资企业批准证书(商外资资审字[2007]0259 号)。

2008 年 2 月 14 日,公司经中国证券监督管理委员会批准,成为获得从事特定客户资产管理业务资格的首批投资管理人之一。

2008 年 4 月 25 日,经中国证券监督管理委员会批准,鹏华基金管理有限公司获得作为合格境内机构投资者从事境外证券投资管理业务的资格。

2009 年 8 月 6 日,经中国证券监督管理委员会批准,本公司原股东意大利欧利盛金融集团股份公司将其持有的本公司 49% 的股权转让给意大利欧利盛资本资产管理股份公司(Eurizon Capital SGR S. p. A.))。

2010 年 4 月 16 日,鹏华基金管理有限公司武汉分公司在武汉注册成立。

2010 年 10 月 13 日,鹏华基金管理有限公司广州分公司在广州注册成立。

2012 年 10 月 12 日,经中国保险监督管理委员会批准,鹏华基金管理有限公司获得保险资金投资管理人资格。

2013 年 1 月 4 日,鹏华基金全资子公司鹏华资产管理(深圳)有限公司在深圳前海注册成立。

【股东概况】

排序	股东名称	持股数量(万股)	持股比例
1	国信证券有限责任公司	7500.00	50%
2	Eurizon Capital SGR S. P. A	7350.00	49%
3	深圳市北融信投资发展有限公司	150.00	1%

【旗下基金】

基金代码	基金简称	类型
160607	鹏华价值优势	股票型
206002	鹏华精选成长	股票型
160611	鹏华优质治理	股票型
160613	鹏华盛世创新	股票型
206007	鹏华消费优选	股票型
206009	鹏华新兴产业	股票型
206012	鹏华价值精选	股票型
160603	鹏华普天收益	混合型
160605	鹏华中国50	混合型
206001	鹏华行业成长	混合型
160610	鹏华动力增长	混合型
206013	鹏华金刚保本	混合型
160606	鹏华货币A	货币型
160609	鹏华货币B	货币型
206016	鹏华理财21天债券A	货币型
206017	鹏华理财21天债券B	货币型
160602	鹏华普天债券A	债券型
160608	鹏华普天债券B	债券型
160612	鹏华丰收债券	债券型
160615	鹏华沪深300	指数型
206003	鹏华信用增利债券A	债券型
206004	鹏华信用增利债券B	债券型
206008	鹏华丰盛稳固债券	债券型
160617	鹏华丰润债券	债券型
160618	鹏华丰泽分级债券	债券型
160619	鹏华丰泽分级债券A	债券型
150061	鹏华丰泽分级债券A	债券型
206015	鹏华纯债	债券型
160621	鹏华中小企业纯债	债券型
260618	鹏华产业债债券	债券型
000007	鹏华国企债债券	债券型
160616	鹏华中证500	指数型
206005	鹏华上证民企50联接	指数型
510070	鹏华上证民企50ETF	指数型
159911	鹏华深证民营ETF	指数型
206010	鹏华深证民营联接	指数型
160620	鹏华资源分级	指数型
150100	鹏华资源A	指数型
150101	鹏华资源B	指数型
159927	鹏华沪深300ETF	指数型
206006	鹏华环球发现	QDII
206011	鹏华美国房地产	QDII
000290	鹏华全球高收益债	QDII
184689	鹏华普惠	封闭式
184693	鹏华普丰	封闭式

【公司高管】

何如先生，董事长，硕士，高级会计师，国籍：中国。历任中国电子器件公司深圳公司副总会计师兼财务处处长、总会计师、常务副总经理、总经理、党委书记，深圳发展银行行长助理、副行长、党委委员、副董事长、行长、党委副书记，现任国信证券股份有限公司董事长、党委书记，鹏华基金管理有限公司董事长。

邓召明先生，总裁，经济学博士，讲师。历任北京理工大学管理与经济学院讲师、中国兵器工业总公司主任科员、中国证监会处长、南方基金管理有限公司副总经理，现任鹏华基金管理有限公司总裁。

高鹏先生，督察长，经济学硕士，国籍：中国。历任博时基金管理有限公司监察法律部监察稽核经理，鹏华基金管理有限公司监察稽核部副总经理、监察稽核部总经理、职工监事，现任鹏华基金管理有限公司督察长、监察稽核部总经理。

嘉实基金管理有限公司

【基本情况】

法定名称：嘉实基金管理有限公司
英文名称：Harvest Fund Management Co., Ltd.
注册地址：上海市浦东新区世纪大道8号上海国金中心二期23楼01－03单元
办公地址：北京市建国门北大街8号华润大厦16层
法人代表：安　奎
总 经 理：赵学军
成立时间：1999年3月25日
公司属性：中外合资
注册资本：1.5亿元
联系电话：010－65188866
客服热线：400－600－8800
传真号码：010－65185678
邮政编码：100005
公司网址：www.jsfund.cn

【公司概况】

嘉实基金创建于1999年，是中国“老十家”基金管理公司之一。目前嘉实的股东为中诚信托有限责任公司、立信投资有限责任公司与德意志资产管理(亚洲)有限公司。截至2013年12月31日，资产管理规模超过3500亿元，居行业前列。

嘉实拥有证券投资基金设立与管理、全国社保基金投资管理人、企业年金投资管理人、保险资金投资管理人、基金公司开展境外证券投资管理业务和基金管理公司特定客户资产管理业务资格。

嘉实旗下管理50多只公募基金。与此同时，嘉实管理多个社保组合、企业年金组合以及特定客户资产管理账户，服务于全国社保基金、企业年金及各类机构投资者，为他们量身定制个性化的投资管理服务，帮助他们实现资产保值、增值。嘉实基金以业绩为核心，为客户提供远见而全面的资产管理解决方案。

嘉实在国内市场领先的同时，积极增强国际竞争力。近几年，先后成立了嘉实国际、嘉实财富、嘉实资本等三家子公司，为满足投资者进行海(境)外投资、非证券市场投资等日益增长的多元化需求尽心竭力。嘉实已经初步成为跨市场、跨资产类别投资管理的综合资产管理平台。

【公司大事记】

1999年3月，经中国证监会批准，嘉实基金管理有限公司在北京成立。

1999 年 4 月，嘉实管理的第一只基金基金泰和成立。

2001 年 12 月，嘉实与英国保诚集团达成技术合作协议。

2002 年 11 月，嘉实首只开放式基金——嘉实成长收益基金成立。

2002 年 12 月，嘉实获得首批全国社保基金投资管理人资格。

2003 年 5 月，嘉实注册地迁至上海浦东。

2003 年 7 月，嘉实第一只伞型基金——理财通系列基金成立。

2004 年 12 月，国内第一只银行担保的保本基金——嘉实浦安保本基金成立。

2004 年 12 月，嘉实管理资产总规模超过 300 亿元。

2005 年 6 月，德意志资产管理公司参股嘉实，嘉实成为国内最大的合资基金公司之一。

2005 年 8 月，嘉实被劳动和社会保障部选为首批企业年金投资管理人。

2006 年 12 月，嘉实基金成为中国首家资产管理规模超过千亿的基金公司。

2007 年 1 月，嘉实基金荣获《中国证券报》“2006 年度金牛基金管理公司”奖；旗下嘉实理财通增长基金获“开放式股票型持续优胜金牛基金”奖；基金泰和获“2006 年度封闭式金牛基金”奖；嘉实货币获“2006 年度开放式货币市场金牛基金”奖。

2007 年 1 月，嘉实基金荣获和讯网、中国证券市场研究设计中心评选的“2006 年度中国十大品牌基金公司”、“2006 年度中国基金业杰出营销案例奖”，嘉实总经理赵学军先生获“2006 年度中国基金业杰出掌门人奖”。

2007 年 1 月，嘉实基金荣获《21 世纪经济报道》评选的“2006 年基金管理公司综合实力奖”。

2007 年 2 月，嘉实荣获 2006 搜狐理财年度评选“明星基金管理人”奖。

2007 年 4 月，“爱在嘉实”公益活动全面启动。

2007 年 6 月，由嘉实基金、联想控股融科投资管理顾问公司举办的“中国房地产投资基金(REITs)发展研讨会”在京召开。

2007 年 8 月，嘉实获得 QDII 资格，成为中国首家符合资格开展境外证券投资管理业务的中外合资基金管理公司。

2007 年 10 月，嘉实海外中国股票型证券投资基金成立。

2007 年 10 月，嘉实基金正式成为西门子(中国)有限公司企业年金计划唯一投资管理人。

2007 年 11 月，嘉实基金正式成为 BP(中国)有限公司企业年金计划唯一投资管理人。

2007 年 11 月，嘉实基金与德意志资产管理公司共同举办的“全球机构投资人高峰会议”在京召开。

2007 年 12 月，嘉实基金荣获《新京报》2007 年度“金字招牌”评选的“年度最佳基金公司奖”。

2007 年 12 月，嘉实基金荣获搜狐网 2007 年度金融网络盛典“最受尊敬基金公司奖”。

2007 年 12 月，嘉实基金荣获《成都商报》颁发的“2007 年度成都基民最信任的五大基金公司奖”。

2007 年 12 月，由中国主流媒体理财联盟共同发起的“2007 中国年度理财总评榜”评选中，嘉实基金获得“2007 年度最具价值基金公司奖”。

2008 年 1 月，嘉实基金荣获由网易财经、基金观察共同发起的“中国基金 10 年高峰论坛”评选出的“2007 年中国十大金钻基金公司”奖及“2007 年中国基金公司投研能力杰出”奖。

2008 年 1 月，嘉实基金荣获由南都周刊、南方都市报、证券日报共同评选的“2007 年度最具公信力基金公司”奖。

2008 年 2 月，嘉实基金成为第一批获准开展特定客户资产管理业务的基金管理公司。

2008 年 4 月，嘉实基金获得普华永道出具的 SAS70 国际认证。

2008 年 11 月，嘉实全新运营数据中心建成并全面投入使用。

2009 年 2 月，嘉实国际资产管理公司完成在香港的注册，获发香港证监会第四类(投资咨询)和第九类(资产管理)牌照。

2009 年 3 月，嘉实基金机构业务板块进行全面重组，新业务体系由五个业务团队构成。

2009 年 4 月，国内首只量化基金投资者信心指数——“嘉实中国基金投资者信心指数”推出。

2009 年 8 月，嘉实国际(HGI)迁址至香港中环交易广场。

2009 年 9 月，嘉实基金第一批“一对多”4 只产品获批发行，伴随着“一对多”产品的集体亮相，嘉实产品设计的差异化受到市场高度关注。

2009 年 10 月，由“嘉实守护天使基金”捐建的首个公益项目——“嘉实博爱小学”在雅安石龙落成。

2009 年 12 月，国内首款基本面指数基金——嘉实中证锐联基金面 50 指数基金成立，填补了国内基本面指数产品的空白。

2010 年 3 月，嘉实基金与德意志资产联合举办的以“变革与机遇”为主题的“2010 年国际投资论坛”在京举行

2010 年 5 月，嘉实基金首次获得全球投资业绩标准(GIPS)国际认证。

2010 年 9 月 10 日，嘉实基金正式签约成为 2010 年至 2014 年连续五年的“中国网球公开赛白金赞助商”。

2010 年 9 月，嘉实恒生中国企业指数基金以首发超 10 亿元的规模创下近两年来 QDII 基金首发新高。

2010 年 11 月，HGI 获发香港证监会第一类(证券交易)牌照，获准在香港进行证券交易。

2010 年 12 月，以“让业绩的旗帜高高飘扬”为主题的嘉实基金 2011 年大型投资策略会在海南三亚举行。

2011 年 1 月，嘉实基金整体资产管理规模位列“2010 年度前十大竞争组基金公司排名”首位。

2011 年 2 月，成立嘉实另类投资集团(HAI)，完成另类投资平台的建设并启动业务。

2011 年 2 月，任命蔡秉华先生为嘉实国际(HGI)CEO。

2011 年 3 月，嘉实基金董事会选举新一届公司董事会和监事会成员，新任董事长安奎先生经中国证监会核准高管任职资格于 8 月 5 日正式上任。

2011 年 6 月，嘉实基金第三届运动会在京举行。

2011 年 8 月，嘉实基金首只 ETF 基金——嘉实深证基本面 120ETF 及其联接基金成立。

2011 年 9 月，嘉实基金以“白金赞助商”身份参与中国网球公开赛，获得超过 2200 万美元的国际媒体品牌曝光价值。

2011 年 9 月，以“全球经济再平衡过程中的投资机会”为主题的嘉实 - DB 机构投资论坛在京召开。

2011 年 9 月，中共嘉实基金管理有限公司总支部换届选举大会召开，选举产生新一届党总支委员会。

2011 年 9 月，嘉实上海办公室迁址至上海国金中心二期。

2011 年 12 月，嘉实基金 2011 年度累计捐资 219 万元，用于青海省海南藏族自治州共和县小学教学楼、甘肃成县县域基础教育提升项目。

2012 年 2 月，嘉实官网全新改版上线。

2012 年 3 月，嘉实财富管理有限公司(HWM)在上海注册成立，7 月迁址上海国金中心。

2012 年 4 月，嘉实投资者回报研究中心网站正式上线，该中心以“预测、配置、选基”为主要职能，同期推出自主研发的嘉实 FAS 系统，将助力于投资人获取实实在在的投资回报。

2012 年 4 月，嘉实沪深 300ETF 首发募集 193.32 亿份。

2012 年 5 月，嘉实沪深 300ETF 成功募集 193 亿元，在深圳证券交易所挂牌上市。2012 年 5 月 HGI(60% 股权)与 KranoCapital(40% 股权)正式成立了合资公司 HarvestKrane，该公司旨在美国和加拿大地区销售 HGI 及其关联公司的产品及战略。

2012 年 7 月，嘉实国际资产管理及嘉实另类投资集团迁址香港交易广场。

2012 年 7 月，嘉实捐助公益活动“嘉实 - 西部阳光”心舞夏令营，实现留守儿童舞蹈梦。

2012 年 8 月，嘉实沪深 300 指数证券投资基金(LOF)基金份额持有人大会成功召开，共征集 36 万客户授权，创业界先河。

2012 年 9 月，嘉实基金管理公司与英国高富诺基金管理公司联手组建一个专注投资于大中华区的私募地产基金管理平台——嘉实地产投资管理有限公司(简称“嘉实地产”)，汉威资本创始人任荣将出任嘉实地产行政总裁。

2012 年 10 月，嘉实基金以白金赞助商身份连续第三年赞助中国网球公开赛。

2012 年 11 月，证监会主席助理张育军先生走访嘉实基金调研，对公司运营及战略布局给予高度肯定。

2012 年 11 月，嘉实资本(HCM)首批获准成立另类子公司，首只私募 ABS 产品成功募集。

2012 年 12 月，“嘉实投资者回报研究中心”发布国内首个投资者授权基金投资管理账户——嘉实 HiFAS 定制账户并向投资人开放。

2012 年 12 月，嘉实管理年金突破 300 亿元。

2012 年 12 月，嘉实财富管理有限公司(HWM)获证监会批准，取得独立基金销售牌照。

【股东概况】

排序	股东名称	持股数量(万股)	持股比例
1	中诚信托投资有限责任公司	6000.00	40%
2	立信投资有限责任公司	4500.00	30%
3	德意志资产管理(亚洲)有限公司	4500.00	30%

【旗下基金】

基金代码	基金简称	类型
070099	嘉实优质	股票型
070013	嘉实研究精选	股票型
070017	嘉实量化阿尔法	股票型
070019	嘉实价值优势	股票型
070021	嘉实主题新动力	股票型
070022	嘉实领先成长	股票型
070027	嘉实周期优选	股票型
070032	嘉实优化红利	股票型
000082	嘉实研究阿尔法	股票型
070001	嘉实成长收益	混合型
070002	嘉实理财增长	混合型
070003	嘉实理财稳健	混合型
070006	嘉实服务增值行业	混合型
070010	嘉实主题	混合型
070011	嘉实策略增长	混合型
070018	嘉实回报	混合型
000414	嘉实收益策略	混合型
070005	嘉实债券	债券型
070009	嘉实超短债	债券型
070015	嘉实多元债券 A	债券型
070016	嘉实多元债券 B	债券型
070020	嘉实稳固收益债券	债券型
070025	嘉实信用债券 A	债券型
070026	嘉实信用债券 C	债券型
160718	嘉实多利分级债券	
150032	多利优先	债券型
150033	多利进取	债券型
070033	嘉实增强收益定期债券	债券型
070037	嘉实纯债债券 A	债券型
070038	嘉实纯债债券 C	债券型
160721	嘉实中证中期企业债指数(LOF)C	债券型
160720	嘉实中证中期企业债指数(LOF)A	债券型
000005	嘉实增强信用定期债券	债券型
000087	嘉实中证金边中期国债 ETF 联接 A	债券型
000088	嘉实中证金边中期国债 ETF 联接 C	债券型
159926	嘉实中证口期国债 ETF	债券型
000116	嘉实丰益纯债定期债券	债券型
000113	嘉实如意宝定期债券 A/B	债券型
000115	嘉实如意宝定期债券 C	债券型
000183	嘉实丰益策略定期债券	债券型
000177	嘉实丰益信用定期债券	债券型
159919	嘉实沪深 300ETF	指数型
160706	嘉实沪深 300ETF 联接	指数型
160716	嘉实基本面 50	指数型
070023	嘉实深证 120 联接	指数型
159910	嘉实深证 120ETF	指数型
070030	嘉实中创 400 联接	指数型
159918	嘉实中创 400ETF	指数型
159922	嘉实中证 500ETF	指数型
000008	嘉实中证 500ETF 联接	指数型
070012	嘉实海外	QDII
160717	嘉实 H 股指数	QDII
160719	嘉实黄金	QDII
070031	嘉实全球房地产	QDII
000043	嘉实美国成长股票(QDII)人民币	QDII
000044	嘉实美国成长股票(QDII)美元	QDII
000341	嘉实新兴市场 A	QDII
000342	嘉实新兴市场 B	QDII
070008	嘉实货币 A	货币型
070088	嘉实货币 B	货币型
070028	嘉实安心货币市场 A	货币型
070029	嘉实安心货币市场 B	货币型
519808	嘉实宝 A	货币型
519809	嘉实宝 B	货币型
000464	嘉实活期宝货币	货币型
500002	嘉实泰和	封闭式
184721	嘉实丰和	封闭式

基金代码	基金简称	类型
070035	嘉实理财宝7天债券A	理财型
070036	嘉实理财宝7天债券B	理财型
000486	嘉实1个月理财债券E	理财型

【公司高管】

安奎先生,董事长,大学本科,中共党员,曾任吉林农业机械研究所主任;吉林省信托投资公司外经处处长、香港吉信有限公司总经理;吉林省证券公司总经理;东北证券有限责任公司监事长;吉林天信投资公司总经理;中诚信托有限责任公司副总经理。2011年8月5日起任嘉实基金管理有限公司董事长。

赵学军先生,董事、总经理,经济学博士,中共党员。1987年7月至1990年9月在天津通信广播公司电视设计所任助理工程师。1992年12月至1993年6月在外经贸部中国仪器进出口总公司任经济师。1993年7月至1994年8月在北京商品交易所任信息处长。1994年8月至1995年5月在天津纺织原材料交易所任总裁、法定代表人。1995年5月至1997年5月在商鼎期货经纪有限公司任副总经理兼上海营业部总经理。1998年6月至1998年9月在北京证券有限公司任基金部总经理助理、阜成路营业部总经理助理。1998年9月至2000年10月在大成基金管理有限公司助理总经理、副总经理。2000年10月至今在嘉实基金管理有限公司任总经理。

王炜女士,督察长,中共党员,法学硕士。曾就职于中国政法大学法学院、北京市陆通联合律师事务所、北京市智浩律师事务所、新华保险股份有限公司。曾任嘉实基金管理有限公司法律部总监。

长盛基金管理有限责任公司

【基本情况】

法定名称:长盛基金管理有限责任公司
英文名称:Changsheng Fund Management Co.,Ltd.
注册地址:深圳市福田中心区福中三路诺德金融中心主楼10D
办公地址:北京市海淀区北太平庄路18号北京城建大厦A座21层
法人代表:凤良志
总 经 理:周 兵
成立时间:1999年3月26日
公司性质:中外合资
注册资本:1.5亿元
联系电话:010－82255818
传真号码:010－82255988
邮政编码:518001
公司网址:www.csfunds.com.cn

【公司概况】

长盛基金管理有限公司(以下简称"公司")成立于1999年3月26日,是国内最早成立的十家基金管理公司之一,也是首批获得全国社保基金管理资格的六家基金管理公司之一。公司注册资本为人民币1.5亿元,总部设在北京,在北京、上海、郑州、杭州、成都设有分公司。公司的股东为国元证券股份有限公司、新加坡星展银行有限公司、安徽省信用担保集团有限公司、安徽省投资集团控股有限公司。公司的经营范围包括基金募集、基金销售、资产管理及中国证监会许可的其他业务,是一家为客户提供专业投资理财服务的资产管理机构。

截至2014年12月31日,公司共管理长盛成长价值混合基金、长盛创新先锋混合基金、长盛积极配置债券基金、长盛量化红利股票基金、长盛环球行业股票(QDII)基金、长盛同鑫行业配置混合基金、长盛同鑫二号保本混合基金、长盛战略新兴产业混合基金、长盛同禧信用增利债券基金、长盛货币基金、长盛同智优势混合(LOF)基金、长盛同庆中证800分级基金、长盛沪深300指数(LOF)基金、长盛中证100指数基金、长盛同瑞中证200分级基金、长盛同辉深100等权重分级基金、长盛全债指数增强债券基金、长盛动态精选混合基金、长盛同德主题股票基金、长盛电子信息产业股票基金、长盛添利30天理财债券基金、长盛添利60天理财发起式基金、长盛同丰债券(LOF)基金、长盛纯债债券基金、上证百强ETF、长盛电子信息主题混合基金、长盛季季红1年定期债券基金、长盛年年收益定期债券基金、长盛双月红1年定期债券基金、长盛城镇化主题股票基金、长盛添利宝货币基金、长盛高端装备混合基金、长盛航天海工装备混合基金、长盛生态环境主题混合基金、长盛养老健康产业混合基金、长盛同益成长回报混合(LOF)基金、长盛同盛成长优选混合(LOF)基金共37只开放式基金,并且受全国社会保障基金理事会委托管理部分社保基金,以及多个专户产品。公司同时兼任境外QFII基金和专户理财产品的投资顾问。截至2014年12月31日,公司管理的公募基金资产规模逾人民币430亿元,累计分红超过人民币204亿元。

【公司大事记】

1999年3月,长盛基金管理有限公司正式成立。

2012年3月27日,长盛电子信息产业股票基金正式成立,募集份额为436,781,526.34份。

2012年4月10日,长盛同庆基金基金份额持有人大会在北京举行,高票通过长盛同庆基金转型方案。

2012年7月10日,长盛同鑫二号保本混合型证券投资基金正式成立,募集份额为1,364,877,570.48份。

2012年9月13日,长盛同辉深证100等权重指数分级证券投资基金正式成立,募集份额为844,062,743.33份。

2012年10月26日,长盛添利30天理财债券型证券投资基金正式成立,募集份额为4,138,676,687.06份。

2012年11月29日,长盛添利60天理财债券型发起式证券投资基金正式成立,募集份额为2,251,782,733.94份。

2012年12月27日,长盛同丰分级债券型证券投资基金正式成立,募集份额为1,997,372,126.07份。

2013年3月13日,长盛纯债债券型证券投资基金正式成立,募集份额为3,335,066,436.23份。

2013年4月24日,上证市值百强交易型开放式指数证券投资基金正式成立,募集份额为622,680,523.00份。

2013年5月10日,长盛上证市值百强交易型开放式指数证券投资基金联接基金正式成立,募集份额为308,496,450.30份。

2013年6月14日,长盛季季红1年期定期开放债券型证券投资基金正式成立,募集份额为1,396,003,609.71份。

2013年8月9日,长盛年年收益定期开放债券型证券投资基金正式成立,募集份额为592,654,154.16份。

2013年9月24日,长盛双月红1年期定期开放债券型证券投资基金正式成立,募集份额为348,134,882.30份。

2013 年 11 月 12 日，长盛城镇化主题股票型证券投资基金正式成立，募集份额为 2,011,529,249.85 份。

2013 年 12 月 9 日，长盛添利宝货币市场基金正式成立，募集份额为 3,875,301,402.19 份。

2014 年 11 月 25 日，长盛养老健康产业灵活配置混合型证券投资基金正式成立，募集份额为 1,077,446,643.94 份。

2014 年 12 月，基金同盛圆满完成"封转开"集中申购，加上原有基金折算的份额，长盛同盛成长优选灵活配置混合型证券投资基金（LOF）总份额为 43 亿余份，并正式开始运作。

2014 年 11 月 25 日，长盛养老健康产业灵活配置混合型证券投资基金正式成立，募集份额为 1,077,446,643.94 份。

2014 年 12 月，基金同盛圆满完成"封转开"集中申购，加上原有基金折算的份额，长盛同盛成长优选灵活配置混合型证券投资基金（LOF）总份额为 43 亿余份，并正式开始运作。

【股东概况】

排序	股东名称	持股数量（万股）	持股比例
1	国元证券有限责任公司	6150.00	41%
2	新加坡星展资产管理有限公司	4950.00	33%
3	安徽省创新投资有限公司	1950.00	13%
3	安徽省投资集团有限责任公司	1950.00	13%

【旗下基金】

基金代码	基金简称	类型
519039	长盛同德主题增长	股票型
080005	长盛量化红利	股票型
080012	长盛电子信息产业	股票型
000354	长盛城镇化主题	股票型
080001	长盛成长价值	混合型
510081	长盛动态精选	混合型
160805	长盛同智优势成长	混合型
080002	长盛创新先锋	混合型
080008	长盛战略新兴	混合型
080011	长盛货币	货币型
000424	长盛添利宝货币 A	货币型
000425	长盛添利宝货币 B	货币型
080006	长盛环球行业精选	QDII
510080	长盛全债指数强债	债券型
080003	长盛积极配置债券	债券型
080009	长盛同禧信增债券 A	债券型
080010	长盛同禧信增债券 C	债券型
160811	长盛同丰分级 A	债券型
150115	长盛同丰分级 B	债券型
000050	长盛纯债 A	债券型
000052	长盛纯债 C	债券型
000145	长盛季季红 1 年期债券 A	债券型
000146	长盛季季红 1 年期债券 C	债券型
000225	长盛年年收益定期债券 A	债券型
000226	长盛年年收益定期债券 C	债券型
000303	长盛双月红定期债券 A	债券型
000304	长盛双月红定期债券 C	债券型
519100	长盛中证 100	指数型
160807	长盛沪深 300	指数型
160808	长盛同瑞 200 分级	指数型
160806	长盛同庆 800 分级	指数型
160809	长盛同辉深证 100	指数型
510700	上证百强 ETF	指数型
000063	上证百强 ETF 联接	指数型
080007	长盛同鑫保本	保本型
080015	长盛同鑫二号保本	保本型
184690	基金同益	封闭式
184699	基金同盛	封闭式
080016	长盛添利 30 天 A	理财型
080017	长盛添利 30 天 B	理财型
080018	长盛添利 60 天 A	理财型
080019	长盛添利 60 天 B	理财型

【公司高管】

凤良志先生，董事长，博士，高级经济师。历任安徽省政府办公厅第二办公室副主任、安徽省国际信托投资公司副总经理、安徽省证券管理办公室主任、安徽省政府驻香港窗口公司（黄山有限公司）董事长、安徽省国际信托投资公司副总经理（主持工作）、安徽国元控股（集团）有限责任公司暨国元信托有限责任公司董事长。现为国元证券股份有限公司（原国元证券有限责任公司）董事长。

周兵先生，董事、总经理，硕士，经济师。曾任中国银行总行综合计划部副主任科员、香港南洋商业银行内地融资部副经理、香港中银国际亚洲有限公司企业财务部经理、广发证券股份有限公司北京业务总部副总经理（期间兼任海南华银国际信托投资公司北京证券营业部托管组负责人）、北京朝阳门大街证券营业部总经理。2004 年 10 月加入长盛基金管理有限公司，曾任公司副总经理。现任长盛基金管理有限公司总经理。

叶金松先生，大学，会计师。历任美菱股份有限公司财会部经理，安徽省信托投资公司财会部副经理，国元证券有限责任公司清算中心主任、风险监管部副经理、经理等职。现任长盛基金管理有限公司督察长。

大成基金管理有限公司

【基本情况】

法定名称：大成基金管理有限公司
英文名称：Da Cheng Fund Management Co., Ltd.
注册地址：深圳市福田区深南大道 7088 号
　　　　　招商银行大厦 32 层
办公地址：深圳市福田区深南大道 7088 号
　　　　　招商银行大厦 32－33 层
法人代表：张树忠
总 经 理：王　颢
成立时间：1999 年 4 月 12 日
公司性质：中资
注册资本：2 亿元
联系电话：0755－83183388
传真号码：0755－83199588
客服热线：400－8868－666
邮政编码：518040
公司网址：www.dcfund.com.cn

【公司概况】

大成基金管理有限公司（以下简称"公司"）成立于 1999

年4月12日，注册资本金人民币2亿元，是中国首批获准成立的“老十家”基金管理公司之一。公司总部设在广东省深圳市，主要业务是公募基金的募集和管理，还具有全国社保基金投资管理、受托管理保险资金、保险保障基金投资管理、特定客户资产管理和QDII业务资格。

经过十多年的稳健发展，公司形成了强大稳固的综合实力。公司旗下基金产品齐全、风格多样，构建了涵盖股票型基金、混合型基金、指数型基金、债券型基金和货币市场基金的完备产品线。截至2014年12月31日，资产管理规模近800亿元人民币。

公司实行董事会领导下的总经理负责制，在“专业管理专业”的管理理念下，充分发挥各专业委员会的专业职能。公司组织架构完整稳定，职责明晰，并根据业务发展不断更新完善，现有20个职能部门。

成立以来，公司打造了一支具有良好职业素养和丰富经验的投资研究团队，各项业务迅猛发展，综合实力不断提升，为广大投资者带来了丰厚回报。截至2014年12月31日，公司旗下基金已累计向投资者分红超过310亿元人民币。

公司已经形成了覆盖全国的营销网络，在北京、上海、西安、成都、武汉、福州、沈阳、广州、南京和青岛等地设立了十家分公司，并设立子公司大成国际资产管理有限公司和大成创新资本管理有限公司，分别从事海(境)外资产管理业务和特定客户资产管理业务。

“成为具有国际影响力的全能资产管理机构”是大成基金管理有限公司追求的目标。我们将继续坚持为持有人奉献长期稳健回报的核心理念，努力保持投资风格的稳定性及投资业绩的可持续性，与持有人共同分享中国经济的增长。

【公司大事记】

1999年4月12日，大成基金管理有限公司成立。

1999年5月4日，景宏证券投资基金基金合同生效，基金规模20亿份，存续期15年。

2002年11月11日，公司第一只开放式基金——大成价值增长证券投资基金合同生效。

2003年4月，率先在业内建立基金运营业务异地灾难备份中心。

2003年9月，在上海建立业内最大客户服务中心。

2004年3月，推出开放式基金网上交易业务。

2006年12月，基金景业成为首只封转开方案获持有人大会全票通过的封闭式基金。

2007年8月1日，创新型封闭式基金大成优选股票型证券投资基金基金合同生效。

2008年1月，公司获得合格境内机构投资者(QDII)业务资格。

2008年3月，公司获得特定客户资产管理业务资格。

2009年3月，公司武汉、西安、成都、沈阳、福州五地分公司获中国证监会批复同意。

2009年4月12日，为庆祝成立10周年，公司在深圳、北京、上海、武汉、西安、成都、福州、沈阳等地开展植树造林活动。

2009年4月，公司出资设立的大成慈善基金会经广东省民政厅批准，正式设立。

2009年10月，香港子公司——大成国际资产管理有限公司正式开业。

2010年7月，中资基金公司在香港发行的首只公募产品——大成中证中国内地消费ETF在香港交易所上市。

2010年9月，广州分公司成立。

2010年12月，公司获得全国社保基金境内委托投资管理人资格。

2011年9月，南京分公司成立。

2011年12月，公司香港子公司获人民币合格境外投资者(RQFII)业务资格。

2012年9月，公司获得首批保险资金投资管理人资格。

2013年11月，子公司——大成创新资本管理有限公司成立。

【股东概况】

排序	股东名称	持股数量(万股)	持股比例
1	中泰信托投资有限责任公司	9600.00	48%
2	光大证券有限责任公司	5000.00	25%
2	中国银河证券有限责任公司	5000.00	25%
3	广东证券股份有限公司	400.00	2%

【旗下基金】

基金代码	基金简称	类型
519017	大成积极成长	股票型
519019	大成景阳领先	股票型
090007	大成策略回报	股票型
090009	大成行业轮动	股票型
090011	大成核心双动力	股票型
090015	大成内需增长	股票型
160916	大成优选	股票型
160919	大成产业升级	股票型
160918	大成中小盘	股票型
	大成高新技术产业	股票型
090016	大成消费主题	股票型
090020	大成健康产业	股票型
090013	大成竞争优势	股票型
090015	大成内需增长	股票型
090018	大成新锐产业股票	股票型
090001	大成价值增长	混合型
090003	大成蓝筹稳健	混合型
090004	大成精选增值	混合型
090006	大成2020生命周期	混合型
160910	大成创新成长	混合型
090013	大成保本	混合型
090019	大成景恒保本	混合型
000695	大成景益平稳收益	混合型
000587	大成灵活配置	混合型
000865	大成景利	混合型
090002	大成债券基金A/B	债券型
092002	大成债券C	债券型
090008	大成强化收益债券	债券型
090017	大成可转债增强债券	债券型
000128	大成景安短融A	债券型
000129	大成景安短融不	债券型
000130	大成景兴信用债A	债券型
000131	大成景兴信用债C	债券型
160915	大成景丰债券(LOF)	债券型
000152	大成景旭纯债	债券型
000153	大成景旭纯债C	债券型
000440	大成景祥分级债券	债券型
000357	大成景祥分级债券A	债券型

基金代码	基金简称	类型
000358	大成景祥分级债券 B	债券型
000426	大成信用增利一年定期债 A	债券型
000427	大成信用增利一年定期债 C	债券型
090005	大成货币 A	货币型
091005	大成货币 B	货币型
090022	大成现金增利 A	货币型
091022	大成现金增利 B	货币型
519898	大成现金宝货币 A	货币型
519899	大成现金宝货币 B	货币型
000626	大成丰财宝货币 A	货币型
000627	大成丰财宝货币 B	货币型
000724	大成添利宝货币 A	货币型
000725	大成添利宝货币 B	货币型
000026	大成添利宝货币 E	货币型
096001	大成标普 500	QDII
000834	大成纳斯达克 100	QDII
519300	大成沪深 300	指数型
090010	大成中证红利指数	指数型
090012	大成深证成长 40 联接	指数型
159906	大成深证成长 40ETF	指数型
090016	大成内地消费指数	指数型
510440	大成中证 500 沪市 ETF	指数型
159932	大成中证 500 深市 ETF	指数型
159923	大成中证 100ETF	指数型
184691	基金景宏	封闭式
184701	基金景福	封闭式
090021	大成月添利 A	理财型
091021	大成月添利 B	理财型
090023	大成月月盈债 A	理财型
091023	大成月月盈债 B	理财型

【公司高管】

张树忠先生，董事长，经济学博士。1989 年 7 月至 1993 年 2 月，任中央财经大学财政系讲师；1993 年 2 月至 1997 年 3 月，任华夏证券股份有限公司投资银行总部总经理、研究发展部总经理；1997 年 3 月至 2003 年 7 月，任光大证券股份有限公司总裁助理兼北方总部总经理、资产管理总监；2003 年 7 月至 2004 年 6 月，任光大保德信基金管理公司董事、副总经理；2004 年 6 月至 2006 年 12 月，任大通证券股份有限公司副总经理；2007 年 1 月至 2008 年 1 月，任大通证券股份有限公司总经理；2008 年 1 月至 2008 年 4 月，任职中国人保资产管理股份有限公司；2008 年 4 月起任中国人保资产管理股份有限公司副总裁、党委委员；2008 年 11 月起同时担任大成基金管理有限公司董事长。

王颢先生，董事总经理，国际工商管理专业博士。2000 年 12 月至 2002 年 9 月，任招商证券股份有限公司深圳管理总部副总经理、机构管理部副总经理；2002 年 9 月加入大成基金管理有限公司，历任助理总经理、副总经理；2008 年 11 月起担任大成基金管理有限公司总经理。

杜鹏女士，督察长，研究生。1992 年至 1994 年，历任原中国银行陕西省信托咨询公司证券部驻上交所出市代表、上海业务部负责人；1994 年至 1998 年，历任广东省南方金融服务总公司投资基金管理部证券投资部副经理、广东华侨信托投资公司证券总部资产管理部经理；1998 年 9 月参与大成基金管理有限公司的筹建；1999 年 3 月至今，任大成基金管理有限公司督察长兼监察稽核部经理。

富国基金管理有限公司

【基本情况】

法定名称：富国基金管理有限公司
英文名称：Fullgoal Fund Management Co.，Ltd.
注册地址：上海市浦东新区世纪大道 8 号
　　　　　上海国金中心二期 16 – 17 层
办公地址：上海市浦东新区世纪大道 8 号
　　　　　上海国金中心二期 16 – 17 层
法人代表：陈　敏
总 经 理：陈　敏（代行）
成立时间：1999 年 4 月 13 日
公司属性：中外合资
注册资本：1.8 亿元
联系电话：021 – 20361818
客服热线：400 – 888 – 0688
传真号码：021 – 20161616
邮政编码：200001
公司网址：www.fullgoal.com.cn

【公司概况】

富国基金于 1999 年在北京成立，是经中国证监会批准设立的首批十家基金管理公司之一。公司注册资本为 1.8 亿元人民币，总部设于上海，在北京、深圳、成都设有分公司。

2003 年加拿大蒙特利尔银行参股，富国基金成为国内首批十家基金公司中第一家实现外资参股的基金公司。经过十年多的发展，富国基金不仅在中国资本市场的演进中积累了丰富的投资管理经验，而且不断将外方股东的先进理念和管理技术融入到公司经营管理的各项实践中，为投资者提供专业化的基金投资理财服务。

公司目前下设十七个部门、三个分公司和二个子公司，分别是：权益投资部、固定收益部、量化与海外投资部、研究部、集中交易部、专户投资部、机构业务部、零售业务部、营销策划与产品部、客服与电子商务部、战略发展部、监察稽核部、计划财务部、人力资源部、行政管理部、信息技术部、运营部、北京分公司、成都分公司、广州分公司、富国资产管理（香港）有限公司、富国资产管理（上海）有限公司。权益投资部：负责权益类基金产品的投资管理；固定收益部：负责固定收益类产品的研究与投资管理；量化与海外投资部：负责 FOF、PE、定量类产品等的研究与投资管理；研究部：负责行业研究、上市公司研究和宏观研究等；集中交易部：负责投资交易和风险控制；专户投资部：在固定收益部、权益投资部和量化与海外投资部内设立的虚拟部门，独立负责年金等专户产品的投资管理；机构业务部：负责年金、专户、社保及共同基金的机构客户营销工作；零售业务部：管理华东营销中心、华中营销中心、华南营销中心（广州分公司）、北方营销中心（北京分公司）、西部营销中心（成都分公司）、华北营销中心，负责共同基金的零售业务；营销策划与产品部：负责产品开发、营销策划和品牌建设等；客服与电子商务部：负责电子商务与客户服务；战略发展部：负责公司战略的研究、规划与落实；监察稽核部：负责监察、风控、法务和信息披露；信息技术部：负责软件开发与系统维护等；运营部：负责基金会计与清算；计划财务部：负责公司财务计划与管理；人力资源部：负责人力资源规划与管理；行政管理部：负责文秘、行政后勤；富国资产管理（香港）

有限公司:就证券提供意见和提供资产管理;富国资产管理(上海)有限公司:经营特定客户资产管理以及中国证监会认可的其他业务。

【股东概况】

排序	股东名称	持股数量(万股)	持股比例
1	海通证券股份有限公司	4999.50	27.775%
1	申银万国证券股份有限公司	4999.50	27.775%
1	加拿大蒙特利尔银行	4999.50	27.775%
2	山东省国际信托投资有限公司	3001.50	16.675%

【旗下基金】

基金代码	基金简称	类型
100026	富国天合稳健优选	股票型
519035	富国天博创新主题	股票型
100039	富国通胀通缩	股票型
100056	富国低碳环保	股票型
100060	富国高新技术产业	股票型
000220	富国医疗保健	股票型
100016	富国天源平衡	混合型
100020	富国天益价值	混合型
100022	富国天瑞强势	混合型
100029	富国天成红利	混合型
161005	富国天惠成长精选	混合型
000029	富国宏观策略	混合型
100025	富国天时货币 A	货币型
100028	富国天时货币 B	货币型
100032	富国中证红利增强	指数型
100038	富国量化沪深 300	指数型
100053	富国上证综指联接	指数型
161017	富国中证 500	指数型
161022	富国创业板指数分级	指数型
150152	富国创业板分级 A	指数型
150153	富国创业板分级 B	指数型
100018	富国天利增长	债券型
100035	富国优化增强 A/B	债券型
100037	富国优化增强 C	债券型
100051	富国可转换债券	债券型
100058	富国产业债债券	债券型
161010	富国天丰强化债券	债券型
000107	富国信用增强债券	债券型
000109	富国信用增强债券 C	债券型
000139	富国国有企业债	债券型
000141	富国国有企业债 C	债券型
100066	富国纯债债券(	债券型
100068	富国纯债债券 C	债券型
000191	富国信用债债券	债券型
000192	富国信用债债券 C	债券型
000383	富国恒利分级债券 A	定期开放债券型
000384	富国恒利分级债券 B	定期开放债券型
000197	富国目标收益一年期	定期开放债券型
000202	富国目标收益两年期	定期开放债券型
100072	富国强回报	定期开放债券型
100073	富国强回报 C	定期开放债券型
161019	富国新天锋债券	定期开放债券型
100070	富国强收益	定期开放债券型
100071	富国强收益 C	定期开放债券型
100050	富国全球债券	QDII
100055	富国全球顶级消费品	QDII
100061	富国中国中小盘股票	QDII
100007	富国 7 天理财宝 A	理财型
1010007	富国 7 天理财宝 B	理财型
161014	富国汇利分级	封闭式
150020	富国汇利 A	封闭式
150021	富国汇利 B	封闭式
161015	富国天盈分级	封闭式
161016	富国天盈 A	封闭式
150041	富国天盈 B	封闭式
510210	上证综指 ETF	封闭式
500015	基金汉兴	封闭式
500005	基金汉盛	封闭式

【公司高管】

陈敏女士,董事长。生于 1954 年,中共党员,工商管理硕士,经济师。历任上海市信托投资公司副处长、处长;上海市外经贸委处长;上海万国证券公司党委书记;申银万国证券股份有限公司副总裁、党委委员。2004 年开始担任富国基金管理有限公司董事长。

范伟隽先生,督察长。生于 1974 年,中共党员,硕士研究生。曾任毕马威华振会计师事务所项目经理,中国证监会上海监管局主任科员、副处长。2012 年 10 月 20 日开始担任富国基金管理有限公司督察长。

易方达基金管理有限公司

【基本情况】

法定名称:易方达基金管理有限公司
英文名称:E Fund Management Co., Ltd.
注册地址:广东省珠海市横琴新区宝中路 3 号
4004 - 8 室
办公地址:广州市天河区珠江新城珠江东路 30 号
广州银行大厦 40 - 43 楼
法人代表:叶俊英
总 经 理:刘晓艳
成立时间:2001 年 4 月 17 日
公司属性:中资
注册资本:1.2 亿元
联系电话:020 - 38797888
客服热线:400 - 881 - 8088
传真号码:020 - 38799488
邮政编码:510620
公司网址:www.efunds.com.cn

【公司概况】

易方达基金管理有限公司成立于 2001 年 4 月 17 日,旗下设有北京、广州、上海分公司和香港子公司。易方达秉承"取信于市场,取信于社会"的宗旨,坚持"在诚信规范的前提下,通过专业化运作和团队合作实现持续稳健增长"的经营理念,以严格的管理、规范的运作和良好的投资业绩,赢得市场认可。2004 年 10 月,易方达取得全国社会保障基金投资管理人资格。2005 年 8 月,易方达获得企业年金基金投资管理人资格。2007 年 12 月,易方达获得合格境内机构投资者(QDII)资格。2008 年 2 月,易方达获得从事特定客户资产管理业务资格。截至2014年12月31日,易方达旗下共管理59只开放式基金、1只封闭式基金和多个全国社保基金资产组合、企业年金及特定客户资产管理业务,资产管理总规模达4300亿元。

易方达基金高度重视健全内部管理体制和完善风险防范机制,成立伊始便在业内率先制定"内部控制大纲",对公司治理结构、内部控制制度体系与制度管理、内部控制基本要点、控制环境、持续的控制检验作出规范,在此基础上制定了大量规章制度,初步形成了一套具有公司特色、合乎基金行业规范运作要求的制度化管理体系,保证了公司的合规、高效运作,获得了国家主管部门和中介评估机构的充分肯定。

基金业是"人的事业",易方达成立伊始,便努力打造一支高度专业化的基金管理团队。截至2014年9月30日,公司员工逾400人,平均年龄32岁,其中具有硕士以上学历的占员工总数的60.4%,具有复合专业背景的占27.97%。公司高管人员人均金融从业时间18年以上,全部具有经济学或管理学教育背景。易方达基金的投资研究队伍专业、稳健、勇于进取,投资管理人员平均证券从业时间10年,95.83%的投资人员具有硕士以上学历,具有理工科背景的占62.5%,具有复合专业背景的占54.17%;98.04%的研究人员具有硕士以上学历,具有理工科背景的占54.9%,具有复合专业背景的占37.25%。

完善的制度、严格的管理、规范的运作使公司始终保持各方面业务持续增长的良性发展态势,投资业绩综合排名始终在国内基金公司中名列前茅。截至2014年12月31日,公司旗下基金累计分红超575亿元,为投资者创造了良好的回报。

公司一贯秉承价值投资理念,强调研究在投资中的主导作用,不断追求研究的深度和前瞻性。目前,公司已自主培养和建立起一支高素质的研究员队伍,形成了研究主导的投资文化,研究注重深度挖掘、实地调研、持续跟踪,投资与研究相互促进、良性互动,为公司取得优异投资业绩打下了坚实基础。

专业坦诚是易方达的服务理念。公司不断致力于改进客户服务质量、加强多方沟通协调、完善和创新服务方式。目前,公司已与多家机构签订了合作协议,并推出了开放式基金的网上交易平台,努力为广大客户提供更多的交易便利和优惠。

易方达将继续坚持以诚信和业绩立足,不断开拓创新,积极进取,努力为投资者创造最优回报。

【公司大事记】

2001年4月17日,易方达基金管理有限公司正式成立。

2001年6月20日,在清理规范广东省6只联网投资基金的基础上,易方达旗下的科汇、科翔、科讯证券投资基金分别在深圳、上海证券交易所挂牌交易。

2001年7月12日,科汇、科翔、科讯证券投资基金完成扩募工作,分别扩募至8亿份基金单位。

2001年12月15日,易方达顺利通过中国证监会和境外投资基金专家小组对开放式基金准备情况的现场检查,获得了高度评价。

2012年5月3日,易方达纯债债券型证券投资基金合同生效,认购份额超过80亿份。

2012年6月4日,易方达标普全球高端消费品指数增强型证券投资基金合同生效。

2012年7月5日,易方达量化衍伸股票型证券投资基金合同生效。

2012年8月9日,易方达恒生中国企业交易型开放式指数证券投资基金合同生效。

2012年8月21日,易方达恒生中国企业交易型开放式指数证券投资基金联接基金合同生效。

2012年9月20日,易方达中小板指数分级证券投资基金合同生效。

2012年11月9日,易方达中债新综合债券指数发起式证券投资基金(LOF)基金合同生效。

2012年11月26日,易方达月月利理财债券型证券投资基金基金合同生效。

2013年1月15日,易方达双月利理财债券型证券投资基金基金合同生效。

2013年3月4日,易方达天天理财货币市场基金基金合同生效。

2013年3月6日,易方达沪深300交易型开放式指数发起式证券投资基金基金合同生效。

2013年3月29日,易方达保证金收益货币市场基金基金合同生效。

2013年4月24日,易方达信用债债券型证券投资基金合同生效。

2013年7月30日,易方达纯债1年定期开放债券型证券投资基金合同生效。

2013年8月23日,易方达高等级信用债债券型证券投资基金合同生效。

2013年8月23日,易方达裕丰回报债券型证券投资基金合同生效。

2013年9月10日,易方达投资级信用债债券型证券投资基金合同生效。

2013年10月24日,易方达易理财货币市场基金合同生效。

2013年11月14日,易方达聚盈分级债券型发起式证券投资基金合同生效。

2013年11月28日,易方达新兴成长混合型证券投资基金合同生效。

2014年6月17日,易方达财富快线货币市场基金合同生效。

2014年6月25日,易方达天天增利货币市场基金合同生效。

【股东概况】

排序	股东名称	持股数量(万股)	持股比例
1	广东粤财信托投资有限公司	3000.00	25%
2	广发证券股份有限公司	3000.00	25%
3	广东美的电器股份有限公司	3000.00	25%
4	重庆国际信托投资有限公司	2000.00	16.67%
5	广州市广永国有资产经营有限公司	1000.00	8.33%

【旗下基金】

基金代码	基金简称	类型
110009	易方达价值精选	股票型
110029	易方达科讯	股票型
110011	易方达中小盘	股票型
110013	易方达科翔	股票型
110015	易方达行业领先	股票型
110022	易方达消费行业	股票型

基金代码	基金简称	类型
110023	易方达医疗保健行业	股票型
110025	易方达资源行业	股票型
110001	易方达平稳增长	混合型
110002	易方达策略成长	混合型
110005	易方达积极成长	混合型
110010	易方达价值成长	混合型
112002	易方达策略二号	混合型
110012	易方达科汇灵活配置	混合型
000404	易方达新兴成长灵活配置	混合型
110006	易方达货币 A	货币型
110016	易方达货币 B	货币型
000009	易方达天天理财货币 A	货币型
000010	易方达天天理财货币 B	货币型
000013	易方达天天理财货币 R	货币型
159001	易方达保证金收益货币 A	货币型
159002	易方达保证金收益货币 B	货币型
000359	易方达易理财货币	货币型
110007	易方达稳健债券 A	债券型
110008	易方达稳健债券 B	债券型
110017	易方达增强债券 A	债券型
110018	易方达增强债券 B	债券型
110027	易方达安心债券 A	债券型
110028	易方达安心债券 B	债券型
110035	易方达双债强债 A	债券型
110036	易方达双债强债 C	债券型
161115	易方达岁丰添利债券	债券型
161117	易方达永旭添利	债券型
110037	易方达纯债 A	债券型
110038	易方达纯债 C	债券型
161119	易方达中债新综指(LOF)A	债券型
161120	易方达中债新综指(LOF)C	债券型
110050	易方达月月利理财债券 A	债券型
110051	易方达月月利理财债券 B	债券型
110052	易方达双月利理财债券 A	债券型
110053	易方达双月利理财债券 B	债券型
000032	易方达信用债债券 A	债券型
000033	易方达信用债债券 C	债券型
000111	易方达纯债 1 年定期开放债券 A	债券型
000112	易方达纯债 1 年定期开放债券 C	债券型
000147	易方达高等级信用债债券 A	债券型
000148	易方达高等级信用债债券 C	债券型
000171	易方达裕丰回报债券	债券型
000205	易方达投资级信用债债券 A	债券型
000206	易方达投资级信用债债券 C	债券型
000428	易方达聚盈分级债券基础	债券型
000429	易方达聚盈分级债券 A	债券型
000430	易方达聚盈分级债券 B	债券型
000436	易方达裕惠回报债券	债券型
110003	易方达上证 50	指数型
110019	易基深证 100 联接	指数型
110020	易方达沪深 300	指数型
110021	易基上证中盘联接	指数型
159901	易方达深证 100ETF	指数型
510130	易方达上证中盘 ETF	指数型
110026	易方达创业板联接	指数型
159915	易方达创业板 ETF	指数型
110030	易方达沪深 300 量化增强	指数型
110031	易方达恒生中国企业人民币	指数型
110032	易方达恒生中国企业美元现汇	指数型
110033	易方达恒生中国企业美元现钞	指数型
161118	易基中小板分级	指数型
150106	易方达中小板分级 A	指数型
150107	易方达中小板分级 B	指数型
510310	易方达沪深 300ETF	指数型
110030	易方达沪深 300 量化增强	指数型
512010	易方达沪深 300 医药卫生 ETF	指数型
159934	易方达黄金 ETF	指数型
118001	易方达亚洲精选	QDII
161116	易方达黄金主题	QDII
118002	易方达标普消费品指数增强	QDII
510900	易方达恒生中国企业	QDII
110050	易方达月月利 A	理财型
110051	易方达月月利 B	理财型
110052	易方达双月利理财债券 A	理财型
110053	易方达双月利理财债券 B	理财型
500056	易方达科瑞	封闭式

【公司高管】

叶俊英先生，经济学博士，董事长。曾任中国南海石油联合服务总公司条法部科员、副科长、科长，广东省烟草专卖局专卖办公室干部，广发证券有限责任公司投资银行部总经理、公司董事、副总裁，易方达基金管理有限公司董事兼总裁、副董事长兼总裁。现任易方达基金管理有限公司董事长。

刘晓艳女士，经济学博士，董事、总裁。曾任广发证券有限责任公司投资理财部副经理、基金经理，基金投资理财部副总经理、基金资产管理部总经理，易方达基金管理有限公司督察员兼监察部总经理、总裁助理兼市场部总经理、公司副总裁、常务副总裁。现任易方达基金管理有限公司董事、总裁，兼任易方达资产管理(香港)有限公司董事长。

张南女士，博士。曾任广东省经贸委产业政策处副处长，易方达基金管理有限公司市场拓展部副总经理，现兼任易方达基金管理有限公司监察部总经理。

国金通用基金管理有限公司

【基本情况】

法定名称：国金通用基金管理有限公司

英文名称：Gfund Management Co. ,Ltd.

注册地址：北京市怀柔区府前街三号楼 3 - 6

办公地址：北京市海淀区西三环北路 87 号国际财经中心 D 座 14 层

董 事 长：纪　路

总 经 理：尹庆军

成立日期：2011 年 11 月 2 日

注册资本：2.8 亿元人民币

公司属性：中资公司

联系电话：010 - 88005888

客服电话：400 - 020 - 0018

联系传真：010 - 88005666

邮政编码：100033

公司网址：www.gfund.com

【公司概况】

国金通用基金管理有限公司(英文名称:Gfund Management Co.,Ltd.)成立于2011年11月2日,是经中国证监会批准成立的从事基金募集、基金销售、资产管理以及中国证监会许可的其他业务的专业资产管理公司。

公司股东为国金证券股份有限公司、苏州工业园区兆润投资控股集团有限公司、广东宝丽华新能源股份有限公司、中国通用技术(集团)控股有限责任公司,四家企业共同出资2.8亿元人民币,出资比例分别为49%、19.5%、19.5%和12%。

国金证券股份有限公司是一家资产质量优良、专业团队精干、创新能力突出、服务特色鲜明的上市证券公司,是沪深300指数、上证180指数、上证180金融股指数和上证中型企业指数成份股。

苏州工业园区兆润投资控股集团有限公司成立于2000年,是苏州工业园区管委会直属最大的国有企业,注册资本160亿元。

广东宝丽华新能源股份有限公司是1997年1月在深圳证券交易所上市的新能源电力公司,已经确立了以新能源电力为核心、以房地产开发和建设施工为基础、以现代金融投资为动力的主营业务架构,是中国证券市场中的新能源电力龙头上市公司,是深证红利、泰达环保、南方低碳、巨潮公司治理等多个重要指数样本股。

中国通用技术(集团)控股有限责任公司是由国务院国资委履行出资人职责、中央直接管理的国有重要骨干企业,是我国最大的先进技术装备引进服务商、最大的轻工产品和医药保健品进出口商、最大的移动通信终端产品分销与服务商,同时是我国重要的装备制造商、国际工程承包商、医药生产与供应商、技术服务与咨询商及建筑地产商。

雄厚的股东背景为公司的渠道开发、市场销售等方面提供了强有力的支持,为公司的发展奠定了基础。

【公司大事记】

2011年11月2日,国金通用基金管理有限公司在北京正式注册成立。

2012年8月24日,国金通用首只基金——国金通用国鑫灵活配置混合型发起式基金发行成功,首募1.78亿元。

2012年9月7日,国金通用完成增资工作,注册资本由1.6亿元人民币增加至2.8亿元。

2013年1月25日,国金通用全资子公司北京千石创富资本管理有限公司在北京正式注册成立。

2013年4月8日,国金通用完成办公场所变更,新址为:北京市海淀区西三环北路87号国际财经中心D座14层。

2013年7月26日,国金通用首只被动型基金——国金通用沪深300指数分级证券投资基金(总第2只)发行成功,首募3.23亿元。

2013年12月16日,国金通用首只货币基金——国金通用鑫盈货币市场证券投资基金(总第3只)发行成功,首募5.45亿元。

2014年1月15日,国金通用全资子公司上海国金通用财富资产管理有限公司在上海正式注册成立。

2014年1月21日,国金通用首只分级债基金——国金通用鑫利分级债券型证券投资基金(总第4只)发行成功,首募4.3亿元。

2014年2月17日,国金通用金腾通货币市场证券投资基金(总第5只)发行成功,首募2.02亿元。

2014年5月12日,国金通用新版网站正式上线。

2014年8月27日,国金通用鑫安保本混合型证券投资基金(总第6只)发行成功,首募14.43亿元。

【股东概况】

股东名称	持股比例
国金证券股份有限公司	49%
苏州工业园区地产经营管理公司	19.5%
广东宝丽华新能源股份有限公司	19.5%
中国通用技术(集团)控股有限责任公司	12%

【旗下基金】

基金代码	基金简称	类型
762001	国金通用国鑫发起	混合型
167601	国金300	指数型
150140	国金300A	指数型
150141	国金300B	指数型
000439	国金通用鑫盈货币	货币型
000454	国金通用鑫利分级A	债券型
000455	国金通用鑫利分级B	债券型
000540	国金通用金腾通货币	货币性
000749	国金通用鑫安保本	混合型

【公司高管】

纪路先生,董事长,硕士、EMBA。历任博时基金管理有限公司分析师、金信证券有限责任公司投资研究中心总经理、国金证券股份有限公司研究所总经理。现任国金证券股份有限公司副总经理、中国证券业协会证券公司专业评价专家、四川证券业协会创新咨询委员会主任委员。2011年11月至今任国金通用基金管理有限公司董事长。

尹庆军先生,总经理,硕士。历任中央编译局世界所助理研究员、办公厅科研外事秘书,中央编译出版社出版部主任,博时基金管理有限公司人力资源部总经理、董事会秘书、监事,国金通用基金管理有限公司筹备组拟任督察长,国金通用基金管理有限公司督察长。2012年7月至今任国金通用基金管理有限公司总经理。

张丽女士,督察长,硕士。历任科学出版社法律事务部内部法律顾问,国金通用基金管理有限公司筹备组监察稽核部法律顾问,国金通用基金管理有限公司监察稽核部法律顾问、监察稽核部副总经理兼法律顾问、监察稽核部总经理。2014年7月至今任国金通用基金管理有限公司督察长。

融通基金管理有限公司

【基本情况】

法定名称:融通基金管理有限公司

英文名称:Rongtong Fund Management Co.,Ltd.

注册地址:深圳市南山区华侨城汉唐大厦13、14层

办公地址:深圳市南山区华侨城汉唐大厦13、14层

法人代表:田德军

总 经 理:孟朝霞

成立时间:2001年5月22日

公司性质:中外合资

注册资本:1.25亿元

联系电话:0755 - 26948666
客服热线:400 - 883 - 8088
传真号码:0755 - 26948079
邮政编码:518035
公司网址:www.rtfund.com

【公司概况】

融通基金管理有限公司经中国证监会监基字[2001]8 号文批准,于 2001 年 5 月 22 日在深圳正式成立,是中国第二批基金管理公司之一,注册资本 1.25 亿元人民币。总部设在深圳,在北京和上海设有分公司。公司在法人治理结构、投资管理、内控体系、组织架构等各方面充分体现了“新基金、新体制”。

公司在基金管理上实行投资决策委员会领导下的基金经理负责制。目前公司旗下共有 24 只基金,其中 23 只开放式基金:融通新蓝筹混合、融通通利系列基金(由融通债券 A/B、C、融通深证 100 指数和融通蓝筹成长混合三只子基金构成)、融通行业景气混合、融通巨潮 100 指数(LOF)、融通易支付货币、融通动力先锋股票、融通领先成长股票(LOF)、融通内需驱动股票、融通深证成份指数、融通四季添利债券、融通创业板指数、融通医疗保健行业股票、融通岁岁添利定期开放债券、融通丰利四分法基金、融通七天理财债券、融通标普中国可转债指数基金、融通通泰保本混合基金、融通通泽一年目标触发混合基金、融通通祥一年目标触发式混合基金、融通通福分级债基金和融通通源一年目标触发混合基金,1 只封闭式基金(融通通乾封闭)。

【公司大事记】

2000 年 7 月 31 日,融通基金管理有限公司(筹)第一次发起人会议在北京召开。

2000 年 11 月 2 日,融通基金管理有限公司获准筹建。

2001 年 2 月 13 日,融通基金管理有限公司(筹)第二次发起人会议在深圳召开。

2001 年 5 月 8 日,融通基金管理有限公司获准开业。

2001 年 5 月 22 日,融通基金管理有限公司正式成立。

2012 年 1 月 5 日,融通内需驱动股票:周珺新任,鲁万峰继续任融通内需驱动股票基金经理。

2012 年 1 月 11 日,融通四季添利债券证券投资基金正式向全国发售。

2012 年 1 月 12 日,融通通乾封闭:汪忠远新任,刘泽兵继续任融通通乾封闭基金经理。

2012 年 1 月 12 日,融通行业景气混合:严菲新任,邹曦继续任融通行业景气混合基金经理。

2012 年 1 月 19 日,融通行业景气混合:邹曦离任,严菲继续任融通行业景气混合基金经理;融通内需驱动股票:鲁万峰离任,周珺继续任融通内需驱动股票基金经理;融通通乾封闭:刘泽兵离任,汪忠远继续任融通通乾封闭基金经理。

2012 年 2 月 20 日,融通债券投资基金进行份额分类并增加收费模式,分为融通债券 A(原融通债券前)、融通债券 B(原融通债券后)和融通债券 C(新增份额分类)。

2012 年 3 月 1 日,融通四季添利债券型证券投资基金基金合同正式生效,合同生效后两年内封闭运作,在深圳证券交易所上市交易,基金合同生效满两年后,转为上市开放式基金(LOF)。募集规模 1,281,761,462.73 份基金份额。

2012 年 3 月 5 日,融通创业板指数增强型证券投资基金正式向全国发售。

2012 年 4 月 6 日,融通创业板指数增强型证券投资基金基金合同正式生效,募集规模 487,321,720.94 份基金份额。

2012 年 5 月 2 日,融通易支付货币市场证券投资基金进行份额分类并增加收费模式,分为融通易支付货币 A、融通易支付货币 B。

2012 年 5 月 7 日,融通创业板增强型指数股票型证券投资基金定于 2012 年 5 月 7 日起开始办理日常申购、赎回业务;个人投资者仅限定投申购方式,单笔定投上限 1 万元。

2012 年 6 月 25 日,融通医疗保健行业股票型证券投资基金正式向全国发售。

2012 年 7 月 3 日,融通行业景气混合:邹曦新任,严菲继续任融通行业景气混合基金经理。

2012 年 7 月 25 日,融通新蓝筹混合:姚昆新任,吴巍、汪忠远继续任融通新蓝筹混合基金经理。

2012 年 7 月 26 日,融通医疗保健行业股票型证券投资基金基金合同正式生效,募集规模 336,147,352.89 份基金份额。

2012 年 8 月 10 日,融通领先成长股票(LOF):余志勇新任,管文浩继续任融通领先成长股票(LOF)基金经理。

2012 年 8 月 29 日,融通债券 A/B、C:张李陵新任,乔羽夫继续任融通债券 A/B、C 基金经理。

2012 年 8 月 31 日,融通债券 A/B、C:乔羽夫离任,张李陵继续任融通债券 A/B、C 基金经理;融通四季添利债券:乔羽夫离任,蔡奕奕继续任融通四季添利债券基金经理。

2012 年 9 月 6 日,融通医疗保健行业股票:蒋秀蕾新任,吴巍继续任融通医疗保健行业股票基金经理。

2012 年 10 月 9 日,融通岁岁添利定期开放债券型证券投资基金正式向全国发售。

2012 年 11 月 6 日,融通岁岁添利定期开放债券型证券投资基金基金合同正式生效,募集规模 3,119,837,355.31 份基金份额。

2013 年 1 月 14 日,融通丰利四分法证券投资基金正式向全国发售。

2013 年 2 月 5 日,融通丰利四分法证券投资基金基金合同正式生效,募集规模 740,856,169.49 份基金份额。

2013 年 2 月 7 日,融通领先成长股票(LOF):管文浩离任,余志勇继续任融通领先成长股票(LOF)基金经理。

2013 年 3 月 4 日,融通标普中国可转债指数型证券投资基金正式向全国发售。

2013 年 3 月 14 日,融通七天理财债券型证券投资基金基金合同正式生效,募集规模4,044,290,011.14份基金份额。

2013 年 3 月 26 日,融通标普中国可转债指数增强型证券投资基金基金合同正式生效,募集规模1,309,454,237.09份基金份额。

2013 年 5 月 8 日,融通通泰保本混合型证券投资基金正式向全国发售。

2013 年 5 月 31 日,融通通泰保本混合型证券投资基金基金合同正式生效,募集规模528,653,648.94份基金份额。

2013 年 8 月 1 日,融通通泽一年目标触发式灵活配置混合型证券投资基金正式向全国发售。

2013 年 8 月 30 日,融通通泽一年目标触发式灵活配置混合型证券投资基金基金合同正式生效,募集规模869,304,088.98份基金份额。

2013 年 9 月 16 日,融通通祥一年目标触发式灵活配置混合型证券投资基金正式向全国发售。

2013 年 10 月 22 日,融通通祥一年目标触发式灵活配置混合型证券投资基金基金合同正式生效，募集规模640,543,966.41份基金份额。

2013年11月11日，融通通福分级债券型证券投资基金正式向全国发售，其中通福B的发售起始日2013年11月11日，通福A的发售起始日2013年11月15日。

2013年11月25日，融通通源一年目标触发式灵活配置混合型证券投资基金正式向全国发售。

2013年12月10日，融通通福分级债券型证券投资基金基金合同正式生效，募集规模融通通福分级债券A:368,624,812.72份基金份额；融通通福分级债券B:158,423,848.56份基金份额。

2013年12月19日，融通债券：韩海平新任，张李陵继续任融通债券基金经理。

2013年12月27日，融通债券：王超新任，张李陵和韩海平继续任融通债券基金经理；融通标普中国可转债指数：王超新任，张李陵继续任融通标普中国可转债指数基金经理；通祥一年目标触发式混合：张士锋新任，吴巍继续任通祥一年目标触发式混合基金经理。

2013年12月31日，融通通源一年目标触发式灵活配置混合型证券投资基金基金合同正式生效，募集规模505,912,256.65份基金份额。

【股东概况】

排序	股东名称	持股数量（万股）	持股比例
1	新时代证券有限责任公司	7500.00	60%
2	日兴资产管理有限公司	5000.00	40%

【旗下基金】

基金代码	基金简称	类型
161609	融通动力先锋	股票型
161610	融通领先成长	股票型
161611	融通驱动	股票型
161616	融通医疗保健	股票型
161601	融通新蓝筹	混合型
161605	融通蓝筹成长	混合型
161606	融通行业景气	混合型
000142	融通通泰保本	混合型
000278	融通通泽一年目标触发式混合	混合型
000315	融通通祥一年目标触发式混合	混合型
000394	融通通源一年目标触发式混合	混合型
161603	融通债券A	债券型
161653	融通债券B	债券型
161614	融通四季添利	债券型
161618	融通岁岁添利A	债券型
161619	融通岁岁添利B	债券型
161624	融通标普中国可转债指数A	债券型
161625	融通标普中国可转债指数C	债券型
161626	融通通福分级债	债券型
161627	融通通福分级债A	债券型
150160	融通通福分级债B	债券型
161604	融通深证100	指数型
161607	融通巨潮100(LOF)	指数型
161612	融通深成指?	指数型
161613	融通创业板指数	指数型
161620	融通丰利四分法(QDII－FOF)	QDII
161608	融通易支付货币A	货币型
161615	融通易支付货币B	货币型
161622	融通七天理财债券A	理财型
161623	融通七天理财债券B	理财型
500038	融通通乾	封闭式

【公司高管】

田德军先生，董事长，经济学博士，现任新时代证券有限责任公司总经理。历任中信证券股份有限公司投资银行业务主管，上海远东证券有限公司董事长兼总经理。2010年至今任公司董事长。

奚星华先生，总经理，经济学硕士，历任黑龙江省证券公司宏观行业研究员；北京时代博讯高科技有限公司投资业务副总经理；长财证券经纪有限责任公司总裁；恒泰长财证券有限责任公司执行董事、法定代表人。2011年起任公司总经理。

涂卫东先生，督察长，法学硕士。历任国务院法制办公室（原国务院法制局）财金司一处主任科员，中国证监会基金监管部监管一处处级干部，中国证监会公职律师。2009年至今任中共融通基金管理有限公司支部委员会副书记。2011年至今任公司督察长。

银华基金管理有限公司

【基本情况】

法定名称：银华基金管理有限公司
英文名称：Yinhua Fund Management Co.,Ltd.
注册地址：深圳市深南大道6008号特区报业大厦19层
办公地址：北京市东城区东长安大街1号东方广场东方经贸城C2办公楼15层
法人代表：王珠林
总 经 理：王立新
成立时间：2001年5月28日
公司属性：中资
注册资本：2亿元
联系电话：010－85186558
客服热线：400－678－3333
传真号码：010－58163027
邮政编码：518034
公司网址：www.yhfund.com.cn

【公司概况】

银华基金成立于2001年5月，成立13年以来，凭借诚信、规范、稳健、务实的运作风格，银华基金致力于为广大投资者提供专业的资产管理服务，逐步发展为一个具有大资金管理能力的综合型资产管理公司。截至2012年底，公司有效资产管理规模位列行业前十，跻身国内优秀基金管理公司行列。

我们致力于提供有质量的资产管理和理财服务，帮助投资者打造高品质的财富生活。为实现这一目标，我们强调通过严格的制度和流程化管理提升公司的服务质量。2005年8月，银华基金获得企业年金基金投资管理人资格，成为国内9家首批获此资格的基金管理公司之一。2007年10月底，银华基金管理公司正式获得合格境内机构投资者（QDII）资格，获准开展境外证券投资管理业务。在接下来的2008年2月，银华基金管理公司获得特定客户资产管理业务资格。2010年12月，银华基金管理有限公司获得“社保基金境内委托投资管理人”资格。2012年10月，银华基金管理有限公司获得保险资金投资管理人资格。至此，银华基金成为业内为数不多的同时拥有企业年金基金投资管理人资格、合格境外机构投资者业务资格、特定客户资产管理业务资格和社保基金境内委托投资管理人资格、保险资金投资管理人资格的全牌照基金管理公司。

作为一个资产管理者，为持有人提供长期稳健的回报是银华基金的核心价值所在。13 年来，银华旗下管理的多只基金业绩排名同类产品前列，并获得多项业内大奖，多次赢得独立专业机构高度评价，为持有人带来了可持续的稳健投资回报。银华基金因为整体业绩表现突出，五度荣膺“金牛基金公司”。

时至今日，银华基金旗下管理着 35 只基金，建立了覆盖股票型、配置型、债券型、货币型、保本型和 QDII 基金的较为完善的产品线，为数百万不同风险收益特征和理财需求的客户提供专业的资产管理服务。

在稳健经营的基础上，我们致力于让风险收益特征各异的投资者在银华享受到全面的理财服务。未来，在继续完善产品线基础上，我们还将努力在企业年金管理、独立帐户资产管理、QDII 等领域拓展自己的业务。继续为自己所追求的目标——投资改变生活而执著前行。

我们将继续秉承“诚信经营赢得客户、优质服务贴近客户、一流业绩回报客户”的质量管理方针，帮助更多的普通人实现他们的财富梦想。

【公司大事记】

2000 年 10 月 18 日，证监会批准筹建银华基金管理有限公司。

2000 年 10 月 25 日，于北京，召开银华基金管理有限公司创立大会，选举产生公司第一届董事会、监事会和经营班子。

2000 年 10 月 31 日，签署《更换管理人协议》，银华基金管理有限公司（筹）成为新任的基金管理人。

2000 年 11 月 10 日，正式向证监会递交开业申请。

2001 年 1 月 19 日，根据证监会意见，选聘四位独立董事，并对公司章程及相关的规章制度进行修改。

2001 年 4 月 13 日，通过证监会组织的专家评审会的开业审查。

2001 年 5 月 10 日，证监会发下发《关于同意银华基金管理有限公司开业申请的批复》（证监基金字［2001］7 号）一文，标志公司正式获得开业资格。

2001 年 5 月 28 日，公司获得营业执照、基金管理公司法人许可证及法人机构代码证，标志公司正式成立，并获得经营权。

2012 年 6 月，银华中小盘精选股票型证券投资基金成立，该基金通过投资于具有竞争优势和较高成长性的中小盘股票，力求在有效控制投资组合风险的前提下，寻求基金资产的长期增值。

2012 年 8 月，银华纯债信用主题债券型证券投资基金（LOF）成立，该基金以信用债券为主要投资对象，在控制信用风险的前提下，力求为基金持有人提供稳健的当期收益和总投资回报。

2012 年 8 月，上证 50 等权重交易型开放式指数证券投资基金成立，该基金为 ETF 基金，跟踪标的为上证 50 等权重指数，投资于核心蓝筹股。

2012 年 8 月，银华上证 50 等权重交易型开放式指数证券投资基金联接基金成立，该基金通过投资银华上证 50 等权 ETF，紧密跟踪标的指数。

2012 年 10 月，公司获得保险资金投资管理人资格。

2012 年 12 月，银华中证中票 50 指数债券型证券投资基金（LOF）成立。该基金为被动式指数基金，主要投资于具有良好流动性的固定收益类金融工具。

2013 年 1 月，银华永兴纯债分级债券型发起式证券投资基金成立。该基金为发起式基金，以债券为主要投资对象。

2013 年 4 月，银华交易型货币市场基金成立。该基金为场内交易型货币 ETF，为股民保证金理财提供了新的工具。

2013 年 5 月，银华中证成长股债恒定组合 30/70 指数证券投资基金成立。该基金为恒定组合基金，主要投资于中证银华成长股债恒定组合 30/70 指数成分证券及其备选成份证券。

2013 年 8 月，银华信用四季红债券型证券投资基金成立。该基金以信用债券为主要投资对象。

2013 年 8 月，银华中证转债指数增强分级证券投资基金成立。该基金为国内首只可转债指数分级基金。

2013 年 11 月，银华中证 800 等权重指数增强分级证券投资基金成立。该基金为股票指数增强型基金，通过量化投资技术与基本面分析相结合的方法对目标指数进行积极的组合管理与风险控制，力争实现超越目标指数的投资收益，追求基金资产的长期增值。

2014 年 1 月，银华沪深 300 指数分级证券投资基金成立。该基金转型自银华沪深 300 指数。

2014 年 1 月，银华永利债券型证券投资基金成立。

【股东概况】

排序	股东名称	持股比例
1	西南证券有限责任公司	49%
2	第一创业证券有限责任公司	29%
4	东北证券有限责任公司	21%
3	山西海鑫实业股份有限公司	1%

【旗下基金】

基金代码	基金简称	类型
180010	银华优质增长	股票型
180012	银华富裕主题	股票型
180013	银华领先策略	股票型
519001	银华价值优选	股票型
161810	银华内需精选(LOF)	股票型
161818	银华消费分级	股票型
150047	银华瑞吉	股票型
150048	银华瑞祥	股票型
180031	银华中小盘	股票型
180001	银华优势企业	混合型
180002	银华保本增值	混合型
180018	银华和谐主题	混合型
180020	银华成长先锋混合	混合型
180028	银华永祥保本	混合型
000062	银华成长股债 30/70 指数	混合型
180003	银华道琼斯 88 精选	指数型
161811	银华沪深 300 指数分级	指数型
150167	银华 300A	指数型
150168	银华 300B	指数型
161812	银华深证 100 指数分级	指数型
150018	银华稳进	指数型
150019	银华锐进	指数型
161816	银华中证等权 90 指数分级	指数型
150030	银华金利	指数型
150031	银华鑫利	指数型

基金代码	基金简称	类型
161819	银华中证内地资源指数分级	指数型
150059	银华金瑞	指数型
150060	银华鑫瑞	指数型
510430	上证50等权ETF	指数型
180033	银华上证50等权ETF联接	指数型
161825	银华中证800等权指数增强分级	指数型
150138	银华800A	指数型
150139	银华800B	指数型
180008	银华货币A	货币型
180009	银华货币B	货币型
511880	银华日利	货币型
183001	银华全球优选	QDII
161815	银华抗通胀主题	QDII
180015	银华增强债券	债券型
161813	银华信用	债券型
180025	银华双利债券A	债券型
180026	银华双利债券C	债券型
180029	银华永泰积极债券A	债券型
180030	银华永泰积极债券C	债券型
161820	银华纯债	债券型
161821	银华中证中票50A	债券型
161822	银华中证中票50C	债券型
161823	银华永兴纯债分级债券发起式	债券型
161824	银华永兴债券A	债券型
150116	银华永兴债券B	债券型
000194	银华信用四季红债券	债券型
161826	银华中证转债指数增强分级	债券型
150143	转债A	债券型
150144	转债B	债券型
000286	银华信用季季红债券	债券型
000287	银华永利债券A	债券型
000288	银华永利债券C	债券型

【公司高管】

王珠林先生，董事长，经济学博士。历任甘肃省职工财经学院财会系讲师；甘肃省证券公司发行部经理；中国蓝星化学工业总公司处长，蓝星清洗股份有限公司董事副总经理、董事会秘书，蓝星化工新材料股份公司筹备组组长；西南证券有限责任公司副总裁；中国银河证券股份有限公司副总裁；西南证券股份有限公司董事、总裁。此外，还曾先后担任中国证监会发行审核委员会委员、中国证监会上市公司并购重组审核委员会委员、中国证券业协会投行专业委员会委员、盐田港集团外部董事、国投电力控股股份有限公司独立董事、上海城投控股股份有限公司独立董事等职务。现任银华基金管理有限公司董事长、西南证券股份有限公司董事、财政部资产评估准则委员会委员、重庆市证券期货业协会会长、北京大学公共经济管理研究中心研究员。

王立新先生，董事总经理，经济学博士。历任中国工商银行总行科员；南方证券股份有限公司基金部副处长；南方基金管理有限公司研究开发部、市场拓展部总监；银华基金管理有限公司总经理助理、副总经理、代总经理、代董事长。现任银华基金管理有限公司总经理。

凌宇翔先生：督察长，工商管理硕士。曾任职于重庆国际信托投资公司证券总部，西南证券有限责任公司基金管理部总经理。

长城基金管理有限公司

【基本情况】

法定名称：长城基金管理有限公司
英文名称：Great Wall Fund Management Co.，Ltd.
注册地址：深圳市福田区益田路6009号新世界商务中心41层
办公地址：深圳市福田区益田路6009号新世界商务中心40－41层
法人代表：杨光裕
总　经　理：熊科金
成立时间：2001年12月27日
公司属性：中资
注册资本：1.5亿元
联系电话：0755－23982338
传真号码：0755－23982328
客服热线：400－8868－6666
邮政编码：518026
公司网址：www.ccfund.com.cn

【公司概况】

长城基金管理有限公司成立于2001年12月27日，由长城证券有限责任公司、东方证券股份有限公司、北方国际信托股份有限公司、中原信托有限公司共同出资设立。公司的经营范围为基金募集、基金销售、资产管理和中国证监会许可的其他业务。

长城基金管理有限公司一直秉承“诚信、规范、专业、创新”的经营理念，坚持基金持有人利益至上的经营原则，凭借完善的公司治理结构、严格的风险控制、规范的业务流程、高效专业的员工团队、开放与学习的文化氛围，努力打造一流的基金管理公司品牌，竭诚为客户提供优质的投资理财产品和服务。

截至2014年10月，长城基金管理有限公司一共管理基金23只。基金产品类别涵盖货币型、债券型、混合型、股票型以及指数型基金，形成覆盖低、中、高各类风险收益特征的较为完善的产品线。

【公司大事记】

2014年7月30日，长城久鑫保本混合型证券投资基金正式成立。

2014年6月26日，公司管理的第二十三只基金——长城久鑫保本混合型证券投资基金公开发行。

2014年6月25日，长城工资宝货币市场基金正式成立。

2014年6月16日，公司管理的第二十二只基金——长城工资宝货币市场基金公开发行。

2014年5月7日，长城淘金一年期理财债券型证券投资基金正式成立。

2014年4月10日，公司管理的第二十一只基金——长城淘金一年期理财债券型证券投资基金公开发行。

2014年2月28日，长城医疗保健股票型证券投资基金正式成立。

2014年1月23日，公司管理的第二十只基金——长城医疗保健股票型证券投资基金公开发行。

【股东概况】

排序	股东名称	持股比例
1	长城证券有限责任公司	47.059%
2	东方证券股份有限公司	17.647%
3	北方国际信托投资股份有限公司	17.647%
4	中原信托投资有限公司	17.647%

【旗下基金】

基金代码	基金简称	类型
162006	长城久富核心	股票型
200006	长城消费增值	股票型
200008	长城品牌	股票型
200010	长城双动力	股票型
200012	长城中小盘成长	股票型
200015	长城优化	股票型
200001	长城久恒平衡	混合型
200007	长城安心回报	混合型
200011	长城景气行业龙头	混合型
200016	长城保本	混合型
000030	长城久利保本	混合型
200002	长城久泰沪深 300	指数型
162010	长城久兆中小板 300 分级	指数型
150057	久兆稳健	指数型
150058	久兆积极	指数型
200009	长城稳健增利	债券型
200013	长城积极增利债券 A	债券型
200113	长城积极增利债券 C	债券型
200017	长城岁岁金理财	债券型
000254	长城增强收益 A	债券型
000255	长城增强收益 B	债券型
200003	长城货币 A	货币型
200103	长城货币 B	货币型
184722	基金久嘉	封闭式

【公司高管】

杨光裕先生，中共党员，硕士研究生毕业。历任江西省审计厅办公室主任，长城证券有限责任公司副总裁，现任长城基金管理有限公司董事长。

熊科金先生，经济学硕士。历任中国银行江西信托投资公司证券业务部负责人，中国东方信托投资公司南昌证券营业部总经理、公司证券总部负责人，华夏证券有限公司江西管理总部总经理，中国银河证券有限责任公司基金部负责人、银河基金管理有限公司筹备组负责人，银河基金管理有限公司副总经理、总经理。2011 年 7 月进入长城基金管理有限公司，现任公司总经理。

车君女士，中共党员，经济学硕士。曾任职于深圳本鲁克斯实业股份有限公司，1993 年起先后在中国证监会深圳监管局市场处、机构监管处、审理执行处、稽查一处、机构监管二处、党办等部门工作，历任副主任科员、主任科员、副处长、正处级调研员等职务。现任公司督察长兼监察稽核部总经理。

国投瑞银基金管理有限公司

【基本情况】

法定名称：国投瑞银基金管理有限公司
英文名称：UBS SDIC Fund Management Co., Ltd.
注册地址：上海市虹口区东大名路 638 号 7 层
办公地址：深圳市福田区金田路 4028 号
荣超经贸中心 46 层
法人代表：钱　蒙
总 经 理：刘纯亮
成立时间：2002 年 6 月 13 日
公司属性：中外合资
注册资本：1 亿元
联系电话:0755－83575999
传真号码:0755－83575816
客服电话:400－880－6868
公司网址:http://www.ubssdic.com

【公司概况】

国投瑞银基金管理有限公司由国投信托有限公司和瑞银集团联合组建，中外股东分别持有公司 51% 和 49% 的股份。自 2005 年合资以来，国投瑞银展现出快速发展的蓬勃朝气和勇于创新的开拓精神，迅速成长为一家具备较强综合实力的基金公司。公司的目标是建立品牌认知、资产规模、投资业绩、产品创新、诚信声誉均达一流的资产管理公司。

目前公司已建立起覆盖高、中、低风险等级的较为完整的产品线。截至 2014 年 4 月，国投瑞银共管理着 24 只开放式基金和 2 只创新型分级基金；获得了 QDII 资格，并为 QFII 和信托计划提供投资咨询服务，具有丰富经验，截至 2012 年底，为 QFII 和信托计划共计 40 多亿元人民币提供投资咨询服务；自 2008 年获得特定客户资产管理业务资格以来，公司专户业务发展迅猛，已成功运作管理专户逾 50 个，累计管理资金超过 40 亿元，产品涵盖灵活配置型、稳健增利型等常规产品，还包括分级、期指套利、商品期货、QDII 等创新品种。

国投瑞银秉承瑞银环球资产管理公司的投资理念，成功吸收其全球市场行之有效的投资方法，并结合中国本土实际情况，不断加以完善，形成了自身独特的稳中求胜的投资风格。

【公司大事记】

2002 年 6 年 6 日，中融基金管理有限公司获准开业。

2002 年 6 年 13 日，中融基金管理有限公司正式开业。

2005 年 6 年 10 日，经国家工商行政管理总局授权，中融基金管理有限公司已按有关规定于 2005 年 6 月 8 日在深圳市工商行政管理局办理完毕股权出资转让、公司更名及法定代表人变更的工商变更登记相关手续，国投瑞银基金管理有限公司成立。

2012 年 1 年 9 日，被誉为中国高端私人理财领域第一奖的“金鼎奖”发布，继 2010 年度获得该奖项后，2011 年度国投瑞银在基金专户“一对多”理财类别评选中再传捷报，一举囊括两大奖项：“年度最佳投资研究团队”和“年度最佳基金一对多产品奖”。

2012 年 3 月 26 日，证券时报“2011 年度中国基金业明星奖”评选结果揭晓，国投瑞银基金一举捧回 4 座奖杯，除荣获 2011 年度十大明星基金公司称号外，旗下国投瑞银稳健增长混合基金获得 2011 年度和三年持续回报平衡混合型明星基金两项大奖，国投瑞银创新动力股票基金也荣获五年持续回报股票型明星基金。

2012 年 6 年 7 日，继 5 月初国内三大商品期货交易所发布特殊单位客户开户的相关规定及要求后，国投瑞银成为首家正式开立商品期货账户的金融机构。公司旗下一款托管于交通银行的商品期货套利专户产品，5月4日完成在上海期货交易所开户，已正式获取交易编码，成为上期所首个特殊单位客户，这标志着基金专户产品正式进入商品期货市场。

2012年10年23日，根据中国证券监督管理委员会深圳监管局《关于核准国投瑞银基金管理有限公司设立深圳分公司的批复》（深证局发[2012]219号），国投瑞银基金管理有限公司深圳分公司已在深圳市市场监督管理局办理完成工商注册登记，取得营业执照。

2012年12年21日，国投瑞银资产管理（香港）有限公司于2012年12月17日取得中国证监会关于核准人民币合格境外机构投资者的批复，正式获批RQFII（人民币合格境外机构投资者）业务资格。

2013年5年14日，国投瑞银资产管理（香港）有限公司于2013年4月28日取得中国国家外汇管理局关于人民币合格境外机构投资者投资额度的批复，正式获批RQFII（人民币合格境外机构投资者）投资额度8亿元人民币。本次香港子公司获批的RQFII投资额度将用于发行中国香港证监会认可的公募纯债基金，这标志着香港子公司为正式进入境外公募基金市场迈出坚实的一步。

2013年5年16日，国投瑞银中高等级债券型证券投资基金于5月14日成立。

2013年8年23日，国投瑞银岁添利一年期定期开放债券型证券投资基金于8月21成立。

2013年9年18日，国投瑞银沪深300金融地产交易型开放式指数证券投资基金于9月17日成立。

2013年9年28日，国投瑞银策略精选灵活配置混合型证券投资基金于9月27日成立。

2013年10月9日，自2008年获得特定客户资产管理业务资格以来，公司专户业务发展迅猛，已成功运作管理专户逾50个，累计管理资金超过40亿元，产品涵盖灵活配置型、稳健增利型等常规产品，还包括分级、期指套利、商品期货、QDII等创新品种。

【股东概况】

排序	股东名称	出资金额（万元）	持股比例
1	国投信托投资公司	5100.00	51%
2	瑞士银行集团（UBS AG）	4900.00	49%

【旗下基金】

基金代码	基金简称	类型
121003	国投瑞银核心	股票型
121005	国投瑞银创新动力	股票型
121008	国投瑞银成长优选	股票型
121002	国投瑞银景气	混合型
121006	国投瑞银稳健增长	混合型
161219	国投瑞银新兴产业	混合型
121010	国投瑞银瑞源保本	混合型
000165	策略精选混合	混合型
121011	国投瑞银货币A	货币型
128011	国投瑞银货币B	货币型
121001	国投瑞银融华债券	债券型
121009	国投瑞银稳定增利	债券型
121012	国投瑞银增强债A	债券型
128012	国投瑞银增强债B	债券型
128112	国投瑞银增强债C	债券型
121013	国投瑞银纯债A	债券型
128013	国投瑞银纯债B	债券型
000069	中高等级债券A	债券型
000070	中高等级债券C	债券型
000237	一年定期开放债A	债券型
000238	一年定期开放债C	债券型
161216	国投瑞银双债增利	封闭式
161211	国投金融地产指数	指数型
161213	国投瑞银消费指数	指数型
161217	国投瑞银中证指数	指数型
161210	国投瑞银全球新兴市场	QDII
121099	瑞福分级	创新型
121007	瑞福优先	创新型
150001	瑞福进取	创新型
161207	瑞和300	创新型
150008	瑞和小康	创新型
150009	瑞和远见	创新型

【公司高管】

钱蒙先生，董事长，中国籍，硕士，现任国家开发投资公司总裁助理、国投信托有限公司董事长。曾任国投资产管理公司总经理，安徽省六安市市委副书记，兴业基金管理公司董事，国家开发投资公司金融投资部总经理，国家开发投资公司经营部副主任、主任，国投机轻有限公司业务经理、副总经理，国家开发投资公司机电轻纺业务部业务经理，国家机电轻纺投资公司工程师、副处长，国家计委干部、主任科员。

刘纯亮先生，总经理，董事，中国籍，经济学学士，中国注册会计师协会和特许公认会计师公会（ACCA）会员。曾任北京建工集团总公司会计，柏德豪（BDO）关黄陈方国际会计师行会计师，中国证券监督管理委员会稽查部科员，博时基金管理有限公司监察法律部负责人、督察长，国投瑞银基金管理有限公司副总经理。

刘凯先生，督察长，中国籍，复旦大学工商管理学硕士。曾任尊荣集团证券投资项目经理，君安证券东门南营业部研究员，平安证券蛇口营业部投资顾问，招商基金管理有限公司客户服务部总监，国投瑞银基金管理有限公司市场服务部总监、总经理助理。

银河基金管理有限公司

【基本情况】

法定名称：银河基金管理有限公司
英文名称：Galaxy Asset Management Co.，Ltd.
注册地址：上海市世纪大道1568号中建大厦15层
办公地址：上海市世纪大道1568号中建大厦15层
法人代表：徐　旭
总 经 理：尤象都
成立时间：2002年6月14日
公司性质：中资
注册资本：1.5亿元
联系电话：021－38568888
客服热线：400－820－0860
传真号码：021－38568800
邮政编码：200122
公司网址：www.galaxyasset.com

【公司概况】

银河基金管理有限公司成立于2002年6月14日，是经中国证券监督管理委员会按照市场化机制批准成立的第一家基金管理公司（俗称："好人举手第一家"），是中央汇金公司旗下专业资产管理机构。

银河基金公司的经营范围包括发起设立、管理基金等，注册资本1.5亿元人民币，注册地中国上海。银河基金公司的股东分别为：中国银河金融控股有限责任公司（控股股东）、中国石油天然气集团公司、首都机场集团公司、上海市城市建设投资开发总公司、湖南电广传媒股份有限公司。银河基金公司成立以来，股权结构稳定。

银河基金公司构建了管理规范、机制健全、分工明确、运作高效、相互制衡的治理结构。股东会、董事会、监事会、经理层、督察长权责分明，报告路径清晰、完整。银河基金公司实行独立董事制度，独立董事在公司内部风险控制、重大经营决策、基金经理选拔等重要事项的决定中发挥重要作用，并对经理层进行监督。

银河基金公司成立以来，已发行并管理多只基金，涵盖股票、混合、债券、货币等系列品种。旗下基金投资稳健、运作规范、业绩稳定，体现出优良的基金管理能力。凭借旗下基金稳健卓越的业绩表现，银河基金赢得独立专业机构的高度评价。

银河基金公司倡导企业实践并承担社会责任，秉持并恪守"基金持有人利益优先"和"基金持有人利益最大化"之企业核心价值观，以集体的智慧和勇气持续改善共生的商业环境和商业生态。

银河基金公司致力于为基金持有人创造价值，创建具有"品格和特色的资产管理公司"，努力成为"运营规范、投资稳健、信誉卓著"的一流财富管理机构。

【股东概况】

排序	股东名称	持股数量（万股）	持股比例
1	中国银河金融控股有限责任公司	7500.00	50%
2	中国石油天然气集团公司	1875.00	12.5%
2	上海市城市建设投资开发总公司	1875.00	12.5%
2	北京首都机场集团公司	1875.00	12.5%
2	湖南电广传媒股份有限公司	1875.00	12.5%

【旗下基金】

基金代码	基金简称	类型
519668	银河竞争优势成长	股票型
519672	银河蓝筹精选	股票型
519674	银河创新成长	股票型
519678	银河消费驱动	股票型
519679	银河主题策略	股票型
519670	银河行业优选	股票型
151001	银河稳健	混合型
150103	银河银泰理财	混合型
519676	银河保本	混合型
151002	银河收益	债券型
519667	银河银信添利A	债券型
519666	银河银信添利B	债券型
519669	银河领先	债券型
161506	银河通利分级A	债券型
150079	银河通利分级B	债券型
519660	银河增利债券A	债券型
519661	银河增利债券C	债券型
519662	银河岁岁回报A	债券型
519663	银河岁岁回报C	债券型
519671	银河沪深300价值	指数型
161507	银河沪深300成长分级	指数型
150121	银河优先	指数型
150122	银河进取	指数型
150005	银河银富A	货币型
150015	银河银富B	货币型
500058	基金银丰	封闭式

【公司高管】

徐旭女士，董事长，中共党员，经济学博士学位。历任中国人保信托投资公司总裁助理、研究中心副主任，中国银河证券有限责任公司企划部（党委宣传部）负责人、总经理、研究中心主任、总裁办主任兼党委办公室主任、机关党委委员。现任中国银河金融控股有限责任公司党委委员、董事会执行委员会委员。

尤象都先生，总经理，中共党员，硕士研究生学历。历任国家经济体制改革委员会宏观司财税处、投资处副处长，中信实业银行北京分行（后为总行营业部）办公室副主任（主持工作）、信贷部副总经理兼综合处处长、资产保全部副总经理、支行管理处副处长（主持工作）、西单支行负责人，财政部综合司综合处副处长、处长，兴业银行北京分行月坛支行行长，中国银河金融控股有限责任公司投资部负责人，银河基金管理有限公司副总经理等职。

李立生先生，督察长，硕士研究生学历。历任建设部标准定额研究所助理研究员，中国华融信托投资公司证券总部研究发展部副经理，中国银河证券有限责任公司研究中心综合研究部副经理，银河基金管理有限公司筹备组成员，银河基金管理有限公司研究部总监、基金管理部总监、基金经理、金融工程部总监、产品规划部总监等职。

泰达宏利基金管理有限公司

【基本情况】

法定名称：泰达宏利基金管理有限公司

英文名称：ABN AMRO TEDA Fund Management Co.，Ltd.

注册地址：北京市西城区金融大街7号英蓝国际金融中心南楼3层

办公地址：北京市西城区金融大街7号英蓝国际金融中心南楼3层

法人代表：刘惠文

总 经 理：刘青山

成立时间：2002年6月6日

公司属性：中外合资

注册资本：1.8亿元

联系电话：010－66577777

传真号码：010－66577666

客服热线：400－698－8888

公司网址：www.mfcteda.com

【公司概况】

泰达宏利基金管理有限公司成立于2002年6月，是中国首批合资基金管理公司之一，注册资本1.8亿元人民币。在吸取外方股东全球投资智慧以及深刻认知中国资本市场的基础上，公司建立并拥有了一整套科学严谨的投资管理流程、先进的研究方法，并且在十年多的实践中积累了丰富的投资管理经验，取得了良好的长期投资业绩，赢得了投资者的信任。目前公司旗下共管理18只证券投资基金，具有较为完善的产品线可供选择。

“财智分享合赢人生”——泰达宏利矢志成为受人尊敬的基金管理公司，通过分享我们的专业经验、创造优异的投资业绩；提供高品质的客户服务，给予我们的客户持续的价值回报，共创富足、健康的和谐社会。

【股东概况】

排序	股东名称	持股比例
1	北方国际信托投资股份有限公司	51%
2	宏利资产管理(香港)有限公司	49%

天津泰达投资控股有限公司成立于2001年，其企业规模和实力位居天津市首位，经营范围涉及银行、经纪业务、保险、证券及其他多种行业。旗下的北方信托是经国务院、中国人民银行批准成立的大型国有股份制金融机构，是全国首家引入外资股份的信托投资公司。

宏利金融(Manulife Financial)成立于1887年，总部位于加拿大多伦多，具有超过120年的发展历史，其业务遍布全球19个国家；具有良好的风控文化、经营稳健，获得多个业内财务实力最高评级。宏利金融的主要业务范围为共同基金、个人保险及财富管理、团体福利及退休金、团体寿险及医疗保险等。目前，宏利金融在亚洲10个国家和地区开展业务，已经拥有9家资产管理公司。中国首家合资人寿保险公司——中宏保险，就是宏利金融与中国中化集团合资成立。

【旗下基金】

基金代码	基金简称	类型
162201	泰达宏利成长	股票型
162202	泰达宏利周期	股票型
162203	泰达宏利稳定	股票型
162204	泰达宏利精选	股票型
162208	泰达宏利首选	股票型
162209	泰达宏利市值	股票型
162212	泰达宏利红利先锋	股票型
162214	泰达宏利中小盘	股票型
229002	泰达宏利逆向策略	股票型
162205	泰达宏利预算	混合型
162207	泰达宏利效率	混合型
162211	泰达宏利品质	混合型
162210	泰达宏利集利A	债券型
162299	泰达宏利集利C	债券型
162215	泰达聚利分级债券	债券型
150034	泰达宏利聚利A	债券型
150035	泰达宏利聚利B	债券型
000026	泰达宏利信用合利A	债券型
000027	泰达宏利信用合利B	债券型
000169	泰达宏利高票息A	债券型
000170	泰达宏利高票息B	债券型
000387	泰达宏利瑞利A	债券型
000388	泰达宏利瑞利B	债券型
162206	泰达宏利货币	货币型
229001	泰达宏利新格局	QDII
162213	泰达宏利中证财富大盘	指数型
162216	泰达中证500分级	指数型
150053	泰达稳健	指数型
150054	泰达进取	指数型
220001	泰达宏利安利宝	安利宝

【公司高管】

刘惠文先生，董事长。毕业于吉林大学经济系，经济学学士学位，高级经济师。1996年至2001年任天津泰达集团有限公司总经理。自2001年起担任天津泰达投资控股有限公司董事长兼总经理。自2005年起兼任渤海财产保险股份有限公司、北方国际信托投资股份有限公司等核心企业的董事长。

刘青山先生，总经理。毕业于中国人民大学，获史学学士和管理学硕士。1997年就职于华夏证券基金部，参与筹建华夏基金管理公司，从事投资研究工作。2001年起参与筹建湘财合丰基金管理有限公司(泰达宏利基金管理有限公司前身)并工作至今，期间历任研究部负责人、基金经理、投资副总监，投资总监兼总经理助理，副总经理兼投资总监。2013年3月起任泰达宏利基金管理有限公司总经理。

张萍女士，督察长。毕业于中国人民大学和中国科学院，管理学和理学双硕士。先后任职于中信公司、毕马威国际会计师事务所等公司，从事财务管理和管理咨询工作。2002年起在嘉实基金管理有限公司工作，任监察稽核部副总监。2005年10月起任泰达荷银基金管理有限公司风险管理部总监。2006年11月起任泰达荷银基金管理有限公司督察长。

万家基金管理有限公司

【基本情况】

法定名称：万家基金管理有限公司
英文名称：WanJia Asset Management Co.，Ltd.
注册地址：上海市浦东新区浦电路360号
　　　　　陆家嘴投资大厦9层
办公地址：上海市浦东新区浦电路360号
　　　　　陆家嘴投资大厦9层
法人代表：毕玉国
总 经 理：吕宜振
成立时间：2002年8月23日
公司属性：中资
注册资本：1亿元
联系电话：021－38619999
客服热线：400－888－0800
传真号码：021－38619888
邮政编码：200122
公司网址：www.wjasset.com

【公司概况】

万家基金管理有限公司，原名为天同基金管理有限公司，于2002年8月23日正式成立。于2006年2月20日正式更名为万家基金管理有限公司。

万家基金管理有限公司严格遵守基金合同，运作透明规范，以为百姓提供高水准的理财服务为经营目标，以对投资者的不同需求提供差异化服务为动力，在投资组合管理、定量分析以及风险控制方面追求高专业水准，是国内一家独具特色和发展潜力的基金管理公司。

【公司大事记】

2002 年 8 月 23 日，天同基金管理有限公司正式成立。

2003 年 3 月 15 日，天同 180 指数证券投资基金正式成立。

2004 年 9 月 28 日，天同保本增值证券投资基金正式成立。

2005 年 7 月 8 日，天同公用事业股票型证券投资基金正式成立。

2006 年 2 月 20 日，公司正式更名为万家基金管理有限公司，旗下产品全部更名为‘万家’系列。

2006 年 2 月，万家基金管理有限公司在由《新财经》杂志社主办，中国银河证券基金研究中心担任研究顾问的“《新财经》第二届中国基金及基金管理公司评选”中荣获“营销创新奖”。

2006 年 3 月，万家保本增值基金凭借着较高的收益和更低的风险，荣获了 2006 年 3 月《科学与财富》举办的 2005 年中国最佳基金评选的“2005 年度中国最佳保本基金”的称号。万家保本增值基金入选晨星公司评出的“2005 年中国最具投资价值的 50 只基金”。

2006 年 5 月 24 日，万家货币市场证券投资基金正式成立。

2006 年 9 月，万家和谐增长基金产品设计及其电子商务解决方案获得 2006 中国国际金融（银行）技术暨设备展览会优秀解决方案奖。

2006 年 11 月 30 日，万家和谐增长混合型证券投资基金正式成立。

2007 年 11 月，公司与大成、上投摩根等 20 家基金公司一同获得了由齐鲁晚报评选的“最受山东投资者欢迎的 20 家基金公司”的殊荣。

2007 年 11 月，万家 180 指数基金在第三届中国证券市场年会上荣获由证券日报社颁发的“高成长开放式基金金算盘奖”。

2008 年 1 月，万家货币市场基金在中国理财总评榜活动中荣获“最受欢迎的货币型基金”奖。

2008 年 1 月，万家公用事业行业基金荣获证券时报“2007 年平衡型基金明星奖”。

2008 年 1 月，万家公用事业行业基金荣获《新民晚报》评选的“2007 最受老百姓欢迎的基金”中“十大最具特色基金”称号。

2008 年 6 月 26 日万家双引擎灵活配置混合型证券投资基金基金合同生效。

2009 年 5 月 18 日，万家精选股票型证券投资基金正式成立。

2009 年 8 月 12 日，万家稳健增利债券型证券投资基金正式成立。

2011 年 3 月 17 日，万家中证红利指数型证券投资基金正式成立。

2011 年 6 月 2 日，万家添利分级债券型证券投资基金成立。

2012 年 8 月 2 日，万家中证创业成长指数分级证券投资基金成立。

2012 年 9 月 21 日，万家信用恒利债券型证券投资基金成立。

2013 年 1 月 15 日，万家 14 天理财债券型证券投资基金成立。

2013 年 3 月 6 日，万家岁得利定期开放债券证券投资基金成立。

2013 年 5 月 7 日，万家强化收益定期开放债券型证券投资基金成立。

2014 年 9 月，万家基金孙驰荣获《中国基金报》2013 年度三年期十大最佳固定收益投资基金经理。

2014 年 4 月，万家基金管理有限公司荣获《上海证券报》2013 年度“金基金债券投资回报公司”奖。

2014 年 4 月，万家增强收益债荣获《上海证券报》2013 年度 3 年期债券型金基金奖。

【股东概况】

排序	股东名称	持股数量（万股）	持股比例
1	齐鲁证券有限公司	4900.00	49%
2	新疆国际实业股份有限公司	4000.00	40%
3	山东省国有资产投资控股有限公司	1100.00	11%

【旗下基金】

基金代码	基金简称	类型
161903	万家公用事业	股票型
519185	万家精选	股票型
519181	万家和谐增长	混合型
519183	万家双引擎灵活配置	混合型
519180	万家 180	指数型
161907	万家中证红利	指数型
161910	万家中创	指数型
150090	万家创 A	指数型
150091	万家创 B	指数型
510680	万家上证 380ETF	指数型
519508	万家货币 A	货币型
519507	万家货币 B	货币型
519501	万家货币 R	货币型
519511	万家 14 天理财	货币型
161902	万家增强债券	债券型
519186	万家稳健增利 A	债券型
519187	万家稳健增利 C	债券型
161908	万家添利分级	债券型
161909	万家添利 A	债券型
150038	万家添利 B	债券型
519188	万家信用恒利 A	债券型
519189	万家信用恒利 C	债券型
519190	万家岁得利	债券型
161911	万家强债	债券型
519192	万家市政	债券型

【公司高管】

毕玉国先生，董事长，中共党员，硕士学历，高级会计师、注册企业风险管理师。历任莱钢股份公司炼铁厂财务科科长、莱钢股份公司财务处成本科科长、莱钢集团财务部副部长、莱钢驻日照钢铁有限公司财务总监等职；2004 年 1 月至今，在齐鲁证券有限公司工作，曾任齐鲁证券计划财务部总经理，现任齐鲁证券有限公司副总经理兼财务负责人、万家基金管理有限公司董事长。

吕宜振先生，总经理，中共党员，博士研究生。曾任易方达基金管理有限公司研究主管，信诚基金管理有限公司研究总监，天弘基金管理有限公司投资总监，本公司副总经理等职。2012 年 12 月起任公司总经理。

李振伟先生，督察长，中共党员，大学本科，学士学位，高级经济师。1998 年 6 月起从事证券监管工作，先后任证监会济南证管办党委办公室、上市处主任科员，证监会济南证管办上市处、机构处副处长，证监会山东证监局机构处副处长、处长，本公司总经理、监事会主席等职。2012 年 4 月起任本公司督察长。

金鹰基金管理有限公司

【基本情况】

法定名称：金鹰基金管理有限公司

英文名称：Golden Eagle Asset Management Co. ,ltd

注册地址：广东省珠海市吉大九洲大道东段
　　　　　商业银行大厦 7 楼 16 单元

办公地址：广州市天河区体育西路 189 号
　　　　　城建大厦 22 – 23 层

董 事 长：刘　东

总 经 理：殷克胜

成立时间：2002 年 12 月 25 日

公司属性：中资企业

注册资本：2.5 亿元

联系电话：020 – 83282855

客服电话：400 – 6135 – 888

传真号码：020 – 83282856

邮政编码：510620

公司网址：www. gefund. com. cn

【公司概况】

金鹰基金管理有限公司 2002 年成立，注册资本 2.5 亿元人民币。股东包括广州证券有限责任公司、广州白云山医药集团股份有限公司、广东美的电器股份有限公司、东亚联丰投资管理有限公司，分别持有 49%、20%、20% 和 11% 的股份。

公司现设有基金管理部、研究发展部、产品研发部、金融工程部、固定收益投资部、集中交易部、专户投资部、市场拓展部、品牌电子商务部、机构客户部、监察稽核部、运作保障部、综合管理部十三大职能部门及广州分公司、北京分公司、上海分公司、深圳分公司。目前公司员工有 120 余人。

公司坚持“进取、求实、稳健、规范”的理念，以严格的管理、规范的运作和优秀的业绩，赢得了市场的认可，资产管理规模逐步扩大。

【公司大事记】

2002 年 11 月 6 日，金鹰基金管理有限公司成立。

2003 年 6 月 16 日，金鹰成份股优选证券投资基金成立。

2003 年 9 月 23 日，金鹰基金管理有限公司广州分公司成立。

2004 年 2 月 25 日，金鹰基金管理有限公司北京分公司成立。

2004 年 5 月 27 日，金鹰中小盘精选证券投资基金成立。

2007 年，金鹰成份股优选证券投资基金以 132% 年度净值增长率跃居同类 86 只积极配置型股票基金前三名，在所有 331 只开放式基金年度净值增长率总排名中居 62 位而进入前 20% 行列，获得《证券时报》授予广州唯一“六星级基金”、2007 年十大明星基金等美誉。

2008 年 12 月 4 日，金鹰红利价值灵活配置混合型证券投资基金成立。

2008 年，金鹰中小盘证券投资基金年度业绩排名居同类基金前三，金鹰成份股优选证券投资基金年度业绩排名居同类基金前 50%。

2008 年，金鹰基金管理有限公司被《上海证券报》评为业绩最佳的六家基金公司之一(《上海证券报》2008 年 6 月 30 日)，是连续二年保持整体业绩优良和持续改善的少数基金公司之一(《证券时报》2009 年 1 月 5 日)，同时并被评为 2008 年最佳资产配置的基金公司(《证券时报》2009 年 1 月 14 日)。

2009 年 7 月 1 日，金鹰行业优势股票型证券投资基金成立。

2009 年，金鹰中小盘证券投资基金连续二年保持前三，被晨星和银河评为五星级基金。

2009 年，金鹰基金管理有限公司在“2008 年度中国明星基金暨最佳托管银行公司评选活动”中被评为“基金资产最佳配置公司”(《证券时报》2C09 年 1 月 14 日)、在《证券日报》主办的第五届中国证券市场年会上，被评为 2009 年“金算盘”基金奖。

2009 年，金鹰中小盘证券投资基金在“21 世纪 2008 年中国赢基金奖”评选活动中获“开放式进取混合型基金最佳表现奖”(华财社网站 2009 年 3 月 12 日，《21 世纪经济报道》2009 年 3 月 16 日)。

2010 年 4 月 8 日，金鹰基金管理有限公司以公开招聘的市场化手段引进殷克胜总经理、郭容辰副总经理等专业管理人才，为公司实施市场化改革奠定了基础。

2010 年 4 月 14 日，金鹰稳健成长股票型证券投资基金成立。

2010 年 12 月 3 日，金鹰基金管理有限公司完成股权变更，变更后股东为广州证券有限责任公司、广州药业股份有限公司、广东美的电器股份有限公司、东亚联丰投资管理有限公司，分别持有 49%、20%、20% 和 11% 的股份。

2010 年 12 月 20 日，金鹰主题优势股票型证券投资基金成立。

2010 年，金鹰基金管理有限公司在《上海证券报》主办的“金基金”评选活动中获“成长公司奖”、在人民网主办的首届“民富奖”基金评选中获“中国基金最佳风格基金管理人”奖、在《21 世纪经济报道》主办的‘中国赢基金奖”评选中获“中国最具成长潜力基金公司”奖。

2011 年 5 月 16 日，金鹰基金管理有限公司完成注册资本由 1 亿元人民币增加为 2 亿 5 仟万元人民币的变更。

2011 年 5 月 17 日，金鹰保本混合型证券投资基金成立。

2011 年 6 月 1 日，金鹰中证技术领先指数增强型证券投资基金成立。

2011 年 6 月 9 日，金鹰基金管理有限公司上海分公司成立。

2011 年 7 月 18 日，金鹰基金管理有限公司广州分公司搬迁至“广州市体育西路 189 号城建大厦 22 – 23 层”。

2011 年 9 月 1 日，金鹰策略配置股票型证券投资基金成立。

2011 年 10 月 26 日,金鹰基金管理有限公司在理财周报主办的“中国最受尊敬基金公司”评选活动中获“2011 中国最佳公司治理基金公司”奖。

2011 年 10 月 26 日,金鹰基金总经理殷克胜在理财周报主办的“中国最受尊敬基金公司”活动中获“2011 中国基金业年度新锐人物”奖。

2011 年 12 月 14 日,金鹰基金管理有限公司获中国证监会批准从事特定客户资产管理业务。

2012 年 3 月 9 日,金鹰持久回报分级债券型证券投资基金成立。

2012 年 4 月 23 日,金鹰中小盘证券投资基金在上海证券报主办的第九届“金基金”评选活动中荣获 2011 年度“一年期金基金 · 分红基金奖”。

2012 年 5 月 23 日,金鹰核心资源股票型证券投资基金成立。

2012 年 6 月 5 日,金鹰中证 500 指数分级证券投资基金成立。

2012 年 7 月 11 日,金鹰基金深圳分公司成立。

2012 年 11 月 30 日,金鹰元泰精选信用债债券证券投资基金成立。

2012 年 12 月 7 日,金鹰货币市场证券投资基金成立。

2013 年 1 月 30 日,金鹰元丰保本混合型证券投资基金成立。

2013 年 5 月 10 日,金鹰元盛分级债券型发起式证券投资基金成立。

2013 年 7 月 30 日,深圳前海金鹰资产管理有限公司成立。

【股东概况】

排序	股东名称	持股数量(万股)	持股比例
1	广州证券有限责任公司	12250.00	49%
2	广州药业股份有限公司	5000.00	20%
2	广东美的集团股份有限公司	5000.00	20%
3	东亚联丰投资管理有限公司	2750.00	11%

【旗下基金】

基金代码	基金简称	类型
210003	金鹰行业优势	股票型
210004	金鹰稳健成长	股票型
210005	金鹰主题优势	股票型
210008	金鹰策略配置	股票型
210009	金鹰核心资源	股票型
162102	金鹰中小盘精选	混合型
210001	金鹰成份优选	混合型
210002	金鹰红利价值	混合型
210006	金鹰保本	混合型
210014	金鹰元丰保本	混合型
000010	金鹰元安保本	混合型
210012	金鹰货币 A	货币型
210013	金鹰货币 B	货币型
210007	金鹰中证技术指数	指数型
162107	金鹰中证 500 指数分级	指数型
150088	金鹰中证 500 指数分级 A	指数型
150089	金鹰中证 500 指数分级 B	指数型
162105	金鹰持久回报分级债券	债券型
162106	金鹰持久回报分级债券 A	债券型
150078	金鹰持久回报分级债券 B	债券型
210010	金鹰元泰精选信用债 A	债券型
210011	金鹰元泰精选信用债 C	债券型
162108	金鹰元盛分级债券	债券型
162109	金鹰元盛分级债券 A	债券型
150132	金鹰元盛分级债券 B	债券型

【公司高管】

刘东先生,董事长,经济学硕士,高级经济师。曾在中国现代国际关系研究所、中国信达信托投资公司驻武汉证券交易中心任职,历任中国信达信托投资公司北京营业部总经理、证券业务总部副总经理,新疆宏源信托投资股份有限公司总经理助理兼证券业务总部总经理,宏源证券股份有限公司党委委员、副总经理,宏源期货有限公司董事长,现任广州证券有限责任公司总经理。经公司第三届董事会第十六次会议选举通过,并报经中国证监会核准,2010 年 4 月起担任公司董事长。

殷克胜先生,总经理,经济学博士。曾在综合开发研究院(中国深圳)、深圳市体改办任职,历任深圳证监局法规处副处长、上市公司处处长,鹏华基金管理有限公司董事、常务副总经理,方正证券股份有限公司基金公司筹备组组长等职。经公司第三届董事会第十六次会议选举通过,并报经中国证监会核准,2010 年 4 月起担任公司总经理。

苏文锋先生,经济学硕士。历任广州市经济管理干部学院外贸经济系党支部书记,南方证券广州分公司研究发展部总经理、大德路营业部总经理、投资银行部总经理,华鼎担保投资有限公司副总经理等职,2006 年 3 月起担任金鹰基金管理有限公司市场拓展部副总监,2008 年 9 月起担任公司督察长。

招商基金管理有限公司

【基本情况】

法定名称:招商基金管理有限公司
英文名称:China Merchants Fund Management Co. ,Ltd.
注册地址:深圳市深南大道 7088 号招商银行大厦 28 层
办公地址:深圳市深南大道 7088 号招商银行大厦 28 层
法人代表:张光华
总 经 理:许小松
成立时间:2002 年 12 月 27 日
公司属性:合资企业
注册资本:2.1 亿元
联系电话:0755 - 83196666
客服热线:400 - 887 - 9555
传真号码:0755 - 83196405
邮政编码:518040
公司网址:www. cmfchina. com

【公司概况】

招商基金管理有限公司于 2002 年 12 月 27 日经中国证监会(2002)100 号文批准设立,是中国第一家中外合资基金管理公司。公司的经营范围包括发起设立基金、基金管理业务和中国证监会批准的其他业务。

经招商基金管理有限公司(以下简称“本公司”)股东会审议通过,并经中国证券监督管理委员会证监许可[2013]

1074 号文批复同意,本公司原股东荷兰投资公司(ING Asset Management B. V.)将其持有的本公司 21.6% 股权转让给招商银行股份有限公司、11.7% 股权转让给招商证券股份有限公司,截止 2013 年 10 月份,本次股权转让的相关工商变更登记手续已办理完毕。目前,本公司的股东股权结构为:招商银行股份有限公司持有公司全部股权的 55%,招商证券股份有限公司持有公司全部股权的 45%。公司注册资本金为 2.1 亿元人民币。目前,招商基金拥有两家全资子公司,分别为招商财富资产管理有限公司和招商资产管理(香港)有限公司。

招商基金将以国际化和规范化作为鲜明特色,努力为投资者提供一流的投资理财服务。公司从创建开始就全方位借鉴国际市场的先进经验和技术,形成了高效卓越的团体、标准化的业务流程、开放与学习的文化氛围。

招商基金将以取信于市场、取信于社会为宗旨,秉承长期、优良、稳健、专业的经营理念,努力成为客户推崇、股东满意、员工热爱、具有国际竞争力的基金管理公司。

【股东概况】

排序	股东名称	出资额(万元)	持股比例
1	招商银行	11550.00	55%
2	招商证券股份有限公司	9450.00	45%

【旗下基金】

基金代码	基金简称	类型
217001	招商安泰	股票型
161706	招商优质成长	股票型
217010	招商大盘蓝筹	股票型
217012	招商行业领先	股票型
217013	招商中小盘精选	股票型
217027	招商央视财经 50	股票型
217002	招商安泰平衡	混合型
217005	招商先锋	混合型
217009	招商核心价值	混合型
217020	招商安达保本	混合型
217021	招商优企灵活配置	混合型
217024	招商安盈保本	混合型
000126	招商安润保本混合	混合型
000314	招商瑞丰混合发起式	混合型
217003	招商安泰债券 A	债券型
217203	招商安泰债券 B	债券型
217008	招商安本增利债券	债券型
217011	招商安心收益	债券型
161713	招商信用添利	债券型
217018	招商安瑞进取债券	债券型
217022	招商产业债	债券型
217023	招商信用增强	债券型
161716	招商双债增强分级债券	债券型
161717	招商双债增强分级债券 A	债券型
150127	招商双债增强分级债券 B	债券型
217004	招商现金增值货币 A	货币型
217014	招商现金增值货币 B	货币型
159003	招商保证金快线 A	货币型
159004	招商保证金快线 B	货币型
217015	招商全球资源	QDII
161714	招商标普金砖四国	QDII
000391	招商标普指数 - 人民币	QDII
000392	招商标普指数 - 美元	QDII
000393	招商标普指数 - 港币	QDII
217016	招商深证 100	指数型
217017	招商上证消费 80 联接	指数型
510150	招商上证消费 80ETF	指数型
217019	招商深证 TMT50 联接	指数型
159909	招商深证 TMT50ETF	指数型
161715	中证大宗商品指数分级	指数型
150096	中证大宗商品指数分级 A	指数型
150097	中证大宗商品指数分级 B	指数型
161718	沪深 300 高贝塔指数分级	指数型
150145	沪深 300 高贝塔指数分级 A	指数型
150146	沪深 300 高贝塔指数分级 B	指数型
217025	招商理财 7 天 A	理财型
217026	招商理财 7 天 B	理财型
161713	招商信用添利	封闭式

【公司高管】

张光华,男,博士。历任国家外汇管理局计划处处长,中国人民银行海南省分行副行长、党委委员,中国人民银行广州分行副行长、党委副书记,广东发展银行行长、党委副书记,2007 年 4 月起于招商银行任职,曾任副行长等职务,现任招商银行副董事长、党委副书记。现任公司董事长。

许小松,男,经济学博士。历任深圳证券交易所综合研究所副所长,南方基金管理有限公司首席经济学家、副总经理,国联安基金管理有限公司总经理,2011 年加入招商基金管理有限公司,现任公司总经理、董事,兼任招商财富资产管理有限公司董事长、招商资产管理(香港)有限公司董事长。

欧志明,男,华中科技大学经济学及法学双学士、投资经济硕士;2002 年加入广发证券深圳业务总部任机构客户经理;2003 年 4 月至 2004 年 7 月于广发证券总部任风险控制岗从事风险管理工作;2004 年 7 月加入招商基金管理有限公司,曾任法律合规部高级经理、副总监、总监,现任公司督察长兼董事会秘书。

华宝兴业基金管理有限公司

【基本情况】

法定名称:华宝兴业基金管理有限公司
英文名称:Fortune SGAM Fund Management Co., Ltd.
注册地址:上海市浦东新区世纪大道 100 号
上海环球金融中心 58 楼
办公地址:上海市浦东新区世纪大道 100 号
上海环球金融中心 58 楼
法人代表:郑安国
总 经 理:黄小薏
成立时间:2003 年 3 月 7 日
公司属性:合资企业
注册资本:1.5 亿元
联系电话:021 - 38505888
客服热线:400 - 700 - 5588
传真号码:021 - 38505777
邮政编码:200121
公司网址:www.fsfund.com

【公司概况】

华宝兴业基金管理有限公司于 2003 年 2 月 12 日获准开

业，是国内首批中外合资基金管理公司，也是国内首家由信托公司和外方资产管理公司发起设立的中外合资基金管理公司，股东背景强大，股权结构简单稳定。

在组织结构上，华宝兴业下设投资管理部、研究部、金融工程部、产品开发部、市场开发部、市场支持部、机构理财部、北京分公司、南方分公司（筹）、交易部、清算登记部、信息技术部、人力资源部、行政财务部。在投资管理上，作为首批中外合资基金管理公司，华宝兴业充分利用中外股东的资源，引进、吸收、消化法兴资产在国际市场上的经验和技术，并结合国内市场的需求，形成了科学、合理并具特色的投资、营销和管理体系。

【公司大事记】

2001 年 12 月，经中国证监会批准，华宝兴业资产管理（香港）有限公司于 2011 年 12 月成立。

2002 年 10 月 21 日，中国证监会批准我公司筹建申请，成为我国第一批获准筹建的中外合资基金管理。

2003 年 2 月 12 日，中国证监会批准公司开业，成为我国第二家开业的中外合资基金管理公司。

2012 年 2 月 28 日，华宝兴业医药生物优选股票型证券投资基金正式成立。

2012 年 6 月 12 日，华宝兴业中证短融 50 指数债券型证券投资基金正式成立。

2012 年 8 月 21 日，华宝兴业资源优选股票型证券投资基金正式成立。

2012 年 11 月获得了香港证券及期货事务监察委员会颁发的第 4 类（就证券提供意见）和第 9 类（提供资产管理）业务牌照。

2012 年 12 月 27 日，华宝兴业现金添益交易型货币市场基金正式成立。

2013 年 6 月 27 日，华宝兴业服务优选股票型证券投资基金正式成立。

2014 年 1 月 21 日，华宝兴业品质生活股票型证券投资基金成立。2014 年 5 月 14 日，华宝兴业创新优选股票型证券投资基金成立。

2014 年 5 月 20 日，华宝兴业中证短融 50 指数债券型证券投资基金转型为华宝兴业活期通货币市场基金。

2014 年 6 月 3 日，华宝兴业现金添益交易型货币市场基金的最小申购、赎回单位限制由 10 份或 10 份的整数倍调整为 1 份或 1 份的整数倍。

2014 年 6 月 13 日，华宝兴业生态中国股票型证券投资基金成立。

2014 年 7 月 14 日，华宝兴业现金宝货币市场基金新增 E 类基金份额。

2014 年 9 月 17 日，华宝兴业量化对冲策略混合型发起式证券投资基金成立。

2015 年 1 月 19 日，华宝兴业标普石油天然气上游股票指数证券投资基金（LOF）正式开启二级市场“T＋0 回转”交易。

【股东概况】

排序	股东名称	出资额（万元）	持股比例
1	华宝信托投资有限责任公司	76550.00	51%
2	领先资产管理有限公司	7350.00	49%

【旗下基金】

基金代码	基金简称	类型
240004	华宝动力	股票型
240005	华宝多策略	股票型
240009	华宝先进成长	股票型
240010	华宝行业精选	股票型
240011	华宝大盘精选	股票型
240017	华宝新兴产业	股票型
240020	华宝兴业医药生物	股票型
240022	华宝兴业资源优选	股票型
000124	华宝兴业服务股票	股票型
240001	华宝宝康消费	混合型
240002	华宝宝康配置	混合型
240008	华宝收益	混合型
240003	华宝宝康债券	债券型
240012	华宝强债 A	债券型
240013	华宝强债 B	债券型
240018	华宝可转债	债券型
240021	华宝短融 50	债券型
240006	华宝货币 A	货币型
240007	华宝货币 B	货币型
511990	华宝添益	货币型
240014	华宝中证 100	指数型
510030	上证 180 价值 ETF	指数型
240016	华宝 180 价值联接	指数型
240019	华宝上证 180 成长联接	指数型
510280	华宝上证 180 成长 ETF	指数型
241001	华宝海外中国成长	QDII
241002	华宝成熟市场	QDII
162411	华宝油气	QDII

【公司高管】

郑安国先生，董事长，博士、高级经济师。曾任南方证券有限公司发行部经理、投资部经理、南方证券有限公司投资银行部总经理助理、南方证券有限公司上海分公司副总经理、南方证券公司研究所总经理级副所长、华宝信托投资有限责任公司副总经理、总经理、总裁。现任华宝兴业基金管理有限公司董事长、华宝信托有限责任公司董事长、华宝投资有限公司董事、总经理，中国太平洋保险（集团）股份有限公司董事。

HUANG Xiaoyi（黄小薏）Helen，女士，董事，硕士。曾任加拿大 TD Securities 公司金融分析师，Acthop 投资公司财务总监。2003 年 5 月加入华宝兴业基金管理有限公司，曾任公司营运总监、董事会秘书、副总经理，现任公司总经理。

刘月华先生，督察长，硕士。曾在冶金工业部、国家冶金工业局、中国证券业协会等单位工作。现任华宝兴业基金管理有限公司督察长。

摩根士丹利华鑫基金管理有限公司

【基本情况】

法定名称：摩根士丹利华鑫基金管理有限公司

英文名称：Morgan Stanley Huaxin Fund Management CO.，Ltd.

注册地址：深圳市福田区中心四路 1 号嘉里建设广场第二座第 17 层 01－04 室

办公地址：深圳市福田区中心四路 1 号嘉里建设广场一期二座 17 楼

法人代表：王文学

总 经 理:于　华
成立时间:2003 年 3 月 14 日
公司属性:中外合资
注册资本:2.275 亿元
联系电话:0755 - 88318883
传真号码:0755 - 82990384
邮政编码:518033
公司网址:www.msfunds.com.cn

【公司概况】

摩根士丹利华鑫基金管理有限公司(Morgan Stanley Huaxin Fund Management Company Limited,简称摩根士丹利华鑫基金)于 2008 年 6 月 12 日完成工商注册登记变更,是一家中外合资基金管理公司(公司前身为于 2003 年 3 月 14 日成立的巨田基金管理有限公司),注册资本为 22750 万元人民币,注册地是深圳市。摩根士丹利华鑫基金总部现处深圳,另在北京设有分公司。

公司股东主要为华鑫证券有限责任公司、摩根士丹利国际控股公司、深圳市招融投资控股有限公司、深圳市中技实业(集团)有限公司等国内外机构。其中国内主要股东华鑫证券有限责任公司于 2001 年 3 月在深圳市注册成立,是全国性综合类证券经营机构。公司核心业务包括有价证券的发行、自营和代理买卖以及财务顾问等,在北京、上海、西安和深圳拥有 21 家营业部。外资方股东摩根士丹利是一家全球领先的国际性金融服务公司,业务范围涵盖投资银行、证券、投资管理以及财富管理,在全球 33 个国家设有超过 600 家办事处,为各地企业、政府机关、事业机构和个人投资者提供服务。

摩根士丹利华鑫基金管理有限公司将一如既往,为客户提供一流的服务,并希望在未来几年,凭借中外股东的强大资源,进一步扩大业务领域和规模。

【股东概况】

排序	股东名称	持股数量(万股)	持股比例
1	华鑫证券有限责任公司	8999.9	39.560%
2	摩根士丹利国际控股公司	8500.0825	37.363%
3	深圳招融投资控股有限公司	2499.9975	10.989%
4	汉唐证券有限责任公司	1499.9075	6.593%
5	深圳市中技实业(集团)有限公司	1250.1125	5.495%

【旗下基金】

基金代码	基金简称	类型
233006	大摩领先优势	股票型
233007	大摩卓越成长	股票型
233009	大摩多因子策略	股票型
233011	大摩主题优选	股票型
233015	大摩量化配置	股票型
000309	大摩品质生活精选股票	股票型
233001	大摩基础行业	混合型
163302	大摩资源优选	混合型
233008	大摩消费领航	混合型
163303	大摩货币	货币型
233005	大摩强收益	债券型
233012	大摩多元收益 A	债券型
233013	大摩多元收益 C	债券型
000024	大摩双利增强债券 A	债券型
000025	大摩双利增强债券 C	债券型
000064	大摩 18 个月定期开放债券	债券型
233010	大摩深证 300 增强	指数型

【公司高管】

王文学先生,英国格林威治大学项目管理硕士。2000 年 12 月至今任华鑫证券有限责任公司董事长。1993 年 7 月至 2000 年 12 月任西安证券有限责任公司副总经理、总经理、董事长。曾任人民银行西安分行担任体改、外汇管理、稽核副处长。现任本公司董事长。

于华先生,北京大学经济学学士,比利时鲁汶大学工商管理硕士、金融博士,美国注册金融分析师(CFA)。曾任英国里丁大学经济系金融财务讲师,加拿大魁北克大学管理学院金融终身教授,深圳证券交易所综合研究所所长,加拿大鲍尔集团亚太分公司基金与保险业务副总裁,加拿大伦敦人寿保险公司北京代表处首席代表,大成基金管理有限公司董事、总经理,摩根士丹利投资管理公司董事总经理、中国业务主管。现任本公司董事、总经理;兼任中国证券业协会基金业委员会副主任委员,国际资产管理协会董事。

李锦女士,吉林大学经济管理学院国际金融专业硕士。15 年证券从业经验。曾就职于巨田证券有限责任公司,历任交易管理总部综合管理部经理助理,总经理办公室主任助理,资产管理部理财部副经理、经理;曾任巨田基金管理有限公司基金运营部副总监、总监,总经理助理兼基金运营部总监。现任本公司督察长。

国联安基金管理有限公司

【基本情况】

法定名称:国联安基金管理有限公司
英文名称:Guotai Junan Allianz Fund Management Co.,Ltd.
注册地址:上海市浦东新区陆家嘴环路 1318 号
　　　　星展银行大厦 9 楼
办公地址:上海市浦东新区陆家嘴环路 1318 号
　　　　星展银行大厦 9 楼
法人代表:庹启斌
总 经 理:邵杰军
成立时间:2003 年 4 月 3 日
公司属性:合资企业
注册资本:1.5 亿元
联系电话:021 - 38992888
传真号码:021 - 50151880
客服热线:400 - 700 - 0365
邮政编码:200121
公司网址:www.vip - funds.com

【公司概况】

国联安基金管理有限公司,是中国第一家获准筹建的中外合资基金管理公司,由享誉全球、来自德国的安联集团(Allianz AG)和蜚声中国的国泰君安证券公司合力打造。公司注册资金 1 亿 5 千万元人民币。公司的经营范围包括发起设立基金、基金管理业务和中国证监会批准的其它业务。

在组织结构上,国联安基金下设投资组合管理部、研究部、数量化策略部、交易部、风险管理部、机构理财部、市场发展部、渠道代销部、北京分公司、信息技术部、基金事务部、财务部、人力资源部、合规和内部审计部，同时设有投资决策委员会、风险控制委员会和独立的督察长。

【股东概况】

排序	股东名称	出资额（万元）	持股比例
1	国泰君安证券股份有限公司	7650.00	51%
2	安联集团（Allianz AG）	7350.00	49%

【旗下基金】

基金代码	基金简称	类型
253010	国联安德盛安心成长	混合型
255010	国联安稳健	混合型
257010	国联安德盛小盘精选	混合型
000058	国联安保本	混合型
257020	国联安德盛精选	股票型
257030	国联安德盛优势	股票型
257040	国联安德盛红利	股票型
257050	国联安主题驱动	股票型
257070	国联安优选行业	股票型
253020	国联安德盛增利债 A	债券型
253021	国联安德盛增利债 B	债券型
253030	国联安信心增益债券	债券型
253060	国联安信心增长债 A	债券型
253061	国联安信心增长债 B	债券型
162511	国联安双佳信用分级	债券型
162512	国联安双佳信用分级 A	债券型
150080	国联安双佳信用分级 B	债券型
253070	国联安中债信用债	债券型
162509	国联安双禧中证 100	指数型
150012	国联安双禧中证 100A	指数型
150013	国联安双禧中证 100B	指数型
257060	国联安上证商品 ETF 联接	指数型
510170	国联安上证商品 ETF	指数型
1612510	国联安双力中小板综指	指数型
150069	国联安双力中小板综指 A	指数型
150070	国联安双力中小板综指 B	指数型
000060	国联安中证股债动态指数	指数型
000059	国联安中证医药 100 指数	指数型
253050	国联安货币 A	货币型
253051	国联安货币 B	货币型

【公司高管】

庹启斌先生，董事长，经济学博士。历任华东师范大学国际金融系讲师、君安证券有限公司万航渡路营业部经理、资产管理公司研究部经理、香港公司研究策划部经理、研究发展中心主任、经纪管理部总经理、债券部总经理、副总裁，国泰君安证券股份有限公司副总裁。现任国泰君安证券股份有限公司执行董事、党委委员；国联安基金管理有限公司董事长。

邵杰军先生，董事、总经理，研究生学历。1993 年 4 月起任职于万国证券公司和申银万国证券股份有限公司。1998 年 6 月加盟华安基金管理有限公司，担任常务副总裁，先后分管投资研究、市场营销、海外投资管理等多个业务领域。2011 年 11 月加盟国联安基金管理有限公司，现担任国联安基金管理有限公司董事、总经理。

周浩先生，督察长，法学硕士。曾先后任职于中国证券监督管理委员会和上海航运产业基金管理有限公司。2012 年 2 月加盟国联安基金管理有限公司，现担任国联安基金管理有限公司督察长。

海富通基金管理有限公司

【基本情况】

法定名称：海富通基金管理有限公司

英文名称：Fortis Haitong Investment Management Co.，Ltd.

注册地址：上海市浦东新区花园石桥路 66 号东亚银行金融大厦 36 – 37 层

办公地址：上海市浦东新区花园石桥路 66 号东亚银行金融大厦 36 – 37 层

法人代表：张文伟

总 经 理：田仁灿

成立时间：2003 年 4 月 1 日

公司性质：中外合资

注册资本：1.5 亿元

联系电话：021 – 38650999

客服热线：400 – 884 – 0099

传真号码：021 – 50479997

邮政编码：200120

公司网址：www.hftfund.com

【公司概况】

海富通基金管理有限公司成立于 2003 年 4 月，是中国首批获准成立的中外合资基金管理公司。

从 2003 年 8 月开始，海富通先后募集成立了 29 只公募基金。截至 2014 年 9 月 30 日，海富通管理的公募基金资产规模为 243 亿元人民币。

作为国家人力资源和社会保障部首批企业年金基金投资管理人，截至 2014 年 9 月 30 日，海富通为 80 多家企业超过 324 亿元的企业年金基金担任了投资管理人。作为首批特定客户资产管理业务资格的基金管理公司，截至 2014 年 9 月 30 日，海富通旗下专户理财管理资产规模超过 34 亿元。2010 年 12 月，海富通基金管理有限公司被全国社会保障基金理事会选聘为境内委托投资管理人。2012 年 9 月，中国保监会公告确认海富通基金为首批保险资金投资管理人之一。

2004 年末开始，海富通为 QFII（合格境外机构投资者）及其他多个海内外投资组合担任投资咨询顾问，截至 2014 年 9 月 30 日，投资咨询及海外业务规模近 219 亿元人民币。2011 年 12 月，海富通全资子公司——海富通资产管理（香港）有限公司获得证监会核准批复 RQFII（人民币合格境外机构投资者）业务资格，能够在香港筹集人民币资金投资境内证券市场。2012 年 2 月，海富通资产管理（香港）有限公司已募集发行了首只 RQFII 产品。

2012 年 3 月，国内权威财经媒体《中国证券报》等授予海富通基金管理有限公司“中国基金业金牛基金管理公司”大奖，《证券时报》授予海富通精选混合基金“2011 年中国基金业明星奖—五年持续回报平衡混合型明星基金”荣誉。2013 年 4 月，《上海证券报》授予海富通精选混合基金 2012 年“金基金”奖——分红基金奖。

海富通同时还在不断践行其社会责任。公司自 2008 年启动“绿色与希望 – 橄榄枝公益环保计划”，针对汶川震区受灾学校、上海民工小学、安徽老区小学进行了物资捐赠，向内蒙古库伦旗捐建了环保公益林。几年来，海富通的公益行动进一步升级，持续为上海民工小学学生捐献生活物资，并向安徽农村小学捐献图书室。此外，海富通还积极推进投资者教育工作，推出了以“幸福投资”为主题和特色的投资者教育活动，向投资者传播长期投资、理性投资的理念。

【公司大事记】

2012 年 1 月，海富通香港子公司首只 RQFII 基金获得 SFC 核准。

2012 年 3 月，海富通精选混合被《证券时报》授予“五年持续回报平衡混合型明星基金”。

2012 年 3 月，海富通被《中国证券报》授予“2011 年金牛基金管理公司”。

2012 年 5 月，海富通中证内地低碳经济主题指数证券投资基金成立。

2012 年 7 月，海富通携手壹基金于深圳会展中心启动“大爱将至”救助孤儿计划。

2012 年 9 月，海富通基金管理有限公司获得保险资金投资管理人资格。

2013 年 3 月，海富通现金管理货币市场基金正式成立。

2003 年 4 月 1 日海富通基金管理有限公司获得中国证监会开业批准。

2013 年 4 月，海富通精选混合被《证券时报》授予“五年持续回报平衡混合型明星基金”。

2013 年 5 月，海富通香港子公司获批 QFII 资格。

2013 年 5 月，海富通养老收益混合型证券投资基金正式成立。

2013 年 10 月，海富通一年定期开放债券型证券投资基金正式成立。

2014 年 4 月，海富通纯债债券型证券投资基金正式成立。

2014 年 5 月，海富通双福分级债券型证券投资基金正式成立。

2014 年 8 月，海富通季季增利理财债券型证券投资基金正式成立。

2014 年 11 月，海富通上证可质押城投债交易型开放式指数证券投资基金正式成立。

【股东概况】

排序	股东名称	持股数量(万股)	持股比例
1	海通证券股份有限公司	7650.00	51%
2	法国巴黎投资管理 BE 控股公司	7350.00	49%

【旗下基金】

基金代码	基金简称	类型
519005	海富通股票	股票型
519013	海富通风格优势	股票型
519025	海富通领先成长	股票型
519026	海富通中小盘	股票型
519033	海富通国策导向	股票型
519056	海富通内需热点	股票型
519003	海富通收益增长	混合型
519007	海富通强化回报	混合型
519011	海富通精选	混合型
519015	海富通精选贰号	混合型
519050	海富通养老收益	混合型
519505	海富通货币 A	货币型
519506	海富通货币 B	货币型
519528	海富通现金管理货币 A	货币型
519529	海富通现金管理货币 B	货币型
519601	海富通中国海外	QDII
519602	海富通大中华精选	QDII
519023	海富通稳健添利债 C	债券型
519024	海富通稳健添利债 A	债券型
519030	海富通稳固收益	债券型
519051	海富通一年定开债券	债券型
519055	海富通双利分级债券	债券型
162307	海富通中证 100	指数型
519027	海富通上证周期联接	指数型
510110	海富通上证周期 ETF	指数型
510120	海富通上证非周期 ETF	指数型
519032	海富通上证非周期联接	指数型
519034	海富通中证内地低碳指数	指数型
162308	海富通稳增分级债券	创新封闭式
150044	海富通稳增债券 A	创新封闭式
150045	海富通稳增债券 B	创新封闭式

【公司高管】

张文伟先生，董事长，硕士，高级经济师。历任交通银行郑州分行铁道支行行长、紫荆山支行行长、私人金融处处长，海通证券办公室主任，海通证券投资银行总部副总经理、海富通基金管理有限公司董事、副总经理。2013 年 5 月起任海富通基金管理有限公司董事长。

田仁灿先生，董事、总经理，比利时籍，工商管理学硕士。历任法国金融租赁 EuroequipementS. A. 公司总裁助理、富通银行区域经理、大中华地区主管、富通基金管理亚洲有限公司投资经理、业务发展部总经理、首席执行官。2003 年至今任海富通基金管理有限公司董事、总经理。

章明女士，督察长，硕士。历任加拿大蒙特利尔 BBCC Tech & TradeInt’lInc 公司高级财务经理、加拿大蒙特利尔 Dalma Investment, FutureElectronics 公司产品专家、海通证券股份有限公司对外合作部经理。2003 年至今任海富通基金管理有限公司督察长。

长信基金管理有限公司

【基本情况】

法定名称：长信基金管理有限公司

英文名称：Chang Xin Asset Management Co. ,Ltd.

注册地址：上海市浦东新区银城中路 68 号 9 楼

办公地址：上海市浦东新区银城中路 68 号 9 楼

法人代表：田　丹

总 经 理：叶　烨

成立时间：2003 年 4 月 28 日

公司性质：中资

注册资本：1.5 亿元

联系电话：021 －61009999

传真号码：021 －61009800

邮政编码：200122

公司网址：www. cxfund. com. cn

【公司概况】

长信基金管理有限责任公司由长江证券股份有限公司、上海海欣（集团）股份有限公司、武汉钢铁股份有限公司共同发起设立，于2003年4月28日经中国证券监督管理委员会批准，并于2003年5月9日成立。注册资本金1.5亿元人民币，公司的经营范围包括发起设立基金、基金管理业务和中国证监会批准的其他业务。

股东会是公司的最高权力机构，下设董事会和监事会。公司组织管理实行董事会领导下的总经理负责制，总经理、副总经理、督察长组成公司的经营管理层。在经营管理层下设内部控制委员会、投资决策委员会两个非常设委员会，以及金融工程部、国际业务部、专户理财部、投资管理部、研究发展部、固定收益部、交易管理部、基金事务部、市场开发部、信息技术部、监察稽核部、综合行政部、产品开发部等十三个职能部门，并根据公司发展需要设北京分公司、深圳分公司和武汉办事处。

成立多年以来，长信基金——一个怀有远大梦想的公司，以强烈的进取心和开拓精神成为业内一颗冉冉升起的明星，在“真诚坦率、认真负责”的企业文化的推动下，长信公司正朝着可持续健康发展的方向稳步前进。

【股东概况】

排序	股东名称	持股数量（万股）	持股比例
1	长江证券有限责任公司	7350.00	49%
2	上海海欣集团股份有限公司	5149.50	34.33%
3	武汉钢铁股份有限公司	2500.50	16.67%

【旗下基金】

基金代码	基金简称	类型
519993	长信增利动态策略	股票型
519995	长信金利趋势	股票型
519997	长信银利精选	股票型
519987	长信恒利优势	股票型
163001	长信中证央企	股票型
519983	长信量化先锋	股票型
519979	长信内需成长	股票型
519991	长信双利优选	混合型
519999	长信利息收益货币 A	货币型
519998	长信利息收益货币 B	货币型
519989	长信利丰债券	债券型
519985	长信中短债	债券型
519977	长信可转债 A	债券型
519976	长信可转债 C	债券型
519973	长信纯债 A	债券型
519972	长信纯债 C	债券型
519981	长信美国标普 100	QDII
163004	长信利鑫分级债券 A	创新封闭式
150042	长信利鑫分级债券 B	创新封闭式
163006	长信利众分级 A	创新封闭式
150102	长信利众分级 B	创新封闭式

【公司高管】

田丹，董事长，硕士。1985年起进入金融、证券行业，先后在人民银行湖北省分行、湖北证券公司、三峡证券公司、长江证券公司任部门及公司领导。出任长信基金管理有限责任公司董事长前为长江证券有限责任公司董事、总裁。

叶烨，总经理，中共党员，硕士。曾任交通部秦皇岛港务局计划处科员，君安证券有限公司投资银行部高级经理、营业部总经理、公司副总裁，国泰君安证券股份有限公司北京分公司副总经理、武汉分公司总经理、资产管理总部总监。

周永刚，督察长，硕士，经济师。曾任湖北证券有限责任公司武汉自治街营业部总经理，长江证券有限责任公司北方总部总经理兼北京展览路证券营业部总经理，长江证券有限责任公司经纪业务总部副总经理兼上海代表处主任、上海汉口路证券营业部总经理。

泰信基金管理有限公司

【基本情况】

法定名称：泰信基金管理有限公司

英文名称：First - Trust Fund Management Co. , Ltd.

注册地址：上海市浦东新区浦东南路256号37层

办公地址：上海市浦东新区浦东南路256号华夏银行大厦36－37层

法人代表：葛　航（代）

总 经 理：葛　航

成立时间：2003年5月8日

公司属性：中资

注册资本：2亿元

客服热线：400－888－5988

联系电话：021－20899188

传真号码：021－20899008

邮政编码：200120

公司网址：www. ftfund. com

【公司概况】

泰信基金管理有限公司于2003年5月8日获《关于同意泰信基金管理有限公司开业的批复》（证监基金字［2003］68号），并于2003年5月23日正式成立。公司注册资本金为人民币2亿元，是由山东省国际信托有限公司（出资9000万元）、江苏省投资管理有限公司（出资6000万元）、青岛国信实业有限公司（出资5000万元）共同发起设立的。泰信的三家股东均是其所在地的政府投资主体，实力雄厚、经营稳健、业绩优良，在国内外资本市场上保持着良好的信誉，设立泰信是三家股东长期发展战略的重要组成部分，也将为其今后的发展提供强有力的支持。

公司目前下设市场部、营销部（分华东、华北、华南三大营销中心和电子商务部）、客服中心、基金投资部、研究部、专户投资部、理财顾问部、清算会计部、信息技术部、风险管理部、监察稽核部、计划财务部、综合管理部、北京分公司、深圳分公司。公司有正式员工105人，多数具有硕士以上学历。所有人员在最近三年内均未受到所在单位及有关管理部门的处罚。

泰信基金管理有限公司是第一家以信托公司为主发起人的基金管理公司。自2003年5月成立至今，公司已经拥有泰信天天收益货币、泰信先行策略混合、泰信双息双利债券、泰信优质生活股票、泰信优势增长混合、泰信蓝筹精选股票、泰信债券增强收益、泰信发展主题股票、泰信债券周期回报、泰信中证200指数、泰信中小盘精选股票、泰信保本混合、泰信中证锐联基本面400指数分级、泰信现代服务业股票、泰信鑫益定期开放债券等15只开放式基金，形成了较完善的基金产品线。自成立以来，我们秉承“先行一步创造优质生活”的企业理念，坚守“诚信专业责任共赢”的价值观，努力实现为客户增值财富，为员工创造空间，为股东创造价值，对社会承担责任的使命，力争做最值得公众信赖的财富管理人。

【股东概况】

排序	股东名称	出资额（万元）	持股比例
1	山东省国际信托投资有限公司	9000	45%
2	江苏省投资管理有限责任公司	6000	30%
3	青岛国信实业有限公司	5000	25%

【旗下基金】

基金代码	基金简称	类型
290004	泰信优质生活	股票型
290006	泰信蓝筹精选	股票型
290008	泰信发展主题	股票型
290011	泰信中小盘	股票型
290014	泰信现代服务业	股票型
290002	泰信先行策略	混合型
290005	泰信优势增长	混合型
290012	泰信保本	混合型
290003	泰信双息双利债券	债券型
290007	泰信强债A	债券型
291007	泰信强债B	债券型
290009	泰信周期回报	债券型
000212	泰信鑫益定期开放A	债券型
000213	泰信鑫益定期开放C	债券型
290001	泰信天天收益货币	货币型
290010	泰信中证200	指数型
162907	泰信中证400分级	指数型

【公司高管】

葛航先生，总经理，学士；1989年7月加入山东省国际信托有限公司，曾山东省国际信有限公司任租赁部高级业务经理、山东省国际信托有限公司自营业务部经理。

吴胜光先生，督察长，硕士，高级经济师；曾任南京大学城市与资源系副主任、江苏省信托投资公司投资银行部业务二部经理、信泰证券有限责任公司投资银行部副总经理。

天治基金管理有限公司

【基本情况】

公司名称：天治基金管理有限公司
英文名称：China Nature Asset Management Co.，Ltd.
注册地址：上海市浦东新区莲振路298号4号楼231室
办公地址：上海复兴西路159号
法人代表：高福波
总 经 理：赵玉彪
成立时间：2003年5月27日
注册资本：1.6亿元
公司属性：中资
联系电话：021－64371155
客服电话：400－098－4800
传真号码：021－64374934
邮政编码：200031
公司网址：www.chinanature.com.cn

【公司概况】

天治基金管理有限公司于2003年5月成立，股东为吉林省信托有限责任公司、中国吉林森林工业集团有限责任公司，各股东出资比例分别为61.25%、38.75%。公司注册资本1.6亿元人民币，注册地为上海。

目前，天治公司旗下共有十只开放式基金，分别是天治财富增长基金（配置型）、天治品质优选基金（配置型）、天治核心成长基金（股票型）、天治创新先锋基金（股票型）、天治成长精选基金（股票型）、天治稳建双盈基金（债券型）、天治天得利基金（货币型）和天治趋势精选基金（配置型）、天治稳定收益债券基金（债券型）、天治可转债A&C（债券型）。

经过多年的积累，天治基金形成了一支精干、团结、自信的人才队伍，逐渐摸索出适合的投资模式。

天治基金秉承以诚感人、以信立业、顺天而治、顺势而为、以智慧发现规律、依规律共享财富增长的经营理念，力争为投资者提供优质的基金理财服务，与投资者共同分享中国经济发展的成果，回报投资者的信任。

【股东概况】

序号	股东名称	出资额（万元）	持股比例
1	吉林省信托投资有限责任公司	9800.00	61.25%
2	中国吉林森林工业（集团）总公司	6200.00	38.75%

【旗下基金】

基金代码	基金简称	类型
350001	天治财富增长	混合型
350002	天治品质优选	混合型
350007	天治趋势精选	混合型
350004	天治天得利货币	货币型
163503	天治核心	股票型
350005	天治创新先锋	股票型
350008	天治成长精选	股票型
350006	天治稳健双盈债券	债券型
350009	天治稳定收益债券	债券型
000080	天治可转债A	债券型
000081	天治可转债C	债券型

【公司高管】

高福波先生，董事长，研究生学历，高级经济师，历任吉林省白山市人民银行任办公室主任、副行级助理稽察、吉林省白山市农村信用联社任理事长、党委书记、吉林省农村信用联社任资金信贷处负责人、副主任，现任吉林省信托有限责任公司党委书记、董事长、天治基金管理有限公司董事长。

赵玉彪先生，董事、总经理，硕士，历任吉林省信托有限责任公司上海证券业务部交易部经理、吉林省信托有限责任公司上海洪山路证券营业部经理兼驻上海证券交易所出市代表、上海金路达投资管理有限公司总经理、天治基金管理有限公司董事长，现任天治基金管理有限公司总经理。

刘伟先生，督察长，本科学历，高级工程师。曾任吉林省信托投资有限责任公司产权交易部副经理、自营基金部副经理、基金业务部副总经理，上海全路达创业投资管理有限公司董事长。

景顺长城基金管理有限公司

【基本情况】

法定名称:景顺长城基金管理有限公司

英文名称:Invesco Great Wall Fund Management Co., Ltd.

注册地址:深圳市福田区中心四路1号嘉里建设广场第一座21层

办公地址:深圳市福田区中心四路1号嘉里建设广场第一座21层

法人代表:赵如冰

总 经 理:许义明

成立时间:2003年6月12日

公司属性:中外合资

注册资本:1.3亿元

联系电话:0755-82370388

客服热线:400-888-8606

传真号码:0755-25987356

邮政编码:518040

公司网址:www.invescogreatwall.com

【公司概况】

景顺长城基金管理有限公司成立于2003年6月12日,是经中国证监会证监基金字[2003]76号文批准设立的国内首家中美合资的基金管理公司。景顺长城基金管理有限公司由景顺集团下属景顺资产管理有限公司与长城证券有限责任公司联合开滦(集团)有限责任公司和大连实德集团有限公司共同发起设立,其中景顺资产管理有限公司和长城证券有限责任公司各持有49%的公司股份。公司注册资本1.3亿元人民币,总部设在深圳,在北京、上海、广州设有分公司。

景顺长城秉承"为每一个信赖我们的客户持续地创造财富"的公司宗旨和"客户为先、投资领先、专业诚信、追求卓越"的经营理念,始终如一地把保护投资者利益放在第一位,力保客户资产的保值增值,致力于成为中国资产管理行业的持续领跑者。作为第一家中美合资的基金管理公司,景顺长城充分利用中外股东的资源优势,引进、吸收、消化景顺集团的全球化视野和资产管理能力,并结合国内市场的特色和实际需要,形成了极具特色的"四大支柱体系",即管理体系、投资体系、营销体系和技术平台体系,以卓越的绩效、专业的团队、严谨的管理和优质的资源,为投资者创造长期而稳定的收益。目前,景顺长城旗下管理了32只开放式基金,建立了覆盖高中低风险等级的较为完善的产品线,在股票型基金的管理上形成了独特的优势。

【股东概况】

排序	股东名称	持股数量(万股)	持股比例
1	长城证券有限责任公司	6370.00	49%
2	景顺资产管理有限公司	6370.00	49%
3	开滦(集团)有限责任公司	130.00	1%
3	大连实德集团有限公司	130.00	1%

【旗下基金】

基金代码	基金简称	类型
260101	景顺长城优选	股票型
260104	景顺长城内需增长	股票型
260108	景顺长城新兴成长	股票型
260109	景顺长城内需增长贰号	股票型
260110	景顺长城精选蓝筹	股票型
162605	景顺长城鼎益	股票型
162607	景顺长城资源垄断	股票型
260111	景顺长城公司治理	股票型
260112	景顺长城能源基建	股票型
260115	景顺长城中小盘	股票型
260116	景顺长城核心竞争力	股票型
260117	景顺长城支柱产业	股票型
000418	成长之星	股票型
000020	品质投资基金	贡献
260102	景顺长城货币A	货币型
260202	景顺长城货币B	货币型
000380	景益货币A	货币型
000381	景益货币B	货币型
260103	景顺长城动力平衡	混合型
000242	景顺长城策略精选	混合型
261001	景顺长城稳定债券A	债券型
261101	景顺长城稳定债券C	债券型
261002	景顺长城优信增利A	债券型
261102	景顺长城优信增利C	债券型
000181	四季金利A	债券型
000182	四季金利C	债券型
000252	景兴信用A	债券型
000253	景兴信用C	债券型
000385	景颐双利A	债券型
000386	景颐双利C	债券型
262001	景顺长城大中华	QDII
510420	景顺长城上证180 ETF	指数型
263001	景顺长城上证180 ETF联接	指数型
159924	沪深300等权重ETF	指数型
000311	沪深300指数增强基金	指数型
159935	中证500ETF	指数型

【公司高管】

赵如冰先生,董事长,武汉水利电力学院(现武汉大学)动力系本科毕业,辽宁大学经济学硕士。曾任葛洲坝水力发电厂主任、研究员级高级工程师,葛洲坝至上海超高压直流输电葛洲坝站站长、书记,葛洲坝水力发电厂办公室主任兼外办主任,华能南方开发公司党组书记、总经理,华能房地产开发公司副总经理,中住地产开发公司总经理、党组书记,长城证券有限责任公司董事、副董事长、党委副书记等职。2009年加入本公司,现任公司董事长。

许义明先生,总经理,香港大学社会科学学士及香港城市大学金融工程学硕士。曾先后就职于前美国大通银行香港、台湾及伦敦分行财资部,汇丰银行总行中国环球市场部;之前曾担任台湾景顺证券投资信托股份有限公司董事兼总经理、景顺香港大中华区业务拓展总监等职务。2009年加入本公司,现任公司董事兼总经理。

黄卫明先生,督察长,中国人民大学法学硕士。历任国家工商局市场司主任科员,国泰君安证券公司总裁助理兼人力资源部总经理,中国证监会期货部、非上市公众公司部等主任科员、副处长、处长。2010年加入本公司,现任公司督察长。

兴业全球基金管理有限公司

【基本情况】

法定名称：兴业全球基金管理有限公司

英文名称：Aegon－Industrial Fund Management Co.，Ltd.

注册地址：上海市黄浦区金陵东路368号

办公地址：上海市张杨路500号时代广场20层

法人代表：兰　荣

总 经 理：杨　东

成立时间：2003年9月30日

公司性质：中外合资

注册资本：1.5亿元

联系电话：021－20398888

客服热线：400－678－0099

传真号码：021－20398858

邮政编码：200122

公司网址：www.xyfunds.com.cn

【公司概况】

兴业全球基金管理有限公司（原名“兴业基金管理有限公司”，以下简称“公司”）经证监基金字［2003］100号文批准于2003年9月30日成立。2008年1月，中国证监会批复（证监许可［2008］6号），同意全球人寿保险国际公司（AEGON International B.V）受让公司股权并成为公司股东。2008年4月12日，公司完成股权转让、变更注册资本等相关手续后，公司注册资本为人民币1.2亿元，其中兴业证券股份有限公司的出资占注册资本的51%，全球人寿保险国际公司的出资占注册资本的49%。2008年7月，经中国证监会批准（证监许可［2008］888号），公司于2008年8月25日完成变更公司名称、注册资本等相关手续后，公司名称变更为“兴业全球基金管理有限公司”，注册资本增加为1.5亿元人民币，其中两股东出资比例不变。

自成立以来，公司始终以“基金持有人利益最大化”为首要经营目标，遵循诚信、规范、稳健的经营方针，倡导严谨、求实、高效的管理作风，以风险控制、长期投资、价值投资的投资理念，专业、专注、创新的运营方式管理和运用基金资产，为基金持有人提供一流的投资理财服务。

目前，公司旗下共管理着兴全可转债混合型基金、兴全趋势混合型基金（LOF）、兴全货币市场基金、兴全全球视野股票型基金、兴全社会责任股票型基金、兴全有机增长混合型基金、兴全磐稳增利债券型基金、兴全合润分级股票型基金、兴全沪深300指数增强型基金（LOF）、兴全绿色投资股票型基金（LOF）、兴全保本混合型基金、兴全轻资产投资股票型基金（LOF）、兴全商业模式优选股票型基金（LOF）和兴全添利宝货币市场基金等14只基金。

近年来公司及旗下基金取得的荣誉有：兴全趋势混合型基金获“五年期混合型金牛基金”（《中国证券报》）、兴全全球视野股票型基金获“五年期股票型金牛基金”（《中国证券报》）、兴全可转债混合型基金获“五年期混合型金牛基金”（《中国证券报》）、兴全社会责任股票型基金获“三年期股票型金牛基金”（《中国证券报》）等荣誉。公司也因旗下基金业绩突出，2007－2011连续五年荣膺《中国证券报》评选的“年度十大金牛基金公司”称号。

经中国证监会许可（证监许可［2012］1760号），公司于2013年1月14日在上海市黄浦区登记注册成立全资资产管理子公司“上海兴全睿众资产管理有限公司”，注册资本2000万元人民币，经营范围是特定客户资产管理和中国证监会许可的其它业务。子公司以“委托人利益最大化“为首要业务发展原则，专注于基础资产为股票的相关业务，重点开展权益类主动管理、收益权转让、综合财富管理以及金融机构同业合作等多种业务，以专业、专注、创新的运营方式管理和运用客户委托资产，为客户提供一流的投资理财服务。

【公司大事记】

2012年11月12日，兴全商业模式优选股票型基金公开发行，2012年12月18日正式成立，募集份额5.46亿份。

2012年2月27日，兴全轻资产投资股票型基金公开发行，2012年4月5日正式成立，募集份额9.94亿份。

2011年7月4日，兴全保本混合型基金公开发行，2011年8月3日正式成立，募集份额14.93亿份。

2011年4月6日，兴全绿色投资股票型基金（LOF）公开发行，2011年5月6日正式成立，募集份额20.22亿份。

2010年12月17日，经中国证监会批准，公司旗下九只开放式基金从2011年1月1日起变更名称（各只基金的基金代码保持不变）。以兴业趋势投资混合型证券投资基金（LOF）为例，名称变更后为“兴全”趋势投资混合型证券投资基金（LOF），简称“兴全”趋势混合基金。

2010年10月12日，兴业沪深300指数增强型基金（LOF）公开发行，2010年11月2日正式成立，募集份额29.55亿份。

2010年3月15日，兴业合润分级股票型证券投资基金公开发行，2010年4月22日正式成立，募集份额33.28亿份。

2009年7月1日，兴业磐稳增利债券型证券投资基金公开发行，2009年7月23日正式成立，募集份额14.18亿份。

2009年2月23日，兴业有机增长混合型证券投资基金公开发行，2009年3月25日正式成立，募集份额19.80亿份。兴业有机增长基金是国内首只明确提出“有机增长”投资理念的证券投资基金。

2008年12月31日，经中国证监会批准，公司获准从事特定客户资产管理业务。

2008年8月25日，经中国证监会批准，公司中文名称变更为“兴业全球基金管理有限公司”公司注册资本增加到人民币1.5亿元，兴业证券股份有限公司和全球人寿保险国际公司的出资比例不变。

2008年4月12日，由Industrial Fund Management Co.，Ltd.变更为AEGON－INDUSTRIAL Fund Management Co.，Ltd.。公司注册资本由人民币9，800万元变更为人民币12，000万元，其中，兴业证券股份有限公司的出资占注册资本的51%，全球人寿保险国际公司的出资占注册资本的49%。

2008年3月28日，兴业社会责任股票型证券投资基金公开发行，2008年4月30日正式成立，募集份额13.88亿份。兴业社会责任金是国内首只系统运用“社会责任”投资理念的证券投资基金。

2007年8月7日，兴业银行、兴业证券、兴业基金管理公司在福州共同签署《关于进一步深入开展战略联盟合作备忘录》，开创了国内银行、证券、基金三类金融机构通力合作、结成战略合作联盟的先河。

2007年5月11日，兴业趋势投资混合型证券投资基金（LOF）实施拆分，拆分比例为1∶3.9939。

2006 年 8 月 15 日,兴业全球视野股票型证券投资基金公开发行,2006 年 9 月 20 日正式成立,募集份额 32.86 亿份。兴业全球视野基金是国内首只系统运用“全球视野”投资理念的证券投资基金。

2006 年 4 月 12 日,兴业货币市场证券投资基金公开发行,2006 年 4 月 27 日正式成立,募集份额 17.3 亿份。

2005 年 9 月 19 日,兴业趋势投资混合型证券投资基金公开发行,2005 年 11 月 3 日正式成立,募集份额 9.27 亿份。兴业趋势投资基金首次引入趋势投资理念,投资上强调顺势而为,把握投资对象中长期趋势,追求中长期收益。

2004 年 4 月 2 日,兴业可转债混合型证券投资基金公开发行,2004 年 5 月 11 日正式成立,募集份额 32.82 亿份。兴业可转债基金是国内首只也是目前唯一的一只可转债投资基金。

2003 年 9 月 30 日,经中国证监会批准,兴业基金管理有限公司在上海成立。注册资本 9800 万人民币。

【股东概况】

排序	股东名称	持股数量(万股)	持股比例
1	兴业证券股份有限公司	7650.00	51%
2	全球人寿保险国际公司	7350.00	49%

【旗下基金】

基金代码	基金简称	类型
340006	兴全全球视野	股票型
340007	兴全社会责任	股票型
163406	兴全合润分级	股票型
150016	兴全合润分级 A	股票型
150017	兴全合润分级 B	股票型
163409	兴全绿色投资	股票型
163412	兴全轻资产	股票型
163415	兴全商业模式	股票型
340001	兴全可转债	混合型
163402	兴全趋势	混合型
340008	兴全有机增长	混合型
163411	兴全保本	混合型
340009	兴全磐稳增利	债券型
163407	兴全沪深 300	指数型
340005	兴全货币	货币型

【公司高管】

兰荣先生,董事长,1960 年生,中共党员,高级工商管理硕士、高级经济师。历任福建省建设银行投资处干部,福建省福兴财务公司科长,兴业银行总行计划资金部副总经理,兴业银行证券业务部副总经理,福建兴业证券公司总裁,兴业证券股份有限公司董事长、总裁、党委书记。现任兴业证券股份有限公司董事长兼兴业全球基金管理有限公司董事长、中国证券业协会副会长。

杨东先生,总经理,1970 年生,高级工商管理硕士。历任福建兴业证券公司上海业务部总经理助理,证券投资部副总经理兼上海业务部副总经理,兴业证券股份有限公司证券投资部总经理,兴业证券股份有限公司总裁助理、投资总监。现任兴业全球基金管理有限公司总经理。

冯晓莲女士,督察长,1964 年生,中共党员,高级工商管理硕士、高级经济师。先后就职于新疆兵团组织部、新疆兵团驻海南办事处、海南国际信托公司,历任兴业银行党办副科长,兴业证券股份有限公司人力资源部副总经理、人力资源部总经理、合规与风险管理部总经理,兴业全球基金管理有限公司总经理助理。现任兴业全球基金管理有限公司督察长。

广发基金管理有限公司

【基本情况】

法定名称:广发基金管理有限公司
英文名称:GF Fund Management Co. ,Ltd.
注册地址:广东省珠海市横琴新区宝中路 3 号 4004 - 56 室
办公地址:广州市海珠区琶洲大道东 1 号保利国际广场南塔 31 - 33 层
法人代表:王志伟
总 经 理:林传辉
成立时间:2003 年 8 月 5 日
公司属性:中资
注册资本:1.2 亿元
联系电话:020 - 83936666
客服热线:95105828
传真号码:020 - 89899158
邮政编码:510308
公司网址:www. gffunds. com. cn

【公司概况】

广发基金管理有限公司成立于 2003 年 8 月,是经中国证监会批准设立的专业基金管理公司,总部设在广州,公司注册资本金 1.2 亿元人民币。公司目前拥有公募基金、特定客户资产管理业务、合格境内机构投资者(QDII)资格、以及社保基金投资管理人等业务资格。

公司目前管理着 28 只证券投资基金、多个企业年金及特定客户资产管理专户,截至 2012 年 12 月 31 日,公司管理公募基金资产总规模达 1131.03 亿元。公司坚持“专业创造价值、客户利益为上”的经营思想,致力成为业绩优秀、管理规范、行业领先、具有可持续发展能力、全能型的资产管理公司,为投资者谋求长期稳定的收益。

【公司大事记】

2003 年 8 月,经中国证监会批准,广发基金管理有限公司成立。

2005 年 1 月,广发基金与工行合作开办定投业务,并于 2007 年成为国内首个拥有百万定投客户的基金管理公司。

2005 年 6 月,广发基金网上交易系统上线,投资者可通过广发基金网上直销购买基金。

2007 年 11 月,广发基金获原劳动和社会保障部颁发的企业年金投资管理人资格。

2007 年 12 月,广发基金成为资产管理规模超过千亿的基金公司,资产管理规模位列行业第六。

2008 年 2 月,广发基金获中国证券监督管理委员会批准从事特定客户资产管理业务。

2009 年 1 月,广发基金获得合格境内机构投资者(QDII)资格,成为符合资格开展境外证券投资管理业务的基金管理公司。

2010 年 12 月,广发基金在香港设立全资子公司——广发国际资产管理有限公司。

2010 年 12 月,广发基金获得第三批社保基金管理人资格。

2011 年 9 月，广发基金香港分公司获发香港证监会第四类（投资咨询）和第九类（资产管理）牌照。

2012 年 8 月，广发基金香港子公司获得 RQFII 资格（《关于核准广发国际资产管理有限公司人民币合格境外机构投资者资格的批复》（证监许可【2012】1075 号））。

2012 年 10 月，广发基金获得受托管理保险资金投资管理人资格。

2013 年 9 月，广发基金香港子公司——广发国际资产管理有限公司获得合格境外机构投资者资格。

2013 年 8 月，广发基金获得中国保险保障基金有限责任公司授予的保险保障基金委托资产管理投资管理人资格。

2013 年 6 月，广发基金子公司——瑞元资本管理有限公司注册成立。

2013 年 4 月，广发管理的第一只跨市场 ETF——广发中证 500 交易型开放式基金成立。

2014 年 3 月，广发基金香港子公司——广发国际资产管理有限公司获得香港证监会颁发的第 1 号牌照。

【股东概况】

排序	股东名称	持股数量（万股）	持股比例
1	广发证券股份有限公司	5799.60	48.33%
2	烽火通信科技股份有限公司	2000.40	16.67%
2	香江投资有限公司	2000.40	16.67%
3	广东康美药业股份有限公司	1200.00	10%
4	广州科技风险投资有限公司	999.60	8.33%

【旗下基金】

基金代码	基金简称	类型
270005	广发聚丰	股票型
162703	广发小盘成长	股票型
270008	广发核心精选	股票型
270021	广发聚瑞	股票型
270025	广发行业领先	股票型
270028	广发制造业精选	股票型
270041	广发消费品精选	股票型
270050	广发新经济	股票型
000117	广发轮动配置	股票型
270001	广发聚富	混合型
270002	广发稳健增长	混合型
270006	广发策略优选	混合型
270007	广发大盘成长	混合型
270022	广发内需增长	混合型
000167	广发聚优灵活配置	混合型
000215	广发趋势优选	混合型
000214	广发成长优选	混合型
270024	广发聚祥保本	保本型
270009	广发增强债券	债券型
162712	广发聚利债券	债券型
270029	广发聚财信用 A	债券型
270030	广发聚财信用 B	债券型
270043	广发年年红	债券型
270044	广发双债添利 A	债券型
270045	广发双债添利 C	债券型
270048	广发纯债 A	债券型
270049	广发纯债 C	债券型
162715	广发聚源定期 A	债券型
162716	广发聚源定期 C	债券型
000118	广发聚鑫 A	债券型
000119	广发聚鑫 C	债券型
000267	广发集利一年 A	债券型
000268	广发集利一年 C	债券型
000348	广发中债金融债 A	债券型
000349	广发中债金融债 C	债券型
270004	广发货币 A	货币型
270014	广发货币 B	货币型
270046	广发理财 30 天债券 A	货币型
270047	广发理财 30 天债券 B	货币型
000389	广发天天红	货币型
519858	广发现金宝 A	货币型
519859	广发现金宝 B	货币型
270010	广发沪深 300	指数型
162711	广发中证 500ETF 联接	指数型
270026	广发中小板 300 联接	指数型
159907	广发中小板 300ETF	指数型
162714	广发深证 100 分级	指数型
150083	广发深证 100 分级 A	指数型
150084	广发深证 100 分级 B	指数型
510510	广发中证 500ETF	指数型
270023	广发亚太精选	QDII
270027	广发全球农业指数	QDII
270042	广发纳斯达克 100 指数	QDII
000179	广发美国房地产人民币	QDII
000180	广发美国房地产美元	QDII
000274	广发亚太中高收益人民币	QDII
000275	广发亚太中高收益美元	QDII
000369	广发全球医疗保健人民币	QDII
000370	广发全球医疗保健美元	QDII

【公司高管】

王志伟，董事长，男，经济学硕士，高级经济师。兼任广东省第十届政协委员，广东省政府决策咨询顾问委员会企业家委员，广东金融学会常务理事，江西财经大学客座教授。历任广发证券董事长兼党委书记、广东发展银行党组成员兼副行长，广东发展银行行长助理，广东发展银行信托投资部总经理，广东发展银行人事教育部经理，广东省委办公厅政治处人事科科长等职务。

林传辉，副董事长，男，大学本科学历，现任广发基金管理有限公司总经理，兼任广发国际资产管理有限公司董事长。曾任广发证券投资银行总部北京业务总部总经理、投资银行总部副总经理兼投资银行上海业务总部副总经理、投资银行部常务副总经理。

段西军，督察长，男，博士。曾在广东省佛山市财贸学校、广发证券股份有限公司、中国证券监督管理委员会广东监管局工作。

诺安基金管理有限公司

【基本情况】

法定名称：诺安基金管理有限公司

英文名称：Lion Fund Management Co., Ltd.

注册地址：深圳市深南大道 4013 号兴业银行大厦 19－20 层

办公地址：深圳市深南大道 4013 号兴业银行

大厦 19 – 20 层
法人代表:秦维舟
总 经 理:奥成文
成立时间:2003 年 12 月 9 日
公司属性:中资
注册资本:1.5 亿元
联系电话:0755 – 83026688
传真号码:0755 – 83026677
客服热线:400 – 888 – 8998
邮政编码:518043
公司网址:www.lionfund.com.cn

【公司概况】

诺安基金成立于 2003 年 12 月,由中国对外经济贸易信托投资有限公司、深圳市捷隆投资有限公司、北京中关村科学城建设股份有限公司共同出资一亿五千万元。

"智·汇财富稳·见未来",诺安基金管理有限公司致力于以科学严谨的专业知识,以稳健的风格,以卓越的远见在瞬息万变的市场中为投资者实现长期持久的投资回报。

【股东概况】

排序	股东名称	持股数量(万股)	持股比例
1	中国对外经济贸易信托投资有限公司	6000.00	40%
1	深圳市捷隆投资有限公司	6000.00	40%
2	北京中关村科学城建设股份有限公司	3000.00	20%

【旗下基金】

基金代码	基金简称	类型
320003	诺安股票	股票型
320005	诺安价值增长	股票型
320007	诺安成长	股票型
320011	诺安中小盘精选	股票型
320012	诺安主题精选	股票型
320016	诺安多策略	股票型
320001	诺安平衡	混合型
320006	诺安灵活配置	混合型
320015	诺安保本	混合型
320018	诺安新动力	混合型
320020	诺安汇鑫保本	混合型
000066	诺安鸿鑫保本	混合型
320004	诺安优化债券	债券型
320008	诺安增利债券 A	债券型
320009	诺安增利债券 B	债券型
320021	诺安双利	债券型
163210	诺安纯债 A	债券型
163211	诺安纯债 C	债券型
000151	诺安信用债一年定期开放债券	债券型
000235	诺安稳固收益一年定期开放债券	债券型
000201	诺安泰鑫一年定期开放债券	债券型
320010	诺安中证 100	指数型
320014	诺安上证新兴联接	指数型
510260	诺安上证新兴 ETF	指数型
163209	诺安中证创业指数分级	指数型
150073	诺安稳健	指数型
150075	诺安进取	指数型
159921	诺安中小板等权重 ETF	指数型
320022	诺安中小板等权重 ETF 联接	指数型
320002	诺安货币 A	货币型
320019	诺安货币 B	货币型
000559	诺安天天宝货币 A	货币型
000560	诺安天天宝货币 E	货币型
320013	诺安全球黄金	QDII
320017	诺安全球不动产	QDII
163208	诺安油气能源	QDII

【公司高管】

秦维舟先生,董事长,工商管理硕士。历任北京中联新技术有限公司总经理、香港昌维发展有限公司总经理、香港先锋投资有限公司总经理、中国新纪元有限公司副总裁、诺安基金管理有限公司副董事长。

奥成文先生,总经理,经济学硕士,经济师。曾任中国通用技术(集团)控股有限责任公司资产经营部副经理、中国对外经济贸易信托投资有限公司投资银行部副总经理。2002 年 10 月开始参加诺安基金管理有限公司筹备工作,任公司督察长,现任公司总经理。

陈勇先生,督察长,经济学硕士。曾任国泰君安证券公司固定收益部业务董事、资产管理部基金经理、民生证券公司证券投资总部副总经理。2003 年 10 月加入诺安基金管理有限公司,历任研究员、研究部总监,现任公司督察长。

申万菱信基金管理有限公司

【基本情况】

法定名称:申万菱信基金管理有限公司
英文名称:SWS MU Fund Management Co., Ltd.
注册地址:上海市淮海中路 300 号香港新世界大厦 40 层
办公地址:上海市淮海中路 300 号香港新世界大厦 40 层
法人代表:姜国芳
总 经 理:过振华
成立时间:2004 年 1 月 15 日
公司性质:中外合资
注册资本:1.5 亿元
联系电话:021 – 23281188
客服热线:400 – 880 – 8588
传真号码:021 – 23261199
邮政编码:200021
公司网址:www.swsmu.com

【公司概况】

申万菱信基金管理有限公司(SWS MU Fund Management Co., Ltd)成立于 2004 年 1 月 15 日,注册地位于中国上海,注册资本为 1.5 亿元人民币。现有股东申银万国证券股份有限公司(Shenyin & Wanguo Securities Co., Ltd.)持有 67% 的股权,三菱 UFJ 信托银行株式会社(Mitsubishi UFJ Trust and Banking Corporation)持有 33% 的股权。

申万菱信立足于"以客为先,创新求变,专业管理,业绩至上"的经营理念,以负责的态度、高效的管理、专业的服务,全力为投资者提供丰厚的投资回报。公司成立以来,业务增长迅速,在北京、广州先后建立了分公司,目前旗下管理15只开放式基金，资产管理规模约158.9亿元，客户数超过200万户。

公司经过努力，逐渐形成了规范、诚信、专业、稳健的运作风格。展望未来，申万菱信将继续依靠强大的股东背景，不断丰富和完善产品线，借助完善高效的客户服务体系，通过海内外资深专业人士组成的精英团队为投资者提供优质的理财服务！依托丰富的全球和本土运作经验，采用成熟的投资及风险管理技术，实现客户资产的保值增值，努力打造国内领先、国际知名的财富管理中心！

【股东概况】

排序	股东名称	持股数量(万股)	持股比例
1	申银万国证券股份有限公司	10050.00	67%
2	三菱UFJ信托银行株式会社	4950.00	33%

【旗下基金】

基金代码	基金简称	类型
310328	申万新动力	股票型
310368	申万竞争优势	股票型
310388	申万消费增长	股票型
163110	申万量化小盘	股票型
310308	申万盛利精选	混合型
310358	申万新经济	混合型
310378	申万添益宝债券A	债券型
310379	申万添益宝债券B	债券型
310508	申万稳益宝债券	债券型
310518	申万可转换债券	债券型
163112	申万定期开放债券	债券型
310338	申万收益宝A	货币型
310339	申万收益宝B	货币型
310398	申万沪深300价值	指数型
163109	申万深成指分级	指数型
150022	申万深成收益	指数型
150023	申万深成进取	指数型
163111	申万中小板分级	指数型
150085	申万中小板A	指数型
150086	申万中小板B	指数型
310318	沪深300增强	指数型

【公司高管】

姜国芳先生，董事长，1957年出生，高级经济师，工商管理硕士。1980年至1984年任职于中国人民银行上海市分行，1984年至1992年任职于中国工商银行上海市分行组织处，1992年至1996年任职于上海申银证券有限公司，董事副总经理、党委副书记。1996年至2004年2月任申银万国证券股份有限公司执行副总裁，兼申银万国(香港)有限公司董事长。2004年2月至今任申万菱信基金管理有限公司(原申万巴黎基金管理管理有限公司)董事长。

过振华先生，公司总经理，工商管理硕士。曾任职于中国工商银行上海分行、上海申银证券公司、申万泛达投资管理(亚洲)有限公司、申银万国证券股份有限公司等。2004年加入申万菱信基金管理有限公司(原申万巴黎基金管理管理有限公司)，曾任公司督察员、副总经理，现任公司总经理。

来肖贤先生，督察长，经济学硕士，现任申万巴黎基金管理有限公司监事会监事，曾任本公司监察稽核总部副总经理。在本公司任职之前，曾任申银万国证券股份有限公司国际业务总部投资分析师、部门副经理，并作为筹备组主要成员参与筹建申万巴黎基金管理有限公司。

中海基金管理有限公司

【基本情况】

法定名称：中海基金管理有限公司
英文名称：Zhong Hai Fund Management Co., Ltd.
注册地址：上海市浦东新区银城中路68号2905－2908室及30层
办公地址：上海市浦东新区银城中路68号2905－2908室及30层
法人代表：黄　鹏
总 经 理：黄　鹏
成立时间：2004年3月18日
公司性质：中外合资
注册资本：14666.67万元
联系电话：021－38429808
客服热线：400－888－9788
传真号码：021－68419525
邮政编码：200120
公司网址：www.zhfund.com.cn

【公司概况】

中海基金管理有限公司(以下简称“中海基金”)成立于2004年3月18日，前身为国联基金管理有限公司。2006年7月，中国海洋石油总公司旗下中海信托股份有限公司入主成为中海基金第一大股东，公司相应更名为“中海基金管理有限公司”。公司现注册资本为1.47亿元人民币，各方股东持股比例为：中海信托股份有限公司41.591%、国联证券股份有限公司33.409%、法国爱德蒙得洛希尔银行股份有限公司25.000%。公司总部位于上海浦东陆家嘴金融圈，在北京设有分公司，并于2013年7月成立子公司——中海恒信资产管理(上海)有限公司。

中海基金旗下目前拥有包括不同类型、不同风格的17只公募基金以及多款专户产品(“一对一”与“一对多”)在内的较为完善的产品线，涵盖了主动管理与被动管理、权益投资与固定收益投资等不同领域，在以能源及新能源为视角的主题投资、债券投资和量化投资方面已形成独有特色。公司先后服务机构与个人投资者200多万人(家)，并获得投资者广泛好评。公司现有包括公募基金经理、专户投资经理及分析师在内的近40人的投资研究团队，通过扎实研究，努力为客户创造价值。

依托“世界500强”中国海洋石油总公司的产业资本支撑，以及洛希尔银行在资产管理方面的丰富经验，中海基金始终遵循诚实信用、勤勉尽责的原则来管理基金资产，经营稳健、运作规范。公司成立9年来，从公司治理、风险控制、投资研究等多个方面得到快速提升，熔铸起了稳健的根基，成长为具有强大央企背景及丰富外资先进管理经验的基金管理公司，正在朝“受人尊敬的一流资产管理公司”的目标稳步迈进。

【公司大事记】

2004年3月5日，根据中国证监会证监基金字[2004]24号文件，公司正式获准开业。

2004年3月18日，公司经上海市工商行政管理局批准正式成立,注册资金 10000 万人民币。

2006 年 7 月 3 日,国联基金管理有限公司自 2006 年 7 月 3 日起正式更名为中海基金管理有限公司,注册资本金增加至 1.3 亿元人民币。中海信托投资有限责任公司成为第一大股东。

2008 年 2 月 14 日,中国证券监督管理委员会下发《关于核准中海基金管理有限公司从事特定客户资产管理业务的批复》(证监许可[2008]254 号),我司成为首批获得该业务资格的基金管理公司。

2008 年 2 月 18 日,中国证券监督管理委员会下发《关于核准中海基金管理有限公司设立北京分公司的批复》(证监许可[2008]266 号)。

2008 年 2 月 18 日,中海基金管理有限公司北京分公司正式成立。

2008 年 10 月 6 日,中海基金管理有限公司自 2008 年 10 月 6 日起,办公场地搬迁至银城中路 68 号 29 楼。公司联系电话、传真及邮编维持不变。

2008 年 11 月 24 日,中海基金管理有限公司完成股权变更,法国爱德蒙得洛希尔银行股份有限公司受让云南烟草兴云投资股份有限公司所持有的本公司 15.385% 股权。本次股权转让完成后,本公司股东及其持股比例分别为:中海信托股份有限公司 46.923%、国联证券股份有限公司 37.692%、法国爱德蒙得洛希尔银行股份有限公司 15.385%。

2011 年 4 月 27 日,经中国证券监督管理委员会(证监许可[2011]258 号)、中华人民共和国商务部(商外资资审字[2008]0298 号)批准,公司注册资本由 130,000,000 元人民币增加至 146,666,700 元人民币,其中法国爱德蒙得洛希尔银行股份有限公司增加出资 16,666,700 元人民币,各股东的持股比例分别为:中海信托股份有限公司 41.591%、国联证券股份有限公司 33.409%、法国爱德蒙德洛希尔银行股份有限公司 25.00%。此次增资扩股后,法国爱德蒙得洛希尔银行股份有限公司将进一步把其在资产管理领域先进的风险控制技术、公司治理和累积了 260 余年的资产管理经验引入中海基金,为公司长远发展打下坚实基础。

2012 年 3 月 7 日,中海上证 380 指数型证券投资基金正式成立(基金部函[2012]120 号),陈明星先生担任中海上证 380 指数型证券投资基金基金经理。

2012 年 6 月 20 日,中海保本混合型证券投资基金正式成立(基金部函[2012]506 号),刘俊先生担任中海保本混合型证券投资基金基金经理。

2012 年 10 月 18 日,中海基金获得由中国保监会颁发的保险资金受托管理业务资质。

2013 年 1 月 7 日,中海惠裕纯债分级债券型发起式证券投资基金正式成立(基金部函[2013]12 号),江小震先生担任中海惠裕纯债分级债券型发起式证券投资基金基金经理。

2013 年 3 月 20 日,中海可转换债券债券型证券投资基金正式成立(基金部函[2013]203 号),周其源先生担任中海可转换债券债券型证券投资基金基金经理。

2013 年 7 月 30 日,中海基金出资设立的专户子公司中海恒信资产管理(上海)有限公司正式成立,业务范围包括特定客户资产管理业务以及中国证监会认可的其他业务。

2013 年 7 月 31 日,中海安鑫保本混合型证券投资基金正式成立(基金部函[2013]622 号),刘俊先生担任中海安鑫保本混合型证券投资基金基金经理。

2013 年 9 月 12 日,中海惠丰纯债分级债券型证券投资基金正式成立(基金部函[2013]799 号),陆成来先生担任中海惠丰纯债分级债券型证券投资基金基金经理。

2013 年 11 月 21 日,中海惠利纯债分级债券型证券投资基金正式成立(基金部函[2013]995 号),陆成来先生担任中海惠利纯债分级债券型证券投资基金基金经理。

2014 年 4 月 23 日,中海纯债债券型证券投资基金基金正式成立(证监许可[2013]1020 号),冯小波先生担任中海纯债债券型证券投资基金基金基金经理。

2014 年 5 月 26 日,中海积极收益灵活配置混合型证券投资基金正式成立(证监许[2014]288 号),刘俊先生担任中海积极收益灵活配置混合型证券投资基金基金经理。

2014 年 8 月 29 日,中海惠祥分级债券型证券投资基金正式成立(证监许可[2014]348 号),江小震先生担任中海惠祥分级债券型证券投资基金基金经理。

【股东概况】

排序	股东名称	持股数量(万)	持股比例
1	中海信托投资有限责任公司	6100.01472	41.591%
2	国联证券有限责任公司	4899.98778	33.409%
3	法国爱德蒙得洛希尔银行	3666.6675	25%

【旗下基金】

基金代码	基金简称	类型
398041	中海量化策略	股票型
398061	中海消费精选	股票型
398001	中海优质成长	混合型
398011	中海分红增利	混合型
398021	中海能源策略	混合型
398031	中海蓝筹灵活	混合型
398051	中海环保新能源	混合型
393001	中海保本	保本型
000166	中海安鑫保本	保本型
395001	中海稳健债券	债券型
395011	中海增强债券 A	债券型
395012	中海增强债券 C	债券型
163907	中海惠裕纯债分级	债券型
163908	中海惠裕纯债分级 A	债券型
150114	中海惠裕纯债分级 B	债券型
000003	中海可转债 A	债券型
000004	中海可转债 C	债券型
163909	中海惠丰纯债分级	债券型
163910	中海惠丰纯债分级 A	债券型
150154	中海惠丰纯债分级 B	债券型
000316	中海惠利纯债分级	债券型
000317	中海惠利纯债分级 A	债券型
000318	中海惠利纯债分级 B	债券型
399001	中海上证 50	指数型
399011	中海上证 380	指数型
392001	中海货币 A	货币型
3920012	中海货币 B	货币型

【公司高管】

陈浩鸣先生,董事长。中央财经大学硕士,高级经济师。现任中海信托股份有限公司总裁。历任海洋石油开发工程设计公司经济师,中国海洋石油总公司财务部保险处主管、资产处处长,中海石油投资控股有限公司总经理,中海信托股份有限公司副总裁、中海基金管理有限公司总经理。

黄鹏先生，董事。复旦大学硕士。现任中海基金管理有限公司总经理兼中海恒信资产管理（上海）有限公司董事长。历任上海市新长宁（集团）有限公司销售经理，上海浦东发展银行股份有限公司大连分行行长秘书，中海信托股份有限公司综合管理部经理助理、投资管理部经理、风控委员会委员，中海基金管理有限公司董事会秘书、总经理助理兼营销中心总经理。

朱冰峰先生，学士。历任长江律师事务所律师、华虹（集团）有限公司法律顾问、锦天城律师事务所律师、上海证监局副处级职务。2009 年 10 月进入中海基金管理有限公司工作，曾任总经理助理，现任督察长。

光大保德信基金管理有限公司

【基本情况】

法定名称：光大保德信基金管理有限公司
英文名称：Everbright Pramerica Fund Management Co.，Ltd.
注册地址：上海市延安东路 222 号外滩中心 46 层
办公地址：上海市延安东路 222 号外滩中心 46 层
法人代表：林　昌
总 经 理：傅德修
成立时间：2004 年 4 月 22 日
公司性质：中外合资
注册资本：1.6 亿元
联系电话：021－33074700
客服热线：400－820－2888
传真号码：021－63351152
邮政编码：200002
公司网址：www.epf.com.cn

【公司概况】

光大保德信基金管理有限公司（光大保德信）成立于 2004 年 4 月，由中国光大集团控股的光大证券股份有限公司（光大证券）和美国保德信金融集团（保德信）旗下的保德信投资管理有限公司（保德信投资管理）共同创建，公司总部设在上海，注册资本为人民币 1.6 亿元，两家股东分别持有 55% 和 45% 的股份。公司主要从事基金发起、设立和管理业务。今后，将在法律法规允许的范围内为各类投资者提供更多资产管理服务。

光大保德信的中方股东光大证券历史悠久，拥有强大的证券综合业务体系，具有丰富的本地资产管理经验；美国保德信投资管理有限公司是美国保德信金融集团的主要业务机构，在机构和零售投资市场享有盛誉。

依托中国光大集团强大的金融集团背景、对中国市场的深刻认知和广泛的网络以及美国保德信金融集团丰富的国际经验、先进的技术、享誉全球的资产管理能力和品牌，光大保德信致力于以科学理性的投资管理帮助客户实现资产的保值增值，致力于向投资者提供满意的产品和服务，努力成为最受中国投资者信任的资产管理公司之一。

截止 2014 年 10 月末，光大保德信基金旗下管理着 17 只风格各异的开放式基金。光大保德信基金具有专户管理业务、QDII 业务资格。

【公司大事记】

2004 年 3 月 24 日，公司获得了中国证监会（证监基金字［2004］42 号）发布的《关于同意光大保德信基金管理有限公司开业的批复》；4 月 22 日，公司获得上海市工商行政管理局“企合沪总字第 035703 号”《企业法人营业执照》；4 月 23 日，公司获得中国证监会颁发的编号为 A036“基金管理公司法人许可证”。自此，公司可以正式从事基金业务，此举成为公司业务发展的重要标志。

2004 年 10 月 11 日，经中国证监会批准，公司英文名称由“EVERBRIGHT PRUMERICA FUND MANAGEMENT CO.，LTD.”变更为“EVERBRIGHT PRAMERICA FUND MANAGEMENT CO.，LTD.”，公司中文名称维持不变。

2005 年 10 月 12 日，公司发布公告，公司注册资本由人民币一亿元增加到人民币一亿六千万元。原股东持股比例保持不变，仍为：光大证券股份有限公司 67%，保德信投资管理有限公司 33%。

2011 年 1 月，公司发布公告，中方股东光大证券股份有限公司向外方股东保德信投资管理有限公司转让光大保德信 12% 的股权，双方股东的持股比例变更为：光大证券持有 55% 的股份，保德信持有 45% 的股份。

2012 年 5 月 21 日，公司的第十二只开放式基金产品——光大保德信添天利季度开放短期理财债券型证券投资基金获得同意募集的批复（中国证监会证监许可［2012］672 号），并于 2012 年 5 月 28 日至 2012 年 6 月 12 日在全国发售。2012 年 6 月 19 日基金合同正式生效，总募集规模为 823，786，627.31 元人民币。

2012 年 8 月 8 日，公司的第十三只开放式基金产品——光大保德信添盛双月理财债券型证券投资基金获得同意募集的批复（中国证监会证监许可［2012］1071 号），并于 2012 年 8 月 24 日至 2012 年 9 月 3 日在全国发售。2012 年 9 月 5 日基金合同正式生效，总募集规模为 3，443，822，310.62元人民币。

2013 年 5 月 29 日，公司的第十五只开放式基金产品——光大保德信现金宝货币市场基金获得同意募集的批复（中国证监会证监许可［2013］700 号），并于 2013 年 8 月 21 日至 2013 年 9 月 3 日在全国发售。2013 年 9 月 5 日基金合同正式生效，总募集规模为 1，972，398，150.89 元人民币。

2013 年 10 月 18 日，光大保德信基金携手银联商务正式推出银联商务“天天富”互联网金融理财平台。“天天富”面向银联商务近 230 万的商户企业，是对货币基金销售渠道的一次突破性尝试。

2014 年 3 月 11 日，公司的第十六只开放式基金产品——光大保德信银发商机主题股票型证券投资基金获得同意募集的批复（中国证监会证监许可［2004］278 号），并于 2014 年 3 月 31 日至 2014 年 4 月 25 日在全国发售。2014 年 4 月 29 日基金合同正式生效，总募集规模为 315，731，210.37 元人民币。

2014 年 3 月 15 日，公司发布公告，经公司八届六次董事会审议通过，聘任陶耿先生担任公司董事、总经理。陶耿先生的总经理任职资格已获中国证监会核准。V2014 年 4 月 22 日，公司成立 10 周年，再次向“耀未来”慈善专项基金注资 50 万，用于乡村助学计划。截至目前，“耀未来”慈善专项基金累计捐款数目已接近 300 万，捐助 15 所“梦想教室”，惠及 8340 名小学生。2014 年公司还将携手真爱梦想公益基金会，捐建 4 所学校的梦想教室。

2014 年 10 月 23 日，光大保德信基金管理有限公司成立 10 周年庆典活动在上海隆重举办。

【股东概况】

排序	股东名称	出资额（万元）	出资比例
1	光大证券股份有限公司	8800.00	55%
2	保德信投资管理有限公司	7200.00	45%

【旗下基金】

基金代码	基金简称	类型
360001	光大量化核心	股票型
360005	光大红利	股票型
360006	光大新增长	股票型
360007	光大优势配置	股票型
360010	光大均衡精选	股票型
360012	光大中小盘	股票型
360016	光大行业轮动	股票型
360011	光大动态优选	混合型
360003	光大货币	货币型
000210	光大现金宝 A	货币型
000211	光大现金宝 B	货币型
360008	光大增利债券 A	债券型
360009	光大增利债券 C	债券型
360013	光大添益债券 A	债券型
360014	光大添益债券 C	债券型
360017	光大添天利 A	理财型
360018	光大添天利 B	理财型
360019	光大添天盈 A	理财型
360020	光大添天盈 B	理财型
360021	光大添盛 A	理财型
360022	光大添盛 B	理财型

【公司高管】

林昌先生，董事长，北京大学硕士，中国国籍。历任光大证券南方总部研究部总经理；投资银行一部总经理；南方总部副总经理；投资银行总部总经理；光大证券助理总裁。

盛松先生，董事，北京大学硕士，中国国籍。历任中国光大国际信托投资公司证券部交易部经理，光大证券资产管理总部总经理；2003 年参加光大保德信基金管理有限公司筹备工作。现任光大保德信基金管理有限公司的督察长。

华富基金管理有限公司

【基本情况】

法定名称：华富基金管理有限公司
英文名称：Huafu Fund Management Co.，Ltd.
注册地址：上海市浦东新区陆家嘴环路 1000 号 31 层
办公地址：上海市浦东新区陆家嘴环路 1000 号 31 层
法人代表：章宏韬
总 经 理：姚怀然
成立时间：2004 年 4 月 19 日
公司性质：中资
注册资本：1.2 亿元
联系电话：021 – 68886996
客服热线：400 – 700 – 8001
传真号码：021 – 68887997
邮政编码：200120
公司网址：www.hffund.com

【公司概况】

华富基金管理有限公司是按照市场化机制设立的专业基金管理公司。公司于 2004 年 4 月 19 日在上海正式注册成立，注册资金为人民币 1.2 亿元。

经过多年的积累，华富基金形成了一支精干、团结、自信的人才队伍，逐渐摸索出适合的投资模式。投资团队长期从事投资、研究工作，具有丰富的投资经验。公司凭借团结、高效、锐意、创新的投资团队，以规范、务实的管理风格，科学、理性、健康的投资运作为基金持有人提供专业化、高质量的金融服务。

华富基金管理有限公司是国内证券投资基金业的新锐，秉承“诚信、稳健、专业、进取”的经营理念，致力于为投资人提供专业化、高质量的基金理财服务。

【股东概况】

排序	股东名称	持股数量（万股）	持股比例
1	华安证券有限责任公司	5880.00	49%
2	安徽省信用担保集团有限公司	3240.00	27%
3	合肥兴泰控股集团有限公司	2880.00	24%

【旗下基金】

基金代码	基金简称	类型
410001	华富竞争力	股票型
410003	华富成长趋势	股票型
410009	华富量子生命力	股票型
410006	华富策略精选	混合型
410007	华富价值增长	混合型
000028	华富保本	混合型
410002	华富货币	货币型
164105	华富强化回报	债券型
410004	华富增强债券 A	债券型
410005	华富增强债券 B	债券型
000398	华富恒鑫债券 A	债券型
000399	华富恒鑫债券 C	债券型
410008	华富中证 100?	指数型
410010	华富中小板指数增强	指数型

【公司高管】

章宏韬先生，董事长，本科学历，工商管理硕士学位。历任安徽省农村经济管理干部学院政治处职员，安徽省农村经济委员会调查研究处秘书、副科秘书，安徽证券交易中心综合部（办公室）经理助理、副经理（副主任），安徽省证券公司合肥蒙城路营业部总经理，华安证券有限责任公司总裁办副主任、总裁助理兼办公室主任，现任华安证券有限责任公司党委委员、副总裁，华安期货有限责任公司董事。

姚怀然先生，董事，学士学位、研究生学历。历任中国人民银行安徽省分行金融管理处主任科员，安徽省证券公司营业部经理、总办主任、总经理助理兼证券投资总部总经理，华安证券有限责任公司总裁助理兼证券投资总部总经理，华富基金管理有限公司董事长。现任华富基金管理有限公司总经理、上海华富资产管理有限公司董事长。

满志弘女士，督察长，管理学硕士，CPA。曾任道勤控股股份有限公司财务部总经理，华富基金管理有限公司监察稽核部副总监兼董事会秘书，现任华富基金管理有限公司督察长兼监察稽核部总监、上海华富资产管理有限公司监事。

上投摩根基金管理有限公司

【基本情况】

法定名称:上投摩根基金管理有限公司
英文名称:China International Fund Management Co., Ltd.
注册地址:上海市浦东富城路99号震旦国际大楼20层
办公地址:上海市浦东富城路99号震旦国际大楼20层
法人代表:陈开元
总　经　理:章硕麟
成立时间:2004年5月25日
公司属性:中外合资
注册资本:2.5亿元
联系电话:021-38794888
客服热线:400-889-4888
传真号码:021-68881130
邮政编码:200120
公司网址:www.51fund.com

【公司概况】

上投摩根基金管理有限公司是经中国证监会证监基字[2004]56号文批准,于2004年5月12日成立的合资基金管理公司。2005年8月12日,基金管理人完成了股东之间的股权变更事项,公司注册资本保持不变,股东及出资比例分别由上海国际信托有限公司67%和摩根资产管理(英国)有限公司33%变更为目前的51%和49%。

2006年6月6日,基金管理人的名称由"上投摩根富林明基金管理有限公司"变更为"上投摩根基金管理有限公司",该更名申请于2006年4月29日获得中国证监会的批准,并于2006年6月2日在国家工商总局完成所有变更相关手续。

2009年3月31日,基金管理人的注册资本金由一亿五千万元人民币增加到二亿五千万元人民币,公司股东的出资比例不变。该变更事项于2009年3月31日在国家工商总局完成所有变更相关手续。

自成立以来,无论投资环境顺逆,上投摩根都不负所托,为投资者争取最佳主动管理回报。凭借旗下基金稳健卓越的业绩表现,上投摩根在业内脱颖而出,赢得独立专业机构高度评价,并迅速跻身国内基金业领先行列。

今日,上投摩根本土投研团队精英荟萃,更有摩根富林明海外投资团队鼎力支持,将继续以国际视野掌握中国投资契机,为投资者带来持续优异的业绩表现。

上投摩根基金管理有限公司由上海国际信托有限公司(Shanghai International Trust Co., Ltd.)和摩根富林明资产管理(英国)有限公司(JPMorgan AssetManagement(UK) Limited)共同组建,其中上海国际信托有限公司持股51%,摩根富林明资产管理(英国)有限公司持股49%。

【公司大事记】

2004年,上投摩根经中国证监会证监基字[2004]56号文批准,于2004年5月12日成立。同年8月,推出上投摩根中国优势基金,受到了市场广泛关注。

2005年,上投摩根率先推出了"致富100"百场理财知识讲座活动,百场讲座全部围绕子女教育、养老、购房购车等与百姓生活息息相关的热门理财话题,为投资者带来深入浅出的全新理财观念。

2006年,上投摩根创建大型基金理财知识普及活动"摩根基金大学",讲座内容从基金产品的基本概念到基金投资策略,从子女教育到个人养老,以及总结基金投资误区等,几乎涵盖了投资者所关注的所有领域。同年,上投摩根的股票投资管理能力排名处于全市场前列,展现出了良好的、持续性较长的专业化资产管理风采。

2007年,上投摩根内需动力和上投摩根亚太优势均创造了当时的基金销售记录。面对火爆的牛市,上投摩根长时间暂停旗下全部股票型基金的申购业务,以保持基金合理运作环境,争取稳健的基金业绩。同年,上投摩根点燃"火炬行动",通过真实反映十位基金持有人的理财生活,连接十位基金持有人的理财人生,最终播撒倡导健康理财文化的"火种"。

2008年,上投摩根率先在基金定投客户中,将投资目的为儿女教育成长基金的人群细分出来,创造出了"亲子定投"的概念。此外,上投摩根启动了新的大型投资主题活动"新致富100",旨在引导投资者更深刻地理解投资精髓,内容涵盖海外投资、女性理财、子女教育、社会公益、投资者体验等多项内容。

2009年,上投摩根在业内率先提出了群星计划,将人才、产品、绩效和获利有机地结合,包括外部人才招聘、内部人才培养、投研信息交流、投研成果结合等一系列的步骤和流程,最终全面提高基金业绩。

2010年,上投摩根进入二次起飞阶段,公司规模排名显著提升,投研团队的精神面貌焕然一新,投研力量得到不断增强,业绩也得到明显改善。

2011年,上投摩根香港子公司和厦门分公司于7月先后成立。

2012年10月,上投摩根南京办事处于10月成立。

2013年12月,香港子公司首只RQFII产品成立。

【股东概况】

排序	股东名称	持股数量(万股)	持股比例
1	上海国际信托投资有限公司	12750.00	51%
2	摩根富林明资产管理(英国)有限公司	12250.00	49%

【旗下基金】

基金代码	基金简称	类型
377010	上投摩根阿尔法	股票型
377020	上投摩根内需动力	股票型
378010	上投摩根成长先锋	股票型
379010	上投中小盘	股票型
377530	上投行业轮动	股票型
376510	上投大盘蓝筹	股票型
377240	上投新兴动力	股票型
377150	上投健康品质生活	股票型
370024	上投核心优选	股票型
370027	上投智选30	股票型
370023	上投消费领先	指数型
510450	180高ETF	指数型
373010	上投双息平衡	混合型
375010	中国优势	混合型
373020	上投双核	混合型
000073	成长动力	混合型

基金代码	基金简称	类型
000125	天颐年丰	混合型
000256	红利回报	混合型
000328	转型动力	混合型
371020	上投纯债 A	债券型
371120	上投纯债 B	债券型
372010	上投强化回报 A	债券型
372110	上投强化回报 B	债券型
370021	分红添利 A	债券型
370022	分红添利 B	债券型
370025	轮动添利 A	债券型
370026	轮动添利 C	债券型
000257	岁岁盈 A	债券型
000258	岁岁盈 C	债券型
000377	双债增利 A	债券型
000378	双债增利 C	债券型
370010	上投货币 A	货币型
370011	上投货币 B	货币型
377016	亚太优势	QDII
378006	上投全球新兴市场	QDII
378546	上投全球天然资源	QDII

【公司高管】

陈开元先生，董事长。大学本科学历，中共党员，高级经济师。先后任职于上海市财政局第三分局，共青团上海市财政局委员会，英国伦敦 Coopers & Lybrand 咨询公司等，曾任上海市财政局对外经济财务处处长，现任上海国际集团有限公司副总经理。

章硕麟先生，总经理。获台湾大学商学硕士学位。曾任怡富证券投资顾问股份有限公司任协理、摩根大通证券副总经理、摩根富林明证券股份有限公司董事长。

刘万方先生，督察长。博士，曾任职于中国普天信息产业集团公司、美国 MBP 咨询公司、中国证监会；2013 年 1 月加入本公司。

宝盈基金管理有限公司

【基本情况】

法定名称：宝盈基金管理有限公司
英文名称：Baoying Fund Management Co. ,Ltd.
注册地址：深圳市深南路 6008 号特区报业大厦 15 层
办公地址：深圳市深南路 6008 号特区报业大厦 15 层
法人代表：李建生
总 经 理：汪　钦
成立时间：2001 年 5 月 18 日
公司属性：中资
注册资本：1 亿元
联系电话：0755－83516688
客服热线：400－8888－300
传真号码：0755－83515599
邮政编码：518034
公司网址：www. byfunds. com

【公司概况】

宝盈基金管理有限公司成立于 2001 年 5 月 18 日，注册资本人民币 1 亿元，注册地深圳。公司股东实力雄厚，分别为中铁信托有限责任公司、中国对外经济贸易信托有限公司。公司主要经营业务是发起设立证券投资基金（以下简称基金）、基金管理、特定客户资产管理以及证监会批准的其他业务。公司旗下基金产品齐全、风格多样。目前，公司共管理基金 9 只，已构建了涵盖股票型基金、债券型基金、指数型基金、混合型基金和货币市场基金等较完备的产品线，能够满足各类风险偏好投资者的需求。2008 年 3 月，公司获特定客户资产管理业务资格。目前，已管理多只特定客户资产管理产品。

在投资研究方面，公司坚持“研究创造价值，风险管理创造收益”的理念，通过打造投研一体化平台，力争为投资人创造持续良好的投资回报。

在内部控制方面，公司秉持“投资者利益至上”的首要原则，高度重视合规文化的建设，通过加强制度建设和监察稽核工作，将风险控制贯穿在业务操作的各个环节，保证业务运作合法合规。

公司弘扬“进取、共享、和谐”的企业文化，坚持“规范管理求效益、诚信创新谋发展、回报服务创品牌”的经营理念，做投资人信赖的资产管理者，为投资者提供优质的理财服务！

【股东概况】

排序	股东名称	持股比例
1	中铁信托有限责任公司	75%
2	中国对外经济贸易信托投资有限公司	25%

【旗下基金】

基金代码	基金简称	类型
213001	宝盈鸿利收益	混合型
213006	宝盈核心优势混合 A	混合型
000241	宝盈核心优势混合 C	混合型
213002	宝盈泛沿海	股票型
213003	宝盈策略增长	股票型
213008	宝盈资源优选	股票型
213009	宝盈货币 A	货币型
213909	宝盈货币 B	货币型
213007	宝盈增强收益 A	债券型
213907	宝盈增强收益 B	债券型
213917	宝盈增强收益 C	债券型
213010	宝盈中证 100	指数型
184728	基金鸿阳	封闭式

【公司高管】

李建生女士，董事长，1954 年生，中共党员，高级会计师、注册会计师、企业法律顾问。2000 年 1 月至 2002 年 12 月任中铁工总会计师，2002 年 12 月至 2007 年 9 月任中铁工总会计师、总法律顾问，2005 年 5 月至 2009 年 12 月兼任中铁信托有限责任公司董事长，2007 年 9 月至今任中国中铁股份有限公司副总裁、财务总监、总法律顾问，2011 年 6 月至今任安徽昊方机电股份有限公司独立非执行董事。

汪钦先生，董事，1966 年生，中共党员，经济学博士。曾就职于中国人民银行河南省分行教育处、海南港澳国际信托投资公司证券部，历任三亚东方实业股份有限公司副总经理、国信证券股份有限公司研究所所长、长城基金管理有限公司副总经理。2010 年 11 月起任宝盈基金管理有限公司总经理。

张瑾女士，督察长，1964 年生，工学学士。曾任职于中国工商银行安徽省分行科技处、华安证券有限公司深圳总部投资银行部、资产管理总部。2001 年加入宝盈基金管理有限公司，历任监察稽核部总监助理、副总监、总监，2013 年 12 月起任宝盈基金管理有限公司督察长。

东方基金管理有限责任公司

【基本情况】

法定名称：东方基金管理有限责任公司

英文名称：Orient Fund Management Co. ,Ltd.

注册地址：北京市西城区锦什坊街 28 号 1 – 4 层

办公地址：北京市西城区锦什坊街 28 号 1 – 4 层

法人代表：崔　伟

总 经 理：孙晔伟

成立时间：2004 年 6 月 11 日

公司属性：中资

注册资本：2 亿元

联系电话：010 – 66295888

客服热线：400 – 628 – 5888

传真号码：010 – 66295999

邮政编码：100033

公司网址：www. orient – fund. com

【公司概况】

东方基金管理有限责任公司成立于 2004 年 6 月，股东为东北证券股份有限公司、河北省国有资产控股运营有限公司和渤海国际信托有限公司。

成立至今，东方基金秉承“诚信是基，回报为金”的经营宗旨，凭借规范、稳健、务实的管理风格以及科学理性的投资运作模式，致力于全球性的开拓思维与本土化的务实行动，努力为广大投资者创造了丰厚的投资回报。

作为以诚信而立的资产管理人，为持有人创造长期稳健的回报是东方基金的核心价值所在。公司成立以来，已经建立起了一套成熟、高效的投资决策、风险控制、研究支持、运作保障和市场拓展体系。

“稳健投资创造持久价值”，未来东方基金将以市场为导向，投资者利益为中心，依托公司完善的治理结构、科学化的风险控制流程，树立知名品牌，提升核心竞争力，努力为千千万万持有人创造优质理财服务，并携手广大投资者共创资本市场美好明天。

【公司大事记】

2004 年 6 月 11 日，东方基金管理有限责任公司成立。

2004 年 11 月 25 日，东方龙混合型开放式证券投资基金成立。

2006 年 1 月 11 日，东方精选混合型开放式证券投资基金成立。

2006 年 8 月 2 日，东方金账簿货币市场证券投资基金成立。

2007 年 7 月，东方精选基金获基金观察颁发的“2007 钻石基金之新”称号。

2007 年 12 月，东方基金管理有限责任公司获华夏时报颁发的“最佳基金持续营销奖”。

2008 年 1 月，东方精选基金获《中国证券报》颁发的“2007 年混合型金牛基金”奖。

2008 年 1 月，东方精选基金获《证券时报》颁发的“2007 年平衡型明星基金”奖。

2008 年 1 月，由和讯网举办的“2007 年度中国财经风云榜”颁奖典礼上，东方精选基金经理付勇、于鑫先生获“2007 年度中国十大明星基金经理”称号。

2008 年 3 月，东方精选获由新民晚报和东方财富网联合颁发的“2007 年百姓最喜爱的十大股票基金”称号。

2008 年 5 月，东方基金管理有限责任公司获百度财经颁发的“亿万网民心目中的 2008 最具潜力基金公司”称号。

2008 年 6 月 3 日，东方策略成长股票型开放式证券投资基金成立。

2008 年 11 月，东方基金管理有限责任公司获中国国际金融博览会组委会颁发的“2009 最具潜力基金公司”称号。

2008 年 12 月 10 日，东方稳健回报债券型证券投资基金成立。

2009 年 6 月 19 日，东方核心动力股票型证券投资基金成立。

2009 年 6 月，东方精选入选“2009 福布斯基金排行榜”股票基金前 30 强。

2010 年 5 月，东方精选基金获《中国证券报》颁发的“2009 年混合型金牛基金奖”。

2010 年 5 月，东方精选基金获《证券时报》颁发的“2009 年积极混合型明星基金奖”。

2010 年 8 月，东方精选基金获《上海证券报》颁发的“金基金——2009 年偏股型混合基金奖”。

2011 年 4 月 14 日，东方保本混合型证券投资基金成立。

2011 年 12 月，东方基金管理有限责任公司获和讯网颁发的“2011 年度最具成长性基金公司奖”。

2011 年 12 月，东方基金管理有限责任公司获东方财富网颁发的“2011 年度最具投资能力奖”。

2011 年 12 月，东方龙、东方策略成长基金经理于鑫获搜狐网颁发的“2011 年度最佳基金经理奖”。

2011 年 12 月 28 日，东方增长中小盘混合型证券投资基金成立。

2012 年 1 月，东方龙、东方策略成长基金经理于鑫获和讯网颁发的“2011 年度最佳基金经理奖”。

2012 年 3 月，东方基金管理有限责任公司获《证券时报》颁发的“明星基金成长奖”。

2012 年 3 月，东方基金管理有限责任公司获凤凰网颁发的“2011 年度最佳投研团队奖”。

2012 年 3 月，东方精选基金获《证券时报》颁发的“积极混合型明星基金奖”。

2012 年 3 月，东方龙基金获《证券时报》颁发的“平衡混合型明星基金奖”。

2012 年 3 月，东方策略成长基金获《证券时报》颁发的“股票型明星基金奖”。

2012 年 4 月，东方基金管理有限责任公司获《上海证券报》颁发的“股票投资回报公司奖”。

2012 年 4 月，东方龙基金获《中国证券报》颁发的“混合型金牛基金奖”。

2012 年 4 月，东方龙基金获《上海证券报》颁发的“金基金 – 灵活配置型基金奖”。

2012 年 4 月，东方基金管理有限责任公司获《北京青年报》颁发的“2011 年度最佳静态投资奖”。

2012 年 4 月，东方精选基金获《上海证券报》颁发的“金基金 – 3 年期偏股型混合基金奖”。

2012 年 4 月，东方基金管理有限责任公司获《中国证券报》颁发的"金牛进取奖"。

2013 年 4 月，东方龙基金获《证券时报》颁发的"三年期持续回报平衡混合型明星基金奖"。

2013 年 4 月，东方龙基金获《中国证券报》颁发的"三年期混合型金牛基金奖"。

2013 年 4 月，东方精选基金获《中国证券报》颁发的"一年期混合型金牛基金奖"。

2013 年 4 月，东方基金管理有限责任公司获《上海证券报》颁发的"金基金 – 成长公司奖"。

2014 年 5 月 21 日，东方多策略灵活配置混合型证券投资基金成立。

2014 年 9 月 3 日，东方新兴成长混合型证券投资基金成立。

2014 年 9 月 24 日，东方双债添利债券型证券投资基金成立。

【股东概况】

持股单位	出资金额（万元）	占总股本比例
东北证券股份有限公司	12800 万元	64%
河北国有资产控股运营有限公司	5400 万元	27%
渤海国际信托有限公司	1800 万元	9%
合计	10000 万元	100

【旗下基金】

基金代码	基金简称	类型
400005	东方金账簿货币	货币型
400007	东方策略成长	股票型
400011	东方核心动力	股票型
400001	东方龙混合型基金	混合型
400003	东方精选混合	混合型
400013	东方保本	混合型
400015	东方增长中小盘	混合型
400022	东方利群混合型发起式	混合型
400020	东方安心收益保本	混合型
400009	东方稳健回报	债券型
400016	东方强化收益	债券型
400018	东方央视财经 50	指数型

【公司高管】

崔伟先生，董事长，经济学博士。历任中国人民银行副主任科员、主任科员、副处级秘书，中国证监会党组秘书、秘书处副处长、处长，中国人民银行东莞中心支行副行长、党委委员，中国人民银行汕头中心支行行长、党委书记兼国家外汇管理局汕头中心支局局长，中国证监会海南监管局副局长兼党委委员、局长兼党委书记，中国证监会协调部副主任兼中国证监会投资者教育办公室召集人；现任东方基金管理有限责任公司董事长，兼任东北证券股份有限公司副董事长、吉林大学商学院教师、中国证券投资基金业协会理事、东方汇智资产管理有限公司董事长。

孙晔伟先生，董事，经济学博士。历任吉林省社会科学院助理研究员，东北证券股份有限公司投资银行部经理，东方基金管理有限责任公司督察长，新华基金管理有限公司总经理助理，安信证券股份有限公司基金公司筹备组副组长，安信基金管理有限责任公司副总经理；现任东方基金管理有限责任公司总经理，兼任东方汇智资产管理有限公司董事。

李景岩先生，督察长，硕士研究生，中国注册会计师。具有 15 年证券从业经历，曾任东北证券股份有限公司延吉证券营业部财务经理、北京管理总部财务经理。2004 年 6 月加盟本公司，曾任财务主管，财务部经理，财务负责人，综合管理部经理兼人力资源部经理、总经理助理。

东吴基金管理有限公司

【基本情况】

法定名称：东吴基金管理有限公司
英文名称：Soochow Asset Management Co. , Ltd.
注册地址：上海市源深路 279 号
办公地址：上海市源深路 279 号
法人代表：任少华
总 经 理：任少华
成立时间：2004 年 9 月 2 日
公司属性：中资
注册资本：1 亿元
联系电话：021 – 50509888
客服热线：400 – 821 – 0588
传真号码：021 – 50509884
邮政编码：200120
公司网址：www. scfund. com. cn

【公司概况】

东吴基金管理有限公司是经中国证监会批准成立的全国性基金管理公司。公司成立于 2004 年 9 月，总部位于上海。注册资本 1 亿元人民币。

公司股东为东吴证券股份有限公司（占 49% 股份）、上海兰生（集团）有限公司（占 30% 股份）、江阴澄星实业集团有限公司（占 21% 股份）。其中，东吴证券股份有限公司注册资本 20 亿元，并于 2011 年 12 月 12 日在上海证券交易所挂牌上市，主要从事证券代理买卖、证券自营买卖、证券承销和上市推荐、企业重组、收购与兼并、基金与资产管理等业务；上海兰生（集团）有限公司是由上海市人民政府批准组建的以国有资产管理、进出口贸易为主的国有大型企业集团，集团现有成员企业 18 家，拥有总资产 74. 82 亿多元，净资产近 24. 74 亿元；江阴澄星实业集团有限公司，主要从事实业投资，涉足磷化工、工程塑料、化肥农药、仓储物流、国际贸易、金融投资、房地产、风险投资等领域。

公司经营范围包括基金管理业务、发起设立基金和经中国证监会批准的其他业务。自 2005 年发行第一只基金以来，公司逐渐形成了高中低风险结合的完善产品线，并走出了一条独具特色的新兴产业投资产品线，凸显了战略投资基于成长性公司的产品线优势。除了公募业务之外，公司还始终致力于业务多元化发展，公司专户资格已获批，机构理财、专户投资、QDII 等新业务也已准备有序。

依托新兴产业方面的先发优势和良好的投资业绩，公司先后荣获最具投资价值基金公司、最佳投资团队、中国证券报金牛进取奖、上海证券报金基金？股票投资回报公司奖、证券时报明星基金公司成长奖、证券日报金算盘奖、金基金 · 成长公司奖。由于业绩表现突出，公司多支基金产品也获得业界殊荣。东吴行业轮动获理财周刊"年度最佳表现股票型基金"；东吴双动力获中国证券报"股票型金牛基金"，东吴策略获中国证券报"混合型金牛基金"；东吴嘉禾获证券时报"积极混合型明星基金奖”，东吴双动力获证券时报“股票型明星基金奖”，东吴策略获证券时报“积极混合型明星基金奖”。东吴基金和中央电视台财经频道在上海联合举办的“新经济财富论坛”，已成为业内一年一度的饕餮盛宴，强化了东吴基金在新兴产业方面的权威形象。

东吴基金拥有一支经验丰富而又充满活力的专业团队，平均年龄33岁，其中硕士以上学历占50%；具有5年以上基金、证券从业经历的占60%；公司高管和主要投资管理人员的平均金融从业年限为10年，具有丰富的实践操作经验和管理经验。

作为传统吴文化与前沿经济理念的有机结合，东吴基金崇尚“以人为本，以市场为导向，以客户为中心，以价值创造为根本出发点”的经营理念；遵循“诚而有信、稳而又健、和而有铮、勤而又专、有容乃大”的企业格言；树立了“做价值的创造者、市场的创新者和行业的思想者”的远大理想，创造性地树立公司独特的文化体系，在众多基金管理公司中树立自己鲜明的企业形象。

【股东概况】

排序	股东名称	持股数量(万股)	持股比例
1	东吴证券有限责任公司	4900.00	49%
2	上海兰生(集团)有限公司	3000.00	30%
3	江阴澄星实业集团有限公司	2100.00	21%

【旗下基金】

基金代码	基金简称	类型
580002	东吴动力	股票型
580003	东吴行业轮动	股票型
580006	东吴新经济	股票型
580007	东吴新创业	股票型
580008	东吴新产业	股票型
580001	东吴嘉禾优势	混合型
580005	东吴策略	混合型
580009	东吴内需增长	混合型
582003	东吴保本	混合型
583001	东吴货币A	货币型
583101	东吴货币B	货币型
585001	东吴中证新兴	指数型
165806	东吴深证100指数增强	指数型
582001	东吴优信债券A	债券型
582201	东吴优信债券C	债券型
582002	东吴增利债券A	债券型
582202	东吴增利债券C	债券型
165807	东吴鼎利分级债券	债券型
165808	鼎利优先	债券型
150120	鼎利进取	债券型

【公司高管】

吴永敏先生，董事长，硕士研究生，高级审计师、高级经济师，中共党员。历任苏州市财政局科员、苏州市税务局三分局局长、苏州市税务局科长、苏州市审计局副局长。现任东吴证券股份有限公司董事长，中共东吴证券股份有限公司党委书记。

任少华先生，董事，博士研究生，经济师，中共党员。历任苏州市人民检察院助理检查员，苏州中辰期货公司总经理助理，苏州证券投资部总经理、资产管理部总经理、副总经济师，东吴证券有限责任公司资产管理总部总经理、总经济师、总裁助理兼任期货筹备组组长、研究所所长，东吴证券股份有限公司党委委员、副总裁，东吴期货有限公司董事长。现任东吴基金管理有限公司总经理。

徐军女士，督察长，大学，会计师、审计师，中共党员。历任苏州市审计局财政、金融审计处科员、副处长，东吴证券财务部总经理，东吴基金管理有限公司财务负责人、公司总裁助理等职务，现任东吴基金管理有限公司督察长。

国海富兰克林基金管理有限公司

【基本情况】

法定名称：国海富兰克林基金管理有限公司

英文名称：Franklin Templeton Sealand Fund Management Co., Ltd.

注册地址：广西南宁市西乡塘区总部路1号中国－东盟科技企业孵化基地一期C－6栋二层

办公地址：上海浦东世纪大道8号上海国金中心二期9层

法人代表：吴显玲

总 经 理：李雄厚

成立时间：2004年11月15日

公司属性：中外合资

注册资本：2.2亿元

联系电话：021－38555555

客服热线：400－700－4518

传真号码：021－68883050

邮政编码：200120

公司网址：www.ftsfund.com

【公司概况】

国海富兰克林基金管理有限公司成立于2004年11月，由国海证券有限责任公司和富兰克林邓普顿基金集团全资子公司邓普顿国际股份有限公司共同出资组建，目前公司注册资本2.2亿元人民币，国海证券有限责任公司持有51%的股份，邓普顿国际股份有限公司持有49%的股份。富兰克林邓普顿基金集团是世界知名基金管理公司，在全球市场上有超过60年的投资管理经验。国海富兰克林基金管理有限公司引进富兰克林邓普顿基金集团享誉全球的投资机制、研究平台和风险控制体系，力争成为国内一流的基金管理公司。

公司经营理念：诚信、稳健、前瞻、一流。

公司使命：成为中国一流的资产管理机构，以我们的核心价值与独特视野为指导，为客户提供高质量的投资方案和出色的服务，并吸引、激励和保留优秀人才。

目前，公司实行董事会领导下的总经理负责制，在管理层设有投资决策委员会和风险管理委员会两个专门委员会。在机构设置上，公司下设研究分析部、投资管理部、基金市场部、机构销售部、零售业务部、基金事务部、信息技术部、行政管理部和监察稽核部9个部门和中央交易室，并成立了上海分公司和深圳分公司。

【股东概况】

排序	股东名称	持股比例
1	国海证券有限责任公司	51%
2	坦伯顿国际股份有限公司	49%

【旗下基金】

基金代码	基金简称	类型
450002	国富弹性	股票型
450003	国富潜力	股票型
450004	国富价值	股票型
450007	国富成长动力	股票型
450009	国富中小盘	股票型
450011	国富研究精选	股票型
450001	国富中国收益	混合型
450010	国富策略回报	混合型
000065	国富焦点驱动	混合型
450005	国富强化收益 A	债券型
450006	国富强化收益 C	债券型
450018	国富恒久信用 A	债券型
450019	国富恒久信用 C	债券型
000351	国富恒丰定期债 A	债券型
000352	国富恒丰定期债 C	债券型
164509	国富恒利分级债券	债券型
164510	国富恒利分级债券 A	债券型
150166	国富恒利分级债券 B	债券型
450008	国富沪深 300	指数型
000203	国富日日收益货币 A	货币型
000204	国富日日收益货币 B	货币型
457001	国海亚洲机会	QDII

【公司高管】

吴显玲女士，董事长，中共党员，管理学硕士，经济师。历任中国人民银行广西壮族自治区金融管理处主任科员，广西证券交易中心副总经理（主持全面工作），广西证券登记有限责任公司法定代表人、总经理，广西证券有限责任公司副总裁，国海证券有限责任公司副总经理，国海富兰克林基金管理有限公司督察长。现任国海富兰克林基金管理有限公司董事长。

李彪先生，督察长，硕士研究生，副研究员。历任内蒙古大学经济系讲师、中国证监会海南证监局期货机构监管处副处长、证券机构监管处处长、稽查处处长、国海富兰克林基金管理有限公司督察长助理。现任国海富兰克林基金管理有限公司督察长。

鑫元基金管理有限公司

【基本情况】

法定名称：鑫元基金管理有限公司
注册地址：上海市浦东新区富城路 99 号震旦大厦 31 楼
办公地址：上海市浦东新区富城路 99 号震旦大厦 31 楼
法人代表：束行农
成立日期：2013 年 8 月 29 日
注册资本：2 亿元
公司属性：中资企业
联系电话：021 – 20892000
客服电话：400 – 606 – 6188
传真电话：021 – 20892111
邮政编码：200120
公司网址：www. xyamc. com

【公司概况】

鑫元基金管理有限公司经中国证监会证监许可[2013]1115 号文批准于 2013 年 8 月成立。由南京银行股份有限公司发起，与南京高科股份有限公司联合组建。注册资本金 2 亿元人民币，总部设在上海。

鑫元基金经营范围包括基金募集、基金销售、特定客户资产管理、资产管理（包括特定对象投资咨询）和中国证监会许可的其他业务。

定位：鑫元基金专注于固定收益资产管理细分市场。与国际市场相比，中国债券市场尚处于起步阶段，固定收益市场的前景非常广阔。各类投资者需要大量收益稳健、风险较低的金融产品来进行专业化资产配置和流动性管理，固定收益类产品将成为资产管理的核心配置。可以预见，固定收益类产品更将迎来黄金发展期，投资标的、投资策略和投资技术的创新将开启理财市场的大时代。

【股东概况】

股东名称	出资比例
南京银行股份有限公司	80%
南京高科股份有限公司	20%

【旗下基金】

基金代码	基金简称	类型
000483	鑫元货币 A	货币型
000484	鑫元货币 B	货币型

【公司高管】

束行农先生，董事长。1963 年出生，中央党校经济管理学士。现任南京银行股份有限公司副行长。历任南京市城市信用合作联合社信联证券营业部副经理，南京城市合作银行信联证券部副经理、经理，南京市商业银行计划处处长助理、副处长、资金交易部副总经理、总经理，南京银行股份有限公司资金营运中心副总经理、总经理。

李湧先生，董事，总经理。1972 年出生，厦门大学 MBA。历任厦门国际信托投资公司信贷部、营业部、计划部经理助理，厦信证券北京营业部副总经理，天同证券有限责任公司上海网上经纪业务部总经理，天同基金管理有限公司行业研究员，汇添富基金管理有限公司营销管理部总监、监察稽核部总监。

李晓燕女士，督察长。1978 年出生，上海交通大学工学学士。历任安达信华强会计师事务所审计员，普华永道中天会计师事务所高级审计员，光大保德信基金管理有限公司监察稽核高级经理，上投摩根基金管理有限公司监察稽核部总监。

华泰柏瑞基金管理有限公司

【基本情况】

法定名称：华泰柏瑞基金管理有限公司
英文名称：huatai – pinebridge fund management Co. , Ltd.
注册地址：上海浦东新区民生路 1199 弄上海证大五道口广场 1 号楼 17 层
办公地址：上海浦东新区民生路 1199 弄上海证大五道口广场 1 号楼 17 层
法人代表：齐　亮
总 经 理：韩　勇
成立时间：2004 年 11 月 18 日
公司属性：合资企业
注册资本：2 亿元
联系电话：021 – 38601777

客服热线:400－888－0001
传真号码:021－38601799
邮政编码:200135
公司网址:www.huatai－pb.com

【公司概况】

华泰柏瑞基金管理有限公司(以下简称:华泰柏瑞基金)是一家中外合资基金管理公司(原友邦华泰基金管理有限公司),公司股东为华泰证券股份有限公司、柏瑞投资有限责任公司、苏州新区高新技术产业股份有限公司。公司于2004年11月18日正式成立,现注册资本人民币2亿元,总部位于上海,下设北京和深圳分公司。公司经营范围包括基金管理业务、发起设立基金及中国证监会批准的其他业务。

公司自成立以来,奉行"主动投资"与"被动投资"并行的公司战略,致力于做中国ETF专家。公司是国内最早推出ETF产品的中外合资基金管理公司之一,凭借精准的指数跟踪能力,杰出的后台运营保障能力,公司旗下的上证红利ETF受到投资者的广泛认可,公司由此积累了丰富的ETF管理经验。

华泰柏瑞基金成立10年来,以完善的制度,严格的管理,规范的运作,严谨细致的工作精神践行"您的一分投资,我们十分对待"的企业理念,充分结合外方股东在资产管理方面的国际经验以及华泰证券等中方股东在中国本地市场的经验优势,为个人及机构投资者提供满足其需要的金融产品和高水平的理财服务。

【股东概况】

排序	股东名称	持股比例
1	华泰证券股份有限公司	49%
2	柏瑞投资(PineBridge Investments LLC)	49%
3	苏州新区高新技术产业股份有限公司	2%

【旗下基金】

基金代码	基金简称	类型
460001	华泰柏瑞盛世	股票型
460005	华泰柏瑞价值	股票型
460007	华泰柏瑞领先	股票型
460009	华泰柏瑞量化	股票型
460002	华泰柏瑞成长	混合型
510220	上证中小盘ETF	指数型
460220	上证中小盘ETF联接	指数型
510880	上证红利ETF	指数型
510300	沪深300ETF	指数型
460300	沪深300ETF联接	指数型
000172	华泰柏瑞量化增强股票	指数型
519519	华泰柏瑞增利A	债券型
460003	华泰柏瑞增利B	债券型
164606	华泰柏瑞信用	债券型
460008	华泰柏瑞稳健A	债券型
460108	华泰柏瑞稳健C	债券型
000187	华泰柏瑞丰盛纯债债券A	债券型
000188	华泰柏瑞丰盛纯债债券C	债券型
000186	华泰柏瑞季季红债券	债券型
460010	华泰亚洲企业	QDII
460006	华泰柏瑞货币A	货币型
460106	华泰柏瑞货币B	货币型

【公司高管】

齐亮先生,董事长,硕士,1994－1998年任国务院发展研究中心情报中心处长、副局长,1998－2001年任中央财经领导小组办公室副局长,2001年至2004年任华泰证券有限责任公司副总裁。

韩勇先生,总经理,博士,曾任职于君安证券有限公司、华夏证券有限公司和中国证券监督管理委员会,2007年7月至2011年9月任华安基金管理有限公司副总经理。2011年10月加入华泰柏瑞基金管理有限公司。

陈晖女士,督察长,硕士,1993－1999年任江苏证券有限责任公司北京代表处代表,1999－2004年任华泰证券有限责任公司北京总部总经理。

新华基金管理有限公司

【基本情况】

法定名称:新华基金管理有限公司
英文名称:New China Fund Management Co., Ltd.
注册地址:重庆市渝中区邹容路68号大都会商厦32层
办公地址:北京市海淀区西三环北路11号海通时代商务中心C1座
　　　　　重庆市渝中区较场口88号A座7－2
法人代表:陈　重
总 经 理:张宗友
成立时间:2004年12月9日
公司属性:中资
注册资本:1.6亿元
联系电话:023－6872666
客服热线:400－819－8856
传真号码:023－88423358
邮政编码:400010
公司网址:www.ncfund.com.cn

【公司概况】

新华基金管理有限公司于2004年12月9日获准成立,公司注册资本为1.6亿元人民币,主发起人为新华信托股份有限公司。公司注册地为重庆市,经营管理中心位于北京市。

新华基金旗下共有23只基金产品,其中7只股票型基金,8只混合型基金,4只债券型基金,2只货币型基金,1只理财基金和1只指数基金。

目前,公司投研核心成员均为"60后",新华基金副总经理、投资总监王卫东,以及总经理助理曹名长、基金部总监崔建波等人平均从业时间超过15年,历经多轮牛熊转换,有着丰富的投资经验和靓丽业绩。公司目前拥有投研人员超过30人,团队十分稳定,基本完成了对行业的研究覆盖。

2008年底,新华基金重整投研团队、王卫东担任新华基金投资总监,旗下基金业绩明显提升。目前,新华旗下曹名长、崔建波、桂跃强、李昱等基金经理投资各具风格,自2009年以来,常成为各类型股基业绩前段排名的座上宾。

2009年,新华基金成为银河证券平均股票投资主动管理收益冠军,其中,新华优选成长基金以115.21%的业绩在所有股票型基金中排名第二,新华优选分红基金以99.73%的业绩在同类基金中排名第三;2011年,新华基金再度成为银河证券2011年平均股票投资主动管理收益亚军,其中新华泛资源基金在偏股混合型基金中排名第一;2012年,新华基金再创佳绩,新华基金股票投资主动管理能力在纳入排名的64家基金公司中排名第二,其中,新华行业基金收益率达28.83%,在股票型基金中排名第二,在所有偏股基金中排名第三;另外,新华在海通证券的三年期(2011.1.1-2013.12.31)权益类投资收益业绩排行榜单中,整体业绩排名行业第二。多年来,新华基金业绩稳定增长,为投资者上交一份较为满意的答卷。

新华基金不仅权益类基金的业绩持续领跑,固定收益类基金的业绩表现也十分突出。2012年,新华基金开始搭建固定收益团队,并于2012年底发行第一只债券基金。经过两年来的努力,公司固定收益团队的投资业绩迅速提升。截至2014年12月12日,新华安享惠金债券基金收益率为31.78%,在同类债券基金中排名第一。

【股东概况】

排序	股东名称	持股数量(万股)	持股比例
1	新华信托投资股份有限公司	7680.00	48%
2	恒泰证券股份有限公司	7000.00	43.75%
3	杭州永原网络科技有限公司	1320.00	8.25%

【旗下基金】

基金代码	基金简称	类型
519089	新华成长	股票型
519093	新华钻石企业	股票型
519095	新华行业轮换	股票型
519097	新华中小市值优选	股票型
519099	新华灵活主题	股票型
519150	新华优选消费	股票型
519158	新华趋势领航	股票型
519087	新华分红	混合型
519091	新华泛资源	混合型
519156	新华配置	混合型
519152	新华纯债添利A	债券型
519153	新华纯债添利C	债券型
519160	新华安享惠金A	债券型
519161	新华安享惠金C	债券型
519162	新华信用增益A	债券型
519163	新华信用增益C	债券型
000434	新华壹诺宝	货币型

【公司高管】

陈重先生,董事长,金融学博士。历任原国家经委中国企业管理协会研究部副主任、主任;中国企业报社社长;中国企业管理科学基金会秘书长;重庆市政府副秘书长;中国企业联合会常务副理事长;幸福人寿保险公司筹备负责人。2008年3月始任新世纪基金管理有限公司董事。

张宗友先生,董事,硕士。历任内蒙古证券有限责任公司副总经理,负责营业部的筹建、管理工作;太平洋证券有限责任公司副总经理,分管经纪业务;恒泰证券有限责任公司副总经理,管理人力资源、信息技术、经纪业务等事务。现任新华基金管理有限公司总经理。

齐岩先生,督察长,学士。历任中信证券股份有限公司解放北路营业部职员、中信证券股份有限公司天津管理部职员、中信证券股份有限公司天津大港营业部综合部经理,现任新世纪基金管理有限公司督察长。

汇添富基金管理有限公司

【基本情况】

法定名称:汇添富基金管理有限公司
英文名称:China Universal Asset Management Co.,Ltd.
注册地址:上海市黄浦区大沽路288号6幢538室
办公地址:上海市富城路99号震旦国际大厦22楼
法人代表:林利军
成立时间:2005年2月3日
公司性质:中资
注册资本:1亿元
联系电话:021-28932888
客服热线:400-888-9918
传真号码:021-28932998
邮政编码:200120
公司网址:www.99fund.com

【公司概况】

汇添富基金是一家高起点、国际化、充满活力的基金公司,奉行“正直、激情、团队、客户第一、感恩”的公司文化,致力成为高质量的“快乐基金”。

经过多年全力打造和磨合历练,汇添富基金现已形成公募、专户、国际、养老金四大块业务领域以及股票、固定收益、被动投资、海外投资、另类投资五大块投资领域协同发展的格局,旗下基金业绩历经市场牛熊考验,整体表现优秀,长期投资业绩持续居于业内领先。汇添富立志于做中国证券市场的选股专家,并已形成一整套行之有效的独特个股研究方法。实践证明,无论牛市熊市,汇添富基金均能不断挖掘和发现出一批能够获得高额绝对收益的优质公司,旗下基金和理财产品的投资业绩也因此获得了投资者的充分认可。汇添富还以强大的创新能力长期引领市场,成功发行了中国首只场内T+0货币基金、理财基金、上证综合指数基金、贵金属基金、逆向投资基金、民营企业基金和第一张货币基金关联还款的信用卡。2011年,公司获得上海市金融创新一等奖,成为有史以来获得该奖项的首家基金公司。

汇添富基金在业内率先获得QDII资格。同时,汇添富于2007年即与全球顶尖投资管理公司资本国际(Capital International)缔结QDII合作关系。汇添富是业内最早一批获准设立海外子公司的基金管理公司。汇添富资产管理(香港)有限公司已于2010年2月正式成立,其积极参与境外资产管理业务,是汇添富基金管理公司开展跨境业务和合作的重要平台。2011年12月,汇添富资产管理(香港)有限公司获得RQFII资格(人民币合格境外机构投资者)及首批RQFII额度11亿元人民币。汇添富人民币债券基金成为最早发售的RQFII产品之一。

汇添富基金在业内首批获得了专户资产管理资格,最早组建了实力强大的专业团队率先开展专户业务,成功打造了“添富牛专户”的业务品牌,积累了丰富的专户资产管理经验,并拥有骄人的投资管理业绩。汇添富专户资产规模在行业处于领先地位,“添富牛专户”品牌在高端客户和核心渠道中具备非常强的号召力和口碑。

汇添富基金已获得社保基金境内委托投资管理人资格,投资业绩表现出色。

2013年初汇添富在上海设立了子公司汇添富资本管理

有限公司，积极拓展非二级市场投资管理业务，包括逐步参与资产证券化投资、基础设施投资、私募股权等特定领域。在各项资产管理业务蓬勃发展的同时，汇添富基金还坚持强调完善的公司治理体系和科学的公司治理文化，是亚洲公司治理协会（ACGA）的首家中国会员企业。汇添富基金致力于为员工提供完善的个人职业发展规划和良好的工作与成长平台，并努力营造愉悦简单的工作氛围，员工具有强烈的忠诚度和归属感。2011 年，汇添富荣登《财富》中文版“卓越雇主——中国最适宜工作的公司”榜，成为国内唯一上榜的基金公司。

自成立以来，汇添富基金屡获殊荣。除了连续三届（2006、2007、2008）荣获中国证券报“中国基金业金牛奖”评选两项以上大奖，汇添富还收获了包括“最受尊敬基金公司奖”、“最佳管理团队”、“最佳投资团队”等一系列行业大奖。继 2011 年之后，2013 年汇添富又一次一举囊括证券类三大报 2012 年度多个权威奖项（金牛奖、明星基金奖、金基金奖），并获得晨星（中国）2013 年度股票型基金提名奖。

“九层之台，起于垒土；千里之行，始于足下”，汇添富基金成立至今，以一流的企业文化汇聚中外精英，开发市场欢迎的产品系列，建立高效的销售渠道，提供优质的客户服务，实施一流的投资风险管理，坚持基于深入基本面研究的长期价值投资理念，以长期稳定的优秀投资业绩回报投资人。

通过全体员工的共同努力，汇添富致力于经过长期艰苦不懈的奋斗，稳步发展成为中国最佳的资产管理公司之一，并逐步发展成为全球资产管理行业最优秀的中国有关资产的管理人之一，成为拥有中国资产管理行业最为优秀的团队、最具有影响力的品牌和最为稳定优秀的业绩的中国资产管理公司之一。

【股东概况】

排序	股东名称	持股数量（万股）	持股比例
1	东方证券股份有限公司	4700.00	47%
2	文汇新民联合报业集团	2650.00	26.5%
2	东航金戎控股有限责任公司	2650.00	26.5%

【旗下基金】

基金代码	基金简称	类型
519018	汇添富均衡增长	股票型
519068	汇添富成长焦点	股票型
519069	汇添富价值精选	股票型
470008	汇添富回报	股票型
470009	汇添富民营	股票型
470006	汇添富医药保健	股票型
470028	汇添富社会责任	股票型
470098	汇添富逆向投资	股票型
000083	汇添富消费行业股票	股票型
000173	汇添富美丽 30 股票	股票型
519008	汇添富优势	混合型
519066	汇添富蓝筹	混合型
519517	汇添富货币 B	货币型
519518	汇添富货币 A	货币型
519888	汇添富收益快线货币 A	货币型
519889	汇添富收益快线货币 B	货币型
000330	汇添富现金宝货币	货币型
000397	汇添富全额宝货币	货币型
519078	汇添富增收 A	债券型
470078	汇添富增收 C	债券型
470018	汇添富双利债券	债券型
470058	汇添富可转债 A	债券型
470059	汇添富可转债 C	债券型
470088	汇添富信用债债券 A	债券型
470089	汇添富信用债债券 C	债券型
164702	汇添富季季红	债券型
470010	汇添富多元收益债券 A	债券型
470011	汇添富多元收益债券 C	债券型
000122	汇添富实业债债券 A	债券型
000123	汇添富实业债债券 C	债券型
000174	汇添富高息债债券 A	债券型
000175	汇添富高息债债券 C	债券型
000221	汇添富年年利定期开放债券 A	债券型
000222	汇添富年年利定期开放债券 C	债券型
164703	汇添富互利分级债券	债券型
164704	汇添富互利分级债券 A	债券型
150142	汇添富互利分级债券 B	债券型
000395	汇添富安心中国债券 A	债券型
000396	汇添富安心中国债券 C	债券型
000406	汇添富双利增强债券 A	债券型
000407	汇添富双利增强债券 C	债券型
000366	汇添富新收益债券	债券型
470007	汇添富上证综合指数	指数型
470068	汇添富深证 300 联接	指数型
159912	汇添富深证 300ETF	指数型
159930	汇添富中证能源 ETF	指数型
159931	汇添富中证金融地产 ETF	指数型
159928	汇添富中证主要消费 ETF	指数型
159929	汇添富中证医药卫生 ETF	指数型
000368	汇添富沪深 300 安中指数	指数型
470030	汇添富理财 30 天 A	理财型
471030	汇添富理财 30 天 B	理财型
470060	汇添富理财 60 天 A	理财型
471060	汇添富理财 60 天 B	理财型
470014	汇添富理财 14 天 A	理财型
471014	汇添富理财 14 天 B	理财型
471028	汇添富理财 28 天 A	理财型
472028	汇添富理财 28 天 B	理财型
470021	汇添富理财 21 天发起式 A	理财型
471021	汇添富理财 21 天发起式 B	理财型
471007	汇添富理财 7 天 A	理财型
472007	汇添富理财 7 天 B	理财型
470888	汇添富亚澳优选	QDII
164701	汇添富黄金及贵金属	QDII

【公司高管】

潘鑫军先生，董事长。国籍：中国，1961 年出生，澳门科技大学工商管理硕士。现任东方证券股份有限公司党委书记、董事长。历任中国工商银行股份有限公司上海分行长宁支行党委书记、行长兼国际机场支行党支部书记，东方证券股份有限公司党委副书记、总裁；党委书记、董事长兼总裁。

林利军先生，董事，总经理。国籍：中国，1973 年出生，美国哈佛大学商学院工商管理硕士，复旦大学世界经济系硕士，历任上海证券交易所办公室主任助理、上市部总监助理，曾任职于中国证监会创业板筹备工作组，哈佛大学毕业后就职于美国道富金融集团（State Street Global Advisor）从事投资和风险管理工作。

李文先生,督察长。国籍:中国,1967 年出生,厦门大学管理学博士,高级经济师,中国注册会计师。历任中国人民银行厦门市分行稽核监督处科员,中国人民银行杏林支行副行长,中国人民银行厦门中心支行银行管理处处长助理、金融机构监管二处副处长,东方证券股份有限公司稽核总部总经理、资金财务管理总部总经理等。

工银瑞信基金管理有限公司

【基本情况】

法定名称:工银瑞信基金管理有限公司

英文名称:Credit Suisse Asset Management Co. , Ltd.

注册地址:北市西城区金融大街丙 17 号北京银行大厦 8 层

办公地址:北市西城区金融大街丙 17 号北京银行大厦 8 层

法人代表:郭特华

成立时间:2005 年 6 月 21 日

公司属性:中外合资

注册资本:2 亿元

联系电话:010 - 66583333

客服电话:400 - 811 - 9999

传真号码:010 - 66583158

邮政编码:100033

公司网址:www. icbccs. com. cn

【公司概况】

工银瑞信基金管理有限公司是由中国工商银行和瑞士信贷合资设立的基金管理公司,成立于 2005 年 6 月。

自成立以来,公司坚持"以稳健的投资管理,为客户提供卓越的理财服务"为使命,依托强大的股东背景、稳健的经营理念、科学的投研体系、严密的风控机制和资深的管理团队,立足国际化、专业化、规范化,致力于为广大投资者提供一流的投资管理服务。

截至 2014 年 12 月 31 日,公司拥有公募基金、QDII、企业年金、特定资产管理和全国社保基金投资管理人等多项业务资格,为近 800 万公募基金客户和多个年金、专户客户提供资产管理服务,旗下管理逾 50 只公募基金和数十个年金、专户组合,资产管理规模近 6000 亿元。

为满足广大客户跨境投资需求,公司于 2011 年发起设立了全资香港子公司—工银瑞信资产管理(国际)有限公司,该公司具有香港证监会颁发的第 4 类(就证券提供意见)和第 9 类(提供资产管理)牌照。2012 年 7 月,工银瑞信成为全国社保基金境外配售投资产品管理人。2012 年 8 月,工银瑞信(国际)获得了中国证监会批准的人民币合格境外机构投资者(RQFII)资格,为进一步发行 RQFII 产品、拓展海外业务奠定了基础。

公司于 2012 年 11 月在业内首批设立全资子公司——工银瑞信投资管理有限公司,开展特定客户资产管理业务。至此,公司已成为国内业务资格最为全面的基金公司之一,能够为广大投资人提供更为灵活丰富的财富管理工具和理财解决方案。

公司秉持"以人为本"的理念,全方位引入国内外优秀人才,组建了一支风格稳健、诚信敬业、创新进取、团结协作的专业团队。公司共有员工近 400 人,平均年龄 32 岁,70% 的员工拥有硕士以上学历。公司投研团队由资深基金经理和研究员组成,投研人员近 100 名,投资人员平均拥有 10 年的投资管理经验。

公司先后荣获《中国证券报》"2006 年度金牛基金管理公司新秀奖"、"2008 年度金牛基金管理公司"、"2011 年度金牛基金管理公司"、"2013 年度债券投资金牛基金公司"《上海证券报》"2006 年度最快进步基金公司"、"2007 年度中国基金公司最佳风险控制奖"、"2008 年度最快进步基金公司"、"2010 年度债券投资回报公司奖"、"2012 年度债券投资回报公司奖"、"2013 年度债券投资回报公司奖"《证券时报》"2005 年度最具增长潜力公司"、"2007 年度投资者教育明星基金公司"、"2008 年度中国明星基金公司"、"2011 年度十大明星基金公司"、"2012 年度固定收益投资明星团队奖"、"2013 年度固定收益投资明星团队奖"。

【股东概况】

排序	股东名称	持股比例
1	中国工商银行	80%
2	瑞士信贷银行股份有限公司	20%

【旗下基金】

基金代码	基金简称	类型
481001	工银价值	股票型
481004	工银成长	股票型
481006	工银红利	股票型
481008	工银大盘蓝筹	股票型
481010	工银中小盘	股票型
481013	工银消费服务行业	股票型
481015	工银主题策略	股票型
481017	工银量化策略	股票型
000251	工银金融地产	股票型
000263	工银信息产业	股票型
483003	工银精选平衡	混合型
487016	工银保本	混合型
487021	工银保本 2 号混合发起	混合型
000195	工银保本 3 号混合 A	混合型
000196	工银保本 3 号混合 B	混合型
482002	工银货币	货币型
519886	工银安心增利 A	货币型
519887	工银安心增利 B	货币型
485105	工银强债 A	债券型
485005	工银强债 B	债券型
485107	工银添利 A	债券型
485007	工银添利 B	债券型
485111	工银双利债券 A	债券型
485011	工银双利债券 B	债券型
485114	工银添颐债券 A	债券型
485014	工银添颐债券 B	债券型
164808	工银四季债券	债券型
164810	工银纯债定期开放债券	债券型
485118	工银 7 天理财债券 A	债券型
485018	工银 7 天理财债券 B	债券型
485119	工银信用纯债债券 A	债券型
485019	工银信用纯债债券 B	债券型
485120	工银 14 天理财债券 A	债券型
485020	工银 14 天理财债券 B	债券型
485122	工银 60 天理财债券 A	债券型
485022	工银 60 天理财债券 B	债券型
000045	工银产业债 A	债券型
000046	工银产业债 B	债券型

基金代码	基金简称	类型
164812	工银增利分级债券	债券型
164813	工银增利分级债券 A	债券型
150128	工银增利分级债券 B	债券型
000074	工银信用纯债一年定开债券 A	债券型
000077	工银信用纯债一年定开债券 C	债券型
000078	工银信用纯债两年定开债券 A	债券型
000079	工银信用纯债两年定开债券 C	债券型
000236	工银月月薪定期支付债券	债券型
164814	工银双债增强债券	债券型
000184	工银添福债券 A	债券型
000185	工银添福债券 B	债券型
486001	银全球配置	QDII
486002	工银全球精选	QDII
164815	工银标普全球自然资源指数	QDII
481009	工银沪深 300	指数型
510060	工银上证央企 50ETF	指数型
159905	工银深证红利 ETF	指数型
481012	工银深证红利 ETF 联接	指数型
164809	工银中证 500 分级指数	指数型
150055	工银中证 500 A	指数型
150056	工银中证 500 B	指数型
164811	工银深证 100 指数分级	指数型
150112	工银深证 100A	指数型
150113	工银深证 100B	指数型

【公司高管】

陈焕祥先生，董事长，经济学硕士，现任中国工商银行股份有限公司总行集团派驻子公司董监事办公室专职派出董监事。1984 年加入中国工商银行，曾任中国工商银行四川省分行行长、党委书记、中国工商银行贵州省分行行长、党委书记、中国工商银行三峡分行（副厅级）行长、党委书记等职。目前兼任中国工商银行四川省分行资深专家、工银金融租赁公司董事长及四川省第十二届人大常委、财经委副主任。

郭特华女士，董事，博士，现任工银瑞信基金管理有限公司总经理，兼任工银瑞信资产管理（国际）有限公司董事长。历任中国工商银行总行商业信贷部、资金计划部副处长，中国工商银行总行资产托管部处长、副总经理。

朱碧艳女士，督察长，硕士。1997 – 1999 年中国华融信托投资公司证券总部经理，2000 – 2005 年中国华融资产管理公司投资银行部、证券业务部高级副经理。

国开泰富基金管理有限公司

【基本情况】

法定名称：国开泰富基金管理有限公司
注册地址：北京市怀柔区北房镇幸福西街 3 号 416 室
办公地址：北京市东城区朝阳门北大街 7 号五矿广场 C 座 10 层
法人代表：崔智生
成立日期：2013 年 7 月 16 日
注册资本：2 亿元
公司属性：中外合资
客服电话：010 – 59363299
传真电话：010 – 59363298
邮政编码：100010
公司网址：www.cdbsfund.com

【公司概况】

国开泰富基金管理有限责任公司经中国证监会证监许可［2013］850 号文批准设立。公司的股权结构如下：国开证券有限责任公司，66.7%；国泰证券投资信托股份有限公司，33.3%。

本基金管理人公司治理结构完善，经营运作规范，能够切实维护基金投资人的利益。股东会为公司权力机构，由全体股东组成，决定公司的经营方针以及选举和更换董事、监事等事宜。公司章程中明确公司股东通过股东会依法行使权利，不以任何形式直接或者间接干预公司的经营管理和基金资产的投资运作。

公司日常经营管理由总经理负责。公司根据经营运作需要设置综合管理部、市场部、投资部、专户投资部、研究部、交易部、基金运营部、风险管理部、监察稽核部（法律合规部）、信息技术部、财务部，共十一个职能部门。此外，公司还设有投资决策委员会和风险控制委员会。

【股东概况】

股东名称	出资比例
国开证券有限责任公司	66.7%
国泰证券投资信托股份有限公司	33.3%

【旗下基金】

基金代码	基金简称	类型
000412	国开泰富岁月鎏金定开信用债 A	债券型
000413	国开泰富岁月鎏金定开信用债 C	债券型

【公司高管】

崔智生先生，董事长。1998 年 5 月 – 2009 年 11 月，就职于国家开发银行。2009 年 11 月至今，就职于国开证券有限责任公司（含筹备组），任公司党委委员、副总裁。

王翀先生，董事，总经理。法律硕士、工商管理硕士、国际贸易研究生。高级工程师。曾任国开证券经营管理部总经理（兼董事会、监事会办公室负责人）、国开泰富筹备推动组组长。曾任国开证券经纪业务部、营销中心负责人。曾在国家开发银行市场与投资局、国际金融局从事股权投资、并购重组、国际并购、国际银团等投资、投行业务。

王兰兰女士，监事会主席、督察长。会计师。曾任国开证券有限责任公司风险管理部总经理。曾在国家开发银行稽核评价局长期从事财务审计、信贷审计、风险管理审计、内控审计工作。

信诚基金管理有限公司

【基本情况】

法定名称：信诚基金管理有限公司
英文名称：CITIC – Prudential Fund Management Company Ltd.
注册地址：上海市浦东新区世纪大道 8 号上海国金中心汇丰银行大楼 9 层
办公地址：上海市浦东新区世纪大道 8 号上海国金中心汇丰银行大楼 9 层
法人代表：张翔燕
总 经 理：王俊锋
成立时间：2005 年 9 月 30 日
公司性质：中外合资
注册资本：2 亿元

联系电话:021－68649788
客服热线:400－666－0066
传真号码:021－50120888
邮政编码:200120
公司网址:www.citicprufunds.com.cn

【公司概况】

信诚基金管理有限公司(以下简称“公司”)成立于2005年9月,注册资本人民币2亿元,其中,中信信托有限责任公司和英国保诚集团股份有限公司各持股权49%,中新苏州工业园区创业投资有限公司持股2%。

中方股东中信信托承接了中信集团的所有信托类资产、负债及业务,是银监会直接监管的三家全国性信托投资公司之一。中信集团目前已发展成为一家金融与实业并举的大型综合性跨国企业集团。其中,金融涉及银行、证券、信托、保险、基金、资产管理等行业和领域;实业涉及房地产、工程承包、资源能源、基础设施、机械制造、信息产业等行业和领域,具有较强的综合优势和良好发展势头。截至2013年末,中信集团总资产达42997亿元,全年实现营业收入3,751亿元,净利润378亿元。2009年以来连续五年入选美国《财富》杂志“世界500强”企业排行榜,2013年排名第172位,比上年提升22名。

外方股东英国保诚集团股份有限公司是英国保诚集团的下属公司。英国保诚集团于1848年在伦敦成立,拥有160多年的保险和资产管理经验。截至2013年年底,英国保诚集团为约2300万名保险客户提供服务,所管理资产达4430亿英镑。

凭借保诚集团在亚洲的跨市场合作平台,以及信诚基金专业的投研团队,信诚基金目前为瀚亚投资子公司提供A股市场的投资咨询业务,如QFII账户的投资咨询业务。

目前,公司已为瀚亚投资通过QFII额度在韩国市场募集的A股基金提供投资咨询业务,截至2013年12月31日,该基金的管理资产规模为18.26亿人民币。该业务模式将继续在日本、马来西亚、新加坡、甚至欧洲市场复制。

截至2014年12月底,公司现有32只公募基金产品,包括9只股票型基金、1只混合型基金、7只债券型基金、6只指数分级基金、3只债券分级基金、2只QDII基金、2只货币基金、2只短期理财基金。

站在巨人肩上,信诚基金将秉承百年传承的诚信之道,坚守千锤百炼的专业方法,勤勉尽责,规范运作,力争成为业绩出众、服务一流、深受投资者信任、稳进的基金管理公司。

【公司大事记】

2005年,公司于2005年9月30日获准成立。

2006年,发行了公司第一只公募基金产品——信诚四季红混合型基金。

2007年,担任QFII(合格境外机构投资者)账户的投资咨询顾问。

2008年,增加公司注册资本从人民币1亿元至人民币2亿元。

2008年,推出公司首只债券基金——信诚三得益债券型基金。

2009年,获得QDII(合格境内机构投资者)牌照,在全球化金融服务领域迈出了重要的一步。

2010年,推出公司首只QDII基金——信诚金砖四国积极配置基金(LOF)的基金。

2011年,获得特定客户资产管理业务资格。

2011年,发行公司第一只货币市场基金——信诚货币市场基金。

2011年,成立信诚中证500指数分级基金,为当时市场上唯一跟踪中证500指数的分级基金。。

2011年,推出首只以“全球商品”作为主要投资对象的主题基金——信诚全球商品主题基金(LOF)基金。

2012年,成为市场唯一同时拥有中证500和沪深300指数分级基金的基金公司。

2012年,推出首只借股指期货套利基金——信诚沪深300指数分级基金,实现使用股指期货对冲系统风险和实现期现套利,成为分级基金新标杆。

2012年,成立年内最大规模分级债基——信诚添金分级债券基金,首募规模30.93亿元。

2012年,推出当时同类产品费率最低的短期理财产品——信诚理财7日盈债券基金。

2013年,推出A股市场第一只有色分级指数基金——信诚中证800有色指数分级基金。

2013年,推出A股市场第一只医药指数分级基金——信诚中证800医药指数分级基金。

2013年,成功发行信诚新双盈分级债券基金,募集37.2亿元,为成立时年内首募最大分级债券基金。

2013年,在上海成立子公司——“中信信诚资产管理有限公司”。

2014年,信诚打响“互联网金融”第一枪——淘宝旗舰店火热上线。

2014年,中信“薪金煲”——信诚薪金宝二期功能正式上线,开通中信信用卡关联还款、薪金宝关联个人还贷、保底金额自由设置等功能。

【股东概况】

排序	股东名称	持股数量(万股)	持股比例
1	中信信托投资有限责任公司	9800.00	49%
1	英国保诚集团股份有限公司	9800.00	49%
2	中新苏州工业园区创业投资有限公司	400.00	2%

【旗下基金】

基金代码	基金简称	类型
550001	信诚四季红	混合型
550002	信诚精萃成长	股票型
550003	信诚蓝筹	股票型
550008	信诚优胜精选	股票型
550009	信诚中小盘	股票型
165508	信诚深度价值	股票型
165512	信诚新机遇	股票型
165516	信诚周期轮动	股票型
000209	信诚新兴产业	股票型
550004	信诚三得益债券A	债券型
550005	信诚三得益债券B	债券型
550006	信诚优债A	债券型
550007	信诚优债B	债券型
165509	信诚增强收益债券	债券型
165518	信诚双盈分级债券A	债券型
150081	信诚双盈分级债券B	债券型
550012	信诚理财7日盈A	债券型

基金代码	基金简称	类型
550013	信诚理财7日盈B	债券型
550017	信诚添金分级	债券型
550015	季季添金	债券型
550016	岁岁添金	债券型
550018	信诚优质纯债A	债券型
550019	信诚优质纯债B	债券型
000091	信诚新双盈分级	债券型
000092	信诚新双盈分级A	债券型
000093	信诚新双盈分级B	债券型
000260	信诚季季定期支付	债券型
000360	信诚年年有余A	债券型
000361	信诚年年有余B	债券型
000405	信诚月月定期支付	债券型
550010	信诚货币A	货币型
550011	信诚货币B	货币型
165510	信诚金砖四国	QDII
165513	信诚全球商品主题	QDII
165511	信诚中证500分级	指数型
150028	信诚中证500A	指数型
150029	信诚中证500B	指数型
165515	信诚沪深300分级	指数型
150051	信诚沪深300分级A	指数型
150052	信诚沪深300分级B	指数型
165519	信诚800医药分级	指数型
150148	信诚800医药分级A	指数型
150149	信诚800医药分级B	指数型
165520	信诚中证800有色指数分级	指数型
150150	信诚中证800有色指数分级A	指数型
150151	信诚中证800有色指数分级B	指数型

【公司高管】

张翔燕女士，董事长，硕士学位。历任中信银行总行营业部副总经理、综合计划部总经理，中信银行北京分行副行长、中信银行总行营业总部副总经理，中信证券股份有限公司副总经济师，中信控股有限责任公司风险管理部总经理。现任中信控股有限责任公司副总裁。

王俊锋先生，总经理，工商管理硕士。历任国泰基金管理有限公司市场部副总监、华宝兴业基金管理有限公司市场总监、瑞银环球资产管理（香港）有限公司北京代表处首席代表、瑞银证券有限责任公司资产管理部总监。现任信诚基金管理有限公司总经理、首席执行官，兼任中信信诚资产管理有限公司（信诚基金管理有限公司之子公司）董事。

唐世春先生，督察长，法学硕士，历任北京天平律师事务所律师；国泰基金管理有限公司监察稽核部法务主管；友邦华泰基金管理有限公司法律监察部总监、总经理助理兼董事会秘书。2007年6月1日加入信诚基金管理有限公司。现任信诚基金管理有限公司督察长。

中欧基金管理有限公司

【基本情况】

法定名称：中欧基金管理有限公司
英文名称：Lombarda China Fund Management Co.，Ltd.
注册地址：上海市浦东新区花园石桥路66号
东亚银行金融大厦8层
办公地址：上海市浦东新区花园石桥路66号
东亚银行金融大厦8层
法人代表：窦玉明
成立时间：2006年7月19日
公司属性：中外合资
注册资本：1.88亿元
联系电话：021－68609600
客服热线：400－700－9700
传真号码：021－33830351
邮政编码：200120
公司网址：www.lcfunds.com

【公司概况】

中欧基金管理有限公司（以下简称中欧基金）正式成立于2006年7月19日，注册资本为人民币1.88亿元，总部位于上海陆家嘴金融贸易区，并在北京设有分公司、深圳设有办事处。同时，2013年9月，子公司深圳中欧盛世资本管理有限公司成立。

中欧基金由中外四方股东合资组建：意大利意联银行股份合作公司（简称UBI）出资6,580万元人民币，占公司注册资本的35%；国都证券有限责任公司出资5,640万元人民币，占公司注册资本的30%；北京百骏投资有限公司出资5,640万元人民币，占公司注册资本的30%；万盛基业投资有限责任公司出资940万元人民币，占公司注册资本的5%。

成立以来，中欧基金坚持追求业绩和服务双轮驱动，深切关注基金持有人利益，致力于为投资者提供富有竞争力的产品和具有针对性的投资理财解决方案。截至2013年9月，旗下共有15只公募基金产品和14只专户产品，已建成一条拥有货币基金、债券基金、混合基金、股票基金、指数基金等较为完备的产品线。

中欧基金产品业绩近年来稳步提升。据银河证券统计，2012年中欧基金股票投资主动管理能力在64家可比公司中排名第1位，并包揽了三大报2012年成长公司类奖项——荣获2012年度“金牛进取公司奖”、“明星基金公司成长奖”以及“金基金·成长公司奖”。

【股东概况】

排序	股东名称	持股数量（万股）	持股比例
1	意大利意大利意联银行股份有限公司	6580.00	35%
2	国都证券有限责任公司	5640.00	30%
2	北京百骏投资有限公司	5640.00	30%
4	万盛基业投资有限责任公司	940.00	5%

【旗下基金】

基金代码	基金简称	类型
166001	中欧新趋势	股票型
166005	中欧价值	股票型
160006	中欧中小盘	股票型
166009	中欧动力	股票型
166011	中欧盛世	股票型
150071	中欧盛世A	股票型
150072	中欧盛世B	股票型
166002	中欧新蓝筹	混合型
166019	中欧智选	混合型
166020	中欧优选	混合型

基金代码	基金简称	类型
166003	中欧债券 A	债券型
166004	中欧债券 C	债券型
160008	中欧强债	债券型
166010	中欧鼎利分级	债券型
150039	中欧鼎利分级 A	债券型
150040	中欧鼎利分级 B	债券型
166012	中欧信用分级	债券型
166013	中欧信用 A	债券型
150087	中欧信用 B	债券型
160016	中欧纯债分级	债券型
160017	中欧纯债分级 A	债券型
150119	中欧纯债分级 B	债券型
166021	中欧添利	债券型
166022	中欧添利 A	债券型
150159	中欧添利 B	债券型
160007	中欧沪深 300	指数型
160014	中欧货币 A	货币型
160015	中欧货币 B	货币型

【公司高管】

窦玉明先生，清华大学经济管理学院本科、硕士，美国杜兰大学 MBA，中国籍。中欧基金管理有限公司董事长。曾任职于君安证券有限公司、大成基金管理有限公司。历任嘉实基金管理有限公司投资总监、总经理助理、副总经理兼基金经理，富国基金管理有限公司总经理。

刘建平先生，中欧基金管理有限公司总经理，中国籍。北京大学法学硕士，16 年以上证券及基金从业经验。历任北京大学助教、副科长；中国证券监督管理委员会基金监管部副处长；上投摩根基金管理有限公司督察长。

黄桦先生，中欧基金管理有限公司督察长，中国籍。复旦大学经济学硕士，22 年以上证券及基金从业经验。历任上海爱建信托公司场内交易员，上海万国证券公司部门经理助理、部门经理，申银万国证券股份有限公司研究发展中心部门经理，光大证券有限责任公司助理总经理，光大保德信基金管理有限公司信息技术部总监，信诚基金管理有限公司运营部、信息技术部总监，中欧基金管理有限公司分管运营副总经理。

道富基金管理有限公司

【基本情况】

法定名称：道富基金管理有限公司
注册地址：北京市门头沟区石龙经济开发区
永安路 20 号 3 号楼 3 层
办公地址：北京市东城区建国门内大街 28 号
民生金融中心 A 座 7 层
法人代表：桂松蕾
成立日期：2013 年 5 月 31 日
注册资本：3 亿元
公司属性：中外合资
联系电话：010－85003388
传真电话：010－85003386
邮政编码：100010
公司网址：www. ssga－fund. com

【公司概况】

道富基金管理有限公司于 2013 年 5 月 16 日获证监会批准设立，2013 年 5 月 31 日在国家工商行政管理总局办理完成工商注册登记并取得营业执照，注册地位于北京，且于 2013 年 6 月 6 日取得中国证券监督管理委员会核发的《基金管理资格证书》。道富基金由中融国际信托有限公司（51%）与道富环球投资管理亚洲有限公司（49%）共同出资，注册资本 3 亿元人民币。

道富基金的中方股东—中融国际信托有限公司成立于 1987 年，在货币市场、资本市场、金融衍生产品、房地产投资、风险投资等领域拥有丰富经验，是国内顶尖的信托企业之一。截至 2012 年，公司资产规模超过 3，000 亿元，经营规模和经济实力都位居国内同行业前茅。外方股东为道富环球投资管理亚洲有限公司，是道富集团的投资部道富环球投资管理（SSgA）下属的全资子公司。SSgA 是国际领先的机构资产管理人，按其管理的资产规模排名为全球第二大的资产管理公司。截至于 2013 年 3 月 31 日，SSgA 管理的资产达 2. 18 万亿美元，在全球业内都具有广泛的影响力和良好的企业形象。道富集团成立于 1792 年，是全球最大的托管银行和资产管理公司之一。

以诚信、专业、创新、分享的经营理念为基石，以成为卓越的现代财富管理公司为愿景，构建产业链销售合作模式，注重培养固定收益、指数量化和资产配置类产品的研发和投资管理能力，塑造既是具有技术和经验的财富管理专家又是投资人良师益友的行业品牌形象，通过现代技术手段提供主动、友好的服务，为投资人构建一个不断向上的财富通道。

追求道富管理四要素的有机结合：人才、机制、架构、流程。人才，道富基金作为“80 后”基金公司，大资管时代烙印明显，核心团队人才构成多元化，注重能力互补和资源整合；机制，灵活、透明的激励机制，让员工有强烈的认同感和参与感；架构，组织架构扁平化，淡化层级管理、强调合作，确保沟通无障碍；流程，用流程管理替代人员的层级管理，用系统积累和传递每一份工作记录。

【股东概况】

股东名称	出资比例
中融国际信托有限公司	51%
道富环球投资管理亚洲有限公司	49%

【旗下基金】

基金代码	基金简称	类型
000400	道富增鑫一年定期开放债券 A	债券型
000401	道富增鑫一年定期开放债券 C	债券型

【公司高管】

桂松蕾女士，董事长、代行总经理，金融学硕士，历任 UTStarcomIT 部门对外合作经理、百视通有限责任公司北京首席代表，2008 年 8 月至今任中植企业集团有限公司任集团副总裁。2013 年 5 月至今，任道富基金管理有限公司董事长。

王瑶女士，督察长，国际经济法硕士。曾就职于中国证券监督管理委员会，2013 年 5 月就职于道富基金管理有限公司。

第五编
中国期货市场

第一章　中国期货市场概况

2013 年中国期货业发展的基本情况

2013 年，中国期货市场在品种数量、行业结构、期货公司业务范围和监管理念等层面均实现了突破，市场规模及影响力显著提高。2013 年相继上市了焦煤、动力煤、石油沥青、铁矿石、鸡蛋、粳稻、纤维板、胶合板 8 个商品期货品种和国债期货 1 个金融期货品种，至此，国内期货品种增加至 40 个。期货品种已经从单一品种发展到产业链上下游，进一步拓展了服务实体经济的深度和广度。2013 年，我国所面临的宏观经济局势依然错综复杂，正经历经济结构转型的关键期，政府投资增速放缓，下游需求减弱，大宗商品整体处于弱势下跌的格局。产业链相关企业利用期货市场规避风险的意识显著增强，期货市场套期保值、价格发现的功能得到了进一步发挥。受中国经济结构调整和经济周期性波动的影响，2013 年国内股市整体处于震荡调整期，投资者参与股指期货的意愿明显上升。同时，受贵金属期货连续交易的推出和全球经济政策预期变化对贵金属价格的影响，黄金、白银期货成为期市明星品种，避险、套利和投机交易均出现大幅提升。此外，螺纹钢、粕类、玻璃等品种表现也很抢眼。

一、期货市场规模及国际影响力显著提升

（一）2013 年中国期货市场发展规模

2013 年，新品种的不断推出使产业链品种不断丰富和完善，给企业利用期货市场套期保值和风险管理带来了很多便利条件。同时，经济运行的弱势格局给相关产业链企业的生产经营带来了不利影响，积极运用期货市场进行价格风险管理受到了更多企业的重视；另一方面，在制度和业务创新方面也取得了很大进展，期货市场的发展得到了国务院和证监会等政府及监管部门的大力支持，期货公司资产管理业务和风险管理子公司业务逐步展开，期货市场监管制度和自律制度的完善和创新发展也拓展了期货市场的参与者层次，丰富了期货市场的投资者结构，推进了期货市场基本功能的进一步发挥。贵金属与基本金属夜盘连续交易的开展为相关企业和投资者减少了隔夜持仓的风险，期货市场规避风险的功能得到大幅提高。在以上因素的共同作用下，我国期货市场在 2013 年实现了成交量和成交额的大幅增长。

根据中国期货业协会的数据统计，2013 年我国期货市场交易规模实现了 40% 以上的增速，成交额与成交量同比都有了大幅的提高，1—12 月全国期货市场累计成交量为 206177.3万手，累计成交额为 2674739.52 亿元，同比分别增长 42.15% 和 56.30%（见图 1），均创下 1993 年我国期货市场成立以来的历史新高。1993—2013 年中国期货市场成交情况（见图 2）。

从各品种的成交量来看，排在前六位的分别是螺纹钢（29372.89 万手）、豆粕（26535.76 万手）、沪深 300 股指（19322.05 万手）、玻璃（18610.49 万手）、白银（17322.26 万手）和菜籽粕（16010.04 万手），分别占全国期货市场总成交量的 14.25%、9.39%、9.37%、9.03%、8.40%、7.77%。从成交量同比增幅来看，排在前六位的分别是菜籽粕（37909.90%）、玻璃（1053.29%）、油菜籽（755.48%）、白银（714.59%）、焦炭（250.31%）、黄金（239.51%）。从成交金额来看，排在前六位的分别是焦炭、铜、天然橡胶、白银、螺纹钢和豆粕，分别占全国期货市场总成交金额的 6.89%、6.26%、5.43%、4.32%、4.09% 和 3.31%。

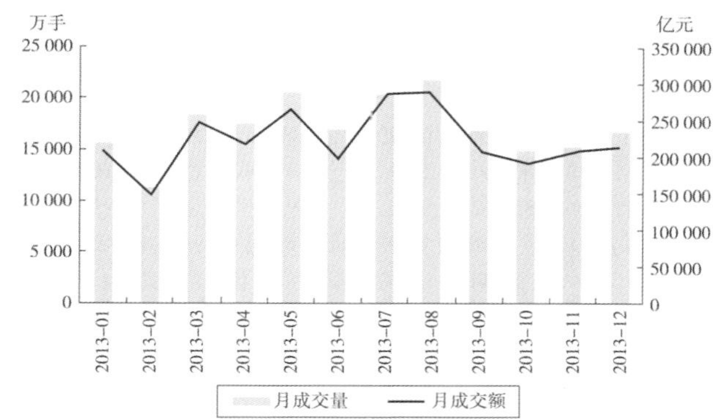

资料来源：中国期货业协会相关资料。

图 1　2013 年中国期货市场月度成交情况

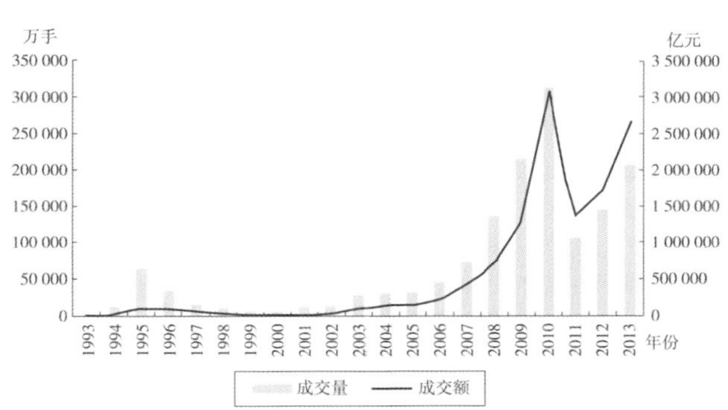

资料来源：中国期货业协会相关资料。

图 2　1993—2013 年中国期货市场成交情况

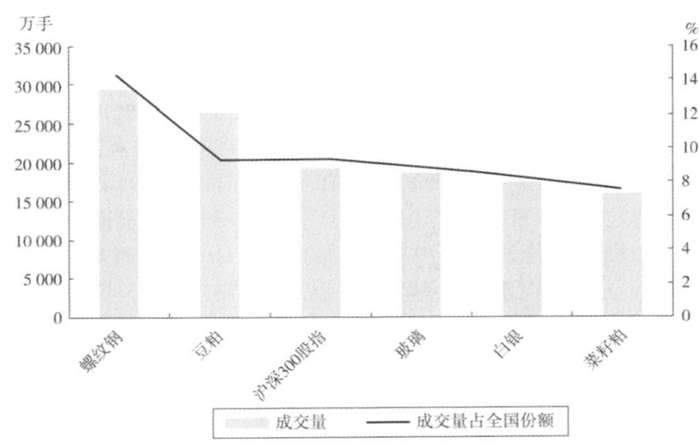

资料来源：中国期货业协会相关资料。

图 3　2013 年成交量排名前六位期货品种的成交情况

从国内四大交易所的整体成交情况来看，三大商品期货交易所和中国金融期货交易所（以下简称中金所，CFFEX）的成交量和成交额均实现了较大增长。其中，中金所成交金额排名第一位，成交量和成交额同比增幅最大，分别达 84.22% 和 85.92%。

上期所 2013 年全年累计成交量为 64247.4 万手，占全国期货市场成交量的 31.16%，同比增长 75.86%；全年累计成交额为 604167.73 亿元，同比增长 35.47%。

郑州商品交易所（以下简称郑商所，ZCE）2013 年全年累计成交量为 52524.9 万手，占全国期货市场成交量的 25.48%，同比增长 51.36%；全年累计成交额为 188978.31 亿元，同比增长 8.84%。

大连商品交易所（以下简称大商所，DCE）2013 年全年累计成交量为 70050.1 万手，占全国期货市场成交量的 33.98%，同比增长 10.66%；全年累计成交额为 471527.27 亿元，同比增长 41.51%。

中金所 2013 年累计成交量为 19354.9 万手，占全国市场的 9.39%，同比增长 84.22%；全年累计成交额为 1410066.21 亿元，同比增长 85.92%。

（二）2013 年中国期货市场的国际影响力显著增强

2013 年，我国期货市场在国际市场上的影响力得以继续提升。从成交量的国际排名来看，2013 年大商所、上期所、郑商所、中金所在全球场内衍生品交易所中分别排在第 11 位、第 12 位、第 13 位、第 19 位。大商所排名与 2012 年保持不变，上期所和郑商所排名较 2012 年上升一位，而中金所的排名较 2012 年的第 24 位上升了 6 位，呈现了较大增长。

在巩固全球最大商品期货交易市场、第一大农产品期货交易市场以及保持螺纹钢、银、铜、黄金等金属期货较高国际影响力的基础上，2013 年新上市的动力煤期货首次跻身能源期货第 20 位，同时金融期货的国际地位继续实现较快上升，进入全球股指期货排名前 10 位行列。在成交量前 20 名的农产品期货和期权合约中，大商所的豆粕、豆油、棕榈油、玉米、黄大豆 1 号分列全球第 1 位、第 3 位、第 4 位、第 15 位、第 19 位。郑商所的菜粕、白糖、菜籽油分别列第 2 位、第 6 位、第 17 位。上期所的天然橡胶列第 5 位。在金属期货和期权合约的成交量排名中，上期所的螺纹钢依然排名第 1 位，白银期货由 2012 年的第 14 位大幅跃升至第 2 位，铜期货维持在第 3 位，黄金期货跃升至第 12 位，而 2012 年排名第 15 位的锌期货则继续下滑至第 20 位以外。

二、期货品种发展状况

（一）农产品期货发展状况

2013 年，农产品期货价格大多呈现出弱势下行的格局，同时继续出现一定程度的分化。菜籽油、豆油、棕榈油因库存高企和消费疲软继续大幅下挫，全年累计跌幅分别达 27.99%、20.29%、13.43%。豆粕、菜粕因饲料水产养殖需求保持稳定增长、现货坚挺以及油厂挺价等利多因素而小幅收涨。白糖期货价格因国内外巨大的价差，印度、巴西及中国丰产等利空因素也出现大幅下挫，跌幅达 13.49%。棉花则因国家以 20400 元/吨的价格无限量收储政策托市，市场流通量明显下降，价格则保持相对稳定。谷物价格的变化也仍然表现为政策市特征，波动整体波澜不惊。

2013 年，我国农产品期货品种累计成交量为 72984.79 万手，累计成交金额为 31.74 万亿元，分别占全国期货市场的 35.40% 和 11.88%。农产品成交量所占比重较 2012 年微幅增长，成交金额所占比重则下滑 11.59%。从具体品种来看，玉米、黄大豆 1 号、黄大豆 2 号、1 号棉、早籼稻、普通白小麦、优质强筋小麦、白糖的成交量和成交额下滑明显。

2013 年，新上市的农产品品种包括鸡蛋（11 月 8 日上市）、纤维板（12 月 6 日上市）、胶合板（12 月 6 日上市）、粳稻（11 月 18 日上市）四个品种，分别占农产品期货成交量的 0.27%、0.32%、0.27% 和 0.006%，占期货市场总成交量的 0.09%、0.12%、0.10% 和 0.002%。

（二）金属类期货发展状况

金属类期货品种包括有色金属、黑色金属和贵金属。2013 年有色金属市场延续了 2012 年窄幅波动的特征，价格重心整体下移，但跌幅不超过 10%，其中沪铜指数跌幅 9.51%，锌、铝波动幅度则更小。融资关联与长单限制上海保税铜库存外流，导致铜现货升水，以及实际供应压力相对有限，从而限制了铜期货价格的跌幅。受钢铁行业产能过剩影响，2012 年，钢材期货价格经历了较大幅度的下跌，2013 年跌幅也大幅缩小至 10% 以内。受美联储逐步退出量化宽松货币政策的预期打压，金银价格出现了大幅下跌，黄金和白银跌幅分别达到 70.36% 和 35.89%。黄金和白银也成为明星品种，成交量大幅上升，尤其是夜盘连续交易制度启动以来，市场参与度得到了更大增强。

2013 年，我国金属类期货品种累计成交量为 56690.07 万手，累计成交额为 45.75 万亿元，同比呈现大幅增长，累计成交量和成交额分别占当年全国期货市场的 27.5% 和 17.11%。

（三）能源、化工类期货发展状况

2013 年，除甲醇、聚乙烯、动力煤外，能源、化工类期货品种价格基本呈现弱势下行的走势，不同品种间波动幅度有分化。天然橡胶跌幅最大，达 31.38%；PTA、玻璃、PVC 跌幅分别为 13.22%、5.79% 和 2.98%。聚乙烯小幅收涨。甲醇则经历了“过山车”行情，极差达到近 900 元，全年上涨9.60%。受钢铁控制产能影响，焦炭延续 2012 年跌势，跌幅达 19.74%，新上市的焦煤、铁矿石及石油沥青收盘价较上市首日开盘价分别下跌 22.55%、6.88% 和 6.22%。动力煤较开盘价逆势上涨 7.89%。

2013 年，能源、化工类期货品种累计成交量为 57147.55 万手，累计成交额为 48.97 万亿元，分别占全国期货市场的 27.72% 和 18.31%。

2013 年，新上市的能源、化工品种包括焦煤（3 月 22 日上市）、动力煤（9 月 26 日上市）、石油沥青（10 月 9 日上市）和铁矿石（10 月 18 日上市）四个品种，分别占能源、化工类期货成交量的 5.99%、0.76%、0.55% 和 0.38%，占期货市场总成交量的 1.66%、0.21%、0.15% 和 0.11%。

（四）金融期货发展状况

2013 年是沪深 300 指数期货正式挂牌交易的第 4 年，市场活跃度继续大幅提高，成交规模保持上升，但受中国宏观经济增速放缓及企业盈利能力下降等利空因素拖累，价格继续震荡下行。沪深 300 指数期货 1—12 月总成交量为 19322.05 万手，占全国期货市场总成交量的 9.37%，同比大幅增长 83.91%，总成交金额为 140.7 万亿元，占全国期货市场总成交额的 52.7%，同比增长 85.52%，充分彰显金融期货的发展潜力。

2013 年 9 月 6 日，国债期货上市交易，2013 年成交量为 32.88 万手，成交金额为 3063.89 亿元，分别占金融期货累计成交量和成交额的 0.17% 和 0.22%。2013 年金融期货累计成交量为19354.93万手，占全国市场的9.39%，同比增长84.22%。

三、期货中介机构发展状况

2013年，以期货公司为代表的中介机构在期货业创新步伐加快、新品种上市速度提升、期货市场活跃度显著回升的背景下，实现稳步较快发展。根据中国期货业协会的数据统计，2013年我国期货市场交易规模实现了40%以上的增速，成交额与成交量同比都有了大幅的提高，然而全国期货公司手续费收入合计124.85亿元，较上年微增0.99%；净利润合计35.55亿元，较上年微降0.62%。期货公司并购重组、资产管理和风险管理子公司等创新业务的开展均成为2013年期货中介机构的重大创新工作。整体来看，期货公司的手续费收入仍占主要收入，期货公司经纪业务手续费竞争已趋白热化，导致了期货行业增量不增收的现状。A类期货公司由于保证金规模大，利息净收入超过经纪业务手续费收入，在经纪业务竞争激烈的背景下，A类公司通过扩大客户规模，提升利息净收入来追求规模收益，进而确立自身的行业优势地位。

(一)中介机构基本发展状况

截至2013年末，我国持续经营的期货公司共156家，其中，证券公司参股控股期货公司71家。全国期货营业部共1469家，较2012年底增加了76家。全国期货公司总资产为2569.07亿元(含客户资产)，较2012年增长10.83%；净资产为522.14亿元，净资本为439.37亿元，分别较2012年增长了14.29%和5.18%。国内客户整体交易规模再创新高，代理成交量为20.58亿手，同比增长41.93%；代理成交额为267.06亿元，同比增长56.07%。从保证金分布情况看，行业领先期货公司吸纳客户保证金的能力进一步增强，客户保证金规模在20亿元以上的期货公司达到27家，保证金规模占比超过60%。23家A类期货公司客户保证金合计为1074.33亿元，较2012年的943.60亿元增长13.85%，高于行业整体保证金规模增长水平。A类期货公司客户保证金规模占市场总额比例进一步扩大，达到54.04%，平均客户保证金近50亿元，进一步拉大了与B类公司之间的差距。A类期货公司在行业中优势地位明显，C类和D类期货公司客户保证金规模进一步萎缩，各类别期货公司经纪业务发展分化严重。

(二)期货市场及中介机构竞争状况

期货公司营业部数量增速明显放缓，手续费率大幅下降，期货公司经营分化日趋严重，期货公司并购重组提速，期货行业市场集中度稳步提升。从各类期货公司的注册资本、客户保证金、营业收入、代理成交额和净利润等指标的平均值看，A类期货公司在行业中占据绝对优势。A类期货公司的平均注册资本为7.37亿元，是B类期货公司的3.2倍，是C类公司的7.3倍，A类期货公司大多具有券商背景或现货背景，其凭借自身的资本实力和资源优势进行业务扩张。从各项指标看，四类期货公司之间的差距已经十分明显，C类和D类期货公司的经营状况大多不容乐观。

2013年，期货公司的盈利能力继续出现加速分化。2013年期货行业全年实现营业利润46.53亿元，较2012年的46.02亿元增长1.11%；净利润35.55亿元，较2012年的35.77亿元下降0.62%。全国156家期货公司中有124家盈利，31家亏损。与2012年相比，盈利期货公司的数量在减少，但盈利的金额在增加，永安期货、中信期货、中粮期货、银河期货、中国国际期货、国泰君安期货、广发期货、华泰长城期货、海通期货和国信期货这10家期货公司净利润超过亿元，上述10家期货公司净利润合计至少12.4亿元，占2013年全国期货公司净利润总额35.55亿元的34%以上。这表明行业领先期货公司的盈利能力在进一步提升。与此同时，亏损期货公司的数量和亏损金额在逐步扩大。

(三)期货中介机构创新发展状况

2013年，期货公司创新业务步伐加快，投资咨询、资产管理、风险管理服务等创新业务推出以后，对整个期货行业的发展产生了重大影响。盈利模式将更趋多元化。原本期货公司仅能通过单一的通道业务模式，收取手续费和利息，现在期货公司既可以为客户提供资产管理、风控服务、仓单服务、咨询服务等，还可以通过风险管理服务子公司进行套利交易、仓单买卖、合作套保等；服务客户方式的多元化几乎可以满足客户的全方位、个性化需求。随着创新业务的发展，期货公司将逐步摆脱单一的手续费竞争，呈现"百花齐放、百家争鸣"的态势，形成具有自己专业优势和服务特色的期货公司。

2013年，期货公司境外分支机构业务稳步发展，截至2013年末，6家香港子公司资产合计超过40亿港元，累计盈利1.04亿港元。资产管理业务稳步发展，截至2013年末，共有29家期货公司获得资产管理业务资格，23家期货公司资产管理业务实现收入，收入总计为1470.02万元。但投资咨询业务发展相对缓慢，截至2013年末，共有93家期货公司获得期货投资咨询业务资格，47家期货公司投资咨询业务实现收入，收入总计为5847.29万元。1000万元及以上收入规模的期货公司仅有1家，多数期货公司的投资咨询业务收入集中在10万元至50万元。期货投资咨询业务自2011年推出以来，发展速度相对缓慢，还不能成为期货公司的重要收入来源。

四、期货市场投资者状况

从客户数来看，2013年法人客户数和个人客户数分别为2.07万户和75.17万户，较2012年增幅分别达4.02%和7.8%。法人客户数占客户总数的比例略有下降，由2012年的2.85%微降至2013年的2.68%。

从成交量来看，2013年法人客户和个人客户成交量分别为37164.99万手和371965.38万手，较2012年增幅分别达38.11%和41.54%。法人客户成交量占总成交量的比例略有下降，由2012年的9.29%微降至2013年的9.08%。

从成交额来看，2013年法人客户和个人客户成交额分别为407990.80亿元和4904255.10亿元，较2012年增幅分别达65.73%和54.65%。法人客户成交额占总成交额的比例由2012年的7.20%小幅上升至7.68%。

从年末持仓量来看，2013年法人客户和个人客户年末持仓量分别为502.78万手和945.22万手，较2012年增幅分别达49.74%和57.90%。法人客户年末持仓量的比例由2012年的35.93%小幅下降至34.72%。

五、期货业信息技术发展状况

(一)交易所信息技术发展概况

三大商品期货交易所和中金所在系统建设、运维管理、安全管理以及技术服务与支持等方面，均实现了稳健发展。

系统建设方面，上期所推进了更新一代交易系统(NGES2.0)建设工作，启动了网络规划咨询项目，推出了贵金属和有色金属的连续交易；郑商所发展了支持期权业务功能，并设计开发了第五期交易系统，同时对现有系统进行了升级；大商所主要对业务技术系统进行了发展，提升了核心系统容量性能、系统监控精确度、自动化运维水平,并完成了行业自动化测试平台 ATF 二期建设,同时整合了数据资源,优化了数据备份,此外,还推进了新一代交易系统(NGTS);中金所主要进行了灾备中心建设以及国债期货上市技术准备。

运维管理方面,四大交易所均加强了运维管理,确保系统安全稳定运行。上期所完善了内部管理制度及标准化管理体系,通过 ISO27001 管理体系认证。郑商所通过了 ISO20000 认证,实现了同城灾备中心交易系统切换运行,提升了运维管理水平。大商所提高了软件开发管理质量,推进了信息技术标准体系优化工作,完善了灾备中心建设和应急保障工作。中金所推进分级保障体系精益化,打造自动化流程管理平台,致力提高安全运维效率。立足交易所未来"多中心、多产品"的发展态势,基于系统变更多、运维保障压力大的实际情况,深入推进精益化分级保障体系建设,积极探索服务梳理、流程定制以及服务标准化三步走的流程能力建设模式。

安全管理方面,上期所加强了日常技术检查,确保信息安全,完善了技术系统建设,提高了信息安全保障能力。郑商所进行了交易系统内部和全市场测试、应急演练,并对仓库管理系统的 VPN 安全接入进行了改造。大商所主要表现在:①信息安全检查工作;②开展风险评估工作,落实风险整改工作;③完成等级保护测评工作;④开展信息安全保密管理工作;⑤落实应急演练工作,完善应急保障体系。中金所完善了信息安全管理体系,通过了 ISO/IEC27001 认证以及实施信息安全管理体系咨询项目。

技术服务与支持方面,上期所主要协助了证联网建设以及行业的相关工作。郑商所在对会员单位的技术服务、远程席位审批系统开发以及网站系统建设等方面做了很多工作。大商所则提升会员托管中心服务能力和保障水平,并对会员单位进行了技术培训和协助。中金所积极开展新业务分析和新技术预研,集中技术骨干成立专门工作小组,对新一代业务系统建设工作进行规划和准备。

(二)期货公司信息技术发展概况

2013 年,期货公司在基础设施建设、核心系统建设、信息技术管理、信息安全保障等方面都得到稳步发展和推进。

2013 年,中国期货业协会组织开展了 20 家期货公司信息技术升级检查和 30 家期货公司技术等级持续达标情况抽查工作。2013 年 11 月,现场检查、审核和评审工作顺利结束,共 44 家期货公司通过检查和抽查,达到相应等级要求,6 家期货公司未达到相应技术等级要求。截至 2013 年底,达到《期货公司信息技术管理指引》3 类及以上要求的共计 60 家,占比 38.2%,较 2012 年增加 27.7%,较 2010 年底增加 215.8%,2 类和 1 类的达标公司均有所减少,较 2012 年分别减少 11.3% 和 33.3%。就期货公司整体技术水平而言,技术实力明显增强,3 类公司占比越来越大,有效地保障了期货市场总体安全平稳运行。

(三)保证金监控中心信息技术发展概况

保证金监控中心信息技术发展主要体现在:①期货市场运行监测监控二期技术系统建设;②国债期货相关开户的技术工作;③原油期货业务相关技术工作;④资产管理业务相关系统建设工作;⑤连续交易制度下保证金监控系统改造和上线;⑥开展期权业务相关技术工作;⑦行业身份证验证系统相关工作。

(四)中国期货业协会信息技术概况

技术管理方面,推进并完善了综合信息管理系统建设以及信息技术境内外培训工作。

行业支持与服务方面,主要体现在:①组织编写《期货公司运维管理实践案例》;②组织修订《期货公司信息技术管理指引》;③期货公司信息技术评级检查工作;④修订证券期货科学技术奖励管理办法。

2013 年中国期货业创新发展情况

一、交易所创新步伐加快

2013 年,交易所创新步伐明显加快,不断深化和拓展服务国民经济的广度和深度,包括但不限于以下范畴。一是新品种上市步伐加快,2013 年相继上市了焦煤、动力煤、石油沥青、铁矿石、鸡蛋、粳稻、纤维板、胶合板 8 个商品期货品种和国债期货 1 个金融期货品种,至此,国内期货市场上市品种数量增至 40 个,大大拓宽了期货市场服务国民经济的领域。二是全面优化和完善交易制度,降低交易成本。修订和制定了包括《期货交易风险控制管理办法》、《套期保值管理办法》、《期货交易细则》、《期货结算细则》和《套利交易管理办法》等业务细则,调降临近交割月保证金标准,减少保证金和限仓标准调整梯度,放宽会员持仓限制,降低了市场交易成本,更加方便产业客户参与。此外,3 家商品期货交易所推出的套利交易管理办法,因为只单向收取大边保证金,为产业客户、机构客户、普通投资者都提供了参与的便利条件,有利于市场流动性的提高以及价格发现功能的更好实现。三是积极加快新品种的研发,进一步拓展服务实体经济领域。

(一)新品种上市步伐加快,填补市场空白

一是国债期货作为国际上成熟、简单和广泛使用的利率衍生产品和风险管理工具,对于我国债券市场的发展与完善,尤其具有积极意义。首先,能够为债券市场及整个经济体提供低成本的利率风险管理工具,增强实体经济抵御利率波动风险的能力。其次,有助于完善债券体系,促进债券市场发展。最后,推进债券市场统一互联。国债期货作为横跨交易所市场和银行间市场的衍生品,能促进交易所和银行间债券市场协调发展。投资者通过国债期货和现货两个市场进行风险管理和套利操作,加强了期、现货市场间的联系,有利于消除同一券种在两个债券市场上的定价差异。通过市场化手段促进两个债券市场的统一和互联互通,提高债券市场的定价效率。同时,跨市场操作机制会吸引众多投资者参与,通过国债期货的实物交割机制,推动债券在两个分割的市场间流动,增进交易所与银行间市场的统一和互联互通,促进债券市场的长期稳定发展。

二是焦煤、铁矿石、动力煤等新品种成功上市,进一步完善了黑色金属产业链,为产业链上中下游企业参与套利与套保,提供了便利条件,对于规避生产经营风险,具有重要的现实意义。而动力煤期货的上市,对促进煤炭中远期价格体系的建设意义重大。

三是鸡蛋以及纤维板、胶合板期货分别填补了国内畜牧和林木期货产品的空白。而石油沥青和粳稻期货也分别对完善石油化工和水稻产业链具有重要的意义。

(二)全面优化和完善交易制度,更好服务实体经济

各交易所修订和制定了《期货交易风险控制管理办法》、《套期保值管理办法》、《期货交易细则》、《期货结算细则》和《套利交易管理办法》等业务细则,调降临近交割月保证金标准,减少保证金和限仓标准调整梯度,放宽会员持仓限制,降低了市场交易成本,更加方便产业客户参与。

为规范套利交易行为，促进期货市场的规范发展，三家商品交易所分别根据《大连商品交易所交易规则》、《郑州商品交易所交易规则》、《上海期货交易所交易规则》制定了套利交易管理办法，单向大边保证金制度正式付诸实施。此举创造性地把国际通用的标准化投资组合风险分析系统（SPAN）保证金计算方法和国内期市的实际情况结合起来，为我国期市保证金制度同国际接轨和竞争力提升打下了良好的基础。

金、银等六大金属期货品种引进连续交易制度。2013年7月5日21时，上期所黄金、白银期货连续交易率先上线。12月20日，连续交易推广至铜、铝、锌、铅等期货品种上。连续交易制度的推出，不仅是顺应实体经济国际化的现实需求，也是提升期货市场运行效率、促进市场功能发挥的重大创新举措。国内其他交易所也在积极筹划推出上市品种的连续交易。

二、中介机构创新业务稳步发展

2013年，一方面，期货公司投资咨询、资产管理、风险管理子公司等创新业务拓宽发展空间，成为期货公司新的利润增长点和核心竞争力。另一方面，期货公司增资扩股、兼并重组、做大做强。其中中国期货公司“走出去”海外并购迈出重要一步，广发期货有限公司的全资子公司广发期货（香港）有限公司与法国外贸银行（Natixis S. A.）签署了收购其直接持有的NCM期货公司100%股权的协议。从国内情况来看，长江期货有限公司吸收合并湘财祈年期货经纪有限公司；弘业期货股份有限公司吸收合并华证期货有限公司；方正证券股份有限公司收购北京中期期货有限公司，北京中期期货有限公司与方正期货有限公司合并，成立方正中期期货有限公司；山西证券股份有限公司收购格林期货有限公司，格林期货有限公司吸收合并大华期货有限公司，成立格林大华期货有限公司。另外，期货公司获得基金代销资格。中国证监会对《证券投资基金销售管理办法》进行了修改，新办法扩大了基金销售机构类型，允许期货公司进入基金销售领域。

（一）资管业务发展概况

截至2013年底，全国共有29家期货公司取得资产管理业务资格，其中28家公司已正式开展期货资产管理业务，国内期货公司资管业务账户共计280户。第一批18家获期货资管牌照的期货公司发行期货资管产品规模18.8亿元。按期货市场保证金2200亿元的总量计，期货资管的规模占市场的0.85%。其中，8家期货公司资管产品规模在亿元以上（包括1亿元）。业务模式以一对一模式为主，因此发展规模受到一定程度的限制。目前，阳光化的期货资管业务开展路径有期货公司资管、基金专户、信托和券商等资管渠道。与基金专户业务迅猛发展形成鲜明对比的是，期货公司资产管理业务增长相对缓慢。

（二）风险管理服务子公司创新业务发展情况

2013年3月19日，中期协公布了首批8家完成开展风险管理服务子公司业务试点备案的期货公司，截至2013年末，共有23家期货公司参加中国期货业协会组织的风险管理服务子公司业务试点方案专业评估会议，20家期货公司在协会完成开展风险管理服务子公司（以下简称子公司）业务试点的备案工作，19家子公司完成工商注册，18家子公司在期货交易所开立期货交易账户，17家子公司开展了具体的试点业务。这标志着继经纪、投资咨询、资产管理业务之后，期货公司又一支柱业务进入实际运营阶段，市场服务能力进一步提高，收入渠道进一步拓宽。目前不少期货公司该项业务已经开始盈利。

三、其他创新情况

（一）上海国际能源交易中心成功落户中国（上海）自由贸易试验区，并承担推进国际原油期货平台筹建工作

2013年9月27日，中国（上海）自由贸易试验区正式揭牌。当日，证监会公布《资本市场支持促进中国（上海）自由贸易试验区若干政策措施》，国际原油期货平台建设、证券期货市场双向开放以及场外衍生品市场建设在列。11月22日，上海国际能源交易中心股份有限公司在上海自贸区正式挂牌，标志着国际原油期货平台筹建迈出关键一步。另外，多家期货公司已经在上海自贸区设立或者申请设立风险管理子公司或期货营业部。

（二）期货公司获基金代销资格

2013年，中国证监会对《证券投资基金销售管理办法》进行了修改，新办法扩大了基金销售机构类型，允许期货公司进入基金销售领域。截至2013年末，中信建投期货有限公司和中国国际期货有限公司两家期货公司获取了基金代销资格。

（三）六大期权产品仿真交易接连被推出

2013年10月以来，郑商所、大商所、中金所、上期所、上证所面向全市场先后推出了白糖期货期权、豆粕期货期权、沪深300指数期权、铜期货期权和黄金期货期权、个股期权的仿真交易。期权筹备工作推进速度加快。

2014年全国期货市场交易情况

中国期货业协会最新统计资料表明，1－12月全国期货市场累计成交量为2,505,818,662手，累计成交额为2,919,866.59亿元，同比分别增长21.54%和9.16%。

上海期货交易所1－12月上海期货交易所累计成交量为842,294,223手，累计成交额为632,353.25亿元，同比分别增长31.10%和4.67%，分别占全国市场的33.61%和21.66%。

郑州商品交易所1－12月郑州商品交易所累计成交量为676,306,253手，累计成交额为232,399.30亿元，同比分别增长28.76%和22.98%，分别占全国市场的26.99%和7.96%。

大连商品交易所1－12月大连商品交易所累计成交量为769,637,041手，累计成交额为414,944.31亿元，同比分别增长9.87%和下降12.00%，分别占全国市场的30.71%和14.21%。

中国金融期货交易所1－12月中国金融期货交易所累计成交量为217,581,145手，累计成交额为1,640,169.73亿元，同比分别增长12.42%和16.32%，分别占全国市场的8.68%和56.17%。

2014 年 12 月份全国期货市场交易情况统计

交易所名称	品种名称	今年累计成交总量（手）	去年同期成交总量（手）	同比增减（%）	今年累计成交总量占全国份额（%）	今年累计成交总额（亿元）	去年同期成交总额（亿元）	同比增减（%）	今年累计成交总额占全国份额（%）
上海期货交易所	铜	70,510,306	64,295,856	9.67%	2.81%	168,728.76	167,323.62	0.84%	5.78%
	铝	13,926,276	3,305,575	321.30%	0.56%	9,628.45	2,407.32	299.97%	0.33%
	锌	40,429,347	12,083,166	234.59%	1.61%	33,285.68	9,040.92	268.17%	1.14%
	铅	1,457,822	172,759	743.85%	0.06%	1,036.43	246.28	320.84%	0.04%
	黄金	23,865,406	20,087,824	18.81%	0.95%	59,913.14	53,545.31	11.89%	2.05%
	白银	193,487,650	173,222,611	11.70%	7.72%	115,091.49	115,554.86	-0.40%	3.94%
	天然橡胶	88,631,586	72,438,058	22.36%	3.54%	127,785.03	145,267.78	-12.03%	4.38%
	燃料油	1,469	1,039	41.39%	0.00%	2.48	2.51	-1.23%	0.00%
	石油沥青	650,169	3,134,301	-79.26%	0.03%	276.86	1,370.53	-79.80%	0.01%
	螺纹钢	408,078,103	293,728,929	38.93%	16.29%	116,204.03	109,407.13	6.21%	3.98%
	线材	665	3,862	-82.78%	0.00%	0.22	1.46	-84.99%	0.00%
	热轧卷板	1,255,424	--	--	0.05%	400.68	--	--	0.01%
	总额	842,294,223	642,473,980	31.10%	33.61%	632,353.25	604,167.73	4.67%	21.66%
郑州商品交易所	一号棉	31,781,857	7,452,068	326.48%	1.27%	21,897.11	7,405.90	195.67%	0.75%
	早籼稻	332,485	872,946	-61.91%	0.01%	154.05	354.28	-56.52%	0.01%
	甲醇 ME	10,566,137	3,497,627	202.09%	0.42%	14,168.31	5,551.77	155.20%	0.49%
	甲醇 MA	14,048,540	--	--	0.56%	2,978.37	--	--	0.10%
	菜籽油	13,894,567	12,699,869	9.41%	0.55%	9,349.88	9,551.82	-2.11%	0.32%
	油菜籽	17,219	1,172,724	-98.53%	0.00%	8.37	633.59	-98.68%	0.00%
	菜籽粕	303,514,400	160,100,373	89.58%	12.11%	77,837.15	39,194.20	98.59%	2.67%
	白糖	97,723,498	69,788,050	40.03%	3.90%	45,900.91	36,305.78	26.43%	1.57%
	PTA	117,839,489	76,257,667	54.53%	4.70%	36,491.93	30,318.66	20.36%	1.25%
	普麦	1,203	1,894	-36.48%	0.00%	1.54	2.35	-34.33%	0.00%
	强麦	1,025,486	2,903,378	-64.68%	0.04%	561.60	1,293.12	-56.57%	0.02%
	玻璃	78,725,425	186,104,877	-57.70%	3.14%	16,845.52	53,390.93	-68.45%	0.58%
	动力煤	5,645,895	4,357,234	29.58%	0.23%	5,832.36	4,951.12	17.80%	0.20%
	粳稻	8,855	40,480	-78.13%	0.00%	5.53	24.83	-77.74%	0.00%
	晚籼稻	52,116	--	--	0.00%	29.50	--	--	0.00%
	硅铁	767,619	--	--	0.03%	221.23	--	--	0.01%
	锰硅	361,462	--	--	0.01%	115.97	--	--	0.00%
	总额	676,306,253	525,249,187	28.76%	26.99%	232,399.30	188,978.31	22.98%	7.96%
大连商品交易所	黄大豆一号	27,197,413	10,993,500	147.40%	1.09%	12,216.11	5,062.50	141.31%	0.42%
	黄大豆二号	6,952	7,236	-3.92%	0.00%	2.56	3.06	-16.35%	0.00%
	胶合板	17,760,375	1,988,112	793.33%	0.71%	12,059.32	1,305.14	823.98%	0.41%
	玉米	9,329,939	13,313,633	-29.92%	0.37%	2,214.74	3,174.63	-30.24%	0.08%
	玉米淀粉	71,958	--	--	0.00%	19.87	--	--	0.00%
	纤维板	15,354,378	2,374,759	546.57%	0.61%	4,875.85	874.01	457.87%	0.17%
	铁矿石	96,359,128	2,189,215	4301.54%	3.85%	60,505.43	2,044.32	2859.68%	2.07%
	焦炭	63,688,294	115,306,637	-44.77%	2.54%	75,275.41	184,249.76	-59.14%	2.58%
	鸡蛋	35,188,187	1,951,323	1703.30%	1.40%	16,897.95	798.38	2016.52%	0.58%
	焦煤	57,605,436	34,259,550	68.14%	2.30%	28,559.13	23,317.07	22.48%	0.98%
	聚乙烯	71,754,393	72,142,084	-0.54%	2.86%	36,992.52	38,648.32	-4.28%	1.27%
	豆粕	204,988,746	265,357,592	-22.75%	8.18%	66,563.18	88,418.63	-24.72%	2.28%
	棕榈油	79,996,388	82,495,230	-3.03%	3.19%	44,783.15	50,846.34	-11.92%	1.53%
	聚丙烯	24,781,150	--	--	0.99%	12,138.02	--	--	0.42%
	聚氯乙烯	1,471,673	1,787,233	-17.66%	0.06%	430.52	593.21	-27.42%	0.01%
	豆油	64,082,631	96,334,673	-33.48%	2.56%	41,410.53	72,191.89	-42.64%	1.42%
	总额	769,637,041	700,500,777	9.87%	30.71%	414,944.31	471,527.27	-12.00%	14.21%

交易所名称	品种名称	今年累计成交总量（手）	去年同期成交总量（手）	同比增减（%）	今年累计成交总量占全国份额（%）	今年累计成交总额（亿元）	去年同期成交总额（亿元）	同比增减（%）	今年累计成交总额占全国份额（%）
中国金融期货交易所	沪深300股指期货	216,658,274	193,220,516	12.13%	8.65%	1,631,384.56	1,407,002.32	15.95%	55.87%
	5年期国债期货	922,871	328,795	180.68%	0.04%	8,785.17	3,063.89	186.73%	0.30%
	总额	217,581,145	193,549,311	12.42%	8.68%	1,640,169.73	1,410,066.21	16.32%	56.17%
全国期货市场交易总额		2,505,818,662	2,061,773,255	21.54%	100.00%	2,919,866.59	2,674,739.52	9.16%	100.00%

注:1.本表根据上海期货交易所、郑州商品交易所、大连商品交易所和中国金融期货交易所提供数据计算;2.表中数据均为单边计算;3.表中数据均不含期转现数据。

2013年期货公司基本情况

2013年，中国期货市场创新发展提速，资产管理业务、风险管理服务子公司业务取得突破，期货公司创新转型迈出坚实一步。新业务虽有突破，但收入占比有限，传统经纪业务收入仍然是期货公司的“粮仓”。期货公司传统经纪业务竞争愈演愈烈，“增产不增收”现象明显，两极分化严重。在激烈竞争的背景下，期货公司并购、重组加快，行业集中度进一步提高。

一、期货公司整体经营情况

截至2013年末，我国持续经营的期货公司共156家，其中，证券公司参股控股期货公司71家。全国期货营业部共1469家，较2012年底增加了76家。全国期货公司总资产为2569.07亿元（含客户资产），较2012年增长10.83%；净资产为522.14亿元，净资本为439.37亿元，分别较2012年增长了14.29%和5.18%。

截至2013年末，全国156家期货公司代理成交额为267.06万亿元，共吸纳客户保证金1988.18亿元，分别较2012年增长了56.07%和9.6%。期货公司经纪业务手续费收入为124.11亿元，营业利润为46.53亿元，净利润35.55亿元，与2012年相比基本持平，行业“增产不增收”现象明显（见表1）。

表1　2012－2013年期货公司整体状况

指标	2013年	2012年	增长率
公司数量（家）	156	160	-2.50
营业部数量（家）	1469	1380	5.51
总资产（亿元）	2569.07	2318.10	10.83
净资产（亿元）	522.14	456.85	14.29
净资本（亿元）	439.37	417.74	5.18
客户保证金（亿元）	1988.18	1814.01	9.60
手续费收入（亿元）	124.11	123.63	0.39
营业利润（亿元）	46.53	46.02	1.11
净利润（亿元）	35.55	35.77	-0.62
代理成交额（万亿元）	267.06	171.12	56.07%

资料来源：中国期货业协会相关资料。

二、期货公司资本规模情况

2013年，期货公司资本规模稳步提升，较2009年增长157.41%，年均增长率达到39.35%。自2009年以来，期货公司的资本实现了连续的快速扩张，主要是两方面原因：一是股指期货上市，证券公司收购期货公司并进行增资及行业竞争带来期货公司之间的并购重组；二是期货公司为抢占市场先机，满足开展创新业务的资本要求，纷纷增加注册资本。期货公司资本实力的提升，为期货公司由单一通道业务向“资本＋中介＋专业”的创新转型提供了资本基础（见表2）。

表2　2011－2013年实收资本情况表

单位：万元

实收资本	2013年	2012年	2011年	变动幅度（%）	
				2013年比2012年	2012年比2011年
总额	3835495.94	3443845.09	2814962.09	11.37	22.34
平均额	24586.51	21524.03	17484.24	14.23	23.11

资料来源：中国期货业协会相关资料。

2013年，从期货公司注册资本的分布情况来看，59家期货公司的注册资本处于1亿元及以下，占比37.42%；61家期货公司的注册资本处于1亿元至3亿元之间，占比39.35%；注册资本在3亿元以上的期货公司数量在稳步增加，达到36家，占比23.23%（见表3）。其中，4家期货公司的注册资本超过10亿元，中国国际期货有限公司的注册资本为17亿元、中信期货有限公司的注册资本为15亿元、银河期货有限公司的注册资本为12亿元、广发期货有限公司的注册资本为11亿元。

表3　2010－2013年期货公司注册资本分布情况

单位：家

年度	1亿元及以下	1亿～3亿元	3亿～5亿元	5亿～8亿元	8亿～10亿元	10亿元以上
2010	105	46	9	3	0	0
2011	85	57	9	6	3	1
2012	69	63	12	10	3	3
2013	59	61	15	12	5	4

资料来源：中国期货业协会相关资料。

三、期货公司代理业务规模情况

（一）代理成交量和成交额情况

2013年，期货公司代理业务规模大幅增长，代理成交量为20.58亿手，同比增长41.93%；代理成交额为267.06亿元，同比增长56.07%（见表4）。

表4　2007－2013年期货公司代理成交量和代理成交额

年度	代理成交量（亿手）	增长率（%）	代理成交额（万亿元）	增长率（%）
2007	3.64	63.23	20.49	95.10

年度	代理成交量（亿手）	增长率（%）	代理成交额（万亿元）	增长率（%）
2008	6.82	87.36	35.96	75.50
2009	10.79	58.21	65.26	81.48
2010	15.67	45.23	154.56	136.84
2011	10.54	-32.74	137.51	-11.03
2012	14.50	37.57	171.12	24.44
2013	20.58	41.93	267.06	56.07

资料来源：中国期货业协会相关资料。

（二）三大中心区域优势依然明显

从期货公司的区域分布看，上海、北京、浙江的经济活跃带动了期货公司的业务增长，这些地区期货公司的整体发展规模、经营状况均具有相对优势。2013 年，上海、北京、浙江地区期货公司代理成交额占比持续增长，上海稳居各地区首位，优势明显。从 2012—2013 年全国期货公司的代理成交额排名来看，排名靠前的期货公司也大多为上述地区的公司（见表 5）。

表 5　2012－2013 年代理成交额期货公司辖区占比分布情况

地区	2013 年（%）	2012 年（%）
上海	26.58	22.83
北京	15.06	13.91
浙江	11.40	11.31
广东	8.72	9.20
深圳	8.33	8.41

资料来源：中国期货业协会相关资料。

从 156 家期货公司的区域分布图（见图 1）可以看出，我国期货公司主要集中在经济较发达的上海、北京、深圳、浙江等地。其中，上海地区的期货公司数量依然是最多的，达到 28 家，较 2012 年增加 2 家。

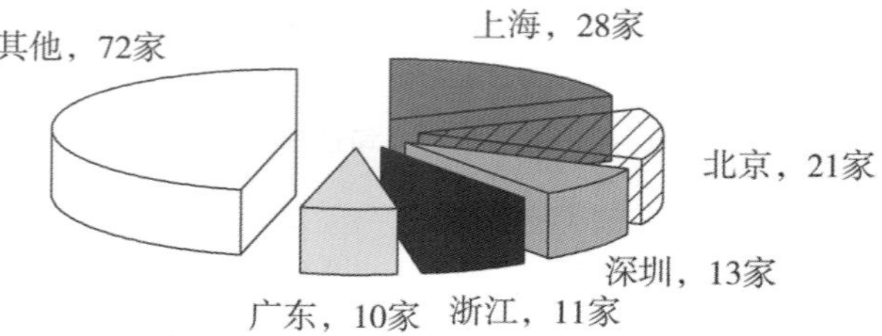

资料来源：中国期货业协会相关资料。

图 1　2013 年期货公司区域分布

2013 年期货中介机构创新业务发展状况

一、期货公司境外分支机构业务情况

截至 2013 年末，6 家香港子公司资产合计超过 40 亿港元，累计盈利 1.04 亿港元。6 家香港子公司中 5 家实现盈利，1 家亏损。其中，南华期货（香港）有限公司盈利最多，全年累计盈利超过 5000 万港元。

6 家香港子公司为广发期货（香港）有限公司、南华期货（香港）有限公司、金瑞期货（香港）有限公司、中国新永安期货有限公司、中国国际期货（香港）有限公司和格林期货（香港）有限公司。

二、期货投资咨询业务发展情况

截至 2013 年末，共有 93 家期货公司获得期货投资咨询业务资格，47 家期货公司投资咨询业务实现收入，收入总计为 5847.29 万元。1000 万元及以上收入规模的期货公司仅有 1 家，多数期货公司的投资咨询业务收入集中在 10 万元至 50 万元。期货投资咨询业务自 2011 年推出以来，发展速度相对缓慢，还未能成为期货公司的重要收入来源（见表 1）。

表 1　2013 年期货投资咨询业务开展情况

收入规模	公司数量（家）
1000 万元及以上	1
500 万～1000 万元	3
100 万～500 万元	8
收入规模	公司数量（家）
50 万～100 万元	6
10 万～50 万元	16
10 万元以下	13

资料来源：中国期货业协会相关资料。

三、期货公司资产管理业务发展情况

在 2012 年 7 月 31 日《期货公司资产管理业务试点办法》颁布以前，期货资产管理行业多以民间私募的形式存在，且缺乏必要的监管，规范程度不高。此后，期货公司资产管理业务试点展开，但由于时间较短，无论是从规模上还是产品数量上都还比较小，仍然处于起步阶段。截至 2013 年末，共有 29 家期货公司获得资产管理业务资格，23 家期货公司资产管理业务实现收入，收入总计为 1470.02 万元。

500 万元及以上收入规模的期货公司仅有 1 家，多数期货公司的资产管理业务收入集中在 50 万元以下（见表 2）。

表 2　2013 年期货公司资产管理业务开展情况

收入规模	公司数量（家）
500 万元及以上	1
100 万～500 万元	3
50 万～100 万元	2
10 万～50 万元	9
10 万元以下	8

资料来源：中国期货业协会相关资料。

截至 2013 年末，期货公司资管业务签约客户个人客户 224 户，单位 33 户；全国期货公司资管账户受托资金余额 125964 万元。其中单位客户受托资金余额 44252 万元；个人客户受托资金余额 81712 万元；全国期货公司资管账户期货净值有 133212 万元，其中单位客户委托资产期货净值 45629 万元，个人客户委托资产期货净值 87582 万元。

截至 2013 年末，获得资产管理业务资格的 29 家期货公司为中国国际期货有限公司、永安期货股份有限公司、中信期货有限公司、国投中谷期货有限公司、鲁证期货股份有限公司、海通期货有限公司、新湖期货有限公司、中粮期货有限公司、申银万国期货有限公司、南华期货股份有限公司、弘业期货股份有限公司、东证期货有限公司、光大期货有限公司、国泰君安期货有限公司、浙商期货有限公司、华泰长城期货有限公司、银河期货有限公司、广发期货有限公司、瑞达期货股份有限公司、万达期货股份有限公司、海航东银期货有限公司、东海期货有限责任公司、招商期货有限公司、宏源期货有限公司、国贸期货经纪

有限公司、大地期货有限公司、浙江中大期货有限公司、国信期货有限责任公司、中信建投期货有限公司。

四、期货公司设立风险管理服务子公司业务情况

截至2013年末，共有23家期货公司参加中国期货业协会组织的风险管理服务子公司业务试点方案专业评估会议，20家期货公司在协会完成开展风险管理服务子公司（以下简称子公司）业务试点的备案工作，19家子公司完成工商注册，18家子公司在期货交易所开立期货交易账户，17家子公司开展了具体的试点业务。完成工商注册登记的子公司注册地主要分布在深圳、上海和杭州等地。其中，在深圳前海注册的有7家，在上海自贸区注册的有4家。子公司注册资本金总额达到16.6亿元。其中，2家子公司注册资金在2亿元及以上，8家子公司注册资金在1亿元（含）至2亿元之间，6家子公司注册资金在5000万元（含）至1亿元之间，3家子公司注册资金在5000万元以下。

截至2013年末，子公司从业人员总数为186人。从人员背景来看，来自现货企业38人，期货公司75人，其他金融机构15人，其他行业58人；子公司从业人员中，116人通过期货从业资格考试，其中15人通过了期货投资分析考试。

2013年度17家开展业务的子公司共计签署现货业务合同1128笔。其中，即期现货业务合同911笔，占比81%，远期现货业务于合同217笔，占比19%。子公司交易总金额99.68亿元。其中，即期现货合同成交额62.75亿元，占比63%；远期合同成交额36.93亿元，占比37%。子公司全年共签订合作套保协议24笔，保值标的物的市场价值总额为2.27亿元。

子公司试点业务涉及的期货交易品种20个，涵盖农产品、金属和能源化工类等产品。少数子公司还参与大宗商品交易市场的交易。截至2013年末，除贵金属外，全年子公司在期货市场及大宗商品交易市场交易量达186.6万吨，成交额达198.67亿元。子公司全年贵金属成交量达到157565千克，成交额达到1.85亿元。

五、期货公司获基金代销资格

2013年，中国证监会对《证券投资基金销售管理办法》进行了修改，新办法扩大了基金销售机构类型，允许期货公司进入基金销售领域。期货公司申请基金销售业务资格，应当具备条件包括：有专门负责基金销售业务的部门；净资本等财务风险监控指标符合中国证监会的有关规定；最近3年没有挪用客户保证金等损害客户利益的行为；没有因违法违规行为正在被监管机构调查或者正处于整改期间，最近3年内没有受到重大行政处罚或者刑事处罚；没有发生已经影响或者可能影响公司正常运作的重大变更事项，或者诉讼、仲裁等其他重大事项；公司负责基金销售业务的部门取得基金从业资格的人员不低于该部门员工人数的1/2，负责基金销售业务的部门管理人员取得基金从业资格，熟悉基金销售业务，并具备从事基金业务2年以上或者在其他金融相关机构5年以上的工作经历；公司主要分支机构基金销售业务负责人均已取得基金从业资格；取得基金从业资格的人员不少于20人。

截至2013年末，仅有中信建投期货有限公司和中国国际期货有限公司两家期货公司取得了基金代销资格。

2013年中国金融期货交易所工作概况

一、会员数量及结构

截至2013年末，中国金融期货交易所（以下简称中金所）账户总数达到16.76万户。证券、基金、信托、QFII、保险等机构参与股指期货的政策均已明确，截至2013年末，已有75家证券公司、69家基金公司、7家信托公司参与股指期货交易。

二、交易情况

截至2013年12月31日，股指期货累计成交3.9亿手，日均成交43.9万手，累计成交金额301.4万亿元，日均成交金额3352亿元。2013年成交1.93亿手，成交金额140.7万亿元，同比分别增长83郾91%和85.52%。国债期货于9月6日正式上市。截至12月31日，国债期货全年成交32.9万手，成交金额3064亿元，日均成交4326手，日均成交40亿元，日均持仓3737手。

三、品种与制度创新

加快推进产品研发和上市准备，正式启动沪深300股指期权全市场仿真，完成中证500等后续指数期货的研究与开发，启动人民币对美元、欧元、英镑等期货的交易所内仿真交易，短期利率期货等新产品研发工作进展顺利。加大对境内外市场调研走访，加强场外衍生品集中清算业务研究，完成核心业务模型的原型设计。中国（上海）自由贸易试验区建设方案出台之后，多次赴自贸区管委会等单位调研，研究了解相关政策精神，完成在自贸区建设面向国际的交易平台论证工作。

四、信息技术创新与发展

根据国债期货上市和其他新产品研发准备情况，完成国债期货、指数期权、外汇期货仿真等相关业务系统改造，推动会员单位技术准备。形成新一代系统规划方案准备，新一代系统建设有序推进。完成张江数据中心建设，启动大连异地灾备数据中心建设和上海国际金融中心机房建设咨询项目。开展证联网建设，顺利完成年度项目建设任务。推进精益化分级保障，提升安全运维效率。根据市场和行业发展需要，完成飞马平台、一线通平台和金融清算平台等上线发布，探索技术公司市场化发展。加强与指数公司、行情商、信息商等合作，交易所信息数据服务水平不断提升，业务数据和信息数据管理安全有效。

五、自律管理

继续深入开展股指期货市场日常监控，深化跨市场监管机制，规范实际控制关系、程序化交易监管，确保市场规范运行。根据国债期货产品特征和风险特性，建立金融期货适当性制度，制定国债期货监控方案及风险预案，推动建立跨市场监管协作机制，健全大户持仓报告制度，推进国债现货和期货的监控系统改造，实现监控系统由单品种监管向多品种监管转变。配合股指期权等产品创新步伐，全力推进监管准备，完善监查相关业务系统。适应业务发展和产品创新需要，全面修订业务规则，完成业务与产品并重、多维度和多层次的规则体系重构。以“期货法”立法为重点，大力推动期货市场法律研究工作。深刻领会证监会党委的指示精神，反思和优化监管业务流程和机制，研究制定《关于进一步加强交易所监管工作的意见》。

六、市场服务

根据市场发展的需要，调整股指期货手续费和套期保值交易手续费，调整股指期货持仓限额标准，降低市场成本，促进市场功能发挥。修订《会员管理办法》，优化套保套利管理，简化额度申请流程，扩展套期保值内涵，引入风险管理理念。加强政策协调，大力推进各类机构参与股指期货、国债期货政策的研究制定和出台，实现保险资金参与股指期货。充分调动会员力量，以“点”带“面”，组织实施行业内

首次国债期货会员种子讲师培训计划，持续开展针对会员单位高管和业务人员的系列培训，初步实现从业人员培训的机制化、常态化。

七、国际交流与合作

与新加坡交易所以及纳斯达克 OMX 签订谅解备忘录，与境外交易所在期权业务培训、场外集中清算业务咨询、信息经营等方面展开全面合作。

八、内部建设

中金所全面提升交易所内部管理水平。以制度制定修订为抓手，全面优化内部管理流程，提升交易所科学化、规范化、精细化管理水平，全年完成 73 项管理制度制定修订。构建科学、严格、高效的财务内控体系，通过联合鉴证，加强合规管理，防范内部控制和业务流程风险。加大人才引进力度，重点补充到国债、期权、外汇等产品研发岗位，优化队伍结构。按照“化繁为简、依据权威、预期稳定、群众认可、多元激励”的原则，启动人力资源管理体系改革。以制定《中金所控股子公司管理办法》为抓手，对子公司进行规范化和制度化管理。

九、投资者教育

在继续做好股指期货市场培训的同时，加大国债期货市场培训工作，开展针对监管部门、会员单位、机构投资者、重点辖区投资者和普通客户的五大系列活动，累计达到 205 场、培训 32700 余人次，覆盖全国 73 个城市。充分发动社会力量，先后与 16 家地方局、全国 36 个证券期货业协会联合开展培训，提高培育覆盖范围和深度。

2013 年度期货公司净利润排名

（单位：万元）

序号	公司名称	净利润
1	中信期货	22,379.34
2	永安期货	22,013.85
3	中粮期货	17,695.88
4	国泰君安	14,966.19
5	银河期货	14,751.26
6	中国国际期货	13,031.00
7	国信期货	12,984.24
8	海通期货	11,661.02
9	广发期货	11,294.05
10	华泰长城期货	11,045.92
11	招商期货	9,412.68
12	光大期货	9,052.97
13	南华期货	8,886.92
14	浙商期货	8,607.13
15	金瑞期货	8,505.92
16	瑞达期货	7,398.77
17	鲁证期货	7,064.88
18	弘业期货	6,789.75
19	中信建投	6,701.72
20	申银万国	6,551.70
21	万达期货	6,360.74
22	东证期货	5,589.51
23	宏源期货	5,414.95
24	长江期货	5,110.21
25	国投中谷	4,617.83
26	新湖期货	4,529.61
27	中大期货	4,366.63
28	迈科期货	4,269.08
29	信达期货	4,125.93
30	方正期货	3,901.32
31	经易期货	3,820.01
32	兴证期货	3,560.69
33	中投天琪期货	3,492.29
34	五矿期货	3,407.63
35	北京中期	3,334.69
36	东海期货	3,187.08
37	徽商期货	3,051.20
38	大地期货	2,987.24
39	上海中期	2,541.65
40	格林大华	2,339.79
41	华西期货	2,294.26
42	美尔雅期货	2,191.69
43	国贸期货	2,183.64
44	国联期货	2,161.98
45	国海良时	2,096.83
46	华安期货	2,064.44
47	浙江新世纪期货	2,002.13
48	东航期货	1,864.04
49	金鹏期货	1,849.65
50	一德期货	1,777.51
51	摩根大通	1,758.88
52	成都倍特	1,733.45
53	锦泰期货	1,573.12
54	渤海期货	1,512.31
55	中衍期货	1,496.44
56	大越期货	1,477.51
57	中辉期货	1,403.63
58	安信期货	1,374.64
59	新纪元期货	1,372.92
60	云晨期货	1,328.42
61	东吴期货	1,325.73
62	中信新际	1,222.52
63	中银国际期货	1,218.34
64	华联期货	1,168.56
65	广州期货	1,128.23
66	宝城期货	1,124.77
67	国元期货	1,094.30
68	国金期货	1,005.13
69	天风期货	982.80
70	江西瑞奇	965.81
71	中原期货	942.17
72	道通期货	929.93
73	安粮期货	904.05
74	财富期货	899.47
75	金友期货	879.92
76	冠通期货	876.02

序号	公司名称	净利润
77	上海大陆	783.15
78	中州期货	774.85
79	红塔期货	772.32
80	海航东银	760.78
81	上海金源	718.53
82	平安期货	714.42
83	良运期货	710.30
84	招金期货	703.04
85	金元期货	684.68
86	中钢期货	647.04
87	国都期货	625.16
88	东兴期货	608.37
89	华龙期货	510.83
90	南证期货	485.20
91	金汇期货	484.97
92	华创期货	479.41
93	创元期货	456.06
94	上海浙石	455.06
95	英大期货	439.06
96	上海良茂	354.01
97	宁波杉立	338.81
98	中电投先融	314.14
99	华融期货	306.06
100	神华期货	297.71
101	乾坤期货	285.72
102	湖南大有	253.04
103	西部期货	246.71
104	江苏文峰	230.50
105	江苏东华	197.47
106	长安期货	147.52
107	汇鑫期货	123.49
108	华鑫期货	123.07
109	民生期货	120.83
110	盛达期货	118.57
111	海证期货	117.24
112	德盛期货	101.61
113	首创期货	97.33
114	集成期货	95.64
115	中航期货	71.84
116	同信久恒	70.63
117	中融汇信	62.89
118	金信期货	52.92
119	深圳瑞龙	47.29
120	国富期货	46.87
121	上海通联	46.35
122	和融期货	25.11
123	新晟期货	7.44
124	新疆天利	6.65
125	和合期货	3.05
126	河北恒银	-92.18
127	天津金谷	-128.70
128	上海普民	-131.74
129	江信国盛	-145.36
130	金石期货	-184.09
131	时代期货	-191.38
132	象屿期货	-204.94
133	山西三立	-219.28
134	津投期货	-239.65
135	上海东方	-268.33
136	大通期货	-297.34
137	华闻期货	-302.58
138	江南期货	-381.17
139	海南金海岸	-397.48
140	华南期货	-405.48
141	鸿海期货	-423.18
142	恒泰期货	-453.03
143	京都期货	-472.39
144	第一创业	-530.32
145	天富期货	-551.68
146	西南期货	-576.45
147	广永期货	-623.00
148	银建期货	-980.80
149	财达期货	-982.81
150	鑫鼎盛期货	-1,001.28
151	华海期货	-1,007.66
152	晟鑫期货	-1,095.53
153	天鸿期货	-1,354.99
154	东方汇金期货	-2,032.77
155	上海东亚	-3,172.64
156	中财期货	-3,352.44

2013年度期货公司净资本排名

（单位：万元）

序号	公司名称	净资本
1	中信期货	165604.36
2	中粮期货	154733.27
3	银河期货	139950.64
4	中国国际期货	131707.79
5	南华期货	101645.87
6	弘业期货	101425.30
7	国泰君安	95053.99
8	申银万国	91304.01
9	华泰长城期货	88539.90
10	五矿期货	86225.30
11	广发期货	84192.59
12	永安期货	81224.48
13	鲁证期货	79464.49
14	国信期货	79205.75
15	海通期货	75093.85
16	浙商期货	74202.85
17	招商期货	65117.12
18	光大期货	63779.47
19	新湖期货	62453.07

序号	公司名称	净资本
20	国投中谷	61944.14
21	东证期货	61495.11
22	全瑞期货	60005.60
23	中大期货	56984.14
24	万达期货	56521.46
25	东海期货	55892.48
26	中信建投	55043.58
27	迈科期货	54635.41
28	瑞达期货	54588.51
29	国贸期货	54022.49
30	大地期货	53822.72
31	格林大华	52945.31
32	锦泰期货	52816.27
33	海航东银	51911.25
34	摩根大通	48980.03
35	信达期货	43937.66
36	上海中期	42487.74
37	兴证期货	38723.38
38	宏源期货	38008.82
39	方正期货	36970.09
40	中航期货	36765.75
41	中投天琪期货	36651.79
42	长江期货	36090.61
43	英大期货	31000.63
44	中钢期货	30945.13
45	东兴期货	30118.80
46	中信新际	29145.41
47	华安期货	25659.51
48	浙江新世纪期货	24938.00
49	成都倍特	24810.23
50	安信期货	24146.13
51	上海金源	23642.33
52	经易期货	23238.54
53	北京中期	22761.58
54	美尔雅期货	22751.46
55	东吴期货	21987.37
56	上海浙石	21434.62
57	国联期货	21170.42
58	财富期货	21124.19
59	国海良时	20986.09
60	一德期货	20798.56
61	徽商期货	20224.52
62	华西期货	19956.66
63	华融期货	19379.47
64	中融汇信	19356.34
65	中辉期货	18442.85
66	宝城期货	17902.48
67	金元期货	17634.11
68	上海大陆	17365.15
69	道通期货	17093.04
70	大越期货	17092.60
71	冠通期货	16969.07
72	渤海期货	16952.95
73	金汇期货	16794.25
74	首创期货	16504.88
75	东航期货	16285.68
76	金鹏期货	15643.63
77	国金期货	15635.53
78	国元期货	15054.29
79	云晨期货	14724.68
80	中银国际期货	14538.09
81	中财期货	14393.10
82	新纪元期货	14234.94
83	乾坤期货	13899.83
84	创元期货	13733.48
85	宁波杉立	13714.05
86	国都期货	13038.81
87	中原期货	13001.62
88	西部期货	12983.24
89	广州期货	12895.79
90	长安期货	12733.36
91	中州期货	12677.29
92	上海东亚	12661.36
93	上海通联	12417.65
94	湖南大有	12190.76
95	中电投先融	12182.87
96	华鑫期货	12170.63
97	华龙期货	12155.88
98	上海良茂	12009.19
99	新晟期货	11708.72
100	红塔期货	11652.02
101	平安期货	11551.76
102	金友期货	11425.10
103	南证期货	11393.97
104	中衍期货	11228.20
105	招金期货	11029.86
106	华创期货	10417.24
107	海证期货	10282.73
108	广永期货	10272.42
109	江苏文峰	10053.99
110	安粮期货	9892.77
111	良运期货	9883.96
112	汇鑫期货	9834.66
113	江苏东华	9598.32
114	象屿期货	9445.45
115	民生期货	9356.99
116	江西瑞奇	8919.39
117	华闻期货	8651.60
118	华联期货	8642.01
119	银建期货	8523.05
120	深圳瑞龙	8231.62
121	天富期货	7987.32
122	恒泰期货	7923.38
123	同信久恒	7920.71

序号	公司名称	净资本
124	德盛期货	7895.45
125	津投期货	7284.80
126	天风期货	7126.10
127	神华期货	6626.02
128	第一创业	6595.52
129	金石期货	6331.80
130	国富期货	5986.34
131	集成期货	5801.21
132	盛达期货	5554.29
133	东方汇金期货	5522.36
134	金信期货	5486.10
135	财达期货	5296.85
136	鸿海期货	4538.40
137	河北恒银	4370.06
138	和融期货	4362.28
139	京都期货	4155.79
140	新疆天利	3954.69
141	天津金谷	3943.03
142	晟鑫期货	3911.01
143	西南期货	3844.19
144	鑫鼎盛期货	3672.88
145	江信国盛	3550.07
146	山西三立	3350.10
147	上海东方	2944.27
148	天鸿期货	2838.57
149	华海期货	2574.84
150	上海普民	2479.09
151	江南期货	2316.11
152	华南期货	2199.91
153	大通期货	2121.98
154	和合期货	2102.79
155	时代期货	1848.41
156	海南金海岸	1651.59

2013年度期货公司净资产排名

（单位：万元）

序号	公司名称	净资产
1	中粮期货	243,157.70
2	中国国际期货	204,308.95
3	中信期货	201,205.64
4	银河期货	142,089.49
5	永安期货	139,574.95
6	广发期货	130,290.26
7	海通期货	123,145.50
8	南华期货	121,848.17
9	弘业期货	115,933.13
10	国泰君安	115,914.49
11	鲁证期货	113,199.43
12	五矿期货	105,650.09
13	华泰长城期货	98,544.48
14	申银万国	97,984.30
15	浙商期货	89,085.08
16	国信期货	78,422.35
17	光大期货	73,802.40
18	宏源期货	70,830.21
19	格林大华	70,111.76
20	招商期货	69,582.12
21	东证期货	67,611.30
22	万达期货	67,594.82
23	金瑞期货	66,008.51
24	新湖期货	65,158.22
25	锦泰期货	63,451.20
26	国投中谷	63,029.82
27	中大期货	62,496.99
28	中信建投	61,085.99
29	瑞达期货	61,075.12
30	大地期货	59,704.41
31	国贸期货	56,053.23
32	东海期货	55,671.37
33	迈科期货	55,061.32
34	海航东银	51,444.07
35	摩根大通	48,727.82
36	英大期货	46,251.78
37	长江期货	44,733.43
38	信达期货	43,651.83
39	上海中期	41,514.55
40	中投天琪期货	40,075.64
41	中钢期货	39,805.93
42	兴证期货	38,996.37
43	中航期货	38,198.76
44	方正期货	38,045.27
45	东兴期货	32,512.98
46	华融期货	31,228.34
47	中信新际	29,797.80
48	安信期货	27,577.99
49	经易期货	27,194.13
50	国联期货	26,673.71
51	华西期货	26,175.75
52	国海良时	25,495.30
53	华安期货	25,454.24
54	一德期货	25,410.93
55	浙江新世纪期货	24,770.48
56	东吴期货	24,387.77
57	成都倍特	24,275.14
58	上海金源	23,324.43
59	中财期货	23,096.44
60	上海浙石	22,760.39
61	金元期货	22,560.87
62	金鹏期货	22,452.89
63	北京中期	22,252.49
64	美尔雅期货	22,245.50
65	财富期货	21,797.45
66	国元期货	21,000.14

序号	公司名称	净资产
67	长安期货	20,604.68
68	华鑫期货	20,357.32
69	中融汇信	20,163.09
70	渤海期货	20,117.60
71	上海大陆	19,267.55
72	道通期货	18,909.81
73	国都期货	18,725.80
74	徽商期货	18,219.19
75	首创期货	17,694.28
76	冠通期货	17,675.40
77	宝城期货	17,315.84
78	金汇期货	17,306.87
79	中银国际期货	17,071.72
80	国金期货	16,755.98
81	湖南大有	16,739.27
82	中辉期货	16,357.62
83	东航期货	16,221.12
84	大越期货	16,034.29
85	海证期货	15,863.30
86	华闻期货	15,596.14
87	云晨期货	15,442.69
88	新纪元期货	15,392.60
89	创元期货	15,234.31
90	中衍期货	15,215.74
91	乾坤期货	14,282.10
92	平安期货	14,002.77
93	南证期货	13,949.21
94	西部期货	13,853.25
95	天风期货	13,627.53
96	宁波杉立	13,624.77
97	广州期货	13,452.41
98	上海东亚	13,274.72
99	中原期货	13,238.84
100	上海通联	13,030.66
101	天富期货	12,964.36
102	良运期货	12,759.01
103	新晟期货	12,619.00
104	安粮期货	12,504.14
105	华龙期货	12,479.31
106	红塔期货	12,434.34
107	中州期货	12,230.37
108	银建期货	12,154.20
109	中电投先融	11,904.59
110	华联期货	11,835.38
111	金友期货	11,729.18
112	招金期货	11,484.88
113	上海良茂	10,951.66
114	江苏文峰	10,894.71
115	德盛期货	10,877.06
116	汇鑫期货	10,825.68
117	广永期货	10,686.48
118	华创期货	10,643.74
119	江西瑞奇	10,437.22
120	象屿期货	9,935.40
121	恒泰期货	9,267.43
122	民生期货	9,200.73
123	江苏东华	9,107.02
124	东方汇金期货	9,099.92
125	金信期货	8,776.39
126	深圳瑞龙	8,581.33
127	同信久恒	8,540.25
128	津投期货	8,079.94
129	和融期货	7,717.85
130	天津金谷	7,429.28
131	京都期货	7,274.32
132	盛达期货	7,233.45
133	集成期货	7,198.24
134	第一创业	6,919.07
135	财达期货	6,439.83
136	神华期货	6,273.36
137	国富期货	6,161.92
138	金石期货	6,099.61
139	河北恒银	5,148.46
140	鸿海期货	4,732.64
141	鑫鼎盛期货	4,346.53
142	西南期货	4,220.57
143	晟鑫期货	4,168.56
144	天鸿期货	3,938.11
145	江信国盛	3,870.08
146	新疆天利	3,741.00
147	上海东方	3,327.47
148	华海期货	3,244.34
149	和合期货	2,838.03
150	上海普民	2,638.58
151	山西三立	2,600.20
152	江南期货	2,441.14
153	华南期货	2,316.50
154	大通期货	2,145.36
155	时代期货	2,069.92
156	海南金海岸	1,926.27

2013 年度期货公司客户权益排名

（单位：万元）

序号	公司名称	客户权益
1	中信期货	944,476.26
2	永安期货	924,298.55
3	海通期货	862,075.04
4	国泰君安	808,127.26
5	银河期货	703,532.11
6	中银万国	625,837.83
7	中粮期货	556,962.78
8	华泰长城期货	545,152.53
9	广发期货	522,518.24

序号	公司名称	客户权益
10	中国国际期货	454,873.78
11	南华期货	451,050.11
12	光大期货	449,175.60
13	万达期货	369,311.59
14	东证期货	356,761.54
15	浙商期货	342,143.92
16	金瑞期货	290,158.80
17	国投中谷	274,482.33
18	新湖期货	269,850.62
19	格林大华	266,019.09
20	鲁证期货	265,017.09
21	上海中期	243,622.86
22	兴证期货	228,826.13
23	长江期货	223,114.22
24	弘业期货	207,751.80
25	安信期货	204,562.12
26	瑞达期货	203,923.36
27	北京中期	198,727.92
28	经易期货	192,139.69
29	首创期货	187,999.80
30	招商期货	183,886.79
31	国信期货	178,715.34
32	宏源期货	175,973.97
33	东海期货	175,716.81
34	方正期货	175,205.44
35	中信建投	174,653.21
36	中钢期货	168,485.50
37	一德期货	167,346.96
38	中投天琪期货	160,509.10
39	五矿期货	153,089.87
40	中大期货	152,449.57
41	国海良时	149,550.22
42	迈科期货	145,308.94
43	宝城期货	143,729.71
44	国联期货	142,415.85
45	信达期货	141,098.63
46	成都倍特	138,642.48
47	中信新际	133,767.19
48	大地期货	133,334.63
49	国贸期货	122,578.17
50	华西期货	118,014.07
51	徽商期货	114,658.54
52	美尔雅期货	110,984.91
53	东吴期货	109,634.85
54	华安期货	106,843.11
55	财富期货	104,272.27
56	国金期货	101,528.18
57	上海大陆	99,516.57
58	冠通期货	98,829.01
59	渤海期货	94,956.68
60	广州期货	90,574.66
61	大越期货	89,453.80
62	浙江新世纪期货	88,970.51
63	道通期货	86,626.75
64	中辉期货	85,710.13
65	南证期货	84,579.70
66	湖南大有	77,551.33
67	中银国际期货	76,465.92
68	东航期货	76,249.70
69	华鑫期货	73,201.58
70	平安期货	70,517.03
71	良运期货	68,888.15
72	上海金源	67,341.76
73	英大期货	67,110.64
74	汇鑫期货	65,473.71
75	锦泰期货	64,670.30
76	天风期货	64,589.94
77	招金期货	62,120.96
78	中原期货	62,119.23
79	中融汇信	60,074.27
80	东兴期货	58,780.33
81	中州期货	56,999.83
82	中财期货	56,366.82
83	云晨期货	56,239.58
84	金友期货	55,762.46
85	国都期货	54,679.01
86	中衍期货	54,098.76
87	海航东银	52,173.21
88	安粮期货	51,608.33
89	新纪元期货	51,211.89
90	西部期货	47,694.73
91	江西瑞奇	47,188.38
92	创元期货	47,147.88
93	华联期货	46,547.40
94	新晟期货	46,100.48
95	红塔期货	45,336.62
96	海证期货	44,586.76
97	乾坤期货	44,070.15
98	金元期货	43,210.70
99	摩根大通	39,677.99
100	国元期货	39,017.89
101	金汇期货	38,927.50
102	上海东亚	38,227.72
103	集成期货	37,087.21
104	江苏东华	35,104.25
105	同信久恒	34,386.55
106	民生期货	34,187.55
107	上海通联	34,023.15
108	上海良茂	32,349.34
109	东方汇金期货	32,055.88
110	恒泰期货	32,050.39
111	神华期货	31,990.05
112	金鹏期货	30,307.98
113	广永期货	28,452.03

序号	公司名称	客户权益
114	宁波杉立	28,284.73
115	金石期货	27,683.46
116	华融期货	26,058.53
117	中电投先融	25,897.78
118	第一创业	23,141.95
119	长安期货	22,951.28
120	德盛期货	22,555.92
121	华闻期货	22,209.17
122	金信期货	21,736.99
123	天鸿期货	21,532.95
124	华创期货	20,833.44
125	银建期货	19,283.38
126	山西三立	18,912.83
127	盛达期货	18,145.04
128	中航期货	18,132.69
129	深圳瑞龙	17,833.74
130	鸿海期货	17,184.84
131	象屿期货	16,314.03
132	江南期货	15,770.74
133	河北恒银	15,643.68
134	华龙期货	15,130.39
135	天富期货	13,954.91
136	上海浙石	13,065.17
137	江苏文峰	12,116.85
138	国富期货	10,817.65
139	大通期货	10,136.91
140	京都期货	10,044.27
141	和融期货	8,420.34
142	和合期货	8,038.27
143	天津金谷	7,326.21
144	财达期货	6,123.70
145	江信国盛	6,065.10
146	晟鑫期货	5,886.47
147	鑫鼎盛期货	5,165.73
148	华海期货	5,162.03
149	津投期货	4,997.49
150	新疆天利	4,348.84
151	上海东方	3,350.85
152	西南期货	2,270.61
153	华南期货	457.62
154	时代期货	325.08
155	上海普民	80.22
156	海南金海岸	0.94

2013 年度期货公司手续费收入排名

（单位：万元）

序号	公司名称	手续费收入
1	永安期货	44,039.05
2	银河期货	36,632.78
3	海通期货	36,236.95
4	中信期货	35,294.13
5	国泰君安	34,721.58
6	中国国际期货	30,601.44
7	南华期货	29,153.04
8	华泰长城期货	27,770.73
9	广发期货	25,670.40
10	申银万国	25,405.69
11	弘业期货	24,157.88
12	浙商期货	22,308.58
13	光大期货	22,190.37
14	国信期货	20,912.36
15	鲁证期货	20,690.28
16	长江期货	18,617.70
17	瑞达期货	18,173.51
18	国海良时	17,114.83
19	中粮期货	16,915.56
20	北京中期	16,839.97
21	徽商期货	15,958.16
22	万达期货	15,577.29
23	招商期货	15,395.05
24	金瑞期货	15,305.41
25	中大期货	15,237.70
26	东海期货	14,963.07
27	方正期货	14,674.30
28	中信建投	14,343.22
29	兴证期货	14,142.46
30	国联期货	13,766.73
31	信达期货	13,421.09
32	东证期货	12,162.66
33	中辉期货	11,900.42
34	上海中期	11,877.17
35	宏源期货	11,494.19
36	中投天琪期货	11,455.12
37	宝城期货	11,152.58
38	新湖期货	11,135.63
39	格林大华	10,956.11
40	美尔雅期货	10,828.89
41	华鑫期货	10,728.31
42	华西期货	10,502.10
43	安信期货	10,074.53
44	国投中谷	10,001.70
45	经易期货	9,936.09
46	华安期货	9,710.53
47	新纪元期货	9,299.76
48	成都倍特	9,220.30
49	东吴期货	9,097.80
50	中衍期货	8,269.60
51	大越期货	8,119.79
52	大地期货	8,055.78
53	迈科期货	8,036.17
54	首创期货	7,808.38
55	天风期货	7,520.16

序号	公司名称	手续费收入
56	一德期货	7,518.04
57	冠通期货	7,407.70
58	安粮期货	7,381.11
59	浙江新世纪期货	7,359.09
60	锦泰期货	7,184.68
61	江西瑞奇	7,047.49
62	上海大陆	6,950.44
63	海航东银	6,615.52
64	五矿期货	6,394.59
65	渤海期货	6,307.44
66	英大期货	6,070.28
67	东航期货	5,990.63
68	国贸期货	5,929.07
69	湖南大有	5,658.13
70	南证期货	5,511.50
71	中原期货	5,315.02
72	广州期货	5,308.08
73	华联期货	5,212.46
74	金石期货	5,068.10
75	金元期货	5,067.00
76	德盛期货	5,056.77
77	中钢期货	4,998.32
78	国金期货	4,932.73
79	神华期货	4,925.87
80	上海良茂	4,921.73
81	国元期货	4,917.06
82	中财期货	4,877.57
83	中银国际期货	4,829.27
84	国都期货	4,727.15
85	红塔期货	4,611.91
86	上海金源	4,605.92
87	汇鑫期货	4,591.27
88	招金期货	4,538.93
89	中信新际	4,460.02
90	创元期货	4,439.73
91	民生期货	4,338.40
92	金友期货	4,162.18
93	西部期货	4,126.21
94	中州期货	3,962.49
95	良运期货	3,927.09
96	集成期货	3,634.03
97	平安期货	3,496.37
98	海证期货	3,387.17
99	恒泰期货	3,277.25
100	盛达期货	3,275.52
101	金鹏期货	3,157.70
102	山西三立	3,088.44

序号	公司名称	手续费收入
103	道通期货	3,034.97
104	上海东亚	2,993.88
105	广永期货	2,948.72
106	云晨期货	2,941.93
107	中融汇信	2,897.00
108	金汇期货	2,836.61
109	金信期货	2,737.68
110	新晟期货	2,616.17
111	江苏东华	2,559.76
112	华创期货	2,480.13
113	东兴期货	2,461.20
114	中电投先融	2,459.07
115	华闻期货	2,170.74
116	深圳瑞龙	2,134.10
117	第一创业	1,960.15
118	宁波杉立	1,930.80
119	华融期货	1,899.36
120	银建期货	1,897.51
121	江苏文峰	1,761.67
122	河北恒银	1,729.55
123	东方汇金期货	1,702.65
124	同信久恒	1,700.47
125	天富期货	1,688.08
126	中航期货	1,651.73
127	江南期货	1,577.16
128	和合期货	1,541.77
129	鸿海期货	1,499.62
130	财富期货	1,487.32
131	华龙期货	1,273.29
132	新疆天利	1,216.99
133	长安期货	1,098.66
134	国富期货	1,010.38
135	摩根大通	961.73
136	上海浙石	922.83
137	象屿期货	912.69
138	晟鑫期货	899.45
139	天津金谷	878.36
140	大通期货	725.75
141	上海通联	683.89
142	津投期货	647.27
143	鑫鼎盛期货	585.78
144	京都期货	564.33
145	天鸿期货	543.25
146	华海期货	516.77
147	财达期货	429.02
148	江信国盛	395.21
149	和融期货	342.54

序号	公司名称	手续费收入
150	乾坤期货	298.99
151	西南期货	197.63
152	上海东方	116.30
153	时代期货	55.43
154	华南期货	39.47
155	上海普民	22.99
156	海南金海岸	0.00

2013 年度期货公司注册资本排名

（单位：万元）

序号	公司名称	注册资本
1	中国国际期货	170,000.00
2	中信期货	150,000.00
3	银河期货	120,000.00
4	广发期货	110,000.00
5	海通期货	100,000.00
6	五矿期货	100,000.00
7	永安期货	86,000.00
8	中粮期货	84,620.00
9	华泰长城期货	80,900.00
10	申银万国	77,600.00
11	鲁证期货	75,000.00
12	国泰君安	70,000.00
13	弘业期货	68,000.00
14	国信期货	60,000.00
15	光大期货	60,000.00
16	格林大华	58,018.00
17	宏源期货	55,000.00
18	金瑞期货	51,300.00
19	南华期货	51,000.00
20	锦泰期货	50,715.00
21	万达期货	50,600.00
22	东海期货	50,000.00
23	东证期货	50,000.00
24	海航东银	50,000.00
25	国贸期货	50,000.00
26	浙商期货	50,000.00
27	摩根大通	46,000.00
28	招商期货	40,000.00
29	中信建投	39,000.00
30	中大期货	36,000.00
31	英大期货	35,000.00
32	兴证期货	33,000.00
33	华融期货	32,000.00
34	东兴期货	31,800.00
35	长江期货	31,000.00
36	国投中谷	30,000.00
37	中投天琪期货	30,000.00
38	瑞达期货	30,000.00
39	信达期货	30,000.00
40	安信期货	28,600.00
41	中钢期货	28,000.00
42	中航期货	26,000.00
43	大地期货	24,000.00
44	新湖期货	22,500.00
45	华安期货	20,000.00
46	经易期货	20,000.00
47	国元期货	20,000.00
48	国都期货	20,000.00
49	方正期货	20,000.00
50	国联期货	20,000.00
51	财富期货	20,000.00
52	长安期货	20,000.00
53	东吴期货	20,000.00
54	华鑫期货	20,000.00
55	上海浙石	20,000.00
56	上海中期	20,000.00
57	中信新际	20,000.00
58	中融汇信	20,000.00
59	成都倍特	20,000.00
60	华西期货	20,000.00
61	国海良时	20,000.00
62	中财期货	19,000.00
63	首创期货	17,000.00
64	一德期货	16,500.00
65	海证期货	16,000.00
66	金汇期货	16,000.00
67	渤海期货	15,000.00
68	广永期货	15,000.00
69	金元期货	15,000.00
70	中银国际期货	15,000.00
71	湖南大有	15,000.00
72	天富期货	15,000.00
73	道通期货	15,000.00
74	西部期货	15,000.00
75	上海大陆	15,000.00
76	乾坤期货	15,000.00
77	国金期货	15,000.00
78	浙江新世纪期货	15,000.00
79	迈科期货	14,531.85
80	北京中期	14,000.00
81	中衍期货	13,500.00
82	天风期货	13,000.00
83	东方汇金期货	13,000.00
84	广州期货	12,792.00
85	南证期货	12,575.00
86	上海通联	12,500.00
87	第一创业	12,000.00
88	新晟期货	12,000.00
89	创元期货	12,000.00
90	平安期货	12,000.00
91	宝城期货	12,000.00

序号	公司名称	注册资本
92	中原期货	11,000.00
93	云晨期货	11,000.00
94	华龙期货	10,903.56
95	新纪元期货	10,800.00
96	银建期货	10,600.00
97	红塔期货	10,100.00
98	金鹏期货	10,090.00
99	徽商期货	10,000.00
100	安粮期货	10,000.00
101	冠通期货	10,000.00
102	民生期货	10,000.00
103	京都期货	10,000.00
104	良运期货	10,000.00
105	金友期货	10,000.00
106	华联期货	10,000.00
107	德盛期货	10,000.00
108	金信期货	10,000.00
109	江苏文峰	10,000.00
110	汇鑫期货	10,000.00
111	宁波杉立	10,000.00
112	招金期货	10,000.00
113	中州期货	10,000.00
114	东航期货	10,000.00
115	华闻期货	10,000.00
116	上海东亚	10,000.00
117	上海金源	10,000.00
118	上海良茂	10,000.00
119	恒泰期货	10,000.00
120	深圳瑞龙	10,000.00
121	财达期货	10,000.00
122	象屿期货	10,000.00
123	大越期货	10,000.00
124	中电投先融	10,000.00
125	华创期货	10,000.00
126	晟鑫期货	9,000.00
127	和融期货	8,500.00
128	津投期货	8,500.00
129	同信久恒	8,000.00
130	天鸿期货	8,000.00
131	天津金谷	8,000.00
132	鑫鼎盛期货	7,000.00
133	金石期货	6,600.00
134	国富期货	6,500.00
135	集成期货	6,500.00
136	中辉期货	6,200.00
137	华南期货	6,000.00
138	美尔雅期货	5,990.00
139	河北恒银	5,800.00
140	江西瑞奇	5,600.00
141	江信国盛	5,260.53
142	华海期货	5,000.00
143	江苏东华	5,000.00
144	鸿海期货	5,000.00
145	神华期货	5,000.00
146	盛达期货	5,000.00
147	西南期货	5,000.00
148	山西三立	3,500.00
149	江南期货	3,000.00
150	海南金海岸	3,000.00
151	大通期货	3,000.00
152	时代期货	3,000.00
153	和合期货	3,000.00
154	上海东方	3,000.00
155	上海普民	3,000.00
156	新疆天利	3,000.00

期货公司名录

序号	公司名称	所属辖区	注册资本(万元)
1	安粮期货有限公司	安徽	30,000.00
2	华安期货有限责任公司	安徽	20,000.00
3	徽商期货有限责任公司	安徽	10,000.00
4	新疆天利期货经纪有限公司	新疆	3,000.00
5	金石期货有限公司	新疆	12,000.00
6	大连良运期货经纪有限公司	大连	10,000.00
7	国富期货有限公司	大连	6,500.00
8	天风期货有限公司	大连	13,000.00
9	渤海期货有限公司	大连	15,000.00
10	银河期货有限公司	北京	120,000.00
11	天富期货有限公司	吉林	15,000.00
12	兴证期货有限公司	福建	33,000.00
13	中融汇信期货有限公司	上海	60,000.00
14	天鸿期货经纪有限公司	上海	9,000.00
15	东方汇金期货有限公司	吉林	13,000.00
16	华龙期货有限公司	甘肃	10,903.56
17	云晨期货有限责任公司	云南	11,000.00
18	红塔期货有限责任公司	云南	10,100.00
19	万达期货股份有限公司	河南	50,600.00
20	国信期货有限责任公司	上海	60,000.00
21	中原期货有限公司	河南	33,000.00
22	华联期货有限公司	广东	10,000.00
23	广发期货有限公司	广东	110,000.00
24	混沌天成期货有限公司	广东	33,000.00
25	新晟期货有限公司	广东	12,000.00
26	集成期货有限公司	广东	6,500.00
27	摩根大通期货有限公司	广东	46,000.00
28	华泰长城期货有限公司	广东	80,900.00
29	广永期货有限公司	广东	15,000.00
30	盛达期货有限公司	浙江	5,000.00
31	长江期货有限公司	湖北	31,000.00
32	美尔雅期货经纪有限公司	湖北	5,990.00
33	南证期货有限责任公司	江苏	15,000.00

序号	公司名称	所属辖区	注册资本(万元)
34	鑫鼎盛期货经纪有限公司	福建	8,000.00
35	江海汇鑫期货有限公司	辽宁	10,000.00
36	深圳瑞龙期货有限公司	深圳	10,000.00
37	华海期货有限公司	北京	5,500.00
38	江信国盛期货有限责任公司	辽宁	5,260.52
39	国贸期货经纪有限公司	厦门	53,000.00
40	金友期货经纪有限公司	福建	10,000.00
41	瑞达期货股份有限公司	厦门	30,000.00
42	创元期货股份有限公司	江苏	12,000.00
43	锦泰期货有限公司	江苏	50,715.00
44	新纪元期货有限公司	江苏	10,800.00
45	江苏东华期货有限公司	江苏	5,000.00
46	东海期货有限责任公司	江苏	50,000.00
47	国联期货有限责任公司	江苏	45,000.00
48	弘业期货股份有限公司	江苏	38,000.00
49	文峰期货有限公司	江苏	10,000.00
50	道通期货经纪有限公司	江苏	15,000.00
51	一德期货有限公司	天津	16,500.00
52	津投期货经纪有限公司	天津	8,500.00
53	山金期货有限公司	天津	10,000.00
54	金谷期货有限公司	天津	60,000.00
55	和融期货有限责任公司	天津	8,500.00
56	财达期货有限公司	天津	10,000.00
57	金元期货有限公司	海南	15,000.00
58	海南金海岸期货经纪有限公司	海南	3,000.00
59	华融期货有限责任公司	海南	32,000.00
60	中银国际期货有限责任公司	海南	35,000.00
61	财富期货有限公司	青海	20,000.00
62	兴业期货有限公司	宁波	10,000.00
63	江西瑞奇期货经纪有限公司	江西	6,418.08
64	海航东银期货有限公司	深圳	50,000.00
65	深圳金汇期货经纪有限公司	深圳	16,000.00
66	平安期货有限公司	深圳	30,000.00
67	乾坤期货有限公司	深圳	15,000.00
68	神华期货有限公司	深圳	5,000.00
69	五矿期货有限公司	深圳	100,000.00
70	中国国际期货有限公司	北京	170,000.00
71	中信期货有限公司	深圳	160,479.30
72	金瑞期货有限公司	深圳	51,300.00
73	招商期货有限公司	深圳	63,000.00
74	中航期货有限公司	深圳	28,000.00
75	河北恒银期货经纪有限公司	河北	5,800.00
76	中信建投期货有限公司	重庆	39,000.00
77	西南期货有限公司	重庆	50,000.00
78	中电投先融期货有限公司	重庆	10,000.00
79	华创期货有限责任公司	重庆	10,000.00
80	永安期货股份有限公司	浙江	86,000.00
81	南华期货股份有限公司	浙江	51,000.00
82	大越期货有限公司	浙江	10,000.00
83	信达期货有限公司	浙江	50,000.00
84	浙江新世纪期货有限公司	浙江	15,000.00
85	宝城期货有限责任公司	浙江	30,000.00
86	浙商期货有限公司	浙江	50,000.00
87	大地期货有限公司	浙江	24,000.00
88	国海良时期货有限公司	浙江	50,000.00
89	中大期货有限公司	浙江	36,000.00
90	新湖期货有限公司	上海	22,500.00
91	倍特期货有限公司	四川	20,000.00
92	华西期货有限责任公司	四川	20,000.00
93	国金期货有限责任公司	四川	15,000.00
94	广州期货有限公司	广东	12,792.00
95	方正中期期货有限公司	北京	34,000.00
96	格林大华期货有限公司	北京	58,018.00
97	冠通期货有限公司	北京	10,000.00
98	宏源期货有限公司	北京	55,000.00
99	中衍期货有限公司	北京	13,500.00
100	金鹏期货经纪有限公司	北京	10,090.00
101	经易期货经纪有限公司	北京	20,000.00
102	北京首创期货有限责任公司	北京	20,000.00
103	安信期货有限责任公司	北京	28,600.00
104	国元期货有限公司	北京	60,000.00
105	银建期货经纪有限责任公司	北京	10,600.00
106	国都期货有限公司	北京	20,000.00
107	中钢期货有限公司	北京	20,000.00
108	中粮期货有限公司	北京	84,620.00
109	英大期货有限公司	北京	35,000.00
110	鲁证期货股份有限公司	山东	75,000.00
111	招金期货有限公司	山东	10,000.00
112	中州期货有限公司	山东	10,000.00
113	东兴期货有限责任公司	上海	31,800.00
114	迈科期货经纪有限公司	陕西	14,531.85
115	西部期货有限公司	陕西	15,000.00
116	长安期货有限公司	陕西	20,000.00
117	山西三立期货经纪有限公司	山西	3,500.00
118	民生期货有限公司	北京	10,000.00
119	和合期货经纪有限公司	山西	3,000.00
120	中辉期货经纪有限公司	山西	14,300.00
121	晟鑫期货经纪有限公司	山西	9,500.00
122	德盛期货有限公司	湖南	10,000.00
123	金信期货有限公司	湖南	3,000.00
124	大有期货有限公司	湖南	15,000.00
125	中投天琪期货有限公司	深圳	30,000.00
126	大通期货经纪有限公司	黑龙江	4,000.00
127	黑龙江时代期货经纪有限公司	黑龙江	3,000.00
128	光大期货有限公司	上海	100,000.00
129	瑞银期货有限责任公司	上海	12,000.00
130	申银万国期货有限公司	上海	77,600.00
131	恒泰期货有限公司	上海	10,000.00

序号	公司名称	所属辖区	注册资本(万元)
132	上海中期期货经纪有限公司	上海	20,000.00
133	海证期货有限公司	上海	16,000.00
134	上海浙石期货经纪有限公司	上海	20,000.00
135	上海通联期货有限公司	上海	12,500.00
136	海通期货有限公司	上海	100,000.00
137	上海东方期货经纪有限责任公司	上海	3,000.00
138	东吴期货有限公司	上海	50,000.00
139	同信久恒期货有限责任公司	上海	8,000.00
140	建信期货有限责任公司	上海	43,605.98
141	上海东亚期货有限公司	上海	10,000.00
142	上海东证期货有限公司	上海	50,000.00
143	华闻期货有限公司	上海	30,000.00
144	国投中谷期货经纪有限公司	上海	30,000.00
145	上海中财期货有限公司	上海	19,000.00
146	华鑫期货有限公司	上海	20,000.00
147	铜冠金源期货有限公司	上海	10,000.00
148	东航期货有限责任公司	上海	45,000.00
149	国泰君安期货有限公司	上海	70,000.00
150	上海大陆期货有限公司	上海	15,000.00
151	第一创业期货有限责任公司	北京	12,000.00
152	首创京都期货有限公司	北京	10,000.00

2013年上海期货交易所工作概况

一、会员数量及结构

截至2013年底，会员数206家，其中，期货公司会员157家，占比76.2%，非期货公司会员49家，占比23.8%。

二、交易情况

2013年上海期货交易所(以下简称上期所)有序运行，交易规模明显提升。截至12月31日，上期所成交额60.42万亿元，占全国市场的22.59%，同比增长35.47%；总成交量为6.42亿手，占全国市场的31.16%，同比增长75.86%。

截至2013年底，客户总开户数达78.86万户，其中法人2.09万户，个人客户76.77万户，分别占比2.65%和97.35%。上期所共有特殊单位客户499户，其中基金专户224户、期货公司资产管理249户、证券公司自营13户、证券公司集合资产管理10户、证券公司定向资产管理2户、信托公司信托计划1户。

三、品种与制度创新

上期所高度重视并有效平衡好老品种维护与新品种上市之间的关系，不断深化和拓展服务国民经济的广度和深度。

1. 成功推出连续交易

2013年7月5日启动贵金属连续交易，截至2013年底已平稳运行5个月。黄金、白银期货日均成交量分别较连续交易上线前提高2.2倍和5.3倍；日均参与客户数分别上升266.78%和256.63%；单位客户持仓量、套保持仓量、特殊单位客户和商业银行会员持仓量也明显增加。黄金、白银品种成交量占国际市场份额明显提升，价格连续性得到改善，盘后“跳空”幅度明显收窄，国际联动更加紧密，价格影响力显著增强。白银合约成交量因跃居全球首位，被期货期权世界杂志(FOW)评为“2012—2013年度亚洲最佳合约”。2013年底前推出了有色金属连续交易。

2. 全面优化和完善交易机制

一是推出单向大边保证金制度，提高资金使用效率。二是实施套利交易制度，满足不同投资者的策略需求。三是推出FOK、FAK交易指令，丰富指令种类，提高下单速度。四是完善有色金属、贵金属等品种时间和持仓梯度保证金收取标准，降低投资者交易成本。五是调整会员限仓比例，优化会员平仓制度。六是科学制定长假风控措施，适度调整部分品种保证金比例和涨跌停板幅度。七是完善各品种成交、持仓排名方式，并向市场公布相关时段的期货合约加权平均价。

3. 做精做深现有品种一是把已上市期货品种合约规则的改造工作放在更加突出的位置，推动燃料油180CST期货合约向燃料油保税380CST期货合约转变，做好天然橡胶市场的优化完善，探索黄金期货交割业务的制度优化和创新，探索试点钢材期货厂库交割制度。二是进一步完善期货品种功能发挥的评估、反馈、改进机制。开展年度品种功能评估，修订完善黄金、白银、螺纹钢等7个合约，优化涨跌停板、最低交易保证金、交割月份等设置。三是积极推进有色金属、能化期货品种国际化，与海关、外汇局等单位紧密合作，推动保税交割在试点品种和试点区域拓展。全面拓展保税交割品种，继续扩大各品种境内外注册品牌。四是加强交割业务管理，简化交割流程、提高结算效率，开通质押仓单直接转交割业务，开展年审和现场检查，不断优化交割仓库的全国布局。同时，密切跟踪现货市场物流和需求变化，积极开展异地设库、异地库升贴水研究，优化有色金属交割仓库全国布局；加强对交割仓库年审和现场检查管理，强化对注册品牌产品质量抽检，探索逐步将自动识别技术/条形码技术应用到更多企业与仓库。

4. 继续推进产品系列化多样化

一是推动原油期货品种上市。积极配合证监会尽快向国务院上报原油期货的方案和上市请示，积极推进各个部委按期出台相关配套政策，根据最终出台的配套政策修订完善原油期货各项规则及业务流程。加快交易、交割、结算、风控系统以及与外汇局、海关总署等国家部委监控系统的建设，启动全球模拟交易，完成境外会员招收、境外投资者开户、国内外市场培训和推广等各项准备工作。二是积极推进热轧卷板、镍、锡、氧化铝、不锈钢、水泥、有色金属指数、电力、纸浆、稀土期货等对国民经济发展具有重大影响的、对于提升上海期货交易所产品结构和层次有明显积极作用的战略性产品的上市准备工作。三是全力推进商品指数期货和期权类衍生产品研发，拟定期权上市方案，深入研发综合性商品指数、行业指数及单个商品指数，研究房地产指数、黑色金属指数、天气衍生品等品种的上市可行性，加强对商品掉期期权、波动率指数等其他衍生品开发。四是全面推动四大产品系列20余个储备品种的研发，加快推动涉农产品期货的基础性研究和上市工作。五是探索与有关单位合作建立新品种开发上市合作机制。

5. 积极推动制度创新

制度创新方面，推出创新激励计划，以落实“创新驱动、转型发展”的战略部署，鼓励会员积极开展业务产品、风险管理和技术服务等方面的创新工作，共同推动期货市场和期货行业的可持续发展。不断优化交易制度和规则体系，完善产品序列和合约设置，提高期货交易的运行效率和价格影响力，促进市场功能充分发挥。将征集并寻求期货公司有积极意义的方案并加以宣传和扶持。另一方面，上期所于7月策划组织“第四届套期保值研讨会”，会议就目前国内期货创新业务以及期货分析师培养道路上面临的机遇与挑战进行了深入浅出的剖析，通过详实的案例使与会人员对于目前国内期货市场创新的发展情况以及各类相关业务的进展有了更为深入细致的理解。另外还将开展创新项目及重大活动。一是参与原油期货工作小组，重点是境外期货市场和境外机构及投资者入市路径研究，推进原油期货上市的相关工作。上期所梳理、调整会员管理相关规则与流程、特别会员管理办法等方案，梳理《期货公司管理办法》等所有与会员管理相关的法规并提出相应的修订办法，制定原油期货投资者适当性制度草案，进行境外交易所会员研究并提交多份报告，并多次组织举办专题研讨会。二是顺利完成第十届衍生品论坛招商工作，共有15家公司以赞助、展览、广告等形式参与论坛，赞助金额共计150余万元。论坛举办期间，会员部还承担了欢迎酒会现场管理、展位管理、贴陪等工作。

四、信息技术创新与发展

面对大数据时代的大机遇，进一步加大信息技术投入和创新，保持业务系统技术领先，探索促进期货行业与互联网金融有机融合，通过强大的IT技术和信息化建设，全面支持交易所整体发展战略。

一是围绕互联网金融积极开展技术研究，抓住“大数据”和“云计算”等未来信息技术发展趋势，加强数据开发、集成和利用，积极打造行业领先的技术平台。二是继续加强技术系统运维，保障市场稳定安全运行。研究部署定量化监测指标和体系，开展两地三中心统一环境监控系统的研究和建设工作。增强网络边界和网站系统的安全性。三是完成更新一代交易系统（NGES2.0）建设，保持交易系统技术领先。报单延迟降低至100微秒，每秒报单处理能力达到6万笔，数据中心切换时间降低至3分钟。四是启动更新一代标准仓单系统、风险监控系统、网络通信系统的研究和建设工作。五是建立跟踪国际国内领先交易业务和技术的机制，确立技术发展方向，确定未来技术指标参数，形成未来技术发展规划。

五、自律管理

1. 做好日常风控管理

一是重视风险预研预判，推进业务前端风险的动态监控与分析，紧盯市场主要运行和风险指标，及时发现风险隐患并适时调整风控措施。二是坚持每周召开市场动态分析例会，针对风险苗头迹象制定应对预案。三是全面排查运维风险隐患，完善突发事件应急预案，优化应急处置流程。四是加强应急演练常态管理，以交易端的突发事件为切入点，开展日常实战演习。

2. 优化市场监管机制

一是系统完善市场法规规则体系，实施细则新增4个、修订14个，继续推进期货法立法研究，推进《多德—弗兰克法案》、《商品交易法》翻译出版。二是持续优化风险监控系统，启动引进SMARTS风险监控系统项目，完善历史数据分析系统，加强数据定量分析。三是坚决打击违法违规行为，排查自成交、频繁报撤单等异常交易行为196起，审结违规案件25起，对57位客户采取自律处罚措施。四是积极推进跨品种、跨市场监管研究，探索和设计建立上期所大宗商品交易大平台方案。五是总结监管实践经验，积极探索对由于套利交易引起的异常交易行为进行豁免等提高市场运行效率的举措。

3. 加强系统运维建设

一是夯实基础设施，强化演练力度，完善应急预案，全年未发生黑客入侵及病毒爆发等信息安全事件，未发生影响交易及相关业务的故障事件。二是推进更新一代交易系统（NGES2.0）建设，取得阶段性成果，实现了减跳的技术架构，完成了序列化流与相应流的合并，降低了主备数据中心系统切换时间等。三是完成ISO27001信息安全管理体系的测评认证。

4. 强化舆情信息监测

一是强化日常舆情报告，加强对微博等新媒介的舆情监控，引导媒体和公众正确认识期货市场，完善应急舆情应对处置机制，对重大舆情做到及时控制与处置。二是围绕重要工作和业务创新，组织落实新闻宣传。三是建立与中央媒体的合作机制，落实新华社关于原油期货的专访与内参报道，与《人民日报》合作开办“期货市场解读”专栏。

六、市场服务

始终贴近市场，与会员紧密沟通，多方位合作，了解市场、投资者的发展状况，加强市场宣传，有效维护各类投资者的合法权益，切实保护其参与市场的积极性，树立交易所良好的品牌形象。

一是适应市场发展和投资者需要，及时调整、修改期货合约及规则体系，促进市场功能有效发挥。二是树立为中小投资者服务的意识，保护中小投资者利益。三是建立长效化的机构投资者综合服务机制，深入研究与产业客户、银行、证券、信托、基金等的合作模式，优化期货市场投资者结构。四是探索建立所领导和会员之间定期、定点、定人的包干服务机制，通过走访调研、接待来访、组织会员座谈会等形式，广泛收集会员对交易所各项业务工作的意见建议。五是建立会员联络沟通机制和服务中心平台，安排主要业务部门骨干人员组成服务小组，对会员提出的需求和意见建议做到限时答复、逐一反馈。六是以重点地区和重点会员为主，加大会员支持和市场推广力度，根据不同群体的受众特点和接受程度，广泛开展专业化培训和普及型投资者教育，提高培训的针对性、实用性和系统性。七是面向金融机构和期货行业从业人员积极开展专项业务和人员培训，为会员提升国际化视野和综合竞争力，为行业可持续发展提供支持。

七、国际交流与合作

2013年，上期所紧随“创新驱动、转型发展”的战略主线，全面拓展国际化工作的深度和广度。一是加强对外开放策略研究，关注境外市场动态和国内对外开放政策，积极筹备原油期货上市，探讨成熟品种对外开放的思路与策略；二是与6家境外机构和交易所探讨跨境合作机会，与新加坡交易所续签合作备忘录；三是完成交易所21个业务规则的翻译和中英文词汇对照表的编制工作，完成英文网站的建设；四是成功举办“第十届上海衍生品市场论坛”，与智利铜与矿业研究中心（CESCO）合作举办“亚洲铜周会”；五是与国际行业组织密切合作，参加FIABoca会议、FIA亚洲年会和WFE第53届年会，传递声音，表达观点。

八、投资者教育

一是整合投资者教育品牌。在“期货大讲堂”品牌的基础上，新创设“与机构投资者同行”和“为产业服务”两个品牌。以3个品牌活动为抓手，全方位覆盖了多层次投资者和投资者教育的多层次需求。受众超过3000人。二是推行以网络视频演播室为载体的常态化普及型投资者教育，受众达到了10万人以上。三是举办多场针对期货法律法规的宣讲活动。四是定制化进行会员人才培训，累计培训千人以上。五是积极依靠会员公司力量，拓展投资者教育覆盖面。支持会员公司举办投资者教育活动600余场，服务企业超过1.7万家，受众达到7.4万人次。六是积极组织引导相关资源，夯实投资者教育工作的基础，累计完成材料编写和更新10余种，实现发放超过22万册。

2013 年大连商品交易所工作概况

一、会员数量及结构

截至 2013 年末，大连商品交易所（以下简称大商所）共有会员 173 家，其中期货公司会员 158 家，占比 91.3%，非期货公司会员 15 家，占比 8.7%。

二、交易情况

2013 年，大商所紧紧围绕服务实体经济的发展方向，大力拓展服务实体经济领域，着力提高市场运行效率，持续优化市场结构，实现了稳步发展。全年累计成交量 7.01 亿手，同比增长 10.66%；累计成交额 47.15 万亿元，同比增长 41.51%；年内日均持仓 326 万手，同比增长 29.58%；日均市场资金规模近 500 亿元，同比增长 16.55%。投资者开户数达 178 万户，同比增长 13.5%。

三、品种与制度创新

在新品种上市与研发储备方面，2013 年，大商所按照高标准、稳起步原则，先后成功上市了焦煤、铁矿石、鸡蛋、木材纤维板和胶合板等共 5 个新品种，上市品种总数量已达 14 个，初步形成了粮食、油脂、塑料化工、能源矿产、畜产品和林产品 6 个品种系列。其中，铁矿石期货是全球第一个采取实物交割的同类合约，鸡蛋期货是我国第一个畜牧类品种，木材纤维板和胶合板期货填补了我国林业品种的空白。同时，相关储备品种研发和指数类品种可行性研究也取得积极进展，形成了品种研发建设梯队。

在老品种维护和制度创新方面，2013 年，大商所全面加强对已上市品种维护和业务优化创新，取得了实质性进展，市场运行效率进一步提升。一是加强对已上市品种合约规则的维护。全年针对市场形势变化，适时对玉米合约、豆粕仓单串换、聚乙烯（LLDPE）交割标准、聚氯乙烯（PVC）品牌交割制度等 15 项品种合约规则制度进行了调整优化。二是积极推动业务制度改革，发布实施 7 项业务规则（含修正案），推动套利交易、三步交割法、持仓梯度保证金等制度创新项目落地实施。三是抓紧新工具、新领域的准备，为相关品种开展期权交易、夜盘交易等创新做好业务、技术和制度建设，相关工作有了实质性进展。四是开展“期货法”立法研究，完成约 30 万字研究报告，多项立法需求和建议被立法工作小组采纳。五是发布实施《存管银行管理办法》，并以此为契机，大力推进银期合作，与银行在资源共享、产品创新、厂库保函、仓单融资等多方面加大合作力度，借助银行丰富的客户资源提升市场为实体经济服务的能力。

四、信息技术创新与发展

大商所扎实推进信息技术系统创新，技术支持保障能力有效提升。一是积极推进新一代系统建设，全面推进和开展了新一代交易系统建设及业务咨询规划工作；与纳斯达克 OMX 集团和纽约证券交易所（NYSE）开展了新一代交易系统原型项目，完成了逐笔风控和套利等 22 个功能的测试工作；对异构灾备涉及的业务与技术难点开展了初步研究；深入开展技术规划工作，完成六期系统业务承载能力评估及技术系统发展规划研究报告。二是对现有系统进行优化升级，完成一系列软件优化项目的验收、全市场测试和上线工作，先后上线总线二期、分品种撮合等 8 个优化项目，对上百台服务器、数百件零部件设备进行扩容。完成并上线新品种上市、业务优化等涉及的多项系统修改项目，正在实施期权、连续交易等重点业务的 24 个 IT 项目，潜在业务项目 15 项。三是积极推进同城和异地灾备数据中心建设，完成同城数据中心园区总体需求、选址方案、实地考察等工作；结合上海地区金融优势和自贸区相关政策，稳步推进异地灾备建设工作，与中国金融期货交易所签署了异地灾备合作框架协议。

五、自律管理

大商所加强一线监管和风险防控，全力维护市场安全稳定运行。一是加强对市场的实时监控，保持交易平稳进行。及时根据市场情况调整保证金、涨跌停板，加强套期保值审批管理，并做好 109 个新合约、49 个套利合约的上市和交易维护工作，防范和化解价格波动变化过大的风险。二是强化结算风险控制。办理资金收付业务 29376 笔、涉及金额 7485 亿元，实现全年资金业务无差错。三是加强交割仓库管理，积极化解大交割量风险。共完成 88 家交割仓库年审，开展现场检查 70 余次，完成实物交割 1199 笔、交割金额 57.45 亿元，其中焦煤为首次交割，玉米、焦炭和 LLDPE 均为上市以来最大交割量。四是强化对违规、异常交易行为的查处。共筛查违规线索 2 万余条，查处违规交易行为 88 起，移交证监会调查案件 4 起，处分客户 160 名，帮助客户挽回经济损失 700 余万元。五是加强舆情监测和市场热点引导，有效防范舆情风险。

六、市场服务

大商所进一步增强服务意识，大力支持产业和行业发展，积极培育产业客户和机构投资者，深化产业拓展并做好会员服务。一是深入市场调研。所领导班子带队赴全国十多个省市，深入市场一线走访，认真听取会员单位、产业企业、投资者意见和建议，并对市场关注的热点、焦点、难点问题及时回应。二是大幅降低市场成本。实施了包括套保客户手续费减收、产业客户手续费减免等多项减收措施，向市场整体让利 8 亿多元。三是加大产业服务力度。举办了塑料、煤焦、玉米和油脂四个产业大会，参会人员 3041 人，其中产业客户占比 74%；组织开展 210 次产业链调研和培训，合计培训产业客户两万人次；依托中组部、农业部、地方政府、央视等单位和平台，多方位开展“三农”服务工作，累计为种粮大户、合作社负责人、农业干部共发送市场信息 120 万条，现场培训 4000 人次。四是深化期货学院功能，加强期货公司和龙头企业人才培训，积极培育机构投资者。五是继续开展十大期货研发团队评选活动，为市场培养期货专业人才提供重要平台。

七、国际交流与合作

大商所积极开展对外交流与合作。一是结合新形势、新需求，稳妥推进对外开放。不断增进与境外交易所之间的相互了解，与芝加哥商业交易所（CME）等境外机构多次进行深入的业务交流与咨询，为大商所国际化发展提供重要参考。二是努力提升市场国际形象，展示大商所发展成果。深度参与国际性行业活动，加大与境外机构的沟通力度，充分利用境外资源，宣传大商所发展理念和最新工作成果。

2013 年，大商所被英国期权世界杂志（FOW）评为“2012 年度中国最佳期货交易所”称号。三是发展合作新渠道，拓宽国际交流领域。全年与境外交流互访达 83 批 432 人次，与印度多种商品交易所、新加坡交易所签署了合作谅解备忘录（MOU），与大商所建立合作关系的境外交易所达 21 家。四是加强海外市场研究，编发多期《国际简报》和《海外市场研究》。

八、内部建设

大商所以深入开展群众路线教育实践活动为契机，提高内部管理和队伍建设水平。一是扎实开展群众路线教育实践活动,深入贯彻落实"八项规定",出台《关于进一步加强作风建设的实施意见》,提升了全所服务意识、勤俭节约意识和务实作风。二是探索完善内部工作架构和工作机制。制定了《关于完善法人治理结构的实施方案》,建立起了决策、执行、监督相机结合的运行机制。三是切实加强内部管理。对财务费用支出、出国、公务接待、采购招标等方面的十余项管理制度,调整优化了部门组织架构和职能设置,加强采购、财务、资产和投资管理。四是加强人才队伍建设。公开招聘了一批员工,开展优化绩效管理的咨询项目,逐步建立多层次、多渠道培训体系,积极争取地方政府人才政策支持,提高了队伍战斗力和凝聚力。五是加强纪检监察和内部监督工作,以 IT 采购、招标等领域为重点,加强党风廉政建设。

九、投资者教育

大商所十分重视投资者教育工作,努力促进市场结构均衡发展。一是加强产业链的机构投资者培训,与相关行业协会、信息中介机构全方位开展合作,组织开展了 210 次产业链调研和培训,合计培训产业客户两万人次。二是与北京大学光华管理学院和上海交通大学高级金融学院合作开展《商品期货高级管理课程》高端培训项目,为投资者更好地了解商品期货提供重要平台。三是开展与公募基金、私募基金、银行等机构投资者的深入交流,通过点对点的方式渗透商品期货投资理念,加强合作共识。四是利用微博、微信等网络工具向社会普及期货市场相关信息,加强市场推介工作。

2013 年郑州商品交易所工作概况

一、会员数量及结构

截至 2013 年底,郑州商品交易所(以下简称郑商所)共有会员 203 家,分布在全国 27 个省、自治区、直辖市。其中期货公司会员 162 家,占会员总数的 80%;非期货公司会员 41 家,占会员总数的 20%。

二、交易情况

2013 年,郑商所全年累计成交 5.3 亿手,累计成交金额 18.9 万亿元,同比分别增长 51.4% 和 8.8%;年末市场持仓 200 万手,同比增长 75.4%。市场规模创郑商所历史新高,基本实现稳中求进、持续向好的工作目标。

三、品种与制度创新

郑商所在品种创新方面取得积极进展。一是经过持续多年研发。2013 年 9 月 26 日推出动力煤期货,11 月 18 日推出粳稻期货。动力煤、粳稻品种的上市,对深化煤炭、粮食行业改革,服务相关产业稳健发展具有重要意义。二是合理规划拟上市期货品种。晚籼稻期货获批,择机挂牌;铁合金期货完成部委意见征求,择机上报国务院。为进一步拓展服务实体经济领域,一系列新品种立项申请进入程序,包括生丝、棉纱、纸浆、土豆等宜农品种,以及水泥、乙二醇、长丝、短纤等工业品种。三是积极研发新交易工具。期权准备工作取得实质性进展,交易规则、技术系统准备就绪,全市场、全链条仿真交易市场反应良好,"郑州期权讲习所"等培训活动在期货业内和实体企业广泛开展;此外,易盛农产品期货价格指数 7 月正式对外发布,相应的期货合约及规则设计完成,商品指数从研究逐步转向开发应用阶段。

制度创新方面,修订和制定了包括《期货交易风险控制管理办法》、《套期保值管理办法》、《期货交易细则》、《期货结算细则》和《套利交易管理办法》等 5 个业务细则,调降临近交割月保证金标准,减少保证金和限仓标准调整梯度,放宽会员持仓限制,降低了市场交易成本,更加方便产业客户参与。

四、信息技术创新与发展

郑商所通过打造安全高效信息技术系统以提升核心竞争力。一是在安全保障方面,初步建立运维管理标准化体系。按照 ITIL 框架体系及 ISO20000 标准要求的 IT 服务管理体系已于 7 月正式投入试运行,运行情况良好,目前已获中国信息安全认证中心 ISO20000 认证证书。二是着手建设高效率、高覆盖率软件测试平台和完善制度流程,健全软件测试管理体系,已经完成测试流程体系初稿和软件测试平台概要设计说明书。三是努力优化性能,修改和优化现有核心交易系统,全面支持期权业务功能。降低实时交易系统报单时延,升级改造市场监察、信息发布、会员服务系统、做市商管理等外围系统,上线二期"银期通"系统,远程席位审批系统即将上线,交易参数管理系统、市场监察系统数据库一体机应用项目已启动。

五、自律管理

郑商所在切实放松管制的同时,加强一线监管和监管执法。在加强一线监管方面,通过 11 次调整品种交易保证金标准,有效防范长假休市风险;通过严密监控、及时举措,先后成功化解棉花、菜粕、PTA 潜在市场风险隐患。在加强监管执法方面,严厉打击违法违规行为,全年共处理异常交易及违规交易线索 175 起,处罚违法违规交易 7 起。提升风险监测监控识别能力,升级市场监察系统,上线期权交易监察系统,加强事中事后监管。

六、市场服务

通过加强市场服务,促进期货市场功能发挥。一是加强与产业客户沟通。建立与产业企业面对面对话机制,与 PTA、玻璃、菜籽、菜油、菜粕和白糖等行业协会及上百家行业龙头企业加强沟通、密切合作,提高产业客户服务水平;继续挖掘利用期货市场典型案例,新增"点基地"21 个,继续扩大"面基地"范围。二是积极吸引专业机构投资者。组织会员资管业务和风险管理子公司培训交流会,加强与会员公司创新业务对接,协同开发专业机构投资者。全年法人客户成交 7279 万手,同比增加 11.9%;法人客户日均持仓 104 万手,同比增加 32.1%。截至 2013 年底,期货公司资管客户数量 315 个,特殊单位客户数量 258 个。

七、国际交流与合作

在认真贯彻落实中央、中国证监会有关加强和规范因公临时出国(境)管理的新精神新要求的同时,继续本着节约、有效的原则稳步开展对外交流与合作,2013 年共组织出国团组 20 批(次),出访人员 46 人次,借鉴成功经验,扩大了国际影响。接待了 CME、马来西亚证监会、泰国农产品期货交易所、日本大阪堂岛商品取引所、蒙古国农业商品交易所监督管理委员会以及中国台湾期货公会、期货交易所和部分期货公司联合代表团来访。分别与泰国农产品期货交易所、墨西哥衍生品交易所签署了《合作谅解备忘录》。

八、内部建设

郑商所努力加强内部管理,提高交易所规范化水平。一是完善"三会一层"治理机制。稳妥推进交易所治理工作,建立监事会,不断健全工作机制。二是修订《郑州商品交易所会员管理办法》,制定会员资格规范管理方案,为下一步深化改革奠定基础。三是科学调整内部机构设置。根据市场发展需要及工作实际要求,组建农产品部、非农产品部、期货衍生品部三个事业部，合并组建法律及审计部，单设技术服务部。四是加强人才队伍建设，调整优化中层干部队伍配置。制定并发布郑商所2014—2016年“三定”方案。引进技术、金融、法律等专业高素质人才15名。加强员工培训，全年参加培训的员工达400多人次，提高了员工整体专业能力。五是强化规范管理。制定和完善了《信息安全事件应急预案》、《内部审计管理办法》、《岗位问责管理办法》、《采购工作纪检监督工作办法》等11项制度。财务预算及网上报销系统上线试运行，情况良好。网上人力资源管理系统正式启用。六是不断深化基层党建。开办网上学习专栏，转载交流学习文章17篇，为每位员工发放《十八大报告辅导读本》和《十八大党章学习读本》，大力学习宣传十八大和十八届三中全会精神。创新形式、丰富内容，开展好“每季一查”、“半年一评”，重点加强工程建设、大额采购工作招标监督。发布《关于改进工作作风加强廉洁自律若干规定》、《廉洁自律违规问责办法（试行）》。

九、投资者教育

郑商所扎实做好投资者教育培训。举办“期货市场服务实体经济30人论坛”、“2013郑州农产品期货论坛”、“第二届风险管理与农业高端论坛”等。实施“千人培训计划”，举办10场期货市场服务“三农”专项活动。支持会员开展“万人培训活动”，全年共举办455场活动，培训企业14139家次、人员26521人次。免费为河南、安徽、湖北、河北等地小麦、早稻、菜油、棉花等品种种粮大户、合作社、涉农企业相关人员订阅农产品期现货信息；全面加强新闻宣传和舆论引导，刊载、发布各类新闻报道230余篇。

2013年度期货市场十大事件

一、国债期货9月6日重回中国资本市场

国债期货9月6日正式在中国金融期货交易所上市交易。时隔18年，国债期货重回中国资本市场，作为国际衍生品市场上交易量最大的品种，国债期货是金融期货中当仁不让的“王者”。然而，市场的热度距投资者的预期和成熟市场经验出现了一定差距。作为现券市场持有量和交易量最大机构的商业银行以何种形式参与国债期货市场，目前监管层尚未有定论，相信未来商业银行参与国债期货市场将会有广阔的发展空间。

二、国内期货挂牌9个新品种步入“40时代”

今年相继上市了焦煤、动力煤、石油沥青、铁矿石、鸡蛋、粳稻、纤维板、胶合板8个商品期货品种和国债期货1个金融期货品种，至此，国内期货品种增加至40个。统计显示，从2008年到2012年，国内共新上市了13个商品期货品种。而今年以来已经上市9个期货新品种，这在近年来是非常少见的。期货部分品种已经从单一品种发展到产业链上下游，在服务国民经济的纵深和广度上都有显著的延伸。

三、光大证券对冲“乌龙”事件损失卖空7130手股指期货合约

2013年8月16日是个值得纪念的日子，11:06，当月合约IF1308突然大幅飙升，2分钟内上涨近70点，早盘最高上冲至2399点。根据中金所昨日公布的主力合约IF1309的持仓明细来看，光大期货由于增仓了7023余手空单至10194多手，跃居空头一哥的位置。18日，证监会通报了8月16日光大证券交易异常的应急处置和初步核查情况。公告显示，为对冲“乌龙”事件损失，光大证券当日将18.5亿元股票转化为ETF卖出，并卖空7130手股指期货合约。

证监会30日通报光大证券异常交易案调查和处理结果，认定光大证券构成内幕交易等多项违法违规行为，没收光大证券违法所得8721万元，并处以5倍罚款，罚没款金额总计5.23亿元，同时停止其证券自营业务，对原总裁徐浩明等四高管采取终身证券期货市场禁入的措施。

光大证券9月6日晚间发布公告称，截至9月6日收盘，公司“8·16事件”中为对冲风险而购入的股指期货空头合约已全部平仓完毕。值得注意的是，光大证券此次为对冲风险而买入的期货空头合约损失了430万元。至此，8·16事件已经过去，希望我们的市场能够少一些这样的“惊心动魄”。

四、上海期货交易所6个期货品种开展连续交易

7月5日，上海期货交易所正式启动黄金、白银的连续交易，11月20日连续交易的期货品种从贵金属扩展到铜、铝、锌、铅四个有色金属品种。

纽约商品交易所和伦敦金属交易所分别在贵金属和基本金属定价方面有很大的影响力，国内的交易时间与这两个交易所均不重叠，导致国内期货市场价格不能跟随国际价格波动，隔夜跳空风险很大。从贵金属过去5个月的交易数据来看，夜盘上线大大激发了市场潜力。随着国内商品期货市场国际化程度不断提升，连续交易被认为是国内期货市场与国际市场接轨的重要步伐。

五、期货公司涌现出新一轮并购和增资扩股热潮

近两年来，在期货业继续保持快速发展势头及创新业务逐步启动的背景下，期货公司涌现出新一轮的并购和增资扩股热潮。今年以来，共有并购案例6单，5家期货公司公告了增资事宜，合计总额17.93亿元。

3月26日，长江证券发布公告，公司子公司长江期货收到证监会《关于核准长江期货有限公司吸收合并湘财祈年期货经纪有限公司的批复》，吸收合并完成后，湘财祈年期货依法解散并办理相应的工商注销手续，湘财祈年期货的营业部变更为长江期货的营业部。

6月24日晚间，西部证券公告，公司子公司西部期货收到证监会核准股权变更的批复。通过本次股权变更，西部证券完成收购西部期货原有3家股东持有的12.5%西部期货股权，使西部期货成为西部证券全资子公司。

8月1日，格林期货和山西证券全资拥有的大华期货发布关于证监会核准吸收合并的联合公告，山西证券以支付现金和非公开发行股份购买资产的形式收购格林期货全部股权，交易总对价约11.37亿元，创造了国内期货业并购史上的新高。国内证券行业首例通过上市公司资本运作平台发起的跨行业并购案例，山西证券收购格林期货已经尘埃落定。

8月22日，方正证券公告称，核准其收购北京中期期货60%股权，并由北京中期吸收合并方正证券子公司方正期货，北京中期拟更名为方正中期期货有限公司。

西南证券9月25日晚间公告，近日，证监会向西南期货下发批复，核准西南期货股权变更，公司持有西南期货100%股权。

此外，中航投资11月26日公告称，控股子公司中航期货拟以现金1450万元收购中胜实业持有的江南期货33.33%的股权。同时，中航期货作为存续方吸收合并江南期货，吸收合并完成后，中航期货持续存在，江南期货作为被合并方完成注销登记。

今年的期货公司并购不仅限于国内。7月26日，广发证券发布公告称，并购英国NCM期货公司。这是首单国内券商海外并购期货公司的案例。

此外，中粮期货官网公示信息显示，中国人寿已于去年12月入股中粮期货，成为后者的第二大股东。据了解，中国人寿此次并购出资近3亿元，以第二大股东的身份持有中粮期货35%的股份。

期货公司收购大规模出现的同时期货公司增资扩股潮再起。今年10月29日，西南证券发布公告称，拟以现金方式向西南期货经纪有限公司增资4.5亿元人民币，本次增资完成后西南期货经纪有限公司注册资本将达到5亿元人民币；长江证券4月21日发布公告称，董事会同意公司以现金方式向长江期货增资2.9亿元人民币，增资完成后，长江期货的注册资本增至人民币6.0亿元；5月份，东海期货有限责任公司正式完成相关工商变更手续，注册资本金由2亿元增资至5亿元；高新发展6月20日公告，成都倍特期货拟以4666万元注册资本为基数，用截止到2012年12月31日经审计后的5841.66万元资本公积和未分配利润中的9492.34万元向其全体股东同比例转增注册资本共计15334万元。交易完成后，倍特期货的注册资本将由4666万元增至2亿元。此外，作为国内三家合资期货公司之一的银河期货，在披露了其2012年度有关财务信息的同时，也公告了其注册资本已由6亿元增至12亿元的消息。

六、前8月期市成交额超去年全年成交量、成交额将双创历史新高

今年以来，期货市场行情总体较为活跃，成交额及成交量同比增长翻番，均创1993年期货市场有统计以来的历史新高。据中期协统计，今年1—8月全国期货市场累计成交金额逾185.5万亿元，超过去年创造的171万亿元的年成交额历史纪录。1—8月，全国期货市场累计成交量逾14.2亿手，距2012年全年14.5亿手的累计成交量数据仅一步之遥。今年前11个月全国期货市场累计成交量为18.95亿手，累计成交额为246.09万亿元，同比分别增长45.86%和61.93%。今年，国内期货市场新品种上市较为频繁，新品种带动的产业资金和炒新资金的入市直接推动了期货市场成交量和成交额的大幅攀升。

七、上海国际能源交易中心11月22日正式挂牌成立

上海国际能源交易中心11月22日在上海自贸区内正式挂牌，这标志着国内原油期货筹建工作迈出了关键一步。上海期货交易所确认称，目前原油期货合约及交易细则设计已经基本完成，计价和结算货币仍备有人民币和美元两套方案。此前经中国证监会决定，同意上期所在自贸区内筹建上海国际能源交易中心股份有限公司，具体承担推进国际原油期货平台筹建工作。依托这一平台，全面引入境外投资者参与境内期货交易，扩大中国期货市场对外开放程度。国际能源交易中心成立后，标志着中国版原油期货的筹备工作迈出了坚实的一步，距上市交易渐行渐近，更加有利于我国争取原油定价的国际话语权。

八、期权仿真交易密集开展四大交易所“各显神通”

早在去年12月，郑商所白糖期权合约及规则的设计方案出台，并开展了白糖期权的内部模拟测试。今年10月初，郑商所也面向市场开展白糖期货和期权的仿真交易竞赛。10月21日，大商所向期货公司发布了《关于面向全市场开展期权仿真交易的通知》，开始面向全市场进行期权仿真交易，仿真品种为豆粕期权。中金所于11月8日开始面向全市场开展股指期权仿真交易。上期所于11月19日开展铜期货期权和黄金期货期权仿真交易，至此四家期货交易所已经全部开展期权仿真交易。今年的第九届中国（深圳）国际期货大会上业内对“得期权者得天下”普遍达成了共识，期权有望在2014年上市无疑将成为金融衍生品发展史上的里程碑事件，这意味着中国金融衍生品将迎来多元化发展时代。

九、金价大幅下跌12年牛市如过眼烟云

今年以来，大宗商品市场跌幅最大的一定是黄金，连续12年上涨记录将被打断。截至目前（12月20日），纽约商品交易所（COMEX）黄金期货累计下跌28.2%，其中4月12日、9月12日、10月11日、11月20日、11月26日，黄金市场一再上演断崖式下挫，其间还触发了交易所的熔断保护机制。黄金一路走低，在上半年以抄底之势杀入金市的中国大妈们如今纷纷被套。金价从此是否踏入“熊市”？明年金价会不会有所反弹？买黄金还能不能抗通胀？……这些还需等市场最终来揭晓。

十、期货资管发展遇瓶颈“一对多”征求意见

自去年11月下旬，首批18家期货公司的资产管理业务资格获得批复至今，已经满一周年了。然而被业界人士寄予厚望的期货资管业务，却没有“预期的那样美”，目前期货资管规模仅在8亿元至10亿元左右。蹒跚一年的期货资管业务终于迎来一线曙光。近日，中国期货业协会已向部分获得资管牌照的期货公司下发了《期货公司客户资产管理业务管理办法》的征求意见稿（下称《征求意见稿》），在业务范围上放宽限制，受限“一对一”的期货资管业务或将“松绑”。此次《征求意见稿》放宽限制，明确期货资管业务可从事的业务范围包括为单一客户办理定向资产管理业务；为多个客户办理集合资产管理业务；为客户办理特定目的的专项资产管理业务。“一对多”业务推出后，不仅会推动期货公司资管业务发展，而且还有利于改善期货市场投资者结构。

2013年中国期货市场大事记

1月7日，中国证监会对外公布了《证券期货业统计指标标准指引》，自2013年5月1日起施行。

2月21日，中国证监会公布《期货公司风险监管指标管理办法》（以下简称《办法》）及《关于期货公司风险资本准备计算标准的规定》。自2013年7月1日起施行。本次《办法》修订的内容主要包括：一是适应期货公司创新业务发展需要，建立风险资本准备概念。二是在风险可控的前提下放松对期货公司的资本管制。三是体现扶优限劣政策导向，以净资本为核心的风险监管指标与公司分类评价结果挂钩。

3月22日，大连商品交易所上市焦煤期货。

3月25日，中国期货业协会公布了首批8家完成开展风险管理服务子公司业务试点备案的期货公司，此后又分4批公布了12家完成备案的期货公司。这标志着继经纪、投资咨询、资产管理业务之后，期货公司又一支柱业务进入实际运营阶段，市场服务能力进一步提高，收入渠道进一步拓宽。

4月12日及4月15日，国际黄金和白银市场价格出现大跌，此轮下跌达到近30年以来的最大跌幅。

4月12-13日，第七届中国期货分析师论坛在杭州举行。本届论坛的主题是“新平台·新机遇——期货分析师的转型”。

7月1日，“第二届‘期望杯’高校期货论文大奖赛”正式启动。大奖赛的举办是中国期货业协会加强后备人才培养工作的重要举措之一，吸引了更多高校相关专业学生关注期货、研究期货。

7月5日，中国证监会修改并重新发布了《关于建立金融期货投资者适当性制度的规定》。

7月5日，21时上海期货交易所黄金、白银期货连续交易上线交易。连续交易是在交易日周一到周五的工作日交易时间外，增加21时到次日凌晨的交易时段。

7月25日，广发证券发布公告，广发期货全资子公司广发期货（香港）有限公司，收购了法国外贸银行所持英国NCM期货公司的100%股权，初步对价为3614.21万美元。这是中资背景期货公司海外并购的第一单。

8月16日，11时05分光大证券在进行ETF申赎套利交易时发生“乌龙”事件，光大证券高管层紧急商定卖空股指期货合约、转换并卖出ETF对冲风险。从公司高管层决策后到信息披露前，光大证券卖空IF1309、IF1312股指期货合约共6240手，同时转换并卖出180ETF基金2.63亿份、50ETF基金6.89亿份。中国证监会认定，光大证券此举已构成内幕交易行为，据此没收光大证券违法所得并处以5倍罚款，并对相关责任人采取终身证券及期货市场禁入措施。

8月29日，国家主席习近平视察大连商品交易所。习近平寄语大商所，要脚踏实地，大胆探索，努力走出一条成功之路。

9月6日，中国金融期货交易所上市5年期国债期货。国债期货将成为推动利率市场化、人民币国际化与改善债券市场流动性的重要衍生品。

9月26日，郑州商品交易所上市动力煤期货。

9月27日，中国（上海）自由贸易试验区正式揭牌。当日，中国证监会公布《资本市场支持促进中国（上海）自由贸易试验区若干政策措施》，国际原油期货平台建设、证券期货市场双向开放以及场外衍生品市场建设在列。

10月初，郑州商品交易所面向市场开展白糖期货和期权的仿真交易竞赛。

10月9日，上海期货交易所上市石油沥青期货。

10月18日，大连商品交易所上市铁矿石期货。

10月21日，大连商品交易所发布了《关于面向全市场开展期权仿真交易的通知》，开始进行期权仿真交易，仿真品种为豆粕期权。

11月8日，中国金融期货交易所开始面向全市场开展股指期权仿真交易。

11月8日，大连商品交易所上市鸡蛋期货，成为我国首个畜牧期货品种。

11月，浦发银行、兴业银行、光大银行、招商银行、民生银行、中信银行、汇丰银行（中国）取得中金所期货保证金存管业务资格，成为行政审批取消后首批取得该资格的银行。

11月18日，郑州商品交易所上市粳稻期货。

11月19日，上海期货交易所开展铜期货期权和黄金期货期权仿真交易。

11月22日，上海国际能源交易中心股份有限公司在上海自贸区正式挂牌。作为继郑州商品交易所、大连商品交易所、上海期货交易所和中国金融期货交易所之后的第五家全国性期货交易所，上海国际能源交易中心也是中国第一家期货国际交易平台。

11月30日，十二届全国人大常委会立法规划对外公布，《期货法》被列为需要抓紧工作、条件成熟时提请审议的立法项目。

12月3－4日，“第九届中国（深圳）国际期货大会”在深圳举行。本届大会以“开放创新·合作共赢”为主题，大会设有包括中外期货行业高峰论坛、期货资产管理论坛、期货行业IT发展论坛、风险管理服务论坛、金融衍生品与利率市场化论坛在内的5个分论坛与境内交易所专场活动和其他议程。在大会上，全国人大常委、全国人大财经委员会副主任委员吴晓灵在作主题演讲时表示，我国制定《期货法》的条件已基本成熟。

12月6日，大连商品交易所上市胶合板期货和纤维板期货。

12月10日，全国人大财经委成立证券法（修改）和期货法起草组，再次启动《期货法》立法工作。《期货法》立法是资本市场重要的基础性制度建设，是期货行业走向成熟的重要标志和条件。

12月26日，浦发银行、兴业银行取得大连商品交易所期货保证金存管业务资格。

12月26日，上海证券交易所2013年12月26日推出个股期权全真模拟交易。

3月至8月，证监会先后核准了长江期货收购湘财祈年期货、弘业期货收购华证期货、格林期货吸收合并大华期货、北京中期期货吸收合并方正期货的申请。12月31日，方正期货的客户持仓整体转移至存续公司北京中期期货有限公司。

自2010年12月1日至2013年12月31日为适应市场发展和监管转型的需要，结合行政审批制度改革的要求，根据《规章制定程序条例》的规定，中国证监会对自成立以来至2013年12月31日期间公布的证券期货类规章进行了多次清理。其中，应予废止的规章22件，已经明令废止的规章55件，共77件规章。

第二章　期货经纪机构

安粮期货有限公司

安粮期货有限公司成立于1996年7月9日，是经中国证监会批准设立的专业期货公司，是中国期货业协会首批团体会员、大连商品交易所和郑州商品交易所理事单位、上海期货交易所技术委员会单位，中国金融期货交易所交易会员单位。是上海期货交易所(会员号0238)、大连商品交易所(会员号0169号)、郑州商品交易所(会员号0139号)的全权会员、中国金融期货交易所(会员号0301号)的交易结算会员。

公司曾用名安徽安泰期货经纪有限公司、国元安泰期货经纪有限公司、国元期货有限责任公司，2010年10月更名为安粮期货有限公司。目前公司主要从事国内商品期货经纪、金融期货经纪。公司注册资金3亿元人民币，由国有独资大型企业安徽省粮油食品进出口(集团)公司控股，公司另两家股东单位芜湖市建设投资有限公司、安徽省投资集团控股有限公司均系安徽省内大型国有企业。2014年新增战略投资者乾元联合投资有限公司。股东单位良好的现货贸易及金融背景为公司发展壮大提供了丰富的资源和良好的运作平台。

2012年，公司获得和讯网“最具成长性期货公司”、“最佳投资者教育公司”、“金牌产业服务期货公司”3个奖项，并以总成绩第1名的佳绩蝉联大连商品交易所第二阶段“能源化工产品组十佳团队”和“最具成长性会员奖”，获得郑州商品交易所2012年度“产业客户开发服务奖”与“早籼稻——企业服务奖”，合肥市人民政府授予公司为“2011年度合肥市金融机构支持地方发展先进单位”，安徽省财政厅授予公司为“2011年度全省财政金融业务报表工作先进单位”，被安粮集团授予“先进单位”光荣称号；同时，公司芜湖营业部被芜湖市政府授予“金融机构支持地方经济发展先进单位”称号。

财达期货有限公司

财达期货有限公司成立于1996年3月，是经中国证监会批准，国家工商行政管理总局核准登记注册国有控股的专业性期货经纪有限公司。公司拥有上海期货交易所、大连商品交易所、郑州商品交易所和中国金融期货交易所的会员资格，可以代理上述各家交易所上市品种的期货交易、交割、咨询以及培训业务。

财达期货有限公司注册地在北方经济金融中心城市天津市。公司于2009年8月完成增资扩股，注册资本金增至1亿元人民币，控股股东为财达证券有限责任公司，财达证券是河北省唯一的一家法人券商，综合实力雄厚，拥有证券营业网点百余家。财达证券的实际控制人为河北钢铁集团有限公司，河北钢铁集团是国内钢铁产量最大的企业，也是全国最大的螺纹钢、线材生产商，是上市公司河北钢铁(由三家上市公司唐山钢铁、邯郸钢铁、承德钒钛重组而成)的控股股东。财达期货有限公司具有实力雄厚、产业背景强的股东背景，成为业内少有的同时具备券商背景和现货背景的期货公司。

公司拥有稳定、可靠的技术平台和技术团队，已经实现了交易、行情的异地灾难备份。公司采用了文华财经、博易大师报价分析系统以及恒生、易盛自助交易系统，为客户提供了多样性选择，方便客户了解全球期货行情，参与期货交易。公司目前已经完成了建行、工行、交行全国银期转账平台建设，正在进行农行、中行的银期平台建设，以满足客户多样性选择的要求。公司在加强交易平台建设的同时，于今年完成了基于呼叫中心的客服系统建设，将通过技术手段，进一步提升公司客户服务水平。

公司全体员工正在以饱满的热情迎接市场的机遇和挑战，公司将恪守“公开、公平、公正”的职业规范，坚持“客户至上、服务第一”的原则，把规范运作及投资者共同发展作为首要任务，极力开拓进取，不断创新，竭诚为广大期货投资者服务。全体员工也将以严谨务实的敬业精神和认真负责的工作态度竭尽全力为投资者做好参谋，提供优质服务，以谋求与投资者的共同发展!

财富期货有限公司

财富期货有限公司成立于2004年，是经中国证监会批准并在青海省工商局登记设立的专业期货公司，注册资金为人民币2亿元，期货经纪业务许可证号为30090000，营业执照注册号为630000100022224。公司具有中国证监会核准的商品期货经纪、金融期货经纪业务资格，拥有上海期货交易所、大连商品交易所、郑州商品交易所和中国金融期货交易所交易席位，可代理客户进行铜、铝、锌、螺纹钢、天然橡胶、燃料油、大豆、棉花、豆粕、豆油、小麦、白糖、PTA、PVC、股指期货等国内期货交易所全部上市合约的期货交易。

公司注册地在西宁，并在北京朝阳区建国门外大街设有营业部，可以为客户提供全方位的期货经纪服务。

雄厚的股东背景

中国建银投资有限公司是财富期货有限公司的唯一股东。中国建银投资有限公司是经国务院批准从事投资与投资管理、资产管理与处置的国有独资公司，注册资本为人民币2,069,250万元整，实力雄厚，为财富期货有限公司提供各方面的强大支持。

先进的交易系统

公司采用委托中国国际金融有限公司开发的FTS远程电子交易系统与国内各期货交易所和期货保证金监控中心联网，交易结算安全快捷。投资者可以通过书面委托、电话委托、自助委托、远程委托等多种交易方式，实现与期货交易所的同步交易。FTS系统还可以与投资者的套利模型实现对接，从而为客户提供个性化的交易软件。先进的FTS期货结算软件系统为给客户提供及时的交易结算服务。

专业的服务

公司拥有高素质、具备职业操守和创新精神的服务团队，能够为机构和个人投资者持续提供专业的投资建议和优质的客户服务。销售交易部会定期举办期货知识培训和期货投资策略会，为客户系统讲解期货交易原理、交易流程、交易方式和市场动态，帮助客户更好地了解期货市场，规避交易风险。

长江期货有限公司

长江期货有限公司是经中国证券监督管理委员会批准成立的金融机构，是实力雄厚的长江证券股份有限公司的全资子公司，公司目前注册资本 3.1 亿元，长江证券董事会已通过决议增资至 6 亿元。2013 年公司吸收合并湘财祈年期货经纪有限公司后，在北京、上海、广州、深圳、武汉等地拥有 17 家期货营业部。

公司是中国金融期货交易所、上海期货交易所、大连商品交易所、郑州商品交易所会员单位。近年来，公司荣获中国金融期货交易所"优秀会员金奖"、"客户管理奖"，上海期货交易所"2012 年度交易优胜会员提名奖"，郑州商品交易所"产业服务奖"、"企业服务奖"、"行业成长奖"、"市场发展奖"和"产业客户开发服务奖"，大连商品交易所"市场服务成就奖"等奖项。

公司立足于服务产业、服务地方经济发展，先后被湖北省人民政府授予 2009、2010 和 2012 年度"支持湖北经济发展突出贡献单位"、2011 年度"湖北资本市场建设发展先进单位"，是湖北省"十佳优质文明服务金融机构"之一。公司是湖北省期货业协会第一届、第二届会长单位。公司与行业组织、专业媒体保持了良好合作关系，是湖北省棉花协会副会长单位，以及湖北省电线电缆协会、铝业协会、河南省有色金属等协会的理事单位和《期货日报》湖北地区总代理。

公司法人代表、总裁谭显荣先生先后被聘为中国期货业协会第四届会员理事、中国期货业协会第三届理事会研究发展委员会委员、郑州商品交易所品种委员会委员、大连商品交易所交割委员会委员、上海期货交易所技术委员会委员，是湖北省期货业协会第一届、第二届会长，兼任中共长江证券党委委员、湖北省青年企业家协会副会长，武汉大学兼职教授、中南财经政法大学硕士研究生导师，是湖北省委组织部和发展改革委员会评定的"现代服务业领军人才"，并在 2010 年荣获"湖北省十大优秀青年企业家"称号。

长江期货于 2014 年 9 月 19 日设立了风险管理子公司，子公司全称为"武汉长江产业金融服务有限公司"，注册资本人民币 5000 万元，总部设在武汉。主要业务范围包括仓单服务、基差交易、合作套保、定价服务、做市业务及其他与风险管理服务相关的业务。长江产业金融以立足于全产业链研究，源于期货，服务现货，突出为实体经济提供产业金融服务，专注打造风险管理的服务平台，更好地为实体产业发展助力。

长江期货将依托长江证券雄厚的资本实力、遍布全国的营业网点、享誉业内的研究力量以及领先的 IT 技术，立足华中，面向全国，努力打造"期货理财专家、风险管理专家"的长江期货品牌。

创元期货有限公司

创元期货有限公司是国内最早从事期货业务的专业经纪公司之一，也是目前唯一一家在苏州注册的期货公司。

公司控股股东——苏州创元投资发展（集团）公司为苏州市属重点国企、苏州市地标性企业和中国 500 强企业之一，是一家以高科技先进制造业为核心，集金融、贸易、旅游、文化、商务和房地产等现代服务业为一体的大型综合性集团公司。

公司现为上期所、大商所以及郑商所交易会员，中金所交易结算会员，拥有文华、博易、恒生、易盛、上期、一键通闪电手、交易开拓者等多套行情交易分析系统以及一支高素质、专业化的期货管理、研发和市场开发队伍，现已形成了以苏州总部为中心，上海、南京、大连、郑州、吴江、徐州、常熟、常州、无锡、张家港、济南等营业部的营销体系，客户服务遍及全国各地。多年来，公司秉持"随市场同行、与客户同赢"理念，坚持"市场化、专业化、国际化"发展方向，持续打造信息技术、专业研究、风险管理和财富管理为核心竞争力，致力于将先进的市场服务理念和企业文化相结合，通过内抓管理，合规经营，外拓市场，提升服务水平，期货经纪业务快速发展，经营规模稳步增长，盈利能力快速提升，形成了客户与企业双赢的良性发展格局。

创元期货竭诚欢迎社会各界朋友和机构合作前来洽谈拓展期货业务。

"让我们共同再创造……"

大地期货有限公司

大地期货有限公司成立于 1995 年 9 月（工商注册号为 330000000010485、中国证监会核发的期货业务许可证号为 32020000），目前注册资金 2.4 亿元，净资产近 6 亿元。公司拥有上海期货交易所、郑州商品交易所、大连商品交易所会员资格、中国金融期货交易所交易结算会员资格。公司具有商品期货经纪、金融期货经纪、期货投资咨询、资产管理等业务资质，是首批获准成立风险管理子公司的期货公司之一，也是至今为止国内为数不多拥有全部业务资质的期货公司之一。公司总部位于风景秀丽的浙江省会杭州市。目前在北京、上海、福建、山东等地和浙江省内设有 10 家营业部，公司设有网站 www.ddqh.com 和全国统一服务热线 40088－40077，开通了全国性银行的银期转账系统，配置博易大师、富远、文华财经、恒生、易盛、CTP 等行情交易软件，套利王、交易开拓者等程序化交易软件，以厚实的软硬件实力为投资者提供安全、便捷、可靠的专业服务。

2013 年 4 月，公司风险管理服务子公司——浙江济海贸易发展有限公司正式成立，试点业务为仓单服务、合作套保、定价服务和基差交易，公司也成为全国期货公司中第一批获准成立风险管理服务期货公司之一，也是获得全部四项业务资格的期货公司之一。风险管理子公司的设立将进一步发挥公司在期现货领域的丰富经验，为产业客户提供更为多元化的服务，从知识培训、理论学习、人才培养、制度设计、部门搭建、方案设计、实战操作等多方面、多层次为产业客户提供指导和服务，与广大产业客户开展全方面的合作，协助产业客户利用期货工具进行风险管理，实现互利共赢。

未来，公司将继续践行"厚德载物，融通四海"的核心价值观，坚持"依托大地、共创未来"的发展理念，以"成为有鲜明特色的专业化国际性期货金融服务供应商"为战略目标，以高度的责任心、专心的精神、专业的素质和能力，为股东创造回报、为客户获取投资价值、为员工搭建事业平台，与广大投资者和合作伙伴携手并进，共创未来。

大通期货经纪有限公司

大通期货经纪有限公司成立于 1994 年 5 月 28 日，是上海期货交易所、大连商品交易所和郑州商品交易所的全权会员以及中国金融期货交易所的交易会员单位。控股股东为工大风险投资股份有限公司。经中国证监会核准，公司经营范围为：商品期货经纪、金融期货经纪。公司注册地在黑龙江省哈尔滨市南岗区西大直街 118 号 01 号楼 6 层。

公司以“规范诚信”、“专业创新”、“真诚服务”为核心理念，注重健全内部管理体制和风险防范机制，形成了一套具有自身特色、合乎期货公司规范运作的制度化管理体系，公司崇尚合作、分享、共赢的“伙伴文化”，以最大限度地满足投资者的需求、努力实现客户资产保值、增值为经营宗旨。公司以严谨先进的管理和规范有效的服务立足龙江，放眼全国，服务“三农”，并向客户提供现货代收、加工、运输、套保等“一站式”服务。公司始终坚持规范运作、稳步发展的原则，市场规模多年名列龙江地区行业前茅。公司拥有优秀而富有经验的管理团队、安全高效的技术系统、专业严谨的研究队伍，形成了管理规范、作风严谨，技术先进、交易畅通，服务优质、指导专业的服务团队，公司东北虎期货投资智囊团经过多年的运作，亦享誉全国，常年可为机构和个人投资者提供高水准的投资报告。

目前公司正乘着中国期货市场的发展潮流，抓住金融期货市场发展的战略机遇，不断推动业务创新，不断提高服务质量，为成为先进的现代化金融企业而坚持创新努力奋进！

东海期货有限责任公司

东海期货有限责任公司前身为建证期货，成立于 1993 年，注册资本 5 亿元，控股股东为创新类券商东海证券股份有限公司，中国期货业协会理事会员单位。目前拥有 27 家营业部及 6 个机构部，员工 400 余人，其中通过投资咨询考试合格的高级研发人员 60 余人。公司拥有商品期货经纪、金融期货经纪、期货投资咨询、资产管理业务资格，在业内以创新、量化投资、专业著称。

一、资质优良

1. 注册资本 5 亿元

2. 强大的股东背景——创新类券商东海证券

3. 连续四届中国期货业协会理事会员

4. 中国金融期货交易所十五家全面结算会员之一

5. 2014 年度中国证监会期货公司分类监管 A 类 A 级

二、技术领先

公司拥有业内领先的交易、结算等软硬件设施，囊括业内最优秀的行情交易系统。

4 套交易系统：顶点、易盛、东海潜龙高端交易平台、上期技术综合交易平台

7 套行情系统：文华、博易、大智慧、富远、手机、微信、web 行情系统

5 套程序化交易平台：博易闪电手（博易闪电王）、文华赢顺、开拓者（TB）、MC 达钱、金字塔

2 套分账户管理系统：众期、东海潜龙

交易系统功能齐全，速度快捷并打造出国内首款“新增功能交易软件”，五条专线直通国内三大交易所，报价速度快，完全鼠标化操作。

顶点交易系统具备多项特色功能：顶点交易卡、快速反手、快速开仓锁仓、止盈止损……

三、服务周到

1. 开户便捷：商品期货可上门开户，股指期货临柜开户，当日开立账户，次日商品交易。

2. 方便、贴心的交割结算服务

（1）可享受期转现、提前交割、申请套期保值额度、仓单质押、抵押融资，全程协助办理各环节业务等服务。

（2）开通中、农、工、建、交、浦发、招商、民生八大银行银期转账

（3）可同时办理两个或以上银行的银期转账

（4）个人客户可实现中、建、工、交、浦发、招商、民生网上自助式签约服务

（5）提前预约可实现大额资金出入无限制服务

四、合规安全

1. 通过 ISO9001:2008 质量管理体系认证。

2. 系统安全：首批信息技术三类达标的期货公司；最早建立异地灾备系统的期货公司之一，全面保障客户交易安全。

3. 健全的合规管理及保障机制：公司形成了董事会、首席风险官、合规稽查部、营业部合规管理岗的四级合规管理体系，将逐步完善自上而下，平级相互监督、自下而上的合规沟通监督机制。

五、专业咨询

1. 专业团队

公司拥有稳健精干的管理团队和一流的专业人才队伍，具备持续稳健的经营管理能力和积极进取的市场开拓能力。公司产品研发、投资、运作相关部门拥有硕士、博士学历员工 60 余人，其中 90% 以上的人员通过了国家严苛的期货投资咨询考试。

2. 专业服务

在咨询服务方面，公司为客户提供从晨报到周报、月报，从宏观研究到数据分析、配置策略，从传统周报月报到“东海智慧眼”创新产品等全系列的咨询产品；在策略服务上，为客户提供股票组合市值管理、基于股指期货的多维度程序化交易、股票组合 Alpha 对冲等多样化的交易策略。

东吴期货有限公司

东吴期货有限公司（以下简称“公司”）注册成立于 1993 年 3 月，现注册资本为 5 亿元人民币，东吴证券股份有限公司是公司的绝对控股股东，占股 89.8%，苏州营财投资集团公司占股 6.2%，苏州工业园区华都物资贸易有限公司占股 4%。公司经国家工商总局批准注册、经中国证监会审核许可经营商品期货经纪业务、金融期货经纪业务、期货投资咨询业务。目前，公司营业部数量为 12 家，分布于上海、苏州、江阴和沈阳等地，其中上海地区有 3 家营业部，分别是上海世纪大道营业部、上海肇嘉浜路营业部和上海牡丹江路营业部。

作为国内最早成立的期货经纪公司之一，公司多年来一直以稳健经营享誉业内。公司秉承圆融、人本的经营理念，依托专业化的经营团队和效率为先的经营机制，竭诚为国内机构和个人投资者提供多样化的期货投资服务。

公司是国内三家商品期货交易所的全权会员，会员号分别为：上海期货交易所 0323 号，大连商品交易所 0143 号，郑州商品交易所 0185 号。2007 年 11 月 12 日，公司顺利获得中

国金融期货交易所的首批交易结算会员资格,会员号111。

目前公司可代理客户在国内从事股指、钢材、铜、铝、白银、天然橡胶、玻璃、燃料油、小麦、棉花、PTA、大豆、豆粕、豆油、早籼稻、PVC等品种的期货交易。公司是最早一批集商品期货和金融期货服务为一身的全能型期货公司之一。

冠通期货有限公司

冠通期货有限公司成立于1996年,是国内历史最悠久的期货公司之一,公司法人治理结构完善,在服务能力、研发水平、市场开发、机构管理等方面经验丰富,公司成立至今一直保持连续盈利的经营业绩,在行业监管部门中素来以管理严谨规范著称。

公司总部设在北京,同时在北京、上海、大连、郑州、秦皇岛、贵阳、南通、柳州、青岛、天津、沈阳、合肥、长沙、成都、武汉、深圳等地设有营业部。公司是上海期货交易所、大连商品交易所、郑州商品交易所和中国金融期货交易所国内四家交易所的结算会员。

公司的控股股东是中国中化集团成员企业——中国对外经济贸易信托有限公司。公司一直以来在金融创新方面成果卓著,打造的"信托+期货"的全新合作模式,更是促进了公司在金融衍生品创新领域表现突出,公司在"信托+期货"产品的研发方面亦将开创国内金融创新先河。近年来,公司投入大规模人力、物力研究集合资金信托理财产品,广大投资者将可以通过信托基金建立起更多元化的资产配置,与此同时将大幅降低投资者在单独参与期货市场时可能面临的风险,公司将紧随国内金融发展的步伐,适时为广大投资者推出多样化的金融衍生品,为中国金融市场的完善做出贡献。

标准典范

公司严格按照证监会信息技术要求,管理总部建立了一套高规格、高冗余、高容量的交易系统,达到二类标准机房建设,并配备高标准的郑州异地机房备份系统,系统容量满足线性增长要求,随时准备随业务规模的巨增,实现系统容量的快速增长。

网络交易畅通——在总部机房内建立电信和联通中心传输,与电信和联通的中心机房百兆光纤直接链接,保证了网络通讯的持续和稳定。

系统选择多样——文华、博易两套行情系统,金仕达、易盛、程序化交易三套交易系统,文华一键通、博易闪电手嵌套交易端接入,博易掌上财富、文华随身行行情及下单系统提供便利,交易通畅。

资金划转便捷——全面开通工、农、中、建、交所有五家结算银行的全国银期转账业务,有效保障资金划转的及时性。

增值服务

公司拥有一支充满活力与热情的交易研究团队,融合身经百战的实战专家、资深金融博士、严谨务实的IT精英,拥有多市场多品种多策略组合的程序化交易模型、交易投资经理、评估系统等,通过建立专业化、科学化的投资和评估体系,为市场发掘优秀的投资管理人才,为广大投资者提供个性化、专业化的优质投资和咨询服务。

公司研发中心是公司树立品牌优势、开拓专业化市场的核心竞争力。研发中心下设农产品研究组、化工能源研究组、金属研究组、宏观经济研究组、股指期货研究组、金融创新研究组。各小组在各研究领域成绩斐然,为投资者提供了强大的研发保障和支持,其中尤其是金融创新组,该组金融理论知识扎实、全面,在金融工程数量分析、模型构建方面具有丰富的国际工作经验,在国内很多领域的研究还属空缺的情况下推出了系列创新性的研究成果,为投资者在交易策略的具体可操作性、可行性、风险测算、评估等诸多方面提供很好的决策依据,在行业中保持领先水平。

"慎初笃行为冠,逐鹿得人则通"——公司一直以来秉承"诚信、敬业、创新、服务"的企业宗旨,树立"以客户服务为先导,以诚信规范为基石,以开拓创新为手段,以和谐敬业为追求"的全新企业文化,努力在市场开拓、客户服务、风险管理、经济效益方面争创一流。在我国"实物经济"向"虚拟经济"的转型过程中,与中国金融市场共同成长!

广发期货有限公司

广发期货有限公司成立于1993年3月,是国内成立较早、在工商管理机关注册的大型专业期货公司之一,现公司注册资本为11亿元人民币,是广发证券股份有限公司的全资子公司。

公司总部位于广州,分别在北京、上海、郑州、珠海、青岛、大连、南宁、福州、武汉、西安、佛山、东莞、肇庆、江门、中山、广州、哈尔滨、杭州、无锡、深圳、汕头、成都、贵阳、昆明、宁波、厦门等地设有分支机构。另经监管部门批准,2006年,公司在香港设有全资子公司;2013年4月,公司在上海设立全资商贸子公司;2013年7月,公司通过香港子公司全资收购法国外贸银行旗下商品期货交易公司(伦敦)一并获得全球著名交易所LME、ICE、LIFFE等交易与结算会员资格。现已形成立足珠三角地区,覆盖全国各主要城市,并通过香港辐射全球衍生品市场的业务网络。公司的经营范围为商品期货经纪、金融期货经纪、期货投资咨询、资产管理。香港子公司可代理香港地区及境外的商品期货和指数、外汇、利率等衍生品业务。

实力雄厚,资信良好

广发期货目前是期货行业中资金充裕,实力雄厚,资产质量和资信条件最好的公司之一。公司是中国期货业协会第二届和第三届理事会副会长单位、广东省证券期货业协会副会长单位、中国证监会证券期货业信息化工作专家委员会委员单位、全国金融标准化技术委员会证券分技术委员会委员单位、中国期货业协会第三届理事会申诉委员会及信息技术委员会委员单位、中国金融期货交易所全面结算会员。

经营稳健,管理规范

公司秉承广发证券的企业文化,坚持"诚信、专业、创新、图强"的经营理念,十分注重健全内部管理体制和风险防范机制,已形成了一套具有自身特色,合乎期货公司规范运作的制度化管理体系。

服务专业,地位领先

公司致力于发展与客户的长期合作关系,拥有一批专业的客户服务队伍,为客户提供优质的投资服务。依托广发证券雄厚的资本实力和金融背景,公司在全国范围内开展了期证合作,为投资者提供一站式的金融服务。根据中国期货业协会的统计,自2003年以来,公司连续十年被评为上海期货交易所、大连商品交易所和郑州商品交易所的优秀会员。在中国金融期货交易所的综合实力排名中,位列前茅。

技术先进,安全快捷

公司十分重视信息技术在业务和管理中的应用,把信息技术的有效应用视为核心竞争力之一。公司是业内首家采用国家电信枢纽高标准机房的期货公司。信息技术的建设成效明显,并且形成了自己的特色,建立了集规划、开发和运维为一体的组织管理体系,秉承了安全、稳定、高效的原则,为公司各项业务与管理提供了坚实的技术保障。目前建设了广州马场数据中心与上海张江数据中心的 IT 系统“双活”灾备中心,为保障客户交易的高效性与安全性打下了坚实的基础。

精英汇聚,研究先行

公司一贯重视专业人才队伍的建设,长期坚持“知识图强、求实奉献”的核心价值,凝聚和培养了一批行业精英。目前,公司共有员工 450 余人,80% 为本科以上学历,其中博士 10 余人,硕士 100 余人,拥有多位从事期货行业多年、经验丰富的专家型人才。公司研究力量雄厚,不但为客户提供各期货品种高水平的研究报告和咨询服务,更在金融期货的前瞻性研究方面积累了丰硕的成果,力求与客户一起创造期市制胜的先机。

展望未来,广发期货公司将致力于发展成为代理投资全球金融衍生品及商品期货交易,为客户提供优质风险管理和咨询服务,同时管理期货基金的世界一流的具期货综合业务的大型集团化金融服务机构。

2014 荣获奖项

2014 年 10 月 31 日,由期货日报联合证券时报主办的“2014 中国期货业创新发展论坛暨第七届最佳期货分析师评选颁奖典礼”在上海浦东国际会议中心开幕。

在颁奖典礼上,我司夺得中国最佳期货公司、最佳金融期货服务奖、最佳金融创新奖(第一名)、中国金牌期货研究所(第一名)、最佳期货资管策略研究团队(第一名)、资产管理业务领航奖、最佳境外期货业务服务奖、中国期货公司金牌管理团队等多项殊荣。

此外,我司还有上海营业部荣获“中国优秀期货营业部”称号、昆明营业部荣获“最具成长性期货营业部”称号;我司“广发期智系列—专户 A 产品”获得优秀期货资产管理产品奖;我司研究员刘碧沅获得最佳有色金属期货分析师第一名、鲍洪波获得最佳油脂油料类期货分析师第一名、蒋婵杰获得最佳能源化工类期货分析师第四名。

国都期货有限公司

国都期货有限公司是经中国证监会批准,由国都证券有限责任公司和中诚信托有限责任公司共同出资设立的全国性期货公司,公司注册地为北京市。公司注册资本 2 亿元人民币,其中国都证券有限责任公司持有公司 62.31% 的股份,中诚信托有限责任公司持有公司 37.69% 的股份。公司经营范围为商品期货经纪、金融期货经纪、期货投资咨询。公司为上海期货交易所、大连商品交易所、郑州商品交易所会员以及中国金融期货交易所交易结算会员,可代理各交易所已上市和即将上市全部期货品种的交易、结算及交割。

公司股东国都证券有限责任公司以其优良的资产质量、健全的内部控制机制和严格的风险控制著称于业内;公司股东中诚信托有限责任公司是中国银监会直接监管的中央级信托投资公司,中国信托业协会首届会员单位。

公司在上海、大连、郑州、合肥设有营业部,营业网点覆盖四大期货交易所所在地。公司各营业部客户保证金实行封闭运行,交易设施先进齐备,资金划转安全便捷,咨询信息及时全面,经营场所优雅舒适,高素质的职业团队,可为客户提供专业化个性化的服务。

公司经营管理始终稳健、审慎经营,合法合规运作,从未发生挪用客户保证金及穿仓等重大风险事件。公司以对客户资产高度负责的态度,在业内树立了诚信、稳健、专业的形象。

国富期货有限公司

国富期货有限公司(简称国富期货)是经中国证券监督管理委员会审核批准,由国家工商行政管理局登记注册的专业期货经纪公司。《期货经纪业务许可证》号为 31010000。公司法人代表、总经理为:李志辉。

国富期货成立于 1992 年,总部设在大连,前身为辽宁省粮食厅下属的辽粮期货,是大连商品交易所早期会员和理事单位。随着中国期货行业的蓬勃发展,国富期货也实现了跳跃式的发展,现在是大连商品交易所、郑州商品交易所和上海期货交易所的会员,能够为农产品、金属、能源化工等多个领域的期货交易提供经纪和咨询服务。

经历了十余年的期海沉淀,国富期货拥有了一批从事期货行业多年、具有丰富经验的高素质专业人才,建立了客服、资讯、研究、交易、结算、合规、风控等完善的服务体系。2009 年国富期货股权重组,建立了更加强大的公司发展平台。2009 年公司斥巨资购入惠普刀片服务器,建成行业顶级电脑网络和通讯设备,能够充分保障期货交易的安全运行。

2010 年开始,公司与多家国际、国内现货和资讯企业建立了合作伙伴关系,使得国富期货的研发团队能够与客户共享更加完善的信息和服务平台。

多年来国富期货守法经营,规范运作,从未出现大的风险事故和纠纷,并凭借良好的口碑和孜孜不倦的努力,培养了一大批日益成熟的客户群体。公司新办公地址在大连国际金融中心期货大厦 28 层,办公面积约 1100 平方米,办公环境一流。我们相信,秉承专业金融、创新服务的理念,以团队的力量、进取的精神、诚信的商业品质,国富期货必将与客户走向共同辉煌的明天!

国金期货有限责任公司

国金期货具有健全完备的制度体系及业内领先的硬件环境与软件系统,为客户资金安全运转提供了强有力的保障和有效的工具;具有高稳定线路,中心机房网络接入具有电信、移动、联通三家资源提供基于不同运营商线路备份,最大限度提供稳定、可靠的交易接入服务;具有国内最高等级主机房,国金期货建设了恒生期货、综合交易平台、易盛交易系统等三大套交易系统,为客户提供更多样的选择和更安全的交易保障。

公司对外广纳贤才,对内提素练兵,拥有一群专业睿智的金融服务专家。公司拥有首席金融分析师 1 名、中级宏观经济与黄金分析师 1 名、中级能源化工分析师 2 名、股指期货分析师 2 名、助理分析师 6 名、中金所特约讲师 1 名。成立以来,公司逐步明确了定位和发展方向,在法人治理结构、内控制度、风险控制、管理体系、组织机构等逐步得到完善,公司业务规模也取得了突飞猛进的增长。

作为一家具有高度责任感的专业化金融企业,自公司成立以来,从未发生过重大风险事故,从未发生过挪用客户交易保证金事件,从未与客户发生经济法律纠纷,高瞻远瞩,严谨务实,树立了值得信赖的企业形象。

我们的理念：国金期货一直将"合规管理、稳健发展"作为公司长远战略规划的基石。

我们的愿景：通过坚持不懈的努力，达到并超越客户、员工、股东和社会的期望，帮助身边尽可能多的人获得成功，成为最信赖的期货公司。

国金期货的管理原则概括为六个字：专业、开放、友好。

专业的国金期货——专业的客户服务，专业的产品研发，精益求精的服务平台；

开放的国金期货——开放的经营理念，开放的信息平台，开放高效的人才机制；

友好的国金期货——友好的客户界面，友好的内部沟通，友好严谨的企业形象。

随着业绩大幅提升，公司更加重视自身社会责任不断提升员工福利待遇，增加雇员数量，增缴各项税费，为国民经济发展、促进就业增长和扩大内需消费作出了自己的贡献。

国联期货有限责任公司

国联期货有限责任公司成立于1992年，1993年4月获得中国证监会颁发的首批期货经营许可证，是在江苏省注册的商品期货经纪、金融期货经纪、期货投资咨询、资产管理的期货公司，公司注册资本4.5亿元人民币，是上海期货交易所(0018)、郑州商品交易所(0174)、大连商品交易所(0161)会员，中国金融期货交易所(0118)交易结算会员，是江苏省成立最早、经营规范、稳健的专业期货公司。公司可代理国内所有商品及金融期货品种的交易、结算、交割，可开展投资咨询、资产管理业务，业务范围覆盖全国主要城市和地区。2014年6月底公司资产总额21.61亿元，净资产6.59亿元，净资本5.58亿元，客户权益14.59亿元。

国联期货控股股东是实力雄厚、信誉卓越的大型金融、实业集团无锡市国联发展(集团)有限公司，股东有中海信托股份有限公司、湖南五江轻化集团有限公司、无锡市国联物资投资有限公司。国联期货拥有务实、高效、勇于开拓创新的领导集体和勤奋、敬业、乐于奉献的高素质员工队伍，拥有一批德才兼备并在行业内有一定知名度的专业人才。公司总部设在江苏无锡，经过十几年的不懈努力，现已在上海、重庆、南宁、大连等地设立了22家营业部。由于努力拓展市场，近几年连续获得四大交易所和社会各界的嘉奖。

国联期货致力于成为资本市场的风险控制商和财富管理商，能提供"私人定制"套保服务，能够充分利用股东金融和产业的平台优势，为各类客户提供泛金融多样化服务。未来五年公司的工作中心紧紧围绕提升公司核心竞争力、提升服务水准和全面提升经济效益，工作重心从宽度外延式发展向服务"深度"和行业"高度"两极发展，谋求树立公司品牌和行业地位。国联期货全体员工将为国联期货建成百年老店，为千亿国联目标而持续奋斗。

国贸期货经纪有限公司

国贸期货于1996年成立，注册资本金5亿3000万元人民币，经营国内期货交易所上市的商品期货、金融期货的经纪、投资咨询和资产管理业务。国贸期货愿以专业、严谨的态度，诚信、务实的理念服务客户，与客户共同成长。

丰富的商品套期保值经验

国贸期货是上市公司厦门国贸(股票代码600755)的全资子公司，凭借三十多年积累的供应链式的管理服务体系，十八年来共计为客户进行实物交割金额122亿元。公司长期为能源化工、贵金属、有色金属等多个领域的企业提供有关成本控制和销售价格管理的套期保值方案及投资、融资策略。

一站式的财富管理体系

国贸期货是作为证监会批准的首批拥有资产管理业务牌照的期货公司，通过内部选拔及海内外引进专业的投资人才组成了资产管理专业化的投研团队，公司于2013年5月率先发行了福建省内第一支期货基金专户产品，2014年公司与国内专业的期货资产管理业务的独立第三方平台——CTA基金网合作，为中外投资者、资金方提供资源对接和整合服务平台。公司充分整合市场资源，积累了丰富经验为客户量身定制财富管理产品，打造一站式财富管理体系。

多样化的IT整合平台

国贸期货在IT整体服务方面不断，在国内首创使用微信平台下单，使客户可以便捷利用手机掌握期货市场信息并进行投资操作；拥有银期交易"V8T"、跨交易所交易"CTP"、独具套利特色的"易盛"等交易系统，还可特别为VIP客户提供IT整体咨询、远端服务器托管、子账户资产管理系统建制等专业服务，让客户体验毫秒级交易乐趣。

完整的快捷策略服务

国贸期货搭建"策略星"平台，为不同投资模式的客户提供多品种、多市场的交易策略；搭载全球知名的程序化编程平台，集合港台优异人才，为客户打造高端交易策略与技巧的培训；更在国内首批采用"一键式期权策略下单平台"，可享高频交易、程序化交易及即将上市的期权交易。

精进的研发实力

国贸期货与厦门大学经济学院、厦门大学王亚南经济研究院建立战略合作关系，利用"金融工程实验室"平台，开展商品期货、金融期货以及期权的研究；多次在各大交易所举办的全国研发团队评比中取得优异成绩，获得"大商所十大工业品期货研发团队第一名"、"中金所年度优秀会员、期权仿真二等奖"、"郑商所产业服务奖"、"上期所钢材、燃料油、天然橡胶企业服务奖"等佳绩。

国泰君安期货有限公司

国泰君安期货有限公司(GUO TAI JUNAN FUTURES CO.,LTD.)，是国泰君安证券股份有限公司的全资子公司。公司注册资本7亿元，具有商品期货经纪业务、金融期货经纪业务、期货投资咨询、资产管理业务资格，是国内首批获得金融期货全面结算业务资格的期货公司，是中国金融期货交易所的一号会员，同时也拥有上海期货交易所、大连商品交易所、郑州商品交易所的会员资格和交易结算席位。公司是中国期货业协会第二届、第三届理事会理事单位、中国证监会证券期货业信息化工作专家委员会委员单位、中国期货业协会信息技术委员会委员单位和全国金融标准化技术委员会证券分技术委员会委员单位。公司总部位于上海，服务网点遍及全国29个省、市、自治区、直辖市。

公司具备强大的研发能力，创新设立了专兼职的研究服务体系，在业内率先成立了股指期货研究中心和国债期货研究中心，创建的国泰君安期货研究院，是国内券商系期货公司中最早开设的独立研究机构，践行"贴近市场、贴近客户、贴近业务"的服务理念，努力打造完善齐备的研究体系，在金融和产业领域提供衍生品、期现产品设计和投资策略的全覆盖的期货研究和咨询服务，实现“促营销、提服务、帮风控、固品牌”的效能。

公司具有业内一流的信息技术平台，达到行业三类技术标准，公司每年 IT 投入多达几千万元，打造了一流的数据中心和国内领先的交易结算系统，并建设了多条专用交易跑道，为客户提供分类分级服务。公司已全面开通交通银行、工商银行、建设银行、农业银行、中国银行、浦发银行、兴业银行、招商银行八家银行的银期转账业务。

公司根据整体战略规划，整合各方资源倾力打造国泰君安“君弘”期货服务体系，为客户提供“专业、尊贵、优享”的全方位综合服务，成为中国期货行业内首家通过品牌化会员分级服务体系为期货客户提供全方位高端综合服务的期货公司。作为最早为特殊法人提供服务的期货经纪商之一，公司在为证券、基金、信托、保险、私募等机构提供股指期货交易服务方面积累了丰富的经验。

公司具有规范而稳健的管理体系，秉持“诚信为本、专业服务”的经营理念，建立了“制度化、市场化、专业化、协作化、技术化”相结合，基础管理、专业管理、综合管理相配套、相统一和相融合的经营管理体系，并逐渐形成了“争创一流，追求卓越——客户、员工、股东一起成长”核心价值观。

公司自成立以来，充分发挥金融中介机构的功能，服务于国民经济特别是实体经济的发展，不断提高自身规范发展水平，市场影响力不断提升，受到了政府、行业、客户及社会各方的肯定与褒奖，荣获“2010 年度上海市人民政府金融创新成果二等奖”，“2010 第一财经金融价值榜——年度期货公司”，“2011 年度证券期货业科学技术优秀奖”，在 2012 年证券时报、期货日报举办的“第五届中国最佳期货经营机构暨最佳分析师评选”中公司获奖数量排名参评期货公司第一，共获得“中国最佳期货公司、最佳金融期货服务奖、中国十佳营业部、最佳成长性营业部、中国金牌期货研究所”5 个公司奖项和 4 个分析师奖项；在 2012 领航中国金融行业年度评选中荣获“最佳社会责任奖”、“期货行业最佳品牌奖”、“最佳投研团队奖”、“最佳 IB 服务奖”4 项大奖；同时获得了 2012 年度中国金融期货交易所“优秀会员金奖、功能发挥奖、技术管理奖、投资者教育奖、产品创新奖、代理结算奖、金融期货宣传奖”；2012 年度大连商品交易所的“优秀会员金奖”；2012 年度郑州商品交易所的“市场发展奖、产业客户开发服务奖”；2012 年度上海期货交易所的“交易优胜会员”等各交易所多个奖项。

2013 年公司荣誉

荣获 2013 中国最佳衍生品财富管理机构奖

荣获 2013 中国最佳商品期货资管产品奖

荣获 2013 中国最佳创新期货资管产品奖

国投中谷期货有限公司

国投中谷期货有限公司（以下简称国投中谷期货或公司）是经中国证监会批准、国家工商局核准登记注册的期货公司。

国投中谷期货始创于 1993 年 4 月 23 日，注册资本金 3 亿元。原注册名称为上海中诚期货经纪有限公司，是国家工商局最早批准成立的期货公司之一。2006 年，公司大股东中谷粮油集团公司与中国粮油食品（集团）有限公司成功重组合并，公司成为中粮旗下的专业期货公司。2010 年 7 月，公司股权变更为由国投集团（国家开发投资公司）控股，中粮集团参股，公司也正式更名为国投中谷期货有限公司。2012 年 3 月，公司引进上海河杉投资发展有限公司为第三方股东。

国投中谷期货主要从事商品期货经纪、金融期货经纪、期货投资咨询业务及资产管理业务。公司是大连商品交易所、上海期货交易所、郑州商品交易所会员单位，中国金融期货交易所的交易结算会员单位。公司高管是中国期货业协会会员理事、上海市期货同业公会副会长、大连商品交易所会员理事、大连商品交易所交割委员会委员、上海期货交易所交易委员会委员及郑州商品交易所结算委员会主任委员。

国投中谷期货一直以良好的信誉、安全快捷的交易通道及规范严格的风险管理竭诚为投资者提供专业化期货服务。多年来，公司牢牢把握“为产业和机构客户服务”的宗旨，通过差异化竞争策略，在为客户提供多元化研发产品、一站式交割服务、风险管控体系设计方面形成了核心竞争优势，树立了“期货理财和风险管控专家”的品牌形象。

在业务发展的同时，国投中谷期货始终把风险控制工作作为公司各项工作的重中之重，风控是期货公司的生命线。国投中谷期货在内部构建了完备的风控体系，严格遵守有关法律和监管政策，并建立了规范的风控制度和流程，培养了一支专业化的风控团队。

目前，国投中谷期货设有大连、郑州、广州、北京、上海、太原、杭州共七家营业部。

海航东银期货有限公司

海航东银期货有限公司（以下简称“海航东银期货”）的前身为东银期货经纪有限公司，始创于 1993 年，2007 年 8 月 13 日，经中国证监会证监期货字〔2007〕115 号文批准，由海航集团控股，注册资本金 50000 万元。海航东银期货是上海期货交易所（会员号：182），大连商品交易所（会员号：023）和郑州商品交易所（会员号：026）的正式会员，并于 2007 年 11 月取得中国金融期货交易所的金融期货经纪业务资格和金融期货交易结算业务资格（会员号：123）。2012 年 1 月 31 日，公司正式取得期货投资咨询业务资格，2013 年 9 月 22 日正式取得资产管理业务资格，公司经营范围变为商品期货经纪、金融期货经纪和期货投资咨询业务和资产管理业务。

海航东银期货总部位于深圳。下设上海营业部、北京营业部、苏州营业部、郑州营业部、大连营业部、贵阳营业部、厦门营业部、天津营业部、太原营业部、合肥营业部、兰州营业部、哈尔滨营业部、海口营业部、南宁营业部等 14 家分支机构。

海航东银期货目前拥有具有高素质、精专业的管理、研究等精英人才近 200 名，拥有全国一流的电子化交易机房，为广大客户提供全面高效率的期货交易、结算等业务和优质的期货投资咨询服务。

海航东银期货研究所是公司专业从事国内、国际宏观经济研究、金融专业研究及期货品种研究的部门，目前拥有高学历、精专业的研究人员 12 名，为客户提供专业投资、套期保值、期货投资咨询等专业化服务。

海航东银期货机房设备先进，具有国内一流的电子化交易设施，建立了国内首家双中心互为灾备机房，并提供文华财经、富远、澎博等三套国内主流的行情软件和金仕达、易盛、恒生等三套国内先进的交易系统。

海航东银期货以成立以来保持了 19 年客户零投诉的业

内领先记录。自2003年以来连续7年交易量和交易额综合排名位居行业前30位内,连续5年获得上海期货交易所优秀会员等奖励。

海航东银期货始终坚持“至诚,至善,至精,至美”的服务理念,以“为社会做点事,为他人做点事,人生不留遗憾”的从业精神,致力于为客户提供满意的专业化服务。

海航东银期货董事长程庆芳携全体员工诚挚希望与您一起共同创造中国期货市场的美好明天。

和融期货经纪有限责任公司

和融期货有限责任公司,是由渤海证券股份有限公司和天津和融资产管理有限公司共同出资组建并经中国证监会颁发期货经纪业务许可证、经由中国工商总局登记注册的大型专业公司。控股股东渤海证券股份有限公司是国内具有较强影响力和实力的大型证券公司。

公司为独立的企业法人,治理结构规范,设有规范的股东会、董事会、监事、独立董事、首席风险官,有规范的制度及议事规则;实行董事会领导下的总经理负责制,自主经营、独立核算、自负盈亏。公司具有专业的研发机构、市场业务部门、异地(郑州)营业部及其他管理和服务部门。

公司经营范围为商品期货经纪和金融期货经纪,为国内四家期货交易所的会员单位,能够为客户提供全部期货交易品种的代理服务,是天津地区规模最大的期货经纪公司之一。

公司座落于天津繁华的商务金融区,交通便利快捷;具有先进的交易系统,开通了建行、工行、农行等银期转帐业务,为投资者安全、便捷地参与商品、金融期货提供了良好的条件。

公司拥有一支业务素质高、服务意识强的员工队伍,公司秉承“稳健、创新、诚信、服务”的经营理念,在所有的环节上均体现出客户利益至上的原则,以最大限度地满足投资者的需求、为众多企业和投资者提供避险保值和投资服务,争创一流的经济效益和社会效益。

弘业期货股份有限公司

弘业期货股份有限公司(原江苏弘业期货有限公司)是经中国证监会批准的大型期货公司,注册资本6.8亿元,净资产超10亿元。公司隶属于江苏省国资委监管的大型企业集团——江苏省苏豪控股集团有限公司。江苏省苏豪控股集团有限公司、上市公司弘业股份(600128)、江苏弘苏实业有限公司、江苏汇鸿国际集团有限公司等是公司的主要股东,公司主营商品期货经纪、金融期货经纪、投资咨询、资产管理。

弘业期货是中国期货业协会理事单位、江苏省期货业协会会长单位,公司总部位于江苏省南京市中华路50号弘业大厦,并在北京、上海、广州、深圳等国内主要金融中心和重点城市设立营业部,实现全国性布局,是目前国内拥有营业部数量最多的期货公司之一。公司的综合竞争实力傲视同行:主营业务能力突出,主要经营指标多年来始终位居江苏省同行第一、全国前列;信息技术系统达到行业领先水平,并在业内首家自建完成异地灾备中心;同时公司拥有丰富的风险管理经验,连续十五年来保持合规、稳健经营。公司近年来还先后荣获“江苏省文明单位标兵”、“江苏省青年文明号”、“江苏省五一劳动奖状”、“创先争优 · 江苏省先进基层党组织”、“中国期货公司十强”以及各期货交易所优胜会员、产业服务优秀会员等荣誉称号。

宏源期货有限公司

宏源期货有限公司是经中国证监会批准,从事商品期货经纪、金融期货经纪、期货投资咨询、资产管理的专业化金融服务企业。公司注册地为北京,注册资本5.5亿元人民币,是上海期货交易所、大连商品交易所、郑州商品交易所全权会员,中国金融期货交易所交易结算会员,中国期货业协会理事单位,北京期货商会会长单位。

全资股东宏源证券股份有限公司(证券代码:000562)是中国第一家上市证券公司,是经中国证监会批准的全国性、综合类、创新类券商,全国首批保荐机构之一。

公司在北京、上海、乌鲁木齐、南宁、杭州、大连、郑州、合肥、济南、石家庄、昆明、扬州、天津、重庆、福州、深圳等地设有多家营业部,依托宏源证券百余家营业网点形成覆盖全国的服务网络。

公司拥有澎博、文华等行情系统,澎博闪电手、文华一键通、金仕达多账户、众期分账户、上海快期、易盛、大连飞创、掌上财富手机行情交易、证券期货套利等交易系统,交易开拓者、Multi Charts、文华等程序化交易软件,满足客户的多样化需求。开通工行、建行、交行、农行、中行等全国银期转账系统,资金划转方便快捷。结合宏源证券研究所形成证券期货综合研究力量,为投资者提供及时准确的信息资讯、深度的研究报告和专业的投资咨询服务。

公司以市场为导向,以客户为中心,以专业化技能和高标准的服务,推动公司业绩快速成长,成为国内最具发展潜力的期货公司之一,多次荣获监管部门、交易所、行业协会和媒体奖励。

公司将竭诚为广大投资者提供多元化、标准化、个性化服务,以专业、诚信为投资者创造价值。

华安期货有限责任公司

华安期货有限责任公司(下称“公司”)成立于2005年9月,由华安证券股份有限公司控股。公司具备从事商品期货和金融期货业务资格、期货投资咨询业务资格,注册资本金为人民币2亿元,是目前国内综合研究实力较强的期货公司之一。

公司总部位于合肥市长江中路419号,营业面积1600平方米,并在上海、青岛、郑州、芜湖、阜阳、马鞍山、安庆设立了营业部。公司的控股股东华安证券是安徽省第一家由中国证监会核准的具备从事期货中间介绍(IB)业务资格的证券公司。华安期货有限责任公司依托华安证券遍布全国的营业网络,可以为全国各地投资者提供最及时的投资资讯服务;并根据投资者需要设计套保、套利和投资理财等多种不同类型的投资方案,适应具有各类风险偏好投资者的需求。

为保障投资者交易的安全、快捷和稳定,公司配备了先进、稳定的网络系统和双路供电系统,拥有多套最新的澎博、文华、富远等资讯行情系统。为满足各类投资者的交易习惯,公司采用了目前交易速度最快、功能最丰富的恒生、易盛交易系统和上海期货信息技术有限公司最新推出的综合交易平台等先进软件,能为投资者提供闪电手、批量委托、一键通、止损、止盈、套利以及各种策略化、程式化交易等丰富多样的交易功能和手段。

公司拥有上海期货交易所、大连商品交易所和郑州商品交易所的全权会员资格，是中国金融期货交易所的交易结算会员，可代理股指期货、黄金、铜、铝、锌、燃料油、天然橡胶、螺纹钢、线材、小麦、PTA、白糖、棉花、玉米、菜籽油、早籼稻、大豆1号、大豆2号、豆粕、豆油、线型低密度聚乙烯（LLPDE）、棕榈油、PVC等等国内所有上市期货品种的交易，目前一直开展沪深300股指期货仿真交易。

华安期货有限责任公司奉行“严谨、活力、协作、创新”的经营理念，立足高起点，塑造投资新文化，致力于构建以塑造品质为核心，在业内具备持续竞争力和持久影响力的期货公司。公司广纳具有共同事业信念的业界精英，确立以专业拓展市场、以产品服务客户的业务战略，按照“产品、沟通、服务、诚信”的业务理念，形成了以股指期货等金融衍生品、以有色金属、天然橡胶、钢材等工业原料和以油脂、棉花等农产品为品种特色的研发方向。

公司以客户的需求为导向，以客户资产的增值为目标，致力于提高公司研发水平的专业化和投资理财产品的实用性，依托股东优良的金融投资和现货实业背景，全力为投资者打造全方位投资理财平台，实现客户与公司双赢的企业宗旨。

面对中国金融市场的全面开放，华安期货有限责任公司将弘扬“厚积薄发、自强不息”的传统美德，以振兴中华民族的金融企业为己任，在世界金融市场的大潮中尽展炎黄子孙的金融投资智慧！

华海期货有限公司

华海期货有限公司，成立于1993年，现注册资金5500万元人民币，是经中国证监会批准，国家工商行政管理总局核准注册登记的专业性期货经纪公司。公司目前是中国金融期货交易所、大连商品交易所、上海期货交易所、郑州商品交易所会员单位。公司控股股东深圳市富通实业有限公司实力雄厚，业务涉及广东、上海、北京、浙江、山东、香港等地，是一个以房地产为主业，集相关产业为一体的跨地域大型产业集团，在深圳房地产开发综合资质排名中连续多年处于前十名。

华海期货成立至今，已有十多年的历史，一直以诚信为核心，以客户满意为目标，以稳健经营、专业服务为基础，本着敬业、勤奋、客户第一的态度，真心实意为客户服务。为公司在业内赢得了良好的信誉，并得到广大客户的好评。公司现有员工近百名，是一支具备较高业务素质并具有丰富市场经验的团队，其中管理层及主要技术骨干均具有十年以上的期货从业经历。依托强大研发团队，致力为广大投资者提供专业高效的期货投资服务，充分地实现公司为客户创造价值的经营理念。

华海期货全力打造一流的交易平台，提供完整的信息、交易、结算服务，开通银期转账业务，执行严格的保证金封闭管理以及一整套规范严谨的风险管理制度，为投资者提供安全快捷的交易通道。

华海期货可为企业、金融机构和投资者提供套期保值、套利交易、投资组合等多种个性化的投资咨询服务。公司具备完善的客户培训系统，资深研发人员将为客户提供系列的专业培训，讲解期货知识，传授交易经验。

华海期货主张“享受快乐投资，感受简单期货”，推崇人性化的管理模式，营造舒适轻松的交易氛围。

华海期货将秉承"诚信、高效、专业"的企业精神，依托经验丰富，训练有素的工作团队，为投资者奉献高品质的服务，致力于打造中国期货业的一流品牌。

我们自信，因为我们专业。我们优秀，因为我们勤奋。我们真诚，因为我们执着地热爱期货行业！

华融期货有限责任公司

华融期货有限责任公司（以下简称“公司”）是经中国证监会批准，由中国华融旗下华融证券股份有限公司（以下简称“华融证券”）在重组海南星海期货经纪有限公司的基础上于2010年8月16日设立。公司注册资本3.2亿元，资本实力位全国期货公司前列，其中：华融证券出资2.96亿元，持股92.5%。控股股东华融证券，是全国性综合类证券公司，在全国有近40家证券营业部，各项指标位行业前列。

华融期货母公司中国华融资产管理股份有限公司是中国最大的资产管理公司。中国华融目前已发展为除保险以外的全牌照金融控股公司，集团业务涵盖资产管理、投融资、银行、证券、信托、租赁、期货等多牌照金融业务，集团旗下控股了华融湘江银行、华融证券、华融信托、华融租赁、华融融德资产、华融期货等11家金融平台子公司，在全国各省会城市有32家分公司，在香港设立了华融国际控股有限公司，集团总资产4000多亿，至力于为客户提供全球范围内的全方位金融服务。

公司成立以来，在股东及监管部门、自律性组织和大股东的正确关心、领导与支持下，对内抓经营，艰苦奋斗带队伍，稳健推进营销、业务和平台建设；对外促发展，坚定进取转方式，均衡提升效益、质量和水平，务实推进“经纪、财管和创新”等三大业务协同发展，努力实现“资本、组织和业务”的三维成长。近几年来，公司经营业绩连续保持高速增长，综合排名显著提升，分类评级实现“三级跳”。

公司依托中国华融“一体两翼”综合优势和协同效应，积极打造“专业化、综合化、国际化”发展道路，积极探索、创新业务模式，为投资者提供全方位的专业化金融服务。目前，公司实行上海前台营销研发管理总部和海南后台营运管理总部“双总部”的战略，完善上海自贸区风险管理子公司及分支机构，充实服务网络。已在上海搭建了行业交易速度最快的CTP综合交易系统平台，为客户期货交易提供最先进的技术支持；开通多家全国性银行的银期转账服务系统，为客户提供方便快捷的资金划转业务。

展望未来，公司将坚持以市场为导向，以客户为中心，依托中国华融品牌、资源和网点的优势，以专业化技能和高标准的服务，努力打造一家专业优势突出、经营业绩优良、治理科学规范、具有核心竞争力和可持续发展能力的一流期货公司！

徽商期货有限责任公司

徽商期货有限责任公司成立于1996年2月，是经中国证监会批准、在国家工商局注册成立的安徽省第一家期货经纪公司，也是安徽省首家获得金融期货经纪业务资格的期货公司。

徽商期货由安徽省徽商集团有限公司控股，总部设在合肥，在北京、上海、大连、郑州、芜湖、马鞍山、阜阳、东莞、铜陵、南通、深圳、武汉、昆明、西安、济南、天津、合肥设有营业部。作为中国证券业协会和中国期货业协会会员单位，公司拥有上期所、大商所、郑商所会员资格，中金所交易结算会员资格。公司具备从事商品期货和金融期货业务资格、期货投资咨询业务资格。

公司配有先进的同步交易系统、行情分析系统、风险监控系统,实行保证金封闭式运行,确保客户资金的安全。公司期货信息技术评级达到行业三类要求,具备一流信息技术平台。公司采用胜科金仕达、易盛、恒生 VIP、上期技术综合期货交易系统以及大连飞创系统,交易结算系统采用金仕达最新的 V8T 版本。并拥有文华财经、澎博资讯等多套国内优秀的行情资讯系统,为客户提供交易开拓者系统和掌上财富手机期货等操作和策略平台。特色交易软件有文华一键通、澎博闪电手、金仕达快枪手和点金手以及恒生 5.0 等。在上海上期技术张江中心建设部署了灾备机房。开通了交行、建行、工行、农行、中行全国范围银期转帐业务,为投资者安全、便捷地参与期货提供了良好的条件。

伴随着 ISO9001:2008 质量管理体系的建立与贯彻,公司利用质量管理方法使得各项服务更加规范化、标准化、精细化。率先为客户推出了免费手机报和客户成长平台等专业服务客户的项目,以“财富来源于成长”为基础,帮助客户避免盲目操作,加强客户投资的科学性。将研发、交易结合到客户服务中去。搭建“徽商期货关心客户会议”等新的投资者面对面交流平台,践行“关心客户,精细服务”的宗旨,追求“互动感受诚信,沟通创造价值”的效果。公司举办了“徽商之星”实盘交易冠军赛,积极探索和积累金融衍生品投资管理经验,在行业内乃至全国树立品牌影响力,为投资者提供最佳投资环境。

徽商期货抓住机遇,更新观念,期货业务向纵深化发展,近几年来经营业绩取得了飞跃式的发展,公司 2012 年度在四大期货交易所年度表彰中均收获奖项共 10 项,荣膺中国财经风云榜评选“投资者最满意期货公司”、“金牌产业服务期货公司”、“期货明星分析师团队”三项大奖,公司连续四年荣获“大连商品交易所年度会员金奖”,连续三年荣获“全国十大期货研发团队”,连续两年荣获“中国最具区域影响力期货公司”,连续两年获合肥市政府表彰,各交易所会员奖等荣誉 50 多项;公司是中国科技大学实践基地、安徽大学卓越期货人才培养基地。公司净资产收益率全国行业排名第二,交易量、交易额跻身全国领先行列。

徽商期货秉承徽商传统,遵循“勤勉、创新、和协、诚信”和“严控风险、规范运作、稳健经营”的经营理念和宗旨,努力为广大投资者提供安全、高效的一流服务,实现客户利益和公司利益最大化的双赢目标,为期货市场和产业经济服务,在中国期货市场规范发展的春天里谱写新的篇章。

金信期货有限公司

金信期货有限公司是于 1995 年经中国证券监督管理委员会批准,在湖南省工商局依法登记注册的大型国有期货经纪公司。公司注册资本为 1 亿元人民币,是湖南省国资委全资控股的金融平台。现经营范围为商品期货经纪、金融期货经纪,是中国金融期货交易所、上海期货交易所、大连商品交易所、郑州商品交易所的会员,并拥有该四家交易所的交易席位。

金信期货建立了完善的法人治理结构,公司始终坚持守法经营、合规经营,将客户利益放在首位,建有科学合理的内控管理体系和风险防范机制。公司拥有一支开拓意识强、业务素质高的管理团队,具备持续稳健的经营管理水平和积极进取的市场开拓能力;公司具有多层次的研发咨询体系,可依靠强大的股东背景为投资者提供个性化、专业化的咨询服务,并可依托湖南优势产业,对期货品种中的早籼稻、钢材等提供具有独特优势的研发服务;公司研究力量雄厚,不但为客户提供各类期货品种的高水平研究报告和投资建议,更在金融期货的前瞻性研究方面积累了丰硕的成果,力求与客户一同创造期市制胜的先机。

金信拥有一流的信息技术设施,为客户构建畅通、稳定的交易服务通道,信息技术的有效应用是公司的核心竞争力之一。公司致力于发展与客户的长期合作关系,拥有一批专业的客户服务队伍,为客户提供优质的投资服务。金信现已与建设银行、农业银行、交通银行、工商银行、中国银行等多家银行签署了银期转账协议,银期转账更加方便快捷;公司以风险控制为前提、以市场为导向、以期货投资者为中心、以共同发展为目标,追求可持续发展,力争成为“资本充足、运作安全、内控严密、服务优良”的现代金融服务企业。

金信期货始终如一地秉承“诚信为本、求实创新”的经营宗旨和“专业、专心、专一”的服务宗旨,以人为本、创新发展,以最佳的业务运作方式,致力于为客户提供品质一流的产品与服务,实现客户与公司的双赢,以专业创造财富,以专心提升价值。

展望未来,金信期货将致力于发展成为代理投资金融衍生品及商品期货交易,为客户提供优质风险管理和咨询服务的一流金融中介服务机构。

南华期货股份有限公司

南华期货股份有限公司成立于 1996 年,主要从事商品期货经纪、金融期货经纪、期货投资咨询、资产管理业务,是中国金融期货交易所首批全面结算会员单位,是上海期货交易所、郑州商品交易所、大连商品交易所的全权会员单位。公司注册资金 5.1 亿人民币。公司目前设有上海世纪大道、兰州、台州、宁波、嘉兴、大连、北京、郑州、成都、温州、慈溪、哈尔滨、绍兴、深圳、青岛、上海虹桥路、萧山、广州、沈阳、天津、芜湖、重庆、太原、永康、余姚、南通、普宁、厦门、海宁、舟山和齐齐哈尔等 31 家营业部,并于 2006 年 3 月获得中国证监会批准于香港设立分支机构。

多年来,南华期货始终保持着健康稳定的发展势态,始终保持着良好的市场信誉和形象,期货代理交易额和客户保证金总量在同行中均名列前茅。公司于 2002 年在业内首家通过 ISO9001:2000 国际国内双认证,2010 年初顺利通过 ISO9001:2008 质量管理体系换版认证,并建立起分析师的职称评级体系,形成了多层次、多角度的人才梯队。

2001 年,南华期货体现了极强的行业前瞻性和战略眼光,成立了业内第一家研究所,秉承专业理念,整合优势资源,创立了基础产品研究中心、金融研究中心、宏观经济研究中心、产品创新研究中心、农产品研究中心、境外期货研究中心等六大研究中心。确立了“研究创造价值”的核心理念,将研发能力作为公司的核心竞争力。

南华期货于 2006 年获得中国证监会的批准,成为国内赴香港设立分支机构的六家期货公司之一。南华期货(香港)有限公司于 2007 年 6 月份,获得香港证监会的批准,在香港经营香港及国际期货业务。2007 年 9 月 5 日,公司正式开始运营。2009 年,正式成为香港交易所、香港结算所的参与者。2010 年 11 月 1 日获得香港证监会批准 5 号牌照,新增“就期货合约提供意见”受规管业务。2011 年 3 月,获得欧洲期货交易所交易会员资格。11 月,获得伦敦国际金融期货交易所会员资格,12 月,正式成为新加坡交易所衍生品市场交易会员。2013 年 7 月，首家获得 CME 清算会员资格，成为 CME-Group 四家交易所 CME、CBOT、NYMEX、COMEX 清算会员。

南华期货（香港）有限公司立足于香港这个著名的国际金融市场上，为客户提供全方位的期货交易品种及优质多元化的期货服务平台；让客户随时随地接通国际市场；让客户的投资与国际市场同步进行，畅通无阻；让客户的投资不断创新增值；让客户得到称心满意的服务。

2014 年南华期货荣誉奖项

2014 年度望江街道民生实事公益项目认领留念

金融服务重点企业

2013 年度 PTA 品种发展优秀会员奖

2013 年度菜粕品种成长优秀会员奖

2013 年度菜粕品种发展优秀会员奖

2013 年度菜籽油品种发展优秀会员奖

2013 年度产业服务优秀会员奖

2013 年度市场发展优秀会员奖

2013 年年度白糖品种成长优秀会员奖

2013 年度 PTA 品种成长优秀会员奖

2013 年产业服务优胜会员奖

2013 年度白银产业服务优胜会员奖

2013 年度黄金产业服务优胜会员奖

2013 年度交易优胜会员奖 2013 年度燃料油沥青产业服务优胜会员奖

2013 年度优秀企业

2013 年度优秀党组织

最佳品牌奖

2013 年度人力资源管理先进集体

2013 年度合同管理先进集体

2013 年度期货金牌研究所

2013 年郑州商品交易所白糖期权仿真交易竞赛做市商奖二等奖

2013 年度优秀会员金奖

2013 年度投资者教育奖

2013 年度适当性制度落实奖

2013 年度技术管理奖

2013 年度功能发挥奖

2013 年南华期货荣誉奖项

2013 中国塑料产业大会金牌赞助单位

中国期货公司金牌管理团队

中国金牌期货研究所

中国最佳期货公司

为爱同行活动奖杯

浙商最信赖期货公司

白糖期权仿真交易组织奖 - 三等奖

2013 年中国深圳国际期货大会承办单位

2013 中国最佳财富管理机构评选，中国最佳股指期货交易策略

2013 中国最佳财富管理机构评选，中国最佳商品期货交易策略

2013 中国最佳财富管理机构评选，中国最佳理财服务期货营业部

2013 浙江期货业协会“南华杯”羽毛球团体赛冠军

2013 年度大商所优秀会员奖

金融服务业重点企业

第十届上海衍生品市场论坛支持机构

山金期货有限公司

山金期货有限公司（简称“山金期货”）成立于 1992 年 11 月，总部位于天津市，是经中国证监会审核批准、天津市工商行政管理局登记注册、具有独立法人资格的期货经纪公司，也是目前国内成立最早、运作最规范的期货公司之一，是山东黄金下属控股公司。山金期货现拥有中国证监会批准的商品期货经纪资格、金融期货经纪资格、期货投资咨询资格，是中国金融期货交易所、上海期货交易所、大连商品交易所、郑州商品交易所四大交易所的会员，可代理客户从事国内目前所有上市商品期货交易、股指期货交易。

近 20 年来，山金期货秉持“规范化、专业化、职业化”的经营理念，本着“客户第一、服务第一”的宗旨，充分发挥行业优势和自身优势，致力于专业品种的研究，以优质的服务和强大的实力赢得了众多投资者的信赖，成为投资者的“商品专家、金融顾问”。截至 2011 年，山金期货已在天津、上海、厦门和晋江地区设立营业部，并在上海地区成立研究所，专注于商品期货、产业服务的深度研究。山金期货拥有一批优秀的从业人员，学历多数在本科以上，并经过严格的新员工培训、专业培训、综合能力培训等，以期为客户提供高水平、高质量的服务。

山金期货的法人治理结构合理，内部管理体制和风险防范机制完善，建立了以合规管理部、交易部、风控部、客户管理部、结算部、财务部、技术部及综合部为后台，研究所、产业拓展、投资中心为中台，支持一线营业部开拓发展的科学的组织结构。

山金期货立足长远，稳健经营，走可持续发展之路，努力实现客户、公司、员工共赢。山金期货正以昂扬的姿态全力打造国内具有专业化特色的优秀期货公司！

上海东亚期货有限公司

上海东亚期货有限公司成立于 1993 年，是经中国证券监督管理委员会批准、在国家工商行政管理局登记注册的专业期货公司，注册资本金人民币 1 亿元。

公司企业法人营业执照注册号为 310000000019213，期货经纪业务许可证号为 31280000，经营范围为商品期货经纪、金融期货经纪。公司目前是上海期货交易所、郑州商品交易所、大连商品交易所和中国金融期货交易所的会员单位。

公司是中国最早成立的期货公司之一，随着中国期货业的发展不断成长壮大，积累了丰富的营运经验，凝聚了一批“专业、敬业、职业”的管理和客户服务人才，经营规范，诚实守信，能够为投资者提供细致入微的交易、交割、结算、质押服务。多年来，公司成功地协助相关领域内的生产商、消费商、贸易商以及其他机构和个人投资者进行期货投资和套期保值，取得了理想的效果。

作为一家专业化期货公司，东亚期货不鼓励投资者盲目进行交易。公司看重投资者资产的持续性保值和增值，并把它视为公司长期发展的基石。因此，为客户提供专业化的交易、咨询和培训服务是公司的核心经营理念。公司组建了一支强大的研究队伍，密切关注全球商品和金融市场动态，追踪全球经济热点，并在此基础上建立了系统的信息资料库和数据库、撰写多种市场分析报告、设计务实的投资交易策略。同时，公司与国内外研究机构和同行进行广泛地合作与交流，并

不断推陈出新，提高研究分析水平，努力为投资者提供全面、客观、深入和及时的咨询服务，最大限度地协助投资者在期货市场中规避风险、把握机遇，提高盈利。

上海通联期货有限公司

上海通联期货有限公司控股股东为中国万向控股有限公司，股东拥有丰富的现货资源及多业并举的金融服务平台。公司于1999年经中国证监会核准在国家工商局登记注册，从事商品期货经纪、金融期货经纪业务。公司注册资本1.25亿元，办公地址位于上海浦东陆家嘴金融贸易区，拥有1481.62平方米的办公场所。公司拥有上海期货交易所、大连商品交易所和郑州商品交易所的全权会员资格，是中国金融期货交易所交易结算会员、中国期货业协会团体会员。

公司拥有专业的研究团队，汇聚了业内研究水平一流、实务操作成绩稳健的研究员作为核心力量，确保为客户提供高质量的专业咨询，提供专业投资报告，帮助客户进行短长期行情分析，制定套期保值、跨期套利方案；协助客户有效规避风险、获得收益。

公司致力于打造期货行业一流的信息技术平台，采用胜科金仕达、易盛、上期技术综合交易平台等交易系统，拥有文华财经、澎博财经资讯等国内优秀的行情系统，为客户提供赢智WH8、交易开拓者、达钱等程序化操作和策略平台，特色交易软件有快期、文华一键通、澎博闪电手、金仕达多点登录软件等，开通了工行、农行、建行、交行等全国性银期转帐业务，公司特别提供程序化服务器托管服务，提供高速的交易接入，确保程序化交易的速度、稳定及安全性。

公司具有规范而稳健的管理体系，秉持"诚信、沟通、专业、共赢"的经营理念，建立了基础管理、专业管理、综合管理相配套融合的经营管理体系，并逐渐形成了"客户、员工、股东共同成长"核心价值观，倾全体员工之思想创意、执业精神和专业素养，尽客户服务、研发产品、交易通道、后台运营、人才机制之系统资源，达致客户、员工、股东与公司共赢之境界。

上海浙石期货经纪有限公司

上海浙石期货经纪有限公司成立于1995年5月，是经中国证监会批准设立（期货经纪业务许可证号：31530000）和上海工商行政管理局登记注册（企业法人营业执照注册号：310000000036215），经营范围商品期货经纪和金融期货经纪，注册资本人民币2亿元整，法定代表人刘建国，总经理俞国华。公司注册地：上海市浦东新区浦电路438号双鸽大厦10G室，下设杭州、宁波两个营业部。本公司属中国石化集团绝对控股的一家规范合格的期货经纪公司。

上海浙石期货经纪有限公司的前身为原浙江省石油总公司期货部，是国内最早参与期货业务的公司之一。在1993年至1994年间参与原上海、北京等石油交易所的期货交易，积极利用期货市场所具有的规避风险和发现价格的功能，结合自身的经营业务，卓有成效地开展了套期保值业务，曾以交易规范，遵章守纪荣获上海石油交易所交易优秀一等奖。公司自成立以来一直遵循"浙石期货，信誉永恒"的宗旨，秉承母公司资信优秀、管理规范等优势，始终贯彻稳健经营、稳步发展的经营策略，坚持踏实、务实的工作作风，严格遵守中国证监会和各交易所有关期货法规、制度，建立了一整套规范严格的期货经纪业务管理制度，积极为有关企业和投资者开展商品期货交易和投资提供完善周到的服务，在业内树立了"浙石期货"的良好声誉。公司自成立以来，连年保持盈利。

证监会自1998年度实施期货公司年检，我公司每年首批通过年检，按照证监会期货部负责人的解释：每年度第一批通过年检的经纪公司属于在资产质量、抗风险能力、合规经营、内部控制与管理等方面综合考核表现较好，在业内有较好声誉的公司。

目前我司是上海期货交易所（席位号0075）、大连商品交易所（席位号0157）、郑州商品交易所（席位号0205）的正式会员和中国金融期货交易所（席位号0148）的交易结算会员。可代理客户从事铜、铝、锌、天然橡胶、燃料油、黄金、螺纹钢、线材、大豆、豆粕、玉米、豆油、聚乙烯、棕榈油、小麦、棉花、聚氯乙烯、早籼稻、PTA、糖等国内所有品种的期货交易，并向客户提供与期货相关的信息咨询人员培训等服务。公司拥有文华财经行情分析系统和博易大师行情分析系统，并开通上海、大连、郑州四家期货交易所的异地同步交易系统，可为客户提供人工报单、自助委托交易、网上交易等多种交易手段。

公司设有交易、风控、财务、结算、信息技术、综合等部门；公司杭州营业部于1996年3月经上海市、浙江省、杭州市证管办批准并报证监会。中国证监会期货字2000年30号文正式批准设立上海浙石期货经纪有限公司杭州营业部，是获全国首批颁发的《期货经纪公司营业部经营许可证》的公司之一。2002年经中国证监会批准设立宁波营业部。公司在上海、杭州、宁波三地购置了高端营业办公用房，为投资者创造了长期稳定的交易场所和良好的投资交易环境。公司现有员工40余人，其中8人获得期货公司高级管理人员任职资格证书，90%的工作人员获得期货从业人员资格证书。1993年至1996年进入本公司（含原浙江省石油总公司期货部）从事期货经纪业务的员工，占公司人员60%。

浙石期货稳步经营已走过十八个年头，如果从浙江省石油总公司期货部1993年运作石油期货和石油期货经纪业务算起，已整整二十年。为了顺应国内期货市场的发展，浙石期货还须进一步壮大公司实力，以适应国际、国内石油期货市场发展的需要，逐步朝着建立以石油期货经纪为主的专业综合类期货公司方向发展。

上海浙石期货经纪有限公司真诚为投资者服务，愿与广大客户携手共进，共创中国期货市场的明天。

上海中财期货有限公司

上海中财期货有限公司经国家工商总局登记注册，公司总部位于上海浦东陆家嘴金融中心，注册资本19000万。

经营范围：商品期货经纪业务、金融期货经纪业务、投资咨询业务。

上海期货交易所（会员号067）、大连商品交易所（会员号102）、郑州商品交易所（会员号017）、中国金融期货交易所交易结算（会员号0183）会员单位。

银期转账：通过电话银行、网上银行系统或期货自助委托交易系统，方便快捷地完成其期货保证金和银行结算账户之间资金的划拨。

荣获"2013年上海市五星级诚信创建企业"、"2013年度五好服务窗口"称号。

秉承"诚实、认真、谦让"的企业精神和"九缺方圆，和而为一"的发展理念，中财期货以"规范、自律、诚实、信用"为经营准绳，遵守各项法律法规和条例，自觉维护客户利益，严格、规范的风险管理，积极培育发展期货市场体系，在同行业内拥有良好的声誉。

公司配备全新的交易环境和文华财经、博易大师等多套动态行情系统；通过金仕达网上自助下单系统参与交易所同步；提供网上结算账单查询和异地银期转账。公司汇聚一批从业经验丰富、敬业专业的分析师和研究员作为研发中心的核心力量，以深厚的专业背景知识对国际金融衍生品市场、宏观经济景气、基本面供需情况、市场博弈力量作准确报导和深度剖析。致力于向市场传递正确的金融投资理念；根据不同的风险水平与资产规模设计投资方案；帮助机构和个人管理市场风险；全方位为投资者提供增值服务。

高水准的专业化资讯，细致周到的服务和优越的交易环境为投资者提供安全、优质、高效的投资通道，真正帮助客户实现足不出户，决胜千里。

申银万国期货有限公司

申银万国期货有限公司（简称：申银万国期货），成立于2007年12月11日，是申银万国证券股份有限公司的控股子公司（持股比例96.2164%）。

申银万国期货拥有1家全资子公司——申银万国智富投资有限公司；在北京、上海、广州、大连、郑州、成都、深圳、杭州、宁波、武汉、南京、贵阳、重庆、青岛、西安、福州、天津、温州设有20家营业部；同时，依托申银万国证券公司遍布全国的150余个营业网点，为投资者提供专业化的风险管理、财富管理服务。除农、工、中、建、交五大银行以外，公司率先增开浦发、民生、中信、招商、光大、兴业6家商业银行开展银行银期转账业务。

申银万国期货注册资本金7.76亿元，经营范围包括：商品期货经纪、金融期货经纪、期货投资咨询、资产管理；是中国金融期货交易所全面结算会员和上海期货交易所、大连商品交易所、郑州商品交易所的会员；是中国期货业协会的理事单位、上海市期货同业公会副会长单位、中国证券业协会会员、中国证券投资基金业协会会员、上海市工商业联合会钢铁贸易商会金融与法律委员会副主任单位、上海钢铁服务业协会副会长单位、上海市普陀区白银协会副会长单位、上海市四星级诚信创建企业。

申银万国期货在中国证监会期货公司分类评价中获评A类AA级，并以优异的表现在行业内的各项评选活动中荣获交易所、主流媒体、政府机关等颁发的共计百余个奖项和荣誉：公司自主研发的“程序化高频交易套利系统”在上海市人民政府设立的上海金融创新奖中荣获“金融创新成果二等奖”；“申银万国期货结构化ABCD产品”荣获“金融创新成果奖三等奖”，并连续多年被四大期货交易所、主流媒体评为“年度优秀会员”、“期货公司十强”、“中国最佳期货公司”等重要奖项。

深圳瑞龙期货有限公司

深圳瑞龙期货有限公司前身为沈阳建业期货经纪有限公司，成立于1993年3月，是中国成立最早的期货公司之一。公司于2008年10月经深圳证监局“深证局发〔2008〕390号”文批准，正式将公司总部由辽宁省沈阳市迁址到广东省深圳市，并更名为深圳瑞龙期货有限公司，现注册资本为人民币1亿元整。公司是中国金融期货交易所（会员号：0273）、上海期货交易所（会员号：0138）、大连商品交易所（会员号：0075）和郑州商品交易所（会员号：0215）的会员单位。

瑞龙期货依靠强大的股东背景优势，秉承“诚信、专业、创新”的经营理念，高度重视对内部管理体制和风险防范机制的健全和完善，形成了一套稳健、规范的制度化管理体系；培养了一流的精英型人才队伍；聚集了一批长期从事期货、证券工作，熟悉政策、精通业务的专业人才。可从期货的基本面和技术面角度，运用定性和定量相结合的方法分析研究、定期发布期货投资策略报告，提供相关的信息资讯服务。公司制订了完善的《法人治理制度》、《保证金封闭管理制度》、《风险防范控制制度》等，并下设独立的风险专职管理部，专门对事前和事中风险进行统一的识别、评估、控制和管理。以完备的风险管理体系，使用科学、客观、操作性强的风险管理手段，界定风险的性质、范围、标准，测算风险的概率、损失率、权重等，做到以风险控制为前提、以市场为导向、以客户为中心、以效益为目标，追求可持续发展，力争发展成为“资本充足、运作安全、内控严密、服务优质、效益良好、有核心竞争力”的现代金融服务企业。

展望未来、奋发拼搏的瑞龙人对中国的经济发展充满信心，对中国期货市场的发展充满信心，更对自己的发展充满信心。她将致力于发展成为代理投资全球商品期货及金融衍生品交易、为客户提供优质理财服务的大型集团化金融服务机构，她将不辱使命、激流勇进，和中国金融界同行们共同应对新的挑战，迎接中国金融业蓬勃发展的春天。

五矿期货有限公司

五矿期货有限公司是全球500强中国五矿集团的全资子公司，前身为实达期货，成立于1993年4月，是中国最早成立的期货经营机构之一。公司注册资本10亿元，是国内最大注册资本期货公司之一。

雄厚的股东实力：公司股东中国五矿集团是中央管理的39家国有重要骨干企业之一，在全球500强中位列第192位。是中国最大的钢材贸易商、中国最大的综合有色金属集团。

突出的公司地位：

中国金融期货交易所全面结算会员

上海期货交易所理事单位

中国期货业协会理事单位

深圳市期货同业公会的副会长单位

中国有色金属工业协会再生金属分会理事

荣获深圳市金融创新奖、最具潜力的知名品牌奖，为深圳市金融直通车企业

荣获上海市“星级诚信企业”奖

卓越的业务能力：五矿期货被誉为“套保专家，套利精英，金属权威，金融新锐”，坚持以服务产业客户、机构客户为重点，在套期保值与套利业务方面，特别是在金属期货品种上具有突出优势。

连续三年荣获上期所颁发的奖项：“交易优胜会员提名”、“产业服务优胜奖”、以及黄金、白银、铝、铅等多个品种的“交易优胜奖”。

连续两年荣获大连商品交易所“最具成长性会员奖”。2014年还首次荣获中国金融期货交易所的“会员进步奖”。

被各大媒体评为“最佳有色金属产业服务奖”、“最佳产业服务期货公司”、“最具成长性期货公司”、“最佳产品创新期货公司”等。

优质的服务水平：五矿期货为客户提供全方位的优质服务，帮助企业制订套保制度、设计业务流程、培训业务人才，为现货的生产、加工贸易等各类型企业量身定做套期保值方案，为企业提供资讯、交割、物流等全面服务。客户的需求就是五矿期货努力的方向。

研究实力

以研究所为核心的研发力量分布在深圳、上海两地，毕业于北京大学、复旦大学、中科院、香港等众多国内一流院校和英国、新加坡等海外名校。

研究所期权和金融期货团队2013年承接的中金所期权课题被评为3家一等奖会员项目之一（唯一证券期货项目）。

套期保值服务团队以流程量化管理为基础的全面风险管理系统获2013年度深圳市政府金融创新奖。

研究所金属产品团队包揽了2013年度上海期货交易所、《证券时报》和《期货日报》，以及中国有色工业协会传媒中心等在内的业内优秀分析师评选的“大满贯”，近年来多人次获得“优秀分析师”、“杰出产业服务奖”、“最佳有色金属期货分析师”等称号。

研究所能源化工产品团队在2012年大商所全国十大期货研发团队评选中，荣获第二阶段能源化工产品组十佳团队。

五矿期货有限公司总部设在深圳，设有六个业务部和一个金融事业部。目前已经设立了上海营业部、郑州营业部、北京营业部、深圳营业部、昆明营业部、成都营业部、重庆营业部、天津营业部、广州营业部、杭州营业部。济南营业部正在筹备中。

西南期货有限公司

西南期货有限公司成立于1995年，经中国证券监督管理委员会批准，在重庆市工商行政管理局登记注册的专业期货经纪公司，从事国内四家期货交易所的期货经纪业务，为中国期货业协会正式会员单位。目前西南期货已成为西南证券全资子公司，增资完成后西南期货注册资本将达到5亿元人民币，资本规模跨入行业前茅。

公司现有办公室、人力资源部、合规及风险控制部、结算部、财务资金部、交易客服中心、信息技术部、产业客户服务部、IB业务部、市场开发部、研发中心、机构客户部等部门，实行规范化和专业化管理，各部门分工协作，从客户开户、下单到成交回报，从结算到交割，从资金划入到划出，我们都建立了科学的工作流程，努力为客户营造一个称心如意的投资环境。

期货市场是资本市场的重要组成部分，投资风险较大，管理要求很高。为防范和控制期货市场的风险，提高公司自身的风险控制能力，不断完善内部的控制制度，保证各项业务的规范运作，公司制定了包括法人治理、交易、财务、风控、合规、信息技术管理、从业人员管理、应急处置等内部管理制度。使公司建立了决策科学、管理规范、内控严密、运作高效的经营管理机制。

“方正经营，服务为本”是西南期货最基本的经营准则，“专家理财、专业服务”是西南期货最核心的客户服务理念。多年来，正因为公司坚持这两个基本信条，西南期货才有了长足的进步，同时建立了良好的市场形象。今后，公司将一如既往，坚持规范运作的思想，最大限度地协助投资者在期货市场中规避风险、把握机遇，提高盈利，为期货市场的发展做出积极的贡献。

新疆天利期货经纪有限公司

新疆天利期货经纪有限公司，成立于1994年10月28日，是新疆最早成立的大型专业化期货经纪公司。经中国证监会核发《期货经纪业务许可证》（31920000），并于2007年11月2日取得金融期货经纪业务资格，注册资金3000万人民币。公司股东为新疆石油企业，控股股东为新疆克拉玛依市采丰实业有限责任公司。

公司是全国所有期货交易所（中国金融期货交易所、上海期货交易所、大连商品交易所、郑州商品交易所）的正式会员单位；是中国期货业协会团体会员。主要从事国内商品期货代理、金融期货代理、期货投资咨讯及培训等业务。

公司软硬件设备齐全、制度严谨、管理规范；公司总部及各营业部均拥有优雅的现代办公环境，安全、高效的交易设施，优秀的期货交易分析人才。致力于为广大期货投资者提供优质、高效的专业化服务，是投资者进行期货投资，企业进行套期保值业务的理想场所。

公司实力雄厚、信誉良好，深受客户信赖。作为新疆首家期货经纪公司，在成立开始就确立了“规范运作客户至上”的经营理念，坚持“需求无止境服务无极限”的服务理念和“培养一流期货人才，创造一流期货公司”的企业目标，建立了严格、系统、专业化的培训机制和充分体现人才价值的激励机制。

随着国内期货市场的不断发展，公司业务也不断扩大，目前已拥有克拉玛依、伊犁两家营业部。

天道酬勤、利商载德，公司在保持现有优势的基础上，将励精图治、不断开拓创新，与广大投资者携手共创美好明天！

鑫鼎盛期货有限公司

鑫鼎盛期货有限公司（原德邦期货有限公司，以下简称：公司）是经中国证监会核准、在国家工商管理局登记注册的国内较早的期货公司之一，成立于1995年10月，现注册资金8000万元，公司是中国金融期货交易所交易会员；上海期货交易所、大连商品交易所、郑州商品交易所的全权会员；中国期货业协会首批团体会员。

2010年10月25日，厦门市鑫鼎盛控股有限公司全面受让公司原股东德邦证券有限责任公司和福州品洁数据通讯技术有限公司持有的公司全部股权，成为公司的控股股东，持股比例为95.5%，厦门总诚科技信息有限公司持有公司4.5%的股权。2010年10月18日公司名称正式由“德邦期货有限公司”变更为“鑫鼎盛期货有限公司”。2010年12月29日经中国证监会核准，公司取得金融期货经纪业务资格。2011年9月8日厦门市顺时代电子有限公司全面受让公司原股东厦门总诚科技信息有限公司全部股权，成为公司股东，持股比例为3.75%。2014年9月15日公司增资1000万元，现公司各股东持股比例厦门市鑫鼎盛控股有限公司持有7775万元，占股份总额的97.19%；厦门市顺时代电子有限公司持有225万元，占股份总额的2.81%。

鑫鼎盛期货有限公司具有完善的法人治理结构，健全的内部管理和风险控制机制。公司设有股东会、董事会及总经理办公会，负责公司重大事项的决策和经营管理工作；公司监事及首席风险官，负责公司经营管理的监督、管理和风险监管工作。公司下设：交易管理部、风险控制部、合规管理部、结算管理部、信息技术部、财务管理部、客户服务部、市场拓展部、行政人事部等。完善的组织架构及专业、优秀的人才队伍为客户提供全面优质服务打下坚实的基础。

合规运作、深化服务、业务创新、持续教育、信息安全是我公司多年来始终坚持的核心工作。强大的资金投入和人力支持使我公司信息技术达到很高水平。目前公司拥有安全、快捷、先进的通讯和网络平台，采用金仕达网上交易系统，配有文华财经、澎博等行情软件，为客户提供了优质的软硬件交易环境。

公司凭借多年服务于当地现货企业和广大投资者的实践经验，充分利用区域优势，借助股东强大的资金实力和成熟的投资管理理念，立足福建、服务全国，不断践行客户与公司共赢的承诺。

信达期货有限公司

信达期货有限公司成立于 1995 年 10 月，系经中国证券监督管理委员会核发《经营期货业务许可证》（许可证号 32060000），浙江省工商行政管理局核准登记注册（注册号 330000000014832）的专营国内期货业务的有限责任公司，公司由信达证券股份有限公司全资控股，注册资本 5 亿元人民币，是国内规范化、信誉高的大型期货公司之一。公司现拥有上海、大连、郑州商品交易所等三大期货交易所的全权会员资格和三个交易席位，可以为客户代理铜、铝、锌、橡胶、燃料油、黄金、钢材、大豆、豆粕、玉米、豆油、棕榈油、LLDPE、PVC、白糖、菜籽油、棉花、小麦、PTA、早籼稻、焦炭、铅等所有已上市品种的标准期货合约交易，向客户提供交易、结算、交割、信息咨询、培训等全方位服务。公司全新改版后的新网站 www.cindaqh.com 将以更快捷、更丰富的信息竭诚为您的交易提供最优的服务。

经营范围：商品期货经纪、金融期货经纪、期货投资咨询、资产管理。

公司是中金所全面结算会员之一，会员号 0017。

公司总部设在杭州，下设北京、上海、沈阳、哈尔滨、大连、石家庄、广州、深圳、浙江乐清、浙江金华、浙江富阳、浙江台州、浙江义乌、浙江温州、浙江宁波、浙江绍兴 16 家营业部。

历史沿革

公司前身为浙江金迪期货经纪有限公司，成立于 1995 年 10 月，由金华市二轻工业总公司、浙江大学快威科技产业总公司等五家公司共同投资组建，注册资金 2000 万元。

1999 年 9 月，广厦建设集团有限责任公司和浙江金华信华经济发展集团有限责任公司受让了公司全部股权，同时公司注册资本变更为人民币 3000 万元。

2005 年 9 月，公司股东变更为金华通和置业有限公司和金华市合丰物资贸易有限公司，注册资金 3000 万元。

2007 年 11 月，金华通和置业有限公司和金华市合丰物资贸易有限公司分别将其持有的股份转让给信达证券股份有限公司，同时信达证券股份有限公司增加出资 7000 万元，变更后公司注册资本为 10000 万元，信达证券股份有限公司为全资控股股东。

2008 年 4 月，公司正式将名称由“浙江金迪期货经纪有限公司”更名为“信达期货有限公司”。

2008 年 6 月，信达证券股份有限公司增加出资 5000 万元，变更后公司的注册资本为 15000 万元，信达证券股份有限公司为全资控股股东。

2011 年 6 月，信达证券股份有限公司增加出资 15000 万元，变更后公司的注册资本为 30000 万元，信达证券股份有限公司为全资控股股东。

2014 年 3 月，信达证券股份有限公司增加出资 20000 万元，变更后公司的注册资本为 50000 万元，信达证券股份有限公司为全资控股股东。

企业文化

公司以“诚信、规范、专业、创新”为经营思想，以“客户至上”为经营原则，以“专业创造价值”为核心理念。至诚的服务和至真的信誉，诚为客户所信赖。信达期货视客户为上帝，视信誉为生命，尊重客户权利，严守客户秘密，竭诚为广大客户进行套期保值、规避风险、投资获利等提供快捷、高效的渠道和优质的服务，使公司在变幻莫测的现代市场经济中运筹帷幄，乘风破浪，与客户共同发展。公司将充分运用资产管理公司金融综合业务平台的优势，进行金融创新，力争为广大客户提供更多、更全面的金融交叉产品，并最终提供全方位、一站式的金融服务。

永安期货股份有限公司

永安期货股份有限公司（简称：永安期货）是国内同行中规模最大、业务范围最宽、研究实力最强的期货公司之一，现注册资本人民币 8.6 亿元。原名为浙江省永安期货经纪有限公司，经中国证监会、浙江工商管理局批准，2012 年 10 月起正式改制成为股份有限公司。

永安期货拥有员工 850 余人，总部设在杭州，在北京、上海、广州、宁波、深圳等 37 个城市设有营业部。

永安期货的经营范围包括商品期货经纪、金融期货经纪、期货投资咨询、资产管理。

永安期货旗下设有全资子公司——浙江永安资本管理有限公司，主要从事仓单服务、合作套保、定价服务和基差交易等风险管理试点业务。

永安期货在港设有控股子公司——中国新永安期货有限公司，主要从事期货交易和咨询，及香港本地和香港证监会（SFC）认可的境外商品、金融期货经纪业务。

永安期货还参股设立浙江中邦实业有限公司，主要从事期货市场上市品种的现货贸易。

自成立以来，永安期货的经营规模牢固占据浙江省第一，且自 2003 年起，经营规模基本稳定在全国前三，是国内唯一连续十五年跻身全国十强行列的期货公司。

永安荣誉

2014 年度

公司在由《期货日报》、《证券时报》举办的“第七届中国最佳期货经营机构暨最佳期货分析师评选”中分获十大奖项：中国最佳期货公司、中国期货公司金牌管理团队、最佳期货 IT 系统建设奖、最佳风险管理子公司服务奖、资产管理业务领航奖；杭州研究中心获中国金牌期货研究所称号；资产管理策略研究团队获最佳资产管理策略研究团队称号。

潍坊营业部获最具成长性期货营业部称号。

新永安期货获最佳境外期货业务服务奖。

财通基金永安 5 号获优秀期货资产管理产品奖。

施建军总经理在由《期货日报》、中国期货行业领袖年会组委会举办的“中国期货业领袖年会暨衍生品高峰论坛”中，荣获“2014 中国期货业领袖人物”荣誉称号。

公司研究中心研究院刘志葵在“第七届中国最佳期货经营机构暨最佳期货分析师评选”中，荣获“最佳能源化工类分析师”称号。

公司荣获第九届国际油脂油料大会“白金赞助单位”荣誉称号。

公司在由《上海证券报》举办的“2013年度中国证券期货市场品牌价值榜——第六届中国期货市场品牌价值榜评选”中，荣获“中国期货市场最佳公司品牌十强”荣誉称号。

公司研究员刘志葵在“2013年度中国证券期货市场品牌价值——第六届中国最佳期货分析师评选”中，荣获“最佳能源分析师”荣誉称号。

公司荣获中金所股指期权仿真交易推广评比活动二等奖。

我司研究中心研究员吴剑剑、张瑜、刘志葵在上海期货交易所举办的“2013年度优秀分析师评选”中分获杰出产业服务分析师、铅、锌品种优秀分析师、天然橡胶品种优秀分析师荣誉称号。

我司优秀选手阶段性入围“首届全球衍生品实盘交易大赛”轻量组前五名。

我司研究中心研究员刘慧娇、张蓉在由大连商品交易所举办的“2014年优秀期货品种研究员”第一阶段评选中，分获化工组、饲料养殖组优秀研究员称号。

公司荣获由中共杭州市委、杭州市人民政府颁发的“2013年度现代服务业先进单位”荣誉称号。

公司荣获2014中国塑料产业大会“钻石赞助单位”荣誉称号。

我司优秀选手阶段性入围“首届全球衍生品实盘交易大赛”轻量组前五名。

我司研究中心研究员刘慧娇、张蓉在由大连商品交易所举办的“2014年优秀期货品种研究员”第一阶段评选中，分获化工组、饲料养殖组优秀研究员称号。

公司荣获由中共杭州市委、杭州市人民政府颁发的“2013年度现代服务业先进单位”荣誉称号。

公司荣获2014中国塑料产业大会“钻石赞助单位”荣誉称号。

招商期货有限公司

招商期货有限公司是招商证券股份有限公司的全资子公司，注册资本63000万元，是中国第一家获批的券商全资控股期货公司。公司具备上海期货交易所、大连商品交易所、郑州商品交易所、中国金融期货交易所四大期货交易所的交易结算会员资格，可代理中国期货市场所有期货品种的交易。

2008年中国证监会核准招商证券为招商期货提供中间介绍（IB）业务资格，公司成为国内第一批与券商开展IB业务的期货公司。目前，IB业务已在总部及获得中国证监会期货中间介绍业务开业资格的招商证券营业部全面展开，投资者可在招商证券营业部直接办理招商期货开户手续，并进行期货交易。

恪守招商传统的运营理念——合规稳健，协调发展。以保障客户资金安全和客户交易安全为生命线，斥巨资搭建安全可靠、性能卓越的交易系统。完善的制度流程管理，覆盖所有业务环节的合规、风控、稽查，全面掌控风险。

凭借招商卓越的人才机制——以人为本，任人唯贤。引进期货行业翘楚，自主培养学生精英，形成专业技能精湛、发展潜力巨大的员工队伍，支撑、优化着百年招商的运行管理品牌。

秉承招商独特的研发定位——立足市场，鼓励创新。公司研究所坚持独立客观、前瞻领先、贴近市场的研究方向，已在套利、程序化交易、短线交易等应用性领域取得显著成果，推出“智睿理财”系列产品。

承载招商真诚的服务理念——服务至上，成就价值。95565客服专线无微不至地关爱着客户，一对一高端服务随时随地呵护着客户，详实多样的信息渠道全面精准地引领着客户，各类针对性培训切实真诚地辅导着客户。

“百年招商，一脉相承，励新图强，敦行致远。”我们怀着这份信仰，力争建设中国金融市场上服务一流、能力突出、品牌卓越的专业期货交易服务机构，打造客户信赖、社会尊重、股东满意、员工自豪的优秀企业。

浙商期货有限公司

浙商期货有限公司是中国证监会核准设立的大型专业期货公司，于1995年9月在杭州成立，注册资本5亿元人民币，全资控股股东为浙商证券股份有限公司。公司目前为中国金融期货交易所全面结算会员，上海、大连、郑州三家商品期货交易所会员。经营范围：商品期货经纪、金融期货经纪、期货投资咨询、资产管理。

公司组织架构精干完善，下设机构管理总部、市场营销总部、基金业务管理部、资产管理业务部、交易风控部、结算部、研究中心、客服中心、信息技术总部、财务部、办公室和稽核部等职能部门。现有期货营业部21家，分布在北京、天津、上海、广州、大连、武汉、济南和省内杭州、宁波、温州、义乌、绍兴、台州、湖州、嘉兴、丽水、金华等地，初步形成遍布全国经济发达城市的营销网络。

十九年来，公司秉承规范管理、诚信经营、优质服务的理念，在期货行业内赢得了良好的口碑，连续多年被三家商品交易所评为“优秀会员金奖”，并在2013年荣获中国金融期货交易所“优秀会员金奖”、“技术管理奖”、“客户管理奖”、“产品创新奖”等多个奖项，公司综合实力稳居全国一流。

公司总体定位是打造国内优秀的期货理财增值服务商。

公司核心理念是以服务为核心，发现需求、创造需求、满足需求。

公司发展架构是：在风险控制管理下，大力开拓公司主营业务建设，逐步推广期货外延建设。

风险控制架构：建立并完善以股东会、董事会、独立董事、职工监事、首席风险官、合规监察部门为主体的风险控制体系。严格按照中国证监会、期货行业协会及其他外部监管机构等法律法规体系，规范发展、合规管理、稳健经营。把防范风险作为公司工作的生命线，守住“不发生系统性、区域性风险”的底线，为公司长远发展奠定基础。

2014年度

“第七届中国最佳期货经营机构暨最佳期货分析师”评选中，荣获2014年度中国最佳期货公司、最佳风险管理子公司服务奖、最佳金融期货服务奖。

和讯网第12届中国财经风云榜评选中，荣获“2014年度最佳期货行业创新奖”、“金牌产业研究奖”。

总经理胡军荣获和讯网第12届中国财经风云榜评选“杰出掌门人”奖、“2014中国期货业领袖人物”提名奖。

中航期货有限公司

中航期货有限公司（原名：中航期货经纪有限公司）为中国航空工业集团公司下属成员单位，目前的控股股东为中航投资控股有限公司(上市公司中航资本控股股份有限公司的全资子公司)。

公司成立于1993年4月7日,由中国航空工业供销总公司独资组建,成立时注册资金1000万元。1997年按照中国证券监督管理委员会的要求改制为股份制有限责任公司,注册资金增加至3000万元,股权结构变更为中国航空工业供销总公司持股95%,中航大厦持股5%。2006年12月经中国证券监督管理委员会和2007年2月经国家工商行政管理局核准变更股权结构,由原来的中国航空工业供销总公司持股95%,中航大厦持股5%,变更为:上海欣盛航空工业投资发展有限公司持股49%,中国航空工业供销总公司持股46%,中航大厦持股5%。2007年9月,公司再次增资扩股,注册资金增加至6500万元,股权结构变更为:中国航空工业第二集团公司持股53.85%(现与中国航空工业第一集团公司合并为中国航空工业集团公司)、上海欣盛航空工业投资发展有限公司持股31.15%、中国航空工业供销有限公司持股15%。2010年3月公司股权结构变更为:中航投资控股有限公司持股53.85%、上海欣盛航空工业投资发展有限公司持股31.15%、中国航空工业供销总公司持股15%;2013年11月公司注册资本增加至2.6亿元,股权结构变更为:中航投资控股有限公司持股88.46%、上海欣盛航空工业投资发展有限公司持股7.79%、中国航空工业供销有限公司持股3.75%。2014年6月9日经深圳市市场监督管理局核准,公司名称变更为"中航期货有限公司"。

中航期货有限公司已于2007年11月获得中国证监会的核准取得了金融期货经纪业务资格和交易结算业务资格两项资格,并于2008年1月4日,取得了中国金融期货交易所交易结算会员资格,会员号132号。公司在上海期货交易所会员号为31号,在大连商品期货交易所会员号为37号,在郑州商品期货交易所会员号为27号。

公司制度严谨、人员齐整,运作规范稳健。目前在上海、深圳、武汉、汕头、南昌、郑州、东莞(筹)设有合规的营业部。

近年来在股东单位的支持和全体员工的共同努力下,中航期货公司取得了长足的发展,在资产质量、交易额、研究水平和客户盈利能力等等各方面都有显著提升。

公司全体员工热忱欢迎广大企业、证券金融机构及个人投资者充分利用期货这一投资工具进行保值、套利投机等业务,本公司将以诚实高效的服务获得您的信赖,并期望您在我们公司取得良好的收益。

中粮期货有限公司

中粮期货有限公司成立于1996年,注册资本8.462亿元,是世界500强企业中粮集团子公司。中粮集团早在上世纪70年代完成了新中国第一笔国际期货交易,是国内最早参与期货业务的公司。

中粮期货拥有上海、大连、郑州三家期货交易所的全权会员资格,是中国金融期货交易所全面结算会员,是大连商品交易所和郑州商品交易所的理事单位,是上海期货交易所会员资格委员会成员,是中国期货业协会的理事单位。2011年,公司取得了开展投资咨询业务的资格,并成为中国首批参与筹备国际期货代理业务的三家公司之一。2012年,公司首批获得期货资产管理业务资格。

中粮期货分别在北京、上海、大连、郑州、深圳、杭州、南宁、厦门、张家港、青岛、成都、宁波、太原等地设有营业部,并根据品种行业设立了工业品、农产品、谷物及软商品、机构、金融、建材、胶化、能源等事业部和期货研究院。

中粮期货专注风险管理和期货投资,历经二十余年培养建立起了一支专业化的衍生品服务团队,长期与国内外研究机构和各行业的龙头企业保持良好的交流与合作,实时追踪期货市场、期货市场的发展变化,及时为客户提供专业的服务和支持。我们的专家团队成员多次被上海期货交易所、郑州商品交易所、大连商品交易所及证券时报等业内权威机构和媒体授予"优秀分析师"、"十佳分析师"等荣誉称号。

中粮期货以服务产业客户、机构客户为主,拥有非常优质的客户资源,在为客户提供便捷高效的交易、清算、交割服务的同时,还为客户提供分析报告、数据产品、专业投资策略、企业套期保值交易方案,以及多项定制培训、期现结合等专业服务,多年来,凭借我们的真诚与专业水平,获得了各类投资者的普遍认同。

中粮期货秉承以专业体现价值,以诚信赢得市场,以成果捍卫荣誉。作为中国期货行业的先锋和典范,我们将持续创新,以更优质的产品与服务回报客户和市场,不辜负这份珍贵的信任与托付。

中衍期货有限公司

中衍期货有限公司(以下简称"公司")是经中国证监会核准,专门从事国内商品期货经纪、金融期货经纪、期货投资咨询、资产管理的专业性期货公司,公司成立于1996年。公司总部所在地为北京市朝阳区东四环中路82号金长安大厦B座7层,公司注册资本1.35亿元人民币,公司营业执照号:110000009902358,经营许可证号:30800000。

公司是上海期货交易所会员(156号)、大连商品交易所会员(150号)、郑州商品交易所会员(258号),是中国金融期货交易所交易结算会员(0197号)。

公司实行严格的保证金封闭运行,确保客户的资金安全,保证金监控中心账单查询系统方便客户随时随地关注自己账户最新情况。公司交易结算系统采用恒生最新版本,同时配有一键通、闪电手等快速下单软件供您选择,文华财经、博弈大师两套行情系统供客户免费下载使用,多条线路直通交易所,使客户无论身处何地均能实现安全、方便、快捷的网上交易,同时为优质资金客户提供专属VIP交易通道。公司开通中、农、工、建、交五大结算银行的全国银期转账系统,使客户足不出户即可轻松实现资金划转,资金进出自由、方便,是国内目前银期转账合作银行最多的期货公司。公司通过网络在线交流、视频同步行情点评、网站在线客服、4006881117全国统一客服热线、点对点客户培训、定期行情研讨等,实现与投资者互动,及时为投资者答疑解惑。公司还可以为各类投资者设计套利交易模型,为企业客户量身定制套期保值策略,提供风险管理解决方案,为投资者提供最新鲜的资讯,使投资者尊享VIP服务。

公司秉承"客户至上"的服务理念与"专业、价值"的经营理念,力求通过先进的技术系统、专业化的投资咨询和贴心的人文关怀,竭诚为广大期货投资者保驾护航,提供优质服务,与投资者共同成长。

第六编
中国区域性股权交易市场专辑

第一章　理论研究

2014 年度中国场外市场分析报告

天津、上海、齐鲁、重庆 场外专题

一、中国区域性股权交易市场综述

据数库统计，截至 2014 年 12 月 31 日，全国场外市场挂牌企业共计达 16,524 家。其中，新三板挂牌公司保持在高速增长的水平，12 月共计新增 218 家挂牌公司，至此其挂牌总量已突破 1,500 家，达 1,572 家公司。本月区域性股权市场新增挂牌公司亦突破了 1,500 家，主要集中于辽宁、甘肃、广州和前海股权市场。区域性股权市场 2014 年合计挂牌公司近 15,000 家。

全国场外市场挂牌情况一览见下图：

交易所	2014.12挂牌数	2013.12挂牌数	全年新增	2014.11挂牌数	12月新增	数库覆盖	信息披露
新三板	1572	356		1354		1691	★★★★★
天津股权交易所*	540	412		526		487	★★★★
齐鲁股权交易中心	379	291		374		274	★★★★
上海股权托管交易中心	322	119		282		322	★★★★★
重庆股份转让中心	117	107		115		114	★★★★★
湖南股权交易所	152	133		147		26	★★★
广州股权交易中心	1062	536		888		22	★★★
辽宁股权交易中心	923	51		573		5	★★★
武汉股权托管交易中心	351	160		314		349	★★
浙江股权交易中心	1506	634		1501			★★
前海股权交易中心	4375	2736		4187			★
新疆股权交易中心	505	253		495			★
青海省股权交易中心	203	81		190			★
石家庄股权交易所	103	10		88			★
北京股权交易中心	338	37		251			★
大连股权交易中心	34	11		34			★
甘肃股权交易中心	1080	68		727			★
吉林股权交易所	7	4		7			★
江苏股权交易中心	59	19		48			★
安徽省股权交易所	244			178			★
厦门两岸股权交易中心	944			904			★
山西股权交易中心	1214	876		1213			★
广西北部湾股权托管交易所	49			22			★
成都(川藏)股权交易中心	187			186			★
贵州股权金融资产交易中心	258			163			★
陕西股权托管交易中心							
江西省股权交易所							

注*:截止发稿时，天津股权交易所未披露最新挂牌数，故12月企业数量以11月为基数，数库新覆盖的公司为增量计算。

数据来源: Chinascope Financial 数库财务　　截止日期：2014.12.31

数库覆盖量与挂牌量的差异主要有两个原因，其一，由于预披露的公司尚未正式公开转让；其二，部分股权交易中心提示的挂牌数量未累计挂牌数，含已终止挂牌的公司。

纵观历年，2014 年是股权市场最出彩的一年，2013 年度全国股权市场挂牌数为 6,894，至 2014 年度挂牌数已刷新至 16,524，为 2013 年度挂牌数的 2.4 倍。其中，新三板市场从 356 家增至 1572 家挂牌公司，为 2013 年度的 4.4 倍，增速远高于区域性股权市场。

2014 年度除了新三板之外，前海和甘肃股权市场全年新增挂牌公司亦突破千家，分别为 1,639 和 1,012 家公司。另外，厦门、辽宁、浙江和广州股权市场的增速都在 500 家以上。相反，部分股权市场的全年新增的挂牌公司不足 50 家，例如：吉林、重庆、湖南、大连和江苏。

可见，虽然股权市场整体的挂牌公司增速明显，但是按照交易中心的分布来看，逐渐呈现两极分化的趋势。部分交易中心蓬勃发展，而部分交易中心则不温不火，导致如此的形势或与各交易中心提供的融资交易平台和管理制度水平差异有关。

二、天津股权交易中心数据统计

1. 2014 年各月挂牌公司数量

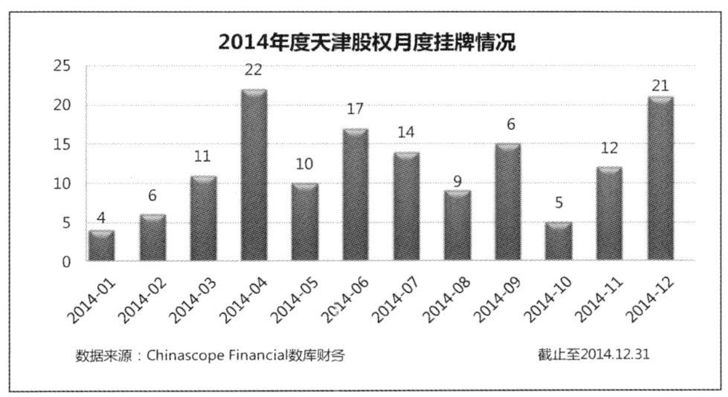

2. 2014 年各月累积挂牌数量

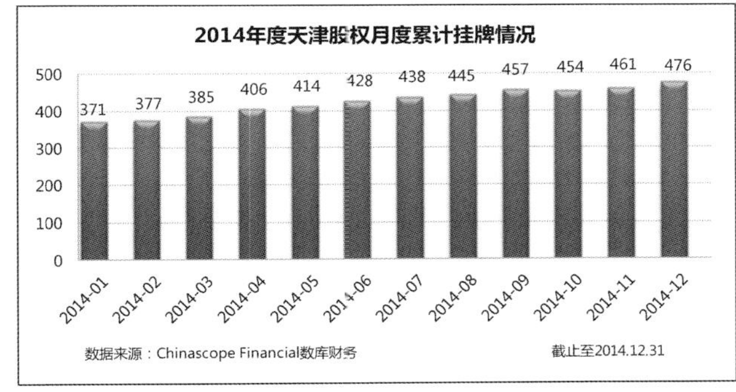

3. 2013 年公司行业分布

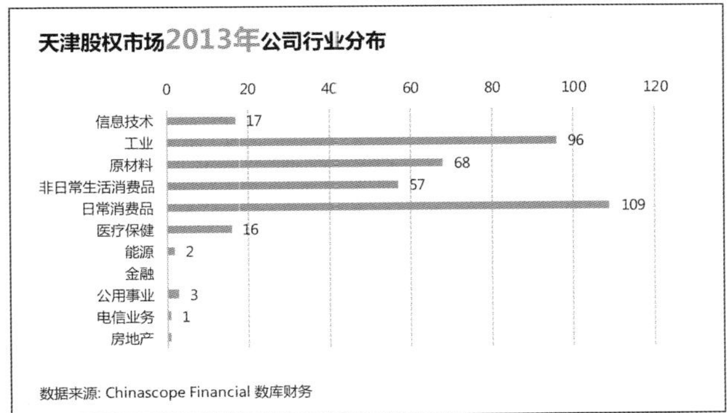

4. 2014 年公司行业分布

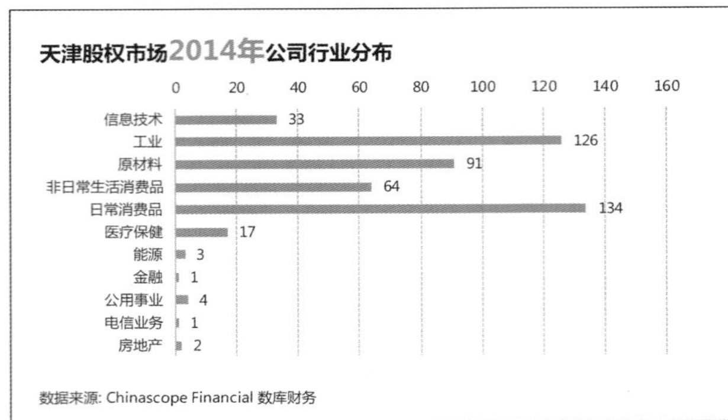

5. 2014 年新挂牌公司行业分布

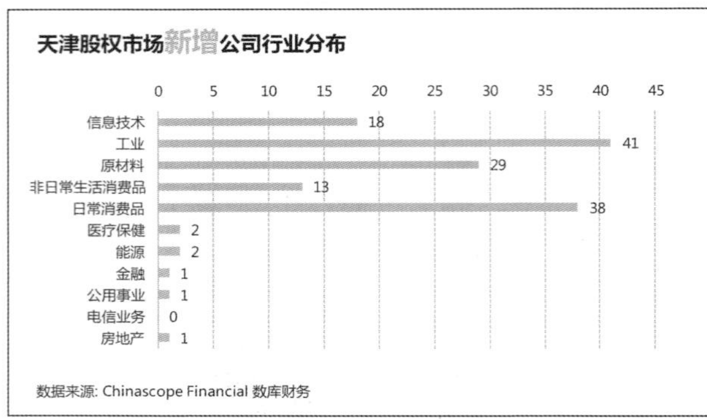

6. 2014 年公司地区分布

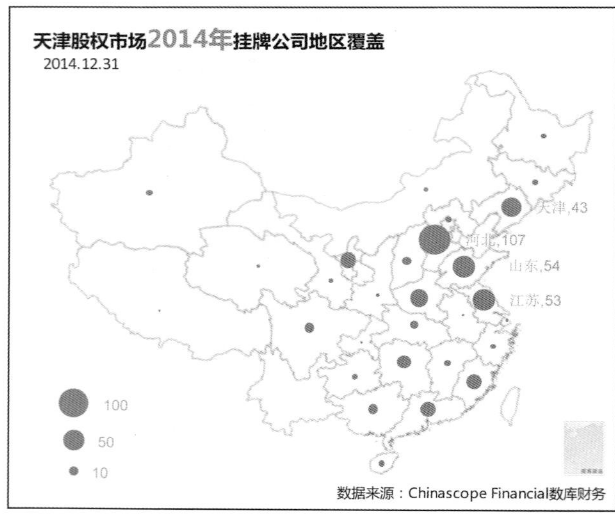

7. 2014 年行业资产、收入合计，资产、收入中位数

天津股权 2014 年度挂牌公司行业统计(单位:亿元)

行业	挂牌数	资产合计	收入合计	资产中位数	收入中位数
信息技术	33	13.95	6.49	0.24	0.14
工业	126	198.07	115.01	0.79	0.48
原材料	91	143.40	152.95	0.90	0.47
非日常生活消	64	61.32	44.41	0.73	0.30
日常消费品	134	104.97	70.01	0.53	0.26
医疗保健	17	18.49	11.04	0.84	0.29
能源	3	3.59	2.02	1.80	1.01
金融	1	0.20	–	0.20	–
公用事业	4	5.52	1.25	1.36	0.45
电信业务	1	0.43	0.14	0.43	0.14
房地产	2	11.87	1.79	5.94	1.79

数据来源:Chin ascope Financi al 数库财务　　2013 年度财务数据

8. 2014 年地区资产、收入合计，资产、收入中位数

天津股权 2014 年度挂牌公司地区统计(单位:亿元)

地区	挂牌数	资产合计	收入合计	资产中位数	收入中位数
北京市	4	0.77	0.17	0.38	0.08
江苏省	53	74.59	63.62	1.15	0.60
上海市	1	NA	NA	NA	NA
广东省	25	12.47	10.72	0.35	0.24
山东省	54	134.73	69.61	1.27	0.61
湖北省	7	8.73	7.57	1.67	1.44
浙江省	3	3.63	2.07	1.82	1.04
河南省	36	32.67	22.45	0.83	0.46
安徽省	1	1.09	0.27	1.09	0.27
福建省	26	17.21	7.81	0.47	0.31
辽宁省	2	0.96	0.41	0.48	0.20
天津市	43	25.02	18.02	0.29	0.15
湖南省	20	20.32	14.45	0.82	0.58
四川省	11	7.71	1.63	0.72	0.16
河北省	107	144.19	141.36	0.65	0.37
重庆市	1	2.80	0.22	2.80	0.22
陕西省	2	1.38	0.31	1.38	0.31
新疆自治区	4	2.00	1.75	0.45	0.39
宁夏自治区	29	23.96	9.92	0.57	0.22
黑龙江省	3	2.46	0.50	0.23	0.14
西藏自治区	1	0.49	–	0.49	–
江西省	5	3.47	2.32	0.73	0.26
贵州省	4	1.23	0.38	0.25	0.19
吉林省	4	12.33	14.48	2.80	3.12
广西省	10	6.70	1.18	0.43	0.11
山西省	9	11.34	7.65	1.20	0.56
甘肃省	2	3.89	1.74	1.95	0.87
内蒙古自治区	3	1.65	0.52	0.57	0.17
海南省	5	2.99	3.70	0.48	0.24
青海省	1	1.02	0.30	1.02	0.30

数据来源:Chinascope Financial 数库财务　　2013 年度财务数据

9. 律所、会所业务量排名

天津股权 2014 年度中介业务排名情

	会计师事务所	公司数量	律师事务所	公司数量
1	新悦和	34	北京盈科	41
2	中财德普	21	河北冀华	27
3	湖南公众	21	河北衡泰	24
4	河北冀祥	16	北京中银	23
5	天津祥和	16	北京邦盛	20
6	河北众泰	14	世纪联合	20
7	山东弘裕	14	江苏正鹏	15
8	天津中审联	13	湖南昌言	12
9	舜天信诚	12	众成仁和	12
10	中审亚太	12	正义达	11
11	北京兴华	11	天津荣邦	10
12	陕西广合	11	河北沧狮	9
13	河南普华	9	江苏天淦	9
14	湖南金信	9	北京中闻	8
15	大华	8	北京汉卓	7

	会计师事务所	公司数量	律师事务所	公司数量
16	德州大正	8	北京太古	7
17	河南中建华	8	山东长城长	7
18	四川亿永正勤	8	康达	6
19	山东盛铭	7	山东求是和信	6
20	沧州金源等4家	6	四川法典	6

数据来源：Chinascope Financila 数库财务　　截止至：2014.12.31

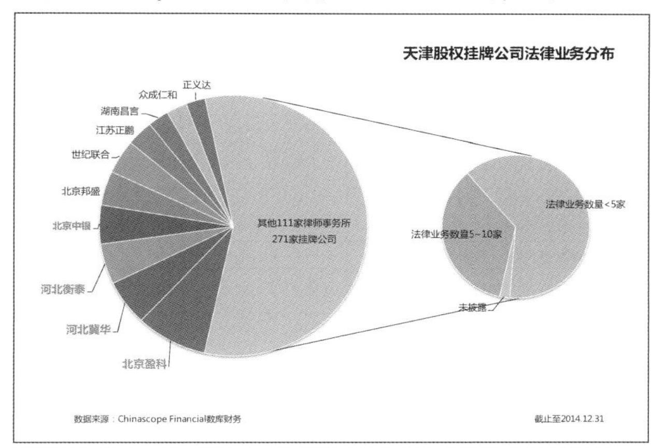

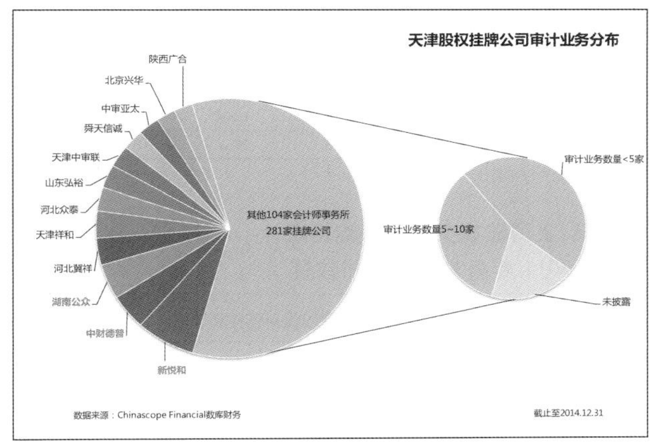

10. 股东构成比例（个人 vs 机构）

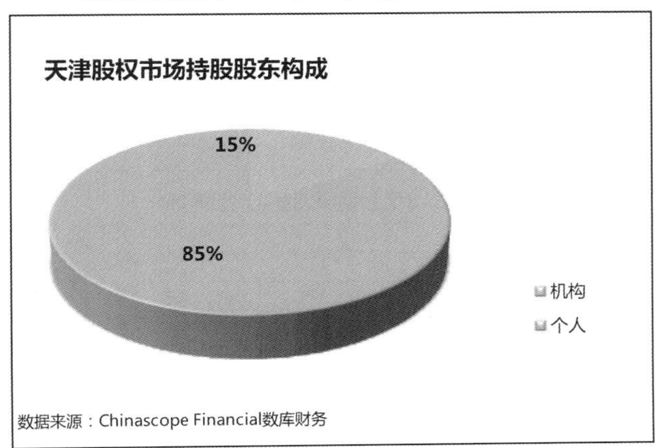

11. 前10大股东构成比例

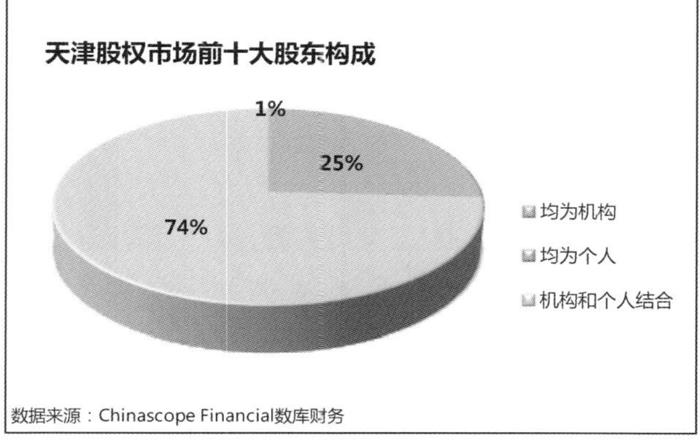

12. 第一大股东超50%分布比例

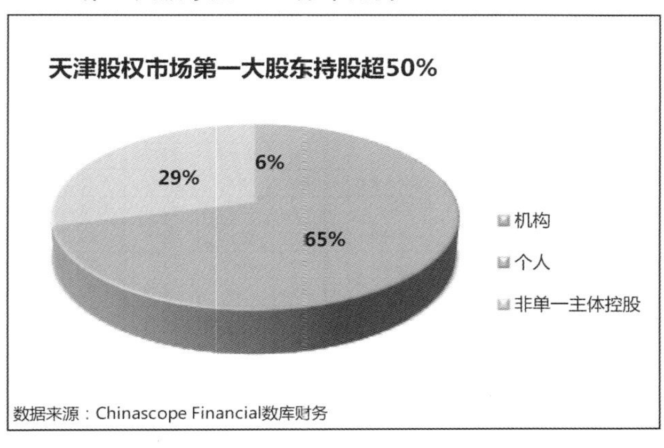

13. 2014年各月成交额，成交量

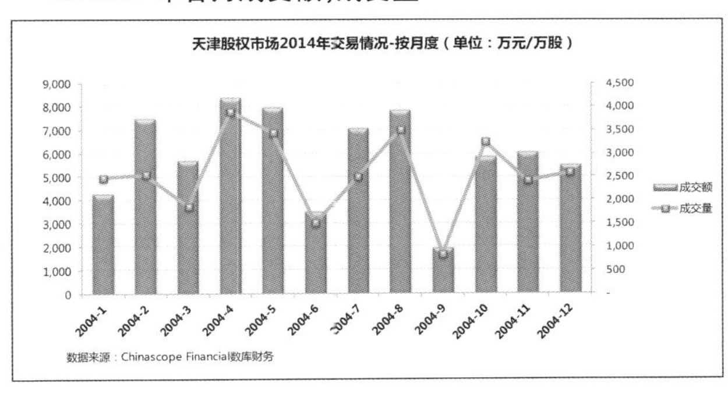

14. 2014年各月平均成交价

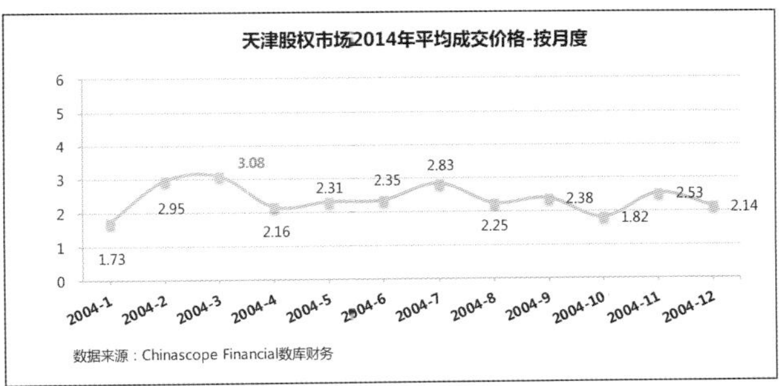

15. 2014 年各月融资额

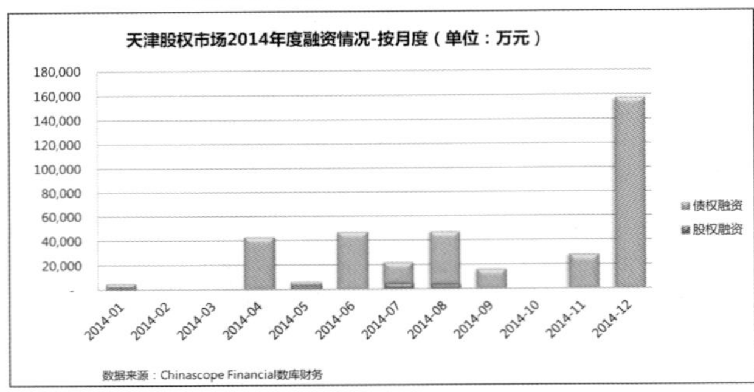

16. 2014 累计成交额前 20 排名

天津股权 2014 年度累计成交额排名

	数库代码	公司简称	数库行业	累计换手率	市盈率	成交量（万股）	成交价（元/股）	成交额（万元）
1	737003_TJ_EE	塔山集团	工业	33.01%	10.3x	2,270.42	3.40	7,717.27
3	843009_TJ_EE	活力种业	日常消费品	23.25%	10.71x	930.00	4.07	3,785.54
4	832001_TJ_EE	苏州装饰	非日常生活消费品	26.73%	14.53x	802.00	4.20	3,367.56
5	837001_TJ_EE	旺达股份	原材料	36.81%	NA	1,116.65	2.54	2,838.72
6	613005_TJ_EE	天下粮仓	日常消费品	33.66%	357.78x	714.63	3.22	2,304.61
7	837022_TJ_EE	天同宏基	房地产	33.92%	7.25x	2,510.00	0.87	2,190.21
8	835001_TJ_EE	海荣生物	日常消费品	20.00%	NA	230.00	6.47	1,488.10
10	000041_TJ_EE	诺尔电气	工业	34.48%	NA	979.30	1.48	1,448.63
11	664001_TJ_EE	天人和	日常消费品	9.88%	46.12x	580.8	2.26	1,312.18
12	900001_TJ_EE	远东光电	工业	2.02%	34.52x	404	3.21	1,296.86
13	032008_TJ_EE	通利智能	信息技术	43.80%	NA	876.00	1.32	1,154.42
14	032012_TJ_EE	爱西施	非日常生活消费品	23.99%	4x	195.95	5.27	1,033.01
15	913019_TJ_EE	曲寨矿峰	原材料	1.01%	NA	331.80	3.00	995.40
16	900010_TJ_EE	丹帝龙	工业	4.64%	9.42x	319.20	3.06	977.41
18	813013_TJ_EE	中辰股份	工业	6.00%	17x	276.00	3.40	938.36
19	637013_TJ_EE	通力机电	工业	13.76%	168x	334.18	2.52	841.09
20	000020_TJ_EE	博特精工	工业	2.99%	NA	181.20	4.17	756.41
18	665002_TJ_EE	永鑫果业	日常消费品	11.32%	7.85x	348.40	2.08	723.20
19	664009_TJ_EE	宁龙管业	非日常生活消费品	13.32%	26.11x	300.58	2.35	705.50
20	044013_TJ_EE	威德力	工业	5.02%	98x	114.00	5.88	670.32

数据来源：Chinascope Financial 数库财务　　截止至：2014.12.31

17. 2014 累计成交量前 20 排名

天津股权 2014 年度累计成交量排名

	数库代码	公司简称	数库行业	累计换手率	市盈率	成交量（万股）	成交价（元/股）	成交额（万元）
1	837022_TJ_EE	天同宏基	房地产	33.92%	7.25x	2,510.00	0.87	2,190.21
3	737003_TJ_EE	塔山集团	工业	33.01%	10.3x	2,270.42	3.40	7,717.27
4	737002_TJ_EE	齐泰股份	工业	3.90%	22.5x	1,174.92	0.45	525.76
5	837001_TJ_EE	旺达股份	原材料	36.81%	NA	1,116.65	2.54	2,838.72
6	000041_TJ_EE	诺尔电气	工业	34.48%	NA	979.30	1.48	1,448.63
7	843009_TJ_EE	活力种业	日常消费品	23.25%	10.71x	930.00	4.07	3,785.54
8	032008_TJ_EE	通利智能	信息技术	43.80%	NA	876	1.32	1,154.42
9	832001_TJ_EE	苏州装饰	非日常生活消费品	26.73%	14.53x	802.00	4.20	3,367.56
10	613005_TJ_EE	天下粮仓	日常消费品	33.66%	357.78x	714.63	3.22	2,304.61
11	664001_TJ_EE	天人和	日常消费品	9.88%	46.12x	580.80	2.26	1,312.18
12	832003_TJ_EE	鑫露股份	原材料	12.84%	33.5x	488.00	1.34	654.4
13	813006_TJ_EE	新启元	原材料	3.00%	0.98x	450.00	1.25	561.50
14	043001_TJ_EE	奥莎电梯	工业	8.00%	NA	440.00	1.13	498.85
15	837023_TJ_EE	北海教育	非日常生活消费品	18.94%	95x	428	1.52	650.50
16	737004_TJ_EE	山东新城	工业	1.36%	5.5x	409.78	0.22	90.59
17	900001_TJ_EE	远东光电	工业	2.02%	34.52x	404.00	3.21	1,296.86
18	035009_TJ_EE	仁豪科技	非日常生活消费品	15.07%	NA	390.10	1.58	617.32
19	665002_TJ_EE	永鑫果业	日常消费品	11.32%	7.85x	348.40	2.08	723.20
20	637013_TJ_EE	通力机电	工业	13.76%	168x	334.18	2.52	841.09
21	913019_TJ_EE	曲寨矿峰	原材料	1.01%	NA	331.8	3.00	995.40

数据来源：Chinascope Financial 数库财务　　截止至：2014.12.31

18. 2014 平均成交价前 20 排名

天津股权 2014 年度平均成交价排名

	数库代码	公司简称	数库行业	累计换手率	市盈率	成交量（万股）	成交价（元/股）	成交额（万元）
1	213005_TJ_EE	北商泵阀	工业	0.22%	NA	22.00	15.14	333.00
2	945001_TJ_EE	蟠龙局	日常消费品	0.26%	NA	12.00	11.38	136.56
3	211001_TJ_EE	中科纳达	原材料	0.04%	NA	4.00	11.38	45.52
4	944007_TJ_EE	鸿鹏服装	非日常生活消费品	0.31%	6.21x	4.00	11.18	44.72
5	013006_TJ_EE	康壮化工	原材料	7.59%	NA	44.00	10.80	475.20
6	945002_TJ_EE	盛和电子	信息技术	0.23%	259.5x	14.00	10.38	145.32
7	944002_TJ_EE	亮包包	信息技术	0.99%	20.8x	10.05	10.19	102.41
8	913011_TJ_EE	方润食品	非日常生活消费品	0.96%	439.13x	2.00	10.10	20.20
9	913025_TJ_EE	鸿鑫农业	工业	0.38%	NA	4.00	10.01	40.04
10	900002_TJ_EE	中裕科技	原材料	2.00%	7.64x	24.00	10.00	240.00
11	044005_TJ_EE	睿立宝莱	工业	1.95%	11.43x	20.80	8.00	166.40
12	615002_TJ_EE	银基矿业	原材料	1.00%	185.48x	51.40	7.79	400.41
13	911001_TJ_EE	北洋科技	信息技术	8.49%	3470x	90.00	6.94	624.98
14	813008_TJ_EE	东之星	医疗保健	2.20%	109.67x	48.00	6.58	315.60
15	835001_TJ_EE	海荣生物	日常消费品	20.00%	NA	230.00	6.47	1,488.10
16	913021_TJ_EE	路明实业	工业	2.00%	215.67x	40.00	6.47	258.60
17	245003_TJ_EE	纯真堂	日常消费品	1.45%	NA	22.00	6.30	138.60
18	900020_TJ_EE	中镕科技	信息技术	0.05%	23.46x	2.00	6.10	12.20
19	032006_TJ_EE	联亨材料	原材料	2.00%	35.93x	30.00	6.00	180.00
20	044013_TJ_EE	威德力	工业	5.02%	98x	114.00	5.88	670.32

数据来源：Chinascope Financial 数库财务　　截止至：2014.12.31

三、上海股权交易中心数据统计

1. 2014 年各月挂牌公司数量

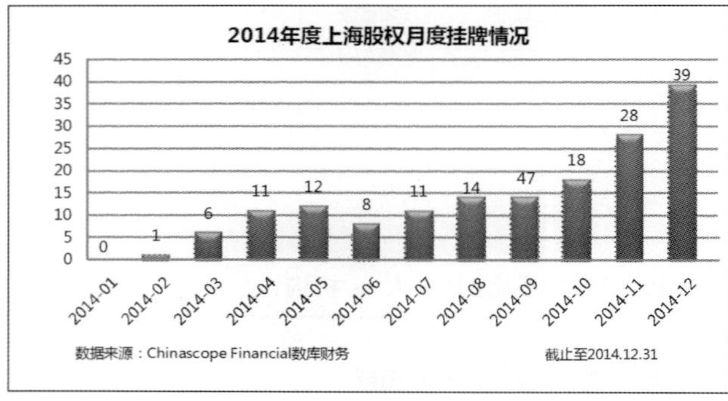

2. 2014 年各月累积挂牌数量

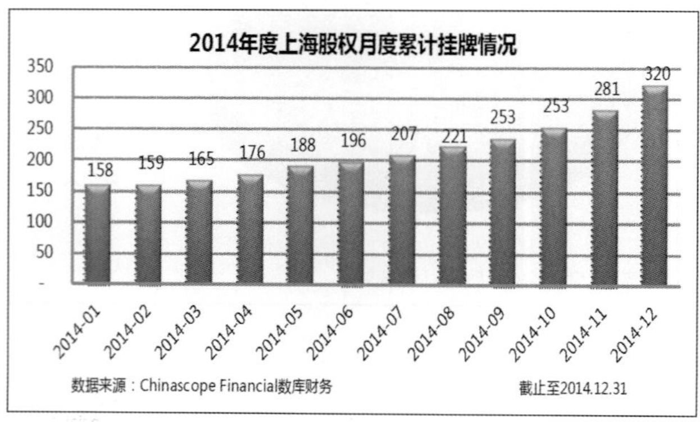

3.2013 年公司行业分布

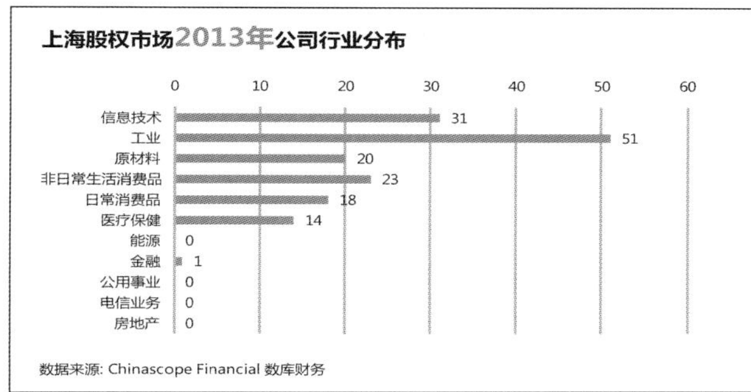

4.2014 年公司行业分布

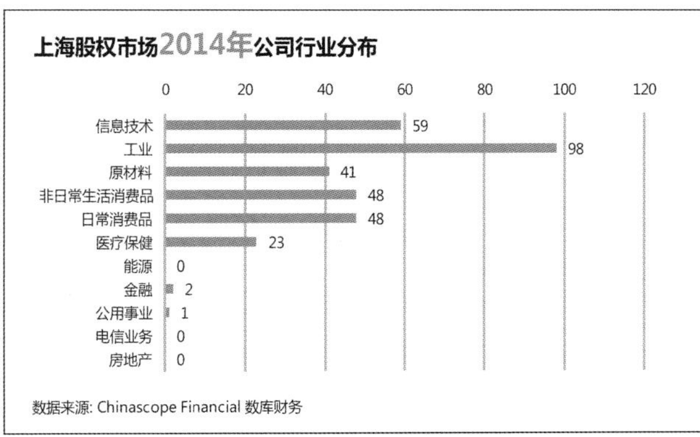

5.2014 年新挂牌公司行业分布

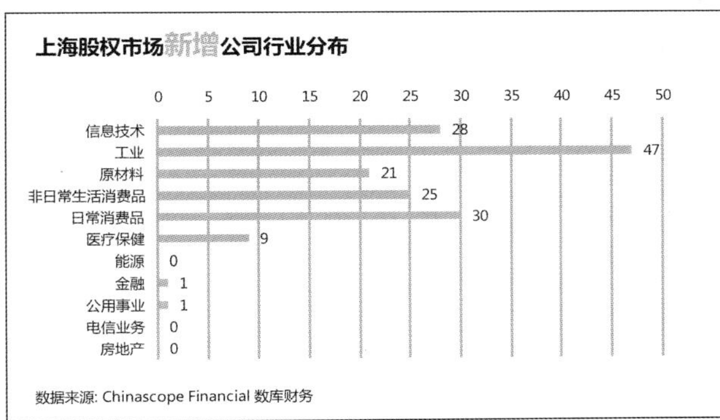

6.2014 年公司地区分布

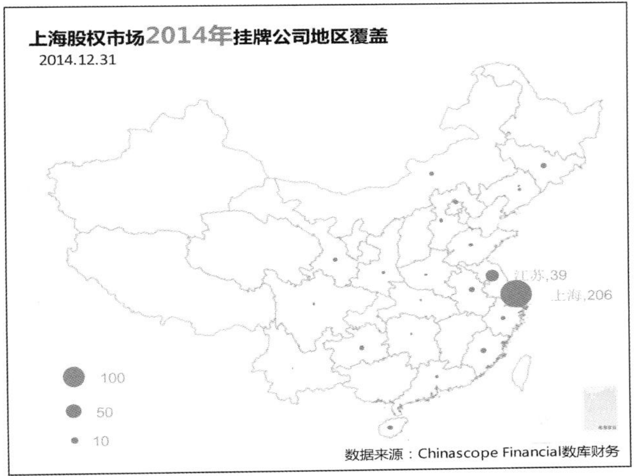

7.2014 年行业资产、收入合计,资产、收入中位数

上海股权市场 2014 年度挂牌公司行业统计(单位:亿元)

行业	挂牌数	资产合计	收入合计	资产中位数	收入中位数
信息技术	59	20.50	17.30	0.18	0.11
工业	98	56.92	43.87	0.30	0.20
原材料	41	33.19	25.22	0.41	0.27
非日常生活消	48	18.27	20.59	0.22	0.13
日常消费品	48	22.94	14.50	0.27	0.19
医疗保健	23	13.74	7.36	0.34	0.14
金融	2	3.87	0.38	1.93	0.19
公用事业	1	1.48	4.43	1.48	4.43

数据来源:Chinascope Financial 数库财务　　2013 年度财务数据

8.2014 年地区资产、收入合计,资产、收入中位数

上海股权市场 2014 年度挂牌公司地区统计(单位:亿元)

地区	挂牌数	资产合计	收入合计	资产中位数	收入中位数
北京市	6	6.27	3.44	0.57	0.31
江苏省	39	39.56	31.99	0.79	0.36
上海市	206	71.34	69.52	0.20	0.15
广东省	2	1.33	0.19	0.66	0.19
山东省	4	3.16	0.75	0.80	0.15
湖北省	1	3.26	1.28	3.26	1.28
浙江省	4	3.73	1.21	0.57	0.17
河南省	2	0.68	0.43	0.34	0.21
安徽省	7	3.81	2.43	0.58	0.14
福建省	8	4.41	3.89	0.47	0.36
辽宁省	1	0.49	0.08	0.49	0.08
天津市	2	0.35	0.08	0.17	0.04
湖南省	1	0.21	0.01	0.21	0.01
四川省	2	1.20	0.42	0.60	0.21
河北省	4	5.38	3.26	0.96	0.61
陕西省	2	0.39	0.12	0.20	0.06
云南省	1	0.29	0.14	0.29	0.14
贵州省	5	4.86	3.87	0.92	0.50
吉林省	8	12.03	6.72	1.17	0.44
甘肃省	6	4.89	1.88	0.92	0.33
内蒙古自治区	4	0.80	0.58	0.24	0.05
海南省	5	2.48	1.38	0.24	0.23

数据来源:Chinascope Financial 数库财务　　2013 年度财务数据

9.律所、会所业务量排名

上海股权市场 2014 年度中介业务排名情况

	会计师事务所	公司数量	律师事务所	公司数量
1	瑞华	33	北京大成	35
2	中喜	23	北京盈科	32
3	上海锦航	25	海华永泰	30
4	中兴财光华	13	上海锦天城	30
5	利安达	15	上海源泰	15
6	北京兴华	14	上海艾帝尔	11
7	上海旭升	13	上海傅玄杰	11
8	上海君开	12	北京国联	9
9	上海鼎迈	10	上海方韬	8
10	众华	10	虹桥正瀚	8
11	大华	8	京衡	7
12	上海创诚	8	上海原本	7
13	上海睿益	8	北京宝盈	5
14	天职国际	8	上海创远	5
15	雅和统盈	7	北京直方	4
16	石家庄新悦和	7	山东大地人	4

	会计师事务所	公司数量	律师事务所	公司数量
17	北京信审	6	笃信尚行	4
18	中勤万信	6	上海管博	4
19	致同	6	万商天勤	4
20	中汇	6	德恒	3

数据来源:Chinascope Financial 数库财务　　截止至:2014.12.31

10. 股东构成比例(个人 vs 机构)

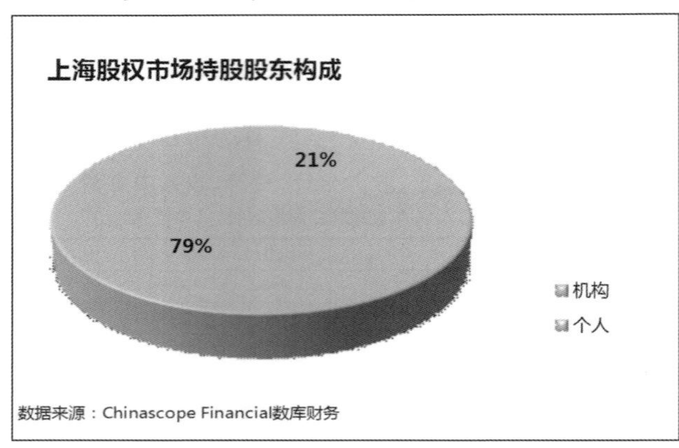

11. 前 10 大股东构成比例

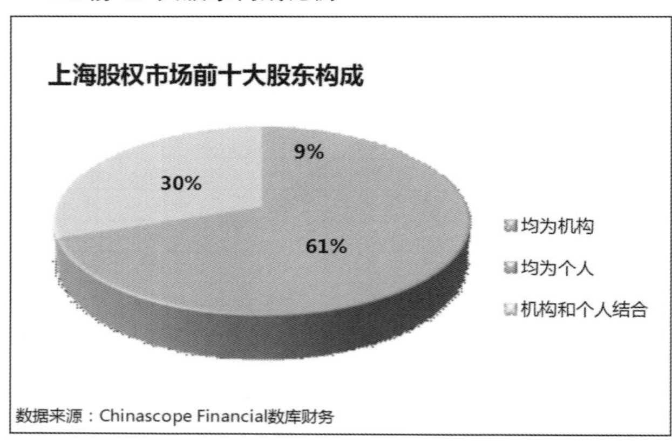

12. 第一大股东超 50% 分布比例

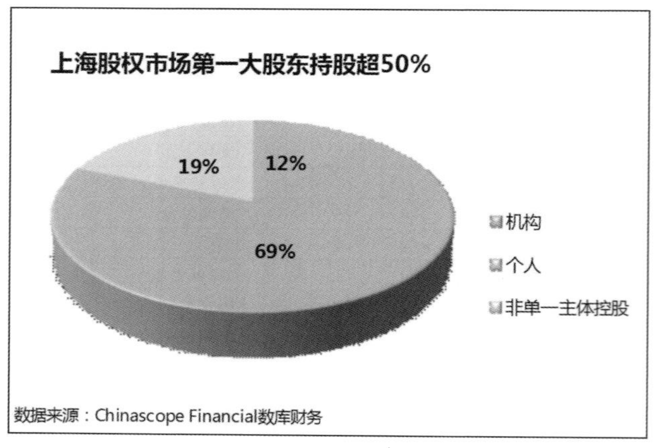

13. 2014 年各月成交额,成交量

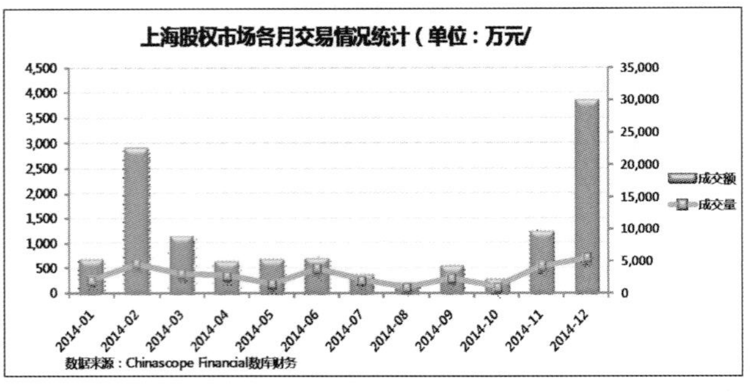

14. 2014 年各月平均成交价

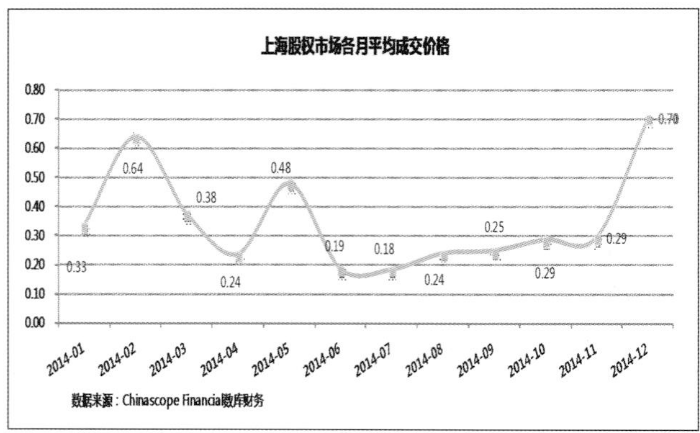

15. 2014 年各月融资额

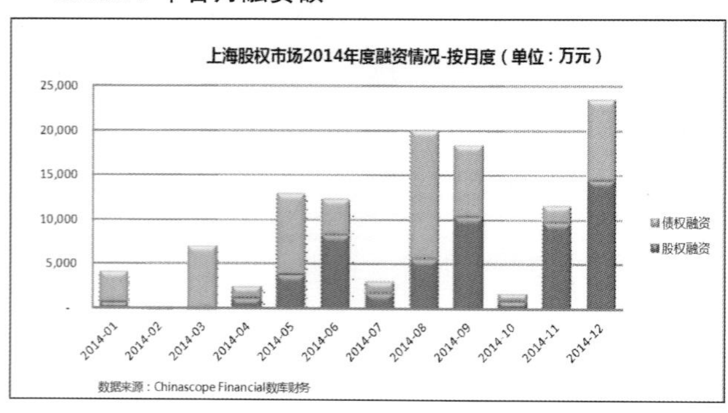

16. 2014 累计成交额前 20 排名

上海股权市场 2014 年度累计成交额排名

	数库代码	公司简称	数库行业	累计换手率	市盈率	成交量(万股)	成交价(元/股)	成交额(万元)
1	100028_SH_EE	极元金融	信息技术	21.30%	37.05x	1,067.64	4.50	4,803.27
2	100053_SH_EE	通化百泉	医疗保健	49.40%	28.62x	2,964.00	1.51	4,470.57
3	100048_SH_EE	宝葫芦	信息技术	42.26%	19.22x	1,056.54	3.67	3,872.42
4	100052_SH_EE	主健医学	医疗保健	2.67%	90.35x	144.00	24.91	3,586.80
5	100117_SH_EE	东轴轴承	工业	140.00%	NA	2,800.00	1.00	2,800.00
6	100042_SH_EE	诺臣光电	非日常生活消费品	64.47%	151.24x	967.03	2.10	2,026.91
7	100076_SH_EE	建业恒安	工业	2.72%	20.78x	136.00	7.84	1,066.32
8	100065_SH_EE	盛泉养老	非日常生活消费品	3.10%	NA	155.00	6.34	982.78
9	100031_SH_EE	宇鸿科技	信息技术	10.58%	75.56x	126.97	7.59	964.26
10	100049_SH_EE	天种牧业	日常消费品	10.01%	13.44x	201.38	4.23	851.16
11	100055_SH_EE	翔龙国际	工业	39.53%	63.32x	672.00	1.19	802.40
12	100018_SH_EE	中加飞机	信息技术	4.95%	41.67x	201.00	3.85	773.56
13	100063_SH_EE	斯歌特	信息技术	13.05%	183.58x	156.57	4.74	742.12
14	100171_SH_EE	飘香酿造	日常消费品	36.96%	120.5x	517.50	1.07	552.28

	数库代码	公司简称	数库行业	累计换手率	市盈率	成交量（万股）	成交价（元/股）	成交额（万元）
15	100296_SH_EE	政太纳米	原材料	21.40%	74.93x	107.00	4.41	472.40
16	100007_SH_EE	宇度医学	医疗保健	3.90%	29.86x	78.00	5.11	398.94
17	100017_SH_EE	太力信息	信息技术	4.91%	75.06x	173.00	2.02	348.62
18	100156_SH_EE	金厦股份	工业	1.51%	72.4x	70.00	4.08	285.54
19	100032_SH_EE	天丰科技	日常消费品	2.90%	9.64x	202.67	1.35	274.02
20	100099_SH_EE	东屹集团	工业	2.10%	18.65x	126.23	2.14	270.70

数据来源：Chinascope Financial 数库财务　　截止至：2014.12.31

17.2014 累计成交量前20排名

上海股权市场2014年度累计成交量排名

	数库代码	公司简称	数库行业	累计换手率	市盈率	成交量（万股）	成交价（元/股）	成交额（万元）
1	100053_SH_EE	通化百泉	医疗保健	49.40%	28.62x	2,964.00	1.51	4,470.57
2	100117_SH_EE	东轴轴承	工业	140.00%	NA	2,800.00	1.00	2,800.00
3	100028_SH_EE	极元金融	信息技术	21.30%	37.05x	1,067.64	4.50	4,803.27
4	100048_SH_EE	宝葫芦	信息技术	42.26%	19.22x	1,056.54	3.67	3,872.42
5	100042_SH_EE	诺臣光电	非日常生活消费品	64.47%	151.24x	967.03	2.10	2,026.91
6	100055_SH_EE	翔龙国际	工业	39.53%	63.32x	672.00	1.19	802.40
7	100171_SH_EE	飘香酿造	日常消费品	36.96%	120.5x	517.50	1.07	552.28
8	100056_SH_EE	昂华股份	工业	41.27%	6.82x	210.54	1.01	212.64
9	100032_SH_EE	天丰科技	日常消费品	2.90%	9.64x	202.67	1.35	274.02
10	100049_SH_EE	天种牧业	日常消费品	10.01%	13.44x	201.38	4.23	851.16
11	100018_SH_EE	中加飞机	信息技术	4.95%	41.67x	201.00	3.85	773.56
12	100017_SH_EE	太力信息	信息技术	4.91%	75.06x	173.00	2.02	348.62
13	100063_SH_EE	斯歌特	信息技术	13.05%	183.58x	156.57	4.74	742.12
14	100065_SH_EE	盛泉养老	非日常生活消费品	3.10%	NA	155.00	6.34	982.78
15	100052_SH_EE	主健医学	医疗保健	2.67%	90.35x	144.00	24.91	3,586.80
16	100076_SH_EE	建业恒安	工业	2.72%	20.78x	136.00	7.84	1,066.32
17	100031_SH_EE	宇鸿科技	信息技术	10.58%	75.56x	126.97	7.59	964.26
18	100099_SH_EE	东屹集团	工业	2.52%	18.65x	126.23	2.14	270.70
19	100296_SH_EE	政太纳米	原材料	21.40%	74.93x	107.00	4.41	472.40
20	100045_SH_EE	联鼎软件	信息技术	16.50%	NA	99.00	1.93	191.50

数据来源：Chinascope Financial 数库财务　　截止至：2014.12.31

18.2014 平均成交价前20排名

上海股权市场2014年度平均成交价排名

	数库代码	公司简称	数库行业	累计换手率	市盈率	成交量（万股）	成交价（元/股）	成交额（万元）
1	100052_SH_EE	主健医学	医疗保健	2.67%	90.35x	144.00	24.91	3,586.80
2	100072_SH_EE	荣欣集团	医疗保健	0.09%	NA	2.00	8.45	16.90
3	100076_SH_EE	建业恒安	工业	2.72%	20.78x	136.00	7.84	1,066.32
4	100031_SH_EE	宇鸿科技	信息技术	10.58%	75.56x	126.97	7.59	964.26
5	100095_SH_EE	金兆环保	工业	0.04%	NA	2.00	7.00	14.00
6	100026_SH_EE	贺祥机电	工业	0.57%	7.9x	20.00	6.80	136.00
7	100065_SH_EE	盛泉养老	非日常生活消费品	3.10%	NA	155.00	6.34	982.78
8	100070_SH_EE	三顺物流	工业	0.40%	25.63x	4.00	6.00	24.00
9	100060_SH_EE	云生竹业	工业	1.33%	33.38x	32.00	5.93	189.60
10	100067_SH_EE	一片天	非日常生活消费品	1.67%	NA	20.00	5.86	117.20
11	100033_SH_EE	裕强股份	非日常生活消费品	0.59%	111.96x	13.65	5.80	79.14
12	100007_SH_EE	宇度医学	医疗保健	3.90%	29.86x	78.00	5.11	398.94
13	100086_SH_EE	中宇锂电	原材料	0.77%	NA	50.00	5.00	250.00
14	100063_SH_EE	斯歌特	信息技术	13.05%	183.58x	156.57	4.74	742.12
15	100173_SH_EE	八百里	工业	0.19%	78.96x	2.00	4.50	9.00
16	100191_SH_EE	紫坤股份	日常消费品	0.40%	96.95x	2.00	4.50	9.00
17	100028_SH_EE	极元金融	信息技术	21.30%	37.05x	1,067.64	4.50	4,803.27
18	100100_SH_EE	南翔食品	日常消费品	2.00%	1068.66x	40.00	4.44	177.60
19	100296_SH_EE	政太纳米	原材料	21.40%	74.93x	107.00	4.41	472.40
20	100049_SH_EE	天种牧业	日常消费品	10.01%	13.44x	201.38	4.23	851.16

数据来源：Chinascope Financial 数库财务　　截止至：2014.12.31

四、齐鲁股权交易中心数据统计

1.2014 年各月挂牌公司数量

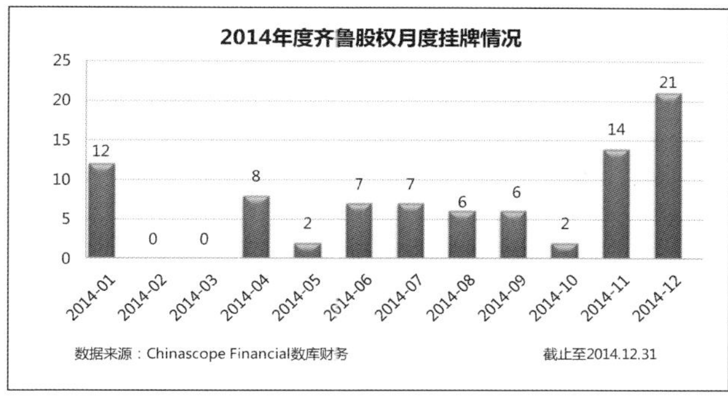

2.2014 年各月累积挂牌数量

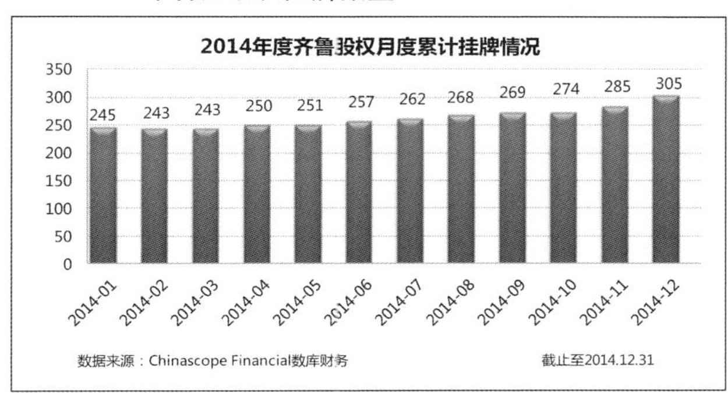

3.2013 年公司行业分布

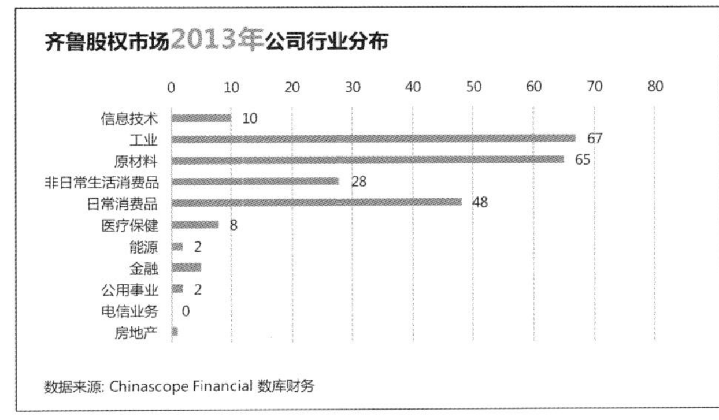

4.2014 年公司行业分布

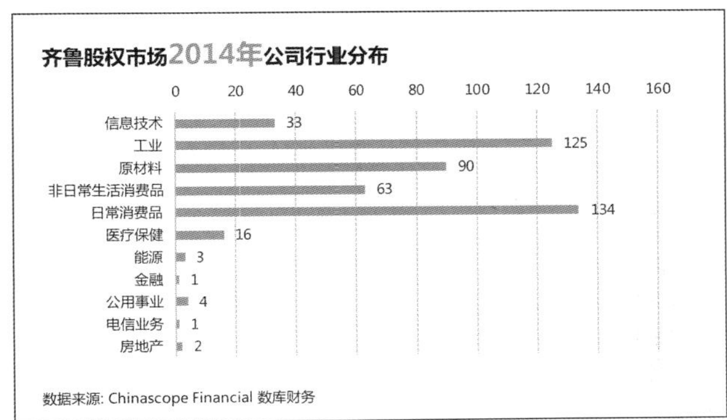

5. 2014 年新挂牌公司行业分布

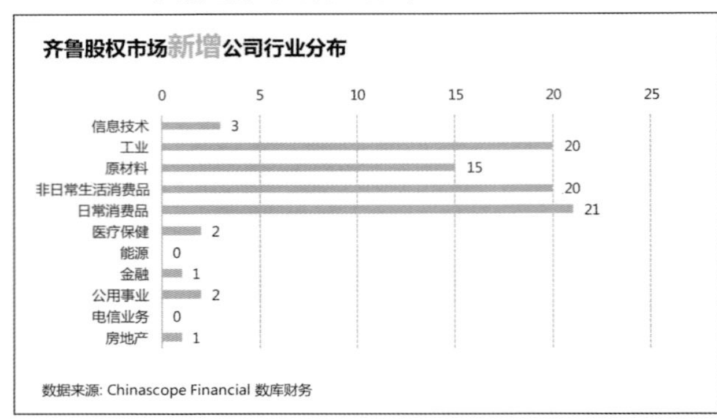

6. 2014 年公司地区分布

齐鲁股权 2014 年度挂牌公司地区统计

地区	挂牌数
淄博市	63
临沂市	47
东营市	31
德州市	25
潍坊市	21
聊城市	19
日照市	16
枣庄市	12
烟台市	11
青岛市	10
滨州市	9
济宁市	9
济南市	8
泰安市	8
威海市	7
莱芜市	6
菏泽市	3

数据来源：Chinascope Financial 数库财务

7. 2014 年行业资产、收入合计，资产、收入中位数

齐鲁股权 2014 年度挂牌公司行业统计（单位：亿元）

行业	挂牌数	资产合计	收入合计	资产中位数	收入中位数
信息技术	12	4.11	1.54	0.19	0.09
工业	81	54.44	32.98	0.56	0.26
原材料	75	59.73	55.95	0.78	0.50
非日常生活消费品	45	0.19	51.06	0.63	0.16
日常消费品	69	32.31	15.94	0.44	0.19
医疗保健	9	7.28	7.03	0.44	0.24
能源	2	2.82	1.15	2.82	1.15
金融	6	9.57	1.15	2.24	0.26
公用事业	4	2.18	0.35	0.54	0.02
电信业务	0	–	–	–	–
房地产	2	0.02	0.13	0.02	0.13

数据来源：Chinascope Financial 数库财务　　2013 年度财务数据

8. 2014 年地区资产、收入合计，资产、收入中位数

齐鲁股权 2014 年度挂牌公司地区统计（单位：亿元）

地区	挂牌数	资产合计	收入合计	资产中位数	收入中位数
淄博市	63	87.31	68.40	1.07	0.47
临沂市	47	46.81	33.95	0.29	0.18
东营市	31	14.51	5.93	0.47	0.13
德州市	25	14.16	9.31	0.60	0.40
潍坊市	21	13.10	4.81	0.39	0.12
聊城市	19	11.87	4.97	0.73	0.30
日照市	16	2.46	2.44	0.12	0.08
枣庄市	12	8.18	4.89	0.79	0.37
烟台市	11	5.16	2.82	0.10	0.07
青岛市	10	18.84	10.50	0.85	0.43
滨州市	9	7.12	1.99	0.65	0.19
济宁市	9	4.38	3.26	0.90	0.37
济南市	8	2.36	0.84	0.31	0.12
泰安市	8	4.33	2.71	0.79	0.47
威海市	7	11.19	5.99	2.42	0.30
莱芜市	6	8.17	4.02	0.95	0.86
菏泽市	3	0.84	0.44	0.42	0.22

数据来源：Chinascope Financial 数库财务　　2013 年度财务数据

9. 律所、会所业务量排名

齐鲁股权 2014 年度中介业务排名情况

	会计师事务所	公司数量	律师事务所	公司数量
1	山东天元同泰	22	山东长城长	31
2	山东盛铭	22	山东大地人	29
3	山东仲泰	15	山东方良	23
4	山东大乘联合	15	山东九公	19
5	淄博正德	13	山东致公	17
6	山东华盛	11	山东恒岳	14
7	山东博华	11	山东德衡	12
8	山东舜天信诚	7	北京中银	10
9	淄博兴邦联合	6	山东正大至诚	10
10	山东和信	5	山东中齐	10
11	山东恒丰正泰	5	北京齐致	6
12	山东润德	5	山东康桥	6
13	山东兴华	5	山东齐鲁	6
14	淄博中平信	5	山东舜翔	6
15	山东中元联合	4	山东同济	6
16	山东志诚	4	山东众成仁和	6
17	山东启新	4	山东凌云志	5
18	山东黄河	4	北京盈科	4
19	山东德信	4	山东睿扬	4
20	北京正和信	4	北京大成等 5 家	3

数据来源：Chinascope Financial 数库财务　　截止至：2014.12.31

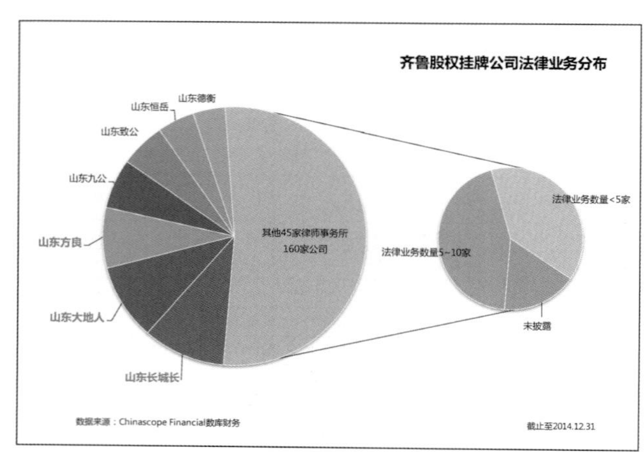

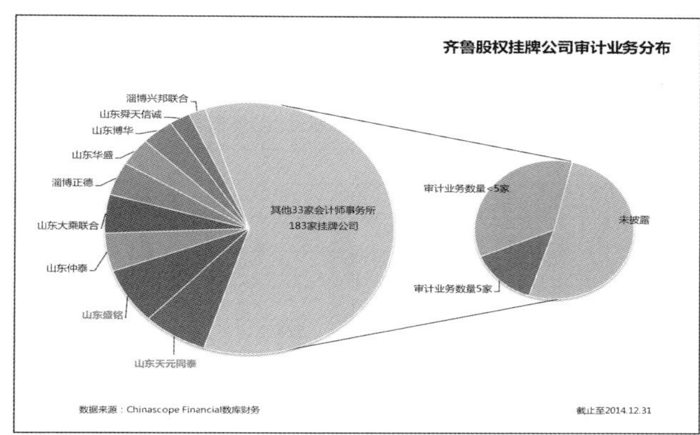

10. 股东构成比例(个人 vs 机构)

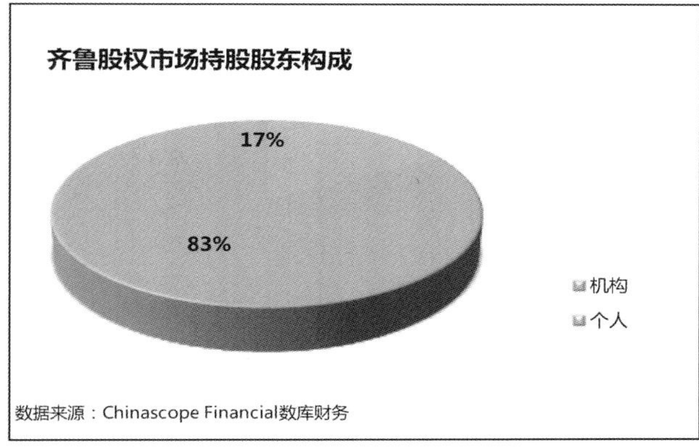

11. 前 10 大股东构成比例

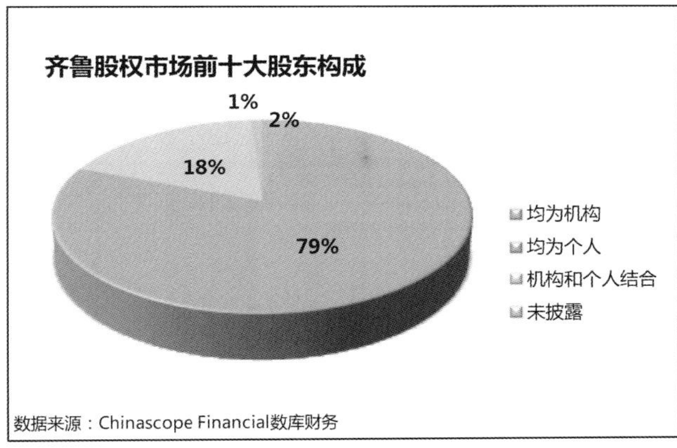

12. 第一大股东超 50% 分布比例

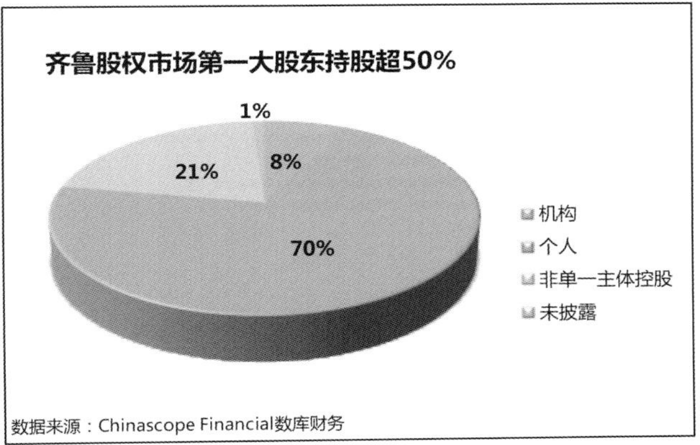

13. 2014 年各月成交额，成交量

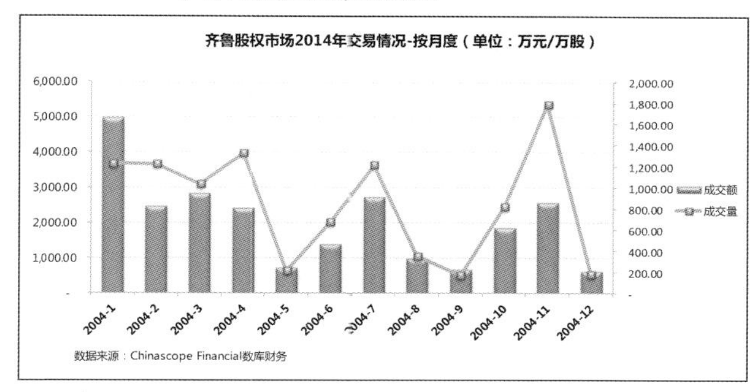

14. 2014 年各月平均成交价

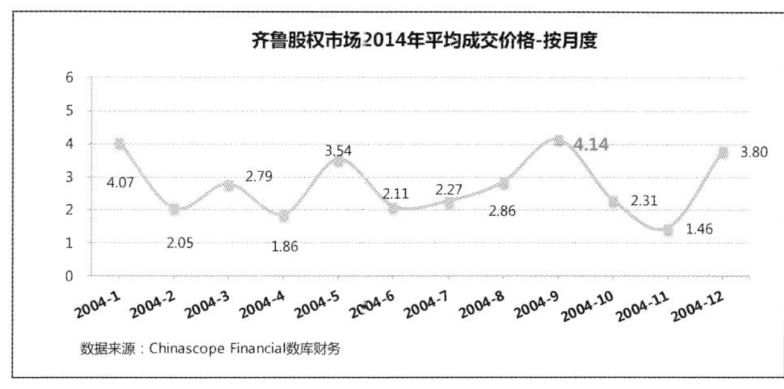

15. 2014 年各月融资额

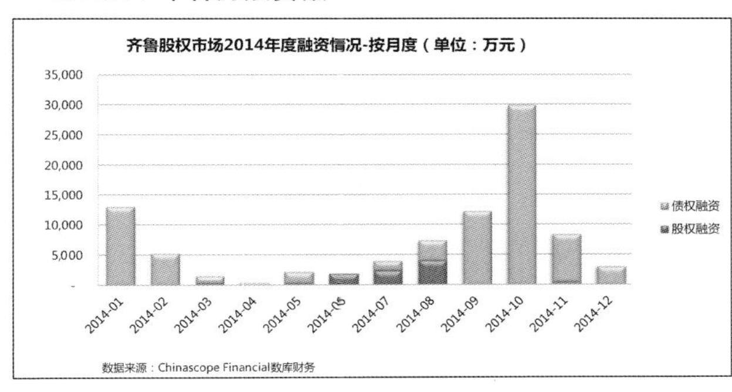

16. 2014 累计成交额前 20 排名

齐鲁股权 2014 年度累计成交额排名

	数库代码	公司简称	数库行业	累计换手率	市盈率	成交量（万股）	成交价（元/股）	成交额（万元）
1	000007_QL_EE	沂州水泥	原材料	7.41%	2.86x	630.11	8.03	5,058.97
2	100083_QL_EE	星之联	原材料	38.88%	NA	1,088.68	2.12	2,312.58
3	100017_QL_EE	瀚海水业	公用事业	33.13%	48.08x	1,788.81	1.25	2,229.56
4	100028_QL_EE	七河生物	日常消费品	13.42%	10.09x	418.78	4.64	1,941.83
5	100021_QL_EE	三丰股份	原材料	13.44%	NA	672.20	1.60	1,075.52
6	100041_QL_EE	农凯米业	日常消费品	9.94%	NA	431.60	2.16	931.96
7	100103_QL_EE	松竹铝业	工业	18.40%	40.68x	368.00	1.79	657.90
8	100165_QL_EE	鲁青电缆	工业	13.75%	NA	371.25	1.25	465.75
9	100138_QL_EE	科耐冰箱	非日常生活消费品	6.46%	59.08x	101.04	4.49	453.70
10	100112_QL_EE	科麟股份	公用事业	10.27%	NA	145.50	3.00	436.50
11	100029_QL_EE	华煜盛园	日常消费品	9.78%	272x	277.73	1.36	378.65
12	100046_QL_EE	东耐股份	原材料	12.23%	4.19x	709.15	0.52	367.33
13	100002_QL_EE	惠工电气	工业	9.52%	AN	114.30	2.95	337.38
14	100069_QL_EE	嘉特包装	原材料	3.63%	248.46x	87.00	3.23	281.23
15	100071_QL_EE	青河农业	日常消费品	2.66%	12.25x	103.72	2.45	253.77
16	100068_QL_EE	邦迪股份	原材料	2.14%	NA	70.50	3.60	253.75

	数库代码	公司简称	数库行业	累计换手率	市盈率	成交量（万股）	成交价（元/股）	成交额（万元）
17	300002_QL_EE	怡然园艺	日常消费品	6.51%	73.25x	74.00	2.93	217.12
18	100027_QL_EE	创尔沃	工业	1.69%	14.14x	94.50	2.22	209.80
19	000010_QL_EE	华力电机	工业	2.27%	NA	52.00	3.87	201.36
20	100053_QL_EE	壹诺化工	能源	1.22%	51.43x	45.00	3.60	162.00

数据来源：Chinascope Financial 数库财务　　截止至：2014.12.31

17. 2014 累计成交量前 20 排名

齐鲁股权 2014 年度累计成交量排名

	数库代码	公司简称	数库行业	累计换手率	市盈率	成交量（万股）	成交价（元/股）	成交额（万元）
1	100017_QL_EE	瀚海水业	公用事业	33.13%	48.08x	1,788.81	1.25	2,229.56
2	100083_QL_EE	星之联	原材料	38.88%	NA	1,088.68	2.12	2,312.58
3	100046_QL_EE	东耐股份	原材料	12.23%	4.19x	709.15	0.52	367.33
4	100021_QL_EE	三丰股份	原材料	13.44%	NA	672.20	1.60	1,075.52
5	000007_QL_EE	沂州水泥	原材料	7.41%	2.86x	630.11	8.03	5,058.97
6	100041_QL_EE	农凯米业	日常消费品	9.94%	NA	431.60	2.16	931.96
7	100028_QL_EE	七河生物	日常消费品	13.42%	10.09x	418.78	4.64	1,941.83
8	100165_QL_EE	鲁青电缆	工业	13.75%	NA	371.25	1.25	465.75
9	100103_QL_EE	松竹铝业	工业	18.40%	40.68x	368.00	1.79	657.90
10	100029_QL_EE	华煜盛园	日常消费品	9.78%	272x	277.73	1.36	378.65
11	100112_QL_EE	科麟股份	公用事业	10.27%	NA	145.50	3.00	436.50
12	100002_QL_EE	惠工电气	工业	9.52%	NA	114.30	2.95	337.38
13	100071_QL_EE	青河农业	日常消费品	2.66%	12.25x	103.72	2.45	253.77
14	100138_QL_EE	科耐冰箱	非日常生活消费品	6.46%	59.08x	101.04	4.49	453.70
15	000002_QL_EE	山东凤阳	非日常生活消费品	1.62%	3.32x	99.87	0.93	93.03
16	100027_QL_EE	创尔沃	工业	1.69%	14.14x	94.50	2.22	209.80
17	100013_QL_EE	淄博祥盛	非日常生活消费品	2.82%	NA	92.95	1.39	128.90
18	100069_QL_EE	嘉特包装	原材料	3.63%	248.46x	87.00	3.23	281.23
19	300002_QL_EE	怡然园艺	日常消费品	6.51%	73.25x	74.00	2.93	217.12
20	100068_QL_EE	邦迪股份	原材料	2.14%	NA	70.50	3.60	253.75

数据来源：Chinascope Financial 数库财务　　截止至：2014.12.31

18. 2014 平均成交价前 20 排名

齐鲁股权 2014 年度平均成交价排名

	数库代码	公司简称	数库行业	累计换手率	市盈率	成交量（万股）	成交价（元/股）	成交额（万元）
1	000007_QL_EE	沂州水泥	原材料	7.41%	2.86x	630.11	8.03	5,058.97
2	100090_QL_EE	御青茶叶	日常消费品	0.11%	NA	2.00	6.91	13.82
3	300047_QL_EE	瑞华汽车	非日常生活消费品	0.10%	NA	1.00	5.88	5.88
4	100055_QL_EE	金釜工具	工业	0.42%	2475x	5.00	4.95	24.75
5	100125_QL_EE	恒圆股份	工业	1.28%	NA	23.00	4.77	109.82
6	100028_QL_EE	七河生物	日常消费品	13.42%	10.09x	418.78	4.64	1,941.83
7	300079_QL_EE	颜红股份	医疗保健	0.60%	NA	3.00	4.50	13.50
8	100138_QL_EE	科耐冰箱	非日常生活消费品	6.46%	59.08x	101.04	4.49	453.70
9	000011_QL_EE	德州医药	医疗保健	1.21%	4.33x	23.25	4.20	97.64
10	100078_QL_EE	华业钨钼	信息技术	0.09%	38.09x	2.00	4.19	8.38
11	000010_QL_EE	华力电机	工业	2.27%	NA	52.00	3.87	201.36
12	100109_QL_EE	震宇科技	信息技术	0.86%	NA	34.53	3.74	129.20
13	100053_QL_EE	壹诺化工	能源	1.22%	51.43x	45.00	3.60	162.00
14	100068_QL_EE	邦迪股份	原材料	2.14%	NA	70.50	3.60	253.75
15	100152_QL_EE	弘发兴凯	工业	0.88%	NA	14.00	3.49	48.86
16	100015_QL_EE	三合机械	工业	0.98%	6.67x	39.21	3.40	133.28
17	100069_QL_EE	嘉特包装	原材料	3.63%	248.46x	87.00	3.23	281.23
18	100048_QL_EE	恒利化工	原材料	0.46%	636x	10.00	3.18	31.80
19	100092_QL_EE	齐御牧业	日常消费品	2.01%	16.14x	53.00	3.05	161.56
20	100038_QL_EE	宝塔股份	原材料	0.60%	29.8x	43.50	3.01	131.15

数据来源：Chinascope Financial 数库财务　　截止至：2014.12.31

五、重庆股权交易中心数据统计

1. 2014 年各月挂牌公司数量

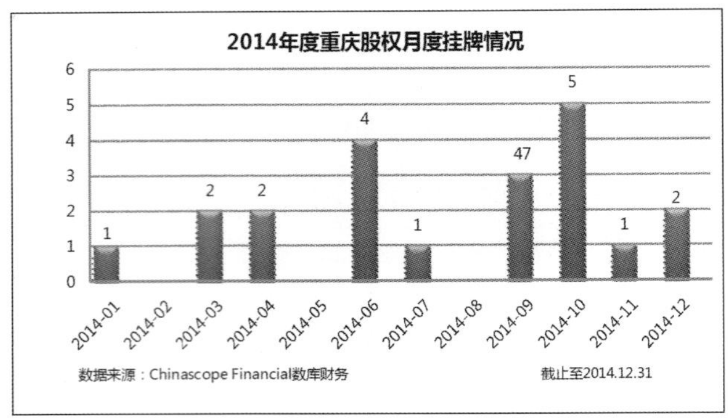

2. 2014 年各月累积挂牌数量

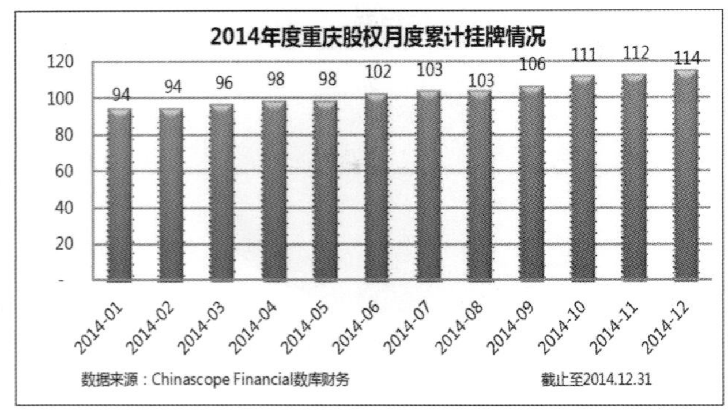

3. 2013 年公司行业分布

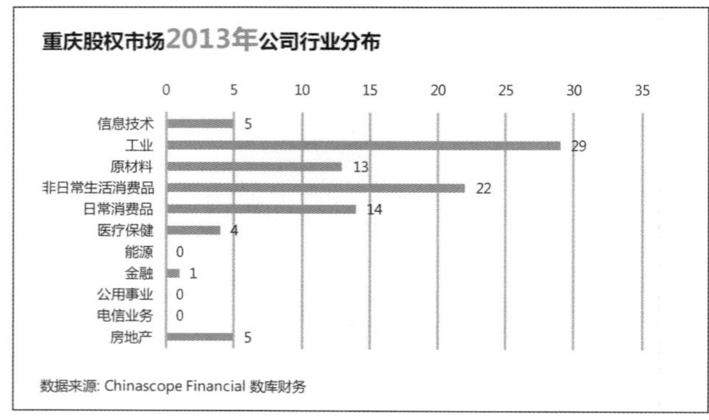

4. 2014 年公司行业分布

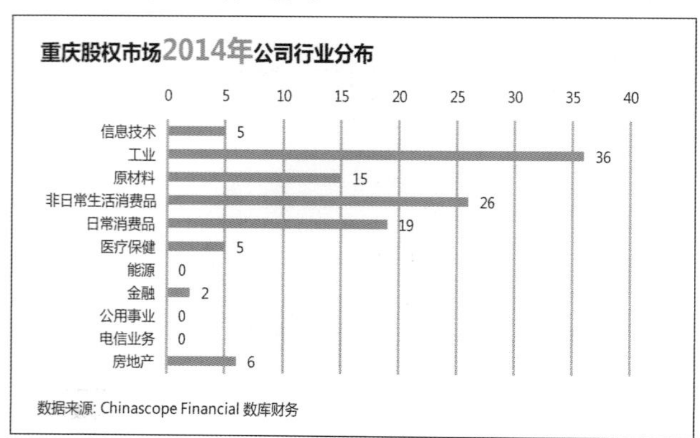

5. 2014 年新挂牌公司行业分布

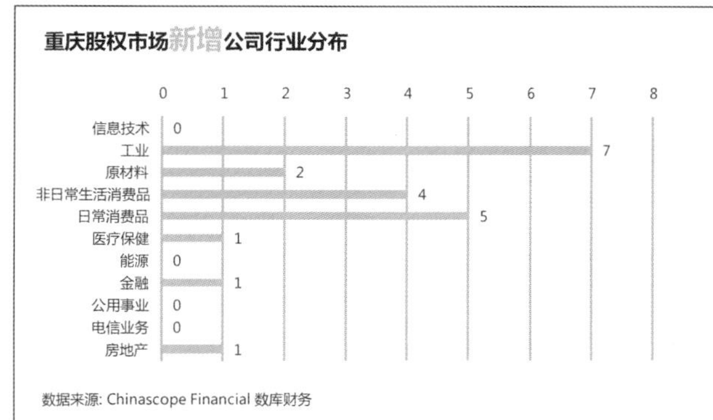

6. 2014 年公司地区分布

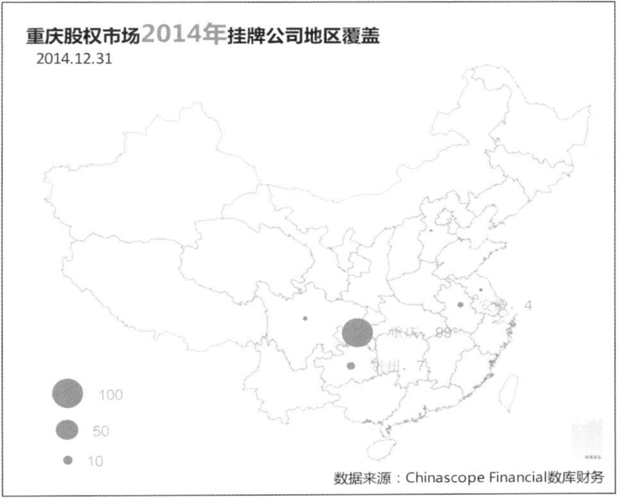

7. 2014 年行业资产、收入合计，资产、收入中位数

重庆股权市场 2014 年度挂牌公司行业统计(单位:亿元)

行业	挂牌数	资产合计	收入合计	资产中位数	收入中位数
信息技术	5	0.39	0.28	0.19	0.14
工业	36	14.42	10.84	0.18	0.09
原材料	15	9.57	7.01	0.30	0.14
非日常生活消	26	14.80	4.41	0.28	0.05
日常消费品	19	16.83	9.23	0.55	0.11
医疗保健	5	1.55	0.43	51.03	0.22
金融	2	4.39	0.58	2.20	0.29
房地产	6	30.57	9.64	1.65	0.23

数据来源:Chinascope Financial 数库财务　　　2013 年度财务数据

8. 2014 年地区资产、收入合计，资产、收入中位数

重庆股权市场 2014 年度挂牌公司地区统计(单位:亿元)

地区	挂牌数	资产合计	收入合计	资产中位数	收入中位数
江苏省	1	NA	NA	NA	NA
安徽省	4	1.32	0.12	0.19	0.02
四川省	2	0.53	0.53	0.26	0.26
河北省	1	2.97	–	2.97	–
贵州省	7	7.97	1.08	0.43	0.05
重庆市	99	79.71	40.69	0.29	0.11

数据来源:Chinascope Financial 数库财务　　　2013 年度财务数据

9. 律所、会所业务量排名

重庆股权市场 2014 年度中介业务排名情况

	会计师事务所	公司数量	律师事务所	公司数量
1	天职国际	23	德恒	12
2	中审亚太	20	重庆志和智	9
3	重庆海平	8	和华利盛	8
4	四川勤力	5	重庆展图	8
5	重庆五联	5	北京大成	7
6	立信	4	重庆衡泰	5
7	重庆华信	4	重庆源伟	5
8	重庆信通	4	安徽皋陶	4
9	大信	3	重庆秉中	3
10	重庆天华	3	重庆静昇	3
11	重庆鑫凯源	3	重庆索通	3
12	重庆中咨	3	重庆天之合	3
13	大华	2	重庆誉博	3
14	天健	2	湖南昌言	2
15	重庆茂源	2	重庆固德	2
16	安徽徽勤	1	重庆康实	2
17	北京永拓	1	重庆瑞海	2
18	北京中瑞诚	1	重庆伟豪	2
19	瑞华	1	北京国联	1
20	四川建华	1	北京世盈	1

数据来源:Chinascope Financial 数库财务　　　截止至:2014.12.31

10. 股东构成比例(个人 vs 机构)

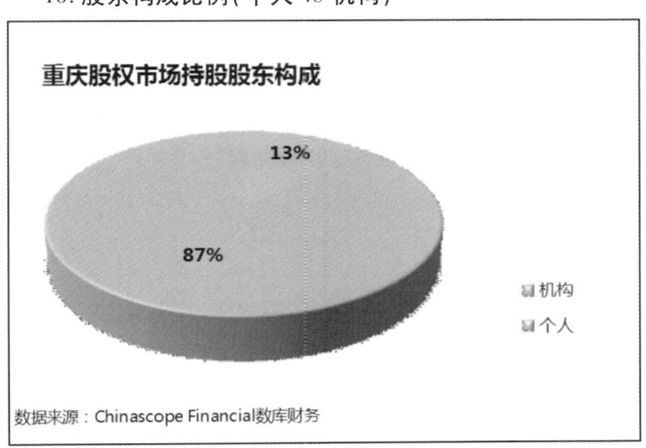

11. 前 10 大股东构成比例

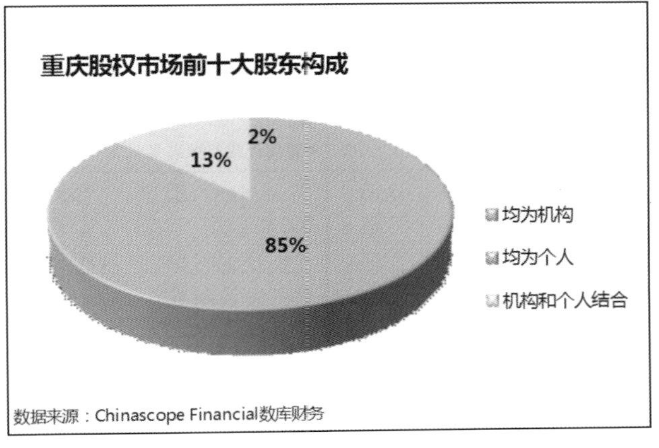

12. 第一大股东超 50% 分布比例

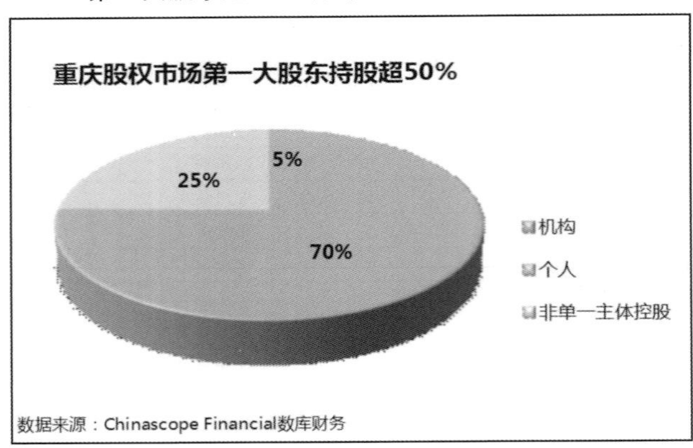

13. 2014 年各月成交额，成交量

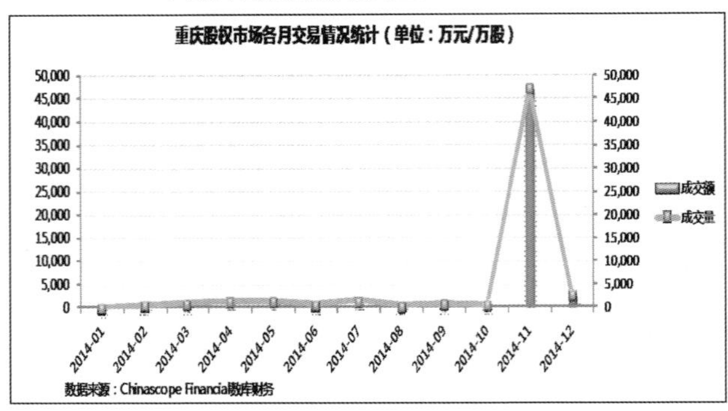

14. 2014 年各月平均成交价

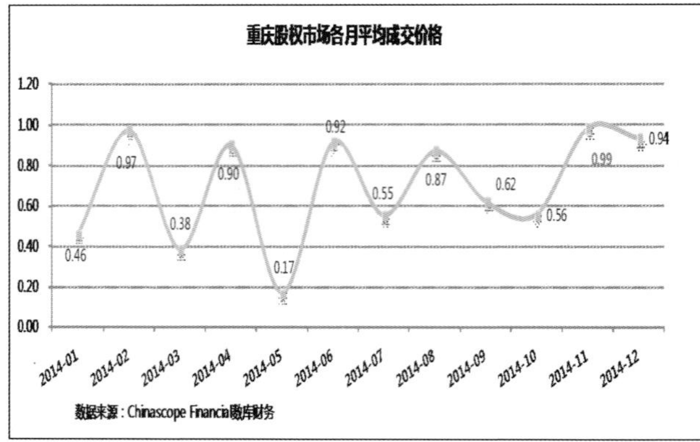

15. 2014 年各月融资额（2014 无融资）

16. 2014 累计成交额前 20 排名

重庆股权市场 2014 年度累计成交额排名

	数库代码	公司简称	数库行业	累计换手率	市盈率	成交量（万股）	成交价（元/股）	成交额（万元）
1	900033_CQ_EE	中设股份	工业	10.00%	14.54x	210.00	6.28	1,318.80
2	800068_CQ_EE	新川塔	原材料	24.42%	57.18x	1,225.20	1.07	1,310.96
3	850016_CQ_EE	三花新材	工业	13.96%	NA	181.47	4.61	836.51
4	800072_CQ_EE	盛景股份	非日常生活消费品	58.00%	NA	638.00	1.00	638.00
5	750005_CQ_EE	海龙股份	非日常生活消费品	48.21%	NA	484.50	1.01	488.05
6	900081_CQ_EE	永健股份	日常消费品	14.97%	26.26x	352.00	1.13	397.76
7	900069_CQ_EE	欣材集团	原材料	0.85%	29.81x	89.00	3.50	311.50
8	700002_CQ_EE	劲森珀尔	工业	40.00%	235.35x	240.00	1.00	240.00
9	850066_CQ_EE	长富食品	日常消费品	12.00%	44.66x	144.00	1.50	216.00
10	850033_CQ_EE	苗之灵	医疗保健	1.88%	NA	94.00	1.80	169.35
11	800017_CQ_EE	大野景观	工业	8.18%	18.59x	105.05	1.50	157.58
12	900001_CQ_EE	朵力地产	房地产	0.44%	2.45x	147.63	1.01	149.18
13	800036_CQ_EE	界威模具	工业	5.30%	141.82x	53.00	1.81	95.92
14	900011_CQ_EE	大地园林	工业	1.67%	28.04x	50.00	1.50	75.00
15	850043_CQ_EE	可佳艺术	非日常生活消费品	0.13%	NA	27.00	2.77	74.76
16	800001_CQ_EE	南松医药	医疗保健	1.76%	53.36x	32.00	2.09	66.86
17	800070_CQ_EE	京天能投	工业	0.26%	24.69x	9.03	6.60	59.60
18	850099_CQ_EE	唐隆地产	房地产	0.11%	NA	18.00	3.17	57.00
19	800009_CQ_EE	迪佳科技	非日常生活消费品	1.44%	NA	41.72	0.77	32.12
20	750001_CQ_EE	大唐数码	信息技术	0.73%	NA	36.55	0.60	22.08

数据来源：Chinascope Financial 数库财务　　截止至：2014.12.31

17. 2014 累计成交量前 20 排名

重庆股权市场 2014 年度累计成交量排名

	数库代码	公司简称	数库行业	累计换手率	市盈率	成交量（万股）	成交价（元/股）	成交额（万元）
1	800068_CQ_EE	新川塔	原材料	24.42%	57.18x	1,225.20	1.07	1,310.96
2	800072_CQ_EE	盛景股份	非日常生活消费品	58.00%	NA	638.00	1.00	638.00
3	750005_CQ_EE	海龙股份	非日常生活消费品	48.21%	NA	484.50	1.01	488.05
4	900081_CQ_EE	永健股份	日常消费品	14.97%	26.26x	352.00	1.13	397.76
5	700002_CQ_EE	劲森珀尔	工业	40.00%	235.35x	240.00	1.00	240.00
6	900033_CQ_EE	中设股份	工业	10.00%	14.54x	210.00	6.28	1,318.80
7	850016_CQ_EE	三花新材	工业	13.96%	NA	181.47	4.61	836.51
8	900001_CQ_EE	朵力地产	房地产	0.44%	2.45x	147.63	1.01	149.18
9	850066_CQ_EE	长富食品	日常消费品	12.00%	44.66x	144.00	1.50	216.00
10	800017_CQ_EE	大野景观	工业	8.18%	18.59x	105.05	1.50	157.58
11	850033_CQ_EE	苗之灵	医疗保健	1.88%	NA	94.00	1.80	169.35
12	900069_CQ_EE	欣材集团	原材料	0.85%	29.81x	89.00	3.50	311.50
13	800036_CQ_EE	界威模具	工业	5.30%	141.82x	53.00	1.81	95.92
14	900011_CQ_EE	大地园林	工业	1.67%	28.04x	50.00	1.50	75.00
15	800009_CQ_EE	迪佳科技	非日常生活消费品	1.44%	NA	41.72	0.77	32.12
16	750001_CQ_EE	大唐数码	信息技术	1.83%	NA	36.55	0.60	22.08
17	800001_CQ_EE	南松医药	医疗保健	1.76%	53.36x	32.00	2.09	66.86
18	850043_CQ_EE	可佳艺术	非日常生活消费品	0.13%	NA	27.00	2.77	74.76
19	900006_CQ_EE	大方园林	工业	0.38%	7.2x	20.41	0.70	14.30
20	850099_CQ_EE	唐隆地产	房地产	0.11%	NA	18.00	3.17	57.00

数据来源：Chinascope Financial 数库财务　　截止至：2014.12.31

18. 2014 平均成交价前 20 排名

重庆股权市场 2014 年度平均成交价排名

	数库代码	公司简称	数库行业	累计换手率	市盈率	成交量（万股）	成交价（元/股）	成交额（万元）
1	800070_CQ_EE	京天能投	工业	0.26%	24.69x	9.03	6.60	59.60
2	900033_CQ_EE	中设股份	工业	10.00%	14.54x	210.00	6.28	1,318.80
3	850016_CQ_EE	三花新材	工业	13.96%	NA	181.47	4.61	836.51
4	900069_CQ_EE	欣材集团	原材料	0.85%	29.81x	89.00	3.50	311.50
5	850099_CQ_EE	唐隆地产	房地产	0.11%	NA	18.00	3.17	57.00
6	850043_CQ_EE	可佳艺术	非日常生活消费品	0.13%	NA	27.00	2.77	74.76
7	900080_CQ_EE	德雷赛思	日常消费品	0.12%	7.01x	6.00	2.48	14.86
8	800001_CQ_EE	南松医药	医疗保健	1.76%	53.36x	32.00	2.09	66.86
9	800022_CQ_EE	博文印务	工业	1.59%	NA	9.70	1.99	19.32
10	800036_CQ_EE	界威模具	工业	5.30%	141.82x	53.00	1.81	95.92
11	850033_CQ_EE	苗之灵	医疗保健	1.88%	NA	94.00	1.80	169.35
12	850038_CQ_EE	龙都璟怡	非日常生活消费品	0.03%	NA	2.00	1.72	3.44
13	850066_CQ_EE	长富食品	日常消费品	12.00%	44.66x	144.00	1.50	216.00
14	800017_CQ_EE	大野景观	工业	8.18%	18.59x	105.05	1.50	157.58
15	900011_CQ_EE	大地园林	工业	1.67%	28.04x	50.00	1.50	75.00
16	900007_CQ_EE	正德科技	信息技术	0.63%	12.52x	13.13	1.18	15.49

	数库代码	公司简称	数库行业	累计换手率	市盈率	成交量（万股）	成交价（元/股）	成交额（万元）
17	800039_CQ_EE	家博士	工业	0.20%	NA	2.00	1.18	2.36
18	900081_CQ_EE	永健股份	日常消费品	14.97%	26.26x	352.00	1.13	397.76
19	800019_CQ_EE	恒聚物流	工业	0.69%	NA	6.50	1.11	7.20
20	800068_CQ_EE	新川塔	原材料	24.42%	57.18x	1,225.20	1.07	1,310.96

数据来源：Chinascope Financial 数库财务　　　　截止至：2014.12.31

六、附件—— 挂牌公司一览

公司名称	股票代码	证券简称	交易市场	挂牌日期
惠州市绿孔雀科技股份有限公司	TJ244003	绿孔雀	天津股权交易所	2014－12－30
广东乾星信息科技股份有限公司	TJ944005	潜星科技	天津股权交易所	2014－12－30
惠州可道科技股份有限公司	TJ944008	可道科技	天津股权交易所	2014－12－30
广东金种农牧科技股份有限公司	TJ944009	金种农牧	天津股权交易所	2014－12－30
广东金港节能智能科技股份有限公司	TJ944010	金港节能	天津股权交易所	2014－12－30
中科纳达控股股份有限公司	TJ211001	中科纳达	天津股权交易所	2014－12－26
河北利晖电器股份有限公司	TJ213007	利晖电器	天津股权交易所	2014－12－26
河北华阳恒升能源股份有限公司	TJ213008	华阳恒升	天津股权交易所	2014－12－26
江苏天鹅食品股份有限公司	TJ232006	天鹅股份	天津股权交易所	2014－12－26
福建世野食用菌股份有限公司	TJ235001	世野菇业	天津股权交易所	2014－12－26
广西纯真堂糖业股份有限公司	TJ245003	纯真堂	天津股权交易所	2014－12－26
四川省明塬机械股份有限公司	TJ900023	明塬股份	天津股权交易所	2014－12－26
江苏志鑫市政工程股份有限公司	TJ900025	志鑫市政	天津股权交易所	2014－12－26
唐山中唐投资股份有限公司	TJ913023	中唐投资	天津股权交易所	2014－12－26
涿鹿鸿鑫农业工程开发股份有限公司	TJ913025	鸿鑫农业	天津股权交易所	2014－12－26
江苏蓝翔线缆股份有限公司	TJ932008	蓝翔股份	天津股权交易所	2014－12－26
温州和乐居日用制品股份有限公司	TJ933001	和乐居	天津股权交易所	2014－12－26
广西盛和电子科技股份有限公司	TJ945002	盛和电子	天津股权交易所	2014－12－26
宁夏紫尚葡萄酿酒股份有限公司	TJ964008	紫尚酿酒	天津股权交易所	2014－12－8
宁夏都顺生物科技股份有限公司	TJ964009	都顺生物	天津股权交易所	2014－12－8
宁夏巨成塑胶管业股份有限公司	TJ964010	巨成管业	天津股权交易所	2014－12－8
天津市垚兆农业科技股份有限公司	TJ212007	垚兆股份	天津股权交易所	2014－11－28
天津替代医学科技股份有限公司	TJ212008	替代医学	天津股权交易所	2014－11－28
天津津彩吉荣商贸股份有限公司	TJ212009	津彩吉荣	天津股权交易所	2014－11－28
河北翠沐润秋农业科技开发	TJ213006	翠沐农业	天津股权交易所	2014－11－28
山西金核仁食品股份有限公司	TJ214001	金核仁	天津股权交易所	2014－11－28
广西久凯木业股份有限公司	TJ245002	久凯木业	天津股权交易所	2014－11－28
宜兴诺伏电工材料股份有限公司	TJ900021	诺伏电工	天津股权交易所	2014－11－28
天津市钰薪石油工业机械制造股份有限公司	TJ912011	钰薪股份	天津股权交易所	2014－11－28
河北锦秀果业股份有限公司	TJ913022	锦秀果业	天津股权交易所	2014－11－28
广西合浦蟠龙居茶业股份有限公司	TJ945001	蟠龙居	天津股权交易所	2014－11－28
迁安北商国际泵阀产业园投资股份有限公司	TJ213005	北商泵阀	天津股权交易所	2014－11－6
迁安市路明实业股份有限公司	TJ913021	路明实业	天津股权交易所	2014－11－6
河南卧龙谷旅游股份有限公司	TJ241001	卧龙谷	天津股权交易所	2014－10－31
宁夏科捷锂电池股份有限公司	TJ264001	科捷股份	天津股权交易所	2014－10－31
宁夏昌泰养殖股份有限公司	TJ264002	昌泰养殖	天津股权交易所	2014－10－31
汤谷科技发展（天津）股份有限公司	TJ912010	汤谷科技	天津股权交易所	2014－10－31
中山鸿鹏服装股份有限公司	TJ944007	鸿鹏服装	天津股权交易所	2014－10－31
天津九河金舸船业股份有限公司	TJ212003	九河金舸	天津股权交易所	2014－9－26
天津司邦适生物科技股份有限公司	TJ212005	司邦适	天津股权交易所	2014－9－26
天津同融电子商务股份有限公司	TJ212006	同融电商	天津股权交易所	2014－9－26
河北巨桥仓食品股份有限公司	TJ213003	巨桥仓	天津股权交易所	2014－9－26
烟台华冠包装股份有限公司	TJ237001	华冠股份	天津股权交易所	2014－9－26
四川京联市政环保工程股份有限公司	TJ251003	京联环保	天津股权交易所	2014－9－26
江苏中镓科技股份有限公司	TJ900020	中镓科技	天津股权交易所	2014－9－26
北京新北洋世纪科技股份有限公司	TJ911001	北洋科技	天津股权交易所	2014－9－26
天津仁义合自动化技术股份有限公司	TJ912006	仁义合	天津股权交易所	2014－9－26
中天联合节能建设发展（天津）股份有限公司	TJ912007	中天联合	天津股权交易所	2014－9－26
天津亿卡联科技发展股份有限公司	TJ912008	亿卡联	天津股权交易所	2014－9－26
天津迅铭科技发展股份有限公司	TJ912009	迅铭科技	天津股权交易所	2014－9－26
河北三祖庄园葡萄酒股份有限公司	TJ913020	三祖庄园	天津股权交易所	2014－9－26
盐城热点网络科技股份有限公司	TJ932007	热点网络	天津股权交易所	2014－9－26
山东乾鑫环保节能科技股份有限公司	TJ937001	乾鑫节能	天津股权交易所	2014－9－26
江苏航卓建设股份有限公司	TJ900018	航卓建设	天津股权交易所	2014－8－29
河北葫芦峪农业开发股份有限公司	TJ900019	葫芦峪	天津股权交易所	2014－8－29
天津友富同集商贸股份有限公司	TJ912005	友富同集	天津股权交易所	2014－8－29
秦皇岛天道物产股份有限公司	TJ913015	天道物产	天津股权交易所	2014－8－29
唐山美居家居建材股份有限公司	TJ913016	美居股份	天津股权交易所	2014－8－29
唐山市风之华通讯设备股份有限公司	TJ913017	风之华	天津股权交易所	2014－8－29
唐山泰兴达商贸股份有限公司	TJ913018	泰兴达	天津股权交易所	2014－8－29
河北曲寨矿峰水泥股份有限公司	TJ913019	曲寨矿峰	天津股权交易所	2014－8－29
江西万福实业股份有限公司	TJ936001	万福实业	天津股权交易所	2014－8－29
河北果莺电子科技股份有限公司	TJ213001	果莺电子	天津股权交易所	2014－7－31
石家庄清凉湾热力股份有限公司	TJ213002	清凉湾	天津股权交易所	2014－7－31
广东广济堂医药实业股份有限公司	TJ244002	广济堂	天津股权交易所	2014－7－31
南宁市怡景生态园林投资股份有限公司	TJ245001	怡景股份	天津股权交易所	2014－7－31
贵州富立投资股份有限公司	TJ252001	富立集团	天津股权交易所	2014－7－31
贵州乌蒙长齐农业科技产业化股份有限公司	TJ252002	乌蒙长齐	天津股权交易所	2014－7－31
石嘴山市意林农业生态开发股份有限公司	TJ900015	意林农业	天津股权交易所	2014－7－31
江苏林龙电磁线股份有限公司	TJ900016	林龙股份	天津股权交易所	2014－7－31
河北中兴恒通农业科技股份有限公司	TJ900017	中兴恒通	天津股权交易所	2014－7－31
沙河昊天微晶新材料股份有限公司	TJ913010	昊天微晶	天津股权交易所	2014－7－31
邯郸市方润食品股份有限公司	TJ913011	方润食品	天津股权交易所	2014－7－31
石家庄市矿区新世纪煤炭销售股份有限公司	TJ913012	新世纪	天津股权交易所	2014－7－31
河北谢雷包装制品贸易股份有限公司	TJ913013	谢雷包装	天津股权交易所	2014－7－31
无锡中硅新材料股份有限公司	TJ932006	中硅新材	天津股权交易所	2014－7－31
天津市金晟华水泥股份有限公司	TJ212001	金晟华	天津股权交易所	2014－6－27
天津九宸数字影像技术股份有限公司	TJ212002	九宸动漫	天津股权交易所	2014－6－27
巴中市天豪生态农业综合开发股份有限公司	TJ251001	天豪生态	天津股权交易所	2014－6－27
四川御营春酒业股份有限公司	TJ251002	御营酒业	天津股权交易所	2014－6－27
厦门翰林彩印股份有限公司	TJ900008	翰林股份	天津股权交易所	2014－6－27
江苏丹帝龙重工股份有限公司	TJ900010	丹帝龙	天津股权交易所	2014－6－27
无锡乐天市政工程股份有限公司	TJ900011	乐天市政	天津股权交易所	2014－6－27
广东恒美电热科技股份有限公司	TJ900012	恒美股份	天津股权交易所	2014－6－27
江苏弘茂重工股份有限公司	TJ900013	弘茂重工	天津股权交易所	2014－6－27
天津康巢生物医药股份有限公司	TJ912002	康巢生物	天津股权交易所	2014－6－27
天津市艾碘科技股份有限公司	TJ912003	艾碘科技	天津股权交易所	2014－6－27
河北江津五金制品股份有限公司	TJ913008	河北江津	天津股权交易所	2014－6－27
秦皇岛环亚设备股份有限公司	TJ913009	环亚设备	天津股权交易所	2014－6－27
广东启智数码股份有限公司	TJ944003	启智数码	天津股权交易所	2014－6－27
宁夏白浪包装股份有限公司	TJ964005	白浪包装	天津股权交易所	2014－6－26
宁夏贺兰山万家农业科技股份有限公司	TJ964006	万家农业	天津股权交易所	2014－6－26
宁夏金瑞清真食品股份有限公司	TJ964007	伊清金瑞	天津股权交易所	2014－6－26
泰州市双宝机械制造股份有限公司	TJ232003	双宝机械	天津股权交易所	2014－5－28
西藏昌都地区卡诺圣水股份有限公司	TJ254001	卡诺圣水	天津股权交易所	2014－5－28
华御农业股份有限公司	TJ900007	华御农业	天津股权交易所	2014－5－28
河北元华玻璃股份有限公司	TJ913007	元华玻璃	天津股权交易所	2014－5－28
江苏鸿诚金属制品股份有限公司	TJ932005	鸿诚金属	天津股权交易所	2014－5－28
河南绿生堂金银花生物发展股份有限公司	TJ941002	绿生堂	天津股权交易所	2014－5－28
广东亮包网络科技股份有限公司	TJ944002	亮包包	天津股权交易所	2014－5－28
宁夏宵霞景观股份有限公司	TJ964002	宵霞景观	天津股权交易所	2014－5－28
宁夏赛恩科技集团股份有限公司	TJ964003	赛恩集团	天津股权交易所	2014－5－28
贵州品三科技股份有限公司	TJ952001	品三科技	天津股权交易所	2014－5－26
泰州市顺达纸制品股份有限公司	TJ232002	顺达股份	天津股权交易所	2014－4－29

公司名称	股票代码	证券简称	交易市场	挂牌日期
宁夏胜利体育股份有限公司	TJ900006	胜利体育	天津股权交易所	2014-4-29
天津博迪化工股份有限公司	TJ912001	博迪股份	天津股权交易所	2014-4-29
河北龙权电器股份有限公司	TJ913001	龙权电器	天津股权交易所	2014-4-29
河北田园农业科技股份有限公司	TJ913002	田园农业	天津股权交易所	2014-4-29
河北万盛美纸业股份有限公司	TJ913003	万盛美	天津股权交易所	2014-4-29
河北亿业皮草股份有限公司	TJ913005	亿业皮草	天津股权交易所	2014-4-29
河北合劲机械制造股份有限公司	TJ913006	合劲股份	天津股权交易所	2014-4-29
江苏宏凯制冷设备股份有限公司	TJ932002	宏凯制冷	天津股权交易所	2014-4-29
江苏威尔五金股份有限公司	TJ932003	江苏威尔	天津股权交易所	2014-4-29
洛阳市展豪轴承股份有限公司	TJ941001	展豪轴承	天津股权交易所	2014-4-29
江苏鲜易达物联网科技股份有限公司	TJ232001	鲜易达	天津股权交易所	2014-4-24
远东光电股份有限公司	TJ900001	远东光电	天津股权交易所	2014-4-24
江苏中裕建材科技股份有限公司	TJ900002	中裕科技	天津股权交易所	2014-4-24
江苏大恒环保电气科技股份有限公司	TJ900003	大恒科技	天津股权交易所	2014-4-24
无锡市金诺碳材料股份有限公司	TJ900005	金诺股份	天津股权交易所	2014-4-24
江苏缘诺纺织股份有限公司	TJ932001	缘诺纺织	天津股权交易所	2014-4-24
广东启慧教育投资股份有限公司	TJ244001	启慧教育	天津股权交易所	2014-4-23
广东顺德添百利科技股份有限公司	TJ944001	添百利	天津股权交易所	2014-4-23
山西龙旺农业开发股份有限公司	TJ914001	龙旺农业	天津股权交易所	2014-4-17
山西三益强磁业股份有限公司	TJ914002	三益股份	天津股权交易所	2014-4-17
山西天波制泵股份有限公司	TJ914003	天波制泵	天津股权交易所	2014-4-17
天津市东鼎科技股份有限公司	TJ012017	东鼎科技	天津股权交易所	2014-3-27
国兆君韵(天津)文化艺术交流股份有限公司	TJ012020	国兆君韵	天津股权交易所	2014-3-27
河北天正新能源科技股份有限公司	TJ013023	天正能源	天津股权交易所	2014-3-27
江苏联亨新材料制造股份有限公司	TJ032006	联亨材料	天津股权交易所	2014-3-27
四川之江高新材料股份有限公司	TJ051005	之江高新	天津股权交易所	2014-3-27
内蒙古银基矿业股份有限公司	TJ615002	银基矿业	天津股权交易所	2014-3-27
江苏华飞合金材料科技股份有限公司	TJ632010	华飞科技	天津股权交易所	2014-3-27
濮阳市广源食品股份有限公司	TJ641013	广源食品	天津股权交易所	2014-3-27
江苏北吉汽配股份有限公司	TJ832005	北吉汽配	天津股权交易所	2014-3-27
江苏弘宇农业股份有限公司	TJ832006	弘宇农业	天津股权交易所	2014-3-27
福建鸿和生物科技股份有限公司	TJ035018	鸿和科技	天津股权交易所	2014-3-5
天津市亨达升科技股份有限公司	TJ012022	亨达升	天津股权交易所	2014-2-28
唐山农福缘农业科技股份有限公司	TJ013022	农福缘	天津股权交易所	2014-2-28
凯斯诺(福建)信息科技股份有限公司	TJ035017	凯斯诺	天津股权交易所	2014-2-28
中渔(福建)通信股份有限公司	TJ635015	中渔通信	天津股权交易所	2014-2-28
宁夏金竹柳园林绿化股份有限公司	TJ664011	金竹柳	天津股权交易所	2014-2-28
海南五指山黎乡有机野山鸡股份有限公司	TJ846001	黎乡野鸡	天津股权交易所	2014-2-28
湘潭市星达机电股份有限公司	TJ043003	星达机电	天津股权交易所	2014-1-20
内蒙古达晨农业股份有限公司	TJ615001	达晨农业	天津股权交易所	2014-1-20
邯郸市博大玻璃装饰装修股份有限公司	TJ813020	博大玻璃	天津股权交易所	2014-1-20
安阳天尊生物工程股份有限公司	TJ841023	天尊生物	天津股权交易所	2014-1-20
河北六隆硬质合金股份有限公司	TJ000069	六隆股份	天津股权交易所	2013-12-26
河北鸿图汽车零部件股份有限公司	TJ000070	鸿图股份	天津股权交易所	2013-12-26
张家界湘荷生态农业科技股份有限公司	TJ000075	湘荷股份	天津股权交易所	2013-12-26
天津市盘石纳新科技股份有限公司	TJ012018	盘石科技	天津股权交易所	2013-12-26
天津景辉新型材料股份有限公司	TJ012019	景辉新材	天津股权交易所	2013-12-26
天津航讯互联网信息服务股份有限公司	TJ012029	航讯股份	天津股权交易所	2013-12-26
江苏龙擎动力科技股份有限公司	TJ032018	龙擎动力	天津股权交易所	2013-12-26
江苏常开电气科技股份有限公司	TJ032019	常开电气	天津股权交易所	2013-12-26
浙江柏润鞋业股份有限公司	TJ033001	柏润时尚	天津股权交易所	2013-12-26
东营海丰石油化工股份有限公司	TJ037012	海丰石化	天津股权交易所	2013-12-26
烟台利源生态农业开发股份有限公司	TJ037015	利源股份	天津股权交易所	2013-12-26
惠州市昌亿科技股份有限公司	TJ044015	昌亿科技	天津股权交易所	2013-12-26
广西桂林天然食品股份有限公司	TJ045008	天然食品	天津股权交易所	2013-12-26
成都红杉谷置业股份有限责任公司	TJ051003	红杉谷	天津股权交易所	2013-12-26
宁夏银耀物质循环利用股份有限公司	TJ064006	银耀股份	天津股权交易所	2013-12-26

公司名称	股票代码	证券简称	交易市场	挂牌日期
河北久乐生物科技股份有限公司	TJ613041	久乐股份	天津股权交易所	2013-12-26
河北卫昌苗木股份有限公司	TJ613042	卫昌苗木	天津股权交易所	2013-12-26
遵化市筑石水泥股份有限公司	TJ613043	筑石股份	天津股权交易所	2013-12-26
山东众力液压技术股份有限公司	TJ637029	众力液压	天津股权交易所	2013-12-26
山东超越新型建材股份有限公司	TJ637030	超越股份	天津股权交易所	2013-12-26
德州市大亨通讯设备股份有限公司	TJ637031	大亨股份	天津股权交易所	2013-12-26
许昌中凯综合养殖股份有限公司	TJ641012	中凯股份	天津股权交易所	2013-12-26
常德市欣悦食品股份有限公司	TJ643002	欣悦食品	天津股权交易所	2013-12-26
四川正金林产资源股份有限公司	TJ651005	正金股份	天津股权交易所	2013-12-26
宁夏宁龙塑胶管业股份有限公司	TJ664009	宁龙管业	天津股权交易所	2013-12-26
宁夏宏龙物流股份有限公司	TJ664010	宏龙物流	天津股权交易所	2013-12-26
广西白海豚投资置业股份有限公司	TJ845002	白海豚	天津股权交易所	2013-12-26
甘肃凯凯农业科技发展股份有限公司	TJ862003	凯凯农科	天津股权交易所	2013-12-26
江苏天恒纳米科技股份有限公司	TJ032015	天恒纳米	天津股权交易所	2013-12-18
江苏金晟元特种阀门股份有限公司	TJ032016	金晟元	天津股权交易所	2013-12-18
广东威德力机械实业股份有限公司	TJ044013	威德力	天津股权交易所	2013-12-10
天津市骏广实业发展股份有限公司	TJ000068	骏广实业	天津股权交易所	2013-11-28
天津悦信物流股份有限公司	TJ012016	悦信物流	天津股权交易所	2013-11-28
遵化众邦泵业股份有限公司	TJ013021	众邦泵业	天津股权交易所	2013-11-28
九江邦利益康科技股份有限公司	TJ036009	邦利股份	天津股权交易所	2013-11-28
烟台环球机床装备股份有限公司	TJ037011	烟台环球	天津股权交易所	2013-11-28
广东侍卫长卫星应用安全股份公司	TJ044016	侍卫长	天津股权交易所	2013-11-28
广西增点食品股份有限公司	TJ045002	增点股份	天津股权交易所	2013-11-28
江苏远东能源股份有限公司	TJ632008	远东能源	天津股权交易所	2013-11-28
江苏丹绿食品股份有限公司	TJ632009	丹绿食品	天津股权交易所	2013-11-28
山东盛和纺织股份有限公司	TJ637028	山东盛和	天津股权交易所	2013-11-28
沧能电力装备股份有限公司	TJ813019	沧能股份	天津股权交易所	2013-11-28
宁夏森木隆节能服务股份有限公司	TJ000065	森木隆	天津股权交易所	2013-11-26
宁夏绿恒科技股份有限公司	TJ000067	绿恒科技	天津股权交易所	2013-11-26
惠州市经典照明电器股份有限公司	TJ044012	经典照明	天津股权交易所	2013-11-20
泉州市汇森高新材料科技股份有限公司	TJ035015	汇森高科	天津股权交易所	2013-11-12
天津浩元精细化工股份有限公司	TJ012015	浩元化工	天津股权交易所	2013-10-31
唐山奥盛通科技股份有限公司	TJ013020	奥盛通	天津股权交易所	2013-10-31
江苏爱西施科技服务咨询股份有限公司	TJ032012	爱西施	天津股权交易所	2013-10-31
共青城超群科技股份有限公司	TJ036002	超群科技	天津股权交易所	2013-10-31
河北茂盛农业科技开发股份有限公司	TJ613040	茂盛农科	天津股权交易所	2013-10-31
江西统百利彩印包装股份有限公司	TJ636001	统百利	天津股权交易所	2013-10-31
河南富瑞农牧发展股份有限公司	TJ641011	富瑞农牧	天津股权交易所	2013-10-31
宁夏晨沃机械股份有限公司	TJ664008	晨沃机械	天津股权交易所	2013-10-31
广东顺德奥能光电科技股份有限公司	TJ044011	奥能股份	天津股权交易所	2013-10-29
海南苗丰种苗股份有限公司	TJ646003	苗丰股份	天津股权交易所	2013-10-29
河南辉龙铝业股份有限公司	TJ000066	辉龙铝业	天津股权交易所	2013-9-27
天津宝信铸造股份有限公司	TJ012012	宝信铸造	天津股权交易所	2013-9-27
天津市玄通文化传媒股份有限公司	TJ012013	玄通股份	天津股权交易所	2013-9-27
沧州鑫龙教学设备制造股份有限公司	TJ013019	鑫龙教学	天津股权交易所	2013-9-27
黑龙江亿林网络股份有限公司	TJ023002	亿林数据	天津股权交易所	2013-9-27
东营成丰农业科技股份有限公司	TJ037010	成丰农业	天津股权交易所	2013-9-27
桂林宏旺菌业股份有限公司	TJ045001	宏旺菌业	天津股权交易所	2013-9-27
四川巨瑞科技股份有限公司	TJ051002	巨瑞科技	天津股权交易所	2013-9-27
山东金鹏食品股份有限公司	TJ637026	金鹏食品	天津股权交易所	2013-9-27
滨州怡美纺织科技股份有限公司	TJ637027	怡美股份	天津股权交易所	2013-9-27
海南庚申农业股份有限公司	TJ646002	庚申农业	天津股权交易所	2013-9-27
重庆东河水电股份有限公司	TJ650001	东河水电	天津股权交易所	2013-9-27
河北中和源亨农业科技股份有限公司	TJ813018	中和源亨	天津股权交易所	2013-9-27
濮阳市领锐牧业股份有限公司	TJ841022	领锐牧业	天津股权交易所	2013-9-27
宁夏宁宏基耐磨材料股份有限公司	TJ064003	宁宏基	天津股权交易所	2013-9-25
宁夏天润新能源设备股份有限公司	TJ064005	天润新能	天津股权交易所	2013-9-25

公司名称	股票代码	证券简称	交易市场	挂牌日期
天津市中能特种电线电缆制造股份有限公司	TJ012011	中能电缆	天津股权交易所	2013-8-30
福建省康宏五金股份有限公司	TJ035016	康宏五金	天津股权交易所	2013-8-30
山东沃特管业股份有限公司	TJ037009	沃特管业	天津股权交易所	2013-8-30
河南森源本草天然产物股份有限公司	TJ041003	森源本草	天津股权交易所	2013-8-30
广东四维塑业股份有限公司	TJ044008	四维股份	天津股权交易所	2013-8-30
宏康供应链管理股份有限公司	TJ632005	宏康物流	天津股权交易所	2013-8-30
河南普瑞蜂品股份有限公司	TJ641010	普瑞蜂品	天津股权交易所	2013-8-30
四川省东圣酒业股份有限公司	TJ651002	东圣酒业	天津股权交易所	2013-8-30
宁夏贺兰纳帝国际饭店股份有限公司	TJ664007	纳帝股份	天津股权交易所	2013-8-30
阿克苏新圣源果业股份有限公司	TJ665003	新圣源	天津股权交易所	2013-8-30
新疆天汇蜂业股份有限公司	TJ665005	天汇蜂业	天津股权交易所	2013-8-30
惠州市世纪五丰农业科技股份有限公司	TJ900022	世纪五丰	天津股权交易所	2013-8-30
河北柏立信家纺股份有限公司	TJ013016	柏立信	天津股权交易所	2013-8-26
保定图强纺织股份有限公司	TJ013017	图强股份	天津股权交易所	2013-8-26
保定硕丰农产股份有限公司	TJ013018	硕丰农产	天津股权交易所	2013-8-26
呼伦贝尔有保生态农牧业开发股份有限公司	TJ015001	有保农牧	天津股权交易所	2013-8-26
河北东雅丽格服装股份有限公司	TJ613036	东雅丽格	天津股权交易所	2013-8-26
沧州绿洲企业发展股份有限公司	TJ613037	绿洲股份	天津股权交易所	2013-8-26
保定天润农产品股份有限公司	TJ613038	保定天润	天津股权交易所	2013-8-26
唐山市美客多食品股份有限公司	TJ613039	美客多	天津股权交易所	2013-8-26
河北玉皇山庄农业开发股份有限公司	TJ813016	玉皇山庄	天津股权交易所	2013-8-26
保定佳园纺织印染股份有限公司	TJ813017	佳园纺织	天津股权交易所	2013-8-26
湖南菁芗米业股份有限公司	TJ843011	菁芗米业	天津股权交易所	2013-8-26
天津凯鑫程铝业股份有限公司	TJ012010	凯鑫程	天津股权交易所	2013-7-30
沧州北方散热器股份有限公司	TJ013015	北方股份	天津股权交易所	2013-7-30
辽宁三源健康金米股份有限公司	TJ021001	三源金米	天津股权交易所	2013-7-30
南通市旺达石化工程股份有限公司	TJ032011	旺达石化	天津股权交易所	2013-7-30
湖南南杰电材科技股份有限公司	TJ043002	南杰电材	天津股权交易所	2013-7-30
广东顺德博汇科技股份有限公司	TJ044007	博汇股份	天津股权交易所	2013-7-30
河北旺四方种业股份有限公司	TJ613035	旺四方	天津股权交易所	2013-7-30
禹州市钧龙养殖种植股份有限公司	TJ641009	钧龙股份	天津股权交易所	2013-7-30
宁夏北方彩新建工股份有限公司	TJ664006	北方建工	天津股权交易所	2013-7-30
许昌市万福家园农牧股份有限公司	TJ841021	万福家园	天津股权交易所	2013-7-30
河南信宇石油机械制造股份有限公司	TJ841020	信宇石油	天津股权交易所	2013-7-26
福建铭丰纸业股份有限公司	TJ835005	铭丰股份	天津股权交易所	2013-7-5
唐山任氏水泥设备股份有限公司	TJ013012	任氏股份	天津股权交易所	2013-6-28
沧州明远钢构股份有限公司	TJ013013	明远钢构	天津股权交易所	2013-6-28
乐陵市建业五金工具股份有限公司	TJ037008	建业五金	天津股权交易所	2013-6-28
丹阳飓风物流股份有限公司	TJ632007	飓风股份	天津股权交易所	2013-6-28
吉林隆泰制药股份有限公司	TJ822002	隆泰制药	天津股权交易所	2013-6-28
藤桥禽业股份有限公司	TJ833001	藤桥禽业	天津股权交易所	2013-6-28
宁夏敬义泰清真食品股份有限公司	TJ664005	敬义泰	天津股权交易所	2013-6-26
宁夏沃能新型建材股份有限公司	TJ864002	沃能新材	天津股权交易所	2013-6-26
山东固安特新材料科技股份有限公司	TJ000062	固安特	天津股权交易所	2013-6-7
天津尚食电子商务股份有限公司	TJ012009	尚食股份	天津股权交易所	2013-6-7
贵州千里山生态食品股份有限公司	TJ052001	千里山	天津股权交易所	2013-6-7
湖北李时珍生物科技股份有限公司	TJ000060	李时珍	天津股权交易所	2013-5-28
河北港腾物流股份有限公司	TJ013011	港腾物流	天津股权交易所	2013-5-28
河北三利有机食品股份有限公司	TJ613028	三利股份	天津股权交易所	2013-5-28
邢台美的客食品股份有限公司	TJ613029	美的客	天津股权交易所	2013-5-28
河北中天邦正生物科技股份公司	TJ613030	中天邦正	天津股权交易所	2013-5-28
河北平衡阀门股份有限公司	TJ613031	平衡阀门	天津股权交易所	2013-5-28
邯郸生泰食品股份有限公司	TJ613032	生泰食品	天津股权交易所	2013-5-28
河北中北商贸股份有限公司	TJ613033	中北商贸	天津股权交易所	2013-5-28
河南松山面业股份有限公司	TJ641007	松山面业	天津股权交易所	2013-5-28
江苏昂内斯电力科技股份有限公司	TJ000061	昂内斯	天津股权交易所	2013-4-25
北京瑞驰合众汽车租赁服务股份有限公司	TJ611001	瑞驰租车	天津股权交易所	2013-4-25

公司名称	股票代码	证券简称	交易市场	挂牌日期
廊坊市天鹏牧业股份有限公司	TJ613027	天鹏牧业	天津股权交易所	2013-4-25
潍坊大业化工股份有限公司	TJ637023	大业化工	天津股权交易所	2013-4-25
山东日泰管业股份有限公司	TJ637025	日泰管业	天津股权交易所	2013-4-25
湖南锦程印刷包装股份有限公司	TJ643001	锦程股份	天津股权交易所	2013-4-25
宁夏恒源万福清真食品股份有限公司	TJ664003	恒源万福	天津股权交易所	2013-4-25
河南龙丰实业股份有限公司	TJ841018	龙丰实业	天津股权交易所	2013-4-25
河南向荣面业股份有限公司	TJ841019	向荣面业	天津股权交易所	2013-4-25
湖南飘峰电气股份有限公司	TJ843016	飘峰电气	天津股权交易所	2013-4-25
巴马万家福瑶药科技发展股份有限公司	TJ845001	巴马瑶药	天津股权交易所	2013-4-25
江苏申凯包装高新技术股份有限公司	TJ000057	申凯包装	天津股权交易所	2013-3-28
福建省昭德茶业股份有限公司	TJ035013	昭德茶业	天津股权交易所	2013-3-28
广东睿立宝莱科技股份有限公司	TJ044005	睿立宝莱	天津股权交易所	2013-3-28
海南建一水产股份有限公司	TJ646001	建一水产	天津股权交易所	2013-3-28
厦门艾乐米动漫股份有限公司	TJ000052	艾乐米	天津股权交易所	2013-3-13
许昌天源农牧股份有限公司	TJ841017	天源农牧	天津股权交易所	2013-3-13
湖北茂弘纺织股份有限公司	TJ842007	茂弘纺织	天津股权交易所	2013-3-13
廊坊市欧华农牧股份有限公司	TJ613025	欧华农牧	天津股权交易所	2013-1-30
河北荣生管道设备股份有限公司	TJ613026	荣生股份	天津股权交易所	2013-1-30
漳州市汇星鞋业股份有限公司	TJ635006	汇星股份	天津股权交易所	2013-1-30
福建东野家具科技股份有限公司	TJ635008	福建东野	天津股权交易所	2013-1-30
宁夏陇夏红清真食品股份有限公司	TJ664002	陇夏红	天津股权交易所	2013-1-30
新疆永鑫果业股份有限公司	TJ665002	永鑫果业	天津股权交易所	2013-1-30
江苏帝豪装饰股份有限公司	TJ632006	帝豪装饰	天津股权交易所	2012-12-28
江苏鑫露新材料股份有限公司	TJ832003	鑫露股份	天津股权交易所	2012-12-28
江苏耐斯数码科技股份有限公司	TJ000048	耐斯数码	天津股权交易所	2012-12-26
青海齐鑫地质矿产勘查股份有限公司	TJ000049	齐鑫勘查	天津股权交易所	2012-12-26
河北海纳电测仪器股份有限公司	TJ000051	海纳电测	天津股权交易所	2012-12-26
北京智鑫博达科技股份有限公司	TJ011002	智鑫博达	天津股权交易所	2012-12-26
天津五洲元通实业股份有限公司	TJ012007	五洲元通	天津股权交易所	2012-12-26
天津市傲绿农副产品集团股份有限公司	TJ012008	傲绿集团	天津股权交易所	2012-12-26
沧州正大生物制品股份有限公司	TJ013007	正大股份	天津股权交易所	2012-12-26
河北益民五金制造股份有限公司	TJ013008	益民股份	天津股权交易所	2012-12-26
河北盛世基农生物科技股份有限公司	TJ013009	盛世基农	天津股权交易所	2012-12-26
河北星火灯饰股份有限公司	TJ013010	星火灯饰	天津股权交易所	2012-12-26
江西英龙橡胶科技股份有限公司	TJ036001	英龙科技	天津股权交易所	2012-12-26
广东长昊药业股份有限公司	TJ044003	长昊药业	天津股权交易所	2012-12-26
河北绿泽养殖股份有限公司	TJ613022	绿泽养殖	天津股权交易所	2012-12-26
吴桥县荣泰木业股份有限公司	TJ613023	荣泰木业	天津股权交易所	2012-12-26
河南恒天然农牧业股份有限公司	TJ641003	恒天然	天津股权交易所	2012-12-26
河南科霖达菊珍饮品股份有限公司	TJ641005	菊珍饮品	天津股权交易所	2012-12-26
滨河建筑安装工程股份有限公司	TJ813015	滨河建筑	天津股权交易所	2012-12-26
山东保益生物科技股份有限公司	TJ837028	保益生物	天津股权交易所	2012-12-26
湖北华海纤维科技股份有限公司	TJ842006	华海股份	天津股权交易所	2012-12-26
福建金圆网络科技股份有限公司	TJ035008	购一二三	天津股权交易所	2012-12-19
福建仁豪塑胶科技股份有限公司	TJ035009	仁豪科技	天津股权交易所	2012-12-19
福建省艾而丹光电股份有限公司	TJ035010	艾而丹	天津股权交易所	2012-12-19
福建中策光电股份公司	TJ035012	中策股份	天津股权交易所	2012-12-19
许昌永新电气股份有限公司	TJ000047	永新电气	天津股权交易所	2012-11-30
福建益川自动化设备股份有限公司	TJ035007	益川设备	天津股权交易所	2012-11-30
海南泓缘生物科技股份有限公司	TJ046001	泓缘生物	天津股权交易所	2012-11-30
滨州市科瑞特农业科技开发股份有限公司	TJ837026	科瑞特	天津股权交易所	2012-11-30
湖北纽斯达食品股份有限公司	TJ842005	纽斯达	天津股权交易所	2012-11-30
山东瑞博龙化工科技股份有限公司	TJ000045	瑞博龙	天津股权交易所	2012-10-31
桂林乐盾汽车用品科技股份有限公司	TJ000046	乐盾科技	天津股权交易所	2012-10-31
山西斯普瑞机械制造股份有限公司	TJ014003	斯普瑞	天津股权交易所	2012-10-31
黑龙江鹿源春鹿业股份有限公司	TJ023001	鹿源春	天津股权交易所	2012-10-31
江苏夏博士节能工程股份有限公司	TJ032007	夏博士	天津股权交易所	2012-10-31

公司名称	股票代码	证券简称	交易市场	挂牌日期
河北鲁梅卡机械制造股份有限公司	TJ613020	鲁梅卡	天津股权交易所	2012-10-31
河北瑞通炭素股份有限公司	TJ613021	瑞通炭素	天津股权交易所	2012-10-31
江苏八达重工机械股份有限公司	TJ632002	八达重工	天津股权交易所	2012-10-31
四川九里春酒业股份有限公司	TJ651003	九里春	天津股权交易所	2012-10-31
宁夏天人和清真豆制品股份有限公司	TJ664001	天人和	天津股权交易所	2012-10-31
洛阳鼎辉特钢制品股份有限公司	TJ841013	鼎辉特钢	天津股权交易所	2012-10-31
易宝(福建)高分子材料股份公司	TJ035005	易宝股份	天津股权交易所	2012-9-28
江苏汇洋信息科技股份有限公司	TJ000043	汇洋科技	天津股权交易所	2012-9-25
天津华泰森淼生物工程技术股份有限公司	TJ012006	华泰森淼	天津股权交易所	2012-9-25
黑金刚(福建)自动化科技股份公司	TJ035006	黑金刚	天津股权交易所	2012-9-25
山东汇峰装备科技股份有限公司	TJ037006	汇峰科技	天津股权交易所	2012-9-25
廊坊市熊氏牧业股份有限公司	TJ613019	熊氏股份	天津股权交易所	2012-9-25
山西湖滨餐饮股份有限公司	TJ614002	湖滨股份	天津股权交易所	2012-9-25
山东韩炼石油科技股份有限公司	TJ637022	韩炼石油	天津股权交易所	2012-9-25
河南上邦农牧股份有限公司	TJ641006	上邦农牧	天津股权交易所	2012-9-25
天津浩年世纪医药股份有限公司	TJ812003	浩年医药	天津股权交易所	2012-9-25
湖南安普瑞商务餐饮管理股份有限公司	TJ000053	安普瑞	天津股权交易所	2012-8-31
河南海丝克生物科技股份有限公司	TJ041006	海丝克	天津股权交易所	2012-8-31
廊坊市池林牧业股份有限公司	TJ613016	池林股份	天津股权交易所	2012-8-31
沧州中天伟业商城股份有限公司	TJ613017	中天伟业	天津股权交易所	2012-8-31
沧州融力精密制造股份有限公司	TJ613018	融力股份	天津股权交易所	2012-8-31
乐陵市马克力德木业股份有限公司	TJ637021	马克力德	天津股权交易所	2012-8-31
石家庄名冠生物科技股份有限公司	TJ813011	名冠生物	天津股权交易所	2012-8-31
武安瑞阳家禽育种股份有限公司	TJ813012	瑞阳育种	天津股权交易所	2012-8-31
秦皇岛中兵建设集团股份有限公司	TJ813013	中兵股份	天津股权交易所	2012-8-31
湖北武当酒业股份有限公司	TJ842003	武当酒业	天津股权交易所	2012-8-31
广东维尔科技股份有限公司	TJ044002	维尔科技	天津股权交易所	2012-7-31
山西华南纸业股份有限公司	TJ614001	华南纸业	天津股权交易所	2012-7-31
山东吉泰焊接材料股份有限公司	TJ637020	吉泰股份	天津股权交易所	2012-7-31
沧州康壮化工股份有限公司	TJ013006	康壮化工	天津股权交易所	2012-6-26
江苏湘色满园餐饮管理股份有限公司	TJ032003	湘色满园	天津股权交易所	2012-6-26
沧州大皓家具股份有限公司	TJ613012	大皓股份	天津股权交易所	2012-6-26
沧州添望饲料股份有限公司	TJ613013	添望饲料	天津股权交易所	2012-6-26
河北泰凯机械设备贸易股份有限公司	TJ613015	泰凯股份	天津股权交易所	2012-6-26
榆缆线缆集团股份有限公司	TJ814001	榆缆线缆	天津股权交易所	2012-6-26
龙江重工股份有限公司	TJ837027	龙江重工	天津股权交易所	2012-6-26
天津诺尔电气股份有限公司	TJ000041	诺尔电气	天津股权交易所	2012-6-11
宁夏威翔科技股份有限公司	TJ000063	威翔科技	天津股权交易所	2012-6-11
三维医疗科技江苏股份有限公司	TJ032002	三维医疗	天津股权交易所	2012-6-11
福建福派园食品股份有限公司	TJ635005	福派园	天津股权交易所	2012-6-11
湖南奥莎富士电梯股份有限公司	TJ043001	奥莎电梯	天津股权交易所	2012-5-30
黄山市迎客松啤酒股份有限公司	TJ634001	迎客松	天津股权交易所	2012-5-30
均利石材股份有限公司	TJ812002	均利石材	天津股权交易所	2012-5-30
张家口中航液压装备股份有限公司	TJ813005	中航液压	天津股权交易所	2012-5-30
厦门海石景观股份有限公司	TJ835003	海石景观	天津股权交易所	2012-5-30
湖南三湘菌业股份有限公司	TJ843003	三湘菌业	天津股权交易所	2012-5-30
江苏财发铝业股份有限公司	TJ000040	财发铝业	天津股权交易所	2012-5-3
天津尚学教育投资股份有限公司	TJ012005	尚学教育	天津股权交易所	2012-5-3
力声(福建)通信股份有限公司	TJ035002	力声通信	天津股权交易所	2012-5-3
德州市成巩新型建材股份有限公司	TJ637018	成巩新材	天津股权交易所	2012-5-3
河南瑞祥农牧股份有限公司	TJ841016	瑞祥农牧	天津股权交易所	2012-5-3
湖北示阳农牧股份有限公司	TJ842002	示阳农牧	天津股权交易所	2012-5-3
河北迪美特塑料制品股份有限公司	TJ613010	迪美特	天津股权交易所	2012-3-30
新疆宏景清真食品股份有限公司	TJ665001	新疆宏景	天津股权交易所	2012-3-30
苏州市建筑装饰股份有限公司	TJ832001	苏州装饰	天津股权交易所	2012-3-30
许昌市单迎农牧股份有限公司	TJ841012	单迎农牧	天津股权交易所	2012-3-30
湖南源森林业股份有限公司	TJ843010	源森林业	天津股权交易所	2012-3-30
甘肃菁茂生态农业科技股份有限公司	TJ862001	菁茂农业	天津股权交易所	2012-3-30
山东华通环境科技股份有限公司	TJ000037	华通科技	天津股权交易所	2012-3-9
河南省健康伟业生物医药研究股份有限公司	TJ000038	健康伟业	天津股权交易所	2012-2-27
吴江固德电材系统股份有限公司	TJ000099	固德电材	天津股权交易所	2012-2-27
湖南润田农机装备科技股份有限公司	TJ000168	润田农机	天津股权交易所	2012-1-17
四川神龙科技股份有限公司	TJ051001	神龙科技	天津股权交易所	2012-1-17
洛阳青发矿业股份有限公司	TJ341001	青发矿业	天津股权交易所	2012-1-17
湖北晶盛惠粮油股份有限公司	TJ842001	晶盛惠	天津股权交易所	2012-1-17
河北鑫耀矿山机械股份有限公司	TJ000035	鑫耀矿机	天津股权交易所	2011-12-26
福建省星源农牧科技股份有限公司	TJ000036	星源农牧	天津股权交易所	2011-12-26
山西省高行液压股份有限公司	TJ014002	高行液压	天津股权交易所	2011-12-26
苏州友联纺工装备科技股份有限公司	TJ632001	友联装备	天津股权交易所	2011-12-26
吉林远通路桥工程集团股份有限公司	TJ722002	远通路桥	天津股权交易所	2011-12-26
大连九羊乳业股份有限公司	TJ000033	九羊乳业	天津股权交易所	2011-12-6
洛阳春华秋实农林科技股份有限公司	TJ000188	春华秋实	天津股权交易所	2011-12-6
河北恒辉通信设备股份有限公司	TJ013005	恒辉光纤	天津股权交易所	2011-12-6
河北同聚祥商贸股份有限公司	TJ613008	同聚祥	天津股权交易所	2011-12-6
河北新中联特种钢管股份有限公司	TJ613009	新中联	天津股权交易所	2011-12-6
湖南福星林业股份有限公司	TJ843999	福星林业	天津股权交易所	2011-12-6
山东银鹤食品机械股份有限公司	TJ037002	银鹤机械	天津股权交易所	2011-11-8
湖南活力种业科技股份有限公司	TJ843009	活力种业	天津股权交易所	2011-11-8
天津海友佳音生物科技股份有限公司	TJ012555	佳音生物	天津股权交易所	2011-9-19
南通通利智能化系统工程股份有限公司	TJ032008	通利智能	天津股权交易所	2011-9-19
山东鲁丰食品科技股份有限公司	TJ837025	鲁丰科技	天津股权交易所	2011-9-19
湖南湘菌农业生物科技股份有限公司	TJ843007	湘菌科技	天津股权交易所	2011-9-19
湖南明星麻业股份有限公司	TJ843008	明星麻业	天津股权交易所	2011-9-19
江苏洪昌科技股份有限公司	TJ000058	洪昌科技	天津股权交易所	2011-8-26
河南博洋车饰股份有限公司	TJ841006	博洋车饰	天津股权交易所	2011-8-26
焦作市易生元酒业股份有限公司	TJ841007	易生元	天津股权交易所	2011-8-26
河北双剑机械制造股份有限公司	TJ013002	双剑机械	天津股权交易所	2011-8-18
河北天下粮仓酿酒股份有限公司	TJ613005	天下粮仓	天津股权交易所	2011-8-18
沧兴集团商砼股份有限公司	TJ613006	沧兴商砼	天津股权交易所	2011-8-18
河北龙马钢管制造股份有限公司	TJ613007	龙马钢管	天津股权交易所	2011-8-18
河北东之星生物科技股份有限公司	TJ813008	东之星	天津股权交易所	2011-8-18
上海雄基生物技术股份有限公司	TJ000050	雄基生物	天津股权交易所	2010-7-28
湖南汨特科技新材料股份有限公司	TJ000056	汨特新材	天津股权交易所	2011-7-28
山西亚乐士环保技术股份有限公司	TJ014001	亚乐士	天津股权交易所	2011-6-10
山东诺贝特化工科技股份有限公司	TJ037001	诺贝特	天津股权交易所	2011-6-10
山西奥菲特矿业股份有限公司	TJ314001	奥菲特	天津股权交易所	2011-6-10
天津正本电气股份有限公司	TJ000031	正本电气	天津股权交易所	2011-5-26
天津博通达能源科技股份有限公司	TJ012002	博通达	天津股权交易所	2011-5-26
廊坊开发区阳雨鸽业股份有限公司	TJ013001	阳雨鸽业	天津股权交易所	2011-5-26
福建海荣生物科技股份有限公司	TJ835001	海荣生物	天津股权交易所	2011-5-26
河北达瑞生物科技股份有限公司	TJ000030	达瑞生物	天津股权交易所	2011-4-27
山东泰华食品股份有限公司	TJ837021	泰华食品	天津股权交易所	2011-4-27
天同宏基集团股份有限公司	TJ837022	天同宏基	天津股权交易所	2011-4-27
山东北海教育投资管理股份有限公司	TJ837023	北海教育	天津股权交易所	2011-4-27
山东千手缘数字商务酒店股份有限公司	TJ000029	千手缘	天津股权交易所	2011-3-17
山东沃得格伦中央空调股份有限公司	TJ837020	沃得格伦	天津股权交易所	2011-3-17
郑州市天园农业生态循环股份有限公司	TJ841005	天园有机	天津股权交易所	2011-3-17
天津绿博特环保设备制造股份公司	TJ012001	绿博特	天津股权交易所	2011-1-24
福建省青然食品股份有限公司	TJ635001	青然食品	天津股权交易所	2011-1-24
山东博特精工股份有限公司	TJ000020	博特精工	天津股权交易所	2011-1-6
惠州瀚源环保投资管理股份有限公司	TJ000023	瀚源环保	天津股权交易所	2011-1-6
晋城市富基新材料股份有限公司	TJ000021	富基材料	天津股权交易所	2010-12-27
石兰电气股份有限公司	TJ613003	石兰电气	天津股权交易所	2010-12-27
河北蓝鸟家具股份有限公司	TJ813007	蓝鸟家具	天津股权交易所	2010-12-27
吉林万家福食品股份有限公司	TJ822001	万家福	天津股权交易所	2010-12-27

公司名称	股票代码	证券简称	交易市场	挂牌日期
山东天宇建设机械股份有限公司	TJ837016	天宇建机	天津股权交易所	2010-12-27
湖南洞庭黄龙原生态水产股份有限公司	TJ843002	洞庭黄龙	天津股权交易所	2010-12-27
山东万达建安股份有限公司	TJ837019	万达建安	天津股权交易所	2010-9-29
湖南金泰粮油股份有限公司	TJ843001	金泰粮油	天津股权交易所	2010-9-29
湖南天欣科技股份有限公司	TJ843006	天欣科技	天津股权交易所	2010-9-29
河北新启元能源技术开发股份有限公司	TJ813006	新启元	天津股权交易所	2010-8-18
河南益丰高温材料股份有限公司	TJ000026	益丰股份	天津股权交易所	2010-7-30
山东金鲁生物科技股份有限公司	TJ637009	金鲁科技	天津股权交易所	2010-6-30
山东通力五金机电股份有限公司	TJ637013	通力机电	天津股权交易所	2010-6-30
山东齐赛创意动漫科技股份有限公司	TJ637015	齐赛科技	天津股权交易所	2010-6-30
河南安瑞高温材料股份有限公司	TJ641002	安瑞高材	天津股权交易所	2010-6-11
山东齐泰实业集团股份有限公司	TJ737002	齐泰股份	天津股权交易所	2010-6-11
山东烟台塔山企业集团股份有限公司	TJ737003	塔山集团	天津股权交易所	2010-6-11
山东新城建工股份有限公司	TJ737004	山东新城	天津股权交易所	2010-6-11
山东耀微玻璃纤维科技股份有限公司	TJ837009	耀微科技	天津股权交易所	2010-6-11
烟台美航股份有限公司	TJ837011	美航股份	天津股权交易所	2010-6-11
淄博泰达汽车销售服务股份有限公司	TJ637005	泰达汽车	天津股权交易所	2010-4-14
山东昆仑瓷器股份有限公司	TJ637006	昆仑瓷器	天津股权交易所	2010-4-14
山东鲲鹏新材料科技股份有限公司	TJ637007	鲲鹏科技	天津股权交易所	2010-4-14
河北三井酒业股份有限公司	TJ813002	三井酒业	天津股权交易所	2010-1-26
沧州乾成钢管股份有限公司	TJ813003	乾成钢管	天津股权交易所	2010-1-26
哈尔滨哈飞模具股份有限公司	TJ823001	哈飞模具	天津股权交易所	2009-12-25
东营三明林业发展股份有限公司	TJ837007	三明林业	天津股权交易所	2009-12-25
淄博包钢灵芝稀土高科技股份有限公司	TJ837002	灵芝稀土	天津股权交易所	2009-3-19
淄博旺达股份有限公司	TJ837001	旺达股份	天津股权交易所	2008-12-26
上海海笠新型环保建材股份有限公司	SH100317	海笠股份	上海股权托管交易中心	2014-12-31
上海华克斯实业股份有限公司	SH100359	华克斯	上海股权托管交易中心	2014-12-31
好富(上海)投资管理股份有限公司	SH100360	好富股份	上海股权托管交易中心	2014-12-31
苏州锦华企业服务股份有限公司	SH100361	锦华股份	上海股权托管交易中心	2014-12-31
苏州市中航生态科技发展股份有限公司	SH100362	中航生态	上海股权托管交易中心	2014-12-31
上海摩西海洋工程股份有限公司	SH100365	摩西海洋	上海股权托管交易中心	2014-12-31
上海思无邪珠宝股份有限公司	SH100369	思无邪	上海股权托管交易中心	2014-12-31
江苏格立特电子股份有限公司	SH100370	格立特	上海股权托管交易中心	2014-12-31
上海唯优家居用品租赁股份有限公司	SH100349	唯优家居	上海股权托管交易中心	2014-12-29
陕西天鑫兔业股份有限公司	SH100350	天鑫兔业	上海股权托管交易中心	2014-12-29
上海章全热风机股份有限公司	SH100351	章全股份	上海股权托管交易中心	2014-12-29
上海万卷印刷股份有限公司	SH100352	万卷印刷	上海股权托管交易中心	2014-12-29
依柯力信息科技(上海)股份有限公司	SH100358	依柯力	上海股权托管交易中心	2014-12-29
上海远方客栈酒店管理股份有限公司	SH100332	远方客栈	上海股权托管交易中心	2014-12-26
上海久星导热油股份有限公司	SH100341	久星股份	上海股权托管交易中心	2014-12-26
江苏常宏帝豪电器股份有限公司	SH100353	常宏帝豪	上海股权托管交易中心	2014-12-26
上海仟井电器股份有限公司	SH100357	仟井电器	上海股权托管交易中心	2014-12-26
拜尔斯道夫(天津)石油化工股份有限公司	SH100343	拜尔石化	上海股权托管交易中心	2014-12-25
上海增欣机电科技股份有限公司	SH100345	增欣科技	上海股权托管交易中心	2014-12-24
上海环创国际物流股份有限公司	SH100346	环创物流	上海股权托管交易中心	2014-12-23
上海旭胜金融信息服务股份有限公司	SH100355	旭胜金融	上海股权托管交易中心	2014-12-23
上海桑联通信设备股份有限公司	SH100279	桑联通信	上海股权托管交易中心	2014-12-22
上海特朋节能设备股份有限公司	SH100347	特朋节能	上海股权托管交易中心	2014-12-22
颐乐居(上海)养老投资股份有限公司	SH100348	颐乐居	上海股权托管交易中心	2014-12-22
上海天齐建设股份有限公司	SH100331	上海天齐	上海股权托管交易中心	2014-12-19
上海瑞姿包装材料股份有限公司	SH100340	瑞姿股份	上海股权托管交易中心	2014-12-19
吉林省古韩州酒业股份有限公司	SH100342	古韩州	上海股权托管交易中心	2014-12-19
上海罗亚国际货物运输代理股份有限公司	SH100329	罗亚货运	上海股权托管交易中心	2014-12-18
汇彩涂料(上海)股份有限公司	SH100335	汇彩涂料	上海股权托管交易中心	2014-12-18
广东大盛通华矿业投资股份有限公司	SH100338	大华矿业	上海股权托管交易中心	2014-12-18
上海镭昊光电股份有限公司	SH100336	镭昊光电	上海股权托管交易中心	2014-12-16

公司名称	股票代码	证券简称	交易市场	挂牌日期
上海创和汽车服务股份有限公司	SH100337	创和汽车	上海股权托管交易中心	2014-12-12
上海耀达信息技术股份有限公司	SH100326	耀达股份	上海股权托管交易中心	2014-12-10
上海互赢物流股份有限公司	SH100319	互赢物流	上海股权托管交易中心	2014-12-9
上海新世界信息产业股份有限公司	SH100281	新世界	上海股权托管交易中心	2014-12-8
上海一秀石油股份有限公司	SH100313	一秀石油	上海股权托管交易中心	2014-12-8
上海宜生医疗科技股份有限公司	SH100330	宜生医疗	上海股权托管交易中心	2014-12-8
甘肃九良丰种业股份有限公司	SH100327	九良丰	上海股权托管交易中心	2014-12-2
上海檑枫科技发展股份有限公司	SH100328	檑枫科技	上海股权托管交易中心	2014-12-2
上海同译信息技术股份有限公司	SH100257	同译技术	上海股权托管交易中心	2014-11-28
鹏瓖文化创意(上海)股份有限公司	SH100305	鹏瓖文化	上海股权托管交易中心	2014-11-28
上海卓隽信息技术股份有限公司	SH100316	卓隽股份	上海股权托管交易中心	2014-11-28
上海西通电子股份有限公司	SH100321	西通股份	上海股权托管交易中心	2014-11-27
河南景翔生物科技股份有限公司	SH100322	景翔股份	上海股权托管交易中心	2014-11-27
江苏大禾庄园农业科技股份有限公司	SH100325	大禾庄园	上海股权托管交易中心	2014-11-27
福建佑康农业股份有限公司	SH100320	祐康农业	上海股权托管交易中心	2014-11-25
上海洋琪工贸股份有限公司	SH100323	洋琪股份	上海股权托管交易中心	2014-11-24
上海学远科技发展股份有限公司	SH100293	学远科技	上海股权托管交易中心	2014-11-21
三仟院(上海)纺织科技股份有限公司	SH100308	三仟院	上海股权托管交易中心	2014-11-21
上海红酒客科技信息股份有限公司	SH100303	红酒客	上海股权托管交易中心	2014-11-20
轩驰(上海)网络科技股份有限公司	SH100318	轩驰科技	上海股权托管交易中心	2014-11-20
上海萨逸检测设备制造股份有限公司	SH100306	萨逸股份	上海股权托管交易中心	2014-11-19
上海精创合金股份有限公司	SH100307	精创合金	上海股权托管交易中心	2014-11-19
遵义天阳食品股份有限公司	SH100315	天阳食品	上海股权托管交易中心	2014-11-19
上海政太纳米科技股份有限公司	SH100296	政太纳米	上海股权托管交易中心	2014-11-18
禹辉(上海)转印材料股份有限公司	SH100297	禹辉转印	上海股权托管交易中心	2014-11-18
上海槎南再生资源股份有限公司	SH100300	槎南再生	上海股权托管交易中心	2014-11-18
上海环能景观工程股份有限公司	SH100301	环能景观	上海股权托管交易中心	2014-11-18
四川省古格藏茶文化传播股份有限公司	SH100302	古格藏茶	上海股权托管交易中心	2014-11-18
上海大满文化创意股份有限公司	SH100309	大满文化	上海股权托管交易中心	2014-11-18
昂轩(上海)投资股份有限公司	SH100310	昂轩股份	上海股权托管交易中心	2014-11-18
上海立博塑胶工具股份有限公司	SH100312	立博股份	上海股权托管交易中心	2014-11-18
上海千予千愿信息科技股份公司	SH100311	千予股份	上海股权托管交易中心	2014-11-17
上海紫贺家纺股份有限公司	SH100295	紫贺家纺	上海股权托管交易中心	2014-11-10
上海斯菲尔物流股份有限公司	SH100287	斯菲尔	上海股权托管交易中心	2014-11-7
上海华仕达林业股份有限公司	SH100291	华仕达	上海股权托管交易中心	2014-11-6
上海通球线缆股份有限公司	SH100298	通球线缆	上海股权托管交易中心	2014-11-3
江苏新汉菱生物工程股份有限公司	SH100272	汉菱生物	上海股权托管交易中心	2014-10-31
江苏向利防静电装饰材料股份有限公司	SH100289	向利股份	上海股权托管交易中心	2014-10-31
上海伊纬金融信息服务股份有限公司	SH100290	伊纬股份	上海股权托管交易中心	2014-10-31
徐州华昌企业管理股份有限公司	SH100292	华昌股份	上海股权托管交易中心	2014-10-31
潮州市金胜商业科技股份有限公司	SH100282	金胜科技	上海股权托管交易中心	2014-10-30
上海禾龙智能科技发展股份有限公司	SH100285	禾龙智能	上海股权托管交易中心	2014-10-29
上海恒华金属包装股份有限公司	SH100275	恒华股份	上海股权托管交易中心	2014-10-28
上海富瑞电缆股份有限公司	SH100276	富瑞电缆	上海股权托管交易中心	2014-10-28
福建闽威实业股份有限公司	SH100288	闽威实业	上海股权托管交易中心	2014-10-28
上海奉贤聚银小额贷款股份有限公司	SH100283	聚银小贷	上海股权托管交易中心	2014-10-27
呼伦贝尔市圣源畜牧业股份有限公司	SH100286	圣源牧业	上海股权托管交易中心	2014-10-27
昆明联诚科技股份有限公司	SH100280	联诚科技	上海股权托管交易中心	2014-10-17
上海康丽电器股份有限公司	SH100278	康丽股份	上海股权托管交易中心	2014-10-16
上海山泉花卉市场经营管理股份有限公司	SH100271	山泉股份	上海股权托管交易中心	2014-10-15
上海声浩信息科技股份有限公司	SH100273	声浩股份	上海股权托管交易中心	2014-10-15
上海宣宇医疗设备股份有限公司	SH100265	宣宇医疗	上海股权托管交易中心	2014-10-10
上海乐派酒店管理股份有限公司	SH100269	乐派股份	上海股权托管交易中心	2014-10-9
上海环东光电科技股份有限公司	SH100277	环东股份	上海股权托管交易中心	2014-10-8
珩星电子(连云港)股份有限公司	SH100263	珩星电子	上海股权托管交易中心	2014-9-26
上海启万创意建筑装饰工程股份有限公司	SH100267	启万股份	上海股权托管交易中心	2014-9-25
甘肃永辉教育科技股份有限公司	SH100270	永辉科技	上海股权托管交易中心	2014-9-25

公司名称	股票代码	证券简称	交易市场	挂牌日期
东山博广天兴食品股份有限公司	SH100252	东山博广	上海股权托管交易中心	2014-9-23
上海宝星缝纫设备股份有限公司	SH100233	宝星股份	上海股权托管交易中心	2014-9-19
上海瀚宣文化传播股份有限公司	SH100258	瀚宣传播	上海股权托管交易中心	2014-9-19
西安祺沣网业股份有限公司	SH100260	祺沣网业	上海股权托管交易中心	2014-9-19
天津盈响机器人自动化科技股份有限公司	SH100268	盈响科技	上海股权托管交易中心	2014-9-19
江苏迪杰特教育科技股份有限公司	SH100250	迪杰特	上海股权托管交易中心	2014-9-18
上海皓欣医疗科技股份有限公司	SH100243	皓欣医疗	上海股权托管交易中心	2014-9-15
上海天翼物流股份有限公司	SH100262	天翼物流	上海股权托管交易中心	2014-9-15
上海顶信医疗设备股份有限公司	SH100266	顶信医疗	上海股权托管交易中心	2014-9-11
河南洛建农业股份有限公司	SH100245	洛建农业	上海股权托管交易中心	2014-9-9
皆爱西(上海)节能环保工程股份有限公司	SH100261	皆爱西	上海股权托管交易中心	2014-9-9
常德桃花源食品股份有限公司	SH100256	桃花源	上海股权托管交易中心	2014-8-29
上海林海生态技术股份有限公司	SH100251	林海生态	上海股权托管交易中心	2014-8-28
上海亿维工业科技股份有限公司	SH100249	亿维股份	上海股权托管交易中心	2014-8-26
靖江三鹏模具科技股份有限公司	SH100248	三鹏科技	上海股权托管交易中心	2014-8-25
南通春晖园林工程股份有限公司	SH100247	春晖园林	上海股权托管交易中心	2014-8-21
上海明索重型机械股份有限公司	SH100241	明索重机	上海股权托管交易中心	2014-8-18
江苏沙明食品股份有限公司	SH100246	沙明股份	上海股权托管交易中心	2014-8-18
上海恒安聚氨酯股份有限公司	SH100253	恒安股份	上海股权托管交易中心	2014-8-18
吉林市城投筑路材料股份有限公司	SH100255	城投筑路	上海股权托管交易中心	2014-8-15
台州商城网股份有限公司	SH100240	台州商城	上海股权托管交易中心	2014-8-8
苏州道诚科技股份有限公司	SH100242	道诚科技	上海股权托管交易中心	2014-8-8
内蒙古蓝色牧野肉业股份有限公司	SH100239	蓝色牧野	上海股权托管交易中心	2014-8-4
江苏沂岸花卉股份有限公司	SH100236	沂岸花卉	上海股权托管交易中心	2014-8-1
北京海天众意整合营销顾问股份有限公司	SH100238	海天众意	上海股权托管交易中心	2014-8-1
上海时尔迪塑胶科技股份有限公司	SH100237	时尔迪	上海股权托管交易中心	2014-7-31
上海泰迪之家科技股份有限公司	SH100235	泰迪之家	上海股权托管交易中心	2014-7-21
上海光大高科技股份有限公司	SH100229	光大高科	上海股权托管交易中心	2014-7-18
上海慧朔科技股份有限公司	SH100230	慧朔科技	上海股权托管交易中心	2014-7-18
福建省神悦铸造股份有限公司	SH100232	神悦铸造	上海股权托管交易中心	2014-7-17
福建乐丫丫食品科技股份有限公司	SH100181	乐丫丫	上海股权托管交易中心	2014-7-15
蒂萨科技(上海)股份有限公司	SH100226	蒂萨科技	上海股权托管交易中心	2014-7-14
铂恩塞尔新材料(上海)股份有限公司	SH100231	铂恩塞尔	上海股权托管交易中心	2014-7-14
上海源盛汽车销售服务股份有限公司	SH100227	源盛汽车	上海股权托管交易中心	2014-7-8
上海非力空间设计股份有限公司	SH100228	非力设计	上海股权托管交易中心	2014-7-8
上海璨森国际物流股份有限公司	SH100223	璨森物流	上海股权托管交易中心	2014-7-4
慧赢(上海)文化传播股份公司	SH100220	慧赢股份	上海股权托管交易中心	2014-6-30
上海欧洁洁净室技术股份有限公司	SH100225	欧洁技术	上海股权托管交易中心	2014-6-30
贵州兴达兴建材股份有限公司	SH100221	兴达兴	上海股权托管交易中心	2014-6-28
上海赐鑫电子材料股份有限公司	SH100217	赐鑫股份	上海股权托管交易中心	2014-6-23
食全食美(上海)农业科技股份有限公司	SH100222	食全食美	上海股权托管交易中心	2014-6-23
上海长盛实业发展股份有限公司	SH100219	长盛股份	上海股权托管交易中心	2014-6-19
上海夏莲万贤食品股份有限公司	SH100206	夏莲食品	上海股权托管交易中心	2014-6-10
上海华世邦模具科技股份有限公司	SH100218	华世邦	上海股权托管交易中心	2014-6-9
上海汇城高建筑装饰工程股份有限公司	SH100216	汇城高	上海股权托管交易中心	2014-5-29
上海圣华物流股份有限公司	SH100215	圣华物流	上海股权托管交易中心	2014-5-27
上海伍德保网络科技股份有限公司	SH100210	伍德保	上海股权托管交易中心	2014-5-26
江苏蓝泽股份有限公司	SH100213	江苏蓝泽	上海股权托管交易中心	2014-5-26
上海济众化学高分子技术股份有限公司	SH100212	济众化学	上海股权托管交易中心	2014-5-19
鲁斯兰信息科技(上海)股份有限公司	SH100207	鲁斯兰	上海股权托管交易中心	2014-5-16
江苏新无限医疗设备股份有限公司	SH100209	无限医疗	上海股权托管交易中心	2014-5-16
上海一康康复医院股份有限公司	SH100211	一康康复	上海股权托管交易中心	2014-5-16
上海厚谊俊捷国际物流发展股份有限公司	SH100201	厚谊俊捷	上海股权托管交易中心	2014-5-15
上海磊诺安防技术股份有限公司	SH100198	磊诺安防	上海股权托管交易中心	2014-5-13
上海大知科技股份有限公司	SH100199	大知科技	上海股权托管交易中心	2014-5-6
上海定海针水产食品发展股份有限公司	SH100203	定海针	上海股权托管交易中心	2014-5-6
上海皓京实业股份有限公司	SH100189	皓京股份	上海股权托管交易中心	2014-4-29
滁州市志成农业股份有限公司	SH100205	志成农业	上海股权托管交易中心	2014-4-28
上海尚城实业发展股份有限公司	SH100195	尚城实业	上海股权托管交易中心	2014-4-25
上海大俊凯电器科技股份有限公司	SH100196	俊凯科技	上海股权托管交易中心	2014-4-23
上海普益医疗器械股份有限公司	SH100197	普益医疗	上海股权托管交易中心	2014-4-22
定西市清吉淀粉制品股份有限公司	SH100208	清吉股份	上海股权托管交易中心	2014-4-18
上海上大鼎正软件股份有限公司	SH100200	上鼎股份	上海股权托管交易中心	2014-4-17
上海公兴国际物流股份有限公司	SH100193	公兴物流	上海股权托管交易中心	2014-4-16
上海建为历保工程科技股份有限公司	SH100202	建为历保	上海股权托管交易中心	2014-4-15
上海紫坤实业股份有限公司	SH100191	紫坤股份	上海股权托管交易中心	2014-4-10
上海纵深实业股份有限公司	SH100187	纵深股份	上海股权托管交易中心	2014-4-9
江苏伯克生物医药股份有限公司	SH100182	伯克生物	上海股权托管交易中心	2014-3-31
上海美瀚汽车环保科技股份有限公司	SH100185	美瀚科技	上海股权托管交易中心	2014-3-31
上海威拿卡商务服务股份有限公司	SH100183	威拿股份	上海股权托管交易中心	2014-3-28
上海茂霖高分子科技股份有限公司	SH100190	茂霖高科	上海股权托管交易中心	2014-3-28
上海国富光启云计算科技股份有限公司	SH100192	国富光启	上海股权托管交易中心	2014-3-28
无锡咖喱盒子餐饮管理股份有限公司	SH100186	咖喱盒子	上海股权托管交易中心	2014-3-24
苏州市富尔达科技股份有限公司	SH100180	富尔达	上海股权托管交易中心	2014-2-18
宿州市草源牧业股份有限公司	SH100130	草源牧业	上海股权托管交易中心	2013-12-31
浙江东立绿源科技股份有限公司	SH100140	东立科技	上海股权托管交易中心	2013-12-31
上海沃森环保股份有限公司	SH100141	沃森环保	上海股权托管交易中心	2013-12-31
贵州格林耐特科技股份有限公司	SH100145	格林股份	上海股权托管交易中心	2013-12-31
中黔电气集团股份有限公司	SH100146	中黔集团	上海股权托管交易中心	2013-12-31
上海申凝企业股份有限公司	SH100147	申凝股份	上海股权托管交易中心	2013-12-31
上海鼎凡电工机械股份有限公司	SH100148	鼎凡机械	上海股权托管交易中心	2013-12-31
上海统申实业股份有限公司	SH100149	统申实业	上海股权托管交易中心	2013-12-31
吉林玉仁制药股份有限公司	SH100150	玉仁制药	上海股权托管交易中心	2013-12-31
安徽尚善生物科技股份有限公司	SH100151	尚善生物	上海股权托管交易中心	2013-12-31
山东双陵春生物科技股份有限公司	SH100152	双陵春	上海股权托管交易中心	2013-12-31
山东晟枫农牧科技股份有限公司	SH100153	晟枫农科	上海股权托管交易中心	2013-12-31
上海至信实业股份有限公司	SH100155	至信股份	上海股权托管交易中心	2013-12-31
海南金厦建设股份有限公司	SH100156	金厦股份	上海股权托管交易中心	2013-12-31
唐山东方华盛优耐高科股份有限公司	SH100157	华盛高科	上海股权托管交易中心	2013-12-31
上海一成汽车检测科技股份有限公司	SH100158	一成科技	上海股权托管交易中心	2013-12-31
上海千帆科技股份有限公司	SH100159	千帆科技	上海股权托管交易中心	2013-12-31
上海纬和汽车股份有限公司	SH100160	纬和股份	上海股权托管交易中心	2013-12-31
上海展骋高分子材料股份有限公司	SH100161	展骋股份	上海股权托管交易中心	2013-12-31
上海慧升智能科技股份有限公司	SH100162	慧升智能	上海股权托管交易中心	2013-12-31
上海兆祥建筑装饰股份有限公司	SH100163	兆祥装饰	上海股权托管交易中心	2013-12-31
上海积晟电子股份有限公司	SH100165	积晟电子	上海股权托管交易中心	2013-12-31
江苏百代兰花股份有限公司	SH100166	百代兰花	上海股权托管交易中心	2013-12-31
上海纯翠实业股份有限公司	SH100167	纯翠实业	上海股权托管交易中心	2013-12-31
上海天旅航空用品股份有限公司	SH100168	天旅航空	上海股权托管交易中心	2013-12-31
上海每天节能环保科技股份有限公司	SH100169	每天股份	上海股权托管交易中心	2013-12-31
上海三立包装材料股份有限公司	SH100170	三立包装	上海股权托管交易中心	2013-12-31
上海飘香酿造股份有限公司	SH100171	飘香酿造	上海股权托管交易中心	2013-12-31
蓬莱嘉信染料化工股份有限公司	SH100172	嘉信染料	上海股权托管交易中心	2013-12-31
海南八百里物流股份有限公司	SH100173	八百里	上海股权托管交易中心	2013-12-31
南通新帝克单丝科技股份有限公司	SH100175	新帝克	上海股权托管交易中心	2013-12-31
上海锦泰新能源环保股份有限公司	SH100176	锦泰股份	上海股权托管交易中心	2013-12-31
海南昆仑新材料科技股份有限公司	SH100177	昆仑科技	上海股权托管交易中心	2013-12-31
南通天之鹿鸽业养殖股份有限公司	SH100178	天之鹿	上海股权托管交易中心	2013-12-31
安徽惠云塑木股份有限公司	SH100179	惠云塑木	上海股权托管交易中心	2013-12-31
上海成耀物流股份有限公司	SH100131	成耀股份	上海股权托管交易中心	2013-12-30
通化禾韵现代农业股份有限公司	SH100138	通化禾韵	上海股权托管交易中心	2013-12-30
安徽光世农业科技股份有限公司	SH100139	光世农业	上海股权托管交易中心	2013-12-30
江苏超凡标牌股份有限公司	SH100142	超凡股份	上海股权托管交易中心	2013-12-30

公司名称	股票代码	证券简称	交易市场	挂牌日期
上海欧美拉光电股份有限公司	SH100143	欧美拉	上海股权托管交易中心	2013－12－30
江苏宾肯科技股份有限公司	SH100132	宾肯股份	上海股权托管交易中心	2013－12－27
江苏元创美新建设股份有限公司	SH100135	元创美新	上海股权托管交易中心	2013－12－27
上海博击市政工程股份有限公司	SH100136	博击市政	上海股权托管交易中心	2013－12－26
常州天盛重工机械股份有限公司	SH100137	天盛重工	上海股权托管交易中心	2013－12－26
上农农业科技江苏股份有限公司	SH100133	上农股份	上海股权托管交易中心	2013－12－23
上海名君纺织科技股份有限公司	SH100120	名君科技	上海股权托管交易中心	2013－12－20
上海龙乡度假村股份有限公司	SH100125	龙乡股份	上海股权托管交易中心	2013－12－20
三的部落（上海）科技股份有限公司	SH100129	三的部落	上海股权托管交易中心	2013－12－19
河北金锁安防工程股份有限公司	SH100122	金锁股份	上海股权托管交易中心	2013－12－18
上海育生堂母婴护理服务股份有限公司	SH100127	育生堂	上海股权托管交易中心	2013－12－18
辽宁爱华照明科技股份有限公司	SH100110	爱华照明	上海股权托管交易中心	2013－12－16
上海玖道信息科技股份有限公司	SH100119	玖道科技	上海股权托管交易中心	2013－12－13
有行鲨鱼（上海）科技股份有限公司	SH100115	鲨鱼股份	上海股权托管交易中心	2013－12－6
四川东轴轴承股份有限公司	SH100117	东轴轴承	上海股权托管交易中心	2013－12－6
上海汉德加网络科技股份有限公司	SH100121	汉德加	上海股权托管交易中心	2013－12－5
上海轩致文化传媒股份有限公司	SH100113	轩致传媒	上海股权托管交易中心	2013－11－29
上海灵希文化传播股份有限公司	SH100123	灵希股份	上海股权托管交易中心	2013－11－29
上海雄狮粉末科技股份有限公司	SH100128	雄狮科技	上海股权托管交易中心	2013－11－29
甘肃鸿泰种业股份有限公司	SH100126	鸿泰种业	上海股权托管交易中心	2013－11－21
斯篮搏（上海）体育文化发展股份有限公司	SH100112	斯篮搏	上海股权托管交易中心	2013－11－20
协同共享企业服务（上海）股份有限公司	SH100106	协同共享	上海股权托管交易中心	2013－11－18
上海肯米特唐华文化传媒股份有限公司	SH100116	肯米特	上海股权托管交易中心	2013－11－18
东屹建设集团股份有限公司	SH100099	东屹集团	上海股权托管交易中心	2013－11－11
内蒙古佳禾玻璃科技股份有限公司	SH100102	佳禾玻璃	上海股权托管交易中心	2013－11－11
通化鹏龙物流股份有限公司	SH100118	通化鹏龙	上海股权托管交易中心	2013－11－8
上海鼎天时尚科技股份有限公司	SH100108	鼎天时尚	上海股权托管交易中心	2013－11－1
江苏佰康生物科技股份有限公司	SH100109	佰康股份	上海股权托管交易中心	2013－10－30
江苏佳铝实业股份有限公司	SH100103	佳铝股份	上海股权托管交易中心	2013－10－22
上海狮虎能源科技股份有限公司	SH100096	狮虎股份	上海股权托管交易中心	2013－10－21
天益（福建）妇幼用品科技股份有限公司	SH100107	天益科技	上海股权托管交易中心	2013－10－21
张掖市上源农业发展股份有限公司	SH100111	上源农业	上海股权托管交易中心	2013－10－21
安徽省海安机械制造股份有限公司	SH100105	海安机械	上海股权托管交易中心	2013－10－18
上海鉴有实业股份有限公司	SH100101	鉴有股份	上海股权托管交易中心	2013－10－16
湖北天丰科技股份有限公司	SH100032	天丰科技	上海股权托管交易中心	2013－9－26
上海科鑫液压股份有限公司	SH100097	科鑫液压	上海股权托管交易中心	2013－9－26
上海咖乐包装材料股份有限公司	SH100098	咖乐股份	上海股权托管交易中心	2013－9－26
上海南翔食品股份有限公司	SH100100	南翔食品	上海股权托管交易中心	2013－9－26
中软恒信（北京）科技股份有限公司	SH100083	中软恒信	上海股权托管交易中心	2013－9－12
唐山海森电子股份有限公司	SH100092	海森电子	上海股权托管交易中心	2013－9－12
上海华懋建筑工程股份有限公司	SH100085	华懋建筑	上海股权托管交易中心	2013－9－9
上海金匙环保科技股份有限公司	SH100095	金匙环保	上海股权托管交易中心	2013－9－9
江苏融达新材料股份有限公司	SH100093	融达新材	上海股权托管交易中心	2013－9－3
上海昌福电子科技股份有限公司	SH100089	昌福股份	上海股权托管交易中心	2013－8－29
福建金草生物集团股份有限公司	SH100090	金草生物	上海股权托管交易中心	2013－8－26
福建安麟智能科技股份有限公司	SH100091	安麟智能	上海股权托管交易中心	2013－8－26
上海格州电子股份有限公司	SH100087	格州电子	上海股权托管交易中心	2013－8－22
中宇锂电能源股份有限公司	SH100086	中宇锂电	上海股权托管交易中心	2013－8－20
南通金天企业投资管理股份有限公司	SH100088	金天投资	上海股权托管交易中心	2013－8－19
苏州润扬投资管理股份有限公司	SH100082	润扬股份	上海股权托管交易中心	2013－8－16
江阴市泰博电子科技股份有限公司	SH100081	泰博股份	上海股权托管交易中心	2013－8－6
上海傲霜科技股份有限公司	SH100062	傲霜股份	上海股权托管交易中心	2013－8－5
苏州汉丰新材料股份有限公司	SH100077	汉丰材料	上海股权托管交易中心	2013－8－1
通化化工股份有限公司	SH100079	通化化工	上海股权托管交易中心	2013－7－30
上海佳克计算机软件股份有限公司	SH100080	佳克软件	上海股权托管交易中心	2013－7－29
上海长翊科技股份有限公司	SH100078	长翊科技	上海股权托管交易中心	2013－7－26
上海耘克文化传播股份有限公司	SH100066	耘克传播	上海股权托管交易中心	2013－7－18
上海飞华实业股份有限公司	SH100075	飞华股份	上海股权托管交易中心	2013－7－18
建业恒安工程管理股份有限公司	SH100076	建业恒安	上海股权托管交易中心	2013－7－9
中润科技股份有限公司	SH100073	中润股份	上海股权托管交易中心	2013－7－8
上海简博市场研究股份有限公司	SH100071	简博研究	上海股权托管交易中心	2013－6－28
吉林荣欣医疗器械集团股份有限公司	SH100072	荣欣集团	上海股权托管交易中心	2013－6－26
上海一片天餐饮管理股份有限公司	SH100067	一片天	上海股权托管交易中心	2013－6－19
海口三顺物流股份有限公司	SH100070	三顺物流	上海股权托管交易中心	2013－6－18
上海华龙测试仪器股份有限公司	SH100069	华龙测试	上海股权托管交易中心	2013－6－7
上海乔孚舒适家居系统股份有限公司	SH100068	乔孚股份	上海股权托管交易中心	2013－5－31
荣成盛泉养老服务股份有限公司	SH100065	盛泉养老	上海股权托管交易中心	2013－5－8
上海斯歌特体育股份有限公司	SH100063	斯歌特	上海股权托管交易中心	2013－5－7
内蒙古宜龙工贸股份有限公司	SH100061	宜龙股份	上海股权托管交易中心	2013－3－26
上海云生竹业股份有限公司	SH100060	云生竹业	上海股权托管交易中心	2013－3－18
上海永成展示股份有限公司	SH100059	永成股份	上海股权托管交易中心	2013－2－28
甘肃大河生态食品股份有限公司	SH100057	大河生态	上海股权托管交易中心	2013－2－6
上海泰锋精密刀具股份有限公司	SH100058	泰锋刀具	上海股权托管交易中心	2013－2－6
安徽宝葫芦信息科技集团股份有限公司	SH100048	宝葫芦	上海股权托管交易中心	2012－12－31
江苏天种牧业股份有限公司	SH100049	天种牧业	上海股权托管交易中心	2012－12－31
北京华彩天地科技发展股份有限公司	SH100050	华彩天地	上海股权托管交易中心	2012－12－31
上海晨辉科技股份有限公司	SH100051	晨辉科技	上海股权托管交易中心	2012－12－31
海南主健医学股份有限公司	SH100052	主健医学	上海股权托管交易中心	2012－12－31
通化百泉参业集团股份有限公司	SH100053	通化百泉	上海股权托管交易中心	2012－12－31
北京翔龙国际运输股份有限公司	SH100055	翔龙国际	上海股权托管交易中心	2012－12－31
昂华（上海）自动化工程股份有限公司	SH100056	昂华股份	上海股权托管交易中心	2012－12－31
上海惠康物流股份有限公司	SH100040	惠康物流	上海股权托管交易中心	2012－12－27
上海辛葵科技股份有限公司	SH100041	辛葵股份	上海股权托管交易中心	2012－12－27
诺臣光电科技（上海）股份有限公司	SH100042	诺臣光电	上海股权托管交易中心	2012－12－27
上海晟事美安实业股份有限公司	SH100043	晟事美安	上海股权托管交易中心	2012－12－27
上海联鼎软件股份有限公司	SH100045	联鼎软件	上海股权托管交易中心	2012－12－27
宁波名鼎酒店管理股份有限公司	SH100046	名鼎股份	上海股权托管交易中心	2012－12－27
上海帝铨环境科技股份有限公司	SH100047	帝铨环境	上海股权托管交易中心	2012－12－27
上海金地农业发展股份有限公司	SH100038	金农股份	上海股权托管交易中心	2012－12－26
上海博龙智医科技股份有限公司	SH100039	博龙智医	上海股权托管交易中心	2012－12－25
上海四方锅炉集团工程成套股份有限公司	SH100037	四方工程	上海股权托管交易中心	2012－12－18
上海霓虹实业股份有限公司	SH100036	霓虹股份	上海股权托管交易中心	2012－12－7
上海贝得美科技股份有限公司	SH100035	贝得美	上海股权托管交易中心	2012－11－12
上海任远环保股份有限公司	SH100027	任远环保	上海股权托管交易中心	2012－10－25
上海裕强户外用品股份有限公司	SH100033	裕强股份	上海股权托管交易中心	2012－10－25
上海极元金融信息服务（集团）股份有限公司	SH100028	极元金融	上海股权托管交易中心	2012－9－28
上海康岱生物医药技术股份有限公司	SH100030	康岱生物	上海股权托管交易中心	2012－8－23
上海迪纳声科技股份有限公司	SH100029	迪纳声	上海股权托管交易中心	2012－8－22
上海宇鸿信息科技股份有限公司	SH100031	宇鸿科技	上海股权托管交易中心	2012－8－17
无锡易通精密机械股份有限公司	SH100025	易通股份	上海股权托管交易中心	2012－6－28
唐山贺祥机电股份有限公司	SH100026	贺祥机电	上海股权托管交易中心	2012－6－28
上海安防电子股份有限公司	SH100002	上海安防	上海股权托管交易中心	2012－2－15
上海康捷保新材料股份有限公司	SH100003	康捷保	上海股权托管交易中心	2012－2－15
上海兴诺康纶纤维科技股份有限公司	SH100005	康纶纤维	上海股权托管交易中心	2012－2－15
汉盛（上海）海洋装备技术股份有限公司	SH100006	汉盛海装	上海股权托管交易中心	2012－2－15
上海宇度医学科技股份有限公司	SH100007	宇度医学	上海股权托管交易中心	2012－2－15
上海福升威尔智能控制技术股份有限公司	SH100008	福升威尔	上海股权托管交易中心	2012－2－15
保罗生物园科技股份有限公司	SH100009	保罗生物	上海股权托管交易中心	2012－2－15
上海钢软信息技术工程股份有限公司	SH100010	钢软股份	上海股权托管交易中心	2012－2－15
上海铂尔怡环境技术股份有限公司	SH100011	铂尔怡	上海股权托管交易中心	2012－2－15
吉天师动力科技（上海）股份有限公司	SH100012	吉天师	上海股权托管交易中心	2012－2－15
上海悠游堂游乐设备股份有限公司	SH100013	悠游堂	上海股权托管交易中心	2012－2－15

公司名称	股票代码	证券简称	交易市场	挂牌日期
上海电虎数码科技股份有限公司	SH100015	电虎科技	上海股权托管交易中心	2012-2-15
上海天启新能源科技股份有限公司	SH100016	天启股份	上海股权托管交易中心	2012-2-15
太力信息产业股份有限公司	SH100017	太力信息	上海股权托管交易中心	2012-2-15
上海中加飞机机载设备维修股份有限公司	SH100018	中加飞机	上海股权托管交易中心	2012-2-15
上海天谷生物科技股份有限公司	SH100020	天谷科技	上海股权托管交易中心	2012-2-15
上海浦东软件园信息技术股份有限公司	SH100021	浦软信息	上海股权托管交易中心	2012-2-15
上海同田生物技术股份有限公司	SH100023	同田生物	上海股权托管交易中心	2012-2-15
山东宏硕棉业股份有限公司	QL100282	宏硕股份	齐鲁股权交易中心	2014-12-31
寿光市映康牧业发展股份有限公司	QL100286	映康股份	齐鲁股权交易中心	2014-12-31
高密市红高粱文化旅游开发股份有限公司	QL100333	红高粱	齐鲁股权交易中心	2014-12-31
山东营丰生物科技有限公司	QL300083	营丰生物	齐鲁股权交易中心	2014-12-31
山东大简光电科技股份有限公司	QL300121	大简股份	齐鲁股权交易中心	2014-12-31
日照市东山云青茶业股份有限公司	QL300128	东山云青	齐鲁股权交易中心	2014-12-31
山东薄家口茶业股份有限公司	QL300131	薄家口茶	齐鲁股权交易中心	2014-12-31
东营百佳益中药饮片有限公司	QL300133	百佳益	齐鲁股权交易中心	2014-12-31
日照春浓茶业股份有限公司	QL300135	春浓茶业	齐鲁股权交易中心	2014-12-31
日照华茂农业股份有限公司	QL300138	华茂农业	齐鲁股权交易中心	2014-12-31
山东浩泰天然气股份有限公司	QL300139	浩泰燃气	齐鲁股权交易中心	2014-12-31
东营燕扬装饰工程有限公司	QL300152	燕扬股份	齐鲁股权交易中心	2014-12-31
山东正宇铝业有限公司	QL300156	正宇铝业	齐鲁股权交易中心	2014-12-31
山东蓝硅新能源装备股份有限公司	QL300157	蓝硅装备	齐鲁股权交易中心	2014-12-31
诸城市广德家纺有限公司	QL300160	广德家纺	齐鲁股权交易中心	2014-12-31
山东金典坚果股份有限公司	QL100283	金典坚果	齐鲁股权交易中心	2014-12-10
山东得胜电力股份有限公司	QL100285	得胜股份	齐鲁股权交易中心	2014-12-10
东营市聚洲工贸股份有限公司	QL300093	聚洲工贸	齐鲁股权交易中心	2014-12-10
东营锦东商贸股份有限公司	QL300116	锦东商贸	齐鲁股权交易中心	2014-12-10
山东英特磨具股份有限公司	QL300117	英特股份	齐鲁股权交易中心	2014-12-10
山东龙发石材装饰股份有限公司	QL300127	龙发股份	齐鲁股权交易中心	2014-12-10
山东牵手娃服饰股份有限公司	QL300113	牵手娃	齐鲁股权交易中心	2014-12-9
山东怡翔新型建材股份有限公司	QL100275	怡翔建材	齐鲁股权交易中心	2014-11-12
山东运发物流股份有限公司	QL100276	运发物流	齐鲁股权交易中心	2014-11-12
日照东润有机硅股份有限公司	QL300081	东润硅业	齐鲁股权交易中心	2014-11-12
山东安嘉新型建材股份有限公司	QL300096	安嘉新材	齐鲁股权交易中心	2014-11-12
山东中坤石油科技股份有限公司	QL100271	中坤科技	齐鲁股权交易中心	2014-11-11
山东华岳达铝业股份有限公司	QL100273	华岳达	齐鲁股权交易中心	2014-11-11
山东银河动力股份有限公司	QL100281	银河动力	齐鲁股权交易中心	2014-11-11
山东宽惠红木文化股份有限公司	QL300085	宽惠红木	齐鲁股权交易中心	2014-11-11
山东云豪卫生用品股份有限公司	QL300087	云豪卫品	齐鲁股权交易中心	2014-11-11
山东象牛机械股份有限公司	QL300090	象牛机械	齐鲁股权交易中心	2014-11-11
山东名相地产顾问股份有限公司	QL300095	名相联策	齐鲁股权交易中心	2014-11-11
山东汇源饮用水有限公司	QL300097	山东汇源	齐鲁股权交易中心	2014-11-11
山东艾兰仕家具科技股份有限公司	QL300102	艾兰仕	齐鲁股权交易中心	2014-11-11
东营中丰农业开发有限公司	QL300103	中丰农业	齐鲁股权交易中心	2014-11-11
烟台市颐和海洋食品股份有限公司	QL300073	颐和股份	齐鲁股权交易中心	2014-10-16
烟台颜红健康科技股份有限公司	QL300079	颜红股份	齐鲁股权交易中心	2014-10-16
烟台尚美丽家建材有限公司	QL300089	尚美丽家	齐鲁股权交易中心	2014-10-16
山东汇丰木塑型材股份有限公司	QL100272	汇丰股份	齐鲁股权交易中心	2014-9-24
青州市红旗食品股份有限公司	QL100279	红旗山楂	齐鲁股权交易中心	2014-9-24
山东重拓机械股份有限公司	QL300059	重拓机械	齐鲁股权交易中心	2014-9-24
临沂市强盛工具股份有限公司	QL300065	强盛工具	齐鲁股权交易中心	2014-9-24
山东中港化肥股份有限公司	QL300067	中港化肥	齐鲁股权交易中心	2014-9-24
山东鼎泰交通物流股份有限公司	QL300070	鼎泰股份	齐鲁股权交易中心	2014-9-24
山东万讯线杆股份有限公司	QL100247	万讯线杆	齐鲁股权交易中心	2014-8-15
临沂联诚机械股份有限公司	QL300042	联诚机械	齐鲁股权交易中心	2014-8-15
山东广润新型材料股份有限公司	QL300044	广润新材	齐鲁股权交易中心	2014-8-15
山东吉阳新能源科技股份有限公司	QL300062	吉阳科技	齐鲁股权交易中心	2014-8-15
淄博南岳水务有限公司	QL300063	南岳水务	齐鲁股权交易中心	2014-8-15

公司名称	股票代码	证券简称	交易市场	挂牌日期
烟台瑞华汽车服务股份有限公司	QL300047	瑞华汽车	齐鲁股权交易中心	2014-8-12
山东省东鹏工业装备股份有限公司	QL100265	东鹏股份	齐鲁股权交易中心	2014-7-16
山东鲁中农牧发展股份有限公司	QL100268	鲁中农牧	齐鲁股权交易中心	2014-7-16
山东大海农业发展股份有限公司	QL100269	大海农业	齐鲁股权交易中心	2014-7-16
济宁市兖州区土佬茂畜牧业开发股份有限公司	QL300048	土佬茂	齐鲁股权交易中心	2014-7-16
山东三诺机电科技股份有限公司	QL300050	三诺机电	齐鲁股权交易中心	2014-7-16
山东元脉电子技术股份有限公司	QL300051	元脉电子	齐鲁股权交易中心	2014-7-16
临沂银凤电子科技股份有限公司	QL300052	银凤电子	齐鲁股权交易中心	2014-7-16
临沂黄家食品股份有限公司	QL100256	黄家食品	齐鲁股权交易中心	2014-6-19
日照华美食品股份有限公司	QL300041	华美食品	齐鲁股权交易中心	2014-6-16
聊城市联威肥业股份有限公司	QL100263	联威肥业	齐鲁股权交易中心	2014-6-12
潍坊泰达电力设备股份有限公司	QL100252	泰达电力	齐鲁股权交易中心	2014-6-11
潍坊盛丰面业股份有限公司	QL100260	盛丰面业	齐鲁股权交易中心	2014-6-11
山东裕鸿阀门股份有限公司	QL300045	裕鸿阀门	齐鲁股权交易中心	2014-6-11
山东联冠鞋业股份有限公司	QL100259	山东联冠	齐鲁股权交易中心	2014-6-6
山东祥源生物集团股份有限公司	QL100255	祥源股份	齐鲁股权交易中心	2014-5-30
山东泺泰牧业股份有限公司	QL100257	泺泰股份	齐鲁股权交易中心	2014-5-30
山东丰众纸业股份有限公司	QL100249	丰众股份	齐鲁股权交易中心	2014-4-25
山东华菱驾驶员培训股份有限公司	QL100251	华菱股份	齐鲁股权交易中心	2014-4-25
山东华箴实业股份有限公司	QL100258	华箴实业	齐鲁股权交易中心	2014-4-25
临沂市兰山区金升小额贷款股份有限公司	QL180009	金升小贷	齐鲁股权交易中心	2014-4-25
烟台润东汽车销售服务股份有限公司	QL100213	润东股份	齐鲁股权交易中心	2014-4-17
烟台固特丽生物科技股份有限公司	QL300032	固特丽	齐鲁股权交易中心	2014-4-17
山东坤永农产品股份有限公司	QL300039	坤永股份	齐鲁股权交易中心	2014-4-17
烟台一品鲜蔬菜股份有限公司	QL300040	一品鲜	齐鲁股权交易中心	2014-4-17
山东善者文化传媒股份有限公司	QL100088	善者文化	齐鲁股权交易中心	2014-1-22
青岛前丰国际帽艺股份有限公司	QL100245	前丰国际	齐鲁股权交易中心	2014-1-21
山东欧科家肥业股份有限公司	QL100246	欧科家	齐鲁股权交易中心	2014-1-21
山东万鑫热能科技股份有限公司	QL300035	万鑫科技	齐鲁股权交易中心	2014-1-21
山东乾鸿重工股份有限公司	QL300036	乾鸿重工	齐鲁股权交易中心	2014-1-21
山东大鱼岛港务股份有限公司	QL300037	大鱼岛港	齐鲁股权交易中心	2014-1-21
山东富帅无辐射技术股份有限公司	QL300038	富帅技术	齐鲁股权交易中心	2014-1-21
青岛日能拉伸膜科技股份有限公司	QL300028	日能科技	齐鲁股权交易中心	2014-1-16
青岛雷悦重工股份有限公司	QL300029	雷悦重工	齐鲁股权交易中心	2014-1-16
山东三和玩具股份有限公司	QL100223	三和玩具	齐鲁股权交易中心	2014-1-15
山东泽辉新材料股份有限公司	QL100229	泽辉股份	齐鲁股权交易中心	2014-1-15
山东孙祖小米股份有限公司	QL300025	孙祖小米	齐鲁股权交易中心	2014-1-15
华玻科技股份有限公司	QL100211	华玻科技	齐鲁股权交易中心	2013-12-30
山东贝德丰生物科技股份有限公司	QL100225	贝德丰	齐鲁股权交易中心	2013-12-30
山东金蒙新材料股份有限公司	QL100227	金蒙新材	齐鲁股权交易中心	2013-12-30
山东凯明木业股份有限公司	QL100230	凯明木业	齐鲁股权交易中心	2013-12-30
山东力之源动力机械股份有限公司	QL100231	力之源	齐鲁股权交易中心	2013-12-30
山东鼎晟复合材料科技股份有限公司	QL100232	鼎晟科技	齐鲁股权交易中心	2013-12-30
山东金心肉食品股份有限公司	QL100233	金心股份	齐鲁股权交易中心	2013-12-30
山东金如意木业股份有限公司	QL100235	金如意	齐鲁股权交易中心	2013-12-30
山东东阿东方阿胶股份有限公司	QL100236	东方阿胶	齐鲁股权交易中心	2013-12-30
山东史贝美肥料股份有限公司	QL100237	史贝美	齐鲁股权交易中心	2013-12-30
山东康吉尔油脂股份有限公司	QL100238	康吉尔	齐鲁股权交易中心	2013-12-30
山东大王实业股份有限公司	QL100239	大王实业	齐鲁股权交易中心	2013-12-30
山东汇康木业股份有限公司	QL100240	汇康木业	齐鲁股权交易中心	2013-12-30
山东海金食品股份有限公司	QL100241	海金食品	齐鲁股权交易中心	2013-12-30
路通建设集团股份有限公司	QL100242	路通股份	齐鲁股权交易中心	2013-12-30
山东永通塑业股份有限公司	QL100243	永通塑业	齐鲁股权交易中心	2013-12-30
济南市高新区融鑫小额贷款股份有限公司	QL180005	融鑫小贷	齐鲁股权交易中心	2013-12-30
广饶县金桥小额贷款股份有限公司	QL180006	金桥小贷	齐鲁股权交易中心	2013-12-30
淄博市周村区宏信小额贷款股份有限公司	QL180007	宏信小贷	齐鲁股权交易中心	2013-12-30
山东宝隆生物降解材料股份有限公司	QL300023	宝隆生物	齐鲁股权交易中心	2013-12-30

公司名称	股票代码	证券简称	交易市场	挂牌日期
山东炳坤腾泰陶瓷科技股份有限公司	QL300027	炳坤腾泰	齐鲁股权交易中心	2013 - 12 - 30
山东宏阳型材科技股份有限公司	QL300030	宏阳型材	齐鲁股权交易中心	2013 - 12 - 30
山东万威磨具科技股份有限公司	QL300031	万威科技	齐鲁股权交易中心	2013 - 12 - 30
山东鲁泽节能科技股份有限公司	QL300033	鲁泽节能	齐鲁股权交易中心	2013 - 12 - 30
山东远通锻造股份有限公司	QL100220	远通锻造	齐鲁股权交易中心	2013 - 12 - 26
山东振淇机械股份有限公司	QL100221	振淇机械	齐鲁股权交易中心	2013 - 12 - 26
潍坊科瑞特标识股份有限公司	QL100215	科瑞特	齐鲁股权交易中心	2013 - 12 - 25
山东鲁胜食品股份有限公司	QL100217	鲁胜食品	齐鲁股权交易中心	2013 - 12 - 25
山东凤凰光热科技股份有限公司	QL100226	凤凰光热	齐鲁股权交易中心	2013 - 12 - 18
山东科润机械股份有限公司	QL300026	科润股份	齐鲁股权交易中心	2013 - 12 - 18
泰安博纳金属耐磨技术股份有限公司	QL100190	博纳股份	齐鲁股权交易中心	2013 - 12 - 17
山东泰山天盾矿山机械股份有限公司	QL100216	泰山天盾	齐鲁股权交易中心	2013 - 12 - 17
山东迅力精密铸造股份有限公司	QL100175	迅力精铸	齐鲁股权交易中心	2013 - 12 - 9
济南金王食品股份有限公司	QL100186	金王食品	齐鲁股权交易中心	2013 - 12 - 9
山东振泰线缆股份有限公司	QL100187	振泰线缆	齐鲁股权交易中心	2013 - 12 - 9
德州市鑫华润聚氨酯鞋材股份有限公司	QL100195	鑫华润	齐鲁股权交易中心	2013 - 12 - 9
山东科虹线缆科技股份有限公司	QL100198	科虹线缆	齐鲁股权交易中心	2013 - 12 - 9
山东圣鼎国防护设备股份有限公司	QL100202	圣鼎国	齐鲁股权交易中心	2013 - 12 - 9
山东佑润生物技术股份有限公司	QL100205	佑润生物	齐鲁股权交易中心	2013 - 12 - 9
山东泰丰新水管业股份有限公司	QL100206	新水管业	齐鲁股权交易中心	2013 - 12 - 9
山东东沃地毯股份有限公司	QL100212	东沃股份	齐鲁股权交易中心	2013 - 12 - 9
山东煜龙环保科技股份有限公司	QL100218	煜龙环保	齐鲁股权交易中心	2013 - 12 - 9
山东金池耐磨材料股份有限公司	QL300012	金池股份	齐鲁股权交易中心	2013 - 12 - 9
山东协力生物科技股份有限公司	QL300017	协力生物	齐鲁股权交易中心	2013 - 12 - 9
泰安市金龙生物科技股份有限公司	QL300021	金龙生物	齐鲁股权交易中心	2013 - 12 - 9
山东双鹤机械制造股份有限公司	QL300022	双鹤机械	齐鲁股权交易中心	2013 - 12 - 9
山东中研实业股份有限公司	QL100219	中研股份	齐鲁股权交易中心	2013 - 12 - 8
山东五莲绿野食品股份有限公司	QL100179	绿野食品	齐鲁股权交易中心	2013 - 12 - 6
山东华强精密机床股份有限公司	QL100182	华强精密	齐鲁股权交易中心	2013 - 12 - 6
山东金辰机械股份有限公司	QL100185	金辰机械	齐鲁股权交易中心	2013 - 12 - 6
山东恒昌聚材化工科技股份有限公司	QL100188	聚材科技	齐鲁股权交易中心	2013 - 12 - 6
山东掌中宝信息技术股份有限公司	QL100189	掌中宝	齐鲁股权交易中心	2013 - 12 - 6
青岛帅睿宏业食品股份有限公司	QL100192	帅睿宏业	齐鲁股权交易中心	2013 - 12 - 6
山东博胜动力科技股份有限公司	QL100193	博胜动力	齐鲁股权交易中心	2013 - 12 - 6
山东百慧乳业股份有限公司	QL100196	百慧乳业	齐鲁股权交易中心	2013 - 12 - 6
青岛君盛食品股份有限公司	QL100201	君盛食品	齐鲁股权交易中心	2013 - 12 - 6
青岛瑞普电气股份有限公司	QL100203	瑞普电气	齐鲁股权交易中心	2013 - 12 - 6
烟台只楚化学新材料股份有限公司	QL100207	只楚化学	齐鲁股权交易中心	2013 - 12 - 6
山东天河科技股份有限公司	QL100208	天河科技	齐鲁股权交易中心	2013 - 12 - 6
山东恒源鑫建设工程股份有限公司	QL100209	恒源鑫	齐鲁股权交易中心	2013 - 12 - 6
莒南县民丰小额贷款股份有限公司	QL180002	民丰小贷	齐鲁股权交易中心	2013 - 12 - 6
平邑县融信小额贷款股份有限公司	QL180003	融信小贷	齐鲁股权交易中心	2013 - 12 - 6
山东裕利蔬菜股份有限公司	QL300001	裕利蔬菜	齐鲁股权交易中心	2013 - 12 - 6
青岛耕耘百年食品股份有限公司	QL300011	耕耘百年	齐鲁股权交易中心	2013 - 12 - 6
山东奕仲电子科技股份有限公司	QL300018	奕仲电子	齐鲁股权交易中心	2013 - 12 - 6
临沂中讯通电子科技股份有限公司	QL300019	中讯通	齐鲁股权交易中心	2013 - 12 - 6
威海三润重工股份有限公司	QL100142	三润重工	齐鲁股权交易中心	2013 - 11 - 5
山东北方淄特特种油股份有限公司	QL100191	淄特股份	齐鲁股权交易中心	2013 - 11 - 4
山东民强生物科技股份有限公司	QL100197	民强生物	齐鲁股权交易中心	2013 - 11 - 4
山东在天金属科技股份有限公司	QL100210	在天科技	齐鲁股权交易中心	2013 - 11 - 4
山东亚特表面涂装化工股份有限公司	QL300009	亚特股份	齐鲁股权交易中心	2013 - 11 - 4
山东驰玖锂电科技股份有限公司	QL300010	驰玖锂电	齐鲁股权交易中心	2013 - 11 - 4
淄博宏旺清真牧业股份有限公司	QL300013	宏旺真牛	齐鲁股权交易中心	2013 - 11 - 4
山东海德瑞仪表股份有限公司	QL300015	海德瑞	齐鲁股权交易中心	2013 - 11 - 4
山东美罗福农业科技股份有限公司	QL300016	美罗福	齐鲁股权交易中心	2013 - 11 - 4
山东尚泰实业股份有限公司	QL300020	尚泰股份	齐鲁股权交易中心	2013 - 11 - 4
山东奥联包装股份有限公司	QL100158	奥联包装	齐鲁股权交易中心	2013 - 9 - 28
山东顺和酒业有限公司	QL100159	顺和股份	齐鲁股权交易中心	2013 - 9 - 28

公司名称	股票代码	证券简称	交易市场	挂牌日期
临沂乔氏新型建材股份有限公司	QL100167	乔氏建材	齐鲁股权交易中心	2013 - 9 - 28
山东亿盛铝业股份有限公司	QL100181	亿盛铝业	齐鲁股权交易中心	2013 - 9 - 28
山东天亿重工有限公司	QL100183	天亿重工	齐鲁股权交易中心	2013 - 9 - 27
山东兴岳食品股份有限公司	QL300008	兴岳食品	齐鲁股权交易中心	2013 - 9 - 26
淄博恒久聚氨酯科技股份有限公司	QL100160	恒久科技	齐鲁股权交易中心	2013 - 9 - 13
山东九鼎铁塔科技股份有限公司	QL100161	九鼎股份	齐鲁股权交易中心	2013 - 9 - 13
山东博水泵业股份有限公司	QL100162	博水泵业	齐鲁股权交易中心	2013 - 9 - 13
山东金晓阳生物科技股份有限公司	QL100163	金晓阳	齐鲁股权交易中心	2013 - 9 - 13
山东鲁青电缆股份有限公司	QL100165	鲁青电缆	齐鲁股权交易中心	2013 - 9 - 13
山东柯林维尔化工股份有限公司	QL100168	柯林维尔	齐鲁股权交易中心	2013 - 9 - 13
山东新蓝海科技股份有限公司	QL100169	新蓝海	齐鲁股权交易中心	2013 - 9 - 13
山东三惠木塑科技股份有限公司	QL100170	三惠木塑	齐鲁股权交易中心	2013 - 9 - 13
山东旭光得瑞高新材料股份有限公司	QL100171	旭光股份	齐鲁股权交易中心	2013 - 9 - 13
山东通亚交通安全设施股份有限公司	QL100172	通亚交通	齐鲁股权交易中心	2013 - 9 - 13
山东耀国光热科技股份有限公司	QL100173	耀国光热	齐鲁股权交易中心	2013 - 9 - 13
山东颜春农业发展股份有限公司	QL100176	颜春农业	齐鲁股权交易中心	2013 - 9 - 13
山东永兴泰食品股份有限公司	QL100180	永兴泰	齐鲁股权交易中心	2013 - 9 - 13
山东怡然园艺股份有限公司	QL300002	怡然园艺	齐鲁股权交易中心	2013 - 9 - 13
淄博翰墨文化传播股份有限公司	QL300003	翰墨文化	齐鲁股权交易中心	2013 - 9 - 13
山东新世纪市政工程股份有限公司	QL300005	世纪股份	齐鲁股权交易中心	2013 - 9 - 13
德州清真新世纪大饭店股份有限公司	QL300006	新世纪	齐鲁股权交易中心	2013 - 9 - 13
山东巨彩数码印花科技股份有限公司	QL300007	巨彩数码	齐鲁股权交易中心	2013 - 9 - 13
山东三圆新材料股份有限公司	QL100178	三圆股份	齐鲁股权交易中心	2013 - 9 - 6
德州医药股份有限公司	QL000011	德州医药	齐鲁股权交易中心	2013 - 8 - 16
山东华信电气股份有限公司	QL100157	华信电气	齐鲁股权交易中心	2013 - 7 - 18
山东正汉生物科技股份有限公司	QL100143	正汉生物	齐鲁股权交易中心	2013 - 7 - 5
山东金舜石油装备股份有限公司	QL100147	金舜股份	齐鲁股权交易中心	2013 - 7 - 5
东营市金和钰棉花股份有限公司	QL100150	金和钰	齐鲁股权交易中心	2013 - 7 - 5
东营方大金属结构股份有限公司	QL100151	方大金属	齐鲁股权交易中心	2013 - 7 - 5
山东昊安金科新材料股份有限公司	QL100153	昊安金科	齐鲁股权交易中心	2013 - 6 - 28
山东科耐燃气冰箱制造股份有限公司	QL100138	科耐冰箱	齐鲁股权交易中心	2013 - 6 - 26
山东馨力石化科技股份有限公司	QL100139	馨力石化	齐鲁股权交易中心	2013 - 6 - 26
德州格瑞特机电股份有限公司	QL100140	格瑞特	齐鲁股权交易中心	2013 - 6 - 26
山东力宝得化工股份有限公司	QL100145	力宝得	齐鲁股权交易中心	2013 - 6 - 26
聊城继东华明机械股份有限公司	QL100149	华明机械	齐鲁股权交易中心	2013 - 6 - 26
山东弘发兴凯实业股份有限公司	QL100152	弘发兴凯	齐鲁股权交易中心	2013 - 6 - 26
山东大宇纺织股份有限公司	QL100156	大宇股份	齐鲁股权交易中心	2013 - 6 - 26
临沂市拓普网络股份有限公司	QL100146	拓普网络	齐鲁股权交易中心	2013 - 6 - 14
山东亿铭新材料科技股份有限公司	QL100113	亿铭新材	齐鲁股权交易中心	2013 - 6 - 9
山东鲁一机械股份有限公司	QL100141	鲁一机械	齐鲁股权交易中心	2013 - 6 - 9
山东泰康建材股份有限公司	QL100133	泰康股份	齐鲁股权交易中心	2013 - 4 - 17
山东新奥宇车业股份有限公司	QL100136	新奥宇	齐鲁股权交易中心	2013 - 4 - 17
山东银兴种业股份有限公司	QL100137	银兴种业	齐鲁股权交易中心	2013 - 4 - 17
山东力士板业股份有限公司	QL100132	力士板材	齐鲁股权交易中心	2013 - 1 - 22
青岛良友饮食股份有限公司	QL100077	良友饮食	齐鲁股权交易中心	2012 - 12 - 29
山东荣顺鞋业股份有限公司	QL100081	荣顺鞋业	齐鲁股权交易中心	2012 - 12 - 29
山东星之联生物科技股份有限公司	QL100083	星之联	齐鲁股权交易中心	2012 - 12 - 29
淄博中农农业科技股份有限公司	QL100087	中农股份	齐鲁股权交易中心	2012 - 12 - 29
淄博金龙电力设备股份有限公司	QL100089	金龙股份	齐鲁股权交易中心	2012 - 12 - 29
兖州华美农业科技发展股份有限公司	QL100091	华美股份	齐鲁股权交易中心	2012 - 12 - 29
山东齐御牧业股份有限公司	QL100092	齐御牧业	齐鲁股权交易中心	2012 - 12 - 29
山东中阳碳素股份有限公司	QL100093	中阳股份	齐鲁股权交易中心	2012 - 12 - 29
山东富宏服饰股份有限公司	QL100099	富宏股份	齐鲁股权交易中心	2012 - 12 - 29
山东康友光电科技股份有限公司	QL100101	康友光电	齐鲁股权交易中心	2012 - 12 - 29
山东川君化工股份有限公司	QL100102	川君股份	齐鲁股权交易中心	2012 - 12 - 29
山东松竹铝业股份有限公司	QL100103	松竹铝业	齐鲁股权交易中心	2012 - 12 - 29
山东福泰陶瓷股份有限公司	QL100107	福泰陶瓷	齐鲁股权交易中心	2012 - 12 - 29
威海震宇智能科技股份有限公司	QL100109	震宇科技	齐鲁股权交易中心	2012 - 12 - 29
山东科麟环保科技股份有限公司	QL100112	科麟股份	齐鲁股权交易中心	2012 - 12 - 29

公司名称	股票代码	证券简称	交易市场	挂牌日期
山东津合农业股份有限公司	QL100115	津合股份	齐鲁股权交易中心	2012-12-29
山东无棣华兴渤海黑牛种业股份有限公司	QL100117	渤海黑牛	齐鲁股权交易中心	2012-12-29
山东敛峰生物科技股份有限公司	QL100120	敛峰科技	齐鲁股权交易中心	2012-12-29
山东鑫海新材料股份有限公司	QL100121	鑫海股份	齐鲁股权交易中心	2012-12-29
山东绿野生物科技园股份有限公司	QL100122	绿野股份	齐鲁股权交易中心	2012-12-29
山东万达重工股份有限公司	QL100123	万达重工	齐鲁股权交易中心	2012-12-29
山东恒圆精工部件股份有限公司	QL100125	恒圆股份	齐鲁股权交易中心	2012-12-29
山东三元生物科技股份有限公司	QL100131	三元生物	齐鲁股权交易中心	2012-12-29
聊城鲁润轴承股份有限公司	QL100119	鲁润轴承	齐鲁股权交易中心	2012-12-27
聊城市哈大地轴承股份有限公司	QL100127	哈大地	齐鲁股权交易中心	2012-12-27
山东哈鲁轴承股份有限公司	QL100129	哈鲁轴承	齐鲁股权交易中心	2012-12-27
青岛海王纸业股份有限公司	QL000009	青岛海王	齐鲁股权交易中心	2012-12-26
山东华力电机集团股份有限公司	QL000010	华力电机	齐鲁股权交易中心	2012-12-26
山东安兴玻璃制品股份有限公司	QL100105	安兴玻璃	齐鲁股权交易中心	2012-12-25
山东宏飞包装股份有限公司	QL100128	宏飞包装	齐鲁股权交易中心	2012-12-25
山东鸿源生物科技股份有限公司	QL100085	鸿源生物	齐鲁股权交易中心	2012-11-29
山东国风精工合金材料股份有限公司	QL100082	国风精工	齐鲁股权交易中心	2012-11-16
山东中绿食品股份有限公司	QL100086	中绿食品	齐鲁股权交易中心	2012-11-16
日照御青茶业股份有限公司	QL100090	御青茶业	齐鲁股权交易中心	2012-11-16
山东旭东化工科技股份有限公司	QL100095	旭东科技	齐鲁股权交易中心	2012-11-16
山东恒硕自动化装备制造股份有限公司	QL100073	恒硕装备	齐鲁股权交易中心	2012-9-26
山东华业钨钼股份有限公司	QL100078	华业钨钼	齐鲁股权交易中心	2012-9-26
山东省锦绣千村农业股份有限公司	QL100079	锦绣千村	齐鲁股权交易中心	2012-9-26
山东远征石油设备股份有限公司	QL100080	远征石油	齐鲁股权交易中心	2012-9-26
青岛惠运办公科技集团股份有限公司	QL100067	惠运科技	齐鲁股权交易中心	2012-9-21
山东邦迪化学制品股份有限公司	QL100068	邦迪股份	齐鲁股权交易中心	2012-9-21
山东嘉特塑料包装股份有限公司	QL100069	嘉特包装	齐鲁股权交易中心	2012-9-21
山东先河悦新机电股份有限公司	QL100070	先河机电	齐鲁股权交易中心	2012-9-21
山东青河农业科技发展股份有限公司	QL100071	青河农业	齐鲁股权交易中心	2012-9-21
山东世拓高分子材料股份有限公司	QL100072	山东世拓	齐鲁股权交易中心	2012-9-21
山东大柴缸体缸盖股份有限公司	QL100076	山东大柴	齐鲁股权交易中心	2012-9-21
山东裕鲁砼材科技股份有限公司	QL100057	裕鲁砼材	齐鲁股权交易中心	2012-6-6
山东亿丰源生物科技股份有限公司	QL100059	亿丰源	齐鲁股权交易中心	2012-6-6
山东高盛玻璃科技股份有限公司	QL100060	高盛科技	齐鲁股权交易中心	2012-6-6
山东合太恒科技股份有限公司	QL100061	合太恒	齐鲁股权交易中心	2012-6-6
山东晨晖装饰工程股份有限公司	QL100062	晨晖股份	齐鲁股权交易中心	2012-6-6
山东中力高压阀门股份有限公司	QL100063	中力阀门	齐鲁股权交易中心	2012-6-6
山东鲁桥新材料股份有限公司	QL100064	鲁桥股份	齐鲁股权交易中心	2012-6-6
山东壹诺化工股份有限公司	QL100053	壹诺化工	齐鲁股权交易中心	2012-5-19
山东金釜工具股份有限公司	QL100055	金釜工具	齐鲁股权交易中心	2012-5-19
山东临沂沂州水泥股份有限公司	QL000007	沂州水泥	齐鲁股权交易中心	2012-3-30
山东恒利石油化工股份有限公司	QL100048	恒利化工	齐鲁股权交易中心	2012-3-30
山东华旅旅游发展股份有限公司	QL100049	华旅股份	齐鲁股权交易中心	2012-3-30
临清市华泰机械制造股份有限公司	QL100050	华泰机械	齐鲁股权交易中心	2012-3-30
山东农凯米业股份有限公司	QL100041	农凯米业	齐鲁股权交易中心	2012-1-6
山东辛龙生物科技股份有限公司	QL100039	辛龙科技	齐鲁股权交易中心	2011-12-29
聊城市中瑞轴承配件股份有限公司	QL100040	中瑞股份	齐鲁股权交易中心	2011-12-29
山东华盛果品股份有限公司	QL100042	华盛果品	齐鲁股权交易中心	2011-12-29
山东赛特新材料股份有限公司	QL100043	赛特股份	齐鲁股权交易中心	2011-12-29
淄博泰勒换热设备股份有限公司	QL100044	泰勒股份	齐鲁股权交易中心	2011-12-29
山东河源养殖繁育股份有限公司	QL100045	河源养殖	齐鲁股权交易中心	2011-12-29
山东东耐高温材料股份有限公司	QL100046	东耐股份	齐鲁股权交易中心	2011-12-29
山东益康药业股份有限公司	QL100047	益康药业	齐鲁股权交易中心	2011-12-29
山东七河生物科技股份有限公司	QL100028	七河生物	齐鲁股权交易中心	2011-9-8
山东华煜盛园农业发展股份有限公司	QL100029	华煜盛园	齐鲁股权交易中心	2011-9-8
山东德方液压机械股份有限公司	QL100031	德方液压	齐鲁股权交易中心	2011-9-8
山东新贵科技股份有限公司	QL100032	新贵科技	齐鲁股权交易中心	2011-9-8
山东沂蒙山花生油股份有限公司	QL100033	沂蒙山	齐鲁股权交易中心	2011-9-8

公司名称	股票代码	证券简称	交易市场	挂牌日期
山东天健纸业股份有限公司	QL100035	天健纸业	齐鲁股权交易中心	2011-9-8
山东鲁农种业股份有限公司	QL100036	鲁农种业	齐鲁股权交易中心	2011-9-8
山东伯仲真空设备股份有限公司	QL100037	伯仲真空	齐鲁股权交易中心	2011-9-8
淄博宝塔焦化股份有限公司	QL100038	宝塔股份	齐鲁股权交易中心	2011-9-8
山东创尔沃热泵技术股份有限公司	QL100027	创尔沃	齐鲁股权交易中心	2011-6-30
山东浩阳新型工程材料股份有限公司	QL100018	浩阳新材	齐鲁股权交易中心	2011-4-29
山东三丰集团股份有限公司	QL100021	三丰股份	齐鲁股权交易中心	2011-4-29
山东安博机械科技股份有限公司	QL100022	安博科技	齐鲁股权交易中心	2011-4-29
山东众诚钡盐股份有限公司	QL100023	众诚钡盐	齐鲁股权交易中心	2011-4-29
山东昭和新材料科技股份有限公司	QL100026	昭和科技	齐鲁股权交易中心	2011-4-29
山东凤阳集团股份有限公司	QL000002	山东凤阳	齐鲁股权交易中心	2011-1-24
淄博鲁中房地产开发股份有限公司	QL000003	鲁中房产	齐鲁股权交易中心	2011-1-24
淄博瀚海水业股份有限公司	QL100017	瀚海水业	齐鲁股权交易中心	2011-1-24
山东惠工电气股份有限公司	QL100002	惠工电气	齐鲁股权交易中心	2010-12-29
山东人和健身器材股份有限公司	QL100003	人和健身	齐鲁股权交易中心	2010-12-29
德州海利安生物科技股份有限公司	QL100005	海利安	齐鲁股权交易中心	2010-12-29
山东红阳耐火保温材料股份有限公司	QL100007	红阳股份	齐鲁股权交易中心	2010-12-29
淄博鸿嘉铝业股份有限公司	QL100008	鸿嘉铝业	齐鲁股权交易中心	2010-12-29
山东布莱凯特黑牛科技股份有限公司	QL100009	布莱凯特	齐鲁股权交易中心	2010-12-29
山东华伟银凯建材科技股份有限公司	QL100010	华伟科技	齐鲁股权交易中心	2010-12-29
山东慧科助剂股份有限公司	QL100011	慧科助剂	齐鲁股权交易中心	2010-12-29
山东上水农业发展股份有限公司	QL100012	山东上水	齐鲁股权交易中心	2010-12-29
淄博祥盛汽车板簧股份有限公司	QL100013	淄博祥盛	齐鲁股权交易中心	2010-12-29
滕州市三合机械股份有限公司	QL100015	三合机械	齐鲁股权交易中心	2010-12-29
淄博恒昌塑胶制品股份有限公司	QL100016	恒昌塑胶	齐鲁股权交易中心	2010-12-29
重庆优丹百货股份有限公司	CQ850051	优丹百货	重庆股份转让中心	2014-12-31
贵阳伟创麟丰科技实业股份有限公司	CQ850050	伟创实业	重庆股份转让中心	2014-12-30
重庆昊磐节能科技股份有限公司	CQ850049	昊磐节能	重庆股份转让中心	2014-11-18
六安市快捷实业集团股份有限公司	CQ750010	快捷实业	重庆股份转让中心	2014-10-17
安徽金麒麟农业科技股份有限公司	CQ850046	金麒麟	重庆股份转让中心	2014-10-17
安徽丽水湾生态农业科技股份有限公司	CQ850047	丽水湾	重庆股份转让中心	2014-10-17
霍山智科环保建材科技股份有限公司	CQ850048	智科环保	重庆股份转让中心	2014-10-17
重庆市智富新能源股份有限公司	CQ850045	智富能源	重庆股份转让中心	2014-10-16
河北唐隆房地产开发股份有限公司	CQ850099	唐隆地产	重庆股份转让中心	2014-9-19
重庆市祥陵机械股份有限公司	CQ850098	祥陵机械	重庆股份转让中心	2014-9-17
贵州可佳艺术品投资股份有限公司	CQ850043	可佳艺术	重庆股份转让中心	2014-9-12
重庆中农建设股份有限公司	CQ850042	中农建设	重庆股份转让中心	2014-7-3
重庆熙成文化传媒股份有限公司	CQ750009	熙成传媒	重庆股份转让中心	2014-6-30
重庆国茂医药股份有限公司	CQ750888	国茂医药	重庆股份转让中心	2014-6-30
重庆市开县金开小额贷款股份有限公司	CQ850041	金开小贷	重庆股份转让中心	2014-6-30
四川沁园春荼业股份有限公司	CQ850040	沁园春	重庆股份转让中心	2014-6-23
贵州龙都璟怡国际大酒店股份公司	CQ850038	龙都璟怡	重庆股份转让中心	2014-4-29
重庆飞尔达机电股份有限公司	CQ850039	飞尔达	重庆股份转让中心	2014-4-4
重庆福斯特饲料有限公司	CQ800101	福斯特	重庆股份转让中心	2014-3-28
重庆硕诚实业（集团）股份有限公司	CQ900019	硕诚集团	重庆股份转让中心	2014-3-28
重庆高桥农业发展股份有限公司	CQ850077	高桥股份	重庆股份转让中心	2014-1-21
贵州长富食品股份有限公司	CQ850066	长富食品	重庆股份转让中心	2013-12-31
重庆大久科技发展股份有限公司	CQ850037	大久科技	重庆股份转让中心	2013-12-30
重庆市仕城建筑工程股份有限公司	CQ900087	仕城股份	重庆股份转让中心	2013-12-30
贵州苗之灵药业股份有限公司	CQ850033	苗之灵	重庆股份转让中心	2013-12-26
贵州黔东南经纬房地产开发股份有限公司	CQ850036	经纬股份	重庆股份转让中心	2013-12-25
重庆启翔企业管理顾问股份有限公司	CQ850032	启翔股份	重庆股份转让中心	2013-11-28
贵州省黔闽活性炭股份有限公司	CQ850031	黔闽股份	重庆股份转让中心	2013-10-30
重庆泉霖饮食文化传播股份有限公司	CQ800081	泉霖饮食	重庆股份转让中心	2013-10-18
重庆市英雄商业股份有限公司	CQ850022	英雄商业	重庆股份转让中心	2013-8-30
重庆瑞尔嘉医药股份有限公司	CQ850023	瑞尔嘉	重庆股份转让中心	2013-8-30
重庆集美嘉铭物业管理股份有限公司	CQ850030	嘉铭物业	重庆股份转让中心	2013-8-30

公司名称	股票代码	证券简称	交易市场	挂牌日期
重庆京庆重型机械股份有限公司	CQ750006	京庆重机	重庆股份转让中心	2013－8－7
重庆海龙动漫设计股份有限公司	CQ750005	海龙股份	重庆股份转让中心	2013－7－31
重庆乔城实业股份有限公司	CQ850021	乔城股份	重庆股份转让中心	2013－6－24
重庆洪九果品股份有限公司	CQ900099	洪九果品	重庆股份转让中心	2013－6－24
重庆永联涂装工程股份有限公司	CQ850019	永联股份	重庆股份转让中心	2013－5－31
重庆华茂林业开发股份有限公司	CQ850020	华茂林业	重庆股份转让中心	2013－5－31
重庆三益物流股份有限公司	CQ900095	三益物流	重庆股份转让中心	2013－5－31
重庆瑞奥新型建材股份有限公司	CQ800077	瑞奥新材	重庆股份转让中心	2013－3－29
重庆满橙至盈电子商务股份有限公司	CQ850017	满橙电商	重庆股份转让中心	2013－3－29
重庆百分文化传媒股份有限公司	CQ850018	百分传媒	重庆股份转让中心	2013－3－29
重庆礼宴天下餐饮管理股份有限公司	CQ800080	礼宴天下	重庆股份转让中心	2013－1－30
重庆劲森珀尔机电股份有限公司	CQ700002	劲森珀尔	重庆股份转让中心	2012－12－31
重庆上内动力机械股份有限公司	CQ750002	上内动力	重庆股份转让中心	2012－12－31
重庆劲旗科技股份有限公司	CQ800078	劲旗股份	重庆股份转让中心	2012－12－31
重庆桂楼实业(集团)股份有限公司	CQ900086	桂楼实业	重庆股份转让中心	2012－12－31
重庆隆望丝绸股份有限公司	CQ800079	隆望丝绸	重庆股份转让中心	2012－12－30
酉阳县三花新型建材股份有限公司	CQ850016	三花新材	重庆股份转让中心	2012－12－30
重庆渝南科技股份有限公司	CQ800088	渝南科技	重庆股份转让中心	2012－12－29
重庆宜筑实业股份有限公司	CQ800069	宜筑实业	重庆股份转让中心	2012－12－28
重庆盛景生态旅游开发股份有限公司	CQ800072	盛景股份	重庆股份转让中心	2012－12－28
重庆新金航船务股份有限公司	CQ800089	金航股份	重庆股份转让中心	2012－12－28
重庆金典林业股份有限公司	CQ850015	金典林业	重庆股份转让中心	2012－12－28
重庆大唐新数码股份有限公司	CQ750001	大唐数码	重庆股份转让中心	2012－12－27
重庆贵侨酒店股份有限公司	CQ800100	贵侨酒店	重庆股份转让中心	2012－12－27
重庆清山绿水投资股份有限公司	CQ850013	清山绿水	重庆股份转让中心	2012－12－27
重庆德雷赛思果业股份有限公司	CQ900080	德雷赛思	重庆股份转让中心	2012－12－27
重庆永健食品集团股份有限公司	CQ900081	永健股份	重庆股份转让中心	2012－12－27
重庆市臻景园林股份有限公司	CQ800076	臻景园林	重庆股份转让中心	2012－12－21
重庆海博园林股份有限公司	CQ850012	海博园林	重庆股份转让中心	2012－12－21
江苏艺彩农业科技股份有限公司	CQ800099	艺彩股份	重庆股份转让中心	2012－12－20
重庆太湖锅炉股份有限公司	CQ850011	太湖锅炉	重庆股份转让中心	2012－12－10
重庆馗旭生物科技股份有限公司	CQ800075	馗旭生物	重庆股份转让中心	2012－12－7
重庆毕兹卡生物医药股份有限公司	CQ850009	毕兹卡	重庆股份转让中心	2012－11－30
重庆致威门业股份有限公司	CQ850010	致威门业	重庆股份转让中心	2012－11－30
重庆尚蔬坊饮料食品股份有限公司	CQ800071	尚蔬坊	重庆股份转让中心	2012－10－30
常青国际养老产业股份有限公司	CQ800073	常青国际	重庆股份转让中心	2012－10－30
重庆欣材混凝土集团股份有限公司	CQ900069	欣材集团	重庆股份转让中心	2012－10－30
重庆鑫犇农业开发股份有限公司	CQ900072	鑫犇股份	重庆股份转让中心	2012－10－30
重庆京天能源投资股份有限公司	CQ800070	京天能投	重庆股份转让中心	2012－10－29
重庆市开县绿盾小额贷款股份有限公司	CQ850008	绿盾小贷	重庆股份转让中心	2012－10－29
重庆新川塔实业股份有限公司	CQ800068	新川塔	重庆股份转让中心	2012－9－27
重庆镪镔实业股份有限公司	CQ850006	镪镔实业	重庆股份转让中心	2012－9－27
重庆易易商电子商务股份有限公司	CQ850007	易易商	重庆股份转让中心	2012－9－27
重庆安碧捷科技股份有限公司	CQ850005	安碧捷	重庆股份转让中心	2012－8－31
重庆派斯克刀具制造股份有限公司	CQ800066	派斯克	重庆股份转让中心	2012－7－27
重庆伯塔曼科技股份有限公司	CQ900067	伯塔曼	重庆股份转让中心	2012－6－28
重庆鼎盛印务股份有限公司	CQ800062	鼎盛股份	重庆股份转让中心	2012－4－26
重庆大众防腐股份有限公司	CQ700061	大众防腐	重庆股份转让中心	2011－12－29
重庆中设工程设计股份有限公司	CQ900033	中设股份	重庆股份转让中心	2011－12－29
重庆享弘影视股份有限公司	CQ900058	享弘影视	重庆股份转让中心	2011－12－29
重庆瑞丰包装股份有限公司	CQ900060	瑞丰包装	重庆股份转让中心	2011－12－29
重庆惠尔顿商贸股份有限公司	CQ800037	惠尔顿	重庆股份转让中心	2011－12－26
重庆家博士股份有限公司	CQ800039	家博士	重庆股份转让中心	2011－12－26
重庆喜悦酒店管理股份有限公司	CQ800032	喜悦股份	重庆股份转让中心	2011－12－23
重庆界威模具股份有限公司	CQ800036	界威模具	重庆股份转让中心	2011－12－23
重庆市立业房地产顾问股份有限公司	CQ800056	立业地产	重庆股份转让中心	2011－12－20
重庆博浪塑胶股份有限公司	CQ800031	博浪股份	重庆股份转让中心	2011－11－29
重庆皇华种业股份有限公司	CQ800059	皇华种业	重庆股份转让中心	2011－11－29
重庆金立方酒业股份有限公司	CQ800027	金立方	重庆股份转让中心	2011－11－28
重庆古华畜产股份有限公司	CQ800029	古华股份	重庆股份转让中心	2011－11－28
重庆博文印务股份有限公司	CQ800022	博文印务	重庆股份转让中心	2011－11－25
重庆亨尔通冶金新技术股份有限公司	CQ800026	亨尔通	重庆股份转让中心	2011－11－25
重庆澳强工贸股份有限公司	CQ800030	澳强股份	重庆股份转让中心	2011－11－25
重庆宗学重工机械股份有限公司	CQ900023	宗学重工	重庆股份转让中心	2011－11－25
重庆恒聚物流股份有限公司	CQ800019	恒聚物流	重庆股份转让中心	2011－11－21
重庆三峡云海药业股份有限公司	CQ800025	三峡云海	重庆股份转让中心	2011－11－21
颐和泊邸酒店投资股份有限公司	CQ900020	颐和泊邸	重庆股份转让中心	2011－11－21
重庆大野景观创意设计股份有限公司	CQ800017	大野景观	重庆股份转让中心	2011－10－31
重庆中润房地产股份有限公司	CQ900018	中润地产	重庆股份转让中心	2011－10－31
重庆川深金属新材料股份有限公司	CQ800013	川深新材	重庆股份转让中心	2011－6－27
重庆渝电防雷技术股份有限公司	CQ800010	渝电防雷	重庆股份转让中心	2011－5－28
重庆雨台山旅游股份有限公司	CQ800057	雨台山	重庆股份转让中心	2011－5－27
重庆大地园林设计工程股份有限公司	CQ900011	大地园林	重庆股份转让中心	2011－5－27
重庆华宇园林股份有限公司	CQ900012	华宇园林	重庆股份转让中心	2011－5－27
重庆迪佳科技股份有限公司	CQ800009	迪佳科技	重庆股份转让中心	2011－3－31
重庆正德科技股份有限公司	CQ900007	正德科技	重庆股份转让中心	2010－12－27
重庆南松医药科技股份有限公司	CQ800001	南松医药	重庆股份转让中心	2010－10－27
重庆文迅科技股份有限公司	CQ800003	文迅科技	重庆股份转让中心	2010－10－27
重庆工业炉股份有限公司	CQ850001	重炉股份	重庆股份转让中心	2010－10－27
重庆钢铁集团朵力房地产股份有限公司	CQ900001	朵力地产	重庆股份转让中心	2010－10－27
重庆杰品科技股份有限公司	CQ900002	杰品科技	重庆股份转让中心	2010－10－27
重庆大方园林景观设计工程股份有限公司	CQ900006	大方园林	重庆股份转让中心	2010－10－27

关于数库

数库信息科技有限公司（简称“数库”）是中国金融大数据的领导服务企业，率先以大数据技术对中国的金融数据进行疏理及解析，实现数据高标准、高对比及多维度串联，达到传统金融数据商无法提供的分析深度及速度，帮助所有专注中国的国内外投资者、金融服务机构、企业及学术研究单位更精准、深入且有效率地分析中国市场。

大数据金融X互联网带领全民金融数据分析新时代

随著互联网的发展持续深入金融领域，金融服务本质产生巨大变化，专业化特性明显的金融分析领域也不例外。数库带领业界，将云计算应用及互联网”开放、分享、低门槛”的精神融合金融大数据分析技术，彻底颠覆传统金融数据行业高门槛、高成本及低功能的特性，让广大的中国投资人可以随时、随地透过数库云端平台获取数据、分析市场进而有效、精准的做出重要决策。

从长期远景来看，数库通过数年努力与沉淀，打造出市场第一个真正意义上的金融大数据平台，并结合互联网金融思维与技术优势，便是期许能促进资本与实体经济的衔接，改进金融行业的效率，降低进入门槛，从而刺激互联网金融及资本市场进一步有序健康的发展，促进经济结构健康转型。

全球客户认可

数库由华尔街专业金融人士组建，因在使用传统数据平台时屡屡遇到数据来源杂乱、标准不一导致的分析难题，多年来致力研究如何将大数据技术应用至庞杂而海量的金融数据上，期许帮助全球关注中国的投资人更深入地了解中国市场、更精确地做出投资分析、进而增加投资信心，为中国资本市场带来活力。

自2009年以来，数库透过位于上海的研发及运营总部、位于南京的数据处理中心以及在香港和纽约的常驻办事处为中国及全球客户提供专业金融大数据服务。在不懈的努力下，数库成功以专业化的服务和对数据的深度研究，获得高盛、凯雷、KKR、哈佛等知名的投行、PE和学院机构的青睐。

对更好地发挥区域性股权交易市场作用的调查与建议

齐鲁股权交易中心

2014 年 3 月 28 日

2012 年，中国证监会在调研上海、天津、重庆、山东、浙江等省(市)区域性股权交易市场试点后，广泛征求意见，出台了区域性股权交易市场规范发展的指导意见。第一次明确了区域性股权交易市场是多层次资本市场的重要组成部分，明确了区域性股权交易市场是为本省级行政区划内中小微企业提供股权、债券的转让和融资服务的私募市场，由此各省区域性股权交易市场迎来大发展。到目前，全国已经运营的和正在筹建的区域性市场达 33 家，基本覆盖我国各个省、自治区、直辖市。

齐鲁股权交易中心是我国成立较早、运作较规范的区域性市场，是我国多层次资本市场探索创新的先行者，经过 4 年的建设和发展，在区域性市场创新建设、推动中小企业融资、促进金融服务业发展颇有建树，相关情况及有关建议汇报如下：

一、区域性股权交易市场在经济创新发展中具有重要地位和作用

(一)能够为中小微企业发展提供更好的金融服务。区域性市场区域幅面小，天然地具有草根性和社区性，能够更贴近企业的服务需求，这也是全国性的交易市场很难做到的。现在各地政府都在想方设法服务中小企业，但是没有有效的抓手，通过区域性市场，地方政府可以就近综合利用各类资源服务中小企业发展。齐鲁股权交易中心已有挂牌企业 300 家，市场为挂牌企业实现股权私募融资超过 20 亿元，为 26 家企业实现股权质押融资 8.9 亿元，通过发行私募债的形式为 8 家企业解决 1.05 亿元资金。市场与 27 家银行签署了战略合作协议，授信额度 638 亿元，为企业落实贷款超过 80 亿元。企业通过私募融资和间接配套融资，每家挂牌企业平均可获得 4000 万元左右的资金，对于中小企业来说能够满足资金需求，实现快速做大做强。

(二)能够为创新提供动力源泉。创新需要有创意，还要有资源推动实现产业化。中小企业是创新的主力军，区域性市场的各种增值服务可以更好地服务各类中小企业，金融与科技的有效结合，能够为建立“创新中国”提供不竭动力。德州海利安生物科技股份有限公司主要从事海洋生物医药产品研发销售，公司于 2010 年 12 月在齐鲁股权交易中心挂牌。公司独立研发的小口径组织工程人工血管是国际首创的高科技生物制品，但企业挂牌时财务指标亏损。企业挂牌同时完成了首轮私募融资，共募集资金 2020 万元，企业建起了厂房，加上齐鲁股权交易中心协调地方政府在土地、税收、房产等方面的政策支持，公司的实验室产品迅速进入生产领域，公司净利润 2011 年实现 700 万元，此后，公司又连续完成两轮融资获得 9500 万元资金。目前公司已经启动了创业板上市程序。

(三)可以为居民财富管理提供新的渠道。目前国内民间资金很多，但是没有有效规范的投资渠道，区域性市场能够为居民财富管理提供新的渠道，通过专业机构操盘，使居民财富达到保值增值的作用。随着齐鲁股权交易中心发展，早期的一批民间投资公司探索出了适应区域性市场的盈利模式，山东开来投资以 2.3 元的价格投资了济海医疗，在济海医疗启动上市程序时，以每股 7.25 元的价格转让给了第三方投资机构部分股份。齐鲁创投以 3.18 元的价格入股山东布莱凯特黑牛科技股份有限公司，待企业第二次私募时以 7.5 元的价格转让给第三方机构部分股份。2013 年，齐鲁股权交易中心推出了中小企业私募债业务，挂牌企业可以通过债券融资的方式获得资金。挂牌企业徒河黑猪和七河生物发行了国内区域性市场首单集合私募债，期限为 1 年，申购成功的合格投资者可以获得 10% 的预期收益率。齐鲁股权交易中心同时推动地方政府成立政府引导基金，可以有效引导社会资金汇集。

(四)为普及现代企业制度、建立坚实的微观经济基础做出贡献。企业要在区域性市场挂牌，就需要按照现代企业制度要求进行运作，区域性市场在此过程中能提供贴身的“保姆级”服务。齐鲁股权交易中心企业挂牌实行推荐制度，推荐人对企业股权架构、改制方案进行总体设计，对企业高管进行培训，挂牌后对企业运营情况进行持续督导。会计师事务所在对企业全面审计基础上，按照新会计准则对企业财务进行规范和理顺，对财务人员按股份公司要求进行培训和指导。执业律师按照相关要求对企业改制、挂牌过程进行合规性规范确认。同时实行信息披露制度，使公司资产、财务及生产经营相关信息公开透明。通过股权的挂牌交易，督促公司严格按照《公司法》等法律法规进行规范运作。加快提高企业家资本意识，构建企业股权文化。通过规范发展，培育和推动更多中小企业实现上市融资。

(五)区域性市场能够为我国资本市场培育大量人才。我国资本市场与发达国家相比，体量较小，不仅高端人才较少，从事这一行业的一般专业人才也相对较少。区域性市场服务对象众多，涉及范围广泛，充分发挥其信息资源优势，有利于加快发展各类股权融资和中介服务机构，进一步完善金融服务体系。区域性市场的发展对于打牢中国资本市场基础，促进中国投行、创投、中介服务机构发展有巨大作用。目前，齐鲁股权交易中心已发展推荐机构、会计师事务所、律师事务所等中介机构 224 家，成立了投资者俱乐部，吸引股权投资机构 150 家，从业人数达到 6000 人。随着齐鲁股权交易中心逐步建成山东省股权交易中心、股权投资中心和创新型企业孵化培育中心，将进一步吸引一批中介服务机构参与市场建设，进而创造出一批金融服务业岗位，培养出大量资本市场专业人才。

(六)区域性市场能够推动区域经济发展。区域性市场的发展，可以有效使资源向企业转型升级、产业集群发展自然倾斜，可以促进地方经济增长，对于缩小地区差别，增加各地区经济活力动力都有好处。同时，区域性市场对解决就业等也是很有力的推动作用。齐鲁股权交易中心运营三年来，发挥市场资源有效配置、培育孵化等功能，引导社会资源向具有竞争力的新兴行业、高成长性企业积聚，促进一批创新能力强，技术含量高，业务模式新的中小企业做优做强。目前已挂牌的企业中，主要涉及新材料、精细化工、新农业、先进制造业等行业领域，其中70%以上为科技型企业。企业通过挂牌带动了当地经济转型发展，推动了如淄博市博山区汽车板簧、临淄区的精细化工，聊城市临清的轴承产业，枣庄市滕州中小机床等产业发展，促进了老行业向新材料、精细化工及机电装备等转型，加快了新型农业、节能环保与电子信息等新产业的成长，有效带动了一批中小企业产业集群的形成和发展。各级党委政府纷纷出台政策，推动科技型、创新型企业对接齐鲁股权交易市场，使挂牌企业成为促进区域经济转方式调结构的生力军。

二、区域性市场发展需要迫切解决的问题和建议

改革开放以来，我国资本市场取得长足进展，已经建立了包括上海、深圳市场以及全国股份转让市场，资本市场已初具规模，为经济社会持续快速健康发展注入了大量资本，提供了强有力的支撑。随着经济的不断发展，我国资本市场暴露出体系不完善、体制不健全等方面的矛盾和问题。特别是对经济发展中最具活力、最具优势、最具潜力的中小企业而言，借助全国证券交易市场的融资作用相当有限。从根本上解决中小企业融资难问题，为经济转型发展增添动力和活力，必须加快资本市场创新，积极发展区域性股权交易市场，为中小企业提供更加便捷、有效的直接融资渠道。中小企业利用资本市场，直接关系到整个国家的大战略，能够成为推动经济发展的新动力。从国外的实践来看，建设和利用好多层次资本市场，可以为经济在商业银行这一发动机之外，再添一台发动机。

总体上看，区域性市场的发展刚刚启动并处于探索时期，在调研过程中也发现区域性市场发展面临的一些问题。一是我国股权投资市场发育不足。二是企业股权质押不能与工商部门有效联动。三是人才结构单一，拥有为小微企业提供金融服务经验的人才匮乏。四是中小微企业信用信息服务体系发育不足，制约区域性市场的发展。五是私募法律制度缺失，区域性市场生存空间狭窄。目前来看，区域性市场发展的最大障碍还是我国支持小微企业的法律制度和基础设施尚不完备，即证券私募法律制度有待健全和小微企业信用信息体系发育不足，这两点是需要政策层面着力改善，各部门共同推动解决的。相关建议如下：

（一）在法律层面确认区域性市场定位。2012年8月份，中国证监会正式出台《关于规范证券公司参与区域性股权交易市场的意见》，首次将区域性股权交易市场纳入到我国多层次资本市场体系。2013年8月，国务院办公厅出台《关于金融支持小微企业发展的实施意见》（国办发〔2013〕87号），要求将区域性股权市场纳入多层次资本市场体系。但是在国家层面，这类政策的出台还相对较少，力度相对较弱。在发达资本主义国家，由法律层面对中小企业支持的政策非常多，中小企业天然就是弱势群体。建议结合本次《公司法》、《证券法》修改，推动区域性市场纳入法律调整的范围，给区域性市场一个明确的“身份证”。

（二）从国家层面加强区域性市场发展的统筹规划。在发达资本主义国家，已经经过几百年的衍变，自然而然的形成了多层次资本市场体系，即针对不同成长周期和不同规模的企业，有不同的资本市场与之相对应。我国要想把国外几百年走出来的路用很短的时间走完，就必须在国家层面进行统筹规划，鼓励企业先在低层次市场先挂牌，然后建立递次的转板机制，使区域性市场在多层次资本市场体系中发挥更好的基础和补充作用。多层次资本市场体系的建立，将会由底层开始普及股权文化、普及正确的证券知识，对于解决目前我国资本市场的一系列弊病将有决定性的作用。

（三）给区域性市场“国民待遇”。区域性市场现在已经有了生存空间，但是如何使之生存好是个大问题。区域性市场在国家层面没有“代言人”，造成一系列统筹考虑的政策还从未考虑。建议参照《国务院关于全国中小企业股份转让系统有关问题的决定》，针对投资者税收、外资政策等方面，可以参照相关规定施行。使区域性市场成为聚集各种“普惠金融”要素的重要平台，为更多的中小微企业做好贴身服务。

（四）开展非上市公众公司转让试点。因为历史原因造成股东超过200人的公司，是改革中第一批吃螃蟹的，他们曾经为经济改革做出了贡献。现在还存续的股东超过200人的公司，都已经是公司历史超过20年的公司，他们在缺少资本市场支持的前提下，利用自身积累、信贷、民间融资等手段，不断创业、不断创新，逐步发展壮大，这类企业才是真正的“创业板”企业。国家有关职能部门虽然已经出台了相关解决的意见，但是沪深两市有700多家企业在IPO排队，新三板有一万多家创新型企业在排队，这类企业一般历史沿革相当复杂，证券公司不愿意保荐此类企业，很难挤进资本市场。因此，我们建议在历史原因造成股东超过200人公司较集中的省份，借助区域性市场，对经中国证监会确认的非上市公众公司进行转让试点。

（五）建议从国家层面出台政策，鼓励金融机构支持区域性股权交易市场发展。区域性市场作为多层次资本市场的塔基，有着最广大的中小企业服务群体，其后必将有数百倍于沪深市场的企业进入，理应成为各金融机构的重点服务对象。目前，针对区域性市场发行的中小企业私募债、信托计划、理财产品等还在初步探索中，金融机构在区域性市场上进行金融产品创新的前景广阔。建议出台相应政策，鼓励金融机构，尤其是各类银行，在建立全面风控体系的情况下，积极探索区域市场挂牌及托管企业的股权质押融资、投联贷等各类金融创新业务，更好做好中小企业的融资服务，发挥金融支持实体经济发展的广阔性和实用性。

（六）建议对现行《公司法》、《证券法》中有关股份有限公司股东人数不超过200人等条款进行修订。2011年，为了完善美国小型企业与资本市场对接，美国政府出台了JOBS法案，将私募股东人数限制由500人提升到2000人。为了更好地帮助股份公司发展，建议我国在下步修改《公司法》和《证券法》时，将股东人数限制由200人提高到500人。

通过区域性股权市场实现财政资金的市场化运用

深圳证券交易所　宋晓刚博士

为了鼓励创新创业，支持中小企业发展，美国和我国台湾地区利用财政资金通过优惠贷款、投资基金等方式对中小企业进行了长期支持，其支持方式不断丰富和演进。区域性股权市场成立之初和发展过程中普遍得到了地方政府在政策、资源、资金等多方面的大力支持。伴随“简政放权”的逐步推进，传统的财政补助、贴息等方式亟需改变，财政补贴资金透明化、市场化运行要求不断提高，利用政府引导基金方式“拨改投”将会是政府鼓励创新、扶持中小微企业的重要方式之一。而聚集了当地优质企业和投资者资源的股交中心应争取成为政府引导基金发挥作用的一个重要阵地。山东、甘肃等地做法表明，政府引导基金及其子基金的制度安排，有利于区域性股权市场投资机构的业务多元化和深度化，有利于激发机构投资者的参与活跃度。股交中心通过规范经营、把控风险，不断提升服务能力，汇集投融资资源，可以为政府引导基金落地股交中心创造条件，也可以通过参与子基金的管理来增加收入来源。

区域性股权市场作为地方政府支持中小微企业发展的重要渠道，发挥着交易所市场和新三板市场不可替代的功能和作用，是二者的有益补充。但是，该市场目前仍处于发展初期，因资源禀赋差异、股东背景不同、经营模式也在各自摸索，尚未形成明确的盈利模式。在此阶段，地方政府的政策支持对股交中心的生存和发展起到了极其重要的作用。我国多数区域性股权市场所在地各级政府对企业挂牌股交中心都有一定的费用补贴，甚至对股交中心也给予补助等；也有地方政府通过税收、土地、明确股权登记托管资格等方式对挂牌企业或股交中心给予一定的政策支持。

党的十八届三中全会明确提出，“清理、整合、规范专项转移支付项目，逐步取消竞争性领域专项”。2014 年 9 月发布的《国务院关于深化预算管理制度改革的决定》（国发〔2014〕45 号），以及 7 月底召开的全国财政工作会议，要求各级改变专项资金行政性分配方式，主要采取基金等市场化运作模式，与金融资本相结合，撬动社会资本，发挥四两拨千斤的作用。11 月国务院就清理规范税收优惠政策再发通知（国发〔2014〕62 号），规定未经国务院批准，各地区、各部门不得对企业规定财政优惠政策，包括先征后返、列收列支、财政奖励或补贴，以代缴或给予补贴等形式减免土地出让收入等，坚决予以取消。因此，之前各级政府通过税收、土地、补助、贴息等方式对各类企业进行的财政支持，将面临全面转型，而政府引导基金有望成为转型后的主流方式。

一、美国和我国台湾地区对中小企业的财政支持方式

根据经验，诸如美国、我国台湾地区等都通过财政资金对中小企业给予支持，具体支持方式包括优惠贷款、补贴、引导性投资基金等。美国政府通过小企业管理局向小企业投资公司（Small Business Investment Company，以下简称“SBIC”）提供资金支持，自建立以来通过直接贷款、债权融资担保、股权担保融资等方式满足中小企业的融资需求。1986 年 9 月 24 日至 2013 年 3 月 27 日，SBICs 共发行约 102.6 亿美元面值的担保债券；自 1994 年至 2008 年，小企业管理局共担保 SBICs 发行了约 103 亿美元参与型证券对小企业提供资金支持。而我国台湾地区的信保基金主要由各级政府、金融机构及企业捐助筹集，为担保品不足的中小企业提供信用担保，并分担金融机构的融资风险。自设立至 2012 年底累计获捐 1110.64 亿元新台币（其中主管部门占 78.16%，金融机构占 19.93%，其他机构占 1.91%）。

1. 美国由小企业管理局管理市场化运营的 SBIC，引导民间资本主动流向小企业。1958 年，美国国会出台了《小企业投资法案》，成立了小企业投资基金项目，由小企业管理局负责项目的实施和管理。小企业管理局对小企业的政策性金融支持经历了从直接优惠贷款、发放政策性补贴等直接投入方式，到通过市场化的融资制度引导民间资本主动流向小企业的杠杆式方式的演进。

符合条件的私人投资者经小企业管理局审批同意组建 SBIC，基金可获得小企业管理局的资金支持，但必须投资于符合要求的小企业。SBIC 按市场化原则运作，自主选择投资项目，一旦发生亏损，私人资本先行弥补亏损。

1985 年前，小企业管理局对 SBIC 的资金支持主要采取优惠贷款的直接出资方式，但直接出资受制于政府财政资金的规模。1985 年，美国政府停止了对 SBIC 的直接资金支持，开始采用提供债券融资担保的方式支持 SBIC 从事股权投资。具体而言，SBIC 发行 10 年期债券，小企业管理局为这些债券提供担保，多家 SBICs 的担保债券通过资产证券化手段以信托凭证的方式面向资本市场中的投资者销售，借此 SBIC 可获得不超过私人资本 3 倍的杠杆融资。

1994 年，小企业管理局开始采用参与型证券的方式对 SBIC 的融资进行支持。即由 SBIC 发行参与型证券，小企业管理局购买这些证券或为这些证券提供担保，多家 SBICs 的参与型证券通过资产证券化手段以信托凭证的方式面向资本市场中的投资者销售，SBIC 借此可获得最高 2 倍于私人缴付资金的杠杆资金。1994 年到 2004 年间，SBIC 项目为 112.5 亿美元的参与式证券提供了担保，并因此取得了 27 亿美元的投资收益，成本略高于当初设想。因发行证券的 SBIC 违约等原因赎回参与证券 11 亿美元，占担保的发行在外的参与证券的 18%。根据 SBIC 组织形式的不同，参与型证券主要有有限合伙份额、优先股等种类。无论哪一种类，参与型证券的持有人都可参与 SBIC 盈利的分配。

2. 由台湾当局和银行合作设立的“信保基金”为中小企业融资提供低费率担保。1974 年，为改善融资环境，解决全球石油危机、通货膨胀给台湾中小企业带来的生存困难，台湾“财政部”推动成立了“中小企业信用保证基金”。信保基金是由台湾当局及相关金融机构捐助成立的非营利财团法人，其宗旨是配合台湾当局政策，针对担保品不足的中小企业提供信用保证，使其顺利地从金融机构取得所需的资金。注册资本 1000 亿新台币，担保余额 2011 年末为 8000 亿新台币。

台湾行政当局是主要发起人和出资人。基金以行政捐赠为主、金融机构捐赠以及信保基金自筹资金为辅，发起时行政捐助比重为 60%，

至2012年末累计捐助比重已达78.16%。其次，行政部门是主要运营管理者。基金长期由"财政部"负责管理和运作，2003年5月改为"经济部"管理。信保基金拥有3000多家分支机构，形成了庞大的服务网路，覆盖全岛各个市县。基金不实行全额担保，担保比例平均为80%，这意味着当担保贷款发生代偿时，银行要承担20%的风险损失。这一机制促使商业银行加强对中小企业经营和财务状况进行持续监测和评估，提高了担保贷款安全性，台湾信保基金的不良贷款率多年来一直控制在1%左右。信保基金所提供的信用保证项目，手续费率大多为0.75% -1.5%之间，是世界上手续费率最低的信用保证项目。

除了美国和我国台湾地区，日本、德国等多数国家都有政府直接或与银行合作设立的，为中小企业提供信用担保的支持制度，是各国支持中小企业融资普遍采用的一种基本模式。

二、以政府引导基金的方式"拨改投"，是地方政府财政资金支持产业发展的主要方向。

长期以来，我国财政资金尚未建立市场化、专业化、规范化的运营模式，各级财政用于产业发展的专项资金主要以无偿补助、贴息为主，资金使用效率和效果有待提升。传统的补贴模式多以"小、散、多"为主，每家企业获得几十万不等的补贴。此种补贴方式存在着补贴随意性强、重点企业难以获得足够资金的问题，补贴效果较差。同时，补贴资金由不同政府部门掌握，企业获得补贴成本高，容易滋生权利寻租和腐败。

2005年，中央十部委发布《创业投资企业管理暂行办法》中明确规定，国家和地方政府可以设立创业投资引导基金，引导民间资金进入创投业。为实现对引导基金的设立和运作进行规范指导，2008年10月，国家发改委会同财政部、商务部颁布《关于创业投资引导基金规范设立与运作的指导意见》，对政府引导基金各方面的问题做出规范性意见，确立了政府引导基金组织和设立的法律基础，使得政府引导基金步入规范设立与运作的轨道。据清科不完全统计，目前我国已设立的政府引导基金约180支，总规模共计约1000亿元人民币。

设立政府股权投资引导基金，有利于发挥财政资金的引导和放大效应，是今后财政支持产业发展的主要方向。比如山东、甘肃等省级人民政府拟逐步取消直接补贴方式，将财政资金用于参与设立省级、市级股权引导基金，通过政策激励吸引社会资本进入创新、创业的中小微企业及政府鼓励发展的领域，更好地发挥财政资金的撬动作用，增加受惠面和激励效果；同时也可提升财政资金使用的透明度，减少潜在权利寻租。而聚集了当地优质企业和投资者的股交中心顺理成章应成为政府引导基金及其子基金发挥作用的一个重要阵地。

三、政府引导基金与区域性股权市场结合的具体实践

区域性股权市场作为地方政府批设并负责日常监管的地方性股权市场，地方政府对其解决地方中小微企业融资难题寄予厚望，因此多地政府都对其发展给予大力支持。尽管政府普遍采用了对挂牌企业采取直接补贴的方式引导和鼓励了大量企业挂牌、规范公司治理、解决融资难题，但挂牌后股交中心所能提供的长期、有效的服务才是企业真正关注的重点，如果没有后续以融资为核心的系列服务，企业并不愿意付出长期的规范成本进入区域性股权市场。因此，直接补贴方式在股交中心发展初期可以为股交中心导入初始企业流量，但作为长效机制并不是最理想的支持方式。而政府引导基金也迫切需要合适的平台落地生根，区域性股权市场的政府引导基金的结合有望形成趋势。

1. 山东省政府引导基金的总体设计

山东省人民政府和办公厅于2014年11月分别发布了《关于运用政府引导基金促进股权投资加快发展的意见》(鲁政发〔2014〕17号)和《山东省省级股权投资引导基金管理暂行办法(鲁政办发〔2014〕44号)》，对山东省的政府引导基金设立、运行、监管等问题进行明确。预计2014年内完成首只基金的设立工作。

(1)组织架构。政府引导基金实行决策与管理相分离的管理体制，按照"政府引导、市场运作、防范风险、滚动发展"的原则进行投资管理。引导基金组织架构主要分三个层次：

第一层次是由省政府分管领导及相关部门负责人组成的决策委员会，主要承担宏观方向把控、重大事项协调、政府出资筹集等职责，省财政厅代表省政府履行引导基金出资人职责，并设决策委员会办公室，商金融办负责协调日常事务。

第二层次是引导基金管理机构。根据《公司法》、《合伙企业法》、《创业投资企业管理暂行办法》等法律法规，政府引导基金在具体运作时必须选择专业的投资管理机构，负责对拟参股子基金进行尽调、入股谈判、合伙协议签署等工作。拟由山东省经济开发投资公司根据授权代行出资人职责，将其改造为引导基金管理公司。省金融办作为省政府金融管理部门，负责指导监督引导基金管理公司的经营管理。

第三层次是由符合资质要求的投资机构申请设立的子基金。子基金实行所有权、管理权、托管权相分离的管理体制，由子基金管理机构按照市场规则，进行子基金的募、投、管、退。各级政府对某一子基金的出资额度不超过其注册资本或承诺出资额的40%，其中省级引导基金出资不超过25%。

(2)基金筹集。根据《意见》和《办法》，该引导基金资金来源主要包括财政出资和社会募集两部分。财政出资主要来源于省级财政预算安排用于支持产业发展和科技创新等领域的专项资金、中央扶持产业发展等方面的切块资金，以及引导基金运行中实现的收益等。省财政支持工业、服务业、农业产业、科技创新等领域的专项资金，原则上应按专项资金当年预算安排额30%左右的比例，用于增加引导基金规模。社会募集部分主要面向政策性银行、商业银行、保险公司、国有大企业等。力争三年内省财政出资100亿元，市县级政府也要积极支持设立基金、扩大规模，力争全省吸引社会资本3000亿元以上。

(3)基金投向。重点支持设立新兴产业、现代农业、现代服务业、城镇化建设、科技成果转化等主题引导基金，根据发展需要还可进一步拓宽支持领域，细化扶持方向，最终形成具有不同政策导向、不同投资偏好的母基金群。

对主要投资初创期小微企业的天使投资基金，以及其他方面社会效益较好、募资难度较大的子基金，引导基金出资比例以及其他相关条件等可适当放宽，引导基金可根据子基金投资领域、投资阶段、风险程度等，给予社会出资人适当让利。

此外，政府引导基金在投资方向、投资策略上，将积极引导母基金及子基金投资齐鲁股权交易中心和"新三板"挂牌企业，支持培育壮大山东上市后备资源，促进上市公司并购重组，推进规模企业规范改制，加快多层次资本市场体系建设。

(4)子基金的设立与运行。境内投资机构可以作为申请者，向引导基金申请设立子基金，但对申请者资质、计划募集规模，投资方向及比例有原则性要求。子基金应注册在山东省内，按照市场化方式独立运作，引导基金及政府相关部门不参与其日常管理和项目决策，一般通过到期清算、社会股东回购、股权转让等方式实施退出。在收益分配上，子基金管理机构可收取 1.5% - 2.5% 管理费，以及业绩奖励，在完成投资占基金规模 70% 之前，不得再募集其他股权投资基金。子基金投资山东省内企业比例一般不低于 80%。

2. 甘肃省政府引导基金的设计

2014 年 9 月，甘肃省人民政府发布《战略性新兴产业发展总体攻坚战实施方案》（甘政发〔2014〕87 号），明确提出，要发挥财政资金引导和杠杆作用，设立甘肃省战略性新兴产业创业投资引导基金，带动社会资金用于创业投资，完善市场化运行机制，以股权投资的形式支持成长期的创新型中小企业发展。11 月省政府办公厅发布

《战略性新兴产业省级财政资金投资管理办法》（甘政办发〔2014〕176 号），明确了由省促进战略性新兴产业发展部门协调会议（以下简称"协调会议"）确定年度省级财政资金的整合规模及来源、投资领域及企业；由甘肃省股权交易中心股份有限公司负责组建专业投资管理机构，省财政厅委托该投资管理机构负责财政资金投资运行管理。投资管理机构受托行使省级财政资金的出资人权利，负责与骨干企业签订投资协议，派遣代表参与企业经营管理，行使股东权利，为企业提供创业管理服务。12 月省政府发布《关于加快多层次资本市场发展的指导意见》（甘政发〔2014〕113），提出将整合省级财政用于支持企业发展的专项资金，逐步将财政拨款改为股权投资形式，并吸引社会资金跟进投资。

协调会议办公室根据《甘肃省战略性新兴产业发展总体攻坚战优势行业选择评定办法（暂行）》和《甘肃省战略性新兴产业发展总体攻坚战骨干企业认定和动态培育办法（暂行）》，提出拟支持的骨干企业名单和年度省级财政资金投资的安排意见，提交协调会议审议。投资管理机构按照协调会议的要求对骨干企业开展投资调查，并向协调会议办公室提交报告，报告包括尽职调查报告、投资建议方案、投资效益预测、省级财政资金退出机制和时间安排、投资风险控制报告。协调会议办公室组织协调会议成员单位和专家对投资管理机构提交的投资调查报告进行评审，评审结果提交协调会议审议。协调会议根据评审情况确定支持企业、股权投资规模、省级财政资金整合来源及承担额度。

省级财政资金对单个企业的股权投资占比，原则上不超过企业股本总规模（投资后）的 30%，投资期限不超过 5 年。投资期满后，省级财政资金通过到期清算、企业并购、股权上市转让、股权协议转让以及被投资企业回购等方式，实现投资退出。

3. 市县级政府引导基金进一步丰富和提升财政资金对产业的支持深度。

除了省级引导基金之外，市县级政府也在政府引导基金方面有了探索和尝试。例如山东鲁信集团与淄博桓台县政府已经设立齐鲁股权引导基金，第一期规模为 1 亿元，目前已投资齐鲁股交中心挂牌的迪浩管道、磊宝耐火等企业，第二期基金 1 亿元正在募集过程中。基于此，银行对于齐鲁股权引导基金投资的挂牌企业，直接给予股权投资金额 1 - 2 倍的银行信贷，进一步扩大了引导基金的受惠广度和深度。

如何借助区域股交市场实现财政资金市场化运作无疑会成为政府财政资金运用的新课题，山东省和淄博市政府在这方面的尝试和探索工作可以提供一些借鉴，其他省市也正在就该问题陆续出台各地的相关政策。以此为契机，区域性股权市场有望为政府财政资金切实有效地服务实体经济发挥重要作用，与政府、投资机构和挂牌企业等市场主体一起实现多赢局面。

四、通过区域性股权市场实现财政资金市场化运行的路径

1. 政府引导基金及其子基金的制度安排，有利于区域性股权市场投资机构的业务多元化和深度化，有利于激发机构投资者的参与活跃度。

作为多层次资本市场的私募市场层次，具有较高专业能力的机构投资者应该是区域性股权市场的主流投资者群体，但由于我国多数省份股权投资环境远未成熟，普遍缺乏专业投资机构的深度参与，制约了股权投资的活性和市场的流动性。

目前区域性股权市场中的推荐会员以地方性的中小投资机构为主，甚至包括一些律师、会计师事务所等专业服务机构，其业务参与模式主要是推荐企业挂牌，获得挂牌费用。但这类机构普遍对市场挂牌企业以股权投资方式参与较少，一方面是由于对挂牌企业经营和发展的不确定，另一方面也受制于自身可投资资产的有限性。允许符合条件的投资机构申请设立并管理政府引导基金的子基金，可提高投资机构业务的杠杆水平，将有效提升其参与区域性股权市场业务的深度和广度，实现利用政府资金的引导，撬动社会资金，利用市场化手段，将资源配置到实体经济真正需要的地方。同时，更多政府背景的股权投资也将对市场中大量的中小企业形成正向激励，鼓励企业创新创业、规范经营，争取股权投资助力企业发展，形成市场多方的共赢以及良性循环。

2. 规范运行，把控风险，股交中心应为落地政府扶持政策和引导基金创造基础条件。

目前，有关区域性股权市场的主要政策文件是国务院有关清理整顿各类交易场所的国发〔2011〕38 号和国办发〔2012〕37 号文件，2013 年 8 月发布的《国务院办公厅关于金融支持小微企业发展的实施意见》（国办发〔2013〕87 号）和 2014 年 5 月国务院发布的"新国九条"均明确要求，在清理整顿的基础上，将区域性股权市场纳入多层次资本市场体系。由证监会起草的关于区域性股权市场规范发展的指导意见现已进入修改完善阶段，预计明年初出台，将对区域性股权市场的基本定位和运行底线予以明确，在监管上正式进入多层次资本市场体系。

由于区域性股权市场是由地方政府批准设立，股东背景和经营模式也存在差异，在经营和创新探索中也有部分市场的运行规则不符合国务院有关政策要求，因而在国务院关注的清理整顿工作中也属于需要规范或整改的范畴。若要与地方政府展开合作，合法合规经营，有效控制政策风险是承接地方政府各类扶持政策或引导基金在平台落地的基础条件。

3. 通过服务提升股交中心吸引力，汇集企业资源，为引导基金落地提供有竞争力的优势条件。

尽管区域性股权市场尚处于探索期，但对其"融资与规范为主，挂牌和交易为辅"的基本定位已经达成了共识。股交中心不应该简单追逐挂牌企业数量和股权交易的活跃度，而是应该作为小微企业规范和培育的园地，为企业提供多样化金融服务的中介平台，切切实实想企业所想，供企业所需，提升市场的服务能力和吸引力，从而形成对各类企业、投资者、专业服务机构等市场主体的汇聚。通过服务吸引到的企业群体一般确为迫切需要融资等金融服务的企业，为了得到政策或资金支持愿意付出规范成本，因而也是政策补贴或引导基金支持的主要对象。这些资源的不断聚集将在争取政策和财政资金落地的问题上明显提升股交中心的竞争力，而政府扶持政策或引导基金的落地也将进一步提升股交中心的市场价值，从而形成良性循环，带来市场和政府的双赢。

各地政府作为区域性股权市场的监管主体，先天与股交中心有着密切的工作关系，股交中心应该与政府有关部门积极对接，以信息披露为核心手段，提出合理方案，解决政府政策或资金支持企业的持续跟踪问题，为政府"回头看"政策效果提供便捷有效的平台和方式，从而争取与政府部门的试点合作。

4. 区域性股权市场可以单独申请或联合申请子基金管理人，增加收入来源。

引导基金一般通过参股方式，与社会资本及其他政府资金合作设立或以增资方式参股产业投资基金、创业投资基金等各类股权投资子基金。境内注册的股权投资管理机构或投资企业可以作为申请者，向引导基金申请设立子基金，并确定一家股权投资管理机构作为拟设立子基金的管理机构。

股交中心作为中小企业聚集的平台，一方面可以接触到大量企业资源，更重要的是对企业的经营情况颇为熟悉，对判断投资价值、把控风险具有较大优势。因此，符合子基金进申请条件的股交中心可以独立申请子基金管理人，因股权投资经历等指标未达标准的股交中心可以联合其他有资质的投资机构联合申请基金管理人，充分利用自身信息优势，分享基金管理费收入和投资收益，为股交中心增加新的收入来源。

场外资本市场的发展解析

上海股权托管交易中心党委书记、总经理　张云峰

2012 年后，我国场外市场近十年来发展缓慢的局面得到了根本性改变，新三板加速扩容步伐，各地政府纷纷建立场外市场交易所，先后诞生了多达 30 余个股权交易市场，市场竞争白热化，"暗战"日益升级。上海股权托管交易中心（下称上海股交中心）在竞争中取得相对优势，无论是融资量、交易活跃度还是挂牌企业成长性等诸多指标均领先于同类市场。

在场外市场大发展的同时，整个场外市场存在着功能发挥参差不齐、面临诸多政策约束等问题。未来，存在众多场外市场是否是发展的常态？中国场外市场未来发展将向何处去？如何突破政策限制以提升整个市场的功能发挥，成为至关重要的问题。

资本市场新发展

在 2000 年以来的十多年中，中国资本市场进入探索和快速生长时期。2006 年 1 月 23 日，北京中关村科技园区内建立了"新三板"，以促进中关村企业和其他高科技性企业发展，场外市场开启了发展新旅程。由于新三板当时未能开放到全国，在市场化机制的作用下，全国几个条件成熟的省市先后设立了股权交易市场：2008 年天津股权交易所成立；2009 年重庆股份转让中心设立；2010 年上海股权托管交易中心完成工商登记注册，并在 2011 年《"十二五"时期上海国际金融中心建设规划》中得到国务院确认后正式启动运营。

此后，随着国务院 38 号文（《关于清理整顿各类交易场所切实防范金融风险的决定》）、国务院办公厅 37 号文（《国务院办公厅关于清理整顿各类交易场所的实施意见》）、证监会 20 号文（《关于规范证券公司参与区域性股权交易市场的指导意见（试行）》）相继推出后，全国各省普遍将上述文件解读为每个省可以设立一个股权交易市场，各省据此纷纷设立市场，从而导致现在国内出现了多达 30 余个股权交易市场的情况。在这期间，新三板逐步面向全国，并设立全国中小企业股份转让系统有限责任公司。

综合来看，整个市场的功能发挥参差不齐，只有部分市场功能发挥良好。上海股交中心致力于构建完善综合金融服务体系，融资、交易功能、企业成长性等均领先于其他同类市场，市场呈现快速发展态势：挂牌企业平均每家挂牌企业获得融资额为 1065 万元，相当于同类市场其他表现最好的 5 倍左右；交易较为活跃，平均每家公司每月交易额为 44.38 万元；交易市盈率较高，平均 53.44 倍；上海股交中心成为同类市场中仅有的较早达到良性运营状态的市场。

政策空间需突破

场外资本市场进入快速发展期整体功能发挥不佳，根本问题在于资本市场赖以发挥融资功能的基础不具备，即一级市场和二级市场无套利空间。究其原因，主要是由于交易不活跃，市场没有买卖，导致二级市场萧条，更进一步导致一级市场无法实现成功退出，从而造成整个市场无法发挥好直接融资功能。

可以说，我国目前场外市场的功能性机制没有形成。这是一个严峻的问题，同时也为场外市场从业者提出了挑战。场外市场如何发展，既无历史经验，也无现实成功的模式，需要社会各界解放思想，摆脱束缚，探索创新。而与鼓励解放思想，开拓创新相反的是，场外市场的创新发展却面临诸多制约因素。

首先，股权交易市场尚无上位法，其生存和运行仍存法律空白。中国现行《证券法》没有明确建立场外市场的制度，实质上，股权（即有限公司的股份）不能在电子化系统中交易，目前各股权交易市场的对象本质上是股票（股份公司的股份），其交易应有《证券法》做出制度规定。

《公司法》及其他法律法规没有对公众公司与非公众公司做出界定，个别规章中对公众公司与非公众公司的划分标准缺少客观依据，《公司法》中对公开发行股票设定的门槛明显过低（以股东人数 200 人为限）。

其次，对功能相同的场外市场给予不同的定性，束缚了市场发展的空间。

按照当前通行的说法，有的股权交易市场的交易方式为"公开转让"，其他场外市场的交易方式为"非公开转让"。但实际上，在国际上，股票交易市场不存在公开交易和非公开交易之分。我们现在所说公开转让和非公开转让在法律法规上都没有明确定义，也没有国际经验可借鉴。但公开转让与非公开转让的人为区分，导致两类市场的性质截然不同，给予公开转让定性的市场发展空间巨大，而使非公开转让定性的市场的发展受到很大的约束。

第三，限制市场服务区域，导致市场行政化资源垄断，重复建设和资源浪费。自证监会 20 号文件（《关于规范证券公司参与区域性股权交易市场的指导意见（试行）》）后，提出由地方监管的股权交易市场服务本区域内企业，各省市纷纷据此设立自己的股权交易市场。

目前同类市场已达 30 多个，有的省甚至在多个城市建设

股权交易市场。事实上，一些市场由于缺少投资者、投资环境等必备要素支撑，难以发挥交易融资功能，直接导致大量重复建设，造成资源浪费。

各省市或监管机构出于扶持所辖股权交易市场，往往采取行政化手段，进行资源垄断，限制本区域企业到其他市场挂牌。此举造成重复建设和资源浪费，限制了市场化机制作用的发挥。此类市场功能完全接近且数量如此之多，是通讯和结算手段极不发达时代的典型产物，在当今互联网和电子计算机如此发达的时代，这种现象实质上是一种历史的倒退。

事实上，在我国的法律法规中，并未对区域性市场向区外展业做出明确的限制。国务院 38 号文中并未对由地方监管的股权交易市场的区域性服务做出规定，仅在国务院办公厅 37 号文中提及区域性市场“原则上不得在其他区域设立分支机构并开展经营活动”，单从字眼上看是不允许跨区域设分支机构，而非不得接受外区域企业挂牌。2012 年 8 月证监会发布的 20 号文，虽提出了区域性股权交易市场的概念，但这个文件主送单位是证券公司，而非股权交易市场。

第四，市场监管制度未及时完善，造成市场不公平竞争。2011 年国务院发布 38 号文，规定地方股权交易市场不得采取集中竞价、做市商等集中交易方式交易；投资者买入后卖出或卖出后买入同一交易品种的时间间隔不得少于五个交易日；权益持有人累计不得超过 200 人。地方股权交易市场须严格执行此文件，不得逾越政策“红线”。

时至今日，清理整顿已进入尾声，以上海股交中心为代表的股权交易市场已做到了总体风险可控，并在助力中小微企业发展上发挥了重要作用。在时代的发展中，特别在市场得以平稳运营并风险可控的情况下，对限制性规定作出适当调整，有利于促进股权交易市场的功能发挥，同时营造股权交易市场间公平发展、良性竞争的环境。

多元发展场外市场

规范场外资本市场秩序，尤其是股权交易类场外资本市场，应从以下几个方面着手：

第一，进行基本顶层设计，明确各类场外资本市场的法律地位和市场定位。

鉴于中国整体资本市场发展起步较晚，市场机制不完善，完全走向市场化可能尚需时日，需要监管层进行基本的顶层设计。首先应明确上位法，建议由国务院根据场外资本市场的发展状况，对场外资本市场的形式、种类、条件、监管等内容出台相关办法，为场外资本市场赋予合法主体地位和明确市场定位，同时为银行、券商、基金等金融主体参与场外资本市场提供法律依据；并严格控制交易场所数量，建议关停一些既无设立依据又无法发挥融资、交易功能的市场，将全国的场外资本市场的交易场所数量控制在 10 家左右。

第二，实行股权交易类场外资本市场监管主体统一、登记结算统一、市场自律监管规则统一。

为了推动各地区域性股权交易市场进入规范发展轨道，建议试行三个“统一”：其一，将全国的股权交易市场都纳入证监会的统一监管；其二，建设集中统一的场外市场登记结算体系；其三，制定统一的市场自律监管规则，如设定统一的投资者利益保护标准，设定统一的挂牌企业审核原则和信息披露规则等。实现“三个统一”有利于创造公平竞争环境，改变场外市场的无序野蛮生长现状。

第三，鼓励股权交易类场外资本市场之间公平竞争，推动市场优胜劣汰。

应允许股权交易类场外资本市场之间进行充分竞争，让各个市场各显神通，在竞争中提升市场的服务质量，实现优胜劣汰，在优胜劣汰中实现社会资源的合理配置。

具体来说，一是要打破区域化限制，允许企业自主选择功能发挥良好且具有高质量投资群体的资本平台，同时允许企业根据自身发展战略和市场定位，进行多地挂牌，满足企业的多样化融资需要；二是要去行政化，政府不要限定企业选择市场的行为，也不要让交易所对政府给养产生依赖。

第四，从理念上拨乱反正，从制度上进行松绑。

股权交易类场外资本市场完全不同于产权市场，因此应该坚决杜绝将“非公开、非连续、非标准市场”的提法套用于该市场，从观念上给予纠正。

此外，要对股权交易类场外资本市场的风险程度客观评估，在制度上对股权交易类场外资本市场进行松绑，比如，交易方式的选择可由各个市场自行决定，取消对交易资金回转天数的限制，放开企业股东人数为 200 人限制等。

第五，鼓励百花齐放、百家争鸣，探索多元化发展模式。

在三个统一的基础上，允许各交易场所根据自身的特色和定位，借鉴国际经验、结合我国实际，在经营模式、运行机制等方面进行摸索，让各个市场在干部管理、考核机制、挂牌条件等方面，百花齐放，百家争鸣，为中国场外市场发展探索出有益经验，并积极推广，从而构建出场外市场独有的功能性机制，推动整个场外市场快速发展。

区域性股权交易市场的困境与破解之道

中国社科院世界经济与政治研究所　吴国鼎

区域性股权交易市场（以下简称“四板”）是多层次资本市场的重要组成部分，十八大报告提出要加快我国多层次资本市场建设，这对四板市场的发展，是一个重要机遇。但是我国四板市场的发展面临着一些包括从顶层设计到市场运作机制等方面的困境。

首先就是国家对于四板市场的发展缺乏顶层设计。对于四板市场该如何发展，其和新三板的定位如何区分以及如何对其进行监管等等问题都还没有出台明确的发展规划。国家对新三板的政策法规相对比较多一些，对于四板则少得多。目前关于四板的法规主要是《国务院关于清理整顿各类交易场所切实防范金融风险的决定》（简称国务院 38 号文）以及证监会下发的《关于规范证券公司参与区域性股权交易市场的指导意见（试行）》（以下简称《规定》）。国家关于场外市场发展的统一规划不出台，这就使四板市场的发展面临很大的困惑，导致各地四板市场也都在摸索发展，进行各种尝试。各地四板市场希望国家出台相关政策的愿望十分强烈。

其次，从运行规范以及交易规则方面，四板市场的发展仍然受到一些限制。国务院38号文对于四板市场的基本交易规则等做出某些禁止性规定,《规定》虽然从形式上看是证监会对于证券公司参与四板市场业务的规定,但是也在一定意义上是对于四板市场的基本运作规范做出规定。由于这两个文件,国家对于四板进行了多方面限制,包括股东人数不能突破200人,四板只能在本区域内发展,不能拆细、连续交易、不能采取做市商制度等。

从控制风险的角度,国家对四板做这样的规定是有一定合理性的。但是这样的规定是否又在一定程度上限制了四板的发展?四板发展的一个主要问题就是交易和融资的不活跃,这些限制是一个重要的原因。先不论这些限制性政策是否合理,仅就允许新三板突破这些限制而不允许四板突破这些限制就值得商榷。关于新三板和四板定位的区别,现在来看,两者的区别并不大。既然两者实质上区别不大,为什么还要人为地在政策方面进行区别对待?如果说对四板市场进行某些限制主要是担心风险问题,那么在新三板挂牌企业,突破了这些限制,由证监会来监管就能够控制风险吗?至少现在来看,还看不出新三板监管体制对于防范金融风险的独特作用。因此对于这两个市场做明显的区别对待就不太合理。

仅就对于挂牌公司股东人数的限制来看,四板市场就处在一个比较尴尬的境地。企业在新三板挂牌,股东人数可以超过200人,如果企业不在新三板或者四板市场挂牌,股东人数实际上也可以超过200人(如果企业股东人数超过200人,企业不来新三板挂牌,证监会也无法监管),仅仅是在四板挂牌,则股东人数不能超过200人。这种限制的结果就是,股东人数超过200人的企业,要么在新三板挂牌,要么不在任何市场挂牌,但是就是不能在四板挂牌,这显然对四板来讲是不公平的。另一方面,如果四板中的企业发展得好,却硬性规定其股东不能超过200人,似乎也不合情理。

第三,新三板和四板之间,要不要有一个定位或者功能的区分?从现有的规定来看,除股东人数是否可以超过200人外(实际上,现有的中小企业,股东人数超过200人的并不多,因而这种限制并不对大多数企业造成影响),两者服务的企业没有实质差别。实际上现在新三板实行的挂牌标准甚至比四板还要低。这就造成了新三板和四板在某些市场进行竞争,但是两者面临的政策规定却不一样,这就是人为地制造了不平等。随着新三板扩容到全国,如果其和四板的定位再不明确,那么就容易造成市场秩序的混乱,退一步讲,即使允许两者进行竞争,也应该是一种在平等基础上的竞争。

由于上述种种问题,我们看到,四板发展在现阶段处于一种比较尴尬的境地,关于四板和新三板的定位、四板该采用什么样的发展思路以及该如何对其监管,我们认为有以下几方面。

首先,新三板和四板的定位以及服务的对象应该不同。新三板应主要服务于那些有一定的实力,虽然还没达到上市标准,但是意图在交易所上市的企业。新三板让这些企业在这里挂牌,对其进行规范,促进其发展。四板市场则主要服务于小微企业,到证券交易所上市不是这些企业到四板挂牌的现实目标,这些企业在四板挂牌的主要诉求就是融资。当然,新三板和四板也没有必要有绝对明确的界限,四板也可以做一些股权交易等和新三板相同的业务,这就和新三板在一定程度上存在竞争。场外交易市场上存在适度的竞争也是必要的,如果一家独大,垄断式经营,那么也很难做好。但是真正能做到竞争性发展的前提条件是双方处于同一个起跑线上,而不是在政策上有所歧视。从这一点来看,应该让新三板和四板有不同的市场准入标准,新三板的挂牌条件应该要高于四板。

其次,四板应该定位于做服务中介,做金融交易平台。

全国有上千万家中小企业,这些企业在现有的金融体制下,普遍都面临着融资困难。这些企业如果要进入资本市场进行融资,是不是一定要通过改制成股份制企业,然后进行股权交易这种方式?现在来看,这种方式既不更有效,也没有必要。中小企业普遍的诉求就是获得融资,至于是否改制成股份制企业,是否要通过股权交易的方式来实现,似乎并不是其关注的问题。因此,四板是否可以摈弃既有的发展思路,重新定位?四板可以定位于提供交易平台和做服务中介,通过其提供的场所,小微企业在此展示自己和接受培训,投资者在此发掘投资机会。资金提供者和需求者在此互相了解并达成交易,从而实现各自的目的。中小企业的这种融资方式在现阶段比企业进行改制,通过股权交易来获得融资可能更加有效。

因此,要让四板市场回归其本质,其主要服务对象应该是中小企业而不是拟上市公司以及退市公司。这些中小企业可以是各种类型的企业,包括有限责任公司、股份公司等等。如果四板市场这样定位,那么挂牌企业就没有必要非进行股份制改造不可,企业的股东人数也就不需要超过200人;如果四板市场这样定位,那么其也就不会为现有的区域限制等问题所困扰。我国有上千万家中小企业,其中很多企业面临着资金短缺问题,如果四板市场真正能够为这些企业服务,帮助其解决融资问题,那么企业的挂牌资源也就不成问题。据浙江省的统计,仅浙江省,就有90多万家小微企业。如果四板能够做足够好,那么仅省内的资源也就足够了,所以是否打破区域限制也就无关紧要了。

第三,四板市场内部也可以设立不同的板块,为不同需求的企业服务。为实现四板市场的上述主要定位,在四板市场内部也可以设立两个板块,一个板块是传统的股份公司板块,其定位于培育上市资源,促进企业股权交易,这个板块的运营模式和新三板应该是属于同类型的,四板在这一板块可以和新三板进行一定程度的竞争,如果其做好了,企业在其挂牌能够得到实惠,那么其自然也不就怕新三板的竞争。另一个板块,那就是小微企业板块,在这个板块上,四板就是做一个金融中介,一个交易平台,为挂牌企业和投资者提供良好的中介服务,而这一个板块,应该是四板的主要板块。

第四,关于对四板的监管,可以实行证监会统一监管体制下的以地方监管为主的多元监管体制。现在证监会对于四板市场,则几乎没有监管。四板市场基本上是由地方政府成立的,其发展规划以及监管都是由地方政府负责,这就使各地四板市场的运行模式以及规则很不一致。虽然国家成立了"清理整顿各类交易场所部际联席会议"进行验收,对于达到验收标准的给予通过,但是这种验收标准仅是限定四板市场不能做什么。至于四板市场具体的运行标准和准则,则没用统一规定,况且还有些省份四板市场没有经过验收,但是仍然在运行,这都使各地四板市场的发展很不统一。如果不进行规范,就容易造成各地资本市场的分割,甚至有发展无序,重蹈覆辙的可能。因此由证监会在宏观上实行统一监管很有必要。证监会可以制定宏观的业务规则以及监管标准,具体监管的实施由地方政府来施行。

牢牢抓住场外市场大发展契机

上海股权托管交易中心党委书记、总经理　张云峰

十八届三中全会明确提出“要建立统一开放、公平竞争的市场环境，让市场在资源配置中发挥决定性作用”；今年5月国务院出台了《关于进一步促进资本市场健康发展的若干意见》(“新国九条”)，其中提到提高资本市场的市场化水平，创造公平竞争的市场环境，加快多层次股权市场建设，在清理整顿的基础上，将区域性股权交易市场纳入多层次资本市场体系。近年来，全国股份转让系统与上海股交中心、前海股交中心等多达30余家的区域性股权交易市场相继兴起壮大，在解决中小企业融资问题、规范企业治理、促进企业发展等方面发挥了日益重要的作用，可以说我国场外市场正进入大发展的历史时期。此时，如何营造我国场外交易市场的良好发展环境，如何合理布局多层次资本市场的格局，已成为摆在资本市场面前的一个重要课题。

一、市场竞争是场外市场科学发展的本质要求

美国、日本等发达国家多层次资本市场，都是经过充分市场竞争自然演进而来的。经过近400多年的漫长历程，美国资本市场从单一层次的场外交易市场，形成了包括交易所、创业板、场外市场在内的完善的多层次资本市场体系。美国目前多层次格局的形成，实际上是各个交易市场根据自身条件实施“差别化”竞争战略的结果，是适应不同规模、行业、经营状况、发展阶段企业的多元化融资需求逐步形成的。在美国资本市场体系形成的过程中，并没有行政化的干预，政府只是顺应市场发展的需要，为市场发展提供良好的外部环境。实践证明，市场的充分竞争不仅可以改善服务，还有利于实现优胜劣汰，同时让每一个市场找准自身的定位，实现差异化发展。在我国，创造公平竞争环境，引入市场化手段，对构建适应社会多元化需求的多层次资本市场体系十分重要。要想营造公平竞争的环境，首先要做的就是减少行政化干预，解除区域性市场仅能为本区域服务的限制，让企业自主选择适合自己的市场；其次，要适当放开市场服务手段的限制，允许市场根据自身的特点选择适合的交易方式。

二、市场服务区域开放是场外市场科学发展的有利条件

国际上，之所以会产生区域性市场，主要是由于当年存在交通不便、通讯手段落后、结算手工化等因素。而随着信息技术、通讯技术的发展，交通的日渐便利，以及资本要素在市场上流动愈加自由、便捷，传统区域性市场开始面向全国乃至全球企业和投资者开展服务，企业也顺理成章地自主选择本区域或区域外资本市场进行挂牌与融资，传统意义上的区域性市场的区域性逐渐消失，演变成在市场化竞争格局下对全国市场乃至全球市场份额的占有。

在我国，区域性股权交易市场概念尚无明确定义，大众普遍认可传统意义上的区域市场，即只为本地企业和投资者服务的市场。其理由主要是，地方政府作为监管者对异地企业没有约束力，地理位置遥远导致不便于监管。其实，了解资本市场的人士都知道，上述理由是不存在的。一方面，《国务院关于清理整顿各类交易场所切实防范金融风险的决定》中并未对区域性服务作出规定，仅在《国务院办公厅关于清理整顿各类交易场所的实施意见》中提及区域性市场“原则上不得设立分支机构开展经营活动”，单从字句上看是不允许跨区域设分支机构，而非不得接受外区域企业挂牌。可见，在我国法律法规上，并未对区域性市场向区外展业做出明确的限制。另一方面，场外交易市场属于非公开发行市场，投资者门槛较高，数量相对较少，不同于面向社会公众投资者的交易所市场，单从理论上讲，风险是不大的。当前区域性市场存在的潜在风险，主要是由于区域性市场制度不健全或制度执行不力造成的，而非区域造成的。此外，从市场的运行规律看，企业的逐利性将促使其自发地进入更适合其发展的资本平台，而运转更为高效的融资平台自然更会吸引企业的加入，区域性市场的放开，将会促进企业的发展，最终将有利于场外市场的科学发展。

三、树立市场交易手段无优劣之分的观念有利于场外市场科学发展

在资本市场中实行的所有交易方式，包括竞价交易、协议交易、做市商交易等，都只是资本市场服务的一种手段，它跟市场的优劣没有关系。不同风格的市场适合不同的交易方式，竞价交易不一定是好的方式，协议交易也不一定是差的方式。经过市场检验，协议交易方式往往更适合场外市场，因为小企业不同于大企业，小企业的成长性好，其价值很难用历史财务数据体现出来，在信息不对称的情况下，不了解企业当下发展情况的投资人一般难以对企业做出客观公允的估值，在进行股权交易时，其报价与了解企业的原股东的心理定价不一致，因而需要通过磋商来形成一个公允价格。而做市商交易方式虽适合场外市场，能够起到平抑风险、合理定价、活跃市场的积极作用，但这些作用的发挥依然需要有基本的流动性做支撑，然后在做市商的推动下让交易活跃度锦上添花。如果缺乏基本的流动性，做市商交易方式也很难有所作为。因此，选择哪种交易方式不是区分市场的指针，让市场根据自身特点选择交易方式，才能更有利于资本市场的发展。

四、当前场外市场存在的主要问题及解决方法

中国的场外市场自2012年以来进入蓬勃发展时期，全国陆续成立了30余家股权交易市场。市场的拓展可谓群雄逐鹿，硝烟四起。但在场外市场大繁荣的背后，存在着诸多问题，如重复建设、资源浪费、行政垄断、融资能力不强、交易不活跃等，也存在限制过严、政策不对等方面的问题。从国际经验来看，让市场机制发挥作用，在竞争中优胜劣汰，将是解决上述问题的一剂良药。鉴于我国资本市场发展起步较晚，市场机制不完善，完全走向市场化尚需时日，可以考虑将整体规划与公平竞争两种手段相结合，进行以市场为导向的科学顶层设计，将符合条件的区域性股权交易市场纳入统一监管，在投资者利益保护方面统一标准，设定统一的挂牌企业审核原则和信息披露规则。有了科学的合理设计和明确的监管规则后，创建公平的竞争机制，各市场主体则将会在竞争中改善服务、优胜劣汰或自动错位发展。

第二章　齐鲁股权交易中心

齐鲁股权交易中心是按照山东省委、省政府(鲁发[2010]10号)"完善发展全省性股权交易市场"的战略部署和积极开展全省性股权交易市场建设试点的战略定位,于2010年12月成立的山东省股权交易市场。按照省政府《关于加快全省金融改革发展的若干意见》(鲁政发〔2013〕17号)要求,齐鲁股权交易中心近期目标是成为山东省中小企业投融资平台,中远期目标是建成以资本要素为特征的金融综合交易平台。现将有关情况介绍如下:

一、基本情况

2010年12月,按照省委、省政府发展全省性股权交易市场的战略部署,在省金融办的大力支持和指导下,淄博市在原淄博股权托管中心基础上,升格成立正县级事业单位齐鲁股权托管交易中心。作为全省性股权交易市场,主要为中小微企业提供融资、股权转让和规范培育等服务。

2013年11月,按照省政府《关于加快全省金融改革发展的若干意见》(鲁政发〔2013〕17号)要求,齐鲁股权托管交易中心完成了公司制改造,更名为齐鲁股权交易中心有限公司,注册资金1亿元。淄博市政府事业单位淄博市金融服务中心为第一大股东(以资产评估出资,持股30%),齐鲁证券(持股25%)、鲁信集团(持股15%)、山东省经济开发投资公司(持股10%)、深交所全资子公司(持股6%)、济南市下属公司(持股4%)、山东省东西结合信用担保有限公司(持股3%)及7个市的市属投资公司(各持股1%)。

齐鲁股权交易中心运营4年多来,不断扩大市场规模,完善市场功能,创新融资模式,提升服务水平,健全市场体系,在促进企业规范运作、提升公司治理水平、缓解融资难、融资贵以及培育上市后备资源等方面,发挥了积极作用,已发展成为我省资本市场体系的重要基础,在国内区域资本市场建设布局中具有重要地位和影响力。依托"两区一圈一带"区域发展战略,齐鲁股权交易中心在省会城市圈区域总部、蓝色经济区区域总部、黄三角区域总部和鲁南区域总部成功运行基础上,相继成立烟台运营中心、济南运营中心、枣庄运营中心、德州运营中心等,同时与市县政府合作成立66个工作机构,有效拓宽辐射范围,形成了覆盖全省的市场服务网络。

针对不同层次、不同发展阶段的企业特点,齐鲁股权交易中心积极探索创新,逐步建立完善挂牌交易、托管发布、综合展示三大市场平台,初步具备了投资融资、交易结算、登记托管、培育孵化、信息资源集聚、金融创新等六大功能。到目前,齐鲁股权交易中心挂牌企业450家,市值超过300亿元,企业覆盖全省17市,122个县(市)区。托管企业570家,综合展示企业4295家,服务企业总数超过5000家。帮助挂牌企业累计实现各类融资160亿元,注册会员机构337家,股权投资机构180家。中心上市培育咨询委员会培育企业40余家,其中8家已启动上市程序,17家企业成功转板至新三板。

齐鲁股权交易中心为破解中小微企业融资难,推动企业规范发展开展了一系列积极的探索实践,制度建设、市场规模、金融创新等都走在了国内同类33家市场的最前列,被业内称为创造了难以复制的"齐鲁模式"。全国政协副主席、全国工商联主席王钦敏到齐鲁股权交易中心视察指导时指出,齐鲁股权交易中心的发展代表了国家发展场外交易市场的大方向,是促进科技型、创新型企业发展和实现投融资结合的重要平台。国家发改委主任徐绍史率领国务院稳增长促改革调结构惠民生政策落实情况督查组,莅临齐鲁股权交易中心视察指导时指出,齐鲁股权交易中心是促进三农经济和中小微企业发展的重要平台。

省委、省政府高度重视齐鲁股权交易中心的发展,2013年11月,省政府在我市召开了推动齐鲁股权交易中心发展座谈会,省委常委、常务副省长孙伟出席并讲话,中国证监会相关部门、中国证券业协会、上交所、深交所、新三板等负责同志参会。省委副书记、省长郭树清和夏耕省长都亲临市场指导工作,并多次做出重要批示。郭树清省长称齐鲁股权交易中心是走在同类市场最前列,为"国内少有的几家办得好的区域性资本市场",要求各有关部门要进一步加大扶持力度,促进齐鲁股权交易中心规范健康发展。

二、取得的成效

(一)为企业提供融资支持,推进地区经济发展。齐鲁股权交易中心以服务中小微企业为宗旨,在创新融资模式,拓展服务领域,缓解小微企业融资难、融资贵方面一直进行着不懈的创新和实践,取得较好成效。

一是聚集各类要素,强化融资服务。通过政府引导,市场搭台,金融创新,聚集各类要素,强化融资服务,切实缓解中小微企业融资难、融资贵问题。省及各市政府出台各类政策,支持、推动企业到齐鲁股权交易中心挂牌。中心通过挂牌规范为中小微企业进行增信,通过聚集券商、银行、信托、VC/PE、担保公司等金融机构为中小微企业提供多样化的金融服务,形成区域金融要素的聚集和整合效应。齐鲁股权交易中心分别与28家银行签署战略合作协议,协议授信额度638亿元。建设银行总行推出针对挂牌企业的"信用贷"、"股权质押贷"。招商银行总行出台"挂牌贷"、"股权质押贷"等产品。交通银行山东省分行针对中心挂牌的科技创新型企业推出了"专利通"产品。省再担保集团推出"股权融资保"、"债券融资保"业务,为挂牌企业融资提供担保。推动鲁信集团与地方政府平台合作,设立全国第一支正式运营的区域市场股权投资基金,鲁信集团还与市场合作,推出了针对挂牌企业的国内首支区域市场信托产品。这一系列产品的推出,丰富和拓展了中小企业融资渠道

二是直接融资带动间接融资,双轮驱动服务企业。为了不断完善和拓展市场融资功能,齐鲁股权交易中心不断丰富融资服务品种,以推动企业股权、债券等直接融资为主导,带动银行信贷融资,实现了直接融资与间接融资双轮驱动的良性循环机制,为中小微企业融资开辟了一条新途径。到目前,齐鲁股权交易中心合格投资者开户人数达3.1万人,为企业提供直接融资33.83亿元,其中,117家企业进行141次私募股权融资,获得资金21.02亿元。相继推出全国首单挂牌企业集合私募债、可转债、短融债、系列债,合计为24家企业实现私募债融资11.73亿元,票面利率在7.8%至10.5%之间。

齐鲁股权交易中心通过信托为企业融资 1.1 亿元。通过与银行等金融机构合作，为企业提供间接融资 126 亿元，其中股权质押融资 20.19 亿元，集合信贷计划融资 9000 万元，融资租赁 6423 万元，其他银行信贷发放近 104 亿元。与 2 家银行开展业务合作，发行 4 单金融产品，总额 6 亿元。

三是将普惠融资做到最基层。虽然 28 家银行给予了齐鲁股权交易中心挂牌企业 638 亿元的授信额度，但是在实践中，只为企业发放贷款 100 亿元左右。一方面有 500 亿元的授信额度无法落地，另一方面中小企业有大量的贷款需求，究其原因，还是因为更多中小企业不符合银行贷款的需求。针对这一情况，齐鲁股权交易中心 2014 年创新推出了更多“普惠金融”产品，中心拿出 2000 万元成立“齐鲁股权普惠融资种子基金”，与各市县地方投资平台、银行等金融机构合作，探索推出“股权质押增信宝”等产品，推动信贷落地。目前已有聊城临清、淄博博山、淄博桓台、烟台芝罘等地的 6 个增信宝产品落地，将带动流动资金贷款 4 亿元左右，每家企业可以获得 200 万到 500 万的贷款，最多可以惠及 200 家挂牌企业。

2014 年 11 月 20 日，省政府出台《关于运用政府引导基金促进股权投资加快发展的意见》（鲁政发〔2014〕17 号），2 月 4 日，首支资本市场发展投资引导基金成立，省财政出资 2 亿元由鲁信集团和齐鲁证券配套共同运作，形成 10 亿元以上规模的股权投资引导基金，省政府要求 60% 以上投资于区域市场挂牌企业。齐鲁股权交易中心组成的专业团队与各市及县市区有关部门合作，开展项目筛选和推荐。2014 年底，齐鲁股权交易中心对接省级投资引导基金备选企业项目库正式上线，全省第一批 150 家精选企业已进入项目库，2015 年将有 200 家以上企业能够受惠政府引导基金。

（二）培育孵化，加快企业上市并购步伐。一是挂牌前后的规范和培育，使企业建立了完善的法人治理结构，管理更加规范科学。公司高管、核心员工的入股，使企业核心层连股连心，共同带领企业规范发展。二是齐鲁股权交易中心与全国股份转让系统（新三板）多次座谈沟通，打通区域性市场与全国性市场转板对接通道，与新三板达成了“单独受理，优先审核，提前沟通，集中挂牌”的批量对接机制。2014 年 10 月 29 日，8 家挂牌企业成功批量转移至全国股转系统，成为国内唯一一家与全国股转系统实现批量转移对接的区域性市场，也初步探索了多层次资本市场间的互联互通机制。三是企业通过挂牌，推动融资发展，规范培育，实现了快速成长，加上地方政府在土地、税收、房产等方面的政策支持，大大加快了企业的上市进程。四是企业通过齐鲁股权交易中心资本市场平台作用，进行同行业的并购重组，拉长产业链，实现企业价值的成倍增长，到目前已有 9 家企业正在进行或已经完成并购。

（三）股权交易市场作用初显，助推高端服务业发展。股权交易市场服务对象众多，涉及范围广泛，充分发挥其信息资源优势，有利于加快发展各类股权融资和中介服务机构，进一步完善金融服务体系。目前，齐鲁股权交易中心平台已发展推荐机构、会计师事务所、律师事务所等会员机构 337 家，成立了投资者俱乐部，吸引股权投资机构 180 家，从业人数达到 7000 人。依托齐鲁股权交易中心发展会逐步在我市形成山东省股权交易中心、股权投资中心和创新型企业孵化培育中心，将进一步吸引银行、证券公司和基金管理公司在我市设立总部或者区域管理中心，吸引一批中介服务机构参与市场建设。

（四）有效推动经济结构的调整和优化。目前已挂牌的企业中，主要涉及新材料、精细化工、新农业、先进制造业等行业领域，企业通过挂牌带动了当地经济转型发展，推动了如淄博市临淄区的精细化工、高青县现代农业产业，聊城市临清的轴承产业，枣庄市滕州中小机床等产业发展，促进了老行业向新材料、精细化工及机电装备等转型，加快了新型农业、节能环保与电子信息等新产业的成长，有效带动了一批中小企业产业集群的形成和发展，使挂牌企业成为促进区域经济转方式调结构的生力军。

三、齐鲁股交中心 2014 年大事记

2014 年 1 月 5 日，中国上市公司协会原会长陈清泰莅临齐鲁股权交易中心，调研区域性股权交易市场建设发展情况。淄博市领导周清利、徐景颜、刘晓、唐福泉、邵珠东，省金融办副主任蓝翔等陪同调研。陈清泰一行对中心近年来的工作和取得的成绩给予充分肯定。他说，齐鲁股权交易中心是科技与金融结合的有力平台。建设区域股权交易市场，不仅可以缓解中小企业在不同发展阶段的资金压力，还能为中小企业提供多元化、个性化的服务、辅导、教育和培训，助力企业创新发展、转型升级，对地方经济发展具有重要意义。淄博市委书记周清利表示，齐鲁股权交易中心是山东省着力打造的金融创新平台，也是全省唯一的股权类交易市场。下一步，中心将在省委、省政府的部署要求下，坚持与时俱进，加快改革发展，积极推动资本市场与科技创新有机结合，打造全国有重要影响的区域性金融综合交易平台，为推动金融改革创新作出新的贡献。

2014 年 1 月 16 日，山东省金融办与全国股份转让系统在北京签署战略合作备忘录并举行“转板”座谈会，确定双方共同建立齐鲁股权交易中心和全国股转系统的有机对接机制。山东省金融办主任李永健、全国股份转让系统董事长杨晓嘉、齐鲁股权交易中心总裁李雪出席仪式并座谈。

2014 年 1 月 16 日，齐鲁股权交易中心在临沂沂南县举行 2014 年第一批企业挂牌仪式。临沂市金融办副主任厉建仁，沂南县县委书记、县人大常委会主任刘淑秀，县委副书记、代县长姜宁以及中心董事、党支部书记邵成奎出席了挂牌仪式。沂南县的三和玩具、泽辉股份、孙祖小米 3 家企业成功挂牌。

2014 年 1 月 17 日，齐鲁股权交易中心蓝色经济区管理总部胶州分部正式揭牌成立，同时日能科技、雷悦重工两家胶州企业鸣锣挂牌。青岛市经济和信息化委员会副主任董德义、胶州市副市长赵发海、胶州市工业和信息化局局长张道峰与齐鲁股权交易中心党支部书记邵成奎等共同出席了本次仪式。至此，胶州正式登陆齐鲁股权资本市场。

2014 年 1 月 22 日，齐鲁股权交易中心举行 2014 年度第三批企业挂牌仪式，万鑫科技、乾鸿重工、大鱼岛港、富帅技术、欧科家、前丰国际等 6 家股份公司成功挂牌，同时，时代塑胶等 4 家有限公司进行了信息发布。本次挂牌企业主要涉及高端装备制造、国际贸易、港口物流等行业。其中 3 家企业股本超过 5000 万股，均为所属行业在省内规模和影响力较大的龙头企业。

2014 年 1 月 22 日，山东善者文化传媒股份有限公司（以下简称“善者文化”）在齐鲁股权交易中心成功挂牌，这是山东省首家文化传媒企业在该股交中心挂牌。全国老龄委办公室副主任吴玉韶，山东省老龄办副主任钟永诚、济南市委宣传部常务副部长凌安中、齐鲁股权交易中心总裁李雪等有关领导一起出席了挂牌仪式。此次善者文化成功挂牌，成为齐鲁股权传媒“第一股”，是文化产业在资本市场上的一次破冰之旅，探索了文化产业与资本市场的有机结合，迈出了具有里程碑的第一步。

2014 年 1 月 24 日，作为首批由区域性市场转入全国股转系统的挂牌企业，齐鲁股交中心挂牌企业奥盖克（100130）成功登陆“新三板”，实现了区域性市场与全国性市场的有效对接。

2014 年 2 月 25 日，夏耕副省长主持召开了省政府非银行金融机构座谈会。省金融办李永健主任及一行三局的领导出席会议，齐鲁股权交易中心总裁李雪等 11 家省内非银金融机构负责人参与讨论。会议围绕着“金融如何更好支持实体经济发展、如何加强金融创新、如何防范化解风险”等 3 个主题展开讨论。

2014 年 2 月 28 日，中央电视台新闻频道播出关于齐鲁股权交易中心新闻——聚焦“四板”市场：小微企业融资新平台。报道从日前山东省金融办与新三板签署战略合作备忘录，齐鲁股权交易中心积极探讨与新三板转板绿色通道，并启动 12 家挂牌企业转板程序切题，指出，这标志着我国区域性股权交易市场初具规模，我国多层次资本市场建设健康发展。齐鲁股权交易中心总裁李雪在接受央视记者采访时说，四板市场是中国多层次资本市场中最重要的塔基，只要中小企业愿意进入这个市场，就可以借助这个平台来促进发展。

2014 年 3 月 1 日，由中国上市公司协会和山东上市公司协会联合举办的专题讲座交流会在济南市召开。中上协党委书记执行副会长姚峰、副会长兼秘书长安青松、省金融办主任李永健、山东省证监局副局长陈飞及辖区近百家上市公司会员以及中上协董秘委成员等 100 余人出席会议。齐鲁股交中心副总裁金栋携 4 家挂牌企业参会。挂牌企业力宝得、协力生物、善者文化和三月三董事长分别介绍了自身企业情况，并与参会上市公司董秘进行了互动交流。

2014 年 3 月 4 日，山东银联担保有限公司李长征董事长一行访问齐鲁股交中心，中心总裁李雪、董事邵成奎、副总裁金栋以及金融创新部、研究发展中心相关人员参加了座谈。会上，双方分别介绍了各自公司基本情况，着重围绕融资产品与服务创新进行了深入交流，并达成了初步的合作意向。

2014 年 3 月 6 日，齐鲁股权交易中心发行的山东区域性股权交易市场首只私募可转债——山东亿盛铝业股份有限公司 2014 私募债募集完毕，共募集资金 2000 万元。

2014 年 3 月 6 日，山东省金融办发布了《齐鲁股权交易中心有限公司监督管理暂行办法》。《办法》建立了全省性股权交易市场的基本监管框架，在明确和突出齐鲁股交中心自律管理职责的同时，规定省金融办依法依规实行统一监管。《办法》按照市场自律为主、外部监管为辅的总体思路，充分授权齐鲁股交中心建立更加市场化的运作机制，由市场自主制定挂牌公司、市场会员、投资人管理的各项规则制度，支持其建立健全符合国家政策要求、高效、灵活的规则体系和制度框架。同时，《办法》规定了对市场自身的治理结构监管、业务规则、交易品种的监管以及检查监督等。

2014 年 3 月 9 日，省政协副主席陈光率省政协经济委调研组一行 19 人来淄博市就“大力发展混合所有制经济，激发企业创新创造活力”进行专题调研。齐鲁股权交易中心总裁李雪就依托齐鲁股权交易中心，推动我省混合制经济发展做了汇报。

2014 年 3 月 11 日，山东省科技厅李爱民巡视员一行 4 人，就科技与金融结合，解决中小企业融资问题专程到齐鲁股权交易中心考察调研。齐鲁股权交易中心总裁李雪，详细向李爱民巡视员介绍了齐鲁股权交易中心拓展中小企业融资渠道。双方就科技与金融如何结合、科技企业如何更有效的利用齐鲁股权资本市场平台进行了深入探讨。

2014 年 3 月 12 日，山东省金融办下发《关于我省小额贷款公司在在区域性股权交易市场挂牌及融资等有关事宜的通知》（鲁政办发〔2013〕34 号），鼓励小贷公司借助区域性股权市场提高公司管理水平，拓宽融资渠道及提升服务能力。通知指出，上年度分类评级在Ⅲ级（含）以上的小贷公司，可以在区域性股权交易市场挂牌。通知鼓励小贷公司通过发行私募债券、资产证券化产品等方式，借助区域性股权市场直接融资。

2014 年 3 月 12 日，齐鲁股权交易中心挂牌暨投融资对接会在临沂市成功举行。临沂市金融办以及各区县金融办主要负责人，临沂市 26 家已挂牌企业及 30 余家拟挂牌企业参加了本次对接会。对接会上，临沂市金融办副主任赵臻元致辞，随后由部分金融机构围绕中小企业融资模式及相关业务进行了专题介绍。在挂牌企业进行项目介绍后，挂牌公司与参会金融机构进行了自由对接。

2014 年 3 月 17 日，中央办公厅督察专员魏守礼率领的中办调研组一行在淄博调研期间，赴齐鲁股权交易中心调研区域市场建设运营情况。山东省委副秘书长唐慎和省直有关部门的领导，淄博市常务副市长刘晓等陪同调研。调研组一行详细听取了齐鲁股权交易中心总裁李雪关于齐鲁股权区域市场建设和运营情况的汇报，对这个根植在淄博的全省性股权交易市场表现出浓厚的关注，对市场在促进中小企业发展，发挥多层次资本市场作用等方面的积极做法表示肯定和赞赏。

2014 年 3 月 20 日，中国建设银行总行一行赴齐鲁股权交易中心调研非上市股份公司股权质押融资情况。齐鲁股交中心总裁李雪介绍了市场建设运营情况，对市场服务中小企业的各项功能进行了详细讲解。金栋副总裁介绍了市场融资服务概况，并重点介绍了股权质押融资业务开展情况。建行领导对齐鲁股交中心三年来取得的成绩表示祝贺，并就股权质押有关问题与中心进行了交流探讨。建设银行表示将积极探讨与齐鲁股交中心深化合作，推动股权质押相关规则出台，共同助力中小企业发展。

2014 年 3 月 22 日，为进一步做好企业挂牌推广工作，鲁南区域总部在济宁汶上县与惠达投资共同举办了企业挂牌推广培训会议，汶上县有关领导及 40 余家企业参加了培训。会议上，鲁南区域总部就企业挂牌程序、挂牌好处以及企业挂牌过程中有关重要事项进行了讲解，并就企业关注的问题进行了充分解答。

2014 年 3 月 26 日，山东省证监局副局长赵洪军一行调研齐鲁股权交易中心。淄博市副市长邵珠东、市金融办主任石志全等陪同调研。齐鲁股权交易中心总裁李雪汇报了齐鲁股权交易中心近期建设运营情况。赵洪军副局长对中心的工作表示由衷赞赏。他表示，齐鲁股权交易中心所做的积极的创新的先行探索，对中国多层次资本市场和区域股权市场建设是有意义的，省里对这个市场寄予厚望。

2014 年 3 月 29 日，齐鲁股交中心举办 2014 年第一次投资者联谊沙龙活动，中心副总裁金栋出席活动，来自证券公司、保险公司、银行等其他金融机构的高净值客户和众多投资者踊跃参加了活动。齐鲁股交中心金融创新部工作人员和相关承销机构负责人分别对已发行和拟发行私募债相关情况进行了说明和推介。为更好地回馈客户，齐鲁股交中心还为到场客户提供了免费开立账户、专题养生讲座等增值服务。

2014 年 4 月 4 日，浦发银行济南分行公司银行产品部总经理袁欣蓬一行 3 人到访齐鲁股权交易中心，齐鲁股交中心副总裁金栋及金融创新部相关同志与来访人员进行了座谈。金栋副总裁介绍了中心市场建设运营情况。袁欣蓬总经理在听取金总的介绍后对市场的发展前景充满信心，并对双方下一步合作方向进行了探讨。

2014 年 4 月 8 日，大众日报头版刊载署名文章，以《出质登记卡壳，让非上市股份公司颇为苦恼——股权质押咋开方便之门》为题，报道了齐鲁股权交易中心开展股权质押融资业务得到了淄博市政策的大力推动，成为山东省首家出台政策支持股权质押融资业务的市场。

2014 年 4 月 10 日，首家资产评估机构山东大宇资产评估有限公司入驻齐鲁股权交易中心。山东大宇资产评估有限公司是经山东省财政厅批准并经省工商局注册登记依法成立的经济鉴证类社会中介机构。

2014 年 4 月 15 日，由省委改革办副主任郭训成率领的调研组在淄博调研全面深化改革工作进展情况期间，重点调研齐鲁股权交易中心。省委政策研究室、淄博市发改委、市委研究室、市委改革办相关领导共同调研。调研组在认真听取了齐鲁股权交易中心总裁李雪关于市场运营与建设的情况汇报后，对中心给予高度评价。郭训成主任强调，要以更加开放的机制和文化，以更加广阔的战略合作空间来继续推进市场的建设步伐，期望中心的事业越做越大！

2014 年 4 月 18 日，齐鲁股权交易中心烟台运营中心揭牌暨企业挂牌与托管仪式在烟台市举行，烟台市副市长姚勇、省金融办资本市场处处长张伟、齐鲁股权交易中心有限公司总裁李雪等出席了本次仪式。仪式上，固特丽生物、一品鲜蔬菜等 4 家烟台企业鸣锣挂牌，烟台 18 家企业实现了股权集中托管。同时，齐鲁股权交易中心与烟台市金融工作办公室、烟台联合产权交易中心分别签署战略合作协议，三方将在企业挂牌、股权融资等多个方面展开合作，助力推动烟台市中小企业发展。仪式结束后，齐鲁股权交易中心还在现场进行了挂牌培训，举办了在烟台的首次金融产品说明会。

2014 年 4 月 21 日，医药产业资本运作高峰论坛暨淄博市医药产业项目洽谈会在山东淄博举行。作为其中的重要环节，齐鲁股权企业展示平台医药产业板块暨淄博市医药企业展示平台正式启动上线。淄博市医药企业展示平台，是由淄博市政府主导，依托齐鲁股权交易中心综合展示平台建立的以促进企业交流合作、招商引资、产业升级的综合性服务平台。

2014 年 4 月 22 日，由齐鲁股交中心与淄博市知识产权局联合举办的“齐鲁股权知识产权展示交易平台上线仪式”在淄博举行。山东省金融办副主任韩炜、山东省知识产权局局长于智永、淄博市市委常委、市政府副市长庄鸣、齐鲁股交中心总裁李雪、淄博市科技局局长牛圣银、淄博市知识产权局局长毕红卫共同为齐鲁股权知识产权展示交易平台触球启动上线。本次仪式共有 9 家专利获奖企业成功进行股权集中托管，98 家专利明星企业集中展示，71 项专利产品集中发布。

2014 年 4 月 25 日，山东省证监局局长冯鹤年参加淄博市举办的金融创新大讲堂暨资本市场发展报告会，并做了主题演讲后，兴致勃勃的到齐鲁股权交易中心视察。冯鹤年局长在认真听取了中心总裁李雪关于齐鲁股权区域市场建设运营的情况后，对市场刚刚创新上线的“齐鲁知识产权交易平台”表示赞赏，希望通过市场平台让更多的专有技术在定价、转让、股权质押等方面实现与资本市场的对接，进而成功落地转化。冯鹤年局长还对齐鲁股权交易中心在多层次资本市场中发挥的积极作用表示肯定，希望这个唯一的全省性股权交易市场成为金融要素聚集中心、培育孵化中心、投融资服务中心、中小企业聚集中心，为全省的中小企业提供全方位的服务，努力推动全省经济借助资本市场健康快速发展。冯鹤年局长还到业务大厅和机房亲切看望了中心工作人员。

2014 年 4 月 26 日，齐鲁股权交易中心济南运营中心揭牌暨企业挂牌与托管仪式在济南市举行，省金融办、省中小企业局和济南市人大财经委、济南市发改委、经信委、财政局、金融办、法制办及济南各县（市）区经济和信息化主管部门有关领导出席了仪式。齐鲁股权交易中心总裁李雪与济南市中小企业公共服务中心主任毛明辉签订全面战略合作协议。双方将在企业挂牌、融资、培育等方面展开深入合作，助力济南市中小企业发展。仪式上，煜龙环保、可尼光电两家济南企业成功挂牌齐鲁股交中心。齐鲁股权交易中心以“一体两翼”的战略布局，在驻地淄博，在蓝色经济区和省会济南，以运营中心的落地服务，积极助力蓝色经济区和省会城市群经济圈的建设发展，推动全省经济的转型升级。

2014 年 4 月 28 日，齐鲁股权交易中心 2014 年第六次挂牌仪式（临沂专场）在“临沂首届资本交易大会暨全国地方金融第十八次论坛”的“多层次资本市场服务临沂“10 + 6”产业发展对接会”上成功举行。山东证监局副局长赵洪军、山东省金融办证券与资本市场处处长张伟、临沂市副市长马崑，临沂市各区县金融分管区县长、临沂市各区县金融办分管副主任出席了会议。金升小贷、丰众股份、华菱股份、华箴实业、黄家食品 5 家企业鸣锣挂牌。

2014 年 5 月 6 日，四川省委、省政府决策咨询委员会主任甘道明一行在淄博市副市长邵珠东等的陪同下参观考察齐鲁股权交易中心。在听取了齐鲁股权交易中心总裁李雪关于市场建设和运营的情况汇报后，甘主任表示，齐鲁股权交易中心是国内发展比较好的市场，这么好的一个资本市场真正服务于中国的中小企业，值得赞誉。希望四川要很好地参考和借鉴齐鲁股权交易中心这些好的经验，好的做法，以服务于中国更多的中小企业。

2014 年 5 月 9 日，国务院出台《关于进一步促进资本市场健康发展的若干意见》（亦称“新国九条”），明确提出加快多层次股权市场建设，壮大主板、中小企业板市场，加快创业板市场改革，加快完善全国中小企业股份转让系统，在清理整顿的基础上，将区域性股权市场纳入多层次资本市场体系。

2014 年 5 月 9 日，应证监会清理整顿各类交易场所办公室邀请，山东省金融办蓝翔副主任率齐鲁股权交易中心总裁李雪等一行参加区域性股权市场座谈会，会议对区域性股权交易市场定位、规范发展、政策支持等问题进行了讨论。

2014 年 5 月 5 日 – 9 日，金栋副总裁携金融创新部、登记结算部相关同志赴青岛、威海、烟台等地，与当地部分金融机构、政府部门，重点就私募债券等金融创新业务进行了深入交流和对接。

2014 年 5 月 15 日，中国工商银行私人银行部（济南）在淄博市分行的陪同下到访齐鲁股权交易中心。齐鲁股权交易中心总裁李雪、副总裁金栋及金融创新部相关同志与来访人员举行座谈。李雪总裁介绍了市场建设运营情况。金栋副总裁介绍了市场融资服务情况，并对市场几个主要的融资产品进行了详细介绍。

2014 年 5 月 16 日，齐鲁股权交易中心召开证券公司座谈会。10 余家证券公司相关负责人参加了会议。齐鲁股权交易中心总裁李雪详细介绍了中心作为山东省的投融资服务平台，在服务中小微企业、鼓励科技创新和激活民间资本等方面的运营实践。希望与各券商携手，共同推动全省股权交易市场的建设和发展，实现"共建、共享、共赢"。会议就拟上市后备企业资源整合利用、券商创新业务与齐鲁股权交易中心平台对接、挂牌企业转"新三板"等问题进行了研讨，就证券公司优化内部程序、提高转板项目运作效率等事项达成了一致。

2014 年 5 月 22 日，齐鲁股权交易中心举办关于金证新系统实现新业务的需求分析讨论会。中心领导李雪总裁等及相关部门负责人与金证科技工程师一道进行了座谈。会议明确了各项需求的流程及责任部门，要求及时沟通、协调系统开发商，加快系统开发进度，争取新系统早日上线。

2014 年 5 月 22 日，齐鲁股权交易中心 2014 农业类挂牌企业对接会在二楼东厅举行。渤海黑牛、百慧乳业、御青茶业、美罗福、欧科家、齐御牧业、金王食品、华煜盛园等 8 家涉农挂牌企业，与杭州禾优投资管理合伙企业、齐鲁银行、国农租赁有限公司、山东银联担保有限公司、淄博融信投资担保有限公司等 5 家金融机构进行了对接。本次对接会简化形式，注重实效性，使投、融资双方充分交流对接，取得了一定成果。

2014 年 5 月 28 日，山东省金融办组织召开齐鲁股权交易中心发展座谈会，分析当前齐鲁股权交易中心发展现状、面临的形势以及存在问题，研究推动齐鲁股权交易中心改革发展工作。李永健主任出席会议并做重要讲话，从认清形势、明确市场定位完善公司治理、加强各方协调、优化市场环境等五个方面提出明确要求，对齐鲁股权交易中心发展更持续、更健康、更专业将起到重要的推动作用。齐鲁股交中心主要董事、监事、高管及主要股东单位代表参会。

2014 年 5 月 29 日，齐鲁股权交易中心私募债券业务座谈会成功举行。来自证券公司、担保公司、投资公司、会计师事务所等 20 余家中介机构负责人参会。齐鲁股权交易中心金融创新部有关负责同志对私募债券业务政策背景、发行条件、特点、备案发行流程等进行了全面讲解，并结合成功案例对债券备案发行工作流程进行了说明。各参会机构在听取私募债业务讲解的基础上，围绕着私募债券承销、担保增信、宣传推广等议题开展讨论，积极建言献策。

2014 年 5 月 29 日，齐鲁股权交易中心 2014 年第七批挂牌仪式济宁专场成功举行，3 家济宁企业挂牌，分别为祥源生物、泺泰牧业、联冠鞋业。

2014 年 5 月 30 日，齐鲁股权交易中心金融发展高峰论坛在济南举办，齐鲁股权交易中心李雪总裁率金融创新部和培训咨询部负责同志对参会企业就中小企业如何借助多层级资本市场发展、如何运用各种金融融资产品、及新形势下企业如何应对工商和税务变革展开了一系列交流，受到了参会企业的高度认可。

2014 年 6 月 1 日，齐鲁股权交易中心正式推出新的市场分层机制，从企业发展不同阶段出发，将挂牌交易平台细分为"精选板"和"成长板"两个板块。成长板是专为成长型、成熟类公司提供的市场。而精选板面向资产、收入达到一定规模且具有持续盈利能力的企业及具有成长性、核心技术的高科技企业。当成长板公司达到精选板市场要求时，可转板至齐鲁股权精选板，除享受中心精选版 VIP 服务外，将会通过齐鲁股权交易中心绿色转板通道，进一步向更高层次资本市场迈进。

2014 年 6 月 4 日，国务院以国发〔2014〕20 号印发《关于促进市场公平竞争维护市场工常秩序的若干意见》。该《意见》分总体要求、放宽市场准入、强化市场行为监管、夯实监管信用基础、改进市场监管执法、改革监管执法体制、健全社会监督机制、完善监管执法保障、加强组织领导 9 部分 33 条。明确了简政放权、依法监管、公正透明、权责一致和社会共治等基本原则。《意见》旨在市场在资源配置中起决定性作用并更好地发挥政府作用，着力解决市场体系不完善、政府干预过多和监管不到位问题，坚持放管并重，实行宽进严管，激发市场主体活力，平等保护各类市场主体合法权益，维护公平竞争的市场秩序，促进经济社会持续健康发展。

2014 年 6 月 5 日，全国股份转让系统总经理助理隋强一行在省金融办副主任蓝翔等陪同下，调研齐鲁股权交易中心，并召开有关各方参加的工作座谈会。在认真听取了齐鲁股权交易中心总裁李雪关于市场运营的介绍，和参会的挂牌企业和券商的热烈发言后，隋强表示，希望双方能够加强合作联系，促进多层次资本市场之间的互联互通。

2014 年 6 月 5 日，省金融办副主任蓝翔召集齐鲁股权交易中心高管座谈，要求以"齐鲁股权交易中心发展座谈会"为契机，梳理分解当前各项重点工作任务，全面推动齐鲁股权交易中心各项改革发展工作。

2014 年 6 月 11 日，齐鲁股权交易中心 2014 年第八批挂牌仪式在齐鲁股权交易中心兰行，7 家企业成功挂牌，分别是山东澳凯轴承股份有限公司、山东华隆威斯特轴承股份有限公司、聊城市联威肥业股份有限公司、山东红星轴承科技股份有限公司、潍坊泰达电力设备股份有限公司、潍坊盛丰面业股份有限公司、山东裕鸿阀门股份有限公司，行业涉及通用设备制造、机械加工、农副食品加工等。

2014 年 6 月 11 日—14 日，省金融办副主任蓝翔带领省金融办、省工商局有关处室、齐鲁股权交易中心有关负责人赴重庆、武汉考察调研，重点学习两地股权交易市场在薪酬体系建设、股权质押融资等方面的经验做法。

2014 年 6 月 12 日，澳大利亚贸易委员会青岛办事处高级商务代表黄泳涛先生与澳大利亚高傅投资咨询有限公司执行董事李相先生，在山东省和淄博市外事办有关领导陪同下，到访齐鲁股权交易中心。在认真听取了中心总顾问杨少军同志关于齐鲁股交中心基本情况和服务功能的介绍后，黄泳涛先生和李相先生表示，此次到访希望与齐鲁股交中心谋求合作，以股权、债券及基金等方式服务国内企业，他们将密切关注齐鲁股交中心，在投资与资本运作等多方面与齐鲁股交中心进行深入合作。

2014 年 6 月 12 日，荷泽市召开了区域性股权市场挂牌培训会议，齐鲁股权交易中心有关负责同志参加会议并授课，对区域性股权交易市场作用、企业挂牌托管展示的意义进行了宣讲。

2014 年 6 月 27 日，国务院稳增长促改革调结构惠民生政策落实情况督查组在国家发改委主任徐绍史率领下，莅临齐鲁股权交易中心视察指导。山东省政府副秘书长高旭光、省发改委主任张务锋及淄博市委书记周清利、市长徐景颜等陪同视察。督察组一行听取了中心总裁李雪关于中心运营情况的详细汇报，对这个多层次资本市场中的四板市场表示出浓厚的关注。督导组一行随后视察了工作中的中心员工。

2014 年 7 月 1 日，经过两个月的测试和试运行，齐鲁股权交易中心第一款手机 APP 客户端"齐鲁股权信融通"成功上线运行。作为功能更为全面、强大的手机版中心官网，"齐鲁股权信融通"通过中心动态、资讯服务、金融产品，企业展示、项目融资和客户互动六大板块的设置，为客户和企业提供完善、便捷、多样、高效的信息服务，成为服务客户、传递信息的高效通道。

2014 年 7 月 2 日，齐鲁股权交易中心在青岛成功举办“山东区域股权交易市场发展论坛暨齐鲁股权交易中心企业挂牌及融资创新产品发布会”。来自山东省金融办、深圳证券交易所、青岛市经济和信息化委员会、青岛市金融办、青岛市中小企业公共服务中心、山东省资本市场发展促进会、山东省小贷企业协会、青岛工商联的领导和嘉宾，以及各银行、证券机构、各协会、商会，齐鲁股权挂牌企业代表等近 200 人出席了会议。发布会上，齐鲁股交中心隆重推出私募债、小贷债等 8 单融资创新产品，合计备案规模达 8.36 亿元。远通物联、鸿运星、论兵堂等 5 家青岛企业挂牌齐鲁股交中心。

2014 年 7 月 8 日，齐鲁股交中心召开 2014 年会所培训会。来自 40 多家会所的 70 余名人员积极参会。本次培训会内容主要为最新板块分层方案讲解、会计师事务所在挂牌材料中存在的问题、中心私募债产品介绍以及会计师事务所管理的相关规定等。

2014 年 7 月 9 日，齐鲁股权交易中心与淄博市知识产权局共同举办的专利质押贷款贴息培训会在齐鲁股权交易大厅举行。来自淄博市的 20 余家高新技术企业踊跃参会。为使拥有专利的企业借力资本市场发展，本次培训会围绕小微企业专利权质押贷款贴息进展情况，专利展示交易、托管、挂牌和融资相关业务，小微企业专利权质押贷款情况，小微企业专利权质押贷款相关操作流程等内容，做了非常到位的培训，受到参会企业的欢迎。

2014 年 7 月 11 日，齐鲁股权交易中心济南运营中心联合济南中小企业公共服务中心与济南现代服务业联合会三家单位共同举办了专项融资产品说明会。本次会上正式推出针对挂牌和托管企业的三项融资产品：纯股权质押类资金池产品、存货质押、“科技贷”。济南现代服务业联合会的企业会员和济南及莱芜、泰安挂牌企业积极参与了此次产品发布会。

2014 年 7 月 16 日，齐鲁股权交易中心 2014 年第十批挂牌仪式成功举行，来自潍坊、济宁、日照、莱芜、临沂、德州、菏泽 7 个市的 12 家企业成功登陆齐鲁股权资本市场。仪式上，齐鲁股权交易中心与潍坊临朐县人民政府签署战略合作协议，举行了临朐县挂牌工作办公室授牌仪式。

2014 年 7 月 17 日，证监会清理整顿各类交易场所办公室一行 5 人在李至斌副局长的带领下调研齐鲁股权交易中心。山东证监局副局长赵洪军等陪同调研。调研组在认真听取了齐鲁股权交易中心总裁李雪关于市场运营情况的汇报后，就区域性股权市场相关情况展开详细调研。齐鲁股权交易中心中介机构代表、挂牌企业代表等参与了调研。调研组领导在调研后表示，这次调研齐鲁股权收获很大，没想到企业挂牌区域市场后变化这么大，将认真研究来自市场的建议。

2014 年 7 月 17 日，四川省人民政府金融办公室副主任张少鹿带领成都(川藏)股权交易中心调研组一行在省金融办交易市场监管处副处长刘晓峰陪同下调研齐鲁股权交易中心。在听取了齐鲁股权交易中心总裁李雪对市场发展和建设运营情况的介绍后，张少鹿表示，齐鲁股权交易中心是国内区域性股权市场中屈指可数的佼佼者。希望四川要学习借鉴齐鲁股权交易中心好经验、好做法，更好地推动中小企业做大做强。

2014 年 7 月 18 日，齐鲁股权交易中心召开第一届董事会第四次会议。会议审议通过了财务预算和薪酬管理办法两个议案。

2014 年 7 月 19 日，齐鲁股交中心联合沃德投资在威海市举办威海市企业融资与个人投资创新服务论坛。齐鲁股交中心蓝色区域总部、客户服务中心相关负责人出席活动。来自威海市的 180 余位优质投资者、企业家参加了活动。活动中，齐鲁股交中心蓝色区域总部对企业挂牌融资及个人投资业务创新作了详细介绍，并向与会投资者介绍了齐鲁股交中心私募债券产品的收益、风险控制等情况。

2014 年 7 月 24 日，齐鲁股权交易中心董秘及财务总监培训会在山东齐盛国际宾馆会议中心顺利举行。齐鲁股交中心董事、副总裁于宁等相关部门人员，万得资讯山东区域总监王长娟、万得资讯区域经理刘勇等出席了本次培训会。参加本次培训会的挂牌企业 100 多家，推荐机构 30 多家，参会人员 200 多人。于宁副总裁就齐鲁股权交易市场发展情况向来宾作了介绍和说明，同时对挂牌企业董秘及财务总监如何更好地掌握资本市场的有关知识，提高职业化水平，做好公司挂牌后的相关工作作了讲解。齐鲁股交中心相关部门负责人就企业财税、法律等问题和齐鲁股权金融创新产品及投融资等情况进行了详细的分析解读。

2014 年 7 月 25 日，央视新闻频道对齐鲁股权交易中心支持“三农”企业作了专题报道。

2014 年 7 月 27 日，山东省委、省政府印发了《中共山东省委、山东省人民政府关于加快全省民营经济发展的意见》(鲁发〔2014〕15 号)，分别从总体要求、推进投资创业便利化、支持民营经济转型升级、改善要素市场环境、强化法治保障、加强组织领导等方面给我省民营企业全面减负。意见指出，要推进投资创业便利化。要改善要素市场环境，改善新型抵(质)押担保贷款业务。支持有稳定收益或未来现金流的民营企业通过资产证券化、资产支持票据等进行融资。支持发行多种形式的债券，扩大债券融资规模。加强对民营企业上市的指导服务。完善政府类担保体系。支持依法设立的民间资本担保机构开展业务。

2014 年 7 月 29 日，山东省政府办公厅印发了《山东省权益类交易场所管理暂行办法》(鲁政办发〔2014〕29 号)，这是国内首个单独规范权益类交易场所管理的文件，明确了权益类交易场所的概念和监管部门、权益类交易场所的设立、变更和终止程序，建立了权益类交易场所的管理框架，并强调权益类交易场所的公司治理和自律管理。《管理办法》还明确了权益类交易市场风险防范控制的制度安排，并对股权交易市场做出特别规定。

2014 年 8 月 9 日，齐鲁股交中心举办七河生物 2014 私募债券产品说明会。齐鲁股交中心相关部门、发行企业山东七河生物有限公司、承销机构山东迦南投资有限公司相关负责人，及五十余位社会投资者参加了本次活动。活动中，迦南投资总经理李喜盈对七河生物 2014 私募债进行了发布说明和路演，七河生物相关负责人对公司的业务发展、财务状况及募集资金用途等作了详细介绍。

2014 年 8 月 12 日，鉴于中心相关挂牌业务规则发生变化，为了使推荐机构了解新的规则，更好的开展企业挂牌业务，齐鲁股交中心举办了《齐鲁股权交易中心平台建设与市场分层板块设计方案》及相关规则的培训会，对修改的规则及会员管理中存在的问题进行了详细解读。受邀的数十家推荐机构相关人员参加了本次培训会。

2014 年 8 月 13 日，齐鲁股权交易中心与太平养老保险山东分公司初步达成合作意向，由太平养老保险发起首期 3

亿元的债权基金,专向投资于齐鲁股权私募债券等固定收益类产品,双方按照1:9比例共同出资成立基金管理公司,作为普通合伙人对债权基金进行日常管理。

2014年8月14日,齐鲁股权交易中心2014年第十一批挂牌仪式聊城开发区专场举行,山东光标彩印科技股份有限公司挂牌。

2014年8月15日,齐鲁股权交易中心2014年第十二批挂牌仪式在齐鲁股权交易中心举行,临沂、聊城、淄博7家企业登陆齐鲁股权资本市场,涉及新能源、新材料、纺织、机械加工等行业。7家企业是分别为淄博南岳水务有限公司、山东吉阳新能源股份有限公司、山东万讯线杆股份有限公司、临沂联诚机械股份有限公司、茌平宏鑫防止股份有限公司、聊城市一鸣玻璃制品有限公司。

2014年8月15日,在聊城市副市长冯艺东的带领下,聊城市政府代表团一行10人赴齐鲁股交中心考察股权质押融资业务开展情况。座谈会上,齐鲁股权交易中心总裁李雪介绍了中心运行情况及股权质押融资业务开展情况。齐鲁股权交易中心副总裁金栋就中心开展股权质押融资业务的工作流程作了详细介绍。双方就开展股权质押融资业务的有关问题和注意事项进行了充分交流。

2014年8月19日,山东七河生物有限公司以股权质押作为保证,在齐鲁股交中心发行3000万元私募债,期限2年,票面利率9%。山东七河生物科技股份有限公司是集食用菌研发、生产、销售一体省级农业产业化龙头企业,是国内最大的食用菌菌棒生产基地,在韩国、日本、澳大利亚等地建立了生产基地,创造了国内独有的"国内发菌,国外出菇,就地上市"经营发展模式。

2014年8月19－21日,根据工作安排,鲁南区域总部先后赴济宁、枣庄及临沂三市实地考察企业,继续做好企业挂牌推广及考察工作。同时,不断加深与地方金融办合作,进一步推动企业挂牌。

,2014年8月27日,山东省金融学会"金融理论研究与实践基地"揭牌暨学术研讨会在淄博召开,齐鲁股权交易中心成为山东省金融学会第四家"金融理论研究与实践基地"。齐鲁股权交易中心总裁李雪表示,中心将积极提供良好的实践环境和条件,搭建好学习交流的平台,使金融理论和实践活动有效结合。金融理论与实践研究基地是山东省金融学会理论研究工作向纵深发展的基地,是观察实体经济的窗口,实践基地的发展可以使理论对策更有参考价值,更具学术影响力,必将推动金融理论与金融实践有机结合,提升齐鲁股交中心社会影响力和金融创新能力。

2014年8月30日,国务院台办主任张志军带领国台办经济局人员视察齐鲁股权交易中心。省委常委、统战部长颜世元,省台办张雪艳,淄博市委书记周清利、市长徐景颜等陪同视察。在听取了齐鲁股权交易中心总裁李雪所做的市场运营情况的汇报后,张志军主任就中小企业融资难、融资贵等问题详细询问市场在这方面所发挥的作用。他对中心与台湾场外交易市场及台资企业的合作非常关切。张主任现场表示,将为齐鲁股权交易中心与台湾市场及企业的合作牵线搭桥。

2014年9月3日,湖北荆门市副市长、知识产权局和淄博市知识产权局领导一行到访齐鲁股交中心,考察知识产权展示交易平台建设运营情况。于宁副总裁为到访的荆门市知识产权局、淄博市知识产权局介绍了齐鲁股交中心建设运营情况,重点阐述了齐鲁股权知识产权展示交易平台定位、功能、政策支持和发展特色,以及下一步发展情况。湖北荆门市相关领导对齐鲁股交中心股权、债券融资转让,专利转让的业务开展情况作了进一步了解,表示要建立双方合作,共同创新小微企业综合金融服务模式。

2014年9月4日,省金融办、山东银监局、省工商局、人行济南分行四部门联合下发了《关于印发<山东省非上市股权质押融资指导意见>的通知》(鲁金办发〔2014〕19号文件),文件的出台为我省非上市公司的股权质押工作提供了规范性指导依据。根据文件内容,《意见》明确了齐鲁股权交易中心托管挂牌企业股权质押的操作流程,规定了工商行政管理部门和齐鲁股权交易中心关于股权质押工作的职责分配,鼓励省内非上市股份公司通过市场进行股权质押融资,打开了有限公司通过市场进行股权质押融资的有力通道。根据文件精神,在齐鲁股权交易中心登记托管的企业优先纳入省级重点上市后备资源企业库,同时企业股权质押信息纳入金融信用信息基础数据库,实现股权质押信息的规范性披露。

2014年9月12日,齐鲁股交中心举行了2014年第三次专家咨询委员会会议,对13家公司进行了咨询指导,进一步提高了企业借助资本市场融资发展的意识和水平。

2014年9月3日、17日,在全省县级金融办主任、全省金融办系统新进人员培训班上,齐鲁股交中心负责同志介绍了区域股权交易市场发展情况,并与学员进行了面对面交流。

2014年9月23日,齐鲁股交中心投融资服务板块(http://www.qlotc.cn/tourongzi－index.html)正式升级上线。该板块汇集了投融资信息、私募债等金融产品信息,为资金、项目提供点对点的对接,提高区域股权交易市场融资服务能力。

2014年9月24日,齐鲁股权交易中心2014年第十三批挂牌仪式在齐鲁股权交易中心举行。10家企业挂牌,分别为山东重拓机械股份有限公司、青州市红旗食品股份有限公司、临朐天泽生态农业股份有限公司、山东鼎泰交通物流股份有限公司、山东汇丰木塑型材股份有限公司、临沂市强盛工具股份有限公司、山东中港化肥股份有限公司、山东麦琪食品股份有限公司、山东启航股份有限公司、济南笨八戒股份有限公司。

2014年9月25日,枣庄市市长张术平一行在淄博市法制办主任张志超等陪同下调研齐鲁股权交易中心。齐鲁股权交易中心总裁李雪与张术平市长就推动更多枣庄市企业进入齐鲁股权资本市场进行了座谈。枣庄市委、市政府从资金等各方面大力支持企业借力资本市场发展,使得企业有机会享受到良好政策红利。

2014年9月25日,济宁市嘉祥县民营经济发展考察团一行30余人在嘉祥县县长周生宏、副县长王从奇的率领下考察齐鲁股权交易中心。淄博市张店区区长沙向东、副区长汪德法、副区长刘玉泽等陪同考察。考察团一行着重听取了齐鲁股交中心总裁李雪和副总裁于宁所作的市场运营情况介绍。周生宏县长表示,齐鲁股交中心对发展民营经济、促进企业融资起到了重要作用,他积极鼓励嘉祥县的骨干企业到齐鲁股交中心挂牌。

2014年9月26日,由威海市环翠区区委书记林红玉、区长陈学凯等率领的党政考察团一行50余人莅临齐鲁股权交易中心参观考察。张店区委书记王咏、区长沙向东等陪同考察。齐鲁股权交易中心总裁李雪介绍了中心建设发展情况及市场主要功能。林红玉书记希望下步与中心进一步对接,推动更多企业挂牌,促进地方经济发展。

2014年9月29日齐鲁股交中心召开了2014年第一次股东会议,会议审议了财务预算等三个议案。

2014 年 10 月 10 日，山东省委原书记赵志浩一行考察齐鲁股权交易中心，淄博市委书记周清利等领导陪同考察。赵志浩书记对齐鲁股权交易中心支持中小微企业和“三农”企业发展很感兴趣。在听完齐鲁股权交易中心总裁李雪汇报后，他指出，齐鲁股权交易中心是综合运用各种金融要素的平台，是解决省内中小微企业融资难的有效途径，是推动企业发展的助推器。

2014 年 10 月 14 日，北京市金融工作局副局长张幼林、北京股权交易中心副总经理侯博等一行 4 人在山东省金融办副主任张文等陪同下考察齐鲁股权交易中心。在听取了齐鲁股权交易中心总裁李雪对市场发展和建设运营情况的介绍后，张幼林局长表示，齐鲁股权交易中心是具有代表性的区域性股权交易市场，借鉴齐鲁股权交易中心好经验、好做法，对更好地服务中小企业实现全方面发展具有重要意义。

2014 年 10 月 16 日，齐鲁股权交易中心烟台高新区挂牌培育基地启动暨烟台企业挂牌专场仪式在烟台高新区成功举行。省金融办副主任张文出席活动并致辞。这是区域性资本市场与国家级高新园区深度合作的具体举措，对于更好地促进科技与资本市场有机结合，具有十分重要的意义。

2014 年 10 月 16 日，齐鲁股交中心 2014 年第 14 批企业集中挂牌仪式烟台专场成功举行。仪式上，7 家烟台企业挂牌，分别为颐和股份、尚美丽家、颜红股份、润达股份、瑞华汽车、丹崖股份和宏兴机械。

2014 年 10 月 21 日，挂牌公司山东鼎泰交通物流股份有限公司(以下简称“鼎泰股份”)股权私募会在山亭宾馆成功举行。枣庄市政府副市长王新宁，山亭区委书记、区人大主任王常胜，区长李春英等主要领导及枣庄市金融办、市中小企业局、市经信委、市交通运输局、市商务局等部门负责同志出席了会议。私募会上，山亭区部分重点企业进行了现场观摩。

2014 年 10 月 22 日，齐鲁股交中心首家私募债——沂蒙山徒河 2013 集合私募债券本息兑付完毕。该私募债为国内区域性市场首单针对挂牌企业的集合私募债，金额 1000 万元，期限 1 年，票面利率为 9.5%。

2014 年 10 月 22 日，由泰安肥城市王瓜店街道办事处党工委书记董军率领的党政企考察团一行 40 余人参观考察齐鲁股权交易中心。期间，齐鲁股交中心党支部书记邵成奎介绍了齐鲁股交中心的最新运营情况。作为齐鲁股交中心“服务无止境”宗旨的重要体现，齐鲁股交中心借助此次活动首次将服务触角延伸到村里，做出了区域资本市场服务与优质村级中小企业相结合的有益探索。

2014 年 10 月 29 日，为深入贯彻落实郭树清省长去年关于“齐鲁股交中心要主动探索与‘新三板’的对接，最好形成批量转移机制”的批示精神，齐鲁股交中心挂牌企业首批集中对接全国中小企业股份转让系统挂牌仪式在北京举行，山东 8 家企业首批集中成功对接全国中小企业股份转让系统，开区域性股权交易市场与全国性证券交易市场挂牌企业批量转板先河。

2014 年 10 月，齐鲁股交中心挂牌公司中共有 102 家披露了 2014 年半年报，通过分析总体上看，挂牌公司规模水平有所提升，经营业绩稳中向好。经营方面，上半年，102 家公司合计实现营业收入 58.86 亿元，平均营业收入 5770.2 万元，同比增长 12.32%；合计实现净利润 2.46 亿元，平均净利润 241.46 万元，同比增长 29.18%。规模方面，截至 2014 年 6 月 30 日，102 家公司资产总额合计 175.51 亿元，平均总资产为 1.72 亿元，同比增长 6.49%；净资产合计 60.25 亿元，平均净资产为 5906.75 万元，同比增长 4.92%。102 家公司的平均资产负债率为 67%，同比基本持平，处于合理区间内。

2014 年 11 月 6 日，齐鲁股交中心推出短融宝产品——徒河黑猪 2014 短融宝，备案发行额度为 500 万元，期限 9 个月，票面利率 10.5%；11 月 7 日，国和建设 2014 短融宝在中心成功备案，备案发行额度 1000 万元，期限 9 个月，票面利率 10.5%。

2014 年 11 月 6 日，山东财经大学山东金融发展研究院宿玉海院长一行调研齐鲁股权交易中心发展情况。在听取了齐鲁股权交易中心总顾问杨少军对市场发展和建设运营情况的介绍后，双方就加大合作，积极开展业务信息对接等进行了深入交流。

2014 年 11 月 7 日，省经信委总经济师刘绪聪一行调研齐鲁股权交易中心。在听取了齐鲁股权交易中心总裁李雪、党支部书记邵成奎对市场发展和建设运营情况的汇报后，双方就中心发展面临的相关问题进行了深入交流。刘绪聪总经济师说，齐鲁股权交易中心是山东省股权交易市场，其生命力在于服务，要走出自己独具特色的路子，让齐鲁股权交易中心继续走在全国区域性股权交易市场前列。

2014 年 11 月 11 日，齐鲁股权交易中心 2014 年第十五批挂牌仪式潍坊临朐、东营专场成功举行。本次挂牌的 10 家企业均来自东营、潍坊两市，其中仅潍坊临朐县就推荐 7 家企业挂牌。

2014 年 11 月 12 日，齐鲁股权交易中心 2014 年第十六批企业挂牌仪式成功举行。来自济南、青岛、威海、日照、临沂、东营等 6 市的 9 家优质企业正式登陆齐鲁股权资本市场。

2014 年 11 月 18 日，大地肉牛 2014 短融宝债券发行人兑付投资人本金和最后一期利息。该债券于 2014 年 6 月 18 日在齐鲁股权交易中心完成备案发行，是齐鲁股权交易中心备案发行的首单短融宝产品。在债券受托管理人的督导下，债券发行人每月按时足额向投资人兑付利息，并按照齐鲁股权交易中心相关规则严格履行信息披露义务。

2014 年 11 月 20 日，山东省政府发布《关于运用政府引导基金促进股权投资加快发展的意见》(鲁政发〔2014〕17 号文件)，提出将设立省级股权投资引导基金，进一步拓宽实体经济融资渠道，促进多层次资本市场加快发展。意见明确要求政府引导基金在投资方向、投资策略上，要积极吸引私募股权投资基金投资齐鲁股权交易中心挂牌企业，支持培育壮大我省上市后备资源，促进上市公司并购重组，推进规模企业规范改制，加快多层次资本市场体系建设。

2014 年 11 月 20 日，齐鲁股权交易中心 2014 年第十七批企业挂牌仪式新泰专场成功举行，山东泰丰自动化设备有限公司、山东家家乐环保热力设备有限公司、山东斯诺尔节能建材有限公司、山东鑫基牧业有限公司 4 家企业集中挂牌并鸣锣开盘。

2014 年 11 月 20 日，齐鲁股交中心召集会员机构座谈会。召开会员机构服务项目对接会、会员机构服务对接会，了解会员单位服务优势和特色，更好地满足挂牌企业服务需求。

2014 年 11 月 21 日，齐鲁股交中心组织北京智通方略企业管理咨询有限公司、大地人律师事务所、山东商报等机构、媒体走进山东沂源，与山东世拓等沂源境内挂牌企业中层以上管理人员进行培训交流。会上，齐鲁股交中心及各方参会机构与企业参会人员进行了交流，就企业关心的问题进行了探讨。

2014 年 11 月 21 日，齐鲁股权交易中心省会城市圈区域总部参加了由德州市金融办、德州日报主办，开来投资有限公司承办的首届“德州之星”创新高成长企业路演活动。活动中，德州市20余家创新性、高成长性企业与齐鲁股权交易中心、国内著名投资机构、券商、及其他专业机构专家深入交流，构建起了企业与金融资本有效联系的平台。

2014年11月14日、28日，齐鲁股交中心分别举行第五次、第六次专家咨询指导专家委员会会议，专家从企业规范管理、财务法律风险等方面为申请挂牌成长板的21家企业提出指导意见。

2014年11月28日，齐鲁股交中心资本市场和文化创意园首度携手，全省首家区县级挂牌培育基地花落烟台市福山区。齐鲁股权交易中心党支部书记邵成奎在致辞中说，齐鲁股权挂牌培育基地在“全国书法之乡”烟台福山的设立，是区域性资本市场首次与文化创意产业的有机结合，开创了资本助力文化园区发展的先河。仪式上，烟台大石头景观有限公司作为福山区首家挂牌企业成功登陆资本市场。

2014年11月28日，淄博市委书记、市人大常委会主任周清利到齐鲁股权交易中心调研。在认真听取齐鲁股权交易中心有关工作情况汇报后，周清利表示，去年11月份省政府对齐鲁股权交易中心进行公司制改造以来，中心发展实现了本质性的提升，为全省全市科学发展作出了重要贡献，得到了各方面的充分认可。周清利强调，推动齐鲁股权交易中心快速规范发展，要认真贯彻中央和省委、省政府的部署要求，要紧盯全国同类型、同级别市场的最高运营水平，健全完善市场规则，努力争当同行业的标准制定者，为全省中小企业发展提供优质、可持续的服务。

2014年11月，齐鲁股交中心与多家机构开展合作。12日，广州太平洋资产管理公司到中心调研，双方就依托中心发行小贷公司资产收益权产品达成初步意向。20日，山东城商行联盟与中心座谈，双方拟在组织开展非上市公司股权质押融资业务方面开展合作。26日，鲁信创业投资公司与中心座谈，双方就区域市场基金设立、股权投资项目推荐达成共识。

2014年12月6日，齐鲁股交中心联合山东磊宝锆业科技股份有限公司共同举办投资者联谊活动。前期认购磊宝锆业2014私募债券的50余位投资者现场参观了公司的生产车间以及办公场所、企业展厅等地，并听取了公司负责人对企业近期生产经营情况、私募资金运用情况、新建设投产项目情况的详细介绍。参与本次活动的投资者对本次活动表示充分满意，并希望今后可以提供更多这样的机会。

2014年12月9日，齐鲁股权交易中心成功举办2014年度第十九批企业挂牌仪式暨潍坊昌乐县企业挂牌专场成功举行。会上，齐鲁股权交易中心与昌乐县政府签署战略合作协议并授牌昌乐县挂牌工作办公室，为2015年昌乐县企业在区域市场挂牌融资奠定基础。本次挂牌的企业牵手娃是昌乐县的首家企业挂牌。

2014年12月10日，齐鲁股权交易中心成功举办2014年度第二十批企业挂牌仪式，得胜电力、聚州工贸、锦东商贸、福昊物流、怡浪电池、英特股份、龙发股份、诚方科技等8家企业挂牌齐鲁股交中心成长板，金典坚果挂牌精选板。齐鲁股权交易中心市场分层机制初步形成。

2014年12月12日，齐鲁股权交易中心举行2014年第十一次专审委暨第七次咨询会议，25家企业申请挂牌成长板，1家企业申报精选版，其中共有23家企业过会。专家们根据企业自身发展结合资本市场企业基本要求从企业规范管理、财务与法律风险、公司发展规划等角度给企业提出建议。

2014年12月14日，浙江省金融学会、浙江证券业协会主办，浙江股权交易中心承办的“多层次资本市场发展与法规制度建设”论坛暨浙江省金融学会第三届学术年会分论坛在杭州召开，齐鲁股权交易中心总裁李雪应邀在分论坛上发言，受到各界好评。

2014年12月17日，非上市公众公司监管座谈会在山东济南召开，就非上市公众公司监管事项展开研讨。中国证监会庄心一副主席出席会议并作重要讲话。齐鲁股交中心李雪总裁、邵成奎书记出席会议，齐鲁股交中心的运营实效得到庄心一副主席、山东证监局等与会领导的一致认可与好评。

2014年12月17日，齐鲁股权交易中心董事邵成奎、副总裁金栋参加由省金融办召集的区域性股权市场挂牌企业投资引导基金管理和运作模式座谈会。省财政厅、省金融办、鲁信创投、齐鲁证券以及省经开投、鲁证创投的相关负责同志参加会议。各方就区域性股权市场挂牌企业投资引导基金的设立方案进行了沟通和交流。

2014年12月22日－25日，博华·泰盈2014年1号短融宝开始向特定投资人进行募集。投资人登入齐鲁股权交易中心交易系统客户端进行线上认购。4天时间，该债券共募集资金3130万元。该短融宝备案金额5000万元，期限11个月，票面利率7.2%，发行人为山东博华高效生态农业科技有限公司，承销商为山东汇佳资本管理有限公司，由山东京博控股股份集团有限公司提供担保。

2014年12月26日，省政府召开专题会议讨论省级股权投资引导基金事宜。会上，初步确立首批成立资本市场发展引导基金，规模为10亿元。投资区域市场挂牌企业，同时适度兼顾“新三板”挂牌和拟挂牌企业，其中投资区域市场挂牌企业的比例原则上不低于60%。齐鲁股权交易中心总裁李雪参与会议讨论。

2014年12月29日，国内首支服务中小微企业的区域市场普惠种子基金——齐鲁股权普惠金融临清种子基金落地聊城。齐鲁股权交易中心总裁李雪、临清市长李新阁、齐鲁银行聊城分行行长张克非与挂牌企业代表恒圆精工部件股份有限公司董事长丁来芝签署了合作协议书。

2014年12月29日，聊城举办金融创新服务大会，此次会议主题为“金融服务实体，创新成就未来”。会上，天元小贷、天海科技两家挂牌企业成功敲开全国股转系统大门，成为齐鲁股权交易中心第12、13家“转板”企业。

2014年12月31日，齐鲁股权交易中心2014年度第21批企业挂牌仪式隆重举行。仪式上，又有3单种子基金成功签约，分别是齐鲁股交中心与淄博市博山区、桓台县政府签约，与鲁信集团和浦发银行签约。齐鲁股权交易中心对接省级投资引导基金备选企业项目库成功启动，150余家优质企业入选项目库，享受普惠融资带来的实实在在的金融服务。至此，齐鲁股权交易中心实现挂牌企业412家，托管企业534家，进入综合金融服务平台企业近5000家。齐鲁股交中心多种融资产品助推中小企业解决资金难题，通过私募股权、中小企业私募债、股权质押、债转股、小贷债、信托产品、集合信贷、收益权凭证等多种融资产品，帮助挂牌托管企业累计实现各类融资150亿元，其中直接融资35亿元，股权质押合计超过20亿元，普惠融资基金带动流动资金贷款可实现5亿元左右。

第一节　齐鲁股交中心挂牌企业基本情况

■公司基本情况展示

日照华茂农业股份有限公司

公司基本信息	股权简称	华茂农业	股权代码	300138
	法人代表	庄须雷	董　　秘	田丽丽
	推荐机构	山东京德创业投资有限公司		
	电　　话	13310638789	传　　真	0633－2681117
	注册地址	日照市岚山区安东卫街道		
	行业分类	批发、零售		
	主营产品	农药批发、零售，化肥、农膜、农机具、农机配件、土杂产品零售、提供农业产品种植所需的技术信息服务		
公司介绍	日照华茂股份有限公司是一家集农资配送、土壤分析、农残检测、农技服务、涉农培训、农产品交易、飞机飞防为一体的专业农化企业。公司致力于农资经营服务体系建设，以质量为根本，以服务为手段，开拓创新。下设 8 家分公司、32 家直营店、1000 余个经销服务网点，是岚山区安农办确定的区级农业化学投入品配送中心，同时组建山东省第一家植保飞防服务队，拥有 6 架不同型号的无人飞机培训多名飞控手进行飞防喷药作业，对农作虫害统防统治，建立起现代农业高效用药管理机制，在规范用药管理，推广技术方面，为岚山乃至全市的绿色农业保护起到推动作用。			

德州华海石油机械股份有限公司

公司基本信息	股权简称	华海石油	股权代码	300165
	法人代表	张维友	董　　秘	邱燕明
	推荐机构	山东开来投资有限公司		
	电　　话	0534－2627788	传　　真	0534－2627788
	注册地址	德州市经济开发区乐普大道西李相庄工业园		
	行业分类	石油钻采机械设备		
	主营产品	液压调剖注入泵、智能调剖注入系统、技术服务		
公司介绍	德州华海石油机械股份有限公司是专业生产石油钻采机械设备、配件、工具、井口装置等产品和技术服务的厂家。拥有较强的设计能力、精良的制造设备、齐全的检测手段、健全的质量管理体系以及具有一定规模的制造、检测及实验场地。公司主要产品有：TPB 系列液压调剖注入泵、智能调剖注入系统、调剖注聚配套产品、酸化泵、注聚泵、泥浆泵配件（如缸套、阀体座、阀箱、活塞以及活塞杆等）、打捞工具、固井工具和井口装置（如套管头、采油树等）；技术服务包括提高采收率增产服务、注水服务、油污泥处理服务。产品的质量和技术服务均已达到国际先进水平。 公司开发研制的产品不仅在市场上占有一席之地，在技术成果上也广泛得到社会的认可。其中研制开发的 TPB 系列液压调剖注入泵及智能调剖注入系统分别荣获 2012 年山东省第二批、第三批科学技术创新项目、德州市科技进步二等奖，其中 TPB 液压调剖注入泵还取得山东省科学技术成果鉴定，并通过山东省经信委新产品鉴定验收。自公司成立之初就确立了“以顾客为关注焦点”的宗旨，以先进的科研技术为企业发展核心力量，截至目前公司共申请专利 28 项，授权专利 22 项，其中发明专利 5 项，并获得了“中国专利山东明星企业”和“山东省高新技术企业”的荣誉称号及证书。			

青岛国福养老股份有限公司

<table>
<tr><td rowspan="7">公司基本信息</td><td>股权简称</td><td>国福养老</td><td>股权代码</td><td>300080</td></tr>
<tr><td>法人代表</td><td>宗　杰</td><td>董　秘</td><td>尚瑞华</td></tr>
<tr><td>推荐机构</td><td colspan="3">广州赢隆投资管理有限公司</td></tr>
<tr><td>电　　话</td><td>0532－80600709</td><td>传　　真</td><td>0532－80600600</td></tr>
<tr><td>注册地址</td><td colspan="3">青岛平度市同和街道办事处宏泰路中段</td></tr>
<tr><td>行业分类</td><td colspan="3">现代服务业</td></tr>
<tr><td>主营产品</td><td colspan="3">养老服务、养老信息咨询、养老用品研发销售等</td></tr>
<tr><td>公司介绍</td><td colspan="4">青岛国福养老股份有限公司成立于2014年6月20日，是青岛平度市首家拥有养老服务经营资质的公司。公司坐落于素有“青岛后花园”之称的平度市，地处泽河北岸，西邻平度市最大的健身广场，毗邻天然氧吧——万亩生态林，空气清新、环境优美、绿树环抱、鸟语花香，为养老事业提供了得天独厚的地理资源。公司园区内建设更加新颖独特，人造环境与自然环境高度统一。公司总规划占地面积20万平方米，一期占地23000平方米，建筑面积6000平方米，主要建设集养老、休闲、娱乐为一体的大型养老中心，设置床位400余个。后期公司将陆续进行养老服务相关配套设施的建设，实现公司“国际生态养老城“的战略目标。</td></tr>
</table>

山东兴岳食品股份有限公司

<table>
<tr><td rowspan="7">公司基本信息</td><td>股权简称</td><td>兴岳食品</td><td>股权代码</td><td>300008</td></tr>
<tr><td>法人代表</td><td>谢　荟</td><td>董　　秘</td><td>赵栋梁</td></tr>
<tr><td>推荐机构</td><td colspan="3">齐鲁证券</td></tr>
<tr><td>电　　话</td><td>0538－8578862</td><td>传　　真</td><td>0538－8578862</td></tr>
<tr><td>注册地址</td><td colspan="3">山东泰安市工商行政管理局</td></tr>
<tr><td>行业分类</td><td colspan="3">农副产品加工</td></tr>
<tr><td>主营产品</td><td colspan="3">主要经营猪种育种、生猪养殖、屠宰，批发生鲜肉、冷鲜肉，加工销售“根福”肉制品系列。</td></tr>
<tr><td>公司介绍</td><td colspan="4">山东兴岳食品股份有限公司成立于2002年4月，占地45亩，建筑面积17000平方米。位于山东泰安市泰山青春创业开发区。辖泰安市兴岳绿源养殖有限公司、泰安格林富得经贸有限公司、年屠宰60万头的生猪屠宰加工中心、330余家万村千乡市场工程农家加盟店。注册资本1000万元。现有职工120人。公司主要经营猪种育种、生猪养殖、屠宰，批发生鲜肉、冷鲜肉，加工销售“根福”、“兴岳食品”肉制品系列。截至2014年11月底公司实现销售收入7600万元。
十几年来，公司以消费者满意和信赖为最高准则，秉承好肉品源自兴岳食品全产业链的理念，以安全、美味、绿色、健康、营养为导向，采用严格的育种、饲养、屠宰、生产加工管理，全程冷链物流，从源头到餐桌全程保障食品的安全。一直致力于用品质诠释绿色健康冷鲜食品，积极引领健康绿色新生活。公司获ISO22000食品安全管理体系认证、ISO14001环境管理体系认证，是国家商务部万村千乡市场工程承办企业、全国巾帼现代农业科技示范基地、国家安全生产标准化三级企业、山东省农业产业化重点龙头企业、山东省无公害农产品产地、泰安市人民政府生猪屠宰定点企业。2013年公司顺利在齐鲁股权交易中心挂牌交易。2007年以来连续被评为泰安市农业龙头建设先进单位。连续十年被泰安市人民政府授予“先进屠宰厂”。
为加速推进“公司＋基地＋农户＋储藏＋加工＋配运”一体化食品经营模式，进一步延长产业发展链条，公司2011年10月组建了泰安市兴岳绿源养殖有限公司，并投资新建了规模为年存栏10000头，能繁母猪1000头，出栏20000头的绿源生猪生态养殖场，项目已于2012年4月竣工投入使用。养殖场全部采用了智能化饲喂及母猪限位栏自动饲喂系统、全自动通风、降温系统、全自动喷雾消毒系统，全自动加温系统。启用了品种、技术、饲料、管理、市场营销等五大现代化管理工程。目前养殖场已出栏10000头，存栏3600头。
我们将继续发扬诚信严谨、拼搏争先的兴岳作风，以用心、专心、真心、创新的兴岳精神，主打“好肉品源自山东兴岳食品全产业链”的品牌效应，与集团、财团强强联合，以兴岳绿源为依托，扩大生猪养殖基地，新上高档肉项目。采用严格的育种、饲养、屠宰、生产加工管理，全程冷链物流，从源头到餐桌全程保障食品的安全。着力打造省内一流、国内领先的肉类食品品牌，为推进富民强市、建设幸福泰安做出积极贡献！</td></tr>
</table>

山东海金食品股份有限公司

公司基本信息	股权简称	海金食品	股权代码	100241
	法人代表	魏克举	董　　秘	李　娟
	推荐机构	新时代证券有限责任公司		
	电　　话	0543－7317488	传　　真	
	注册地址	山东沾化工业园区		
	行业分类	制造业		
	主营产品	水产加工品、速冻食品、方便食品生产销售		
公司介绍	（1）在保持原有产品及市场经营份额的同时，拓宽产品品种类，多元化发展，利用当地便利的自然资源，并有良好的政策扶植。（2）沾化，因盛产稀世珍果沾化冬枣，而被国家命名为“中国冬枣之乡”。2014 年公司拟投资新征土地 2 万亩，建设冬枣、无花果种植基地，与当地政府已达成战略合作意向，为保证公司冻干系列产品原料供应，形成基地＋生活加工＋销售额循环模式，真正建设“绿色健康、药食同源”的生产模式。（3）公司在东北、华北等各大省城市建立了办事处，与各大超市如大润发、沃尔玛、乐购、家乐福等外资超市签订了供货协议，使产品全面覆盖。			

山东宏硕棉业股份有限公司

公司基本信息	股权简称	宏硕股份	股权代码	100282
	法人代表	牟海滨	董　　秘	程小辉
	推荐机构	山东颐静股权投资管理有限公司（只缴年费）		
	电　　话	0546－6472008	传　　真	
	注册地址	广饶县花官乡政府驻地		
	行业分类	农、林、牧、渔业		
	主营产品	棉花收购加工销售		
公司介绍	不仅站在加工企业的角度进行技术改造，还从当地社会生产的全局统筹加工设备改造的规模、工艺以及加工出来的产品质量考虑。			

山东华岳达铝业股份有限公司

公司基本信息	股权简称	华岳达	股权代码	100273
	法人代表	张　林	董　　秘	相　姗
	推荐机构	山东裕铖股权投资管理有限公司		
	电　　话	传　　真		
	注册地址	临朐县东城街办沂山路东首路南		
	行业分类	制造业		
	主营产品	铝合金建筑型材		
公司介绍	公司拥有技术先进且节能环保的熔铸、挤压、阳极氧化、电泳涂漆、粉末喷涂和隔热穿条等系列生产线。			

寿光市映康牧业发展股份有限公司

公司基本信息	股权简称	映康股份	股权代码	100286
	法人代表	张延亭	董 秘	王玉萍
	推荐机构	山东明曦投资管理有限公司		
	电 话	18706689371	传 真	
	注册地址	寿光市台头镇北台头村		
	行业分类	农、林、牧、渔业		
	主营产品	后备母猪、仔猪、肥猪		
公司介绍	本公司的主要竞争优势是拥有一条集饲料加工、生猪育种、种猪扩繁、商品猪饲养等多个环节于一体的完整生猪产业链，并拥有自动化水平较高的猪舍和饲喂系统、强大的生猪育种技术、独特的饲料配方技术。			

山东三诺机电科技股份有限公司

公司基本信息	股权简称	三诺机电	股权代码	300050
	法人代表	王尚杰	董 秘	赵丽丽
	推荐机构	山东裕铖股权投资管理有限公司		
	电 话	0536－3096102	传 真	
	注册地址	临朐县城山旺路西首与创新路交叉口		
	行业分类	制造业		
	主营产品	建材、冶金、热电、玻璃、石灰、石膏、砂浆等行业自动化控制产品、磁电除铁产品和节能环保、除尘系列产品		
公司介绍	公司目前已经掌握了工业机械设备制造、工程自动化、测控技术、通讯技术等相关领域核心技术，并构建了相互关联的多技术综合应用环境，通过不同组合形成不同功能的的成套设备。			

烟台大石头景观有限公司

公司基本信息	股权简称	红头联盟	股权代码	300091
	法人代表	宋国然	董 秘	李 霞
	推荐机构	青岛欣润投资管理有限公司		
	电 话	400－009－0509	传 真	0535－6210309
	注册地址	烟台市福山区回里镇西黄山村		
	行业分类	互联网电子商务、石材		
	主营产品	电商平台、石材、景观、雕塑、庭院设计		
公司介绍	一、烟台大石头景观有限公司，石材、园林景观、雕塑、城市建设、园区、工厂、学校、房地产小区的配套景观工程，有稳定国内外市场。品牌“大红头”和“俺有大石头”在当地家喻户晓。 二、大型综合型电商平台“红头联盟”，实现线上线下交易商品，新型互联网模式，有突飞的业务成长，让人们在手机上进行购物。			

山东德龙电子科技有限公司

<table>
<tr><td rowspan="7">公司基本信息</td><td>股权简称</td><td>德龙电子</td><td>股权代码</td><td>300167</td></tr>
<tr><td>法人代表</td><td>宋立伟</td><td>董　　秘</td><td></td></tr>
<tr><td>推荐机构</td><td colspan="3">山东开来投资有限公司</td></tr>
<tr><td>电　　话</td><td>0534－5011317</td><td>传　　真</td><td>0534－5011315</td></tr>
<tr><td>注册地址</td><td colspan="3">德州经济开发区晶华路587号(高新服务中心B306室)</td></tr>
<tr><td>行业分类</td><td colspan="3">制造业</td></tr>
<tr><td>主营产品</td><td colspan="3">工业与民用电子应用技术开发、转让,电子产品开发、生产、销售,计算机应用软件开发(不含电子出版物),计算机控制系统开发及相关技术咨询、铁路养护工具研发和生产销售</td></tr>
<tr><td>公司介绍</td><td colspan="4">山东德龙电子科技有限公司公司致力于计算机控制技术的研发及相关产品生产、制造。公司在机械设备自动控制、数据采集处理、自动化仪器、计算机集中、分布控制系统等领域具有丰富的设计及制造经验,拥有多项专利技术和多个先进、成熟的产品。
公司始终坚持“面向市场、以人为本、科技创新、诚信至上”的理念生产经营,已在农业、矿业、建筑、铁路等行业建立了自己的用户群。</td></tr>
</table>

德州沃森电气股份有限公司

<table>
<tr><td rowspan="7">公司基本信息</td><td>股权简称</td><td>沃森电气</td><td>股权代码</td><td>300141</td></tr>
<tr><td>法人代表</td><td>贺兴锋</td><td>董　　秘</td><td>蔡　会</td></tr>
<tr><td>推荐机构</td><td colspan="3">山东开来投资有限公司</td></tr>
<tr><td>电　　话</td><td>0534－2741116</td><td>传　　真</td><td>0534－2741116</td></tr>
<tr><td>注册地址</td><td colspan="3">德州市德城区天衢工业园格瑞德路7号(金田创业中心9号房)</td></tr>
<tr><td>行业分类</td><td colspan="3">暖通</td></tr>
<tr><td>主营产品</td><td colspan="3">燃气采暖炉</td></tr>
<tr><td>公司介绍</td><td colspan="4">德州沃森电气股份有限公司是以生产燃气采暖炉(壁挂炉)为主,集设计、研发、生产、销售、售后为一体的企业。成立于2011年6月16日,位于德州市省级开发区天衢工业园内,交通便利,环境优雅,公司践行企业低碳发展的社会责任,致力于传统清洁能源开发利用,为消费者提供节能、环保、舒适的家用燃气采暖炉,创造高品质的低碳生活。
公司2012年4月通过ISO9001:2008国际质量管理体系认证,2012年10月公司“帝斯顿及图”商标被评为“德州知名商标”,2013年7月被评为“德州市诚信经营承诺单位”,2014年1月公司产品燃气采暖炉(壁挂炉)被评为“质量信得过产品”。公司实行科学化、规范化的管理,产品质量稳中有升,在满足广大客户需求的同时,为公司赢得较高的质量和美誉度。</td></tr>
</table>

烟台东林电脑广告创意有限责任公司

<table>
<tr><td rowspan="7">公司基本信息</td><td>股权简称</td><td>东林电脑</td><td>股权代码</td><td>300145</td></tr>
<tr><td>法人代表</td><td>姜　斌</td><td>董　　秘</td><td>王　婷</td></tr>
<tr><td>推荐机构</td><td colspan="3">烟台广盛投资管理有限公司</td></tr>
<tr><td>电　　话</td><td>18660015319</td><td>传　　真</td><td>05356256758</td></tr>
<tr><td>注册地址</td><td colspan="3">烟台市芝罘区新海洋北街57号</td></tr>
<tr><td>行业分类</td><td colspan="3">广告</td></tr>
<tr><td>主营产品</td><td colspan="3">来看看网、好易存智能云柜项目、电脑软硬件的开发、销售。</td></tr>
<tr><td>公司介绍</td><td colspan="4">东林电脑广告创意有限责任公司成立于1994年,历经19年的发展,在众多客户中建立了良好的口碑。随着互联网的发展,公司经营开始转向移动互联网,逐步走出传统广告公司理念,厘清公司所肩负的理念:创新,一切为用户体验而来。经过2年的调研在10年开发了来看看移动互联网,在开发的摄摸群网与好易存网,经过3年多的经营,来看看移动互联网逐渐让客户认可,客户量入住逐步提高,为给客户创造更多的价值,公司目前开发好易存项目,预计给项目会给客户带来巨大的客户资源,形成一个超流量的商圈。</td></tr>
</table>

山东光标彩印股份有限公司

<table>
<tr><td rowspan="7">公司基本信息</td><td>股权简称</td><td>山东光标</td><td>股权代码</td><td>300060</td></tr>
<tr><td>法人代表</td><td>郑子俊</td><td>董　　秘</td><td>商珊珊</td></tr>
<tr><td>推荐机构</td><td colspan="3">山东丰嘉投资有限公司</td></tr>
<tr><td>电　　话</td><td>0635－2123778</td><td>传　　真</td><td>0635－2125636</td></tr>
<tr><td>注册地址</td><td colspan="3">山东省聊城市</td></tr>
<tr><td>行业分类</td><td colspan="3">印刷业</td></tr>
<tr><td>主营产品</td><td colspan="3">软包装印刷、制造</td></tr>
<tr><td>公司介绍</td><td colspan="4">山东光标彩印股份有限公司，始建于2004年6月，公司坐落在历史文化名城山东省聊城市经济开发区，与河北、河南两省近距离接壤，信息灵通、交通发达且有繁荣的市场和雄厚的经济基础作为企业依托，公司注册资金700万元，总投资6000万元，占地20000平方米，其中办公区域3500平方米、生产厂房7000平方米，是目前鲁西北地区规模最大的集印刷、复合、分切、制袋为一体的铝塑印刷、纸塑复合包装加工企业。
目前公司拥有国内最先进的山西产北人全自动电脑控制10色1050印刷机、复合机和8色850电脑控制印刷机、复合机生产线，可进行纸塑、塑塑、塑铝塑等两层及多层材料的复合制作包装。制袋生产线有电脑控制高速三边封、背封、自力拉链、热封切制袋机8台，日产量达60万只以上，与两台(350米/分钟)高速全自动分切机，日分切50万米的自动包装卷材设备相配套。配套设备速度高，机械性能稳定，所制作的产品美观、亮泽、精确、规范、附加值高。</td></tr>
</table>

济南福深科技有限公司

<table>
<tr><td rowspan="7">公司基本信息</td><td>股权简称</td><td>福深科技</td><td>股权代码</td><td>300147</td></tr>
<tr><td>法人代表</td><td>李正英</td><td>董　　秘</td><td>徐兴强</td></tr>
<tr><td>推荐机构</td><td colspan="3">山东儒银股权投资管理有限公司</td></tr>
<tr><td>电　　话</td><td>0531－86310081</td><td>传　　真</td><td>0531－86310061</td></tr>
<tr><td>注册地址</td><td colspan="3">济南市二环西路槐荫工业园区企业孵化器5楼</td></tr>
<tr><td>行业分类</td><td colspan="3">专业设备制造业</td></tr>
<tr><td>主营产品</td><td colspan="3">矿用人员定位管理系统、矿用安全监控系统、矿用无线通迅、井下广播系统</td></tr>
<tr><td>公司介绍</td><td colspan="4">济南福深兴安科技有限公司始建于2005年11月，注册资金3500万元。是一家从事物联网的科技型企业。拥有中华人民共和国国家版权局颁发的计算机软件著作权等级证书。拥有安标国家矿用产品安全标志中心颁发的矿用产品安全标志证书50多个。拥有国家安全生产抚顺矿用设备检测检验中心颁发的防爆合格证40多个。持有国家安全生产常州矿用通讯监控设备检测检验中心颁发的防爆合格证共有2个。公司以生产矿用人员定位管理系统、矿用安全监控系统、矿用无线通迅、井下广播系统等矿用六大系统及配套设备为主，公司于2008年通过ISO9001：2008质量管理体系认证。公司已取得山东省高新技术企业认证证书，是一家集研发、生产、销售、服务于一体的高新技术企业。</td></tr>
</table>

山东康友光电科技股份有限公司

<table>
<tr><td rowspan="7">公司基本信息</td><td>股权简称</td><td>康友光电</td><td>股权代码</td><td>100101</td></tr>
<tr><td>法人代表</td><td>熊川虎</td><td>董　　秘</td><td>王树美</td></tr>
<tr><td>推荐机构</td><td colspan="3">山东丰嘉投资有限公司</td></tr>
<tr><td>电　　话</td><td>0535－3360636</td><td>传　　真</td><td>0535－7262117</td></tr>
<tr><td>注册地址</td><td colspan="3">山东省莱阳市白龙路10号</td></tr>
<tr><td>行业分类</td><td colspan="3">无机非金属材料</td></tr>
<tr><td>主营产品</td><td colspan="3">制造玻璃材料、陶瓷材料、水晶工艺品；光电材料及元件的研发；进出口业务(国家限定公司经营或禁止进出口的商品及技术除外)。</td></tr>
</table>

公司介绍	山东康友光电科技股份有限公司成立于2000年11月，生产光学玻璃和颜色玻璃材料。公司主营业务为玻璃材料的研发、生产与销售，已具备年产光学、颜色玻璃3000余吨的生产能力，现主要产品有B270、H－K9L、ZF2、ZF3等牌号的光学玻璃、几十种色彩的颜色玻璃，可制作光学元件、各种款式水晶工艺品、灯饰品，产品畅销国内外，主要出口到法国、韩国、泰国、捷克等国家。公司是目前国内最大的颜色工艺玻璃生产厂家，产品质量优良，颜色齐全，市场占有率一直保持在领先地位，是国内颜色工艺玻璃行业的领航者。

山东鲁青电缆股份有限公司

公司基本信息	股权简称	鲁青电缆	股权代码	100165
	法人代表	俞中武	董　　秘	范　辉
	推荐机构	上海众喜投资管理有限公司		
	电　　话	0635－6512666	传　　真	0635－6511068
	注册地址	山东省阳谷县西湖镇198号		
	行业分类	电气机械与器材制造业		
	主营产品	各类电线、电力电缆、控制电缆、交联电缆以及阻燃、耐火等特种电缆		
公司介绍	山东鲁青电缆股份有限公司成立于2006年7月，位于阳谷县西湖镇198号，系齐鲁股权交易中心挂牌企业。注册资本10600万元，主营业务为电缆、电线、电缆附料制造、销售，生产所需主要原材料为：铜、铝、塑料颗粒等。公司类型为股份有限公司（自然人投资或控股）。公司先后取得了工业产品生产许可证、中国国家强制性产品CCC认证、ISO9001质量管理体系认证、ISO14001环境管理体系认证、OHSAS18001职业健康安全管理体系认证、建筑产品备案证、阻燃产品标识证、山东省消防会员、安全生产标准化等各类资质证书，并获得了省级“守合同重信用”单位、“消费者满意”单位、“全市厂务公开民主管理工作先进单位”、“先进民营企业”、“优秀企业”、“敬老模范企业”、“富民兴聊”劳动奖状等荣誉称号。 目前企业已拥有资产总额23620万元，占地面积3万余平方米，年生产能力可达5亿元，可生产聚氯乙烯绝缘电线、聚氯乙烯绝缘控制电缆、聚氯乙烯绝缘和聚乙烯绝缘电力电缆及阻燃电缆，耐火电缆等各种型号规格的产品，其中低烟无卤电缆、带抗拉丝铠装低烟无卤护套电缆、气吹式屏蔽电线电缆、航空用非磁性金属铠装屏蔽电缆、船舶铠装电力环保软电缆、煤矿用电力环保软电缆六种产品相继获得了国家专利产品称号。产品广泛应用于电力、煤炭、交通、建筑及工矿企业各个领域，深受广大用户的信赖和好评。			

山东秋瑞农业科技有限公司

公司基本信息	股权简称	秋瑞农业	股权代码	300171
	法人代表	曹　磊	董　　秘	于　森
	推荐机构	山东开来投资有限公司		
	电　　话	0534－2776866	传　　真	0534－2776766
	注册地址	山东省德州市平原经济开发区西区		
	行业分类	农业		
	主营产品	有机肥、农业机械研发、生产、销售。		
公司介绍	山东秋瑞农业科技有限公司注册资金700万元，公司位于山东省德州市平原县龙门经济开发区西区101省道38号。厂区占地面积26600平方米，总建筑面积15000平方米，拥有先进的自动化生产设备6套及其他辅助生产设备，建有设备齐全的实验室，目前批量生产三位施肥玉米播种机，具备年产各种肥料4万吨，播种机2000台的能力。 秋瑞农业研发人员针对国内外的玉米高产栽培技术进行了深入的分析，确定了影响玉米产量的要素：密度和单穗重以及影响单穗重的因素，通透性和肥水供应问题。针对以上问题，确定了肥料的选择和施肥方法，研制并定型生产了全元素三位施肥玉米播种机（已获国家专利ZL201120364769.3），和生物有机肥，经多点试验、示范、推广、验收，创造了“秋瑞玉米简化高产种植模式”，该模式居于国内先进水平，填补了国内空白，获得德州市科技进步二等奖。 秋瑞玉米简化高产种植模式的核心内容是：宽垄密植、单粒播种、播前拌种、全元素三位施肥、六叶期化控、适时晚收。主要优点是：在增加通透性的同时，适当提高种植密度，全元素配方三位施肥，提高肥料利用率，最大限度的提高单穗重，进而提高亩产量。一次施肥，省工省力，机械化作业大大减少用工量，高产稳产、节能增效。			

公司介绍	秋瑞玉米简化高产种植模式在每亩增加投入50元的基础上，亩增对比产量200－400公斤左右，亩增收入400－800余元。而且，该种植模式是一次性施肥，农民不用再进行二次施肥，既减轻了劳动强度又增加了农民收入。 几年来，该种植模式业务范围涵括河南、安徽、山西、山东、河北、内蒙古、黑龙江、吉林，均有显著增产效果。经山东省农业厅、德州市农业局在德州市范围内组织多点实打，高产田平均亩产在850－900公斤以上，最高达到1048公斤，同时，我公司又在内蒙、安徽、山东烟台、临沂、泰安、商河等地进行推广，都取得了亩产对比增产200－448公斤的好成绩。 中国有5.2亿亩夏播玉米耕地，平均单产不足500公斤。如果每亩平均增收150公斤，那就是780亿公斤，对于保证国家粮食安全来说可是一个巨大贡献。

山东科润机械股份有限公司

公司基本信息	股权简称	科润股份	股权代码	300026
	法人代表	鞠强	董　　秘	于春坤
	推荐机构	山东开来投资有限公司		
	电　　话	0634－8777715	传　　真	0634－6028516
	注册地址	莱芜高新区盘龙大街21号		
	行业分类	高端装备制造		
	主营产品	柴油机凸轮轴、电控高压共轨油泵总成		
公司介绍	公司属省级创新型企业和高新技术企业，主要从事柴油机燃油喷射系统产品的研发、生产、销售。现有先进的生产及检测设备100余台套，具有年产汽车发动机凸轮轴50万条，输油泵泵体20万套、柴油机电控高压共轨油泵20万台的能力。			

山东双鹤机械制造股份有限公司

公司基本信息	股权简称	双鹤机械	股权代码	300022
	法人代表	吴磊	董　　秘	牛华君
	推荐机构	齐鲁证券有限公司		
	电　　话	0534－6161777	传　　真	0534－6680008
	注册地址	山东省乐陵市高新技术产业园		
	行业分类	专用设备制造		
	主营产品	饲料机械成套设备、肥料生产机械设备、颗粒机设备、粉碎设备、秸秆成型设备、畜牧养殖设备、输送设备、冷却设备、农用机械、食品加工设备制造销售、货物进出口及技术进出口		
公司介绍	山东双鹤机械制造股份有限公司始建于2005年，位于鲁北平原北部，渤海之滨的乐陵市，是专业从事饲料机械、牧草机械、化工设备、有机肥成套设备的制作安装为一体的科技型企业，2013年5月份12个产品取得国家知识产权局专利证书，同年12月31日在齐鲁证券正式挂牌产品不仅占据国内市场，并且远销俄罗斯、美国、印度、巴西、阿根廷、埃塞俄比亚、芬兰等国家和地区，公司设有自己的研发中心，长期与山东大学和济南大学进行产学研合作，聘请山东大学机电专业尚勇博士为公司科技副总，负责产品研发、知识产权、项目组织申报与实施，确保生产高品质的产品，最大限度满足用户的需要，公司拥有自己的研发团队销售团队。 2015年，公司在饲料机械成熟技术的基础上，致力于发展生物质能源成套设备的研发、生产和安装，新厂区建设正在进行中，预计投资8000万元，总建筑面积19200平方米，可直接安排就业100人。公司注重产学研相结合，与济南大学签署协议，济南大学机械学院学生来企业实习及毕业设计，争取成为济南大学本科生实践教学基地；建立济南大学研究生培养基地。与山东大学合作，成立山东大学－山东双鹤机械制造股份有限公司研发中心。 生物能源成套设备的生产将带动农村产业链的发展，生物质能源的原料取材于农村秸秆、棉花柴、树根、树皮等废弃物，经过生物质能源设备的加工制造出的生物质密制成型颗粒是取暖、发电等可以代替煤的环保燃料。生物型煤与原煤相比成本低，既能节省能源，又能明显减少大气污染，具有储存、运输和使用方便等特点。将为人类改善大气环境做出贡献。			

淄博泰勒换热设备股份有限公司

<table>
<tr><td rowspan="7">公司基本信息</td><td>股权简称</td><td>泰勒股份</td><td>股权代码</td><td>100044</td></tr>
<tr><td>法人代表</td><td>赵全佐</td><td>董　　秘</td><td>董桂强</td></tr>
<tr><td>推荐机构</td><td colspan="3">山东丰嘉投资有限公司</td></tr>
<tr><td>电　　话</td><td>0533 – 4468866</td><td>传　　真</td><td>0533 – 4468953</td></tr>
<tr><td>注册地址</td><td colspan="3">山东省淄博市博山区八陡镇福山西岭街32号</td></tr>
<tr><td>行业分类</td><td colspan="3">制造业</td></tr>
<tr><td>主营产品</td><td colspan="3">板式换热器、板式换热器成套机组、不锈钢板批发零售</td></tr>
<tr><td>公司介绍</td><td colspan="4">我公司具有20多年生产板式换热器的历史，是山东省高新技术企业、我国生产板式换热器产品的骨干企业、全国板式换热器协会成员单位、山东省规模最大的板式换热器生产厂家。公司占地面积6万平方米，建筑面积1万2千平方米，技术力量雄厚，装备精良，检测手段齐全，并拥有全国同行业唯一的一台四柱下拉式5000吨油压机和1台1.2万吨、2台4000吨专用压力机及配套生产设备，具有较强的生产能力。
公司研制和开发的MBR型板式换热器产品已达10多个系列、多种规格，广泛应有于冶金、矿山、石油、化工、电力、医药、食品、化纤、造纸、船舶和集中供热等行业的加热、冷却、杀菌消毒、蒸发、冷凝、热力回收等方面，赢得了各行业用户的一直好评。
公司一贯坚持“尊重科学、保证质量、讲求信誉、用户至上”的经营方针，以先进的技术，优质的产品，竭诚为广大客户服务。</td></tr>
</table>

山东泰山天盾矿山机械股份有限公司

<table>
<tr><td rowspan="7">公司基本信息</td><td>股权简称</td><td>泰山天盾</td><td>股权代码</td><td>100216</td></tr>
<tr><td>法人代表</td><td>高伦</td><td>董　　秘</td><td>徐　力</td></tr>
<tr><td>推荐机构</td><td colspan="3">齐鲁证卷有限公司</td></tr>
<tr><td>电　　话</td><td>0538 – 2177598</td><td>传　　真</td><td>0538 – 7069332</td></tr>
<tr><td>注册地址</td><td colspan="3">山东新泰市高新技术开发区新兴路231号</td></tr>
<tr><td>行业分类</td><td colspan="3">专用设备制造</td></tr>
<tr><td>主营产品</td><td colspan="3">单绳缠绕式矿井提升机、多绳摩擦式提升机、带式输送机、凿井绞车</td></tr>
<tr><td>公司介绍</td><td colspan="4">山东泰山天盾矿山机械股份有限公司是中国重型机械工业协会矿山提升分会理事单位，主导产品有：单绳缠绕式矿井提升机、多绳摩擦式提升机、带式输送机、凿井绞车；公司占地100亩，注册资本3088万元，年生产能力600台/5000吨。
公司设有山东省院士工作站、省级企业技术中心、省级工程技术研究中心，产品系山东名牌、山东民营经济知名品牌，“TSTD”是山东省著名商标。2JK – 3提升机获山东省科技进步奖，JKMD – 2.25多绳摩擦式提升机获山东省技术创新优秀成果，研制的变频电控获山东省优秀节能成果奖，并荣获国家重点新产品，列入了火炬计划。公司拥有专利20项，科技成果10余项，系高新技术企业、省级守合同重信用企业、省级制造业信息化示范企业、山东科技大学实习基地、清华大学实习基地、中国矿业大学实习基地、产品销往全国各地，并出口到土耳其、菲律宾、委内瑞拉、蒙古、印度等国家，深受广大顾客好评。
“精铸‘泰山天盾’、顾客满意、追求卓越”是我公司的质量方针，“先交朋友、后做生意”是我们的商务准则，我们发展的目的是实施名牌战略，为顾客提供价格适中、质量过硬的产品和优质的服务，保障煤矿安全生产、促进和谐发展，与顾客结成战略合作伙伴，共同为社会创造价值。</td></tr>
</table>

山东鲁旺知识产权股份有限公司

公司基本信息	股权简称	鲁旺知识	股权代码	300178
	法人代表	唐中强	董　　秘	张　娜
	推荐机构	山东开来投资有限公司		
	电　　话	18605345315		18653405998
	注册地址	德州市经济开发区康博大道287号中旺大厦5层		
	行业分类	服务业		
	主营产品	商标业务代理,企业形象设计;工商注册登记代理;知识产权相关信息咨询,专利业务咨询,企业认证业务咨询等		
公司介绍	鲁旺是专业从事国内外商标注册、专利及品牌策划、企业认证管理咨询为一体的山东省最大的综合性知识产权服务连锁机构之一,由山东省工商行政管理局核准成立,国家工商总局商标局备案;知识产权战略合作的企业有宏祥新材料股份、德州富路车业、德州乡盛食品、东海建设集团等。先后获得了德州市知名商标、省级守合同重信用单位,被第四届世界太阳城大会指定为会徽、吉祥物的注册机构。 公司自成立以来,先后为国内数千家企事业单位和个人咨询、注册了具有法律效力的商标、专利、名牌、认证等业务,并获得了国际公认的权威证书。 随着知识产权行业的快速发展,鲁旺知识产权已先后在国内建立了多家分支连锁服务机构,为国家的知识产权事业做出了积极地贡献。目前鲁旺知识产权连锁加盟事业正在高速进行中。			

山东英特磨具股份有限公司

公司基本信息	股权简称	英特股份	股权代码	300117
	法人代表	曹殿升	董　　秘	解文祥
	推荐机构	山东瑞众股权投资基金有限公司		
	电　　话	0539－7814666	传　　真	0539－7814555
	注册地址	莒南县大店镇驻地,莒新公路东		
	行业分类	机床工具		
	主营产品	固结磨具:CBN超硬磨具、砂轮		
公司介绍	山东英特磨具股份有限公司,磨料磨具生产及相关技术研究与开发的高科技企业,2014年结合公司发展实际需要,增强公司发展后劲,由"山东升华磨料磨具有限公司"整体改制为"山东英特磨具股份有限公司",在齐鲁股权交易中心成功挂牌。是全国磨料磨具标准化技术委员会委员单位、中国机床工具工业协会磨料磨具分会常务理事单位。通过ISO9001:2008质量管理体系体系认证。拥有发明、实用新型、外观设计专利数项,被山东省中小企业办公室评为山东省中小企业公共服务平台。被山东省工商局评为省级"守合同,重信用"单位,被中国磨料磨具协会评为年度全国磨具生产十强企业、行业出口十强企业和行业清洁生产节能降耗示范单位。公司致力于磨料磨具生产及相关技术的研究与开发,生产销售"英特"、"升华"牌,直径1100mm以下的平、异型砂轮,为数控磨床配套替代进口的高效精密高速磨削用CBN超硬磨具、SG磨具,磨曲轴、磨轴承沟道、磨齿轮、磨凸轮轴、磨蜗杆等专用砂轮。产品定位以国内高端产品、替代进口和出口高附加值产品为主,为顾客提供最佳、最优的整套磨削解决方案作为质量追求和公司发展的最高目标。英特股份始终坚持"以质量求生存,以品种求发展,以信誉争市场"的经营理念。严格按照ISO9001:2008质量管理体系运作,永远遵循"精工细作创名牌,方方圆圆保安全,心系顾客守承诺,科学管理永升华"的质量方针,以"高素质的员工队伍,高精度的工装设备,一流的原材料,先进的生产工艺,严格的检测手段"为顾客提供质量更好、更新、更全面的产品和更完善的服务。以实现价值最大化给予顾客最大满意为目标,以成功登陆齐鲁股权交易中心为契机,以人为本,科技创新,稳健经营,面向市场,昂首阔步,朝大集团化公司迈进。			

山东力宝得化工股份有限公司

公司基本信息	股权简称	力宝得	股权代码	100145
	法人代表	徐德良	董　　秘	毛恒涛
	推荐机构	上海众喜投资管理有限公司		
	电　　话	05307613088	传　　真	05307612077
	注册地址	东明县海洋石油深加工基地恒大路东段		
	行业分类	制造业		
	主营产品	硝酸异辛酯、炼油助剂		
公司介绍	公司成立于2006年1月，位于山东省东明县海洋石油深加工基地恒大路东段，是一家专门从事硝酸异辛酯、炼油助剂的研发、生产和销售的精细化工高新技术企业。公司拥有国内最先进的硝酸异辛酯生产线，是业内领先的节能环保型燃油添加剂产品、技术、服务及整体解决方案的供应商，国内最大的柴油十六烷值改进剂（硝酸异辛酯）生产企业之一，是菏泽市第一家在齐鲁股权托管交易中心挂牌的企业。 公司具有强大的技术支持和新产品研发能力，研发部门技术人员均具有大学本科及以上学历。公司与山东大学化学与化工学院、洛阳石化研究院常年保持战略合作关系，共同进行新产品的生产研发。2012年以来，公司已成功申报并获授权发明专利多项。获菏泽市自主创新重大专项立项一次，省科技厅中小企业创新基金立项一次，山东省技术创新项目立项一次，国家科技部创新型中小企业技术创新基金立项一次。 柴油十六烷值改进剂（硝酸异辛酯）的生产技术采用具有完全自主知识产权的发明技术专利，该技术处于国际领先地位。该产品在技术上取得了生产安全可靠、产品质量升级和环保节能等多项技术突破，并率先在该产品生产上实现连续化生产、自动化控制的工业应用，颠覆了传统的生产工艺。公司已取得ISO9001－2008质量管理体及ISO14001－2004环境管理体系的资格认证；公司主导产品硝酸异辛酯于2011年3月和2014年2月分别通过欧盟RECH注册和美国环保署EPA认证。 公司坚持“以技术创新为先导，以管理创新为保障，以服务市场为宗旨，以发挥才智为手段，以实现效益为目的”的经营发展理念，通过持续不断地努力，做大做强做精公司的油品添加剂和炼油助剂产品，以解决炼油企业节能降耗、环保生产、提升品质、增加效益为目标，力争成为世界一流的以硝酸异辛酯为主的节能环保型燃油添加剂产品、技术、服务及整体解决方案的供应商。			

烟台润东汽车销售服务股份有限公司

公司基本信息	股权简称	润东汽车	股权代码	100213
	法人代表	王培诚	董　　秘	王培诚
	推荐机构	烟台市广盛投资管理有限公司		
	电　　话	13606389678	传　　真	
	注册地址	烟台市芝罘区机场路西西林村西		
	行业分类	批发和零售业		
	主营产品	东南品牌汽车销售，二类机动车维修（小型车辆维修），东南三菱品牌汽车销售		
公司介绍	烟台润东汽车销售服务有限公司是经营三菱系列汽车的专业公司，是专业的烟台东南三菱4S店、烟台三菱4S店和烟台三菱翼神4S店。公司自1999年成立以来一直秉承“客户至上，诚信服务”为宗旨，公司在烟台市各县市区设立有二级销售网点，一切为客户服务。			

山东惠农生物新能源股份有限公司

公司基本信息	股权简称	惠农股份	股权代码	300119
	法人代表	尉诺	董　　秘	尉海宁
	推荐机构	山东同轩投资有限公司		
	电　　话	0535－5819839	传　　真	0535－5819839
	注册地址	山东省蓬莱市潮水镇		

	行业分类	制造业
	主营产品	生物质固体成型燃料生产、销售
公司介绍	山东惠农生物新能源股份有限公司，成立于2012年，位于烟台、青岛、潍坊三地交界处蓬莱市潮水镇。公司东临烟台西港区，南接荣乌高速公路，建设中的德龙烟铁路和潮水国际机场近在咫尺，交通极为便捷。公司注册资金1100万人民币，现有员工10多人，主要从事生物质固体成型燃料及设备的研发、生产和销售，同时提供节能技术咨询，并可与各用户单位开展合作能源管理，帮助用户单位节能减排，压缩成本，增加利润。是一家政府支持的新兴的节能环保型企业。 公司秉承“以人为本、质量为重，服务社会”的文化理念，不断加强技术创新，提升管理水平和经营能力，实现在新能源和可再生能源领域的良性快速发展，努力把公司建设成为资产结构优、经济效益好、管理水平高、具有综合竞争力效益型绿色新能源企业。	

烟台纪元冷拔钢材股份有限公司

公司基本信息	股权简称	纪元股份	股权代码	300115
	法人代表	开红卫	董　　秘	贾玉荣
	推荐机构	山东同轩投资有限公司		
	电　　话	0535－5951718	传　　真	0535－5951718
	注册地址	山东省蓬莱市县后东路8号		
	行业分类	制造业		
	主营产品	马氏体4Cr9Si2、4Cr10Si2Mo阀门钢生产、销售		
公司介绍	烟台纪元冷拔钢材股份有限公司创建于2000年，座落在美丽的人间仙境蓬莱，是中国内燃机工业协会会员单位，是生产气门用马氏体钢及内燃机气门的专业公司。其产品已为华源莱动、玉柴动力、江淮江动、福建力佳等主机厂配套。公司现有员工28人，拥有固定资产2000余万元，气门钢生产线及气门生产线各一条。公司具有独立的产品设计开发能力，年生产马氏体钢1500余吨，气门120万支，气门加工基准与设计基准和装配基准保持一致，装配效率高，盘部采用特殊工艺，不需珩磨可满足特殊的气门工艺要求。“先做人品，后做产品，再创精品，让用户满意”是公司的经营理念和不懈追求，力争“十二五”期间实现阀门钢产能3000吨，气门500万支，成为产值过亿元的国内知名汽车零部件企业。				

烟台龙林科技发展股份有限公司

公司基本信息	股权简称	龙林科技	股权代码	300120
	法人代表	赵庆林	董　　秘	赵　军
	推荐机构	烟台市广盛投资管理有限公司		
	电　　话	0535－5920001	传　　真	
	注册地址	蓬莱市刘家沟镇解东村		
	行业分类	农、林、牧、渔业		
	主营产品	绿色水果		
公司介绍	公司主营业务为优质水果的生产和销售，近两年优质水果的销售收入连续占到公司营业收入的百分之九十以上。公司现有优质玫瑰香葡萄园200余亩，年产优质玫瑰香葡萄20万斤。公司现有优质红富士苹果300余亩，年产红富士30万斤。				

山东泰山农牧机械股份有限公司

<table>
<tr><td rowspan="7">公司基本信息</td><td>股权简称</td><td>泰山农牧</td><td>股权代码</td><td>300136</td></tr>
<tr><td>法人代表</td><td>于兆旺</td><td>董　　秘</td><td>张　强</td></tr>
<tr><td>推荐机构</td><td colspan="3">山东儒银股权投资管理有限公司</td></tr>
<tr><td>电　　话</td><td>0538－3790168</td><td>传　　真</td><td>0538－3790019</td></tr>
<tr><td>注册地址</td><td colspan="3">山东省泰安市肥城市安驾庄镇驻地</td></tr>
<tr><td>行业分类</td><td colspan="3">工业</td></tr>
<tr><td>主营产品</td><td colspan="3">农牧机械，钢材、橡胶制品、轴承、绞车、索具、五金件</td></tr>
<tr><td>公司介绍</td><td colspan="4">山东泰山农牧机械股份有限公司，由原山东泰山农牧机械有限公司整体股份制改制而来。公司成立于2003年11月27日，改制后的公司性质为股份有限公司（非上市、自然人投资或控股）。注册资本：500万元。2014年10月21日，取得泰安市工商行政管理局签发的370983228006264号企业法人营业执照。</td></tr>
</table>

青岛君盛食品股份有限公司

<table>
<tr><td rowspan="7">公司基本信息</td><td>股权简称</td><td>君盛食品</td><td>股权代码</td><td>100201</td></tr>
<tr><td>法人代表</td><td>张君</td><td>董　　秘</td><td>唐彦</td></tr>
<tr><td>推荐机构</td><td colspan="3">青岛清晨创业投资有限公司</td></tr>
<tr><td>电　　话</td><td>13256835663</td><td>传　　真</td><td></td></tr>
<tr><td>注册地址</td><td colspan="3">青岛市城阳区铁骑山路398号</td></tr>
<tr><td>行业分类</td><td colspan="3">制造业</td></tr>
<tr><td>主营产品</td><td colspan="3">挂面等面食的生产和销售</td></tr>
<tr><td>公司介绍</td><td colspan="4">青岛君盛食品有限公司位于青岛国际空港工业区，是以食品加工为主的大型综合性企业。君盛食品有限公司主要产品有君盛挂面系列（普通系列、高档系列、营养强化系列、食疗保健系列）、面点、月饼及其它节日性食品。公司产品通过了ISO9001国际质量体系认证，HACCAP认证，商检注册，并荣获青岛市“放心粮油”企业，中国“放心食品”。企业卫生达到国家A级企业，产品出口韩国、日本、俄罗斯、欧美等国家。企业经过多年努力形成了新时代特色的“团结拼搏，开拓进取，无私奉献，艰苦创业”的企业精神。</td></tr>
</table>

青岛帅睿宏业食品股份有限公司

<table>
<tr><td rowspan="7">公司基本信息</td><td>股权简称</td><td>帅睿宏业</td><td>股权代码</td><td>100192</td></tr>
<tr><td>法人代表</td><td>张会凯</td><td>董　　秘</td><td>孙月庆</td></tr>
<tr><td>推荐机构</td><td colspan="3">青岛清晨创业投资有限公司</td></tr>
<tr><td>电　　话</td><td>13954263985</td><td>传　　真</td><td></td></tr>
<tr><td>注册地址</td><td colspan="3">青岛平度市南村镇后斜子村</td></tr>
<tr><td>行业分类</td><td colspan="3">制造业</td></tr>
<tr><td>主营产品</td><td colspan="3">小麦粉加工</td></tr>
<tr><td>公司介绍</td><td colspan="4">青岛帅睿宏业食品有限公司是一个集小麦种植基地、加工、食品深加工、小麦贸易于一体的综合性食品加工企业，公司占地面积100余亩，资产9000余万元。现有员工100余人，初、中、高级技术人员30人，高级工程师2人。拥有营养馒头加工线一条，冷库一座，面条车间一座，日处理小麦200吨车间一座。为满足市场的需求，公司新投资2600万元增建日产500吨小麦制粉生产线一条，新增车间面积达9000平方米，标准成品仓库4000平方米，小麦原粮仓库25000平方米、仓储容量60000吨。公司农业产业化生产基地3000余亩，生产优质功能富硒小麦1500吨，带动当地农户5000余户，辐射农户7000余户，为公司以后加工生产营养面粉储备了丰富粮源，由于粮源充足，公司可以放心承接各种大型订单。
公司顺利通过了IS09001:2000、22000、HACCP，并且先后获得“放心面”、“山东省著名商标”、“重合同守信用企业”、“青岛市认定技术中心”“青岛市名牌”等荣誉。“帅睿牌小麦粉”被评为山东省最具影响力品牌。以上一系列荣誉的获取为公司的发展起到了非常大的推动作用。</td></tr>
</table>

青岛瑞普电气股份有限公司

<table>
<tr><td rowspan="7">公司基本信息</td><td>股权简称</td><td>瑞普电气</td><td>股权代码</td><td>100203</td></tr>
<tr><td>法人代表</td><td>林志敏</td><td>董　　秘</td><td>迟通逵</td></tr>
<tr><td>推荐机构</td><td colspan="3">中信证券股份有限公司</td></tr>
<tr><td>电　　话</td><td>0532－55676567</td><td>传　　真</td><td></td></tr>
<tr><td>注册地址</td><td colspan="3">青岛高新技术产业开发区科韵路1C1号</td></tr>
<tr><td>行业分类</td><td colspan="3">制造业</td></tr>
<tr><td>主营产品</td><td colspan="3">军品整机制造、电子计算机、印刷机械制造、软磁盘制造；进出口业务（按青外经贸贸发［2001］生登字第23号证书经营）；电子、机械产品的技术开发、产品研制、生产、技术培训、技术服务、技术咨询、技术转让；房屋租赁；机械设备及仪器仪表的租赁。</td></tr>
<tr><td>公司介绍</td><td colspan="4">青岛瑞普电气股份有限公司（原国营青岛印刷机械厂、青岛无线电三厂、青岛瑞普电气有限责任公司）是国家高新技术企业，地方军工企业，成立于1969年。
公司位于青岛高新技术产业开发区科韵路101号，厂区占地面积12万平方米，建筑面积3.2万平方米。现有在职员工300余人，其中工程技术人员131人，厂区水、电、暖、汽等配套设施齐全。
公司是雷达和胶印机装备整机研发制造企业，有50余年产品研发、生产历史，属技术密集型企业，是国家高新技术企业，是青岛市制造业管理信息化示范单位，拥有市级技术中心。主要从事军用雷达和印刷机械两大产品的研制和生产，下设11个职能部门。
公司自1989年开始建立了质量保证体系，于1992年通过了国防科工委军工产品质量体系的评审，成为山东省电子行业第一家通过军工产品质量保证体系评审的企业。1999年通过了GJB/z19001－96质量体系认证。2002年通过了GJB9001A－2001质量管理体系的换版认证。军品于2007年通过GJB9001A－2001质量管理体系综合评议；2011年通过GJB9001B－2009质量管理体系换版审核；民品于2009年通过GB/T19001－2000质量管理体系复评，2011年通过GB/T19001－2008质量管理体系再认证，并扩大认证范围。
公司在长期的发展过程中，始终坚持高起点、高标准、高质量的发展战略。80年代从英国雷卡公司引进RM1070导航雷达，以其先进的技术性能和稳定可靠的质量，赢得广大用户的青睐，并持续不断研发新产品，开拓军用和民用市场。90年代从瑞典SOLNA公司引进先进的生产技术、设备及关键部件组装生产的SCLNA单张纸系列胶印机（单色、双色、四色、五色、六色）四开多色胶印机，根据国际质量标准进行全程监控，瑞典专家现场指导生产，确保产品质量，产品是山东省、青岛市名牌产品，屡获国家产品质量信得过企业称号。SOLNA系列多色胶印机以其高自动化程度，运行稳定可靠等特点受到国内外用户的青睐，产品远销海外，是中国印刷设备及器材工业协会“出口先进单位”。
公司在提升技术创新能力的同时，继续坚持引进技术消化吸收再创新、集成式创新、产学研合作等模式进行技术创新，使公司两大主线产品在各自市场领域中长足稳健发展；以较高水平的研究开发实力，较为完善的公司体制，有效的人才激励机制，吸引优秀的专业技术人才以各种形式为企业工作，充分利用国内外资源，加快军民产品的开发进程，依托技术进步和产品升级提高经济效益，增强企业竞争力。
公司决心全心全意依靠广大职工，扎扎实实做好基础管理，始终不渝坚持核心理念，以“顾客满意是瑞普人永恒的追求”为质量方针，全力以赴创造客户价值，努力回报社会。形成员工心情舒畅、社会满意的良好氛围；把公司建设成为人性化、多样化、国际化的开放型高科技公司。</td></tr>
</table>

青岛雷悦重工股份有限公司

<table>
<tr><td rowspan="7">公司基本信息</td><td>股权简称</td><td>雷悦重工</td><td>股权代码</td><td>300029</td></tr>
<tr><td>法人代表</td><td>陈晓静</td><td>董　　秘</td><td>韩瑞超</td></tr>
<tr><td>推荐机构</td><td colspan="3">青岛清晨创业投资有限公司</td></tr>
<tr><td>电　　话</td><td>0532－85212386</td><td>传　　真</td><td></td></tr>
<tr><td>注册地址</td><td colspan="3">青岛市胶州市胶西镇尹家店三村</td></tr>
<tr><td>行业分类</td><td colspan="3">制造业</td></tr>
<tr><td>主营产品</td><td colspan="3">特种集装箱、集装箱房屋（钢铁制活动房屋）的生产和销售。</td></tr>
<tr><td>公司介绍</td><td colspan="4">青岛雷悦重工有限公司（青岛雷悦模块化箱房）是一家集研发、设计、生产、销售、服务于一体的专业化特种集装箱与集装箱房屋制造企业，公司位于山东省青岛市经济技术开发区前湾港西侧，紧邻高速路口，位置优越，交通便利。公司拥有专业的特种集装箱设计团队，精干的集装箱房装修队伍，丰富的生产、施工经验，可以为客户提供全方位的特种箱、房屋箱解决方案。公司下设独立的外贸部和物流部，可以为客户提供设计、生产、运输、出口“一站式”服务。</td></tr>
</table>

公司介绍	公司研发的集装箱房屋产品绿色环保、外形美观、运输方便、安装快捷、保温性能好、耐候性强，可用作野外作业用房，办公用房，移动车房，新农村建设用房，城市市政、旅游景点、娱乐场所、商业以及防灾救灾等临时性用房。特种集装箱产品包括各种移动设备箱，仓储箱及各类移动工程控制箱等，能满足设备或货物的安装、维修、仓储、运输等要求。 主要产品有：集装箱房，非标集装箱房，集装箱别墅，移动卫生间，移动岗亭，移动淋浴室，野营房；各种方舱，仓储集装箱，设备箱，发电机组箱等特种集装箱。 公司以超前的理念，领先的技术，为客户负责的态度制作每一个产品。雷悦打造的不仅仅是产品，更是一种品质。作为一个面向全球，追求创新，倡导低碳环保，坚持可持续发展的公司，雷悦愿结交天下有识之士，携手合作，共同发展。

青岛日能拉伸膜科技股份有限公司

公司基本信息	股权简称	日能科技	股权代码	300028
	法人代表	赵烨	董　秘	马　睿
	推荐机构	青岛清晨创业投资有限公司		
	电　话	0532—82297979	传　真	
	注册地址	青岛胶州市北关工业园、经二路北、纬一路东		
	行业分类	制造业		
	主营产品	塑料薄膜（不含一次性发泡塑料制品和超薄塑料袋）、聚酯薄膜的研发、加工、销售		
公司介绍	公司位于青岛胶州市北关工业园，占地面积 30000m^2，建筑面积为 5000m^2，注册资本 6000 万元。我集团公司凭借二十年强有力的自动化设备装备和设计研发能力以及完善的创新机制，成功研发出国内高透亮及超厚度双向拉伸片聚脂薄膜生产线。该生产线采用世界尖端电气控制技术和关键配件，具有性能优越，运行平稳，产品适用范围广的特点，完全符合公司生产差异化薄膜产品的发展方向。公司拥有经验丰富的生产、技术和质量管理团队及全套的产品质量检验设备，设有专门的质检实验室。配合国内领先的空调系统，化验室空气洁净度 1 万级、生产区域 10 万级的洁净度，有效确保产品质量持续稳定。公司主要生产高透亮及超厚度双向拉伸聚酯薄膜，年产聚酯薄膜 1 万吨，薄膜厚度范围 75um～450um。主要产品有高透亮光学膜、超厚绝缘膜、低雾度复合膜、影像膜、强化膜等，适用于电线、电力电缆的绕包绝缘，马达、变压器的槽绝缘和相绝缘；触摸开关，柔性电路板；X 光片基、激光照相片基、印刷制版、CT 片、磁卡、电话卡、IC 卡封装、液晶显示装置（LCD）、等离子显示器（POP）、铭牌、标牌、标签、反光基膜、广告片基、玻璃贴膜、服饰片、电热膜片、太阳能背板等。日能薄膜将致力发展为国内最有竞争力的差异化聚酯薄膜生产基地之一，为广大客户提供优质产品及服务，以合作共赢的理念与客户建立战略合作关系，共同发展，同谋大业。			

青岛前丰国际帽艺股份有限公司

公司基本信息	股权简称	前丰国际	股权代码	100245
	法人代表	武孝红	董　秘	宋宝欣
	推荐机构	广州赢隆投资管理有限公司		
	电　话	13573897708	传　真	
	注册地址	青岛胶州市胶北办事处北关工业园山东道 37 号		
	行业分类	制造业		
	主营产品	帽、纺织服装、鞋、箱包、手套、假发、皮革制品、玩具、窗帘、床上用品、刺绣工艺品、棉针织品、布水磨、球类加工、销售		
公司介绍	公司最早成立于 1996 年 8 月 2 日，是一家以国际市场为导向的制帽企业，专业从事各类帽子及辅饰品的生产和销售。前丰国际坐落在青岛胶州市北关工业园，拥有五个制帽车间、两个布料仓储间，占地面积 6 万余平方米，生产厂房面积 2 万余平方米，现有职工 500 余人。前丰国际拥有日本电脑绣花机 80 台，各种缝纫机 500 台（套），具备年生产 1,000 万顶各类帽子的生产能力。依托得天独厚的劳动力资源优势及全体员工的努力拼搏，前丰国际得以迅速发展壮大。经过近 20 年的发展，前丰国际已经成为集电脑绣花、印花、缝纫、针织、水洗为一体的制帽企业。前丰国际着力培养了一批具有国际化视野、精通国际市场网络拓展的专业人才，紧跟国际上帽子产品的设计创意、技术创新的变化，赢得了广大国外客户的信赖，与 NewEra、Wal－mart 等国际知名企业建立了长期稳定的合作关系。前丰国际的“再生纤维布制造技术”被青岛市经济和信息化委员会认定为青岛市中小企业专精特新技术，其拥有国内先进的再生纤维运动帽生产线，使用新材料替代传统的棉、毛、皮等织物，为我国传统制帽行业提供了技术含量较高的新兴产品，提升了其产品在市场中的竞争力。			

青岛远通物联技术股份有限公司

公司基本信息	股权简称	远通物联	股权代码	100267
	法人代表	毛宗远	董　　秘	丁　渤
	推荐机构	山东裕铖股权投资管理有限公司		
	电　　话	0532－85754249	传　　真	
	注册地址	青岛经济技术开发区江山南路458号普加大厦19层1901室		
	行业分类	信息传输、软件和信息技术服务业		
	主营产品	物联网信息化管理软件研发服务和物联网技术应用解决方案并为物流企业提供系统集成以及物联网终端产品供应的物流物联网企业		
公司介绍	青岛远通物联技术有限公司，2014年经股份制改造变更为青岛远通物联技术股份有限公司。该公司定位于企业信息化管理软件研发服务和物联网技术应用解决方案，并为物流企业提供系统集成以及物联网终端产品供应；公司业务主要包含：物联网产品与技术、物流管理软件、企业信息化技术应用与升级、数字城市、系统集成及网络安全等领域。 以物联网技术的发展为契机，围绕物流业务涉及的仓储、配送、货运、报关、现代物流园区管理等环节积极推进设备的升级换代和信息系统的整合，结合RFID射频识别、视频识别、红外感应、全球定位、激光扫描、无线网络等技术，远通物联公司打造了一套具有自主知识产权的“物流公共信息服务平台”。该信息平台应用领域广泛，整合了物流政府部门及物流企业系统信息资源，实现各系统平台之间的信息交换和信息传递，满足不同客户的信息需求，可涉及整个供应链与物流管理领域，通过信息平台便可实现物流信息电子交易、资质信用认证、物流信息统计、定位跟踪信息查询、公共信息共享，并可与仓储、运输、配送、加工等管理系统有效链接，从而大大提升企业运营效率，降低企业运营成本。 该公司已原始取得《远通GPS定位监控系统》、《仓储管理信息系统》、《货运管理信息系统》、《物联物流公共服务系统》、《OA办公系统》等多项软件著作权证。先后获得“双软认证”、“高新技术企业”、“软件和信息服务业工作先进单位”、“青岛市最具创新力企业”等荣誉称号。			

青岛华人兄弟文化产业股份有限公司

公司基本信息	股权简称	华人兄弟	股权代码	300055
	法人代表	郭勇	董　　秘	庞　蕾
	推荐机构	山东同轩投资有限公司		
	电　　话	0532－85883665	传　　真	
	注册地址	青岛市市南区		
	行业分类	文化、体育和娱乐业		
	主营产品	华人兄弟特色馆群活动(含门票及馆藏产品销售)、产品设计推广及景点开发		
公司介绍	公司目前主营业务为开设特色馆群，项目名称为“奇幻世界”，根据每个城市场地面积大小确定馆群内场馆数量。目前青岛奇幻世界设立5个馆。成都、合肥、郑州等馆将于2014年12月开业，无锡于2016年开业。西安、厦门、广州、大连、杭州、哈尔滨、冲绳、新加坡等洽谈中。			

青岛国福养老股份有限公司

公司基本信息	股权简称	国福养老	股权代码	300080
	法人代表	宗杰	董　　秘	刘青松
	推荐机构	广州赢隆投资管理有限公司		
	电　　话	0532－80600709	传　　真	
	注册地址	青岛平度市同和街道办事处宏泰路中段		
	行业分类	租赁和商务服务业		
	主营产品	养老服务		

公司介绍	国福养老成立于2014年6月20日,注册资本2000万元,是青岛平度市首家拥有养老服务经营资质的公司。其经营范围主要为孤寡老人提供生活照料、康复护理、精神慰藉、文化娱乐服务,同时通过智能化平台,与社区居家治疗中心相结合,为居家老人提供及时的医疗服务。

青岛鑫垚地农业科技股份有限公司

公司基本信息	股权简称	鑫垚地	股权代码	300148
	法人代表	朱彦芳	董　秘	朱弘智
	推荐机构	山东裕铖股权投资管理有限公司		
	电　话	0532-86521377	传　真	
	注册地址	青岛市市北区杭州路16号南车四方车辆有限公司办公楼第一层1002室		
	行业分类	制造业		
	主营产品	高分子吸水树脂的研究;肥料的技术研究		
公司介绍	本公司创立于2011年3月22日,农林有机环保肥创新科技型企。所研发高分子保水缓控释肥系世界肥料行业的革命性创新,肥料利用率高达95%-100%,其自身吸水倍率高达500%-70000%。节能高效、节水抗旱、成本低廉、环保无公害,社会效益、经济效益和环保效益俱佳。为替代传统化肥的最佳选择。			

青岛奥祥教育科技股份有限公司

公司基本信息	股权简称	奥祥教育	股权代码	300105
	法人代表	刘守勤	董　秘	沈志刚
	推荐机构	山东儒银股权投资管理有限公司		
	电　话	0532-82037358	传　真	
	注册地址	青岛市市北区合肥路662号6单元1层		
	行业分类	教育		
	主营产品	教育咨询、课程研发及输出、商品销售		
公司介绍	青岛奥祥教育科技股份有限公司在此又迎来了新的机遇,广阔的资本市场必将助力奥祥教育的发展,奥祥教育必将抓住这次机遇,利用市场机制发展自身,为更多的孩子提供最好的亲子教育指导。 公司成立以来一直坚持爱的理念,争取为更多的家庭提供最专业的亲子教育和服务。几年来公司旗下品牌——帕夫学园已服务过万千家庭,课程体系不断完善,师资力量不断壮大,得到了社会各界和家长的认可。 2014年帕夫学园在北大孕婴童教研组的支持下开发出业界最前沿的医教结合教育指导课程。从最基础上为孩子成长提供指导和帮助。企业的发展需要跟随市场的脚步,为了壮大教研团队,开发更优质的课程,为万千家庭提供更好的教育与服务,奥祥教育选择走上市场化道路,借助市场的力量推动公司的发展,争取在更大的舞台上完善自我。 十年磨一剑,天高任鸟飞。相信在社会各界的支持下奥祥教育必将发展得越来越好。			

山东华力电机集团股份有限公司

公司基本信息	股权简称	华力电机	股权代码	000010
	法人代表	曲云凯	董　秘	姜威芹
	推荐机构	山东金土地创业投资有限责任公司		
	电　话	18606318599	传　真	
	注册地址	山东威海荣成市明珠路89号		
	行业分类	制造业		
	主营产品	电机及成套设备、电线电缆的制造、销售;批准范围的进出口业务		

公司介绍	山东华力电机集团股份有限公司创立于1970年，历经四十多年的不懈努力，已发展成为集科研、开发、生产、营销、服务于一体的大型现代化企业，先后建立起荣成、荣成新区及苏州三大生产基地，年生产能力达150万台、1800万KW，是中国中小型电机行业最具规模和实力的生产企业之一。 依托上海、苏州、荣成三个研发中心，形成了以中小型低压电机为支撑，高压、低压大功率、特种电机为发展方向的产品格局。产品涵盖了YE3系列、YX3系列、YE2系列、Y3系列、HM2系列、1L系列、1AL系列、YB3系列、Y－H系列、YEJ系列、YVF2系列、YPT系列、YKK系列、YKS系列等(通用、防爆、船用、起重、冶金、变频、高压、风力发电等)40多个系列11000多个规格。公司具备先进的生产检测设备，建立起完善的质量、环境管理体系，通过了ISO9001、ISO14001、CCC、CQC、CE、UL等多项认证认可。 公司坚持"占科技高点、拓全球市场"的发展战略，构筑起国内国际两大市场板块。在全国50多个大中城市建立起60多处仓储式销售分公司，形成了快捷、高效的市场营销和服务网络，产品同时销往欧洲、中东及东南亚等国际市场。企业规模及综合经济效益连续多年位居全国电机行业前列。 创新的理念，先进的技术，卓越的品质，优质的服务和华力人团结奋进的精神，凝聚成永不衰竭的动力。"创百年华力，树世界品牌"的企业目标正在努力实现！

山东昊安金科新材料股份有限公司

公司基本信息	股权简称	昊安金科	股权代码	100153
	法人代表	刘宗安	董　秘	姜丽华
	推荐机构	山东金土地创业投资有限责任公司		
	电　话	18263166992	传　真	
	注册地址	山东省乳山市经济开发区疏港路路北		
	行业分类	制造业		
	主营产品	特种金属材料及制品、铁路配件、高速列车配件、汽车配件、核电、风电部件、机械配件的研发生产、销售		
公司介绍	山东昊安金科新材料股份有限公司是在原山东昊安汽车部件制造有限公司的基础上于2010年5月组建成立，同时与中国科学院金属研究所合作成立国家技术转移示范机构——"中国科学院金属研究所(乳山)特种金属材料产业化基地"。公司注册资本:9000万元，总投资5亿元，占地面积21万平方米，现有员工320人，其中工程技术人员56人。公司于2013年被认定为山东省高新技术企业，是高耐磨、高耐热、高耐蚀特种金属新材料及产品研发生产销售的专业厂家。公司拥有国内一流的铸钢、热处理、机械加工生产线及专业的质量检测设备，主要生产特种合金钢坯料、铁路组合辙叉、高速列车刹车盘、汽车刹车盘、发动机飞轮总成、矿山高温炉耐热部件、矿山耐磨配件、核电/火电阀体及叶轮等部件，具有年产铸钢产品5万吨及各种灰铁、球磨铸铁产品2万吨的生产能力。目前已形成以铁路配件、工程机械配件、矿山冶金配件、石油化工配件、特种合金钢锭、汽车配件六大类产品为主导产品。 公司与中国科学院金属研究所合作，拥有独立的研发中心——山东省高耐磨高耐蚀金属材料工程研究中心，并拥有优秀的研发团队，具有雄厚的研发势力。依靠专业化的生产设备、先进的生产工艺、严格的质量管理体系，生产的"昊安"、"迈利"、"HAOAN"、"MAILI"、"LATST"、"QUALE"等品牌部件已出口至欧美、日本、埃及、尼日利亚、韩国等国家和地区，并在国内市场建立了完善的销售网络体系。公司已获得ISO/TS16949国际质量体系认证和IRIS国际铁路标准质量体系认证，产品通过IATF国际汽车特别工作组质量认可，现已成为国内外OEM产品供应商。依靠精湛的制造理念和深厚的文化底蕴，秉承科技立企，质行全球，做大做强的信念，全力打造高端特种金属材料领域中最具实力的领航者。			

山东三润重工股份有限公司

公司基本信息	股权简称	三润重工	股权代码	100142
	法人代表	马尚泉	董　秘	张爱丽
	推荐机构	山东金土地创业投资有限责任公司		
	电　话	13563120139	传　真	
	注册地址	文登经济开发区宁波路17－1至5号		
	行业分类	制造业		
	主营产品	专业生产船厂、港口码头用起重设备		

公司介绍	威海三润重工股份有限公司成立于2008年9月,固定资产2.6亿元,厂区总占地面积50万多平方米,建筑面积约15万平方米,主要产品有各类门式起重机、桥式起重机、门座式起重机,以及场桥、岸桥、卸船机等各类装卸机械,产品广泛用于沿海、内河各船厂、港口码头及工矿企业,产品销往全国二十多个省、市、自治区。2010年,公司取得国家特种设备A级安装改造维修许可证,可从事桥式、门式、门座式等各类起重机的安装、维修和改造,经营空间持续不断扩展。2013年起,公司逐步向公司坚持"质量第一、信誉至上"的经营宗旨,注重产品研发,不断引起、消化、吸收、创新自己的品牌。公司技术力量雄厚,检测手段先进,目前已通过了ISO9001:2000质量体系认证。蓝色海洋装备制造进军:主要生产船用克令吊等高端产品。

山东大鱼岛港务股份有限公司

公司基本信息	股权简称	大鱼岛港	股权代码	300037
	法人代表	王锡安	董　　秘	李长虹
	推荐机构	山东金土地创资有限责任公司		
	电　　话	13806303939	传　　真	
	注册地址	荣成市渔岛路288号		
	行业分类	交通运输、仓储和邮政业		
	主营产品	码头的港口设施经营;码头有偿服务。		
公司介绍	山东大鱼岛港务股份有限公司原名为荣成大鱼岛集团港务有限公司,成立于2007年12月12日,公司的初始股东为山东大鱼岛集团有限公司。公司的经营范围为码头的港口设施经营;码头有偿服务。大鱼岛渔港是按大型现代化综合性港口标准设计,已得到省政府相关主管部门的批复:2008年7月,公司渔港码头配套设施工程项目用海,已获得山东省人民政府批复;公司以出让方式取得263亩码头港口用途类国有土地使用权;公司渔港码头项目的海洋环境影响报告,已获得山东省海洋与渔业厅批复。按相关批复要求,在建渔货渔需的服务中心港工程分两期建设,规划修建码头岸线总长2160米,渔用岸线长1960米,水深—6至—20米,泊位50个,可同时承接100艘大型渔船入港靠泊卸货,年吞吐能力15万吨;同步规划、配套建设船舶修理、渔需供应、渔货交易、生活娱乐等设施,除可为当地近600艘渔船提供各类保障服务,还将立足黄渤海渔业区,成为面向国内外渔民服务的开放型渔业枢纽港,并惠及周边10余万亩浅滩涂养殖业渔民的周转服务港。公司在建的大鱼岛渔港码头属珍贵、稀缺的港口、港湾(出海口)资源,座落在天然深水海岸线石岛段上,与国际锚地近在咫尺,具有发展海洋经济的巨大空间优势。《山东半岛蓝色经济区发展规划》成为"十二五"时期第一个获批的国家战略,为公司再造现代临海临港产业竞争优势带来了新的机遇。山东蓝色经济区获批之后,海洋经济成为威海的口岸性战略,渔业经济发展的空间进一步拓展。为适应黄渤海渔业发展的需求,山东大鱼岛港务股份有限公司从自身的区位优势、岸线优势、海域优势、经营优势出发,把发展渔港码头作为公司的发展战略。渔港工程项目按国家一类开放港建设,工程建成后,可以大大提高码头的停靠作业能力,增加渔货卸港量,确保渔民生命财产安全,方便渔民生产生活,为渔业生产的发展提供强有力的后勤保障,具有显著的经济效益和社会效益。			

威海丰泰新材料科技股份有限公司

公司基本信息	股权简称	丰泰新材	股权代码	100280
	法人代表	钱国峰	董　　秘	祁晓静
	推荐机构	山东裕铖股权投资管理有限公司		
	电　　话	0631-7313660	传　　真	
	注册地址	荣成市龙雨路		
	行业分类	制造业		
	主营产品	生产各类特种复合辊筒及橡胶高分子类材质的环保处理设备、矿山设备		
公司介绍	威海丰泰新材料科技股份有限公司,创立于2009年7月,公司座落在风景秀丽、气候宜人的海滨城市荣成市石岛工业园。占地面积27000平方米,固定资产1600万元,现有职工150名,其中工程技术人员40名,形成复合辊筒、特种管材、环保装备、矿机装备等四大系列产品。公司先后获得"威海市科技型中小企业""国家高新技术企业"的认定,通过ISO9001:2000质量管理体系认证,ISO14001环境体系认证及船基社无石棉产品认证。拥有专利成果三十多项。公司研发中心自有研发人员十五人,同时与青岛科技大学、南开大学、山东省环境科学研究院、沈阳橡胶研究院的高校院所聘请的兼职研究人员八名(其中教授三名、专家两名、高工三名)。公司于2014年11月12日于齐鲁股权交易中心成功挂牌,股权代码为100280。			

<table>
<tr><td>公司介绍</td><td>经多年的沉淀积累为公司今后的发展打下了扎实的管理基础。公司已形成了拥有科学管理模式、先进生产设备、集科研开发、生产销售于一体的科技型企业。
公司先后引进了日本三浦公司智能燃气锅炉、德国UTH高效精密滤胶机,台湾佰宏高速密闭式炼胶机、大型数控车床、大型普通车床、数控磨床、橡胶注射机、动平衡试验设备、聚氨酯PU浇注设备、PU喷涂设备等先进设备。自主研发了胶辊、胶管通用自动成型机、弧形胶管自动成型机、罐式硫化PLC智能控制及氮气保护硫化系统、MC尼龙浇注设备尼龙静电喷涂设备等。公司现拥有电火花测漏仪、硫化仪、可塑度试验机、拉伸强度、老化、磨耗、低温脆性、冲击弹性、剥离强度、爆破压力测试等测试设备二十多台套,拥有完善的试验检测设施,为公司产品研发及高品质产品的生产与质量管控提供充分的资源保障。</td></tr>
</table>

山东合太恒科技股份有限公司

<table>
<tr><td rowspan="7">公司基本信息</td><td>股权简称</td><td>合太恒</td><td>股权代码</td><td>100061</td></tr>
<tr><td>法人代表</td><td>杨云锋</td><td>董　秘</td><td>任相玲</td></tr>
<tr><td>推荐机构</td><td colspan="3">山东齐鲁中小企业投融资有限公司</td></tr>
<tr><td>电　话</td><td>15969915921</td><td>传　真</td><td></td></tr>
<tr><td>注册地址</td><td colspan="3">临沂市兰山区白沙埠镇驻地贯村0655号</td></tr>
<tr><td>行业分类</td><td colspan="3">制造业</td></tr>
<tr><td>主营产品</td><td colspan="3">主要从事各种型号绝缘子铁帽的生产销售</td></tr>
<tr><td>公司介绍</td><td colspan="4">公司严格执行国际相关质量体系认证标准,建立了一整套完备的质量管理监控体系,拥有国内外先进的生产设备与工艺技术。公司拥有造型生产线、微震压实造型机、燃气台式退火炉、燃气镀锌炉、冲天炉、电炉、Q3210A型履带清理机、物理试验设备、化学试验设备、光谱仪、切削设备、锻压设备、无损检测设备等360余台(套)。2012年6月,公司在齐鲁股权托管交易中心成功挂牌,为将来实现公司上市打下了坚实的基础。</td></tr>
</table>

山东史贝美肥料股份有限公司

<table>
<tr><td rowspan="7">公司基本信息</td><td>股权简称</td><td>史贝美</td><td>股权代码</td><td>100237</td></tr>
<tr><td>法人代表</td><td>刘佃平</td><td>董　秘</td><td>范天宇</td></tr>
<tr><td>推荐机构</td><td colspan="3">山东瑞众股权投资基金有限公司</td></tr>
<tr><td>电　话</td><td>0539－2178888</td><td>传　真</td><td></td></tr>
<tr><td>注册地址</td><td colspan="3">山东苍山经济开发区迎宾路西段南侧</td></tr>
<tr><td>行业分类</td><td colspan="3">制造业</td></tr>
<tr><td>主营产品</td><td colspan="3">生产、销售:复混肥、复合肥、有机肥、钾肥</td></tr>
<tr><td>公司介绍</td><td colspan="4">公司拥有先进的中试车间和现代化自动配料高科技氨化与脲甲醛缓控释肥生产线各两条,整个生产过程全部实现自动化控制,年产能已达100多万吨。产品涵盖脲甲醛缓控释肥、醛螯合肥、多肽复合肥、脲甲醛多功能复合肥、有机无机复混肥、硝硫基复合肥料等六大系列,品种齐全,适合于全国各地不同土壤不同农作物的用肥需求,增产效果显著,深受各地农民朋友喜爱。产品远销东北三省、内蒙古、山东等二十多个省、市、自治区,销售网络已覆盖全国。</td></tr>
</table>

临沂市兰山区金升小额贷款股份有限公司

<table>
<tr><td rowspan="7">公司基本信息</td><td>股权简称</td><td>金升小贷</td><td>股权代码</td><td>180009</td></tr>
<tr><td>法人代表</td><td>王京连</td><td>董　秘</td><td>张　良</td></tr>
<tr><td>推荐机构</td><td colspan="3">齐鲁证券有限公司</td></tr>
<tr><td>电　话</td><td>0539－8615919</td><td>传　真</td><td></td></tr>
<tr><td>注册地址</td><td colspan="3">临沂市兰山区北园路101号</td></tr>
<tr><td>行业分类</td><td colspan="3">金融业</td></tr>
<tr><td>主营产品</td><td colspan="3">在兰山区行政区域内办理各项小额贷款;开展小企业发展、管理、财务等咨询业务。</td></tr>
</table>

公司介绍	公司成立于2009年3月，注册资本1.5亿，是临沂市成立的第三家小额贷款公司。公司主要经营各项小额贷款；开展小企业发展、管理、财务等咨询业务。公司自成立以来，一直秉承为兰山区“三农”、商城市场个体工商业户和中小企业服务的原则，合规经营，稳健发展，取得了较好的成绩。截至2014年3月底，公司累计发放贷款18亿元，促进了地方经济特别是个体工商户、中小企业发展，为区域经济发展注入了新的活力。

山东远通锻造股份有限公司

公司基本信息	股权简称	远通锻造	股权代码	100220
	法人代表	龚志坤	董　　秘	孙景光
	推荐机构	山东开来投资有限公司		
	电　　话	0539－7166123	传　　真	
	注册地址	临沂市河东区凤凰岭街道后翟店村		
	行业分类	制造业		
	主营产品	生产、销售：锤子、煤矿配件及其他机械产品		
公司介绍	本公司是集研发、设计、制造、销售于一体的专业锻造企业。我公司现有5T电液锤一台，3T电液锤一台，1000T双盘压力机一台，400T双盘压力机两台。数控加工中心两台，数控车床二十余台，并配有先进的检测设备。可以根据您的图纸、样品和要求，现开模具，做到从毛坯到成品一体化服务。企业已通过GB/T19001—2000 idt ISO9001：2000认证，产品畅销欧美等国际市场及国内市场，深受客户好评。			

山东振淇机械股份有限公司

公司基本信息	股权简称	振淇机械	股权代码	100221
	法人代表	赵振波	董　　秘	赵复梅
	推荐机构	山东开来投资有限公司		
	电　　话	0539－6281618	传　　真	
	注册地址	临沂市河东区郑旺镇大赵家村		
	行业分类	制造业		
	主营产品	研发、生产、销售于一体的引导轮轮体生产企业		
公司介绍	公司占地面积36亩，建筑面积10000余平方米；拥有1.5吨中频电炉4套、韩国进口引导轮成品组装线一条，配有多套精密的物化检验检测设备，建立了完善的生产管理体系和销售网路，年产优质毛坯及成品铸钢件7000余吨，产值近6000万元。经过多年磨练，企业逐渐成长为行业内领军企业韩国现代重工、沃尔沃、斗山机械及国内一线著名挖掘机生产企业的优质合作伙伴，得到了行业及社会的一致认可，先后荣获“优秀供应商”、“郑旺镇功勋企业”、“郑旺明星企业”、“河东区纳税功臣”，赵董事长喜获河东区先进工作者。			

莒南县民丰小额贷款股份有限公司

公司基本信息	股权简称	民丰小贷	股权代码	180002
	法人代表	李学纯	董　　秘	解　娜
	推荐机构	山东瑞众股权投资基金有限公司		
	电　　话	0539－7230599	传　　真	
	注册地址	莒南县天桥路248号		
	行业分类	金融业		
	主营产品	在莒南县区域内办理小额贷款，开展小企业发展、管理、财务咨询业务。（在国家法律法规规定范围内开展业务）。		

公司介绍	公司自成立以来，胸怀“民丰贷款，诚以致远”的美好愿景，秉承“敬业、精诚、尊正、和贵”的职业精神，坚持“鼎新效率，智慧服务”的经营理念。认真贯彻执行小额贷款公司监督管理办法，制定、完善了《信贷管理办法》、《信贷业务操作流程》、《贷款风险管理制度》和《财务管理办法》。严格按照服务“三农”的基本原则，大力支持小、微和农村经济发展，加强信贷结构调整，增加“三农”信贷投入，为“三农”和小微企业发展做出了积极的贡献。

山东泺泰牧业股份有限公司

公司基本信息	股权简称	泺泰牧业	股权代码	100257
	法人代表	刘斌	董　　秘	牛立志
	推荐机构	济宁市惠达投资有限公司		
	电　　话	0537－4115688	传　　真	
	注册地址	山东省泗水县高峪镇工业园区		
	行业分类	粮食及饲料加工业		
	主营产品	肉鸭全价饲料；肉鸡全价饲料；猪全价饲料；猪浓缩饲料		
公司介绍	公司的明星产品，真空包装乳猪教槽料。使用微生物低温发酵技术，饲料原料在动物体外进行预消化，把蛋白转化为容易吸收的小肽，增加了饲料中水溶性蛋白质的含量，保证乳猪在断奶后的平稳过渡，增强机体抵抗力，减少抗生素使用。采用真空包装技术，隔绝空气，保证产品的稳定性，延长保质期。			

山东耀国光热科技股份有限公司

公司基本信息	股权简称	耀国光热	股权代码	100173
	法人代表	李雅莉	董　　秘	郭　洁
	推荐机构	山东丰嘉投资有限公司		
	电　　话	0632－2446789	传　　真	
	注册地址	滕州市级索镇工业园区级翔路83号		
	行业分类	制造业		
	主营产品	太阳能高硼硅玻璃管、真空集热管的生产与销售		
公司介绍	公司专注于太阳能热利用产品的研发、生产和销售。目前，公司拥有专利技术9项，正在申请的专利技术3项。公司的“金黄色真空集热管”曾获山东省技术创新优秀新产品二等奖，新技术真空管集热器家用太阳能热水系统（分离式）已通过山东省经济与信息化委员会的鉴定验收，新产品镶嵌式分体阳台壁挂太阳能热水器已通过山东省科学技术厅科学技术成果鉴定。公司产品质量已得到日出东方太阳能股份有限公司及行业内部分大型企业的认可，并与其形成了稳定的合作关系。			

山东益康药业股份有限公司

公司基本信息	股权简称	益康药业	股权代码	100047
	法人代表	高敬方	董　　秘	李乐坤
	推荐机构	山东丰嘉投资有限公司		
	电　　话	0632－5963766	传　　真	
	注册地址	滕州市益康大道3288号		
	行业分类	制造业		
	主营产品	医药的研发、生产及销售		
公司介绍	公司2009年主营业务收入1.31亿元，在行业中排名中游，公司小容量注射剂的综合产能位居山东省第二位，全国前十位，其中国家三类新药阿替洛尔注射液为国内独家产品。			

滕州市三合机械股份有限公司

公司基本信息	股权简称	三合机械	股权代码	100015
	法人代表	徐夫成	董　　秘	康　彬
	推荐机构	北京德丰诚投资有限公司		
	电　　话	0632－5955688	传　　真	
	注册地址	滕州市益康大道南路318号		
	行业分类	制造业		
	主营产品	金属锯床、锻压成形机床、机床附件的生存、研发及销售		
公司介绍	公司是一家拥有自营进出口权的高新技术企业，是山东鲁南地区机械产品生产的龙头企业，年产各类机械设备35,000余台（套）。公司生产金属锯床居全国前三，出口量居全国第一位。公司开发的高效节能环保系列数控开槽机处于国内领先地位，市场占有率60%以上。			

山东中力阀门股份有限公司

公司基本信息	股权简称	中力阀门	股权代码	100063
	法人代表	杜宜俊	董　　秘	于成超
	推荐机构	山东淄川高新技术创业投资有限公司		
	电　　话	13573307368	传　　真	
	注册地址	枣庄市高新区民营园区		
	行业分类	制造业		
	主营产品	公司以设计、研发、生产、销售、服务于一体的现代化阀门、管件制造为主营业务		
公司介绍	公司在2009年至2010年成为阿里巴巴（中国）网络技术有限公司的金牌供应商；在2010年度成为中国石油天然气集团公司炼化备品配件一级供应网络成员单位；公司研制的“暗杆式刀形闸阀”等六种产品被中华人民共和国国家知识产权局认定为实用新型专利。			

山东亿丰源生物科技股份有限公司

公司基本信息	股权简称	亿丰源	股权代码	100059
	法人代表	朱述尧	董　　秘	郑　军
	推荐机构	上海慧宇投资发展有限公司		
	电　　话	13206321958	传　　真	
	注册地址	山东省枣庄市山亭区新城工业园		
	行业分类	制造业		
	主营产品	生物有机肥料、有机－无机复混肥料、掺混肥料、复混肥料、复合肥料加工、销售。		
公司介绍	公司拥有有机肥、有机－无机复混肥、冲施肥、复合微生物菌肥等9条生产线，总产能达到25万吨，在有机肥行业中产能居于前列。2004年3月生产的“亿丰园”牌肥料，被农业部评为“国家无公害农产品生产指定专用肥料”；公司自主研制生产的药肥兼施型芝麻粕系列产品，被国家五部委列入“重点推广新产品”；2007年11月公司产品通过有机产品认证。2011年8月，公司被中国化工领域最高评审机构——中国化工学会化肥专业委员会评为“2011年度中国农资十大优秀企业”、“2011年中国农民最信赖的农资品牌”。			

兖州华美农业科技发展股份有限公司

<table>
<tr><td rowspan="7">公司基本信息</td><td>股权简称</td><td>华美股份</td><td>股权代码</td><td>100091</td></tr>
<tr><td>法人代表</td><td>张德良</td><td>董　　秘</td><td>吴　瑶</td></tr>
<tr><td>推荐机构</td><td colspan="3">山东丰嘉投资有限公司</td></tr>
<tr><td>电　　话</td><td>0537－3887900</td><td>传　　真</td><td></td></tr>
<tr><td>注册地址</td><td colspan="3">兖州市兴隆庄镇三官庙村</td></tr>
<tr><td>行业分类</td><td colspan="3">农、林、牧、渔业</td></tr>
<tr><td>主营产品</td><td colspan="3">无公害蔬菜及果品的种植</td></tr>
<tr><td>公司介绍</td><td colspan="4">公司的兴德庄园禅修度假中心项目属于兴隆文化园禅修区的配套项目，已列入山东省文化产业重点园区基地，具有大项目概念。兴隆文化园具有佛祖圣物的唯一性和佛教文化的独特性，其首期工程开园后，将会在国内外形成重大轰动效应，成为鲁南新的旅游热点，年游客预计300万人次。</td></tr>
</table>

山东顺和酒业股份有限公司

<table>
<tr><td rowspan="7">公司基本信息</td><td>股权简称</td><td>顺和股份</td><td>股权代码</td><td>100159</td></tr>
<tr><td>法人代表</td><td>马龙刚</td><td>董　　秘</td><td>王芹芹</td></tr>
<tr><td>推荐机构</td><td colspan="3">新时代证券有限责任公司</td></tr>
<tr><td>电　　话</td><td>18653968799</td><td>传　　真</td><td></td></tr>
<tr><td>注册地址</td><td colspan="3">兰山区临西一路188号</td></tr>
<tr><td>行业分类</td><td colspan="3">批发和零售业</td></tr>
<tr><td>主营产品</td><td colspan="3">酒类批发及销售</td></tr>
<tr><td>公司介绍</td><td colspan="4">公司先后与世界五百强中粮集团、苏酒集团、酩悦·轩尼诗－路易威登集团、五粮液集团、茅台集团、泸州老窖集团、景芝集团、古井集团、华泽集团等建立战略联盟，又同上海通联支付有限公司建立了全面合作。山东顺和酒业有限公司自成立以来，以“品位、专业、价值”的经营理念，用“事业引人、待遇稳人、感情留人”的企业文化理念造就顺和品牌的核心竞争力。秉承“孝顺行天下和谐万事通”企业精神，坚持“志存高远永争第一”的企业发展理念和“顾客需要的我们给予最好的”服务理念，成功打造“顺和品牌”。顺和逐步探索出了一条代理品牌、创造品牌、拥有品牌的成长之路。公司采用连锁式的发展模式，计划未来实现顺和酒行“百亿收入、千家店”宏伟目标。</td></tr>
</table>

山东新蓝海科技股份有限公司

<table>
<tr><td rowspan="7">公司基本信息</td><td>股权简称</td><td>新蓝海</td><td>股权代码</td><td>100169</td></tr>
<tr><td>法人代表</td><td>高承田</td><td>董　　秘</td><td>高承田</td></tr>
<tr><td>推荐机构</td><td colspan="3">济宁市惠达投资有限公司</td></tr>
<tr><td>电　　话</td><td>0537－2712828</td><td>传　　真</td><td></td></tr>
<tr><td>注册地址</td><td colspan="3">济宁高新区产学研基地D2楼三层</td></tr>
<tr><td>行业分类</td><td colspan="3">信息传输、软件和信息技术服务业</td></tr>
<tr><td>主营产品</td><td colspan="3">医疗应用软件开发</td></tr>
<tr><td>公司介绍</td><td colspan="4">依托公司完备的产品线，丰富的项目运作能力和突出的研发实力，公司成为国内领先的为实现医疗卫生领域全方位的信息化管理提供完整解决方案的主要软件商之一.公司在医疗卫生软件行业具有较高的知名度和行业地位，公司经过多年的研发发展，形成了医院信息系统和公共卫生信息管理系统两大系列产品，各系列又分别包含几十个子系统，涵盖了医院内部包括门诊、住院、检验、检查、影像处理、图像报告、电子病历、药品采购等各个环节以及卫生管理部门、社区医院、疾病监控等公共卫生领域。上述产品已经成功应用于各类医疗机构，卫生管理机构，积累了丰富的应用案例和广泛的客户群，为公司产品升级和市场开拓建立了良好的基础。</td></tr>
</table>

山东奚仲电子科技有限公司

公司基本信息	股权简称	奚仲电子	股权代码	300018
	法人代表	张成伟	董　　秘	路　伟
	推荐机构	山东瑞众股权投资基金有限公司		
	电　　话	18006329088	传　　真	
	注册地址	薛城区张范镇张范西村村北		
	行业分类	制造业		
	主营产品	主营产品为锂离子动力电池电动车的生产、销售。		
公司介绍	公司总投资金额5.6亿元;工厂占地428亩,下设枣庄、菏泽、济宁三个大型生产基地,总建筑面积10.79万平方米;新建电动汽车公司占地500亩,计划建筑面积15万平方米。公司现有员工500余人,其中专业技术人员100余名,拥有福彩、太威、康德诚等商标。拥有国内先进的锂电池生产车间、手机电池生产车间、锂电电动二轮车生产车间及电动三、四轮车生产车间,产品远销苏、鲁、豫、皖、鄂等十几个省市及地区,并受到经销商及消费者的一致好评。 公司成立之初就致力于产品研发创新,拥有实用新型专利100项,发明专利2项,2011年参与了《电动车用磷酸铁锂锂电池模块通用技术条件》(DB37/T1940－2011)山东省地方标准的编制。公司自主研发的磷酸铁锂多种型号的圆柱、方型单体电池及电池组,是燃油及传统铅酸蓄电池等传统能源的最佳的,绿色环保的替代品,可广泛用于电动汽车、电动自行车、后备电源、矿灯、电动工具等方面,也是移动储能、风能,通讯及军事等多种领域的理想电力储存电池。电动车下料、焊接、酸洗、电泳、自动面漆、装配各工序全系列自主自动化。			

山东百慧乳业股份有限公司

公司基本信息	股权简称	百慧乳业	股权代码	100196
	法人代表	徐进英	董　　秘	赵彦峰
	推荐机构	山东京德创业投资有限公司		
	电　　话	18606331279	传　　真	
	注册地址	山东省日照市莒县城区工业园百慧路北侧		
	行业分类	制造业		
	主营产品	乳制品生产销售。		
公司介绍	山东百慧乳业股份有限公司成立于2001年,位于莒县工业园百慧路,省级"农业产业化重点龙头企业",是以奶牛养殖、乳制品开发为主,集科研、生产、销售于一体的现代化乳品专业企业,拥有固定资产1.5亿元,员工500余人,其中,中、高级科研技术和管理人数占总人数的20%.先后从国内外引进一流的生产设备和检测设备,年灌装能力8.2万吨。主要生产纯奶、乳酸菌、含乳饮料、八宝粥等系列产品。			

山东恒源鑫建设工程股份有限公司

公司基本信息	股权简称	恒源鑫	股权代码	100209
	法人代表	刘景奎	董　　秘	周长城
	推荐机构	济宁市惠达投资有限公司		
	电　　话	15263778633	传　　真	
	注册地址	邹城市平阳寺镇平阳寺村东		
	行业分类	建筑业		
	主营产品	钢结构安装施工;建筑物拆除;管道安装;钢结构、油管、水罐加工销售;工矿配件的销售。		
公司介绍	公司有成熟的施工团队,工作人员施工经验丰富,工种配备齐全,公司研发部门也大力投入人力、物力,开发新产品,改善施工工艺,降低施工成本,节约资源,每年为社会做出突出贡献。			

山东天河科技股份有限公司

公司基本信息	股权简称	天河科技	股权代码	100208
	法人代表	田胜利	董　　秘	吕高云
	推荐机构	中信证券股份有限公司		
	电　　话	0537－5525088	传　　真	
	注册地址	邹城市恒丰路东首(中心店镇机电产业园内)		
	行业分类	制造业		
	主营产品	环保设备研制、开发、销售;矿山采掘和洗选设备、矿用支护产品制造、修理;矿用通风设备、通风机、矿用隔爆型压入式对旋轴流局部通风机、矿用防爆抽出式对旋轴流局部通风机、防爆型电机、机电产品配件、机械无尘化喷浆系统产品制造、修理;铁矿粉加工;计算机及软件、机械电器设备及配件、家用电器、电线、电缆、建筑材料、化工产品(不含危险品)、五金工具、百货、劳保用品销售;进出口贸易。		
公司介绍	2009年,公司与西安科技大学合作研制而成,知识产权归山东天河科技有限公司所有。吸收了煤矿降尘界世界最高水平的德国CFT公司的先进技术,产品投入市场后,将会大幅提高煤矿井下空气质量,减少工人尘肺病的发病率。			

山东丰众纸业股份有限公司

公司基本信息	股权简称	丰众股份	股权代码	100249
	法人代表	杜保海	董　　秘	英成群
	推荐机构	山东亿盛担保投资有限公司		
	电　　话	18669997286	传　　真	
	注册地址	临沂高新技术产业开发区金山路中段西侧		
	行业分类	制造业		
	主营产品	销售:纸、纸制品、纸浆;纸张分选、分切。		
公司介绍	公司专业生产、销售各类纸张,现有员工80多人,占地50余亩,拥有现代化的花园式生产厂区和完善的仓储、办公、生活配套设施。公司拥有国际先进的伺服高速切纸设备生产线、复卷设备生产线,常备各类纸张10000余吨。公司高度重视产品质量,配备先进的检测设备,制定了严格的质量管理体系。公司积极贯彻科学发展观,根据企业发展实际,形成了科学的企业发展规划,已逐渐发展为临沂纸业界的龙头企业。公司现有业务单位500余家,市场覆盖全国各地,年销售收入2亿余元,实现利税1000余万元,实现了良好的经济效益和社会效益。			

山东华菱驾驶员培训股份有限公司

公司基本信息	股权简称	华菱股份	股权代码	100251
	法人代表	席加梅	董　　秘	唐守全
	推荐机构	济南科潘投资咨询有限公司		
	电　　话	18669979308	传　　真	
	注册地址	费县蒙台路北段东侧		
	行业分类	培训行业		
	主营产品	一级普通机动车驾驶员培训(A2,B2,C1)(牵引车5辆、大型货车17辆、小型汽车79辆);道路运输驾驶员从业资格培训(客运,货运)(道路运输许可证有效期至2016年12月30日)。(有效期限以许可证为准)。		

<table>
<tr><td>公司介绍</td><td>山东华菱是唯一一个冠名“山东”的驾校，在辖区内乃至山东省都有较强的品牌影响力和品牌优势。在服务方面，山东华菱在为全体学员提供一般教学班的同时，还充分考虑学员的人性化需求，设计了情侣班、女生班和老年班等多种个性化班级，在保证培训质量的同时为学员提供了更为适宜的培训环境。</td></tr>
</table>

山东善者文化传媒股份有限公司

<table>
<tr><td rowspan="7">公司基本信息</td><td>股权简称</td><td>善者文化</td><td>股权代码</td><td>100088</td></tr>
<tr><td>法人代表</td><td>蔡永余</td><td>董　　秘</td><td>黄晓晓</td></tr>
<tr><td>推荐机构</td><td colspan="3">申万宏源证券</td></tr>
<tr><td>电　　话</td><td>18953152007</td><td>传　　真</td><td>0531 - 86980777</td></tr>
<tr><td>注册地址</td><td colspan="3">济南市历下区山大路 47 号数码港大厦 1 - 302 室</td></tr>
<tr><td>行业分类</td><td colspan="3">文化传媒</td></tr>
<tr><td>主营产品</td><td colspan="3">《善者》杂志\书画交易平台\银铃通手机\手动动漫\龙山善者文化产业园</td></tr>
<tr><td>公司介绍</td><td colspan="4">山东善者文化传媒股份有限公司(以下简称善者文化)创立于 1999 年，注册资本 5000 万元，拥有山东省善者文化研究院、善者编辑部、善者书画艺术交易平台、龙山善者文化产业园四大业态，是一家以多元化资源平台为优势，以创新理念为特色的专业文化传媒机构。业务范围涵盖宗教文化、宗教养老、文化旅游、农业生态、地藏塔林、出版发行、文艺演出、会议承揽、手机动漫、银龄通老年手机、参与文化体制改革，投资青岛报业集团的《老年生活报》。
2014 年 1 月 22 日，善者文化在齐鲁股权交易中心成功挂牌上市(股票代码:100088)，全国老龄工作委员会办公室副主任吴玉韶，山东省老龄工作委员会办公室副主任钟永诚，中共济南市委宣传部常务副部长凌安中，齐鲁股交中心主任李雪，山东善者文化传媒股份有限公司董事长蔡永余等出席挂牌上市仪式。
善者文化的成功挂牌上市，成为山东省首家文化传媒产业挂牌上市企业，是山东省贯彻三中全会精神、深化文化体制改革的重要一步，是山东省文化产业在资本市场的一次破冰之旅。
对于山东省这样一个具有悠久历史文化积淀的大省，善者文化作为文化产业上市“第一股”，不但对整个山东文化产业具有深远意义，同时也在资本市场的道路上迈出了最具里程碑的第一步，加速了善者文化在主板上市的步伐，对未来善者文化做强、做大，经历资本市场洗礼打下坚实的基础。</td></tr>
</table>

日照春浓茶业股份有限公司

<table>
<tr><td rowspan="7">公司基本信息</td><td>股权简称</td><td>春浓茶业</td><td>股权代码</td><td>300135</td></tr>
<tr><td>法人代表</td><td>郝西伦</td><td>董　　秘</td><td>郝明超</td></tr>
<tr><td>推荐机构</td><td colspan="3">山东京德创业投资有限公司</td></tr>
<tr><td>电　　话</td><td>0633 - 8216677</td><td>传　　真</td><td>0633 - 8216677</td></tr>
<tr><td>注册地址</td><td colspan="3">山东省日照市东港区后村镇后马庄一村</td></tr>
<tr><td>行业分类</td><td colspan="3">农业</td></tr>
<tr><td>主营产品</td><td colspan="3">茶业种植、加工、销售</td></tr>
<tr><td>公司介绍</td><td colspan="4">日照春浓茶业股份有限公司(原日照北青茶厂)始建于 1991 年，在 2006 年注册商标并成立公司，2014 年改制成立股份有限公司，并与当年成功登陆齐鲁股权交易中心挂牌，成为日照市为数不多、东港区唯一的进入资本市场挂牌企业。公司是最早种植炒制茶叶的茶农专业户之一。现有茶厂两座，老厂坐落于著名的“江北绿茶之乡”后村镇万亩茶园内，交通便捷，环境优美，2000 亩省级茶叶科技园是该厂主要原料基地。新建标准化茶叶加工基地在面朝大海、背靠青山的山海天旅游度假区卧龙山街道，是市政府打造近海旅游第一茶的万亩茶园，现在一期工程 1000 平米厂房已经完工并投产。
公司是日照市茶叶技术协会理事单位、日照茶叶商会副会长单位、日照茶行业协会常务理事单位、中国茶叶流通协会团体会员单位。公司产品以过硬的质量和包装、良好的品牌和信誉远销省内外。</td></tr>
</table>

公司介绍	在隆重的首届和第二届日照国际茶博会的现场炒茶活动中，公司制茶师傅连续两届获得制茶冠军(见日照日报)，在业界树立了良好的口碑，并被认定为全国沙滩排球冠军赛指定用茶，公司总部茶庄在2007年底评选的日照市首届十佳茶店评选活动中被认定为“日照市十佳茶店”；公司于2008年获得全国工业产品生产许可证，公司产品2008年被省工商局、质检局、经贸厅等联合评为山东3·15名优商品；2009年被省商业厅、省零售业协会、山东商报评为“山东省十佳畅销品牌”；同年六月被中国诚信万里行活动委员会等部门评为“全国诚信示范单位”；2010年被日照市企业家协会、日照市消费者协会等六部门联合授予日照市首届品牌节“金帆奖”知名企业。在政府及各界的支持下，公司先后经过改建、搬迁、扩建、改制发展成为一家集茶叶栽培、加工、销售，茶具经营、茶道茶艺表演、茶文化传播、餐饮、旅游休闲、茶叶生产资料销售于一体的综合性企业。在2008年率先成立了农民合作社组织。公司一直致力于做纯正日照茶、给消费者提供健康食品为宗旨，以科技生产、营销创新为手段，以争创名牌产品，成就健康事业为目的，努力打造“日照茶 春浓味”的奢侈品牌，怀着“敢为天下先”的勇气力争早日实现“日照茶走向世界、春浓味深入人心”的宏伟目标。公司以全新的营销理念和品牌形象、高质量的产品和公平实在的价格，以强大的攻势进入国内茶食品市场。目前在济南和潍坊设立了分公司，在北京、青岛设立了办事处，在济宁、滨州、烟台、曲阜、淄博、威海、石家庄、沈阳等国内大中城市建立了加盟连锁经营机构或代理商，并以更完善的经营模式继续扩大营销网络，以期把健康绿色纯正的日照绿茶带给更多的消费者，为提高全民健康、创造和谐社会贡献力量。 全国统一客户服务电话:400 6677 357 公司:0633—8216677　13326336677　茶厂:0633－2296677　15726336677 济南:0531－85986677　13396236677　北京:010—80636677　13336236677 网站:www. chunnong. com;业务QQ 275966677

■公司综合信息展示

山东威邦家居用品股份有限公司

公司基本信息	股权简称	威邦家居	股权代码	300049
	法人代表	熊玖文	董　秘	李美玲
	推荐机构	山东润新创业投资有限公司		
	电　话	0634－5609117	传　真	0634－5668889
	注册地址	莱城区常庄乡常庄村西		
	行业分类	制造业		
	主营产品	玻璃家居厨房用品		
公司介绍	公司成立于2000年7月，是生产型出口企业、中国轻工商会会员。产品主要是日用玻璃器皿、耐热玻璃餐具、厨房及餐桌玻璃用品、家居玻璃装饰品等。坐落于山东省莱芜市苗山镇常庄，注册资金500万元，占地100余亩，四个生产厂区，另设订单外包加工厂12处。现有职工360余人，公司已在国际马德里商标成员国27个国家注册“WIN-POND”商标。国内注册“奥莱·美家”、“紫葡萄”等7个商标。获机械发明专利两项，实用新型技术专利6项，产品外观专利16项。是集研发、设计、生产、进出口一体的科技型综合股份制有限公司。			
主要财务指标	指标/报告期	2014.6.30	2013.12.31	2012.12.31
	营业收入(元)	18,196,874.75	31,091,342.21	29,247,130.91
	营业利润(元)	110,259.92	4,888,121.10	168,854.92
	净利润(元)	110,259.92	233,180.63	188,052.37
	未分配利润(元)	110,259.92	308,494.70	140,321.97
	总资产(元)	20,334,843.83	25,116,636.07	22,844,481.71
	总负债(元)	15,257,458.30	21,458,448 73	19,419,475.00
	净资产(元)	5,077,385.53	3,658,187 34	3,425,006.71
	每股收益(元)	/	/	/
	每股净资产(元)	/	/	/
	净资产收益率(%)	/	/	/

山东大宇纺织股份有限公司

公司基本信息	股权简称	大宇股份	股权代码	100156
	法人代表	丁士彤	董　　秘	马永毅
	推荐机构			
	电　　话	0635－2794888	传　　真	0635－2796888
	注册地址	山东省聊城市临清市魏湾镇		
	行业分类	制造业		
	主营产品	纺织		
公司介绍	公司成立于2005年4月3日，位于临清市魏湾镇，注册资本5000万元。现有员工300余人，主营棉纱、人棉纱、涤棉纱、及混纺纱，主导产品有精梳及普梳80支、60支、40支、32支、21支。有纱锭40000枚，年产60支棉纱3000吨，规模居临清市同类企业前5名。2014年6月30日止总资产11160万元，所有者权益5649万元，年收入5000万元，净利润105万元。公司计划在现有40000枚纱锭基础上扩建60000枚纱锭，达到100000枚纱锭。预计年产10000吨，收入2亿，净利润400万元。			

主要财务指标	指标/报告期	2014.6.30	2013.12.31	2012.12.31
	营业收入（元）	22240000	40860000	55440000
	营业利润（元）	300000	530000	1280000
	净利润（元）	300000	840000	7280000
	未分配利润（元）	1150000	400000	1050000
	总资产（元）	111600000	102080000	95160000
	总负债（元）	55910000	45690000	39520000
	净资产（元）	55690000	56390000	55640000
	每股收益（元）			
	每股净资产（元）			
	净资产收益率（%）			

德州市德惠淡水鱼养殖有限公司

公司基本信息	股权简称	德惠水产	股权代码	300161
	法人代表	高金海	董　　秘	李　霖
	推荐机构	山东开来投资有限公司		
	电　　话	13805341321	传　　真	
	注册地址	山东省德城区黄河涯镇政府路南一公里		
	行业分类	水产		
	主营产品	淡水鱼养殖		
公司介绍	公司主要经营罗非鱼以及斑点叉尾鮰鱼的的养殖，现为我市最大的特种鱼养殖基地，有养殖水面380亩，其中经过防渗水处理的精养鱼池43个，养殖面积300亩，年产成鱼100万斤。另有工厂化养殖车间1.9万平方米，年产成鱼200万斤。			

主要财务指标	指标/报告期	2014.6.30	2013.12.31	2012.12.31
	营业收入（元）	23140839.27	38293949.00	14495126.00
	营业利润（元）	2544824.69	4892797.45	1411457.80
	净利润（元）	2544824.69	4892797.45	1411457.80
	未分配利润（元）	21059160.7	18727202.83	13834405.38
	总资产（元）	52630753.15	41521475.23	29220591.78
	总负债（元）	17093239.23	14328786.00	7420700.00
	净资产（元）	35537513.92	27192689.23	21799891.78
	每股收益（元）	0.07	0.18	0.06
	每股净资产（元）	7.11	5.44	4.36
	净资产收益率（%）	7.16	17.99	6.47

青岛佳熹纪念币设计有限公司

公司基本信息	股权简称	青岛佳熹	股权代码	300086
	法人代表	吴鹏	董　　秘	徐立岩
	推荐机构	淄博赢隆投资管理有限公司		
	电　　话	13708951609	传　　真	
	注册地址	青岛市市南区芝泉路3号一层		
	行业分类	批发和零售业		
	主营产品	纪念币设计、开发；批发：纪念币（不含流通货币），工艺品，艺术品，木制品，瓷器，日用百货，办公用品		
公司介绍	青岛佳熹纪念币设计有限公司主营纪念币、纪念币设计开发。经国家工商部门批准注册，拥有独立的纪念币进出口权，公司是澳大利亚珀斯铸币局中国经销商，成功创意开发世界首枚海外发行的中国体育人物纪念币——郭川环球航海纪念币。青岛佳熹纪念币设计有限公司与世界各大造币厂和钱币公司建立合作，开发以中国现代文化为主题的纪念币。开发的纪念币项目有广阔的市场前景。青岛佳熹纪念币设计有限公司热诚欢迎各界人士前来实地参观和指导。			

主要财务指标	指标/报告期	2014.6.30	2013.12.31	2012.12.31
	营业收入（元）	180025.63	15000	0
	营业利润（元）	-20614.16	-92408.66	-33796.77
	净利润（元）	-20614.16	-92477.92	-33796.77
	未分配利润（元）	-146888.85	-126274.69	-33796.77
	总资产（元）	782963.1	854823.47	966203.23
	总负债（元）	-70148.05	-18901.84	0
	净资产（元）	853111.15	873725.31	966203.23
	每股收益（元）			
	每股净资产（元）			
	净资产收益率（%）	-2.4%	-10.6%	-3.5%

山东旭光得瑞高新材料股份有限公司

公司基本信息	股权简称	旭光股份	股权代码	100171
	法人代表	李希石	董　　秘	闫吉勇
	推荐机构	德州鑫浩投资担保有限公司		
	电　　话	0534-8106728	传　　真	0534-8106628
	注册地址	临邑县德平镇碱李驻地		
	行业分类	制造业-黑色金属铸造		
	主营产品	铸造材料、铸铁件、预应力锚具		

公司介绍

山东旭光得瑞高新材料股份有限公司（以下简称"旭光股份"），其前身为临邑县旭光铸造材料有限公司，成立于1998年2月。企业于2013年7月31日进行了股份制改造，更名为山东旭光得瑞高新材料股份有限公司。公司总部位于临邑县经济开发区华兴路，下设铸造材料、铸造、机械加工三个生产基地。主要生产经营铸造材料系列产品、铸铁件系列产品和预应力锚具系列产品。

铸造材料生产基地，位于临邑县德平镇，占地面积1.1万平方米。生产设备主要有煤粉生产线、覆膜砂生产线、雷蒙机、球磨机、搅拌机、膨化机等，主要产品有高效煤粉、复合添加剂、XSL粉（煤粉代用材料）、铸造用α淀粉、铸铁潮型复合剂、铸铁潮型助效剂、封箱泥膏、封箱泥条、脱膜剂、水剂树脂粘合剂、合脂油类粘结剂、普通覆膜砂、铸钢专用覆膜砂、溃散剂、聚渣剂、球化剂、孕育剂、脱硫剂、增碳剂、铸造用涂料等。

铸造生产基地，位于临邑县经济开发区远征路，占地面积2.7万平方米。生产设备主要有铁型覆砂造型生产线、树脂砂造型生产线、开式造型生产线、中频感应炉、混砂机、抛丸清理机、烤漆房、退火炉等，主要产品有汽车轮毂、制动鼓、轮边、行星架、气室支架、末端壳体和数控机床床身、床腿等铸铁毛坯件。

机械加工生产基地，位于临邑县经济开发区华兴路，占地面积4.6万平方米。生产设备主要有剪板机、折弯机、压力机、焊接机、普通车床、数控车床、加工中心、铣床、钻床、刨床、冲床、锯床等。该生产基地主要对各种汽车零部件和数控机床零部件进行深精加工。同时，该生产基地还大量生产锚环、锚垫板、夹片等各种预应力锚具系列产品。

公司介绍	旭光股份自成立以来,一贯坚持"以信为本,以质取胜"的经营理念,以"百折不挠,追求卓越"的企业精神不断开拓国内外市场,并且产品质量和售后服务均达到了同行业先进水平。目前,旭光股份主要用户有:时风集团、中国重汽、福田重工、谷合传动、济南一机床、秦川机床、镔翎机械、美国 EATON、印度 TATA、韩国 LS、意大利 ADR 等国内外知名企业。 由于产品质量稳定、交货及时、售后服务优良,旭光股份得到了广大用户及有关部门的认可和赞誉。旭光股份连续十年被山东省铸造协会聘任为会员理事,曾被山东省铸造协会评为"山东省铸造行业综合实力五十强企业"、"材料设备排头兵企业",被山东省机械工业协会评为"山东省机械工业重点行业关键零部件和机械基础件六十强企业"。曾被省、市、县有关部门授予"山东省光彩之星企业"、"市级优秀私营企业"、"市级先进私营企业"、"市级发展民营经济先进单位"、"县级依法纳税先进单位"、"县级安全生产先进单位"等荣誉称号。多次荣获福田重工颁发的"质量先进奖"和"质量优秀奖",被中国重汽列为"配套产品合格供方"。旭光股份于 2004 年通过 ISO9001 质量管理体系认证,于 2008 年通过 ISO/TS16949 质量管理体系认证。 旭光股份一贯重视科技进步事业,以科技带动企业不断向前发展。目前,旭光股份拥有"喷丸发送罐装置"、"卧式多头钻装置"、"一种轮毂装置"等多项实用新型专利和一项自主研发科技成果《采用非常规炉料生产球墨铸铁件熔炼关键技术的研究》。实用新型专利和科技成果的实际应用,给企业带来了丰厚经济效益。旭光股份于 2013 年被德州市科技局认定为"市级高新技术企业"、"市级科技创新型企业"、"市级绿色环保铸造材料工程技术研究中心"。

	指标/报告期	2014.6.30	2013.12.31	2012.12.31
主要财务指标	营业收入(元)	47960713	75385020	
	营业利润(元)	2891950	4302360	
	净利润(元)	2891950	3268563	
	未分配利润(元)	4571906	1679956	
	总资产(元)	101278714	95498660	
	总负债(元)	47758410	44870305	
	净资产(元)	53520304	50628355	
	每股收益(元)	0.062	0.11	
	每股净资产(元)	1.15	1.09	
	净资产收益率(%)	0.54%	10.27%	

青岛惠运办公科技股份有限公司

公司基本信息	股权简称	惠运科技	股权代码	100067
	法人代表	宋延伟	董　　秘	万德克
	推荐机构	山东开来投资有限公司		
	电　　话	0532－84906898	传　　真	0532－84906898
	注册地址	青岛市城阳区		
	行业分类	制造业		
	主营产品	公司的产品分为装订线圈(高档文具本册和文件存档资料等装订使用的耗材)、线圈基础材料以及自动化文具装订设备。		

公司介绍	青岛惠运办公科技集团股份有限公司成立于 1999 年,注册资金 2340 万元,致力于帮助客户提高效率、降低成本。 青岛惠运于 1991 开始生产双线圈,是国内最早生产双线圈的企业。自引进第一台德国全自动双线圈生产线以来,坚持生产高品质的双线圈,是国内唯一使用德国质量标准生产双线圈的企业,中国高端双线圈市场占有率 70% 以上。 集团公司下设青岛惠运工业设备有限公司、青岛惠运特种线材有限公司、青岛惠运精密机械有限公司、青岛惠运投资管理有限公司等四家分公司。 公司产品种类齐全,包括金属双线圈(YO 圈)、金属单线圈、挂历钩、半自动打孔机、高速全自动打孔机、多功能装订机、半自动装订机、高速全自动装订机、双线圈剪环机、尼龙包胶线材、钻针、工业冲子、各种模具等几十个产品系列,是中国唯一提供双线圈装订整体解决方案的企业。产品远销 50 多个国家和地区,客户遍布亚洲、非洲、北美洲、南美洲、欧洲、大洋洲,每年销量稳步增长,双线圈销量居亚洲第一,是 ACCO、APP 等国际多家知名办公文具公司的首选品牌。 青岛惠运具有强大的自主研发能力,本册打孔机、本册装订机等拥有 24 项国家专利,并获得国家发明专利,公司设有自主研发中心,研发团队超过 80% 拥有本科及以上学历。

公司介绍	服务网络遍布全国，强大专业的售后服务团队使我们能为客户提供迅速可靠的解决方案。 为满足公司不断发展的需要，公司于2011年新购置了238亩土地，目前正在开工建设中。 青岛惠运拥有自己的企业文化和核心价值观，核心团队在思想和行动上与企业文化及价值观高度一致，这使得公司在战略目标贯彻方面保持高度统一和良好的执行力。我们的使命是让全世界人们的办公和学习变得更加容易和方便，惠运的愿景是创建一流国际化企业，让世界五大洲的客户在由惠运人搭建的贸易平台上共创美好未来。			
主要财务指标	指标/报告期	2014.6.30	2013.12.31	2012.12.31
	营业收入(元)	18690000	2230000	
	营业利润(元)	-1080000	120000	
	净利润(元)	-1080000	120000	
	未分配利润(元)	-1080000	120000	
	总资产(元)	53490000	48610000	
	总负债(元)	21300000	16260000	
	净资产(元)	32180000	32350000	
	每股收益(元)	-0.05	0.01	
	每股净资产(元)	1.38	1.38	
	净资产收益率(%)	-0.03	0.00	

青岛良友饮食股份有限公司

公司基本信息	股权简称	良友饮食	股权代码	100077
	法人代表	梁永建	董　秘	刘　涛
	推荐机构	光大证券股份有限公司		
	电　话	0532-85601735	传　真	
	注册地址	青岛市市北区		
	行业分类	餐饮业		
	主营产品	饮食管理服务；会议服务；教育咨询服务；室内外装潢；自有资金投资管理；(以下范围限分支机构经营)饮食服务；住宿；食品加工；销售：食品，食品专用机械，日用百货，工艺美术品，五金家电，电子计算机，酒类，饮料，卷烟，雪茄烟，青菜，水产品，粮食，禽蛋类，预包装食品，复印、打印，游泳馆。		
公司介绍	青岛良友饮食股份有限公司，于2007年11月正式设立，其前身是成立于1996年的青岛良友餐饮管理有限公司，经过十余年的创新经营，以完善的质量管理体系、卓越的文化理念使其在餐饮业中跨越前行。公司是以经营鲁、粤名菜及高档燕、鲍、翅、参、精品海鲜为主，跨地域、专业化大型餐饮连锁企业。公司旗下现已拥有二十多家大型餐饮品牌酒店，亿利记物流公司和良友学院。所辖酒店有青岛良友金都美食城、青岛良友海鲜大酒楼、青岛良友名都食府、青岛良友·国宴厨房、青岛良友大酒店、青岛良友金阁食府、青岛良金都美食城(燕岛店)、青岛良友金都美食城(万达店)、即墨良友大酒店、胶州良友大酒楼、日照良友大酒店、日照良友君豪大饭店，青岛良友金阁食府(莱西店)、北京良友名都食府、北京良友海鲜大酒楼、上海良友名都食府等高端餐饮品牌名店，公司现有在职员工4000余名，总营业面积达10万余平方米，年营业额超过5亿多元。青岛良友饮食股份有限公司现已成为青岛市档次最高、规模最大的餐饮连锁企业，尤为可喜的是2010年5月，公司荣膺“中国餐饮百强”之一。			
主要财务指标	指标/报告期	2014.6.30	2013.12.31	2012.12.31
	营业收入(元)	81220000	10426.903259	
	营业利润(元)	-35530000	-3889.530513	
	净利润(元)	-33770000	-36519500	
	未分配利润(元)			
	总资产(元)	392700000	448351600	
	总负债(元)	392490000	384878100	
	净资产(元)	220000	63473500	
	每股收益(元)	-0.31	-0.37	
	每股净资产(元)	0.0	0.63	
	净资产收益率(%)	-1.39	-0.53	

山东凤凰光热科技股份有限公司

<table>
<tr><td rowspan="7">公司基本信息</td><td>股权简称</td><td>凤凰光热</td><td>股权代码</td><td>100226</td></tr>
<tr><td>法人代表</td><td>田方共</td><td>董　秘</td><td>田翠红</td></tr>
<tr><td>推荐机构</td><td colspan="3">山东开来投资有限公司</td></tr>
<tr><td>电　话</td><td>0634－5950078</td><td>传　真</td><td>0634－5801777</td></tr>
<tr><td>注册地址</td><td colspan="3">莱芜市高新区凤凰路31号</td></tr>
<tr><td>行业分类</td><td colspan="3">制造业</td></tr>
<tr><td>主营产品</td><td colspan="3">全玻璃真空太阳能集热管</td></tr>
<tr><td>公司介绍</td><td colspan="4">公司成立于2008年6月，位于莱芜市高新技术产业开发区，是一家全玻璃真空太阳能集热管的专业生产厂家，2014年12月19成功在齐鲁股权交易中心挂牌上市，目前年生产能力600万支。公司产品严格按照GB/T1709－2005最新国家标准生产，生产的太阳能真空集热管有直径47毫米、58毫米管径，长度为1.6米、1.8米、2.1米等多种规格，同时能根据客户不同的需求生产不同规格产品，包括AI－N/AI干射膜选择性吸收涂层全玻璃真空太阳能集热管（单靶管）、三靶高效管（耐高温、抗结冻、长寿命）、变频紫金管、数字化钛金管等。
公司以科技为本，在技术上不断创新，成立了产品开发实验室，专注于全玻璃真空集热管的研发领域。公司的设备先进，拥有沈阳百乐真空和衡阳真空机电生产的国内最先进的镀膜生产线。公司面向全国销售，与国内优秀太阳能热水器生产厂商建立了长期的合作关系，是桑乐、海尔、澳柯玛、京普等国内知名品牌太阳能热水器的主要供应商之一。</td></tr>
</table>

主要财务指标	指标/报告期	2014.6.30	2013.12.31	2012.12.31
	营业收入（元）	4894500	20765900	26274900
	营业利润（元）	－1294100	105800	－176800
	净利润（元）	－933500	58500	－185200
	未分配利润（元）	－934900	－185200	399500
	总资产（元）	34808000	22938500	32172900
	总负债（元）	14434800	9215500	18508300
	净资产（元）	20373200	1372300	13664500
	每股收益（元）	－0.065	0.004	－0.014
	每股净资产（元）	1.019	1.039	1.035
	净资产收益率（%）	－6.41	0.46	－1.36

德州医药股份有限公司

<table>
<tr><td rowspan="7">公司基本信息</td><td>股权简称</td><td>德州医药</td><td>股权代码</td><td>000011</td></tr>
<tr><td>法人代表</td><td>卞建钢</td><td>董　秘</td><td>李　华</td></tr>
<tr><td>推荐机构</td><td colspan="3">德州鑫浩投资担保有限公司</td></tr>
<tr><td>电　话</td><td>0534－2623943</td><td>传　真</td><td>0534－2623943</td></tr>
<tr><td>注册地址</td><td colspan="3">德州市德城区解放南大道27号</td></tr>
<tr><td>行业分类</td><td colspan="3">医药行业</td></tr>
<tr><td>主营产品</td><td colspan="3">公司目前不从事实际生产经营，主要利润来源为所属控股企业——德州德药制药有限公司，其主营业务为生产心血管、抗肿瘤、解热镇痛、肠胃用药系列近80个品种。</td></tr>
<tr><td>公司介绍</td><td colspan="4">公司目前不从事实际生产经营，主要利润来源为所属控股企业——德州德药制药有限公司，其主营业务为生产心血管、抗肿瘤、解热镇痛、肠胃用药系列近80个品种。
德州医药股份有限公司位于德州市德城区，是经山东省体改委批准，于1994年1月31日，采取定向募集方式设立的股份有限公司。目前，德州医药注册资本为1920万元，全部为社会个人股。下辖全资子公司——山东省德州制药厂和控股孙公司——德州德药制药有限公司（以下简称“德药制药”）。
德药制药是研发、生产化学制剂和原料药的现代化制药企业，拥有40多年的发展历史，注册资本7825万元，是山东省首批高新技术企业，国家综合性新药研发大平台示范单位，承担国家火炬计划项目，建有博士后创新实践基地、省级企业技术中心、“山东省口服药物渗透泵制剂工程技术研究中心”和“山东省新型药用辅料与缓控释制剂工程实验室”，缓控释制剂和冻干粉针剂技术处于国内领先水平。</td></tr>
</table>

公司介绍	德药制药拥有固体制剂、大容量注射剂、冻干粉针剂、普通冻干粉针剂、原料药等GMP认证车间，生产心血管、抗肿瘤、解热镇痛药、肠胃药系列近80个品种。主要产品“得高宁”，获“山东省著名商标”和“山东省名牌产品”称号；“咖啡酸片”，获“山东省名牌产品”称号；“富马酸阿奇霉素片”、“芬迪宁”、“得尔夫星”等疗效确切，深受广大医患好评。 德药制药坚持奉行“以德制药，药济民生”的经营理念，先后荣获“全国和谐劳动关系优秀企业”、“中国企业诚信经营示范单位”、“省思想政治工作先进单位”、“富民兴鲁劳动奖状”、“省级A级纳税先进单位”、“山东省医药企业文化建设示范单位”、“德州市文明诚信十佳企业”、“德州市十大最具公益与社会责任企业”等荣誉称号。			
主要财务指标	指标/报告期	2014.6.30	2013.12.31	2012.12.31
	营业收入（元）	16409.43		
	营业利润（元）			
	净利润（元）	741.37		
	未分配利润（元）			
	总资产（元）	30615.46		
	总负债（元）	11685.49		
	净资产（元）	18929.97		
	每股收益（元）	0.39		
	每股净资产（元）	6.33		
	净资产收益率（%）	6.29		

日照东润有机硅股份有限公司

公司基本信息	股权简称	东润硅业	股权代码	300081
	法人代表	曹新华	董　　秘	门志凯
	推荐机构	山东京德创业投资有限公司		
	电　　话	0633－2682866	传　　真	0633－2683919
	注册地址	山东省日照市岚山区巨峰镇金港工业园		
	行业分类	精细化工		
	主营产品	γ－氯丙基三氯硅烷、氯丙烯、硅酸乙酯等硅烷偶联剂中间体		
公司介绍	日照东润有机硅股份有限公司成立于2012年10月，是一家专业销售硅烷偶联剂中间体的民营高科技企业。公司创始人曹新华先生拥有20多年的有机硅行业经验，曾先后工作于隆昌化工有限、岚星化工工业有限公司、临淄齐泉工贸有限公司工作等，积累了丰富的相关行业知识和技术。公司坐落于日照市岚山区巨峰镇金港工业园，公司注册资本金1000万元，从2012年10月成立至今，在公司管理层的带领下取得了不错的成绩，产品销往全国各大城市和地区。公司一期项目投产后，将逐步打开国外市场。 为了扩大公司规模，自主生产硅烷偶联剂中间体，提高公司的市场竞争力，公司研发并计划承建有机硅产品生产项目的高科技项目，该项目总占地面积41亩，项目工程分两期投建，第一期计划投资1800万元，占地25亩，预计2015年年初建成投产；二期项目占地16亩，建设工期12个月，2016年初建成投产。 公司项目引进的生产设备、生产工艺、生产技术均达到国内领先水平，投产后将实现高度自动化，同时辅以人工结合。与同行业相比具有产品质量优、生产效率高、成本低的特点。一期项目建成投产后，可实现年生产有机硅产品8000吨（产品主要是γ－氯丙基三氯硅烷、硅酸乙酯），公司的销售收入也将大幅上升。			
主要财务指标	指标/报告期	2014.6.30	2013.12.31	2012.12.31
	营业收入（元）	14,653,113.75	1,610,061.48	0.00
	营业利润（元）	41,327.29	－103,357.19	－42,656.79
	净利润（元）	31,295.47	－102,761.19	－42,656.79
	未分配利润（元）	17,289.17	－145,417.98	－42,656.79
	总资产（元）	18,242,718.06	11,616,387.62	10,207,358.71
	总负债（元）	8,225,428.89	1,761,805.60	250,015.50
	净资产（元）	10,017,289.17	9,854,582.02	9,957,343.21
	每股收益（元）			
	每股净资产（元）			
	净资产收益率（%）			

青岛耕耘百年食品股份有限公司

公司基本信息	股权简称	耕耘百年	股权代码	300011
	法人代表	李源生	董　　秘	王　毅
	推荐机构	清晨资本		
	电　　话	0532－87521817	传　　真	0532－87521661
	注册地址	青岛即墨市即发龙山路 11 号		
	行业分类	食品制造		
	主营产品	全谷物营养食品、无糖健康食品		
公司介绍	青岛耕耘百年食品股份有限公司，前期主营无糖食品，公司以中国海洋大学、国家海洋研究所等多家高校、科研机构为依托，研发出大米、麦片、饼干、冲调等 6 大系列 80 多个品种，销售网络遍布国内 150 余个大、中城市的连锁卖场。“高司”品牌在国内无糖食品行业中位居前茅，取得了良好的经济和社会效应。曾获得“青岛市创建食品安全城市突出贡献品牌”、“青岛市食品安全放心品牌”、“中国著名品牌”、“国际品质·服务·诚信 AAA 企业”等荣誉，受到广大消费者的深厚喜爱。随着无糖食品行业市场的不断扩张，自有品牌价值的提升，公司于 2013 年 6 月，投资 1.5 亿元在青岛即墨市环保产业园开工建设占地 100 亩的生产基地，全部达产后，公司将拥有国内一流的饼干生产线 6 条，糕点生产线 6 条，每年生产总值达 10 亿元，将成为青岛最大的饼干、糕点生产基地。公司作为山东省营养学会的理事单位，全心致力于各类健康食品的研究与开发，研制出“纤多多”全谷物系列产品，深受消费者喜爱。青岛耕耘百年食品股份有限公司以“做健康食品，让生命走的更远”为己任，以诚信待人，以智慧谋发展；敢立科技潮头、笑傲健康领域。在未来的新里程，为造福人类健康作出新的贡献。			

主要财务指标	指标/报告期	2014.6.30	2013.12.31	2012.12.31
	营业收入(元)	1491600	3026586.64	3385625.96
	营业利润(元)	21600	23262.64	26863.24
	净利润(元)	19500	20956.21	24529.84
	未分配利润(元)		30951.88	12091.29
	总资产(元)	106868600	106868555.2	54329300.75
	总负债(元)	86834200	86834164.22	34315865.98
	净资产(元)	20034400	20034390.98	24013434.77
	每股收益(元)	0.001	0.001	0.0056
	每股净资产(元)	1.001	1.00	14.40
	净资产收益率(%)	0.1		

淄博恒久聚氨酯科技股份有限公司

公司基本信息	股权简称	100160	股权代码	恒久科技
	法人代表	刘茂海	董　　秘	刘茂田
	推荐机构	广州赢隆投资管理有限公司		
	电　　话	13853333822	传　　真	0533－8405234
	注册地址	淄博市桓台县果里镇凤鸣村 001 号		
	行业分类	化工行业		
	主营产品	聚氨酯弹性体、聚氨酯预聚体、聚酯多元醇		
公司介绍	淄博恒久聚氨酯科技股份有限公司是一家从事聚氨酯弹性体和聚氨酯原料研发、生产、销售的专业厂家，地处山东省桓台县，紧邻 G205，距青银高速 8 公里，交通便利。公司最早成立于 2007 年 4 月 26 日，注册资本 1,500 万元，占地 12,000 m²。公司拥有国内最先进的生产、检测设备，具备年产 20,000 吨聚酯多元醇及预聚物的生产能力，拥有国内唯一的超大硫化平台(1,700mm×5,500mm)，是国内少数实现产业链式生产的企业之一。公司为中国工商业联合会会员单位，被淄博市工商局评为“市级守合同重信用企业”，被桓台农行评为“AA”级信用单位，被桓台农信社评为“AAA”级信用单位。			

公司介绍	聚氨酯产品属于基础类材料，具有低温柔顺性能好、耐磨性能好、抗冲击性高、耐辐射、回弹范围广、耐油性好、耐生物老化、粘结性好等诸多优良性能，被广泛应用于交通、建筑、轻工、纺织、机电、航空、医疗卫生等领域。近年来，随着房地产、家电、纺织、鞋业、汽车、冷藏等行业的高速发展，聚氨酯产品正逐步替代金属、橡胶、塑料、木材等传统材料，已成为全球发展最快的高分子合成材料之一，在未来全球面临原材料供给紧张、能源消耗持续增长、全球气候变暖的挑战，将迎来巨大的发展机遇。			
主要财务指标	指标/报告期	2014.6.30	2013.12.31	2012.12.31
	营业收入(元)	15932371.63	43957343.98	19389731.45
	营业利润(元)	581094.95	1497342.4	380974.31
	净利润(元)	558732.05	1318865.68	289679.48
	未分配利润(元)	879622.83	320890.78	-474774.94
	总资产(元)	40775792.92	44722074.1	26381582.55
	总负债(元)	23348970.13	27853983.36	20856357.49
	净资产(元)	17426822.79	16868090.74	5525225.06
	每股收益(元)	0.17	0.14	0.05
	每股净资产(元)	0.15	0.12	0.05
	净资产收益率(%)	3.2	7.8	5.2

山东恒圆精工部件股份有限公司

公司基本信息	股权简称	恒圆精工	股权代码	100125
	法人代表	丁来芝	董　秘	周　敬
	推荐机构	山东同轩投资有限公司		
	电　话	06352633078	传　真	06352633961
	注册地址	临清市临博路16号		
	行业分类	制造业		
	主营产品	活塞环、气缸套、轴承钢管		
公司介绍	山东恒圆精工部件股份有限公司成立于2001年6月1日，其前身为山东恒圆活塞环有限公司。法人代表丁来芝，注册地址为临清市临博路16号；经营范围：活塞环、气缸套、活塞、气缸盖及农机配件、手扶拖拉机、五金工具、非普通通用轴承及轴承钢管的生产销售；进出口企业资格证书核准范围内的进出口业务。注册资本1800万元。2012年12月28日公司通过股份制变更成为股份公司。公司所属行业为普通机械配件制造业。 公司主要产品有活塞环、气缸套等，具有年产10,000万片活塞环，200万只气缸套的能力，目前在活塞环细分行业内销量全国排名第4位，是该行业前五名中唯一的一家民族自主品牌企业。 公司是活塞环标准起草单位，研发实力雄厚，建有市级研发中心，目前有拥有发明专利一项。本公司为目前国内唯一一家可采用椭圆筒体活塞环工艺生产的企业，是行业内极少数几家具备自主创新能力，能够与主机厂进行同步设计、同步开发的企业之一。 公司为国家活塞环专业重点生产企业，已通过ISO9001:2000质量管理体系认证，在2001年被中国技术监督情报协会评为“全国活塞环质量过硬好企业”，2009年01月公司商标“恒圆”牌获得山东名牌称号，同年10月荣获山东省著名商标，2010年被聊城市经济和信息化委员会认定为“市级企业技术中心”，2011年被山东省工商行政管理局评为“省级守合同重信用企业”。 公司为江淮动力、常柴、时风、潍柴、泰柴等二十余家知名主机厂商的战略合作供应商，目前仅国内用户就达300余家。公司产品同时远销东南亚、非洲、美洲等国家，公司过硬的产品质量为公司品牌在国际市场创造了较高的知名度。			
主要财务指标	指标/报告期	2014.6.30	2013.12.31	2012.12.31
	营业收入(元)	65465878.0	113238128.0	100395482.0
	营业利润(元)	6066244.0	9386995.0	9192257.0
	净利润(元)	275070.0	1589248.0	1302282.0
	未分配利润(元)		2640924.0	1297381.0
	总资产(元)	98784955.0	133828801.0	118403484.0

主要财务指标	指标/报告期	2014.6.30	2013.12.31	2012.12.31
	总负债(元)	61279578.0	96539530.0	82457756.0
	净资产(元)	37505376.0	37289270.0	35945728.0
	每股收益(元)			
	每股净资产(元)			
	净资产收益率(%)			

山东九鼎铁塔科技股份有限公司

公司基本信息				
	股权简称	九鼎股份	股权代码	100161
	法人代表	郭锐	董　秘	邢树波
	推荐机构	山东淄川高新技术创业投资有限公司		
	电　话	635－8729388	传　真	0635－8728899
	注册地址	聊城市嘉明经济开发区嘉明路		
	行业分类	机械制造业		
	主营产品	电力角钢塔、钢管塔和变电构架		
公司介绍	山东九鼎铁塔科技股份有限公司成立于2009年12月31日，主要从事电力塔的研发、设计、生产及销售。公司位于嘉明经济开发区嘉明路25号，占地168亩，现有职工100余人，拥有角钢自动流水线4条、轻钢生产线4条、各类生产设备300余台。公司聚集了一支较强的科研队伍，建立了相应的研发部门，不仅引进了国际前沿技术，同时也使公司的生产、检验、科研设备及配套软件等方面均具备了较强的竞争力。			

主要财务指标	指标/报告期	2014.6.30	2013.12.31	2012.12.31
	营业收入(元)	10177190.45	26755218.48	19091721.95
	营业利润(元)	－1512125.70	－198793.79	1278010.60
	净利润(元)	－1448796.12	119037.88	1494699.08
	未分配利润(元)	－4672377.78	－3223581.66	－3342619.54
	总资产(元)	353029211.21	136120008.00	93821832.01
	总负债(元)	297701588.99	79343589.66	37164451.55
	净资产(元)	55327622.22	56776418.34	56657380.46
	每股收益(元)		0.002	0.02
	每股净资产(元)			
	净资产收益率(%)			

山东科麟环保科技股份有限公司

公司基本信息				
	股权简称	科麟股份	股权代码	100112
	法人代表	石玉国	董　秘	焦自岭
	推荐机构	山东淄川高新技术创业投资有限公司		
	电　话	0531－68811118	传　真	0531－68811199
	注册地址	山东省济南市槐荫区西沙工业园		
	行业分类	工业		
	主营产品	水处理设备的生产及销售		
公司介绍	山东科麟环保科技股份有限公司成立于2005年6月，注册地址：济南市槐荫区西沙工业园，注册资金1650万元，法人代表：石玉国。是一家集工业纯水、中水回用、废水、废气、废料处理等设备研发、生产、销售和安装为一体的高新技术环保科技企业。主要为电力、石油、化工、纺织、煤炭、钢铁、电子、制药等大型工业的高纯水项目、中水回用和市政污水项目提供全方位水处理技术解决方案及服务。公司于2012年9月27日改制为股份制有限公司，2012年12月29日在齐鲁股权交易中心挂牌。成为济南市第一家在齐鲁股权交易中心挂牌企业。			

公司介绍	公司先后通过了"高新技术企业"认定、ISO9000 质量管理体系认证、ISO14000 环境管理体系认证、ISO18001 职业健康安全管理体系认证,拥有安全生产许可证、道路运输经营许可证等证书。是中国环境保护产业协会会员单位。公司不断加大科研投入,强化科研力量,取得了一系列科研成果。截至目前,公司正在使用的专利技术共 15 项,其中 13 项实用新型专利、2 项外观设计专利。			
主要财务指标	指标/报告期	2014.6.30	2013.12.31	2012.12.31
	营业收入(元)	20009359.77	42058519.4	26083709.60
	营业利润(元)	479380.36	425519.47	747876.09
	净利润(元)	557966.65	1019452.06	795050.33
	未分配利润(元)	318921.75	1004966.51	92133.26
	总资产(元)	91366241.51	90573137.00	47767981.70
	总负债(元)	65794035.18	71979705.03	34320801.79
	净资产(元)	26893729.01	18593431.97	13447179.91
	每股收益(元)	0.0338	0.0729	0.0663
	每股净资产(元)	0.6135	1.3119	1.1206
	净资产收益率(%)	2.40%	6.36%	6.09%

临清市中瑞小额贷款股份有限公司

公司基本信息	股权简称	中瑞小贷	股权代码	180010
	法人代表	杜德超	董　秘	李东升
	推荐机构	济南科潘投资咨询有限公司		
	电　话	0635－2348899	传　真	240
	注册地址	临清市新华办事处古楼东街		
	行业分类	金融		
	主营产品	小额贷款		
公司介绍	临清市中瑞小额贷款有限公司于 2013 年 11 月 11 日在聊城工商局登记注册,业务经理是汪永卫,公司注册资本未提供,我公司的办公地址位于黄河与京杭大运河在此交汇的聊城,山东聊城临清市新华办事处古楼东街,我们有最好的产品和专业的销售和技术团队,在公司发展壮大的 1 年里,我们为客户提供最好的产品、良好的技术支持、健全的售后服务,临清市中瑞小额贷款有限公司是聊城其他金融业行业知名企业,如果您对我公司的产品服务有兴趣,请在线留言或者来电咨询。 公司尊崇"踏实、拼搏、责任"的企业精神,并以诚信、共赢、开创经营理念,创造良好的企业环境,以全新的管理模式,完善的技术,周到的服务,卓越的品质为生存根本,我们始终坚持用户至上用心服务于客户,坚持用自己的服务去打动客户。			
主要财务指标	指标/报告期	2014.6.30	2013.12.31	2012.12.31
	营业收入(元)	3795337.99	595457.00	
	营业利润(元)	3237037.80	－193561.00	
	净利润(元)	2428388.37	－145171.00	
	未分配利润(元)	199190.32	－145171.00	
	总资产(元)	60838335.26	58164802.00	
	总负债(元)	210756.57	309974.00	
	净资产(元)	60627578.69	57854828.00	
	每股收益(元)	0.041	0.003	
	每股净资产(元)	1.045	0.997	
	净资产收益率(%)	4%	－0.2%	

临沂高新区宝利民间融资服务股份有限公司

公司基本信息	股权简称	宝利民融	股权代码	180016
	法人代表	张剑光	董　　秘	赵　芳
	推荐机构	齐鲁证券有限公司		
	电　　话	0539－2926999	传　　真	0539－2926999
	注册地址	临沂高新区宝丽阳光国际6号楼104－04号		
	行业分类	金融类企业		
	主营产品	在临沂高新技术产业开发区内以自有资金开展民间融资服务业务;以自有资金对外投资业务。		
公司介绍	一、临沂高新区宝利民间融资服务有限公司于2013年4月16日在临沂市工商行政管理局注册成立,2013年4月25日挂牌开业,注册资本5000万元,单位性质:其他有限责任公司,公司法定代表人张剑光,2014年12月11日经过临沂市地方金融监督管理局批准,临沂高新区宝利民间融资服务有限公司公司名称变更为临沂高新区宝利民间融资服务股份有限公司。2014年12月在齐鲁证券挂牌成功。经营范围:在临沂高新技术产业开发区内以自有资金开展民间融资服务业务,以自有资金对外投资业务。2014年6月4日颁布的临政办发〔2014〕27号文进一步规范了经营范围为: (一)股权投资; (二)债权投资; (三)资本投资咨询; (四)短期财务性投资; (五)受托资产管理; (六)其他经批准的业务。 二、宝利民间融资获奖情况 2014年度荣获临沂高新技术产业开发区挂牌上市先进企业和金融服务先进单位称号。			
主要财务指标	指标/报告期	2014.6.30	2013.12.31	2012.12.31
	营业收入(元)	215.93	323.98	
	营业利润(元)	271.13	193.69	
	净利润(元)	203.34	145.27	
	未分配利润(元)	334.09	130.74	
	总资产(元)	5396.34	5152.88	
	总负债(元)	47.73	7.61	
	净资产(元)	5348.61	5145.27	
	每股收益(元)	0.04	0.02	
	每股净资产(元)	1.069	1.029	
	净资产收益率(%)	3.8	2.82	

山东鼎泰交通物流股份有限公司

公司基本信息	股权简称	鼎泰股份	股权代码	300070
	法人代表	张广宪	董　　秘	杜　森
	推荐机构	山东儒银股权投资管理有限公司		
	电　　话	18363772222	传　　真	
	注册地址	山东省枣庄市山亭区开发区南京路东首		
	行业分类	物流运输		
	主营产品	普通货运、物流服务、停车场经营、集装箱中转经营、国际货运代理、仓储服务等		
公司介绍	山东鼎泰交通物流股份有限公司成立于2009年12月,注册资本600万元,公司位于山东省枣庄市山亭经济开发区南京路东首,占地面积120亩,项目计划总投资1.2亿元,目前已实际完成投资7000余万元。公司现有集装箱车辆50余辆,员工130余人,其中物流管理专业人才30余人。2014年8月,枣庄鼎泰交通物流有限公司正式改制为股份制公司——山东鼎泰交通物流股份有限公司,并在齐鲁股权交易中心成功挂牌,成为齐鲁股交中心物流第一股。			

公司介绍	公司主要经营国际货运代理、租船定舱、集装箱运输、中转、代理报关报检、通用仓储等。公司已与MSC、APL、OOCL、Kline、长荣、马士基等20余家国际知名船运公司战略合作关系,具有丰富的物流公共平台。公司秉承"创新双赢,惠人达己"的经营理念,以最专业的队伍为进出口企业提供从陆运到海运的综合物流服务。			
主要财务指标	指标/报告期	2014.6.30	2013.12.31	2012.12.31
	营业收入(元)	2032729.29	4231705.6	4391648.84
	营业利润(元)	925016.24	1879377.96	1733867.6
	净利润(元)	16560.88	59971.93	83044.58
	未分配利润(元)	829.38	-15731.5	-75703.43
	总资产(元)	18719979.37	19782239.57	11960768.1
	总负债(元)	12269820.15	13797971.07	6036471.53
	净资产(元)	6000829.38	5984268.5	5924296.57
	每股收益(元)			
	每股净资产(元)			
	净资产收益率(%)			

山东万威磨具科技股份有限公司

公司基本信息	股权简称	万威科技	股权代码	300031
	法人代表	胡顺兰	董　秘	
	推荐机构	山东瑞众股权投资基金有限公司		
	电　话		传　真	
	注册地址	山东省莒南经济开发区黄海路西段		
	行业分类	机械机床工具		
	主营产品	树脂砂轮的生产、销售		
公司介绍	公司专业从事树脂砂轮的生产与销售,生产并销售各种型号树脂结合剂砂轮。公司在上海、重庆、西安等国内各大城市设有办事处和经销点,产品畅销全国各地,凭借产品服务高端的优势,与江苏九鼎新材料股份有限公司、陕西宝钛集团等较多国内知名企业建立良好合作关系。 目前,公司已有多项树脂结合剂砂轮获得国家专利,"玉剑牌"已获得国家注册商标。公司坚持"质量为先,用户至上,科学管理,立足山东,走向全国"的企业宗旨,以求真务实的创业精神,不断开拓进取,努力建设成为国内领先的磨料磨具产品的研发、生产、销售基地,力争将公司发展为最具品牌优势、以技术和质量为主导的行业领先者。			
主要财务指标	指标/报告期	2014.6.30	2013.12.31	2012.12.31
	营业收入(元)	3001467.31	6260715.06	1912404.9
	营业利润(元)	65565.98	287603.31	-132680.21
	净利润(元)	48300.6	215398.97	-99606.98
	未分配利润(元)	48789.56	488.96	-182441.82
	总资产(元)	24078506.83	22819876.96	17423696.2
	总负债(元)	18397249.08	17186919.81	12006138.02
	净资产(元)	5681257.75	5632957.15	5417558.18
	每股收益(元)	0.009	0.04	-0.02
	每股净资产(元)	0.009	0.04	-0.02
	净资产收益率(%)	0.9	4	-2

烟台市西北娃投资管理有限公司

<table>
<tr><td rowspan="7">公司基本信息</td><td>股权简称</td><td>西北娃</td><td>股权代码</td><td>300172</td></tr>
<tr><td>法人代表</td><td>雷国梁</td><td>董　秘</td><td>解环宇</td></tr>
<tr><td>推荐机构</td><td colspan="3">山东开来投资有限公司</td></tr>
<tr><td>电　话</td><td>0535－6011678</td><td>传　真</td><td>0535－6011678</td></tr>
<tr><td>注册地址</td><td colspan="3">山东省烟台市莱山区莱山工业园捷爱斯路30号</td></tr>
<tr><td>行业分类</td><td colspan="3">食品制造业中的方便食品制造</td></tr>
<tr><td>主营产品</td><td colspan="3">陕西风味凉皮</td></tr>
<tr><td>公司介绍</td><td colspan="4">烟台西北娃投资管理有限公司始创于2004年9月，是专业、规范、系统地从事陕西特色小吃研发、生产与销售为一体的企业。公司始终肩负“做陕西风味特色小吃传承者、研发者和推广者”的企业使命，用心致力于行业标准化生产流程的构筑。2014年，公司通过QS认证，取得全国工业产品生产许可证。公司先后被评为山东省陕西商会常务副会长单位、烟台市消费者满意单位。</td></tr>
<tr><td rowspan="11">主要财务指标</td><td>指标/报告期</td><td>2014.6.30</td><td>2013.12.31</td><td>2012.12.31</td></tr>
<tr><td>营业收入(元)</td><td>744,099.78</td><td>684,274.16</td><td></td></tr>
<tr><td>营业利润(元)</td><td>－72,927.07</td><td>206,672.45</td><td></td></tr>
<tr><td>净利润(元)</td><td>－73,166.02</td><td>2,319.80</td><td></td></tr>
<tr><td>未分配利润(元)</td><td>68,359.58</td><td>141,525.59</td><td></td></tr>
<tr><td>总资产(元)</td><td>2,107,034.63</td><td>3,834,671.22</td><td></td></tr>
<tr><td>总负债(元)</td><td>1,522,950.00</td><td>3,177,420.57</td><td></td></tr>
<tr><td>净资产(元)</td><td>584,084.64</td><td>657,250.65</td><td></td></tr>
<tr><td>每股收益(元)</td><td>－0.1463</td><td>0.0046</td><td></td></tr>
<tr><td>每股净资产(元)</td><td>1.1682</td><td>1.3145</td><td></td></tr>
<tr><td>净资产收益率(%)</td><td>－12.53</td><td>0.35</td><td></td></tr>
</table>

烟台只楚化学新材料股份有限公司

<table>
<tr><td rowspan="7">公司基本信息</td><td>股权简称</td><td>只楚化学</td><td>股权代码</td><td>100207</td></tr>
<tr><td>法人代表</td><td>马连福</td><td>董　秘</td><td>钟国栋</td></tr>
<tr><td>推荐机构</td><td colspan="3">上海容公投资中心(有限合伙)</td></tr>
<tr><td>电　话</td><td>0535－3607012</td><td>传　真</td><td>0535－3607019</td></tr>
<tr><td>注册地址</td><td colspan="3">烟台市芝罘区只楚南路7－1号</td></tr>
<tr><td>行业分类</td><td colspan="3">制造业</td></tr>
<tr><td>主营产品</td><td colspan="3">塑料助剂、医药中间体</td></tr>
<tr><td>公司介绍</td><td colspan="4">烟台只楚化学新材料股份有限公司2013年11月5日在齐鲁股交中心挂牌，是集产品研发、生产、销售和技术服务为一体的“国家级高新技术企业”，主要业务领域为精细化学品、医药中间体、化工新材料等。公司牢牢掌握全球精细化工产品的发展方向，以产品规模和结构的优化作为近期竞争战略的基础，产业结构的优化作为中长期发展战略的起点，致力于树脂/塑料改性剂产品的研发和生产，打造行业一流的环境友好型企业。</td></tr>
<tr><td rowspan="11">主要财务指标</td><td>指标/报告期</td><td>2014.6.30</td><td>2013.12.31</td><td>2012.12.31</td></tr>
<tr><td>营业收入(元)</td><td>23255209</td><td>57538989</td><td>2568739</td></tr>
<tr><td>营业利润(元)</td><td>5465997</td><td>7938133</td><td>－2143175</td></tr>
<tr><td>净利润(元)</td><td>4958464</td><td>5881987</td><td>－1823531</td></tr>
<tr><td>未分配利润(元)</td><td>6330673</td><td>1372208</td><td>－7400968</td></tr>
<tr><td>总资产(元)</td><td>53727333</td><td>46819843</td><td>39795115</td></tr>
<tr><td>总负债(元)</td><td>24622850</td><td>25788824</td><td>27196083</td></tr>
<tr><td>净资产(元)</td><td>29104483</td><td>21031019</td><td>12599031</td></tr>
<tr><td>每股收益(元)</td><td>0.2187</td><td>0.3034</td><td>－0.0912</td></tr>
<tr><td>每股净资产(元)</td><td>1.2841</td><td>0.30</td><td>－0.1073</td></tr>
<tr><td>净资产收益率(%)</td><td>17.04</td><td>34.98</td><td>－13.49</td></tr>
</table>

山东远通锻造股份有限公司

公司基本信息	股权简称	远通锻造	股权代码	100220
	法人代表	孙景光	董　　秘	孙景光
	推荐机构	山东开来投资有限公司		
	电　　话	0539－8854768	传　　真	0539－8855386
	注册地址	临沂市河东区凤凰岭街道后翟店村		
	行业分类	五金工具		
	主营产品	生产、销售锤子、煤矿配件及其他机械产品，货物及技术进出口		

公司介绍

山东远通锻造股份有限公司成立于2010年9月，公司位于临沂市河东区凤凰岭乡驻地，占地面积20000平方米，注册资本1000万元。现有职工93人，其中高级管理人员11人，拥有高级技术职称人员7人。公司具有先进的流水线加工设备和精良的工艺流程，是专业生产各类五金工具的厂家。拥有八角锤生产流水线一条，高档工具生产线一条，锻压设备20台，160吨空气锤10台，630吨压力机一台，5吨液压磨锻锤一台，3吨液压锻压模锻锤一台，数控车床10台，其他车床等设备30余台。公司主要生产各种型号的锤子（石工锤、钳工锤、羊角锤、圆头锤、扁尾锤、八角锤、独角锤、瓦工锤）、斧头、柴尖、撬棍等各种手工具，分为七大系列近200个品种，同时公司还生产格式煤矿配件，积极开发汽车配件，公司产品做工精细、材质优良、造型美观、价格合理、交货及时，在国内外市场上享有较高的评价和声誉。依托于国内的实业而享有价格优势，为东南亚地区、日、韩、欧美等国客户提供品质稳定的产品，以优质的产品，合理的价格领先于业内竞争者。

公司在建设生产过程中坚持同时施工，同时设计，同时投入运行的“三同时”制度的同时，积极做好防尘措施，充分落实各项污染防治措施和建议，采用先进生产工艺和机器设备，防止生态破坏，顺利通过临沂市环境保护局的评审。

公司一直坚持“以人为本”的理念，尊重与我们有联系的各方人员，包括顾客，员工，合作伙伴，供应商及社会团体；以诚信作为公司发展的宗旨，“诚”为本，“信”为用；追求卓越，不断改善、创新，以实现公司与客户的双赢。始终以“品质至精、服务至诚”为宗旨，以“全面质量管理”为手段，以“完善自我”拓展市场；以现代化管理为体制，以优质的产品为生存资本，始终坚持质量第一，用户至上的原则，努力实现以优质产品开拓销售市场。产品出口欧美、东南亚、非洲等地区，深受国内外客商好评，被政府评为“重合同守信用企业”和“十佳文明诚信企业”。

主要财务指标	指标/报告期	2014.6.30	2013.12.31	2012.12.31
	营业收入（元）	10577200.00	22382570.59	19599252.78
	营业利润（元）	33700.00	285764.02	2937983.93
	净利润（元）	31900.00	264219.61	293793.93
	未分配利润（元）	－200.00	218596.69	186829.92
	总资产（元）	23766600.00	24090510.16	15889244.84
	总负债（元）	13051100.00	13373346.47	12495015.21
	净资产（元）	10715500.00	10717163.69	3394229.63
	每股收益（元）	－0.000158	0.0555	0.0623
	每股净资产（元）	－0.000022	0.0610	0.0623
	净资产收益率（%）	－0.0021%	3.10%	5.66%

山东中绿食品股份有限公司

公司基本信息	股权简称	中绿食品	股权代码	100086
	法人代表	杨继华	董　　秘	王志刚
	推荐机构	山东丰嘉投资有限公司		
	电　　话	0633－6162612	传　　真	0633－6170336
	注册地址	莒县北工业园区		
	行业分类	农产品初加工		
	主营产品	冷冻蔬菜、水果		

公司介绍	公司拥有8000吨冷藏库、800吨原料保鲜库各一座,全自动冷冻蔬菜生产流水线两条,日本进口金属探测器两台,以及各种蔬菜加工配套机械。为确保符合国际市场对产品"安全、安心"的要求,公司从美国引进先进的安捷伦农残检测设备一套,以及微生物实验室检测设备一套,并且聘请高级管理人员,成立了出口产品检测中心,检测水平在本地区处于领先地位,已先后通过各种质量管理体系认证:美国犹太食品认证(STAR - KOSHER)、FDA 认证、英国 BRC 认证、欧盟 GAP 认证以及中国国家质量认证中心 HACCP 认证等,在国际市场享有较高声誉。

	指标/报告期	2014.6.30	2013.12.31	2012.12.31
主要财务指标	营业收入(元)	28824801.84	41630103.90	51337038.58
	营业利润(元)	582025	-3893205.02	3808040.14
	净利润(元)	682025	164332.03	3913435.40
	未分配利润(元)	1022621.78	164322.03	112385.53
	总资产(元)	73152618.83	70395126.11	68,279,759.87
	总负债(元)	48923498.12	46848030.40	44,947,428.42
	净资产(元)	4229120.71	23547095.71	23,332,331.45
	每股收益(元)	0.0454	0.011	0.3261
	每股净资产(元)	1.615	1.57	1.55
	净资产收益率(%)	2.8	0.6	16

山东煜龙环保科技股份有限公司

公司基本信息	股权简称	煜龙环保	股权代码	100218
	法人代表	韩旭新	董　秘	贾学双
	推荐机构	山东若恒投资有限公司		
	电　话	1318714082	传　真	0531 - 83262089
	注册地址	山东省章丘市明水镇王中工业园		
	行业分类	制造业 354		
	主营产品	环保型气力输送系统		

公司介绍	山东煜龙环保科技股份有限公司成立于2001年,是一家集科研、生产、销售、技术服务为一体的股份制企业。公司的前身为济南煜龙气力输送设备公司,位于山东省章丘市明水镇王中工业园内,拥有资产2300万元,职工近百名,核心技术人员15名,公司从创业初期单一的为电厂除灰、冶金、铸造行业,除尘设备制造,到今天已发展成为目前以新型煤化工、石油化工、电石等各行业粉尘灰环境治理、节能减排、减少雾霾、循环利用等环保工程的技术咨询、方案设计、设备制造、安装及售后运行技术服务的综合团队。特别是在煤化工中的煤炭破碎、筛分、烘干、管道输送、干粉加压、气化、灰渣处理等装置的节能环保技术咨询、技术服务和装置运行保证的服务。

	指标/报告期	2014.6.30	2013.12.31	2012.12.31
主要财务指标	营业收入(元)	2585641.07	21917247.04	10036351.75
	营业利润(元)	-41140.55	1837657.43	260100.04
	净利润(元)	-41140.55	1377022.72	180380.5
	未分配利润(元)	-41140.55	1377022.72	180380.5
	总资产(元)	23633648.59	23191906.17	10411700.3
	总负债(元)	14485745.71	12834572.64	8959989.49
	净资产(元)	9147902.88	10357333.53	1451710.81
	每股收益(元)	-0.12	0.18	0.07
	每股净资产(元)	0.91	1.04	0.59
	净资产收益率(%)	-13.13	13.29	12.43

山东德方液压机械股份有限公司

公司基本信息				
股权简称	德方液压	股权代码	100031
法人代表	宋家禄	董　　秘	刘志刚
推荐机构	山东开来投资有限公司		
电　　话	(0534)5018216	传　　真	(0534)5018215
注册地址	德州经济技术开发区解庄路以南		
行业分类			
主营产品	汽车零部件、液压件、液压机械设备及环保设备(生活垃圾处理设备)的开发、生产、销售。		

公司介绍

公司始建于1958年,已有50多年的发展历史,是国内500家最大交通运输设备制造企业之一。公司于2011在齐鲁股权托管交易中心挂牌交易。

公司占地面积约13.5万平方米,建筑面积4.2万平方米,拥有主要加工设备及数控加工中心580台套,其中金属切削机床440台、大型设备8台、高精度设备133台,数控化率达85%。现有在职员工560人,具有中、高级技术职称人员87名,具备年产5亿元的生产能力。

公司已全面通过ISO/TS16949国际质量体系认证,是省级高新技术企业,先后获得33项专利。2010年被中国机械工业管理协会授予"机械工业企业管理基础工作规范化达标企业",被德州市政府列为重点培植企业,成为山东省量化融合重点培植企业。

产品主要销往重汽集团、陕汽集团、北汽福田、北方奔驰等国内多家汽车促进和上述集团的大型汽车改装厂,还包括烟台斗山工程机械(山东)有限公司、烟台杰瑞等知名企业,广泛应用于汽车、工程机械、油田等领域。

今后,按照新常态经济发展模式,优化内部管理、调整产品结构、推进成本管控、提升产品质量、加强产品研发,稳步推进公司各项工作,确保了公司持续、平稳运行。

我们德方人,始终坚持"诚信做人、认真做事"的经营理念,长期致力于液压领域的发展,愿与有识之士通过各种方式合作,创造德方液压未来,回报社会和投资者。

主要财务指标

指标/报告期	2014.6.30	2013.12.31	2012.12.31
营业收入(元)	63,404,218.52	120,228,504.43	101,621,254.61
营业利润(元)	-5,919,448.89	-9,041,229.42	-7811324.08
净利润(元)	-4,026,889.23	-8,940,251.97	2,424,768.20
未分配利润(元)	-12,168,966.63	-8,151,427.40	2,122,134.57
总资产(元)	266,765,701.45	258,274,454.26	242,145,207.01
总负债(元)	222,641,442.60	21,0132,656.18	183,729,846.96
净资产(元)	44,124,258.85	48,141,798.08	58,415,360.05
每股收益(元)	-0.15	-0.34	0.09
每股净资产(元)	-1.65	1.81	2.19
净资产收益率(%)	-16.98	-16.98	-11.59

山东汇丰木塑型材股份有限公司

公司基本信息				
股权简称	汇丰股份	股权代码	100272
法人代表	段培彩	董　　秘	刘　娜
推荐机构	山东瑞众股权投资基金有限公司		
电　　话	0539-4950888	传　　真	0539-4950777
注册地址	山东省临沂市平邑县经济开发区温水园区,丰山路以西,327国道以北		
行业分类	"木材加工和木、竹、藤、棕、草制品业"(行业代码:C20)下属的"其他人造板制造"(行业代码C2029)。		
主营产品	木塑建筑模板、广告板、地板基材、厨卫板		

<table>
<tr><td>公司介绍</td><td colspan="4">公司成立于2013年6月，位于临沂市平邑县经济开发区，自成立起致力于高分子节能环保型PVC发泡板材(即木塑型材制品)的研发、生产、销售，陆续自主研发了PVC发泡广告板、PVC发泡橱卫板、家具板、建筑模板、地板基材及地板，产品远销国内外市场，2014年8月份完成股份制改造，同时9月24日在齐鲁股权交易中心挂牌上市。公司视产品质量如生命，视客户为上帝，遵循以市场为导向，以满足顾客为目的发展目标，力争早日行成门类齐全、市场领域齐全、技术领先品牌领先的生产体系，跨入具有国内领先水平的木塑型材产品生产企业行列。</td></tr>
<tr><td rowspan="11">主要财务指标</td><td>指标/报告期</td><td>2014.6.30</td><td>2013.12.31</td><td>2012.12.31</td></tr>
<tr><td>营业收入(元)</td><td>7,117,677.80</td><td></td><td></td></tr>
<tr><td>营业利润(元)</td><td>-3,748,195.08</td><td></td><td></td></tr>
<tr><td>净利润(元)</td><td>-3,748,195.08</td><td>-16,656.24</td><td></td></tr>
<tr><td>未分配利润(元)</td><td>-3,748,195.08</td><td>-16,656.24</td><td></td></tr>
<tr><td>总资产(元)</td><td>60,878,006.43</td><td>30,557,793.87</td><td></td></tr>
<tr><td>总负债(元)</td><td>34,609,633.16</td><td>20,574,450.11</td><td></td></tr>
<tr><td>净资产(元)</td><td>26,268,373.27</td><td>9,983,343.76</td><td></td></tr>
<tr><td>每股收益(元)</td><td>-0.12</td><td>-0.00</td><td></td></tr>
<tr><td>每股净资产(元)</td><td>0.88</td><td>1.00</td><td></td></tr>
<tr><td>净资产收益率(%)</td><td>-0.14</td><td>-0.00</td><td></td></tr>
</table>

莒县易发小额贷款股份有限公司

<table>
<tr><td rowspan="7">公司基本信息</td><td>股权简称</td><td>易发小贷</td><td>股权代码</td><td>180017</td></tr>
<tr><td>法人代表</td><td>武玉杰</td><td>董　秘</td><td>申学华</td></tr>
<tr><td>推荐机构</td><td colspan="3">山东省资本市场发展促进会</td></tr>
<tr><td>电　话</td><td>0633-6212121</td><td>传　真</td><td></td></tr>
<tr><td>注册地址</td><td colspan="3">山东省莒县浮来中路36号</td></tr>
<tr><td>行业分类</td><td colspan="3">金融组织</td></tr>
<tr><td>主营产品</td><td colspan="3">小额贷款</td></tr>
<tr><td>公司介绍</td><td colspan="4">公司成立于2010年7月，是经山东省金融工作办公室批准设立，由5家法人股东组成，注册资本2亿元。公司主要办理小额信用贷款、担保贷款、抵押贷款、质押贷款。公司贷款种类多，贷款流程科学合理，担保方式灵活，审批程序高效，公司竭诚为客户提供专业全面的金融服务，最大限度满足各类客户的资金需求。</td></tr>
<tr><td rowspan="11">主要财务指标</td><td>指标/报告期</td><td>2014.6.30</td><td>2013.12.31</td><td>2012.12.31</td></tr>
<tr><td>营业收入(元)</td><td>18,589,973</td><td>41,998,828</td><td>38,354,463</td></tr>
<tr><td>营业利润(元)</td><td>10,825,555</td><td>20,735,349</td><td>24,188,171</td></tr>
<tr><td>净利润(元)</td><td>7,834,167</td><td>15,760,196</td><td>18,141,128</td></tr>
<tr><td>未分配利润(元)</td><td>47,088,721</td><td>39,254,554</td><td>25,221,713</td></tr>
<tr><td>总资产(元)</td><td>333,740,517</td><td>345,578,493</td><td>330,958,207</td></tr>
<tr><td>总负债(元)</td><td>82,122,028</td><td>101,794,171</td><td>102,934,081</td></tr>
<tr><td>净资产(元)</td><td>251,618,489</td><td>243,784,322</td><td>228,024,126</td></tr>
<tr><td>每股收益(元)</td><td></td><td></td><td></td></tr>
<tr><td>每股净资产(元)</td><td></td><td></td><td></td></tr>
<tr><td>净资产收益率(%)</td><td></td><td></td><td></td></tr>
</table>

平邑县融信小额贷款股份有限公司

公司基本信息				
股权简称	融信小贷	股权代码	180003
法人代表	杨艳明	董　　秘	卜令秀
推荐机构	山东瑞众股权投资基金有限公司		
电　　话	0539－4397766	传　　真	0539－4397766
注册地址	山东省临沂市平邑县地方镇驻地		
行业分类	金融服务业		
主营产品	在平邑县区域内办理各项小额贷款		

公司介绍

公司尊崇“踏实、拼搏、责任”的企业精神，并以诚信、共赢、开创经营理念，创造良好的企业环境，以全新的管理模式，完善的技术，周到的服务，卓越的品质为生存根本，我们始终坚持用户至上用心服务于客户，坚持用自己的服务去打动客户。

主要财务指标

指标/报告期	2014.6.30	2013.12.31	2012.12.31
营业收入（元）	7775324.93	18920071.29	12219341.21
营业利润（元）	6157796.97	17947115.8	6190377.83
净利润（元）	3959277.5	15235615.49	4646518.62
未分配利润（元）	10642744.78	6683467.28	773007.32
总资产（元）	113090402.21	114045813.21	107075390.07
总负债（元）	－413033.29	1491713.39	2428871.45
净资产（元）	113503435.5	112554099.82	104646518.62
每股收益（元）			
每股净资产（元）			
净资产收益率（%）			

烟台市普源涂料有限公司

公司基本信息				
股权简称	普源涂料	股权代码	300130
法人代表	岳守军	董　　秘	岳小峰
推荐机构	烟台瀚永投资有限公司		
电　　话	0535－6989966	传　　真	0535－6989779
注册地址	烟台市福山区回里工业园		
行业分类	化工		
主营产品	乳胶漆、真石漆、保温砂浆		

公司介绍

烟台市普源涂料有限公司是一家专业生产涂料产品的生产厂家。公司成立于2004年，占地面积15亩。为了保证产品的高性价比，多年来，普源公司与国内多家知名科研机构、高等院校保持长期的技术合作关系，并且公司所拥有的专业科技人员训练有素，研发能力较强，从产品质量、性能、环保上下功夫，先后开发、研制并批量生产水性环保涂料及原料等高科技环保产品二十余种，包括：乳胶漆、弹性漆、荷叶漆、氟漆碳系列、金属漆系列、真石漆系列等。

主要财务指标

指标/报告期	2014.6.30	2013.12.31	2012.12.31
营业收入（元）	481150	955654	922322
营业利润（元）	－186811	125856	152366
净利润（元）	－187811	105585	121663
未分配利润（元）	－256257	－68446	－174031
总资产（元）	14501165	12586423	10058505
总负债（元）	8757423	8001225	7546621
净资产（元）	5743742	4585198	2511884
每股收益（元）			
每股净资产（元）			
净资产收益率（%）			

山东金典坚果股份有限公司

<table>
<tr><td rowspan="7">公司基本信息</td><td>股权简称</td><td>金典坚果</td><td>股权代码</td><td>100283</td></tr>
<tr><td>法人代表</td><td>伍家伟</td><td>董　　秘</td><td>吴立华</td></tr>
<tr><td>推荐机构</td><td colspan="3">山东瑞众股权投资基金有限公司</td></tr>
<tr><td>电　　话</td><td>0539－7885788</td><td>传　　真</td><td>0539－7885998</td></tr>
<tr><td>注册地址</td><td colspan="3">临沂临港经济开发区朱芦镇横沟村</td></tr>
<tr><td>行业分类</td><td colspan="3">农产品初加工</td></tr>
<tr><td>主营产品</td><td colspan="3">葡萄干、保鲜板栗、花生、南瓜籽、葵花籽、速冻板栗</td></tr>
<tr><td>公司介绍</td><td colspan="4">山东金典坚果股份有限公司成立于2010年2月，是一家建立在现代企业制度上的股份制企业。公司占地2.2万平方米，总建筑面积8800平方米，注册资本1500万元。
公司主要从事水果制品、炒货食品及坚果制品的储藏、加工与销售，是目前临沂临港区最大的干果、坚果出口加工企业，年产能可达2万吨以上。
公司通过了ISO9001质量管理体系认证、HACCP食品安全体系认证、全国工业产品生产许可证(QS)、BRC国际认证、ISO14001环境管理体系认证、OHSAS18001职业健康安全管理体系认证以及SKS犹太洁食认证等认证。公司生产的葡萄干等制品多次被评为“国家合格评定质量信得过产品”。
产品主要销往西欧、中东、东南亚、美洲、大洋洲等60多个国家和地区。2014年被山东省人民政府授予“林业产业化省级重点龙头企业”。同时，公司还是“临港十佳企业”、“慈善爱心企业”、“安全生产先进企业”、“三八红旗集体”、“纳税先进企业”；公司党支部被中共临沂市委授予“沂蒙先峰基层党组织”，被临港经济开发区授予“先进基层党组织”称号。
为促进公司的超常规发展，公司积极拓宽融资渠道。2014年开始尝试涉足资本市场，并成功在齐鲁股权交易中心精选版挂牌(股权代码100283)，为公司扩大融资渠道开辟了新的途径，并积累了许多宝贵的经验，这为公司未来几年甚至几十年的良性发展开启了新的篇章。</td></tr>
<tr><td rowspan="11">主要财务指标</td><td>指标/报告期</td><td>2014.6.30</td><td>2013.12.31</td><td>2012.12.31</td></tr>
<tr><td>营业收入(元)</td><td>69856828.04</td><td>96907616.15</td><td>52591896.67</td></tr>
<tr><td>营业利润(元)</td><td>295444.29</td><td>1854852.46</td><td>537364.53</td></tr>
<tr><td>净利润(元)</td><td>227903.42</td><td>1384688.37</td><td>396379.4</td></tr>
<tr><td>未分配利润(元)</td><td>1629356.18</td><td>1555587.69</td><td>309368.18</td></tr>
<tr><td>总资产(元)</td><td>65183583.47</td><td>27194568.65</td><td>17024346.26</td></tr>
<tr><td>总负债(元)</td><td>48554227.29</td><td>20466137.88</td><td>11680603.86</td></tr>
<tr><td>净资产(元)</td><td>16629356.18</td><td>6728430.77</td><td>5343742.40</td></tr>
<tr><td>每股收益(元)</td><td></td><td></td><td></td></tr>
<tr><td>每股净资产(元)</td><td></td><td></td><td></td></tr>
<tr><td>净资产收益率(%)</td><td></td><td></td><td></td></tr>
</table>

山东鲁一机械股份有限公司

<table>
<tr><td rowspan="7">公司基本信息</td><td>股权简称</td><td>鲁一机械</td><td>股权代码</td><td>100141</td></tr>
<tr><td>法人代表</td><td>沈德同</td><td>董　　秘</td><td>李秋同</td></tr>
<tr><td>推荐机构</td><td colspan="3">中信万通证券有限公司</td></tr>
<tr><td>电　　话</td><td>0539－7702377</td><td>传　　真</td><td>0539－6017555</td></tr>
<tr><td>注册地址</td><td colspan="3">临沂市经济开发区华夏路102号</td></tr>
<tr><td>行业分类</td><td colspan="3">机械制造</td></tr>
<tr><td>主营产品</td><td colspan="3">生产制造第III类低、中压容器；生产：新型破碎、分选机械设备；销售：破碎机、压力容器设备、矿山机械设备、化工机械设备、水泥机械设备；机械设备安装。</td></tr>
</table>

公司介绍	山东鲁一机械股份有限公司一期投资额3.2亿元,位于国家级临沂经济技术开发区。专业致力于矿山机械、压力容器、大型铸造件的研发和制造。现拥有各种专业技术人才30余人,员工240多人。设备精良,加工能力雄厚,拥有鲁南地区最大的TK6920型镗铣床、6.3M立式车床和30T电炉铸造能力。公司拥有完善的质量管理体系,并通过了ISO9001－2000国际质量管理体系认证。并在全球多个国家建立了自己的销售网络、在全国各主要城市设立了销售分公司及服务网点。

	指标/报告期	2014.6.30	2013.12.31	2012.12.31
主要财务指标	营业收入(元)	45385964.48	47414335.5	45013291.17
	营业利润(元)	2367198.05	－820561.95	310086,8.24
	净利润(元)	2238941.49	860461.38	3514556.35
	未分配利润(元)	396736.93	724046.01	192827.43
	总资产(元)	308230007.96	245454733.90	194587488.71
	总负债(元)	246932470.05	183829,886.91	134373236.01
	净资产(元)	61297537.91	61624846.99	60214252.70
	每股收益(元)	0.037	0.02	0.06
	每股净资产(元)	1.0216	1.07	1.043
	净资产收益率(%)	0.0365	1.42	6.01

日照华美食品股份有限公司

公司基本信息	股权简称	华美食品	股权代码	300041
	法人代表	王士宁	董　　秘	王　超
	推荐机构	日照京德创业投资有限公司		
	电　　话	0633－6191186	传　　真	0633－6191180
	注册地址	山东省日照市岚山区342省道南侧、碑廓镇和平村西侧		
	行业分类	食品		
	主营产品	脱水蔬菜		

公司介绍	日照华美食品股份有限公司是出口加工型企业,公司主营辣根产品。10年来,我们专注于辣根的生产,以质量为基础,以市场为导向、以品牌和研发为支撑、力求做到更加专业的生产、更加专一的品质。公司集基地种植、加工生产、包装出口为一体,产品分为保鲜辣根、辣根片、辣根粒、辣根粉、青芥辣WASABI、辣根膏等。丰富的从业经验、专业化的加工生产,确保了产品不断畅销俄罗斯、日韩、欧美、东南亚等国家和地区,赢得了良好的赞誉。

	指标/报告期	2014.6.30	2013.12.31	2012.12.31
主要财务指标	营业收入(元)	2207979.64	9352864.66	8515945.7
	营业利润(元)	－474457.18	30644.39	12351.61
	净利润(元)	－476216.78	22302.25	56021.3
	未分配利润(元)	291242.66	312256.11	309502.37
	总资产(元)	12035649.26	7286960.56	8847009.57
	总负债(元)	6220422.69	4979643.32	6542445.97
	净资产(元)	5815226.57	2307317.34	2304563.6
	每股收益(元)	－0.05	0.0022	0.0056
	每股净资产(元)	0.58	0.23	0.23
	净资产收益率(%)	－8.5%	1.32%	5.2%

山东柯林维尔化工股份有限公司

公司基本信息	股权简称	柯林维尔	股权代码	100168
	法人代表	牛吉峰	董　　秘	于海涛
	推荐机构	山东同轩投资有限公司		
	电　　话	0546－7701938	传　　真	0546－7701939
	注册地址	利津县利五路津六路交叉口西南		
	行业分类	精细化工		
	主营产品	肼化物、八溴醚、NMP、三苯基磷、阳离子醚化剂、频呐酮等精细化工产品的生产及销售，以及化工新材料新技术的研发及服务、技术成果转让。		
公司介绍	山东柯林维尔化工股份有限公司于2004年6月成立，公司位于东营市利津县经济开发区。公司已通过ISO9000质量管理体系认证，具有进出口权。在对外贸易方面已建立了自己坚强的工作团队，能够利用国内众多的对外销售手段，不断扩大公司的营业范围，逐步提高自己在国内外的影响。建立自己良好的销售渠道。 柯林维尔化工与天津大学、石油大学、山东科技大学、山东省农药研究所等大专院校多名教授技术合作，协同公司三名工程师及其他技术人员一起研发，在公司原有的肼化物生产技术的基础上，不断优化操作参数，改进生产工艺，实现产品技术的工业化生产，形成具有自主知识产权的发明专利和工艺技术。公司现有2000吨/年八溴醚、1500吨/年肼化物等能力的生产装置，2000吨/年NMP等能力的生产装置，并于2014年11月建成投产3000吨/年频呐酮生产装置（新工地位于利津县滨海开发区，占地200亩）；其中肼化物是具有自主知识产权。公司在不断拓展新产品、新市场的基础上，加强巩固原有产品的市场，不断推进其适用范围的延伸，尤其是国内市场的开发、培养。每月都有大量的样品无偿提供给科研单位和生产企业，肼基甲酸甲酯等产品在国内的应用已见成效。企业的市场营销策划是企业发展生存的关键环节，公司在完善网络宣传的基础上，加大横向联合的力度，不断扩大与各进出口公司的合作，像上海世展、上海华仁、常州友邦、广西宇能等公司都建立了良好的合作关系。			

	指标/报告期	2014.6.30	2013.12.31	2012.12.31
主要财务指标	营业收入（元）	3,922,823.15	17924496.05	16771186.02
	营业利润（元）	－795,308.34	941,351.57	135,840.69
	净利润（元）	－595,308.34	839,189.85	280,813.84
	未分配利润（元）	－473,074.64	122233.7	－476054.11
	总资产（元）	54,985,431.65	44,074,040.93	19,639,771.48
	总负债（元）	44,181,486.49	32,674,787.43	9,079,707.83
	净资产（元）	10803945.16	11399253.5	10560063.65
	每股收益（元）	－0.06	0.08	0.0401
	每股净资产（元）			
	净资产收益率（%）	－4.38%	7.36%	－2.66%

临沂联诚机械股份有限公司

公司基本信息	股权简称	联诚机械	股权代码	300042
	法人代表	梁城福	董　　秘	王　永
	推荐机构	山东瑞众投资基金有限公司		
	电　　话	18653981616	传　　真	
	注册地址	平邑县工业园胡同村东路北		
	行业分类	机械制造		
	主营产品	515、517、520等系列变速箱；525、527、D2.8、D3.5等系列收割机变速箱		
公司介绍	公司成立于2010年5月，是集开发、设计、制造、销售服务于一体的（轻、微）卡车变速器、收获机械桥箱、电动车减速器专营公司。具有年装配5万台各类变速器的生产流水线，在同行业中市场占有率为13%。拥有自主进出口权和“明沃”牌注册商标；公司主营产品有微卡变速器：515、517HQ、520G；轻卡变速器有：525、527HQ；收获机械有：D2.8G/D3.5小麦、玉米、大豆收割机桥箱；电动车有：D15特种车、D461面包车减速器。			

公司介绍	公司有四种产品获得国家专利，主要为东风专汽、东风特种车、洛阳一拖、河南奔马、山东昊宇、美国爱科大丰等国内知名企业配套；2013年被五征集团、时风集团、常林集团纳为配套后备企业。全国20余家专营经销商，产品出口马来西亚、印度尼西亚、越南等国外市场。公司为山东农业机械行业协会会员单位。公司于2014年被平邑县委县府列为市重点扶持项目县规模企业。		
指标/报告期	2014.6.30	2013.12.31	2012.12.31
营业收入(元)	440000	840000	1990000
营业利润(元)	6000	18000	34000
净利润(元)	5000	10000	20000
未分配利润(元)	260000	250000	240000
总资产(元)	5770000	5680000	5720000
总负债(元)	520000	430000	470000
净资产(元)			
每股收益(元)			
每股净资产(元)			
净资产收益率(%)			

（以上为主要财务指标）

乐陵市舜天五金制品股份有限公司

公司基本信息			
股权简称	舜天五金	股权代码	300168
法人代表	桑振江	董　　秘	朱向辉
推荐机构	山东天元同泰会计师事务所有限公司德州分所		
电　　话	0534－6112998	传　　真	05346112999
注册地址	乐陵市西外环西侧		
行业分类	制造业		
主营产品	五金制品、拖车制品、弹簧、绿色建筑模板等		

公司介绍

乐陵市舜天五金制品股份有限公司始建于2007年，注册资金510万元，是一个集科研开发与生产销售为一体的高科技有限责任公司，是以生产自营出口拖车配件、五金制品、电器配件、弹簧及表面处理制造销售，研发生产建筑设备及建筑设备的租赁、技术推广及经营自产产品进出口业务的新型产业公司；公司以“质量求生存，以服务求发展，始终以重合同、守信用”为宗旨，2012年公司被评为科技型中小企业，并荣获科技进步奖。

安全、环保节能建筑模板是一种新型绿色建筑模板，它及其及构件完全用钢铁取代了木、竹做原材料，实现了工厂化生产。符合现在国家环保节能循环产业链政策，具有拼装灵活、不易损坏、拼装和折模操作都很方便的特点，具备了在拆卸过程中想拆那块就拆那块的优势，大大提高了施工过程中的安全性，并且能适应各种墙、柱体的土建工程。

乐陵市舜天五金制品股份有限公司以“质量是生命”为企业灵魂，秉承“合作共赢”传统宗旨期待与广大客户发展合作。

主要财务指标

指标/报告期	2014.6.30	2013.12.31	2012.12.31
营业收入(元)	2895621.32	3335956.61	2714382.08
营业利润(元)	10236.03	－147441.17	－516476.00
净利润(元)	28856.32	－126446.86	－478925.26
未分配利润(元)	486563.21	510800.88	637247.74
总资产(元)	22421056.32	20260060.54	19444809.17
总负债(元)	16956322.13	14678454.36	13736756.13
净资产(元)	5464734.19	5581606.18	5708053.04
每股收益(元)	0.006	－0.025	－0.094
每股净资产(元)	1.072	1.094	1.119
净资产收益率(%)	0.0053	－0.023	－0.084

烟台一品鲜蔬菜股份有限公司

公司基本信息	股权简称	一品鲜股份	股权代码	300040
	法人代表	曲直家	董　　秘	杨　晶
	推荐机构	烟台市广盛投资管理服务有限公司		
	电　　话	0535－6732319	传　　真	
	注册地址	烟台市芝罘区卧龙中路15－2号		
	行业分类	食品业		
	主营产品	蔬菜		
公司介绍	烟台一品鲜蔬菜股份有限公司是烟台市政府“菜篮子”工程定点企业，以低价位高品质的生鲜蔬菜超市化经营为主业，公司以蔬菜基地为依托，采取一站式产供销经营体系，实现从“种子到佳肴”的蔬菜流通销售和服务。公司的蔬菜基地、蔬菜分销中心、蔬菜加工分拣车间、营业网点都配备有蔬菜产品安全检测仪器，同时接受烟台市蔬菜副食品监测中心的定期抽检，实现了蔬菜产品从源头到卖场的五级检验，打造“从菜地到餐桌”一站式直销采购安全供应体系，从根本上解决市民菜篮子的高菜价与品质安全两大市场关键问题，真正让广大的市民和普通消费者买得实惠，吃得健康。			
主要财务指标	指标/报告期	2014.6.30	2013.12.31	2012.12.31
	营业收入(元)	31406500	7206400	2692800
	营业利润(元)	978300	－367600	－569600
	净利润(元)	738100	481200	－426600
	未分配利润(元)	615500	54600	－426600
	总资产(元)	7341400	5973000	4926900
	总负债(元)	1548700	918400	353400
	净资产(元)	5792700	5054600	4926900
	每股收益(元)	0.15	0.10	－0.09
	每股净资产(元)	1.16	1.01	0.99
	净资产收益率(%)	12.74	9.52	－8.66

东营方大金属结构股份有限公司

公司基本信息	股权简称	方大金属	股权代码	100151
	法人代表	秦海峰	董　　秘	王学凯
	推荐机构	山东颐静股权投资管理有限公司		
	电　　话	0546－7905577	传　　真	0546－7678866
	注册地址	东营市东营区运河路431号		
	行业分类	工业		
	主营产品	H型钢深加工、生产、销售；电力铁件生产、销售；钢结构厂房安装；配电设备及电力金具销售。		
公司介绍	公司的主营业务为：电力铁件生产及销售、电力金具销售；生产制作H型钢及各种配套钢结构，配备各种规格的彩钢夹芯板，单层彩钢压型板。承揽各式金属拱形屋面厂房，大跨度轻钢结构建筑，楼顶加层，多层轻型房屋等工程。 今后的几年我们进一步拓展市场，电力通讯钢结构、桥梁钢结构等产品，逐步向海洋钢结构、市政钢结构、机械设备钢结构延伸，加快发展与钢结构配套的新型轻质墙体材料、防火防腐涂料、轻质保温隔热材料、高强螺栓、高性能薄钢板等相关的绿色建筑产品。			
主要财务指标	指标/报告期	2014.6.30	2013.12.31	2012.12.31
	营业收入(元)	1826195.3	8470336.07	17396902.83
	营业利润(元)	447795.93	56346.23	980745.69
	净利润(元)	446995.93	32359.67	727035.44
	未分配利润(元)	193499.04	16437.00	294459.24
	总资产(元)	14010100.28	10705905.28	10754024.46

	指标/报告期	2014.6.30	2013.12.31	2012.12.31
主要财务指标	总负债(元)	5571554.58	2146368.68	2226847.53
	净资产(元)	8438545.70	8559536.6	8527176.93
	每股收益(元)	0.055	0.0039	0.0887
	每股净资产(元)	1.03	1.04	1.04
	净资产收益率(%)	5.30%	0.38%	8.53%

山东金辰机械股份有限公司

公司基本信息	股权简称	金辰机械	股权代码	100185
	法人代表	姚镇波	董　　秘	姚建辉
	推荐机构	山东裕铖股权投资有限公司		
	电　　话	0631－7627833	传　　真	0631－7627839
	注册地址	山东省荣成市荫子镇雨山路998号		
	行业分类	制造业		
	主营产品	MPC系列全自动温锻压力机、JC－JD31系列闭塞锻造压力机、MPA系列热模锻压力机、KP楔式热模锻压力机、JC－JC系列温热锻造压力机、闭式双点切边压力机、KD43系列数控辊锻机、闭式双点机械压力机、肘杆式冷挤压机、精压机		
公司介绍	山东金辰机械股份有限公司(以下简称"金辰机械或公司")坐落在山东半岛最东段——威海市的荣成市。荣成三面环海,海岸线长500公里,与韩国、日本隔海相望,是中国距离韩国最近的城市,陆海空运输四通八达,机场、港口、高速公路一应俱全,地理位置优越、交通便利发达。 金辰机械是一家具有悠久历史的锻压设备专业生产厂家,拥有生产设备近200台(套),具备制造各种大、重型锻压机械产品的条件和生产能力,已通过ISO9000质量管理体系认证并拥有自营进出口权,是国家高新技术企业和国家二级安全生产标准化企业。公司具有强大的技术研发队伍并与国内多家大专院校、科研院所合作,有国内著名专家学者组成的专家团队,可以为用户提供一切锻压方面的咨询服务。公司也是世界著名、中国最大的锻压机械和金切机床制造企业——济南二机床集团有限公司多年来唯一的战略合作伙伴,双方在产品研发、合作生产、市场营销、技术和管理创新等方面进行战略性的全方位合作。 公司是"高新技术企业"、"守合同重信用企业"、"纳税先进单位"、"威海市创业功臣",在行业内有较高的知名度和信誉度,是威海铸锻行业协会的优秀会员单位。2012年销售收入3598.01万元,2013年销售收入3990.77万元,2014年1—6月份销售收入1898.92万元,在市场大环境低迷的情况下保持了相对的稳定性。 公司是锻造压力机生产企业中的技术领先者,在行业内具有较高的品牌知名度和美誉度。虽然公司属于机械行业中的中小企业,产值在行业数据统计中不占优势,但在锻造压力机的细分市场上,由于公司具备突出的技术创新能力及产品质量保证、与客户保持良好的沟通及服务等因素,使得客户群数量较大,为以后公司扩大产能奠定了坚实的基础。 公司技术实力雄厚:现拥有9项专利,其中发明专利1项,实用新型8项,已被受理的发明专利5项;受中国标准化委员会委托负责《精密锻造压力机》、《精密棒料剪断机》两项国家行业标准的制定工作;设有威海市工程实验室、威海市企业技术开发中心等研发场所;在2007年推出具有自主知识产权、可满足冷、温、热等精密成形的多工位压力机,攻克了国内该产品自主品牌缺乏的现状,极大降低了下游客户的采购成本;拥有国内著名的"冷、温、热锻造和冲压"专家,在温、热锻压机生产制造及技术服务方面为国内领先企业。 近年来,公司围绕设计开发智能化、自动化、精密化锻造工艺及设备,投入了大量的研发力量及相关生产设备,可为用户提供节能节材、提高效率、降低消耗、减少制造成本的高性能、智能化的冷、温、热锻造及冲压压力机和各种全自动锻造、冲压生产线、工艺及设备。公司坚持创新、超越、服务的理念,精心设计、制造能提高企业经济效益的技术新、质量优的装备,为用户承担风险、创造利润,通过为客户量身定做各种方案来提供整线交钥匙服务。在国家大力推动机械制造业升级改造的产业政策扶持下,公司依靠强大的技术实力和研发团队,在现有市场及品牌影响力的基础上,未来发展将步入更加辉煌的时代。			

	指标/报告期	2014.6.30	2013.12.31	2012.12.31
主要财务指标	营业收入(元)	18989197.50	39907700.80	35980138.09
	营业利润(元)	－2395754.49	3986215.93	－574176.72
	净利润(元)	－1798768.81	3366385.92	－527399.29
	未分配利润(元)	－664599.91	1134168.90	1680420.42
	总资产(元)	291444063.26	115854669.65	76840600.05

	指标/报告期	2014.6.30	2013.12.31	2012.12.31
主要财务指标	总负债(元)	264869905.83	87481743.41	67793861.11
	净资产(元)	26574157.43	28372926.24	9046738.94
	每股收益(元)	-0.08	0.32	-0.08
	每股净资产(元)	1.21	1.29	1.39
	净资产收益率(%)	-8.72	22.08	-7.16

山东金釜工具股份有限公司

公司基本信息	股权简称	金釜工具	股权代码	100055
	法人代表	高振辉	董　秘	李春兰
	推荐机构	山东开来投资有限公司		
	电　话	0534-6525555	传　真	0534-6525669
	注册地址	山东德州乐陵		
	行业分类	五金		
	主营产品	手工具		
公司介绍	山东金釜工具股份有限公司成立于2006年,是一家集生产与贸易为一体的自主出口型企业。本企业主要产品为手工具,包括把斧,斧头,锤子,撬棍,起钉器,钢镐,锹,钢叉,耙子等。以上产品主要出口到欧洲和南美市场,以其高端质量和合理价格,深受客户欢迎。			

	指标/报告期	2014.6.30	2013.12.31	2012.12.31
主要财务指标	营业收入(元)	7799876.96	21307545.89	21039360.85
	营业利润(元)	210710.03	-544588.81	755807.8
	净利润(元)	203610.03	25353.06	3305654.64
	未分配利润(元)	4472969.54	2810970.15	2788152.40
	总资产(元)	52327573.3	55866585.21	43025415.48
	总负债(元)	29097116.06	38483187.64	25667370.97
	净资产(元)	19042861.65	17383397.57	17358044.51
	每股收益(元)	0.02	0.0021	0.33
	每股净资产(元)	1.58	1.67	1.45
	净资产收益率(%)	0.01	0.0015	0.1904

临沂市兰山区金升小额贷款股份有限公司

公司基本信息	股权简称	金升小贷	股权代码	180009
	法人代表	王京连	董　秘	张　良
	推荐机构	齐鲁证券		
	电　话	0539-8615929	传　真	0539-8615919
	注册地址	临沂市兰山区北园路101号		
	行业分类	金融类		
	主营产品	小额贷款、小企业发展、管理、财务咨询等业务		
公司介绍	山东省临沂市兰山区金升小额贷款股份有限公司,成立于2009年3月,是根据中国银行业监督管理委员会、中国人民银行《关于小额贷款公司指导意见》(银监发〔2008〕23号)、省政府《山东省人民政府办公厅关于开展小额贷款公司试点工作的意见》(鲁政办发〔2008〕46号)和省金融办《关于印发‘山东省小额贷款公司试点暂行管理办法’的通知》(鲁金办发〔2008〕1号)的相关规定,经山东省金融工作办公室鲁金办字〔2009〕09号文批准,以山东金升有色集团有限公司为主发起人发起设立的。公司秉承为农业、农村、农民、及小企业服务的原则,着力服务于社会主义新农村建设,活跃地方经济。			

公司介绍	公司位于南坊武汉路与马陵山路交汇处西北，注册资金1亿5000万元，下设信贷业务部、风险管理部、贷审委、财务部、办公室五个部门，员工16人，主要在兰山区区域内经营办理各项小额贷款业务，开展小企业发展、管理、财务等咨询业务。本公司贷款手续简单，方便快捷，抵押、质押范围大，灵活机动，能够快速满足三农及中小企业的资金需求。			
主要财务指标	指标/报告期	2014.6.30	2013.12.31	2012.12.31
	营业收入(元)	12876179	18006592	9969127
	营业利润(元)	9908573	14075633	7009221
	净利润(元)	7217103	10544982	5254199
	未分配利润(元)	19601339	12384236	2894359
	总资产(元)	173150818	213034822	201398815
	总负债(元)	1863953	48965060	47874036
	净资产(元)	171286865	164069762	153524779
	每股收益(元)	0.05	0.07	0.04
	每股净资产(元)	1.14	1.09	1.02
	净资产收益率(%)	4.30	6.64	3.42

临沂银凤电子科技股份有限公司

公司基本信息	股权简称	银凤电子	股权代码	300052
	法人代表	翟向成	董　秘	李慎芳
	推荐机构	临沂渤商投资管理有限公司		
	电　话	0539－6011971	传　真	0539－6011937
	注册地址	临沂市工商局		
	行业分类	电子电工		
	主营产品	高性能软磁铁氧体电子材料		
公司介绍	临沂银凤电子科技股份有限公司位于山东临沂经济技术开发区，注册资本1050.9万元。公司专业从事软磁铁氧体等磁性材料的研发、生产、制造与销售，主要生产高磁导率、高Q值、高阻抗、高BS、宽温、高直流叠加特性、低功耗特性的系列磁芯。产品广泛应用于通讯设备、汽车、家电、国防航空、抗电磁干扰等领域，在软磁铁氧体材料制造、研发方面已达到国内领先水平。临沂银凤电子科技股份有限公司2014年在齐鲁股权交易中心成功挂牌上市，为企业发展打下了坚实的基础。 公司建有省中小企业局命名的省级“一企一技术”研发中心、省发改委授予的山东省软磁铁氧体工程研究中心、临沂市科技局授予的金属磁性材料工程实验室。上述研发平台将不断完善新材料研发心所具备的硬件设备，吸引国内外研究技术及成果，攻关行业内的重要瓶颈问题，生产高附加值产品，推动行业发展。			
主要财务指标	指标/报告期	2014.6.30	2013.12.31	2012.12.31
	营业收入(元)	6778934.38	9038579.17	1391915.58
	营业利润(元)	118743.2	－1437486.64	－1486633.14
	净利润(元)	2508026.5	－616053.59	－1481036.69
	未分配利润(元)	410936.22	－2097090.28	－1481036.69
	总资产(元)	23950243.8	21772948.88	12280324.64
	总负债(元)	14563541.1	13870039.16	3761361.33
	净资产(元)	9386702.7	7902909.72	8518963.31
	每股收益(元)	0.25	－0.06	－0.14
	每股净资产(元)	0.09	0.08	0.08
	净资产收益率(%)	2.67	－7.79	－17.3

青岛鸿运星木业股份有限公司

公司基本信息				
	股权简称	鸿运星	股权代码	100253
	法人代表	孙文	董　　秘	汪　莹
	推荐机构	广州赢隆投资管理有限公司		
	电　　话	0532－85233508	传　　真	0532－85232915
	注册地址	青岛胶州市杜村南杜村		
	行业分类	制造业		
	主营产品	木制床、沙发床、玉石床及其他等		

公司介绍

青岛鸿运星木业股份有限公司前身为青岛鸿运星木业有限公司，公司最早成立于2004年1月6日，是一家专业从事各类木制床、沙发床、玉石床及辅饰品生产、加工、销售为一体的现代化企业。公司坐落在青岛胶州市杜村工业园，占地30亩，现有职工80人。公司已通过ISO9001、2000质量体系认证和ISO13485世界医疗体系认证。

经过十年的发展，公司已经成为木制床行业的领跑者。秉承“创一流产品，求卓越品质”的经营理念，公司将中国传统火炕文化精粹与现代科技文明有机交融，研究开发了玉石床系列健康保健产品，在传统床艺基础上创造了一流品牌，为企业健康发展注入了新的活力，为我国传统床艺生产提供了技术含量较高的新兴产品，提升了我国在传统床艺生产方面的国际竞争力。

公司综合实力强劲，是近年来青岛市成长速度最快的木制床生产企业。公司现为世界华人联合大会玉文化研究会理事单位、中国家具协会团体会员、山东省家具协会理事单位、胶州市出口木制品生产企业协会会员单位，并荣获了“中国著名品牌”、“中国优质产品”、“全国十佳诚信单位”、“全国质量诚信AAA级品牌企业”、“中国玉石床行业十大最具价值品牌”、“中国木业行业最具价值品牌”、“2011中国行业十大信用企业”、“2011中国最受信赖的行业十大诚信品牌”、“中国健康睡眠保健奖”、中国国际家具及木工机械展览会卧室家具系列优秀奖等数十殊荣，公司产品还被授予为世界华人联合大会品牌推广产品，同时也是中国国际中老年艺术节指定产品及中国中老年春节电视联欢晚会上榜产品。

山东深科保温板墙开发有限公司

公司基本信息				
	股权简称	山东深科	股权代码	300150
	法人代表	闫丕春	董　　秘	路顺勋
	推荐机构	烟台瀚永投资有限公司		
	电　　话	0535－8158822	传　　真	0535－8939286
	注册地址	山东省招远市玲珑路南首		
	行业分类	建材制造业		
	主营产品	生产、销售SKA整间整体非承重自保温外墙大板、SKB、SKC整间整体非承重自保温隔声内墙大板、SKJ自保温外墙转角板、SKWA整间整体自保温屋面大板和SKWB整间整体自保温自排水屋面大板、SKL自保温隔声整间整体楼面板、SKT楼梯等混凝土预制构件及专用生产设备		

公司介绍

公司成立于2007年3月19日，系有限责任公司，注册资本1000万元，是专门研究、研发节能结构一体化、技术产业化装配式混凝土自保温建筑体系为主的科研企业。公司的宗旨是围绕质轻、抗震、高效保温、且保温与建筑同寿命、防火、省工、省料、标准化生产为核心目标，以全新的理念、科学的态度、系统的产业化技术，创造深远的社会效益。

公司现有研发人员40余人，其中高级职称以上人员11人。有教授、高级工程师、高级技工、蓝领操作工等，具备制图设计、有限元分析、机锻造加工、数控机械，自动化焊接等各种操作，公司配有较齐全的研发装备，具备材料分析、性能检测鉴定、几何测量、工序过程技术参数控制等全方位的仪器设备。并与山东建筑大学和全国二十多家顶级设备制造厂家缔结合作关系。

公司内设执行董事领导下的总经理负责制。1名总经理、3名副总经理，9个职能部门：研发中心、标准部、装备部、财务部、审计部、劳资部、企管部、项目部、推广部。

<table>
<tr><td>公司介绍</td><td colspan="4">公司已具有内外墙板、楼面板、屋面板的制作方法等十余项国家专利，编制的《SK 装配式墙板自保温体系应用技术导则》由山东省建设厅批准为“山东省建设科科技成果推广项目”予以实施；备案了“SK－A 型保温外墙板与 SK－B 型隔音内墙板”的企业标准；《SK 混凝土复合保温板墙体构造详图》由山东省住房和城乡建设厅批准为“山东省标准设计”。公司还获得多项省级、国家级、国际级荣誉和应用推广证书，2011 年在住建部全国建设科技评选中获“华夏建设科学技术奖”。被“国家住房和城乡建设部科学技术委员会”和“全国建产委节能环保专业委员会”，列入《全国建筑节能项目汇总与新技术、新产品选用手册》，并授予：《建筑节能推荐品牌》。公司被住建部科技发展促进中心确定为《低碳建筑技术集成与减排效果评价研究》课题技术支撑/项目示范单位。
公司经省住建厅批准立项的六个课题研发研究（SK 装配式自保温外墙板、SK 装配式自保温隔声内墙板、SK 装配式自保温屋面板、SK 装配式自保温楼面板、SK 装配式自保温建筑体系节能 85% 的深化研究、拆除建筑物垃圾再利用）项目，经省建设厅组织的专家验收，一致认为，该项目的成功研发，将为我省整体装配式建筑的发展起到积极地推动作用。</td></tr>
<tr><td rowspan="11">主要财务指标</td><td>指标/报告期</td><td>2014.6.30</td><td>2013.12.31</td><td>2012.12.31</td></tr>
<tr><td>营业收入（元）</td><td>1489776</td><td></td><td></td></tr>
<tr><td>营业利润（元）</td><td>22799</td><td></td><td></td></tr>
<tr><td>净利润（元）</td><td>17099</td><td></td><td></td></tr>
<tr><td>未分配利润（元）</td><td>447099</td><td></td><td></td></tr>
<tr><td>总资产（元）</td><td>20321785</td><td></td><td></td></tr>
<tr><td>总负债（元）</td><td>4983241</td><td></td><td></td></tr>
<tr><td>净资产（元）</td><td>15338544</td><td></td><td></td></tr>
<tr><td>每股收益（元）</td><td>0.0447</td><td></td><td></td></tr>
<tr><td>每股净资产（元）</td><td>1.533</td><td></td><td></td></tr>
<tr><td>净资产收益率（%）</td><td>2.91</td><td></td><td></td></tr>
</table>

山东亚特生态技术股份有限公司

<table>
<tr><td rowspan="7">公司基本信息</td><td>股权简称</td><td>亚特股份</td><td>股权代码</td><td>300009</td></tr>
<tr><td>法人代表</td><td>袁春玲</td><td>董　　秘</td><td>李秀花</td></tr>
<tr><td>推荐机构</td><td colspan="3">山东开来投资有限公司</td></tr>
<tr><td>电　　话</td><td>0539－8288288</td><td>传　　真</td><td>0539－7109289</td></tr>
<tr><td>注册地址</td><td colspan="3">山东省临沂市高新区双月园路科技创业园</td></tr>
<tr><td>行业分类</td><td colspan="3">化工</td></tr>
<tr><td>主营产品</td><td colspan="3">金属表面处理剂系列产品的研发、生产、销售及技术服务；销售化成剂、脱脂剂、表调剂等；金银花、木瓜良种繁育、销售及技术服务。</td></tr>
<tr><td>公司介绍</td><td colspan="4">山东亚特生态技术股份有限公司，创建至今，已发展成一所专业从事新材料、高分子材料、高科技一体化、研究开发、生产、贸易技术服务为一体的高新技术企业，是在山东省工商行政管理部门登记注册的股份公司，办事机构位于山东临沂市国家级高新技术产业开发区留学人员创业园，被科技部认定为国家火炬计划重点高新技术企业，拥有自主进出口经营权，通过美国 AQAISO/TS16949：2009 汽车配套材料专业国际质量认证，GB/T19630.4－201，GB/T19630.1－2011，GB/T19630.3－2011 有机产品生产管理体系认证。主要从事金属表面前处理新材料、金银花、木瓜良种及新品种的培育、规范化种植、综合加工利用、生物技术等领域的研究、开发、生产，贸易。</td></tr>
<tr><td rowspan="6">主要财务指标</td><td>指标/报告期</td><td>2014.6.30</td><td>2013.12.31</td><td>2012.12.31</td></tr>
<tr><td>营业收入（元）</td><td>6,289,958.44</td><td>10,362,538.04</td><td>9,193,484.02</td></tr>
<tr><td>营业利润（元）</td><td>620,582.22</td><td>－327,563.03</td><td>－101,615.56</td></tr>
<tr><td>净利润（元）</td><td>581,206.85</td><td>806,106.24</td><td>530,780.22</td></tr>
<tr><td>未分配利润（元）</td><td>2,242,424.56</td><td>1,661,217.71</td><td>935,722.09</td></tr>
<tr><td>总资产（元）</td><td>9,137,271.07</td><td>12,083,124 64</td><td>11,289,539.68</td></tr>
</table>

主要财务指标	指标/报告期	2014.6.30	2013.12.31	2012.12.31
	总负债(元)	710,266.77	4,237,327.19	4,249,848.47
	净资产(元)	8,427,004.3	7,845,797.45	7,039,691.21
	每股收益(元)	0.0969	0.1344	0.0885
	每股净资产(元)	1.4045	1.3076	1.1733
	净资产收益率(%)	7.1433	10.8308	7.8352

烟台市颐和海洋食品股份有限公司

公司基本信息				
	股权简称	颐和股份	股权代码	300073
	法人代表	荆玲	董　　秘	刘世瑜
	推荐机构	烟台市广盛投资管理有限公司		
	电　　话	0535－5960090	传　　真	0535－5960090
	注册地址	山东省蓬莱市刘家沟镇安香于家村西		
	行业分类	农业		
	主营产品	海参及海参营养品		
公司介绍	烟台市颐和海洋食品股份有限公司隶属于山东鸿安集团,鸿安集团位于美丽富饶的胶东半岛人间仙境——蓬莱市,中国三大蓝色海洋产业基地之一,地处山东半岛环渤海湾经济圈,南靠青岛、北与大连隔海相望,依山傍海,交通便利,风景秀丽。鸿安集团始创于1999年,发展至今已形成跨行业,多层次的立体经营模式,以工业、零售、制造业、养生级海参产品为主,多产业并举发展的格局。为满足发展需要,鸿安集团还涉足金融、酒店等行业,并在全国各大城市设有驻外办事机构。鸿安集团立足山东,以打造惠民企业集团为宗旨,逐步成长,在全体同仁的努力下,朝着更高更远的目标继续奋进。			

主要财务指标	指标/报告期	2014.6.30	2013.12.31	2012.12.31
	营业收入(元)	1052410.09	443654.31	82699.03
	营业利润(元)			
	净利润(元)	74936.83	－52496.63	－15122.63
	未分配利润(元)			
	总资产(元)	20143350.99	10441569.89	1006863.77
	总负债(元)	10136033.42	509189.15	21986.40
	净资产(元)	10007317.57	9932380.74	984877.37
	每股收益(元)	0.0074		
	每股净资产(元)			
	净资产收益率(%)			

山东伯仲真空设备股份有限公司

公司基本信息				
	股权简称	伯仲真空	股权代码	100037
	法人代表	张贵华	董　　秘	陈　华
	推荐机构	山东昌泰投资担保有限公司		
	电　　话	0533－2801790	传　　真	2802770
	注册地址	张店区马尚镇		
	行业分类	机械制造		
	主营产品	真空泵,真空机组,真空干燥机		
公司介绍	伯仲真空于2002年3月25日成立,2002年底通过ISO9001质量管理体系认证。2004年3月,伯仲及图商标注册,2007年伯仲商标成为山东省著名商标。2009年底,伯仲商标成为中国驰名商标。2011年9月8日在齐鲁股权托管交易中心挂牌。2012年底,公司被评为高新技术企业。2014年3月,公司取得7项国家实用新型专利证书。2014年3月,公司被认定为"淄博市螺杆真空泵工程技术研究中心",3.15淄博市螺杆真空泵工程技术中心、合肥工业大学——伯仲真空产学研基地正式挂牌。2014年9月,公司通过SGS第三方认证,由中国制造网授予认证供应商证书。			

	指标/报告期	2014.6.30	2013.12.31	2012.12.31
主要财务指标	营业收入(元)	18,463,896.24	25,072,340.09	27,212,817.73
	营业利润(元)	889,131.57	1,156,195.79	1,410,784.66
	净利润(元)	661,316.13	967,775.37	1,025,262.23
	未分配利润(元)	687,926.32	1,187,835.19	1,090,987.36
	总资产(元)	35,153,987.00	35,045,896.29	31,371,590.19
	总负债(元)	16,752,584.46	16,144,584.88	12,663,904.15
	净资产(元)	18,401,402.54	18,901,311.41	18,707,686.04
	每股收益(元)	0.0427	0.0625	0.0662
	每股净资产(元)	1.1885	1.22	1.21
	净资产收益率(%)	3.47	5.16	5.56

山东富帅无辐射技术股份有限公司

公司基本信息	股权简称	富帅技术	股权代码	300038
	法人代表	滕洪福	董　秘	顾玲婷
	推荐机构	山东金地地创业投资有限公司		
	电　话	0631－7551588	传　真	0631－7586178
	注册地址	山东省荣成市经济开发区河阳东路25号1、2、3#		
	行业分类	家电		
	主营产品	无辐射家电系列产品		

公司介绍

山东富帅无辐射技术股份有限公司，注册资本5000万元，拥有多家世界500强公司关注的全球独家“无辐射电磁炉”“无辐射电热毯”“无辐射无频闪台灯”等系列无辐射健康家电技术产品。

公司于1998年1月10日注册成立，其前身是荣成市宇达电子环保科技有限公司，使用“富帅”注册商标，2014年元月进行股份改制并在山东齐鲁股权交易中心挂牌，股权简称：富帅技术、股权代码：300038，股权资本为5000万股；山东富帅无辐射技术股份有限公司设有“电磁辐射测量与防护工程技术研究中心”、“上海富帅电子科技有限公司”、“威海富帅无辐射技术有限公司”和与《国家电网》联合成立的“威海国电富帅智能无辐射技术有限公司”，主要从事系列智能无辐射健康家电等节能环保产品的研发、推广和无辐射健康家电国家标注的制定。

公司位于山东省荣成市开发区内。公司已通过了ISO9001:2000管理体系及CCC等多项认证，是当地政府重点支持的高新技术企业之一。

富帅公司目前已经独立承担完成国家及省、市级科技项目9项，拥有国内外专利近百项。主要产品有“无辐射电磁炉”“无辐射火锅电磁炉”“无辐射大功率电磁炉”“无辐射电磁集成灶具”“无辐射茶水电磁炉”“电脑辐射消除器”“万能遥测电笔”“无辐射无频闪健康台灯”“无辐射电热毯”“无辐射藏热垫”等五大系列80多种无辐射健康系列产品。

其中自主研发的“无辐射电磁炉”项目解决了电磁炉辐射危害健康的世界难题，荣获国际PCT专利和中国发明专利、评为中国发明金奖，该产品通过了国家检测、鉴定、立项和认证，列为国家科技部的《国家重点新产品》项目、列为上海市的《高新技术产品转化项目》，列为山东省的《火炬计划项目》，并荣获国家发改委的490万元专项资金扶持。

	指标/报告期	2014.6.30	2013.12.31	2012.12.31
主要财务指标	营业收入(元)	420000	480000	
	营业利润(元)	－5150000	－81200000	
	净利润(元)	－5170000	－8060000	
	未分配利润(元)	0	－1529	
	总资产(元)	51630000	56900000	
	总负债(元)	5590000	5690000	
	净资产(元)	46040000	51210000	
	每股收益(元)	0	0	
	每股净资产(元)	0	0	
	净资产收益率(%)	0	0	

山东鲁泽节能科技股份有限公司

公司基本信息	股权简称	鲁泽节能	股权代码	300033
	法人代表	李为训	董　秘	孟　彪
	推荐机构	济南鑫沐投资有限公司		
	电　话	0543－4264099	传　真	0543－4264099
	注册地址	山东省邹平县码头镇		
	行业分类	制造业		
	主营产品	节能门窗、玻璃加工		

公司介绍

山东鲁泽节能科技股份有限公司，2008年正式注册，于2013年12月13日经滨州市工商行政管理局变更为山东鲁泽节能科技股份有限公司。2013年12月31日，成功在齐鲁股权交易中心挂牌，股权代码300033。企业法人营业执照注册号371626200002254。公司主要经营：新型建筑节能材料研发；建筑保温节能工程设计与施工；建筑节能门窗制造安装；建筑幕墙设计与施工；室内外装饰装修；销售铝塑门窗型材、建筑钢材，五金、机械设备、电子产品。

公司生占地面积19486平方米，拥有职工86人，其中大中专生27人，高级技工8名，专业门窗安装队伍7个。工欲善其事，必先利其器，公司拥有业内顶级设备断桥隔热铝窗生产线四条、塑钢窗生产线三条、钢化玻璃生产线一条、中空玻璃生产线两条、免漆木门与套装木门生产线各一条。稳定的技术队伍、先进的设备为生产高品质的产品打下了坚实的基础。

公司与山东魏桥创业集团、山东西王集团、山东三利集团、山东天兴置业有限公司、滨州铭嘉置业有限公司等单位结成长期战略合作关系。优质稳定的客户资源，使公司获得了大量的地标性建筑工程与特大群体小区工程，使公司新创新的产品，能够在社会上迅速推广使用，让众多的门窗型材生产厂家与门窗配件生产厂家追捧。也使公司的原材料成本降到了最低。

公司与山东南山铝材总厂、大连实德型材有限公司、济南长泓建材有限公司、山铝、首铝、济南鲁美建材有限公司等建立了稳定的供应关系，保证了货源供应，并且享受最优惠价格，建立了信息共享渠道，能够及时准确地了解国内交易市场的变化情况，及时调整公司供求计划，让客户获得性价比最高的产品。巩固发展节能门窗及新型节能材料的研发、设计、生产及相关技术服务，创新发展建筑保温节能工程设计与施工，逐步成为能够提供建筑节能一体化解决方案的集成供应商。

公司秉承"诚信、务实"的品质，"严谨、创新"的作风，"敬业、进取"的精神，得到了长足的发展。山东鲁泽节能科技股份有限公司愿与建筑行业同仁，互惠互利，携手共建。给城市以灵魂，让家园美丽而灵动。

主要财务指标

指标/报告期	2014.6.30	2013.12.31	2012.12.31
营业收入(元)	10,980,306.27	8,451,328.27	7,226,445.05
营业利润(元)	1,542,858.41	107,297.28	584,173.96
净利润(元)	1,165,783.93	85,600.20	565,659.93
未分配利润(元)	298,074.95	-867,708.98	-73,309.18
总资产(元)	22,371,481.27	15,362,989.06	12,531,434.42
总负债(元)	11,073,406.32	5,230,698.04	1,604,743.60
净资产(元)	11,298,074.95	10,132,291.02	10,926,690.82
每股收益(元)	0.11	0.007	0.05
每股净资产(元)	1.03	0.92	0.99
净资产收益率(%)	6.14	0.01	5.05

山东裕鸿阀门股份有限公司

公司基本信息	股权简称	裕鸿阀门	股权代码	300045
	法人代表	张敦美	董　秘	林　丽
	推荐机构	山东裕铖股权投资管理有限公司		
	电　话	0533－227229	传　真	0533－2272276
	注册地址	淄博高新先进制造产业创新园7#		
	行业分类	制造业		

	主营产品	自动化控制阀门(气动/电动球阀、调节阀、蝶阀、电磁阀等)的生产、销售山东裕鸿阀门股份有限公司,位于山东省淄博市高新区先进制造产业创新园内,是一家致力于新型自控阀门研究、开发、生产与销售的科技型生产企业。		
公司介绍	山东裕鸿阀门股份有限公司,位于山东省淄博市高新区先进制造产业创新园内,是一家致力于新型自控阀门研究、开发、生产与销售的科技型生产企业。 公司自创建以来,坚持以"恪守诚信、积极图强、精优勤新、务实高效"的核心发展观,贯彻"质量就是效益、质量就是企业命脉"的原则,精心提供全套工业自控阀门解决方案。 公司专注生产自控阀门,主要包括:气动与电动调节阀、球阀、蝶阀;电磁阀等四个大类,300 多种产品,这些产品广泛应用于炼油、化工、冶金、核电、火电、城市供热、生物制药、石油和天然气集输及石油炼化等领域。公司现已通过 ISO9001 质量管理体系认证,并持有压力管道元件特种设备制造许可证(TS 认证)、多类产品防爆电气设备合格证(CNEX 认证)。与央视网签约广告合作伙伴,成为 2013 – 2015 年度(央视网 · 央视商城)自控阀门行业全国唯一指定合作伙伴。			
主要财务指标	指标/报告期	2014.6.30	2013.12.31	2012.12.31
	营业收入(元)	1464723.07	5997302.16	4404737.88
	营业利润(元)	82950.42	954655.52	–186747.43
	净利润(元)	63316.13	881633.35	–184258.21
	未分配利润(元)	19403.67	87171.81	–202632.79
	总资产(元)	10219955.71	5575428.19	10573516.54
	总负债(元)	87433.29	3180004.28	4059725.98
	净资产(元)	10132522.42	12395423.91	6513790.56
	每股收益(元)	0.006	0.088	–0.036
	每股净资产(元)	1.01	1.23	0.013
	净资产收益率(%)	0.62	7.11	–2.82

烟台尚美丽家建材有限公司

公司基本信息	股权简称	尚美丽家	股权代码	300089
	法人代表	赵裕江	董　　秘	张　静
	推荐机构	烟台君和信融投资咨询有限公司		
	电　　话	0535 – 3410179	传　　真	0535 – 3975371
	注册地址	烟台开发区沭河路 22 号内 1 – 2 号		
	行业分类	建材批发、零售		
	主营产品	卫浴、薄板、瓷砖、地板、龙头、橱柜、水槽、浴室柜、水暖五金、油木瓦工材料、板材、龙骨等家装、工装用材料。		
公司介绍	烟台尚美丽家建材有限公司,是山东首家装修建材集成服务商。公司创建于 2010 年,现营业面积 2500 平方米。公司厂价直销近 10000 多种建材现货,中高档商品一应俱全,帮助顾客实现从毛坯房到精装家的全部选择。 公司在全国首创"统一采购,统一管理,统一销售,统一服务"的 4U 经营模式以及"终身售后"服务模式,提供从装修咨询、设计、选材、安装及售后服务等各个环节一站式服务,解除顾客的后顾之忧。公司力求满足客户"集成化服务"的消费需求,成为我国建材行业中新观念的倡导者与引领者。 公司先后与 60 多个国内外知名建材企业建立起营销联盟,合作品牌有:德国贝朗、瑞时、吉博力、美国瑞坎、意大利 MUFLE、菲时特地暖水暖、康恩木门、乔登卫浴、桑莱特木门、希尔曼卫浴、卫洁康卫浴、富佳华地砖、旺旺通地砖、升扬吊顶、世耐尔开关、三棵树漆、华日时代灯饰,盾安阀门、青岛嘉泓、海欧控股爱迪生、沧州明珠(股票代码 002108)、沧州东塑集团、天弼陶瓷、蒙娜丽莎瓷砖及新中源薄板等。 公司与烟台万华实业(股票代码:600309)达成合作关系,共同研发"佰客邦"牌瓷砖保温一体板,万华实业负责生产,公司负责品牌推广和销售渠道的建立。本产品在提高建筑物节能效果的同时,大大降低了工程的施工成本,提高了施工的速度。也是未来市场发展的新趋势,市场发展前景广阔。 公司还与厦门辉煌装饰工程有限公司、广州捷流工程有限公司、济宁中煤建筑装饰工程有限公司等国内知名装饰工程公司建立合作关系,已成为其在山东地区的重要长期战略合作方。			

	指标/报告期	2014.6.30	2013.12.31	2012.12.31
主要财务指标	营业收入(元)	2576246.69	2488495.26	463051.6
	营业利润(元)	947817.03	1150542.79	256724.44
	净利润(元)	418606.55	384110.66	-258265.61
	未分配利润(元)	402006.03	-16600.52	-400711.18
	总资产(元)	7843190.21	7952024.68	6764756.24
	总负债(元)	3941184.18	4468625.2	3665467.42
	净资产(元)			
	每股收益(元)			
	每股净资产(元)			
	净资产收益率(%)			

烟台瑞华汽车服务股份有限公司

公司基本信息	股权简称	瑞华股份	股权代码	300047
	法人代表	史瑞秀	董　　秘	邹响梅
	推荐机构	烟台市广盛投资管理有限公司		
	电　　话	0535-6684968	传　　真	0535-6661419
	注册地址	烟台市芝罘区大海阳路付77-15-1号		
	行业分类	服务业		
	主营产品	汽车装饰用品、服装鞋帽、日用百货的批发零售,汽车驾驶技术及汽车信息咨询、汽车装璜。汽车维修(限分公司经营)(依法须经批准的项目,经相关部门批准后方可开展经营活动)		

公司介绍

烟台瑞华汽车服务股份有限公司(以下简称瑞华股份)成立于2004年,注册资金2300万元。集团下设烟台隆洋汽车销售服务有限公司、国际汽车露营联盟(CFCC)中国会员单位、幸福海汽车房车宿营地(2011年被评为中国十大汽车营地之一)、烟台市铭宇资产管理有限公司。2014年7月,瑞华股份在齐鲁股权交易中心成功挂牌上市。

瑞华股份由最初的瑞华车友会起步,经过十年的发展和奋斗,逐步成为一个综合性的销售服务企业。目前,该集团辖属的烟台隆洋汽车销售服务有限公司主营业务包括房车销售、房车租赁、房车个性化定制、房车托管服务、房车宿营地等。是烟台市首家集销售、租赁、俱乐部为一体的综合性房车服务机构。致力于打造烟台标志性房车销售公司,为客户提供全新的旅游生活方式。

烟台汽车房车宿营地项目总投资3000万元。现已建成三星级标准的北欧风情木屋别墅40栋。为旅游者提供住宿、接待、户外烧烤、团队CS枪战、竞技鱼塘及拓展训练。另设有艺术画廊、画室、海上垂钓和茶馆等休闲场所。该项目借鉴了国外汽车房车露营的先进理念,以木屋别墅为主体,内置整体卫浴,24小时空调、热水不间断供应,并设有汽车餐厅、汽车酒吧、汽车茶馆以及自驾车俱乐部等主题场所,形成了集住宿、餐饮、休闲、娱乐于一体的综合性汽车旅馆。2014年6月,被中国汽车流通协会房车分会授予理事单位称号。

目前,瑞华股份又斥资兴建多套适合以家庭为单位的双层木屋别墅及汽车影院等项目,筹建中的微电影拍摄基地、婚庆摄影基地等正在努力打造烟台的"横店"。长期以来,瑞华股份致力于调整单一产业结构,积极实行多业并举的经营方针。集团上下在"优质、诚信、双赢"的经营思路指导下,积极为客户提供先进的技术和一流的服务。

	指标/报告期	2014.6.30	2013.12.31	2012.12.31
主要财务指标	营业收入(元)	428957	710330.10	500834.95
	营业利润(元)	7835.22	49518.08	1287.40
	净利润(元)	7155.79	44566.27	1158.66
	未分配利润(元)	56249.84	50745.44	10636.80
	总资产(元)	6595278.48	4396776.40	4610110.39
	总负债(元)	31737.75	3840391.46	4098291.72
	净资产(元)	6563540.73	556384.94	511818.67
	每股收益(元)	0.0011	0.09	0.00
	每股净资产(元)	1.01	1.10	1.02
	净资产收益率(%)	0.0011	0.08	0

山东临沂沂州水泥股份有限公司

公司基本信息	股权简称	沂州水泥	股权代码	000007
	法人代表	朱丙玺	董　　秘	李　霖
	推荐机构	山东开来投资有限公司		
	电　　话	05398928918	传　　真	05398928888
	注册地址	山东省临沂市付庄镇		
	行业分类	非金属矿物制品业		
	主营产品	水泥的生产、销售		
公司介绍	山东临沂沂州水泥股份有限公司(以下简称“公司”)是以临沂地区水泥厂为发起人,采用定向募集方式设立的股份有限公司。公司位于临沂市罗庄区付庄镇,经营范围为水泥的生产、销售,是国家大力鼓励发展的区域型重点水泥生产企业,生产采用当今国际上最先进的干法回转窑熟料技术,积极依靠科技进步,致力于可持续发展。先后被评为“中国建材百强企业”、“山东省循环经济十佳示范企业”等荣誉称号、“沂州牌”商标荣获“中国驰名商标”称号。公司秉承“承担责任,投资未来”的发展理念,不断以创新的精神、高度的社会责任感和优秀的企业文化,全面推进产业的延伸、优化和升级,为经济发展和社会进步贡献更大的力量。			

	指标/报告期	2014.6.30	2013.12.31	2012.12.31
主要财务指标	营业收入(元)	97,853.31	182,208.27	174,048.95
	营业利润(元)	21,723.86	32,128.06	27,291.57
	净利润(元)	18,824.07	23,911.79	25,776.33
	未分配利润(元)	81,350.39	66,589.98	46,535.82
	总资产(元)	242,388.30	202,918.52	189,115.02
	总负债(元)	135,563.94	110,668.23	123,579.49
	净资产(元)	106,824.36	92,250.29	65,535.52
	每股收益(元)	2.24	2.81	3.68
	每股净资产(元)	12.40	10.67	9.12
	净资产收益率(%)	19.10%	30.95%	51.03%

日照御青茶业股份有限公司

公司基本信息	股权简称	御青股份	股权代码	100090
	法人代表	于国强	董　　秘	刘宪颖
	推荐机构	山东润新创业投资有限公司		
	电　　话	0531－86086667	传　　真	0531－86096667
	注册地址	日照市岚山区巨峰镇驻地		
	行业分类	新型农业		
	主营产品	茶叶【绿茶,花茶(分装)】加工、销售;茶叶种植、果树栽培、茶具、农机机械、家用电器销售		
公司介绍	日照御青茶业股份有限公司,成立于2002年3月,公司主导品牌“御青”系列茶,被评为中国著名品牌,山东省著名商标等,多次在茶博会上获得金奖。御青茶业是全国茶行业50强、山东省十大最具成长潜力企业之一,全国食品安全示范单位,成为山东省首批标准化示范茶园。 公司主营产品为“御青”系列茶,主要销售渠道有商超、加盟连锁、大客户、零售和部分网上销售。在上游,公司拥有现代化茶叶加工厂和茶叶产业园;在中游,公司依托日照市得天独厚的旅游优势,建立了全国最大的“御青茶博园”,将日照市海滨旅游资源输送到茶博园,进行从茶叶的培育,采摘、炒制、品茗为一体的互动式体验,为“御青茶业”培育忠实的消费者;在下游,公司拥有130余家专卖店和80余家中高档商超店,并与我省著名的“银座”合作,在每一家“银座”卖场均有“御青”茶叶店中店。公司还积极拓展新兴的销售渠道,产品在“京东商城”、“淘宝网”“天猫”等大型电商平台均有销售。2011年,公司实现销售额、上缴税金在日照同行业中跃居第一。 公司是日照市政府批准的首批农业产业化龙头企业,全国食品安全示范单位。公司自成立以来,踏实经营,坚持品牌建设和适度多元化的发展战略,坚持“一生专心做好茶”的经营理念,成为国内极少茶行业“全产业链控制”企业,为公司发展奠定了较好的基础,也大大提升了公司的行业知名度。目前,公司已形成以日照绿茶为主,其他类茶叶为辅的综合性产品线。			

	指标/报告期	2014.6.30	2013.12.31	2012.12.31
主要财务指标	营业收入(元)	15,746,058.16	26,053,900	31,673,000
	营业利润(元)	277,624.22	1,300,900	2,443,400
	净利润(元)	156,475.21	762,600	1,458,900
	未分配利润(元)	1,277,662.84	1,074,465.51	445,444.24
	总资产(元)	79,020,711.63	90,695,200	45,307,300
	总负债(元)	48,674,721.04	60,505,600	15,199,100
	净资产(元)	30,345,990.59	30,189,600	30,108,200
	每股收益(元)	0.01	0.07	0.11
	每股净资产(元)	1.61	1.60	1.60
	净资产收益率(%)	0.52%	2.53%	4.85%

山东裕利蔬菜股份有限公司

公司基本信息	股权简称	裕利蔬菜	股权代码	300001
	法人代表	靳伟然	董　秘	刘祥杰
	推荐机构	山东京德创业投资有限公司		
	电　话	0633－5528518	传　真	0633－6150309
	注册地址	日照市五莲县叩官镇驻地		
	行业分类	农副产品加工业		
	主营产品	保鲜大蒜,有机南瓜、土豆等系列蔬菜		
公司介绍	山东裕利蔬菜股份有限公司,前身为日照裕利蔬菜有限公司,成立于2002年,占地面积26800平方米,恒温冷藏库10座、总储量8000余吨,是集蔬菜种植、加工、销售于一体,具有自营进出口权的外向型企业,先后成为中华全国供销合作总社和山东省农业产业化重点龙头企业、中国质量诚信企业,基地被授予国家第四批有机食品生产基地、国家检验检疫局供港澳蔬菜备案基地,“伟然”商标被评为山东省著名商标。 公司按照“公司＋合作社＋基地＋农户”模式,建成高标准有机蔬菜生产基地1000余亩,带动2400多农户按照标准化规程种植蔬菜。实行HACCP标准化管理,建立了完善的质量追溯体系,先后获得全球良好农业操作规范GLOBALGAP体系认证,欧盟、美国和日本JAS有机认证,并连续五年通过OFDC有机产品认证。有南瓜、大蒜、山药、芋头、大姜、牛蒡等25个品种获得有机认证,产品远销美国、日本、俄罗斯、韩国、澳大利亚和欧洲地区及香港、北京、上海、南京、青岛、济南等地。			

	指标/报告期	2014.6.30	2013.12.31	2012.12.31
主要财务指标	营业收入(元)	6808896.53	12057592.06	8935120.32
	营业利润(元)	903896.89	546427.65	625319.36
	净利润(元)	903896.89	546427.65	625319.36
	未分配利润(元)	1030369.23	125713.71	1345997.53
	总资产(元)	34529843.78	19430547.5	18590537.33
	总负债(元)	21516054.35	12376944.13	12083361.61
	净资产(元)	13013789.43	7053603.37	6507175.72
	每股收益(元)	0.09	0.11	0.13
	每股净资产(元)	1.30	1.41	1.30
	净资产收益率(%)	9.04	8.06	10.09

山东乾祥环保技术有限公司

公司基本信息				
	股权简称	乾祥环保	股权代码	300112
	法人代表	高玲	董　　秘	王维敏
	推荐机构	淄博赢隆投资有限公司		
	电　　话	18661996607	传　　真	0532－68896626
	注册地址	山东省青岛市李沧区九水东路320号		
	行业分类	室内空气污染治理行业		
	主营产品	室内及车内空气污染治理服务		

公司介绍

山东乾祥环保技术有限公司是一家集研发、销售、服务为一体的现代化环保企业，专业致力于室内空气质量(IAQ)的研究和改善，室内空气污染防治产品的研发和服务。公司已取得中国室内装饰协会室内环境净化治理专业委员会甲级施工资质正式证书（证书编号：SGZZ20140609007）、山东省企业产品执行标准登记证书（证书编号：370201－5576），并办理了国际联网单位用户备案登记。

经过不断的开发和研究，公司多项产品技术已申报国家专利。公司研发的“艺馨”室内空气净化剂系列产品（包括装修异味净化剂、复合光触媒、复合甲醛净化剂、除醛纳米醋）已获得国家环保产品质量监督检验中心、山东省青岛市疾病预防控制中心等多家CMA权威机构的鉴定和认可。2014年9月25日公司在北京参加由净化委主办的“全国室内环境净化治理服务行业自律规范研讨会”，并带头签署了“室内环境净化治理服务行业诚信承诺书”。2014年12月，公司的“乾祥”复核光触媒产品获得了“2014中国室内环境净化治理行业净化药剂产品技术创新成果奖”。

自成立以来，公司始终坚持以质量为生存根本、以服务赢得市场的原则，本着“做精、做专、做强”的企业目标，强力打造中国室内环保产业领军品牌，力求成为室内空气净化治理领域里具有领导性地位的现代化企业。

主要财务指标	指标/报告期	2014.6.30	2013.12.31	2012.12.31
	营业收入（元）	893787.96	274361.74	603581.9
	营业利润（元）	－560850.61	－417438.46	－8133.08
	净利润（元）	－567717.94	－409898.66	－8361.69
	未分配利润（元）	－985978.29	－418260.36	－8361.69
	总资产（元）	1072242.48	221267.16	571866.92
	总负债（元）	58220.77	139527.51	80228.61
	净资产（元）	1014021.71	81739.65	491638.31
	每股收益（元）	－0.28	－0.82	－0.02
	每股净资产（元）	0.51	0.16	0.98
	净资产收益率（%）	－0.56	－5.01	－0.02

山东金池耐磨材料股份有限公司

公司基本信息				
	股权简称	金池股份	股权代码	300012
	法人代表	夏丙雪	董　　秘	庄道红
	推荐机构	齐鲁证券有限公司		
	电　　话	0538－7380699	传　　真	0538－7380699
	注册地址	山东省新泰市东都镇		
	行业分类	制造业		
	主营产品	耐磨螺旋绞刀、耐磨搅拌刀等耐磨铸件		

公司介绍

我公司成立于2006年06月29日，坐落在新泰市东都镇。注册资金500万元。由自然人夏丙雪、夏丙银出资成立，其中夏丙雪投资450万元，占出资比例90%，夏丙银投资50万元，占出资比例10%。法定代表人：夏丙雪。公司主要经营范围：铸件、锻件、铆焊件、通用零部件的制造、加工、销售：机床加工；金属材料热处理；钢材、木材、焦炭、电线电缆、水泥、彩钢瓦、五金交电的销售。2006年8月，新泰市国税局批准为一般纳税人，税号：370982791507173。

公司介绍	公司现主要产品：与钢厂配套的双金属轧辊、壁板等，与电厂配套的双金属磨辊、衬板、蓖板、隔仓板等。与砖机配套的螺旋铰刀、衬板、机口、搅拌刀、叶轮毂、芯架、锤头等。共有三大系列，160 多个品种，产品销往国内各大省、自治区、直辖市。		

主要财务指标	指标/报告期	2014.6.30	2013.12.31	2012.12.31
	营业收入(元)	2601931.64	4679992.88	2767614.24
	营业利润(元)	178373.91	320744.77	17448
	净利润(元)	133780.43	224793.78	-2250.69
	未分配利润(元)	204467.64	70687.21	109.32
	总资产(元)	8731893.15	8442144.45	8242708.7
	总负债(元)	3361854.15	3205885.88	3231243.91
	净资产(元)	5370039.00	5236258.57	5011464.79
	每股收益(元)	0.0267	0.045	-0.0005
	每股净资产(元)	1.047	1.05	1
	净资产收益率(%)	2.55	4.29	-0.04

山东奥联包装股份有限公司

公司基本信息	股权简称	奥联包装	股权代码	100158
	法人代表	刘　伟	董　　秘	王廷玉
	推荐机构	山东瑞众股权投资基金有限公司		
	电　　话	0539-7184888	传　　真	0539-7183888
	注册地址	临沂市平邑县经济开发区银花路		
	行业分类	制造业		
	主营产品	食品包装用玻璃瓶罐		

公司介绍

山东奥联包装股份有限公司始建于 2007 年 6 月，公司位于平邑县经济开发区银花路北，公司占地 126.6 亩，注册资本 4000 万元。

公司专业从事日用玻璃制品及玻璃包装容器研发和制造，主要生产口杯、酒瓶、饮料瓶、酱菜瓶、调料瓶、罐头瓶、奶瓶、蜂蜜瓶、茶叶罐、储物罐等各类玻璃包装容器和日用玻璃制品。产品畅销国内各地，重点服务高端客户，如中粮集团、北京六必居、得益乳业、康发食品等多个知名食品加工企业。公司力争打造美国、意大利、德国、韩国、东南亚、非洲等外贸市场领域，积极参加广交会、法国 SIAL、德国 ANUGA 等展会。

公司自 2007 年成立以来，一直致力于从玻璃包装容器及日用玻璃制品的生产销售，设立之初就选择最先进的节能型窑炉，采用三通道技术和上升式流液洞结构，保证了产品质量，降低了能耗，达到 3 万吨/年的生产能力。近年来，奥联包装利用自有技术力量，通过引进、消化吸收和再创新的方式，独立设计、加工制造、安装调试到正式投产，并根据技术发展要求不断对窑炉结构及设备进行更新及技术改造。通过这种方式和过程，公司既节省了投资成本，又锻炼了技术队伍，保证了产品质量的稳定性。

公司坚持“质量为先，用户至上，科学管理，立足全国，走向世界”的企业宗旨，以求真务实的创业精神，不断开拓进取。奥联包装拥有“ ”注册商标及两项外观设计专利。公司先后荣获“中国专利山东明星企业”、“市级守合同重信用企业”、“2014 年度明星企业”、“2014 年度全县安全生产工作先进单位”等荣誉称号。

根据国家鼓励、支持玻璃包装容器行业发展的产业政策，公司将坚持以市场为导向，以技术创新为动力，以品牌经营为核心，以资本运营为手段，积极寻求产品经营与资本运营相结合的发展模式，通过实施募集资金投资项目，努力建设成为国内领先、具有国际影响力的玻璃包装容器研发、生产、销售基地，将公司发展为最具品牌优势、以技术和质量为主导的行业领先者。

主要财务指标	指标/报告期	2014.6.30	2013.12.31	2012.12.31
	营业收入(元)	26009126.03	65700004.24	53151530.42
	营业利润(元)	-679931.96	2195082.42	1991820.47
	净利润(元)	463350.58	2296692.90	2330975.86
	未分配利润(元)	2440758.66	1511963.27	-115887.79

主要财务指标	指标/报告期	2014.6.30	2013.12.31	2012.12.31
	总资产(元)	106254779.75	103720463.72	109997038.84
	总负债(元)	63145314.05	61539658.61	70112926.63
	净资产(元)	43109465.7	42180805.11	39884112.21
	每股收益(元)	0.01	0.06	0.06
	每股净资产(元)	1.0773	1.05	0.9971
	净资产收益率(%)	1.06%	5.66%	6.01%

山东红星轴承科技股份有限公司

公司基本信息	股权简称	红星股权	股权代码	300068
	法人代表	王华敏	董　　秘	牛士梅
	推荐机构	山东润新创业投资有限公司		
	电　　话	0635－2851215	传　　真	0635－2857222
	注册地址	临清市烟店镇工业园		
	行业分类	轴承		
	主营产品	薄壁轴承、不锈钢轴承		
公司介绍	山东红星轴承科技股份有限公司主要生产薄壁轴承、不锈钢轴承，在烟店排行第一，不锈钢陶瓷球轴承为亮点，发明了七个专利。			

主要财务指标	指标/报告期	2014.6.30	2013.12.31	2012.12.31
	营业收入(元)	22456300.25	38120469.45	28902630.51
	营业利润(元)	4499995.99	7182602.85	5860482.39
	净利润(元)	3656304.26	6121293.87	4865421.00
	未分配利润(元)	28489519.17	20368225.3	14502804.3
	总资产(元)	97729651.08	69956865.85	66617922.19
	总负债(元)	2321612.53	7744124.19	12526474.4
	净资产(元)	40011635	40038635	37462635
	每股收益(元)	1.22	2.04	1.62
	每股净资产(元)	13.34	13.35	12.49
	净资产收益率(%)	0.09	0.15	0.13

山东橙功肥业股份有限公司

公司基本信息	股权简称	橙功肥业	股权代码	300149
	法人代表	马现东	董　　秘	丁晓东
	推荐机构	淄博鸿硕投资有限公司		
	电　　话	0633－6907588	传　　真	
	注册地址	山东省日照市莒县招贤镇工业聚集区友谊路南侧		
	行业分类	农林牧渔		
	主营产品	生物有机肥、有机无机复混肥、测土配方专用肥、多肽金典复合肥和脲甲醛缓控释肥等		
公司介绍	橙功肥业公司成立于2008年，是以“生态化、循环型、高科技”为特征的新型复合肥生产企业。公司先后被评为山东省农业产业化重点龙头企业、山东省消费者满意单位，公司商标被评为山东省著名商标；公司积极实施科技创新战略，与中国科学院、北京瑞利源研究院、临沂大学协同创新中心建立了长期战略合作关系，开发的新型生物有机肥、有机无机复混肥、测土配方专用肥、多肽金典复合肥和脲甲醛缓控释肥等系列新产品，代表了21世纪复合肥的发展方向，深受广大客户和农民兄弟的好评。			

公司介绍	为了满足人民群众对食品的高品质、无污染、安全性和营养性需求，搞好废物利用，减少环境污染，促进行业技术进步和生态农业发展，公司正在实施年产30万吨生物有机肥项目，计划新征土地120亩，引进一条年产10万吨的生物有机肥成套设备，新上一条年产10万吨的智能酶控肥生产线，扩上一条年产10万吨的多彩高效BB肥生产线，主要建设内容包括三座复合肥生产车间、四栋战略储备库及相关复合肥生产设施。公司将高举“循环发展、科技创新和生态企业”三面大旗，坚持“橙功肥业，助您成功”的核心理念，完成“发展生物有机肥料，帮助农民增产增收，引领行业技术进步，推动循环经济发展”的战略使命，实现“耕者有其肥”的橙功梦想。计划三到五年时间内，使橙功肥业年产能力达到60万吨以上，实现销售收入10亿元，利税3－5千万元，将橙功肥业打造成为中国新型肥料领军品牌和中国生物有机肥第一品牌。			
主要财务指标	指标/报告期	2014.6.30	2013.12.31	2012.12.31
	营业收入（元）	1851392.75		
	营业利润（元）	38694.11		
	净利润（元）	38694.11		
	未分配利润（元）	38694.11		
	总资产（元）	3964157.32		
	总负债（元）	3425463.21		
	净资产（元）	538694.11		
	每股收益（元）			
	每股净资产（元）			
	净资产收益率（%）	7.2%		

山东大海农业发展股份有限公司

公司基本信息	股权简称	大海农业	股权代码	00269
	法人代表	侯海平	董　　秘	尚仁昌
	推荐机构	淄博鸿硕投资有限公司		
	电　　话	0633－7786502	传　　真	0633－6200668
	注册地址	山东省莒县峤山镇穆家沟村		
	行业分类	农林牧渔		
	主营产品	白条鸭鸭副产品鸭熟食制品		
公司介绍	公司成立于2012年4月，注册资金1500万元，资产总额1.12亿元，占地36000平方米。是一家集肉鸭养殖、屠宰、鸭副产品加工、熟食调理品深加工及销售于一体的食品加工企业。公司充分利用莒县养鸭专业合作社的自身优势，构建了“公司＋基地＋农户”的产业化经营模式，带动农户1600余户，户均增收80000余元，为发展当地农村经济和社会经济，增加税收，扩大就业起到了积极地推动作用。旗下拥有知名品牌：“平记”、“浮来香”、“诸哥鸭”。2014年6月，公司股权已在齐鲁股权托管交易中心托管挂牌，公司已通过了ISO9001质量体系论证、ISO22000食品安全管理体系认证、QS生产许可认证等。产品被中国绿色食品发展中心授予“绿色食品”证书，被县委、县政府授予“名优产品奖”。 公司始终贯彻“打造健康鸭味品牌”的经营宗旨，构建了“公司＋基地＋农户”的可追溯产业链经营模式，保证了产品各个环节的安全节点全系列控制的标准，确保了产业链关联方的利益，同时也真正做到生产负责任的食品的经营理念，与地气接轨，与市场接轨，为广大客户提供安全、健康、美味的特色食品。			
主要财务指标	指标/报告期	2014.6.30	2013.12.31	2012.12.31
	营业收入（元）	41259539.2	64780975.31	24368923.04
	营业利润（元）	1344135.43	1578227.12	－2181278.58
	净利润（元）	1242100.31	2478372.19	－21851878.62
	未分配利润（元）	1419376.05	204941.74	－2181878.621
	总资产（元）	37142266.28	32154173.11	7558858.18
	总负债（元）	20722890.23	16949231.37	9240733.8
	净资产（元）	16419379.05	15204941.74	－1681878.62
	每股收益（元）			
	每股净资产（元）			
	净资产收益率（%）			

山东万达重工股份有限公司

公司基本信息	股权简称	万达重工	股权代码	100123
	法人代表	冷金海	董　　秘	刘华鹏
	推荐机构	山东润新创投有限公司		
	电　　话	13863533988	传　　真	0635－3671711
	注册地址	山东省聊城市		
	行业分类	机械制造		
	主营产品	免烧砖机、加气混凝土砌块生产设备、桥梁模板		
公司介绍	山东万达重工股份有限公司前身是山东高唐万达液压机械有限公司，注册资本1500万元，占地100亩，是一家以研发、生产、销售多功能免烧砖机和加气混凝土砌块成型设备的企业。是山东省屈指可数的新型建材装备专业生产企业之一。 目前公司自主研发的主要产品有各种型号的全自动多功能免烧砖机、5—20万立方加气混凝土生产设备(专利产品)，符合国家节能、节地、低碳以及节省人工的相关政策，自投放市场以来，凭借优良的产品性能与过硬的服务质量，赢得国内外客商的一致好评，现已远销黑龙江、内蒙古、新疆、湖北、河北等30个省、市、自治区，并出口到俄罗斯、朝鲜、印度等多个国家和地区，在竞争激烈的国内外市场中迅速占有相当大的份额。 公司通过了ISO9001质量管理体系认证，建有市级企业技术中心，是聊城市高新技术企业；2012年被山东省质量技术监督局评为“AAA级标准化良好行为企业”，公司现拥有实用新型专利16项；2013年由山东省科技厅组织的万达WDGT6－15型全自动砌块成型机通过专家鉴定，鉴定结论为：该项目产品的主要技术指标达到了国内领先水平。			

	指标/报告期	2014.6.30	2013.12.31	2012.12.31
主要财务指标	营业收入(元)	43687082.44	78859219.16	78776511.11
	营业利润(元)	6951184.15	8852661.68	10011022.36
	净利润(元)	6950254.15	9165027.68	10005844.36
	未分配利润(元)	54275707.96	47325453.81	38160426.13
	总资产(元)	147098676.23	133935305.19	105659617.05
	总负债(元)	62080302.82	55867185.93	36756525.47
	净资产(元)	85018373.41	78068119.26	68903091.58
	每股收益(元)			
	每股净资产(元)			
	净资产收益率(%)	8.5%	12.4%	16.3%

山东通亚交通安全设施股份有限公司

公司基本信息	股权简称	通亚交通	股权代码	100172
	法人代表	陈振文	董　　秘	姚巧红
	推荐机构			
	电　　话	0635－5289667	传　　真	0635－5289698
	注册地址	冠县工业园区		
	行业分类	金属结构制造业		
	主营产品	交通设施、金属结构、金属管道的制造、安装、销售及来料加工和进出口业务；交通安全设施工程施工。		
公司介绍	公司2006年8月成立，位于山东省冠县工业园南区，占地50余亩，现有员工400人，固定资产1.2亿元，注册资金1亿元。拥有高频焊管生产线一条、二波三波钢护栏成型生产线各一条、热浸镀锌生产线三条、热浸镀铝生产线二条、自动静电喷塑生产线二条。年产焊管10万吨、钢护栏型材10万吨、热浸镀锌镀铝钢立柱和钢护栏8万吨、喷塑钢立柱和钢护栏8万吨、各种附件20万套。 2007年，公司获得北京宇航剑质量认证中心颁发的ISO9001质量管理体系认证证书，产品获得交通部工程监理检测中心颁发的批量生产合格证书。 公司与国内多家大型公路施工企业建立了稳定的业务关系，业务量不断扩大。2008年产品开始走出国门，出口到阿尔及利亚、德国、澳大利亚、巴西等国，赢得了国际声誉。			

公司介绍	公司被山东省工商局授予"'守合同重信用'企业"、山东省科技厅授予"高新技术企业"、山东省中小企业办公室授予"节能减排示范企业"、山东省工商联授予"最具发展潜力民营企业"等荣誉称号。			
主要财务指标	指标/报告期	2014.6.30	2013.12.31	2012.12.31
	营业收入(元)	69384302.36	190428326.88	154550529.76
	营业利润(元)	141165.95	13067722	10222525.82
	净利润(元)	55961.4	10139630.95	12265944.17
	未分配利润(元)	7832968.2	7777006.8	-1498512.28
	总资产(元)	390656334.37	316234952.72	355171267.59
	总负债(元)	281959254.29	207593834.05	256669779.87
	净资产(元)	108697080.07	108641118.67	98501487.72
	每股收益(元)	0.00056	0.1	
	每股净资产(元)	1.09	1.09	
	净资产收益率(%)	0.05	0.098	

山东荣顺鞋业股份有限公司

公司基本信息	股权简称	荣顺鞋业	股权代码	100081
	法人代表	韩吉荣	董　　秘	韩　军
	推荐机构	山东丰嘉投资有限公司		
	电　　话	0535-7965789	传　　真	0535-7965789
	注册地址	山东省莱阳市龙门西路183号		
	行业分类	制造业		
	主营产品	各种鞋的生产、销售及进出口业务		
公司介绍	山东荣顺鞋业股份有限公司创始于2004年7月,注册资本2300万元,产品有北京布鞋以及休闲时尚、健康环保、融入了艺术元素、文化元素的新品布鞋。在董事长韩吉荣先生的带领下,公司年生产能力达300万双,是中国布鞋行业龙头企业,是《布鞋》国家标准起草单位。公司先后荣获"国际鞋类博览会金奖"、"中国布鞋领军品牌"、"山东名牌"、"山东省著名商标"、"山东省消费者满意单位"、"山东省守合同重信用企业"、"山东省十佳敬老企业"等荣誉。			
主要财务指标	指标/报告期	2014.6.30	2013.12.31	2012.12.31
	营业收入(元)	1000000		
	营业利润(元)	390000		
	净利润(元)	310000		
	未分配利润(元)			
	总资产(元)	82750000		
	总负债(元)	55330000		
	净资产(元)	1.48		
	每股收益(元)	0.14		
	每股净资产(元)	1.48		
	净资产收益率(%)	0.91		

烟台固特丽生物科技股份有限公司

公司基本信息	股权简称	固特丽	股权代码	300032
	法人代表	常大勇	董　　秘	王惠芹
	推荐机构	山东江诣创业投资有限公司		
	电　　话	0535－6756999	传　　真	0535－6756999
	注册地址	烟台高新区创业路39号		
	行业分类	制造业		
	主营产品	公司产品分为调钙系列叶面肥、生物增红增糖系列、甲壳素系列、微量元素叶面肥系列等四个系列		
公司介绍	烟台固特丽生物科技股份有限公司(www.goodly.cn)提供叶面肥,有机肥,缓控释肥生产代理,苹果,葡萄,水果蔬菜上色剂,果园红——固特丽科技集团官网有机肥,叶面肥生产公司,固特丽科技集团是总部设在新加坡,集高新技术开发与生产一体化的高新技术企业。产品涉及有机肥,叶面肥生产代理,果园红,苹果上色,葡萄上色,水果蔬菜上色剂,有机肥生产,缓控释肥,缓控释肥生产等领域。产品涉及现代农业、生物医药、保健品、涂料化工等领域。固特丽生物下设新加坡固特丽科技发展公司、烟台固特丽生物科技股份有限公司及镇江固特丽生物科技有限公司。			

	指标/报告期	2014.6.30	2013.12.31	2012.12.31
主要财务指标	营业收入(元)	6731700		
	营业利润(元)	1703300		
	净利润(元)	1277500		
	未分配利润(元)	1277500		
	总资产(元)	23584500		
	总负债(元)	6007000		
	净资产(元)	17577500		
	每股收益(元)	0.38		
	每股净资产(元)	5.18		
	净资产收益率(%)	7.27		

威海震宇智能科技股份有限公司

公司基本信息	股权简称	震宇科技	股权代码	100109
	法人代表	李杰	董　　秘	王椿达
	推荐机构	山东齐鲁中小企业投融资有限公司		
	电　　话	13906310993	传　　真	
	注册地址	威海市青岛中路8号		
	行业分类	制造业		
	主营产品	仪器仪表、智能空调设备的开发、研制、生产、销售;新型建筑材料的生产、销售;热能表及远传工程安装;计算机软件的开发与销售		
公司介绍	威海震宇智能科技股份有限公司座落于中国美丽的海滨城市——威海,公司成立于2003年,专业从事热量表、温控一体热计量产品、超传导体输送热能技术及散热设备的研发与生产。公司注册资金4000万,现有37000余平方米的生产基地,目前已经具备了年产200万套超声波热量表的能力。是国内唯一生产以气体介质超传导散热暖气片及地暖管的生产企业、国家热能表检定规程(JJG225－2008)的参与制订企业、《中国热量表协会》和《中国城镇供热协会》的会员企业、火炬高新技术企业。产品拥有自主知识产权,取得多项国家专利,技术水平一直处于国际先进、国内领先的地位。公司股权在齐鲁股权托管交易中心挂牌交易,股权代码:100109。			

<table>
<tr><td>公司介绍</td><td colspan="4">公司ZY热计量系列产品,具备温控一体化综合节能、省费管理功能。ZY系列超声波热量表采用无反射板结构,流量计管体内不再设有反射板装置(专利产品,国内唯一),完全畅通无阻,不用担心在试水、清污时造成堵塞影响计量精度和使用。双电路供电保证了数据的采集;流量计腔体内无任何阻碍,压力损失几乎为零,去除了其他构件对水流的阻碍和影响,从而保证了流量计量在高湿、高温下长时间可靠、稳定运行,特别适合中国供热的水质和工况要求。具有明显的自身技术优势;温控系统具有远程和户控功能,采用有线或无线两种方式调控。高效节能超传导体输送热能技术,成功应用于散热器、地暖管批量生产。采用超传导体输送热能技术生产的暖气片、地暖管热传导和节能效果比传统产品提高70%。
公司坚持"科技为先导、创新促发展、质量树品牌、诚信赢市场"的经营理念,始终把产品技术研发放在首位。先后与国家兵器工业部208所、哈尔滨工业大学、山东大学、浙江大学和中国科研开发院等单位进行技术合作,为产品创新提供了有力的技术支持。ZY热计量产品先后获得45项国家专利。公司不但对产品技术研发下大力气,对产品质量更要求精益求精,在产品生产过程中建立多层检管环节,确保产品质量,并且通过了质量体系认证。被国家建设部发展促进中心推广,纳入《供热计量产品推广目录》。目前ZY系列热量表已在北方大部分地区得到广泛应用,得到用户及业主的一致好评。</td></tr>
<tr><td rowspan="12">主要财务指标</td><td>指标/报告期</td><td>2014.6.30</td><td>2013.12.31</td><td>2012.12.31</td></tr>
<tr><td>营业收入(元)</td><td>18487700</td><td>4841900</td><td></td></tr>
<tr><td>营业利润(元)</td><td>1297700</td><td>97100</td><td></td></tr>
<tr><td>净利润(元)</td><td>1007100</td><td>62200</td><td></td></tr>
<tr><td>未分配利润(元)</td><td></td><td></td><td></td></tr>
<tr><td>总资产(元)</td><td>134920300</td><td>55222800</td><td></td></tr>
<tr><td>总负债(元)</td><td>83323800</td><td>17627900</td><td></td></tr>
<tr><td>净资产(元)</td><td>51596500</td><td>47594900</td><td></td></tr>
<tr><td>每股收益(元)</td><td>0.03</td><td>0.00</td><td></td></tr>
<tr><td>每股净资产(元)</td><td>1.29</td><td>1.19</td><td></td></tr>
<tr><td>净资产收益率(%)</td><td>1.98</td><td>0.13</td><td></td></tr>
</table>

山东无棣华兴渤海黑牛种业股份有限公司

<table>
<tr><td rowspan="7">公司基本信息</td><td>股权简称</td><td>渤海黑牛</td><td>股权代码</td><td>100117</td></tr>
<tr><td>法人代表</td><td>杨占岗</td><td>董　秘</td><td>杨　震</td></tr>
<tr><td>推荐机构</td><td colspan="3">山东开来投资有限公司</td></tr>
<tr><td>电　话</td><td>0543-6413177</td><td>传　真</td><td>0543-6413177</td></tr>
<tr><td>注册地址</td><td colspan="3">无棣县车王镇五营村北</td></tr>
<tr><td>行业分类</td><td colspan="3">畜牧业</td></tr>
<tr><td>主营产品</td><td colspan="3">前置许可经营项目:渤海黑牛良种繁育、地方保护与开发(有效期限至2015年6月5日);渤海黑牛养殖</td></tr>
<tr><td>公司介绍</td><td colspan="4">山东无棣华兴渤海黑牛种业股份有限公司,成立于2010年8月,公司位于无棣县车王镇生态养殖园区,占地面积300余亩,总资产6900万元,其中生产性生物资产1439万元,注册资金2700万元,现有员工35人,其中技术人员6人。公司承担着渤海黑牛良种保护、改良、换代、繁育、提纯推广工作。是国家级畜禽养殖标准化示范场、国家级渤海黑牛保种场、山东省渤海黑牛原种场,山东省农业科学院渤海黑牛科技示范基地,通过了山东省畜牧兽医局专家组畜禽场生产许可验收。
2012年12月成为山东齐鲁股权托管交易中心挂牌企业。
渤海黑牛原称"无棣黑牛",又名"抓地虎牛",主产区在山东省无棣县,是我国唯一的黑毛牛种,是世界三大黑毛牛种之一,中国八大名牛之一,是生产高端牛肉的良种。其主要特点是皮毛、蹄、角、鼻镜、舌面全黑,后躯发达,体质健壮、遗传性能稳定,适应能力强。
渤海黑牛1983年被列入《中国牛品种志》和《山东省畜禽品种志》;
2006年6月,渤海黑牛被列为国家级畜禽遗传资源保护名录;
2008年8月,被农业部列入国家级品种资源保护名录;
2011年8月始,渤海黑牛受农产品地理标志保护;
2012年8月,公司渤海黑牛活牛体和饲料种植顺利通过国家有机认证。</td></tr>
</table>

<table>
<tr><td>公司介绍</td><td colspan="4">有机产品的投产问世，使企业产品的市场占有率大幅提升，经济和社会效益显著提高，企业奔上了发展的快车道。
公司凭借在渤海黑牛良种保护、繁育、肉牛育肥等主营业务方面的技术优势和不断创新，带动基地发展规模5000亩，其中饲料原料基地1000亩，秸秆饲草基地4000亩；带动区域内农户4628户，其中与2640户农户签订了渤海黑牛繁育回收合同。
公司建有渤海黑牛保种、繁育基地300余亩，现存栏纯种渤海黑牛种公牛30头，能繁母牛500头。
企业以“为农民开拓致富之路，向社会提供健康食品”为服务宗旨，充分发挥企业的示范带动作用，采取“公司＋合作社＋基地＋农户”的运营管理模式，大力发展订单畜牧业，与区域内4628户农户签订了饲料、秸秆、饲草收购和渤海黑牛繁育回收合同，积极引导成员进行渤海黑牛繁育与育肥。渤海黑牛冻精及配种费用由公司承担，成员提供渤海黑牛基础母牛，在确准黑牛受孕后，公司先预付500元的定金给成员，当渤海黑牛犊牛在6个月龄左右时，公司以高于市场8元/公斤的价格进行收购，并加强与农户的科技、信息共享，从母牛的受孕、饲养、防疫各个环节进行技术服务，制定详细的操作规程，建立系谱、追溯等技术档案，实现标准化操作、规范化管理。合作社成员现已发展到2600余户，年可繁育回收渤海黑牛犊牛2000余头，有力地促进了渤海黑牛种质资源的保护和繁育，可增加就业4000人，实现养殖户人均增收2000元，对社会主义新农村建设和带动农民致富具有较大推动作用。
“黄蓝”两区建设和省“百强”示范镇车王镇享受政府贴息贷款等优惠政策，为企业发展提供了千载难逢的良机。现在公司已征地300亩，计划投资3000万元的渤海黑牛基地建设及种质资源开发利用项目正在建设中，需要融资2000万元。我们将抢抓机遇，乘势而上，坚持高效、生态、循环和可持续发展战略，加大资金投入，拉长产业链条，走肉牛繁育→牛肉加工→沼气工程→有机肥料→旅游观光→生态大棚→秸秆青储→菌棒→蘑菇养殖→菌渣发酵→菌蛋白→肉牛饲料→肉牛繁育循环经济之路，咬定发展不动摇，力争到“十二五”末，新建繁育基地9处，存栏渤海黑牛1.2万头，销售收入2.4亿元，利税3200万元，使企业走上健康、良性发展之路。</td></tr>
<tr><td rowspan="11">主要财务指标</td><td>指标/报告期</td><td>2014.6.30</td><td>2013.12.31</td><td>2012.12.31</td></tr>
<tr><td>营业收入（元）</td><td>10,543,089.50</td><td>28,854,500.00</td><td>2,515,600.00</td></tr>
<tr><td>营业利润（元）</td><td>1,308,361.55</td><td>7,431,275.10</td><td>650,693.65</td></tr>
<tr><td>净利润（元）</td><td>317,836.55</td><td>7,870,375.10</td><td>1,065,693.55</td></tr>
<tr><td>未分配利润（元）</td><td>10,936,457.74</td><td>7,758,096.19</td><td>674,758.60</td></tr>
<tr><td>总资产（元）</td><td>6,222,4491.47</td><td>43,790,021.80</td><td>28,472,821.88</td></tr>
<tr><td>总负债（元）</td><td>20,386,282.94</td><td>5,130,174.82</td><td>1,483,350.00</td></tr>
<tr><td>净资产（元）</td><td>41,838,208.53</td><td>38,659,846.98</td><td>2,698,947.88</td></tr>
<tr><td>每股收益（元）</td><td>0.1177</td><td>0.2942</td><td>0.0789</td></tr>
<tr><td>每股净资产（元）</td><td>1.5496</td><td>1.4452</td><td>1.038</td></tr>
<tr><td>净资产收益率（%）</td><td>7.60</td><td>20.36</td><td>3.95</td></tr>
</table>

山东嘉特塑料包装股份有限公司

<table>
<tr><td rowspan="7">公司基本信息</td><td>股权简称</td><td>嘉特包装</td><td>股权代码</td><td>100069</td></tr>
<tr><td>法人代表</td><td>黄春庆</td><td>董　　秘</td><td>赵友杰</td></tr>
<tr><td>推荐机构</td><td colspan="3">山东裕铖股权投资有限公司</td></tr>
<tr><td>电　　话</td><td>0533－2947827</td><td>传　　真</td><td></td></tr>
<tr><td>注册地址</td><td colspan="3">张店区沣水镇寨子村东南</td></tr>
<tr><td>行业分类</td><td colspan="3">制造业</td></tr>
<tr><td>主营产品</td><td colspan="3">主要生产各种规格的方底阀口袋、外涂膜编织袋、内涂膜袋、柔性集装袋、纸塑复合袋、彩膜袋及普通编织袋等</td></tr>
<tr><td>公司介绍</td><td colspan="4">公司拥有的德国W&H全自动阀口袋生产线，全国仅引进六条，可以实现超过400名熟练工人的生产效率。主要客户有全球第二大PVC第三大OPP包装生产厂商——亚洲化学、全球第二大铝业公司中国铝业、日本包装集团等一批国际知名企业，遍布世界各大洲，产品品质得到了世界范围内各个客户的广泛认可。公司总工程师孙崇弟先生是方底阀口袋包装专利设计人之一，多次荣获淄博市科学技术协会、淄博市经济委员会奖励，在阀口袋及阀口袋生产线技术方面有较高水平。</td></tr>
</table>

主要财务指标	指标/报告期	2014.6.30	2013.12.31	2012.12.31
	营业收入(元)	171209500	27279000	16647500
	营业利润(元)	618200	558300	1181900
	净利润(元)	487400	410600	1181900
	未分配利润(元)			
	总资产(元)	160900000	77497900	63138400
	总负债(元)	128915100	45891600	31942600
	净资产(元)	31985800	31606300	31195700
	每股收益(元)	0.0203	0.13	0.05
	每股净资产(元)	1.33	1.69	1.57
	净资产收益率(%)	1.52	1.3	3.43

山东松竹铝业股份有限公司

公司基本信息	股权简称	松竹铝业	股权代码	100103
	法人代表	张杰	董　　秘	巩乃滨
	推荐机构	山东淄川高新技术创业投资有限公司		
	电　　话	0533－5335701	传　　真	
	注册地址	淄博市淄川区张博路东双沟镇政府西300米		
	行业分类	制造业		
	主营产品	铝材、铝棒、铝锭镁锭加工销售		

公司介绍

山东松竹铝业股份有限公司是中国最大的铝合金型材生产企业之一，是山东省委、省政府确定的全省重点培植企业之一。

公司占地面积44783平方米，年产各种型号的铝合金型材25000余吨，在职员工270余人，其中高级工程师15人，中级以上工程技术人员92人，产品畅销全国并出口海外。

企业97年在山东省同行业中率先通过了ISO9002质量体系认证；1999年“松竹”牌铝型材荣获了“山东名牌”称号；2000年“松竹”牌铝型材被山东省质量技术监督局评为山东省铝材行业首批质量免检产品；2001年“松竹”牌商标荣获了山东省铝材行业第一家“山东省著名商标”称号；2002年“松竹”牌铝型材又被中国质量检验协会评为“国家权威检测达标产品”。

“松竹”牌铝型材紧追世界同行业先进水平，表面处理工艺及产品种类国内领先。公司现有熔铸、挤压、氧化着色、电泳涂漆、粉末喷涂、氟碳喷涂、木纹转印、隔热断桥、铜铝散热器、模具制作、门窗组装十一大车间。主要生产设备及检测仪器全部由国外引进，达到世界先进水平。除门窗、幕墙型材外，还开发列车/汽车/家电/化工等专用型材六百余种。

为用户提供100%的合格产品和100%的满意服务是我们不懈努力的方向。公司将认真履行“产品质量最优良、价格最公平、服务最周到、用户最满意”的承诺，以更加优良的产品、更加周到的服务、与广大用户真诚合作，共创企业更加美好的明天。

主要财务指标	指标/报告期	2014.6.30	2013.12.31	2012.12.31
	营业收入(元)	79200000	81388700	73804200
	营业利润(元)	900000	481700	341500
	净利润(元)	810000	382600	341500
	未分配利润(万元)			
	总资产(元)	114740000	93700200	93478500
	总负债(元)	68240000	51000600	51161500
	净资产(元)	46500000	42699700	42317100
	每股收益(元)	0.04	0.13	0.05
	每股净资产(元)	2.325	1.69	1.57
	净资产收益率(%)	1.77	0.84	0.61

山东华伟银凯建材科技股份有限公司

公司基本信息	股权简称	华伟科技	股权代码	100010
	法人代表	贯吉堂	董　　秘	李武成
	推荐机构	桓台创业投资有限公司		
	电　　话	0533－8409988	传　　真	
	注册地址	桓台县新世纪工业园		
	行业分类	制造业		
	主营产品	混凝土外加剂的研发、生产、销售		
公司介绍	具备年产各类混凝土外加剂10万吨的生产能力，是首批通过铁道部科技司认证的合格混凝土外加剂生产企业，位居省内第一，全国前列。			
主要财务指标	指标/报告期	2014.6.30	2013.12.31	2012.12.31
	营业收入（元）		69634900	63928300
	营业利润（元）		3995900	1939100
	净利润（元）		3995900	1939100
	未分配利润（元）			
	总资产（元）		225591400	199969800
	总负债（元）		171700900	150075200
	净资产（元）		53890500	49894600
	每股收益（元）		0.13	0.05
	每股净资产（元）		1.69	1.57
	净资产收益率（%）		7.7	2.33

山东三丰集团股份有限公司

公司基本信息	股权简称	三丰股份	股权代码	100021
	法人代表	王利柱	董　　秘	孙　钰
	推荐机构	山东丰嘉投资有限公司		
	电　　话	0533－4695333	传　　真	
	注册地址	博山区颜北路693号		
	行业分类	制造业		
	主营产品	从事硫酸铝的生产与销售		
公司介绍	区位、环保和节能优势			
主要财务指标	指标/报告期	2014.6.30	2013.12.31	2012.12.31
	营业收入（元）	26683000	21085600	22688600
	营业利润（元）	－1742000	－725400	628700
	净利润（元）	－1785500	－931500	628700
	未分配利润（元）			
	总资产（元）	197373000	191300800	190907800
	总负债（元）	150596600	135823900	134479600
	净资产（元）	46776400	55476900	56428200
	每股收益（元）	－0.036	0.13	0.05
	每股净资产（元）	0.94	1.69	1.57
	净资产收益率（%）	－3.82	－1.68	0.4

山东天健纸业股份有限公司

<table>
<tr><td rowspan="7">公司基本信息</td><td>股权简称</td><td>天健纸业</td><td>股权代码</td><td>100035</td></tr>
<tr><td>法人代表</td><td>刘涛</td><td>董　秘</td><td>张志涛</td></tr>
<tr><td>推荐机构</td><td colspan="3">山东淄川高新技术创业投资有限公司</td></tr>
<tr><td>电　话</td><td>13853387214</td><td>传　真</td><td></td></tr>
<tr><td>注册地址</td><td colspan="3">淄博市淄川区张博路立交桥西路北</td></tr>
<tr><td>行业分类</td><td colspan="3">制造业</td></tr>
<tr><td>主营产品</td><td colspan="3">从事箱板纸、文化纸及特种纸的研发与设计、生产、销售及服务。</td></tr>
<tr><td>公司介绍</td><td colspan="4">本公司有1600多缸纸机生产线一条,1880八缸纸机生产线一条,1092多缸纸机生产线一条。</td></tr>
<tr><td rowspan="11">主要财务指标</td><td>指标/报告期</td><td>2014.6.30</td><td>2013.12.31</td><td>2012.12.31</td></tr>
<tr><td>营业收入(元)</td><td></td><td>24930000</td><td>30330000</td></tr>
<tr><td>营业利润(元)</td><td></td><td>320000</td><td>370000</td></tr>
<tr><td>净利润(元)</td><td></td><td>240000</td><td>370000</td></tr>
<tr><td>未分配利润(元)</td><td></td><td></td><td></td></tr>
<tr><td>总资产(元)</td><td></td><td>160810000</td><td>158530000</td></tr>
<tr><td>总负债(元)</td><td></td><td>107720000</td><td>105680000</td></tr>
<tr><td>净资产(元)</td><td></td><td>53090000</td><td>52860000</td></tr>
<tr><td>每股收益(元)</td><td></td><td>0.13</td><td>0.05</td></tr>
<tr><td>每股净资产(元)</td><td></td><td>1.69</td><td>1.57</td></tr>
<tr><td>净资产收益率(%)</td><td></td><td>0.45</td><td>0.52</td></tr>
</table>

淄博宝塔焦化股份有限公司

<table>
<tr><td rowspan="7">公司基本信息</td><td>股权简称</td><td>宝塔股份</td><td>股权代码</td><td>100038</td></tr>
<tr><td>法人代表</td><td>柳明</td><td>董　秘</td><td>李　岗</td></tr>
<tr><td>推荐机构</td><td colspan="3">山东淄川高新技术创业投资有限公司</td></tr>
<tr><td>电　话</td><td>13616435566</td><td>传　真</td><td></td></tr>
<tr><td>注册地址</td><td colspan="3">淄博市淄川区寨里镇黑旺村</td></tr>
<tr><td>行业分类</td><td colspan="3">制造业</td></tr>
<tr><td>主营产品</td><td colspan="3">从事焦炭、煤焦油、粗苯、煤气的生产、销售。</td></tr>
<tr><td>公司介绍</td><td colspan="4">公司于2007年被国家发改委批准为第三批焦化行业准入企业,是山东焦化行业协会的副会长单位。拥有年产60万吨的TH3846D型焦炉和与其相配套的配煤、回收、能源供应等设施,现可年生产焦炭60万吨、焦油2.8万吨、粗苯0.8万吨、煤气1.3亿立方米,生产规模位居淄博市内第四,连续4年被淄博市委、市政府表彰为"百强企业"之一。</td></tr>
<tr><td rowspan="11">主要财务指标</td><td>指标/报告期</td><td>2014.6.30</td><td>2013.12.31</td><td>2012.12.31</td></tr>
<tr><td>营业收入(元)</td><td>245710000</td><td>269430000</td><td>362180000</td></tr>
<tr><td>营业利润(元)</td><td>-2210000</td><td>5850000</td><td>5120000</td></tr>
<tr><td>净利润(元)</td><td>-2920000</td><td>5160000</td><td>5120000</td></tr>
<tr><td>未分配利润(元)</td><td></td><td></td><td></td></tr>
<tr><td>总资产(元)</td><td>727630000</td><td>699100000</td><td>459990000</td></tr>
<tr><td>总负债(元)</td><td>528780000</td><td>500390000</td><td>265840000</td></tr>
<tr><td>净资产(元)</td><td>198850000</td><td>199520000</td><td>194140000</td></tr>
<tr><td>每股收益(元)</td><td>-0.0403</td><td>0.13</td><td>0.05</td></tr>
<tr><td>每股净资产(元)</td><td>2.74</td><td>1.69</td><td>1.57</td></tr>
<tr><td>净资产收益率(%)</td><td>-1.46</td><td>2.62</td><td>2.49</td></tr>
</table>

山东辛龙生物科技股份有限公司

公司基本信息	股权简称	辛龙科技	股权代码	100039
	法人代表	林兴	董　秘	周琳娜
	推荐机构	山东丰嘉投资有限公司		
	电　话	0533－7114264	传　真	
	注册地址	临淄区辛化路57号东		
	行业分类	制造业		
	主营产品	硫酸二甲酯、甲醇钠的生产与销售		
公司介绍	氧甲基异脲硫酸盐(抗癌药物中间体)的新品种开发、DMTDA的规模化工艺改造填补国内空白,目前已具有年产硫酸二甲酯40000吨、年产甲醇钠20000吨以上的生产能力,是国内硫酸二甲酯、甲醇钠规模领先的生产企业。			

	指标/报告期	2014.6.30	2013.12.31	2012.12.31
主要财务指标	营业收入(元)	92943800	97983200	98268900
	营业利润(元)	－1544200	150600	579100
	净利润(元)	－1626800	115900	579100
	未分配利润(元)			
	总资产(元)	142589700	143949700	141718900
	总负债(元)	98720000	96942900	94786800
	净资产(元)	43869700	47006800	46932000
	每股收益(元)	－0.06	0.13	0.05
	每股净资产(元)	1.65	1.69	1.57
	净资产收益率(%)	－3.46	0.25	0.93

山东东耐高温材料股份有限公司

公司基本信息	股权简称	东耐股份	股权代码	100046
	法人代表	秦程亮	董　秘	陈振国
	推荐机构	山东淄川高新技术创业投资有限公司		
	电　话	0533－5418277	传　真	
	注册地址	淄川经济开发区西区		
	行业分类	制造业		
	主营产品	连铸用耐火材料、不定型耐火材料		
公司介绍	山东东耐高温材料股份有限公司是一家专业研制、开发、生产薄板、中厚板中间包耐材的高新技术企业,现在已成长为淄博市耐火材料龙头企业。			

	指标/报告期	2014.6.30	2013.12.31	2012.12.31
主要财务指标	营业收入(元)	34180000	40920000	37810000
	营业利润(元)	3290000	1850000	1250000
	净利润(元)	2880000	1180000	1250000
	未分配利润(元)			
	总资产(元)	176246100	143180000	139350000
	总负债(元)	34654800	9640000	6830000
	净资产(元)	141590000	133540000	132520000
	每股收益(元)	0.0498	0.13	0.05
	每股净资产(元)	2.44	1.69	1.57
	净资产收益率(%)	4.08	0.89	0.9

山东华旅旅游发展股份有限公司

公司基本信息	股权简称	华旅股份	股权代码	100049
	法人代表	房利军	董　秘	王延刚
	推荐机构	山东丰嘉投资有限公司		
	电　话	0533－4188888	传　真	
	注册地址	山东省淄博市博山区西过境路中段		
	行业分类	房地产业		
	主营产品	旅游开发、旅游服务、对房地产业投资（以上经营范围需审批或许可经营的凭手续或许可证经营		

公司介绍

山东华旅旅游发展股份有限公司是于2009年5月由原淄博泰和实业有限公司更名设立，注册资本人民币3300万元，是一家市场信誉良好、特色鲜明的旅游文化产业投资管理公司。公司始建于1992年，原为博山煤炭运销公司，1998年3月正式更名为淄博泰和实业有限公司，公司现有淄博泰和房地产开发有限责任公司、博山隆泰置业有限公司、淄博聚乐村酒业有限公司、长岛置业有限公司、长岛宾馆、淄博泰和物业管理公司、淄博泰和旅游开发有限公司等多家子公司和分公司。公司现有员工600余人，总资产2亿元，2008年各业总产值过亿元，实现利税过千万元。

为进一步增强企业核心竞争力，山东华旅旅游发展股份有限公司目前正开发建设姚家峪生态旅游度假区项目。该项目被列为淄博市二十项重点工程之一，并已被列入淄博市博山区2009年政府工作报告之中。

姚家峪生态旅游度假区项目充分利用淄博市博山区充足的自然资源条件，并迎合淄博市博山区产业结构调整之需求，将沟峪旅游经济与新农村建设相结合，真正实现经济效益与社会效益双赢。该项目的开发建设，将填补代表鲁中地区旅游形象产品的缺失。

山东华旅旅游发展股份有限公司已建立起符合公司未来发展目标和产业发展要求的经营体系，并将进一步加强管理，提高公司核心竞争力，加快业务创新，实施品牌战略，拓展国内乃至国际市场，以将公司发展成为一个稳健运营、具备核心竞争力的大型旅游文化产业投资管理公司。

主要财务指标

指标/报告期	2014.6.30	2013.12.31	2012.12.31
营业收入（元）		85100000	71930000
营业利润（元）		5010000	4170000
净利润（元）		1350000	4170000
未分配利润（元）			
总资产（元）		706300000	656390000
总负债（元）		596900000	557790000
净资产（元）		109390000	98600000
每股收益（元）		0.13	0.05
每股净资产（元）		1.69	1.57
净资产收益率（%）		1.7	2.85

山东邦迪化学制品股份有限公司

公司基本信息	股权简称	邦迪股份	股权代码	100068
	法人代表	李宝成	董　秘	邢玫瑰
	推荐机构	淄博同轩创业投资有限公司		
	电　话	0546－5888808	传　真	
	注册地址	东营市利津县开发区		
	行业分类	制造业		
	主营产品	水处理剂系列产品（水质稳定剂，反渗透膜阻垢分散剂（聚天冬氨酸）杀菌剂）的生产，水处理设备、燃料油、道路沥青、蜡油、重油、渣油销售；科技开发与推广服务。（以上登记事项国家限制、禁止经营的除外，须凭审批和许可经营的凭审批文件和许可证经营）		

公司介绍

公司集研发、生产和技术推广服务于一体，致力于推广环保型化工产品，自主研发的聚天冬氨酸系列的水处理剂和农药缓释剂填补了国内空白，替代了传统高磷水处理剂对环境的严重污染；农药缓蚀剂—多肽钾不仅能提高植物营养吸收率，同时还能改良土壤，解决土地板结化问题，是真正的绿色产品。

	指标/报告期	2014.6.30	2013.12.31	2012.12.31
主要财务指标	营业收入(元)		45138250.17	40602749.1
	营业利润(元)		212400	1802524.58
	净利润(元)		212400	1802524.58
	未分配利润(元)			
	总资产(元)		136389100	94744728.83
	总负债(元)		91302627.49	60103109.59
	净资产(元)		45086500	34641619.24
	每股收益(元)		0.13	0.05
	每股净资产(元)		1.69	1.57
	净资产收益率(%)		0.0015	0.048

山东红阳耐火保温材料股份有限公司

公司基本信息	股权简称	红阳股份	股权代码	100007
	法人代表	孙启宝	董　　秘	孙　选
	推荐机构	山东淄川高新技术创业投资有限公司		
	电　　话	0533－5413777	传　　真	
	注册地址	淄博市淄川区西过境线二里村段		
	行业分类	制造业		
	主营产品	陶瓷纤维系列产品的研发与设计、生产、销售及技术服务		
公司介绍	公司在国内陶瓷纤维行业中的生产规模名列第二，自主知识产权、品牌及技术优势			

	指标/报告期	2014.6.30	2013.12.31	2012.12.31
主要财务指标	营业收入(元)	36681800	0	0
	营业利润(元)	661600	0	0
	净利润(元)	437600	0	0
	未分配利润(元)			
	总资产(元)	67678100	0	0
	总负债(元)	26197400	0	0
	净资产(元)	41480700	0	0
	每股收益(元)	0.015	0.13	0.05
	每股净资产(元)	1.43	1.69	1.57
	净资产收益率(%)	1.04	0	0

淄博鸿嘉铝业股份有限公司

公司基本信息	股权简称	鸿嘉铝业	股权代码	100008
	法人代表	孙亮	董　　秘	陈志强
	推荐机构	山东昌泰投资担保有限公司		
	电　　话	0533－2906336	传　　真	
	注册地址	张店区傅家镇傅三路东首		
	行业分类	制造业		
	主营产品	氢氧化铝系列产品的生产与销售及氧化铝的委托加工和销售业务。		

公司介绍	规模最大、技术实力雄厚、产品种类齐全;生产设备及工艺技术优势			
主要财务指标	指标/报告期	2014.6.30	2013.12.31	2012.12.31
	营业收入(元)		26719351.94	30968602.37
	营业利润(元)		374924.4	357003.38
	净利润(元)		281193.3	357003.38
	未分配利润(元)			
	总资产(元)		33044109.48	31962971.05
	总负债(元)		8045375.47	7245430.34
	净资产(元)		24998734.01	24717540.71
	每股收益(元)		0.13	0.05
	每股净资产(元)		1.69	1.57
	净资产收益率(%)		0.85	1.09

山东安博机械科技股份有限公司

公司基本信息	股权简称	安博科技	股权代码	100022
	法人代表	张廷泽	董　秘	张　霞
	推荐机构	山东淄川高新技术创业投资有限公司		
	电　话	0533－4691899	传　真	
	注册地址	博山区白塔镇北峪村		
	行业分类	制造业		
	主营产品	主要从事重型卡车底盘用推力杆和稳定杆总成及汽车用铸件的研发与设计、生产、销售及服务		
公司介绍	公司已经形成了从产品研发——模具设计——零部件制造——总成的汽车零部件供应链条,在产品研发、管理、生产技术、产品检测及区位产业等多方面拥有自己的竞争优势,并成为国内推力杆、稳定杆行业中位居前列的生产企业。			
主要财务指标	指标/报告期	2014.6.30	2013.12.31	2012.12.31
	营业收入(元)	73334200	50717900	47387300
	营业利润(元)	1625400	1626600	2062000
	净利润(元)	1381600	1449900	2062000
	未分配利润(元)			
	总资产(元)	204984700	144469600	132324600
	总负债(元)	152377200	94366200	83086100
	净资产(元)	52607500	50103400	49238500
	每股收益(元)	0.059	0.13	0.05
	每股净资产(元)	2.25	1.69	1.57
	净资产收益率(%)	2.63	2.9	3.82

山东创尔沃热泵技术股份有限公司

公司基本信息	股权简称	创尔沃	股权代码	100027
	法人代表	荣淑芝	董　秘	张　艳
	推荐机构	中谋投资有限公司		
	电　话	0533－8553378	传　真	
	注册地址	淄博市桓台县陈庄镇张田路88号		

	行业分类	制造业
	主营产品	热泵机组、冷水机组的研发、制造、销售、安装施工
公司介绍	公司是中国制冷空调工业协会会员单位，是全国地源热泵空调的骨干企业。公司产品被评为“全国质量稳定合格产品”、“著名商标”和“山东名牌”。公司是省科技厅命名的“高新技术企业”、省工商局命名的“重合同守信用企业”、省专利局命名的“中国专利明星企业”、中国互联信用办命名的“中国信用企业”，获国家多项发明专利，其中汽水换热器产品技术达国际领先水平。是第一批获生产许可证和山东省建委二级安装资质企业。	

主要财务指标	指标/报告期	2014.6.30	2013.12.31	2012.12.31
	营业收入(元)	26970000	22310000	17970000
	营业利润(元)	2660000	2480000	2250000
	净利润(元)	2130000	1980000	2250000
	未分配利润(元)			
	总资产(元)	165340000	141690000	123300000
	总负债(元)	134160000	113010000	96600000
	净资产(元)	31180000	28680000	26700000
	每股收益(元)	0.142	0.13	0.05
	每股净资产(元)	2.08	1.69	1.57
	净资产收益率(%)	6.8	6.9	7.05

山东先河悦新机电股份有限公司

公司基本信息				
	股权简称	先河机电	股权代码	100070
	法人代表	张辉新	董　秘	张海荣
	推荐机构	山东淄川高新技术创业投资有限公司		
	电　话	15065330278	传　真	
	注册地址	淄川洪山镇洪山大街6号		
	行业分类	制造业		
	主营产品	从事煤炭机械、机电产品的研发与设计、生产、销售及服务。主要产品为：采煤机、带式输送机、刮板输送机、移动变电站、矿用防爆变压器、大型箱式钢结构井架等。		
公司介绍	薄煤层采煤机是公司核心技术产品。上世纪七十年代公司就自行研制开发出国内第一台薄煤层滚筒采煤机，并填补了国内空白，在此基础上又先后研发出多种规格系列薄煤层滚筒采煤机。公司生产的系列薄煤层采煤机各项指标均达到国内先进水平。			

主要财务指标	指标/报告期	2014.6.30	2013.12.31	2012.12.31
	营业收入(元)	103744100		
	营业利润(元)	904100		
	净利润(元)	602600		
	未分配利润(元)			
	总资产(元)	248839700		
	总负债(元)	164499400		
	净资产(元)	84340300		
	每股收益(元)	0.012	0.13	0.05
	每股净资产(元)	1.63	1.59	1.57
	净资产收益率(%)	0.75		

山东世拓高分子材料股份有限公司

公司基本信息	股权简称	山东世拓	股权代码	100072
	法人代表	刘清祥	董　　秘	王磊峰
	推荐机构	山东丰嘉投资有限公司		
	电　　话		传　　真	
	注册地址	沂源县经济开发区		
	行业分类	制造业		
	主营产品	主营业务主要为PVC助剂的生产与销售		
公司介绍	山东世拓高分子材料股份有限公司位于风景秀丽的沂蒙山革命老区:沂源县经济开发区。主要从事PVC助剂的研发制造与销售,属省级高新技术企业。公司自产品问世以来,以其稳定可靠的产品质量、产品性能、及时准确的信息反馈、完善的售后服务体系、健全的网络经营机制赢得了客户的一致好评,产品畅销国内外。			

	指标/报告期	2014.6.30	2013.12.31	2012.12.31
主要财务指标	营业收入(元)	56980000		
	营业利润(元)	1330000		
	净利润(元)	1140000		
	未分配利润(元)			
	总资产(元)	292270000		
	总负债(元)	229490000		
	净资产(元)	62780000		
	每股收益(元)	0.06	0.13	0.05
	每股净资产(元)	3.14	1.69	1.57
	净资产收益率(%)	1.83		

山东正汉生物科技股份有限公司

公司基本信息	股权简称	正汉生物	股权代码	100143
	法人代表	盛岩	董　　秘	宋子柱
	推荐机构	山东裕铖股权投资有限公司		
	电　　话		传　　真	
	注册地址	垦利县垦利街道办事处五庄村(博新路东,生产路北)		
	行业分类	农、林、牧、渔业		
	主营产品	公司主营食用菌种植、销售及技术研发;生物技术研发		
公司介绍	正汉生物是山东省内最大的主营蟹味菇、白玉菇的工厂化食用菌生产企业。公司自2010年开始进入食用菌工厂化生产领域,是行业内少数能够实行规模化、标准化、周年化生产的企业之一,是山东省农业科学院食用菌科技示范基地、山东省农业产业化重点龙头企业,也是目前全国第二家,山东省内唯一一家建有食用菌院士工作站的专业化食用菌生产企业。			

	指标/报告期	2014.6.30	2013.12.31	2012.12.31
主要财务指标	营业收入(元)	34240000		
	营业利润(元)	1930000		
	净利润(元)	1930000		
	未分配利润(元)			
	总资产(元)	405130000	211260000	150590000
	总负债(元)	354730000	167020000	120170000
	净资产(元)	50390000	44240000	30410000

	指标/报告期	2014.6.30	2013.12.31	2012.12.31
	每股收益(元)	0.07	0.13	0.05
	每股净资产(元)	1.89	1.69	1.57
	净资产收益率(%)	0.04		

淄博瀚海水业股份有限公司

公司基本信息	股权简称	瀚海水业	股权代码	100017
	法人代表	于衍斌	董　秘	由　建
	推荐机构	山东昌泰投资担保有限公司		
	电　话	0533－6801807	传　真	0533－6812282
	注册地址	淄博市周村区体育场路1397号		
	行业分类	电力、热力、燃气及水生产和供应业		
	主营产品	生活用水、工业用水的生产、销售；自来水管线工程维修；房屋出租；普通货运；水表安装。		
公司介绍	公司是周村区唯一一家供水企业，主要为周村区域内的各大企事业单位及居民用户提供供水服务。公司的营业收入主要来源于销售生活与工业用水收入。公司的其他业务收入主要为收取的供水设施配套费等。由于供水业务直接涉及到工业生产、商业服务和居民生活质量，国家和地方政府对自来水价格有严格的规定。公司自2003年成立以来，自来水价格从未作过调整。因此，一定时期内，公司收取的水费是相对固定的。而配套费是则会根据当地当年竣工的居民楼或者新上马或扩产企业的增减而增减。本公司将充分发挥规模优势，以周村城区及周村周边地区为重点服务市场，以城乡供水及项目建设为优势业务，全面提升公司水务综合服务功能，通过不断新建、扩张，持续提高公司供水服务规模与市场占有率；通过培育相关延伸产业，使供水主营业务和上、下游延伸业务等相关业务初步形成合理的多元化产业格局；从总体上实现本公司规模与效益的良好增长，并通过持续改革与发展，将本公司改革转型为营运科学、技术领先、服务一流、发展快速、效益良好的现代化水务企业，回报社会与广大投资者。			
主要财务指标	指标/报告期	2014.6.30	2013.12.31	2012.12.31
	营业收入(元)	16,642,104.65	32,811,000	26,998,000
	营业利润(元)	664,521,19	1,057,300	1,445,300
	净利润(元)	748,260.74	1,409,800	1,084,000
	未分配利润(元)	3,925,373.22	3,317,810.80	2,126,457.51
	总资产(元)	123,242,090.66	110,413,500	136,620,200
	总负债(元)	53,463,466.11	41,242,400	68,781,500
	净资产(元)	69,778,624.55	69,171,100	67,838,700
	每股收益(元)	0.0139	0.03	0.02
	每股净资产(元)	1.29	1.28	1.26
	净资产收益率(%)	0.0107	2.03	1.60

山东华煜盛园农业发展股份有限公司

公司基本信息	股权简称	华煜盛园	股权代码	100029
	法人代表	鲁华	董　秘	银丽辉
	推荐机构	山东昌泰投资担保有限公司		
	电　话	0533－6801807	传　真	0533－6812282
	注册地址	张店区联通路东方之珠大厦一号楼1202室		
	行业分类	农、林、牧、渔业		
	主营产品	造林苗、城镇绿化苗、经济林苗、花卉种植、销售，犬类养殖、销售粮食种植、销售(不含种子及粮食收购)，园林绿化，园林景观施工，农副产品(不含加工制品)销售。		

公司介绍	公司前身为淄博华煜农业发展有限公司，成立于2009年，2011年5月13日经淄博市工商局批准，淄博华煜农业发展有限公司整体变更为山东华煜盛园农业发展股份有限公司。公司是一家集农产品产销、苗木培育、苗木销售及都市农业生态旅游开发为一体的新型生态农业科技企业。公司现有玫瑰生产基地663亩，员工44人。公司主营业务为玫瑰育苗、销售及都市农业生态旅游开发。公司与山东平阴玫瑰研究所及中国玫瑰技术研发中心合作，坚持治理荒漠化、发展产业化的方向，有针对性地进行了玫瑰适应性考察，确定把适应山岭薄地、干旱地、盐碱荒漠地生长的玫瑰新品种，作为荒山荒坡绿化、发展产业化的主推品种。并与中国治理荒漠化基金会对接，拟在张店区南定、傅家、沣水等乡镇利用农田和沟、渠、路边等耕地、林地、绿化地等发展玫瑰种植、加工产业化项目。公司目前在张店区南定镇马庄村建设"华煜玫瑰生态庄园"，庄园将建设成为集科研示范功能、娱乐休闲功能、环保功能和经济功能于一身的都市农业生态观光科技示范园。华煜玫瑰生态庄园是淄博市首批命名的市级都市农业示范园；与此同时，还是淄博市、张店区重点建设项目之一。

	指标/报告期	2014.6.30	2013.12.31	2012.12.31
主要财务指标	营业收入(元)	5381146.00	6320000	9730000
	营业利润(元)	642434.66	160000	1000000
	净利润(元)	638384.66	160000	1000000
	未分配利润(元)	4810938.19	4172553.53	3870866.04
	总资产(元)	83061587.25	58460000	75070000
	总负债(元)	43204672.00	18390000	36160000
	净资产(元)	39856915.25	40070000	38910000
	每股收益(元)	0.02	0.01	0.04
	每股净资产(元)	2	1.41	1.37
	净资产收益率(%)	1.6	0.39	2.63

山东七河生物科技股份有限公司

公司基本信息	股权简称	七河生物	股权代码	100028
	法人代表	苏建昌	董　　秘	杜兴程
	推荐机构	山东昌泰投资担保有限公司		
	电　　话	1386935209	传　　真	053－2275999
	注册地址	山东淄博淄川区钟楼街道办事处双泉社区		
	行业分类	农、林、牧、渔业		
	主营产品	食用菌、蔬菜培育、种植、销售；食用菌种培育、销售；金银花、黄芩、花卉种植、销售；货物进出口		

公司介绍	山东七河生物科技股份有限公司成立于2000年11月，注册资本3120万元。主要从事食用菌研发、生产、加工、销售、出口业务，是省级农业产业化经营重点优秀龙头企业，山东省食用菌行业十大龙头企业，并先后被评为"国家级蔬菜标准园"、"国家出口花菇标准化示范园"、"国家星火计划承担单位"等荣誉称号。公司股权于2011年9月在齐鲁股权托管交易中心挂牌交易，代码100028。 公司注重依靠科技进步实现自身的跨越式发展。2006年，公司与山东农业大学联合实施的"花香菇双膜节能日光温室周年生产及出口菌袋保鲜技术应用研究项目"顺利完成并通过山东省科技成果鉴定，技术先进可靠，为公司拥有并已熟化应用。公司自主研发了"七河"系列香菇品种，其中七河6号、七河7号已成为公司主要的出口型香菇品种；此外，公司还获得食用菌专利11项、区市级科技进步奖2项。 公司引进世界先进水平的食用菌工厂化生产数控系统，拥有国内行业领先的食用菌工厂化生产流水线，实现了自动拌料、自动装袋、连续灭菌、无菌化接种等生产工序流水作业，实现了食用菌生产规模化、产业化，劳动效率大幅提高，建立健全了从菌种管理到产品备案的完善的生产经营管理体系。针对生产过程及产品质量安全管理方面，公司成功通过了中国GAP认证、GLOBALGAP认证和HACCP认证。 目前，公司拥有占地1000余亩的食用菌生产示范园，建有香菇日光温室500余个，香菇生产车间30000平方米，杏鲍菇生产车间35000平方米。公司产品主要有香菇菌棒、平菇菌棒及香菇产品、杏鲍菇产品。其中，公司年产香菇、平菇菌棒2000万棒，出口至韩国、日本、美国、德国、加拿大等国家；日产杏鲍菇30吨，国内销往青岛、济南、石家庄、天津、北京等各大超市及批发市场，产品供不应求。

公司介绍	2013年，公司新上"国家农业综合开发－年产3250吨香菇种植基地新建项目"。项目总投资3775万元，新建香菇培养及生产建筑面积94824m²。其中，工厂化培养面积6624m²，食用菌设施生产基地面积88200m²（即食用菌日光温室252个）；购置生产设备；配套水、电、路等基础设施。项目建成后，形成年产香菇3250吨的生产能力，年实现销售收入3900万元，利润1545万元。同时，基地通过持股分红的方式，可带动周边252户香菇种植户，形成带动规模效益。 2014年，公司计划投资7500万元，新建年产香菇菌棒2000万棒的培育基地一处，占地面积200余亩。基地建成后，可年产香菇菌棒2000万棒，其中1000万棒出口韩国、日本、美国等国家，进一步占领国外市场；1000万棒出菇，与国内香菇经销商合作，产品销往全国各地，加大国内市场份额。 山东七河生物科技股份有限公司自成立之初，便始终坚持以"科技创新、发展农业、服务农村、走向世界"为经营宗旨，立足高效生态农业发展定位，不断加大科技投入，提高自主研发能力，大力实施"走出去"战略，在不断扩大国内生产规模的同时积极开拓国际市场。公司经过十多年的发展，立志将"七河"品牌打造成国际性菌业品牌，为全人类健康做出自己应有的贡献！			
主要财务指标	指标/报告期	2014.6.30	2013.12.31	2012.12.31
	营业收入（元）	56,779,141.36	78,833,463.95	40,360,695.44
	营业利润（元）	11,786,359.74	12,502,215.26	2,305,898.51
	净利润（元）	11,924,879.96	14,408,396.33	8,252,282.15
	未分配利润（元）	26,962,279.27	23,154,826.94	9,968,574.94
	总资产（元）	261,210,355.70	205,137,941.53	12,937,73.59
	总负债（元）	167,393,572.65	116,332,405.84	47,707,296.45
	净资产（元）	93,816,783.05	88,805,535.69	75,230,477.14
	每股收益（元）	0.49	0.46	0.35
	每股净资产（元）	3.37	2.85	2.89
	净资产收益率（%）	10.49	17.48	12.97

山东慧科助剂股份有限公司

公司基本信息	股权简称	慧科助剂	股权代码	100011
	法人代表	唐守余	董　　秘	马　亮
	推荐机构	山东丰嘉投资有限公司		
	电　　话	0533－3256111	传　　真	
	注册地址	沂源县经济开发区		
	行业分类	制造业		
	主营产品	PVC复合高效复合稳定剂的生产与销售		
公司介绍	是目前国内最大的PVC超分散高效复合稳定剂生产厂家，是集新型塑料稳定剂的研发、生产、销售于一体的现代化企业。			
主要财务指标	指标/报告期	2014.6.30	2013.12.31	2012.12.31
	营业收入（元）		50773000	57524000
	营业利润（元）		2421000	3454000
	净利润（元）		2058000	3454000
	未分配利润（元）			
	总资产（元）		154932000	129738000
	总负债（元）		72067000	48931000
	净资产（元）		82865000	80807000
	每股收益（元）	0.13	0.05	
	每股净资产（元）	1.69	1.57	
	净资产收益率（%）	2.5	3.6	

淄博恒昌塑胶制品股份有限公司

公司基本信息	股权简称	恒昌塑胶	股权代码	100016
	法人代表	周庆水	董　　秘	王永武
	推荐机构	山东金挚联投资担保有限公司		
	电　　话	0533－3819144	传　　真	
	注册地址	张店区淄博科技工业园三赢路12号		
	行业分类	制造业		
	主营产品	PVC塑胶手套的生产、销售		
公司介绍	目前,公司年生产能力13.1亿支,90%的产品销往美国,10%的产品销往欧洲、澳洲和日本。公司生产的PVC塑胶手套占该产品国内出口量的3.2%,位居全国前十、山东省第二位。			
主要财务指标	指标/报告期	2014.6.30	2013.12.31	2012.12.31
	营业收入(元)		99690000	91860000
	营业利润(元)		－14070000	－1440000
	净利润(元)		－14070000	－1440000
	未分配利润(元)			
	总资产(元)		207350000	241170000
	总负债(元)		192320000	202450000
	净资产(元)		15030000	38710000
	每股收益(元)		0.13	0.05
	每股净资产(元)		1.69	1.57
	净资产收益率(%)		－176.21	－2.54

山东星之联生物科技股份有限公司

公司基本信息	股权简称	星之联	股权代码	100083
	法人代表	朱军	董　　秘	宋兆学
	推荐机构	山东昌泰投资担保有限公司		
	电　　话	0533—2173876	传　　真	
	注册地址	张店区湖田镇柳杭村西首		
	行业分类	制造业		
	主营产品	生物缓冲剂、对苯乙烯磺酸钠、电子化学品EDOT三类产品的研发、生产和销售		
公司介绍	公司是我国唯一生产对苯乙烯磺酸钠、聚苯乙烯磺酸钠、乙烯基磺酸钠和羟胺二乙磺酸的生产企业,是最大的生产生物缓冲剂成产厂家,并在电子化学品EDOT行业具有一定的话语权。			
主要财务指标	指标/报告期	2014.6.30	2013.12.31	2012.12.31
	营业收入(元)		24143800	31977100
	营业利润(元)		240800	274400
	净利润(元)		204700	274400
	未分配利润(元)			
	总资产(元)		154984600	131686400
	总负债(元)		97339300	86859600
	净资产(元)		57645400	44826800
	每股收益(元)		0.13	0.05

	指标/报告期	2014.6.30	2013.12.31	2012.12.31
	每股净资产(元)		1.69	1.57
	净资产收益率(%)		0.355	0.484

山东昭和新材料科技股份有限公司

公司基本信息	股权简称	昭和科技	股权代码	100026
	法人代表	王勇	董　　秘	毕建华
	推荐机构	桓台创业投资有限公司		
	电　　话	0533-8082041	传　　真	
	注册地址	桓台县邢家镇驻地		
	行业分类	制造业		
	主营产品	高性能无机氟化物的研发、生产和销售		
公司介绍	公司引进了国内外先进的干法氟化铝生产工艺,设备水平与国内外同类装置相比处于领先地位。公司将成为国内重要的氟化铝生产基地,形成以精细化、高质化无机氟产品为核心的化工新材料产业基地。			
主要财务指标	指标/报告期	2014.6.30	2013.12.31	2012.12.31
	营业收入(元)	111430000	142660000	134740000
	营业利润(元)	-13480000	-790000	-540000
	净利润(元)	-13570000	-790000	-540000
	未分配利润(元)			
	总资产(元)	731660000	702470000	694250000
	总负债(元)	640830000	599160000	602750000
	净资产(元)	90830000	103310000	91500000
	每股收益(元)	-0.1851	0.13	0.05
	每股净资产(元)	1.24	1.69	1.57
	净资产收益率(%)	-0.14	-0.016	-0.5922

山东沂蒙山花生油股份有限公司

公司基本信息	股权简称	沂蒙山	股权代码	100033
	法人代表	刘凤军	董　　秘	刘太贵
	推荐机构	山东丰嘉投资有限公司		
	电　　话	0533-3617999	传　　真	
	注册地址	沂源县大张庄镇驻地		
	行业分类	制造业		
	主营产品	花生油的生产、销售		
公司介绍	山东省内第一家通过“国家有机花生基地认证”的企业,公司的“沂蒙山”品牌被评为“山东省消费者十大放心食用油品牌”,公司立足农业,服务三农,扩展产业链条,实现与农户双赢的经营模式。			
主要财务指标	指标/报告期	2014.6.30	2013.12.31	2012.12.31
	营业收入(元)		102165800	31095500
	营业利润(元)		4755600	3644200
	净利润(元)		3566700	3644200
	未分配利润(元)			

主要财务指标	指标/报告期	2014.6.30	2013.12.31	2012.12.31
	总资产(元)		280085500	225504300
	总负债(元)		221057100	170042700
	净资产(元)		59028400	55461600
	每股收益(元)		0.13	0.05
	每股净资产(元)		1.69	1.57
	净资产收益率(%)		6.23	2.72

山东赛特新材料股份有限公司

公司基本信息	股权简称	赛特股份	股权代码	100043
	法人代表	贾莉	董　　秘	陈正雄
	推荐机构	桓台创业投资有限公司		
	电　　话	0533－7975596	传　　真	
	注册地址	山东省桓台县果里镇侯庄路60号		
	行业分类	制造业		
	主营产品	生产销售机织化纤毛毯、地毯,化纤针织纱线及化纤制品,卫生用品销售		
公司介绍	公司运用多年来对纺织新型纤维研发的功底,不断被推出新型纤维产品,2005年公司成功开发出中国第一条也是世界第一条大豆纤维蛋白绒毯,填补国内产业空白。			

主要财务指标	指标/报告期	2014.6.30	2013.12.31	2012.12.31
	营业收入(元)		20440000	22270000
	营业利润(元)		2940000	2960000
	净利润(元)		2200000	2960000
	未分配利润(元)			
	总资产(元)		68540000	73110000
	总负债(元)		22760000	29250000
	净资产(元)		45780000	43850000
	每股收益(元)		0.13	0.05
	每股净资产(元)		1.69	1.57
	净资产收益率(%)		4.81	5.61

山东上德变电设备有限公司

公司基本信息	股权简称	上德电气	股权代码	100058
	法人代表	张　伟	董　　秘	孙丰文
	推荐机构	山东淄川高新技术创业投资有限公司		
	电　　话		传　　真	
	注册地址	淄川经济开发区北二路中段		
	行业分类	制造业		
	主营产品	以生产销售电压至35千伏以下箱式变电设备、电力变压器、高、中、低压配电柜等产品为主营业务		
公司介绍	公司具有较全的参与投标的资质,并先后获有质量管理体系方圆认证、中国国家强制性产品认证、CQC认证等多项证书,在淄博市内参与竞标的资格位居第二。			

	指标/报告期	2014.6.30	2013.12.31	2012.12.31
主要财务指标	营业收入(元)		12920000	5520000
	营业利润(元)		290000	260000
	净利润(元)		220000	260000
	未分配利润(元)			
	总资产(元)		145760000	126230000
	总负债(元)		83290000	63950000
	净资产(元)		62480000	62280000
	每股收益(元)		0.13	0.05
	每股净资产(元)		1.69	1.57
	净资产收益率(%)		0.0035	0.0033

山东高盛玻璃科技股份有限公司

公司基本信息	股权简称	高盛玻璃	股权代码	100060
	法人代表	李志刚	董　　秘	李志明
	推荐机构	山东润新创业投资有限公司		
	电　　话		传　　真	
	注册地址	淄博高新区石桥办事处郭家村		
	行业分类	制造业		
	主营产品	公司的主导产品为:钢化、夹层及中空玻璃的加工、销售;玻璃制品、玻璃深加工、产品销售货物进出口。		
公司介绍	山东是山东省大型玻璃深加工企业。公司拥有8项玻璃深加工专利技术,公司新上了DECA和瑞士百超合作的中空生产线,工艺先进,控制方便,为国内几百个厂家中能够加工超大、LOW－E等10%个厂家中的一员,在山东属于一流企业;对于安全玻璃来讲,公司新上双室强制对流钢化,为国内最好的钢化LOW－E的钢化炉,钢化出来的产品平整度全国一流。			
主要财务指标	指标/报告期	2014.6.30	2013.12.31	2012.12.31
	营业收入(元)		17967800	11933200
	营业利润(元)		780300	1433300
	净利润(元)		757900	1433300
	未分配利润(元)			
	总资产(元)		96281700	68452200
	总负债(元)		55103700	31028100
	净资产(元)		41173000	37424200
	每股收益(元)		0.13	0.05
	每股净资产(元)		1.69	1.57
	净资产收益率(%)		1.94	4.05

山东鲁桥新材料股份有限公司

公司基本信息	股权简称	鲁桥股份	股权代码	100064
	法人代表	张敦新	董　　秘	张　静
	推荐机构	山东淄川高新技术创业投资有限公司		
	电　　话		传　　真	
	注册地址	淄博市博山经济开发区岜山村亖庄东		
	行业分类	制造业		
	主营产品	公司主要从事钢铁、有色金属、石化、建材等工业用定型耐火材料的研发、生产和销售。		

公司介绍	公司技术力量雄厚,工艺装备先进,检测手段齐全,质量保证体系完善,拥有国内先进的利用天然气生产耐火材料的隧道窑以及混炼自动化仪表控制系统,车间生产均采用微机网络化管理。公司新厂区开工奠基的年产61万吨耐火材料项目,是全市首个土地指标"点供"项目,投资规模大、技术领先、发展前景广阔,是博山区打造世界一流耐火新材料生产基地的重点项目。			
主要财务指标	指标/报告期	2014.6.30	2013.12.31	2012.12.31
	营业收入(元)		82431500	62866600
	营业利润(元)		921900	3013100
	净利润(元)		662500	3013100
	未分配利润(元)			
	总资产(元)		274813000	253122000
	总负债(元)		214233000	191651000
	净资产(元)		60580100	61470900
	每股收益(元)		0.13	0.05
	每股净资产(元)		1.69	1.57
	净资产收益率(%)		1.08	4.06

山东青河农业科技发展股份有限公司

公司基本信息	股权简称	青河农业	股权代码	100071
	法人代表	杨波	董　秘	岳立强
	推荐机构	山东昌泰投资担保有限公司		
	电　话	0533-6314498	传　真	
	注册地址	山东省淄博市高青县高淄路426号		
	行业分类	农、林、牧、渔业		
	主营产品	种鸭养殖、鸭苗孵化、销售、商品肉鸭屠宰加工销售。		
公司介绍	公司是集种鸭养殖、鸭苗孵化、销售,商品肉鸭养殖屠宰加工、冷藏、销售于一体的农业产业化龙头企业,2005年8月,公司被山东省农业厅等十家主管部门认定为"山东省农业产业化重点龙头企业",同年被国家农业部评选为全国首批"农产品加工示范企业",2008年4月被山东省人民政府认定为"山东省农业产业化优秀龙头企业",2009年3月被淄博市畜牧兽医局评选为"淄博市畜牧业十佳企业"。公司自成立以来,已获得省、市、县级颁发的各类奖项、荣誉达四十多项,在行业内享有极高的口碑与号召力。			
主要财务指标	指标/报告期	2014.6.30	2013.12.31	2012.12.31
	营业收入(元)	54409700	78092200	96533300
	营业利润(元)	4394000	3644100	5200200
	净利润(元)	4391500	3609000	5200200
	未分配利润(元)			
	总资产(元)	192150200	181690600	141716100
	总负债(元)	112545100	110900800	80545000
	净资产(元)	79605100	70789800	61171100
	每股收益(元)	0.11	0.13	0.05
	每股净资产(元)	2.04	1.69	1.57
	净资产收益率(%)	5.52	5.1	8.31

山东农凯米业股份有限公司

公司基本信息	股权简称	农凯米业	股权代码	100041
	法人代表	刘玉莲	董　　秘	于春雷
	推荐机构	淄博齐鲁创业投资有限责任公司		
	电　　话	0533－6971000	传　　真	
	注册地址	高青县赵店镇政府驻地（湖心路北首）		
	行业分类	农、林、牧、渔业		
	主营产品	大米加工、销售；粮食收购、销售		
公司介绍	现已成为鲁中、鲁北地区、黄河三角洲地区规模最大、科技实力最强的米业专业化龙头企业。			

	指标/报告期	2014.6.30	2013.12.31	2012.12.31
主要财务指标	营业收入（元）		14835000	26319000
	营业利润（元）		1139000	3146000
	净利润（元）		1135000	3146000
	未分配利润（元）			
	总资产（元）		83436000	81991000
	总负债（元）		27319000	27009000
	净资产（元）		56117000	54982000
	每股收益（元）		0.13	0.05
	每股净资产（元）		1.69	1.57
	净资产收益率（%）		4.08	5.97

山东中阳碳素股份有限公司

公司基本信息	股权简称	中阳股份	股权代码	100093
	法人代表	马汝杰	董　　秘	于菲菲
	推荐机构	淄博同轩投资有限公司		
	电　　话		传　　真	
	注册地址	山东省东营市利津县明集乡马二村		
	行业分类	制造业		
	主营产品	从事煅后石油焦的生产、销售		
公司介绍	煅后石油焦的生产原料为石油提炼过程中产生的废料——石油焦，是资源的二次利用，符合国家大力倡导的循环经济理念，公司地处胜利油田腹地，周边大型石化公司分布密集，生产原料——石油焦供应充足。公司原材料的损耗率一直低于行业内企业，进一步降低了生产成本。综合以上因素，公司的生产成本较行业平均水平有近5%的优势。			

	指标/报告期	2014.6.30	2013.12.31	2012.12.31
主要财务指标	营业收入（元）			
	营业利润（元）			
	净利润（元）			
	未分配利润（元）			
	总资产（元）		45753000	29097200
	总负债（元）		24230900	7947100
	净资产（元）		21522100	21150100
	每股收益（元）		0.13	0.05
	每股净资产（元）		1.69	1.57
	净资产收益率（%）			

山东金蒙新材料股份有限公司

公司基本信息	股权简称	金蒙新材	股权代码	100227
	法人代表	胡尊奎	董　秘	高清菊
	推荐机构	山东瑞众股权投资基金有限公司		
	电　话	05396281618	传　真	05396281097
	注册地址	临沭县城泰安路中段		
	行业分类	制造业		
	主营产品	碳化硅微粉、高品质用耐火材料用碳化硅和碳化硅粒度砂		
公司介绍	山东金蒙新材料股份有限公司是一家专业生产各种用途碳化硅的高新技术企业。公司是我国生产碳化硅系列产品类别最为齐全的企业之一，拥有国内先进的碳化硅产品生产线和工艺技术。公司拥有注册商标及正在申请中的商标。公司申请3项发明专利，公司发明专利产品锂电池负极材料用碳化硅填补了行业空白，能够大大提高锂电池的使用寿命及电容量，公司凭借该产品与国内某大型集团签订战略合作协议，在锂电池市场有了长足的发展。公司发明专利产品泡沫陶瓷用碳化硅提前抢占市场，目前公司产品占市场份额达80%。公司近年来研发的纳米碳化硅，不仅可以用于高端的陶瓷生产，并且能用于防弹装甲等军工类产品，目前正在临沂市军民融合发展促进会的帮助下，逐渐开发新的市场。公司被评为2013年度磨料磨具行业碳化硅生产企业十强，山东省企业实训基地在公司落地，公司建有临沂市企业技术中心和山东省"一企一技术中心"创新平台，在行业内有着绝对的优势。			

	指标/报告期	2014.6.30	2013.12.31	2012.12.31
主要财务指标	营业收入(元)	18391727.4	32035429.14	30988121.27
	营业利润(元)	228048.29	6177235.65	297856.77
	净利润(元)	155496.27	386938.17	226783.56
	未分配利润(元)	872990.44	827494.17	810556
	总资产(元)	61536590.9	60828168.01	43220070.92
	总负债(元)	36663600.46	36000673.84	18409514.92
	净资产(元)	24872990.44	24827494.17	24810556
	每股收益(元)	0.006	0.016	0.009
	每股净资产(元)	1.04	1.03	1.03
	净资产收益率(%)	3.5	3.3	3.3

山东新贵科技股份有限公司

公司基本信息	股权简称	新贵科技	股权代码	100032
	法人代表	郭方泉	董　秘	宋　波
	推荐机构	山东开来投资有限公司		
	电　话	0633－2955570	传　真	0633－2955570
	注册地址	山东省日照市兖州路西高新六路北001幢101号		
	行业分类	生产制造业		
	主营产品	啤酒原浆保鲜配送与销售终端设备		
公司介绍	公司成立于2009年9月，是一家以物联网核心技术为依托，专业从事高端饮品保鲜储运设备及电子控制系统的研发、生产、销售以及鲜(活)啤酒的配送，并建立公共服务平台，为产品提供配套服务的高新技术企业。公司股权于2011年9月在齐鲁股权托管交易中心挂牌交易，是日照市首家在场外市场挂牌交易的企业，是目前国内唯一专业的智能啤酒保鲜运输、储运设备供应商。 公司自主研发"基于现代物流技术的啤酒原浆保鲜配送与终端销售设备"被科学技术部、环境保护部、商务部和国家质量监督检验检疫总局等四部门列为2014年度《国家重点新产品》计划，这标志着公司该设备得到了国家的认可。 2012年11月公司被认定为"中国专利山东明星企业"；2012年12月公司被认定为"高新技术企业"；2013年12月荣获中国物流与采购联合会、物联网技术与应用委员会颁发的"2013年度中物联物联网技术与应用示范项目"；2014年4月，获得"中国酒业协会科学技术发明奖"三等奖；2014年9月，获得山东省人民政府授予的"2013年度优秀节能成果奖"。			

公司介绍	公司设备已广泛投入山东、江苏、湖北、安徽、广东、广西、云南、浙江、内蒙古、黑龙江等市场，为青岛啤酒、雪花啤酒、珠江啤酒、燕京啤酒、重庆啤酒及百威啤酒等品牌提供运营服务，通过实际运营检验，该设备性能稳定，运行状态良好。实现了为啤酒企业减少生产环节、降低生产成本、提高企业利润；为经销商增加经营品种、获取较高利益；让消费者喝到只有啤酒酿造师才能喝到的原浆啤酒，引领了一种新的营销模式，促进了我国啤酒保鲜领域的技术和发展。同时远程中央集成控制服务平台的三级管理构架的应用体现了物联网技术对现代技术改造传统产业领域所产生的重大影响。			
主要财务指标	指标/报告期	2014.6.30	2013.12.31	2012.12.31
	营业收入(元)		7740031.26	2166278.57
	营业利润(元)		-2498421.6	-3033761.26
	净利润(元)		526747.21	-2089730.94
	未分配利润(元)		-271722.69	-798469.9
	总资产(元)		30705914.51	22836068.38
	总负债(元)		6181024.04	3887925.12
	净资产(元)		24524890.47	18948143.26
	每股收益(元)		0.03	0.01
	每股净资产(元)		1.03	1.01
	净资产收益率(%)		2.43%	-13.35%

山东巨彩数码印花科技股份有限公司

公司基本信息	股权简称	巨彩数码	股权代码	300007
	法人代表	姜当吉	董　秘	姜晓静
	推荐机构	山东明曦投资管理有限公司		
	电　话	0536-7128388	传　真	0536-7128388
	注册地址	山东省昌邑市奎聚街办开发区		
	行业分类	3542 印刷专用设备制造		
	主营产品	数码印花机及配套设备		
公司介绍	山东巨彩数码印花科技股份有限公司由昌邑市瑞昌纺织机械有限公司整体变更而来。公司发起人为姜当吉、林卫红两名自然人股东，总股本1000万股。 公司历史可追溯至1998年，前身是专业生产纺织、印染机械设备的厂家；2009年后致力于纺织品数码印花设备的研发、生产和技术服务，公司的主要产品是数码印花机及配套的应用解决方案，主要应用于纺织、印染、时装等相关领域。本公司作为数码喷印整体解决方案的提供商，志在通过提供专业而全面的数码喷印整体解决方案来推动我国传统纺织印花行业产业升级，实现印花行业节能减排、淘汰落后产能的战略目标，提高下游印染行业产品的市场竞争力，并通过数码喷印技术与互联网技术的结合为将来基于数码喷印的大规模定制奠定基础。			
主要财务指标	指标/报告期	2014.6.30	2013.12.31	2012.12.31
	营业收入(元)	5,236,731.50	8,821,325.45	1,911,370.79
	营业利润(元)	1,219,273.34	2,353,108.41	190,928.88
	净利润(元)	922,792.21	1,769,650.87	175,387.67
	未分配利润(元)	1,032,285.77	1,684,831.56	30,064.00
	总资产(元)	27,170,765.54	23,982,800.63	11,770,417.32
	总负债(元)	9,663,736.04	12,170,783.06	6,728,050.62
	净资产(元)	17,507,029.50	11,812,017.57	5,042,366.70
	每股收益(元)	0.09	0.18	0.04
	每股净资产(元)	1.75	1.18	1.01
	净资产收益率(%)	5.27	14.98	3.48

山东天亿重工股份有限公司

公司基本信息	股权简称	天亿重工	股权代码	100183
	法人代表	燕民	董　　秘	尹晓鸣
	推荐机构	齐鲁证券		
	电　　话	0538－8160971	传　　真	0538－8160937
	注册地址	山东省泰安市大汶口石膏工业园		
	行业分类	工程机械类		
	主营产品	轮胎起重机、随车起重机、越野轮胎吊、混凝土泵车、混凝土车载泵、混凝土布料机、移动式快速跨越架		
公司介绍	山东天亿重工股份有限公司创立于2010年。主业是以“工程机械”为主体的装备制造业，目前已经进入汽车起重机和混凝土泵送设备的制造领域。主导产品为混凝土机械、起重机械、移动式快速跨越架等全系列产品。自创立以来，天亿重工秉持“自强不息，产业报国”的企业宗旨，打造了业内知名的“天亿”品牌。 未来的天亿重工将发展成为拥有核心技术，具有综合竞争力，可持续发展的工程机械制造商。			

	指标/报告期	2014.6.30	2013.12.31	2012.12.31
主要财务指标	营业收入（万元）	3325.44	3625.28	2016.39
	营业利润（万元）	－222.61	－624.29	－251.98
	净利润（万元）	－173.06	－639.23	－254.39
	未分配利润（万元）	－648.72	－475.69	184.36
	总资产（万元）	11728.49	10141.84	8519.94
	总负债（万元）	10266.66	8499.8	6768.66
	净资产（万元）	1469.01	1642.05	1751.28
	每股收益（元）	－0.09	－0.43	－0.17
	每股净资产（元）	0.73	1.09	1.17
	净资产收益率（%）	－0.11	－0.39	－0.15

高密市红高粱文化旅游开发股份有限公司

公司基本信息	股权简称	红高粱	股权代码	100333
	法人代表	孙　洋	董　　秘	张明星
	推荐机构	山东明曦投资管理有限公司		
	电　　话	0536－2770988	传　　真	0536－2770999
	注册地址	高密市胶河疏港物流园区胶平路		
	行业分类	文化旅游开发		
	主营产品	高密东北乡文化旅游项目		
公司介绍	高密市红高粱文化旅游开发股份有限公司成立于2013年5月，注册资金8000万元。公司主要经营旅游项目、投资、建设、运营、管理等，位于高密市胶河疏港物流园区。 公司倾心打造的以莫言旧居为核心的高密东北乡文化旅游项目，已获批2014年山东省重点项目。项目总规划范围面积为5190公顷，用地277950平方米，总建筑面积为69108平方米。项目总投资167000万元，建设周期3年，该项目围绕“一心·一环·一带·三区·多点”进行建设，规划以莫言作品中依托的“高密东北乡”为核心，通过向游客展示上世纪五六十年代以来乡村生产、生活的重大变革及莫言的文学作品、成长经历等，将高密东北乡真正打造一个供国内外游客进行文学体验、感悟、交流的旅游胜地及具有时代感、地域性的乡村博物馆。公司通过不断优化业务组合，提升运营效能，实现管理创新，推动战略转型，致力于集文学性、参与性、康娱性和知识性于一体的东北乡文化旅游基础设施的建设。以旅游业的“吃、住、行、游、购、娱”六大要素为中心，莫言旧居文化旅游为核心，胶河为纽带，打造成文化交流、度假娱乐、国际会展、拓展基地、农业观光、梦幻影视、休闲观景于一体的休闲度假风景区，以填补中国文学旅游目的地的空白。项目建成后，年接待游客量100万人次以上。 公司凭借准确的市场定位、规范的运营模式、巨大的市场前景，在齐鲁股权交易中心于2014年12月31日成功挂牌，这也是我们公司成为公众企业，迈进资本市场的关键一步。			

	指标/报告期	2014.6.30	2013.12.31	2012.12.31
主要财务指标	营业收入(元)	0	0	0
	营业利润(元)	0	0	0
	净利润(元)	0	0	0
	未分配利润(元)	0	0	0
	总资产(元)	21240897.00	18400732.71	0
	总负债(元)	11240897.00	8400732.71	0
	净资产(元)	10000000.00	10000000.00	0
	每股收益(元)	0	0	0
	每股净资产(元)	1	1	0
	净资产收益率(%)	0	0	0

临朐天泽生态农业股份有限公司

公司基本信息				
	股权简称	天泽农业	股权代码	300076
	法人代表	王永法	董　　秘	
	推荐机构	山东明曦投资管理有限公司		
	电　　话	15966075266	传　　真	05363352696
	注册地址	临朐县东城街道下李家崖村南山		
	行业分类	生态循环观光农业		
	主营产品	生态黑猪、有机蔬菜、果树		
公司介绍	临朐天泽生态农业股份有限公司是集生态养殖、有机种植、农事观光体验一体化农业。被评为山东省畜牧旅游示范区、省家庭农场示范场、省生猪标准化生产示范场、潍坊市食品安全生产示范场。			

	指标/报告期	2014.6.30	2013.12.31	2012.12.31
主要财务指标	营业收入(元)	2088742.75		
	营业利润(元)	41350.86		
	净利润(元)	41350.86		
	未分配利润(元)	41350.86		
	总资产(元)	17697476.54		
	总负债(元)	3656125.68		
	净资产(元)	14041350.86		
	每股收益(元)	0.003		
	每股净资产(元)	1.003		
	净资产收益率(%)	0.29		

临沂黄家食品股份有限公司

公司基本信息				
	股权简称	黄家食品	股权代码	100256
	法人代表	黄保兰	董　　秘	牟宗宝
	推荐机构	山东明曦投资管理有限公司		
	电　　话	15244337788	传　　真	
	注册地址	郯城县高峰头镇驻地		
	行业分类	食品加工		
	主营产品	胡萝卜、芥菜等的加工		

公司介绍	临沂黄家食品股份有限公司于2014年4月进行股份制改制挂牌上市，改制之前名称是郯城县绿润食品有限责任公司，注册资金518万元，公司主要经营无公害绿色食品，是一家集基地种植、加工、保鲜、出口于一体的大型绿色食品公司。拥有国内先进有的配套完整的生产设备，其中：600吨冷藏库一座；生产加工车间两座；蔬菜种植基地5000亩；大型制冷系统一组；胡萝卜生产线一条、清洗机三台；洋葱生产线一条、气冲去皮设备一组；牛蒡生产线一条等设备。我公司本着质量第一、健康第一、服务第一的宗旨，积极进取，开拓创新，生产出一流的产品，拓展销售渠道，加大管理力度，把企业做大做强，年初和韩国客户签订了常年收购产品的协议，并在国内各大城市都设有销售点，尤其和上海上好佳公司签订了收购土豆片的合同，使我公司在国内外得到一致的好评。		
主要财务指标	指标/报告期	2014.6.30	2013.12.31	2012.12.31
	营业收入(元)	5196345	10085000	5121500
	营业利润(元)	389602.5	594378.27	338723.23
	净利润(元)	389602.5	594378.27	338723.23
	未分配利润(元)	483575.85	93973.35	-500404.92
	总资产(元)	28015205.6	27378435.07	10063608.96
	总负债(元)	26581965.3	26274461.72	9554013.38
	净资产(元)	1433240.3	1103973.35	509595.08
	每股收益(元)			
	每股净资产(元)			
	净资产收益率(%)	27.1%	53.8%	66.46%

山东鸿源生物科技股份有限公司

公司基本信息	股权简称	鸿源科技	股权代码	100085
	法人代表	李兵元	董　秘	庄玉云
	推荐机构	山东明曦投资管理有限公司		
	电　话	0536-2638377	传　真	
	注册地址	高密市密水街道小店子村(科技大学南4.5公里处路西)		
	行业分类	制造业		
	主营产品	红茶菌、胃宝		
公司介绍	鸿源生物是一家利用微生物发酵技术，以各种新鲜水果、蔬菜等无公害绿色植物为原料，经过发酵工艺生产含有多种活性益生菌及微量元素的高档绿色功能性营养饮品、健康食品为主，集研发、生产、销售于一体的现代化生物制造企业。 鸿源生物自成立以来，始终坚持以科技创新、利用农副产品进行产业化为企业经营方针，以生产绿色健康产品为目标，坚持农业产品转化第一、科技创新第一、知识产权第一、用户第一、绿色第一、健康第一的经营理念和以人为本的管理理念，牢牢抓住科技创新和知识产权这一武器，努力将鸿源生物打造成为国内生物制造行业中具有知识产权领先、技术创新、科技先进、研发能力强、产品开发实力雄厚的企业。			
主要财务指标	指标/报告期	2014.6.30	2013.12.31	2012.12.31
	营业收入(元)	3482468	6521620	5010935
	营业利润(元)	-340372	-608011	781934
	净利润(元)	-375203	-752753	719384
	未分配利润(元)	-843812	-468609	262545
	总资产(元)	28008238	27483308	17527516
	总负债(元)	18736362	17836229	7149284
	净资产(元)	9271876	9647079	10378232
	每股收益(元)	0.038	0.075	0.072
	每股净资产(元)	0.93	0.96	1.04
	净资产收益率(%)	0.04	0.08	0.07

山东可尼光电设备股份有限公司

公司基本信息	股权简称	可尼光电	股权代码	100248
	法人代表	吴德运	董　　秘	
	推荐机构	山东明曦投资管理有限公司		
	电　　话	13906402821	传　　真	0531－84809777
	注册地址	商河县城区产业园		
	行业分类	通讯		
	主营产品	光缆		
公司介绍	公司成立于2009年6月，坐落于商河县城区产业园内。是一家专门从事通讯行业光缆的研发、生产、销售于一体的高新技术企业。公司占地面积50亩，注册资金5001万，公司生产厂房10000余平方米，公司建有各种光缆生产线七条。			
主要财务指标	指标/报告期	2014.6.30	2013.12.31	2012.12.31
	营业收入(元)	11470000	14910000	11580000
	营业利润(元)	1230000	1220000	1260000
	净利润(元)	920000	910000	750000
	未分配利润(元)			
	总资产(元)	57690000	54990000	55090000
	总负债(元)			
	净资产(元)	35710000	34310000	34620000
	每股收益(元)			
	每股净资产(元)			
	净资产收益率(%)			

山东农保姆肥业科技有限公司

公司基本信息	股权简称	农保姆	股权代码	300158
	法人代表	孙高峰	董　　秘	刘　博
	推荐机构	山东润新创业投资有限公司		
	电　　话	0538－6338766	传　　真	0538－3538369
	注册地址	山东省泰安市肥城高新区穆庄工业园		
	行业分类	肥料制造(C262)		
	主营产品	复混肥料、复合肥料、专用肥料、微肥、生物肥、叶面肥、冲施肥、药肥、有机肥、肥料添加剂、有机－无机肥		
公司介绍	山东农保姆肥业科技有限公司成立于2012年3月19日，坐落于肥城市高新区，紧靠穆庄火车站，是一家股份有限公司。公司注册资本1000万元人民币，占地面积100亩，安装设备310余台套，职工人数160人，大专以上学历人数34人。公司以服务于中国绿色、有机、环保农业为宗旨；生产、研发适合于发展绿色、有机、无公害农产品的新型环保肥料；使用的原料绿色、天然、环保，产品具有养分齐全，配方合理，无残留，无污染，绿色环保等优点。产品适用于有机蔬菜、优质瓜果及其他高品质农作物，可大大提高农产品的品质，满足人们对绿色、无公害农产品的需求；公司立志成为中国绿色、有机、环保新型肥料最大的研发、生产基地。 公司采用独特的配方，开发了特有的肥料品种和品类。目前有特色中微量元素肥、水溶肥、控释肥、复合肥、有机肥、有机无机复混肥等六大类200余个品种，并有。公司年产能达到40万吨，能满足各种作物的需求，产品目前已覆盖山东全省，并辐射山西、陕西、河南、河北、安徽、内蒙古、东北等地，效果反映良好。 公司荣获“泰安市市级农业产业化龙头企业”称号，被评为“泰安市科技型中小企业”，产品被泰安市认定为“专精特新”产品，获得“中国著名品牌”，“放心农资下乡进村信得过单位”，“2013绿色农资品牌”等荣誉称号。被列为省农业厅测土配方项目合格供货商。公司的规模、产能以及社会影响度在泰安市位列第二，所产的中微量元素肥(金钼钾)增产增效效果特别明显，深受广大农民和经销商的喜爱。			

<table>
<tr><td>公司介绍</td><td colspan="4">公司已在齐鲁股权交易中心挂牌,股权代码:300158。
全国免费咨询电话:400—0538—697
(公司行业地位、亮点展示、获得荣誉等相关情况)</td></tr>
<tr><td rowspan="11">主要财务指标</td><td>指标/报告期</td><td>2014.6.30</td><td>2013.12.31</td><td>2012.12.31</td></tr>
<tr><td>营业收入(元)</td><td>8990711.40</td><td>12390950.84</td><td>1819606.2</td></tr>
<tr><td>营业利润(元)</td><td>611368.38</td><td>743469.53</td><td>90980.31</td></tr>
<tr><td>净利润(元)</td><td>519663.12</td><td>943469.53</td><td>77333.26</td></tr>
<tr><td>未分配利润(元)</td><td>639663.12</td><td>1143469.53</td><td>77333.26</td></tr>
<tr><td>总资产(元)</td><td>8108988.84</td><td>5392283.96</td><td>6413117.25</td></tr>
<tr><td>总负债(元)</td><td>5693977.09</td><td>2891835.15</td><td>2474839.12</td></tr>
<tr><td>净资产(元)</td><td>2415011.75</td><td>2500448.81</td><td>3938278.13</td></tr>
<tr><td>每股收益(元)</td><td>0.10</td><td>0.15</td><td>0.02</td></tr>
<tr><td>每股净资产(元)</td><td>0.24</td><td>0.25</td><td>0.39</td></tr>
<tr><td>净资产收益率(%)</td><td>22</td><td>38</td><td>2</td></tr>
</table>

第二节　中介服务机构

■保荐机构

淄博赢隆投资有限公司

<table>
<tr><td rowspan="3">推荐机构基本信息</td><td>法人代表</td><td>成　静</td><td>注册资本</td><td>600 万</td></tr>
<tr><td>电　　话</td><td>15589351158</td><td>传　　真</td><td>0533－3166138</td></tr>
<tr><td>注册地址</td><td colspan="3">山东省淄博市张店区柳泉路 97 号</td></tr>
<tr><td>推荐机构介绍</td><td colspan="4">淄博赢隆投资有限公司成立于 2014 年，是一家集参与 PE、VC 等一级市场业务和阳光私募基金发行与运作的二级市场业务于一身的综合类投资公司。公司与多家券商、银行、融资租赁等专业机构密切合作，专注于齐鲁股权交易中心推荐业务、资本运作和财务顾问等业务。
公司核心项目成员曾参与恒久科技（100160）、前丰国际（100245）、鸿运星（100253）、国福养老（300080）等在齐鲁股权交易中心挂牌项目。自成立以来，公司已成功推荐青岛佳熹（300086）、金泽霖（300931）、乾祥环保（300112）三家企业在齐鲁股权交易中心挂牌。
展望未来，我公司将进一步加快业务拓展、资源整合，完善战略布局，搭建统一高效的中后台支撑体系，保持传统行业的竞争优势，携手挂牌企业共同谱写波澜壮阔发展的新篇章。</td></tr>
<tr><td rowspan="4">所推荐企业名称</td><td>序号</td><td colspan="2">所推荐企业名称</td><td>挂牌或上市场所</td></tr>
<tr><td>1</td><td colspan="2">青岛佳熹纪念币设计有限公司</td><td>齐鲁股权交易中心</td></tr>
<tr><td>2</td><td colspan="2">山东金泽霖股权投资管理有限公司</td><td>齐鲁股权交易中心</td></tr>
<tr><td>3</td><td colspan="2">山东乾祥环保技术有限公司</td><td>齐鲁股权交易中心</td></tr>
</table>

山东同轩投资有限公司

<table>
<tr><td rowspan="3">推荐机构基本信息</td><td>法人代表</td><td>吴　戟</td><td>注册资本</td><td>5000 万元</td></tr>
<tr><td>电　　话</td><td>0533－8172410</td><td>传　　真</td><td>－</td></tr>
<tr><td>注册地址</td><td colspan="3">淄博高新区柳泉路 105 号新世纪广场 2 号楼 9 层 905</td></tr>
<tr><td>推荐机构介绍</td><td colspan="4">山东同轩投资有限公司是一家专业于股权投资、投融资对接、股权结构设计、股权激励、股权市场推荐挂牌等领域的复合型综合服务机构。同轩秉承“融资辅导先行者”的理念，紧紧围绕企业股权提供与之相关的融资、设计和咨询服务。专注于区域（山东）市场的建设，致力于发掘新兴资本市场的企业资源。
同轩坚信用服务创造价值的理念，将客户视为长期的合作伙伴，专注于协助客户实现其长期发展的策略和业务目标，为客户提供准确、全面、专业、优质的资本市场解决方案和收益方案。基于企业自身发展情况、战略目标和未来资金需求，帮助企业制定融资规划（包括首次募股的时间、目标市场），分阶段分步骤吸纳外部优质资金，并释放相应股权，做到股权结构合理化。可针对不同企业的需求，为企业制定相应的股权激励方案。如适合上市公司、集团公司的股票期权计划；适合成长型企业的员工持股计划等。</td></tr>
<tr><td rowspan="8">所推荐企业名称</td><td>序号</td><td colspan="2">所推荐企业名称</td><td>挂牌或上市场所</td></tr>
<tr><td>1</td><td colspan="2">山东省丹崖葡萄酒文化产业股份有限公司</td><td>齐鲁股权托管交易中心</td></tr>
<tr><td>2</td><td colspan="2">山东惠农生物新能源股份有限公司</td><td>同上</td></tr>
<tr><td>3</td><td colspan="2">青岛华人兄弟文化产业股份有限公司</td><td>同上</td></tr>
<tr><td>4</td><td colspan="2">淄博翰墨文化传播股份有限公司</td><td>同上</td></tr>
<tr><td>5</td><td colspan="2">山东柯林维尔化工股份有限公司</td><td>同上</td></tr>
<tr><td>6</td><td colspan="2">山东华隆威斯特轴承股份有限公司</td><td>同上</td></tr>
<tr><td>7</td><td colspan="2">山东澳凯轴承股份有限公司</td><td>同上</td></tr>
</table>

所推荐企业名称	序号	所推荐企业名称	挂牌或上市场所
	8	山东恒圆精工部件股份有限公司	同上
	9	山东邦迪化学制品股份有限公司	同上
	10	山东康吉尔油脂股份有限公司	同上

山东开来投资有限公司

推荐机构基本信息	法人代表	景洪晔	注册资本	1200 万元
	电　　话	0533－8170613	传　　真	0533－8170613
	注册地址	山东省青岛市市南区山东路27号2002室		
推荐机构介绍	山东开来投资有限公司是在齐鲁股权交易中心、武汉股权托管交易中心、海南股权交易中心等场外市场注册的推荐机构。以股权投资、债券投资、保荐服务及投资咨询为主要业务，帮助中小企业完善公司治理结构，提升核心竞争能力，引进战略投资者，实现健康快速成长，为中小板、创业板及新三板市场培育和输送优质上市后备资源。 经公司推荐的齐鲁股交中心挂牌企业可恩口腔、东和科技、征宙机械、宇虹颜料、齐鲁华信已顺利登陆新三板。经公司推荐的32家四板挂牌企业与券商签订了新三板挂牌合同。 公司自2007年成立以来，已累计投资赤峰凌志、万达在线、智衡减振等十几家企业，并为20多家企业引进战略投资者，资金合计20亿多元。			

所推荐企业名称	序号	所推荐企业名称	挂牌或上市场所
	1	齐鲁华信	齐鲁股权转板新三板
	2	征宙机械	齐鲁股权转板新三板
	3	东和科技	齐鲁股权转板新三板
	4	宇虹颜料	齐鲁股权转板新三板
	5	可恩口腔	齐鲁股权转板新三板
	6	中天亿信	武汉股权交易中心
	7	嘉桂实业	海南股权交易中心

淄博齐鲁创业投资有限责任公司

推荐机构基本信息	法人代表	王学典	注册资本	23616 万元
	电　　话	0533－6206621	传　　真	0533－6206621
	注册地址	淄博高新技术产业开发区		
推荐机构介绍	本公司是为了促进资本与高新技术产业有机结合、支持中小型科技企业发展，由淄博市人民政府出资，经山东省经贸委鲁经贸函字〔2002〕158号文批准，于2002年12月成立。现注册资本23616万元，注册地在淄博高新技术产业开发区，是省级创业投资引导基金参股的国有控股公司。现有出资人为：淄博市国有资产管理委员会办公室占股权84.7%，山东省鲁信投资控股集团有限公司和淄博市城市资产运营有限公司分别占股权7.65%。经营范围为：按照监管规定，以自有资金对未上市企业和上市公司未公开发行股票进行投资；创业投资咨询、创业管理服务业务；管理、财税、法律咨询，投、融资顾问业务。 公司成立十多年来，已逐步走上运作规范、业务扩展和效益提高的轨道。作为政府出资的资本运营平台，积极履行职责，为企业提供资金支持、咨询服务，解决股权不合理、优化内部管理等问题。近年来，公司立足淄博，与省外投资等机构合作，主要投资了新材料、生物、机电、农产品深加工等行业的10多家科技型企业。			

所推荐企业名称	序号	所推荐企业名称	挂牌或上市场所
	1	山东布莱凯特黑牛科技股份有限公司	齐鲁股权托管交易中心
	2	德州海利安生物科技有限公司	同上
	3	山东农凯米业股份有限公司	同上
	4	威海蓝星玻璃股份有限公司	同上
	5	山东凤阳股份有限公司	同上
	6	淄博高新技术风险投资股份有限公司	同上

中托资本控股有限公司

<table>
<tr><td rowspan="3">推荐机构基本信息</td><td>法人代表</td><td>汲　涛</td><td>注册资本</td><td>5000 万元</td></tr>
<tr><td>电　　话</td><td>18801000118</td><td>传　　真</td><td>010－85878685</td></tr>
<tr><td>注册地址</td><td colspan="3">北京市海淀区农大南路 88 号 1 号楼 B1－199</td></tr>
<tr><td>推荐机构介绍</td><td colspan="4">中托资本控股有限公司是定位于投资银行和资产管理业务的金融控股集团。总部坐落于北京 CBD，在上海、深圳、青岛等 22 座中国内地城市及纽约、洛杉矶、伦敦、香港等 4 座境外城市分别设有业务团队。中托资本专注于综合金融解决方案的开发与建设，由财富管理中心、票据中心、投资银行、房地产金融四个事业部统筹旗下子公司，与银行、信托、证券、基金等金融机构开展深度合作。14 年，中托资本获得中国十佳投资银行、中国金融行业综合实力百强企业、全国房地产基金联盟副会长单位等荣誉。中托资本在发挥自身专业优势的基础上，不断完善和发展自己的金融体系，并整合全球资源为客户提供更为优质、高效、全面的金融服务。</td></tr>
</table>

山东京德创业投资有限公司

<table>
<tr><td rowspan="3">推荐机构基本信息</td><td>法人代表</td><td>梁作伦</td><td>注册资本</td><td>3000 万元</td></tr>
<tr><td>电　　话</td><td>0633－8332328</td><td>传　　真</td><td>0633－8332328</td></tr>
<tr><td>注册地址</td><td colspan="3">山东省日照市北京路西天津路南 001 栋 02 单元 2702 号</td></tr>
<tr><td>推荐机构介绍</td><td colspan="4">山东京德创业投资有限公司是经山东省工商局核准的专业投资管理机构，成立于 2012 年 12 月 13 日。主要从事创业投资业务；代理其他创业投资企业等机构或个人的创业投资业务；创业投资咨询业务；为创业企业提供管理业务；参与设立创业投资企业与创业管理顾问机构业务等。是齐鲁股权交易中心、青岛蓝海股权交易中心、海南股权交易中心的注册会员和推荐机构。
一、多层级的资源聚合优势
与政府主管部门、齐鲁股权交易中心等各区域股权交易市场建立起紧密的战略合作关系，在政策理解和政府扶持方面获得有力支持；
与商业银行、知名会计师、律师、券商等机构保持战略合作，获得快捷高效的服务资源；
与同行、专业协会、投资顾问机构建立长期联系，构架广泛的项目资源网络；
与挂牌企业、顾问企业构成立体的客户资源体系，通过发起论坛或沙龙形式组织业务推广。
二、专业的项目团队
项目团队是在原有日照金信财务顾问有限公司团队基础上组建而成，团队汇集业内资深会计师、审计师、金融投融资、证券从业、法律方面优秀专业人才智慧，是一家高起点、高资质专业机构，项目团队先后为省内众多企业提供企业诊断、流程再造、内部审计、融投资、企业购并等服务业务，熟练掌握投融资管理、财务分析、风险控制、战略规划、企业管理等专业技能，熟知国内外投资法规和策略，操作过多个挂牌上市和并购重组项目，具有深厚的行业资源、卓越的专业背景和丰富的实战经验。
三、完善的服务体系
公司为挂牌企业提供全方位的优质服务，为企业量身定制高效的投资与成长策略，提供良好的服务组合，项目团队秉承专业的职业操守对客户负责的态度，为挂牌企业提供系统高效的督导服务，使挂牌企业在法人治理、募集资金方面得到提升，同时受益于公司丰富的资本市场经验，与股权交易中心、投资机构、行业协会和企业的密切关系以及与其他被投企业之间的协同合作，最大程度增加挂牌企业自身价值。</td></tr>
</table>

<table>
<tr><td rowspan="9">所推荐企业名称</td><td>序号</td><td>所推荐企业名称</td><td>挂牌或上市场所</td></tr>
<tr><td>1</td><td>山东双港活塞股份有限公司</td><td>齐鲁股交中心</td></tr>
<tr><td>2</td><td>山东华信电气股份有限公司</td><td>同上</td></tr>
<tr><td>3</td><td>山东裕利蔬菜股份有限公司</td><td>同上</td></tr>
<tr><td>4</td><td>山东五莲绿野食品股份有限公司</td><td>同上</td></tr>
<tr><td>5</td><td>山东百慧乳业股份有限公司</td><td>同上</td></tr>
<tr><td>6</td><td>山东乾鸿重工股份有限公司</td><td>同上</td></tr>
<tr><td>7</td><td>日照华美食品股份有限公司</td><td>同上</td></tr>
<tr><td>8</td><td>日照东润有机硅股份有限公司</td><td>同上</td></tr>
</table>

	序号	所推荐企业名称	挂牌或上市场所
所推荐企业名称	9	山东薄家口茶业股份有限公司	同上
	10	日照华茂农业股份有限公司	同上
	11	日照春浓茶业股份有限公司	同上
	12	日照市东山云青茶业股份有限公司	同上
	13	日照白鹭湾现代生态农业开发有限公司	同上
	14	日照时代生态农业科技有限公司	同上
	15	日照弗尔曼新材料科技有限公司	同上
	16	日照真诺生物科技有限公司	同上
	17	山东华恩建工有限责任公司	同上
	18	日照木之味木业装饰工程有限公司	同上
	19	日照市金波工贸有限公司	同上
	20	日照盛泰地毯材料有限公司	同上

烟台市广盛投资管理有限公司

推荐机构基本信息	法人代表	邹积玮	注册资本	500 万
	电　　话	0535－6582017	传　　真	
	注册地址	烟台市海港路 27 号 703 室		
推荐机构介绍	公司为齐鲁股权交易中心的推荐机构，一年多来，公司特别注重企业挂牌上市后的持续辅导，帮助企业整合资源，优化结构，规范治理。为企业进入更高层次资本市场打下坚实基础，“一品鲜”（代码 300040）就是在我们的整体策划下，挂牌八个月，实现销售收入翻四番。现在已经与同信证券公司签订战略协议，2015 年进入新三板，2016 年进入创业板。			

	序号	所推荐企业名称	挂牌或上市场所
所推荐企业名称	1	烟台润东汽车销售服务股份有限公司	齐鲁股交中心
	2	烟台一品鲜蔬菜股份有限公司	同上
	3	山东坤永农产品股份有限公司	同上
	4	烟台瑞华汽车服务股份有限公司	同上
	5	烟台颜红健康科技股份有限公司	同上
	6	烟台颐和海洋食品股份有限公司	同上
	7	烟台龙林科技发展股份有限公司	同上
	8	烟台东林电脑广告创意有限公司	同上
	9	烟台明宇资产管理有限公司	同上
	10	烟台隆裕资产管理有限公司	同上

德州瑞鑫投资管理有限公司

推荐机构基本信息	法人代表	张　帅	注册资本	5000 万元
	电　　话	15166935333	传　　真	0534－2302658
	注册地址	德州市湖滨中大道 1158 号		
推荐机构介绍	德州瑞鑫投资管理有限公司是经齐鲁股权托管交易中心注册的合格投资人、做市商和保荐机构，以保荐服务、股权投资、债券投资和投资咨询等为主要业务。 德州瑞鑫投资管理有限公司以促进高新技术中小企业和民营企业发展为使命，利用公司在资本市场的资源优势、业务处理能力及经验，为企业挂牌、上市提供个性化、持续化、专业化的保荐服务，帮助企业深入挖掘和迅速提升自身的核心价值，为企业在资金战略、管理、投资、市场拓展等多方面引入一流的专业资源，建立并巩固企业在行业内的领先地位，不断强化企业在市场的竞争力。			

推荐机构介绍	德州瑞鑫投资管理有限公司以北京中鼎汇通投资管理有限公司和国商基金管理有限公司为依托，秉承“分享专业投资，合赢财富人生”的宗旨，以“专业进取、诚信至上、锲而不舍”为核心价值观，坚持“品德筑基、能力成器、人尽其才”的用人观，在全国筛选行业领先、管理成熟、具有成长性的企业进行直接投资，为委托人获取理想收益，为中小板、创业板及境外资本市场培育挂牌企业上市做出积极贡献！	

所推荐企业名称	序号	所推荐企业名称	挂牌或上市场所
	1	山东宏阳型材科技股份有限公司	齐鲁股权交易中心
	2	德州市鑫华润塑胶股份有限公司	齐鲁股权交易中心
	3	德州格瑞特机电股份有限公司	齐鲁股权交易中心
	4	山东富宏服饰股份有限公司	齐鲁股权交易中心

济宁市惠达投资有限公司

推荐机构基本信息				
	法人代表	金锐社	注册资本	35000 万元
	电　　话	0537－2600769	传　　真	0537－2600768
	注册地址	济宁市洸河路东首鲁南质检中心6楼综合部		
推荐机构介绍	济宁市惠达投资有限公司是经济宁市人民政府批准和授权，由济宁市政府投融资管理中心出资，按照《公司法》规定设立的政府性国有独资公司，是从事产业融资、投资、运营管理的独立法人，公司成立于2012年1月，总的注册资本为人民币5亿元，主要承担济宁市工业、农业、文化、旅游、物流、高新技术服务等产业的融资服务、项目建设、资产经营和管理、资本运营等职能。			

所推荐企业名称	序号	所推荐企业名称	挂牌或上市场所
	1	济宁高科股份有限公司	齐鲁股权交易中心
	2	济宁韵升能源科技股份有限公司	齐鲁股权交易中心
	3	山东冠峰机械股份有限公司	齐鲁股权交易中心
	4	山东慧丰花生食品股份有限公司	齐鲁股权交易中心
	5	山东盛源木业股份有限公司	齐鲁股权交易中心
	6	山东祥源生物集团股份有限公司	齐鲁股权交易中心
	7	山东泺泰牧业股份有限公司	齐鲁股权交易中心
	8	山东恒源鑫建设工程股份有限公司	齐鲁股权交易中心
	9	山东新蓝海科技股份有限公司	齐鲁股权交易中心

青岛清晨创业投资有限公司

推荐机构基本信息				
	法人代表	孙玉亮	注册资本	5000 万元
	电　　话	0532－85920511	传　　真	0532－85920511
	注册地址	青岛市市南区宁夏路288号市南软件园1号楼801室		
推荐机构介绍	清晨资本是一家专注于资本领域的投行公司，主营业务是跨国并购、操作企业境内外上市、投融资、OTC市场保荐和做市。青岛清晨创业投资有限公司是清晨资本的子公司，于2011年6月8日成立，目前主要从事齐鲁股权托管交易中心保荐业务和公司海外上市业务。			

所推荐企业名称	序号	所推荐企业名称	挂牌或上市场所
	1	青岛日能拉伸膜科技股份有限公司	齐鲁股权交易中心
	2	青岛雷悦重工股份有限公司	齐鲁股权交易中心
	3	山东振泰线缆股份有限公司	齐鲁股权交易中心
	4	青岛帅睿宏业食品股份有限公司	齐鲁股权交易中心
	5	青岛君盛食品股份有限公司	齐鲁股权交易中心
	6	青岛耕耘百年实业股份有限公司	齐鲁股权交易中心
	7	山东绿野生物科技园股份有限公司	齐鲁股权交易中心

山东金土地创业投资有限责任公司

<table>
<tr><td rowspan="3">推荐机构基本信息</td><td>法人代表</td><td>郑大鹏</td><td>注册资本</td><td>5000 万元</td></tr>
<tr><td>电　　话</td><td>0631－5660577</td><td>传　　真</td><td>0631－5660577</td></tr>
<tr><td>注册地址</td><td colspan="3">山东省威海市火炬高技术产业开发区创业大厦224室</td></tr>
<tr><td>推荐机构介绍</td><td colspan="4">山东金土地创业投资有限责任公司(以下简称本公司)于2011年11月成立,注册资本5000万元。2012年4月本公司经山东省发改委备案为合格创业投资企业。本公司以股权投资、推荐服务及投资咨询等为主要业务,以促进高新技术中小企业和民营企业发展为使命,积极为所投资的企业引进战略投资者,促进中小企业完善公司治理结构,提升核心竞争能力,实现健康快速成长,源源不断的为新三板、中小板、创业板培育和输送优质上市后备资源。基于对本地区蓬勃发展的创业企业的密切关注及与市级创业引导基金保持良好联系等前提,本公司已与威海地区数十家处于创业初期、具备广阔行业前景的科技型中小企业进行沟通洽谈合作,以期助力本地企业创业发展。
本公司是经齐鲁股权交易中心注册的威海地区唯一合格投资人、推荐机构。本公司已顺利推荐山东华力电机集团股份有限公司(000010,2012年度销售收入突破六亿元)、山东昊安金科新材料股份有限公司(000153,股本9000万元,在中心挂牌企业中股本排行第三位)、威海三润重工股份有限公司(股本4500万元)、山东富帅无辐射技术股份有限公司(股本5000万元)、山东大鱼岛港务股份有限公司(股本5100万元)、荣成市伟德山农业发展有限公司、乳山市九旺农业科技有限公司等在齐鲁股权交易中心挂牌交易。
本公司现有工作人员12人,其中推荐业务部聚集了一批具备丰富法律、财务工作经验、能够独立高效地完成非上市股权挂牌项目的高素质人才,推荐业务部工作人员中,有经济法专业博士一名,五人具有法律职业资格,一人具有法律职业资格及注册会计师资格,五人具有证券从业资格,且有多年从业经验,即本公司具备证券、法律、会计专业综合服务能力。人才优势极大地提升了金土地创投推荐业务团队的业务能力、拓宽了公司推荐业务发展的空间。</td></tr>
<tr><td rowspan="8">所推荐企业名称</td><td>序号</td><td colspan="2">所推荐企业名称</td><td>挂牌或上市场所</td></tr>
<tr><td>1</td><td colspan="2">山东大鱼岛港务股份有限公司</td><td>齐鲁股权挂牌</td></tr>
<tr><td>2</td><td colspan="2">山东富帅无辐射技术股份有限公司</td><td>齐鲁股权挂牌</td></tr>
<tr><td>3</td><td colspan="2">威海三润重工股份有限公司</td><td>齐鲁股权挂牌</td></tr>
<tr><td>4</td><td colspan="2">山东昊安金科新材料股份有限公司</td><td>齐鲁股权挂牌</td></tr>
<tr><td>5</td><td colspan="2">山东华力电机集团股份有限公司</td><td>齐鲁股权挂牌</td></tr>
<tr><td>6</td><td colspan="2">荣成市伟德山农业发展有限公司</td><td>齐鲁股权挂牌</td></tr>
<tr><td>7</td><td colspan="2">乳山市九旺农业科技有限公司</td><td>齐鲁股权挂牌</td></tr>
</table>

山东瑞众股权投资基金有限公司

<table>
<tr><td rowspan="3">推荐机构基本信息</td><td>法人代表</td><td>张家平</td><td>注册资本</td><td>10000 万元</td></tr>
<tr><td>电　　话</td><td>0531－55568922</td><td>传　　真</td><td>0531－55568922</td></tr>
<tr><td>注册地址</td><td colspan="3">济南市历下区泺源大街29号</td></tr>
<tr><td>推荐机构介绍</td><td colspan="4">山东瑞众股权投资基金有限公司是经齐鲁股权托管交易中心注册的合格投资人、保荐机构。以股权投资、债券投资、保荐服务及投资咨询等为主要业务,以促进高新技术中小企业和民营企业发展为使命,积极为所投资的企业引进战略投资者,支持中小企业完善公司治理结构,提升核心竞争能力,实现健康快速成长,源源不断的为中小板、创业板及境外资本市场培育和输送优质上市后备资源。
山东瑞众股权投资基金有限公司以发起设立产业基金、股权投资及投资管理为主的专业性机构。公司注册资金为1亿元。凭借强大的资源优势与资本优势,优秀的管理团队,瑞众基金以客户为导向,遵循诚信、稳健的经营方针,秉承风险控制、长期投资、价值投资的理念,准确把握市场脉搏,实现了资本的保值、增值,取得了骄人的业绩,在业内赢得了良好声誉。
公司专注于节能环保、新能源、文化产业、现代农业、矿产资源等领域,发起设立了现代农业产业基金、文化产业基金、节能环保产业基金、新能源产业基金、轨道交通产业基金等多支产业基金。在引领相关产业发展的同时,创造了良好的经济效益和社会效益。</td></tr>
<tr><td rowspan="4">所推荐企业名称</td><td>序号</td><td colspan="2">所推荐企业名称</td><td>挂牌或上市场所</td></tr>
<tr><td>1</td><td colspan="2">山东蓝硅新能源装备股份有限公司</td><td>齐鲁股权交易中心</td></tr>
<tr><td>2</td><td colspan="2">山东金典坚果股份有限公司</td><td>齐鲁股权交易中心</td></tr>
<tr><td>3</td><td colspan="2">山东英特磨具股份有限公司</td><td>齐鲁股权交易中心</td></tr>
</table>

	序号	所推荐企业名称	挂牌或上市场所
所推荐企业名称	4	山东龙发石材装饰股份有限公司	齐鲁股权交易中心
	5	山东运发物流股份有限公司	齐鲁股权交易中心
	6	山东安嘉新型建材股份有限公司	齐鲁股权交易中心
	7	山东汇丰木塑型材股份有限公司	齐鲁股权交易中心
	8	山东中港化肥股份有限公司	齐鲁股权交易中心
	9	临沂联诚机械股份有限公司	齐鲁股权交易中心
	10	山东万讯线杆股份有限公司	齐鲁股权交易中心
	11	山东广润新型材料股份有限公司	齐鲁股权交易中心
	12	山东吉阳新能源科技股份有限公司	齐鲁股权交易中心
	13	济宁市土佬茂畜牧业开发股份有限公司	齐鲁股权交易中心
	14	山东元脉电子技术股份有限公司	齐鲁股权交易中心
	15	山东金蒙新材料股份有限公司	齐鲁股权交易中心

山东裕铖股权投资管理有限公司

推荐机构基本信息	法人代表	常本德	注册资本	5000 万元
	电　话	18653320283	传　真	0533－3113018
	注册地址	淄博市张店区联通路 80 号		

推荐机构介绍	内容
	山东裕铖股权投资管理有限公司于 2011 年 10 月 13 日成立，现有员工 16 人，均为大专以上学历，主要业务人员资历丰富，专业能力强。 公司建立了科学有效的管理架构，建立健全了各种规章制度，严格依法合规经营，树立“以人为本，诚信经营，质量第一”的经营理念，专注于企业挂牌推荐业务和股权投资业务。 公司以专业知识服务于企业，致力于成为企业腾飞的助推器，希望挂牌企业借助资本市场的力量，在稳健运作的基础上快速发展！

	序号	所推荐企业名称	挂牌或上市场所
所推荐企业名称	1	青岛鑫垚地农业科技股份有限公司	齐鲁股权交易中心
	2	威海丰泰新材料科技股份有限公司	齐鲁股权交易中心
	3	山东中坤石油科技股份有限公司	齐鲁股权交易中心
	4	山东华岳达铝业股份有限公司	齐鲁股权交易中心
	5	山东银河动力股份有限公司	齐鲁股权交易中心
	6	山东宽惠红木文化股份有限公司	齐鲁股权交易中心
	7	山东云豪卫生用品股份有限公司	齐鲁股权交易中心
	8	山东象牛机械股份有限公司	齐鲁股权交易中心
	9	山东三诺机电科技股份有限公司	齐鲁股权交易中心
	10	青岛远通物联技术股份有限公司	齐鲁股权交易中心
	11	山东裕鸿阀门股份有限公司	齐鲁股权交易中心
	12	山东佑润生物技术股份有限公司	齐鲁股权交易中心
	13	淄博市周村区宏信小额贷款股份有限公司	齐鲁股权交易中心
	14	山东炳坤腾泰陶瓷科技股份有限公司	齐鲁股权交易中心
	15	荣成金辰机械股份有限公司	齐鲁股权交易中心

山东淄川高新技术创业投资有限公司

推荐机构基本信息	法人代表	杨宏伟	注册资本	10000 万元
	电　话	15053387977	传　真	0533－5161088
	注册地址	山东省淄博市淄川区般阳西路 35 号		

<table>
<tr><td>推荐机构介绍</td><td colspan="3">山东淄川高新技术创业投资有限公司(以下简称“淄川创投”),成立于2008年10月,注册资本1亿元人民币。是山东省政府为扶持创新型、创业型、高成长和高科技企业的发展而批准成立的一家专业化的投融资服务机构。是齐鲁股权托管交易中心、湖南股权交易所首批注册的保荐机构和做市商。目前为这两家交易所最大的保荐商及做市商。
公司主营业务范围:高新技术产业投资、创业企业投资、企业管理咨询、资产管理、基金管理、企业财务顾问、企业挂牌保荐和企业上市辅导等。
自成立以来,公司已在山东、河南、河北、吉林和天津等省市保荐了近30家公司在齐鲁股权托管交易中心等交易场所挂牌交易,目前控股两家房地产公司,参股20余家高新技术企业,并为企业融资总计超15亿元人民币。与此同时,在体制建设、市场战略、人才机制和风险控制等方面也得到了长足的发展。公司的诚信品质、专业态度、业务能力和抗风险能力得到了相关交易中心、企业及中介机构的高度认可和充分肯定。
在未来的发展中,公司将充分利用政府给予的特殊优惠政策,对各类资源进行科学配置,以高新技术领域项目为主导,大胆开拓新的发展领域。继续秉承客户至上、服务为先的理念,一如既往地为企业提供优质的服务。努力打造一家管理团队一流、资本实力雄厚及业内领先的投融资机构,不断实现新的跨越。
关注成长,成就未来。山东淄川高新技术创业投资有限公司将继续以专业、激情和诚信的企业精神,与您携手共进,助您构建并成就资本市场的美好蓝图!</td></tr>
<tr><td rowspan="11">所推荐企业名称</td><td>序号</td><td>所推荐企业名称</td><td>挂牌或上市场所</td></tr>
<tr><td>1</td><td>山东在天金属科技股份有限公司</td><td>齐鲁股权交易中心</td></tr>
<tr><td>2</td><td>山东九鼎铁塔科技股份有限公司</td><td>齐鲁股权交易中心</td></tr>
<tr><td>3</td><td>山东通亚交通安全设施股份有限公司</td><td>齐鲁股权交易中心</td></tr>
<tr><td>4</td><td>山东弘发兴凯实业股份有限公司</td><td>齐鲁股权交易中心</td></tr>
<tr><td>5</td><td>山东川君化工股份有限公司</td><td>齐鲁股权交易中心</td></tr>
<tr><td>6</td><td>山东松竹铝业股份有限公司</td><td>齐鲁股权交易中心</td></tr>
<tr><td>7</td><td>山东科麟环保科技股份有限公司</td><td>齐鲁股权交易中心</td></tr>
<tr><td>8</td><td>山东天海科技股份有限公司</td><td>齐鲁股权交易中心</td></tr>
<tr><td>9</td><td>山东安兴玻璃制品股份有限公司</td><td>齐鲁股权交易中心</td></tr>
<tr><td>10</td><td>山东旭东化工科技股份有限公司</td><td>齐鲁股权交易中心</td></tr>
</table>

上海容公投资中心(有限合伙)

<table>
<tr><td rowspan="3">推荐机构基本信息</td><td>法人代表</td><td>云霄凝</td><td>注册资本</td><td>1亿元</td></tr>
<tr><td>电　话</td><td>021－62186509</td><td>传　真</td><td>021－62186239</td></tr>
<tr><td>注册地址</td><td colspan="3">上海市长寿路锦海大厦1号18A座</td></tr>
<tr><td>推荐机构介绍</td><td colspan="4">容公投资是由资深投资专家组建的专业投资机构,运用成熟的国际化资本组织形式、专业化的投资理念和方法,对传统及新兴传媒产业、大众消费类产品及服务等领域的创新公司进行投资。中心已建立起高效的决策流程,规范的业务工作流程。核心团队来自金融投资及投资相关的咨询、财务、法律等行业,均为各自领域的专家,对国内外主要资本市场上市具有丰富的实际操作经验。</td></tr>
<tr><td rowspan="2">所推荐企业名称</td><td>序号</td><td colspan="2">所推荐企业名称</td><td>挂牌或上市场所</td></tr>
<tr><td>1</td><td colspan="2">烟台只楚化学新材料股份有限公司</td><td>齐鲁股权交易中心</td></tr>
</table>

淄博鸿硕投资有限公司

<table>
<tr><td rowspan="3">推荐机构基本信息</td><td>法人代表</td><td>李敏</td><td>注册资本</td><td>1060万元</td></tr>
<tr><td>电　话</td><td>0533－6121192</td><td>传　真</td><td>0533－6121192</td></tr>
<tr><td>注册地址</td><td colspan="3">周村区正阳路3288号四层</td></tr>
<tr><td>推荐机构介绍</td><td colspan="4">淄博鸿硕投资有限公司是一家集投融资服务、资本市场挂牌推荐、财务顾问、实业投资等业务于一体的综合性金融服务机构,是齐鲁股权交易中心、青岛蓝海股权交易中心推荐机构、新三板保荐上市券商战略合作机构。</td></tr>
</table>

推荐机构介绍	公司成立于2012年8月，内设投融资、证券业务、市场、风控、督导等业务部室，专业从事齐鲁股交中心、青岛蓝海股权等区域性资本市场企业挂牌工作，并与联讯证券、华夏投资、淄博兴邦、山东致公、山东康桥等建立了战略合作关系，近年来，公司紧紧围绕国家及省、市政府关于区域性资本市场的相关政策，不断完善和锐意进取，伴随着全国区域性资本市场的发展而快速成长壮大。公司善于把握各层次各区域资本市场的发展动向，广泛与国内知名券商开展合作，并已启动多家挂牌企业转板程序，实现企业向更高层次资本市场的跨越升级。 目前，齐鲁股交中心等区域性资本市场发展势头强劲，为我国多层次资本市场做出了极有价值的创新性贡献，前景广阔。公司通过和齐鲁股交中心等资本平台的合作，加强与实力雄厚、素质高的投资公司、律师事务所及会计师事务所的密切配合，更好更快地服务于大批快速发展的中小型企业，在各地区、各级政府及部门领导下，为企业搭建起规范发展、合法融资的平台，以实现多方的共赢，为中小实体经济快速发展做出更大贡献！ 公司总经理郭振亭先生期待与各方紧密合作，共创美好未来！		
所推荐企业名称	序号	所推荐企业名称	挂牌或上市场所
	1	山东大海农业发展股份有限公司	齐鲁股权
	2	山东橙功肥业股份有限公司	齐鲁股权

■律师事务所

山东隆泰律师事务所

中介机构基本信息	法人代表	潘晓朋	注册资本	30万元
	电　　话	0539－8313877	传　　真	0539－8313877
	注册地址	山东省临沂市金雀山路26号齐鲁大厦1109室		
中介机构介绍	山东隆泰律师事务所成立于2002年，系经山东省司法厅批准成立，是临沂市直属合伙制律师事务所，是临沂市最早成立的合伙制律师事务所之一，也是临沂市最大的律师事务所之一。连续多年被评为临沂市优秀律师事务所，2012年被评为“山东省优秀律师事务所”，是在齐鲁股权交易中心所注册登记的中介机构。本所业务范围覆盖诉讼和非诉讼领域，并设立七个专业法律事务部，包括证券、金融、公司、房地产、涉外、知识产权、维权等。			
所推荐企业名称	序号	所推荐企业名称	挂牌或上市场所	
	1	山东省东鹏工业装备股份有限公司	齐鲁股权交易中心	

山东致公律师事务所

中介机构基本信息	法人代表	徐文业	注册资本	50万元
	电　　话	0533－2161751	传　　真	0533－2166653
	注册地址	淄博市张店区共青团西路136号金茂大厦A座5楼		
中介机构介绍	山东致公律师事务所，成立于1956年4月，前身是淄博市法律顾问处，1981年1月恢复重建，是新中国成立后首批设立、首批恢复重建的律师事务所(法律顾问处)，1999年6月更名为山东致公律师事务所，2001年根据国家规定改制为合伙制的律师事务所，系一家大型综合法律服务机构。曾获得中国证监会和司法部批准的从事证券法律业务资格和山东省政府批准的股份制改制法律业务资格，目前具有在齐鲁股权交易中心从事法律业务资格、知识产权业务资格，并担任淄博市人民政府和淄博市委政法委的法律顾问，获得“山东省先进律师事务所”、“山东省法律服务行业文明服务示范窗口”、“山东省优秀律师事务所”、“淄博市优秀律师事务所”、“淄博市司法行政系统先进单位”、“省级基层党建工作示范点”等荣誉称号。 2010年以来，山东致公律师事务所对律师业务进行专业化分工，随着资本市场法律服务的需要，山东致公律师事务所借力山东理工大学优势科研资源，整合律师界优秀专业律师，组建了以资深律师、硕士、博士为项目负责人的公司上市(挂牌)法律服务专业团队，为客户提供优质的法律服务。			

	序号	所推荐企业名称	挂牌或上市场所
所推荐企业名称	1	山东金晓阳生物科技股份有限公司	齐鲁股权交易中心
	2	山东福泰陶瓷股份有限公司	齐鲁股权交易中心
	3	山东博水泵业股份有限公司	齐鲁股权交易中心
	4	山东华旅旅游发展股份有限公司	齐鲁股权交易中心
	5	山东驰玖锂电科技股份有限公司	齐鲁股权交易中心
	6	淄博泰勒换热设备股份有限公司	齐鲁股权交易中心
	7	山东在天金属科技股份有限公司	齐鲁股权交易中心
	8	山东川君化工股份有限公司	齐鲁股权交易中心
	9	山东民强生物科技股份有限公司	齐鲁股权交易中心
	10	山东象牛机械股份有限公司	齐鲁股权交易中心
	11	山东中坤石油科技股份有限公司	齐鲁股权交易中心
	12	山东三诺机电科技股份有限公司	齐鲁股权交易中心
	13	山东银河动力股份有限公司	齐鲁股权交易中心
	14	山东汇源饮用水股份有限公司	齐鲁股权交易中心
	15	济南诚方网络科技有限公司	“新三板”尽职调查阶段
	16	烟台只楚化学新材料股份有限公司	“新三板”券商内核阶段

山东智祥律师事务所

中介机构基本信息	法人代表	贾庆玉	注册资本	30 万元
	电　　话	15563506923	传　　真	0635－2110265
	注册地址	山东省聊城市花园北路22号		

中介机构介绍：

山东智祥律师事务所是聊城地区最具规模的综合性法律服务机构，它是由国资法衡律师事务所改制而成，历年多次被评为优秀律师事务所和先进集体单位。智祥律所吸纳了各方的优秀人才，形成专业分工与团队协作的工作方式。

智祥律师事务所现有36位执业律师，10名具有司法资格的律师助理，2名高级业务顾问，法律硕士研究生2人，全部本科以上学历，有2人曾到香港事务所进修和培训，有8人担任聊城仲裁委员会仲裁员。智祥律所资深律师年富力强，精力充沛，能够承接综合性的大规模的法律事务。

智祥律所的高级合伙人一直重视同业内知名大所交流及合作。智祥律所是山东律师联盟（德衡）成员所之一，能够在山东省内进行业务合作与资源共享。智祥律所能够为客户提供专业、跨地域、跨国境的优质法律服务，目前，在金融创新业务方面逐渐形成了自己的体系。

智祥律所的服务宗旨：“诚信、及时、周到、贴心”

	序号	所推荐企业名称	挂牌或上市场所
所推荐企业名称	1	山东东阿东方阿胶股份有限公司	齐鲁股交中心
	2	山东红星轴承科技股份有限公司	齐鲁股交中心
	3	山东华隆威斯特轴承股份有限公司	齐鲁股交中心
	4	山东澳凯轴承股份有限公司	齐鲁股交中心
	5	聊城市联威肥业股份有限公司	齐鲁股交中心
	6	临清永杰轴承制造有限公司	齐鲁股交中心

山东长城长律师事务所

中介机构基本信息	法人代表	滕庆刚	注册资本	
	电　　话	0533－2866054	传　　真	0533－2866054
	注册地址	山东省淄博市张店区新村西路174号		

中介机构介绍	山东长城长律师事务所成立于1993年,至今已走过20年的历程,现有执业律师四十名,实习律师十名。是淄博市司法局直属的合伙制律师事务所。 本所成立以来,奉行"忠于事实、忠于法律、忠于当事人"的宗旨和法律服务理念,注重发挥集体智慧,讲求团结协作精神,以自身雄厚的实力,为当事人提供高效、优质的法律服务。本所律师把对正义、公正的追求沉淀成不变的职业信念,这就是:遵循与法律的引导,听命于职责的要求,忠实于委托人的利益,敬畏于良知的警醒。以扎实的业务功底和高度的敬业精神成功地承办了多起标的大、难度高的房地产、金融、证券、借贷担保、知识产权案件及大量企业改制、企业兼并、资产重组、股权转让等非诉讼业务,代理了许多重大民事诉讼、刑事诉讼和仲裁案件。 本所始终用正直、诚信赢得客户,用服务和专业赢得市场,得到了法庭内外及社会各界的普遍赞誉及上级司法行政机关表彰,连续多年被评为市级文明律师事务所。

	序号	所推荐企业名称	挂牌或上市场所
所推荐企业名称	1	山东嘉特塑料包装股份有限公司	齐鲁股权交易中心
	2	山东慧科助剂股份有限公司	齐鲁股权交易中心
	3	山东上水农业发展股份有限公司	齐鲁股权交易中心
	4	淄博祥盛汽车板簧股份有限公司	齐鲁股权交易中心
	5	淄博瀚海水业股份有限公司	齐鲁股权交易中心
	6	山东正洋矿泉水股份有限公司	齐鲁股权交易中心
	7	山东三丰集团股份有限公司	齐鲁股权交易中心
	8	山东众诚钡盐股份有限公司	齐鲁股权交易中心
	9	山东七河生物科技股份有限公司	齐鲁股权交易中心
	10	山东天健纸业股份有限公司	齐鲁股权交易中心
	11	山东向荣农业发展股份有限公司	齐鲁股权交易中心
	12	山东河源养殖繁育股份有限公司	齐鲁股权交易中心
	13	山东恒利石油化工股份有限公司	齐鲁股权交易中心
	14	山东鲁桥新材料股份有限公司	齐鲁股权交易中心
	15	山东高盛玻璃科技股份有限公司	齐鲁股权交易中心
	16	淄博宝塔焦化股份有限公司	齐鲁股权交易中心
	17	山东昭和新材料科技股份有限公司	齐鲁股权交易中心

山东大地人律师事务所

中介机构基本信息	法人代表	崔冠军	注册资本	
	电　　话	13561685207	传　　真	0533－2791601
	注册地址	山东淄博市张店区华光路272号博大广场A座5层		
中介机构介绍	山东大地人律师事务所,创建于1993年,是山东省司法厅命名的淄博市首家"省级文明律师事务所",2008年,被司法部评选为淄博市首家"全国优秀律师事务所"。山东大地人律师事务所总部设在张店,在临淄设有分所,分为刑事法律事务部、公司法律事务部、房地产法律事务部、金融证券法律事务部、知识产权法律事务部、行政法律事务部六个专业部门。现有律师、实习律师及行政人员50余人,是淄博市乃至鲁中地区颇具影响力的规模化、专业化特色鲜明的合伙制律师事务所。 山东大地人律师事务所自成立以来就非常注重人才的引进和培养,"以人为本"的办所理念吸引和聚集了一大批法学功底扎实、专业特长突出、职业理念严谨的优秀律师;完善、规范、科学的内部管理制度、齐备的律师从业资质、鲜明的专业化发展方向给律所的持续发展奠定了坚实的基础。律所在多年的发展中始终坚持立足于民商、刑事辩护等基础诉讼业务,并不断开拓探索新领域和非诉讼业务,凭借广泛深厚的社会资源,在公司设立、并购、融资、上市、不良资产处置、破产清算等公司事务,以及建筑房地产、金融证券、知识产权等方面取得了丰硕的成果。 优质高效的法律服务,品质卓越的行业信誉,山东大地人律师事务所愿以真诚的法律服务为您服务,与您合作,共谋发展,共谱新篇!			

	序号	所推荐企业名称	挂牌或上市场所
所推荐企业名称	1	山东新贵科技股份有限公司	齐鲁股权交易中心
	2	山东赛特新材料股份有限公司	齐鲁股权交易中心
	3	山东上德变电设备有限公司	齐鲁股权交易中心
	4	山东青河农业科技发展股份有限公司	齐鲁股权交易中心
	5	山东大柴缸体缸盖有限公司	齐鲁股权交易中心
	6	兖州华美农业科技发展股份有限公司	齐鲁股权交易中心
	7	山东荣顺鞋业股份有限公司	齐鲁股权交易中心
	8	山东康友光电科技股份有限公司	齐鲁股权交易中心
	9	山东馨力石化科技股份有限公司	齐鲁股权交易中心
	10	山东耀国光热科技股份有限公司	齐鲁股权交易中心
	11	济南商河县金王食品股份有限公司	齐鲁股权交易中心
	12	山东淄特化工股份有限公司	齐鲁股权交易中心
	13	东营泰然材料科技股份有限公司	齐鲁股权交易中心
	14	临沂市拓普网络股份有限公司	齐鲁股权交易中心

山东德衡律师事务所

中介机构基本信息	法人代表	胡　明	注册资本	1000 万元
	电　话	0532－83868482	传　真	0532－83895959
	注册地址	山东青岛香港西路 52 号丙		

中介机构介绍	
	山东德衡执业超过 20 年，是国内最早获得司法部部级文明律师所、全国律协全国优秀律师所双项荣誉的少数律师所之一，在香港注册有德衡律师集团投资控股有限公司，现有律师员工 220 名，总部位于青岛，设有青岛高新区、西海岸、济南、北京四家分所，并在香港、首尔、华盛顿设有代表处，是中国目前最具规模的律师服务机构之一，已连续七年被国际权威律所排名机构《ALB》评为“中国(东)北部律所大奖”。 山东德衡也是山东省和青岛市的重点服务业企业，连续四年因纳税贡献率高被评为青岛市市南区民营企业二十强，其品牌商标于 1998 年 10 月被评为青岛二十大著名服务商标之一，2003 年被评为青岛市著名商标、2004 年被评为山东省著名商标，至今连续通过复核，继续保持为山东省、青岛市著名商标，商标估值 5000 万元。

	序号	所推荐企业名称	挂牌或上市场所
所推荐企业名称	1	山东绿野生物科技园股份有限公司	齐鲁股权交易中心
	2	山东宏飞包装股份有限公司	齐鲁股权交易中心
	3	山东银兴种业股份有限公司	齐鲁股权交易中心
	4	山东三圜新材料股份有限公司	齐鲁股权交易中心
	5	山东振泰线缆股份有限公司	齐鲁股权交易中心
	6	山东科虹线缆科技股份有限公司	齐鲁股权交易中心
	7	双鹤机械股份有限公司	齐鲁股权交易中心
	8	山东中研实业股份有限公司	齐鲁股权交易中心
	9	山东煜龙环保科技股份有限公司	齐鲁股权交易中心
	10	山东宏阳型材科技股份有限公司	齐鲁股权交易中心

山东方良律师事务所

中介机构基本信息	法人代表	方梁	注册资本	
	电　话	18668971611	传　真	0531－80961259
	注册地址	济南市燕子山西路 2 号中天汇丽华城 13 层		

中介机构介绍	山东方良事务所经山东省司法厅批准成立于2007年，位于济南市区主干道经十路和山大路路口，燕子山西路2号，该所发挥年轻律师的优势，具有很强的开拓创新精神，开通了全国首家律师网上视频聊天室，派律师轮流值班，接待全国当事人的咨询。该所还非常关注社会弱势群体，积极参与社会法律援助，2009年一年仅本所的徐春艳律师就代理了10多起法律援助案件，其援助的女工史某与某制衣厂劳动争议一案，被评为济南十大法律援助案例。这是一个充满活力的年轻人的队伍，他们针对每一个案例，都集体讨论，在短短两年多的时间里，已经在业内赢得了很好的口碑。其成功的案例和热心公益事业的精神为多家媒体报道。		
所推荐企业名称	序号	所推荐企业名称	挂牌或上市场所
	1	山东鲁一机械股份有限公司	齐鲁股权交易中心
	2	山东顺和酒业股份有限公司	齐鲁股权交易中心
	3	山东奥联包装股份有限公司	齐鲁股权交易中心
	4	山东恒昌聚材有限公司	齐鲁股权交易中心
	5	山东奚仲电子科技有限公司	齐鲁股权交易中心
	6	平邑县融信小额贷款股份有限公司	齐鲁股权交易中心
	7	莒南县民丰小额贷款股份有限公司	齐鲁股权交易中心
	8	山东金蒙新材料股份有限公司	齐鲁股权交易中心
	9	济宁市土佬茂畜牧业开发股份有限公司	齐鲁股权交易中心
	10	临沂联诚机械股份有限公司	齐鲁股权交易中心
	11	山东元脉电子技术股份有限公司	齐鲁股权交易中心
	12	山东广润新型材料股份有限公司	齐鲁股权交易中心
	13	山东万威磨具科技股份有限公司	齐鲁股权交易中心
	14	山东吉阳新能源科技股份有限公司	齐鲁股权交易中心
	15	山东重拓机械股份有限公司	齐鲁股权交易中心
	16	山东万讯线杆股份有限公司	齐鲁股权交易中心
	17	山东宝隆生物降解材料股份有限公司	齐鲁股权交易中心
	18	山东史贝美肥料股份有限公司	齐鲁股权交易中心

山东恒岳律师事务所

中介机构基本信息	法人代表	孙　伟	注册资本	
	电　　话	13954609518	传真	0546－8334789
	注册地址	山东省东营市东三路111号众成都市中心D座四楼		
中介机构介绍	山东恒岳律师事务所系2007年2月由山东省司法厅批准设立的合伙制律师事务所，现有执业律师18名，行政人员1人，实习人员4名，是一家办案思维活跃、理论功底深厚、管理服务规范、业务素质过硬的优秀律师事务所。2010年2月获东营市司法局“优秀律师事务所”称号。 “岱宗夫如何，齐鲁青未了”。山东恒岳律师事务所立足东营、服务于油城，但又着眼于山东、放眼于国内与国外。在坚持以维护当事人合法权益、服务东营经济社会发展为己任的同时，以不断更新的服务理念、优质高效的服务水平，为黄河三角洲高效生态经济区的开发建设贡献力量。			

所推荐企业名称	序号	所推荐企业名称	挂牌或上市场所
	1	山东邦迪化学制品股份有限公司	齐鲁股权交易中心
	2	山东津合农业股份有限公司	齐鲁股权交易中心
	3	东营方大金属结构股份有限公司	齐鲁股权交易中心
	4	山东金舜石油装备股份有限公司	齐鲁股权交易中心
	5	东营市金和钰棉业股份有限公司	齐鲁股权交易中心
	6	山东永兴泰食品股份有限公司	齐鲁股权交易中心
	7	山东尚泰实业股份有限公司	齐鲁股权交易中心
	8	山东艾兰仕家具科技股份有限公司	齐鲁股权交易中心
	9	山东名相地产顾问股份有限公司	齐鲁股权交易中心

所推荐企业名称	序号	所推荐企业名称	挂牌或上市场所
	10	山东大简光电科技股份有限公司	齐鲁股权交易中心
	11	山东浩泰天然气股份有限公司	齐鲁股权交易中心
	12	潍坊发创金融服务股份有限公司	齐鲁股权交易中心
	13	路通建设集团股份有限公司	齐鲁股权交易中心
	14	广饶县金桥小额贷款股份有限公司	齐鲁股权交易中心
	15	山东力之源动力机械股份有限公司	齐鲁股权交易中心

山东凌云志律师事务所

<table>
<tr><td rowspan="3">中介机构基本信息</td><td>法人代表</td><td>韩　强</td><td>注册资本</td><td></td></tr>
<tr><td>电　　话</td><td>0631－5215148</td><td>传　　真</td><td>0631－5216385</td></tr>
<tr><td>注册地址</td><td colspan="3">山东威海市环翠区古陌路78号</td></tr>
<tr><td>中介机构介绍</td><td colspan="4">山东凌云志律师事务所，成立于1995年，是威海市第一家合伙制律师事务所。现有合伙人8名，执业律师及工作人员近50人，下设公司业务部、金融证券部、房地产业务部、建设工程部、刑事业务部、劳动维权部、破产与重组部、海事海商部、涉外业务部、民商业务部、知识产权部等业务部门及专家顾问委员会。本所自有产权的办公楼位于威海市区黄金地段，拥有现代化的办公设施及交通、通讯工具，管理规范，运营高效，业绩显著，充满活力；本所具有企业改制、企业破产管理人和齐鲁股权托管交易中心企业融资等从业资格，已从事大量相关业务，以其过硬的专业素养和卓越的服务质效赢得了社会各界的广泛赞誉，目前已成为山东省极具实力及发展潜力的专业化综合性品牌律所。
自2002年起，本所被授予全国优秀律师事务所、山东省级文明单位、山东省服务名牌、山东省优秀律师事务所、山东省司法行政系统队伍建设先进集体、山东省优秀妇女维权岗、威海市十佳律师事务所、威海市模范党建工作律师事务所、威海市级文明单位等荣誉称号，并成为山东大学(威海)法学院教学实习基地、山东大学(威海)法学院刑法应用研究中心、威海市科技工作者法律维权中心、威海市工商业联合会维权服务中心。</td></tr>
<tr><td rowspan="5">所推荐企业名称</td><td>序号</td><td colspan="2">所推荐企业名称</td><td>挂牌或上市场所</td></tr>
<tr><td>1</td><td colspan="2">山东华力电机集团股份有限公司</td><td>齐鲁股权交易中心</td></tr>
<tr><td>2</td><td colspan="2">山东三润重工股份有限公司</td><td>齐鲁股权交易中心</td></tr>
<tr><td>3</td><td colspan="2">潍坊盛丰面业股份有限公司</td><td>齐鲁股权交易中心</td></tr>
<tr><td>4</td><td colspan="2">威海丰泰新材料科技股份有限公司</td><td>齐鲁股权交易中心</td></tr>
</table>

山东万航律师事务所

<table>
<tr><td rowspan="3">中介机构基本信息</td><td>法人代表</td><td>李　意</td><td>注册资本</td><td></td></tr>
<tr><td>电　　话</td><td>0635－8286605</td><td>传　　真</td><td>0635－8363000</td></tr>
<tr><td>注册地址</td><td colspan="3">山东省聊城市柳园南路2号新东方国际B座6层</td></tr>
<tr><td>中介机构介绍</td><td colspan="4">山东万航律师事务所成立于2001年7月，历经十余年稳健发展，在规模化、规范化、专业化、团队化建设方面取得了丰硕成果，建立了先进的管理体制和专业化团队作业模式，并于2014年4月在阳谷县成立分所，系聊城地区拥有执业律师最多、实力最强的综合性律师事务所之一。
拥有卓越的人才、完善的制度，并以此为基石，向客户提供高端法律服务。万航全体律师均具备本科及其以上学历，不但具有深厚的理论基础，而且在商界及法律界具有丰富的执业经验。万航拥有多名中高级律师，同时还担任聊城市律师协会副会长、山东省律师协会理事、聊城市律师协会理事、聊城仲裁委员会委员、聊城市政协委员及阳谷县劳动争议仲裁委员会委员。
2002年2月被聊城市司法局荣立集体三等功，2006年2月被聊城市司法局评为文明律师事务所，2008年1月被山东省律师协会评为山东省优秀律师事务所，2012年被山东省人社厅和山东省司法厅联合评为人民满意律师事务所并记集体二等功，万航党支部2013年7月被评为全市司法行政系统先进党组织。</td></tr>
<tr><td rowspan="3">所推荐企业名称</td><td>序号</td><td colspan="2">所推荐企业名称</td><td>挂牌或上市场所</td></tr>
<tr><td>1</td><td colspan="2">山东泰康建材股份有限公司</td><td>齐鲁股权交易中心</td></tr>
<tr><td>2</td><td colspan="2">山东鲁青电缆股份有限公司</td><td>齐鲁股权交易中心</td></tr>
</table>

山东众成仁和(德州)律师事务所

中介机构基本信息	法人代表	艾宪松	注册资本	
	电　　话	0534－2386655	传　　真	0534－2386655
	注册地址	德州市德城区德兴中大道987号		
中介机构介绍	众成仁和律师集团(德州)事务所(以下简称德州所)是经山东省司法厅批准、采用国际通行的合伙制组织形式的一家综合性律师事务所,由原国资山东德大公律师事务所(1988年被山东省司法厅授予“山东省法律服务行业文明服务示范窗口”单位)改制后设立。得益于德州经济的迅速发展和对外开放,得益于高素质法律人才聚合的良好基础,德州所从成立起就成为一家主要在对内及涉外经济领域为客户提供一流服务的律师事务所,优良的业绩和卓越的实力,使德州所被山东省维护企业和企业家权益工作委员会指定为德州市唯一一家法律维权服务机构,与其他知名律师事务所共同组成覆盖全省十七市的维权律师团,解决企业和企业家在生产经营中遇到的困难和纠纷;德州所还被山东省青少年维权中心、德州市青少年维权中心指定为维权法律服务单位,解决涉及侵犯青少年合法权益的纠纷和案件,并获得德州市优秀青少年维权岗荣誉称号。2007年2月,德州所被山东省司法厅授予“全省司法行政系统规范执业先进集体”,2008年1月,被山东省司法厅、山东省律师协会授予第二届‘山东省优秀律师事务所”称号。德州所的宗旨,是聚合高素质的法律人才,坚持人合,实行科学化管理,运用现代化的服务手段,为客户提供优质、高效的法律服务。			

所推荐企业名称	序号	所推荐企业名称	挂牌或上市场所
	1	山东恒硕自动化装备制造股份有限公司	齐鲁股权交易中心
	2	山东新奥宇车业股份有限公司	齐鲁股权交易中心
	3	青岛帅睿宏业食品股份有限公司	齐鲁股权交易中心
	4	山东鼎晟复合材料科技股份有限公司	齐鲁股权交易中心
	5	山东金农牧业股份有限公司	齐鲁股权交易中心
	6	山东宇虹颜料有限公司	齐鲁股权交易中心
	7	山东麦琪食品股份有限公司	齐鲁股权交易中心
	8	乐陵市舜天五金制品股份有限公司	齐鲁股权交易中心
	9	德州可恩口腔医院股份有限公司	齐鲁股权交易中心

■会计师事务所

山东博华有限责任会计师事务所

会计师事务所基本信息	法人代表	侯爱琴	注册资本	120万元
	电　　话	0533－2776351	传　　真	0533－2776351
	注册地址	淄博市张店区华光路131号		
会计师事务所介绍	山东博华有限责任会计师事务所于1999年12月经山东省财政厅批准组建,现拥有办公场地1200平方米,注册资本为120万元。法定代表人为侯爱琴,现有员工40余人,具有一批精通会计、审计、税务、司法鉴定的专业人才。其中大专以上学历和中高级职称人员占98%。 我所具有国家审计署核准的国有大型企业审计查证资格、山东省体改委核准的从事企业股份制改造业务资格、中国人民银行、财政部联合核准的从事金融相关审计业务的资格、山东省财政厅颁发的准予执行注册会计师法定业务执业证书、山东省司法厅颁发的司法鉴定许可证。 本所具有财务审计、资本验证、司法鉴定、管理咨询为一体的全方位服务格局。创所至今,我们始终坚持“独立、客观、公正”的执业准则,以质量求生存,弘扬“博大中华,服务大家”的工作理念和“诚信亲和”的企业文化,团结实干、兢兢业业,竭诚为广大客户提供优质、高效、一流、全方位的服务。所内各类人才齐全,技术力量雄厚;配有电脑、全自动打印机、复印件、传真机、商务车等设施齐全的现代化办公设备。 博华员工愿与各界新老客户:真诚合作,共创未来!			

山东盛铭会计师事务所

<table>
<tr><td rowspan="3">会计师事务所基本信息</td><td>法人代表</td><td>吴玉臣</td><td>注册资本</td><td>100 万元</td></tr>
<tr><td>电　　话</td><td>0533－6170817</td><td>传　　真</td><td>0533－6170817</td></tr>
<tr><td>注册地址</td><td colspan="3">淄博市周村区正阳路 2959 号</td></tr>
<tr><td>会计师事务所介绍</td><td colspan="4">山东盛铭会计师事务所成立于 1987 年，1999 年从周村区财政局脱钩改制为“山东盛铭会计师事务所”至今已有 27 年的执业历史。本所自成立以来凭借其丰富的人才资源，诚信创新的执业理念和艰苦奋斗的工作作风为省内外企事业单位、政府部门提供了全方位的优质服务。本所具有注册会计师、注册资产评估师、注册税务师、注册工程咨询师等一批各相关专业的专业技术人才 32 名，先后取得了财务审计、资产评估、工程咨询、能源审计、节能评估五个专业资质。并获得“淄博市双百佳文明诚信私（民）营企业”、“全市工程建设造价咨询先进集体”、“2013 年度建设‘诚信企业’先进单位”、2013 年度被齐鲁股权交易中心有限公司授予“优秀会员”等多个荣誉称号。
在执业中全体员工一致恪守独立、客观、公正、守信的执业原则，以追求卓越、不断创新的精神，树立服务第一、质量第一、信誉第一的社会形象，努力为客户提供高质量、高效率、全方位的服务，为社会主义市场经济发展不断做出新的贡献。
2010 年本所开始在齐鲁股权交易中心做企业挂职牌会计中介服务。</td></tr>
</table>

所推荐企业名称	序号	所推荐企业名称	挂牌或上市场所
	1	山东华旅旅游发展股份有限公司	齐鲁股权
	2	山东惠工电器股份有限公司	齐鲁股权
	3	山东新贵科技股份有限公司	齐鲁股权
	4	山东浩阳新材料股份有限公司	齐鲁股权
	5	山东辛龙生物科技股份有限公司	齐鲁股权
	6	山东农凯米业股份有限公司	齐鲁股权
	7	山东益康药业股份有限公司	齐鲁股权
	8	山东清河农业科技股份有限公司	齐鲁股权
	9	山东沂蒙山花生油股份有限公司	齐鲁股权
	10	山东高盛玻璃科技股份有限公司	齐鲁股权
	11	东营泰然材料科技股份有限公司	齐鲁股权
	12	山东万达重工股份有限公司	齐鲁股权
	13	山东三月三基因工程有限公司	齐鲁股权
	14	山东徒河黑猪股份有限公司	齐鲁股权
	15	山东鑫海新材料股份有限公司	齐鲁股权
	16	山东金晓阳生物科技股份有限公司	齐鲁股权
	17	山东淞晨茶业有限公司	齐鲁股权
	18	山东力宝得化工股份有限公司	齐鲁股权
	19	临清华明机械股份有限公司	齐鲁股权
	20	五莲绿野食品股份有限公司	齐鲁股权
	21	山东裕利蔬菜股份有限公司	齐鲁股权
	22	山东怡然园艺股份有限公司	齐鲁股权
	23	山东民强生物科技股份有限公司	齐鲁股权
	24	山东百慧乳业股份有限公司	齐鲁股权
	25	淄博北方淄特化工股份有限公司	齐鲁股权
	26	临沂中讯通讯科技股份有限公司	齐鲁股权
	27	山东东阿东方阿胶股份有限公司	齐鲁股权
	28	山东协力生物科技股份有限公司	齐鲁股权
	29	沂水山东宝隆生物降解材料股份有限公司	齐鲁股权
	30	山东华隆威斯特轴承股份有限公司	齐鲁股权

	序号	所推荐企业名称	挂牌或上市场所
所推荐企业名称	31	临清红星轴承股份有限公司	齐鲁股权
	32	临清奥凯轴承股份有限公司	齐鲁股权
	33	聊城市联威肥业股份有限公司	齐鲁股权
	34	山东银河动力股份有限公司	齐鲁股权
	35	莱芜中大塑机有限公司	齐鲁股权
	36	日照华美食品有限公司	齐鲁股权
	37	聊城市光标彩印有限公司	齐鲁股权
	38	山东桂祥铝业科技股份有限公司	齐鲁股权
	39	山东银河动力有限公司	齐鲁股权

山东仲泰有限责任会计师事务所

会计师事务所基本信息	法人代表	王艳玉	注册资本	100 万元
	电　　话	0533－2778022	传　　真	0533－2778022
	注册地址	淄博市张店区世纪路与人民路交汇处		

会计师事务所介绍

山东仲泰有限责任会计师事务所是经山东省财政厅批准成立，并在山东省工商行政管理局登记注册的社会中介机构，注册资本100万元，法定代表人王艳玉。经营范围：企业资本(金)验证、审计；基建工程预决算审计；企业会计报表审计；会计业务咨询服务。

多年来，在上级领导部门的正确指引之下，我所不断开拓进取，凭借过硬的专业素质和优质全面的服务，以不俗的业绩在行业内外赢得赞誉，并陆续取得以下执业资格及资质：由山东省财政厅颁发的注册会计师法定业务执业证书、山东省经济体制改革办公室颁发的从事股份制改制会计业务资格证书、山东省司法厅颁发的司法鉴定许可证书、齐鲁股权交易中心颁发的企业挂牌资格证书。

我所实行董事会领导下的所长负责制，下设质量监管部、审计部、咨询部、司法会计鉴定部、综合办公室等部室。现有执业人员52人，其中：中国注册会计师18人。仲泰人上下一心，团结向上，久经历练，成为一支有着诸多精兵强将的专业队伍。

我所办公场所宽敞，配备了必需的办公设备，建立了内部局域网，配备了计算机专门管理人员，负责处理日常的软件更新、硬件设施维护、计算机病毒防范、常见故障排除等事务，有效地保障了正常的工作秩序，实现网络化办公。

成立二十多年来，仲泰事务所的业务收入逐年递增，客户规模不断扩大，涉及到各行各业，为社会经济的又好又快发展做出了贡献。我们服务的主要客户包括：万杰集团有限公司、山东友联塑编股份有限公司、山东鲁中交运集团有限公司、山东凤阳集团股份有限公司、山东汽车弹簧厂、山东天下第一店酒厂、山东广志市政燃气公司、淄博元亨利贞建设有限公司、胜利钢管有限公司等。近年来并为山东万达建安股份有限公司、山东通力五金机电股份有限公司、山东天宇建设机械股份有限公司、山东迪浩耐磨管道股份有限公司、山东馨力石化科技段份有限公司、山东迅力精密铸造股份有限公司等数家公司在齐鲁股权交易中心的成功挂牌提供了优质的服务。

几分耕耘换来几分收获，在多年坚持不懈的努力之下，我所业务稳步扩展，在客户中赢得了信誉，在社会中获得一系列奖项：2000年获山东省注册会计师协会颁发的“2000年度内部管理奖”，2006年获淄博市经济鉴证类中介机构协调发展领导小组办公室、淄博市经济鉴证类社会中介机构联合会颁发的“优秀集体”奖，2012年被山东省注册会计师协会评为“先进会计师事务所”，2012年被中共山东省注册会计师行业委员会评为“全省先进会计师事务所党组织”。

展望未来，我所愿以卓越的专业精神，同心合力，为客户提供具有增值效益的服务，努力成为广大客户的首选中介机构。

	序号	所推荐企业名称	挂牌或上市场所
所推荐企业名称	1	山东迪浩耐磨管道股份有限公司	齐鲁股权交易中心
	2	山东馨力石化科技股份有限公司	齐鲁股权交易中心
	3	山东迅力精密铸造股份有限公司	齐鲁股权交易中心
	4	山东耀国光热科技股份有限公司	齐鲁股权交易中心
	5	济南金王食品股份有限公司	齐鲁股权交易中心
	6	山东泰康建材股份有限公司	齐鲁股权交易中心
	7	山东科耐燃气冰箱制造股份有限公司	齐鲁股权交易中心
	8	山东弘发兴凯实业股份有限公司	齐鲁股权交易中心

	序号	所推荐企业名称	挂牌或上市场所
所推荐企业名称	9	山东佑润生物技术股份有限公司	齐鲁股权交易中心
	10	山东星之联生物科技股份有限公司	齐鲁股权交易中心
	11	淄博市周村区宏信小额贷款股份有限公司	齐鲁股权交易中心
	12	泰安市金龙生物科技股份有限公司	齐鲁股权交易中心
	13	山东海源达国际贸易股份有限公司	齐鲁股权交易中心
	14	淄博恒昌塑胶制品股份有限公司	齐鲁股权交易中心
	15	淄博鸿嘉铝业股份有限公司	齐鲁股权交易中心
	16	山东伯仲真空设备股份有限公司	齐鲁股权交易中心
	17	山东昭和新材料科技股份有限公司	齐鲁股权交易中心
	18	山东华煜盛园农业发展股份有限公司	齐鲁股权交易中心
	19	山东康友光电科技股份有限公司	齐鲁股权交易中心
	20	兖州华美农业科技发展股份有限公司	齐鲁股权交易中心
	21	山东荣顺鞋业股份有限公司	齐鲁股权交易中心
	22	山东上德电气股份有限公司	齐鲁股权交易中心
	23	山东汇源饮用水有限公司	齐鲁股权交易中心
	24	山东裕鸿阀门股份有限公司	齐鲁股权交易中心
	25	山东大柴缸体缸盖股份有限公司	齐鲁股权交易中心
	26	山东中力高压阀门股份有限公司	齐鲁股权交易中心
	27	山东川君化工股份有限公司	齐鲁股权交易中心

山东大乘联合会计师事务所

会计师事务所基本信息	法人代表	孙琦铼	注册资本	120 万元
	电　　话	13853922832	传　　真	0531－66622921
	注册地址	山东省济南市历下区黑虎泉西路 139 号浦发大厦 5C01 号		
会计师事务所介绍	山东大乘联合会计师事务所隶属于大乘审计集团，主要从事行业年检、银行授信、年报、尽职调查、IPO 上市、财务管理咨询、内部控制辅导、验资、并购改制等审计鉴证业务，并提供高新技术企业申报、税收筹划、管理咨询等增值服务。本所秉承敬业、专业、负责任的态度力争做最受推崇的财务管理咨询机构！			

	序号	所推荐企业名称	挂牌或上市场所
所推荐企业名称	1	山东亚特生态技术股份有限公司	齐鲁股权交易中心
	2	山东远通锻造股份有限公司	齐鲁股权交易中心
	3	山东安嘉新型建材股份有限公司	齐鲁股权交易中心
	4	山东中港化肥股份有限公司	齐鲁股权交易中心
	5	山东元脉电子技术股份有限公司	齐鲁股权交易中心
	6	山东振淇机械股份有限公司	齐鲁股权交易中心
	7	山东吉阳新能源科技股份有限公司	齐鲁股权交易中心
	8	山东孙祖小米股份有限公司	齐鲁股权交易中心
	9	山东运发物流股份有限公司	齐鲁股权交易中心
	10	山东蓝硅新能源装备股份有限公司	齐鲁股权交易中心
	11	临朐天泽生态农业股份有限公司	齐鲁股权交易中心
	12	山东联诚机械股份有限公司	齐鲁股权交易中心
	13	山东银凤陶瓷电子股份有限公司	齐鲁股权交易中心
	14	山东金升小额贷款股份有限公司	齐鲁股权交易中心

<table>
<tr><td rowspan="5">所推荐企业名称</td><td>序号</td><td>所推荐企业名称</td><td>挂牌或上市场所</td></tr>
<tr><td>15</td><td>山东丰众纸业股份有限公司</td><td>齐鲁股权交易中心</td></tr>
<tr><td>16</td><td>山东华箴包装股份有限公司</td><td>齐鲁股权交易中心</td></tr>
<tr><td>17</td><td>山东金心畜禽股份有限公司</td><td>齐鲁股权交易中心</td></tr>
<tr><td>18</td><td>山东博纳金属耐磨有限公司</td><td>齐鲁股权交易中心</td></tr>
</table>

沂源源大有限责任会计师事务所

<table>
<tr><td rowspan="3">会计师事务所基本信息</td><td>法人代表</td><td>秦四森</td><td>注册资本</td><td>50 万元</td></tr>
<tr><td>电　　话</td><td>0533－3242673</td><td>传　　真</td><td></td></tr>
<tr><td>注册地址</td><td colspan="3">淄博市沂源县城胜利路 34 号</td></tr>
<tr><td>会计师事务所介绍</td><td colspan="4">沂源源大有限责任会计师事务所的前身是沂源县审计师事务所，1999 年根据财政部有关规定和要求，实施脱钩改制，成为独立执业的社会中介组织。十几年来，我所全体员工在主任会计师秦四森同志的带领下，坚持独立、客观、公正的原则，严格遵守职业道德和审计准则，严格规范执业行为，使各项工作都取得了丰硕成果。
2008 年被山东省财政厅指定为从事高新技术企业认定鉴证业务的中介机构。2011 年被齐鲁股权托管交易中心指定为从事企业挂牌相关业务的中介机构。2006 年、2008 年被县直机关工委评为“先进党支部”。
2007 年被中共淄博市委组织部授予“淄博市基层党建工作示范点”。2011、2012 连续两年被省行业党委授予“全省先进会计师事务所党组织”。2013 年被沂源县精神文明建设委员会评为“文明单位”。
事务所先后有 5 人被评为县级“优秀共产党员”。主任会计师秦四森同志为沂源县第八届政协委员，中国共产党沂源县第十四次代表大会代表，山东省注册会计师协会“2011 年度优秀注册会计师”。
沂源源大有限责任会计师事务所在山东省注册会计师协会的领导下，始终坚持“以质量求信誉，以信誉求发展”的办所宗旨，逐步发展成为在淄博市境内及周边地区具有较大影响的会计师事务所。</td></tr>
</table>

<table>
<tr><td rowspan="4">所推荐企业名称</td><td>序号</td><td>所推荐企业名称</td><td>挂牌或上市场所</td></tr>
<tr><td>1</td><td>沂源源通机械股份有限公司</td><td>齐鲁股权</td></tr>
<tr><td>2</td><td>山东慧科助剂股份有限公司</td><td>齐鲁股权</td></tr>
<tr><td>3</td><td>山东世拓高分子材料股份有限公司</td><td>齐鲁股权</td></tr>
</table>

江苏公证天业会计师事务所（特殊普通合伙）山东分所

<table>
<tr><td rowspan="3">会计师事务所基本信息</td><td>法人代表</td><td>袁振华</td><td>注册资本</td><td></td></tr>
<tr><td>电　　话</td><td>0531－88935011</td><td>传　　真</td><td>0531－88957578</td></tr>
<tr><td>注册地址</td><td colspan="3">山东省济南市益寿路 1 号</td></tr>
<tr><td>会计师事务所介绍</td><td colspan="4">江苏公证天业会计师事务所（特殊普通合伙）成立于 1982 年，1998 年底改制为江苏公证会计师事务所有限公司，2008 年吸收合并江苏天业会计师事务所有限公司后更名为江苏公证天业会计师事务所有限公司（2013 年 10 月转制为特殊普通合伙”制）；1993 年，经中华人民共和国财政部和中国证券监督管理委员会批准，成为中国首批从事证券、期货相关业务财务审计许可证的会计事务所之一。
江苏公证天业会计师事务所（特殊普通合伙）经过近三十年的发展，是一家具有综合服务功能的大型专业服务机构，现拥有从业人员 1000 多名，其中：注册会计师 286 名、注册资产评估师 76 名、工程造价师 44 名、注册税务师 35 名、房地产估价师 23 名；公司总部设在无锡，并在苏州、常州、扬州、南通、山东、湖北、北京、美国设有执业机构，常年服务的上市公司客户 61 家，2013 年实现业务收入 2.3 亿元，在全国百强会计事务所综合排名中位列第 27 位。公司崇尚“以人为本，信誉至上；自强不息，服务至诚”的价值观，凭借“以质量求信誉，以信誉求发展”的经营理念，依赖全体同仁良好的职业操守、严谨的工作作风和较高的专业水平，赢得了广大客户和同行的信赖与支持，在社会经济活动中特别是国内资本市场上取得了较大的成绩，在业内获得了良好的口碑和享有良好的社会声誉。
江苏公证天业会计师事务所（特殊普通合伙）在长期的工作实践中积累了丰富的经验，并取得了执业所需的各类资质。这些资质包括：证券、期货相关业务审计和资产评估、金融相关审计业务、特大型企业集团相关业务、司法会计鉴定业务、涉税审计咨询、房地产估价、甲级工程造价咨询等。事务所在为各类客户提供服务中，以为证券、期货、金融企业、股份制企业、外资企业和其他大中型企业提供审计、资产评估、税务咨询、工程咨询、房地产估价和会计顾问服务见长，客户遍布全国各地。</td></tr>
</table>

会计师事务所介绍	江苏公证天业会计师事务所(特殊普通合伙)服务行业涉及证券期货、钢铁、石油、煤炭、电信、水利、外贸、电力、新闻出版、交通运输、房地产开发、制药、商业、农牧业、纺织等行业。为大中型企业提供内部控制设计、企业策划、投资项目可行性研究服务;为企业改制、资产重组、投资等经济活动提供财务审计、资产评估、税务咨询、经济评价和可行性研究。树立了良好的社会形象、得到了社会各界的广泛赞誉,是江苏省行业内唯一获得“江苏名牌”荣誉的会计师事务所。 江苏公证天业会计师事务所(特殊普通合伙)山东分所系江苏公证天业会计师事务所有限公司与山东永晟会计师事务所有限公司于2013年5月31日合并组建的江苏公证天业会计师事务所在山东的唯一分所,在省内具有一定的影响力。 江苏公证天业会计事务所(特殊普通合伙)山东分所现有从业人员46余人,其中注册会计师16人,注册资产评估师12人,注册造价工程师7人,注册税务师2人。他们在所从事的行业具有较高的理论水平和丰富的实际操作经验。现员工平均年龄31岁,具有良好教育背景和较深专业造诣的后起之秀与经验丰富的资深专家共同组成了一支整体业务素质较高、职业道德优良、年龄结构合理的执业队伍。 江苏公证天业会计师事务所(特殊普通合伙)山东分所一直秉承“为客户创造价值,与客户共同成长”的服务理念,实现“与社会共享专业经验,与社会共同实现价值”的行为准则,依托总所的资质优势、人才优势,致力打造成山东一流的会计师事务所,为社会提供优质的会计、审计、税务、咨询服务。

山东启新有限责任会计师事务所

会计师事务所基本信息	法人代表	王乃孝	注册资本	200万元
	电　　话	0533-2319917	传　　真	0533-9600155-53300058
	注册地址	淄博市张店区共青团西路95号		

会计师事务所介绍	山东启新有限责任会计师事务所是由成立于1993年的原山东淄博鲁中审计师事务所和山东淄博中信审计师事务所合并脱钩改制后,经山东省财政厅鲁财会协字[1999]230文件批准成立的自主经营、自负盈亏、独立纳税的有限责任会计师事务所,注册资本200万元人民币。现拥有专业知识丰富、职业品德优秀,沟通协调能力强的注册会计师39人,注册税务师15人。从业人员100多名。 主要业务范围:1.财务审计业务:主要包括齐鲁股权挂牌审计、一般企业年度财务报表审计、收购兼并审计及其他专项审计等业务;2.咨询服务业务:主要包括公司上市前及上新三板前咨询服务、企业内部控制设计及管理流程梳理、常年财务顾问、代行内审服务等业务。 本所业务涉及全国主要城市和全省各地市,为金融保险、通信网络、石油化工、机械电子、水电能源、医药卫生、纺织印染、建筑材料、房地产开发、饭店旅游及外经外贸等行业的客户提供了高品质的服务。 本所严格遵守“独立、客观、公正”的执业准则,坚持以诚信为本,以质量求生存、以信誉求发展,通过优质高效的服务维护客户的权益。我们的执业质量和服务理念迎得了各级领导和社会各界的肯定和信任,曾多次被山东省注册会计师协会评为“山东省先进会计师事务所”称号。

所推荐企业名称	序号	所推荐企业名称	挂牌或上市场所
	1	烟台只楚化学新材料股份有限公司	齐鲁股权交易中心
	2	山东金蒙新材料股份有限公司	齐鲁股权交易中心
	3	临沂博胜机械股份有限公司	齐鲁股权交易中心

2014中国证券业年度人物

（排名不分先后）

崔殿国	杜传志	梁海山	张建台	张有喜
何国纯	李　玮	多吉罗布	汪海涛	李　雪
郭本恒	陈　平	刘建武	谢永林	吴　朋
李永强	夏崇耀	陈德康	薛季民	杨华辉
赵　欢	翟建强	薛道成	谢洪先	蔡　咏
张利国				

崔殿国 先生

中国北车股份有限公司 董事长

崔殿国，男，1954 年 2 月出生，先后毕业于西安交通大学气体动力工程专业、东北财经大学工商管理专业，获工学学士和工商管理硕士学位，中共党员，教授级高级工程师，享受国务院政府特殊津贴。现任中国北方机车车辆工业集团公司总经理、党委副书记，中国北车股份有限公司董事长、党委书记。

崔殿国先生运用科学先进的经营管理理念，推动了中国北车快速发展。领导构建了集团母子公司管理体系，主持制定了中国北车中长期发展规划纲要，主持建立了效绩目标管理和考核体系。中国北车总资产规模由 2000 年的 172 亿元增长到 2011 年的 972.6 亿元。

崔殿国先生组织并主持了铁路机车、货车、动车组和城市轨道车辆的升级换代和自主创新。产品占有我国轨道交通装备 50% 以上的市场份额，覆盖国内全部铁路市场和 90% 以上已开通城轨交通的城市，出口 60 多个国家和地区。CRH380BL 新一代高速动车组创造了时速 487.3 公里的最新速度纪录，是京沪高铁主力车型。

2008 年规划成立了中国北车股份有限公司，2009 年在上海证券交易所成功上市，致力打造优秀上市公司典范。2010 年，中国北车获选成为上证 180、上证 50、中证 100、两岸三地 500 指数样本股，2011 年入选上证公司治理指数、上证公司基本面指数，获得资本市场高度认可。

崔殿国先生是中国内燃机协会常务理事、中国铁道学会常务理事，中国企业联合会、中国企业家协会理事会副会长。

杜传志 先生

日照港股份有限公司 董事长

杜传志，男，1961 年 12 月生，1982 年毕业于西安公路学院公路系工民建专业，大学本科学历，工学学士，应用研究员、教授级高级政工师。日照港集团有限公司、日照港股份有限公司董事长、法定代表人。

杜传志自担任董事长以来，以企业家的卓越胆识和果敢魄力，积极应对经济形势复杂多变、市场竞争日趋激烈等挑战，以超前的战略思维、多维的能力支撑、系统的管理理念和先进的“阳光文化”，实现了港口的全面协调可持续发展。日照港股份有限公司自 2006 年首发上市以来，通过发行分离交易可转债、定向增发、资产注入、发行公司债券等多种方式，新建了矿石码头等一批港口生产必须的基础工程项目，大幅提高了港口的吞吐能力；收购了集团公司除原油、液体化工、集装箱等业务以外的其他所有港口主业资产，有效改善了公司的资本结构，极大的推动了日照港的快速发展。2014 年度，公司共完成货物吞吐量 2.34 亿吨，全港吞吐量居全国沿海港口第八位，世界港口排名第十一位。

梁海山 先生

青岛海尔股份有限公司 董事长

梁海山，生于1966年10月。高级工程师。历任青岛海尔电冰箱总厂企管办主任、青岛海尔电冰箱股份有限公司质量部部长、海尔集团公司认证中心干部处处长、青岛海尔空调器有限总公司总经理、党委书记、海尔物流推进本部本部长、党委书记，海尔集团高级副总裁、海尔集团执行副总裁。现任青岛海尔股份有限公司董事长、总经理。2011 年荣获“十一五”山东省轻工业卓越贡献带头人、青岛市资深专家、青岛市优秀共产党员、山东省优秀共产党员等称号；2012年荣获全国五一劳动奖章、全国轻工业企业信息化优秀领导奖、十大中国战略性新兴产业领军人物奖等称号。

张建台 先生

天津市房地产发展(集团)股份有限公司 董事长

张建台先生，1955年出生，中共党员，在职研究生，正高级工程师。现任天津市房地产发展(集团)股份有限公司董事长。历任公司总经理助理、总经济师、总经理。

公司董事会带领经理班子和全体员工通过不懈努力，积极应对政策调控，保障房和商品房销售均取得历史最好成绩，超额完成了年度经济指标，实现了历史性突破。2010年在建工程面积达到207.15万m^2，竣工面积68.9万m^2，完成商品房销售面积58.07万m^2；实现利润总额3.88亿元，净利润2.26亿元；总资产126.83亿元，净资产40.09亿元。

张有喜 先生

大同煤业股份有限公司 董事长

张有喜先生：1958 年 12 月出生，党员，研究生学历，成绩优异的高级工程师。曾任挖金湾矿采煤三队团支部书记，采煤四区技术员、副区长兼技术主管，普采区副区长、技术主管，采煤一区代区长兼技术主管，矿副总工程师、副矿长；雁崖矿党委书记；四老沟矿矿长；大同煤业股份公司副董事长、总经理；集团公司董事、副总经理，轩岗煤电公司副董事长、总经理、董事长；集团公司常务副总经理、副董事长、总经理，现任大同煤矿集团公司董事长、党委书记。

何国纯 先生

广西五洲交通股份有限公司 董事长

何国纯先生，广西五洲交通股份有限公司董事长。1958 年 8 月生，在职研究生学历，高级会计师，中共党员。1978 年 10 月至 1980 年 11 月在广西交通学校财会专业读书；1980 年 11 月至 1985 年 9 月在广西百色公路段工作；1985 年 9 月至 1987 年 7 月在西安公路学院公路运输财会专业大专班学习；1987 年 7 月至 1989 年 1 月在广西百色公路段工作；1989 年 1 月至 1990 年 2 月在广西航运学校任教师；1990 年 2 月至 2008 年 7 月在广西区交通厅财务处工作，先后任副主任科员、主任科员、副处长、处长职务（其间：1996 年 9 月 -1999 年 7 月在广西大学社会科学与管理学院政治经济专业研究生班学习）；2008 年 7 月至今任本公司第六、七届董事会董事长，2008 年 7 月至 2012 年 1 月任本公司党总支书记，2012 年 1 月至今任本公司党委书记。目前兼任广西五洲交通股份有限公司下属企业职务：2008 年 10 月 9 日至 2012 年 7 月 31 日任广西万通国际物流有限公司、广西凭祥万通国际物流有限公司第一、二届董事会董事长；广西五洲房地产有限公司董事长、法定代表人(2009 年 11 月至今)；2010 年 12 月至今任广西坛百高速公路有限公司第二届董事会董事长、法定代表人。兼任中国交通会计学会常务理事、广西交通会计学会会长。

刘建武 先生

西部证券股份有限公司 董事长

刘建武先生，1965年6月出生，中共党员，经济学博士，高级经济师。曾任陕西省计划委员会干部、西安市人民政府办公厅秘书、处长，西安高新区管委会园区管理办副主任，西安高科集团地产开发公司副总经理，西安市投资服务中心副主任，陕西省投资集团（有限）公司金融证券部经理。现任陕西省投资集团（有限）公司董事，陕西证券期货业协会会长，纽银梅隆西部基金管理有限公司董事，2005年10月任西部证券股份有限公司董事长。

汪海涛 先生

西部矿业股份有限公司 董事长

汪海涛，男，1968年8月出生，中共党员，高级经济师；武汉大学法学硕士、经济学博士，美国芝加哥大学商学院MBA。中国青年企业家协会副会长，中国国际商会副会长，中国矿业联合会主席团主席，北京市青海企业商会会长。汪先生自2011年3月至今任本公司第四届董事会董事、董事长；现兼任西部矿业集团有限公司董事长、西部矿业集团（香港）有限公司董事、西宁特钢集团有限责任公司董事；2009年9月至2011年2月任本公司第三届董事会董事长；2006年2月至2009年9月任西部矿业集团有限公司总裁。汪先生还曾先后在国泰证券有限责任公司、大连商品交易所、光大证券有限责任公司等单位工作。

李雪 女士

齐鲁股权交易中心 总裁

李雪，女，齐鲁股权交易中心总裁。

李雪女士在地方政府从事推动股份合作制试点、企业上市融资和上市公司重大资产重组工作近三十年。牵头完成了华光陶瓷、万杰高科重大资产重组和新华医疗国有股权转让等工作，营造了良好的金融生态环境。创造了证券市场重组经典的“华陶模式”。推出了债务和解、安置及置出资产拍卖等系列化清偿债务重组方案，将万杰高科近35亿元的债务部分偿还后，对近20亿元的剩余债务全部予以核销，开创了上市公司置出资产零负债的先河。

李雪女士领导组建了山东省股权交易市场 --- 齐鲁股权交易中心。带领团队依托市场平台，探索开展了包括私募股权融资、股权质押、私募债、投联贷、集合信贷等30种投融资服务措施，为中小企业直接与间接融资超过160亿元。研发设立了国内第一个具有自主知识产权的“非上市公司网上协议转让系统”。建立了适合中小企业特点的市场监管服务体系，市场风险得以有效控制。齐鲁股权交易中心建设运营成效，得到了中国证监会及山东省委、省政府的充分肯定，已经成为国内有重要影响力的区域性股权交易市场，被山东省长郭树清称为全国办的最好的三个股权交易中心之一，受到业内高度评价，被称为创造了难以复制的“齐鲁模式”。

多吉罗布 先生

西藏天路股份有限公司 董事长

多吉罗布，男，藏族，党员，1973年5月出生，1997年8月参加工作，硕士研究生，工程师；曾任西藏自治区交通厅科研所技术员；西藏天路交通股份有限公司副总工程师；西藏天路交通股份有限公司党委委员、董事会秘书兼董事会办公室主任；西藏天路股份有限公司副董事长、党委副书记、总经理，西藏自治区青年企业协会第三届副会长，西藏自治区第七届青联常委，现任西藏天路建筑工业集团有限公司董事长、党委副书记，西藏天路股份有限公司董事长、党委书记，中国青年企业家协会常务理事，区直机关青年联合会第一届委员会副主席，西藏青年企业家协会副会长。

郭本恒 先生

光明乳业股份有限公司 总裁

郭本恒，男，食品学博士，教授级高工，博士生导师，现任光明乳业股份有限公司总裁，乳业生物技术国家重点实验室主任。自2007年出任起，即进行了大刀阔斧的改革，将公司的战确定为“聚焦乳业、发展新鲜、突破常温”，通过战略改变、架构重组、产品聚焦、供应链整合、企业文化打造等一系列革新措施，提升品牌内涵，打造明星产品，使公司销售屡创新高。2007-2010年，郭本恒确定了“复苏——成长——腾飞”的光明发展三步曲，并带领全体光明人艰苦作战，三年累计增长47.55%，并成功实施了对新西兰Synlait Milk乳品公司的收购，成为国内第一家实现海外并购的乳品公司。

他着力推动科技创新，作为乳业科技的领军人物，兼任上海奶业行业协会会长、上海市食品学会副理事长、中国畜产品加工学会副理事长、中国食品技术学会理事，被评选为中国乳品加工业“十大杰出科技人物”、全国青年星火带头人标兵、全国五一劳动奖章、上海市领军人才、上海市科技创业领军人物、上海市优秀学科带头人获得者等。在乳品基础理论和科研成果应用研究领域，他已著书11部，拥有发明专利14项，获得国家、省部级科技奖励20项。主持承担国家“十五”科技攻关、“十一五”科技支撑计划、发改和技术中心科研平台建设等重大项目4项，国家“973”项目、“862”项目、国家自然科学基金项目、国家科技支撑计划（攻关）项目课题和子课题10余项，上海市经委、农委、科委科研项目9项，负责完成的科研成果获得10余项奖项，达到国内领先、国际先进水平。

陈平 先生

马应龙药业集团股份有限公司 董事长

陈平，男，1962年11月生，博士、高级经济师。现任中国宝安集团股份有限公司执行董事、营运总裁，马应龙药业集团股份有限公司董事长。曾任安信投资有限公司董事长、香港恒丰国际投资有限公司总裁、中国宝安集团股份有限公司总经济师、副总经理、常务副总裁等职务。

陈平先生组织参与了多起企业收购兼并及资源整合案例，其主持收购并整合的马应龙药业集团股份有限公司由一家单一的生产型企业改造成为涉足于药品生产、批发、零售和研发，连锁医院等多功能、专业化的医药上市公司，各项经济指标均有大幅度提高，成为社会各界所公认的国有企业改革成功之典范。

陈平先生荣获中国医药行业十大杰出经理人、中国医药行业十大创新人物、全国优秀企业家、全国企业文化优秀成果主要创造者、湖北省五一劳动奖章、湖北省十大经济风云人物、湖北荆楚功勋企业六十年60人、武汉地区十大杰出青年企业家、武汉地区十大杰出创业家、最受尊敬和喜爱的创业家等称号。

李玮 先生

齐鲁证券有限公司　董事长

李玮先生，1962年4月出生，山东莱芜人，中共党员，经济学博士，高级会计师。现任齐鲁证券有限公司董事长、党委书记，第十二届全国人大代表，中国证券业协会理事、创新发展战略委员会副主任委员，山东省证券业协会会长，山东省金融学会副会长，山东大学校董等职务。曾历任莱芜钢铁集团有限公司财务处处长、副总经理、总会计师、董事，鲁银投资集团股份有限公司总经理、董事长等职务。

齐鲁证券成立初期存在着资产质量差、挪用保证金、违规担保等问题，2003年上半年被中国证监会列为待稽查的高风险券商。2003年7月，莱钢集团控股齐鲁证券，李玮先生带领公司新一届领导班子在化解风险、增资扩股的同时，着力推行了机构、人事和分配三项制度改革，使举步维艰的齐鲁证券重新焕发了生机和活力，先后取得了综合类券商、规范类券商、创新试点类券商业务资格。2007年初，公司收购了天同证券资产，李玮先生积极推动实施发展战略、基础管理、业务体系、人才队伍、合规风控、企业文化等六大建设工程，使重组后的齐鲁证券逐步发展成为一家全国大型综合类券商。近几年来，面对经济转型和行业创新发展的新形势，李玮先生带领公司大力推进"四项转移"(从以场内业务为主向场内场外并重转移，从以公募为主向以公募私募并重转移，从以中介业务为主向中介业务、资本中介业务和资本投资业务并重转移，从以提供通道服务向提供产品服务和财富管理服务转移)，努力提升"五大能力"(定价能力、销售能力、产品开发能力、财富管理能力、风险控制能力)，积极突破"六大热点创新业务"(财富管理、资产证券化、量化交易、做市交易、互联网金融、柜台市场)，进一步提升公司的核心竞争力和综合金融服务能力，努力打造齐鲁证券升级版。

李玮先生近几年先后荣获"全国五一劳动奖章"、"山东省劳动模范"、"企业文化建设贡献人物"、"企业文化建设领军人物"、"山东十大财经风云人物"等荣誉称号。

谢永林 先生

平安证券有限责任公司 董事长

谢永林先生，管理学博士、理学硕士，1994年加入平安，曾任平安保险江苏产险大厂支公司副经理(主持工作)、平安保险江苏无锡寿险副总经理(主持工作)、平安寿险杭州分公司分公司副总经理(主持工作)、平安集团发展改革中心副主任、平安人寿浙江分公司总经理、平安集团发展改革中心副主任、平安银行股份有限公司副行长、平安证券有限责任公司董事长特别助理、平安证券有限责任公司总经理兼CEO，现任平安证券有限责任公司董事长兼CEO。

在平安产险、团险、寿险工作期间，谢永林同志积累丰富的业务一线工作经验，并主持多个分支机构工作，展现出卓越的市场拓展与业务能力，善于融汇贯通、跨界学习、迅速打开业务局面。

在业绩方面表现突出：98年任无锡寿险支公司副总经理（主持工作），业绩与97年相比增长78%，人力由97年的278人增加到528人，培养了一批骨干；99年调任南京寿险分公司团险部副经理、经理，与大家合作并发挥主要作用，使南京分公司团险保费收入从98年1.2亿元跃升为5.8亿元；2000年被选拔进入董事长办公室工作，同年9月被派往杭州寿险分公司任总经理助理，主管团险工作，当年即超常规发展，在2000年保费收入6800万元基础上，跃升至5.89亿元；2001年被任命为杭州寿险分公司副总经理，全面主持个险、团险、银行保险三条系列的工作，全面达成业务目标。

在管理方面成果丰富：研究提出团险正确的发展模式，即以直销为主渠道，以个团、产团客户资源共享为突破口，以行业代理为补充的渠道管理模式；研究提出团险发展的真谛必须是为广大企业客户提供综合福利保障计划；首次提出论团险发展的五大关系理论，探讨正确处理团险长险与短险、直销与个团/产团客户资源共享、大型业务与普通业务、业务发展与费用管控、规模发展与品质管理的五大关系；并预见银行保险是未来寿险发展的主要渠道之一。

在平安集团发展改革中心及寿险总部工作期间，谢永林同志负责领导"卓越工程"项目营销前线组，在集团视野上的全局战略规划和项目驾驭管理能力极大发展，对寿险业务有极深入研究与实践。"卓越工程"项目组通过对平安寿险现状以及寿险未来发展趋势进行分析研究，对平安寿险进行一系列改革，实现寿险标准化、流程化、精细化的管理模式，为平安寿险建立行业领先优势，实现跨越式增长奠定了扎实基础。

在平安银行工作期间，谢永林同志8年时间，从收购兼并和小小平安银行开始介入，不仅将其在平安集团与保险各领域工作所积累的经验与优势充分发挥，充分展现其跨领域开展工作的学习能力与快速打开局面能力，同时工作涵盖银行运营、IT、人力资源、零售等领域，对银行业务有深刻理解，对收购兼并中的文化融合、战略规划和执行落实充分实践，成绩突出。

积极推动集团个人金融战略和综合金融战略在银行的落地实施，推进客户向银行迁徙和银行与集团业务合作，信用卡新获客户的一半、零售新增存款的15%、新一贷业务的40%由集团渠道推荐，同时银行业务特别是信用卡也已成为个人寿险业务重要的敲门砖和经营客户的利器。

在互联网金融、移动互联与科技创新应用领域颇有心得，主导启动与电商及网络平台公司大范围合作，初步建成信用卡互联网获客、经营和服务体系，先后推出移动展业平台、移动开卡机等科技展业工具武装业务队伍，队伍产能提升显著。

业绩表现突出，在分管零售业务4年期间零售存款成长2.4倍，零售贷款增速连续位居上市股份制银行第一，信用卡从初创至今跨行POS交易市场份额持续提升至股份制银行第二，汽车消费金融市场份额稳居市场第一。

谢永林同志19年来一直在金融业务及金融业务管理岗位工作，并取得管理学博士学位，具有扎实的理论功底与较高的专业素养、丰富的金融业务及管理实践经验，战略理解与规划执行能力、组织管理与驾驭协调能力突出，了解并认真贯彻执行国家有关金融政策法规，是一位优秀的高级金融管理人才。

夏崇耀 先生

宁波东方电缆股份有限公司董事长兼总经理

夏崇耀先生，1959 年出生，本科学历，中共党员，高级经济师。曾多次荣获全国、省级、宁波市“优秀乡镇企业家”、“优秀青年”、“优秀共产党员”称号，荣获“全国优秀青年科技创新奖”。历任宁波东方通信电缆厂厂长，东方集团董事长、总裁，江西东方董事长，东方大金董事长。曾担任宁波市政协委员、宁波市人大代表、宁波市北仑区人大常委，宁波市高促会副会长、浙江省青科协副会长、浙江省总工会委员，中国电器工业协会电线电缆分会理事，宁波市企业联合会、宁波市工业经济联合会、宁波市企业协会副会长，宁波市电线电缆商会会长，浙江省电线电缆行业协会常务理事等社会职务。现任宁波东方电缆股份有限公司董事长兼总经理。提名人：东方集团。

陈德康 先生

浙江莎普爱思药业股份有限公司 董事长

陈德康，男，1951 年 4 月出生，浙江平湖人，毕业于中国医科大学医药企业管理专业，经济师。

现任嘉兴市医药行业协会副会长、平湖市药学会副理事长。先后被评为“浙江省医药包装行业先进个人”、“平湖市优秀企业家”，2013 年度被评为“平湖市功勋企业家”、2014 年被评为嘉兴市第三批“南湖百杰”优秀人才暨嘉兴市突出贡献禾商奖等荣誉称号。

作为国内白内障眼药水生产旗舰企业的掌舵人，陈德康经历过十年下乡戍边的艰苦岁月，1969 年到 1979 年下乡于内蒙古，并连任内蒙古生产建设兵团一师警卫司务长，1979 年回乡被组织安排进入平湖制药厂，在锅炉房干苦工。然而，其凭借智慧和毅力一步步从销售员到供销科长再到经营厂长，如今年逾六旬的他成功运作莎普爱思上市，带领企业一步步发展壮大，成为行业的领军者。

在成功的背后，离不开他兢兢业业的付出。不管在哪个工作岗位，他都能勤勤恳恳，是金子在哪里都会发光。从一个烧锅炉的小伙子，到跑供销的销售员再到经营厂长，再到改制药厂，最后使药厂成功上市。吃苦的精神，灵活的头脑和敏锐的销售眼光，都是陈德康董事长成功的资本。

在莎普爱思公司内，无论是管理人员，研发人员，还是普通员工，都会流露出对陈董的钦佩“他的想法非常多，常常比年轻人还要敢想敢做”。与员工丰富的业余生活相比，陈德康的爱好则显得少得可怜，每天早上 7 点准时到办公室，一忙就忙到晚上六七点甚至更晚的他，最喜欢的无非就是去泡泡脚，带走一身的疲惫。

30 年磨一剑，在陈德康董事长的身上，我们读到的是一部极其励志的成功创业史，我们也相信，他会带领莎普爱思药业走上登上更大的舞台。

薛季民 先生

陕西省国际信托股份有限公司 董事长

薛季民先生，北京大学工商管理硕士，高级审计师、高级会计师。历任陕西省审计厅副处长、处长，陕西省高速公路建设集团公司党委委员、副总经理兼总会计师。2006年至今任陕国投党委书记、董事长。现为陕西省政协委员，中国上市公司协会监事，陕西证券学会副会长，陕西省审计学会特邀理事，陕西省注册会计师协会常务理事，陕西省国有资产管理学会常务理事。曾担任陕西上市公司协会会长。

作为国内首家上市非银行金融机构——陕国投的带头人，薛季民先生带领公司全体员工励精图治，开拓进取，稳健经营，从而使公司发生了巨变。

2006年上任伊始，即按照中国银监会和中国证监会要求创造性地开展工作，在完成股权分置改革的同时清理了危及公司生存的历史负债，并强化当期经营一举扭亏为盈。

"十一五"以来，薛季民先生着眼陕国投长远发展，积极抢抓资本市场和信托市场机遇，一手抓战略，经过多年不懈努力，2012年4月完成了公司上市以后真正意义上的大规模增资扩股，为公司长远发展奠定了坚实基础；另一手抓经营管理，使得公司脱胎换骨，企业运营机制实现市场化，内控体系不断完善，金融产品创新不断，公司核心竞争力不断增强，公司经营业绩屡创历史新高，发展基础不断夯实，步入了快车道。从2006年到2013年上半年，公司信托资产规模由17.5亿元增加到1000多亿元；利润总额累计14.38亿元，上缴国家税费累计4.74亿元，股东分红累计1.3亿元；公司市值由15亿元达到最高时的120多亿元；公司净资产从3亿元增加到34.27亿元，增幅达1042%。

薛季民先生多年致力于推动资本市场发展，取得了良好绩效。其带领的陕国投曾荣获国家、省市各级表彰奖励20余项，在资本市场影响力持续扩大。

杨华辉 先生

兴业国际信托有限公司 董事长

杨华辉先生，中共党员、高级经济师、经济学博士。现任兴业国际信托有限公司董事长、代理总裁。曾任兴业银行总行上海证券部总经理，兴业证券公司上海业务部总经理，兴业银行上海分行副行长，兴业银行杭州分行行长等职；兼任福建省金融学会副会长等社会职务。

杨华辉先生十分重视实践与理论的结合，目前已在《经济管理》、《当代经济科学》、《浙江金融》等权威刊物上发表了《上市公司效绩及风险度量》、《健全信贷管理与防范消费信贷风险》、《股份制商业银行收购城市信用社的实践与意义》等文章十余篇，出版了个人专著——《我国股份制商业银行内部控制理论与设计》一书，并负责主编并出版了《世界经济新编》、《商业银行分支行管理与领导艺术论析》、《发展管理与诚信》等多本专业书籍。

赵欢 先生

中国光大银行　行长

赵欢先生，自 2014 年 1 月起加入公司，任公司党委副书记、执行董事、行长。现任中国光大（集团）总公司党委委员、执行董事，2001 年 3 月至 2011 年 3 月，历任中国建设银行公司业务部副总经理、厦门市分行副行长、公司业务部总经理及上海市分行行长。2011 年 3 月至 2014 年 1 月任中国建设银行副行长、党委委员（2010 年 12 月起）。1986 年毕业于西安交通大学管理工程专业。高级经济师。

翟建强 先生

财达证券有限责任公司　总经理

翟建强 男，1964年7月出生，河北省蠡县人，硕士研究生，正高级会计师，中共党员。1982 年 9 月至 1986 年 7 月就读于河北大学政治经济学专业；1996 年 9 月至 1998 年 7 月就读于河北大学世界经济学专业，获得硕士学位；2003 年 5 月至 2005 年 5 月，就读新加坡南洋理工大学，获得工商管理硕士学位。1986 年 7 月至 1992 年 3 月 ，河北省财政厅工作 ;1992 年 4 月至 1994 年 12 月 ，河北省财政厅国债服务中心副主任科员 ;1995 年 1 月至 1999 年 2 月，河北财达证券公司总经理助理 ;1999 年 2 月至 2002 年 4 月 ，河北财达证券公司副总经理 ;2002 年 4 月至 2005 年 11 月河北财达证券经纪有限责任公司副总经理 ;2005 年 11 月至今财达证券有限责任公司总经理。

翟建强同志曾获"河北优秀经营管理者"、"河北省创业企业家"、"有突出贡献的经营管理人才" 称号 。主持撰写的课题《关于设立河北省创业风险投资引导基金的思考》，获"河北省科学技术成果"奖，经专家论证达到国内先进水平；2010 年，组织编写了《现代企业上市融资指南》，对普及上市知识，推动河北企业上市发挥了重要作用，曾以第三名的优异成绩当选"2010 年度河北十大经济风云人物"。

在翟建强同志带领下，公司实现了从小到大、从区域走向全国、从经纪类到综合类券商的三大跨越，使财达证券从一个名不见经传的地方性小券商成长为一家规模较大、盈利能力较强，知名度较高的 A 类证券公司 。2007、2009 年、2010、2011 公司四度荣获"河北省金融贡献奖 "；2010 年河北纳税百强企业；2009、2010 年分获"2009 年中国券商势力榜第 18 位、2010 中国最具发展潜力证券公司"殊荣。

薛道成 先生

山西西山煤电股份有限公司　董事长

薛道成，男，出生于1962年，山西孝义人。大学学历，成绩优异的采煤高级工程师，中共党员。现任山西焦煤集团有限责任公司董事、党委常委，西山煤电（集团）有限责任公司董事长、党委书记和山西西山煤电股份有限公司董事长。

山西西山煤电股份有限公司于1999年煤炭市场低迷时，由西山煤电集团公司以优质资产注入并发起设立。公司股票于2000年7月26日以“中国焦煤资源第一股”在深交所挂牌交易，成为山西省属煤炭系统内率先实行现代企业制度并成功发行上市的企业。西山煤电股票的成功上市，为这个具有近五十年发展历史的老企业注入了生机和活力，从此驶入资本市场快车道演绎了一条资源型企业可持续推进、跨越式发展的精彩轨迹！

谢洪先 先生

四川川投能源股份有限公司　副总、董秘

谢洪先，男，中共党员，硕士研究生，高级会计师。曾任成都飞机工业公司供应财务科副科长；成飞华西通用航空公司计划财务部经理；光大证券投资银行三部经理、高级经理、西部总部党支部组织委员、成都党支部支部书记、业务执行董事；朝华科技（集团）股份有限公司资金财务总部总经理；四川九龙电力集团有限公司总经理助理；公司证券事务管理部经理、总经理助理。现任公司党委委员、董事会秘书。

蔡咏 先生

国元证券股份有限公司 董事长、党委书记

蔡咏，1960年6月生，安徽蚌埠人，1982年毕业于安徽财经大学财政金融系，讲师、高级经济师。现任国元证券股份有限公司董事长、党委书记，安徽国元控股（集团）有限公司党委委员，国元证券（香港）有限公司董事长；中国证券业协会证券公司专业评价专家；中华全国工商联合会并购公会理事，安徽省企业（家）联合会副会长，安徽省证券期货业协会会长；长盛基金管理公司董事、提名与考核委员会主任；安徽大学、安徽财经大学兼职教授，上海证券交易所博士后指导老师。

蔡咏拥有一般证券业务职业资格和证券公司高级管理人员任职资格等，一直从事证券、会计和投资等方面的经营管理和教学科研工作。1982年至1989年在安徽财经大学财政金融系、会计学系从事教学工作，曾任会计教研室主任、硕士生导师等职。1990年至2001年9月，曾担任安徽省国际经济技术合作公司美国分公司财务经理；安徽省国际信托投资公司国际金融部经理，深圳证券部经理，证券总部副总经理；香港黄山有限公司总经理助理。2001年9月至2012年8月任国元证券公司董事、总裁；2002年11月至2013年7月任国元证券公司党委副书记；2010年8月至今任安徽国元控股（集团）有限公司党委委员；2012年8月至今任国元证券公司董事长；2013年8月至今任国元证券公司党委书记。

蔡咏具有良好的职业教育背景。1987年在深圳大学参加“香港会计与审计”进修；1995年参加荷兰鹿特丹大学“国际投资、金融与会计”培训；1999年参加北京工业大学“国际工商管理硕士（MBA）”学习；2003年4月参加中国证券业协会“证券公司创新与监管”培训；2005年1月参加中国证券业协会高管人员资质培训与测试；2005年6月参加美国宾州大学沃顿商学院“基金公司领导力”培训；2010年6月参加中国证监会上市部“上市公司高级管理人员”培训；2012年8月赴新加坡国立大学参加“现代金融企业高级管理人员研修班”等。

蔡咏具有扎实的金融证券、财务会计方面的理论基础。著有《国际会计》、《会计原理》、《会计学的学与教》、《中国资本市场专题研究》等专著、译著，并先后在国家、省级刊物杂志及四大证券报发表专业论文三十余篇。主持上海证券交易所“上证联合研究计划”第十期、十三期、十六期、十七期、二十四期研究课题。本人或与他人合作的研究项目曾获安徽省政府社会科学二等奖（2007年）、安徽省高校人文社会科学二等奖（2007年）、深圳证券交易所2006年度第9届会员单位与基金公司研究成果三等奖、中国证券业协会2008年度优秀研究成果三等奖、中国国际交流出版社“世界重大学术创新成果”特等奖（2009年）、中国新闻文化促进会首届“共和国重大前沿理论成果创新”特等奖（2010年）等。

蔡咏于2011年被中国券商【金方向】奖评选委员会评为“中国最受尊敬的证券公司总裁”、2012、2013年连续两年被评为“年度中国券商先生”。

张利国 先生

北京国枫律师事务所　首席合伙人

张利国律师，1989年毕业于北京大学法律系，获国际经济法硕士学位。在校期间加入中国共产党。研究生毕业后，曾就职于北京市医药总公司、中国汽车进出口总公司等企业。1994年创办了北京市国方律师事务所，2005年国方律师事务所重组设立了北京市国枫律师事务所，张利国律师任国枫所主任。2012年北京市国枫律师事务所与北京市凯文律师事务所合并，成立了北京国枫凯文律师事务所，张利国律师为事务所首席合伙人。

张利国律师从1993年就开始从事专职律师工作，当年即获得了由司法部、中国证券监督管理委员会授予的证券法律业务的从业资格。从这一年起，他就一直从事证券法律业务，先后为包括美克国际家具股份有限公司、北京首钢股份有限公司、北京中科三环高技术股份有限公司、江苏连云港港口股份有限公司、安瑞科能源装备控股有限公司在内的数百家企业的股票发行、企业兼并、资产重组、增发、配股项目提供了法律服务，业务种类涉及H股、A股、B股、红筹股、证券投资基金设立等。近几年中，张利国律师参与完成了几十家企业的IPO、再融资业务，为企业融资规模达近千亿元，为我国证券市场的发展壮大做出了突出贡献。

2009年8月，我国开启创业板，张利国律师率领全所积极参与到创业板上市法律服务中。青岛特锐德电气股份有限公司(300001)是国枫出色高效执行的项目之一。在张利国律师的带领下，国枫特锐德项目团队在执行该项目过程中，以公司办公地为家连续数月每日工作时间超过12个小时，勤勉尽责，兢兢业业，始终在项目第一线与客户反复讨论研究问题，并提出行之有效的方法迅速解决问题，最终使得特锐德以短短4个月的时间即从项目启动至成功在创业板上市，成为创业板第一股。

2010年初，张利国律师办理的浙江宏达经编股份有限公司发行股份购买深圳市威尔德医疗电子股份有限公司重大资产重组项目，是我国证券市场重组业务历史上具有开创意义的项目。

张利国律师2008年被评为“2008中国证券业年度人物”，2011年被中国上市公司联合会等机构评为“2011年度中国优秀律师”，2012年当选“2012中国十大最具影响力律师”，同年，上海证券交易所聘请张利国律师为第一届上市咨询委员会委员，深圳证券交易所聘任张利国律师为深圳证券交易所第七届上市委员会委员。

张利国律师自2005年初担任事务所主任以来，在他的主持和带领下，事务所坚持高标准、高要求，走“规范化、专业化、规模化”的道路。

2008年，在张利国律师的主持下，国枫律师事务所在全国证券律师行业中率先建立和实行了证券内核制度，提高了法律服务工作质量和服务规范。

2009年7月，应成都市政府邀请，张利国律师作为特邀嘉宾参加了第二届中国成都金融街发展论坛暨中国西部新资本力量峰会，与参加论坛的博鳌亚洲经济论坛秘书长龙永图等国内经济界著名人物一起，在论坛上对宏观经济形势和成都打造西部金融中心发表了真知灼见。

作为我国证券法律服务业的知名律师，张利国律师积极宣传我国证券、公司法律知识，为我国的社会主义法制建设增砖添瓦：

2010年10月，应新疆律协邀请，张利国律师受北京律师协会协会委派前往乌鲁木齐，为新疆律师同行举办了证券律师实务讲座；

2011年5月，北京市律师协会组织了延安红色之旅，张利国主任作为并购与重组法律专业委员会副主任就“律师在企业兼并、收购中的实务”为陕西律师同行举办了专题讲座；

2010年8月张利国律师作为嘉宾参加了中央电视台《对话》节目《私募的盛夏》为主题的录制，就PE的发展现状、法律监管环境阐述了自己的法律见解；

2009—2010年间，张利国律师数次应邀作为CCTV证券资讯频道嘉宾，宣传公司证券法律知识。

此外，张利国律师受北京大学法学院、厦门大学管理学院邀请，为研究生等多次举办公司证券法律业务讲座。

吴朋 先生

重庆川仪自动化股份有限公司　董事长

吴朋，男，中国国籍，1963年10月出生，中共党员，工学博士，教授级高级工程师，博士生导师。

吴朋先生于1983年参加工作，历任DCS办公室副主任、主任，重庆川仪市场部副总工程师、常务副部长、部长，中国四联仪器仪表集团有限公司副总经理、董事、总经理、党委书记，重庆川仪总厂有限公司副总经理、董事、总经理，重庆川仪自动化股份有限公司董事、总经理等职。现任本公司董事长，中国四联仪器仪表集团有限公司董事、总经理、党委副书记，横河川仪董事长，中国仪器仪表学会副理事长，中国仪器仪表学会智能化仪表及其控制网络分会理事长，重庆市高级技术职称评定委员会委员等职务。

吴朋先生曾撰写科研论文62篇，在《自动化仪表》、《俄罗斯动力工程》、《仪器仪表学报》、《中国电力》、《电工技术》、《机械与电子》、《中国化工装备》、《数字制造科学》、《自动化与仪器仪表》等国内外专业期刊及有关国际学术会议发表，其中多篇论文被SCI（科学引文索引）、EI（工程索引）、ISTP（科技会议录索引）收录。先后承担完成了国内外科研及工程应用项目100余项，曾获得四川省科学技术委员会优秀软件产品一等奖，重庆市科技领导小组计算机开发应用优秀成果二等奖、国家机械工业部科技进步三等奖，国防科工委科技进步二等奖，中国仪器仪表学会"优秀成果奖"。个人也先后获得重庆市五一劳动奖章、中国优秀创新企业家、重庆市劳动模范、重庆市国企贡献奖先进个人、重庆市优秀党务工作者等多项荣誉称号。

李永强 先生

广东依顿电子科技股份有限公司　董事长

李永强 男，1971年11月出生，加拿大国籍，中国香港居民，多伦多大学经济系学士。历任皆利士线路板（中国）有限公司市场部总经理、依顿有限董事长、总经理、行政总裁。2007年12月起任本公司董事长兼总经理，法定代表人。现兼任高树有限公司董事、依顿投资董事、依顿电子副董事长、依顿多层副董事长、依顿香港董事、皆耀管理董事、依顿创新董事。